Evangelisches Lexikon
für Theologie und Gemeinde

Band 1

Evangelisches Lexikon für Theologie und Gemeinde

Studienausgabe

Band 1

herausgegeben
von
Helmut Burkhardt
und
Uwe Swarat
in Zusammenarbeit mit
Otto Betz
Michael Herbst
Gerhard Ruhbach
Theo Sorg

R. BROCKHAUS VERLAG WUPPERTAL

Redaktion: Klaus Günther M. A. und
Hans-Werner Durau
Das Register wurde von Winfried Glatz erstellt

Die Deutsche Bibliothek – CIP-Einheitsaufnahme

Evangelisches Lexikon für Theologie und Gemeinde /
hrsg. von Helmut Burkhardt und Uwe Swarat. In Zusammenarbeit
mit Otto Betz ... – Studienausg. – Wuppertal: Brockhaus
Bd. 1-3. – Korrigierter Nachdr. der 1. Aufl. 1992, 2. Aufl. – 1998
ISBN 3-417-24674-1

2. Auflage 1998

Korrigierter Nachdruck der 1. Auflage 1992 (Band 1 A-F),
1993 (Band 2 G-N), 1994 (Band 3 O-Z) und Registerband

Umschlaggestaltung: Carsten Buschke, Solingen
Druck und Bindung: Bercker, Kevelaer
ISBN 3-417-24674-1

VORWORT zum ersten Band des ELThG

So wenig die christliche Gemeinde und ihre Theologen der Fachliteratur schlechthin entbehren können, so wenig können sie innerhalb dieser Literatur auf Lexika verzichten. Daher ist jede Generation neu vor die Aufgabe gestellt, über ihren Zugang zum christlichen Glauben auch lexikalisch Rechenschaft zu geben. Dabei dominiert zunächst oft – zumindest auf evangelischer Seite – das Interesse an Lexika zur Bibel. Das ist sachlich auch vollkommen berechtigt, denn die Bibel hat ihre unüberbietbare Qualität als Quelle der ständigen Erneuerung von Leben und Lehre der Kirche. Andererseits läßt sich aber auch nicht bestreiten, daß das geschichtliche Werden der Christenheit, ihre Arbeit und ihr Selbstverständnis in der Gegenwart sowie ihr Verhältnis zu Weltanschauungen und Religionen um sie her der wissenschaftlichen Erforschung und der lexikalischen Zusammenfassung bedürfen. Die Herausgeber, die Mitarbeiter und der Verleger des »Evangelischen Lexikons für Theologie und Gemeinde« (abgekürzt: ELThG) haben versucht, sich dieser nicht geringen Herausforderung zu stellen.

Unser Lexikon will den gegenwärtig erkennbaren Ertrag evangelisch-theologischer Arbeit zusammenfassen und zugleich zu dessen konstruktiv-kritischer Verarbeitung anleiten. Damit soll sowohl dem Bedürfnis nach kurzgefaßter, überblicksartiger Information über die wesentlichen theologischen Arbeitsgebiete entsprochen als auch eine Hilfestellung zu eigener Urteilbildung gegeben werden. Die Artikel stehen auf der Höhe des gegenwärtigen Standes der Wissenschaft und sind zugleich weitgehend allgemeinverständlich geschrieben.

»Theologie und Gemeinde« im Titel des Lexikons bezeichnen nicht nur seinen Gegenstand, sondern auch den Adressatenkreis. Der Theologe im kirchlichen Dienst wie im Lehramt braucht auf den Feldern, die nicht zu seinen Spezialgebieten gehören, einen zuverlässigen Überblick, Anregungen zu eigener Reflexion und Literaturhinweise als Angebot zu vertiefender Weiterarbeit. Auch diejenigen Pastoren, die ohne besonderes wissenschaftliches Interesse sind, werden doch nicht ganz ohne Fühlung mit der Theologie sein wollen. Die theologisch nicht ausgebildeten, aber doch interessierten Gemeindeglieder brauchen, weil sie Mitverantwortung tragen für den Weg der Kirche, eine auch für sie verständliche Basis-Information über die fachtheologische Arbeit. Schließlich werden auch diejenigen, die sich selbst nicht als Christen verstehen, aber aus beruflichen und persönlichen Gründen von christlicher Tradition und Gegenwart Kenntnis nehmen wollen, dankbar auf eine komprimierte Darstellung zurückgreifen.

Diesem Zweck entsprechend haben wir bei der Auswahl der Artikel nicht nach enzyklopädischer Vollständigkeit gestrebt, sondern uns auf das Unabdingbare konzentriert und bei der Darstellung auf äußerste Kürze gedrängt (ohne daß darunter die Verständlichkeit leiden sollte). So beginnt mit diesem ersten von drei Bänden ein Lexikon zu erscheinen, das in ca. 2.800 Artikeln die Hauptthemen und Hauptpersonen der biblischen Geschichte und Theologie, der Kirchen- und Theologiegeschichte, der Dogmatik, Ethik, Philosophie und Religionswissenschaft sowie der Praktischen Theologie, der Missionswissenschaft, der Konfessionskunde und der Sektenkunde behandelt. Die fachliche Betreuung haben wir im Kreis der Herausgeber so aufgeteilt, daß Otto Betz den Bereich Biblische Geschichte und Theologie verantwortet, Gerhard Ruhbach die Bereiche Kirchen- und ältere Theologiegeschichte sowie Konfessions- und Sektenkunde, Michael Herbst und Theo Sorg den Bereich Praktische Theologie. Die Systematische Theologie (Dogmatik, Ethik und neuere Theologiegeschichte), Philosophie, Religions- und Missionswissenschaft wurde von den beiden Unterzeichnenden betreut, die auch für das Projekt als ganzes herausgeberische Verantwortung tragen. Die wichtigsten Stichworte haben wir manchmal in zwei, meistens in drei oder auch mehr Teile aufgegliedert und um der fachlichen Kompetenz willen vielfach von verschiedenen Autoren bearbeiten lassen. Wir hoffen, daß wir in jeder Hinsicht zuverlässige Informationen geben können. Korrekturen, Kritik und Verbesserungsvorschläge sind uns herzlich willkommen und können an den Verlag gerichtet werden (Postfach 2220, D-42766 Haan).

Ein besonderes Element der Anschaulichkeit weist das ELThG dadurch auf, daß zu vielen Personenartikeln ein Foto oder ein Bild geboten wird. Hinter allen theologischen Büchern und kirchlichen Entscheidungen stehen Menschen mit eigenem Gesicht, mit der nur ihnen eigenen Prägung und Geschichte.

»Evangelisch« heißt dieses Lexikon nicht nur deshalb, weil sich evangelische und katholische Theologie noch immer so stark unterscheiden, daß sie in einem solchen Lexikon schon aus arbeitsökonomischen Gründen nicht gleichgewichtig behandelt werden können. Das »evangelisch« zeigt natürlich auch eine inhaltliche Position an. Unser Lexikon will eine Stimme des deutschsprachigen Protestantismus sein, und zwar desjenigen Teils des Protestantismus, der vom Pietismus und der Erweckungsbewegung geprägt ist und sich für Impulse aus der weltweiten evangelikalen Bewegung offenhält. Diese Position hat sowohl die Auswahl der Stichworte als auch die Art ihrer Behandlung beeinflußt, natürlich auch den Kreis derer, die um Mitarbeit gebeten wurden. Als Herausgeber vertreten wir die Überzeugung, daß die Botschaft der Heiligen Schrift als ganze (und nicht nur in »zeitgemäßer« Auswahl) Anspruch auf bewußte persönliche Aneignung erheben kann. So gründet sich unser theologisches Urteil auf die Bibel, bezieht aber auch die Dogmen der Alten Kirche und die Bekenntnisse der Reformation mit ein. Wir verstehen sie als von der Bibel abgeleitete, von ihr her auch zu kritisierende, im wesentlichen jedoch schriftgemäße Normen.

Dieses theologische Profil wird natürlich je nach Mitarbeiter und Charakter des Stichwortes in unterschiedlicher Stärke erkennbar sein. Die theologische Weite, die wir für wichtig halten, und die unerläßliche fachliche Qualität des Lexikons ließen Raum auch für die Mitarbeit von Autoren, die sich selbst nicht als pietistisch oder evangelikal verstehen. Besonders freuen wir uns darüber, daß sich auch einzelne Katholiken beteiligt haben. Überhaupt wünschen wir uns auch katholische Leser und hoffen, daß sie ihre Kirche und Theologie – selbst dort, wo der Tenor kritisch sein mag – sachkundig und gerecht besprochen finden.

Das 1978 ebenfalls im R. Brockhaus Verlag Wuppertal erschienene einbändige »Evangelische Gemeindelexikon« (EGL) kann als Vorläufer des ELThG angesehen werden. Während unser ELThG jedoch ein theologisches und kirchliches Universallexikon ist, beschränkt sich das EGL im wesentlichen auf Bewegungen, Personen und Werke aus dem 19. und 20. Jahrhundert, die vom Pietismus und der Erweckungsbewegung beeinflußt sind. In dieser Spezialisierung wird es weiterhin seine Bedeutung behalten.

Der Verleger Dr. Ulrich Brockhaus hat nicht geringen Mut bewiesen, als er sich auf dieses neue Projekt einließ, und hat es mit starkem persönlichem Engagement vorangetrieben. Als Redakteur gab Verlagslektor Klaus Günther M.A. sein Bestes bei der Koordination zwischen Herausgebern, Autoren und Verlag. Er verdient dafür ebenso einen besonderen Dank wie die übrigen Verlagsmitarbeiter für ihren Einsatz. Ohne die Bereitschaft einer großen Zahl von Autoren, sich an diesem Projekt mit ihren Kenntnissen und ihrer Arbeitskraft zu beteiligen, wäre es niemals zu realisieren gewesen, und ohne die Kreativität und Sorgfalt, die die Mitherausgeber in ihren Fachgebieten investiert haben, hätten wir nicht dieses Niveau erreichen können. Dem kirchengeschichtlichen Bildarchiv der Theologischen Fakultät Erlangen verdanken wir eine große Zahl unserer Abbildungen (Bildnachweis in Bd. 3) und dem Hamburger Dozenten Günter Balders einige Expertisen in Problemfällen. Ihnen allen gilt unser herzlicher Dank – verbunden mit der Hoffnung, daß unsere gemeinsame Arbeit vielen Lesern nützt und dadurch Gott zur Ehre gereicht.

Wuppertal, im September 1992

Helmut Burkhardt
Uwe Swarat

Abkürzungen biblischer Bücher

Am	Amos
Apg	Apostelgeschichte
1Chr	1. Chronik
2Chr	2. Chronik
Dan	Daniel
Eph	Epheser
Esr	Esra
Est	Ester
Gal	Galater
Hab	Habakuk
Hag	Haggai
Hebr	Hebräer
Hes	Hesekiel
Hiob	Hiob
Hld	Hoheslied
Hos	Hosea
Jak	Jakobus
Joel	Joel
Joh	Johannes
1Joh	1. Johannes
2Joh	2. Johannes
3Joh	3. Johannes
Jona	Jona
Jos	Josua
Jud	Judas
Klgl	Klagelieder
Kol	Kolosser
1Kön	1. Könige
2Kön	2. Könige
1Kor	1. Korinther
2Kor	2. Korinther
Lk	Lukas
Mal	Maleachi
Mi	Micha
Mk	Markus
1Mo	1. Mose (Genesis)
2Mo	2. Mose (Exodus)
3Mo	3. Mose (Levitikus)
4Mo	4. Mose (Numeri)
5Mo	5. Mose (Deuteronomium)
Mt	Matthäus
Nah	Nahum
Neh	Nehemia
Obd	Obadja
Offb	Offenbarung
1Petr	1. Petrus
2Petr	2. Petrus
Phil	Philipper
Phlm	Philemon
Pred	Prediger
Ps	Psalm(en)
Ri	Richter
Röm	Römer
Rut	Rut
Sach	Sacharja
1Sam	1. Samuel
2Sam	2. Samuel
Spr	Sprüche
1Thess	1. Thessalonicher
2Thess	2. Thessalonicher
1Tim	1. Timotheus
2Tim	2. Timotheus
Tit	Titus
Zef	Zefanja

Außerkanonische Schriften, rabbinisches sowie urchristliches Schrifttum

a. neben dem Alten Testament

ApkAbr	Abraham-Apokalypse
ApkEl	Elia-Apokalypse
ApkMos	Mose-Apokalypse
ApkSedr	Sedrach-Apokalypse
Arist	Aristeasbrief
AscJes	Ascensio Jesaiae
AssMos	Assumptio Mosis
grBar	griechische Baruch-Apokalypse
syrBar	syrische Baruch-Apokalypse
EpJer	Epistula Jeremiae
3-4Esr	3.-4. Esrabuch
äthHen	äthiopisches Henochbuch
grHen	griechisches Henochbuch
hebrHen	hebräisches Henochbuch
slHen	slawisches Henochbuch
Jdt	Judit
JosAs	Josef und Asenat
Jub	Jubiläenbuch
LibAnt	Liber Antiquitatum Biblicarum (Pseudo-Philo)
1-4Makk	1.-4. Makkabäerbuch
MartJes	Martyrium des Jesaja
OdSal	Oden Salomos
OrMan	Gebet Manasses
PsSal	Psalmen Salomos
Sib	Sibyllinen
Sir	Jesus Sirach
Test-Hiob	Testament Hiobs
TestXII	Testamente der Zwölf Patriarchen
TestRub	Ruben
TestSim	Simeon
TestLev	Levi
TestJud	Juda
TestIss	Issaschar
TestSeb	Sebulon
TestDan	Daniel
TestNaph	Naphtali
TestGad	Gad
TestAss	Asser
TestJos	Josef
TestBenj	Benjamin
Tob	Tobit
VitAd	Vita Adae et Evae
Weish	Weisheit Salomos
ZusDan	Zusätze zu Daniel
ZusEst	Zusätze zu Ester

b. neben dem Neuen Testament

ActAndr	Andreas-Akten
ActJoh	Johannes-Akten
ActPaul	Paulus-Akten
ActPetr	Petrus-Akten
ActThom	Thomas-Akten
ApkPaul	Paulus-Apokalypse
ApkPetr	Petrus-Apokalypse
Barn	Barnabasbrief
1/2Clem	1./2. Clemensbrief
Did	Didache
Diog	Diognetbrief
EpJac	Apokrypher Jakobusbrief von Nag Hammadi
EvÄg	Ägypter-Evangelium
EvEb	Ebioniten-Evangelium
EvHebr	Hebräer-Evangelium
EvPetr	Petrus-Evangelium
EvPhil	Philippus-Evangelium
EvThom	Koptisches Thomas-Evangelium von Nag Hammadi
Herm	Hirt des Hermas
Herm mand	Hermas, mandata
Herm sim	Hermas, similitudines
Herm vis	Hermas, visiones
IgnEph	Brief des Ignatius - an die Epheser
IgnMagn	- an die Magnesier
IgnPhld	- an die Philadelphier
IgnPol	- an Polykarp
IgnRöm	- an die Römer
IgnSm	- an die Smyrnäer
IgnTrall	- an die Trallianer
KOHipp	Kirchenordnung des Hippolyt
Laod	Laodicenerbrief
MartPol	Martyrium des Polykarp
Pap	Papias
Polyk	Polykarpbrief
Protev.	Protevangelium des Jakobus

c. Mischna-, Tosefta-, Talmudtraktate

Ar	Arakhin	Maas	Maasrot	RHSh	Rosh HaShana
Av	Avot	Mak	Makkot	San	Sanhedrin
AZ	Avoda Zara	Makh	Makhshirin	Shab	Shabbat
BB	Baba Batra	Meg	Megilla	Sheq	Sheqalim
Bekh	Bekhorot	Meil	Meila	Shevi	Shevi'it
Ber	Berakhot	Men	Menahot	Shevu	Shevu'ot
Bes	Besa (Yom Tov)	Mid	Middot	Sot	Sota
Bik	Bikkurim	Miq	Miqwaot	Suk	Sukka
BM	Baba Mesi'a	MQ	Moed Qatan	Taan	Ta'amit
BQ	Baba Qamma	MSh	Ma'aser Sheni	Tam	Tamid
Dem	Demai	Naz	Nazir	Tem	Temura
Ed	Eduyot	Ned	Nedarim	Ter	Terumot
Er	Eruvin	Neg	Nega'im	TevY	Tevul Yom
Git	Gittin	Nid	Nidda	Toh	Toharot
Hag	Hagiga	Ohal	Ohalot	Uq	'Uqsin
Hal	Halla	Orl	'Orla	Yad	Yadayim
Hor	Horayot	Par	Para	Yev	Yevamot
Hul	Hullin	Pea	Pe'a	Yom	Yoma
Kel	Kelim	Pes	Pesahim	Yom Tov	s. Bes (Besa)
Ker	Keritot	Qid	Qiddushin	Zav	Zavim
Ket	Ketubbot	Qin	Qinnim	Zev	Zevahim
Kil	Kilayim				

d. Midraschim, Targumim

AgAg	Aggadat Aggadot Qoves midrashim qetanim
AgBer	Aggadat Bereshit
AgEst	Aggadat Ester
AgShir	Aggadat Shir HaShirim
ARN	Avot deRabbi Natan
b	Talmud Bavli (babylonischer Talmud)
BatM	Bate Midrashot
BemR	Bemidbar Rabba
BerR	Bereshit Rabba
BerRbti	Bereshit Rabbati
BerZ	Bereshit Zuta
BHM	BetHaMidrash
CN	Codex Neofiti
DER	Derekh Eres Rabba
DevR	Devarim Rabba
DEZ	Derekh Eres Zuta
EkhaR	Ekha Rabba
EkhaZ	Ekha Zuta
EstR	Ester Rabba
Evel Rabbati	s. Sem (Semahot)
LeqT	Leqah Tov
m	Mischna
Meg Taan	Megillat Ta'anit
MekhSh	Mekhilta deRabbi Shim'on b. Yohai
MekhY	Mekhilta deRabbi Yishma'el
MHG Bam	Midrasch Ha Gadol Bamidbar
MHG Ber	Midrasch HaGadol Bereshit
MHG Dev	Midrasch HaGadol Devarium
MHG Shem	Midrasch HaGadol Shemot
MHG Wa	Midrasch HaGadol Wayiqra
Midrash Zuta	s. EkhaZ, QohZ, RutZ, ShirZ
MMish	Midrasch Mishle
MShem	Midrasch Shemu'el
MShir	Midrasch Shir HaShirim
MTann	Midrasch Tanna'im
MTeh	Midrasch Tehilim
OsM	Osar Midrashim
Pesiqta Zutarta	s. LeqT (Leqah Tov)
PesK	Pesiqta deRav Kahana
PesR	Pesiqta Rabbati
PRE	Pirqe deRabbi Eli'ezer
QohR	Qohelet Rabba
RutR	Rut Rabba
RutZ	Rut Zuta
SAME	Sifre deAggadta Megillat Ester
SekhT	Sekhel Tov
Sem	Semahot (Evel Rabbati)
SER	Seder Eliyyahu Rabba
SEZ	Seder Eliyyahu Zuta
ShemR	Shermot Rabba
ShirR	Shir HaShirim Rabba
ShirZ	Shir HaShirim Zuta
Shoher Tov	s. MTeh (Midrasch Tehillim)
SifBam	Sifre Bamidbar
SifDev	Sifre Devarim
SifZ	Sifre Zuta
Sof	Soferim
SOR	Seder 'Olam Rabba
SOZ	Seder 'Olam Zuta
t	Tosefta
Tan	Tanhuma
Tanna deBe Eliyyahu	s. SER, SEZ
TFrag	Fragmenten-Targum (Targum Jerusalem II)
TJI	s. TPsJ
TJII	s. TFrag
TJon	Targum Jonathan
TO	Targum Onqelos
TPsJ	Targum Pseudo-Jonathan (Targum Jerusalem I)
WaR	Wayiqra Rabba
y	Talmud Yerushalmi
Yalq	Yalqut Shim'oni
YalqM	Yalqut Makhiri

Allgemeine Abkürzungen

Abt.	Abteilung
Adj.	Adjektiv
afrikan.	afrikanisch
ägypt.	ägyptisch
allg.	allgemein
amerik.	amerikanisch
anglik.	anglikanisch
Anm.	Anmerkung
ao. Prof.	außerordentlicher Prof.
apologet.	apologetisch
apostol.	apostolisch
arab.	arabisch
aram.	aramäisch
armen.	armenisch
asiat.	asiatisch
assyr.	assyrisch
äthiop.	äthiopisch
atl.	alttestamentlich
Ausg.	Ausgabe
babylon.	babylonisch
baptist.	baptistisch
Bd./Bd.e	Band/Bände
bes.	besonders
BGB	Bürgerliches Gesetzbuch
bibl.	biblisch
brit.	britisch
byz.	byzantinisch
bzgl.	bezüglich
charismat.	charismatisch
christl.	christlich
diakon.	diakonisch
dogmat.	dogmatisch
dt.	deutsch
ebd.	ebenda
engl.	englisch
et al.	und andere
europ.	europäisch
ev.	evangelisch
Ev./Evv.	Evangelium/-ien
evangelist.	evangelistisch
evtl.	eventuell
exeget.	exegetisch
franz.	französisch
FS	Festschrift
geb.	geboren
geistl.	geistlich
german.	germanisch
geschichtl.	geschichtlich
gesell-schaftl.	gesellschaftlich
gest.	gestorben
GG	Grundgesetz
ggf.	gegebenenfalls
gottes-dienstl.	gottesdienstlich
Gr.Kat.	Großer Katechismus
griech.	griechisch
hebr.	hebräisch
hell.	hellenistisch
hist.	historisch
hl.	heilig
ibid.	ebenda
islam.	islamisch
israelit.	israelitisch
ital.	italienisch
Jh.	Jahrhundert
johann.	johanneisch
Jt.	Jahrtausend
jüd.	jüdisch
kanaan.	kanaanäisch
kanon.	kanonisch
kath.	katholisch
kerygmat.	kerygmatisch
kirchl.	kirchlich
Kl.Kat.	Kleiner Katechismus
klass.	klassisch
kopt.	koptisch
krit.	kritisch
lat.	lateinisch
Lfg.	Lieferung
Lit.	Literatur
liturg.	liturgisch
luth.	lutherisch
LXX	Septuaginta
MA	Mittelalter
methodist.	methodistisch
mission.	missionarisch
mittel-alterl.	mittelalterlich
NA	Neuauflage
neuzeitl.	neuzeitlich
NF	Neue Folge
nördl.	nördlich
ntl.	neutestamentlich
o.a.	oben angegeben
o.g.	oben genannten
o.J.	ohne Jahr
o. Prof.	ordentlicher Prof.
öffentl.	öffentlich
ökumen.	ökumenisch
oriental.	orientalisch
orth.	orthodox
osman.	osmanisch
östl.	östlich
päd.	pädagogisch
par.	Parallelstellen
paulin.	paulinisch
pers.	persisch
persönl.	persönlich
phil.	philosophisch
pietist.	pietistisch
Pl.	Plural
polit.	politisch
prakt.	praktisch
priesterl.	priesterlich
prot.	protestantisch
psych.	psychologisch
rabbin.	rabbinisch
rechtl.	rechtlich
ref.	reformiert
reformat.	reformatorisch
rel.	religiös
röm.	römisch
russ.	russisch
s.	siehe
s.a.	siehe auch
seelsorgerl.	seelsorgerlich
s.d.	siehe dort
semit.	semitisch
Sg.	Singular
SJ	Societas Jesu
skandinav.	skandinavisch
sog.	sogenannt
span.	spanisch
staatl.	staatlich
StGB	Strafgesetzbuch
s.u.	siehe unten
Subst.	Substantiv
südl.	südlich
syr.	syrisch
systemat.	systematisch
theol.	theologisch
theoret.	theoretisch
türk.	türkisch
u.a.	und andere/ unter anderem
u.ö.	und öfter
u.v.a.	und viele andere
übers.	übersetzt
v.a.	vor allem
vgl.	vergleiche
Vulg.	Vulgata
welt.	weltlich
westl.	westlich
wirt-schaftl.	wirtschaftlich
wissen-schaftl.	wissenschaftlich
ZS	Zeitschrift
z.Zt.	zur Zeit

Literatur-Abkürzungen

ADB	Allgemeine Deutsche Biographie
AGP	Arbeiten zur Geschichte des Pietismus
AKG	Arbeiten zur Kirchengeschichte
ANRW	Aufstieg und Niedergang der Römischen Welt
AMZ	Allgemeine Missionszeitschrift
APTh	Arbeiten zur Pastoraltheologie
ARG	Archiv für Reformationsgeschichte
ATD	Das Alte Testament Deutsch
AThANT	Abhandlungen zur Theologie des Alten und Neuen Testaments
AUU	Acta universitatis Upsaliensis
BAr	Bulletin archeologique du comité des travaux historiques et scientifiques
BBKL	Biographisch-bibliographisches Kirchenlexikon. Hrsg. von F.W. Bautz, 1970ff.
BBW	Brockhaus Biblisches Wörterbuch hg. von F. Grünzweig †, J. Blunck u.a., 1982
BFChTh	Beiträge zur Förderung christlicher Theologie
BGBE	Beiträge zur Geschichte der biblischen Exegese
BHF	Bonner historische Forschungen
BHH	Biblisch-historisches Handwörterbuch, Landeskunde, Geschichte, Religion, Kultur, Literatur. 3 Bde, hg. von B. Reicke, L. Rost, 1962–1966
BhTAVO	Beihefte zum Tübinger Atlas des Vorderen Orients
BHTh	Beiträge zur historischen Theologie
BKG	Bibel, Kirche, Gemeinde
BKV	Bibliothek der Kirchenväter
BSHST	Basler Studien zur historischen und systematischen Theologie
BZAW	Beihefte zur Zeitschrift für die alttestamentliche Wissenschaft
BZNW	Beihefte zur Zeitschrift für die neutestamentliche Wissenschaft
CA	Confessio Augustana
CIC	Codex Iuris Canonici
CiW	Christ in der Welt
DS	Enchiridion symbolorum. hg. von. H. Denzinger, A. Schönmetzer
EdF	Erträge der Forschung
EGL	Evangelisches Gemeindelexikon, hg. von H. Burkhardt, E. Geldbach, K. Heimbuchert, ^{2}1986
EHPhR	Etudes d'histoire et de philosophie religieuses
EKG	Evangelisches Kirchengesangbuch
EKGB	Einzelarbeiten aus der Kirchengeschichte Bayerns
EKL	Evangelisches Kirchenlexikon. Kirchlich-theologisches Handwörterbuch, hg. von H. Brunotte, O. Weber, ^{2}1969
EKL3	Evangelisches Kirchenlexikon. Internationale theologische Enzyklopädie, hg. von E. Fahlbusch u.a., ^{3}1985
EMZ	Evangelische Missionszeitschrift
ESL	Evangelisches Soziallexikon, ^{6}1970
EStL	Evangelisches Staatslexikon, 1966
Eus.h.e.	Eusebius: Historia Ecclesiastica
EvErz	Evangelische Erziehung
EvTh	Evangelische Theologie
EWNT	Exegetisches Wörterbuch zum Neuen Testament, hg. von H. E. Balz, G. Schneider 1980–1983
FGLP	Forschungen zur Geschichte und Lehre des Protestantismus
FGNK	Forschungen zur Geschichte des neutestamentlichen Kanons und der altchristlichen Literatur
FKDG	Forschungen zur Kirchen- und Dogmengeschichte
FL	Fontana library
FRLANT	Forschungen zur Religion und Literatur des Alten und Neuen Testaments
FuH	Fuldaer Hefte
GBL	Großes Bibellexikon, 3 Bde., hg. von H. Burkhardt u.a., 1987-89
GCS	Griechische christliche Schriftsteller der ersten drei Jahrhunderte
GdKG	Gestalten der Kirchengeschichte, hg. von M. Greschat
GuW	Glauben und Wissen
GWU	Geschichte in Wissenschaft und Unterricht
HGA	Handbücherei für Gemeindearbeit
HOK	Handbuch der Ostkirchenkunde, 1971
HPhG	Handbuch philosophischer Grundbegriffe, 3 Bde., hg. von H. Krings, H.M. Baumgarten, Ch. Wild, 1973–1974
HSt	Historical studies. Collegeville, Minn.
HThR	Harvard theological review
HUCA	Hebrew union college annual
HV	Historische Vierteljahrsschrift
HWP	Historisches Wörterbuch der Philosophie, 1971ff, entstanden aus R. Eisler, Wörterbuch der philosophischen Begriffe
IEJ	Israel exploration journal
IKZ	Internationale kirchliche Zeitschrift
JBL	Journal of biblical literature
JET	Jahrbuch für evangelikale Theologie
JGNKG	Jahrbuch der Gesellschaft für niedersächsische Kirchengeschichte
JGP	Jahrbücher zur Geschichte des Pietismus
JGPrÖ	Jahrbuch der Gesellschaft für die Geschichte des Protestantismus in Österreich
JRP	Journal of religious psychology
JThS	Journal of Theological Studies
JVWKG	Jahrbuch des Vereins für westfälische Kirchengeschichte
KD	Barth, Karl: Die kirchliche Dogmatik
KDA	Kirchlicher Dienst in der Arbeitswelt
KEK	Kritisch-exegetischer Kommentar
KGE	Kirchengeschichte in Einzeldarstellungen
KGMG	Kirchengeschichte als Missionsgeschichte
KIG	Kirche in ihrer Geschichte
KJ	Kirchliches Jahrbuch für die evangelische Kirche in Deutschland
KlProt	Klassiker des Protestantismus
KlT	Kleine Texte für (theologische und philologische) Vorlesungen und Übungen
KuD	Kerygma und Dogma
LCI	Lexikon der christlichen Ikonographie
LexMA	Lexikon des Mittelalters
LuJ	Luther-Jahrbuch
LThK	Lexikon für Theologie und Kirche. hg. von J. Höfer, K. Rahner, ^{2}1957–1968
MDF	Mitteldeutsche Forschungen
MdKI	Materialdienst des konfessionskundlichen Instituts
MGG	Musik in Geschichte und Gegenwart
MThST	Marburger theologische Studien

MuK	Musik und Kirche
NAMZ	Neue allgemeine Missionszeitschrift
NDB	Neue deutsche Biographie
NBL	Norsk biografisk leksikon
NCE	New catholic encyclopedia, 15 Bde., 1967
Neuner-Roos	J. Neuner, H. Roos: Der Glaube der Kirche in den Urkunden der Lehrverkündigung, [12]1986
NKZ	Neue Kirchliche Zeitschrift
NRTh	Nouvelle revue théologique
NT	Novum Testamentum, Leiden
NTD	Das Neue Testament Deutsch
NTS	New testament studies. London
NZM	Neue Zeitschrift für Missionswissenschaft
NZSTh	Neue Zeitschrift für systematische Theologie
OBO	Orbis biblicus et orientalis
ÖL[2]	Ökumene-Lexikon, hg. von H. Krüger, W. Löser, W. Müller-Römheld, [2]1987
OR	Osservatore romano
ÖR	Ökumenische Rundschau
PhA	Philosophische Abhandlungen. Frankfurt
PJ	Palästinajahrbuch des deutschen evangelischen Instituts
PRE	Paulys Real-Encyclopädie der classischen Alterthumswissenschaft
PuN	Pietismus und Neuzeit
QFIAB	Quellen und Forschungen aus italienischen Archiven und Bibliotheken
QFRG	Quellen und Forschungen zur Reformationsgeschichte
RAC	Reallexikon für Antike und Christentum, 1950ff.
RBK	Reallexikon der byzantinischen Kunst, 1966ff.
RDL	Reallexikon der deutschen Literaturgeschichte
RE	Realencyklopädie für protestantische Theologie und Kirche, begründet von J. J. Herzog, hg. von A. Hauck, 1854–1868, [2]1877–1888, [3]1896–1913
RGG[3]	Religion in Geschichte und Gegenwart, [3]1956–1962, Reg.Bd. 1965
RLA	Reallexikon der Assyriologie, hg. von E. Ebeling, B. Meißner, 1928ff.
RMP	Rheinisches Museum für Philologie
SGLG	Studia Graeca et Latina Gothoburgensia
SKG.G	Schriften der Königsberger Gelehrten Gesellschaft. Geisteswissenschaftliche Klasse
SMRT	Studies in medieval and reformation thought
SPS	Salzburger patristische Studien
SVRG	Schriften des Vereins für Reformationsgeschichte
TBLNT	Theologisches Begriffslexikon zum Neuen Testament, 1967–1971
TEH	Theologische Existenz heute
THAT	Theologisches Handwörterbuch zum Alten Testament, hg. von E. Jenni, C. Westermann, 1971–1974
ThB	Theologische Bücherei
ThBeitr	Theologische Beiträge
ThHK	Theologischer Handkommentar zum Neuen Testament
ThLZ	Theologische Literaturzeitung
ThR	Theologische Rundschau
ThSt	Theologische Studien. Hg. v. Karl Barth
ThStKr	Theologische Studien und Kritiken
ThWAT	Theologisches Wörterbuch zum Alten Testament, hg. von G.J. Botterweck, H. Ringgren, 1970ff.
ThWNT	Theologisches Wörterbuch zum Neuen Testament, hg. von G. Kittel u.a., 1933ff.
ThZ	Theologische Zeitschrift, Basel
TRE	Theologische Realenzyklopädie, hg. von G. Krause, G. Müller, 1976ff.
TU	Texte und Untersuchungen zur Geschichte der altchristlichen Literatur
UUA	Uppsala universitets årsskrift
VigChr	Vigiliae Christianae
WA	Luther, Martin: Werke. Kritische Gesamtausgabe. (Weimarer Ausgabe)
WABr	dto. – Briefwechsel
WdF	Wege der Forschung
WO	Welt des Orients
WUNT	Wissenschaftliche Untersuchungen zum Neuen Testament
WzM	Wege zum Menschen
ZAW	Zeitschrift für alttestamentliche Wissenschaft
ZEE	Zeitschrift für evangelische Ethik
ZevKR	Zeitschrift für evangelisches Kirchenrecht
ZfB	Zentralblatt für Bibliothekswesen
ZKG	Zeitschrift für Kirchengeschichte
ZNW	Zeitschrift für neutestamentliche Wissenschaft und die Kunde der älteren Kirche
ZRGG	Zeitschrift für Religions- und Geistesgeschichte
ZSRG.K	Zeitschrift der Savigny-Stiftung für Rechtsgeschichte. Kanonische Abteilung
ZSTh	Zeitschrift für systematische Theologie
ZThK	Zeitschrift für Theologie und Kirche
ZZ	Zwischen den Zeiten

Bildnachweise

Alinari: Savonarola

Archiv für Kunst und Geschichte, Berlin: Dostojewski; Friedrich Wilhelm (Gr. Kurfürst); Jacobi; Nikolaus von Kues; Osiander; Schiller; Tolstoi; Weigel; Wolff

Archiv G.Galeota, Rom: Bellarmin

Archiv Gerstenberg, Frankfurt/Main: Aristoteles, Descartes; Marx, Nietzsche, Spinoza, Suárez

Archiv Günter Schiwy, München: Teilhard

Archiv Kloster Loccum: Molanus

Aussaat Verlag: Busch, W.

The Banner of Truth Trust: Warfield

J. Bauer, Karlsruhe: Schneider, R.

Erich Beyreuther (Hg.), Der Weg der Ev. Allianz in Deutschland: Bernstorff

Th. Beza, Icones: Blarer, Oekolampad

Bildarchiv Foto Marburg: Dürer; Flacius Illyricus; Nikolaus von der Flüe; Katharina von Siena; Kepler; Steinhausen

Bildarchiv Preußischer Kulturbesitz, Berlin: Arndt, E.M.; Baader; Bach; Basedow; Claudius; Comenius; Friedrich d. Weise; Fröbel; Gellert; Hebel; Hobbes; Kant; Klopstock; Lavater; Leibnitz; Lessing; Melanchthon; Pestalozzi; Schütz, H.

Vincent Böckstiegel, Werther: Lilje

R. Boehringer, Bildnisse und Nachweise: Platon

Brunnen Verlag: Bockmühl

H. Burkhardt, E.Geldbach, K.Heimbucher (Hg.), Evangelisches Gemeindelexikon: Boos; Bruns; Christoffel; Löhe; Schick; Schneller; Schröder; Stange; Weigle; Zeller, S.

Eberhard Busch, Johannes Busch-Ein Herold des Königs: Busch, J.

Christelijke Encyclopaedie: Bavinck; Chemnitz; Galilei; Grotius; Kuyper; Livingstone; Locke; Mendelssohn-Bartholdy; Olevian; Owen; Rousseau; Schopenhauer; Swedenborg; Voetius

Christophorus Verlag, Freiburg: Albertus Magnus; Arius; Booth; Cassiodorus; Darwin

Christuszeugen: Volkening; Zöckler, Th.

Collegio S. Bonaventura: Bonaventura

Deutsche Fotothek Dresden: Newton; Söderblom; Staupitz; Wrede

Diakonissen-Anstalt Düsseldorf-Kaiserswerth: Nightingale

Dietz-Verlag (Ewald), Berlin: Müntzer

dpa: King

epd-Bild S. Kirschner: Werner

Fritz Eschen (Bavaria): Schweitzer

Evangelische Haupt-Bibelgesellschaft, Berlin: Canstein

Evangelischer Oberkirchenrat, Stuttgart: Wurm

Mary Evans Picture Library: Edwards

M. Falla Castelfranchi: Ambrosius

Johannes Ficker, Bildnisse der Straßburger Reformation: Capito

Hans Conrad Fischer, Salzburg: Telemann

Fliedner-Archiv, Düsseldorf-Kaiserswerth: Fliedner

Fotoatelier Gloria Himmer-Falkenstein, Erlangen: Künneth

Freudenberg Collection, New York: Bergson

J. Gauger, Sein Leben und Werk: Gauger

Germanisches Nationalmuseum, Nürnberg: Bahrdt

Goethe-Museum, Düsseldorf: Brentano, Eichendorff, Fichte, Goethe

Die großen Deutschen: Karl der Große

German Hafner, Mainz und Rom: Sokrates

Anny Hahn, Traugott Hahn, ein Märtyrer des 20. Jahrhunderts: Hahn, T.

Handbuch »Die Geschichte des Christentums«: Cromwell; Dante; Konstantin; Kopernikus

F. Hauss, Väter der Christenheit: Abaelard; Alkuin; Anselm von Canterbury; Bernhard von Clairvaux; Bodelschwingh d.Ä.; Bonifatius; Bullinger; Bunyan; Carey; Chrysostomus; Cyprian; Cyrill von Alexandrien; Dunant; Elisabeth von Thüringen; Erasmus; Farel; Finney; Fox; Franz von Assisi; Franz von Sales; Hubmaier; Irenäus; Kierkegaard; Labadie; Menno Simons; Mott; Oberlin; Ockham; Origenes; Pascal; Paulus; Petrus; Schwenckfeld; Spangenberg; Tersteegen; Tertullian; Wesley, C.; Whitefield

Hegel-Archiv der Ruhr-Universität Bochum: Hegel

M. Hellmann, Friedrich von Bodelschwingh d.J.: Bodelschwingh d.J.

Historia-Photo, Hamburg: Thomasius, C.

Interfoto, München: Tauler

Internationales Institut für Sozialgeschichte, Amsterdam: Engels, Saint-Simon

A. Johnson, Eivind Berggrav: Berggrav

J. Kirchhoff, Giordano Bruno: Bruno

KNA-Pressebild, Frankfurt/Main: Benedikt v. Nursia; Cyrill/Methodius; Foucauld; Morus; Teresa von Avila

K. E. Koch, Heinrich Coerper: Coerper

Königlich Schwedisches Generalkonsulat Berlin: Brändström

Krummacher-Archiv Bad Teinach-Zavelstein: Krummacher, F.A.

Kunst- und Verlagsanstalt Franz Hanfstaengl, München: Wesley, J.

Kunstdienst der Ev.-Luth. Landeskirche Sachsens, Radebeul: Knox

Kunsthalle Hamburg: Dionysius

Kunstmuseum St. Gallen: Gotthelf

Martin Lagois, Nürnberg: Heimbucher

Landesbildstelle Stuttgart: Oetinger, Storr

Lehnert und Landrock, Kairo: Athanasius

Reinhold Lessmann, Hannover: Marahrens

A. Lienhard, Martin Butzer: Bucer

Lutherhalle, Lutherstadt Wittenberg: Albrecht von Mainz, Amsdorf, Agricola, Pirckheimer, Reuchlin, Valla, Wyclif

Metzler Philosophen-Lexikon: Scheler, Thomas von Kempen

O. Michel, Anpassung und Widerstand: Michel

Miscellanea Francescana: Duns Scotus

Dr. Walter Mogk, Gröbenzell: Coligny

Moody Bible Institute: Moody

Mossner, The Life of David Hume: Hume

Nachrichten der Ev.-Luth. Kirche in Bayern: Schubert

National Gandhi Museum, Delhi: Gandhi

Newman, Predigten der katholischen Zeit: Newman

Ökumene Lexikon: Niemöller, Visser't Hooft

Orthbandt/Teuffen, Ein Kreuz und tausend Wege: Ignatius von Loyola

Arno Pagel, Er führt zum Ziel: Riethmüller

Photo Ohler, Stuttgart: Hartenstein

Privatbesitz: Dietzfelbinger; Gerhardt; Schlink; Tischendorf; Zahn

R. Brockhaus-Archiv: Bergmann; Brockhaus; Büchsel; Funcke; Grafe; Graham; Hallesby; Hauge; Hauß; Henhöfer; Herntrich; Hiller; Klepper; Knobelsdorff; Krummacher, F.W.; Lewis; Mez; Modersohn; Müller, G.; Neander, J.; Pückler; Rambach; Rappard, C.; Rappard, D.; Redern; Richter; Rienecker; Rothkirch; Sauer; Schaeffer; Schneider, P.; Schnepel; Schrenk; Seckendorff; Seitz; Siegmund-Schultze; Sieveking; Spener; Spitta; Spittler; Spurgeon; Stoecker; Taylor; Tholuck; Tiele-Winckler; Vetter; Viebahn; Waldersee; Warns; Wichern; Zeller, C.H.

K. Rennstich, »Nicht jammern, Hand anlegen«: Gobat, Krapf, Steinkopf

Rowohlt Verlag (Archiv), Reinbek: Schleiermacher, Steiner

Sammlung Johannes Kohlstrung, Hamburg: Ruysbroeck

Sammlung Wolfgang Schneider, Pharmaziegeschichtliches Seminar Braunschweig: Paracelsus

Sauberzweig: Er der Meister - wir die Brüder: Dietrich

Schiller-Nationalmuseum, Marbach: Görres

W. Schamoni, Das wahre Gesicht des Heiligen: Augustin

P. Scharpff, Geschichte der Evangelisation: Gebhardt

Theodor Schlatter, Besigheim: Anna und Adolf Schlatter

J. Schmitt, Die Gnade bricht durch: Stahlschmidt

M. Schröter (Hg.), Schellings Werke: Schelling

Staatliche Kunsthalle Karlsruhe: Spalatin

Staatliche Kunstsammlungen Dresden: Moritz von Sachsen

Staatliche Kunstsammlungen Weimar: Falk Stadtbibliothek Kamenz: Böhme

Stimmen der Väter: Krawielitzki, Lohmann, Oertzen Michaelis

Süddeutscher Verlag, München: Scheffler; Thomas von Aquin

Suhrkamp Verlag, Frankfurt/Main: Wittgenstein

Thomaskirche Leipzig: Selnecker

P. Tournier, Geborgenheit: Tournier

Ullstein Bilderdienst, Berlin: Barlach, Friedrich II.

Universitätsbibliothek München: Semler

Vidler, A Variety of Catholic Modernists: Loisy

Wallraf-Richartz-Museum,Köln: Rembrandt

G. Wegener, 6000 Jahre und ein Buch: Zwingli

Westfälisches Landesmuseum Münster: Droste-Hülshoff

W. Wiegand, Friedrich der Große: Voltaire

The Works of Francis Bacon: Bacon

Zentralbibliothek Zürich: Philipp, Sailer, Servet

Zentrale Bildstelle Berlin: Grünewald

Die Rechtsinhaber für die Bilder »Calvin« und »Thurneysen« konnten nicht ermittelt werden. Alle übrigen Abbildungen sind uns vom Archiv der Theologischen Fakultät der Universität Erlangen zur Verfügung gestellt worden.

Wir haben uns bemüht, jegliche Inhaber von Bildrechten ausfindig zu machen. Sollte dies in Ausnahmefällen nicht möglich gewesen sein, weisen wir darauf hin, daß der Rechtsanspruch des Rechtsinhabers erhalten bleibt und dieser sich gegebenenfalls beim Verlag melden möge. Dies gilt auch für unvollständige Angaben oder eventuelle Fehler in den Bildnachweisen.

A Kempis, Thomas → Thomas a Kempis

A priori, religiöses → Anlage, religiöse

Aaron → Priester, Priestertum a) biblisch

Abaelard (1079-1142)

Petrus Abaelard (A.) sticht als eigenwillige Persönlichkeit und durch sein bewegtes Leben hervor; als Philosoph und Theologe steht er am Anfang der abendländisch christlich geprägten Geistesgeschichte, die er durch sein eigenständiges Denken befruchtet.

1. Sein Leben

A. wurde 1079 in Le Pallet (bei Nantes) in der Bretagne geboren. Der Familie, den Eltern, zwei Brüdern und einer Schwester, fühlte er sich zeitlebens verbunden. Nach Studien bei Roscelin von Compiègne und anschließend in Paris bei dem berühmten Logiklehrer Wilhelm von Champeaux, von dem er sich im Streit trennte, gründete er 21jährig eine Schule zunächst in Melun und dann in Corbeil bei Paris, von wo er sich in sein Elternhaus zurückzog. 1108 kehrte A. nach Paris zurück, studierte bei Wilhelm von Champeaux Rhetorik, überwarf sich aber neuerlich mit seinem Lehrer, weil A. ihn nötigte, »seine Lehre von den Universalien zu modifizieren, was seinem Ansehen ebenso sehr schadete, wie es dasjenige Abaelards hob« (R. Peppermüller, 8). Wilhelm verhinderte, daß A. sein Nachfolger wurde, worauf A. dann nach Melun zurückkehrte.

Zur Aufnahmefeier der Eltern ins Kloster (ca. 1113) reiste A. nochmals in die Bretagne. Von dort begab er sich an die Domschule nach Laon, um bei Anselm von Laon Theologie zu studieren. Anselm vermochte aber den wißbegierigen A. nicht zufriedenzustellen. A. ging nach Paris an die Domschule von Nôtre Dame und übernahm hier eine Lehrtätigkeit, die er mit großem Erfolg ausübte.

Eine Wende in seinem Leben bedeutete seine Beziehung zu Heloise, einer etwa zwanzig Jahre jüngeren Frau. Die hochgebildete Heloise lebte bei ihrem Onkel, dem Kanoniker Fulbert. Als Heloise ein Kind erwartete, brachte A. sie zu seiner Schwester in die Bretagne, wo sie ca. 1118 den Sohn Astralabius gebar. Fulbert ließ A. aus Rache entmannen.

Auf Wunsch A.s trat Heloise in das Kloster Argenteuil ein, er selbst wurde Mönch in St. Denis. Hier setzte er seine Lehrtätigkeit fort; 1120 verfaßte er seinen Traktat »Über die göttliche Einheit und Dreiheit«. Dieses Werk wurde auf Betreiben seiner Gegner auf der Synode von Soissons verurteilt. A. wurde ins Kloster St. Médard (bei Soissons) eingesperrt, konnte jedoch bald nach St. Denis zurückkehren. Hier überwarf er sich aber mit Abt und Konvent, da er an der Historizität des Namenspatrons des Klosters, des hl. Dionysius, zweifelte. Er floh vor den Nachstellungen der Mönche und erbaute im Umkreis von Troyes eine Andachtsstätte. Der der Hl. Dreifaltigkeit geweihten Kapelle gab er wie der sich schnell bildenden Kommunität den Namen »Paraklet« (Tröster). Scharenweise strömten Schüler zu A. in die Einsamkeit. Nun entfaltete A. eine große Wirksamkeit. Erneut befaßte er sich mit der Dreifaltigkeit, arbeitete an seiner »Dialektik« und vollendete das für die exegetische Methode grundlegende Werk »Sic et Non«.

1128 wurde A. Abt des Klosters St. Gildas de Ruys in der Bretagne. 1129 begegnete A. wieder Heloise; sie wird von A. in das Kloster Paraklet aufgenommen und dort als Äbtissin eingesetzt. A. und Heloise sehen sich nun wieder häufiger, was ihnen, wie sie in ihren Briefen betonen, zu großem Trost gereicht. Auch in St. Gildas geriet A. in Auseinandersetzungen und verließ 1135 das Kloster. Er ging schließlich wieder nach Paris und lehrte in St. Geneviève; hier waren unter seinen Schülern Johannes von Salisbury und Arnold von Brescia.

Um 1139 setzten Verfolgungen ein, die sich seit Jahren angekündigt hatten. Der Angriff ging von Wilhelm von St. Thierry aus, und Bernhard von Clairvaux schloß sich mit Vorwürfen an. Für Bernhard konnte durch Logik und Vernunft im Gegensatz zu A. die Richtigkeit der theologischen Rede nicht erwiesen werden. 1140 verurteilte die Synode von Sens 19 inkriminierte Sätze A.s, ohne ihn vorher gehört zu haben. A. appellierte an den Papst. Die Entscheidung des Papstes erging am 16. Juli 1140: A. wurde als Häretiker zu ewigem Stillschweigen verurteilt. Allerdings war A. nicht mehr, wie er beabsichtigt hatte, zur Klärung seiner Anklagen nach Rom gelangt. Wegen seiner angeschlagenen Gesundheit kam er nur bis Cluny. Der dortige Abt Petrus Venerabilis brachte ihm tiefes Mitgefühl entgegen. Am 21. April 1142 starb A. in Cluny. Petrus Venerabilis ließ den Leichnam zum Kloster Paraklet überführen. Er würdigte A. als einen Mann, der »treuer Diener Christi und der wahren Philosophie war« und »dessen Namen man allzeit mit Ehrerbietung nennen« wird (M. Fumagalli, 229).

Heloise wurde nach ihrem Tod 1164 neben A. beigesetzt. Hier blieben die Gebeine bis zur Französischen Revolution; 1817 wurden sie auf den Friedhof Père-Lachaise in Paris gebracht.

2. Das Werk

a. Philosophie

Unter den phil. Fragen beschäftigten A. vor allem die Logik bzw. Dialektik. Seine Logik ist Sprachlogik, die es ermöglicht, die Struktur von Sprache zu analysieren. Zentrale Frage dabei war: wie gelangt man zu Allgemeinbegriffen. Seine Antwort lautet: Durch Abstraktion. Das Verhältnis von Philosophie und Theologie stellt sich nach A. so dar, daß sie zwar ancilla theologiae (Magd der Theologie) bleibt, für diese aber unbedingt notwendig ist. A. bemüht sich, die Glaubenswahrheiten durch wissenschaftl. Erschließung evident zu machen und so zu aktualisieren. Auch sein »Sic et Non« will durch Gegenüberstellung widersprüchlicher Autoritäten dazu anleiten, wie in solchen Fällen anhand wissenschaftl. Methoden die Wahrheit gefunden werden kann.

b. Theologie

Seine erste theol. Schrift behandelt die Trinität. Kenntnis der Trinität reicht nach A. nicht zum Heil aus; heilsnotwendig ist vielmehr der Glaube an das Wunder der Menschwerdung. In seiner Begründung unterscheidet er sich von der bisherigen Tradition: nach ihm wird die Menschheit erlöst, indem die einzelnen Menschen von der in Christus manifest gewordenen Liebe Gottes existentiell ergriffen und verwandelt werden. Dieser personale Ansatz spielt auch in der Ethik A.s eine große Rolle. Gott sieht nicht auf die Werke als solche, sondern auf die Gesinnung des Menschen. Entscheidend ist die Absicht.

In der Sakramentslehre geht A. von fünf Sakramenten (Taufe, Firmung, Eucharistie, Krankensalbung, Ehe) aus. Nach A. kommt es bei den Sakramenten vor allem darauf an, daß der Mensch glaubt, er habe die caritas und werde von Gott so als gerecht angesehen.

Von A. ging bedeutender Einfluß aus, er hatte zahlreiche Schüler; direkt beeinflußt wurde von ihm Petrus → Lombardus, der sich bei der Abfassung seiner Sentenzen auf A. stützte.

Lit.: R. Peppermüller: »Abaelard«, TRE 1, 1977, 7-17; M.T. Fumagalli: Heloise und Abaelard, 1986; W. Krantz (Hg.): Der Briefwechsel mit Heloisa/Abaelard, 1989; T. Rudolf (Hg.): Petrus Abaelardus, 1079-1142. Person, Werk und Wirkung, 1980.

K. Wittstadt

Abdankung → Begräbnis

Abendgebet → Gebet

Abendmahl

a) biblisch

1. Die Stiftung des A.s durch Jesus wird im NT so früh, vielstimmig und doch im wesentlichen einhellig bezeugt, daß die Annahme, es sei als Kultlegende der Jerusalemer oder gar einer heidenchristl. Gemeinde entstanden, ganz unbegründet ist. Die von Jesus gesprochenen Einsetzungsworte (»Gabeworte« bzw. »Deuteworte«, Mk 14,22-24; Mt 26,26-28; Lk 22,19-20; 1Kor 11,23-25; vgl. Joh 6,51-58) lassen den Sinn des in einer Passanacht (14./15. Nisan) gefeierten A.s klar erkennen: Als der von Gott mit dem Geist gesalbte Messias-Menschensohn war Jesus dazu entschlossen, »dahinzugehen, wie über ihn geschrieben steht« (Mk 14,21), d.h. in Erfüllung von Jes 53 sein Leben als Lösegeld für die Vielen in den Tod zu geben (Mk 10,45; Joh 3,16; vgl. Jes 53,12; 43,3f). Deshalb gab er bei seinem letzten Mahl seinen Jüngern durch einen symbolischen Akt im voraus Anteil an der sühnenden Kraft seines Todes. Dabei deutete er das ungesäuerte Brot und den

Wein (des dritten Bechers des Passa) auf seinen Leib und sein Blut und teilte beides den Jüngern zu als Gabe des Heils und Unterpfand für die Sündenvergebung. Diese Deutung der Mahlelemente auf das Heilsgeschehen hat im Ritus des Passa-Seders ihr Vorbild, bei dem das ungesäuerte Brot, die Bitterkräuter und das Fruchtmus auf das Geschehen in der Passanacht bezogen werden (2Mo 12,8.26f; 13,7f.14; vgl. Mischna Pes 10,5); von der Passatradition her erklären sich auch die Wiederholung und der Gedächtnischarakter des Mahls (2Mo 12,24; 13,9). Die Wahl von Brot und Wein als symbolische Gaben, sowie deren Verteilung, war von der Weissagung Jes 53, speziell von deren Schluß (V. 12), nahegelegt: Der Gottesknecht gießt seine Seele = Leben aus, d.h. er vergießt sein Blut (V. 12c; vgl. 3Mo 17,11) und er »trägt die Sünden der Vielen« (V. 12e), »trägt sie mit seinem Leib hinauf auf das Holz« (vgl. 1Petr 3,24). Schließlich wird in Jes 53,12a vom »Verteilen« der Beute gesprochen, das den göttlichen Lohn für die Lebenshingabe des Gottesknechts bezeichnet; vgl. dazu das Brechen und Zuteilen des Brotes durch Jesus (Mk 14,22) und das »Verteilen« des Bechers (Lk 22,17).

2. Die Mahlfeier der Jerusalemer Urgemeinde, das sog. »Brotbrechen« (Apg 2,42.46; 20,7) schließt sich auch an die Tradition der gemeinsamen Mahle Jesu mit seinen Jüngern an; es gehört mit dem A. zusammen und feiert wie dieses die Gemeinschaft mit dem erhöhten Herrn. Dieses Brotbrechen wurde aus dem gemeinsamen Vermögen bestritten und in Herzenseinfalt erlebt (2,44-46); kennzeichnend war auch die freudige Erwartung der Wiederkunft des gekreuzigten und auferstandenen Herrn (Apg 2,46; 1Kor 11,26; vgl. 16,22 den Ruf »Marantha«!). Die Bindung an das Datum des Passa ging dabei verloren; das »Brotbrechen« bzw. »Herrenmahl« wurde oft am Abend, vor allem am »Herrentag« gefeiert (vgl. 1Kor 16,2). Identisch mit dem »Herrenmahl« ist auch das in Jud 12 (vgl. 2Petr 2,13) erwähnte »Liebesmahl« (agape).

3. Paulus, der den literarisch frühesten Bericht vom »Herrenmahl« (1Kor 11,20-34) bietet, betont den Gemeinschaftscharakter der abendlichen Feier und das Anteilgeben an den Speisen, obwohl er in Korinth keine Gütergemeinschaft voraussetzen kann (V. 17-22.33f). Christus ist das »für uns geschlachtete Passalamm« (1Kor 5,7). Der Apostel spricht vom »Herrenmahl« (1Kor 11,20) und vom »Tisch des Herrn« (1Kor 10,21), weil dieses Mahl wie das Passa (2Mo 12,14 vgl. 13,9) zum Gedächtnis des Herrn gefeiert wird (V. 24f); es ist von der Verkündigung seines Todes und der Erwartung seiner Wiederkunft begleitet (V. 26). Der Herr des Mahls ist der erhöhte Gottessohn und endzeitliche Adam; die Christen feiern das Mahl mit ihm als die Glieder an seinem Leib. Durch den Genuß der geistlichen Speise wird die Gemeinschaft mit dem Herrn der Kirche und auch die der Glieder untereinander gestärkt; das den Leib Christi bezeichnende Brot drückt die Einheit der Gemeinde aus (1Kor 10,16f). Das Kelchwort wird vom Apostel so formuliert, daß das sühnende Blut Christi als Antithese zu dem im damaligen Judentum soteriologisch bewerteten Blut der Beschneidung erscheint: »Der neue Bund in meinem Blut« (11,25; vgl. dazu 1Mo 17,13: »Mein Bund soll an eurem Fleisch ein ewiger Bund sein«; vgl. Röm 2,28; Gal 6,13). Das Blut des Messias, nicht das der Beschneidung, bewirkt die Vergebung der Sünden und schafft so die Voraussetzung für den Neuen Bund (Jer 31,34; vgl. 2Mo 24,8). Unwürdig ißt und trinkt, wer der »organischen« Gemeinschaft im Leibe Christi selbstsüchtig oder auch gedankenlos zuwiderhandelt (11,27-29); Krankheit und Tod sollten als Symptome der Sünde (vgl. Röm 5,12) eigentlich nicht mehr in der Gemeinde herrschen (V. 30), zumal sie vom Gottesknecht für uns (weg)getragen wurden (Jes 53,4; vgl. Mt 8,17).

4. Nach dem Zeugnis des JohEv.s starb Jesus, das wahre Passalamm (19,36; vgl. 2Mo 12,46), zu der Zeit, als im Tempel die Passalämmer geschlachtet wurden (18,28.39; vgl. 19,14). Das letzte Mahl Jesu mit seinen Jüngern kann demnach kein Passa gewesen sein (vgl. 13,29), oder es war, weil auch die johann. Schilderung Hinweise auf die jüd. Passafeier enthält (13,26f), ein vorgezogenes Passa. Mit der Fußwaschung, die Jesus beim letzten Mahl vollzog, schenkte Jesus seinen Jüngern auf sinnbildliche Weise »Anteil« an seiner Person (13,8) und Reinheit von Sünden (13,10). Stark betont und schon am Anfang bezeugt (1,29) wird die von Christus vollbrachte Erfüllung von Jes 53, der Verheißung des für uns leidenden Gottesknechts: Jesus ist das Lamm Gottes, das die Sünden der Welt wegträgt (Jes 53,7.12); auch mit seinen Wundern = »Zeichen« erfüllte er die Weissagung vom messianischen Gottesknecht, durch den sich der »Arm des Herrn« heilbringend offenbart (12,37f). Weil der Knecht Gottes durch seine Lebenshingabe die Sünden der Welt wegträgt und das Todesurteil über den Sünder aufhebt, schenkt die Gemeinschaft mit ihm das ewige Leben. Im Herrenmahl bietet er sich als das lebendige, vom Himmel kommende Brot, als das Manna der Endzeit an (6,50f). Sein Fleisch und sein Blut sind wahre Speise und wahrer Trank; wer sie

genießt, wird ewig leben durch die Auferstehung (6,52-58).

5. In Hebr 13,10-13 werden der Sühnetod Jesu und das Herrenmahl mit den blutigen Opfern, der Blutbesprengung am Großen Versöhnungstag und mit der Opfermahlzeit (2Mo 24,11) verglichen, wobei sie diese überbieten: Der »Tisch des Herrn« (vgl. 1Kor 10,21) ist gleichsam der Altar des Neuen Bundes (vgl. Mal 1,7.12; 1Kor 9,13; 10,18-21), von dem jedoch die Priester nicht essen dürfen (V. 10). Somit ist das Opfermahl der christl. Gemeinden nicht an einen heiligen Stand wie den von Priestern und Leviten noch an ein irdisches Heiligtum gebunden. Es ist ja das Mahl des endzeitlichen Hohenpriesters, der draußen vor dem Lager gelitten und das Gottesvolk durch sein eigenes Blut geheiligt hat (V. 12). Von daher gesehen ist die in der Alten Kirche aufkommende Auffassung abzulehnen, das Herrenmahl müsse analog zum Kult des Alten Bundes verstanden und als eine von einem Priester vollzogene Opferhandlung gefeiert werden (vgl. die Bezeichnung »Opfer« in Did 14,1; Ign, Eph 5,2: Opferaltar). Das Herrenmahl ist vielmehr ganz als Gabe des sich für uns opfernden messianischen Hohenpriesters zu verstehen; und das Priestertum aller Gläubigen wird in der dankbaren Annahme und im verkündigenden Gedenken an dieses Opfer auf Golgatha bewährt.

Lit.: O. Betz: Das Mahl des Herrn bei Paulus, in: Jesus der Herr der Kirche, 1970, 217-251 (Lit.); H. Feld: Das Verständnis des Abendmahls, 1976; J. Jeremias: Die Abendmahlsworte Jesu, 1935; H.W. Patsch: Abendmahl und historischer Jesus, 1972; S. Ruager: »Wir haben einen Altar«, KuD 36, 1990, 72-77; E.J. Schnabel: »Abendmahl«, GBL 1, 1987, 3-6.

O. Betz

b) theologiegeschichtlich

1. Für die frühe Kirche war das Hl. A. in Feier und Theologie auffallend unproblematisch. Sicherlich ist das A. von der ersten Generation der Christenheit an regelmäßig, zunächst täglich (Apg 2,42.46f), dann wöchentlich an jedem ersten Tag der Woche (Apg20,7 u.a.) gefeiert worden, und noch → Luther und → Calvin sind wie selbstverständlich so verfahren. Als Bezeichnung wurde in der → Alten Kirche »Herrenmahl«, »Eucharistie« oder auch »Passa des Herrn« gebraucht, der historisierende Begriff Abendmahl bzw. Nachtmahl ist erst im 16. Jh. aufgekommen. Am verbreitetsten ist im Abendland die Bezeichnung »Messe« geworden. Die paulin. Benennung »Herrenmahl« (1Kor 11,20) scheint am angemessensten zu sein und verdient gegenüber allen anderen den Vorzug.

Sicher ist, daß in der Alten Kirche nur Getaufte am Herrenmahl teilnehmen konnten, und die Ungetauften vorher ausdrücklich entlassen wurden. Schon früh, offenbar um 100 (vgl. die Didache und die Ignatianen, → Apostolische Väter), hat der Gemeindebischof (= Pfarrer) das Herrenmahl geleitet, ohne daß die Austeilung auf ihn beschränkt blieb. Je mehr Weihestufen sich ergaben (Clerus maior, clerus minor) desto mehr blieb die Eucharistiefeier, schon aus Gründen liturgischer Kontinuität, dem Bischof vorbehalten. Für die abendländische Kirche war das eher eine Frage der Ordnung, für die Ostkirche Gesichtspunkt der geheimnisvollen Anwesenheit des Herrn, die sich im Bischof repräsentierte.

Abendmahlstheologien finden sich in der Alten Kirche kaum und deshalb auch keine Abendmahlsstreitigkeiten. Die Anbetung und der Lobpreis, die → Doxologie also, sind angemessenere Umgangsformen mit dem Herrenmahl als theol. Reflexion.

Geregelt wurde allerdings der Verlauf der »Gläubigenmesse«. Dafür gibt es schon in der Didache (um 100) Zeugnisse, bei Justin (ca. 150) und dann die noch heute gefeierte Liturgie der Ost- und Westkirchen, nahezu abgeschlossen vorhanden bei Hippolyt (um 240). Die Chrystostomus- und die Basileios-Liturgie der Ostkirche haben die gleiche Grundstruktur wie die röm. Messe für die Herrenmahlsfeier bewahrt. Alle späteren Kirchenordnungen enthalten ebenfalls Herrenmahlliturgien, sogenannte Sakramentarien. Der Ausschluß vom Herrenmahl auf Zeit galt in der Alten Kirche als Kirchenzuchtmaßnahme für den einzelnen Christen, aber niemals wurde in der Aufkündigung der Kirchengemeinschaft (z.B. nach den großen Konzilien) auch der Ausschluß aus der Sakramentsgemeinschaft gesehen, auch wenn sie das faktisch im Laufe der weiteren Entwicklung bedeutete.

2. Im MA ist eine charakteristische Umakzentuierung festzustellen: Der Lobpreis der versammelten Gemeinde über den ausgeteilten und empfangenen Heilsgaben, zu denen natürlich vor allem Christus selbst zählt, verschob sich auf die reale Gegenwart Christi unter den Seinen. Weil das röm.-germanische Denken kaum Zugang zum östl. Symbolverständnis hatte, konnte die Anwesenheit Christi nur entweder realistisch oder spiritualistisch gedeutet werden. In diesem Sinn wurde der erste Abendmahlsstreit zwischen zwei Mönchen aus Corbie, Radbertus (gest. 859) und Ratramnus (gest. ca. 868) geführt, ähnlich auch der zweite Abendmahlsstreit

zwischen → Berengar von Tours und Lanfrank von Bec im 11. Jh. Dabei wurden die Formulierungen in Aussage und Abgrenzung immer härter und spitzfindiger. Mehrere Synoden verurteilten Berengar, der schließlich Widerruf leistete. Die Alternative Bild oder Wirklichkeit, Zeichen oder Wahrheit, hat die Auseinandersetzung verhärtet und belastet. Bis ins 20. Jh. hinein ist die Abendmahlsdiskussion zwischen ev. und kath., aber auch zwischen luth. und ref. Theologie von diesen Voraussetzungen aus geführt worden und wenig weitergekommen. Im 4. Laterankonzil 1215 wurde die Transsubstantiation dogmatisch festgestellt: »Sein Leib und sein Blut sind im Sakrament des Altars unter den Gestalten von Brot und Wein wahrhaftig enthalten, nachdem durch Gottes Macht das Brot in den Leib und der Wein in das Blut wesenverwandelt (!) sind«. Dies geschieht beim Sprechen der Einsetzungsworte über Brot und Wein durch den geweihten Priester. Die Substanz von Brot und Wein wandelt sich, nur die äußeren Eigenschaften, z.B. des Brotes, bleiben erhalten. Mit der Lehre von der Konkomitanz, daß nämlich der Glaubende Christus beim Empfang jeder einzelnen Gestalt des Sakramentes voll und ganz begegne, ergab sich, daß auf die Kommunion unter beiden Gestalten verzichtet und der ganze Christus in der Hostie als anwesend verehrt werden konnte. Die Einführung des Fronleichnamsfestes (1264) führte dann konsequent zur Elevation der konsekrierten Hostie und zur verehrenden Augenkommunion der Gemeinde. Im Spätmittelalter trat der kirchl. Charakter des Sakramentes weithin zurück, und entsprechend verstärkte sich der individualistische Umgang im Verständnis und in Kommunion. Daß die Beichte jetzt Voraussetzung zum Empfang des A.s wurde, hat weder der Beichte noch dem Herrenmahl gutgetan. Von daher ergaben sich Multiplizierungen (Mehrfachfeiern bei Unwürdigkeit) und Formalisierungen (z.B. im Zusammenhang mit dem Ablaß, mit den vielen Heiligenfesten etc.). Der Sinn für das »Geheimnis des Glaubens« ging zunehmend verloren.

3. Der Neuansatz der → Reformation bestand in der gemeinsamen Orientierung all ihrer Vertreter und Gruppen am Evangelium, wie es in der Hl. Schrift Alten und Neuen Testaments verkündigt worden ist. Daran mußten sich auch alle bisherigen Sakramente, ihr Verständnis und ihr Vollzug messen lassen. So wurde die Zahl der Sakramente, deren Einsetzung auf Christus selbst zurückgeführt wurde, auf drei bzw. zwei reduziert: Taufe, Beichte und Abendmahl, wobei die Beichte schon im 16. Jh. immer deutlicher der Taufe integriert und also als Taufvergewisserung verstanden wurde. Von wenigen Unterschieden abgesehen waren sich die Reformatoren in zentralen Aspekten der A.slehre einig:

Das A. hat Gabe-Charakter und Für-Charakter. Die Glaubenden werden mit Christus beschenkt, und Christus gibt sich, indem er seinen Geschöpfen ver-gibt, was sie von ihm trennt. Eingeladen sind Sünder, und würdig zu kommen ist, wer sich unwürdig weiß und fühlt. Weil Christus in den Alltag der Seinen hineintritt, sind die Gaben, die ihn bezeichnen, die alltäglichen Nahrungsmittel des Orientalen: Brot und Wein. Im Gehorsam gegenüber der Einsetzung Christi wird deshalb der Verzicht auf die Kelchkommunion der mittelalterl. Kirche von den Reformatoren nicht akzeptiert, sondern »in beiderlei Gestalt« A. gefeiert.

Das A. hat für die Reformatoren Gemeinschafts-Charakter; es versammelt das Volk Gottes unterwegs und darf nur mit der Gemeinde zusammen gefeiert werden. Abgelehnt werden also alle Privatmessen, aber auch die lat. Liturgie, an der sich die Gemeinde nicht beteiligen kann. Die »Deutsche Messe« wird ebenso selbstverständlich wie die Deutsche Bibel. Abgelehnt wird auch der Verzicht auf Kommunion durch »Augenkommunion« oder durch andere Formen privater Gemeinschaft mit Christus. Es empfangen alle das Gleiche: Brot und Wein, und trinken alle aus einem Kelch.

Das A. hat für die Reformatoren den Charakter der Danksagung, des Gotteslobes, der Verbindung der irdischen mit der himmlischen Gemeinde, der Erfahrung des neuen Lebens, an dem alle Glaubenden gegen jeden Augenschein schon jetzt Anteil haben.

Das A. hat nach reformat. Lehre den Charakter der Erinnerungsfeier. So ist Kirche immer Gedächtnisgemeinschaft (allerdings nicht im historisierenden Sinn in Erinnerung an die letzte Mahlfeier Jesu mit seinen Jüngern. Hier liegt das Mißverständnis Zwinglis begründet, daß das A. eigentlich nur einmal im Jahr, nämlich am Gründonnerstag, zu feiern sei). Kirche weiß, indem sie A. feiert, ihren Herrn gegenwärtig.

Nach den Vorstellungen des MAs, die weit bis ins 19. Jh. gegolten haben, war die Gegenwart Christi nur substantiell vorstellbar, und so kam es zu den schwierigen Denkmodellen der Transsubstantiation (Verwandlung von Brot und Wein in Leib und Blut Christi) und Konsubstantiation (Brot und Wein bleiben, was sie sind, aber Leib und Blut Christi verbinden sich geheimnisvoll mit ihnen; so die luth. Tradition) einerseits und dem Gedanken der Gegenwart Christi im Heiligen Geist andererseits, wobei Christus zur Rechten Gottes bleibt und von seiner Gemeinde zwar leiblich getrennt ist, aber der Geist vergegenwärtigt Christus im Glauben – parallel zum Empfang von Brot und Wein – und macht die Abendmahlsgaben zu sichtbaren »Wahrzeichen und Unterpfändern« Christi Anwesenheit (so Calvin und die ref. Tradition). Darin waren sich alle Reformatoren einig, daß die Realpräsenz Christi in Brot und Wein auf den Gottesdienst selbst beschränkt bleibt und eine Aufbewahrung (bzw. Aussetzung) des geweihten Brotes im Tabernakel (bzw. in der Monstranz) nicht erforderlich sei.

Im MA war der Streit um Trans- bzw. Konsubstantiation eine Schulauseinandersetzung zwischen Dominikanern und Franziskanern gewesen; Luther hat als ehemaliger Mönch die franziskanische Position vertreten, während Calvin sich mehr dem humanistischen Standpunkt geöffnet hat. Die Auseinandersetzung um das A. hat schon im 16. Jh. die reformat. Theologen entzweit und entsprechend auch die ihnen zugeordneten Kirchen. Kein Wunder, daß der Aufbruch zum A. in der Reformationszeit schon um 1550 stecken blieb und daß sich ev. A.sfrömmigkeit unentwickelt oder zumindest unterentwickelt darstellte. Der Streit der Theologen ergab für die Gemeinde oft genug Verunsicherung und damit Verzicht auf Umgang mit dem A., den die Amtskirche dann mit Verzicht auf Angebot beantwortete. Die → Aufklärung hat in den ev. Kirchen dem Denken des Glaubens und dem »tugendhaften« Leben, aber nicht dem »Geheimnis des Glaubens« und der sakramentalen Dimension des Lebens Vorschub geleistet. Der → Pietismus, die zweite prot. Erneuerungsbewegung, ist von Beginn an eher sakramentsfremd geblieben und hat seine besondere Frömmigkeit fast durchweg am A. vorbei entfaltet.

Durch die ökumen. Bewegung im 20. Jh. (und die wachsende Gemeinschaft unter Christen und Kirchen) hat sich die erstarrte kirchl. Situation verändert. Von den Anglikanern ließ sich lernen, daß tägliche A.sfeiern nicht nur im Katholizismus gehalten werden. Die verweigerte Interkommunion grub sich als tiefer Schmerz und Stachel in die Herzen vieler Christen ein. Lange und sorgfältig geführte Gespräche über die Eucharistie führten schließlich zum Lima-Dokument (1982), das die Weltkirchenkonferenz in Vancouver 1984 angenommen und zu weiterem Bedenken und Leben unter Christen und Kirchen empfohlen hat. Verschiedenes war dem vorausgegangen:

Der Aufbruch kommunitären Lebens im Protestantismus, beginnend mit der Errichtung der Michaelsbruderschaft 1931 und der Gründung von Taizé 1939 war auch ein Aufbruch zum regelmäßig gefeierten A.

Der Kirchenkampf im NS-Staat hat die Bekennende Kirche zunehmend mehr Kirchengemeinschaft als A.sgemeinschaft erfahren lassen. So hat die Bekenntnissynode der Altpreußischen Union in Halle 1936 das theol. Gespräch über das A. wieder aufgenommen. Nach 1945 wurde es weitergeführt und in den »Arnoldshainer Thesen« 1957 überraschend einmütig abgeschlossen.

Dadurch ermutigt haben Vertreter der »Konferenz Europäischer Kirchen« (Lutheraner, Reformierte und Unierte) 1973 nach mehrjährigen Gesprächen die Leuenberger Konkordie abgeschlossen, auf Grund deren – nach Rezeption durch die Gliedkirchen – volle Kanzel- und A.sgemeinschaft unter mehr als 80 europäischen Kirchen erklärt werden konnte. Inzwischen gibt es eine förmliche A.sgemeinschaft zwischen den Gliedkirchen der EKD und der methodistischen wie der altkatholischen Kirche. Die VELKD und die anglikanische Kirchengemeinschaft gewähren sich seit der Meißener Erklärung 1990 ebenfalls volle Interkommunion.

Die röm.-kath. Kirche hat im 2. Vatikanischen Konzil (1962-1965) ihre Theologie neu formuliert und gerade im Gottesdienst- und Sakramentsverständnis weitgehend auf reformat. Anfragen gehört. Das Lima-Dokument ist unter intensiver Mitarbeit röm.-kath. Theologen entstanden. Nicht das Verständnis vom A., sondern vom → Amt verhindert gegenwärtig die Interkommunion zwischen ev. und kath. Christen.

Ursächlich für diese Annäherung in der A.stheologie war vor allem ein Wechsel im »Paradigma«: War die Präsenz Christi unter Brot und Wein über Jh.e hin nur substanzhaft zu begreifen und also eine reale oder spirituale Verwandlung der Elemente in die Christuswirklichkeit hinein anzunehmen, so hat sich seit gut hundert Jahren anstelle von Substanz die »Person« als neue Deutekategorie für das Verwandlungs- und Begegnungsgeschehen im A. ergeben. Im bibl. Sprachgebrauch werden Fleisch und Blut, Leib und Seele u.a. als anthropologische Grundworte für den ganzen Menschen unter je einem bestimmten Aspekt gebraucht, also: das ist mein Leib/Blut = das bin ich selbst. Davon ausgehend hat die Sakramentstheologie der Gegenwart Wunder und Bedeutung des sakramentlichen Geschehens in bibl.-personalen Kategorien gedeutet. »Im A. schenkt sich der auferstandene Christus . . ., er gewährt uns Vergebung der Sünden und befreit uns zu einem neuen Leben aus Glauben« (Leuenberger Konkordie). »Im eucharistischen Mahl gewährt Christus Gemeinschaft mit sich selbst. Gott selbst handelt, indem er dem Leib Christi (sc. der Kirche) Leben schenkt und jedes Glied erneuert.

Die Eucharistie, die Wort und Sakrament einschließt, ist Verkündigung und Feier der Taten Gottes« (Lima-Dokument). So führt der Paradigmenwechsel von Substanz zur Person zu neuem Zugang zum A., zu neuer Begegnung mit dem sich in Wort und Sakrament durch den Geist vergegenwärtigenden Herrn.

Lit.: E. Bizer, W. Kreck: Die Abendmahlslehre in den reformatorischen Bekenntnisschriften, [2]1959; W. Elert: Abendmahl und Kirchengemeinschaft in der alten Kirche hauptsächlich des Ostens, 1954; Gemeinsame röm.-kath./ev.-luth. Kommission (Hg.): Das Abendmahl, [9]1981; W. Lazareth, H. Nissiotis (Hg.): Taufe, Eucharistie und Amt (Lima-Dokument), 1982; G. Niemeier (Hg.): Lehrgespräch über das Heilige Abendmahl, 1961; Th. Sartory: Die Eucharistie im Verständnis der Konfessionen, 1961; E. Schink, J. Schniewind, E. Sommerlath: Abendmahlsgespräch, 1952; A.V. Ström, G. Delling, G. Kretschmar, E. Iserloh, J. Staedtke, A. Peters, U. Kühn, G. Wingren: »Abendmahl I-V«, TRE 1, 1977, 43-229 (Lit.).

G. Ruhbach

c) systematisch-theologisch

1. Das A. wird systemat.-theol. in der Lehre von den Heilsmitteln (*media salutis*) zusammen mit dem Wort Gottes und der Taufe behandelt. Dieses Lehrstück von den Heilsmitteln steht vor der Behandlung der Kirche. Die *media salutis* sind Grund ihrer Möglichkeit. Dieses Lehrstück folgt der Darlegung über die Gnadenwirkungen des Hl. Geistes. Es zeigt die konkreten Weisen seines Wirkens. Zwischen der Behandlung der Wirkung des Hl. Geistes als Grund der *media salutis* und der Kirche als ihrer Folge also werden das Wort Gottes, die Taufe und das A. bedacht. Dieser Ort seiner dogmat. Behandlung sagt über das A. schon Entscheidendes: Im Wort Gottes, in der Taufe und im A. handelt Gott als Hl. Geist. Dieses sein dreifaches Wirken konstituiert und ereignet die Kirche.

2. Gott, der Hl. Geist, wirkt sein Heil wie durch sein Wort und durch die Taufe so durch das A., in dem Jesus in seinem sich hingebenden Handeln an die Jünger wie die Welt repräsentiert wird. Der das A. haltende Geistliche teilt den »Leib« und das »Blut« Jesu aus. Es ist der »Leib«, d.i. die Person Jesu und nicht nur sein »Fleisch«, die er austeilt. Damit greift als Wirken des Hl. Geistes die Koinonia Jesu Platz. Der ausgeteilte »Leib« Jesu gibt Anteil an seinem Wort, seinem Werk wie an seiner Person. Es geschieht im A. ein »kultisches« Gedächtnis. Das Gedächtnis macht im Geiste Gottes das in Jesu Person anwesende Heil präsent.

3. Das A. – als gottesdienstl. Handlung – setzt also das letzte Mahl Jesu mit seinen Jüngern, in dem er die gleichnishaften Deuteworte zu Brot und Wein gab, fort. Dieses Mahl geschieht »zum Gedächtnis Jesu«, d.h. im Heiligen Geist; denn nach Joh 14,26 erinnert der Geist an alles, was Jesus gesagt hat. In der Handlung des A.s ist der gekreuzigte Herr gegenwärtig. Brot und Wein werden als sein Leib und Blut empfangen, und wie Paulus 1Kor 11,26 sagt, wird damit der Tod des Herrn verkündigt, bis er kommt. Der Erhöhte gibt uns Anteil an seinem Tode. Aber er ist im A. ebenso als der Wiederkommende gegenwärtig. Das A. macht die Parusie des Herrn lebendig. Kreuz und Parusie sind im A. miteinander gegenwärtig, denn das A. ist ein Verweis auf die himmlische Mahlgemeinschaft in der Parusie Jesu Christi. Das A. gibt also Anteil an dem Tode wie an dem Kommen Jesu. Es geschieht in der Weise des »für euch«, d.h. das A. ist die Zuwendung in der Selbsthingabe des Herrn im Kreuz wie in der Parusie. Nicht »Opfer« geschieht im A., sondern Hingabe des Herrn an die Gemeinde und Hingabe der das Mahl feiernden Gemeinde an den Herrn. Zuwendung des dreieinigen Gottes zu seiner Gemeinde in Realpräsenz des gekreuzigten und wiederkommenden Herrn vollzieht die Vergebung der Sünden, die in der vorhergehenden Beichte angesagt ist. Im A. geschieht Kirche, indem der dreieinige Gott handelt und die Teilhaber des Mahles aus der empfangenen Liebe seines Kreuzes wie seiner Parusie zum gegenseitigen Dienst der Liebe füreinander wie zum gemeinsamen Dienst an der Welt freimacht. Die Mahlteilhaber handeln in der Gemeinschaft dieses Mahles und der Einheit aller Glaubenden auf Erden. Die universale Kirche baut sich in dem örtlichen Mahl auf. Sie baut sich auf in der Hingabe, die Röm 12,1 beschrieben wird. Es ist die »Darbringung unserer selbst durch, mit und in Jesus Christus als lebendige Opfergabe«. Die Gemeinde wird hineingenommen in die Hingabe Jesu für die Welt und glaubt darin an die Vollendung der Welt durch den dreieinigen Gott.

Lit.: H. Grass: Die Abendmahlslehre bei Luther und Calvin, [2]1954; R. Koch: Erbe und Auftrag. Das Abendmahlsgespräch in der Theologie des 20. Jahrhunderts, 1957; U. Kühn: »Abendmahl IV«, TRE 1, 1977, 145-212 (Lit.); K. Lohmann, E. Schlink (Hg.): Das Opfer Jesu Christi und seine Gegenwart in der Kirche. Kontroversen und Klärungen zum Opferverständnis, 1983; E. Schlink: Ökumenische Dogmatik, 1983.

C.H. Ratschow

d) praktisch-theologisch

Hierbei geht es insbesondere um folgende Fragen:

(1.) Wer leitet und wer teilt aus?

(2.) Wer darf teilnehmen?

(3.) Auf welche Weise werden Brot und Wein ausgeteilt?

(4.) Wie kommuniziert die Gemeinde?

(5.) Wo stehen die Abendmahlsgeräte auf dem Altar?

Da das sog. *ius liturgicum* (Gottesdienstordnungs-Recht) den einzelnen evang. Landeskirchen zusteht, gibt es hier unterschiedliche Einzelregulierungen. Als gemeinsamer Grundsatz gilt: So nahe wie möglich am Wortlaut der Stiftungsworte bleiben!

1. Nach ev. Verständnis ist beim A. Christus selbst Gastgeber und Tischherr. Dem entspricht es, daß die Feier von einem Gemeindeglied geleitet wird, das dazu *rite* (ordnungsgemäß) beauftragt ist. In der Regel ist das ein Ordinierter; in Ausnahmefällen auch ein Gemeindeglied, das von der Kirchenleitung zugerüstet und ermächtigt worden ist. Bei der Austeilung können auch Kirchenälteste oder andere Mitarbeiter behilflich sein.

2. In der Frage, wer am ev. A. teilnehmen darf, stimmen die evang. Kirchen nicht nur mit dem gesamtökumen. Konsens überein (nur getaufte Christen), sondern haben auch an Luthers Grundsatz festgehalten: Es soll niemand zum Sakrament zugelassen werden, der nicht die grundlegenden Stücke des christl. Glaubens zuvor gelernt hat (Kl. Kat., Vorrede). Inzwischen haben alle ev. Landeskirchen besondere Ordnungen über eine mögliche Teilnahme von Kindern – also vor der Konfirmation – erlassen und über ein entsprechendes seelsorgerl. Vorgehen bei solchen Teilnehmern, die (noch) nicht getauft sind, aber doch am A. teilnehmen (möchten). Im übrigen gilt auch gegenüber röm.-kath. Christen der Grundsatz der eucharistischen Gastbereitschaft.

3. In den der ref. Tradition folgenden Kirchen wird in der Regel an der Form des Brots – geschnitten in quadratische Säulen – festgehalten; dabei wird dann auch wirklich das »Brot-Brechen« praktisch gehandhabt. In den luth. Kirchen hingegen ist an seiner Stelle die Hostie üblich; neben weißen Oblaten gibt es heute auch die Form der Brothostie. Außerdem findet auch dort der Gebrauch von echtem Brot immer mehr Eingang. Der Gestus, daß das Brot gebrochen und geteilt werden soll, kann hingegen auch mit Hostien mit einem größeren Durchmesser (sog. Konzelebrationshostien) vollzogen werden. Strittiger ist die Verwendung von Wein. Dabei hat der Rotwein mit seiner Symbolkraft gegenüber dem Weißwein den Vorzug. Anstelle von vergorenem Wein hat sich jedoch in der jüngeren Vergangenheit immer mehr unvergorener Traubensaft eingebürgert. Mit Rücksicht auf Alkoholkranke mag das durchaus eine seelsorgerl. Berechtigung haben. Die Rücksichtnahme gilt aber auch denen, die am bibl. Vorbild festhalten möchten und die den Alkoholgefährdeten empfehlen, den Kelch an sich vorüberziehen zu lassen. Überdies gibt es auch hygienische Gründe gegen die Verwendung von Traubensaft.

4. Vor der Teilnahme an der Kommunion ergeht die Einladung Jesu: »Kommt, denn es ist alles bereit!« (Lk 14,17). Dementsprechend treten die Kommunikanten aus den Bänken oder Stuhlreihen nach vorne (»wandelnde Kommunion«) und empfangen in Gruppen stehenderweise oder kniend das A. Bei der »fließenden« Kommunion gehen die Kommunikanten nacheinander zu dem, der das Brot austeilt, und danach zu dem, der den Kelch reicht. Bei der sog. Herrnhuter Form (»sitzende Kommunion«) bringen die Austeilenden die Elemente in die Reihen, wo sie dann von den Kommunizierenden weitergereicht werden.

In der ev. A.sfeier kommt dem Gemeinschaftskelch eine hohe Bedeutung zu. Viele Kommunikanten erkennen in dem gemeinsamen Trinken aus einem Kelch (1Kor 10,16.17) einen besonderen Symbolwert. Alle anderen Formen, wie der aus den USA gekommene Einzelkelch oder der aus den skandinav. Kirchen kommende Gießkelch, aus dem die Einzelkelche gespeist werden, sollten den Gemeinschaftskelch nicht verdrängen. Die in den letzten Jahren aufgrund der AIDS-Vorsorge aufgekommene Austeilungsform der Intinctio (die Hostie wird in den Kelch eingetaucht) hat in den ev. Kirchen keine allg. Anerkennung gefunden; sie entspricht jedenfalls nicht der Stiftungsanweisung: Trinket alle daraus! Die Intinctio sollte sich daher auf Notfälle (Krankenabendmahl) beschränken.

Einer von kath. Seite oftmals vorgetragenen Bitte entspricht es, daß in ev. Kirchen die Frage nach der Verwendung der übriggebliebenen Abendmahlsgaben zunehmend bedacht wird. Immerhin handelt es sich um Schöpfungsgaben mit einem hohen Gefühlswert, die zudem – auch wenn sie nicht konsekriert wurden – für die Verwendung bei der Feier des Hl. A.s bestimmt waren. Übriggebliebene Gaben sollten entweder nach der Mahlfeier verzehrt oder zu Kranken gebracht werden.

5. Nach altem Herkommen ist die »Brot-Seite« des Altars links; dorthin gehören daher die Hostiendose (griech. *pyxis*) und der Hostienteller (lat. *patene*). Auf die »Kelchseite«, rechts, gehören der Kelch (am besten mehrere, damit bei größeren Gruppen die Möglichkeit besteht, die Kelche häufig wechseln und sie jeweils sorgfältig reinigen zu können), die Kanne, Reinigungstücher und eine Schale mit Reinigungsalkohol. Das evtl. notwendige Nachfüllen der Weinkanne erfolgt in der Sakristei.

Lit.: W. Jannasch: »Abendmahl V.«, RGG[3] I, 44-48; Handreichungen der jeweiligen Landeskirchen (z.B. Einführung in die Abendmahlsagende der württembergischen Landeskirche, 1989).

H. Jetter

e) in Freikirchen

1. Allgemeines

Bei den aus der Erweckungsbewegung des 18./19. Jh.s hervorgegangenen sog. klass. ev. Freikirchen (Methodisten, Baptisten, Freie evang. Gemeinden, Brüderversammlungen) steht der Gedanke des Gemeinschaftsmahles im Vordergrund. In Aufnahme ntl. Aussagen betonen sie, daß der erhöhte Herr die Gläubigen an seinen Tisch einlädt, damit die Gemeinschaft mit ihm feiern und zugleich die Einheit des Leibes Christi sichtbar wird. Brot und Kelch sind Zeichen, die sie auf das Erlösungswerk im Opfertod Jesu am Kreuz hinweisen. Allein der Glaube empfängt in den Zeichen den Zuspruch der Vergebung. In Aufnahme bibl. Texte feiert die Gemeinde das Mahl des Herrn als Gedächtnismahl und als Hoffnungsmahl. Zur Teilnahme sind alle Glaubenden eingeladen, die der Versöhnung mit Gott durch Christus gewiß und als Versöhnte zu leben bereit sind. Die Interkommunion ist bei den Freikirchen nie so problematisiert worden wie in den Volkskirchen mit ihrem Sakramentsverständnis. Den Wein durch Traubensaft zu ersetzen, erweist sich nicht als Problem; eher löst die Frage, ob mit Gemeinschafts- oder Individualkelchen gefeiert werden soll, Diskussionen aus.

2. Besonderheiten

a. Die Ev.-methodist. Kirche spricht im Unterschied zu den anderen Freikirchen vom Sakrament des A.s, in dem Christus sich uns schenkt. Eingeladen sind alle, »die Verlangen nach der Gnade Gottes haben«; seit 1987 besteht Kanzel- und → Abendmahlsgemeinschaft zwischen allen Gliedkirchen der EKD und der EmK.

b. In den Brüderversammlungen (darbystischer Prägung) wird jeden Sonntag das »Brotbrechen« gefeiert, das zentraler Bestandteil des Gemeindelebens ist. Dabei steht das Gedächtnis des Todes Jesu im Vordergrund.

c. Den Baptisten war die Darstellung der Einheit des Leibes Christi in der Ortsgemeinde so wichtig, daß sie in den ersten Generationen nur gläubig getaufte Christen zu ihrer Mahlfeier eingeladen hatten. Das führte 1853 in Barmen zum Bruch zwischen J. → Köbner und H.H. → Grafe. Nachdem Köbner namens der Baptistengemeinde die Glaubenstaufe als Voraussetzung zur Teilnahme am Abendmahl Grafe gegenüber geltend gemacht hatte, kam es ein Jahr später zur Gründung der ersten Freien evangelischen Gemeinde in Elberfeld-Barmen. Nach 1945 hat sich in den Baptistengemeinden die Praxis des »offenen Abendmahls« durchgesetzt, das mit allen Glaubenden gefeiert wird. Dabei besteht jedoch der Wunsch nach persönlicher Kenntnis, um einer Anonymität am Tisch des Herrn zu wehren. Das Herrenmahl wird einmal im Monat gefeiert.

Lit.: E. Brandt: Vom Gemeindeleben der Baptisten, in: G. Balders (Hg.): Ein Herr, ein Glaube, eine Taufe, FS 1984, [3]1990, 233ff; G. Jordy: Die Brüderbewegung in Deutschland, Bd. 2, 1981; H. Lenhard: Die Einheit der Kinder Gottes, 1977; W. Popkes: Abendmahl und Gemeinde, [2]1983; K. Steckel, C.E. Sommer (Hg.): Geschichte der Evangelisch-methodistischen Kirche, 1982; Wir feiern Abendmahl, EmK heute, Heft 33, 1980.

E. Brandt

Abendmahlsgemeinschaft

Das letzte Mahl Jesu war ein Jüngermahl und zugleich die Einsetzung des Mahles mit dem auferstandenen Herrn, »bis er kommt« (1Kor 11,26). → Paulus sieht in der Teilhabe an dem gesegneten Kelch und dem gebrochenen Brot »die Gemeinschaft des Leibes Christi« (1Kor 10,16). Diese Gemeinschaft mit Christus stiftet Gemeinschaft unter den Jüngern: »Denn ein Brot ist's: So sind wir viele ein Leib, weil wir alle an einem Brot teilhaben« (1Kor 10,17). Das Mahl ist die Gemeinschaft der → Gemeinde mit ihrem Herrn.

Die A. aller Getauften fand in den Auseinandersetzungen mit Häretikern (Trennung wegen der Lehre) und Schismatikern (Abspaltung wegen der Oberhoheit) eine Einschränkung. Sie wurden von der A. ausgeschlossen. Dieser Regel folgt die röm.-kath. Kirche wie die orthodoxen Kirchen. A. und

Kirchengemeinschaft werden gleichgesetzt. Die Zulassung zum Abendmahl bedeutet die Anerkennung der Gliedschaft am Leibe Christi.

Das Lateran-Konzil von 1059 wandte sich gegen eine Spiritualisierung der Gegenwart Christi im Abendmahl und bekräftigte gemäß den Einsetzungsworten die leibliche Gegenwart des Herrn in den Elementen von Brot und Wein durch »Wandlung«. Die luth. Reformation verwarf diese Transsubstantiation, hielt aber an der leiblichen Gegenwart des Herrn in, mit und unter Brot und Wein fest. Sie ordnete die Zulassung zum Abendmahl über ein Beichtgespräch: »Es ist eine große Sünde, das Sakrament zu verunehren und nicht recht zu brauchen« (Melanchthon, Unterricht der Visitatoren, 1527). Wegen des unterschiedlichen Verständnisses der Gegenwart Jesu Christi im Abendmahl zerbrach die A. zwischen Lutheranern und Reformierten.

Im Zeichen der Aufklärung traten die dogmat. Unterscheidungen zurück. 1817 kam es durch Verfügung des preußischen Königs zur Herstellung der A. zwischen Reformierten und Lutheranern im Königreich Preußen (Altpreußische Union). Zugleich erwachte durch den → Pietismus ein Interesse an der Gemeinschaft im Glauben; der Zugang zum Abendmahl wird dem persönlichen Glauben vorbehalten. Der → Baptismus betrachtete zunächst nur die als Gläubige Getauften als zum Abendmahl zugelassen. Später bürgerte es sich zunehmend ein, daß alle, die an Christus glauben, zum Abendmahl eingeladen sind. Damit war eine Art offene Kommunion etwa im Rahmen der Evangelischen → Allianz ermöglicht.

1973 wurde die Leuenberger Konkordie luth., unierter und ref. Kirchen in Europa als zwischenkirchl. Vereinbarung über den Zugang zum Abendmahl auf der Grundlage des »satis est« aus der Augsburgischen Konfession (CA VII) beschlossen: Wo ein gemeinsames Verständnis der → Rechtfertigung aus Gnaden allein besteht, und das Abendmahlsverständnis der Konkordie angenommen wird, gibt es eine wechselseitige Zulassung zum Abendmahl (wechselseitige offene Kommunion und Interzelebration). Dieses gilt für alle Mitgliedskirchen der → Evangelischen Kirche in Deutschland. Kirchengemeinschaft und A. wurden damit voneinander getrennt.

Aufgrund der Erfahrung mit Leuenberg wurde ein bilaterales Gespräch zwischen der → Evangelisch-methodistischen Kirche (EmK) und der → Vereinigten Evangelisch-Lutherischen Kirche Deutschlands (VELKD) geführt mit dem Ergebnis der Anerkennung der Ämter und der A. In ähnlicher Weise kam es zu einer Vereinbarung über wechselseitige offene Kommunion mit der → Anglikanischen Kirche (1990) und zur wechselseitigen Kommunion und Interzelebration mit der Altkatholischen Kirche. Die Dialoge mit der röm.-kath. Kirche führten zu dem Konvergenzpapier von Lima (1982), das aber keine rechtlichen Konsequenzen hatte. Der Dialog der → Deutschen Katholischen Bischofskonferenz und der Vereinigten Evangelisch-Lutherischen Kirche Deutschlands erbrachte einen Konsenstext »Kirchengemeinschaft in Wort und Sakrament« (1984). Von röm.-kath. Seite wurde für den weiteren Weg einer ökumen. Annäherung eine Veröffentlichung »Einheit vor uns« (1985) vorgelegt. Ev. Christen sind zur Eucharistie in besonderen Notfällen zugelassen. Kath. Christen ist eine Teilnahme am Abendmahl nicht gestattet.

Lit.: Bilaterale Arbeitsgruppe der Deutschen Bischofskonferenz und der Kirchenleitung der VELKD: Kirchengemeinschaft in Wort und Sakrament, 1984; Gemeinsame römisch-katholisch/evangelisch-lutherische Kommission (LWB): Einheit vor uns, 1985; Anglikanisch-lutherisch internationaler Fortsetzungsausschuß, 1987; Kirchliches Lehren in ökumenischer Verpflichtung, 1986.

H. Reller

Aberglaube

»Verkehrter Glaube« (aber = gegen, verkehrt), lautet die (nicht wörtl.) Übersetzung von lat. *superstitio.* In abwertendem Sinn für den vulgären Gebrauch magischer oder astrologischer Praktiken verwendet. Die im Begriff selbst liegende Kritik kann sowohl von einem aufgeklärten Rationalismus als auch von einem bibl. begründeten Offenbarungsglauben her erfolgen, wobei das erstere heute stark überwiegt. Der Begriff entfernt sich demnach zunehmend von seiner ursprünglich rel. Kritik. Es verbindet sich mit ihm die Bedeutung von Unsinn und die Verwerfung eines Realtitätsanspruches, was im christl. Sinn des Wortes nicht gemeint ist. A. beruht auf einer magischen Weltanschauung, allerdings werden diese Hintergründe im allg. nicht bewußt reflektiert. In der volkskundlichen Forschung vermeidet man den wertenden Begriff A. und spricht statt dessen allgemeiner von Volksglauben. Eine höher reflektierte Form ist der Okkultismus und Spiritismus. Die Parapsychologie erhebt den Anspruch, mit streng wissenschaftl. Methoden okkulte Phänomene zu untersuchen. Im A. findet sich aus den verschiedensten Traditionen herrührende Praxis, die in Zauberbüchern u.ä. gesammelt wurde. Teils stammen sie aus dem uralten heidnischen Bereich, teils sind sie der Form nach sogar christl., indem z.B. christl. Symbolik zu magischen Zwecken verwendet wird (L. Röhrich: »Zauberbücher«, RGG³, VI, 1869ff). Oft steht deutlich erkennbar ein Analogiedenken hinter den Praktiken. Der A. ist unterscheidbar in einen noetischen und einen praktischen Bereich. Zum noetischen Bereich gehören alle Formen der Wahrsagerei oder Mantik (Glasrükken, Tischrücken, Pendeln, Buchstabentafel, Kartenlegen, Handlinienlesen, Horoskop, Bleigießen u.v.a.). Zum praktischen Bereich gehören vor allem Gesundheitszauber, ferner Schutzzauber, Amulette, Liebeszauber, Verfolgungszauber; sehr viele volkstümliche Zaubersprüche (L. Röhrich: »Zaubersprüche«, RGG³, VI, 1873ff). Einen gewissen Raum nehmen auch zu meidende Bereiche ein, die angstbesetzt sind (Friedhof, offenes Grab, von Hexen beherrschte Gegenden), oder aber auch Unglückszeichen wie schwarze Katze, Käuzchenruf als Todeszeichen, Zahlensymbolik, Zahl 13, Tagewählerei.

Die Praktiken des A.s, insbesondere wo sie aktiv wahrgenommen werden, führen zu psychischen und geistl. Schäden, die in seelsorgerl. Gesprächen zutage treten. Für die Seelsorge ist eine gewisse psychotherapeutische Kenntnis unerläßlich, um pathologische Erscheinungen von okkult verursachten unterscheiden zu können. Im letzteren Fall ist die Anerkennung der Schuld in der persönlichen Beichte mit Zusage der Vergebung die richtige Art des geistl. Umgangs.

Lit.: K. Koch: Seelsorge und Okkultismus, [26]1985; L. Röhrich, P. Bauer: »Aberglaube«, RGG³, I, 53-63.

K. Knauß

Abessinien → Äthiopien

Abfall vom Glauben → Apostasie

Ablaß

A. ist nur in der westl. Kirche und zwar seit dem 11. Jh. nachweisbar, zunächst in der theol. Diskussion, dann im kirchl. Vollzug. Voraussetzung dafür ist zum einen, daß die öffentliche Buße in den privaten Bereich verlagert wurde, und zum andern, daß – unter Einfluß germanischen Rechtsdenkens – persönliche Sündenstrafen durch Sachleistungen ersetzt werden können. So wird A. bis heute verstanden als »Nachlaß zeitlicher Strafe vor Gott für Sünden, deren Schuld schon getilgt ist, ... durch die Hilfe der Kirche, die im Dienst an der Erlösung den Schatz der Sühneleistungen Christi und der Heiligen autoritativ verwaltet und zuwendet«. (CIC, 1983, c. 992).

Eine Theologie des A.ses wurde von scholastischen Theologen (z.B. von → Albertus Magnus, → Bonaventura, → Thomas von Aquin) entworfen, von anderen jedoch verworfen (z.B. → Wyclif, → Hus, J. von Wesel, W. Gansfort u.a.). Die mittelalterl. Päpste benutzten den A. weithin als Belohnungs- und Disziplinierungsmittel (bei Teilnahme an Kreuzzügen, Wallfahrten, Besuch von Apostelkirchen in Rom, bei der Einführung des Heiligen Jahres u.a.) und zur umfassenden Finanzierung der Ausgaben der röm. Kurie. 1343 wurde von Clemens VI. der »Kirchenschatz« als offizielle Kirchenlehre erklärt.

M. → Luther hat mit den 95 Thesen 1517 den A. heftig kritisiert und die Vergebung aller Schuld auch auf die Befreiung von Sündenstrafen ausgedehnt. Nicht zufällig werden die 95 Thesen (These 1: das ganze Leben des Christen eine Buße) als entscheidender Markstein in der → Reformation angesehen. Das Konzil von Trient (1546 bis 1563) hat die Auswüchse des A.handelns behoben, aber die Theorie des A.ses gilt in der röm.-kath. Kirche bis zum heutigen Tag. K. Rahner hat ihn geistl. als »Fürbittehandlung der Kirche« interpretiert.

Lit.: G.A. Benrath: »Ablaß«, TRE 1, 1977, 347-364; W. Koehler: Dokumente zum Ablaßstreit, ²1934; N. Paulus: Geschichte des Ablasses im Mittelalter, 3 Bde, 1922-1923; K. Rahner: Schriften zur Theologie II, 1955, 185-210; VII, 1967, 472-487.

G. Ruhbach

Abraham → Erzväter

Absolute, Das

1. Der Begriff

Der Begriff ist vom lat. *absolutus* (»losgelöst«) abzuleiten und kann erstens das unbedingte, ewige Sein bezeichnen, das in sich selbst notwendig ist im Gegensatz zu allem von ihm ursächlich abhängigen (und auf es zielgerichtet zustrebenden) Seienden. Insofern ist das A. Gegenstand der Metaphysik.

Zweitens kann das A. als eine letzte Gewißheit im Bereich der Erkenntnistheorie die Identität von Sein und Denken (die Reflexion über das Sein) beschreiben (vgl. → Aristoteles; → Hegel).

Drittens kann das A. ethisch als eine unbedingte und allg. gültige, weil in sich sinnvolle und notwendige moralische Norm verstanden werden im Kontrast zur Zeit- und Situationsbedingtheit menschlicher Konventionen.

2. Das Absolute in der idealistischen Philosophie

Das A. als Thema der Philosophie findet seine höchste Reflexionsgestalt im deutschen → Idealismus. Für den jungen J.G. → Fichte ist das »Ich« das absolute Prinzip der Transzendentalphilosophie, dem allein wahres Sein zukommt und das in titanenhafter Freiheit die Welt und ihre Wirklichkeit selbst entwirft und setzt. Erst in seinem Spätwerk erkennt Fichte als Grund und Grenze der Freiheit des absoluten Ich die Gottheit als das wahrhaft A. »Gott allein ist, und außer ihm ist nichts.«

Die eigentliche Philosophie des A.n entwarf F.W.J. → Schelling. Wie Fichte geht er vom absoluten Ich als dem letzten Realgrund der absoluten Freiheit aus, das er aber sogleich mit Gott identifiziert: »Gott ist nichts als das absolute Ich«. Diesen Gott stellt Schelling als die Aufhebung und Versöhnung aller Widersprüche und Entzweiungen vor. (Er ist gleichzeitig absolute Identität und totale Indifferenz von Geist und Natur, Ich und Nicht-Ich, Subjekt und Objekt). Er ist die absolute Einheit, in der alle Gegensätze ihren Ursprung und Ziel haben. Diese Versöhnung der Gegensätze vollzieht sich nun aber in Gott selbst in Form eines geschichtlichen Prozesses. Gott selbst tritt sich in einer Art Selbstentfremdung als Negation gegenüber, um in der Negation der Negation wieder zur Einheit mit sich selbst und damit zur Selbstaufhebung in der Absolutheit zu kommen. Die Geschichte ist der »Prozeß der vollendeten Bewußtwerdung und vollendeten Personalisierung Gottes«.

Der letztere Gedanke findet sich auch bei G.W.F. → Hegel wieder, in dessen Philosophie seine beiden Vordenker mit ihren Gedankenkomplexen selbst wieder zusammengefaßt und aufgehoben (im doppelten Sinne) werden. Das A. wird von ihm als der absolute Geist verstanden, der sich sowohl in der Welt- und Geistesgeschichte, als auch in den Naturvorgängen in immer neuen dialektischen Prozessen selbst entfaltet. Die Subjekt-Objekt-Spaltung ist bei ihm darin aufgehoben, daß der absolute Geist sich im endlichen Bewußtsein des Menschen selbst reflektiert, wodurch umgekehrt der Mensch selbst ein Teil des Weltgeistes ist. Auffallend an allen idealistischen, auf Absolutheit zielenden Systemen ist ein gewisser Hang zum Pantheismus, der Gott und Mensch bzw. Welt nicht mehr als Gegenüber denkt, sondern beide in jeweils verschiedener Weise identifiziert.

Die Kritik an derartigen Konzepten findet im 19. Jh. ihre bedeutendste Stimme in S. → Kierkegaard. Ein Zugang zum A.n ist für ihn nur in der radikalsubjektiven Entscheidung möglich. In der absoluten Wahl wählt der Mensch die Verzweiflung und damit das A. Im Gegensatz zu Schelling und Hegel findet im dialektischen Prozeß keine Versöhnung der Gegensätze statt, sondern die bleibende Unterschiedenheit von Gott und Mensch wird dokumentiert. Für Kierkegaard drückt sich aber gerade in diesem absoluten Unterschied zu Gott das absolute Verhältnis zu ihm aus. Die Skepsis Kierkegaards gegenüber einem rein intellektuellen Zugang zum A.n findet ihre Fortsetzung im → Agnostizismus, der die Möglichkeit einer phil. Behandlung des A.n überhaupt leugnet bzw. es für eine sinnleere Vokabel hält.

3. Das Absolute und der christliche Glaube

Vom Standpunkt des christl. Glaubens aus gesehen kann die Absolutheit Gottes allenfalls im Zusammenhang der Freiheit und Souveränität Gottes gegenüber seiner Schöpfung und den Geschöpfen thematisiert werden. Ansonsten ist aber bei der Rede von Gott der Begriff des A.n unangemessen, da er doch immer mit den phil. Vorstellungen der Unpersönlichkeit, Unwandelbarkeit, Leidenschaftslosigkeit etc. belastet ist. Demgegenüber stellt die bibl. Offenbarung Gott als in der Geschichte aktiv wirkende Persönlichkeit vor (vgl. 2Mo 3,14, wo die Selbstvorstellung Gottes im Sinne von »Ich werde mich – in der Geschichte – wirksam erweisen!« und nicht als Seinsprinzip gedeutet werden muß). Gott ist zwar Schöpfer dieser Welt, aber er geht nicht in ihr auf, sondern bleibt ihr gegenüber. Er schwebt nicht apathisch über der menschlichen Geschichte, sondern tritt in der Menschheit Christi in diese ein und erleidet am Kreuz den (Selbst-) Widerspruch des Menschen.

Die Antwort auf die Frage nach dem bibl. Gottesbegriff kann daher nicht ein System des A.n sein, das bei der Aseität Gottes (das An-sich-Sein Gottes) einsetzt, sondern nur die Nacherzählung seines geschichtl. Heilshandelns, das Gott selbst dem Menschen in der bibl. Offenbarung zugänglich gemacht hat.

Lit: W. Cramer: Das Absolute und das Kontingente, [2]1976; G. Huber: Das Sein und das Absolute, 1955; R. Kuhlen: »Absolut, das Absolute«, HWP 1, 12-31; J. Möller: Der Geist und das Absolute, 1951.

V. Gäckle

Absolutheit des Christentums

Die A.d.C. wird als theol. Frage seit dem Ende des → Idealismus diskutiert. Ihr Auftreten fällt zusammen mit dem näheren Bekanntwerden mit den großen Weltreligionen in der zweiten Hälfte des 19. Jh.s. Die A.d.C. wird verhandelt als die absolute Überlegenheit der christl. Religion den anderen Religionen gegenüber – wie → Hegel in seiner Religionsphilosophie vom Christentum als der »absoluten Religion« spricht. Ernst Troeltsch hat der Frage die Gestalt gegeben, daß das Christentum nicht dogmatisch absolut sei, daß es aber hist. den anderen Religionen gegenüber »höchststehend« sei. Das Problem ist damit auf die entwicklungsgeschichtliche Sicht verlagert – aber nicht gelöst. Heute wird die A.d.C. nicht mehr dogmatisch postuliert. Man verfährt oft wie G. Rosenkranz, daß Christus als das in seinem Wort stets absolut Neue sowohl dem Christentum wie den anderen Religionen gegenübersteht.

1. Zum rel. Glauben gehört in allen Religionen – auch im Buddhismus – die Überzeugung, mit dem eigenen Glauben der letztgültigen Wahrheit teilhaftig zu sein. Wer diese Überzeugung nicht aufbringt, hat an keiner Religion teil. So gewiß die Religionen alle die letztgültige Wahrheit über Gott, Welt und Mensch zu bringen überzeugt sind, sind sie Religionen. Die Christen haben in diesem Sinne stets ihren Glauben als letztgültige Wahrheit vertreten. Es ist eben in keinem anderen Heil als in Jesu Wort, Werk und Person (Apg 4,12). Der Muslim vertritt diese Überzeugung auch, und zwar in dem hist. Sinne, daß der → Koran zeitlich das letzte der heiligen Bücher und damit die abschließende → Offenbarung sei. Solche Konstruktionen sind Ausdruck der Überzeugung, der letztgültigen Wahrheit im eigenen Glauben teilhaftig zu sein. Kein rel. Glaube kann ohne diese Grundüberzeugung leben.

2. Der christl. Glaube hat stets diese Überzeugung vertreten. Aber wir haben zu zeigen, daß diese Grundüberzeugung, im christl. Glauben letztgültige Wahrheit zu leben, für Christen eine besondere Gestalt annimmt. Dies zeigen wir in dreifacher Richtung:

a. Christen leben in dreifacher Weise angefochten in ihrem christl. Selbstbewußtsein, und zwar erstens durch die Sakralisierung der christl. Botschaft, zweitens durch ihre Konfessionalisierung und drittens durch die Indigenisierung derselben. Die Sakralisierung der Botschaft Jesu ist allein dadurch gegeben, daß aus Jesus, dem israelit. Mann, der Kyrios wurde, der rel. verehrt wird. Die Konfessionalisierung zeigt, daß die christl. Wahrheit nur in der Gebrochenheit verschiedener konfessioneller Überzeugungen da ist. Die Indigenisierung bedeutet, daß die christl. Botschaft sich mit ihrem Eingehen in die verschiedenen Volkstümer und Kulturen »verändert«. Gott läßt sich auf die tief unterschiedenen Volkstümer und ihr Verstehen ein. Dies ist seine gnadenvolle immer erneute → Kondeszendenz. Das heißt: Wir haben als Inhalt unseres christl. Bewußtseins nicht eine zu Tage liegende Wahrheit, sondern durch Sakralisierung, Konfessionalisierung und Indigenisierung veränderte, verstellte und gebrochene Einsichten. Diese Tatsachen lassen uns in bezug auf die Vertretung unserer speziellen christl. Einsichten sehr bescheiden werden.

b. Christen begegnen Andersgläubigen mit der Liebe, die wir auch Ungerechten und Bösen schulden (Mt 5,43-48). Das heißt, Christen umgreifen Andersgläubige in der Liebe, die sie in ihren Überzeugungen achtet, ohne ihre Fremdheit zu leugnen. Paulus macht 1Kor 13 deutlich, daß diese Liebe zu einer Brücke des »Verstehens« werden wird, die uns mit Andersdenkenden verbindet. Diese Liebe läßt uns die tiefen Wahrheiten der fremden Religionen ahnen und macht uns deutlich, wieso die außerchristl. Religionen ihren Anhängern Lebenssinn und Weltgewißheit geben können.

c. Die Religionen sind ein Teil des Welthandelns Gottes. Wie er die Geschicke der Menschen leitet und regiert, wie er festsetzt, in welchen Grenzen sie wohnen sollen (Apg 17,26), so steht er hinter ihrer Suche nach Gott. Paulus hat Röm 1,22f deutlich gemacht, wieviel Leerheit und Selbsterhöhung die Menschen gerade in ihren Religionen investieren. Aber das ändert nichts daran, daß wir in allen Religionen, auch noch in der Entstellung, der Wirklichkeit des einen Gottes begegnen. Diese Einsicht läßt uns – wie angesichts der Schöpfung überhaupt – den Religionen mit der Ehrfurcht begegnen, die dem Welthandeln Gottes zukommt.

3. In dreifacher Hinsicht stehen Christen mit ihrer Wahrheitsüberzeugtheit den anderen Religionen sehr besonders gegenüber: Erstens mit der Bescheidenheit derer, die wissen, daß wir die Wahrheit nur in den »irdenen Gefäßen« unserer westeuropäischen Traditionen haben; zweitens mit der Liebe, die die Andersgläubigen als die, die sie sind, umgreift und sie hört; drittens in der Ehrfurcht, die den Menschen anderer Religionen als »Geschöpfen« des

einen Gottes zukommt. Diese dreifache Prägung christl. Umgangs mit den außerchristl. Religionen zeigt, wie der Christ, gerade weil er von der letztgültigen Wahrheit der christl. Botschaft überzeugt ist, sich von einer pauschalen Verurteilung anderer rel. Überzeugungen hüten muß, damit nicht er selbst, sondern das »Wort Gottes« zur Geltung kommt.

Lit.: H. Burkhardt: Ein Gott in allen Religionen?, 1990; H.-G. Fritzsche: Lehrbuch der Dogmatik, Bd. I, 1964; S. Holm: Religionsphilosophie, 1960, 272ff; G.v.d. Leeuw: Der Mensch und die Religion, 1941; C.H. Ratschow: Die Religionen, HSTh Bd. 16, 1979; G. Rosenkranz: Was müssen wir heute unter Absolutheit des Christentums verstehen?, 1964; E. Troeltsch: Die Absolutheit des Christentums und die Religionsgeschichte, [3]1929.

C.H. Ratschow

Absolution → Beichte

Abstammungslehre → Darwin, Darwinismus; → Evolution

Abstinenz

A. (lat. Enthaltsamkeit; s.a. → Alkoholismus), bezeichnet die Enthaltung von Alkohol und anderen psychotropen Stoffen oder den Verzicht auf nichtstoffgebundenes süchtiges Verhalten.
Die Notwendigkeit zur A. ergibt sich aus der Unfähigkeit des Suchtkranken zum kontrollierten Umgang mit seinem Suchtmittel bzw. mit süchtigen Verhaltensweisen (z.B. Spielsucht).

1. Hindernisse für abstinente Lebensweise

a. Unkenntnis

In Gesellschaft und Gemeinde herrscht weithin die Meinung vor: Mäßigkeit genügt. Die gutgemeinte Aufforderung »Ein Glas schadet nicht« ist Verführung zum Rückfall.

b. Ächtung

Unsere Gesellschaft sieht Abstinente als komische Sektierer. Das bringt den abstinent lebenden Abhängigen in eine Außenseiterrolle, der er durch A. und Neuanfang gerade entgehen wollte.

c. Höchster Wert

Sein Suchtmittel ist für den Abhängigen zum Abgott geworden, auf den er nur über eine Wert-Neuorientierung verzichten kann.

2. Voraussetzungen dauerhafter Abstinenz

a. Persönlichkeits-Nachreifung

Die der Unfähigkeit des Abhängigen zur Lebens- und Konfliktbewältigung zugrundeliegenden Reifungsdefizite müssen angegangen werden (vertiefte Selbsterkenntnis, korrigierende emotionale Neuerfahrung, Einübung reiferer Beziehungsmodi), gerade auch, wenn A. durch geistlichen Neuanfang erreicht wurde. Der Nachreifungsprozeß sollte sich auch nach ambulanter oder stationärer Behandlung über Jahre fortsetzen und den Partner einbeziehen, sonst besteht Rückfallgefährdung durch unbewältigte Beziehungs-Konflikte.

b. Solidarität von Angehörigen und Gemeinde

Dauerhafte A. ist auch für den Ehepartner des Alkoholkranken notwendig. Die Wohnung des ehemaligen Abhängigen sollte alkoholfrei bleiben (Essenszubereitung, Gästebewirtung). Für Gemeindeveranstaltungen ist die beste Lösung genereller Alkohol-Verzicht, minimale Lösung wäre solidarische A. eines Teils der Gemeinde. Im Blick auf die Abendmahlsgemeinschaft wird volle Integration von Suchtkranken durch Verwendung von Traubensaft erreicht, Wein bringt akute Rückfallgefährdung. Zumindest ist ein Wahl-Angebot erforderlich, z.B. Saft in den ersten drei Reihen. Alkoholfreie Abendmahlsfeiern zu gesonderten Zeiten stellen eine wenig befriedigende Notlösung dar.

c. Selbsthilfegruppe

Der Anschluß an eine Selbsthilfegruppe (Blaues Kreuz, Freundeskreis u.a.) ist sowohl zur Förderung einer Behandlungs-Motivation mit Annahme der schmerzlichen Einsicht: »Ich bin Alkoholiker« wie auch als ganzheitliche Förderung nach ambulanter oder stationärer Therapie notwendig. Besondere Bedeutung hat das dort praktizierte Angebot einer Lebensgemeinschaft.

Lit.: H.H. Charles: Bibel und Alkohol. Biblische Aussagen als Orientierungshilfe, 1986; G. Döffinger: Suchtkranke und Gemeinde. Die Verantwortung der christlichen Gemeinde für Suchtkranke. [2]1977; E. Rieth: Ist Alkoholismus eine Krankheit?, 1985; ders.: Alkoholkrank? Eine Einführung in die Probleme des Alkoholismus für Betroffene, Angehörige und Helfer, [10]1989; ders.: Solidarischer Verzicht zur Hilfe für Suchtkranke?, 1989.

E. Rieth

Abtreibung

Unter A. versteht man die vorsätzliche Tötung der Leibesfrucht vor der Geburt. Der häufig verwende te Begriff »Schwangerschaftsabbruch« verdunkelt den Sachverhalt, daß A. nicht nur einen physiologischen Zustand der Frau beendet (dies geschieht auch durch einen Kaiserschnitt), sondern selbständiges menschliches Leben vernichtet. Noch problematischer ist der Begriff »Schwangerschaftsunterbrechung«, da er sowohl die Tötungshandlung als auch deren definitiven Charakter verhüllt.

Aber auch der Begriff A., der die gewaltsame Austreibung des Kindes aus der schützenden Gebärmutter umschreibt, ist nicht befriedigend, da auch er undeutlich läßt, daß es sich hierbei um Tötung menschlichen Lebens handelt.

Die ethische Bewertung der A. hängt entscheidend davon ab, welchen Status man dem vorgeburtlichen Leben zuerkennt. Völlig unstrittig ist, daß durch die Empfängnis (Vereinigung von Ei- und Samenzelle) ein biologisch eigenständiges Lebewesen entsteht, so daß A. in jedem Falle einen Tötungsakt darstellt. Bestritten wurde und wird allerdings immer wieder, daß mit der Befruchtung bereits menschlich-personales Leben vorliegt: In der mittelalterl. Theologie wurde z.B. unter dem Einfluß des → Aristoteles überwiegend die Theorie der Sukzessivbeseelung vertreten, nach welcher dem männlichen Embryo erst am 40., dem weiblichen am 80. Tag der vorgeburtlichen Entwicklung die Geistseele hinzugefügt wird, die ihn zum Menschen macht. Diese schon im Mittelalter (z.B. von → Albertus Magnus) kritisierte Auffassung entbehrt ebenso jeder Grundlage wie das von dem Biologen E. Haeckel 1866 formulierte sog. »biogenetische Grundgesetz«, nach dem die Leibesfrucht vor der Geburt zunächst tierische Entwicklungsstadien durchläuft. Nach den Erkenntnissen der modernen Humanembryologie (Blechschmidt u.a.) besitzt bereits die befruchtete Eizelle spezifisch menschlichen und individuellen Charakter. Humanembryologisch gilt das ontogenetische Grundgesetz: »Der Mensch wird nicht Mensch, sondern ist Mensch von Anfang an« (Blechschmidt). Da während der vorgeburtlichen Entwicklung nirgendwo eine Zäsur erkennbar ist, die ein vormenschliches von einem menschlich-beseelten Stadium trennt, spricht der empirische Befund ganz für die Theorie der Simultanbeseelung, die eine gleichzeitige Erschaffung von Geistseele und Leib in der Empfängnis annimmt. Diese Sicht findet ihre Bestätigung in der Bibel: Sowohl das AT (vgl. Ps 139,13; Jer 1,5 u.a.) als auch das NT (Lk 1,15.44; Gal 1,15 u.a.) spricht schon dem vorgeburtlichen Leben durchweg menschlich-personalen Charakter zu. Eine Leugnung des Menschseins ist in allen Phasen der pränatalen Entwicklung willkürlich und kann weder bibl. noch humanwissenschaftl. gerechtfertigt werden.

Für die ethische Bewertung ergibt sich daraus die folgenschwere Konsequenz, daß A. objektiv als Mord einzustufen ist (Barth, Bonhoeffer), da es sich bei ihr um die vorsätzliche Tötung eines wehrlosen und unschuldigen Menschen handelt, auch wenn subjektiv nicht immer das Bewußtsein vorhanden ist, daß ein Mensch getötet wird. A. ist eine eindeutige Übertretung des 5. Gebotes: »Du sollst nicht morden« (2. Mo 20,13). Schon die Alte Kirche (Didache, Tertullian, → Clemens v. Alexandrien, Augustinus, Synode v. Elvira u.a.) hat daher im (überwiegenden) Gegensatz zur heidnischen Antike von Anfang an A. grundsätzlich verworfen. Die mittelalterl. Kirche schwankte zwar unter dem Einfluß des vorchristl. Aristoteles in der Frage des Beginns menschlichen Lebens, bestritt gleichwohl aber nie die grundsätzliche Verwerflichkeit der A. Auch die stark vom Dekalog bestimmte Ethik der Reformatoren hielt daran fest, daß A. »ein furchtbares Verbrechen« (Calvin) darstellt. Reformat., röm.-kath. und orth. Ethik stimmen prinzipiell darin überein, daß das menschliche Leben von der Empfängnis an schutzwürdig ist und nicht angetastet werden darf. Die erst seit den 60er Jahren in Kirche und Theologie um sich greifende Propagierung eines Letztbestimmungsrechtes der schwangeren Frau in Grenzsituationen (bei Vertretern einer Situationsethik) oder gar eines (generell oder punktuell zuzugestehenden) »Rechtes« auf A. (bei Vertreterinnen der feministischen Theologie) steht im Widerspruch zur Hl. Schrift, zum reformat. Bekenntnis und zur Tradition der kath. und orth. Kirche.

Die grundsätzliche Verwerfung der A. kennzeichnet nicht nur die christl. Ethik, sondern ist für jede humanitäre Ethik konstitutiv. Denn das Grundrecht auf Leben ist die Voraussetzung für alle weiteren Rechte des Menschen. Die Infragestellung dieses Grundrechtes stellt die gesamte Ethik in Frage. Wer das Axiom der prinzipiellen Unverfügbarkeit menschlichen Lebens vor der Geburt preisgibt, kann es auch nicht mehr für den Menschen nach der Geburt plausibel machen. Die Ablehnung der A. findet sich daher keineswegs nur im spezifisch christl. Ethos, sondern auch in der vor- und außerchristl. Ethik (z.B. bei Hippokrates und der von ihm begründeten Medizin, im Judentum, Islam, Hinduismus und Buddhismus).

Da die Ablehnung der A. kein exklusives Merkmal christl. Ethik darstellt, sondern (als Konsequenz des allg. Tötungsverbotes) Teil einer alle Menschen verpflichtenden Schöpfungsethik, die grundsätzlich auch für Nichtchristen erkennbar ist (vgl. Röm 2,14f), muß das ungeborene Kind auch von der weltlichen Rechtsordnung geschützt werden. Das Recht des ungeborenen Menschen auf Leben ist ein von Gott verliehenes vorstaatliches Recht, das auch ein rel. neutraler Staat nicht preisgeben darf. Denn jeder Staat hat als von Gott autorisierte »Obrigkeit« die Pflicht, das Recht zu achten und dem Bösen durch Strafandrohung zu wehren (Röm 13,4). Die Rechtsstaatlichkeit jedes Staates steht und fällt damit, daß die von Gott gegebenen Rechte des Menschen durch die Rechtsordnung geschützt werden. Das deutsche Grundgesetz sichert daher ebenso das Lebensrecht des Ungeborenen zu (vgl. das Urteil des Bundesverfassungsgerichts vom 25. 2. 1975 zum GG Art. 2: »Jeder hat das Recht auf Leben und körperliche Unversehrtheit«) wie die UNO-Charta (deren »Recht auf Leben« sich laut Beschluß der UN-Vollversammlung vom 20. 11. 1959 ausdrücklich auch auf den vorgeburtlichen Menschen bezieht). Die seit der Einschränkung des Abtreibungsverbotes durch die Bolschewisten in der UdSSR (18.11.1920) um sich greifende Liberalisierung der Abtreibungsgesetze in vielen Staaten der Welt ist daher nicht nur aus christl., sondern auch aus humanitärer und rechtsstaatlicher Sicht abzulehnen. Abgesehen von dem (heute nicht oder äußerst selten vorkommenden) Grenzfall der sog. vitalen Indikation (bei der das Leben der Mutter bedroht ist) ist kein Staat berechtigt, die Schutzpflicht für das Lebensrecht des ungeborenen Menschen durch Indikationen oder Fristen einzuschränken oder gar ganz aufzuheben. Weder die sog. eugenische (bei befürchteter Erbschädigung des Kindes) noch die kriminologische (bei Vergewaltigung) oder soziale Indikation (bei einer psycho-sozialen Notlage) kann eine A. ethisch oder rechtsstaatlich legitimieren, da das Recht auf Leben immer Vorrang hat vor Einschränkungen der Lebensqualität. Der Staat ist daher auch in diesen Fällen nicht befugt, auf eine Strafandrohung teilweise oder generell zu verzichten. Ein Spielraum zur Flexibilität besteht nicht hinsichtlich der Strafandrohung als solcher, sondern allenfalls hinsichtlich des Strafmaßes, das (wie bei anderen Vergehen auch) entsprechend den Umständen und der (bei Schwangeren häufig verminderten) Schuldfähigkeit dem Einzelfall angepaßt werden kann.

Die eingeschränkte oder völlige Freigabe der A. führt erfahrungsgemäß zu einer Vervielfachung der A.szahlen und zur Pervertierung von Staat, Gesellschaft und Arzttum. Angesichts der Herausforderung durch die nachchristl. »Abtreibungsgesellschaft« hat die christl. Kirche die Aufgabe, in Verkündigung, Gebet, Seelsorge und diakon. Hilfe für den Schutz ungeborener Kinder und eine kinderfreundliche Gesellschaft einzutreten und den schuldig Gewordenen die Gnade der Umkehr und der Vergebung Gottes anzubieten. Sie hat als Anwältin des göttlichen Gebotes und der Menschenwürde das Bewußtsein dafür wachzuhalten, daß die humanitäre Grundlage von Staat und Medizin nur solange gegeben ist, solange das menschliche Leben von der Empfängnis bis zum natürlichen Tod respektiert wird.

Lit.: K. Barth: KD III/4, 1951, 473ff; R. Beckmann et al.: Abtreibung in der Diskussion, 1991; E. Blechschmidt: Wie beginnt das menschliche Leben?, [4]1976; K. Bockmühl: Die Beurteilung der Abtreibung in der Frühzeit der Kirche, ThB 3 (1972), 34-43; D. Bonhoeffer: Ethik, 1949, 194ff; E. Coreth: Das ungeborene Kind als Person, Arzt und Christ 27 (1981), 76-80; U. Eibach: Abtreibung - Selbstbestimmung contra Lebensschutz? 1991; Europäische Ärzteaktion: Alarm um die Abtreibung, 2 Bde, 1989; M. Gante: § 218 in der Diskussion, 1991; B. Häring: Das Gesetz Christl. Moraltheologie, 1954, 1008ff; P. Hoffacker et al. (Hg.): Auf Leben und Tod. Abtreibung in der Diskussion, [5]1991; J. Mausbach, G. Ermecke: Katholische Moraltheologie, III., 1953, 81ff; W. Neuer: Wann beginnt menschliches Leben?, factum 4 (1982), 27-29; 6 (1984), 26-28; K. Simpfendörfer: Verlust der Liebe. Mit Simone de Beauvoir in die Abtreibungsgesellschaft, 1990; H. Thielicke: Sex. Ethik der Geschlechtlichkeit, 1966, 243ff; W. Trillhaas: Sexualethik 1969, 133ff; B. u. C. Willke: Abtreibung - die fragwürdige Entscheidung, 1982.

W. Neuer

Adam

1. Das Wort A. wird in der Hl. Schrift stets in der Einzahl gebraucht und bezeichnet (mit dem Artikel *hā-* ʾādām) kollektiv den Menschen schlechthin, dient aber in 1Mo 1-5 und bei Paulus auch als Eigenname des ersten Menschen. Nach dem ersten Schöpfungsbericht (1Mo 1,26-30) wird der Mensch als Mann und Frau nach dem Bild und der Ähnlichkeit Gottes geschaffen; d.h. er gleicht in seiner Gestalt wie ein Sohn seinem Vater und ist als Krone der Schöpfung der Stellvertreter und Partner des unsichtbaren Gottes. Er hat den Auftrag, die Tiere zu beherrschen (1,28), ihr Leben zu schützen und den Frieden zu sichern (pflanzliche Nahrung! 1,29f); so offenbart er Gott als den gütigen Schöpfer einer sehr guten Welt (1,31). Deshalb soll er sich auf der Erde verbreiten (1,28); er wird Ahnherr eines ganzen Geschlechts und steht am Anfang der Geschichte (*tôlēdōth*, 5,1). Der zweite Bericht (1Mo 2,4b-25) ergänzt den ersten, zeigt aber die Fragwürdigkeit des menschlichen Daseins, sofern dieses ohne Bindung an Gott geführt wird. Der Mensch

(ʾādām) entstand ja als ein von Gott aus Erdenstaub (ʾădāmāh) geformtes Gebilde, dem der Lebenshauch eingeblasen wurde (2,7); dieser kann ihm jederzeit wieder entzogen werden, worauf der Mensch wieder zur Erde zurückkehrt (1Mo 3,19; Ps 139,15; Hiob 10,9; 22,4.6). Er bedarf auch eines Gegenübers, das ihm Gehilfin ist (1Mo 2,18.20); nach 2,22f wird Eva aus A. »gebaut« und »Männin« (ʾischschāh) genannt. Diese schöpfungsmäßige Zusammengehörigkeit von Mann und Frau wird durch die Übertretung von Gottes Verbot stark beeinträchtigt (3,7.12); das gleiche gilt vom Verhältnis Mensch-Tier (3,15), Mensch-Ackerland (3,17-19) und vor allem Mensch-Gott (3,22-24). Aber die Fürsorge Gottes für den Menschen hört nicht auf (3,21), und die Liebe der Frau ist stärker als die Furcht vor Leid und Schmerz (3,16.20). Jedoch gewinnt die Sünde die Oberhand (1Mo 4,7ff: Kain); durch den (teilweisen) Entzug des Gottesgeistes wird der fleischliche Mensch führungslos und böse (1Mo 6,3.5.12; 8,21).

2. Jesus konnte über die Weisung Moses hinaus zurückgehen zur »Grundordnung der Schöpfung« (*archē ktiseōs*, Mk 10,6), wenn es den eigentlichen Willen Gottes zu finden galt, so hinsichtlich der Ehe (Mk 10,6-9, vgl. 1Mo 1,27; 2,24 gegen 5Mo 24,1). In der Versuchungsgeschichte und auch bei den Heilungswundern erscheint Jesus als das Gegenbild zum ersten Menschen, weil er durch seinen Gehorsam die Anschläge des Teufels (Mk 1,13; Mt 4,1-11 par; vgl. 1Mo 3,15) und durch seinen lebenschenkenden Geist die Folgen des Falls überwand (Jes 11,6-9; Mk 3,4-6). Unter den Evangelisten hat besonders Johannes den Christus als lebendig machenden Geist und somit als endzeitlichen A. bezeugt: Der Sohn hat wie der Vater das Leben in ihm selbst (5,26); er kann deshalb Menschen heilen und sogar die Toten auferwecken (5,1-21.25-29); er verleiht den Geist des Lebens (20,22; vgl. 1Kor 15,45; 1Mo 2,7).

3. Für Paulus hat die Übertretung des einen Menschen dazu geführt, daß die Macht der → Sünde und mit ihr der → Tod als Strafe in die Welt hereinkamen und alle Menschen erreichten (Röm 5,12.16). Die Sünde wird nicht etwa vererbt; vielmehr übertreten alle Menschen wie der erste Gottes Gebot (5,12: »...weil sie alle gesündigt haben«; vgl. Röm 7,7-13; 1Mo 3; 4,7; 6,3ff; 8,21); sie unterliegen der Macht der Sünde und sind deshalb dem Tod verfallen (Röm 5,14.17.20f), der auch die Schöpfung beherrscht (8,20). Der Gehorsam des endzeitlichen Christus, der als präexistenter Gottessohn und als gerechter Gottesknecht die Gottebenbildlichkeit von 1Mo 1,26f besitzt (2Kor 4,4; Kol 1,15-20), gipfelte in seinem Sühnetod am Kreuz (Phil 2,6-11). Gottes Gnade in Christus wirkt mächtiger als die Übertretung A.s, weil sie den Sünder rechtfertigt (Röm 5,16; 5,6.8). Durch seine Auferstehung hat Christus auch über den durch A. verschuldeten Tod triumphiert (1Kor 15,21f); er wurde zum endzeitlichen A. und lebenschaffenden Geist (1Kor 15,45.47). Als solcher trägt er nicht mehr den irdischen, psychischen und vergänglichen Fleischesleib, sondern den Geistesleib der himmlischen Wesen (15,47f). Ja, er wird durch den Geist die Seinen in diese neue Leiblichkeit verwandeln (Phil 3,21), ihnen die verlorene Herrlichkeit (Röm 3,23) und Gottebenbildlichkeit wiedergeben (8,29); es strahlen jetzt schon Geist und Herrlichkeit von seinem Angesicht (2Kor 3,18; 4,6). Vollendet wird diese Verwandlung und Restitution mit der Auferstehung (Röm 8,29).

4. Die paulin. Lehre von der Kirche als dem geistl. Leib Christi ist ebenfalls auf dieser Typologie begründet: Wie Eva von Gott aus der Rippe A.s als dessen Frau »gebaut« wurde (1Mo 2,22f), so »baute« Gott die Kirche als endzeitliche Braut und geistl. Leib des zweiten A.; sie ist Geist von seinem Geist, ihre Glieder sind Glieder an seinem Leib (Eph 5,25-32; vgl. 1Mo 2,23f).

5. Nach gnostischer Vorstellung wurde der Leib des irdischen A. von den Mächten des bösen Demiurgen Jaldabaoth geschaffen. In umgekehrter Richtung wurde die Vorstellung vom Ebenbild (*eikōn*) ausgewertet. Der himmlische Gott »Mensch«, der »erste Mensch« (Irenäus I,30), ist Träger des Urbilds (Ap Joh BG 100,14; 108.10; vgl. Jes 40,18); dementsprechend wurde die Bezeichnung »Sohn des Menschen« auf den himmlischen Christus angewendet.

Lit.: O. Betz: »Adam«, TRE 1, 1977, 414-424; ders: Der fleischliche Mensch und das geistliche Gesetz, in: Jesus, der Herr der Kirche, 1990, 129-196; H.-W. Park: Die Vorstellung vom Leib Christi, Diss. Tübingen 1988; H.-M. Schenke: Der Gott »Mensch« in der Gnosis, 1962.

O. Betz

Adelshofen

A., ursprünglich ein kleines Dorf, heute Stadtteil von Eppingen/Lkr. Heilbronn, ist Sitz des »Lebenszentrums Adelshofen«, eines freien Missionswerks innerhalb der ev. Landeskirche auf der Glaubensbasis der Ev. → Allianz. Die Anfänge des Lebenszentrums liegen in einem geistl. Aufbruch in der Kirchengemeinde im Jahre 1955 unter dem Ortspfarrer Dr. Otto Riecker. 1958 gründete er die »Bibelschule Adelshofen«. In einem vierjährigen Studienprogramm der von der → Europ. Evangelikalen Akkreditierungsvereinigung anerkannten Fachschule für Theologie und Mission werden gegenwärtig 60-70 Männer und Frauen für vollzeitliche Verkündigungsdienst in Gemeinde und Mission ausgebildet. Die Bibelschule ist Mitglied der → Konferenz bibeltreuer Ausbildungsstätten und der → Arbeitsgemeinschaft Evangelikaler Missionen.

Im einjährigen mission.-diakon. Trainingsprogramm der »Lebensschule« können junge Menschen geistl. Leben und Christsein im Alltag praktizieren. Das »Lebenszentrum« wirkt durch Freizeiten, Seminare, Treffen und gemeindeintegrierte Evangelisation nach außen. Träger ist die »Kommunität Adelshofen e.V.«, eine im Jahre 1962 entstandene ev. Bruder- und Schwesternschaft (z.Zt. 12 ledige Brüder/31 Schwestern), der seit einigen Jahren auch eine Familiengemeinschaft zugeordnet ist.

Lit.: »Geschaffen aus dem Nichts« (Selbstdarstellung im Eigenverlag); Aus dem Lebenszentrum Adelshofen (Rundbrief viermal pro Jahr); O. Föller: Verbindliches Leben; O. Riecker: ... mit 60 fing mein Leben an.

P. Lohmann

Adiaphora

Der Begriff A. (von griech. »das nicht Unterschiedene«) entstammt der Ethik der Stoa und war Bezeichnung für Dinge, die als ethisch neutral galten: Leben, Ruhm, Schönheit, Gesundheit und deren Gegenteil. Für die Stoiker waren sie weder erstrebenswert noch abzulehnen. Sie fielen einem zu, aber man wählte sie nicht. Doch man erkannte schon in der späten Stoa, daß sog. wertneutrale Dinge ihre sittliche Neutralität verlieren, sobald der Mensch mit ihnen umgeht. So wurde der Begriff A. mehr und mehr auf Handlungen und Handlungsbereiche des Menschen bezogen. Hinter dem Begriff steckt eine Fragestellung, die sowohl für das Recht wie für die Ethik bedeutsam ist: Was ist geboten? Was ist verboten? Was liegt in der Entscheidungsfreiheit des einzelnen? Es entstehen also ethische Freiräume, die weder durch ein Gebot noch durch ein Verbot abgedeckt sind.

Auch die christl. → Ethik hat diese Problematik aufgegriffen. Es gab zwei bedeutende Auseinandersetzungen in dieser Hinsicht. Bei dem sog. ersten adiaphoristischen Streit (1548-52) ging es darum, ob man um des kirchl. Friedens willen kath. Bräuche im ev. Gottesdienst wieder einführen solle (z.B. sieben Sakramente, Bilder, Fasten). → Melanchthon war dieser Meinung, der Lutherschüler → Flacius dagegen behauptete, »in statu confessionis« (wenn es um das Bekennen gehe) könne es keine A. geben.

Ein zweiter adiaphoristischer Streit fand gegen Ende des 17. Jh.s zunächst zwischen Lutheranern und Calvinisten statt hinsichtlich der Stellung zu den weltlichen Vergnügungen wie Tanz, Mode, Musik. Die Lutheraner hielten diese Dinge für harmlose A., und luth. Frömmigkeit hat bis heute eher dazu geneigt, sie als unbedenkliche Mitteldinge anzusehen. Die Calvinisten hielten sie für Sünde. Calvinistisch geprägte Frömmigkeit, gerade auch im englisch-amerikanischen Puritanismus, hat diese Meinung oft vertreten. In diesem Sinne haben damals auch Hamburger Pietisten aus Anlaß eines Theaterbaus entschieden, daß Theaterbesuch, aber auch Tanz, Tabakgenuß und ähnliche weltliche Vergnügen, an sich und nicht erst durch ihren Mißbrauch sündig seien. Diese Sicht hat im → Pietismus bis in die Gegenwart weitergewirkt.

Versucht man das Problem bibl.-theol. zu beleuchten, so wird man sagen können: In einer christl. Ethik sollten weder A. (als ethisch wertneutrale Freiräume) ausgegrenzt werden, noch sollte man bestimmte Mitteldinge grundsätzlich als verboten ansehen. Denn Christus hat uns nicht in erster Linie eine Summe von Geboten und Verboten hinterlassen, um das Verhältnis zu ihm zu regeln. Vielmehr hat er uns im Glauben an seine Person gebunden. Dabei schließen sich Bindung an Christus und bibl. Weisungen nicht aus. Die Weisungen der Schrift, die ohnehin nie alle möglichen Fälle abdekken können, sind vielmehr der Rahmen unseres Handelns. In jeder neuen Situation wird dieser Rahmen durch geistl. Prüfen im Sinne von Röm 12,2 zu füllen sein. So wird sich kein Gebiet dem Einfluß Christi entziehen. Damit unterliegen die Dinge und Handlungsbereiche, die gern als A. bzw. Mitteldinge angesehen werden, weder einer grundsätzlichen Verharmlosung noch einer grundsätzlichen Verteufelung. Vielmehr gilt, was K. → Heim in seiner Ethik so ausdrückt: »Die gesamte Schöpfung trägt den Widerstreit in sich: Alles ist gut, was aus Gottes Schöpferhand hervorgegangen ist; aber alles Geschaffene enthält an jeder Stelle die Möglichkeit einer dämonischen Lösung vom Schöpfer.« Jede Schöpfergabe an den Menschen und alles, was menschliches Kulturschaffen daraus gemacht hat, kann mißbraucht werden. Der edelste Kunstgenuß, die hingebungsvollste Arbeit können den Menschen vom Herrn und Schöpfer lösen und an das Geschaffene binden. Daneben kann froher Genuß verschiedenster irdischer Gaben Ausdruck dankbarer Hingabe an Gott sein (1Tim 4,4f; 6,17).

Die Frage wird immer wieder lauten müssen: Kann ich guten Gewissens für das danken, was ich gerade tue? Dieser dankbare Gebrauch wird nicht möglich sein, wo Dinge, die der eine unbeschadet tun bzw. genießen kann, dem Nächsten zur Versuchung werden und seinen Glaubensstand gefährden. Im NT behandelt Paulus diese Frage im Zusammenhang mit dem Genuß von Götzenopferfleisch (Röm 14; 1Kor 8). Auch kann der einzelne selber in Gefahr geraten. So erhält jede grundsätzliche Freigabe (1Kor 10,23; 6,12: »Es ist mir alles erlaubt«) ihre Grenze an der den Glauben schädigenden Macht, die bestimmte Dinge für bestimmte Menschen zu bestimmten Zeiten haben können. Dies gilt es geistl. zu prüfen. Paulus stellt hier kein enges Netz von Vorschriften auf.

Neben diesen mehr individualethischen Problemen entstehen in der modernen Welt vor allem in den Bereichen Umwelt, Technik und Wissenschaft große sozialethische Aufgaben. Denn auch hier gibt es keine wertneutralen Bereiche. Atomforschung und Genforschung mit ihren Ergebnissen und technologischen Möglichkeiten sind Warnsignale (vgl. → Bioethik; → Biotechnologie). Ein reines Verbieten allein nützt wenig. Ganz neue ethische Überlegungen müssen angestellt werden. Im Sinne eines ethischen Nachholbedarfs müssen die Folgen bestimmter Entscheidungen auf den genannten Gebieten neu bedacht werden. Wir müssen auch an die kommenden Generationen denken und Sachwalter ihrer Interessen werden. An die Stelle ethischer Freiräume tritt damit verantwortliche Haushalterschaft über alle Gaben Gottes.

Lit.: K.H. Bormuth: Alte Gebote, neue Moral; K. Heim: Die christliche Ethik, 1955, 138ff; N.H. Søe: Christliche Ethik, 1965, § 28; W. Trillhaas: Ethik, 1959, 63ff, [3]1970, 75ff.

K.H. Bormuth

Adiaphoristische Streitigkeiten → Adiaphora

Adoptianer

Im 2. Jh. n.Chr. bildeten sich bei der Auseinandersetzung, wie Gott als Vater, Sohn und Hl. Geist sich zueinander verhalten, zwei Grundpositionen heraus: die → Logoschristologie und der → Monarchianismus. Der Monarchianismus teilte sich in zwei Ausprägungen auf, die Modalisten und die Dynamisten bzw. A. Während die Modalisten von drei zeitlich verschiedenen Offenbarungsweisen Gottes in der Geschichte sprachen, unterschieden die A. zwischen verschiedenen personhaft ausgebildeten Kräften Gottes. Christus ist durch Einwirken des Hl. Geistes Mensch geworden und in der Taufe mit dem Geist Gottes erfüllt, aber keineswegs zu Gott geworden. Unter Wahrung der Einzelpersönlichkeit Gottes wurde damit die Gottheit Christi fallengelassen und der Hl. Geist nur als unpersönliche Kraft angesehen.

Schon im 2. und 3. Jh. wurde diese Vorstellung von der Kirche, z.B. von Victor I. von Rom, verworfen. Nur durch die kirchl. Ketzerpolemik sind uns Namen erhalten wie Theodot der Gerber, Theodot der Wechsler, Asklepiades (u.a.) in Rom und dann besonders Paul von Samosata, von ca. 260-272 Bischof von Antiochia und Metropolit in Syrien. Mehrere Synoden und kaiserliche Hilfe waren erforderlich, um Paul seines Amtes zu entheben und den Adoptianismus endgültig niederzuringen. Lediglich im 8. Jh. gab es in Spanien noch einmal einen kurzen adoptianischen Streit, der von → Alkuin zu Gunsten der kirchl. Position beendet wurde.

Lit.: G. Kretschmar: Studien zur frühchristlichen Trinitätstheologie, 1956; F. Loofs: Paul von Samosata, 1924.

G. Ruhbach

Adoptianismus → Adoptianer; → Jesus Christus

Adoption

A., Annahme als Kind, ist die vollständige rechtliche Integration eines Minderjährigen in eine neue Familie. Durch die A. erlischt das Verwandtschaftsverhältnis zur Herkunftsfamilie, und der Adoptierte erhält die rechtliche Stellung eines ehelichen Kindes des Annehmenden (Volladoption – §§ 1741 ff BGB). Für die A. Volljähriger gelten Sonderregelungen (§§ 1767 ff BGB). Staatlich anerkannte A.svermittlungsstellen suchen für Kinder, die nicht in ihrer leiblichen Familie aufwachsen können, neue Eltern. Ihre Aufgabe ist es, das A.sverfahren mit allen Beteiligten gründlich vorzubereiten, die abgebenden und annehmenden Eltern umfassend zu beraten, die Vermittlung durchzuführen und das juristische Verfahren zum Abschluß zu führen. Sie haben außerdem die nachgehende Beratung und Begleitung der A.sfamilie sicherzustellen. Oberste Handlungsmaxime ist das Wohl des betroffenen Kindes. Das A.svermittlungsgesetz vom 1.1.1977 läßt nur speziell anerkannte Stellen bei Jugendämtern und freien Trägern der Jugendhilfe (z.B. Diakonie) zur A.svermittlung zu. Anderen Personen ist die A.svermittlung verboten.

Die A.svermittlung ist eine genuine Aufgabe der → Diakonie. Seit der Urgemeinde haben sich Christen, die von Gott angenommen und in die Gotteskindschaft eingesetzt - also adoptiert - wurden, zuständig und verantwortlich gefühlt für diejenigen, die keine Geborgenheit haben. Diese Motivation bewegte → J.H. Wichern und die Väter der Inneren Mission ebenso wie die jetzt in den A.sdiensten der Diakonie tätigen Fachleute. - Die ev. A.svermittlungsstellen widmen sich heute schwerpunktmäßig auch der Suche nach belastbaren A.s- oder Pflegeeltern für etwas ältere oder behinderte Kinder und der Beratung unfreiwillig kinderloser Paare.

Lit.: U. Gerber (Hg.): Ja - zum angenommenen Kind, [4]1987; P. Hillegaart (Hg.): Adoption: Kindeswohl und Kinderwunsch, 1990; V. Krolzik, W. Salzmann (Hg.): Kind um jeden Preis?, 1989.

V. Krolzik

Adveniat

Am 30. August 1961 wurde auf Initiative des Essener Bischofs Franz Hengsbach von der → Deutschen Bischofskonferenz A. gegründet. Der Name wurde von der zweiten Vaterunserbitte *Adveniat regnum tuum*, »Zu uns komme dein Reich«, genommen.

An der Aktion beteiligen sich seit dem Jahr 1961 alle 22 westdeutschen Diözesen, indem sie am Weihnachtsfest eines jeden Jahres eine gemeinsame Kollekte für die seelsorgerl. Aufgaben der Kirche in Lateinamerika veranstalten. 1990 betrug das Kollektenergebnis DM 134 Mio. Von seiner Grundidee her ist A. weniger ein materielles als vielmehr ein spirituelles und pastorales Werk. »Dieses Werk hat einen Geist, ein kirchliches und pastorales Bewußtsein, es ist ein Werk echter, wirklicher Evangelisierung und deshalb beispielhaft und von Gott gesegnet« (Kardinal Sebastiano Baggio).

So will sich A. einordnen in die lange Tradition innerkirchl. Solidarität. Hilfsaktionen gab es in allen Jh.en, z.B. ordnete der Apostel Paulus in den vermögenden Gemeinden des griech.-kleinasiat. Raumes eine Kollekte an für die unter Verfolgung und Not leidende Urgemeinde in Jerusalem. Das Treffen der lateinamerikanischen Bischofskonferenz in Medellin 1968 erweiterte die bisher streng pastorale Intention A.s um die sozial-rel. und polit. Dimension, das von Puebla 1979 um die Grundidee der »Evangelisierung«.

Anträge auf eine Beihilfe für ihre pastorale Arbeit in Lateinamerika können alle Bischöfe, Priester, Ordensleute, Laienbewegungen, Pfarrgemeinderäte und andere kirchl. Institutionen einreichen. Im Jahre 1990 trafen über 8.000 Anträge bei A. ein. Dabei erarbeiten die Partner in Lateinamerika eigenständig ihr Konzept.

Lit.: Adveniat. 20 Jahre bischöfliche Aktion Adveniat. Dokumente/Projekte 21, 1981.

K. Wittstadt

Advent

Das lat. Wort *adventus*, »Ankunft«, bezeichnet im christl. Sprachgebrauch sowohl das erste Kommen Jesu Christi zu den Menschen, seine Erscheinung »im Fleisch« (1Tim 3,16), als auch seine Wiederkunft am Ende der Zeiten (1Tim 6,14). Daneben kannte die altprot. Orthodoxie in ihrer Lehre vom *triplex adventus domoni* (»dreifache Ankunft des Herrn«) noch das Kommen Christi im hl. Geist durch Wort und Sakrament. Die A.szeit ist durch beide Bedeutungsaspekte bestimmt: Sie ist Vorbereitungszeit auf das Geburtsfest Christi, das am 25. Dezember gefeiert wird, und sie steht im Zeichen der Erwartung seiner zweiten, endgültigen Ankunft. Unter beiden Aspekten ist sie eine Zeit freudiger Erwartung und bußbereiter Besinnung, die von der Gewißheit der Ankunft Christi hier und jetzt - in der Gemeinde und im Herzen der Glaubenden - lebt. Ihre liturg. Feier geht vermutlich auf einen östl. Brauch zurück, zur Vorbereitung auf das Fest der Erscheinung Christi (→ Epiphanias) zu fasten.

Dauer und Abgrenzung der A.szeit waren zunächst fließend. Die Kirchen des Abendlandes begehen heute vier A.ssonntage vor dem Weihnachtsfest. Neben endzeitlichen Themen begegnen in den gottesdienstl. Lesungen die Gestalten Johannes des Täufers (Mt 11,2-10), Marias (Lk 1,39-56) und der Bericht über den Einzug Jesu in Jerusalem (Mt 21,1-9), der prägend für die ev. A.sfrömmigkeit wurde. Die liturg. Farbe ist violett; das »Ehre sei Gott in der Höhe« wird nicht gesungen.

Zum adventlichen Brauchtum gehört der (vermutlich noch recht junge) A.skranz, der - als »Krone« gedeutet – den herrscherlichen Aspekt von *adventus* zum Ausdruck bringt (vgl. EKG 6: »Macht hoch die Tür«).

Lit.: K.H. Bieritz: Das Kirchenjahr. Feste, Gedenk- und Feiertage in Geschichte und Gegenwart, [3]1991.

K.H. Bieritz

Adventisten

1. Geschichte

Die Vorgeschichte der Gemeinschaft der Siebten-Tags-A. (STA) ist durch eine erwecklich ausgerichtete und von endzeitlich-apokalyptischen Motiven durchzogene Bewegung geprägt, die von dem Farmer und theol. Autodidakten William Miller (1782-1849) ins Leben gerufen worden war. Sie ist von Konrad F. Mueller eingehend beschrieben worden.

Nachdem der 22. Oktober 1844 als berechneter Termin für die Wiederkunft Christi verstrichen war, wurde die Enttäuschung unter den Adventgläubigen dadurch abgemildert, daß der Farmer Hiram Edson (1806-1882) die Gewißheit erhielt, Christus sei an dem Tag in das Allerheiligste des himmlischen Heiligtums eingetreten, um dort seinen »Schlußdienst« zu beginnen. Das Nichterscheinen Christi auf Erden ist somit erklärt; zugleich kann an der Naherwartung festgehalten werden. Dazu brachte Joseph Bates (1792-1872) von der Gemeinschaft der Siebten-Tags-Baptisten die Sabbatlehre mit. Der organisatorisch geschickte James White (1821-1881) heiratete 1846 die Visionärin Ellen Gould Harmon (1827-1915); bald nach der Hochzeit hielten sie den Sabbat.

Einige Zeit später sah Ellen G. White in einer Vision die Gesetzestafeln im himmlischen Heiligtum, wobei das Sabbatgebot hervorstach. Daraus folgerte man, daß die Heiligung des Sabbats (und nicht des Sonntags) die eigentliche Trennwand zwischen dem wahren Israel und den Ungläubigen sei. Die »Unterscheidungslehren« – vor allem die Engelsbotschaft nach Offb 14,6-12 und die Sabbatheiligung – führten zur Herausbildung eines eigenen kirchl. Selbstbewußtseins. Im Namen der 1863 gegründeten Gemeinschaft drückte man zwei fundamentale Sonderlehren (Sabbat und Naherwartung) aus. Ellen G. White gilt als endzeitliche Trägerin des »Geistes der Weissagung«.

2. Lehre

Die STA teilen mit allen Christen den Glauben an den dreieinigen Gott der Bibel. Die Bibel ist maßgebende Offenbarungsquelle und Grundlage des Glaubens, wobei Jesus Christus der zentrale Fixpunkt der Offenbarung ist. Der Mensch gelangt durch Christus wieder zu seiner ursprünglichen Bestimmung und gilt als Einheit. Von daher erklärt sich der Einsatz der STA auf den Gebieten der (Präventiv)Medizin, Vollwertkost, Gesundheitserziehung (Enthaltsamkeit von Alkohol, Tabak sowie Medikamenten- und Drogenmißbrauch). Die → Taufe wird an Glaubenden als Bekenntnistaufe vollzogen. Dem → Abendmahl mit ungesäuertem Brot und Traubensaft bzw. alkoholfreiem Wein geht die → Fußwaschung voraus. Der Sabbat wird geheiligt. Damit ihre Kinder am Sabbat nicht die öffentlichen Schulen zu besuchen brauchten, bauten die STA auf einer ganzheitlichen Pädagogik ihr eigenes Schulwesen auf. Sie unterhalten weltweit ca. 5.500 Schulen und Hochschulen mit ca. 40.000 Lehrkräften. Anklänge an einen in der Frühzeit zum Ausdruck gebrachten Ausschließlichkeitsanspruch finden sich heute nur noch in den Aussagen über die Schar der »Übrigen«, die herausgerufen ist, um Gottes Gebote zu halten. Der mission.-evangelist. Einsatz, auch unter Ausnutzung neuer Medien, ist vorbildlich. Heute gibt es mehr als sieben Mio. Adventisten in 190 Ländern.

3. Organisation

Die Einzelgemeinde ordnet im Rahmen allg. Regeln ihre Angelegenheiten durch den Gemeindeausschuß. Hauptamtliche Prediger werden von der Vereinigung zugewiesen. Mehrere Vereinigungen bilden einen Verband. Darüber gibt es zwölf Divisionen. Die Generalkonferenz, die alle fünf Jahre zusammentritt, ist die höchste Verwaltungs- und Rechtsinstanz. 1980 schuf die Generalkonferenz einen »Rat für zwischenkirchliche Beziehungen«. Eine vorsichtige Annäherung an Kirchen und ökumen. Arbeitsgemeinschaften ist zu beobachten. Die teils selbstgewählte, teils auferlegte Isolation, die den STA den Beigeschmack einer Sekte gaben, kann überwunden werden. Die Gemeinschaft ist heute als eine Freikirche anzusprechen.

Lit.: E. Geldbach: Freikirchen. Erbe, Gestalt und Wirkung (Bensheimer Hefte 70), 1989, 238-247; ders.: Die Adventisten. Eine konfessionskundliche Einordnung, MdKI 43, 1992 (Heft 3); K.F. Mueller: Die Frühgeschichte der Sieben-Tages-Adventisten (Studia Irenica IV), [2]1977; H.D. Reimer, O. Eggenberger: ... neben den Kirchen, [4]1985, 179-217; Abendmahl und Fußwaschung. Studien zur adventistischen Ekklesiologie, Bd. 1, 1991.

E. Geldbach

AEM → Arbeitsgemeinschaft evangelikaler Missionen

AfeT → Arbeitskreis für evangelikale Theologie

Afrika

1. Land, Leute, Religion

Die Römer bezeichneten das Land um Karthago nach dem dort ansässigen Stamm der Afri (Sg. Afer) als A. Im 15. Jh. wurde dieser Name für den gesamten Kontinent gebräuchlich, dessen Größe ca. 30 Mio. km² umfaßt (dreifache Fläche Europas). Die Landfläche liegt beiderseits des Äquators und wird von ca. 500 Mio. Menschen verschiedener Rassen und Stämme bewohnt, die sich unterschiedlich auf das Land pro km² verteilen: z.B. Sahara 1, an den ostafrikan. Seen 100, im Nildelta 760. Charakteristisch für die Wirtschaft ist einerseits die zunehmende Industrialisierung mit einem Anwachsen der städtischen Bevölkerung (Südafrika über 45 %), andererseits die Vorherrschaft der traditionellen Wirtschaftsformen. Die meisten Länder A.s stehen vor großen wirtschaftl. Problemen und sind auf → Entwicklungshilfe angewiesen. Die Religionsstatistik zeigt für 1984 bei 515 Mio. Bewohnern 45 % Christen, 41 % Muslime, 12 % Anhänger afrikan. Religionen und 2 % sonstiger Religionen. Das nördl. Drittel A.s ist überwiegend islamisch, die südl. zwei Drittel (Schwarzafrika) sind überwiegend christl.

2. Afrikanisches Christentum (1.-7. Jahrhundert)

Nach der Überlieferung war es der Evangelist Markus, der im Jahr 42 die Kirche in Ägypten gegründet hat. In Apg 2,10 werden unter den Heimatländern derer, die → Pfingsten in Jerusalem erlebt haben, Ägypten und Gebiete von Libyen bei Kyrene erwähnt. Das Christentum in Nordafrika, dem die Kirche bedeutende Theologen wie z.B. → Athanasius, → Augustin und → Tertullian verdankt, wurde ab dem 7. Jh. mit Ausnahme der Koptischen Kirche vom → Islam verdrängt. Außerhalb des islamischen Nordafrika hat die Koptische Kirche Äthiopiens (Frumentius 341 erster Bischof) bis heute Bestand.

3. Die katholische Afrika-Mission

Mit den portugiesischen Entdeckungen wurde auch die Missionsarbeit (v.a. Dominikaner, Kapuziner) aufgenommen (erstes Missionsbistum 1404 auf den Kanarischen Inseln), als deren Höhepunkt die Weihe des kongolesischen Königssohnes Dom Henrique zum Bischof (1518) angesehen werden kann. Nach dem geistl. Niedergang im 18. Jh. setzte die kath. Mission, auch angeregt durch die prot. Mission, im 19. Jh. verstärkt wieder ein, so daß heute etwa ein Drittel aller afrikan. Christen kath. ist.

4. Die protestantische Afrika-Mission im 19. Jahrhundert

Ein im → Pietismus und besonders in der → Erwekkungsbewegung wurzelnder rel. Aufbruch führte dazu, daß im europäischen Protestantismus ein neuer Missionswille erwachte. Dieser führte ab 1792 zur Entstehung von unabhängigen Missionsvereinen und -gesellschaften, denen der Missionsbefehl Jesu besonders am Herzen lag. In der frühen Missionsarbeit forderte (besonders in Westafrika; Church Missionary Society Sierra Leone ab 1804) das damals für Europäer mörderische Klima viele Opfer. Trotzdem konnte die Mission sich vor der kolonialen Aufteilung Afrikas (Berliner Konferenz 1885) im Küstenbereich und darüber hinaus (z.B. Uganda) etablieren. Die mission. Erschließung Innerafrikas wurde ab 1877 (Henry Grattan Guinness, Livingstone Inland Mission) stark von den Glaubensmissionen (wie SIM, SUM, AIM) und dann auch von anderen evangelikalen Missionen mitgetragen. Afrikan. Christen, die eine der → Missionsschulen besucht hatten und in den Dienst ihrer Kirche eingetreten waren, beteiligten sich spontan und hingebungsvoll an der Missionsarbeit. Als afrikan. Missionare wanderten sie oft über die Grenzen eines Stammes oder Landes hinaus, um als Prediger oder Lehrer oft für sehr bescheidenen Lohn das Evangelium zu verkündigen. Daß heute zunehmend ostafrikan. Missionsgesellschaften gegründet werden, ist mit ein Zeichen dafür, daß das Christentum in A. Wurzeln geschlagen hat und schlägt. Begünstigt wurde dies durch die herkömmlichen afrikan. Religionen, in denen es z.B. ebenso eine Vorstellung von »Gott, dem letzten Ursprung allen Lebens« (Sundermeier, 126) und Erhalter des Menschen gibt wie ein reges Gebetsleben. »Wir haben im Zwielicht nach ihm (Christus) tastend gesucht. Jetzt sehen wir ihn im Morgenlicht des Tages« (Mbiti, 22). Ferner wurde die Ausbreitung des Christentums dadurch begünstigt, daß die Missionare sofort mit der Übersetzung der Bibel oder einiger Teile von ihr in die Stammessprachen begonnen haben. 1984 gab es bereits Bibelausgaben in 540 verschiedenen afrikan. Sprachen. Das Verhältnis der Missionen zum Kolonialismus war in der Regel ambivalent, eine Mischung aus Partnerschaft und Konflikt. Der von vielen vorhergesagte Abfall vom Christentum nach dem Ende der Kolonialzeit trat nicht ein.

5. Junge Kirche in Afrika heute

Aus Kolonien sind unabhängige Staaten, aus Missionskirchen selbständige afrikan. Kirchen mit zum Teil sehr verschiedenen Ausprägungen geworden. Da ist einerseits die alte kopt.-orth. Kirche in Ägypten und Äthiopien mit ihrem Reichtum an Tradition, Liturgie und Theologie sowie einer bewundernswerten Überlebenskraft; da gibt es die röm.-kath. Kirche und ihre weltweiten Strukturen, da gibt es jene Gemeinden und Kirchen, die aus der prot. Mission im 19. Jh. hervorgegangen sind und bewußt mit der Tradition der westl. Kirchen verbunden bleiben wollen. Es sind dies junge Kirchen, die nach neuen Wegen für ein echtes afrikan. Christentum suchen und von afrikan. Christen in ökumen. Gemeinschaft gestaltet und geleitet werden. Daneben gibt es aber auch jene Bewegung der Afrikan. Unabhängigen Kirchen (AUK), zu der man z.B. 1984 insgesamt 700 kirchl. Körperschaften rechnete. Diese Kirchen haben sich aus oft sehr verschiedenen Gründen von den Missionskirchen oder anderen AUK getrennt (vgl. Kirche Jesu Christi auf Erden durch den Propheten Simon Kimbangu in Zaire, → Kimbanguismus) und viele von ihnen haben sich afrikan. Traditionen besonders geöffnet (Stammesstrukturen, Heilungsrituale, Feste etc., vgl. Becken). Schließlich ist das Christentum vieler europ. Einwanderer im südl. A. zu erwähnen. Dieses ist in mancher Hinsicht konservativ ausgerichtet und verhält sich der Wirklichkeit der afrikan. Gegenwart gegenüber sehr distanziert oder gar ablehnend.

Das Christentum in Schwarzafrika ist auf prot. wie kath. Seite vielgestaltig und reich an innerem Leben. Man rechnet damit, daß im Jahr 2000 die Hälfte der schwarzafrikan. Bevölkerung Christen sein werden, die sich Jesu Botschaft zu eigen machen und kaum nach der Konfession der Missionare oder ihrer kirchl. Tradition fragen werden.

Lit.: Adeyemo: The indigenous church in Africa; E.A. Ayandele: The Missionary Impact on Modern Nigeria 1842-1914, 1966; D. Barrett: Schism and Renewal in Africa; H.-J. Becken: Wo der Glaube noch jung ist. Afrikanische Unabhängige Kirchen im südlichen Afrika, 1985; K. Fiedler: Ganz auf Vertrauen. Geschichte und Kirchenverständnis der Glaubensmissionen (in Afrika), 1992; H. Gründer: Christliche Mission und deutscher Imperialismus, 1982; Z. Kameeta: Gott in schwarzen Ghettos, 1984; J.S. Mbiti: Bibel und Theologie im afrikanischen Christentum, in: G. Löwner (Hg.): Theologie der Ökumene, Bd. 22, 1987; Th. Sundermeier: Nur gemeinsam können wir leben. Das Menschenbild schwarzafrikanischer Religionen, 1988; R.S. Wassing: Die Kunst des Schwarzen Afrika, 1977.

H. Hamer/Red.

Agape → Liebesmahl

Agende

A.n (vom lat. *agenda*, die zu »handelnden« Teile einer Kirchenordnung im Unterschied zu den zu »glaubenden« Teilen, den *credenda*) sind Bücher, die die feststehenden und wechselnden Stücke des Gemeindegottesdienstes und der Amtshandlungen enthalten. Diese Bücher heißen seit dem 16. Jh. im luth. Raum A.n, während die ref. Kirchen von Kirchenbüchern, die anglik. vom → Book of Common Prayer sprechen. Schon das NT kennt Ansätze zu festen gottesdienstl. Stücken, z.B. das → Vaterunser. Elemente eines urchristl. Gottesdienstes zählt Apg 2,42 auf: → Lehre, → Gemeinschaft, → Gebet und → Abendmahl. In den folgenden Jh.en bildeten sich immer festere Gottesdienstordnungen aus, z.B. das Missale Romanum. Luther (→ Deutsche Messe, 1526) hat die kath. Gottesdienstordnung vorsichtig im Sinne der Rechtfertigungsbotschaft gereinigt. Im 19. Jh. hat der preußische König Friedrich Wilhelm III. durch seinen gemäßigt luth. A.nentwurf für die Union in den preußischen Provinzen den → Agendenstreit ausgelöst (1822 bis 1829). Den Reformierten war der Entwurf zu lutherisch, extremen Lutheranern war er zu reformiert. A.n sind Versuche, den gemeinsamen Glauben in gottesdienstl. Formen zu übersetzen; sie sind Dokumente der Einheit. Zugleich machen sie den Gottesdienst wiedererkennbar und vertraut. Ihre Grenze wurde im → Pietismus scharf gesehen: das gottesdienstl. Feiern kann rituell erstarren. Im 20. Jh. haben sich vor allem die → Evangelische Michaelsbruderschaft und ähnliche Kreise um die Erneuerung der A.n verdient gemacht. Die in den 50er Jahren erschienenen A.n der VELKD und der EKU werden seit 1980 in einer gemeinsamen Kommission überarbeitet. Im Entwurf für eine »Erneuerte Agende« für VELKD und EKU (1990) soll Gemeinsamkeit und Freiheit zur Gestaltung gleichermaßen zum Ausdruck kommen: »Die Erneuerte Agende ist kein Buch zum Ablesen, sondern eine Vorlage für eigenständiges gottesdienstliches Handeln in Verbundenheit mit anderen Gemeinden und mit der Christenheit.«

Lit.: A. Niebergall: »Agende«, TRE 1, 1977, 755-784; 2, 1978, 1-91.

M. Herbst

Agendenstreit

Die Einführung der Union in Preußen durch → Friedrich Wilhelm III. sollte durch eine erneuerte → Agende begleitet und befördert werden. Sie wurde vom König selbst unter Bezug auf reformat. Agenden erarbeitet und 1822 durch Kabinettsorder allen Pfarrern der Landeskirche zur Pflicht gemacht. Hatten schon die Entwürfe von 1816 und 1817 für die Königl. Preuß. Armee Widerspruch erfahren, z.B. von F.D.E. → Schleiermacher, so erhob sich nun ein allg. Protest in Flugschriften und ausführlichen Stellungnahmen gegen die katholisierenden Tendenzen der Agende einerseits und gegen das auf Gottesdienstfragen ausgedehnte landesherrliche Kirchenregiment andererseits. Erst nach verschiedenen Kompromissen für Altpreußen und nach den Zugeständnissen liturg. Anhänge für Rheinland und Westfalen kam der Streit 1829 bzw. 1831/32 zum Ende. Auch wenn sich der König, aufs ganze gesehen, durchgesetzt hat, das Interesse an Gottesdienstfragen und an der Kirchenunion als solcher wurde jedenfalls belebt.

Lit.: O. Aust: Die Agendenreform, Diss. Breslau 1910; R.J. Eylert: Über den Werth und die Wirkung der für die ev. Kirche in den Königl. Preuß. Staaten bestimmten Liturgie und Agende, 1830; E. Foerster: Die Entstehung der preuß. Landeskirche unter der Regierung König Friedrich Wilhelms III., 2 Bde., 1905, 1907; J. Kampmann: Die Einführung der Berliner Agende in Westfalen, 1991.

G. Ruhbach

Agnostizismus

A. ist ein phil. Begriff, der eine erkenntniskritische Position bezeichnet und von dem griech. *agnoein* (nicht wissen) abzuleiten ist.

Im Unterschied zum → Atheismus verneint der A. nicht die Existenz Gottes, sondern viel grundsätzlicher jede Möglichkeit, überhaupt etwas Definitives über Gott (und die Welt) sagen zu können. Wer die Existenz Gottes in Abrede stellt, hat darum aus agnostischer Sicht schon »zuviel« gewußt. Insofern vertritt der Agnostiker eine Position jenseits von Atheismus und Theismus. Ein gemäßigter, nicht radikaler A. (→ Relativismus; → Skeptizismus) stellt eine starke phil., weil erkenntnistheoretisch kaum zu widerlegende Position dar.

Der A. ist eine im Bereich der technischen und naturwissenschaftl. Intelligenz weit verbreitete Haltung. Die bedeutendste, bis heute nachwirkende agnostische Position hat I. → Kant mit seiner Transzendentalphilosophie begründet, in deren Zentrum die Lehre von der Unerkennbarkeit des »Dings an sich« steht (vgl. K.H. Michel).

Positiv ist die erkenntnistheoretische Bescheidenheit zu würdigen, die mit der agnostischen Position verbunden ist. Der Mensch ist nicht »Gott«, er kann daher nichts Definitives, abschließend Wahres über die Welt sagen. Dazu müßte er – wie ein metaphysisch gedachter Gott – eine Position jenseits über der Welt einnehmen und diese total überschauen und durchschauen können. Das ist aber nur einem »Gott« möglich. Eine solche »göttliche« Fähigkeit des Menschen zu behaupten, hieße aber für den A. wiederum, zuviel zu wissen.

Zur Kritik

a. Problematisch ist ein A. darin, daß er dazu tendiert, sich selbst nun doch noch absolut zu setzen (vgl. den Dialog Gollwitzer/Weischedel). Gerade der konsequente Agnostiker müßte offen sein, auch die agnostische Haltung noch zu überwinden, wenn er sich nicht selbst widersprüchlich verhalten und wiederum »zuviel« wissen will, etwa, daß es keine Offenbarung, kein Reden Gottes gibt, das auch eine agnostische Position zu überwinden vermöchte.

b. Auch die agnostische Position lebt von Voraussetzungen. Sie ist Teil des sich nicht von selbst verstehenden, vielmehr schon eine bestimmte phil. Erkenntniskonzeption voraussetzenden cartesianischen Paradigmas der Subjekt-Objekt-Spaltung (→ Descartes; → Objektivismus).

c. Es ist sehr die Frage, ob eine agnostische Haltung den ethischen Herausforderungen zu genügen vermag, vor die der Mensch und die Menschheit sich grundsätzlich und aktual immer wieder gestellt sehen. Wie ist z.B. von einer agnostischen Position her die Würde des Menschen zu begründen?

Der A. ist einerseits darin richtig, daß er – selbstkritisch – zeigt, wie wenig der Mensch ohne Gott wirklich sicher und gewiß zu wissen vermag; er ist dann und darin problematisch, wenn er sich unabhängig von Gott selbst als Position begründen und nicht überwinden lassen will, dem Menschen aber nicht den nötigen Halt und die notwendige Orientierung zu geben vermag.

Im Gegensatz zum Subjekt-Objekt-Denken Descartes' steht das bibl. Sprachzeugnis von Erkenntnis als einem das Erkenntnis-Subjekt wie das Erkenntnis-Objekt miteinbeziehenden Akt der alle Skepsis überwindenden Begegnung (→ Erkenntnis; Hempelmann). Der A. ist daraufhin zu befragen, inwieweit er offen ist für das bibl. Zeugnis von einem Erkannt-Werden durch Gott, das die erkenntnistheoretische Skepsis die eigene Erkenntnis von Gott, Mit-Mensch und Welt allererst eröffnet.

Lit.: H. Gollwitzer, W. Weischedel: Glauben und Denken. Ein Streitgespräch, [2]1965; H. Hempelmann: »Erkennen/ Erkenntnis«, GBL 1, 1987, 325-333; I. Kant: Kritik der reinen Vernunft, [2]1787 (B); K.H. Michel: Immanuel Kant und die Frage der Erkennbarkeit Gottes, 1987; A. Seidel: »Agnostizismus«, HWP Bd. 1, 1971, 110-112.

H. Hempelmann

Agnus Dei

Das *Agnus Dei* (lat. »Lamm Gottes«, Joh 1,29) ist seit dem 6./7. Jh. Bestandteil der Abendmahlsliturgie. Es wurde von Solosängern und vom Chor (zunächst auch noch von der Gemeinde) beliebig häufig wiederholt, solange die Zeremonie des Brotbrechens dauerte. Die Anrede *Agnus* weist auf den Ursprung dieses Ritus in der Ostkirche hin, die von jeher das eucharistische Brot als »Lamm« bezeichnet. Mit dem Übergang von der Teilung des einen Brotes zur Oblatenausspendung (um 900) verlor der Gesang seinen Funktionsbezug und wurde nur noch dreimal gesungen. Seit dem 11. Jh. wurde das dritte *Miserere nobis* (»Erbarme dich unser«) durch das *Dona nobis pacem* (»Gib uns Frieden«) ersetzt, wodurch eine Verbindung zum Friedensritus bzw. zum Friedensgruß vor dem → Abendmahl hergestellt wurde. Das A.D. gehört zu den wenigen Stücken der altkirchl. Tradition, die Luther im Abendmahlsteil der → Deutschen Messe beibehielt, allerdings als Lied zur Ausspendung, um eine Verehrung der → Hostien zu vermeiden. Die luth. Gottesdienstordnungen sind ihm darin bis heute gefolgt, während die unierten → Agenden das A.D. unmittelbar vor die Ausspendung stellen, gleichsam als Rüstgebet vor dem Abendmahlsempfang.

Lit.: J.A. Jungmann: Missarum Sollemnia, 2 Bde., [5]1962; B. Stäblein: »Agnus Dei«, MGG 1, 1949-51, 148ff.

Chr. Albrecht

Agrapha

A. (von griech. *'ágrapha lógia*) nennt man solche Worte des irdischen Jesus, die nicht in den vier kanon. Evv. überliefert sind (z.B. Apg 20,35). Es handelt sich dabei entweder um (mündlich oder in verlorenen Schriften tradierte) echte Logien, die dann z.T. als Ergänzungen kanon. Texte oder in anderem Zusammenhang festgehalten wurden, oder um tendenziös veränderte bzw. frei erfundene Jesuslogien. Solche Worte kannte schon Papias von Hierapolis um 130 n.Chr. (Eus. hist. III 39,11). A. sind somit nicht (a) Worte des präexistenten (etwa Hebr 2,12f u.ö.), des auferstandenen (etwa Apg 1,4f u.ö.) oder erhöhten Herrn (z.B. Offb 1,11 u.ö.), (b) frei formulierte Zitate kanon. Jesuslogien und – mit Ausnahmen – (c) Worte der atl. Propheten oder der ntl. Apostel, die später als Herrenworte angesehen wurden.

Die wissenschaftl. Erforschung der A. erfolgt seit gut 100 Jahren. Die Entdeckung der Papyri und der koptisch-gnostischen Bibliothek von Nag-Hammadi gab ihr neuen Auftrieb und Auftrag zugleich. Von letzterer wird gegenwärtig besonders in den USA das sog. »Thomasevangelium«, eine Sammlung von über 100 teilweise stark gnostisch gefärbten Logien, für sehr wertvoll gehalten und hart umkämpft (vgl. W.D. Stroker).

Der Bestand an A. in o.g. Sinne ist großenteils eindeutig festzulegen, an den Rändern (vgl. etwa die Diskussion um 1Thess 4,15-17) und im Blick auf ihre Echtheit aber teilweise heftig umstritten. A. Resch (1906) bot ein erstes großes Werk über die A. J. Jeremias hat in seiner bis heute grundlegenden Arbeit von 1948 A. im NT, in Textvarianten oder -zusätzen zum NT, in apokryphen Schriften, bei den Kirchenvätern, in Liturgien und Kirchenordnungen, in gnostischen Schriften, im Talmud und bei islamischen Autoren untersucht, kategorisiert und ausgewertet. Nach O. Hofius bleiben nach Sichtung des umfangreichen Bestandes nur neun A. übrig, die formal wie inhaltlich synoptischer Tradition vergleichbar sind (vgl. O. Hofius, Agrapha, 108; ähnlich, aber mit größerer »Ausbeute« J. Jeremias, Jesusworte, 44f). Der hist. wie der theol. Aussagewert der A. ist aufs Ganze gesehen recht dürftig: Sie werfen ein zusätzliches Licht auf einzelne Aspekte der Verkündigung Jesu, bieten aber kaum Neues, das über die kanon. Evv. hinausginge.

Lit.: K. Beyschlag: Die verborgene Überlieferung von Christus, 1969, 146ff; F.F. Bruce: Außerbiblische Zeugnisse über Jesus und das frühe Christentum, 1911; O. Hofius: »Agrapha«, TRE 2, 1978, 103-110 (Lit.); ders.: »Unbekannte Jesusworte«, in: J. Jeremias: Unbekannte Jesusworte, [3]1962; A. Resch: Agrapha. Außerkanonische Schriftfragmente [2]1967; W.D. Stroker: Extracanonical Sayings of Jesus, in: Sources for Biblical Studies 18, 1989; P. Stuhlmacher: Das Evangelium und die Evangelien, 1983, 355-382.

H.-W. Neudorfer

Agricola, Johann (1492/94-1566)

A., eigentlich Johann Schneider, auch Islebius, geb. am 20. 4. 1492/94 in Eisleben, gest. am 22. 9. 1566 in Berlin. Schulbesuch in Braunschweig und Leipzig, dort Studium seit 1509/10; Lehrer in Braunschweig; seit 1515/16 Studium in Wittenberg; enge Freundschaft mit → Melanchthon und → Luther, den er 1519 zur Leipziger Disputation, als auch 1520 bei der Verbrennung der Bannandrohungsbulle begleitete. In Wittenberg hielt A. bibl. Vorlesungen. 1525 wurde er in Eisleben Schulrektor, dazu kamen Predigtdienst, exegetische Vorträge und eine

reiche literarische Tätigkeit: Bibelkommentare, Katechismen, Sprichwörtersammlungen. Als Prediger nahm A. 1526 und 1529 in Speyer, 1530 und 1547/48 in Augsburg und 1541 in Regensburg an den Reichstagen teil. Von 1536 bis 1540 war er wieder in Wittenberg. Es kam jedoch mit Melanchthon und Luther zu erheblichen Spannungen bis zum völligen Zerwürfnis im antinomistischen Streit: Für A. war das Gesetz vorchristl. Zuchtordnung, so daß auch in der → Buße nur das Evangelium wirkt, während Luther Gesetz und Evangelium zwar unterschied, aber in der Buße beides wirksam sah.

Seit 1540 war A. Hofprediger in Berlin, Generalsuperintendent und Visitator der Mark Brandenburg. Sein Lied »Ich ruf zu dir, Herr Jesu Christ« (EKG 244) wird noch heute in der ev. Kirche gesungen.

Lit.: J. Rogge: »Agricola, Johann«, TRE 2, 1978, 184-187; ders.: Johann Agricolas Lutherverständnis. Unter Berücksichtigung des Antinomismus, 1960 (Lit.).

Chr. Windhorst

Ägypten

Aufgrund von Papyrusfunden müssen wir schon in der zweiten Hälfte des 1. Jh.s in dem seit 30 v.Chr. zum Röm. Reich gehörenden Ä. (bei Sonderstellung Alexandrias) mit christl. Gemeinden rechnen, für die eine wichtige Voraussetzung die zahlenmäßig dem palästin. Mutterland vergleichbare starke jüd. Minorität im ganzen Land ist. Hier wurde in einem längeren Wachstums- und Auswahlprozeß die → Septuaginta (LXX) für die christl. Ökumene bereitgestellt und in Ober-Ä. durch AT-Übersetzungen das Koptische (arab. Verstümmelung von griech. *aigyptios*) als Literatursprache geschaffen, ein speziell für Ä. hochwichtiges Faktum. Weitere Voraussetzung ist der bunte kulturelle (griech., spätägypt., graeco-ägypt., lat.) und sprachliche (ägypt. mit drei verschiedenen Schriftarten: Hieroglyphen, Demotisch, Koptisch mit mindestens sechs Dialekten; griech.: Koine bis zu Diokletian Amtssprache, bis zur arab. Eroberung Sprache der Gebildeten; lat.) Rahmen des hell.-röm. Ä., der im Zusammenhang mit einer alten synkretistischen Denkweise steht und unterschiedliche Anfänge des Christentums begünstigt, die die spätere Markus-Tradition im großkirchl. Sinne berichtigte (vgl. die Apollos-Tradition Apg 18,23f in cod. D).

Mit Bischof Demetrios (188-231) wurde die alexandrinische Großkirche bestimmend für das Geschick der Kirche Ä.s, was sich auch darin zeigt, daß der Patriarchentitel bei den drei dominierenden Konfessionen mit der in der Antike bedeutendsten Stadt des Landes, Alexandria, bis heute verbunden ist. Wichtig für die Steigerung des kirchl. Einflusses im Sinne der späteren Orthodoxie war die kirchl. Übernahme von ursprünglich freien theol.-phil. Lehrinstituten (Pantainos, → Clemens von Alexandrien, → Origenes) in die später sog. Alexandrinische Katechetenschule unter Heraklas, der – wie auch dann Dionysios – verantwortlich ist für die bischöfliche Organisation des flachen Landes. So gelang ein allmähliches Zurückdrängen der vielfältigen Einflüsse des Anfangs, vor allem der → Gnosis und des → Manichäismus, die die Papyri in ihren vielgestaltigen Formen überliefern, nicht selten in einem kirchl. Kontext. Wichtigster Papyrusfund in diesem Zusammenhang sind die Nag Hamadi-Texte.

Die ägypt. Christenheit hatte in den Verfolgungen des 3. Jh.s und besonders in der diokletianischen Verfolgung so sehr zu leiden, daß sie mit letzterer ihre eigene bis heute gebrauchte Zeitrechnung verknüpfte: Diokletiansära = *aera martyrum* (seit 29.8.284). In der ersten Hälfte des 4. Jh.s unterstehen Alexandria etwa 100 Bischöfe, d.h. etwa einer je Metropole der 84 Gaue in den drei Bezirken Delta, Heptanomoi (mit Arsinoitis) und Thebais. Die nichtchristl. Kulte verschwinden aus der Öffentlichkeit erst mit der Schließung des letzten (auch außenpolit. wichtigen) Tempels auf Philae 552. Die kämpferische Auseinandersetzung mit ihnen und einer nichtchristl. Philosophie (Ermordung der Hypatia 416) muß im Zusammenhang ähnlich radikaler Ausdrucksformen ägypt. Christen in den dogmat. Streitigkeiten der Zeit gesehen werden.

Dabei ist das → Mönchtum, das in Ä. in seiner anachoretischen (→ Antonius 251-356) wie in seiner koinobitischen Form (→ Pachomios gest. 346; Schenute gest. 466) eine die Weltchristenheit prägende Form erhält, ein wichtiger Faktor. Es prägt im Zusammenhang mit den großen rel. und theol. Führergestalten der alexandrinischen Schule seit → Athanasios (gest. 373) im arianischen (→ Arius ca. 312-319 Presbyter in Alexandria) bzw. trinitarischen und im christologischen Streit das Gesicht der ägypt. Kirche bis heute durch den von der chalcedonensischen Reichskirche getrennten Monophysitismus, besonders unter den Patriarchen → Theophilos (gest. 412), → Cyrill von Alexandrien (gest. 444), Dioskuros I. (gest. 454).

In das Leiden der Kirchenspaltung, die verquickt ist mit dem Gegensatz zur byz. Orthodoxie (Melchiten) und Administration und einem Auseinanderdriften der sprachlichen und rel. Traditionen trifft nicht nur 619 die pers. Invasion, sondern 642 die endgültige arab. Eroberung unter dem Kalifen Umar. Sie führt dahin, daß nach der letzten großen Revolte von 829/30 unter den Abassiden-Kalifen der → Islam sich endgültig in Ä. etablierte und die Christen Minorität geworden sind trotz des soliden kirchl. Wiederaufbaus, den Benjamin I. (gest. 655), der bedeutende Patriarch der Eroberungszeit, geleistet hat. Für die starke Konversion zum Islam sind vor allem finanzielle und rechtliche Gründe ausschlaggebend, während Zwangskonversionen der Dhimmis nach Koran und Scharia die Ausnahme waren.

Der Umzug des Patriarchen in das von den Fatimiden neu gegründete Kairo unter Christodulos (gest. 1078) ist ebenso ein Zeichen der Arabisierung der Kopten wie die Übersetzung der Liturgie ins Arab. im 12. Jh. unter Gabriel II. (gest. 1145). Schon im 10. Jh. beginnt, dem syr. Beispiel folgend, Arab. auch in Ä. christl. Literatursprache zu werden mit der unter dem Namen des Severus von Antiochien stehenden Patriarchengeschichte. Das 13. Jh. ist dann ein goldenes Zeitalter einer zweisprachigen christl. Literatur in Ä. (Arsaliden). Ä. nimmt - obwohl unerobert - unter den Mamelucken am allg. Niedergang der arab. Welt nach dem Mongolensturm teil (Verlust der handelspolit. Bedeutung durch den portugiesischen Seeweg nach Indien). Als es 1516 Teil des osman. Reiches wird, bilden die Kopten Ä.s ein Millet (selbständige Nation mit juristischem, kulturellem und rel. Eigenleben) und werden in die Wirren seines Unterganges hineingezogen (Janitscharen, Napoleon. Expedition, Muhammed Ali (gest. 1849), Khedivenherrschaft), die nach der Eröffnung des Suezkanals (1869) dann 1914 zu einem förmlichen britischen Protektorat bis 1922 in Ä. führen. Aber erst 1956 endet die Anwesenheit britischer Truppen auf ägypt. Territorium, das seit der Revolution von 1952 ein zeitweise vom Militär und besonders vom zweiten Präsidenten Nasir bestimmter moderner Nationalstaat ist.

Für die neuere Kirchengeschichte Ä.s zeigen sich vor allem drei Probleme:

Die Frage der Unionen, vor allem mit der kath. Kirche, die seit dem Florentiner Unionskonzil 1439 akut ist und seit dem 17. Jh. zu Kirchenunionen mit Rom führte (uniertes Patriarchat seit 1895), aber auch die Auseinandersetzung mit prot. Kirchen (seit 18. Jh.).

Die Frage der Unionen und Abspaltungen ist heute verbunden mit der Frage nach der Weltöffnung der kopt. Kirche (Mitgliederzahl 5-7 Mio.), die seit 1954 Mitglied des Weltrates ist und sich intensiv am ökumen. Gespräch, zumal über christologische aber auch etwa über entwicklungs- und sozialpolit. Fragen Afrikas beteiligt.

Das steht im Zusammenhang damit, daß es bei aller Segregation und besonders der Verarmung von Kopten auf dem Lande über die Jahrhunderte eine kopt. Beamtenschaft (besonders Steuerbeamte) in den Städten gegeben hat, die für die Modernisierung der Kirche unter einigen Reformpatriarchen entscheidend geworden ist. Eine starke Wirkung besitzt dabei der Nationalgedanke, der im Zusammenhang mit westl. Forschung zu einer Wiedererweckung der hl. Sprache der Liturgie, die im bohairischen Dialekt überlebt hatte, und zu einer starken

Beteiligung der Laien im kirchl. Leben führte, verbunden mit einer von der eigenen Tradition genährten Rückbesinnung auf geistl. Werte, bei der bes. ein wiedererstarktes asketisches Mönchtum eine Rolle spielt. Die Marienerscheinung in Kairo nach der Niederlage Ä.s 1967 stellt sich als ein Sozialphänomen dar, das schlaglichtartig die Integration der kopt. Kirche in die ägypt. Gesellschaft beleuchtet. Im Laufe ihrer Geschichte besaß die Kirche Ä.s große Einflußgebiete: Cyrenaica, Nubien, → Äthiopien (bis 1959 unter dem kopt.-orth. Patriarchen), die sich über Afrika hinaus in der Gegenwart im Zusammenhang mit der ägypt. Emigration zu einem weltweiten Netz kopt. Kirchen erweitert haben.

Lit.: A.S. Atiya: A History of Eastern Christianity, 1968, 11-145; A. Böhlig: RAC 1, 128-178; C.W. Griggs: Early Egyptian Christianity, 1990; M. Krause, K. Hoheisel: RAC Suppl. 1, 14-88; O. Meinardus: Monks and Monasteries of the Egyptian Deserts, 1962; ders.: Christian Egypt Ancient and Modern, 1965; ders: Christian Egypt. Faith and Life, 1970; C.D.G. Müller: Grundzüge des christlich-islamischen Ägypten von Ptolemäerzeit bis zur Gegenwart, 1969; ders: in: Die Kirche in ihrer Geschichte 1D2, 1981, 320-343; S. Timm: Christliche Stätten in Ägypten, BhTAVO B36, 1979; ders.: Das christlich-koptische Ägypten, BhTAVO B41, 1984ff; E. Wipszycka: Aegyptus 67, 1987, 117-167.

W. Wischmeyer

Ahldener Bruderschaft

Die A.B., der 1991 etwa 120 Pastoren, Diakone und ehrenamtliche Gemeindemitarbeiter aus verschiedenen Berufen angehören, trägt ihren Namen vom Dorf Ahlden am Südrand der Lüneburger Heide. Sie entstand aus der evangelistischen Arbeit von Pastor H. Kemner (geb. 1903) und wurde von ihm im November 1952 zusammen mit sechs Freunden gegründet. In der 1985 überarbeiteten Lebensordnung wird die A.B. beschrieben als »ein Zusammenschluß von Brüdern, die sich zu Jesus Christus als ihrem Herrn bekennen und die bereit sind, im gehorsamen Hören auf Gottes Wort und unter der Führung des Heiligen Geistes ihr Leben und ihren Dienst so auszurichten, daß Jesus Christus als ihr persönlicher Herr und Heiland dem Evangelium entsprechend bezeugt wird«. Die Bruderschaft trifft sich viermal im Jahr zum persönlichen Austausch über Gottes Wort, zur Seelsorge, zum Gebet und zum Abendmahl. Leiter auf Lebenszeit ist H. Kemner. Ein gewählter Bruderrat trägt in besonderer Weise die Verantwortung für die geistl. Ausrichtung. Nach dem Entstehen des Geistlichen Rüstzentrums in → Krelingen wurde von Mitgliedern der A.B. ein »eingetragener Verein« gegründet, der die Bruderschaft und die Belange des Rüstzentrums juristisch vertritt. Die A. B. e.V. ist satzungsmäßig verpflichtet, mit ihren Einrichtungen der Verkündigung des Evangeliums in der Bindung an die Bibel als dem geoffenbarten Wort Gottes zu dienen.

Lit.: H. Kemner: Da kann ich nur staunen, [3]1985; ZS Erweckliche Stimme, Monatsschrift des Geistlichen Rüstzentrums Krelingen.

J. Cochlovius

Ahnenverehrung

A. wird in fast allen traditionellen Kulturen ausgeübt. Sie gilt nicht allen Gestorbenen, sondern bevorzugt den starken, männlichen Ahnen und ist Pflicht der Nachkommen. Die Ahnen werden als fortlebend gedacht, der Kult wirkt auf sie ein und markiert zunächst die Trennung von der diesseitigen Existenz. Andererseits können die Ahnen auch auf die Lebenden einwirken und Segen oder Schaden vermitteln. Sie garantieren den Respekt vor der traditionellen Lebensordnung. Ihr Fortleben wird in einer anderen Welt vorgestellt, ihre Kraft ist aber auch am Grab, an Reliquien oder an der Repräsentation durch Namen oder Bild zugänglich. Ahnenkult hat Regeln für die rechte Zeit und Ordnung der Verehrung, kann aber auch individuell und spontan geübt werden.

Christl. → Mission hat zunächst Ahnenkult als mit dem ersten Gebot unvereinbar bekämpft. In der röm.-kath. Kirche gibt es Versuche, Ahnenkult zu christianisieren, aber keine allg. akzeptierte Ordnung. Manche christl. Afrikaner lehnen die Deutung des Ahnenkults als Götzendienst ab.

Wirkliche Christianisierung des Ahnenkults kann aber nicht in einer Anpassung bestehen, sondern nur in strenger Differenzierung: Bewahrung des ehrenden Angedenkens der Ahnen, aber Ablehnung kultischer Verehrung.

Lit.: H. Häselbarth: Die Auferstehung der Toten in Afrika, 1972; F.H. Thiel: Ahnen, Geister, Höchste Wesen, 1977.

N.-P. Moritzen

Aidlingen → Diakonissenmutterhaus Aidlingen

Akademie(n), Evangelische

1. Geschichte

Ev. A.n entstanden seit 1945 (erste Gründung Bad Boll durch Eberhard Müller); als Anreger gilt H. → Thielicke. Vorläufer sind die Akademikerarbeit der Deutschen Christlichen Studentenvereinigung (D.C.S.V.) und die Evangelischen Wochen der Bekennenden Kirche während des »Dritten Reiches«.

Die ersten Aufgaben der Ev. A.n stellten sich aufgrund der Nachkriegssituation in Deutschland. Menschen unterschiedlicher Auffassungen und Interessen wurden zum Gespräch zusammengeführt. Durch gegenseitiges Aufeinander-Hören sollten die geistigen Grundlagen für einen sozialen, wirtschaftl. und polit. Wiederaufbau erneuert werden.

Es entwickelte sich eine Vielfalt von Begegnungsformen. Am Anfang standen Berufsgruppentagungen (z.B. für Juristen, Journalisten, Lehrer, Künstler usw.). Zuerst in der Industriearbeit zeigte sich dann, daß »Querschnittstagungen« aller z.B. in einem Betrieb beteiligten Berufe – vom Direktor bis zum Auszubildenden – als besonders hilfreich empfunden wurden. In Ausweitung der Verantwortung der A. wurde schließlich versucht, unterschiedliche Interessengruppen zu erreichen und ins Gespräch miteinander zu bringen (z.B. Sozialpartner, Verbände). Daneben entwickelte sich eine eigene Studienarbeit der A.n. Zu einzelnen Themen laden die A.n durch frei ausgeschriebene Tagungen ein.

2. Organisation

Bis Ende der 50er Jahre entstanden in rascher Folge 14 Ev. A.n. Sie sind seit 1947 im »Leiterkreis der Evangelische Akademien in Deutschland e.V.« zusammengefaßt, 1955 wurde in Bad Boll der »Leiterkreis Evangelischer Akademien und Laieninstitute in Europa« gegründet, dem 1969 der »Ökumenische Leiterkreis der Akademien und Laieninstitute in Europa« folgte. Denn inzwischen waren weitere Ev. A.n im Ausland und ebenfalls Kath. A.n gegründet worden. Hatten sich schon die einzelnen Ev. A.n nach Methoden und Arbeitsschwerpunkten unterschiedlich entwickelt, so gilt die Vielfalt erst recht für den ökumen. Zusammenschluß. Er umfaßt Werke mit Schwerpunkten auf Studien- und polit. Öffentlichkeitsarbeit, andere, die sich der Erwachsenenbildung zuwenden (Heimvolkshochschulen und Heimstätten), wieder andere, die ihre Aufgabe in der Sozialarbeit sehen, bis hin zu Kommunitäten und Retraite-Zentren.

3. Theologische Fragen

Das theol. Nachdenken über die Aufgaben und Ziele der A.arbeit begleitete diese von Anfang an. Im kath. Bereich wird aufgrund naturrechtlicher Auffassungen davon ausgegangen, daß auch Nichtchristen im polit., wirtschaftl. und sozialen Kontext zu Grundeinsichten kommen können, die dem Glauben gemäß sind, wenn sie sich im Schutzraum der Kirche dem Gespräch öffnen und der Vernunft folgen. E. Müller verstand die A. als »Dritten Ort«, an dem der Hl. Geist auch in weltl. Fragen zur Verständigung beitragen kann, wenn die Beteiligten in ihrer Situation von der Verkündigung des Evangeliums erreicht werden. Seit Ende der 60er Jahre wurde dieses Konzept jedoch in Frage gestellt durch die Forderung, die Kirche dürfe sich nicht als neutralen Ort verstehen, sondern müsse für die jeweils Benachteiligten Partei ergreifen. Damit trat die Problematik der Politisierung der A.arbeit in den Vordergrund. Von dieser Auseinandersetzung waren vor allem diejenigen Häuser betroffen, die sich schwerpunktmäßig der Sozialarbeit zugewandt hatten. Auf ökumen. Ebene stehen heute polit. Fragen wie Rassismus, Frieden, Weltwirtschaftsordnung, Umwelt auf der Tagesordnung.

Es ist den Ev. A.n nicht vorzuwerfen, daß sie ihre Tätigkeit von Anfang an nicht im engeren Sinn mission., also für Glauben und Kirche werbend, verstanden haben, sondern ihr Tun diakon. als Dienst der Kirche an der Gesellschaft auffaßten. Die A.n erreichten und erreichen auch heute noch gesellschaftl. Kreise und Gruppen, die sich auf anderem Wege von der Kirche nicht mehr ansprechen lassen. Voraussetzung der ev. A.arbeit aber ist, vom neuen Sein aus Gott zu wissen und von daher im sozialen Bereich zu denken und zu handeln. Wenn die frohe Botschaft des ntl. Glaubens als unpassend und unzeitgemäß empfunden und zurückgehalten wird, wenn sich die A.arbeit im Zusammenhang einer Glaubenskrise nur noch polit. versteht oder sich mit Interessengruppen identifiziert und folglich im Meinungskonzert der gesellschaftl. Gruppen und polit. Tendenzen nichts Spezifisches mehr zu sagen und einzubringen hat, dann hat sie ihren Auftrag verfehlt. Ein Hinweis für die Zukunft der Ev. A.n könnte von der Stätte der ersten Akademie, Bad Boll, ausgehen. Dort wirkten der Ältere und der Jüngere Blumhardt. Nur durch ihre geistl. Konzentration, durch die Lebens- und Glaubensgemeinschaft in ihrem Hause, durch ihre Spiritualität, konnte auch eine entsprechende soziale Wirkung von Bad Boll ausgehen.

Lit.: H.G. Jung: »Akademien«, TRE 1, 1977, 138-143; E. Müller: Bekehrung der Strukturen, 1973; ders.: Widerstand und Verständigung, 1987; E. Müller, H. Stroh (Hg.): Seelsorge in der modernen Gesellschaft, 1971.

R. Mayer

Akkommodation

Das lat. Wort bedeutet »Angleichung, Anpassung«. Der Begriff wird in verschiedenen Wissensgebieten verwandt, z.B. in der Biologie, um die Anpassung der Linse eines Auges an verschiedene Entfernungen zu kennzeichnen. Jedes Gelingen von Kommunikation setzt A. voraus, indem sich jeweils der Redende bzw. Gebende dem Hörer bzw. Empfänger annähert, ja einschränkt und preisgibt, um beim anderen »anzukommen«, verstanden zu werden. Jedes Übersetzen, ja bereits jedes Reden hat mit diesem Sachverhalt zu tun, der insbesondere in der Mission (z.B. schon im Ritenstreit der kath. Mission seit dem 17. Jh.) bis heute (Kontextualisierung, Inkulturation) das Grundlagenproblem berührt.

Zum theol. Gebrauch: In der Rhetorik sprach man bei den alten Griechen von dem »Heruntersteigen«, das ein Redner im Blick auf die begrenzte Fassungskraft seiner Zuhörer zu vollziehen habe. Von hierher scheint der Begriff, zunächst noch in seiner griech. Gestalt (*synkatábasis*), zu den frühen christl. Lehrern, den → Apologeten und den Kirchenvätern, gekommen zu sein (→ Tertullian, Hilarius, → Origenes): Gott gibt sich in seinen Offenbarungen nicht so zu erkennen, wie er ist, sondern wie die Menschen ihn verstehen können. Wird dieser Gedanke auf die Menschwerdung Christi angewendet, so entsteht die Gefahr, daß man in dem Menschen Jesus gar nicht mehr recht auf die Wirklichkeit Gottes stoßen kann. Phil. 2,7 spricht von der Entäußerung Christi (→ Kenosis). Deutet man sie im Sinne der griech. Metaphysik, dann kann solches Reden von Gott, ebenso wie die gesamte anthropomorphe Redeweise (→ Anthropomorphismus) der hebr. Tradition, nur als unangemessene, uneigentliche Sprechweise von dem höchsten Wesen verstanden werden, auch wenn sie – wie bei den Kirchenvätern (z.B. → Augustin) – dadurch eine positive Wertung erfährt, daß man sie als Ausdruck seines Heilsplans und seiner Liebe zum Menschengeschlecht ansieht. Neben dem lat. Wort A. (*accomodatio*) wird gleichbedeutend von der → Kondeszendenz (*condescensio*) gesprochen, wobei letzterer Begriff die genaue Wiedergabe des griech. *synkatábasis* darstellt.

Bei Luther steht der Begriff der Kondeszendenz ganz im Mittelpunkt der Theologie: »In unser armes Fleisch und Blut verkleidet sich das ewge Gut« (EKG 15), und auch seine Abendmahlslehre zeugt davon. Der Anspruch der metaphysischen und scholastischen Begrifflichkeit wird hier souverän gebrochen im Interesse der geschichtlich gegebenen Heilswirklichkeit. Dieser Durchbruch zur bibl. Sprache wird in der prot. Orthodoxie nicht voll festgehalten. Vielmehr wird die »göttliche Natur« nun wieder mit den Mitteln der phil. Gotteslehre (Unveränderlichkeit, Leidensunfähigkeit) ausgedeutet. Gottes A. bzw. Kondeszendenz konnte nur sehr begrenzt ausgesagt werden. Anders in den neu sich ausbildenden Wissenschaften und deren Ringen um das Weltbild der Moderne. → Kepler und → Galilei ziehen den A.sbegriff heran, um weltbildmäßige Schwierigkeiten mit der Bibel zu bewältigen (z.B. Jos 10: »Sonne, stehe still«). Hier ist es der Mensch, der die A. vollzieht: der bibl. Schriftsteller, der eine Sache nicht so darstellt, wie sie sich in Wirklichkeit verhält, sondern wie sie von dem unvollkommenen Fassungsvermögen der damaligen Leser bzw. Hörer aufgenommen werden konnte. Im Aufklärungszeitalter hat der A.sgedanke dann eine wahre Hochblüte erlebt. Nach J.S. → Semler, dem Hauptvertreter der A., hätten die bibl. Autoren die A. geübt als »Herablassung zu der Duldung unwahrer Vorstellungen an den unfähigen Christen«, sie werde aber überflüssig bei fortschreitender Bildung der Menschen. Probleme der Theologie des 20. Jh.s (→ Entmythologisierung, Sachkritik) sind hier bis in die Einzelheiten hinein vorgebildet. In der Frage der Bibelinspiration hatten die luth. Dogmatiker ebenfalls von einer A. gesprochen: Gottes Geist habe sich beim Diktieren dem Stil und der menschlichen Ausdrucksweise der einzelnen Schriftsteller angeglichen (Quenstedt), wobei man sich aber einig darin war, daß solches Eingehen auf die menschlichen Werkzeuge weder eine Beeinträchtigung des Wahrheitsgehaltes ihrer Sätze noch auch der sprachlich-stilistischen Vollkommenheit der bibl. Texte zur Folge gehabt haben könne.

Zwischen Orthodoxie und rationalistischer → Bibelkritik steht die A.skonzeption J.G. → Hamanns (1730-1788). Auch bei ihm ist Gott der Autor der Hl. Schrift (Inspiration), aber die A. oder, wie Hamann gerne sagt: »Herunterlassung« Gottes ist hier ganz konsequent gefaßt: Gottes Geist hat sich gedemütigt, erniedrigt. »Wir liegen alle in einem so sumpfichen Gefängnis, worin sich Jeremias befand. Alte Lumpen dienten zu den Seilen, ihn heraus zu ziehen; diesen sollte er seine Rettung zu danken haben...« Die luth. Dogmatik des 19. Jh.s (→ Erlanger Theologie) hat sich bemüht, die Menschlichkeit Jesu stärker zu akzentuieren als dies in der Orthodoxie möglich war, und zwar indem sie den der A. verwandten Begriff der → Kenosis (Entäußerung) heranzog, wobei sie die phil. Prämissen der Orthodoxie allerdings nicht überwinden konnte. Einen Schritt weiter in dieser Sache brachte die Theologie Hermann → Bezzels, der in seiner Schriftlehre ebenso wie in seiner Christologie ausdrücklich an Hamann anknüpfte.

Lit.: F. Blanke: Hamannstudien, 1956; K. Gründer: Figur und Geschichte. J.G. Hamanns: »Bibl. Betrachtungen« als Ansatz einer Geschichtsphilosophie, 1958; G. Hornig: Die Anfänge der historisch-kritischen Theologie, 1961 (zu Semler); K. Scholder: Ursprünge und Probleme der Bibelkritik im 17. Jahrhundert, 1966; M. Seitz: Hermann Bezzel, (1960), [2]1987.

H. Lindner

Akoimeten → Mönchtum

Aktion: In jedes Haus e.V. (AJH)

Schriftenmission, gegründet 1967 von der Deutschen Evangelischen → Allianz (P. Schneider). Gemeinnütziger Verein für systematische Hausmission; Nachbetreuung über Briefseelsorge und Bibelkurse. Interessierte werden in bestehende Gemeinden eingegliedert. Durch evangelistische Schriften soll jeder Haushalt erreicht werden. Überbringer sind Christen der örtlichen Gemeinden. In geistl. toten Gegenden erfolgt die Gebietsmission durch (haupt-/ehrenamtliche) »Hausmissionare«; Zusammenarbeit geschieht auf der Basis der Ev. → Allianz.

Motivation/Schulung der Mitarbeiter erfolgt in den örtlichen Gemeinden durch Seminare (Missionarisches Beten; Hausbesuchsmission; Missionarische Hauskreise). Verteil-/Werbe-/Nacharbeitsmaterial wird von der AJH zur Verfügung gestellt.

AJH ist Mitglied in der → Arbeitsgemeinschaft Evangelikaler Mission (AEM), in der → Arbeitsgemeinschaft Missionarischer Dienste (AMD) und im → Ring Missionarischer Jugendbewegungen (RMJ) sowie in der Arbeitsgemeinschaft »Every Home for Christ« (EHC, gegründet 1946, J. McAlister; Sitz: Colorado Springs, USA). In ca. 60 Ländern gibt es eigenständige Werke, in weiteren Ländern engagieren sich örtliche Kirchenverbände.

Mission. Schwerpunkte liegen im europ. Raum; überregionale Projekte laufen in Osteuropa und weltweit; gebetet wird um Öffnung moslemischer Gebiete für systematische Hausmission. Seit 1977 Sitz in Schwelm.

Lit.: H. Gschwandtner: Christus für jeden; J. Lee: Wenn tausend neben dir fallen.

H. Bittner

Aktualismus → Ontologie

Al Gazali → Islam

Albanien

Das Gebiet des heutigen A. war im Altertum großenteils von illyrischen Stämmen besiedelt, wurde im 2. Jh. v. Chr. von den Römern erobert und nach der Reichsteilung von 395 dem Oström. Reich zugeschlagen. Ob Paulus im heutigen A. gepredigt hat (»ich verkündigte das Evangelium bis nach Illyrien«, Röm 15,19), ist unsicher, da der geographische Begriff Illyrien sehr weit gefaßt war. Eine systematische Christianisierung des Küstenlandes fand im 4./5. Jh. statt, im 5. Jh. drang das Christentum auch in die Berggebiete vor. Mit der slawischen Landnahme (um 600) wurden die kirchl. Organisationsstrukturen wieder vernichtet. In den folgenden Jh.en geriet das albanische Kernland zunehmend unter morgen- und abendländische Einflüsse; im Spätmittelalter entstanden im nördl. A. die kath. Metropolen Antivari (Bar) und Dyrrachium (Durres), während der Süden in die griech.-orth. Kirchenorganisation hineinwuchs. Gegen Ende des 15. Jh.s war Nordalbanien überwiegend kath., Mittel- und Südalbanien weitgehend orth.

Gegen die türkische Eroberung leistete Nordalbanien unter der Führung von Georg Kastriota (Skanderbeg) energischen Widerstand, der mit dem Tod des Helden (1468) allerdings zusammenbrach. A. wurde zu einer türkischen Provinz; die Islamisierung der Bevölkerung ging bis ins 17. Jh. hinein nur langsam vor sich, intensivierte sich dann aber, weil viele sich durch einen Übertritt zum Islam günstigere steuerliche und wirtschaftl. Bedingungen sichern konnten; christl. Brauchtum wie Taufe, Heiligenverehrung und Wallfahrten blieben vielerorts erhalten, so daß es zu einem eigenartigen christl.-islam. Synkretismus kam. Die Bergstämme im Norden blieben weitgehend röm.-kath.

Im letzten Viertel des 19. Jh.s entstand eine albanische Nationalbewegung, deren Ziel die staatliche

Selbständigkeit war. Diese wurde nach den Balkankriegen 1913 erreicht, war aber nur von kurzer Dauer, da Italien im Ersten Weltkrieg das Land besetzte. 1919 erhielt A. seine Eigenstaatlichkeit zurück und wurde 1928 unter Ahmed Zogu zu einer Monarchie, bis Italien 1939 das Land erneut besetzte. 1946 wurde in A. die »Volksrepublik« unter Enver Hodscha ausgerufen.

In der Zwischenkriegszeit waren rund 21 % der albanischen Bevölkerung orth. 1922 hatte sich die orth. Kirche A.s für autokephal erklärt, was vom Patriarchat Konstantinopel erst 1937 anerkannt wurde. Rund 11 % der Albaner waren röm.-kath. (Erzbistümer Skutari und Durres). 68 % gehörten dem moslemischen Bekenntnis an, wovon der größere Teil Sunniten, ein kleinerer Teil Angehörige der Gemeinschaft der Bektaschiten war. Mit der Umwandlung A.s in einen kommunistischen Staat wurde das kirchl. und rel. Besitztum verstaatlicht, die rel. Schulen wurden aufgelöst und die Kirchen einer massiven Verfolgung ausgesetzt. Die Religionsverfolgung, die in mehreren Wellen vor sich ging und sich durch außerordentliche Brutalität auszeichnete, gipfelte 1967 in der Erklärung Enver Hodschas, A. sei jetzt der erste konsequent atheistische Staat der Welt; sämtliche 2169 rel. Gebäude (kath. und orth. Kirchen, Moscheen, Klöster usw.) waren zweckentfremdet oder zerstört worden. Art. 37 der Verfassung von 1976 bestimmte: »Der Staat erkennt keinerlei Religion an und fördert und betreibt atheistische Propaganda, um in den Menschen die wissenschaftliche Weltanschauung zu verwurzeln.«

Nach dem Tode Hodschas (1985) traten Lockerungen in der antikirchl. Politik des albanischen Staates ein. In privaten Räumen gefeierte Gottesdienste wurden nicht mehr behindert. 1990 wurden Verhaftungen aus rel. Gründen eingestellt, Gefangene freigelassen, der rel. Glaube als Sache des Gewissens jedes einzelnen und »religiöse Propagandatätigkeit« als nicht mehr strafbar erklärt. Der neue Verfassungsentwurf von Ende 1990 garantiert in Art. 53 die Gewissensfreiheit und gibt den Gläubigen das Recht zurück, ihren Glauben öffentlich verkündigen zu dürfen. Kirchen und Moscheen wurden den Religionsgemeinschaften wieder zur Verfügung gestellt. Die röm.-kath. und die orth. Kirche sowie die islam. Religionsgemeinschaften stehen jetzt vor Aufbauaufgaben, die praktisch am Nullpunkt beginnen müssen. Es ist beeindruckend, wie viel rel. Substanz in der langen und schweren Verfolgungszeit erhalten geblieben ist.

Lit.: G. Stadtmüller, B. Spuler: »Albanien«, TRE 2, 1978, 160-167; B. Tönnes: Sonderfall Albanien. Enver Hodschas »eigener Weg« und die historischen Ursprünge seiner Ideologie, 1980; ZS »Glaube in der 2. Welt«, Küsnacht, Zollikon, 1973ff, v.a. 1978/1 und 1990ff.

E. Bryner

Albertus Magnus (1193/1207-1280)

A. wurde zwischen 1193 und 1207 in Lauingen geboren. Sein Vater Marquard gehörte dem staufischen Ministerialenstand an. Im Jahre 1222 hielt sich A. in Oberitalien, in Venedig und Padua auf. Dort trat A. 1223 in den Dominikanerorden ein.

Von Padua ging er nach Köln, wo er nach dem Studium der Theologie die Priesterweihe empfing. Von 1243/44 - 1248 studierte er in Paris, um den Doktor der Theologie zu erwerben. Diese Pariser

Jahre brachten für A. den Durchbruch zum universalen Gelehrten. A. wollte die Werke des → Aristoteles in ihrer Gesamtheit erschließen und sie auch für den Theologen fruchtbar machen. Dies »erkannte er als seine Lebensaufgabe« (W.P. Eckert). So bestand A.' Leistung in der Grundlegung des christl. → Aristotelismus. Er legte den Grundstock zum Weltbild der Hochscholastik, in dem Glauben und Wissen sich zu einer höheren Einheit verbanden. Indem er Spiritualität und Vernunft einander zuordnete, war er wegweisend für das mittelalterl. Denken. Weitere Bedeutung erlangte A. als Naturphilosoph und -forscher. Vor allem die Zoologie und Botanik zogen ihn an.

Von 1248 bis 1254 lehrte A. am Generalstudium seines Ordens in Köln. 1254 wurde er Provinzial der deutschen Provinz des Predigerordens; dieses Amt versah er bis 1257.

Am 5. Januar 1260 ernannte ihn der Papst zum Bischof von Regensburg. Doch bereits nach zwei Jahren trat er von diesem Amt wieder zurück. 1263/64 zog A. als Kreuzzugsprediger durch Deutschland und Böhmen. Anschließend war er in Würzburg, Straßburg und Köln wieder innerhalb seines Ordens tätig. A. genoß so großes Ansehen als Wissenschaftler, daß ihn sein Ordensoberer 1269 nochmals als Professor nach Paris schicken wollte. A. lehnte wegen seines hohen Alters ab. Er empfahl, an seiner Stelle seinen ehemaligen Schüler → Thomas von Aquin zu schicken. Der Orden folgte seiner Empfehlung. Gegen Ende des Jahres 1270 begab er sich wieder nach Köln, wo er seinen ständigen Wohnsitz im Kölner Dominikanerkloster nahm. Hier starb er am 15. November 1280. Seine Seligsprechung erfolgte 1622. 1931 wurde er von Pius XI. heiliggesprochen und zum Kirchenlehrer erhoben. 1941 erklärte Pius XII. A. zum Patron der Naturwissenschaftler.

Im Blick auf die Erkenntnis Gottes schreibt A.: »Wollte ich nach gelehrten Geistlichen fragen, so ginge ich nach Paris, wollte ich aber nach den Geheimnissen Gottes fragen, so fragte ich bei dem ärmsten Menschen an, der auf Erden weilt und der mit Freuden aus Liebe zu Gott arm ist. Der weiß von Gottes Geheimnissen mehr als der weiseste Gelehrte auf Erden.«

A. hat in seinem Leben das Experiment des Glaubens und des Wissens gewagt. Nach seiner Auffassung kann nur die Predigt wirksam sein, die durch das Lebenszeugnis des Predigers gedeckt ist. Sein Schüler Ulrich von Straßburg bezeichnet A. als einen Mann, der in aller Wissenschaft nahezu göttlich war, so daß man ihn als ein wirkliches Wunder bezeichnen konnte.

Lit.: A. Fries (Hg.): Albertus Magnus. Ausgewählte Texte, Lateinisch-Deutsch, Texte zur Forschung, Bd. 35, ^{2}1987; P. Hoßfeld: Albertus Magnus als Naturphilosoph und Naturwissenschaftler, 1983.

K. Wittstadt

Albigenser

Nach ihrem Zentrum in Albi nahe Toulouse bezeichnete man eine südfranz. rel. Bewegung des 12./13. Jh.s als A. Sich selbst nannten sie »gute Christen« oder Katharer (»die Reinen«, im dt. Sprachraum zu »Ketzer« umgebogen), was bereits auf ihren kirchenkritischen Anspruch hinwies. Ihre Lehre stellte eine der größten Herausforderungen der Kirche dar, zumal sie nach neueren Forschungen gar nicht so »unchristlich« war, wie die vielfach verzerrte Überlieferung glauben machen wollte. Neben Bezügen zum → Manichäismus und zur → Gnosis lassen sich ihre Vorstellungen von der Präexistenz der Seelen, dem freien Willen und dem Endheil aller Seelen auf → Origenes und die Sekten der → Bogomilen und → Paulicianer zurückführen. Zunächst verwarfen die A., mit erheblichen Unterschieden zwischen den einzelnen Gemeinden, die Ehe, den Eid, den Kriegsdienst und das AT. Der äußere Druck der Kirche führte dann auf dem Konzil der Katharer von 1167 zur Radikalisierung ihrer Lehre im Sinne des Dualismus und zur Bildung einer Bistumsorganisation. Danach war für sie Gott als das gute Prinzip der Schöpfer der geistigen Dinge, dem das böse Prinzip, das alles Materielle geschaffen hat, unversöhnlich gegenüberstand. Jesus erscheint in den Mythen der A. teils als reiner Engel, teils als Emanation Gottes, sein Menschsein lehnen sie ebenso ab wie den Kreuzestod. Die Gemeinden der A. gliedern sich in den niedrigeren Stand der »Gläubigen« und den höheren der »Vollkommenen«, die sich harter → Askese unterwerfen (Verzicht auf alle durch Zeugung entstandenen Speisen, regelmäßiges Fasten, absolute Enthaltsamkeit). Der Eintritt in die »Kirche der Reinen« erfolgt durch eine Art Geistestaufe mittels Handauflegung, die den Menschen zum Tun des Guten befreit und seine Seele mit dem dazugehörigen Engelsgeist im Himmel verbindet.

Der wenn auch zeitlich und regional begrenzte Erfolg der A. begann mit ihrer bei der Bevölkerung populären Kritik an dem reichen Pomp und der Weltlichkeit der Kirche. Allerdings wollten sie diese nicht reformieren, verstanden sie sich doch selbst als die einzig wahre Kirche. Faszinierend wirkte auch ihre streng asketische Lebensführung. Vor allem aber boten sie eine einfache Erklärung des → Bösen an. Ihre Botschaft kam ohne → Fegefeuer und → Hölle aus und garantierte Heilssicherheit, so daß den Gläubigen die Furcht vor dem Jenseits genommen wurde. Anziehend wirkten auch ihre Gemeinden wegen ihrer demokratischen Struktur mit intensiver Beteiligung der Laien. So gab die Lehre der A. trotz aller Irrwege wichtige Anstöße zur spirituellen Neubelebung und zu einem neuen Kirchenmodell. Den berechtigten Anfragen der A. stellte sich das Papsttum nicht, im Gegenteil. Ihr Auftreten löste die ersten Aktionen der päpstlichen → Inquisition aus. In dem selbst für damalige Verhältnisse äußerst grausam geführten Albigenserkrieg (1209-1229), der erstmals den Kreuzzugsgedanken in einem christl. Land in die Praxis umsetzte, wurden die Kirche der A. und die blühende Kultur Südfrankreichs zerstört. Reste der A. konnten sich bis in das 14. Jh. in abgelegenen Pyrenäengegenden, in Nordwestitalien und in Sizilien halten. Die bleibende Bedeutung der A. ist die zeitlos gültige Anfrage nach der Übereinstimmung der Kirche mit dem → Evangelium.

Lit.: A. Borst: Die Katharer, [5]1986; D. Müller: »Katharer«, TRE 18, 1989, 21-30; G. Rottenwöhrer: Der Katharismus, 2 Bde., 1982.

L.E. v. Padberg

Albrecht-Bengel-Haus

Der Verein »Albrecht-Bengel-Haus e.V.« (ABH) in Tübingen, am 27. 12. 1969 gegründet, ist Träger eines Studienhauses mit dem Ziel, »solche evangelische Theologiestudenten (zu) fördern und zu einer geistlichen Gemeinschaft des Lebens, Betens, Forschens zusammen(zu)führen, die sich zum Dienst in Kirche und Mission gerufen wissen. Ihre Zurüstung soll geschehen in einer Verbindung von echter Wissenschaftlichkeit und klarer Ausrichtung auf die Heilige Schrift und das Zeugnis der Väter im Glauben« (Grundordnung). Der Verein unterhält ein Studienhaus mit rund 90 Zimmern, einem Andachtsraum, einer Bibliothek und den nötigen Seminarräume und bietet den Studenten und Studentinnen tägliche Andachten, studienbegleitende Vorlesungen, Übungen und Examensrepetitorien durch den Rektor, drei Studienleiter und drei Studienassistenten. Zudem soll durch regelmäßige Gemeindebesuche und Predigtübungen der Praxisbezug während des Studiums gefördert werden. Außerdem fördert der Verein in seinem Missionszweig Theologiestudenten aus der Dritten Welt. Vorsitzender des Vereins ist derzeit Dekan M. Holland.

Wer aufgenommen werden will, hat eine »Selbstverpflichtung« zu unterschreiben, wonach er in seinem persönlichen Leben Jesus Christus nachfolgen will.

Die Gründung des Vereins erfolgte nach Vorgesprächen verschiedener Synodaler mit Tübinger Theologieprofessoren und Vertretern der pietist. Gemeinschaftsverbände in Württemberg als Reaktion auf bibelkritische und atheistische Strömungen und Einflüsse an den theol. Fakultäten Ende der 60er Jahre. Die Kosten werden allein durch Spenden und Mitgliedsbeiträge gedeckt. Erster Studienleiter war Dekan W. Tlach.

Nach dem Konzept des ABH wurden mittlerweile Studienhäuser in Schriesheim bei Heidelberg, Marburg und Mainz eingerichtet.

Lit.: G. Maier (Hg.): Die Hoffnung festhalten, 1978.

M. Holland

Albrecht, Jacob (1759-1808)

A., geb. am 1. 5. 1759 bei Pottstown, Pa., als Sohn pfälzischer Einwanderer, gest. am 18. 5. 1808 Kleinfeltersville, Pa., USA, Gründer der Evangelischen Gemeinschaft (in den USA unter dem Namen Evangelical United Brethren Church; → Methodisten). Er erlebte 1790 als Ziegelbrenner seine Bekehrung, schloß sich bald darauf einer methodistischen »Klasse« an und wurde »Ermahner« (Laienzeuge). 1796 fing er an, unter den kirchl. vernachlässigten deutschen Siedlern in Pennsylvania, Maryland and Virginia auf deutsch zu predigen und führte kirchl. tote Kreise zu neuem Leben. 1800 entstanden drei »Klassen«, die gemeinsame Gebets- und Bibelstunden abhielten (Vorstufe der Gemeindebildung). A. fand jedoch weder bei den Methodisten noch bei der luth. Kirche, die sich beide auf die englischen Volksteile konzentrierten, Verständnis für die Einführung der deutschen Sprache in den Gottesdiensten. Folglich schlossen sich die deutschen Gemeinden enger zusammen. 1803 wurde A. von einigen Laien ordiniert. Seine Anhänger nannte man »Albrechtsleute«. 1807 tagte die erste »Konferenz« der von A. geführten Ev. Gemeinschaft, die sich den Namen »Neuformierte Methodistenkonferenz« gab, A. zum Bischof wählte und eine Kirchenordnung in Auftrag gab.

Lit.: R. Jäckel: Geschichte der Ev. Gemeinschaft I, 1892, 44ff; P. Meinhold: Ökumenische Kirchenkunde, 1962, 473ff.

K.H. Voigt

Albrecht von Mainz (1490-1545)

A., Markgraf von Brandenburg, geb. am 18. 6. 1490 in Berlin, gest. am 24. 9. 1545 in Mainz, Domherr in Mainz 1509, Priesterweihe 1513, Erzbischof von Magdeburg 1513 und Mainz 1514, Administrator von Halberstadt 1513, Kardinal 1518 und Kurfürst, Erzkanzler und Primas des Deutschen Reiches.

Um Ämterhäufung und Palliengelder zu finanzieren, durfte er in seinen Ländern den Ablaß vertreiben. Das rief → Luther mit den 95 Thesen auf den Plan, für dessen geistl. Anliegen A. kein Verständnis hatte. Seinem moderaten polit. Temperament und seiner humanistischen Gesinnung entsprach es, daß der Bewunderer des → Erasmus, Beschützer → Reuchlins und Förderer → Huttens nicht scharf reagierte, sondern zunächst – wohl auch unter dem Einfluß seines Dompredigers und Rates → Capito – eine konziliant abwartende Hal-

tung einnahm. Ohne seine traditionellen Glaubensüberzeugungen aufzugeben und obwohl A. am Dessauer Bündnis gegen die Bauernunruhen und die luth. Ketzerei beteiligt war (1525), hielt er doch an der Hoffnung auf Einheit der Kirche fest. In weiten Teilen seiner mitteldeutschen Länder breitete sich die → Reformation aus. Als sie 1541 seine Residenz Halle erreichte, wurde er unnachgiebiger Gegner der Reformation. Er residierte zuletzt in Mainz, das er der kath. Kirche erhielt.

Lit.: G.A. Benrath: »Albrecht von Mainz«, TRE 2, 1978, 184-187; J. May: Der Kurfürst, Cardinal und Erzbischof Albrecht II. v. Mainz und Magdeburg, I 1865, II 1875; H. Reber: Albrecht von Brandenburg. Kurfürst - Erzkanzler - Kardinal 1490-1545 (hg. von B. Roland), 1990.

Chr. Windhorst

Alexander von Hales (ca. 1185-1245)

A. ist geboren in Hales Owen (England) ca. 1185, vor 1210 in Paris, dort zunächst Magister regens (»Professor«) in der artes-Fakultät (Grundstudium), dann in der theol., zwischenzeitlich in England und in Universitäts-Angelegenheiten unterwegs. Im Jahre 1236 wird er Franziskaner und bringt so seinen theol. Lehrstuhl in den Orden mit. Er nimmt am 1. Konzil von Lyon (1245) teil und stirbt in Paris am 21. August 1245. Ehrenname: doctor irrefragabilis. Begründer der Pariser Franziskanerschule, Lehrer → Bonaventuras.

A. steht am Beginn der Hochscholastik des 13. Jh.s. Er führt, als Neuerung, die »Sentenzen« des Petrus → Lombardus als Unterrichtsbuch ein und begründet so das literarische Genus des Sentenzenkommentars. Von ihm selber gibt es, in Nachschriften erhalten und 1945 wiedergefunden, eine »Glosse« zu den Sentenzen, kein ausgeführter Kommentar, vielmehr kurze Bemerkungen und ausführliche Fragen im Wechsel. Überliefert sind ferner »Quaestiones disputatae« zu theol. Fragen (hg. bisher nur die vor 1236) und die »Summa fratris Alexandri«, eine Gesamtdarstellung der Theologie, deren Bücher I bis III im wesentlichen auf A. zurückgehen (Gott, Schöpfung, Sünde, Christus, Gesetz, Gnade, Glaube - die weiteren theol. »Tugenden« fehlen; das IV. Buch ist nicht von A.). A. knüpft an → Augustin und die heilsgeschichtliche Theologie des 12. Jh.s (Viktoriner) an und führt sie spekulativ weiter; die »neue« Philosophie (Aristoteles) spielt eine geringere Rolle.

Lit.: (lat.) Summa theol. seu . . . Summa Fratris Alexandri, 4 Bde., 1924-1948; Glossa in IV libros Sent., 4 Bde., 1951-1957; Quaest. disp. »antequam esset frater«, 3 Bde., 1960; W. Dettloff: »Alexander Halesius«, TRE 2, 1978, 245-248 (Lit. bis 1970); E. Gössmann: Metaphysik und Heilsgeschichte, 1964;

B. Steinseifer

Alexandrinische Theologie

Die altkirchl. Theologie wurde nicht nur im Schatten antiker Wissenschaftszentren wie Alexandria groß, sondern die jeweils eigenen geistesgeschichtlichen Traditionen prägten auch die entstehenden christl. »Schulen«. Dies trat besonders beim Streit um die richtigen Definitionen in der Christologie zutage zwischen der Schule von Antiochia und der im orientalischen Bereich immer mehr Anhänger findenden Schule von Alexandria (→ Ägypten).

Seit der Schule des Basilides (ca. 125-160), einem freien philosophischen Lehrinstitut, deren Orthodoxie aus manchen Gründen bestritten werden kann, (→ Gnosis/Gnostizismus; erst unter Bischof Heraklas, um 245, gab es wohl auch ein kirchl. Lehrinstitut) findet sich in der A. Th. eine christologische Lehrtradition, die man als Logos-Sarx (Wort-Fleisch)-Christologie bezeichnet und bei → Origenes und → Athanasius beobachten kann. Danach verbindet sich der göttliche Logos lediglich mit dem Leib des Menschen Jesus, nicht mit seiner Seele.

Diese Theorie geriet in wachsenden Gegensatz zur antiochenischen Theologie.

Im Zusammenhang damit steht eine spezielle Auffassung der Schriftauslegung: Die Allegorese, im vorchristl. Alexandria bei der Homer-Exegese zuerst in einem mittelplatonischen Kontext geübt, dann von Philo auf das AT angewandt, später im neuplatonischen Zusammenhang eine Methode der Interpretation von Texten, zu der man bewußt griff, um den Texten die gewünschte Deutung abzugewinnen. Das Doppelgesicht dieses Schriftverständnisses, zeigt sich auf der einen Seite in dem akribischen Bemühen um den Wortlaut des Textes und seinen wörtlichen Sinn und auf der anderen Seite in der »fast schrankenlosen Herrschaft der allegorischen Methode« (H.v. Campenhausen), die bei Origenes am deutlichsten zutagetritt. Das Logos-Sarx-Schema in der Christologie war zwar bei ihm und bei Arius und unter Voraussetzung des *homoousios* im Nicaenum bei Athanasius und später des → Nicaenoconstantinopolitanum verschieden verwendbar, doch besaß es bei allen Exponenten der A.Th. eine vergleichbare Funktion: Sicherung der → Erlösung durch → Inkarnation des göttlichen Logos, der im Menschen Jesus gleichsam den Platz seiner Seele einnimmt, sei es »philosophisch modern« als Stufungsgedanke subordinatianisch, so Dionysios von A., oder sei es homoousianisch (wesensgleich) wie in Nicaea I 325 formuliert. In der A.Th. verband sich also eine spezifische Art des Schriftgebrauchs mit einem eigenen theol.-rel. Frageinteresse.

Diese Verbindung macht das Besondere der A.Th. aus, fasziniert aber in der dezidierten Betonung des die Erlösung des Menschen garantierenden »Gottmenschen« zunehmend die orientalischen Christen innerhalb der Grenzen des Röm. Reichs. So wird A.Th. zu einer kirchenpolit. Macht im Osten, die sich beim Kampf um die Bischofsstühle ebenso wie bei dem Streit um die Definitionen der Konzilien äußert. A.Th. verliert damit im christologischen Streit zunehmend ihre lokale Beschränkung und wird immer stärker identisch mit monophysitischer Theologie, die wir in Syrien und auch in Antiochia selbst finden (Patriarch Severus 512-518, 538 in Alexandria).

An der Auseinandersetzung der »Schulen« von Alexandria und Antiochien sind viele Faktoren beteiligt, Formen der Volksreligionen, für uns schwer zu fassen, individuelle Weiterentwicklungen theol.-phil. Begriffe wie »Sein« und »Natur«, das für uns schwer durchschaubare antiochenische Schisma (330-413), kirchenpolit. Rivalitäten und persönliche Polemik, nicht zuletzt aber auch eine grundlegende theol. Sachdifferenz: Wo in Antiochia der Abstand zwischen Gott und Mensch betont wird und diese Differenzierung ihre Entsprechung in textnaher Bibelexegese und hist. Auslegung (gerade um der Typologie willen) und ihre dogmatische Extrapolation in der Lehre von den zwei Naturen Jesu findet, da lösen die Alexandriner die Menschlichkeit Jesu im göttlichen Wesen des Logos gleichsam auf und sehen das Werk Christi erst in der Vergottung des Menschen erfüllt. Die Alexandriner faßten die Inkarnation als die vollkommene Einheit Gottes und Christi, also als die volle Gottheit des Sohnes im einmaligen und einzigartigen Tun Gottes, in der gnädigen Herablassung des unwandelbaren Gottes, oder in der Kurzformel: die eine fleischgewordene Natur des Gott-Logos – zur Erlösung des Menschen.

Dabei können in der A.Th. im einzelnen durchaus verschiedene Akzente gesetzt werden, wie der Unterschied zwischen → Cyrill von Alexandria (444), seinem Nachfolger Dioskur, der 451 im Konzil von → Chalcedon, das sich auf Cyrill berief, exkommuniziert wurde, oder gar Eutyches zeigt. Daß diese Modifizierbarkeit der A.Th. in Chalcedon nicht anerkannt und benutzt wurde, daß zwar in der Definition von Chalcedon Entscheidendes aus Cyrill entlehnt, er aber nicht genannt und sein Nachfolger exkommuniziert wurde, »war die Tragödie des Vierten Allgemeinen Konzils, das zu einem langen Krieg und zu einer Spaltung der Kirche führte« (A. Grillmeier) und aus der Alexandriner Schule die Theologie der → Monophysiten machte.

Zusammenfassend ist zu sagen: Die A.Th. mit ihrem Logos-Sarx-Schema sucht in ihrer Hauptlinie die Erlösung des Menschen zu beschreiben aufgrund der Inkarnation des Gottmenschen, die die menschliche Gottebenbildlichkeit erneuert. Bedingt durch die kirchenpolit. Entwicklung mündet sie bei dem Großteil der orientalischen Kirchen in sog. Monophysitismus, obwohl A.Th. eine wichtige Basis des chalcedonensischen Bekenntnisses darstellt. So führt der Weg von einer bestimmten Form bibl. Hermeneutik, der Allegorese, zur Theologie der Konfessions- und Nationalkirche.

Lit.: C. Andresen (Hg.): Handbuch der Dogmen- und Theologiegeschichte I, 1982; K. Beyschlag: Grundriß der Dogmengeschichte, Bd. I, [2]1988, Bd. II/1, 1991; W.H.C. Frend: The Rise of the Monophysite Movement, 1972; A. Grillmeier: Jesus der Christus im Glauben der Kirche I, 1979.

W. Wischmeyer

Alkoholismus

Unter A. wird sowohl Alkoholmißbrauch wie Alkoholabhängigkeit verstanden. Auf Empfehlung der Weltgesundheitsorganisation der Vereinten Nationen (WHO) wurde 1964 der schwer zu definierende Suchtbegriff durch den der Abhängigkeit ersetzt. Sie wird als durch Beschwerden gekennzeichneter Zustand verstanden, der sich nach Entzug einer zuvor über längere Zeit konsumierten Droge einstellt, während erneute Zufuhr der Droge Besserung oder Verschwinden der Symptome ergibt.

Zu unterscheiden ist physische Abhängigkeit (körperliche und seelische Symptome nach Drogenentzug) und psychische Abhängigkeit (unwiderstehliches Verlangen nach weiterer Drogeneinnahme). Definition des Alkoholikers durch die WHO: Exzessiver Trinker, der geistige oder körperliche Störungen seiner mitmenschlichen Beziehungen oder ihrer sozialen und wirtschaftl. Funktionen aufweist.

Jellinek, der im Auftrag der WHO das Problem A. untersuchte und dabei neue Einsichten in den Entstehungszusammenhang des A. gewonnen hat, unterscheidet verschiedene Alkoholiker-Typen, u.a.:

Gamma-A., bei dem sich aus der anfänglichen psychischen Abhängigkeit zunächst der sog. Kontrollverlust und später eine physische Abhängigkeit entwickelt. Delta-A., getrunken wird »mäßig aber regelmäßig«. Gleichmäßige, über den Tag verteilte Alkoholaufnahme bei Unfähigkeit zur → Abstinenz, während die Kontrolle des Alkoholkonsums relativ lange erhalten bleibt. Zu Beginn physische Abhängigkeit, später erst psychische Abhängigkeit.

Epsilon-A., auch »Quartalstrinken« genannt. Während periodisch auftretender Stimmungsschwankungen Kontrollverlust. Die Zeiten zwischen den Perioden verkürzen sich allmählich, so daß sich aus dem Epsilon-A. meist ein Gamma-A. entwickelt.

Einer Hilfeleistung für den Alkohol-Kranken steht das nicht nur in der Gesellschaft, sondern auch unter Christen verbreitete moralische Mißverständnis des A. entgegen. Der Alkoholiker wird als lasterhafter Trunkenbold gesehen, der eigentlich Hilfe nicht verdient. Trotz eines entsprechenden Urteils des Bundessozialgerichts aus dem Jahr 1968 wird es heute noch von vielen abgelehnt, A. als Krankheit zu verstehen.

Jellinek unterscheidet bei der Krankheit A. vier Phasen:

- die voralkoholische - sechs Monate bis zwei Jahre;
- prodromale - vier bis fünf Jahre;
- die kritische und
- die chronische - zeitlich nicht mehr voneinander abgegrenzt.

(Die Zeitangaben beziehen sich auf erwachsene Männer, bei Frauen und Jugendlichen können die Fristen erheblich verkürzt sein.)

Kennzeichnend für die Krankheit A. ist der »heimliche Beginn«, d.h. weder der Betroffene noch seine Umgebung erkennen den Einstieg in den existenz- und lebensbedrohlichen Krankheitsprozeß. Der Alkoholiker unterscheidet sich in der voralkoholischen Phase weder nach Trinkmenge noch nach Häufigkeit des Konsums vom Normalkonsumenten.

Eine Heilung des A. im Sinne einer restitutio ad integrum, einer Rückkehr zum kontrollierten Trinken, gibt es nicht. Dem Alkoholiker bleiben deshalb nur die Alternativen: entweder lebenslange, konsequente Abstinenz d.h. Alkohol zu keiner Zeit und in keiner Form oder Asylierung in einer geschlossenen Einrichtung (z.B. nach Hirnatrophie, Korsakow-Syndrom oder einem der anderen Endzustände des A.) - Exitus.

Der erste Schluck führt nicht in jedem Fall zum sofortigen Rückfall. Doch der Toleranzbruch - das gleichsam körperliche, nicht steuerbare Verlangen nach weiterer Alkoholzufuhr - stellt sich nach kürzerer oder längerer Zeit wieder ein. Deshalb muß die von manchen Therapeuten vertretene Behandlungs-Zielsetzung »kontrolliertes Trinken« aus heutiger wissenschaftl. Sicht als Kunstfehler bezeichnet werden.

Aus der Einsicht: »Ich bin Alkoholiker«, ergibt sich die Notwendigkeit zur lebenslangen → Abstinenz. Damit geraten die Ursachen der Flucht in die Sucht, der mangelnden Lebensbewältigung und der gescheiterten Beziehungen ins Blickfeld. Über korrigierende emotionale Neuerfahrungen und Einübung neuer Beziehungsmodi zustandegekommene Persönlichkeitsnachreifung vermittelt den Einstieg in eine »zufriedene Nüchternheit« (anstelle einer zwanghaften, stets gefährdeten Alkohol-Vermeidung).

Von der Notwendigkeit seelsorgerl. Hilfe sprechen z.B. W. Schulte: »Erfolgreiche Alkoholikertherapie ist ohne Behandlung der Probleme Sinn, Ziel und Hoffnung nicht möglich«, und C.G. Jung: »Alkoholismus ist auf niederer Stufe das Äquivalent für den spirituellen Durst des menschlichen Wesens nach Ganzheit, anders ausgedrückt, für den Durst nach Gott.«

Also muß der Abstinente diesen Durst auf neue Weise befriedigen. Bewährt hat sich bei der Seelsorge an Alkoholikern das Angebot persönlicher

Beichte und ggf. des persönlichen Zuspruchs der Vergebung. Anschluß an Selbsthilfegruppen (Blaues Kreuz, Freundeskreise) ist unentbehrlich. Einbeziehung von Suchtberatungsstellen ist allein schon zur Regelung von Kostenfragen notwendig.

Lit.: K. Antons: Therapie des Alkoholismus, 1980; DHS (Hg.): Süchtiges Verhalten, 1985; J. Eisenburg (Hg.): Sucht, 1988; W. Feuerlein: Alkoholismus - Mißbrauch und Abhängigkeit, [3]1984; J. Odermatt: Alkohol heute, 1974; E. Rieth: Alkoholkrank?, [10]1989.

E. Rieth

Alkuin (ca. 730-804)

A., auch Alcuin, Alchuine, Albinus bzw. Flaccus genannt, wurde ca. 730 in York geboren und starb am 19. 5. 804 in Tours. Er war Priester und Lehrer an der Domschule zu York, nach der Begegnung mit →Karl dem Großen 781 ging er 782 endgültig in dessen Reich und wurde mit zahlreichen Aufgaben betraut: er wurde 796 Abt von St. Martin in Tours, theol. Lehrer (Revision des Bibeltextes, des röm. Messbuches, Mitverfasser der karolingischen Bücher, Bestreiter des span. → Adoptianismus), Organisator des Missionswesens, Verfasser verschiedener Bücher, Gedichte sowie zahlreicher erhaltener Briefe.

A. gilt als prägender Theologe der karolingischen Renaissance und hatte viele bedeutende Schüler, z.B. Einhard, Amalrich von Metz, Hrabanus Maurus.

Lit.: W. Edelstein: Eruditio und sapientia. Weltbild und Erziehung in der Karolingerzeit, 1965; W. Heil: Alkuinstudien I, 1966; K. Werner: Alcuin und sein Jahrhundert, [2]1881.

G. Ruhbach

Allegorese → Schriftauslegung

Alleluja → Halleluja

Allerheiligen

Die kath. Kirche begeht am 1. November das Hochfest A. Sie gedenkt an diesem Tage der »verherrlichten Glieder der Kirche, unserer Brüder und Schwestern, die schon zur Vollendung gelangt sind« (Meßbuch). Die 1. Lesung (Offb 7,2-4.9-14) verweist auf die »große Schar aus allen Nationen und Stämmen, Völkern und Sprachen«, die mit weißen Gewändern und Palmzweigen in den Händen vor dem Thron und dem Lamm stehen. Die 2. Lesung (1Joh 3,1-3) spricht von der Gotteskindschaft als dem Grund aller Heiligung. Als Evangelium werden die Seligpreisungen der Bergpredigt gelesen (Mt 5,1-12a).

Auch die luth. Kirche begeht den 1. November; unter der Überschrift »Gedenktag der Heiligen« bieten die Agende von 1955, das Lektionar von 1978 und die Erneuerte Agende von 1990 hierfür Texte und Lesungen an (Ps 89,2.6-8; Offb 7,9-17; Mt 5,2-12). Der Überlieferung nach schlug M. Luther, damaligem akademischen Brauch folgend, am Vorabend des A.festes 1517 seine 95 Thesen zu → Ablaß und → Buße an die Tür der Schloßkirche zu Wittenberg.

Das Fest hat seinen Ursprung in den Kirchen des Ostens, wo man schon im 4. Jh. zu unterschiedlichen Terminen ein Gedächtnis aller Märtyrer beging. Ein A.fest ist zuerst für England und Irland in der Mitte des 8. Jh.s bezeugt; in der 1. Hälfte des 9. Jh.s setzte es sich auch auf dem Festland durch.

Die östl. Kirchen des byz. Ritus begehen den Sonntag nach Pfingsten als Sonntag aller Heiligen.

Lit.: A. Adam: Das Kirchenjahr mitfeiern, [2]1980; H. Merkel: »Feste und Feiertage IV«, TRE 11, 1983, 115-132.

K.-H. Bieritz

Allerheiligstes → Messe; → Tabernakel; → Tempel

Allerseelen

Einen Tag nach → Allerheiligen, am 2. November, begeht die kath. Kirche den Gedenktag aller verstorbenen Gläubigen (so die Bezeichnung im Meßbuch). Kath. Christen schmücken zu A. die Gräber ihrer Verstorbenen und zünden Grablichter an. Am Nachmittag finden Prozessionen zu den Gräbern und Fürbittandachten statt; die Gräber werden mit Weihwasser und Weihrauch gesegnet. Die neuen liturg. Texte stellen die → Auferstehung Jesu in den Mittelpunkt; der früher stark dominierende Gerichtsgedanke tritt zurück.

Totengedenktage waren schon in der Antike verbreitet. Christen verbanden ihre Gebete für die Verstorbenen mit der Feier der Eucharistie. Eine Messe für die Seelen der Verstorbenen am Tag nach → Pfingsten schrieb Bischof → Isidor von Sevilla (636) seinen Mönchen vor. Abt Odilo von → Cluny führte 998 eine Gedächtnisfeier am 2. November für die Verstorbenen der ihm untergebenen Klöster ein. Sie verbreitete sich rasch über das ganze Abendland.

A. hat eine gewisse Entsprechung im Totensonntag, wie er von ev. Christen am Ende des Kirchenjahres (→ Ewigkeitssonntag) begangen wird.

Lit.: H. Merkel: »Feste und Feiertage IV.«, TRE 11, 1983, 115-132; K. Richter: Was ich vom Kirchenjahr wissen wollte, ^{2}1983.

K.-H. Bieritz

Allgegenwart Gottes → Gott, Eigenschaften

Allianz, Evangelische

Die Ev. A. ist entstanden als Ergebnis der evangelikalen Erweckungsbewegung des 18. und 19. Jh.s in Großbritannien. Immer deutlicher erkannte man, daß ein gemeinsamer mission. Dienst in der Heimat dringend erforderlich ist, der durch die Zerrissenheit der Christen aber empfindlich behindert wurde.

1845 fanden sich in Liverpool 217 an der Einheit unter Christen interessierte Pfarrer und Laien aus verschiedenen Denominationen zusammen, um die Möglichkeit gemeinsamen Zeugnisses und Dienstes zu prüfen. Dabei wurde eine große Konferenz vorbereitet, bei der im folgenden Jahr in London mehrere hundert Teilnehmer, vorwiegend aus Großbritannien, aber auch aus den USA, dem europ. Kontinent und teilweise aus Missionsgebieten anwesend waren. Es wurde eine Neun-Punkte-Basis aufgestellt, in der man einige wesentliche gemeinsame Grundaussagen zusammenfaßte, wie das Bekenntnis zur → Bibel als inspiriertem Wort Gottes, die Verlorenheit des Menschen und die → Erlösung durch Jesus Christus, die → Rechtfertigung des Sünders durch den → Glauben allein, die → Heiligung, das allg. → Priestertum aller Gläubigen und die Erwartung der Wiederkunft Christi.

Die Ev. A. verstand sich von Anfang an als Bruderbund (Ladies Committees wurden erst später gebildet, und für eine volle Mitarbeit der Frauen war die Zeit noch lange nicht reif!), in dem jeder nur in seinem eigenen Namen, nicht aber als offizieller Vertreter seiner Kirche auftrat. Für eine gegenseitige kirchl. Anerkennung waren die Auseinandersetzungen noch zu heftig.

Wichtige Ergebnisse waren die Schaffung von regelmäßigen weltweiten Konferenzen, im darauffolgenden Jahr die Gründung einer Zeitschrift (»Evangelical Christendom«), die Einrichtung einer weltweiten Gebetswoche und der praktische Einsatz für Menschen, die um ihres Glaubens und Gewissens willen verfolgt waren.

In den folgenden Jahren entstanden Zweigorganisationen auf der ganzen Welt, die untereinander in loser Verbindung standen.

Auf dem europ. Kontinent war der Beginn der A. oft sehr mühsam. In Deutschland etwa empfand man sie als fremdländisches Gewächs, das für → Großbritannien viel Segen bringe, aber in Deutschland nicht nötig sei.

In den USA verschwand nach vorübergehendem Höhepunkt die A. mit der Zeit praktisch ganz von der Bildfläche.

Nachdem in den USA 1943 die National Association of Evangelicals gegründet worden war, hielt man weltweit nach Verbündeten Ausschau. Es kam zu ersten Zusammenkünften, zunächst vor allem mit der britischen A. Den Kontinentaleuropäern waren aber die Amerikaner in vieler Hinsicht zu eng. So kam es 1952 zur Schaffung der Europäischen Evangelischen Allianz, zu der auch die Briten gehörten, die sich mit den Amerikanern zur World Evangelical Fellowship (WEF) zusammengeschlossen hatten. 1968 wurden auch die übrigen Europäischen Evangelischen Allianzen Mitglied des weltweiten Dachverbandes WEF.

In den letzten rund 25 Jahren ist auf vielen Gebieten ein neues Selbstbewußtsein der Evangelikalen festzustellen, das sich auch in der weltweiten A. auswirkt. Zunehmend wird wieder wie zu Beginn der A. theol. Grundsatzarbeit geleistet und die Verantwortung der Christen in der Öffentlichkeit erkannt. Verschiedene Arbeitsgruppen sind auf lokaler, regionaler und weltweiter Ebene tätig. Nach wie vor sind mission. und evangelistische Aktionen, wie auch gemeinsames Beten Hauptaufgaben der Allianzarbeit.

Seit Gründung des Ökumen. Rates der Kirchen setzte man sich mit dessen Arbeit und Stellungnahmen kritisch auseinander. In den letzten Jahren sah man sich zunehmend in der Befürchtung bestätigt, im Ökumen. Rat werde die Missionsaufgabe durch einen unverbindlichen Dialog zwischen den Religionen aufgelöst, der schließlich zu einem → Synkretismus führe.

Mit dem 1974 gegründeten Lausanner Komitee für Weltmission (→ Lausanner Bewegung) weiß man sich in den theol. Grundsätzen wie im mission. Auftrag verbunden. Zu einer Zusammenlegung der beiden Bewegungen ist es aber bis heute nicht gekommen.

Obwohl eine der Wurzeln der A. im Kampf gegen den damals wiedererstarkenden (romtreuen polit.) → Katholizismus lag, verstand man sich nicht als bloße Anti-Organisation gegen Katholizismus oder → Atheismus. Deshalb wurde auch bewußt nicht der Name Protestantische, sondern Evangelische A. gewählt. Nach wie vor besteht gegenüber der röm.-kath. Kirche als Organisation Skepsis. Viele Katholiken werden aber als Schwestern und Brüder im Glauben an Christus angesehen und gelegentlich sogar als Mitarbeiter aufgenommen.

Lit.: E. Beyreuther: Der Weg der Evangelischen Allianz in Deutschland, 1969; J. Cochlovius: Bekenntnis und Einheit im deutschen Protestantismus, 1989; H. Hauzenberger: Einheit auf evangelischer Grundlage. Vom Werden und Wesen der Evangelischen Allianz, 1986; D.M. Howard: The Dream that would not die. The birth and growth of the World Evangelical Fellowship 1846-1986, 1986; F. Laubach: Der Aufbruch der Evangelikalen, 1972.

H. Hauzenberger

Allianz-Mission

Die A.-M., damals »Deutsche China-Allianz-Mission« (DCAM), wurde 1889 als die erste assoziierte Mission der »China-Inland-Mission« (CIM) in Barmen gegründet. Ihre Wurzeln hatte sie in der Erweckungsbewegung Ende des 19. Jh.s. Den entscheidenden Anstoß zur Gründung gab Hudson Taylor (CIM) durch seinen Aufruf zur Missionierung Chinas. Ferner ist der dynamische schwedisch-amerikanische Evangelist F. Franson zu nennen, der von Prof. Th. Christlieb (Bonn) nach Deutschland eingeladen worden war und durch seinen evangelistischen Eifer großes Aufsehen, insbesondere in Barmen, erregte.

In Absprache mit H. Taylor gründete er zusammen mit dem Kaufmann C. Polnick die DCAM und warb um Missionare für China. Diese arbeiteten in China unter der Leitung der CIM, bis die DCAM im Jahre 1893 nach dem ersten Besuch von H. Taylor in Wuppertal ein eigenes Arbeitsgebiet erhielt.

Zum ersten Komitee gehörten zwei Mitglieder der Freien ev. Gemeinden und je ein Mitglied der Baptisten- und Brüdergemeinde sowie der Landeskirche. Die junge Glaubensmission wurde heftig kritisiert, da zum Komitee kein Theologe gehörte und sie auch nicht in der Lage war, finanzielle Garantien zu übernehmen. Nachdem auch ein Schweizer Zweig entstanden war, aus dem die heutige Schweizer A.-M. hervorging, kam es zur Umbenennung in »Allianz-China-Mission«. Bis die Missionare 1952 China aufgrund der polit. Situation verlassen mußten, waren 102 Missionare ausgesandt worden.

Nach 1952 wurden durch die A.-M. Missionsarbeiten in Japan (1953), in Brasilien (1955), auf den Philippinen (1983) und in Mali/Westafrika (1985) begonnen. Darüber hinaus wurden Missionare in Kooperation mit anderen Missionen und einheimischen Partnergemeinden nach Tansania, Kamerun und Europa entsandt. Nachdem 1960 der → Bund Freier evangelischer Gemeinden (BFeG) beschloß, seine auslandsmission. Tätigkeiten über die A.-M. wahrzunehmen, kam es zu einer engen personellen Verzahnung zwischen BFeG und A.-M., wobei die A.-M. jedoch ein rechtlich selbständiges Missionswerk blieb. Diese enge Zusammenarbeit führte zu einem starken Wachstum der A.-M. Die Einsatzbereiche der 130 Missionare (1992) sind neben Evangelisation und Gemeindebau theol. Ausbildung, Bibelübersetzung, medizinische Arbeit, landwirtschaftl. Projekte zur Selbsthilfe, Hungerhilfe, Kindertagesstätten, christl. Buchhandlungen und Radioarbeit.

Die A.-M. gehört zu den Gründungsmitgliedern der → Arbeitsgemeinschaft Evangelikaler Missionen (AEM).

Lit.: ZS Missionsbote, erscheint sechsmal pro Jahr.

H. Müller

Allmacht Gottes → Gott, Eigenschaften

Allversöhnung (Apokatastasis pantōn)

Müssen wir im Blick auf das kommende → Gericht von einem doppelten Ausgang der Geschichte sprechen, d.h. also von Verlorenen und Geretteten, oder wird der Heilswille Gottes sich bei allen Menschen durchsetzen? Wird Gott einmal über alle Widerstände des Menschen triumphieren, so daß alle, auch der Teufel, in die → Versöhnung eingeschlossen sind?

1. Kirchengeschichtlicher Überblick

Bei dem Kirchenvater → Origenes (185-254) finden wir zuerst die Lehre von der *apokatastasis pantōn*, nach der alle Geister, auch die Dämonen, geläutert zur Gottheit zurückkehren. Die Gesamtkirche lehnte Origenes ab. Später, im 9. Jh., behauptete Scotus Eriugena, die Verdammnis sei nur zeitlich. Schließlich werden alle, selbst der Satan, vergottet sein. Unter dem Einfluß → Augustins hat sich im Abendland die Auffassung vom doppelten Ausgang der Geschichte durchgesetzt. Die → Reformation schließt sich an Augustin an und verurteilt die A.slehre als widertäuferische Verirrung. Im XVII. Artikel »Von der Wiederkunft Christi zum Gericht« der Confessio Augustana wird gelehrt: »Daß unser Herr Jesus Christus am Jüngsten Tag kommen wird zu richten, und alle Toten auferwecken, den Gläubigen und Auserwählten ewiges Leben und ewige Freude geben, die gottlosen Menschen aber und die Teufel in die Hölle und ewige Strafe verdammen wird.«

In manchen Kreisen des → Pietismus wird die A.slehre wieder aufgegriffen. Gott wird nach einem Läuterungsgericht auch die Verdammten erretten. J.A. → Bengel erwartet die A., wenn er auch nicht öffentlich davon lehren wollte, während Ph.M. → Hahn, F.Chr. → Oetinger und J.M. → Hahn die Lehre öffentlich vertreten. Vater und Sohn → Blumhardt bekannten sich, wenn auch in maßvoller Weise, zur A. Als radikale Vertreter der A.slehre gelten: »Der Bund gläubiger Lehrer und Akademiker« (Born, Gräber, Heller, Geyer), ebenso auch der badische Pfarrer Theodor Böhmerle. Der radikale Flügel der A.slehre beruft sich dabei gern auf persönliche Inspiration und Erleuchtung. Die gemäßigten Vertreter sprechen zurückhaltend von der Lehre der A. und wollen sie auch nicht öffentlich verkündigen.

Aus der Theologie der letzten 50 Jahre ist neben dem Neutestamentler W. Michaelis vor allem auch K. → Barth zu nennen, der einem Heilsuniversalismus zuneigt. Das Endgericht ist bei Barth durch Golgatha aufgelöst, wobei das gewiß nicht als Heilstheorie verstanden werden darf. Barth selbst wehrte sich, ausgehend von der Freiheit Gottes, gegen die Konsequenz der A. in seiner Theologie. In der futuristischen Eschatologie der letzten Jahrzehnte ist der eschatologische Heilsuniversalismus unverkennbar. Alle haben an Gottes Zukunft teil. Das Thema »Gericht« wird ausgespart. C.-H. Ratschow spricht von der »Gerichtsvergessenheit« gegenwärtiger Theologie. Auch E. Brunner hält die A.slehre mit Gottes Heiligkeit für unvereinbar.

2. Biblischer Befund

Das Wort *apokatastasis pantōn* kommt im NT nur in Apg 3,21 vor. Hier geht es jedoch in erster Linie um die Verheißungen, die ihre volle Erfüllung erfahren. Die Stelle kann darum nicht als Beleg für die A.slehre verwendet werden.

Vom universalen Heilswillen Gottes spricht das NT in 1Tim 2,4; Eph 1,9-11; Kol 1,20; Phil 2,10-11; 1Kor 15,28; 2Kor 5,19; 1Petr 3,18-20; 4,6.

Daneben finden wir aber auch eine Reihe von Aussagen über einen doppelten Ausgang der Geschichte: Mt 25,46; Mk 9,44; Joh 3,36; 1Kor 1,18 und 2Kor 2,15; 2Thess. 2,10; 2Petr 3,7; Offb 21,8. Danach gibt es einen Ausschluß vom Heil für den, der das Gnadenangebot Gottes verachtet.

Die Vertreter der A.slehre deuten diese Bibelstellen meistens auf ein Läuterungsgericht hin, aber die Schrift gibt uns kein Recht, eine Weiter- und Höherentwicklung nach diesem Leben anzunehmen. Andererseits können die Bibelstellen von der allumfassenden Versöhnung nicht übersehen werden.

3. Systematische Überlegungen

Wir können keine Lehre über A., kein geschlossenes System über Gottes Handeln darstellen. Es bleiben, menschlich gesehen, widersprüchliche Aussagen. Die letzte Entscheidung gehört in Gottes Kompetenz. »Wir sollen die Schrift so unsymmetrisch lassen, wie sie . . . ist« (Brunner). Es gehört mit zur gefallenen Gestalt dieser Welt, daß wir viele Sachverhalte in der Schrift nur komplex (vielschichtig) sehen können. Alle Harmonisierungsversuche führen in die Sackgasse. Es gilt die Komplexität auszuhalten und darüber den lebendigen Gott anzubeten, der souverän handelt, in Heiligkeit und in Liebe. Die Spannung zwischen Gottes Heiligkeit und Gottes Liebe ist nicht auseinanderzureißen.

Man fragt: Ist das Heilswerk Gottes vollständig, wenn nur eine Minderheit gerettet wird, während die Masse der Ungläubigen verlorengeht? Das Heil Gottes gilt allen Menschen, nicht nur einer Minderheit. Die Versöhnung ist geschehen, ein für allemal, für alle Zeiten und für alle Menschen. Auch wenn viele das nicht wahrhaben wollen, so ist das Heil Gottes doch gültig, am Kreuz von Golgatha für alle erworben. Das bedeutet aber noch nicht: Alle werden gerettet. Die Liebe Gottes zwingt keinen Menschen. Man kann sich der Liebe Gottes gegenüber verschließen. Gott respektiert den Widerspruch des Menschen, der sich seinem Heil widersetzt. Die allumfassende Versöhnung Gottes, die in Jesus Christus Wirklichkeit geworden ist, hebt die Verantwortlichkeit des Menschen nicht auf. Die Hl. Schrift berichtet von Menschen, die am Widerspruch gegen Gott zugrunde gehen. Man kann am Ärgernis des Kreuzes zu Fall kommen. Es bleibt ein Rätsel, weshalb Menschen trotz werbender Liebe Gottes dem Evangelium absagen. Im Blick auf das Heil der Menschen steht die Allein-Wirksamkeit Gottes immer neben der Verantwortlichkeit des Menschen.

Im Grunde geht es bei den angeschnittenen Fragen um das rechte Verhältnis von → Gesetz und → Evangelium. Wo die rechte Zuordnung von Gesetz und Evangelium zugunsten des Evangeliums verschoben wird, führt dies konsequent in eine A.slehre. »Wer da meint, die Apokatastasis vertreten zu sollen, streicht das Gesetz, und wer nur den doppelten Ausgang des Gerichts vertritt, streicht das Evangelium« (C.H. Ratschow).

4. Missionarischer Aspekt

Der A.sglaube verwischt sehr leicht den Unterschied zwischen Gemeinde und Welt. Wenn Mission die Herausforderung des Menschen zu einer Entscheidung zum Ziel hat, wenn die Rettung aus der Verlorenheit verkündigt und geglaubt werden soll, dann hat das nur Sinn, wenn die Entscheidung Gottes nicht schon vorweggenommen wird. Ansonsten sind Missionare in der Gefahr, in ihrem Eifer nachzulassen.

5. Seelsorgerlicher Aspekt

Schließlich gilt es, darauf hinzuweisen, daß die Aussagen der Schrift weithin eine seelsorgerl. Intention haben. Der in der Sicherheit seiner eigenen Vorstellungen lebende Mensch muß auf den ganzen Ernst des Evangeliums angesprochen werden. Das Zeugnis vom Gericht wird hier zum Weckruf und zum Bußruf an den selbstherrlichen Menschen. Umgekehrt kann das Zeugnis von der allumfassenden Versöhnung, von dem allumfassenden Heilswirken Gottes gerade dem Menschen, der am Sieg Gottes zweifelt und über den Weg Gottes mit seiner Gemeinde resigniert, Zuspruch sein und Gewißheit vermitteln. Die Heilsgewißheit darf nie zur Heilssicherheit werden. Neben der Aussage, daß Gott alles in allem wirkt, steht die Ermahnung, daß wir unser Heil mit Furcht und Zittern schaffen sollen (Phil 2,12f). Allein in der Anbetung Gottes, der die Geschichte der Menschheit ans Ziel bringt, kommt unser Herz zur Ruhe.

Lit.: F. Groth: Die »Wiederbringung aller Dinge« im Württembergischen Pietismus, 1984; S. Kettling: Du gibst mich nicht dem Tode preis, 1989, 140ff.; H. Lamparter: »Die Hoffnung der Christen« 1967, 235; G. Müller: Apokatastasis ton panton (Bibliographie), 1969; E. Staehelin: Die »Wiederbringung aller Dinge«, 1960.

Th. Wendel

Allwissenheit Gottes → Gott, Eigenschaften

Aloger

Als A. (Unvernünftige bzw. Logosleugner) werden seit → Epiphanius von Salamis (gest. 403) verschiedene Bestreiter der Echtheit der johann. Schriften (Ev., Briefe, Offb.) bezeichnet. Quellenschriften sind zu ihnen nicht erhalten, Namen wie Montanus, Gaius von Rom sind überliefert. Gelegentlich wird der Gnostiker Kerinth als Verfasser der johann. Schriften genannt; von ihrer Lehre ist nichts bekannt.

Lit.: W. Bauer: Rechtgläubigkeit und Ketzerei im ältesten Christentum, ^{2}1964, 209ff; A. Bludau: Die ersten Gegner der Johannisschriften, 1925; H. v. Campenhausen: Die Entstehung der christlichen Bibel, 1968, 173-311.

G. Ruhbach

Alt-Katholische Kirche → Altkatholiken

Altapostolische → Katholisch-apostolische Gemeinden

Altar

A., lat. *alta ara, altaria*, »hohe Opferstätte«. A.e kommen in allen Religionen vor. Im AT wird ein A. erstmals 1Mo 8,20 erwähnt. Möglicherweise opferten bereits Kain und Abel an A.en (1Mo 4,3). A.e können aus Erde (Lehm), (unbehauenen) Steinen, Holz oder Metall sein. An ihnen werden Brand-,

Speise- oder Rauchopfer gebracht. Sie können auch Denkmal, Erinnerung an Gotteserfahrung sein (1Mo 12,8; 26,25; 28,18). Nach dem Bau des Tempels in Jerusalem waren nur noch Brandopfera. im Vorhof und Räuchera. im Heiligtum wichtig (2Mo 27,1; 30,1-6). Im NT wird der A. nur noch in übertragener Bedeutung genannt (Hebr 13,10). Im Frühchristentum wurde in den Versammlungsräumen (→ Kirchenbau) ein Tisch zur Feier des Herrenmahls aufgestellt, oft ein zweiter für Gaben, die an Arme verteilt wurden. Als das Christentum im Röm. Reich anerkannt wurde, kamen in die Kirchen auch A.e.

Das → Abendmahl wird am (Opfer-)A. als Erinnerung an den Opfertod Jesu gefeiert. Überliefert sind Formen als Tisch-, Kasten- (über Märtyrergrab oder zur Aufnahme von Reliquien) und Blocka. Sie konnten aus Holz sein, schließlich wurde Stein bevorzugt. Zur Verzierung werden Metalle verwandt bis hin zu Prachta.en aus Silber und Gold. Von mittelalterl. A.en haben sich reichgestaltete *Antependien* (Vorderfronten) erhalten (Großcomburg b. Schwäbisch Hall). Seit der 2. Hälfte des 7. Jh.s werden auch Nebena.e errichtet. Zu Beginn des 11. Jh.s setzt sich der steinerne Blocka. durch mit *Stipes* (Sockel) und *Mensa* (Tischplatte), darin *Sepulcrum* (grabähnliche Vertiefung) zur Aufnahme einer Reliquie. Seit dem 13. Jh. erhält der A. auch eine *Retabel* (Rückwand) mit einem Bildprogramm. Daraus entwickelt sich in der Gotik ein meist dreiteiliges Flügelretabel, dessen Seitenflügel beweglich sein und schließlich auch aus zwei Flügelpaaren bestehen können. Im Laufe des Kirchenjahres wird so die Ansicht des A.s gewechselt (Wechsela., Wandela.). Die Bildthemen richten sich nach den Patrozinien, dann aber auch auf das Leben Christi. Die Darstellung erfolgt in Malerei oder Plastik, oft im Mittelschrein vollplastische Figuren, auf den Flügeln Malerei oder Reliefschnitzerei, Hintergründe erst in Gold als Sinnbild des Himmels, später Innenraum- und Landschaftsdarstellung. Der Schrein steht meist auf einer *Predella* (Sockel) und wird oft durch reichgeschnitztes *Gesprenge* (Aufsatz) bekrönt. Berühmte A.e in Blaubeuren, Klosterkirche; Creglingen, Herrgottskirche; Colmar, Museum Unterlinden; Schleswig, Dom. Im → Codex Iuris Canonici wird der A. stets als »mensa« bezeichnet, in der Praxis aber meist als »altare« gestaltet.

In der Reformation wird er folgerichtig wieder zum Tisch für das Herrenmahl. Im ersten ev. Kirchenbau (Schloßkirche zu Torgau, 1546, → Kirchenbau) ist der A. ein steinerner Tisch (mit figürlich gestalteten Füßen). In den ref. Kirchen bleibt es beim Abendmahlstisch bis heute; in dieser Tradition stehen auch die ev. Freikirchen. In luth. Kirchen kommt es bereits in der Spätrenaissance und dann im Barock auch zu ev. Retabela.en, allerdings stets mit christologischem Bildprogramm. Während ab Ende des 17. Jh.s der ev. A. mit Aufsatz zurücktritt, entwickelt sich in einigen Gegenden der Kanzela. (→ Kanzel), bei dem sich im Aufbau über dem A. die Kanzel befindet. Im 19. Jh. wird der A. meist wieder als Tisch gestaltet, gegen Ende des Jh.s auch mit reicher plastischer Gestaltung. Im 20. Jh., vor allem nach dem Zweiten Weltkrieg, wird auch in luth. Kirchen der schlichte Abendmahlstisch angeordnet, um den sich die Gemeinde zur Feier des Herrenmahls im Halb- oder auch Vollkreis scharen kann. Beim A.dienst (→ Liturgie) steht der Liturg vor oder hinter (*versus populum*, »zur Gemeinde gewandt«) dem A. In luth. Kirchen wird der A. oft mit textilem Behang (→ Paramente) geschmückt. Auf ihm liegt die meist weiße oder naturleinene A.decke, darauf die Bibel, und oft stehen auch A.leuchter und ein A.kreuz darauf.

Lit.: J. Braun: Der christliche Altar, 1924; C.-H. Ratschow, A. Stuiber, P. Poscharsky: »Altar«, TRE 2, 1978, 305-327.

G. Memmert

Alte Kirche

1. Überblick

Am Anfang der Geschichte der A.K. steht die Verkündigung der Osterbotschaft durch die Jünger Jesu, an ihrem Ende im 6. Jh. konfessionell unterschiedliche Kirchen im zerfallenden Römerreich und seinen Nachfolgestaaten (vgl. → Ägypten, → Byzanz). Damit ergeben sich als Themen der A.K.: die Ausbreitung des Evangeliums im röm. Reich und unter seiner Bevölkerung, die geistig-kulturelle Zusammenfassung der Welt in einem antiken Großreich mit einer bestimmten Einheitskultur (Verhältnis von Antike und Christentum), die »Christianisierung« dieses Reiches und seiner Gesellschaft, die Entwicklung von Institutionen, Frömmigkeit (in der Begegnung mit den vorgegebenen Religionen und Frömmigkeitsformen) und Theologie (vor allem in der Begegnung mit den phil. Strömungen, → Patristik), schließlich die Frage nach der unterscheidenden Nicht-Identifizierung, die dem Christentum ein Weiterleben nach dem Fall des röm. Reiches gestattete und die zugleich die Frage nach der Identität der Jesus-Bewegung mit den unterschiedlichen Christentümern des 6. Jh.s stellt. Dabei dürften geschichtsphil. und -theol. Modelle einer Dekadenztheorie, die in der späteren Geschichte der Kirche immer wieder vorgebracht wurden (»erste Liebe« des → Pietismus), sich ebenso als theol. unzureichend erweisen wie Fortschrittstheorien etwa der → Aufklärung und des Liberalismus.

Der Zeitraum der A.K. gliedert sich anhand der Kirchentypen in vier Abschnitte (C. Andresen): die frühkath. Kirche (bis 200), die altkath. Kirche (3. Jh.), die reichskath. Kirche (4. - Mitte 5. Jh.), die Konfessionskirchen (ab Mitte 5. Jh.).

2. Früh- und altkatholische Kirche (2./3. Jh.)

a. Zu Trägern der Veränderung werden zuerst Entscheidungen im Bereich der Gemeindeverfassung, später des → Bekenntnisses. Während »der Prozeß der gegenseitigen Durchdringung von episkopaler Ämterordnung und presbyterialer Gemeindeordnung« (Andresen) charakteristisch für die frühkath. Zeit ist, hat sich in der altkath. Kirche der monarchische Episkopat durch den Gedanken der apostol. → Sukzession im Zusammenhang mit den großen Erfolgen der christl. Mission durchgesetzt. Diese machte die christl. Minderheit zu Beginn der konstantinischen Zeit zur größten rel. Gruppe im röm. Reich. Dabei wurde die antike Stadt in ihren verschiedenen Rechtsformen als Organisationsbasis der Kirche fraglos akzeptiert. Die Bedeutung vorgegebener ökonomischer Verkehrswege und der vorgegebenen sozialen Strukturen, vor allem einzelner, den städtischen Oberschichten zugehöriger Christen und ihrer Häuser, für das Wachstum einer christl. Ökumene ist groß. Andererseits wird wohl der Zusammenhang mit dem sog. »Siegeszug der orientalischen Religionen im römischen Reich« weniger eng sein als früher angenommen. In diesem Prozeß spielen die Auseinandersetzungen mit der → Gnosis und mit anderen, vor allem charismatischen Randgruppen (→ Montanisten) eine Rolle. Sie stehen dabei in Zusammenhang mit der Ausbildung eines Kanons der christl. hl. Schriften und seiner großkirchl. Rezeption (vgl. die Auseinandersetzung mit → Marcion) und eines Glaubensbekenntnisses.

b. Katalysatorische Wirkung haben weiter die → Christenverfolgungen, die die Mitglieder eines ungesetzlichen Vereins mit der ganzen Schärfe des röm. Polizeistrafrechts treffen konnten. Verschiedene Formen der Verfolgung müssen unterschieden werden: Individuelle Anzeigen, lokale Pogrome, reichsweite Opfergebote (zuerst unter Decius Anfang 250), die sich bis zu speziellen reichsweiten Christenverfolgungen (zuerst unter Valerian 257) steigerten und ihren Höhepunkt in der Diokletianischen Verfolgung seit 303 fanden. Opfer »der (Ab-)Gefallenen« und uneindeutige Formen der Opferverweigerung gaben der Ausbildung des Kirchenrechtes und besonders des Bußinstituts Nachdruck und beförderten die ekklesiologische Diskussion, ja führten die Großkirchen in eine Zerreißprobe: Die Bewährung in der Verfolgung erschien einigen Gruppen als nota ecclesiae und wurde Grund für weit in die spätere Zeit hineinreichende Schismen (Donatisten, Melitianer).

c. Unter Aufnahme wichtiger Elemente des Synagogengottesdienstes (Lesungen, Gebete, Predigt), aber durchaus mit Betonung der eigenständigen christl. Elemente (Sakramente), bildete sich in diesen beiden ersten Abschnitten der Alten Kirchengeschichte auch die Grundform des Gemeindegottesdienstes mit seinen beiden zusammengehörenden Schwerpunkten als Wort- und Abendmahlsgottesdienst heraus.

d. In altkath. Zeit begegnen auch die ältesten Zeugen einer frühchristl. Kunst, vornehmlich als Grabeskunst (vgl. → Katakomben), aber auch → Kirchenbau und -dekoration (Hauskirche von Dura Europos um 250), die Indiz für Kulturadaptierung und wichtige Quelle für die Frömmigkeitsgeschichte (Bedeutung des Auferstehungsgedankens) sind.

e. Wichtigstes Erbe ist jedoch die Theologie, die in der frühkath. Zeit mit den altchristl. → Apologeten beginnt und in der altkath. Zeit mit → Origenes einen für die Geschichte des Christentums und der Theologie bis heute unüberholten Ausdruck gefunden hat. Dabei besitzen die Werke der christl. Schriftsteller in griech. und seit den Schriften Tertullians in lat. Sprache nicht nur Wert als Quelle der Patristik und der Sprache und Gedanken einzelner Autoren, sondern auch Modellcharakter für bleibende Fragen wie etwa die bibl. Auslegungsgeschichte oder das Verhältnis der christl. Botschaft zur Philosophie (Problem eines christl. Platonismus).

3. Reichskirche und Konfessionskirchen (4.-8. Jh.)

a. Der Übergang zur reichskath. Zeit stellt sich nicht als der Bruch dar, als der er aufgrund bestimmter Geschichtstheologien vom »Sündenfall der konstantinischen Zeit« gelegentlich gesehen wurde. Vielmehr konnten sich Tendenzen der älteren Zeit stärker entfalten, nachdem das Christentum rechtlich in den Rang einer vom röm. Staat zugelassenen Religion einrückte und seit 312 zunehmend vom konstantinischen Haus gefördert wurden. In theodosianischer Zeit wurde schließlich die öffentliche

Kultbetätigung im Sinne des Heidentums verboten (24. 2. 391). Damit erhielten die Kirchen nicänischer Prägung den Rang der Staatsreligion.

b. Entsprechend der hierarchischen Gliederung des Staates und in Anlehnung an seine Verwaltungsstruktur bildete sich in dieser Zeit die an der staatlichen Provinzverwaltung orientierte Metropolitanstruktur der Kirche heraus, weil man einen Zusammenhang zwischen der polit. und kirchl. Bedeutung der Städte sah. Das führte schließlich zur Pentarchie der Patriarchate als Ober-Metropolitanbezirke: Rom (für den gesamten Westen), Konstantinopel, Alexandria, Antiochia und - aus frommen Gründen - Jerusalem. Dabei sind gewisse kirchenpolit. Konstanten wie etwa die Verbindung von Rom und Alexandria im Einzelfall durchaus variabel.

c. Entscheidende Schnittstelle zwischen Staat und Kirche und zumindest theoretische Möglichkeit gesamtkirchl. Repräsentanz wurden die → Konzilien (Reichssynoden), mit denen die seit dem 3. Jh. belegten Provinzialsynoden, eine kirchl. Neuschöpfung in Analogie zum Provinziallandtag, seit Konstantin eine ökumen. Dimension erhielten. Es war freilich der Kaiser, der einlud und diese über Kirchendisziplin und -lehre entscheidenden Versammlungen leitete, von denen fünf aus altkirchl. Zeit durch spätere »gesamtkirchliche« Rezeption im Sinne der lat. und griech. Kirche den Rang eines ökumen. Konzils erhielten: → Nicäa I (325), → Konstantinopel I (381), → Ephesus (431), → Chalcedon (451) und → Konstantinopel II (553).

d. Frömmigkeitsgeschichtlich kam es seit der reichskath. Zeit zu einem Aufblühen des Heiligenkultes, bei dem die Adaption vorhandener nicht-christl. Lokalreligionen, wenn auch nicht wie zum Teil in der älteren Forschung behauptet, die entscheidende, aber doch eine gewisse Rolle spielte. Stärker wogen drei genuin christl. Faktoren: die Märtyrerfrömmigkeit, der Apostelkult und die Bedeutung des Hl. Landes. Gerade zu den bibl. Stätten im Hl. Land entwickelte sich bald ein Wallfahrtswesen. In der mit der Kaiserin Helena verbundenen Kreuzverehrung kann man den verbreitetsten Ausdruck dieser Frömmigkeit sehen, die sich aber nicht als Volksfrömmigkeit in einen Gegensatz zur Theologie bringen läßt, wie Ambrosius und seine »Inventionen« und Translationen von Märtyrern zeigen.

e. Die Wallfahrt in den Osten half auch der monastischen Lebensform reichsweit sehr schnell, Akzeptanz zu gewinnen. Im → Mönchtum kamen ältere Ansätze christl. → Askese zum Durchbruch, vor allem im syr. und ägypt. Raum, nachdem die Zeugnismöglichkeit des christl. Märtyrers verschwunden war. Die Hauptgestalten sind die Mönchsväter → Antonius (ca. 250-356) mit seiner radikalen Anachorese und → Pachomius, der um 323 seine koinobitischen Gemeinschaften zu gründen begann. Man versteht heute die Entstehung des Mönchtums weniger als eine Protestbewegung von Laien gegen eine verweltlichte Kirche oder als von stoischen, neuplatonischen oder neupythagoräischen Gedanken genährt, sondern betont vielmehr eine bibl. geprägte → Spiritualität, die in einer innerkirchl. Kontinuität steht. Die Attraktion des asketischen Lebens, die in allen sozialen Schichten zu finden ist, entspricht dabei durchaus einer auch in nichtchristl. Kreisen vorhandenen Mentalität.

f. Seit Beginn der reichskath. Zeit gab es ganz neue Möglichkeiten der Visualisierung des Christentums: nach dem Vorbild der kaiserlichen Stiftungen geben Bischofskirche und -palast sowie Memorialbauten selbst kleinen Landstädten und ihrem Umland einen städtebaulichen Akzent, oft mit Anlehnung der einzelnen Architekturformen an öffentliche Bauten. Kleidung und Privilegien der Kleriker, außerdem das Zeremoniell der Gottesdienste wurden durch Entlehnungen aus dem Hofzeremoniell bereichert.

g. Theol. sind in diesem Zeitabschnitt neben den schon erwähnten Fragen der Ekklesiologie (donatistischer Streit) vor allem die der Trinitätstheologie (→ Trinität) und der → Christologie bestimmend. Durch die Anfrage des → Arius nach der sachgemäßen und phil. stringenten Beschreibung des Sohnes in der denkerischen Konsequenz des Systems griech. Gotteslehre kam es auf dem Konzil zu Nicäa 325 zur alternativen Lösung im christologischen Streit, nämlich zur Behauptung der paradoxen ontologischen Identität von Vater und Sohn. Diese machte fortan nicht nur eine Identifikation von Platonismus und Christentum unmöglich, sondern eröffnete auch eine bibl.-hermeneutische Möglichkeit, deren theol. und kirchenpolit. Ausarbeitung vor allem durch Athanasius und die Kappadozier in Konstantinopel 381 zu einer Lösung führte.

Hier wurde das Bekenntnis zur Wesensgleichheit (→ Homoousie) des Sohnes mit dem Bekenntnis zur Wesensgleichheit des Geistes verbunden. Dadurch konnte in der Trinitätstheologie die Frage nach der »einen Wesenheit« von der nach den »drei Individualitäten« (Personen) unterschieden werden. Diese auf Schrift und Traditionen in der Schriftauslegung beruhende Lösung setzte aus sich aber den christologischen Streit heraus, der die erste Hälfte des 5. Jh.s beherrschte und die Einheit der Reichskirche gerade im bis dahin theol. führenden Osten beendete und erste nationale Konfessionskirchen schuf. Neben der theol. Sachfrage: »Gibt es in Jesus Christus eine göttliche und eine menschliche Natur?«, und »Wie ist die Einigung der beiden Naturen vorzustellen?«, spielte in diesem Streit besonders der kirchenpolit. Gegensatz von Alexandria und Konstantinopel eine Rolle wie auch der Gegensatz der theol. Schultraditionen Alexandrias (→ Alexandrinische Theologie; Einheitschristologie besonders Cyrills von Alexandria: »Eine fleischgewordene Natur des Logos«; die hypostatische Union, der die Unpersönlichkeit der menschlichen Natur im Inkarnierten entspricht) und der Schultradition Antiochiens (→ Antiochenische Theologie; Trennungschristologie: eine Person in den zwei Naturen; exponiertester Vertreter: der antiochenische Presbytermönch → Nestorius, 428 Patriarch von Konstantinopel, der sich um der theol. Eindeutigkeit willen die Volksfrömmigkeit des Ostens zum Feind machte, indem er gegen den Gebrauch des Ehrentitels »Gottesgebärerin« für Maria polemisierte).

Hinzu kamen die unterschiedlichen Charaktere der Protagonisten, vor allen → Cyrills und Dioskurs von Alexandria und des → Nestorius. Chalcedon, die glanzvollste Kirchenversammlung der alten Zeit, kam mit seiner Formulierung von der einen Person und den zwei Naturen, die in dem Inkarnierten »unvermischt und ungewandelt« (gegen die extreme alexandrinische Einheitschristologie), »ungeteilt und ungetrennt« (gegen extremen antiochenischen Dyophysitismus) vorhanden seien, zu einer Kompromißformel, zu einer Synthese des alexandrinischen Logos-Sarx(Fleisch)-Schemas und der antiochenischen Logos-Mensch-Trennungschristologie.

Die erwartete breite Zustimmung im Osten für die Dogmatisierung der Zweinaturenlehre (→ Jesus Christus) im Chalcedonense blieb aus. Das »klassische Dokument des theologischen Kompromisses« (Andresen) brachte im Osten vielmehr trotz des hier ausgesprochenen Verbotes jeder neuen Dogmatisierung in der Christologie die immer neu um einen Ausgleich mit Cyrill von Alexandria bemühte fragile Theologie der Neuchalcedonier hervor und stellte darüber hinaus die Weichen für den Auszug der Extremisten beider Richtungen aus der Reichskirche. Daß trotz der Anerkennung der Zwei-Naturen-Lehre der kurz zuvor im ägypt. Exil gestorbene Nestorius nicht rehabilitiert wurde, trieb viele Antiochener außerhalb der Reichsgrenzen nach Persien, wo auf der Synode von Seleukia-Ktesiphon 486 die nestorianische Lehre als Theologie der Apostolischen Kirche des Ostens anerkannt wurde und als solche dort ein Eigendasein führt.

Ebenso kränkte es die Monophysiten, daß auch ihre Vorkämpfer exiliert blieben oder wurden. Das wurde gerade für das von jeher stark auf die »eine Natur« fixierte Mönchtum Ägyptens und Syriens zum Anlaß, aus ihren Reihen gegen eine staatlich verordnete Orthodoxie (Melkiten: die Königstreuen) nationale monophysitische Gegenkirchen aufzubauen, in → Ägypten die der Kopten, im syr. Raum die nach ihrem späteren Organisator Jakob Baradai (542-578 Bischof) genannte Kirche der Jakobiten.

h. Der lat. Westen schätzte das Bekenntnis von Chalcedon, weil es dem Sonderweg seiner Theologie nahekam. Für ihn waren in reichskath. Zeit neben der Ausbildung des stadtröm. Primatsanspruches mehrere Kirchenväter charakteristisch und prägend: der Wanderer zwischen den Welten → Hieronymus (ca. 347-420), der gebildete Beamtenbischof → Ambrosius (339-397; Bischof seit 374, besonders aber Aurelius → Augustinus (354-430, Bischof seit 396), der als Bischof der kleinen nordafrikanischen Küstenstadt Hippo Regius in unermüdlicher Tätigkeit ein immenses literarisches Werk verfaßte und sich bis heute als der Motor theol. Neubesinnung und fortschreitender Erkenntnis für die abendländische Theologie darstellt. Insbesondere gilt das für die Gnadenlehre und für die Ekklesiologie.

Sein Tod 430 während der Belagerung von Hippo durch die Vandalen bedeutete keinen Abbruch dieser letzten Synthese reichskath. Theologie, der es auch noch einmal möglich war, eine Verbindung zur östl. Theologie zu schaffen, sondern Augustins Theologie gab dem Westen für das Zeitalter der Völkerwanderung und des MA.s die theol. Basis, die sich auch im Zerbrechen des röm. Reiches in der Völkerwanderung, in den konfessionellen Wirren der Germanenmissionen und im Dunkel des Frühmittelalters bewährte, gerade auch darin, daß sie die kurzschlüssige Identifizierung von Kirche und ihrer reichskath. Form verhinderte.

i. Schwieriger ist dagegen der Ausgang der A.K. in der östl. Reichshälfte wegen der byz. »Erfolgstheologie«, des Gegeneinanders von Reichskirche und Nationalkirchen und der damit verbundenen sprachlich-kulturellen und dogmat. Differenzierungen. In dieses sehr bewegte Spannungsfeld brach dann der Islam ein und errichtete bis 711 sein neues Großreich vom Indus bis nach Spanien, in dem die christl. Konfessionen des mittleren Ostens, soweit sie nicht im Bereich von Rest-Byzanz lebten, »Schutzbefohlene« minderen Rechtes waren.

Lit.: C. Andresen: Die Kirchen der alten Christenheit, 1971; ders. (Hg.): Handbuch der Dogmen- und Theologiegeschichte 1, 1982; G. Gottlieb: Christentum und Kirche in den ersten drei Jahrhunderten I, 1991; H. Lietzmann: Geschichte der alten Kirche, 4 Bde., [4]1961.

W. Wischmeyer

Altenheime → Altenhilfe

Altenhilfe

1. Die Situation der alten Menschen heute

Erhöhte Lebenserwartung und frühe Ausgliederung aus dem Arbeitsprozeß verlängern die Altersphase. Die Auflösung der Großfamilie führt zur Vereinzelung. Vorurteile und Altersfeindlichkeit der nachwachsenden Generationen mit ihrer Angst vor Zunahme der Pflegelasten vermehren Isolierung und Unwertgefühle der Älteren. Im »sozialen Netz« der Gesellschaft ist A. ein wichtiger Teil.

2. Altenhilfe in der Bibel

a. Gottes Handeln ist nach Jes 46,4 A. Der → Dekalog verpflichtet zur Achtung der Alten, die die Fürsorge einschließt. Die Alten sollen nicht Bittsteller sein (2Mo 20,12). Die Mißachtung der Älteren nimmt Gott ernst; sie ist mit ein Grund für Gottes Gericht und den Fall Jerusalems (Jes 3,5). Als Zeichen der gütigen Heimkehr und der Heilszeit verheißt Gott ein neues Miteinander von alt und jung (Sach 8,4f). Die Alten fühlen sich den Jungen gegenüber verantwortlich. Sie beten nicht nur um Hilfe für sich, sondern auch für das Weitergeben des Glaubens an die Enkel (Ps 71,18).

b. Im NT ruft Jesus aus dem Schatten des Todes ins Leben, das bleibt (Joh 5,24). Gottes Geist treibt die Alten, in Heiligung zu wachsen und zu reifen (Eph 4,13f). Sie leben inmitten der Familie Gottes (1Tim 5,1f).

3. Altenhilfe in der Gemeinde

a. A. ist nicht Betreuung, sondern Teilgeben an der Glaubens- und Handlungsgemeinschaft. Alte sind Gabe Gottes und haben Gaben. Im Gemeindeaufbau sind Alte mit ihrer Glaubenserfahrung, ihrer Weisheit und dem Zeit-Haben unentbehrlich. Fortbildung durch bibl. Unterweisung und Seelsorge helfen, Leiden, Trauer und Weltgeschehen mit den Augen des Glaubens zu sehen; der Zuspruch, zur neuen Schöpfung zu gehören, ermöglicht die Annahme des Sterbenmüssens.

b. Die offene A. bewahrt durch Altentagesstätten etc. vor Vereinsamung. Kranke erfahren Pflege durch Diakoniestationen. »Betreutes Wohnen« ermöglicht durch Mahlzeitendienste, Nachbarschaftshilfe usw. Selbständigkeit. Besuchsdienste gehen Isolierten und Bekümmerten nach. Pflegende Familienangehörige, die überfordert sind, werden unterstützt.

c. Stationäre A.: Den Übergang in ein Altenwohn- oder Pflegeheim empfinden viele als schwerwiegend. Vorbereitung und Geleit der Alten sind nötig. Der frühere Name »Spitäler des Hl. Geistes« zeigt, in wessen Auftrag der Dienst dort geschehen soll. Die Häuser der stationären A. bedürfen ausgebildeter Pflegepersonen, nicht nur zur leiblichen Versorgung und Rehabilitation, sondern auch zu persönlicher Zuwendung und zum Gespräch. Die Gemeinden müssen ihrer Verantwortung bewußt sein, geeignete und genügend Mitarbeiter zu finden.

d. Die Fähigkeit zur Sterbebegleitung in Haus und Heim muß neu erweckt werden. Worte der Bibel, Liedverse, Gebet und Zuspruch bezeugen Gottes Zusage: »Ich habe dich bei deinem Namen gerufen; du bist mein« (Jes 43,1).

4. Altenhilfe als Öffentlichkeitsauftrag

A. will Vorurteile und Gleichgültigkeit gegen die älteren Menschen und das Alter überwinden und zur Solidarität der Generationen ermutigen. Der Staat muß ständig erinnert werden, Mittel zur Pflege und für altengerechtes Wohnen zur Verfügung zu stellen.

Lit.: U. Lehr: Psychologie des Alterns, 1972; L. Rosenmayr: Die späte Freiheit. Das Alter – ein Stück bewußt gelebtes Leben, 1983; A. Roos (Hg.): Miteinander älter werden, 1990; M. Seitz: Erneuerung der Gemeinde. Gemeindeaufbau und Spiritualität, 1985; H.-J. Thilo: Für unsere alten Tage, 1988.

O. Kehr

Altersfürsorge → Altenhilfe; → Fürsorge

Altes Testament - Geschichte der Erforschung

Bei der Geschichte der Erforschung des AT geht es um die Hintergründe seiner Entstehung und die sich daraus ergebenden Folgen für sein Verständnis. Den breitesten Raum nimmt die sog. kritische bzw. liberale Forschung ein. Liberal bedeutet, daß die Forschung sich von Glaubens- und Bekenntnisbindungen losgesagt hat und angeblich »voraussetzungslos« arbeitet. Die hier gebotene Darstellung beschränkt sich weitgehend auf die deutschsprachige prot. Forschung.

Die Grundlagen für die neuzeitliche Erforschung des AT liegen in der → Reformation. Die Reformatoren, allen voran M. → Luther, brechen mit der herkömmlichen Schriftauslegung, indem sie die Hl. Schrift zum alleinigen Grund und Inhalt des Glaubens erklären (*sola scriptura*). Dahinter steht die Überzeugung, daß die Schrift das lebendige Wort Gottes, des »heyligen geysts eygen ... buch« ist (WA 38, 340, 8). Damit wird die Erforschung der Schrift zur vorrangigen Aufgabe der Kirche. Zugleich bricht man mit der mittelalterl. Lehre vom mehrfachen, besonders vom mystisch-spirituellen Schriftsinn und besteht darauf, daß der natürliche und grammatische bzw. hist. (*sensus literalis*) der gottgewollte ist. Die grammatische und hist. Erarbeitung des AT ist damit vorgegeben. Zugleich gerät die menschliche Seite des AT in den Blick. Sie steht aber unter der bibl. Letztwirklichkeit: Christus universae scripturae scopus est (WA 34, 16): Das AT empfängt sein Licht vom NT, und das AT weist auf das NT: »Wir müssen die Schrift in der Absicht lesen, Christus in ihr zu finden« (Calvin, CR 47, 125).

Anders die beginnende → Aufklärung, bei der hist. Interessen in den Vordergrund treten. Der von der Verkündigung der Kirche sich absondernde H. → Grotius legt in den 1644 in Paris erscheinenden »Annotata ad Vetus Testamentum« eine Auslegung vor, in der sich unter Rückgriff auf die mittelalterl. jüd. Exegese philologische Akribie, textkritischer Sachverstand (*critica sacra*) und profangeschichtl. Information unter Ausschluß heilsgeschichtl.-theol. Interessen paaren. Der hist.-anthropozentrische Ansatz, der die Möglichkeit ausschließt, daß Gott im bibl. Text redet, steht zwischen Humanismus und Aufklärung.

Der in Holland geborene und zum Rabbiner bestimmte B. → Spinoza (1632-77) will mit allen theol. Vorurteilen im Umgang mit dem AT aufräumen. Ratio und natura sollen die Schriftauslegung allein bestimmen. Der Auslegung muß eine Erstellung der bibl. Literaturgeschichte vorausgehen. Dem Pentateuch gilt sein besonderes Interesse. Dieser kann nicht von Mose stammen, eher schon ist Esra der große Sammler, doch nicht Vollender. Das sog. mosaische Gesetz ist nicht Gottes Gesetz, sondern, wie ähnliche Sammlungen, menschliche Erfindung, denn es ist contra naturam.

In dem Neologen J.S. → Semler (1725-91) setzt sich der radikale Rationalismus voll durch. Prüfstein aller Offenbarung sind Vernunft, ihr ethischer Wert und ihre Bedeutung für das freirel. Gemüt. Die Grundregeln der critica profana werden uneingeschränkt auf die Bibel angewandt. In der »Abhandlung von der freien Untersuchung des Canons« (1771) wird die Normativität des Kanons aufgelöst. Er ist eine zufällige hist. Schriftensammlung. Göttlich ist, was moralisch bessert, christl., was für die »Privatreligion« nützlich ist. Die für die Reformation unlösbare Zusammengehörigkeit von Gottes Wort und Schrift ist durchbrochen. Somit kann man nicht behaupten, daß die hist.-kritische Forschung das Erbe der Reformation fortführt.

Dieses Erbe findet sich dagegen bei J.G. → Hamann (1730-88), der die Bibel von der Inkarnation her liest. Er erkennt die Knechtsgestalt der Schrift und hält doch fest: »Gott ein Schriftsteller«. Die erdgebundenen Worte des AT sind Herablassung Gottes, der zum Menschen durch Menschen redet, sich damit dem Zugriff der Menschenkritik preisgibt, und doch so dem Menschen Rettung anbietet. Um sie zu erfassen, bedarf es der »Demut des Herzens«, die allein das AT recht lesen lehrt.

Der etwas jüngere J.G. → Herder (1744-1803), zunächst Schüler Hamanns, betont, ausgehend vom Schöpfungsglauben, die »Anthropomorphie« der Bibel. Die »Einfalt des Herzens« ist das beste Organ, die Schrift zu lesen. Er meint damit das ästhetisch-psych.-kongeniale Miterleben des Lesers. Die menschliche Seele ist eine göttlich-schöpferische Potenz, und was göttlich ist, bringt sie zum Schwingen. In dem Werk »Vom Geist der Hebräischen Poesie« (1782-1783) stellt er die Eigenständigkeit der hebr. Bibel heraus, doch indem er über die Herzensstimmung den Zugang zu ihr sucht, unterwirft er sie dem Urteil der Psyche.

Um die Wende vom 18. zum 19. Jh. zieht J.G. Eichhorn (1752-1827), der große Enzyklopädist der atl. Wissenschaft, die Einzelfäden der bisherigen Forschung in seiner »Einleitung in das AT« zusammen. »Rein historisch« ist der Kanon zu betrachten als Sammlung von Schriften »aus dem fernen Asien und aus dem grauen Altertum«. In ihnen kann man das »Aufsteigen des menschlichen Verstandes bis zur erhabenen Lehre des Einen Gottes verfolgen.« Im AT erkennt er poetische Gattungen sowie Stufen der Überlieferung. Nur die »höhere Kritik« kann zwischen Echtem, d.h. Ursprünglichem und späteren Hinzufügungen unterscheiden. Kanonizität bedeutet weder Echtheit noch Wahrheit. Es entsteht die Frage nach dem »tatsächlichen« Geschehen. Ziel ist der psych.-ästhetische Genuß des Ursprungsmysteriums, einer fernen Welt, eines fremden Wortes. In den Untersuchungen des Pentateuch arbeitet er mit der Quellenscheidung und führt zum Verständnis der Urgeschichte den Mythosbegriff ein, der die Darstellungsform einer kindlichen Sichtweise im Entwicklungsprozeß des menschlichen Verstandes ist. J.P. Gabler (1753-1823) weist auch die bibl. Theologie in den Rahmen der Geschichtswissenschaft ein: Ihre Aufgabe ist die Beschreibung des Inhalts der atl. Religion in der Ordnung ihrer geschichtl. Entwicklung.

Überschaut man den bisherigen Weg, muß man feststellen: Beim Übergang vom 18. zum 19. Jh. sind alle Elemente der hist.-kritischen Bibelauslegung voll entfaltet, die ein ausgereiftes Produkt der aufklärerischen Geisteshaltung ist, den Mensch zum Maß der Dinge macht und ganz dem Entwicklungsdenken verhaftet ist.

Der Kirchenvater des 19. Jh.s, F.D.E. → Schleiermacher (1768-1834), urteilt auf der Grundlage der bisherigen wissenschaftl. Forschung, seines Verständnisses des christl. Glaubens und des Kulturbewußtseins, »daß der Glaube an die Offenbarung Gottes in Christo von jenem (d.h. atl.) Glauben auf keine Weise irgend abhängig ist.« Die Kirche kann also das AT entbehren und der totalen Kritik anheimstellen.

W.L. → de Wette (1780-1849) möchte »Theologe der Kirche« sein, weshalb er nach den rel. Aussagen der Texte fragt. Bekannter ist er für seine literarkritische Abtrennung des Deuteronomiums vom Pentateuch, mit der er den »archimedischen Punkt« für die Pentateuchforschung lieferte, um die synagogal-kirchl. Tradition aus den Angeln zu heben (O. Eißfeldt). Im Gegensatz zu seinem Lehrer Gabler will er die Ergebnisse der Kritik nicht vor der Gemeinde verbergen, denn »jede Wahrheit ist besser als Irrtum«.

Mit dieser Entwicklung hielt die Erforschung des hebr. Textes und der Sprache Schritt. Zur Autorität der hebr. Sprachforschung wurde der Rationalist W. Gesenius (1786-1842), dessen Grammatik und hebr.-dt. Wörterbuch bis heute aufgelegt werden.

Der liberalen Erforschung des AT stellt sich eine heilsgeschichtl. und konfessionelle Orientierung entgegen. Der dem schwäbischen Pietismus entstammende J.T. → Beck (1804-1878) tritt in Basel de Wette gegenüber. Die Schrift ist ihm *theopneustos*, »Heilige Schrift, weil ihr Wort von Gott dem Heiligen herkommt«. In ihrer Leiblichkeit ist sie Gegenstand grammatisch-hist. Auslegung. Doch der eigentliche Ausleger der Schrift ist der Geist. In sich ist die Bibel eine »heilige Geschichte«, ein Organismus, der darum als ganzes zu verstehen ist.

Daneben ist der luth.-orth. E.W. → Hengstenberg (1802-1869) zu nennen, der gegen Schleiermacher in Berlin steht. Neben Kommentaren ist seine »Christologie des AT« in drei Bänden bekannt, die vom Dogma bestimmt ist mit einem Zug zur Allegorie in der Einzelauslegung.

Anders der der luth. Erweckung Sachsens entstammende Franz → Delitzsch (1813-1890), der der Bibel nicht als Rezensent (so Delitzsch über de Wette), sondern als vertrauender Hörer begegnet, wobei die offenbarungsgeschichtl. Ortsbestimmung, die Erfassung des hebr. Idioms und grammatikalisch-lexikographische Akribie für das Textverständnis wichtig sind. In allem sucht er die Begegnung mit dem Judentum. Kein prot. Theologe vor ihm hat so klar erkannt, daß das eigentliche Zentrum des AT die Erwählung Israels ist. Und doch treibt nach Delitzsch ein Ausleger dann jüd. Exegese, wenn er nur einen Augenblick absieht von der Gegenwart Jesu Christi in Israel, in dem das AT sein eigentliches Ziel hat. Unter heftigen Gewissenskämpfen erwägt er für den Pentateuch die Ergänzungshypothese, bei Jesaja die Frage mehrfacher Autorschaft, für die er sich dann in der vierten Auflage seines Jesajakommentars (1889) entschließt. Die zusammen mit C.F. → Keil herausgegebene, das ganze AT abdeckende Kommentarreihe erlebt z.Zt. eine Neuauflage.

Jüngerer Zeitgenosse und Antipode Delitzschs ist J. → Wellhausen (1844-1918), bekannt vor allem wegen der Pentateuchquellenhypothese (Graf-Kuenen-Wellhausen-Hypothese), deren umstürzende Bedeutung in der Spätdatierung der sog. Priestergesetze und der Behauptung der zeitlichen Vorrangigkeit der Prophetie besteht. Er ist der umkämpfteste Alttestamentler des 19. Jh.s. Die tumultarischen Reaktionen auf seine Hypothesen bewegen ihn, von der theol. in die phil. Fakultät zu wechseln. Er ist nicht Vater, sondern Vollender der Pentateuchkritik, ordnet sie in ein umfassendes Geschichtsbild ein und schreibt die Geschichte Israels bzw. der Entwicklung der israelit. Religion und des Kultus neu. Der Prozeß führt vom ungeregelten, dem grünen Baum zu vergleichenden Kultus zu der dem toten, zurechtgehauenen, mit Zirkel und Winkelmaß künstlich gestaltetem Holz gleichenden priesterlichen Religion. Es ist eine »Geschichte der Denaturierung«. Dabei ordnet Wellhausen die hypothetisch erhobenen Quellen zeitlich so an, daß das Geschichtsbild des AT auf den Kopf gestellt wird: anfangs das Kriegslager als Wiege der Nation und ältestes Heiligtum, dann der freie Kultus aus altarab.-polytheistischem Heidentum erwachsen, weiter die Propheten, die zum ethischen Monotheismus führen, schließlich das alles erstarren lassende Gesetz, das hinzielt auf das nomistische Judentum als konsequente Vollendung des AT. Wellhausens Überzeugungen wirken in Grundlinien bis heute fort.

Ihm zur Seite steht B. Duhm (1847-1928), der Prophetenforscher. Das Hervortreten der Propheten aus der mosaisch-gesetzlichen Periode ist undenkbar. Ihr Verdienst liegt in der Durchbrechung der Naturbindung der altisraelit. Religion, wodurch sie aus der Sphäre des Dämonischen und Dynamistischen in die der Sittlichkeit versetzt wurde. Offenbarung im Sinne der Dogmatik gibt es nicht. Prophetie ist Naturgabe.

Die Erforschung des Alten Orients brachte eine Fülle von Parallelen zu bibl. Texten und Institutionen hervor. Schöpfungsgeschichte, atl. Rechtsüberlieferung, Weisheit u.v.m. schienen nur ein Zweig am Baum altorientalischer Religion und Kultur zu sein. »Panbabylonismus« wie der »→ Bibel-Babel-Streit« führten zu einer öffentlichen Entrüstung. Die Assyriologie war nicht frei von Selbstüberschätzung. Die beträchtlichen Unterschiede zwischen Bibel und assyrisch-babylon. Überlieferung wurden nicht zur Kenntnis genommen.

Die von A. Eichhorn (1856-1926) ausgehende und von P. de Lagarde (1827-1891) bekannt gemachte »Religionsgeschichtliche Schule« will die Theologie als Religionsgeschichte verstehen. Und während auf der einen Seite die Gefahr besteht, daß der atl. Glaube in das Feld der altorientalischen Religionen einnivelliert wird, werden auf der anderen Seite Methoden entwickelt, die den oberflächlichen religionsgeschichtl. Vergleich zurückdrängen und Erkenntnisse der alten Welt erarbeiten, die zu einem tieferen Verständnis des AT führen. »Als Hauptgrundsatz muß gelten, daß eine Religion zunächst aus ihrer eigenen Entwicklungsreihe psychologisch verstanden werden muß.«

Daneben bricht am Ende des 19. Jh.s der Kampf um die Geltung des AT in der Kirche neu auf. Wortführer vieler ist der Dogmengeschichtler A. v. → Harnack (1851-1930), der erklärte: »Das Alte Testament im 2. Jahrhundert zu verwerfen war ein Fehler, . . .; es im 16. Jahrhundert beizubehalten war ein Schicksal, dem sich die Reformation noch nicht zu entziehen vermochte; es aber seit dem 19. Jahrhundert als kanonische Urkunde im Protestantismus zu konservieren, ist die Folge einer religiösen und kirchlichen Lähmung . . . Hier reinen Tisch zu machen und der Wahrheit in Bekenntnis und Unterricht die Ehre zu geben, das ist die Großtat, die heute – fast schon zu spät – vom Protestantismus verlangt wird.« Bedenkt man dazu, daß der Religionsgeschichtler P. de Lagarde ein sich an das Evangelium Jesu anschließendes deutsches Christentum ersehnt, dann werden die praktisch-polit. Konsequenzen der atl. Wissenschaft zu Beginn des 20. Jh.s deutlich.

H. Gunkel (1862-1932) lenkt durch die Einführung der Formgeschichte die atl. Forschung in eine neue Richtung. Erkenntnisse der Religionsgeschichte, -soziologie und -psychologie fließen zusammen. Ziel ist es, hinter die Quellen zurückzugreifen auf den ursprünglichen »Sitz im Leben« atl. Texte. Dabei ist die Funktion des kritischen Forschers nicht die des Richters (so Kuenen), sondern er bedarf eines feinen, künstlerischen Einfühlungsvermögens. Jede Gattung hat ihren Sitz im Volksleben, ihre jeweilige Stimmung, sprachliche Gestalt, Inhalte. Am Anfang stehen die reinen Formen, die sich im Laufe der Zeit verbrauchen bzw. in Mischformen übergehen. Von daher ist eine Datierung möglich. Dabei steht die mündliche Überlieferung, die Sage und Dichtung immer vor der schriftlich gefaßten Quelle. Ziel ist nicht nur eine Literaturgeschichte des AT, sondern auch eine Überlieferungsgeschichte. Zur Erklärung der Genesis führt er den Begriff der Sage ein, in der Psalmenauslegung erprobt er die Formgeschichte, die Propheten deutet er als Ekstatiker. Damit sind wir methodisch bis in die Gegenwart vorgedrungen. Zu oft wurde dabei vergessen, daß Gunkel die Kriterien der Gattungsforschung aus der nordgermanischen Sagenforschung bezog. Im Alten Orient hingegen ist die Schrift ein bis ins Altertum zurückreichendes Überlieferungsmedium.

Im Gefolge Gunkels entsteht die sog. Myth and Ritual School, vor allem von den Skandinaviern, allen voran dem Norweger S. Mowinckel (1884-1965) befruchtet, die Israels Glauben, Kultus und Literatur vornehmlich vom altbabylon. Neujahrsfest her verstehen will. Der Psalmenkommentar A. Weisers (ATD 14) orientiert sich in der Einleitung daran. Detaillierte Sprachforschungen zeigen aber heute, daß der Ruf *Jahwe malak* nicht »Jahwe wird König«, d.h. als Thronbesteigung, sondern »Jahwe herrscht« zu übersetzen ist. Genauere religionsgeschichtl. Vergleiche lassen erkennen, wie verschieden Israels Gottesverständnis von dem Babylons ist, kulturgeschichtl. Untersuchungen lassen die Verschiedenartigkeit der Königsvorstellung erkennen. Inneratl. Studien machen deutlich, daß die Vorstellung von der Königsherrschaft Jahwes nicht

Frucht des Exils, sondern urtümlicher Bestandteil des Glaubens Israels vom Sinai her ist. Durch Beiträge von L. Köhler, M. Noth, A. Alt, M. Buber, O. Eißfeldt, D. Michel, H.J. Kraus u.a. erwies sich, daß gerade in der Auseinandersetzung mit religionsgeschichtl. Befunden das AT seine Eigenart zeigt.

Für die Beschreibung der Geschichte Israels wurden im weiteren A. Alt (1883-1956) und M. Noth (1902-68) bestimmend. Die kritischen Bereiche waren Vätergeschichte, Mosetradition und Landnahme. Man kam zu der Überzeugung, daß die Erzväter keine unter sich verwandten Gestalten sind, sondern verschiedene Lokaltraditionen widerspiegeln. Die Landnahme erfolgte nicht als kriegerische Invasion, sondern als friedliche Infiltration. Mose hat mit dem eigentlichen Auszugsgeschehen kaum etwas zu tun, ja von einem mosaischen Israel kann nicht die Rede sein, Mose wurde erst später zum Kristallisationspunkt der verschiedenen Auszugsüberlieferungen. Der Alt-Noth-Schule tritt aus den USA die Albright-Bright-Schule gegenüber, die archäologisch die Verläßlichkeit der bibl. Geschichtsschreibung erhärten will.

Zu Beginn der dreißiger Jahre unternimmt es W. Eichrodt (1890-1978), in einer durch acht Auflagen gehenden »Theologie des Alten Testaments« neu die atl. Glaubenswelt in ihrer Offenbarungsqualität zu erfassen. Dabei gilt es ständig mit dem einen Auge in die allg. Religionsgeschichte, mit dem andern zum NT hinzuschauen. Die Aufgabe der atl. Theologie ist eine geschichtl. Doch wird das ganze AT vom Zentralbegriff des Bundes zusammengehalten. Von ihm aus läßt sich die strukturelle Einheit und die beharrende Grundtendenz der atl. Botschaft erfassen, die eigentlich eine Lebensbewegung ist, die zu einer bestimmten Zeit und an einem bestimmten Ort eingesetzt hat, um eine in der ganzen Religionsgeschichte einzigartig dastehende Gotteswirklichkeit offenbar zu machen.

G. v. Rad (1901-71) hat zu gleicher Zeit die Bedeutung des AT für Theologie und Kirche erkannt. Seine Forschungen schlagen sich ebenfalls in einer über mehr als sieben Auflagen gehenden Theologie des AT nieder. Er schließt dabei von formgeschichtl. Befunden auf theol. Tatbestände. Eine Theologie des AT muß eine Theologie der geschichtl. und der prophetischen Überlieferungen Israels sein, das sich zu allen Zeiten bemühte, seine Geschichte von bestimmten Eingriffen Gottes her zu verstehen. Im Zentrum einer solchen Darstellung steht deshalb das je und je ergangene lebendige Wort Jahwes, das die Geschichte Israels auslöste. Gegenstand der Theologie ist indes nicht die Geschichte Israels, wie sie sich tatsächlich vollzog, sondern das Kerygma, das berichtet, wie sie Israel im Glauben erlebte. Das Einheitsprinzip der verschiedenen atl. Überlieferungsblöcke ist nicht Gott oder der Bund, sondern eben »Israel«, das Gottesvolk, das Gegenstand eines Glaubens und Gegenstand der geglaubten Geschichte ist, denn jede Generation mußte sich neu als Israel begreifen.

Zum Kreis um G. v. Rad gehört H.W. Wolff, der sich mit der Frage der atl. Hermeneutik befaßt. Da über dem AT und NT der eine Gott steht, gibt es eine Strukturanalogie seines Handelns. Das über sich selbst hinausweisende AT wird somit in der typologischen Schriftauslegung, die den Text in seinem historischen Sinn ernst nimmt und es auf das NT hin liest und vom NT her versteht, recht erfaßt, denn Jesus Christus »ist das letzte Passahlamm«, ... »der letzte König« ... »der letzte Priester Israels« ... »der neue Moses«. So »weist das Neue Testament die echte Entsprechung zum alttestamentlichen Kerygma auf«. Sah A. Alt im apodiktischen Recht wie im Glauben der Väter eine religionsgeschichtl. nicht einnivellierbare Eigenart Israels, M. Noth in dem keine staatliche Ordnung zur Voraussetzung habenden atl. Gesetz und in der Geschichtsschreibung des AT etwas Einmaliges und G. v. Rad in der Eiferheiligkeit Jahwes ein Unikum der Religionsgeschichte, so erkennt H.W. Wolff, daß es für die atl. Prophetie zwar phänomenologische Parallelen in der Umwelt Israels gab, aber die atl. Propheten im ganzen als die ungefragt redenden Gottesboten, die vor allem Gottes eigenes Kommen zum Gericht und zum Heil für sein Volk und die Völkerwelt verkündigten, analogielos dastanden. Ihre Gotteserfahrung war ein singuläres Phänomen. Ihre Botschaft ist vorrangig und charakteristisch Zukunftswort. Dabei stehen sie in der Tradition ihres Volkes und setzen das Gesetz Moses und die Geschichte des Volkes einschließlich der Gottesoffenbarung am Anfang voraus. Hiermit ist in wesentlichen Zügen das atl. Geschichtsbild Wellhausens überholt. Das atl. Menschenbild zeichnete Wolff in der »Anthropologie des Alten Testamentes« (1973) nach.

Eine lexikographische Meisterleistung ist das von L. Köhler und W. Baumgartner herausgegebene »Lexicon in Veteris Testamenti Libros«, das internationale Anerkennung genießt. Mit dem von M. Noth gegründeten und von S. Herrmann und H.W. Wolff herausgegebenen »Biblischen Kommentar zum Alten Testament« entsteht ein umfassendes Kommentarwerk.

In der Moseforschung zeigen sich neue Tendenzen. Nach Jahren der Skepsis gilt es heute als unbestritten, daß Mose die zentrale Gestalt des Exodus ist. Der Kult wird in seiner Bedeutung neu eingeschätzt. Vor allem H. Gese hat gezeigt, daß der Kult nicht eine Leistung zur menschlichen Selbstrechtfertigung ist, sondern eine Gabe Gottes an sein Volk, damit es vor Jahwe stehen und Gott in seiner Mitte sein kann. Im Bereich der Pentateuchforschung sind bislang fest geglaubte Überzeugungen ins Wanken geraten. Neben extremen Spätdatierungen stehen Meinungen, die für eine sehr frühe Festigung und Formung der Überlieferung eintreten. Nicht nur ist die Abgrenzung der literarischen Quellen und ihre Zusammenfügung umstrittener denn je, auch ihre zeitliche Ansetzung, ja ihre Existenz wird ernstlich in Frage gestellt, wie R. Rendtorff feststellt. Für den geschichtl. Ablauf der Landnahme entwickelten N.K. Gottwald und G.E. Mendenhall in Anlehnung an das marxistische Geschichtsschema die sog. Revolutionshypothese, nach der Israel sich als unterdrückte Landbevölkerung gegen die herrschende kanaanäische Stadtkaste erhob. Und während H. Gese dafür eintritt, die überlieferungsgeschichtl. Arbeit nicht mit Maleachi aufhören zu lassen, sondern ihre Weiterführung über Apokryphen und Pseudepigraphen bis ins NT als legitim zu akzeptieren, vertritt B.H. Childs die Ansicht, daß der Kanon in seiner End- und Jetztgestalt die der Exegese und dem Glauben vorgegebene normative Grundlage sei.

Archäologie und Hebraistik führen in der deutschen Forschung ein Schattendasein. Ihre Zentren sind heute in den USA und Israel. Ob die mehr literarkritisch und theol. arbeitende deutsche Forschung am AT der angemessenere Weg ist, muß sich noch zeigen, denn an den Platz objektiver Methoden treten gern subjektive Ermessensurteile. Gleichzeitig muß gesagt werden, daß es in der Forschung am AT nationale und konfessionelle oder rel. Grenzen kaum mehr gibt.

Überblickt man den Weg der Erforschung des AT, legen sich folgende Schlußfolgerungen nahe:

Die sich ihrer Freiheit vom Glauben und Dogma rühmende Forschung findet sich nur allzuoft unter dem Diktat des Zeitgeistes und im Schlepptau der Philosophie wieder.

Auch sog. erwiesene Ergebnisse der Forschung erwiesen sich alsbald als überholt, nur um später wieder unter neuer Fragestellung aufzutauchen.

Eine adäquate Erforschung des AT scheint nur möglich, wo man dessen Selbstanspruch, sein Gottes-, Welt- und Menschenbild ernst nimmt.

Das AT hat sich denen, die ihm offen und unvoreingenommen begegneten, als lebendiges Gotteswort erwiesen.

Die hist. Forschung hat trotz aller Irrwege zu einem besseren Verständnis der ursprünglichen Aussageintention des AT beigetragen.

Wo die Kirche meinte, das AT hinter sich lassen zu können, hat sie auch den lebendigen Christusglauben verloren.

Lit.: G. Fohrer: Methoden und Moden in der alttestamentlichen Wissenschaft, ebd. 243-254; H.J. Kraus: Geschichte der historisch-kritischen Erforschung des Alten Testaments, [4]1988; W.S. La Sor, D.A. Hubbard, F.W. Bush: Das Alte Testament. Entstehung - Geschichte - Botschaft, hg. von H. Egelkraut, 1989; M. Noth: Die Knechtsgestalt des AT: Zugleich ein Beitrag zum Verständnis der neueren Geschichte der alttestamentlichen Wissenschaft, in: ders.: Gesammelte Studien zum AT II, 1969, 62-70; R. Smend: Die älteren Herausgeber der Zeitschrift für die alttestamentliche Wissenschaft, ZAW 100 (1988) Suppl., 2-21.

H. Egelkraut

Älteste

a) biblisch

1. Im Alten Testament

Wie viele seiner Nachbarvölker (1Mo 50,7; 4Mo 22,4.7) hat auch Israel - bereits zu ägypt. Zeit (2Mo 12,21) - Ä. Aufgrund von Alter, Weisheit und Ansehen repräsentieren Männer die Sippe, später die Stadt oder das ganze Volk. Deshalb wenden sich Mose bei der Übergabe des Gesetzes (5Mo 31,9), Jeremia bei seinem Trostbrief (Jer 29,1) oder Hesekiel in seiner Kritik (Hes 8,11f) vorzugsweise an die Ä.n. Deshalb auch spielen sie bei der Sühne einer Schuld des Volkes eine besondere Rolle (3Mo 4,15). Sie handeln und stehen für das ganze Volk, wenn sie einen König fordern (1Sam 8,4f) und ihn beraten (1Kön 20,7) oder später dann den zerstörten Tempel wieder aufbauen (Esr 6,7-14).

Neben diesem Amt der Stellvertretung üben 70 Ä. zeitweise eine Leitungsfunktion aus, indem sie Mose bei seiner Arbeit unterstützen und dafür an besonderer Geistbegabung teilhaben (4Mo 11,16-25).

Nach der Landnahme nehmen die für die jeweilige Stadt verantwortlichen Ä.n richterliche Funktion wahr; sie entscheiden »im Tor« z.B. in Sachen des Eherechts (5Mo 22,13-19; 25,7-9) und sind auch für die Durchführung des Richtsspruchs verantwortlich.

Insgesamt wird damit deutlich, daß Ä. zu dem Personenkreis gehören, der die Geschicke des jüd. Volkes verantwortlich mitbestimmt und damit in besonderer Weise vor Gott und den Menschen steht (vgl. Jos 23,1-6).

2. Im Neuen Testament

Zur Zeit Jesu sind Ä. mit den Hohenpriestern und Schriftgelehrten im Synhedrium vertreten und haben damit weiterhin großen Einfluß. Sie sind Beteiligte am Prozeß Jesu (Mt 26 parr.) und der Apostel (Apg 4,5; 5,21; 22,5; vgl. 6,12).

Schon früh übernimmt die christl. Gemeinde Leitungsstrukturen der jüd. Gemeinschaft und damit auch das Ä.namt (Apg 11,30 betrifft die Zeit um 45 n.Chr.). Zusammen mit den Aposteln (Personalunion war möglich: 1Petr 5,1; 2Joh 1) entscheiden sie Lehrfragen (Apg 15) und bilden das Leitungsgremium der christl. Gemeinden (1Tim 5,17; Apg 20,17.28: Älteste = → Bischöfe). Ä. können lehrend (1Tim 5,17), heilend (Jak 5,14) und bevollmächtigend (1Tim 4,14) tätig sein. Paulus und Barnabas setzen in den neugegründeten Gemeinden bald Ä. ein (Apg 14,23), denen sie in besonderer Weise die Sorge um die Gemeinde und die rechte Lehre ans Herz legen (Apg 20,28-31; vgl. 1Petr 5,1-3). Wegen ihrer herausragenden Funktion haben Ä. besonders auf bibl. Weisungen und guten Leumund zu achten (Tit 1,5-9; 1Tim 3,1-7).

Lit.: H. von Campenhausen: Kirchliches Amt und geistliche Vollmacht in den ersten drei Jahrhunderten, [2]1963; G.V. Lechler: »Presbyter, Presbyterialverfassung«, RE 12, 1883, 175-187; W. Michaelis: Das Ältestenamt, 1953; H.W. Neudorfer: Die Apostelgeschichte des Lukas, Bd. I, 1986, Bd. II, 1990; A. Schlatter: Die Geschichte der ersten Christenheit, [5]1971.

W. Weiland

b) theologiegeschichtlich

1. Die kirchenleitende Funktion, die die Ä.n in den frühchristl. Gemeinden neben und mit den Bischöfen innehatten, erfuhr bald eine bemerkenswerte Veränderung: einmal durch die zunehmend beherrschende Stellung des → Bischofs, dem die Presbyter zu- und nachgeordnet wurden, zum anderen durch die erklärte Unantastbarkeit des → Amtes, die sich mit dem Ausbau des hierarchischen Systems einstellte und sich in der Forderung der Lehr- und Amtssukzession niederschlug. Konnten im 2. Jh. die Ä.n noch vereinzelt als die Garanten authentischer Überlieferung, also als »Väter« bezeichnet werden, werden sie bereits im 3. Jh. zum Stand der Kleriker gerechnet. Aus dem Presbyter wird der Priester; in der röm.-kath. Hierarchie gliedert sich der Presbyterrat in die beiden Stufen des Priesters und des Bischofs.

2. Die abwehrende Haltung der Reformatoren gegenüber dem hierarchischen Amt und der Aufteilung der Gemeinde in → Kleriker und Laien führt bei → Calvin zu einer neuen Betonung des Dienstes der Ä.n: sie sind neben den Pastoren für Lehre, Leitung und Seelsorge in der Gemeinde verantwortlich, während den → Diakonen die praktische Fürsorgepflicht obliegt (Inst. IV,3.8.15). Diese Presbyterialverfassung ist kennzeichnend für die ref. Kirchen weltweit bis heute, die sich als »nach Gottes Wort reformierte Kirche« verstehen und darin die Kontinuität zur Alten Kirche sehen. In den luth. Kirchen wird der Kirchenälteste wesentlich als Berater des Pfarrers gesehen.

3. Die durch den englischen Puritanismus ausgelösten Reformbewegungen haben mit der Betonung des allgemeinen Priestertums aller Gläubigen für den Aufbau der Gemeinde die drei Dienste des Pastors, der Ä.n und der Diakonen eingeführt (vgl. Westminster Confession 1647, Art. 25 und 30). Sie alle werden von der Gemeinde gewählt, Ä. und Pastoren in der Regel ordiniert.

4. Die Freikirchen – vor allem kongregationalistischer Prägung – haben in der Regel ein Ä.nkollegium; der Pastor ist Mitä.r. Die Ä.n bilden die Gemeindeleitung und sind vor allem für Lehre und Seelsorge verantwortlich (neben der Gesamtverantwortung der Gemeinde). Heute werden die Ä.n nicht mehr auf Lebenszeit gewählt. Umstritten ist gegenwärtig die Frage, ob auch Frauen als Ä. berufen werden können.

5. In den Konvergenzerklärungen der Kommission für Glauben und Kirchenverfassung des ÖRK über »Taufe, Eucharistie und Amt«, Lima 1982, wird im dreigegliederten Amt des Bischofs, der Presbyter und der Diakone Ausdruck und Mittel der Einheit der Kirche gesehen (III, 22), wobei jedoch wieder das Amt des Bischofs (der *episkopê*) zur Sicherstellung der Einheit des Leibes Christi erforderlich gemacht wird (III, 23). Insbesondere kongregationalistisch geprägte Kirchen sehen darin dem ntl. Zeugnis widersprechende Tendenzen zur Klerikalisierung des Ä.namtes.

Lit.: P. Jacobs: Theologie reformierter Bekenntnisschriften, 1959; P. Meinhold: Ökumenische Kirchenkunde, 1962; E. Schütz: »Die Freikirchen vor der ökumenischen Diskussion um das kirchliche Amt«, Una Sancta 37, 1982, 133-141.

E. Brandt

c) systematisch- und praktisch-theologisch

Es fällt auf, daß die Bibel sowohl für Israel als auch für die Christenheit schon früh den Dienst der Ä.

kennt. Indem die Kirchen der → Reformation (→ Calvin) das Ä.namt wieder einrichten, folgen sie der Schrift und schenken den Gemeinden eine wertvolle und heute nicht mehr wegzudenkende Leitungsgestalt. Weg und Geschick der Gemeinde sollen nicht im Willen eines einzelnen Menschen stehen. Das gemeinsame Raten und Leiten ist ein gesundes, ja notwendiges Korrektiv für die irrende Einzelmeinung.

Freilich soll sich der Ä.nkreis in seinem Beraten von anderen Führungskollektiven unterscheiden: Er hat in allen Belangen nicht autonom zu entscheiden, sondern in Bindung an die Hl. Schrift. Darin trägt er dem Gedanken der Christokratie Rechnung (Eph 4,15f). Deshalb sind die Beschlüsse der Ä.nkreise nicht daran zu prüfen, ob sie zeit- oder publikumsgemäß sind, sondern daran, ob sie schriftgemäß sind. Dieser Maßstab ist Grenze und Prüfstein jeder Mehrheitsentscheidung.

Für das Amt des Ä.n ist es deshalb notwendig, die Bibel zu kennen und nach ihr zu leben. Diese Aufgabe kann nicht den Geistlichen überlassen bleiben. Im Gegenteil: Wenn Kirchenä. die Verantwortung dafür tragen, »daß der Gemeinde Gottes Wort rein und lauter gepredigt wird« (so z.B. die Grundordnung der badischen Landeskirche), dann haben sie ein in recht verstandender Weise kritisches Gegenüber zu den Geistlichen zu bilden. Die in den Landeskirchen häufig anzutreffende stillschweigende Arbeitsteilung, wonach die Pfarrer für das Theol.-Geistl., die Ä.n dagegen für Technisches und Verwaltungsarbeiten zuständig sind, ist bibl. unhaltbar und praktisch verhängnisvoll. In den Freikirchen nehmen die Ä.n in der Regel in geistl. Arbeitsgemeinschaft mit dem Pastor die Leitung der Gemeinde wahr.

Eine besondere Schlüsselstellung kommt bei diesen Fragen der Ä.nwahl zu. Während in ntl. Zeit → Paulus selbst Ä. einsetzte und darin Gottes Geist am Wirken sah (Apg 20,28; vgl. 4Mo 11,25), werden sie heute durch stimmberechtigte Kirchenmitglieder gewählt. Dabei spielen Quotendenken, Partei-, Gruppen- und Vereinszugehörigkeit nachweisbar eine wichtige Rolle. Nicht immer werden deshalb solche Gemeindeglieder Ä., die nach den Aussagen der Hl. Schrift dafür geeignet sind. Dies kann sich hindernd auf einen Gemeindeaufbau auswirken, der nach bibl. Gesichtspunkten konzipiert ist. Eine Lösung dieses Problems ist kaum anders vorstellbar, als daß eine Gemeinde als ganze eine geistl. Erneuerung erfährt. Viel wäre freilich schon gewonnen, wenn die bibl. Aussagen über das Amt der Ä.n den Gemeindegliedern bekannt und für die Kandidaten – nicht nur formal – verbindlich gemacht würden.

Lit.: s. unter a) biblisch

W. Weiland

Althaus, Paul (1888-1966)

Geb. am 4. 2. 1888, wuchs A. in einem hannoverschen luth. Theologenhaus auf. Sein gleichnamiger Vater, Paul Althaus (der Ältere), war bis 1912 Prof. für Systematische Theologie in Göttingen, dann in Leipzig. Neben seinem von der → Erlanger Theologie geprägten Vater übten auf den jungen A. das Lutherbild Karl → Holls, vor allem aber Adolf → Schlatter theol. formenden Einfluß aus. An Promotion und Habilitation in Göttingen 1913 und die Ernennung zum Privatdozenten 1914 schloß sich während des Ersten Weltkriegs eine Tätigkeit als Lazarettpfarrer in Lodz/Polen an. 1919 wurde er als o. Prof. nach Rostock berufen, 1925 nach Erlangen. Dort blieb er auch über die Emeritierung 1956 hinaus bis an sein Lebensende am 18. 5. 1966. Von 1926 bis 1964 war er Präsident der Luthergesellschaft.

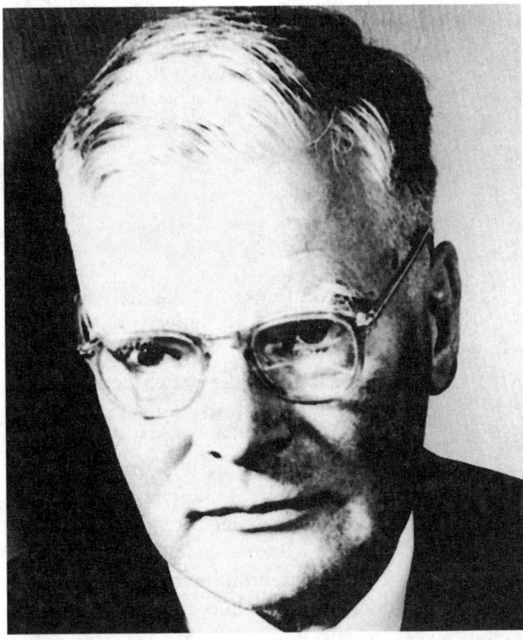

Die wissenschaftl. Arbeit von A. ist von dem Willen bestimmt, Gott und Geschichte zu vermitteln, Theologie also nicht aus einem vorgegebenen Gottes- oder Offenbarungsbegriff abzuleiten, sondern die ganze, immer auch widersprüchliche Lebenswirklichkeit wahrzunehmen und Geschichte in diesem Sinne als von Gott geschaffene Begegnungsebene zwischen Gott und Mensch zu verstehen. Darum konnte es für ihn keine einlinigen Lösungen theol. Grundfragen geben, sondern nur die Vermittlung spannungsvoller Pole. Neben Gottes Heilsgegenwart in Christus will er (im Unterschied zu K. → Barth) auch sein Weltwirken anerkennen, als Glaubensgrund sieht er (anders als R. → Bultmann) sowohl die Verkündigung als auch das hist. Ereignis an, Evangelium und Gebot kann er (im Unterschied zu W. → Elert) auch positiv aufeinander beziehen.

Stark befruchtet wurde sein Denken durch intensive, durchaus auch kritische Lutherstudien und durch das ständige Gespräch mit der ntl. Exegese. Neben seiner eigenen Systematischen Theologie veröffentlichte er Gesamtdarstellungen von Luthers Dogmatik und Ethik sowie einen Kommentar zum ntl. Römerbrief. Seine Überzeugung vom verpflichtenden Rang der deutschen Nationalität ließ ihn dem Nationalsozialismus zeitweilig nicht kritisch genug gegenübertreten. Außer durch zahlreiche Veröffentlichungen wirkte er auch durch seine Persönlichkeit als akademischer Lehrer, einen über 30jährigen Dienst als Universitätsprediger und die von sehr vielen Studenten genutzten seelsorgerl. Sprechstunden.

Hauptschrift: Die christliche Wahrheit, 1947/48, [8]1969; Bibliographie: Dank an Paul Althaus, 1958, 246ff; H. Grass: s.u., 237ff;

Lit.:J. Baur: Vermittlung in unversöhnten Zeiten, KuD 34/1988, 168ff; H. Grass: Die Theologie von P. Althaus, NZSTh 8/1966, 213ff; P. Knitter: Die Uroffenbarungslehre von P. Althaus, EvTh 33/1973, 138ff; ders.: Towards a protestant theology of religions, 1974; W. Krötke: Das Problem ›Gesetz und Evangelium‹ bei W. Elert und P. Althaus, 1965; W. Wimmer: Eschatologie der Rechtfertigung, 1979.

U. Swarat

Altkatholiken

Die altkath. (in der Schweiz: christkath.) Kirchen entstanden zwischen 1871 und 1876 aus Gründen des 1870 vom 1. Vatikanischen Konzil beschlossenen Dogmas von der Unfehlbarkeit des Papstes. Ignaz von → Döllinger war der entscheidende Theologe in der Gründungsphase dieser Kirche. Zusammen mit dem Erzbistum Utrecht, das sich schon zu Beginn des 18. Jh.s von Rom gelöst hatte, bildeten 1889 die altkath. Kirchen in der Schweiz, Österreichs und Deutschlands die Utrechter Union, der sich später weitere altkath. Kirchen anschlossen, gegenwärtig mit 15 Diözesen, ca. 400 Priestern und 420.000 Mitgliedern. Die Kirchen sind episkopalsynodal verfaßt, ökumen. orientiert und stehen mit einer Reihe von Kirchen in erklärter Abendmahlsgemeinschaft, z.B. mit der EKD. Die röm.- kath. Ablaß- und Verdienstlehre wird abgelehnt, andere Lehren der abendländischen Tradition (z.B. die sieben Sakramente) sind beibehalten. Wie die anglikan. Kirche nehmen auch die A. in manchen Hinsichten eine Mittlerrolle zwischen dieser und jener Kirchengemeinschaft ein. Der Gottesdienst wird nach der erneuerten Meßliturgie in der Volkssprache gefeiert. Das Zölibat für Priester und Bischöfe wurde 1923 preisgegeben, seit 1982 ist die Ordination von Frauen zu Diakoninnen gestattet.

Lit.: V. Conzemius: Katholizismus ohne Rom, 1969; W. Küppers: Altkatholische Kirchen, in: F. Heyer (Hg.): Konfessionskunde, 1977, 534-574; W. Küppers: Altkatholizismus, TRE 2, 1978, 338-344; J.F. von Schulte: Der Altkatholizismus (Quellen und Dokumente), 1887, Neudruck 1965.

G. Ruhbach

Altlutheraner → Selbständige Ev.-luth. Kirche (SELK)

Altpietistischer Gemeinschaftsverband

Die ersten »Erbauungskreise« in Württemberg wurden durch Ph.J. → Spener und die Brüdergemeine (→ Brüder-Unität) beeinflußt. Im 18. Jh. wurde dieser → Pietismus durch J.A. → Bengel (1687-1752) gefördert und überwiegend innerhalb der ev. Landeskirche erhalten. Die Landesregierung erlaubte 1743 durch das »Pietistenreskript« das Abhalten von »Stunden«. Unter der Leitung eines Stuttgarter Brüderkreises fand 1857 die erste Landesbrüderkonferenz statt (Geburtsstunde des AGV). Einer der ersten Leiter (von 1857-1919) war Rektor Christian → Dietrich (1844-1919).

Ehrfurcht vor der Schrift, intensive Arbeit an der Bibel ist dem AGV von Bengel her eingeprägt worden. Der Heilsgeschichte und dem prophetischen Wort gilt besonderes Interesse. Von der Gemeinschaft her am Wort, mit dem Herrn und untereinander wird als Auftrag gemeinschaftspflegender, mission. und diakon. Dienst gesehen.

Es gibt ca. 580 Gemeinschaften in Württemberg und um Memmingen mit ca. 9.000 Besuchern, allerdings ohne eine feste Mitgliedschaft (40 Bezirke mit je 5-27 Gemeinschaften und je 1-3 »Bezirksbrüdern«, ca. 35 hauptamtlichen »Gemeinschaftspflegern«, ca. 15 »Gemeinschaftsschwestern« und je 1

Landesbeauftragten für Kinderarbeit, Jugendarbeit und Evangelisation). Normalerweise reden verschiedene Brüder vom »Brüdertisch« aus (ca. 1.000 ehrenamtliche »redende Brüder«) nach dem jährlich vom Verband zusammengestellten »Textplan«, der fortlaufende Bibeltexte vorsieht. In Verbindung mit der Gemeinschaft gibt es Kinderstunden, Jugend-, Freizeit- und Rüstarbeit, Veranstaltungen für die mittlere Generation, Bibelwochen und Evangelisationen, Bezirkskonferenzen, Brüder- und Mitarbeitertreffen und -kurse, Bibelseminare, Jugend-, Sing- und Posaunenchöre, größere Landesgemeinschaftskonferenzen in Stuttgart, Böblingen, Hülben und ein Landesjugendtreffen auf dem Schönblick. Im Winterhalbjahr besuchen je zwei Brüder die Gemeinschaften und Kreise eines Bezirks auf einer Brüderreise. Die Leitung des AGV obliegt dem Landesbrüderrat, davon bilden vier Brüder den Vorstand. Die notwendigen Mittel werden durch Opfer und Gaben aufgebracht. 58 eigene Häuser, das Erholungsheim Schönblick mit Jugend-Bibelhaus und Erholungsheim Lindenfirst für pflegebedürftige Gäste in Schwäb. Gmünd gehören zum AGV. Die Geschäftsstelle ist in Stuttgart.

Lit.: »Berufen zur Gemeinschaft« - Jubiläumsbuch 1982; J. Roessle: Von Bengel bis Blumhardt, [6]1981; Zeugnisse der Schwabenväter, hg. von J. Roessle, Bde. I-XII.

O. Schaude/K.-H. Schabel

Altpreußische Union → Union, Evangelische Kirche der

Altreformierte Kirche

Die Ev.-altref. Kirche ist eine »konfessionelle Freikirche« und besteht aus acht Gemeinden in der Grafschaft Bentheim (seit 1838) und fünf Gemeinden in Ostfriesland (seit 1854); seit 1950 ist sie »Körperschaft des öffentl. Rechts«. Die Ursprünge liegen in den Niederlanden, wo sich in den 30er Jahren des 19. Jh.s ref. Gemeinden um der Treue zum ref. Bekenntnis willen von der offiziellen (ref.) Kirche trennten (Acte van Afscheiding 1834). → Bekenntnisschriften sind die Confessio Belgica (1559), der Heidelberger Katechismus (1563) und die Dordrechter Lehrsätze (1618/19). Mit anderen ref. Kirchen verbindet sie die presbyterial-synodale Kirchenverfassung, der schlichte Wortgottesdienst und die seltene Abendmahlsfeier, mit anderen Freikirchen die Finanzierung aus freiwilligen Beiträgen. Die Mitgliedschaft im → Reformierten Bund und in der → Arbeitsgemeinschaft Christlicher Kirchen (ACK) zeigt Offenheit über das eigene Kirchentum hinaus.

Lit.: E. Fahlbusch: Kirchenkunde der Gegenwart, 1979, 145f; A. Klompmaker: »Evangelisch-altreformierte Kirche«, EKL[3] 1, 1199f.

B. Steinseifer

Ambrosianischer Lobgesang (Te Deum)

In der Art des von der Urgemeinde übernommenen atl. Psalmengesangs entstanden vor allem im 4. Jh. zahlreiche sog. nichtbibl. Psalmen, unter denen das Te Deum das bekannteste ist. Die Zuweisung an → Ambrosius (gest. 397) ist sicher falsch; denn es unterscheidet sich formal und inhaltlich von allen ihm authentisch zuzuweisenden Hymnen. Auch andere Zuweisungen haben sich als unhaltbar erwiesen. Dennoch hat sich die Bezeichnung des Te Deum als A. L. eingebürgert. Schon in den Anfängen des Mönchtums erhielt das Te Deum seinen Platz im Stundengebet, vorzugsweise in den sonntäglichen Metten. Mehr und mehr wurde es als festlicher Hymnus zu besonderen kirchl. Anlässen und Zeiten gesungen. Seit dem MA wurde es auch bei nichtkirchl. Anlässen (Krönungs-, Friedensschlußfeiern u.a.) herangezogen. Die im 17. Jh. einsetzenden mehrstimmigen, z.T. recht prunkvollen Vertonungen des Te-Deum-Textes für säkulare Feiern (z.B. das pompöse Werk von H. Berlioz aus Anlaß der Pariser Weltausstellung 1855) haben es in der ev. Kirche fast um seine Legitimation gebracht, so daß es auch bei kirchl. Anlässen und zu festlichen Gottesdiensten nur noch selten gesungen wird. Es sollte aber seinen Platz im Gottesdienst als Wechselgesang zwischen Chor und Gemeinde unbedingt zurückgewinnen.

Lit.: E. Kähler: Studien zum Te Deum, 1958; K.-H. Schlager, W. Kirsch: »Te Deum«, MGG 13, 1966, 164ff.

Chr. Albrecht

Ambrosius (ca. 339-397)

A. Aurelius (?), ca. 339 in Trier geboren und am 4. 4. 397 als Bischof in Mailand gestorben, einer der vier großen abendländischen Kirchenlehrer, war zunächst Statthalter in Ligurien und Aemilien, 374 vom Volk zum Bischof von Mailand akklamiert in einer Zeit, in der zahlreiche Staatsbeamte in den Kirchendienst überzugehen begannen. Er sorgte in Oberitalien für die endgültige Niederwerfung des

Arianismus (→ Arius/Arianismus), bestritt besondere Vorrechte des röm. Bischofs, beteiligte sich an der allg. Kirchenpolitik, wobei er den Kaiser als »Sohn« und nicht als »Herrn« der Kirche verstand und daher sogar → Theodosius den Großen zur öffentlichen Kirchenbuße zwang.

Als Prediger und Seelsorger war er eine eindrucksvolle Persönlichkeit und hat auch → Augustin zum Christentum gebracht. Interesse an Fragen der → Askese (Unterstützung der »Jungfrauen« der Stadt), der praktischen Gemeindearbeit (Hebung der Sittlichkeit), der Bibelauslegung in Kommentaren und Predigten sowie der Liturgie (Dichtung von mehreren Hymnen, nicht jedoch des sog. → Ambrosianischen Lobgesangs) zeichnet ihn besonders aus, aber er gilt auch als kundiger Theologe in der Abwehr des Arianismus, in der Entfaltung der Trinitäts- und Abendmahlslehre, auch der Mariologie. 19 exeget. und viele dogmat. Schriften sind erhalten, ebenfalls 91 Briefe. Er gilt als einer der großen Theologen, die das Christentum im Abendland durchzusetzen halfen und noch in der Gegenwart Bedeutung haben.

Lit.: Quellen (Übersetzung): BKV², Bde. 17, 21, 32, 1914-1917; H. v. Campenhausen: Ambrosius von Mailand als Kirchenpolitiker, 1929; ders.: Lateinische Kirchenväter, ⁶1987, 77-108; E. Dassmann: »Ambrosius«, TRE 2, 1978, 362-386; ders.: Die Frömmigkeit des Kirchenvaters Ambrosius von Mailand, 1965.

G. Ruhbach

AMD → Arbeitsgemeinschaft Missionarische Dienste

Amen

A. (hebr. »so sei es, so ist es«) ist Ausdruck feierlicher Bejahung und Aneignung. Im AT bejaht das Volk Gottes durch das A. das ergangene Gotteswort (5Mo 27,14-26; Jer 28,6) oder eignet sich Gebete und Segensformeln an (Neh 8,6; 1Chr 16,36). A. ist im AT immer responsorisch: mit dem A. »übernahm die Gemeinde das ihr vorgesprochene Wort und erkannte es als ein in ihrem Namen gesprochenes und für sie verbindliches Wort an« (Kalb, 127). Im NT findet sich neben diesem responsorischen Gebrauch (1Kor 14,16; Offb 22,20) etwas gänzlich Neues: Jesus eröffnet Jüngerbelehrungen durch ein nichtresponsorisches A.: »Ich sage euch« (Mt 5,18; 6,2 u.ö.). Dieser einzigartige Gebrauch bekräftigt die Rede Jesu und betont deren prophetische Vollmacht. Neu ist auch A. als Titel Jesu: Er ist der A. (Offb 3,14; 2Kor 1,20), weil in ihm alle Verheißungen Gottes zum Ziel kommen.

In der frühen Christenheit bleibt der responsorische Charakter des A. erhalten. Augustin kann sagen: »Amen dicere est subscribere« (A. sagen heißt unterschreiben). Mit der Zeit aber wurde es immer mehr üblich, daß der Priester allein das A. sprach und die Gemeinde immer sprachloser wurde. Das A. verflachte zum liturg. Schluß-A. Im privaten Gebet blieb es als Ausdruck der Bekräftigung. Für Luther ist das A. Ausdruck des gewissen und rechtfertigenden Glaubens an Christus: »Amen . . ., das ist: nicht zweifeln, daß es gewißlich erhört sei und geschehen werde. Denn es ist nichts anderes als eines ungezweifelten Glaubens Wort, der da nicht aufs Ungewisse betet, sondern weiß, daß Gott nicht lügt, weil er es zu geben verheißen hat« (Luther, 66). Auslegungen des A. fanden auch Eingang in das ev. Liedgut (EKG 241,9; 182,3 u.ö.). Auch der Pietismus kritisierte den gedankenlosen Gebrauch des A. Die Agendenreformen des 20. Jh.s sind bemüht, der Gemeinde das A. im Sinne des confessorischen und responsorischen A. zurückzugeben. In → Gottesdienst und Gebetsgemeinschaft soll eingeübt werden: Mit dem A. eignet sich die Gemeinschaft der Christen das Gesagte glaubend an.

Lit.: J. Jeremias, G. Krause: »Amen«, TRE 2, 1978, 386-402; F. Kalb: Grundriß der Liturgik, ²1982, 127f; M. Luther: Der Große und der Kleine Katechismus, 1985.

M. Herbst

Amerika → Lateinamerika; → Nordamerika

Amesius, Wilhelm → Orthodoxie, protestantische

Amillennialismus → Tausendjähriges Reich

Amish

Die A. gehen auf Jakob Ammann zurück, durch den es zwischen 1693 und 1697 unter den Schweizer Brüdern zu einer Spaltung kam, als er strenge Kirchenzucht bis zur »Meidung« der Gebannten (auch von Tisch und Bett) einführte. Seine Anhänger waren gegen neue Kleidermoden (Gegensatz von »Knöpflern« und »Häklern«). Dieser Zug zum Hergebrachten wurde für die heute in Nordamerika lebenden A. kennzeichnend und verbindet sich mit dem rel. Motiv, sich nicht »dieser Welt gleichzustellen«. Das Rel. ist eine stets gegenwärtige Dimension in der täglichen Erfahrung, im Lebensablauf und dem bäuerlichen Jahresrhythmus. Die enge Bindung an die überschaubare, mit Pferd und Kutsche erreichbare Gruppe macht sie in ihren Gewohnheiten (z.B. Kindererziehung, Fürsorge für die Alten, Ablehnung der Lebensversicherung und Rente) traditionsorientiert. Errungenschaften der Moderne wie Traktor, Auto, Strom, Telefon, Radio, TV lehnen sie ab, ebenso den Kriegsdienst und die Beteiligung an Politik und Wirtschaft. Modernes »Wissen« steht traditioneller »Weisheit« gegenüber.

In jedem »Distrikt« gibt es auf Lebenszeit gewählte und für Gottesdienst und Leben der Gemeinschaft verantwortliche Bischöfe, Diener und Diakone, die keine formale Ausbildung haben. Die einfachen Gottesdienste werden auf deutsch gehalten (Gesangbuch: Ausbund). Mit der »Regel und Ordnung« wird eine große Geschlossenheit erreicht. Die Zahl der A. beträgt ca. 130.000 in 800 Gemeinden.

Lit.: J.A. Hostetler: Amish Society, [2]1974.

E. Geldbach

Ammon, Christoph Friedrich (1766-1850)

A., geb. am 16. 1. 1766 in Bayreuth, gest. am 21. 5. 1850 in Dresden, 1789 Prof. an der phil., 1792 an der theol. Fakultät in Erlangen, 1794 Prof. in Göttingen, 1804 wieder in Erlangen, 1813 Oberhofprediger in Dresden, dort auch Oberkonsistorialrat und ab 1831 Mitglied des Kultusministeriums, war für seine Zeit ein repräsentativer Theologe, Prediger und Kirchenpolitiker.

A. steht in der Tradition der Aufklärungstheologie, bezeichnet seinen Standpunkt aber als »rationalen Supranaturalismus«. In seiner Theologie geht er zwar von der vernünftigen (Gottes)Erkenntnis aus, sucht dann aber die Brücke zur bibl. → Offenbarung. Das erst im Glauben erreichte christl. Bewußtsein des heiligen Gottes sei die Vollendung der in uns schon angelegten moralischen Grundsätze und der natürlichen Religion.

A. hat allerdings den Einklang von → Vernunft und → Offenbarung als Systematiker nicht durchhalten können, was bisweilen den Eindruck schwankender Haltung erweckt. Er anerkennt gegenüber der → Orthodoxie den neuen »hermeneutischen Kanon«, daß »alte Schriftsteller nicht allein grammatisch, sondern auch historisch, genetisch, kritisch, oder im Zusammenhange mit den Ideen ihrer Zeit sowie ihrer eigenen Individualität erfaßt, dargestellt und beurteilt werden müßten«, und daß ihre Sinnwahrheit vom Ausleger »erst durch Rücksprache mit den Gesetzen der Vernunft überzeugen könne« (Die wahre und falsche Orthodoxie, 213). Andererseits kann er sich auch für konservative Ansichten aussprechen, z.B. für die Reformationsthesen von Claus → Harms. Aber im Gegensatz zu F.D.E. → Schleiermacher sah A. die Offenbarung nicht in der »jetzt geltenden« christl. Frömmigkeit, sondern im bibl. Zeugnis, besonders in Jesu Lehre und Person. Während der Gott der Vernunft ein Gott ist, den man sich denkt, wird das Gottesbewußtsein im Glauben rel. Erfahrung und lebendige Gottesbeziehung.

Jene Zeitgenossen, die in A.s nicht immer eindeutiger Stellung zwischen Rationalismus und Orthodoxie nur zeitweilige Anpassung an den zur Restauration neigenden Zeitgeist sahen, dürften ihm kaum gerecht geworden sein. Seine Theologie verrät eher eine in der Sache selbst begründete, echte und systematisch nicht bewältigte Spannung zwischen wissenschaftl. Aufklärung einerseits, bibl. Glaubenszeugnis sowie eigener Glaubenserfahrung andererseits. Dieser innere Zwiespalt deckt auch die Situation der Kirche seiner Zeit auf.

Lit.: C.F. Ammon: Christliche Sittenlehre, 3 Bde., 1795 (1923-29); Die Fortbildung des Christentums zur Weltreligion, 4 Bde., 1833-38; Die Geschichte des Lebens Jesu, 3 Bde., 1842-47; Summa Theologiae Christianae 1803, [4]1830; Die wahre und die falsche Orthodoxie, 1840.

E. Hirsch: Geschichte der neueren evangelischen Theologie, Bd. V, 1954, 60f.

F. Flückiger

Amos → Propheten Israels

Amphiktyonie → Israel a) biblisch

Amsdorf(f), Nikolaus von (1483-1565)

Geb. am 3. 12. 1483 in Torgau, gest. am 14. 5. 1565 in Eisenach, Studium in Leipzig und Wittenberg, dort Stiftsherr am Allerheiligenstift, Prof. für Philosophie und Theologie (1511 Lizentiat), 1513 und 1522 Rektor der Universität. 1516-24 prägende Freundschaft mit → Luther, den er 1519 zur Leipziger Disputation, 1521 nach → Worms begleitete und den »Überfall« vor der Wartburgzeit miterlebte. 1524 wurde A. Superintendent in Magdeburg, das er wie Goslar und Einbeck für die → Reformation gewann. 1542 wurde er von Luther zum Bischof von Naumburg »ordiniert und eingeweihet«, mußte aber 1547 dem altgläubigen Julius Pflug weichen. Seitdem geschätzter Berater seines Landesherrn in theol. und kirchl. Fragen; lebte von 1552 an in Eisenach.

A. war konsequenter Sachwalter der Theologie Luthers, verteidigte und verbreitete sie als die »wahre christliche Religion«. Er veröffentlichte weit über hundert Schriften. Theol. Prüfstein ist die → Rechtfertigung des Sünders aus Glauben - als alleinige Tat Gottes - ohne Werke, deren Schädlichkeit zur Seligkeit er im → majoristischen Streit behauptete. Auch in anderen theol. Kämpfen, besonders gegen den Opfercharakter des → Abendmahls, verfocht er streng luth. Lehre und trug so zur Festigung der luth. Kirche bei.

Lit.: J. Rogge: »Amsdorff, Nikolaus von«, TRE 2, 1978, 487-497; H. Stille: Nikolaus von Amsdorff. Sein Leben bis zu seiner Einweisung als Bischof von Naumburg (1483-1541), 1937.

Chr. Windhorst

Amt

Der Begriff A. bezeichnet hier den auf Dauer angelegten, im Rahmen einer Institution erteilten, in seinen Pflichten und Rechten durch Gesetze oder entsprechende Bestimmungen geregelten Auftrag an einzelne, die zentralen geistl. Aufgaben der Kirche wahrzunehmen.

a) biblisch

1. Das NT kennt noch kein A. gemäß der o.g. Definition. Beherrschend ist hier der Grundgedanke des Dienstes, griech. ***diakonia***, den Jesus selbst als Inbegriff seiner Sendung versteht und auf den er zugleich seine Jünger verpflichtet (Mk 10,42ff. par). Vielgestaltig indessen prägt sich das Dienstmotiv, auf unterschiedliche Traditionen zurückgehend und solche begründend, in den ntl. »Ämtern« aus.

2. Jesus stiftet kein A., doch er beruft Jünger in seine Nachfolge und sendet sie aus zu verkündigen und zu heilen (Mk 6,7-13, par). Unter ihnen befindet sich die Gruppe der »Zwölf«, die wohl das Gottesvolk des AT symbolisiert, dem die Botschaft des Reiches Gottes vordringlich gilt (Mt 10,5ff). Auto-

risiert dadurch, daß sich der Auferstandene Petrus und den übrigen der »Zwölf« als ersten offenbart hat (1Kor 15,5), werden sie zu den Leitern der Urgemeinde in Jerusalem in deren Anfangsphase, mit Petrus an der Spitze. Ihr Kreis wird jedoch nicht ergänzt, als er durch Todesfälle schrumpft. Bei seinem ersten Besuch in Jerusalem findet Paulus die »Zwölf« offensichtlich nicht mehr vor. Sein Ansprechpartner ist Kephas (Petrus); daneben spricht er vom Herrenbruder Jakobus, der zu den »Aposteln« zählt, die, wenn auch Überschneidungen vorkommen, mit den »Zwölf« nicht identisch sind. Es handelt sich um Zeugen des Auferstandenen (Gal 1,19; 1Kor 15,7). Bei seinem zweiten Besuch in Jerusalem findet Paulus als sein verantwortliches Gegenüber eine Dreiergruppe - Kephas, Jakobus und Johannes -, die »Angesehenen« oder »Säulen« (Gal 2,6.9), die Leitungsämter innehaben. Aber auch dieses Gremium ist nicht von Dauer. Beim Konflikt zwischen Petrus und Paulus in Antiochien leitet der Herrenbruder Jakobus die Jerusalemer Gemeinde (Gal 2,12), und Lukas zufolge bildet sich dort ebenfalls ein Ältestenrat, griech. *presbytérion*, (Apg 11,30), dieser wahrscheinlich als Institution mit Kontinuität. Auch bei den »Sieben« (Apg 6) wird man nicht lediglich an »Armenpfleger« zu denken haben, sondern an den Gemeindevorstand der hell. Judenchristen in Jerusalem. Das Ältestenamt (→ Älteste), auf judenchristl. Boden entstanden, ist eine wichtige Wurzel dessen, was sich später als das A. herausbilden soll. Daneben spielen charismatische, z.T. ortsungebundene Dienste wie die von Propheten, Lehrern, Wanderaposteln eine eigenständige Rolle, bis sie schließlich in den ortsgebundenen Ämtern aufgehen (Did. 15,1).

3. Paulus liefert die wichtigsten theol. Grundgedanken über das A. im gesamten NT. Diesen Begriff freilich verwendet er nicht, sondern spricht von Diensten, griech. *diakoníai*, und Gnadengaben, griech. *charísmata*, durch die der Hl. Geist die Gemeinde als den Leib Christi erbaut (1Kor 12-14; Röm 12). Als Wirkungen des einen Geistes sind sie auf den einen Herrn bezogen und dürfen nicht gegeneinander ausgespielt werden. Zudem hat jeder in der Gemeinde sein Charisma; dadurch sind alle gleichrangig und gleichwertig - ein bleibendes und verpflichtendes Korrektiv gegen die Versuchung, ein A. als Mittel der Selbstverherrlichung oder Herrschsucht zu mißbrauchen. Die verschiedenen Dienste, wie das Bild vom Leib und den Gliedern (1Kor 12,12ff) zeigt, bedürfen einander. Sie sind weit gefächert und reichen vom Apostolat über die Gaben der Heilung, der Leitungsfunktionen bis hin zu Hilfstätigkeiten und zur → Glossolalie (1Kor 12,28).

In der theol. Diskussion gibt es den Versuch, von hierher eine Lehre vom kirchl. A. grundsätzlich in Frage zu stellen, indem die Situation paulin. Gemeinden verabsolutiert und zu einem für alle Zeiten verpflichtenden Modell erhoben wird. Darin wird zweierlei verkannt:

Zum einen: Da Paulus die Wiederkunft Christi noch zu seinen Lebzeiten erwartet (1Thess 4,15), dürfte er kein besonderes Interesse daran gehabt haben, dauerhafte Verhältnisse in den Gemeinden zu schaffen und zu hinterlassen. Es gab für ihn nicht die Notwendigkeit, das apostol. Zeugnis für eine Zeit zu sichern, in der es keine Apostel mehr gibt.

Zum anderen: Obgleich Paulus aus seinem Apostolat keinerlei hierarchische Stellung über den übrigen Gemeindegliedern für sich persönlich ableitet, keine Mittlerschaft zwischen Christus und den Getauften kennt, so kommt seinem Apostolat doch höchste Autorität zu. Er ist das »Amt« schlechthin. Die Apostel sind als Augenzeugen des Auferstandenen von diesem selbst in ihren Dienst berufen, Christus und sein → Evangelium zu verkündigen (1Kor 9,1; Gal 1,11ff). Christus hat »das Amt, das die Versöhnung predigt« (2Kor 5,18), die *diakonía tês katallagês* gegeben.

Versteht Paulus seinen Apostolat auch nicht institutionell und schließt er auch dessen Übertragbarkeit auf Nachfolger aus, so formuliert er doch Elemente, die für ein späteres Amtsverständnis wesentlich werden sollen: Entscheidend sind Einsetzung, Auftrag und Inhalt. Darüber hinaus begegnen bei Paulus neben dem Bild einer Gemeinde, die aus Charismatikern besteht, im Ansatz Strukturen mit einem Gefälle auf ein geordnetes A. hin. In der Aufzählung der Dienste in Korinth (1Kor 12, 28) werden die Wortdienste unter erstens, zweitens, drittens aufgeführt und den übrigen nicht mehr unter Ordnungszahlen erscheinenden somit betont vorangestellt.

4. Das Problem der Institutionalisierung stellt sich in den ntl. Gemeinden indessen bereits früh. Im Praeskript des Phil redet Paulus u.a. die dortigen »Aufseher und Diakonen«, griech. *epískopoi, diakonoi* an, deren Stellung somit respektierend. Im Eph erscheint die Gemeinde als auf dem Grund der »Apostel und Propheten« erbaut, deren Werk von »Evangelisten«, »Hirten« und »Lehrern« fortgesetzt wird (Eph 2,20; 4,11). Dabei entspricht vermutlich der »Hirte« dem »Aufseher«, dem Episkopos, woraus sich später der »Bischof« entwickelte. Der 1Petr, ähnlich die Apg, überliefert eine Ältestenverfassung mit Anklängen an das Hirtenamt (1Petr 5,1ff).

Judenchristl. Ältesten- bzw. Presbyteramt und

das aus hell. Tradition stammende Episkopenamt durchdringen einander. In den Pastoralbriefen (1Tim 3,1ff; 5,17ff; Tit 1,5ff) begegnen drei Ämter: Episkopen, Presbyter, Diakone. Dabei ist der Episkopos jedoch lediglich als primus inter pares (Erster unter Gleichberechtigten) zu verstehen. Die Pastoralbriefe mit ihrem, gemessen an der Frühzeit weiterentwickelten Amtsverständnis, als Verfallserscheinungen werten zu wollen, dürfte der hist. Situation nicht gerecht werden. Drei Faktoren nämlich sind es, denen der charismatische Gemeindetypus paulin. Prägung immer weniger gerecht werden kann: Das Anwachsen der Gemeinden, die Gefährdung durch Häresien, schließlich die äußere Bedrohung durch polit. Kräfte. Das Interesse der Pastoralbriefe gilt der kontinuierlichen Weitergabe des apostol. Evangeliums, der rechten Lehre, durch Männer, die dazu durch Ordination unter Handauflegung (1Tim 4,14) beauftragt sind.

b) theologiegeschichtlich

1. In nachntl. Zeit verfestigt sich der Amtsgedanke immer mehr. Clemens von Rom verficht an der Schwelle zum 2. Jh. die These, die rechtmäßig eingesetzten Bischöfe und Diakonen seien prinzipiell unabsetzbar (1Clem 42-44). Christus habe die → Apostel berufen, diese ihrerseits hätten Bischöfe und andere Amtsträger eingesetzt. Erstmalig klingt damit ansatzweise das später so wichtig werdende Motiv der apostol. Sukzession an, jedoch auf die Gesamtheit der Geistlichen, nicht auf die Bischöfe allein bezogen. Clemens unterscheidet ebenfalls als erster zwischen »Priestern« und »Laien« (1Clem 40,5). Das A., nunmehr im Sinne sakralrechtlicher Ordnung verstanden, läßt den ntl. Kerngedanken seiner dienenden Funktion zurücktreten.

Ignatius von Antiochien begründet um 110 n.Chr. die Auffassung vom monarchischen Episkopat und vom dreigliedrigen A.: Der → Bischof bildet die Spitze der Hierarchie, ihm sind die Presbyter (→ Älteste) und → Diakone untergeordnet.

Um die Mitte des 2. Jh.s wird der Sukzessionsgedanke energisch aufgegriffen (z.B. → Irenäus, → Tertullian, → Clemens von Alexandrien): Jeder Bischof folgt seinem Vorgänger in einer lückenlosen Kette, die bis auf die Apostel zurückreicht. Aber es ist noch an die Aufeinanderfolge von Lehrern in einem ununterbrochenen Verkündigungs- und Lehrgeschehen gedacht. Der Gedanke der → Sukzession durch Weihe findet sich erst bei → Cyprian von Karthago (ca. 250) voll ausgebildet.

Das Priestertum kulminiert in dem A. des Bischofs; ihm wohnt die ganze Fülle des A.s inne. Vor allem aber kommt es Cyprian darauf an, ihm als Inhaber der Schlüsselgewalt die Leitungsverantwortung, der auch das geistl. Lehramt eingegliedert ist, in der Kirche zuzuerkennen.

2. Im 3. Jh. sind die Grundlagen für ein Amtsverständnis gelegt, das lange Zeit vorherrschen soll und nur noch modifiziert und verfeinert wird. Es ist bis in die Gegenwart hinein wirksam und findet sich sowohl in der orth., der röm.-kath. und der anglik. Kirche.

a. Der röm.-kath. Typus umfaßt drei Weihestufen: Bischof, Priester (= Presbyter) und Diakon. Allein den in apostol. Sukzession stehenden Bischöfen ist die Fülle des A.s übertragen. Ihr Auftrag umfaßt das Lehramt, das liturg. A. (Vorsitz der Eucharistie, Sakramente) und das A. der Leitung (Jurisdiktion). An der Spitze des Bischofskollegiums steht der Papst, der sich von den übrigen Bischöfen durch den Jurisdiktionsprimat und das höchste Lehramt unterscheidet. Die Priester erhalten in ihrer Weihe ebenfalls ein unverlierbares sakramentales Siegel (*charakter indelebilis*). Sie gelten als Gehilfen der Bischöfe in deren Diözesen. In den Pfarreien der Bistümer leiten sie die eucharistische Feier, die ohne sie nicht vollzogen werden kann, sie verkündigen das Evangelium und versehen den Hirtendienst an den Gläubigen. Die Diakone dienen »dem Volke Gottes in der Diakonie der Liturgie, des Wortes und Liebestätigkeit in Gemeinschaft mit dem Bischof und seinem Presbyterium« (Lumen Gentium, 29). In der röm.-kath. Lehre wird zwischen Priestern und Laien aufgrund des Weihesakramentes unterschieden.

b. Im orth. Typus hat sich ebenfalls das dreigliedrige A. (Bischof, Priester = Presbyter, Diakon) herausgebildet. Die Bischöfe sind rangmäßig untereinander gleich. Einigen von ihnen (Metropoliten, Patriarchen) werden lediglich Ehrenvorrechte eingeräumt. Eine oberste Jurisdiktions- und Lehrgewalt der Bischöfe gibt es in der orth. Kirche nicht; diese versammeln sich jedoch zu Synoden und Konzilien. Im Unterschied zum röm. Katholizismus haben die Laien hier mehr Bedeutung. Ohne diese können keine Gottesdienste stattfinden; sie haben das Recht, ihre Geistlichen zu wählen, und wirken in der Leitung der Kirche mit. Kernstück der Amtsübertragung ist die Herabrufung des Hl. Geistes (→ Epiklese). Anders als in der röm.-kath. Kirche wird erst vom Bischof an aufwärts der Zölibat erwartet.

c. Den anglik. Typus verbindet mit dem röm.-kath. und orth. das dreigliedrige A. und die apostol. Sukzession der Bischöfe. Es unterscheidet sich von diesen aber durch die Verwerfung des Weihesakraments, darin reformat. Gedanken aufgreifend. Anders als in den o.g. Kirchen unterliegt hier das A. auch auf keiner Stufe dem Zölibat.

3. Mit der → Reformation Martin → Luthers beginnt eine grundlegende Neubesinnung über das A. Mit der Wiederentdeckung der → Rechtfertigung allein aus Gnaden und allein durch den Glauben wird der Gedanke einer besonderen Mittlerschaft des Heils Gottes durch das A. hinfällig; indem jedem Christen zugetraut wird, sich sein geistl. Urteil an der Hl. Schrift als einziger Norm christl. Lehre zu bilden, muß ein besonderes Lehramt der Kirche in Frage gestellt, ja, verworfen werden. Gegen die mittelalterl. These von der Überordnung der geistl. über die weltl. Gewalt argumentiert Luther mit dem Gedanken vom allg. Priestertum aller Gläubigen und begründet diesen bis 1525 mit der → Taufe. Weltlicher und geistl. → Beruf sind danach grundsätzlich gleichwertig. Ihnen allen gemeinsam wird das paulin. Dienstmotiv, gewonnen am Bild vom Leib und den Gliedern (1Kor 12), zur Verpflichtung. Der »Bischof« hat keine höhere geistl. Qualität als der »Priester«. Kirche wird nicht mehr vom A., sondern von der → Gemeinde her verstanden. Von »Klerikern« und »Laien« zu reden, erweist sich als unsachgemäß. Die Gemeinde überträgt das geistl. A.; sie kann es seinem Inhaber bei Unfähigkeit oder Mißbrauch aber auch wieder nehmen und abgesetzt »ist er ein Bürger und Bauer wie die anderen« (M. Luther, An den christlichen Adel, 1520). Kirchenleitung wird der Gemeinde, hier unter dem Aspekt der Dienstaufsicht, übertragen.

Indessen gibt Luther den Gedanken vom besonderen A. nicht preis und versteht es auch nicht lediglich als eine Funktion der Gemeinde. Niemand darf sich ohne Beauftragung durch die Gemeinde das A. anmaßen. Dieses nämlich ist von Gott gestiftet. Es gehört zu den Wesensmerkmalen der Kirche, und zwar um des öffentlichen und kontinuierlichen Dienstes an Wort und Sakrament, an Seelsorge und Beichte willen. Der Träger des A.s ist Diener am Wort in dessen verbaler und sakramentaler Gestalt. Das A. als solches aber gehört der Kirche als ganzer, die einzelne zu dessen Ausübung beruft und legitimiert.

Die Confessio Augustana (CA) von 1530 erkennt dem A. eine hohe Bedeutung zu. Artikel V »Vom Predigtamt« lautet: »Damit wir solchen Glauben erlangen, ist das Amt, das Evangelium zu lehren und die Sakramente auszuteilen, eingesetzt. Denn durch das Wort und die Sakramente, gleichsam als durch Instrumente, wird der Heilige Geist gegeben, der den Glauben wirkt, wo und wann Gott will, in denen, die das Evangelium hören.« Die CA stellt den Artikel über das A. dem über die Kirche (CA VII) voran. Dies läßt sich so interpretieren, daß, wie Wort und Sakrament, so auch das A. als gleichsam ausführendes Organ der Gemeinde gegenübersteht und sich nicht aus ihr ableiten läßt.

CA VII lautet: »Die Kirche ist die Versammlung der Heiligen, in welcher das Evangelium rein gelehrt und die Sakramente richtig (d.h. einsetzungsgemäß) verwaltet werden.« In der Formulierung »in welcher« kommt zum Ausdruck, daß das A. zwar im Gegenüber zur Gemeinde, jedoch nicht über ihr steht, sondern zugleich in ihr besteht. Wort und Sakrament sind für die Kirche konstitutiv; da diese jedoch ausgerichtet werden müssen, ist auch das A. konstitutiv, wenngleich in abgeleiteter Weise. CA XIV regelt, wer das A. ausübt in einer negativen Soll-Bestimmung: »niemand... der nicht ordnungsgemäß dazu berufen ist« (*»nemo... nisi rite vocatus«*). Obwohl die luth. Reformation die hierarchischen Strukturen verworfen hat, hält sie das A. des Bischofs für denkbar. Wichtig aber ist, daß neben dessen besonderen kirchenrechtl. Funktionen, dieser im Hinblick auf die geistl. Vollmacht den anderen Amtsträgern nicht übergeordnet ist (vgl. CA XXVIII).

4. Für die ref. Kirche wird Calvins Auffassung maßgeblich. Dieser lehnt ebenso wie die deutschen Reformatoren die hierarchischen Strukturen ab. Gleichwohl kommt er zu einer stärkeren Betonung des Amtsgedankens. → Calvin geht nämlich nicht von der Rechtfertigung und dem allg. Priestertum aus, sondern von der Königsherrschaft Christi, der seine Kirche durch Menschen leitet. Als Mutter führt die Kirche ihre Gläubigen zum ewigen Leben. Von Eph 4,5 her kommt Calvin dazu, mehrere, einander zugeordnete Ämter zu installieren, die als verschiedene Gestalten des Predigtamtes angesehen werden, und zwar hauptsächlich vier: Hirten, Lehrer, Älteste und Diakone (ordonnances ecclésiastiques, 1541). Das Hirtenamt mit Verkündigung, Sakramentsverwaltung, Leitung der Gemeinde und der Wahrnehmung der Kirchenzucht ist das grundlegende A. Das Lehramt der Theologie ist das Korrektiv des Hirtenamtes. Bei der Kirchenzucht sollen insbesondere die Ältesten helfen. Obwohl es auch bei Calvin keinen geistl. Unterschied zwischen Laien und Pastoren gibt, wächst deren Amtsautorität infolge der besonderen Hochschätzung der Lehre. Ein Teil der Sonderstellung, die sie als Kleriker eingebüßt haben, wird ihnen als Fachleuten wieder zuteil.

5. Im → Pietismus wird diese - auch im Luthertum anzutreffende - Tendenz auf eine Sonderstellung des geistl. A.s in der Kirche einer Kritik unterzogen und wiederum an dem Modell des allg. Priestertums aller Gläubigen gemessen. Jedoch kommt es dabei auch zu einer Verschiebung und Verengung. Während es nämlich Luther darum ging, die weltlichen Berufe aufzuwerten und dem Christen für seine Verantwortung in der Welt seine eigenständige Würde und Freiheit zu geben, ist der Pietismus in dieser Frage mehr am Inneren der Gemeinde interessiert. In seiner Schrift »Pia Desideria« aktualisiert → Spener den Gedanken des allg. Priestertums, indem er für »andere Versammlungen« eine Lanze bricht, »wo nicht einer allein auftrete zu lehren, ... sondern auch andere, welche mit Gaben und Erkenntnis begnadet sind« (55,16ff).

In seiner amtskritischen Sicht hatte Spener Vorgänger wie Fausto Sozzini (→ Antitrinitarier), für den jeder Christ das Recht hat, das Evangelium zu verkündigen, und Nachfolger wie den viel radikaleren Gottfried → Arnold, für den das geistl. A. in seiner zeitgenössischen Prägung Symptom des von ihm allenthalben wahrgenommenen Abfalls von den Anfängen der Urchristenheit ist. Arnold lehnt das A. nicht grundsätzlich ab, aber an die Stelle von Amtskriterien treten bei ihm persönliche Kriterien, an denen die »Amtsträger«, denen jegliche Sonderstellung in der Gemeinde bestritten wird, sich messen lassen müssen.

Der amts- und institutionskritische Ansatz, wie er im Pietismus wirksam wird, lebt heute auf vielfältige Weise fort. Er findet sich in evangelikalen Gruppen, die auf ein Gemeinschaftsmodell Spenerscher Prägung zurückgehen, ebenso wie in manchen Freikirchen (z.B. Baptisten, Bund Freier evangelischer Gemeinden in Deutschland, Pfingstgemeinschaften), ohne daß deswegen darauf verzichtet werden muß, daß einzelne Gemeindeglieder »hauptamtlich« im Verkündigungsdienst tätig sind.

Lit.: H. v. Campenhausen: Kirchliches Amt und geistliche Vollmacht in den ersten drei Jahrhunderten, [2]1963; R. Frieling: Amt, in: Kommentar zu den Lima-Erklärungen über Taufe, Eucharistie und Amt, Bensheimer Hefte 59, 1983; A. Ganocy (Hg.) et al.: Der Streit um das Amt in der Kirche, 1983; S.S. Hartmann, D. Michel, C. Thomas, J. Roloff, R.P.C. Hanson, K. Schäferdiek, H. Fagerberg, C.H. Ratschow: »Amt«, TRE 2, 1978, 500-622; F. Horst, H. Conzelmann, E. Schott, H. Meyer: »Amt«, RGG[3], 1, 334-343; E. Käsemann: Amt und Gemeinde im Neuen Testament. Exegetische Versuche und Besinnungen, 1. Bd., [2]1963, 109-134; Taufe, Eucharistie und Amt, Konvergenzerklärungen der Kommission für Glauben und Kirchenverfassung des ÖRK, [4]1983; U. Kühn: »Kirchliche Ämter«, EKL[3], Bd. 2, 1217-1224.

H.-J. Feldmann

c) *in der Gegenwart*

In der Gegenwart ist mit dem Amtsbegriff in den ev. Kirchen eine Reihe von Problemen verbunden, die untereinander vielfach vernetzt sind, im folgenden aber der Übersicht wegen je für sich dargestellt werden sollen.

1. Das Amt in der ökumenischen Diskussion

Ein großes Hindernis auf dem Wege zu einer ökumen. Gemeinschaft ist nach wie vor das unterschiedliche Amtsverständnis der einzelnen Konfessionen. Auf der einen Seite halten die röm.-kath., die anglikan. und die orth. Kirchen aufgrund der weit zurückreichenden Tradition die Dreigliederung des A.es (Bischof, Presbyter-Priester, Diakon) sowie die apostol. Sukzession (im Sinne einer seit den Aposteln ununterbrochenen Reihe der Handauflegungen von Bischof zu Bischof) im Rahmen einer Anerkennung des A.es für wesentlich und betrachten die reformat. Sicht als defizitär (vgl. die Konvergenzerklärung der Kommission für Glauben und Kirchenverfassung des ÖRK von 1982, die sog. Lima-Texte). Andererseits kann nach ev. Verständnis der mit der entsprechenden Weihe verbundene, höhere geistl. Stand der Kleriker in Anbetracht der reformat. Wiederentdeckung des »Priestertums aller Gläubigen« nicht akzeptiert werden. Einen Weg zur Einigung könnte es bedeuten, wenn man auf röm.-kath., orth. und anglikan. Seite auf die apostol. Sukzession der Amtsträger im Sinne einer Kette bischöflicher Handauflegungen verzichten würde, da diese nicht nur ev. Christen ausgrenzt, sondern auch historisch höchstwahrscheinlich eine Fiktion ist. Statt dessen könnte man über eine apostol. Sukzession im Sinne einer Glaubens-, Lehr- und Lebenstradition reden, die freilich alle Kirchen zu einer gemeinsamen theol. und ethischen Rückbesinnung auf ihre bibl. Wurzeln zwingen würde.

2. Das Amt und die Ämter

Wenn es auch im ev. Raum keine hierarchische Gliederung des A.es gibt und auch ein Bischof als primus inter pares Pfarrer bleibt, so ist doch das Verhältnis des einen gemeindeleitenden A.es zu der Fülle der haupt- und ehrenamtlichen Dienste in der Kirche umstritten. Ist es im traditionellen Sinn als ein Gegenüber entsprechend dem Bilde »Hirte - Herde« zu verstehen, so daß alle Ä.er dem einen A. der Leitung und Verkündigung zugeordnet sind (Heubach, Sommerlath, P. Brunner), oder wäre es angemessener, angesichts der Pluralität der Ä.er,

Dienste und Charismen von einem partnerschaftlichen Miteinander gemäß dem Bild »Trainer – Mannschaft« zu sprechen (Krusche, U. Kühn u.a.)? Um es ntl. zu formulieren: Steht das »Amt, das die Versöhnung predigt« (2Kor 5,18) und in der Person des Apostels Paulus seinen ersten Ausdruck fand, der Vielzahl der Dienste und Charismen (vgl. 1Kor 12) gegenüber, oder ist es ein Teil des umfassenden Verkündigungs- und Dienstauftrages, der der ganzen Gemeinde gegeben ist?

Eine einlinige Antwort wird es für unsere aktuelle kirchl. Praxis auch in Zukunft nicht geben. Es sollte aber das Anliegen der ganzen Gemeinde werden, daß der Problematik, die hinter Stichworten wie »Pfarrerzentriertheit«, »Ein-Mann-Kirche« und »Service-Gemeinde« steht, durch eine aktivere Teilnahme aller Gemeindeglieder am kirchl. Leben begegnet wird, ohne daß dabei Luthers Mahnung zur Ordnung in einer Gemeinde überhört wird. Ein besonderes Problem stellt in diesem Zusammenhang das Handeln von Nichtordinierten beim Sakramentsvollzug (→ Taufe; → Abendmahl) dar. Viele Landeskirchen haben hier bereits den Weg einer freieren Praxis eingeschlagen.

3. Das Amt und die Gemeinde

Die empirische Beobachtung zeigt, daß das Verständnis des A.es mit dem jeweiligen Selbstverständnis einer Gemeinde im Zusammenhang steht. Je nach theol. Prägung und Frömmigkeitsstil ergeben sich Schwerpunkte im pastoralen, kerygmatischen, charismatischen, beratend-diakonischen, sozialethischen oder polit.-ökologischen Bereich. Die nötige Integrationsfähigkeit und Toleranz des Amtsträgers wird sich dabei aber immer neu am bibl. Zeugnis messen lassen müssen.

4. Das Amt und die Ausbildung

Ein wesentlicher Faktor der zunehmenden Distanzierung zwischen Theologen und Laien stellt die universitäre theol. Ausbildung dar, die in gleichem Maße wie sie den Theologen zum Fachmann und Wissenschaftler macht, dem Laien den Zugang zum Verkündigungsamt und die Mitsprache in theol. Sachfragen erschwert. Sie stellt den Amtsträger zwar nicht auf eine höhere geistl., aber doch auf eine höhere geistige Stufe und schließt den intellektuell schwächeren Christen vom A. aus.

Eine gemeinde- und damit praxisnähere Ausbildung könnte auf beiden Seiten bestehende Kommunikationsprobleme überwinden und zu einer gemeindenäheren Diskussion theol. Streitfragen führen.

5. Das Amt und sein Träger

Inwieweit ist die Person des Amtsträgers mit dem A. verknüpft? Welche Ansprüche darf das A. an seinen Träger stellen? Ausgehend vom ntl. Zeugnis, besonders den Pastoralbriefen (1Tim 3; Tit 1,5-9), ist anzumerken, daß das Programm der Lebensführung und des A.es identisch sein müssen. Auf der anderen Seite kann die Unterscheidung – nicht Trennung – des A.es in einen geistl. (Verkündigung und Seelsorge) und einen weltlichen (Organisation, Verwaltung etc.) Bereich einen ungeistl. Leistungs- und Erfolgsdruck (etwa im Sinne von »Bekehrungsquoten«) in Verkündigung und Seelsorge abwehren.

6. Das Amt und die Frau

Während die röm.-kath. und die orth. Kirchen eine Frauenordination ablehnen, macht sie in vielen reformat. Kirchen mittlerweile bis zu 50 % aller Ordinationen aus (→ Frau). Gleichwohl ist die Diskussion auch im ev. Raum noch in vollem Gange. Die theol. Argumentation wird erschwert durch die Tatsache, daß das heutige Pfarramt kein Äquivalent im NT besitzt. Die exegetische Auseinandersetzung kreist um die Texte 1Kor 14,34-36 und 1Tim 2,11-15, sowie um die griech. Begriffe *didaskein*, »lehren«, und *propheteuein*, »weissagen« (vgl. 1Kor 11,5).

Lit.: C.H. Ratschow: »Amt VIII. Systematisch-theologisch«, TRE 2, 1978, 593-622 (Lit.!); D. Rössler: Grundriß der Praktischen Theologie, 1986, 283-307; A. Schlatter: Das christliche Dogma, ([2]1923) 1977, 77-81.

V. Gäckle

Ämter Christi → Jesus Christus

Ämter, kirchliche → Kirchliche Ämter

Amtshandlung/-en

1. A. bezeichnen besondere Gottesdienste der Ev. Kirche, die bei besonderen Anlässen im Leben der Gemeindeglieder stattfinden, insbesondere bei → Taufe, → Konfirmation, → Trauung und → Begräbnis. Im weiteren Sinn gehören dazu z.B. die → Ordination von Pfarrern, die Einführungen in → kirchl. Ämter, Einweihungen und Jubiläen (»Goldene Konfirmation«). Neben der Bezeichnung A., die auf den kirchl. »Amtsträger« oder das zuständige Pfarramt hinweist, ist auch die Bezeichnung Ka-

sualgottesdienst im Blick auf den besonderen Anlaß (Kasus) üblich.

Richtlinien für Gestaltung, Verständnis, aber auch für eine mögliche Versagung von A.en sind in den Lebensordnungen der Landeskirchen festgelegt.

Eine direkte bibl. Begründung findet sich nur für die Taufe (Mt 28,18-20). Sie ist als ein von Jesus Christus eingesetztes Sakrament nicht an ein bestimmtes Alter gebunden, wiewohl sie die volkskirchl. Sitte in eine enge Verbindung mit der Geburt gebracht hat.

Der Zusammenhang der A.en mit besonderen Wendepunkten im Leben des einzelnen (insbesondere mit Geburt, Reife, Ehe und Tod) wurde durch die vergleichende Religionswissenschaft in der Vergangenheit deutlich herausgearbeitet. Solche Übergänge bedeuten im Leben des einzelnen wie auch für die jeweilige Familie eine besondere Herausforderung, die eine Neuorientierung nötig macht und Sinnfragen aufwirft, die nach Antwort, Begleitung und einer gesellschaftl. anerkannten, öffentlichen Begehung suchen. Von daher erfolgte eine theol. Neubestimmung der A.en als Stationsgottesdienste auf dem Lebensweg des einzelnen und seiner Familie. Bei solchen Anlässen behält das Wort der Verkündigung weiterhin seine Bedeutung. Ebenso wichtig werden aber auch die seelsorgerl. Begleitung und die gottesdienstl. Begehung durch Gebet, Verpflichtung, Segen und zeichenhafte Handlungen (Übergabe der Taufkerze, Handauflegung, Ringwechsel, Erdaufwurf u.a.m.).

2. Die Bedeutung der A. als lebensbegleitende Stationsgottesdienste wird gestützt durch Erkenntnisse der Bibelforschung, in denen auf das segnende Handeln Gottes im AT hingewiesen wird. Der Segen Gottes gilt insbesondere dem kreatürlichen Dasein des Menschen, also der Nachkommenschaft und Geburt, der Saat und Ernte, dem Gelingen in Arbeit, Familie und Politik. Das segnende Handeln Gottes umschließt all das, was M. Luther in der Erklärung zum ersten Glaubensartikel im Kleinen Katechismus über das Schöpferhandeln Gottes ausführte.

Die Unterscheidung zwischen einem segnenden und einem rettenden Handeln Gottes darf freilich nicht zu einer Trennung zwischen beidem führen. Es ist ja ein und derselbe Gott, der nach dem Zeugnis der Schrift irdisches Leben erhält und segnet, der durch seinen Sohn Jesus Christus Rettung und Heil für alle bewirkt und durch den Hl. Geist in die Nachfolge ruft. Im Glauben an den dreieinigen Gott bleiben segnendes und rettendes Handeln untrennbar miteinander verbunden, auch wenn die einzelnen A.en unterschiedliche Schwerpunkte haben:

So liegt in der Taufe (und Konfirmation) der Akzent deutlich auf dem rettenden Handeln Gottes, der in die Nachfolge Jesu Christi ruft. Bei der Trauung und kirchl. Bestattung kommt vor allem das bewahrende und segnende Handeln Gottes zum Ausdruck, das zu Dank und Vertrauen anleitet.

3. Neuere Umfrageergebnisse bestätigten, daß A.en für die meisten Gemeindeglieder eine wichtige, wenn nicht sogar die einzige Verbindung zu ihrer Kirche bedeuten.

Die kirchl. Bestattung ist die am meisten begehrte A. Die christl. Gemeinde nimmt Abschied von ihren verstorbenen Gemeindegliedern und geleitet die Hinterbliebenen durch → Verkündigung und → Seelsorge. Eine Bestattung von Ausgetretenen ist in der Regel nicht vorgesehen, da sie ja dem ausdrücklichen Willen des Ausgetretenen widersprechen. Ausnahmen sind jedoch möglich, z.B. wenn der Ausgetretene den Wunsch geäußert hat, wieder in die Kirche aufgenommen zu werden. Eine seelsorgerl. Begleitung der Hinterbliebenen ist in jedem Fall Auftrag der christl. Gemeinde. Mit Rücksicht auf die hinterbliebenen Gemeindeglieder sehen die geltenden Bestimmungen ausnahmsweise auch eine Bestattung von Ausgetretenen vor, wenn diese nicht dem ausdrücklichen Willen der Verstorbenen widerspricht.

Die Zahl der kirchl. Trauungen ist sehr zurückgegangen. Darin bekundet sich ein gesellschaftl. Trend zur freien Partnerschaft, aber auch eine gewisse Unsicherheit über das Verständnis einer ev. Trauung, bei der eine (standesamtlich geschlossene) Ehe unter Gottes Wort und Segen gestellt wird. So bringt heute die Entscheidung für eine kirchl. Trauung oft schon auch eine positive Einstellung zum Glauben und zu einer christl. Lebensführung zum Ausdruck.

Daß sich die Praxis der Taufe von Kleinkindern trotz einer kritischen theol. Diskussion gehalten hat, hängt damit zusammen, daß die eigentliche Bedeutung der Taufe überlagert wird von dem Bedürfnis nach einem Übergangsritus anläßlich der Geburt. Die in wenigen Kirchen übliche Segenshandlung an Neugeborenen könnte eine Möglichkeit sein, daß bei einer später stattfindenden Taufe deren ursprünglicher Sinn wieder deutlicher zum Tragen käme.

Die Konfirmation erinnert die als Kinder getauften Jugendlichen an ihre Taufe und leitet sie an, im Glauben anzunehmen und festzuhalten, was ihnen durch die Taufe zugesprochen worden ist. Für eine wachsende Zahl von nichtgetauften Jugendlichen dient heute die Konfirmandenzeit als Vorbereitung auf ihre Taufe. Mit der Konfirmation erhalten junge Christen das Patenrecht und die Zulassung zur Abendmahlsteilnahme in eigener Verantwortung.

4. Zusammenfassung

Die Bedeutung der A. in einer volkskirchl. Situation ist wieder neu entdeckt worden: Für viele kirchl. distanziert lebende Gemeindeglieder bedeuten die A. die oft einzige Verbindung zu ihrer Kirche, die für sie selbst allerdings außerordentlich wichtig ist.

Der theol. Begründungszusammenhang für A. wurde erweitert durch anthropologische, seelsorgerl. und gottesdienstl. Überlegungen, die eine die verschiedenen Aspekte einschließende (integrale) Praxis der A. nahelegen.

Die Deutung der A.en als »Stationsgottesdienste auf dem Lebensweg« zeigt ihre Bedeutung, enthält aber auch mögliche Versuchungen, sei es, daß sie abgleiten in eine »Bedürfnisreligion«, oder daß in falsch verstandener mission. Absicht das echte, menschliche Anliegen der Gemeindeglieder übergangen wird. Es ist das Wesen der Liebe Jesu Christi, daß er, indem er ganz für den Menschen da war, ganz bei Gott blieb. Das ist der Maßstab für eine verantwortete Praxis der A.en.

Lit.: F. Ahuis: Der Kasualgottesdienst 1985; D. Rössler: Grundriß der Praktischen Theologie, 1986 (4. Kap.); M. Seitz: »Unsere Kasualpraxis – eine gottesdienstliche Gelegenheit!«, in: Praxis des Glaubens, 1978, 42ff.

H. Sick

Amulett → Magie

Amyraldismus → Amyraut, Moyse

Amyraut, Moyse (1596-1664)

A., bedeutender franz.-ref. Theologe des 17. Jh.s, geb. 1596 in Bourgveil/Touraine, in der im selben Jahr auch Descartes geboren wurde, gest. 1664 in Saumur, Ort einer Akademie, die in seiner Zeit ihre Glanzzeit erlebte. A. wirkte an ihr seit 1633 im Geist seines Vorgängers John Camero.

In seinem Traitté de la prédestination (1634) suchte A. im Verständnis der ewigen Erwählung die Fronten zu lockern zwischen ref. Orthodoxie (das Heil hängt allein an Gottes Willen, der nur einige erwählt) und den liberalen Arminianern (Gott erwählt alle, aber das Heil hängt daran, ob wir es wollen). Nach A. gilt: Gott bestimmt alle zum Heil, wenn sie glauben (hypothetischer Universalismus); faktisch kommt es zum Heil aber nur im Wirksamwerden der Erwählung im Glauben (praktischer Partikularismus). Diese Lehre wurde auf hugenottischen Synoden anerkannt, hingegen von den Reformierten Hollands und der Schweiz (Konsensformel gegen Saumur 1675) bestritten. Bedeutsam war A. ferner durch seine Bibelauslegungen, durch sein Interesse an einer heilsgeschichtl. Sicht und an der Ethik (Morale chrétienne 1652ff) sowie durch seine Bemühung um eine Union mit den Lutheranern.

Lit.: M. Geiger: Die Basler Kirche und Theologie. Im Zeitalter der Hochorthodoxie, 1952, 101ff.

E. Busch

Anabaptisten → Täufer

Anachoreten → Mönchtum

Anakephalaiosis → Heilsgeschichte; → Irenäus von Lyon

analogia entis/analogia fidei

Unter a. entis (»Entsprechung des Seins«) wird seit der Scholastik das rückschließende Erkennen Gottes aufgrund der Gottähnlichkeit alles Geschöpflichen verstanden (→ Analogie).

Dagegen ist a. fidei eine von Karl → Barth entworfene, als erkenntnistheoretische Mitte seiner Dogmatik zu begreifende Denkstruktur, mit der er sich vor allem gegen die vom kath. Theologen Erich Przywara (re-)formulierte These von der a. entis (Kluxen, 225) wendet (Barth, KD I/1,239ff; KD II/1,67ff; 252ff; KD III/2,242ff; KD III/3,57ff; 115ff).

Barth hält »die analogia entis für die Erfindung des Antichrist« (KD I/1, VIII). Diese scharfe Ablehnung des von ihm für kath. Theologie als wesentlich identifizierten Erkenntnismittels, dessentwegen der ansonsten so ökumen. eingestellte Theologe auch meinte, »nicht katholisch werden« zu können (ebd.), ist begründet in der vor allem Barths theol. Frühzeit bestimmenden Abwehr aller theol. Konzeptionen, die das Wort Gottes in das Prokrustesbett vor-gegebener Weltanschauungen pressen. Die → Offenbarung als das Wort Gottes kann nur da vernommen werden, wo man alle Bevormundungen dieses Wortes vermeidet und darauf verzichtet,

Theologie im Rahmen offenbarungs-fremder Denkschablonen re-konstruieren zu wollen. Für die Kritik am »Neuprotestantismus« wird die Entdeckung der radikalen Autonomie Gottes (Rendtorff) leitend, der sich und sein Wort, das allein Jesus Christus ist, selber sagen können soll. Gott ist unaufhebbar »Subjekt« (Herr) seiner selbst und d.h. »Subjekt« auch noch im Prozeß des Erkannt-Werdens durch den Menschen und des Redens von ihm in der Theologie.

In der Konsequenz ergibt sich ein dreigliedriges Schema, das sowohl für die Entwicklung der Theologie Barths insgesamt wie für die Struktur seiner theol. Argumentation im einzelnen kennzeichnend ist (Spieckermann). Seine Nachzeichnung erlaubt es, zum einen die Ablehnung der a. entis wie zum anderen das Konzept und die zentrale Bedeutung der a. fidei zu erklären:

a. Radikale Abwehr aller offenbarungsfremden, das Evangelium nur verfremdenden, das Wort Gottes beschneidenden weltanschaulichen Vor-Gaben und ihrer Denkformen;

b. christologische Konzentration auf das eine Wort Gottes, das Jesus Christus ist. In ihm zeigt uns Gott, wer und wie er ist und wie er erkannt sein will.

c. Am Sein Jesu Christi sind allein die Kategorien abzulesen, mit denen dann auch außerhalb von »Jesus Christus« angemessen von der Wirklichkeit und vom Wirken Gottes zu reden ist.

Die a. entis setzt nun nach Barth – etwa in dem für sie wesentlichen Instrumentarium der *causa*-Begrifflichkeit (Gott als *causa prima*; das Geschöpf als *causa secunda*) – einen solchen, Gott und Mensch übergreifenden, damit der Wirklichkeit Gottes und der Offenbarung sachlich vor-gegebenen Zusammenhang voraus. Die reine Ungleichheit zwischen Gott und Mensch, die absolute Subjektivität Gottes und auch das Selber-Reden Gottes ist hier in Frage gestellt.

An die Stelle der a. entis setzt Barth die a. fidei. Gott ist nicht an sich – in → Analogie, Entsprechung – erkennbar; er ist für unser menschliches Denken und Erkennen nicht verfügbar. Er bleibt vielmehr auch im Geschehen des Erkannt-Werdens durch den Menschen, also als »Objekt« der Erkenntnis, noch »Subjekt« dieses Erkannt-Werdens. Dieses theol. Postulat füllt Barth, indem er an die Stelle eines vorauszusetzenden, eine allgemeine Gotteserkenntnis (natürliche Theologie) ermöglichenden, umfassenden Seinszusammenhangs die kontingente, dem Menschen als Erkenntnissubjekt nicht verfügbare Erkenntnisbeziehung setzt, in die Gott den Menschen als Objekt stellt und die es dem zuerst von Gott erkannten Menschen allererst ermöglicht, nun seinerseits Gott zu erkennen. Hinsichtlich der von Barth behaupteten schroffen Antithetik von a. entis und a. fidei hat der kath. Theologe H.U.v. → Balthasar die Frage gestellt, ob nicht Gotteserkenntnis »als analogia fidei die analogia entis in sich« enthalte (v. Balthasar, 390). W. Pannenberg weist auf einen Widerspruch im Ansatz Barths hin: einerseits übe Barth Kritik an jedem Zuschauerstandpunkt, also an einer Objektivation und damit einer Verfügbarkeit der Gott-Mensch-Beziehung; andererseits müsse sich jeder Analogiegedanke, also auch das Konzept einer a. fidei, »innerhalb der Sphäre der Objektivierung des Seins« bewegen (Pannenberg, 23). Diese Deutung der a. fidei von einer auch ihr »innewohnenden ontologischen Struktur her« hat wiederum E. Mechels mit dem Argument in Frage gestellt, für Barth liege der Sinn der a. fidei »nicht in dem Bestehen einer Ähnlichkeit zweier Größen und deren Feststellbarkeit unabhängig vom besonderen Modus der Begegnung zwischen Gott und Mensch«, sondern im besonderen »Modus der Entstehung einer Ähnlichkeit im Akt der Begegnung zwischen Gott und Mensch« (Mechels, 238). Die a. fidei sei also im Gegensatz zur a. entis »ontologisch voraussetzungslos« (ebd.).

Es bleibt die Frage, ob die a. fidei ohne die a. entis zu denken, ob also die Alternative, von der Barths Modell lebt, haltbar ist. Auch wenn Barth (vgl. a.) eine allg. Vergleichbarkeit ausschließt, so ist doch im Urbild Jesus Christus (vgl. b.) der Seinszusammenhang zwischen Gott und Geschöpfwelt gegeben und darstellbar. Unter diesem Gesichtspunkt des Rückblicks auf das Urbild erweist es sich als relativ belanglos, ob der von Barth verdammte Seinszusammenhang sich erst einem kreatürlichen Akt Gottes verdankt oder ob Gott und Mensch von vornherein als von einem solchen Seinszusammenhang umfangen gedacht werden.

Wie ist aber dann die uspründliche Intention Barths zu wahren, daß auch im zeugnishaften Reden von Gott Gott nicht verfügbar wird, sondern Subjekt der Erkenntnis seiner selbst bleibt? Bedenklich ist auch die Unbedenklichkeitserklärung, die Barth der *causa*-Terminologie als zentralem Instrumentarium scholastischen wie altprot. Analogie-Denkens ausstellt (KD III/3, 120; 130), ohne zu bemerken, daß schon durch die Verwendung dieser phil. belasteten Begrifflichkeit eben der Weltanschauungszusammenhang als Voraus-Setzung in seine Theologie eingeht, den allein auf der Ebene theol. Theorie abzuwehren vergeblich ist.

Lit.: H.U. von Balthasar: Karl Barth, [4]1976; K. Barth: KD I/1, 1932; II/1, 1940; III/2, 1948; III/3, 1950; H.-G. Geyer: »analogia fidei«, HWP Bd. 1, 1971, 213f; H. Hempelmann: »Unaufhebbare Subjektivität Gottes«? Probleme einer Lehre vom concursus divinus dargestellt an Hand von Karl Barths kirchlicher Dogmatik, 1992; W. Kluxen: »Analogie I«, ebd., 214-227; E. Mechels: Analogie bei Erich Przywara und Karl Barth, 1974; W. Pannenberg: Zur Bedeutung des Analogiegedankens bei Karl Barth, in: ThLZ Bd. 78 (1953), 17-23; H.-G. Pöhlmann: Analogia entis oder Analogia fidei? Die Frage der Analogie bei Karl Barth, 1965; O. Schwemmer: »analogia entis«, Enzyklopädie Philosophie und Wissenschaftstheorie Bd. 1, 1980, 98f; I. Spieckermann: Gotteserkenntnis. Ein Beitrag zur Grundfrage der neuen Theologie Karl Barths, 1985.

H. Hempelmann

Analogie

A., »Entsprechung«, »Ähnlichkeit« ist ein Begriff griech. Ursprungs, *aná lógon*, »gemäß dem Verhältnis (der Ordnung)«, und hat in der Geschichte seines Gebrauchs verschiedene Deutungen erfahren. Zunächst wurde er als mathematischer Terminus für verschiedene Zahlenrelationen verwendet; als erster benutzt Plato A. als phil. Begriff zur Kennzeichnung eines kosmischen Strukturprinzips: Gott hat die Dinge in der Welt so geordnet, daß sie »analog und ebenmäßig« sind (Tim 31a). Bei Aristoteles ist A. vor allem eine logische Struktur. Was dem Vogel die Flügel sind, ist dem Fisch die Flosse (De part. animal I, 4, 644a 18-23). Das eine aná lógon liegt vor, wo etwas »sich ebenso verhält wie ein anderes zu einem anderen« (Metaphysik V. Buch (Δ), 1016b 34f).

Indem die A. als logisches Instrument Strukturzusammenhänge zwischen verschiedensten Gebieten aufdeckt, ist sie darin zugleich auch von ontologischer Bedeutung, daß sie auf ein den verschiedenen Verhältnissen Gemeinsames hinweist. Im Neuplatonismus meint A. die Strukturähnlichkeit verschiedener Seinsstufen. Sie ist das metaphysische Band, das die Vermittlung hierarchisch unterschiedlicher Seinsstufen leistet (Kluxen, 218). In der Hochscholastik begegnet A. u.a. als Mittleres zwischen Univokation (Gemeinsamkeit des Sinnes) einerseits und bloßer Äquivokation (Gemeinsamkeit des Wortes) andererseits.

Bei → Thomas von Aquin findet sich die Unterscheidung von Attributions- (oder auch Proportions-) A. und Proportionalitäts-A. Erstere bezieht sich als *proportio* auf das bestimmte Verhältnis zweier Größen. Thomas von Aquin bedient sich der Kategorien der Partizipation und Kausalität, um diese Proportions-A. als A. durch Zuteilung (»Attribution«) auszusagen: Das Sein der endlichen Welt (Existenz der Geschöpfe) ist verursacht durch die Teilhabe an den (unendlichen) Vollkommenheiten Gottes. Die metaphysisch gewendete Denkfigur A. spielt damit eine zentrale Rolle sowohl hinsichtlich eines einheitlichen Begriffes von Gott und Welt als einem Wirklichkeitszusammenhang wie auch der Erkenntnis Gottes aus der Welt. Wie das endliche Seiende ontisch abhängig ist vom Unendlichen und »lebt« in der Teilhabe an Gott (→ analogia entis/analogia fidei), so ist umgekehrt die Wirklichkeit Gottes noetisch zugänglich aus dem, was sich in der vorfindlichen Erfahrungswelt als deren Teilhabe an der Wirklichkeit Gottes manifestiert: »Denn wir können Gott nur benennen von den Geschöpfen her. . . Und so wird das, was von Gott und den Geschöpfen gemeinsam ausgesagt wird, in dem Sinne ausgesagt, daß ein Verhältnis zu Gott besteht als zu ihrem Ursprung und ihrer Ursache, in der sich alle Vollkommenheiten der Dinge schon vor ihnen finden, und zwar in überragender Weise.« (Thomas: Summa theologiae I, qu 13, art. 5)

Neben der Proportionen-A. kennt Thomas die mit dieser nicht zu verwechselnde, wenn auch letztlich in ihr gründende Proportionalitäts-A.: Diese bezieht sich nicht auf ein bestimmtes Verhältnis zweier Größen, sondern setzt zwei Proportionen, die völlig verschiedenartig sein können, zueinander ins Verhältnis, indem sie das ihnen Gemeinsame identifiziert (z.B. »Sehen« als Gemeinsames einerseits eines körperlichen und andererseits eines geistigen Vorganges, also als »Eines« von zwei völlig verschiedenen Proportionen (zum Problem vgl. Kluxen, 222).

Die in der röm.-kath. Theologie bis heute verwendete Denkfigur der A. (analogia entis/analogia fidei) ist nach durchgängiger Rezeption in der altprot. Orthodoxie in der ev. Theologie des 20. Jh.s vor allem bei Karl → Barth und seiner Schule auf heftige Ablehnung gestoßen.

Lit.: Aristoteles: Metaphysik; W. Kluxen: »Analogie I«, HWP I, 1971, 214-227; Platon: Timaios; O. Schwemmer: »analogia entis«, Enzyklopädie Philosophie und Wissenschaftstheorie Bd. 1, 1980, 98f; Thomas von Aquin: Summa Theologiae; weitere Lit. s. → analogia entis/analogia fidei.

H. Hempelmann

Anamnese

Die A. (griech. »Gedächtnis«) ist nach ost- und westkirchl. Tradition ein Teil des Eucharistiegebetes im Anschluß an die Einsetzungsworte. In der A. wird von der Gemeinde nicht nur des Leidens und Sterbens Christi, sondern auch seiner Auferstehung und Himmelfahrt gedacht (»Solches tut zu meinem

Gedächtnis«). In einigen Gebetstexten findet sich auch der Ausblick auf Christi Wiederkunft (vgl. Mt 26,29). In den luth. und ref. Kirchen verkümmerte dieser Teil der Abendmahlsliturgie, was wohl damit zusammenhängt, daß in der ev. Theologie und Frömmigkeit das → Abendmahl durch Jahrhunderte hindurch einseitig auf den → Karfreitag bezogen wurde. Bei der unübersehbaren Wechselwirkung zwischen → Liturgie und Gemeindefrömmigkeit ist es begrüßenswert, daß es parallel zu einem veränderten Abendmahlsverständnis in den meisten neueren Gottesdienstordnungen zu einer Neubesinnung auf die A. gekommen ist.

Lit.: P. Brunner: Zur Lehre vom Gottesdienst der im Namen Jesu versammelten Gemeinde, in: Leiturgia, Bd. I, 1954; J.A. Jungmann: Missarum Sollemnia, 2 Bde., [5]1962.

Chr. Albrecht

Anarchismus

A. beabsichtigt die Abschaffung jeglicher Über- und Unterordnung im zwischenmenschlichen Bereich in Theorie und Praxis. Er richtet sich speziell gegen den Staat als den hervorgehobenen Repräsentanten von → Autorität in der Menschheitsgeschichte. Das Pathos des A. besteht in der Idee der Durchsetzung absoluter → Freiheit. Der Begriff geht auf den Frühsozialisten und Sozialphilosophen Pierre-Joseph Proudhon (1809-1865) zurück. Die phil. Wurzeln lassen sich jedoch bis in die Antike zurückverfolgen. Neben der Auffassung von der sittlichen → Autonomie des einzelnen, die jeder Ordnung vorzuziehen ist, spielt die Idee von einem goldenen, herrschaftsfreien Zeitalter, das an den Anfang oder an das Ende der Geschichte verlegt werden kann, eine grundlegende Rolle.

Der A. kennt, das liegt im Wesen der Sache, kein endgültiges phil. System. Man kann jedoch drei Grundmuster aufzeigen:

a. Individual-Anarchismus: Dieser Vorstellung gemäß sind alle zwischenmenschlichen Beziehungen auf ein Minimum zu beschränken. Sogar die Familie sollte aufgelöst werden (William Godwin, 1756-1836). Der einzelne soll sich selbst zum Einzigen werden (Max Stirner, 1806-1856).

b. Sozial-Utopismus: Nach Abschaffung der bisherigen Autoritäts- und Eigentumsverhältnisse ist aufgrund der Prinzipien von Gerechtigkeit und Gegenseitigkeit (Mutualismus) mit Hilfe freier Verträge (Föderalismus) ein Interessenausgleich zu gestalten (Proudhon). Eine staatenlose Ordnung auf den Grundlagen der Selbstverleugnung, des Gemeineigentums an Grund und Boden, der sozialen Gerechtigkeit und der Gewaltlosigkeit ist zu schaffen (Leo Tolstoi, 1828-1910).

c. Anarcho-Kommunismus: Karl Marx (1818-1883) hatte das herrschaftsfreie Reich der Gleichheit aller Menschen an das Ende der Menschheitsgeschichte verlegt. Michael Bakunin (1814-1876) wollte es sofort errichten. Peter Kropotkin (1842-1921) schließlich forderte zum Zweck seiner sofortigen Durchsetzung die Bildung konspirativer Zirkel zur Vorbereitung terroristischer Akte.

Mit diesem Überblick sind keineswegs alle Spielarten des A. beschrieben, aber die entscheidenden Wurzeln aufgedeckt: Kommunismus, Individualismus und Sozialutopie. Gemeinsam ist allen Spielarten der Kampf gegen die staatliche Herrschaft und die Auffassung von der individuellen Freiheit als dem obersten Wert. In der Stellung zum Privateigentum gibt es jedoch große Unterschiede: Von der rückhaltlosen Bejahung (Stirner) bis zur absoluten Verneinung (Kropotkin). Unterschiedlich ist auch die Stellung zur Gewalt. Im Gegensatz zu Bakunin und Kropotkin wird sie von Proudhon und Tolstoi abgelehnt.

Es fällt auf, daß anarchistische Ideen im 18./19. Jh. einen Höhepunkt erlebten. Dies hängt sozialgeschichtl. mit der Auflösung der ständischen Gesellschaft in der Epoche der industriellen Revolution und den damit verbundenen Orientierungskrisen zusammen. In der gegenwärtigen weltweiten Umbruchsituation mit beschleunigter wissenschaftl.-technischer Innovation hat der A. im Verbund mit dem Terrorismus neuen Nährboden gefunden.

Die theol. Stellungnahme wird auf das utopische Menschenbild des A. (Individualismus, Aktualismus, Perfektionismus) und auf die Aufhebung der Unterscheidung zwischen göttlicher und menschlicher Freiheit als den Ursachen der Irrtümer des A. hinweisen. Praktisch ist der A. ein Widerspruch in sich selbst, weil dort, wo Autorität und Ordnung schwinden, sich im gleichen Maße das Recht des Stärkeren durchsetzt, so daß Freiheit in Tyrannei, Gewaltlosigkeit in Terrorismus umschlägt. Im Rahmen theol. Sozialethik gilt es, aufgrund der im Evangelium dem Menschen zugesprochenen Freiheit, revidierbare Ordnungen zu suchen und zu gestalten, die dem Gotteswillen und der Nächstenliebe am ehesten entsprechen, so daß die Person des einzelnen am besten geschützt, dem Mitmenschen geholfen und der Gesamtheit gedient werden kann.

Lit.: G. Bartsch: Kommunismus, Sozialismus, Anarchismus, 1976; M. Rock: Anarchismus und Terror, [2]1979; H. Thielicke: Theologische Ethik II/2 (§ 2317-2335), [2]1966.

R. Mayer

Anathema → Exkommunikation

Anbetung → Gebet; → Gottesdienst

Andacht

A. ist konzentriertes Denken: es richtet sich ganz auf eine Mitte. Ein Mensch kann z.B. andächtig zuhören oder voller A. ein Bild betrachten. Seit dem 12. Jh. ist A. ein Begriff der christl. Frömmigkeit. Es geht dabei zum einen um das Hören auf das Wort Gottes, zum anderen um die Hinwendung des Herzens zu Gott, um ein Aufnehmen des Wortes, um die Anbetung Gottes und den Gehorsam gegenüber seinem Willen. Urbilder christl. A. sind Maria, die Mutter Jesu, die das Wort der Hirten hört, behält und im Herzen bewegt (Lk 2,19), und Maria, die Schwester der Marta, die sich Jesus zu Füßen setzt und seiner Rede zuhört (Lk 10,38).

Erst in zweiter Linie meint A. bestimmte liturg. Formen. Hier hat die christl. Kirche eine Vielfalt von Formen entwickelt:

Die → Stundengebete wie Mette, Vesper und Complet. Ihre festen Bestandteile sind Schriftlesung, Lied und Gebet.

Die Hausandachten, über Jahrhunderte hinweg prägender Ausdruck gelebter familiärer Frömmigkeit, gruppierten sich um die Mahlzeiten der Familie. Unsere Gesangbücher bieten eine knappe Form der Hausandacht an: Lied - Psalm - Lesung - Auslegen - Lied - Gebet - Segen.

Die Schulandachten, die Lehrer und Schüler als Schulgemeinde sammeln, und

die Passionsandachten, für die die Gesangbücher wiederum eine Ordnung anbieten, die je sieben A.en in vier Reihen (Mt, Mk, Lk, Joh) vorschlagen.

Im Unterschied zum → Gottesdienst liegt bei allen Formen der A. der Akzent stärker auf dem Gebet als Anbetung und Fürbitte als auf der Verkündigung. In der homiletischen Ausbildung wäre eine Unterweisung in dieser »kleinen Form« sinnvoll.

Zu den Formen der A. gehört schließlich auch die persönliche A. des Christen als »stille Zeit« der Meditation eines Bibelwortes und des persönlichen Gebetes.

Alle Gestalten der A. unterliegen dem Verfall der Formen geistl. Lebens. Die Hausandacht z.B. ist mit der Erosion des Christl. fast völlig verloren gegangen. Sie wurde dabei nicht zuletzt ein Opfer der verlorenen Gleichzeitigkeit des familiären Lebens. Die industrielle Gesellschaft verhindert gleichzeitiges Arbeiten, Essen, Ruhen und Feiern. Die »allgemeine Taktmäßigkeit und Langsamkeit des Lebens« (A. Vilmar, 1872) existiert nicht mehr. Wie kann dann aber der Glaube unter den Bedingungen der Zeit in der Welt existieren?

Frömmigkeit als Widerstandsbewegung bedarf der Erinnerung an Altes und der Entwicklung von Neuem. Christl. Familien z.B. wählen gemeinsam einen Abend, an dem sie eine Hausandacht gemeinsam feiern. Eine christl. Sabbatfeier bietet die Jesus-Bruderschaft Gnadenthal an.

Die »Losungen« und ein Gebetbuch auf dem Frühstückstisch geben Raum zu einer kurzen Andacht für alle, auch wenn sie nacheinander und nicht miteinander essen.

Eltern pflegen das Gebet am Bett ihrer Kinder mit Sorgfalt oder entlassen diese in Kindergarten oder Schule mit einem Segensgebet an der Haustür.

In der → Schülerarbeit wird von christl. Schülern die Schulandacht als »geistliches Pausenbrot« neu entdeckt.

Gebetszeiten in der Sakristei oder Gebetstreffen mit anschließendem Frühstück sind Hilfen der Gemeinde zur A.

Andachtsbücher, Breviere oder das »Evangelische Tagzeitenbuch« helfen in der Suche nach Sprache und Gestalt. Wichtig sind die Suche nach der angemessenen Gestalt, die stetige Einübung über eine längere Zeitspanne hinweg und die nüchterne Schlichtheit, die das Mögliche tut und nicht Unmögliches fordert.

Lit.: D. Bonhoeffer: Gemeinsames Leben, 1987 (Dietrich Bonhoeffer Werke, hg. von E. Bethge u.a., Bd. 5); Jesus-Bruderschaft Gnadenthal: Wir begrüßen den Sonntag. Feier zum Tag des Herrn, 1987; F. Kalb: Grundriß der Liturgik, [2]1982, 215-218; A. Mauder (Ev. Michaelsbruderschaft): Evangelisches Tagzeitenbuch. Ordnung für das tägliche Gebet, [3]1979; A. Niebergall: »Andacht« EKL[1], Bd. 1, 116-118; M. Seitz: »Frömmigkeit II«, TRE, 11, 1983, 674-683.

M. Herbst

Andachtsbücher → Erbauung/Erbauungsliteratur

Andreae, Jakob (1528-1590)

A., geb. am 25. 3. 1528 in Waiblingen, gest. am 7. 1. 1590 in Tübingen. Geprägt durch Erhard → Schnepf und Johannes → Brenz, wurde A. zum typischen Vertreter jener zweiten Generation, die die luth. Reformation durch das Augsburger → Interim (1548) hindurch bewahrte und den Aufbau der Landeskirchen zu einem ersten Abschluß brachte. A. war Pfarrer in Stuttgart, nach dem Interim Superintendent in Göppingen und Generalsuperintendent darauf (1553), 1562 auch Kanzler der Universität Tübingen und neben Brenz der für den Aufbau der württembergischen Kirche entscheidende Mann. Seinem Luthertum entsprang eine große ev. Weite und das schier rastlose Bemühen um die Einheit des Protestantismus.

Verständigungsbemühungen mit → Beza und der Briefwechsel mit dem Patriarchen von Konstantinopel blieben ohne Erfolg. Dagegen war A. als Experte auf dem Gebiet der Kirchenordnungen anerkannt und gefragt (z.B. in Baden-Durlach, Braunschweig, Hohenlohe, Kursachsen und verschiedenen Reichsstädten). Am nachhaltigsten hat A. das deutsche Luthertum durch seine Beharrlichkeit geprägt, mit der er die Verständigung unter den Kirchen der luth. Reformation betrieben und mit dem → Konkordienbuch von 1580 dann auch erreicht hat.

Lit.: M. Brecht: »Andreae, Jakob«, TRE 2, 1978, 672-680.

G. Hennig

Andreae, Johann Valentin (1586-1654)

Geb. am 17. 8. 1586 in Herrenberg, gest. am 27. 6. 1654 in Stuttgart, Enkel von Jakob → Andreae, wichtiger Vertreter der Reform-Orthodoxie des 17. Jh.s. Nach dem Studium und zahlreichen Reisen 1614 Pfarrer in Vaihingen, 1620 Superintendent in Calw, 1638/39 Hofprediger in Stuttgart (und entscheidend am Wiederaufbau der Landeskirche nach dem Dreißigjährigen Krieg beteiligt), 1651 Generalsuperintendent, 1654 Abt von Adelberg.

Unter den vielerlei Veröffentlichungen A.s, die anfangs auch die → Rosenkreuzer beeinflußten und die ihm den Vorwurf der Sympathie mit spiritualistischen Bewegungen einbrachten, verdient vor allem seine Reformschrift Christianopolis (1619) Beachtung: die einzige Utopie auf ev. Boden. Mit Berufung auf J. → Gerhard und J. → Arndt fordert darin A. anstelle einer Kirche, »die voller Fenster ist, wohinein einem jeden zu fliegen und sein Gesums nach Belieben darin zu treiben gestattet ist«, eine christl. »Bruderschaft«, die in der »Nachfolge Christi« lebt und mit ihren »Sitten« »Gleichheit – Erhaltung des Friedens – Ächtung des Reichtums« verwirklicht.

Lit.: Johann Valentin Andreaes Christianopolis und Theophilus, hg. (mit Einleitungen) von R. van Dülmen, 1972/73; R.v. Dülmen: »Andreae, Johann Valentin«, TRE 2, 1978, 680-683.

G. Hennig

Andreaskreuz → Kreuz

Anfechtung

Der christl. Glaube lebt als angefochtener Glaube. Einmal entsteht die A. des Glaubens durch die Leiden des Daseins, wie Hunger, Krankheit, Krieg oder alles Leiden der Kreatur. Diese erste Gestalt der A. nennt → Luther »das gemein creutz«. Eine zweite Gestalt der A. geht darüber hinaus und betrifft die sog. »geistliche Anfechtung«. In ihr steht die → Gnade Christi und die Barmherzigkeit Gottes auf dem Spiel. Sie droht unter Spott und Schmach zu vergehen. Beide Gestalten der A. haben es damit zu tun, daß Gottes väterliche Liebe in Frage gestellt zu sein scheint. Die A. also ist keine Sache theol. Überlegung oder theoretischen Erwägens. Sie gehört vielmehr in den Bereich der Lebenserfahrung des Glaubens. Sie entsteht aus der engen Verbindung von Glauben und Leben: Die väterliche Güte Gottes, von der der christl. Glaube überzeugt ist und lebt, wird durch die Leiden der Welt wie durch den Spott des Unglaubens unwahrscheinlich gemacht. Damit tritt der Glaube in seine Angefochtenheit. Es geht also in der A. um Gott. Seine Liebe wird durch die Welterfahrung, die offenbar nur den Zorn Gottes zeigt, in Frage gestellt. Die Leiden der Welt spotten der Liebe Gottes. Ja, in der A. entzweit sich scheinbar Gott selbst, so daß Gott gegen Gott zu stehen scheint. Luther sagt in seiner Genesis-Vorlesung: »Die Anfechtung kann nicht überwunden werden.... Sie ist nämlich der Widerspruch, in dem Gott selbst sich selbst widerspricht. Dies zu verstehen ist dem Fleisch unmöglich« (WA 45,202). Die jedem Verständnis verschlossene Eigenart der A., in der sich Gottes Liebe verbirgt und nur Zorn, Verwerfung und Tod erfahrbar wird, kennzeichnet diese Tiefe, mit der die Welterfahrung den Glauben bedroht und in seiner Gewißheit erschüttert. Widereinander stehen der »verborgene Gott«, der die Welt lenkt, und der »offenbarte Gott«, der durch die Bibel spricht - und es ist doch nur ein Gott! Man muß ja auch mit W. v. Loewenich (Luthers Theologia crucis 34) sagen: »Soll der Deus revelatus wirklich für den Glauben dasein, so muß er auch Deus absconditus sein«.

Dieses Gegenüber von »verborgenem« und »offenbartem« Gott ist nun zumal an dem → Gesetz erfahrbar, das dem → Evangelium entgegentritt. Der Christ - auch der gerechtfertigte Christ - verfängt sich wieder und wieder in den Maschen des Gesetzes, das sowohl als lex naturalis (natürliches Gesetz) wie als lex moralis (moralisches Gesetz), im → Dekalog wie in der → Bergpredigt auf ihn zukommt. Der Christ verfängt sich in den Maschen des Gesetzes, weil er es als der peccator (Sünder), der er ist, nicht erfüllen kann. Die Unerfüllbarkeit des Gesetzes oder die Angefochtenheit des Glaubens - beides ist nahezu identisch - kennzeichnet die Geschichte jedes Glaubens, die sich im immer erneuten Ringen um das Sünder-Sein des Christen vollzieht. Dieser Kampf des Christen entzündet sich an der überführenden Macht des Gesetzes Gottes. Wir können auch so sagen, daß der Christ als ein Gerechtfertigter dem Gesetz Gottes, das ihn als lex universalis umschlossen hält, ausgesetzt bleibt. Darin wird er dessen inne, daß sein Sünder-Sein an ihm unverändert haftet und ihn von Gottes Zusage reißt. Die Tatsache, daß der Christ Gerechter und Sünder zugleich ist, wird zum Kampf um die Zusage Gottes. Dieser Kampf ist die A. Diese Tiefe der Angefochtenheit ist dem Glauben notwendig, damit er einerseits nicht seiner selbst sicherer Glaube sei und damit andererseits die Zusage Gottes nicht in theoretischer Allgemeinheit über ihm bleibe, sondern ganz konkret im »für Dich« begriffen werden kann. An dieser Erwägung leuchtet die ganze Notwendigkeit der Anfechtung für den Glauben ein.

Lit.: H. Bandt: Luthers Lehre vom verborgenen Gott, 1958; H. Beintker: Die Überwindung der Anfechtung bei Luther, ThA 1, 1954; H. Bornkamm: Christus und das erste Gebot in der Anfechtung bei Luther, ZSTh 5 (1917), 453-477; M. Fischer: Erkenntnis gegen Anfechtung, 1945; E. Hirsch: Lutherstudien, 1954; K. Kitamori: Theologie des Schmerzes Gottes, 1977; W. v. Loewenich: Luthers Theologia crucis, FGLP 212, [5]1967; C.H. Ratschow: Der angefochtene Glaube, [6]1984; H. Thielicke: Theologie der Anfechtung, 1949; E. Vogelsang: Der angefochtene Christus bei Luther, 1932.

C.H. Ratschow

Angelologie → Engel

Angelsachsen → Germanen, Christianisierung der

Angelus Silesius → Scheffler, Johann

Anglikaner, Anglikanismus

Unter A. versteht man die anglikan. Kirchengemeinschaft, die auf allen Kontinenten der Welt verbreitet ist und sich in hist. Herkunft wie theol. Prägung auf die »Kirche von England« zurückführt. Sie hat gegenwärtig ca. 60-70 Mio. Mitglieder. Zwar ist die Kirche von England - wie die Reformationskirchen auf dem Festland - erst im 16. Jh. entstanden, aber sie legt Wert auf den Zusammenhang mit der ältesten Kirche in Britannien im 4. Jh., die ebenfalls romfrei war. Insofern wird der Bruch mit der mittelalterl. Kirche als längst nicht so tiefgehend empfunden wie auf dem Kontinent.

Die Kirche von England wurde von König Heinrich VIII. (1509-1547) 1534 auf Parlamentsbeschluß gegründet, nachdem Papst Clemens VII. dem Scheidungsbegehren des Königs nicht stattgab. Heinrich VIII. selbst war den reformat. Anliegen zeit seines Lebens nicht aufgeschlossen, und die Aufhebung der Klöster war keine reformat. Tat, sondern willkommene Übernahme des Klosterbesitzes durch die englische Krone. Allerdings gab es von → Luther und → Calvin geprägte Kreise in Cambridge, die z.B. Martin → Bucer als theol. Lehrer nach Cambridge holten. Ihr eigentlich reformat. Gepräge in Theologie und Liturgie erhielt die Kirche von England vor allem durch Thomas Cranmer, der von 1533 bis 1556 Erzbischof von Canterbury war. Auf ihn geht die »Ordnung der biblischen Lesungen« im Gottesdienst und das → Book of Common Prayer (1549) zurück, das zugleich Gottesdienstordnung für Priester und Gemeinden wie theol. Katechismus ist und ähnlich wie die Lutherbibel mehrfach revidiert, aber nie preisgegeben wurde. Ein reformat. Bekenntnis kennt die anglik. Kirche nicht; zwar sind die 39 Artikel von 1563 (früher 42 Artikel, 1542) sogar vom Parlament 1571 als verbindlich erklärt worden, aber sie haben nie den Rang und die Wirkung gehabt wie die Confessio Augustana in Deutschland.

Die »glorreiche Revolution« 1688 hat die Toleranz und ein Nebeneinander verschiedener Kirchengemeinschaften in England gebracht. Mit Kolonisation, Welthandel und Auswanderungsbewegung hat sich der A. überall in der Welt ausgebreitet.

Bis in die Gegenwart hinein wird der A. von drei Strömungen bestimmt:

1. Im 18. Jh. kam es unter den Brüdern John und Charles → Wesley wie unter George → Whitefield zur methodistischen Erweckung, die dann aus der anglik. Kirche ausgeschlossen wurde. Diejenigen A., die vom → Methodismus und später allerlei anderen freikirchl./erweckten Gruppierungen geprägt wurden, aber in der Staatskirche blieben, bildeten den evangelikalen Flügel im A., auch »low church« genannt. Hier wurde und wird Mission, Evangelisation, kirchl. Diakonie (damals Sklavenbefreiung) nachdrücklich vertreten. Etwa 30 % der A. rechnen sich diesem Flügel zu. Hier hat die Bezeichnung »→ evangelikal« ihren Herkunftsort.

2. Im 16. Jh. entstand unter J.H. Newman und J. Keble die Oxford-Bewegung und der anglokath. Flügel der Kirche von England, die sog. »high church«: → Liturgie, kirchl. → Amt, → Sakramente und die Neueinrichtung der anglik. Mönchs- und Nonnenorden werden hier akzentuiert. Ca. 15% der A. gehören zu dieser Richtung, die klein, aber einflußreich ist und zur östl. Orthodoxie und zum Altkatholizismus (→ Altkatholiken) gute Kontakte pflegt.

3. Der restliche Teil, die gute Hälfte der A., gehört zur »broad church«. Hier versammeln sich »Volkskirchler«, die sich gegen alle dogmat., liturg. und kerygmat. Verengungen wehren und in der Offenheit gegenüber der Zeit und ihren Fortschritten die Hauptaufgabe der Kirche sehen. Theol. Pragmatismus und Liberalismus, wie z.B. in der Prozeß-Theologie vertreten, werden hier gepflegt.

Die Kirche von England hat zwei Provinzen: Canterbury und York. Sie lebt ohne jede staatliche Zuschüsse von ihrem Vermögen und den Spenden der Mitglieder in relativer Armut. Der König ernennt Bischöfe und höhere Geistliche; das Parlament beschließt - immer noch, ähnlich wie in Schweden und Dänemark - über die Kirchengesetze. Die Kirche von England unterhält zahlreiche Schulen und ist in der Sozialarbeit und im polit. Bereich (Toleranz, Minderheitenschutz, Kompromißfähigkeit, Engagement in der Dritten Welt u.a.) respektabel engagiert. Die übrigen anglik. Kirchen sind in 36 Provinzen und 405 Diözesen zusammengeschlossen.

Der A. legt Wert auf seine Sonderstellung zwischen Katholizismus und Protestantismus. So bezeichnen sich die anglik. Kirchen immer wieder als »wahrhaft katholisch und wahrhaft reformatorisch«, und das zu Recht. Reformat. sind sie in ihrer kompromißlosen Bejahung der Autorität der Hl. Schrift und der reformat. Rechtfertigungslehre, kath. sind sie in ihrer Auffassung vom dreigeteilten → Amt (Diakon, Priester, Bischof), wobei die Suprematsstellung und die Unfehlbarkeit des Papstes abgelehnt wird, und in ihrer liturgischen Praxis. Im übrigen gibt es in Lehre und Brauchtum, Ordnung und Spiritualität zahlreiche Unterschiede zwischen den einzelnen Kirchen, ihren Pfarrern und Gemeindegliedern, selbst innerhalb der gleichen Richtung.

Auf Grund dieser Gegebenheiten hat sich der A. von Beginn an in der ökumen. Bewegung engagiert und sich eine Art Brückenfunktion übertragen lassen in dem Sinne, daß die Berufung auf Schrift und Bekenntnis die Protestanten, auf Liturgie und apostolisch geweihtes Bischofsamt die Orthodoxen und Katholiken zur Mitarbeit am ökumen. Gedanken gewinnen könnte. Jedenfalls hat sich die pragmatische Beharrlichkeit der anglik. Kirche, die sich bei allen entstehenden Kirchenunionen beteiligt, durchaus als vorantreibender Faktor erwiesen.

Ausdruck der Zusammengehörigkeit des A. sind die alle zehn Jahre stattfindenden Lambeth-Konferenzen (Lambeth ist der Name des Londoner Amtssitzes des Erzbischofs von Canterbury). Zuerst fanden sie 1867 statt. 1888 wurde das bekannt gewordene »Lambeth Quadrilateral«, in dem die vier Säulen des A. beschrieben wurden, veröffentlicht:

- die Anerkennung der Autorität der Hl. Schrift,
- die gemeinsame Bezeugung des Glaubens, wie er in den altkirchl. Bekenntnissen (Nicaenum, Apostolicum, Athanasianum) formuliert ist,
- die Annahme der beiden von Christus gestifteten Sakramente Taufe und Eucharistie,
- die Anerkennung des einen Amtes in seiner dreifachen Gestalt.

In allen anderen Fragen gilt die als comprehensiveness beschriebene Haltung, die »Übereinstimmung in fundamentalen Fragen bei Tolerieren tragbarer Differenzen«. Wichtig ist an der neueren Entwicklung, daß sich der A. in einem eher liberal-abstrakten Sinn und die Anglikaner als einzelne, so oder so orientierte Christen in der anglik. Kirchengemeinschaft vorfinden, die schon eine Ökumene im kleinen ist und in der Tat Brückenbauerdienste zu verschiedenen Kirchen hin zu leisten vermag. Mit der Meißener Erklärung von 1990 ist inzwischen die volle Kirchen- und Abendmahlsgemeinschaft zwischen der anglik. und der luth. Kirche in Deutschland (VELKD) zustande gekommen.

Lit.: H.-H. Harms (Hg.): Die Kirche von England und die anglikanische Kirchengemeinschaft, 1966; St. Neill: »Anglikanische (Kirchen) Gemeinschaft«, TRE 2, 1978, 713-723.

G. Ruhbach

Anglikanischer Gottesdienst

So wie die anglik. Kirche unter allen reformat. Kirchen die größte Nähe zu Rom gewahrt hat, zeichnet sich auch ihr Gottesdienst durch eine besonders deutliche Abhängigkeit vom röm. Ritus aus. Erzbischof Thomas Cranmer von Canterbury, der Vater des Anglikanismus, vertrat ähnlich wie Luther die Auffassung, daß es auf gottesdienstl. Gebiet nicht um Neuschaffungen gehen könne, sondern nur darum, die tradierten Ordnungen an der Schrift zu prüfen und zu reinigen. Das Book of Common Prayer, das zuerst 1549 erschien, hat seine äußerst nachhaltige Bedeutung bis in unser Jh. gewahrt. Das Buch enthält außer der Ordnung für den sonntäglichen Hauptgottesdienst Formulare für Mette (Matins) und Vesper (Evensong) (s. jeweils → Stundengebet), den → Katechismus und die Ordnungen für die Kasualien. Ferner sind in ihm der Psalter, die Kollektengebete und die Lektionen für jeden Sonn- und Feiertag abgedruckt. Da der Anglikanismus weniger von Fragen der Dogmatik bestimmt ist als etwa Katholizismus und Luthertum, hat das Book of Common Prayer auch den Stellenwert einer Bekenntnisschrift (ähnlich wie die Liturgien der Ostkirche), zumal seit die 39 Glaubensartikel von 1562 als Anhang beigegeben wurden. Die Abendmahlsliturgie des Buches hat mehrfach Wandlungen durchgemacht. In der ersten Ausgabe ist die Nähe zu Luther unverkennbar. Bei der Revision von 1552 ist dann ein calvinistischer Einschlag bestimmend gewesen. Seit 1662 ist die Abendmahlsliturgie wieder stärker an die Ordnung des Missale Romanum angenähert. Das Book of Common Prayer wirkte prägend auf alle anglik. Kirchen außerhalb Englands (z.B. in den USA und in Südafrika). Für die Ausgestaltung der Gottesdienste ermöglicht das Buch sehr unterschiedliche Ausprägungen von ref. Nüchternheit bis hin zu festlich-prunkvollen Formen. Seine Sprachgestalt hatte für die englische Sprache eine ähnliche Bedeutung wie Luthers Bibelübersetzung für die deutsche. Seine weite Verbreitung verdankt es nicht zuletzt seiner Übersetzung in mehr als 200 Sprachen (wenn auch keineswegs immer vollständig). Ähnlich wie in der luth. Kirche ging die Zahl der Kommunikanten in den anglik. Gemeinden schon im 16. Jh. stark zurück. Erst im 19. Jh. fand ein allmählicher Wandel zu einem regelmäßigen Abendmahlsgang statt. In unserem Jh. begannen stärker divergierende Entwicklungen bei den anglik. Gottesdienstordnungen. Auch wurden sprachliche Modernisierungen erarbeitet und angeboten. In England erschien 1980 das Alternative Service Book, das jedoch recht umstritten ist. In vielen anglik. Gemeinden wird das unveränderte Book of Common Prayer weiterbenutzt.

Lit: P.F. Bradshaw: »Gottesdienst VII.«, TRE 14, 1985, 51-54; W. Nagel: Geschichte des christlichen Gottesdienstes, 1962; R. Stählin: Die Geschichte des christlichen Gottesdienstes, in: Leiturgia Bd. I, 1954.

Chr. Albrecht

Anglo-Katholizismus

→ Anglikaner/Anglikanismus

Angst

A. (althochdt. *angust*, lat. *angustus*, »eng«) bezeichnet ein qualvolles, beengendes Gefühl der Ausweglosigkeit, bei der man sich einer drohenden Vernichtung hilflos ausgeliefert sieht. A. geht mit vegetativen Symptomen einher wie Herzklopfen, pectanginösen Beschwerden, Hyperventilation, motorischer Unruhe, Tremor, Mundtrockenheit, kaltem Schweiß, Harndrang etc. sowie verhaltensmäßigen Varianten im Sinne von Angriff-, Flucht- oder Totstell-Reflex.

In der Bibel reden vor allem die Psalmen nachdrücklich und für den Geängsteten nachvollziehbar von der A. des Gläubigen, z.B. vor Feinden, Tod, Gericht usw. (Ps 25,17; 69,2f), aber auch von der errungenen Zuversicht, daß Gott aus der A. befreit (Ps 107,6). Jesu A. in Gethsemane (Mk 12,33f) zeigt, wie er auch mit den Geängsteten mitfühlt (Hebr 2,17f). So ist er es, der der A. seelsorgerlich begegnet: Joh 16,33; Mt 14, 22-33. Paulus weiß von der Überwindung der A. im Glauben (Röm 8,35).

Man unterscheidet:

1. Realangst, wobei die o.g. Erscheinungen im kausalen Zusammenhang mit Gefahrensituationen auftreten. Das Ausmaß dieser A. ist abhängig von der jeweiligen Persönlichkeitsstruktur, biographischen Hintergründen, psychovegetativer Konstitution etc.

2. Existenzangst, phil. als Grundbefindlichkeit des Daseins verstanden, die sich aus der Konfrontation mit dem absoluten Nichts ergibt (→ Heidegger). Nach → Kierkegaard resultiert diese A. aus dem »Schwindel der Freiheit« als Folge der phylogenetischen oder ontogenetischen Loslösung von der Geborgenheit, die der Mensch letztlich in Gott findet. Eine rel. Erziehung kann - je nach theol. Ausgangsbasis - angstlösend oder angstauslösend sein.

3. A. als Krankheitssymptom, die nach der neueren Hirnforschung durch Funktionsstörungen im Limbischen System ausgelöst und für psychiatrische Krankheitsbilder - inclusive A. - verantwortlich gemacht werden kann, so daß Psychopharmaka (Tranquilizer, Antidepressiva), die den Stoffwechselvorgang der Transmittersubstanzen beeinflussen, sich auch wirksam gegen Paniksyndrom erweisen.

4. Neurotische A. äußert sich als »frei flottierende« A. ohne bestimmten Bezug oder objektbezogen bei Phobien. Freud interpretierte diese A. als Signal aus dem Unbewußten, wo Konflikte zwischen Trieb (Es) und Kontrollinstanz (Über-Ich) stattfinden und die mißglückte Angstabwehr zu neurotischen Manifestationen mit Symbolcharakter führt. In der Psychoanalyse wird diese Angstabwehr gedeutet, um eine Katharsis zu ermöglichen. Verhaltenstherapeuten hingegen betrachten diese A. als erlerntes Verhaltensmuster, das durch die Konditionierung traumatischer Erlebnisse zustande kommt. Ihre Therapiemethode ist hauptsächlich in der systematischen Desensibilisierung (Wolpe) und operanten Konditionierung (Skinner) begründet. Kognitive Therapeuten vereinigen Tiefenpsychologie mit Verhaltenstherapie, wobei sie neurotisches Verhalten aus der irrationalen Selbstüberzeugung (irrational beliefsystem) ableiten, die in der Therapie aufgedeckt wird, um eine rationale Denkweise mit dementsprechendem Verhalten bewußt einzuüben (Beck).

Lit.: T. Beck, G. Emery: Anxiety Disorders and Phobias, 1985; J. Kriz: Grundkonzepte der Psychotherapie, 1985; R. Schulte, R. Tölle: Psychiatrie, 1977; J. Wolpe: Praxis der Verhaltenstherapie, 1977.

M. Horie

Anhalt, Evangelische Landeskirche von

Das Gebiet der Landeskirche ist identisch mit dem früheren Herzogtum A. (1212-1918) und dem Freistaat (1918-1934). Im Mittelalter war A. in seiner kirchl. Zugehörigkeit zersplittert (es gehörte teils zu Halberstadt, Magdeburg und Meißen) und gegen Ende des MAs war A. in die Köthener und Dessauer Linie aufgeteilt. Dadurch hat sich die → Reformation erst allmählich und in einem milden Sinn (Ablehnung der → Konkordienformel, Einflüsse des → Heidelberger Katechismus) durchgesetzt. Zu Beginn des 19. Jh.s war die Bevölkerung zu zwei Drittel ref., zu einem Drittel luth. Durch die Konversion des Fürsten (1825) wuchs auch der Katholizismus im Land, die Union gewann ebenfalls Einfluß; der Anschluß an die preußische Union wurde noch 1932 ausdrücklich abgelehnt.

Die Kirchenverfassung von 1920 wurde 1969 durch eine neue Verfassung ersetzt. Die Kirche wird vom Landeskirchenrat, dessen Vorsitzender Kirchenpräsident heißt, geleitet und hat fünf Kirchenkreise mit je einem Kreisoberpfarrer als leitendem Geistlichen. 1954 betrug die Zahl der Gemeindeglieder ca. 423.000, 1974 noch ca. 237.000; auch die Zahl der Pfarrer ging von 175 (1954) auf 98 (1974) zurück. Die antikirchl. Religionspolitik des sozialistischen Regimes hat deutliche Folgen gehabt. Neue Zahlen nach der Wende liegen noch nicht vor.

Lit.: H. Kars, R. Joppen: »Anhalt«, TRE 2, 1978, 734-743; E. Siedersleben: Geschichte der Union in der ev. Landeskirche Anhalt-Dessau, 1884; H. Wäschke: Anhaltische Geschichte, 3 Bde., 1912/13.

G. Ruhbach

Animismus

Der Begriff A. (von lat. *anima*, »Seele«) wurde zum ersten Mal von dem englischen Gelehrten E.B. Tylor (1832-1917) in die Fachwelt eingeführt. In seiner Theorie von der Entstehung der Religionen (Primitive Culture, 1871) entwarf er die Reihenfolge: Animismus, Polytheismus, Monotheismus. Der »primitive« Mensch, so Tylor, komme durch die Deutung von Träumen, Halluzinationen und anderen Erscheinungen zu der Überzeugung der Existenz eines seelischen Geistwesens, das auch Tieren, Pflanzen und Dingen innewohnen kann. Diese Geister gewinnen ein Eigenleben und werden zu Göttern, die das Leben des Menschen beeinflussen (Polytheismus). Auf der höchsten Stufe kommt es schließlich zur Vorstellung des Monotheismus.

Die Theorie Tylors stammt aus einer Zeit, die durch die Erforschung der Ursprünge zu einer Universaltheorie der Entwicklung der Menschheit zu kommen hoffte. Ihre Voraussetzungen haben sich als unhaltbar erwiesen. So ist es eine keineswegs notwendige Folge, aus der Idee einer Seele die Vorstellung eines Geistes und dann eines Gottes abzuleiten. Weiterhin finden sich animistische Vorstellungen im Sinne Tylors, die am Beginn der Entwicklung stehen sollen, gerade nicht oder nur selten in »primitiven« Kulturen, die heute noch existieren. Drittens sind die universalen Theorien Tylors unhaltbar, mit denen er bestimmte Begriffe der vielfältigen rel. Wirklichkeit überstülpt. Der Begriff A. sagt also, wie manche andere Theorie, mehr über das Selbstverständnis einer bestimmten europäischen Epoche aus und nur wenig über den Ursprung der Religionen. In der wissenschaftl. Diskussion wird der Begriff A. schon seit langem nicht mehr verwendet. Wenn er dennoch gelegentlich vorkommt, so geschieht es oft in Unkenntnis der ursprünglichen, von Tylor entwickelten A.-Theorie und meint so etwas wie Geisterglauben oder allg. Heidentum, neben anderen »ismen« wie Buddhismus u.ä.

Wer über das von Tylor mit seiner Theorie des A. erörterte Problem vom Ursprung der Religion nachdenkt, wird nicht umhin können, von einer → Offenbarung der Wirklichkeit Gottes auszugehen, die dem Menschen von Anfang an nicht völlig verschlossen ist (Röm 1,18-32). Es ist auffällig, daß in sog. »primitiven« Kulturen häufig Vorstellungen von einem einzigen Schöpfergott anzutreffen sind. Was wir vorfinden, sind gerade nicht animistische Glaubensvorstellungen, sondern Ahnung von Gottes Wirklichkeit, die der Mensch in seiner Sünde oft verkehrt.

Lit.: H. Cancik, B. Gladigow, M. Laubscher (Hg.): Handbuch religionswissenschaftlicher Grundbegriffe, Bd. I, 1988, 473-476; Don Richardson: Eternity in their hearts, 1981, deutsch: Ewigkeit in ihren Herzen, [3]1988; H. Waldenfels (Hg.): Lexikon der Religionen, 1988, 23.

G. Sautter

Anlage, religiöse

Der (schon von Schleiermacher verwendete) Begriff »religiöse Anlage« bezeichnet (ähnlich wie der 1905 von E. Troeltsch geprägte, von R. Otto und A. Nygren weitergebildete und bis in die 1930er Jahre lebhaft diskutierte Begriff »religiöses Apriori«) die dem Menschen eigene »schöpfungsmäßige Anlage zur Religion« (Lütgert). Während der Ausdruck rel. A. ein ontologischer Begriff ist und ganz allg. die wesensmäßig rel., d.h. auf die personale Gemeinschaft mit Gott ausgerichtete Konstitution des Menschen bezeichnet, meint der erkenntnistheoretische Begriff rel. Apriori speziell die der menschl. Vernunft inhärente Nötigung, den Gottesgedanken zu bilden. Beide Begriffe werden aber in der theol. Literatur z.T. inhaltlich verschieden gefüllt: Man findet sowohl ihre strikte Unterscheidung (z.B. bei K. Leese) als auch ihre Identifikation (z.B. bei W. Lütgert). Für eine theol. Beurteilung der beiden Begriffe ist es unumgänglich, die sachliche (1.) und die begriffliche Ebene (2.) auseinanderzuhalten:

1. Soweit der Ausdruck rel. A. die wesenhafte (sowohl das Sein als auch den Existenzvollzug bestimmende) personale Hinordnung des Menschen auf Gott bezeichnet, entspricht er unzweifelhaft der bibl. Offenbarung: Die Heilige Schrift bezeugt vom ersten bis zum letzten Kapitel, daß der Mensch aufgrund seiner (durch den Sündenfall zwar gestörten, aber nicht zerstörten) Gottebenbildlichkeit (1Mo 1,26; 5,1; 9,6; Ps 8) auf die Erkenntnis Gottes und auf die personale Gemeinschaft mit ihm, dem Ursprung und Ziel seines Lebens, angelegt ist. Ohne die Gemeinschaft mit Gott verfehlt er nach dem bibl. Zeugnis seine grundlegende Bestimmung und kann daher keine wirkliche Lebenserfüllung erfahren. Denn Gott hat die Menschen dazu berufen, daß sie »ihn suchen sollen, ob sie ihn wohl fühlen und finden könnten« (Apg 17,27). Das Verlangen des Menschen nach gültiger Wahrheit und letztem Sinn, unbedingter Liebe und Geborgenheit, wirklichem Frieden und Glück kann aufgrund der zu seinem Wesen gehörigen und deshalb unverlierbaren rel. A. nur in der Gemeinschaft mit Gott zum Ziel gelangen: »Du hast uns zu Dir geschaffen, und unser Herz ist unruhig, bis es Ruhe findet in Dir« (Augustinus, Conf. I, 1,1).

Die rel. A. hat zur Folge, daß der Mensch selbst

dann, wenn er vor Gott flieht, ihn ablehnt oder leugnet, sich als unausrottbar rel. (d.h. zur Gottesgemeinschaft berufenes) Wesen erweist, indem er irdische (geistige oder materielle) Güter zum höchsten Gut erklärt und sie mit rel. Eifer anzueignen sucht (vgl. Luthers Ermahnung im Großen Katechismus: »Woran Du ... dein Herz hängst. . ., das ist eigentlich dein Gott«, BSLK 560, 22-24). Die außerchristl. Religionen, aber auch die säkularen Ideologien sind unübersehbare Belege für die Unausrottbarkeit der dem Menschen eigenen rel. A.

Während die röm.-kath. und die orth. Kirche von der rel. A. ausgehen und ihr in Theologie und Kultus Rechnung tragen, stoßen Begriff und Sache der rel. A. in der neueren ev. Theologie teilweise auf Ablehnung, obwohl die Reformatoren die mit dem Begriff rel. A. gemeinte Tatsache einer das Sein des Menschen bestimmenden Hinordnung auf die Gemeinschaft mit Gott akzeptierten und sogar die Möglichkeit einer wirklichen Erkenntnis Gottes und seiner Gebote aufgrund der Schöpfungsoffenbarung (im Sinne von Röm 1,19f; 2,14f) unumwunden anerkannten. Insbesondere die → Dialektische Theologie (K. Barth, D. Bonhoeffer u.a.) hat angesichts der Erfahrung der um sich greifenden Säkularisierung im 20. Jh. und des durch und durch gnadenhaften Charakters aller Gotteserkenntnis die rel. A. des Menschen problematisiert. Sie vermochte allerdings die bibl., phil. und empirisch wohlbegründete Annahme einer rel. A. nicht überzeugend zu widerlegen.

2. Die sachliche Berechtigung des mit dem Begriff rel. A. Gemeinten bedeutet freilich nicht, daß die gegen den Begriff geäußerten Bedenken verfehlt wären: Indem der Begriff eine fundamentale offenbarungstheol. (und zugleich metaphysische) Grundbestimmung des Menschen mit dessen (leibseelischen) Anlagen parallelisiert, fördert er das Mißverständnis, als ob es sich bei der wesenhaften Religiosität des Menschen um eine bloß naturhafte Eigenschaft (neben anderen) handle. Damit aber wird zum einen die Tatsache verdunkelt, daß sich die menschliche Religiosität nicht naturhaft, sondern personal (als bewußtes Erkennen, Wollen und Handeln) entfaltet. Zum andern aber bleibt unberücksichtigt, daß die empirische Gestalt menschlicher Religiosität in bibl. Sicht stets Reaktion auf einen ihr vorausgehenden (schon in der Schöpfungsoffenbarung ergehenden) Anruf Gottes ist, dessen göttliche Absicht (nach Röm 1,21 Anerkenntnis und Lobpreis Gottes) in den nichtchristl. Religionen freilich verfehlt wird (Röm 1,21ff) und erst durch die Glauben weckende Christusoffenbarung zum Ziel gelangt. Noch größeren Bedenken als der Begriff rel. A. unterliegt die Bezeichnung rel. Apriori, da dieser (im Anschluß an Kant formulierte) Ausdruck die strikte kantische Trennung von subjektiver rel. Überzeugung und objektiver Wirklichkeitserfahrung voraussetzt und jeden Zusammenhang von »natürlicher« Religiosität und vorausgehender Schöpfungsoffenbarung verneint. Weniger mißverständlich als die Bezeichnungen rel. A. oder rel. Apriori wäre z.B. der Begriff wesenhafte Religiosität, da damit die den Menschen kennzeichnende Hinordnung auf Gott sowohl in ihrer personalen Eigenart als auch in ihrer geschöpflichen Konstanz besser zum Ausdruck gelangt. Aber welchen Begriff man auch bevorzugen mag, von der Sache her ist es entscheidend wichtig, die empirisch wahrnehmbare Religiosität des Menschen nie ausschließlich oder überwiegend als Produkt seiner rel. Veranlagung zu verstehen, sondern als ein Phänomen, das theol. nur aus dem Zusammenwirken mehrerer Faktoren (rel. Grundstruktur des Menschen, göttliche Offenbarung, menschlich-personale Antwort und u.U. dämonische Irreführung) begriffen werden kann.

Lit.: H. Burkhardt: Wiederkehr der Religiosität?, 1990; K. Leese: Recht und Grenze der natürlichen Religion, 1954; W. Lütgert: Schöpfung als Offenbarung, 1934 ([2]1984); A. Nygren: Religiöst apriori, 1921; R. Otto: Das Heilige, 1917; W. Pannenberg: Systematische Theologie, Bd. I, 1988; A. Schlatter: Das christliche Dogma, 1911; E. Troeltsch: Psychologie und Erkenntnistheorie in der Religionswissenschaft, 1905.

W. Neuer

Anonyme Christen

Mit diesem Begriff hat der röm.-kath. Theologe K. → Rahner Menschen bezeichnet, die sich selbst nicht Christen nennen, die jedoch aufgrund ihres Verhaltens in theol. voll gültigem Sinn als glaubende Christen zu bezeichnen seien.

Die Kirche hat immer bezeugt, daß der Weg zur Rechtfertigung des Menschen nur über den Glauben des einzelnen, sein ausdrückliches Bekenntnis zu Jesus (Joh 14,6; Apg 4,12; Röm 10,9f), seine Eingliederung in die Kirche und seine Teilnahme am sakramentalen Leben möglich ist. Andererseits hat bereits die alte Kirche bejaht, daß Gott »außerordentliche« Heilswege für Menschen kennt, die dem → Evangelium nie begegnet sind. Dachte man zunächst an die vor der geschichtl. Ankunft Jesu Geborenen (1Petr 3,18-20), so weitete sich der Blick auch auf die Menschen, die der christl. Verkündigung nie begegnen.

Auf die damit anstehenden Fragen hat die kirchl. Tradition mit dem Hinweis auf die Möglichkeit eines »unbewußten Glaubens« (*fides implicita*) bzw. einer unbewußt gewünschten Taufe (*baptismus in voto*) geantwortet. Damit hat sie die Frage, ob und inwiefern solcher Glaube auch in theol. Sinn wirklich christl. Glaube sei, bewußt offen gelassen (Hebr 11,6 oft als Hinweis auf Minimalforderungen).

Rahner wollte über diese vorläufige Antwort hinausführen. Das von ihm erkannte Problem lautet: Inwiefern kann eine sittliche Entscheidung eines Menschen, mit der dieser auf die Stimme seines Gewissens achtet und antwortet, theol. gesehen als genuin christl. Glaube bezeichnet werden, auch wenn jener Mensch im Lauf seiner Lebensgeschichte von der Verkündigung des Evangeliums nicht erreicht worden ist? Man müßte erklären können, inwiefern jener »anonyme Glaube« einerseits von der Gnade Jesu getragen ist und andererseits auf eine übernatürliche (also das bloß natürliche Gewissen übersteigende) Offenbarung Jesu antwortet.

K. Rahner hat darauf mit dem Argument geantwortet, jeder Mensch sei zwar nicht von Natur aus, wohl aber von Gottes Gnade her »immer schon« geformt und insofern von Gottes Heilsoffenbarung erreicht. Diese Denkvoraussetzungen erlauben ihm, den Menschen so zu interpretieren, daß er sich von Gottes Heilswillen her »immer schon« im Raum des Angebotes der Gnade Jesu vorfinde, insofern er »immer schon« sein Leben auf das Heil in Gott entwerfe. Damit sei er »immer schon« ein Mensch, der auf die Offenbarung Jesu antworten könne und, wenn er durch eine seinem Gewissen entsprechende Tat darauf antworte, damit auch wirklich »glaubender Christ«, selbst wenn ihn die geschichtl. ergangene Offenbarung Jesu nie erreiche. Die Überzeugungskraft dieses Entwurfes hängt unlösbar an den transzendentalphil. Voraussetzungen der Theologie Rahners. Seine Auffassung wird jedoch, losgelöst von diesen Voraussetzungen, öfters auch von ev. Theologen vertreten.

Die Bedeutung dieser Auffassung wird von ihren Vertretern einmal darin gesehen, daß damit der »Erfolg« der Mission sichergestellt sei, auch wenn nicht alle Menschen vom Evangelium unmittelbar erreicht werden. Andererseits folgert man aus diesem Denkansatz, daß jedes menschlich-rel. Bemühen, in welcher Gestalt es auch ergehe, genuin »christliches« Glauben sei, wenn es nur dem eigenen Gewissen verpflichtet bleibt. Das erst mache ein Gespräch mit allen anderen Religionen und Weltanschauungen möglich.

Der schärfste Einwand dagegen lautet, daß hier ein heilsgeschichtl. Problem, dessen Lösung in Gottes Heilsratschluß verborgen liegt, durch einen transzendentalphil. Gedankenschritt aufgehoben wird. Nichts verändere sich; der Mensch werde nur anders interpretiert. Weiter: Glaube werde sowohl vom → Bekenntnis wie von der kirchl. Gemeinschaft gelöst; christl. → Verkündigung mache nur noch bewußt, was »implizit« immer schon da sei, sei also im Grunde entbehrlich; Zeugnis bis hin zum Blutzeugnis für den Namen Jesu erscheine sinnlos, ja gar als bedenklich (warum sterben für etwas, das ja auch in anderen Religionen schon vollgültig, wenn auch in anderer Gestalt, da sei?); jede Religion werde damit zum »möglichen« Heilsweg; die »außerordentliche« Möglichkeit Gottes, Menschen in seiner Weisheit vielleicht auch auf Wegen, die menschlich unausdenkbar sind, zu erreichen und ihnen so seine Gnade zu schenken, werde plötzlich zu einem »ordentlichen« Heilsweg, der gleichberechtigt neben dem Weg des christl. Glaubens stehe. Im Grunde sei der Weg des »anonymen Christen« der Normalfall, während das christl. Bekenntnis zu Jesus als bloßer Sonderfall verstanden werden müsse.

Lit.: s.u. K. → Rahner. *W.J. Bittner*

Anrufung der Heiligen → Heilige, Heiligenverehrung

Ansbacher Ratschlag

1. Eines der ersten Bekenntnisse in der Reformationszeit ist der von Johann Rurer verfaßte »Ansbacher Evangelische Ratschlag« vom 30. September 1524, ein deutliches Bekenntnis zur Kraft des Wortes Gottes und Absage an »menschliche Satzung«.

2. An dieses fränkische Bekenntnis wollten die Theologen anknüpfen, die am 11. Juni 1934 den »Ansbacher Ratschlag« vorlegten. In ihm geschah unter Federführung des Erlanger Dogmatikers Werner → Elert und Mitarbeit seines Kollegen Paul → Althaus eine kritische Auseinandersetzung mit der → Barmer Theologischen Erklärung vom Mai 1934. Das knapp gehaltene thetische Dokument beschreibt Grundlagen und Aufgabe in acht Sätzen. Es wird der Gehorsam gegenüber dem Wort Gottes und den Bekenntnissen der ev.-luth. Kirche unterstrichen, aber sogleich die Unterscheidung von Gesetz und Evangelium als Notwendigkeit betont.

Man erkennt die Gestalt des Gesetzes »in der

Gesamtwirklichkeit unseres Lebens, wie sie durch die Offenbarung Gottes ins Licht gestellt wird«. Das → Gesetz »verpflichtet auf die natürlichen Ordnungen, denen wir unterworfen sind, wie Familie, Volk, Rasse«. Obwohl die Verfasser einräumten, daß es »gütige und wunderliche Herren, gesunde und entstellte Ordnungen« gibt, erkannten sie doch den Führer Adolf Hitler als »frommen und getreuen Oberherrn« und in der nationalsozialistischen Staatsordnung ein »Regiment mit ›Zucht und Ehre‹« und wußten sich daher »vor Gott verantwortlich, zu dem Werk des Führers« in ihrem »Beruf und Stand mitzuhelfen« (These 5).

Dies wollte eine theol. Stellungnahme sein und nicht eine polit. Kundgebung. So betonen die Autoren, daß die Kirche vor die Aufgabe gestellt bleibe, die Ordnungen »immer aufs neue zu überprüfen«. »Der unbedingt gültige Maßstab für die Überprüfung ist der Auftrag, den sie (= die Kirche) von ihrem Herrn erhalten hat.«

Wenn dieser Ratschlag auch sehr bald nur noch bei den → Deutschen Christen weiterlebte, weil sich die beiden Erlanger Verfasser vom Ansbacher Kreis distanzierten, so wird er doch in der Folgezeit immer wieder als Fehlurteil in bezug auf Hitler gebrandmarkt. Die Beurteilung wird jedoch die anstößige These 5 nicht isoliert sehen dürfen. Die beiden Professoren gehörten weder zu den Deutschen Christen noch waren sie Mitglieder der NSDAP, aber sie suchten das Gespräch innerhalb der luth. Kirche. An ihrer grundlegenden Kritik an »Barmen« hielten sie auch nach 1945 fest.

Daß der A. R. die »genuin lutherische Stimme« sei, ist früh bestritten worden (Trillhaas, 1934). In der Debatte über die Bewertung der Theologie Werner Elerts und Paul Althaus', die bis in die Gegenwart kontrovers geführt wird, wird der A. R. oft genannt.

Lit.: zu 1.: Der Ansbacher Evangelische Ratschlag, 30.9.1524, in: Die fränkischen Bekenntnisse. Eine Vorstufe der Augsburgischen Konfession, hg. von Landeskirchenrat der evang.-luth. Kirche in Bayern r.d.Rhs., 1930, 183-322; B. Schneider: Gutachten evangelischer Theologen des Fürstentums Brandenburg-Ansbach/Kulmbach zur Vorbereitung des Augsburger Reichstags von 1530, 1987 (= EAKGB 62), 28f.
zu 2.: Der »Ansbacher Ratschlag« zu der Barmer »Theologischen Erklärung«, in: Die Bekenntnisse und grundsätzlichen Äußerungen zur Kirchenfrage, Bd. 2: Das Jahr 1934, K.D. Schmidt, 1935, 102-104; P. Althaus: Bedenken zur Theologischen Erklärung der Barmer Bekenntnissynode, in: Korrespondenzblatt für die ev.-luth. Geistlichen in Bayern 1934, 318-320; W. Elert: Der Ansbacher Ratschlag von 1934, in: Korrespondenzblatt für die ev.-luth. Geistlichen in Bayern 1934, 478f; W.v. Loewenich: Erlebte Theologie. Begegnungen, Erfahrungen, Erwägungen, 1979, 175-177; H. Rößler: »Das Ende einer Freundschaft – Rektor D. Hans Lauerer und Pfarrer Hans Sommerer im bayerischen Kirchenkampf (1934)«, Zeitschrift für bayerische Kirchengeschichte 57 (1988), 73-85.

R. Keller

Anschar St. → Ansgar

Anselm von Canterbury (1033/34-1109)

A. wurde 1033 (oder Anfang 1034) in Aosta (Italien) geboren. Er trat 1060 in das Benediktinerkloster Bec (Normandie) ein, wurde dort 1063 Prior und Leiter der Klosterschule (als Nachfolger Lanfranks) und 1078 Abt. Nachdem Lanfrank 1089 als Erzbischof von Canterbury gestorben war, wurde Anselm auch dort sein Nachfolger, 1093, und damit Primas der Kirche von England. Im sog. »englischen Investiturstreit« setzte er sich sowohl mit König Wilhelm II. Rufus (1087-1100) wie auch mit König Heinrich I. von England (1100-1135), wenn nötig hart auseinander, verteidigte die Freiheit der Kirche vom Staat, ging notfalls ins Exil (1097-1100 und 1103-1106), konnte aber den Streit schließlich beenden (1107). Seine engl. bischöflichen Kollegen standen lange Zeit eher auf Seiten des Königs; A.s deutliches Eintreten für die Ehelosigkeit der Priester fand nicht den für ihn als Mönch selbstverständlichen Anklang. Am 21. April 1109 ist er in Canterbury gestorben und neben Lanfrank in der Kathedrale begraben worden. Durch seine Briefe, eine zeitgenössische Biographie (Eadmer) und andere Quellen ist viel aus seinem Leben bekannt. Er wird als Heiliger verehrt.

Sein eigentliches Vermächtnis sind freilich, neben 22 Gebeten und Meditationen und insgesamt 475 überlieferten Briefen A.s und an ihn, seine theol.-phil. Werke:

- Monologion (Selbstgespräch);
- Proslogion (Anrede);
- De grammatico (Über den Grammatiker);
- De veritate (Über die Wahrheit);
- De libertate arbitrii (Über die Freiheit des Willens);
- De casu diaboli (Über den Fall des Teufels);
- Epistola de incarnatione verbi (Brief über die Fleischwerdung des Wortes);
- Cur deus homo (Warum Gott Mensch wurde);
- De conceptu virginali et de originali peccato (Über die jungfräuliche Empfängnis und die Erbsünde);
- De processione spiritus sancti (Über den Hervorgang des Hl. Geistes);
- De concordantia praescientiae et praedestinationis et gratiae dei cum libero arbitrio (Über die Übereinstimmung des Vorherwissens, der Vorherbestimmung und der Gnade Gottes mit dem freien Willen),

dazu ein theol. Briefwechsel über das Meßopfer.

Die Besonderheiten, die A.s Werk kennzeichnen und es haben aktuell bleiben lassen über die Zeiten hinweg, sind im wesentlichen drei:
- die (theol.-phil.) Methode (1);
- seine sog. Satisfaktionslehre (2);
- sein besonderer Gottesbeweis (3).

Zu 1: In allen Werken gewährt A. dem Denken (*ratio*) entscheidende Funktion und wendet es in gedanklicher Strenge auf alle Themen der Theologie an. Nicht die Autorität (Kirchenväter) zählt, nicht die Bibel zu zitieren reicht aus, sondern durch Denken gewonnene Einsicht (*intellectus*) ist nötig. Die Kurzformel des »Programms« lautet: *fides quaerens intellectum* (der Glaube, der Einsicht sucht). Dies hat ihm den Ehrennamen »Vater der Scholastik« eingetragen (zeitlich und sachlich gemeint).

Zu 2: In seinem umfangreichsten Werk, Cur deus homo, entwickelt A. *sola ratione* (allein durch Denken) bzw. *rationibus necessariis* (durch notwendige Vernunftgründe) bzw. *more geometrico* (nach der Weise der Geometrie), unter methodischer Absehung von Glaube und Bibel und Christus (*remoto Christo*, »unter Beiseitesetzung Christi«), die Notwendigkeit der Inkarnation, allein aus der Verantwortlichkeit und Erlösungsbedürftigkeit und Selbsterlösungs-Unfähigkeit des Menschen vor Gott (*aut satisfactio aut poena*, »entweder Genugtuung oder Strafe«; wobei der Mensch die Strafe nicht tragen und die Genugtuung nicht leisten kann, vielmehr nur der Gottmensch = Jesus Christus, er aber, als Sündloser, sie nicht braucht und sie deshalb seinen Menschengeschwistern schenkt).

Zu 3: In der Schrift Proslogion (genaugenommen nur in Kap. 2-4) entwickelt A. aus dem Gedanken Gottes als *aliquid quo maius cogitari nequit* (»etwas, worüber hinaus Größeres nicht gedacht werden kann«) den Beweis, daß Gott notwendigerweise existieren müsse und dies auch der Ungläubige nicht bestreiten könne.

Die Stringenz des Beweises ist schon z.Zt. A.s (von dem Mönch Gaunilo) und bis zum heutigen Tage bestritten worden und wird verteidigt (daß es gar kein »Beweis« sein wolle, ist unrichtig); der sog. Satisfaktionslehre ging und geht es ebenso (positive Aufnahme z.B. Heidelberger Katechismus Fragen 12-18). A.s Verdienst bleibt, daß er der Theologie die Pflicht zum Denken nachdrücklich eingeschärft hat und selber dieser Pflicht unter den Bedingungen und Voraussetzungen seiner Zeit auf das Sorgfältigste nachgekommen ist.

Lit.: Maßgebliche lat. Gesamtausgabe: S. Anselmi ... Opera omnia, hg. von F.S. Schmitt, 6 Bde., 1938-1961; Nachdruck in 2 Bdn. (mit zusätzlicher hist. Einleitung) (1968) [2]1984; Kann Gottes Nicht-Sein gedacht werden? Die Kontroverse zwischen Anselm von Canterbury und Gaunilo ..., hg. und übers. von B. Mojsisch, 1989;

K. Barth: Fides quaerens intellectum. Anselms Beweis der Existenz Gottes, (1931) [2]1958; G. Gäde: Eine andere Barmherzigkeit. Zum Verständnis der Erlösungslehre Anselms von Canterbury, 1989; L. Hödl: »Anselm von Canterbury«, TRE 2, 1978, 759-778 (Lit.); ders.: »Anselm von Canterbury«, LexMA 1, 1980, 680-687 (Lit.); K. Kienzler: Glaube und Denken bei Anselm von Canterbury, 1981; H. Külling: Wahrheit als Richtigkeit. Eine Untersuchung zur Schrift De veritate von Anselm von Canterbury, 1984; J. Rohls: Theologie und Metaphysik. Der ontologische Gottesbeweis und seine Kritiker, 1987.

B. Steinseifer

Ansgar (801-865)

A., Erzbischof von Hamburg-Bremen und Missionar Skandinaviens. Von Leben und Wirken berichtet die »Vita Anskarii«, die sein Schüler Rimbert verfaßt hat. Geb. 801 in der Picardie, wächst A. im Kloster Corbie auf. 823 siedelt er nach Corvey um, wo er von König Ludwig dem Frommen mit der Skandinavienmission beauftragt wird. Eine erste Missionsreise, die an das Werk des Erzbischofs Ebo von Reims anknüpft, jedoch erfolglos endet, führt

A. 826 nach Dänemark. 829-831 unternimmt er eine Reise nach Ostschweden, wo es ihm gelingt, in Birka, einem Handelszentrum am Mälarsee, eine Missionsstation zu errichten. 831 wird A. zum ersten Bischof des neugegründeten Missionserzbistums Hamburg geweiht. Ein Jahr später ernennt Papst Gregor IV. ihn zum Legaten. Mit der Reichsteilung 843 und der Zerstörung Hamburgs durch dänische Wikinger gerät die Mission der Reichskirche in eine Krise. Der Erzbischofssitz wird 847/848 nach Bremen verlegt. Neue Missionsreisen führen A. wieder nach Skandinavien. In Dänemark (849) ist ihm diesmal mehr Erfolg beschieden: in Schleswig und Ribe werden sogar Kirchen errichtet. Im schwedischen Birka festigt er 852 die bereits geschaffene Organisation, doch verliert die Gemeinde im 10. Jh. durch den Rückgang des Handels an Bedeutung. Seine letzten Lebensjahre bemüht sich A. von Bremen aus um die Fortsetzung der Mission und widmet sich dem Aufbau seines Bistums. Er stirbt am 3. Febr. 865 in Bremen. Sein Wirken, das der Ausbreitung des christl. Glaubens in Nordeuropa gewidmet war, hat ihm den Ehrentitel »Apostel des Nordens« eingetragen. Die Skandinavienmission wurde durch ihn freilich nur angestoßen. Erst mit der Gründung eines Erzbistums in Lund (1104) kam sie zu einem vorläufigen Abschluß, nachdem sie unter Gregor VII. unter päpstlichem Vorzeichen neu belebt worden war.

Lit.: H. Dörries, G. Kretschmar: Ansgar. Seine Bedeutung für die Mission, 1965; G. Haendler: »Ansgar«, TRE 3, 1978, 5-7; H. Holze: Von der Reichskirche zur Papstkirche, KuD 36, 1990, 245ff.

H. Holze

Anthropologie → Mensch

Anthropomorphismus

1. Was ist Anthropomorphismus?

a. A. (griech.) ist »eine Anschauungsweise, die menschliche Eigenschaften oder Verhaltenswiesen Außermenschlichem zuschreibt«. Sie gilt als naiv und Kindern bzw. primitiven Völkern zugehörig. Schon in der vorsokratischen griech. Philosophie (Xenophanes) wurde der A. kritisiert, da unvereinbar mit dem Postulat des Gottgeziemenden. Ein geistigerer Gottesbegriff sucht den A. abzustreifen.
b. Sowohl AT als NT gebrauchen den A. unbekümmert.

2. Anthropomorphismus ermöglicht Erkenntnis Gottes

a. Gott zu erkennen ist unserem Verstand nicht möglich, weil Gott zu groß, unser Verstand dagegen zu klein ist. Gotteserkenntnis erscheint darum weithin unsicher.
b. Anders sieht es aus, wenn Erkenntnis Gottes nicht als eigenes Vermögen, sondern als Folge göttlicher Herablassung geschieht. Für eine solche ist der A. bezeichnend. Die ganze Bibel spricht von Gottes Herablassung zum Menschen. Gott redet und hört, kommt und geht, er ruht, wohnt, dient, verstummt. Gott liebt, und darum zürnt er auch. So menschlich bezeugt die Bibel Gott, als den lebendigen Gott. Der A. ist für dieses Gotteszeugnis unentbehrlich. Er ermöglicht Erkenntnis Gottes.
c. Solches Erkennen ist keine eigene Leistung. Es kommt aus dem »Staunen der Ehrfurcht vor dem Allmachtswunder der göttlichen Herablassung« (Barth, KD II,1,251).
d. »Die Anthropomorphismen der Bibel sind durchweg Aussagen über gottmenschliche Begegnungen« (Rosenzweig, 123).

3. Anthropomorphismus zielt auf das Leiden Gottes

a. Die im A. bezeugte Gotteswirklichkeit ist keine Idee, kein ruhendes, unbeteiligtes Prinzip, in dem Gott empfindungslos, unerschüttert sei. Da gilt die *apatheia* (griech. »Leidenslosigkeit«) als Maßstab.
b. Demgegenüber bezeugt der A. Gott als einen Leidenden und als Gott der Leidenden. Gott ist Liebe, und er ist darum sowohl leidensfähig als leidenswillig. Sein Schmerz (vgl. → Theologie des Schmerzes Gottes; vgl. auch → Reue Gottes), seine Passion, sein Kreuz sind Kernaussagen der Bibel. Gott leidet, kümmert sich, ängstet sich (Jes 63,9), ihn jammert des Menschen Elend (Hos 11,8f; Mt 9,36 u.a.).
c. Der A. wurzelt zutiefst in der Gottesabbildlichkeit des Menschen (→ Bild) nach 1Mo 1,27. »Die sogenannten Anthropomorphismen wären dann in Wahrheit Theomorphismen: . . .wir können nur deshalb sehen, hören, reden, zürnen, lieben, weil Gott sieht, hört, redet, zürnt, liebt« (Rosenzweig, 122f). So »erscheint Gott nicht mehr anthropomorph, sondern der Mensch theomorph«.

Lit.: K. Barth: KD II, 1, 1958; O. Dreyer: Untersuchungen zum Begriff des Gottgeziemenden in der Antike, 1970; H. Kuitert: Gott in Menschengestalt, 1967; O. Rodenberg: Das unvergleichliche Wort, 1964; F. Rosenzweig: Die Schrift. Anmerkung über Anthropomorphismus, 1965, 121-128.

O. Rodenberg

Anthroposophie

A. (Weisheit vom Menschen) ist eine von Rudolf Steiner (1861-1925) begründete Weltanschauung. Sie versteht sich selbst als Wissenschaft oder als »Erkenntnisweg, der das Geistige im Menschenwesen zum Geistigen im Weltall führen möchte«, und zwar »vermittelt« sie »Erkenntnisse, die auf geistige Art gewonnen werden« (Anthroposophische Leitsätze 1 und 2). Steiner vertritt - phil. gesprochen - einen Monismus, also eine Lehre von der Einheit der Wirklichkeit, und zwar weder einen materialistischen noch einen spiritualistischen; vielmehr ermöglicht ihm die Tatsache, daß bei ihm das Materielle und das Geistige nichts grundsätzlich Verschiedenes, sondern im Grunde nur verschiedene Aggregatzustände der einen Sache sind, einen »Monismus, der die materielle und geistige Seite der Welt gleichermaßen anerkannte« (Hemleben). (Auch zwischen göttlichem Geist und Geistigem in der Schöpfung unterscheidet er nicht grundsätzlich.) Da nun Menschengeist und Weltengeistigkeit nicht grundsätzlich verschieden sind, können sich beide miteinander verbinden. Wie nun z.B. das Auge auf die Dinge der Außenwelt gerichtet werden kann, um diese wahrzunehmen, so ist auch das Denken nach Steiner ein Wahrnehmungsorgan, das nach dem Sichverbinden von Menschengeist und Weltengeistigkeit auf das menschliche Bewußtsein gerichtet werden und dieses zum Gegenstand des Denkens machen kann. Auf diese Weise kann die wahre Weltwirklichkeit erkannt werden. Steiner hat in verschiedenen Schriften den Weg der anthroposophischen Schulung beschrieben, die schließlich auch ermöglichen soll, in der »Akashachronik« zu lesen, einer angeblichen Weltenchronik, in der alles eingeschrieben ist, was je geschehen ist, und das der »Geistesforscher« nach Steiner lesen kann. Allerdings hat außer ihm in größerem Umfang niemand darin gelesen, was die große Bedeutung der Steinerschen Aussagen für die Anhänger der A. erklärt.

Große Bedeutung haben in den Steinerschen Anschauungen der »Christus« und das »Mysterium von Golgatha«. Allerdings handelt es sich dabei nicht um Person und Werk Christi, wie die Bibel sie kennt. Christus ist bei Steiner der Sonnengeist und zunächst zu unterscheiden von Jesus bzw. den beiden Jesusknaben. Steiner kennt die Reinkarnation nicht nur beim Menschen, sondern auch bei unserem Globus. In dessen jetziger (vierter) Inkarnation habe sich die Sonne von der Erde getrennt, wobei auch der Christus sich von der Erde abgesondert habe. Nun lebten zu Beginn unserer Zeitrechnung zwei Elternpaare namens Josef und Maria in Palästina, eins in Nazareth und eins in Bethlehem. Beide hatten einen Sohn mit Namen Jesus. Der bethlehemitische Jesus - er ist der des Mt-Ev.s - stammte aus der salomonischen Linie, in ihm reinkarnierte sich der Religionsstifter Zarathustra. Der andere, »nathanische« Jesus ist der des Lk-Ev.s. Sein Ich war der beim Sündenfall angeblich unschuldig gebliebene Teil Adams. Im 12. Lebensjahr des salomonischen Jesus verließ Zarathustra diesen und ging in den Körper des nathanischen Jesus, in dem er weiter heranreifte. Auch der Buddha ließ jetzt in den Leib dieses Jesus »seine Impulse aus der geistigen Welt einstrahlen«. Im 30. Jahr verließ das Ich des Zarathustra den nathanischen Jesus und machte dem Sonnengeist Christus Platz, der bei der Taufe in dessen Leib kam. Beim »Ereignis von Golgatha« floß das Blut Christi in die Erde, und Christus wurde »der Geist der Erde«. Jetzt geht die Menschheitsentwicklung wieder aufwärts. Die »objektive«, die Erdentwicklung hemmende Sünde, das Karma der Erde, ist mit Golgatha weggenommen. Das aber, was der Mensch persönlich zu verantworten hat, muß er selbst abtragen (Gesetz des Karma). Es handelt sich also bei Steiners Golgathageschehen nicht um eine personale Sühnetat zur Rettung des Menschen aus seiner Sünde und Verlorenheit, sondern um ein substanzhaftes Geschehen, das Bedeutung hat für die Erden- und Menschheitsevolution.

Die A. versteht sich als christl., ja als Vollendung des Christentums. Selbst im Zentrum, der Christologie, unterscheidet sie sich aber grundlegend von christl. Lehre. Tatsächlich hat sie auch ganz andere Quellen. Quelle ist für sie nicht die Bibel, sondern jene »Akashachronik«. Den Aussagen der Bibel wird nur so weit Richtigkeit zuerkannt, als sie der »Akashachronik« entsprechen.

Steiner war, nachdem er schon in früher Jugend übersinnliche Erlebnisse gehabt hatte, von einem »Meister« in die okkulte Esoterik eingeführt worden. Wichtig für seine Entwicklung waren außerdem die Beschäftigung mit Philosophen des deutschen → Idealismus, auch mit → Darwin und Haekkel und vor allem auch mit → Goethe. 1902-1913 war er Generalsekretär der deutschen Sektion der Theosophischen Gesellschaft, einer 1875 in New York von H.P. Blavatsky gegründeten Sekte, die viele okkulte Traditionen aufnahm und in sich zu vereinen suchte. 1913 wurde Steiner aus dieser Gesellschaft ausgeschlossen. Dann wurde von ihm die Anthroposophische Gesellschaft gegründet; nach Schwierigkeiten kam es dann 1923 zu seiner »Allgemeinen Anthroposophischen Gesellschaft«; diese hat heute in Deutschland ca. 16.000, weltweit ca. 60.000 Mitglieder, wozu ein noch größerer Freundeskreis kommt. Zentrum der A. wurde Dornach bei Basel (Schweiz) mit dem Goetheanum, wo außerdem auch die »Freie Hochschule für Geisteswissenschaft« ihren Sitz hat.

Steiners Tätigkeit führte zu vielen Auswirkungen in verschiedensten Bereichen, in denen die A. heute tätig ist, z.B. auf pädagogischem Gebiet (→ Waldorfschulen), auf medizinischem Gebiet (Krankenhäuser und mehr als 1.000 Ärzte in Deutschland und in der Schweiz), Heilmittelherstellung (Weleda AG, Wala oHG), biologisch-dynamische Landwirtschaft. Auch die selbständige → Christengemeinschaft geht auf Anregungen Steiners zurück.

Lit.: J. Badewien: Anthroposophie. Eine kritische Darstellung, 1985; K. Baral: Anthroposophie. Eine Orientierungshilfe, 1987; J. Hemleben: Rudolf Steiner, 1963; G. Wehr: Rudolf Steiner. Leben, Erkenntnis, Kulturimpuls, 1987.

K. Baral

Antichrist

1. Der Begriff

Die vom Christentum geprägte Bezeichnung Antichristus *(antichristos)* bezeichnet einen »Anstelle-Christus«, der sich an die Stelle *(anti)* des Christus stellt und insofern gegen ihn antritt. Der Ausdruck kommt nur in 1Joh 2,18.22; 4,3; 2Joh 7 vor, doch ist die Erwartung auch unter anderen Bezeichnungen gegenwärtig.

2. Vorstufen: Eschatologische Gegenspieler Gottes

Hebr. Bibel und Judentum wissen um »Gegenspieler«, die sich Gott und seinem Handeln in den Weg stellen (Pharao, Bileam, Saul, der König von Babel, Jes 14,12ff, Könige der Welt, vgl. Ps 2,1-3; Hes 38f; Dan 7-9). Damit verband sich bereits innerhalb des AT das Wissen, daß bei rel.-polit. Machtkämpfen auch die von Gott zurückgehaltenen Chaosmächte im Spiel sind, die Gottes Schöpfung und Ordnung durcheinanderbringen wollen (1Mo 1,1ff; Jes 14,12ff; Hes 28; 38f; Dan 2; 7-9; 11 usw.). Die sehr uneinheitlichen Vorstellungen (Irrlehrer; falscher Priester; ›Beliar‹; heidnischer König) spitzen sich immer mehr auf die Erwartung eines polit. Führers zu (vgl. AssMos 8; syr Bar 36-40, v.a. 39,5-7; 40,1-3; CD 1,14; 8,13; 20,15; IQpHab 2,1f; 8,8; 4QTest 21-30; Apk El 3; Sib 5,33f. 214-227. 363-385; Did 16,4; ApkPetr 2; Sib 2,165-168; MartJes 1-5, v.a. 3, wobei der Terminus ›Antichrist‹ nirgends vorkommt).

Methodisch ist es wichtig, die einzelnen Gegenspieler-Erwartungen deutlich zu unterscheiden. Die A.-Vorstellung konnte erst im Christentum durch das Wissen um das Kommen Jesu als des wahren Christus gebildet werden. Sie hat nicht alle Züge der Gegenspieler übernommen, sondern lebt aus dem Bild Jesu als des wahren Christus.

3. Die Texte des Neuen Testamentes

In der Endzeitrede (Mk 13,6.22; Mt 24,24) spricht Jesus von »Lügen-Christussen« (neben Lügen-Propheten, die von ihnen zu unterscheiden sind), die mit göttlichem Anspruch (Mk 13,6: »Ich bin's«; vgl. 2Mo 3,14) auftreten. Dahinter stehen polit. Ansprüche der Befreiungsbewegung (Zeloten; vgl. die Schilderung des Josephus), die zum Kampf gegen Rom aufrief.

Die Johannesbriefe (1Joh 2,18.22; 4,3; 2Joh 7) zeigen, daß das Wissen von einem kommenden A. zur Gemeindekatechese gehörte und Teil der konkreten Naherwartung des Endes war. Er wird nicht mit einem polit. Herrscher identifiziert, sondern mit Irrlehrern, die die wahre Menschwerdung des Christus in Jesus von Nazareth (offensichtlich mit prophetischem Anspruch) leugneten.

In 2Thess 2,3-12 wird »der Mensch der Gesetzes-Gegnerschaft« genannt, der Sohn des Verderbens, der vor allem in seiner rel. (gegen Gott, Tempel, Gottesdienst) und ethischen (Gesetzlosigkeit) Gestalt gezeichnet ist.

Die tiefste Entfaltung der A. -Erwartung geschieht in der Offenbarung in der Gestalt des »ersten Tieres« (Offb 13). Es trägt unverkennbar die Züge des polit. Herrschers (vgl. die Ausdeutung von Kap. 13 in Kap. 17). Die Bildersprache der Apokalyptik deutet das Geheimnis des A.en scharf aus, bewahrt aber gleichzeitig seinen Geheimnischarakter.

Die Offb spricht nie vom A.en, sondern gliedert ihn ein in die Vorstellung des → Bösen, das sich im Verlauf der Geschichte ausgestaltet. Hinter dem Bösen steht ein ›Vater‹ (der Schlangen-Drache von Kap. 12, also der Satan 12,9), der sich in einem Tier mit menschlichen Zügen inkarniert (13,1-10, der A.) und eine ›Anti-Passion‹ inszeniert (13,3 als Nachäffung von Karfreitag und Ostern). Dem ersten Tier wird eine Predigt-Arbeit zugeordnet (das zweite Tier als priesterliche Propaganda in 13,1-17: der falsche Prophet), die mit Fähigkeiten, die der christl. Geistesvollmacht ähnlich sind (Propaganda-Wunder, die der Unterdrückung der Menschen dienen), ihren Erfolg feiert. An die Stelle (= *anti)* der Dreiheit Vater-Sohn-Geist tritt die Anti-Dreiheit

Satan-Antichrist-falscher Prophet (vgl. 16,13!), an die Stelle der Heilsgeschichte Gottes tritt eine Anti-Heilsgeschichte, an die Stelle der Gemeinde Jesu tritt die Welt, die demTier verfällt und ihm zujubelt. Die Darstellung in Kap. 13 (vgl. Kap. 17) macht klar, daß es sich um eine priesterlich-rel. überhöhte und mit diktatorischer Vollmacht ausgestattete polit. Führerfigur handelt, die den gesamten öffentlichen und privaten Bereich auch des einzelnen kontrollieren kann (vgl. die totale wirtschaftl. Kontrolle in 13,16f). Obwohl der A. Menschenverächter ist, gewinnt er zunächst die ganze Welt für sich (13,3f). Die Kirche Jesu aber wird zum schärfsten Feind, zur unüberwindlichen (weil von Gott geborgenen) Größe (vgl. 12,13-17). Sie allein »überwindet« den A.en: durch das Zeugnis Jesu und in der Hingabe des Lebens im Märtyrertod (12,11; 13,7f).

Die Überwindung des A.en erfolgt durch die Ankunft Christi selbst (17,14; 19,11-21; 2Thess 2,8), ist also nicht innergeschichtlich durch polit. oder geistl. Mittel in Aussicht gestellt.

4. Theologische Voraussetzungen der Rede vom Antichristen

Der Verlauf der Geschichte liegt ganz in Gottes Händen, denen nichts entgleiten kann.

Mit dem Kommen Jesu hat in der Geschichte ein Umbruch stattgefunden: Zeit und Geschichte sind seither von Jesus geprägt und auf Jesus und seine Wiederkunft hin unterwegs. Durch Gottes Handeln kann normale Zeit plötzlich zur »Endzeit« werden.

Das gilt auch in einem allgemeineren Sinn: Mit dem Kommen Jesu tritt alles in eine neue, verschärfte Situation. Nur eine Kultur und eine Geschichte, die durch Christus geprägt worden ist, kann wirklich antichristl. werden. Antichristentum ist der Versuch, die christl. Spuren loszuwerden. Es kommt zur Umkehrung, zum Verfall der christl. Spuren hinein in die Anti-Gestalt des Bösen. Eine »christliche« Kultur kann nie in bloßes Heidentum zurückfallen. Sie kann in ihrer Tiefenstruktur nur noch antichristl. werden!

Die Vorstellung vom A.en setzt den Gedanken des Bösen voraus, das in umfassender Weise Person, Macht und Geist ist. Sie rechnet auch damit, daß sich das Böse erst im Verlauf der Geschichte der Welt (Profanhistorie) entfaltet und so erst langsam seine endgültige Gestalt annimmt. Diese Entfaltung des Bösen ist auf das Geschick der Gemeinde Jesu bezogen. Die Gemeinde treibt durch ihre Heiligkeit (Erkauftsein durch das Blut Jesu und Bewahrtsein durch Gott allein, vgl. Offb 12,11.14) das Böse zu seiner letzten Entfaltung an und wird umgekehrt so gereinigt und erprobt.

Sowohl das Böse wie auch der A. als die endzeitlich-geschichtl. Ausformung seines Wesens sind ganz in der Hand Gottes (*passivum divinum*). Gott läßt das nicht bloß zu: Er »gibt«, d.h. stößt die Entwicklung an, bestimmt, treibt an – und setzt gleichzeitig die Grenzen der Macht und der Zeit (vgl. 2Thess 2,6.8: »er wurde offenbart. . .«, bzw. Offb 13,5.7: »es wurde ihm gegeben. . .«; jedesmal ist Gott als alleiniges Subjekt zu verstehen).

5. Biblische Grundelemente der Rede vom Antichrist

Christologischer Bezug: Nur wo Christus kam, kann der A. an seine Stelle treten.

Lehrmäßige Entfaltung (Johannesbriefe): In der (innerchristl. beginnenden) lehrmäßigen Kritik an der vollen Menschwerdung Gottes, der Reduktion Jesu also auf ein ethisches Vorbild, liegt der »Geist des Anstelle-Christus«.

Ethische Umformung: Der A. ist der »Mensch der Gesetzlosigkeit (bzw. Widergesetzlichkeit)« (2Thess 2,3.7). Ethisierung des Christentums und Relativierung der Gebote gehen Hand in Hand (vgl. Mt 13,36-43 die beiden Unterscheidungsmerkmale des Unkrauts vom Weizen).

Politische Ausgestaltung (Offb): antichristl. Bewegung bleibt weder im christl.-lehrmäßigen Bereich noch in der ethischen Umformung stecken, sondern nimmt polit. (weltweite) Gestalt an. Die Wirklichkeit, die hinter der Bildsprache z.B. von Offb 13 steht, ist längst polit. und technische Realität.

Religiöse Überhöhung: Politische Systeme und Führergestalten pervertieren, sobald sie zum Gegenstand rel. Verehrung werden und so letzte Begründung für »Recht und Ordnung« zu sein vorgeben. Die äußere Form der Menschenfreundlichkeit schlägt damit zur tiefstmöglichen Form der Menschenfeindschaft um, indem sie dem Menschen die innerste Freiheit absprechen muß, sich nach Gott allein auszurichten. Erst in dieser rel. Überhöhung des polit. Systems tritt die antichristl. Gestalt vollends zutage. Gerade die Gemeinde Jesu wird als schärfster Feind erkannt: Wo Menschen die Freiheit, sich nach Gott allein auszurichten, genommen wird, bleibt nur noch die »Freiheit« des Blutzeugnisses, des Martyriums.

Vorbereitung in Vorabschattungen (vgl. 1Joh 2,18): der erwartete A. zeigt sich bereits in vielen gegenwärtigen antichristl. Irrlehrern, ja sein Geist ist bereits gegenwärtig (4,3; vgl. 2Thess 2,7). Im

Verlauf der Geschichte formt sich dieses Wesen aus, verdichtet und steigert sich in Bewegungen und in Einzelgestalten (Nero, Napoleon, Hitler. . .), die alle auch über sich hinausweisen auf den kommenden A.en.

6. Kirchliche Deutungen

Sehr früh erkannte man im röm. Kaiser (Nero bzw. Nero redivivus), der jedoch immer auch für das Gesamte des röm. Weltreiches steht, antichristl. Züge. Die Einzelperson und das System, das sie in ihrer Machtfülle trägt, sind nicht zu trennen.

Daneben standen früh bereits Identifikationen mit rel. Bewegungen (z.B. → Manichäismus) bzw. den beiden polit. Größen des aufkommenden MAs: Kaisertum und vor allem Papsttum (rel. und polit. Machtfülle: Rupert von Deutz; Joachim von Fiore; Luther; Melanchthon; Calvin).

Mit der beginnenden → Aufklärung wurde auch die A.-Vorstellung als mythologischer Rest belächelt. Kreise des Pietismus (→ Bengel, → Jung-Stilling) haben sie nie preisgegeben. In der Öffentlichkeit aber wirkte sie lange Zeit nur noch als (einflußreiche!) literarisch umsetzbare Gestalt (Dostojewski; J. Roth u.a.). Und doch war sie auch weiterhin Anlaß zu tieferem Denken, ja zu Geschichtsdeutungen von prophetischer Schärfe (z.B. W. Solowjew 1899, aber auf seine Weise auch Nietzsche 1895; J. Pieper 1950). Das Auftreten Napoleons wie Hitlers schärften zwar den Blick für die Möglichkeiten irdisch-polit. Ausgestaltung antichristl. Bewegung, wurden aber theol. nie aufgearbeitet. Die polit. Umwälzungen des 20. Jh.s, die Blüte eines polit.-rel. Führertums, die Erfahrungen der Fanatisierung von Massen durch Propaganda, die technisch perfekten Mittel zur Meinungsmanipulation, zur Massenvernichtung wie zur weltweiten polit. und wirtschaftl. Kontrolle zeigen, daß die Realität unserer Welt die Bildersprache der Apokalyptik längst eingeholt hat. An die Stelle des Lächelns tritt der Schrecken – und das Lob, das um den Sieg des kommenden Herrn weiß.

Lit.: J. Ernst: Die eschatologischen Gegenspieler in den Schriften des Neuen Testamentes, 1967; K.H. Michel: Wenn ihr dies alles kommen seht, 1992; F. Nietzsche: Der Antichrist, 1895; J. Pieper: Über das Ende der Zeit, [3]1980, 113-136; W. Solowjew: Die Erzählung vom Antichrist, 1898.

W.J. Bittner

Antijudaismus

1. Begriff

A. ist ein erst in neuester Zeit aufgekommener Begriff, der die innerhalb der Christenheit traditionelle negative Einstellung gegenüber dem → Judentum abgrenzen soll gegenüber dem seit Ende des 19. Jh.s auftretenden Antisemitismus.

Erscheinungen von Judenfeindschaft, die sich festmachen an dem Anderssein der Juden in Lebensstil und Religion, hat es seit der Antike in vielfachen Erscheinungsformen und mit unterschiedlichen Begründungen immer wieder gegeben. Der Begriff Antisemitismus, im letzten Viertel des 19. Jh.s entstanden, versuchte solchen Einstellungen einen wissenschaftl. Anstrich zu geben, insbesondere durch die – inzwischen als wissenschaftl. unhaltbar erwiesene – Theorie von einer »jüdischen Rasse«, der alle Übel der Welt zugerechnet wurden.

In der öffentlichen Diskussion wird nach wie vor der Begriff Antisemitismus auf alle Arten von Judenfeindschaft angewendet, auch auf solche aus dem christl. Bereich. Die Herausarbeitung des Phänomens des A. kann demgegenüber dazu helfen, den besonderen Anteil der Christenheit an der Entstehung und Ausbreitung von judenfeindlichen Vorstellungen, Gefühlen und Haltungen in den Blick zu bekommen.

2. Kennzeichen

A. äußert sich in einer Grundhaltung, die Christentum und Judentum in einem scharfen Gegensatz sieht. Sie begnügt sich nicht mit der Feststellung von Unterschieden, sondern versieht solche Feststellungen durchweg mit Wertungen, die die Überlegenheit des Christentums und die Minderwertigkeit des Judentums herausstellen sollen. Solche Grundhaltungen bestehen auch gegenüber anderen Religionen und Weltanschauungen. Gegenüber dem Judentum haben sie jedoch mit der Zeit eine solche Selbstverständlichkeit angenommen, daß sie häufig in ihrer Schärfe und Einseitigkeit gar nicht wahrgenommen werden. Die Einzigartigkeit des Verhältnisses von Christentum und Judentum, die aus der gleichen Wurzel erwachsen sind (s.u. 3.), machte zudem die Fragen von Zuordnung und Abgrenzung von Anfang an unausweichlich.

A. äußert sich in Denkschemata, die den Gegensatz oft von außen herantragen. Beim Lesen der Evv. wird oft ein Zwiespalt zwischen Jesus und seinen Jüngern einerseits und den Juden andererseits vorausgesetzt, der so in den Texten nicht zu finden ist, in denen durchaus auch positive Begegnungen erwähnt werden (z.B. Mk 12,28-34), zumal Jesus ebenso wie seine Jünger zum jüd. Volk gehören (vgl. Joh 4,22).

Ebenso wird oft ein Gegensatz zwischen dem »Gott des Alten Testaments« und dem »Gott des Neuen Testaments« konstruiert, während die Christen der ntl. Zeit nur das AT als ihre Bibel hatten und darin den einen Gott, den Vater Jesu Christi erkannten. Aus dem NT läßt sich darum auch nicht die oft zu findende Entgegensetzung einer vermeintlichen atl.-jüd. Ethik der Rache und Vergeltung gegenüber einer angeblich ntl.-christl. Ethik der Liebe entnehmen. Das Gebot der Nächstenliebe findet sich im 3Mo 19,18 und wird durchaus auch im Judentum beachtet.

Ebensowenig entspricht es dem bibl. Befund, wenn das AT häufig als »Gesetz« verstanden wird, das im Judentum zu »Gesetzlichkeit« geführt habe, dem das NT als »Evangelium« gegenübergestellt wird. Auch das NT respektiert die Gottesgebote des AT und stellt selbst neue Forderungen auf; auch das AT weiß von Gottes Barmherzigkeit und Liebe zu reden.

Besonders verhängnisvoll hat sich die Auffassung ausgewirkt, am Tode Jesu seien nicht nur einzelne Juden (ebenso wie Römer und andere Heiden) schuld, sondern das gesamte jüd. Volk der damaligen und aller folgenden Zeiten, das darum für ewig unter der Strafe Gottes stehe. Diese »Christusmord-« bzw. »Gottesmord-« Theorie, die sich nicht auf das NT berufen kann, hat seit dem frühen MA immer wieder zu Verfolgungen und Pogromen geführt, denen ungezählte Juden zum Opfer fielen.

Eng verbunden damit ist die Auffassung, die Erwählung Israels zum Volke Gottes sei als Folge des Kreuzestodes Jesu aufgehoben und die Christenheit sei nunmehr allein das Volk Gottes. Dabei wird verkannt, daß nach bibl. Überlieferung Gottes → Bund nicht einmal durch schweres Versagen der Menschen aufgehoben werden kann, weil Gott zu seinem Bund steht (vgl. Röm 9-11).

Solche und andere Denkschemata des A. haben sich tief in das Bewußtsein der vom Christentum geprägten Menschheit eingegraben und haben immer wieder judenfeindliche Handlungen veranlaßt und schließlich den Boden für den modernen, säkularisierten Antisemitismus bereitet. Das Bestreben, das Judentum herabzusetzen, um das Christentum um so heller erstrahlen zu lassen, hat aber auch dem Christentum selbst geschadet, das sich dem Gebot der Nächstenliebe verpflichtet weiß, aber Feindschaft und Haß gegenüber dem nächsten Nachbarn zuließ.

3. Ursachen

Die Entstehung des A. hat zu tun mit der Konkurrenzsituation zwischen Christen und Juden in der Anfangszeit, wie sie sich schon im NT abzeichnet. Durch die Entwicklung der Theorie vom »Gottesmord« und der »Enterbung« Israels durch die Kirche wurde sie verfestigt. Nach der konstantinischen Wende (313 n.Chr.) und dem Aufstieg des Christentums zur ausschließlichen Staatsreligion fand sich die Kirche in einem christl. Europa wieder, in dem das Judentum als einzige andere Religion geduldet wurde. Aus dieser Situation erklärt sich vor allem die Konfrontation zwischen der herrschenden Kirche und der (gerade noch) geduldeten Synagoge, die trotz ihrer bedrückten rechtlichen Lage doch immer als mögliche Bedrohung gesehen wurde. In Zeiten polit., sozialer und rel. Krisen entlud sich die Spannung immer wieder, da sie nie grundsätzlich von der Bibel her in Frage gestellt wurde.

4. Überwindung

Durch den von der nationalsozialistischen Judenvernichtungspolitik ausgelösten Schock setzte nach 1945 auch in den Kirchen ein Fragen nach den Ursprüngen der im → Holocaust gipfelnden Entwicklung ein. Nachdem zunächst jede Mitverantwortung an diesem Geschehen zurückgewiesen wurde, brach sich allmählich die Erkenntnis Bahn, daß die traditionelle kirchl. Einstellung zu den Juden wesentlich zu der Entwicklung beigetragen hatte. Die neueren kirchl. Erklärungen zum Verhältnis von Christen und Juden enthalten dementsprechend Bekenntnisse zu der christl. Mitverantwortung und Schuld am Holocaust (→ Kirche und Judentum). Eine Überwindung des A. wird mit dem Bewußtmachen der verschiedenen Denkschemata (s.o. 2) zu beginnen haben, um diese dann an der bibl. Botschaft zu messen und sie durch eine bibl. sachgemäße Sicht zu ersetzen.

Lit.: A. Baumann (Hg.): Was jeder vom Judentum wissen muß, [7]1992; W. Eckert, N.P. Levinson, M. Stöhr (Hg.), Antijudaismus im NT, 1967; EKD-Studie »Christen und Juden« 1975 bzw. bes. »Christen und Juden II. Zur Theologischen Neuorientierung im Verhältnis zum Judentum«; Ch. Klein: Theologie und Anti-Judaismus, 1975; R. Rendtorff, E. Stegemann (Hg.): Auschwitz. Krise der christlichen Theologie, 1980; R. Ruether: Nächstenliebe und Brudermord. Die theologischen Wurzeln des Antisemitismus, 1978.

Vgl. die Lit. zu → Kirche und Judentum.

A.H. Baumann

Antilegomena → Bibel a) Entstehung NT

Antimodernisteneid

Papst Pius X. (1903-1914) verlangte 1910 von jedem kath. Priester einen Eid auf die Verwerfung der »Irrtümer des Modernismus« gemeint sind die Ergebnisse der liberalen Theologie für Bibelwissenschaft und Dogmatik. Ab 1910 war dieser vor der Priesterweihe abzulegen. Dem Ansehen des Katholizismus in der Öffentlichkeit hat der A. sehr geschadet, ohne nach innen hin viel zu bewirken. 1967 trat ein allgemeines Bekenntnis zur Kirchenlehre, die professio fidei, an die Stelle des A.es.

Lit.: Quellen: D 3537-3550 (Neuner - Roos 54-57); professio fidei, in: K. Aland: Quellen zur Geschichte des Papsttums 2, 1356; K. Braig: Der Modernismus und die Freiheit der Wissenschaft, 1911; J. Mausbach: Der Eid wider den Modernismus und die katholische Wissenschaft, 1911; H. Mulert: Antimodernisteneid, 1911.

G. Ruhbach

Antinomie

A. ist ein phil. Begriff griech. Herkunft (*antinomia* »Widereinander/Widerstreit der Gesetze«) und meint die Widersprüchlichkeit von Aussagen innerhalb eines Aussagensystems oder den Selbstwiderspruch (der Gesetze oder Ordnungen) der Vernunft (Hinske/v. Kutschera, 393).

Schon Aristoteles hat auf den - auch für theol. Aussagen geltenden (gegen Barth, KD I, 1,7) - Sachverhalt hingewiesen, daß für den Fall, daß kontradiktorische Aussagen über ein- und denselben Gegenstand zugelassen werden, alles und damit nichts (Definitives) über diesen Gegenstand gesagt werden kann (Metaphysik, 1007 b 19 - 1008 a 34). Die Philosophie nimmt darum ein allg. Interesse wahr, wenn sie sich um das Aufspüren von A.n als Fehlerquellen und um deren Beseitigung bemüht. Die vielleicht bekannteste, schon in der Antike diskutierte A. hat ihren Niederschlag sogar im NT gefunden (Tit 1,12): Wenn ein Kreter sagt: »Alle Kreter lügen«, dann führt dies zu einem unauflösbaren Widerspruch: Sagt der Kreter die Wahrheit, dann lügen alle Kreter, also auch er selbst, dann sagt aber auch er nicht die Wahrheit.

Eine spezifisch phil. Prägung erfährt der Begriff A. in der um Reinigung der Vernunft von Fehlern und Fehlschlüssen bemühten »Kritik der reinen Vernunft«. → Kant zeigt (B 432ff), wie sich die Vernunft in A.n verstrickt, wenn sie die Fragen nach Anfang, Zusammensetzung, Freiheit sowie Ursache »der« Welt zu beantworten sucht. Für jede dieser Fragen können Antworten bewiesen werden, die zueinander in einem kontradiktorischen, sich ausschließenden Widerspruch stehen. So »beweist« Kant sowohl die für die kosmologischen → Gottesbeweise wichtige These: »Zu der Welt gehört etwas, das . . . ein schlechthin notwendiges Wesen ist«, als auch die Antithese: »Es existiert überall kein schlechthin notwendiges [sic!] Wesen, weder in der Welt, noch außer der Welt, als ihre Ursache« (B 481).

Kant selbst löst die Widersprüche nicht auf. Für ihn sind diese A.n Fehlschlüsse. Er bestreitet also, daß man überhaupt so denken dürfe. Die Rückfragen nach der letzten Ursache, dem letzten nicht mehr teilbaren Einfachen etc. dürfen uns nicht dazu verleiten, die erhaltenen Antworten als Eigenschaften der gegebenen Welt, unserer »Erscheinungen«, mißzuverstehen. Es handelt sich vielmehr nach Kant nur um Fragehinsichten. Diese stellen Perspektiven dar, die unsere Erkenntnis anleiten sollen, die aber nicht zu Eigenschaften einer an sich ja nicht erkennbaren Wirklichkeit (»Ding an sich«) hypostasiert werden dürfen. Angesichts dieser »Lösung« Kants ist freilich zu fragen, a) ob die ihn leitende Unterscheidung von »Erscheinung« und »Ding an sich« zwingend ist und b) ob sich die kosmologischen Fragen so einfach abweisen oder gar verbieten lassen. (Zur Sache vgl. Baumgartner, 105-113; zur Kritik an der Stringenz von Kants »Beweisen« vgl. Hübner, 244ff.)

Die Entdeckung möglicher Widersprüche als Resultat von Schlußverfahren, die in der klass. Mathematik als unbedenklich angesehen wurden, führt zur Begründung der modernen mathematischen Grundlagenforschung (Stegmüller, 353). Am bekanntesten ist die sog. Russel'sche A.: der Begriff einer Menge aller Mengen, die sich selbst nicht als Element enthalten. Enthält sich diese Menge als Element oder nicht? Ganz gleich, ob man die Frage bejaht oder verneint: in jedem Fall ergibt sich ein Widerspruch bei der Explikation dieses Begriffs: Ist die Menge aller Mengen, die sich selbst nicht als Element enthalten, Element ihrer selbst, dann steht das im Widerspruch zum Prädikat »die sich selbst nicht [!] als Element enthält«. Ist sie dagegen nicht Element ihrer selbst, dann steht das wiederum im Widerspruch zum Begriff der »Menge aller [!] Mengen«. Sowohl die Lösungsvorschläge für die semantischen A. (»Lügner-A.n«: die von A. Tarski vorgeschlagene Trennung von Objekt- und Metasprache ist letztlich nicht durchführbar) wie die für die logischen A.n (Hinske/Kutschera, 403ff; Davis/Hersh,

347-356), sind ihrerseits mit erheblichen neuen Problemen belastet.

Theol. ist der Sachverhalt, daß sich solche A.n nicht einfach »aus der Welt schaffen« lassen bzw. – vgl. die mathematische Grundlagenforschung – nicht mit Sicherheit vermeiden lassen und darum den Gewinn gesicherter Erkenntnis insgesamt bedrohen, als ein Hinweis auf die Begrenztheit jeder Vernunft und allen Erkenntnisvermögens (→ Erkenntnis) zu begreifen. Daß es nicht einmal in der Mathematik gelingt, »die« Vernunft als ein in sich widerspruchsfreies, abstraktes System zu konstituieren, ist ein Beleg für die bibl. bezeugte unüberholbare Individualität, Lokalität und Fleischlichkeit je einer Vernunft (1Kor 13,12; vgl. Hempelmann, 1636f), die am Beispiel der A. als ein bloß geschöpfliches, nicht aber göttliches Vermögen manifest wird, durch das sich der Mensch eben nicht von den Bedingtheiten und Begrenztheiten seiner Kreatürlichkeit lösen kann.

Lit.: Aristoteles: Metaphysik; K. Barth: KD I/1, [8]1964; H.M. Baumgartner: Kants »Kritik der reinen Vernunft«, 1985; Ph.J. Davis, R. Hersh: Erfahrung Mathematik, 1985; H. Hempelmann: »Vernunft/Verstand«, GBL 3, 1989, 1635-1637; N. Hinske, F.v. Kutschera: »Antinomie«, HWP Bd. 1, 1971, 393-405; K. Hübner: Kritik der wissenschaftlichen Vernunft, 1978; I. Kant: Kritik der reinen Vernunft (KrV), B ([2]1787); Stegmüller: »Wissenschaftstheorie«, in: Philosophie, hg. von A. Diemer, I. Franzel, 1958, 334-360.

H. Hempelmann

Antinomismus

Unter A. versteht man die (unbedingte oder bedingte) Ablehnung des Gesetzes Gottes. Unbedingter A. liegt dort vor, wo das Vorhandensein eines allgemeingültigen Sittengesetzes (und damit absolut verpflichtender Gebote bzw. Normen) grundsätzlich verneint wird. Der bedingte A. dagegen beschränkt sich darauf, die bleibende Geltung des Gesetzes als sittlichen Maßstab für den Christen zu bestreiten.

Abgesehen von gnostischen Strömungen in der alten Kirche und manchen Sekten des MAs ging die Christenheit bis zur Reformationszeit einhellig davon aus, daß das NT keinen strikten Gegensatz von Gesetz und Evangelium lehrt (→ Gesetz und Evangelium), sondern eine grundsätzlich positive Zuordnung vollzieht: Christus bringt nicht die Aufhebung, sondern die Erfüllung des Gesetzes (Mt 5,17-20; Röm 3,31; Gal 5,14.22). Dem Gesetz wird zwar jede Heilsfunktion aberkannt (Röm 3,28; 10,4; Gal 2,16), das sich in ihm manifestierende göttliche Gebot aber bleibt auch für die Glaubenden in Geltung (Mt 19,17-19; 22,37-40; Gal 5,14.22).

Die → Reformation hat an der altkirchl. und mittelalterl. Überzeugung festgehalten, daß das Gesetz auch für den Christen bleibende Bedeutung und Geltung behält. Sie unterschied einen dreifachen Gebrauch des Gesetzes (*triplex usus legis*): Der erste Gebrauch (*usus politicus* oder *civilis*) betrifft das Gesetz als notwendigen »Riegel« zur Eindämmung der Sünde, der Staat und Gesellschaft auch unter den Bedingungen des Sündenfalls ein Minimum an Menschlichkeit sichert. Der zweite Gebrauch (*usus theologicus* oder *elenchticus* oder *paedagogicus*) betrifft das Gesetz als »Spiegel« zur Sündenerkenntnis. Der dritte Gebrauch schließlich (*usus didacticus* oder *in renatis, tertius usus legis*) betrifft das Gesetz als »Regel« für den Glaubenden, die ihm zur Erkenntnis des Willens Gottes verhilft.

Alle drei Funktionen des Gesetzes wurden in der Reformationszeit von antinomistischen Theologen bestritten: Bei Thomas → Müntzer und manchen Wiedertäufern wurden die Schöpfungs- und Erhaltungsordnungen (Ehe, Familie, Staat) so grundsätzlich in Frage gestellt, daß man von einem radikalen, sogar den *usus civilis* bestreitenden A. reden kann. 1527 eröffnete der Freund und Schüler Luthers, Johann → Agricola (1494-1566), eine bis zu Luthers Tod nicht zur Ruhe kommende Debatte (den sog. ersten antinomistischen Streit) über die Berechtigung des zweiten Gebrauches des Gesetzes für die Glaubenden: Agricola meinte, daß nicht die Anklage des Gesetzes, sondern der Anblick der Kreuzesliebe Gottes den Menschen zur Sündenerkenntnis und Buße führe. Das Gesetz sei nicht Wegbereiter des Evangeliums, sondern ein mißlungener Versuch Gottes, auf den Menschen einzuwirken. Luther trat dieser Position (vor allem in seiner Schrift »Wider die Antinomer«; 1537) mit größter Entschiedenheit entgegen: »Woher weiß man . . ., was Sünde sei, wo das Gesetz und Gewissen nicht ist? Und wo will man lernen, was Christus ist, was er für uns getan hat, wo wir nicht wissen sollen, was das Gesetz sei . . .?« »Darum muß doch das Gesetz gepredigt werden, wo man Christus predigen will . . .« Nach Luthers Tod entwickelte sich zwischen einer Gruppe antinomistischer Theologen (Poach, Otho, Michael Neander, A. Musculus), die sich auf den Reformator berief, und Anhängern Melanchthons (Mörlin, Wigand) der sog. zweite antinomistische Streit um den dritten Gebrauch des Gesetzes: Beide Gruppen waren sich darin einig, daß das Gesetz (entgegen der Auffassung Agricolas!) auch für den Christen seine Sünden aufdeckende Bedeutung behält und daß das neue Leben in Christus seine Motivation nicht vom Gesetz, sondern vom Hl. Geist empfange. Die antinomistische Gruppe bestritt aber heftig die These von Mörlin und Wigand, daß das Gesetz auch für die Gläubigen gültige Lehre (*doctrina*) und Regel (*norma*) bleibe. Der Streit wurde in der Konkordienformel (1577) endgültig gegen die Antinomisten entschieden: Die Kinder Gottes leben »im Gesetz« und wandeln »nach dem Gesetz Gottes«, obwohl sie »vom Fluch und Zwang des Gesetzes befreit sind« und nicht mehr »unter dem Gesetz, sondern unter der Gnade« leben (F.C. VI).

Daß die Entscheidung der Konkordienformel Luthers Theologie entspricht, wurde bis in neuere Zeit bestritten (z.B. von K. Holl, R. Seeberg, W. Elert, G. Ebeling, R. Bring), muß aber angesichts der geradezu zentralen Stellung des Dekalogs in Luthers Material-Ethik und den grundlegenden Untersuchungen von W. Joest und K. Bockmühl bejaht werden.

In der ev. Theologie des 20. Jh.s erlebte der A. trotz seiner klaren Verurteilung durch die Reformatoren eine neue Blüte. Alle drei Funktionen des Gesetzes wurden (und werden) von maßgeblichen theol. Strömungen einer Kritik unterzogen: K. Barths Interpretation des Gesetzes als »Gestalt des Evangeliums« (KD II/2) bedeutete eine erneute Abkehr vom zweiten Gebrauch des Gesetzes, und das die ev. Ethik seit Aufkommen der → Dialektischen Theologie beherrschende Modell einer Situationsethik stellte durch seine Leugnung unbedingt geltender göttlicher Gebote sowohl den ersten als auch den dritten Gebrauch des Gesetzes radikal in Frage. Die im gegenwärtigen Protestantismus verbreitete »Krise des Ethischen« (Pannenberg) ist in erheblichem Maße darin begründet, daß der in der Situationsethik zur Herrschaft gelangte moderne A. durch seinen radikalen Relativismus inhaltlich verbindliche Aussagen zur individuellen, sozialen und polit. Ethik unmöglich macht.

Lit.: P. Althaus: Gebot und Gesetz, 1952; K. Barth: Evangelium und Gesetz, 1934, [3]1961; ders.: KD II/2, 1945; K. Bockmühl : Gesetz und Geist, 1987; R. Bring: Gesetz und Evangelium und der dritte Gebrauch des Gesetzes in der lutherischen Theologie, 1943; W. Elert: Zwischen Gnade und Ungnade, 1948; G. Hammann: Nomismus und Antinomismus innerhalb der Wittenberger Theologie von 1524-1530, 1953; W. Joest: Gesetz und Freiheit, 1951, [4]1968; S. Kjeldgaard-Pedersen: Gesetz, Evangelium und Buße, 1983; J. Rogge: Johann Agricolas Lutherverständnis, 1960.

W. Neuer

Antiochenische Theologie

Antiochia am Orontes, eine ca. 300 v.Chr. durch Seleukos I. Nikator gegründete Stadt, bis zur Zerstörung durch die Perser 540 n.Chr. drittgrößte Stadt im röm. Reich und Sitz des Statthalters der Provinz Syrien sowie Knotenpunkt der militärpolitischen Verwaltung, hat schon im Urchristentum große Bedeutung und ist ein wichtiges christl. Missionszentrum im ganzen 1. Jh. Der Proselyt Nikolaus, Diakon in Jerusalem, ist der erste bekannte Christ aus Antiochia. Die Stadt spielt eine entscheidende Rolle im Leben des → Paulus (Gal 2,1-10; Apg 11,22-26), besonders durch den Konflikt mit → Petrus (Gal 2,11-14), der uns das labile Zusammenleben einer judenchristl. und heidenchristl. Gemeinschaft zeigt. In Antiochia wurde zuerst der Name »Christen« gebraucht (Apg 11,26). Kirchengeschichtl. wichtig wird die Tradition von einem siebenjährigen Bischofsamt des Petrus (1. Cathedra), die vielleicht im Zusammenhang damit steht, daß sich ein quasimonarchischer Episkopat an der Spitze eines dreigestaffelten Priestertums in Antiochia seit Ignatius (gest. ca. 115; → Apostolische Väter) so früh wie nirgends sonst durchgesetzt hat. Dies wird sicher als Grund dafür benutzt, daß die Metropole des Orients den Rang eines Patriarchates erhielt. Dadurch ist eine natürliche Rivalität mit Alexandria und später Konstantinopel, aber auch mit Jerusalem geschaffen, die für das kirchenpolit. Geschehen von hoher Bedeutung sein sollte. Bischof Serapion (gest. 211) eröffnet (oder befestigt?) neue Einflußbereiche der Stadt im syr.-sprachigen Hinterland der griech.-röm. Welt durch die Weihe von Palut zum Bischof von Edessa. Der in der decischen Verfolgung 250 im Gefängnis gestorbene Bischof Babylas gilt als Stadtheiliger. Die Überführung seiner Gebeine im Jahre 354 vom Stadtfriedhof in ein eigens errichtetes → Oratorium im kaiserlichen Residenzviertel Daphne dem Apollotempel gegenüber gilt als älteste Reliquientranslation. Konstantin stiftete der Stadt eine große oktogonale Basilika. Johannes → Chrysostomus (344/54-407), selbst Antiochener und 381-397 Kleriker der Heimatstadt, predigte einer im wesentlichen christl. Stadt.

Von der A.Th. des 3. und beginnenden 4. Jh.s, also von Paul von Samosata (Bischof 260-268) und dem Presbyter Lucian (gest. als Märtyrer 312), wissen wir zuwenig Authentisches und zuviel Polemisches von Gegnern bzw. hagiologischen Notizen, um uns ein genaueres Bild zu machen. Die sog. ältere Antiochenische Schule entzieht sich kritischen Blicken.

So sollte man aus diesen und anderen Gründen erst seit Diodor, Klostervorsteher und Lehrer der Exegese in Antiochia (gest. 394 als Bischof von Tarsos), von einer Antiochenischen Schule in der Christologie reden. Diodors literarisches Werk ist freilich durch seine Verurteilung von 499 bis auf Fragmente zerstört. Für seinen Schüler Theodor von Mopsuestia (ca. 352-428) ist – trotz seiner Verurteilung 544 im Drei-Kapitel-Streit – die Quellenlage besser. Auch Johannes → Chrysostomos, → Nestorius (gest. ca. 451) und Theodoret von Kyros (gest. 458) müssen wir zu dieser Antiochischen Schule rechnen, an deren Ende das Ausscheren der Dyophysiten als sog. Nestorianer aus dem Kirchen- und letztlich auch aus dem Reichsverband steht.

Das Werk Theodors kann trotz seines fragmentarischen Zustands die Charakteristika A.r.Th. am besten zeigen. Doch muß man sich hüten, diese mit der Vielfalt der Theologien im syr. Raum oder auch nur in der Stadt Antiochia zu identifizieren.

Auffällig sind eine von der alexandrinischen Tradition verschiedene Schriftauslegung (Textnähe, historische Auslegung, Interesse nicht an Allegorese, sondern Typologie) und, damit im Zusammenhang stehend, besondere Formen theol. Argumentation (ein eklektischer Stoizismus, der noch stärker durch → Plato als durch den Neuplatonismus geprägt ist) sowie ein andersgerichtetes theol. Erkenntnisinteresse (Sicherung eines strengen Monotheismus, der einen »Abgrund« zwischen Gott und Mensch offenbart; der Akzent liegt nicht so sehr auf der in Alexandria betonten Gottesebenbildlichkeit, sondern stärker auf der – dort natürlich ebenfalls ausgesprochenen – gnädigen Zuwendung). Das führt zu »einer dezidierten Herausstellung des Abstandes zwischen Gott und Mensch« (B. Drewery). Eben dies läßt die Antiochener in der Christologie das Wichtigste in der Lehre von den zwei Naturen in Jesus sehen: Gott sah sich auf einer neuen Stufe der menschlichen Sündengeschichte genötigt, die alte Schöpfungsordnung wiederherzustellen durch den »Gottmenschen«, »einen Gott im Gewand menschlicher Natur, der das Heil der Menschen wirkte«. Wie in Alexandria ist der Gedanke der Erlösung primär. Wenn aber dort das Denkmodell der Inkarnation mit dem Ziel der Vergottung des gottesebenbildlichen Menschen im Vordergrund steht, so geht es der A.n Th. bei der singulären Tat Gottes ebenfalls um die Erlösung des Menschen, hier aber als des wiederhergestellten Menschen der Schöpfung.

Dabei hat die A.Th. einen starken ethischen Zug: die individuelle Verantwortung ist durch die Ursünde nicht aufgehoben.

Die antiochenische Betonung der zwei Naturen in Jesus, die in ihrer Frühzeit von einer strikten Herausstellung des nicaenischen »homoousios« (griech. wesensgleich) ausgegangen war und später von der nicht zuletzt durch in ihrer Tradition stehende Theologen erreichten Lösung von Konstantinopel geprägt blieb, fand in der chalcedonensischen Orthodoxie eine Bestätigung. Das ist auch die Position der A.n Th.: die zwei Naturen sind in einer vollständigen Einheit verbunden. Wohl verbindet sich in Jesus der Logos mit dem Menschen, doch ebenso wie jede der beiden Naturen in Ewigkeit das Mittel, sie zu identifizieren, besitzt, nämlich die Person, so hat dieser Jesus Christus auch seine Individualität. Es ist also in der A.n Th. entscheidend, ob »von den zwei Naturen oder dem einen Heiland die Rede ist: davon hängt ab, ob es um die Einheit oder um die Zweiheit der Person geht« (Drewery).

Aber allein das Letzte sollte in der polemischen Sprache der Gegner das Feindbild charakterisieren, das sich bis heute als prägend durchgesetzt hat und die theol. Bestätigung faktisch in einer kirchenpolit. Niederlage hat untergehen lassen.

In justinianischer Zeit zur Emigration gezwungen, war die A.Th. Grundlage der apostol. Kirche des Ostens im Perserreich und am ungeheuren Missionserfolg dieser Kirche im MA beteiligt, während Syrien vor allem dank der Arbeit des Jakob Baradai, des Severus von Antiochia und nicht zuletzt wegen der Ungeschicklichkeit byz. Kirchenpolitik zum überwiegenden Teil monophysitisch wurde.

Zusammenfassend läßt sich sagen: bei der A.n Th. handelt es sich um ein Logos-Mensch-Schema zur Beschreibung der → Erlösung des Menschen durch den souveränen und streng monotheistisch gedachten Gott. Durch die Natur des Logos wird in der Natur des Menschen bei Christus die Schöpfungswirklichkeit wiederhergestellt, und daher gilt es für die Menschen, eine starke ethisch geprägte Form der Erlösung zu vertreten. Mit ihrer strengen Theologie und Christologie, ihrer exegetischen Arbeit und ihrem hist.-typologischen Schriftverständnis wurde die A.Th. zu einem wichtigen Baustein des Bekenntnisses von Chalcedon 451, da manche Berührungspunkte mit der westl. Theologie (Leo I.) vorhanden waren. Doch die Kirchenpolitik nach 451 ließ sie als extrem dyophysitische Kirche nur im außerröm. Bereich groß werden.

Lit.: C. Andresen: Handbuch der Dogmen- und Theologiegeschichte I, 1982; B. Drewery: »Antiochien II.«, TRE 3, 1978, 104-113.

W. Wischmeyer

Antiphon

A. (griech., »Entgegnung, Wechselrede, Antwortgesang«). In der Alten Kirche gab es (außer einer rein solistischen Form) zwei Arten des Psalmengesangs: die *responsorische* Praxis (Vorsänger mit Antwort der Gemeinde oder des Chores) und die *antiphonale*, bei der zwei Halbchöre (auch Gemeindeteile) versweise abwechselten. Möglicherweise meint schon Eph 5,19 (»untereinander« Psalmen singen) diese Aufführungspraxis.

Das Substantiv A. wurde dann mit der Einführung eines festen Rahmenverses in die Psalmodie (5. Jh.) auf diesen Vers bezogen. Teilweise wurde die A. zweimal (vor und nach dem Psalm) gesungen, weniger häufig (z.B. im mönchischen Gebetsgottesdienst) auch am Anfang und nach jedem einzelnen Psalmvers. Die A. hat für die Psalmodie textliche und musikalische Bedeutung: Sie gibt dem Psalm einen Leitgedanken. So erhält beispielsweise der 98. Psalm, der in der luth. Agende für Weihnachten, für die Wochentage der Osterwoche sowie für den Sonntag Kantate vorgesehen ist, seinen kirchenjahreszeitl. Bezug durch die unterschiedlichen A.en. Musikalisch leitet die A. die folgende Psalmodie dadurch ein, daß sie im gleichen Psalmton steht, auf dessen Grundton sie kadenziert. Zeitweise hat die A. sich auch als Gesangsstück ohne Psalm verselbständigt. An solche Stücke knüpfen dann zum Teil auch Gemeindegesänge an, etwa das »Verleih uns Frieden gnädiglich«, das die lat. A. »Da pacem Domine« aufnimmt.

Lit.: J.A. Jungmann: Missarum Sollemnia (2 Bde.), [5]1962; B. Stäblein: »Antiphon«, MGG 1, 1949-51, 523ff.

Chr. Albrecht

Antisemitismus → Antijudaismus

Antitrinitarier

A. werden die Gegner des altkirchl. Dogmas von der Trinität genannt. Ein wesentlicher Ertrag der Theologiegeschichte bis Ende des 4. Jh.s ist die Sicherung des trinitarischen Dogmas von der Wesenseinheit Gottes als Vater, Sohn und Geist. Viele Theologen stellten bis dahin das Verhältnis der drei göttlichen Personen unterschiedlich dar. So kam es zu Lehrbildungen mit antitrinitarischem Charakter, die sich aber noch nicht gegen das altkirchl. Dogma richteten: Verschiedene Formen des Monarchianismus (→ Monarchianer), → Sabellianismus, Arianismus (→ Arius/Arianer). Ihre Vertreter werden nur mit begrenztem Recht A. genannt. Seit dem 17. Jh. bezeichnet die kirchl. Polemik die Gegner des reichsrechtlich verbindlichen trinitarischen Dogmas im 16. Jh. als A. Diese verband, daß ihre bibl. begründete Sicht von der Erneuerung der Christenheit in der antitrinitarischen Kritik eine gemeinsame Mitte hatte, während ihre sonstigen Lehren und Reformvorstellungen sehr verschieden waren. Sie wurden gespeist aus nominalistischen und, von Italien kommend, rationalistisch-humanistischen Quellen des 15. und 16. Jh.s, aus Täufertum (→ Täufer) und → Spiritualismus im 16. Jh. und bildeten eine über die → Reformation hinausgehende Gestalt des Christentums im Unitarismus, der aufgrund seiner weitergehenden Dogmenkritik besonders in England und Nordamerika zu den Wegbereitern des → Rationalismus und → Liberalismus wurde, im 20. Jh. durch Aufnahme weltanschaulicher und fremdrel. Elemente das Christl. z.T. verloren hat.

Ein klass. Vertreter der A. im 16. Jh. ist der spanische Jurist und Arzt Michael → Servet (1553 in Genf vom ref. Rat der Stadt verurteilt und verbrannt). 1531 veröffentlichte er »De trinitatis erroribus libri septem« (Sieben Bücher über die Irrtümer von der Trinität), 1553 sein Hauptwerk »Christianismi Restitutio« (Erneuerung des Christentums), in denen er seine Kritik vortrug um der einen alleinigen wesenhaften Gottheit Gottes des Vaters willen. Erst seit die A. 1562 in Polen und Siebenbürgen Zuflucht fanden, kam es zu Kirchengründungen: hier durch den Piemonteser Arzt G. Biandrata (1516-1588) und den Siebenbürger Pfarrer F. David (1510-1579, seit 1568 Bischof der Unitarier), in Polen durch Fausto Sozzini, Laientheologe aus Siena (1539-1604). Er einte verschiedene Gruppen, unter ihnen die »Non-Adoranten« (die Christus Nicht-Anbetenden) und legte mit nüchterner Bibelauslegung ein Fundament ihrer Lehre. Im »Rakower Katechismus« (1605) lag eine erste Bekenntnisschrift der »polnischen Brüder« oder »Sozzinianer« vor. Die Gegenreformation in Polen trieb die A. in die westl. Welt.

Heute zählen einige moderne Sekten zu den A.n, z.B. Zeugen Jehovas und Mormonen.

Lit.: G.A. Benrath: »Antitrinitarier«, TRE 3, 1978, 168-174; ders.: Die Lehre des Humanismus und des Antitrinitarismus, in: Handbuch der Dogmen- und Theologiegeschichte, hg. von C. Andresen, Bd. 3, 1-70 (Lit.!); A. v. Harnack: Lehrbuch der Dogmengeschichte III, [4]1910 (Neudr. 1964), 765-808; E.M. Wilbur: A History of Unitarism, Socinianism and its Antecedents, 1947; P. Wrzecionko (Hg.): Reformation und Frühaufklärung in Polen, 1977.

Chr. Windhorst

Antitypus → Typus, Typologie

Antonius (251-356)

Der Überlieferung nach war A. der Begründer der Anachorese (→ Mönchtum) in Ägypten. In der ein Jahr nach dem Tod des A. (357 n.Chr.) verfaßten »Vita Antonii« informiert uns → Athanasius, Patriarch zu Alexandrien, über sein Leben. Demnach ist A. 251 n.Chr. als Sohn wohlhabender Eltern in Mittelägypten geboren, wendet sich nach ihrem Tod, aufgerüttelt durch die Vollkommenheitsforderung Jesu (Mt 19,21), vom weltlichen Leben ab und zieht sich als Asket in die Einsamkeit der Wüste zurück. Nachdem er dort zwei Jahrzehnte in völliger Abgeschlossenheit im Kampf mit den Dämonen zu innerer Vollkommenheit gelangt ist, kehrt A. in die Öffentlichkeit zurück und belehrt die Mönche. Unter seinem Einfluß entsteht in der Wüste ein reiches monastisches Leben. In der Christenverfolgung Anfang des 4. Jh.s sucht A. in Alexandrien - vergeblich - den Märtyrertod. Zurück in der Wüste vollbringt A. zahlreiche Wunder, setzt sich - auf der Seite der bischöflichen Orthodoxie stehend - mit Häretikern auseinander und überzeugt selbst heidnische Philosophen von der Überlegenheit des christl. Gottes. 356 stirbt A. im Alter von 105 Jahren und wird an unbekannter Stelle von seinen Schülern beerdigt.

Ein ganz anderes Bild von A. vermitteln uns die 38 Logien, die in den »Apophthegmata Patrum«, einer aus dem 4 Jh. stammenden Sammlung von Vätersprüchen, aufgezeichnet worden sind. A. begegnet uns hier nicht als der von Sünden freie, sondern als der um das Heil ringende Eremit. Zwar flieht er vor den Versuchungen der Welt in die Wüste, doch gelangt er hier nicht zur Vollkommenheit, sondern wird in eine noch tiefere Erfahrung des Sünderseins hineingeführt. Darum unterwirft sich A. in Demut unablässiger → Buße und ist bemüht, sich betend für Gott zu öffnen. Um darin nicht gestört zu werden, verharrt A. konsequent in der Zurückgezogenheit des Eremitenlebens. Die Einsamkeit der Zelle, nicht aber die Öffentlichkeit der Welt, ist sein Lebensort. Nur einzelnen Schülern gibt er ein vollmächtiges Wort mit auf den Weg.

Die Apophthegmata geben uns, im Unterschied zur Vita des Athanasius, einen authentischen Einblick in anachoretisches Leben und Denken und stehen damit der hist. Gestalt des A. näher. Wirkungsgeschichtlich aber hat erst die Vita Antonii den Ruhm dieses ägypt. Eremiten in der Welt verbreitet und dadurch dem Mönchtum des Abendlandes wesentliche Anstöße vermittelt (vgl. Augustin, Conf. VIII, 6,15).

Lit.: Weisung der Väter, hg. von W. Nyssen, B. Miller, [2]1980, 15-24 (Antonius-Apophthegmata); BKV Bd. 31, 1917, 1-101 (Athanasius, Vita Antonii); H. Dörries: Die Vita Antonii als Geschichtsquelle, in: Wort und Stunde Bd. 1, 1966, 145ff; K. Heussi: Der Ursprung des Mönchtums, 1936, 78ff; H. Holze: Erfahrung und Theologie im frühen Mönchtum, 1992.

H. Holze

Äon, Äonenlehre

1. Der oft in feierlichen Wendungen (Ps 10,6; Neh 9,5) gebrauchte mehrdeutige Begriff Ä. (vom griech. *ʾaiōn*, hebr. *ʿōlām*, in allen nordwestsemit. Sprachen verwendet) bedeutet im AT die sehr lange ununterbrochene Dauer und unübersehbare Zeit (vgl. Ps 41,14), sowohl die graue Vorzeit (5Mo 32,7; Am 9,11; Jes 45,21) als auch die immer weitergehende Zukunft (1Mo 9,12), dann auch die Lebenszeit des einzelnen, etwa den lebenslänglichen Dienst (2Mo 21,6; 5Mo 15,17; 1Sam 1,22; 27,12) und schließlich die grenzenlose Ewigkeit, die Gott eigen ist (1Mo 21,33; vgl. Jes 40,28). Diese qualifiziert sein Wirken (Jes 40,28; Ps 145,13), ferner sein Wesen und seine Gaben: die ewige Gnade (Jes 54,8) und Liebe (Jer 31,3), seinen Bund (4Mo 18,19; 25,13) und seine Verheißung (Jes 61,8; Ps 103,17); analog zum Tod als ewigem Schlaf (Jer 51,39.57; vgl. das Grab als »Haus der Ewigkeit«, Pred 12,5) ist das Auferstehungsleben der Gerechten ewig (Dan 12,2). »Ewigkeit« bedeutet aber nicht Zeitlosigkeit, sondern die ewige Dauer der Zeit.

2. Im apokalyptischen und rabbin. Schrifttum erhielt Ä., *ʿōlām*, auch die Bedeutung »Welt« als Wirklichkeit, in der wir leben (Jes Sir hebr 3,18; 16,7; Aboth 1,2; b Ber 9b): Gott ist der »Herr der Welt« (*ribbōn hā-ʿōlām*, R. Hasch. 3,6). Die Hoffnung auf das Leben in einer neuen, heilvollen Welt ewigen Lebens führte zur Lehre von zwei Äonen: a) »dieser (gegenwärtige) Äon« (*hā-ʿōlām haz-zāh*), b) der »kommende (zukünftige) Äon« (*hā-ʿōlām hab- bāʾ*). Beide sind aufeinander bezogen, aber doch wesensverschieden (b Pes 50a): »Dieser Äon« meint die gefallene, von Sünde und Tod gekennzeichnete Welt, der »kommende Äon« ist von Gottes Kraft und Leben erfüllt. Die Ä.lehre wurde zu einem Interpretament der rabbin. Exegese; man konnte vor allem plerophore Aussagen der Schrift auf die beiden Ä.en beziehen (m Sanh 6,2; 10,3). Die Gerechten, vor allem die Märtyrer (b Ber 61b; b Ab Zar 18a), und schließlich ganz Israel (m Sanh 10,1) erhalten Anteil am Leben der kommenden Welt bzw. sind für es bestimmt.

3. Auch im NT bedeutet Ä. (oft im Pl.) sowohl eine lange Dauer bzw. die Ewigkeit (Mt 6,13; Mk 3,29; Röm 1,25; 9,5) als auch »Welt« (Mk 4,19) im Sinne von *Kosmos.* Ä. kann sowohl die Vorzeit (Kol 1,26) als auch Gottes ewige Zukunft (Offb 11,15) und das ewige Leben (*zōē*) bezeichnen (Joh 6,51; 3,15f, Adj. *'aiōnios*). In den drei ersten Evv. und in den Paulus-Briefen erscheint auch die Lehre von den zwei Ä.en, deren Bezeichnung noch wechseln kann: »Dieser Äon« (*hoūtos ho' aiōn*) steht dem »künftigen Äon« (*'erchomenos*, Mk 10,30, vgl. Eph 2,7) oder auch »jenem Äon« (Lk 20,35) gegenüber. Nach Mk 10,30; Lk 18,30 ist das ewige Leben ein Gut des kommenden Ä.s. Dagegen bezeichnet »dieser Äon« die gefallene, dem Untergang geweihte Welt, von welcher der Christ sich distanzieren soll (Röm 12,2, vgl. 1Kor 7,31-34; Eph 2,2). Neu ist die matthäische Wendung vom »Ende der (= dieser) Welt« (Mt 12,40.49; 24,3; 28,20). Die Tatsache, daß Christus in diese Welt gekommen ist und Gott die Welt durch ihn mit sich versöhnt hat, bedeutet noch nicht den Anbruch des kommenden Ä.s; dieser wird erst mit der Parusie und der Niederwerfung aller Feinde offenbar (vgl. 1Kor 15,23-26).

Lit.: J. Licht: »'Olām, 'El 'Olām etc.«, Enzyclopedia Miqra'ith VI, 1971, 100-106; M. Rissi: »Äon«, BHH I, 1962, 103-104.

O. Betz

Apartheid → Rassenfrage, Rassismus

Apokalyptik

1. Der Begriff

A. ist vom griech. 'apokalýpto, »offenbaren«, »enthüllen«, »aufdecken« abgeleitet und bezeichnet eine Frömmigkeitsbewegung, in der die von Gott geschenkte Enthüllung der Geheimnisse, die über dem Verlauf der Weltgeschichte und der anbrechenden Endzeit liegen, gepflegt und (in »Apokalypsen«) weitergegeben wird. Die Bezeichnung wurde vor etwa 150 Jahren in Anlehnung an die »Apokalypse« des Johannes (Offb 1,1) geprägt, ist also keine Selbstbezeichnung.

2. Der Ursprung der Apokalyptik

a. Die Forschung hat bisher fast ausschließlich in der den Glauben Israels tödlich bedrohenden Religionspolitik unter Antiochus IV. Epiphanes (175-164 v.Chr.) den Ursprung apokalyptischen Denkens erkannt. Diese Sicht hat zwei Voraussetzungen: Das bibl. Buch Daniel reflektiert diese Bedrohung, ist die älteste uns bekannte Apokalypse und gewissermaßen als Urtyp zu begreifen. Die übrigen Apokalypsen sind Weiterentwicklungen dessen, was in dieser ersten Gestalt angelegt ist.

Unter dem Druck jener tödlichen Krise des Glaubens habe sich die bibl. Hoffnung auf Gottes Hilfe zur apokalyptischen Hoffnung umgestaltet: die Gegenwart sei »Endzeit«; himmlische Mächte würden jetzt in irdisches Geschehen, das in seiner Bedeutung die ganze Welt umfaßt, eingreifen; die gegenwärtige Weltzeit werde abgebrochen, damit eine völlig neue beginnen könne. A. wurde damit psychologisierend als Aufschrei einer winzigen Gruppe, eines »heiligen Restes« in einer äußersten geschichtl. Notsituation erklärt.

b. Dieses Erklärungsmodell wird immer fraglicher:

Die verschiedenen Danieltraditionen sind aus sprachlichen und handschriftlichen Gründen (Qumran-Fragmente) um einiges früher anzusetzen.

Aufgrund von Qumran-Fragmenten ist zumindest der erste Teil des äthiopischen Henochbuches (1-36) auf spätestens Anfang des 3. Jh.s v.Chr. zu datieren, auf eine Zeit also, aus der wir von keiner akuten Bedrohung des Glaubens wissen. Die Entstehung der A. läßt sich darum nicht länger als Aufschrei in einer menschlich ausweglosen Situation erklären.

c. Ebenfalls offen ist die Frage nach der theol. (bzw. soziologischen) Einordnung. Ist A. aus der Weisheit zu erklären, oder als Weiterentwicklung und Aktualisierung der Prophetie zu verstehen? Inwiefern hängt sie mit dem Priestertum zusammen oder steht in Gegensatz zu ihm? Ist mit starkem außerisraelit. Einfluß (samaritanisch) oder gar Ursprung (pers.) zu rechnen? Eine Arbeitshypothese: Hinter der A. steht reiche priesterliche Erfahrung (vgl. Qumran-Essenismus, der ja selbst eine lange priesterliche Vorgeschichte gehabt haben muß), die (1) um die unlösbare Verbindung zwischen irdischer und himmlischer Welt (Tempelwissen!) auch für den Geschichtsverlauf weiß, (2) mit der aktiven Teilnahme himmlischer Wesen am irdischen Dienst (Tempelgottesdienst; vgl. Qumran-Liturgie) rechnet und teil hat sowohl (3) an priesterlicher Weisheitslehre (vgl. Hesekiel) wie (4) an echter Prophetie.

3. Literarische Eigenarten

Einige Besonderheiten tauchen in apokalyptischer Literatur gehäuft auf: Visionäre Schauungen;

himmlische Lehrgespräche, in denen dem Seher Auskunft über verschiedene Geheimnisse gegeben wird; Himmels- und Höllenreisen; die enthüllten Geheimnisse werden als Bilder gesehen, die ihrerseits einer Deutung bedürfen bzw. für tiefer gehende Deutung offen bleiben. Zu den Eigenheiten (Ausnahme: Offb) gehört die Pseudonymität, mit der die Verfasserschaft auf Größen der Vergangenheit (Henoch, Hiob, Abraham usw.) zurückgeführt wird.

4. Das apokalyptische Schrifttum

Die Entscheidung darüber, welche Schriften als Apokalypsen zu bezeichnen sind, hängt daran, welche Grundelemente man für konstitutiv apokalyptisch hält und welche allgemeiner als »eschatologisch« zu verstehen sind. Eine objektiv gültige Zusammenstellung ist deshalb nicht möglich.

a. Biblische Apokalypsen

Daniel und Offenbarung des Johannes. Einzelne Kapitel aus Prophetenschriften gehören zumindest zu Vorformen der A.: Hes 40-48; Sach 9-14; Jes 24-27; Joel u.a.

b. Jüdische Apokalypsen

äthHen; syrBar; 4Esra; Himmelfahrt Moses; Himmelfahrt Jesajas; slHen, grHen; ApkAbraham. Zumindest eng verwandt sind Jubiläen, Teile des TestXII (TestLevi und TestJuda); TestAbr; TestHiob; Teile der Sibyllinen; 3. Henoch.

c. Qumranschriften

Einige Schriften enthalten apokalyptische Elemente: Gebet des Nabonid (4QOrNab), PsDaniel-Fragmente (4QPsDan); Buch der Geheimnisse (1QMyst); Melchisedek-Fragment (11QMelch); Amram-Visionen (4QAmram); aram. Fragmente über das Neue Jerusalem; Fragmente über Zeitberechnungen (Perioden) aus Höhle 4. Eng verwandt sind die bedeutenden Liturgietexte (Sabbatlieder zum Brandopfer) aus Höhle 4 (4QSirSab, ed. C. Newsom) sowie die Kriegsrolle (1QM).

d. Frühchristliche Apokalypsen

Teile aus dem Hirten des Hermas. Verwandt sind die koptisch(-gnostische?) Petrus-Apokalypse und die Paulus-Apokalypse.

Vorstellungen, die uns in der A. begegnen, tauchen auch im NT auf, vor allem bei Johannes dem Täufer, Jesus (Mk 13 par.) und Paulus (1Kor 15,20ff; 1Thess 4,13ff; 2Thess 2,1-12).

5. Grundmotive apokalyptischen Denkens

a. apokalyptischer Erkenntnisvorgang

Drei Dinge spielen zusammen:

Beobachtungen an den bibl. Berichten (Schöpfungsgeschichte, Exodus, Geschichtskatastrophe beim Untergang des Nord- und Südreiches) zeigen typische Ereignisse, die sich in immer neuer Form wiederholen (weisheitlicher Aspekt). In der Wiederholung steigert sich das Ereignis und zieht die Geschichte in neue Dimensionen hinein (Periodisierungen: Dreier-, Vierer- bzw. Siebener-Reihen mit Steigerungen). Apokalyptische Ereignisse treffen schubartig ein, klingen ab, um dann verstärkt wiederzukehren. Der Geschichtsverlauf ist nicht linear, sondern rhythmisch.

Vertiefte Wahrnehmung der Gegenwart: Ereignisse im rel. und polit. Bereich werden an bibl. Einsichten gemessen und gedeutet. Das Wissen um Grundtypen (Abfall, Verfolgung, Lästerung usw.) hilft, gegenwärtige Vorgänge als Wiederholungen und Steigerungen wahrzunehmen.

Echte Erfahrung (Vision, Audition, himmlische Unterweisung in → Ekstase oder Himmelsreise). Das Geheimnis, das hinter geschichtl. Ereignissen steht, wird in Bild und Gleichnis gedeutet, bleibt aber letztlich → Geheimnis, das für immer neue Deutung und Vertiefung offensteht. Das Konkrete des einzelnen Ereignisses geht nicht verloren, aber das Typische tritt immer schärfer hervor.

b. Weltgeschichte

Erst die A. hat Geschichte als »Weltgeschichte« (Zielgerichtetheit, Universalität) wahrgenommen. Gott hält sie in Händen und führt sie zum Ziel (Gericht, Vollendung und Erneuerung der Welt). Als Grundsatz gilt: »Das Ende ist wie der Anfang« (ursprüngliche Schöpfung als Typos). Häufiger Bezugspunkt für die Deutung des Geschichtsverlaufs ist der Exodus (Auszug aus Ägypten).

c. Endzeit

Alles wird »in Bälde« geschehen. Die Gegenwart ist »letzte Zeit«, der gegenwärtige → Äon wird bald vom kommenden Äon abgelöst.

d. Himmel und Erde – Geschichte und Übergeschichte

Hier liegt die Überzeugung zugrunde, daß die irdischen Dimensionen der Geschichte (Leistung, Planung, Schuld, Bosheit usw.) nie ausreichen, Geschichte in ihrem tiefsten Geheimnis zu erklären. Es bestehen enge Zusammenhänge zwischen irdischer und unsichtbarer Welt (Tempelwissen! Vgl. Hiob

1-3; 1Kön 22,19ff; Jes 6,1ff; Hes 1-3 usw.). Im irdischen Geschichtsverlauf spiegeln sich himmlische Kämpfe ab (Offb 12,10ff), während irdisches Handeln (Gebet; Leiden; Opfer) in himmlisches Handeln eingreifen kann (Dan 9,20ff; 1QM). Die verfolgte Gemeinde ist mit der himmlischen unlösbar verknüpft: das Lob der himmlischen Gemeinde über den Machtantritt Gottes führt die irdische Gemeinde in tieferes Leid und Verfolgung, ja in weitere Steigerungen des Bösen. Das eine löst das andere geradezu aus. Grundsatz: Man muß um den Zusammenhang zwischen Himmel und Erde wissen und ihn einsehen können, um irdische Geschichte in ihrem Geheimnis zu verstehen.

e. Wachstum

Im Grundbild des Wachstums bis zur Ernte sprechen sich Zielgerichtetheit wie Steigerung innerhalb der Geschichte aus. Zwei Wachstumsbewegungen sind strikt aufeinander bezogen: Das Geheimnis des Bösen muß aus seiner Verborgenheit treten und sich zu seiner (gerichts-)reifen Gestalt auswachsen (→ Antichrist). Aber auch die Gemeinde wird geläutert und gereinigt. Die Unversehrbarkeit der Gemeinde treibt das Böse zum tiefsten Haß an; das Böse aber wird zum Mittel, durch das die Gemeinde zu ihrer vollendeten Gestalt heranreift.

f. Gott - und der kommende Erlöser

Das Ende, die Zeit der Ernte, wird nicht durch das Wachstum, sondern durch Gott allein festgelegt. Die letzte Geschichtsphase wird in verschiedenartiger Weise mit der Ankunft einer Erlösergestalt (Menschensohn, Messias) verbunden, die vor dem endgültigen Gericht, als Vollstrecker des Gerichtes oder als Herr der kommenden Friedenszeit kommen wird. Im Unterschied zu christl. Apokalypsen bleibt die Rolle, die jener Erlösergestalt zukommt, in jüd. Texten merkwürdig blaß.

g. Trostcharakter

A. will nicht Neugier befriedigen, sondern dem Trost der angefochtenen Gemeinde dienen: Gott hält dennoch alles in seiner Hand. Weil die Gemeinde dies weiß, kann sie in den himmlischen Lobgesang einstimmen, auch wenn die sichtbare Gestalt unserer Welt dazu keinen erkennbaren Anlaß mehr bietet.

Lit.: J.H. Charlesworth: Old Testment Pseudepigrapha, 1983/85 (umfassendste Ausgabe); E. Kautzsch: Die Apokryphen und Pseudepigraphen des Alten Testaments, (1900), 1975; W.G. Kümmel: Jüdische Schriften aus hellenistisch-römischer Zeit, 1970ff (umfassend, in Einzelbänden); P. Riessler: Altjüdisches Schrifttum außerhalb der Bibel, 1966; D. Hellholm: Apocalypticism in the Mediterranean World and the Near East, 1983; K. Koch, J.M. Schmidt (Hg.): Apokalyptik, 1982; Chr. Rowland: The Open Heaven. A Study of Apocalyptic in Judaism and Early Christianity, 1982.

W. Bittner

Apokatastasis → Allversöhnung

Apokryphen (AT)

Unter den atl. A. im engeren Sinne versteht man all diejenigen frühjüd. Schriften, die in der lat. Bibel (Vulgata) enthalten sind, in der hebr. Bibel jedoch nicht. Es handelt sich um mehrere eigenständige Werke (3/4 Esr, Tob, Jdt, Weish, Sir, Bar, EpJer, Or Man, 1/2 (3/4) Makk) sowie verschiedene Zusätze zu bibl. Büchern (ZusEst, ZusDan, Ps 151). Diese Schriften stammen vom 3. Jh. v. bis 2. Jh. n.Chr. Die meisten sind nur aus der christl. Ms.-Überlieferung erhalten; umfangreiche Fragmente besonders zu Sir wurden im 20. Jh. am Toten Meer und in der Kairo Genizah gefunden. Die A. insgemein, allen voran 1/2Makk sowie Weish, Sir und 4Esr sind für das Verständnis des antiken Judentums und des frühen Christentums wesentlich.

1Makk (frühes 1. Jh. v.Chr.) behandelt recht zuverlässig die jüd. Revolution gegen die hellenisierende Zwangsherrschaft des Seleukiden Antiochus IV. aus der sachlich-realpolitischen Perspektive der hasmonäischen Herrschaftsideologie. Dieses Werk ist in Theologie und Frömmigkeit vergleichsweise nüchtern und dem institutionellen Establishment verpflichtet (Kritik am Pietismus der Chasidim; → Chasidismus). Gott wird stets als »Himmel« umschrieben, aber seine Kraft und Güte dennoch gepriesen (z.B. 4,11.24ff); traditionell pharisäische Lehren wie Wunder, Engel, Auferstehung oder Unsterblichkeit fehlen. Prophetie ist gegenwärtig erloschen (4,46; 9,27; 14,41). 1Makk beschreibt auch den Beginn des jüd. Chanukkah-Festes 165 v.Chr. anläßlich der Wiedereinweihung des geschändeten Tempels in Jerusalem.

2Makk behandelt ohne sichtliche Abhängigkeit den gleichen Stoff wie 1Makk 1-7, jedoch aus ausdrücklich theol. (hasidäisch-pharisäischer) Perspektive. Für das NT wichtig sind der Vorsehungs- und Auferstehungsglaube sowie die Märtyrertheologie in 2Makk 6-7.

Die für das NT wichtigsten Weisheitsbücher der A. sind Sir und Weish (zahlreiche Anspielungen: vgl. Röm 1,18ff mit Weish 13-14; Röm 12,15 mit Sir

7,34; Mt 6,14 etc.). Sir wurde gegen 180 v.Chr. von Josua ben Sira in Jerusalem verfaßt und um 130 von seinem Enkel in Ägypten ins Griech. übersetzt (und mit dem jetzigen Prolog versehen). In den Spruchsammlungen des Sirach-Buches zeigt sich eine Konzentrierung der Weisheit auf nationale Tora-Frömmigkeit, ähnlich wie sie sich dann später im rabbin. Judentum entwickelt (vgl. bes. Sir 24; s. auch Bar 3). Gleichwohl aber geht es dem Verfasser hauptsächlich um Ethik und Spiritualität, nicht um das Ritualgesetz. Besonders wichtig ist auch die Betonung des geistl. begabten Schriftgelehrten (Sir 39), dem sozusagen das Erbe der Prophetie anvertraut ist. Israels Geschichte wird hier erstmals in die Weisheitslehre mit einbezogen (besonderer Preis der Väter, Sir 44-50). Für den Ursprung des atl. Kanons ist die schon im Prolog (Ende 2. Jh.) enthaltene Dreiteilung des atl. Kanons in Gesetz, Propheten und andere Schriften (vgl. auch 39,1; 44,3-5) wichtig.

Weish ist ein vermutlich im 1. Jh. v.Chr. in Alexandria verfaßtes Weisheitswerk. Ähnlich wie Spr und Pred ist Weish Salomo als dem symbolischen Urheber israelit. Weisheitslehre zugeschrieben (Weish 7-9). Wegen seiner hellen. Prägung (rhetorische Formen; Platonismus und Stoizismus: z.B. Unsterblichkeitslehre, Naturgesetz, vier Kardinaltugenden) steht Weish → Philo von Alexandria näher als der klass. Weisheitsliteratur; es geht jedoch stets um jüd. Apologetik. Wesentlich für das Verständnis der ntl. Christologie ist die personifizierte Weisheit als Gottes Logos (dazu bes. 18,15f). Trotz eines gewissen Universalismus liegt dem Verfasser in Kap. 10-18 daran, den heidnischen Götzendienst anzuprangern und Gottes geschichtliche Fürsorge an seinem Volk zu betonen. Viele Anspielungen bei Paulus machen wahrscheinlich, daß er Weish kannte oder mit dem gleichen Gedankengut eng vertraut war.

Zwei dem Esra pseudonym zugeschriebene Schriften sind in der Vulgata (mit OrMan) als Anhang enthalten. 3Esr ist ein alternatives Geschichtswerk zu 2Chr 35f und Esr. 4Esr ist die einzige Apokalypse in den A., nach der Zerstörung des zweiten Tempels (70 n.Chr.) entstanden und später vermutlich christl. redigiert (Kap. 1-2, 15-16). Kap. 3-14 sind ein Zyklus von sieben Visionen, in denen es um die seit der Tempelzerstörung brennende Theodizeefrage geht. Gottes Herrschaft über die Geschichte bringt schließlich den → Messias und das himmlische → Zion; bis dahin müssen die von Esra niedergeschriebenen 24 Bücher des Kanons und 70 außerkanonischen (geheimen) Bücher getreu verwaltet werden.

Jdt und Tob sind interessante Beispiele jüd.-hell. Novelle; das gleiche gilt für Sus (in ZusDan). Or Man ist ein bewegendes kurzes Erbauungsstück zu 2Chr 33,12; in der frühen Kirche wurde es wie andere A. liturg. verwendet.

Der unübersehbar reiche Einfluß der A. auf Theologie und Kultur des Abendlandes läßt sich hier nur andeuten (vgl. Metzger, 205-238). In der frühen Kirche wurden die A. zunächst mit LXX weithin als Teil des atl. Kanons akzeptiert und verwendet (ausgenommen Melito, Origenes, Hieronymus, Athanasius); seit dem 4 Jh. jedoch war ihr Einfluß in der westl. Kirche wesentlich größer. Die Reformatoren hielten die A. für »der heiligen Schrift nicht gleich gehalten und doch nützlich und gut zu lesen«; Luther fand hier viel Erbauliches. Auf kath. Seite führte jedoch die wachsende Skepsis der Protestanten 1546 am Konzil von Trient zur offiziellen Kanonisierung der gesamten Vulgata. In Musik und Kunst reicht der Einfluß der A. von M. Rinckarts beliebtem Gesangbuchlied »Nun danket alle Gott« (Sir 50,22-24) zu Händels Oratorium »Judas Maccabaeus« sowie zu Gemälden flämischer und italienischer Meister zu Tob und Jdt. Zur heutigen Bedeutung: Zwar lag Hieronymus mit seinem Votum für den hebr. Kanon sicher richtig; als »parakanonische« Verständnishilfen für die Zusammengehörigkeit von AT und NT sind jedoch die A. auch für Protestanten von bleibend großem theol. Nutzen und Gewinn.

Lit.: G. Blail: Die Apokryphen, 1988; E. Kautzsch: Die Apokryphen und Pseudepigraphen des Alten Testaments, 1962; W.G. Kümmel u.a.: Jüdische Schriften aus hellenistisch-römischer Zeit, 5 Bde., 1973ff; B.M. Metzger: An Introduction to the Apocrypha, 1957; G.W.E. Nickelsburg: Jewish Literature between the Bible and the Mishnah, 1981; L. Rost: Einleitung in die alttestamentlichen Apokryphen und Pseudepigraphen einschließlich der großen Qumran-Handschriften, [3]1985.

M. Bockmühl

Apokryphen (NT)

Unter ntl. A. verstehen ev. und kath. Theologie übereinstimmend jene Schriften, die nach Form und Inhalt gewisse Ähnlichkeiten zu den 27 Büchern des NT aufweisen, aber nicht in dieses mitaufgenommen wurden, obwohl sie beanspruchen, von Aposteln verfaßt worden zu sein oder zumindest über die Apostel berichten. Vereinzelt schon ab dem frühen 2. Jh. entstand eine große Zahl solcher Bücher (etwa hundert oder mehr). Von vielen wissen wir nur den Namen; die noch erhaltenen Texte sind meist fragmentarisch, viele nur in syr., lat., kopt., äthiop. oder arab. Übersetzung.

Unter dem Namen des Apostels Petrus gibt es mehrere frühe A.: Petrusev., Petrusakten, Petrusapokalypse (alle drei entstanden im 2. Jh.). Beim Petrusevangelium fällt das apologetische Motiv auf: Der Auferstandene erscheint nicht nur den Gläubigen, sondern auch den röm. Soldaten (I, 38-42). Die Petrusakten berichten von den Kämpfen des Petrus mit dem (aus Samaria stammenden - vgl. Apg 8) Zauberer Simon in Rom und schließlich von Petri Martyrium. Die Petrusapokalypse beinhaltet eine ausführliche Schilderung Jesu von den zukünftigen Strafen für die Sünder. Der Kanon Muratori erwähnt sie nach der Johannesapokalypse als eine zwar rezipierte, aber doch auch umstrittene Schrift.

Wie unter dem Namen des Petrus gibt es auch unter dem Namen anderer Apostel (etwa Paulus oder Thomas) verschiedenste A. Über Entstehungszeit und -ort können im allg. nur ungefähre Aussagen gemacht werden. Diese A. besaßen bloß gebietsweise Verbreitung, mitunter allerdings sogar kanonsähnliche Anerkennung. Von den ntl. Textformen wurden Evv., Acta und Apokalypse häufig nachgeahmt, jedoch kaum Briefe.

Der Begriff »apokryph« bedeutete ursprünglich »verborgen« oder »geheim«. Die Gnostiker erhoben den Anspruch, solche geheimen, besonders heiligen und nur wenigen bekannte Schriften zu besitzen. Durch die Ablehnung seitens der Kirche erhielt »apokryph« die Nebenbedeutung »gefälscht«, »häretisch«. Viele der heute zu den A. gerechneten Bücher entstanden unter den Gnostikern. In den gnostischen Evv. verkündete der Auferstandene vor seiner Himmelfahrt noch geheime Offenbarungen. Die Apokalypsen sind diesen gnostischen Evv. ähnlich. Eine besondere Form hat das Ev. nach Thomas: Es besteht aus aneinandergereihten Sprüchen Jesu.

Auch die meisten altchristl. Kirchenordnungen berufen sich auf apostol. Autorität (etwa die Didache oder die Didaskalia), werden aber trotzdem nicht zu den A. gerechnet. Sie schließen sich der Form nach nicht an Bücher des NT an, und als offizielle Kirchenordnungen haftete ihnen auch nicht der Geruch des kirchlich Verbotenen an.

Im 2. Jh. entstanden auch judenchristl. Evv. (z.B. das Hebräerev.) und Kindheitsevv.: Protoevangelium des Jakobus (= Geburt Marias), Kindheitserzählung des Thomas.

Von den apokryphen Apostelakten sind die Acta Pauli besonders bekannt. Tertullian berichtet, daß sie von einem kleinasiat. Presbyter stammen, der wegen dieser Fälschung abgesetzt wurde. Das ist einer der seltenen Fälle, wo wir Hinweise auf den Verfasser einer solchen apokryphen Schrift haben. Wichtig sind auch noch die Andreas-, Johannes- und Thomasakten. Der Transitus Mariae (Himmelfahrt Marias) entstand im 5. Jh. und schildert Tod und Aufnahme Mariens in den Himmel. Ein Beispiel dafür, daß die Marienlehre z.T. dogmatisierte Volksfrömmigkeit ist.

Kennzeichnend für den Inhalt der ntl. A. sind die Betonung spektakulärer Wunder und der geschlechtlichen Enthaltsamkeit.

Die ntl. Apokryphen haben heute keine praktische Bedeutung mehr: Sie werden nicht von Laien, sondern nur von Theologen studiert, und niemand denkt daran, sie ins NT zu nehmen. Ihre wissenschaftl. Bedeutung besteht in zweierlei: Erstens machen sie den großen Qualitäts-Unterschied zwischen den Büchern des NT und den übrigen Schriften der Frühzeit der Kirche bewußt. Zweitens informieren sie uns über das damalige volkstümliche Christentum in und außerhalb der Kirche. Unsere hist. Kenntnis über Jesus und seine Apostel wird durch sie jedoch kaum erweitert.

Lit.: M. R. James: The Apocryphal New Testament, 1924, 1980; A. de Santos: Los Evangelios Apocrifos, 1956; W. Schneemelcher (Hg.): Neutestamentliche Apokryphen, Bd. 1, [6]1990; Bd. 2, [5]1989; K. Tischendorf: Evangelia Apocrypha, 1853;

B. Altaner, A. Stuiber: Patrologie, [9]1980, §§ 35-41; G. Kretschmar: »Apokryphen (NT)«, GBL 1, 1987, 74-82; R. McLachlan Wilson: »Apokryphen II«, TRE 3, 1978,316-362;

J. M. Robinson: The Nag Hammadi Library in English, 1977.

F. Stuhlhofer

Apollinaris (ca.315-ca.390)

A. wurde als Sohn des gleichnamigen Grammatiklehrers im syr. Laodicea geboren. Ab 360/1 war er Bischof in seiner Heimatstadt und starb wohl im Jahre 390, jedenfalls vor 392. Schon zu Lebzeiten war er ein heftig umstrittener Theologe, dessen Lehre von Christus seit 377 auf mehreren Synoden und 381 auf dem 2. Ökumen. Konzil in Konstantinopel als häretisch verurteilt wurde.

Bei A. begegnet zum ersten Mal in der Geschichte der Kirche das Problem des → Monophysitismus, d.h. der Lehre von der »einen Natur« Christi, in der die menschliche Natur Christi in dem Verdacht steht, von der göttlichen verschlungen zu werden. In einem Bekenntnis des A. an Kaiser Jovian (363) heißt es bereits: »Wir bekennen. . ., daß der eine Sohn nicht aus zwei Naturen (»physeis«) besteht, sondern eine physis des Gott-Logos, die Fleisch wurde und mit seinem Fleisch zusammen in einer Verehrung verehrt wird« (vgl. Lietzmann 250ff).

Phil. und theol. gleichermaßen hoch gebildet, gehörte A. zu den Anhängern des → Nicaenums (325). Mit → Athanasius kämpfte er für die Anerkennung der Lehre von der wesenhaften Einheit Christi mit Gott. Seit 346, als Athanasius auf seiner Rückreise aus abendländischer Verbannung Laodicea besuchte, verband beide eine lebenslange Freundschaft. Theol. stimmten beide gegenüber den Arianern (→ Arius/Arianer) darin überein, daß Christus, der Sohn Gottes, kein Geschöpf, sondern wesenhaft Gott sei. Wie aber ist dann das Wort zu verstehen, daß dieser Gott »Fleisch wurde« (Joh 1,14)? A. versteht Joh 1,14 so, daß sich in Christus Gott mit der menschlichen Natur vereinte und zum »Gott im Fleisch« wurde. Er betont: Es gibt nur einen Sohn Gottes, und dieser eine Sohn hatte auch nur eine fleischgewordene Natur, die vom göttlichen Logos, nicht aber von einer menschlichen Vernunft bestimmt wird.

Mit dieser Lehre erregte er den Widerspruch der Gegner, zu denen insbesondere die → Kappadozier Gregor von Nazianz und Gregor von Nyssa gehörten. Sie betonten gegenüber A. die menschliche Seite Christi, lehrten die Einheit zweier Naturen in Christus und formulierten den Grundsatz, daß nur der Christus die Menschen erlösen könne, der selbst Mensch im umfassenden Sinn gewesen sei, nach Leib, Seele und Geist.

Mit A. entwickelt sich aus dem trinitarischen der christologische Streit, der in den folgenden Jahrhunderten die Kirche tief erschütterte.

Das Werk des A. ist nur noch in Bruchstücken erhalten; einige Schriften sind unter dem Namen des Athanasius überliefert (Oratio contra Arianos IV; Contra Sabellianos).

Lit.: R.M. Hübner: Soteriologie, Trinität, Christologie. Von Markell von Ankyra zu Apollinaris von Laodicea: Im Gespräch mit dem dreieinen Gott, FS W. Breuning, 1985, 175-196; H. Lietzmann: Apollinaris von Laodicea und seine Schule. Texte und Untersuchungen, 1903 (ND 1970); E. Mühlenberg: Apollinaris von Laodicea, FKDG 23, 1969; ders.: »Apollinaris von Laodicea«, TRE 3, 1978, 362-371 (Lit.).

W.A. Bienert

Apolloniusmartyrium → Märtyrerakten

Apologeten, altkirchliche

Wie die Verkündigung so gehört auch die Verteidigung des Evangeliums von früh an zu den Grundaufgaben der Kirche. Sagt die Missionspredigt, worin das → Evangelium besteht, so antwortet → Apologetik auf kritische Einwände bzw. unbegründete Vorurteile gegenüber dem Evangelium. Apologetik steht somit am Anfang christl. Theologie; sie ist allerdings konkreter und situationsbezogener als diese. Hat es Theologie mit dem Bedenken und Befragen des Glaubens zu tun, so steht Apologetik im Gespräch mit bestimmten Gegnern des Christentums, mit Juden oder Valentinianern, mit Neuplatonikern oder Montanisten. Beschäftigt sich Theologie mit dem Grundproblem von Orthodoxie und Häresie, so interessiert sich Apologetik für die vielen Einzelfragen, die sich aus der Verkündigung des Evangeliums ergeben, z.B. für die Auferstehung der Toten.

Im 1. Petrus-Brief (3,15) wird Apologie als Rechenschaft über Glauben und Leben des Christen jedem Glaubenden als Aufgabe zugewiesen. Trotzdem kann nicht jede Verkündigung der christl. Botschaft schon als apologetisch bezeichnet werden. Im 1. Jh. erfolgte Apologetik gleichsam nebenbei, immer dort, wo und wann sie erforderlich wurde. Paulus gehört auch zu den bedeutendsten A. des Urchristentums (z.B. in Röm 1 und 2 in der Abwehr des heidnischen Lebensstils oder in Gal 3 in der Auseinandersetzung mit jüd. Schriftauslegung), aber sein Hauptberuf war die Missionspredigt und nicht deren Verteidigung.

Im 2. Jh. änderte sich die Situation. Die christl. Kirche hatte sich inzwischen konsolidiert und wurde von ihren Zeitgenossen als eigene Religion wahrgenommen. Wie bei jeder Minorität waren Gerüchte und Einwände schnell zur Hand; so in der ungebildeten Volksmasse, daß Christen Atheisten seien (weil sie die herkömmlichen Götter nicht verehren) oder Kannibalen (weil sie im Herrenmahl Leib und Blut Christi zu sich nehmen) oder Blutschande betreiben (weil sie einander den Friedenskuß geben) u.a. Solchen Verdächtigungen gegenüber konnten die A. weniger widerlegen als einfach bestreiten. Im übrigen war das Leben der Christen der beste Beweis für die Haltlosigkeit der gegen sie gerichteten Vorwürfe.

Die Gebildeten warfen der Kirche vor, sie wäre eine viel zu junge, traditionslose Religion ohne Argumente, Erfahrung und Lebensstil. Gegen solche Beschwerden traten nun mehrere Christen im 2. Jh. auf, die A. heißen, weil sie als A. (= Verteidiger) des Christentums wirkten und ihre Argumente in Apologien (= Verteidigungsschriften) vorbrachten. So haben die einen, wenigstens fiktiv, an die Kaiser unmittelbar geschrieben, Aristides an Hadrian (117-138), Justin an Antoninus Pius (138-161), Athenagoras an Marcus Aurelius, andere an Provinzstatthalter, so Tertullian in seinem berühmten Apologeticum an den für Nordafrika zuständigen Prokurator. Inhaltlich haben die A. – durchaus in Aufnahme phil. Argumente – die Götterverehrung der Heiden und deren Mythologie der Kritik unterzogen und den Monotheismus gepriesen. Sie haben die Loyalität der Christen gegenüber dem Staat (und die Fürbitte für den Kaiser) herausgestellt und die im Alltag bewährte Moralität, das »tugendhafte Leben«, von dem die Christen nicht nur reden wie die Philosophen, sondern das sie auch praktizieren.

Gegen den Vorwurf der allzu jungen Religion wird auf den Zusammenhang zwischen Judentum und Christentum verwiesen: bei Mose wären alle großen griech. Philosophen in die Schule gegangen, so daß das Christentum durchaus zu den Traditionsbesitzern zu zählen sei. Immer wieder aber wird von der Kirche, ihrem Glauben und ihren Gottesdiensten berichtet, um den Verdacht der Heimlichtuerei und des Mysterienkultes abzuwehren.

Die literarischen Formen, deren sich die A. bedienen, nämlich das Plädoyer des Anwalts oder der Dialog mit dem Widersacher, stammen aus der antiken Rhetorik und sind ebensowenig neu wie die apologetischen Methoden, die aus der hell. Philosophie bzw. der jüd. apologetischen Literatur (Weisheit Sal., Philo, Josephus) übernommen waren. So haben gelegentlich Christen und Heiden die gleichen Argumente gebraucht, nur in anderem, oft entgegengesetztem Sinne verstanden. Die verwendeten Motive (Topoi) waren neutrales Material geworden, das sich fast beliebig verwenden ließ und aus den unterschiedlichsten Florilegien stammte. Hierin liegt der Grund, warum die A. weithin nicht als originelle Denker eingeschätzt werden. Sie mußten sich durch die üblichen Schemata der Philosophie und der Rhetorik zunächst durchkämpfen, bevor sie ihre eigene Meinung entfalten konnten, und manche christl. Theologen sind in dieser Tradition erstickt und zu keiner eigentlich christl. Aussage mehr gekommen (z.B. Minucius Felix in seinem Octavius).

Immer haben sich die A. in einem »Mehrfrontenkrieg« befunden. Die eine Front, gegen die sich nahezu alle christl. Theologen abgrenzen mußten, war das Judentum, das seinerseits eine heftige antichristl. Apologetik betrieb. Um nicht als jüd. Sekte zu erscheinen, haben die A. versucht, den Abfall der Juden von der Moses-Offenbarung zu erweisen und die Christen als das wahre Gottesvolk zu legitimieren. Durch allegorische und typologische Auslegung des AT wurde die Erfüllung der messianischen Verheißungen durch Jesus und der besondere heilsgeschichtl. Auftrag des Christentums gegenüber dem alten Bundesvolk dargetan. Die andere Front, mit der sich eigentlich alle christl. Theologen beschäftigen, war der Gerichtshof des Staates und die literarische Auseinandersetzung mit der zeitgenössischen Philosophie. Im ersten Fall ist natürlich die christentumsskeptische Öffentlichkeit der röm. Behörden zu nennen, dann aber gibt es eine Reihe ernst zu nehmender Streitschriften gegen das Christentum von bekannten und weniger bekannten Philosophen wie Fronto, → Celsus, Porphyrius u.a. Zahlreiche A. haben ihnen gegenüber, mehr oder weniger überzeugend, die Überlegenheit des Christentums gegenüber allen anderen Religionen und Philosophien nachzuweisen versucht.

Die dritte Front apologetischer Auseinandersetzung sind die christl. Häretiker, die gegenüber der Großkirche den Anspruch auf reine Lehre erhoben und deshalb zu allen Zeiten der Widerlegung bedurften.

Die Zeit der A. im weiteren Sinn reicht bis ans Ende des 4. Jh.s. Nachdem das Christentum 380 Staatsreligion geworden war, traten die Auseinandersetzungen von außen nach und nach zurück, und die Apologetik wurde zur Theologie. Es verwundert daher nicht, daß die eigentlich sog. »altkirchlichen« A. in die Frühzeit des Christentums, also ins 2. Jh. gehören. Sie folgen auf die → Apostolischen Väter und werden gefolgt von den Frühkatholischen Vätern. Zu den A. gehören:

- Quadratus aus Kleinasien (Apologie an Hadrian, ca. 130);
- Ariston aus Pella (Dialog zwischen einem Christen und einem Juden über Christus, ca. 140);
- Miltiades aus Kleinasien (5-7 Apologien, ca. 160);
- Apollinaris aus Hierapolis (5 Apologien gegen Juden, Griechen und Montanisten, ca. 160), die Schriften von 1-4 sind sämtlich verloren gegangen.
- Melito von Sardes (eine verlorene Apologie an Mark Aurel, ca. 172 und eine erhaltene Passa-Predigt);
- Aristides von Athen (Apologie in syrischer Übersetzung an Hadrian, ca. 130);
- Justin von Rom, wohl der bedeutendste unter den altkirchl. A., (zwei Apologien gegen die Heiden, an Antoninus Pius, ca. 155, Dialog mit dem Juden Tryphon über das jüd. Gesetz und den Monotheismus, ca. 160);
- Tatian von Rom, Schüler Justins, hat neben seiner → Evangelienharmonie eine Werbeschrift an die Griechen (ca. 165) verfaßt;
- Athenagoras aus Athen (eine Apologie als »Bittschrift für die Christen«, an Mark Aurel, ca. 177, und eine theol. Abhandlung über die »Aufer-

stehung der Toten«, die sich sowohl an Philosophen wie an Christen selbst wendet);

- Theophilus von Antiochien (Apologie an Autolycus, ca. 180);

- Brief eines unbekannten Autors an den Heiden Diognet mit einer umfassenden Kritik am Heiden- und Judentum (ca. 150-180).

Lit.: L.W. Barnard: »Apologetik I«, TRE 3, 1978, 371-411 (Lit.); E.J. Goodspeed: Die ältesten Apologeten, (1914) 1984; A. Hauck: Apologetik in der Alten Kirche, 1918; W. Jaeger: Das frühe Christentum und die griechische Bildung, 1963.

G. Ruhbach

Apologetik

A. - Verteidigung des christl. Glaubens gegenüber der nichtchristl. Umwelt.

1. Theologische Begründung und Einordnung der Apologetik

a. Missiologisch-heilsgeschichtliche Begründung der Apologetik

Das NT unterscheidet grundlegend zwischen Kirche und Welt. Christen sind durch Gottes Berufung aus der Welt ausgesondert. Das neue Gottesvolk unterscheidet sich heilsgeschichtl. vom alten wesentlich dadurch, daß die ntl. Gemeinde nicht wie Israel als eine ethnisch (völkisch) geschlossene Größe aus den Völkern erwählt ist, sondern eine Gemeinschaft von Menschen aus den verschiedensten Völkern darstellt, die durch den Missionsauftrag Christi an alle Völker gewiesen ist (Mt 28,19-20).

Die Notwendigkeit zur A. erwächst aus dieser Spannung zwischen der → Erwählung der Kirche aus der Welt und ihrer Sendung in die Welt. Das Wort vom Kreuz steht im Widerspruch zu den vorfindlichen Kulturen der Völker, die durch Mission in die Nachfolge Christi eingewiesen werden sollen. Um Menschen vor allem beim Übergang von einem Kulturkreis in einen anderen von der Botschaft des Evangeliums zu überzeugen, muß sich der Missionar in die geistige Tradition seiner Hörer hineindenken. Nur mittels gründlicher Kenntnis der rel., ideologischen und phil. Denkvoraussetzungen lassen sich in Anknüpfung und Widerspruch die Widerstände gegen die Botschaft überwinden. Die Mission darauf denkerisch und praktisch vorzubereiten, ist seit den Tagen der Urchristenheit Aufgabe der A.

b. Ursprünge apologetischer Theologie im NT

- In den synoptischen Evangelien (Mt/Mk/Lk): Ihre erste grundlegende Herausforderung zur A. erfuhr die entstehende Kirche in der Begegnung mit dem → Judentum. Die Synoptiker zeigen Jesus in Auseinandersetzung mit den einflußreichen jüd. Gruppierungen seiner Zeit (apologetische Streitgespräche Jesu mit Vertretern der Pharisäer, Sadduzäer, Zeloten usw. über die Steuerpflicht, das Sabbatgebot, die Totenauferstehung).

- Im Johannesevangelium:

Das vierte Ev. ist als ganzes zutiefst apologetisch bestimmt. Sein Aufbau und seine inhaltliche Darstellung sind von der Frage nach dem Selbsterweis Jesu als → Messias und Gottessohn geprägt.

- In der Apostelgeschichte und den apostolischen Briefen:

Die Apg des Lukas beschreibt das mission. Vordringen der Evangeliumsverkündigung in die hell.-röm. Welt. Dabei lassen sich an der Auseinandersetzung mit der Magie (8,4-25), dem Polytheismus (14,8-20) und der griech. Philosophie (17,16-34) typische Merkmale frühchristl. A. herausarbeiten.

Die Gesamtkonzeption des Römerbriefes zeigt eindrucksvoll die heilsgeschichtl. Argumentationsweise des Paulus gegenüber dem Juden- als auch gegenüber dem Heidentum und stellt innerhalb des NT den in sich geschlossensten apologetischen Entwurf dar. In profilierter Zuspitzung macht Paulus im Eingangsteil des ersten Korintherbriefes den Gegensatz zwischen menschlicher Weisheit und dem Wort vom Kreuz deutlich und bringt damit den Widerspruch zwischen Philosophie und christl. Theologie präzise auf den Punkt (1Kor 1,18-2,16).

Im ersten Petrusbrief findet sich der locus classicus (klassische Belegstelle) jeder christl. A.: »Seid allezeit bereit zur Verantwortung (griech. *pros apologian*) vor jedermann, der von euch Rechenschaft (*panti tō aitounti hämas logon*) fordert über die Hoffnung, die in euch ist« (1Petr 3,15).

c. Ort der Apologetik im Zusammenhang der theologischen Disziplinen

- Apologetik als Aufgabe systemat. Theologie

Die zusammenhängende und in sich schlüssige Entfaltung der christl. Glaubens- und Sittenlehre (→ Dogmatik und → Ethik) muß in wechselnden historischen Situationen und kulturellen Kontexten (→ Kontextualisierung) je neu begründet werden. Denkhindernisse und Einwände auf dem Weg zur bibl. Glaubenserkenntnis gilt es dabei zu überwinden. Dies ist die Funktion apologetischer Argumentation im Gesamtbemühen systemat. Theologie; sie hat ihren Ort besonders in den Einleitungen der

Dogmatik (Prolegomena) bzw. der Fundamentaltheologie, in deren Rahmen die Voraussetzungen und Grundlagen der christl. Offenbarung gegenüber zeitgenössischen Wahrheitsansprüchen dargelegt und verteidigt werden sollen.

– Praktisch-theologische Einübung in die Apologetik

Dialogfähigkeit bzw. Streitkultur etc. sind heute Stichworte, unter denen die Konkretion der A. in je unterschiedlichen Herausforderungen neu bedacht und praktisch eingeübt werden müßte. Grundlegend für die Glaubwürdigkeit christl. A. ist die Verbindung von persönlicher Glaubensgewißheit und intellektueller Redlichkeit. Sie nimmt die Wahrheitserkenntnis in der Argumentation des Gegenübers ernst und wird ihr deshalb gerecht, ohne dabei die Eindeutigkeit des christl. Bekenntnisses abzuschwächen oder gar preiszugeben. Von praktischer Relevanz erwiesen sich in Deutschland spezifische Institutionen, die man speziell mit apologetischen Aufgaben betraut hat, z.B. die → Evangelische Zentralstelle für Weltanschauungsfragen; sie knüpft an die Tradition der früheren »Apologetischen Centrale« in Berlin an.

2. Geschichtstheologische Beobachtung und Konsequenzen aus der Geschichte der Apologetik

a. Unterschiedliche Bedeutung der Apologetik in der Theologie- und Kirchengeschichte

– Apologetischer Auf- und Durchbruch in der Alten Kirche

Der mission. Aufbruch des frühen Christentums in die heidnische Welt des röm. Imperiums und ihre hell. Kultur ist maßgeblich von der A. bestimmt. Die griech. Schriftsteller des 2. Jh.s und die lat. des 3. Jh.s gelten in der Theologiegeschichte als die »Apologeten« schlechthin. Als Verteidiger des Christentums gegen jüd. Positionen und gnostische Systeme bedienen sie sich der Methoden und Argumente antiker Philosophie; zu ihnen sind u.a. Justin der Märtyrer, Athenagoras und Tertullian zu rechnen (s. → Apologeten, altkirchliche). In der nächsten Entwicklungsphase versuchen die alexandrinischen Theologen (→ Alexandrinische Theologie) → Clemens und → Origenes die christl. Lehre mit der antiken Kultur zu versöhnen; bei Eusebius von Caesarea fungiert die A. bereits als »Praeparatio evangelica« (Vorbereitung auf das Evangelium). Sie erreicht mit dem »Gottesstaat« von Aurelius Augustinus einen umfassenden Gesamtentwurf christl. Geschichtstheologie, der in Auseinandersetzung mit dem röm. Reich konzipiert ist. Während dieser Epoche der Kirchengeschichte erwies sich A. als unabdingbares Erfordernis, um die hell. Welt mission. zu überwinden.

– Das Mittelalter als »tausendjähriges« Interim (Zwischenzustand) der Apologetik

Mit dem Schwinden der geistigen Kraft des Heidentums verlagert sich die apologetische Diskussion von der mission. Orientierung nach außen hin zum innerkirchl. Konflikt in der Auseinandersetzung zwischen orth. (rechtgläubigen) und häretischen (irrlehrerischen) Lehrentwicklungen. Diese innertheol. Problematik bestimmt das Mittelalter sowie die konfessionelle Kontroverstheologie in der Epoche der Reformations- und Gegenreformationszeit.

– Apologetik als Rückzug und Herausforderung in der Neuzeit

Mit der Renaissance (Wiedergeburt der antiken, vorchristl. Kultur) und dem Humanismus setzt in der lat. Kirche des Westens im 15./16. Jh. die kritische Abwendung vom christl. Erbe ein und erreicht in der europ. Aufklärung des späten 17. Jh.s und vor allem des 18. Jh.s ihren Höhepunkt. In den religionskritischen Systemen des 19. und 20. Jh.s findet diese Entwicklung ihren ideologischen Abschluß. Angesichts der Ideale von Toleranz, → Autonomie und Rationalität verlor das christl. Dogma seine absolute Gültigkeit in der Gesellschaft. Es bildete sich eine nachchristl. Kultur heraus, die die Theologie fortwährend zu apologetischen Einlassungen nötigte. Die in der Neuzeit erschienene apologetische Literatur ist nahezu unüberschaubar. Sie richtet sich gegen die rationalistische Bibelkritik, sowie den → Atheismus in allen seinen Begründungszusammenhängen. Einen durchgängigen Schwerpunkt bildet die Auseinandersetzung um ein sachgemäßes Natur- und Weltbild in der Diskussion zwischen den exakten Naturwissenschaften und der Schöpfungstheologie. Als herausragende Apologeten der Neuzeit seien beispielhaft genannt: Hugo → Grotius, John Henry → Newman, August → Tholuck, Martin → Kähler, Franz → Delitzsch sowie im 20. Jh. Karl → Heim und Walter Künneth. Die Letztgenannten versuchten von bibl. Positionen ausgehend, den neuzeitlichen Rationalismus und Kritizismus zu überwinden. Dennoch gleicht im Unterschied zur frühkirchl. Situation die neuzeitliche A. oft eher einem Rück- als einem Siegeszug. Gerade bei einer Reihe höchst wirksamer Theologen wie z.B. F.D.E. → Schleiermacher, E. → Troeltsch, P. → Tillich und R. → Bultmann, erweisen sich die kritischen Denkvoraussetzungen der neuzeitlichen Philosophien als so mächtig, daß ihre apologetischen Bemühungen scheiterten; obwohl diese prot. Denker die moderne Kultur mit der christl. Überlieferung aussöhnen möchten, gelingt es ihnen in zentralen Fragen nicht, eine schriftgemäße, am reformat. Bekenntnis orientierte Position durchzuhalten.

- Geschichtstheologische Herausforderung zur Apologetik

Die Entwicklung des Christentums um die Wende zum dritten Jt. neigt sich wieder zu ihrer apostol. Ausgangslage. In der bewußt nachchristl. Kultur der europ. Moderne ist jedoch kein Rückzug, sondern erneut die Kraft der apologetischen Mission gefordert; betrieben von einer Minderheitskirche, die ihre Bestimmung, »Fremdlinge in der Zerstreuung« zu sein (1Petr 1,1), bewußt annimmt und mission. lebt.

Dabei zeigt sich, daß argumentative A. nur bis zur Beseitigung von Denkhindernissen, die der Akzeptanz des Glaubens entgegenstehen, vordringen kann. Den Glauben selbst schafft nur Gott durch seinen Geist, wenn die Botschaft von Christus schriftgemäß verkündigt wird. Indem K. → Barth die rechte Zuordnung von apologetischer und kerygmatischer Aufgabe verkannte, wirkte sich seine Ablehnung der A. in der jüngsten prot. Theologiegeschichte negativ aus. A. kann zwar nur Vorbereitung bzw. Begleitung des Glaubenszeugnisses sein, aber als solche bleibt sie in der gegenwärtigen heilsgeschichtl. Epoche der Kirche unerläßlich.

Lit.: L.W. Barnard, K.G. Steck, H.-R. Müller-Schwefe: »Apologetik I-III«, TRE 3, 1978, 371-429; K. Barth: KD I/1, [8]1964, 24-35; K. Heim: Der evangelische Glaube und das Denken der Gegenwart, 6 Bde, 1975/76; A. Tholuck: Die Lehre von der Sünde und vom Versöhner oder: Die wahre Weihe des Zweiflers, [9]1871; O. Zöckler: Geschichte der Apologie des Christentums, 1907.

R. Hille

Apophatische Theologie

Der Begriff A.Th. oder Apophatismus ist von dem griech. Wort *apophasis*, »Verneinung«, abgeleitet. In der patristischen und der ostkirchl. Theologie der Gegenwart bezeichnet er die Unfaßbarkeit des göttlichen Wesens. Der Begriff und sein Synonym, »negative Theologie«, ist zum ersten Mal in den Schriften des Pseudo-Dionysius Areopagita (5. Jh.) nachweisbar. Er unterschied a.Th. und kataphatische bzw. positive Theologie. Die Begriffsunterscheidung fand durch Maximus Confessor weitere Verbreitung in der östl. Theologie, im Westen durch das Vierte Laterankonzil (1215) und durch die via negativa des → Thomas von Aquin. Der Apophatismus behauptet, daß Gott an sich nicht das Objekt direkter menschlicher Erkenntnis sein kann, weil alles menschliche Erkennen ein Sein als Gegenstand braucht und weil Gott jenseits von allem Seienden und damit auch jenseits menschlicher Begrifflichkeit existiert. Gott kann nur in der »Dunkelheit« jenseits der Grenzen menschlichen Erkennens erfahren werden. »Die verneinende Theologie ist demnach ein Weg zur mystischen Vereinigung mit Gott, dessen Wesen uns unerkennbar bleibt« (Losskij, 37f).

Lit.: K.-Chr. Felmy: Orthodoxe Theologie, 1990, 25-39 (Lit.); J. Hochstaffl: Negative Theologie, 1976; V. Losskij: Die mystische Theologie der östlichen Kirche, 1961, 31-57;

R. Redman

Apostasie

Der Begriff A. (griech. *apostasis*, später *apostasia*; Verb *aphistêmi*) bezeichnet in der atl. Umwelt zum einen den polit. Abfall von einem Bündnis (vgl. 2Mo 14,4; Hes 17,15; 2Chr 21,8.10), zum anderen den rel. Abfall von einer Gottheit bzw. einem Kult (zu beiden Bedeutungen vgl. 2Makk 5,8). In der LXX überwiegt die Bedeutung des rel. Abfalls »von Gott«, oder »vom Gesetz« (vgl. Apg 21,21), im kultischen Götzendienst oder ethischen Ungehorsam (vgl. Jos 22,16-23; 4Mo 14,9; Jes 30,1; Jer 2,19).

Eine entsprechende Bedeutung besitzt A. auch im NT (polit.: Apg 5,37; rel.: Lk 8,13; Hebr 3,12). Paulus rechnet mit einem massiven Abfall der Gemeinden und ihrer Glieder in den »letzten Zeiten« (2Thess 2,3; 1Tim 4,1). A. bezeichnet hier die freiwillige Abwendung vom Glauben zum Unglauben, bzw. von Gott zum »Mensch der Bosheit«, »Sohn des Verderbens« oder zu »verführerischen Geistern und teuflischen Lehren«.

Eine große kirchl. Bedeutung gewann das Problem der A. im Zuge der Christenverfolgungen des 2. und 3. Jh.s. Neben Mord und Ehebruch galt A. bis etwa zur Decischen Verfolgung (250/51) als unvergebbare Sünde. Allerdings mußte man bald die freiwilligen Apostaten von den schwach gewordenen *lapsi* (»Abgefallene«) unterscheiden, die nur unter Zwang ihrem Glauben absagten. Nach kath. Verständnis ist A. der freiwillige Abfall vom kath. Glauben überhaupt (CIC 646) oder vom Klerikerstand bzw. Ordinationsgelübde (CIC/1983, 751.1364), der mit Exkommunikation geahndet wird.

Begrifflich ist A. von Häresie (→ Irrlehre) zu unterscheiden, die nur eine lehrmäßige Abweichung von einer verbindlichen Glaubensnorm darstellt, während A. die völlige Verwerfung des Glaubens selbst bezeichnet.

Lit.: A. Schindler: »Häresie II.«, TRE 14, 1985, 318-34; H. Schlier: ThWNT I, 507-509.

V. Gäckle

Apostel/Apostolat

1. Das Amt des A.s (*apostolé*), des »Abgesandten«, »Boten« (*apostolos*, hebr. *schalûach*, aramaisierend *schalîach*) wird - was seine Entstehung und seine Sinngebung anlangt - seit der gründlichen Untersuchung von K.H. Rengstorf meist zum Schaliach-Institut der Rabbinen in Beziehung gesetzt. Kennzeichen des Shaliach ist die mit seinem Auftrag verknüpfte Vollmacht: Der Bote ist der Repräsentant der ihn sendenden Person oder Behörde (Ber 5,5). Dieses Schaliach-Institut ist freilich erst ab dem 2. Jh. n.Chr. als solches bezeugt; es entstand auf der Grundlage des schon im AT bekannten semit. Botenrechts, das zur Erklärung der formal-rechtlichen Aspekte der Sendung im NT genügt. Bei seinem Auftrag bezüglich der Christusgläubigen in Damaskus handelte → Paulus als bevollmächtigter Bote des Hohenpriesters (Apg 9,1f; 22,5; 26,12). Zusammen mit Barnabas war er auf seiner ersten Missionsreise ein Abgesandter (*apostolos*) der Gemeinde in Antiochien (Apg 13,2; 14,4.14); von Gemeindeaposteln ist auch in 2Kor 8,23; Phil 2,25 die Rede.

2. Von seinem Inhalt her ist jedoch das ntl. Apostelamt christologisch zu begründen: Durch seine »Ich-bin-gekommen«-Worte bzw. »Ich bin«-Worte gab Jesus sich indirekt als Gesandten Gottes zu verstehen; seine Vollmacht war speziell die des Menschensohns, d.h. des noch nicht inthronisierten → Messias (Mk 2,10). Paulus, der für uns wichtigste Zeuge hinsichtlich Herkunft und Charakter des Apostelamts, betonte, er sei nicht von und nicht durch Menschen gesandt (Gal 1,1) und habe sein Evangelium nicht auf menschliche Weise empfangen, sondern durch eine → Offenbarung Jesu Christi erhalten (Gal 1,12). Vielmehr wußte er sich zum A. berufen und auserwählt wie einer der Propheten Israels (Gal 1,15; vgl. Jes 49,1). Der Dienst der von Gott berufenen Propheten war zeitlich unbefristet; sie verkündigten das Wort vor allem in der Form des Botenspruchs; ihr Adressat war meist das ganze Volk. Für Paulus hat Gott das apostol. Evangelium vom Gottessohn durch seine Propheten vorausverkündigt (Röm 1,2); diese waren somit die Vorgänger der Apostel Christi, der Knechte des Messias und prophetischen Boten der endzeitlichen Erfüllung der prophetischen Weissagungen (vgl. Eph 2,20).

3. Der A. wurde durch die sichtbare Erscheinung des Auferstandenen berufen (1Kor 15,5-9), der ihn senden und zum Verkündiger dessen machen will, was er gesehen hat (Apg 22,15; 1Kor 9,1). Als Schlüssel für die Deutung des Damaskuserlebnisses muß dem A. Paulus vor allem die Erzählung von der Berufung des Propheten Jesaja gedient haben (Kap. 6). Wie bei diesem gehören bei Paulus das Schauen des Herrn und die Beauftragung zum Boten zusammen (vgl. 1Kor 9,1 mit Jes 6,1.8). Ferner hatten beide, Jesaja und Paulus, mit der Berufung ihre Botschaft erhalten (vgl. Jes 6,9f mit Gal 1,12); schließlich wurden sie dabei der Bereinigung ihrer Vergangenheit und Vergebung der Schuld bewußt (Jes 6,5-7; Gal 1,13; 1Kor 15,8f). Auf der Schau des erhöhten Herrn und dem prophetischen Charakter der Botschaft beruht die Einzigartigkeit und Unwiederholbarkeit des Apostelamts, das indes nicht auf die zwölf Jünger beschränkt blieb (1Kor 15,7; 2Kor 11,13).

4. Der sendende Christus gibt dem Amt und der Vollmacht seiner Boten deren Eigenart. Er bezieht diese in sein Heilswirken mit ein. Als »Knecht« des erhöhten Herrn, der selbst den Weg des stellvertretend leidenden Gottesknechts gegangen war, verstand Paulus den Empfang seines Apostelamts als Werk der Gnade (Röm 1,5; 15,15), die ihn zur Verkündigung verpflichtete (1,14-16). Die Gnadentat Gottes durch das Kreuz auf Golgatha ist deshalb zentrales Thema des Evangeliums, und das Leiden gehört zu den Kennzeichen des A.s (2Kor 4,7-18; Gal 6,17). Weil die Kraft Gottes am Kreuz unter dem Gegenteil offenbar wurde (1Kor 1,18.24; Röm 1,16), kommt auch bei dem seinen Herrn vertretenden A. diese Kraft in der Schwachheit zur Geltung (2Kor 12,7-10), und die Vollmacht des Boten Christi kann gerade im Verzicht auf apostol. Rechte bewährt werden (1Kor 9,18). Falsche A. stellen deshalb ihre eigene Person, Begabung und Autorität in den Vordergrund (2Kor 11,13-15; 12,11) und verleugnen somit die Theologie des Kreuzes.

5. Schon während seines Erdenwirkens hat Jesus, der selbst von Gott gesandt war (vgl. Joh 3,2; 12,44f; Hebr 3,1), die von ihm berufenen zwölf A. als bevollmächtigte Boten beauftragt und sie so zu A.n gemacht; dabei sollten sie das Evangelium vom anbrechenden Gottesreich durch Dämonenaustreibungen und Krankenheilungen bekräftigen (Mk 3,14f; 6,7; Mt 10,1.7; Lk 9,1). In diesem Sinne sprach Paulus von den »Zeichen des Apostels«, d.h. den Wundern, mit denen er in der heilbringenden Kraft seines Herrn wirkte (2Kor 12,12). Die erste Aussendung der Jünger sollte der Sammlung der zwölf Stämme des endzeitlichen Gottesvolkes und ihrem zukünftigen Dienst in der Gottesherrschaft dienen. Ihre erneute Berufung durch den Auferstan-

denen galt der Ausrichtung des Evangeliums von Christus unter Juden und Heiden bis hin zu den Enden der Erde, d.h. bis nach Spanien (Mt 28,16-20; Apg 1,8). Weitere Aufgaben dieser Nachfolger und Augenzeugen Jesu (Apg 1,22; 4,33) waren die Bewahrung der Jesusüberlieferung (vgl. Apg 2,42; Gal 2,2) und das Weiden der Herde (Joh 21,15-17), d.h. die Aufsicht über die Gemeinde (Apg 1,17.20. 24f; vgl. 1Petr 5,2.4). Zur apostol. Vollmacht gehörte schließlich die Verleihung des Hl. Geistes und der Zuspruch der Sündenvergebung (Joh 20,22f).

Lit.: C.K. Barett: Paulus als Missionar und Theologe, in: Paulus und das antike Judentum, 1992, 1-17; O. Betz: Die Vision des Paulus im Tempel von Jerusalem, in: Jesus, der Herr der Kirche, 1990, 91-102; Das Gnadenamt des Apostels Paulus und des Jüngers Johannes, ebd. 447-466; M. Hengel: Der vorchristliche Paulus, in: Paulus und das antike Judentum, 1992, 177-214; H.W. Neudorfer: »Apostel« GBL 1, 1987, 82-84; J. Roloff: Apostolat-Verkündigung-Kirche, 1965; S. Kim: The Origin of Paul's Gospel, ²1984.

O. Betz

Aposteldekret → Apostelkonzil

Apostelgeschichte → Lukas

Apostelkonzil

A. nennt man die in Apg 15,1ff geschilderte Zusammenkunft in Jerusalem, auf der über das Verhältnis von Juden- und Heidenchristen verhandelt wurde (auch »Apostelkonvent«, »Apostelversammlung«). Dieses »wichtigste Ereignis in der Geschichte der Urkirche« (Roloff, 222), das → Lukas auch äußerlich in die Mitte seiner Apg stellte, war eine Weichenstellung im Blick auf das Zusammenleben von Juden- und Heidenchristen und gab eine Antwort auf die theol. Frage nach dem Glauben an → Jesus als Heilsweg.

Die Beratungen (um 48 n.Chr.) zwischen Vertretern der juden- (Apostel, führend → Petrus und der Herrnbruder → Jakobus, »die Ältesten«) und heidenchristl. Gemeinden (→ Paulus, → Barnabas u.a.) waren nötig geworden, nachdem es in Antiochia zu Reibungen gekommen war. Dort hatten Judenchristen aus Judäa (Apg 15,1) ihre Gemeinschaft mit den Heiden und damit das Heil für diese von deren Beschneidung und Gesetzesobservanz abhängig gemacht (15,1b). Die Ankläger (15,5) machten daraus eine Grundsatzfrage mit dem Ziel, die Heidenchristen doch noch zum Übertritt zum Judentum zu bewegen und den schon früher zwischen Paulus und den Leitern der Urgemeinde erzielten Kompromiß (Gal 2,1-10) zu revidieren. Dahinter stand die theol. These, das Heil sei nur auf dem Umwege über den Eintritt in den (atl.) Gottesbund mit Israel zu erreichen, wogegen sich Paulus aufs schärfste verwahrte (Gal; später Röm 2-4). Er wollte den Heiden den direkten Weg zu Gott durch Christus ohne menschliche Vorleistungen freihalten (vgl. Eph 2). Der Konflikt wurde in diesem Sinne nach ausführlicher Debatte auf Vorschlag des Petrus und Jakobus auf der Basis der Bestimmungen gelöst, die schon das Zusammenleben Israels mit den im Land ansässigen Heiden regelten (3Mo 17f) und die ihrerseits auf die Noah gegebenen Gebote (1Mo 9,4) zurückgingen (»Aposteldekret«). Die meisten deutschen Ausleger sehen in Apg 15 einen alternativen Bericht über die Ereignisse, die auch Gal 2 zugrundeliegen, und geben dem paulin. Bericht den Vorzug. Eine Zusammenschau wird möglich, wenn man Gal 2 mit Apg 11,27-30 parallelisiert und in Apg 15 den Versuch von Judaisten sieht, die bereits (nach Gal 2,5-10) geschlossene Vereinbarung in Frage zu stellen und in ihrem Sinne zu revidieren. Diese Ansicht setzt die Abfassung des Gal chronologisch zwischen Apg 11 und 15 voraus (vgl. Neudorfer, Apg Bd. 1, 252ff), ergibt insgesamt ein weniger kompliziertes Bild der Ereignisse und nimmt die bibl. Texte zugleich ernster.

Lit.: F.F. Bruce: Zeitgeschichte des Neuen Testaments, 2, 1976, 80-91; H. Hübner: »Galaterbrief«, TRE 12, 1984 5-14; H.-W. Neudorfer: Apostelgeschichte Bd. 1/2, 1986/1990; ders.: Mehr Licht über Galatien?, JET 5 (1991), 47-62; J. Roloff: Apostelgeschichte NTD 5, ¹⁷1981, z.St.; A. Schmidt: Das historische Datum des Apostelkonzils, ZNW 81, 1990, 122-131.

H.-W. Neudorfer

Apostolikum → Apostolisches Glaubensbekenntnis

Apostolikumsstreit

Der sog. A. hat zwei Phasen: Der erste A., allerdings noch nicht so genannt, wurde im 17. Jh. ausgetragen, als → Calixt und seine Anhänger sich auf die Lehrübereinstimmungen der ersten fünf Jh.e beriefen. Ihnen gegenüber bezweifelten angesehene Theologen der luth. Orthodoxie (→ Calov, Hülsemann, → Quenstedt u.a.) den apostol. Ursprung des → Apostolikums und verwiesen darauf, daß viele der den Reformatoren wichtigen Lehraussagen, z.B.

die Rechtfertigung aus Glauben, dort nicht erwähnt seien und daß das Apostolikum folglich nicht als Unionsbekenntnis in Frage kommen könne.

Im 19. Jh. kehrte sich die Auseinandersetzung um: Die Kritik am Apostolikum kam von liberaler Seite und richtete sich einerseits gegen das »überholte Weltbild« des Apostolikums sowie gegen Einzelaussagen wie die Jungfrauengeburt, die Himmel- und Höllenfahrt, die Auferstehung des Fleisches u.a., andererseits gegen die im Zusammenhang mit den Kirchenunionen aufgekommene Verwendung des Apostolikums im sonntäglichen Gottesdienst sowie bei Konfirmation und Ordination. Neuformulierungen wie das »Nitzschenum« (1846) und das Biblikum (1910) setzten sich nicht durch. Pfarrer, die auf den Gebrauch des Apostolikums verzichteten, wurden von den zuständigen Kirchenleitungen in der Regel ihres Amtes enthoben, so u.a. J. Rupp in Königsberg 1845, E.G. Lisco und K.L.A. Sydow 1871/72 in Berlin, Chr. Schrempf 1892 in Württemberg, C. Jatho 1911 in Köln, G. Traub 1911 in Dortmund und F. Knote 1924 in Bayern.

Eine umfangreiche literarische Auseinandersetzung zwischen Befürwortern und Gegnern des Apostolikums fand jeweils statt; am bekanntesten geworden ist der »Fall Schrempf«, weil A. von → Harnack (Das apostolische Glaubensbekenntnis, 1892; in einem Jahr 26 Auflagen) und Universitätstheologen aller Richtungen in ihn eingriffen. Nach 1918 trat die Auseinandersetzung um das Apostolikum nahezu ganz zurück, weil der Streit um Verständnis und Geltung der Heiligen Schrift zunehmend in den Vordergrund kam. Der liturg. Gebrauch des Apostolikums ist seit dem → Kirchenkampf unbestritten. Zwischen 1960 und 1975 finden sich allerdings viele neuere Glaubensbekenntnisse, die entweder das Apostolikum ausdrücklich erweiternd paraphrasieren (z.B. J. Zink) oder erweiternd bzw. verkürzend interpretieren. So ist der A. einerseits beendet, wird aber auf anderer Ebene fortgeführt.

Lit.: H.-M. Barth: »Apostolisches Glaubensbekenntnis II«, TRE 3, 1978, 560-566; A. Harnack: Das apostolische Glaubensbekenntnis. Ein geschichtlicher Bericht nebst einem Nachwort, 1892; G. Ruhbach (Hg.): Glaubensbekenntnisse für unsere Zeit, [2]1985; A. v. Zahn-Harnack: Der Apostolicumstreit des Jahres 1892 und seine Bedeutung für die Gegenwart, 1950.

G. Ruhbach

Apostolische Konstitutionen

Die A.K. sind die umfangreichste Sammlung kirchenrechtl.-liturg. Schriften in der Alten Kirche in griech. Sprache. Apostolisch werden sie genannt, weil sie – irrtümlich – auf Clemens von Rom zurückgeführt wurden. Ihr wirklicher Verfasser, wahrscheinlich ein Arianer, außerdem Autor der unechten Ignatiusbriefe, ist dem Namen nach unbekannt; er hat die A.n K. ca. 380 in Syrien oder Konstantinopel geschrieben. Wohl wegen seiner häretischen Einschätzung fand sein Werk in der Ost- und Westkirche bestenfalls als Quellensammlung Beachtung. In den acht Büchern werden in den Büchern I bis VI die Didaskalia, eine syr. Kirchenordnung des 3. Jh.s., in Buch VII die (erweiterte) Didache und in Buch VIII die Kirchenordnung → Hippolyts mit zahlreichen Liturgien und Gebeten sowie die 85 Apostolischen Canones wiedergegeben.

Lit.: F.X. Funk: Didascalia et Constitutiones Apostolorum, 1905 (1965).

F.X. Funk: Die apostolischen Konstitutionen, 1891; M. Metzger: »Konstitutionen (Pseud-)Apostolische«, TRE 19, 1990, 540-544.

G. Ruhbach

Apostolische Sukzession → Sukzession, apostolische

Apostolische Väter

Der Begriff A.V. geht auf eine Textausgabe von J.B. Cotelier 1672 zurück und hat sich allg. durchgesetzt. Er meint Autoren und deren Schriften aus der zweiten Generation nach Jesu Tod, also die Schüler der Apostel. Allerdings ist durch die hist. Forschung die Entstehungszeit der einzelnen Texte offen geworden. Zu den A.n V.n zählen folgende Schriften: 1. Clemensbrief, 2. Clemensbrief, die Ignatiusbriefe, der Polykarpbrief, die Didache, Papias, der Barnabasbrief und der Hirt des Hermas, gelegentlich wird auch der Brief eines unbekannten Christen an den Heiden Diognet zu den A.n V.n gezählt, aber mittlerweile wird er längst unter die altkirchl. → Apologeten gerechnet. Das gilt auch für die Fragmente des Quadratus. Das Martyrium des Polykarp gehört zu den Märtyrerakten.

Der 1. Clemensbrief, ca. 96 entstanden, ist ein Brief der röm. an die korinthische Gemeinde. Sein Verfasser Clemens (Romanus) ist nicht weiter bekannt, in der röm. Bischofsliste gilt er als einer der ersten Päpste. Anlaß des Schreibens war ein Aufstand jüngerer Gemeindeglieder in Korinth gegen die eingesetzten Presbyter. Clemens stellt sich auf die Seite der Amtsträger und argumentiert erstmals in der Kirchengeschichte mit dem göttlichen Ursprung des Amtes (Kap. 42). Aufbau: 1-3 Einleitung, 4-39 Gemeindemahnungen, 40-58 Stellungnahme zu den Unruhen, 59-65 Schlußteil mit dem bekannten »allgemeinen Kirchengebet« (59-61). Beinahe wäre der 1Clem in den ntl. Kanon aufgenommen worden.

Der 2. Clemensbrief ist kein Brief, sondern eine Art Lehrpredigt. Er hat, wie Stiluntersuchungen zeigen, nicht Clemens Romanus zum Verfasser und wird auf 130 bis 150 datiert. Die 20 Kap. behandeln die Heilstat Christi und die ethischen Konsequenzen für die Glaubenden, dann Zweifel an der Auferstehung und Wiederkunft Christi, schließlich Fragen der Kirchenlehre und der Kirchenbuße.

Die Ignatiusbriefe sind schon in den ersten Jh.en der Kirchengeschichte von großer Wirkung gewesen. Das erklärt, warum es neben den sieben echten eine große Zahl unechter Ignatiusbriefe gibt, deren (unbekannte) Verfasser sich unter die Autorität des Ignatius stellen wollten. Ignatius war mit großer Wahrscheinlichkeit Bischof von Antiochien und hat um 115 in Rom den Märtyrertod erlitten. Auf dem Weg nach Rom schrieb er von Smyrna aus vier Mahn- und Trostbriefe an die Gemeinden in Ephesus, Magnesia, Tralles und Rom, von Troas aus drei Briefe nach Philadelphia, Smyrna und an Polykarp, den Bischof von Smyrna. Diese Briefe sind voll von Nachrichten zum Gemeindeaufbau und zur Theologie des Ignatius. Durchgehend in fast allen Briefen sind Gemeindeermahnungen, Hinweise auf die Eucharistie und den Bischof als deren Leiter zu finden. Erstmals begegnen bei ihm die Begriffe »Christentum« und »katholische Kirche«.

Die 14 Kap. des Polykarpbriefes gehen womöglich auf zwei verschiedene Briefe zurück. Daß Polykarp von Smyrna (gest. 155/156) ihr Verfasser ist, wird nur von wenigen Forschern bestritten. Inhaltlich besteht die Epistel weithin aus Mahnungen an die Gemeinde in Philippi, die sich eng an ntl., vor allem paulinische Formulierungen anschließen.

Die Didache bzw. Lehre der Apostel, erst 1873 entdeckt, gilt als älteste Kirchenordnung der frühen Kirche. Als ihr Entstehungsgebiet gilt Syrien (vielleicht Ägypten), die Abfassungszeit schwankt zwischen ca. 90 und ca. 130. Für die Geschichte des frühen Christentums und seiner Institutionen ist sie von großer Bedeutung. Nach einer Zweiwegelehre (1-6) bietet sie Anweisungen für Taufe und Patenamt, Fasten und Gebet, Agape- und Sonntagsfeier und Bestimmungen über Lehrer, Wanderapostel, Propheten, Bischöfe und Diakone (7-15), am Schluß (16) steht eine kurze Apokalypse. Ähnlich wie die Didache sind die meisten späteren Kirchenordnungen angelegt.

Papias, geb. um 70, nach → Irenäus Schüler des Apostels Johannes, nach → Eusebius von Cäsarea Bischof von Hierapolis/Kleinasien, verfaßte um 130 die fünf Bücher »Auslegungen der Worte (und Taten) des Herrn«, die nur im Fragment erhalten und in der Auslegung umstritten sind.

Der Barnabasbrief wird auf den Paulusmitarbeiter Barnabas (Apg 13,2) zurückgeführt, der Brief selbst gibt keinen Verfasser an. Als Entstehungsort gilt (mit Fragen) Ägypten, als Abfassungszeit 130 bis 150. Die 21 Kap. bieten nach einer Einleitung (1) eine Zweiwegelehre, ähnlich wie in der Did. (18-20), und einen Abschluß (21). In den zentralen Kap. 2-17 findet sich eine theol. Abhandlung zur Bedeutung des AT für die Kirche, wobei sich der Verfasser schroff antijüdisch äußert, allerdings wohl eher innergemeindlich orientiert als in einer Auseinandersetzung mit Juden selbst. Vielleicht wegen dieser Radikalität ist der Barnabasbrief relativ spät anzusetzen und hat schon in der Alten Kirche nur randhafte Bedeutung gehabt.

Der Hirt des Hermas, um 140 in Rom von einem sonst unbekannten Hermas abgefaßt, bezieht sich auf einen Hirten als eine Offenbarer-Gestalt, der dem Verfasser fünf Visionen, zwölf Gebote und zehn Gleichnisse mitteilt. Für die frühkirchl. Apokalyptik, aber besonders für die Entwicklung der ursprünglich rigorosen Bußlehre im Urchristentum (vgl. Hebr 6,5f) ist er von Bedeutung. Hier wird ausdrücklich die Möglichkeit einer (einmaligen?) → Buße auch für die Getauften unter Berufung auf den Auferstandenen selbst vertreten. Diese schlichte, nüchterne Schrift ist in der frühen Kirche von erheblicher Wirkung gewesen.

Lit.: J.A. Fischer: Die Apostolischen Väter I, 1956 (Text mit Übers.); K. Wengst: Die Apostolischen Väter II, 1984 (Text mit Übers.); weitere Lit. bei B. Altaner, A. Stuiber: Patrologie, [9]1980.

G. Ruhbach

Apostolisches Glaubensbekenntnis (Apostolikum)

a) theologiegeschichtlich

Mit A. wird eines der großen altkirchl. Bekenntnisse (Symbole) bezeichnet. Es ist nach Form und Inhalt triadisch-trinitarisch aufgebaut. Zum ersten Mal ist von einem »Bekenntnis der Apostel« in einem Brief der Mailänder Synode um 390 an den röm. Bischof Siricius die Rede. Der Name A. ist aber irreführend. Er geht auf eine Legende zurück, die der Bischof Rufin von Aquileja (345-410) als erster berichtet. Ihr zufolge haben die zwölf → Apostel dieses Bekenntnis nach Pfingsten formuliert, wobei jeder von ihnen je eine Aussage beigesteuert habe. Die Legende ist, obwohl sie die Namensgebung bewirkte, hist. unhaltbar.

Wie die Briefe des NT zeigen, lebte die Urgemeinde von der Gegenwart des Geistes und bildete noch keine expliziten Formen aus, um ihre Glaubensinhalte zu fixieren. Die Grundaussagen wurden variabel kombiniert. Allerdings scheinen bald die triadischen Gestalten des Taufbefehls (Mt 28,19) und des apostol. Segens (2Kor 13,13) prägend auf die Ausformung der Gemeindebekenntnisse gewirkt zu haben. Die Bekenntnisbildung ist in den einzelnen Kirchengebieten der alten Kirche unterschiedlich verlaufen. Der Osten kennt zwar gleichbleibende Grundmuster, aber bis spät ins 4. Jh. hinein keine endgültig formulierten Bekenntnisse. Anders ist es im Westen. Hier lassen die Tauffragen, die der röm. Presbyter → Hippolyt (um 225) in seiner Kirchenordnung aufgezeichnet hat, erkennen, daß zur Aufnahme in die christl. Kirche ein »trinitarisches« Bekenntnis gehörte. Ein Erstentwurf des A.s ist damit geschaffen. Denn aus den Tauffragen entwickelte sich die deklaratorische Form des Symbols, das sog. »Symbolum Romanum«. In der Folgezeit wurden alle drei Grundaussagen noch um einige Sätze ergänzt. So entstand das A. wie wir es heute kennen. Um 500 war es Taufbekenntnis der südgallischen Kirche. Die Franken haben es nach der Bekehrung Chlodwigs (Taufe um 496) als ihr Bekenntnis übernommen. Karl der Große hat es gekannt, und unter den Ottonen wurde es auch der röm. Kirche aufgenötigt. Seit dem 10. Jh. ist es Glaubensbekenntnis in der gesamten abendländischen Kirche. Infolgedessen wurde das A. auch 1564 in den Catechismus Romanus aufgenommen. In der Ostkirche hat es allerdings nie Eingang gefunden. – M. Luther hat im A. eine zutreffende Zusammenfassung der apostol. Predigt gesehen. Er nahm es darum in seine Katechismen auf und sicherte ihm damit einen tiefgehenden Einfluß in den Reformationskirchen, die zudem das A. zusammen mit zwei anderen altkirchl. Symbolen, dem Nicaeno-Constantinopolitanum (als eucharistisches Bekenntnis) und dem Athanasianum (im monastischen Raum aufbewahrt), ihren Bekenntnisschriften integrierten. Damit sollte die Kontinuität mit den Anfängen der christl. Kirche und das Selbstverständnis der Reformationskirchen ausgedrückt werden, auf den Glaubensfundamenten der einen wahren Kirche zu stehen. Aus den gleichen Gründen haben auch die ev. Freikirchen in Deutschland das A. rezipiert.

Allerdings gibt es seit langem Auseinandersetzungen um das A. (→ Apostolikumsstreit). Der → Kirchenkampf in der Zeit des Nationalsozialismus und die zahlreichen neuen Glaubensbekenntnisse seit ca. 1965 haben die zentrale Bedeutung des A. erneut erwiesen.

Lit.: Bekenntnisse der Kirche, hg. von H. Steubing et al., 1970, 15ff; H. Dörries: Das Bekenntnis in der Geschichte der Kirche, 1946; J.N.D. Kelly: Altchristliche Glaubensbekenntnisse, 1972; W. Trillhaas: Das apostolische Glaubensbekenntnis. Geschichte, Texte, Auslegung, 1953; F.E. Vokes, H.-M. Barth, H. Schröer: »Apostolisches Glaubensbekenntnis I-III«, TRE 3, 1978, 528-571.

U. Betz

b) systematisch-theologisch

1. Heilsgeschichte und Trinität

Das A. ist rein formal bestimmt durch die Verschränkung von Eckpfeilern der bibl. Heilsgeschichte (Schöpfung, Erlösung, Heiligung bzw. Vollendung) mit einer trinitarischen Gliederung (Vater, Sohn, Heiliger Geist). Während erstere die Gründung des christl. Glaubens auf geschichtl. Tatsachen aussagen, betont letztere die Bezogenheit dieses Glaubens auf den dreieinigen Gott. Dabei darf die trinitarische Gliederung der Heilsgeschichte nicht als Wirkungsgeschichte im Sinne einer göttlichen Aufgabenteilung mißverstanden werden, als ob der Vater nur für die Schöpfung »zuständig« wäre etc. Im Gegenteil ist Gott in allen seinen Werken als dreieiniger beteiligt. Die gegebene Gliederung beschreibt vielmehr die fortschreitende Offenbarungsgeschichte des dreieinigen Gottes, der sich in der Schöpfung und der Geschichte seines Volkes Israel als wirklich und geschichtsmächtig erweist, der sein Wesen aber erst in Jesus Christus »end-gültig« offenbart und es schließlich durch den Hl. Geist dem Menschen heilsam zugänglich macht (vgl. die Katechismuserklärung Luthers zum dritten Artikel).

2. Glaube und Bekenntnis

Das A. ist nicht die Beschreibung eines zeitlosen Prinzips, sondern das jeweils persönliche Bekenntnis eines Menschen, dessen Glaube sich konstitutiv auf die bibl. Heilsgeschichte bezieht. Er erkennt in seinem Glauben, daß diese Heilsgeschichte auch seine persönliche Lebensgeschichte bestimmt und auslegt. Somit ist das A. gleichzeitig sowohl Gottesbekenntnis als auch Ausdruck eines neuen Selbstverständnisses und einer neuen Selbstgewißheit, was unübertroffen in Luthers Erklärungen deutlich wird »*Ich* gläube, daß *mich* Gott geschaffen hat... erhält ... und täglich versorget ... *Ich* gläube, daß

Jesus Christus ... sei *mein* Herr, der *mich* verlornen und verdammpten Menschen erlöset hat ... *Ich* gläube, daß *ich* nicht aus eigener Kraft an Jesus Christ ... gläuben kann ..., sondern der heilige Geist hat *mich* durchs Evangelium berufen, ... er *mir* und allen ... Sunde reichlich vergibt und ... *mich* und alle Toten auferwecken wird ...; das ist gewißlich wahr.«

Insofern sind das Credo (»Ich glaube«) am Anfang und das Amen am Ende die notwendigen Klammern, die das A. als Ausdruck eines in Wort und Glaube bestehenden Beziehungsverhältnisses zwischen Gott und dem einzelnen Glaubenden erscheinen lassen. Anders ausgedrückt, findet durch das »Ich glaube« der christl. Glaubensinhalt (lat. *fides, quae creditur*) seinen Ausdruck durch den von der Begegnung mit Jesus herkommenden Heilsglauben (lat. *fides, qua creditur*). Credo und Amen wehren damit sowohl dem Mißverständnis eines Systems ewiger Wahrheiten als auch dem magischen Verständnis einer im Ausspruch heilswirkenden Gesetzesformel.

In diesem Sinne ist auch der von der Orthodoxie und im → Apostolikumsstreit vermißte reformat. Artikel von der Rechtfertigung aus Glauben in der äußeren Form des A.s durchaus implizit enthalten, da sich nach Paulus gerade im äußeren Bekenntnis (Mund), dem ein innerer Glaube entspricht (Herz), die Rechtfertigung vollzieht (Röm 10,9f).

3. Schrift und Kritik

Als sachgemäße inhaltliche Zusammenfassung und Elementarisierung des christl. Glaubens empfängt das A. eine von der Hl. Schrift abgeleitete Autorität. Zusätzliche Autorität gewinnt das A. durch sein hohes Alter und den Konsens aller christl. Kirchen, auch wenn es in vielen nicht in liturg. Gebrauch ist.

Umgekehrt kann es als Bekenntnis nicht – wie oft zu begründen versucht wurde – selbst zur Norm für die Auslegung, das Verständnis und letztlich die Kritik der Hl. Schrift dienen; letztere bezieht ihre Autorität nicht von einem Bekenntniskonsens christl. Kirchen, sondern aus ihrer vom Hl. Geist gewirkten »inneren Klarheit« (lat. *claritas interna*). Stattdessen ist das A. als Zusammenfassung bibl. Lehre und als Konsensdokument der 2.000 Jahre alten christl. Kirche selbst neben der Schrift das Kriterium für neue theol. Entwürfe und Auslegungsmethoden. So ist z.B. nicht die Jungfrauengeburt hist.- kritisch in Frage zu stellen, sondern diese Infragestellung erfährt umgekehrt ihre Kritik und Grenze an der in der Schrift hist. bezeugten und seit 2000 Jahren bekannten Glaubensgewißheit der gott-menschlichen Zeugung Jesu.

Lit.: K. Barth: Credo. Die Hauptprobleme der Dogmatik dargestellt im Anschluß an das Apostolische Glaubensbekenntnis, 1935; ders.: Dogmatik im Grundriß, 1947; J.M. Lochman: Das Glaubensbekenntnis. Grundriß der Dogmatik im Anschluß an das Credo, 1982; W. Pannenberg: Das Glaubensbekenntnis, ausgelegt und verantwortet vor den Fragen der Gegenwart, 1972; J. Ratzinger: Einführung in das Christentum. Vorlesungen über das Apostolische Glaubensbekenntnis, 1968; G. Ruhbach, H. Schröer, M. Wichelhaus (Hg.): Bekenntnis in Bewegung. Ein Informations- und Diskussionsbuch, 1969; G. Ruhbach (Hg.): Glaubensbekenntnisse für unsere Zeit, 1971; H. Thielicke: Ich glaube. Das Bekenntnis der Christen, 1965.

V. Gäckle

Apostolizität → Bibel

Äquiprobabilismus → Probabilismus

Arbeit

1. Der Begriff Arbeit

Mit A. bezeichnen wir die menschliche Tätigkeit, die man (etwa zur Sicherung des Lebensunterhalts) tun muß, während → Freizeit die Beschäftigung bezeichnet, die man tun will.

2. Die Doppelbödigkeit der Arbeit

A. kann aus uneigennützigen Gründen durchgeführt werden, um anderen zu helfen, A. kann auch allein aus egoistischen Motiven geleistet werden, A. kann zerstörerische Wirkungen haben. A. kann als Freude empfunden werden, als menschliche Erfüllung, aber auch als Plage, Mühsal und Unterdrükkung. Es gab in der Kulturgeschichte Zeiten, in welchen man stolz auf seine A. war, die A. dem Menschen Würde verlieh. Es gab Zeiten, in welchen A. als reine Last gedeutet wurde. In der deutschen Gesellschaft hat sich in letzter Zeit ein Wandel vollzogen: Immer mehr Menschen können sich ein Leben ohne Berufsarbeit vorstellen (Krise der A.). Die Ursache der Krise mag darin liegen, daß der transzendentale Bezug zur A. in der Bevölkerung verloren gegangen ist. Der Verlust des Nationalstolzes hat ebenso zu einem Verlust am Sinn der A. geführt wie der Verlust an Gotteserkenntnis. Eine Desertation von der A. finden wir schon im 12. und 13. Jh, als Hunderttausende junger Menschen aus den bürgerlichen Kulturen Norditaliens und Südfrankreichs in die Wälder strebten, um der disziplinierenden A. zu entfliehen.

3. Ökonomische Sicht

Unter A. wird jede auf ein wirtschaftl. Ziel gerichtete, planmäßige Tätigkeit des Menschen verstanden, gleichgültig, ob es sich um körperliche oder geistige Kräfte handelt, und unabhängig vom Ziel reiner Bedarfsdeckung oder Gewinn- bzw. Einkommensmaximierung. A. kann auf eigenen Bedarf oder auf fremden Bedarf ausgerichtet sein. Sie umschließt ein rationales Verhalten und ist begründet in der Knappheit der zur Verfügung stehenden Güter dieser Erde und der Unbegrenztheit menschlicher Bedürfnisse.

A. ist die Grundlage des Reichtums. Die Produktivität der A. steigt mit zunehmender Spezialisierung, was A.steilung bedeutet, die immer weiter aufgefächert wurde. Von der einfachen A.steilung zwischen Mann und Frau kam es über berufsspezifische A.steilung (Hufschmied, Nagelschmied) bis zur internationalen A.steilung.

Die generelle wirtschaftswissenschaftl. Sicht besteht darin, A. als notwendigen Produktionsfaktor zu deuten.

Der Wert der A.sleistung bestimmt sich idealiter aus Angebot und Nachfrage auf dem A.smarkt. Der Preis für die A., der Lohn, ist Ausdruck des Potentials der menschlichen A.skraft.

Der freie Arbeiter wird so lange arbeiten, bis der Lohnsatz oder der Grenzertrag seiner A.sleistung dem Grenzleid entspricht, wobei angenommen wird, daß zunehmende A. zu überproportional ansteigendem Grenzleid führt. Wird die A.sleistung über diesen Punkt hinaus angeboten, dann wird der Arbeiter für sein Grenzleid nicht mehr kompensiert. Es ist rational, weniger zu arbeiten.

In der marxistischen Tradition wird das Schwergewicht auf die Entfremdung und Ausbeutung der A. gelegt (Mehrwert). Das Humanum der A. steht im Mittelpunkt. A. soll, von der Mühsal befreit, wieder schöpferische Züge gewinnen.

4. Soziologische Sichtweise

A. füllt einen wesentlichen Teil im Leben des Menschen aus. A. schafft Gemeinschaft, ist ein bedeutender Faktor im sittlichen, im Sozial- und Staatsleben. A. ist ein tragendes Element jedes Kultur- und Gesellschaftssystems und vom Stand der Zivilisation beeinflußt (Brunner). Durch allmähliche Spezialisierung der A. entstanden verschiedene Berufe, was eine wirtschaftl. Kooperation notwendig macht (vgl. → Markt).

Die fortlaufende Spezialisierung führte dazu, daß der Mensch mehr und mehr vom Subjekt zum Objekt der A. wurde. Die sozialen Beziehungen verarmten. Die starke Spezialisierung führte zu einem Verlust an Spontaneität, eine Ursache für die wachsende Bedeutung des Freizeitwunsches.

5. Kulturgeschichtliche Bemerkungen

a. Sicht der Antike

Von Urzeiten an ist A. als Mühe, Plage und Lustverzicht gedeutet worden. Geistige und staatspolit. Tätigkeiten wurden in der Antike ethisch höher bewertet als die körperliche A., die Sklaven zugewiesen war. Das griech. Wort für Handwerker (*banausos*) hat heute noch den degradierenden Klang, den es ethisch in der Antike hatte: körperliche A. verunglimpfte die Seele der Menschen.

b. Vom Sinn der Arbeit

→ Hegel betont, daß der Mensch der Anerkennung wegen arbeitet. Die Bedeutung der Beheimatung ist für ihn wichtig. Man arbeitet, um unabhängig und selbständig in dieser Welt werden zu können. Der Knecht muß arbeiten, der Freie darf arbeiten.

Während bei Marx die A. in den Dienst des Willens zur Macht gestellt wird, A. damit Gott entthront, finden wir bei Scheler, daß A. ein Trost für die Leiden dieser Welt ist. A. dient als Narkose, die den Menschen hilft, über die Sinnlosigkeit der Welt hinwegzusehen.

6. Theologische Aspekte der Arbeit

a. Im Alten Testament

Während in antiken Kulturen die Menschen geschaffen wurden, um die Götter von der Last der A. zu befreien, wird im AT überraschend ausgesagt, daß Gott selbst arbeitet. Dabei arbeitet Gott vor der Erschaffung der Menschen, der erste gemeinsame Tag Gottes mit den Menschen war ein Ruhetag. Die bibl. Lehre von der A. beginnt mit einer Lehre von der Ruhe (vgl. 1Mo 2,2f; → Sonntag/Sonntagsheiligung).

A. und Ruhe gehören zusammen. Menschliches Wirken ist nach beiden Seiten entgleitbar. Im AT wird Faulheit ebenso angeklagt wie die A.swut. Aus der Ruhe vor dem persönlichen Gott bekommt A. ihren Sinn. Aus der Gegenüberstellung mit dem Schöpfer erfährt der Mensch, was er zu tun und wie er es zu tun hat. Daher kommt sein A.sethos. Gott gibt den Menschen schon vor dem Sündenfall einen A.sauftrag (1Mo 1,28; 2,15). Auch nach der Katastrophe behält der Mensch diesen A.sauftrag über diese Erde. Allerdings wird die A. verflucht (1Mo 3,17-19).

Der Grund für die A. des Menschen ist im AT der Auftrag Gottes. Die Früchte der A. sollen dem Menschen selbst zugute kommen. Der Mensch soll sich davon in einem umfassenden Sinne nähren (Ps 104,13). Allerdings kann die A. nicht losgelöst werden von Gott. A. ist Auftrag Gottes an den Menschen. Er muß sie tun, der Lohn ist abhängig vom Segen Gottes (Spr 10,22). Die A. erhält im Ruhegebot eine Grenze, der Mensch darf sich nicht an die A. verlieren.

b. Im Neuen Testament

Das NT übernimmt die Sicht des AT. A. ist etwas Kreatürliches. Man braucht sie zum Lebensunterhalt. Jesus selbst war ein Arbeiter (Bauhandwerker), auch seine Jünger haben körperlich gearbeitet. Paulus kritisierte die Thessalonicher, weil sie sich der A. entzogen (2Thess 3,11).

A. wird im NT als Dienstmöglichkeit an den Menschen gedeutet. Mit den Früchten der A. sollen die Menschen ihren Lebensunterhalt bestreiten und in der Lage sein, anderen Menschen zu helfen. Paulus betont die A. im Werk des Herrn. Durch A. kann der Mensch keine neue Welt schaffen und sich nicht den Himmel verdienen.

c. Kirchengeschichtliche Bemerkungen

In der Kirchengeschichte gab es zunächst einen Weg zurück zur alten griech. Auffassung. Die vita contemplativa wurde der vita activa vorgezogen. Eine neue Sicht beginnt mit → Luther. Der Christ braucht durch sein Tun oder Nichtstun nicht mehr zu Gott hinzustreben. Nicht das eigene Werk rettet den Menschen vor Gottes Urteil, sondern Christi Werk. Der Mensch ist nun frei, seine A. nach den Grundsätzen der Vernunft rational zu ordnen. Luther kann daher den Begriff »Beruf« säkularisieren. Der Mönch hat keinen Beruf. Der wahre Gottesberuf verwirklicht sich innerhalb der Welt und ihrer A.

→ Bonhoeffer betont den göttlichen Auftrag der A. neu. Gott will, daß in der Welt der A. alles durch Christus, auf Christus hin und in Christus gestaltet wird. A. an sich ist nicht göttlich, A. aber um Christi willen, um des göttlichen Auftrags und Zieles willen, ist göttlich.

7. Die Krise der Arbeit

Es gibt einen Bruch zwischen dem christl. Bekenntnis und dem Alltag in der A. Die Spannung wurde wie folgt aufgelöst: Auf der einen Seite lebt der Mensch gespalten, am Feiertag als Christ, in der Welt der A. nach den Gesetzen dieser Welt. Diese gespaltenen Menschen bewirken wenig, weil sie nicht vertrauenswürdig sind. Auf der anderen Seite erleben wir, daß viele Christen mit ihrer weltlichen Tätigkeit unzufrieden sind. Sie bewerten nur die geistl. A. als menschliches Ziel und Grund ihres Geschaffenseins. Ihr Ziel ist es, eine geistl. A. zu finden. Auch hier beobachten wir einen Bruch, eine Unzufriedenheit. Gott hat den Menschen zur A. geschaffen, die A. hat von daher eine göttliche Würde, was das A.sethos beeinflussen müßte. Andere verstehen A. nur als Missionsmöglichkeit, was dem Sinn der A. nicht entspricht (A. ist nicht Mission). Auch dies wird zu einem innerlichen Bruch des Menschen führen. Betont werden sollte, daß die menschliche A. auch Gottesdienst ist, wie Luther es immer wieder betonte. Die profanen Tätigkeiten sind in Christus geadelt. Durch die A., die dem Nächsten Güter und Dienstleistungen zur Verfügung stellt, wird auch das Gebot der Nächstenliebe erfüllt. In der Verkündigung sollten die Hörer viel stärker in bezug auf ihre weltliche A. abgeholt werden.

Lit.: W. Bienert: Die Arbeit nach der Lehre der Bibel. Ein Beitrag zur evangelischen Sozialethik, 1954; E. Brunner: Das Gebot und die Ordnungen, 1939; H. Cremer: Arbeit und Eigentum aus christlicher Sicht, [2]1984; H. Egelkraut: Die Arbeit, Segen oder Fluch. Eine biblisch-theologische Einführung, in: W. Lachmann et al.: Die Krise der Arbeitsgesellschaft, Chancen und Grenzen christlicher Verantwortung, 1984; M. Hengel: Die Arbeit im frühen Christentum, ThBeitr 17, 4, (1986) 174-212; R. Kramer: Arbeit, 1982; J.M. Lochman: Werk und Werkgerechtigkeit, Arbeit in christlicher und marxistischer Sicht, ZEE 22 (1978), 105-117; J. Moltmann (Hg.): Recht auf Arbeit - Sinn der Arbeit, 1979; M. Scheler: Arbeit und Ethik, in: M. Scheler: Frühe Schriften, 1971; H. Thielicke: Theologische Ethik, Bd. II/1, 1973; D. Sherman, W. Hendricks: Your Work Matters to God, 1987.

W. Lachmann

Arbeiterbewegung

Durch die preußische Agrargesetzgebung wurden die Bauern 1810 aus der Erbuntertänigkeit in die wirtschaftl. Selbständigkeit entlassen. Davon ausgeschlossen waren Inhaber kleiner, nicht spannfähiger Bauernstellen. Neben jenen Handwerksgesellen, die keine feste Anstellung gefunden hatten oder nicht zum Meister aufsteigen konnten, bildeten sie die Masse der Wanderbettler, die nach Tagelohn und Saisonarbeit nachfragten. Mit Beginn der Industrialisierung nahm die Zahl der Wohnsitzlosen ab, da sie nun als Lohnarbeiter zwar nicht ihre Armut, so doch ihre Obdachlosigkeit zum Teil überwinden konnten. Die A. unterschied sich von den Zünften, die mehr traditionell geprägt waren, durch ihr Standesbewußtsein als Arbeiter, die sich zur Bewegung zusammenschlossen. So waren die Träger der A. in der Regel nicht die proletarisierten Massen der Fabrikarbeiter, sondern die o.g. Handwerksgesellen.

Die überwiegende Zahl der Arbeiter um die Jahrhundertwende war ev., doch ihre geistige Prägung als A. bekam sie aus dem weltlichen Raum. Sie war nicht nur international, sondern auch interkonfessionell. Sie trat überwiegend in Gewerkschaften oder in polit. Parteien in Erscheinung. Viele christl. Arbeiter wurden sich ihrer besonderen Verantwortung als Christen bewußt, wobei die kath. Arbeiter deutlich früher als die ev. Unterstützung in der Pfarrerschaft fanden. Zwar wurde in den christl. Gewerkschaften überkonfessionell zusammengearbeitet, aber der ev. Flügel war zahlenmäßg im Rückstand und ist es bis heute sowohl in den Sozialausschüssen der CDU als auch in der 1955 neu gegründeten Christlichen Gewerkschaft geblieben.

Lit.: H. Mommsen, in: Marxismus im Systemvergleich, Geschichte Bd. 1, 1974, 108-155; E. Ortmann, H. Lutz: »Arbeiterbewegung«, ESL [7]1980, 39-46; H. Petrich: Pastor und Arbeiter, ca. 1923; ders.: Die geistigen Grundlagen der christlich-nationalen Arbeiterbewegung, 1923.

R.D. Krüger

Arbeiterkolonie

Anstalten der Nichtseßhaftenhilfe, meist dem → Diakonischen Werk angeschlossen. 1882 wurde in Bethel-Eckhardtsheim die erste deutsche A. »Wilhelmsdorf« von F. v. → Bodelschwingh (1831-1910) gegründet.

Um 1880 war ca. ein Prozent der Bevölkerung des Deutschen Reiches (ca. 400.000) wohnsitzlos. Mit der Industrialisierung hatte die Zahl der Obdachlosen beständig abgenommen. In den neuentstehenden Industriezentren fand die Schicht der ländlichen Vagabundierenden und verarmten Handwerksgesellen als Lohnarbeiter Unterkunft. Die periodischen Konjunkturkrisen (Gründerkrise und Große Depression 1875-1885) ließen aber die Zahlen der Obdachlosen und Kriminellen wieder ansteigen. Kleinere private, caritative und kommunale Arbeitsvermittlungen gab es erst ab ca. 1880, ein flächendeckendes Netz öffentlich-rechtlicher Arbeitsvermittlungen erst seit dem Arbeitsnachweisgesetz von 1922.

Die Wurzeln der Idee der A.: Von J.H. → Wichern (1808-1881) initiierte und von C.Th. Perthes umgesetzte »Herbergen zur Heimat« als polit.-mission. Alternativprogramm zu den »wilden Herbergen« der Wandergesellen, die revolutionäre Pulverfässer waren. Mit ähnlichem Ansatz richtete auf röm.-kath. Seite Adolf → Kolping Gesellenhäuser ein.

In der Folge der Gründerkrise entstanden in den 70er Jahre des 19. Jh.s Vereine gegen Verarmung und Bettelei. Die Belästigung durch Türbettler sollte durch die Einführung zentraler Hilfsstellen in den Gemeinden abgebaut werden, die die Bedürftigkeit prüften. Gegen Arbeitsleistung wurde Naturalverpflegung und eine Übernachtung angeboten.

1818 wurden in Holland von einem früheren holländisch-ostindischen Kolonialbeamten Ansätze zu einer »inneren Kolonisierung« entwickelt. Es ging um Selbsthilfeleistungen der Betroffenen, denen Siedlungsland mit schlechtem Boden bei geringer Hilfe zur Urbarmachung zur Verfügung gestellt wurde.

Schon bei Bodelschwingh hatte die A. die Aufgabe der Wiedereingliederungshilfe für besondere Problemgruppen wie Strafentlassene, arbeits- und wohnsitzlose Alkoholiker und Menschen mit psychischen Beeinträchtigungen mit eingeschlossen. Grundvoraussetzungen für den Kolonieeintritt waren Freiwilligkeit und Verzicht auf äußeren Zwang. Zunächst wurde bis zur Jahrhundertwende landwirtschaftliche Arbeit, danach in Stadtkolonien u.a. in Berlin auch Beschäftigung in der Industrie angeboten. Stets hatten die A.n ein Auge auf besondere Problemgruppen ihrer Zeit: während des Zweiten Weltkriegs wurden bombengefährdete Menschen aufgenommen, nach dem Zusammenbruch 1945 Flüchtlinge, seit 1980 gibt es neben den A.n der Nichtseßhaftenhilfe die Bewegung der »Gefährdetenhilfen«. (→ Neue Arbeit)

Lit.: 100 Jahre Arbeit statt Almosen, 1984; W. John: Ohne festen Wohnsitz, 1988.

R.D. Krüger

Arbeiterpriester

Der A. wohnt außerhalb von Pfarrhaus und Kloster und ist von der Gemeindearbeit freigestellt. Er lebt von seiner Arbeit im Betrieb und bleibt gegenüber seiner Umgebung inkognito. Seine Geschichte beginnt mit der Eröffnung des Seminars der »Mission de France« 1942, nachdem 1941 P. Loew OP Dockarbeiter in Marseille geworden war, und der »Mission de Paris« 1943, der es vor allem um Großstadtmission ging.

Der Begriff A. (franz. prètre-ouvrier) wird erstmals vor dem Ersten Weltkrieg benutzt, als nach Lösung des Konkordats eine Reihe von Priestern aus Gründen der Selbsterhaltung zur Lohnarbeit gezwungen waren. Im heute üblichen Sinne wird er erst durch das »Journal d'un prètre-ouvrier en Allemagne« von Henri Perrin wieder eingeführt. Als die dt. Besatzungsmacht in Frankreich ca. 800.000 Arbeitskräfte für den Einsatz in deutschen Rüstungsfabriken rekrutierte und eine seelsorgerl. Betreuung durch franz. Geistliche untersagte, beschloß 1943 die Versammlung der Bischöfe, heimlich A. zu senden. So meldeten sich 1943/44, als einfache Arbeiter getarnt, 25 A. freiwillig zum Arbeitseinsatz nach Deutschland.

Viele A. waren körperlich und in ihrer Doppelfunktion überfordert. Dies führte u.a. zur Einschränkung des priesterlichen und rel. Lebens. Hinzu kam bei vielen ein eindeutiges Engagement für die Arbeiterklasse in kommunistischen Gewerkschaften. Aus diesen Gründen erfolgte 1951 durch das sanctum officium ein Verbot, die Zahl der A. zu erhöhen (Stand: ca. 100). 1954 wurde die körperliche Arbeit der A. auf drei Stunden täglich begrenzt, was aber die Hälfte der A. verweigerte. 1959 erging das endgültige Verbot jeglicher Fabrikarbeit für Priester; mit dem Dekret »Über Dienst und Leben der Priester« wurde sie 1965 (II. Vaticanum) wieder zugelassen.

Auswirkungen: In Lateinamerika verstehen sich A. häufig in Verbindung mit der Theologie der Befreiung. Die EKD-Synode 1955 in Espelkamp hat die Problematik der A. aufgegriffen. Bis 1974 war die → Gossner-Mission in Mainz und die ASIA mit dieser Aufgabe betraut, seit 1974 der Kirchliche Dienst in der Arbeitswelt (KDA) mit seinen Industriepfarrämtern. Nach dem ev. Verständnis vom allg. Priestertum ist mit dieser Aufgabe zugleich jeder ev. Christ betraut.

Lit.: G. Siefer: Die Mission der Arbeiterpriester, 1960; G. Brinkmann: »Arbeiterpriester«, ESL [7]1980, 46.

R.D. Krüger

Arbeitsgemeinschaft christlicher Kirchen (ACK)

In Wiederaufnahme der ökumen. Kontakte nach dem Zusammenbruch 1945 wurden 1947 die Ökumen. Centrale (ÖC) mit Sitz in Frankfurt und 1948 die ACK gegründet. Zu ihr gehörten zunächst als die wichtigsten Mitglieder die → Ev. Kirche in Deutschland (EKD), → Baptisten und → Methodisten, → Altkatholiken, → Mennoniten und → Heilsarmee sowie der → Bund Freier ev. Gemeinden und die → Brüder-Unität. 1974 erfolgte der Beitritt der röm.-kath. Kirche (Deutsche Bischofskonferenz) und der Griech.-orth. Metropolie, außerdem der → Selbständigen Ev.-Luth. Kirche und des → Christl. Gemeinschaftsverbandes Mülheim/Ruhr.

Bedingt durch die Teilung Deutschlands kamen die Verteter im Bereich der damaligen DDR ab 1963 getrennt zusammen, konstituierten sich im April 1970 als »Arbeitsgemeinschaft Christlicher Kirchen in der DDR« (AGCK) und setzten die ökumen. Zusammenarbeit eigenständig fort. Regelmäßige Arbeitskontakte bestanden zur ACK der Bundesrepublik Deutschland und Berlin (West). Mitglieder waren der Bund der Ev. Kirchen, die Ev. Brüder-Unität Herrnhut, die Ev.-methodistische Kirche, der Bund ev.-freikirchl. Gemeinden, der Bund Freier ev. Gemeinden, die Ev.-Luth. (altluth.) Kirche, der Kirchenbund Ev.-Ref. Gemeinden, der Gemeindeverband der Altkath. Kirche und die Mennonitengemeinde. Beobachterstatus hatten die Röm.-kath. Kirche (seit Mai 1990 volle Mitgliedschaft), die Russisch-orth. Kirche, die Siebenten-Tags-Adventisten, die Rel. Gesellschaft der Freunde (Quäker) und das Apostelamt Jesu Christi. Der Zusammenschluß der beiden deutschen Arbeitgemeinschaften erfolgte nach der Erarbeitung einer neuen Satzung im November 1991.

Die ACK ist ein eingetragener Verein. Gastmitgliedschaft ist möglich und wird auch in Anspruch genommen. Drei Mitgliederversammlungen im Jahr – außer den regionalen Zusammenkünften – vereinen die Delegierten (je nachdem 1-7); organisatorisch ist die ACK unabhängig vom Weltrat der Kirchen, es besteht aber freundschaftliche Zusammenarbeit.

Acht Aufgabenbereiche werden in der Satzung genannt:

1. Gegenseitige Information, Beratung und Zusammenarbeit im gemeinsamen Zeugnis, Dienst und Gebet;
2. Unterstützung der Zusammenarbeit zwischen den Kirchen auf lokaler, regionaler und internationaler Ebene;
3. Förderung des theol. Gesprächs mit dem Ziel der Klärung und Verständigung;
4. Vermittlung bei Meinungsverschiedenheiten zwischen einzelnen Mitgliedern;
5. Vertretung besonderer Anliegen einzelner Mitglieder auf deren Antrag;
6. Wahrnehnung gemeinsamer Aufgaben nach außen und in der Öffentlichkeit;
7. Vertretung gemeinsamer Anliegen der Mitgliedskirchen bei polit. Institutionen;
8. Unterrichtung der Öffentlichkeit über ökumen. Ereignisse und über den Stand ökumen. Bemühungen sowie Förderung des ökumen. Verantwortungsbewußtseins.

Die theol. Arbeit wird vom Deutschen Ökumen. Studienausschuß (DÖSTA) mit ca. 24 Mitgliedern betrieben, in der Regel zu Texten und Projekten des Weltrats der Kirchen. Die Ökumen. Centrale koordiniert die sonstige Arbeit der ACK und bemüht sich um Förderung der »Ökumene vor Ort«.

Handreichungen zur »Gebetswoche für die Einheit der Christen«, zur »Bibelwoche«, die seit 1952 erscheinende Vierteljahresschrift »Ökumenische Rundschau« (ÖR), der »Materialdienst« sowie verschiedene Arbeitshilfen der ÖC verdeutlichen die Arbeit der ACK.

Lit.: E. Fahlbusch: Kirchenkunde der Gegenwart, 1979, 228-230; E. v. Harling: Die ACK, KJ (1959), 357-381; H. Krüger: Möglichkeit und Grenze zwischenkirchlicher Zusammenarbeit in Deutschland, in: Konfession und Ökumene (1965), 83-92; W. Küppers: Die Anfänge der ACK, ÖR 22 (1973), 270-272; H. Luckey: Zwei Jahrzehnte deutsche Ökumene in freikirchlicher Sicht, KJ (1967), 371-416.

G. Ruhbach

Arbeitsgemeinschaft christlicher Lebenshilfen (ACL)

Ein freiwilliger Zusammenschluß von Therapie- und Seelsorgestätten in Europa, die bewußt christl. geführt sind. Ihr Angebot bibl. orientierter Lebenshilfe im Rahmen familienähnlicher Lebensgemeinschaften richtet sich überwiegend an junge Erwachsene in Krisensituationen: Drogenabhängigkeit, psychische Leiden und Verhaltensstörungen, soziale, familiäre sowie Glaubens-Schwierigkeiten, Persönlichkeitsreifung, Eßprobleme, okkulte Belastungen. Ein Haus bietet zusätzlich Begleitung während der Schwangerschaft als Alternative zur Tötung Ungeborener an.

Die ACL ist keine »Dachorganisation« mit Weisungsbefugnissen für die angeschlossenen Werke. Die einzelnen Häuser sind selbständig und haben unterschiedliche kirchl. Prägungen. Alle aber arbeiten auf der Grundlage der Bibel; ihre Mitarbeiter haben eine entschiedene Hinwendung zu Jesus vollzogen.

In zweimal jährlich stattfindenden Kontakt-Tagungen (entstanden 1971) tauschen die leitenden Mitarbeiter der Mitglieds-Häuser Erfahrungen aus, hören weiterbildende Referate über bibl., organisatorische, wirtschaftl., juristische und fachliche Themen und haben Gemeinschaft untereinander.

Eine Liste der in der ACL zusammengefaßten Häuser in Deutschland ist über die Geschäftsstelle in Gießen zu beziehen.

Lit.: »Leben will gelernt sein«. Die ACL stellt sich vor, hg. von der ACL, [3]1991.

R. Straube

Arbeitsgemeinschaft evangelikaler Missionen (AEM)

Die AEM ist der Dachverband von derzeit 52 evangelikalen Missionen in Deutschland mit über 1.800 Missionaren und Missionarinnen in fünf Kontinenten. Der freiwillige Zusammenschluß begann 1968. Nur wenige evangelikale Missionen konnten die 1961 in Neu Delhi vollzogene Verkoppelung von Internationalem Missionsrat und Ökumen. Rat der Kirchen bejahen. 1966 verbanden sich die meisten der weltweiten evangelikalen Missionen in Wheaton/USA zu einer Sammlungsbewegung. In der dort verfaßten Wheaton-Erklärung wird betont, daß die evangelikalen Missionen Mission als umfassenden Dienst der Liebe mit dem evangelistischen Wort und der diakon. Tat im Namen und in der Kraft Jesu Christi verstehen. Die deutschen evangelikalen Missionen konstituierten sich 1969 anläßlich der ersten Konferenz in Frankfurt zur AEM. Diese versteht sich als Bruderschaft innerhalb der Ev. → Allianz. Die Missionen kommen aus dem Bereich der Landeskirchen, Gemeinschaften und Freikirchen. Seit 1974 ist die AEM ein eingetragener Verein, dessen Geschäftsstelle in Korntal ist. Die AEM bekennt sich zur »Frankfurter Erklärung zur Grundlagenkrise der Mission« (1970) und zur »Lausanner Verpflichtung« (1974).

Die AEM gründete zur Durchführung ihrer Aufgaben verschiedene Arbeitszweige:

- Die Freie Hochschule für Mission, Korntal, bietet für künftige Missionare und für Missionare im Heimataufenthalt sowohl eine akademische Ausbildung als auch eine Fortbildung an.
- Durch die Deutsche Fernschule, Gießen, werden Missionarskinder im Ausland unterrichtet.
- Hilfe für Brüder, Stuttgart, unterstützt weltweit die Ausbildung einheimischer Mitarbeiter, Gemeindearbeit und diakon. Aufgaben.
- Christliche Fachkräfte International, Stuttgart, entsendet Christen als Entwicklungshelfer in die Dritte Welt.
- Arbeitskreis für evangelikale Missiologie fördert eine bibl. fundierte Missionswissenschaft.

Die Arbeitsschwerpunkte der einzelnen Missionen in über 100 Ländern sind so verschieden wie die Missionen selbst: Ausbildung und Entsendung von Missionaren; Evangelisation und Gemeindebau; Ausbildung einheimischer Theologen und Mitarbeiter sowie christl. Führungskräfte; Gesundheitsfürsorge, ärztliche Betreuung; Betreuung von Gastarbeitern und Flüchtlingen; Missionsdienst durch Massenmedien; Sprachforschung und Bibelübersetzung; Kinderheime, Schulen, Werkstätten.

W. Mann

Arbeitsgemeinschaft für Ausländermission (AfA)

Die AfA ist ein Zusammenschluß von Missionswerken (z.B. → Evangelischer Ausländerdienst - EAS), Kirchen, Gemeinden und Vertretern örtlicher Allianzkreise mit dem Ziel, die gemeinsamen Aufgaben im Bereich der Mission unter Ausländern in Deutschland zu koordinieren. Sie bietet ein Forum für Gespräche und den Erfahrungsaustausch, unterstützt Schulungen und Konferenzen, hält Kontakte zu örtlichen Allianz-Gruppen ebenso wie zu Ausländer-Gemeinden, fördert Kontakte von einzelnen Christen wie auch Gemeinden zu Ausländern, bietet dazu Hilfsmaterial in den jeweiligen Fremdsprachen und vermittelt bei Nachfrage Vertrauenspersonen. Die Arbeit geschieht in Verbindung mit der Ev. → Allianz. Die AfA gibt es seit 1978, sie zählt heute 24 Mitgliedsorganisationen.

Red.

Arbeitsgemeinschaft für biblisch erneuerte Theologie (AfbeT)

Die 1982 gegründete Arbeitsgemeinschaft für bibl. erneuerte Theologie (AfbeT) ist die theol. Arbeitsgruppe der Schweizerischen Ev. → Allianz. Sie »fördert auf wissenschaftlichem Niveau theologische Forschung und Lehre, welche der Heiligen Schrift verpflichtet ist und der christlichen Gemeinde in den aktuellen Herausforderungen dient« (Leitsatz).

Dies geschieht z.B. durch theol. Studientage und Doktoranden-Kolloquien, Stipendien und Druckkosten-Zuschüsse.

Die AfbeT sucht die Zusammenarbeit mit Vereinigungen, die ebenfalls auf der Glaubensbasis der Ev. Allianz stehen. Verbindungen bestehen zum → Arbeitskreis für evangelikale Theologie (AfeT), zur → Gemeinschaft Europäischer Evangelikaler Theologen (GEET) und zur Theologischen Kommission der Weltallianz (WEF).

Lit.: J.H. Schmid (Hg.): Unterwegs zu biblisch erneuerter Theologie, 1984, Theologie und Dienst, Heft 40.

H. Hauzenberger

Arbeitsgemeinschaft Jugendevangelisation (AGJE)

Die AGJE ist ein »Zusammenschluß von Personen, die in der Jugendevangelisation und in missionarischer Jugendarbeit tätig sind«. Sie wurde 1972 gegründet und umfaßt heute über 800 Mitglieder aus den verschiedensten Landeskirchen, Freikirchen und Jugendverbänden. Sie bildet damit eine konfessions- und verbandsübergreifende Plattform für jugendevangelistische Planungen und Aktionen. Aus ihrer Arbeit entstand die Idee zu den großen Jugendkongressen Christival I in Essen 1976 und Christival II in Nürnberg 1988.

Die Förderung der Jugendevangelisation geschieht durch Tagungen für ehren- und hauptamtliche Mitarbeiter in der Jugendarbeit, durch Tonkassetten für Mitarbeiterschulung (über den → Evangeliums-Rundfunk ausgestrahlt) und durch schriftliches Arbeitsmaterial. Als Schwerpunkt der Arbeit haben sich zunehmend die JET-Tage (Jugend-Evangelisationstage) herausgestellt, die regional in ganz Deutschland angeboten werden und sowohl grundsätzliche als auch praktische Themen behandeln. In der jährlichen Mitgliederversammlung werden die Weichen für die praktische Arbeit des Vorstands gestellt.

In der Satzung der AGJE ist definiert, wie die Mitglieder Jugendevangelisation verstanden wissen wollen:

Als Verkündigung des Heils allein in Jesus Christus,

als Ruf zur Umkehr und zur Nachfolge Christi,

als Anleitung zum verbindlichen Leben in der Gemeinde Jesu Christi und in der Welt.

Eine ausführliche theol. Erläuterung dazu gibt nähere Auskunft über diese Definition.

Lit.: J. Blunck: Missionarische Freizeiten; U. Parzany: Zeugen gesucht.

J. Blunck

Arbeitsgemeinschaft für das messianische Zeugnis an Israel (AmZI)

Die AmZI will das messianische Zeugnis des AT und NT an Israel fördern und das Verständnis für diese Aufgabe unter Christen wecken. Der Befehl zur Weltmission betrifft auch und zuerst das jüd. Volk. Denn der Messias Jesus ist der Weg, den Gott zur Rettung seines Volkes bestimmt hat. In Israel arbeitet die AmZI eng mit jüd.-messianischen (judenchristl.) und auch arab. Gemeinden und Werken zusammen und unterstützt sie in Gemeindebau, Evangelisation und Diakonie.

Als Verbindungsglied zwischen Christen im deutschsprachigen Raum und in Israel informiert die AmZI regelmäßig über Anliegen und Sachthemen aus Israel und bietet Möglichkeiten zur Unterstützung der dortigen Gemeinden.

Die AmZI wurde 1968 von Konrad Meyer gegründet. Die Arbeit wird durch Spenden des Freundeskreises getragen. Unter Wahrung ihres Charakters als Sammlung verschiedener landes- und freikirchl. Trägerschaften ist die AmZI mit dem Werk der Pilgermission St. → Chrischona verbunden. Als Mitglied der LCJE (Lausanne Consultation on Jewish Evangelism) steht sie im Austausch mit Werken und Personen, die international dasselbe Anliegen vertreten.

A. Meyer

Arbeitsgemeinschaft Missionarische Dienste (AMD)

In der 1946 unter dem Namen »Arbeitsgemeinschaft für Volksmission« gegründeten, seit 1967 in AMD umbenannten Arbeitsgemeinschaft sind die landeskirchl. sowie freikirchl. Ämter für Volksmission und freie Werke, die mit mission. Zielsetzung arbeiten, zusammengeschlossen. Die AMD ist Fachverband des → Diakonischen Werkes der EKD. Die AMD hat teil am Auftrag der Gemeinde Jesu Christi, allen Menschen die Botschaft vom Anbruch des Reiches Gottes zu verkünden und sie in seine rettende Gemeinschaft zu rufen. Sie arbeitet auf dem Boden der Hl. Schrift und weiß sich den reformat. Bekenntnissen verpflichtet. Die AMD will helfen, daß die Kirche Jesu Christi ihren mission. Auftrag in unserer Gesellschaft erfüllt.

Aufgaben: Förderung und Begleitung der → Evangelisation und des mission.-diakon. → Gemeindeaufbaus, Planung und Vorbereitung der → Bibelwochen in den Gemeinden, Förderung der theol.-mission. Arbeit durch Fachtagungen, Konsultationen, Theologenkongresse und Seminare für hauptberufliche und ehrenamtliche Mitarbeiter, Bibelkurse und Gemeindeseminare zu Grundfragen des Glaubens, Entwicklung neuer Formen mission. Arbeit im Freizeitbereich, Beobachtung rel. Bewegungen, Kontakte zu theol. Fakultäten und kirchl. Ausbildungsstätten, Zusammenarbeit mit ökumen. und weltmission. Einrichtungen, Erarbeitung und Herausgabe von mission. Schrifttum, Arbeitshilfen und Studienmaterialien, Zeitschrift für Verkündigung und Gemeindeaufbau »Das missionarische Wort«.

Zur Geschichte s. → Volksmission.

Lit.: H.H. Ulrich: Auf dem Weg zu einer missionierenden Kirche, 1962; ders.: Sammlung und Sendung, 1958; E. Beyreuther: Kirche in Bewegung. Geschichte der Evangelisation und Volksmission, 1968.

E. Adomeit

Arbeitsgemeinschaft Soldatenseelsorge (ags)

Die »arbeitsgemeinschaft soldatenseelsorge« (ags) (Bund Ev.-freikirchl. Gemeinden; Bund Freier ev. Gemeinden; Christlicher Verein junger Menschen; Cornelius-Vereinigung; Deutsche Ev. Allianz; Jugendbund für entschiedenes Christentum; Ev. Gnadauer Verband) besteht seit 1985 und will die seelsorgerl.-mission. Arbeit unter den Soldaten koordinieren und intensivieren. Ihr Dienst richtet sich an jeden Christen in der Bundeswehr und die Gemeinden/Gemeinschaften, aus denen die (jungen) Soldaten kommen. Das Ziel sind Hilfen für die Weitergabe des Evangeliums und ein in verantwortlicher Lebensführung gereiftes Glaubensbekenntnis in der Kaserne.

Die Leitung hat ein Kuratorium, dem auch der Ev. Militärbischof angehört. So geschieht die Arbeit der ags in Absprache mit der → Militärseelsorge und stellt sich als eigenständiger Dienst den geistl. Herausforderungen der speziellen Lebenssituation in der Bundeswehr mit folgenden Angeboten:

- Seminare zur Vorbereitung auf den Militärdienst,
- seelsorgerl. Begleitung während der Dienstzeit,
- Auskunft über und Aufbau von Soldatenbibelkreisen,
- Schulungsangebote,
- Soldaten- und Familienrüstzeiten,
- Arbeits- und Verteilmaterial,
- Rundbrief für Soldatenbibelkreise »NL Neue Lage«,
- Unterstützung und Durchführung von mission. Aktivitäten in den Kasernen.

Lit.: K.-D. Zunke: Bundte Zeiten, 1992.

K.-D. Zunke

Arbeitskreis für evangelikale Missiologie (AfeM)

Der AfeM wurde 1985 auf Anregung von Prof. Dr. George W. Peters (1907-88) und Initiative von Dr. Klaus Fiedler ins Leben gerufen und hat sich 1986 in Korntal als Verein konstituiert. Der AfeM will im deutschsprachigen Raum bibl. fundierte Missionslehre und Missionswissenschaft sowie erweckliche Missionsarbeit fördern, Verständnis und Verantwortung für die Weltmission wecken und vertiefen und damit auch die evangelikale Missionstheologie nach außen hin darstellen. Der AfeM führt missiologische Tagungen durch und gibt die Zeitschrift »Evangelikale Missiologie« heraus. Er fördert missiologische Forschungen und Veröffentlichungen und arbeitet dabei eng mit der → Arbeitsgemeinschaft Evangelikaler Missionen (AEM) und deren Freien Hochschule für Mission in Korntal sowie mit dem → Arbeitskreis für evangelikale Theologie (AfeT) zusammen. Der AfeM steht auf der Basis der Ev. → Allianz. Sein Missionsverständnis findet Ausdruck in der → Frankfurter Erklärung zur Grundlagenkrise der Mission und in der Lausanner Verpflichtung. Ende 1990 hatte der AfeM 131 Mitglieder (davon 13 Werke).

E. Troeger

Arbeitskreis für evangelikale Theologie (AfeT)

Der AfeT (gegründet Herbst 1977) ist ein Arbeitskreis der Deutschen Ev. → Allianz. Angesichts des als Folge der → Bibelkritik weithin empfundenen Substanzverlustes christl. Theologie will der AfeT in Rückbesinnung auf das Zeugnis der ganzen Hl. Schrift als Wort Gottes zu einer Erneuerung der Theologie beitragen.

Organe: Rundbrief an den Freundeskreis (zweimal jährlich); Jahrbuch für evangelikale Theologie, hg. seit 1987, seit 1990 zusammen mit der schweizerischen → Arbeitsgemeinschaft für bibl. erneuerte Theologie (AfbeT), enthält außer Aufsätzen und Dokumentation theol. relevanter Verlautbarungen aus dem Bereich der Ev. Allianz einen umfangreichen Rezensionsteil, der die ganze deutschsprachige - in Auswahl auch darüber hinausgehend - evangelikale theol. Produktion erfaßt.

Weitere Aktivitäten: Seit 1979 alle zwei Jahre eine Theologische Studienkonferenz (alle Referate werden jeweils in Buchform veröffentlicht); Forschungsförderung (Stipendien und Druckkostenzuschüsse für wissenschaftl. Arbeiten); seit 1987 jährliche Vergabe des Johann-Tobias-Beck-Preises zur Förderung schriftgemäßer theol. Literatur; Doktorandentreffen; Facharbeitsgruppen.

Die Arbeit des AfeT wird zum größten Teil finanziert durch Spenden aus dem Freundeskreis, die von dem mit dem Vorstand des AfeT personidentischen Förderkreis für evangelikale Theologie e.V. verwaltet werden.

Als Mitglieder gehören dem AfeT etwa 75 in Forschung und Lehre (überwiegend im Bereich freier theol. Ausbildungsstätten) tätige evangelikale Theologen an. Die Mitglieder des AfeT sind korporativ auch Mitglieder der → Gemeinschaft Europäischer Evangelikaler Theologen (GEET).

Lit.: H. Burkhardt: Zehn Jahre Arbeitskreis für evangelikale Theologie, in: JET 2, 1988, 103-111.

H. Burkhardt

Arbeitslosenversicherung → Sozialpolitik

Arbeitslosigkeit

1. Begriff der Arbeitslosigkeit

Als arbeitslos zählt, wer sich beim Arbeitsamt hat registrieren lassen, voll für den Arbeitsmarkt zur Verfügung steht und z.Zt. keine Beschäftigung ausübt. Verschiedene Arten der A. werden unterschieden: Friktionelle A. (Personalfluktuation), saisonale A. (z.B. Baubereich), zyklische A. (konjunkturell begründete A.), strukturelle A. Besonders betroffen von der A. sind Frauen, ältere Arbeitnehmer, gering Qualifizierte und Arbeitnehmer in strukturschwachen Sektoren und Regionen.

2. Folgen der Arbeitslosigkeit

Neben dem Einkommensverlust werden als Folgen der A. auch soziologische Aspekte genannt, da das Selbstwertgefühl der Arbeitnehmer sinkt (→ Arbeit gehört zum Lebenssinn des Menschen), eine hohe A. ruft gesellschaftl. Instabilitäten hervor. A. kann gesundheitsschädliche Auswirkungen haben, die Kriminalität steigern und bedeutet gesellschaftl. Verlust von potentiellem Einkommen und Verlust von Humankapital (der Arbeitslose verliert einen Teil seines beruflichen Wissens).

3. Ursachenerklärungen

Die Ursachen der A. sind vielfältig. Die wesentlichen Ursachen sind:

Struktureller Art: Im Laufe der wirtschaftl. Entwicklung werden durch Erfindungen und technischen Fortschritt bestimmte Branchen von anderen verdrängt. Statt Schmieden und Sattlern haben wir Automechaniker, statt Schreibern Computerfachleute. Reagiert die Gesellschaft nicht flexibel auf die neuen Entwicklungen, kommt es zur A.

Konjunktureller Art: Aus unterschiedlichen Gründen (sinkende Auslandsnachfrage, geldpolit. bedingte Zinsveränderungen, pessimistische Wirtschaftseinschätzung usw.) kann es zu Nachfrageschocks oder auch Angebotsschocks (Ölpreiserhöhungen, Steuererhöhungen) kommen, die zu einem Absinken der gesamtgesellschaftl. Nachfrage führen, wodurch dann auch weniger Arbeitskräfte benötigt werden.

Institutioneller Art: Gesellschaftl. Maßnahmen, die die Flexibilität in der Gesellschaft senken, sind ursächlich für die langsame Reaktion der Wirtschaft auf hohe A. In diesem Zusammenhang muß die nicht vollbeschäftigungskonforme Tarifpolitik (Lohnhöhe und Lohnstruktur) und Sozialpolitik genannt werden.

Wirtschaftspolit. Art: Mit Hilfe von staatlichen Nachfrageprogrammen sollte in der Bundesrepublik Deutschland seit 1975 das Beschäftigungsniveau auf die gewünschte Höhe angehoben werden. Da aber der Finanzierungsaspekt unbeachtet blieb (man ging von einer kurzfristigen A. aus) und die Reaktion der Tarifpartner nicht beachtet wurde, haben die staatlichen Instrumente zur Bekämpfung der A. das Problem verschärft (Budgetkonsolidierung).

4. Therapievorschläge

A. muß ursachenadäquat bekämpft werden. Eine Bekämpfung der A. ist möglich durch:

Erhöhung der Güternachfrage: Der Staat versucht über Haushaltsdefizite die Nachfrage im Rahmen von Beschäftigungsprogrammen oder Investitionshilfen anzuregen. Solche Maßnahmen verschärfen das Problem für die Zukunft, insbesondere die drohende hohe Staatsverschuldung kann den Staat manövrierunfähig machen. Wenn der Staat mit Hilfe der Notenpresse die Ausgaben finanziert, droht eine Inflation, die langfristig das Problem der A. verstärkt.

Verknappung des Arbeitsangebots: Gewerkschaften versuchen, das Arbeitsangebot zu reduzieren (35-Stunden-Woche, Verbot von Überstunden, Vorruhestand und Frühpensionierungen). Durch die Reduzierung der Arbeitszeit in Branchen mit einer hohen Beschäftigung werden aber keine Arbeitsplätze in strukturell schwachen Branchen oder strukturschwachen Regionen geschaffen.

Erhöhung der Arbeitsnachfrage: Das stärkste Mittel wäre eine direkte Subventionierung der Arbeitskosten und eine Ausweitung der Beschäftigung im öffentlichen Dienst sowie eine Behinderung der Rationalisierungsinvestitionen. Die hohe Steuerlast führt jedoch zum Steuerwiderstand. Eine Behinderung der Rationalisierungsinvestitionen senkt die internationale Wettbewerbsfähigkeit und wird langfristig Arbeitsplätze vernichten.

Koordination durch den Markt: Der Arbeitsmarkt ist durch ein bilaterales Monopol (Arbeitgeberverbände versus Gewerkschaften) gekennzeichnet. Durch Tarifvertrag werden die Löhne für einen Tarifbezirk festgelegt. Führt die Lohnhöhe nicht zu einem Ausgleich von Angebot und Nachfrage, folgt A. Eine Vermarktlichung des Arbeitsmarktes würde bedeuten, daß die Tarifparteien eine größere Lohnflexibilisierung erlauben. Es müßte einem Arbeitslosen freigestellt sein, unterhalb des Tariflohns seine Arbeitskraft anzubieten, um nicht vom Arbeitsmarkt ausgesperrt zu sein. Tarifautonomie führt zu ordnungspolitischem Fehlverhalten. Die Tarifparteien verursachen A., ohne direkt für die Folgen aufkommen zu müssen. Der Staat wird sogar für die Bekämpfung der A. verantwortlich gemacht. Nach den Prinzipien der sozialen Marktwirtschaft muß der, der Gestaltungsmacht hat, auch für die Folgen aufkommen.

Marktunterstützende Maßnahmen: Der Arbeitsmarkt wird dadurch effektiver (z.B. Umschulungsmaßnahmen, Umzugsbeihilfen, Verbesserung der Informationen über vorhandene Arbeitsplätze, Beratung über die zukünftigen Aussichten bestimmter Berufsgruppen).

Recht auf Arbeit: Eine Verankerung des Rechts auf Arbeit in der Verfassung bringt keine Lösung der A., da dann der Staat die volle Kontrolle über alle Arbeitsplätze haben müßte und indirekt die Freiheit der Berufswahl eingeschränkt wäre. Eine solche Lösung würde eine sozialistische Wirtschaftsordnung zur Folge haben und verstößt gegen einige Artikel des Grundgesetzes.

Die A. ist ein typisches Beispiel des Institutionenversagens. Weil der Markt nicht regulierend wirken kann, müssen andere Organisationen (Bürokratie, Politik) eingreifen. Die Folgen haben die Arbeitslosen zu tragen.

Lit.: H. Besters: Hindernisse für Vollbeschäftigung, in: Bundeszentrale für Politische Bildung (Hg.): Wirtschaftspolitik (Schriftenreihe Bd. 292), 1990 (kostenlos erhältlich, enthält sehr gute Beiträge zur Wirtschaftspolitik); S.F. Franke: Arbeitsmarktpolitik in der Demokratie. Zur Auseinandersetzung um Ursachen und Therapie der Arbeitslosigkeit. Zeitschrift für Wirtschaftspolitik 35/3, 1986; E. Görgens: Die Beeinträchtigung marktwirtschaftlicher Anpassungsfähigkeit durch ordnungspolitische Fehlsteuerungen: Das Beispiel Arbeitsmarkt, ORDO 40, 1989; Kirchliche Stellungnahmen finden sich in: C. Gremmels, F. Segbers (Hg.): Arbeitslosigkeit – Herausforderung der Kirchen. Dokumente – Projekte – Analysen, 1979; W. Lachmann: Einige populäre Vorstellungen zur Überwindung der Arbeitslosigkeit: Ökonomische Aspekte zu ihrer Bewertung, in: W. Lachmann et al.: Die Krise der Arbeitsgesellschaft. Chancen und Grenzen christlicher Verantwortung, 1984; ders.: »Möglichkeiten und Grenzen ursachenadäquater Bekämpfung der Arbeitslosigkeit«, Aus Politik und Zeitgeschichte, B. 34-35, 1991; Landeszentrale für Politische Bildung, Baden-Württemberg (Hg.): Arbeitslosigkeit, 1984 (enthält einige gute Übersichtsaufsätze); D. Meyer: Ein Recht auf Arbeit durch Einführung der 35-Stunden-Woche?, Zeitschrift für Wirtschafts- und Sozialwissenschaften 107/4, 1987; H. Schärf (Hg.): Beschäftigungsprobleme hochentwickelter Volkswirtschaften, 1979 (Beiträge der Jahrestagung des Vereins für Sozialpolitik aus dem Jahre 1987, die die Arbeitslosigkeit zum Thema hatten).

W. Lachmann

Arbeitsrecht, kirchliches

1. Das kirchl. A. regelt das Recht der in einem privatrechtlichen Dienstverhältnis beschäftigten kirchl. Mitarbeiter. Leitbild für das gesamte A. ist der Auftrag der Kirche, das Evangelium von Jesus Christus recht und glaubwürdig zu verkündigen. An diesem Auftrag orientiert, stehen nach kirchl. Auffassung alle Mitarbeiter gemeinsam mit dem kirchl. Arbeitgeber in einer gemeinschaftlichen Bindung (»kirchliche Dienstgemeinschaft«).

Die Kirchen haben die Freiheit, nach Art. 140 Grundgesetz in Verbindung mit Art. 137 Abs. 3 Weimarer Reichsverfassung »innerhalb des für alle geltenden Gesetzes« aufgrund des kirchl. Selbstbestimmungsrechts (Autonomie) ihr A. auszugestalten. Damit gewährleistet das Grundgesetz sowohl das selbständige Ordnen und Verwalten der eigenen Angelegenheiten durch die Kirchen als auch den staatl. Schutz anderer für das Gemeinwesen bedeutsamer Rechtsgüter. Dieser Wechselwirkung ist durch entsprechende Güterabwägung Rechnung zu tragen (Beschluß des Bundesverfassungsgerichts vom 25.3.1980, ZevKR 26,80).

Dieses Selbstbestimmungsrecht erstreckt sich über die öffentlich-rechtlich strukturierten kirchl. Körperschaften hinaus auch auf die der Kirche zugeordneten Einrichtungen unabhängig von ihrer Rechtsform, insbesondere auf die diakonisch-caritativen Einrichtungen (Bundesverfassungsgericht, Beschluß vom 4.6.1985, ZevKR 31, 77).

2. Die Arbeitsrechtsetzung erfolgt in der EKD überwiegend nach dem sog. Dritten Weg durch Arbeitsrechtliche Kommissionen (ARK), in die Kirchenleitungen und Mitarbeiterschaft eine jeweils gleich große Zahl weisungsfreier, nur dem Gewissen verantwortlicher Vertreter entsenden. Über Einwendungen gegen Kommissionsbeschlüsse entscheiden paritätisch besetzte Schiedskommissionen. Wirksame Beschlüsse der ARK und der Schiedskommissionen sind unmittelbar geltendes Recht. Dieses Modell soll unter Wahrung der kirchl. Autonomie Partnerschaft, Parität, kirchengemäße Konfliktlösung und Geltung für alle Mitarbeiter sichern. Die Rechtsetzung allein durch kirchl. Organe (Erster Weg) widerspricht dem Prinzip der Partnerschaft. Das Tarifvertragssystem (Zweiter Weg) steht mit seinem Konfliktlösungsmodell (Arbeitskampf mit Streik und Aussperrung) dem Selbstverständnis kirchl. Dienstes entgegen; auch ist der Arbeitskampf nach herrschender Meinung in der Kirche unzulässig und so dem Tarifvertragssystem die wesentliche Voraussetzung genommen. Nur in der nordelbischen Kirche und in Berlin-Brandenburg wurden bisher Tarifverträge unter Verzicht auf den Arbeitskampf abgeschlossen. In der kath. Kirche bestehen nach gleichen Grundsätzen Kommissionen zur Ordnung des diözesanen Arbeitsrechts (KODA); im Konfliktfall obliegt nach Abschluß eines Vermittlungsverfahrens die Letztentscheidung gemäß kath. Recht dem Bischof.

3. Wegen des Selbstbestimmungsrechts gelten Betriebsverfassungsgesetz und Personalvertretungsgesetze nicht in der Kirche und ihren Einrichtungen. Kirchl. Mitarbeitervertretungsgesetze und -ordnungen regeln die entsprechende Materie unter besonderer Verpflichtung der Mitarbeitervertreter gegenüber dem kirchl. Auftrag.

4. Für den einzelnen Arbeitsvertrag gilt das kirchl. A. innerhalb der Schranken des allg. Rechts; hierbei ist die Verpflichtung des Mitarbeiters zur Achtung der von der Ordnung der verfaßten Kirche anerkannten Grundwerte (Loyalitätspflicht) bis in die private Lebensführung hinein hervorzuheben, z.B. Achtung von Ehe und Familie (Beschluß des Bundesverfassungsgerichts vom 4.6.1985 a.a.O.). Die Arbeitsgerichte haben diese Grundwerte als Maßstab ihrer Entscheidung über eine Pflichtverletzung zugrundezulegen.

Lit.: W. Dütz: Das Bundesverfassungsgericht zur Kündigung kirchlicher Arbeitsverhältnisse, Neue Zeitschrift für Arbeits- und Sozialrecht, Beilage 1, 1986, 11; G. Grethlein, E. Spengler: Der Dritte Weg der Kirchen, Betriebs-Berater Beilage 10, 1980; R. Richardi: Staatliches Arbeitsrecht und Kirchliches Dienstrecht, 1984.

M. Kleingünther

Archäologie, biblische

Ausgrabungen in Palästina, dem Land beiderseits des Jordan, des Toten Meeres und der Araba-Senke wollten seit der Mitte des 19. Jh.s zunächst aus bibl.-apologetischen Gründen die Bibel, vornehmlich das AT, bestätigen (z.B. Woolleys »Entdeckung« der Sintflutablagerungen).

Inzwischen ist die Bibl. A. zu einem ernsthaften Forschungszweig herangereift, der vor allem in Israel, Nordamerika und England betrieben wird, dort den atl. Seminaren einer Hochschule angegliedert ist und Sitten und Gebräuche, Schrift und Sprache, Geschichte und Geschichtsdeutung des AT erhellen will. Die Bibl. A. leistet auch als bibl.-theol. Hilfswissenschaft wesentliche Beiträge zur Exegese des bibl. Textes.

Der geographischen und thematischen Abgrenzung der Bibl. A. gegenüber der Vorderasiat. A. (Türkei, Syrien, Mesopotamien) und der Ägyptologie steht die chronologische Begrenzung zur Seite. Hatten früher Alttestamentler mit Schwerpunkt Bibl. A. und Geschichte sich auch der vor- und frühgeschichtl. A. angenommen (z.B. vom Neolithikum bis zur Frühbronzezeit, ca. 8000-3000 v.Chr.), so bleibt nun für die Bibl. A. wegen der Beschränkung auf den bibl.-hist. Horizont nur noch die Zeit zwischen ca. 2200-400 v.Chr., bzw. die ntl. Epoche. Die Zeiträume werden grob wie folgt unterteilt: Mittelbronzezeit (ca. 2200-1600 v.Chr.), Spätbronzezeit (ca. 1600-1300 v.Chr.), Eisenzeit I (ca. 1300-900 v.Chr.), Eisenzeit IIA-B (ca. 900-600 v.Chr.) und die Eisenzeit IIC (oder III) (ca. 600-400 v.Chr.).

Die chronologische Zuordnung eines Fundes zu diesen hist. Epochen erfolgt grundlegend im Kontext der sich während der Jahrhunderte verändernden Keramikformen, Fremdimporte, Inschriften und der Paläographie. C-14-Untersuchungen und andere naturwissenschaftl. Methoden zur Altersbestimmung organischer Reste sind weitere Datierungshilfen. Die sog. »Keramik-Uhr« ist inzwischen derart verfeinert worden, daß Fundbestimmungen bis auf 25-50 Jahre exakt vorgenommen werden können. Dies setzt jedoch eine ungestörte Schichtenfolge voraus.

Neben den stratigraphischen (schichtenmäßigen) Ausgrabungen dienen vor allem die weniger kostspieligen Oberflächenbegehungen (surveys) und Schürfungen (Sondagen) der archäologischen Erforschung Palästinas. Die chronologische Zuordnung des aufgelesenen Scherbenmaterials sowie der Oberflächenfunde, die Ortsbestimmungen, die Verkehrswege und orts- sowie landeskundliche Beobachtungen können zusammengenommen bereits ein grobes Raster zur bibl.-hist. Siedlungsgeschichte eines Landstrichs abgeben.

Die Forschungsrichtungen der Bibl. A. sind so vielfältig geworden, daß sie bereits Spezialistentum verlangen, das sich häufig monographisch äußert in Studien über Keramik und Chronologie, Kunst und (Alltags-)Kultur, Paläographie und Geschichte, Religion und Religionsgeschichte, Siedlungs- und Territorialgeschichte usw. Diese Themen bilden die Grundlage für jede fundierte bibl.-exegetische Arbeit.

Lit.: Y. Aharoni: Das Land der Bibel, 1984; V. Fritz: Biblische Archäologie, 1988; M. Magall: Archäologie und Bibel, 1986; A. Millard: Schätze aus biblischer Zeit, 1986; B. Pixner: Wege des Messias und Stätten der Urkirche, 1991; H. Weippert: Palästina in vorhellenistischer Zeit, 1988; U. Worschech: Das Land jenseits des Jordan, 1991.

U. Worschech

Archäologie, christliche

Die materiellen Überreste der Kultur der Christen und ihrer nichtchristl. Zeitgenossen im röm. Reich und dessen Nachbargebieten von ca. 200 – ca. 600 bilden einen Schnittpunkt von Altertumswissenschaften, klass. Archäologie und Alter Geschichte, Kunstwissenschaften und hist. Theologie. Dabei treten schon im 3. Jh. zwei Gruppen von Monumenten auf, die auch in der Folgezeit die Hauptdenkmäler ausmachen werden: Dominierend sind Monumente aus dem Zusammenhang der Grabeskunst (Malerei, Relief, Inschriften), daneben der Kirchenbau und seine Ausstattung (Architektur, Malerei). Die christl. epigraphische Überlieferung (Grabinschriften, z.T. Epigramme) beginnt wohl noch Ende des 2. Jh.s mit der Aberkios-Inschrift, vor der Mitte des 3. Jh.s setzen in Rom die Katakombenmalereien (→ Katakomben) in den wachsenden Begräbnisstätten der röm. Kirche ein, wenig später die Sarkophage.

In der syr. Garnisonsstadt Dura-Europos entsteht zeitgleich ein Kirchenhaus (Versammlungsraum und Baptisterium, Malereien in New Haven, Yale Art Gallery). Die innovative Zeit des christl. Kirchenbaus beginnt unter Konstantin (Stiftungen): Vorgegebene Bauformen werden adaptiert für die Funktionen der Liturgie in den Großgemeinden (Basiliken, Zentralbauten). Kleinkunst (Lampen, Elfenbein- und Silberarbeiten) und Buchmalerei (Bibelillustration, ältestes Beispiel: Quedlinburger Itala, Anfang 5. Jh.) sind als weitere Denkmälergruppen hier zu nennen. Neben die Malerei tritt das Mosaik (Wand- und Boden-Mosaik). Dabei ist eine starke Bildhaftigkeit in allen Bereichen des Lebens der spätantiken und justinianisch-frühbyz. Zeit zu beobachten, und somit bleiben auch die künstlerischen Äußerungen der Alten Kirche grundsätzlich im Rahmen antiker Bildfreundlichkeit.

Es lassen sich aber sehr wohl Umgewichtungen aus bibl. Tradition beobachten, wie der fast gänzliche

Ausfall kultisch-rel. Vollplastik (im Gegensatz zum erhalten gebliebenen Kaiser- und Beamtenbild). Somit partizipiert die unter Christen übliche Kunst ebenso an allen vorgegebenen Gattungen wie an einer allg. Stilentwicklung in den in Frage kommenden vier Jh.en. Eine stilgeschichtl. Analyse muß dabei neben den sich wandelnden großen Zeitstilen (severisch, tetrarchisch, konstantinisch, theodosianisch, justinianisch) Eigentümlichkeiten in der jeweiligen Region und der jeweiligen Stilform berücksichtigen.

Unter kirchengeschichtl. Gesichtspunkt ergeben sich aus der frühchristl. Kunst nicht nur wichtige Anhaltspunkte für die Ausbreitungs- und Sozialgeschichte des frühen Christentums; die → Ikonographie liefert vielmehr wichtige Beiträge zur bibl. Auslegungsgeschichte und ihrer theol. Rezeption. Dabei sind die anfängliche Dominanz atl. Darstellungen und z.T. Besonderheiten in ihnen am wahrscheinlichsten zu erklären durch eine vorgegebene jüd. Bildkunst, von der nur ein zufälliger Bruchteil erhalten ist (Synagoge von Dura-Europos). In Anknüpfung an sie mußten christl. Künstler vorgegebene antike Bildschemata mit ihren Bedeutungsgehalten benutzen, häufig auch in nichtchristl. Werkstätten, um eine ntl. bzw. christl. Bilderwelt zu schaffen (→ Ikone). Ihrer allg. zu beobachtenden schnellen Verbreitung liegen wohl Bibelillustrationen und Musterbücher zugrunde.

Die Rezeption ins östl. und westl. MA (bei aller immer stärker ins Bewußtsein tretenden direkten Beeinflussung des mittelalterl. Westens durch → Byzanz) ist unterschiedlich: Während man im Westen von frühchristl. Kunst als von einer Voraussetzung mittelalterl. Kunst sprechen kann, an die immer wieder in Renaissancen angeknüpft wird, mündet im Osten die Kunst justinianischer Zeit kontinuierlich in die byz. Kunst ein. Als Kunstzentren können wir vor allem aufgrund der Überlieferung die westl. Residenzen Rom, Arles, Trier, Mailand, Ravenna, im Osten dann Konstantinopel ausmachen, während der große Einfluß von Antiochia und Alexandria für uns im einzelnen unklar bleibt. Daneben zeigen sich deutliche Überlieferungsschwerpunkte dort, wo es zu einem Abbruch der Siedlungskontinuität gekommen ist, in Kleinasien, Syrien, Nordafrika.

Wissenschaftsgeschichtl. gesehen entwickelte sich die christl. A. im Zusammenhang gegenreformat. Kirchengeschichtsschreibung (Caesare Baronio, Antonio Bosio) und hat dann am Ende des letzten Jh.s in der sog. Römischen Schule (Giovanni Battista de Rossi, Joseph Wilpert), bestimmt von apologetischen, z.T. kontroverstheol. Interessen, einen gewissen Höhepunkt erreicht mit einer bis heute gültigen Monumentalität der Denkmäler-Präsentation. Das hier bereitgestellte Material wurde ausgewertet gemäß dem neuerwachten Interesse an der Spätantike sowohl von kunst- und altertumswissenschaftl. Seite (Alois Riegl, Franz Cumont) wie auch in der prot. Kirchengeschichtsschreibung (Hans Lietzmann). Unter der Überschrift »Antike und Christentum« (Franz Joseph Dölger) enwickelte sich so ein bis heute mit Gewinn behandelter Fragenkomplex, der den Problemen in der sich christianisierenden Spätantike nachgeht. Im Zusammenhang damit, aber mit starkem kunstgeschichtl. Akzent, entstanden in den letzten Jahrzehnten einige Gesamtdarstellungen der christl. A.

Lit.: C. Andresen: Einführung in die Christliche Archäologie, KIG 1 B1, 1971; J. Beckwith: Early Christian andByzantine Art, PHA 1970; F.W. Deichmann: Einführung in die Christliche Archäologie, 1983; M. Gough: The Origins of Christian Art, 1973; A. Grabar: Die Kunst des frühen Christentums, 1967; ders.: Die Kunst im Zeitalter Justinians, 1967.

W. Wischmeyer

Archivwesen

Ein Archiv ist die Gesamtheit der Schriftstücke und anderer Unterlagen, die durch die Tätigkeit einer Behörde, Einrichtung oder von Personen erwachsen und wegen ihrer rechtl. oder geschichtl. Bedeutung zur dauernden Aufbewahrung bestimmt sind.

Die kirchl. Archive, vornehmlich in Klöstern und an Bischofssitzen, stehen am Anfang der abendländischen Archivgeschichte. Die Bestände des Vatikanischen Archivs setzen wegen zahlreicher Verluste jedoch erst um 1200 ein. Durch → Reformation und → Säkularisation wurden die kirchl. Archive vielfach vom Staat eingezogen, nicht selten aufgeteilt oder gar vernichtet. In den ev. Gebieten gingen die Akten der Konsistorien und sonstigen kirchl. Behörden in die staatl. Archive über. Weiterhin erwuchsen Archive bei den Pfarreien, deren wichtigster und häufig ältester Archivbestand die Kirchenbücher (Matrikeln) sind.

In der kath. Kirche ist das A. durch das Corpus Iuris Canonici (CIC) geregelt. Hier entstanden nach der Neueinteilung der → Diözesen zu Beginn des 19. Jh.s an den Bischofssitzen Ordinariats- oder Diözesanarchive, die vielfach auch älteres kirchl. Archivgut übernahmen. Bei den ev. kirchl. Oberbehörden konnte sich erst nach dem Ende des landesherrlichen Kirchenregiments (1918) ein eigenständiges A. (Landeskirchliche Archive) ausbilden.

Nach wie vor ist, neben der Bereitstellung der Unterlagen für die Forschung, die Bestandssicherung die wichtigste Aufgabe auch der kirchl. Archive. Die Sicherung nicht hauptamtlich verwalteter Archive (Pfarrarchive) erfolgt entweder durch Deponierung in Zentralarchiven (z.B. Kirchenbucharchive) oder durch Ausbau der Archivpflege. Ergänzend tritt dazu die Sicherungsverfilmung.

Veranlaßt durch die im Bund und den Ländern in den letzten Jahren erlassenen Archivgesetze, die den neueren Auffassungen auf dem Gebiet des Daten- und Persönlichkeitsschutzes Rechnung tragen und die Erhaltung wichtiger Informationen für die Zukunft sichern sollen, wird gegenwärtig auch das kirchl. A. durch den Erlaß von Archivordnungen neu geregelt.

Lit.: K. Dumrath et al.: Handbuch des kirchlichen Archivwesens, 1. Die zentralen Archive in der evangelischen Kirche, 1965; E.G. Franz: Einführung in die Archivkunde, 1989; Führer durch die Bistumsarchive der katholische Kirche in der Bundesrepublik Deutschland und in Westberlin, hg. von der Bischöflichen Fachkommission für die kirchlichen Archive in Deutschland, 1977.

H. Ehmer

Ardenti cura → Enzykliken, päpstliche

Aristides → Apologeten, altkirchliche

Aristoteles (384-322 v.Chr.)

1. Leben

A., geb. 384 v.Chr., gest. 322 v.Chr., gilt neben seinem Lehrer → Platon als der bedeutendste Philosoph der Antike. Über sein Leben gibt es überraschend wenige Primärinformationen. Gegen Ende des 3. Jh.s verfaßte Hermippos die maßgebende Biographie, die alle weiteren beeinflußte, so auch die Chronologie des Lebens des A. von Apollodoros von Athen aus dem 2. Jh. v.Chr. Nach dieser verließ A., Sohn des Nikomachos, der Leibarzt und Freund des Königs Amyntas III. von Makedonien gewesen sein soll, mit 17 Jahren seine Heimat, um in Athen der Akademie Platons beizutreten. Als nach dem Tode Platons (347) A. die Akademie wieder verließ, war er sowohl der hervorragendste Schüler als auch der scharfsinnigste Kritiker seines Lehrers. A. wandte sich nach Kleinasien zum Fürsten Hermeias von Atarneus und heiratete dessen Verwandte Pythias. Als ihn 343 eine Einladung Philipps, des Königs von Makedonien, erreichte, begab er sich in dessen Residenz Mieza, um – wie es eine spätere Überlieferung berichtet – als Lehrer des Kronprinzen Alexander (später »der Große«) tätig zu werden. Nach der Ermordung Philipps und dem Regierungsantritt Alexanders 336/335 ging A. zurück nach Athen und gründete im Lykeion, einer öffentlichen Wandelhalle (griech. *peripatos*; davon wurde evtl. der Begriff »Peripatetiker«, dt. die Umherwandelnden, abgeleitet) im Zentrum Athens, eine eigene Schule, der er 13 Jahre vorstand. Als 323 überraschend die Nachricht vom Tode des in Athen verhaßten Alexanders eintraf, hatte dies auch für seinen

Lehrer A. Konsequenzen. Gegen ihn wurde ein Prozeß wegen Gottlosigkeit eröffnet. Dem wahrscheinlichen Todesurteil entzog sich A. noch während des Prozesses durch Flucht, um, wie er selbst sagte, »den Athenern nicht ein zweites Mal Gelegenheit zu geben, sich gegen die Philosophie zu versündigen« (vgl. → Sokrates). In der makedonischen Stadt Euböa erkrankte und starb er im folgenden Jahr.

2. Schriften

Die uns erhaltene Ausgabe der Schriften des A., die Andronikos von Rhodos im 1. Jh. v.Chr. veranstaltete, umfaßt nur einen Bruchteil seines Werkes. Bei einer Vielzahl dieser Schriften dürfte es sich um Vortragsmitschriften der Schüler oder um unfertige Manuskripte handeln, die kaum für eine weitere Öffentlichkeit bestimmt waren. Die Ausgabe des Andronikos umfaßt u.a. Schriften zur Logik, die später als »Organon« (Handwerkszeug zum logischen Denken) zusammengefaßt wurden, naturwissenschaftl. Schriften (»Physik«) zur Biologie, Kosmologie, Meteorologie, Schriften zur Metaphysik (ontologische Schriften, die von einem früheren Herausgeber hinter den Büchern zur Physik, griech. *meta ta physika*, einsortiert wurden und über die Gründe und Zusammenhänge des Seins handeln), Schriften zur Ethik (am bekanntesten die Nikomachische Ethik), Schriften zur Politik, sowie zur Rhetorik und Poetik.

3. Aristoteles und Platon

Eine der wichtigsten Fragen und zugleich eines der schwierigsten Probleme der A.-Interpretation ist sein Verhältnis zur Philosophie seines Lehrers.

Der zentrale Unterschied zwischen beiden liegt in der jeweiligen Bestimmung des Allgemeinen und des Einzelnen. Während bei → Platon nur den intelligiblen (nur mit der Vernunft faßbaren) Ideen wahres Sein zukommt und die Einzeldinge lediglich durch »Teilhabe« als Abbilder der ideellen Urbilder existieren, betont A., daß Allgemeines und Einzelnes wechselseitig aufeinander bezogen sind. Auch bei ihm existieren die Einzeldinge als Teile des Allgemeinen und lassen sich nur von diesem her definieren (der einzelne Mensch läßt sich nur von seinem Wesen, nämlich vom allgemeinen Mensch-Sein her verstehen), umgekehrt aber ist das Allgemeine bzw. das Wesen (das Mensch-Sein) nur an den Einzeldingen (den einzelnen, konkreten Menschen) zu erkennen, existiert also nur in diesen und ist nicht von ihnen abtrennbar. Die Inanspruchnahme seiner Philosophie durch den mittelalterl. → Nominalismus, der die Wirklichkeit des Allgemeinen überhaupt leugnete, oder durch den aufgeklärten → Empirismus, der nur dem wissenschaftl. Nachprüfbaren Realität zugesteht, beruht auf einem Mißverständnis.

Eine weitere Differenz bedeutet die ontologische Bestimmung der Veränderung bzw. der Bewegung durch A. Für Platon stellte jede Veränderung einer Sache ein Hindernis der Erkenntnis dar; somit war für ihn eigentliche Erkenntnis nur am Ewigen und Unbewegten möglich, was seiner Philosophie einen statischen Zug verleiht. Dagegen gelingt es A., auch Wachstum und Bewegung ontologisch zu bestimmen, indem er den Anfangszustand einer Sache (z.B. Same oder Ton) als Status der Möglichkeit oder Potentialität (*dynamis*) bestimmt, während der Endzustand (Pflanze oder Tonkrug) den Status der Aktualität bzw. der Verwirklichung (*energeia*) besitzt.

4. Logik

Während bei Platon der Erkenntnisgegenstand noch eine deutliche Priorität gegenüber dem Erkenntnisweg, der Methode, besaß, gewinnt bei A. letztere zunehmend einen Selbstzweck. Im Anschluß an Sokrates betont A., daß es gültige Erkenntnis nur mittels wissenschaftl. reiner Methoden geben kann, die die Möglichkeiten des Selbstbetrugs der menschlichen Vernunft so weit wie möglich ausschließen.

In seiner Lehre von den 10 Kategorien (Substanz; Quantität; Qualität; Relation; Ort; Zeit; Lage; Besitz; Aktivität; Erleiden) bestimmt A. die Umstände, unter denen gültige Aussagen über einen Gegenstand überhaupt möglich sind.

Die Kategorienlehre wird in der Lehre von der Definition fruchtbar gemacht. Nachdem man sich über die Bedeutung sowohl des Wortes für eine Sache als auch der Sache selber verständigt hat, gilt es zum einen, die nächst höhere Gattung festzustellen (z.B. der Dackel ist ein Hund) und zum anderen die in derselben Gattung vorfindlichen Unterschiede zu benennen (im Gegensatz zur Dogge hat der Dackel kurze Beine), um eine klare Definition zu erzielen. Unter diesen Bedingungen bleiben Gott und das Sein undefinierbar, da es für sie keine übergeordneten Gattungen gibt.

Das berühmteste Stück der aristotelischen Logik ist die Syllogistik. Zu einer apodiktischen (in sich notwendigen im Unterschied zu einer durch Erfahrung ermittelten oder einer ungewissen) Aussage gelangt man, indem man aus zwei vorausgesetzten, als Prämissen dienenden Urteilen zu einem dritten Urteil als Fazit gelangt (z.B. 1. Sokrates ist ein Mensch; 2. Alle Menschen sind sterblich; 3. Sokrates ist sterblich).

Die »Topik« ist der einzige realistisch angelegte Teil des Organon. Er behandelt den weiten Bereich, in dem die Syllogistik keine Gültigkeit hat, da nur mit einer relativen Allgemeinheit der Aussagen gerechnet werden kann, z.B. im individuellen, polit. und geschichtl. Handeln des Menschen, das keine strenge Gesetzmäßigkeit erkennen läßt. Im Bereich der Erfahrung, die mit induktiven Schlüssen von der Beobachtung am Einzelnen auf das Allgemeine bzw. das Wesen zurückschließt, kann es somit immer nur Wahrscheinlichkeitsurteile geben.

Die logischen Schriften von A. sind von einem großen Optimismus in Bezug auf die menschliche Denk- und Wahrnehmungsfähigkeit geprägt, der sich mit einer tiefen Ablehnung jeglicher Paradoxa paart. Allem Seienden liegt eine vernünftige Ordnung zugrunde, und die menschliche Vernunft ist teleologisch (d.h. in ihrem Wesen zielgerichtet) auf ihre Entdeckung hin angelegt. Die Wahrnehmungsorgane und Geisteskräfte sind zwar, wie er zugesteht, nicht vollkommen, arbeiten aber in ihren Grenzen zuverlässig.

5. Theologie

A. unterscheidet die Philosophie und damit die Gesamtheit aller wissenschaftl. Disziplinen in drei Bereiche, die theoretische, die praktische und die poietische Philosophie. Die Poietik beschreibt das gesamte Gebiet der technischen Herstellung von Produkten. A. selbst gibt der theoretischen Philosophie eindeutig den Vorzug, deren Ausübung die höchste Tugend darstellt.

Das Ziel dieser theoretischen Philosophie ist allein die Erkenntnis der Wahrheit, die ihren Zweck in sich selbst trägt und keinem Zwang unterliegt, irgendeinen Nutzen hervorbringen zu müssen. Diese Zweckfreiheit ist konstitutiv für ihre hohe Würde, denn in der Antike galt das Nützliche als das Gemeine und war damit minderwertig. Das Erkennen vollzieht sich im Geiste (*nous*) des Menschen. Denn nur der *nous* des Menschen ist in der Lage, Gott, der als reiner Geist ihn an sich teilhaben läßt, zu erkennen.

Die Frage nach Gott als dem allgemeinsten Wesen setzt für A. beim Einzelding ein. Mittels der Kategorien muß geklärt werden, was das Wesen eines Gegenstandes ist. Nun läßt sich anhand der Kategorien weiter nach übergeordneten Gattungen fragen, bis man schließlich bei der letzten Gattung, dem Seienden, anlangt. Das Wesen dieses Seienden ist das eigentliche Ziel der Erkenntnis und damit der theoretischen Philosophie.

Diesem ontologischen Gedankengang entspricht bei A. ein zweiter, der ätiologischer (nach den Ursachen fragender) Natur ist. Es besteht zwar die theoretische Möglichkeit, die Frage nach den Ursachen bis ins Endlose fortzusetzen. Ein solcher Rückgang ins Unendliche würde aber den gesamten Prozeß und damit auch alles Bestehende sinnlos machen. Also ist für A. der Gedanke einer ersten Ursache eine logische Notwendigkeit. Gleichzeitig unterscheidet A. vier Ursachentypen. Bevor etwas entsteht, muß eine Materie (griech. *hyle*) vorhanden sein, die bewegt bzw. verändert werden kann (Materialursache; lat. *causa materialis*). Ferner bedarf es einer Ursache, die dieser Materie eine Form (griech. *morphe*; lat. *forma*) gibt (Formursache; lat. *causa formalis*). Diese Form ist die Bestimmtheit, die einen Gegenstand zu dem macht, als den wir ihn wahrnehmen. Um auch das Wachstum und die Veränderung ontologisch zu erfassen, nennt A., wie oben bereits erwähnt, den Zustand der ungeformten Materie »Möglichkeit, Potenialität« (*dynamis*), während die vollendete Einheit von Form und Materie den Zustand der Verwirklichung (*energeia*) darstellt. Die Form als das Bestimmende besitzt damit eine Priorität vor der Materie als dem Unbestimmten. Das bedeutet für A., daß die Form logisch und ontologisch vor der Materie existierte und – um dem Gedankengang vorzugreifen – Gott reine Form sein muß.

Zunächst unterscheidet A. aber noch eine Wirkursache (*causa efficiens*), die die Veränderung in Gang bringt, und schließlich muß es eine Zweckursache (*causa finalis*) geben, die das Ziel und den Anlaß der Veränderung darstellt. Führt man die genannten Ursachentypen an ihren Anfang zurück, gelangt man zur bekannten Formel des »unbewegten Bewegers«, der selbst die Ursache und das Ziel der Bewegung und Veränderung alles Seienden ist.

So treffen sich beide Gedankengänge des A. in dem Einen, schlechthin Allgemeinen, an dem »die Welt und die Natur hängen« und den A. letztlich Gott nennt. Gott ist somit die Bedingung der Möglichkeit, die Erfahrungswelt als Einheit zu denken.

Das Handeln dieses Gottes geschieht durch sein bloßes Sein. Insofern die Tätigkeit des reinen *nous* das Denken ist, dieses Denken aber von einem außerhalb sich selbst liegenden Gedachten bestimmt und damit verändert würde, muß sich Gott notwendigerweise selbst denken. Gott ist nach A. »das sich selbst denkende Denken«, bei dem Subjekt und Objekt identisch sind.

Letztlich trägt dieser Gottesbegriff die Tendenz der Selbstnegierung in sich. Von einem persönlichen, schöpferisch-handelnden Gott, der sich um seine Geschöpfe kümmert, kann keine Rede mehr sein. Die einzige Relation zwischen Gott und Mensch besteht im *nous* des Menschen, der aber nur fragmentarisch besitzt, was Gott in Reinheit ist. Folglich ist das einzige verbindende Moment und gleichzeitig die höchste menschliche Tugend das Denken und Erkennen Gottes, da darin der Mensch Gott am nächsten ist.

6. Physik

Zusammen mit der Mathematik und der beiden als Ziel übergeordneten Theologie gehört die Physik zum Bereich der theoretischen Philosophie. A. unternimmt hier den Versuch, eine Beschreibung alles Seienden zu geben. Mit einer unglaublichen Sammelleidenschaft registierte und untersuchte A. sowohl Pflanzen, in erster Linie aber alle ihm bekannten Tiere.

Der zentrale und bis heute folgenreichste Grundgedanke seiner Naturerklärung ist der Nachweis einer überall wirkenden Zweckursache. Der ganze Kosmos ist von einer teleologischen Ordnung durchwaltet, die es in jedem Einzelnen zu erkennen gilt. Da sich die Aktivität Gottes jedoch allein im sich selbst Denken erschöpft, kann er unmöglich gleichzeitig dem Kosmos Zweck und Ziel geben. So meint A. die Zweckgerichtetheit alles Seienden ohne eine Größe behaupten zu können, die auf einen solchen Zweck hin plant.

Ein wesentlicher Bereich der aristotelischen Physik ist die Psychologie. Zunächst billigt A. jedem Lebewesen eine Seele zu, die das innerste Prinzip allen Lebens ist. Diese Seele verhält sich zum Leib wie die Form zur Materie. Weil aber in allem Seienden die Form nie getrennt von der Materie existiert, bedeutet das für die Seele als logische Konsequenz, daß sie mit dem sterblichen Leib auch untergeht. Das einzig Unsterbliche am Menschen bildet demnach sein *nous*, die Vernunft, die den ihr verwandten göttlichen *nous* zumindest fragmentarisch zu erkennen vermag und zu ethischen Entscheidungen fähig ist. Die Bezogenheit der Instanz des menschlichen nous auf Seele und Leib wird von A. allerdings kaum reflektiert.

7. Ethik

Die Frage nach dem guten und zweckgerichteten Handeln ist für A. die Grundfrage der praktischen Philosophie überhaupt. Er unterscheidet zunächst, wie bereits oben erwähnt, zwei Grundformen menschlichen Handelns: Die Poiesis als die handwerkliche Herstellung von Produkten, die ihr Ziel außerhalb ihrer selbst hat (und somit minderwertig ist), und die Praxis als ethisch relevantes Handeln im Vollzug einer bestimmten Tat, das Ziel und Zweck in sich selbst hat. Das Ziel allen menschlichen Tuns ist die Eudaimonia, die Glückseligkeit. Damit ist nicht private Lustmaximierung gemeint, sondern der Einklang eines Wesens mit seiner Zweckbestimmung.

Es gibt nun für A. zwei legitime Lebensformen ebenso wie zwei Arten von Tugenden. Die höhere Lebensform ist theoretische Existenz, die zweckfrei um ihrer selbst willen die Prinzipien und Gründe alles Seienden zu erkennen sucht und gemäß den dianoetischen (denkenden) Tugenden handelt.

Die zweite, niedere Lebensform spielt sich im sittlich-polit. Leben ab und wird von den ethischen Tugenden bestimmt. Letztere werden selbst nicht allein von der Vernunft (*Logikon*), sondern auch vom Begehrungsvermögen, dem unvernünftigen Teil (*Alogon*) des Menschen, bestimmt. In diesem Punkt setzt sich A. deutlich von Sokrates ab, für den allein die Erkenntnis für das Handeln verantwortlich ist. Hat ein Mensch das Gute erkannt, dann wird er es notwendigerweise auch tun. A. ist hier skeptischer. Zur Erkenntnis muß für ihn auch eine Kraft treten, die die Bewegung des Handelns in Gang bringt, eben das Begehrungsvermögen. Während die Vernunft durch Belehrung gebildet wird, bedarf das Alogon einer permanenten Erziehung. Sie geschieht in Form unablässiger Nachahmung fremden Handelns, bis es zur Gewohnheit und einer bestimmten Haltung (griech. *ethos*) wird und das Alogon sich konsequent dem Logikon unterordnet. Ethik ist demnach die philosophische Disziplin, die die Form und Entstehung des Ethos zum Gegenstand hat.

Inhaltlich sind die Tugenden des Alogon als die Mitte zwischen zwei entgegengesetzten Extremen, einem Zuviel und einem Zuwenig, bestimmt (so ist z.B. Tapferkeit die Mitte zwischen Feigheit und Tollkühnheit). Die wichtigste Tugend ist für A. die → Gerechtigkeit, die sich wiederum in die zuteilende und korrigierende Gerechtigkeit unterscheidet.

8. Staatslehre

Weil der Mensch ein Wesen ist, das in Gesellschaft mit anderen lebt, ist die Politik für A. höchste und eigentliche Form der Ethik, die den Einzelnen zum vollkommenen Staatsbürger macht. Dem entspricht auch, daß nach aristotelischem Verständnis der Staat kein Wohlfahrtsstaat im modernen Sinne sein sollte, sondern vielmehr ein Erziehungsstaat.

Vorbild und Grundlage des Staates ist das Hauswesen (*Oikonomia*). Der Staat ist sozusagen das Hauswesen aller Hauswesen und damit die Ganzheit der Teile. Demzufolge muß das Staatswesen auch dieser Gesamtheit dienen und ist dann korrupt, wenn es nur wenigen oder einem einzelnen dient. Der optimale Staat ist der, dessen Eudaimonia mit derjenigen seiner Bürger in Einklang ist und umgekehrt.

Lit.: Aristotelis Opera, hg. von der Academia Regia Borussica (I. Bekker/H. Bonitz), 5 Bde., 1831-1870, Nachdruck und Neubearbeitung von O. Gigon, 1960ff; W. Bröcker: Aristoteles, [4]1974; I. Düring: Aristoteles. Darstellung und Interpretation seines Denkens, 1966; H. Flashar (Hg.): Werke in dt. Übersetzung. Dt. Aristoteles-Gesamtausgabe, 20 Bde.; O. Gigon: »Aristoteles/Aristotelismus I«, TRE 3, 1978, 726-768; F.-P. Hager (Hg.): Logik und Erkenntnislehre des Aristoteles, 1972; ders. (Hg.): Metaphysik und Theologie des Aristoteles, 1969; ders. (Hg.): Ethik und Politik des Aristoteles, 1972; H. Schmitz: Die Ideenlehre des Aristoteles, (3 Bde.) 1985; I. Schüssler: Aristoteles. Philosophie und Wissenschaft, 1982; G.A. Seeck (Hg.): Die Naturphilosophie des Aristoteles, 1975.

V. Gäckle

Aristotelismus

Unter A. wird gemeinhin die in immer neuen Wellenbewegungen erfolgte Erneuerung aristotelischer Philosophie oder auch nur die eklektische Aufnahme von Teilen seines Denkens verstanden, die gleichermaßen in der Religions-, Philosophie- und Theologiegeschichte zu beobachten ist.

1. Antiker Aristotelismus

Während der ersten zweieinhalb Jh.e nach dem Tod des → Aristoteles erlitt sein Erbe einen beträchtlichen Niedergang und Verfall, in den auch die peripatetische Schule selbst hineingezogen wurde. Die mangelhafte Überlieferung seiner Lehre gipfelte in der ca. zwei Jh.e dauernden Unzugänglichkeit seiner wissenschaftl. Lehrschriften, die erst 86 v.Chr. wieder aufgefunden wurden. Nach der Wiederentdekkung seiner Lehrschriften setzte eine Flut von Aristoteles-Kommentaren ein, in denen der Versuch unternommen wurde, Lehre und Werk des Meisters zu systematisieren.

In der von theol. Fragen beherrschten, nach rel. Antworten suchenden und um ethische Maßstäbe ringenden Zeit der ersten drei nachchristl. Jh.e blieb dieser von rel. Desinteresse geprägte Spezialisten-A. jedoch eine esoterische Expertenbewegung ohne jegliche Breitenwirkung.

Dieses Bild änderte sich erst gegen Ende des 3. Jh.s, als durch Porphyrios der A. einerseits zum methodischen Handwerkszeug des Neuplatonismus degradiert wurde, damit aber andererseits die Geistesgeschichte sowohl des Okzidents wie des Orients für die nächsten 1200 Jahre bestimmte.

Porphyrios erkannte, daß der Neuplatonismus seinen durchaus rel. Anspruch auf umfassende Geltung nur mit einem wissenschaftl. Erkenntnisweg aufrechterhalten konnte, umsomehr als die unsystematische Hinterlassenschaft Platons in den Dialogen einer Hermeneutik bedurfte, die das dahinter verborgene System zum Vorschein brachte. Die einzige wissenschaftl. durchreflektierte Methode war nun aber die Logik des Aristoteles, einschließlich dessen Kategorienlehre. Die Porphyrios gestellte Aufgabe war es daher, den ontologischen Gegensatz beider Systeme zu überwinden. Er tat dies, indem er den Gültigkeitsbereich ontologischer Aussagen, die mit Hilfe der Kategorie der *ousia* getroffen wurden, auf den Bereich der Logik beschränkte. In der Metaphysik haben diese Seinsurteile dagegen keine Gültigkeit mehr. So konnte Porphyrios die aristotelische Logik integrieren, ohne die Metaphysik seines Lehrers in Frage stellen zu müssen. Damit der A. in den von Porphyrios gesetzten Grenzen seiner Gültigkeit blieb und nicht in den Bereich der platonischen Metaphysik eindrang (und evtl. schon in der Antike einen → Universalienstreit provoziert hätte), verfaßte jener seine Kommentare zur aristotelischen Logik. Das berühmteste Werk, die »Einführung in die aristotelische Kategorienlehre« (griech. *Eisagoge*; lat. *Quinque voces*; geschrieben um 275), wurde für das kommende Jahrtausend zur Grundlage des *collegium logicum* (Logikunterricht) sowohl der christl. wie auch der islam. Welt.

Das Christentum trat erst im 4. Jh. in eine ernsthafte Auseinandersetzung mit dem A. ein. Eine geistige Annäherung analog zum platonischen Einfluß auf die altkirchl. Theologie scheiterte hier aber von vornherein an der aristotelischen Doktrin von der Ewigkeit und Ungeschaffenheit des Kosmos, die im Widerspruch zum bibl. Schöpfungsglauben stand, ebenso wie auch die These von der Sterblichkeit der Seele vor der christl. Ewigkeitshoffnung nicht bestehen konnte. Lediglich die Logik des A., vermittelt durch die erwähnte Schrift des Porphyrios und durch die lat. Übersetzung und Kommentierung der Kategorienlehre und Hermeneutik (Categoriae und De interpretatione) durch Boethius (480-525), fand aufgrund ihrer vermeintlichen phil. Neutralität ein Heimatrecht in der christl. Theologie. Sie bestimmte die Terminologie und die Methodik der mittelalterl. Scholastik. Daß man mit dem Erkenntnisweg aber zugleich auch eine inhaltliche Vorentscheidung getroffen hatte, merkte man erst im ausgehenden Spätmittelalter, als es für die Einheit der Kirche schon zu spät war.

2. Islamischer und jüdischer Aristotelismus

Die islam. Welt des Vorderen Orients kam bereits im 7. und 8. Jh. durch syr. Christen und deren Übersetzungen aristotelischer Werke mit dem A. in Berührung. In erster Linie waren es die logischen Schriften (Organon) und die *Eisagoge* des Porphyrios, die wie in der christl. Theologie nun auch in der islam. zur methodischen Arbeitsgrundlage namhafter Aristoteles-Kommentatoren wie al-Kindi (ca. 800-870), al-Farabi (ca. 880-950) und des für den abendländischen A. bedeutenden Ibn Sina (bekannt als Avicenna; 980-1037; → Scholastik) wurden. Freilich vertraten alle einen mehr oder weniger mit (neu)platonischen Elementen vermengten A., wie es überhaupt unwahrscheinlich ist, daß es angesichts der Fülle der in Umlauf befindlichen, unechten und (neu)platonisch gefärbten Aristoteles-Schriften einen reinen A. gab. Dieser wurde erst von Ibn Rusd (bekannt als Averroes, 1126-1198; → Scholastik) wiederhergestellt. Seiner Verehrung des Aristoteles als größtem Gelehrten der wissenschaftl. Philosophie gab er in zahlreichen Kommentaren Ausdruck. Bisweilen war er konsequenter als jener und dachte Probleme zu Ende, die bei Aristoteles noch offen blieben. Daneben versuchte er analog zur christl. Scholastik mittels einer speziellen Hermeneutik für rel. Schriften die Übereinstimmung des Islam mit dem A. nachzuweisen.

Ganz anders verlief die Geschichte des A. im Judentum. Als Ausgangspunkt gilt der jüd.-hell. Philosoph und Synkretist Aristobul im 2. Jh. v.Chr., dessen Schriften den Ursprung einer bis ins 16. Jh. reichenden Tradition von Aristoteles-Legenden bilden. In anachronistischer Umkehrung der Geistesgeschichte wird ein jüd. Einfluß auf Aristoteles und ein jüd. Ursprung seiner Philosophie erzählt.

Unabhängig davon entstand im 12. Jh. eine umfangreichere und weitreichendere Beziehung zum A., begleitet von einer stark allegorisch-vergeistigenden Schriftauslegung, mittels der man aus bibl. Geschichtswahrheiten Vernunftwahrheiten herausexegesierte. Der berühmteste Vertreter des »voraverroistisch« jüd. A. ist Mose ben Maimon (Maimonides; 1135-1204). Geprägt vom spanisch-jüd. Avicennismus des 12. Jh. bemühte er sich um eine Synthese des A. mit dem AT. Unterhalb der Mondsphäre billigte er den Aussagen des Aristoteles uneingeschränkte Geltung zu, während er seine Aussagen über den Bereich oberhalb der Mondsphäre, d.h. die eigentlich theol. Thesen, vom jüd. Glauben her relativierte. Seine Wirkungsgeschichte läßt sich bis zu → Thomas von Aquin verfolgen.

3. Christlich-Scholastischer Aristotelismus

Voraussetzung für den Siegeszug des A. in der Hochscholastik des 13. Jh.s war die im 11. Jh. einsetzende Verbreitung der lat. Übersetzungen der ersten beiden Werke der Logik sowie der *Eisagoge* des Porphyrios, die schon früh die Grundlage des Logikunterrichts an den neu entstehenden Universitäten bildeten. Ein klass. Ausdruck der zeitgenössischen Lust am logischem Denken ist beispielsweise das theol. Programm »sola ratione« des → Anselm von Canterbury (1033-1109), der die logische Notwendigkeit der Glaubenswahrheiten zu begründen versuchte. Bis 1140 wurden auch die anderen Schriften des Organon, zunächst aus dem Arab. und Hebr., später auch aus dem Griech., übersetzt und als logica nova der logica vetus des Boethius angehängt. Am einflußreichsten für die Aristoteles-Rezeption der Hochscholastik wurde das Übersetzungswerk von Wilhelm von Moerbeke (ca. 1215-1286), der in großem Stil alte Übersetzungen überarbeitete und einige Schriften neu übersetzte. Von großer Bedeutung war ferner die Verbreitung der Kommentare des Avicenna, in denen sich ein neuplatonischer A. spiegelte, sowie später der Kommentar des Averroes. Es ist nicht unwesentlich, daß das mittelalterl. Abendland Aristoteles zunächst durch den arab.-islam. A. und seine spanischen Übersetzer kennengelernt hat.

Während die Kirche in der ersten Hälfte des 13. Jh.s die naturphil. und metaphysischen Schriften zunächst unter ein Vorlesungsverbot stellte, wurde nach dessen Aufhebung der Aristoteles-Unterricht bald zur institutionellen Grundlage der Universitäten erhoben und wirkte prägend auf die mittelalterl. Theologiegeschichte ein.

So nahm auch der zentrale Streitpunkt scholastischer Theologie, der → Universalienstreit, bei einem typisch aristotelischen Problem seinen Ausgangspunkt. Sind die Allgemeinbegriffe (lat. *universalia*) im platonischen Sinne als vom Einzelding getrennt existierende Wesenheiten zu denken (*universalia ante rem*)? Existieren sie - wie die Mehrzahl der dem Realismus verpflichteten Scholastiker im Anschluß an Aristoteles meinte - nur in den Einzeldingen (*universalia in rem*), oder - so lautete die am Ende des MAs siegreiche nominalistische Lösung - sind sie lediglich Begriffe unseres Verstandes ohne eigene Realität im Gegensatz zu den allein realen Einzeldingen (*universalia post rem*)?

Den Zenit erreichte der mittelalterl. A. in den beiden Dominikanern → Albertus Magnus (ca. 1200-1280) und dessen Schüler → Thomas von Aquin (1225/26-1274) mit seinem epochalen Hauptwerk »summa theologiae«. Beide befreiten die Philosophie aus ihrem methodischen Dienstverhältnis zur Theologie und gaben ihr ihre Eigenständigkeit zurück. Mittels dem *lumen naturale* (natürliches Licht) der menschlichen Vernunft ist der Mensch bis zu einem gewissen Grad zur phil. Erkenntnis fähig, vorausgesetzt, er läßt sich von der aristotelischen Logik anleiten. Die Vollkommenheit der Wahrheit wird ihm dann im Glauben an die übervernünftige Offenbarung mitgeteilt. (Aristotelische) Philosophie und Theologie, (logische) Vernunft und Glaube bilden hier als Unter- und Oberbau eine harmonische Synthese und stellen zwei gleichberechtigte, aufeinander aufbauende Erkenntniswege dar. Freilich hatte sich bereits Thomas mit rechts- und linksradikalen Gegenpositionen auseinanderzusetzen. Während auf der einen Seite die → Franziskaner, wie z.B. Bonaventura, der Philosophie eine derartige Selbständigkeit absprachen und für die unbedingte Autorität der Theologie eintraten, entstand auf der anderen Seite in den 60er Jahren des 13. Jh.s ein radikaler A. innerhalb der Pariser Artistenfakultät (Hauptvertreter Siger von Brabant), der im Anschluß an Averroes (daher der Name Averroismus) Thesen wie die Ewigkeit der Welt und die Einheit (im Sinne von Einzahl) des *nous*, an dem alle Menschen teilhaben können, vertrat. Konkret bedeutete dies, daß bei einer Spannung zwischen Aristoteles und der Schriftoffenbarung diese nicht wie bei Thomas gemäß der skizzierten Synthese und damit unter dem Primat der Theologie ausgeglichen wird, sondern gemäß den phil. Wahrheitsprinzipien die sich ergebenden Konsequenzen ausgehalten werden, was die unausgesprochene Folge eines doppelten (geoffenbarten und vernunftorientierten) Wahrheitsbegriffes nach sich zieht. Nach mehreren Verurteilungen trug schließlich der kirchl. A. eines Thomas von Aquin das Plazet der Kirche davon, das er in der kath. Kirche bis heute behauptet (CIC can. 1366, §2).

Freilich konnte auch er es nicht verhindern, daß sich das Spätmittelalter wieder stärker neuplatonischen und augustinischen Denkmodellen zuwandte. Es war letztlich Wilhelm von → Ockham, der mit seiner radikal-nominalistischen Lösung des Universalienstreits auch den A. radikal in Frage stellte.

Während die Renaissance mehr dem Platonismus zuneigte, blieb der A. als Schulphilosophie an den Universitäten vorherrschend und konnte weder vom Ockhamismus noch vom emporstrebenden → Humanismus verdrängt werden. So erlebte im 15. Jh. auch der Averroismus eine Wiedergeburt. Seine These von der Sterblichkeit der individuellen Seelen im Gegensatz zur Unsterblichkeit der überpersönlichen, einen Menschheitsseele wurde aber 1513 auf dem 5. Laterankonzil erneut verurteilt.

4. Reformation und Neuzeit

Für die Geschichte des A. seit dem 16. Jh. sind vor allem zwei Faktoren verantwortlich: Zum einen die reformat. Bewegung mit ihrem völlig neuen Verständnis theol. Denkens und zum anderen die Vertreter der mathematisch experimentellen Naturwissenschaften, deren Wissenschaftstheorie sich völlig von Aristoteles gelöst hat.

Obwohl der junge Luther das übliche aristotelische Grundstudium durchlief und als Sententiar selbst die Nikomachische Ethik auszulegen hatte, wird bei ihm schon früh eine deftige Polemik gegen Aristoteles laut, der ein »ranziger Philosoph« und »Schwätzer« sei. Beim reifen Luther konkretisiert sich diese Abneigung in einem totalen Umbau des vom A. bestimmten scholastischen Theologieverständnisses. Theologie ist für ihn nicht mehr Teil des kontemplativen Lebens, das dem aktiv-werktätigen Leben gegenübersteht, sondern Theologie vollzieht sich wesentlich in der göttlichen Infragestellung sowohl des phil.-denkenden wie des ethisch-handelnden Menschen durch die in Christus offenbarte göttliche Gerechtigkeit, die das zur menschlichen Selbstbehauptung vor Gott versklavte Denken und Handeln als Selbstgerechtigkeit und Sünde offenbart. Thema der Theologie kann damit nicht mehr die Aseität Gottes (das An-sich-sein Gottes) sein, sondern vielmehr das Verhältnis zwischen dem sündigen Menschen und dem rechtfertigenden Gott. Diese relationsontologische Denkweise löst vor allem in der Anthropologie die substanzontologische Betrachtung des Menschen mittels der aristotelischen Kategorien und Begriffe ab.

Ein höheres Ansehen genoß der A. im Denken → Melanchthons: Die Philosophie des A. leiste nicht nur einen wertvollen Beitrag zum Verständnis der Schrift, sondern die phil. Ethik führe auch zur Erkenntnis des göttlichen Gesetzes.

Der Erfolg des melanchthonischen A. ist seiner Einführung in den von Melanchthon geprägten und organisierten prot. Universitäten zu verdanken, wo er bis in das 18. Jh. hinein den Grundriß der Bildung und Wissenschaft bestimmte.

Kritik aus einer ganz anderen Richtung schlug dem A. vom aufstrebenden Empirismus entgegen. Weder bei Francis → Bacon, Galileo → Galilei und Isaac → Newton noch bei den späteren Denkern der → Aufklärung spielt die aristotelische Naturphilosophie eine bedeutende Rolle, wird sogar häufig überhaupt nicht mehr wahrgenommen. Es war schließlich I. → Kant, der mit seinem Nachweis der Unmöglichkeit gesicherter metaphysischer Einsichten den Niedergang des A. in der Aufklärung beschloß.

Nachdem freilich auch Kants Einsichten ihre Götterdämmerung erlebten und erleben, finden im 20. Jh. vor allem im Bereich der Biologie (vgl. die These von der Teleologie alles Seienden) und der Ethik (hoher Grad an Praktikabilität im Gegensatz zu Kants, im Theoretischen steckenbleibenden, kategorischem Imperativ) die Ansätze des alten Griechen neue Beachtung.

Lit.: H. Barth: Philosophie der Erscheinungen I, 1947; H. Dörrie: Platonica Minora, 1976, 508-523; H.J. Drossaart Lulofs: Aristoteles Arabus, in P. Moraux (Hg.): Aristoteles in der neueren Forschung, 1968; I. Düring: Von Aristoteles bis Leibniz (Antike und Abendland 4, 1954, 118-154); M. Grabmann: Mittelalterliches Geistesleben I, 1926; II, 1936; III, 1956; S. Horovitz: Die Stellung des Aristoteles bei den Juden des MA, 1911; P. Moraux: Der Aristoteles bei den Griechen von Andronikos bis Alexander von Aphrodisias, 1973; P. Petersen: Geschichte der aristotelischen Philosophie im protestantischen Deutschland, [2]1964; J. Reiners: Der aristotelische Realismus in der Frühscholastik (Diss. Bonn), 1907.

V. Gäckle

Arius/Arianer

Der alexandrinische Presbyter (Pfarrer) A. (ca. 265-336), der aus Libyen stammte und in Konstantinopel starb, gehört zu den am meisten bekämpften Häretikern der Alten Kirche. Das hängt damit zusammen, daß der nach ihm benannte Streit, der sich über mehr als sechs Jahrzehnte erstreckte (318-381) und bei dem es nur am Anfang um Person und Lehre des alexandrinischen Presbyters ging, von grundsätzlicher Bedeutung für die Kirche war.

Mehr als A. steht der alexandrinische Bischof → Athanasius (ca. 295-373; Bischof seit 328) im Zentrum der Ereignisse. Er stand im Kampf gegen A. und den Arianismus zeitweilig fast allein und hat ihm auch den Namen gegeben. Seine Schriften, die das Bild von den Ereignissen wesentlich mitbestimmt haben, gehören zu unseren Hauptquellen.

Im Kern ging es um die Frage: Wie läßt sich das christl. Bekenntnis zu dem einen Gott mit dem Glauben an die Göttlichkeit Christi vereinbaren? Für A., der die Einzigkeit Gottes betonte, war Christus ein Geschöpf, das erste Werkzeug, durch das Gott die Welt geschaffen hat. Für Athanasius aber durfte der Glaube an Christi Gottheit nicht angetastet werden, denn darin gründet unsere Erlösung. Das Problem der Einheit Gottes betrifft einerseits das Verhältnis von Theologie und Philosophie, fragt aber auch nach dem Zeugnis der Schrift. Nach der Anerkennung des Christentums durch Konstantin, der seit 324 Alleinherrscher im röm. Reich war, ging es in diesem Streit aber auch um das neue Verhältnis der Kirche zum Staat.

Drei Hauptphasen des arianischen Streites lassen sich unterscheiden:

1. Der Streit um Arius (318-325)

Am Anfang steht die Auseinandersetzung zwischen dem Presbyter A. und seinem Bischof Alexander in Alexandria. Durch die vielfältigen Kontakte des A. weitete sich der Streit bald über Ägypten hinaus aus und führte zu einem - die Kirche im Osten des röm. Reiches tief spaltenden - Konflikt über die Lehren des A. von der Geschöpflichkeit und Zeitlichkeit des Gottessohnes. Ausgelöst wurde der Streit wohl durch eine Auslegung von Spr 8,22ff, wo es von der Weisheit, die mit Christus, dem Schöpferwort Gottes, dem Logos, identifiziert wurde, heißt: »Gott schuf mich als Anfang seiner Wege . . .« (so in der griech. Übersetzung des AT, der sog. Septuaginta, der Bibel der Alten Kirche). War demnach also der Logos Gottes ein Geschöpf und hatte einen Anfang? Inwiefern war er dann aber Gott und sein Erlösungswerk Gottes Werk?

Kaiser Konstantin suchte auf seine Weise den in seinen Augen unnützen Streit um Worte beizulegen. Die Kirche sollte wieder einig werden zur ungeteilten Verehrung des höchsten Gottes im geeinten Imperium zum Wohle des Staates. Dazu berief er eine Reichssynode nach → Nicaea ein (325), die später als Erstes Ökumenisches Konzil bezeichnet wurde. Auf ihr wurde erstmals eine gesamtkirchl. Glaubensformel verabschiedet, das Nicaenum (später neu gefaßt und erweitert im Bekenntnis von 381, das sich zur Tradition dieser Formel bekennt und, bis heute, auch als »Nicaenum« bezeichnet wird). Besonderes Kennzeichen des nicaenischen Glaubens ist das Bekenntnis zur wesenhaften Einheit bzw. Gleichheit (Homoousie) von Gott-Vater und Sohn. In einer abschließenden Verwerfung wendet sich der Text von 325 gegen die Lehren des A. mit den Worten: »Die aber sagen: ›Es gab eine Zeit, da er (sc. der Sohn Gottes) nicht war‹, und: ›ehe er geboren ward, war er nicht‹, und: ›aus Nichtseiendem ist er geworden‹, oder die behaupten, er sei aus einer anderen Substanz (Hypostase) oder Wesenheit (*ousia*) [als der des Vaters] oder er sei geschaffen, wandelbar oder veränderlich, die verdammt die katholische und apostolische Kirche.«

Durch kaiserliche Veröffentlichung erhielt der Text sogar reichsrechtliche Verbindlichkeit, wurde aber wohl nie in einem Gottesdienst verwandt. Er war jedoch insofern Maßstab der Rechtgläubigkeit, als sich niemand ausdrücklich und öffentlich dagegen aussprechen durfte. Unter dieser Voraussetzung wurde sogar A. im Jahre 327 die Rückkehr in die Kirchengemeinschaft gestattet (allerdings nicht in Alexandria, wo man sie ihm bis zuletzt verweigerte).

2. Der Kampf gegen die Nicaener und das Nicaenum (327-361)

Es heißt, daß 318 Väter das Nicaenum unterzeichnet hätten. Nur zwei libysche Bischöfe wurden verurteilt und zwei weitere, Euseb von Nikomedien (am Kaiserhof!) und Theognis von Nicaea, wurden abgesetzt, weil sie ihre Unterschrift unter den Text verweigerten. Sie konnten aber wie A. bald wieder in die Kirchengemeinschaft zurückkehren und organisierten nun den Kampf gegen die Anhänger des Nicaenums.

Mit Unterstützung des Kaisers, der die Synoden auch als Gerichtshöfe (über Bischöfe) verstand, gelang es ihnen, die Hauptgegner nacheinander von ihren Bischofssitzen zu entfernen: Eustathius von Antiochien (327), Athanasius von Alexandrien (335) und Markell von Ankyra (336). Nach dem Tod Konstantins (337) änderte sich zwar die Situation. Aber Athanasius konnte erst 346 nach Alexandrien zurückkehren.

Unter Kaiser Konstantius II. (337-361), der zunächst nur über den Osten des Reiches, ab 353 aber wie einst sein Vater Konstantin als Alleinherrscher regierte, verschärfte sich der Kampf erneut. Konstantius wollte die Spaltungen in der Kirche überwinden, indem er gleichzeitig gegen zwei Seiten kämpfte: einerseits gegen die strengen Arianer (»Anhomöer« genannt, weil sie wie A. die Andersartigkeit von Gott-Vater und Gott-Sohn betonten) und andererseits gegen die strengen Nicaener (»Homousianer«, die wie Athanasius unter Berufung auf das Nicaenum an der wesenhaften Einheit des Sohnes mit dem Vater festhielten).

Ab 357 richtete sich der Angriff gegen das Nicaenum selbst (Athanasius, der Hauptverfechter, wurde erneut verbannt). Konstantius II. und die ihm getreuen Bischöfe suchten den Ausweg aus dem Problem durch Rückzug auf das einfache Zeugnis der Bibel. Man nennt diese Gruppe zumeist »Homöer«, weil sie an der »Gleichheit« von Vater und Sohn »nach der Schrift« festhalten wollten - gegen phil. Einflüsse bei den Anhomöern ebenso wie gegen unbibl. Begriffe bei den Nicaenern, die vom »Wesen oder der Substanz« (*ousia* bzw. *hypostasis*) Gottes sprachen. Ausdruck ihres Glaubens wurde das Reichsbekenntnis von Konstantinopel 360.

3. Die Zeit der »Neunicaener« (361-381)

Nach dem plötzlichen Tod Konstantius' II. (361) entstand unter Julian »Apostata« (361-363) zunächst große Verwirrung. Denn dieser Kaiser, obwohl Christ, wandte sich gänzlich vom Christentum ab und erhob die heidnische (neuplatonische) Philosophie zur Grundlage seines Staatswesens. Die verbannten Bischöfe durften wieder auf ihre Sitze zurückkehren, was die Verwirrung in der Kirche verstärken sollte. Da stellte Athanasius auf einer Synode in Alexandria (362) die Weichen für die neue Entwicklung: Alle, die sich zur wahren Gottheit von Vater, Sohn und Geist (dies war eine Neuerung aus dem Kampf des Athanasius gegen die sog. »Pneumatomachen«, die »Geistbekämpfer«) bekannten, sollten sich unter dem Nicaenum sammeln und dabei zugleich am Bekenntnis zur Einheit Gottes festhalten.

Athanasius hatte erkannt, daß die Lehre von der göttlichen Trias dem Nicaenum und seiner Betonung der Wesenseinheit Gottes nicht widersprechen muß, sondern ebenso bibl. sein kann. Die hier anklingende Lehre von der Dreieinigkeit mußte sich allerdings erst noch gegenüber dem phil. Denken behaupten. Daß dies gelang, war vor allem die Leistung der drei großen → Kappadozier. Ihre Trinitätstheologie bildete den geistigen Hintergrund des »nicaenischen« Bekenntnisses von Konstantinopel (381), später auch als »Nicaeno-Konstantinopolitanum« bezeichnet. Durch sie wurde der nicaenische Glaube (des Athanasius) im trinitarischen Dogma verankert und darin neu zur Sprache gebracht. Dieses Bekenntnis wurde seitdem - bis in die Gegenwart hinein - zum Grundbekenntnis der Kirche im (Abendmahls-)Gottesdienst.

Die von Kaiser Theodosius I. einberufene Synode von Konstantinopel (381), auf der sich der nicaenische Glaube im röm. Reich endgültig durchsetzte, ging als das 2. Ökumenische Konzil in die Geschichte ein. Damit war der Arianismus grundsätzlich überwunden, auch wenn er - noch bis ins 7. Jh. - unter den germanischen Völkern fortlebte (vor allem in der Form, wie er im Bekenntnis der »Homöer« von 360 von Bischof Wulfila angenommen und den Goten vermittelt wurde).

Lit.: H.Chr. Brennecke: Studien zur Geschichte der Homöer (BHTh 73), 1988; R. Lorenz: Arius judaizans? (FKDG 31), 1980; ders.: Die Christusseele im Arianischen Streit: ZKG 94 (1983), 1-51; H.-G. Opitz (Hg.): Athanasius Werke III (= Urkunden zur Geschichte des arianischen Streites 318-328), 1934-1935; H.-G. Opitz: Die Zeitfolge des arianischen Streites von den Anfängen bis zum Jahr 328: ZNW 33 (1934), 131-159; A.M. Ritter: »Arianismus«, TRE 3, 1978, 692-719; ders.: Arius: GdKG 1, 1984, 215-223; H.G. Thümmel: Aspekte und Probleme des sog. Arianischen Streites: ThLZ 109 (1984), 413-424.

W. A. Bienert

Arkandisziplin

Der Begriff begegnet erstmals 1678 bei J. Daillé, der unter *disciplina arcani* ein päd. Prinzip versteht, das der → Alten Kirche im 4. Jh. zugewachsen war. Inhaltlich meint A. »Geheimhaltung, Schweigepflicht« und begegnet in den oriental. und griech. → Mysterienreligionen, in denen der Eingeweihte Schweigen über den Verlauf der Kultveranstaltungen und Aufnahmeriten versprechen muß. Auch im Judentum gab es esoterische Traditionen: in die Gemeinschaft der Essener wurde nur aufgenommen, wer eidlich erklärte, nichts über deren Lehre nach außen zu tragen. Jahwe selbst und seine Namen wurden auch sonst mit höchstem Schweigen umgeben, schließlich wurden die apokalyptische Zukunftserwartungen wie die rabbin. Schriftauslegung in absichtlich dunkle Allegorese gehüllt.

In der christl. Kirche läßt sich eine A. nirgends feststellen. Die frühen Schauermärchen um das Herrenmahl gehen meist auf ungeprüfte Vorurteile in der heidnischen Gesellschaft zurück. Die Kirche hat über die Abendmahlsliturgie und -bedeutung immer deutlich Auskunft gegeben. Hier und dort gibt es zwar Empfehlungen, »das Heilige nicht vor die Säue« zu werfen, doch diese waren nicht esoterisch im Sinn einer Geheimlehre gemeint, sondern pädagogisch, nämlich daß man zurückhaltend und überlegt mit leicht mißdeutbaren Vorstellungen umgehen solle. Bei endzeitlichen Spekulationen erschien allerdings Reserve und Schweigen angebracht. Die *arcana Dei* wurden - nach Cyprian - nicht auf die Sakramente, sondern auf den Willen Gottes bezogen. Lediglich die alexandrinische Schule, besonders → Clemens und → Origenes scheinen einer phil.-rel. A. gegenüber offen gewesen zu sein. Nach der konstantinischen Wende hat es offenbar, regional allerdings unterschiedlich, die Sitte, aber nicht die Verpflichtung gegeben, das Glaubensbekenntnis sowie die Einsetzungsworte der Sakramente mit den sie umgebenden Liturgien vor Ungetauften geheim zu halten, aber das galt sicherlich nur für eine Übergangszeit, bis sich die Säuglingstaufe im 5. Jh. überall durchgesetzt hatte.

Erst Dietrich → Bonhoeffer hat in seinen letzten Lebensjahren (seit 1941) gegenüber einer dauernd redenden Kirche, welche die Verkündigung und das Leben des Glaubens in die Unverbindlichkeit rel. Sprache auflöst, die Einführung einer A. erneut erwogen. Sie soll »die Geheimnisse des christlichen Glaubens vor Profanierung schützen« und umgekehrt die nichtrel. Interpretation vor dem Rückfall in die rel. Sprache bewahren. Weltlichkeit und A. gehören so unauflöslich als »korrelative Verhaltensweisen des Christen« (J.M. Meier) zusammen; isoliert wird A. zu »liturgischer Möncherei«, an der Bonhoeffer nicht gelegen war. Ob die Lebensvollzüge des Glaubens ein Arkanum (Bitte, Dank, Lob, Tischgemeinschaft) und ein Profanum (Weltverantwortung) haben und brauchen, wird weiter zu bedenken sein; von Bonhoeffer ist dies - in einer neuartigen Terminologie - bestenfalls angedacht worden.

Lit.: H. Clasen: Die Arkandisziplin in der Alten Kirche, Diss. Heidelberg 1956 (Lit.); O. Perler: »Arkandisziplin« RAC 1, 1950, 667-676; D. Powell: »Arkandisziplin«, TRE 4, 1979, 1-8.

Zu Bonhoeffer: E. Bethge: Dietrich Bonhoeffer, 1967, 988-996; J.M. Meier: Weltlichkeit und Arkandisziplin bei Dietrich Bonhoeffer, TEH 136, 1966; G. Meuß: Arkandisziplin und Weltlichkeit bei Dietrich Bonhoeffer. Mündige Welt 3, 1959, 68-115.

G. Ruhbach

Armenfürsorge → Fürsorge

Armenien

Bei der ältesten Notiz zu einem Bischof in A. (Neruzanes: Eus. h.e. 7,46,2, ca. 250) muß offen bleiben, ob es sich bei A. um den seit 226 von den pers. Sasaniden regierten Staat handelt oder um die östl. Teile des röm. Kappadoziens, der 328-37 selbständigen Provinz Armenia Minor, im 6. Jh. in vier Provinzen gegliedert, dann Teil des byz. Heeresgruppenbezirks Armeniakon. Vom kappadozischen Caesarea aus und wohl angeregt durch die bedeutende Bischofsgestalt des Firmilian kommt es dann durch den angeblich der alten Dynastie der Arsakiden zugehörigen Gregor Illuminator (Krikor Lussavoritch) zur Christianisierung A.s. Das in den pers. und griech. Quellen A. genannte, zwischen Kaukasus und Taurus teilweise in Städten und Burgen wohnende Volk der Haik, das auf die Urartäer und thrakisch-phrygische Stämme zurückgeht, in verschiedenen Reichen unter starkem polit.-rel. Einfluß Persiens stand und seit dem Eingreifen Roms in Ostanatolien bei wechselnden Koalitionen zu einem Pufferstaat zwischen Ost und West wurde, ist so ca. 302 unter dem Arsakiden Tiridates III. der erste christl. Nationalstaat.

Neben Caesarea Cappadocia, wo bis 373 die armen. Katholikoi geweiht werden, können wir Edessa (Urfa) als zweites Einflußzentrum annehmen, worauf u.a. die apostol. Missionslegende mit Bartholomäus und Thaddäus weist. Die polit. Teilung zwischen Rom und Persien begünstigte die Schaffung einer eigenen Schrift im 5. Jh. durch Mesrop Maschtotz. Die dadurch entstandene eigene und übersetzte Literatur verstärkte die Eigentümlichkeiten der armen. Kulturnation, die sich zunehmend auch gegenüber → Byzanz vor Usurpationen schützen und profilieren mußte. Dabei wurde die Kirche zu einem wichtigen Faktor: Daß 451 das Konzil von Chalcedon nicht besucht werden konnte, führte zur Nichtanerkennung seiner Beschlüsse und gab → Nicäa 325 das Gewicht des einzigen anerkannten Konzils. Trotz der Zustimmung zum byz. Henotikon wurde die armen. Kirche infolge des 522 erfolgten endgültigen Bruches mit der Reichskirche zu den Monophysiten gerechnet (der Mensch gewordene Gott hat eine Natur aus zwei Naturen).

Nachdem A. von Mitte des 7. Jh.s bis Anfang des 10. Jh.s Teil der arab. Provinz Armenia war, gelang Anfang des 10. Jh.s einer Reihe von armen. Herrschern die Unabhängigkeit. Doch begünstigte die Dezentralisierung letztlich den Anschluß an das byz. Reich, dem Mitte des 11. Jh.s die Eroberung durch die Seldschuken ein Ende machte. Die Folge war eine armen. Wanderbewegung nach Westen, die zum kleinarmen. Königreich in Kilikien führte, das im Zusammenhang der Kreuzzüge eine Rolle spielte und dann 1375 mit der Eroberung von Sis durch die mamelukischen Ägypter endete. Doch blieb Sis ein Patriarchat unter dem seit der osmanischen Herrschaft eingeschränkten Katholikat in Aghtamar am Vansee, seit 1443 im Kloster Edschmiazin am Ararat. Daneben entstanden zu verschiedenen Zeiten die Patriarchate von Istanbul, seit 1463 Führer des Ermeni Millet (alle sog. Monophysiten) im osmanischen Reich, und Jerusalem.

Das russische Vorrücken im Kaukasus im 19. Jh. brachte nicht nur eine Russifizierung, sondern führte letztlich durch die Jungtürken zum armen. Genozid, der in den Deportationen 1915/16 gipfelte. Trotz des Vertrages von Sèvres konnte sich 1919 ein eigenständiger armen. Staat infolge der polit. Konstellationen zwischen Türkei, Rußland und Iran nicht behaupten. Erst in der Gegenwart kann A. wieder seine Souveränität anstreben. Obwohl die Armenier wie selten ein Volk nationale und kirchl. Traditionen zu vereinen wissen, kam es schon im MA zu einzelnen Kirchenunionen mit dem Westen, seit 1740 unierte armen. Kirche (von Kilikien). Seit 1850 gibt es auch eine armen.-prot. Kirche, die infolge der Auswanderung ihren Schwerpunkt in den USA besitzt. In der Geschichte der christl. Kunst bildet die armen. Kunst eine eigene Provinz mit den Schwerpunkten Architektur (seit Ende des 4. Jh.s, besonders Kuppelbautypen) und Buchmalerei.

Lit.: A.S. Atiya: A History of Eastern Christianity, 1968, 303-356; R. Grousset: Histoire de l'Arménie des origines à 1071, 1984; F. Heyer (Hg.): Die Kirche Armeniens, 1978; H. Pasdarmadjan: Histoire de l'Arménie, 1949, [3]1971.

W. Wischmeyer

Arminius/Arminianismus

Jacobus Arminius (Jacob Hermansz), ref. Theologe, wurde am 10. 10. 1560 in Oudewater geboren. Er verlor früh seine ganze Familie. Schulen besuchte er in Marburg und Utrecht. Nach dem Theologiestudium in Leiden, Auslandsstudien in Genf und Basel wurde er 1588 als ref. Prediger nach Amsterdam berufen. Im Gegensatz zur verschärften Prädestinationslehre, nach der Gott die Menschen bereits vor der Schöpfung zum Heil bzw. zur Verdammnis vorherbestimmt habe (Supralapsarismus), gelangte A. während seiner Amsterdamer Jahre zu der Überzeugung, daß Gottes Heilshandeln in Jesus Christus allen Menschen gelte, daß diejenigen selig würden, die sich bekehrten und glaubten, und daß Gott den Menschen die Möglichkeit gebe, gläubig zu werden, es den Menschen also offenstehe, die Gnade anzunehmen oder abzulehnen. Der offene Streit um diese Aussagen, die eine gewisse Nähe zur luth. Theologie zeigen, entbrannte 1604, nachdem A. 1603 Professor der Theologie in Leiden geworden war. Als Hauptgegner und Wortführer der orth. Calvinisten trat sein Kollege Gomarus auf. Der Theologenstreit wurde bald zur schweren Belastung für die junge niederländische Republik, Vermittlungsversuche der Staatsführung schlugen fehl. Bei derartigen Verhandlungen starb A. am 19. 10. 1609.

Seine Anhänger (Arminianer) reichten eine Bittschrift mit fünf erklärenden Artikeln bei den Staaten von Holland ein (Remonstration von 1610) und wurden darum Remonstranten genannt. Die Verwerfung der gemäßigten Erwählungslehre durch die Synode von Dordrecht (1618-1619, → Dordrechter Synode) führte zur Vertreibung von etwa 200 remonstrantischen Pfarrern. In Antwerpen gründeten sie 1619 die »Remonstrantische Bruderschaft«, die als kirchl. Gemeinschaft gegenwärtig in den Niederlanden etwa 40 Gemeinden umfaßt. Eine deutschsprachige, von Exulanten gegründete Gemeinde findet sich bis heute in Friedrichsstadt a.d. Eider (Schleswig-Holstein). Der Arminianismus betont die Entscheidungsfreiheit des Menschen und pflegt ein bibl., undogmat. und praktisches Christentum. Seine Theologie sucht die Nähe zur Kultur und Wissenschaft der Zeit (Hugo → Grotius). Das 1634 in Amsterdam gegründete Seminar öffnete sich früh für die → Aufklärung und später für den liberalen Protestantismus und wurde zu einem Zentrum für Forschung in Bibel und Theologie. Arminianischer Einfluß lebt im hochkirchl. Anglikanismus und im Methodismus durch J. Wesley, dessen Eltern durch die strenge Prädestinationslehre in Gewissensnot geraten waren und darum der englischen Staatskirche beitraten.

Lit.: G.J. Hoenderdaal: »Arminius/Arminianismus«, TRE 4, 1979, 63-69; F. Siegmund-Schultze: Die evangelischen Kirchen der Niederlande, 1922; H.E. Weber: Reformation, Orthodoxie und Rationalismus, II, 1951, 98-184.

J.O. Rüttgardt

Armut

1. Abgrenzung und Definition (absolute und relative Armut)

A. wird in der Literatur sehr unterschiedlich definiert. Generell bezeichnet der Begriff den Tatbestand eines Mangels, einer Unterausstattung mit materiellen oder auch immateriellen Gütern. Relative A. ist dabei bezogen auf das kulturelle, absolute A. auf das physische Existenzminimum. Objektive A. wird durch einen Vergleich zwischen den zur Verfügung stehenden und den für das Existenzminimum nötigen Mitteln festgestellt, subjektiv arm ist der, der einen Mangel empfindet. In bezug auf die Industrieländer wird oft von der neuen A. gesprochen. Dabei handelt es sich um relative A., die Betroffenen leben unter dem kulturellen, nicht aber unter dem physischen Existenzminimum. Schon Jesus spricht davon: »Arme habt ihr alle Zeit bei euch« (Mt 26,11). In vielen Entwicklungsländern dagegen ist absolute A. noch an der Tagesordnung. Sie ist für die Industrieländer vom nationalen zum internationalen Problem geworden.

2. Armut als Folge der Sünde

A. hat vielfältige Ursachen. Sie war nicht das ursprüngliche Ziel für den Menschen, sondern ist zunächst Folge der Herrschaft der Sünde in dieser Welt und damit nicht völlig zu verhindern. Im AT werden unter anderem die Faulheit (Spr 6,6-11; 24,30-34), die Zuchtlosigkeit (Spr 13,18) und die Genußsucht (Spr 21,17) als Sünden des einzelnen genannt, die seine A. zur Folge haben. Oft aber haben auch die Reichen die A. eines anderen durch Ungerechtigkeit verursacht. Die Gerichtspropheten geißeln die Reichen, weil sie die Armen unterdrükken und ihnen keine Hilfe leisten.

3. Armut als soziale Schuld

A. kann auch die Folge sozialer Schuld und falscher ordnungspolit. Rahmenbedingungen sein. Im 19. Jh. kam es in Deutschland zu einer zunehmenden Verarmung der Arbeiter durch ihre Ausbeutung. Diese wurde in der marxistischen Theorie besonders behandelt. Das Mehrprodukt des Arbeiters, das seine Reproduktionskosten überschreitet (Mehrwert), fiel nicht dem Arbeiter als Produzenten, sondern dem Eigentümer des Kapitals zu. Die »Soziale Frage« war die Konsequenz des Machtungleichgewichts auf dem Arbeitsmarkt. – In mancher Hinsicht ist die Situation in den Entwicklungsländern heute durchaus damit zu vergleichen.

4. Armut als religiöses Ziel

Erlaßjahr und Halljahr zeigen, daß Gott keine permanente Verarmung möchte. Jeder Mensch soll in der Lage sein, sich seinen Lebensunterhalt zu erarbeiten, so daß er nicht zu Lasten seiner Mitmenschen lebt. Aus der Gütergemeinschaft der Urgemeinde (Apg 2,44f) wurde oft fälschlicherweise das christl. Ideal der A. abgeleitet. Asketen zogen sich in die Wüste zurück und gaben ihr Eigentum auf. Die freiwillige A., die das Glück des Besitzlosen zum Ziel hat, wurde in Form der Klöster institutionalisiert, wurde im 11. und 12. Jh. volkstümlich (z.B. → Franziskaner) und in der kath. Kirche rel. Ideal. Jesus dagegen war wohl selbst nicht reich, tadelte aber auch den → Reichtum nicht generell. Im NT ist die A. keine verbindliche Forderung. Die Reformatoren lehnten die freiwillige A. als verpflichtendes rel. Ziel ab. Allerdings kann sie von

Gott gebotener und gesegneter Lebensweg für den einzelnen sein.

5. Armut als Aufgabe (Schutz des Armen)

Der Arme steht unter Gottes Schutz. Es besteht die Pflicht, ihm zu helfen (Spr 31,9). Im AT findet sich eine Reihe von Vorschriften zum Schutz der Armen. So war ihnen z.B. die Nachlese auf den Feldern und im Weinberg zu überlassen. In der Christenheit wurde die Bekämpfung der A. als gute Tat angesehen. Der Frühcalvinismus bezeichnete die A. sogar als moralisches Gebrechen. Im → Pietismus lag das Schwergewicht auf der Armen- und Krankenpflege. W.E. v. Ketteler (kath. Bischof von Mainz), A. Kolping, J.H. → Wichern (Gründer des Rauhen Hauses in Hamburg) und V.A. → Huber trugen von kath. und ev. Seite wesentlich zur Überwindung der Sozialen Frage bei. Schulze-Delitzsch und Raiffeisen führten die genossenschaftliche Selbsthilfe ein. Schon Wichern hatte erkannt, daß die A. durch Bildung und rel. Unterweisung erfolgreich bekämpft werden kann. Die Produktivität der Armen muß gesteigert werden. Das zeigt sich auch immer wieder in Entwicklungsländern. Jede Unterstützung, die nicht als Hilfe zur Selbsthilfe gegeben wird, bleibt langfristig wirkungslos oder hat sogar schädliche Folgen (→ Entwicklungshilfe). In den Industrieländern wird der Arme heute durch sozialpolit. Maßnahmen vor einer materiellen Verelendung geschützt.

6. Folgen der Armut

A. kann auch ein Ausdruck von Gerechtigkeit sein, wenn Reiche sie durch ihre Ungerechtigkeit verursacht haben (Am 2,6; Hab 1,13). Von der A. gehen auch Gefahren für den Armen aus. Deshalb wird sie wie der übermäßige Reichtum als zu verhinderndes Extrem angesehen (Spr 30,8). Gott hat den Auftrag gegeben, den Armen zu helfen, ihre Not zu lindern und mit ihnen gemeinsam zu überwinden. A. ist nicht nur ein Problem des einzelnen, sondern kann negative Folgen für die Gesellschaft haben, zu gesellschaftl. Instabilität führen. Dagegen ist die Überwindung materieller Not auch des einzelnen ein Gewinn für alle und kann sich sogar in einer Steigerung des allg. Lebensstandards auswirken. An der Bereitwilligkeit, an der Linderung und Überwindung der A. mitzuwirken, kann und wird die Glaubwürdigkeit des Christen gemessen werden.

Lit.: H. Burkhardt: Armut und Reichtum, in: W. Lachmann, R. Haupt: Entwicklungsförderung: Ost-West-Anpassung und Nord-Süd-Ausgleich, 1992; R. Clouse (Hg.): Armut und Reichtum. Vier Standpunkte, 1988; A.-L. Fenger: »Armut, A. Biblisch-historisch«, in: Neues Handbuch theologischer Grundbegriffe, hg. von Peter Eicher, Bd. 1, 1991, 66-77; H. Lampert: Sozialpolitik, 1980; G. Maier: Reich und Arm, 1980 (Theologie und Dienst 22); H. Sautter: Armut und Reichtum auf Weltebene und die Grenzen politischer Lösungsversuche, 1983; L. Vaskovics et al.: »Armut«, Staatslexikon Recht - Wirtschaft-Gesellschaft, hg. von der Görres-Gesellschaft, 1. Bd., ^{7}1985, 342-352.

W. Lachmann

Arndt, Ernst Moritz (1769-1860)

A., geb. am 26. 12. 1769 auf Rügen, gest. am 29. 1. 1860 in Bonn, Schriftsteller, Historiker. Als Kind eines Leibeignen geboren, studierte A. Theologie, Geschichte, Naturwissenschaft u.a. 1800 wurde er Dozent in Greifswald. Vor Napoleon nach Schweden geflohen, kehrte er 1810 nach Greifswald zurück, 1812 Sekretär des Freiherrn vom Stein in Petersburg, 1818 Prof. für Geschichte in Bonn, aber 1820 im Zusammenhang mit der Burschenschaftsverfolgung entlassen.

A.s unruhiger, wandlungsreicher Geist durchlief viele Stadien. Bewußt ev. erzogen, von der → Erweckungsbewegung beeinflußt, setzte er zeitweise auf die Französ. Revolution. 1806 bekämpfte er in »Geist der Zeit« die Überbewertung der Vernunft. Der »Katechismus für den Teutschen Kriegsmann« (1813) zielte darauf ab, den Streit zwischen Lutheranern, Reformierten und Katholiken zu beenden. In seinen rel. gestimmten Freiheitsliedern setzte A. Christentum und Deutschtum in eins. Als Mahner zur deutschen Einigkeit wurde der »Lehrer der Nation« mitschuldig am Aufkommen eines übersteigerten Nationalismus. Anfänglich für → Schleiermacher begeistert, wurde A. schließlich ein überzeugter Lutheraner. Sein Lied »Ich weiß, woran ich glaube« wird noch heute gesungen.

Lit.: G. Ott: Ernst Moritz Arndt, 1966.

F.S. Rothenberg

Arndt, Johann (1555-1621)

Johann A. (niederdeutsch für Adler), geb. am 27. 12. 1555 als Sohn des Dorfpfarrers Jakob Arndt und seiner Frau Anna in Ballenstedt im Herzogtum Anhalt. Ab 1575 Studium der Theologie an den Universitäten Helmstedt, Wittenberg, Basel und Straßburg.

Über A.s theol. Lehrer ist nichts bekannt. Wahrscheinlich hörte er in Wittenberg Polykarp Leyser d.Ä., einen Vertreter der aufkommenden luth. Orthodoxie, die A. sich wohl über die Schriften des Martin → Chemnitz, des Mitverfassers der Konkordienformel (1577), erschlossen hat. Die Konkordienformel war auch für A. uneingeschränkte Lehrgrundlage, und er betrachtete sich zeitlebens als überzeugten Lutheraner.

Nach dem Studium wurde A. 1583 Diakon in Ballenstedt, 1584 Pfarrer in Badeborn. Als Johann Georg von Anhalt (1586-1618) immer deutlicher den Calvinismus einführte, mußte A. das Land verlassen. 1590 wurde er nach Quedlinburg berufen (Begegnung mit dem jungen Johann → Gerhard). 1596 veröffentlichte er die »Iconographia«, eine gegen die calvinist. Bilderfeindlichkeit gerichtete, eher milde Schrift; es blieb seine einzige kontroverstheol. Schrift. A. war nie eigentlicher Streittheologe.

Früh bildete sich bei ihm die Sicht heraus, daß das christl. Leben in Buße und bewußter Neuorientierung auf Christus hin geführt werden müsse. So verfaßte er 1597 im Zusammenhang mit einer Pestepidemie Bußpredigten unter dem Titel »Von den zehn ägyptischen Plagen«. Ebenfalls 1597 begann sein Bemühen, die mittelalterl. Mystik für die luth. Frömmigkeit fruchtbar zu machen, wobei er sich auf Luther selbst berief. Er veröffentlichte 1597 zunächst eine Neuausgabe der »Theologia Deutsch«, dann die Nachfolge Christi (1605), zwei geistreiche Büchlein des Doktor J. Staupitz (1605), Johann Taulers Postille (1621). Von 1599-1609 war A. Pfarrer an der Martinikirche in Braunschweig, an der vor ihm schon M. Chemnitz wirkte. In dieser Zeit schrieb er das Werk, das seinen Ruhm begründete: Die vier Bücher »Vom wahren Christentum« (ab 1605).

Aufgrund polit. Auseinandersetzungen in Braunschweig nahm er 1609 einen Ruf nach Eisleben an. Das fünfte und sechste Buch (Sammlung von Kleinschriften A.s) des weithin als »Sechs Bücher vom wahren Christentum« bekannten Werkes wurden erst nach seinem Tode angefügt. 1611 erfolgte A.s Berufung zum Generalsuperintendenten von Celle, wo er bis zu seinem Tod wirkte. 1612 erschien in Magdeburg das »Paradiesgärtlein voller christlicher Tugenden«, ein Gebetbuch, das ähnlich erfolgreich wie das »Wahre Christentum« werden sollte und später den meisten Ausgaben des »Wahren Christentums« angebunden wurde, 1616 eine »Evangelienpostille«, 1617 die »Katechismuspredigten« und die »Auslegung des ganzen Psalters Davids«. Am Ende seines Lebens sah sich A. erneut zahlreichen Angriffen seitens der luth. Orthodoxie ausgesetzt; er verteidigte sich in mehreren Traktaten. Am 11.5.1621 starb J.A. in Celle.

In seiner Hauptschrift »Vom Wahren Christentum« ging es A. um die Erneuerung des christl. Lebens. Deshalb war A. durchaus theologiekritisch. Obwohl er die Orthodoxie als Grundlage des christl. Lebens verteidigte, sah er keinen Nutzen in nicht ins Leben umgesetzter Wissensaneignung.

Das »Wahre Christentum« wurde so geschätzt, daß z.B. 1644 Johann Conrad → Dannhauer in Straßburg seine Gemeinde ermahnte, darüber nicht die Lektüre der Bibel zu vergessen. Allein zwischen 1605 und 1735 erschien das »Wahre Christentum« in über 130 Auflagen in vielen europäischen Sprachen. Bis zu Beginn des 20. Jh.s wurde das Werk regelmäßig neu aufgelegt (auch 1991 erschien eine Neuausgabe). A.s Wirkung auf die persönliche Frömmigkeit kann daher kaum überschätzt werden. Auch darf man A. als Vater des Frühpietismus bezeichnen.

Lit.: Johann Arndt's des hocherleuchteten Lehrers weil. General-Superintendenten des Fürstentums Lüneburg. Sechs Bücher vom Wahren Christentum nebst dessen Paradies-Gärtlein, Neudr. 1991.

Chr. Braw: Bücher im Staube. Die Theologie Johann Arndts in ihrem Verhältnis zur Mystik, 1986; W. Koepp: Johann Arndt. Eine Untersuchung über die Mystik im Luthertum, (1912) 1973; M. Schmidt: »Arndt, Johann (1555-1621)«, TRE 4, 1979, 121-129; W. Sommer: Gottesfurcht und Fürstenherrschaft. Studien zum Obrigkeitsverständnis Johann Arndts und lutherischer Hofprediger zur Zeit der altprotestantischen Orthodoxie, 1988; F.E. Stoeffler: »Johann Arndt«, GdKG 7, 1982, 37-51; E. Weber: Johann Arndts Vier Bücher vom Wahren Christentum als Beitrag zur protestantischen Irenik des 17. Jahrhunderts, [3]1978.

H.-J. Hoeppke

Arnold, Eberhard (1883-1935)

A. geb. am 26. 7. 1883 in Hufen bei Königsberg, gest. am 22. 11. 1935 in Darmstadt, war Begründer der Bruderhof-Bewegung. Zunächst geprägt vom CVJM und der Deutschen Christlichen Studentenvereinigung (DCSV), verbunden mit täuferischem Gedankengut, brachte ihm das Erlebnis des Proletarierelends im Ersten Weltkrieg die soziale Not nahe. Er wandte sich gegen ein bloßes »Erbauungsevangelium« und betonte die »Sendung« der Christen in die Welt. In Anknüpfung an die Ethik der → Bergpredigt und des Urchristentums, die → Jugendbewegung und den rel. Sozialismus (→ Sozialismus, religiöser) suchte A. nach neuen urchristl.-kommunistischen Lebensformen. So kam es zu den Versuchen gemeinsamen Lebens in Sannerz bei Schlüchtern (seit 1920), im Rhönbruderhof bei Fulda (seit 1927) und im Almbruderhof in Liechtenstein (seit 1934). Unter dem Druck des Nationalsozialismus wanderten die Anhänger der Bruderhof-Bewegung nach Amerika aus, wo sie sich mit den Hutterischen Brüdern vereinigten. Heute existieren Bruderhof-Gemeinschaften in den USA, England, Uruguay und Paraguay.

Lit.: »Arnold, Eberhard«, BBKL 1, 1975, 236ff; A. Pfeiffer: Religiöse Sozialisten, 1976.

A. Pfeiffer

Arnold, Gottfried (1666-1714)

A. wurde am 5.9.1666 in Annaberg/Erzgebirge geboren. Er besuchte das Gymnasium in Gera und studierte in Wittenberg Theologie. Während des Studiums entwickelte sich eine Abneigung gegen das orth. Luthertum. → Spener vermittelte A. eine Anstellung als Hauslehrer in Dresden, dann in Quedlinburg. In den folgenden Jahren (1693-1702) beschäftigte sich A. intensiv mit Jakob → Böhme und fand engen Anschluß an die Familie Johann Heinrich Sprögel. 1696 erschien A.s »Die Erste Liebe der Gemeinden Jesu Christi«, eine Studie zum frühen Christentum. Hier beschreibt er den Gottesdienst der ersten Christen, die sich zu Hausversammlungen trafen, ohne liturgische Formulare auskamen, keinen Priesterstand kannten usw. Das Buch machte enormen Eindruck in pietist. Kreisen und brachte ihm 1697 eine Geschichtsprofessur in Gießen ein. Doch schon 1698 gab er diese Stelle auf, da er die Universitätswissenschaft nicht als Weg zu Gott verstehen konnte, und ging nach Quedlinburg zurück, lebte zurückgezogen und widmete sich der Meditation. Hier verfaßte er das Werk, das ihn berühmt machen sollte, die »Unparteiische Kirchen- und Ketzer-Historie von Anfang des Neuen Testaments bis auf das Jahr Christi 1688« (1699/1700). 1701 erschien »Das Geheimnis der göttlichen Sophia«. Vom wahren Gläubigen fordert die Sophia u.a. den Eheverzicht, den A. selbst jedoch nicht übte. Auch kirchenkritische Töne waren zu hören. Dennoch übernahm er in Allstedt die Stelle eines Hofpredigers. 1705 ging A. nach Werben und nach kurzer Zeit als Superintendent nach Perleberg, wo er starb.

A.s radikaler Pietismus war stets von der Frage bestimmt, wie die Nachfolge des Christen gelebt werden könne. Idealbild für ihn wurde das »unverdorbene« Christentum der ersten drei Jahrhunderte. Mit seiner »Unparteiischen Kirchen- und Ketzer-Historie« kehrte er die gängige Kirchengeschichtsschreibung um. Kirchengeschichte ist für ihn Geschichte des Abfalls und Verfalls, der keineswegs mit der Reformation überwunden sei. Im Verfallsgedanken stimmte A. mit Frühaufklärern wie Chr. Thomasius oder S. Pufendorf überein. »Unparteiisch« meint nicht neuzeitl.-hist. Objektivität, sondern einen Standort jenseits aller Konfessionen. So vertritt er einen radikalen, kirchenkritischen, sich letztlich aber doch nicht von der Kirche abwendenden → Pietismus. Theologiegeschichtlich ordnete A. die Kirchengeschichte der praktischen Theologie zu. Kirchengeschichte wird Sache des Glaubensbewußtseins. A. trug damit der Einsicht Rechnung, daß der christl. Glaube in der beginnenden achristl. Moderne nicht länger Sache der rationalen Argumentation (wie in Orthodoxie und Aufklärung), sondern der Erfahrung sein könne. Auch durch seine Kirchenlieder ist A. bekannt geworden, z.B. durch »O Durchbrecher aller Bande« (EKG 262).

Lit.: Unparteiische Kirchen- und Ketzer-Historie, (1699/1700) 1967.

J. Büchsel: Gottfried Arnold. Sein Verständnis von Kirche und Wiedergeburt, 1970; F.W. Kantzenbach: »Gottfried Arnold«, GdKG 7, 1982, 261-275; M. Schmidt: »Arnold, Gottfried«, TRE 4, 1979, 136-140; E. Seeberg: Gottfried Arnold. Die Wissenschaft und die Mystik seiner Zeit, (1923) 1964; T. Stählin: Gottfried Arnolds geistliche Dichtung, Glaube und Mystik, 1966; W. Wallmann: Der Pietismus, 1990, 89-95.

H.-J. Hoeppke

Arnoldshainer Konferenz (AKf)

Die AKf, die sich 1967 konstituierte, ist ein Zusammenschluß von 16 Kirchenleitungen der EKD, die nicht zur VELKD zählen: Rheinland, Westfalen, Kurhessen-Waldeck, Hessen und Nassau, Pfalz, Baden, Lippe, Oldenburg, Bremen, Ev.-ref. Kirche Nordwestdeutschland, Berlin-Brandenburg, Anhalt, Oberlausitz, Sachsen, die Pommersche Evangelische Kirche sowie die Ev. Kirche der Union; Württemberg ist Gastmitglied. Ihre Zusammenarbeit dient dem Ziel, Übereinstimmung in den wesentlichen Bereichen des kirchl. Lebens und Handelns zu fördern und damit die Einheit der EKD zu stärken. Dazu gehören Fragen der Kirchengemeinschaft, Gottesdienst, Agenden, Ordination, Gemeinde und Amt, Strukturfragen und Verfassungsrecht, Mitgliedschaftsrecht, Dienst- und Arbeitsrecht, Aus- und Fortbildung, Ökumene. Die AKf faßt ihre Beschlüsse bei den im halbjährlichen Turnus stattfindenden Sitzungen der Vollkonferenz. In diese Vollkonferenzen entsenden die Kirchenleitungen je zwei Mitglieder, in der Regel den leitenden Geistlichen und den leitenden Juristen. Zur Unterstützung der Vollkonferenz arbeiten zwei ständige Ausschüsse: der Theol. und der Rechtsausschuß. Die Arbeit des Theol. Ausschusses wurde vor allem durch seine Voten »Pluralismus in der Kirche« (1977), »Das Mahl des Herrn« (1982), »Was gilt in der Kirche?« (1985) und »Sein Licht leuchten lassen« (1988) bekannt. Die Geschäftsstelle der AKf befindet sich in Berlin.

H. Jetter

Arzt und Seelsorger → Heilung; → Pastoralmedizin

Ärztliche Mission

1. Geschichtliches

Die Anfänge der Ä.M. sind eng mit dem pietist. Missionsaufbruch verknüpft. C.G. Schlegelmilch, der erste deutsche Missionsarzt (Hallesche Mission), starb 1730 kurz nach der Ankunft in Indien. Graf → Zinzendorf sandte 1735 einen Arzt nach Westindien, vorrangig um für die Gesundheit der Missionare zu sorgen. Während der folgenden 150 Jahre sandte Herrnhut allein 35 Missionsärzte aus. Im 19. Jh. kam es zur Gründung von Gesellschaften der Ä.M. z.B. 1838 in China; 1841: Schottland; 1887: England. Bedeutend wurde der Amerikaner Peter Parker, der als Arzt in China wirkte, und auf dessen Anregung hin 1840 das Institut für Ä.M. in Edinburgh entstand. Missionstheol. wurde Ä.M. oft als reine Hilfs- oder Zubringerfunktion der eigentlichen Verkündigung angesehen. Mit dem Aufblühen der Ä.M. nach 1870 begann aber allmählich eine Neuorientierung. Das Deutsche Institut für Ä.M. (DIFÄM), seit 1909 in Tübingen, erfüllte neben allen andern beratenden und betreuenden Aufgaben in den letzten Jahrzehnten eine wichtige Katalysatorfunktion in den missionstheol. Überlegungen. Als einer der bedeutendsten Vertreter der Ä.M. gilt Albert → Schweitzer.

2. Biblische Begründung der Ärztlichen Mission

a. Die Bibel kennt Zusammenhänge zwischen Sünde und Krankheit (Ps 32,1-4; Jes 1,4-6; Mt 9,1-8; 1Ko 11,30; Jak 5,13- 18), ohne daß Krankheit in jedem Einzelfall auf Sünde zurückgeführt wird (Hiob).

b. Jesus bezeugt: Die Prophetie des messianischen Rettens und Heilens findet in ihm ihre Erfül-

lung (Jes 35,5f; Mt 11,5). Bei verschiedenen Anlässen wird die Zusammenschau von Vergebung, Heil und körperlicher Heilung deutlich (Mt 9,35; Mk 2,1-12; Joh 5,14). Die Heilungen sind Zeichen der in Jesus angebrochenen Gottesherrschaft.
c. Krankenheilung gehört zum Missionsauftrag der Jünger (Mt 10,1. 8; Mk 16,16-20; Lk 9,1f; 10,9).
d. Das Vorbild der Sendung Jesu, in dem Verkündigung und Krankenheilung eine Ganzheit bilden, ist auch maßgeblich für die Mission der Jünger: »Wie Du mich gesandt hast in die Welt, so sende ich sie auch in die Welt« (Joh 17,18).
e. Ein Beauftragung zur Pflege von Kranken kann man aus der Geschichte vom barmherzigen Samariter (Lk 19, 25-37) ablesen.
f. Schon früh in der Missionsgeschichte spielen Krankenheilungen eine wichtige Rolle, so bei Petrus und Johannes (Apg 3) und bei Paulus (Apg 5,12-16; 19,11f; 28,8f). Diese Heilungen geschehen in der »Kraft Gottes« (Lk 5,17c). Der Arzt Lukas nimmt wohl an der zweiten Missionsreise des Paulus teil, doch über sein ärztliches Wirken wird nichts berichtet.
g. Beweggrund für Jesu heilendes Handeln ist vorrangig der Wille Gottes (Joh 5,20.30b; 6,38), seine Barmherzigkeit (Mt 9,36; 14,14; 20,34; Lk 10,33). Jesus zeigt noch einen wichtigen Antrieb zu »diakonischem Handeln«, nämlich »Dankbarkeit und Liebe zu ihm selbst« (Mt 25,31-46; 26,9-11).
h. Über die Ziele heilenden Handelns läßt Jesus keinen Zweifel und gibt damit auch die Richtung für die Ä.M. an:

- Er will Glauben wecken. Eine »absichtslose Liebe« kennt das NT nicht, sondern Gottes Liebe zielt darauf »daß die Welt gerettet werde« (Joh 3,16f);
- die Verherrlichung Gottes (Joh 9,3);
- Legitimierung des göttlichen Auftrages (Mt 9,6);
- Heilendes Handeln setzt Zeichen des anbrechenden Gottesreiches (Mt 12,28).

Fazit: Im NT sind Heilen, diakon. Dienst und verbale Verkündigung eine Einheit, die eindeutig dem Hauptziel dient: Dem Menschen das Heil anzubieten.

3. Kontemporäre Konzepte ärztlicher Mission

Bis in das 20. Jh. war die Ä.M. geprägt von folgenden Konzepten:

- Kurative, behandelnde Medizin;
- Weitgehende Institutionalisierung (z.B. Hospitäler, Kliniken, Heime);
- Naturwissenschaftl., auf physisches »Funktionieren« ausgerichtete Medizin;
- Spezialistentum, ohne Beteiligung der christl. Gemeinde.

Nach 1945 wurden diese Traditionen in Frage gestellt durch Entkolonialisierung, Verselbständigung der »Missionskirchen«, Bevölkerungsexplosion und immense Kostensteigerung infolge medizintechnischer Fortschritte. Finanzmangel zwang die Überseekirchen häufig, die ihnen überlassenen Missionskliniken aufzugeben. Ohnehin konnte nur ein Bruchteil der Kranken hier behandelt werden, ohne damit die Krankheitsursachen zu beseitigen. Eine Neuorientierung war zwingend. Dabei spielten u.a. die »Tübinger Konsultationen« (DIFÄM: 1964, 1967) eine große Rolle; die resultierende Neukonzeption (s.u.) der ÄM beeinflußte auch säkulare Organisationen wie die Weltgesundheitsorganisation der Vereinten Nationen (WHO):

a. Gesundheit ist nicht nur ein Gleichgewicht der Beziehungen zwischen Person, Gott, Umwelt und Mitmensch, sondern »andauernde siegreiche Auseinandersetzung mit den Mächten, die das Sein und die Güte Gottes verneinen« (McGilvray).

b. Die einseitig körperlich ausgerichtete »Reparaturmedizin« entspricht nicht dem NT und sollte einer »holistischen« (ganzheitlichen) Behandlung weichen.

c. Die Gemeinde muß wieder Zentrum heilenden Handelns werden unter Aktivierung der gottverliehenen Gaben (1Kor 12,9; Jak 5,14-16).

d. Schwerpunktmäßig soll die Ä.M. präventiv, nicht kurativ wirken z. B. im Basisgesundheitsdienst: Die Ä.M. geht aus den Institutionen in die Brutstätten der Krankheit: Familien, Slums und Dörfer. Unter Mitarbeit der christl. Gemeinde und/oder Dorfgemeinschaft werden die Ursachen der Krankheit (u.a. Fehlernährung, Wassermangel, Armut, aber auch Angst, Feindschaft, Haß) angegangen, letztere durch das Angebot des befreienden Evangeliums, verbunden mit Aufklärung und dem Wecken der Eigenverantwortung. Dies setzt neue Akzente für die Ä.M.: Integriert in eine Gemeinde, sind die Mitarbeiter vornehmlich Lehrer, Verkündiger, Ausbilder und Stimulatoren. Bei freiwilliger Mitarbeit der Bevölkerung ist dieses Konzept enorm kostensparend und entspricht mehr der »Geh-Struktur« des Missionsbefehls als den »Komm-Strukturen« der traditionell institutionellen Ä.M.

Lit.: D.M. Ewert (Hg.): A New Agenda For Medical Missions, 1990; H.R. Flachsmeier: Geschichte der evangelischen Weltmission, 1963; J. McGilvray: Die verlorene Gesundheit - das verheißene Heil, 1982; G. Propach (Hg.): Predigt und heilt, 1987.

H. Grüber

Aschermittwoch → Kirchenjahr

Aseität Gottes → Gott

Asien/Asiatische Theologie

Der größte Kontinent der Erde, in dem 58,6 % der Weltbevölkerung (1991 ca. 3 Milliarden, mit raschem Wachstum) wohnen, gliedert sich in sieben größere Kulturkreise: das semit. Westa., das nichtsemit.-moslemische Nordwesta., das ural- altaische Norda., das arisch-dravidische Süda., das sino- tibetanische Zentrala., das koreanisch-japanische Nordosta. und das malayo-polynesische Südosta. Diese Vielfalt macht Aussagen über ganz A. schwierig. Angesichts des beachtlichen Unterschiedes zwischen dem semit. Kreis und den ostasiat. Kulturen muß z.B. davor gewarnt werden, »asiatisches« Denken formelhaft dem europ. gegenüberzustellen (»meditativ« gegenüber »diskursiv« oder »zyklisch« gegenüber »linear«). Dennoch ist heute ein asiat. Gesamtbewußtsein im Entstehen begriffen (z.B. im Sport: »Asiatische Spiele«; in der Presse: »Asia-week«). Das rührt nicht zuletzt daher, daß die asiat. Länder in der zweiten Hälfte des 20. Jh.s polit. eine weitaus größere Rolle spielen, als sie es in der ersten getan haben. Auch wirtschaftl. sind Teile A.s (Westa., Japan) global entscheidende Machtfaktoren geworden. Andererseits gehören asiat. Länder zu den Entwicklungsländern (z.B. Indien) oder sogar zu den ärmsten der Erde (z.B. Bangladesh).

Richtig ist auch, von einer gesamtasiat. Intensität des Religiösen zu sprechen. Alle großen Weltreligionen sind auf asiat. Boden entstanden und bestimmen bis heute das Leben der Asiaten durch polit. Führungsanspruch (z.B. der Islam vielerorts, aber auch der Buddhismus in einigen Ländern), durch gegenseitige Konkurrenz (z.B. in Indien) oder durch ein harmonisches Miteinander, oft in den Anhängern selbst (z.B. in Japan). Der westl. Säkularismus und Atheismus ist in Sibirien, in China und in Hinterindien heimisch geworden. Ungefähre Zahlen: 800 Mio. Muslime, 700 Mio. Hindus, 500 Mio. Buddhisten, 500 Mio. Konfuzianer und Taoisten, 100 Mio. Angehörige von Stammesreligionen.

Der christl. Glaube lebt in allen asiat. Ländern in einer ausgesprochenen Minderheitssituation. Zu ihm bekennen sich etwa 4,5 % aller Asiaten, das sind 135 Mio. Ohne die Philippinen (weitaus kath.) wird ein Durchschnitt von 2,5 % (75 Mio.) errechnet. Diese Prozentzahl bewegt sich nur langsam nach oben. Stärkeres Wachstum verzeichneten im letzten Jahrzehnt nur die Kirchen in Südkorea (von 20 auf 30 % der Bevölkerung) und Singapore (von 9 auf 18 %). Zu suchen sind die Gründe für die relativ geringe Zahl der Christen in A. in der »lateinischen Gefangenschaft« der Kirche nach der Konstantinischen Wende im 4. Jh., in der islam. Barriere zwischen Europa und weiten Teilen A.s vom 7. bis 16. Jh. sowie in der geistigen Stärke der anderen Religionen, die den christl. Missionsbemühungen besonders des 19. Jh.s erfolgreich widerstanden.

Dabei schienen zunächst das altsyr. Christentum und die aus ihm erwachsene »Nestorianerkirche« mit ihrer Kaufmanns- und Mönchsmission längere Zeit größere Christianisierungsaussichten in West-, Süd- und Zentrala. zu bieten, auch noch im Mongolenreich der Großkhane zusammen mit der kath. Kirche. Später hat der Jesuitenorden besonders in Indien, China und Japan erfolgreich gearbeitet, aber sich auch an der Kernfrage der »Anknüpfung« an die vorfindlichen Religionen zerrieben (»Ritenstreit«). Die ev. Kirchen begannen ihre Missionstätigkeit im Jahre 1706 in der dänischen Kolonie Tranquebar in Südindien. Aus den Pioniermissionen des Westens wurden häufig stark mit den herrschenden polit. Kräften verbundene und vom »abendländischen« Selbstbewußtsein bestimmte Kolonialkirchen, bis diese in der ersten Hälfte des 20. Jh.s Selbständigkeit bzw. (innerhalb der kath. Weltkirche) den Status von eigenständigen Ortskirchen erlangten. Auf ev. Seite gewannen sie ein gemeinsames Forum in der Christlichen Konferenz A.s (CCA; entstanden 1957 bzw. 1973), auf kath. Seite in der Föderation Asiatischer Bischofskonferenzen (entstanden 1970).

Die Christen A.s müssen sich in zunehmendem Maße sowohl mit dem Nationalismus ihrer Heimatländer, der ihren Glauben als importierte »fremde« Religion ansieht, als auch mit »sezessionistischen« ethnischen Bewegungen, sowohl mit der Renaissance der nichtchristl. Religionen als auch mit atheistischen Philosophien auseinandersetzen. Viele treten für eine Erneuerung des Missionsbewußtseins ein, das aus der Liebe Gottes zu allen Menschen die Achtung aller Kulturen als auch die Befreiung von allen dunklen Mächten herleitet. »Asiatische Theologie« ist eigentlich konkret entweder japanische, chinesische, philippinische, koreanische oder indische Theologie. Was jedoch die verschiedenen kontextuellen Entwürfe weithin verbindet, sind die existentielle Art der Einsicht (Ch.-S. Song: »Theologie des Dritten Auges«), der Hang zur Versöhnung von Gegensätzen, die zentrale Stellung des Leidens Gottes und der Menschen, eine kirchenkritische

Haltung, die Aufnahme von Denkstrukturen und Begriffen aus den großen Religionen und die Hinwendung zur ganzheitlichen Befreiung des armen »Volkes« durch Christus (z.B. Min-Yung-Theologie in Korea, Dalit-Theologie in Indien).

Lit.: D.J. Elwood (Hg.): Wie Christen in Asien denken. Ein theologisches Quellenbuch, 1979; D.E. Hoke (Hg.): The Church in Asia, 1975; A. Pieris: Theologie der Befreiung in Asien, 1986; W. Schmidt: Der lange Marsch zurück. Der Weg der Christenheit in Asien, 1980; Ch.-S. Song: Theologie des Dritten Auges. Asiatische Spiritualität und christliche Theologie, 1989.

H. Grafe

Askese

a) theologiegeschichtlich

1. Der Begriff

Begrifflich zu unterscheiden ist zwischen A., Aszese und Aszetik. Alle Worte gehen auf das griech. Grundwort *askein*, »üben«, zurück.

A. meint Übung im weitesten Sinne des Wortes (lat. *exercitium*) und betrifft sämtliche Bereiche des Lebens von der Leibesübung über die Musik und Kunst bis hin zur ganzheitlichen Selbstbeherrschung des Menschen. Übung zielt auf Konzentration, die ein Ziel erreichen möchte und deshalb auch auf Verzicht, ohne den Konzentration nicht gelingen kann. Im Lat. gibt es in der Übersetzung für A. zwei Worte: *continentia*, »Zusammenfassung der Kräfte«, und *abstinentia*, »Verzicht«. Innerhalb der Bedeutungsgeschichte von A. hat sich weithin die Verengung von A. als bloßer Verzicht ergeben, die jedenfalls nicht bibl. ist.

Aszese findet sich vor allem im kath. Raum, hat immer einen weiten Sinn und meint den gesamten Bereich gelebter Nachfolge, also die geistl. Lesung (Bibel, Kirchenväter), Gebet und Stille, Zeit, Gehorsams- und Demutsübungen, kurzum: den christl. Lebensstil, wie ihn Paulus unter der »Frucht des Geistes« (Gal 5,22) beschreibt.

Aszetik, als Wort ebenfalls vor allem im Katholizismus verbreitet, meint die Lehre, die Einführung in geistl. Leben (Grundformen des geistl. Lebens in der Nachfolge, Grundvollzüge des geistl. Lebens in Glaube, Liebe, Hoffnung und Unterwegssein der Christen, die Gemeinschaftsbezogenheit des geistl. Lebens, die Dimensionen geistl. Lebens wie Einübung in Schriftlesung und Meditation, Gebet und Schweigen, im Leben in der Welt, in die verschiedenen Berufungen menschlicher und christl. Existenz etc.). Im Protestantismus ist eine Aszetik seit langem abhanden gekommen, vielleicht sogar seit dem 16. Jh. nie mehr vertreten worden. Aszetik wird daher als Aufgabe in der Ausbildung der haupt-, neben- und ehrenamtlichen Mitarbeiter in der Gemeinde zunehmend wichtig werden.

2. Askese in der Religionsgeschichte

A. und entsprechende Praktiken begegnen in den meisten Religionen und Weltanschauungen. Ein wichtiger Unterschied ist dabei zu beachten: es gibt Religionen, die eine grundsätzlich negative Einstellung zur Welt haben und diese in all ihren Ausdrucksformen so gut wie möglich zu überwinden trachten (»der Körper das Gefängnis der Seele«) wie die → Gnosis, der → Manichäismus, bestimmte Ausprägungen im → Hinduismus und → Buddhismus. Hier wird alles Körperlich-Irdische als Hauptquelle des Bösen angesehen und mit Hilfe der A. verworfen. Es gibt aber auch Religionen (wie das Judentum, das Christentum und den Islam), die ein grundsätzlich bejahendes Verhältnis zu ihrer kleinen und großen Lebenswelt haben. In ihnen hat A. eine andere Bedeutung.

Die asketischen Übungen sind in den einzelnen Religionen unterschiedlich rigoros, aber in der Praxis weithin ähnlich; sie meinen Verzicht auf Nahrung (bzw. Bejahung eines exklusiven Vegetarismus), auf Besitz (Vermögen, Kleidung, Wohnung u.a.), auf Geschlechtsverkehr, auf Schlaf u.a. In der Begründung der A. liegen die Unterschiede innerhalb der Religionen; so ist z.B. der Erwerb von besonderer »Macht« und Heiligkeit bzw. die Vermehrung »seelischer Energie« kein Motiv christl. A. Im Folgenden wird nur von der A. und ihren Wandlungen im Christentum die Rede sein.

3. Biblische Begründung

Asketische Übungen haben im Christentum nicht den Sinn, Gott gnädig zu stimmen, an der Erlangung des Heils mitzuwirken oder zur Überwindung der Sünde beizutragen. A. ist vielmehr Vollzug der Nachfolge Christi, Leben in der neuen, der geschenkten Existenz, Konkretion der eigenen Berufung (auch in Gemeinschaft), oder bibl. gesagt, »Heiligung« als Übung der Rechtfertigung. Sie betrifft den ganzen Menschen, ist Ausdruck der Indienstnahme durch Christus und der Verfügbarkeit des Glaubenden.

Die Ausdrucksformen christl. A. stimmen weithin mit den asketischen Übungen in anderen Religionen überein, aber ihre Begründung und Zielsetzung ist durchweg positiv orientiert: weitestgehende Hingabe und Übereignung an Christus, um deretwillen andere »Dienste in der Welt und für die Welt« nicht geleistet werden können. Jesus selbst war kein Asket im weltverneinenden Sinn, aber er hat exemplarisch gelebt, wie man dem Schöpferwillen entsprechend mit der Schöpfung umgehen und zu den schöpfungsgefährdenden Mächten eindeutig Nein sagen und leben kann: Die Versuchungsgeschichte am Anfang der Evv. (Mt 4,1ff par.) ist sprechendes Beispiel für die Wiedereinschärfung des ersten Gebotes.

Paulus verwendet dafür das Bild vom Wettkampf in der Arena und spricht von A. um des zu erreichenden Zieles willen (1Kor 9,24ff). Jesus spricht den reichen Jüngling nicht auf Verzicht auf Eigentum an, sondern auf den Ruf in seine Nachfolge, um deretwillen Verzicht auf Reichtum erforderlich wird (Mk 10,17ff), und die Erzählung von Maria und Martha (Lk 10,38ff) zielt - im Grundsinn jedenfalls - nicht auf die Vorordnung des kontemplativen vor das aktive Leben, sondern auf die rechte Einstellung des Christen, wenn Christus anwesend ist.

4. Frühe Kirche und Mittelalter

In der frühen Kirche stellte sich - sicherlich auch unter dem Eindruck der Verfolgung - die Vorstellung von der militia Christi (Kriegsdienst für Christus), im iroschottischen Mönchtum von der peregrinatio pro Christo (Wanderschaft für Christus) und dann weit verbreitet und oft mißverstanden, vom Kreuzzug ein.

Ihre besondere Ausprägung fand die A. im Eremiten- und im Mönchtum. Beides läßt sich seit dem 3. Jh. nachweisen und bestenfalls sekundär als Reaktion auf die konstantinische Wende darstellen. Es geht hier um eine besondere Lebensform existentieller Verfügbarkeit für Christus (Eremiten in der Wüste) und in Gemeinschaft (Koinobiten, die »gemeinsam leben«). Die Mauer (Claustrum, Kloster) um das Kloster herum ist nicht nur Schutz gegen Feinde, sondern sie symbolisiert auch eine alternative Lebensweise, die Abgeschlossenheit von der Welt.

Es ergab sich bald, daß das gemeinsame Leben Regeln erforderlich macht. → Pachomius und Basilius (→ Kappadozier), → Augustin und → Bendikt von Nursia, → Franz von Assisi und → Ignatius von Loyola haben in unterschiedlicher Weise Verbindlichkeiten für je ihre Gemeinschaft formuliert, die sich über Jh.e bewährt haben und auch von anderen Gruppen übernommen wurden. Freiwilligkeit war die Basis für solch besondere A., und bevor aus den zeitlichen »ewige« Gelübde wurden, ging viel Zeit dahin. In drei Bereichen kam die monastische A. besonders zum Ausdruck:

a. Im Blick auf Gott: »Dem Gottesdienst soll nichts vorgezogen werden«; daher wurden sieben Gottesdienste pro Tag gehalten und der Tag nach dem Gebet und der Schriftbetrachtung und nicht nach der Arbeit strukturiert.

b. Im Blick auf die Gemeinschaft; daher werden »Demut« und »Gehorsam« zu Grundhaltungen des Mönches.

c. Im Blick auf das persönliche Leben, das in letzter Konsequenz nur Gott und nicht mir selbst gehört; daher wird auf privates Eigentum und auf den Gebrauch der Sexualität verzichtet. Manche anderen asketischen Vollzüge treten hinzu, z.B. das Fasten, das Schweigen, die Nächstenliebe als Gastfreundschaft etc. Zentral wichtig ist, daß der Christ im Dienst Gottes zur Selbstfindung über Selbstverleugnung kommt und die Maßstäbe für Lebenserfüllung nicht mehr selbst setzt. Dabei wird er - persönlich und nach den Zeitumständen verschieden - auf das verzichten, was Gottes Willen und die Ausbreitung seines Reiches behindert.

Ins Problem trat die A., als im MA zwischen »Geboten« und »Räten« unterschieden wurde und damit das Mönchtum als eigentlich christl. Lebensform, als »Stand der Vollkommenheit« angesehen wurde, als die frei gewählte Ehelosigkeit des Mönches im Jahr 1074 zum Zwangszölibat für alle Priester wurde. Auch daß ursprünglich monastische Lebensweisen (z.B. Fasten, Verzicht auf Eigentum in Form von erzwungenen Geldspenden bis hin zum Ablaßwesen) in der Beichte allen Christen als Wiedergutmachung auferlegt wurde, hat die A. als Haltung freier Verfügbarkeit in ein Zwangs- und Machtmittel der Kirche verwandelt. Hinzu kam, daß durch die genannte Zwei-Stufen-Ethik aus Akten der Hingabe verdienstliche, gute Werke wurden, die sich ebenso klassifizieren ließen wie die Sündenkataloge.

5. Protestantismus

Gegen diesen fundamentalen Mißbrauch haben sich die Reformatoren mit Nachdruck gewandt. Von der Rechtfertigung des Sünders allein aus Gnaden her hat der Mönch Martin → Luther die Werkgerechtigkeit im Mönchtum und in der Kirche seiner Zeit bekämpft - in Verkündigung und Kirchenreform. Aber Luther wollte nicht das Mönchtum abschaffen, sondern reformieren, nicht auf A. verzichten, sondern sie auf ihren bibl. Grund zurückführen. Vom Fasten als »äußerer leiblicher Zucht« hat er viel gehalten, den sonntäglichen Gottesdienstbesuch hat er eingeschärft, Ehe und weltlichen Beruf hat er als Berufung Gottes ausgelegt, den Gehorsam gegenüber Eltern, Lehrern und Obrigkeit ebenso empfohlen wie die tägliche Schriftlesung und das Gebet. An einer geistl. Ordnung für das persönliche und gemeindliche Leben hat Luther mit allen anderen Reformatoren stets festgehalten. So hat die Reformation die A. wieder auf ihr Fundament zurückgeführt und eher gefördert als beschnitten. In den → Täufergruppen und besonders bei → Calvin, später im → Puritanismus und im → Pietismus kommt diese Einstellung besonders zum Ausdruck, und nicht unberechtigt hat der Soziologe Max Weber vom prot. Lebensstil als »innerweltlicher Askese« gesprochen.

Immer wieder haben sich auch in den Kirchen der Reformation Ansätze zu einem ev. Mönchtum gezeigt, so bei Gottfried → Arnold und Gerhard → Tersteegen, so in der prot. Thebais, in der Wiederherstellung des Schwanenordens und in der Erneuerung des mittelalterl. Mönchtums durch die anglikanische Kirche, und natürlich in der Diakonissenbewegung des 19. Jh.s. Im 20. Jh. breitet sich diese Vorstellung immer stärker in der kommunitären Bewegung aus: in ev. Orden (mit Regel und den drei Gelübden, Beispiel: Taizé, Casteller Ring, Jesus-Bruderschaft), in Tertiariergemeinschaften (mit Verbleiben im Beruf, aber regelmäßigen, verpflichtenden Zusammenkünften und geregeltem Leben, Beispiel: Michaels-Bruderschaft, Ansverus-Bruderschaft, Lebenswortbewegung) und Mischformen aus beidem, wie sie z.B. der Ordo pacis praktiziert.

Auch im Protestantismus haben sich in Verständnis und Umgang mit A. die beiden Grundmißdeutungen nicht vermeiden lassen: Gegenüber mittelalterl. Werkgerechtigkeit und Zwei-Stufen-Ethik hat sich ein verbreiteter antiasketischer Libertinismus durchgesetzt, bei dem zu fragen ist, ob die fast bedingungslose Weltbejahung im Protestantismus nicht längst überprüft und korrigiert werden muß. Andererseits begegnet immer wieder eine starre oder ängstliche Gesetzlichkeit, die aus der freien Hingabe des Glaubens legalistischen Zwang macht.

Gegenüber der gegenwärtigen Weltentwicklung und dem fast allg. gewordenen Verzicht auf A. wird von verschiedenen Seiten ein neuer, alternativer Lebensstil gefordert, eine »demokratische« A., »Konsumverzicht«, ja ein neues »asketisches Bewußtsein« überhaupt. Viele Christen beteiligen sich an diesen alternativen Bewegungen, und sicherlich gehen manche Grundeinstellungen, z.B. der rechte Umgang mit der Natur, auf die bibl. Botschaft zurück. Wie weit sich diese Postulate durchsetzen und eine postchristl. Welt verändern können, bleibt abzuwarten, aber zu hoffen.

Lit.: E. Benz: Die protestantische Thebais, 1963; J. Bergmann, L. Markert, J. Maier, J. Gribomont, M.J. Walsh, B. Jaspert, M. Seitz, R. Simon: »Askese I-IX«, TRE 4, 1979, 195-259 (Lit.); O.F. Bollnow: Vom Geist des Übens, 1978; H. v. Campenhausen: Die Askese im Urchristentum, 1950; F. Cramer, Fortschritt durch Verzicht, 1975; K.S. Frank: Askese und Mönchtum in der Alten Kirche, 1975; B. Lohse: Askese und Mönchtum in der Antike und in der alten Kirche, 1969; B. Lohse: Mönchtum und Reformation, 1963; P. Nagel: Die Motivierung der Askese in der alten Kirche, 1966; C.F. von Weizsäcker: Gehen wir einer asketischen Weltkultur entgegen?, in: Deutlichkeit, 1981, 56-86.

G. Ruhbach

b) systematisch-theologisch

Ausgangspunkt einer bibl.-theol. Wertung der A. muß die Bejahung der Leiblichkeit des Menschen sein. Damit wird einerseits die veräußerlichte Fastenaskese des Judentums und andererseits der hell. Leib-Seele-Dualismus überwunden (Leib = Kerker, in dem die Seele gefangen ist). Damit wäre das Verhältnis des Christen zur Welt folgendermaßen zu umschreiben:

Grundsätzlich ist der Christ vom Wesen dieser Welt erlöst. Er lebt im Kraftfeld Jesu Christi.

Andererseits ist der Christ den Strukturen und Gesetzen dieser Welt nicht entnommen. Das schließt Zucht und Verzicht, feste Formen und Ordnungen mit ein.

1. Biblisch-reformatorischer Aspekt

Die A. kann niemals als verdienstliches Werk verstanden werden, das uns immer mehr zur Vervollkommnung führt. Wir sind gerechtfertigt durch die Erlösungstat Jesu Christi. Wir sind aber noch auf dem Wege zur Vollendung, noch im Kampf mit dem ungöttlichen Leben. Gott bringt uns durch das Opfer Jesu Christi zurecht, zugleich heiligt er unser Leben durch Leiden, Kreuz und Anfechtungen (Christus, unsere Gerechtigkeit und unsere Heiligung). Er ordnet »den Pfahl im Fleisch« in unser Leben hinein. Gott erzieht durch Anfechtung und Leiden hindurch. Die göttliche Zuchtübung begegnet uns auch im Berufsleben, im ganz normalen Alltag, im Älterwerden. Bei dieser von Gott auferlegten A. gilt es, sich in Geduld zu üben und die Anfechtungen des Lebens zu bejahen.

2. Askese als leibliche Übung

Das geistl. Leben wird bei Luther auch als dauernde Übung verstanden, damit wir nicht faul und träge werden. Geistl. Training ist nötig, um in der Gemeinschaft mit Gott zu bleiben (legitimiert durch 1Kor 9,24-27). Dazu zählt der Kampf um die Stille, die Abwehr der antigöttlichen Einflüsse, Verzicht auf Zerstreuung, Absage an alles, was mich aus der geistl. Bahn werfen will, Übung in guten Werken. Solches Training ist nicht aus eigener Anstrengung, sondern nur in der Kraft des Geistes zu bewältigen.

3. Der missionarische Aspekt der Askese

Der Christ ist auf das Reich Gottes ausgerichtet. Das Reich Gottes muß wachsen. So kann z.B. das → Fasten als Zeichen des konzentrierten Kampfes mit dämonischen Kräften bei der Ausrufung der Herrschaft Gottes geboten sein (Mk 9,29). Zur Hingabe an Gottes Sache gehören auch die persönliche Opferbereitschaft und der Verzicht (Röm 12,2). Dabei muß gelten: Die A. kann niemals als gesetzliche Forderung erhoben werden, aber sie muß hier und da in der Freiheit des Geistes gewagt werden. Nur so bleibt die Leidenschaft des Christen für den Bau des Reiches Gottes überzeugend. »Ein Leben, das sich alle Wünsche des Fleisches gönnt, wird sich für den Dienst Christi schwer bereiten« (Bonhoeffer).

4. Der eschatologische Aspekt der Askese

Der wiederkommende Herr ruft die Christen in die Verantwortung (Lk 12,42ff; 1Kor 4,1ff) für das Reich Gottes, aber auch für die Welt. Die Welt vergeht mit ihrer Lust, sie ist und bleibt aber dennoch als Schöpfung Gottes das Feld unserer Bewährung. Angesichts der Hungersnöte in der Dritten Welt, der zunehmenden Umweltbelastungen und der sich immer weiter ausbreitenden Süchte ist ein neuer einfacher Lebensstil gefragt. Der Ausblick auf den kommenden Herrn und seine sichtbar werdende Herrschaft ermutigt uns, das Loslassen zu üben.

Lit.: K. Bockmühl: Überlegungen zum Thema »Einfacher Lebensstil«, in: Theologie und Lebensführung. Gesammelte Aufsätze II, 1982; ders.: Gesetz und Geist, 1987, 187ff; A. Köberle: »Der asketische Klang in der urchristlichen Botschaft«, in: Der Herr über alles, 178.

Th. Wendel

Asmussen, Hans (1898-1968)

a. Die Person

Geb. am 21. 8. 1898 in Flensburg, gest. am 30. 12. 1968 in Heidelberg; 1923-1933 Pastor in Flensburg, Albersdorf und Altona; 1933 vom nationalsozialistischen Regime aus dem Amt entfernt; führende Mitarbeit in der Bekennenden Kirche; 1945-1948 Präsident der Kanzlei der EKD; 1949-1955 Propst von Kiel. Durch seine Mitverfasserschaft an der → Barmer Theol. Erklärung 1934 und am Stuttgarter Schuldbekenntnis 1945 wurde A. einer der bedeutenden Theologen der ev. Kirche im 20. Jh.

b. Die Botschaft

Hauptthema A.s war die Kirchwerdung des Protestantismus, so das Programm des zur Barmer Theol. Erklärung 1934 gehörenden Vortrags A.s. Worum geht es bei dieser »Kirchwerdung«? Es geht um den Vorrang des Heiles vor dem Wohl, um Rettung und Seligwerden von Sündern, um die Furcht nicht vor denen, die den Leib töten können, sondern vor dem, der Leib und Seele verderben kann in der Hölle (Mt 10,28). In dieser Sicht ist A. auf das nach 1945 fällige Schuldbekenntnis zugegangen, wobei er forderte, daß »Christen die Frage nach der Schuld soviel wie möglich der Welt entziehen, um sie mit Gott und vor Gott zu regeln« (Lehmann, 89). A. hat gezeigt, wie die ev. Kirche seit 1945 hätte werden können.

Lit.: W. Lehmann: Hans Asmussen. Ein Leben für die Kirche, 1988.

O. Rodenberg

Assumptio Mariae → Maria, Marienverehrung

Ästhetik

1. Ästhetik als philosophische Disziplin

a. Der Begriff Ä. kommt vom griech. *aisthanesthai*, »durch die Sinne wahrnehmen«. Die Ä. soll als phil. Bemühung wissenschaftl. das Wesen des Schönen und Erhabenen im Unterschied zum Häßlichen bzw. nur Materiell-Sinnlichen erklären. Wichtigster Gegenstandsbereich der ästhetischen Forschung ist somit die Frage nach der Eigenart und dem Auftrag der Kunst. Dabei ist bereits die Unterscheidung zwischen dem Naturschönen und dem Kunstschönen vorausgesetzt. Ä. als eigenständige Disziplin der reinen Philosophie entstand im 18. Jh. und ist in ihrem Bezug zu den verschiedenen Kunstwissenschaften und der Kunstgeschichte als angewandten Wissenschaften zu bedenken. Die sieben freien Künste (*septem artes liberales*) bildeten im mittelalterl. Universitätsbetrieb die Grundlage der Wissenschaften überhaupt. Die grundlegende Bedeutung der Philosophie drückte sich in diesem Kontext schon in der Bezeichnung Artistenfakultät aus. Allerdings unterscheidet sich die durch Alexander Gottlieb Baumgarten (1714- 1762) entwickelte neuzeitl. Ä. grundlegend von der metaphysisch konzipierten Ä. des MA.s. Aber auch die Ä.en der Neuzeit differieren je nach phil.-weltanschaulichem Ausgangspunkt untereinander. Sie können beispielsweise idealistisch-spekulativ, phänomenologisch, existentiell, marxistisch oder in der gegenwärtigen Entwicklung informell bzw. kybernetisch ausgerichtet sein. Die Schwierigkeit, eine konsensfähige Theorie des Schönen wissenschaftl. zu begründen, erweist sich nicht zuletzt an den widersprüchlichen phil. Entwürfen.

b. In der Sache ist deshalb auf die philosophiegeschichtl. Entfaltungen der Ä. zu verweisen, die bis zu Platon (428/27- 348/47 v.Chr.) zurückreichen. Das Schöne ist nach Platon ontologisch (seinsmäßig) durch das Wesen der Idee bestimmt, d.h. der Mensch wird durch den Eros über alle Stufen des irdisch Schönen hinausbewegt zum Schauen der Schönheit an sich. Im schöpferischen Akt der Zeugung gewinnt der Mensch Anteil am unsterblich Göttlichen. Dabei vollzieht sich der Aufstieg zur reinen Idee der Schönheit schrittweise. Zu unterscheiden ist das Zeugen von Kindern im schönen Leib als Streben nach Verewigung durch Nach-Wuchs von dem Zeugen der Werke des Geistes aus der schönen Seele; letzteres erwächst aus der Sehnsucht nach Ewigkeit im Nach-Ruhm. So zeigt sich schon bei Platon die für die gesamte spätere Philosophie des deutschen Idealismus grundlegende Konzeption des Schönen als Mittel zur Rettung des Menschen aus der Not des Sterbenmüssens. Denn im jeweils geschichtl. Schönen leuchtet unverhofft die Idee der Schönheit selbst auf und vergönnt dem Menschen, so am ewig Göttlichen teilzuhaben. Im Sichtbarwerden der Idee der Schönheit kommt das ursprünglich Lichte und Helle, das ihr wesensmäßig eigen ist, zum Vorschein. Die Gestalt des Schönen erweist sich mathematisch an einer Art »mittleren Proportion« des Kosmos, die sich als maßgerechte, symmetrische Mischung des Seienden im Sinne der phythagoreischen Arithmetik berechnen läßt. Wo das Unbegrenzte und damit Unheimliche ins harmonisch rechte Maß gebracht ist, fallen dann auch die Ideen des Guten und Schönen in wahrer Einheit zusammen.

Bei Plotin (ca.205-270) wird das Seiende als solches und im Ganzen mit der Idee des Schönen identifiziert, denn die Idee des Schönen fügt die auseinanderstrebende Form der Materie, die Vielheit, zur harmonischen Einheit des Kosmos zusammen. Auch darin wird der Heilsaspekt des Schönen erkennbar. Die Anamnesis (die Wiedererkennung) leitet das ästhetische Bewußtsein der Seele aus der Zerstreuung zur absoluten Einheit des Geistes, in die sie heimkehrt.

F. Schiller (1759-1805) entwickelt seine Kunsttheorie ganz im Kontext der idealistischen Philosophie mit dem Ziel der Selbsterlösung des kreativen Genies.

Für F. W. → Schelling (1775-1854) herrscht in der Kunst das gleichgewichtige Zusammenspiel der realen, natürlichen Welt des Handelns mit der idealen Wirklichkeit des Bewußtseins bzw. des Wissens. Aber in allem endlich Schönen spiegelt sich nur gegenbildlich die absolute Schönheit des Unendlichen.

G. W. F. → Hegel (1770-1831) unterscheidet zwischen dem Naturschönen, das im Außersichsein der Idee auch nur eine äußerliche Schönheit besitzt und dem Kunstschönen, der aus dem Geist geborenen inneren Schönheit des freien Individuums.

Bei F. → Nietzsche (1844-1900) zerfällt mit der Heraufkunft des europäischen Nihilismus die metaphysische Einheit des Schönen und des Guten. Schön ist, was in einen lebenssteigernden dionysischen Rausch versetzt. Das Schöne reduziert sich positivistisch auf das Sinnliche, soweit es sich empirisch als schönes Erlebnis psychologisch beschreiben läßt. Die mathematisierbare und verfügbare Konstruktionsästhetik steht am Ende dieser rein strukturell argumentierenden Philosophie.

2. Perspektiven einer theologischen Ästhetik

a. Die Schönheit Gottes als Grund und Maß theologischer Ästhetik

Theologische Ä. geht als theo-logische Erkenntnis von der Schönheit und Herrlichkeit Gottes aus. Gott ist in seinem Lichtglanz, in der Würde seiner Herrlichkeit (hebr. ***kabod***) der schlechthin Schöne, der um seiner selbst willen angebetet wird. Die Wahrnehmung der herrlichen, lichtvollen Schönheit als grundlegendem Wesensmerkmal Gottes weist in ihrer sprachlichen Äußerung über die bloß theoretische Darstellung der Eigenschaften Gottes hinaus. Sie führt zur Doxologie und nimmt hymnische Gestalt an. Die liturg. Feier der Herrlichkeit Gottes im Gottesdienst erweist sich mithin als Ursprung theol. Ä. Sämtliche bibl. Doxologien - nicht zuletzt die des Psalters - preisen die Schönheit Gottes; exemplarisch sei hingewiesen auf Ps 104,1.2: »Herr, mein Gott, du bist sehr herrlich; du bist schön und prächtig geschmückt. Licht ist dein Kleid, das du anhast.« Typischerweise folgt auf diese Anbetung der Herrlichkeit Gottes der Lobpreis seiner schöpferischen Macht sowie der Werke seiner Schöpfung. Der 105. Psalm setzt dies fort mit dem Lob der heilsgeschichtl. Taten Gottes. Diese Struktur ist für theol. Ä. grundlegend: Schönheit kann nur von ihrem Ursprung, von Gottes Wesen her erfahren werden. Sie manifestiert ihre wahrnehmbare Äußerung bzw. Verwirklichung in der Schöpfung und Heilsgeschichte. Dabei ist die Zuordnung des Ethischen und Ästhetischen, des Guten und des Schönen für theol. Ä. maßgebend und unverzichtbar. Die Herrlichkeit Gottes ist das Sichtbarwerden seiner Heiligkeit; umgekehrt ist die Heiligkeit Gottes der innere Grund seiner Herrlichkeit. Dieser unlösbare Zusammenhang von Heiligkeit und Herrlichkeit findet seinen tiefsten Ausdruck in der lichthaften Klarheit und Schönheit Gottes. In Gottes Licht koinzidieren das Gute und das Schöne in absoluter Vollkommenheit.

b. Die Ambivalenz des Ästhetischen in der gefallenen Welt

Die besonderen Ereignisse der Offenbarung Gottes machen den tiefen Zerbruch, in dem sich der Mensch unter der Sünde befindet, deutlich. Der Mensch erschrickt angesichts der Selbstoffenbarung der Herrlichkeit Gottes, weil er der darin enthüllten Heiligkeit Gottes nicht entspricht (vgl. z.B. Jes 6,1-7 oder Apg 9,3-5). Die unmittelbare Begegnung mit der Schönheit Gottes wird zum unerträglichen Gericht über den sündigen, unreinen Menschen. Das Licht Gottes erweist sich gegenüber der Sünde als verzehrendes Feuer. Theol. Ä. kann deshalb niemals oberflächlich im Sinne des Ästhetizismus gefällig sein. Sie verwehrt einen mystisch-romantischen Zugang zu Gott, wie ihn die idealistisch-phil. Ä. anstrebt, die von einer vorauszusetzenden Harmonie zwischen menschl. Schönheitssehnsucht und der Göttlichkeit des Schönen an sich ausgeht. Theologische Ä. kann weder die Erkenntnis noch die Erfahrung des Schönen von der ethischen Problematik der Gottesbeziehung des Menschen, also vom zentralen Thema der Sünde und Rechtfertigung des Gottlosen, ablösen.

In der Verselbständigung des Ästhetischen gegenüber dem Ethischen, d.h. dem Verlangen nach rel. Genuß Gottes ohne Heiligung bzw. dem atheistischen Gebrauch schöner Phänomene der Schöpfung ohne Schöpfer, liegt die Versuchung durch das nur scheinbar Ästhetische. Der schöne Schein, d.h. die nur noch äußere Erscheinung des Lichthaften, erweist sich als Charakteristikum des dämonisch Schönen. Der Satan, der sich als Engel des Lichts verstellt (2Kor 11,14), verführt mittels einer Gott geraubten Ä., die in ihrem innersten Wesen leer und nichtig bleibt. Der Konflikt zwischen dem menschlich-phil. Verständnis des Schönen einerseits und der theol. Offenbarung des Schönen andererseits läßt sich deshalb nicht auf das Problem zeitbedingter Geschmacksurteile reduzieren, sondern wurzelt in dem Gegensatz zwischen Gottes heiliger Herrlichkeit und dem trügerischen Glanz der Sünde bzw. des Satanischen. Der natürliche Mensch ist in diesen Gegensatz insofern hineingezogen, als er unter der bewahrenden Güte Gottes in der Schöpfung zwar noch die Schönheit Gottes erkennt, aber gleichzeitig versucht ist, diese Schönheit fern von Gott zu genießen und sie damit zu pervertieren und letztlich dem dämonisch Schönen zu verfallen (Röm 1,19-25). Diese Zusammenhänge der ästhetischen Zwiespältigkeit aufzudecken und heilsam (d.h. soteriologisch) zu überwinden, ist die grundlegende Aufgabe theol. Ä. in allen vielfältigen Bezügen menschlicher Kulturen und Künste.

c. Theologische Ästhetik im Horizont der Erlösung und Vollendung

Wahre Ä. setzt die Erneuerung der Gottesbeziehung durch Vergebung und Heiligung voraus. Ihr tiefstes Wesen erfüllt sich im liturg. Handeln der Kirche als dem Ort, an dem die Erneuerung der Schöpfung ihren Ursprung nimmt. Die Anbetung Gottes im Geist und in der Wahrheit (Joh 4,24) findet hier ihren schöpferisch angemessenen Ausdruck. Die erlöste *leiturgia* erfaßt und umfängt alle Bereiche künstlerischen Schaffens und stellt so die ursprüngliche Bestimmung der Kunst im Sinne des paradiesischen Kulturauftrages (1Mo 1,28) wieder her: Musik und Malerei, Sakralbau und Kunsthandwerk, Dichtung und liturg. Dramatik werden als Formen des Lobpreises und der Anbetung zum Gottesdienst. Charakteristisch für dieses geistl. Kunstverständnis ist u.a. 2Mo 31,1-11 wie überhaupt die Freude am Gotteshaus und den »schönen Gottesdiensten des Herrn« (Ps 27,4).

Dabei wird schon an der Kultkritik atl. Prophetie (z.B. Am 5,21-27) deutlich, daß in der gefallenen Welt selbst die liturg. Feier pervertiert wird, wenn dem gottesdienstl. Handeln nicht die alltägliche Existenz des praktischen Gehorsams entspricht.

Paulus vertieft den Zusammenhang von Liturgie und umfassendem Gottesdienst in den alltäglichen Lebensbezügen (Röm 12,1-2). Von daher eröffnet sich andererseits aber auch die Freiheit des Christen zu ästhetischer Gestaltung und Freude in der Welt. Denn in der Bindung an Christus ist das Schema der Welt überwunden. Je umfassender Heiligung gelebt wird, desto universaler kann sich Kunst als Manifestation christl. Existenz in allen ihren Formen frei entfalten.

Diese Freiheit hebt aber die Selbstentäußerung Gottes im Kreuz Christi als ästhetisches Skandalon nicht auf (vgl. Phil 2,5-11 zurückverweisend auf Jes 53,2-5). Gerade angesichts der elementaren Versuchung des Menschen, im Ästhetischen an sich Erlösung zu suchen, muß theol. Ä. bewußt das Ärgernis des Kreuzes wahren (1Kor 1,23). Die durch die schöpferische Güte dem Menschen erhaltene Befähigung zur Kunst und zu kreativem Gestalten darf nicht zum Versuch der Selbsterlösung mißbraucht werden. Die Signatur des Kreuzes bestimmt das heilsgeschichtl. Interim zwischen Erlösung und Vollendung auch als Kriterium christl. Ä. Darin entspricht theol. Ä. der Ambivalenz des Ästhetischen in der gefallenen Welt; sie widerspricht dadurch der Versuchung des Ästhetizismus, und sie verspricht schließlich zeichenhaft die Überwindung des Unästhetischen, das als eine Wirkung der Sünde zu bewerten ist.

Aufgehoben wird diese interimistische Spannung durch die eschatologische Vollendung, in der »Gott sein wird alles in allem« (1Kor 15,28). Die exklusive Alleinwirksamkeit Gottes ist die absolute Erfüllung des Ersten Gebotes und damit die vollkommene Verwirklichung der Ethik, der die universale Vollendung der ästhetischen Gestalt korrespondiert. Die Schönheit des neuen Jerusalem mit ihrer reinen Klarheit, als deren Licht die unmittelbare Gegenwart Gottes selbst alles erleuchtet und durchleuchtet, ist ästhetisches Realsymbol der ewigen Vollendung (vgl. Offb 21,1-22,5).

Lit.: Th.W. Adorno: Ästhetische Theorie, in: Ges. Schriften, Bd. 7, 1970; H.-E. Bahr: Poiesis. Theologische Untersuchung der Kunst, 1961; H.U. v. Balthasar: Herrlichkeit. Eine theologische Ästhetik, I-III/2, 1961-1972; R. Bohren: Daß Gott schön werde. Praktische Theologie als theologische Ästhetik, 1975; P. Brunner: Zur Lehre vom Gottesdienst der im Namen Jesu versammelten Gemeinde; in: Leiturgia 1, 1954; W. Dilthey: Die Epochen der modernen Ästhetik, in: Ges. Schriften Bd 6, 1924; M. Heidegger: Der Ursprung des Kunstwerkes, 1960; W. Janke: »Das Schöne«, HPhG Bd. 5, 1974; M. Schasler: Ästhetik als Philosophie des Schönen und der Kunst, Bd 1, Kritische Geschichte der Ästhetik von Plato bis auf die neuste Zeit, 1872; H. Thielicke: Kunst und Spiel, Ethik des Bildnerischen, in: Theologische Ethik Bd. III, 1964, 813-912.

R. Hille

Astralreligion

Glaube an die Gestirnsgottheiten und ihre rel. Verehrung. Bereits in prähist. Zeit lassen sich Kultorte einer A. nachweisen (z.B. Stonehenge bei Salisbury in Südengland, Ende des Neolithikums, ca. 1800 v.Chr.). Mehr wissen wir von der A. der orientalischen Hochkulturen in Ägypten und im Zweistromland. Die dominierenden orientalischen Götter im Umfeld Palästinas sind meist Astralgottheiten (z.B. Re in Ägypten ab 5. Dynastie, seit Hammurabi der ursprüngliche Sonnengott Marduk = Bel in Babylon). Dies ist durchaus nicht immer der Fall. In der germanischen oder griech. Religion spielen sie nur eine untergeordnete Rolle. Aber die Rangfolge der Götter war nicht zu allen Zeiten konstant. In ihnen spiegelte sich auch der Einfluß der Dynastien wieder. Ein mißlungener Versuch wurde von Amenophis IV. in Ägypten unternommen, mit dem Kult des Gottes Aton, der Sonnenscheibe, eine bestimmte monotheistische Theologie einzuführen. Auch in anderen Hochkulturen sind die Hauptgottheiten Astralgötter. Sie übernehmen dann meist auch die Funktion der Vegetationsgötter. Durch die dauernde Gefährdung durch A.en, besonders in der Zeit des babylon. Exils, war eine Abgrenzung Israels unerläßlich. Manche atl. Aussage wird nur von dem Hintergrund her verständlich, daß die Himmelskörper als Götter galten (z.B. Jes 14,12ff). Aber auch im NT ist eine A. als die Verkörperung des Feindes Gottes vorausgesetzt, insbesondere in der Offb (12,1), vielleicht auch in der synoptischen Apokalypse (Mt 24,29 par).

Im europ. Kulturkreis rühren als Relikte der A. manche Namen der Wochentage noch von den Astralgottheiten her, und zwar nicht nur von Sonne und Mond, sondern auch z.B. von Saturn (Saturday).

Die A. scheint bei uns zwar keinen Einfluß mehr zu haben, doch sollte man sich vergegenwärtigen, daß die → Astrologie, die zunehmend Bedeutung gewinnt, in ihrem Kern eigentlich eine A. ist. In einer alternativen Medizin gibt es auch zunehmend Bereiche, die von einem Glauben an die Mächte der Gestirne bestimmt sind. Die biologisch-dynamische Landwirtschaft – nicht zu verwechseln mit organisch-biologischem Landbau – richtet sich in der Zeitwahl für Aussaat und andere Tätigkeiten nach den Mondphasen, vorgeblich mit einer naturwissenschaftl. Begründung. Der Mond ist aber in den A. der Gott der Fruchtbarkeit. Die bibl. Beurteilung verwirft diesen Einfluß (vgl. Kol 2,16). Für Christen ist Landbau unter dem Einfluß einer A. abzulehnen.

Lit.: F.M.Th. de Liagre Böhl: »Babylonien II«, RGG³, 1, 812-822; H. Jacobsohn: »Ägypten II«, ebd. 110-117; R. König: Sanfte Heilverfahren, 1987; A. Strobel: »Sternglauben«, GBL 3, 1989, 1483ff.

K. Knauß

Astrologie

Sterndeutekunst, die einen umfassenden Einfluß der Gestirne auf die irdische Welt postuliert. Sie muß nicht notwendig einen Zusammenhang herstellen zwischen den Gestirnskonstellationen (insbesondere zur Geburtsstunde) und dem Ergehen der Menschen. Will man diesen ausdrücklich bejahen, spricht man exakter von Geneathlialogie (Geburtstagshoroskopie), die von vielen früheren Vertretern der A. abgelehnt wird (z.B. Plotin), allerdings heute fast immer eingeschlossen ist. Die A. setzt in jedem Fall die Beseeltheit der Welt voraus (vgl. Plotin Enn. IV, 4,40ff), wobei ihre Anhänger sich die Wirkung über sympathische Kräfte vorstellen. Begründet wurden diese Ideen von dem Stoiker Poseidonius. Die Himmelskörper als Götter wirken demnach auf den irdischen Mikrokosmos, wobei den Tierkreiszeichen und den einzelnen Planeten (einschließlich Sonne und Mond) bestimmte Eigenschaften und Wesenskräfte zugeschrieben werden. Das ist die Grundlage für das Erstellen von Horoskopen. Während die Astronomie sich mit den Bewegungsgesetzen der Himmelskörper befaßt und ihre Stellungen berechnet, deutet die A. diese aufgrund von rel. Voraussetzungen zur Voraussage des geschichtl. und individuellen Ergehensverlaufes.

Die A. entspringt einer → Astralreligion. Die exakten astronomischen Kenntnisse insbesondere im babylon. Raum hatten rel. Hintergrund, auch wenn sie zu einer hervorragenden kalendarischen Praxis führten. Petosiris (Nechepso?) und Ptolemäus haben die einzelnen Bestandteile der A. später zu einem System verknüpft. Zur Übermittlung an die rel. Welt dienten die hermetischen Schriften. Doch das wichtigste und umfangreichste Handbuch der A. des Altertums sind die »Matheseos libri octo« des Julius Firmicus Maternus (ca. 335), der unzweifelhaft erst nach dieser Schrift Christ geworden ist, denn er schrieb später die heftig polemische Schrift »De errore profanarum religionum« (ca. 348), die sich mit bibl. Begründungen gegen die ägypt. und hell. Mysterienreligionen und gegen die A. wendet und die Kaiser Konstantius und Konstans zu deren Zerschlagung auffordert. Unter dem Einfluß der → Gnosis war die A. etwa im 3. Jh. in das Christentum eingedrungen, nachdem sie bis dahin deutlich abgelehnt worden war. → Augustin hat schließlich jede Beschäftigung mit der A. und anderen »Wissenschaften« als »eitle Neugier« radikal abgelehnt. Andererseits konnte Synesius von Cyrene (ca. 370-413) eine Vereinigung des Christentums mit der A., Alchemie und Magie unternehmen und dann dennoch Bischof werden. Dies zeigt die Vielschichtigkeit und Dauer des ganzen Prozesses. Im MA blühte die A. unter dem Einfluß »arabischer« Philosophen wieder neu auf (Al-Kindi und Thabit ibn Kurrah, 9. Jh.) und drang im 11./12. Jh. in die christl. Philosophie ein. Hier wird aber zwischen einer legitimen Beschäftigung mit den als natürlich gedachten Naturkräften und der verwerflichen eigentlichen A. unterschieden (→ Abaelard, Hugo v. St. Victor). Im 13. Jh. führte diese sorgfältige Bemühung um Unterscheidung zu der Idee eines neutralen Naturgesetzes in abendländischer Gestalt, und zwar unter der Exegese bestimmter Stellen der Genesis (Rob. Grosseteste u.a.). Insofern herrschten zwischen astrologischen und naturwissenschaftl. Lehren oft rege Wechselbeziehungen. Im Spät-MA und in der frühen Neuzeit gewann die A. neuen Einfluß, insbesondere in esoterischen Unterströmungen neben den Naturwissenschaften und ist heute fester Bestandteil einer neuheidnischen Vulgärreligiosität geworden. Allerdings wird in Kreisen der → Anthroposophie, → Theosophie und der → New Age-Bewegung der Anspruch wissenschaftl. Begründbarkeit erhoben.

Im AT wird die A. abgelehnt (5Mo 18,10ff; 3Mo 19,31; 20,6; Jes 47,13f), ebenso im NT (Kol 2,15ff). Ihr wird nicht die Wirklichkeit abgesprochen, doch stehen Mächte hinter ihr, die gegen Gott gerichtet sind und die Christus durch seinen Kreuzestod endgültig besiegt hat. 1Mo 1 vermeidet in offensichtlich apologetischer Absicht die Bezeichnung der Gestirne mit ihren üblichen Namen, weil sie im orientalischen Raum als Götternamen geläufig waren. Statt dessen werden die Gestirne als Lichter bezeichnet, und ihre Funktion wird darauf beschränkt, Licht zu geben und Zeiträume zu unterscheiden. Der Sprachgebrauch für Wahrsager und Sterndeuter ist nicht sehr spezifisch. Es werden zwar verschiedene Begriffe gebraucht, aber alle wahrsagerische Tätigkeit wird grundsätzlich verboten. Als terminus technicus ist das nur bei Dan 1,20 und 2,2 verwendete assyr. Lehnwort *'aschāf*, LXX: *magos* auf Astrologen zu beziehen. In Mt 2,1.7.16 bezeichnen die *magoi* sehr wahrscheinlich babylon. Astrologen. Eine Verwerfung der A. aus rein rationalistischen Gründen wird einem bibl. begründeten Glauben nicht gerecht. Es handelt sich vielmehr um Elemente einer nichtchristl. Religiosität unter dem Einfluß dämonischer Mächte und ist deshalb für Christen eindeutig abzulehnen.

Lit.: K. Knauß: Gott und Natur bei R. Grosseteste (Diss. Tübingen 1988); A. Strobel: »Stern, Sternbild, Sterndeutung«, GBL 3, 1989, 1481f; ders.: »Sternglauben«, ebd. 1483ff (Lit!); F. Strunz (C.-M. Edsman): »Astrologie«,RGG³ I, 664-666; L. Thorndike: History of magic and Experimental Science, 1923.

K. Knauß

Asyl Rämismühle → Heimstätte Rämismühle

Asylrecht

Unter A. versteht man das Recht, an einem bestimmten Ort oder in einem bestimmten Gebiet vor Bedrohung und Gewalt Schutz zu finden. Als Asyl dienten schon seit frühester Zeit geweihte Orte wie Altäre, Tempel und später auch Kirchen, Klöster und Friedhöfe. In diesen Fällen kann von einem rel. A. gesprochen werden. Im Unterschied dazu kennt man das weltliche A., bei dem an »profanen« Orten, in Städten, an Gerichtshöfen, in Botschaften oder in Ländern Asyl gewährt wird.

Im AT lesen wir in 2Mo 21,12ff; 4Mo 35,9ff; Jos 20 von A., das Menschen, die unabsichtlich einen anderen getötet hatten, gewährt wurde. So gab es besondere Freistädte für Asylsuchende (5Mo 4,41-43). Dagegen durfte derjenige nicht ungestraft bleiben, der absichtlich getötet (gemordet) hatte und dann Asyl suchte. Auf jeden Fall schränkte das A. die → Blutrache ein (4Mo 35,19).

Aber nicht nur bei Totschlag, sondern auch bei anderen Notlagen suchte man Asyl. Adonia (1Kön 1,50) und Joab (1Kön 2,28) begehrten in polit. unruhigen Zeiten vergeblich am Altar des Tempels zu Jerusalem Asyl.

In der Antike und im MA berief man sich bei unterschiedlichsten Delikten auf das A., zum Beispiel bei finanzieller Schuld, bei Meineid oder bei drohender Gefangenschaft. Im Mittelalter galt die Kirche für viele als Zufluchtsort. Nicht immer waren ihre Motive Barmherzigkeit und Nächstenliebe. Vielmehr diente das kirchliche A. häufig als Instrument im Machtkampf zwischen Kirche und Staat. So beachtete man keineswegs immer die von Kaiser Justinian aufgestellte Regel, nach der der Schutz der Kirche nicht für diejenigen zu gelten habe, die Unrecht tun (Cl. novella 17.7 pr.), sondern lediglich für diejenigen, die Unrecht erleiden.

Das rel. A. konnte in Zeiten der → Blutrache viel Unrecht verhindern. Aber seitdem die Autorität der Obrigkeit an Gewicht zugenommen hat und die Rechtsprechung in zunehmendem Maß zentral geregelt worden ist, hat das A. an Bedeutung verloren. Gleichwohl lebt heute das A. in außergewöhnlichen Fällen wieder auf. So z.B. im Jahr 1975 in den Niederlanden, als Gastarbeiter, zu denen auch türk. und syr. Christen gehörten, in Kirchengebäuden mit der Begründung Asyl suchten, falls man sie ausweisen würde, hätten sie um ihr Leben zu fürchten. Die niederländische Regierung griff praktisch nie ein, jedoch wohl kaum aus rel. motivierter Scheu gegenüber der »Heiligkeit« von Kirchengebäuden als vielmehr aus Furcht vor der öffentlichen Meinung.

In einem Rechtsstaat bleibt das A. in seiner weltlichen Form notwendig, um Ausländern, deren Leben im Konflikt mit den international geltenden Normen bedroht ist, Asyl zu gewähren.

Lit.: M. Greenberg: The Biblical conception of Asylum, JBL 78, 1959, 125-132; C. Houtman: Het altaar als asielplaats, 1990; M. Siebald: Das Asylrecht der römischen Kirche mit besonderer Berücksichtigung seiner Entwicklung auf germanischem Boden, 1930.

J. Douma

Aszetik → Spiritualität

Athanasianum → Bekenntnis

Athanasius (ca.295-373)

A. von Alexandria gehört zu den bedeutendsten Kirchenvätern der Alten Kirche – nicht nur wegen seines Kampfes gegen → Arius und den Arianismus und für die Anerkennung des nicaenischen Glaubens. Auch an der Ausformung des bibl. Kanons hatte er Anteil (Osterfestbrief von 367). Ferner warb er für das Mönchtum mit der Vita Antonii, einer Schrift, die nach dem Tod des ägyptischen Mönchsvaters → Antonius (356) entstand und schon kurz darauf ins Lat. übersetzt wurde. Neuere Untersuchungen (M. Tetz) haben wahrscheinlich gemacht, daß A. dabei eine ältere Lebensbeschreibung dieses Mönches überarbeitete und ein neues, bibl. begründetes Idealbild schuf, das die spätere

Entwicklung des christl. Mönchtums stark beeinflußte. Die Hauptbedeutung aber kommt A. zu als leidenschaftlichem Verfechter der nicaenischen Orthodoxie und Wegbereiter des trinitarischen Dogmas.

A. wurde um 295 in Alexandria geboren und stammte wohl aus einem heidnischen Elternhaus. Schon früh gefördert durch Bischof Alexander (311-328), gehörte er von Anfang an zu den entschiedensten Gegnern des → Arius. 325 begleitete er seinen Bischof als Diakon auf das Konzil nach → Nicaea und wurde unter etwas dramatischen Umständen 328 sein Nachfolger. Seine Gegner, Arianer und Melitianer (Anhänger einer schismatischen Gruppe in Ägypten; ähnlich den → Donatisten), erreichten es, daß eine Reichssynode in Tyrus (335) seine Absetzung beschloß und Kaiser Konstantin ihn nach Trier verbannte (335-337). Erst 346 konnte A. nach längerem Aufenthalt in Rom – auf seinen Bischofssitz zurückkehren. Insgesamt fünfmal mußte A. für seine Überzeugung in die Verbannung gehen.

Wohl in Trier entstand sein Doppelwerk: »Gegen die Heiden – Von der Menschwerdung des Logos«, in dem A. die Abkehr von der apologetisch-phil. Logoslehre vollzog und der altkirchl. Inkarnations- und Erlösungslehre ein neues Fundament gab. A. hebt hervor, daß nur Gott selbst die Erlösung des Menschen (als »Vergöttlichung«, vgl. De inc., 54) vollbringen kann. Das richtet sich nicht nur gegen die Lehre des Arius, sondern gegen jeden, der Christus nicht im Vollsinn als Gott bekennt.

In den 40er Jahren verfaßt A. drei umfangreiche Reden gegen die Arianer (die vierte Rede ist unecht!), die ihn zum Vorkämpfer gegen den Arianismus werden lassen. Erst nach und nach setzt sich bei ihm dabei die Erkenntnis durch, daß das Bekenntnis von Nicaea, auch wenn es den in der Bibel nicht belegbaren Begriff *homousios* verwendet, um die »Wesenseinheit« von Vater und Sohn zum Ausdruck zu bringen, zutiefst die bibl. Lehre von Gott und Christus bewahrt. Und je größer der Widerstand gegen das Nicaenum wird, umso entschiedener tritt A. dafür ein (von Kaiser Konstantius II. 356 erneut in die Verbannung geschickt).

In seinen Briefen an Serapion (360) nennt A. erstmals auch den Hl. Geist »wesenseins« mit Gott (ep. Serap. I 27), um Erlösung und Heiligung als alleiniges Werk Gottes festzuhalten. Zugleich legt er damit einen wesentlichen Grund für das später ausgeformte trinitarische Dogma, in das die Lehre des → Origenes von den drei göttlichen Hypostasen (Personen) integriert wird. Eine wichtige Voraussetzung für die weitere Entwicklung schafft A. 362 auf einer Synode in Alexandria, auf der er unter dem Nicaenum alle Gruppen zu vereinen sucht, die sich zur Einheit Gottes, aber auch zu den drei Personen (Hypostasen) bekennen. Als A. stirbt (373), liegt die polit. Macht im Osten des Reiches noch in den Händen seiner Gegner. Erst unter Theodosius I. setzt sich der nicaenische Glaube im gesamten röm. Reich endgültig durch.

Lit.: K.M. Girardet: Kaisergericht und Bischofsgericht, 1975; A. Laminski: Der heilige Geist als Geist Christi und Geist der Gläubigen (EThSt 23), 1969; G. Larentzakis: Einheit der Menschheit – Einheit der Kirche bei Athanasius (GrTS 1), [2]1981; D. Ritschl: Athanasius. Versuch einer Interpretation, in: ders.: Konzepte. Ges. Aufsätze I (BSHST 28), 1976, 21-73; H.-J. Sieben: Zur Entwicklung der Konzilsidee: ThPh 45 (1970), 353-389; M. Tetz: »Athanasius von Alexandrien«, TRE 4, 1979, 333-349 (Lit.); ders.: Athanasius und die Einheit der Kirche: ZThK 81 (1984), 196-219; ders.: Über nikäische Orthodoxie: ZNW 66 (1975), 194- 222; ders.: Athanasius und die Vita Antonii: ZNW 72 (1982) 1- 30.

W.A. Bienert

Atheismus

1. Atheismus als philosophisch-ideologisches Phänomen der Neuzeit

a. Zur Vorgeschichte

Der A. stellt als geistesgeschichtl. Macht vor allem eine Erscheinung der abendländischen Kultur dar, dessen wichtigste Ursprünge in der phil. → Aufklärung und der Franz. Revolution (1789) zu suchen sind. Allerdings findet sich der Begriff »Atheos« (Atheisten) bereits in antiken Quellen. Mit dem atomistischen Empirismus Demokrits begegnet im

5.-4. Jh.v.Chr. der erste naturphil. Entwurf eines materialistischen Weltbilds. Epikur (342-271 v.Chr.) vertrat bereits eine säkularistisch argumentierende Ethik. Die Apologie Platons macht im Kontext der Auseinandersetzung mit den Sophisten und der Anklage gegen Sokrates deutlich, daß der Vorwurf des A. strafrechtliche Konsequenzen nach sich ziehen konnte. Dabei ging es weniger um eine bloß theoretische Leugnung herkömmlicher Göttervorstellungen als vielmehr um den Zusammenhang von polit.-moralischer Ordnung und Religion in den griech. Stadtstaaten. Aus diesem Grund wurden zur Zeit der röm. Christenverfolgungen die Christen u.a. auch als A. angeklagt. Später hatte - im geschlossen theol.-phil. Denkgebäude des MAs - der A. im strengeren Sinne keinerlei Anknüpfungspunkte. Das Problem tauchte ernsthaft erst in der Renaissance wieder auf.

b. Die endzeitliche Eigendynamik des neuzeitlichen Atheismus

Die Geschichte des abendländischen A. stellt eine spezifische Gestalt der westl. Kultur dar und entwickelt in ihrer Säkularität ein deutliches Gefälle, das im Horizont einer heilsgeschichtl. Theologie als endzeitliches Ereignis im Sinne der bibl. → Apokalyptik gedeutet werden muß. Unterschiedliche phil., polit. und wissenschaftl. Ausgangspunkte bilden erste grundlegende Anstöße zur Entstehung des A., die sich zunehmend überlagern, miteinander verbinden und sich schließlich zu einem breiten Gesamtstrom des modernen Säkularismus verdichten und so gegenseitig verstärken. Die Entwicklung erhält durch die Rezeption des pantheistischen Neuplatonismus der ital. Renaissance einen ersten Impuls, der sich in einem neuen geistigen Klima machiavellistischer Staatsraison fortsetzt. Der engl. Empirismus, der den traditionellen Autoritätsglauben verdrängt, führt zum deterministischen Materialismus der Naturwisssenschaften und zeitigt als theol. Konsequenz dieses Ansatzes ein deistisches Gottesverständnis, das im 19. Jh. in den A. übergeht. Im 17. Jh. entfaltet sich in antiklerikalen Zirkeln franz. Intellektueller ein prinzipieller Skeptizismus, der Descartes (1596-1650) zu einem grundlegend neuen Versuch methodischer Suche nach einer letzten, unumstößlichen Gewißheit nötigt. Sind es im 17. und 18. Jh. vor allem die intellektuellen Eliten Europas, die die herkömmliche christl. Gotteslehre bezweifeln, so wird der A. im 19. Jh. zu einem gesamtgesellschaftl. Phänomen, das neben dem gebildeten Bürgertum auch die entwurzelten Massen der Industriegesellschaft erfaßt und den Kirchen entfremdet. Hierbei spielt die marxistische Ideologie, die die Religionskritik Ludwig Feuerbachs (1804-1872) voraussetzt, eine entscheidende Rolle. Durch die leninistische Revolution von 1917 erfährt die bürgerliche Franz. Revolution nicht nur eine Aufnahme ihrer atheistischen Voraussetzungen, sondern eine weitere polit. Radikalisierung und gesellschaftl. Breitenwirkung. Die geistesgeschichtl. Entwicklung im Westen erweist sich im 20. Jh. als zunehmend agnostisch, d.h. die Auseinandersetzung um die Existenz oder Nichtexistenz Gottes wird als theoretisch-wissenschaftl. nicht entscheidbar abgewiesen (→ Agnostizismus). Die Gottesfrage als solche wird im Zuge einer umfassenden Säkularisierung des Denkens überhaupt als irrelevant erklärt. Die Folge ist ein praktizierter A., der mit dem Verlust des theistischen Gottesbegriffs sich selbst als ideologisches Ziel überflüssig macht. Nach dem Zusammenbruch der marxistischen Staatsideologie (seit 1989) erweist sich der westl.-säkulare Agnostizismus international als stärkste Macht des sich realisierenden A.; während an den christl. Kirchen vorbei neuheidnische Religionsformen entstehen und die klass. Religionen des Islam, Hinduismus etc. eine Renaissance erfahren. Geschichtstheol. betrachtet, ist im Kontext der abendländisch-christl. Kultur mit der Franz. Revolution »der Mensch der Bosheit offenbart«, der sich als Widersacher Gottes »erhebt über alles, was Gott oder Gottesdienst heißt, so daß er sich in den Tempel Gottes setzt und vorgibt, er sei Gott« (2Thess 2,3f). Die eigendynamische Entwicklung des A. führt als gesellschaftl.- kulturelle Macht zu einem umfassenden Säkularismus, der in der Welt lebt »ohne Gott« und damit keine Hoffnung hat (vgl. Eph 2,12). Es handelt sich deshalb bei der Entstehung, den theoretischen Begründungen und vor allem der gesellschaftspolit. Durchsetzung des A. um ein grundlegend apokalyptisch-endzeitliches Phänomen des Antichristentums.

2. Klassische Grundformen des Atheismus und ihre Überwindung

a. Die rationalistisch-naturwissenschaftl. Begründung des A. geht davon aus, daß Wahrheit ausschließlich durch die Vernunft erkannt werden könne und daß die Vernunft auch in der Lage sei, dem Menschen alle zu seiner Existenzbewältigung notwendige Erkenntnis zu vermitteln. Die faszinierenden Erfolge der sog. exakten Naturwissenschaften, die dem neuzeitlichen Ideal der Mathematisierbarkeit und formalen Logik weithin entsprechen, bildeten das Leitbild für wissenschaftl. Erkenntnis überhaupt. Sie führten schließlich zum puren Positivismus (es gilt nur, was sich empirisch nachweisen läßt) und zum kritischen Rationalismus. Damit gerieten nicht nur die sich auf göttliche Offenbarung berufende Theologie, sondern auch die klass. Tradition phil. Metaphysik sowie die Geisteswissenschaften überhaupt in eine Grundlagenkrise.

Der Totalanspruch rationalistischer Skepsis erweist sich zunehmend als unhaltbar. Einerseits zeigt die Entwicklung der Naturwissenschaften selbst, daß die Komponente des forschenden Subjekts mit ihrer menschlichen Bedingtheit niemals aus dem Erkenntnisprozeß ausgeschlossen werden kann. Zum anderen wird umfassend deutlich, daß die eigentlichen Probleme, deren Lösung für eine sinnvolle Existenz unverzichtbar sind, überhaupt erst dann beginnen, wenn alle wissenschaftl. Fragen gelöst sind. Der Mensch ist auf eine Wahrheitserkenntnis verwiesen, die sehr viel weiter reicht und tiefere Dimensionen der Begründung erschließt als der kritische Rationalismus. So bleibt entweder der heroische Trotz angesichts der Absurdität des Seins oder das Wagnis und Geschenk des Glaubens auf dem Boden geoffenbarter Wahrheit. Diese Offenbarungswahrheit ist im Unterschied zur Willkür und Naivität des Aberglaubens nicht geringer, sondern höher als alle Vernunft.

b. Die sozialpolit. Begründung des A. hat sich mit dem Scheitern der marxistischen Ideologie selbst ad absurdum geführt, da mit der Verwirklichung des Sozialismus die Religion entgegen allen Prognosen nicht abgestorben ist, sondern nur für einige Jahrzehnte gewaltsam unterdrückt wurde. Dabei erwiesen sich beide Perspektiven der marxistischen Religionskritik als irrig: sowohl die Erwartung, daß sich mittels sozialem Wohlstand menschliches Elend notwendig in allgemeines Glück wandeln würde als auch die daran geknüpfte Hoffnung, mit sozialem Fortschritt werde sich der Glaube an Gott und die Erlösung durch Christus erübrigen.

c. Die psych. Begründung des A. geht seit Ludwig Feuerbach davon aus, daß Gott Wunschprojektion des Menschen sei, d.h. daß der Mensch Gott nach seinem Bild geschaffen habe. Die Theologie (die Lehre von Gott) sei deshalb als Anthropologie (Lehre vom Menschen) zu verstehen. Der Begründer der Psychoanalyse, Sigmund Freud (1856-1939), interpretiert Religion als infantiles Wunschdenken des Menschen, der sich nicht von dem illusionären Vertrauen auf eine starke Vaterfigur zu lösen vermag und die notwendige Selbständigkeit des reifen Erwachsenen verweigert.

Zum einen muß festgestellt werden, daß Wünsche als solche noch nichts über die Realität des Gewünschten aussagen. Zum anderen weisen grundlegende Bekehrungserfahrungen in der Geschichte der Christenheit darauf hin, daß Gott Menschen mitunter in einer Weise in den Weg tritt, die diese sich auch in kühnsten Träumen nicht ausgedacht hätten. Ihre Gottesbegegnung vollzog sich völlig konträr zu ihren bisherigen Wunschvorstellungen; z.B. die Bekehrung des Pharisäers und Verfolgers Saulus zum Apostel Jesu Christi. Ferner zeigt die Statistik über psychische Erkrankungen, daß Neurosen keinesfalls zwangsläufig im Bereich der Religiosität auftreten, sondern daß der Unglaube und die säkulare Lebensweise spezifisch psychische Krankheitssymptome hervorrufen können.

d. Die moralische Begründung des A. dürfte insgesamt für das moderne Bewußtsein am gewichtigsten sein: Es handelt sich um das sog. Theodizeeproblem, d.h. die Frage, wie ein guter und allmächtiger Gott all das Böse und das Übel in der Welt zulassen kann. Gott wird in dieser Form des A. vom Menschen wegen Nichtexistenz freigesprochen.

Gegenüber diesem Tribunal des Menschen muß von der bibl. Gottesoffenbarung her eingewandt werden, daß sich das Wesen der Liebe Gottes gerade in der Selbstpreisgabe der göttlichen Allmacht am Kreuz Jesu Christi erweist. Gott erleidet in Freiheit an sich selbst die Macht des Bösen und trägt selbst die Strafe für die Schuld des Menschen. Deshalb ist Gott dem, der seine Schuld bereut und zu ihm kommt, nahe. Gott erweist inmitten des Leidens um Christi willen und in Christus seine erbarmende Gegenwart.

Lit.: E. Coreth, J.B. Lotz: Atheismus kritisch betrachtet, 1971; O. Guinnes: Das Problem des Zweifels, 1979; H. Küng: Existiert Gott?, [2]1984; C.S. Lewis: Pardon, ich bin Christ. Meine Argumente für den Glauben, 1977; H.G. Pöhlmann: Der Atheismus oder der Streit um Gott, [3]1979; G. Stein (Hg.): An Anthology of Atheism and Rationalism, 1980; K.-H. Weger (Hg.): Argumente für Gott. Gott-Denker von der Antike bis zur Gegenwart, 1987; ders. (Hg.): Religionskritik von der Aufklärung bis zur Gegenwart, 1979; M. Weinrich (Hg.): Religionskritik in der Neuzeit, 1985.

R. Hille

Athenagoras

→ Apologeten, altkirchliche

Äthiopien

Der Vielvölkerstaat Äthiopien bildet im nordöstl. Afrika die Brücke zwischen Schwarzafrika, der arab. Welt und dem Indischen Ozean. Griechen und Römer nannten »Äthiopier« - die mit den verbrannten Gesichtern - alle Afrikaner südl. von Ägypten und die Anwohner des Indischen Ozeans.

Die älteste südarab.-sabäische Kultur erstreckte sich von Mesopotamien über die Arab. Halbinsel bis zum Hochplateau des heutigen Ä. Dort gründeten Semiten im 1. Jt. v.Chr. das Reich von Axum, das im 3. vorchristl. Jh. eine Weltmacht war.

Nach der Legende empfing die Königin von Saba bei ihrem Besuch in Jerusalem (1Kön 10) einen Sohn, der als Menelik I. um 1000 v.Chr. das Reich Axum gründete. Aus Ä. kam der Finanzminister der Kandake, der auf dem Heimweg von Jerusalem durch Philippus getauft wurde (Apg 8,26-38).

Um 350 bringen zwei syr. Kaufleute, Frumentius und Aedesius, den christl. Glauben nach Axum und gründen ohne priesterliche Ordination die äthiop.-orth. Kirche. Die Eroberung Nordafrikas durch den Islam im 7.-10. Jh. beendet das »Goldene Zeitalter von Axum« und trennt die äthiop. Kirche von der Christenheit.

Menelik II. von Shoa (1889-1913) schuf durch Eroberungen im Süden, Osten und Westen den Vielvölkerstaat in seinen heutigen Grenzen, erreichte dessen Anerkennung durch die europ. Mächte und machte Addis Abeba zur Hauptstadt. 1930 bestieg Ras Tefari als Haile Selassi I. den Thron, den er mit Unterbrechung durch den ital.-abessinischen Krieg (1936-41) bis September 1974 innehatte. Ein durch Dürrekatastrophen in Wollo und Tigray 1973/74 ausgelöster kommunistischer Militärputsch beendete die Geschichte des ältesten christl. Reiches in Afrika.

Anderthalb Jahrzehnte der Militärherrschaft haben die polit. Opposition blutig unterdrückt, das Land wirtschaftl. ruiniert und der Bevölkerung Gewaltherrschaft, Indoktrination, Hunger und Flüchtlingselend beschert. Trotz massiver Hilfe aus der UdSSR, Kuba und der DDR konnte weder der Bürgerkrieg gegen die Befreiungsbewegungen in Eritrea, Wollo und Tigray gewonnen noch durch Bodenreform, Alphabetisierung und Erziehungsprogramme die Unterentwicklung eines der ärmsten Länder der Erde behoben werden.

Die Schreckensherrschaft des Präsidenten Mengistu Haile Mariam endete mit seiner Flucht am 21. 5. 1991. Eine Woche später zogen die Truppen der EPRDF (Ethiopian Peoples Revolutionary Democratic Front) in Addis Abeba ein. Die Übergangsregierung unter Males Senawi steht vor der Aufgabe, das Land wiederaufzubauen, seine Menschen zu befrieden, seinen Völkern, allen voran dem größten der Oromo, die lange versprochene kulturelle Selbständigkeit zu gewähren und die Unabhängigkeit Eritreas anzuerkennen. Die orth. (→ Monophysitische) Kirche, der 35% der Bevölkerung angehören, hat Revolution und Verfolgung - auch durch Anpassung - überdauert. Der (sunnitische) Islam, dem nach eigenen Angaben 50% der Bevölkerung angehören, fällt in den letzten Jahren durch aggressive Werbung auf.

Die ev. Kirchen, allen voran die Kale Hiwot und die Äthiopische Evangelische Mekane Yesus Kirche (EECMY) sind in Verfolgung und Leiden stark gewachsen und zählen jetzt über 2 Mio. Glieder. 250.000 gehören zur röm.-kath. Kirche. Bibeln und Bibelteile wurden und werden in 24 der 70 einheimischen Sprachen übersetzt. Dabei hilft auch das → Ev.-luth. Missionswerk in Niedersachsen (ELM), das die Arbeit der Hermannsburger Mission unter den Oromo in Wollega (dort seit 1927) und in anderen Synoden der EECMY in Verkündigung, Lehre, → ärztlicher Mission und Entwicklungsdiensten mit 20 Mitarbeiter/innen (1991) weiterführt.

Lit.: G. Arén: Evangelical Pioneers in Ethiopia (1830-1919), 1978; S. Brüne: Äthiopien. Unterentwicklung und radikale Militärherrschaft, 1986; F. Halliday, M. Molyneux: The Ethiopian Revolution, 1981; G. Hasselblatt: Äthiopien. Menschen-Kirchen-Kulturen, 1979; W. Heinrich: Ethnische Identität und nationale Integrität, 1984; Jahrbücher des ELM Hermannsburg unterrichten über die aktuelle Lage; W. Marwedel: Äthiopien zuerst - 50 Jahre missionarischer Dienst, 1978; H. Neubacher: Die Festung der Löwen, 1959.

R. Müller

Athos

Gebirgige östl. Halbinsel der Chalkidike (Athosgipfel: 1.935 m), in der Antike Akte, seit 1046 offiziell Hagion Oros genannt. 843 werden dort zuerst Eremiten erwähnt. Mitte des 9. Jh.s entsteht das erste Kloster, geleitet seit Ende des 9. Jh.s von Abt und Ältestenrat (Vorsitzender: Protos). Im 10. Jh. entwickelt sich das Verwaltungszentrum Karyais mit Kirche des Protos und Kellien (Zellen) für ihn und seine Beamten. 963/72 Gründung des ersten koinobitischen Großklosters, Megiste Lavra des Athanasios aus Trapezunt nach der Regel des Studiu-Klosters in Konstantinopel. Ihm folgen noch im 10. Jh. das Kloster Georgs des Iberers und Batopediu, die zu einer starken Zurückdrängung des Eremitentums führen. Die Blütezeit des A. ist das 11. Jh., aus dem die meisten Gründungen stammen: Xenophontos, Dochiariu, Esfignemu, Zografu,

Konstamonitu, Chiliandariu, H. Paulu, Karakallu, Stavroniketa, Xylurgu. Die kaiserliche Gunst führt zu einem großen Anstieg der Mönchszahlen. Dem Mode gewordenen Mönchsideal folgend, ziehen sich viele Große aus dem ganzen byz. Reich auf den A. zurück und hinterlassen ihren Besitz dem Kloster. 1046 grenzt ein Chrysobull die Rechtssphäre des Protos und der Klöster gegenseitig ab und schärft das bis heute gültige Verbot des Athanasios ein, daß Frauen, Kinder und Eunuchen das Hagion Oros nicht betreten dürfen. Der A. ist ein Mittelpunkt östl. Mönchtums geworden, der auch für die orth. slawischen Staaten seine Attraktion besitzt: 1198 Neugründung von Chilandar durch die Serbenkönige. Nach Verfallserscheinungen während der Lateinerzeit kommt es 1282 unter Andronikos II. zu einer neuen Blüte, die bis Mitte des 14. Jh.s währt. 1312 erfolgt die endgültige Schwächung des Protos-Amtes dadurch, daß die Klöster direkt dem Patriarchen in Konstantinopel unterstellt werden. Der Niedergang des A. beginnt mit den Verlusten im Katalanensturm 1307/08. Dann kommen die Wirren des Hesychasten-Streites. Der Mönch Gregorios Palamas setzt 1341 in Konstantinopel die Anerkennung des → Hesychasmus durch. Unter Johannes Kantakuzenos wird es üblich, die wichtigsten Bischofssitze des Reiches mit A.-Mönchen zu besetzen, die hesychastisch gesinnt sind. Ende des 14. Jh.s kommt die Lebensform der Idiorhythmie auf (eigener Hausstand des Mönches mit Besitz und evtl. Dienern), die durch das Ende des byz. Reiches begünstigt wird. Ende des 17 Jh.s sind alle Großklöster idiorrhythmisch. Reaktion sind die Mönchsfamilien, die sich zu Skiten verbinden. Nach einem Niedergang bis ins 18. Jh. erhält 1783 der A. eine neue Verfassung. Um 1800 erfolgt die Rückverwandlung einer großen Zahl von Klöstern in koinobitische. 1912 wird der A. griechisch, 1923 erhält Griechenland die Schutzherrschaft über den autonomen Mönchsstaat (Verfassung 1926) unter dem griech.-orth. Patriarchen.

Lit: F. Dölger (Hg.): Mönchsland Athos, 1942; R. Galbiati: Berg Athos, 1983.

W. Wischmeyer

Atomenergie → Umweltethik

Auberlen, Carl August (1824-1864)

A., geb. am 19. 11. 1824 in Fellbach, gest. am 2. 5. 1864 in Basel; als Sohn eines Volksschullehrers besuchte er das Pädagogium in Eßlingen und das Ev. Seminar in Blaubeuren, ab 1841 Theologiestudium in Tübingen (Stift); als Schüler von H. Schmid und J.T. → Beck beschäftigte er sich vor allem mit älteren württembergischen Vertretern des → Pietismus: Roos, Steinhofer, → Oetinger; angeregt von F.B.X. von → Baader entwickelte A. Interesse an einem »Universalismus des Wissens und der Bildung«. Nach dem Vikariat bei W. Hofacker wurde er Repetent am Tübinger theol. Stift 1849-51 (bes. Oetinger-Studien). Von 1851-1864 war A. a.o. Prof. in Basel. Er gilt als Vertreter des »biblischen Realismus«, der sich bemüht, »den Gang der göttlichen Offenbarung von den Schöpfungsanfängen bis zur Einmündung der menschlichen Geschichte in die Ewigkeit als ein reich gegliedertes, durch die Einheit desselben Gottesgedankens beherrschtes Ganzes darzustellen«.

Die Bibel ist ihm »das von Gottes Geist entworfene Lichtbild dieses Offenbarungsganges«. Sein gegen den Rationalismus der Zeit gerichtetes, spekulatives, heilsgeschichtl. System hat über seinen Freund Friedrich → Fabri und Schüler wie Elias → Schrenk auf die → Gemeinschaftsbewegung und die Ev. → Allianz eingewirkt.

Lit.: C.A. Auberlen.: Die Theosophie Friedrich Christoph Oetingers nach ihren Grundzügen. Ein Beitrag zur Dogmengeschichte und zur Geschichte der Philosophie, 1847 (2. Aufl. mit Vorrede R. Rothes); ders.: Der Prophet Daniel und die Offenbarung Johannis, [2]1857; ders.: Die biblische Lehre vom Reich Gottes in ihrer Bedeutung für die Gegenwart, 1859; ders.: Die Offenbarung, 1861; G. Weth: Die Heilsgeschichte, 1931.

J. Ohlemacher

Audiovisuelle Medien → Medien, Medienarbeit

Auferstehung Christi

1. Die A. Chr. (*anastasis Jēsou Christou*) war ein endzeitliches, die Zukunft Gottes vorwegnehmendes Ereignis, das für den christl. Glauben grundlegende Bedeutung hat (1Kor 15,14f.17f; Phil 3,10f). Rein menschlich betrachtet ist die A. Chr. unbegreiflich; aber die Jünger Jesu waren von der Wahrheit des Ostergeschehens überzeugt und haben dessen Wirklichkeit von ihrer Erfahrung und ihrer Bibel her mit großer Kraft entfaltet. Das gilt sowohl für den Begriff A. als auch für die mit ihm gemeinte Sache. Im Judentum erwartete man die »Wiederbelebung der Toten« (*tĕḥijat mētīm*, m Sanh 10,1; vgl. Dan 12,2; Mt 27,53) als ein die Gesamtheit der

Gerechten bzw. die ganze Menschheit betreffendes eschatologisches Wunder; bei den Griechen glaubte man die Unsterblichkeit der Seele, aber Jesus stand allein und leiblich von den Toten auf.

2. Das Ostergeschehen war das schöpferische und heilsgeschichtl. entscheidende Werk Gottes. Der es zusammenfassend beschreibende Begriff *anastasis* wurde deshalb von den Jüngern vor allem als »Aufstellung« des Christus durch Gott verstanden (vgl. Apg 2,31f; 5,30f), und zwar in einer doppelten Bedeutung:
a. Gott hat den am Kreuz gestorbenen und ins Grab gelegten Christus von den Toten »auferweckt« (1Kor 15,3f.15; Apg 5,30; Gal 1,1) bzw. ihn »aufstehen lassen« (*anestēsen*, Apg 2,24.32); auf solche Weise hat er die Überwindung des Todes an der Person des → Messias im voraus verwirklicht und die Hoffnung auf eine Auferstehung der Glaubenden befestigt (Apg 2,39; 3,15; 4,10; 5,12-30f; Röm 1,4; 4,24f). Wie schon der Begriff A. anzeigt, betraf das Ostergeschehen die ganze Person des Christus, auch den Leib: Das Grab Jesu wurde leer angetroffen (Mk 16,6 parr; vgl. Joh 20,12); auch Paulus setzt diese Tatsache voraus (1Kor 15,4f.51-54). Die Identität der Person Jesu und die Realität seiner Leiblichkeit wurde bei den Erscheinungen des Auferstandenen von den Osterzeugen visuell erfahren und von den Evangelisten als solche betont (Lk 24,39; Joh 20,20.27), vgl. auch die Mahlgemeinschaft mit ihm (Lk 24,42f; Joh 21,5.10-13). Freilich besaß der Auferstandene als zweiter → Adam den zur Herrlichkeit verwandelten, pneumatischen und unvergänglichen Leib der Himmlischen (1Kor 15,45-49.53f), dieser war Voraussetzung für die zweite Weise der österlichen »Aufstellung« Christi.
b. Die A. Chr. bedeutet auch insofern eine Korrektur des Geschehens von Golgatha, als Gott den gekreuzigten »König der Juden« (Mk 15,34) an Ostern auch so »aufgestellt hat«, daß er ihn erhöhte, zu seiner Rechten inthronisierte und damit als »Herrn« (*Kyrios*) und »Gottessohn« eingesetzt hat (Apg 2,32-36; 5,31; 13,33; Röm 1,4; Phil 2,9-11; Mt 28,18f); von dort herrscht er über die himmlischen Mächte (Phil 2,10; Mt 28,18f). Diese Art von »Aufstellung« dient somit als ein Erweis der → Gerechtigkeit des Gekreuzigten (Joh 16,10). Empirische Bestätigung für die Wirklichkeit dieser zweiten Weise der A. ist vor allem der den Jüngern geschenkte Hl. Geist, den der Erhöhte von Gott erhalten und ausgegossen hat (Apg 2,33).

3. Beide Weisen der Aufstellung Christi werden insbesondere von der Hl. Schrift bestätigt, wobei in erster Linie David als prophetischer Zeuge gilt. Die A. ist schriftgemäß (1Kor 15,4), weil mit ihr die David gegebene Weissagung (2Sam 7,12-14) erfüllt wurde (vgl. Röm 1,3f; Apg 2,30; Hebr 1,5). Der König selbst hatte diese Erfüllung prophetisch vorhergesehen und die zweifache »Aufstellung« des Messias verkündigt:
a. seine Errettung aus dem Totenreich in Ps 16,8-11 (Apg 2,25-28; 13,35-37),
b. die Erhöhung und Inthronisation in Ps 110,1 (Apg 22,34; Hebr 1,13). Außerdem waren Jes 53 sowie Hos 6,2 (A. am dritten Tag) bedeutsam (1Kor 15,3-5; Röm 4,24f). Von Jes 53 her sind auch die Ankündigungen des Leidens und der A. Chr. (Mk 8,31; 9,31; 10,33f parr) Jesus durchaus zuzutrauen: Jesus übernahm die Rolle des leidenden Gottesknechts, der stellvertretend stirbt, dann aber wieder Licht sehen, d.h. zum Leben kommen wird (Jes 53,4-7.10-12).

4. Die sichtbare Erscheinung Christi und die Geistbegabung der Jünger beinhaltete für die letzteren auch die Berufung zum Zeugendienst, zur apostol. Verkündigung von Kreuz und Auferstehung (Apg 2,38ff; Joh 20,22f; 1Kor 9,1f für Paulus). Beides zusammen führte zu einem neuen Verstehen der Hl. Schrift (Lk 24,27.44-47; Joh 2,22; 7,39; 12,16).

5. Die A. Chr. bedeutet auch den Anfang der Auferstehung der Glaubenden. Jesus ist der »Erstgeborene« der Entschlafenen (Kol 1,18; Offb 1,5), die Erstlingsfrucht der endzeitlichen Ernte Gottes (1Kor 15,20.23f), der Erste der neuen Schöpfung (vgl. 2Kor 5,17), das Weizenkorn, das viel Frucht bringt (1Kor 15,35-38; Joh 12,24). Wie Gott ihn von den Toten »aufgestellt hat«, so wird er auch uns aufstehen lassen (1Kor 6,14; vgl. Röm 6,8); wir werden ihm gleichgestaltet werden (Phil 3,21).

6. Der auferstandene Christus ist nicht nur der Lebende und Regierende, sondern auch lebenschaffender Geist (1Kor 15,45), ein zweiter Adam schöpferischer Art (1Kor 15,22f), die Auferstehung und das Leben für uns (Joh 11,24f). Der durch ihn vermittelte Hl. Geist bewährt sich nicht nur als Kraft, die uns geistl. auferstehen und die Rechtsforderung des Gesetzes erfüllen hilft (Röm 4,25; 8,4f; vgl. 1Kor 15,17; 2Kor 4,10f; 1Joh 4,9; Eph 2,1-5); vielmehr ist er auch Unterpfand der Auferstehung von den Toten für die Getauften (2Kor 5,5). Eingelöst wird dieses Pfand bei der → Wiederkunft Christi (1Kor 15,23; Jes 53,12).

Lit.: O. Betz: Was wissen wir von Jesus?, [2]1967, erweiterte Fassung 1991; V. Hampel: Menschensohn und historischer Jesus, 1990; B. Klappert: Diskussion um Kreuz und Auferstehung, [5]1981; H.W. Neudorfer: »Auferstehung«, GBL 1, 1987, 138-141; (Lit.).

O. Betz

Auferstehung der Toten

1. Zur Sprache

A. sagen, heißt den Horizont unserer Welt grundsätzlich überschreiten ins »Eschaton« (»Letzte«) hinein. Hier kann man nicht gegenständlich beschreiben, sondern nur das uns Verheißene hinweisend »bedeuten«. Das geschieht im NT in der Sprache des Gleichnisses: Die griech. Wörter nehmen den allmorgendlichen Vorgang des »Aufwekkens« bzw. »Aufstehens« als Bild. Unsere dt. Wörter »Auf-er-weckung« und »Auf-er-stehung« sind schon theol. Fachsprache. Dabei ist grundlegend das Wort, das Gott die Aktivität beilegt: Wir können nur »auferstehen«, weil Gott »auferweckt«.

2. Biblische Grundlagen

Wenn – wie schon die jüd. → Apokalyptik es tut – die A. als entscheidendes Heilsereignis erwartet wird, dann wird daran Wesentliches für die bibl. Gesamtsicht deutlich. Im Blick auf Gott: Der »lebendige Gott« ist selbst Urheber und Inbegriff des Lebens. Scheidung von Gott und Tod gehören deshalb ebenso zusammen wie Vergebung der Sünde und Überwindung des Todes. So gewiß der Tod Gottes Werkzeug, gleichsam sein »Gerichtsvollzieher« ist, so gewiß ist er zugleich »der letzte Feind«, der abgetan werden muß (1Kor 15,26). Wer den Tod absolut setzt und die A. bestreitet (so die Sadduzäer), verneint damit Gottes Gottheit, erweist sich als praktischer Atheist (Mk 12,24.27).

Ebenso wichtig ist ein Denken von der A. her im Blick auf den Menschen: Er ist von Gott als Ganzheit entworfen (1Mo 2,7). »Auferweckung« ist von daher ein Protestwort gegen eine Scheidung des Menschen in einen materiellen, wesenhaft minderwertigen und deshalb vergänglichen Körper und eine geistige, wesenhaft gottähnliche und darum an sich unsterbliche Seele (Platonismus). Als Schöpfer des ganzen Menschen und der ganzen Welt ist Gott auch Erlöser und Vollender des Ganzen. A. sagt: Ich werde mit Leib und Seele erlöst, – nicht meine Seele vom Körper.

3. Die alles entscheidende Gottestat

Mit der Auferweckung und Erhöhung des für unsere Sünde gekreuzigten Jesus bricht die Vollendung, das »Eschaton«, an. Mit ihr ist die »alte Welt« wesenhaft überwunden. Jesu Osterleib ist das »erste Stück« der neuen, vollendeten Wirklichkeit, Unterpfand für das Ganze. Wie Jesu Sterben das Ende dieses ganzen »Weltschemas« (1Kor 7,31) als Konsequenz nach sich zieht, so Jesu Auferweckung die radikale Verwandlung der Schöpfung in die Vollendungsgestalt.

4. Jesu Auferweckung – Grund unserer Auferwekkung

Jesu Auferweckung ist nicht ein (vorgezogener) Sonderfall der allg. Totenauferstehung (wie sie die Apokalyptiker für das Ende der Tage erwarten); sie ist nicht »ein privates Ostern für einen privaten Karfreitag« (Formulierung nach J. Moltmann), sondern Fundament für das Heil aller. Entsprechend zieht Paulus aus dem Satz »Wäre Christus nicht erstanden« wahrhaft nihilistische Konsequenzen: Predigt, Glaube, Sündenvergebung, ewiges Leben wären Lüge und Illusion (1Kor 15,14-19).

Von dieser Konsequenz der Auferweckung Jesu spricht das NT in zwei Aussagenreihen, die einander aspekthaft zugeordnet werden. Die eine Blickrichtung zielt auf die Christen (klass. in 1Kor 15); die andere auf die ganze Menschheit, die vor ihren Richter gestellt wird (»allgemeine Totenauferstehung«). Im ersten Fall gilt: Die Auferweckung ist als solche heilshaft, weil sie aus der Christusgemeinschaft herauswächst: Wer ein Glied am (österlichen) Leib Christi ist (1Kor 12,27), wer mit dem »Erstling« Christus verwachsen ist (1Kor 15,20), wer im Glauben bereits »neue Kreatur« heißt (2Kor 5,17) und so bereits dem »Eschaton« (Endgültigen) zugehört, das der Tod nicht mehr erreichen kann, für den ist das »Mit-Christus-Auferstehen« (Röm 6,8) nichts als folgerichtig. Bei dem vierten Evangelisten ist die Konzentration auf die Christusgemeinschaft noch stärker: Die A. als zukünftiger Vorgang tritt ins zweite Glied. Jesus, als Person, »ist die Auferstehung und das Leben« (Joh 11,25). Wer an ihn glaubt, der »hat« das ewige Leben (Joh 6,47), »der wird leben, auch wenn er stirbt«, ja der wird (im geistl. Sinn) »nimmermehr sterben« (Joh 11,25f), »der wird den Tod nicht sehen in Ewigkeit« (Joh 8,51). Grund der A. ins ewige Leben ist die Christusverbundenheit jetzt und hier.

Im zweiten Fall wird unterstrichen, daß Jesus das universale »Schicksal« aller Menschen ist. Der Tod muß ausnahmslos alle herausgeben und sie vor den Richterstuhl Christi »befördern« (Offb 20,11-15). Hier geht es um eine letzte Entscheidung und Scheidung: Heilshaft ist diese A. für alle, die »im Buch des Lebens« stehen, also »in Christus« sind (vgl. die erste Linie); die andern verfallen »dem zweiten Tod«. Diesen beiden Linien entspricht sachlich die Rede von einer (nicht primär zeitlich, sondern qualitativ gemeinten) »ersten« und einer »zweiten Auferstehung« (Offb 20,5f) wie vom »zweiten Tod«: Er ist gegenüber dem biologischen Ende von anderer Qualität: Wer zu diesem Tode »aufersteht«, ist im Wortsinn »verloren«, d.h. er ist seiner geschöpflichen Bestimmung entfremdet, von dem Retter Christus geschieden.

Ein weiterer Aspekt ist zu nennen: »Leibliche Auferstehung« schließt ein, daß wir mit dem Ergebnis, der »Frucht«, der Wirkungsgeschichte unseres Lebens vor Gott gestellt werden (nicht als isolierte Seelen!): Was von unserm Tun und Lassen in das Werk Christi eingezeichnet ist, was zu seiner Ehre geschah, wird mit eingehen in die Ewigkeit. Die Arbeit »im Herrn« war »nicht vergeblich« (1Kor 15,58); dieses Werk »bleibt« und empfängt »Lohn« (1Kor 3,14; vgl. Offb 14,13: Die Werke öffnen keineswegs die Himmelstür, aber »sie folgen nach«). Andererseits gehört das christusfremde, selbstbezogene Werk zur Konkursmasse der Verlorenen, es »verbrennt« (1Kor 3,13).

5. Jesu Auferweckung – Maß unserer Auferwekkung

Aus der Art der Auferstehung Jesu ergeben sich wichtige Konsequenzen für das christl. Gesamtverständnis:
a. Jesu Grab erweist sich als leer, Jesus begegnet leibhaft; damit ist der platonische Dualismus (Körper-Seele) überwunden.
b. Jesus erscheint in einer ganz neuen Leiblichkeit, hat eine tiefe Verwandlung erfahren, muß immer neu seine Identität mit dem Gekreuzigten bezeugen; damit wird die »naive Sicht« (der Pharisäer wie auch der meisten Stammesreligionen heute) verneint, das neue Leben sei einfach eine gesteigerte Fortsetzung des alten (vgl. die Kategorie der »Verwandlung« bei Paulus 1Kor 15,51).
c. Jesu Auferstehung hat Anteil an dem streng einmaligen Charakter aller geschichtl. Gottestaten: Gerade so ist sie ein für allemal und ganz umfassend gültig (die Ostererscheinungen haben ein unwiderrufliches Ende!); damit ist jeder Lehre von einem »Rad der Wiedergeburten«, von »Seelenwanderung« und »Reinkarnation« ein deutliches Nein entgegengestellt.

6. Grenzfragen

Der Frage nach dem »Wie« der A. (etwa nach Stoff, Gestalt, Lebensweise des österlichen Leibes) stellt Paulus sein schroffes »Du Narr« entgegen (1Kor 15,36). Hier können wir uns nur »versteigen«, hier greifen unsere Begriffe nicht. Auf eine Identität der Atome kommt es gewiß nicht an (die frühe Christenheit hat es nicht erschreckt, wenn man die Asche ihrer Märtyrer verstreute); unsere Identität liegt »in Christus«. Paulus nennt den neuen Leib »pneumatisch« (1Kor 15,44), d.h. der Schöpfer-Geist wird ihn ganz gott-, ganz ewigkeitsgemäß formen. Weil es bei der A. um die Vollendung der Christusgemeinschaft geht, werden wir individuell gestaltet sein, zur Kommunikation befähigt (nicht – wie der Hinduismus lehrt – Tautropfen, die im All-Göttlichen auf- und untergehen). So werden wir uns gewiß auch »wiedererkennen«; besser: Wir werden als solche, bei denen Gottes Entwurf endlich voll verwirklicht ist, uns erstmalig wahrhaft erkennen, so wie wir in Gott »erkannt«, d.h. erwählt und geliebt sind (1Kor 8,3; 13,12; Gal 4,9).

Lit.: P. Althaus: Die letzten Dinge, [6]1956; G. Greshake, J. Kremer: Resurrectio mortuorum. Zum theologischen Verständnis der Auferstehung, 1986; S. Kettling: Du gibst mich nicht dem Tode preis, [2]1990, Teil A.V; H. Lamparter: Die Hoffnung der Christen, [2]1977, 67ff.

S. Kettling

Aufklärung

Der Begriff A. ist sowohl eine Epochen- als auch eine Standpunkt-Bezeichnung. A. wird oft vereinfachend als Position einer sich selbst ermächtigenden Vernunft (lat. *ratio*) verstanden, die sich selbst absolut setzt und damit jeden möglichen Anspruch durch göttliche Offenbarung bestreitet. Differenzierend ist zu sagen: A. erhebt zwar sehr wohl die Vernunft zur letzten Prüfungsinstanz für alle Fragen des Denkens, Glaubens und Handelns in Kritik jeglicher Heteronomie (Fremdbestimmung), v.a. durch institutionell verankerte Autoritäten wie Staat und Kirche; jedoch gelangt diese »Vernunft« zu überaus verschiedenartigen Gedankengebäuden. Die seit dem 16./17. Jh. von England (F. Bacon, Cherbury, Locke) ausgehende, dann in Frankreich (Voltaire, die Enzyklopädisten, Rousseau) Fuß fassende A. zeigt in diesen Ländern deutlich skeptizistische (Hume), religionskritisch-freidenkerische (Collins) sowie materialistische und atheistische Grundzüge (Helvetius, Holbach, Lamettrie), während die dt. A. im 18. Jh. weit gemäßigtere Denkgestalten hinsichtlich der Kritik und Bewahrung überlieferter christl.-abendländischer Metaphysiktradition besitzt. Das Spektrum der dt. A. reicht vom → Deismus (Reimarus) bis zum entschiedenen → Theismus (→ Wolff, → Lessing, → Kant).

In seiner Schrift »Was ist Aufklärung?« (1784) erklärt Kant: »Aufklärung ist der Ausgang des Menschen aus seiner selbst verschuldeten Unmündigkeit. Unmündigkeit ist das Unvermögen, sich seines Verstandes ohne Leitung eines anderen zu bedienen. Selbstverschuldet ist diese Unmündigkeit, wenn die Ursache derselben nicht am Mangel des Verstandes, sondern der Entschließung und des Muthes liegt, sich seiner ohne Leitung eines anderen zu bedienen.« (Ak. Ausg. VIII, 35). Kant kann als Vollender, zugleich aber auch als Kritiker der A. angesehen werden. Denn er hat das aufklärerische Vertrauen in die unbegrenzte Leistungskraft der Vernunft zwiefach erschüttert: zum einen durch seine Vernunftkritik, in der er die Erklärungsreichweite menschlicher Erkenntnis auf ein Diesseits der Grenze aller möglichen Erfahrung einschränkt, und zum anderen durch seine Lehre vom radikalen Bösen in der menschlichen Natur, womit er das Skandalon christl. Erbsündenlehre phil. aufnimmt und gegen die humanistische Annahme (Rousseau) einer ursprünglichen, bloß durch Kultur und gesellschaftl. Verhältnisse verdorbenen Güte des Menschen ins Feld führt. Hinsichtlich des Spannungsverhältnisses zwischen Vernunft und Offenbarung bezieht Kant die (aus seiner Systematik konsequent folgende) subtile Stellung: Sowenig Vernunft positiv eine objektive Aussage, d.h. ein Erkenntnisurteil über eine vielleicht geschehene göttliche Offenbarung treffen kann, ebensowenig vermag Vernunft die prinzipielle Möglichkeit oder die hist. Wirklichkeit solcher Offenbarung zu bestreiten.

(Vgl. → Autonomie, → Deismus, → Kant, → Lessing, → Physikotheologie, → Reimarus, → Rousseau, → Theismus, → Vernunft)

Lit.: E. Cassirer: Die Philosophie der Aufklärung, 1932; E. Hirsch: Geschichte der neueren evangelischen Theologie, Bde. 4 und 5, 1954; W. Philipp: Das Werden der Aufklärung, 1957; R. Piepmeier, M. Schmidt, H. Greive: »Aufklärung«, TRE 4, 1979, 575-615.

E. Düsing

Augsburger Bekenntnis und Apologie

Das A.B. (*Confessio Augustana*) ist die grundlegende reformat. Bekenntnisschrift der im → Konkordienbuch (1580) abgedruckten verbindlichen Bekenntnisse der luth. Reformation. Das im wesentlichen von Ph. → Melanchthon verfaßte Dokument ist eine Rechtfertigungsschrift der Evangelischen für Kaiser Karl V., die Melanchthon im Auftrag des Kurfürsten von Sachsen, Johann des Beständigen, 1530 für den Augsburger Reichstag verfaßte. Die kurzgefaßten Thesen des ersten Teils (Artikel 1-21) des A.B.ses wollen die reformat. »Lehre« zusammenfassen, der zweite Teil (Artikel 22-28) handelt von den »geänderten Mißbräuchen«. Es ist das Ziel des A.B.ses, nachzuweisen, daß die Reformatoren auf dem Boden der kath. Kirche stehen und diese erneuern, nicht aber durch eine neue Kirche ersetzen wollen. Die Abschlußkapitel des ersten und des zweiten Teils des A.B.ses betonen ausdrücklich, daß die reformat. Kirche keine neue Kirche, sondern die erneuerte kath. Kirche ist. Ein Selbstverständnis, an dem sich bis heute nichts geändert hat.

Der äußere Anlaß zur Abfassung des A.B.ses war die kaiserliche Ausschreibung des Reichstages in Augsburg mit dem Zweck, den »Zwiespalt« in der Kirche zu beseitigen und daher die »Meinung eines jeden in Liebe und Güte zu hören, zu verstehen und zu erwägen«. Am 25. Juni 1530 wurde das A.B. in seiner deutschen Fassung durch den kursächsischen Kanzler vor dem Kaiser und den Fürsten verlesen. Es war von einer Reihe angesehener Fürsten und von zwei Reichsstädten unterschrieben worden, angeführt vom Kurfürsten von Sachsen. Der Kaiser wies das A.B. zurück. Die ev. Stände betrachteten es fortan als ihre offizielle Bekenntnisschrift, was auf ihrem Konvent in Schmalkalden 1537 nochmals bestätigt wurde. Im Augsburger Religionsfrieden 1555 wurde es schließlich auch reichsrechtl. anerkannt. Es erlangte später geradezu eine weltgeschichtl. Bedeutung.

Das A.B. fußt auf anderen bekenntnisartigen Dokumenten der Evangelischen (Schwabacher, Marburger und Torgauer Artikel), die ihrerseits als Vorlage Luthers Bekenntnis von 1528 benützen, ein Anhang an seine Streitschrift gegen Zwingli »Vom Abendmahl Christi. Bekenntnis«. Es ist die entscheidende Vorform des A.B.ses und orientiert sich am Dreierschema der altkirchl. Bekenntnisse zu Vater, Sohn und Geist. Dieses trinitarische Grundmuster schlägt auch im A.B. durch, das nicht nur inhaltlich, sondern auch in seiner Struktur von den altkirchl. Bekenntnissen, besonders dem Apostolischen Glaubensbekenntnis geprägt ist. Dabei werden im Vergleich zum altkirchl. Bekenntnis die Aussagen über den dritten Glaubensartikel oder den Hl. Geist und seine Wirkungen stark erweitert; sie umfassen die Artikel 5-18; Art. 1 handelt »von Gott«, Art. 3 »vom Sohn Gottes«. Die Mitte des A.B.ses ist der Art. 4 »Von der Rechtfertigung« allein durch den Glauben, allein aus Gnaden. Mitte des Art. 4 wiederum ist die Formel: »um Christi willen« (*propter Christum*), die im Art. 3 im einzelnen entfaltet wird. Art. 1 und 3 behandeln den Grund der Rechtfertigung, Art. 2 »Von der Erbsünde« ihren Hintergrund, die Art. 5ff die Zueignung und die Folgen der → Rechtfertigung kraft des Hl. Geistes.

Die »Apologia Confessionis Augustanae«, die »Verteidigung des Augsburger Bekenntnisses«, will, wie ihr Name sagt, das A. B. gegen die Angriffe der Konfutation verteidigen. Die Konfutation (Widerlegung) wurde von den altgläubigen Reichsständen in Auftrag gegeben, um das A. B. zu widerlegen. Melanchthon verfaßte dagegen die Apologie. Am 22. September 1530 wurde sie im Namen der ev. Stände dem Reichstag überreicht. Der Kaiser verweigerte ihre Annahme. Melanchthon erarbeitete sodann eine verbesserte und erweiterte Ausgabe, die im April oder Mai 1531 erschien. Auf dem Schmalkaldischen Konvent der ev. Reichsstände 1537 wurde sie offiziell zur Bekenntnisschrift der Kirche der luth. → Reformation erklärt.

Die Apologie übernimmt die Gliederung und das Einteilungsschema des A.B.ses, dessen authentischer Kommentar sie sein will. Die Apologie ist wesentlich umfänglicher als das A.B. Die Artikel sind unproportioniert, sie sind kurz, wo ohnehin ein Konsens mit der Konfutation besteht, sie sind breit und ausführlich, wo die Vorwürfe der Konfutation widerlegt werden müssen. Besonders ausführlich ist der Art. 4 über die → Rechtfertigung, der allein ein Drittel des gesamten Textbestandes der Apologie umfaßt. Die Rechtfertigungslehre tritt in keiner reformat. Bekenntnisschrift so beherrschend in den Vordergund wie in der Apologie, wobei es ihr letztlich um die »Ehre Christi« geht, das eigentliche Grundmotiv der Apologie und der Reformation. Rechtfertigung ist Rechtfertigung »um Christi willen« (*propter Christum*). Nur weil Christus am Kreuz das Gericht auf sich genommen hat, das wir verdient haben, sind wir gerechtfertigt oder freigesprochen.

Trotz des z.T. scharfen polemischen Tons der Apologie gegen den altgläubigen Standpunkt ist sie in der Sache so entgegenkommend wie keine andere reformat. Bekenntnisschrift, z.B. in ihren Aussagen über → Abendmahl und → Opfer, über die Kirche, die → Sakramente, über → Glaube und → Werke, → Lohn und → Gnade, über die → Rechtfertigung als Gerechtsprechung und Gerechtmachung, sowie über die → Heiligen.

Lit.: Die Bekenntnisschriften der ev.-luth. Kirche, [3]1956; Unser Glaube - Die Bekenntnisschriften der ev.-luth. Kirche. VELKD-Ausgabe, [3]1991 (übersetzt und eingedeutscht); W. Maurer: Historischer Kommentar zur Confessio Augustana Bde. 1 und 2, 1976-1978; H. Meyer, H. Schütte (Hg.): Confessio Augustana, Bekenntnis des einen Glaubens, 1980.

H.-G. Pöhlmann

Augsburger Religionsfrieden

Der A.R., am 25. 9. 1555 auf dem Reichstag zu Augsburg zwischen den Reichsständen und König Ferdinand abgeschlossen, regelt seitdem die Koexistenz zwischen Altgläubigen und (zunächst so genannt) den Augsburger Religionsverwandten, (also den Anhängern der Confessio Augustana). Er enthält eine polit. unbefristete Festlegung, die sich in der Folgezeit bewährt hat. Der Westfälische Friede 1648, der die Reformierten ebenfalls in den Schutz des Reiches aufnahm, ist lediglich eine Erweiterung des A.R.s. Der A.R. bedeutet die Territorialisierung der Glaubensfrage *(cuius regio, eius religio)*, die Stärkung des landesherrlichen Kirchenregimentes und den Beginn des konfessionellen Zeitalters. Seine Hauptbestimmungen lauten:

1. Die Reichsstände bestimmen über die in ihrem Territorium geltende Konfession.
2. Die Untertanen haben das Recht der Auswanderung.
3. Geistliche Fürsten verlieren bei Konfessionswechsel ihr Herrschaftsgebiet *(reservatum ecclesiasticum)*.
4. In den Reichsstädten herrscht konfessionell Gleichberechtigung.

Die Konsequenzen des A.R.s lassen sich in der konfessionellen Verteilung der Bevölkerung z.T. noch bis in die Gegenwart in Deutschland erkennen.

Lit.: E. Walder (Hg.): Religionsvergleiche des 16. Jahrhunderts, [2]1960 (Text).

G. Pfeiffer: »Augsburger Religionsfrieden«, TRE 4, 1979, 639- 645; M. Simon: Der Augsburger Religionsfrieden, 1955; M. Wittenberg: Friede im Reich. Geschichte und Probleme des Religionsfriedens von Augsburg, 1956.

G. Ruhbach

Augustin/Augustinismus

A. wurde am 13. 11. 354 in Thagaste in Nordafrika geboren und starb am 28. 8. 430 als Bischof von Hippo Regius (heute: Bône) während der Belagerung der Stadt durch die Vandalen. Er ist vielleicht der bedeutendste Theologe der → Alten Kirche überhaupt. In seinem umfangreichen (großenteils erhaltenen) Werk verbindet er das Erbe der klass.-antiken Bildung mit der Tradition der Alten Kirche und gibt dem christl. Glauben eine eigene, lat. bestimmte Form, die das Abendland auf Dauer geprägt hat. (Auf den griech. Osten war sein Einfluß allerdings gering; auch umgekehrt war er vom griech. Denken und der griech. Theologie nur indirekt beeinflußt.)

Zur Besonderheit seines theol. Denkens gehört, daß es tief in persönl. Erfahrung wurzelt, daß Glaube, rel. Erfahrung und Denken bei ihm eine Einheit bilden. Seine Theologie hat sich schrittweise entwickelt und ist Teil seiner Lebensgeschichte. In seinen Schriften setzt er sich oft mit Problemen auseinander, die ihn persönlich oder in seinem Amt als Bischof herausforderten und zu einer ihn selbst und seine Zeitgenossen überzeugenden Antwort nötigten. Lediglich sein großes Werk »Über die Trinität« scheint ohne einen konkreten Anlaß entstanden zu sein. Aber dieses spekulativste Werk A.s zeigt auch, daß es im tiefsten die Frage nach Gott war bzw. die leidenschaftliche Suche nach Gott und nach Ruhe für die Seele (Conf. I, 1.5; IX, 33 u.ö.), die A. zeit seines Lebens beschäftigte.

Über sein Leben sind wir gut unterrichtet. Bald nach der Übernahme des Bischofsamtes 396 schrieb A. seine »Bekenntnisse« (*Confessiones*), eine Art Lebensbeichte, in der er den langen und verschlungenen Weg beschreibt, den Gott ihn bis zu seiner → Bekehrung und seiner → Taufe führte. So wurden die inständigen Gebete seiner Mutter Monnica schließlich doch noch, kurz vor ihrem Tod (387), erhört. Wenige Jahre vor seinem eigenen Tod unterzog A. sein literarisches Werk noch einmal einer kritischen Durchsicht (*Retractationes*, 426). Dadurch sowie durch die zahlreichen erhaltenen Briefe und die Lebensbeschreibung des Bischofs Possidius kennen wir auch den weiteren Lebensweg A.s.

A.s Vater Patricius, ein städtischer Beamter mit etwas Grundvermögen, war und blieb Heide. A.s Mutter Monnica war eine engagierte und gläubige Christin. A. schildert ausführlich seinen Bildungsweg: die Schulen in Thagaste und Madaura, dann das Studium der Rhetorik in Karthago. Das Theater zieht ihn an und das Thema »Liebe« (Conf. III,1), das den leidenschaftlichen A. zeitlebens beschäftigte. Mit 19 Jahren hat er mit einer Konkubine (ihren Namen nennt A. nicht) einen Sohn, Adeodatus. In seinem Studium begeistert er sich über Ciceros (verlorengegangene) Schrift Hortensius für die Philosophie. Aber die Frage nach dem Ursprung des Bösen läßt ihn nicht los. Die Antwort der Bibel – vor allem des AT – enttäuscht ihn.

Sehr zum Kummer der Mutter wendet sich A. dem → Manichäismus zu, einer aus Persien stammenden Religion (benannt nach ihrem Stifter Mani, 3. Jh.), die auf diese Fragen scheinbar einfache Antworten bereithält. Wie in der → Gnosis, deren Gedanken Mani aufgenommen und weiterentwikkelt hat, sind Gut und Böse wie Licht und Finsternis ursprünglich zwei getrennte, verfeindete Elemente. In der Welt sind sie jedoch miteinander vermischt. Daher rührt alles Übel. Erlösung heißt: Befreiung des im Leib und in der Materie gefangenen Lichtes und Sammlung der Lichtfunken. Der atl. Schöpfungsglaube wird verworfen, die Bibel als unvernünftig verspottet. Neun Jahre gehörte A. als »Hörer« dieser Gruppe an und erfuhr durch sie tatkräftige Unterstützung, als er als Professor der Rhetorik von Karthago 383 nach Rom und kurz darauf nach Mailand, dem Sitz des weström. Kaisers, ging.

Nach und nach wächst zwar die Skepsis gegenüber den einfachen Lösungen des Manichäismus und seinem dualistischen Fatalismus. Aber erst die Begegnung mit dem Mailänder Bischof → Ambrosius überzeugt A. von der Wahrheit und Überlegenheit des kath. Glaubens. Ambrosius hilft ihm auch durch seine geistl. (allegorische) Deutung der Schöpfungsgeschichte, ihre rationalistisch begründete Verwerfung durch die Manichäer zu überwinden. Die Philosophie des christl. Neuplatonismus erweist sich dem Dualismus der Manichäer überlegen. Dramatisch beschreibt A. seine Bekehrung in Mailand (Conf. VIII 8ff). Er entdeckt Paulus (Röm 13,13f) und entscheidet sich für den Weg einer asketisch bestimmten Nachfolge, angestoßen auch durch das damals überall entstehende Mönchtum. (Seine Kleriker-Gemeinschaft in Thagaste und Hippo Regius wird später selbst zum Vorbild monastischen Lebens.) Seinen Beruf als Rhetorikprofessor gibt A. auf. Er widmet sich zunächst in Cassiciacum mit Freunden einer kontemplativen Lebensform, die noch stark platonisch bestimmt ist, und läßt sich in der Osternacht 387 von Ambrosius taufen. Bald darauf kehrt er nach Nordafrika zurück, zuerst nach Thagaste, dann nach Hippo Regius, wo er 391 Priester, dann Hilfsbischof und 395 Bischof der kath. Gemeinde wird. Rund 34 Jahre versieht er dieses Amt als einer der führenden Bischöfe Nordafrikas.

In der Auseinandersetzung mit den Donatisten (→ Donatismus), die in Nordafrika zu dieser Zeit zahlenmäßig oft stärker sind als die mit Rom verbundene »katholische Kirche«, entwickelt A. seinen Kirchenbegriff. Kirche ist für ihn die eine universale Heilsgemeinde, außerhalb derer es kein Heil gibt (vgl. → Cyprian). Das Sakrament aber ist nicht abhängig von der Würdigkeit des Spenders, nur seine Wirksamkeit hängt ab von der Zugehörigkeit zur wahren Kirche.

In seinem umfangreichen Werk »Vom Gottesstaat« (De civitate Dei, verfaßt 413-426/7) zeigt sich A. als großer Verteidiger des Christentums gegenüber dem heidnischen Vorwurf, die Christen seien schuld am Untergang Roms (Anlaß: die Eroberung der »ewigen Stadt« durch die Goten, 410). Dabei entwirft A. ein umfassendes Bild von der Weltgeschichte und ihren treibenden Kräften, der Selbstliebe und der Gottesliebe, die sich im Gegenüber von irdischem Staat (*civitas terrena*) und Gottesstaat (*civitas Dei*) zeigen. Diese Gedanken hatten großen Einfluß auf das Verhältnis von Papsttum und Kaisertum im MA.

Zum »Lehrer der Gnade« (*doctor gratiae*) wird A. durch die Auseinandersetzungen mit den Lehren des britischen Mönchs → Pelagius (gest. 418) und seiner Anhänger über die Möglichkeit des Menschen, sein Heil aus eigener Kraft zu erlangen (Caelestius stellte die Notwendigkeit der Kindertaufe in Frage, 411; Julian von Aeclanum streitet mit A. über die Freiheit des Willens und die Vorherbestimmung des Menschen durch Gott zum Heil oder zur Verdammnis sowie um die Erlösungsbedürftigkeit der Kleinkinder, 418-430). Es ging diesen Verfechtern einer strengen asketischen Sittlichkeit um den Beitrag des Menschen zu seinem Heil, aber auch um die Frage nach Sünde und Schuld (Erbsünde). Ihnen gegenüber kämpft A. leidenschaftlich darum, daß Gottes Heil ganz und gar ein Gnadengeschenk ist. Gegen den Schicksalsglauben der Manichäer hatte A. einst die Entscheidungsfreiheit des Menschen betont. Nun hält man ihm diese Betonung des freien Willens als Argument gegen seine strenge Gnaden- und Erwählungslehre vor.

Wie die Donatisten (405; 412) so werden auch die Pelagianer verurteilt (416; 418) und als Häretiker unter Strafe gestellt. Aber diese Erfolge A.s werfen auch Fragen auf: Gegenüber den Donatisten hatte A. zuletzt sogar militärischen Einsatz befürwortet, um diese notfalls mit Gewalt zu ihrem Heil in der einen Kirche zu zwingen. Im pelagianischen Streit, in dem sich A. letztlich nicht völlig durchsetzen konnte, entwickelte er eine Lehre von der Erbsünde, wonach diese durch die Geschlechtslust weitergegeben wird. Sie hat mit dazu beigetragen, daß der Geschlechtstrieb und die Sexualität des Menschen insgesamt negativ bewertet wurden. Daß es A. letztlich um die reine Liebe, die Liebe zu Gott (*amor Dei*), um die reine Freude, die Freude an Gott (*delectatio*), um das Genießen Gottes (*fruitio Dei*) als höchste Form des Menschseins und der Erfüllung menschl. Lebens ging, wurde davon zwangsläufig überschattet. Auch seine Leistungen als Seelsorger, als Exeget und Prediger, durch die A. die Nachwelt ebenfalls stark beeinflußte, treten bisweilen in den Hintergrund. A.s Wirkungsgeschichte reicht über die Scholastik, das Mönchtum (Augustiner), aber auch über die Reformatoren (Luther war Augustiner-Eremit; Calvin) bis in die Gegenwart. Auch die Philosophie des Abendlandes hat A. nachhaltig geprägt.

Lit.: J. Bouman: Augustinus – Lebensweg und Theologie, 1987; P. Brown: Augustinus von Hippo. Eine Biographie, 1973; H. Chadwick: Augustin, 1987; K. Flasch: Augustin. Einführung in sein Denken, 1980; H.-I. Marrou: Augustinus und das Ende der antiken Bildung, 1981; C. Mayer (Hg.): Augustinus-Lexikon, 1986ff; ders.: Aurelius Augustinus, in: GdKG 2, 1984, 179-214; F. van der Meer: Augustinus der Seelsorger, [3]1958; A. Schindler: »Augustin/Augustinismus I«, TRE 4, 1979, 645-698 (Lit.).

W.A. Bienert

Augustiner → Orden und Kongregationen

Ausbildung, theologische

a) Universität/Kirchliche Hochschule

»Gott hat uns keine andere Treppe gegeben noch einen anderen Weg gewiesen, darauf wir gen Himmel gehen können, als sein liebes Wort, das heilig Evangelium« (M. Luther). Deshalb braucht eine ev. Kirche Menschen, die dieses Wort »öffentlich verkündigen« (CA 14), und bildet sie dafür aus.

1. Es bedurfte angesichts des trostlosen Zustands, in dem sich der »geistliche Stand« in den Entscheidungsjahren der Reformation befand, großer Anstrengungen, um einen ev. Pfarrstand heranzuziehen. Das Gros der Pfarrer war ungebildet, eben in der Lage, die kirchl. Handlungen zu vollziehen und die Messe zu lesen. Auf der anderen Seite begünstigten Humanismus und erwachende Städtekultur im 15./16. Jh. die Entstehung und Stiftung von Predigerstellen, in die man gebildete und fähige Theologen berief. Oft wurden diese »Prädikanten« dann die Wegbereiter der Reformation (M. Alber, A. → Blarer, J. → Brenz u.a.). Doch auch die »einfachen Pfarrer« behielt die Reformation, wenn möglich, im Amt. Nicht zuletzt für sie waren Luthers Lesepredigten (Kirchenpostille) und Katechismen als Hilfe gedacht.

Ende des 16. Jh.s waren die Dinge durch → Visitationen, Kirchenordnungen und Bildungseinrichtungen (z.B. Tübinger Stift) so weit gediehen, daß die A. der Pfarrer im wesentlichen an den Universitäten stattfand und einen wissenschaftl. Standard erreichte.

2. Ein geschlossenes Ausbildungsprogramm entwickelte die (Reform-)→ Orthodoxie, beispielhaft J. → Gerhard: Entscheidend ist die innere Einstellung des Studierenden. Sie drückt sich in eigener Herzensfrömmigkeit und in der Gestaltung des Tagesablaufs aus, geprägt von Schriftbetrachtung und Gebet. (Das Bibelwort ist die »Quelle«, die Gebete sind die »Kanäle« der »himmlischen Weisheit«. Nicht anders kommt man ins »Heiligtum« der Theologie als durch den »Vorhof« der alten Sprachen.) Der Studienverlauf ist klar in fünf Jahre mit je eigenen Schwerpunkten gegliedert. Wesentliche Anliegen der Reform-Orthodoxie kehren im → Pietismus bei → Spener und → Francke wieder. Die Pfarrer sollen »zum allerfördersten selbste wahre Christen sein und dann die göttliche Weisheit haben, auch andere auf den Weg des Herrn vorsichtig zu führen« (Spener, Pia Desideria, 1675).

Seit dem 19. Jh. ist die A. durch die Disziplinen der bibl. Exegese, der Kirchen- und Dogmengeschichte, der Systematischen Theologie (Dogmatik und Ethik) und der Praktischen Theologie umschrieben. Oft kamen die Absolventen direkt von der Universität in den Kirchendienst, zunächst einem Pfarrer als Helfer zugeordnet.

3. 1905 wurde in Deutschland die erste »Kirchliche Hochschule« in Bethel gegründet, auch als Protest gegen die »moderne Theologie« (F. von → Bodelschwingh). Weitere Gründungen folgten: Wuppertal und Berlin, eng mit der Geschichte der Bekennenden Kirche verbunden, 1946 dann Neuendettelsau u.a. Die Erwartung Bodelschwinghs, an kirchl. Hochschulen werde eine andere Theologie als andernorts gelehrt, hat sich freilich nicht bestätigt. Daß die kirchl. Hochschulen aber für das gemeinsame Leben der Studierenden und daß sie selbst »im Blick auf eventuell aufkommende Grenzsituationen (als) ein Zeichen der Freiheit der Kirche vom Staat« bedeutsam werden können (G. Ruhbach), bleibt richtig (so schon A. → Schlatter).

Neben kirchl. Hochschulen und Fakultäten gibt es eine Reihe freier Ausbildungsstätten. Bedeutsam für die Studierenden der Landeskirchen wurden solche Studienhäuser aus dem Pietismus, die sich als Angebot geistl. Lebensgemeinschaft und als »ergänzende Begleitung des normalen Studiengangs an der Universität« (Grundordnung → A.-Bengel-Haus, Tübingen) verstehen.

Aus dem mission. und bildungspolit. Interesse der Kirche, die A. ihrer Theologen in der Regel den theol. Fakultäten (→ Fakultäten, theologische) zu übertragen, folgt die Pflicht der Kirche, die Stellung und Ausstattung dieser Fakultäten aufbauend und kritisch zu unterstützen. Die landeskirchl. Examina machen deutlich, daß sie nicht nur Abschluß des Studiums sind, sondern Eingangsprüfungen für den kirchl. Dienst, der theol. Bildung und einen klaren Geist erfordert.

4. Schließt die wissenschaftl. A. zum Theologen mit der I. Dienstprüfung ab, so schließt die A. zum Pfarrer erst mit dem Vorbereitungsdienst (Vikariat) und der II. Dienstprüfung ab. Der Vorbereitungsdienst setzt sich aus pfarramtlichen Diensten (in Zuordnung zu einem Pfarrer und einer Gemeinde) und einer A. zusammen, die in der Regel den Predigerseminaren übertragen ist. Der Vorbereitungsdienst hat heute wesentliche Aufgaben in sich auf-

genommen, die früher der Praktischen Theologie an den Universitäten zu eigen waren, so daß sich diese desto mehr der »Theorie der Praxis« (F.D.E. → Schleiermacher) zuwenden kann.

Lit.: M. Heckel: Die theologischen Fakultäten im weltlichen Verfassungsstaat, 1985; G. Ruhbach: »Hochschulen, Kirchliche« TRE 15, 1986, 423ff.

G. Hennig

b) Seminar/Bibelschule

1. Bibelschulen sind Seminare zur Ausbildung von überwiegend jüngeren Mitarbeiterinnen und Mitarbeitern zum hauptamtlichen Dienst in Verkündigung, Seelsorge und Bildungsarbeit von Kirche, Gemeinschaft, freien Werken, Diakonie und Mission.

Angesichts der bildungspolit. Entwicklungen zu Beginn der 70er Jahre haben einige kirchl. Seminare ihre Arbeit beendet, andere (wie z.B. die Bibelschule Malche in Porta Westfalica und das Seminar für ev. Gemeindedienst der Arbeitsgemeinschaft MBK in Bad Salzuflen) bestehen heute noch. Wieder andere haben sich auf Grund ihrer besonderen (verbandsmäßigen u.a.) Prägung von kirchl. Veränderungen nie besonders beeindrucken lassen; schließlich sind im Laufe der letzten Jahrzehnte neu gegründete Bibelschulen hinzugekommen. Die meisten deutschsprachigen Bibelschulen/Seminare sind einerseits in der → Konferenz Missionarischer Ausbildungsstätten (KMA), andererseits in der → Konferenz bibeltreuer Ausbildungsstätten zusammengeschlossen.

Bei aller unterschiedlichen Prägung besteht Einheit in den grundsätzlichen Entscheidungen zu Fragen von Stoffplan und Methode. Leitend ist, daß eine gründliche theol. Ausbildung angeboten wird, wobei die bibl. Fächer hohe Priorität haben. Daneben spielt die Humanwissenschaft mit Psychologie, Pädagogik und Soziologie eine wesentliche Rolle. Wichtig ist weiter eine angemessene Theorie-Praxis-Vermittlung, die auch den Weg der Ausbildung mitprägen soll. Der seminaristische Arbeitsstil bestimmt das Unterrichtsgeschehen. Um auch die musisch-kreativen Fähigkeiten zu fördern, wird musische Bildung, Sport u.a. groß geschrieben. Mit alledem tritt das Angebot der Bibelschulen/Seminare als durchaus mögliche Alternative zum Studium der Theologie in Erscheinung. Allerdings bleibt im Blick auf die Wertschätzung und Anerkennung des aus dieser Ausbildung herauswachsenden Berufsstandes (Gemeindehelferin/Gemeindepädagoge/Jugendreferentin/Jugenddiakon etc.) neben dem Pfarrerstand noch vieles zu wünschen übrig.

Die Studierenden/Seminaristen/Seminaristinnen wohnen in der Regel während der Dauer der Ausbildung in den Wohnräumen der jeweiligen Bibelschulen/Seminare. Damit kann gemeinsames Leben sehr praktisch eingeübt werden. Die mittlere Reife plus Berufsabschluß oder das Abitur plus praktisches Jahr sind Bedingungen zur Aufnahme, neben den erwarteten geistl. und menschlichen Voraussetzungen (vgl. → Konferenz Missionarischer Ausbildungsstätten).

H. Bärend

2. Die → Freikirchen bilden ihre Pastoren auf eigenen Theol. Seminaren in 4- bzw. 5jährigen Lehrgängen aus. Die Eingangsvoraussetzungen und die Formen gemeinsamen Lebens ähneln denen der Bibelschulen, während die unterrichtlichen Anforderungen und die Stoffauswahl sich eher an der Universität orientieren. Die Ausbildung erstrebt einen Dreiklang von Wissen, Sein und Tun: Die Vermittlung solider theol. Kenntnisse verbindet sich mit Hilfestellungen zur persönlichen und geistl. Reifung und ständigem Bezug zur Gemeindepraxis.

Lit.: Festschrift Hundert Jahre Theologisches Seminar des Bundes Ev.-Freikirchl. Gemeinden, 1980

U. Swarat

Auslegung → Predigt; → Schriftauslegung

Australien

Ab 1788 kamen die ersten Europäer als Gefangene in die britische Strafkolonie. Ihnen folgten bis 1868 160.000 Verurteilte, darunter 25.000 Frauen. Weil sich unter den Gefangenen nicht wenige Iren befanden, hatte dies rel. Auswirkungen: Der Antagonismus von kath. Iren und anglik. oder methodist. Engländern bzw. presbyterianischen Schotten blieb bis in die jüngste Zeit erhalten. In den ersten 30 Jahren war das Lesen einer Messe verboten. Obwohl der erste röm.-kath. Bischof aus England stammte, war die Kirche bis zum Zweiten Weltkrieg nach Irland orientiert. Von dort kamen die meisten Priester und fast alle Bischöfe, darunter die Kardinäle Moran (Sydney bis 1911) und Mannix (Melbourne bis 1963). Die kath. Schulen, die unter großen Opfern gebaut und von den Orden unterhalten wurden, bildeten den geistigen und geistl. Mittelpunkt der kath. Bevölkerung. Die Bischöfe sahen in der Bildung den einzigen Weg aus der gesellschaftl. Diskriminierung. Daneben wurde die Identität durch strenges Verbot von Mischehen und durch festliche Begehung des St. Patrick's Tages gefördert. Zu polit. Turbulenzen kam es 1963 wegen der Forderung nach staatlichen Subventionen der Schulen, zumal der Anteil der Ordensleute unter den Lehrern immer mehr zurückging. Nach dem Zweiten Weltkrieg änderte sich die ethnische Zusammensetzung der kath. Kirche entscheidend durch Einwanderer aus Süd- und Südosteuropa. Das Zweite Vatikanum brachte eine ökumen. Öffnung. Die Jesuiten sind ökumen. besonders aktiv (Jesuit School of Theology in Melbourne, Zeitschrift Pacifica). Die anglik. Kirche war zwar nie Staatskirche, besaß aber lange Zeit besondere Privilegien. Erst 1962 löste sie sich von der Church of England. Die Diözese Sydney ist traditionell evangelikal eingestellt, während Melbourne liberal, Brisbane und Adelaide hochkirchl. einzustufen sind.

1977 entstand nach 50jährigen Verhandlungen die Uniting Church in Australia (UCA). Methodisten, Kongregationalisten und Presbyterianer wählten diesen Namen, um den anhaltenden Prozeß der Vereinigung auszudrücken. Allerdings versagte eine Minderheit der Presbyterianer die Zustimmung; sie bilden eine eigene Kirche. Die UCA zeigt großes Engagement in Fragen sozialer Gerechtigkeit und Mission.

Zu den kleineren Kirchen gehören die Lutheraner; sie gehen ursprünglich (1838) auf deutsche Einwanderer zurück, die wegen der preußischen Union nach A. auswichen. Sie erlebten Spaltungen, doch kam es 1966 zur Bildung der Lutheran Church of Australia, die nicht dem Lutherischen Weltbund angehört. Auch die Baptisten sind prozentual klein. Durch Einwanderer sind auch die orth. Kirchen vertreten, vor allem die griech.-orth. Kirche.

70% der ca. 17 Mio. Australier leben in den zehn großen Städten. Keine Gesellschaft der Welt ist so urbanisiert. Zwischen 1945 und 1989 kamen vier Mio. Einwanderer aus 129 Ländern. Wegen dieser Vielfalt und der Säkularisierung haben alle Kirchen Probleme. Katholiken (26% der Bevölkerung) weisen einen Gottesdienstbesuch von 40%, Anglikaner (24% der Bevölkerung) von 10%, und die Uniting Church (11% der Bevölkerung) von 15% auf. Nur die Pfingstkirchen wachsen stetig.

Alle Kirchen sind bemüht, eine »Australisierung« des Christentums voranzutreiben. Die Rolle der Frau in der Kirche sowie das Verhältnis des Christentums zu den Ureinwohnern sind ungelöste Probleme.

Lit.: I. Breward: Australia. »The Most Godless Place Under Heaven«?, 1988; M. Porter: Land of the Spirit? The Australian Religious Experience, 1990.

E. Geldbach

Austritt aus der Kirche

→ Kirchenaustritt; → Konfessionswechsel

Autokephalie

Im gegenwärtigen Sinn ist A. erstmals um 540 nachweisbar. Sie meint innerhalb der östl. Orthodoxie »die Selbständigkeit der Kirche eines durch polit. Grenzen umrissenen Gebietes bei Wahl und Weihe des Oberhauptes und der Regelung aller zwischen- und innerkirchlichen Angelegenheiten« (K.Ch. Felmy). Weil das Territorialprinzip vor dem Nationalprinzip galt und gilt, hat es immer wieder Rücknahmen und Erweiterungen der A. eines Kirchengebietes gegeben. So wird die Zahl der autokephalen Kirchen auch von den einzelnen Kirchen unterschiedlich angegeben. Wer das Recht zur Verleihung der A. hat, ist umstritten: entweder die jeweilige Mutterkirche oder die gesamte Orthodoxie, vertreten durch das Ökumen. Patriarchat in Konstantinopel. Nur ein panorthodoxes Konzil kann diese Frage endgültig entscheiden. Folgende Kirchen gelten in unterschiedlicher Reihenfolge als A.: Konstantinopel, Alexandrien, Antiochien, Jerusalem, Moskau, Serbien, Rumänien, Bulgarien, Zypern, Griechenland, Polen, Albanien, CSFR, Georgien, die Orthodoxe Kirche in Amerika u.a.

Lit.: E. Chrysos: Zur Entstehung der Institution der autokephalen Erzbistümer. BZ 62 (1969), 263-286; K.Chr. Felmy: »Autokephalie«, TRE 5, 1980, 1-4.

G. Ruhbach

Autonomie

1. Zur Begriffsgeschichte

Griech. »selbst Gesetz(sein)«, dt. »Selbstbestimmung, Selbstgesetzgebung«.

Mit diesem Begriff spricht im NT Paulus den Heiden zu, daß sie »sich selbst ein Gesetz« sind, insofern das Gesetz Gottes in »ihrem Herzen geschrieben« ist, wie ihr »Gewissen« es ihnen bezeugt und sie wegen ihrer Taten verklagt (Röm 2,14f). In Antike und Neuzeit wurde der A.-Begriff überwiegend im Sinne polit. und rechtlicher Selbstbestimmung verwendet. Bei den reformat. Glaubenskämpfen werden beide Dimensionen, allgemeine polit. und individuell-persönliche A. als Gewissensfreiheit und damit Freistellung der Religion, geltend gemacht.

2. Hauptpositionen der Autonomie

a. → Kant ist Begründer der Lehre, daß A. Grundlage der Sittlichkeit und der Würde des Menschen als einer selbständigen, freien und verantwortlichen Person ist. Wahre A. heißt für Kant allein die ethische Selbstgesetzgebung, in der der Mensch seinen Willen gemäß dem Sittengesetz bzw. kategorischen Imperativ (→ Imperativ, kategorischer) bestimmt, so daß A. verbindliches Übernehmen seiner Pflicht als oberstes Lebensprinzip einschließt. Im Vollzug solcher ethischen A. als der einzig sinnvollen, vernunftmäßigen Erfüllung seiner Freiheit unterwirft der Mensch sich unablässig der Selbstprüfung, ob die »Maxime«, d.i. die Richtschnur bzw. das leitende Motiv seines Wollens und Handelns, tauglich sei für eine »allgemeine Gesetzgebung«. Wohl findet der Mensch das Sittengesetz, also das Gesetz (*nomos*) für seine Selbstgesetzgebung, in sich selbst und bestimmt sich daraufhin - als Adressat und Urheber desselben - rein durch sich; doch verweist ihn der im → Gewissen begegnende innere Gerichtshof zugleich auf eine vor Gott, dem »allweisen Herzenskündiger«, schließlich zu leistende Verantwortung, die somit mehr einschließt als bloßes Sich-Verantworten vor sich selbst. Im Gegensatz zu der sich im Sittengesetz die zuverlässige Regel ihres Gebrauchs verleihenden autonomen Freiheit, die den sittlich guten Willen, der nur Gutes beabsichtigt, ausmacht, steht der regellose Freiheitsgebrauch, der vom Spiel der Willkür über Unzuverlässigkeit, Ungerechtigkeit und chaotische Regellosigkeit bis hin zur eigentlichen Destruktivität reicht und den bösen Willen ausmacht, der Böses hervorbringt. Völlige »Gesetzlosigkeit« macht das »absolute Böse« aus. Wird A. als bloße Unabhängigkeit von allem mißverstanden, so ist sie »das Schrecklichste, was nur sein kann«, weil dann stets »ungewiß« bleibt, ob der Mensch nicht seine Kräfte mißbrauchen wird, um »sich, andere und die ganze Natur zu destruieren« (Ethik- Vorlesung, hg. v. P. Menzer, Berlin, 1924, 152). Kants Analyse solchen Verhängnischarakters einer »Nomos«-losen Freiheit wirft viel Licht auf moderne Verfallsformen der A. (s.u. d. und e.).

b. Die Einheit von A. und Theonomie (Gottesgesetzlichkeit) vertreten (in atmosphärischer Nähe zu Luthers Freiheitsbegriff, vgl. → Freiheit) der späte → Fichte und der späte → Schelling. Durch sein In-Gott-Sein und -Leben nur ist der Mensch wahrer Freiheit fähig. Die Eigengesetzlichkeit des Durch- und In-sich-selbst-Lebens muß überschritten werden auf ein Leben aus Gott. Fichte verschmilzt sittliche Orientierung des Ich in sich selbst mit »gläubigem Gehorsam« Gott gegenüber, indem er die Aufnahme und Erfüllung des göttlichen Willens als höchsten Akt menschlicher Freiheit versteht. Das Erkennenkönnen des Wahren ebenso wie das Wollenkönnen des Guten gründet im Verhältnis des Menschen zu Gott; die endliche menschliche Freiheit beruht auf dem Teilgewinnen an Gottes unendlicher Freiheit. Fichte entwirft so eine Rückbindung der A. an die Macht, die als authentischer ursprünglicher Gesetzgeber menschliche A. überhaupt gewährt und ins Dasein gerufen hat. Der entscheidende sittliche Grundakt ist für den späten Fichte nicht mehr die reine A. des Ich aus sich, sondern eine höhere Ethik des freien Sich-Hingebens an Gott nach dem Vorbild Jesu, das er als spontanes Sichverschenken der zur selbstbewußten A. schon Erwachten faßt, nicht als naive Folgsamkeit eines Unmündigen.

c. Die Krise der A. diagnostiziert → Kierkegaard, indem er typische Verfallsformen derselben aufdeckt, und zwar besonders ein experimentierendes Sich-selbst-Gestalten nach wechselndem Gutdünken und ohne den Ernst einer ewigen Verantwortung vor Gott. Ein autonomes Selbst, das absolut sein eigener Herr und Meister sein will im Erproben von selbst erdachten Spielregeln, die es jederzeit auch wieder außer Geltung setzen kann, verstrickt sich zuletzt in eine Verzweiflung des Trotzes. Scheinbar heroisch, zieht diese das Leid ihres rätsel- und widerspruchsvollen Daseins jeder demütigen Bitte und Annahme göttlicher Hilfe vor. Im Extremfall rühmt der Mensch sich seiner Verlorenheit und hält in übersteigerter A. des auftrumpfenden Selbstseinwollens an seiner unaufhebbaren Qual fest, um im Haß gegen das Dasein und in Aufruhr gegen den Schöpfer sich selbst als existierenden Einwand gegen dessen Güte und Weisheit geltend zu machen. Wahrer Ernst hingegen besteht darin, daß ich weiß, Gott sieht auf mich und will mein verkehrtes autonomes Selbstseinwollen in Christus überwinden, - er, der Helfer, für den alles möglich ist -, so daß kein »Grundschade« im Selbst alles verderben muß.

d. Nietzsche verkündet – in Perversion der Kantischen Grundlegung sittlicher A. – die A. als eine »große Loslösung« von bisher als heilig Erachtetem und als eine »Umwertung aller Werte«. Entsprechend seiner programmatischen Erklärung, wer »das Große« nicht mehr in Gott finde, der »finde« es überhaupt nicht mehr, er müsse es leugnen oder aber selbst neu schaffen, fordert er ein Hindurchgehen durch alle »Entfremdung« bei der Loslösung von bislang anerkannten Werten und einen daraus erwachsenden machtvollen Willen zu universaler A. als einer »Selbst-Wertsetzung«. Nietzsche entwirft einen freigeisterischen Willen zu unbedingter, rechenschaftsloser A., die furchtlos versucht, althergebrachte Wertschätzungen umzukehren, das Perspektivische in jeder Wertschätzung zu durchschauen und für sich selbst eine »Unschuld des Werdens« in Anspruch zu nehmen.

Konsequent versteht Sartre in seinem atheistischen Existentialismus A. als das Erlaubtsein von allem. Wenn »Gott-Vater abgeschafft« ist, muß jemand da sein, um »Werte« zu erfinden; Wert soll deshalb der von jedem voluntaristisch gewählte beliebige Sinn heißen.

e. Im modernen Menschenbild der Humanwissenschaften wird A. als mühsam errungene zentrale Eigenschaft des Menschen in Hochkulturen und demokratischen Staatsformen angesehen und deshalb in der Pädagogik als übergeordnetes Lernziel eingesetzt. Nicht selten wird A. einfach als »Emanzipation« bezeichnet und diese als Überwindung von Fremdbestimmung, als Rollendistanz, Kritikfähigkeit an vorgegebenen Normen und schließlich als Fähigkeit zur Artikulation und Durchsetzung eigener Interessen und Bedürfnisse verstanden, wobei aber die im klass. A.-Begriff enthaltenen Tugenden wie z.B. Selbstdisziplin und Verzichtbereitschaft preisgegeben sind zugunsten lustbetonter Selbstverwirklichung (vgl. Düsing, Beck: Menschenwürde und Emanzipation, 1981, 51ff).

3. Wenn es um die Unterscheidung geht, ob A. als eine zu Unrecht sich selbst ermächtigende, von Gott abwendende Handlungsorientierung oder als möglicher positiver Faktor einzuschätzen ist, der zu einer christl. Ethik hinführt, zumindest jedoch mit bibl. Geboten kompatibel ist, so muß exakt die im A.-Begriff enthaltene Definition des »Selbst« und des »Gesetzes« geklärt werden, ob sie nämlich in einem Weltbild ohne Gott oder in Offenheit zur Transzendenz steht (vgl. → Aufklärung, → Freiheit, → Gewissen, → Kant, → Imperativ, kategorischer).

Lit.: J.G. Fichte: Die Bestimmung des Menschen, 1800; ders.: Anweisung zum seligen Leben, 1806; I. Kant: Kritik der praktischen Vernunft, 1788; ders.: Metaphysik der Sitten, 1797; S. Kierkegaard: Der Begriff Angst, 1844; ders.: Die Krankheit zum Tode, 1849; F. Nietzsche: Menschliches, Allzumenschliches, 1878; ders.: Jenseits von Gut und Böse, 1886; J. P. Sartre: L'existentialisme est un humanisme, 1946; F.W.J. Schelling: Über das Wesen der menschlichen Freiheit, 1809; H. Thielicke: Theologische Ethik, Bd. 1: Prinzipienlehre, 1958.

E. Düsing

Autorität

Nicht erst in jüngster Zeit nach einer hypertrophen A.sanmaßung (Führermythos) ist eine A.skrise sichtbar geworden. Vorboten zeigten sich u.a. im Autonomieanspruch der → Aufklärung und im Funktionsverlust des Vaterbildes in der Kleinfamilie. Ideologisch verhärtete Alternativen vereiteln eine sachliche A.sdiskussion: A. oder Freiheit, Bestimmtwerden oder Emanzipation, Ordnung oder Chaos? Als »bejahte Abhängigkeit« (Horkheimer) muß A. in ihrem hist., gesellschaftl. und situativen Wirkzusammenhang gesehen werden. Sie manifestiert sich je in eigener Gestalt im röm. Senat, in der patriarchalisch geordneten Großfamilie, in einem demokratischen, einem totalitären Staat, im kirchl. Leben, in der Erziehung. Infolge ihrer Wertüberlegenheit, ihres seinsmäßigen Gewichts und ihres Anerkanntseins gilt A. und hat etwas zu sagen. Ähnlich dem Vorbild-Nachfolge-Verhältnis entsteht eine Beziehung der Über- und Unterordnung, die aber Partnerschaft und Dialog nicht ausgrenzt. Person-A. lebt von dem ihr entgegengebrachten Vertrauen, und sie weiß sich verantwortlich gebunden an den umgreifenden Auftrag und an die, die ihr vertrauen (Auftrags-A.). Sie wird zur Mittlerin der Wahrheit, und das heißt »Wahrheit leben« (Bonhoeffer). Das A.-Sein bewirkt Glaubwürdigkeit und schafft günstige Bedingungen für die menschliche Entwicklung: Kinder erfahren Angenommensein, Verläßlichkeit, bergenden Halt und zugleich Herausforderung. Weil A. fördert, kann sie auch fordern. Die lat. Wörter, von denen sich A. herleitet, dürfen in diesem Sinn gedeutet werden: *auctoritas*, »Glaubwürdigkeit, Urheberschaft, Ansehen« und *augere*, »mehren, fördern«. Neben Person-A. gibt es Sach- bzw. Experten-A. Sie überzeugt kraft ihrer Fachkenntnis (Gewährs-A.). Das lat. Wort *potestas* akzentuiert anders als *auctoritas*, es meint »Amtsgewalt, Herrschaft«. Befehls-, Durchsetzungs-, Herrschafts-A. kann zum Inbegriff autoritärer Manipulation und unmündigen Gehorsams werden. Dem zuwider verlangt Mündigkeit den partnerschaftlich-kooperativen Umgangsstil. Die Amts-A. (institutionelle A.) beruft sich auf Titel, Status, Herkunft, Tradition, Amt. Fehlt ihr die Legitimation durch Person-A., bleibt sie Schein-A. Das trifft auch auf kirchl. Amtsträger zu und auf die A. einer kirchl. Äußerung. Sie bestimmt sich »allein danach«, ob sie »schrift- und sachgemäß und darin überzeugend ist« (Rat der EKD, 58/59). Christen wissen um die Versuchlichkeit menschlicher A.; maßgebend bleibt deshalb die Glaubenseinsicht, daß alle A. als Lehensautorität verstanden werden muß, die auf Glauben, Gebet und Vergebung angewiesen ist. Die A. Gottes ist Grund für den ganzen Aufbau des autoritativen Lebens, und die Glaubensgewißheit vom Getragensein menschlicher A. öffnet diese für den Anspruch des Nächsten.

Lit.: O. Dürr: Autorität, Vorbild, Strafe - Hindernisse neuzeitlichen Erziehens? 1970; E.E. Geißler (Hg.): Autorität und Freiheit, [5]1977 (Lit.!); Rat der EKD (Hg.): »Aufgaben und Grenzen kirchlicher Äußerungen zu gesellschaftlichen Fragen« (1970), in: Die Denkschriften der Evangelischen Kirche in Deutschland, Bd 1/1, 1978, 43ff.

O. Dürr

Außenmission des Bundes ev.-freikirchl. Gemeinden

→ Europäische Baptistische Mission

Ave Maria

Das A.M. (lat. »Sei gegrüßt, Maria«) ist in Kirchen mit ausgeprägter Marienfrömmigkeit ein häufig benutztes Gebet. Es besteht aus drei Textteilen: dem Engelsgruß an Maria (Lk 1,28), erweitert durch die Huldigung Elisabeths (Lk 1,42) und einen Gebetsschluß (Heilige Maria! Bitte für uns Sünder jetzt und in der Stunde unseres Todes). Es hat seine Stelle vor allem in den unterschiedlichen Andachtsgottesdiensten (Pia exercitia). In der Eucharistiefeier ist es nicht verankert, hat aber auch dort im Laufe der Liturgiegeschichte immer wieder Einlaß gefunden, z.B. im Rüstgebet des Klerus (Stufengebet), im Fürbittenteil, im mittelalterl. Prädikantengottesdienst als Predigteinleitung (so auch bei Zwingli!) oder am Ende der Messe.

Die Vulgata-Übersetzung des griech.«Begnadete« durch *gratia plena* »Gnadenvolle« hat Luthers Gegenreaktion (»Holdselige«) bewirkt; erst durch die Bibelrevision von 1956 wurde dem Urtext Rechnung getragen (»Hochbegnadete«). Es fällt einem ev. Christen nicht leicht, sich angesichts der verbreiteten kath. Andachtsfrömmigkeit zu vergegenwärtigen, daß es auch nach kath. Lehre keine Anbetung der Heiligen, sondern nur deren Verehrung gibt, zumal das A.M. vielfach in unmittelbarem Zusammenhang mit dem Vaterunser (z.B. im Rosenkranzgebet) gebetet wird.

Lit.: A. Adam: Grundriß Liturgie, 1985; J.A. Jungmann: Missarum Sollemnia (2 Bde.), [5]1962; A.-G. Martimort (Hg.): Handbuch der Liturgiewissenschaft (2 Bde.), 1967.

Chr. Albrecht

Averroes

→ Scholastik

Avicenna

→ Scholastik

Baader, Benedikt Franz Xaver von (1765-1841)

B.F.X. v. B. wurde am 27. 3. 1765 in München geboren, studierte in Wien Medizin, in Freiburg/Sa. Bergwerkskunde und hielt sich vier Jahre in englischen und schottischen Bergwerken auf, wurde 1808 Oberstbergrat und Mitglied der Bayerischen Akademie. 1826 bei Gründung der Universität München wurde er Honorarprofessor. Im Gegensatz zur Französischen Revolution forderte v.B. 1815 eine »innigere Verbindung der Religion mit der Politik«. Die Schrift wirkte auf Zar Alexander I. und die Entstehung der Hl. Allianz. V.B. wurde »literarischer Korrespondent« des Zaren, förderte die Vertretung der Bibelübersetzung durch Leander van Eß, die Einwanderung von Pietisten, besonders → Gossners und Lindls nach Rußland. 1822 brach er selbst nach St. Petersburg auf, um dort eine Akademie zur Reunion von Wissenschaft und Religion sowie zur Annäherung der christl. Konfessionen zu gründen. Er wurde aber an der russ. Grenze hart zurückgewiesen, löste sich vom → Pietismus und wandte sich künftig gegen ihn.

Unter Zar Nikolaus I. korrespondierte v. B. erneut mit russ. Regierungsstellen. Beeinflußt von russ. Schülern und Freunden, entstand sein ökumen. Spätwerk, das die drei großen christl. Konfessionen durch wissenschaftl. Besinnung aussöhnen wollte. Der päpstliche Primat wurde kritisiert, der monarchistischen Kirchenverfassung des Katholizismus, wie sie besonders De Maistre vertrat, wurde eine republikanische Kirchenverfassung im Sinne von Gemeindekirchen gegenübergestellt. Besonders stark trat die »abendländische Sendung der östlich-orthodoxen Kirche« hervor.

1834 gebrauchte v.B. den Begriff »christlich-sozial«. 1835 forderte er die Verantwortung des »fast bis zur Nullität« abgesunkenen Klerus für die »Prolétairs«. Zeitlebens rang er im Zeichen einer wahrhaft christl. Philosophie mit → Kant und dem deutschen → Idealismus, dessen Begriffssprache er aber weitgehend übernahm. Zentral ist die elementar christl. Erfahrung, »daß alles Wirken auf unserem Empfangen und alles Reden auf unserem Hören beruht, und im Licht, in dem die Christenheit steht« (A. → Schlatter). Schlatter trat »in eine tiefe Geistesgemeinschaft« mit ihm ein, distanzierte sich dann aber wegen v.B.s universalistischen Idealismus doch von ihm. Am 23. Mai 1841 starb v.B. in München, auf dessen Romantik er in Übereinstimmung, aber auch im Widerspruch zu → Schelling und → Görres umfassenden Einfluß gewann.

Lit.: F. von Baader: Erotische Philosophie, hg. von G.-K. Kaltenbrunner, 1991 (mit Literaturverzeichnis); E. Benz: Die abendländische Sendung der östlich-orthodoxen Kirche, Akademie der Wissenschaften und der Literatur, Abhandlungen der Geistes- und Sozialwissenschaftlichen Klasse, Jg. 1950, Nr. 8; A. Schlatter: Der Idealismus und die Erweckungsbewegung, Schlatter-Archiv beim Württembergischen Oberkirchenrat; A. Schlatter: Die philosophische Arbeit seit Cartesius, 1981 ([3]1923), 191ff.

H. Graßl

Babylonische Gefangenschaft → Exil, babylonisches

Bach, Johann Sebastian (1685-1750)

Geb. am 21. 3. 1685 in Eisenach als jüngster Sohn des Stadt- und Hofmusikers Johann Ambrosius Bach und seiner Frau Elisabeth Lämmerhirt. 1695 kam B. als Vollwaise zu seinem ältesten Bruder Johann Christoph, Organist in Ohrdruf, und wechselte 1700 von dort an die Michaelisschule in Lüneburg. Nach kurzer Tätigkeit als Hofmusiker in Weimar wurde B. im August 1703 Organist an der Neukirche in Arnstadt. Vier Jahre später tauschte er dieses Amt mit dem Organistenposten an St. Blasius in Mühlhausen; dort heiratete er am 17. 10. 1707 seine Cousine Maria Barbara. Im Juni 1708 verpflichtete ihn der Weimarer Herzog Wilhelm Ernst als Hoforganisten (1714 Konzertmeister). 1717 ging B. als Kapellmeister an den Hof des Fürsten Leopold von Anhalt-Köthen. In diese Zeit fallen der Tod seiner Frau und seine Eheschließung mit Anna Magdalena Wilcke am 3. 12. 1721. Von 1723 bis zu seinem Tod am 28. 7. 1750 wirkte B. als

Thomaskantor und städtischer Musikdirektor in Leipzig.

B.s umfangreiches, allerdings nur zu etwa zwei Dritteln erhaltenes Werk umfaßt bis auf die Oper alle wesentlichen Gattungen der Zeit; die Entstehung einzelner musikalischer Werke (Orgelmusik in Arnstadt, Mühlhausen und Weimar, Orchester- und Kammermusik in Köthen und geistl. Vokalmusik in Leipzig) ist traditionsgemäß weitgehend an das jeweilige Amt gebunden. Innerhalb der Geschichte der ev. Kirchenmusik nimmt B. mit seinen Kantaten, Messen, Motetten, Oratorien und Passionen, aber auch mit seinen choralgebundenen Orgelwerken eine überragende Stellung ein. Daran ändert auch die Tatsache nichts, daß sich einige seiner bekanntesten Kompositionen (Weihnachtsoratorium, h-Moll-Messe) überwiegend als Parodien weltlicher Vorlagen erwiesen haben. Neben die traditionelle musikwissenschaftl. Beschäftigung mit Bachs geistl. Kompositionen ist in den letzten Jahren eine spezifisch theol. Bachforschung getreten, die sich vor allem um die Klärung des Verhältnisses B.s zu den geistl. Strömungen seiner Zeit sowie eine theol. Interpretation seiner Texte bemüht.

Lit.: J.S. Bach, Neue Ausgabe sämtlicher Werke, 1954ff; Bach-Archiv Leipzig (Hg.): Bach-Dokumente I-IV, 1963-1979; Bach-Jahrbuch, 1904ff (mit Bibliographien); Beiträge zur theologischen Bachforschung, 1983ff; W. Schmieder (Hg.): Thematisch-systematisches Verzeichnis der musikalischen Werke von J.S. Bach - Bach-Werke-Verzeichnis (BWV), [2]1990; H.J. Schulze, Chr. Wolff (Hg.): Bach-Compendium; Analytisch-bibliographisches Repertorium der Werke J.S.Bachs (BC), 1986ff; Ph. Spitta: J.S. Bach, 2 Bde., 1873, 1880, [5]1962.

W. Werbeck

Bachofen, Johann Jakob (1815-1887)

B., geb. am 22. 12. 1815, gest. am 25. 11. 1887, entstammt einem vornehmen Basler Geschlecht, studierte Rechts- und Altertumswissenschaft, wurde 1844 ins Appellationsgericht in Basel gewählt. Sein Hauptanliegen aber war die Altertumsforschung. Im Gegensatz zur hist.-kritischen Methode der Quellenkritik (Niehbuhr, Mommsen) sieht er in der Mythologie der Antike symbolische Wiedergabe von Geschichte, deren hist. Wahrheit sich durch (insbesonders vergleichende) Mythendeutung aufweisen lasse. Schon in seinem frühen »Versuch über die Gräbersymbolik der Alten« (1859) zeichnet er seine letztlich rel., aus Symbolen abgeleitete Vision der Menschheitsentwicklung durch aufsteigende Aktualisierung von Potenzen, die im Kosmos - als Welt-Ei - angelegt sind.

In seinem Buch »Das Mutterrecht« (1861), zit. nach Bd. II/III der »Gesammelten Werke«, stellt B. den kosmischen Prozeß bzw. die Menschheitsentwicklung als Aufstieg vom erdhaft-stofflichen zum sonnenhaft-geistigen Leben dar. Dem tellurischen (erdhaften) Prinzip entspricht das weibliche Wesen bzw. die »Mutter« als Gebärerin, die wie die »Mutter Erde« (Demeter) stoffliches Leben hervorbringt, das sterben und wieder in das Dunkel der Erde zurückgehen muß. Rel. Symbol des Mutter-Zeitalters ist der aufgehende und wieder vergehende Mond. Am Anfang dieses Zeitalters kannte man nur die ungeregelte geschlechtliche Vermischung, den Hetärismus. Wer Vater eines Kindes war, stand nicht fest. Name und Abstammung der Kinder konnten nur von der Mutter her bestimmt werden. Das war der Ansatz zum Mutterrecht. Der Hetärismus wurde überwunden mit der Entstehung der Familie, dem festen Wohnsitz und dem Ackerbau. Das Leben im Matriarchat war geordnet durch Anpassung an die Natur und durch Bräuche, die - weil sie rel. waren - auch von den Männern respektiert wurden. So blieben mütterliche Namens- und Erbfolge bestehen. Die mutterrechtliche Gesellschaft entwickelte sich zur »Gynaikokratie« (Frauenherrschaft) und weiter zum kriegerischen, nach Herrschaft strebenden Amazonentum. Das führte zum Kampf der Geschlechter, in dem die mutterrechtliche Ordnung unterging und dem Patriarchat weichen mußte. Aber diese Wende war zugleich kosmisch bedingt: Das erdhaft-stoffliche wird verdrängt durch das sonnenhaft-geistige Prinzip. »Das Mutterrecht stammt von unten, ist chthonischer Natur und chthonischen Ursprungs; das Vaterrecht dagegen kommt von oben, ist himmlischer Natur und himmlischen Ursprungs; es ist das Recht der Lichtmächte, wie jenes das Gesetz des dunklen, in Finsternis erfüllten Erdschoßes. Es bezeichnet also eine höhere Stufe der Religion und der menschlichen Entwicklung als das stoffliche Naturrecht« (»Das Mutterrecht«, 163). Die Menschen im nun angebrochenen Vater-Zeitalter sind und bleiben zwar Erdgeborene, deren stofflicher Leib im Tode zerfällt, aber sie sind »zu einer ersten Erhebung aus der Materie zur Lichtnatur durchgedrungen«. Die kosmische bzw. Menschheits-Entwicklung ist noch nicht am Ziel, aber sie ist von der Bindung an das rein Stoffliche her zur Sonnenreligion, d.h. zur Offenheit für das Lichtvolle, Unvergängliche aufgestiegen. »Das Mondprinzip weicht dem Sonnenprinzip, das stoffliche Muttertum dem geistigen Vaterrecht. Diese Erhebung ist eine religiöse Tat« (»Das Mutterrecht«, 162). Die noch ausstehende Vollendung ist für B. die christl. Ewigkeitshoffnung, »wo das Sterbliche wird anziehen die Unsterblichkeit« (1Kor 15,53).

In der Altertumswissenschaft hat sich B.s Theorie nicht durchsetzen können, aber sie hatte Einfluß auf eine gewisse »kosmische« Philosophie (L. Klages) und neuerdings auf das feministische Schrifttum.

Lit.: C.A. Bernoulli: Johann Jakob Bachofen und das Natursymbol, 1934; A. Casena: J.J. Bachofens Geschichtsdeutung, 1983; Gesammelte Werke, hg. von K. Meuli, 10 Bde., 1943-67; K. Schefold: Die Religion des Archäologen J.J. Bachofen, 1987; U. Wassel: Der Mythos vom Matriarchat. Über Bachofens Mutterrecht und die Stellung von Frauen in früheren Gesellschaften, 1980.

F. Flückiger

Bäckermission → Berufsmissionen

Bacon, Francis (1561-1626)

B., Lord v. Verulam, geb. am 19. 1. 1561, gest. am 9. 4. 1626, Jurist, Philosoph, Naturwissenschaftler; aus einflußreicher Familie am Hof Elisabeths I.; Studium in Cambridge, Aufenthalt in Paris; polit. Laufbahn, aber erst unter Jakob I. Aufstieg bis zum Lordkanzler (1618); wegen einer Bestechungsaffäre endete diese Karriere (1621), und B. konzentrierte sich auf die Wissenschaften.

Neben den »Essays« (1597, 1612, 1625) zu Themen des öffentlichen und privaten Lebens publizierte er Werke zu einer neuen Weise empirischer Naturbetrachtung, mit der er zur alten aristotelisch bestimmten Wissenschaftsmethode in Gegensatz trat: »Novum organum scientiarum« (Neues Werkzeug der Wissenschaften, 1620) und »De dignitate et augmentis scientiarum« (Über Würde und Wachstum der Wissenschaften, 1605, 1623) u.a. B. wollte die Trugbilder (*idola*) des Verstandes und der Sinne, die den Zugang zur Wirklichkeit verstellen, abbauen und das Verstehen der Dinge auf kritische Erfahrung *und* Experiment im Blick auf das daraus Machbare aufbauen und in Beziehung zum Handeln der Menschen setzen. Er sah ein neues Zeitalter kommen, dem er mit einer zukunftsorientierten Philosophie und Ethik zuarbeiten und Wissenschaft und Technik im Dienste der menschlichen Gesellschaft zu deren Wohl entwickeln wollte (Baconismus).

Lit.: Krit. Ausgabe in 14 Bdn.: The Works of Francis Bacon, ed. by J. Spedding (u.a.), 1858ff, 1963.

F.H. Anderson: F. Bacon: his career and his thought, 1962; K. Fischer: F. Bacon und seine Schule, 1904; W. Krohn: F. Bacon, in: Klassiker der Philosophie I, hg. von O. Höffe, [2]1985, 262-279, 488-490 (Bibliographie).

Chr. Windhorst

Bacon, Roger (ca. 1214-1292)

B. – nahezu alle Daten seines Lebens sind unsicher und nur ungefähr anzugeben – ist ca. (nicht vor) 1214 in England geboren, hat nach eigenen Angaben ca. 1227 zu studieren begonnen, ist ca. 1245 Magister artium (»Philosophieprofessor«) in Paris, kehrt ca. 1250 nach England (Oxford) zurück und wird jetzt oder bald danach Franziskaner. Von 1257 an ist er wieder für etwa 10 Jahre in Paris und wechselt dann nochmals hin und her; von ca. 1290 an bleibt er in Oxford und ist wohl bald nach 1292 gestorben.

B. ist eine ungewöhnliche Erscheinung in seiner Zeit. Aus seiner englischen Heimat kannte er die Schriften des → Aristoteles, nicht nur die logischen, und legte sie auch in Paris dem akademischen Unterricht zugrunde, obwohl dies dort seit 1210 mehrfach verboten worden war. Er bekennt und erweist sich als Aristoteliker (*soli Peripatetici Aristoteli consentientes remanserunt in veritate philosophiae*, »nur die Peripatetiker, die mit Aristoteles übereinstimmen, sind in der Wahrheit der Philosophie geblieben«), wenn auch mit neuplatonischen Elementen, und so ist es nicht verwunderlich, daß er fast alle Werke des Aristoteles kommentiert hat. In seinen »systematischen« Hauptwerken (Opus maius, Opus minus, Opus tertium, Ende der 1260er Jahre entstanden) plädiert er für eine universale »vollkommene Wissenschaft« (*scientia perfecta*), in der Sprachenkenntnis (und Sprachlogik) und »Naturwissenschaft« ihren notwendigen Platz haben. Heftige Attacken gegen den akademischen Schulbetrieb und die berühmten Lehrer der Zeit haben ihm Mißhelligkeiten bereitet, auch bei seinen Ordensoberen; z.B. kritisiert er → Alexander von Hales, daß er statt der Bibel die Sentenzen des Petrus Lombardus als Unterrichtsbuch verwendet. B. ist eher Philosoph als Theologe, versteht jedoch die Philosophie und sein eigenes phil. Bemühen ganz im Dienste der Theologie, die als solche es mit phil. Vorgehensweise zu tun habe. In seinem letzten Werk, dem Compendium studii theologiae (1292) wollte er eine kurze Gesamtdarstellung geben, doch fehlt der entscheidende theol. Teil. – B.s Ehrenname war: Doctor mirabilis (der bewundernswürdige Lehrer).

Lit.: M. Huber-Legnani: R. Bacon – Lehrer der Anschaulichkeit, 1984 (140-156: Bibliographie aller Werkausgaben; Lit. 1848-1983); Th. S. Malonex: R. Bacon – Compendium of the study of Theology. Edition and translation..., 1988 (Forschungsgeschichtl. Einleitung 1-30; Bibliographie 178-187).

B. Steinseifer

Baden, Ev. Landeskirche in

Die Ev. Landeskirche in B. entstand 1821 als ev.-prot. Kirche des Großherzogtums Baden aus der Union zwischen Lutheranern und Reformierten.

Nachdem 1807 im neu entstandenen Großherzogtum B. (verschiedene Fürstentümer mit z. T. wechselhafter konfessioneller Geschichte) zwangsweise eine Verwaltungsunion eingeführt worden war, kam die innere Einigung der beiden ev. Konfessionen im Zuge des Reformationsjubiläums 1817 in Gang.

Die Unionsurkunde wurde am 26. 7. 1821 unterzeichnet (Prälat: J.P. → Hebel); zur Bekenntnisgrundlage werden Confessio Augustana (CA), Heidelberger und Luthers Katechismus, »insofern und insoweit ... als ... das ... Prinzip und Recht der freien Forschung in der Hl. Schrift ... wieder laut gefordert und behauptet« wird. Bezüglich des → Abendmahls fand man eine Kompromißformel. Prägend war von Beginn an die Betonung der Vernunft und des Liberalismus, gegen die ein erwecklicher Aufbruch (A. → Henhöfer, Katechismusstreit) ankämpfte. Mit dem Ende des Großherzogtums 1918 ging die Kirchengewalt auf die Landessynode über. 1933 wurde das Amt des Kirchenpräsidenten durch das eines Landesbischofs (in Zusammenarbeit mit dem Oberkirchenrat) ersetzt. Während der Zeit des Nationalsozialismus steuerte die badische Kirchenleitung (J. Kühlewein) einen gemäßigten Kurs, der zur vorübergehenden Eingliederung (1934) in die Reichskirche führte. Im Zuge der Verfassungsreform nach 1945 nimmt die Badische Landeskirche als erste Gliedkirche der EKD die → Barmer theologische Erklärung als zusätzliche Bekenntnisschrift in ihre Grundordnung auf.

Lit.: G.A. Benrath: »Baden«, TRE 5, 1980, 97-112; H. Erbacher: Vereinigte Evangelische Landeskirche in Baden 1821-1971, 1971; A. Ludwig: Geschichte der evangelischen Kirche in Baden, [2]1927; K. Muster: Die Reinigung der evangelischen Landeskirche in Baden 1945-1950, Diss. Kiel 1989; G. Schwinge: Die Erweckung in Baden im 19. Jahrhundert, Vorträge und Aufsätze aus dem Henhöfer-Jahr 1989, 1990; L. Wien: Ein Kelch, ein Brot. 150 Jahre Union in Baden, 1971.

D. Heller

Baden, Ev.-luth. Kirche in

Nachdem 1821 in Baden Lutheraner und Reformierte eine Union eingegangen waren, begann dort 1850 ein Wiedererstehen luth. Gemeinden. Pfarrer C. Eichhorn (Ihringen) stellte sich offen gegen die

Union und unterstellte sich mit seiner Gemeinde dem Kirchenregiment der ev.-luth. Kirche in Preußen. Allerdings fand er staatlicherseits keine Anerkennung. Erst 1856 wurde ein Duldungsedikt erlassen. Auch der Ispringer Pfarrer M. Frommel vollzog im Zusammenhang der Lehrstreitigkeiten, die in Preußen zur Abtrennung von selbständigen luth. Gemeinden führten, zusammen mit einigen Gemeinden die Lösung vom badischen Kirchenregiment und wurde deshalb seines Amtes enthoben. Im März 1865 kam es zur Gründung der ev.-luth. Kirche in Baden, die allerdings erst nach dem Ersten Weltkrieg die Rechte einer Körperschaft des öffentlichen Rechts erhielt. Sie ging eine Konföderation mit den Lutheranern in Hessen und Hannover ein und trat nach dem Zweiten Weltkrieg in eine organisatorische Verbindung zu ihnen. 1965 kam es zur Trennung von der → Selbständig- ev.-luth. Kirche (SELK), seit 1983 besteht jedoch wieder Kirchengemeinschaft zwischen beiden Organisationen. Die Ev.-luth. Kirche in B. ist Mitglied der VELKD.

Lit.: M. Roensch: Quellen zur Entstehung und Entwicklung selbständiger ev.-luth. Kirchen in Deutschland, 1987.

D. Heller

Bahai

Die Glaubensgemeinschaft beansprucht, als Offenbarungsreligion die älteren, zu ihrer Zeit gültigen Religionen abgelöst zu haben. Sie ging aus der Bewegung der Babi hervor, die dem shiitischen Islam mit demselben Anspruch gegenübertrat. Als Offenbarer gilt Mirza Husain Ali (1817-1892), der sich 1866 in Bagdad »Baha' Ullah«, Glanz Gottes, nannte und vom Exil in Akka aus vor allem durch Schriften und Sendschreiben wirkte. Sein Sohn Abdul Baha (1844-1921) unternahm ausgedehnte Reisen auch über den Orient hinaus in den Westen. Von 1921-1957 lag die Führung bei Shawki Effendi; ab 1963 bei einem Gremium in Haifa, dem »Universalen Haus der Gerechtigkeit«.

Grundtendenzen der Gemeinschaft sind moderne Rationalität, mystische Frömmigkeit und der Anspruch auf Universalität. Ihre Anhänger sind modernisierungswillig und z.T. recht gebildet. Die älteren Hochreligionen waren göttlichen Ursprungs, Abschnitte ihrer Schriften können zur Andacht verwendet werden. Die Bahai übernehmen derzeit keine polit. Verantwortung, aber proklamieren Grundsätze einer künftigen Weltordnung. Sie sind straff organisiert und zum Gehorsam verpflichtet. Die örtliche Gemeinschaft, die an vielen Orten die notwendige Mindestzahl von neun hat, pflegt außer dem Gottesdienst eine regelmäßige »Beratung« von Fragen des Gemeinwohls.

Weltweit werden ca. 6 Mio. Mitglieder angegeben, im Iran 300.000. Dort sind sie unter Khomeini verfolgt worden, in Ländern der Dritten Welt zahlenmäßig stark gewachsen.

Lit.: F. Ficicchia: Der Bahai, 1981; U. Schäfer: Sekte oder Offenbarungsreligion?, 1982.

N.-P. Moritzen

Bahnauer Bruderschaft

Die B.B., ein Zusammenschluß ev. Prediger, ist aus der Erweckungsbewegung Ostdeutschlands um die Wende des 20. Jh.s hervorgegangen. Pfarrer Carl Lange begann 1906 mit der theol. Ausbildung von Predigern, die im Ostpreußischen Gemeinschaftsbund eingesetzt wurden. In Preußisch Bahnau war das »Brüderhaus«.

Nach dem Zweiten Weltkrieg wurde die zerstreute Bruderschaft durch Pfarrer Max Fischer wieder gesammelt. In Unterweissach (Weissach im Tal/Württemberg) kam es 1948 zur Neugründung des Seminars unter der Bezeichnung »Evang. Missionsschule der Bahnauer Bruderschaft«. In einem vierjährigen Ausbildungsgang erfolgt die Zurüstung zum Verkündigungsdienst in Kirche, Gemeinschaftsbewegung und Mission. Das sich anschließende Anerkennungsjahr endet mit der Ordination und der Aufnahme in die Bruderschaft.

Die B.B. sieht ihren Auftrag neben der evangelistischen Verkündigung und dem mission. Gemeindeaufbau auch darin, die Verbindung zwischen → Pietismus und Theologie zu pflegen. Grundlage der Bruderschaft ist die verpflichtende Bindung an die Hl. Schrift in Übereinstimmung mit den reformat. Bekenntnissen und der → Barmer Theologischen Erklärung von 1934.

Die Bruderschaft hat ca. 380 Glieder im In- und Ausland.

Lit.: H. Bernecker, M. Bittighofer (Hg.): berufen – beauftragt, 75 Jahre Bahnauer Bruderschaft; Regelmäßig erscheint der »Freundesbrief«.

M. Bittighofer

Bahnhofsmission

Auf über hundert Bahnhöfen in Deutschland bieten die ev. und die kath. Kirche für Reisende (z.B. Behinderte, Alte, Mütter mit Kleinkindern, ausländische Touristen, Übersiedler, Asylsuchende, Flüchtlinge, alleinreisende Kinder), aber auch für Menschen, die ziellos unterwegs sind oder sich aus verschiedenen Gründen zum Bahnhof hingezogen fühlen (z.B. Ratlose, Suizidgefährdete, Alkohol- und Drogenabhängige, Strafentlassene, psychisch Gestörte, Menschen ohne Arbeit und Wohnung), ihre kurzfristigen und vermittelnden Dienste an.

B.en gibt es vor allem in Großstädten, auf Grenzbahnhöfen und in Orten mit großen sozialen Einrichtungen sowie an Verkehrsknotenpunkten als Erstanlaufstellen für Menschen in Not, ohne behördliche Schwellen. Die Träger dieser eindeutig kirchl. Arbeit (»Gastzimmer der Kirchen am Bahnhof«), die mit der Bundesbahn, dem Deutschen Roten Kreuz, den örtlichen Kirchengemeinden und kommunalen Sozialdiensten sowie ähnlichen Einrichtungen im Ausland kooperiert, sind im Verband der Deutschen Evangelischen Bahnhofsmission bzw. in der Katholischen Mädchensozialarbeit zusammengefaßt und als einer der ältesten ökumen. Dienste seit 1910 in der »Konferenz für kirchliche Bahnhofsmission« zusammengeschlossen. Diese von 3.000 Mitarbeitern und Mitarbeiterinnen (50% ev. und 50% kath., 80% davon ehrenamtlich) geleistete Arbeit der Kirchen (im »Dritten Reich« seit 1939 verboten und von 1945-1989 in der früheren DDR weitgehend behindert) wird in einer mobilen Gesellschaft mit wachsenden Wanderungsbewegungen und offenen europ. Grenzen immer mehr in Anspruch genommen. Die Zahlen sprechen für sich. Z.B. 1990: über 3,2 Mio. Erstkontakte - meist bei einer Tasse Tee, 900.000 Mahlzeiten für Hungernde, 52.000 Übernachtungen, 58.000 Weitervermittlungen als spezifische Hilfsdienste. Hier sind die Kirchen »am Zug«.

Lit.: K. Leipziger: »Bahnhofsmission«, ESL[7], 1980, 116f.

Th. Schober

Bahrdt, Carl Friedrich (1741-1792)

B., geb. am 25. 8. 1741 in Bischofswerda/Oberlausitz, gest. am 23. 4. 1792 in Halle. Als Sohn eines Leipziger Superintendenten und Professors war er selbst 1766 Professor der Theologie in Leipzig, 1769 in Erfurt, 1771 in Gießen, 1776 Direktor des Philanthropins (→ Basedow) in Graubünden, 1786 Generalsuperintendent in Dürckheim/Pfalz, 1778 wegen Häresie abgesetzt.

B. ist eine der schillerndsten Figuren des 18. Jh.s. In 119 Schriften beschäftigte er sich mit Theologie und Pädagogik, Philologie und Soziologie, Politik und Jurisprudenz. Als Theologe vertrat er die Orthodoxie, den → Pietismus, die kritische Bibelwissenschaft - er wurde von J.S. → Semler zunächst gefördert, dann aber bekämpft -, schließlich einen aufgeklärten Naturalismus. Mit kritischen Äußerungen machte er sich nahezu alle Zeitgenossen, die ihn kannten, zu Gegnern. Als Verbreiter der → Aufklärung in weitere Kreise hinein hat er gleichwohl seine Wirkung gehabt.

Lit.: G. Röwenstrunk: Anfangsschwierigkeiten eines Rationalisten. C.F. Bahrdts orthodoxe und pietistische Phase, Diss. Heidelberg 1977; ders.: »Bahrdt, Carl Friedrich«, TRE 5, 1980, 132-133; B. Schyra: C.F. Bahrdt. Sein Leben und Werk, seine Bedeutung, Diss. Leipzig 1962.

G. Ruhbach

Baillie, John (1886-1960)

B., schottischer Theologe, stammte aus freikirchl. Pfarrhaus, studierte in Schottland und Deutschland. Er erhielt Lehraufträge in Theologie am Auburn Theological Seminary (1920) und am Union Theological Seminary in New York (1930) sowie am Emmanuel College in Toronto (1928), bevor er Theologieprofessor (1934) und Rektor (1950) am New College in Edinburgh wurde. Als einer der bedeutendsten Gelehrten der schottischen Kirche des 20. Jh.s versuchte B., den Liberalismus alter Schule mit dem Barthianismus zu verbinden, jedoch mit streng mystischem Einschlag. Aus tiefer Überzeugung unterstützte er die Ökumen. Bewegung, wurde Präsident des Weltrates der Kirchen und stellte sein diplomatisches Geschick auf den Weltkirchenkonferenzen von Amsterdam (1948) und Evanston (1954) unter Beweis. Seine 1957 vorgebrachte Forderung nach einer Union der nationalen Kirchen Schottlands und Englands blieb erfolglos. Unter B.s zahlreichen Veröffentlichungen sind besonders »Our Knowledge of God« (1939) und »Belief in Progress« (1950) zu nennen. Bekannt wurde er allerdings mit zwei weniger theol. Werken: »A Diary of Private Prayer« (1936) und »Invitation to Pilgrimage« (1942). Über das »Diary of Private Prayer« wurde gesagt, daß B. damit eine »Kette des Gebets um die Welt« geschlossen habe.

J.D. Douglas

Balfour Declaration → Judentum (nachbiblisch)

Balthasar, Hans Urs von (1905-1988)

1. Geb. am 12. 8. 1905 in Luzern; Studium der Germanistik in Zürich, Wien und Berlin; Promotion 1928 (Dr. phil.), gest. am 26. 6. 1988.

1929 Eintritt in den Jesuitenorden. Begegnungen mit Erich Przywara (Lebendiger Dialog zwischen Schultheologie und moderner Philosophie) und Henri de → Lubac (Reichtum der Kirchenväter). V.B. beginnt mit dem selbständigen Kirchenväterstudium (Augustin, Irenäus, Origenes, Gregor von Nyssa, Maximus Confessor) und tritt in einen lebendigen Kontakt mit der franz. Literatur (Péguy, Bernanos, Claudel). 1936 Priesterweihe in München; ab 1940 wirkt v.B. als Studentenseelsorger in Basel. Begegnung und bleibende Freundschaft mit Karl → Barth, an dem ihn die Weite der Erwählungslehre und die Christozentrik besonders anziehen (»K. Barth, Darstellung und Deutung seiner Theologie«, 1951). Seit dieser Zeit kommt es auch zu enger Zusammenarbeit mit der visionär begabten Ärztin Adrienne Kaegi-von Speyr (1902-1967). Herausgabe von Büchern Adriennes im 1947 gegründeten Johannes Verlag, Einsiedeln; gemeinsam Gründung der Johannesgemeinschaft, eines Säkularinstitutes, das von beiden exemplarisch für kirchl. Sendung in die Welt verstanden wird.

1950 tritt v.B. aus dem Jesuitenorden aus. Im Juni 1988 erfolgt v.B.s Erhebung in den Kardinalsstand. Zwei Tage vor der Erhebung stirbt v.B.

2. Im Mittelpunkt von v.B.s literarischem Werk steht die theol. Trilogie (15 Bände). Ihre Gesamtanlage geht von (den) drei Transzendentalien der klass. Philosophie aus: das Schöne (Teil I) und das Gute (Teil II) ist gleichzeitig das Wahre (Teil III). Die theol. Ästhetik (»Herrlichkeit«) fragt nach den Spuren, in denen Gottes Herrlichkeit in diese Welt einstrahlt und durch die er sich wahrnehmbar macht. Der zweite Teil (Theodramatik) umkreist das weite Feld des Handelns Gottes in und mit dieser Welt – vom trinitarischen Einsatz bis zur Wiederkunft Jesu und zur (geschichtl. und trinitarischen) Vollendung. Grundfrage ist das Verhältnis von göttlicher und menschlicher Freiheit. Der dritte Teil (Theologik) fragt umfassend weiter danach, wie Wahrheit der Welt und Wahrheit Gottes bei aller Spannung als Einheit auszusagen seien, und schließt mit einer breit entfalteten Pneumatologie.

In »Schleifung der Bastionen« (1952) artikuliert v.B. sein Anliegen der Distanzlosigkeit zur Welt. In »Wer ist ein Christ« (1965) und »Cordula oder der Ernstfall« (1966) warnt er jedoch scharf vor dem Abgleiten in eine Anpassung an die Welt: Weltnähe, aber nicht Weltverfall!

3. B. ging es um das umfassende Einbergen der Wahrheit Gottes, die im Denken der Geistesgeschichte »verstreut« liegt, in einen theol. Gesamtentwurf. Theologie hat dort einzusetzen, wo Gott einsetzt, sich handelnd und offenbarend zeigt. Darum muß die Theologie wahrnehmend, anbetend und so nach-denkend sein. Er wandte sich scharf gegen den Versuch, in der Theologie beim Menschen und dessen Voraussetzungen Maß zu nehmen (Karl Rahner). So war v.B.s Schau von Anfang an umfassend angelegt (Einbezug der ganzen Geistesgeschichte; Vorbild der Kirchenväter) und streng trinitarisch bezogen. Sie wurde im Verlauf ihres Entstehens immer tiefer heilsgeschichtl. und bibl. Sein Werk zeigt jedoch wie sein Leben, daß Theologie und Heiligkeit im Leben des Theologen eine untrennbare Einheit bilden müssen, die gleichzeitig von gehorsamer Existenz innerhalb der Kirche nicht zu trennen sind. Weil die Wahrheitsfrage gestellt blieb, waren für ihn christl. und kirchl. Theologie nicht voneinander zu scheiden.

Lit.: Bibliographie 1925-1990 (1991).

H.U. v. Balthasar: Prüfet alles, das Gute behaltet, 1986; ders.: Mein Werk. Durchblicke, 1990; K. Lehmann, W. Kasper (Hg.): Hans U. v. Balthasar: Gestalt und Werk, 1989. Zum Verhältnis zu Adrienne von Speyr: Erster Blick auf Adrienne von Speyr, [4]1989; Unser Auftrag, 1984.

W.J. Bittner

Baltikum

Übergreifender Begriff für die drei Staaten Estland, Lettland und Litauen; die Letten und Litauer gehören der baltischen Sprachfamilie an, die Esten sprechen eine finnisch-ugrische Sprache.

a) Estland

Die Christianisierung E.s ging vom Ende des 12. Jh.s an vom Erzbistum Lund (Dänemark) und vom Deutschritterorden aus. Die Reformation luth. Prägung faßte früh in E. Fuß; Reval, Narwa und Dorpat wurden von 1523 an ev. Das Luthertum der deutschen Herrenschicht E.s prägte fortan die estnische Kirchen- und Kulturgeschichte. Bedeutend war der Einfluß der Herrnhuter Brüdergemeine im 18. und 19. Jh.

1580/81 wurde E. von den Schweden, unter Peter dem Großen von den Russen erobert, wobei deutsche Sprache, deutsches Recht und die luth. Kirche als hier vorherrschende anerkannt wurden. E. erlebte gegen Ende des 19. Jh.s eine starke Nationalbewegung. Am 24. Jan. 1918 wurde der Freistaat E. ausgerufen. Im Gefolge des Hitler-Stalin-Paktes besetzten 1940 die Sowjets E., 1941 wurde es von der dt. Wehrmacht erobert und 1944 wieder in die Sowjetunion einverleibt. 1991 erhielt E. seine staatliche Unabhängigkeit zurück.

Von den rund 1,6 Mio. Einwohnern E.s sind 65% Esten und 28 % Russen, der Rest vor allem Ukrainer und Weißrussen. Die größte Kirche ist die Ev.-Luth. Kirche E.s. Die orth. Gemeinden, deren Glieder zumeist Russen sind, unterstehen dem Patriarchat Moskau. Außerdem gibt es Baptisten und eine kleine Methodistenkirche.

b) Lettland

Seit dem Ende des 12. Jh.s wurde das Gebiet des heutigen L. (Livland im Norden und Kurland im Süden) von deutschen Kaufleuten, Rittern und Missionaren erschlossen und allmählich christianisiert. Die Gründung von Stadt und Bistum Riga 1201 ist ein Kerndatum der lettischen Geschichte. Die Reformation Luthers faßte 1522 unter dem deutschen Klerus, dem deutschen Adel und der deutschen Stadtbevölkerung in Riga und seiner Umgebung rasch Fuß, so daß Luther bereits 1524 schrieb: »Das Evangelium geht auf und schreitet fort in Livland, besonders bei den Rigensern, ... so wunderbar ist Christus.« 1710 eroberte Peter der Große Livland. Kurland geriet unter russ. Einfluß, ging aber erst mit der dritten Teilung Polens 1795 ganz in russ. Besitz über. Im 19. Jh. leitete St. Petersburg eine gewaltsame Russifizierung der Deutschen ein und entfachte unter den Letten eine Massenkonversion zur Orthodoxie. Lettische Kultur und lettisches Nationalbewußtsein formten sich in der Auseinandersetzung zwischen Russen und Deutschen. Am 18. 11. 1918 wurde die Republik Lettland proklamiert, die bis zur sowjetischen Annexion von 1940 bestand. Nach dreijähriger deutscher Besetzung (1941-1944) erfolgte erneut die Eingliederung in die Sowjetunion. 1991 wurde L. wieder selbständig.

Von den rund 2,6 Mio. Einwohnern L.s sind 54% Letten, 33% Russen und der Rest zumeist Weißrussen und Ukrainer. Die hist. bedeutendste Kirche ist die Ev.-Luth. Kirche L.s. Die früher polnisch-litauischen Provinzen Lattgallen und Semgallen sind überwiegend röm.-kath. Außerdem gibt es in L. ein zum Patriarchat Moskau gehörendes orth. Bistum und zahlreiche Altgläubigengemeinden (Priesterlose), deren Mittelpunkt die Rigaer Grebenschtschikow-Gemeinde ist.

c) Litauen

In der Mitte des 13. Jh.s schlossen sich litauische Stämme erstmals zu einem Staat zusammen, der sich unter Gedimin (gest. 1341) weit in den Süden ausdehnte. Nachdem mehrere Missionsversuche erfolglos geblieben waren, nahm L. 1386 das röm.-kath. Christentum an. Im selben Jahr kam es zur dynastischen Verbindung mit Polen. Mit der weiteren Expansion bis hin zum Schwarzen Meer wurden große west- und südwestruss. Gebiete litauisch, deren Bevölkerung orth. war und dem Metropoliten von Kiew unterstand. Im 16. Jh. drang die → Reformation, insbesondere der → Calvinismus, ins litauische Kernland ein, wurde jedoch von der Gegenreformation wieder verdrängt. Mit der Union von Brest-Litowsk unterstellten sich große Teile der orth. Kirche der Oberhoheit des Papstes, behielten aber die herkömmliche Liturgie, Theologie und Spiritualität bei (griech.-kath. oder unierte Kirche). Durch die Teilungen Polens Ende des 18. Jh.s wurde L. zu Rußland geschlagen. Im 19. Jh. entstand eine ausgeprägte litauische Nationalbewegung. Im November 1918 wurde der litauische Freistaat gegründet; Wilna und Umgebung blieben als »Mittellitauen« unter polnischer Verwaltung. 1940 wurde L. an die Sowjetunion angeschlossen. Nach dreijähriger deutscher Besetzung (1941-1944) wurde es wiederum sowjetisch. 1991 erhielt L. seine staatliche Selbständigkeit zurück.

80% der 3,6 Mio. Einwohner sind Litauer, 9% Russen, der Rest Polen, Weißrussen und Ukrainer. Fast alle Litauer sind röm.-kath. Daneben gibt es eine ev.-luth. Minderheitskirche (Memelgebiet) und eine noch kleinere ref. Kirche (Kreis Birzau im Nordosten). Die Russen, Weißrussen und Ukrainer gehören der russ.-orth. Kirche (Moskauer Patriarchat) an.

Alle drei baltischen Staaten und ihre Kirchen hatten unter den in der Sowjetunion üblichen Repressalien, insbesondere unter der Russifizierung und der Kirchenverfolgung zu leiden. Mit der Lokkerung der Religionspolitik im Gefolge der Perestroika setzte ein umfassender kirchl. Aufbauprozeß ein, der sich seit dem Erhalt der staatlichen Unabhängigkeit intensiviert.

Lit.: H. Biezais, P. Hauptmann: »Baltikum«, TRE 5, 1980, 138-159.

E. Bryner

Bann → Exkommunikation

Baptismus/Baptisten

1. Definition

Der B. gehört zu den Erneuerungsbewegungen, die im Laufe der Kirchengeschichte dadurch entstanden sind, daß einzelne Christen im Hören auf die Heilige Schrift das aufzunehmen bereit waren, was sie als verbindliche Weisung für den einzelnen und die Gemeinde Jesu Christi erkannt hatten. Dabei charakterisiert den B. als reformat. geprägte freikirchl. Bewegung das Bemühen, die persönliche Christusnachfolge der verbindlichen Gemeinschaft der Gemeinde zuzuordnen, weil in der Gemeinde Jesu Christi als Modell des Reiches Gottes der Anbruch der Gottesherrschaft zeichenhaft sichtbar werden soll. Angesichts dieses Horizontes ist das starke mission. Engagement des B. zu erklären. Die bewußt gewählte Kirchenform des → Kongregationalismus betont die Eigenverantwortung und Selbstverwaltung der Ortsgemeinde. In ihr übt Christus als Herr der Gemeinde seine Herrschaft durch Wort und Geist aus. Der Name B., der zunächst Fremdbezeichnung war und erst später als Eigenname akzeptiert wurde, weist auf das äußerlich auffallende Unterscheidungsmerkmal, nicht aber auf das Wesen hin: Der B. ist keine Tauf-, sondern eine Gemeindebewegung. Erst aus der Konsequenz, Gemeinde nach dem NT bilden zu wollen, ergibt sich Lehre und Praxis der Glaubenstaufe. »Gemeinde gläubig getaufter Christen« ist daher lange in Gebrauch gewesene Selbstbezeichnung. Trotz des Einspruchs der die Kindertaufe praktizierenden Kirchen hält der B. in Lehre wie in Praxis an der bibl. bezeugten Glaubenstaufe fest.

2. Entstehung und Geschichte

a. Die theol. Wurzeln des B. reichen bis in das 16. Jh., als sich infolge der → Reformation Luthers und Zwinglis zunächst in der Schweiz, dann aber auch an vielen weiteren Orten Täufergemeinden bildeten. Wesentliche Überzeugungen, die von den Täufern aus der Schrift erhoben und konsequent verwirklicht wurden, für die sie Verfolgung und Martyrium auf sich nahmen, finden sich bei den späteren B.en wieder.

b. Hist. nachweisbar ist die Entstehung des B. erst für die Anfänge des 17. Jh.s in England. Der Puritanismus hatte mit seiner Forderung, die Hl. Schrift als Richtschnur für Glauben und Leben des einzelnen Christen wie der Gemeinde anzuerkennen, den Boden vorbereitet. Dadurch ausgelöst entwickelten sich der Presbyterianismus wie der Kongregationalismus, die auch in der Frage der Kirchenordnung dem ntl. Beispiel folgen wollten. Es kam zu Konventikelbildungen der »Nonkonformisten«, die von der anglik. Staatskirche bekämpft und verfolgt wurden. Zwei kongregationalistisch orientierte Gemeinden unter der Leitung von John Smyth (1570-1612) und Thomas Helwys (gest. 1616) flüchteten 1608 nach Amsterdam, wo die Glaubenstaufe an den Mitgliedern vollzogen wurde. Inwieweit hier mennonitischer Einfluß wirksam war, ist nicht exakt nachzuweisen, wohl aber zu vermuten. Während J. Smyth sich später den Waterländer Mennoniten anschloß, kehrte Th. Helwys 1611/12 mit einer kleinen Gemeindegruppe nach England zurück und bildete in der Nähe Londons die erste B.engemeinde in England mit deutlichen Abweichungen von mennonitischen Lehrauffassungen. Trotz massiver Verfolgung und der Inhaftierung Th. Helwys' gab es 1626 bereits fünf B.engemeinden mit etwa 150 Mitgliedern. Aufgrund ihrer Lehre der der ganzen Menschheit geltenden Versöhnungstat Gottes (general atonement; → Arminius/Arminianismus) kam es zur Bezeichnung der General Baptists. Unabhängig von ihnen entstand 1638 die erste Gemeinde der Particular Baptists, die in Aufnahme calvinistischen Gedankengutes die Versöhnung nur für den prädestinierten Teil der Menschheit lehrten. Um 1644 gab es allein in London bereits sieben Gemeinden der »Particular Baptists«. Hatten die »General« wie die »Particular Baptists« die Taufe bisher in Form von Übergießen bzw. Besprengung vollzogen, ist bei den »Particular Baptists« seit 1641 die Taufe durch Untertauchen des ganzen Körpers praktiziert worden. Diese Form wurde bald auch von den »General Baptists« übernommen. Es kam zu rascher Verbreitung des B. auf den britischen Inseln, wobei die methodistische Erweckungsbewegung von besonderer Bedeutung gewesen ist. Ferner sind John → Bunyan (1628-88), William → Carey (1761-1834) und die Gründung der Baptist Missionary Society 1792 sowie Charles Haddon → Spurgeon (1834-92) zu erwähnen. Im 19. Jh. wuchsen die »General« und die »Particular Baptists« zusammen aufgrund des in den Hintergrund tretenden strengen Calvinismus.

c. Infolge der Emigrationen verbreitete sich das baptistische Gedankengut bald auch in der Neuen Welt. Roger Williams (1603-83), leidenschaftlicher Verfechter der Religionsfreiheit sowie der Trennung von Kirche und Staat, gründete 1639 die erste B.engemeinde in Nord-Amerika (Providence/Rhode Island). Der B. entwickelte sich dort bald zu einer der stärksten Kräfte des rel. und polit. Lebens.

d. Vom geschichtl. älteren angelsächsischen B. ist der deutsche B. dadurch unterschieden, daß zu der täuferischen Tradition pietist. Gedankengut hinzukam. Dabei muß beachtet werden, daß die → Erweckungsbewegung zu Beginn des 19. Jh.s der geistl. Kontext für die Entstehung des kontinentaleuropäischen B. ist. Die Erweckungsbewegung bewirkte im Gegenzug zum Rationalismus eine neue Hinwendung zur Bibel, zu persönlicher Frömmigkeit, zu → Bekehrung, Heilsgewißheit, → Gebet. Johann Gerhard → Oncken (1800-84), in Varel/Oldenburg geboren, kam als junger Kaufmannsgehilfe nach Schottland und England und lernte dort freikirchl. Gemeindeleben in verschiedener Ausprägung kennen. Die starken calvinistischen Einflüsse, die er dort aufnahm, beeinflußten später Theologie und Praxis des deutschen B. Als Agent der Continental Society, einer 1818 gegründeten Missionsgesellschaft zur Verbreitung von Bibeln, Bibelteilen und christl. Traktaten, kam Oncken 1823 nach Hamburg. Er hielt sich zunächst zur ev.-ref. Kirche und führte in Häusern wie auf Schiffen im Hafen evangelistische Versammlungen durch; besondere Erwähnung verdient die Gründung der ersten Sonntagschule, die Oncken in Verbindung mit dem erweckten Pastor J.W. Rautenberg (1791-1865) 1825 in dem Hamburger Stadtteil St. Georg einrichtete.

Aufgrund des persönlichen Bibelstudiums stellte sich Oncken die Frage nach der rechten Gestalt der Gemeinde Jesu Christi, die er in der Staatskirche nicht verwirklicht sah. Von dem amerikanischen Professor Barnas Sears wurden Oncken und mit ihm sechs weitere Frauen und Männer am 22. 4. 1834 in der Elbe getauft. Am Tag darauf konstituierte sich die erste deutsche B.engemeinde »nach dem Vorbild der urchristlichen Gemeinden«, in der Oncken als Ältester und Prediger eingesetzt und von B. Sears ordiniert wurde.

Neben Oncken sind J. Köbner und G.W. Lehmann als Gründerväter des deutschen B. zu nennen, die aufgrund ihrer unterschiedlichen theol. Prägung für ein breites Fundament für die neue Gemeindebewegung sorgten. Julius Köbner (1806-84), Sohn eines in Dänemark tätigen Rabbiners, von Beruf Graveur, kam 1836 zur Hamburger B.engemeinde und wurde der theol. Schriftsteller, der die Prinzipien der freikirchl. Gemeindebewegung (Glaubens- und Gewissensfreiheit, Trennung von Kirche und Staat, Gemeinde der Glaubenden,

Rechtfertigung und Heiligung) nach außen wie nach innen vehement vertrat.

Gottfried Wilhelm Lehmann (1799-1822), Kupferstecher und Lithograph in Berlin, geistl. geprägt durch die böhmisch-luth. Kirche wie durch die Herrnhuter Brüdergemeine, vermittelte dem deutschen B. eine starke luth.-pietist. Prägung. Nach seiner Taufe 1837 wurde Lehmann eine der führenden Gestalten des B. in Preußen, der sich leidenschaftlich um das Gespräch mit Christen anderer Denominationen sowie um staatliche Anerkennung der Baptistengemeinden bemühte. Die Gründung des deutschen Zweiges der Evangelischen → Allianz geht wesentlich auf Lehmann (zusammen mit dem Berliner Pastor E. Kuntze) zurück.

Trotz der Betonung der Unabhängigkeit und Selbstverwaltung der Ortsgemeinden kam es 1848 zur Gründung der Preußischen Vereinigung und 1849 zur Gründung des »Bundes der vereinigten Gemeinden getaufter Christen in Deutschland und Dänemark«. Der starke mission. Eifer führte zu einer erstaunlichen Verbreitung des B. auch außerhalb Deutschlands, vor allem in vielen osteurop. Ländern. Hatten die B.en die Eigenständigkeit ihrer Gemeindebewegung gegenüber dem angelsächsischen B. angesichts der Anfeindungen durch die Staatskirche betont, lassen sich in der weiteren Entwicklung die Einflüsse vor allem des amerikanischen B. nicht leugnen. Personell werden sie in der zweiten Generation erkennbar, als Rückwanderer aus Amerika dem deutschen B. wichtige Impulse und weiterführende Anregungen vermittelten. Wichtig für diese Zeit ist die Gründung einer Prediger- und Missionsschule in Hamburg 1880, die Gründung eines Diakonissenhauses »Bethel« in Berlin, der Beginn der Missionsarbeit in Kamerun 1891 und die rechtliche Anerkennung des deutschen Gemeindebundes 1888.

In der Zeit des Nationalsozialismus ist es dem deutschen B. kaum gelungen, die Unabhängigkeit der Kirche vom Staat überzeugend zu leben. Die Bemühungen um die Sammlung der Freikirchen zur »dritten Kraft« hatten nur teilweise Erfolg: 1938 traten die Mitglieder der → Elim-Gemeinden dem Bund der B.engemeinden bei, und 1941 kam es zum Zusammenschluß mit dem Bund freikirchl. Christen (die Christliche Versammlung und die »Offenen Brüder« darbystischer Prägung hatten sich 1937 zum Bund freikirchlicher Christen zusammengeschlossen). Seitdem ist in Deutschland die Bezeichnung »Evangelisch-freikirchliche Gemeinden« eingeführt, auch wenn nach 1945 eine große Zahl der Brüdergemeinden und Elim-Gemeinden den Bund verließ. In den östl. Bundesländern ist die Zusammenarbeit der Elim-, Brüder- und B.engemeinden im Bund Evangelisch-freikirchlicher Gemeinden bis 1990/91 intensiv gewesen.

3. Lehre

a. Allein die Schrift

Mit der Reformation bekennt sich der B. zum Grundsatz, allein die Hl. Schrift als Richtschnur für Glauben und Leben anzuerkennen. In konsequenter Fortführung des reformat. Ansatzes soll das umfassend gelten, für die Soteriologie ebenso wie für die Ekklesiologie. Die Bibel - wie sie unter der Anleitung des Hl. Geistes von ihrer Mitte, von Christus her, zu verstehen ist - bleibt für die Lebensgestaltung des Christen wie für die Gemeindeordnung verbindlich. Schriftliche Glaubensbekenntnisse haben im B. immer nur eine untergeordnete Rolle gespielt, da die Alleingültigkeit der Schrift nicht angetastet werden soll. Auf Anforderung von außen wurde das erste Glaubensbekenntnis in Hamburg 1837 vorgelegt. Seit 1977 ist die »Rechenschaft vom Glauben« im deutschsprachigen B. in Gebrauch (Deutschland, Österreich, Schweiz). Die Schriftauslegung ist Sache der versammelten Gemeinde, da der einzelne Christ durch den Hl. → Geist zum rechten Verstehen der Bibel angeleitet wird, selber aber auch der Korrektur und Ergänzung durch die Gemeinde bedarf.

b. Rechtfertigung und Heiligung

Allein aus Gnaden wird der Mensch vor Gott gerecht, der dem Sünder um des Verdienstes Christi willen bedingungslos das ewige Heil anbietet. Dieses Geschenk erfordert die Antwort des Glaubens, die jeder Mensch persönlich geben muß. Hierin ist er durch niemanden zu vertreten. Gottes Geist bereitet die Entscheidung des Menschen vor und wirkt Glauben. Die neue Schöpfung entfaltet sich in der Christusgemeinschaft, da der Hl. Geist zum Leben in der Heiligung befähigt: Der »Christus für uns« ist ebenso der »Christus in uns«. Darum gehört die Heiligung als Wirkung der Rechtfertigung untrennbar zur Heilserfahrung.

c. Glaube, Taufe und Gemeinde

Wer durch das Evangelium zur Umkehr geführt wird und die persönliche Antwort des Glaubens gegeben hat, wird durch die Taufe in den Leib Christi eingegliedert. Weil der Glaube konstitutiv zur Taufe gehört, setzt die Taufe das persönliche

Bekenntnis des Glaubens voraus. Der Täufling bekennt sich öffentlich zu Jesus Christus, wird seiner Herrschaft übereignet und verpflichtet sich zur Nachfolge in verbindlicher Gemeinschaft der Glaubenden. Die Gemeinde bezeugt mit dem Täufling das Ja Gottes zu ihm und verpflichtet sich zu verantwortlicher Bruderschaft. Der Taufe folgt die Aufnahme in die Gemeinde.

d. Die Gemeinde und ihre Ordnungen

»Jede Ortsgemeinde versteht sich als Manifestation des einen Leibes Christi und ordnet ihr Leben und ihren Dienst selbst« (Rechenschaft vom Glauben). Dazu gehört die Lehrverantwortung, Seelsorge, Mission und Diakonie wie die Berufung der Mitarbeiter und hauptberuflich tätigen Pastoren und Theologischen Mitarbeiterinnen (die Bezeichnung Pastorin ist in einzelnen Gemeinden bereits üblich, innerhalb des Gemeindebundes jedoch noch nicht offiziell eingeführt). Mitte des Gemeindelebens ist der Gottesdienst, an dessen Gestaltung möglichst viele Mitglieder beteiligt sind; er dient der Sammlung der Gemeinde in Lob und Anbetung Gottes, der bibl. Lehre und evangelistischen Verkündigung ebenso wie der Zurüstung der Gemeinde für die Sendung in der Welt. »Das allgemeine Priestertum aller Gläubigen ist die der christlichen Gemeinde von ihrem Herrn gegebene Grundstruktur« (RvG). Daraus ergibt sich die Ablehnung hierarchischer Strukturen und Vorrangstellung einzelner Dienste. Alle vom Hl. Geist verliehenen Gaben sind für Leben und Auftrag der Gemeinde wichtig und dienen der Auferbauung des Leibes Christi. Es gibt keinen Dienst, der grundsätzlich dem Pastor allein vorbehalten wäre. Zur überschaubaren Gemeinde gehören Gruppenarbeit und Hauskreise. Die Gemeinde wählt aus ihrer Mitte Diakone und Älteste, die die Gemeindeleitung bilden.

Die einzelnen Ortsgemeinden haben sich regional zu Vereinigungen und insgesamt zum Gemeindebund zusammengeschlossen, der jährlich eine Bundesratstagung durchführt, auf der alle Gemeinden durch Abgeordnete vertreten sind. Ohne daß von dort Weisungsbefugnis für die Ortsgemeinde ausgehen würde, wird das Maß an geistl. Einheit doch daran erkennbar, daß die Bundesleitung wie einzelne Organe des Bundes mit der Unterstützung der Ortsgemeinden rechnen können, wenn es um die Bewältigung übergemeindlicher Aufgaben in Diakonie und Mission sowie um die Verwaltung bundeseigener Werke geht. Dazu gehören der Oncken-Verlag in Wuppertal und Kassel, das Theologische Seminar in Hamburg, wo gegenwärtig über 80 Frauen und Männer für den Gemeindedienst ausgebildet werden, das Gemeindejugendwerk und Jugendseminar in Hamburg und die Bibelschulen Wiedenest und Berlin-Wannsee.

e. Gemeinde und Mission

Da die Gemeinde um der Sendung willen lebt, die Christus ihr übertragen hat, ist Mission ihre zentrale Lebensäußerung. Alles Handeln der Gemeinde ist auf diese Sendung auszurichten. Das äußert sich in Gesellschaftsdiakonie ebenso wie in der evangelistischen Verkündigung. Jedes Gemeindeglied weiß sich dem Missionsauftrag verpflichtet. Die Außenmission des Bundes arbeitet (in Verbindung mit der Europäisch-Baptistischen Missionsgesellschaft EBM) in Kamerun, in Sierra Leone, in Zentralafrika, Indien und Südamerika. Die Heimatmission fördert die mission. Arbeit einzelner Gemeinden durch Schulung der Mitarbeiter, Entwicklung von Konzepten, Bereitstellung von Material und Neugründung von Gemeinden.

f. Gewissensfreiheit

B.en gehören zu den Vorkämpfern für Glaubens- und Gewissensfreiheit, die sie von Anfang an bibl. begründet haben. Gott achtet den Menschen in seiner Entscheidung, daß er das Heil in Christus annehmen, aber auch ablehnen kann. Niemand darf in seiner Glaubensentscheidung unter Druck gesetzt oder bei der Ausübung seines Glaubens benachteiligt werden.

g. Trennung von Kirche und Staat

Die Trennung von Kirche und Staat ergibt sich nach baptistischem Verständnis aus dem Wesen der Gemeinde Jesu Christi, die Zeichen der zukünftigen Gottesherrschaft ist und damit als analogielose Größe in dieser Welt lebt. Dazu gehört auch die finanzielle Unabhängigkeit. Jede Gemeinde deckt ihren Haushalt durch freiwillige Spenden ihrer Mitglieder, Kirchensteuern werden nicht erhoben. Um der Freiheit für das Evangelium willen muß sich die Gemeinde ihre Unabhängigkeit von staatlichem Druck und gesellschaftl. Zwängen bewahren. In der Geschichte des deutschen B. hat das – im Unterschied zum angelsächsischen B. – bisweilen zu apolitischem Verhalten und zu einer Rückzugsmentalität geführt, die jedoch zunehmend durch sozial-diakon. Handeln überwunden wird: Diakoniewerke Albertinen, Bethel, Tabea sowie zahlreiche diakon. Einrichtungen unter der Trägerschaft von Ortsgemeinden bzw. Gemeindeverbänden.

h. Die Einheit der Kirche Jesu Christi

Die Einheit des Leibes Christi ist den B.en ein hohes Gut; sie gilt es zu bewahren und trotz einzelner Lehrunterschiede auch darzustellen. Darum haben die B.en die Entstehung der Evangelischen Allianz 1846 nicht nur nachdrücklich gefördert, sondern auch im Verlauf ihrer Geschichte intensiv vorangetrieben. Die geistl. Gemeinschaft mit Christen verschiedener Kirchen und Denominationen ist ihnen wichtiger als der organisatorische Zusammenschluß der Kirchen. Darum arbeiten B.en von 1948 an in der → Arbeitsgemeinschaft christlicher Kirchen mit und praktizieren einzelne Gemeinden Ökumene vor Ort; ein Beitritt zum ÖRK ist seitens des deutschen B. jedoch nicht vorgesehen. Die innerfreikirchl. Ökumene (Vereinigung evangelischer Freikirchen, seit 1926) gewinnt zunehmend an Bedeutung. Jahrzehntelang als Sektierer geächtet, wird die Stimme der Freikirchen heute im ökumen. Dialog bewußt gehört. Manche Ausprägungen des Volks- bzw. Landeskirchentums erschweren die Existenz und das Zeugnis der Freikirchen immer noch. Umso bedeutungsvoller sind die Lehrgespräche, die in jüngster Vergangenheit stattgefunden haben: auf internationaler Ebene zwischen den ref. Kirchen und dem Baptistischen Weltbund 1973-77, zwischen dem Baptistischen Weltbund und dem Vatikanischen Sekretariat für die Förderung der Einheit der Christen, 1984-1988, und mit dem Lutherischen Weltbund 1987-90, auf nationaler Ebene mit den luth. Kirchen 1980-81 bzw. in der ehemaligen DDR 1982-1983.

In der eigenen Konfessionsfamilie gibt es eine enge Zusammenarbeit auf der europäischen Ebene (European Baptist Federation) sowie im weltweiten Rahmen mit der Baptist World Alliance (BWA).

4. Verbreitung/Statistik

Mit seinen über 80.000 Mitgliedern bildet der Bund Evangelisch-Freikirchlicher Gemeinden die größte Freikirche in Deutschland. In Europa gibt es 752.247 Baptisten in 8.323 Gemeinden. Die stärkste Verbreitung haben die Baptisten in Nordamerika mit über 29 Mio. Mitgliedern. Zur BWA gehören über 35 Mio. Baptisten in 134.000 Gemeinden, wobei nur die getauften Mitglieder, nicht die Familienangehörigen gezählt werden.

Lit.: G. Balders: Ein Herr, ein Glaube, eine Taufe, FS, [3]1990; ders.: Theurer Bruder Oncken, 1978, [2]1984; Der Bund Evangelisch-Freikirchlicher Gemeinden. Eine Selbstdarstellung, 1992; E. Geldbach: Freikirchen. Erbe, Gestalt und Wirkung, 1989; J.D. Hughey: Die Baptisten. Lehre, Praxis, Geschichte, 1959; ders.: »Die Baptisten«, in: Die Kirchen der Welt, II, 1964; G. Jordy: Die Brüderbewegung in Deutschland I, 1979, II 1982, III 1986; H. Kirchner (Hg.): Freikirchen und konfessionelle Minderheitskirchen, 1987; H. Luckey: Johann Gerhard Oncken und die Anfänge des deutschen Baptismus, 1934, [3]1958; ders.: G.W. Lehmann und die Entstehung einer deutschen Freikirche, 1939; W.L. Lumpkin: Baptist Confessions of Faith, [4]1980; Rechenschaft vom Glauben, 1977; R.G. Torbet: The History of the Baptists, [10]1978; G. Westin: Der Weg der freien christlichen Gemeinden durch die Jahrhunderte, 1956.

E. Brandt

Baptisterium → Kirchenbau

Barclay, Robert → Quäker

Barfüßer → Mönchtum

Barlach, Ernst (1870-1938)

Bildhauer, Zeichner, Dramatiker, geb. am 2. 1. 1870 in Wedel, gest. am 24. 10. 1938 in Güstrow. B. fand seinen eigenen Stil erst 1906 auf einer Reise zu seinem Bruder nach Rußland. B.s Thema ist der Mensch in sozialer Randlage, vom Schicksal getroffen oder von seelischer Stimmung bewegt. Dabei suchte B. nicht das Individuelle, sondern das Allgemeingültige darzustellen, das sich in Gestik und Haltung ausdrückt. Zugleich erdverbunden und visionär, senken die Plastiken, in sich gekehrt, den Blick hinab oder nach oben. Die Titel weisen auf Abstraktion: Der Wartende, Die Verlassene, Die Trauer. Das Verständnis des Ewigen ist eher pantheistisch als christl. Trotzdem hat B. mit dem Gekreuzigten und dem Lehrenden Christus die moderne christl. Kunst beeinflußt. Sein Apokalypsezyklus hat keinen Bezug zur Bibel, und das Güstrower Ehrenmal ist kein Engel, sondern eine schwebende, trauernde Gestalt in langem Mantel mit geschlossenen Augen. Formelhafte Lieblingsthemen werden wiederholt aufgegriffen.

Einige Figuren sind aus Bronze, die meisten aus grobgeschnitztem Holz, gedrungen, manche in heftiger Bewegung. Das Gesicht, Füße und Hände sind groß und detailliert ausgearbeitet. Mit den realistischen Ehrenmalen, besonders in Magdeburg, hat B. seit 1929 neben Anerkennung auch Empörung erregt und 1937 Ausstellungsverbot erhalten. Erbittert erlebte er die Zerstörung einiger seiner Werke.

Auch als dramatischer Schriftsteller bleibt B. dem Christl. gegenüber distanziert.

Lit.: Ernst Barlach. Dramen-Prosa-Briefe, hg. von F. Droß, 5 Bde., 1956-68; C. Krahmer: Ernst Barlach in Selbstzeugnissen und Bilddokumenten, 1984; F. Schult: Ernst Barlach, Werkkatalog, 3 Bde., 1955/57/71.

R. Lohse-Flitner

Barmer Mission

→ Vereinigte Evangelische Mission

Barmer Theologische Erklärung

Wie immer man die Bekennende Kirche und ihren Weg z.Zt. des Nationalsozialismus beurteilen mag, die erste Reichsbekenntnissynode in Barmen und die einstimmig verabschiedete »Theologische Erklärung zur gegenwärtigen Lage der DEK« (Th.E.) war eine hist. Stunde innerhalb der ev. Kirchengeschichte. Zum ersten Mal seit dem 16. Jh. kamen Glieder »lutherischer, reformierter und unierter Kirchen« auf einer Synode zusammen und haben mit der Th.E. eine als »christliches, biblisch-reformatorisches Zeugnis« verstandene Erklärung gemeinsam abgegeben.

Allerdings haben die hist. Umstände zu diesem Schritt genötigt. Die deutschchristl. Kirchenleitung hatte die Einheit der DEK »dauernd und grundsätzlich durch fremde Voraussetzungen durchkreuzt« und damit die Kirche durch »verwüstende Irrtümer gesprengt«. So war der Zusammenschluß aller bekenntnisgebundenen Kräfte unumgängliche Notwendigkeit: »Es wäre Ungehorsam gegen Gott, jetzt nicht in gemeinsamer Arbeits- und Kampffront zusammenzustehen.« Die Vorbereitung der Barmer Synode und speziell der Th.E. zeigt jedoch, wie vielfältig und unterschiedlich die Meinungen der versammelten Vertreter waren und wie bis zum letzten Tag nicht feststand, ob die Synode tagen und was sie sagen würde. Die Th.E. wurde von einem Dreierausschuß (Hans → Asmussen, Karl → Barth, Thomas Breit) entworfen, verschiedentlich überarbeitet und von Asmussen in Barmen mit einem ausführlichen Vortrag eingebracht, der dann auch neben der Th.E. selbst Teil der Annahmeentscheidung wurde. Außerdem beschloß die Synode, daß »diese Erklärung den Bekenntnissynoden zur Erarbeitung verantwortlicher Auslegung von ihren Bekenntnissen aus übergeben« werden sollte.

Insofern war diese Erklärung nicht als Abschluß, sondern als Beginn eines theol.-geistl. Gespräches gedacht, das aber – von Württemberg und neuerdings der EKU abgesehen – weder damals noch nach 1945 stattgefunden hat. Mag sein, daß die Hitze der Auseinandersetzung und der Zusammenbruch der Bekennenden Kirche im März 1936 dieses Gespräch unmöglich gemacht hat. Nach 1945 hätte dieser Rezeptionsprozeß stattfinden müssen, aber er erfolgte nicht. Da die meisten alten und neuen Landeskirchen der EKD sich in einer Bringschuld gegenüber der Bekennenden Kirche empfanden, nahmen fast alle, freilich in unterschiedlicher Gewichtung, die Th.E. in ihre Grundordnung auf: Die einen betonen die in Barmen »bezeugte Gemeinschaft« (VELKD), die anderen bezeichnen die Th.E. als »für die versuchte und angefochtene Kirche wegweisendes Glaubenszeugnis« (EKU), und der → Reformierte Bund schließlich sieht in ihr ein Bekenntnis, auf einer Ebene stehend wie »die Bekenntnisse der Reformation, insbesondere der Heidelberger Katechismus«. Für viele Gliedkirchen der EKD gehört die Th.E. mittlerweile zur Bekenntnisverpflichtung bei der Ordination. All diese Vorgänge erschweren es, den synodalen Auftrag von 1934 auszuführen. So bleibt festzuhalten:

1. Hist. geurteilt, ist die Th.E. nichts anderes als was sie sein will, nämlich eine »Theologische Erklärung zur gegenwärtigen Lage«. Die Feststellung der Präambel (»wir befehlen es Gott, was dieses gemeinsame Wort für das Verhältnis der Bekenntniskirchen untereinander bedeuten mag«) verbietet es, von einem intendierten gemeinsamen Bekenntnis zu sprechen. »Theologisch« heißt die Erklärung, weil die Synode außerdem noch zwei weitere Erklärungen beschlossen hat:

a. eine »Erklärung zur Rechtslage der Bekenntnissynode der Deutschen Evangelischen Kirche«, die dann auf der 2. Reichsbekenntnissynode in Dahlem zur Voraussetzung für die institutionelle Konstituierung der Bekennenden Kirche wurde, und

b. eine »Erklärung zur praktischen Arbeit der Bekenntnissynode der DEK«, die die Konzeption eines bibl.-geistl. Gemeindeaufbaus in der Bekennenden Kirche beschrieb und, wirkungsgeschichtl. gesehen, in der Auseinandersetzung zwischen Kirche und NS-Staat die bei weitem größte Bedeutung hatte. Es bleibt zu bedauern, daß die Grundaspekte der dritten Erklärung von Barmen (geistl. Erneuerung des Pfarrerstandes, Aufbau und Sendung der Bekennenden Gemeinde) nach 1945 nicht aufgenommen wurden, weil dadurch die Th.E. ein Übergewicht erhielt.

2. Dogmat. geurteilt kann die Th.E. schon deswegen kein »Bekenntnis« sein, weil sie in ihren sechs Artikeln zu damals umstrittenen Fragen Stellung nimmt, aber andere für ein Bekenntnis zentrale Themen (z.B. die Autorität der Hl. Schrift, die Sakramentenlehre, die Eschatologie u.a.) überhaupt nicht behandelt. Schon 1934 wurde bedauert, daß die Th.E. sich nicht in einem einzigen Satz zum Verhältnis zwischen Christen und Juden/Judenchristen äußert, aber sicherlich hätte solche Formulierung die Einheit der Synode und die Annahme der drei Erklärungen gefährdet. Im »Schlußsatz« der Erklärung stellt die Synode ausdrücklich fest, daß die Anerkennung der sechs Artikel nichts anderes als »die unumgängliche theologische Grundlage der DEK als eines Bundes der Bekenntniskirchen« bedeute. Von hier aus seien alle kirchenpolit. Entscheidungen in der Zukunft zu bedenken. Trotzdem, der Synode sind theol. Grundaussagen von seltener Klarheit gelungen. Das zeigt auch die Rezeption der Th.E. durch andere verfolgte und bedrängte Kirchen im 20. Jh.

Die Th.E. richtet sich gegen die »Lehr- und Handlungsweise der herrschenden Kirchenpartei der Deutschen Christen und des von ihr getragenen Kirchenregimentes«, also höchstens indirekt gegen den NS-Staat. Von den → Deutschen Christen grenzt sich die Th.E. ab; deren Pluralismus von Offenbarungsquellen erklärt sie als häretisch. Dabei ist zu beachten, daß die höchstgewichtige Präambel mit zur Th.E. gehört. Jede der sechs Thesen hat ein Schriftwort zum Ausgang, eine (positive) These und eine Verwerfung der Gegenposition.

These 1 bekennt sich zu Jesus Christus »als dem einen Wort Gottes« und verwirft alle anderen Offenbarungsquellen außer ihm.

These 2 ist Konsequenz aus These 1 und erinnert an »Gottes Anspruch auf unser ganzes Leben«, der keinen anderen Herren neben sich duldet.

These 3, die wichtige Beschreibung der »Kirche als Gemeinde von Brüdern«, verweist diese in »Botschaft wie Ordnung auf den in Wort und Sakrament gegenwärtig handelnden Herrn«, alle anderen Herrschafts- und Gestaltungsansprüche an die Kirche finden nur hier ihren Maßstab.

These 4, Konsequenz aus These 3, weist darauf hin, daß alle Ämter der Kirche nicht »Herrschaft, sondern Dienst begründen« und lehnt besondere mit Herrschaftsbefugnissen ausgestattete Führer in der Kirche ab.

These 5, die einzige These mit zwei Verwerfungen, klärt das Verhältnis zwischen Kirche und Staat: Das Recht des Staates »als Anordnung Gottes in der noch nicht erlösten Welt für Recht und Frieden zu sorgen«, wird deutlich anerkannt. Die Aufgabe der Kirche besteht darin, den Staat in jedem Fall »an Gottes Reich, an Gebot und Gerechtigkeit und damit an die Verantwortung der Regierungen und Regierten zu erinnern«. Der Totalanspruch des Staates wie die Übernahme staatlicher Aufgaben durch die Kirche wird abgelehnt.

These 6 schließlich bestimmt das Verhältnis zwischen Kirche und Volk neu. Kirche ist nicht Kirche des Volkes und damit dem unklaren, so oder so sich artikulierenden Volkswillen unterstellt, sondern Kirche für das Volk, mit einem mission. Auftrag versehen. In diesem Auftrag allein gründet ihre Freiheit.

Lit.: A. Burgsmüller, R. Weth: Die Barmer Theologische Erklärung (mit allen Texten), 1983; Geschichte – Wirkung – Defizite, 1984; W. Hüffmeier, M. Stöhr: Barmer Theologische Erklärung 1934-1984, 1984; C. Nicolaisen: Der Weg nach Barmen. Die Entstehungsgeschichte der Theologischen Erklärung von 1934, 1985; G. Niemöller (Hg.): Die erste Bekenntnissynode der Dt. Ev. Kirche zu Barmen. Bde. I/II 1959; E. Wolf: Barmen. Kirche zwischen Versuchung und Gnade, [2]1970.

G. Ruhbach

Barmherzige Brüder und Schwestern

Eine Sammelbezeichnung für kath. Laienorden, die rel. Gelübde ablegen und fast durchweg in der Krankenpflege arbeiten. Nur wenige Priester – vor allem für die Krankenseelsorge – fanden Aufnahme. Zu den B.B.n und Sch. gehören z.B. die B.B. vom hl. Johannes von Gott (1540 in Spanien gegründet), die B.B. von Montabaur (1856 gegr.), die B.B. vom hl. Vincenz v. Paul (1810 gegr., auch in der rel. Unterweisung tätig) u.a.

Sehr viel zahlreicher als die B.B. sind die B.Sch.; zu ihnen zählen u.a. die Borromäerinnen (1652 gegr.), die Vincentinerinnen (1633 vom hl. Vincenz v. Paul gegr.) sowie andere Frauenorden wie die Elisabetherinnen, die Franziskanerinnen, die Clemensschwestern, die Dernbacher Schwestern u.a. Für die Haus- und Hospitalkrankenpflege waren sie über lange Zeit hin unentbehrlich; seit längerem haben die Eintritte erheblich nachgelassen.

Lit.: M. Heimbucher: Die Orden und Kongregationen der katholischen Kirche, 2 Bde., [3]1932-1934; H.C. Wendlandt: Die weiblichen Orden, 1924.

G. Ruhbach

Barmherzigkeit → Tugend, -en

Barnabasbrief → Apostolische Väter

Barock

B. von span. *barueco*, portug. *barocco*, »unregelmäßige Perle«, mittellat. *baroco* (seit 13. Jh.) spöttisch für einen in typisch scholastischer Manier abgefaßten, aber für sinnlos erachteten Syllogismus (franz. *baroque*, »sonderbar, überladen, bizarr«), im 18. Jh. ins Deutsche übernommen: »barockisch, barock« für veralteten Geschmack und schwülstig empfundene künstlerische Gestaltung. B. war also zunächst eine abwertende Bezeichnung für Architektur, Musik und bildende Kunst im 17. und 18. Jh. Erst im 19. Jh. entdeckt man diese zwei Jahrhunderte als zusammengehörige Epoche und gesamteuropäisches Phänomen im positiven Sinne: die Epoche und den Stil des B. (H. Wölfflin, Renaissance und Barock, 1888). Zuweilen wird B. auch zurückgeführt auf den ital. Maler F. Barocci (1530-1612) als Begründer barocker Malerei.

Der B. ist weder nur die Kunst der Gegenreformation noch des Absolutismus, wenn auch beidem eng verbunden. In seinen wuchtigen und repräsentativen, vielfältig divergierenden Ausprägungen kam er dem Herrschaftsanspruch der kath. Kirche sowie des absolutistischen Adels entgegen und wurde deren besondere Ausdrucksform. Seine vorbereitenden Ursprünge hat der B. in Humanismus und Renaissance Italiens, zumal im Rom Michelangelos mit dem Petersdom und Vignolas mit der Jesuitenkirche Il Gesù, einer Kreuzkuppelbasilika, die zum Prototyp des kath. Kirchenbaus der Folgezeit wurde. Die Schule Coreggios lieferte das neue Element der Malkunst dazu.

Alles, Form und Farbe, Gestalt und Raum, Plastik und Stukkatur, fügt sich im B. zusammen zu einem Gesamtkunstwerk, das den Betrachter nicht mehr nur Gegenüber des künstlerischen Objektes sein läßt. Er wird vielmehr einbezogen in das Kunstwerk, indem dies sich auf ihn hin öffnet, ebenso wie es ihn hinüberführt in ungeahnte Räume hinein. In den Kirchen gehen irdischer und himmlischer Raum ineinander über; denn Architektur, Malerei und Stukkatur wirken derart ineinander, daß der Besucher sich der irdischen Wirklichkeit entnommen fühlt (z.B. in der Wallfahrtskirche Birnau). In den Profanbauten: Schlössern, Residenzen und Parks wird die Räumlichkeit durch endlose Perspektiven durchstoßen. Der barocke Raum findet seine belebende Überhöhung durch Spiel, Tanz, Theater und Feste.

Der barocke Mensch ist »Schau-Spieler« (H.J. Schoeps), die Welt seine Bühne. »Die ganze Welt bewegt den Schauspieler«, stand an Shakespeares Globe-Theater in London, und der Dichter Andreas Gryphius (1616-1664) sinniert: »Der Mensch, das Spiel der Zeit, spielt, weil er allhie lebt im Schauplatz dieser Welt.« Die Welt aber findet mit allen Mitteln der Kunst ihre Abbildung unter Einbeziehung der vielfältigen Formensprache der Natur, so daß der Eindruck unendlicher Bewegtheit, der Fülle und Überladenheit entsteht, obwohl feste Gesetze der Symmetrie, der Ausgewogenheit der zentralen Achse, der Proportionalität gewahrt bleiben. Trotz der Fülle ist die von Maß, Gesetz und Ziel durchwaltete Welt ein göttlicher Kosmos, in dem das menschliche Ich sich selbst zu neuer überhöhter Geltung bringt und über sich selbst hinausweist.

Alle barocke Kunst stellt dies dar. So entstehen prachtvolle sakrale und profane Bauten: Kirchen, Klöster, Paläste, Parks, Plätze, Gebäudeensembles. Im kath. Süden Deutschlands und in Österreich gelangen im 18. Jh. zu höchster Meisterschaft: Fischer v. Erlach – Karlskirche Wien, Schloß Schönbrunn; J. Prandtauer – Kloster Melk; B. Neumann – Vierzehnheiligen, Würzburger Residenz, Kloster Neresheim; D. Zimmermann - Wallfahrtskirchen Steinhausen und Wies usw. Im prot. Norddeutschland war der Kirchenbau weniger ausgeprägt: G. Bähr - Frauenkirche Dresden und D. Pöppelmann - Dresdner Zwinger; J.L. Prey und E.G. Sonnin - St. Michaelis zu Hamburg, auch Schloß- und Palastbauten in Berlin und Potsdam sind Beispiele.

In der Malerei kommen die Impulse aus Italien. Die Bologneser Familie Carracci setzte mit der Ausmalung des Palazzo Farnese in Rom mit mythologisch-allegorischen Motiven 1595ff Maßstäbe, Michelangelo da Caravaggio mit der »Bekehrung des Paulus« (Rom 1600-1601). Höhepunkte sind die Deckenmalereien des P. da Cartona im Palazzo Barberini, des G.B. Baciccio in Il Gesù und des A. Pozzo in S. Ignazio (Rom), der mit seinen Fresken das Gewölbe in einen Idealraum überhöht, so daß Irdisches und Himmlisches ineinander übergehen. In der Kunst G.B. Tiepolos (Residenz Würzburg) erreicht die italienische Malerei des B. ihren Höhepunkt. Nördlich der Alpen prägen der Flame Rubens und der Niederländer Rembrandt, der - in prot. Tradition - besonders bibl., mythologische und hist. Themen aufgreift. Von den deutschen Malern sind A. Elsheimer, J. v. Sandrart, C.D. Asam, J.M. Rottmayr, J. Zick zu nennen.

Die Entwicklung der dt. Kirchenmusik des B. verdankt sich bes. H. Schütz, G.Ph. Telemann, D. → Buxtehude und J.S. → Bach. In der Dichtung, die in A. Gryphius und J.J.Ch. Grimmelshausen ihre größten Vertreter hat, zu denen auch der Kirchenliederdichter Paul → Gerhardt zu rechnen ist, herrscht eine dunkle Grundstimmung der Vergeblichkeit und Vergänglichkeit (»Vanitas!«) vor. Das Leben wird als unberechenbar und wechselhaftem Glück unterworfen empfunden und doch gelebt im Bewußtsein einer alles ordnenden und »zusammenhaltenden Macht« (W. Dilthey).

Lit.: F. Blume: »Barock«, MGG 1, (1949) 1989, 1275-1338; W. Flemming: Deutsche Kultur im Zeitalter des Barocks, (1937) 1970; W. Hager: Barock - Architektur, 1968; ders.: Barock - Skulptur und Malerei, 1969; Die Kunstform des Barockzeitalters, hg. von R. Stamm, 1956; P.A. Riedl: »Barock«, TRE 5, 1980, 241-251; A. Riegl: Die Entstehung der Barockkunst in Rom, 1908; H. Wölfflin: Renaissance und Barock (1888), Neuausg. bearbeitet von H. Rose, [4]1926.

Chr. Windhorst

Barth, Christian Gottlob (1799-1862)

B., geb. am 31. 7. 1799 in Stuttgart, gest. am 12. 11. 1862 in Calw. Mit L. → Hofacker, S. Kapff und A. Knapp war B. einer der Väter der württembergischen Erweckung im 19. Jh.; 1834 bis 1838 war er Pfarrer in Möttlingen und Vorgänger J.Chr. → Blumhardts.

Reisen nach England und Schottland brachten ihn in Verbindung mit der Ev. → Allianz, seine Beschäftigung mit F.Chr. → Oetinger und F. → Baader öffnete ihn für die Theosophie. Ab 1838 arbeitete er hauptberuflich im Calwer Verlagsverein (gegr. 1833) und bemühte sich um christl. Volksliteratur, besonders für die Jugend und den Schulunterricht. Er hat die Kinderrettungsanstalt Stammheim bei Calw gegründet, das Interesse für Heidenmission durch Predigten und Gründung von Missionsvereinen belebt, nicht zuletzt auch zahlreiche Lieder gedichtet, die z.T. im Gesangbuch Aufnahme gefunden haben. So gilt er als württembergischer Pietist mit weitem Horizont.

Lit.: W. Knopp: Ch.G. Barth. Leben und Wirken, 1886; K. Müller: Die religiöse Erweckung im Anfang des 19. Jh. 1925; J. Roessle: Von Bengel bis Blumhardt, [4]1966.

G. Ruhbach

Barth, Karl (1886-1968)

B. geb. am 10. 5. 1886 in Basel, gest. daselbst am 10. 12. 1968, aufgewachsen ab 1889 in Bern, Theologiestudium seit 1904 in Bern, Berlin, Tübingen und Marburg (Schüler von W. Herrmann). 1909 Vikar in Genf, 1911-21 Pfarrer in Safenwil, 1921 Honorarprof. in Göttingen, 1925 Prof. in Münster, 1930 Prof. für Systemat. Theologie in Bonn, 1935-1962 in Basel.

1. Als junger Pfarrer stand B. stark unter dem Einfluß der rel.-sozialen Bewegung, der sich auch in seinem ersten Buch, dem »Römerbrief« (1919) äußert. Theol. vertritt er einen »göttlichen Realismus und Universalismus«, der die Versöhnung nicht moralisch versteht, sondern real, fortschreitend im Weltgeschehen als Weltversöhnung. Diesen Standpunkt gab er bald auf; aus neuer Sicht nimmt er ihn später in der Versöhnungslehre der Dogmatik wieder ein. Bei einer Tagung der Religiös-Sozialen in Tambach (»Der Christ in der Gesellschaft«, 1919) trat sein Bruch mit dem rel. Sozialismus (und mit dem idealistischen Geschichtsdenken) hervor. Die soziale Revolution darf nicht einfach als Revolution Gottes bezeichnet werden, Gottes Handeln in der Geschichte ist unaufweisbar. Von hier aus nimmt B. auch bleibend eine kritische Haltung gegenüber dem Begriff der Heilsgeschichte ein.

In der zweiten umgearbeiteten Auflage des »Römerbriefs« (1922) kommt die »Theologie des Wortes«, auch als »→ Dialektische Theologie« bezeichnet, voll zum Durchbruch. Die zentrale Frage heißt: Wie kann menschliche Rede Wort Gottes sein? Gottes Transzendenz schließt jeden Versuch aus, Gott als Gegenstand, in endlich-zeitlichen Kategorien zu erkennen. Gott ist unverfügbar. Deshalb ist menschliche Rede von Gott inadäquat, nur zeugnishaft. Menschliche Rede (Predigt) ist als solche nicht schon Wort Gottes, sie wird ereignishaft »Wort Gottes«, wenn Gott selbst in der Kraft des Hl. Geistes sich durch dieses verkündigende Wort mitteilt und Glauben weckt. Erkenntnis Gottes ist die dem Glauben zuteil werdende Erleuchtung (Offenbarung) durch das Wort. Von hier aus wird jede natürliche Theologie abgelehnt. B. hat diese Ablehnung später (KD 1/2, 304ff) in der Religionskritik weitergeführt. Religion ist der Versuch, Endliches und Zeitliches zum Unendlichen und Ewigen zu machen und führt im Sinne von Röm 1,18ff zur Vergöttlichung des Kreatürlichen. Die Offenbarung bzw. der Glaube ist daher die eigentliche »Aufhebung« der Religion.

2. Ende der 20er Jahre zeigt sich bei B. eine bedeutsame Wandlung: Theologie reflektiert nicht mehr das »Wortgeschehen«, die Predigt, sondern die Lehre bzw. das Bekenntnis der Kirche. Das → Bekenntnis ist nicht Wort Gottes, sondern Antwort der Kirche auf das von ihr gehörte, offenbarende Wort. Im Bekenntnis wird die Glaubenserkenntnis der Kirche faßbar, die Dogmatik als Lehre reflektiert sie und überprüft sie vom Ursprungszeugnis der Offenbarung, von der Bibel her. Die intensive Beschäftigung mit kirchl. Bekenntnissen äußert sich in drei Büchern über das »Apostolische Glaubensbekenntnis« (»Credo«, 1935; »Confession de la foi de l'Eglise«, 1943; »Dogmatik im Grundriß«, 1947) und in der Vorlesung über das schottische Bekenntnis (»Gotteserkenntnis und Gottesdienst nach reformierter Lehre«, 1938). 1927 erschien die »Christliche Dogmatik im Entwurf«, 1932 dann der erste Band von B.s monumentaler Dogmatik, die nun betont »Kirchliche Dogmatik« (KD) heißt. Neu ist auch die Christologie: Das Wort ist in Jesus Christus Mensch geworden. Gott wird nun ganz anders, nicht nur eschatologisch in seiner Gottheit erkannt, sondern jetzt auch in seiner Menschlichkeit (vgl. »Die Menschlichkeit Gottes«, Theol. Studien 48, 1956). Das Christuszeugnis orientiert sich jetzt streng am Bekenntnis »wahrer Gott und wahrer Mensch«.

3. Methodisch liegt der KD ein dreifacher Ansatz zugrunde: Erstens, daß Gott nur erkannt werden kann, wann und wo er sich selber mitteilt in seinem Wort. Zweitens, daß dieses Wort in Jesus Christus Mensch geworden und dadurch in seiner Fülle offenbar geworden ist. Drittens, daß diese Fülle der Zuwendung Gottes in Christus Gnade ist, d.h. versöhnende Liebe Gottes, Annahme des Menschen durch Gott. Joh 1,14-18 könnte als Schlüsselwort zu B.s Dogmatik gelten.

Gottes gnädige Zuwendung in Christus wird im

NT als das »Wort vom Kreuz« (1Kor 1,18) verkündet, d.h. die Versöhnung gründet im vollbrachten Erlösungswerk durch Jesu Lebenshingabe am Kreuz. Aber B. verlegt die im Evangelium verkündete Gnade schon in den Satz, daß Gott alles durch Christus erschaffen hat (Joh 1,3; 1Kor 8,6; Kol 1,16; Hebr 1,2). Die Schöpfung ist schon der Gnadenbund. Christus ist nicht nur der erwählende Gott, er ist, der Schöpfung vorausgehend, auch der erwählte Mensch, das »durch ihn« der Schöpfung ist auch schon die Erwählung des Menschen, des durch ihn repräsentierten Menschenvolkes (KD II/2, 6f, 126, 133, 215ff). Erwählung ist nicht Auswahl, sondern Annahme. Allerdings ist das Ziel des Gnadenbundes in der Schöpfung noch nicht erreicht. Erst in der Menschwerdung Christi wird der Schöpfungsbund erfüllt (KD III/1, 314). Deshalb bestätigt die Versöhnungslehre die Annahme und Erhöhung aller Menschen in Christus (KD IV/2, 50ff, 64f, 74ff, 238ff, 303, 311). Jesu Tod gehört zur Erfüllung des Bundes bzw. zur Versöhnung. Er nahm als Richter das Gericht für unsere Sünden auf sich. Indem er menschliches Wesen annahm, nahm er nicht auch die Sünde an, sondern er hebt sie auf, indem er das Gericht erträgt und so die Erfüllung des Bundes ermöglicht (KD IV/1, 278ff). Ermöglichte Jesu Tod die Versöhnung, so ist diese als Versöhnungsakt schon in der Inkarnation geschehen. Christus hat, indem er Mensch wurde, die menschliche Natur bzw. das menschliche Wesen angenommen. Beide Naturen sind in ihm als in einer Person vereinigt. Indem er menschliche Natur annahm, nahm er unsere Natur und unser Sein und Wesen an. Darum bedeutet die Inkarnation »die Verheißung der grundlegenden Veränderung und Bestimmung dessen, was wir alle als Menschen sind. In Jesus Christus ist nicht nur ein Mensch, ist vielmehr das Menschliche aller Menschen als solches in die Einheit mit Gott versetzt und erhoben« (KD IV/2, 52).

Sowohl die Erwählung wie die Versöhnung werden ontologisch begründet. Menschliches Sein und Wesen wird in die Einheit mit der menschlichen Natur und dem menschlichen Wesen Jesu Christi aufgenommen.

Diese Sicht überträgt sich auch auf die Lehre vom Menschen. Jesus Christus ist »die Quelle unserer Erkenntnis des von Gott geschaffenen menschlichen Wesens« (KD III/2, 1/Leitsatz). Die Inkarnation ist für B.s christl. Humanismus die »ontologische und noologische (erkenntnistheorethische) Voraussetzung«, in deren Licht der Mensch nach christl. Verständnis zu sehen ist (Humanismus, Theol. Studien 28, 5). Noologische Voraussetzung heißt, in Jesus Christus das menschliche Wesen erkennen. Ontologische Voraussetzung heißt, daß in Jesus Christus wirklich die Natur, das Sein des Menschen hervortritt (KD III/2, 50, vgl. 54, 158f).

Nun ist aber Jesus Christus wahrer Gott und wahrer Mensch in einer Person, und beide Naturen sind auch nach B. nicht zu trennen. So ist das von der Person Jesu Christi abgeleitete Bild des menschlichen Wesens das gott-menschliche Wesen, was eschatologisch auf die neue Kreatur in Christus (2Kor 5,17) hinweisen könnte. Aber für B. ist der in Christus erfüllte Gnadenbund die Erwählung der Welt, der Schöpfungsbund. In dem Maß, als die Versöhnung in Christus ontologisch, nicht eschatologisch verstanden wird, muß dann auch die Welt, so wie sie ist, die mit Gott versöhnte Welt sein und die Menschen in ihrem Sein und Wesen wie Christus sein. Sünde und Unglauben, auch das Gericht, wären dann – jedenfalls als eschatologische Entscheidung und Verantwortlichkeit vor Gott – bereits aufgehoben.

B. erfuhr viele Ehrungen, war mehrfach Dr. h.c., begegnete aber auch Widerspruch. Als junger Pfarrer trat er der sozialdemokratischen Partei bei und geriet wegen gewerkschaftlich-polit. Aktivitäten in Kontroversen innerhalb seiner Gemeinde. In Deutschland enthielt er sich dann polit. Stellungnahmen. Aber von polit. Instanzen wurde er mit Mißtrauen beobachtet, weil er den Kirchen riet, am polit. »Aufbruch« des Dritten Reiches nicht mitzumachen (»Theologische Existenz heute!«, 1934), sondern bei ihrer Sache, nämlich der Verkündigung des Evangeliums, zu bleiben. Er entwarf auch die »Theologische Erklärung zur gegenwärtigen Lage der Deutschen Kirche« der Bekenntnissynode in Barmen-Gemarke 1934. Im Juni 1935 wurde er als Prof. in Bonn in den Ruhestand versetzt, nahm aber im gleichen Jahr eine Berufung nach Basel an, wo er bereits im Oktober seine Vorlesungen an der Universität aufnehmen konnte. Von Basel aus nahm er offen gegen den Nationalsozialismus Stellung, lehnte aber eine gleiche Stellungnahme gegen den Kommunismus ab, mit der Begründung, daß der Nationalsozialismus ein falscher Messianismus sei, eine rel. Verführung, wogegen der Kommunismus eine säkulare nicht antichristl., sondern achristl.-polit. Herrschaft sei, unter der er zwar nicht zu leben wünsche, die aber theol. als legitime Obrigkeit anerkannt werden müßte.

Lit.: Eine Übersicht über die umfangreiche Bibliographie findet sich im Anhang zu den Festschriften »Antwort«, 1956, und »Parrhesia«, 1966.

K. Barth: Der Römerbrief, 1919, ²1922; Das Wort Gottes und die Theologie, Vorträge 1916-1923, 1924; Die Theologie und die Kirche, Vorträge, 1928; Fides quaerens intellectum, 1931; Die Kirchliche Dogmatik, 4 Bde. in 13 Teilbänden, 1932-1967; Eine Schweizer Stimme, 1945; Einführung in die evangelische Theologie, 1962; Theologische Fragen und Antworten, Vorträge, 1986; hingewiesen sei auf die in Zürich (Theologischer Verlag Zürich) geplante Gesamtausgabe der Werke Barths (incl. Nachlass). Einzelne Bde. sind bereits erschienen, so »Das christliche Leben« (KD IV/4, Fragmente aus dem Nachlass) Akad. Reihe II/7: Die christliche »Dogmatik im Entwurf« (1927), Akad. Reihe II, 14.

H.U. v. Balthasar: Karl Barth, 1976; E. Busch: Karl Barths Lebenslauf, 1975; E. Jüngel: Barth-Studien, 1982; W. Kreck: Grundentscheidungen in Karl Barths Dogmatik, 1978; B. Rothen: Die Klarheit der Schrift, Bd.2: Karl Barth. Eine Kritik, 1990.

F. Flückiger

Basedow, Johann Bernhard (1724-1790)

B., geb. am 11. 9. 1724 in Hamburg, gest. am 25. 7. 1790 in Magdeburg, studierte Theologie in Leipzig und Kiel, wandte sich danach der Reform des Schulunterrichts zu und wurde zu einem der führenden Vertreter der Aufklärungspädagogik. Er gilt als Mitbegründer des Philanthropismus; 1774 eröffnete er in Dessau sein Philanthropinum, die »Schule der Menschenfreundschaft«, ein Internat, in dem auch moderne Sprachen und Naturkunde gelehrt und Leibesübungen getrieben wurden. Der Religionsunterricht war als »Gottesverehrung« überkonfessionell.

B. war in der Naturverbundenheit J.J. Rousseau sehr zugetan. Er hat zahlreiche Methoden- und Elementarbücher verfaßt und der Erziehungsbegeisterung seines Jh.s mancherlei päd., rationalistische Impulse vermittelt.

Lit.: J.B. Basedow: Vorstellung an Menschenfreunde, 1906; ders.: Elementarbuch, 1909; ders.: Methodenbuch, 1913 (alle hg. von Th. Fritzsch).

A. Basedow: Johann Bernhard Basedow, 1924; J. Rammelt: Johann Bernhard Basedow, 1929; J. Schmitt: Der Kampf um den Katechismus in der Aufklärung. Diss. Oldenburg 1935.

G. Ruhbach

Basilides → Gnosis

Basilika → Kirchenbau

Basilius der Große → Kappadozier, die drei großen

Basler Konfession → Bekenntnisschriften (reformierte)

Basler Konzil (1431-1449)

Das Konzil von Basel wurde am 23. Juli 1431 eröffnet, ohne daß neben den verschiedenen Gelehrten ein einziger Bischof anwesend war. Papst Martin V. hatte Kardinal Cesarini zum Präsidenten des Konzils bestimmt. Doch als das Konzil begann, war bereits Eugen IV. (1431-1447) Papst. Wegen mangelnder Beteiligung löste der Papst am 18. Dezember 1431 das Konzil auf. Man verweigerte jedoch dem Papst den Gehorsam, ja lud ihn sogar zur Verantwortung vor das Konzil. Nikolaus von Cues schrieb zur Verteidigung des Konzils seine Concordantia Catholica. Nach zweijährigem Konflikt gab Eugen IV. nach und zog am 15. Dezember 1433 das Auflösungsdekret zurück. »In der Zwischenzeit hatte das Konzil damit begonnen, die konziliare Theorie in die Praxis umzusetzen und sich als höchste Gerichts- und Verwaltungsinstanz der Kirche zu etablieren« (H. Jedin). Die Zahl der Teilnehmer in Basel wuchs. Im April 1433 zählte man 275 Teilnehmer, im Juli bereits 366.

In den Jahren 1433 bis 1436 erließ das Konzil Dekrete zur Kirchenreform, z.B. über die regelmäßige Veranstaltung von Provinzial- und Diözesansynoden, über die kirchl. Liturgie, gegen den Konkubinat der Kleriker sowie gegen unbegründete Appellationen nach Rom. In den Dekreten zeigte sich auch das Ziel, die päpstliche Gewalt einzuschränken und dem Konzil selbst die Exekutive zu übertragen.

Zum Bruch zwischen Papst und Konzil kam es im Sommer 1437 über der Frage, wo das Unionskonzil mit den Griechen gehalten werden solle. Am 18. September 1437 verlegte der Papst das B.K. nach Ferrara. Im Januar 1439 wurde das Unionskonzil aus Geldmangel von Ferrara nach Florenz verlegt. Am 5. Juli 1439 wurde hier das Unionsdekret angenommen, in dem die Autorität des Papstes gegenüber der griech. Kirche, aber auch gegenüber dem Konzil ausdrücklich bestätigt wurde.

Die Mehrheit der Konzilsteilnehmer blieb jedoch in Basel zurück. Diese 400 Geistlichen, darunter etwa 20 Bischöfe und Äbte, verkündeten die Oberhoheit des Konzils als Glaubenswahrheit (16. Mai 1439) und alle, die dies verneinten, wurden zu Ketzern erklärt (→ Konziliarismus). Am 25. Juni 1439 wurde die Absetzung Eugens IV. bekanntgegeben. Man wählte Herzog Amadeus VIII. von Savoyen zum Papst, der sich Felix V. nannte.

Am 4. September 1439 erließ Papst Eugen IV. die Bulle »Moyses«. In dieser Bulle verdammte er »die verlorenen Menschen, die in Basel zurückgeblieben waren«.

Das B.K. kann als Höhepunkt der durch das Große Schisma (1378-1417) eingeleiteten konziliaren Epoche verstanden werden. H. Jedin hat herausgestellt, daß sich Reformgedanke und Konzil erst im Verlauf des Schismas zu einer regelrechten »Allianz« verbanden.

Allerdings erreichte das Konzil das Ziel einer »Reformation am Haupt (der Kirche)« nicht – zum einen wegen des Widerstands Eugens IV., zum anderen wegen der fehlenden Exekutive des Konzils. Hindernisse waren weiter »die inneren Spannungen der Synode und der Unwille vieler Betroffener, sich reformieren zu lassen. Schließlich war Europa kirchenpolit. bereits so partikularisiert, daß ein europ. Konsens über eine Gesamtreform bereits im 15. Jh. unmöglich geworden war« (J. Helmrath).

Lit.: J. Helmrath: Das Basler Konzil 1431-1449. Forschungsstand und Probleme, Kölner Historische Abhandlungen, Bd. 32, 1987; H. Jedin: Kleine Konzilsgeschichte, 1978.

K. Wittstadt

Basler Mission

1. Geschichte

Die B.M. (Evangelische Missionsgesellschaft in Basel), am 25. 9. 1815 durch Christian Friedrich → Spittler (1782-1867) und Pfr. Nikolaus von Brunn (1766-1849) als überkonfessionelles Missionsinstitut durch Deutsche und Schweizer als Tochter der »Deutschen Christentumsgesellschaft« gegründet, um Missionare nach dem Vorbild der »Knechtsgestalt Christi« auszubilden, wurde Ausgangspunkt der neueren Missionsbewegung auf dem Kontinent. In dem bis 1956 bestehenden Missionsseminar wurden mehr als 2.500 »Handwerker-Theologen« ausgebildet, die auch in holländ. und engl. Missionen und als Pfarrer deutscher Auswanderer in allen Teilen der Welt arbeiteten. Nach den ersten gescheiterten Unternehmen im Kaukasus (1822-37) und in Liberia (1827-30) begann die B.M. 1828 an der Goldküste (Ghana), 1834 in Indien und 1846 in Hongkong und Südchina, 1886 in der deutschen Kolonie Kamerun und 1912 in Nordtogo ihre eigene Arbeit. 1914 war die B.M. die größte Mission im deutschsprachigen Gebiet mit 450 Missionskräften auf 73 Hauptstationen in fünf Ländern mit 2.096 einheimischen Mitarbeitern, die 72.000 Christen und 56.000 Schüler in 865 Missionsschulen betreuten. Im Ersten Weltkrieg wurden alle Basler Missionare interniert oder repatriiert und das Eigentum der B.M. beschlagnahmt, da die B.M. als deutsche Mission gewertet wurde. 1921 übernahm die B.M. die Arbeit der Rheinischen Mission in Süd-Kalimantan und kehrte vor allem unter dem letzten deutschen Direktor Dr. Karl → Hartenstein (1926-1939) auf die alten Gebiete zurück. 1933 lehnte die B.M. die von den → Deutschen Christen geplante »Verkirchlichung der Mission« ab und schloß sich der Bekennenden Kirche an. Mit Kriegsausbruch 1939 wurde die B.M. zur rein schweizerischen Mission unter Präsident Alphons Koechlin (1936-1959), nachdem die Deutschen, die bisher alle Direktoren gestellt hatten, freiwillig aus der Leitung ausschieden. Nach Hartensteins Tod (1952) konstitutierte sich 1954 der Deutsche Zweig der B.M. mit Sitz in Stuttgart. Die aus der Arbeit der B.M. entstandenen Kirchen sind heute alle selbständig. In den 70er Jahren wurde die B.M. Gründungsmitglied der Kooperation Evangelischer Kirchen und Missionen in der Schweiz (KEM) und des Evangelischen Missionswerks in Südwestdeutschland (EMS). 1990 beschloß die B.M. auf der Gwatt-Konsultation, verstärkt auch die Partnerkirchen in den Leitungsgremien zu beteiligen.

2. Arbeit und Aufgaben

Charakteristisch für die B.M. war trotz enger kirchl. Bindungen ihre ökumen. Ausrichtung. Die Interessen des Reiches Gottes waren höher als die der Konfession und Nation. Mission als »gehorsamer Zeugendienst der bekennenden Kirche« bedeutete auch Wiedergutmachung begangenen Unrechts. So wurden seit 1850 für arbeitslose Inder Webereien und seit 1870 unter Leitung der 1859 gegründeten Basler Missionshandlungsgesellschaft (BHG) Ziegeleien gegründet und überall Schulen eingerichtet. 1857 führte die B.M. den Kakao in Ghana ein. Die BHG, die 1914 mehr als 2.000 Beschäftigte hatte, trennte sich 1917 von der B.M. und wurde zum eigenständigen Unternehmen. 1990 arbeiteten 108 Mitarbeiter der B.M. in verschiedenen Kirchen.

Lit.: K.W. Rennstich: Handwerker-Theologen und Industrie-Brüder als Botschafter des Friedens. Entwicklungshilfe der Basler Mission im 19. Jahrhundert, 1985; W. Schlatter und H. Witschi: Geschichte der Basler Mission (5 Bde.), 1916-1970.

K. W. Rennstich

Batak-Kirchen/Batak-Mission

Die ev. B.-K. in Indonesien entstanden aus rheinisch-unierter und aus niederländisch-ref. Missionsarbeit in Nord-Sumatra. Sie nennen sich nach dem Stammesvolk der Batak, bzw. nach einem seiner fünf Teilvölker. »Batak-Mission« bezieht sich auf die Wirksamkeit der Rheinischen Missions-Gesellschaft von 1861 bis 1940.

Der holländische Missionar G. v. Asselt taufte am 31. 3. 1861 die ersten drei Batak und schloß sich der Rheinischen Missions-Gesellschaft an.

Nach schweren Anfängen kam es seit 1880 zu einer zunehmenden Evangelisierung des Volkes. Sie wurde vor allem von den Missionaren L.I. Nommensen, P.H. Johannsen und A. Mohri getragen und von dem einheimischen Fürsten Raja Pontas Lumbantobing entscheidend gefördert. Nach 25 Jahren wurden drei einheimische Pastoren ordiniert. Nicht weniger schulten die Missionare auch Gemeindeglieder für eine verantwortliche Mitarbeit. Seit Ende des 19. Jh.s prägten Missionsschwestern, u.a. Elfriede Harder, die geistl. Haltung der Frauen und der Mädchen in Schulen und Heimen. Nach 80 Jahren war die Toba-Batak-Kirche für ihre finanzielle Selbständigkeit bekannt. Sie erhielt 1930 eine rechtliche Kirchenverfassung und wählte 1940 eine einheimische Leitung. 1951 erklärte sie ihr eigenes Bekenntnis, mit dem sie 1952 in den Luth. Weltbund aufgenommen wurde. 1962 gab sie sich eine neue Kirchenordnung, die die Rheinische Missions-Kirchenordnung von 1930 ersetzte. Ephorus D. theol. Justin Sihombing führte die Kirche mit geistl. Vollmacht 1942-1963. Sie ist die älteste von sechs Batak-Kirchen und zugleich die größte ev. Kirche in Südostasien (2,4 Mio. Mitglieder, 430 Pfarrer).

Übersetzt wurden in die Toba-Bataksprache: NT 1878, AT 1892, die Bibel in der Sprache von heute 1989. 1927 und 1963-1976 trennten sich aus nationalen, ethnisch-sprachlichen oder theol.-kirchenpolit. Gründen fünf Gruppen von der Toba-Batak-Kirche. Sie wurden als Kirchen anerkannt.

Aus der Arbeit niederländischer Mission entstand die Karo-Batak-Kirche. Sie wurde 1941 selbständig und wuchs zwischen 1965 und 1973 um die doppelte Mitgliederzahl. Die Karo-Batak-Kirche, die seit ca. 1960 eng mit deutschen Partnerkirchen kooperiert, hat heute ca. 205.000 Mitglieder und 127 Pfarrer.

Bataksche Christen haben im islamischen Indonesien wesentlich zur Inkulturation und nationalen Anerkennung des Christentums beigetragen. Die innere Situation ihrer Kirchen ist von Problemen ethnisch bestimmter Kirchenzugehörigkeit gekennzeichnet, wie sie für Volkskirchen charakteristisch sind. Der Islam stellt die Kirchen vor die Aufgabe, die christl. Identität durch überzeugendes Verhalten in der Bevölkerung zu bewähren. Die Batak-Kirchen arbeiten in der Gemeinschaft der Kirchen Indonesiens zusammen und sind Mitglieder der neuen ökumen. Organisation der → Vereinigten Evangelischen Mission »United in Mission«, Wuppertal. Mit Gemeinden und Kirchenkreisen in der Bundesrepublik bestehen Partnerschaftsverträge.

Lit.: D. Becker (Hg.): Mit Worten kocht man keinen Reis. Beiträge aus den Batak-Kirchen, 1987; U. Beyer: ». . .und viele wurden hinzugetan«. Karo-Batak-Kirche, 1982; A. Lumbantobing: Das Amt in der Batak-Kirche, 1961; G. Menzel: Peter Hinrich Johannsen, 1989; L. Schreiner: Das Bekenntnis der Batak-Kirche, [2]1984.

L. Schreiner

Bauer, Bruno (1809-1882)

Anfangs zum rechten, seit 1840 zum linken Flügel der Hegelschüler zählender Theologe, geb. am 6. 9. 1809 in Eisenberg (Sachsen), gest. am 15. 4. 1882 in Berlin.

B. studierte Theologie in Berlin (1828-34), u.a. bei Vatke und Marheineke, und war Privatdozent in Berlin und Bonn. Nach dem Entzug der Lehrerlaubnis (1842) war er in Rixdorf bei Berlin als freier

Schriftsteller und führender Kopf der Linkshegelianer tätig und hatte zeitweilig großen Einfluß auf Karl Marx. B. wollte die Hegelsche Philosophie mit der hist. Erforschung der Bibel verbinden: Die Offenbarung entwickelt sich geschichtlich. Gott erkennt sich schrittweise im Bewußtsein des Menschen. Davon geben die bibl. Texte Zeugnis. Doch die Betonung der geschichtl. Entwicklung christl. Lehre führte B. ab 1840 zur Aufgabe der Idee eines jenseits der Geschichte existierenden Inhaltes der Offenbarung sowie eines absoluten Geistes. Wirklich ist nur das menschliche Selbstbewußtsein in seiner Geschichte, alle Seinsaussagen über Gott und Christus sind der Versuch der Gemeinde, das in ihr wirkende Bewußtsein zu objektivieren. Damit wird B. zum scharfen Religionskritiker, aber auch zu einem wichtigen, leider kaum beachteten Vorläufer der religionsgeschichtl. Schule wie der redaktionsgeschichtl. Erforschung bibl. Texte.

Lit.: (Werke in Auswahl) B. Bauer: Kritik der Geschichte der Offenbarung. Erster Teil., 2. Bde, 1838; Kritik der evangelischen Geschichte des Johannes, 1840; Kritik der evangelischen Geschichte der Synoptiker, 2 Bde., 1841.

G. Lämmermann: Kritische Theologie und Theologiekritik. Die Genese der Religions- und Selbstbewußtseinstheorie Bruno Bauers, 1979; J. Mehlhausen: »Bauer, Bruno«, TRE 5, 1980, 314-317 (Lit.!); ders.: Der Umschlag in der theologischen Hegelinterpretation - dargetan an Bruno Bauer, in: G. Schwaiger (Hg.): Kirche und Theologie im 19. Jahrhundert, 1975.

K. Lehmkühler

Bauernkrieg, Deutscher

Unter dem B. versteht man die Erhebung der Bauern und überhaupt des »Gemeinen Mannes« im 16. Jh., die unter wirtschaftl. Druck, teilweise in sozialer Not lebten und denen polit. Rechte vorenthalten wurden. Zur Vorgeschichte gehören Bauernaufstände seit dem 13. und 14. Jh. in der Schweiz, in Flandern, Frankreich und England, im 15. Jh. z.B. die Bewegung um den Pfeifer von Niklashausen im Taubertal (1476), später der »Bundschuh« am Oberrhein 1493-1517 und der »Arme Konrad« in Württemberg 1514.

Die → Reformation gab den Bauern neuen Auftrieb in antiklerikaler Grundstimmung, im Kampf gegen Menschensatzungen, in Ablehnung aller nicht bibl. begründeten Forderungen und Gesetze der Herrschenden. Zum Ausbruch kam der B. mit der Erhebung der Stühlinger Bauern im Südschwarzwald (Mai-Juni 1524). Anfang 1525 griff diese Bewegung auf Schwaben über. Elsaß, Franken, Thüringen, Sachsen, Tirol, Kärnten wurden ebenfalls ergriffen.

Das Ziel der Bauern war, das »alte«, weil der Schöpfungsordnung entsprechende und in der Bibel gegründete, mit der Reformation auch den Laien zugänglich gewordene »göttliche Recht« wiederherzustellen. Ihre Forderungen fanden eine Zusammenfassung in den im Oberrheinischen entstandenen, von Sebastian Lotzer und Christoph Schappeler bearbeiteten »→ Zwölf Artikeln der Bauernschaft in Schwaben«, die schnelle und weite Verbreitung fanden. Zu den Forderungen gehörten: Freie Wahl des Predigers durch die Gemeinde, Verwendung des Kirchenzehnten in der Gemeinde, Abschaffung der Leibeigenschaft, kommunale Nutzung der Allmende, Freigabe von Fischfang, Jagd und Holzschlag, Einschränkung von Frondiensten.

Diese Forderungen erhoben auch andere Schichten der Bevölkerung - »der Gemeine Mann« - oder schlossen sich ihnen an und bildeten brüderliche Vereinigungen. Wo sich militante Gruppen gegenüber den friedfertigen durchsetzten, wo es an Führungskraft fehlte, kam es zu unkontrollierten Plünderungen, Brandschatzungen, Zerstörungen und Mordtaten wie in Kempten oder Weinsberg. Während der Schwäbische Bund die zur »Christlichen Vereinigung« zusammengeschlossenen Bauern Oberschwabens im Juli vernichtend schlagen konnte, waren die Bauernhaufen im Thüringischen unter Thomas Müntzer und Heinrich Pfeiffer schon im Mai 1525 von den Truppen Philipps von Hessen und Georgs von Sachsen in offener Feldschlacht vor den Toren von Frankenhausen niedergemetzelt worden, nachdem Luthers Vermittlungsversuche gescheitert waren. Der B. endete mit einer vernichtenden Niederlage des »Gemeinen Mannes«, selbst wenn in manchen Gegenden seine Forderungen anerkannt und auf dem Reichstag zu Speyer 1526 wenigstens beraten wurden.

Lit.: P. Blickle: Die Revolution von 1525, [2]1981; ders.: Bauer, Reich und Reformation (FS G. Franz), 1982; G. Franz: Quellen zur Geschichte des Bauernkrieges, 1963; ders.: Der deutsche Bauernkrieg, [10]1975; H.-J. Goertz: Pfaffenhaß und groß Geschrei. Die reformatorischen Bewegungen in Deutschland 1517-1529, 1987; G. Maron: »Bauernkrieg«, TRE 5, 1980, 319-338 (Lit.).

Chr. Windhorst

Baumgarten, Sigmund Jakob (1706-1757)

B., geb. am 14. 3. 1706 in Wolmirstedt (Sachsen), gest. am 4. 7. 1757 in Halle (Saale), lernte durch seinen Vater, der zum innersten Kreis des frühen hallischen → Pietismus gehörte, die pietist. Frömmigkeit kennen. Als er 1722 das Pädagogium in Halle begann, hatte er eine ungewöhnlich breite Ausbildung im Elternhaus erhalten, wozu die klassischen und modernen Sprachen (Französisch, Italienisch und Englisch), aber auch die Kenntnis von Logik, Philosophie und antiker Literatur gehörten. 1724 immatrikulierte er sich an der Friedrichs-Universität/Halle in Theologie. Seit 1725 unterrichtete er an der Lateinschule des Waisenhauses und wurde 1726 deren Inspektor. Nach seiner Ordination wurde er 1728 zum Predigeradjunkten bei seinem besonderen Förderer Gotthilf August → Francke, dem Sohn August Hermann Franckes, an die Marktkirche berufen. Außerdem hielt er an einigen Wochentagen im Waisenhaus Erbauungsstunden ab, zu denen Studenten, Bürger und Soldaten kamen. Im Herbst 1731 erhielt B. die Magisterwürde und begann mit philologischen, phil. und gelehrtengeschichtl. Vorlesungen an der Universität. An der theol. Fakultät hielt er ab 1732 als Adjunkt Vorlesungen, ab 1734 durch Ernennung aus Berlin als ordentlicher Professor. Seine Vorlesungen waren von Anfang an beliebt und fanden großen Zulauf. Zu seinen Schülern zählten sowohl der spätere streitbare orthodoxe Hamburger Hauptpastor Melchior → Goeze und Johann Christoph Wöllner, der als Minister → Friedrich Wilhelms II. von Preußen gegen die Aufklärung und einen theol. Rationalismus kämpfte, als auch der Hauptvertreter der deutschen Aufklärungstheologie, Johann Salomo → Semler.

Die Vertreter des hallischen Pietismus hatten erwartet, daß B. ihre theol. Auffassungen aufgrund seiner Begabung und seines hervorragenden Rufes als Wissenschaftler wirkungsvoll an der theol. Fakultät vertreten würde. Vielleicht war es zunächst der Neid auf seinen großen Lehrerfolg, der seine Kollegen veranlaßte, ihn als Vertreter der verbotenen Wolffschen Philosophie zu verdächtigen. Richtig ist, daß B. durch rationale Herleitung das orth. Dogma neu begründete und dabei vorsichtig das neue naturwissenschaftl. und hist. Denken aufnahm. Im Gegensatz zu seinen pietist. Kollegen verzichtete er auf alle biblizistische Erbaulichkeit und benutzte eine strenge wissenschaftl. Begrifflichkeit. Dies trug ihm den Vorwurf der kalten »Subtilität« von seiten der Pietisten ein. Er hielt jedoch am Offenbarungsbegriff wie auch am Offenbarungsinhalt fest, harmonisierte ihn nur mit der Vernunft. Im Anschluß an Langes und → Freylinghausens Kompendium der Dogmatik betont B. die pietist. Auffassung, daß die Wiedergeburt für die eigentliche Erleuchtung und den lebendigen Glauben notwendig ist. So half B. einerseits der Orthodoxie, sich klar verständlich zu machen und gegenüber dem Rationalismus zu behaupten, und andererseits der entstehenden deutschen → Aufklärung, einen Weg der Harmonie von Dogma und Vernunft zu finden.

Von B.s Werken sind uns nicht nur seine zahlreichen Universitätsschriften und Gutachten überliefert, sondern auch seine Vorlesungen. Semler, den B. selbst zum Erben in Halle herangebildet hatte, gab seine beiden Hauptvorlesungen mit einer ausführlichen Einleitung heraus: Evangelische Glaubenslehre, 3 Bde. 1759/60 (wohl die erste durchgängig in deutscher Sprache verfaßte Dogmatik) und Untersuchung theologischer Streitigkeiten, 3 Bde. 1762-1764. Seine Ethik »Unterricht vom rechtmäßigen Verhalten eines Christen oder theologische Moral« erschien ab 1738 in vielen Auflagen und war wohl zu der damaligen Zeit sein berühmtestes Werk. In seinen »Nachrichten von einer Hallischen Bibliothek«, 8 Bde. 1748-51, und deren Fortsetzung in den »Nachrichten von merkwürdigen Büchern«, 12 Bde. 1752-58, vermittelte er einer breiteren deutschen theol. Leserschicht im großen Umfang die englische deistische, antideistische und empirische Literatur.

Semler hat im »Ehrengedächtnis« für B. geschildert, wie dieser, zunehmend gesundheitlich geschwächt, ganz ans Haus gefesselt war und mit großer Würde und Glauben am 4. Juli 1757 starb. Seine Zeitgenossen rühmen immer wieder seine ruhige Gelassenheit, milde Friedfertigkeit und bei aller wissenschaftl. Strenge demütige Geduld mit anderen.

Lit.: K. Barth: Die protestantische Theologie im 19. Jahrhundert, 1961, 139-146; E. Hirsch: Geschichte der neuern evangelischen Theologie, Bd. 2, [5]1975, 370-390.

U. Krolzik

Baur, Ferdinand Christian (1792-1860)

Geb. am 21. 6. 1792 im Pfarrhaus von Schmiden bei Stuttgart, blieb Ferdinand Christian Baur bis zu seinem Tod im engen Umkreis Württembergs. Er durchlief die damals für schwäbische Theologen schon mit der Gymnasialzeit beginnende Seminarausbildung, studierte in Tübingen als Glied des Ev. Stiftes (1809-14), wirkte kurze Zeit als Vikar und als Stiftsrepetent, wurde dann 1817 Prof. für Alte Sprachen am Seminar Blaubeuren und schließlich 1826 Ordinarius für hist. Theologie an der Universität Tübingen. Nach 34jähriger hoch angesehener Tätigkeit starb er dort am 2. 12. 1860. Obwohl die um ihn sich sammelnde → Tübinger Schule schon zu seinen Lebzeiten zerfiel und die auf seinen Tod folgenden sechs Jahrzehnte in der Theologie vom ganz anders gearteten → Historismus bestimmt waren, muß man B. doch – um der thematischen Breite und der wissenschaftl. Qualität seiner Schriften wie vor allem um der von ihm aufgeworfenen Frage nach einer Theologie der Geschichte willen – als einen der wesentlichen Theologen der Neuzeit anerkennen. Im 20. Jh. versuchten R. → Bultmann und seine Schule, B.s Arbeit fortzusetzen.

B.s Theologie ist wesentlich von der Geschichtsphilosophie → Hegels bestimmt: Die Geschichte wird als Ganzes genommen und als Prozeß der Selbsterkenntnis Gottes, des absoluten Geistes, angesehen. Dieser Prozeß vollzieht sich dialektisch durch These und Antithese hindurch auf eine jeweils neue Synthese hin. Theologie fällt bei B. darum mit Religionsgeschichte, bzw. – weil das Christentum die absolute Religion ist – mit Dogmen- und Kirchengeschichte zusammen. Kirchengeschichtsschreibung ist zu verstehen als Rückschau des in ihr sich selbst erkennenden Geistes auf das geschichtl. Gewordene: Das Wirkliche lernt sie als notwendig verstehen. Geschichtsschreibung hat deshalb laut B. stets nach der einen Idee als dem bewegenden Prinzip in der Vielfalt der Erscheinungen zu fragen. Nicht auf die handelnden Persönlichkeiten, sondern auf den Zusammenhang der Entwicklung kommt es an. Der traditionelle Glaube an die göttliche Lenkung der Weltgeschichte wird dadurch in das moderne Immanenzdenken übersetzt. Zugleich zeigt sich bei B. die Gefahr einer die Wahrnehmung einschränkenden Konstruktion des Geschichtsverlaufs: Das als notwendig Erscheinende wird als wirklich gesetzt. B.s Suche nach einem Gesamtzusammenhang der geschichtlichen Einzelheiten, der sich als Wirken Gottes verstehen läßt, bleibt der Theologie dennoch weiterhin aufgegeben.

Die Veröffentlichungen B.s umfassen Studien zur Religionsphilosophie und -geschichte (→ Manichäismus, → Gnosis), Konfessionskunde (Streit mit J.A. → Möhler), Geschichte des Urchristentums (Paulus, Johannesevangelium, Synoptiker), Dogmen- und Kirchengeschichte, alle mit umfassender Kenntnis aus den Quellen gearbeitet. Im Sinne der Hegelschen Dialektik sah er das Christentum als höhere Einheit von Heidentum und Judentum, die altkatholische Kirche um 180 n.Chr. als im JohEv sich spiegelnde Synthese aus judenchristl.-petrinischem und heidenchristl.-paulinischem Urchristentum, das Dogmenverständnis Hegels als die Vermittlung überwiegender Objektivität bis zur Reformation mit der allmählich überwiegenden Subjektivität bis Kant. Den Protestantismus verstand er als Loslösung der Idee der Kirche aus ihrer sichtbaren Erscheinung in der katholischen Kirche; seither komme es zu einem wachsenden Verständnis für individuelle Freiheit (auch vom Dogma) und für die Autonomie des Staates.

Am wirkungsvollsten wurden B.s Arbeiten zur Geschichte des Urchristentums. Zum ersten Mal wurde hier versucht, den Quellenwert der ntl. Schriften näher zu bestimmen, indem B. nämlich nach der Intention des jeweiligen Autors im Rahmen des vorausgesetzten dialektischen Prozeßes fragte (sog. Tendenzkritik). Dabei erwiesen sich ihm nur Gal, 1 u. 2Kor und Röm sowie Offb als echt apostol., weil den Gegensatz von Paulinismus und Judaismus in seiner ganzen Schärfe zeigend, während die Mehrzahl der ntl. Schriften in die Periode der Ausgleichsversuche von 70-140 n.Chr., die Pastoralbriefe, 1-3Joh und das JohEv sogar erst in die Jahre 140-170 gehörten. Seither gilt B. als Begründer der »historisch-kritischen Methode« in der Bibelauslegung.

Hauptwerke: Paulus, der Apostel Jesu Christi (1845, ²1866/67); Lehrbuch der christlichen Dogmengeschichte (³1867) Nachdruck 1974; Ausgewählte Werke in Einzelausgaben, hg. von K. Scholder, 5 Bde., 1963-75.

Bibliographie: G. Fraedrich: s.u., 377ff.

Lit.: W. Dilthey: F.Chr. Baur, in: ders.: Gesammelte Schriften IV, 1921, 403ff; G. Fraedrich: F.Chr. Baur, 1909; P. Friedrich: F.Chr. Baur als Symboliker, 1975; W. Geiger: Spekulation u. Kritik. Die Geschichtstheologie F.Chr. Baurs, 1964; K. Scholder: F.Chr. Baur als Historiker, EvTh 21/1961, 435ff; ders.: »Baur, F.Chr.«, TRE 5, 1980, 352-359 (Lit.).

U. Swarat

Bavinck, Herman (1854-1921)

Führender Theologe der neocalvinistischen Erwekkungsbewegung des 19. Jh.s in der Niederländisch-Ref. Kirche, die bis heute in Nordamerika in der Christian Reformed Church nachwirkt. Ausgebildet an der Universität Leiden und am Theol. Seminar zu Kampen, wurde B. zunächst Pastor von Franeker (1881-82), bevor er als Prof. für systemat. Theologie nach Kampen (1882-1902), später an die Freie Universität Amsterdam (1902-20) berufen wurde. Sein Hauptwerk in vier Bänden »Gereformeerde Dogmatiek« (Reformierte Dogmatik) erschien zwischen 1885 und 1902.

In Frömmigkeit und Lebensstil fühlte B. sich stets seinen separatistischen Wurzeln verbunden, zeigte aber in seinem theol. Werk eine bemerkenswerte Offenheit und Sensibilität für die Entwicklungen des 19. Jh.s. So veröffentlichte er mehrere Essays zu Fragen der Pädagogik und Ethik (Familie, Frauenfrage, Krieg usw.) und nahm Stellung zu Themen des damals »jungen« Fachs Psychologie. Seine Schaffenskraft aber galt der Frage nach der Anwendbarkeit der akademischen Erkenntnisse seiner Zeit, um die dogmat. Tradition zu erneuern, wie sie sich in der ref. Orthodoxie des 17. Jh.s darstellte. B. verstand Theologie als systematisches Studium der Gotteserkenntnis, so wie sie in Christus offenbar wird; ein Studium, das Christus selbst und die Schöpfung in seinem Wort betrachtet. Die → Offenbarung sei der Kirche gleichsam in der Kapsel der Glaubensbekenntnisse gegeben und ist von dem einzelnen Theologen im Glauben je neu zu empfangen. B.s phil. Ausrichtung, wie sie in seinen Prolegomena zum Ausdruck kommt, war realistisch und speiste sich aus einer grundsätzlichen Befürwortung des zeitgenössischen kath. Neothomismus. So konnte er von »Ideen« sprechen, die in Gott zu finden seien. Diese Ideen werden sowohl in der Schöpfung als auch der menschlichen Gottebenbildlichkeit, ja sogar in der Prädestination evident. Gleichwohl bestand B. stets auf dem Primat der Schrift. Gegen Ende seines Lebens ermutigte er jüngere Kollegen, die schwierigen Herausforderungen anzunehmen, die die neueren exeget. Forschungen mit sich brachten, und zwar von einem konservativen Standpunkt aus. Während seiner gesamten Tätigkeit betonte B. die Vorrangigkeit des Geschenkes der Rechtfertigungsgnade Gottes. So wies er auch den Glauben, mißverstanden als menschliches Werk, aber auch jede andere Vorleistung zurück, die der Gnade Gottes vorhergehen oder sie bewirken könnte. B. beeinflußte eine Reihe niederländischer und amerikanischer ref. Theologen.

Lit.: H. Bavinck: Gereformeerde Dogmatiek, ⁴1928-30.

J. van Engen

Baxter, Richard (1616-1691)

Puritanischer Theologe und Schriftsteller, geb. am 12. 11. 1616 in Rowton (Shroshire), gest. am 8. 12. 1691 in London.

Ohne Universitätsstudium wurde B. 1638 zum anglik. Pfarrer ordiniert, 1641-1659 (mit Unterbrechungen) arbeitete er in Kidderminster an einer beispielhaften Gemeindeerneuerung. Mit gleichgesinnten Pfarrern bildete er 1653 die Worcestershire Association zur Fortführung und Vertiefung der

Reformation. Die Grundsätze seiner Pastoraltheologie finden sich in »The Reformed Pastor« 1656. Als Parlamentsanhänger mußte er 1642 fliehen, 1645 schloß er sich der puritanischen Erhebung an und wurde Kaplan in Cromwells Heer. 1647 schwer erkrankt, verfaßte er seine bekannteste Erbauungsschrift »The Saints Everlasting Rest« (1650). Die Abfassung christl. Volksschriften wurde B. nun zum eigentlichen Lebensinhalt (insgesamt 141 theol. Titel). Seine Veröffentlichungen haben in England wie im deutschen → Pietismus große Wirkung gehabt. Kirchenpolit. forderte er das frühkirchl. Bischofsamt und die überschaubare Gemeinde. 1660 zum Hofkaplan Karls II. berufen, verlor er 1662 als Nonkonformist sein Amt. Es folgten unruhige und leidvolle Jahre, 1684/85 sogar Haft. Die Toleranzakte 1689 brachte Gewissensfreiheit, freilich auch für die Sekten. B.s Versuch, die ev. Gruppierungen auf der Basis einer »simple Catholic Christianity« in der anglik. Kirche wieder zusammenzuführen, war damit gescheitert.

Lit.: G.F. Nutthall: Richard Baxter, 1965; K.D. Pfisterer: »Baxter, R.«, TRE 5, 1980, 359-361; »The Reformed Pastor«, Abridged and Edited by James M. Housten, 1982.

J.O. Rüttgardt

Bayern, Ev.-luth. Landeskirche in

Das Bundesland Bayern hat nach dem Zweiten Weltkrieg seine gegenwärtige Abgrenzung gefunden; es besteht aus sieben Regierungsbezirken. In der Reichsstadt Nürnberg und ihrer Umgebung sowie in der Markgrafschaft Ansbach-Bayreuth war die Reformation bereits um 1535 fest eingeführt worden; sie ergriff dann weite Teile Frankens, Schwabens und Bayerns. Seit 1580 setzte allerdings die Gegenreformation den Katholizismus wieder weithin durch. Die kath. Landesherren behinderten die Entwicklung der ev. Kirche beträchtlich und gestatteten ihr selbst im Protestantenedikt vom 20. 5. 1818 noch nicht, den Namen »Kirche« zu führen.

Die → Erlanger Theologie (von → Hofmann, → Harleß, → Thomasius, F.H.R. → Frank u.a.) beeinflußte die konfessionelle Prägung der Kirche im Sinne eines entschiedenen Luthertums. W. → Löhe beförderte - weit über → Neuendettelsau hinaus - den Sinn der Gemeinden für Gottesdienst, Diakonie und Mission. Die Konsistorial- bzw. Kirchenpräsidenten A. von → Harleß und H. → Bezzel konsolidierten diesen Kurs. Die Verfassung vom 10. 9. 1920 (und der Staatsvertrag von 1924, geändert 1974) hat die Landeskirche in sechs Kreisdekanate mit gegenwärtig 74 Dekanaten und ca. 1.500 Kirchengemeinden eingeteilt. Ca. 70% der Bevölkerung in Bayern sind kath., ca. 27% ev.-luth., außerdem gibt es ca. 10.000 reform. Christen aus der hugenottischen Einwanderung. Der Kirchenkampf in der Zeit des Nationalsozialismus hat die Landeskirche verlebendigt und die Zahl landeskirchl. Einrichtungen nach Kriegsende wesentlich vermehrt. Galt die Landeskirche über Jahrzehnte als Bollwerk gegen liberalistische Entwicklungen, so scheint der am Bekenntnis orientierte Kurs der Kirche in jüngster Zeit nicht mehr voll gewährleistet zu sein (vgl. die Rosenheimer Erklärung 1991).

Lit.: H. Beck: Das kirchliche Leben der ev.-luth. Kirche in Bayern, 1909; M. Körner: Staat und Kirche in Bayern 1886-1918, 1977; G. Pfeiffer: »Bayern«, TRE 5, 1980, 361-387.

G. Ruhbach

Bayern, Landeskirchlicher Gemeinschaftsverband → Landeskirchlicher Gemeinschaftsverband in Bayern

Bayle, Pierre (1647-1706)

P.B., geb. 1647 in Carlat nördlich der Pyrenäen als Sohn des reformierten Ortspfarrers, gest. 1706 in Rotterdam als Privatgelehrter, nachdem er vorher an der dortigen École illustre Philosophie gelehrt hatte. Berühmt wurde B. durch den »Dictionnaire historique et critique« (1695-97), eine Sammlung von alphabetisch geordneten Kurzbiographien, in denen er geschichtlichem Denken in Europa den Weg zu bereiten suchte. Die B.-Interpretation ist nicht eindeutig. Erich Beyreuther hat jedoch nachgewiesen, daß er einen Zweifrontenkampf geführt hat. → Orthodoxie und → Aufklärung sind für ihn gleichermaßen rationalistisch ausgerichtet. Beide stellen den Versuch des Menschen dar, der Anrede Gottes im letzten auszuweichen. In seinem Lexikon will B. die Erbärmlichkeit des Menschen unabweisbar aufzeigen. Die Lösung besteht in der Erneuerung des reformatorischen Menschenbildes. Erst wenn Gott die Vernunft erleuchtet und das Gemüt eines Menschen verändert, erhält er eine neue Existenzmöglichkeit. Diese ist jedoch nur dialektisch in Zuspruch und Anspruch Gottes zu beschreiben. Ermöglicht ist diese Erkenntnis Gottes und Neuwerdung des Menschen durch die Fleischwerdung Christi. Die → Offenbarung ist nicht widervernünftig, sondern übervernünftig.

B. hat vor allem als geistiger Wegbereiter der Aufklärung weitergewirkt. In seinem tiefsten Anliegen, den Glauben aus jeder Form von rationalistischer Bevormundung zu befreien, hat ihn jedoch einzig Nikolaus Ludwig Graf von → Zinzendorf verstanden.

Lit.: E. Beyreuther: Die Paradoxie des Glaubens Zinzendorfs Verhältnis zu Pierre Bayle und der Aufklärung in: ders.: Studien zur Theologie Zinzendorfs, 1962, 201ff; E. Cassirer: Die Philosophie der Aufklärung, [2]1932, 215ff; E. Hirsch: Geschichte der neueren Evangelischen Theologie, 1949ff, Bd. 1, 63ff.

P. Zimmerling

Beatenberg

Bibelschule, 1945 von Dr. Saturnin Wasserzug (1862-1950) und seiner Gattin Dr. Gertrud Wasserzug-Traeder (1894-1992) gegründet. Seit 1967 wird die Bibelschule von Rev. Peter Mayer geleitet. Während der dreijährigen Ausbildungsdauer können ca. 80 Schüler/innen gleichzeitig betreut werden. Die Ausbildung geschieht auf der Basis einer fundamentalistischen Glaubensgrundlage mit starker Betonung des → Dispensationalismus. In dem bereits 1934 gegründeten Bibelheim werden Freizeiten und Schulungen angeboten.

Zeitschrift: Bibel und Gebet.

Red.

Beck, Johann Tobias (1804-1878)

B., geb. am 22. 2. 1804 in Balingen, gest. am 27. 12. 1878 in Tübingen; Begründer des → Biblizismus in der Systematischen Theologie.

Prägenden Einfluß auf den jungen B. hatte die im schwäbischen Pietismus verwurzelte Bibelfrömmigkeit der Mutter. Neben die Lektüre der Schrift trat die staunende Betrachtung der Natur als Schöpfung Gottes. Beides nährte früh den Wunsch, das so Empfangene auch an andere weiterzugeben und Theologie zu studieren. 1818 trat B. ins Seminar Urach ein (enges Vertrauensverhältnis zu Prof. K.W.G. Köstlin, durch ihn angeregt Lektüre u.a. von Schriften → Herders). Während des Theologiestudiums in Tübingen (1822-27) machte eine langwierige und schmerzhafte Lebererkrankung weithin den Besuch von Lehrveranstaltungen unmöglich. Notgedrungen erwarb sich B. seine theol. Bildung zum größten Teil im Eigenstudium. Dies setzte er, neben der intensiven praktischen Gemeindearbeit, auch in den ersten Pfarrstellen fort: in der Bauerngemeinde Waldthann (1827-29) und in dem Beamtenstädtchen Bad Mergentheim (1829-36), wo er gleichzeitig das dortige Gymnasium leitete. Erste Veröffentlichungen in diesen Jahren erregten u.a. das zustimmende Interesse → Tholucks. 1836 erfolgte die Berufung auf eine von pietistischen Kreisen initiierte Stiftungsprofessur in Basel, als Gegengewicht gegen den liberalen → de Wette.

Die Basler Jahre waren die literarisch fruchtbarsten seines Lebens (1836 »Über die wissenschaftliche Behandlung der christlichen Lehre. Eine akademische Antrittsrede«, 1837 »Einleitung in das System der christlichen Lehre«, 1839 »Geburt des christlichen Lebens«, 1840 »Christliche Lehrwissenschaft«, 1842 der 2. Bd. der »Christlichen Reden«, 1843 »Umriß der biblischen Seelenlehre«), sie wurden aber überschattet durch den Tod seiner ersten Frau (1838) und die heftige Auseinandersetzung mit der → Basler Mission (1838 Becks öffentliche Kritik an der Vielgeschäftigkeit christl. Kreise).

1843 folgte B. einem Ruf als o. Prof. nach Tübingen, wo er bis kurz vor seinem Tod 1878 lehrte, neben F.Ch. → Baur bald zum Hauptanziehungspunkt der Fakultät wurde und als Lehrer und Seelsorger Generationen von Studenten prägte, z.T. auch über die deutschen Sprachgrenzen hinaus. Die literarische Frucht der Tübinger Zeit erschien zum größten Teil erst posthum, darunter seine ethischen und dogmatischen Vorlesungen (drei bzw. zwei Bde.), sowie der bedeutende Kommentar zum Römerbrief.

Mitbedingt durch seinen besonderen Studiengang war B. theol. niemandes Schüler. Trotzdem verweist er selbst immer wieder auf die Anregungen, die er durch die Schwabenväter empfing, allen voran → Bengel, daneben vor allem M.F. → Roos (dessen »Christliche Glaubenslehre« er 1844 neu herausgab) und auch F.Chr. → Oetinger. Dabei hinderte ihn sein früh entwickelter Biblizismus keineswegs daran, wie oft angenommen, die geistigen Bewegungen seiner Zeit aufmerksam und ggf. kritisch-engagiert zu verfolgen.

Grundlegend für B.s Theologie ist der Offenbarungsgedanke: Gott ist nur aus und durch Gott zu erkennen. Die christl. Offenbarung bildet ihre Wahrheit schrittweise in Natur und Geschichte hinein und stellt sich so nicht als zeitloses Begriffs-, sondern als geschichtl. Lehrsystem dar. Prinzip aller theol. Erkenntnis bzw. Rezeption der christl. Wahrheit ist der Glaube, der seinerseits in der Gewissenserkenntnis verwurzelt ist. Basis aller theol. Erkenntnis ist der in geschichtl. differenzierter Theopneustie entstandene Text der Hl. Schrift, in dessen Geistwort sich die christl. Wahrheit unüberholbar vorbildlich darstellt in einem lebendigen, gottmenschlichen Organismus. Sie vermittelt ihre Wahrheit in pneumatischer Auslegung, in der der Glaube jede Schriftstelle aus dem Kontext der ganzen Schrift und damit aus dem Geist der Schrift heraus erklärt, dabei die grammatisch-hist. und psych. Auslegung integrierend.

Durch seinen Biblizismus unbelastet von konfessioneller Befangenheit strebte B. in der Rechtfertigungslehre bewußt eine Korrektur der Reformation an (Rechtfertigung als Gerechtmachung) und stand dem Staat wie der ihm angepaßten verfaßten Kirche seiner Zeit äußerst kritisch gegenüber.

Die theol. bedeutendsten unter seinen Schülern sind C.A. → Auberlen, H. → Cremer, M. → Kähler und A. → Schlatter.

Lit.: K. Barth: Die protestantische Theologie im 19. Jahrhundert, [3]1960, 562-569; W. Hoffmann: Das Verständnis der Natur in der Theologie von J.T. Beck, Diss. Bonn 1975; K.-S. Pae: Eschatologie bei J.T. Beck, Diss. Tübingen, 1989; B. Riggenbach: Johann Tobias Beck. Ein Schriftgelehrter zum Himmelreich gelehrt. Lebensbild, größtentheils nach ungedruckten Quellen bearbeitet, 1888 (mit Bibliographie aller von Beck selbst herausgegebenen und bis dahin posthum erschienenen separaten Publikationen Becks, 458f); A. Schlatter: J.T. Becks theologische Arbeit, in: BzFchrTh 1904, 25-43; G. Sentzke: Die Theologie J.T. Becks und ihr Einfluß in Finnland, 2 Bde., 1949; H.-M. Wolf: Becks christliche Reden, 1967.

H. Burkhardt

Becket, Thomas (ca. 1118-1170)

Erzbischof von Canterbury, geb. um 1118 in London, gest. 29. 12. 1170 in Canterbury, entstammte einer normannischen Familie, studierte Theologie in Paris und Kirchenrecht in Bologna und Auxerre 1143-1148, wurde von Erzbischof Theobald von Canterbury geweiht und zum Archidiakon von Canterbury eingesetzt. 1155 berief Heinrich II. v. England B. zum Kanzler; er wurde dessen engster Berater und Freund. Zielstrebig füllte er das Staatsamt aus, übernahm sogar militärische Aufgaben und setzte sich gelegentlich auch gegen die Interessen der Kirche für das Königreich ein. Am 23. 5. 1162 wurde B. zum Erzbischof von Canterbury gewählt. Er gab alle Staatsämter auf und kämpfte nun für die Rechte und Freiheiten der Kirche.

Der Konflikt mit dem König war unausweichlich, als dieser versuchte, mit den »Constitutions of Clarendon« 1163 die Herrschaft über die englische Nationalkirche zu sichern, nachdem er zuvor straffällige Geistliche der weltlichen Gerichtsbarkeit zu unterstellen versucht hatte, der Erzbischof sich diesem Ansinnen aber nach anfänglicher Zustimmung wieder entzog. Die Constitutions schrieben in 16 Artikeln den Grundsatz der weltlichen Gerichtsbarkeit über Geistliche fest und verfügten, daß die Wahl der Bischöfe nur mit Zustimmung des Königs erfolgen konnte. Damit war die Selbständigkeit der Kirche erheblich eingeschränkt, und B. verweigerte sich diesem Kurs des Königs. Dieser versuchte daraufhin, ihm mit einem Prozeß wegen Veruntreuung während seiner Kanzlerzeit beizukommen. B. protestierte – vergeblich –, appellierte an Papst Alexander III. vergeblich. Schließlich floh B. nach Frankreich, wo er sechs Jahre im Exil mit schwierigen Kompromißverhandlungen zubrachte. Am 22. 7. 1170 kam es zu einer zweifelhaften Einigung. Der Erzbischof konnte am 30. 11. 1170 im Triumph nach Canterbury zurückkehren.

Als der König jedoch einigen Höflingen gegenüber zornig von der starren Haltung des Bischofs sprach, faßten diese das als versteckte Aufforderung auf und ermordeten den Erzbischof am Altar seiner Kathedrale (am 29. 12. 1170). Eine Welle der Empörung ging durch Europa. Alsbald wurde B. als Märtyrer verehrt, und man hörte von Wundern an seinem Grabe, das zur Wallfahrtsstätte wurde. 1172 versöhnte sich der König mit dem Papst unter Verzicht auf die Constitutions. B. wurde am 21. 2. 1173 heiliggesprochen. Der König tat öffentlich Buße an seinem Grabe (12. 7. 1174). Erst Heinrich VIII. beendete mit Verboten und der Zerstörung des Schreins die Verehrung B.s (1538). C.F. Meyer (»Der Heilige«), T.S. Eliot (»Murder in the Cathedral«, dt. »Mord im Dom«), J. Anouilh (»Becket ou l'honneur de Dieu«, dt. »Becket oder die Ehre Gottes«) gaben dem tragischen Konflikt ein dichterisches Nachspiel.

Lit.: A.J. Duggan: »Becket, Thomas«, TRE 5, 1980, 394-395; G.W. Greenway: The Life and Death of Thomas Becket, 1961; H. Wolter: Bedrohte Kirchenfreiheit (1153-1198), HKG(J) III/2, 1968, 67-143, 86-95 (Lit.).

Chr. Windhorst

Beda (672-735)

B., geb. 672 in Northumbrien, gest. am 25.5.735 in Jarrow. B. hat von 679 bis zu seinem Tod nur in den beiden Klöstern Wearmouth und Jarrow gelebt; 702 erfolgte die Priesterweihe, danach war er Lehrer, Prediger und vor allem Schriftsteller zu theol., chronologischen, naturkundlichen und hist. Fragen. Als Ausleger zahlreicher bibl. Bücher sowie vor allem als Historiker (nicht nur Englands) gilt er mit seiner »Kirchengeschichte« (731 vollendet) und seiner Abtsgeschichte als bedeutendster Historiker seines Jh.s. Er ist aber nicht heilig gesprochen. Schon auf seinem Grab in Durham steht sein Ehrentitel Beda Venerabilis (dt. »der Ehrwürdige«).

Lit.: P.H. Blair: The World of Bede, 1970; H.R. Loyn: »Beda«, TRE 5, 1980, 397-402.

G. Ruhbach

Beelzebub, Beelzebul

Der dunkle Name »Beelzebul« wurde nach Mk 3,22; Mt 10,25; 12,24-27; Lk 11,15.18f von Jesus und vor allem von seinen Gegnern gebraucht, und zwar im Kontext einer Kontroverse über das Wunderhandeln Jesu; dabei gibt es auch Hinweise für eine Erklärung dieses Namens.

Aus Mt 10,25 hat man geschlossen, daß B. ursprünglich ein Name Jesu war (M. Limbeck). Aber er meint den Teufel (»Satan« = Widersacher, Mk 3,22-26 par; Lk 11,18), obwohl dieser im damaligen Judentum nicht als Beelzebul, sondern als »Beliaal« (= »Nichtsnutz«) bezeichnet wurde. Das geschah vor allem in den Texten von Qumran, wo »Beliaal« das »Los der (bösen) Geister« beherrscht (Kriegsrolle 13,4-6 vgl. Mk 3,22 par). Die Schreibung »Beelzebub« (Vulgata, Peschitta) ist sicherlich sekundäre Gleichsetzung mit dem Namen Baal-Zebub (»Herr der Fliegen«) von Ekron in 2Kön 1,2, der dort eine despektierliche Bezeichnung für den kanaanäischen Zebul-Baal, den »Fürsten Baal«, ist. Die Bedeutung »Fürst Baal« steht auch hinter der despektierlichen Teufelsbezeichnung »Beelzebul« in den Evangelien (H.P. Rüger). Denn nach der Ansicht der Pharisäer ist B. der »Fürst (Oberste) der Dämonen« (Mk 3,22), und Jesus vergleicht seine Stellung mit der eines Königs in seinem Reich (Mk 3,24 par). Ferner wird der Name B. als »Herr der (himmlischen) Wohnung« übersetzt, wofür der Vergleich mit einem Hausherrn in Mt 10,25 bzw. mit einem Haus(halt) (Mk 3,25 par) sprechen könnte; allerdings ist die Bedeutung *zbl*, »Wohnung«, nicht gut zu belegen. Schließlich wird die Verbindung von *zbl* mit dem aram. Nomen *dbb*, »Feindschaft«, erwogen, und zwar wegen Mt 13,39, wo der Teufel als »Feind« erscheint (P. Billerbeck), oder auch die Übersetzung »Mistgott« (mit Hinweis auf die ähnliche Bedeutung von Belchirah in Asc. Jes. cap. 2-3).

Sprachlich und sachlich am besten paßt die Deutung von B. als »Baal der Fürsten« (sc. der Dämonen): Das vom Teufel geführte Reich des Bösen stellt den Gegensatz zur Gottesherrschaft dar (vgl. Lk 11,19f).

Lit.: M. Limbeck: Beelzebul – eine ursprüngliche Bezeichnung für Jesus?, in: H. Feld, J. Nolte: Wort Gottes in der Zeit, 1972, 31-42 (Lit.); H.P. Rüger: Die hebräische und aramäische Sprache als Hilfsmittel zum Verstehen des Neuen Testaments, in: E. Lubahn, O. Rodenberg: Von Gott erkannt, 1990, 126f.

O. Betz

Beerdigung → Begräbnis/Bestattung

Befreiungstheologie

1. Befreiungstheologie bezieht sich auf die Erfahrung sozialer Freiheitsberaubung

B. geht davon aus, daß Menschen unter gesellschaftl. Zwängen leben, von denen sie befreit werden müßten, und daß die bibl. Botschaft ihnen Befreiung zuspricht und sie dadurch befähigt, ihre Freiheit zu erringen. Die Empörung über die Unterdrückung von Menschen, denen die Freiheit, über sich selbst zu bestimmen, geraubt wurde und vorenthalten wird, drängt dazu, um Befreiung zu kämpfen. Die bibl. Geschichte Israels wird in aktueller Auslegung als Befreiungsgeschichte gelesen. Die Erfahrung des Auszugs »aus Ägypten, aus der Knechtschaft« (2Mo 20,2) wird zu einer Exodus-Theologie verallgemeinert. Gott wird verstanden als Befreier aus Situationen der Unterdrückung und Rechtlosigkeit. Die Erfahrung Israels in einzelnen bedeutsamen Momenten seiner Geschichte wird zum Hauptthema der Theologie und der durch sie geprägten Verkündigung. Ntl. Aussagen werden aus einer angeblichen Spiritualisierung zurückübersetzt in eine Konfrontation mit angeblich realen Verhältnissen. Materialistische Bibellektüre und sozialgeschichtl. Auslegung richten mit soziologisch (genauer: marxistisch) geschärftem Blick das Augenmerk auf die Klassenkämpfe, in deren Kontext die bibl. Texte entstanden sind.

2. Befreiungstheologie ist die Theologie derer, die um ihre Befreiung kämpfen

B. entsteht vor allem dort, wo Unterdrückung massiv erfahren wird. Sozial Benachteiligte machen sich Hoffnung in einer Theologie der Armen, durch Rassismus Zurückgesetzte in einer Schwarzen Theologie, unterdrückte Frauen in feministischer Theologie. Ähnlich vielfältig wie die Situation der Unterdrückung sind die befreiungstheol. Entwürfe. Die Situationsbezogenheit ist für sie wesentlich. Die bibl. Botschaft wird lebendig, weil und soweit sie die Befreiung der Betroffenen zum Thema hat. Sie wirkt als Ermutigung, für die eigene Befreiung zu kämpfen, weil sie Hoffnung weckt, daß dieser Kampf nicht vergeblich sein wird. Die großen Verheißungen der Bibel werden konkret auf die eigene Not bezogen, um diese als überwindbar erkennen zu lassen. Theologie der Befreiung ist Theologie der zu Befreienden. Sie entsteht unter dem Druck, der die Sehnsucht nach Befreiung hervortreibt. In diesem Sinne ist sie eine eigennützige Theologie derer, die sich durch sie Mut zusprechen. Sie will nicht eine für alle geltende, sondern eine parteiliche Klassen-, Rassen- oder Geschlechtstheologie sein. Die Theologie der Armen verdächtigt die Theologie der Reichen ihrer Mitschuld an der Situation der Armut, aus der sie befreien helfen soll. Ähnlich verdächtigt Schwarze Theologie die Theologie der Weißen als Hilfsmittel zur Herrschaftserhaltung der weißen Rasse, und feministische Theologie die Theologie der Männer, sie habe sogar das Gottesbild verfälscht. B. ist also Gruppentheologie mit kämpferischer Ausrichtung.

Die Theologie der Befreiung im engeren Sinne ist als Theologie der Armen in Lateinamerika entstanden. Einer ihrer wichtigsten Vertreter ist der Peruaner Gustavo Gutierrez. Als wichtige Daten ihrer Entwicklung werden die lateinamerikanischen Bischofskonferenzen von Medellin (1968) und Puebla (1979) genannt. Ihre kämpferischste Ausformung hat eine B. wohl in dem umstrittenen »Kairos-Dokument« aus Südafrika gefunden, wo der Kampf der unterdrückten Schwarzen gegen die herrschenden Weißen mißverständlich als Kampf zwischen Licht und Finsternis, Gut und Böse, Gott und Satan gedeutet wird, in dem es keine Versöhnung geben kann.

3. Befreiungstheologie will »konkrete« Theologie sein

»Das Evangelium des Alten und des Neuen Testamentes gibt es nur konkret« (Peter Eicher), d.h. als Befreiungsbotschaft bezogen auf reale Unterdrükkung. »In allen ihren Formen fordert die Theologie der Befreiung eine konkrete Verbindung zwischen der Reich-Gottes-Verkündigung und dem Kampf um Befreiung aus einer politisch gestützten Wirtschaftsform, welche die Armen noch immer zusehends ärmer und die Reichen reicher werden läßt« (P. Eicher). Eine soziologisch nicht spezifizierte Rede von Sünde wird als abstrakt empfunden. Eine sowohl Juden als auch Heiden als »allzumal Sünder« (Röm 3,23) einbeziehende bzw. sich in diesem Sinne auf Arme und Reiche, Schwarze und Weiße, Frauen und Männer beziehende Theologie gilt als irrelevant. Indem sie von einer alle gleichermaßen betreffenden Befreiung von Sünde redet, verschweigt sie angeblich die eigentliche Befreiungsbotschaft. Das Evangelium muß, um relevant zu sein, mit einer Analyse der gesellschaftl. Entwicklungen verbunden werden, wozu sich in der Blütezeit der Befreiungstheologie die marxistische Theorie empfahl. So entstand der Eindruck, daß das Reich Gottes durch polit. Kampf herbeizuführen sei. Konsequent konnte das Kreuz als etwas zu Überwindendes und die das Kreuz Jesu zum Heilszeichen verklärende Kreuzestheologie als »Sündenfall« der christl. Theologie bezeichnet werden (Ulrich Hedinger). Die Auferstehungsbotschaft konnte als Symbol des erhofften Sieges gedeutet werden.

4. Befreiungstheologie weist »protestantische« Elemente auf

Obwohl sie unter röm.-kath. Theologen entstanden ist, wird der B. in empfehlendem oder kritisierendem Sinn eine »protestantische« Tendenz nachgesagt. Das Bibelgespräch der Laien in Basisgemeinden und eine gewisse antihierarchische Stimmung erwecken diesen Eindruck. Allerdings sind die → Rechtfertigung des Sünders durch → Glauben allein oder die luth. Unterscheidung von Gesetz und Evangelium, bzw. der zwei Regierweisen Gottes, fremde Themen im Rahmen der B. Was nach reformat. Lehre Gottes Heilstat ist, wird in der B. als Aufgabe der Selbstbefreiung proklamiert. Was ein vorläufiges Ziel polit. Bemühung sein kann, wird umgekehrt zum Vorschein des Reiches Gottes erklärt. Statt im Rahmen des Möglichen konkrete Schritte polit. Befreiung einzuleiten, neigt befreiungstheol. Denken dazu, schwärmerische Erwartungen einer Totalbefreiung zu wecken. Statt realistisch Kompromisse anzustreben, redet sie sich in eine Unversöhnlichkeit hinein, die vermutlich in Enttäuschung umschlagen wird.

Lit.: P. Eicher (Hg.): Theologie der Befreiung im Gespräch, 1985; G. Gutierrez: Theologie der Befreiung, [6]1982; R. Hofmann (Hg.): Gottesreich und Revolution. Zur Vermengung von Christentum und Marxismus in politischen Theologien der Gegenwart, 1987.

W. Schlichting

Begarden und Beginen

1. Begarden

Die B., Männer, meist aus niederen sozialen Schichten, die, losgelöst von familiären und ehelichen Banden, eine besondere Form der Nachfolge Christi suchten, ohne sich an einen Orden zu binden, sind der rel. Laienbewegung des MAs zuzuordnen. Nur im belgischen Raum bildeten sie dauerhafte Gemeinschaften. Sie lebten in der Regel von handwerklicher Arbeit oder auch vom Handel. Die B. pflegten enge Beziehungen zu den Bettelorden und schlossen sich im 14. Jh. zum größten Teil den Franziskaner-Tertiaren an.

2. Beginen

Größere Bedeutung erlangten dagegen die B., die zu einer bedeutenden Frauenbewegung wurden. Sie breiteten sich ohne einheitliche Struktur und festgefügte Regeln nahezu in ganz Europa aus. Begine war eine Frau, die private Frömmigkeit über den im MA üblichen Rahmen hinaus praktizierte, ohne jedoch deshalb einer Ordensgemeinschaft anzugehören. Der Höhepunkt der Bewegung ist zwischen 1250 und 1350 anzusetzen. Vor allem gelten Nordwestdeutschland, Nordfrankreich und das heutige Belgien als Zentren des frühen B.tums. Adlige und bürgerliche Frauen sind unter den B. zu finden. Unter den ersten B. waren sowohl Jungfrauen wie auch Witwen und verheiratete Frauen, die dem ehelichen Leben entsagt hatten. Im Mittelpunkt des gemeinsamen Lebens stand die Verwirklichung der »evangelischen Räte«: Armut, Keuschheit, Gehorsam.

Von Anfang an verband sich mit dem Status der Begine die Vorstellung einer Lebensweise, die gleichermaßen Merkmale des geistl. wie des weltlichen Standes vereinigte und somit nicht eindeutig einzuordnen war. Der Eintritt in die Gemeinschaft vollzog sich ohne besondere Förmlichkeiten. Allerdings verloren die Schwestern jede Verfügungsgewalt über ihr Eigentum. In der Regel besaßen die B.häuser eine solide wirtschaftl. Grundlage. Häufig widmeten sich B. sozial-karitativen Tätigkeiten, nicht selten entstanden Konvente aus Gemeinschaften von Spitalschwestern, so z.B. das erste Mainzer B.haus (1259). Im 14. und 15. Jh. entwickelten die B. besondere Aktivitäten in der Krankenpflege. Nachrichten über Unterricht und Erziehung von jungen Mädchen liegen für Straßburg und Köln vor. Vereinzelt beteiligten sich Beginen auch an der Bestattung von Toten. Allgemein läßt sich sagen, daß sie die verschiedensten Berufe ausübten, einer der Haupterwerbszweige war jedoch das Textilhandwerk.

Die B. »rückten ihren halboffiziellen Status in die Nähe der Gemeinschaft der um Christus versammelten Jünger und sahen in der Armut und Bescheidenheit ihres Daseins nicht eine Zurücksetzung, sondern eine Auszeichnung, die ihnen von dem verliehen worden war, der die Herrlichkeit des Himmels verlassen und Knechtsgestalt angenommen hatte« (K. Elm).

Lit.: B. Degler-Spengler: Die religiöse Frauenbewegung des Mittelalters. Konversen-Nonnen-Beginen, in: Rottenburger Jahrbuch für KG 3, 1984, 75-88; K. Elm: Die Stellung der Frau in Ordenswesen, Semireligiosentum und Häresie zur Zeit der heiligen Elisabeth, in: Sankt Elisabeth. Fürstin, Dienerin, Heilige. Aufsätze, Dokumentation, Katalog der Ausstellung zum 750. Todestag der hl.

Elisabeth, 1981, 10-28; J. Grübel: Bettelorden und Frauenfrömmigkeit im 13. Jahrhundert. Das Verhältnis der Mendikanten zu Nonnenklöstern und Beginen am Beispiel Straßburg und Basel, 1987.

K. Wittstadt

Begräbnis/Bestattung

Seit ihren Anfängen stand die christl. Kirche denen vom Evangelium her bei, die starben, und denen, die über einen Toten trauerten. Um diese umfassende seelsorgerl. Begleitung geht es und nicht nur um die isolierte Begräbnishandlung. Das → Evangelium ermächtigte die Christen, dem → Tod zu widersprechen und sich der unverbrüchlichen Lebensgemeinschaft mit Christus zu trösten (Röm 14,7ff; vgl. Mt 26,29).

Die Alte Kirche versteht das B. zunächst als ein »Werk der Barmherzigkeit«. Erd-B. war die Regel nach dem Vorbild der Grablegung Jesu. Indem die Christen eigene B.gottesdienste halten, treten sie in Konkurrenz zu den antiken B.riten und -vereinen. Sie unterscheiden sich von diesen a) durch die Unaustauschbarkeit des in Christus begründeten Trostes, b) darin, daß sie B. als Sache der Gemeinde und nicht nur der Familie verstehen. Nicht von ungefähr erklärte Kaiser Julian Apostata (363) die Anziehungskraft des Christentums wesentlich mit dessen vorbildlichem B.wesen.

Die Reformation befreite das B. von den Umklammerungen kath.-spätmittelalterl. Theologie und Praxis; sie konzentrierte das B. wieder ganz auf den »fröhlichen Artikel unseres Glaubens von der Auferstehung« (M. Luther) und löste sich von der Vorstellung, daß es möglich ist, auf das Geschick des Menschen nach seinem Tod durch Gebete und Handlungen einzuwirken (Ablaßstreit!). Der Pfarrer soll »eine kurze Predigt tun vom Tod, von der Auferstehung... und denen zum Trost, die in Bekümmernis sind... Am Ende soll er die verstorbene Person der gnädigen Hand Gottes anbefehlen und die gegenwärtige Versammlung um Besserung des Lebens, ein christliches Sterben und fröhliches Auferstehen... bitten lassen...« (Württembergische Kirchenordnung, 1559).

Für den B.-Gottesdienst ist demnach konstitutiv:

1. Er wird gehalten – das letzte »Werk der Barmherzigkeit« an einem Menschen geschieht.
2. Er ist ein öffentlicher Gottesdienst – er »verkündigt« durch seine Liturgie und seine Predigt; er gibt dem Trauern Formen und Worte und spricht den Trost des Evangeliums aus: Röm 8,38ff.
3. Er hilft, einen Menschen und auch die Schuld, die andere mit diesem Menschenleben verbindet, aus der Hand zu geben – und er befiehlt ihn in Gottes »Hand« (vgl. Psalm 31,6 u.ö.). Weil es sich um ein unverwechselbares Menschenleben handelt, wird die Predigt biographisch reden, aber nicht das Lob des Menschen, sondern das Lob des auferstandenen Christus ins Zentrum rücken.
4. Er redet vom »Gericht« und vom letzten Wort über einen Menschen, das Gott sich vorbehalten hat; er bittet mit Berufung auf Jesus um das Urteil der → Gnade und die → Auferstehung zum ewigen Leben.
5. Er spricht das Evangelium und den → Segen den Versammelten zu und er nimmt sie aufs neue in Christi Schutz und Dienst.

Mit dem Begräbnis verbinden sich bis heute einige praktische und kirchenrechtliche Probleme:

a. Erstmals begehren auch Angehörige von aus der Kirche ausgetretenen Verstorbenen die ev. Begräbnisfeier. Dies ist jedoch nur im Ausnahmefall, z.B. bei vor dem Tod bekundetem Willen zum Wiedereintritt, möglich, da auch der Austritt als Wille des Verstorbenen zu achten ist. Auf jeden Fall haben die Angehörigen ein Recht auf seelsorgerl. Begleitung.

b. Besonders in der Großstadt wird das B. privatisiert: Wenige Angehörige und der Pfarrer als einziger Repräsentant der christl. Gemeinde versammeln sich. Dazu kommt eine enge zeitliche Begrenzung der Begräbnisfeier durch die Organisationsstruktur kommunaler → Friedhöfe.

c. Das Begräbnis von durch Suizid Verstorbenen wird in der Regel heute nicht verweigert, ebensowenig wie die Beteiligung an Feuerbestattungen und Urnenbeisetzungen, wenn sie nicht eine atheistische Demonstration gegen die Auferstehung darstellen.

Ist es auch unwürdig, das B. zur »missionarischen Gelegenheit« der Volkskirche machen zu wollen, so kann doch die Wirkung nicht hoch genug eingeschätzt werden, die davon ausgeht, daß Menschen erleben, wie Christen Christen trösten, mit welcher Hingabe die Hl. Schrift ausgelegt und mit welch seelsorgerl. Gewissenhaftigkeit ein B.gottesdienst gehalten wird.

Lit.: B. Bürki: Im Herrn entschlafen, 1969 (Lit.); G. Hennig: Die kirchliche Bestattung (Studienbrief der Diakon. Werke, A 17, 1984); H. Wißmann, P. Walton, M. Brocke, F. Merkel: »Bestattung«, TRE 5, 1980, 730-757 (Lit.).

G. Hennig

Behindertenarbeit in der evangelischen Kirche

Neben der Fürsorge für Arme, Kranke und Waisen ist die Betreuung Behinderter eines der ursprünglichsten Betätigungsfelder der christl. Kirche. Ziel der diakon. Arbeit kann nicht allein die Kompensation der Behinderung durch entsprechende Hilfen und Dienste sein. Es stellen sich vielmehr Aufgaben der → Seelsorge und des Gemeindeaufbaus: Wert und Bedeutung eines Menschen hängen nach bibl. Sicht nicht ab von seiner Funktions- und Leistungsfähigkeit in der Gesellschaft. Die Gemeinde Jesu ist Gemeinde aller, der Behinderten und der Gesunden (vgl. U. Bach).

Zunächst sind verschiedene Arten der Behinderung zu unterscheiden: Beeinträchtigungen des Körpers, der Sinne, der Psyche (Seele) und des Verstandes. Daher beschäftigt die Diakonie in ihrer Hauptgeschäftsstelle vier Referenten für kirchl. B.

Entsprechend sind in den Diakonischen Werken der Gliedkirchen solche Referenten zu finden, in den neuen Bundesländern noch nicht überall.

Sie sind Ansprechpartner für diakon. Einrichtungen aller Art, die B. betreiben.

So erreicht die kirchl. Arbeit für Behinderte diakon. Heime aller Art, Frühförderzentren, Sonderkindergärten, Sonderschulen, integrierende Kindergärten und Schulen, Tagesstätten, Beratungs- und Therapiezentren, Krankenhäuser, Werkstätten für Behinderte, Wohnheime, Wohngruppen, Übergangseinrichtungen, sozialpsychiatrische Dienste, Angebote der Seelsorge und offener Arbeit u.a.m.

In Zusammenarbeit mit den Diakonischen Werken verfolgen die Fachverbände folgende Schwerpunkte: Fachwissen sammeln und bündeln, Spezialgebiete neu erarbeiten, Fachtagungen abhalten, Publikationen herausgeben, Mitglieder beraten, Mitarbeiterinnen und Mitarbeiter fördern und qualifizieren, Partnerkontakte knüpfen und pflegen, die Rechte der Behinderten aufmerksam verfolgen und zu stärken suchen, Behinderte und ihre Angehörigen begleiten.

Außerdem bieten einzelne Kirchengemeinden, Freikirchen und kleinere kirchl. Organisationen Menschen mit Behinderung(en) verschiedene Hilfen an, halten Freizeiten ab, organisieren Reisen und unterstützen so ihre Integration.

Der Verband ev. Einrichtungen für geistig und seelisch Behinderte – einer der größten diakonischen Fachverbände überhaupt – hat (1991) 174 Mitglieder (Rechtsträger), mit wenigstens 500 einzelnen Einrichtungen, in denen rund 70.000 Menschen mit einer geistigen und/oder psychischen Behinderung gefördert werden.

Lit.: U. Bach: Boden unter den Füßen hat keiner, 1980.

D. Gleiss

Beichte

Martin → Luther meinte noch, die Beichte als Gottes eigenes Gnadenwort an den Menschen sei so kostbar, daß nicht die Kirche ihre Gläubigen, sondern die Menschen ihren Pfarrer dazu drängen und in Pflicht nehmen müßten (Eine kurze Vermahnung zu der Beicht, 1529, WA 30/1, 233ff).

Heute ist dagegen die B. (vom althochdeutschen *bijiht* »Bekenntnis, Bejahung«) in ev. Gemeinden weitgehend in Vergessenheit geraten oder als röm.-kath. Zwangsinstitut abgelehnt. Auch in der kath. Kirche ist eine Erosion der Beichtpraxis zu beobachten.

1. Biblische Begründung der Beichte

Auch wenn die Praxis der Einzelbeichte, in der ein Mensch konkrete Sünden einem Beichtiger bekennt, um dann von diesem den Zuspruch der Vergebung Gottes zu erfahren, sich nicht mit einzelnen Bibelstellen belegen läßt, kann sie sich als dem bibl. Gesamtzeugnis gemäß nachweisen lassen.

Ps 32,1-5 weist auf die bis ins Psychosomatische reichenden Folgen unausgesprochener Schuld hin und rühmt die befreiende Wirkung der Vergebung Gottes. In der Geschichte von Davids Ehebruch findet sich ein kleines »Beichtgespräch«, in dem der durch Natan überführte König seine Schuld bekennt und aus Natans Mund Gottes Urteil hört (2Sam 12,13).

Jesu Wirken ist vollmächtiger Zuspruch von Sündenvergebung (vgl. nur Joh 8,1-11 oder Mt 9,1-8). Wiederum eine Art »Beichtgespräch« bietet Jesu Gespräch mit dem »Schächer« am Kreuz. Auf sein Eingeständnis hin hört er Jesu lösendes Wort: »Heute wirst du mit mir im Paradies sein« (Lk 23,39-43).

Jesus gibt diese Vollmacht zur Vergebung schließlich an seine Jünger weiter: Joh 20,19-23 (vgl. auch die »Schlüsselworte« Mt 16,13-20; 18,15-20). Die Mission der Jünger (und zwar als Repräsentanten der Gemeinde Jesu und nicht eines besonders vollmächtigen Amtes) ist es, die Vergebung zu den Menschen zu tragen.

So bleibt im NT das Bekenntnis der Sünden zentraler Aspekt der → Verkündigung. Wer Sünden bekennt, wird wahrhaftig und darf auf die Vergebung Gottes hoffen (1Joh 1,9f). In Jak 5,13-20 werden die Gläubigen aufgefordert, einander ihre Sünden zu bekennen. Auch geht es hier um den bereits in Ps 32 aufgewiesenen potentiellen (nicht zwangsläufigen; vgl. Joh 9,3) Zusammenhang von Sünde und Krankheit bzw. Vergebung und Heilung.

2. Zur Geschichte der Beichte

In der Alten Kirche finden wir eine öffentliche Buße bei bestimmten Sünden. Aus den Klöstern heraus fand die Einzelbeichte vor dem Bruder ihren Weg in die Gemeinden. Ab dem 7. Jh. finden sich Zeugnisse der Einzelbeichte vor dem absolvierenden Priester. Das Laterankonzil 1215 macht die mindestens jährliche Beichte zur verpflichtenden Bedingung für den Empfang der Eucharistie. Die scholastische Theologie kennt drei Elemente der Beichte: die Reue im Herzen (*contritio cordis*), das Bekenntnis mit dem Munde (*confessio oris*) und die Genugtuung durch Werke (*satisfactio operis*). Darauf antwortet der Priester mit dem göttlichen Gerichtsurteil: *Ego te absolvo.* Allmählich findet der → Ablaß in die Praxis des kath. Bußsakramentes hinein: die Absolution erläßt die Schuld, die Ablaßzahlung dagegen die zeitlichen Strafen (einschließlich der Fegfeuer-Strafen).

Die → Reformation erwuchs nicht zuletzt aus dem Widerstand gegen diese Praxis des Bußsakramentes. Luther litt als Mönch unter dem Bußakt, in dem der Priester als geistl. Richter stellvertretend das Urteil Gottes aussprach. »Dahinter stand das Bild eines Gottes, der in unerbittlicher Strenge das ewige Strafgericht vollziehen würde, wenn nicht der Sünder, von Angst und Reue getrieben, zur Buße finden würde« (H. Obst, TRE 5, 421). Luthers Entdeckung der Rechtfertigung des Sünders aus Gnaden durch den Glauben allein führte ihn auch zu einer Neubewertung der B.: sie wird zur Begegnung des Sünders mit der Liebe Gottes in Christus, nicht mit der unerbittlich fordernden Gerechtigkeit des richtenden Gottes. Gleichwohl hat Luther gegen die Abschaffung der Einzelbeichte in seinen Invokavit-Predigten heftig gekämpft: Ich will »mir die heymliche beicht niemants lassen nemen und wolt sie nit umb der gantzen welt schatz geben. Dann ich weys was trost und stercke sie mir gegeben hat. . . .ich were langst vom teuffel erwürgt, wenn mich nit die beichte erhalten hett!« (WA 10/3, 61f). Im Großen Katechismus sagt er schließlich: »Darümb wenn ich zur Beichte vermahne, so tue ich nichts anders, denn daß ich vermahne, ein Christen zu sein« (BSLK, 732). Luther hat auch die Beichtpraxis erheblich modifiziert: Ihr Hauptakzent liegt nicht auf des Menschen Tun; ihm bleibt die *confessio* (Bekenntnis). Das Eigentliche aber tut Gott: er schenkt die *absolutio* (Vergebung). Auch wehrt sich Luther gegen den Zwang zum lückenlos vollständigen Sündenbekenntnis unter Verweis auf Ps 19,13. Wir sollen die Sünden bekennen, die wir wissen und im Herzen fühlen. Auch beschränkte er die Vollmacht zur Absolution nicht auf den Priester.

Allerdings findet sich schon in den ersten Gottesdienstordnungen der Reformation (Formula Missae, 1523) eine katechetische Befragung als Zulassungsbedingung bei der Anmeldung zum Abendmahl. Sie verbindet sich mit einem Sündenbekenntnis und wird in den luth. Kirchen (in den ref. bleibt die Beichte ein Randphänomen) bald zur verpflichtenden Beichte vor dem Abendmahlsgang. So wurde neuer Zwang auf die B. gelegt, die zugleich immer mehr zu einem allgemeinen Sündenbekenntnis verflachte.

Der → Pietismus wehrte sich gegen die veräußerlichte B.; der Pfarrer K. Schade weigerte sich im »Berliner Beichtstuhlstreit« 1696-98, diese »Einzelbeichte« noch länger abzunehmen und führte eine Allgemeine B. ein. Diese verdrängte immer mehr die Einzelbeichte.

Im 19. Jh. (vor allem in luth. geprägten Erwekkungsgebieten, z.B. durch C. Harms in Kiel und W. Löhe in Bayern) und im 20. Jh., vor allem durch Bruderschaften (Michaelsbruderschaft), Kommunitäten und freie Werke (CVJM), gab es Ansätze zur Neuentdeckung der Einzelbeichte. Der Kirchentag 1956 mit einem großen Vortrag von Albrecht Schönherr über die B. gehört auch in diesen Zusammenhang. Die Geistliche Gemeinde-Erneuerung hat ebenso wie andere Gemeindeaufbau-Initiativen (Erlanger Kreis um Manfred Seitz) die Wiederentdeckung der Einzelbeichte im Umkreis des mission. Gemeindeaufbaus angeregt.

3. Formen der Beichte

Nimmt man Luthers Definition, so erkennt man die Beichte an zwei Stücken: dem Bekenntnis und der Vergebung, die der Beichtiger im Namen Gottes zuspricht, und die der Beichtende im Glauben annimmt. Damit ist die Einzelbeichte die eigentliche Form der Beichte.

Daneben gibt es aber noch beichtverwandte Formen des Sündenbekenntnisses: z.B. die Herzensbeichte, in der ein Sünder in der Stille vor Gott seine Schuld bekennt; ferner die Versöhnungsbeichte (Mt 5,23f), in der ein Christ den anderen um Vergebung bittet; ferner die allgemeine Beichte im Gottesdienst mit der allen verkündigten Vergebung Gottes; schließlich das → Confiteor, das Rüstgebet zu Beginn des Gottesdienstes, mit dem die Gemeinde ihre Unwürdigkeit bekennt, Vergebung erbittet und diese dann durch den Zuspruch von → Predigt und→ Abendmahl auch glaubend empfängt. Außerdem gibt es Formen des Bußgottesdienstes, die ganz unter dem Thema »Schuld und Vergebung« stehen.

4. Die Bedeutung der Beichte

In Dietrich Bonhoeffers »Gemeinsamem Leben« wird die Bedeutung der B. für Seelsorge und Gemeindeaufbau deutlich:

a. Die B. ist Durchbruch zur Gemeinschaft. Schuld macht einsam. Sie isoliert uns in jeder Beziehung, von Gott und vom Bruder. In der B. bleiben wir nicht länger allein. Unsere Gemeinschaft wird echt: sie wird tatsächliche Gemeinschaft von Sündern unter dem Kreuz Jesu.

b. Darum ist die B. Durchbruch zum Kreuz: sie demütigt unseren Stolz und tut weh. Sie bewahrt uns vor der billigen und ungewissen Vergebung, die wir uns selbst »zusprechen«. Warum fällt es leichter, dem heiligen Gott Schuld zu bekennen als dem Bruder, der doch auch ein Sünder ist?

c. B. ist Durchbruch zum neuen Leben: wir dürfen und können neu anfangen, denn das Alte ist vergangen.

d. So ist B. Durchbruch zur Gewißheit. Die Vergebung hat einen Zeugen. Was er gesagt hat, hat er im Auftrag Gottes gesagt: ich habe keinen Grund, die Gültigkeit der Vergebung länger in Zweifel zu ziehen.

5. Zur Praxis der Einzelbeichte

B. muß neu gepredigt und gelehrt werden, wenn sie wieder in den Gemeinden entdeckt werden soll. Die Lehre der B. gehört in jeden christl. Unterricht von der Universität bis zum Konfirmandenunterricht. Sie gehört aber auch als Angebot in das seelsorgerl. Gespräch.

Ihr Ort ist z.B. eine Sakristei, auf jeden Fall ein ruhiger und ungestörter Raum.

Der Beichtiger muß schweigen können (das Beichtgeheimnis ist durch das Strafrecht geschützt) und sollte selbst in der Praxis der B. leben. Der Pfarrer ist auch zum Hören der B. ordiniert; der Beichtende kann aber auch einem anderen als dem Pfarrer beichten.

Für den Vollzug machen manche → Agenden und Gesangbücher schlichte Vorschläge. Sie sind Sprachhilfen, die unsere Unsicherheit überwinden helfen. Unverzichtbar an ihnen sind nur das persönliche Bekennen konkreter Sünden und der indikativische Zuspruch der Vergebung, z.B.: »Auf Befehl unseres Herrn Jesus Christus und auf Grund seines Leidens und Sterbens spreche ich dich frei von allen deinen Sünden. Im Namen des Vaters und des Sohnes und des Heiligen Geistes. Amen« (der Beichtiger legt dabei dem Beichtenden die Hände auf).

Der Beichtiger steht nicht priesterlich über dem Beichtenden; er ist Sünder, dem Gott für einen anderen Sünder den Zuspruch der Vergebung in den Mund gelegt hat. So bedroht B. auch nicht Gemeinschaft durch Mit-Wissen, sondern begründet Gemeinschaft in der Vergebung. Knien beide während der B., wird dieser Tatbestand verdeutlicht.

Eine Verweigerung der Absolution (»binden«) kann angesagt sein, wenn der Beichtende nicht bereit ist, auch anderen zu vergeben, oder wenn er die bekannte Schuld auch in Zukunft nicht lassen will.

B. kann angesagt sein als Generalbeichte in der ersten Grundentscheidung eines Menschen für Jesus. Sie kann sinnvoll sein am Beginn eines neuen Lebensabschnittes, bei immer wiederkehrenden Sünden, bei bleibender Ungewißheit im Blick auf die Vergebung Gottes oder einfach als regelmäßige B. in einem Leben der Heiligung.

Wer gebeichtet hat, wird es immer wieder tun und wird aus Dankbarkeit versuchen, wiedergutzumachen, was durch seine Schuld an Schaden entstanden ist.

S.a. → Buße

Lit.: J.P. Asmussen, I.W. Frank, E. Bezzel, H. Obst, M. Mezger: »Beichte«, TRE 5, 1980, 411-439; E. Bezzel: Frei zum Eingeständnis, 1982; W. Böhme: Zeichen der Versöhnung, [2]1969; D. Bonhoeffer: Gemeinsames Leben, [14]1973; J. Busch: Stille Gespräche, [10]1977; M. Seitz et al.: Die Freude der Beichte, 1985; Th. Sorg: Das lösende Wort, [2]1976.

M. Herbst

Bekehrung

a) biblisch

1. Im Alten Testament

Wo die LÜ den Begriff »sich bekehren« bzw. B. hat, steht in der Vulgata regelmäßig *convertere* (»umwenden«) bzw. *conversio*, in der LXX bzw. im griech. Original des NT *epistrepho, epistrephomai* (»hinwenden«) bzw. *epistrophe.* In der LXX ist *epi-*

strepho Übersetzung von hebr. *schub* (»zurückkehren«). Dies ist zunächst keineswegs terminus technicus, sondern wird durchgehend, bis ins NT hinein (Mt 10,13; 12,44;24,18; Mk 5,30; Lk 2,39; 8,35; Joh 21,20; Apg 11,40; 2Petr 2,22; Offb 1,12), auch im wörtlichen, nichtrel. Sinn gebraucht. Zum rel. Terminus wird B. – religionsgeschichtl. ohne wirkliche Parallele (Nock) – auf dem Hintergrund des atl. Bundesgedankens: nach dem Abfall Israels von Gott und damit dem Bruch des von ihm gestifteten Bundes ist von Rückkehr zu Gott und damit in das von Gottes Seite nicht aufgehobene Bundesverhältnis die Rede (Beschreibung ohne den Begriff Ri 2 u.ö., der Begriff 5Mo 4,30; vgl. V. 23; 5Mo 30,2.8.10; vgl. 31,20.24). Der Ruf zu dieser Umkehr ist zentrale Aufgabe der atl. Prophetie (Jer 25,4; 26,5; 35,15; 44,4; vgl. 2Kön 17,13).

Adressat des Rufs zur Umkehr ist in der Regel kollektiv das ganze Volk Israel (bzw. gelegentlich der König als der Führer des Gottesvolks, 1Kön 13,33; 2Kön 23,25; 2Chr 36,13). Ziel der Umkehr ist durchgehend Gott selbst, nur einmal (Neh 9,29) das Gesetz. Darin zeigt sich (im Unterschied zum säkularisierten modernen Begriff B.) die Theozentrik des bibl. B.s-Begriffs. Gott seinerseits vergibt den Umkehrenden ihre Schuld (1Kön 8,34.36; Hos 14,2f als Bitte; Jes 44,22a; 55,7 als Zusage), gibt ihnen »Heilung« (Hos 14,5; Jes 9,12; 19,22) und Rettung (Jes 45,22).

Worin die Umkehr besteht, kommt in einer Reihe im Kontext des Begriffs gebrauchter Umschreibungen zum Ausdruck: Gottes Angesicht suchen (5Mo 4,30; Hos 3,5; 5,6; 2Chr 7,14; 15,2.4.12; 30,19); nach Gott fragen (Hos 7,10; Jes 9,12); Gott erkennen (Hos 2,10; 5,4; 6,3); sein Herz auf Gott richten (1Sam 7,3), sein Herz beschneiden (5Mo 30,6; Jer 4,4); sein Herz zerreißen (Joel 2,13); zu Gott flehen (1Kön 8,33ff; 2Chr 7,14); Gottes Namen bekennen (1Kön 8,33.35; 18,39); sich vor Gott demütigen (Jer 36,7; 44,10; 2Kön 22,19; 2Chr 7,14; 12,6f; 30,11; 33,12; 34,27; vgl. Hiob 22,23). Solche kultische Hinwendung zu Gott ist aber nur echt, wenn sie zugleich Gehorsam gegen Gottes Wort (5Mo 4,30; 30,2; Jes 6,10; Jer 12,17; 25,7; 26,3; 35,15; 44,5; vgl. Hos 11,10 dem Herrn folgen), Halten der Gebote (2Kön 17,13; Hos 12,7; Hes 18,21.27; 33,19; vgl. Neh 1,9; 2,29), ein Gutmachen von Wandel und Tun ist (Jer 18,11; 35,1). Wiederholt im unmittelbaren Parallelismus zu *schub* bzw. *epistrephein* ist hebr. *nicham* (Niphal) (»bereuen«) bzw. griech. *metanoein* (»sich umbesinnen«) gebraucht (Jes 46,8; Jer 8,5f; 31,18f) und kann dann schließlich sogar an die Stelle von *schub* bzw. *epistrephein* treten (Sir 48,15 und im NT, vor allem in den Evv.).

Negativ ist die Umkehr: Er- und Bekenntnis der Schuld (1Sam 7,3; 1Kön 6,47; Hos 14,3; Jer 3,13; Klgl 3,40) und Abwendung (*apostrephein*) von Sünde (1Kön 8,35; 2Chr 6,24; Hiob 36,10) und Ungerechtigkeit (1Kön 13,33; Mal 2,6).

Voraussetzung der Möglichkeit der Umkehr ist objektiv die Erwählung Israels, die in der Rettung aus Ägypten und dem Bundesschluß am Sinai für Israel erfahrbar wurde. Über die subjektiven Voraussetzungen wird im AT zunächst nicht reflektiert. Das ändert sich aber in dem Maße, in dem deutlich wird, daß Israel ständig neu aus dem Bund ausbricht und zu wirklicher Umkehr nicht bereit ist. Bereits bei den ältesten Schriftpropheten fällt auf, daß sie fast ausschließlich negativ feststellend von Umkehr reden (Am 4; Hos 5,4; 7,10; 11,5; Jes 6,10; 9,12; Jer 3,10; 5,3; 8,5; 18,11f; vgl. dazu H.W. Wolff). Wo Israel scheinbar umkehrt, da wird diese Umkehr als oberflächlich und unecht entlarvt (Hos 6; Jer 3,10). Dafür erscheint das Wort von der B. jetzt zunehmend im Zusammenhang eschatologischer Weissagung als Verheißung eines zukünftigen Ereignisses aufgrund eines besonderen, einen neuen Bund setzenden Eingreifens Gottes, das im Leben der Betroffenen einen grundlegenden inneren Wandel herbeiführt (Hos 3,5; Jes 44,22b; Jer 24,7; 31,18.31ff, vgl. auch Hes 36,26ff, eine Stelle, die mit der Verheißung der Erneuerung durch den Geist Gottes zugleich Anknüpfungsunkt für das ntl. Zeugnis von der → Wiedergeburt ist).

2. Im Neuen Testament

Diese Eschatologisierung des Rufs zur Umkehr führt im NT zu einer bedeutsamen Umformung des B.sverständnisses: Indem in der Umkehrbotschaft Johannes des Täufers und Jesu die Erfüllung der atl. Verheißung jener den ganzen Menschen erfassenden Umkehr angesagt wird (Mk 1,4.15; vgl. Mk 6,12; Mt 3,2; 4,17; Lk 5,32; 15,7.10; 24,47), wird deutlich, daß diese Umkehr ein je einmaliges, das weitere Leben des Menschen grundlegend bestimmendes Ereignis ist: Der Umkehrruf Jesu stellt die Hörer in ein letztes Entweder-Oder hinein, in dem sich zugleich bereits jetzt das ewige Geschick des Menschen entscheidet: Niemand kann zwei Herren dienen (Mt 6,24). Wer dem Ruf Jesu folgt, wird darin bereit zu vorbehaltloser Hingabe des Lebens an den Willen Gottes (Mt 6,10.33), wird bereit, alles um der sich realisierenden Herrschaft Gottes willen zu verlassen (Mt 19,21.27; vgl. 16,24ff), auch allen von Gott und dem Mitmenschen trennenden Stolz

(Mt 18,2f; vgl. 20,26f), um von ganzem Herzen Gott und dem Nächsten (selbst dem feindlich gesinnten) zu dienen (Mt 22,34ff; vgl. 5,38ff).

Das ganze NT hält konsequent am Gedanken der B. als einmaliger Lebenswende und grundlegendem Herrschaftswechsel fest, sowohl dort, wo ausdrücklich von B. die Rede ist (Apg 2,38; 3,19; 9,35; 11,21; 14,15; 15,19; 26,18.20; 1Th 1,9; 2Kor 3,16; 1Petr 2,25; 2Petr 3,9; Hebr 6,4-6), als auch dort, wo in anderen Begriffen und Formulierungen von dieser einmaligen Wende, in der ein Mensch Christ wird, die Rede ist (vgl. bes. die Rede vom Gläubigwerden Apg 4,4.32; 9,42; 11,17.21; 13,48; 14,1.23; 15,5; 16,34; 17,12.34; 18,8; 19,2; 2Th 1,10; Gal 2,16; 1Kor 3,5; Röm 13,11; Eph 1,13; → Wiedergeburt).

Neben dieser Rede von einer einmaligen B. findet sich im NT zwar auch die von einer wiederholten Umkehr (nur Lk 22,32b *epistrephein*, sonst *metanoein*: Lk 17,3f; Apg 8,22; 2Kor 7,9f; 12,21; 2Tim 2,25; Offb 2-3 u.ö. → Buße). Aber diese wiederholte Umkehr hebt die einmalige nicht auf, sondern setzt sie, im Sinne der ntl. Spannung von »Schon« und »Noch nicht« der Erfüllung der Verheißung, voraus (Röm 8,24; Phil 3,12; vgl. Lk 22,32a »Ich habe für dich gebeten, daß dein Glaube nicht aufhöre«).

Die objektive Voraussetzung der Möglichkeit der Umkehr ist mit der »Erfüllung der Zeit« (Mk 1,15) gegeben: wirkliche Umkehr ist jetzt möglich, weil mit dem Kommen, Sterben und Auferstehen Jesu die verheißene Gottesherrschaft sich durchzusetzen begonnen hat (»...denn das Reich Gottes ist nahe herbeigekommen«, Mt 4,17). Die subjektive Voraussetzung wird durch das diese Botschaft vermittelnde und im Geist Gottes auf den Menschen einwirkende Wort geschaffen. Dadurch allein wird das sonst dem Menschen Unmögliche möglich (Mt 19,26). Bekehrung ist deshalb eschatologische Gabe Gottes (Apg 5,31; 11,18; 13,48; vgl. Eph 2,8), der Ruf zur Umkehr Evangelium (Schniewind).

In der Gründung der B. auf den von Jesus in seinem stellvertretenden Leiden gestifteten neuen Bund (Mt 26,28 parr) wird definitiv der zunächst nur auf Israel gerichtete Umkehrruf (Mt 10,5f) zu allen Menschen hin entschränkt (Mt 28,19; Apg 17,30; Röm 1,5.14; 2,4) und damit zugleich universalisiert und individualisiert.

Lit.: E.K. Dietrich: Die Umkehr im AT und Judentum, 1936; H.W.C. Frend, M. Wolter: »Bekehrung I. Alte Kirche und Mittelalter«, TRE, 5, 1980, 440ff; O. Michel: Die Umkehr nach der Verkündigung Jesu, Ev Th 1938, 303-313; A.D. Nock: Conversion. The Old and New in Religion from Alexander the Great to Augustine of Hippo, 1933; J. Schniewind: Das biblische Wort von der Bekehrung, 1947; J.A. Soggin: THAT II, [3]1984, 884-891; H.W. Wolff: Das Thema ›Umkehr‹ in der alttestamentlichen Prophetie, ZThK 1951, 137-148.

H. Burkhardt

b) theologiegeschichtlich

1. Das frühe Christentum empfand das in der B. eröffnete neue Leben so stark, daß der Gedanke der Einmaligkeit der B. das Wissen um die Notwendigkeit wiederholter → Buße zunächst zurückdrängte (vgl. die Diskussion bei Hermas, Mandata IV, 3), bzw. daß dann die Erkenntnis der bleibenden Sünde im Leben des Christen zur Institutionalisierung der Buße im Bußsakrament führte. Angesichts der nach der konstantinischen Wende zunehmenden Verweltlichung der Kirche kam es im → Mönchtum zu einer Rückbesinnung auf die Radikalität der urchristl. Umkehr, jetzt aber verengt auf die B. als Eintritt in die mönchische Existenz. Gleichzeitig behielt das Wort B. die Bedeutung der einmaligen Umkehr auch als Terminus der Missionssprache.

2. Auch in der Reformation dominierte die innerkirchl. Problematik: in der täglichen Buße ging es vor allem um die Echtheit des Christseins derer, die sich von der Taufe her schon Christen nennen, und um den evangelischen Charakter dieser Buße. Erst im → Pietismus, angesichts des beginnenden Zerfalls des Corpus Christianum in der aufbrechenden europäischen → Aufklärung, rückte der Gedanke der B. zusammen mit dem der → Wiedergeburt als Anfang der christl. Existenz und als den ganzen Menschen erfassende Lebenswende neu in den Blick. So begegnet die ausdrückliche Unterscheidung zwischen (einmaliger) B. und (täglicher) Buße (→ Spener). Vor allem der hallische Pietismus war in seiner seelsorgerl. und pädagog. Arbeit, mitbedingt durch die persönliche Erfahrung A.H. → Franckes, gekennzeichnet durch seine Betonung der B. als biographisch fixierbarem Durchbruch zur Erfahrung der → Heilsgewißheit. In der Dogmatik dieser Zeit wurde die Lehre von der Aneignung des Heils entfaltet in der Lehre von der → Heilsordnung, in deren Mittelpunkt die B. stand.

3. Formal unter pietistischem Einfluß nahm der Rationalismus bei → Kant den Gedanken der B. auf als »Revolution der Denkungsart« in der Wendung von empirischer zu rationaler Begründung der Sittlichkeit (d.h. vom → Eudämonismus zur Pflichtethik). Bei → Schleiermacher ist B. der Moment, in dem der Mensch sich über das Endliche erhebt und in un-

mittelbarer Erleuchtung ihm der Sinn für das Universum aufgeht (167), und zwar »von nun an auf immer« (265). In der Erneuerung des Pietismus in der → Erweckungsbewegung wurde die B. wieder zum »Grundartikel der christlichen Wahrheit« (Tholuck 117), und zwar, im bewußten Gegensatz gegen den Rationalismus, unterschieden von B. als Entscheidung zu rechtschaffenem Leben als Wende von der Sünde zum lebendigen Gott im Glauben an den Versöhner. Der Tag der B. ist deshalb kein Trauer-, sondern ein Freudentag, B. ist da, wo »Bußfertigkeit aus Liebe« ist (122). Die Unterscheidung von Bekehrtsein und Nichtbekehrtsein ist in der Erweckungsbewegung wie in der aus ihr entstehenden → Gemeinschaftsbewegung grundlegend für alle Verkündigung und Seelsorge.

4. Soweit die dem Entwicklungsgedanken verpflichtete → liberale Theologie den Gedanken der B. nicht überhaupt als gewalttätige Zumutung ablehnte, verstand sie B. als Unterwerfung unter die in der Person Jesu begegnende und zur rel.-sittlichen Selbständigkeit befreiende Macht des Guten (W. → Herrmann). Die → dialektische Theologie stellte die Forderung der B. unter den Verdacht des synergistischen Subjektivismus und machte Jesus Christus zum eigentlichen Subjekt der Bekehrung (K. → Barth). Die Besinnung auf die gesellschaftl. Verantwortung der Christen hat in den letzten Jahrzehnten vielfach dazu geführt, die B. als transsubjektives gesellschaftl. Phänomen zu deuten und von »Bekehrung der Strukturen« (Eberhard Müller) zu sprechen oder B. als revolutionäre soziale Veränderung zu postulieren (Theologie der → Revolution).

Lit.: G. Bardy: Menschen werden Christen. Das Drama der Bekehrung in den ersten Jahrhunderten, 1988; K. Barth: KD IV, 2 § 66, 1955; H. Burkhardt: Wiedergeburt und Bekehrung, in: K. Heimbucher (Hg.): Dem Auftrag verpflichtet (zu Bekehrung in der Gemeinschaftsbewegung), 1988, 237-259; W.H.C. Frend, M. Wolter, P. Engelbert, F. Wagner: »Bekehrung I-II«, TRE 5, 1980, 440-469; S. Hausammann: Buße als Umkehr von Mensch und Gesellschaft, 1974; W. Herrmann: Ethik, [5]1921, § 23-24; I. Kant: Die Religion, 1798, 48-64; ders.: Der Streit der Fakultäten, 1798, A 82ff; E. Müller: Bekehrung der Strukturen, 1973; F. Schleiermacher: Über die Religion, 1799; J. Staedtke: Buße und Bekehrung in der Theologie der Revolution, in: H. Schulze, H. Schwarz: Christsein in einer pluralistischen Gesellschaft, 1971, 218-232; A. Tholuck: Predigten Bd. IV, 1843.

H. Burkhardt

c) systematisch-theologisch

1. Die im Gefolge der → Säkularisierung der einstmals christl. geprägten Gesellschaft Europas stetig zunehmende Erosion der Volkskirchen hat die Frage nach dem Christsein (Wer ist eigentlich ein Christ?) und Christwerden (Wie werde ich Christ?) neu auf die Tagesordnung kirchl. Synoden und Kommissionen gesetzt (M. Kruse). Der Verweis auf die → Taufe ist angesichts der heutigen Kindertaufpraxis immer weniger überzeugend. Christwerden geht weithin auf in einem mehr oder weniger bewußten Hineinwachsen in vom Christentum geprägte traditionelle Riten, Vorstellungen und Werte.

Dieses Verständnis des Christwerdens hat sich weit entfernt von dem ntl., in dem, vor allem im Wort B., das Christwerden als radikaler Bruch im persönlichen Leben des einzelnen Menschen beschrieben wird, in dem er sich bewußt von einem in eigener Regie geführten und deshalb von der → Sünde geprägten Leben ohne Gott abwendet und sich in vorbehaltlosem Glauben einem der Herrschaft Gottes verpflichteten Leben mit Gott zuwendet (1Thess 1,9).

2. Während man in allen theol. Richtungen in einem allgemeineren Sinn durchaus von immer wieder nötiger Umkehr (→ Buße) sprechen kann, ist die Auffassung, daß nur in der B. als einmaliger Lebenswende ein Mensch Christ werde, sehr umstritten. Da sie fast nur im Bereich des → Pietismus vertreten wird, gilt sie weithin als pietist. »Sonderfündlein«.

Tatsächlich aber liegt gerade darin ein wesentlicher Unterschied der christl. B. zu vergleichbaren nichtchristl. rel. oder auch nichtrel. Phänomenen: in allen Religionen und Weltanschauungen gibt es das Leben tiefgreifend verändernde Hocherlebnisse (wie in der Erleuchtung des Buddha). Während dies nur besonders begabten Persönlichkeiten (»Heiligen« oder »rel. Genies«) zuteil werden, ist nach bibl. Zeugnis jedermann zur Umkehr gerufen (Apg 17,30), ist B. entsprechend konstitutiv für das Christsein: Es gibt kein Christsein ohne B., ohne daß der einzelne sein Leben bewußt unter die Herrschaft Gottes stellt.

3. So sehr es sich dabei um die Erfüllung der höchsten sittlichen Forderung handelt, Gott von ganzem Herzen zu lieben und seinem Willen sich unterzuordnen, ist B. doch nicht eine aus eigenen Kräften des Menschen hervorgebrachte Leistung, sondern durch den Geist Gottes gewirkte Annahme des Angebots der Gnade Gottes, sie ist wesentlich Glaubensakt (Mk 1,15), d.h. ein Wegsehen von den vermeintlichen eigenen Möglichkeiten und ein Sichverlassen auf die in Jesus Christus angebotene Gnade Gottes. Eben weil es sich hier nicht um irgendeine vereinzelte menschliche Bemühung, das Glied einer unendlichen Kette menschlicher Versuche, Gott na-

he zu kommen, handelt, sondern um die Erfüllung einer von Gott selbst gegebenen endzeitlichen Verheißung, nach der das Leben des einzelnen in der B. grundlegend erneuert werden soll (Jer 31), deshalb ist B. in bibl. Sicht je einmalig. Jede B. ist ein eschatologisches Ereignis, wie auch die christl. → Gemeinde, als Gemeinschaft von Bekehrten (1Petr 2,25), als solche eine eschatologische Größe ist. Was christl. B. ist, kann angemessen nur in den heilsgeschichtl. Linien der Bibel verstanden werden.

4. Einmaligkeit der B. heißt, daß es zu einer grundsätzlich biographisch erkennbaren Wende im Leben eines Menschen kommt. Das bedeutet aber keineswegs, daß diese Wende auch immer genau datierbar ist. Wie die Wende sich vollzieht, ist abhängig von individuellen (auch psycholog.) Gegebenheiten und Umständen. Sie kann sich über einen langen Zeitraum hinziehen, sie kann aber auch plötzlich erfolgen. Festzuhalten ist: Es muß in jedem Menschenleben zu einer Wende weg von dem ihm eigenen Hang zur Selbstherrlichkeit hin zur Gottesherrschaft kommen. Diese Einmaligkeit der B. steht allerdings keineswegs im Gegensatz zur Notwendigkeit stets neuer Umkehr: die grundlegende Wendung zu Gott muß, entsprechend der Spannung zwischen »Schon« und »Noch nicht«, in der christl. Existenz lebt (Phil 3,12), stets neu bewährt werden (→ Buße).

5. Als durch den Zuspruch der Vergebung der Sünde ermöglichter Eintritt in ein neues, ewigkeitliches Leben ist B. jetzt schon Rettung des einzelnen im Blick auf das kommende → Gericht Gottes. Sofern aber der ganze Mensch von dieser Erneuerung erfaßt und unter Gottes Herrschaft gestellt ist, kann B., wenn sie echt ist, nicht ohne soziale Folge bleiben. B. ist immer individuell, nie identisch mit der Änderung sozialer Strukturen, aber sie ist, gerade in unserer an ihrer Säkularität zerbrechenden Gesellschaft, konkreter Ansatz für soziale Veränderung (K. Bockmühl).

6. Als Beginn des Christseins, als Akt der Annahme des Heils und subjektive Voraussetzung spezifisch christl. → Ethik ist B. (und mit ihr → Wiedergeburt, die das gleiche Ereignis unter anderem Aspekt beschreibt) damit das zentrale Ziel aller → Evangelisation und → Mission.

Lit.: K. Bockmühl: Konkrete Umkehr. Die christliche Lehre von der Bekehrung zwischen Marxismus und moderner Theologie, 1989; H. Burkhardt: Die biblische Lehre von der Bekehrung, [2]1985; ders.: Bekehrung in der Volkskirche, in: ThBeitr 11/1980, 211-226; ders: The Experience of Conversion, in: H.I. Marshall (ed): Christian Experience in Theology and Life, 1988, 139-158; Glauben heute. Christ werden - Christ bleiben, hg. vom Kirchenamt der EKD, 1988; K. Heim: Die christliche Ethik, 1955, 111-121; W. James: Religiöse Erfahrung, 1907; H. Kasdorf: Die Umkehr. Bekehrung in ihren theologischen und kulturellen Zusammenhängen, 1989; W. Klaiber: Ruf und Antwort. Biblische Grundlagen einer Theologie der Evangelisation, 1990; Papers of the Consultation on Conversion, Hongkong 1988 (als Vervielfältigung hg. vom Institut für Missionswissenschaft und ökumenische Theologie in Tübingen); L.R. Rambo: »Conversion«, Encyclopedia of Religion, Vol. 4, 1987; A. Schlatter: Das Christliche Dogma, [2]1923, § 115; J. Schniewind: Evangelische Metanoia, in: ders.: Zur Erneuerung des Christenstandes, 1966, 9-20; ders.: Das biblische Wort von der Bekehrung, 1947; F. Wagner: »Bekehrung III«, TRE 5, 1980, 469-480.

H. Burkhardt

Bekennende Kirche → Kirchenkampf

Bekenntnis

a) biblisch

1. Im Alten Testament

Auszugehen ist vom hebr. Stamm *jādāh*, der im theol. Sprachgebrauch in zwei Bedeutungen vorkommt: (a) loben, preisen; (b) (Sünden) bekennen. »Beides ist ein Anerkennen, einmal des rettenden Wirkens Gottes, dann aber auch ein Anerkennen des eigenen Fehlweges, des eigenen Versagens« (Westermann, 675).

a. Das B. als Lobpreis Gottes ist Antwort auf Gottes rettendes, erhörendes und befreiendes Handeln. Aus solcher Erfahrung erwächst der Entschluß des Menschen, Gott zu loben (z.B. Ps 7,18; 18,50).

b. Das B. der Sünde *jādāh* vor allem im Hitpael (*hitwaddāh)* hat die Bedeutung »eingestehen, bekennen« (3Mo 5,5; 4Mo 5,7). Durch das B. seiner Schuld gibt ein Mensch Gott recht, erkennt er ihn an; vgl. das Beispiel Achans (Jos 7,19). Dieses Sündenbekenntnis findet sich vor allem im gottesdienstl. Zusammenhang.

Unabhängig vom Begriff *jādāh* findet sich im AT sowohl das B. des einzelnen zu Gott: »Du bist mein Gott« (Ps 31,15) als auch das B. des Volkes: »Jahwe ist unser Gott« (Jos 24,16ff). Diese Bindung an Gott ist exklusiv. Das B. zum alleinigen Gott in 5Mo 6,4 wird später zum grundlegenden jüd. B. erweitert, dem Schᵉmᶜa Israel (bestehend aus 5Mo 6,4-9; 11,13-21; 4Mo 15,37-41).

Die LXX übersetzt *hitwaddāh* meist mit *exhomologeisthai.*

2. Im Neuen Testament

Für das B. stehen im NT die Verben *homologein* und *exhomologeisthai* sowie das Substantiv *homologia.* Neben der allg. griech. Bedeutung (»übereinstimmen; eingestehen; offen erklären, behaupten; versprechen; anerkennen, bejahen«) kommen im NT folgende Bedeutungen vor:

a. Im atl. Sinn ist *exhomologeisthai* gebraucht: »Sünden bekennen« (Mt 3,6 par; Mk 1,5; Apg 19,18; Jak 5,16; vgl. 1Joh 1,9 *homologein*) und »loben, preisen« (Mt 11,25 par; Lk 10,21; Röm 14,11; 15,9; vgl. Hebr 13,15 *homologein*).

b. Semit. ist *homologein(en)* im Sinn von »sich zu jemandem bekennen« gebraucht (Mt 10,32 par; Lk 12,8; vgl. Offb 3,5). Wer sich öffentlich zu Jesus bekennt, zu dem bekennt er sich im Endgericht. An der Stellung zu Jesus fällt die Entscheidung über Heil und Verderben.

c. Wichtig ist der spezifisch christl. Gebrauch als B. zu Jesus Christus, der anerkannt wird und zu dem man sich öffentlich und verbindlich erklärt.

Im B. zu Jesus wird ihm ein Hoheitstitel beigelegt. Von späteren B. (z.B. Apostolikum) oder von geprägten Glaubensaussagen (z.B. 1Kor 15,3-5; Röm 4,25), die in festen Formulierungen das Heilswerk Jesu beschreiben, unterscheiden sich die ntl. B.e dadurch, daß in einem knappen Nominalsatz der Name Jesu mit einem Hoheitstitel verbunden wird, der die einzigartige Würde Jesu anerkennt: »Jesus ist der Messias=Christus« (Joh 9,22; 12,42; 1Joh 2,23; vgl. das Petrusbekenntnis in Mk 8,29 par), »Herr ist Jesus« (Röm 10,9f; Phil 2,11; vgl. 1Kor 12,3), »Jesus ist Gottes Sohn« (1Joh 2,23; 4,15). Ein zweigliedriges B. finden wir in 1Kor 8,6 zu Gott, dem Vater, und Jesus Christus, dem Herrn.

In Röm 10,9f zeigt sich der enge Bezug von Glaube und B. Mit dem B. bindet sich der Glaubende ganz an Christus, dessen gegenwärtige Herrschaft er anerkennt. Daraus ergibt sich die Verpflichtung zu einem dem B. entsprechenden Leben (1Tim 6,12; Hebr 4,14; 10,23).

Ein B. zu Christus wurde vor allem im gottesdienstl. Rahmen (vgl. 1Kor 12,3) ausgesprochen. Ein Taufbekenntnis wird – abgesehen von der Umkehrtaufe Johannes des Täufers – nirgends ausdrücklich erwähnt (Apg 8,37 ist von späteren Abschreibern eingefügt). In 1Tim 6,12 ist wohl ein B. des Timotheus bei seiner Ordination bzw. Beauftragung gemeint.

In 1Joh 4,2f und 2Joh 7 dient das B. zu Jesus, dem fleischgewordenen Gottessohn, der Abgrenzung gegenüber Irrlehrern.

Lit.: E.S. Gerstenberger, K. Wengst: »Glaubensbekenntnis(se) II; IV«, TRE 13, 1984, 386-388. 392-399 (Lit.); O. Hofius: EWNT II, 1981, 20-23.1255-1263; O. Michel: ThWNT V, 1954, 199-220; E.J. Schnabel: »Bekenntnis«, GBL 1, 1987, 179f; C. Westermann: THAT I, [4]1984, 674-682.

W. Haubeck

b) theologiegeschichtlich

B. ist ein allg. rel. und ein speziell christl. Begriff. Im rel. Sinn bezieht sich ein B. entweder auf eine mündlich oder schriftlich fixierte Urkunde oder auf einen Akt des Bekennens verbaler oder handelnder Art. Im speziell christl. Sinn steht und fällt B. mit der Zuwendung Gottes zur Welt in → Jesus Christus und der antwortenden Zuwendung des Glaubenden zu Jesus Christus hin. Insofern das B. eine Grundlage christl. Glaubens ist (vgl. 2Kor 4,13), gehört es ins Zentrum christl. → Theologie hinein. Gleichzeitig lassen sich je nach dem »Sitz im Leben« verschiedene Formen des B.es unterscheiden: Bei der confessio steht der aktuelle, persönlich-subjektive Bekenntnisakt von einzelnen im Vordergrund; das *symbolum* (bzw. *credo*) ist meist eine über den aktuellen Anlaß hinausweisende Bekenntnisformel, die den Glauben einer größeren Allgemeinheit ausdrücken soll; schließlich wird der theol. Aspekt des B.es vor allem bei B.urkunden und Lehrdokumenten (*doctrina*) betont, in denen sich der christl. Identitätswille gegenüber Verfälschungen und Irrlehren schützt und verteidigt.

Wenn das Christentum als bekennende Religion und die Kirche ihrem Wesen nach als bekennende Kirche zu bezeichnen ist, so ist damit Grundlegendes über ihr Sein und ihren Auftrag auch im Sinn der Unterscheidung und Abgrenzung festgestellt.

1. Bekenntnis im Urchristentum und in der Alten Kirche

Relativ früh schon im Urchristentum ist es zu ausführlichen Zusammenstellungen christologischer Art gekommen. Paulus fand sie jedenfalls schon vor und zitierte bereits ausdrücklich: Phil 2,5-11 und 1Kor 15,3-5.

Je nach der Herausforderung durch die heidnische oder häretische Umwelt wurden im Laufe der Zeit die Christusbekenntnisse unterschiedlich ausgeformt; auch geographisch verläuft die Bekenntnisbildung verschieden. Neben dem eingliedrigen Christusbekenntnis hat es auch schon früh, jedoch relativ selten, zweigliedrige B.se zum Vater und Christus (vgl. 1Kor 8,6) und dreigliedrige Credos (z.B. im Taufbefehl von Mt 28,19, in der Segensformel 2Kor 13,13, sowie in 1Kor 12,4-6 und Eph 4,4-6) gegeben. Theol. aufeinander bezogen sind diese Teile erst seit der Entfaltung der Logoslehre ab dem späteren 2. Jh. und vollends seit dem trinitarischen Streit im 4. Jh. Kaiser Konstantin hat mit der Befreiung der Kirche von der Verfolgung auch großen Wert auf ihre einheitliche Gestalt in Lehre und Leben gelegt. Gab es bis zum 4. Jh. eine bunte Vielfalt von Glaubensbekenntnissen, so vereinheitlicht sich nun mit der werdenden Reichskirche auch das B. Dieser politisch notwendige Prozeß der Vereinheitlichung oder - negativ ausgedrückt - der Reduzierung der Vielfalt der B.se auf das eine B. bzw. eine B.schrift hat sich in auffälliger Parallelität in der Reformationszeit wiederholt.

Das sog. Nicaenum, 325 auf dem Konzil von → Nicaea angenommen und 381 auf dem Konzil von Konstantinopel endgültig beschlossen, wurde zum Credo des sonntäglichen Sakramentsgottesdienstes und ist es in der röm.-kath. und der orth. Kirche Griechenlands und Rußlands bis zum heutigen Tage geblieben. Größere Freiheit behielten die Provinzialkirchen zunächst für die Taufgottesdienste, in denen die älteren Glaubensbekenntnisse weiterlebten. Das sog. → apostol. Glaubensbekenntnis, in seiner jetzigen Gestalt etwa seit 500 als Taufbekenntnis der südgallischen Kirche nachweisbar, geht womöglich auf ältere bis ins 2. Jh. zurückreichende Credoformulierungen zurück. Über die Franken, die Merowinger und die Karolinger ist das Apostolicum dann wieder nach Rom gekommen und im 10. Jh. unter dem Druck der Kaiser vom Papst in Rom endgültig als das allg. abendländische Taufbekenntnis rezipiert worden. Mit dem Verzicht auf das sonntägliche → Abendmahl hat sich in den ev. Kirchen vor allem das Apostolikum gehalten und durchgesetzt. Die Zeit der frühen Kirche war für die B.bildung besonders grundlegend. Hatte das B. seinen ursprünglichen Entstehungsort in der Auseinandersetzung mit Unglauben und Irrglauben, in letzter Konsequenz im Martyrium, so traten im Laufe der Zeit auch andere Dimensionen hinzu: das B. bekam katechetische Bedeutung für den Taufunterricht und dann für den Taufgottesdienst selbst; es erhielt doxologische (lobpreisende) Bedeutung und seinen Ort innerhalb des Erinnerungsgebetes (→ Anamnese) in der Abendmahlsliturgie. Es hatte schließlich eine die gesamte Kirche verbindende und damit ökumen. Bedeutung, auch für das Verhältnis zwischen → Kirche und Staat. Nach der Erhebung des Christentums zur Staatsreligion im Jahre 380 trat auch die Auseinandersetzung um theol. Grundsatzfragen wie die Trinitätslehre und die Christologie in den Horizont der Bekenntnisbildung hinein. Ein Ergebnis ist das um 500 in Südgallien in lat. Sprache als antiarianisches Lehrbekenntnis verfaßte Athanasianum.

2. Bekenntnis im Mittelalter und in der Reformation

Das Mittelalter gehört zu den Perioden der Kirchengeschichte, zumindest der abendländischen, in denen die Lehrauseinandersetzungen über Jh.e zurücktreten und die Missionierung der bekannten und erreichbaren Völker im Vordergrund steht. Dafür genügten die überlieferten B.se vollauf. Erst mit der → Reformation im 16. Jh. wurde eine neue Lage geschaffen, die z.B. Luther vor Kaiser und Reich in Worms 1521 zu aktuellem Bekennen zwang. So sind die Anfänge der reformat. Bewegung wieder von der Vielfalt und Freiheit des christl. B.ses geprägt, das in jenen »Entscheidungsjahren« seinen eschatologischen Charakter zurückgewann. Luther hat das überlieferte Credo neu auf das Christusbekenntnis hin orientiert, z.B. das Nicaenum und Apostolicum in drei Artikel eingeteilt und diese seiner Katechismusauslegung zugrunde gelegt. Im übrigen waren Nicaenum, Apostolicum und Athanasianum reichsrechtlich abgesichert und hätten jeden Bestreiter in die juristische Illegalität gebracht. Auch deswegen haben die Reformatoren und ihre Anhänger die Glaubensbekenntnisse nie angetastet, sondern neu interpretiert (deutsche Übersetzungen für Gottesdienst, Katechismus, Glaubenslieder u.a.). Neu in der Reformationszeit ist die Gattung der Bekenntnisschriften, in der nicht etwa Theologen oder Gemeindeglieder, sondern die Reichsstände ihren Glauben in der neuen Lehrgestalt bekennen und lehrmäßig absichern. So kommt es zu einer Fülle neuer B.se, z.B. der Confessio Augustana, der Confessio Tetrapolitana, der Confessio Helvetica posterior, der Confessio Belgica, der Confessio Scotica u.a. Aus dem lebendigen B.akt wird so das ebenfalls situationsbezogene, aktuelle Lehrbekenntnis der reformat. Frühzeit (vgl. Luthers Bekenntnis von 1528, die Katechismen, die Schwabacher und Marburger Artikel von 1529 und schließlich die CA) und schließlich die territorialrechtliche Bekenntnisschrift, die im Jahr 1580 in einer ausgewählten Zahl für das Luthertum im sog. Konkordienbuch zusammengefaßt wurden. Während aber die Hochschätzung der altkirchl. Symbole und aller anderen B.se für Luther allein in ihrer Funktion begründet war, nämlich dem die Hl. Schrift und das Evangelium zusammenfassenden Zuspruch der Sündenvergebung, gewannen die B.se im Verständnis P. Melanchthons zunehmend ein Eigengewicht neben der Schrift als normative Kirchendoktrin. Die altprot. Orthodoxie hat in Fortsetzung dieser Entwicklung die Bedeutung der B.se als einerseits von der Hl. Schrift selbst normiert, andererseits aber als eine die Auslegung derselben und die kirchl. Lehre normierende Größe für → Apologetik und Polemik herausgestellt. Schließlich wird im Laufe der Zeit aus der B.schrift die Konfession als Ausdruck der Religions»partei« und später als Bezeichnung der Religions- bzw. Konfessionszugehörigkeit. Damit hat das Wesen und die Aufgabe des B.ses eine nicht unwesentliche Wandlung erfahren.

3. Das Bekenntnis in der Neuzeit

Als eine Reaktion auf diese Entwicklung kann man das B.verständnis des → Pietismus und der → Erweckungsbewegungen im 19. Jh. verstehen. Sie haben zwar die überkommenen B.se unangetastet gelassen. Trotzdem haben sie durch die Betonung des »Herzensglaubens« und der die → Rechtfertigung weiterführenden → Heiligung, kurzum: durch die Verlagerung des Interesses von der Lehre auf das Leben, die Geltung der B.se relativiert. Jedenfalls war im Pietismus der B.akt deutlich vor den B.text getreten. In der → Aufklärungszeit und -theologie konnten metaphysische Glaubenswahrheiten keine normgebende Funktion mehr beanspruchen. So wurde das überlieferte B. generell verdächtigt und weithin dispensiert oder aufgegeben. Die Unionsbewegung war mit eine Konsequenz dieses Trends. Trotzdem haben die Kirchenunionen im 19. Jh. hinsichtlich der B.frage ein doppeltes Resultat:

a. Die Unierten hatten zu entscheiden, ob sie die Union als Verwaltungsunion, - also unter Weiterbestand der bisher geltenden B.se - oder als Bekenntnisunion, d.h. unter Neuformulierung eines meist nur die Abendmahlsfrage betreffenden Lehrdokumentes, durchführen wollten. Letzteres ist nur in Baden und in der Pfalz geschehen.

b. Die Kirchen und Christen, die sich keiner Union anschlossen, wurden zu einer Rückbesinnung auf die reformat. B.se luth. oder ref. Herkunft geführt, was z.T. zu einem ausgesprochenen Konfessionalismus führte. In dieser Periode wurden die reformat. Bekenntnisschriften gleichsam neu entdeckt und als »symbolische Bücher« bezeichnet. Neben einer Intensivierung der B.bindung trat aber auch eine weitere Liberalisierung der B.bindung, was vielfach zu sogenannten »Apostolikumsstreitigkeiten« führte, wenn Pfarrer sich weigerten, im Gottesdienst oder Unterricht das Apostolikum zu verwenden. Die → liberale und vermittelnde Theologie, die bis zum Ende des Ersten Weltkriegs sehr stark die Landeskirchen bestimmte, rückte die B.bindung weithin an den Rand, ohne sie wegen ihrer hist. Dignität völlig preiszugeben. Sowohl durch die dialektische Theologie, als auch besonders durch den → Kirchenkampf im Dritten Reich rückte die B.frage wieder neu in den Vordergrund. Gegenüber einer von den → Deutschen Christen überfremdeten Kirche formierten sich Christen aller ev. Landeskirchen zur Bekennenden bzw. Bekenntniskirche. Die erste Bekenntnissynode von Barmen 1934 ermöglichte eine gemeinsame Theologische Erklärung. Historisch geurteilt ist diese Erklärung kein B. Nach dem Krieg haben viele Landeskirchen die Theologische Erklärung von Barmen in ihre Grundordnung aufgenommen und ihr damit einen bekenntnisähnlichen Charakter gegeben. Trotzdem wird man bis zum heutigen Tag von einer Theologischen Erklärung und nicht von einem Barmer Bekenntnis sprechen müssen.

Die seit Beginn des 20. Jh.s wachsende ökumen. Bewegung hat zunächst zu einer Rückbesinnung auf die eigene Konfessionalität geführt. Im Laufe der Zeit kam es dann aber zu geistl. gewachsenen Kirchenunionen, die in der Regel auch kürzere oder längere Vereinigungsurkunden im Gefolge hatten, z.B. das Statement of Faith der United Church of Christ in Kanada aus dem Jahr 1957. Anläßlich der Gründung der »→ Bekenntnisbewegung kein anderes Evangelium« kam es 1967 zu der Düsseldorfer Erklärung »Zu Lehre und Verkündigung« oder 1974 anläßlich des → Internationalen Kongresses für Weltevangelisation in Lausanne zur sog. Lausanner Verpflichtung. Erklärungen dieser Art haben das Gewicht einer theol. Lehraussage, aber nicht des B.ses, weil ein B. zu allen Zeiten von der Kirche als ganzer zu rezipieren ist im Unterschied zu B.akten oder -aussagen von einzelnen oder Gruppen. Schließlich bleibt darauf hinzuweisen, daß es seit 1960 im In- und Ausland zu einer großen Zahl von neuen Glaubensb.sen gekommen ist, die, meist in Jugendkreisen formuliert, das Apostolicum im gottesdienstl. Gebrauch ergänzen sollen. Diese Credotexte haben weitgehend zu einer Verlebendigung und einer Neubesinnung auch auf die alten B.se geführt.

Lit.: Auf dem Weg zu einem Bekenntnis des gemeinsamen Glaubens. Faith and Order Paper, ÖR 29 (1980) 367-376; K. Barth: Das Bekenntnis der Reformation und unser Bekennen, 1935; W. Beinert: Das Glaubensbekenntnis der

Ökumene, 1973; W. Beinert, K. Hoffmann: Glaubensbekenntnis und Gotteslob der Kirche, 1971; H. Dörries: Das Bekenntnis in der Geschichte der Kirche, ²1947; J.N.D. Kelly: Altchristliche Glaubensbekenntnisse, 1972; H. Lamparter: Das Wahrzeichen des Christenglaubens, 1965; W. Pannenberg: Das Glaubensbekenntnis, ausgelegt und verantwortet vor den Fragen der Gegenwart, 1972; G. Ruhbach et al.: Bekenntnis in Bewegung. Ein Informations- und Diskussionsbuch, 1969; A. van Ruler: Was glauben die Christen? 1972; H. Schröer: Unser Glaubensbekenntnis heute, 1971; Th. Sorg et al.: Credo heute, 1975; J. Trach (Hg.): Lebendiger Umgang mit Schrift und Bekenntnis. Theol. Beiträge zur Beziehung von Schrift und Bekenntnis und zu ihrer Bedeutung für das Leben der Kirche, 1980.

Texte: A. Hahn: Bibliothek der Symbole und Glaubensregeln der alten Kirche, ³1962; G. Ruhbach: Glaubensbekenntnisse für unsere Zeit, 1971; H. Steubing: Bekenntnisse der Kirche. Bekenntnistexte aus 20 Jahrhunderten, ²1970.

G. Ruhbach

c) systematisch-theologisch

Im B. legt man sich fest und formuliert in Kürze, woran man sich gebunden weiß und was man hofft und glaubt. Das B. sagt aus, wo Heil ist; es ist eine Zusammenfassung der Heilsbotschaft, die in der Verkündigung entfaltet wird. Religionsgeschichtl. verallgemeinernd kann man sagen: »Unter Bekenntnis versteht man die begriffliche Formulierung der Lebensmitte einer Religion« (G. Mensching).

1. Bekenntnis ist Zusammenfassung des Glaubensinhalts

Israel bekannte: »Jahwe ist unser Gott« (Jos 24,16-24). Das monotheistische Bekenntnis (5Mo 6,4) ist die zentrale Glaubensaussage Israels, die entfaltet wurde im sog. »geschichtlichen Credo« (v. Rad). Christen bekennen: Jesus ist der Christus (Mk 8,19), Jesus ist der Herr (1Kor 12,3), Jesus ist Gottes Sohn (Apg 8,37 nach dem Codex Laudianus). Aus ein- und zweigliedrigen Glaubensbekenntnissen, die den einzigen Schöpfer-Gott und Jesus, seinen Gesalbten, nannten, wurde das trinitarische Bekenntnis zu einem dreieinigen Gott, das durch zentrale Aussagen über die Heilsbedeutung des Todes und der Auferstehung Christi erweitert wurde.

2. Bekenntnis ist Ausdruck persönlicher Entscheidung

Wer sagt: »Ich glaube«, legt sich persönlich fest. Die im 6. Jh. bezeugte Erweiterung des Textes von Apg 8 durch den in älteren Handschriften fehlenden V. 37 zeigt, daß das Bekenntnis seinen Platz im Zusammenhang der → Taufe hatte. Getauft werden konnte nur, wer das Glaubensbekenntnis ablegte. Wer sich zum Glauben an Christus bekennt, gesteht öffentlich ein: Ich bedarf seiner. Das christl. Glaubensbekenntnis schließt das Sündenbekenntnis ein. Wer bekennt, daß er an Christus glaubt, bekennt damit auch, daß er ohne ihn verloren wäre. Zugleich enthält das Glaubensbekenntnis das Zeugnis, gerettet worden zu sein. Im Akt des Bekennens deckt man auf, wozu man steht und worauf man sich im Leben und Sterben verlassen will. Diese Festlegung schließt ausdrücklich oder stillschweigend eine Absage an andere Heilsangebote ein.

3. Bekenntnis ist Grundlage der Glaubensunterrichtung

Die inhaltliche Zusammenfassung der wichtigsten Glaubensaussagen dient auch dazu, Rechenschaft darüber abzulegen, was man glaubt, und solche, die ebenfalls glauben möchten, in den Glauben einzuführen. Eine Weitergabe des Glaubens setzt ein formuliertes Credo voraus, das im Unterricht erläutert wird und das die Unterrichteten sich einprägen, um, falls sie erkennen, daß das darin Ausgesagte ihre Rettung bedeutet, sich selbst dazu bekennen zu können.

4. Bekenntnis ist Klarstellung in der Auseinandersetzung

Israel formulierte sein B. zu Jahwe in entschiedener Abgrenzung gegen die Verehrung anderer Götter durch die Nachbarvölker. Das B. zu Jahwe stellte zugleich eine Verwerfung des Anspruchs anderer Götter dar. Ähnlich profilierte sich das christl. Glaubensbekenntnis in Auseinandersetzung mit entgegenstehenden Glaubensauffassungen. Das Auftreten Jesu hatte im Judentum Widerstand hervorgerufen. Wer sich zu Jesus bekannte, bekam diesen Widerstand zu spüren. Die Synagoge exkommunizierte die Christen um ihres B.es zu Jesus als dem Messias willen. Auch mit den Erfordernissen des im röm. Reich von Staats wegen eingeführten Kaiserkultes, der das B. verlangte: »Der Kaiser ist Herr« (*Kyrios Kaisar*), kam die Ausschließlichkeit des Christusbekenntnisses: »Jesus ist der Herr«, in Konflikt. Weil die Christen die Gottheit des Kaisers (und anderer Götter) bestritten, wurden sie als »Atheisten« bekämpft. Das Zeugnis für Christus wurde für viele zum Martyrium.

Alsbald wurden innerhalb der christl. Gemeinde selbst Klarstellungen notwendig. Schon Paulus mußte ein Evangelium, das »anders« gepredigt wird, verwerfen (Gal 1,6ff). Lehrstreitigkeiten kamen auf. Das christl. Glaubensbekenntnis mußte gegenüber irreführenden Auslegungen präzisiert und verteidigt werden (vgl. 1Joh 4,2f.). Gegenüber dem Arianismus mußte festgestellt werden, daß Christus »nicht geschaffen«, sondern »Gott von Gott«, »eines Wesens mit dem Vater« ist. Das Konzil von Nicaea formulierte im Jahr 325 ein entsprechendes Glaubensbekenntnis. Die trinitarischen und christologischen Bekenntnisse sind in Abgrenzung gegenüber abweichenden Glaubensauffassungen formuliert worden. Im Streit um das richtige Verständnis des christl. Glaubens bildeten sich Konfessionen, d.h. Bekenntnisgemeinschaften. Das Glaubensbekenntnis der Reformatoren verwarf die das Vertrauen auf Christus als den einzigen Heilsgrund untergrabenden Irrlehren des → Papsttums. Im Jahr 1528 verfaßte Luther ein »Bekenntnis«, in dem er ausführlich »vom Abendmahl« handelte und sich von der s.E. unbibl. Sakramentsauffassung → Zwinglis abwandte. 1530 legte die von der Verurteilung und Bekämpfung als Ketzer bedrohte luth. Reformbewegung dem Reichstag ihr »Augsburger Bekenntnis« als Beweisstück ihrer »katholischen« Rechtgläubigkeit vor. Als sog. »Deutsche Christen« ihre Lehre der Ideologie des Nationalsozialismus anpaßten, fanden sich Vertreter der bekenntnisverschiedenen ev. Kirchen als »Bekennende Kirche« zusammen und legten in Form der »Barmer Theologischen Erklärung« 1934 ein gemeinsames aktuelles Glaubensbekenntnis ab.

5. Bekenntnis ist Grundlage der Kirchengemeinschaft

Nachdem sich die christl. Kirche wegen der Auseinandersetzung über irreführende Lehren in Konfessionen aufgespalten hatte, wurde das im Konsens gemeinsam bejahte, von Kirchenversammlungen beschlossene, zur Grundlage der Unterrichtung bestimmte B. zur Grundlage der jeweiligen Kirchengemeinschaft. Amtsträger werden auf das B., z.B. die luth. Bekenntnisschriften, verpflichtet.

6. Bekenntnis kann Grundlage einer Einigung sein

Die Übereinstimmung im Glauben an Christus macht es notwendig, Spaltungen der christl. Kirche zu überwinden. Sooft Abgrenzungen gegen Irrlehren formuliert werden mußten, wurde auch der Versuch gemacht, Formulierungen zu finden, auf die man sich einigen kann. Die Konkordienformel von 1577 ist z.B. das Ergebnis von Einigungsbemühungen der nach Luthers Tod 30 Jahre lang zerstrittenen Lutheraner. Die Leuenberger Konkordie (1973) versuchte, den Gegensatz zwischen Lutheranern und Reformierten zu überwinden. »Konvergenzen« der getrennten Konfessionen werden festgestellt. Eine Aufhebung der gegenseitigen Verwerfungen zwischen der röm. Kirche und den Kirchen der Reformation wird empfohlen. Dabei ist jedoch zu beachten, daß der Wunsch nach Einheit nicht oberflächlich Erfüllung findet, indem auf eine Klärung der »wahren« Lehre ungenügende Sorgfalt verwandt wird. Denn das B. soll »die Lebensmitte der Religion im Akt des Bekennens lebendig« erhalten (G. Mensching).

Lit.: Unser Glaube. Die Bekenntnisschriften der ev.-luth. Kirche. Ausgabe für die Gemeinde. Bearbeitet von H.G. Pöhlmann, 1986; U. Asendorf, F.W. Künneth (Hg.): Leuenberg - Konkordie oder Diskordie? Ökumenische Kritik zur Konkordie reformatorischer Kirchen in Europa, 1974; W. Joest: Dogmatik Bd. I, 1984, 81-87; D. Lange (Hg.): Überholte Verurteilungen?, 1991; K. Lehmann, W. Pannenberg (Hg.): Lehrverurteilungen - Kirchentrennend? I, 1986 (Dialog der Kirchen, Bd. 4); In Statu Confessionis. Ges. Aufsätze von H. Sasse, hg. von F.W. Hopf, 1975, 13-69.

W. Schlichting

Bekenntnisbewegung

1. Die B. »Kein anderes Evangelium« (Gal 1,6) ist ein freier Zusammenschluß von bekennenden Christen. Sie »wissen sich gerufen, als einzelne und miteinander in ihren Kirchen um die schrift- und bekenntnisgebundene Verkündigung des Evangeliums zu beten und zu ringen, sich mit dem Evangelium zu ihrem Herrn und Heiland zu bekennen und nach ihren Möglichkeiten der Entstellung der Botschaft zu widerstehen«.

Die B. sieht sich bewußt in der Nachfolge der Bekennenden Kirche des Dritten Reiches. Galt es damals in erster Linie, den von außen in die Kirche eindringenden Einflüssen einer deutsch-christl. Ideologie entgegenzustehen, so sind es heute die sich innerhalb der Kirche ausbreitenden Irrlehren und Ideologien (Entmythologisierung; unbibl. Christologie; Totalanspruch der hist.-kritischen Methode; Feminismus; Synkretismus; immanente Eschatologie; Aushöhlung der zehn Gebote u.a. im Sexualstrafrecht oder in der Frage der → Abtreibung), die um Christi und der Gemeinde willen Widerspruch und Orientierungs- und Glaubenshilfe fordern.

2. Vorläufer der B. ist der sog. »Bethel-Kreis«. Einzelne Christen und Gruppen hatten sich seit Jahren an Kirchenleitungen gewandt mit der Bitte, Irrlehren zu wehren. Als aber dennoch immer häufiger modernistische Theologen auf Lehrstühle und in landes-

kichl. Prüfungskommissionen berufen wurden, bildete sich 1961 der Bethel-Kreis (u.a.: R. Bäumer, Th. Brandt, P. Deitenbeck, H. Frey, K. Brandt-Kreling, R. Lörcher, K. Sundermeier, P. Tegtmeyer), um mit gemeinsamer Stimme Widerspruch zu erheben.

Aus dem Bethel-Kreis entstand am 12. 1. 1966 die B. Sie lud zum 6. 3. 1966 in die Dortmunder Westfalenhalle zu einer öffentlichen Kundgebung unter dem Thema »Kreuz und Auferstehung Jesu Christi« ein, zu der 24.000 Besucher kamen.

Am 21. 3. 1966 schloß sich der ganze Bethel-Kreis der B. an, die dadurch zu einer bundesweiten Bewegung wurde. Besondere Beachtung fand die »Düsseldorfer Erklärung« vom 22. 11. 1967, die exemplarisch eine Gegenüberstellung von vom Zeitgeist geprägten Theologien und bibl. Heilsaussagen vornimmt.

3. Die B. versteht ihre Aufgabe in einem Dreischritt: Angesichts des geistl. Notstandes muß das Wächteramt (Hes 3, 17-19) wahrgenommen werden. Dies geschieht sowohl im Gegenüber zu Kirchenleitungen als auch im Gegenüber zur Gemeinde. Es kann aber nicht isoliert stehen, es bedarf dazu ebenso des Rufes zum Glauben wie der Hilfe im Glauben (Hes 34,11).

Alle zwei Monate erscheint ein »Informationsbrief« mit einer Auflage von 37.000 Stück.

Regionale und überregionale Veranstaltungen in Kirchenkreisen und Gemeinden wollen der Zurüstung zum bibelorientierten Glaubensleben und zur Auseinandersetzung mit glaubenszerstörenden Ideologien helfen.

Auch die »Gemeindetage unter dem Wort« sind aus der Arbeit der B. heraus erwachsen.

Die Mitglieder der B. arbeiten bewußt innerhalb ihrer Kirchen und sind nicht bereit, diese zu verlassen.

Zum Dienst in der Kirche gehören Lehrgespräche mit Kirchenleitungen und theol. Lehrern, die die Lehre und Praxis innerhalb der Kirche bestimmen und prägen. So suchte die B. federführend für die Konferenz Bekennender Gemeinschaft z.B. die Lehrauseinadersetzung zur Frage der → Gruppendynamik oder einer bibelgemäßen Schriftauslegung.

Die B. gründete am 31. 3. 1969 den »Theologischen Konvent«, der später auch von den anderen Bekennenden Gemeinschaften mitgetragen wurde.

Aus der Arbeit der B. heraus ist die Theologiestudenten begleitende Arbeit der »Studienstiftung ›Kein anderes Evangelium‹« erwachsen.

4. Organe der B. sind der Bundesarbeitskreis (BAK), der aus sich heraus einen Vorstand wählt (Geschäftsführender Ausschuß). Neben der bundesweiten Arbeit gibt es Landesgruppen und Arbeitskreise auf Ebene von Landeskirchen und Kirchenkreisen. Die B. ist Gründungsmitglied und stärkster Einzelverband der »Konferenz Bekennender Gemeinschaften in der EKD«.

Lit.: R. Bäumer, P. Beyerhaus, F. Grünzweig (Hg.): Weg und Zeugnis, 1980; H. Stratmann: Kein anderes Evangelium, 1970.

M. Westerheide

Bekenntnisschrift/-en

B.en sind eine Zusammenfassung christl. Lehraussagen, mit denen eine verfaßte Kirche ihre Glaubensgrundlagen formuliert, ihre Verkündigung normiert und sich gegenüber abweichenden Lehrinhalten abgrenzt. Sie verdanken ihre Entstehung meist konkreten theol. und kirchl. Auseinandersetzungen, in deren Folge die Identität der Kirche(n) durch eine klare Definition zwischen rechter und falscher Lehre, Glaube und Irrglaube verteidigt oder neu bestimmt werden mußte (so z.B. im Streit um den rechtfertigenden Glauben in der Reformationszeit oder dem Kirchenkampf im Nationalsozialismus).

1. Lutherische Bekenntnisschriften

Zu B.en im Sinne einer eine bestimmte Konfession begründenden Urkundensammlung kam es erst im Zuge der luth. → Reformation im 16. Jh. Die Bekenntnisse der luth. Reformation wollten von ihrer ursprünglichen Intention her keine territorial begrenzten »konfessionellen Abgrenzungsdokumente« einer von Rom getrennten Sonderkirche sein, sondern beanspruchten im Gegenteil, »ökumenische« Bekenntnisfeststellungen der einen kath. Gesamtkirche zu sein. Ihr Selbstverständnis ist es, die eine wahre Kirche zu reinigen und zu erneuern. Diese Sicht trägt ihre Wurzeln im Verständnis Luthers von seinem eigenen Reformwerk. Der Reformator verstand sich bis zu seinem Tode als kath. Christ, d.h. als Glied der einen ecclesia apostolica catholica. Seine grundsätzliche Anerkennung und Wertschätzung der drei altkirchl. Bekenntnisse (Nicaeno-Konstantinopolitanum, Apostolikum, Athanasianum) war nicht nur ein vom Reichsrecht (vgl. → Justinian I.) geforderter Loyalitätserweis, sondern Ausdruck seines in bewußter Kontinuität zu den Vätern stehenden Glaubens.

Das öffentliche Bekennen aus der Bedrängnis des Glaubens heraus war von Anfang an ein Wesenszug der sich auf das Wort Gottes berufenden reformat. Bewegung. Als Luther 1528, von schwerer Krankheit gezeichnet, seinen baldigen Tod erwartete, wollte er angesichts der Auseinandersetzungen um das Abendmahlsverständnis sein Lebenswerk mit einem persönlichen Bekenntnis (»Vom Abendmahl Christi. Bekenntnis«) abschließen, um evtl. Mißverständnisse und Streitigkeiten um sein theol. Vermächtnis zu vermeiden. Dieses aus persönlicher Anfechtung heraus geborene Bekenntnis wurde neben den Marburger, Schwabacher und Torgauer Artikeln zur Grundlage des von Philipp → Melanchthon verfaßten → Augsburger Bekenntnisses von 1530 (Confessio Augustana). Letztlich sind die kirchl. und polit. Not auch die Entstehungsmotive der CA, da ein Grundbekenntnis vom Kaiser für die auf dem Augsburger Reichstag zu verhandelnde Religionsfrage von den prot. Reichsständen eingefordert wurde. Das Ziel der Reichsstände, mittels des Bekenntnisses ihre Katholizität unter Beweis zu stellen, prägte den gegenüber Rom äußerst versöhnlichen Charakter der Schrift. Die CA ist vielleicht der stärkste Ausdruck des reformat. Willens zur Ökumene. In den ersten 21 Artikeln werden die Lehrpunkte herausgestellt, in denen man sich mit Rom im Konsens befindet (u.a. Rechtfertigung!). In den Artikeln 22-28 wurden dann die Punkte benannt, die »in Spannung« stehen (z.B. Abendmahl, Priesterehe, Messe, Klostergelübde, Bischofsamt). Nachdem die kath. Theologen eine Confutatio (Widerlegung) angefertigt hatten, mit der die CA aus der Sicht des Kaisers widerlegt war, verfaßte Melanchthon eine umfangreiche Apologie der CA (1531 erschienen), die zwar keine Berücksichtigung mehr fand, aber später in das Konkordienbuch als ev. B. einging.

Noch ein zweites prot.-kath. Verhandlungsdokument fand später Eingang in die ev. B.en: Es sind die von Luther verfaßten Schmalkaldischen Artikel von 1537, die als prot. Bekenntnis für das von Papst Paul III. nach Mantua einberufene, letztlich aber nicht zustande gekommene Konzil gedacht waren. Luther gliederte in dieser Schrift die Lehrartikel in drei Teile: 1. Artikel, in denen man sich mit Rom einig ist; 2. Artikel, die »in Spannung« stehen, aber für die prot. Seite unaufgebbar sind; 3. Artikel, über die man grundsätzlich verhandlungsbereit ist. Obwohl die Artikel in Schmalkalden nicht als offizielles Bekenntnis neben der CA anerkannt wurden, sorgte die große Resonanz und Anerkennung für ihre Aufnahme in das Konkordienbuch.

Die Idee eines alle christl. Lehren umfassenden Lehrschriftenbestandes geht auf Melanchthon zurück. So stammen auch bedeutende luth. B.e aus seiner Feder, z.B. die Wittenberger Konkordie (1536), für Einigungsverhandlungen mit den Straßburgern verfaßt, und die für das Konzil von Trient (1545-1563) bestimmte Confessio Saxonica. Ebenfalls für Trient verfaßte J. → Brenz seine Confessio Virtembergica. Weitere luth. B.e entstanden in Dänemark und Schweden.

Im Zuge der nach Luthers Tod im Luthertum allseits aufbrechenden Lehrstreitigkeiten verfaßte Melanchthon ein → Corpus doctrinae Christianae (bekannt als Corpus doctrinae Philippi), das außer den altkirchl. Symbolen nur eigene Schriften von Melanchthon enthielt. Freilich entstanden bald darauf zahlreiche antiphilippistische Corpora doctrinae, mit denen die gnesioluth. Seite auf die Provokation Melanchthons reagierte. Daneben findet sich eine Fülle von Bekenntnis- und Lehrformeln, die als sog. credenda (zu glaubende Lehren) in die Kirchenordnungen der sich ausbildenden Landeskirchen eingingen.

Alle diese regionalen Einzelbemühungen verloren mit der Konkordienformel (1577) und dem Konkordienbuch von 1580 an Bedeutung. Dieses Einigungswerk setzte einen Schlußpunkt unter die Lehrstreitigkeiten innerhalb des Luthertums, allerdings um den Preis der Trennung vom ref. Protestantismus und des Verlustes zahlreicher luth. Gebiete, weil eine starke Minderheit das Werk ablehnte.

Das Konkordienbuch geht zum großen Teil auf die Bemühungen der Herzöge Julius von Braunschweig-Wolfenbüttel, Ludwig von Württemberg und auf die Kurfürsten August von Sachsen und Ludwig von der Pfalz zurück, sowie auf den ungeheuren persönlichen Einsatz des schwäbischen Theologen Jakob Andreae (1528-90), der jahrelang durch ganz Deutschland reiste und schließlich über 8000 Unterschriften unter der Endredaktion des Werkes zusammentrug. Das Konkordienbuch besteht aus zwei Teilen. Im ersten werden die bisherigen, von der luth. Reformation anerkannten bzw. entworfenen Schriften wiederholt. Neben den drei altkirchl. Bekenntnissen ist dies an erster Stelle das Hauptbekenntnis, die CA, sodann die Apologie der CA, die Schmalkaldischen Artikel, Melanchthons Tractatus de potestate et primatu papae (Traktat über die Macht und den Primat des Papstes) sowie Luthers Kleiner und Großer Katechismus. Im zweiten Teil schließt sich die Konkordienformel an, die wiederum unterteilt ist in eine kurze Zusammenfassung aller umstrittenen Artikel (Epitome) und eine »Gründliche Erklärung« (Solida Declaratio), in der die in der Epitome aufgelisteten Artikel breit ausgeführt werden.

Es ist bei diesem Konkordienbuch gleichzeitig nicht zu verkennen, daß sich der Bekenntnischarakter gegenüber der reformat. Frühzeit gewandelt hat.

Es geht hier weniger um ein Bekennen, bei dem der christl. Glaube und mit ihm das Heil des Menschen auf dem Spiele steht, sondern vielmehr um innerkonfessionelle Lehrdifferenzen in der Zeit der reichsrechtlichen Sicherheit nach dem → Augsburger Religionsfrieden (1555).

2. Reformierte Bekenntnisschriften

Im Bereich der ref. Reformation liegt ein vom Luthertum grundsätzlich unterschiedenes Bekenntnisverständnis vor. Zwar gilt auch hier das Dogma der Unteilbarkeit der einen Kirche, aber anders als im Luthertum ist diese Kirche vor der endzeitlichen Vollendung nur in den zeitlich und räumlich begrenzten Partikulargemeinden und -kirchen sichtbar. Entsprechend kann auch ein Bekenntnis nur das konfessionelle Selbstverständnis einer bestimmten Gemeinde in ihrer Zeit und an ihrem Ort zum Ausdruck bringen und keine zeitlose und universale Allgemeingültigkeit beanspruchen (vgl. dazu das Schlußwort der Confessio Helvetica Prior von 1536). Das Prädikat »reformiert« bezieht sich deshalb auch nicht auf ein Bekenntnis, sondern auf die Kirche, die »nach Gottes Wort reformiert« worden ist und immer neu reformiert werden muß. Schon von daher ist es verständlich, daß es in den ref. Kirchen nicht zu B.en im engeren Sinne analog dem luth. Konkordienbuch gekommen ist. Die unternommenen Sammlungen ref. Bekenntnisse wie z.B. die Harmonia confessionum fidei orthodoxarum et reformatarum ecclesiarum (1581), das Corpus et syntagma confessionum fidei (1621) oder die Formula consensus Helvetica (1675) konnten sich auf lange Sicht nicht durchsetzen und blieben somit Privatinitiativen.

Die ref. Kirchen besitzen traditionell eine große Freiheit in der Preisgabe alter und Annahme neuer Bekenntnisse. So konnten zeitweise auch Dokumente wie die Institutio Calvins oder im 20. Jh. die → Barmer Theologische Erklärung (1934) den Rang einer B. erringen. Eine umfangreiche Sammlung von 58 ref. B.en bietet E.F.K. Müller (Bekenntnisschriften der reformierten Kirchen, 1903).

Auch für die Anfänge der Schweizer Reformation war das Bekenntnis Ausdruck reformat. Identität. Schon 1523 wurden Zwinglis Disputationsthesen wegweisend für die Zürcher Reformation. Ein klass. Dokument der deutsch-schweizer Reformation stellen die Berner Thesen von 1528 dar, die von Zwinglis Freunden B. Haller und F. Kolb verfaßt und von ihm selber begutachtet wurden. Sie dienten als Grundlage der → Berner Disputation, in deren Folge Bern zur Reformation überging.

Ein erstes Bekenntnis im eigentlichen Sinne war die Confessio Tetrapolitana von M. Bucer und W. Capito, mit der sich die vier oberdeutschen Reichsstädte Straßburg, Konstanz, Lindau und Memmingen auf dem Reichstag in Augsburg (1530) zum reformat. Glauben bekannten.

Für die Zusammenführung der Genfer und Zürcher Reformation ist die zwischen Calvin und Zwinglis Nachfolger → Bullinger geschlossene Unionsformel des Consensus Tigurinus (1549) von Bedeutung, die sich sowohl gegen die röm.-kath. wie gegen die luth. Sakramentslehre abgrenzte.

Das Reformiertentum in den anderen europ. Ländern brachte seine Überzeugungen in eigenen, oft von Calvin maßgeblich beeinflußten, Bekenntnissen zum Ausdruck. So entstanden z.B. unter den franz. → Hugenotten die Confessio Gallicana (1559), die streng calvinistische Confessio Scotica (1560) von J. Knox, die Confessio Belgica (1561) für den niederländischen Protestantismus, sowie eine Reihe osteurop. ref. Bekenntnisse.

Für das deutsche Reformiertentum bekam vor allem der Heidelberger Katechismus (1562) des Heidelberger Theologieprofessors Zacharias Ursinus eine größere Bedeutung, dessen gemäßigt ref. Charakter schon durch die Aufnahme von Elementen aus Melanchthons Pfarrerexamen und Luthers Kleinem Katechismus deutlich wird. Er verbreitete sich rasch auch in anderen ref. Kirchen Europas und wurde 1618/19 von der → Dordrechter Synode als B. anerkannt, deren antiarminianischen Artikeln selbst oft der Status einer B. zuerkannt wurde.

Vielleicht das bedeutendste ref. Bekenntnis der Reformationszeit ist das zweite Helvetische Bekenntnis von 1566 (Confessio Helvetica Posterior) geworden. Ein 1561 vom Zürcher Reformator Heinrich Bullinger anläßlich einer Pesterkrankung als persönliches theol. Testament verfaßtes Bekenntnis wurde 1566 von Genf und den deutschschweizer Orten als gemeinsames Bekenntnis anerkannt. Schon bald erklärten auch andere ref. Kirchen Europas ihre Zustimmung (Schottland, Polen, Ungarn, später Österreich und im 20. Jh. die Tschechoslowakei, Jugoslawien und Rumänien). Es stellt somit eine ref. B. von internationalem Rang dar.

Als letzte der ref. Kirchen Europas gelangte das angelsächsische Reformiertentum zur Bekenntnisbildung. Die in streng puritanischem Geist gestaltete Westminster-Confession von 1647 ist ein Ergebnis der englischen Revolution. Zentrum ist die calvinistische Prädestinationslehre, den Aufbau bestimmt die ref. Bundestheologie. Als Bekenntnis vor allem des presbyterianischen und kongregationalistischen Zweiges wurde es eine der Grundlagen der angelsächsischen Freikirchen in Amerika.

3. Die anglikanische Bekenntnisschrift

Die grundlegende B. der Kirche von England wurde das → Book of Common Prayer. Es wurde 1549 von Erzbischof Thomas Cranmer verfaßt und 1552 zunächst in calvinistischem, später in kath. Sinn revidiert. Seinen Kern bilden die 39 Articles of Faith, die zunächst nach der CA, 1562 nach der Confessio Virtembergica von J. → Brenz gestaltet wurden.

4. Baptistische, methodistische und evangelikale Bekenntnisschriften

Das aus der deutsch-schweizer Reformation hervorgegangene Täufertum legte bereits 1527 mit den → Schleitheimer Artikeln ein erstes Bekenntnis ab. Allerdings blieb für das Täufertum wie auch für später entstandene Freikirchen die Bedeutung von B.en untergeordnet.

Der englische Kongregationalismus gab sich in der Savoy-Deklaration, die auch die Westminster-Confession enthält, 1658 eine Bekenntnisgrundlage. Für den amerikanischen Kongregationalismus wurde dies die Cambridge Platform von 1648, die ebenso die Westminster-Confession aufnimmt. Im 20. Jh. ist das Statement of Faith von Grand Rapids (1944, erneuert 1961) erwähnenswert.

Die Westminster-Confession wurde mit einigen Abänderungen in der Sakramentslehre auch die Grundlage der Baptist Confession (1688) der englischen Regular Baptists. Für den amerikanischen Baptismus wurden dies die Philadelphia Confession (1742) und die weit verbreitete New Hampshire Confession (1833). Für den dt. Baptismus verfaßten auf Ersuchen der Hamburger Behörden J.G. Oncken und J. Köbner 1837 ein calvinistisch ausgerichtetes Bekenntnis. Zusammen mit einem mehr luth. ausgerichteten Bekenntnis der Berliner Gemeinde (1841) wurde 1847 der Text »Glaubensbekenntnis und Verfassung der Gemeinde getaufter Christen, gewöhnlich Baptisten genannt« erarbeitet, der fast 100 Jahre lang gültig blieb. Nach dem Zusammenschluß der Christl. → Versammlung mit den Baptisten wurde zunächst 1944 ein kurzes, neues Bekenntnis angenommen, 1977 dann eine umfangreichere »Rechenschaft vom Glauben«.

Der englische Methodismus übernahm neben den altkirchl. Bekenntnissen auch die 39 Glaubensartikel (in verkürzter Form) der Anglikanischen Kirche. Ansonsten bestand kein Bedarf einer Bekenntnisbildung. Lediglich die Bischöfliche Methodistenkirche in Amerika genehmigte 1904 einen deutsch-englischen Katechismus und stellte 25 Glaubensartikel an den Beginn ihrer »Doctrines and Discipline« von 1924.

Die europ. evangelikale Bewegung besitzt, da sie keine verfaßte Kirche ist, auch keine B. im eigentlichen Sinn. Gleichwohl gibt es einige Grundlagendokumente, die einer Identitätsbestimmung dieser bewußt offenen Bewegung gleichkommen. So verfaßte die Ev. → Allianz auf ihrer Gründungsversammlung in London 1846 eine doctrinal basis. Diese Glaubensgrundlage wurde von vielen nationalen Ev. Allianzen ebenso wie von vielen ihr verbundenen Werken, Vereinen und Gemeinschaften übernommen. Weitere bedeutende Lehrschriften der evangelikalen Bewegung sind die → Frankfurter Erklärung zur Grundlagenkrise der Mission (1970) und die »Lausanner Verpflichtung« (1974) zur Evangelisation und Mission.

5. Katholische Bekenntnisschriften

Die ostkirchl. Orthodoxie kennt keine B.en. Für sie ist allein die 787 abgeschlossene Lehrüberlieferung der ersten sieben altkirchl. Konzilien verbindlich.

Abgesehen von den drei altkirchl. Bekenntnissen ist auch der abendländische Katholizismus nie zu einer Bekenntnisbildung analog zu den reformat. Kirchen gekommen. Der kath. Glaube wird weniger durch bestimmte Lehrdokumente als durch die umfassende Lehrtradition, den Kultus und das hierarchische Amt bestimmt. Dieser Umstand hängt wesentlich mit seiner Geschichte zusammen. Nach den ausgefochtenen altkirchl. Lehrstreitigkeiten traten im MA die theol. Auseinandersetzungen hinter die polit. zurück. Ihre polit. wie rel. unangefochtene Stellung ließ keine echte Bekenntnissituation entstehen. Erst im 20. Jh. wurde der Begriff B.en neu aufgenommen (vgl. LThK II, 114ff). Unter anderen gelten demnach die im Zuge der Ketzerbekämpfung entstandenen antihäretischen Bekenntnisse als B.en, so z.B. die Professio Valdesii (1208) gegen die südfranz. → Waldenser und das Bekenntnis Firmiter des IV. Laterankonzils (1215) gegen die → Albigenser (Katharer). Ferner zählen auch die Lehrdokumente der Unionsverhandlungen mit den Ostkirchen dazu, so das von Ostrom vorübergehend anerkannte Bekenntnis, das Papst Clemens IV. 1267 dem oström. Kaiser Michael Paläologus vorlegte oder die Lehrbestimmungen für die Ostkirchen (Armenier) des Konzils von Florenz (1439).

Zur bedeutendsten kath. B. kam es erst durch das von der Reformation herausgeforderte Reformkonzil von Trient (1546-1563). Die Frontstellung gegen den Protestantismus zwang das Konzil zur Klärung der auswuchernden eigenen Lehrpositionen und zur Reduktion und Festlegung auf konkrete dogmat. Formulierungen. So entstanden neben einer Vielzahl weiterer Beschlüsse und Dokumente die bedeutenden Lehrdekrete über Schrift und Tradition, Erbsünde, Rechtfertigung und Sakramente.

Die nach dem Konzil (1564) verfaßte Professio fidei Tridentinae wurde durch das erste Vaticanum (1870) erweitert und wurde als Professio catholica fidei (Erklärung des katholischen Glaubens) dem → Codex Iuris Canonici von 1917 vorangestellt.

Ferner sind für den kath. Glauben sämtliche Lehramtsentscheidungen rechtlich verbindlich , die in Glaubensdekreten und Canones aller Ökumen. Konzilien (nach kath. Verständnis von Nicäa 325 bis Vaticanum II 1962-1965), sowie in päpstlichen Bullen, Enzykliken und Konstitutionen festgelegt und im »Enchiridion symbolorum et definitionum« (kurz »Denzinger/Schönmetzer«) gesammelt werden.

6. Ökumenische Bekenntnisschriften

Nachdem es bereits im 19. Jh. zu weltweiten konfessionellen Zusammenschlüssen einzelner Denominationen gekommen war (Anglikaner, Presbyterianer, Methodisten, Baptisten u.a.), fanden diese Bestrebungen im 20. Jh. eine interkonfessionelle Fortsetzung durch die → Ökumen. Bewegung, die mit der Gründung des Ökumenischen Rates der Kirchen (ÖRK) auf ihrer ersten Vollversammlung 1948 in Amsterdam ein Forum des ökumen. Dialoges und der Zusammenarbeit schuf. Die Mitgliedskirchen definierten ihre Übereinstimmung in einer 1961 in Neu-Dehli erweiterten Basis-Erklärung durch ein christologisches Bekenntnis: »Der ÖRK ist eine Gemeinschaft von Kirchen, die den Herrn Jesus Christus gemäß der Heiligen Schrift als Gott und Heiland bekennen und darum gemeinsam zu erfüllen trachten, wozu sie berufen sind, zur Ehre Gottes, des Vaters, des Sohnes und des Heiligen Geistes.« In der Folgezeit kam und kommt es zu einer Vielzahl von bilateralen und multilateralen Gesprächen und Erklärungen zwischen einzelnen Kirchen (z.B. der ev.-luth./röm.-kath. Dialog), die weniger das Ziel der Kirchenvereinigung als das der Kirchengemeinschaft anstreben. Auf nationaler dt. Ebene einigten sich in den Arnoldshainer Thesen von 1957 ref. und luth. Kirchen auf eine gegenseitige Abendmahlsgemeinschaft. In der Leuenberger Konkordie (1973) brachten die reformat. Kirchen Europas ihren Willen zur Kirchengemeinschaft zum Ausdruck im Bewußtsein, daß die kirchentrennenden Differenzen der Reformationszeit ausgeräumt werden können. Eines der bedeutendsten ökumen. Dokumente stellt die Konvergenzerklärung »Taufe, Eucharistie und Amt« (das sog. → Lima-Dokument) der Kommission für Glaube und Kirchenverfassung des ÖRK von 1982 dar, in der zwischen kath., orth. und reformat. Kirchen eine sehr weitgehende Übereinstimmung erreicht werden konnte.

Grundsätzlich können aber sämtliche ökumen. Erklärungen ebenso wie die Basis des ÖRK nur sehr bedingt als B.en verstanden werden, da es sich um bloße Absichts- bzw. Lehrerklärungen ohne rechtsverbindlichen Charakter handelt. Ob es wirklich »Dokumente wachsender Übereinstimmung« (s. Lit.) sind, wird sich am Zustandekommen eines verbindlichen gemeinsamen ökumen. Bekenntnisses in der Zukunft erweisen müssen.

Lit.: Quellen: Die Bekenntnisschriften der evangelisch-lutherischen Kirche, [10]1986 (=BSLK); H. Denzinger, A. Schönmetzer (Hg.): Enchiridion symbolorum et definitionum, [33]1965; J.N. Karmiris (Hg.): Dogmatica et Symbolica Monumenta Orthodoxae Catholicae Ecclesiae, 2 Bde. [3]1968/69; H. Meyer, H.J. Urban, L. Vischer (Hg.): Dokumente wachsender Übereinstimmung. Sämtliche Berichte und Konsenstexte interkonfessioneller Gespräche auf Weltebene, 1931-1982, 1983; E.F.K. Müller (Hg.): Die Bekenntnisschriften der reformierten Kirche (=BSRK), 1903; J. Neuner, H. Roos (Hg.): Der Glaube der Kirche in den Urkunden der Lehrverkündigung, [8]1971; H. Steubing (Hg.): Bekenntnisse der Kirche. Bekenntnistexte aus zwanzig Jahrhunderten, 1970.

H. Bornkamm Die Bedeutung der Bekenntnisschriften im Luthertum, in: ders.: Das Jahrhundert der Reformation, [2]1966, 219-225; H. Dörries: Das Bekenntnis in der Geschichte der Kirche, [2]1947; P. Jacobs: Theologie reformierter Bekenntnisschriften in Grundzügen, 1958; W. Lohff, L.W. Spitz (Hg.) Widerspruch, Dialog und Einigung. Studien zur Konkordienformel der luth. Reformation, 1977; W. Maurer: Historischer Kommentar zur Confessio Augustana, 2 Bde., [2]1979ff; W. Niesel: Die Bedeutung und die Rolle der Glaubensbekenntnisse in den ref. Kirchen, in: ders.: Gemeinschaft mit Jesus Christus. Vorträge und Voten zur Theologie, Kirche und ökumenischen Bewegung, 1964, 183-191; G. Ruhbach et al. (Hg.): Bekenntnis in Bewegung, 1969; E. Schlink: Theologie der luth. Bekenntnisschriften, [3]1948; J. Wirsching: »Bekenntnisschriften«, TRE 5, 1980, 487-511 (Lit.).

V. Gäckle

Bekenntnisschule

»Unter Bekenntnisschulen versteht das geltende Recht Schulen, in denen das Gepräge des Gesamtunterrichts von dem betreffenden Bekenntnis gewonnen wird. Eine Folge davon ist, daß grundsätzlich Lehrer dieses Bekenntnisses unterrichten und Schüler dieses Bekenntnisses unterrichtet werden.

Doch werden Lehrer und Schüler eines anderen Bekenntnisses durch den Begriff der Bekenntnisschule nicht schlechthin ausgeschlossen« (Maunz). Die Unterscheidung eines formalen B.begriffs, der die Homogenität des Bekenntnisses der Lehrer und Schüler verlangt, von einem materiellen, nach dem es um die Erziehung im Geist des Bekenntnisses geht, darf als überholt gelten. Zwar bieten nach Art. 24 des Reichskonkordats vom 20. 7. 1933 nur Lehrer, die der kath. Kirche angehören, die Gewähr, »den besonderen Erfordernissen der kath. Bekenntnisschule zu entsprechen«. In der gegenwärtigen Praxis erscheinen Ausnahmen um einer ökumen. Öffnung oder wegen der notwendigen Schülerzahl für einen geordneten Schulbetrieb tolerierbar. Entscheidend ist die geistige Ausrichtung der Erziehung. Im Unterricht und Schulleben sollen Kenntnisse, Fähigkeiten und Fertigkeiten so vermittelt und Gemüt, Wille, Gewissen, Kritik, kreatürliche Vitalität, Selbständigkeit, Vertrauen u.a. so gebildet und gepflegt werden, daß der Heranwachsende es versteht, sein Leben in den sozialen und geistigen Zusammenhängen und Abhängigkeiten seiner Zeit in dem vom Bekenntnis her gegebenen Sinn zu meistern.

Das Ende geschlossener konfessioneller Regionen durch die Mobilität der Bevölkerung sowie die strukturellen Veränderungen und der Ausbau des Schulwesens von der Mitte der 60er Jahre an engten die Einrichtung und Weiterführung von staatl. B.n auch dort ein, wo sie als Volksschulen üblich waren. Bereits mit der Entschließung vom 26. 3. 1957 hatte das Bundesverfassungsgericht festgestellt, »daß Eltern unter Umständen genötigt sind, ihre Kinder der Schule anzuvertrauen, die in ihrer weltanschaulichen Gestaltung den Wünschen der Eltern nicht entspricht«. Die Art. 3 GG verbürgte Gleichheit aller Bürger und das Freiheitsrechte Art. 4 GG begrenzen Erziehungsziele und Gestaltung der öffentlichen Schule auf einen allg. anerkannten Standard. Eltern, die »das natürliche Recht« und die ihnen »zuvörderst . . .obliegende Pflicht« der Erziehung der Kinder (Art. 6 GG Abs. 2) auch durch eine B. gewahrt wissen wollen, sind auf das Art. 7 Abs. 4 und 5 GG ausgeführte Recht zur Errichtung privater Schulen verwiesen → Kirche und Staat.

Waren die privaten Schulen in konfessioneller Trägerschaft, soweit es sich nicht um Ausbildungsstätten im diakon. Bereich handelt (z.B. Fachschulen für Sozialpädagogik), herkömmlich meist Gymnasien (Traditionsschulen mit altsprachlichem Schwerpunkt, Schulen mit reformpäd. Konzeption oder kompensatorischen Aufgabenstellung u.a.), so kam es seit Anfang der siebziger Jahre zu Gründungen freier ev. und kath. Grund- und Hauptschulen, die dem Willen solcher Eltern entsprachen, die für ihre Kinder eine eindeutig vom Bekenntnis geprägte Schulbildung wünschten. Beispielhaft hierfür wurden katholischerseits die Schulen nach dem Marchtaler Plan, bei denen der Fachunterricht weitgehend einer fächerübergreifenden Vernetzung gewichen ist, die auch die Inhalte des Religionsunterrichts voll einbezieht, und evangelischerseits die Schulen in Reutlingen und Bochum, die im Zusammenwirken von Eltern, Lehrern und Schülern nach dem Leitbild der »Schulgemeinde« (F.W. → Dörpfeld) aufgebaut wurden. In ihrer Folge entstanden inzwischen eine Reihe meist evangelikal ausgerichteter privater Grund- und Hauptschulen.

Lit.: H.J. Abromeit: Im Streit um die gute Schule, 1991; Evangelische Bekenntnisschulen, hg. von der Arbeitsgemeinschaft Ev. Bekenntnisschulen, 1985; W. Geiger: Die Einschulung von Kindern verschiedenen Bekenntnisses in öffentlichen Schulen, Staatskirchenrechtliche Abhandlungen Bd. 11, hg. von Friesenhahn, Hollerbach et al., 1980; Handbuch Freie Schulen, hg. von der AG Freie Schulen, 1984; H.B. Kaufmann: Die Christen und die Schule in staatlicher und freier Trägerschaft, 1989;Marchtaler Plan, hg. vom Schulamt der Diözese Rottenburg-Stuttgart, 1987; Th. Maunz: Handbuch des Staatskirchenrechts der Bundesrepublik Deutschland, [22]1978.

O. Basse

Bekenntnissynoden → Kirchenkampf

Belgien

1. Allgemein

B., dessen Name von der röm. Provinzbezeichnung *Belgica* herzuleiten ist, umfaßt ein Gebiet von ca. 30.500 km² mit 9,86 Mio. Einwohnern, das von der Kanalküste im Westen bis zu den Ardennen im Osten reicht. Die Bevölkerung ist schon seit der Völkerwanderung in zwei Sprachgruppen gespalten. Die niederländischsprachigen Flamen (ca. 57%) leben überwiegend im Norden und Westen, während die französischsprachigen Wallonen (ca. 34%) den südlichen und östlichen Teil Belgiens bewohnen. 86% der Belgier sind röm.-kath., während nur 1% der Bevölkerung (ca. 94.000) sich zu einer der 29 prot. Denominationen bekennt.

2. Kirchengeschichtlich

Die belgische Kirchengeschichte ist im wesentlichen von der röm.-kath. Kirche bestimmt.

a. Die römisch-katholische Kirche

Während vom 16.-18. Jh. der Katholizismus im habsburgischen B. einen streng antiultramontanen und antijesuitischen Episkopalismus favorisierte, begann nach dem napoleonischen Konkordat die Restauration des → Ultramontanismus. Diese wurde noch verstärkt, als im Zuge der Wiener Verträge B. den Niederlanden zugeschlagen wurde und mit Wilhelm I. der Niederlande ein bewußt prot. Monarch die Regierung B.s übernahm. Spannungen zwischen Klerus und König ergaben sich vor allem im Schulwesen. Seit 1827 sammelte Abbé Lamennais die Elite der liberalen Katholiken um sich, aus deren Reihen sich heftiger Protest gegen die königliche Bildungspolitik erhob. In die Enge getrieben, mußte Wilhelm I. vier Bischöfe ernennen und die Wiedereröffnung unabhängiger Priesterseminare zulassen.

Nach der Revolution und der Unabhängigkeitserklärung B.s am 4. 10. 1830 wurden Religions-, Presse- und Versammlungsfreiheit in der Verfassung verankert. In Art. 117 wurde die staatliche Besoldung von Amtsträgern anerkannter Religionsgemeinschaften (kath., ev., anglik., jüd. und seit 1974 auch islam.) festgeschrieben. Die Folge war ein breiter Aktivismus innerhalb des Katholizismus, der seinen Ausdruck in einem Aufschwung der inneren Missionierung, in freiem Volksschulunterricht und in der Rückkehr zahlreicher Ordensgemeinschaften, u.a. der Jesuiten mit ihrem Bildungsengagement, fand.

Wie stark der Ultramontanismus in B. wurde, zeigte auch die durch mehrere Päpste erfolgte Verurteilung Lammenais' und seiner Thesen von der Freiheit der Kirche und ihrer Trennung vom Staat, die vom belgischen Katholizismus ebenso rasch und kritiklos akzeptiert wurden wie die später erfolgten Dogmatisierungen - einmal der unbefleckten Empfängnis Mariens und zum anderen der Unfehlbarkeit des Papstes. So wurde das Antimodernistenedikt von Papst Pius X. (→ Antimodernisteneid, 1910) ebenso begrüßt wie die Dogmatisierung des → Thomismus als der offiziellen kath. Philosophie unter Papst Leo XIII. (Einführung eines Lehrstuhls für thomistische Philosophie in Löwen).

b. Die protestantischen Kirchen

Brüssel sah 1523 die ersten beiden Märtyrer der luth. Reformation, denen noch viele weitere vor allem aus der Täuferbewegung folgten. Ab 1540 gewann auch der Calvinismus zunehmend an Stärke, doch die kath. Inquisition im Zuge der Gegenreformation zwang viele prot. Gläubige zur Auswanderung nach England, Deutschland und Holland. So blieben nur wenige Gemeinden übrig, denen durch das Toleranzpatent des Habsburger Kaisers Joseph II. von 1781 zumindest formell die freie Religionsausübung garantiert wurde. Nach der Unabhängigkeit B.s schlossen sich 1839 die acht bestehenden prot. Gemeinden zur synodal verfaßten »Union des Eglises protestantes évangéliques de Belgique« zusammen. Daneben bildete sich schon 1834 eine kleine ev. Gemeinde in Brüssel, die sich 1837 der mission. ausgerichteten Société évangélique belge anschloß, die die Evangelisation B.s zum Ziel hatte. Nachdem etwa ein Dutzend Gemeinden gegründet werden konnten, wurde 1848 die »Eglise chrétienne missionaire belge« (Belgische Missionskirche) ins Leben gerufen. Beide Kirchen verzeichneten in den folgenden Jahrzehnten ein stetes Wachstum durch mission. Gemeindegründungen. Daneben ließen sich auch niederländische, schottische und deutsche Gemeinden vom Staat offiziell anerkennen.

Nach dem Ersten Weltkrieg begannen zum einen amerikanische Werke und zum andern episkopalistische Methodisten mit der Evangelisationsarbeit. 1924 schloß sich die »Fédération des Eglises protestantes de Belgique« aus den beiden alten reformierten Kirchen des 19. Jh.s, der freisinnigen Kirche, den Methodisten, den Baptisten und anderen ref. Freikirchen zusammen. Zudem entstanden vor und nach dem Zweiten Weltkrieg neben einer amerikanischen luth. Freikirche und einer mennonitischen Gemeinde zahlreiche Pfingstgemeinden und Erweckungsversammlungen. In den letzten Jahrzehnten schloßen sich die Eglise protestante de Belgique, die methodistische Kirche und die Eglise réformée de Belgique mit dem belgischen Teil der Gereformeerde Kerken zur »Vereinigten Protestantischen Kirche Belgiens« (V.P.K.B.) zusammen. Sie ist Mitglied im Ökumen. Rat der Kirchen (ÖRK), im Ref. Weltbund, im Methodistischen Weltrat und in der Konferenz Europäischer Kirchen (KEK).

3. Die kirchliche Situation der Gegenwart

In der kath. Kirche ist seit dem Zweiten Weltkrieg trotz vieler Aktivitäten und struktureller Neuansätze der Gottesdienstbesuch im Zuge der zunehmenden → Säkularisierung Westeuropas stark rückläufig. Besuchten nach dem Kriege noch 50% aller Belgier die sonntägliche Messe, sind es heute noch höchstens 30%. Dennoch sind Aufbrüche in Form einer neuen Hinwendung zum bibl. Wort, die Ablösung der lat. Sprache in der Liturgie durch die jeweilige Ortssprache, neue Methoden in der Katechese sowie die verstärkte Einbeziehung von Laien in das kirchl. Leben festzustellen. Kardinal L. Suenens bemüht sich verstärkt um den ökumen. Dialog und die Integration der charismatischen Bewegung in das kirchl. Leben. Die kleine prot. Minderheit wirbt mit einer Reihe mission. Aktivitäten um ihre soziale Anerkennung und um neue Mitglieder. Seit 1925 gibt es ev. Religionsunterricht an den Schulen und 1954 wurde in Brüssel die zweisprachige Faculté de Protestante de Bruxelles eröffnet, hinzu kommen Sendungen in Rundfunk und Fernsehen. Zudem sind etwa 30 Missionsgesellschaften evangelistisch tätig.

Lit.: E.M. Braekman: 150 ans de vie protestante en Belgique, Bulletin de la Société d'histoire du protestantisme belge VIII/7 (1980), 197-212 (mit Bibliographie); E. Brouette: »Belgien«, TRE 5, 1980, 511-525 (Lit.); G. Fritze: Die Missionsarbeit der belgischen Missionskirche, 1908; G. van Leeuwen: Der belgische Protestantismus im Prozeß der Neuorientierung, Diaspora (1974), 66-79.

V. Gäckle

Belgische Konfession → Bekenntnisschriften (reformierte)

Bellarmin, Robert (1542-1621)

B., geb. am 4. 10. 1542 in Montepulciano in der Toscana, gest. am 17. 9. 1621 in Rom, Kontroverstheologe des Jesuitenordens, Erzbischof, Kardinal. Er studierte am Jesuitenkolleg und trat 1560 den Jesuiten bei; 1570 zum Priester geweiht, wurde er Prediger und Theologieprofessor in Löwen; 1576-1588 lehrte er in Rom am Collegium Romanum Kontroverstheologie. Zum ersten Mal faßte er die kath. Polemik gegen die Reformation in Vorlesungen zusammen, die 1586-93 als sein literarisches Hauptwerk veröffentlicht wurden: »Disputationes de controversiis christianae fidei adversus huius temporis haereticos« (Disputationen über die Streitfragen des christlichen Glaubens gegen die Irrlehrer dieser Zeit). Hier wurden besonders Lehramt und Tradition der Kirche herausgestellt, was den luth. Dogmatikprofessor Johann → Gerhard dazu herausforderte, die Selbstevidenz der Hl. Schrift zu lehren und sie als alleinige Quelle der Lehre hervorzuheben.

B. stieg in Orden und Kirche zu höchsten Ämtern auf, oft kritisiert und selbst nicht unkritisch gegenüber Papst und Kirche. 1599 wurde er Kardinal, 1602-1605 war er Erzbischof von Capua. In seinem umfangreichen literarischen Werk finden sich neben (kontrovers)theol. auch katechetische und pastorale Schriften mit weiter Verbreitung. B. wurde am 29. 6. 1930 heiliggesprochen und 1931 zum Kirchenlehrer erhoben.

Lit.: Opera omnia, 8 Bde. Neapel 1856-62; 12 Bde. Paris 1870-74. G. Galeota: »Bellarmini, Roberto«, TRE 5, 1980, 525-531; ders.: Robert Bellarmin, in: Klassiker der Theologie, hg. von H. Fries, G. Kretschmar, 1981, 346-362.

Chr. Windhorst

Belzebub → Beelzebub

Bender, Friedrich (1816-1902)

B., geb. am 9. 8. 1816 in Darmstadt, gest. am 27. 5. 1902 in Darmstadt, erweckter Hofprediger. Theologiestudium in Gießen und Tübingen, seit 1839 an der Hofkirche in Darmstadt. B. hielt eindrückliche Predigten vor großer Hörergemeinde. Er betreute die Missionskreise in Starkenburg. 1849 war er in Darmstadt an der Bildung des »Vereins für Innere Mission« und des »Frauenvereins zur Rettung sittlich verwahrloster Mädchen« beteiligt. 1858 gründete er das Diakonissen-Mutterhaus »Elisabethenstift«, an dem er 15 Jahre Hausgeistlicher war. 1868 rief er eine Herberge zur Heimat in Darmstadt ins Leben. Außerdem regte er die → Sonntagsschularbeit an.

Lit.: H. Steitz: Geschichte der Ev. Kirche in Hessen u. Nassau, 1965, 354, 381f; L. Tiesmeyer: Die Erweckungsbewegung in Deutschland, 1907.

G. Lehmann

Benedictus → Gottesdienst; → Messe

Benedikt von Nursia (ca. 480/90 – ca. 547)

Ital. Mönchsvater, Namenspatron des Benediktinerordens, über dessen Leben und Wirken jedoch nur Vermutungen möglich sind. Nach dem Zeugnis Gregors des Großen (Dial. II) ist B. um das Jahr 480/90 n.Chr. in der röm. Provinz Nursia als Sohn vornehmer Eltern geboren. Mit jungen Jahren beginnt er in Rom seine Studien, bricht diese jedoch aus Abscheu vor der Freizügigkeit des studentischen Lebens ab und zieht das Ordenskleid an. Sein monastischer Lebensweg führt ihn zunächst in die Sabiner Berge (Enfide), bald darauf in die Einsamkeit des Tals von Subiaco. Dort lebt er als Eremit, wird durch seine Askese aber so berühmt, daß eine Mönchsgemeinschaft ihn als Abt begehrt. Seine strengen Lebensforderungen stoßen jedoch nach kurzer Zeit auf heftigen Widerspruch. B. verläßt die Gemeinschaft und gründet (um 529) auf dem Monte Cassino auf den Mauern eines heidnischen Heiligtums ein eigenes Kloster. Über das dort sich entwickelnde zönobitische Leben erfahren wir nichts Näheres, so wie sich überhaupt das Leben B.s im Legendären verliert. Gestorben ist B. in der Mitte des 6. Jh.s. Hist. Verläßlichkeit kommt den Angaben Gregors kaum zu. Zweifellos geht es diesem Mönchspapst nicht um eine genaue Nachzeichnung des Lebensganges, sondern darum, eine hagiographische Vita zu verfassen, die beim Leser das Verlangen nach dem monastischen Leben wecken soll. Zugleich will sie die Selbständigkeit des abendländischen Mönchtums neben dem des Orients erweisen.

Auf B. wird die 73 Kapitel umfassende Regula Benedicti (RB) zurückgeführt. Diese Regel taucht jedoch erst mehrere Jahrzehnte nach dem Tod B.s als Lebensordnung eines südgallischen Klosters auf, so daß es fraglich ist, ob sie B. überhaupt zugeordnet werden darf. Unabhängig davon aber hat die RB weit über ihren Ursprung hinaus gewirkt, da sie die monastische Tradition des Orients (Apophthegmata, Basilius) und des frühen Abendlands (Cassian, Regula Magistri) aufgegriffen und in einer überzeugenden Synthese zusammengefügt hat. Bis heute ist die RB für die Klöster des Benediktinerordens verbindlich. Die Regel selbst nennt keinen Verfasser. Ob Gregor, der sie nachdrücklich empfiehlt (Dial. II,36), sie gekannt hat, ist umstritten. Mit Sicherheit aber hat sein päpstliches Lob zum Ruhm und zur späteren Ausbreitung dieser Regel wesentlich beigetragen.

Lit.: K.S. Frank: Benedikt von Nursia, in: M. Greschat (Hg.): Mittelalter I, 1983, 35-46; H. Holze: Erfahrung und Theologie im frühen Mönchtum, 1992; G. Holzherr: Die Benediktsregel, [2]1982; B. Steidle (Hg.): Die Benediktusregel lat.-dt., [4]1980; A. de Vogüé: »Benedikt von Nursia«, TRE 5, 1979, 538-549.

H. Holze

Benediktiner

Die B. gehen auf → Benedikt von Nursia (ca. 480 – ca. 547) zurück. Im Jahre 529 kam Benedikt von Subiaco nach Montecassino. Hier schrieb er seine weltberühmte Ordensregel. Diese Regel wurde die herrschende abendländische Zönobitenregel; dies verdankt sie letztlich ihrer in der Bibel verwurzelten Spiritualität. Die Regel diente Mönchen und Nonnen als Richtschnur für ein christl.-asketisches Leben. »Daß die Regel immer wieder mündlich und schriftlich erklärt und erläutert wurde – von Benedikts Zeitgenossen bis zur Gegenwart -, spricht nicht gegen, sondern für ihre charismatisch-pneumatische Aussagekraft« (B. Jaspert). Das erste Wort, das aus der Benedikts-Regel zu vernehmen ist, lautet: »Höre, mein Sohn, den Lehren des Meisters, und öffne das Ohr deines Herzens.« Der Meister ist eindeutig Christus. »Benedikt will den Menschen zu Christus führen, zum Mittelpunkt alles Lebens« (W. Nigg).

Gregor d.Gr. (590-604) hat durch seine »Dialogi« (Anekdoten aus dem Leben Benedikts) zur Wirkungsgeschichte Benedikts und seiner Regel einen entscheidenden Beitrag geleistet. Das 6.-8. Jh. hatte eine starke Ausbreitung des Mönchtums gebracht. Als erste Klöster folgten wohl angelsächsische Klöster der Benedikt-Regel. So eroberte sie sich auf dem Umweg über England im 8. Jh. nach und nach das europ. Festland. Karl der Große erhob die Regel zur Norm für alle Klöster seines Reiches. Im Karolingerreich entwickelte sich das B.-Kloster zum staatl. geförderten Kulturträger. Diesen Prozeß unterstützte die Reform und Vereinheitlichung benediktinischer Lebensweise durch Benedikt von Aniane (ca. 750-821).

Die von Cluny, Gorze, Hirsau und anderen Zentren ausgehenden Reformen des 10. Jh.s strebten nach einer Erneuerung des monastischen Lebens mit einer besonderen Betonung des liturg. Bereiches; deren Forderung nach Unabhängigkeit von weltlichem Einfluß mündet in den Investiturstreit. Eine radikale Erneuerung des Benediktinertums erstrebten im 12. Jh. die Zisterzienser. Nach der Blüte des Benediktinertums im 11./12. Jh. kam es im 13. Jh. zu Stagnation und Verfall. Die Reformation brachte für nahezu die Hälfte aller B.-Klöster in Europa das Ende. Eine neue Blüte brachte das 17. u. 18. Jh., als die B.-Klöster wieder zu Zentren der Wissenschaft und Kunst (Mauriner, B.-Akademien) heranwuchsen, was aber teilweise mit einer Entfremdung vom monastischen Geist verbunden war.

Die → Säkularisation (1803) führte zum fast völligen Niedergang der B., in den von ihr betroffenen Gebieten. Ein Neubeginn erfolgte in Verbindung mit Restauration und Romantik. Bis heute wirkt die von Solesmes (1832) und Beuron (1863) ausgegangene und von Maria Laach (1892) weitergeführte liturg. Erneuerung des kirchl. Lebens nach. 1883 entstand die Kongregation der Missionsbenediktiner von St. Ottilien.

Früh gab es auch Frauenkonvente, Benediktinerinnen. Ihre Anfänge werden zurückgeführt auf Scholastika, die Schwester Benedikts (gest. ca. 543).

Die benediktinische Ordensfamilie umfaßt derzeit weltweit ca. 10.000 männliche und 18.000 weibliche Mitglieder (einschließlich der verschiedenen Schwesternkongregationen). In Deutschland leben innerhalb der bayerischen Benediktinerkongregation 330, der Kongregation von St. Ottilien (einschließlich Mission) 665 und der von Beuron 770 Ordensangehörige.

Papst Paul VI. unterstrich die Bedeutung des benediktinischen Erbes, indem er am 24. Oktober 1964 Benedikt zum »Hauptpatron ganz Europas« erklärte.

Lit.: J. Duft: Regula Benedicti und abendländisches Leistungsprinzip, in: Studien und Mitteilungen zur Geschichte des Benediktiner-Ordens und seiner Zweige, 1980, 61-79; K.S. Frank: Grundzüge der Geschichte des christlichen Mönchtums, 1973; W. Nigg, H.N. Loose: Benedikt von Nursia. Der Vater des abendländischen Mönchtums, 1979; A. Schneider, A. Wienand (Hg.): Und sie folgten der Regel St. Benedikts. Die Cistercienser und das benediktinische Mönchtum, 1981; B. Steidle: Die Benediktusregel, 1978; A. de Vogüé: Die Regula Benedicti, 1983.

K. Wittstadt

Beneficium

B. (oder Pfründe) bezeichnet das mit einem kirchl. Amt verbundene Recht auf ein ständiges Einkommen aus einem (zumeist kirchlichen) Vermögen. So kann der Begriff eine dem kirchl. Amt gewidmete Vermögensmasse bezeichnen, aber auch das kirchl. Amt, das daraus versorgt wird. Im Falle eines B.s wird die Versorgung der Amtsträger nicht aus einem zentral verwalteten kirchl. Gehaltssystem gespeist, sondern durch Sondervermögen, Stiftungen etc. gesichert. Die geschichtl. Wurzeln dieses Beneficialsystems reichen bis in das frühe MA zurück. Der Lebensunterhalt von Priestern an Privatkirchen wurde durch eine Schenkung der privaten Stifter (z.B. von Landbesitz) gesichert, die als Leihe (*precaria*) dem Geistlichen zur Verfügung gestellt wurde. Im Eigenkirchenwesen des Frankenreiches wurde dieses System ab dem 9. Jh. erweitert: die Grundherren hatten Verfügungsgewalt über die Kirchen einschließlich des Kirchengutes. Der Grundherr vergab das kirchl. Amt an einen Amtsträger: das *officium* (Amt) hängt am *beneficium*.

Hatte bereits der Codex Iuris Canonici von 1917 das Beneficialsystem reduziert, so forderte das Zweite Vatikanische Konzil eine weitgehende Reform, wenn nicht Beseitigung des Pfründenwesens. Die → Diözese verwaltet nun die kirchl. Einkünfte zentral und garantiert die gleichmäßige Besoldung der Priester.

In der ev. Kirche beruhten die Pfarrdotationen bis ins 19. Jh. auf Pfründen. Reichten diese nicht aus, mußten die Gemeinden, sofern sie es vermochten, den Ausgleich leisten. So kam es auch hier zu sehr unterschiedlichen Besoldungen. Ende des 19. Jh.s wurde das Beneficialsystem durch ein zentrales Gehaltssystem abgelöst. Die Verwaltung verbliebener Pfründen ist zentral bei den Landeskirchen zusammengefaßt. Die Pfründen decken heute nur noch einen Bruchteil der Pfarrergehälter, die zum großen Teil aus Kirchensteuereinnahmen gespeist werden.

Lit.: P. Landau: »Beneficium«, TRE 5, 1980, 577-583.

M. Herbst

Bengel, Johann Albrecht (1687-1752)

B., geb. am 24. 6. 1687 in Winnenden, gest. am 2. 11. 1752 in Stuttgart; führender Theologe des kirchl. Pietismus in Württemberg. In einem luth. Pfarrhaus geboren, wuchs er nach dem frühen Tod des Vaters 1693 als Pflegekind des zum radikalen Pietismus tendierenden Pädagogen Spindler auf. 1703 wechselte er als Angehöriger des herzoglichen Stipendiums in das Tübinger Stift über. Nach dem phil. Grundstudium folgte 1704-1706 das Studium der Theologie. Da B. noch bis 1713 als Repetent und Vikar im Stift lebte, vermochte er, sich umfassende wissenschaftl. Kenntnisse anzueignen.

Nach einer längeren Studienfahrt zu unterschiedlichen Bildungseinrichtungen, insbesondere zu den Anstalten Franckes in Halle, trat B. 1713 die Stelle eines Präzeptors in der neu errichteten Klosterschule Denkendorf an. Die württembergischen Klosterschulen dienten der Vorbereitung auf das Theologiestudium. In dieser Tätigkeit wirkte B. 28 Jahre, aus ihr erwuchsen seine wissenschaftl. Werke. Mehrere Berufungen in eine Universitätslaufbahn zerschlugen sich. B. war kein bedeutender Prediger. Pietistische Seelsorge übte er durch Erbauungsstunden und seine ausgedehnte Korrespondenz. Erst in den letzten Lebensjahren wurde er in verantwortungsvollere Ämter berufen: 1741 Propst in Herbrechtingen, 1747 in den großen, 1748 in den engeren Ausschuß der Landschaft (Landtag), 1749 Prälat in Alpirsbach mit Sitz in Stuttgart als Mitglied des Konsistoriums, wo er 1752 verstarb.

B. war vor allem Exeget. Die wissenschaftl. Veröffentlichungen der Denkendorfer Jahre beginnen mit der Edition klass. und patristischer Texte (Cicerobriefe, 1719; Chrysostomus, De sacerdotio, 1725). Bereits 1725 kündigte B. eine textkritische Ausgabe des NT an, die 1734 in unterschiedlichen Ausgaben erschien. B.s Textkritik vermochte die Zahl der Handschriften nicht wesentlich zu erweitern. Bahnbrechend wurde jedoch deren Zusammenfassung in unterschiedlichen Familien (Nationen) und die erstmalige Bewertung von Textvarianten. Abdrucken ließ B. den Textus receptus des Erasmus, klassifizierte jedoch die wichtigen Varianten als überlegen, gleichwertig oder unterlegen. Dabei folgte er seiner Grundregel: *Proclivi lectioni praestat ardua* (Die schwierigere Lesart ist der leichteren vorzuziehen). Diese Regel sowie zahlreiche von B. vorgezogene Lesarten haben sich bis heute bewährt. Erst nach seinem Tod erschien eine eigene Übersetzung des NT 1753.

Aus der unterrichtlichen Behandlung des NT entstand B.s exegetisches Hauptwerk Gnomon (Fingerzeig) Novi Testamenti. Bereits 1725 angekündigt, erschien es 1742 und seitdem in immer neuen Auflagen. Das Werk bietet eine kontinuierliche Auslegung des NT und verbindet dabei in einzigartiger Weise philologische und hist. Wissenschaft mit erbaulicher Frömmigkeit und Lebenserfahrung.

Alle Bibelaussagen waren B. gleich bedeutungsvoll, so daß er aus Einzelaussagen gewagte Spekulationen entfalten konnte. Aus Hebr 12,24 entwickelte er seine eigentümliche Lehre vom himmlischen Blut Jesu. Besonders folgenreich wurde B.s »Entdeckung«, daß die »Zahl des Tieres« 666 in Offb 13,18 im Sinne von Jahren zu deuten und auf die Papstgeschichte zu beziehen sei. B. hat dieses Verständnis als persönliche Offenbarung aufgenommen und sich berufen gewußt, die verborgene Botschaft der Johannesapokalypse zu veröffentlichen (Die Erklärte Offenbarung Johannis oder vielmehr Jesu Christi. . . durch die prophetischen Zahlen aufgeschlossen, 1741; umfangreiche Auslegung im Gnomon, 1742; Sechzig erbauliche Reden über die Offenbarung, 1747). Die Offb wurde ihm zur wichtigsten Schrift des NT, in ihr glaubte B. den Schlüssel zur Deutung und Berechnung der Heilsgeschichte gefunden zu haben. Von der Überzeugung geleitet, daß die Einzelaussagen der Schrift ein harmonisches Ganzes bilden (Richtige Harmonie der vier Evangelisten, 1736), weitete B. seine heilschronologischen Spekulationen auf das AT, die Weltgeschichte und den gesamten Kosmos aus (Ordo temporum, 1741; Cyclus, 1745; Weltalter, 1746). Die chronologische Entfaltung des Heilsplanes Gottes aus der Bibel, die zeitliche Ordnung der gesamten empirischen Welt, war B. zum Hauptthema seines wissenschaftl. Lebenswerkes geworden. Den Anbruch des tausendjährigen Reiches mit dem Kommen Christi hatte er für 1836 berechnet.

Seine barocken Spekulationen haben sich als unhaltbar erwiesen, doch seine Grundüberzeugung, daß vor allem die Bibel das Medium der Gottesbegegnung sei, hat sich dem Pietismus tief eingestiftet, ebenso das Interesse am Chiliasmus und an der prophetischen Ausdeutung der Offb. Durch seine Schüler (→ Oetinger) und seine Schriften hat er auf das schwäbische Geistesleben und den deutschen → Idealismus erheblichen Einfluß ausgeübt. B. hat dem württembergischen Pietismus ein eigenes Gepräge verliehen und durch seine Kontroverse mit → Zinzendorf verhindert, daß sich Herrnhuter Frömmigkeit in Württemberg ausbreiten konnte. Die Bengelverehrung des Pietismus fand ihren Ausdruck darin, daß B. mit dem dritten Engel der Apokalypse Offb 14,9 (nach → Arndt und → Spener) identifiziert wurde und so seine Person heilsgeschichtl. Bedeutung gewann.

Lit.: E. Beyreuther: Geschichte des Pietismus, 1978; M. Brecht: »Bengel«, TRE 5, 1980, 583-589; G. Mälzer: Johann Albrecht Bengel. Leben und Werk, 1970; Pietismus und Bibel, hg. von K. Aland, 1970 (AGP 9).

J. O. Rüttgardt

Bengel-Haus → Albrecht-Bengel-Haus

Beratung

Gewöhnlich wird der Begriff B. nur in einer Addition gebraucht: »Seelsorge und Beratung« oder als Attribut: »beratende Seelsorge«. Lange Zeit galt B. als »weltliches« Geschäft im Gegenüber zur Seelsorge, als Anwendung psychotherapeutischer/psych. Erfahrung in zeitlich begrenzten Formen helfender Begleitung von einzelnen (Paaren und Gruppen) in für sie belastenden Situationen (Krisen). Mit der Verknüpfung von Seelsorge und B. verbindet sich aber auch die weitergehende fachliche Qualifizierung und Professionalisierung der kirchl./christl. Sorge für den einzelnen (Paare und Gruppen). Auf dem Hintergrund des »Priestertums aller Gläubigen« ist dies sicherlich eine bedenkliche Entwicklung. Andererseits ist es Ausdruck eines komplexeren und differenzierteren Beratungsbedarfs, was auch durch die Tatsache unterstrichen wird, daß sich neben und außerhalb der Gemeinde spezifische Beratungsstellen entwickelt haben (Psychosoziale Beratung angesichts von Problemen in Ehe und Familie, im Umgang mit Kindern, Krankheiten und Fragen im Kontext von Sexualität und Schwangerschaft/-skonflikten), die Beratung als eigenständigen Ausdruck von Diakonie und Verkündigung erfahrbar machen.

In Abgrenzung zur klass. Seelsorge und zur Therapie ist B. zu beschreiben als »fachkundige Partnerschaft auf Zeit«. Fachkundig meint die kompetente Anwendung einer beraterischen Methode und der dazugehörigen Rahmenbedingungen. Mit dem Begriff der Partnerschaft ist der herrschaftsfreie (nicht bewertende) Raum und der offene Kommunikationsstil intendiert. Und mit dem Hinweis auf Zeit ist die Korrespondenz von Problem und Problemlösung im Spiel. Denn Ziel von B. ist nicht das Erteilen/Mitteilen eines konkreten Rates, sondern der gemeinsame Versuch, dem Ratsuchenden neue Entscheidungsmöglichkeiten zu schaffen. Und die sind nicht in jedem Fall durch Problemlösungen, sondern durch besseres Verstehen und eine veränderte Sichtweise zu finden. Letztlich geht es darum, die eigenen Fähigkeiten zur (Selbst-)Hilfe zu (re-)aktivieren, ggf. auch durch den Erwerb neuer Fähigkeiten.

B. und Seelsorge sind ebensowenig gleichzusetzen wie eindeutig abzugrenzen: Seelsorge geschieht durch B., B. hat seelsorgerl. Aspekte. Entscheidend ist das Ergebnis: die größere Mündigkeit und Liebesfähigkeit des einzelnen aufgrund der erfahrenen befreienden, liebenden Zuwendung Gottes und der Menschen. S. a. → Deutsche Gesellschaft für Biblisch-therapeutische Seelsorge

Lit.: K. Baumgartner, W. Müller (Hg.): Beraten und Begleiten, 1990; H. Harsch: Theorie und Praxis des beratenden Gesprächs, 1973; M. Koschorke: Unterschichten und Beratung, in: Wege zum Menschen, 1973, 129-163.

P. Musall

Berdiajew, Nikolai Alexandrowitsch (1874-1948)

B., prophetischer russischer Philosoph und Gründer einer »Religionsphilosophischen Akademie« in Moskau und Paris, wurde am 6. März 1874 in Kiew geboren, am 24. März 1948 starb er im Exil in Clamart bei Paris, wo er seit 1924 gelebt hatte.

Die Philosophie B.s gehört wie die seiner Meister → Dostojewski und → Solowjew zu dem johanneischen Spiritualismus, zu dem östl. Christentum eines Reichs des Geistes und der Freiheit. In dieses hinein sind eine erstarrte orth. Kirche und das säkularisierte Abendland zu erlösen. B.s existentielle Philosophie hofft auf die schöpferische Dialektik des Göttlichen und Menschlichen, das Ineinanderfallen von Mensch-Gott und Gott-Mensch. Die Geschichte der Menschheit verläuft als Offenbarung der Tragödie Gottes im Gekreuzigten, als Sehnsucht Gottes und der Menschheit nach dem Reich des Geistes, das das Reich des Caesar überschreitet. Sinn der Tragödie der Geschichte sind die Geburt Gottes im Menschen und die Menschen-Geburt in Gott, die Gottwerdung (Theosis), die der menschlichen Freiheit bedarf und sich konkretisiert in der schöpferischen Berufung des Menschen. B.s Philosophie ist zu verstehen als Antwort auf die Krise des neuzeitlichen Humanismus, die zugleich eine Krise des hist. Christentums ist. Im Unterschied zu Nietzsches ekstatischem Schrei nach dem Übermenschen, in der Ablehnung eines rationalistischen Humanismus und eines Determinismus der Geschichte, entgegen einer Philosophie der Absurdität der Welt und der Verzweiflung läßt B. die Krise der Neuzeit umbrechen in einen neuen christl. Humanismus, der die Würde des Menschen in seinem Schöpfertum wiedergebären läßt. Diese christl. Philosophie lehrt, daß der Mensch kein Produkt der naturhaften Zwänge, kein Partikel eines kosmischen Räderwerks, kein Anhängsel des geschichtl. Fortschritts ist, sondern berufen zum schöpferischen Ebenbild Gottes. Für diese Philosophie ruht die Quelle des Tragischen in der Unmöglichkeit, das Sein durch Objektivierung zu erlangen. Der Mensch ist nur dann Person, wenn er ein freier Geist ist, der in sich das höchste Sein bildet. B. spricht von dem Licht des Johanneischen Christentums (Jakob → Boehme), das die menschliche Lehre und die Bitterkeit des Todes aufhebt. Wahrheit wird hier geschaffen als Weg eines persönlichen Lebens, als Transformation je dieses Menschen selbst, in dem das göttliche Licht aufleuchtet. Das Bild der menschlichen Persönlichkeit ist nicht allein ein Menschenbild, sondern auch ein Bild Gottes. Der Mensch als Kreuzung zweier Reiche, als leidreicher Widerspruch (Blaise → Pascal) trägt in sich das Abbild der naturhaften und geschichtl. Welt einerseits, ist andererseits in seiner Tiefe das sich erhebende Ebenbild Gottes. Er transzendiert das abgründige Böse in sich und erfährt in seiner konkreten Existenz, daß das Göttliche mit dem Menschlichen im gottmenschlichen Bild geheimnisvoll verbunden ist. Daß die Kehrseite der Gottebenbildlichkeit des Menschen die Mensch-Ebenbildlichkeit Gottes ist, ermöglicht B., die Epoche des Nationalsozialismus und des Stalinismus anzuklagen als allerunmenschlichste Epoche der Weltgeschichte, in der die Christen mit anderen Menschen berufen sind, das menschliche Antlitz zu wahren: das Ebenbild Gottes. B. verbindet die Tradition der phil. Gnosis mit der der ostkirchlichen Mystik und überspannt so den Osten und den Westen des euop. Christentums.

Lit.: N. Berdiajew: Von der Bestimmung des Menschen, 1935; ders.: Existentielle Dialektik des Göttlichen und Menschlichen, 1951; ders.: Von des Menschen Knechtschaft und Freiheit, 1954; P. Murdoch, Der sakramentsphilosophische Aspekt im Denken N. A. Berdjajevs, Diss. Erlangen, 1981; A. Köpcke-Duttler: Nikolai Berdiajews Weg einer schöpferischen Bildung, 2 Bde., 1982.

A. Köpcke-Duttler

Berengar von Tours (ca. 1005-1088)

B. ist bald nach 1000 in Tours geboren, war Scholasticus (Schulleiter) an St. Martin in Tours und Archidiakon von Angers und ist, hochbetagt, am 6. Januar 1088 auf St. Cosmas bei Tours gestorben. Er hat Briefe, Gedichte und Bibelkommentare verfaßt. Bekannt und wichtig ist er jedoch durch den von ihm ausgelösten Abendmahlsstreit, der ihn sowie Kirche und Theologie von der Mitte des Jh.s an beschäftigt. Im Anschluß an Gedanken Augustins sowie des Ratramnus von Corbie (9. Jh.) vertritt er eine »symbolische« Abendmahlsauffassung. Der darüber entstehende Streit beschäftigt ein Dutzend Synoden (Konzilien) zwischen 1050 und 1079. B. wird exkommuniziert, verurteilt, zur Anerkennung »kirchlicher« Abendmahlsformulierungen genötigt, wobei Lanfrank, der spätere Erzbischof von Canterbury, sein Hauptgegner ist. Ein röm. Konzil von 1059 hat ihm den von Kardinal Humbert von Silva Candida formulierten Satz abgenötigt, »daß Brot und Wein ... nach der Konsekration nicht nur Sakrament, sondern auch wahrer Leib und Blut unseres Herrn Jesus Christus sind und sinnenfällig, nicht nur sakramentlich, sondern in Wahrheit von den Händen der Priester gehandhabt und gebrochen und von den Zähnen der Gläubigen zerrieben werden« (DS 690). Diese zuhöchst »realistische« Abendmahlsauffassung hat B. (notgedrungenermaßen) anerkannt – und dann doch, in seinem »Scriptum contra synodum«, uminterpretiert. Dies ruft Lanfrank auf den Plan und löst seine Gegenschrift »De corpore et sanguine Domini« aus. B. antwortet mit dem »Rescriptum contra Lanfrancum« (früher »De sacra coena« genannt), seinem Hauptwerk. Auf der röm. Fastensynode 1079 unter Gregor VII. muß B. bekennen, »daß Brot und Wein durch das Geheimnis der heiligen Rede und die Worte unseres Erlösers der Substanz nach verwandelt werden in das wahre und eigentümliche und lebenschaffende Fleisch und Blut Jesu Christi unseres Herrn und nach der Konsekration wahrer Leib ... und wahres Blut Christi ... sind, nicht nur durch Zeichen und Kraft des Sakraments, sondern in Eigentümlichkeit der Natur und Wahrheit der Substanz«(DS 700). Die neue Formulierung ist differenzierter, weniger »drastisch«, aber gleichwohl »realistischer« als es B. mit der augustinischen Tradition wollte; in der Sprache deutet sich die spätere Wandlungs- bzw. Transsubstantiationslehre an. B. hat, unter Verwendung der »Dialektik«, Fragen aufgeworfen, die bis heute aktuell geblieben sind und (von den Konfessionen) unterschiedlich beantwortet werden.

Lit.: Neueste Ausgabe des Hauptwerkes: Beringerius Turonensis, Rescriptum contra Lanfrancum, hg. von R.B.C. Huygens (CCCM 84), Turnhout 1988.

O. Capitani: »Berengar von Tours«, Lex MA 1, 1980, 1937-1939 (Lit. bis 1975); J. de Montclos: »Berengar von Tours«, TRE 5, 1980, 598-601 (Lit. bis 1977; Werkübersicht); ders.: Lanfranc et Béranger. La controverse eucharistique du XIe siècle, 1971.

B. Steinseifer

Berger, Fritz (1868-1950)

B., 1868 im Emmental (Schweiz) geboren, arbeitete als Wagner und Kleinbauer. 1899 erlebte er während eines gewohnheitsgemäßen Wirtshausbesuchs eine bruchhafte Umkehr und trat ins → Blaue Kreuz ein. Erst 1902 erfuhr B. die Gewißheit der Sündenvergebung. Bald drängte es ihn, seine Heilserfahrung in Versammlungen zu bezeugen. 1907 wurde er zum hauptamtlichen Mitarbeiter des Blauen Kreuzes im Kanton Bern gewählt. Aber wegen seiner evangelistischen Verkündigung wurde er zwei Jahre später von den Delegierten nicht mehr akzeptiert. B. gründete eine eigene Gemeinschaftsarbeit, ab 1914 → Evangelischer Brüderverein genannt. Unermüdlich predigte er schlicht und eindrücklich die Erlösung durch Christus. Die Arbeit breitete sich weiter in die Nordschweiz und (ab 1931) nach Deutschland aus. Bei B.s Tod (1950) wurden in fast 200 Orten Versammlungen gehalten, geleitet durch Älteste.

B.s Leben beeindruckt durch viele von ihm bezeugte göttliche Hilfserfahrungen, durch unerschrockenes mission. Wirken und seine stark prägende Persönlichkeit. Offenheit gegenüber anderen bibl. Auslegungen war nicht seine Stärke. Problematisch sind auch seine einseitige Betonung des Geschenktseins der Heiligung, seine Auslegung der Vergebungsbitte des Vaterunsers (Erinnerung an gewährte Vergebung), die dem Perfektionismus nahekommt, und gesetzliche Elemente (Haartracht und Mode der Frau, Abstand zur Welt, u.a. durch Meiden der Bild-Medien).

Lit.: F. Berger: Von der überschwenglichen Gnade Gottes in meinem Leben, [7]1988; A. Güdel: Fritz Berger und der Evangelische Brüderverein, 1980; Mein Wort behalten, 75 Jahre Evangelischer Brüderverein, 1985.

M. Liedholz

Berggrav, Eivind Josef (1884-1959)

B., geb. am 14. 10. 1884 in Stavanger als Sohn des Bischofs Otto Jensen, gest. am 14. 1. 1959 in Oslo, nahm 1917 mit seinen beiden Geschwistern den Namen der Großmutter B. an. Studium 1903-1908, 10 Jahre Lehrer, ab 1919 Pfarrer, 1929 Bischof in Halogaland, 1937 Bischof in Oslo. Vom überzeugten Glauben zu Beginn seines Lebens kam er durch jahrelange Skepsis wieder zu vertieftem Glauben und wurde Seelsorger für viele Menschen. Seit der

Besetzung Norwegens durch die dt. Wehrmacht gehörte er zum Zentrum des Widerstands. Von April 1942 bis April 1945 war er in seiner Hütte interniert, 1950 legte er aus gesundheitlichen Gründen sein Amt nieder.

B. war ein höchst vielseitiger Mann und wirkte vor allem auch als Journalist und Schriftsteller, Wissenschaftler (Religionspsychologe), Seelsorger, Kirchenführer und Ökumeniker, 1950-1954 war er einer der Präsidenten des Weltkirchenrates, Ehrendoktor von Lund, Kiel, Kopenhagen und vielen anderen Universitäten, Mitglied zahlreicher wissenschaftl. Gesellschaften, außerdem Vorsitzender der norwegischen Bibelgesellschaft und Gründer der United Bible Societies. Bischof H. → Lilje hat B. eine der »wenigen ganz großen Gestalten der jüngsten Kirchengeschichte« genannt.

Lit.: E.Berggrav: Der Durchbruch der Religion im menschlichen Seelenleben, 1929; ders.: Hirtenbriefe 1941-1945; ders.: Der Staat und der Mensch, 1946; ders.: Es sehnen sich die Völker, 1953.

A. Johnson: Eivind Berggrav. Mann der Spannung, 1955; S. Stolpe: Eivind Berggrav, 1951.

G. Ruhbach

Bergmann, Gerhard (1914-1981)

B., geb. am 25. 7. 1914 in Hagen, gest. am 20. 11. 1981 in Esslingen. B. kommt als Sechsjähriger mit seiner Familie nach Halver/Sauerland, wo er in einem Familienbetrieb aufwächst. Als 17jähriger findet er nach intensivem Fragen zum Glauben an Jesus Christus. Von 1934-38 besucht er das Prediger- und Missionsseminar St. Chrischona; nach dem Begabten-Abitur studiert er in Tübingen Theologie, Philosophie und Psychologie. Nach dem Zweiten Weltkrieg und kurzer Kriegsgefangenschaft schließt er seine Ausbildung ab, promoviert im Fachbereich Philosophie und wirkt dann als Pfarrer in Delmenhorst und Remscheid, bis er 1959 dem Ruf der → Deutschen Zeltmission als Evangelist folgt. In diesem Dienst ist er unermüdlich quer durch Deutschland unterwegs, findet mit der Christusbotschaft aber auch in Ländern Europas und Afrikas, in Südamerika, Indien und Japan Eingang. Mitten aus diesem Dienst wird B. nach einem Herzversagen abgerufen.

Die »Probleme einer fragenden Generation« hat B. sehr ernst genommen. Verschiedensten Themen hat er sich gestellt und sich leidenschaftlich bemüht, vom Wort Gottes her in Vorträgen und Schriften Antwort zu geben. Im »Tagebuch eines Evangeli-

sten« läßt er in dieses Ringen hineinschauen, in dem es ihm zugleich auch um klare theol. Positionen zu tun ist. Mit »Alarm um die Bibel« zeigt B. die Wurzeln der Bibelkritik auf und ermutigt zum Festhalten am »Tatsachen-Evangelium«. B. arbeitet in der → Bekenntnisbewegung »Kein anderes Evangelium« mit und ist mit Referaten und Vorträgen an Universitäten, Pfarrkonferenzen und Bibelschulen, aber auch bei Konferenzen von Gemeinschaftsverbänden und Werken weiträumig tätig.

Lit.: G. Bergmann: Alarm um die Bibel, 1962; Tagebuch eines Evangelisten, 1966; Kirche am Scheideweg, 1967; Fragen um Gott heute, 1968; Probleme einer fragenden Generation, 1970; Kein Tag ohne Jesus, 1972; u.a.

K. Haag

Bergpredigt

a) biblisch

1. Die von Matthäus überlieferte B. (Mt 5-7), zu der Lukas in der »Feldrede« (6,17-49) und in der Spruchsammlung 12,22-34 Parallelstücke bietet, ist als Weisung für das neue Gottesvolk gedacht (vgl. 4,25 mit Mk 3,7f) und deshalb vor allem an der Übergabe der Tora nach 2Mo 19-20 (Sinaigesetzgebung) orientiert (vgl. 5,1-17 mit 2Mo 19,1-8; 5,21-48 mit 2Mo 20,1-18). Ihr Thema ist die angesichts der nahen Gottesherrschaft erforderliche Gerechtigkeit, die über die der Schriftgelehrten und Pharisäer hinausgehen (5,20), aber sich wie diese im Tun (a) der Gebote und (b) von guten Werken erweisen muß.

Zu a.: Der in den Geboten bekundete eigentliche Wille Gottes gipfelt im radikal verstandenen Liebesgebot, was im alltäglichen Handeln Gottes anschaulich wird - auch gegenüber den Ungerechten (5,38-48).

Zu b.: Das Tun von guten Werken wie Almosengeben, Beten und Fasten wird nur dann zur Gerechtigkeit angerechnet und belohnt, wenn es ausschließlich auf Gott und nicht auch auf den Beifall der Menschen bezogen ist (6,1-18) und das weltliche Sorgen durch das Trachten nach Gottes Herrschaft und Gerechtigkeit zurückdrängt (6,19-34, vgl. zu 6,1.33 auch Jes 56,1). Das Verhalten gegenüber dem Mitmenschen soll durch die Einübung des Endgerichts und den Blick auf das eigene Ungenügen geleitet und somit »gerecht« sein (7,1-23).

2. Die wesentlichen Aussagen der B. gehen sicher auf Jesus selbst zurück, dessen radikale Auslegung von Gottes Gerechtigkeit seine Hörer erschreckte (7,28f). Die Vollmacht Jesu ist in seinem messianischen Sendungsbewußtsein begründet, das in der Aussage: »Ich aber sage euch...« deutlich zum Ausdruck kommt. Trotz des scheinbaren Gegensatzes zur Mose-Tora soll diese keinesfalls aufgehoben werden; vielmehr wird der ursprüngliche und darum auch endzeitlich geltende Gotteswille enthüllt und erfüllt (Mt 5,17-20). Jesu Tora des neuen Bundes ist für Matthäus nicht ohne ein → Evangelium (vgl. 5,3-12). Denn der Messias ist dazu gekommen, alle Gerechtigkeit zu erfüllen (3,15), d.h. durch seinen Dienst der Liebe bis hin zur Lebenshingabe das Volk Gottes von seinen Sünden zu erretten (1,21).

Lit.: O. Betz: Bergpredigt und Sinaitradition, in: ders.: Jesus der Messias Israels, WUNT 42, 1987, 333-386 (Lit.).

O. Betz

b) theologiegeschichtlich

In der Tradition der Kirche gehören die Worte Jesu von Anfang an zum Kern der christl. Botschaft, auch wenn erst → Augustin ausdrücklich von der »Bergpredigt« (sermo Domini in monte, vgl. Mt 5,1) spricht und sie als »Regel für das vollkommene christliche Leben« betrachtet. Im 2. Jh. gibt es im Zusammenhang mit der Trennung der Kirche von der Synagoge eine Tendenz, Jesus als neuen Gesetzgeber und seine Lehre als »neues Gesetz« zu verstehen, das das Gesetz des Mose ablöse (z.B. Barn. 2,6; Justin, Dial. 11,2.4).

Häufiger begegnet jedoch die Frage nach der Erfüllbarkeit der Forderungen Jesu. In ihrer Radikalität scheinen sie nur von einem besonderen Stand erfüllt werden zu können, ebenso wie die - nicht in der B. enthaltenen, im weiteren Sinne aber stets als Teil davon betrachteten - Rufe Jesu zu vollkommener Nachfolge in Armut (Mt 19,21) und Ehelosigkeit (Mt 19,12), die bei der Entstehung des Mönchtums eine wichtige Rolle spielten. Demgegenüber heißt es bereits in der ältesten erhaltenen Kirchenordnung (um 100 n.Chr.): »Wenn du das ganze Joch des Herrn tragen kannst, wirst du vollkommen sein. Kannst du das aber nicht, dann halte, was du kannst« (Didache 6,2). Im MA unterschied man dann zwischen den Geboten für alle Christen und den »evangelischen Räten«. Aber der Protest der Armutsbewegung (Waldenser, Bettelorden) gegen die Verweltlichung der Kirche stützte sich erneut auf die B. und auf die radikalen Forderungen Jesu.

Im Täufertum des 16. Jh.s wird der Verzicht auf weltliches Gericht, auf Schwert und Gewalt sowie auf das Schwören mit der B. begründet. Luther verwarf die Unterscheidung zwischen »Räten« für vollkommene und »Geboten« für alle Christen. Er lehnte aber auch die Forderungen der Täufer ab, die B. zur Grundlage des polit. Lebens zu machen (vgl. → Zwei-Reiche-Lehre).

Lit.: G. Barth: »Bergpredigt I«, TRE 5, 1980, 603-618 (Lit.); U. Berner: Die Bergpredigt. Rezeption und Auslegung im 20. Jh., [3]1985; K. Beyschlag: Die Bergpredigt und Franz von Assisi (BFChTh 57), 1955; ders.: Zur Geschichte der Bergpredigt in der Alten Kirche: ZThK 74 (1977), 291-322; A. Schmidt: Augustinus zur Bergpredigt, 1952 (Übers.).

W. A. Bienert

c) systematisch-theologisch

1. Inhaltliche Einheitlichkeit der Bergpredigt

Der ursprünglich hist.-exeget. Begriff der B. ist in die systemat. Theologie eingegangen als Inbegriff spezifisch christl. Ethik. Diese Charakterisierung trifft allerdings nicht alle Aussagen der B. gleichermaßen: insbesondere die sog. → Goldene Regel ist eine jedermann verpflichtende Aussage allg. Ethik. Andererseits finden sich in den Evv. auch außerhalb der B. für die spezifisch christl. Ethik wichtige Weisungen Jesu (die Aussendungsrede Mt 10, vgl. 28,19f; die Nachfolgesprüche Mt 8,20-22 und 16,24ff; die Gemeinderegel Mt 18; die Worte zu Ehe und Eigentum Mt 19).

2. Die Adressaten der Bergpredigt

Nach Mt 5,1b ist die B. Jüngerunterweisung. Sie setzt also schon die neue Existenz dessen voraus, der dem Umkehrruf Jesu (→ Bekehrung) gefolgt ist

(5,13ff »ihr seid ...«) und leitet zu einem Leben in der Nachfolge an. Nach Mt 5,1a allerdings ist auch »das Volk« als Mithörer gedacht: die B. richtet sich zwar als Handlungsanweisung primär an die Jünger, beschreibt aber grundsätzlich den Willen Gottes für jeden Menschen. Zwischen Hören und Befolgen des Wortes steht aber notwendig die Umkehr und Erneuerung des einzelnen.

So sind auch die Seligpreisungen Worte des hoffnungstiftenden Zuspruchs für solche, die, gegen den Widerspruch der Welt (5,10), im Sinne der B. »nach dem Reich Gottes und seiner Gerechtigkeit trachten« (6,33).

3. Die Intention der Bergpredigt

Die Weisungen der B. überfordern offensichtlich die natürliche sittliche Kraft des Menschen (vgl. Mt 19,26). Ihre Erhebung zum allgemeinverbindlichen Gesetz des Handelns wäre illusorisch und würde alle menschliche Ordnung wehrlos den Mächten des Chaos ausliefern.

Dies bedeutet aber keineswegs, daß die B. gar nicht Anweisung zum Tun sei, sondern nur Mittel der Sündenerkenntnis oder unerreichbares Ideal, auf dessen Verwirklichung es gar nicht ankomme, sondern nur auf die ihm entsprechende Gesinnung (Gesinnungsethik). Vielmehr ist vor allem nach Mt 7,15ff unmißverständlich klar, daß es Jesus um das Tun dessen geht, was er sagt (wobei natürlich der bewußt hyperbolische Charakter von Aussagen wie 5,29f zu berücksichtigen ist, vgl. 19,12). Die B. ist wirklich eine das atl. → Gesetz vollendende und überbietende Offenbarung des Willens Gottes für das konkrete Leben des Menschen. Als solche führt sie einerseits tatsächlich zunächst zur Erkenntnis der Sünde und Verlorenheit des Menschen (vgl. den Gebrauch der auf die B. zurückgehenden sog. »vier Absoluten« Ehrlichkeit, Reinheit, Selbstlosigkeit und Liebe als Beichtspiegel in der → Moralischen Aufrüstung) andererseits in der gläubigen Annahme der Vergebung zu einer inneren Erneuerung, die bereit macht, antithetisch im Widerspruch zum Leben des natürlichen Menschen stehende Zeichen der kommenden und in Christus schon gegenwärtigen Herrschaft Gottes zu setzen (vgl. → Ethik).

Lit.: H. Burkhardt: Die Bergpredigt - eine allgemeine Handlungsanweisung? ThBeitr 15/1984, 137-140; K. Heim: Die Bergpredigt für die Gegenwart ausgelegt, 1946; G. Hörster: Die eschatologische Ethik der Bergpredigt, in: H. Burkhardt (Hg.): Begründung ethischer Normen, 1988, 99-114; A. Schlatter: Die Gabe des Christus, [2]1982; A. Strobel: Die Bergpredigt als ethische Weisung heute, ThBeitr 15/1984, 3-16.

H. Burkhardt

Bergson, Henri Louis (1859-1941)

B., geb. am 18. 10. 1859 in Paris, 1900 Prof. für antike, später auch zeitgenössische Philosophie am Collège de France, emeritiert 1921; Mitglied der Académie Française (1914), 1927 Literaturnobelpreis. B., der sich zeitlebens stark polit. engagierte, starb am 4. 1. 1941 im besetzten Paris, nachdem er sich demonstrativ als Jude hatte registrieren lassen.

B. gilt als Begründer der sog. Lebensphilosophie, die im Sinne einer Gegenbewegung zum Materialismus und seinen verschiedenen Spielarten (Mechanismus, Determinismus) in allen Phänomenen den Ausdruck vitaler und schöpferischer Kraft (*élan vital*) sieht. Bereits in seinem ersten Werk »Les donnés immediates de la conscience« (1889; dt. »Zeit und Freiheit«) entwickelt B. den für ihn zentralen Kontrast zwischen gelebter Zeit (*temps vécu*), die wir subjektiv als Dauer (*durée*) erfahren, und gemessener Zeit, in der die mathematischen Naturwissenschaften Prozesse und Bewegung anhand räumlicher Modelle abbilden. In der Reduktion von Dauer auf gemessene Zeit sieht B. den Grundfehler des Mechanismus.Gegen den mechanischen Determinismus appelliert B. an die intuitive Selbsterfahrung, in der wir freies Handeln als die ganzheitliche Entfaltung einer Dauer empfinden, die sich nicht in räumlich distinkte Momente aufspalten läßt; Freiheit zu empfinden, heißt die Zeit als Dauer zu erfahren - eine Erfahrung, deren Realisierung das Gedächtnis ist (Matière et mémoire, 1896). Dabei unterscheidet B. das bloß habituelle, in der sensorischen Motorik des Leibes aufgehende Gedächtnis vom reinen Gedächtnis, das alles Vergangene im Geist unverkürzt repräsentiert und damit die Erfahrung von Dauer garantiert. Das Bewußtsein fungiert als ein »Filter« der Erinnerungen, indem es die inhomogene Mannigfaltigkeit des Erinnerten sukzessive anordnet. Unter diesem Aspekt hat B. der Verräumlichung der Dauer ein gewisses pragmatisches Recht zugebilligt: im Interesse von Konstanz und Eindeutigkeit, die für jedes Handeln unabdingbar sind, deuten wir Dauer immer schon im Medium räumlicher Zeit. B. will deshalb die Intuition, die als phil. Methode v.a. in »Introduction à la Métaphysique« (1903) etabliert wird, ausdrücklich auch als Instrumentarium verstanden wissen, die pragmatisch motivierte Einheit von Dauer und Raum aufzulösen (vgl. Deleuze 34ff).

Charakteristisch für die Entwicklung der B.schen Philosophie ist die bereits in »Matière et mémoire« vorbereitete Universalisierung der Grundbegriffe Raum und Dauer. Zunächst psych. als Formen der Auffassung gedacht, erscheinen sie in »L'évolution créatrice« (1907) kosmologisch als Formen der Darstellung der Dinge selbst. Kosmologie ist für B. »umgekehrte Psychologie«, und diese Umkehrung erlaubt ihm eine spekulative, vom Neuplatonismus (Plotin) inspirierte Interpretation der biologischen Evolution im Sinne einer produktiven Auseinandersetzung von Lebenselan und Materie. Vor diesem Hintergrund sind B.s späte religionsphil. Arbeiten zu sehen, die Gott als den letzten Ursprung aller Kreativität deuten: In der Schöpfung gibt Gott den Menschen selbst als ein »schöpferisches Geschöpf« frei, das sich in seiner Kreativität der Liebe Gottes würdig erweist (Les deux sources de la morale et de la religion, 1932). B.s Spätwerk weist nicht nur schöpfungstheol. deutliche Bezüge zum Christentum auf. In seinem Testament bekennt B.: »Meine Überlegungen haben mich mehr und mehr in die Nähe des Katholizismus gebracht, in dem ich die vollständige Erfüllung des Judentums sehe. Ich wäre konvertiert, hätte ich nicht seit einigen Jahren die ungeheuere Welle des Antisemitismus sich formieren gesehen, die sich über die Welt ergießen wird.«

Lit.: Oeuvres, Edition du Centenaire, 1959; Ecrits et paroles 1957-59; Mélanges 1972.

G. Deleuze: Le Bergsonisme, 1966 (dt. 1989); R. Ingarden: Intuition und Intellekt bei Henri Bergson, 1921; B. Russell: The Philosophy of Bergson, 1914.

D. Kaegi

Berkeley, George (1685-1753)

B., geb. am 12. 3. 1685 in der Grafschaft Kilkenny, Irland, gest. am 14. 1. 1753 in Oxford; seit 1734 anglik. Bischof von Cloyne, Irland.

B. ist vor allem aufgrund seiner früheren Werke über die Theorie menschlicher → Erkenntnis bekannt, obwohl seine späteren Schriften auch Politik,

Ökonomie und apologet. Themen behandeln. Als Kritiker der atheistischen und materialistischen Tendenzen von Lockes Empirismus und Newtons Realismus stellte B. die Gültigkeit der Unterscheidung zwischen den Ideen, und den Phänomenen in Frage. Die Eigenschaften der Gegenstände, die wir wahrnehmen, sind wirklich Ideen, und unsere Erfahrungen der Dinge sind Ideenkomplexe. Die Wirklichkeit besteht nur aus Ideen und dem Geist, der sie wahrnimmt. B. vermied jeden Subjektivismus (und Solipsismus), indem er die objektive Natur der Ideen, die ihren Ursprung in Gott haben, betonte. Oft wird übersehen, daß B.s Ablehnung von Newtons Lehre von absolutem Raum und absoluter Zeit theol. begründet war; er befürchtete, daß dadurch das Universum als gleich ewig wie Gott bezeichnet werden könnte, anstatt als Schöpfung von ihm abhängig und ihm untergeordnet zu sein.

Lit.: G. Berkeley: Versuch einer neuen Theorie der Geschichtswahrnehmung, übersetzt von R. Schmidt, 1912; ders.: Eine Abhandlung über die Prinzipien der menschlichen Erkenntnis, übersetzt von A. Klemmt, 1964; C. Delkeskamp: »Berkeley«, TRE 5, 1980, 626-631 (Lit.); W. Röd: Geschichte der Philosophie 8, 1984, 111-132.

R. Redman

Berlin-Brandenburg, Ev. Kirche

Das Bistum Brandenburg, 948 gegründet und 1138 wiederbelebt, nahm 1539 unter Joachim II. die Reformation an und wurde 1571 mit dem Kurfürstentum vereinigt. Seit ca. 1200 ist das Christentum in Berlin nachweisbar, seit 1237 der erste Pfarrer in Cölln, seit 1470 ist B. ständige Residenz der Kurfürsten. 1613 trat Johann Sigismund zum Calvinismus über. Seine Konfession wurde jedoch – trotz manchen Druckes der luth. Bevölkerung – nicht aufgenötigt. Die Einwanderung der → Hugenotten und Salzburger in das Kurfürstentum (seit 1701 Königtum) veränderte die Kirchlichkeit des Landes nur geringfügig, ebenso der Frühpietismus (Ph.J. → Spener war seit 1691 Propst in St. Nikolai).

→ Friedrich II. förderte die Aufklärung, → Friedrich Wilhelm III. die Einführung der Union in Preußen. 1810 wurde die Berliner Universität mit einer bedeutenden theol. Fakultät begründet, 1850 der Evangelische Oberkirchenrat (EOK) in Berlin als erstes Zeichen einer allmählichen Lösung der Kirche vom preußischen Staat. 1922 wurde in der Verfassung der altpreußischen Union festgelegt, daß »sich die Kirche aus der Gemeinde aufbaut« und die Behördenkirche überwunden werden solle. 1933 wurde in Berlin-Dahlem von M. → Niemöller der Pfarrernotbund gegründet und Berlin damit zu einer der Keimzellen der »Bekennenden Kirche«. 1949 wurde durch eine neue Grundordnung die »Evangelische Kirche von Berlin-Brandenburg« geschaffen, 1961 wurde sie – durch den Mauerbau – in zwei regional getrennte Gebiete (mit je eigener Kirchenleitung und -verwaltung und Synode) geteilt. Ab 1949 war Otto → Dibelius Bischof, ab 1967 Kurt Scharf und ab 1977 Martin Kruse für den Westteil, Albert Schönherr und Gottfried Forck für den Ostteil des Kirchengebietes, seit 1991 sind beide Teile wieder zu einer Kirche (unter Bischof Kruse) vereinigt.

Lit.: 150 Jahre Evangelisches Konsistorium, 1967; G. Besier: Preußische Kirchenpolitik in der Bismarckära, 1980; G. Botta (Hg.): Die Hugenotten und Berlin-Brandenburg, 1971; W. Dreß: »Berlin-Brandenburg«, TRE 5, 1980, 631-638; ders.: Die Evangelische Kirche in Berlin-Brandenburg, JEB 10 (1967), 173-192; H. Herzfeld, G. Heinrich (Hg.): Berlin und die Provinz Brandenburg im 19. und 20. Jahrhundert, 1968; L. v. Ranke: Zwölf Bücher preußischer Geschichte (Hg. von W. Andreas), 1957; J. Schultze: Die Mark Brandenburg, 5 Bde, 1961-1969.

G. Ruhbach

Berliner Erklärung

Am 15. 9. 1909 wurde von 56 Vertretern, die zur guten Hälfte zur → Gemeinschaftsbewegung, ansonsten zur Ev. → Allianz gehörten, die Trennung von der → Pfingstbewegung vollzogen, die fortan ihren eigenen Weg ging. Das zentrale Dokument dieser Trennung ist die B.E., in der der Weg der Pfingstbewegung dargestellt und am bibl. Zeugnis beurteilt wird: Der in der Pfingstbewegung wirkende Geist sei ein Geist »von unten«. Deshalb könne diese Bewegung in ihrem »Lügen-Charakter« nicht als »von Gott geschenkt« anerkannt werden. Abzulehnen sei besonders die Lehre vom »reinen Herzen« (und die damit verbundene Erwartung, daß schon auf Erden »der Zustand der Sündlosigkeit« erreicht werden könne). Mit der Bitte, die Mitglieder der Gemeinschaftsbewegung mögen sich von dieser Bewegung und ihrem Führer, Pastor Jonathan → Paul, fernhalten, schließt die B.E. so: »Wir erwarten nicht ein neues Pfingsten, wir warten auf den wiederkommenden Herrn.«

Diese Erklärung führte zunächst zum zahlenmäßigen Rückgang der Gemeinschaftsbewegung, aber auch zu ihrer inhaltlichen Konsolidierung. Immer wieder wurde von den Pfingstlern des Mülheimer Verbandes (→ Christlicher Gemeinschaftsverband Mülheim/Ruhr) versucht, sich mit der Gemeinschaftsbewegung zu verständigen und die Spaltung rückgängig zu machen, aber bis in die Gegenwart hinein vergeblich. Immer wieder wurde der Gnadauer Verband (→ Evangelischer Gnadauer Verband) auch aufgefordert, sich von der B.E. zu distanzieren, aber ebenfalls vergeblich. Denn einmal sei die B.E. keine »offizielle Gnadauer Erklärung«, schon gar nicht eine »Gnadauer Bekenntnisschrift«, andererseits sei die B.E. ein »historisches Wort«, das aufzuheben weder erforderlich noch sinnvoll sei. So bedeutet die B.E. zwar einen wichtigen Markstein in der Geschichte der Gemeinschaftsbewegung, sie gibt die Enkel jedoch frei, im Gespräch mit den Gnadauer Vätern die geltenden Positionen auch anders als im Jahr 1909 zu formulieren.

Lit.: Text: J. Ohlemacher (Hg.): Die Gemeinschaftsbewegung in Deutschland. Quellen zu ihrer Geschichte 1887-1914 (Texte zur Kirchen- und Theologiegeschichte 23), 1977, 108-111.

J. Berewinkel: Zur Theologie der Gemeinschaftsbewegung, PuN 15, 1989, 109-113; P. Fleisch: Die Pfingstbewegung in Deutschland, 1957.

G. Ruhbach

Berliner Ökumene-Erklärung → Internationale Konferenz Bekennender Gemeinschaften

Berliner Missionsgesellschaft

Von erweckten Männern, die nach den Befreiungskriegen zu einem persönlichen Christusglauben gekommen waren, wurde 1824 die »Gesellschaft zur Beförderung der ev. Missionen unter den Heiden« gegründet. Unter ihnen waren ein Pfarrer, zwei Professoren der Theologie, viele Offiziere und Adlige.

Sie hatten schon vorher bestehende Missionen (Basel, Herrnhut) privat unterstützt. Bald bildeten sich in vielen Gemeinden Hilfsvereine, manchmal zum Verdruß der Kirchenoberen. Das erste Jahresfest wurde 1831 durch ein Verbot des Konsistoriums fast vereitelt. Der König selbst mußte eingreifen. 1834 entschied man sich, in eigener Verantwortung Missionare auszusenden, zuerst nach Südafrika; später auch nach China (1882) und (von Südafrika her) Ostafrika (1891). Die als bewußt luth. gegründeten Gemeinden wurden zentral von Berlin aus geleitet und visitiert. Als Evangelisch-Lutherische Kirchen wurden sie nach 1950 selbständig und (abgesehen von China, wo die Arbeit 1949 hatte verlassen werden müssen) schließlich Teil der Ev. Lutheran. Church in Southern Africa (ELCSA) bzw. in Tanzania (ELCT). Anstelle der B. M., die nach 1961 völlig handlungsunfähig geworden war, führte die 1963 gegründete Berliner Missionsgesellschaft (Berlin-West) e.V. die Arbeit weiter. Diese gab ihre Verantwortung 1974 – wie der Jerusalemsverein, die Deutsche Ostasienmission oder die Morgenländische Frauenmission – an das Berliner Missionswerk der Ev. Kirche in Berlin-Brandenburg (Berlin-West) ab.

Die alte B. M. (Sitz in Ost-Berlin) fusionierte 1985 mit dem Ökumenisch-Missionarischen Amt zum Ökumenisch-Missionarischen Zentrum/Berliner Missionsgesellschaft, einem Werk des Bundes der Ev. Kirchen in der DDR. Nach der Wende und der Vereinigung Deutschlands wurde dieses ÖMZ/BMG am 1. Juli 1991 aufgelöst, Rechtsnachfolgerin wurde die Ev. Kirche in Berlin-Brandenburg mit ihrem Berliner Missionswerk. Letzteres dient als regionales Missionswerk auch der Pommerschen Ev. Kirche, der Ev. Kirch im Görlitzer Kirchengebiet, der Ev. Landeskirche Anhalts und der Ev. Kirche in der Kirchenprovinz Sachsen und wird von der Ev. Kirche der Union mitgetragen. Die 1824 gegründete B. M. hat als rechtliche Größe unter diesem Namen aufgehört zu existieren.

Lit.: H. Lehmann: 150 Jahre Berliner Mission, 1974; ders.: Zur Zeit und zur Unzeit, Geschichte der Berliner Mission 1918-1972, 3 Bde. 1989; J. Richter: Geschichte der Berliner Missionsgesellschaft, 1924.

H. Luther

Berliner Stadtmission (SM)

Die B.S. wurde 1877 durch den Hofprediger Adolf → Stoecker als freies Werk in der ev. Kirche gegründet. Anlaß war die geistl. und sittliche (soziale) Not in der rapide wachsenden Hauptstadt Berlin. Mission. Aktionen auf den Hinterhöfen der Mietskasernen in den Arbeitervierteln mit Posaune, Chor und Schriften gehörten ebenso zu den Arbeitsformen wie kirchl. Unterricht, Besuche und Seelsorge z.B. in den dicht bevölkerten Laubenkolonien. In der Tradition der Inneren Mission (Wichern) werden bis heute → Evangelisation (Volksmission) und soziale Hilfe (Diakonie) miteinander verbunden. Ein Traum von Pfarrer Erich Schnepel war, in jeder Mietskaserne eine Wohnung als Kirche ganz nahe bei den Menschen einzurichten.

Ergänzend zur Innenstadtmission spielten mission. Einsätze im Umland eine wichtige Rolle. Im Dritten Reich stand die B.S. unter Hans Dannenbaum, einem bedeutenden Prediger, auf der Seite der Bekennenden Kirche. In der Nachkriegszeit setzte Heinrich Giesen neue originelle mission. Impulse, z.B. Wannsee-Strandpredigten, Foyer- und Minutenandachten in der Kaiser-Wilhelm-Gedächtniskirche. Sein Nachfolger Gerhard Kiefel entwickelte die City-Station, ein christl. Restaurant mit Beratung und Seelsorge, vor allem für soziale Randgruppen (Obdachlose). 1961-1990 mußte die Arbeit, durch die Mauer getrennt, je eigenständig weitergeführt werden. Durch die »Wende« der polit. Verhältnisse steht die wiedervereinigte SM vor neuen mission. und sozialen Herausforderungen. Die Arbeit wird nicht durch Kirchensteuermittel finanziert, sondern trägt sich durch Spenden eines Freundeskreises aus ganz Deutschland.

Lit.: H.-G. Filker (Hg.): Bitte, kommen Sie zur Sache. Heinrich Giesen und die Berliner Stadtmission, 1992.

H.-G. Filker

Berner Disputation (1528)

Die B.D. fand vom 6.-26. Jan. 1528 statt als öffentliches Gespräch der Berner Geistlichen, unter Beteiligung Zwinglis und vieler Zürcher, mehrerer süddt. Reformatoren (z.B. → Bucer, → Capito) sowie luth. und »kath.« gesinnter Geistlicher u.a. Nach reform. Anfängen und Rückschlägen neigte sich Bern 1527 der Reformation zu (Mehrheit im Großen Rat); Stadtschreiber Peter Cyro trieb die Sache voran. Am 17. Nov. 1527 schrieben Schultheiß und Räte die D. aus und luden ein, bestimmten die Bibel als Maßstab und legten zehn »Schlußreden« bei (Thesen, von B. Haller und F. Kolb verfaßt). Diese wurden geordnet und kontrovers diskutiert und schließlich angenommen (235:46 Stimmen). Daraufhin wurden am 27./28. Jan. 1528 Bilder und Messe abgeschafft und am 7. Febr. das »Reformationsmandat« erlassen. Noch im gleichen Jahr findet eine zweite B.D. statt.

Die Schlußreden bezeugen Christus als »einig houpt« der Kirche, die »us dem worts gots geboren« ist, bestreiten die leibliche Gegenwart Christi in den Abendmahlselementen, lehnen die Messe als »lästerung« und »grüwel vor gott« ab, ebenso Heiligenanrufung, Fegfeuer und Seelmessen, fordern Abschaffung der Bilder, »wo si in gefar der vererung fürgestellt«, und treten für die Priesterehe ein – klassische ev. (reformat.) Anliegen. Die erste Schlußrede ist für die »Barmer Erklärung« von 1934 vorbildlich geworden. Die B.D. als Ereignis bedeutete die Etablierung der Reformation in Bern und war »die mächtigste Demonstration des Protestantismus vor dem Reichstag von Augsburg 1530« (Locher).

Lit.: Quellen: R. Steck, G. Tobler (Hg.): Aktensammlung zur Geschichte der Berner Reformation, 2 Bde., 1923; Übers.: Berner Synodus mit den Schlußreden der Berner Disputation und das Reformations-Mandat, 1978; G.W. Locher: Die Berner Disputation 1528, in: Zwingliana 14, 1978, 542-564; ders.: Die Berner Disputation 1528, in: 450 Jahre Berner Reformation, 1980, 138-155 (Lit.!).

B. Steinseifer

Berner Synodus (1532)

Der B.S. ist ein eigengeprägtes Dokument (Bekenntnisschrift) der Berner Kirche, ausgelöst durch Schwierigkeiten im Umkreis der jungen Berner Reformation, ausgearbeitet vor allem von Wolfgang → Capito (Straßburg), diskutiert und verabschiedet von einer → Berner Synode 9.-14. Jan. 1532 und offiziell bestätigt. Ziel ist die Einheit von Lehre und Leben bei Pfarrern und überhaupt (»heylsame leer / und ein besserlich / eerlich leben«). Der »Lehr-«Teil handelt im wesentlichen von Christus, wobei »der gantz louff Christi«, von der Auferstehung an, auch Himmelfahrt und Geistausgießung »samt volgendem handel im gewissen der glöubigen« (der »jnnwendige louff der gnaden« Schlüsselbegriff!) gemeint ist. Auch Sündenerkenntnis erfolgt an Christus (nicht: am Gesetz); »verstandt und erkantnuß Christi« bedeutet »ernüwerung deß herzens / und der jnnwendig geystlich / hymlisch mensch / der on sünd ist / so wyt er uß Gott geboren ist«. Der – bei diesem Verständnis – höchst wichtige »praktische« Teil handelt von Predigt und Predigt-Vorbereitung, Lebensstil und Seelsorge, wobei auch hier die Übereinstimmung von »leer und werck« vorrangig ist. Das (»vorpietistische«) Dokument ist bald in den Hintergrund getreten, jedoch im Pietismus zu neuem Ansehen gelangt (z.B. bei Zinzendorf). Vgl. → Berner Disputation

Lit.: Quelle(n): Maßgebliche Ausgabe: Der Berner Synodus von 1532. Editionen und Abhandlungen zum Jubiläumsjahr 1982, hg. von G.W. Locher, Bd. I: Edition, 1984 (Urtext, neuhochdt. Übers., lat. u. franz. Fassung; Verzeichnis der Ausgaben).

Der Berner Synodus von 1532 . . . (s.o.), Bd. II: Studien u. Abhandlungen, 1988 (Lit. bis 1984 bzw. 1987).

B. Steinseifer

Berneuchen/Berneuchener Bewegung

Die B.er Bewegung, entstanden aus dem christl. Zweig der dt. Jugendbewegung, hat ihren Namen nach den auf dem Rittergut B. der Familie von Viebahn (nordöstl. von Frankfurt/Oder) 1923-27 abgehaltenen »Berneuchener Konferenzen«, die ihren Niederschlag im »Berneuchener Buch« von 1926 fanden, dessen Untertitel lautet: »Vom Anspruch des Evangeliums auf die Kirchen der Reformation«. Zur Grundhaltung des Buches bekannten sich Männer wie W. Stählin, K.B. Ritter, L. Heitmann und P. Tillich, der die Arbeit ebenso produktiv wie kritisch begleitete. Sie gehörten auch zu den Gründern der »Evangelischen Michaelsbruderschaft«, die 1931 in Marburg gestiftet wurde. Jeder Gemeindeaufbau soll – nach einer Formulierung von P. Tillich – aus der »Symbolkraft der Verkündigung und des Gottesdienstes« heraus erwachsen. Angesichts des heraufziehenden Kirchenkampfes wählte man den streitbaren Erzengel als Leitbild. Um sie gruppiert sich der »Berneuchener Dienst«. Heute gehören zur Bruderschaft ca. 500 Männer aller Berufe im ganzen dt. Sprachraum, zur »Jungbruderschaft« und zur »Gemeinschaft St. Michael« auch junge Frauen, zum B.er Dienst ca. 800 Mitglieder, mehrheitlich Frauen. 1958 wurde im ehem. Dominikanerinnenkloster Kirchberg bei Sulz am Neckar das »Berneuchener Haus« als Zentrum der Bewegung und als Haus der Stille und Begegnung eingerichtet, das heute jährlich 3000 Gäste beherbergt. Die Bewegung wirkt bewußt in der Kirche und für diese in Verkündigung, Seelsorge, Diakonie und geistl. Übung. Am bekanntesten sind ihre ökumenische Spiritualität und ihre Gestaltung der Liturgie: Kirchenjahr (Wochensprüche), häufige Feier des Heiligen → Abendmahls (Eucharistie), Gesang der Psalmen in gregorianischer Form u.a. Wichtiger sind die Versuche der Gestaltung eines verbindlichen und gemeinschaftlichen christl. Lebens, z.T. in kleinen Kommunitäten.

Lit.: Das Berneuchener Buch, 1926, ND 1971; ZS: Quatember. Vierteljahreshefte für Erneuerung und Einheit der Kirche.

H. Mayr

Bernhard von Clairvaux (1090-1153)

B., geb. 1090, gest. am 20. 8. 1153; Heiligsprechung 1174, stammt aus burgundischem Adel und trat 1113 in das neugegründete Kloster Citeaux bei Dijon ein. Zwei Jahre später wird er Gründungsabt des Tochterklosters Clairvaux in der Diözese Langres. U.a. durch die Wirkung seiner Persönlichkeit gelangte der Zisterzienserorden im 12. Jh. zu seiner ersten Blüte.

B.s Leben ist geprägt von der Spannung zwischen der Sehnsucht nach Gott in klösterlichem Leben und dem Drang nach Aktivität. Von ersterer zeugen seine zahlreichen überlieferten Predigten und Traktate, die sich alle mit dem geistl. Leben befassen, von letzterem seine etwa 500 erhaltenen Briefe. Immer wieder tritt B. in kirchenpolit. und theol. Streitigkeiten auf den Plan (Papstschisma 1130, Auseinandersetzung mit P. → Abaelard, u.a.), weil er um Rat und Hilfe gebeten wird. Zwiespältige Berühmtheit erlangte er durch seine Werbung für den zweiten Kreuzzug (1147-1149). In allem ist der Maßstab für ihn die Ehre Gottes, die unangetastet bleiben muß, sowie die Buße und der Kampf gegen alles, was Gott feindlich gegenübersteht.

Von bleibender Bedeutung für die Nachwelt ist B. durch seine persönliche Spiritualität und seine Theologie, die in den Predigten und Traktaten zum Ausdruck kommt. Hauptwerk: 86 Predigten über das Hohelied. Hier wird die Beziehung zwischen Gott und Mensch als eine Liebesbeziehung dargestellt, die gekennzeichnet ist vom Wechsel zwischen An- und Abwesenheit Christi, von Sehnsucht und kurzen Momenten der Erfüllung. Geprägt ist seine Darstellung von einer nüchternen Emotionalität, die weder vor noch nach ihm zu finden ist.

B.s theol. Denken steht ganz in der Tradition der alten Väter. Neu ist die starke Betonung der Menschheit Jesu sowie das Hervorheben der persönlichen Gotteserfahrung. Der Glaube ist ein Weg, der sich in wachsender Liebe ausdrückt. Diese Erfahrung spielt sich speziell im meditativen Umgang mit der Hl. Schrift ab. Einfachheit und Demut ist die Haltung, in der der Mönch Gott Raum gibt. B. hat zunächst die Spiritualität der Zisterzienser geprägt (besonders die Frauenmystik): Das Kloster ist eine Schule der Liebe. Aber auch darüber hinaus ist sein Einfluß nachzuweisen (z.B. bei den Viktorinern, der »→ Devotio moderna«, später bei den Reformatoren). → Luther findet bei ihm u.a. die Vorstellung vom christl. Leben als Buße, die Betonung der Erfahrung, aber auch die rechte Einstellung zum monastischen Leben. Einflüsse auf den → Pietismus sind noch zu untersuchen (vgl. J. Arndt). Nach einer Zeit der Geringschätzung wird B. im 20. Jh. neu entdeckt.

Lit.: Textausgabe (lat.): J. Leclercq, C.H. Talbot, H.M. Rochais: Sancti Bernardi Opera, 8 Bde. 1957-1977; (dt.): A. Wolters: die Schriften des honigfließenden Lehrers Bernhard von Clairvaux, 6 Bde., 1934; Bernhard von Clairvaux: Sämtliche Werke lat./dt., hg. von G.B. Winkler, Bd. I, 1990 (wird fortges.).

Ch. Benke: Unterscheidung der Geister bei Bernhard von Clairvaux, 1991; Bernhard von Clairvaux. Entschiedenheit in Demut, vorgestellt von J. Leclercq, hg. von A. Altermatt, 1991; M. Diers: Bernhard von Clairvaux. Elitäre Frömmigkeit und begnadetes Wirken, 1991; D. Heller: Schriftauslegung und geistliche Erfahrung bei Bernhard von Clairvaux, 1990; U. Köpf: Religiöse Erfahrung in der Theologie Bernhards von Clairvaux, 1980; J. Leclercq: Bernhard von Clairvaux. Ein Mann prägt seine Zeit, 1990; E. Naszalyi: Mit Bernhard von Clairvaux ins Abenteuer der Liebe, 1989; B. Schellenberger: Bernhard von Clairvaux, in: G. Ruhbach, J. Sudbrack (Hg.): Große Mystiker, 1984, 107-121; P. Sinz: Das Leben des heiligen Bernhard von Clairvaux, 1962.

D. Heller

Bernstorff, Andreas Graf von (1844-1907)

B., geb. am 20. 5. 1844 in Berlin, gest. am 21. 7. 1907 ebenda. Als Sohn des preußischen Diplomaten Albrecht Graf v. B. wuchs er in verschiedenen europ.

Hauptstädten auf. In die Londoner Zeit fiel (1858) eine Begegnung mit dem Begründer der englischen Allianz, Sir Culling Eardley, dem er entscheidende Anstöße für ein bewußtes Leben als Christ verdankte. Nach dem Jurastudium in Berlin und Heidelberg versah er im Staatsdienst von 1864-1903 verschiedene Ämter (Legationssekretär in London, Wien, Washington, Landrat in Ratzeburg und Lauenburg, zuletzt als hoher Beamter im preußischen Kultusministerium).

Der unverheiratete B. gehört zusammen mit Eduard Graf von → Pückler und Jasper von → Oertzen zu den norddeutschen Initiatoren der ersten Gnadauer Konferenz (→ Ev. Gnadauer Verband) und ist damit einer der Väter der deutschen → Gemeinschaftsbewegung. Als Mitbegründer des ersten deutschen (→ Christlichen Vereins junger Menschen) CVJM unterstützte er tatkräftig die evangelistische Arbeit der Ev. → Allianz (z.B. mit J.H. → Wichern), redigierte 18 Jahre lang das Erbauungsblatt »Die Friedenshalle«, begründete 1864 die erste → Sonntagsschularbeit in Deutschland nach amerikanischem Vorbild und trat als theol. Laienschriftsteller hervor. »Mit Hand anzulegen am Aufbau des Reiches Gottes« war sein Lebensmotto.

Lit.: A. Graf von Bernstorff: Pastoralbriefe, o.J.; ders.: Er hat alles herrlich gemacht. Eine autobiographische Skizze, o.J. (1906); H. von Redern: Albrecht Graf v. Bernstorff, 1909.

J. Ohlemacher

Berthold von Regensburg (1210-1272)

B. gilt als der bedeutendste franziskanische Prediger deutscher Sprache. Um 1226 trat er in den seit 1221 in Regensburg ansässigen Franziskanerkonvent ein. Seine Studien absolvierte er wahrscheinlich am 1228 gegründeten ersten deutschen Studienzentrum der Franziskaner in Magdeburg. Zwischen 1235 und 1240 war B. als lector der Franziskaner tätig.

Sichere Zeugnisse seines Wirkens setzen mit dem Jahre 1246 ein; d.h. mit einer Visitation des Regensburger Frauenstifts Niedermünster, die er mit seinem Ordensbruder David von Augsburg durchführte.

B. war ein Mann des Wortes. Seine besondere Stärke war die Unmittelbarkeit zu seinen Zuhörern. Bis zu 200.000 Menschen sollen bisweilen bei seinen Predigten anwesend gewesen sein. Vor allem die Mittel- und Unterschichten in den Städten, aber auch die Landbevölkerung gehörten zu seinen Zuhörern.

1263 wurde B. von Papst Urban IV. als Prediger gegen die Häretiker in Deutschland, Frankreich und der Schweiz bestimmt.

Es wird berichtet, daß »die Wirkung seines Wortes auf die Hörer erschütternd war: ein Ritter gibt sein geraubtes Kirchengut dem Kloster zurück, Buhlerinnen entsagen ihrem sündigen Leben, Wundergeschichten knüpfen sich an sein Auftreten« (Gustav Ehrismann).

B. predigte vor allem über Tugenden und Laster, Himmel und Hölle, Gott und Teufel. Seine Predigt ›Von dem fride‹ hatte großen Einfluß »auf das Rechtsdenken des ›Schwabenspiegels‹« (Georg Steer).

B. hat seine Predigten nicht selbst herausgegeben, dies besorgten Personen, die ihn als Prediger erlebt haben. »Es ist gut denkbar, daß der Initiator und spiritus rector des literarischen Zentrums David von Augsburg war« (Georg Steer).

Lit.: F. Pfeiffer, J. Strobl, (Hg.): Berthold von Regensburg. Vollständige Ausgabe seiner deutschen (II) Predigten. 2 Bde., 1862-1880 (Neudruck 1965, mit einem Vorwort, einer Bibliographie und einem Überlieferungsgeschichtlichen Beitrag von Kurt Ruh); Berthold von Regensburg: Vier Predigten. Mittelhochdeutsch/Neuhochdeutsch. Übers. und hg. von W. Röcke, 1983; D. Richter (Hg.): Berthold von Regensburg. Deutsche Predigten (Überlieferungsgruppe) (Kleine deutsche Prosadenkmäler des Mittelalters), [5]1968; D. Richter: Die deutsche Überlieferung der Predigten Bertholds von Regensburg. Untersuchungen zur geistlichen Literatur des Spätmittelalters (MTU 21), 1969; K. Ruh: Deutsche Predigtbücher des Mittelalters, in: Beiträge zur Geschichte der Predigt. Vorträge und Abhandlungen, hg. von H. Reinitzer (Vestigia Bibliae 3), 1981, 11-30; G. Steer: Rechtstheologische Implikationen der Helmbrecht-Dichtung Wernhers des Gartenaere, in: Poesie und Gebrauchsliteratur im deutschen Mittelalter. Würzburger Colloquium 1978, hg. von V. Honemann, K. Ruh, B. Schnell und W. Wegstein, 1979, 239-250.

K. Wittstadt

Beruf → Berufung

Berufsmission/-en

Unter B., in der Fachsprache »Standesmission« genannt, wird die Mission und → Seelsorge an Menschen, die durch ihren Beruf am regelmäßigen Besuch der → Gottesdienste und am Leben in und mit der Gemeinde verhindert werden, verstanden. Zum einen erfordert die spezielle Arbeitszeit in vielen Berufen eine gesonderte mission. und diakon. Zuwendung zu den Berufstätigen, zum anderen bringen die extremen psychischen Belastungen in einzelnen Berufsgruppen Probleme mit sich, die fachmännisches und kollegiales Verständnis notwendig machen.

So sind zumeist aus der → Erweckungsbewegung um die Jahrhundertwende in England, Holland, Deutschland und der Schweiz B.en entstanden. Von Christus ergriffene und von mission. Verantwortung erfüllte Christen wollten ihre Berufskameraden zu Jesus führen, indem sie ihnen aus der Erfahrung eigenen → Glaubens bezeugten, mit ihnen die Bibel lasen und beteten. So kam es nicht nur zu Einzelbekehrungen, sondern zur Erweckung vieler Angehöriger eines Berufszweiges, so daß es nötig wurde, aus privaten Wohnungen überzusiedeln in kirchl. Gemeinde- und Gemeinschaftshäuser oder in Vereinsräume des CVJM. Manche B.en haben auch eigene Klub- und Vereinshäuser für ihre Veranstaltungen.

Auch wenn nicht alle Zweige der B.en ausdrücklich die Bezeichnung: »Mission« tragen, so sind sie doch alle geprägt von einem mission. Anliegen und leisten echten Missionsdienst. Träger der B.en sind nur selten die Landes- und → Freikirchen. Zumeist werden Leitung der Zusammenkünfte, Verkündigung des Evangeliums und Seelsorge von Berufskollegen an Berufskollegen ausgeübt, allermeist in einem freundlichen Verhältnis zu den Kirchen am Ort.

1. Bäckermission. Schon 1888 entstand in Berlin die »Christl. Bäcker- und Konditorenvereinigung«, als Forstmeister Eberhard v. → Rothkirch erkannte, daß bei der normalen Nachtarbeit der Bäcker die Lehrlinge und Gehilfen von der Teilnahme an den abendlichen → Bibelstunden im CVJM ausgeschlossen seien. Weil damals am Sonntag die Lebensmittelgeschäfte offen waren, konnten Bäcker auch kaum den Gottesdienst besuchen. So wurde im CVJM eine besondere Bäckerbibelstunde gehalten. Diesem Beispiel folgten andere CVJM, mit denen die Bäckervereinigung stets eng verbunden blieb. Sechsmal jährlich erscheinen: »Lebensbrot« und »Der Jungbäcker«.

2. Binnenschiffermission gehörte zu den ersten Aufgaben, die A. → Stoecker bereits 1877 mit seinen Stadtmissionaren in Berlin in Angriff nahm (→ Berliner Stadtmission). 1904 wurde die erste »schwimmende Kirche« eingeweiht. Da die Schiffer nirgends ortsansässig sind und meist mit der ganzen Familie ihren Beruf ausüben, sorgen Schifferkinderheime für Erziehung und Schule. Schiffsjungen erfahren in den Entwicklungsjahren verständnisvolle Betreuung und erhalten Konfirmandenunterricht. Binnenschiffermissionare machen Besuche an Bord, halten Gottesdienste und helfen in Notfällen wie Krankheit, Geburt, Todesfällen etc. Es bestehen elf Missionsstationen.

3. Handwerkervereine. Schon im alten → Pietismus hören wir von Zusammenschlüssen »gläubiger Handwerksburschen«. Durch die geistl. Erweckungen um 1900 kam es zu christl. Handwerker- und Arbeitervereinen, die sich um das Wort Gottes sammelten und gegen Materialismus im Bürgertum und Liberalismus in den Kirchen auftraten. Durch die Schrumpfung vieler handwerklicher Berufe infolge der Industrialisierung haben sie keinen Sonderauftrag mehr. Sie sind zumeist in den örtlichen CVJM, Gemeinschaften oder im Männerwerk der Ev. Kirche aufgegangen.

4. Die Vereinigung »Christen in der Wirtschaft« – »Verband Christlicher Kaufleute« (VCK) besteht seit 1902, damals als »Verband gläubiger Kaufleute und Fabrikanten« gegründet. An seinen Richtlinien hat sich nichts geändert: »1. Brüderliche Stärkung untereinander angesichts vieler gemeinsamer Berufsfragen und -gefahren. 2. Einwirkung auf die Mitglieder zur Verwendung ihrer kaufmännischen Gaben und Fähigkeiten im Dienste des Reiches Gottes. 3. Missionsaufgabe an den noch fernstehenden Berufskollegen.« – Neben Wochenendtagungen, → Freizeiten und »Treffen junger Kaufleute« ist das viermal jährlich erscheinende Blatt »Kontakt« für die mission. Arbeit wichtig.

5. Die »Internationale Vereinigung Christlicher Geschäftsleute« (IVCG), in der sich Unternehmer, Gewerbetreibende, selbständige Kaufleute, Ärzte, Juristen, Ingenieure, Angestellte und Beamte in leitender Stellung seit 1952 in loser Form zusammenfinden, ist überkonfessionell. Es handelt sich um den seit 1965 verselbständigten europäischen Zweig der »Full Gospel Business Men's Fellowship«. Frühstückstreffen und Bankette »in angesehenen Lokalen« werden alle 1-2 Monate in größeren Städten veranstaltet, bei denen kurz persönliche Glaubenserfahrungen mitgeteilt werden. Es folgt ein Vortrag »durch einen profilierten Gastredner« über ein allg. interessierendes Problem oder ein Thema aus dem technischen oder wissenschaftl. Bereich. - Illustriertes Monatsblatt: »Geschäftsmann und Christ«.

6. Kellnermission, später in »Christl. Gasthausmission« umbenannt, seit 1970 »Missionarischer Dienst im Hotel- und Gaststättengewerbe«, entstand 1872 in Cannes (Südfrankreich), wo der Pfarrer der deutschen ev. Gemeinde das erste Kellnerheim für die sittlich und seelisch (Heimweh!) gefährdeten Hotelangestellten eröffnete. 1893 begann ein Kellner in Frankfurt (Main) unter seinen Kollegen mission. zu wirken. Aus diesen Anfängen erwuchs 1906 der »Internationale christl. Kellnerbund« und begann mit der Arbeit in England, Deutschland und der Schweiz. Das Monatsblatt: »Der Bote« (Zeitungsformat, 22.000 Expl. Auflage mit bibl. Artikeln auch in franz., span., ital. und serbo-kroatischer Sprache) wird zum größten Teil durch freiwillige »Botenverteiler« in die Gaststätten gebracht. Seit 1976 arbeitet die röm.-kath. Gastronomieseelsorge am »Boten« verantwortlich mit.

7. Die Ev. Lehrergemeinschaft in Württemberg besteht seit 1946. Sie geht auf ältere Zusammenschlüsse zurück, so auf den 1865 gegründeten »Verein christlicher Lehrgehilfen«, aus dem 1870 unter Rektor → Dietrich in Stuttgart der »Verein ev. Lehrer in Württemberg« wird. Wegen der Weigerung, sich gleichschalten zu lassen, erfolgt die Auflösung des Vereins durch den Nationalsozialismus. Lehrer, Erzieher sowie an ev. Erziehung Interessierte, die in der Ev. Kirche und christl. Gemeinschaften geistl. Heimat haben, sammeln sich monatlich in regionalen Zusammenkünften und auf drei überregionalen Tagungen mit Bibelarbeit und Fachreferaten zu gegenseitiger Stärkung im Glauben und zur Auseinandersetzung mit den geistigen Strömungen der Gegenwart, speziell im Blick auf Erziehung und Bildung in Schule und Haus. Das Organ, »Der Lehrerbote« erscheint monatlich.

8. Die »Christl. Vereinigung Deutscher Eisenbahner«, entstanden 1900, und die ihr wesensmäßig verwandte »Christl. Postvereinigung«, gegründet 1901, sehen ihren Auftrag im Ansprechen ihrer Berufsgenossen, in deren Sammlung zu Bibel- und Gebetskreisen nach Dienstschluß und in gelegentlichen → Evangelisationen. Der oft unruhige und unregelmäßige Dienst der Briefträger und die lange, nicht selten Tag und Nacht umfassende Abwesenheit des Zugpersonals erschweren das Beheimatetsein in einer geistl. Gemeinschaft. Sechsmal jährlich erscheint die »Christus-Post« (Postvereinigung), monatlich »Weg und Ziel« (Eisenbahnervereinigung).

9. Der 1904 gegründete »Deutsche Christliche Techniker-Bund«, der in enger Verbindung mit dem CVJM steht, arbeitet mission. unter Studierenden an Fachhochschulen des Ingenieurbereiches. Vorträge an Technischen Hochschulen und anderen Ausbildungsinstituten wollen als Zeugnis von Christus verstanden werden. Ein intensiver Reisedienst, Tagungen, Freizeiten und Hausbibelkreise sollen zur Glaubensstärkung von Christen beitragen, die verantwortlich in technischen Berufen stehen. Mitteilungsblatt: »Das Fundament«.

10. Seemannsmission. Bereits 1854 gründete J.H. → Wichern in Bremen das erste Seemannsheim. 40 hauptamtliche Seemannspastoren und -missionare in 28 deutschen und 49 ausländischen Häfen bemühen sich, die Seeleute in ihre Heime aufzunehmen, ihnen in Schwierigkeiten mit Rat und Tat zu helfen und sie vor den vielen Gefährdungen an Land zu bewahren. Der mission. Auftrag wird durch ein reiches Angebot persönlicher Seelsorge, durch regelmäßige Gottesdienste in den Heimen und durch → Bibelstunden sowie Bibelverbreitung und Schriftenmission erfüllt.

11. Die Zirkus- und Schaustellermission kümmert sich um den Stand der heimatlosen Artisten, Zirkusleute und Kabarettisten. Ihr Leben ist unruhig, weil ihr Engagement nur für eine Saison, oft nur für einen Monat läuft. An einem Ort und in einer Gemeinde heimisch sein, ist unmöglich. Ständiger Schulwechsel erschwert eine geordnete Ausbildung der Kinder.

Überraschend ist das Hervortreten rel. Empfindens bei Artisten, die um die Gefährlichkeit ihres Lebens wissen (Seiltänzer, Dompteure etc.). Mission. Dienst geschieht durch Besuche in den Wagen, Leihbüchereien während des Gastierens am Ort, Gottesdienste in der Manege.

Lit.: Jahresberichte und Verbandsblätter.

P. G. Möller/Red.

Berufung

a) biblisch

B. bedeutet in der Hl. Schrift die konkrete Anrede Gottes an den Menschen, die diesen unmittelbar und völlig in Anspruch nimmt. Aus seiner alltäglichen Existenz wird der Betreffende in ein besonderes Verhältnis zu Gott gerufen, auf einen neuen Weg gestellt, mit einem speziellen Dienst beauftragt. Dabei ist die göttliche freie Initiative (→ Erwählung) entscheidend. Die B. knüpft nicht an bei besonderen menschlichen Qualitäten, sondern ist Ausdruck der Souveränität und Herrschaft Gottes. Die Beanspruchung des Menschen für bestimmte Wege und Aufträge ist zugleich Hinweis darauf, daß der Mensch am Werk Gottes beteiligt wird. Gott will durch den Berufenen, den er sendet, an einem größeren Adressatenkreis handeln: zum Segen, zur Rettung, gelegentlich auch zum Gericht.

Im AT sind es einzelne Personen - z.B. Abraham (1Mo 12,1-4), Mose (2Mo 3,9f), Samuel (1Sam 3,10ff), die Propheten (Jes 6; Jer 1) - sowie das Volk Gottes (2Mo 19,4ff), denen solche B. zuteil wird. Durch das Ereignis der B. werden sie aus den ihnen geläufigen Zusammenhängen ausgesondert und einem neuartigen Sein und Tun gewidmet. Reinigung und Heiligung begleiten den Vorgang der B. (Jes 6) ebenso wie die Ausrüstung und Ermächtigung für den Dienst (Jer 1,9). Zudem verbindet sich die B. und Sendung mit der Zusage der besonderen Gegenwart Gottes, seines Schutzes, seiner aktuellen Führung und seiner Hilfe bei der Ausführung des Auftrags (Jos 1,5.9; Jes 43,1ff). Weil im Akt der B. der lebendige Gott sich dem Menschen offenbart, kann die angemessene Antwort des so Angeredeten nur ein waches Hören (»Rede, Herr, dein Knecht hört!«, 1Sam 3,10), gehorsames Ausführen (1Mo 12,4) und Bezeugen sein (Am 3,8).

Im NT werden Menschen in die Lebensgemeinschaft mit Jesus berufen (Mk 1,19; 2,17; 1Kor 1,9). Der Ruf in die Nachfolge Jesu bedeutet das verpflichtende Eingeführtwerden in Weg und Werk des Gottessohnes. Gottes B. ist Ausdruck seiner rettenden Gnade und Grundlage des Christseins (Gal 1,6). Dabei erfährt der Begriff der B. eine deutliche Entschränkung: Nicht nur Propheten und Apostel, sondern »die vielen« sind zur Gemeinschaft mit dem König berufen (Mt 22,14), wenngleich nur wenige dem Ruf Folge leisten. B. wird ntl. immer auf dem Hintergrund der Rettung (2Tim 1,9) gesehen, als ein Herausgerufenwerden aus der Finsternis ins Licht (1Petr 2,9). Weil Christus in heilsamer Initiative Menschen zu sich ruft, werden die Gläubigen als »Berufene Jesu Christi« (Röm 1,6) und »berufene Heilige« (Röm 1,7; 1Kor 1,2) angeredet. Die B. zur Gemeinschaft mit Christus verpflichtet die Christen zu einer entsprechenden Lebensführung (1Kor 7,17-24; 1Thess 4,7). Es gilt, der empfangenen B. würdig zu leben (Eph 4,1). Da mit der B. nicht nur die persönliche Wertschätzung und Errettung des einzelnen ins Auge gefaßt wird, vielmehr die Vollendung des Reiches Gottes und das Offenbarwerden seiner Herrlichkeit in der Welt (1Thess 2,12; 1Petr 5,10), wird der Gläubige unmittelbar in den Dienst der Herrschaft Gottes genommen und zu treuer, zeugnishafter Lebensführung (1Thess 2,12; 1Petr 1,15) und mission. Verkündigung (Mt 28,18-20; 1Petr 2,9) beauftragt. Die mit dieser Beauftragung und Sendung in die Welt notwendig gesetzte Unterscheidung und Fremdheit mit Blick auf die Wertmaßstäbe und Handlungsvorgaben der Welt wird getragen von der Verheißung der speziellen Macht-Gegenwart Christi (Mt 28,20) und seiner Hilfe (1Petr 5,10). Der Berufende ist dem Berufenen treu (1Thess 5,24; 1Kor 1,8f).

Lit.: K.L. Schmidt: ThWNT III, 1938, 488-502.

R. Frische

b) theologiegeschichtlich

1. Berufung und Beruf

Die Weite des bibl. B.sbegriffes, der nach dem NT sowohl das individuelle, persönliche Heilsangebot Gottes als auch die Heilszuwendung und die gesamte christl. Existenz beschreibt (Rö 1,1 u.ö.; 8,30; Eph 4,1; 2Petr 1,10 u.v.a.), konnte in der Theologiegeschichte nur selten durchgehalten werden. Der Begriff erfuhr bereits in der → Alten Kirche im Zuge der Konstantinischen Wende und den damit einhergehenden volkskirchl. Strukturen eine Verengung. In dem Maße, wie mit der allg. Kindertaufe die individuelle B. zum Heil an Bedeutung verlor, wurde unter B. mehr und mehr die besondere B. (*vocatio*) in den geistl. Stand des Mönchtums verstanden. Inhaltlich bestand diese B. in der Beachtung der evangelischen Räte (Gehorsam, Armut, Keuschheit), während das allgemeine, »unberufene« Laienvolk lediglich die Gebote zu halten hatte. Hintergrund dieser Entwicklung ist der Versuch, die verlorengegangene Individualität der B. durch eine Einschränkung von Begriff und B.sempfänger zu sichern.

Gegenüber dieser Unterscheidung eines Zwei-Klassen-Christentums erhob sich der Protest der luth. → Reformation. Nach Luther gibt es keine B. in einen höheren »geistlichen« im Gegensatz zu einem allgemeinen »weltlichen« Stand, sondern jeder Christ erfährt von Gott eine doppelte B. zum Heil und zum Welthandeln in seinem irdischen Beruf: »Wir üben einen zweifachen Beruf aus, einen geistlichen [vocatio interna] und einen äußerlichen [vocatio externa]. Der geistliche Beruf besteht darin, daß wir alle durch das Evangelium zur Taufe und zum christlichen Glauben berufen worden sind ... Dabei handelt es sich um eine allgemeine und gleiche Berufung. ... Die andere Berufung, nämlich die äußerliche, enthält eine Unterscheidung; sie ist irdisch, wenngleich auch göttlich« (WA 34/2,300.306). Die Aufwertung des werktäglichen »Berufs« des Christen im Rahmen der göttlichen Schöpfungs- und Erhaltungsordnung, den Luther ebenso als Gottesdienst bezeichnet wie den sonntäglichen Kirchgang, kann kaum überschätzt werden. Für Luther findet die B. zum Glauben an Christus ihr Wirkungsfeld im Rahmen des christl. Weltauftrags in den Schöpfungs- und Erhaltungsordnungen von Ehe, Familie, Arbeit, Obrigkeit etc. Damit werden B. und Beruf eng verklammert und die erstere für den letzteren ethisch fruchtbar gemacht.

Luthers enge Verbindung von innerer und äußerer B. ging allerdings in dem Maße wieder verloren, wie in Folge der Industrialisierung und des neuzeitlich-modernen Berufsbildes der Beruf nicht mehr als gottgegebener, über Generationen hinweg festgelegter Stand verstanden wurde.

2. Berufung und Erwählung

Eine zweite Entwicklungslinie hinsichtlich des B.sbegriffs ist in dessen Verhältnisbestimmung zur → Erwählung zu beobachten.

Während im NT die ewige Erwählung ihren erfahrbaren Ausdruck in der geschichtl. B. des einzelnen findet (Röm 8,30; 2Petr 1,10 u.ö.), trat bereits in der → Erwählungslehre Augustins eine Verkürzung des B.sbegriffs ein, indem er ihn zur Erwählung im prädestinatianischen Sinne in einen Gegensatz setzte. Die B. ist demnach nur wirksam, wenn sie einem Erwählten widerfährt. Für alle anderen Menschen, die auch den Ruf Gottes hören, vielleicht sogar darauf eingehen, ist diese B. aber aufgrund ihrer Nichterwählung zum Heil nutzlos und somit nur ein Schein.

Diese Unterscheidung von B. und Erwählung setzt sich bei Calvin und in der altprot.-ref. Theologie fort. Zwar ist für Calvin die B. ein Zeugnis für die Erwählung, aber deren Gültigkeit entscheidet sich letztlich daran, ob ein Mensch in der Treue zum Glauben und d.h. in der Heiligung beharrt (*perseverantia sanctorum*), was Gott allein seinen Erwählten ermöglicht. Das Fortschreiten in der individuellen Heiligung dient somit der Vergewisserung der eigenen B. Calvin unterscheidet damit zwischen einer allgemeinen, äußeren und letztlich uneigentlichen B. (*vocatio universalis*) durch das gepredigte Wort und der besonderen, inneren und eigentlichen B. (*vocatio specialis*), die sich in der Erleuchtung durch den Heiligen Geist vollzieht (Inst. III,24,8).

Mit dieser Theoretisierung der B. tragen Augustin und Calvin der Erfahrung Rechnung, daß nur ein geringer Teil der Menschen, denen das Evangelium verkündigt wird, es auch annehmen bzw. beständig daran glauben und danach leben. Es wird an diesem Schema aber auch deutlich, wie das übergeordnete Prinzip der doppelten Erwählung die B.sgewißheit des einzelnen und damit auch die geschichtl. und erfahrbare B. selbst in Frage stellt und ihres Sinnes entleert.

Der Widerspruch von seiten der luth. Orthodoxie ließ daher auch nicht lange auf sich warten. So werden im Interesse sowohl der Einheit des Gottesbegriffs als auch der → Heilsgewißheit in der Konkordienformel (1577) gerade der Ernst und die Echtheit der B. Gottes betont (SD XI), der will, daß alle Menschen gerettet werden und zur Erkenntnis der Wahrheit kommen (1Tim 2,4). Die altluth. Dogmatiker betonten damit sowohl gegenüber der kath.-monastischen Tradition und ihrer Beschränkung der B. auf den Mönchsstand, als auch gegenüber der ref. Theologie und ihrer Begrenzung der eigentlichen B. auf die Erwählten gerade die Allgemeinheit der besonderen B.

Freilich konnten sie dies nur um den Preis einer anderen Verkürzung des bibl. B.sbegriffs erreichen. Denn während im NT auch die Heilszueignung und -aneignung zur B. zählen, können die orth. Lutheraner lediglich das am Anfang stehende göttliche Heilsangebot als B. auffassen, der dann Erleuchtung, Glaube, Bekehrung und Wiedergeburt folgen.

In der Neuzeit ist das reformat. Ringen um den bibl. B.sbegriff aufgrund der ganz anderen Voraussetzungen der → Aufklärung in Vergessenheit geraten. Sowohl für die Aufklärung wie für den Neuprotestantismus des 19. Jh.s bildet die freie, sittlich-moralische Selbsttätigkeit des Menschen die Grundlage theol. Denkens. Von einer B. Gottes kann daher nur noch im Sinne einer Kooperation des Menschen gesprochen werden, dessen Bereitschaft, sich berufen zu lassen, die Grundlage für die Einheit des göttlichen und menschlichen Geistes und damit auch für vernunftgemäßes, sittlich-moralisches Handeln bildet (Ph.K. Marheineke 1780-1846).

Lit.: K. Bockmühl: Gesetz und Geist. Eine kritische Würdigung des Erbes protestantischer Ethik, Bd. I, 1987; K. Holl: Die Geschichte des Worts Beruf, in: ders.: Gesammelte Aufsätze zur Kirchengeschichte, Bd. III. Der Westen, 1928, 189-219; F. Wagner: »Berufung III.«, TRE 5, 1980, 688-713; M. Weber: Die protestantische Ethik und der Geist des Kapitalismus, in: ders.: Gesammelte Aufsätze zur Religionssoziologie, Bd. I, [6]1972, 17-206.

V. Gäckle

c) systematisch-theologisch

Durch Einberufung in die Gemeinschaft mit Christus wird der Mensch zu einer »neuen Schöpfung« und dann als Repräsentant und Botschafter Christi ausgesandt. Urheber, Subjekt, Autor und Autorität der B. ist Gott. Daher setzt B. einen lebendigen, redenden Gott voraus. »Rede, Herr, dein Knecht hört!«: Das ist die erste Reaktion des Berufenen in bezug auf Gott. Gottes Berufen ist ein Herausrufen aus den alten Verhältnissen (1Mo 12,1). Abraham wird durch seinen Gehorsam zum »Vater des Glaubens«. Die Gläubigen sind ebenfalls aus der Welt berufen, nicht im Sinne einer geographischen Distanz von der Welt, vielmehr als geistl.-sittliche Scheidung vom »Zeitgeist«, vom Geist der Gesellschaft (1Kor 5,10).

Gott beauftragt, wen er beruft. Leben für Gottes Aufträge: Das ist die konkrete Konsequenz der B. Dabei bedeutet B. zum Sendungsauftrag die Preisgabe der Selbständigkeit. B. zielt auf → Gehorsam und Gefolgschaft.

Gott beruft Mitarbeiter unter den Menschen. Er will sein Werk auf Erden, sowohl das der Erhaltung wie dasjenige der Erneuerung seiner Schöpfung nicht ohne die Mithilfe von Menschen ausrichten. Dem Reich Gottes dienen in Wort und Tat: Dies ist Sinn und Absicht der B.

In Reaktion auf das mittelalterl. Mönchsethos wertete M. Luther den bürgerlichen Beruf als den eigentlichen Gottesdienst des Christen. Der Dienst der Magd, welche die Stube fegt, sei höher zu achten als das Leben der Mönche. Gute Werke finden, so Luther, ausschließlich im Pflichtenbereich des einzelnen statt, wie er durch seinen Beruf und Stand definiert ist. Gott berufe die Menschen mit ihren Gaben, Anlagen und Neigungen zu den verschiedenen Ständen und Ämtern der Erde.

Der schöpfungsmäßige Beruf gibt nach Meinung der Reformatoren Ort und Maßstab ab nicht nur für die bürgerliche Rechtschaffenheit und das Leben in den Erhaltungsordnungen Gottes, die man von allen Menschen erwartet, sondern auch im besonderen für die Heiligung, ja sogar für die Vollkommenheit, das Ideal des christl. Lebens. Die → Reformation sieht also das Leben im schöpfungsmäßigen, bürgerlichen Beruf nicht als die notwendige Basis, als den Ausgangspunkt für weitergreifende Ziele und Aufgaben an – etwa nach dem Vorbild der auf die Mission ausgerichteten Zeltmacherarbeit des Paulus, die nichts anderes darstellt als die materielle Ermöglichung einer Menschen gewinnenden und gemeindebauenden Tätigkeit.

Allerdings traf Luther mit seiner Reduktion des bibl. Begriffs der B. auf die Bedeutung des Zivilberufs auch die Mission, denn das Mönchtum hatte über weite Strecken den mission. Arm der Kirche dargestellt. Der reformat. Begriff des Berufs will nichts wissen von einem Herausgerufenwerden aus vorhandenen Verhältnissen um eines göttlichen Auftrags willen. Die Confessio Augustana stellte dem wandernden Mönch das Ideal der geordneten Existenz am Ort gegenüber. »Für uns heißt Vollkommenheit, daß jeder einzelne mit wahrem Glauben seiner Berufung gehorcht« (Art. 27 Apologie). Jesu Wort vom Verlassen der Familie um der Sendung willen soll ausschließlich für die Situation der Verfolgung um des Glaubens willen gelten. E. Neumeister dichtet noch zu Beginn des 18. Jh.s »Vor Zeiten hieß es wohl: Geht hin in alle Welt. Jetzt aber: Bleib allda, wohin dich Gott bestellt!«

Dieses Einschrumpfen der christl. B. auf bürgerliche Berufspflicht und die dadurch bewirkte Verschlossenheit gegenüber dem Gedanken an Berufswechsel und vollzeitlichen Dienst in Gemeinde und äußerer Mission wurden in der Neuzeit noch einmal zementiert durch A. → Ritschl, den Vater der liberalen Theologie. Er wollte die Aufgaben des Reiches Gottes nur im bürgerlichen Beruf finden und nur auf diesem Boden die Nachfolge Christi gelten lassen. Der Christ habe es nicht nötig, Familie, Stand und Volk aufzugeben, um den Menschen in Asien oder Afrika zu dienen (A. Ritschl, Die christliche Vollkommenheit, 1874, S. 12). Demgegenüber machte K. → Barth die bibl. Rangordnung von »Berufung« und »Beruf« erneut geltend. Die Mitarbeit am Reiche Gottes ist das eigentliche Lebensziel des Menschen, und Christen sind darum nie ihrem Beruf, sondern »ganz und gar Gott verantwortlich« (KD III/4, 591.690ff).

Die theol. Kritik richtet sich also gegen die übermächtige Stellung der Idee des Zivilberufs im reformat. Bekenntnis, nach welchem der Dienst des Gläubigen »im Beruf, mit dem Beruf, dem Beruf gemäß« geschieht. Diese Formeln schließen den Menschen in seinen Beruf ein und nehmen ihm seine Unmittelbarkeit zu Gott. Mit Recht wandte E. → Troeltsch ein, daß der Glaubende durch seinen Beruf, per vocatione Gott diene. Der bürgerliche Beruf, der Auftrag innerhalb der Erhaltungsordnung, wird allerdings überboten durch die B., die aus dem Erlösungswerk Gottes an uns ergeht. Die B., Aufbietung und Ermächtigung zum Sondereinsatz, hat Vorrang vor dem Beruf. Der Christ soll und darf offen sein für die besondere B. und Führung durch den Heiligen Geist, den Führer der Mission. Der einzelne Gläubige und die Gemeinde sollen ein offenes Ohr haben für die B.en Gottes im Welthorizont (Apg 13,1ff).

Zwischen Beruf (im Sinne der regelmäßigen bürgerlichen Tätigkeit, der einer nachgeht) und göttlicher B. muß deutlich unterschieden werden. Der Begriff der B. darf nicht auf den des Berufs eingeschmolzen werden. Neben dem bürgerlichen Dauer-»Beruf« steht die ereignishafte, aktuelle B., neben der regelmäßigen Arbeit in der Schöpfungs- und Erhaltungsordnung Gottes die B. in den Dienst im Rahmen der Heilsgeschichte Gottes.

So hat der Christ zwei Berufe: den Kulturauftrag (1Mo 1,28) und den Missionsauftrag (Mt 28). Dabei begleitet das diakon. Handeln zeichenhaft das verkündigte Wort. Als Teil der Erhaltungsordnung ist die Arbeit im Beruf die Grundlage für alles andere Tun des Christen. Die aktuelle B. kann sich sehr wohl von der hauptberuflichen Tätigkeit des Gläubigen unterscheiden. Die Gemeinde ist der Ort, wo die Beauftragung des Christen erfolgt, geprüft und bestätigt wird (Apg 13,2).

Jenes »der Herr sprach zu mir« und das Herausgerufenwerden aus dem Zivilstand in die besondere Aufgabe des Reiches Gottes muß als Möglichkeit dauernd offen bleiben. Daran entscheidet sich das Schicksal der Gemeinde und der Mission.

Lit.: K. Bockmühl: Gesetz und Geist. Eine kritische Würdigung des Erbes protestantischer Ethik, 1987.

R. Frische

Beschneidung

1. Die B. war ursprünglich wohl ein apotropäischer (Unheil abwehrender) Ritus, der anläßlich der Geschlechtsreife des Mannes vollzogen wurde, so bei den Ägyptern und Phöniziern (vgl. dazu 2Mo 4,24-26; Jos 5,2f). In Israel erhielt er eine neue Deutung. Nach 1Mo 17,12; 3Mo 12,3 sollte das männliche Kind am 8. Tag nach der Geburt (in der Regel vom Vater 1Mo 21,4, vgl. Lk 1,59; 2,21) beschnitten werden; die bildliche Rede von der B. des Herzens, der Lippen, des Ohrs (3Mo 26,41; Jer 4,4; 1QpHab 11,13; Od Sal 11,1-3 u.a.) läßt eher an einen Akt der Reinigung und Weihe denken, ebenso die Tatsache, daß die B. als »Zeichen des Bundes« mit Gott verstanden wurde (1Mo 17,11.13, vgl. Apg 7,8). Als sie später vom Syrerkönig Antiochus IV.(175-164 v.Chr.) und vom röm. Kaiser Hadrian (117-138) unter Androhung der Todesstrafe verboten wurde (1Makk 1,48.60, Spart. Hadr. 14), erlangte sie Bekenntnischarakter; die atl. Rede vom Bund wurde vor allem auf den Bund der B. bezogen und dem Blut der B. sühnende Wirkung zugeschrieben (PRE 29; Tg PsJ zu 2Mo 4,26).

2. Für Paulus war das Bundessiegel der B. eine Auszeichnung für die Juden (Röm 3,1f; Phil 3,5). Aber er hat sie mit dem Vollzug des Gotteswillens verbunden (Röm 2,25), denn entscheidend ist die B. des Herzens (2,29). Die Geschichte Abrahams zeigt, daß der Glaube an die Verheißung dem Gebot der B. voraufging (Röm 4,9-22); die letztere ist deshalb vor allem das »Siegel« des Glaubens, den Gott zur Gerechtigkeit angerechnet hat (4,11). Von daher wird die B. ein Typus der Taufe auf Christus (Kol 2,11), die als ein im Kreuz Christi begründetes Sakrament vollauf genügt. Deshalb wäre die B. getaufter Heiden geradezu ein Mißtrauensvotum gegen den Gnadenerweis Gottes auf Golgatha (Gal 2;3; 5,1-6; vgl. Apg 15,8-11). Die Fassung des Becherworts beim Herrenmahl (1Kor 11,25): »Dieser Kelch ist der neue Bund in meinem Blut« ist gegen eine Überschätzung der B., des »Bundes im Fleisch« (1Mo 17,13) gerichtet: Nur das Blut Christi schenkt uns das Heil; durch die Tat des Heilands – und nicht durch die B. – wird der ganze Mensch gerettet (vgl. Joh 7,21-24).

Lit.: K. Galling, G. Brennecke: »Beschneidung I und II«, RGG[3], Bd. 1, 1090-92; H. Wißmann, O. Betz, F. Dexinger: »Beschneidung«, TRE 5, 1980, 714-724.

O. Betz

Besessenheit → Satan

Besonnenheit → Tugend/-en

Besprengung → Taufe

Bessarion (1403-1472)

B., geb. am 2. 1. 1403 in Trapezunt, gest. am 18. 11. 1472 in Ravenna. Nach Studien in Konstantinopel, wo Basileos (?) 1423 Mönch wird und den Namen des ägypt. Anachoreten B. annimmt, wird er dort 1426 Diakon und 1431 Priester. Er lebt einige Jahre auf der Peloponnes als Schüler des Georgios Gemistos Plethon, des Wiederentdeckers und Propagandisten Platons und des Neuplatonismus für den byz. Osten, wo bis dahin der → Aristotelismus dominiert.

B. wird 1436 von Kaiser Johannes VIII. Paläologos als Hegemun eines konstantinopolitanischen Klosters eingesetzt und 1437 zum Erzbischof von Nicaea ernannt. Dies steht im Zusammenhang der Unionsverhandlungen mit dem Westen, die zum Konzil von Ferrara-Florenz 1438/39 führen, auf dem B. einer der Sprecher der byz. Seite ist und zum Wortführer der unionsfreundlichen Griechen wird. Dabei geht B. von einer grundsätzlichen Identität der östl. und westl. Trinitätsformeln aus und kann so den westl. Zusatz des → Filioque im sog. → Nicänum, der für die Byzantiner seit Photios unannehmbar ist, als Erklärung deuten, deren Aufnahme man den unierten Griechen aber erlassen soll.

Nach der Rückkehr nach Konstantinopel erreicht B. dort 1439 die Ernennung zum Kardinal der röm. Kirche. Wieder in Italien wird er Kardinalprotektor der Basilianer und der Franziskaner und betreibt deren Reform. Mehrfach ist B. aussichtsreicher Kandidat für den röm. Bischofsstuhl. Das noch nicht vollständig edierte literarische Werk B.s zeigt neben dem theol. Schwerpunkt, besonders im ökumen. Gespräch zwischen Ost- und Westkirche, deutlich einen zweiten humanistischen Schwerpunkt, der, wie auch sein persönl. Umgang in der sog. Academia B.s, seine große unmittelbare Wirkung für den westl. Humanismus und die Renaissance begründet (Poggio, Lorenzo Valla, Platina). Die von B. in den Westen gebrachten Handschriften bilden vor dem Hintergrund der Eroberung Konstantinopels 1453 einen wichtigen Grundstock für das klass. und patristische Studium der Folgezeit und sind bis heute ein bedeutender Fundus der Biblioteca Marciana in Venedig.

Lit.: H.-G. Beck: Kirche und theologische Literatur im byzantinischen Reich, Byz. HB 2, 1, 1959; L. Mohler: Kardinal Bessarion, (1923), 1967.

W. Wischmeyer

Bestattung → Begräbnis/Bestattung

Besuch/Besuchsdienst → Hausbesuch

Bethel

B. wurde 1867 als Epileptikeranstalt von Kreisen gegründet, die der → Inneren Mission gegenüber aufgeschlossen waren, 1869 kam das Diakonissenmutterhaus Sarepta hinzu. 1872 übernahm F. von → Bodelschwingh die Leitung beider Häuser und leitete den planmäßigen Auf- und Ausbau B.s ein, das bereits wenige Jahrzehnte später in Umfang und Konzeption einzigartig in der Welt dastand. Bis in die Gegenwart hinein sind Bethel, Sarepta und das Brüderhaus Nazareth (1877 gegründet) drei selbständige Korporationen geblieben und im Verband der von Bodelschwinghschen Anstalten Bethel (vBAB) miteinander verbunden.

Durch den Zustrom von → Diakonissen und → Diakonen nicht nur aus dem Gebiet der Minden-Ravensberger Erweckung konnten bald Arbeitsgebiete weit über das Ravensberger Land hinaus übernommen werden: In der Krankenpflege, in der Gemeinde- und Erziehungsarbeit sowie in der → Mission. Dem ersten Leiter (nicht Gründer) B.s folgten 1910 sein jüngster Sohn Friedrich von Bodelschwingh (Pastor Fritz), 1946 Rudolf Hardt, 1960 der Enkel (im weiteren Sinn) »Vater« von Bodelschwinghs, Friedrich von Bodelschwingh, 1969 Alex Funke und 1979 Johannes Busch in der Anstaltsleitung. Neben den genannten Arbeitsfeldern kam die Betreuung der Nichtseßhaften und der schwererziehbaren Jugend mit der Gründung der Arbeitskolonie Wilhelmsdorf 1882 (heute Ekkardtsheim), Freistatt im Wietingsmoor bei Bremen (1898) und Hoffnungsthal-Lobetal bei Berlin (1905) hinzu. 1906 wurde die »Ev. Missionsgesellschaft für Deutsch-Ostafrika« von Berlin nach B. verlegt und zum Glied der Anstalten. Unter dem Namen Bethelmission arbeitete sie seitdem in verschiedenen Teilen Ostafrikas; 1970 schloß sie sich mit der Rheinischen Mission zur »Vereinigten Ev. Mission« (VEM) zusammen. Jüngstes Kind B.s ist die Zweiganstalt Homborn bei Hagen (1967/68), vornehmlich für Epileptiker eingerichtet.

Ein weiteres Arbeitsfeld B.s liegt in der vielfältigen Erziehungs- und Ausbildungsarbeit. 1890 wurde das Kandidatenkonvikt begründet, 1905 die Theologische Schule (heute Kirchliche Hochschule mit 10 Professuren und ca. 450 Studenten), 1919 die Heimvolkshochschule Lindenhof als Fortbildungsstätte, zunächst vornehmlich für Junglandwirte, 1922 die Bethelschule, die bald darauf als Aufbaugymnasium für Jungen und neusprachliches Gymnasium für Mädchen getrennt voneinander weitergeführt und 1971 wieder zusammengelegt wurde, 1963 die Mamre-Schule für epileptische Kinder (heute ca. 180 Schüler, 18 Klassen, 40 Lehrkräfte inkl. Teilzeitbeschäftigte), 1964 das Heilpädagogische Institut zur diakon. Spezialausbildung (heute Ev. Fachhochschule Bochum) und 1970 die Patmos-Schule, eine Sonderschule für geistig Schwerstbehinderte (ca. 40 Schüler, 4 Gruppen, 10 Lehrkräfte). Schon bald nach der Gründung haben Sarepta und Nazareth eigene Krankenpflegeschulen aufgebaut, und von B. aus nahm die heute im ganzen Bundesgebiet verbreitete Pflegevorschule ihren Anfang.

Von Beginn an wurde die diakon. Arbeit B.s von einer intensiven Schriftenmission (Literaturarbeit) begleitet (Bote von Bethel, Monatsblatt Beth-El, Sonntagsblatt »Für Herz und Haus«, Jugendblatt »Deutsche Jugend«, Kindergabe, ab 1917 Tageszeitung »Aufwärts«, Arbeitsbericht der von Bodelschwinghschen Anstalten, u.a.). Während des Dritten Reiches wurde die Arbeit B.s aufs schwerste behindert; trotzdem gelang es, im Kampf um die Euthanasie 1941 der Vernichtungsaktion Hitlers erfolgreichen Widerstand zu leisten. Im Krieg wurden mehrere Häuser (mit ca. 1.100 Betten) durch Bomben zerstört, so daß nach 1945 eine intensive Aufbauarbeit beginnen mußte, die inzwischen durch eine weitgespannte Zielplanung unter Berücksichtigung moderner Gesichtspunkte von Therapie und Rehabilitation weitergeführt wird.

Bethel betreut gegenwärtig ca. 8.700 Menschen, davon ca. 2.000 epileptisch und 900 psychiatrisch Kranke, 350 geistig Behinderte, 800 Nichtseßhafte, 250 in der Jugendhilfe Versorgte, 1.100 akut Kranke, 600 Senioren, 2.000 Schülerinnen und Schüler, 450 Studierende, und hat ca. 5.800 Bettplätze. Zur Korporation Nazareth gehören 712 Diakoninnen und Diakone (davon 527 aktiv, 185 im Ruhestand, außerdem 159 Diakonenschülerinnen und -schüler). Zur Korporation Sarepta zählen 725 Diakonissen (davon 150 aktiv, 575 im Feierabend), 320 Ravensberger Schwestern (davon 167 aktiv, 153 im Ruhestand), ca. 100 Schülerinnen. Die Gesamtzahl der in den vBAB tätigen Mitarbeitern beträgt z.Zt. ca. 9.230 (incl. der Teilzeitbeschäftigten; davon gehören 443 zu Nazareth und Sarepta); von ihnen arbeiten ca. 7.200 in Bethel selbst, unter ihnen ca. 40 Theologen, 270 Ärzte, 200 Lehrerinnen und Lehrer. Hinzu kommen die Lobetal/Hoffnungsthaler Anstalten bei Berlin mit z.Zt. 1.134 betreuten Menschen (100 epileptisch Kranke, 642 geistig Behinderte, 392 Senioren), also 1.134 Bettplätze und 764 Mitarbeiter.

Lit.: Vgl. Friedrich von → Bodelschwingh.

G. Ruhbach

Bethel-Mission → Vereinigte Evangelische Mission

Betheler Bekenntnis

Die Kirchenwahlen am 23. Juli 1933 brachten den → Deutschen Christen einen großen Wahlerfolg in nahezu allen Landeskirchen. Die Gruppe »Evangelium und Kirche«, aus der die spätere Bekennende Kirche hervorging, konzentrierte sich daraufhin auf die Aktualisierung der reformat. Bekenntnisse. Fritz von → Bodelschwingh wurde gebeten, er möchte ein prägnantes neues Bekenntnis zu »allen jetzt umkämpften Fragen in der Sprache unserer Zeit« erarbeiten lassen. Darauf kamen auf F. von Bodelschwinghs Einladung vom 15.-25. 8. 1933 D. Bonhoeffer und Hermann Sasse in Bethel zusammen, außerdem die Betheler Georg Merz und Gerhard Stratenwerth. Wilhelm Vischer (Bethel) hat den Abschnitt »Kirche und Juden« in der ersten Fassung entworfen. Das »Betheler Bekenntnis« in dieser Fassung ist erst 1959 veröffentlicht worden.

Am 26. 8. 1933 gab von Bodelschwingh den fertiggestellten Entwurf an etwa 20 Personen mit der Bitte um Prüfung und Mitarbeit heraus. Als Adressaten des intendierten Bekenntnisses wurden »die Brüder im Amt« benannt.

Es dauerte bis Mitte Oktober 1933, bis die meisten Stellungnahmen in Bethel wieder eingegangen waren. Ein Redaktionskreis wurde gebildet, der Entwurf und die Stellungnahmen zu einer abschließenden Fassung zusammengearbeitet. Im Januar 1934 erschien der Text unter dem Titel »Das Bekenntnis der Väter und die bekennende Gemeinde« (von Martin Niemöller hg.) im Druck. Der Erstentwurf aus sechs Kapiteln bestehend, bietet solide luth. Theologie:

I. Von der Hl. Schrift,
II. Was ist Reformation?,
III. Von der Dreieinigkeit Gottes,
IV. Von Schöpfung und Sünde,
V. Von Christus,
VI. Vom Hl. Geist und von der Kirche,
VI. b. Kirche und die Juden,

Die Absicht, Lehre und Irrlehre zu scheiden,

wird deutlich etwa in dem Satz: »Allein aus dem Gehorsam gegen das Wort Gottes aus der Schrift erkennen wir den Schöpfer, nicht aus irgendeiner Deutung des Geschehens in der Welt.« Durch »rechte Verkündigung« habe die Kirche die weltliche Obrigkeit in »die Schranken ihrer eigenen Ordnung« zu weisen und dadurch zugleich den Menschen unter der Obrigkeit vor »dem Betrug des Teufels« zu bewahren, »der ihn eine schrankenlose Obrigkeit als Lebensspender und Heiland anbeten lassen will«. Der Versuch, eine Reichskirche rein arischer Rasse zu schaffen, wird als Widerspruch zum Ev. beschrieben: »Denn damit würde ein Rassengesetz vor dem Eingang zur Kirche aufgerichtet und wäre eine solche Kiche selbst zur judenchristlichen gesetzlichen Gemeinde geworden.«

Dagegen ist der Endtext mit acht Kapiteln:
I Von der Reformation,
II Von der Hl. Schrift,
III Von dem Dreieinigen Gott,
IV Von der Schöpfung und Sünde,
V Von Christus,
VI Vom Hl. Geist und Seinen Gaben,
VII Von der Kirche
VII b. Die Kirche und die Juden –,
VIII Von der Geschichte und vom Ende aller Dinge,

dem Bonhoeffer und Sasse ihre Zustimmung versagten, ein offensichtlich entschärfter Kompromiß, der keine besondere Wirkung mehr hatte und von der → Barmer Theologischen Erklärung Ende März 1934 in den Schatten gestellt wurde. 1948 hat der Chronist des Kirchenkampfes Wilhelm Niemöller immerhin geschrieben: »So ist das Betheler Bekenntnis ein Zeugnis von der Gebundenheit und Freiheit der Kirche geworden, eine Auseinandersetzung und eine Dienstanweisung, ein Gutachten und ein Ratschlag, in alledem ein Anlaß für die Dankbarkeit vieler.«

Lit.: Erstentwurf in Dietrich Bonhoeffer: Gesammelte Schriften (hg. von E. Bethge) II, 1959, 90-119, die Endfassung »Das Bekenntnis der Väter und die Bekennende Gemeinde 1934«, auch in Bethel 25: Das Betheler Bekenntnis (hg. von J. van der Kooi), 1983.

Über das Betheler Bekenntnis: G.Ch. Carter: Confession at Bethel, August 1933 – enduring Witness, Diss. phil. Milwaukee, 1987; J. van der Kooi: Bethel 25, 1983, 5-21; C.-R. Müller: Bekenntnis und Bekennen. Dietrich Bonhoeffer in Bethel, 1989; G. Ruhbach: Das Betheler Bekenntnis, in: W. Hauschild, G. Kretschmar: Die luth. Kirchen und die Bekenntnissynode von Barmen, 1984, 56-72.

G. Ruhbach

Bettelorden → Orden und Kongregationen

Beza, Theodor (1519-1605)

B. ist am 24. Juni 1519 in Vézelay (Südfrankreich) geboren, studiert in Orléans Jura, widmet sich später in Paris humanistischen Studien und wird darüber zum Anhänger der → Reformation. In Lausanne ist er zehn Jahre lang Prof. für Griechisch. 1558 kommt er erstmals nach Genf (Pfarrer, Rektor der Akademie), ist danach nochmals in Frankreich tätig (Religionsgespräche), geht dann 1563 endgültig nach Genf, wird Nachfolger → Calvins als Moderator der Pastoren (bis 1580) und bleibt hier als Ratgeber in kirchl. und weltlichen Angelegenheiten bis zu seinem Tode am 13. Oktober 1605.

Seine Theologie ist Calvin nahe, jedoch stärker durch die aristotelische (Schul-)Philosophie bestimmt (Übergang zur altprot. Orthodoxie). Sie ist verstreut über viele (polemische) Gelegenheitsschriften und zusammenfassend greifbar in der »Confession de la Foy chrestienne« (Bekenntnis des christl. Glaubens, 1559; lat. 1560) sowie in den »Quaestiones et responsiones christianae« (Christl. Fragen und Antworten, 1570 und 1576). Mehrfach aufgelegt wurde seine kommentierte Übers. des NT; eine griech. Handschrift des NT ist nach ihm benannt (Bezae Cantabrigiensis). Mit und neben → Bullinger bemühte er sich um die Gemeinsamkeit der Reformierten. Sein umfangreicher Briefwechsel bezeugt weitläufige Verbindungen.

Lit.: Bibliographie: F. Gardy: Bibliographie des oeuvres théologiques, littéraires, historiques et juridigues de Théodore de Bèze, 1960; P.-F. Geisendorf: Th. de Bèze, Genf (1949) [2]1967 (Bibliographie bis 1944).

Briefe: Correspondance de Théodore de Bèze, bisher 15 Bde., 1960-1991 (Briefwechsel bis 1574).

W. Kickel: Vernunft und Offenbarung bei Theodor Beza, 1967 (Werke, Lit.); J. Raitt: »Beza Theodor«, TRE 5, 1980, 765-774 (Lit.).

B. Steinseifer

Bezzel, Hermann (1861-1917)

B., geb. am 15. 5. 1861 in Wald/Mittelfranken, gest. am 8. 6. 1917 in München. Studium in Erlangen, 1884 Gymnasiallehrer in Regensburg, 1891 Direktor der Diakonissenanstalt in Neuendettelsau, 1909 Präsident des Oberkonsistoriums der Landeskirche in München.

Immer war er bedeutender Seelsorger und Prediger, geistl. Schriftsteller, luth. Theologe, der von der Heidelberger Disputation Luthers (1518) aus eine »Kondeszendenz-Theologie« ähnlich wie J.G. → Hamann vertrat und in schweren Zeiten Bischof mit hervorragender Leitungsbegabung wurde. Gewirkt hat er durch seine Predigten (3 Bde.), vor allem durch seine Pastoraltheologie (Der Dienst des Pfarrers, 1916).

Lit.: H. Kemner: Wächter im Bischofsamt, 1968; J. Rupprecht: Hermann Bezzel, 1937; J. Schieder: Hermann Bezzel. Ein Christuszeuge im Dienst der Kirche, 1961; Th. Schober: Hermann Bezzel. Ein lutherischer Diakon und Bischof, 1961; M. Seitz: Hermann Bezzel. Theologie seiner Verkündigung, 1960; ders.: »Hermann Bezzel«, TRE 5, 1980, 774-777.

G. Ruhbach

Bhagavadgita

»Der Gesang des Erhabenen«, der wohl am weitesten verbreitete Teil der heiligen Schriften (in Sanskrit) des Hinduismus, ist überliefert als Teil des viel größeren Epos des Mahabharata. Seit den Reformbewegungen des Neohinduismus wurde er auch in viele Landessprachen übersetzt und als private erbauliche Lektüre verwendet.

Die Gita ist ein Lehrgedicht; sie stammt aus der Zeit um 300 v.Chr. und reflektiert die Problemstellung angesichts der erfolgreichen Ausbreitung der mönchischen Religionen des Buddhismus und des Jainismus. Der Text wird auf den Gott Krishna zurückgeführt, der dem Fürsten Arjuna in der Gestalt des Wagenlenkers dient und dessen Zögern im Kampf gegen die feindliche Partei, in der er Verwandte hat, zu überwinden sucht. Dabei werden Grundgedanken des Hinduismus in einem monotheistischen Zusammenhang entfaltet. Krishna ist der einzige, wirkliche, höchste Gott. Zur Erlösung vom Kreislauf der Wiedergeburten führen die Wege der treuen Pflichterfüllung (*Karma*), der methodischen Versenkung (*Yoga*) und der Hingabe an die Gottheit (*Bhakti*). Die Gita betont die Pflicht zum Tun – gegenüber der Neigung, die Pflichten zugunsten asketischer Heilssuche aufzugeben. Die Pflichten ergeben sich aus der Kaste (*Varna*), und den drei Kasten entsprechen drei Qualitäten (*Gunas*), mit denen alles ausgestattet ist. Diese Pflicht zum Tun hat die Schrift in der Neuzeit so populär werden lassen. Damit das Tun des Menschen ihn nicht von neuem in Schuld und Bindung (*Karma*) des Geburtenkreislaufes hineinfesselt, wird die begierdelose Pflichterfüllung (*nish kama karma*) empfohlen. Es gilt zu handeln, ohne auf die Frucht des Handels ausgerichtet zu sein. D.h. die Berufstätigkeit kann und soll so gelebt werden, daß die liebende Hingabe an Krishna auch darin alles durchdringt.

Diese Schrift sucht verschiedene Elemente des Hinduismus in eine Synthese zu bringen: sie spricht Menschen der Neuzeit besonders an und hat auch im Westen eine weite Verbreitung erfahren; dazu trug zuletzt auch die ISKCON (Internationale Gesellschaft für Krishna-Bewußtsein) bei, die diese Schrift in vielen Sprachen und Ländern der Welt verbreitet hat.

In der späteren Entwicklung des Hinduismus wurde die Auslegung dieser Schrift (sowie der Upanishaden und des Brahmasutras) zur Aufgabe jedes großen Hindulehrers, der als orthodox gelten wollte. Die Bewegung der → Bhakti-Frömmigkeit tritt bei ihr erstmalig deutlich ans Licht.

Lit.:F. Huber: Die Bhagavadgita in der neueren indischen Auslegung und in der Begegnung mit dem christlichen Glauben, 1991; K. Mylius (Hg.): Die Bhagavadgita, 1979.

N.-P. Moritzen

Bhakti-Religion

Die B.-Frömmigkeit des Hinduismus ist immer wieder auch Protestbewegung gegen die Kastenordnung, die Vorrechte von Priestern/Brahmanen und den Ausschluß der Kastenlosen gewesen.

Sie äußert sich im öffentlichen und gemeinsamen Singen von Anbetungsliedern; im öffentlichen Gesang und in der Darstellung der (sonst geheimgehaltenen) heiligen Geschichte, in ekstatischer Ergriffenheit, wobei die Anhänger oft Kastenregeln nicht beachten. So hat diese Frömmigkeit den Tempelkult und die Wallfahrten belebt und umgeformt und zur Massenbeteiligung geführt.

In gedanklicher Hinsicht hat die B.-Frömmigkeit sich seit Ramanuja (1050-1137) als anerkannte Richtung des Vedanta mit einem persönlichen Gottesbegriff (Dvaita oder Visishtadvaita) entfaltet. Das Christentum hat besonders in Südindien eine Nähe zur B.-Frömmigkeit, erkennbar an den Formen der Frömmigkeit. Was Abendländer bisweilen als »Pietismus« einstufen, hat auch hier einen Hintergrund.

Lit.: W. Eidlitz: Die indische Gottesliebe, 1955; A. Hohenberger: Ramanuja. Ein Philosoph indischer Gottesmystik, 1960.

N.-P. Moritzen

Bibel

a) Entstehung

I. Das Alte Testament

Das AT - kanonische Heilige Schrift für Juden und Christen - ist eine Sammlung von 39 Schriften (nach der Zählung der Luther-Bibel). Nach jüd. Zählung sind es nur 24 Bücher, da 1/2 Sam, 1/2 Kön, 1/2 Chr, Esr/Neh und die Zwölf kleinen Propheten (Hos - Mal) als je ein Buch gerechnet werden. Die LXX zählt 46 Bücher, da sie zusätzlich sieben sog. »apokryphe« oder »deuterokanonische« Schriften enthält: Jdt, Tob, 1/2 Makk, Weish. Sir, PsSal und ZusDan. Die christl. Kirche bekennt die o.g. Sammlung der 39 Bücher als »Wort Gottes«. Ihr Wesen als geistgewirktes Wort wird nicht anders als durch die Hl. Schrift selbst erkannt (Calvin).

1. Sieht man die Patriarchen-Überlieferungen auf dem Hintergrund der altorientalischen Umwelt, wird ihr hohes Alter durchaus wahrscheinlich. Auf die ägyptische Färbung der Josefsgeschichte ist wiederholt hingewiesen worden. Die Struktur von 1Mo wird anhand der zehnfachen Verwendung der Toledot-Formel (LU: »Dies ist die Geschichte von. . .«; 2,4; 5,1; 6,9; 10,1; 11,10; 11,27; 25,12.19; 36,1; 37,2) sichtbar. In 2-5Mo finden sich einige Hinweise auf eine Schreibtätigkeit Moses: 2Mo 17,14; 4Mo 33,2 (Geschichtsberichte), 2Mo 24,4; 34,27 (Gesetzestexte), 5Mo 31,22 (poetische Texte). Auch wenn damit die Frage nach dem Umfang der ursprünglich auf Mose zurückgehenden Teile des Pentateuch noch nicht geklärt ist, müssen solche redaktionellen Hinweise geschichtl. ernst genommen werden. Mose empfing nach bibl. Zeugnis die Zehn Gebote als Inhalt einer Bundesbeziehung unmittelbar von Gott (2Mo 20,1). Die Botschaft von der Einzigkeit Gottes, die Ausschließlichkeit seiner Verehrung (1. Gebot) und das hochstehende Ethos stehen im Alten Orient analogielos da. Zu den Sammlungen von Rechtssätzen (2Mo 21-23 u.ö.) finden sich zahlreiche Parallelen im Recht der Nachbarvölker Israels.

2. In der Periode nach der anfänglichen Eroberung Kanaans konnte eine mit einer Bundeserneuerung verbundene Novellierungen der mosaischen Gesetze vermerkt werden (Jos 24,25f; 1Sam 10,25). Ereignisse und Taten Gottes im Zusammenhang mit der Eroberung wurden früh in eigenen erzählenden Werken festgehalten: »das Buch der Kriege des HERRN« (4Mo 21,14), »das Buch des Redlichen« (Jos 10,13; 2Sam 1,18). Neben der schriftlichen Fixierung lief die mündliche Weitergabe von Ereignissen durch geübte Erzähler (»Spruch-Dichter«) weiter: 2Mo 15; 4Mo 21,27.

3. Die Epoche des geeinten Reiches unter David und Salomo (ca. 1010-930) gilt mit Recht als das »goldene Zeitalter« der hebr. Literatur. Ob (erst oder schon) in diese Zeit die Endredaktion des Pentateuch fällt, ist noch eine umstrittene Frage. Die seit über 200 Jahren übliche Einteilung des Pentateuch in die Quellen J (= Jahwist), E (= Elohist), D (= Deuteronomist) und P (= Priesterschrift) ist nach wie vor nur eine Arbeitshypothese. Sie wird nicht nur von vielen evangelikalen Forschern, sondern auch von hist.-kritischen Wissenschaftlern (R. Rendtorff) und im Raum der jüd. Exegese abgelehnt (Cassuto). In der deutschsprachigen AT-Forschung macht sich in der Pentateuchfrage eine tiefe Grundlagenkrise breit. Weitgehend anerkannte

Auffassungen über die Entstehung des Pentateuch gibt es nicht mehr.

In der davidisch-salomonischen Epoche entstehen Erzählungen von Sauls und Davids Regierung, Meisterwerke der Erzählkunst, die den »Duft der Realität« (Schadewaldt) atmen. Ihre Besonderheit liegt, wie auch in den weiteren Teilen von 1/2 Samuel und (später) 1/2 Könige in der Theonomie der Geschichte Israels: Gott greift in das irdische Geschehen ein, er hält seinen Bund aufrecht, in Gericht oder Heil. Die Geschichtsschreibung steht unter konsequent prophetischem Blickwinkel, sie beleuchtet die Glaubens- und Gehorsamsbeziehung des jeweiligen Königs zu Gott. In diese Epoche fällt auch der Beginn der Sammlung der Psalmen, als »Lieder- und Gebetsbuch Israels«. In der Zeit Salomos erreicht die Weisheitsdichtung ihren ersten Höhepunkt (1Kön 5,9ff). Sprüche sieht menschliches Leben und Schöpfungswirklichkeit im Licht der Erfahrung und auf dem Hintergrund derWirklichkeit Gottes , dem seine Schöpfung nicht entgleitet. Die Ehrfurcht vor dem Herrn ist der Anfang der Weisheit (Spr 1,7). Hiob und Prediger verschweigen nicht das Rätselhafte, Unergründliche des Lebens und der Schöpfung und verweigern der Warum-Frage die Antwort. Hiob schaut Gott und lernt ihn tiefer kennen als zuvor (Hiob 42,5), das ist genug. Atl. Weisheit ist nirgendwo auf rein gedankliche Problembewältigung reduziert.

4. Die Epoche der getrennten Reiche (Nordreich Israel mit Samaria als Hauptstadt bis 722 v.Chr., Südreich Juda mit Jerusalem bis 587 v.Chr.) steht unter der prägenden Wirkung von Israels Propheten. Schon in der frühen Königszeit hatte es Gruppen von Propheten unter geistl. Führung Samuels (1Sam 19,20; vgl. 1Sam 9,9; 2Sam 24,11) gegeben. Elia und Elisa waren im 9. Jh. dem Versuch entgegengetreten, den HERRN, Israels Gott, mit der kanaanäischen Gottheit Baal zu identifizieren. Der ethisch orientierte Glaube an den HERRN war zutiefst geschieden von einer Verehrung unpersönlicher Fruchtbarkeitsmächte.

Immer wieder erlebten Israeliten den unwiderstehlichen Zugriff Gottes im Erleben der Berufung zum Propheten (hebr. *nabi*, »der Ge-/Berufene«). Im Gesicht (Vision) und/oder Hörerlebnis (Audition) vernahmen sie Gottes Reden. Der Herr begleitete durch das Wort der Propheten Israels Weg in Vergangenheit, Gegenwart und Zukunft mit seinem Anspruch und Zuspruch. Amos und Hosea (um 750) zogen die sozialen Sünden einer geistl. tauben Wohlstandsgesellschaft ans Licht und kündeten dem Nordreich den Untergang an. Jesaja und Micha bekräftigten mitten in der Bedrohung durch die Assyrer (um 700) für das Südreich die alten Verheißungen eines Messias-Königs aus davidischem Geschlecht (vgl. 2Sam 7,14 mit Jes 9,1-6 und Mi 5,1f). Jeremia wirkte in den letzten Jahren des Südreichs Juda. Er sagte die Eroberung Jerusalems durch die Babylonier voraus. Die sog. »Leidensgeschichte Jeremias« (Jer 26-39) weist über ihn hinaus auf den einen Knecht Gottes und dessen Leiden. Jer verkündet einen »Neuen Bund« (Jer 31), den Gott selbst aufrichten wird, und dessen Grundlage die Sündenvergebung ist. Nahum, Habakuk und Zefanja wirkten in etwa zeitgleich mit Jeremia. Habakuk verkündete die Botschaft, daß der Gerechte durch seinen Glauben leben werde (Hab 2,4). Die Klagelieder geben Zeugnis von der Katastrophe der Eroberung Jerusalems. Dem Beter enthüllt sich die Schau, daß der Herr im Ende des Zusammenbruchs aus Güte einen neuen Weg eröffnet (Klgl 3,22-25). Israel hatte die zahllosen durch die Propheten übermittelten Warnsignale Gottes mißachtet. Die Verbannung nach Babylon ist darum kein Schicksal, sondern Strafe für die Schuld von Generationen. 1/2Könige, im Exil entstanden, zeigen die Wechselwirkung von Gehorsam und Ungehorsam gegenüber dem prophetischen Umkehrruf und Israels geschichtl. Ergehen.

5. Israel zog nicht ohne Begleitung durch das prophetische Wort ins Exil. Hesekiel weissagte die nationale und geistl. »Totenauferstehung«, Israels Erneuerung durch Gottes Geist, die Rückkehr ins Land und die Herrschaft des einen Hirten-Königs (Hes 36-37). Daniel, der den Wechsel vom neubabylonischen zum medopersischen Weltreich miterlebte, schaute das Kommen eines »Menschensohnes« (Dan 7). Mit dessen Herrschaft beginnt das Reich Gottes, das alle vorhergehenden irdischen Weltreiche unwiderbringlich ablöst. Auch wenn im Buch Ester Gott namentlich nicht genannt wird, bezeugt die Handlung deutlich seinen Schutz (vgl. Est 4,14) über den Juden angesichts eines Ausbruchs von Antisemitismus im Perserreich.

6. Das Kyrus-Edikt (538) erlaubte den Juden die Rückkehr aus Babylonien. Angesichts der kümmerlichen und unsicheren Lage in Judäa erforderte die Rückkehr Glaubensmut. Haggai und Sacharja spornen die Heimkehrer zum Wiederaufbau des Tempels an (Einweihung 516). Nach Ansätzen bei Jesaja (24-27) und Hesekiel finden wir bei Sacharja und Daniel eine ausgeprägte Apokalyptik. Gerichtsankündigung und Heilserwartung gelten nicht nur Israel und den Völkern, sondern nehmen weltweite,

ja kosmische Dimensionen an: Gott ruft die Toten zur leiblichen Auferstehung und zum Gericht – mit doppeltem Ausgang. Möglicherweise sind auch Obadja und Jona dieser Epoche zuzuordnen. Esra setzt sich nach 450 im persischen Auftrag für die rel. Neuordnung der jüd. Gemeinde ein. Das Gesetz (die schriftliche Sammlung der Weisungen Gottes) wird zum Mittelpunkt des Glaubens. Nehemia, der zeitweilig wohl parallel zu Esra wirkte, fördert die polit. Wiederherstellung Jerusalems (Mauerbau, Neh 2-6). 1/2Chronik, in dieser Zeit entstanden, zeichnet die Geschichte des Südreichs Juda nach. Der Verfasser will der nachexilischen Gemeinde zeigen, wie sie jetzt unter dem Willen Gottes leben kann: der Tempel, die Priesterschaft und das Hören auf das prophetische Wort Gottes bilden Leitmotive. Mit Maleachi (um 400) stehen wir an der Schwelle der atl. Zeit im engeren Sinne. Die folgenden Jh.e des Judentums sind u.a. geprägt vom Wissen, daß ein vollmächtiges prophetisches Wort zur Gegenwart fehlt.

Lit.: J. Bright: Geschichte Israels, 1966; U. Cassuto: The Documentary Hypothesis, 1961; R.K. Harrison: Introduction to the Old Testament, 1970; La Sor, Hubbard, Bush: Das Alte Testament. Entstehung, Geschichte, Botschaft, hg. von H. Egelkraut, [2]1990.

M. Dreytza

II. Das Neue Testament

1. In seiner äußeren Lehrweise war Jesus anderen jüd. Lehrern verwandt (B. Gerhardsson). Wie sie formte er Aussprüche, die leicht auswendig zu lernen waren. Im Gegensatz zu den Schriftgelehrten wollte er aber »Gesetz und Propheten« nicht bloß auslegen, sondern »erfüllen« (Mt 5,17). Jesus wußte sich nämlich im Besitz des endzeitlichen Geistes (Mt 12,28 par) und sprach mit messianischer Autorität. Die analogielose Einleitungswendung »Amen, ich sage euch« kennzeichnete sein Reden als Offenbarungswort.

Besondere Aufgabe der Jünger war es, Jesu Worte und Taten zu bewahren. Er unterwies sie als seine Schüler (hebr. *talmidim*, griech. *mathetai*) und sandte sie auch zur Verkündigung aus. Dabei gab er ihnen an seiner Vollmacht Anteil: »Wer euch hört, hört mich; wer euch verachtet, verachtet mich; wer mich verachtet, verachtet meinen Aussender« (Lk 10,16). Hinter dieser Konzeption des Apostolats steht altjüd. Botenrecht: »Der Gesandte eines Menschen ist wie dieser selbst« (Ber V,5 u.ö.).

2. Der Auferstandene erneuerte die Sendung der Zwölf. Sie waren nun »Zeugen« seiner irdischen Wirksamkeit und der Auferstehung (Apg 1,21f). Als »Augenzeugen und Diener des Worts« (Lk 1,2) hatten sie in der Jerusalemer Urgemeinde maßgeblichen Einfluß auf Formung und Sammlung der Jesus-Überlieferungen. Diese müssen bald aus dem Aram. und Hebr. ins Griech. übersetzt worden sein, da man seit Beginn zweisprachig war (Apg 6,1). In die erste Zeit gehören auch bekenntnisartige Zusammenfassungen des Heilswerks Jesu, wie sie in 1Kor 15,3ff oder den Petrus-Reden der Apg erhalten sind. Ebenfalls ins frühe Judenchristentum weist der Brief des Herrenbruders Jakobus mit seiner starken Betonung der Ethik.

3. Paulus sah sich als letztberufenen → Apostel (1Kor 15,8) und damit als direkten Gesandten des Messias Jesus (1Kor 9). Für sein gesetzesfreies Evangelium an die Heiden beanspruchte er die volle Autorität der Christus-Offenbarung bei Damaskus (Gal 1). Manche Weisungen gab er dagegen nur mit der Vollmacht eines ntl. Propheten (1Kor 7,40), der in der Gemeinde geprüft werden darf (1Thess 5,20f). Paulus war auch Träger der verbindlichen Jesus-Überlieferung (1Kor 11,23ff u.ö.).

Aufgrund der damaligen Gepflogenheiten und der Abfassungsverhältnisse (Gefangenschaften) ist bei den Briefen mit einer Beteiligung von »Sekretären« zu rechnen (vgl. Röm 16,22). An vielen Stellen läßt Paulus die Argumentationsweise des unter Gamaliel ausgebildeten Schriftgelehrten (Apg 22,3) erkennen. Um die Zeit des sog. → Apostelkonzils (um 48 n.Chr.) warnte der Galaterbrief heidenchristl. Gemeinden vor dem Rückfall ins Judentum. 1/2Thessalonicher beantworteten um 50/51 eschatologische Fragen. Gegen 54/55 entstanden 1/2Korinther als Wort zu drängenden Gemeindeproblemen. Danach wollte sich Paulus der ihm unbekannten röm. Gemeinde mit einer Zusammenfassung seines Rechtfertigungsevangeliums vorstellen. Der Römerbrief (57) beweist die gemeindeübergreifende Autorität des Apostolats. Epheser, Kolosser, Philemon gehören eng zusammen und stammen wie Philemon aus einer Gefangenschaft in Ephesus, Cäsarea oder Rom. Im Kolosserbrief geht es um die kosmische Bedeutung Jesu. Philemon gibt Einblick in die persönliche Seelsorge des Paulus. Besonders groß muß der Anteil eines Mitarbeiters am Epheserbrief gewesen sein, wobei vermutlich der Kolosserbrief als Vorlage diente. Der Philipperbrief illustriert die enge Zusammengehörigkeit von Ethik und Dogmatik. 1Timotheus und Titus können nach der Freilassung des Apostels aus einer ersten röm. Gefangenschaft geschrieben sein, 2Timotheus (vor

68), als in einer zweiten sein Tod feststand (2Tim 4,6). Von manchen wird auch eine Datierung vor dem Rom-Aufenthalt versucht. Diese sog. Pastoralbriefe sind so etwas wie ein Vermächtnis an Mitarbeiter, doch wird die paulin. Herkunft von vielen Auslegern bezweifelt. Der Hebräerbrief gehört im weiteren Sinn in den Paulus-Kreis und dürfte noch vor der Tempelzerstörung (70) zu datieren sein. In zeitgemäß geschulter Auslegung des AT zeigt er Jesu unüberbietbare, endgültige Heilsbedeutung.

4. 1Petrus wurde wahrscheinlich am Beginn der neronischen Verfolgung (gegen 65) in Rom verfaßt. Er spiegelt die theol. Nähe des Petrus zu Paulus, wobei offenbar auch Silvanus als Mitverfasser (1Petr 5,12) eine Rolle spielte. 2Petrus ist dem Brief des Herrenbruders Judas nahe verwandt. Die genauere Beziehung zu Petrus bestimmen auch evangelikale Exegeten verschieden.

5. Als zwischen 60 und 70 die apostol. Generation fast völlig erlosch, war das der entscheidende Anlaß zur Entstehung der synoptischen Evangelien. Sie sollten in verschiedenen Kirchengebieten die Jesus-Überlieferung auch für die nächste Generation sichern. Auch wenn die Synoptiker sich in Aufbau, Stoffwahl und Wortlaut eng berühren, sind die Argumente für eine direkte Abhängigkeit voneinander nicht unbedingt zwingend (M.E. Boismard). Festgeprägte mündliche Überlieferung und frühe schriftliche Notizen (vgl. Lk 1,ff) können als Erklärung dienen, doch wurden meist Markus und eine Redenquelle (Q) als Vorlage für Matthäus und Lukas angenommen (Zwei-Quellen-Theorie). Übereinstimmend mit inneren Gründen weisen altkirchl. Nachrichten für Markus auf eine Abfassung durch den Petrus-Begleiter in Rom. Ob ein Fragment des Markusevangeliums in der 7-Höhle von Qumran gefunden wurde (7Q5), ist umstritten. Lukas konnte sich als frühes Mitglied der Antiochener Gemeinde und als Mitarbeiter des Paulus sowie im Kontakt mit Markus (Kol 4,10.14; Phlm 24) Informationen verschaffen. Auch Überlieferungen aus dem Kreis der leiblichen Familie Jesu (Lk 2,19.51; 24,18) dürften mitverarbeitet sein. Die Apostelgeschichte beschreibt den gewaltlosen Weg des Evangeliums bis in die Reichshauptstadt. Sein Doppelwerk stellt Lukas in eine Reihe mit bedeutenden antiken Historikern (E. Meyer). Inhalt und Form erweisen das Matthäusevangelium als judenchristl. Die alte Kirche sah eine Verbindung zum Zwölferapostel. Indizien legen das für manche Überlieferungen nahe, während das Gesamtwerk eher aus einer schriftgelehrten »Schule« (K. Stendahl) stammt.

6. Die Offenbarung schrieb der Zebedaide Johannes, um die Gemeinden Kleinasiens auf eine staatliche Verfolgung unter Nero (um 65) oder Domitian (um 95) vorzubereiten. Viele verschlüsselte Hinweise müssen zeitgeschichtl. verstanden werden. Doch drang der Blick des Sehers auch bis ans Ende der Zeiten vor. Interne Beobachtungen (Sprache, Topografie usw.) stützen die altkirchl. Tradition, nach der auch das Johannesevangelium auf den Apostel Johannes zurückgeht. Offenbar nach seinem Tod, den alte Nachrichten unter Trajan (98-117) verlegen, gab ein Schülerkreis das Werk heraus (Joh 21,23ff). Das könnte die Stilunterschiede zur Offb erklären. Doch wird auch wieder eine Abfassung vor 70 als Missionsschrift für Juden in Palästina oder Kleinasien vertreten. Die älteste ntl. Handschrift (Papyrus 52 aus Ägypten) schließt jedenfalls eine Datierung nach dem ersten Viertel des 2. Jh.s aus. Die Qumran-Funde (seit 1947) haben die johanneischen Denkformen als palästinajüd. erwiesen. Das Evangelium kämpft ebenso wie die eng verwandten Briefe (1/3 Joh) gegen eine Scheinmenschlichkeit Jesu, wie sie u.a. in der Gnosis behauptet wurde.

Lit.: K.B. Aland: Der Text des NT, ²1989; O. Betz: Was wissen wir von Jesus?, 1991; M.E. Boismard, A. Lamouille: Die Werkstatt der Evangelisten, 1980; F.F. Bruce: Zeitgeschichte des NT I/II, 1975/76; O. Cullmann: Der johanneische Kreis, 1975; L. Goppelt: Die apostolische und nachapostolische Zeit, ²1966; ders: Theologie des NT, 1985; W. Grundmann: Die frühe Christenheit und ihre Schriften, 1983; D. Guthrie, J.A. Motyer: Brockhaus Kommentar zur Bibel IV, 1985; M. Hengel: Zur urchristlichen Geschichtsschreibung, ²1984; J. Jeremias: Neutestamentliche Theologie I, ³1988; W.G. Kümmel: Einleitung in das NT, ²¹1983; F. Neugebauer: Die Entstehung des Johannesevangeliums, 1968; B. Pixner: Wege des Messias und Stätten der Urkirche, 1991; R. Riesner: Jesus als Lehrer, ³1988; ders.: Die Frühzeit des Apostels Paulus, 1994; J.A.T. Robinson: Wann entstand das NT?, 1986; C.P. Thiede et al.: Das Petrusbild in der neueren Forschung, 1987.

R. Riesner

III. Der Kanon

1. Nach der Vorbereitung im Alten Bund hat Gott das letzte Wort über den Heilsweg in dieser Weltzeit durch seinen Sohn Jesus Christus gesprochen (Hebr 1,1f). Er betrachtete sich selbst als letzten Gottesboten (Mt 21,33ff parr) und beanspruchte die unverbrüchliche Geltung seines Worts (Mt 24,35 parr). Mit Jesu Aufnahme in den Himmel und dem Tod der von ihm direkt berufenen Apostel ist

die Heilsoffenbarung abgeschlossen. Weil naturgemäß auch die Überlieferung von dieser Offenbarung begrenzt ist, mußte sich die christl. Kirche klar werden, welche Schriften dafür in Betracht kamen. Schon Israel hatte sich die Frage nach einem »Kanon«, d.h. einer Sammlung verbindlicher Bücher gestellt.

2. Seit dem Bundesschluß am Sinai besaß das alte Gottesvolk eine normative Überlieferung (2Mo 24,7f u.ö.). Gleich welchen Umfang das Gesetzbuch hatte, das bei der Reform unter Josia (2Kön 22) um 622 wiedergefunden wurde, es bedeutete einen wichtigen Schritt zur Kanonisierung des Pentateuchs. Spätestens unter Esra war dieser Prozeß abgeschlossen. Der Propheten-Kanon scheint gegen 117 v.Chr. (Vorwort zu Sir) festzustehen. Nach der vorherrschenden Ansicht wurde über die dritte Gruppe der »Schriften« erst um 100 n.Chr. auf einer Gelehrtenversammlung in Jamnia entschieden, die gegen das Christentum gerichtet war. Doch wird neuerdings (S.Z. Leiman, R.T. Beckwith) der Abschluß des hebr. Kanons schon in der Makkabäer-Zeit (um 165 v.Chr. vgl. 2Makk 2,13f) vertreten. Das würde die Entscheidung der Reformationskirchen begünstigen, die atl. Apokryphen (Bar, Tob, Judith, 1/2Makk, Weish, Sir, Stücke zu Dan und Esth) auszuschließen. Sie hatten nicht nur in der jüd. Diaspora hohes Ansehen genossen, während ihre Beurteilung in der Alten Kirche schwankte. In manchen luth. Bibelausgaben sind sie anhangsweise mitgedruckt. Die kath. Kirche hat sie auf dem Konzil von Trient (1546) endgültig angenommen. Die griech.-orth. Kirche übernahm auf der Synode von Jerusalem (1672) nur Tob, Judith, Weish und Sir.

3. Das überlieferte Wort Jesu hatte neben dem christologisch gedeuteten AT in der Kirche immer unbestrittene Geltung (1Kor 7,10ff u.ö.). Die apostol. Briefe fanden bald über die Gemeinden hinaus, an die sie gerichtet waren, Verbreitung und Anerkennung. Schon in der zweiten Hälfte des 1. Jh.s kennt 2Petr 3,16 mehrere Paulus-Briefe als »Schrift«. Eine Sammlung von dreizehn seiner Briefe wurde offenbar schon vor Ende des 1. Jh.s (in Ephesus?) herausgegeben. Zu Anfang des 2. Jh.s bildete sich der Vier-Evangelien-Kanon heraus. Das Nachdenken der Kirche wurde durch die Schriftensammlung des Irrlehrers Marcion (um 144) beschleunigt. Bereits am Ausgang des 2. Jh.s waren drei Viertel der ntl. Schriften in den rechtgläubigen Gemeinden anerkannt (vgl. Muratorisches Fragment u.ä.). Vor allem Hebr, Jak, 2Petr, 2/3Joh und Jud blieben jedoch weiter Antilegomena, d.h. Schriften, denen von manchen Gemeinden widersprochen wurde.

Zum ersten Mal sind alle heutigen 27 Schriften des NT im 39. Osterfestbrief (367) des Alexandriner Patriarchen Athanasius für das ägypt. Kirchengebiet als verbindlich aufgezählt. Diesem Urteil schlossen sich westl. Provinzsynoden in Rom (382) und Nordafrika (393, 419) an. Schon um 360 hatte eine kleinasiatische Provinzsynode in Laodizea ein bis auf die fehlende Offb übereinstimmendes Schriftenverzeichnis erstellt. Die westsyr. Kirche glich sich im Lauf des 6. Jh.s an. Ostsyrer, Kopten und Äthiopier weichen bis heute ab. Bei Athanasius begegnet auch der griech. Begriff *kanon* für ein in der Kirche zusammengestelltes »Verzeichnis« hl. Schriften. Bald darauf wurde dann der Ausdruck *canon* in der lat. Theologie im Sinn eines normativen »Maßstabes« gebraucht.

4. Der Katholizismus neigt dazu, die Rolle der Kirche bei der Kanon-Bildung überzubetonen. Lange Zeit aber hatten offizielle Machtsprüche keine entscheidende Bedeutung. Es vollzog sich vielmehr ein Prozeß des gegenseitigen Überzeugens. Wie wenig man aus eigener Vollmacht beschließen wollte, zeigt die Suche nach Abgrenzungskriterien, die man aus den bereits anerkannten Autoritäten gewann. Man fragte vor allem nach der Apostolizität von Schriften, womit nicht ausschließlich Verfasserschaft, sondern vor allem auch die inhaltliche Übereinstimmung mit dem apostol. Christus-Zeugnis gemeint war. Eine Unterbewertung der Kirche brachte den Protestantismus in die Gefahr, den Kanon einseitig mit dem »inneren Zeugnis des Heiligen Geistes« beim einzelnen zu begründen. Dieser Subjektivismus fand eine konsequente Fortsetzung in der → Aufklärung, deren Frage nach dem »Kanon im Kanon« bis heute nachwirkt.

5. Luther äußerte Bedenken gegen Hebr, Jak, Jud und Offb und stellte sie an den Schluß des NT. Damit wies er darauf hin, daß der Umfang des Kanons in der Kirche diskutiert werden darf. Im Gegensatz zur modernen Kanonkritik hat der Reformator aber seine persönliche Meinung dem überwiegenden Zeugnis der früheren Kirche untergeordnet und den ntl. Kanon faktisch beibehalten. Für den Ausschluß der atl. Apokryphen konnte er sich auf das Urteil großer altkirchl. Theologen wie Athanasius und Hieronymus berufen.

6. Der Name Bibel als Zusammenfassung von AT und NT geht auf den bedeutenden altkirchl. Exege-

ten Origenes in der Mitte des 3. Jh.s zurück (griech. *ta biblia*, »die Bücher«).

Lit.: R.T. Beckwith: The Old Testament Canon of the New Testament Church, 1985; F.F. Bruce: The Canon of Scripture, 1988; J.D. Kaestli et al.: Le Canon de l'Ancien Testament, 1984; S.Z. Leiman: The Canonization of the Hebrew Scriptures, 1976; G. Maier (Hg.): Der Kanon der Bibel, 1990; B.M. Metzger: The Canon of the New Testament, 1988; A. Sand, A. Ziegenaus: Handbuch der Dogmengeschichte I/3a [1-2], 1974, 1990; F. Stuhlhofer: Der Gebrauch der Bibel von Jesus bis Euseb, 1988; T. Zahn: Grundriß der Geschichte des neutestamentlichen Kanons, [3]1985.

R. Riesner

b) theologiegeschichtlich

1. Für Christen der ersten Generation galt das AT wie selbstverständlich als »Die Schrift«, und natürlich war das AT auch die Bibel Jesu selbst. Was verheißen war, ist in Jesus erfüllt worden: der erwartete Messias ist da, der neue Adam, der die Erwählung des atl. Bundesvolkes auf die ganze Menschheit ausdehnt, der das Gesetz nicht aufhebt, sondern in seinem tiefen, den ursprünglichen Liebeswillen Gottes mit seiner Schöpfung aufdeckenden Sinn erfüllt. → Die Typologie, das Paradigma von Verheißung und Erfüllung, ist die älteste, schon bei Paulus anzutreffende Auslegungsmethode, die die unauflösliche Einheit von AT und NT bewahrt.

2. Schon in der frühen Kirche wurde die B. zur Grundlage für die Liturgie des christl. Gottesdienstes; in der Ostkirche ist diese Verankerung stärker festgehalten worden als im Westen. Das Tagzeitengebet und die Abendmahlsliturgie auch im Westen sind ganz und gar von der B. geprägte Gottesdienstordnungen.

3. Die Auseinandersetzung der Kirche mit Markion einerseits und den verschiedenen »gnostischen« Gruppierungen andererseits, die auf je unterschiedliche Weise das Evangelium von Christus enthistorisierten und zu einem neuen, spekulativen Mythos machten, hat zur Bildung des NT neben dem AT geführt. Eine wichtige auslegerische Entscheidung war die Beibehaltung der vier Evangelien nebeneinander und damit die Bereitschaft, Offenheiten, Unterschiede, ja Gegensätze (z.B. die Fußwaschung in Joh 13 anstelle der Einsetzung des Herrenmahles am Gründonnerstag bei den Synoptikern) in der Christusüberlieferung zu akzeptieren und stehen zu lassen, statt diese in einer → Evangelienharmonie auszugleichen, wie es Tatian und nach ihm viele andere taten. Darin kommt die Treue zum geschichtlich-inkarnatorischen Ursprung der Gottesoffenbarung in Jesus ebenso zum Ausdruck wie in der Apostolizität als Kriterium für die Aufnahme der einzelnen Schriften in den Kanon des NT. Insofern ist Entstehung, Wachstum und Abschluß des NT eine theol.-geistl. Entscheidung, ein Stück Glaubensbekenntnis.

4. Die älteste Form der Schriftauslegung war die Predigt (Homilie); vielleicht waren einzelne Briefe des NT (z.B. 1Petr) bereits als Predigten konzipiert. Womöglich sind Evangelien- und Apostellesungen im Gottesdienst als Predigt gehört und aufgenommen worden. Jedenfalls wurden von der frühen Kirche an (2 Clem.; Joh. → Chrysostomus) bis in die Gegenwart hinein einzelne Predigten und Predigtsammlungen (Postillen, z.B. von Nikolaus von Lyra, M. → Luther, J. → Arndt) aufbewahrt. Als zweite Gattung der Auslegung entwickelte sich der Kommentar, den wir von → Origenes an über → Augustin, → Bernhard von Clairvaux, → Thomas von Aquin, Martin Luther bis in die Gegenwart hinein immer reicher ausgebaut vorfinden. Vor der Kommentierung steht die Textfeststellung (Origenes, Hieronymus) und die Kapitel- und Verseinteilung (Scholastik, 18. Jh.), dann folgt bis ins späte MA hinein, in der Regel unkommentiert, die Auslegung früherer Autoritäten, die neben die einzelnen Verse gesetzt wird, aber auch die selbständige Auslegung des jeweiligen Theologen (Glossa ordinaria). Durch die Zusätze der »Väter« hat sich neben der Schrift wie selbstverständlich die (abgeleitete) Autorität der Tradition ergeben.

Die dritte Gattung der Schriftauslegung war die theol. Abhandlung bis zum umfangreichen dogmat. Buch. Denn selbstverständlich war alle Lehre der Kirche (von den Traktaten der altkirchl. Väter an über die Sentenzenkommentare oder die Quaestionenliteratur der Scholastik bis zu den reformat. Bekenntnisschriften und den loci Melanchthons bzw. der Institutio Calvins) gedanklich verarbeitete Schriftauslegung. Das gilt auch für die theol. Literatur bis zum heutigen Tag, nicht nur für die Dogmatik und Ethik. Wer zu bestimmten Fragen der Meinung ist, er müsse die Heilige Schrift »fortschreiben« oder »gegenbürsten«, verläßt das Fundament des Glaubens und spricht sich selbst das Urteil.

5. Origenes (gest. 254) ist der erste, der über die »Methoden« der Schriftexegese Rechenschaft abgibt. Die B. ist für ihn wie der menschliche Organismus ein lebendiges Ganzes, und so gibt es eine somatische (wörtliche), eine psychische (moralische) und eine pneumatische (geistl.) Schriftauslegung, die der Reihe nach anzuwenden ist. Der Wortsinn ist für ihn durchaus wichtig, aber er kann übergangen werden,

wenn er anstößig oder unlogisch erscheint. Psychischer und pneumatischer Schriftsinn sind oft identisch; nur wenige, besonders gereifte oder gebildete Christen sind in der Lage, den geistl. Sinn herauszufinden. Der Gewinn dieser Methode liegt darin, daß damit alle Schwierigkeiten und Widersprüche der Bibel auflösbar und erklärbar werden.

Den gleichen dreifachen Sinn kennt auch Hieronymus. Augustin spricht in seiner, noch für Luther wichtigen Schrift »De spiritu et littera« nur von zwei Schriftsinnen, dem wörtlichen und dem geistl., wobei die Rede vom geistl. Sinn bei ihm wie bei seinen Vorgängern immer auf die grundsätzliche Inspiriertheit der Bibel (ihres Sinnes mehr als ihrer Buchstaben) verweist. Dies ist gemeint mit der bei Hugo von St. Victor (gest. 1141) wohl zuerst überlieferten und dann oft, z.B. von M. Luther aufgenommenen Feststellung: »Die Heilige Schrift legt sich selbst aus«.

Im hohen MA begegnet schließlich der vierfache Schriftsinn, den Augustinus von Dacia (gest. 1283) am Beispiel »Jerusalem« folgendermaßen entfaltet:

a. Wörtlich-literarisch: Stadt in Judäa,

b. moralisch-tropologisch: Die gläubige Seele und ihr Tun,

c. anagogisch-eschatologisch: die triumphierende Kirche,

d. geistlich-allegorisch: die streitende Kirche in der Welt.

Weil die geistl. Auslegung im MA mehr und mehr dominierte und den Wortsinn entweder überflüssig machte oder nur als Vorstufe des eigentlichen, übertragenen Sinnes erscheinen ließ, wurde die Schriftauslegung im MA beliebig und zum willkommenen Macht- und Disziplinierungsmittel in den Händen derer, die die einzelnen Schriftsinne kannten und beherrschten. Im MA trat die Tradition (also die Kirche) neben und über die Schrift, wenn die Kirche z.B. in Synodalentscheidungen Laien die Bibellektüre ohne Anleitung eines Klerikers untersagte.

6. Die Bewegung des Humanismus, die im 15. Jh. einsetzte, ging wieder auf den originalen Bibeltext zurück, edierte die hebr. B. (1514-1517 in Alcalá) und das griech. NT (1516 in Basel) und vermittelte der Reformation wichtige Impulse. Laurentius Valla (1407-1457) und → Erasmus von Rotterdam (1469-1536), Johann → Reuchlin (1455-1522) und Philipp → Melanchthon (1497-1560) sind besonders zu erwähnen; Melanchthon wird auch Bindeglied zur Wittenberger Reformation.

Trotzdem erfolgte die Reformation M. Luthers nicht von der Wiederentdeckung des bibl. Textes, sondern der bibl. Botschaft aus. Die sog. reformat. Entdeckung erschloß sich nicht schlagartig, sondern allmählich auf dem Wege sorgsamen Bibelstudiums im Zusammenhang mit Luthers Vorlesungen über die bibl. Bücher an der Universität Wittenberg. Dabei wurde ihm das neue Verständnis von Gerechtigkeit zur Wendeerfahrung für seinen weiteren Weg; an diesem Wort wurde ihm deutlich, wer Christus ist und wo die Mitte der bibl. Botschaft liegt. »Was Christum treibet« wird fortan für Luther zum Kriterium seiner Predigt und für zentrale und randhafte Schriften innerhalb des NT, und der Psalter – Luther hat ihn als Mönch in jeder Woche ganz gebetet – galt ihm zeitlebens als »kurze Bibel«.

Zu seiner zentralen Einsicht kam Luther von der Exegese des Wortsinns her, der für ihn immer mehr zum entscheidenden, zum eigentlich geistl. Schriftsinn wurde. Die allegorische Auslegung trat bei ihm zunehmend zurück, ohne daß sie ganz aufhörte, und die übrigen »Schriftsinne« ergaben sich für ihn aus dem wörtlichen Gebrauch der Schrift. So werden paränetische Texte tropologisch und eschatologische Texte anagogisch ausgelegt. Luther wies den mehrfachen Schriftsinn nicht ausdrücklich ab, aber er fand alles, was zum rechten Verständnis der Bibel nötig war, im Wortsinn der Schrift. Freilich begnügte er sich niemals mit der philologisch-hist. Arbeit allein, obwohl er die bibl. Sprachen als »Scheiden des Geistes« schätzte und achtete. Die Schrift wurde ihm vielmehr zum Wort: nicht aus dem Lesen, aus dem Hören entsteht der Glaube. Deshalb zielt Exegese nicht zuerst auf Wissen und Verstehen des Textes, sondern auf Predigt, auf Verkündigung des Wortes Gottes. Hier liegt der unvergängliche Neuansatz Luthers, daß die B. zum mich angehenden und mich verwandelnden Wort der Liebe Gottes wird. Deswegen nannte Luther die Kirche auch »Schöpfung aus dem Wort« und unterstrich: »Das ganze Leben und das ganze Wesen der Kirche besteht im Wort Gottes.« Eine lediglich hist. Exegese, die keine Beziehung zum Ausleger und zur Gemeinde findet, war für Luther undenkbar: Die Schrift wird zum Wort, das Wort schafft Begegnung und führt zum Glauben, der »herzliches Vertrauen« ist. Den methodischen Zugang zum Wort der Schrift beschrieb Luther in einem durchaus traditionellen Dreischritt, wie er im Mönchtum seit eh und je geübt wurde: → Gebet, → Meditation, → Anfechtung. Im Gebet entfaltet sich der Begegnungs-, in der Meditation der Übungs- und in der Anfechtung der Bewährungscharakter des göttlichen Wortes. Dabei bleibt der Geist mit der Schrift als äußerem Wort verbunden (gegen die Schwärmer), er wirkt im Gottesdienst der Gemeinde ebenso wie im »Kämmerlein« (gegen die Spiritualisten) und er hat an der Schrift genug, um das Evangelium zu entfalten (sola scriptura, gegen die Gleichordnung und damit faktische Vorordnung der Tradition vor die Schrift in der röm. Kirche des MAs). Die B. vermittelt den Hl. Geist, und dieser läßt die Schrift als Wort Gottes erfahren.

7. Der komplizierte Weg, den Luther der Kirche zutraut, ist oft genug in der Folgezeit eingeengt oder verlassen worden. Schon Melanchthon und Calvin haben aus Luthers Einsichten eine ev. → Dogmatik und → Ethik gemacht, und in der zweiten Generation der Reformation, der sog. altprot. Orthodoxie wurde nicht das Wort Gottes, sondern erneut die Hl. Schrift zum Fundament für Leben und Lehre der Kirche erklärt. Im → Pietismus wurde das Anliegen Luthers neu lebendig. »Je reichlicher das Wort Gottes unter uns wohnen wird, je mehr werden wir Glauben und dessen Früchte zuwege bringen«, so betonte → Spener und führte deshalb neben dem Gottesdienst Gesprächskreise ein, in denen sich die Gemeinde über das gehörte und erfahrene Wort Gottes austauschen sollte. A.H. → Francke empfahl Luthers Zugang zur Schrift (Gebet, Meditation, Anfechtung) als Hilfe für ein ertragreiches Theologiestudium, und J.A. → Bengel gab Theologen und Nichttheologen gute Ratschläge zum »rechten Umgang mit Gottes Wort«.

8. Mit der → Aufklärung rückte ein ganz anderes Interesse gegenüber der Bibel in den Vordergrund: die Inspiriertheit der Schrift wurde aufgegeben und durch die Vernunftgemäßheit ersetzt; das »Wesentliche am Christentum«, die »Teilhabe an den Gedanken Gottes«, die »Liebe zum Nächsten und zu Gott«, darin hat der von England ausgehende → Deismus um 1700 den Grundsinn der Bibellektüre erblickt. Die Bibel wurde nun als Buch wie jedes andere gelesen und mit den Methoden der wissenschaftl. Kritik beurteilt. Neben die philologisch-hist. Auslegung trat im Laufe der Zeit die psychologische, die sozialgeschichtl.-materialistische, die polit., die interaktionale, die feministische Auslegung etc., und andere methodische Zugänge werden immer neu auftreten. Ein wahrhaft vielfacher Schriftsinn mit all seinen damit verbundenen Problemen hat sich in der Neuzeit eingestellt. Die → Dialektische Theologie hat allerdings zu einer neuen Wort-Gottes-Theologie (K. Barth, D. Bonhoeffer) und in ihrem Gefolge auch zu erneuerter »Biblischer Theologie« (O. Michel, H. Gese, P. Stuhlmacher) geführt. Soweit die genannten Methoden nicht beanspruchen, die einzig möglichen zu sein und die absolut richtige Auslegung zu bieten, wird man mit Zurückhaltung und Interesse auf ihre Ergebnisse achten. Soweit sie einen geistl. Zugang zu Gott und seinem Wort behindern oder verbieten, wird allerdings zu widersprechen sein. Andererseits meint geistl. Umgang mit der B. niemals Verzicht auf menschliche Zugangswege. Daß der literarische Schriftsinn der geistl. ist, wie Luther gezeigt hat, bedeutet, die Menschwerdung Gottes in Christus ernst zu nehmen und deshalb auch Aufmerksamkeit für die jeweiligen Auslegungsangebote der Zeit aufzubringen, freilich ebenso auch Prüfung dieser Methoden auf die Berechtigung ihres Ansatzes, ihrer Schritte und ihrer Ergebnisse.

Lit.: H. Bornkamm (Hg.): Luthers Vorreden zur Bibel, 1967; H. von Campenhausen: Die Entstehung der christlichen Bibel, 1968; E. von Dobschütz: Die Bibel im Leben der Völker, [3]1952; M. Kähler: Aufsätze zur Bibelfrage, 1967; W.G. Kümmel: Das Neue Testament. Geschichten der Erforschung seiner Probleme, 1958; M. Nicol: Meditation bei Luther, [2]1991; R. Schäfer: Die Bibelauslegung in der Geschichte der Kirche, 1980; M.E. Schild: Abendländische Bibelvorreden bis zur Lutherbibel, 1970.

G. Ruhbach

c) systematisch-theologisch

1. Zur Bedeutung der Lehre von der Bibel: Die Heilige Schrift als Wort Gottes.

In Lehre und Leben der Christenheit hat die B. traditionell eine grundlegende und zentrale Bedeutung.

Den Außenstehenden muß diese beherrschende Stellung der B. in der Christenheit und für den einzelnen Christen befremden: diese Zuwendung zu dem einen, in seiner Endgestalt mittlerweile fast 2000 Jahre alten Buch erweckt den Eindruck einer einseitigen Fixierung auf eine ferne Vergangenheit und einer dem gegenwärtigen Leben gegenüber fremden geistigen Unselbständigkeit.

Tatsächlich aber ist das Christentum weder Buchreligion noch kann es, ohne sich selbst zu verlieren, von diesem Buch gelöste Geistreligion werden, vielmehr ist es wesentlich Wortreligion, als solche allerdings auch Religion eines Buches, eben darin aber auch Religion des durch dieses Buch als lebendigem Wort wirksamen Gottesgeistes (Michel, 137).

Denn so sehr die B. maßgeblicher Erkenntnisgrund der Theologie (*principium cognoscendi*) ist, so ist sie darin doch nicht für sich verstehbar, sondern nur im Zusammenhang der christl. Gottes- und Selbsterkenntnis.

Gott ist redender Gott. Das ist die grundlegende bibl. Aussage über Gott. Durch sein Wort wurde die Welt aus dem Nichts ins Dasein gerufen. In ihr schuf er den Menschen als sein Ebenbild, seinerseits des Wortes mächtig (1Mo 2,18ff) und als Empfänger des Wortes Gottes in der Antwort des Gotteslobes höchste Erfüllung des Lebens findend (Jes 38,19;

Eph 1,12). Der Mensch aber mißbrauchte seine Würde, er dankte Gott nicht und suchte sich selbst an Gottes Stelle zu setzen.

Da setzte Gott durch sein Wort einen neuen Anfang: er rief Abraham heraus aus den Völkern, machte nach seiner Verheißung Abrahams Nachkommenschaft, Israel, zu seinem Volk, gab ihm durch Mose seine Weisung, die Offenbarung seines heiligen Willens, rief es durch das Wort des Propheten immer wieder zu sich zurück. Zuletzt aber und definitiv redete Gott zu Israel und zugleich zur ganzen Menschheit durch Jesus, seinen Sohn (Hebr 1,1). In ihm wurde die Menschenfreundlichkeit Gottes manifest (Tit 3,4), Gottes Reden wurde Fleisch (Joh 1,14; Röm 8,3). Entsprechend kann nun die ganze Botschaft, die der Christenheit anvertraut ist, gründend im atl. Gotteszeugnis, aber gipfelnd in Wort und Tat Jesu, als »Wort Gottes« bezeichnet werden (Apg 4,31; 11,1 u.ö.; vgl. 1Kor 14,36; 2Kor 2,17; 4,2) als dessen Übermittler die Apostel »Diener des Wortes« sind (Lk 1,2; Apg 6,4), im Dienst nicht des Buchstabens, d.h. des Gesetzes, sondern des Geistes, d.h. als Botschafter der Versöhnung in Christus (2Kor 3,6; 5,19f).

Dieses persönliche Reden Gottes geschah immer in die Geschichte der Menschen hinein. Als über den Augenblick des Geschehens hinaus neue Geschichte setzend, bleibende Weisung gebend und zukünftiges Geschehen ankündigend, wurde dieses Wort von Anfang an Gegenstand des Erinnerns, geschichtl. Überlieferung, auch in der Gestalt schriftlicher Fixierung (Ps 102,19, vgl. dazu etwa in Apg 1,1 die Bezeichnung des ganzen LkEv.s als »Wort«), um dann in neuer Situation neu von Gott her reden und in seine Wegspur einweisen zu können (1Kor 9,10; Röm 4,23).

Dabei liegt der Ermöglichungsgrund dafür, daß das Wort von damals auch heute sich als gültig und wirksam erweist, weder primär in einer verschiedene Zeiten verbindenden innergeschichtl. Gesetzmäßigkeit noch in der Konstanz des Menschlichen über den Wandel der Zeiten hinweg, sondern in Gottes Treue zu sich selbst und seinem Wort.Der damals wirksam sprach, redet auch heute noch, und zwar in der Kontinuität der durch sein Wort damals in Gang gesetzten Geschichte, und in der Kraft des heute durch sein Wort wirkenden Geistes.

2. Der Ursprung der Bibel in Gott: Die Lehre von der Inspiration der Heiligen Schrift

Bereits in vorchristl. Zeit wurden im Judentum die Schriften des heutigen AT als »Heilige Schriften« grundsätzlich von allem anderen überlieferten Schrifttum unterschieden (Burkhardt, 73-128, vor allem zu Philo Alexandrinus). Das Christentum übernahm, unter Einschluß des ntl. Schrifttums, diese Unterscheidung und kennzeichnete das Wesen dieser Schriften dogmat. vor allem durch den Begriff des Wortes Gottes. Damit stellte sich aber die Frage, mit welchem Recht und in welchem Sinn diese in ihrem Ursprung doch offensichtlich von Menschen verfaßten Schriften eigentlich Wort Gottes genannt und damit in ihrem Ursprung auf Gott zurückgeführt werden können.

Traditionell wird diese Frage vor allem durch die Auffassung von der Inspiration der Bibel beantwortet.

Der Begriff der Inspiration geht unmittelbar auf die Vulgata-Version von 2Tim 3,16 zurück: *Omnis scriptura divinitus inspirata* (alle göttlich eingehauchte Schrift). Dabei legt der Begriff des *in-spirare* (»einhauchen«) die Vorstellung einer sozusagen mechanischen Einflößung des bibl. Textes nahe. Dem griech. Wortlaut von 2Tim 3,16 dagegen (*theopneustos*, »von Gott gehaucht«) fehlt dieser durch das »in« hinzugefügte räumliche Aspekt der lat. Übersetzung. Über das »Wie« des Vorgangs ist hier keine Aussage gemacht. Es wird nur vorausgesetzt, daß bei der Entstehung der Schrift (genauer: jeder Schriftstelle, vgl. Joh 19,37) Gottes Geist (*pneuma*, »Hauch«) am Werk war, so daß sie Menschen »weise zur Erlangung des Heils durch Glauben an Christus Jesus zu machen« vermag (V. 15) und der sittlichen Erneuerung des Menschen nützlich ist (V. 16f). Immerhin legt die Wirkung am Leser (»weise«, »geschickt zu jedem guten Werk«) einen möglichen Rückschluß auf ein entsprechendes Wirken des Geistes auch im Autor nahe.

Auch in 2Petr 1,21 hat die lat. Übersetzung den Gedanken des Ein-hauchens eingetragen, indem sie die Aussage, daß die bibl. Prophetie hervorgebracht worden sei von »Menschen Gottes, die, getrieben (oder: ergriffen: *pheromenoi*) vom heiligen Geist, sprachen«, übersetzt mit *Spiritu sancto inspirati locuti sunt Dei homines.* Anders als in 2Tim 3 findet sich hier eine ausdrückliche Aussage darüber, wie »jede Prophetie der Schrift« (V. 20), und damit (wie in 2Tim 3,16) die ganze Schrift des AT, entstanden ist: »Inspiration« vollzog sich danach als Einwirken des Geistes Gottes auf den Willen des Menschen, nicht also unter Ausschaltung seiner Person mit ihrem Wollen, Denken und Fühlen, sondern nur als Ausschaltung der Eigenmächtigkeit des menschlichen Willens und Ausrichtung auf Gottes Wahrheit und Willen.

Vom Wirken des Geistes Gottes bei der Entstehung eines Schriftwortes ist auch sonst im NT wiederholt die Rede: David sprach im Heiligen Geist

(Mk 12,36 = Mt 22,43); der Hl. Geist sagte (voraus) durch den Mund Davids (Apg 1,16), durch den Propheten (Apg 28,25); Gott redet durch den Hl. Geist durch den Mund Davids (Apg 4,25), durch den Mund der heiligen Propheten (Apg 3,18.21); der Hl. Geist redet (Hebr 3,7), offenbart (9,8), bezeugt (10,15); Gott redet durch die Propheten (Hebr 1,1).

Dabei tritt der Prophet, durch den Gott redet, z.T. so weit zurück, daß er, in abgekürzter Redeweise, gar nicht mehr erwähnt wird (so vor allem in Hebr). Trotzdem ist er keineswegs nur willens- und bewußtloses Organ, wie der Ausdruck »durch den Mund des . . .« annehmen lassen könnte (Apg 1,16 u.ö.), vielmehr kann im gleichen Atemzug auch nur der Prophet selbst genannt und von ihm gesagt werden, er habe als solcher »gewußt« (Apg 2,30), was er zu verkünden habe. So kann zwar einerseits gelegentlich die Sprache hell. Inspirationsmantik aufgenommen werden (Bibelworte als *logia* »Orakelspruch«, Apg 7,38; Röm 3,2; Hebr 5,12; als *chrematismos* »Orakel«, Röm 11,4, vgl. Hebr 8,5), damit muß aber keineswegs die Ausschaltung der Persönlichkeit des Propheten verbunden sein (Jesaja »wagt zu sagen . . .« Röm 10,20). Selbst Philo Alexandrinus, der für sein Inspirationsverständnis in noch viel höherem Maße die Terminologie der hellen. Inspirationsmantik übernimmt, versteht, wie neuere Untersuchungen zeigen, die Inspiration keineswegs in einem das menschliche Bewußtsein ausschließenden Sinn, sondern als eine das Bewußtsein des Propheten im Sinne der Weisheit verändernden Einwirkung des Gottesgeistes (Burkhardt).

Die theol. konzentrierenden und deutenden Aussagen über Gottes Wirken bei der Entstehung der Schrift sind nun gleichsam empirisch zu ergänzen durch Aussagen der bibl. Schriften selbst über ihre Entstehung.

Dabei sind drei Grundformen von Erkenntnis zu unterscheiden, in denen die Schrift sich gründet:
a. Unmittelbare Wortoffenbarung, insbesondere in Gestalt der Audition, aber auch der Vision (Erzväter, Mose, Propheten). Diese Offenbarung wurde teilweise vom Empfänger selbst niedergeschrieben, teilweise wurde sie Gegenstand mündlicher und schriftlicher Überlieferung, bis hin zu den heute uns vorliegenden Büchern der Schrift.
b. Offenbarung durch die Geschichte (Exodus, Einlösung der Landverheißung usf.). Diese Taten Gottes wurden in Dichtung (2Mo 15) und Prosa (2Mo 14) als Geschichtsberichte überliefert und gedeutet. Während der menschliche Geist bei der Wortoffenbarung sich wesentlich rezeptiv verhält, ist er hier offensichtlich aktiver beteiligt (vgl. Lk 1,1-4).
c. Offenbarung in der individuellen Erfahrung und im natürlichen Leben (Gebete, Weisheitsliteratur). Offensichtlich ist hier der menschliche Geist noch stärker beteiligt, anscheinend geradezu selbsttätig. Die B. spricht allerdings auch bei der Erkenntnis Gottes aus den Werken der Schöpfung von Offenbarung, Röm 1,19. Entsprechend fallen nach dem Urteil der bibl. Spitzenaussagen über Inspiration auch so entstandene Schriften unter die Kategorie der inspirierten. Inspiration kann also nicht nur im engeren, ursprünglich prophetischen Sinn des Wortempfangs, sondern auch in einem weiteren Sinn verstanden werden als vom Geist Gottes geleiteter und insofern inspirierter Weisheit.

Inspiration in dem weiten Sinn von 2Tim 3,16, im Zusammenhang mit den anderen ntl. Aussagen, bedeutete dann: Gott hat die Herzen von ihm berufener Menschen auf das hin gelenkt, worauf es ihm im Verfolg seines Heilsratschlusses ankam: Er befreite ihren Willen von seiner sündigen Eigenmächtigkeit (vgl. auch 2Kor 10,5) und machte zugleich ihren Verstand hellsichtig, nicht nur Gottes unmittelbares Offenbarungswort, sondern auch sonst das Offenbarwerden seiner Wahrheit in Geschichte und Schöpfung wahrzunehmen.

Die Inspiration vollzog sich also als eine formal unterschiedliche Art der Einwirkung des Geistes Gottes auf die Autoren der B. Trotzdem ist die seit der Romantik (Herder, Schleiermacher) aufgekommene Bezeichnung Personalinspiration mißverständlich und nicht ausreichend. Der romantische Gedanke der Personalinspiration setzt den der Kongenialität voraus. Inspiration ist aber nicht Selbstwirksamkeit eines vergöttlichten Menschengeistes, sondern aktuelles Einwirken des Gottesgeistes auf den Menschengeist. Aber auch die Theorie von der sog. Realinspiration (nicht die Schrift selbst, wohl aber bestimmte ihrer Inhalte sind inspiriert, insbesondere allgemeine rel.-ethische Wahrheiten oder Aussagen über den Weg der Erlösung des Menschen) ist nicht haltbar: sie steht nicht nur im offenen Widerspruch zum bibl. Selbstzeugnis, sondern verdinglicht mit ihrer Trennung von Form und Inhalt die Offenbarung. Man wird also, das berechtigte Element der Personalinspiration mit einschließend, präziser von Verbalinspiration reden müssen, und zwar in dem Sinne, daß die Heilige Schrift auf ein aktuelles Wirken des Geistes zurückzuführen ist, das dazu berechtigt, das Ganze der Heiligen Schrift (*tota scriptura*) Wort Gottes (*verbum Dei*) zu nennen. Ähnlich spricht man auch, noch formaler vor allem die Ganzheit der Heiligen Schrift in den Blick nehmend, von Ganzinspiration (G. Maier).

3. Die Begrenzung der Heiligen Schrift auf die biblischen Schriften: Die Lehre vom biblischen Kanon

Die Frage nach dem Verständnis der B. als Kanon (s.o. III.) gliedert sich in zwei Teilfragen:

a. Warum gibt es überhaupt eine solche Begrenzung heiliger Schriften auf einen Kanon, d.h. eine definitiv begrenzte Zahl von für Leben und Lehre der Christenheit verbindlich maßgebenden Schriften?

b. Warum gehören bestimmte Schriften zu diesem Kanon, andere nicht?

Zu a.: An sich wäre durchaus denkbar, daß, eingebettet in einen großen Strom heiliger (auch mündlicher) Tradition die Liste heiliger Schriften für neue inspirierte Schriften offen wäre. So haben sich in der Geschichte des atl. Kanons an das schon in gewissem »kanonischen« Ansehen stehende Korpus mosaischer Schriften mit ihrer Dokumentation der grundlegenden Offenbarungsereignisse von Exodus und Sinai die Berichte von weiteren geschichtl. Erfahrungen Israels angegliedert. Diese Entwicklung kam zwar innerhalb des Judentums schon in vorchristl. Zeit zu einem gewissen Abschluß (nach Josephus deshalb, weil die Sukzessionsreihe der zur biblischen Autorschaft legitimierten Propheten in der Perserzeit abbrach, cAp.I,37-41). In der frühen Christenheit schloß man sich, darin Jesus und den Aposteln folgend, an diese dem Umfang nach längst feststehende Sammlung der atl. Hl. Schriften bewußt an, erweiterte sie aber um das apostol. Schrifttum. Der Grund dafür lag in dem neuen, das AT erfüllenden und zugleich überbietenden Offenbarungshandeln Gottes in Christus. Sofern dieses aber nicht nur ein, und sei es auch noch so wichtiges, Ereignis neben anderen ist, sondern als eschatologisches zugleich endgültig ist (Hebr 1,1f), findet mit der Sammlung der ntl. Schriften der bibl. Kanon seinen definitiven Abschluß. Der Kanon der B. ist also grundsätzlich und unwiderruflich geschlossen.

Zu b.: Mit dieser geschichtl. Begründung der Abgeschlossenheit des Kanons hängt zusammen, daß für die Zugehörigkeit jeder einzelnen Schrift zum ntl. Kanon keine absoluten, theoretischen Kriterien angegeben werden können, sondern nur »relative«, d.h. Kriterien, die auf dies kontingente geschichtl. Ereignis der Offenbarung in Christus zurückverweisen: Zum einen weist das Kriterium der *Apostolizität* (Autorschaft eines Apostels) auf die persönliche Autorisierung der → Apostel zum grundlegenden Christuszeugnis durch Jesus (Kanon Muratori, 44f: »daß Christus die Regel der Schrift und ihr Prinzip sei«) und damit den hist. Ursprung der Heilsbotschaft zurück (O. Weber: Kriterium der Originalität); zum anderen verweist das Kriterium der *Katholizität* (kein bloßes Privatschreiben, sondern für die ganze Kirche bestimmt, Kanon Muratori 60-62) auf die Zugehörigkeit einer Schrift zur B. des neuen Gottesvolkes. Zum Kriterium der Katholizität könnte auch die Annahme einer Schrift durch die »allgemeine« Kirche, d.h. die ganze Christenheit, gerechnet werden. Um aber das Mißverständnis zu vermeiden, die Kirche habe in eigener Vollmacht den Kanon festgesetzt und stehe insofern über ihm, ist es ratsam, zum dritten von der *Autopistie* der Schriften des Kanons zu sprechen, in der sie sich durch sich selbst die glaubende Anerkennung durch die Kirche geschaffen haben (*testimonium Spiritus Sancti internum*) und in dieser Wirkung auf ihren Ursprung in Gott zurückweisen.

Keines dieser Kriterien kann für sich allein stehen oder gar die Zugehörigkeit einer Schrift zur Bibel zwingend »beweisen«. Das Kriterium der Apostolizität ist nur anwendbar, wenn man es auf Apostelschüler (etwa Markus und Lukas) ausweitet; das Kriterium der Katholizität für sich genommen schließt spätere Schriften,die auch an die ganze Kirche gerichtet oder sogar von ihr angenommen sind (wie etwa ökumen. Bekenntnisse) nicht aus; und das Kriterium der Autopistie ist gegen Subjektivismus nicht geschützt. Gemeinsam aber sind sie Hilfe zum Annehmen und Verstehen der Begrenzung des Kanons auf die uns vorliegenden bibl. Schriften.

4. Eigenschaften der Schrift als Wort Gottes

Als berufendes Wort, als Wort der Verheißung wie des Befehls, ist die bibl. Offenbarung vor allem persönliche Anrede. Solche Anrede impliziert aber (in unterschiedlicher Weise) immer auch bestimmte Sachinformation bzw. setzt die Kenntnis bestimmter Sachverhalte voraus. Während menschliche Rede immer wieder auch fehlinformiert, irregeführt und irreführend ist, zeichnet sich nach bibl. Zeugnis Gottes Reden dadurch aus, daß es unbedingt vertrauenswürdig ist: Gott hält, was er verspricht (Ps 33,4). Gottes Wort ist »nichts als Wahrheit« (Ps 119,160), denn nichts ist vor ihm verborgen (Ps 139) und er allein ist wirklich wahrhaftig (Röm 3,4). Sein Reden ist aber auch klar und unmißverständlich (Micha 6,8). Und es ist wirksam »wie ein Hammer, der Felsen zerschmeißt« (Jer 23,29).

In der Anwendung solcher Aussagen auf das geschriebene Wort der B. entstanden aber Fragen, die immer wieder zu theol. Auseinandersetzungen führten.

a. Wahrheit

Was bedeutet das Bekenntnis, daß die B. »wahr« sei? In welchem Sinn kann sie, die zugleich doch Wort irrtumsfähiger und irrender Menschen ist, »wahr« sein? Am einfachsten wäre dies Problem gelöst, wenn in der Entstehung der Bibel der menschliche Anteil möglichst gering anzusetzen wäre, die Autoren nur willen- und bewußtlose Werkzeuge des göttlichen Offenbarungshandelns wären (Verbalinspiration im herkömmlichen Sinn etwa der Diktatinspiration). Das Ergebnis wäre dann als ganz »göttlich« und deshalb auch absolut wahr zu denken (Irrtumslosigkeit der Schrift). Das biblische Selbstzeugnis über ihre Inspiration widerspricht aber dieser Konzeption. Wo dagegen der Inspirationsgedanke im Blick auf die Schrift als zeitbedingte Vorstellung konsequent preisgegeben wird, rechnet man in der Schrift grundsätzlich mit Fehlern aller Art, von der historischen Unrichtigkeit bis hin zur theologischen Irrlehre (→ Bibelkritik).

Die vermittelnden Positionen der Personal- und der Realinspiration versuchen, die Wahrheit der Bibel auf die Ethik oder die Soteriologie zu beschränken. In den Linien der nachkantischen Trennung von Glauben und Wissen führt eine solche Reduktion tendentiell zu einem geschichts- und weltlosen Lebens- und Heilsverständnis (Ethizismus, Gnosis).

Bleibt man dagegen im Sinne der Lehre von der Verbalinspiration dabei, daß die ganze B. als Wort des dreieinigen Gottes anzusehen ist, so ist entsprechend auch am ungeteilten Wahrheitsanspruch der ganzen B. festzuhalten. Dies wird aber nur möglich sein, wenn man über die zur Geschichtslosigkeit neigende herkömmliche Lehre von der Verbalinspiration hinaus zu einer konsequent dem bibl. Offenbarungsverständnis entsprechenden geschichtl. Lehre von der Verbalinspiration kommt. Denn ihr Wahrheitsanspruch darf nicht an den Maßstäben der Vollkommenheitsideale menschlicher Vernunft gemessen werden. Vielmehr ist Gottes Wahrheit eine geschichtl. sich offenbarende und vermittelnde. Es gehört zu ihrer Eigenart, daß sie sich dabei auf erkenntnismäßige Bedingtheiten der menschlichen Zeugen einläßt (→ Hamann: Offenbarung als Kondeszendenz des Heiligen Geistes). Die so verstandene Inspiration löst die bibl. Zeugen nicht aus allen Zusammenhängen heraus, sondern stellt sie mit ihrer persönlichen Eigenart und unaustauschbaren geschichtl. Situation in den Dienst des Offenbarungshandelns Gottes. Sie befreit sie nicht von Vernunft, Wille und Gefühl, sondern von der sie bestimmenden sündigen Eigenmächtigkeit und macht die Zeugen damit fähig, Gottes Wahrheit und Willen adäquat zu erkennen und zum Ausdruck zu bringen. Das eigentliche Problem besteht also nicht in der Menschlichkeit des bibl. Wortes (der Mensch ist als Gottes Ebenbild zum Gegenüber Gottes geschaffen und als solcher mit Sprache begabt), sondern in der Sünde des Menschen.

Grundsätzlich ist also von der Vertrauenswürdigkeit der Schrift in allen ihren Aussagen auszugehen. Doch ähnlich wie der Umfang des Kanons zwar grundsätzlich geschlossen ist, faktisch aber angesichts der textkritischen Gegebenheiten (Gesichertheit des Großteils des Textes bei bleibender Unsicherheit in einzelnen Fällen, von im Blick auf den Wortsinn ganz unerheblichen Varianten bis hin zur Frage der Zugehörigkeit einer ganzen Perikope zum bibl. Text, vgl. Joh 8) die Kanonsgrenze nicht präzise festzulegen ist, so gibt es auch in der Wahrheitsfrage an den Rändern der B. Unschärfen (selbst die »Chicago-Erklärung über biblische Irrtumslosigkeit« spricht in Art. 13 von unchronologischen Erzählabläufen, ungenauen Zitierungen u.ä.). Solche »Unschärfen« haben ihren Grund in der Geschichtlichkeit der Inspiration und den mit ihr gegebenen Abhängigkeiten der Autoren, deren Korrektur Gott offensichtlich nicht für nötig hielt und die dem Charakter der Schrift als Wort Gottes in der Niedrigkeitsgestalt menschlichen Wortes nicht widersprechen und trotz bleibender Unsicherheiten menschlicher Erkenntnis doch Gewißheit des Glaubens ermöglichen. Das Postulat absoluter Irrtumslosigkeit dagegen ist nicht von den bibl. Gegebenheiten bestimmt, sondern von aus einem idealistischen Gottesbild abgeleiteten Wunschvorstellungen.

b. Klarheit

Als Gottes Wort will die B. von jedermann gehört sein. Diese Zielbestimmtheit setzt Klarheit und Verständlichkeit des Wortes voraus. Aber kann sie als Wort Gottes denn jedermann verständlich sein? Muß die Bibel als Wort des Geistes dem »natürlichen Menschen«, der »nichts vernimmt (= annimmt) von dem, was des Geistes Gottes ist« (1Kor 2,14) nicht notwendig verschlossen bzw. Gegenstand bloßen Mißverständnisses sein? Müßte der Mensch nicht erst zum »geistlichen Menschen« erneuert sein? So sollte nach kath. Verständnis nur der zum Lehramt bevollmächtige »Geistliche« die Schrift auslegen, nach der im → Pietismus weitverbreiteten sog. »pneumatischen« Exegese nur der Wiedergeborene. Richtig ist, daß die bibl. Botschaft als Herrschaftsanspruch Gottes wie als Zuspruch seiner Gnade im Wort vom Kreuz den Intentionen des von der Sünde bestimmten »natürlichen« Menschen zuwiderläuft, von ihm also, so wie er ist, nicht angenommen werden kann, und bei ihm also in besonderer Weise die Neigung zur Umdeutung des angeblich »undeutlichen« Wortes besteht. Trotzdem aber ist das Wort in der uns vorliegenden Gestalt menschlicher Rede in sich selbst klar und grundsätzlich jedermann zugänglich (*claritas externa*). Nur deshalb kann es auch beim Leser (»wo und wann es Gott gefällt«, CA V) den inneren Widerstand überwinden und zu geistl. Erneuerung führen (*claritas interna*). Die Interpretationsbedürftigkeit der B. aufgrund hist. und kultureller Distanz des Lesers zum bibl. Autor ist demgegenüber nur ein relatives Hindernis. Die Bibel ist allerdings »kein müheloser Besitz« (Schlatter).

c. Wirksamkeit

Unter dem Einfluß spiritualistischen Denkens wurde immer wieder versucht, das bibl. Wort als »toten Buchstaben« abzuwerten und geistl. Wirkungen nur aus neuen, unmittelbaren Aktionen des Geistes zu erwarten (unter Berufung auf den Gegensatz von »Buchstabe« und »Geist« in 2Kor 3,6, wo mit diesen Begriffen aber der Unterschied von Gesetz und Evangelium bezeichnet wird). Nach bibl. Verständnis ist aber auch das geschriebene Wort durchaus lebendig und wirksam (Hebr 4,12). Das in der Auseinandersetzung mit spiritualistischem Denken ausgebildete Bekenntnis der luth. Orthodoxie, daß das Wort den Geist »in sich« habe, darf nur nicht animistisch-magisch mißverstanden werden. Wort und Geist sind untrennbar verbunden, weil der lebendige und allgegenwärtige Gott auch heute zu seinem einst gegebenen Wort steht und durch es redet und wirkt.

Lit.: H. Burkhardt: Grenzen des Kanons. Motive und Maßstäbe, ThBeitr 1/1970, 153-160; ders.: Motive und Maßstäbe der Kanonbildung nach dem Canon Muratori, ThZ 30/1974, 207-211; ders.: Die Inspiration heiliger Schriften bei Philo von Alexandrien, 1988; H. Frey: Die Krise der Theologie, 1971; N.L. Geisler (Hg.): Inerrancy, 1979; H. Lindner: Hamann über Bibel und Offenbarung, in: ders.: J.G. Hamann, 1988; G. Maier (Hg.): Der Kanon der Bibel, 1990; ders.: Biblische Hermeneutik, 1990; I.H. Marshall: Biblische Inspiration, 1986; O. Michel: Paulus und seine Bibel, [2]1972; K.H. Ohlig: Die Begründung des neutestamentlichen Kanons in der alten Kirche, 1972; C.H. Ratschow: Zur Frage der Begründung des neutestamentlichen Kanons aus der Sicht des systematischen Theologen, NZSyTh 2/1960, 150-160; ders: Lutherische Dogmatik zwischen Reformation und Aufklärung I, 1964; O. Rodenberg: Die Gemeinde Jesu Christi und die Bibel, 1966; ders.: Wort und Geist, 1969; B. Rothen: Die Klarheit der Schrift, 2 Bde., 1990; A. Schlatter: Das christliche Dogma (§ 89), [3]1977; E. Schnabel: Inspiration und Offenbarung. Die Lehre vom Ursprung und Wesen der Bibel, 1986; H. Stadelmann: Grundlinien eines bibeltreuen Schriftverständnisses, 1985; O. Weber: Grundlagen der Dogmatik Bd. 1, 1959.

H. Burkhardt

Bibel-Babel-Streit

Der B. entzündete sich an drei Vorträgen über »Babel und Bibel: Babel als Erklärer und Illustrator der Bibel« des bedeutenden Assyriologen Friedrich → Delitzsch (1850-1922), die dieser in den Jahren 1902ff auch publizierte. Den einen hielt er am 13. 1. 1902 vor der Deutschen Orient-Gesellschaft in Anwesenheit des deutschen Kaisers Wilhelm II. Er sprach sich darin für die Originalität der babylon. Literatur, Kultur und Religiosität gegenüber dem AT und seiner Anschauungswelt aus. Die bibl. Urgeschichte (Schöpfungs- und Sintfluterzählungen, Genealogien und Turmbaugeschichte), Gesetzgebung (Bundesbuch), Hymnen- und Gebetsliteratur (Psalmen) u.a.m. seien von den wesentlich älteren babylon. Textvorlagen formal und inhaltlich abhängig und deshalb von geringerem Wert. Delitzsch löste mit seinen Vorträgen eine heftige literarische Diskussion aus, in welcher bei allem Zugeständnis an den engen Zusammenhang, der zwischen dem AT und dem antiken Vorderen Orient besteht, die Besonderheit, Andersartigkeit und Unableitbarkeit des bibl. Zeugnisses herausgestellt wurden. Delitzsch ließ sich davon nicht überzeugen und gelangte schließlich zu der Auffassung, daß das AT für die christl. Kirche völlig entbehrlich sei. Dabei trat neben seine probabylon. Anschauungen auch antisemit. Gedankengut.

Lit.: F. Delitzsch: Die große Täuschung, 2 Teile, 1920/21.

S. Wagner

Bibelarbeit

1. Begriff

B. ist ein häufig gebrauchter, aber keineswegs eindeutiger Begriff. Während → Predigt die → Verkündigung im → Gottesdienst meint, bezeichnet B. die intensivere Beschäftigung mit einem bibl. Text in nichtgottesdienstl. Form (Jugendgruppe, Gemeindekreis, Gemeinde- und Kirchentag u.a.). Andacht oder Biblische Besinnung stehen für eine Kurzansprache (mit Lied/Gebet), die sich auf wenige Aspekte eines Textes konzentriert. B. setzt voraus, daß die Teilnehmer eine aufgeschlagene Bibel vor sich haben und die Auslegung am Text kritisch mitverfolgen, ggf. am Ende Rückfragen stellen oder eigene Entdeckungen am Text bzw. Konkretionen für den Alltag anfügen. Dieses Verständnis von B. ist darauf aus, bibl. Texte in ihrer Ganzheit und im Kontext eines bibl. Buches besser zu verstehen. Dem »Bibelarbeiter« kommt dabei besondere Verantwortung zu. Die Form der »Bibelstunde« in ihrer pietist. Tradition ist hier wirksam.

Ein anderes Verständnis von B. legt Wert auf das gemeinschaftliche Studium der Bibel. Ziel ist die Teilnahme aller am Verstehen des Textes und seiner Übertragung ins Heute. Als 1919 der Begriff B. erstmals verwendet wird, hat er genau diese Stoßrichtung. Angeregt durch die Arbeitsschulbewegung (H. Gaudig) mit ihrem Anliegen eines selbständigen Umgangs der Schüler mit Büchern u.a. entwickeln sich in den ev. Jugendverbänden Umgangsformen mit der Bibel, die ein aktives Mitdenken, Mitreden und Mitwirken der Jugendlichen fördern und ihre Lebenswelt bewußt in das Gespräch mit dem Bibeltext einbeziehen. Der Begriff B. taucht zuerst im Ev. Verband für weibliche Jugend auf, wird dann vom → CVJM, der → DCSV (Dt. Christl. Studentenvereinigung), den Schülerbibelkreisen u.a. übernommen, später auch von den Ortsgemeinden z.B. in der Hauskreisarbeit (→ Hauskreis). So ist die B. »zum Geschenk der Jugend an die ganze Kirche geworden« (O. Hammelsbeck).

2. Ziele

»Wer die Bibel nicht kennt, kennt Jesus nicht« (Hieronymus). B. will durch intensives Bibelverstehen zu einer tieferen Christuserkenntnis helfen, die Aktualität der Bibel für heute verdeutlichen, die Mündigkeit und das geistl. Urteilsvermögen der Christen fördern und durch das gemeinschaftl. Schriftstudium Gemeinde von der Basis her bauen.

3. Methoden

Das Gespräch muß für die B. maßgebend sein. Im Spannungsbogen von Text und Lebenssituation der Teilnehmer wird der Einstieg einmal stärker bei der Bibel und ein anderes Mal mehr bei den Lebensfragen liegen. Besonders in der Jugendarbeit sind vielfältige Arbeitsformen erprobt worden. Bevorzugt werden kreative Methoden, die eine stärkere Betroffenheit der Person in ihrer Ganzheit ermöglichen. Es ist darauf zu achten, daß die Methodenwahl der Intention des Textes entspricht.

Lit.: W. Erl, F. Gaiser: Neue Methoden der Bibelarbeit, 1969 u.ö.; J. Henkys: Bibelarbeit. Der Umgang mit der Heiligen Schrift in den ev. Jugendverbänden nach dem Ersten Weltkrieg, 1966; W. Langer (Hg.): Handbuch der Bibelarbeit, 1987; O. Schweitzer: Werkbuch Bibelarbeit, 1988; Th. Vogt: Bibelarbeit. Grundlegung und Praxismodelle einer biblisch orientierten Erwachsenenbildung, 1985; K. Wegenast: »Bibel V.«, TRE 6, 1980, 93-109.

F. Gutsche

Bibelauslegung → Schriftauslegung

Bibelbund

Der B. wurde 1894 in Pommern von fünf luth. Kirchenvertretern und einem Professor gegründet, um gegen den zunehmenden Einfluß der liberalen Theologie vorzugehen. Dabei bekannten sich die Mitglieder zum Glauben an die irrtumslose Offenbarung Gottes in seinem Wort. Zunächst auf eigenen Konferenzen, ab 1901 dann im Organ »Nach dem Gesetz und Zeugnis« kämpfte der B. gegen die religionsgeschichtl. Schule, gegen die Quellenscheidung und die rationalistische Bibelauslegung. Zielgruppe waren luth. Pfarrer. Vertreter der Gemeinschaftsbewegung und der Freikirchen blieben zunächst eine Minderheit.

Bekannte Mitglieder des B. waren Superintendent Wilhelm Kölling, Vertreter einer orthodoxen Verbalinspirationslehre, Eduard Rupprecht, Gegner der Quellenscheidung im Pentateuch, sowie die Professoren Theodor Beyer und Friedrich Hashagen als Kontrahenten des Liberalismus. Unter der Wirksamkeit des Pfarrers Wilhelm Möller fand der B. auch in der atl. Wissenschaft Beachtung, obwohl ihm allgemeine Anerkennung versagt blieb.

Nach dem Zweiten Weltkrieg und dem Verlust der Ostgebiete stand der B. vor einer Neustrukturierung. Der Einfluß eines biblizistischen → Pietismus und die steigende Mitgliederzahl von Freikirchlern veränderte die Zusammensetzung des B.s. 1954 wurde der Name des Organs in »Bibel und Gemeinde« geändert. Nun machte sich auch die schon vor dem Krieg bestehende Zusammenarbeit mit angloamerikanischen Fundamentalisten bemerkbar, insbesondere mit der Gruppe um Carl McIntire. Unter der Schriftleitung von Fritz Rienecker und Samuel Külling wurde die apologetische Ausrichtung fortgeführt und vertieft, ohne von der ursprünglichen Glaubensbasis abzurücken. Seit den 70er Jahren unterstützt der B. die neu gegründeten freien theologischen Ausbildungsstätten in Basel (FETA) und Gießen (FTA).

Lit.: ZS Bibel und Gemeinde (vierteljährlich) im 92. Jg. St. Holthaus: Protestantischer Fundamentalismus in Deutschland, Diss. Leuven, 1992, 174-208.

St. Holthaus

Bibelforscher → Jehovas Zeugen

Bibelfreizeit → Freizeit/-en

Bibelgesellschaften → Bibelverbreitung

Bibelkanon → Bibel (Entstehung)

Bibelkonkordanzen → Biblische Nachschlagewerke

Bibelkränzchen → Schülerarbeit

Bibelkreis → Hauskreis

Bibelkritik

a) historisch

Die eigentliche Zeit der B. beginnt mit der → Aufklärung im 17. Jh.

1. Gründe der aufklärerischen Bibelkritik

Die B. der Aufklärung hat vor allem folgende Gründe:

- Eine zunehmende Dogmenmüdigkeit und -feindlichkeit, die als Reaktion auf spätscholastische Spitzfindigkeiten und konfessionelle Lehrstreitigkeiten (bis hin zum Religionskrieg!) zu verstehen ist, bewirkt, daß man nur noch am sittlichen Gehalt der Hl. Schrift und des christl. Glaubens interessiert ist, die dogmatischen Aussagen dagegen kritisiert und abweist.
- Die Erschütterung der hist. Zuverlässigkeit antiker Geschichtswerke (wie Homer, Vergil) führt rasch zum Zweifel auch an den bibl. Geschichtsaussagen und schließlich zu einem prinzipiellen Skeptizismus gegenüber geschichtl. Überlieferung (s. Lessings Geringschätzung von nur »zufälligen Geschichtswahrheiten«).
- Das Erstarken einer »natürlichen Religion« führt zum Postulat überzeitlicher Wahrheiten (nach Auffassung der meisten Aufklärungsphilosophen), die jedem Menschen von Natur aus ins Herz gegeben und darum auf vernünftige Weise zugänglich sind. Diese haben damit auch als Maßstab einer kritischen Bibelauslegung zu gelten und machen in letzter Konsequenz die Bibel überflüssig.

2. Der Weg der Bibelkritik bis zu J.S. Semler

Die B. der Aufklärung entwickelte sich in mehreren Wellen:

Ihren Anfang nahm sie in Holland, wo sich nach 1609 eine vernünftig-natürliche Religiosität herausbildete, in der man die Bibel rational und dogmenkritisch auslegte und ihr wesentliches Ziel in einer sittlichen Lebensführung sah (→ Arminius/Arminianismus, → Sozinianer, H. → Grotius, B. → Spinoza).

In Frankreich schrieb R. Simon in gegenreformat. Betonung der kirchl. Lehrautorität eine »Kritische Geschichte« des AT und NT (1678ff).

Nach der »Toleranzakte« (1689) blühte in England die deistische B. auf, die im Eintreten für ein mysterienfreies, antidogmat. und antiklerikales Christentum die bibl. Offenbarungsaussagen rigoros auf die moralischen Lehren der natürlichen Religion reduzierte (J. Toland, M. Tindal u.a.m.).

In Deutschland konnte die B. erst nach dem Rückgang der Orthodoxie Fuß fassen. Nach 1752 wurden die deistischen Bibelwerke bekannt, ab 1774 veröffentlichte G.E. → Lessing Auszüge aus der bibelkritischen »Apologie« des H.S. → Reimarus, was den »Fragmentenstreit« auslöste. Wegweisend wurde J.S. → Semler, der in der Bibel das jeder Kritik enthobene »Wort Gottes« (als überzeitliche, allgemein-moralische Lehre Christi) von der »Heiligen Schrift« (als ihrer geschichtlich gewordenen äußeren Gestalt) zu unterscheiden lehrte. Die sich aus dieser Unterscheidung ergebende Möglichkeit der hist.-kritischen Untersuchung der Hl. Schrift (Text, Sprachgebrauch, zeitgeschichtlicher Kontext, Kanonbildung), machte Semler zum Vater der hist.-kritischen Hermeneutik.

3. Die moderne historisch-kritische Bibelforschung

Die Exegese im 19. Jh. griff die Möglichkeit auf, in der Hl. Schrift zu differenzieren, z.B. »Kanonisches« von »Apokryphischem« (F.D.E. → Schleiermacher) oder den »historischen Jesus« von seiner nachträglichen »mythischen Einkleidung« (D.F. → Strauß) zu unterscheiden, womit beidesmal eine Sachkritik am Bibeltext anhand eines ihm übergeordneten Maßstabs verbunden war, sei es »der Gemeingeist der christlichen Kirche« oder die hegelianische »Glaubensidee« vom Gottmenschen.

In den Bahnen solcher oder ähnlicher Unterscheidungen entwickelte sich die hist.-kritische Bibelforschung im 19. Jh. zu einer hohen Blüte. Philologische, hist.-, literar-, gattungs- und religionsgeschichtl. Untersuchungen brachten eine Fülle von Erkenntnissen vor allem zum AT (W.M.L. → De Wette, F.J. Wellhausen, H. Gunkel u.a.); in der ntl. Wissenschaft galt das Hauptinteresse der synoptischen Frage und der »Leben-Jesu-Forschung« (F.Chr. Baur, H.J. Holtzmann, W. Wrede, J. Weiß u.a.). Dazwischen gab es eine Reihe Forscher, die sich der radikalen B. verschlossen und von einem eher biblizistischen Standpunkt aus beachtliche Ergebnisse vorlegten (F. → Delitzsch, H. → Cremer, M. → Kähler, A. → Schlatter).

Die Methodik der hist. Kritik wurde 1898 von E. Troeltsch in den drei Prinzipien der »Kritik«, »Analogie« und »Korrelation« zusammengefaßt, nach denen sich auch die Bibelforschung zu richten habe. Dieser Arbeitsweise schlossen sich weithin die Exegeten im 20. Jh. an (R. → Bultmann, E. Käsemann u.a.), wobei es auch zur Kritik an der grundsätzlich a-theol. Methodik kam (J. → Schniewind, O. Michel u.a.).

Lit.: H. Kraus: Geschichte der historischkritischen Erforschung des Alten Testaments, [3]1982; W. Kümmel: Das Neue Testament, Geschichte der Erforschung seiner Probleme, [2]1970; K. Michel: Anfänge der Bibelkritik. Quellentexte aus Orthodoxie und Aufklärung, 1985; K. Scholder: Ursprünge und Probleme der Bibelkritik im 17. Jahrhundert, 1966.

K.-H. Michel

b) systematisch

Von B. ist dort zu sprechen, wo Methode und Ergebnis der Schriftauslegung von einer grundsätzlich kritischen Haltung gegenüber der → Bibel bestimmt sind. Diese Haltung setzt voraus, daß die Bibel nicht als ein schlechthin besonderes, sondern nur als ein Buch wie jedes andere anzusehen und zu behandeln ist. Während eine solche Einstellung zur Bibel in ev., teilweise aber auch in kath. Theologie heute weithin selbstverständlich geworden ist, wird sie im ev. Bereich vor allem von Evangelikalen (Lausanner Verpflichtung Art. 1), aber auch der offiziellen kath. Lehre (Dei Verbum 11) abgelehnt.

Aber so wie die grundsätzlich kritische, nach sachfremden Kriterien verfahrende Einstellung zur Bibel wissenschaftstheoretisch fragwürdig ist, so nicht weniger eine prinzipiell konservative Einstellung, die dazu neigt, hist. Theorien über die Bibel (z.B. die Entstehung bestimmter Bücher betreffend) absolut zu setzen und ihre Kritik als B. zu bezeichnen. Aufgabe der Exegese ist nicht die Vertretung irgendwelcher kritischer oder unkritischer Prinzipien und Theorien, die an die Bibel herangetragen werden, sondern die möglichst genaue Erfassung der eigenen Aussageintention des Bibelworts aufgrund seiner uns vorliegenden überlieferten Gestalt (»So muß Geschichte als Geschichte gesehen werden, Dichtung als Dichtung, Übertreibung als Übertreibung«, Chicago-Erkärung, Exposition, vgl. Dei Verbum 12).

So ist nicht nur die Unterwerfung bibl. Aussagen unter die als absolute Wahrheitskriterien aufgefaßten Kriterien von Analogie und Korrelation (E. → Troeltsch) B., sondern auch eine vermeintlich »geistliche«, tatsächlich aber willkürliche Allegorese, oder eine vermeintlich »bibeltreue«, tatsächlich aber den bibl. Text vergewaltigende Harmonisierung.

Gelegentlich wird versucht, eine Lösung des Problems in Zugeständnissen im Blick auf die Form (Sprache der Bibel), nicht aber den Inhalt (Sachkritik) zu finden. Aber Form und Inhalt sind prinzipiell nicht zu trennen. Nicht die Art des Gegenstands der Auslegung entscheidet über Bibeltreue oder B., sondern die persönliche Einstellung des Auslegers: seine Unterordnung unter das Schriftwort als Wort Gottes und die in der Verantwortung vor Gott geübte Wahrhaftigkeit seiner Auslegung (in Offenheit und Korrekturbereitschaft). Die Bibel so nehmen, wie sie uns gegeben ist, kann nie B. sein.

Lit.: Alle Welt soll sein Wort hören. Lausanne-Dokumente 1974; H. Burkhardt: Die Bibel – Wort von Menschen und doch Gottes Wort, in: anruf 81/83, Heft 7/8, 14-18; N.L. Geisler: Inerrancy, 1979; G. Maier: Biblische Hermeneutik (XII Offenbarung und Kritik), 1990; O. Semmelroth, M. Zerwick: Vaticanum II über das Wort Gottes, 1966.

H. Burkhardt

Bibellese

B.n sind methodische Anleitungen für das systematische, fortlaufende Lesen der Bibel innerhalb eines bestimmten Zeitraumes.

Grundlage für die meisten B.n im dt. Sprachraum ist der von der Ökumenischen Arbeitsgemeinschaft für Bibellesen erarbeitete Textplan. Dabei wird das AT in einem Acht-Jahres-Turnus und das NT in einem Vier-Jahres-Turnus angeboten. Herausragendes Merkmal dieses Textplanes ist, daß er die wichtigsten Festtage des Kirchenjahres in der Lesung berücksichtigt und die im jeweiligen Jahr regierenden Evv. aufnimmt. Andere B.n verfolgen nicht dieses Ziel. Alle B.n bieten entsprechend ihrem Zeitraum für jeden Tag kürzere oder längere Textabschnitte an. Der Bibelleseplan soll zwischen schwerer und leichter Lektüre wechseln, daß der Leser nicht ermüdet. Er soll auch zwischen Lesungen aus dem AT und dem NT wechseln. Bei dieser Abwechslung wird darauf geachtet, daß ntl. Bücher bestimmte Aussagen des AT aufnehmen und diese Entsprechungen möglichst in einem Jahresplan erkennbar werden lassen.

Geachtet wird auf gleichmäßige Verteilung von Geschichts-, Lehr- und prophetischen Büchern; innerhalb eines Buches wird fortlaufend und in der kanon. Reihenfolge gelesen.

B.hilfen werden als periodische Quartalshefte und Jahrbücher angeboten. Sie erscheinen mit kurzen oder ausführlicheren Erklärungen, bzw. Auslegungen, um den gelesenen Text zu erhellen und in die Gegenwartssituation zu übertragen.

Darüber hinaus gibt es zielgruppenorientierte B.n für Kinder und Jugendliche in einer der Zielgruppe entsprechenden Gestaltung. Undatierte B.n mit vielen Sacherklärungen zu den Inhalten eines bibl. Buches bieten sich für den Einsteiger in B.n an. Thematisch orientierte B.n wenden sich an solche Bibelleser, die sich mit einem speziellen Thema gründlich beschäftigen wollen.

Lit.: Bibellesen des Bibellesebundes; Die ersten 100 Tage mit der Bibel, Lichtstrahlen, Neukirchener Kalender, Start in den Tag, Termine mit Gott.

K. Schäfer

Bibellesebund (BLB)

Der B. ist ein freies Missionswerk. 1867 in England gegründet, hat er sich von dort aus auf alle fünf Kontinente ausgebreitet. Heute ist der B. in 100 Ländern der Welt vertreten.

Seit 1947 gibt es den B. in Deutschland. Zu ihm zählen heute 40 Mitarbeiter und Mitarbeiterinnen. Generalsekretär ist Pastor Reinhold Frey. Die Zentrale des B. befindet sich in Marienheide bei Gummersbach.

Ziel des B.s ist es, Menschen in die Nachfolge Jesu einzuladen und ihnen zu helfen, als Christen zu leben und aktiv in ihrer Gemeinde mitzuarbeiten. Dies geschieht durch Freizeiten im In- und Ausland, Seminare, Fachtagungen, Schulungen, Bibeltage, Evangelisationen, Frauentage, Kinderwochen, Kindertage, die Strandmission an der Nord- und Ostsee und die Herausgabe von Bibellesehilfen und Büchern mit christl. Inhalt sowie mit audiovisuellem Material für unterschiedliche Altersstufen. In diesem Sinn versteht sich der B. als »Dienstleistungsunternehmen« für Kirchen, Freikirchen und Gemeinschaften. Er bildet deshalb keine eigenen Kreise oder Gemeinden.

Finanziell wird die Arbeit des B.s durch Spenden ermöglicht. 1925 wurde B. in der Schweiz gegründet, 1984 in Österreich, obwohl dort schon 1959 mit der Arbeit begonnen wurde. Zielsetzung und Arbeitsweise des B.s sind in allen drei Ländern gleich.

Lit.: ZS BLB-Nachrichten (zweimonatlich)

M. Büchel

Bibelschule → Ausbildung, theologische (b)

Bibelstunde

Die B. als regelmäßige Gemeindeveranstaltung dient dem Zweck, den Teilnehmern zu besserer Kenntnis und vertieftem »Verständnis des Schrifttextes mit allen Folgerungen für das christliche Leben« (Parsch, 21) zu verhelfen. In der B. werden normalerweise einzelne bibl. Bücher Abschnitt für Abschnitt durchgearbeitet (durch Vortrag und/oder Gespräch). Obwohl sie noch in den 50er Jahren als unverzichtbarer Bestandteil des Gemeindelebens galt, ist sie sowohl von der praktischen Theologie als auch von der kirchengeschichtl. Forschung nicht hinreichend gewürdigt worden.

Die B. ist ein Kind des → Pietismus, der in ihr das Instrument fand, »das Wort Gottes reichlicher unter uns zu bringen« (Spener). Ihre Ursprünge sind im ref. Bereich zu suchen. Hier konnte angeknüpft werden an eine lebendige Tradition von Schriftauslegungsgottesdiensten (vgl. u.a. Zwinglis »Prophezei« [Ausdruck nach 1Kor 14,28ff; 1525]; Calvins Genfer Congrégation mit Ansätzen zur Aussprache; Jan Laskis Ordnung der niederl.-ref. Gemeinde London 1550) und an die am Niederrhein, in Ostfriesland und in der niederl. Kirche praktizierten katechetischen Übungen, bei denen die Zuhörer der Auslegung erbauliche Beiträge hinzufügen durften (so vom Weseler Konvent 1568 festgestellt). Erbauungsversammlungen dieser Art wurden durch Theodor Undereyck in Mülheim/Ruhr seit 1665 (1661 ?) wöchentlich durchgeführt und durch Gerhard Tersteegen fortgesetzt (Nachschriften »Geistliche Brosamen« postum 1771-1773). Jean de Labadie verlangt 1668 »L'Exercice prophétique«, »apostolische Kirchenversammlungen nach dem Muster von 1Kor 14« und führte sie in seiner von der ref. Kirche separierten Gemeinschaft ein: »Dabei wird das Wort nicht von hoher Kanzel herab verkündigt, sondern wir alle sitzen auf den gleichen Bänken,

Arme und Reiche ohne jeden Unterschied durcheinander ... Es darf nämlich jeder, der will und kann, über die vorgenommenen Texte reden und wird mit einfältigem, demütigem Herzen angehört« (Labadie 1669; bei Wallmann, 30). Unter labadistischem Einfluß vollzog sich 1674/75 in Frankfurt/Main die Umgestaltung des – seit 1670 unter Speners Obhut gehaltenen – Collegiums pietatis »aus einer religiösen Lesegesellschaft (in) eine Übung der Bibelauslegung« (Wallmann, 45, im Anschluß an W. Bellardi); denn »fleissige [Be-]handlung deß Göttlichen Worts (die nicht bloß in anhörung der Predigten bestehet, sondern auch lesen, betrachten, darvon [sich] unterreden ... in sich fasset) das vornehmste mittel etwas zu bessern seyn muß.« (PD, 56f). Ebenfalls sich auf 1Kor 14 berufend, empfiehlt Spener deshalb: »Wo zu gewissen zeiten unterschiedliche auß dem Predigtampt ... oder doch unter dirigirung deß Predigers andere mehrere auß der Gemeinde, welche Gott mit ziemlicher erkantnuß begabet oder in derselben zu zunehmen begierig sind, zusammen kämen, die Heilige Schrifft vor sich nehmen, darauß offentlich lesen und über jegliche stelle derselben von dem einfältigen verstand und was in jeglichem zu allerhand unser erbauung dienlich wäre, brüderlich sich unterredeten« (PD, 55). Während Spener selbst wegen der Gefahr des Separatismus an seinen späteren Wirkungsorten keine besonderen Erbauungsversammlungen mehr einrichtete, sind sie im luth. Württemberg als – vielfach von Laien privat gehaltene – »Stunden« dauerhaft heimisch geworden und haben entscheidend zur biblizistischen Prägung des dortigen Pietismus beigetragen. Dort ist auch zuerst der Name »Bibelstunde« nachweisbar (1742; Wurster, 16). Ausdrücklich auf das württembergische Vorbild verweist J.H. Wichern in seiner »Denkschrift« (1849), in der er die feste Verankerung der B. im Gemeindeleben fordert und durch die Innere Mission gefördert sehen will. B.n sollen »Schrift-Auslegungen sein« und sich »von jeder Predigtform formell unterscheiden« (Wichern, 1, 217). Jedoch setzte sich meist die klass. Predigtform der Homilie auch für die B.n durch. Angefangen in den von der Erweckungsbewegung berührten Kirchengebieten begannen in ganz Deutschland die Pfarrer regelmäßig Gemeinde-B.n zu halten, die endgültig die nicht mehr zu realisierenden Wochengottesdienste, aber auch obrigkeitlich eingeführte Betstunden ablösten. Zahlreiche B.nreihen erschienen in Buchform (von Wilh. Friedr. Besser, Karl Gerok u.a.). Auch in manchen kath. Kirchengemeinden hielt die B. Einzug. Vielfache Versuche seit Anfang des 20. Jh.s, den Gemeinschaftscharakter der Versammlungen besser zu nutzen und deshalb die B.n als »Bibelbesprechstunden« zu halten, scheiterten weithin am methodischen Unvermögen der Pfarrer und der Zurückhaltung der Laien. Anders als in den kirchl. B.n wurden in den zahlreichen »Vereinen« (Jungmännerwerk; Verband für weibliche Jugend; CVJM; Schülerbibelkreise u.a.), den Freikirchen und den landeskirchl. Gemeinschaften B.n weiterhin von Laien gehalten, gelegentlich, wohl unter dem Einfluß der angelsächsischen Erweckungsbewegung, stärker mit einem evangelistischen Akzent versehen (»Zeugnis«; so vor allem im DCSV). Nach dem Ersten Weltkrieg trat in den Jugendverbänden neben und bald an die Stelle der alten »Vereinsbibelstunde« ein systematisches Bibelstudium in Gestalt der → Bibelarbeit. Sie hat in methodischer Hinsicht die Praxis der Gemeinde-B.n zunächst nur wenig beeinflußt. Ob nach der in den 50er Jahren einsetzenden Krise der klass. B. nun in vielen Kirchengebieten und Gemeinden ihr Ende gekommen ist, muß offen bleiben. In den letzten Jahrzehnten sind neue Formen des gemeindlichen Umgangs mit der Bibel wirksam geworden (→ Bibelwoche; Bibelseminare; »Bibelarbeit mit der Gemeinde«; → Hauskreise; vgl. die zahlreichen Impulse aus anderen Kontinenten und Kulturen und aus der Kommunikationstheorie; Einsatz nonverbaler Medien). Dabei stellt sich die weithin anzutreffende Vorherrschaft der historisch-kritischen Exegese als des alleinigen Auslegungsschlüssels als nicht unproblematisch für das gemeinsame Arbeiten von Theologen und Laien mit der Bibel heraus. Das Kernstück der »alten« Gemeinde-B., die Bibelansprache als Monolog (neuerdings Bibelauslegungsrede genannt), lebt in den Bibelvorträgen bei Bibelwochen, Konferenzen und auf Kirchentagen (dort unter der irreführenden Bezeichnung »Bibelarbeit«) weiter. In einigen Freikirchen und Gemeinschaften hat die an nordamerikanische Vorbilder angelehnte Gemeindebibelschule (GBS) mehr oder weniger erfolgreich den Platz der B. eingenommen.

Lit.: Ph.J. Spener: Pia desideria, hg. von K. Aland, [3]1964 (KlT 170); J.H. Wichern: Sämtliche Werke, hg. von P. Meinhold, Bd. I, 1962.

S. de Diétrich: Die Wiederentdeckung der Bibel. Grundlegung, methodische Fragen, praktische Anwendung, 1948; A. Funke: »Bibelstunden«, EKL[1], Bd.1, 1956, 469-471; J. Henkys: Bibelarbeit. Der Umgang mit der Heiligen Schrift in den ev. Jugendverbänden nach dem Ersten Weltkrieg, 1966; W. Jentsch: Vom Mörtel der Methodik. Theologische u. praktische Fragen um eine Erneuerung der Gemeindebibelstunde, PBl 57, 1957, 323-339; E. Lerle: Homiletik des Gesprächs in der Bibelstunde, 1969; P. Parsch: Wie halte ich Bibelstunde, [2]1957 (kath.); W. Schenk: Bibelarbeit und Bibelwoche. Notwendigkeit und Möglichkeit exegetischen Gottesdienstes, 1971 (HGA 53); J. Schneider: Die Bibelstunde, 1968; J. Wallmann: Der Pietismus, 1990 (KIG O2); H.-R. Weber: Bibelstudien. Erfahrungen mit der Bibel in vier Kontinenten, 1988; E. Weismann: Der Predigtgottesdienst und die verwandten Formen IV. Die Bibelstunde: Leiturgia III, 1956, 94-96; G. Wieske: Betrifft: Gemeindebibelschule. Ein Weg zu gesundem Gemeindewachstum, [2]1977 (freikirchl.); F. Winter: Bibelstunde (Bibelauslegungsrede), Handbuch der Praktischen Theologie 2, 1974, 285f; P. Wurster: Die Bibelstunde. Ihre Geschichte, Aufgabe und praktische Gestaltung, ([1]1912), [3]1923.

G. Balders

Bibelübersetzung/-en

1. Allgemeines

Es ist eine Besonderheit des Christentums, zum Teil auch des Judentums, daß die Hl. Schriften in die Sprachen der Völker übersetzt werden. In anderen Religionen sind die hl. Schriften meistens nur Gelehrten zugänglich. Überall dort, wo Menschen im Gehorsam gegen den Missionsbefehl Jesu (Mt 28,18-20) die Gute Nachricht verkündigt und wo sich christl. Gemeinden gebildet haben, sind über kurz oder lang B.en entstanden. Die Geschichte der B.en ist deshalb zugleich ein Teil der Missionsgeschichte.

Übersetzt wurde in der Vergangenheit zunächst das, was für den Glauben wichtig, für Lesung und Predigt im Gottesdienst notwendig, für die Unterweisung wünschenswert war, z.B. Evv., Ps., Geschichten aus dem AT, dann das NT - auch in zwei- oder mehrsprachigen Ausgaben - schließlich die Bibel. B. ist ein Prozeß. Er kann sich über längere Zeiträume, über Generationen, Jahrhunderte hinziehen. B.en gibt es als Nacherzählungen, mitunter auch gereimt oder als wörtliche Wiedergabe. Die Tendenz geht aber im Lauf der Zeit immer dahin, eine B. zu erstellen, die sowohl dem Originaltext wie auch dem Hörer bzw. Leser gerecht wird. Gelingt beides, dann wird sie von den Gläubigen angenommen und kann über Jahrhunderte maßgeblicher Text sein.

Eine B. kann für eine junge Kirche von großer Bedeutung sein. Mit ihr wird die theol. Begrifflichkeit vereinheitlicht, die Sprache der Kirche geprägt, die ihren Niederschlag in Liedern und Gebeten findet. Es gibt viele Stämme und Völker, die der B. die Schriftform ihrer Sprache oder ihre Literaturfähigkeit verdanken.

2. Die ältesten Bibelübersetzungen

Die erste greifbare B. kommt aus dem 3. Jh. v.Chr. Der Aristeasbrief (ca. 100 v.Chr.) erzählt, der ägypt. Herrscher Ptolemäus II. Philadelphus (284-247 v.Chr.) habe eine Übersetzung der jüd. Tora ins Griech. gefordert. Das Werk sei von 72 jüd. Gelehrten in 72 Tagen vollendet worden. Daher trägt diese Übersetzung den Namen → *Septuaginta* (die Siebzig = LXX), der später auf die restlichen Teile des AT übertragen wurde, die in den folgenden zwei Jh.en übersetzt worden sind. Die Übersetzung war notwendig, weil den Juden in Alexandria die Kenntnis des Hebr. verloren gegangen war. Die LXX wurde auch von den Christen angenommen. Obwohl das Judentum später andere Übersetzungen ins Griech., aber auch ins Aram. (Targume) herstellte, blieb die LXX die Bibel der frühen Christenheit. Sie diente neben dem griech. verfaßten NT als Vorlage für B.en, die im Laufe der ersten Jahrhunderte von Christen in Lat., Syr., Armen., Koptisch (Sammelbegriff für die zwei Dialekte Bohairisch und Sahidisch), Georgisch, Äthiop. erstellt worden sind. Daß Teile darüber hinaus früh auch ins Arab. übersetzt wurden, wird vermutet. Bekannt ist die Übersetzung des NT durch → *Wulfila* ins Gotische (4. Jh.). Sie stellt die erste Übersetzung in eine germanische Sprache dar. Es ist anzunehmen, daß es Übersetzungen von Bibelteilen in weitere Sprachen gegeben hat (z.B. Iranisch, Nubisch).

Unter den genannten Tochterübersetzungen der LXX haben die *Peschitta* (die Einfache) bei den syr. sprechenden Christen des Ostens und die *Vetus Latina* (die alte Lateinische), oft auch *Itala* genannt, bei den Christen Nordafrikas und des Weström. Reiches Bedeutung erlangt.

Hieronymus erhielt von Papst Damasus I. 383 n.Chr. den Auftrag, die altlat. Übersetzung der Evv. zu revidieren. Seine revidierten Evv. und die überarbeiteten anderen Teile des NT haben sich schnell durchgesetzt. Beim AT begnügte sich Hieronymus nicht mit einer Bearbeitung, er übersetzte neu aus dem Hebr., ausgenommen die → Apokryphen, die nur in griech. Sprache verfaßt sind. Dies stieß auf Widerstände, hatte doch die LXX auch in der lat. Kirche ein hohes Ansehen, und die Vetus Latina, die von ihr abhing, war allzu vertraut. Tatsächlich hat die B. des Hieronymus, die dann unter dem Namen *Vulgata* (die Allgemeine) bekannt wurde, Jahrhunderte gebraucht, bis sie sich allg. durchsetzte. Ab dem 9. Jh. wurde sie die maßgebliche B. für die von Rom abhängigen Kirchen, während die LXX in ursprünglicher oder überarbeiteter Fassung der maßgebliche Text für die von Byzanz beeinflußten Kirchen blieb.

Im MA bildete sich die sog. Dreisprachendoktrin, nach der es die Bibel nur in den drei hl. Sprachen Hebr., Griech., Lat. geben durfte, weil man glaubte, daß die anderen Sprachen zu primitiv und als Gefäß für das göttliche Wort nicht geeignet seien. Dagegen haben sich bereits die beiden Brüder → Cyrillus und Methodius (9. Jh. n.Chr.) gewehrt, auf die die kirchenslawische B. zurückgeht, die aus dem Griech. übersetzt worden ist. Sie ist auch die einzige B. des MAs, die kirchenamtliche Autorität wie auch Bedeutung für das kirchl. Leben erlangt hat und noch heute nach mehreren Revisionen im Gebrauch ist. Allen anderen B.en des frühen und späten MAs, in Deutsch (Ober- und Niederdeutsch), Ital., Franz., Engl., Tschechisch, Portugiesisch, Spanisch, Niederländisch, jeweils Übersetzungen aus der Vulgata, ist die kirchl. Anerkennung versagt worden; einige sind sogar verboten oder konfisziert, ja verbrannt worden. Die Vulgata war der einzig erlaubte Bibeltext. Nationalsprachliche B.en dienten, wenn sie geduldet wurden, allenfalls der privaten Erbauung.

3. Die Bibelübersetzungen der Reformationszeit

Eine entscheidende Änderung erfolgte durch → Humanismus und → Reformation. Der Humanismus forderte auf, zu den Quellen zurückzukehren; bezeichnend dafür ist die Herausgabe des griech. NT durch → Erasmus von Rotterdam 1516. Die Reformation berief sich auf das Schriftprinzip »allein die Hl. Schrift«. Beides hat M. Luther bahnbrechend in seiner B. vereinigt. Angeregt durch Philipp → Melanchthon hat er den zwangsweisen Aufenthalt auf der (1521/22) Wartburg dazu genutzt, das NT in zehn Wochen aus dem Griech. ins Dt. zu übersetzen und im Sept. 1522 zu veröffentlichen (Septembertestament). Mehr Zeit hat er für die Übersetzung des AT aus dem Hebr. gebraucht, wobei er sich von befreundeten Gelehrten beraten und helfen ließ. Seine erste komplette B. erschien erst 1534, einschließlich der Apokryphen. Wenige Wochen vorher war seine B. bereits in Niederdeutsch durch → Bugenhagen in Lübeck herausgebracht worden.

Luther ist nicht der erste, der die Bibel ins Dt. übersetzt hat, und nicht der einzige seiner Zeit. Vor ihm gab es gedruckte Bibelausgaben in Oberdeutsch und Niederdeutsch. Neben ihm haben die Pastoren in Zürich das AT übersetzt, nachdem H. → Zwingli Luthers NT 1524 der alemannischen Mundart angeglichen hatte. Die Zürcher Bibel erschien bereits 1529. Sie wurde die maßgebliche B. für die Reformierten in der Schweiz. Dennoch war die B. Luthers bahnbrechend. Luther hatte sich von der Vulg. gelöst, die Apokryphen zwischen AT und NT angeordnet und die traditionelle Reihenfolge der Schriften des NT geändert. Luther ist der erste, der die Probleme des Übersetzens durchdacht und die Grundprinzipien seiner B. veröffentlicht hat (z.B. Sendschreiben vom Dolmetschen, 1530). Mit seiner einmaligen Übersetzungsleistung hat er den Beweis erbracht, daß die Bibel in jede Sprache übersetzt werden kann. Luther hat seine eigene B. mehrfach revidiert und damit deutlich gemacht, daß B. eine permanente Aufgabe ist. Mit all dem hat er Maßstäbe gesetzt. Tatsächlich hat die B. Luthers eine Reihe von B.en in andere europ. Sprachen direkt oder indirekt beeinflußt (England, Holland, Finnland, Dänemark, Norwegen, Litauen, Italien u.a.). Die Übersetzung der Bibel ins Dt. ist ein genuin reformat. Akt: Nicht nur wenige Eingeweihte haben die Bibel, vielmehr wird allen Christen (»allgemeines Priestertum«) »das Wort erteilt«.

Die Lutherbibel ist zum Volksbuch geworden. Ihre Sprache hat sich im Laufe der Zeit in allen deutschen Landen durchgesetzt und später auch das Niederdeutsche verdrängt. Von der kath. Kirche ist sie abgelehnt worden, weil sie keine Übersetzung aus der Vulg. war. Dennoch hat sie fast alle kath. B.en sprachlich beeinflußt. Die ersten waren sogar von ihr weitgehend abgeschrieben, verändert vor allem dort, wo sie von der Vulg. abwich (Emser NT, Dietenberger Bibel). Das Konzil von Trient legte 1546 fest, daß die Vulg. der authentische Bibeltext ist, dem alle B.en zu folgen haben. Aufgrund dieser verhängnisvollen Entscheidung gab es seitdem in allen europ. Sprachen keine für alle Christen gemeinsame B. mehr. Die Protestanten übersetzten aus den Originalsprachen, die Katholiken aus der Vulg. mit der Folge, daß die Namen bibl. Personen und Orte unterschiedlich überliefert wurden (inzwischen durch die »Loccumer Richtlinien« weitgehend vereinheitlicht). Die Reformation hat eine B.sbewegung in Gang gesetzt, die auch vor kath. Ländern nicht Halt machte. Im Laufe der Zeit ist die Bibel in fast alle europ. Volkssprachen übersetzt worden.

4. Bibelübersetzungen seit 1900

Mit der Gründung der Bibelgesellschaften beginnt in der Geschichte der B.en ein neues Kapitel. Bis zur Reformation war die Bibel in 33 Sprachen übersetzt worden, die meisten davon in den ersten Jahrhunderten. Bis zum Ende des 18. Jh.s gab es die Bibel oder Teile von ihr in 71 Sprachen. Im 19. Jh. wurden Teile der Bibel in 472 weitere Sprachen übersetzt. Diese erstaunliche Entwicklung hängt mit der prot.

Mission in Afrika und Asien zusammen. Wo immer die Mission Fuß faßte, begannen die Missionare aus Europa oder USA mit der Übersetzung der Bibel. Bedeutende B.en sind so entstanden, z.B. in Tamil (von Ziegenbalg), Hindi und Bengali (von Carey), Suaheli (von Krapf).

Im 20. Jh. erlebt die B.sarbeit einen neuen Aufschwung. Neben die Bibelgesellschaften treten seit 1934 die → Wycliff-Bibelübersetzer. Geleitet von der Überzeugung, es sei »Gottes Wille, daß jedermann das Wort Gottes in seiner eigenen Sprache vernehme«, gehen die Wycliff-Bibelübersetzer auch zu entlegensten und kleinsten Stämmen, entwickeln eine Schrift für deren Sprache, übersetzen die Bibel und lehren die Menschen lesen. Ein Spezifikum ihrer Arbeit ist die intensive Beschäftigung mit der Linguistik (seit 1934 Summer Institute of Linguistics).

Die jungen Kirchen, die mit der Bildung eigenständiger Staaten in der zweiten Hälfte des 20. Jh.s entstanden, erkennen die Bedeutung der B.en für ihre eigene Identität und Mission und fördern diese Arbeit. Sie lassen sich dabei von den Bibelgesellschaften beraten und helfen. Im Unterschied zum 19. Jh. werden jetzt B.en geplant und Übersetzer ausgebildet. Neu ist die Beteiligung der kath. Kirche. War die Arbeit der Bibelgesellschaften im 19. Jh. noch durch die Päpste verboten und waren B.en nicht erwünscht, so vollzog die kath. Kirche mit dem Zweiten Vaticanum (1962-1965) eine bedeutende Wende. Schon 1968 kam es zu einem gemeinsamen Abkommen zwischen dem Weltbund der Bibelgesellschaften und dem Sekretariat für die Einheit der Christen, das die Grundprinzipien der interkonfessionellen Zusammenarbeit bei der B.sarbeit regelt. Seitdem sind über 160 interkonfessionelle B.en aus den Ursprachen der Bibel erstellt worden, vornehmlich in den Entwicklungsländern. In den orth. Kirchen zeichnet sich gegenwärtig eine Wende ab. Die Griech., die Armen., die Georgisch-orth. Kirche arbeiten an neuen B.en. Andere orth. Kirchen revidieren ihre alten B.en.

Ende des 19. und Anfang des 20. Jh.s galt das Interesse den möglichst wörtlichen B.en. Im deutschen Sprachraum seien als Beispiele genannt die Elberfelder B. (1871; rev. NT 1975, AT 1985) und die Menge-Bibel (1926), die beide heute noch verbreitet werden. Neben anderen jüd. AT-Übersetzungen ist die von M. Buber/F. Rosenzweig (1925-29, rev. 1956/57) zu nennen. In der zweiten Hälfte des 20. Jh.s gewinnen die umgangssprachlichen B.en weltweit an Bedeutung. Im dt. Sprachraum hat die Übertragung des NT von J. Zink (1965) hohe Bekanntheit erreicht. Als typisch umgangssprachliche B. gilt die Gute Nachricht (NT 1971) bzw. Die Bibel in heutigem Deutsch (1982). Sie ist interkonfessionell erarbeitet worden, wie auch z.T. die kath. »Einheitsübersetzung« (1980), deren NT und Psalmen ökumen. sind. Neben den umgangssprachlichen sind in Europa in jüngster Zeit mundartliche Übersetzungen von Bibelteilen veröffentlicht worden.

Überraschend haben sich die in und nach der Reformationszeit entstandenen B.en erhalten, vor allem in den ev. Kirchen Europas. Allerdings war es nötig, sie zu revidieren. Auch die Lutherbibel hat einen langen Revisionsprozeß durchlaufen, der 1984 zum Abschluß gekommen ist. Bemerkenswert für unsere Zeit ist, daß die Kirchen in Europa nicht mehr mit einer B. auskommen. An die Seite der traditionellen B.en treten umgangssprachliche, speziell für die Evangelisation. Dies entspricht der Lage der europ. Kirchen, die gekennzeichnet ist durch ihr großes Erbe einerseits und die Vermittlung desselben an die heutige und kommende Generationen andererseits. Wie sehr die B.sarbeit im 20.Jh. systematisch betrieben wird, veranschaulichen Zahlen. Gegenwärtig gibt es die ganze Bibel in 314, das NT in weiteren 715 und Teile der Bibel in weiteren 899 Sprachen. Darüber hinaus befinden sich ca. 600 B.sprojekte in Arbeit. Es gibt kein Buch, das so viel übersetzt worden ist wie die Bibel.

Lit.: Bibel in der Welt, Jahrbuch des Ev. Bibelwerks/Deutsche Bibelgesellschaft, Bde. 13 (1971), 14 (1973), 18 (1978); S.P. Brock, K. Aland, V. Reichmann, B. Aland, G. Mink, Ch. Hannick, P. Schäfer, W.I. Sauer-Geppert, B. Stolt, B. Hall, E. Bryner, W. Gundert, R.W.F. Wootton: »Bibelübersetzungen I-V«, TRE 6, 1980, 160-311; J. Gnilka, H.P. Rüger (Hg.): Die Übersetzung der Bibel – Aufgabe der Theologie, Texte und Arbeiten zur Bibel, Bd. 2, 1985; R. Kassühlke: »Bibelübersetzung«, ÖL ^{2}1987, 165-168; E.A. Nida, C.R. Taber: Theorie und Praxis des Übersetzens, 1969; E.A. Nida: Gott spricht viele Sprachen, 1966; J. de Waard, E.A. Nida: From One Language to Another, 1986.

S. Meurer

Bibelverbreitung

1. Bis zur Erfindung des Buchdrucks

Die frühen christl. Gemeinden haben viele ihrer gottesdienstl. Formen von den Synagogen übernommen. Dazu gehört auch der Gebrauch der anerkannten hl. Schriften, zunächst des AT, später auch der ntl. Bücher, für liturg. Lesungen und Verkündigung. Wegen der handschriftlichen Vervielfältigung und des teuren Schreibmaterials war der Privatbesitz von Bibeln lange die Ausnahme. Auch die einzelnen Gemeinden konnten sich nur nach und nach die ganze Sammlung zulegen. Als Ausgabeform wurde seit dem 2. Jh nicht mehr die Rolle, sondern der Kodex (aufeinandergelegte Einzelblätter gleichen Formats) bevorzugt. Die → Bibel war das Buch der Gemeinde und Korrektiv ihrer Lehre und Praxis. Tertullian (Apol. 31,1) weist darauf hin, daß sie vor den Heiden zwar nicht geheimgehalten wurde, daß man sie aber auch nicht zu Zwecken der Werbung weitergab. Bibl. Schriften zu besitzen, galt in Zeiten der Verfolgung als Beweis dafür, Christ zu sein. Wesentlicher Faktor für die B. in dieser Zeit war die → Bibelübersetzung in die Sprache des jeweiligen Gebietes.

2. Bibelverbreitung im 15. und 16. Jahrhundert

Die Erfindung des Buchdrucks mit beweglichen Lettern brachte um 1450 eine wichtige Voraussetzung für die schnelle Ausbreitung humanistischer Bildungsideen und kirchl. Erneuerungsbestrebungen. Der humanistische Drang »Zurück zu den Quellen« wurde im christl. Rahmen als Ruf zurück zur Bibel verstanden. Das erste von Gutenberg gedruckte Buch war eine Bibel. Noch vor → Luther erschienen 14 verschiedene Ausgaben in Hoch- und Niederdeutsch. Johannes → Reuchlin veröffentlichte 1506 die erste brauchbare hebr. Sprachlehre, → Erasmus von Rotterdam 1516 die erste kritische Ausgabe des griech. NT mit eigener lat. Übersetzung. Beide Werke haben die Bibelwissenschaft in Europa nachhaltig verändert.

Statistiken über die Höhe der Bibelauflagen aus dieser Zeit liegen nicht vor. Bekannt ist, daß zu Luthers Lebzeiten etwa 430 Voll- oder Teilausgaben seiner Übersetzung gedruckt wurden. Im Durchschnitt schätzt man für jede Auflage 2000 Stück. Das überrascht um so mehr, wenn man weiß, daß der Preis für eine Bibel dem Lohn eines Handwerkers für etwa zwei Monate entsprach. Katholischerseits wurden zunächst eigene Ausgaben dagegengesetzt, später befürchtete man, die unkontrollierte Bibellektüre durch »die Magd in der Küche und den Knecht im Stall« könne noch größeren Schaden für die Kirche anrichten. Deshalb schränkte das Tridentinische Konzil Druck und Verbreitung von Bibeln drastisch ein (Decretum de editione et usu librorum sacrorum, 1546).

3. Bibelverbreitung im frühen Pietismus

Das Anliegen, Gottes Wort unter die Menschen zu bringen, bekam durch den → Pietismus einen neuen Auftrieb. Ein herausragender Förderer war derFreiherr C.H. von → Canstein, der in Verbindung mit A.H. → Francke in Halle 1710 eine Bibelanstalt gründete, die später seinen Namen bekam. Statt die Bibel bogenweise zu setzen und nach dem Druck des Bogens den Bleisatz wieder auseinanderzunehmen, nutzte von Canstein bald die neue Technik des »stehenden« Satzes aus: Nachdem die enormen Kosten für den Satz des NT, dann der ganzen Bibel, durch Spenden gedeckt waren, konnte man zu sehr viel günstigeren Bedingungen die Bücher drucken und verkaufen. Bis zu von Cansteins Tod 1719 konnte die Anstalt 80.000 Bibeln und 100.000 NT unters Volk bringen, bis 1804 waren es in Deutschland und auf dem Balkan etwa 3 Mio. Bibeln.

4. Die Bibelverbreitung seit 1804

Das Jahr 1804 brachte die Gründung der Britischen und Ausländischen Bibelgesellschaft, an der sich fast alle prot. Denominationen beteiligten. Erklärtes Ziel war von Anfang an die B. in aller Welt. Auf Anregung dieser Gesellschaft und mit ihrer Hilfe wurden im Lauf der Zeit weitere Bibelgesellschaften gegründet. Durch diese und die etwa gleichzeitig entstandenen Missionsgesellschaften kam es dann wirklich zu einer systematischen, weltweiten Verbreitung bibl. Schriften. Im Jahr 1946 entstand der Weltbund der Bibelgesellschaften (United Bible Societies), dem sich bisher über 100 nationale Gesellschaften als Voll- oder assoziierte Mitglieder angeschlossen haben.

Seit den Enzykliken »Providentissimus Deus« von Leo XIII. (1893) und »Divino afflante spiritu« von Pius XII. (1943) ist auch im modernen Katholizismus eine organisierte B. in Gang gekommen. Seit 1933 existiert in Stuttgart das Kath. Bibelwerk. Die 1969 gegründete Kath. Bibelföderation fördert und koordiniert die B. und den Gebrauch der Bibel innerhalb der kath. Kirche, weitgehend in Absprache mit dem Weltbund der Bibelgesellschaften. Ähnliche Entwicklungen gibt es seit einigen Jahren auch in den orth. Kirchen verschiedener Länder.

Der Weltbund der Bibelgesellschaften nennt für 1989 folgende Verbreitungszahlen:

15.686.040 Bibeln, 12.840.391 NT, 32.598.011 Bibelteile, 16.788.051 Bibelteile für Leseanfänger und ca. 670 Mio. bibl. Auswahltexte.

In diesen Zahlen ist die B. durch private und konfessionelle Verlage und Unternehmungen nicht erfaßt.

Lit.: Die Bibel in der Welt (Jahrbücher), hg. im Auftrag der Deutschen Bibelgesellschaft/Evang. Bibelwerk, Stuttgart; Statistiken der United Bible Societies; W. Gundert: Geschichte der deutschen Bibelgesellschaften im 19. Jahrhundert, Texte und Arbeiten zur Bibel, Bd. 3, 1987.

R. Kassühlke

Bibelwerke → Bibelverbreitung

Bibelwissenschaft, moderne

Seit dem 18. Jh. hat sich die B. in verschiedene Disziplinen und Teilbereiche (AT, NT; Exegese, Einleitung, Geschichte) aufgegliedert. Gerade die letzten Jahrzehnte seit den 60er Jahren haben in allen Bereichen einen Zustrom an Erkenntnissen und Literatur gebracht, der heute kaum noch zu überblicken ist.

Keines der atl. und ntl. Bücher ist uns im Original erhalten geblieben. Darum versucht die Textkritik anhand des Vergleichs mit allen verfügbaren Abschriften und Übersetzungen dem Urtext so nahe wie möglich zu kommen. Hier haben die Textfunde von Qumran am Toten Meer sowohl für die atl. als auch ntl. Forschung einen gewaltigen Fortschritt gebracht.

Die Philologie, besonders die vergleichende Semitistik hat für das AT im Vergleich mit dem Arab., dem Akkad., neuerdings auch mit dem Ugarit. und (noch ganz in den Anfängen) mit dem Eblaitischen viel zur Erhellung von Text, Sprache und Auslegung beitragen können. Neuerdings wird auch die Verbindung der semit. mit den hamitischen Sprachen deutlicher beachtet. Die Anwendung von Fragestellungen der Semantik und allg. Linguistik seit den 60er Jahren hat viel für die Wortinhaltsforschung und Lexikographie beigetragen.

Das AT ist in Hebräisch (und zu Teilen: Dan 2-7, Teile aus Esr und Neh in Aram.), das NT in einer Variante des Koine-Griechisch, der hell. Volkssprache, die zwischen dem 4. Jh. v.Chr. und 6. Jh. n.Chr. gebräuchlich war, geschrieben. In den letzten Jahrzehnten haben eine Fülle von hebr. Inschriften (Briefe, Verträge, Denkmäler, Siegel) und von griech. Papyri den Wortschatz beider Sprachen erhellt.

Die Kenntnis des zeitgeschichtl. Hintergrunds trägt viel zum Verständnis der bibl. Botschaft bei: Kenntnis der juristischen, soziologischen, rel. Gepflogenheiten, der Orte, des Landes, des Klimas und der Geschichte. Doch gilt es darüber nicht zu vergessen, daß die Bibel auch den nicht geschichts- und umweltkundigen Leser mit ihrer Botschaft unmittelbar im Herzen treffen und ansprechen kann.

Religion gehört zum Menschsein, ist universal. Der Gott Abrahams und Vater Jesu Christi hat sich aber in ganz spezifischen Ereignissen atl. und ntl. Geschichte offenbart. Der Glaube Israels vollzog sich in der Aufnahme, Ablehnung und Umformung rel. Vorstellungen ihrer Zeit. Kriterium und Maßstab bildete die Erfahrung mit dem lebendigen Gott (»Ich bin Jahwe«), seine Heilstaten in der Geschichte (Exodus, Versorgung in der Wüste u.a.) und sein immer neues Reden durch das Wort der Propheten. Zum Wesen ihres Bundesgottes gehört die Heiligkeit. Religion und Ethik sind darum auch für Israel nicht zu trennen. Dies muß man auch bei sog. »religionsgeschichtlichen Parallelen« beachten. In atl. und ntl. Wissenschaft gab es zahlreiche Versuche, besonders im Rahmen der sog. »religionsgeschichtlichen Schule«, den Glauben Israels bzw. der ntl. Gemeinde aus dem Fluß menschlicher Religionsgeschichte zu erklären. Dabei wurde nicht genügend berücksichtigt, daß Gottes Offenbarung unableitbare Züge trägt. Sowohl seine Offenbarung in der Schöpfung, am Sinai (in der Erwählung Israels) und in der Sendung Jesu, seinem Kreuzestod und seiner Auferstehung sind einmalig und unwiederholbar.

In der Bibel finden sich charakteristische Formen (ein kunstvoller Parallelismus als Stilmittel in poetischen Texten, z.B. Psalmen, Sprichwörter, Rätsel, Rhythmen) und Gattungen (Gleichnisse, Weherufe, Liebeslieder u.a.). Aus ihnen läßt sich etwas über den Trägerkreis, die Festigkeit und die Absicht einer Überlieferung entnehmen (erschließen). Das alles versucht die Arbeitsweise der Formkritik herauszufinden.

Die ganze Bibel ist bei aller Unterschiedlichkeit doch eine Einheit, sie gleicht einem Dom. Die Literarkritik versucht nun – im Bild gesagt – herauszufinden, aus welchem Steinbruch einzelne Blöcke stammen. Manchmal weisen die bibl. Schreiber selbst auf benutzte Quellen hin (»Buch der Kriege des Herrn« 4Mo 21,14; vgl. auch Jos 10,13; Lk 1,1-4). Wo sie das nicht tun, sind wir auf Vermutungen angewiesen. In den letzten 250 Jahren herrschte die Arbeitshypothese einer (vorwiegend) Vier-Quellen-Theorie vor, was die Entstehung des Pentateuchs betrifft. Wo sich eine literarkritische Theoriebildung (der Sache nach durchaus legitim) mit einem Geschichtskritizismus verbindet, ist äußerste Skepsis geboten.

AT und NT bilden nach alter, christl. Lehre eine innere Einheit, die zutiefst in der Inspiration der Heiligen Schrift begründet ist. Darum bemüht sich die Biblische Theologie um die Frage nach dem Verhältnis der beiden Testamente zueinander. Stehen sie in Beziehung von Verheißung zur Erfüllung, des Vorbildes (Typos) zur Wirklichkeit usw.? Das AT nimmt den Leser auf eine Gefällstrecke mit, die im NT am Kreuz Jesu Christi ihr Ziel und zugleich eine neue Ausrichtung findet. Die Apostel haben das AT neu im Licht des Kommens Jesu Christi lesen gelernt. Dieser Theologie liegt zugleich eine heilsgeschichtl. Schau zugrunde. Die einzelnen Aussagen bibl. Bücher müssen nicht nur im hist.-zeitgeschichtl. Kontext, sondern auch im gesamtbibl. Zusammenhang ausgelegt werden. Hier gilt der Grundsatz *sacra*

scriptura sui ipsius interpres, »Die Hl. Schrift - ihr eigener Ausleger«.
→ Altes Testament, Geschichte der Erforschung;
→ Neues Testament, Geschichte der Erforschung

Lit.: P. Alexander: Großer Bildführer zur Bibel, [3]1990; F.F. Bruce: »Bibel«, GBL 1, [2]1991, 201-205; H.J. Kraus: Geschichte der historisch-kritischen Erforschung des AT, [5]1982; W. G. Kümmel: Das Neue Testament [2]1970; I.H. Marshall: New Testament Interpretation, 1977.

M. Dreytza

Bibelwoche

1. Mehrere tausend Gemeinden in den Kirchen Deutschlands und im deutschsprachigen Europa führen jährlich die B. durch. 1937 offiziell gegründet, entstand die B.narbeit in Aufnahme der geistl. Impulse der Barmer Bekenntnissynode und in Reaktion auf die durch den Staat erzwungene Reduktion kirchl. Arbeit in den Auseinandersetzungen und Herausforderungen der Jahre 1934/35 im Kontext der volksmissionarischen Arbeit.

2. Die Bibelwoche wird bestimmt durch:
- Zusammenhängende Lektüre von jeweils sieben Texten bzw. ganzen bibl. Büchern im jährlichen Wechsel zwischen AT und NT;
- Intensive → Bibelarbeit in Einheit von wissenschaftl. Exegese und glaubender Aneignung;
- Kerygmatische Exegese mit der Erwartung, in den bibl. Texten »Jesus Christus . . ., das eine Wort Gottes« zu hören (vgl. Barmer Theol. Erklärung, These I);
- Seelsorgerliche und zeitbezogene Anwendung im Brückenschlag zur Lebenswelt der Gegenwart.

3. Auch während der erzwungenen Trennung Deutschlands wurde die B. ohne Unterbrechung in Kooperation von der »→ Arbeitsgemeinschaft Missionarische Dienste« (AMD) in der DDR und in der BRD vorbereitet und getragen.

Im halben Jahrhundert B.ngeschichte haben sich die äußeren Strukturen zum Teil gewandelt. Die Formen sind vielfältiger geworden. Die Ziele blieben in ihrer Kontinuität erhalten. Eine neue Dimension hat die B. durch die ökumen. Gestaltung gewonnen. Zunehmend wird die B. als »kleiner biblischer Intensiv-Kurs« durchgeführt. So entstehen über die Möglichkeiten einer Vortrags-B. hinaus neue Formen und Chancen dialogischer B.

4. Die von der »Arbeitsgemeinschaft Missionarische Dienste« in der EKD (Stuttgart) in Gemeinschaft mit den Bibelgesellschaften angebotenen vielfältigen Arbeitsmaterialien spiegeln die Weiterentwicklung der letzten Jahre wider. Bei ihrer Entstehung werden die Ergebnisse der exeget. Arbeit und die Gestaltungsideen zunächst in der Praxis erprobt.

Lit.: W. Baur, R. Michel, D. Puttkammer: Die Bibelwoche (Studienbrief B1 neu), 1993; W. Baur, K.-J. Wrage: Der Bibel begegnen - Impulse zur Bibelwoche (Studienbrief B8), 1985; W. Baur, D. Puttkammer: Gemeinsam Bibel lesen (Studienbrief B9), 1989. (Studienbriefe im Selbstverlag der AMD, Stuttgart)

D. Puttkammer

Bibliolatrie

B. bedeutet wörtlich »Bibelanbetung«. Gemeint ist eine Verabsolutierung einzelner Schriftworte unter Mißachtung ihres gesamtbibl. und heilsgeschichtl. Kontextes, die häufig bei christl. Sondergruppen und Sekten anzutreffen ist. Auch das Verständnis des täglichen Losungswortes als persönliches Orakelwort, losgelöst aus dem bibl. Kontext, kann eine Form der B. sein.

V. Gäckle

Biblische Nachschlagewerke

Während dem Bibelleser wie auch dem Ausleger früher nur wenige Hilfsmittel zur Verfügung standen, muß man heute unter einem sehr großen Angebot auswählen. Im folgenden kann nur eine repräsentative Auswahl heutiger deutschsprachiger Nachschlagewerke kurz vorgestellt werden.

1. Atlanten lassen die geographischen Zusammenhänge verstehen, die oftmals für die bibl. Geschichte grundlegend waren. Große Werke sind der kath. »Herders Großer Bibelatlas« (1989), »Der Bibel-Atlas« (1982) der jüd. Forscher Y. Aharoni und M. Avi-Yonah, K. Hartmann »Atlas-Tafel-Werk zu Bibel und Kirchengeschichte I« (1992). Verbunden mit dem »Studienatlas zur Bibel« (1983) ist die Sammlung großartiger Luftaufnahmen »Erez Israel« (1987) aus dem »Pictorial Archive« in Jerusalem. Ebenfalls zu nennen sind hier die »Luftbilder bibl. Stätten« (1987: Israel, 1989: Jordanien). Bildmaterial verschiedener Art bietet auch P. Alexander, »Großer Bildführer zur Bibel« (o.J.). Einem ersten Überblick können dienen: H.H. Rowley »Atlas zur Bibel« ([11]1991), der »Bibelatlas« ([2]1989) sowie der »Stuttgarter Bibelatlas« (1989) und »Der Neue Bibelatlas« (1992). Reiche Illustration mit geschichtlicher und sachlicher Erklärung kombiniert A.R. Millard,

»Schätze aus bibl. Zeit« (1992), und ders., »Die Zeit der ersten Christen« (1990). Auf dem Weg von einem Orts- zu einem Reallexikon ist O. Keel und M. Küchler, »Orte und Landschaften der Bibel« (1982ff).

2. Reallexika, die nur archäologische Informationen über bibl. Sachen bringen, gibt es wenige. Zu nennen sind K. Galling, »Biblisches Reallexikon« (^{2}1977) und A. Negev, »Archäologisches Bibellexikon« (1991) sowie für einen weiteren Kreis J.A. Thompson, »Hirten, Händler und Propheten« (1992). Eine reiche Fundgrube bildet B. Reicke und L. Rost, »Biblisch-historisches Handwörterbuch I-IV« (1966-79), in dem auch Person- und Begriffsinformationen erscheinen.

3. Personallexika konzentrieren sich auf bibl. Gestalten. Wissenschaftlichen Ansprüchen genügen M. Bocian, »Lexikon der biblischen Personen« (1989), O. Odelain und R. Séguineau, »Lexikon der bibl. Eigennamen« (1981) sowie »Reclams Lexikon der Heiligen und bibl. Gestalten« (^{6}1987), für einen weiteren Kreis sind bestimmt H. Achterberg, »Zeugen des Evangeliums« (1987), F. Hauss, »Biblische Gestalten« (^{7}1989), A. Meister, »Biblische Namen« (^{5}1988) und H. Schmoldt, »Kleines Lexikon der bibl. Eigennamen« (1990).

4. Bibellexika bieten in der Regel geographische, historische, sachliche und Person-Informationen sowie meist auch in begrenztem Umfang die Erörterung bibl.-theol. Begriffe. Die Entwicklung der kath. Bibelwissenschaft vor und nach dem Zweiten Vatikanischen Konzil spiegelt in seinen verschiedenen Auflagen H. Haag, »Das Bibel-Lexikon« (1951-82), das jetzt durch das »Neue Bibellexikon« (1991ff) von M. Görg und B. Lang ersetzt wird. An einen weiteren Kreis wendet sich auf kath. Hintergrund »Knaurs großer Bibelführer« (1985) und »Die Bibel von A-Z« (o.J.). Aus der von A. Schlatter begründeten, gemäßigt konservativen Tradition Württembergs kommt das »Calwer Bibellexikon« (begr. 1884, letzte Bearb. 1967, eine Neuausgabe ist in Arbeit). Das erste dt. Werk auf evangelikalem Hintergrund war F. Rienekker, »Lexikon zur Bibel« (1960). Es wird an Ausführlichkeit und wissenschaftlicher Fundierung übertroffen durch »Das Große Bibellexikon I-III« (1987-89). Ebenfalls aus dem evangelikalen Bereich stammt das stärker konkordanzhafte »Jerusalemer Bibellexikon« (1990). Über die gegenwärtig vorherrschenden exegetischen Meinungen informieren ausführlich entsprechende Artikel in »Theologische Realenzyklopädie« (1977ff) sowie auf etwas älterem Stand »Die Religion in Geschichte und Gegenwart I-VI« (^{3}1957-65). Dieselbe Ausrichtung besitzen eine Reihe einbändiger Werke, die sich in der Regel an Nichtspezialisten wenden, wie »Kleines Stuttgarter Bibel-Lexikon« (^{5}1985), das kath. »Praktische Bibellexikon« (^{10}1990) von A. Grabner-Haider, »Reclams Bibellexikon« (^{4}1987) und C. Geritzen, »Lexikon der Bibel« (1990). Konservativer ausgerichtet sind »Kleines Bibellexikon« (1989) sowie D. und P. Alexander, »Handbuch zur Bibel« (^{4}1983). Zu Spezialaspekten kann man noch nennen: V. Fritz, »Kleines Lexikon der bibl. Archäologie« (1987), H.H. Schmitt und E. Vogt, »Kleines Wörterbuch des Hellenismus« (1988), H. Laag, »Kleines Wörterbuch der frühchristl. Kunst und Archäologie« (1990), M. Lurker »Wörterbuch bibl. Bilder und Symbole« (^{4}1990), J. Maier und P. Schäfer, »Kleines Lexikon des Judentums« (^{2}1987), M. Zohary, »Pflanzen der Bibel« (^{2}1986).

5. Begriffslexika. Nur für mit den bibl. Sprachen Vertraute eignen sich »Theol. Wörterbuch zum AT I-VI« (1973-89) und »Theol. Wörterbuch zum NT I-X« (1933-79). Wem die teilweise monographienartigen Artikel dieser Lexika zu umfangreich sind, der wird eher zu »Exegetisches Wörterbuch zum NT I-III« (1980-83) und »Theol. Handwörterbuch zum AT I-II« (^{4}1984/ ^{3}1984) greifen. Auch ohne griech. Sprachkenntnisse kann das auf wissenschaftl. Grundlage erarbeitete »Theol. Begriffslexikon zum NT I-II« (^{5}1990) benutzt werden. Erste gediegene Information findet man bei X. Léon-Dufour, »Wörterbuch zum NT« (1981), ders. »Wörterbuch zur bibl. Botschaft« (^{2}1981) sowie W.H. Schmidt und G. Delling, »Wörterbuch zur Bibel« (1971), an ein sehr breites Spektrum wendet sich F. Grünzweig, »Bibl. Wörterbuch« (^{3}1988).

6. Konkordanzen zu dt. Bibelübersetzungen: »Bibel von A-Z« (LÜ 1984, 1986), »Bremer Bibl. Handkonkordanz« (LÜ 1964, 1989), »Calwer Bibelkonkordanz« (LÜ 1912, 1983), »Elberfelder Bibelkonkordanz« (1962, Die Konkordanz zum rev. Text ist in Vorbereitung . . .), »Große Konkordanz zur Lutherbibel« (1989), F. Hauss, »Bibl. Taschenkonkordanz« (^{8}1990), H. Roessle, »Kleine Konkordanz« (1989), H. Hartmann, »Kleine Konkordanz zur Lutherbibel 84« (^{3}1989), F.J. Schierse, »Konkordanz zur Einheitsübersetzung der Bibel« (^{2}1986). Zum griech. NT: Schmoller, »Handkonkordanz« (^{26}1989); Aland, »Vollständige Konkordanz zum griech. NT« (1983); zum hebr. AT: »Konkordanz zum Hebr. AT« (^{3}1992), bearbeitet von G. Lisowsky, hg. von H.P. Rüger.

7. Bibelkunden u.ä. Die meisten bibelkundlichen Lehrbücher bieten auch Grundinformationen zu Entstehung und Theologie der bibl. Schriften, wobei meist die gegenwärtigen Mehrheitsmeinungen zugrundegelegt sind: H. Merkel, »Bibelkunde des NT« (^{3}1988), besonders ausführlich H.A. Mertens, »Handbuch der Bibelkunde« (^{2}1990), H.D. Preuss und K. Berger, »Bibelkunde des AT und NT I-II« (^{4}1989/91), H.H. Schmid, »Kleine Bibelkunde« (^{2}1988), C. Westermann, »Abriß der Bibelkunde« (^{13}1991). Aus dem evangelikalen Bereich stammen H.W. House, »Chronologische Tabellen und Hintergrundinformationen zum NT« (1983) sowie J.J. Walton, »Chronologische Tabellen zum AT« (1992).

R. Riesner

Biblische Theologie

Der Begriff »Biblische Theologie« wurde im 17. Jh. geprägt und bekam programmatische Bedeutung, als die altprotestantische Dogmatik nicht mehr nur von kath. Seite, sondern auch vom → Pietismus und von der → Aufklärung her in Frage gestellt wurde. Seit dieser Zeit stand der Begriff für die Erkenntnis, daß die Autorität der Bibel nicht nur in der Form isolierter Belege für die Lehrsätze der Dogmatik zur Geltung zu bringen ist, sondern nach einer zusammenhängenden Darstellung verlangt. Dabei verband sich mit dem Begriff »Biblische Theologie« auch die Erwartung einer Entlastung von komplizierten Denkgebäuden und die Offenheit für eine Kritik an dogmat. Begriffsbildungen vom Zeugnis der Bibel her.

Auf die grundlegende Unterscheidung zwischen dogmat. und exeget. Schriftauslegung folgte bald die Einsicht in die Vielfalt der Stimmen innerhalb der Bibel selber. Im Geiste der Aufklärung wurde diese Vielfalt vorzugsweise auf einen stufenweise fortschreitenden Erkenntnisprozeß zurückgeführt. Die Versuche einer zusammenfassenden Darstellung der B. Th. wurden seit dem frühen 19. Jh. zugunsten einer getrennten Behandlung der beiden Testamente meist aufgegeben. Die Vielfalt des bibl. Zeugnisses und die Fülle der Probleme, auf die die Bibelwissenschaft gestoßen ist, erschweren bis heute jede Bemühung, die Botschaft der Bibel lehrhaft zusammenzufassen.

Im 20. Jh. steht der Begriff der B. Th. vor allem für zwei Anliegen, die sich miteinander verbinden können, aber doch klar unterschieden werden müssen: Auf der Ebene der Systematischen Theologie steht der Begriff für die vor allem von Karl → Barth angestoßene Rückbesinnung auf die Hl. Schrift als die maßgebliche Quelle kirchl. Lehre und Verkündigung. Dabei geht es um die grundsätzliche Unabhängigkeit der Theologie gegenüber philos. Prämissen, seien sie rationalistisch oder idealistisch. D.h., daß die Parole »biblisch« der Vieldeutigkeit des Begriffs Theologie und der Beliebigkeit theol. Ansätze kritisch gegenübergestellt wird. Im Bereich der Bibelwissenschaft ist die Vielfalt exeget. Fragestellungen und Methoden der Hintergrund, vor dem das Anliegen der B. Th. mit dem Akzent auf Theologie zu verstehen ist, und zwar in einem doppelten Sinne: Gegenüber der Gefahr der Zersplitterung der Bibelwissenschaft in eine Fülle von Teilbereichen und gegenüber der Überbetonung der Vielfalt des bibl. Zeugnisses geht es um die Bemühung um Einheit und Ganzheit, um die Herausarbeitung der wesentlichen und zentralen Gehalte des bibl. Zeugnisses. Und gegenüber der Gefahr einer distanzierten, historistischen Untersuchung und Beschreibung bibl. Phänomene geht es um ein Hören auf die Bibel in der Erwartung richtungweisender Antworten auf Menschheits- und Gegenwartsfragen. (In diesem Sinne steht der Ausdruck »Biblische Theologie« heute oft für das, was früher »theologische Exegese« genannt wurde). Exeget. Arbeit, die diesem Anliegen verpflichtet ist und bestimmte Themen gesamtbibl. erforscht, ist noch keine Systematik, sondern bewegt sich noch ganz auf der hist. Ebene, dient aber der Bemühung um Schriftgemäßheit im Bereich der Systematischen Theologie. Die beiden Ebenen theol. Arbeit – das Eindringen in die Textwelt der Bibel und das eigene Durchdenken und Entfalten christl. Wahrheitserkenntnis in der Systematik – sind aufeinander bezogen, aber nicht zur Deckung zu bringen.

Das Hauptproblem der B. T. ist das Neben- und Nacheinander der beiden Testamente, das nach einer hist. und theol. Verhältnisbestimmung ruft. Eine Preisgabe des AT wäre ein später Sieg des Häretikers Marcion aus dem 2. Jh., dessen Polemik gegen den Gott des ATs im 20. Jh. von Adolf von Harnack und den »Deutschen Christen« neu aufgelegt worden war. Auch die Erkenntnis, daß das AT primär die Bibel der Juden ist, darf nicht zur Distanzierung vom AT führen; denn das wäre ein Bruch mit der Urkirche, die ebenfalls nur das AT als Heilige Schrift kannte. Wie die Zusammengehörigkeit von Altem und Neuem Testament jedoch zu denken ist – als Entsprechung von Verheißung und Erfüllung oder als zusammenhängender geschichtl. Prozeß (im Sinne einer »Heilsgeschichte« oder einer »Traditionsgeschichte«) – ist Gegenstand vieler Abhandlungen der letzten Jahrzehnte.

Angesichts der Vielfalt von Stimmen innerhalb des Alten wie auch des Neuen Testaments ist wiederholt der Versuch gemacht worden, eine »Mitte« des

Alten wie auch des Neuen Testaments zu bestimmen. Abgesehen davon, daß das AT eine theozentrische und das NT eine zugleich christozentrische Schriftensammlung darstellt, konnten derartige Versuche sich nicht durchsetzen. Die Dreiteilung des atl. Kanons in Tora, prophetische Bücher und (übrige) Schriften (insbesondere »poetischer« Art) will ebenso respektiert werden wie das Nebeneinander von vorösterlicher Jesusüberlieferung und nachösterlichem apostol. Zeugnis im NT.

In weniger zugespitzter Form ist die Herausarbeitung zentraler Inhalte des bibl. Zeugnisses und ihre Unterscheidung von eher peripheren Gedanken eine notwendige Aufgabe, wenn verhindert werden soll, daß seltene und unbetonte bibl. Aussagen überbewertet oder nach Art mancher Sekten in den Mittelpunkt der Verkündigung gestellt werden. Was sich in diesem Sinne als bibl.-theol. weniger zentral erweist, ist freilich nicht als im Grunde »unkanonisch« auszuscheiden, sondern behält den Rang eines Nebentones, der von Zeit zu Zeit auch gehört werden muß und sich als das Wort zur Stunde erweisen kann.

Für das Fragen nach der Einheit in der Vielfalt des bibl. Zeugnisses ist es wichtig, die Bibel nicht am Maßstab einer durchkonstruierten systemat. Theologie zu messen. Die Bibel ist kein Buch, sondern eine Bibliothek heiliger Schriften, und ihre Einheit kann nicht in einer durchgängigen einheitlichen Terminologie liegen, sondern in einer Einheit der Sache, deren Identität nicht an der Oberfläche der Texte nachweisbar ist. Zum ganzheitlichen Verstehen der Bibel ist es nötig, in unterschiedlicher Ausdrucksweise sachlich übereinstimmende Grundaussagen zu erkennen. So lassen sich über die Unterschiede im Sprachgebrauch hinweg theol. Gemeinsamkeiten zwischen scheinbar unvereinbaren »Positionen« bibl. Autoren (wie z.B. Paulus und Jakobus) ermitteln. Eine Exegese, die sich auf das Nachzeichnen der unterschiedlichen Ausdrucksweise beschränkt und sich am endlosen Differenzieren berauscht, bekommt diese Tiefenstruktur der bibl. Texte nicht zu Gesicht.

Lit.: K. Haacker et al.: Biblische Theologie heute (BThSt 1), 1977; ders.: Neutestamentliche Wissenschaft. Eine Einführung in Fragestellungen und Methoden, 1981, [2]1985, § 9; H.-J. Kraus: Die Biblische Theologie. Ihre Geschichte und Problematik, 1970; O. Merk: Biblische Theologie des Neuen Testaments in ihrer Anfangszeit, 1972; J. Roloff: Neues Testament (Neukirchener Arbeitsbücher), 1977, § 18.

K. Haacker

Biblizismus

Der Begriff B. hat im dt. Sprachraum eine Bedeutungsveränderung erfahren. Während F.A. Tholuck (1799-1877) und M. Kähler (1835-1912) ihn kritisch verwendeten, Kähler z.B. zur Kennzeichnung eines unvermittelten und unmethodischen »biblischen Positivismus«, hat sich im 20. Jh. ein vorwiegend theologiegeschichtl. Sprachgebrauch durchgesetzt. B. wird nun verwendet, um die heilsgeschichtl. Entwürfe aus dem 17.-19. Jh. zu bezeichnen (→ Bengel, → Oetinger, Ph.M. → Hahn, J.M. → Hahn, G. → Menken, J.T. → Beck und J.v. → Hofmann). Neuerdings wurde vorgeschlagen, B. allg. als Denkrichtung zu verstehen, »die in allen Fragen des Glaubens, der Lehre, des Handelns und der persönlichen Frömmigkeit, oft bis in die Sprache hinein, die Bibel als das geschichtlich offenbarte Wort Gottes in ihrer Ganzheit oder im einzelnen möglichst nachdrücklich, ausschließlich und unmittelbar als Norm oder Quelle zur Geltung bringen will« (Karpp).

Nach diesem sehr erweiterten Sprachgebrauch wäre z.B. das Bibelverständnis des → Ev. Gnadauer Verbandes oder der Ev. → Allianz B. Sinnvoller ist die Begrenzung des Begriffs auf seinen ursprünglichen kritischen Gehalt. K. → Barth hat in seiner Darstellung der Theologie G. Menkens darauf hingewiesen, daß das Dogma als Korrektiv zum persönlichen Schriftgebrauch erhalten bleiben muß (Barth, 477). B., kritisch verstanden, ist demnach ein Bibelverständnis, in dem der geschichtl. Bezug des geoffenbarten Wortes Gottes nivelliert und die christologische bzw. soteriologische Intention der Schrift vernachlässigt wird. Biblizistischer Umgang mit der Bibel wahrt zwar energisch das reformat. *sola scriptura*, nicht aber in gleicher Weise das *solus Christus* und das *sola fide*.

Die notwendige theol. Auseinandersetzung mit dem B. muß sein Eintreten für die unverkürzte Geltung des geoffenbarten Wortes in Dogmatik und Ethik würdigen, gleichzeitig aber vor den Gefahren des Dogmatismus, der Werkgerechtigkeit und der Spaltung in der Gemeinde warnen. Das Anliegen des B. wird desto fruchtbarer werden, je stärker es in das reformat. *solus Christus* eingebettet wird.

Lit.: K. Barth: Die protestantische Theologie im 19. Jahrhundert, (1946), 1975; H. Karpp: »Biblizismus«, TRE 6, 1980, 478-484 (Lit.).

J. Cochlovius

Biedermann, Alois Emanuel (1819-1885)

B. wurde geb. am 2. 3. 1819 in Bendlikon am Zürichsee, am 25. 1. 1885 starb er in Zürich. Sein Theologiestudium begann er 1837 in Basel, wo ihn → de Wette besonders beeindruckte, ab 1839 Studium der Theologie (bei W. Vatke) und Philosophie in Berlin, Anschluß an die Gruppe der Junghegelianer. Er stand Feuerbach und besonders D.F. Strauß nahe, bedauerte aber, daß deren Religionskritik nur destruktiv war, ohne den Versuch eines Neuaufbaus im Sinn einer Versöhnung von Christentum und modernem Denken. 1843 wurde B. Pfarrer in Münchenstein bei Basel. 1850 kam er als a.o. Prof. nach Zürich, 1860 wurde er o. Prof. für Dogmatik. Er war ein profilierter Vertreter der liberalen Theologie und auch der von dieser Theologie geprägten kirchl. Reformbewegung. B. war eine Zeitlang Mitglied des Zürcher Kantonsrates, wo er seine Ansichten auch polit. vertreten konnte. Zusammen mit Pfarrer Heinrich Lang in St. Gallen war er eigentlicher Initiator der Reformbewegung, die u.a. auch die Abschaffung der Bekenntnisverpflichtung in den schweizerischen Landeskirchen erreichte.

1869 erschien B.s Hauptwerk, die »Christliche Dogmatik« (eine 2. erweiterte Auflage erschien in 2 Bdn. 1884/85). Von der Religionskritik der »Junghegelianer« weicht B. insofern ab, als er der Religion gegenüber dem phil. Erkennen eine »eigenständige Sphäre« des Geistes zuerkennt. Religion, als Gottesbeziehung, gründet im Gefühl oder im »Herzen«, sie ist der »Selbstverwirklichungsprozeß des endlichen Geistes auf der Basis der Natur«. Das Ziel ist die Erfüllung der Gottesebenbildlichkeit, d.h. die Übereinstimmung des menschlichen Geisteslebens mit dem absoluten Geist (Christl. Dogmatik, § 755). Die Sünde ist nach B. nicht angeboren, aber sie geschieht im Leben als Folge der Endlichkeit des menschlichen Geistes. Sie ist das »Sich-selbst-seinwollen« anstelle der dem Menschen bestimmten Ausrichtung auf Gott. Aber das christl. »Prinzip der Gotteskindschaft« ist die im Glauben geschehende Erlösung. Dieses Prinzip ist in der Person Jesu Christi erstmals geschichtl. hervorgetreten, deshalb ist Jesus Christus der Ausgangspunkt und das Vorbild des christl. Prinzips der Erlösung. Dieses Prinzip ist aber nicht an die Person Jesu Christi gebunden. Im Unterschied zu Feuerbach und Strauß will B. die Religion nicht auf bloße Anthropologie reduzieren. Er bestreitet nicht das Sein Gottes und sieht in der Religion eine tatsächliche Gottesbeziehung. Aber die rel. Vorstellung von dieser Beziehung versteht er als subjektiv-sinnlich und nicht der begrifflichen Realität entsprechend. Der Begriff aber ist für ihn, der Logik Hegels gemäß, das »begriffene« Sein. Gott, das absolute Sein, ist unpersönlich, weil eine unendliche Person undenkbar ist. Es ist offenkundig, daß die phil. Grundlage der Theologie B.s die idealistische, im Grund monistische Totalitätsanschauung der idealistischen Philosophie ist, welche die Wirklichkeit aus der Beziehung des absoluten Geistes als Weltgrund zu dem endlichen Sein zeitlicher, welthaft-geistiger Realität des Kosmos versteht. Es ist ein phil. Gottesbegriff, von dem her B.s Kritik an den rel. Vorstellungen erfolgt.

Lit.: Ausgewählte Vorträge und Aufsätze, 1885; Christliche Dogmatik, 1869 (2. erweiterte Auflage I/II 1884/85); Die freie Theologie oder Philosophie und Christentum in Streit und Frieden, 1844; Unsere junghegelsche Weltanschauung oder der sog. neueste Pantheismus, 1849.

R. Dellsperger: Alois Emanuel Biedermann. Freie Theologie, in: »Gegen die Gottvergessenheit«, hg. von S. Leimgruber, M. Schoch, 1990, 86ff; R. Germann-Gehret: Alois Biedermann (1819-1885). Eine Theologie des gottseligen Optimismus, 1986; K. Nieck: Das Problem der wissenschaftlichen Grundlegung bei A.E.Biedermann, Diss. Zürich 1944; F. Schneider: A.E. Biedermann. Diss. Bonn 1939.

F. Flückiger

Biel, Gabriel (ca. 1410-1495)

B., geb. vor 1410 in Speyer, gest. am 7.12.1495 in Einsiedel bei Tübingen, Prediger und Theologe. Um 1432 Priester in Speyer; Studienaufenthalte 1432 bis 1438 in Heidelberg, 1451-57 in Erfurt und Köln. Von 1457-1465 war B. Domprediger in Mainz im Geist der → Devotio moderna, der B. sich besonders verbunden fühlte. Dies zeigt sein Einsatz für die »→ Brüder vom gemeinsamen Leben«, die sich einer von der → Mystik geprägten innerlichen und zugleich glaubwürdigen praktischen Frömmigkeit in gemeinschaftlicher Lebensform verschrieben hatten, ohne jedoch die Mönchsgelübde abzulegen. Die Einrichtung von Häusern für die Brüder wurde nun seine Aufgabe: 1483 in Marienthal, 1465 in Königstein, 1468 in Butzbach, wo er Rektor wurde und die drei Häuser unter seiner Leitung zu einem Generalkapitel vereinigte. Weitere Gründungen folgten in Wolf (Mosel) und Stift Urach, wo B. 1479 Probst wurde, in Herrenberg, Dettingen, Tübingen, Tachenhausen und Einsiedel bei Tübingen.

Krönung seiner theol. Laufbahn war die Übernahme einer Professur für Theologie in Tübingen 1484-1492, wo er im Sinne des Nominalismus → Ockhams lehrte. Zweimal versah er das Amt des Rektors der Universität. Nach seiner Emeritierung lebte er in Einsiedel, wo er auch starb und begraben wurde. Seine Hauptwerke waren die 1488 gedruckte »Auslegung des Meßkanons«, eine Deutung der Messe, die Generationen von Priestern, auch Martin Luther, bis ins 17. Jh. tief prägte; die von W. Steinbach 1501 in Tübingen herausgegebene »Sammlung über die vier Bücher der Sentenzen« (Collectorium), der Ockhams Sentenzenkommentar zugrunde lag. B. entwickelte den Grundgedanken, daß Gott in freiwilliger Selbstbindung seine absolute Macht begrenzt hat, um dem Menschen seine Gnade zuzueignen. So setzt er eine Heilsordnung, an die er sich – allein aus Gnade! – hält. Der Mensch seinerseits tut aus freier Willensentscheidung, »was in ihm ist«, um das Heil durch gute Werke zu erlangen. Diese sind verdienstlich, weil Gott in seiner Gnade sie so akzeptiert und weil die Akzeptanz des Menschen in Gottes Vorherbestimmung begründet ist, – eine doppelte Argumentation zum Schutz gegen den Vorwurf des Pelagianismus. B.s Theologie hatte europaweite Wirkung. In Salamanca, Spanien, und in Coimbra, Portugal gab es bis ins 17. Jh. theol. Lehrstühle mit der Verpflichtung, B.s Collectorium zu kommentieren (Gabrielisten).

Lit.: U. Bubenheimer: Gabriel Biel, in: Gestalten der Kirchengeschichte 4, 308-319; W. Dettloff: »Biel, Gabriel«, TRE 6, 1980, 488-491; (Werke B.s und Lit.); H.A. Oberman: Spätscholastik und Reformation, Bd. 1: Der Herbst der mittelalterlichen Theologie, 1965; ders.: Werden und Wertung der Reformation. Vom Wegestreit zum Glaubenskampf, 1977.

Chr. Windhorst

Bienenberg → Europäische Mennonitische Bibelschule

Bild, Bilderverehrung

a) biblisch

1. Im Alten Orient repräsentiert das B. die abgebildete Sache oder Person und steht gewöhnlich im Zusammenhang mit der Verehrung von Gottheiten. Es erscheint als Statue oder Plastik, aber auch als Reliefschnitzerei oder Malerei in verschiedener Größe und verschiedenen Räumlichkeiten und wird von kunstfertigen Handwerkern erstellt.

Das Bild ist Symbol für Wesen und Macht der dahinterstehenden Gottheit. So begegnet im kanaan. Bereich typischerweise der Stier als Symbol für Macht und Fruchtbarkeit (vgl. 2Mo 32,4; 1Kön 12,28f).

Keineswegs wird das B. mit der Gottheit gleichgesetzt (so könnte die prophetische Bildpolemik mißverstanden werden, z.B. Jes 42,17; 44,19), sondern als deren Wohnung oder Körper angesehen. Durch das materiell-greifbare und lokalisierbare B. ist die Kontaktaufnahme in Gebet und Anrede mit der immateriell-gedachten Gottheit möglich. Wer vor dem B. betet oder Opfer bringt, meint also nicht das B. selbst, sondern gebraucht es als Kommunikationsort.

2. Das AT nimmt in der Bilderfrage eine doppelte Stellung ein: Zum einen kennt es ein grundlegendes Bilderverbot (2Mo 20,4f), mit dem jeder Fremdgötterkult ausgeschlossen wird; zum andern würdigt es den Menschen als Abbild des ihn erschaffenden Gottes (1Mo 1,26f).

a. »Bild« wird im AT in einem allgemeinen, beschreibenden Sinn gebraucht (hebr. *zelem*, von »behauen, schnitzen«) und funktional für ein Götzenbild (hebr. *pesel*, »behauen« oder *masseka*, »gießen«). Trotz des B.verbots und der Polemik der Propheten ist die Existenz von Andachts- wie Kultbildern und der damit verbundene Kult in Israel durch das AT selbst wie auch durch archäologische Funde belegt. Die prophetische Kritik setzt den B.mißbrauch voraus (vgl. Ri 6,25; 1Kön 11,5-8; 16,31-33; Jer 19,4f; Hes 8,5ff; Hos 11,2) und führt zu einer Normverschärfung. Auch die Jahweverehrung konnte, wohl unter kanaan. Einfluß, vergegenständlicht werden (2Mo 32,1ff; 4Mo 21,8f; Ri 8,26f; 1Kön 12,28; umstritten ist die Bedeutung von Inschriften, die »Jahwe und seine Aschera« nennen). Die später als Gedenksäulen interpretierten Steinmale der → Erzväter (*mazzebot*, 1Mo 28,18.22; 35,14; vgl. Jos 4,4-9) sind ursprünglich wohl als B. verstanden worden. Deshalb wird ihr späteres Vorkommen bekämpft (1Kön 14,23; 2Kön 18,4; 23,14; Hos 3,4; Mi 5,12). Israels bildlose Gottesverehrung war zwar nicht Realität, als theol. Forderung aber nahezu einzigartig und eine notwendige Konsequenz aus der Einzigkeit und Ausschließlichkeit Jahwes.

b. Die Bezeichnung des Menschen als Gottes Abbild (*Imago Dei*) findet sich ausschließlich in 1Mo 1,26f; 5,1; 9,6; anklingend auch in Ps 8,6f und in Übertragung auf das menschliche Vater-Sohn-Verhältnis in 1Mo 5,3. Die auffällige Parallele zur ägypt. Königsideologie legt nahe, daß der Mensch damit funktional als Repräsentant Gottes gegenüber der übrigen Schöpfung verstanden wird (*zelem*). Dazu hat ihm der Schöpfer gottähnliche Fähigkeiten (*demut*) gegeben, die ihm auch qualitativ eine Vorrangstellung in der Schöpfung verschaffen. Nicht zuerst der aufrechte Gang, sondern der Verstand, die Anlage zur Religion, das Personsein usw. machen die Gottabbildlichkeit aus.

Insofern beinhaltet sie auch seinen »Charakter als ein von Gott anzuredendes Du und als ein vor Gott verantwortliches Ich« (K. Barth). Die Gottabbildlichkeit des Menschen hat also im Schöpfer ihre bleibende Grenze. Das Überschreiten dieser Grenze im Sündenfall (1Mo 3) führt nicht zum Verlust der Gottabbildlichkeit - sie wird dem Menschen in 1Mo 9,6 nach wie vor zuerkannt -, aber zu ihrer Verzerrung.

3. Im NT spielt das allgemeine Bilderverständnis nur eine geringe Rolle.

a. Im Unterschied zum zeitgenössischen Judentum sind Jesus und die urgemeindlichen Christen in der B.frage auffällig unbekümmert. Da im Mittelpunkt ihres Glaubens nicht Bilder, sondern Christus und seine Botschaft stehen, findet sich im NT weder eine positive noch eine negative Stellungnahme zur Bilderfrage. Bei der Streitfrage um die Steuermünze (Mt 22,15-22; Mk 12,13-17; Lk 20,20-26) geht Jesus auf das für die Juden Ärgerliche des Kaiserbildes nicht ein. Der mit Bildern zu treibende Kult konnte und kann jedoch auch für Christen zu einer großen Herausforderung werden. Im apokalyptischen Zusammenhang der Offenbarung (13,14f; 14,9.11; 15,2; 16,2; 19,20; 20,4) wird die vom Antichristen geforderte Bildverehrung zum eschatologischen Scheidungsmerkmal, an dem das atl. B.verbot nochmals entscheidend zur Geltung kommt.

b. Der Mensch bleibt als Sünder allgemein Gottes Abbild (1Kor 11,7; Jak 3,9) und behält damit eine göttliche Würde.

c. Ausführlich wird von Christus als dem B. Gottes gesprochen (2Ko 4,4; Kol 1,15; Hebr 1,3; vgl. Phil 2,6). B. (griech. *eikon*, vgl. *charakter, morphe, homoiosis, typos, doxa*) beschränkt sich hier nicht nur auf die repräsentative Funktion. Im Unterschied zum sündigen Menschen ist Christus Gottes unmittelbare Entsprechung. An ihm ist abzulesen, wie Gott den Menschen ursprünglich gewollt hat. Christus als das Ebenbild Gottes ist nicht nur der Gottähnliche, sondern der Gottgleiche, der auf der Seite des Schöpfers steht.

d. In hauptsächlich paränetischen Texten wird von christusgläubigen Menschen als Gottes oder Christi Abbild im Sinne des »neuen Menschen« gesprochen (Röm 8,29; 1Kor 15,49; 2Kor 3,18; Eph 4,24; Kol 3,10; vgl. Röm 1,23). In 1Kor 15 stellt Paulus dem alten → Adam Christus als den neuen gegenüber. Das wahre Gottesbild ist nicht der alte, sondern der neue Mensch. So sehr dieser einerseits eschatologisches Ziel ist, so sehr soll andererseits seine ethische Qualität schon jetzt im täglichen Christsein zur Geltung kommen und Christus darin Gestalt finden. Indem der Mensch sich mit Christus als dem Bild Gottes verbinden läßt, findet er zu seiner gottgewollten, ursprünglichen Gottabbildlichkeit. Dieses Verständnis entspricht auch der atl. Sicht, wonach die Gottabbildlichkeit des Menschen nicht von seiner - durch den Sündenfall verzerrten - ethischen Verantwortung in der Schöpfung zu lösen ist.

Lit.: K.-H. Bernhardt: Gott und Bild, 1956; H. Brunner, R. Kannicht, K. Schwager: Wort und Bild, 1979; W. Gross: Die Gottesebenbildlichkeit des Menschen, ThQ 161, 1981, 244-264; O. Keel: Die Welt der altorientalischen Bildsymbolik und das Alte Testament, 1977; A. Lemaire: Who or what was Yahwe's Ashera? BAr X.6, 1984, 42-51; B. Ockinga: Die Gottebenbildlichkeit im alten Ägypten und im Alten Testament, 1984; C. Westermann: Genesis, BK AT I/1, 1974, 203-214.

C.D. Stoll

b) theologiegeschichtlich

In Abgrenzung zu den heidnischen B.erkulten und aus Loyalität zum atl. B.erverbot lehnten Kirchenväter wie Tertullian, Clemens und Origines nicht nur die Verehrung, sondern schon die Herstellung von B.ern als Götzendienst ab. Doch bereits im 3./4. Jh. führten der Einfluß spätantiker Kultur, die ausgedehnte Heiligenverehrung und das Bedürfnis des Kirchenvolkes nach bildhafter Vorstellung zu einer Aufweichung des B.erverbots, die freilich von Kirchenführern (z.B. Epiphanius, gest. 403) und Synoden (z.B. Elvira, 306) mit Verweis auf die Undarstellbarkeit der göttlichen Dreieinigkeit strikt bekämpft wurde. Demgegenüber beriefen sich die Befürworter auf die Inkarnation Gottes in Christus und die Notwendigeit der moralischen Erziehung ungebildeter Laien. Sie fanden v.a. unter den Mönchen des Ostens breite Zustimmung.

Als Kaiser Leo III. im Jahr 726 in Byzanz ein angeblich wundertätiges Christusbild entfernen ließ, brach der B.erstreit aus, in dem die Ikonoklasten (B.erbekämpfer) geltend machten, daß die göttliche Natur Christi nicht darstellbar ist, der aber im Jahr 843 mit einem Sieg der Ikonodulen (B.erverehrer) endete. Die Ikonenverehrung der Ostkirchen gilt dem im Abbild vergegenwärtigten Urbild. In der Westkirche wurde eine eher päd. Begründung der Bilder bevorzugt: Analphabeten sollten an B.ern die bibl. Geschichte abzulesen lernen (Gregor der Große, ep.XI, 13). In diesem Sinne hat auch Luther Illustrationen begrüßt, während der ref. Heidelberger Katechismus nur die Predigt für lebendig hielt und auch in erzählenden Bildern nur stumme Götzen erkennen konnte (Frage 98).

Im Gegensatz zur radikalen Verwerfung der B.er durch → Zwingli und → Calvin haben die luth. Reformatoren die B.erfrage nicht abschließend geregelt. Unter → Karlstadts Einfluß kam es mancherorts zum B.ersturm, während Luther eine gemäßigte Position einnahm (Invokavitpredigten). Luthers Äußerungen zu den B.ern sind ambivalent und situationsbezogen, weshalb sie nicht dogmatisch ausgelegt werden dürfen. B.er sind ihm gleichermaßen Hilfsmittel für die christl. Verkündigung wie sie für den Glaubenden letztlich überflüssig sind. Eine B.erverehrung im eigentlichen Sinne ist im Protestantismus nicht zu finden.

Wie in der kath. sind auch in den ev. Kirchen die B.er eine Frage der Volksfrömmigkeit. Ungeachtet der b.erfeindlichen Tendenz in der Reformation erfreuen sich die luth. Kirchen bis ans Ende des Barocks einer überreichen bildlichen Ausschmückung. Altar, Kanzel und die Brüstungen der Emporen erzählen die Heilsgeschichte. Die Illustration der Bibel in Hunderten von Holzschnitten oder Kupfern wird zum Merkmal der Lutherbibel. Die mit dem 19. Jh. einsetzende B.losigkeit des ev. Kirchenraumes ist weniger eine theol. als vielmehr von Rationalismus und Aufklärung getragene Entwicklung. Seit dieser Zeit bleibt das rel. B. bei den Evangelischen weitgehend auf den privaten Bereich beschränkt. Gedruckte Bilderbibeln sowie der mit B.ern geschmückte Konfirmationsschein oder Patendank zieren das ev. Haus. Ihr Stil und ihre Motive (Der Gute Hirte, Christus, klopft an die Herzenstür) sind von den gleichzeitigen kath. B.ern nicht verschieden.

Zur Geschichte des Gedankens der menschlichen Gottebenbildlichkeit s. → Mensch.

Lit.: G. Lanczkowski, P. Welten, J. Maier, H.G. Thümmel, W.v. Loewenich, R. Volp: »Bilder«, TRE 6, 1980, 515-568; J. Rohls: »...unser Knie beugen wir doch nicht mehr«. Bilderverbot und bildende Kunst im Zeitalter der Reformation, ZThK 81,1984, 322-51; R. Sörries: Eine Christusikone des Pietismus. Kirche und Kunst 59, 1981, 39-48; ders.: Die Evangelischen und die Bilder, 1983; M. Stirm: Die Bilderfrage in der Reformation, 1977.

R. Sörries/Red.

c) systematisch-theologisch

Gott kann grundsätzlich nicht abgebildet werden, da er nicht zu sehen ist; d.h. das menschliche Auge kann seinen Anblick nicht ertragen: »Kein Mensch wird leben, der mich sieht« (2Mo 33,20). Der Schöpfer aller Dinge kann nicht Gegenstand künstlerischer Schöpfung sein. Die B.er, die Menschen geschaffen haben, sind stumme Götzen (Hab 2,18; 1Kor 12,2), die nichts vermögen. Der lebendige Gott aber redet: »So spricht der Herr«, verkündigen seine Propheten. Der Mensch selbst ist Gottes Abbild (1Mo 1,27). In dem durch Gottes Wort bewegten Leben des Menschern stellt Gott sich dar. Also kann der Mensch Gott nicht wie einen Gegenstand betrachten. Im Gegensatz zum B.erkult benachbarter Religionen war dem Gottesvolk Israel die Verehrung, aber auch schon die Herstellung von B.ern verboten (2Mo 20,4). Neben einer strengen Auslegung des B.erverbotes kannte das spätere Judentum auch eine solche, die Abbildungen erlaubte.

Als Gott Mensch wurde, machte er sich in dem Menschen Jesus sichtbar (Joh 1,14; 1Joh 1,1-3). Er ist »das Ebenbild des unsichtbaren Gottes« (Kol 1,15). Im Leben Jesu griff Gott rettend in das Menschenleben ein, das die Gottebenbildlichkeit im Sündenfall verspielt hatte und nun wieder »verklärt« werden soll »in sein Bild« (2Kor 3,18).

Lit.: A. Dempf: Die unsichtbare Bilderwelt. Eine Geistesgeschichte der Kunst, 1959; H.-J. Geischer (Hg.): Der byzantinische Bilderstreit (TKTG Heft 9), 1968; G. van der Leeuw: Vom Heiligen in der Kunst, 1957.

W. Schlichting

Bilderbibel

Zu unterscheiden ist zwischen bebilderten Textbibeln und B.n im engeren Sinn, bei denen der Text zurücktritt. Seit der altchristl. Zeit bis ins 12. Jh. wurden eigentlich nur Teile der Bibel (bes. AT, Psalter, Apokalypse), meist nach bestimmten ikonographischen Themenkatalogen (vgl. die Libri Carolini 790) bebildert bzw. ornamental (Irland: 7./8. Jh.) ausgeschmückt. Seit der Ottonenzeit wurden reich bebilderte Evangeliare angelegt. Mit der Reformbewegung des 11./12. Jh.s gewann die B. »als besonders sinnfälliges Autoritätszeichen der Kirche« (Knappe, 140) neue Bedeutung, was sich auch in der nun eher allegorisch-kommentierenden als bloß illustrierenden Bebilderung zeigt. Im Spätmittelalter werden neue Formen, Themen und Auftraggeber (Prunkhandschriften für Laien bis ins 16. Jh.: Andachtsbücher, Psalter, B.n) wichtig. Neben reine Textbibeln treten zunehmend reich illustrierte, lehrhafte Bibelbearbeitungen (Reim-, Historien-, Armenbibeln, Bible moralisée u.a.). Seit Mitte des 15. Jh.s beginnt der Siegeszug von Buchdruck und Druckgraphik (Blockbücher ca. 1430ff; Kölner Holzschnittbibel 1478/79). Vom Jh.-Ende an werden Bilderfolgen zur Bibel beliebt (Schongauer ca. 1480, → Dürer 1496ff, → Cranach u.a). In der Reformationszeit gewinnen Bibel und Bibelübersetzung neue Bedeutung, was sich etwa in Wittenberg bei Bibel-Illustrationen zunächst noch wenig auswirkt (nicht durchgehend illustriert: Bilder v.a. zu AT, Psalter und Apokalypse), auch wenn etwa Luther bebilderte »Laienbibeln« forderte. Sehr häufig finden Abbildungen zugleich in ev. und kath. Bibelausgaben Verwendung, auch lehrhaft-informative Illustrationen und Karten. Bis ins 18. Jh. und die Aufklärungszeit wirken die Vorbilder des 16. Jh.s nach. Einen Aufschwung der Bibelillustrationen und B. bringt das 19. (Blake 1818, Schnorr von Carolsfeld 1852-1862; Doré 1867) und 20. Jh. (Corinth, Kubin, Beckmann, Chagall u.a.), auch bei den sehr verbreiteten »Familienbibeln«.

Lit.: W. Eichenberger, H. Wendland: Deutsche Bibeln vor Luther, 1977; K.A. Knappe: »Bibelillustrationen«, TRE 6, 1980, 131-160; H. Rost: Die Bibel im Mittelalter, 1939; Ph. Schmidt: Die Illustration der Lutherbibel 1522-1700, 1962; P.H. Vogel: Europäische Bibeldrucke des 15. und 16. Jh.s in den Volkssprachen, 1962.

G. Knetsch

Bilderstreit → Bild, Bilderverehrung

Bildung

Der Begriff »Bildung« wird mit unterschiedlicher Akzentuierung gebraucht und ist weithin umstritten. Es ist aufschlußreich, daß kurz vor der Jahrhundertwende in einem recht kurzen Artikel in Meyers Konversationslexikon von einem »bevorzugten Schlagwort des Zeitalters« die Rede ist, das »mit den meisten sogenannten geflügelten Worten das Schicksal« teile, »daß sein Gepräge, wie bei einer abgegriffenen Münze, sich verwischt hat und sein Sinn vieldeutig geworden ist«.

Versuche einer Definition reichen von dem Bonmot, B. sei das, was übrig bleibt, wenn man vergessen hat, was man gelernt hat, bis hin zu der vom Deutschen Institut für Bildung und Wissen geprägten Zielbestimmung: »Ziel der Bildung und Erziehung ist der Mensch, der im Ringen um ein richtiges Verhältnis zu Gott, zu den anderen Menschen und zur Welt eine Haltung gewonnen hat, aus der heraus er im Leben und Handeln der Wirklichkeit gerecht wird und so in einer jeweils einmaligen Verwirklichung zu einer Vollendung seiner selbst kommt. Dieses Ziel ist niemals endgültig erreicht und gesichert; Bildung ist daher eine permanente Aufgabe, die nur von ihrem Ziel her definierbar ist.«

In dieser Definition werden B. und → Erziehung zusammen genannt. Tatsächlich werden diese beiden Begriffe zuweilen fast synonym gebraucht. Andererseits jedoch wird die Erziehung - auch im Artikel 6 des Grundgesetzes - primär den Eltern zugeordnet, während schulische Einrichtungen der verschiedensten Art dem »Bildungswesen« zugerechnet werden, das der Aufsicht des Staates untersteht. Dabei wird zumeist noch zwischen allgemeinbildenden und berufsbildenden Anstalten bzw. Fächern unterschieden. Außerdem unterscheidet man z.B. in Deutschland im Hinblick auf die Qualifikationen zwischen dem Hauptschulabschluß, der Mittleren Reife, dem Abitur und den Abschlußprüfungen der Universitäten, Hochschulen und Fachhochschulen.

Die Verbindung der B.sgänge mit entsprechenden Qualifikationen hat vor einigen Jahrzehnten zu der Tendenz geführt, auch den B.sbegriff selbst an nachweisbaren Qualifikationen und kontrollierbaren Fähigkeiten zu orientieren. Dieser Tendenz entsprechen Begriffe wie »höhere Bildung«, Fachschulb., Universitätsb. und dergleichen. Dabei wird B. einseitig dem Lernen zugeordnet. Wie Ballauf schreibt, meint man »dadurch einen nüchternen pädagogischen Begriff gegenüber dem traditionsüberladenen Bildungsgedanken gewonnen zu haben«.

Trotz derartiger Bestrebungen herrscht jedoch weithin Einigkeit darüber, daß B. grundsätzlich mehr ist als eine bloße Aneignung von Wissen und Fertigkeiten. Sie soll vielmehr die gesamte Haltung des Menschen prägen. Es geht also primär um eine personale Qualität. Das jedoch bedeutet: B. kennzeichnet einerseits den jeweiligen Menschen als Individuum, prägt jedoch andererseits auch die Beziehungen zwischen ihm und anderen Personen. Diese Grundkonzeption hat sich auch gegenüber Tendenzen behauptet, die in einer einseitig emanzipatorischen Akzentuierung B. auf Selbstfindung und Selbstbestimmung als Voraussetzung von »Selbstverwirklichung« festzulegen suchten. Andererseits jedoch schließt ein personales Verständnis des B.sbegriffs auch alle Bestrebungen aus, einen bestimmten Menschentyp - etwa den des Hitler-Jungen und späteren SS-Mannes oder auch den des Jungen Pioniers und späteren Angehörigen der Nationalen Volksarmee - zum Idealbild zu erklären, auf das hin gebildet und erzogen wird.

In diesem Zusammenhang verdient es Beachtung, daß der Christ im Gegensatz zu den Vertretern ideologischer Systeme kein im Sinne eines bestimmten Typs festgelegtes »Menschenbild« hat. Bezeichnenderweise gehören zu den von vielen christl. Kirchen verehrten Heiligen Menschen völlig verschiedener Art. Schon die unmittelbaren Jünger Jesu unterscheiden sich erheblich voneinander. Gemeinsam ist ihnen allerdings, daß sie in ihrem gesamten Leben und Handeln dem Hauptgebot der Gottes- und Nächstenliebe zu entsprechen suchen und daß sie angesichts der verzeihenden Liebe Gottes auch ihrerseits stets zur Vergebung bereit sind.

Lit.: T. Ballauf: Pädagogik - Eine Geschichte der Bildung und Erziehung, 3 Bde. 1969-73; W. Brezinka: Metatheorie der Erziehung, ⁴1978; L. Kerstiens: Der gebildete Mensch, 1966; Th. Litt: Technisches Denken und menschliche Bildung, ³1964.

H. Staudinger

Billy Graham Evangelistic Association

→ Graham, Billy

Binnenschiffermission → Berufsmissionen

Bioethik

Erkenntnisse und Fragestellungen der letzten 20 Jahre haben im Blick auf den verantwortlichen Umgang mit menschlichem Leben, darüber aber auch mit Leben überhaupt, eine neue Akzentsetzung in der → Ethik notwendig gemacht, die durch den Begriff B. bezeichnet wird.

1. Der Mensch ist herausgefordert, seine Welt zu gestalten. Darf er dabei alles, was er kann? Das ist nicht der Fall. Können und Verantwortungsfähigkeit sind nicht identisch, deshalb wird das Können reglementiert. Das Können wird begrenzt durch die jeweils konkret bestimmten Aufgaben, die einem gestellt sind. Darüber hinaus fordern unsere begrenzten Mittel und die verfügbare Zeit, daß wir aus der Fülle dessen, was wir tun könnten, eine Auswahl treffen. Und schließlich stimmen alle Menschen darin überein, daß bestimmte Möglichkeiten eigentlich Unmöglichkeiten sind, wie z.B. alle kriminellen Handlungen.

Darf der Mensch alles, was die Natur auch macht? Das anzunehmen wäre ein naturalistischer Fehlschluß. In der Natur ereignen sich Steinschläge, bei denen Menschen getötet werden. Dennoch kann damit kein Steinwurf eines Menschen gerechtfertigt werden, der einen Menschen tötet. Die Natur muß sich nicht verantworten, der Mensch aber trägt Verantwortung für seine Handlungen.

Darf der Mensch alles tun, was Leid und Krankheit beseitigt? Durchaus nicht, denn es ist keineswegs klar, was Leid und Krankheit sind und welche Mittel zu ihrer Beseitigung angemessen sind.

Auch hier gilt, daß der Zweck nicht die Mittel heiligt. In der indischen Gesellschaft etwa kann dunkle Hautfarbe oder weibliches Geschlecht als Krankheit eingestuft werden. Therapeutische Ziele und Methoden bedürfen also selbst der kritischen Prüfung.

2. Der Mensch muß sein Handeln verantworten, deshalb stellt sich die Frage, vor welcher Instanz. Da seine Handlungen Folgen für Mitmenschen und Nachkommen haben, genügt es nicht, wenn der einzelne sein Handeln vor sich selbst verantwortet. Aber auch der Mitmensch ist nicht die letzte Instanz:

Gott, der Schöpfer, hat dem Menschen die Möglichkeit und Fähigkeit gegeben, seine Welt und sich selbst zu gestalten. Dies kommt in der Sonderstellung des Menschen bei der Schöpfung (1Mo 1,26.28) zum Ausdruck. Der Mensch soll nun als Gottes Ebenbild, d.h. als Repräsentant des göttlichen Willens auf Erden helfen, daß die Möglichkeiten der Schöpfung sich entfalten können. Der Sündenfall hat diese Bindung an Gott gelöst, indem der Mensch nunmehr seine Gestaltungsaufgabe unabhängig vom göttlichen Willen, aus der eigenen Erkenntnis um Gut und Böse wahrnehmen will.

Tatsächlich sind wir bei der Gestaltung der Schöpfung auf die Kenntnis des göttlichen Willens angewiesen, soll es nicht zur Katastrophe kommen, wie etwa beim Turmbau zu Babel (1Mo 11).

3. Wie sieht eine christliche Bioethik in Grundzügen aus?

Grundlinien einer christl. B. bestimmen den Menschen als Empfangenden inmitten einer sinnvollen, auf Vollendung angelegten Schöpfung. 1Mo 1 verweist den Menschen auf eine Grundordnung, die er empfängt und nicht zerstören darf. Ps 104 verweist auf ein sinnvolles Zusammenspiel aller, die an der Schöpfung teilhaben, und auf deren letzten Grund, den göttlichen Atem/Geist (hebr. *ruăch*). Röm 8 verweist auf den Prozeßcharakter unserer Wirklichkeit, die einer Vollendung entgegengeht, wobei aus dem Wissen um die mögliche heile Welt ein Leiden an der zerstörten Gegenwart entsteht.

Daraus ergeben sich folgende bioethische Grundsätze:

a. Menschliches Handeln darf nicht den Bestand und Fortbestand einer Art von Lebewesen und Lebensraum gefährden und zerstören.

b. Menschliches Handeln muß den jeweils eigenen Sinn der Naturteile ernst nehmen! Naturteile sind »an sich wert« und nicht nur »für uns wertvoll«.

c. Menschliches Handeln muß sich der Aufgabe verpflichtet wissen, unsere Wirklichkeit für spätere Generationen zu bewahren.

d. Leiden hat eine wichtige korrigierende Bedeutung für menschliche Handlungen, da es deren Folgen sichtbar macht.

e. Die Offenheit gegenüber weiteren Veränderungen (Korrektur oder weitere Entfaltung) bestimmt den Wert einer Handlung.

4. Anwendung auf die Beurteilung der → Biotechnik (→ Gentechnik):

a. Der Mensch darf durchaus Neues schaffen, nur kann er die Welt nicht vollenden.

b. Wenn biotechnische Handlungen nicht korrigierbare Folgen haben können, sind sie negativ zu bewerten, da sie eine mögliche Zukunft verschließen.

c. Wenn Biotechnik in Konkurrenz zu anderen Verfahren tritt, ist das Verfahren zu bevorzugen, welches offener gegenüber Veränderungen ist.

d. Wenn biotechnisches Handeln den »Eigensinn« einer Art von Lebewesen mißachtet oder sogar zerstört, weil es nur den Sinn für den »Hersteller« wahrnimmt, ist es abzulehnen.

e. Biotechnik erweckt den Eindruck, daß Leiden und Krankheit grundsätzlich beherrschbar sind und beseitigt werden können; demgegenüber muß der positive Sinn des Leidens festgehalten werden.

f. Behindertes Leben darf nicht als minderwertiges Leben stigmatisiert werden; es muß das Recht bestehen bleiben, daß behindertes Leben ausgetragen werden darf.

g. Experimente mit menschlichem Leben sind nicht zu rechtfertigen.

5. Welche Bedeutung haben bibl.-christl. Normen in einer säkularen Gesellschaft, und sind sie durchsetzbar? Wäre die Durchsetzung bibl.-christl. Normen nicht eine heute überholte Bevormundung der Menschen durch die Kirche?

Tatsächlich urteilen wir alle nicht nur aufgrund der technischen, pragmatischen, sozialen oder rechtlichen Richtigkeit, sondern immer auch nach übergeordneten Normen.

Es ist also nicht strittig, daß alles Handeln an übergeordneten Prinzipien gemessen werden muß. Strittig ist nur, wie diese Prinzipien aussehen und wie sie zu gewinnen sind. In diesen Streit müssen sich auch die bibl.-christl. Normen begeben, wenn sie heute als zutreffend sich erweisen und somit durchsetzbar werden sollen. Es muß gezeigt werden, inwiefern bibl.-christl. Normen ein Handeln begründen, das eine Welt des Lebens gestaltet. Eine Welt des Lebens meint nicht nur eine Lebenswelt für den einzelnen, sondern für alle Menschen, gegenwärtig lebende und auch zukünftige, und auch für die übrige Natur. Es muß also aufgewiesen werden, daß das christl. Welt- und Menschenbild diese gesamte Wirklichkeit im Blick hat und daraus seine Normen entwickelt.

Neben dieser theoretischen Aufgabe gibt es auch eine praktische: die bibl.-christl. Normen müssen in die polit. Entscheidungsprozesse eingeführt und durchgesetzt werden. Christen müssen sich also polit. engagieren. Das bedeutet zunächst einmal, daß Christen ihren eigenen Prinzipien entsprechend handeln. Jesus fordert dazu auf, eine Lebenswelt für andere zu schaffen: nicht selber gut sein, sondern gut machen, nicht gesund oder fromm sein, sondern gesund oder fromm machen ist sein Interesse. Was Jesu Taten und Botschaft prägt, das ist die gegenwärtig auf Erden anbrechende Selbst-Durchsetzung des Reiches Gottes, das die Menschen in ihrem ganzen Wesen ergreift und damit auch ihr Handeln, das immer auch polit. Handeln ist, betrifft.

Von dieser polit. Dimension allen Handelns ist der Bereich des Politischen im engeren Sinn zu unterscheiden, der z.B. dann gemeint ist, wenn man sagt, jemand übernimmt ein polit. Amt oder jemand wechselt aus der Wirtschaft in die Politik. In demokratischen Staaten sind alle Bürger für diese Aufgabe delegiert, wenn auch mit unterschiedlichen Vollmachten ausgestattet. Der Christ ist aufgerufen, diese Vollmachten zu nutzen und aufgrund seines Glaubens zu gestalten.

Zu Einzelproblemen der B.: → Abtreibung, → Eugenik, → Euthanasie, → Gentechnologie, → Geburtenregelung, → Krieg, → Künstliche Befruchtung, → Suizid, → Todesstrafe, → Umweltethik

Lit.: K. Bockmühl: Theologie und Lebensführung. Gesammelte Aufsätze II, 1982; U. Eibach: Medizin und Menschenwürde, [3]1988; O. Höffe: Sittlich-politische Diskurse, 1981; R. Kollek, U. Krolzik: Gentechnik und christliche Ethik, EZW-Texte: Information Nr. 95 VIII/1985; R. Löw: Leben aus dem Labor. Gentechnologie und Verantwortung - Biologie und Moral, 1985; T. Rendtorff: Ethik, 2 Bde. 1980/81.

U. Krolzik

Biographie

B. bedeutet Lebensbeschreibung, von griech. *bios*, »Leben«, und *graphein*, »schreiben«. Der Ausdruck ist spät; die griech. bzw. lat. Autoren begnügen sich mit *bios* oder *vita*. Als Gattung gehört sie sowohl zur Literatur als auch zur Geschichtswissenschaft. Vor allem die ältesten erhaltenen B.n sind zugleich wesentliche Geschichtsquellen: z.B. Xenophon, »Memorabilia«, »Agesilaos«, die Viten des Cornelius Nepos, Philos Mose-Vita, Tacitus' »Agricola«, die Doppel-Lebensbeschreibungen des Plutarch, Suetons Caesaren-Viten u.a.m. Ein noch immer weitverbreitetes Fehlurteil versucht, eine generelle hist. Zuverlässigkeit antiker B.n gegen die frühchristl. Lebensbeschreibungen abzuheben, denen legendenhaftes, wundersüchtiges, unkritisches Vorgehen unterstellt wird. Dabei wird aus einem meist anti-christl. Vorverständnis heraus übersehen, daß auch die säkulare Biographie nicht wertfrei oder absichtslos war. Schon der erste Satz etwa der Sokrates-Erinnerungen des Xenophon, die unkritisch positive Darstellung des Atticus in der gleichnamigen Vita des Cornelius Nepos oder die zugestandene Einseitigkeit des taciteischen »Agricola« (3,3) fallen gegen die nüchterne Sachlichkeit der Jesus-Vita des Lukas (1,1-4) spürbar ab. Ungeachtet aller Neuheit dürfen bereits die Evangelien in die Gattung B. eingeordnet werden, ist doch auch die säkulare B. keineswegs stets auf lückenlose, wertneutrale Gesamtschau ausgerichtet. Das für antike B.n seit Antigonos von Karistos (3. Jh. v.Chr.) gelegentlich betonte Kriterium persönlicher Bekanntschaft mit dem Gegenstand der B. wird von der neueren Forschung auch für die vier Ev. nicht mehr durchwegs bestritten; für die erste große B. der nachbibl. Literatur ist es zweifelsfrei erfüllt. Die »Vita Antonii« (Leben des Antonius) des Athanasius (ca. 357 n.Chr.) beschreibt nicht nur eine Gestalt, die der Autor persönlich kannte, sie steht auch am Anfang der langen Reihe bis heute fortgesetzter Heiligenviten, in deren Verlauf die strengeren Maßstäbe der Frühzeit gleichwohl nicht immer gewahrt wurden. Daß solche Abweichungen vom Ideal, wie es Lukas in seinem Prolog formuliert hatte, nicht auf die mittelalterl. und nachmittelalterl. Viten christl. Gestalten begrenzt blieben, zeigen beispielsweise die literarisch brillanten, hist. aber zweifelhaften B.n Thomas Carlyles über Oliver Cromwell und Friedrich den Großen im 19. Jh. oder Friedrich Gundolfs über Goethe noch im 20. Jh.

Die als literarisches Meisterwerk gerühmte Wallenstein-B. Golo Manns (1971) verdeutlicht den Grenzfall zwischen penibler Historiographie und romanhafter Ausgestaltung auf höchstem Niveau; in diesem Bereich taten sich unter christl. Autoren v.a. auch Reinhold Schneider (»Das Leiden des Camoes«, 1930 u.a.) J. Klepper (»Der Vater«, 1937) und Gertrud Fussenegger (»Maria Theresia«, 1980) hervor. Maßstabsetzend für B.n nicht nur aus christl. Perspektive wäre nach wie vor, was der Biograph Karls des Großen, Einhard, ca. 833 schreibt: Er wollte »so kurz wie möglich« berichten und »gab sich Mühe, nichts wegzulassen«, was er in Erfahrung bringen konnte, und »auch nicht durch Weitschweifigkeit solche Leser abzuschrekken, die an allem Modernen etwas auszusetzen haben« (Prologus, 1).

Lit.: J.L. Clifford: Biography as an Art, 1962; A. Dihle: Die Entstehung der historischen Biographie, 1987.

C.P. Thiede

Biotechnik/Biotechnologie

Biotechnik ist die technische Nutzbarmachung von Lebensprozessen. Auf wissenschaftl. Grundlage zählt sie zu den jüngsten Techniken, hat aber als angewandte Technik ohne wissenschaftl. Hintergrund eine sehr lange Geschichte. So nutzten die Ägypter die Lebensprozesse der Hefepilze bereits um 4000 v. Chr. beim Brotbacken. Um 3500 v. Chr. wendeten sie die Technik zur Wein- und Biergärung an. Handelte es sich bis dahin um ein eher zufälliges Verfahren, wurde es ab 1500 v. Chr. zu einer Technik, die sich bewußt eines Hilfsmittels bediente, denn ab da waren die Ägypter in der Lage, fast reine Hefe herzustellen, die sie gezielt einsetzen konnten.

Die Grundlagen für eine wissenschaftl. fundierte B. wurden erst in den sechziger Jahren des 19. Jh.s durch Louis Pasteur gelegt. Es entstand die Wissenschaft: Biotechnologie, die systematisch die biologischen Prozesse der B. erforschte und dadurch ganz neue Techniken entwickeln konnte.

Biotechnologie ist die Wissenschaft des Zusammenwirkens von biologischen und technischen Systemen und bemüht sich deshalb nicht nur um den Einsatz biologischer Systeme in der Technik, wie die Biotechnik, sondern auch um die Anpassung der Technik an biologische Systeme (z.B.: Arbeitsplatzökonomie oder Gestaltung eines Flugzeuges nach Vorbild der Vögel).

Biotechnik ist heute vor allem darum bemüht, biotechnologische Erkenntnisse so umzusetzen, daß sie in technisch nutzbare Prozesse einbezogen werden können. Meist handelt es sich dabei um industrielle oder andere wirtschaftl. Produktionsprozesse. Einzelne traditionelle Teilprozesse werden dabei durch biologische Systeme - meist Mikroorganismen - ersetzt. Der Vorteil liegt zum einen im geringeren Energieaufwand: Biologische Systeme nutzen zur Arbeit Enzyme, das sind Biokatalysatoren, die nur 1/100 bis 1/1.000.000 der Aktivierungsenergie des besten chemischen Katalysators benötigen. Neben der hohen Energieersparnis werden in manchen Fällen auch aufwendige technische Anlagen wie Hochdruck- oder Hochtemperaturreaktoren überflüssig. Der zweite Vorteil biologischer Systeme besteht darin, daß sie viele verschiedene Stoffe verarbeiten können, meistens ohne umweltgiftige Rückstände zu produzieren, die sonst unter größtem technischen Aufwand entsorgt werden müßten.

Um die Effizienz weiter zu steigern, wird im zunehmenden Maße ein besonderer Zweig der Biotechnik, die Gentechnik, eingesetzt. Die Gentechnik hat eine umfangreiche öffentliche und interne Diskussion um die ethische Problematik dieser neuen Techniken ausgelöst (→ Gentechnik, → Bioethik).

Durch die gentechnische B. wurde es möglich, völlig neue und nützliche Lebewesen zu schaffen, die für die Industrie oftmals einen hohen Nutzwert haben. Diese Organismen können seit einiger Zeit patentiert werden.

Die Anwendungsbereiche der Biotechnik erstrecken sich von der Pharmakologie, die Medikamente biotechnisch herstellt, über die Futterindustrie, in der Bakterien bestimmte Abfälle in Mastfutter umwandeln, bis hin zum Bergbau, wo Bakterien in ansonsten unrentablen Lagerstätten Erze abbauen. Weiter verwendet man B. im Umweltschutz, z.B. Bakterien als Indikatoren des Verschmutzungsgrades. In der Landwirtschaft versucht man, mit Hilfe der B. den Ertrag zu steigern und Schädlinge gezielt und für Mensch und Tier unschädlich zu bekämpfen.

Für die Ethik von besonderer Bedeutung ist die Anwendung von B. auf den Menschen (→ Gentechnologie, → Künstliche Befruchtung).

Lit.: J. Herbig: Der Bioboom, 1984; J. Rifkin: Genesis Zwei. Biotechnik - Schöpfung nach Maß, 1986; Biotechnik, in: Wirtschaftswoche 26 (1985) S. 82-94.

S. Krolzik

Bischof/Bischofsamt

a) biblisch

Das griech. Wort *episkopos* meint ursprünglich »Aufseher« und ist im außerbibl. Sprachgebrauch eine Bezeichnung verschiedener öffentlicher Ämter. Im NT findet sich die früheste Erwähnung in Phil 1,1: »Bischöfe und Diakone« ohne genauere Kennzeichnung der Amtspflichten. »Älteste« und »Bischöfe« bedeuten in der Gemeindeleitung noch nichts Verschiedenartiges oder gar Gegensätzliches (vgl. Apg 20,17.28). In 1Petr 2,25 wird Christus selbst als B. und Hirte bezeichnet; Verbindungslinien zum atl. Bild von Gott als dem Hirten über sein Volk (Hes 34) und zum Bild vom guten Hirten (Ps 23) sind deutlich.

Dies wird nun auch auf die »Ältesten« und »Bischöfe« als Hirten der Gemeinde übertragen (vgl. 1Petr 5,1-5; Apg 20,28). In Qumran findet sich das hebr. Äquivalent zu *episkopos*, nämlich *mebaqqer*, »Aufseher«; dieser soll wie ein Vater oder Hirte die Angehörigen des ihm unterstehenden »Lagers« leiten (CD 13,6-13). Die Herleitung des ntl. B.amtes von Qumran bzw. vom Tempelpriestertum bleibt jedoch ungesichert. Eine gewisse Verfestigung des Begriffs ist in den Pastoralbriefen zu erkennen (vgl. 1Tim 3,1-7; Tit 1,5-9). Hier werden bestimmte Voraussetzungen genannt, die notwendig sind, um als B. bestimmt oder gewählt werden zu können. Ob in den Pastoralbriefen schon die Ausbildung eines sog. »monarchischen« B.amtes vorliegt, ist umstritten. Kraft und Vollmacht für besondere Leitungsdienste erhielten Älteste und B. im Bewußtsein der Gemeinde durch den Hl. Geist.

b) theologiegeschichtlich

Der ntl. Befund macht deutlich, daß in den ersten Gemeinden verschiedene und mannigfaltige Leitungsstrukturen bestanden. In den frühchristl. Ignatiusbriefen kommt es zu einer deutlich profilierten Stärkung des B.samtes, seine Abbildfunktion wird beschrieben: »Den Bischof müssen wir also offensichtlich wie den Herrn selbst ansehen« (Ign. 6,1), freilich in Zuordnung zum Presbyterium. In Abwehr von womöglich gnostischem Gedankengut und umherziehenden Predigern wird der Amtscharakter hervorgehoben, eine Entwicklung, die durch vielerlei inner- und außerkirchl. Einflüsse verstärkt wird. In der Didache, später in der Kirchenordnung Hippolyts von Rom wird von einem ausgeprägten B.samt gesprochen. Die Weihe des B.s ist ein Unterscheidungsmerkmal gegenüber den Presbytern. Hinzu kommt nun der - schon im 1. Clemensbrief ausgesprochene - Gedanke der apostol. Sukzession (Irenäus von Lyon, Tertullian), der die Autorität und Vollmacht des B.s im apostol. Ursprung sichern möchte.

Eine weitere Ausgestaltung im sakral-juridischen Sinn geschieht durch Cyprian von Karthago: Der eine Episkopat als überall vertretenes B.samt, das konstitutiv für die Existenz der Kirche wurde. Die Entwicklung zum monarchischen Episkopat fand im 3. Jh. ihren Abschluß. Das B.samt wurde durch B. Leo I. von Rom zum Anspruch auf den päpstlichen Primat fortgeführt. Zur Festigung und Hierarchisierung des B.samtes trug die konstantinische Wende bei. Die B.e wurden höchsten Staatsbeamten gleichgestellt und genossen bestimmte Vorrechte. Es kam zur Errichtung von Metropolitansitzen, von denen aus eine Kirchenprovinz geleitet wurde. In den Kirchentümern des Westens (Franken) kamen die B.e aus dem Adel. Sie waren Träger hoher Bildung. Im östl. Teil der Kirche, nach der Ordnung des B.samtes durch Kaiser Justinian (527-565), entstammten die B.e in der Regel dem Mönchsstand.

Im MA folgte im Westen der Ausbau des B.samtes zu reichsfürstlicher Stellung. Auf Seiten der reformat. Bewegung gab es keine einheitliche Stellung zum B.samt. Im ref. Bereich verschwand es aus den Kirchenverfassungen (vor allem aufgrund der Ämterlehre Calvins). Luther reagierte in seinen Überlegungen zum B.samt auf aktuelle Herausforderungen. Er hat nur vereinzelt B.e eingesetzt. Einig war man sich in der Ablehnung des höheren Weihecharakters und einer Herleitung des B.samtes aus göttlichem Recht. In Art. 28 der CA wird das B.samt in reformat. Verständnis vorgestellt. Durch die aus besonderer Situation geborene Einsetzung der Landesherrn als »Notbischöfe« kam es aber zur Vermischung von weltlicher und geistl. Obrigkeit.

So wurden Visitatoren (Superintendenten u.ä.) bestellt, die besondere Aufsichtsaufgaben übernahmen. Visitation, Ordination und die Seelsorge an den Pfarrern gehörte zum Aufgabenbereich dieser Leitungsebene. In den luth. Kirchen Skandinaviens und in der anglik. Kirche blieb das B.samt bestehen, z.T. noch in der Sukzession (Schweden). Im anglik. Bereich wurde es als Amt der Einheit besonders hervorgehoben. In der Herrnhuter → Brüdergemeine wurde im 18. Jh. das B.samt als priesterl. Amt ohne Leitungsbefugnis eingeführt. Im 19. Jh. kam es im Luthertum zu einer Neubesinnung auf das B.samt. Nach der Aufhebung des landeskirchl. Summepiskopats 1918 wurden in den prot. Landeskirchen Deutschlands neue geistl. Leitungsämter geschaffen, später meist Landesbischof, teilweise auch Kirchenpräsident oder Präses genannt, die durch einzelne Persönlichkeiten (→ Wurm, Meiser, → Dibelius, → Lilje, → Niemöller) ihr besonderes Gewicht bekamen. In der Ökumene kam es zur Bildung des synodalen B.samtes auch im ref. Bereich. In der röm.-kath. Kirche wurde durch das II. Vaticanum das Kollegium der B.e in seiner Leitungsaufgabe unter Führung des Papstes neu betont.

c) systematisch-theologisch

Als Konsequenz des ev. Verständnisses der Einheit des kirchl. Amtes wird das B.samt in CA 28 hinsichtlich seiner Funktion nach göttlichem Recht als identisch mit dem Predigtamt beschrieben. Nach göttlichem Recht ist eine Differenzierung der verschiedenen Ämter oder Amtsstufen nicht gegeben.

Die Notwendigkeit des B.samtes in einem reformat. Kirchenwesen ist nur im Bereich des menschlichen Rechts gegeben. Im prot. Bereich innerhalb und auch außerhalb Deutschlands hat sich als Ergebnis einer hist. Entwicklung das »synodale Bischofsamt« herausgebildet. Man wird dies im Hinblick auf den ntl. Befund begrüßen, der einen monarchischen Episkopat im röm.-kath. Sinn noch nicht kannte.

Es wird allerdings theol. zu überlegen sein, ob das B.samt als »Amt der Einheit« gerade in einer pluralistischen, oftmals verwirrenden volkskirchl. Situation nicht stärker betont werden müßte. Hier könnten ökumen. Erfahrungen, in reformat. Sicht bearbeitet, aufgenommen werden.

d) praktisch-theologisch

Die Schwierigkeit des ev. B.samtes besteht darin, bei der Wahrnehmung hervorgehobener Leitungsaufgaben zugleich deutlich zu machen, daß es seine Würde allein vom Predigtamt her empfängt. Dabei ist zu beachten, daß in den letzten Jahren im Umgang mit Medien und interessierter Öffentlichkeit eine starke Konzentration auf die Person des B.s erfolgt. Auch durch den Einfluß des kath. B.sbildes wird – soziologisch gesprochen – als Vertreter der institutionalisierten Kirche ein »Gesicht« erwartet. Der Landesbischof als Pfarrer, der in das kirchenleitende Amt berufen ist, nimmt neben der öffentlichen Verkündigung des Wortes (Kanzelrecht auf allen Kanzeln seiner Landeskirche) auch die Ausübung kirchenleitender und kirchenrechtl. Kompetenzen wahr. Die Leitung der obersten Kirchenbehörde gehört ebenso zu seinen Aufgaben wie die Repräsentanz nach außen; dazu kommen in den meisten ev. Kirchen die klass. Aufgaben von Ordination, Visitation und Seelsorge an Seelsorgern. Die Verantwortung für die Gesamtkirche im Wechselspiel zu den synodalen Gremien ist je nach landeskirchl. Verfassung verschieden.

Da die meisten Landeskirchen in Deutschland für die Aufgaben eines B.s de facto zu groß sind, haben sich Zwischenebenen der Leitung (Sprengel) als zweckmäßig erwiesen. Diese Untergliederungen (Prälaten, Landessuperintendenten, Kreisdekane) sind z.T. hist. älter als das leitende B.samt.

Lit.: M. Brecht: Martin Luther und das Bischofsamt, 1990; H.v. Campenhausen: Kirchliches Amt und geistliche Vollmacht in den ersten drei Jahrhunderten, 1953; G. Tröger: Das Bischofsamt in der ev.-luth. Kirche, 1965.

Th. Sorg/F. O. July

Bittgebet → Gebet

Bitzius, Albert → Gotthelf, Jeremias

Blankenburger Allianzkonferenz

Die B.A. gilt als das bedeutendste Zentrum der Deutschen Evangelischen → Allianz (DEA).

1. Geschichte.

Anna von Weling (1837-1900) kaufte im März 1886 ein Haus in Bad Blankenburg, das sie u.a. zu einem »Eigenheim für die Evangelische Allianz« machen wollte. Dorthin wurde vom 13.-15. 9. 1886 zur ersten B.A. eingeladen, die mit 28 Teilnehmern aus verschiedenen Denominationen stattfand, unter ihnen Dr. Friedrich W. Baedeker und Ernst Gebhardt. Die »Allianzkonferenzen zur Vertiefung des Glaubenslebens« wurden jährlich wiederholt und wuchsen schnell: 1887 kamen 45, 1889: 70, 1897: 300, 1899: 1.000, 1919: 2.400, 1920: 3.700, zum Jubiläum 1936 über 5.000 Teilnehmer. Das Wachstum forderte Neubauten: 1889 »Konferenzhaus«, 1898 (alte) »Konferenzhalle« (800 Plätze), 1906 unter Modersohn in zehn Wochen die heute noch genutzte stilvolle große Konferenzhalle mit 2.000 Plätzen. Oft mußten wegen Überfüllung Räume parallel genutzt werden. – A.v. Weling betrachtete nach dem Vorbild Pennefathers in Mildmay alle Teilnehmer (1899: 1.000!) als persönliche Gäste. Nach A.v. Welings Tod übernahm unter erheblichen Übergangsschwierigkeiten ein Komitee die Leitung der B.A.

Ab 1890 erfolgte die Herausgabe des »Evangelischen Allianzblattes«, das unter der Redaktion von Bernhard Kühn (ab 1903) einen scharf kritischen Ton gegen die Landeskirchen anschlug, so daß erhebliche Spannungen auftraten, die erst unter Kühns Nachfolger Otto Dreibholz (ab 1914) abgebaut werden konnten. Gustav F. Nagel übernahm 1919 die Redaktion. Zu seiner Zeit (ab 1924) fanden die Sitzungen des Zentral-Ausschusses der DEA in Blankenburg statt. Das Ev. Allianzblatt wurde Organ der DEA (bis 1941/1949-1973), Nagel 1926 Vorsitzender der DEA.

Ab 1896 bis 1913 und ab 1951 erschien nach jeder Konferenz ein Berichtsband, in den anderen Jahren wurde ausführlich im Evangelischen Allianzblatt über die B.A. berichtet. Zeitweise (1893-1912) verstand sich die B.A. mit dem dazugehörigen Allianzhaus als »Mitteldeutscher« oder »Blankenburger Zweig« neben anderen Zweigen der DEA: Berliner, Hamburger, Westdeutscher, Provinz-Sächsischer, Bayrischer oder Süddeutscher Zweig.

Dem Zweiten Weltkrieg erlag die Allianzarbeit in Blankenburg. Erst am 24. 8. 1947 konnte wieder ein Allianztag stattfinden (Ernst Modersohn und Martin Funk); danach wachsende Konferenzen und Verjüngung der Besucher (70 % Jugendliche). 1949 fand die erste spezielle Jugendversammlung statt, später gestaltete ein Jugendarbeitskreis das Jugendprogramm. Schwierige Quartierprobleme wurden durch Gemeinschaftsquartiere in Sälen und später durch Zeltplätze bewältigt. 1983 wurde für die Arbeit in Blankenburg und in der DDR der erste hauptamtliche Vorsitzende, Manfred Kern, angestellt. 1982 wurde die GmbH aufgelöst und die Bildung einer »Zentralen kirchlichen Gemeinschaft« angestrebt. Nach der Wiedervereinigung 1990 ist die B.A. wieder zur zentralen Konferenz der DEA erklärt worden. Zur Zeit (1992) ist Superintendent Jürgen Stabe Vorsitzender.

2. Charakter

Die B.A. war von den englischen Heiligungs-Konferenzen in Keswick und Mildmay inspiriert und wie diese eine »Allianzkonferenz zur Vertiefung des Glaubenslebens«. Betont wurden: Bibeltreue, Heiligung, Allianzgesinnung (Gemeinschaft der Heiligen), Aufruf zur Glaubensentscheidung (besonders in den durch General Georg von Viebahn geleiteten Schlußversammlungen), lebendige Erwartung der Wiederkunft. Ursprünglich war jeder letzte Konferenztag dem Thema Hoffnung gewidmet. Abgelehnt wurden Unentschiedenheit und Schwärmerei. Die B.A. war nach 1905 bis 1909 stark an der Abwehr der Pfingstbewegung beteiligt. Von den Verantwortlichen der B.A. erging die Einladung zur Konferenz nach Berlin, auf der die sog. »Berliner Erklärung« (1909) verabschiedet wurde, die als Allianzdokument zu werten ist.

Zahlreiche Laien aus Adel und Offiziersstand gaben der B.A. Profil. Als betonte Bibelkonferenz sollte stets ein bibl. Buch im Zusammenhang, manchmal in Auswahl, ausgelegt werden. Berichte aus der Inneren und Äußeren Mission brachten Verbindung mit vielen Reichsgotteswerken, die auch finanziell unterstützt wurden. Die B.A. versammelte eine internationale Gemeinschaft, einmal waren 16 Sprachen vertreten!

3. Wirkung

Auf Anregung der B.A. entstanden ähnliche Allianzkonferenzen in Wandsbek (1900), Nürnberg (1904), Heilbronn (1905), Mannheim (1920), Pforzheim (1920), München (1925), Karlsruhe (1933) u.a.. In zahlreichen Städten wurden »Blankenburger Tage« gehalten. Viele Menschen gehorchten in Blankenburg dem Ruf in die Nachfolge Jesu, empfingen seelsorgerl. Hilfe und die Berufung in den hauptberuflichen Dienst in Gemeinde und Mission.

Lit.: W. Beyer, J. Dreßler: Ein Leib sind wir in Christus. 100 Jahre Evangelisches Allianzwerk Bad Blankenburg 1886-1986; F.H.O. Melle: 50 Jahre Blankenburger Konferenz. Festschrift, 1936; R. Möller: 25 Jahre Allianzkonferenz in Heilbronn 1905-1930. Jubliäumsschrift.

W. Beyer

Blarer (Blaurer), Ambrosius (1492-1564)

Oberdeutscher Reformator, geb. am 4. 4. 1492, gest. am 6. 12. 1564. B. entstammt einer Konstanzer Patrizierfamilie und gehört mit seinem Bruder Thomas, seiner Schwester Margareta und den Vettern Johannes und Konrad Zwick zur Gruppe der die Reformation in Konstanz wesentlich tragenden jungen Führungsschicht. B. nahm 1505 sein Studium in Tübingen auf. Seit 1510 Benediktinermönch (in Alpirsbach) wurde er 1512 Magister artium. Er unterhielt freundschaftliche Beziehungen zu → Melanchthon und wandte sich humanistischen Studien zu, kehrte jedoch ins Kloster zurück und stieg dort bis zum Prior auf. Durch seinen Bruder Thomas, der in Wittenberg studierte, und durch die Lektüre der Schriften → Luthers wurde B. für die → Reformation gewonnen. 1522 verließ er das Kloster. Diesen Schritt stellte er 1523 in seiner Schrift »Wahrhafte Verantwortung Ambrosii Blauerer... warum er aus dem Kloster gewichen...« als befreienden Schritt zum lebendigen Glauben dar.

Seit 1525 predigte B. in der Konstanzer St. Stephans-Kirche. Er griff auch publizistisch in die wesentlich vom Rat bestimmte und verantwortete reformat. Entwicklung und kirchl. Neuordnung der Stadt ein, beteiligte sich an der Maidisputation 1527 und an der Erneuerung des → Gottesdienstes und des Kirchenwesens überhaupt. B. unterhielt zahlreiche persönliche Beziehungen zu den Reformatoren benachbarter Städte, wie W. → Capito und M. → Bucer in Straßburg, J. → Oekolampad in

Basel und H. → Zwingli in Zürich, dessen Abendmahlsauffassung er aber nicht teilte. Vor allem in den 30er Jahren wirkte B. an der Einführung der Reformation in mehreren Städten der Schweiz und Schwabens (Memmingen, Ulm, Isny) mit (in Augsburg kaum erfolgreich).

Von 1534-38 arbeitete er im Auftrag Herzog Ulrichs an der Reformation Württembergs und der Neuordnung der Tübinger Universität mit. Daß B. die Wittenberger Konkordie von 1536 und die Schmalkaldischen Artikel von 1537 nicht unterschrieb, führte mit zur Entlassung aus diesem Dienst und damit auch in persönliche Isolierung. Offenbar wollte er sich theol. nicht festlegen, wie er sich überhaupt der dogmat. Spekulation möglichst entzog und die praktische Seite des Christentums in Liebe und Heiligung entschieden betonte. Seit 1540 lebte er ganz in Konstanz. Kurz vor der Eroberung der Stadt durch habsburgische Truppen 1548 wich er in die Schweiz aus. In Biel übernahm er noch einmal ein Pfarramt 1551-1559. Er starb vereinsamt und resigniert in Winterthur. Seine tiefe Frömmigkeit und sprachliche Kraft bezeugen nicht zuletzt seine Lieder. Drei befinden sich noch heute im EKG, unter ihnen »das älteste ev. Kirchenlied« (M. Jenny) »Wies Gott gefallt, so gfallts mir auch«.

Lit.: M. Jenny: »Blarer, A.«, MGG 15, 1989, 837-839; B. Moeller (Hg.): Der Konstanzer Reformator Ambrosius Blarer 1492-1564. Gedenkschrift zu seinem 400. Todestag, 1964 (Lit.); ders.: »Blarer, Ambrosius«, TRE 6, 1980, 711-715; H.-Ch. Rublack: Die Einführung der Reformation in Konstanz von den Anfängen bis zum Abschluß 1531 (QFRG 40), 1971.

Chr. Windhorst

Blasphemie

B. wird seit der Zeit der Kirchenväter mit Gotteslästerung übersetzt. Sie ist so alt wie der rel. Gottesglaube selbst und bezeichnet Handlungen und Worte, durch die die Gottheit verletzt, in ihrer Würde angetastet sowie in ihrem Macht- und Hoheitsrecht eingeschränkt wird. AT und NT kennen B. Sie kann sich bewußt gegen Gott und seine Diener auf Erden richten, in offener Schmähung Gottes (3Mo 24,11; Ps 74,10; Offb 13,6; 16,11), durch Abwendung von Gott und seinem Wort (Jes 1,4; 5,24), besonders durch die Verwerfung Jesu (Mt 27,39f) und den Widerspruch gegen das Evangelium (Apg 13,45; 18,6; 1Tim 1,13; 1Petr 4,4); aber auch Handlungen, die scheinbar nicht gegen Gott gerichtet sind, können als B. gelten (Jes 52,5; Spr 14,31). B. kann sogar darin bestehen, daß Menschen in ihrer Verblendung andere der Gotteslästerung bezichtigen (gegenüber Jesus: Mk 2,7; Mt 26,65; gegenüber den Christen: 1Tim 1,13). Andererseits kann das sündige Verhalten der Christen Anlaß zur B. sein (1Tim 6,1; Jak 2,7; Tit 2,5). Wenn auch B. bei den christl. Völkern vielfach unter Strafe stand, sollte sie doch nicht Gegenstand weltlicher Strafverfolgung sein. Sie ist ein geistl. Problem. Die Gemeinde hat sie zu dulden (Offb 2,9; 1Petr 4,4), sich aber auch betend für die Überwindung des Lästerers durch Gottes Gnade einzusetzen. Paulus bleibt hier das bedeutende Beispiel (vgl. 1Tim 1,12-17).

Lit.: EStL[3] Bd.1, 1192-1194; K. Goldammer: »Gotteslästerung«, RGG[3] Bd.2, 1804f; K. Steckel: »Gotteslästerung«, Calwer Bibellexikon, [4]1979, 454f.

K.H. Bormuth

Blaues Kreuz

Das B.K. sieht seine Aufgabe darin, auf der Grundlage des Evangeliums von Jesus Christus, Suchtgefährdeten – vor allem Alkoholabhängigen und ihren Angehörigen – umfassend zu helfen. Es arbeitet überkonfessionell. Das B.K. wurde im Jahre 1877 in der Schweiz gegründet und arbeitet seit 1885 in Deutschland. Es besteht aus Begegnungsgruppen und Ortsvereinen mit etwa 10.000 alkoholfrei lebenden Mitgliedern und Freunden. Es ist dem Internationalen Bund des Blauen Kreuzes angeschlossen, zu dem noch über 30 andere nationale Verbände mit rund 250.000 Mitgliedern gehören. Das B.K. ist bestrebt, dem Mißbrauch des Alkohols und anderer Suchtmittel auch in der Öffentlichkeit entgegenzuwirken und der Suchtgefährdung vorzubeugen (Prophylaxe); dabei wird Wert gelegt auf gute Zusammenarbeit mit Kirchen und Gemeinden, Seelsorgern und Ärzten, Psychologen und Sozialarbeitern, Beratungsstellen, Verbänden und Behörden. Wesentlich für das Verständnis z.B. des Alkoholikers ist, daß sehr häufig die Ursachen der Sucht im psychischen Bereich liegen. Eine weithin unbewältigte Vergangenheit in unterschiedlichen Abhängigkeiten ist der vielschichtige Ansatzpunkt zur Ausbildung der Sucht. Das B.K. arbeitet in seinen Einrichtungen (Fachkliniken, Rehabilitations-Einrichtungen, Wohngemeinschaften) seelsorgerl. und fachlich, d.h. es bietet seelsorgerl. das Heil Gottes an und versucht, therapeutisch zur Heilung beizutragen (s.a. → Alkoholismus).

Lit.: H. Klement: Das Blaue Kreuz in Deutschland. Mosaiksteine aus über 100 Jahren evangelischer Suchtkrankenhilfe (Lit.); Handbuch für die Suchtkrankenhilfe, hg. von H. Klement, R. Wendt, H. Witteck, [3]1988.

L. Roth

Bleckmarer Mission → Lutherische Kirchenmission

Blindendienst, christlicher → Evangelischer Blinden- und Sehbehindertendienst in Deutschland

Blindenmission → Christoffel-Blindenmission

Blondel, Maurice (1861-1949)

Der Philosoph B., geb. am 2. November 1861, gest. am 4. Juni 1949, ist aufgewachsen in einer alten burgundischen Familie in Dijon, die ihn mit einem selbstverständlich gelebten und dennoch offenen kath. Glauben umgab. Aus apostol. Erwägungen ging B. zum Studium ans Zentrum des laizistischen Denkens von Frankreich, die Ecole Normale Supérieure. Er wollte sich bewußt den Herausforderungen seiner Gegenwart stellen, die im Christentum eine hist. und längst überwundene Größe sahen. Zehn Jahre arbeitete er an der phil. Dissertation »L'Action«, einer phil. Analyse menschlichen Handelns. Von der Methodik her ein streng phil. Werk, inhaltlich jedoch eine Apologie des Christentums.

Die Verteidigung der strengen Vernunftgemäßheit seiner These gegenüber der säkularen Philosophie (Léon Brunschvicg) trägt ihm von kirchl. Theologen den Vorwurf ein, im Kantischen Sinn bloß die Immanenz ernst zu nehmen. In den »Lettres . . .« (dt.: Zur Methode der Religionsphilosophie) legt B. 1896 eindrücklich seine religionsphil. Methode vor, durch die er eine bloß innerkirchl. und sich argumentativ aufs Dogma berufende → Apologetik als ungenügend zurückweist. B. erkannte auch (im Gegenüber zu A. Loisy) den aufkommenden → Modernismus in seiner Grundproblematik, dem er in eindrücklicher Analyse und brillanter Überwindung des → Historismus und Relativismus begegnete (Histoire et Dogme 1904). 1897 erhielt er einen Lehrstuhl in Aix en Provence, den er ab 1914 ganz versehen konnte – bis ihn die zunehmende Erblindung 1927 zum Rücktritt zwang. Nun widmete er sich literarischen Arbeiten. 1934-1937 legte er eine Gesamtdarstellung seiner Philosophie in der Trilogie »Denken, Sein und Tun« vor, auf die wenig später zwei Bände der noch geplanten religionsphil. Trilogie folgten (Synthese zwischen phil. und genuin christl. Denken).

B. versuchte auf streng phil. Weg nicht nur die unbedingte Angewiesenheit des Menschen und der Welt auf Transzendenz zu erweisen (was bloß zum Theismus führen würde), sondern darüber hinaus die Denk-Notwendigkeit des christl. geoffenbarten Weges Gottes in Jesus Christus durch Tod und Auferstehung zur Sühne der menschlichen Schuld.

Seine Methode kann als Immanenz-Methode gekennzeichnet werden: Er will die Vernunft (ihre Fähigkeit zu Wahrnehmung und Urteil) dazu führen, sich selbst so ernst zu nehmen, daß sie im Natürlichen (Immanenz) die unleugbaren Spuren des Übernatürlichen (Transzendenz) erkennt, ja darin sogar den christl. geoffenbarten Gott erkennt und so die eigene Verwiesenheit auf ihn vernünftig einsehen muß.

Die Immanenzmethode B.s wurde vor allem von J. Maréchal (kantisch-transzendentalphil.) an Karl → Rahner vermittelt, der sie existentialistisch (→ Heidegger) ausarbeitete. In ganz anderer Art wurde das darin anklingende Problem der Finalisierung von Natur auf Gnade (und Offenbarung) von Henri de → Lubac (Surnaturel) und Hans Urs von → Balthasar aufgenommen. So ist B. in der wechselseitigen Durchdringung von christl. Offenbarung und Philosophie sowohl auf der Ebene der Geschichte wie der menschlichen Freiheit ein bahnbrechender Philosoph geworden.

Lit.: M. Blondel: Die Aktion, 1965; (dt.) Logik der Tat (Auszüge aus L'Action), [2]1986; Geschichte und Dogma, 1963; Tagebuch vor Gott 1883-1894, 1964; Zur Methode der Religionsphilosophie, 1974.

Bibliographie: P. Henrici: Maurice Blondel (1861-1949) und die »Philosophie der Aktion«, in: E. Coreth (Hg.): Christliche Philosophie im katholischen Denken des 19. und 20. Jahrhunderts, Bd. 1, 1987, 543-584; Hj. Verweyen: Gottes Letztes Wort, 1991, 149-156.314-320 (Lit.); R. Virgoulay, Cl. Troisfontaines: Maurice Blondel, 2 Bde., 1975-1976.

W.J. Bittner

Blumhardt, Christoph Friedrich (1842-1919)

B., geb. am 1. 6. 1842 in Möttlingen, gest. am 2. 8. 1919 in Jebenhausen. Nach Theologiestudium, Vikariatsdienst und Mitarbeit im Werk des Vaters Johann Christoph → Blumhardt, der 1852 das »Königliche Württembergische Bad für die Oberen Stände« in Boll zur Sorge für insbesondere psychisch kranke Menschen übernommen hatte, wurde B. nach dessen Tod 1880 mit der Leitung Bad Bolls betraut. Eingebunden in pietist. Traditionen sah er wie sein Vater in der Verkündigung des Reiches Gottes und des Kampfes gegen die Finsternis den Mittelpunkt seiner Wirksamkeit. Dabei legte er auf die Bekämpfung der irdischen Ungerechtigkeit (Egoismus im privaten und sozialen Bereich) einen starken Akzent und artikulierte von hierher auch seine Kritik an der bestehenden Kirche, die für ihn als Großinstitution irreparable Schäden aufwies und deshalb durch eine »Gemeinde-Kirche« ersetzt werden sollte. Freilich war dies eine noch nicht ausgereifte Konzeption, der es an der Beschreibung fehlte, wer jener Gemeinde angehören und wie man sich ihr anschließen könne.

Neben dem pietist. Gedankengut, beispielsweise P.J. → Speners und besonders der württembergischen »Väter« J.A. → Bengel und F.C. → Oetinger, waren es offensichtilich auch der deutsche Idealismus und das Fortschrittsdenken des 19. Jh.s, wie es im Liberalismus und Sozialismus zutage trat, die die Reich-Gottes-Vorstellungen B.s prägten. Letztlich zwar sah er die Ankunft des Reiches Gottes als Gottes Werk allein, aber andererseits vermochte er nicht nur auf die Manifestation des Geistes (wie noch sein Vater) zu trauen, was seines Erachtens einer allzu genügsamen Passivität Vorschub zu leisten drohte, sondern er wollte in aktivem Eintreten gegen Armut und Elend den Anbruch des Reiches Gottes schon in dieser Welt enthüllen. Aufgrund einer deutlichen Betonung schöpfungstheol. Aspekte war seine Heilserwartung ebenso universal wie diesseitig und fand so ihren Ausdruck in einem optimistischen Menschen- und Geschichtsbild. Fast folgerichtig trat B. – damals eine aufsehenerregende Ausnahme und erwartungsgemäß mit dem Entzug des Pfarrer-Titels durch das Konsistorium verbunden – als Theologe der SPD bei und war für diese dann auch Abgeordneter im Stuttgarter Landtag von 1900-1906.

Erwähnenswert ist allerdings, daß der späte B. mehr und mehr die Unzulänglichkeit menschlicher Aktivität, auch jene der Partei und insgesamt der Bewegung des Sozialismus, erkannte und sich infolgedessen von aller polit. Mitgestaltung zurückzog. Die desillusionierenden Erfahrungen des Ersten Weltkrieges bestätigten schließlich die von B. längst gewonnene Einsicht, daß die Herbeiführung des Reiches Gottes menschlicher Verfügungsgewalt gänzlich entzogen sei und allein in der Hand Gottes liege.

B.s Persönlichkeit und »Theologie« haben beträchtliche Wirkungen ausgeübt. Sowohl die Schweizer Pfarrer H. → Kutter und L. → Ragaz, auf die die europ. Bewegung des rel. → Sozialismus (→ Sozialismus, rel.) zurückgeht, als auch namhafte Theologen des 20. Jh.s wie E. → Thurneysen und K. → Barth verdankten B. wichtige und entscheidende Impulse.

Lit.: Chr.F. Blumhardt, . . . damit Gott kommt. Gedanken aus dem Reich Gottes, hg. von W. Bittner, 1992.

E. Jäckh: Chr.F. Blumhardt, 1950 u.ö.; E. Kerlen: »Blumhardt, Chr.F.«, TRE 6, 1980, 719-721; K.-J. Meier: Chr.F. Blumhardt, Christ – Sozialist – Theologe, 1979; G. Sauter: Die Theologie des Reiches Gottes beim älteren und jüngeren Blumhardt, 1962; E. Thurneysen: Chr.F. Blumhardt, 1926; C. Troebst, D. Ising: Chr.F. Blumhardt, 1842-1919, Mahner zwischen den Fronten, 1992.

G. Ruhbach/U. Scheffbuch

Blumhardt, Johann Christoph (1805-1880)

B., geb. am 16. 7. 1805 in Stuttgart, gest. am 25. 2. 1880 in Bad Boll. Unter dem Einfluß des württembergischen → Pietismus studierte er in Tübingen Theologie, wurde 1830 Lehrer am Missionshaus in Basel, 1838 schließlich Pfarrer in Möttlingen.

Der jahrelange geistl. Kampf um die Genesung der psychisch und somatisch schwer belasteten jungen Frau Gottliebin Dittus, der Ende 1843 zur endgültigen Heilung führte, bedeutete für B. eine entscheidende Lebenswende: Krankheit erschloß sich ihm als Besessenheit, und der Gebetskampf um die Heilung der G. Dittus wurde ihm zur Erfahrung der Dämonen überwindenden Macht Gottes: »Jesus ist Sieger.« Eine Buß- und Erwekkungsbewegung in Möttlingen brach aus, das Angebot von Beichte und Absolution wie das Gebet der Krankenheilung wurde von B. praktiziert – mit unglaublichem Zulauf aus der näheren und ferneren Umgebung. B. gab daher 1852 das Gemeindepfarramt auf und widmete sich hauptberuflich in Bad Boll den neuen Aufgaben in einem stets wachsenden »geistlichen Sanatorium« mit Schriftlesung, Seelsorge und Heilungsgebeten über den zahllosen Menschen in Not aller Art, die ihn um Hilfe angingen. Seine beiden Söhne Christoph und Theophil unterstützten ihn dabei.

Es ging B. vor allem um die reale Erfahrung der Kraft Christi, der in Wort und Geist gegenwärtig ist, um die Befreiung des Glaubenden von Bindungen aller Art, um den erfahrenen Durchbruch zu Buße, Heilung und Freude schon jetzt auf der Erde. Die Erfahrungen, die B. und die Gemeinde Jesu machen, sind allerdings nichts als Zeichen, Vorwegnahmen des kommenden Reiches Gottes. Daher verbindet sich real bestätigte Heilsgewißheit mit gesteigerter Endzeiterwartung, wenn einmal die Macht der Finsternis endgültig gebrochen sein wird: »Daß Jesus siegt, bleibt ewig ausgemacht, sein wird die ganze Welt . . .!«

Die württembergische Erweckungsbewegung und die säkular gewendeten Reich-Gottes-Vorstellungen des rel. Sozialismus, die → dialektische Theologie und die charismatische Erneuerung im 20. Jh. wurden durch B. maßgeblich beeinflußt, auch die Medizin des 20. Jh.s ist wegen seiner »Ganzheitsschau« an B. interessiert. Leider ist der Nachlaß B.s immer noch nicht gänzlich aufgearbeitet.

Lit.: J.Chr. Blumhardt, Ges. Werke, hg. von G.Schäfer, 1979ff;

O. Bruder: Zu den Heilungen Blumhardts, in: Ev. Theol. 9, 1949/50, 478-480 (vgl. auch 151-169); E. Jäckh: Blumhardt, Vater und Sohn und ihre Botschaft, 1925 u.ö.; G. Sauter: Die Theologie des Reiches Gottes beim älteren und jüngeren Blumhardt, 1962; J. Scharfenberg: Johann Christoph Blumhardt und die kirchliche Seelsorge heute, 1959; ders.: »Blumhardt, Johann Christoph«, TRE 6, 1980, 721-727; F. Zündel: Johann Christoph Blumhardt, 1888 u.ö.

G. Ruhbach

Blutrache

B. bezeichnet die Tötung eines Täters und seiner (meist) unbeteiligten Verwandten durch die nächsten Verwandten des Opfers als Rache bei Mord und Ehrverletzung. Oft führt diese B. zu erneuter B. durch die bestrafte Sippe. B. war in nichtindustriellen Gesellschaften weit verbreitet und findet sich meist dort, wo es keine organisierte Obrigkeit gibt. Bei den Germanen und anderen Völkern konnte der Kreislauf der B. durch die Zahlung eines »Wergeldes« (»Blutgeldes«) unterbrochen werden. Das NT kennt keine B., da die »Rache« Aufgabe der Obrigkeit ist (Röm 13,4). Im AT wird zwar von Fällen der B. berichtet; das Gesetz kennt jedoch keine B. im eigentlichen Sinn, auch wenn der *go'el*, wörtl. »Erlöser« (gemeint ist der allernächste Verwandte), in der Literatur oft als Bluträcher angeführt wird. Generell ist im AT die B. zum einen durch das → Asylrecht (vgl. 5Mo 4,41-43) und zum andern durch das Talionsrecht (»Auge um Auge«, 2Mo 21,24) entscheidend eingeschränkt. Dagegen spricht, daß a) der *go'el* nur einen Mörder und den Mörder selbst, nicht jedoch dessen Verwandte aufspüren durfte (Verbot der Sippenhaft in 5Mo 24,16); b) der *go'el* unter der Aufsicht der Obrigkeit stand und nur nach einer Gerichtsverhandlung an der Hinrichtung beteiligt war (2Mo 21,14.18-25; 5Mo 19,15-21); c) der *go'el* auch zum Freikauf aus der Sklaverei (3Mo 25,47-55), zu weiteren Auslösungen und zum Levirat (Rut 3-4) verpflichtet war; d) Gott selbst Israels *go'el*, also Israels Retter und Rächer, ist. Der *go'el* sorgt also nur als Ankläger für die Bestrafung durch die Obrigkeit.

Lit.: Handwörterbuch der deutschen Rechtsgeschichte, Bd. I, 1971, 778ff; F. Klausberger: »Blutgeld«, »Blutrache«, Neues Wörterbuch der Völkerkunde, hg. von W. Hirschberg, 1988, 63f; F. Vivelo: Handbuch der Kulturanthropologie, 1981.

Th. Schirrmacher

Bockmühl, Klaus (1931-1989)

Ev. Theologe, geb. am 6. 5. 1931 in Essen, gest. am 10. 6. 1989. Geistl. geprägt von der Jugendarbeit Pastor Wilhelm → Buschs (Weigle-Haus, Essen), studierte er von 1951 bis 1958 ev. Theologie, Philosophie und Soziologie in Wuppertal, Göttingen, Tübingen, Basel und London. 1958-1961 war er Assistent bei Jürgen Moltmann in Wuppertal. Nach der Ordination (1961) und einer kurzen Zeit als Hilfsprediger in Düren (1961/62) wurde er Assistent bei Hendrik van Oyen in Basel (1962-1965). Danach wirkte er als Studentenpfarrer in Heidelberg (1965-1968) und als Dorfpfarrer in Schmieheim (1968-1971). Die letzten 18 Jahre seines Lebens bis zu seinem Tod lehrte B. zunächst als Dozent für Dogmatik und Ethik am Predigerseminar St. Chrischona bei Basel (1971-1977) und schließlich (seit 1977) als Professor für Systematische Theologie am Regent College in Vancouver (Kanada).

B. widmete seine theol. Lebensarbeit einer geistl. Erneuerung des Protestantismus, den er von einem an die Wurzel gehenden Verlust der Wirklichkeit Gottes und (daraus resultierend) einem erschreckenden Zerfall des christl. Ethos bedroht sah. Durch eine entschiedene Rückbesinnung auf die Hl. Schrift als unbedingte Autorität für alle Fragen der Dogmatik und Ethik und durch eine kritische Anknüpfung an die reformat. Theologie und das geistl. Erbe des → Pietismus und anderer Erneuerungsbewegungen (v.a. der Oxfordbewegung Frank Buchmans) in prüfender Offenheit für die geistl. Traditionen anderer Konfessionen wollte B. zu einer Überwindung von Engführungen, Defiziten und säkularen Überfremdungen des zeitgenössischen Protestantismus beitragen. Aufgrund dieser Zielsetzung wurden seine Veröffentlichungen zu einem Bußruf, der ihn bei aller Verbundenheit mit dem neueren Pietismus daran hinderte, zum Parteigänger einer theol. oder kirchl. Richtung zu werden.

Obwohl B. auch zur Dogmatik (z.B. zur Theologie Barths und Bultmanns) und zur Missionstheologie beachtliche Beiträge verfaßt hat, lag der Schwerpunkt seiner theol. Arbeit eindeutig im Bereich der Ethik, der er die meisten Untersuchungen widmete. Dabei ging es ihm vor allem um eine Überwindung des in der neueren ev. Theologie verbreiteten (die unbedingte Gültigkeit der Gebote Gottes bestreitenden) situationsethischen → Antinomismus und eine Wiedergewinnung der pneumatischen Dimension ntl. Ethik (Liebe zu Gott, Geistesleitung, überpflichtige Werke u.a.). In seinem bedeutendsten Werk »Gesetz und Geist« (einer umfangreichen Analyse der reformat. Ethik) arbeitete B. einerseits die übersituative Geltung des göttlichen Gebotes und andererseits die situativ und individuell flexible Führung durch den Hl. Geist als die beiden unaufgebbaren Brennpunkte christl. Ethik heraus. Die reformat. Ethik hat nach B. durch ihre Konzentration auf den Dekalog einseitig den ersten Aspekt betont, während der zweite Aspekt kaum zur Geltung kam. B.s ethische Veröffentlichungen beschränkten sich nicht auf eine Darlegung der theol. Fundamente christl. Ethik, sondern befaßten sich auch mit vielen Fragen der speziellen Ethik: Er bemühte sich ebenso um eine bibl. verankerte Sozialethik und Umweltethik wie um eine geschöpflich und geistl. begründete Individualethik. Seine ethischen Publikationen zeichnen sich durch eine bemerkenswerte Konkretheit und Aktualität aus. Es ging B. nie um eine bloße Darlegung rechter Lehre, sondern stets um die Zurüstung der Gemeinde Jesu zu einem Dienst, welcher sich den Herausforderungen der Gegenwart stellt und diese zu bewältigen sucht. Diesem Ziel dienten auch seine Arbeiten zum Marxismus und anderen Ideologien, die Musterbeispiele einer nicht nur apologetischen, sondern vor allem auch selbstkritischen Auseinandersetzung sind.

B. blieb trotz der beachtlichen bibl. Substanz und der Aktualität seines theol. Schaffens in der ev. Theologie weitgehend unbeachtet, so daß eine ernsthafte Würdigung seines Werkes erst noch geleistet werden mußt.

Lit.: Leiblichkeit und Gesellschaft, 1961, ²1980; Atheismus in der Christenheit, 1969, ²1985; Was heißt heute Mission?, 1974; Gott im Exil? Zur Kritik der ›neuen Moral‹, 1975; Umweltschutz-Lebenserhaltung, 1975; Evangelikale Sozialethik, 1975; glauben und handeln. Beiträge zur Begründung ev. Ethik (Ges. Aufsätze), 1975; Herausforderung des Marxismus, 1977; Theologie und Lebensführung. Ges. Aufsätze II, 1982; Gesetz und Geist, 1987; Hören auf den Gott, der redet, 1990.

M. Bockmühl, H. Burkhardt (Hg.): Gott lieben und seine Gebote halten. In memoriam K. Bockmühl, 1991 (Bibliographie).

W. Neuer

Bodelschwingh, Friedrich von, d.Ä. (1831-1910)

B., geb. am 6. 3. 1831 in Tecklenburg, gest. am 2. 4. 1910 in Bethel. B. wurde als sechstes Kind des westfälischen Landedelmanns, Oberpräsidenten und Finanzministers → Friedrich Wilhelms IV., Ernst von B., geboren und wuchs in Berlin u.a. als Spielgefährte des späteren Kaisers Friedrich III. auf. Von daher hatte er allezeit gute Beziehungen zum kaiserlichen Hof. Zunächst erlernte er von 1849 bis 1851 die Landwirtschaft und war dann als Gutsverwalter in Pommern tätig. Von einer Missionspredigt angerührt, entschloß er sich 1854, Theologie zu studieren und Missionar zu werden. Er studierte in Basel (→ Auberlen), Erlangen und Berlin; W. → Löhe in → Neuendettelsau und Christoph → Blumhardt in Bad Boll wurden seine eigentlichen Lehrer in praktischer Theologie. Nach Studienabschluß wurde er 1858 Hilfsprediger und Pastor der deutschen Gemeinde in Paris und nahm sich dort besonders der Lumpensammler und Straßenkehrer an. Von 1864 bis 1872 wirkte er als Pastor in Dellwig bei Unna, wo er 1869 innerhalb von 14 Tagen seine vier Kinder an einer Keuchhustenepidemie verlor.

1872 übernahm B. in Bielefeld die Leitung des 1869 gegründeten Diakonissenhauses und des ihm angegliederten Pflegehauses für epileptische Kinder. Schritt für Schritt baute er nun in einem Seitental des Teutoburger Waldes → Bethel als Heimstatt für die von der Gesellschaft geächteten Epileptiker auf, wobei er bewußt die Gründung einer Anstalt vermied, sondern das Modell einer Großfamilie in Leben und Arbeiten vor Augen behielt. Ziel seiner Wirksamkeit war weniger die Durchführung eines sozialen Programms als der Wille, auch den Kranken ihre Gottesebenbildlichkeit (→ Mensch) zu verkündigen und sie zur → Nachfolge Christi aufzurufen.

Aus diesem Ziel heraus kam es 1877 zur Gründung der Diakonenanstalt Nazareth. Wenig später wandte sich B. der Nichtseßhaftenfürsorge zu und gründete die Kolonistenhöfe von Wilhelmsdorf und später Freistatt bei Sulingen und Hoffnungsthal bei Berlin, um durch Arbeit und Gemeinschaft der Verelendung der Wanderarmen abzuhelfen (»Arbeit statt Almosen«). Er knüpfte dafür Beziehungen zur Regierung und zur Sozialdemokratie, wurde Abgeordneter im Parlament und unbequemer Mahner des ganzen deutschen Volkes. Mit der Gründung des Vereins »Arbeiterheim« baute er in der Nähe Bethels eine Eigenheimsiedlung für Arbeiter auf und nahm damit den Gedanken des sozialen Wohnungsbaus vorweg.

In Bethel war mit der Gründung des Hauses Morija die Betreuung der seelisch und geistig Kranken aufgenommen worden. 1890 trat B. in den Vorstand der 1886 gegründeten »Ev. Missionsgesellschaft für Deutsch-Ostafrika«, die 1906 nach Bethel verlegt wurde. Die Einsicht in die Zusammengehörigkeit von Innerer und Äußerer Mission ließ B. diesen Missionszweig in sein Werk integrieren und in Ostafrika ein kleines Bethel (Epilepsie- und Geisteskrankenhaus in Lutindi) aufbauen.

1890 begründete B. ein Kandidatenkonvikt, um das Interesse für → Diakonie auch in der Pfarrerschaft zu wecken. Hieraus erwuchs 1905 die Theologische Schule, die ursprünglich als freie theol. Fakultät gegen die herrschende liberale Theologie geplant war. In der Gründung dieser Hochschule kommt B.s Beitrag zur Studienreform und praxisbezogenen → Ausbildung des Theologen zum Ausdruck.

Aus dem Nichts hatte er so in vier Jahrzehnten das größte diakon. Werk der Welt aufgebaut und wurde als Pastor der Zionsgemeinde zum Anwalt der Notleidenden in Deutschland und aller Welt.

Lit.: Friedrich von Bodelschwingh: Ausgewählte Schriften, 3 Bde., hg. von A. Adam, 1955 bis 1964; ders.: Briefwechsel, Teil 1 bis 12, hg. von A. Adam 1966 bis 1974.

A. Funke: Friedrich von Bodelschwingh, 1980; M. Gerhardt, A. Adam: Friedrich von Bodelschwingh, 3 Bde., 1950 bis 1958; B. Gramlich: Bodelschwingh, Bethel und die Barmherzigkeit, 1964; ders.: Friedrich von Bodelschwingh. Werk und Leben, 1981; M. Hellmann: Friedrich von Bodelschwingh der Vater, in Vorb.; K. Pergande: Der Einsame von Bethel, 1953.

G. Ruhbach

Bodelschwingh, Friedrich von, d.J. (1877-1946)

B., geb. am 14. 8. 1877 in Bethel, gest. am 4. 1. 1946 ebenda. Als jüngster Sohn des ersten Leiters von → Bethel wurde er nachhaltig von der Autorität seines Vaters geprägt. Von früh an empfing er in der Gemeinschaft von Gesunden und Kranken bleibende Eindrücke. Sein Theologiestudium in Bonn, Basel, Tübingen und Greifswald brachte ihn in enge Verbindung mit H. → Cremer und A. → Schlatter, die bis zu deren Tod andauerte. Von Natur aus schüchtern, fühlte sich der hochbegabte B. eher zur Wissenschaft gezogen; er folgte aber 1901 dem Ruf seines Vaters und übernahm 1910 nach dessen Tod die Leitung der Betheler Anstalten. Bald wuchs B. in sein Amt hinein und verschaffte sich als Prediger, Seelsorger und Vermittler zwischen mancherlei gegensätzlichen Traditionen Respekt und Verehrung. Anders als sein Vater nahm er die Leitungsaufgaben weniger autokratisch als kollegial über eigens dafür geschaffene Gremien wahr. Der gewaltige Aufschwung, den Bethel unter seiner Hand erfuhr, ist ein deutliches Zeichen für seine Führungsqualitäten. Neue Pflegehäuser wurden errichtet, die eine stärkere Differenzierung der Kranken ermöglichten, Zweiganstalten wie Eckardtsheim wurden gebaut und ausgebaut, das Schulwesen in Bethel wurde erweitert, die Kapazität der Theologischen Schule vergrößert und auch die Arbeit der Bethelmission intensiviert. Die medizinische Forschung, besonders der Epilepsie, wurde vorangetrieben, die Arbeitstherapie nach noch heute modernen Gesichtspunkten weitergeführt, die Fürsorge für Flüchtlinge, Auswanderer und Fremdenlegionäre wie die Betreuung der Nichtseßhaften mit allem Nachdruck betrieben. In der Zeit der großen Arbeitslosigkeit rief B. einen freiwilligen Arbeitsdienst ins Leben.

Als neues Arbeitsgebiet kam die bald lebhaft blühende Schriftenmission Bethels hinzu. Nur die Zeit der beiden Weltkriege führte zu einer Stagnation im Aufbau, in den Kriegsjahren 1943 bis 1945 sogar zur Zerstörung mehrerer Häuser durch Bomben.

Im beginnenden → Kirchenkampf hielt sich B. zurück, erschien jedoch als der geeignete Repräsentant des bekenntnisgebundenen Protestantismus und wurde am 27.5.1933 von den Bevollmächtigten der Landeskirchen zum Reichsbischof der Deutschen Ev. Kirche gewählt. Durch die Einsetzung A. Jägers zum Staatskommissar für die preußische Landeskirche sah sich B. jedoch bereits 27 Tage später gezwungen, sein Amt zur Verfügung zu stellen. Blieb er selbst auch während des weiteren Kirchenkampfes im Hintergrund, so stellte er Bethel immer wieder für Tagungen den Gremien der Bekennenden Kirche zur Verfügung, arbeitete selbst als Vorsitzender der »Arbeitsgemeinschaft der missionarischen und diakonischen Werke der DEK« mit und stand vielen Ratsuchenden zur Seite. Erst als der NS-Staat mit seiner Euthanasie-Aktion das Leben seiner Kranken bedrohte, trat B. den Staatskommissaren in den Weg und erreichte zusammen mit anderen den Abbruch der ganzen Aktion.

Am 4. 1. 1946, mitten im Wiederaufbau Bethels stehend, starb er als todkranker Mann.

Lit.: F. von Bodelschwingh: Lebendig und frei, Band 1-3, 1949; ders.: Der Weg zum Bruder, 1953.

W. Brandt: Friedrich von Bodelschwingh. Nachfolger und Gestalter, 1967; M. Hellmann: Friedrich von Bodelschwingh d.J., 1988 (Lit.).

G. Ruhbach

Bodin, Jean (1530-1596)

B., geb. 1530 in Angers, gest. 1596 in Laon, Jurist und Vorkämpfer der Toleranz, 1576 Abgeordneter der Ständeversammlung in Blois, Humanist und Freund der → Hugenotten. Er lebte im Übergang zwischen mittelalterl. Humanismus und neuzeitlicher → Aufklärung, war Theoretiker des Absolutismus und zugleich Vordenker der Demokratie, die er vom Naturrecht her begründete. Er vertrat den Aberglauben seiner Zeit (Hexenverfolgungen) einerseits und die neuzeitliche hist. Kritik (Ablehnung der Erbsündenlehre) andererseits. Religionsphil. ging er von der Existenz einer natürlichen Religion aus, deren Grundgesetz der Dekalog ist und die die Grundlage und den Ausgangspunkt für alle positiven Religionen darstellt.

Bedeutung hat B. auch für die Klimaforschung gehabt.

Lit.: F. Bezold: Jean Bodin. Okkultist und seine Dämonomanie, in: ders.: Aus Mittelalter und Renaissance, 1918, 294ff; F. Meinecke: Die Idee der Staatsraison, 1925; A. Schmitz: Staat und Kirche bei Jean Bodin, 1939.

G. Ruhbach

Boethius (ca. 480-524/26)

Anicius Manlius Severinus B., geb. um 480 in Rom, stammte aus vornehmem Geschlecht und erhielt eine hervorragende Ausbildung. Nach dem frühen Tod seines Vaters nahm sich der Senator Quintus Aurelius Memmius Symmachus, dessen Tochter Rusticiana B. später heiratete, seiner an. So gehörte er zu dem Kreis röm. Patrizier, die unter den Ostgotenkönigen zwar Staatsämter bekleideten, aber stets die Wiederherstellung der (ost)röm. Herrschaft in Italien zumindest wünschten. B., der in Alexandria studiert hatte und bereits mit seinen ersten Schriften erfolgreich war, wurde von Theoderich zunächst mit wissenschaftl., dann mit immer bedeutenderen polit. Aufträgen betraut. 510 war er alleiniger Konsul. 522 wurden seine noch sehr jungen Söhne Konsuln (die Kosten konnte er sich offenbar leisten) und B. selbst Kanzler. Doch bereits im folgenden Jahr löste ihn Cassiodorus ab. Denn B. verteidigte den Senator Albinus, den man der Konspiration mit Ostrom beschuldigte, wurde in dessen Prozeß mit hineingezogen und bei Pavia gefangen gesetzt. 524 (oder 526 wie Symmachus) wurde er, ohne Möglichkeit sich zu verteidigen, wegen Hochverrats verurteilt und hingerichtet. Man muß nicht auf die Unschuld des B. pochen, um Theoderichs Gewalttätigkeit sichtbar zu machen. Sie wurde zweifellos dadurch verstärkt, daß die Ostgoten Arianer waren und er sich seit der Aufhebung des akazianischen Schismas zwischen Rom und Byzanz (519) isoliert und bedroht fühlte. Dieser Zusammenhang hat zu der Fehleinschätzung geführt, B. sei als Märtyrer des kath. Glaubens gestorben.

Zum umfangreichen Werk des B. zählen:

– Übersetzungen und Kommentare zu logischen Schriften des Aristoteles und zur Isagoge des Porphyrios zu Aristoteles' Kategorien.

– Von den Schriften zum Quadrivium (die Bezeichnung stammt von B.) sind die Arithmetik und die fünf Bücher über die Musik erhalten.

– Echt sind auch vier theol. Traktate, die unter rein logischem Aspekt trinitarische und christologische Spezialfragen abhandeln.

– Das berühmteste Werk des B. ist der in der 1-3jährigen Gefangenschaft verfaßte »Trost der Philosophie«, im MA bereits übersetzt und neben der Bibel das am meisten gelesene Buch. In einem regelmäßig von Gedichten unterbrochenen Dialog führt die Philosophie in kunstvoll sich steigernder Argumentation ihren zunächst kaum ansprechbaren Schüler durch die Trostgründe der stoischen Argumentation hindurch, immer höher hinauf bis zur Betrachtung des höchsten Gutes Platons und Plotins. B. sucht also in seiner Erniedrigung nicht die Nähe des erniedrigten Gottes der Christen, sondern er richtet sich auf an der phil. Lehre von der absoluten Güte des ewigen Lenkers, vor dessen Allmacht und Größe menschliches Glück und Unglück bedeutungslos werden.

Lit.: Boethius: Trost der Philosophie, lat. und dt., hg. von E. Gegenschatz und O. Gigon, [4]1986; L. Pozzi: »Boethius«, TRE 7, 1981, 18-28; E. Reiss: Boethius, 1982 (engl. Lit.).

H. Scheible

Bogomilen

Die B. waren eine mittelalterl. Sekte, die sich vom 10. bis zum 15. Jh. in Ost- und Westeuropa ausbreitete. Zunächst fand sie Zulauf im bulgarischen Raum. Als ihr Gründer wird ein Pope Bogomil bezeichnet, der zur Zeit des Zaren Peter von Bulgarien (927-969) lebte. Bogomil und seine Anhänger lehnten die orth. Kirche, ihre Hierarchie und Liturgie ab, ebenso die Sakramente, insbesondere Taufe und Ehe, und betonten das asketische Leben. Das Vaterunser galt ihnen als einzig gültiges Gebet. Sie betrachteten den Teufel als Schöpfer der Welt und »jüngsten Sohn Gottes« neben Christus. Christus ist nur Engelwesen. Sich selbst sahen die B. als in der Welt gefangene, durch Seelenwanderung sich erlösende Engelwesen. Seit 1018 (Untergang des bulgarischen Reiches) erfolgte die Ausbreitung des Bogomilismus im byz. Reich, wo sie trotz Verfolgung Einfluß gewannen. Doch kam es innerhalb der Sekte zur Spaltung. Bis ins 16. und 17. Jh. hielten sich B.gemeinden in Bulgarien, die dann aber weitgehend von Franziskanern missioniert wurden. Die B. missionierten ihrerseits auf dem Balkan (Serbien, Bosnien), aber auch in Frankreich, wo sie die Katharer zur Annahme ihres radikalen Dualismus bewegen konnten.

Lit.: I. von Döllinger: Beiträge zur Sektengeschichte des Mittelalters, 2 Bde., (1890) 1968; J.A. Illió: Die Bogomilen in ihrer geschichtlichen Entwicklung, 1923; R. Kützli: Geschichte, Kunst, Kultur, 1977; A. Schmaus: Der Neumanichäismus auf dem Balkan, in: Saec. 2 (1951) 271-299; G. Wild: Bogomilen und Katharer in ihrer Symbolik, 1970.

H.-J. Hoeppke

Böhl, Eduard (1836-1903)

B., geb. am 18. 11. 1836 in Hamburg als Sohn eines luth. Vaters und einer kath. Mutter, gest. am 24. 1. 1903 in Wien, studierte Theologie in Halle (bei J. Wichelhaus) und in Erlangen (bei J. von Hofmann und F. Delitzsch), wurde verständnisvoller Schüler und Schwiegersohn H.F. Kohlbrügges und nahm in Basel, wo er sich im AT habilitierte, das ref. Bekenntnis an. Von 1864-1899 wirkte er als Prof. für Systematische Theologie in Wien.

Als ein origineller Außenseiter und Querdenker unter den Theologen seiner Zeit meinte er: »Die Theologie muß wirklich umkehren und ihren bisherigen Führern Valet sagen« (in: Von der Incarnation des Göttlichen Wortes, 1884). Indem ihm das Christuszeugnis der Schrift als das Maß für alle christl. Theologie galt, focht er für die – durch das Evangelium Jesu Christi bestimmte und gewonnene – Einheit der beiden Testamente (Die alttestamentlichen Citate im NT, 1879; Christologie des AT, 1882). Zugleich mühte er sich um die Wiederentdeckung der freien Sündergnade Gottes in Christus, so wie sie M. Luther auf den Leuchter gesetzt hatte (Von der Rechtfertigung durch den Glauben, 1889). Sein immer noch anregendes, tiefgründiges Hauptwerk: Dogmatik. Darstellung der christlichen Glaubenslehre auf reformiert-kirchlicher Grundlage, 1887.

Lit.: »Böhl, E.«, RE[3], Bd. 23, 1903, 244-249.

E. Busch

Böhm, Georg → Kirchenmusik

Böhme, Jacob (1575-1624)

B. wurde 1575 in Alt-Seidenberg als Bauernsohn geboren. Er wurde Schuhmacher und siedelte sich in Görlitz an. Seit 1613 wandte er sich dem Handel zu. In seiner Erstlingsschrift »Aurora« schrieb er 1612 seine bereits 1600 eingegebene Schau nieder. Eine Abschrift gelangte 1613 in die Hände des Görlitzer Pfarrers Gregorius Richter und löste die Auseinandersetzung B.s mit der luth. Orthodoxie aus. B. mußte sich einem Schreibverbot fügen. Ab 1619 begann er erneut zu schreiben. Er wollte mit seinen Schriften zur Umwandlung des alten Adams in den neuen Menschen dienen. 1624 erschien anonym die einzige Druckschrift B.s: »Der Weg zu Christo«. Richter wandte sich erneut gegen B., der sich mit einer »Schutz-Rede« verteidigte. Die Auseinandersetzung ging bis zum Dresdner Hof. Am 16. 11. 1624 starb B. in Görlitz.

B. nahm neuplatonisch-pansophistisches Gedankengut auf, um den von ihm erfahrenen Gott zu beschreiben. Gott gilt ihm als handelnde, lebendige Person, die sich selbst setzt. Dennoch wird Gott nicht zum abstrakten Gedanken: »Außer Christo hat der Mensch keinen Gott.« Einer reinen Naturmystik ist damit gewehrt. B. wandte sich gegen einen toten »buchstabischen« Glauben und gegen bloße Lehrformeln seiner Zeit. Gegen den rational-argumentativen Zug der Orthodoxie setzte er den »wesentlichen Glauben«. Der Wiedergeborene entdeckt die Hl. Schrift als lebendiges Geist-Wort und den gelebten Gotteswillen. B. war von Anfang an umstritten. Die Orthodoxie bekämpfte ihn. Gottfried → Arnold suchte ihn zu rehabilitieren (Kirchen- und Ketzer-Historie, 1699/1700). Freimaurer und Vertreter des Rationalismus beriefen sich auf seine Esoterik, der frühe → Pietismus schätzte seine Betonung der Wiedergeburt, gelegentlich auch seine Christusmystik und Theosophie. Sein Gedankengut wirkte auch auf Romantik und den deutschen Idealismus.

Lit.: Des Gottseeligen Hoch-Erleuchteten Jacob Böhmens Teutonici Philosophici Alle Theosophischen Wercken, 15 Bde., 1682; Jakob Böhmes Werke. Studienausgabe in Einzelbänden, hg. und erläutert von G. Wehr, 1975ff.

H. Bornkamm: Luther und Böhme, 1925; H. Grunsky: Jacob Böhme, 1956 (Lit.); E.H. Pältz: Jacob Böhme, in: GdK, 1982, 79-98; ders.: Jacob Böhmes Gedanken über die Erneuerung des wahren Christentums, JGP 4 (1979), 83-118.

H.-J. Hoeppke

Böhmisch-Mährische Brüder-Unität → Brüder-Unität

Böhmische Brüder → Brüder-Unität

Bohne, Gerhard (1895-1977)

B., geb. am 2. 4. 1895 in Zeutsch/Thüringen, gest. am 11. 6. 1977 in Kiel,studierte Theologie und Pädagogik in Leipzig und Thüringen und promovierte bei dem geisteswissenschaftl. ausgerichteten Pädagogen Eduard Spranger mit einer Arbeit über »Die religiöse Entwicklung der Jugend in der Reifezeit« (Leipzig 1922). Diese Verbindung von Theologie und Pädagogik mit einem rel.- und entwicklungspsycholog. Interesse bleibt für B. zeitlebens typisch. Von 1920 bis 1930 wirkt B. als Studienrat in Altenburg und Jena. Seine Erfahrungen als Soldat im Ersten Weltkrieg verarbeitet er durchaus eigenständig im Gespräch mit der sogenannten → Dialektischen Theologie (vor allen Dingen mit Karl Barth) in dem Buch »Das Wort Gottes und der Unterricht« (1929). Damit leitete er eine neue Epoche der Religionspädagogik ein. Die Leitkategorie der bisherigen Religionspädagogik war die Entwicklung einer reifen rel. Persönlichkeit im Rahmen der herrschenden Kultur. B. stellt neben den Begriff Kultur den der Krise und neben die Entwicklung die Entscheidung. Die Verkündigung Jesu vom Kommen des Gottesreiches ist die ewige Krise aller Kultur. Für die Erziehung - auch die rel. Erziehung - ist wichtig, die Gesetze und Erfahrungen zu beachten, mit denen die Entwicklung von jungen Menschen beschrieben werden kann. Darüber hinaus muß der christl. Erzieher versuchen, der Wirklichkeit des lebendigen Gottes Raum zu schaffen, damit auch das Kind und der Jugendliche die Entscheidung für Gott fällen kann. Die Entwicklung eines Menschen kommt erst zum Ziel, wenn er Gott begegnet. Diesen Grundansatz hat B. in seinen weiteren Werken und als Professor in Frankfurt a.d. Oder (1930), Elbing (1932) und Kiel (seit 1933) durchgehalten. Im sog. Dritten Reich hat sich B. auf ein Gespräch mit der nationalsozialistischen Ideologie eingelassen, wurde aber 1938 wegen unnationalistischer Gesinnung abgesetzt und mit Rede- und Schreibverbot belegt. 1939-1945 war B. Kriegsteilnehmer. Beide Söhne fallen im Krieg. Von 1948 bis zu seiner Emeritierung 1961 wirkt B. wieder in Kiel an der Pädagogischen Akademie und in der ev.-theol. Fakultät und prägt weite Kreise von Religionslehrern. Sein Versuch, neue »Grundlagen der Erziehung« (2 Bde, [2]1958, 1960) zu legen, fand nur wenig Resonanz. Die damit gestellte Aufgabe, den christl. Glauben mit der Pädagogik ins Gespräch zu bringen, bleibt uns aufgetragen.

Lit.: S. von den Steinen: Pädagogik und Theologie im Werk des Religionspädagogen Gerhard Bohne, Diss. Münster, 1974; B. Vrijdaghs, in: Klassiker der Religionspädagogik (hg. von H. Schroer, D. Zilleßen), 1989, 223-235; Bibliographie in: Gottes Wort in der ev. Unterweisung (FS, hg. von R. Bohnsack u.a.), 1965.

H.-J. Abromeit

Bonaventura (ca. 1217-1274)

B. (ursprüngl. Name Johannes Fidanza), Franziskaner, Bischof, Kardinal, Heiliger und Kirchenlehrer (*doctor seraphicus*), ist der erste große franziskanische Theologe der Hochscholastik (13. Jh.). Er ist ca. 1217 in Bagnoregio bei Orvieto (Italien) geb., besucht dort den Unterricht der Franziskaner und erlebt eine wunderbare Heilung nach Anrufung des Hl. Franz durch seine Mutter. 1235 geht er nach Paris, studiert dort die »artes« (Grundstudium) und tritt 1243 in den Franziskanerorden ein. Er studiert Theologie (wichtigster Lehrer: → Alexander von Hales), durchläuft die üblichen akademischen Stufen bis zur Licentia docendi (»Habilitation«) 1254 und lehrt dann als Magister regens (»Professor«) in Paris. 1257 wird er zum Generalminister (Leiter) des Ordens gewählt und versieht dies Amt bis fast an sein Lebensende. 1273 wird er zum Kardinal erhoben und zum Bischof geweiht. Er nimmt am 2. Konzil von Lyon (1274) und seiner Vorbereitung teil und stirbt in Lyon am 15. Juli 1274. Papst Sixtus IV. spricht ihn 1482 heilig, 1588 erhebt ihn Papst Sixtus V. zum Kirchenlehrer (*doctor ecclesiae*).

In seinen Schriften behandelt B. das Gesamtgebiet der Theologie der Zeit (ausführlich im Sentenzenkommentar, zusammengefaßt im »Breviloquium«, einzelnes in »Quaestiones disputatae«, in Bibelkommentaren und Predigten) sowie Fragen des Ordenslebens und franziskanischer Spiritualität (u.a. zwei »offiziöse« Biographien des Hl. Franz). Franz von Assisi ist B.s geistl. Vorbild (*dux et pater noster*, unser Führer und Vater), → Augustin sein wichtigster theol. Gewährsmann (*doctor praecipuus*, vornehmlichster Lehrer); die »neue« Philosophie (→ Aristoteles/→ Aristotelismus) kennt er, billigt aber der Philosophie keine eigenständige Rolle zu; die Bibel und – als ihre Mitte – Christus stehen im Zentrum. Im Franziskanerorden hat er der (wissenschaftl.) Theologie definitiv Heimatrecht verschafft.

Lit.: Lat. Gesamtausgabe: S. Bonaventurae .. Opera omnia, 10 Bde., 1882-1902; Auswahl: Opera theol. selecta, 5 Bde., 1934-1964; neuere dt. Übers.: J. Kaup: Itinerarium mentis in Deum, und: De reductione artium ad theologiam, 1961; W. Nyssen: Collationes in Hexaemeron, 1964.

H. Baum: Das Licht des Gewissens, 1990; J.G. Bougerol: Bibliographia Bonaventuriana, 1974 (bis 1973); ders.: Introduction à Saint Bonaventure, 1988 (franz.); W. Dettloff: »Bonaventura«, TRE 7, 1981, 48-55 (Lit. bis 1978); A. Gerken, G. Binding: Bonaventura, LexMA 2, 1983, 402-407 (Lit. bis 1978); H. Heinz: Trinitarische Begegnungen bei B., 1985; K. Hemmerle: Theologie als Nachfolge. Bonaventura – ein Weg für heute, 1975; R. Jehl: Melancholie und Acedia, 1984; J. Ratzinger: Die Geschichtstheologie des hl. Bonaventura, 1959; M. Schlosser: Cognitio et amor. Zum Kognitiven und voluntativen Grund der Gotteserfahrung nach Bonaventura, 1990.

B. Steinseifer

Bonhoeffer, Dietrich (1906-1945)

1. Leben

B., geb. am 4. 2. 1906 in Breslau, gest. am 9. 4. 1945 in Flossenbürg, war Pfarrer, Theologe und Widerstandskämpfer gegen das nationalsozialistische Regime Adolf Hitlers. Er stammte aus bürgerlichem Elternhaus und wuchs in Breslau und Berlin auf. Nach dem Theologiestudium in Tübingen und Berlin promovierte er, erst 21jährig, bei Reinhold Seeberg und habilitierte sich mit 24 Jahren für Systematische Theologie in Berlin.

Als Vikar in Barcelona (1928/29), Studentenpfarrer an der Technischen Hochschule Berlin (ab 1931) bei gleichzeitiger Betreuung einer Konfirmandenklasse im Arbeiterviertel Berlin-Wedding (1931/32) und im späteren Auslandsdienst an der Deutschen Gemeinde in London (1933-35) sammelte er pfarramtliche Erfahrungen. Ab 1931 nahm er gleichzeitig als Privatdozent sein akademisches Lehramt wahr. Seit 1931 gewann er auch intensive Kontakte zu der damals noch jungen ökumen. Bewegung. Bei der Machtergreifung Hitlers 1933 finden wir B. in der ersten Reihe des kirchl. Widerstandes. Bereits 1933 erarbeitete er zusammen mit dem Erlanger Theologen Hermann Sasse das »→ Betheler Bekenntnis«, das die Bekenntnisgrundlage für den kirchl. Widerstand bieten sollte, aber später gegenüber der »→ Barmer Theologischen Erklärung« von 1934 nicht zum Zuge kam. Im »Betheler Bekenntnis« wird auf die Bedeutung der »Judenfrage« für die Kirche hingewiesen.

1935, seit seiner Rückkehr vom Londoner Pfarramt, übernahm B. die Leitung eines Predigerseminars der Bekennenden Kirche in Finkenwalde. Nach Schließung von Finkenwalde durch die Gestapo (1937) leitete er die Vikarsausbildung weiter in Form von Sammelvikariaten in Köslin, Groß-Schlönwitz und Sigurdshof (bis 1940).

1939, kurz vor Kriegsbeginn, erhielt B. die Gelegenheit, für einige Jahre in die USA zu gehen. Daß er nach langem inneren Ringen aus New York nach Berlin zurückkehrte, muß als seine äußere Lebenswende betrachtet werden. Seit seiner Rückkehr aus den USA wurde er von seinem Schwager Hans v. Dohnanyi, der zum Stab der militärischen Abwehr unter Admiral Canaris gehörte, in die Verschwörung gegen Hitler einbezogen. B.s Teilnahme bestand vor allem darin, über seine ökumen. Kontakte Friedensbedingungen der Alliierten zu erkunden, um der Widerstandsbewegung freien Rücken für den Putsch gegen Hitler zu verschaffen.

Im April 1943 kam es zur Verhaftung, aber erst nach dem Scheitern des Stauffenberg-Attentates vom 20. Juli 1944 wurden nach und nach die Zusammenhänge des Putschversuches bekannt. 1945 wurde B. ins KZ Buchenwald, dann ins KZ Flossenbürg verbracht, wo er wenige Tage vor Kriegsende zusammen mit anderen Widerstandskämpfern auf persönlichen Befehl Hitlers hin ermordet wurde.

2. Werk und Wirkung

Theologisch hat B. als vielfacher Anreger gewirkt. Er gehört zu den meistzitierten Theologen der Gegenwart. Besonders die unter dem Titel »Widerstand und Ergebung« posthum herausgegebenen Briefe erregten Aufmerksamkeit. Die Stichwörter »mündige Welt«, »nicht-religiöse Interpretation biblischer Begriffe«, »religionsloses Christentum«, »unbewußtes Christentum«, das »Für andere Dasein« als »Transzendenzerfahrung« u.a. wurden kontrovers diskutiert und meist einseitig rezipiert.

Erst aufgrund dieser Differenzen kam es zu einer Rückfrage nach den frühen akademischen Schriften, die aber bis heute zu wenig beachtet werden. Im Kirchenkampf fanden B.s Beiträge aus der Finkenwalder Zeit über Abendmahl, Gebet, Beichte, Meditation und Nachfolge Jesu Beachtung, werden heute aber weitgehend übergangen, wenn nach Zusammenhängen von B.s Tätigkeit im Widerstand gefragt wird. So schwankt die B.-Interpretation in ihren Extremen zwischen einem »evangelikalen« und einem »politischen« B. Nur eine Gesamtinterpretation seiner Schriften und eine Gesamtsicht von Leben und Werk ermöglichen es, die Zusammenhänge zu erhellen. Die Mitte von B.s Theologie bildet die Frage, »wer Christus für uns heute eigentlich ist«. Immer entschlossener hat er im Verlauf seines Denkens die Weltwirklichkeit in die Christuswirklichkeit einbezogen. Es ging ihm um die Nachfolge Jesu in ihrer ganzen Konkretion und »Diesseitigkeit«. Der Vorbildcharakter seines Lebens und Werkes besteht deshalb nicht darin, daß er ein Normaldogmatiker wäre, sondern daß er ein »Zeuge Jesu Christi unter seinen Brüdern« (Gedenktafel in Flossenbürg) war, der sich im Glauben berufen sah, auch polit. Verantwortung zu übernehmen, der aber nicht Theologie durch Politik ersetzte.

Lit.: Dietrich Bonhoeffer Werke (DBW) seit 1986 neu herausgegeben.

Wichtige Schriften: Sanctorum Communio (SC), 1930; Akt und Sein (AS), 1931; Nachfolge (N), 1937; Gemeinsames Leben (GL), 1939; Posthum: Widerstand und Ergebung (WE); Ethik (E).

E. Bethge: Dietrich Bonhoeffer (Biographie), [6]1986; E. Bethge, R. Bethge, Chr. Gremmels: Dietrich Bonhoeffer – Bilder aus seinem Leben, 1986; G. Huntemann: Der andere Bonhoeffer, 1989; R. Mayer: Christuswirklichkeit (Theologie), [2]1980; R. Mayer, P. Zimmerling (Hg.): Dietrich Bonhoeffer heute. Die Aktualität seines Lebens und Werkes, 1992.

R. Mayer

Bonifatius VIII. → Papst, Papsttum

Bonifatius (Wynfreth) (672/75-754)

1. Leben und Wirken

Der angelsächsische Mönch B. gehört als Gelehrter, Kirchenorganisator und Missionar zu den herausragenden Gestalten der frühmittelalterl. Kirchengeschichte. Geboren 672/675 in der Nähe von Exeter/Wessex, erlitt er als Missionserzbischof am 5. Juni 754 bei Dokkum/Friesland den Märtyrertod. Der aus niederem Adel stammende B. wurde bereits als Junge einem Kloster übergeben und erhielt dort eine umfassende Bildung. Schon bald erwarb er sich den Ruf eines hervorragenden Gelehrten, insbesondere auf den Gebieten der Metrik und Grammatik. Auch als Prediger und Kirchenpolitiker war B. bekannt, so daß er 717 zum Abt des Klosters Nursling berufen wurde. Aber B. wollte seine monastische Existenz nicht in der Abgeschiedenheit eines Klosters realisieren, sondern drängte auf das Missionsfeld. So verließ B. 718 seine Heimat, um auf dem Kontinent zu wirken. In Rom versicherte er sich zunächst der Unterstützung durch den Papst. Gregor II. erteilte ihm allg. Missionsvollmacht für die heidnischen Germanen und verlieh ihm den Namen des am Vortag gefeierten röm. Heiligen. Fortan nannte sich Wynfreth nur noch B.

Nach Lehrjahren bei dem Missionar Willibrord in Friesland bemühte sich B., 722 zum Bischof erhoben, in Hessen und Thüringen um die Christianisierung des Volkes und den Aufbau einer kirchl. Struktur. 723 fällte er bei Geismar die von den Heiden rel. verehrte Donareiche und erbaute aus ihrem Holz die Peterskirche in Fritzlar. Gregor III. ernannte den 732 zum Erzbischof geweihten B. 737/738 zum päpstlichen Missionslegaten für Germanien und beauftragte ihn mit der Kirchenorganisation in Bayern, Hessen, Thüringen und Alamannien. Diese Aufgabe, zu der stets der Kampf mit dem fortbestehenden Heidentum gehörte, konnte B. nur in Zusammenarbeit mit den Frankenherrschern und zahlreichen angelsächsischen Helfern bewältigen, die er vor allem in den von ihm errichteten Klöstern und Bistümern einsetzte. Zum geistigen Zentrum des B.-Kreises wurde das 744 gegründete Kloster Fulda. Mit den Frankenherrschern Karlmann und Pippin III. ergab sich für B. eine gute Zusammenarbeit. In einer Serie von Reformsynoden seit 742/43 gelang so der Durchbruch zur Erneuerung der fränkischen Landeskirche. Freilich mußte B. sich innerkirchl. Opposition erwehren, weshalb manche seiner Pläne unausgeführt blieben. In seinen letzten Jahren rückte B. an den Rand des kirchenpolit. Geschehens. Gleichwohl wurden seine Ansätze von einheimischen Kräften aufgenommen. Während B. sich an den Ausgangspunkt seiner mission. Tätigkeit nach Friesland begab und dort von beutegierigen Heiden erschlagen wurde, begründete der Frankenherrscher Pippin das von B. mit vorbereitete Bündnis mit dem Papsttum, das zur Grundlage des christl. MAs werden sollte.

2. Missionsmethode und Bedeutung

Die asketische Heimatlosigkeit angelsächsischer Prägung war für B. Lebensprogramm, weshalb seine Arbeit stets mission.-seelsorgerl. ausgerichtet war. Dem sollte auch die Kirchenorganisation dienen. Daher kam es B. sehr darauf an, daß seine Bemühungen getragen wurden von den Gebeten geistl. Freunde in ganz Europa. Diese Gebetsverbrüderung hat ihm die Kraft zu seinem entbehrungsreichen und spannungsvollen Leben gegeben. Dazu suchte er die Verbindung mit angelsächsischen Mitarbeitern, die er in großer Zahl auf den Kontinent rief. Mit ihrer Hilfe gründete B. zahlreiche Klöster, die das Land als Pflanzstätten des Glaubens und der Bildung überziehen sollten und die überdies der Erhöhung der Lebensqualität dienten. Hier wurde der einheimische Klerus ausgebildet, und von hier ging die planvolle Christianisierung des Volkes aus. Gemäß der damals üblichen Missionsmethode suchte B. stets den Kontakt zu den Herrscherhäusern, wuchsen sie doch damals mehr und mehr in ihre Rolle als Beschützer der Kirche und Ausbreiter des Glaubens hinein. Darüber hinaus war B. in besonderer Weise dem päpstlichen Stuhl verbunden. Man hat B. den »Apostel der Deutschen« genannt. Dieses spätere Etikett verkennt sowohl die europ. Bedeutung des Angelsachsen wie auch die Tatsache, daß er aufgrund der Umstände eher Organisator denn Missionar war. Auf jeden Fall gehört B. zu den Initiatoren und Baumeistern des christl. Abendlandes.

Lit.: A. Angenendt: Das Frühmittelalter, 1990, 268ff; L.E. v. Padberg: Wynfreth-Bonifatius, 1989; Th. Schieffer: Winfrid-Bonifatius und die christliche Grundlegung Europas, [2]1972; J. Semmler: »Bonifatius (Winfrid)«, LexMA Bd. 2, 1983, 417-420.

L.E. v. Padberg

Book of Common Prayer

Das B.C.P. ist das liturg. Formular der englischen Staatskirche (Church of England), steht gleichzeitig im Rang einer → Bekenntnisschrift und hat sowohl für den Gottesdienst als auch für den Privatgebrauch als Gebetbuch Geltung.

Edward VI. führte es 1549 landesweit ein. An der Ausarbeitung, besonders an der zweiten Fassung von 1552, war der Erzbischof von Canterbury, Thomas Cranmer, maßgeblich beteiligt. Diese zweite Fassung ist abendmahlstheol. deutlich an → Bucer angelehnt. Weitere Ausgaben fanden 1559, 1604 und 1662 statt. Im 19. Jh. gewann der Anglokatholizismus Bedeutung, so daß Teile des röm. Meßordinariums in die Ordnung des Gebetbuches eingefügt wurden. Seit 1906 arbeitete eine Revisionskommission an einer Neuausgabe, die jedoch 1928 vom Parlament abgelehnt wurde. Das löste eine grundsätzliche Debatte darüber aus, ob das Parlament über liturg. Vorlagen abzustimmen überhaupt das Recht habe. Erst 1965 wurde der Church of England zunächst für 15 Jahre und ab 1974 unbefristet das Recht zur Eigenrevision liturg. Vorlagen zugestanden.

Das B.C.P. enthält neben den 39 Artikeln der Church of England und einem kurzen Katechismus weitere fünf Teile: einen Gebetsteil (Gebet der Tageszeiten, Gebete durch das Jahr, Litaneien); gottesdienstl. Liturgien (Taufe, Abendmahl, Kollektengebete, Lesungen etc.); weitere Zeremonien (Konfirmation, Trauung usw.); die Psalmen; Ordnungen für die Ordination.

Ab 1965 wurden sog. »Alternative Services« vorgelegt. Zwar gelang es dadurch, den anglokatholischen und den evangelikalen Teil der englischen Hochkirche zusammenzuhalten, doch ist die liturg. Einheit stark aufgebrochen worden.

Lit.: K. Böhme: Die Krisis der englischen Staatskirche. Der Streit um das Book of Common Prayer, 1929; J. Cuming: A history of Anglican liturgy, 1969; H. Davies: Worship and theology in England, 5 Bde., 1961-1975; A. Niebergall: »Agende (16. . .)«, TRE 2, 1978, 36-43.85-90 (Lit.).

H.-J. Hoeppke

Boos, Martin (1762-1825)

B., geb. am 25. 12. 1762 in Huttenried, gest. am 29. 8. 1825 in Sayn. Theologiestudium in Dillingen, u.a. bei Sailer, der ihm zeitlebens nahestand. 1787-1798 Kaplan im Allgäu, wo durch seine Christus-Predigt die Allgäuer Erweckungsbewegung entstand. Vom bischöflichen Ordinariat Augsburg angeklagt, floh B. 1799 nach Linz. Ab 1806 Pfarrer in Gallneukirchen, wo es wieder zu einer Erweckung und zur Spaltung der Gemeinde kam. B. wurde 1816 vorübergehend in Untersuchungshaft genommen, ging dann nach Preußen, wo er 1817 als Religionslehrer in Düsseldorf und ab 1819 als Pfarrer in Sayn wirkte.

B. vertrat einen Christozentrismus (»Christus für uns und in uns«), von wo die allmähliche Auflösung des kath. Glaubens-, Sakraments- und Kirchenbegriffs erfolgte.

Lit. G. Geiss: Martin Boos, 1937; BBKL I, 699-701 (Lit.).

Red.

Booth, William (1829-1912)

B., geb. am 10. 4. 1829 in Nottingham, gest. am 20. 8. 1912 in Hadley Wood, Begründer der → Heilsarmee in über 50 Ländern und Kolonien. B. gab 1852 seinen kaufmännischen Beruf auf, besuchte das Predigerkolleg und wirkte zunächst in der Methodistenkirche als Evangelist mit großen Erfolgen. Nach der Trennung von der Methodistenkirche verschlossen sich ihm mehr und mehr die Kirchentüren und B. mußte in Zirkuszelten, Theatern oder im Freien evangelisieren. Im Zuge seiner Übersiedlung nach London gründete er im Anschluß an eine Zeltmission am 2. 7. 1865 auf dem Londoner Quäkerfriedhof Whitechapel für die Arbeit in den Elendsvierteln die Ostlondoner Mission (ab 1869 Christliche Mission), die er 1877/78 umorganisierte, ihr am 1. 1. 1879 den Namen »Salvation Army« (Heilsarmee) gab und deren erster »General« wurde.

Von großer Tatkraft, gequält vom Elend des Industrieproletariats, verband er aggressive Evangelisation mit praktischer Hilfe im Kampf gegen Trunksucht, sittliche Verwahrlosung und Arbeitslosigkeit. Nach seinem Tode 1912 nahmen nicht weniger als 35.000 Menschen an einem Gedenkgottesdienst in London teil. Sein Buch »In Darkest England and the Way Out« (Nachdruck 1970) wurde grundlegend für die Arbeit der Heilsarmee.

Lit.: R. Collier: Der General Gottes William Booth - Die Geschichte der Heilsarmee, [3]1991; V. Conzenius: William Booth - General der Heilsarmee, 1982; J. Hoffmann-Herreros: Catherine und William Booth - Sozialarbeit und Seelsorge der Heilsarmee, 1989.

E. Geldbach/Red.

Bornhäuser, Karl (1868-1947)

B., geb. am 19. 5. 1868 in Mannheim, gest. am 27. 3. 1947 in Marburg (Lahn) war ev. Theologe. Während seines Studiums in Halle und Greifswald erhielt er seine theol. Prägung von H. → Cremer, M. → Kähler und A. → Schlatter. Nach dem Pfarramt in Karlsruhe und Sinsheim wurde er 1894 Divisionspfarrer in Rastatt. Es folgte die Berufung zum a.o. Prof. für Praktische Theologie nach Greifswald (1902), Halle (1905) und als o. Prof. nach Marburg (1907), wo er zusammen mit E. Schaeder, W. → Lütgert und J. Kögel zum Kreis der sog. »Biblizisten« zählte. Seine

Vorliebe für die bibl. Bücher brachte er in Vorlesungen zur ntl. Exegese zum Ausdruck, in denen er versuchte, die Texte so exakt wie möglich von ihrem jeweiligen Zeithintergrund her zu verstehen.

Lit.: Das Recht des Bekenntnisses zur Auferstehung des Fleisches, 1902; Das Wirken des Christus durch Taten und Worte, [2]1924; Die Bergpredigt, [2]1927; Das Johannesevangelium, eine Missionsschrift für Israel, 1928; Empfänger und Verfasser des Briefs an die Hebräer, 1932; u.v.a.

A. Uckeley: Karl Bornhäuser in memoriam, ThLZ 74 (1949), 761ff.

V. Gäckle

Borromäerinnen → Orden und Kongregationen

Böse, Das Böse

1. Begriff und Problemhorizont

Das B. (gr. *to kakon* bzw. *poneron*; lat. *malum*) bezeichnet grundlegend ein doppeltes Problem. Zum einen geht es um die radikale ethische Entgegensetzung von gut und böse, die vom Menschen sittliche Werturteile und Entscheidungen verlangt. Zum anderen werden mit gut und böse auch Aussagen über Seinszustände der Wirklichkeit (wie Krankheit, Leid, Katastrophen etc.) beschrieben, die der Mensch in ihrem Sosein als böse erfährt. Die letztere ontologische Verwendung des Begriffs »böse« wird in der theol. und phil. Tradition u.a. durch den Terminus »Das Übel« charakterisiert. Bei der Frage nach dem Wesen des B.n sind die folgenden elementaren Probleme zu klären: In welchem Verhältnis steht das moralisch B. zum ontologischen Übel? Nach welchen erkenntnistheoretischen Kriterien kann der Unterschied von gut und böse bestimmt werden? Worin ist der Ursprung des B.n zu sehen – im Menschen selbst (also anthropologisch) oder in satanischen Mächten bzw. einer negativen Kehrseite Gottes (also metaphysisch)? Wie kann das B. überwunden werden? Die letztgenannte Frage bestimmt weitgehend die gesamte Philosophie- und Religionsgeschichte.

2. Der Ursprung des Bösen

Die Bibel und in ihrer Folge die klass. christl. Theologie sieht das B. in der metaphysischen Realität des Satanischen bzw. des Dämonischen begründet. → Satan wird dabei als eine geschaffene, personale Wirklichkeit verstanden, die Gott als dem guten Schöpfer zwar prinzipiell unterworfen ist, sich diesem aber dennoch in universaler Dimension radikal entgegenstellt. Der Satan unterwirft sich durch seine Verführungskunst den Menschen und bestimmt dadurch sowohl diese Welt als auch den gegenwärtigen → Äon (Weltzeitalter). Im fundamentalen Unterschied zur außerchristl. Religionsgeschichte (z.B. dem Parsismus, der ägypt. und babylon. Mythologie oder dem Hinduismus) wird Gott selbst in der Bibel nie mit dem B.n identifiziert.

Im Sinne des eben genannten metaphysischen → Dualismus gibt es nach bibl. Vorstellung weder böse Wesenszüge in Gott noch böse Götter, die als Dämonen Gott gleichrangig gegenüberstehen oder seine Macht begrenzen könnten. Gott ist vielmehr der absolut Gute (Mk 10,18) und der in seiner Göttlichkeit konkurrenzlos Einzigartige (2Mo 20,2-5 und 5Mo 6,4f), während die Götter der Heiden um ihrer Nichtigkeit willen verspottet werden (Jes 40,18-20 und 46,5-9).

Aus der Tatsache, daß Gott als der schlechthin Gute die von ihm geschaffene Kreatur, selbst wenn sie sich als satanischer Widerspruch gegen ihn wendet, nicht zu fürchten hat, darf aber nicht gefolgert werden, daß das B. an sich ohnmächtig oder nichtig wäre (so z.B. K. Barth, KD III/2 § 50). Das B. tritt vielmehr mit eigenständiger Verführung an den Menschen heran, um ihn von Gott abzuziehen (1Mo 3,1-6 sowie in Analogie Mt 4,1-11) und bedroht als höchst aktive Macht seine Existenz in der Welt (Eph 6,10-17). Unter den neueren Dogmatikern hat besonders K. Heim in seinem Werk »Jesus der Weltvollender« die Wirksamkeit satanischer Mächte gegenüber der neuzeitlichen Leugnung des Dämonischen (vgl. z.B. H. Haag, Abschied vom Teufel) realistisch dargestellt.

3. Die ethische Verantwortung angesichts des Bösen

Der furchtbare metaphysische Hintergrund des B.n – in Gestalt der personalen Verführungsmacht Satans und seiner Dämonen – entläßt den Menschen jedoch keinesfalls aus der ethischen Verantwortung für sein Handeln. Gerade der Bericht vom Sündenfall macht deutlich, wie Gott den verführten Menschen nicht von seiner Verantwortung freispricht, sondern ihn zur Rechenschaft zieht (1Mo 3,9-14). Die teuflische Verführung entschuldigt die Sünde des Menschen nicht.

Der Mensch weiß vielmehr auf Grund des Gebotes in seinem Gewissen, das ihn von seiner Schuld überführt (Hebr 4,12), was gut und böse ist (1Mo 3,22). Sowohl das ins Herz geschriebene Gesetz des

Gewissens (Röm 2,14f) als auch das durch Offenbarung geschenkte Gebot Gottes stellt den Menschen in die sittliche Verantwortung des Gottes (Röm 2,11-13), der ihn richtet.

Damit ist theol. nicht nur die metaphysische Entschuldigung abgewiesen, die den menschlichen Ungehorsam mit dem Hinweis auf ihren satanischen Ursprung begründet, sondern auch jeder Rechtfertigungsversuch, der das B. als seinsmäßig unumgänglich im Sinne des ontologischen → Dualismus beschreibt. Der ontologische Dualismus, in der Tradition des phil. → Idealismus seit Platon, definiert die leiblich-materielle Seite des Seins als solche als wesensmäßig böse, während sie das geistig-seelische bzw. intelligible Sein als prinzipiell gut auffaßt. Diese ontologische Aufteilung des Guten und B.n bestimmt auch wesentlich die asiatischen Hochreligionen des Hinduismus und Buddhismus. Der Leib-Seele-Dualismus verkennt jedoch, daß Leib, Seele und Geist gleichermaßen ursprünglich sehr gut geschaffen sind (1Mo 1,31), und daß das B. eine Folge der menschlichen Sünde in der Welt darstellt (Röm 5,12). Das B. muß nach bibl. Verständnis strikt und primär auf die sittliche Eigenverantwortung des Menschen vor Gott bezogen werden und darf nicht als Folge eines der Schöpfung implizierten Mangels entschuldigt werden.

4. Die anthropologische Unterscheidung der Radikalität und Relativität des Bösen

Die auf den schuldig gewordenen Menschen bezogene ethische Unterscheidung von gut und böse muß anthropologisch sowohl in ihrer Radikalität wie auch Relativität betont werden. Vor Gott ist der Mensch als ganzer und in allen seinen Bezügen radikal der Macht der Sünde, d.h. dem B.n, verfallen, aus dem er sich nicht durch eigene Kraft befreien kann (Röm 7,14-25). Diese Verfallenheit betrifft ihn in seiner Individualität nach Geist, Seele und Leib wie auch in seiner Sozialität. Mit dieser theol. Feststellung wird jeder Optimismus im Blick auf den »guten Menschen«, wie er in der phil. Anthropologie und im Kontext verschiedener rel. Wege der Selbsterlösung beschrieben wird, zurückgewiesen.

Das B. darf deshalb auch nicht als ein notwendiges Moment im Prozeß der Selbstvergötterung des Seins (Theogonie) wie z.B. bei den Philosophen F.W. → Schelling und F. → Baader noch als bloßes Durchgangsstadium in der Geschichte des Absoluten wie bei G.W.F. → Hegel oder als notwendiges metaphysisches Nichts gegenüber dem Sein wie bei M. → Heidegger verharmlost und somit entschuldigt werden.

Ungeachtet der unaufhebbaren und grundlegenden Schuldverflochtenheit des Menschen in das radikal B. differenziert gerade wegen der nach dem Sündenfall fortbestehenden individuellen Verantwortung des Menschen die theol. Anthropologie durchaus zwischen ethisch guten und bösen Taten bzw. Verhaltensweisen. Die Zehn Gebote (→ Dekalog), die → Bergpredigt und die apostol. Ermahnungen (Paränesen) des NT sprechen beispielsweise in je unterschiedlichem Kontext Menschen auf ihre sittliche Verantwortung vor Gott und füreinander an, indem sie zeigen, wie das B. in konkreten Situationen zu vermeiden ist bzw. durch das Tun des Guten überwunden werden kann. In der Gestaltung des Lebens und im Vollzug des Glaubensgehorsams treten also durchaus praxisrelevante Unterschiede von gut und böse zu Tage, die auch im Gericht Gottes ein je unterschiedliches Urteil finden. Dies wird exemplarisch an dem Völkergericht gegenüber den Ungläubigen, die Christus nicht gekannt haben (Mt 25,31-46), und an dem Preisgericht, das Christus an den Gläubigen vollzieht (1Kor 3,11-15), deutlich.

5. Das Böse und das Übel

Mit der Bibel ist theol. strikt zwischen dem B.n als ethischer Realität und dem Übel, d.h. den vorfindlichen Mißständen in der Welt, zu unterscheiden. Das Übel bezeichnet die Folgeerscheinungen der Sünde in Gestalt von Krankheit, Leid, Tod, sozialem Unrecht, polit. Unterdrückung etc. Das Übel ist als die sichtbare Wirkung der unsichtbaren, ethischen Wirksamkeit der Sünde zu betrachten. Das metaphysische Ereignis der Sünde äußert sich demnach in geschichtl. Konkretionen physischer Übel in der Welt und der Menschheitsgeschichte. Dieser Vorgang ist nicht umkehrbar. Das bedeutet, daß durch die Beseitigung einzelner medizinischer, sozialer, polit., ökologischer Mängel und Mißstände das Übel als solches nicht grundlegend aus der Welt geschafft werden kann. Hier liegt die verhängnisvolle Illusion von Karl Marx und Sigmund Freud im Umgang mit dem B.n, die durch wirtschaftspolit. bzw. tiefenpsych. Maßnahmen an der eigentlichen Wurzel des Übels, der Sünde, vorbei die Menschen von ihren Übeln befreien wollen. Wegen der Radikalität des im Herzen, d.h. dem Personzentrum des Menschen, wurzelnden Bösen (1Mo 6,5; 8,21) können soziale und psych. Analysen bzw. Verbesserungen nur partiell die Symptome des ontologisch B.n lindern, dieses aber nicht beseitigen.

Damit sind aber die im Zusammenhang des relativ Guten und des relativ B.n (vgl. 4.) beschriebenen Erkenntnisse, die ihren konkreten Niederschlag z.B. in der Aggressionsforschung von Konrad Lorenz sowie in Konzepten der Sozialethik, der polit. Rechtskultur etc. finden, theol. anerkannt und positiv aufgenommen. Sie behalten ihren relativen Wert im Blick auf die Steigerung der Lebensqualität und die Verwirklichung menschenwürdiger Lebensverhältnisse.

6. Die Lösung des → Theodizeeproblems und die Überwindung des Bösen

Das sog. Theodizeeproblem, nämlich die Frage, wie ein guter allmächtiger Gott das B. in der Welt zulassen könne, beruht wesentlich auf einer falschen Zuordnung der Sünde als dem ethisch B.n und dem Übel als der Realisation des ontologisch B.n. Die Anklage gegen Gott, der das Übel nicht verhindert, verkennt die Freiheit des Menschen zur Sünde und damit die Situation des Menschen vor Gott. Der Mensch trägt durch seine Sünde die Verantwortung für das Übel in der Welt, und dieses kann nur beseitigt werden, wenn zuvor die Sünde überwunden ist. Das Problem »Wie kann Gott das Übel zulassen?« muß also umgekehrt werden in die Frage »Wie bekomme ich sündiger Mensch einen gnädigen Gott?« Die neuzeitliche Theodizeefrage muß durch die reformat. Frage nach der Rechtfertigung des Sünders ersetzt werden. Denn erst in der gnädigen Vergebung der Sünde durch den stellvertretenden Opfertod Jesu Christi schafft Gott - allein aus Gnade - die Voraussetzung für die Befreiung des Menschen auch vom ontologischen Übel. Deshalb ist Christus nicht nur der Welterlöser, der durch sein Kreuz das ethisch B., die Sünde, überwunden hat, sondern auch der Weltvollender, der mit seiner Wiederkunft das ontologisch B., das Übel, vernichten wird.

Lit.: K. Barth: KD III/3, 1950; H. Haag: Abschied vom Teufel, 1969; K. Heim: Jesus der Weltvollender, 1952; K. Lorenz: Das sogenannte Böse, 1971; K. Lüthi: Gott und das Böse, 1961; O. Michel: Gestaltwandel des Bösen, 1976; W. Oelmüller: »Das Böse«, Handbuch philosophischer Grundbegriffe, Bd. 1, 1973; P. Riceur: Phänomenologie der Schuld, Bde. 1 und 2, 1971; S. Vierzig: Das Böse, 1984.

R. Hille

Bosnien-Herzegowina

Das von illyrischen Stämmen besiedelte, 10 n.Chr. endgültig ins röm. Reich eingegliederte Gebiet des heutigen B.-H. kam bei der Teilung des röm. Imperiums von 395 zum Westreich, 530 zum Byzantinischen Reich und blieb stets im polit. und kulturellen Spannungsfeld zwischen Ost und West. Das Christentum, das von Dalmatien und Pannonien her Eingang gefunden hatte, wurde nach den Einfällen der Awaren und Slaven (6./7. Jh.) fast vernichtet, erfuhr aber kurz darauf wieder einen Aufschwung. Das zeitweise polit. selbständige B. wurde von Kroaten, Ungarn und Serben umkämpft. Während der Osten und Süden kirchl. unter byz. Einfluß stand, setzte sich im Westen, nicht zuletzt durch das Wirken der Franziskanermission, die röm.-kath. Kirche durch. Ob die sog. »Bosnische Kirche« eine Gründung der dualistischen Sekte der → Bogomilen oder eine von Rom abgefallene Glaubensgemeinschaft war, ist umstritten. Im 15. Jh. wurden B. und H. von den Türken unterworfen. Große Teile der Bevölkerung, insbesondere des Adels, traten zum Islam über. Nach mehreren Aufständen gegen die türkische Besatzungsmacht im 19. Jh. übergab der Berliner Kongreß (1878) B.-H. der österreichisch-ungarischen Verwaltung. 1908 annektierte Österreich-Ungarn B. und H. Die erbitterte Feindschaft der Serben gegen die Doppelmonarchie führte 1914 zur Ermordung des österreichischen Thronfolgers und damit zum Ausbruch des Ersten Weltkrieges. 1918 wurde B.-H. Teil des neuerrichteten »Königreiches der Serben, Kroaten und Slowenen«. 1941 kam B.-H. zu Kroatien. 1945 wurde es eine der sechs Teilrepubliken Jugoslawiens. Das Parlament von B.-H. trat am 14. 10. 1991 aus dem zerfallenden jugoslawischen Staatsverband aus und erklärte die polit. Unabhängigkeit des Landes. Der erbitterte Nationalitätenkrieg ließ eine zur Zeit völlig unübersichtliche Lage entstehen; mehr als eine Mio. Menschen befinden sich auf der Flucht.

Die Bevölkerung des 51.240 km^2 umfassenden Gebietes zeichnet sich durch eine ethnische und rel. Vielfalt aus. Während 1910 der Anteil der Serben 43%, der Muslime 32% und der Kroaten 23% betrug, machten 1991 die Muslime 44%, die Serben 31% und die Kroaten 17% der über 4,3 Mio. Einwohner aus. Die serbisch-orth. Kirche verfügt über fünf Eparchien in B.-H., die röm.-kath. Kirche über ein Erzbistum mit Sitz in Sarajewo und drei Suffraganbistümer. Die Muslime, ob praktizierende Gläubige oder nicht, fühlen sich weder als Serben noch als Kroaten und kämpfen derzeit um ihr Überleben als eigenständige muslimische Nation.

Lit.: J. v. Antwerp Fine: The Bosnian Church: A new interpretation, 1975; P. Ramet: Die Muslime Bosniens als Nation, in: A. Kappeler et.al. (Hg.): Die Muslime in der Sowjetunion und in Jugoslawien, 1989, 107-114.

E. Bryner

Bossuet, Jaques-Bénigne (1627-1704)

B., geb. am 27. 9. 1627 in Dijon, gest. am 12. 4. 1704 in Paris. Früh für den kirchl. Dienst bestimmt, wirkte er ab 1659 in Paris als geschätzter Prediger (Grabreden). Als Kanzelredner entwickelte er die franz. Rhetorik im 17. Jh. bis zur Vollkommenheit. Phil. Cartesianer, ließ er sich in seiner Theologie von der Bibel und den Kirchenvätern leiten, insbesondere einem strengen Augustinismus (→ Augustin/Augustinismus). Anfängen hist. Bibelkritik trat er entschlossen entgegen. Freie Forschung schien ihm mit der Einheit der Kirche und des Dogmas nicht vereinbar. Am Hof Ludwigs XIV. war er bald der führende kath. Theologe, der nicht nur Bildung und Theologie, sondern auch Kirche und Absolutismus zu vereinen wußte. 1670 beauftragte ihn der König mit der Erziehung seines Sohnes, 1681 übernahm B. das Bischofsamt von Meaux. 1682 leitete er die Versammlung des franz. Klerus, die die Grundsätze des → Gallikanismus (Eigenständigkeit der franz. Kirche und Krone gegenüber dem Papst) definierte. Als Theologe der → Gegenreformation bekämpfte er den Jansenismus (→ Jansen/Jansenismus), den → Quietismus und vor allem die Protestanten. Durch Unionsverhandlungen veranlaßt, korrespondierte er mit dem Abt von Loccum, Molanus, und mit → Leibniz. Große Beachtung fand seine 1671 erschienene »Exposition de la doctrine de l'Église catholique«, in der er den Katholizismus im Gegensatz zum Protestantismus als einfach zu glauben und leicht zu vollziehen darstellt. Polemische Ziele verfolgt auch der »Discours sur l'histoire universelle« 1681, in dem die Weltgeschichte als Fügung der verborgen wirkenden göttlichen Vorsehung gedeutet wird.

Lit.: J. Le Brun: »Bossuet«, TRE 7, 1981, 88-93; K. Löwith: Weltgeschichte und Heilsgeschehen, 1953, 129-135.

J. O. Rüttgardt

Bousset, Wilhelm → Neues Testament, Geschichte der Erforschung

Brahmanische Religion → Hinduismus

Brandopfer → Opfer

Brandström, Elsa (1889-1948)

B., geb. am 26. 3. 1888 als Tochter des schwedischen Gesandten in St. Petersburg, gest. am 4. 3. 1948 in Cambridge/Mass.

Als Delegierte (seit 1914) des schwedischen Roten Kreuzes organisierte sie während des Ersten Weltkriegs eindrucks- und wirkungsvoll Unterstützungsmaßnahmen für deutsche und österreichische Kriegsgefangene in Rußland (»Engel von Sibirien«). Nach 1928 begründete sie mit amerikanischer Unterstützung die Sanatorien und Heime für deutsche Gefangene und Kriegswaisen in Deutschland. Vom christl. Geist bestimmt, gehört sie zu den großen Förderern der Humanität und Nächstenliebe im 20. Jh.

Lit.: Elsa Brandström: Unter Kriegsgefangenen in Rußland und Sibirien 1914 bis 1920, 1921.

G. Ruhbach

Brauchtum, kirchliches

a) katholisch

Kath. B. können alle volkstümlichen Formen des Frömmigkeitslebens in kath. Regionen genannt werden. Das B. begleitet und bereichert den Mitvollzug und die Gestaltung von Jahreslauf und liturg. Kirchenjahr, umfaßt die Lebensstationen wie

Geburt, Taufe, Heirat, Tod/Bestattung und Totengedenken, gibt dem Bereich der menschlichen Arbeit, den Tätigkeiten in Landwirtschaft, Handwerk und Handel, einen Ausdruck im Glaubensleben und entspricht dabei oft regionalen Besonderheiten. B. ist der Tradition verpflichtet und hält damit die Erinnerung an Vergangenheit und Herkunft in der Gegenwart lebendig. B. lebt von der Gemeinschaft und wirkt daher Gemeinschaft stiftend und fördernd. Im weitesten Sinne gehören zum kath. B., die Vorzeit der Fastenzeit markierend, die Fastnacht oder auch Märkte und Volksfeste, insofern sie mit Kirchweihfesten, Patrozinien oder Erntedankfesten in Zusammenhang stehen. Spezifische Ausdrucksformen besitzt das kath. B. in der privaten und häuslichen Frömmigkeit (»Herrgottswinkel«, Haussegen, Segnungen des Viehs, der Feldfrüchte, Kräuter und Speisen), in der Reliquien- und Heiligenverehrung mit ihren regionalen und lokalen Besonderheiten, in besonderen Arten des Gottesdienstes wie Prozessionen (Flurumgänge, Reiterprozessionen) und Wallfahrten mit deren jeweiligen volksfrommen Ausprägungen.

Das rel. B. im kath. Raum als in der Tradition wurzelnde und gemeinschaftlich getragene Handlung zeigt dabei eine unübersehbare Vielfalt. Es entfaltet sich in lokalen und regionalen Gepflogenheiten, unterscheidet sich national und geographisch nach Landstrichen und Kontinenten. In Mittel- und Südamerika begegnet ein jeweils eigenes, von den Kulturen der Ureinwohner durchwachsenes, mit den Bräuchen der Kolonisatoren und Einwanderer amalgamiertes, in sich reich geschichtetes B. Dieses hebt sich wiederum vom B. in den verhältnismäßig jungen afrikanischen Kirchen grundlegend ab. Ebenso wurzelt das vielgestaltige europ. B. in völlig anderen Überlieferungssträngen, die über die volkstümliche Frömmigkeit in das gemeinschaftl. Glaubensleben eingebettet und verwoben sind. In der Akzeptanz von Volksfrömmigkeit und B. wird in der kath. Kirche eine bis in die Zeit des frühen Christentums verfolgbare Tendenz sichtbar, überkommene jüd. oder heidnische Bräuche nicht einfach zu bekämpfen, sondern im christl. Sinne »getauft« zu integrieren. Eine Bündelung besitzt die weltumspannende Vielfalt des kath. B.s in der Liturgie der Meßfeier und in der Liturgie des Kirchenjahrs. Sie bieten den Rahmen, auf dessen Fundament das jeweilige B. gestalterisch wirkt, alle Lebens- und Erfahrungsbereiche in den Gottesdienst miteinbezieht und somit das ganze irdische Dasein gottesdienstl. erfahren läßt. Da sich im B. neben spezifisch christl. Elementen zuweilen mehr oder weniger deutlich Spuren älterer Kulte und früherer Religiosität finden, wird das B. gelegentlich des Aberglaubens, der Magie, des Heidnischen verdächtigt. Dies ist nicht von der Hand zu weisen. Aus dieser Sicht heraus versuchte die außer- und innerkirchl. Aufklärung des 18. und 19. Jh.s, die den Josephinismus und die Säkularisation geprägt haben, das B. als suspekt einzudämmen und sogar zu unterbinden. Es kam im Zuge der Franz. Revolution nach 1789 in Frankreich, in Österreich unter Joseph II. (1741-1790) und Leopold II. (1747-1792) und in Süddeutschland sowohl staatlicher- wie kirchlicherseits – beispielhaft zu nennen wären Erlasse des Konstanzer Generalvikars Ignaz Heinrich von Wessenberg (1774-1860) – zu regelrechten Einschränkungen und Verboten von Wallfahrten, Bittgängen und zu einer Reinigung des Kultus. Doch ist es kaum gelungen, die volkstümliche Frömmigkeit völlig zu beseitigen. Manches überlebte im Stillen, vieles, besonders althergebrachte Wallfahrten oder Prozessionen konnten wiederbelebt werden. Neues trat sogar hinzu und konnte allg. Anerkennung finden.

In den jüngeren offiziellen kirchl. Äußerungen zum kath. B. zeichnet sich eine deutlich positive Einstellung ab. Das Vaticanum II hält so in der »Konstitution über die heilige Liturgie« fest, daß nicht »starre Einheitlichkeit« zur Pflicht gemacht werde, vielmehr fördere die Kirche »das glanzvolle geistige Erbe der verschiedenen Stämme und Völker; was im Brauchtum der Völker nicht unlöslich mit Aberglauben und Irrtum verflochten ist, das wägt sie ab, und wenn sie kann, sucht sie es voll und ganz zu erhalten« (SC 37). Und im »Dekret über die Missionstätigkeiten der Kirche« heißt es, daß »aus Brauchtum und Tradition der Völker, aus Weisheit und Wissen, aus Kunststil und Fertigkeit« alles entlehnt werden soll, »was beitragen kann, die Ehre des Schöpfers zu preisen, die Gnade des Erlösers zu verherrlichen, das Christentum recht zu gestalten«. »Die besonderen Traditionen, ... die vom Evangelium erleuchteten Gaben der verschiedenen Völkerfamilien, werden in die kath. Einheit hineingenommen« (AG 22 und 23). Die vom Konzil 1965 vorgezeichnete Linie griff Papst Paul VI. 1975 im Rundschreiben »Evangelii nuntiandi«. In ähnlich zustimmender Weise behandelt 1975 die »Gemeinsame Synode der Bistümer der Bundesrepublik Deutschland« in ihrem »Beschluß: Gottesdienst« das B., wenn in ihm gleich den Sakramentalien und anderen Gottesdienstformen ein »Vorfeld und eine Ausweitung der Sakramente« »auf die gesamte menschliche Wirklichkeit hin« gesehen wird. »Religiöse Bräuche« werden verstanden als »Zeichen des Handelns Gottes und der Antwort des Menschen«. Besondere Beachtung verdienen »jene Zeichen und Formen aktiven Mittuns«, die eng mit der Eucharistiefeier und den Feiern des Kirchenjahrs verbunden sind. In Bräuchen wird das »Wort in ›Aktion‹« erlebt. Sie sind »sichtbare und greifbare Formen der Verkündigung, die eine rein intellektuelle Ausübung der Frömmigkeit verhindern« (Gemeinsame Synode, 219), sind eine Hilfe, »daß« nach den Worten der Diözesansynode der Diözese Rottenburg-Stuttgart von 1985/86 »Glaubenswahrheiten emotional tiefer eingeprägt werden« (Beschlüsse der Diözesansynode VI,7). Darum gilt es, die kath. Bräuche zu bewahren, zu pflegen und gerade dort neu zu entwickeln, wo »sie regionale oder für bestimmte Gruppen Bedeutung haben, da sie besonders eng mit kulturellen und gesellschaftlichen Lebensverhältnissen verbunden sind« (Gemeinsame Synode, 219).

Lit.: H. Bächtold-Stäubli: Handwörterbuch des deutschen Aberglaubens, Bd. 1-10, (1937-1942) 1987; I. Carius: Gebildbrote, Brauchtum im Jahres- und Lebenslauf, 1982; N. Curti: Volksbrauch und Volksfrömmigkeit im katholischen Kirchenjahr, 1964; N. Henrichs: Kult und Brauchtum im Kirchenjahr, 1967; G. Kampfhammer (Hg.): Brauchtum in den Alpenländern. Ein lexikalischer Führer durch den Jahreslauf, 1977; H. Kirchhoff: Christliches Brauchtum, 1984; L. Kriß-Rettenbeck: Bilder und Zeichen religiösen Volksglaubens, [2]1971; W. Mezger: Narrenidee und Fastnachtsbrauchtum. Studien zum Fortleben des Mittelalters in der europäischen Festkultur, 1989; F. Nießen: Botschaft des Brotes, 1985; Th. Schnitzler: Kirchenjahr und Brauchtum neu entdeckt, 1977; Volksfrommes Ostern. Texte und Bilder, hg. von W. Groß, W. Urban, 1990; H.W. Wolf: Das Brauchbuch. Alte Bräuche, Neue Bräuche, Antibräuche, 1992.

W. Urban

b) protestantisch

In einem weiteren Sinne lassen sich dem kirchl. B. alle Handlungen zuordnen, in denen der Glaube des einzelnen wie der Gemeinde in Verbindung mit tageszyklisch, jahreszyklisch und lebenszyklisch wiederkehrenden Anlässen Ausdruck und Gestalt findet. In einem engeren Sinne versteht man unter kirchl. B. jene Handlungen, Gewohnheiten und Ausdrucksformen, die zwar nicht in Kirchen- und Gottesdienstordnungen festgeschrieben sind, aber dennoch Frömmigkeit und Glaubenspraxis des einzelnen wie der Gemeinde nachhaltig prägen und stabilisieren.

1. Zum B., das den Tageslauf begleitet, gehören das Morgen- und Abendgebet, das Tischgebet, die → Andacht bzw. die regelmäßige Bibellektüre des einzelnen, der Familie, der Gemeindegruppen. Seine Wurzeln reichen weit zurück: Schon zu ntl. Zeit bildeten sich – vermutlich vom Judentum übernommene – Gebetsstunden heraus. Morgen- und Abendgebet wurden bald, wo dies möglich war, auch in der Gemeinde begangen; als Morgenlob (Laudes, im ev. Bereich auch Mette genannt) und Abendgebet (Vesper) bilden sie den Grundbestand des kirchl. Tagzeiten- bzw. → Stundengebets. Tägliches Glockengeläut zum Morgen, zum Mittag, zum Abend und zur Nacht erinnert an diese Ordnung und ruft den einzelnen wie die Gemeinde zu Gebet und Andacht.

2. Ein umfangreiches B. rankt sich um die christl. Woche (z.B. den Freitag als Fastentag), um die Begehung des Sonntags, den sonntäglichen Kirchgang und seine Vorbereitung. Es reicht von überlieferten Gewohnheiten, die vorschreiben, was am Sonntag zu tun und zu lassen ist (Sonntagsheiligung), über Kirchgangssitten bis hin zur Kleider- und Sitzordnung für den Gottesdienst, in der sich immer auch gesellschaftl. Strukturen spiegelten und spiegeln (z.B. Trennung nach Geschlechtern bzw. »Ständen«). Eine besondere Bedeutung kommt dabei der Abendmahlssitte zu, die in früheren Zeiten oft auch Mittel sozialer Kontrolle und Disziplinierung war (Häufigkeit, Anlässe und Zeitpunkte, Verhalten vor und nach dem Empfang, Bedingungen für Zulassung und Ausschluß usw.). Daß im Verlauf gesellschaftl. Wandels überliefertes B. seine selbstverständliche Geltung verliert und nur noch partiell (von einzelnen und Gruppen, in bestimmten Regionen) praktiziert wird, darf nicht darüber hinwegsehen lassen, daß sich je und je auch neue Gewohnheiten bilden (z.B. neue Formen der Kommunion, Familiengottesdienste, Kinderabendmahl usw.).

3. Von geradezu unüberschaubarer Fülle ist das B., das sich mit dem Kirchenjahr (hier besonders mit dem Weihnachts- und Osterfestkreis, aber auch mit dem Erntedank- und Reformationstag, dem Toten- bzw. Ewigkeitssonntag, Johannis, Michaelis, Martini usw.) verbindet. Der Zusammenhang, aber auch die Differenz von allg. und kirchl.-rel. Kultur ist hier augenfällig: So kommt z.B. dem Weihnachtsfest mit seinem B. (Baum-, Licht- und Engelsymbolik, Geschenke u.a.) eine ungebrochene, womöglich noch wachsende gesamtkulturelle Bedeutung zu, die sich z.B. in der »Überdehnung«

der Weihnachtszeit in eine immer längere Vor- und Nachfeier hinein zeigt; zugleich löst es sich jedoch mehr und mehr von seinem überlieferten kirchl.-rel. Grund und zieht neue Bedeutungen und Werte an sich (als Fest der Familie, des Kindes, des »Heims«, des »Friedens« usw.). Es wird so zu einem bedeutsamen Ausdruck und Integrationsfaktor »bürgerlicher Religiosität« (→ Zivilreligion), die keineswegs mit dem von den Kirchen verkündeten und von den Christen gelebten Glauben identisch ist. Dem kommt entgegen, daß viele Elemente des überlieferten B.s, dessen Ursprünge sich meist im einzelnen nur schwer erhellen lassen, aus vor- bzw. außerchristl. Zusammenhängen stammen und erst sekundär eine christl. Deutung erfuhren.

4. Das gilt auch für das B., das sich mit bestimmten Phasen bzw. Knotenpunkten des Lebenszyklus und ihrer kirchl.-rel. Begehung verbindet. In traditionell christl. geprägten Gesellschaften fungieren Handlungen, die nach Ursprung und Wesen auf die Teilhabe an der kirchl. Gemeinschaft bezogen sind (z.B. Taufe, Erstabendmahl und Konfirmation), zugleich als »Übergangsriten«, die für den gesellschaftl. Status wichtige »Schwellen« im Leben des einzelnen und der Familien rituell auszeichnen, begleiten und absichern. B. und Sitte im Zusammenhang dieser Handlungen richten sich häufig primär auf deren sozialen Sinn und können darum auch relativ bruchlos (wie das Beispiel der Jugendweihe in Ostdeutschland, aber auch der Bestattung und der Trauung zeigt) auf nichtchristl. Vollzüge übergehen. Wie sich am Verhältnis von Konfirmations- und Taufsitte (ungebrochene Hochschätzung der Konfirmation bei wachsendem gesellschaftl. Desinteresse an der Taufe) aufweisen läßt, können sie dem von den Kirchen intendierten Sinn manchmal geradezu entgegenlaufen. Dennoch bedürfen – auf all den hier genannten Ebenen – das Evangelium Jesu Christi und der Glaube der Christen immer wieder der kulturellen Verwirklichung auch in Sitte und B. In ihnen gewinnt der Glaube – der sonst zur leib- und blutlosen Idee verkäme – eine das Leben in seinen sozialen und kulturellen Bezügen bestimmende, prägende Gestalt.

Lit.: W. Heim: Volksbrauch im Kirchenjahr heute, 1983; H. Kirchhoff: Christliches Brauchtum – Von Advent bis Ostern, 1984.

K.-H. Bieritz

Braunschweig, Ev.-Luth. Kirche

Das Gebiet der Landeskirche entspricht dem des bis 1918 bestehenden Herzogtums Braunschweig-Wolfenbüttel. Seit ca. 1600 existieren die Kirchen von Hannover und Braunschweig getrennt, 1922 bildete sich die Braunschweigische ev. luth. Landeskirche im jetzigen Umfang als Kirche. Die Kirchenordnungen von 1528 (von → Bugenhagen für Braunschweig) und 1569 (Braunschweig-Wolfenbüttel) haben die → Reformation durchgesetzt; 1576 wurde in Helmstedt die älteste niedersächsische Universität gegründet, an der sich der sogenannte Calixtinismus (→ Calixt), eine die Versöhnung der getrennten ev. Konfessionen fördernde theol. Richtung durchsetzte. → Pietismus und → Erweckungsbewegung gingen an der Landeskirche weithin vorbei, so daß die Unkirchlichkeit rascher als anderswo zunahm. Der Kirchenkampf gegen das gemäßigte deutschchristl. Kirchenregiment verlief ebenfalls gemäßigt.

Die Landeskirche hat bei ca. 550.000 Protestanten 13 Propsteien, 392 Gemeinden und 324 Pfarrstellen. Sie gehört zur VELKD und zur niedersächsischen Konföderation; sie fördert mit den anderen Kirchen der Konföderation das Ev.-Luth. Missionswerk in Niedersachsen (Hermannsburg) und die Ev.-Luth. Kirche Japans, die Tamilenkirche in Südindien sowie die Kirchen in Neu-Guinea und Tansania.

Lit.: H.-W. Krumwiede, K. Jürgens: »Braunschweig I/II«, TRE 7, 1981, 141-150.

G. Ruhbach

Breklum

1876 gründete in B., einem Kirchdorf 15 km nördl. von Husum, der Hauptpastor Christian Jensen (1839-1900) die »Schleswig-Holsteinische ev.-luth. Missionsgesellschaft« (»Breklumer Mission«). 1877 wurde das Missionsseminar eröffnet; 1881 reisten die ersten beiden Missionare (Pohl und Bothman) nach Indien aus. Die Mission im Bastarland scheiterte am Maharadscha von Jagdalpur, wurde aber im Jeypurland (Orissa) fortgeführt. Unterbrochen durch die Weltkriege ging die Missionsarbeit bis 1978 weiter. 1950 erfolgte die Gründung der JELC (Jeypur Ev.-Luth. Church).

1879 wurde eine Brüderanstalt zur Ausbildung von Diakonen eröffnet, die von 1882 bis 1931 als Predigerseminar für Pastoren deutscher luth. Gemeinden in Nordamerika bestand. 1882-1893 folgte der Aufbau eines christl. Gymnasiums (gegen den Unglauben der gebildeten Stände), dem die Regierung aber die Anerkennung versagte. 1896 wurde ein Verein für Evangelisation gegründet, der im → Kirchenkampf zur Zeit des Nationalsozialismus durch volksmission. Schriften besondere Bedeutung bekam. Die Gründung eines christl. Sanatoriums (1899) für psychisch Kranke erweiterte das Angebot christl. Seelsorge. Dieses Sanatorium besteht bis heute. 1912 übernahm die Breklumer Mission zusätzlich ein Arbeitsfeld in Tanzania, 1921 eines in China. 1945-1970 bestand ein Katechetisches Seminar für Gemeindehelfer und -helferinnen. 1970 erfolgte die Umwandlung der Missionsgesellschaft in ein regionales Missionswerk: »Nordelbisches Zentrum für Weltmission und kirchlichen Weltdienst« (mit Partnerkirchen in Indien, Tanzania, Papua-Neuguinea und Hongkong). Die Häuser in B. wurden zur Tagungsstätte, in der Themen des weltmission. Auftrags mit der Anleitung zum mission. Gemeindeaufbau verbunden werden.

Lit.: E. Evers: Christian Jensen, (1912) [4]1924; E. Pohl: Aus den Anfängen der Breklumer Mission, (1902) [6]1966; M. Pörksen: Die Weite eines engen Pietisten, 1956.

I. Dummer

Bremische Evangelische Kirche (BEK)

Gliedkirche der EKD überwiegend auf dem Gebiet der Stadt Bremen mit ca. 320.000 Mitgliedern (1991) in 69 Gemeinden.

1. Geschichtliches

Willehad weihte 789 eine erste Holzkirche. Bremens Dom wurde für lange Zeit Ausgangspunkt der Nord- und Ostmission. Erstes ev. Zeugnis war die Predigt des Niederländers Heinrich v. Zütphen am 9. 11. 1522. Der röm. Gottesdienst wurde 1527 verboten (Ausnahme: der – geschlossene – Dom). Bremen war zunächst luth. In der Folgezeit setzte sich jedoch calvinistisches Gedankengut und damit 1595 eine ref. Kirchenordnung durch (Ausnahme: der nun luth. Dom). Erst im 19. Jh., vorangetrieben durch den späteren Bürgermeister Joh. Smidt, verfestigte sich das konfessionelle Nebeneinander: Luth. Pfarrer wurden wegen starker Zuwanderungszahlen an ref. Gemeinden berufen. Einzelgemeinden bildeten eine Union. Unter Smidts Ägide wurden geistl. Aufsichtsbehörden abgeschafft. Die Gemeinden unterstanden allein der Hoheit des Senats. Im ausgehenden 19. und beginnenden 20. Jh. findet sich in Bremen eine intensive Tätigkeit der Inneren Mission (diverse Gemeindegründungen) sowie unreglementierte Streitigkeiten zwischen »liberalen«, »positiven« und »radikalen« Theologen. 1920 wurde nach der Auflösung kirchl. Bindung an den Staat (Weimarer Reichsverfassung) eine Form gesucht, die Majorisierung von Minderheiten in der Kirche verhindern sollte. Auf Wunsch »positiver« Gemeinden, die eine Dominierung durch »Liberale« fürchteten, wurde festgeschrieben: Glaubens-, Gewissens- und Lehrfragen sind allein von den Einzelgemeinden zu entscheiden. 1933 wurden Kirchenausschuß (Leitungsgremium) und Kirchentag (Kirchenparlament) aufgelöst. »Landesbischof« wurde der deutschchristl. Domprediger H. Weidemann. Zur Bekennenden Kirche zählten sich vier Gemeinden und neun Pastoren. Die BEK konnte erst 1953 Gliedkirche der EKD werden, da Einzelgemeinden in der Grundordnung der EKD ihre Glaubens-, Gewissens- und Lehrfreiheit bedroht sahen und eine Kompromißformel gefunden werden mußte.

2. Gegenwärtige Gestalt und Eigenart

Heute überwiegen »evangelische« Kirchengemeinden, aber auch luth. und ref. bestehen nebeneinander. Eine gemeinsame Basis ist formal durch die Präambel der Verfassung (»... Evangelium von Jesus Christus, wie es in der Heiligen Schrift bezeugt und durch die Bekenntnisschriften der Reformation neu ans Licht getreten ist«) gegeben. Durch die BEK ausgebildete Theologen entscheiden bei der Ordination selbst über eine Bekenntnisfestlegung zusätzlich zur Präambel. Die verbriefte Freiheit führt heute überdies zu einer bunten Fülle von Richtungsgemeinden. Einige Gemeinden änderten in neuerer Zeit ihren Bekenntnisstand (Wechsel ref./luth.; zwei andere gewannen eine evangelikale Prägung, die ihren Ausdruck auch in einer neuen Gemeindeordnung fand). Die kirchenpolit. unbedeutende Minderheit erwecklich-mission. Gemeinden erfreut sich wachsenden Zulaufs. Das Prinzip der Personalgemeinde ist ausgeprägt. Der Mitarbeiterstab Bremer Gemeinden ist vergleichsweise groß, ebenso aber die von einem Pastor zu betreuende Zahl von Menschen. Es gibt gemeinsame Einrichtungen der BEK. Der Präsident der BEK muß ein Laie sein. Der leitende Theologe nennt sich »Schriftführer« (ursprüngl. Bedeutung: Protokollant, Sekretär).

Lit.: M. Breitenfeldt: Bremens fromme Szene. Gemeinden, Gemeinschaften, Dienstgruppen im evangelischen Raum. Eine Bestandsaufnahme im Auftrag der Bremischen Evangelischen Kirche, 1991; C. Heitmann: Von Abraham bis Zion. Die Ortsgemeinden in der Bremischen Evangelischen Kirche, 1985; G. Schmolze u.a. (Hg.): Hospitium Ecclesiae. Forschungen zur Bremischen Kirchengeschichte, 1954ff.

M. Breitenfeldt

Brentano, Clemens Maria Wenzeslaus (1778-1842)

B., geb. am 8. 9. 1778 in Ehrenbreitstein, gest. am 28. 7. 1842 in Aschaffenburg, aus dem lombardischen Adelsgeschlecht der Brentano di Tremezzo, Sohn des Kaufmanns Pietro Antonio B. und einer Jugendfreundin Goethes, der Maximiliane von La Roche; Schulzeit am Jesuitengymnasium von Koblenz, nach praktischer Ausbildung in einem Handelskontor Studium der Bergwissenschaften in Halle und, ab 1798, der Medizin in Jena. In diesem Jahr Beginn der dichterischen Entwicklung mit der Arbeit am Roman »Godwi«, der 1801 erscheint. B. nimmt Kontakt zu literarischen Kreisen auf und entwickelt sich schnell zu einer der prägenden Gestalten der deutschen Romantik. Der Suchende (ab 1801 studiert er in Göttingen Philosophie; die christl. Verwurzelung seiner kath. Familie ist zu dieser Zeit verdrängt) freundet sich mit Achim von Arnim an, der 1811 seine Schwester Bettina heiratet; aus ihrer Zusammenarbeit entstehen bis heute wirksame Unternehmungen, darunter die Volksliedsammlung »Des Knaben Wunderhorn« (ab 1805).

Persönliche Tragik (seine erste Frau stirbt bei der Totgeburt des dritten Kindes, nachdem auch die ersten beiden Kinder früh verstorben waren; die zweite Ehe endet in der Scheidung) führt ihn wieder näher zum Glauben. Der bis heute umstrittene Höhepunkt dieser Entwicklung ist seine Hinwendung zur Dülmener Mystikerin und Stigmatisierten Anna Katharina Emmerick, deren Visionen er aufzeichnet und publiziert. Nach ihrem Tod (1824) stellt er sich fast ausschließlich in den Dienst kath. Publizistik. In dieser Zeit entstehen zwei herausragende Märchen, »Geschichte vom braven Kasperl und dem schönen Annerl« und »Gockel, Hinkel, Gackeleia« (beide 1838). Neben Theaterstücken (vor allem Ponce de Leon, 1804), beanspruchen auch seine Gedichte, darunter die bewegende Ballade »Die Gottesmauer«, einen bleibenden Platz in der deutschen Literaturgeschichte.

Lit.: Brentano: Werke, hg. von W. Frühwald, B. Gajek, F. Kemp, 4 Bde., 1963ff.
H. Kastinger Riley: Clemens Brentano, 1985.

C.P. Thiede

Brenz, Johannes (1499-1571)

B. wurde 1499 als Sohn des Schultheißen der Reichsstadt Weil der Stadt geboren. An der Universität Heidelberg gehörte er einem Kreis für die bibl. Sprachen begeisterter humanistischer Theologen wie → Oekolampad, → Bucer und → Schnepf an. 1518 begegnete er dort Luther bei dessen Disputation anläßlich des Kapitels der Augustinereremiten und wurde von da an einer seiner treuesten Parteigänger in Südwestdeutschland. Von 1522 bis 1548 war B. Prediger an der Michaelskirche der Reichsstadt Schwäbisch Hall. Aus dieser Tätigkeit erwuchs sein umfassendes exeget. Werk, das ihn über Jahrhunderte hinweg zu einem der geschätztesten luth. Bibelausleger werden ließ. Schon 1524 verhalf er der Reformation in Hall zum Durchbruch. Alsbald wirkte er auch über die Stadt hinaus. Den Bauernkrieg lehnte er wegen des von Gott gebotenen Gehorsams gegen die Obrigkeit zwar ab, mahnte aber energisch eine Abhilfe der berechtigten Forderungen der Bauern an.

B. wurde zum Ratgeber der benachbarten ev. Ritterschaft und Reichsstädte, vor allem aber des Markgrafen Georg von Brandenburg-Ansbach, der ihn am Marburger Religionsgespräch 1529 und am Augsburger Reichstag 1530 beteiligte. Im Abendmahlsstreit trat B. 1525 als Führer der fränkischen Pfarrer auf, die mit Luther gegen Oekolampad und Bucer für den Wortlaut der Einsetzungsworte und die wirkliche Gegenwart von Leib und Blut Christi im Abendmahl eintraten und der Ausbreitung der schweizerischen Abendmahlslehre Einhalt geboten. B. rechnete mit der Allgegenwart Christi und der Kraft seines Wortes. So wurde er bis in seine letzten Schriften gegen die Schweizer zu einem der konsequentesten Verfechter luth. Christologie und Rechtfertigungslehre. Zu den Ruhmestiteln von B. gehört auch seine Ablehnung der Todesstrafe für die aufkommenden Täufer.

Schon früh trat B. als einer der fähigsten Organisatoren neuer Gottesdienst-, Schul- und Kirchenordnungen in Erscheinung. Sein Katechismus von 1535 erreichte nach dem Luthers weiteste Verbreitung. B. bejahte die Verantwortung der christl. Obrigkeit für die Kirchenleitung uneingeschränkt. Voll umsetzen konnte B. diese dann im Luthertum wirksam gewordene Konzeption, nachdem er, infolge des Interims aus Hall vertrieben, als Landespropst in die Dienste Herzog Christophs von Württemberg getreten war, in der Großen Württembergischen Kirchenordnung von 1559. Als Antwort auf das Trienter Konzil verfaßte er 1551 die bedeutende Confessio Virtembergica. Die Bemühungen des alten B. galten der Einigung des zerstrittenen Luthertums. Als er 1571 starb, war den Zeitgenossen bewußt, daß sie eine der führenden Gestalten der Reformation verloren hatten.

Lit.: Johannes Brenz, Werke, 1970ff.
M. Brecht: »Brenz, Johannes«, TRE 7, 1981, 170-181 (Lit.).

M. Brecht

Brevier

Seit dem 11. Jh. wurden die in mehreren Büchern verteilten Bestandteile des Tagzeiten- oder → Stundengebetes (Officium divinum; Horae canonicae) der Ordnung des Kirchenjahres entsprechend in einem eigens für die Stundengebete zusammengestellten Buch, dem B., gesammelt. Es fand seine Verwendung sowohl im öffentlichen Stundengebet der Kirchen- bzw. Klostergemeinde als auch im privaten Gebrauch. Bedeutend für die monastische Tradition wurde das auf die Benediktiner zurückgehende Breviarium Monasticum der älteren Orden. Demgegenüber entwickelte sich das davon liturg. unterschiedene Breviarium Romanum der Säkularkirchen selbständig. Unmäßige Ausweitungen des Stundengebetes machten eine Normierung notwendig. Am 9. 7. 1568 gab Papst Pius V. das für die röm.-kath. Kirche verbindliche Breviarium Romanum heraus. Nur jene Kirchen und Orden, deren Stundengebetsordnung älter als 200 Jahre war, durften ihr B. beibehalten. Seit dem II. Vatikanischen Konzil darf das B. auch in den jeweiligen Landessprachen benützt werden.

Ein B. mit langer Tradition stellt in der Anglikanischen Kirche das → Book of Common Prayer (1549 eingeführt) dar, das täglich zweimal in einem öffentlichen Gottesdienst benutzt wird. Anstelle des verdienstlichen Stundengebetes im Sinne eines frommen Werkes schlug Luther ein liturg. Gebet für die Pfarrfamilien vor. Im 19. Jh. unternahm W. → Löhe den Versuch, im Zusammenhang mit einer liturg. Spiritualität auch das B. in ev. Familien und Häusern heimisch zu machen (Agende, 1844; Haus-, Schul- und Kirchenbuch, 1859) und damit den Gottesdienst während der Woche neu zu ordnen.

Bedeutende ev. B.e im 20. Jh. stammen z.B. von F. Buchholz, dessen Alpirsbacher Antiphonale (1937ff) aus der kirchl. Arbeit von Alpirsbach hervorging, und aus der → Berneuchener Bewegung (Gebet der Tageszeiten, 1929). Tiefenpsychologische Erkenntnisse nimmt E. Hertzsch in seinem »Evangelischen Brevier« (1959) auf. (s.a. → Stundengebet).

Lit.: H. Goltzen: Der tägliche Gottesdienst, in: Leiturgia III, 99-296; J.A. Jungmann (Hg.): Brevierstudien, 1958.

V. Gäckle

Briefseelsorge

B. in der Christenheit zeigt sich bereits in den 21 Briefen des NT und findet ihre Fortsetzung in den vorwiegend an einzelne gerichteten Briefen der Kirchenväter und der Reformatoren. Eine neue Blütezeit erlebte die B. im → Pietismus und durch die Erweckungsbewegungen im 19. Jh. Während der Diktatur des Nationalsozialismus in Deutschland und im Kriege war der Brief oft das einzige Mittel seelsorgerl. Begleitung. Die heutige anonyme Massengesellschaft fordert den persönlichen Briefwechsel und damit auch die B. ganz neu heraus. Institutionalisierte Antwortversuche sind einerseits thematisch orientierte »Briefkurse« (z.B. »Projektgruppe Glaubensinformation Hamburg«, »Katechismusbriefe« im Anschluß an den Ev. Erwachsenenkatechismus) und die persönliche Briefberatung andererseits. Letztere hat sich insbesondere im Zusammenhang mit den Katechismusbriefen entwickelt: seit 1976 existiert die Ev. B. München, begründet von W. Jentsch. Auch der → Evangeliums-Rundfunk Wetzlar und kirchl. Sonntagszeitungen bieten Hörern bzw. Lesern briefliche Glaubens- und Lebensberatung an. Der Brief erlaubt Intimität auf Distanz und ein wiederholtes Lesen. Andererseits bedeutet die Notwendigkeit, Namen und Anschrift anzugeben für viele Menschen ein Hindernis, sich an die B. zu wenden; sie ziehen die Anonymität bei der → Telefonseelsorge vor. B. ist daher »keine Massen- sondern eine Maßarbeit«; sie möchte »die großen Taten Gottes dem einzelnen in seiner Not durch kleine Briefe Christi (1Kor 3,2f) bekannt machen.« (Jentsch)

Lit.: M. Himmelreich: Helfende Briefe in der Gemeinde, Studienbrief A 13, der AG Missionarische Dienste, 1984; W. Jentsch: Schreiben befreit. Einführung in die Briefseelsorge, 1981; H.-G. Lubkoll: Unter Gottes gutem Wort. Schicksale in Leserbriefen und Antworten, 1981; ders.: Ich habe es mir von der Seele geschrieben. Leserbriefe und Antworten, 1984; Chr. Meves: Antworten Sie gleich! Lebenshilfe in Briefen, 1977.

H. Böttcher

Broad Church → Anglikaner/Anglikanismus

Brockhaus, Carl Friedrich Wilhelm (1822-1899)

B. geb. am 7. 4. 1822 als sechstes von vierzehn Kindern des Lehrers Friedrich Wilhelm B. und dessen Ehefrau Katharine Wilhelmine, geb. Kruft, in Himmelmert bei Plettenberg, gest. am 9. 5. 1899 in (Wuppertal-)Elberfeld, Elementarschullehrer, Missionar, Mitbegründer und maßgeblicher Führer der deutschen »Brüderbewegung« (→ Versammlung, christliche).

B. besuchte 1840-42 das Lehrerseminar in Soest, eine erste Anstellung fand er in Breckerfeld (bei Hagen). Er erlebte im Dez. 1845 eine Bekehrung und entfaltete sofort einen großen mission. Eifer. Nach seiner Heirat fand er in Elberfeld, der damaligen »Hochburg« der → Erweckungsbewegung, eine Anstellung. Dort war er neben seinem Lehrerberuf als Sekretär in der frisch gegründeten »Evangelischen Gesellschaft für Deutschland« sowie der »Wuppertaler Traktatgesellschaft« tätig. Im Auftrag dieser Vereine verfaßte er mehrere Traktate, die besonders auf die soziale Frage eingingen. Die Ursache der sozialen, polit., aber auch kirchl. Mißstände sah B. in der Glaubenslosigkeit seiner Zeit. 1849 zählte er zu den Mitbegründern des »Elberfelder Erziehungsvereins«; 1850 wurde er Schriftführer des im gleichen Jahr gegründeten »Evangelischen Brüdervereins«. 1851 gab er seinen Lehrerberuf auf, löste sich von den amtskirchl. geführten Vereinen und trat dem von Friedrich Heinrich Neviandt, H.H. Grafe u.a. gegründeten Evangelischen Brüderverein als hauptberuflichen Schrift- und Geschäftsführer bei. In dieser Zeit kam er mit der Lehre John Nelson → Darbys (1800-1882) in Berührung, die ihn in zunehmende Distanz zur Landeskirche und schließlich auch zum Brüderverein brachte. B. trennte sich von dem Verein. Seine Arbeit wurde seitdem durch Spenden finanziert. Es wuchs bei ihm die Einsicht, daß die Kirche in ihrer herkömmlichen Verfaßtheit nicht mehr in der Lage sei, Glauben zu wecken und dem Glaubenden Raum zu geben. B. vertrat eine Heiligungstheorie, die das Gerechtsein des Bekehrten und seine Unterschiedenheit von der »Welt« akzentuierte. Die Gemeinde bildeten, nach seiner gewonnenen Erkenntnis, ausschließlich die Christen, die sich an einem Ort in geistl., nicht institutioneller

Verbundenheit, versammelten, um sich gegenseitig zu erbauen und miteinander das → Abendmahl zu feiern. In Radikalisierung des allg. Priestertums lehnte er Ämter in der Gemeinde ab.

Seit spätestens 1853 organisierte B. die deutsche »Brüderbewegung« von Elberfeld aus und gab mit dem »Botschafter...« (»in der Heimath«, seit 1854 »des Heils in Christo«) ein eigenes Blatt heraus. U.a. mit Darby erarbeitete er eine deutsche Übersetzung der Bibel (sog. Elberfelder Übersetzung), die sich durch eine enge Anlehnung an den hebr., bzw. griech. Urtext auszeichnet. Neben dem »Botschafter« verfaßte B. zahlreiche Traktate und Liedtexte, die in dem 1858 erschienenen ersten Gesangbuch der »Versammlungen« (»Kleine Sammlung Geistlicher Lieder«) Aufnahme fanden. Außer durch seine Schriften organisierte B. die deutsche Brüderbewegung in Konferenzen und durch seine Reisetätigkeit, die ihn schwerpunktmäßig durch das Rheinland, Westfalen, Hessen-Nassau, Baden und Württemberg, Schlesien sowie nach den Niederlanden und der Schweiz führte. Das Verhältnis zu den Landes- aber auch Freikirchen (Baptisten, Freie evangelische Gemeinde, Methodisten u.a.) blieb gespannt, da er keine von ihnen als gleichfalls apostol. Gemeinde anerkannte.

In den letzten Lebensjahren beschäftigte sich B. fast ausschließlich mit der Herausgabe von Schriften. Die Arbeit seines Vaters übernehmend, konnte später sein Sohn, Rudolf Brockhaus (1856-1932), den bis heute bestehenden Verlag in Wuppertal aufbauen.

Lit.: U. Bister: Die Brüderbewegung in Deutschland von ihren Anfängen bis zum Verbot des Jahres 1937 - Unter besonderer Berücksichtigung der Elberfelder Versammlung, Diss. Marburg/Lahn, 1983; E. Eylenstein: Carl Brockhaus. Ein Beitrag zur Geschichte der Entwicklung des Darbysmus, ZKG 46, 1927, 275-312; P. v. Gebhardt: Die Geschichte der Familie Brockhaus aus Unna in Westfalen, 1928; E. Geldbach: Christliche Versammlung und Heilsgeschichte bei John Nelson Darby, [3]1973; ders.: Freikirchen. Erbe, Gestalt und Wirkung, 1989; W.E. Heinrichs: Freikirchen - eine moderne Kirchenform. Entstehung und Entwicklung von fünf Freikirchen im Wuppertal, [2]1990; Mit Bibel und Botschaft fing's an. 125 Jahre R. Brockhaus Verlag, 1978; G. Jordy: Die Brüderbewegung in Deutschland, Bde. 1-3, 1979ff.

W. Heinrichs

Brot für die Welt (BfdW)

1. Geschichte

Die Anfänge der Aktion BfdW gehen zurück auf die Fusion des Hilfswerkes der EKD und des Centralausschusses der Inneren Mission im Jahre 1957. Träger war und ist die »Diakonische Arbeitsgemeinschaft evangelischer Kirchen«, die sich aus Vertretern der Ev. Landes- und Freikirchen zusammensetzt. Sie verstand die Aktion als Antwort auf die Hilfe, die die Deutschen in den Jahren nach 1945 von Kirchen aus der Ökumene und von zahlreichen unbekannten Spendern aus dem Ausland erhalten haben. Über die Mittelvergabe sowie über deren Kriterien entscheidet der »Ausschuß für ökumenische Diakonie - zugleich Verteilungsausschuß Brot für die Welt«. Ihm gehören z.Zt. 36 Mitglieder an.

2. Vergabepolitik und Arbeitsweise

BfdW ist nicht selber Träger von Entwicklungsprogrammen, sondern unterstützt die Bemühungen einheimischer kirchl. Träger oder ökumen. arbeitender Gruppen. Es geht dabei um »Hilfe zur strukturellen Neuordnung«. Bewußtseinsbildungsprogramme und Menschenrechtsarbeit werden als »notwendige Voraussetzungen bzw. Ergänzungen rein wirtschaftlicher Maßnahmen« gesehen. Die Informations- und Öffentlichkeitsarbeit in Deutschland ist intensiviert worden, um auf den Zusammenhang zwischen der Armut der Entwicklungsländer und dem Reichtum der Industrieländer hinzuweisen. Entsprechend gehören auch Spendenwerbung und Informationsarbeit so zusammen, daß sie bewußtseinsverändernd wirken.

In den vergangenen Jahren (etwa seit 1984) wurde verschiedentlich öffentliche Kritik am theol. Kurs des Hilfswerkes geübt. Verschiedene evangelikale Vereinigungen und Persönlichkeiten fragten nach dem bibl. Fundament der Arbeit, wenn z.B. alle Menschen der Welt zu Brüdern und Schwestern erklärt würden unabhängig von ihrer Beziehung zu Christus. Auch wurde in Frage gestellt, ob in der Praxis von BfdW Heil und Wohl, Mission und Diakonie noch in Bezug zueinander stehen.

Lit.: Brot für die Welt - Darstellung, Grundsätze, Perspektiven, 1979; H.-O. Hahn, in: Handbücher für Zeugnis und Dienst der Kirche, Bde. I-VII; Jahresberichte und Arbeitshilfen Brot für die Welt; Brot für die Welt - quo vadis, idea-Dokumentation 37/1985; Ist »Brot für die Welt« noch biblische Diakonie?, idea-Dokumentation 11/1988.

R.D. Krüger

Brotbrechen → Abendmahl

Bruder

1. Während im AT der Begriff »Bruder« neben der leiblichen Bruderschaft auch für verwandtschaftliche (1Mo 14,16), ethnische (2Mo 2,11) sowie freundschaftliche (2Sam 1,26) Beziehungen verwendet wird, wird im NT damit überwiegend der Mitchrist bezeichnet. Als Kinder des einen himmlischen Vaters gelten die an Jesus Christus glaubenden und mit dem Heiligen Geist erfüllten Männer und Frauen als »Brüder«, was im NT immer auch die Schwesternschaft impliziert (Gal 3,26-29). Als Brüder und Schwestern sind die Gemeindeglieder trotz verschiedener Gaben und Aufgaben prinzipiell gleichgestellt. Als »Sohn Gottes« ist Jesus der »Erstgeborene unter vielen Brüdern« (Röm 8,29; Hebr 2,11f), der durch die Heilstat in Kreuz und Auferstehung erst die Möglichkeit der Bruderschaft »in Christus« begründet hat. Von daher kann es im NT nirgends eine humanistisch-idealistische Bruderschaft aller Menschen unter Absehung ihrer Beziehung zu Christus geben.

2. In der Alten Kirche trat spätestens seit der volkskirchl. Entwicklung im Konstantinischen Zeitalter die Spannung zwischen Anspruch und Wirklichkeit des »Bruder«-Begriffs hervor, der sich folglich im MA zu einem elitären Titel exklusiver - in der Regel mönchischer - Kreise entwickelte.

Luther stellte diesem exklusiv-elitären Verständnis den ntl. Gedanken der sich in der Feier des → Abendmahls sakramental realisierenden Bruderschaft gegenüber, die es im Glauben zu begreifen gilt (Sermon von dem hochwürdigen Sakrament des heiligen wahren Leichnams Christi und von den Brüderschaften, 1519, WA 2,738-758). Freilich kam es auch im prot. Raum, namentlich im Pietismus und der Erweckungsbewegung in Kritik und Abgrenzung zur volkskirchl. Anonymität erneut zu bruderschaftlichen Bewegungen, die teils innerhalb (Gemeinschaftsbewegung), teils außerhalb (Zinzendorfs Brüdergemeine und Freikirchen) der Volkskirche wirkten. Im 20. Jh. wurde im prot. Raum der Wert von bruderschaftlichen Gemeinschaften in Form von Diakonen- und Diakonissenhäusern sowie Kommunitäten neu entdeckt, ohne dabei den »Bruder«-Titel exklusiv im Sinne einer höheren Geistlichkeit zu gebrauchen.

Lit.: W. Günther: »Bruder«, TBLNT 1, [4]1986, 146-149; G. Krause, R. Stupperich, G. Hage, J. Graf Finkenstein: »Bruderschaften/Schwesternschaften/Kommunitäten«, TRE 7, 1981, 195-212; H.v. Soden: »adelphos«, ThWNT I, 1933, 144-146.

V. Gäckle

Bruder- und Schwesternschaft/-en

1. Ein ökumenisches Phänomen

B.-u.S.en stellten ein Phänomen ökumen. Ausmaßes dar. Die kath. Kleinen Brüder Jesu, die auf Charles de → Foucauld zurückzuführen sind, wie auch die ev. Communauté de Taizé unter Roger Schutz sind gleichzeitig nach dem Zweiten Weltkrieg entstanden. Es gibt diese neuen B.- u. S.en mittlerweile in fast allen ev. Konfessionen und in den meisten europ. wie auch amerikanischen Ländern. Dabei sind sie insgesamt dynamische Minderheiten, d.h. die Zahl derjenigen, die in Kommunitäten leben, ist im Verhältnis zur Gesamtzahl ev. Christen gering.

2. Begriff

Eine Begriffsklärung ist nicht einfach. B.- u. S.en sind Gemeinschaften, »in denen Männer und Frauen inmitten der Welt des Berufs, der Ehe und der Familie den Schritt aus der Unverbindlichkeit eines weithin bürgerlich angepaßten Christseins ohne Entscheidung zu einer verbindlichen und verpflichtenden Gestalt gelebten Glaubens vollziehen« (J. Halkenhäuser). Kommunitäten sind »Gemeinschaften von Personen, die sich einer geregelten Form gemeinsamen Lebens und bestimmten, feierlich geleisteten Verpflichtungen unterworfen haben« (G. Heinz-Mohr). Es handelt sich nicht nur um Gruppen eheloser Männer bzw. Frauen. In jüngerer Zeit sind verstärkt geistl. Lebensgemeinschaften als Familienkommunitäten, Großfamilien, therapeutische Gemeinschaften u.a. geistl. Zellen entstanden (I. Reimer).

3. Geschichte

Im 20. Jh. hat es drei Entstehungswellen gemeinschaftlichen Lebens gegeben. Zunächst entstanden vor und nach dem Ersten Weltkrieg, im Zusammenhang mit der → Gemeinschaftsbewegung und dem Protest der → Jugendbewegung gegen das wilhelminische Deutschland, angesichts der Erschütterungen des Ersten Weltkriegs, der Neuordnung des kirchl. Lebens in der Weimarer Republik und der Neuorientierung der Theologie in den zwanziger Jahren verschiedene Bruderschaften: z.B. die Bahnauer Bruderschaft für Diakonie (1906), die Pfarrer-Gebetsbruderschaft (1913), die Sydower Bruderschaft für Pfarrer (1922), der Freudenstädter Kreis für Pfarrer (1928), die Hochkirchliche St. Johannes-Bruderschaft (1929) und die Evangelische

Michaelsbruderschaft (1931). Diese Bruderschaften hatten sich meist im Geist erwecklich-pietistischen Lebens, hochkirchl.-liturg. Strömungen und mit Impulsen aus der Bruderschaft vom Gemeinsamen Leben in der Nachfolge Thomas' a Kempis (gegründet 1905 in der Schweiz) und der Gruppenbewegung gebildet. Sie waren Zusammenschlüsse ohne vita communis, aber unter einer gemeinsamen geistl. Lebensregel mit gewissen Verbindlichkeiten.

Nach dem Zweiten Weltkrieg entstanden dann regelrechte Kommunitäten mit verbindlichem gemeinsamen Leben. Ihre Gründung hing mit dem Zusammenbruch von 1945 und einem Suchen nach neuen Werten und Lebensformen zusammen. Es bildeten sich ev. Orden in der Traditionslinie vorreformat. Regeln: Die Evangelische Marienschwesternschaft (1947), der St. Johannis-Konvent vom Gemeinsamen Leben (1947), die Christusbruderschaft Selbitz (1949), die Communität Casteller Ring (1950), die Kommunität Imshausen (1955), die Christusträger (1961), die Jesus-Bruderschaft Gnadenthal (1961), die Kommunität Adelshofen (1962). Schließlich entstanden in den sechziger Jahren familiäre geistl. Lebensformen als Erneuerungs-Nischen in einer Zeit gesellschaftl. Auflösung: Die Familienkommunität der Jesus-Bruderschaft (1968), die Offensive Junger Christen (1968), die Basisgemeinde Wulfshagener Hütte (1973) u.a.

Hist. Wurzeln der Aufbrüche liegen im Pietismus der Herrnhuter → Brüder-Unität, in der Brudergesellschaft auf der Otterbeck (bei Mülheim/Ruhr), die auf Gerhard Tersteegen zurückgeht, und in den Diakonen- bzw. Diakonissenhäusern des 19. Jh.s.

4. Selbstverständnis

Das Selbstverständnis der B.- u. S.en wird erkennbar an ihrem Verhältnis zu Kirche und Welt. Als verbindliche Lebensgemeinschaften stellen sie ein mittlerweile unübersehbares Gegengewicht zur Verweltlichung und Verbürgerlichung der Christenheit dar. Christsein jenseits der Norm - so könnte man den gelebten Glauben dieser Lebensgemeinschaften beschreiben. Ihr Anderssein bedeutet für die verfaßte Kirche eine heilsame Unruhe. Indem sie ihren Stand als »in der Kirche, mit der Kirche, im Gegenüber zur Kirche« definieren, wird für sie ein Dienst in der Kirche möglich. Dieser geschieht durch stellvertretende Fürbitte für die Kirche und die Welt in regelmäßigen Tagzeitengebeten. Als Dienstgruppen innerhalb der verfaßten Kirchen zeichnen sie sich durch Verfügbarkeit und Freiheit zu außerordentlichem Engagement aus. Ihr Einsatz kann unbürokratisch, sogar unkonventionell erfolgen. Als verbindliche Lebensgemeinschaften bilden sie Veranschaulichungsfelder gelebter Nachfolge. Diese Nachfolgegruppen betreiben im Raum der Kirche, aber auch der säkularen Gesellschaft durch ihr ansteckendes Beispiel eine neue Form von Lebensstilmission. Es sind Experimentalsiedlungen, die die Chance haben, zu Anregern neuer Gestaltungsformen von Christsein zu werden. Sie stellen so etwas wie eine »Vorform christlicher Existenz in einer nachmodernen Welt« (G. Heinz-Mohr) dar. Dadurch werden sie zu Zeichen des Reiches Gottes inmitten des praktischen Atheismus und Konsumismus der gegenwärtigen Gesellschaft. Ihr großer Vorteil besteht darin, daß sie im gemeinsamen Leben zeigen: Christen können auch unter den Bedingungen der Moderne Christsein leben. Das macht sie zu Hoffnungsträgern für Kirche und Welt.

5. Christsein unter den Bedingungen der Moderne

Die moderne Industriegesellschaft ist auf der Suche nach neuen Gestaltungen des Zusammenlebens. Gelebte Geschwisterschaft, geöffnete Familien, die Erfahrung von Gastfreundschaft und Freundschaft stellen ein Kontrastprogramm zur »metaphysischen Einsamkeit« (Heinrich Vogel) des modernen Menschen dar. Kommunitäten wollen »brüderlich offen sein für die Menschen« (Regel von Taizé). Indem sie die Welt bejahen, ohne sich ihr anzugleichen, gehen von ihnen heilende Impulse in ihre Umgebung aus. Angesichts der Unfähigkeit zur Gemeinschaft, ja zur Beziehung überhaupt, wird eine neue Gemeinsamkeit immer mehr zum eigentlichen Ziel des modernen Menschen (Wilhelm Scheiter). Viele der Kommunitäten sind zu Begegnungszentren sowohl zwischen den Konfessionen als auch zwischen den verschiedenen Rassen geworden. Der »Dienst der Einheit« ist ein wesentliches Element für die meisten christl. Lebensgemeinschaften. Indem die Einheit auf dem Weg der Vereinigung getrennter Positionen gesucht wird, wachsen Einstellungen, die für das Leben in pluralistischen Gesellschaften von großem Wert sein können (Günter Krüger).

6. Formen gemeinsamen Lebens

Magna Charta des gemeinsamen Lebens der B.- u. S.en ist Apg 2,42. Die Hochschätzung der Bibel, der Gemeinschaft, des Abendmahls und des Gebets ist allen Kommunitäten gemeinsam. Die Gliederung des Tages nach festen Gebetszeiten wehrt einer Überschätzung des Machbaren in einer von der Technik geprägten Gesellschaft. Eine ausgeprägte Abendmahlsfrömmigkeit läßt die Gegenwart Gottes in der Welt neu greifbar und erfahrbar werden. Die meisten

Kommunitäten haben ein reiches gottesdienstl. Leben mit verschiedensten Formen gottesdienstl. Feiern. Entscheidend ist für die Lebenspraxis geistl. Gemeinschaften auch die Spannung zwischen Kontemplation und Aktion. Stille und Arbeit sind aufeinander bezogen. Erstere ist keineswegs Selbstzweck, sondern Inspirationsquelle für das Engagement in der Gemeinschaft und in der Welt.

In erneuerter Form finden sich die alten ev. Räte der Armut, der Keuschheit und des Gehorsams in den Kommunitäten wieder. Das Leben in der Gemeinschaft trägt asketische Züge im Sinne einer Zivilisationsaskese bzw. Konsumaskese. Es geht um die Praxis eines einfacheren Lebensstils. Der häufig geübte Verzicht auf Privateigentum, zumindest jedoch die Relativierung des Privatbesitzes, bedeuten einen Anstoß angesichts des Konsumverhaltens der übrigen Gesellschaft. Die Mitglieder der meisten Kommunitäten haben sich auch zur Ehelosigkeit verpflichtet, um frei und verfügbar zu sein für den Dienst. Schließlich gehört zur Verbindlichkeit des gemeinsamen Lebens auch die Anerkennung einer übergeordneten Autorität, in der die Kraft gemeinsamen Lebens konkret wird. Männer und Frauen der Kommunitäten haben erkannt: Der sich selbst bindende Mensch erfährt die höchste Freiheit, nämlich die Freiheit von sich selbst. Dabei wird dieser Gehorsam konkret, indem man nicht mehr für sich selbst lebt, sondern für den, der für uns gestorben und auferstanden ist, Christus. Das Zusammenleben auf engem Raum, das nicht auf gegenseitige Sympathie gegründet ist, erfordert Problemlösungsmechanismen für den Alltag. Hier sind offene Austauschmöglichkeiten und die Inanspruchnahme von Seelsorge unentbehrlich. Die Verbindung von Kontemplation und Aktion, von Stille für Gott und Arbeit für die Welt, hält in den Kommunitäten die Spannung christl. Existenz wach, als Christen zwar in der Welt zu leben, aber die eigenen Maßstäbe nicht von der Welt zu haben und die Heimat in der Welt Gottes zu suchen.

7. Gefährdungen und Chancen

Es soll nicht verschwiegen werden, daß es auch starke Gefährdungen gemeinsamen geistl. Lebens gibt. Sehr schnell kann sich ein ausgesprochenes Elitebewußtsein unter den Mitgliedern entwickeln, das bis zur Ablösung von der Gesamtkirche führen kann. Ebenso besteht die Gefahr einer zu starken Abhängigkeit von der prägenden Leiterpersönlichkeit. Manche Kommunitäten sind daran zerbrochen, daß sie den Unterschied zwischen einer psychischen und einer pneumatischen Gemeinschaft im Sinne Dietrich Bonhoeffers nicht genügend beachtet haben. Eine geistl. Gemeinschaft beruht nicht auf gegenseitiger Sympathie, sondern auf dem gemeinsamen Herrn und dem damit gegebenen gemeinsamen Ziel.

Die ev. Kirche braucht solche Gnadenorte (Manfred Seitz), wie sie die Kommunitäten darstellen. Es wäre zu wünschen, daß hier eine »neue, bindende Form christlicher Gemeinde in dieser Welt« (Heinz-Dietrich Wendland) wächst.

Lit.: D. Bonhoeffer: Gemeinsames Leben, 1939; Frei für Gott und die Menschen. Evangelische Bruder- und Schwesternschaften der Gegenwart in Selbstdarstellungen, [2]1964; J. Halkenhäuser: Kirche und Kommunität. Ein Beitrag zur Geschichte und zum Auftrag der kommunitären Bewegung in den Kirchen der Reformation, [2]1985; ders.: »Kommunitäten, Bruder- und Schwesternschaften«, ÖL[2], 694-698; G. Heinz-Mohr: Christsein in Kommunitäten, 1968; G. Krüger: Lebensformen christlicher Gemeinschaften, 1969; I. Reimer: Verbindliches Leben in Bruderschaften, Kommunitäten, Lebensgemeinschaften, 1986; I. Reimer (Hg.): Alternativ leben in verbindlicher Gemeinschaft. Evangelische Kommunitäten, Lebensgemeinschaften, Junge Bewegungen, [3]1986; W. Schleiter: Evangelisches Mönchtum? Entwicklung und Aufgabe der Bruder- und Schwesternschaften in der Kirche, o.J.; Taizé. Ein gemeinsames Leben: Frère Roger in Briefen und Tagebüchern, 1987; M. Thurian: Taizé. Aktion und Kontemplation. Das geistliche Leben des modernen Menschen, 1963.

P. Zimmerling

Brüder-Unität, Herrnhuter Brüdergemeine

Als Glaubensflüchtlinge gründeten deutschsprachige Mähren, die Nachkommen der Böhmischen Brüder (Alte Brüder-Unität) waren, mit Einwilligung des Reichsgrafen Nikolaus Ludwig von → Zinzendorf (1700-1760) auf dessen Landgut in Berthelsdorf/Oberlausitz die Siedlung Herrnhut. Durch Zuzug von Erweckten aus allen Teilen Deutschlands kam es untereinander zu Spannungen, denen Zinzendorf (zusammen mit dem luth. Ortspfarrer J.A. Rothe) durch freiwillige Verpflichtung auf grundlegende Statuten und durch intensive seelsorgerl. Bemühungen begegnete. Der Durchbruch geschah bei einer Abendmahlsfeier am 13. 8. 1727, die zu einer tiefen Erfahrung der in Christus geschenkten Einheit wurde und mission. und diakon. Energie freisetzte. Man verstand sich in Anknüpfung an die böhmisch-mährische Tradition als Erneuerte B.-U.

Es wurden nun zahlreiche Kontakte in ganz Europa gesucht; daraus erwuchs im 18. Jh. eine groß angelegte Besuchstätigkeit (Diasporaarbeit). Fromme und Inspirierte sollten zu einer »Kette« aller verstreuten Kinder Gottes verbunden werden. Besonders im Werben des Grafen um Separatisten und Sektierer und seinen z.T. erfolgreichen Eingliederungsversuchen dieser Gruppen in die ev. Ortsgemeinden lernte er seine originär pietist. Prägung (u.a. durch A.H. → Francke) an der luth. Rechtfertigungslehre messen und entwickelte eine Kreuzestheologie, deren Christozentrismus und ökumen. Offenheit wichtige Merkmale der Herrnhuter wurden. Die daraus gespeisten Ausformungen einer übersteigerten Gefühlsfrömmigkeit während der sog. »Sichtungszeit« der 40er Jahre wurden von Zinzendorf zurückgenommen, riefen aber besonders die Kritiker auf den Plan. Gegen den Willen des Grafen, der ursprünglich eine nur inner- und zwischenkirchl. Erneuerungsbewegung wollte, kam es doch zu einer selbständigen Brüderkirche. Seit 1732 begann von Herrnhut aus – nach der dänisch-hallischen Mission – die erste weltweite ev. Missionsarbeit, die u.a. zu den Negersklaven der Karibik, den Eskimos Grönlands und den Indianern in Nordamerika und Surinam führte.

An der Spitze der aus dieser Mission hervorgegangenen 19 Unitätsprovinzen steht die alle sieben Jahre zusammentretende Unitätssynode der weltweiten B.-U. (engl. Moravian Church, d.h. Mährische Kirche). Jede Unitätsprovinz besitzt aber ein hohes Maß an Selbständigkeit mit eigener Synode und Kirchenleitung. Insgesamt zählt die B.-U. über 500.000 Mitglieder, woran die überseeischen Provinzen den größten Anteil haben (allein Tansania ca. 200.000). Zur Europäisch-Festländischen B.-U. (ca. 23.000 Mitglieder; Stand jeweils 1990) gehören neben Deutschland (7.500) die Niederlande (ca. 15.000, überwiegend Surinamer), Dänemark, Schweden und die Schweiz. Sie gehörte 1948 zu den Gründungsmitgliedern des Ökumen. Rates der Kirchen und ist in der Bundesrepublik Deutschland sowohl der Ev. Kirche in Deutschland vertraglich angeschlossen (ohne Stimmrecht) als auch Gast-Mitglied in der Vereinigung Ev. Freikirchen. Ferner ist sie Mitglied im Ev. Missionwerk in Deutschland und im Ev. Missionswerk in Südwestdeutschland.

Neben diakon. Aufgaben (v.a. Heime und Schulen) stellt die jährliche Herausgabe der seit 1731 erscheinenden Losungen (inzwischen in 40 Sprachen übersetzt) eine wichtige ökumen. Aufgabe dar. Das Zusammenwachsen der durch die deutsche Teilung geschaffenen Distrikte Herrnhut (Osten) und Bad Boll (Westen) soll in der gemeinsamen Synode ab 1992 weiter Gestalt gewinnen.

Lit.: H.-C. Hahn, H. Reichel (Hg.): Zinzendorf und die Herrnhuter Brüder, 1977; D. Meyer: »Brüderunität, Brüdergemeine«, TRE 7, 1981, 225-233; P. Zimmerling: Nachfolge lernen, 1990.

H. Fobel

Brüder/Schwestern vom gemeinsamen Leben

Ihr Begründer ist der Niederländer Geert Groote (1340-1384), der über Bußpredigten Männer sammelte, die in brüderlicher Gemeinschaft ohne ein lebenslang geltendes Gelübde zusammenlebten. »Wir sind keine Mönche, sondern unser Streben und Wollen richtet sich darauf, in der Welt fromm zu leben.« So entstanden – meist gegen den Widerstand der etablierten Orden – Brüderhäuser in Deventer und anderen niederländischen Städten, aber auch in Deutschland (z.B. Köln, Münster, Herford, Hildesheim, Magdeburg bis Kulm). Parallel dazu wurden Schwestern-Häuser gegründet, bis 1450 schon 87.

Sie alle lebten in persönlicher Frömmigkeit, Gehorsam gegen Gott und Liebe zum Nächsten, gegenseitigen Sündenbekenntnissen, über Predigt und Seelsorge miteinander und für die Welt. Die »Nachfolge Christi« wahrscheinlich von Thomas von Kempen stammend, ist das reifste Werk ihrer Spiritualität. Sie gehören zur Devotio Moderna und haben den christl. Humanismus (Erasmus von Rotterdam ist im Brüderhaus Deventer aufgezogen worden) und die Reform der Kirche gefördert. Luther und → Melanchthon haben sich über die B. positiv geäußert: »Solche Klöster und Brüderhäuser uns über die Maßen gefallen« (Luther), aber die meisten ihrer Häuser haben sich dann doch der Reformation verschlossen, weil sie meinten, sie lebten bereits reformatorisch.

Lit.: W. Leesch u.a. (Hg.): Monasticum Fratrum Vitae communis I-III, 1977ff; A.G. Weiler, W. Perssons: G. Grote en de Devotio moderna, 1984; G. Rehm: Die Schwestern vom gemeinsamen Leben im nordwestlichen Deutschland, 1985; R. Stupperich »Brüder vom gemeinsamen Leben«, TRE 7, 1981, 220-225.

G. Ruhbach

Brüderbewegung → Versammlung, christliche

Brüdergemeinde → Versammlung, christliche

Brüdergemeine → Brüder-Unität

Brüdermission → Brüder-Unität

Brüderverein, evangelischer (Bergerianer) → Evangelischer Brüderverein

Brüderversammlung → Versammlung, christliche

Brunner, Emil (1889-1966)

B. wurde geb. am 23. 12. 1889 in Winterthur und starb in Zürich am 4. 4. 1966. Er wuchs in einem Elternhaus auf, das vom Geist Chr. → Blumhardts aus Bad Boll berührt war. Der junge Pfarrer begeisterte sich an Karl Barths Römerbrief von 1919 und schloß sich der von diesem ausgehenden theol. Erneuerungsbewegung, »Dialektische Theologie« genannt, an. In deren Geist ist seine Auseinandersetzung mit Schleiermacher geschrieben: »Die Mystik und das Wort« (1924). 1924 wurde B. als ordentlicher Prof. für systematische und praktische Theologie an die Universität Zürich berufen.

Sein theol.-kirchl. Wirken ist durch das jeweilige Umfeld bestimmt.

1. B.s Stellung innerhalb der »Dialektischen Theologie«. Die Konfrontation mit Karl → Barth entzündete sich an der unterschiedlichen Beurteilung des Verhältnisses zwischen der Konzentration auf die Neuauslegung der Bibel und der Auseinandersetzung mit den herrschenden Strömungen der Zeit. Während Barths ganze Leidenschaft der theol. Auslotung des bibl. Offenbarungszeugnisses galt, kreiste B.s Denken um die Frage, wie dieses Zeugnis dem säkularisierten Menschen unserer Zeit verständlich gemacht werden könnte. »Es ist möglich, daß ein Seelsorger wegen des Was in den Himmel, wegen des Wie in die Hölle käme.« Indem sich B. vom »Was«, vom Inhalt der Offenbarung her, auf das »Wie«, die Frage ihrer Weitervermittlung, konzentrierte, treten Anthropologie, die Lehre vom Wesen des Menschen, und die Ethik, die Lehre vom Auftrag des Menschen, in den Vordergrund: »Das Gebot und die Ordnungen« (1932) und »Der Mensch im Widerspruch« (1937).

2. Schon früh faßte B. in der angelsächsischen Welt Fuß. Als dort die Ökumen. Bewegung in Gang kam, stellte er sich voll in ihren Dienst und suchte sie gegen alle bloß humanitäre Begründung des bibl.-theol. Fundaments zu vergewissern. Die Schriften »Das Wort Gottes und der moderne Mensch« (1937) und »Wahrheit als Begegnung« (1938) entstanden im Zusammenhang mit Vortragsreisen in Nord- und Osteuropa und einer Gastprofessur in den USA.

3. Entscheidend wußte sich B. der angestammten Schweizer Kirche verpflichtet. Um die Erneuerung der Kirche ging es ihm, wenn er sich für einige Zeit in der von Frank Buchman ausgehenden »Oxfordgruppen-Bewegung« engagierte. Unter deren Aufruf zur persönlichen Aneignung des Evangeliums in »Beichte«, »Stiller Zeit«, im Hören auf den Anruf Christi, im frei abgelegten Zeugnis erfahrener Wandlung erlebte B. selbst eine innere Befreiung. Hier wurde das pietist., von Blumhardt geprägte Element in seinem geistl. Erbe lebendig. Das kirchenkritische Werk »Das Mißverständnis der Kirche« (1951) wurzelt in diesen Erfahrungen.

Wie für die angestammte Kirche so wußte sich B. mitverantwortlich für die Gestaltung der staatlichen Ordnung. Mitten im Krieg entstand »Gerechtigkeit. Eine Lehre von den Grundgesetzen der Gesellschaftsordnung« (1943). Eine gewisse Zusammenfassung seines theol. Denkens bietet die dreibändige Dogmatik (1946-1960).

Viele Glieder und Diener insbesondere der Schweizer Kirche verdanken B. Wesentliches für ihr Leben und ihren Dienst. Ein Wort ist vielen haften geblieben: »Nur aus dem Gebet heraus kann man ein richtiger Theologe sein. Oratio facit theologum«.

Lit.: H.H. Brunner: Emil Brunner und sein Ältester, Emil Brunner in seinem und meinem Leben, 1986; W. Kramer, H. Sonderegger (Hg.): Emil Brunner in der Erinnerung seiner Schüler, 1989; H. Leipold: Missionarische Theologie. E. Brunners Weg zur theologischen Anthropologie, 1974.

E. Buess

Brunner, Peter (1900-1981)

B., geb. am 25. 4. 1900 in Arheilgen (Darmstadt), gest. am 24. 5. 1981 in Heidelberg, war einer der führenden luth. Theologen der Nachkriegszeit. Nach dem Studium in Gießen, Marburg, Boston und Cambridge/USA studierte er auch in Frankreich bei E. Gilson kath. Theologie. Neben dem Gemeindepfarramt promovierte (1924) und habilitierte (1927) er sich in Gießen. Diese spannungsvolle Parallelität zwischen der theol. Reflexion und dem Gottesdienst als ihrem Ausgangspunkt, Zentrum und Ziel blieb auch grundlegend für sein theol. Denken (vgl. seine Lehre vom Gottesdienst in Leiturgia I, 1954).

Während des Dritten Reiches verlor B. seinen Lehrstuhl und wurde im Kampf für seine damalige Gemeinde 1934 für kurze Zeit in das Konzentrationslager Dachau verschleppt. (Diese Episode bildete den Hintergrund für den Roman »Das Dorf auf dem Berge« von O. Bruder, ^{6}1960.) Von seinem Wuppertaler Gemeindepfarramt aus griff B. im Rahmen einer illegalen Lehrtätigkeit für die Bekennende Kirche auch anschließend in den Kirchenkampf ein. Nach dem Kriege war B. von 1947-1968 Prof. für Systematische Theologie in Heidelberg.

B. erwies sich auch nach dem Kriege als einer der profiliertesten und streitbarsten Vertreter der deutschen luth. Theologie. Seine Theologie war stets eine auf die theol. Fragen und Herausforderungen der Zeit antwortende Theologie. Ihr Grundmotiv ist der ewige und freie Liebeswille Gottes im Sohn, den Gott in einer dramatischen Geschichte von der Schöpfung bis zur Vollendung, das personale »Ja« des Menschen einschließend, verwirklicht. So verfocht B. in der Auseinandersetzung mit K. → Barth die Geschichtlichkeit des in der Realdialektik von → Gesetz und Evangelium sich vollziehenden Handelns Gottes. Gegen die gnostische Verflüchtigung des Heilsgeschehens in der Theologie R. → Bultmanns machte er die Leiblichkeit der Fleischwerdung und Auferstehung Christi geltend. Einer Politisierung der Theologie und der Predigt widersprach er mit dem Hinweis auf die bestehende Spannung zwischen Schöpfung und Erlösung, die die Grundlage der luth. Zwei-Reiche-Lehre bildet und allein von Gott in seiner Zukunft aufgelöst wird.

Lit.: P. Brunner: Die Lehre vom Gottesdienst, in: Leiturgia I, 1954, 83-361; ders.: Pro Ecclesia I und II, 1962/66; ders.: Bemühungen um die einigende Wahrheit, 1977.

E. Schlink, A. Peters (Hg.): Zur Auferbauung des Leibes Christi. Festschrift für P. Brunner zum 65. Geburtstag, 1965 (mit vorläufiger Biographie).

V. Gäckle

Bruno, Giordano (1548-1600)

G. (ursprünglich Filippo) B., geb. 1548 in Nola, trat sehr jung in Neapel in den Dominikanerorden ein. Schon während seines Theologiestudiums befaßte er sich intensiv mit den antiken Philosophen, aber auch mit wissenschaftl. Randgebieten wie Kabbala und der Gedächtniskunst des Raimundus Lullus. Aus seinem umfassenden Wissen und seiner poetischen Begabung entwickelte er eine Philosophie, die durch ihre Weite und Modernität zwar über seine Zeit hinaus zu wirken vermochte, jedoch, in sich nicht frei von Widersprüchen, Mißverständnisse

und – besonders verhängnisvoll – das Mißtrauen der Theologen jeglicher Herkunft geradezu herausforderte.

Bereits 1576 mußte er sich einer Anklage wegen Häresie durch Flucht nach Oberitalien entziehen und lebte fortan überwiegend von Privatunterricht. 1578 kam er über Lyon nach Genf. Nach anfänglichem Interesse wandte er sich bald vom → Calvinismus ab und ging nach Toulouse. Dort wurde er magister artium und erklärte zwei Jahre Aristoteles' De anima, bis er wegen Kriegswirren nach Paris ging. König Heinrich III. v. Frankreich förderte ihn, und B. widmete ihm sein erstes phil. Werk (De umbris idearum mit einer ars memoriae). Mit seiner Empfehlung ging B. 1583 nach England. Eine Vorlesung in Oxford mußte er wegen seines Eintretens für das heliozentrische Weltbild des Kopernikus abbrechen, blieb aber als Gast des franz. Gesandten in London. Hier brachte er zwei Trilogien phil. Dialoge in italienischer Sprache heraus, darunter Del' infinito, universo e mondi (gegen Aristoteles wird die Unendlichkeit des Universums und eine Vielzahl von Welten gelehrt) und das erkenntnistheoretische Werk Degli eroici furori (Erkenntnisdrang mit sinnlicher Leidenschaft verglichen). 1585 kehrte er nach Paris zurück. 1586 floh er wegen eines Gelehrtenstreits über Aristoteles nach Deutschland und las an der Universität Wittenberg zwei Jahre über Aristoteles und die Kunst des Lullus. 1588 hielt er seine Oratio valedictoria, in der er als große Deutsche u.a. Kopernikus und Luther pries. Er ging zuerst nach Prag, dann nach Helmstedt, wo er die Gunst des Herzogs Julius von Braunschweig (gest. 1589) genoß, und kam im Sommer 1590 nach Frankfurt a.M. Er selbst mußte zwar Anfang 1591 nach Zürich weichen, doch seine drei in Wittenberg und Helmstedt verfaßten lat. Lehrdichtungen (Prosa mit Verseinlagen) naturphil. Inhalts wurden in Frankfurt gedruckt, darunter De monade, numero et figura. Im Sommer 1591 erhielt er eine Einladung nach Venedig und nahm an. 1592 zog er zu Giovanni Mocenigo, der ihn bald im eigenen Haus festsetzte und bei der Inquisition verklagte. B. wurde verhaftet, 1593 nach Rom überführt und dort sieben Jahre gefangen gehalten. Anfänglich eher zur Unterwerfung geneigt, lehnte er immer entschiedener einen Widerruf seiner – wie er in der Verteidigung stets betonte – phil. Ansichten ab. Am 17. Februar 1600 wurde er nach schwerer Folter auf dem Campo dei fiori, wo jetzt sein Denkmal steht, verbrannt.

Lit.: G. Bruno: Von den heroischen Leidenschaften, 1989; M. Ciliberto: Giordano Bruno, 1990 (ital.); K. Heipcke, W. Neuser, E. Wicke (Hg.): Die Frankfurter Schriften Giordano Brunos und ihre Voraussetzungen, 1991; J. Kirchhoff: Giordano Bruno, 1980.

H. Scheible

Bruns, Hans (1895-1971)

B., geb. am 7. 10. 1895 in Stade, gest. am 8. 3. 1971 in Marburg/Lahn, studierte Theologie in Tübingen und Göttingen, wurde 1923 Pfarrer in Hollen/Ostfriesland, seit 1934 Pfarrer im → Deutschen Gemeinschafts-Diakonieverband.

Zum lebendigen Glauben kam er bei einer Tagung der durch F. → Buchman inspirierten Gruppenbewegung (Marburger Kreis) und wirkte seitdem vor allem als vielbegehrter, begabter und fruchtbarer Evangelist – auch über das schriftliche Wort der Bibelauslegung, der thematischen Betrachtung und vor allem durch seine in das Deutsch des Zeitgenossen übertragene Bibelparaphrase mit hilfreichen Erklärungen zum Text (Auflage ca. 1 Mio.). Seine zahlreichen Evangelisationen betrachtete er als »Geburtshilfe« zum lebendigen Christsein und wandte sich besonders an Studenten und Pfarrer. Der → Pfarrergebetsbruderschaft war er über viele Jahre hin aktiv verbunden.

Lit.: C. Georgi: Hans Bruns – Sehr direkt, 1974.

G. Ruhbach

Buber, Martin (1878-1965)

B., geb. am 8. 2. 1878 in Wien, gest. am 13. 6. 1965 in Jerusalem. B. war ein einflußreicher jüd. Religionsphilosoph, dem das Judentum im 20. Jh. seine Erneuerung wesentlich mitverdankt. Seit 1938 war er Prof. an der Universität Jerusalem. Über seinen Großvater, den Lemberger Midraschforscher Salomo B., wurde er schon früh mit dem → Chasidismus und dessen Hauptperson, dem Baal-Schem, vertraut und so mit einer Bewegung, die ähnlich dem dt. → Pietismus Glauben an Gott mit Leben vor Gott verband. In den »Chassidischen Büchern« (1927) hat B. darüber berichtet.

B.s überlegene Kenntnis der abendländischen Philosophie ließ ihn einen neuen Akzent - vom jüd. Glauben aus - in die Denkgeschichte einbringen. Im Gegensatz zur Subjekt-Objekt-Spaltung (Ich - Es, von Descartes bis Freud so entwickelt) bzw. zur Daseinsanalyse der Existenzphilosophie spricht er vom »dialogischen Leben«, von der Ich-Du-Beziehung zwischen Gott und Mensch (als dem Ur-Ich und dem Ur-Du), die dann zu einer analogen Beziehung zwischen Mensch und Mensch werden kann. Dies braucht nicht zuerst Erkenntnis, sondern Leben und Liebe. Mit F. Ebner und F. Rosenzweig betonte er damit die Verantwortung als Grundkategorie menschlicher Existenz, allerdings auch die Notwendigkeit von Religion und Glauben für Menschsein überhaupt. Die Konsequenz seiner Position für Soziologie, Psychologie und Pädagogik hat er selbst in vielen Schriften formuliert und im Aufbau des Staates Israel zu realisieren versucht. Neben dem Chasidismus und der Ich-Du-Philosophie ist der Zionismus die dritte Triebkraft seiner Wirksamkeit.

Lit.: Ges. Werke, 1962ff.

H. Kohn: Martin Buber sein Werk und seine Zeit 1930; H.J. Kraus: Gespräch mit Martin Buber, Ev Th [12]1952/53, 59-77; W. Nigg: Martin Bubers Weg in unserer Zeit, 1940; Ch. Schütz: »Buber, Martin«, TRE 7, 1981, 253-258 (Lit.).

G. Ruhbach

Bucer (Butzer), Martin (1491-1551)

B., geb. am 11. 11. 1491, gest. am 28. 2. 1551, stammte aus Schlettstadt im Elsaß und besuchte dort die humanistisch geprägte Lateinschule. Seit 1507 im Dominikanerkloster studierte er Theologie im Geiste des Thomas von Aquin. Nach der Priesterweihe kam er 1516 zum Studium nach Heidelberg. Hier prägte ihn die Lektüre des → Erasmus. Die Begegnung mit → Luther bei der Heidelberger Disputation 1518 gewann ihn für die reformat. Theologie. Mit päpstlichem Dispens seit 1521 Weltpriester, heiratete er 1522 die ehemalige Nonne Elisabeth Silbereisen. Unter dem Patronat F.v. Sickingens war er Pfarrer in Landstuhl, später Prediger in Weißenburg. Als ihn der Bann des Speyrer Bischofs traf, wandte er sich 1523 nach Straßburg. Er widmete sich der Bibelauslegung und predigte im Münster. Zunächst neben → Capito wurde er bald der führende Kopf der Reformation in Straßburg, die er in Auseinandersetzung mit Täufern und »Schwärmern« zu konsolidieren suchte.

B. verfaßte zahlreiche Gutachten, Streitschriften, Bibelkommentare. Das bleibende Motiv seiner Theologie und kirchenpolit. Arbeit kam schon 1523 im Titel seiner ersten Schrift zum Ausdruck: »Daß niemand sich selbst, sondern andern leben soll, und wie der Mensch dahin kommen kann«. In »Von der wahren Seelsorge und vom rechten Hirtendienst« faßte er 1538 programmatisch zusammen: Kirche und Obrigkeit formen gemeinsam christl. Gemeinschaft mit dem Ziel der Einheit, des Wohlergehens und des Friedens. Stets ging es ihm darum, »daß die Menschen nicht für sich geboren werden, sondern für Gott, die Kirche, das Vaterland und jeden Nächsten« (De regno Christi - Über die Herrschaft Christi, 1550).

B.s sozial und ethisch ausgerichtete Theologie war geprägt vom Erfahrungshorizont der Reichsstadt und wurde zugleich modellhaft für viele Städte und Territorien. So wirkte B. an der Reformation in Augsburg, Biberach, Memmingen und Ulm mit.

Landgraf → Philipp holte ihn als Berater nach Hessen. Für den Erzbischof von Köln, Hermann von Wied, verfaßte B. die »Kölner Reformation« (1542/43) zusammen mit → Melanchthon, die → Karl V. jedoch mit Gewalt unterdrückte. Anfragen und Bitten um Hilfe kamen aus Italien, Frankreich, England. Unermüdlich um Einheit bemüht, vermittelte B. jahrelang im Abendmahlsstreit, bis er mit der Wittenberger Konkordie 1536 ein gutes Ziel erreichte. An den Religionsgesprächen von Hagenau, Worms und Regensburg war B. 1540/41 beteiligt. Da er aber das Augsburger Interim 1548 ablehnte, mußte er Straßburg verlassen und ging 1549 nach England, wo er noch auf die Entwicklung der Englischen Kirche einwirkte. Er starb als einer der bedeutendsten Reformatoren in Cambridge.

Lit.: bisher erschienen: Martini Buceri opera omnia. Ser. I: Deutsche Schriften, 10 Bde., hg. von R. Stupperich, 1960ff; Ser. II: Opera latina, 5 Bde., hg. von F. Wendel u.a., 1954ff; Ser. III: Correspondance, 2 Bde., hg. von J. Rott, 1979ff.

Bibliographia Bucerana. Bearbeitet von R. Stupperich (SVRG 169) 1952, 37-96; M. Greschat: Martin Bucer. Ein Reformator und seine Zeit 1491-1551, 1990; M. de Kroon, F. Krüger: Bucer und seine Zeit. Forschungsbeiträge und Bibliographie, 1976; R. Stupperich: »Bucer, Martin«, TRE 7, 1981, 258-270.

Chr. Windhorst

Buchhandel, Evangelischer

Im deutschsprachigen B. zählt nach allgemeinem Verständnis zum E.B., wer Mitglied in der »Vereinigung Evangelischer Buchhändler e.V.« ist. Dieser Zusammenschluß, kurz VEB genannt, ist als buchhändlerischer Fachverband Mitglied des Diakonischen Werkes der Ev. Kirche in Deutschland. Er nimmt seine fachspezifischen Aufgaben im B. innerhalb des Börsenvereins des deutschen B.s wahr und vermittelt seine diakon. Anliegen durch das Gemeinschaftswerk Evangelischer Publizistik in den Raum der Kirche. Der gemeinnützige Verein »will zur Verbreitung der christlichen Botschaft beitragen und deshalb jene zusammenschließen, die speziell im Buchhandel evangelische Literatur und andere Medien verbreiten« (Satzung § 2,1).

Zur VEB (gegründet am 11. 5. 1925 in Leipzig) gehören derzeit 196 Sortimenter sowie 90 Verleger (Stand: Mai 1992). Innerhalb der Vereinigung begegnen sich Gemeindeglieder der Landeskirchen wie der Freikirchen, Anhänger der Evangelischen Allianz wie Befürworter des Ökumen. Rates der Kirchen in Genf, Kirchen oder kirchliche Verbände als Unternehmer ebenso wie Privatunternehmer. Die fruchtbare Spannung, die sich einerseits aus der unterschiedlichen christl. Herkunft und andererseits aus der fachspezifischen Ausrichtung in Verleger und Buchhändler ergab, diente dem mission. Impuls, durch das Buch und die ihm verwandten Medien zur Klärung der Grundfragen menschlicher Existenz beizutragen und die Botschaft des Evangeliums von Jesus Christus dem Zeitgenossen zu erschließen.

Die VEB hat sich von jeher um die Nachwuchs- und Fortbildungsarbeit bemüht. Die Aktivitäten ihrer Mitglieder unterstützt sie durch Öffentlichkeitsarbeit, z.B. durch Werbemittel. Nach dem Zweiten Weltkrieg hat sie verstärkt die Beziehung zum kath. Buchhandel gepflegt. Diese Bemühungen finden heute Ausdruck in gelegentlich gemeinsam durchgeführten Hauptversammlungen der beiden Verbände, ökumen. ausgerichteten Buchtagen sowie Gottesdiensten und der gemeinsam verantworteten Nachwuchs- und Fortbildungsarbeit. Mit besonderer Energie haben die Mitglieder in den ehemals getrennten deutschen Staaten freundschaftliche Kontakte aufrecht erhalten und gemeinsame Tagungen durchgeführt. Eine Aufgabe für die Zukunft dürfte es sein, die beiden konfessionellen Verbände inhaltlich und organisatorisch stärker miteinander zu verbinden und auf diesem Wege modellhaft ökumen. Strukturen zu entwickeln.

Lit.: Der Evangelische Buchhandel. Eine Übersicht seiner Entwicklung im 19. und 20. Jh. mit 600 Firmengeschichten aus Deutschland, Österreich und der Schweiz, hg. von der Vereinigung Ev. Buchhändler Stuttgart, 1961; W. Ryser: Die Vereinigung Evang. Buchhändler 1961-1990. Mit einem Beitrag von H. Laurentius, hg. von der Vereinigung Ev. Buchhändler, 1992.

J. Schwarz

Buchman, Frank Nathan Daniel (1878-1961)

B., geb. am 4. 6. 1878 in Pennsburg/USA, gest. am 7. 8. 1961 in Freudenstadt, luth. Theologe, 1902 ordiniert, zunächst an den sozialen Aktivitäten der europäischen Kirchen interessiert, besuchte er 1904 F. → Stöcker, F. von → Bodelschwingh d.Ä. in Bethel und das Rauhe Haus in Hamburg. Eine Lebenswende brachte ihm 1908 die Teilnahme an der → Keswick-Konferenz, und damit verbunden die Lebensbegegnung mit Christus, das Geschenk der Heilsgewißheit und die Bereitschaft zu neuem Dienst. 1909 wurde er durch J. → Mott zum Studentensekretär des CVJM berufen, zwischen 1916 und 1922 wirkte er, durch zahlreiche Reisen unterbrochen, als Dozent für Pastoraltheologie. 1921 versammelte er, um die Konsequenzen der Entscheidung für Christus zu verdeutlichen, eine sich um ihn scharende Gruppe, Oxford-Gruppe genannt (→ Marburger Kreis), und versuchte bis 1937, durch Konferenzen und Vorträge den Weltfrieden zu stabilisieren. (Erinnerung an die allen Menschen innewohnenden vier Absoluten: Ehrlichkeit, Reinheit, Selbstlosigkeit, Nächstenliebe). Ab 1938 nannte er – angesichts des drohenden Krieges – seine Bewegung »Moralische Aufrüstung« (moral and spiritual rearmament of the nations, unter Berufung auf Eph 6,10ff, Abkürzung MRA). Ab 1946 setzte er sich in neu gegründeten Weltkonferenz-Zentren in Caux bei Genf und auf der Mackinac Island (Mich./USA) für Versöhnung der Völker und mehr Gerechtigkeit und Frieden in der Welt ein, wobei die Hoffnung auf das kommende Reich Gottes auf dieser Erde die Evangeliumsverkündigung deutlich zurücktreten ließ. Deshalb erfolgte eine Spaltung seiner Bewegung in eine mehr christl. und eine mehr ethisch orientierte Richtung.

Lit.: F. Buchman: Für eine neue Welt, 1961; G. Lean: A Life, 1985 (dt.: Der vergessene Faktor. Vom Leben und Wirken Frank Buchmans, 1991); P. Howard: Die Geschichte von Frank Buchman und den Männern und Frauen der Moralischen Aufrüstung, 1954; K. Bockmühl: Frank Buchmans Botschaft und ihre Bedeutung für die protestantischen Kirchen, 1963; Th. Spoerri: Dynamik aus der Stille, [2]1971.

G. Ruhbach

Büchsel, Carl (1803-1889)

B., geb. am 2. 5. 1803 in Schönfeld (Uckermark), gest. am 14. 8. 1889 in Berlin, ev. Theologe. B. studierte in Berlin Mathematik und Theologie, letzteres vor allem bei August → Neander und → Hengstenberg, wurde 1827 Hilfsprediger in Schönwerder, 1829 Pfarrer in Schönefeld und 1841 Superintendent in Brüssow, wo eine Erweckung entstand. Von 1846 bis 1853 war er Pfarrer an der Matthäuskirche in Berlin, danach General-Superintendent der Neumark und Niederlausitz bis 1884.

B. war ein eindrucksvoller und mutiger Prediger und Seelsorger. Seine »Erinnerungen aus dem Leben eines Landgeistlichen« (1861) haben quellenkundlichen Wert und bilden die ersten Ansätze zu einer rel. Volkskunde, die bis heute ihre Aktualität nicht verloren haben. Außerdem wurden sie vielen Pfarrern eine Hilfe für eine am Evangelium ausgerichtete Amtspraxis.

Lit.: Erinnerungen eines Landgeistlichen, Neuausgabe 1966.

H. Brandenburg: Büchsel und Frommel. Zwei Zeugen Christi aus Nord und Süd, 1966.

S. Rothenberg/Red.

Büchsel, Hermann Martin Friedrich (1883-1945)

B., geb. am 2. 7. 1883 in Stücken, Kreis Zauche-Belzig, Lic.theol. in Halle 1907, Habilitation in Halle

1911, a.o. Prof. in Greifswald 1916, o. Professor in Rostock 1918, am 2. 5. 1945 von sowjetischen Soldaten erschossen.

F. B., ein Pfarrerssohn aus der Mark Brandenburg, verband als Exeget hist. und syst. Interessen. Nach Studien in Tübingen (u.a. bei Schlatter, Häring und Holl) erhielt er seine Prägung an der Hallenser Fakultät (Kähler, Lütgert), an der er sich 1911 mit einer Arbeit über den Begriff der Wahrheit in den Evv. und den Briefen des Johannes habilitierte.

Arbeiten über → Fichte, über die Stellung der Theologie im System der Wissenschaften in Auseinandersetzung mit P. → Tillich, über das Christentum Luthers angesichts der rel. Strömungen der Gegenwart zeugen von der Weite seiner Gesichtspunkte. 1926 erschien seine Schrift »Der Geist Gottes im Neuen Testament«, 1935 die »Theologie des Neuen Testaments. Geschichte des Wortes Gottes im Neuen Testament« (^{2}1937). Diese beansprucht, in Unterscheidung von monographischen Einzelstudien und deren Referat, durch ihren Aufbau »Rede von Gott« zu sein (III). Das »Evangelium und seine Geschichte« sollen als grundlegend in theol. Methode zur Sprache kommen (4f). Eine »rein historische« Darstellung des Themas im Sinne F.C. → Baurs will der Entwurf nicht sein. (Kritisch: O. Merk, Die Theologie des Neuen Testaments in ihrer Anfangszeit, 1972, 252).

Den Schwerpunkt der Arbeit B.s bildeten Kommentare und exeget. Studien zur Apokalypse, zu den Johannesbriefen (Theol. Handkommentar), zum JohEv (NTD), zum Hebräerbrief, zur Septuaginta. B. verfaßte zahlreiche Artikel in den ersten vier Bänden des ThWNT. Ein Kommentar zum JohEv im Nachlaß blieb ungedruckt.

Lit.: G. Delling: RGG^3, I, 1957, 1496; G. Händler: ThLZ 116 (1991) 11f; ThWNT X/1, 89f; G. Quell: ThLZ 73 (1948), 176-178, ThLZ 82 (1957), 311-316 (Bibliographie).

E. Güting

Buddeberg, Ernst (1873-1949)

B., geb. am 11. 9. 1873 Köln, gest. am 9. 1. 1949 Bad Liebenzell, ev. Theologe. Student in Halle und Berlin bei M. → Kähler und A. → Schlatter. Lehrer am → Johanneum; 1901 Pfarrer der ref. Gemeinde Heiligenhaus (Velbert); 1908 Inspektor der → Ev. Gesellschaft für Deutschland; 1914 Pfarrer der luth. Gemeinde Elberfeld; von 1934-1946 war B. Leiter der → Liebenzeller Mission als Nachfolger seines Schwiegervaters Heinrich → Coerper. Verwurzelt im rheinischen und niederländischen → Pietismus und geprägt von der Glaubensruhe des älteren Pietismus, betonte er vor allem die objektiven Grundlagen des Heils. In der Abgrenzung gegen die → Pfingstbewegung leistete er durch das Referat: »Wo fängt die Schwärmerei an?« (Gnadauer Konferenz 1910) einen wesentlichen Beitrag. Verfasser zahlreicher Kleinschriften zur Vertiefung des Glaubenslebens.

Lit.: E.F. Buddeberg: Ernst Buddeberg - Ein Leben aus Glauben, 1989; A. Pagel: Sie wiesen auf Jesus, 1975; H. v. Sauberzweig: Er der Meister, wir die Brüder, ^{2}1977.

H. Egelkraut

Buddeus, Johann Franz (1667-1729)

B., geb. am 25. 6. 1667 in Anklam, gest. am 19. 11. 1729 in Gotha, studierte Theologie und Philosophie, wurde 1693 Prof. der Philosophie in Halle, 1705 Prof. der Theologie in Jena.

Er gehört in die Übergangszeit zwischen milder Orthodoxie und Aufklärung hinein. Er betonte wie manche Frühpietisten die fromme »Praxis«, als Philosoph den praktischen »Nutzen« des Denkens für das Leben. Als Theologe lehnte er Bibelkritik und ev. Unionismus ab, aber er wehrte sich zugleich gegen eine zu spitzfindig betriebene Dogmatik. So hat er als geistl. orientierter Vermittlungstheologe anders als die meisten seiner Kollegen seit Anfang des 18. Jh.s seine Vorlesungen in Deutsch (!) gelesen. → Spener, → Zinzendorf und → Spangenberg schätzte er sehr.

Lit.: J. Kunze: »Buddeus«, RE 3, ^{3}1897, 518-522; A.F. Stolzenberg: Die Theologie des J.F. Buddeus und des Ch.M. Pfarr, 1926.

G. Ruhbach

Buddhismus

Der B. geht zurück auf Siddharta Gautama aus dem Geschlecht der Shakya, der zwischen etwa 560 und 480 v.Chr. in Nordindien im Bereich des Gangestales (Varanasi und Patna) und der Himalaya-Vorberge lebte und wirkte.

Siddharta gehörte zur Kriegerkaste, d.h. zum Adel, und lebte in einer rel. Umbruchszeit mit einer bereits recht entwickelten Stadtkultur. Er zog mit 29 Jahren aus dem Haus, d.h. auch weg von Frau und Sohn, in die »Hauslosigkeit« eines wandernden Asketen. Zuerst bei zwei Lehrern der Meditation, dann mit gleichgesinnten in strenger → Askese suchte er Gewißheit der Erlösung. Danach wandte er sich von der strengen Askese ab und dem »mittleren Weg« zu; unter einem heiligen Pipal-Baum bei Bodh Gaya erreichte er in einer Vollmondnacht 537 v.Chr. eine Erleuchtung, die ihn zum Erleuchteten (»Buddha«) machte. Seine erste Predigt bei Benares setzte »das Rad der Lehre« in Gang und begründete eine Mönchsgemeinschaft, die dem »edlen achtfachen Weg« folgte, von Almosen der Laienanhänger lebte und die Lehre weitergab. Vierzig Jahre lang wirkte Buddha als wandernder Prediger und unbestrittene Autorität der Mönche. Nach seinem Tod wurde er eingeäschert, die Aschenreste wurden an umliegende Orte verteilt, die sie in Stupas (Sakralbauten zur Aufbewahrung von Reliquien) beisetzten: Anfang eines buddhistischen Kultus.

Die Grundformel, mit der Laien ihre Zugehörigkeit ausdrücken, lautet: Ich nehme meine Zuflucht zu Buddha; ich nehme meine Zuflucht zur Lehre; ich nehme meine Zuflucht zur Mönchsgemeinschaft. Alle buddhistischen Richtungen sehen Buddha als die grundlegende Instanz an; die Nachrichten über sein Leben sind in Legenden eingebettet, die die Bedeutung der Lehre veranschaulichen sollen. Sie unterscheiden die geschichtl. Gestalt des Menschen Siddharta Gautama von der in ihm verkörperten, aber außerzeitlichen Lehre. Später entwickelt sich eine Lehre von drei Verkörperungen Buddhas, nämlich außerhalb von Zeit und Vergänglichkeit als Lehrkörper, auf der Erde als hist. Buddha, und dazwischen in der Überwelt der verschiedenen Himmel als Bodhisattva, der kraft seiner Verdienste den Heilsuchenden helfen kann. Dabei wird eine große Zahl von Bodhisattvas (Erleuchtungswesen) angenommen, viele auch kultisch verehrt, und auch Buddha ist nicht einmalig, er kehrt in allen Welten und in allen Zeiten wieder. Der nächste Buddha heißt Maitreya (der Erbarmende). Die Hauptrichtungen sind das Theravada (die Schule der Alten), heute prägend in Sri Lanka, Birma und Thailand; das Mahayana (das große Fahrzeug), das in verschiedenen weiterentwickelten Schulen im sinojapanischen Kulturkreis und in Südostasien vertreten ist, und das stark rituelle Vajrayana (Diamantfahrzeug), das in Tibet und der Mongolei prägend war. Die verschiedenen Richtungen haben keine gemeinsame Form der Hl. Schriften, d.h. das Mahayana und das Vajrayana haben je einen umfangreicheren Kanon.

Die Lehre des B. ist neben den Regeln für die Mönche der eigentliche Gehalt der buddhistischen Schriften. Sie geht nicht von Gott oder Göttern aus, sondern von einer Analyse des menschlichen Daseins als leidvoll. Dies Leiden wird mit Hilfe der Lehre von der Wiedergeburt auf das Verhalten des Menschen selber zurückgeführt, der sich von Gier, Haß und Verblendung treiben läßt. So kann die Kette der bedingten Entstehung nur durch ethische Disziplin, Selbstkontrolle und bewußtes Streben nach Erleuchtung, d.h. Abbau von Gier, Haß und Verblendung unterbrochen, das Leiden beendet werden. Der B. hat diese Gedanken sehr gründlich ausgebaut, vertieft und variiert. Er hat für eine mönchisch orientierte Religion eine erstaunlich weite Verbreitung über den größten Teil Asiens erreicht. Dabei hat er Förderung von manchen Herrschern (Asoka, gest. 227 v.Chr.) erfahren. Er hat sich mit der vorgefundenen Volksreligiosität arrangieren können, etwa in einer Art Arbeitsteilung, daß der B. für die Ethik und die Probleme des Todes und der Zukunft der Verstorbenen, die Volksreligion (Geister) für die Gestaltung und Problemlösung im Diesseits in Anspruch genommen wird.

Dabei sind verschiedene Schulen des B. entstanden, die in der Praxis recht verschiedene Schwerpunkte setzen, aber einen buddhistischen Kern bewahren. So ist der in Japan vertretene Zen-B. vorrangig auf Meditation als Weg zur Erleuchtung ausgerichtet; andere Richtungen des Mahayana (z.B. Tendai) sind stark durch ein komplexes Ritual zur Erlösung bestimmt. Im Jodo-shin (Japan) steht die Anrufung des Bodhisattva Amida im Vordergrund, es wird Erlösung durch Glauben allein ohne eigene Verdienste gelehrt, und die Organisation ist ohne Mönchtum aufgebaut.

Die Vergänglichkeit alles Irdischen bezieht der B. auch auf seine eigene Gestalt; er geht von einem schrittweisen Verfall der Lehre und der Mönchszucht aus. Im jetzigen Jahrhundert aber ist ein eigentümlicher Aufschwung zu beobachten. Dabei spielt das Interesse westlicher Sucher eine wesentliche Rolle, die sich zunächst dem Theravada-B. als einer Religionsphilosophie zugewandt haben; nach 1945 begann eine Zuwendung zum Zen-B. als einer existentialistischen Praxis; neuerlich findet der tibetische B. Interesse. Nur ein Teil der Interessenten wird im eigentlichen Sinne Buddhist.

Daneben sind Reformbewegungen von Laien entstanden; in Japan sind sie mit der Schule Nichirens verbunden.

Lit.: H. Dumoulin (Hg.): Buddhismus der Gegenwart, 1970; E. Konze: Kurze Geschichte des Buddhismus, 1984; H.W. Schumann: Der historische Buddha, 1982; ders.: Buddhismus - Stifter, Schulen und System, 1976.

N.-P. Moritzen

Bugenhagen, Johannes (1485-1558)

B. (genannt Pomeranus) wurde am 24. 6. 1485 als Ratsherrensohn in Wollin/Pommern geboren. 1501 begann er sein Studium in Greifswald, 1504 wurde er Rektor an der Treptower Stadtschule, nach der Priesterweihe leitete er als Vikar ab 1509 das Collegium an der Treptower Marienkirche. Um 1520 kam er mit Luthers Schriften in Berührung und begann 1521 erneut, in Wittenberg zu studieren. Hier entwickelte sich auch eine Freundschaft mit → Melanchthon. Schon bald hielt B. selbst Vorlesungen über die Psalmen. 1522 heiratete er und wurde 1523 Wittenberger Stadtpfarrer. Seine Gabe der Kirchenleitung eröffnete ihm umfangreiche Tätigkeiten in Wittenberg und weit darüber hinaus. Gleichzeitig hielt er exeget. Vorlesungen, schrieb Kommentare und weitere Schriften zu den Auseinandersetzungen der Zeit.

Von 1528-1542 begann für B. eine umfangreiche Reise- und Visitationstätigkeit. Er gab Braunschweig, Hamburg, Lübeck und Pommern Kirchenordnungen, auch folgte er der Bitte Christians III., Dänemark, Norwegen und die Herzogtümer Schleswig und Holstein zu reformieren. In Kopenhagen eröffnete er die Universität und hielt dort Vorlesungen. Trotz ehrenvoller Berufungen kehrte er nach Wittenberg zurück, wo er erst 1533 zum Doktor der Theologie promoviert wurde und die Superattendentur für den gesamten Kurkreis rechts der Elbe erhielt. Zwischen → Luther und B. entwickelte sich schon früh ein freundschaftliches und seelsorgerl. Verhältnis. B. wurde Luthers Beichtvater. Fast bis zu seinem Tod blieb B. Stadtpfarrer und Professor. Er starb am 20. 4. 1558 in Wittenberg.

B. wirkte vor allem im Bereich der Kirchenordnung. Seine Leitungsgabe konnte er hier voll entfalten. Schwierig gestaltete sich oft die Durchsetzung der Kirchenordnungen, nicht deren formelle Annahme. B. hatte hauptsächlich die Bereiche von Predigt, Gottesdienst, Schule und Universität im Blick. So trug er zur Entwicklung des ev. Schulwesens bei. Auch die Diakonie suchte er zu fördern. Als Grundmuster für alle weiteren luth. Kirchenordnungen kann seine Braunschweiger Kirchenordnung von 1528 angesehen werden. Die Kirchenordnung darf nach B. niemals von ihrer theol. Substanz losgelöst werden.

B.s Kirchenordnungen sind ihrer Substanz nach bis heute liturg. wie verfassungsrechtliche Grundlage vieler nordeurop.-luth. Kirchen.

Lit.: Johannes Bugenhagen. Ausgewählt und übersetzt von J. Rogge, 1962.

J. Bergsma: Die Reform der Meßliturgie durch Johannes Bugenhagen (1485-1558), 1966; W. Leege: Bugenhagen als Liturgiker, Diss. Königsberg, 1925; K.A.T. Vogt: Johannes Bugenhagen Pomeranus. Leben und ausgewählte Schriften, 1867.

H.-J. Hoeppke

Bulgarien

Das Gebiet des heutigen B., das in der Spätantike die röm. Provinzen Mösien und Thrazien umfaßte, wurde vom 2. Jh. an von Griechenland und vom Donauraum aus christianisiert. Im Gefolge der Völkerwanderung wurde die junge Kirche weitgehend zerschlagen. 864/65 führte Chan Boris (nach der Taufe Michael) das Christentum byz. Prägung in seinem Reich ein. Mit der Ankunft der Schüler der Slawenlehrer → Cyrill und Method 885 begann in B. eine Zeit kirchl. und kultureller Blüte. Unter dem byz. Kaiser Basileios II., dem »Bulgarentöter«, erlitt B. eine vernichtende militärische Niederlage und wurde ins oström. Reich eingefügt (1018). Gegen Ende des 12. Jh.s stieg B. erneut zu einer polit. und kulturellen Großmacht auf. Mit dem Einfall der Osmanen im 15. Jh. setzte eine Epoche der Fremdherrschaft ein, die bis 1878 bzw. 1908 dauerte. Nach einer wechselvollen Geschichte in der ersten Hälfte des 20. Jh.s wurde in B. 1946 die »Volksrepublik« ausgerufen und eine kommunistische Regierung eingesetzt, die bis zum Sturz des KP-Chefs Todor Schiwkoff im November 1989 die Geschicke des Landes bestimmte. Seither entwickelt sich B. zu einer Demokratie mit marktwirtschaftl. Ordnung.

Der Bulgarisch-Orthodoxen Kirche gehören etwa 75% der rund 9 Mio. Einwohner B.s an. Ihr steht der Patriarch in Sofia vor; sie ist in elf Metropolien eingeteilt. Unter kommunistischer Herrschaft war sie zahlreichen Repressalien und Verfolgungen ausgesetzt, doch blieb viel geistl. und kirchl. Substanz erhalten. Ende 1989 setzte ein umfassender Erneuerungsprozeß ein. Neben der orth. Kirche gibt es Katholiken des röm. und des byz. Ritus (Unierte, zusammen ca. 50.000 Gläubige), die Armenisch-Apostolische Kirche, Verbände von kongregationalistischen, methodistischen, baptistischen, pfingstlerischen und adventistischen Gemeinden (ca. 25.000 Glieder), sowie Muslime (10-15% der Bevölkerung).

Lit.: A. de Santos Atero, F. Heyer: »Bulgarien I, II«, TRE 7, 1981, 361-375; H. Christov: Bulgaria 1300 Years, 1980; Kirchen- und Glaubensbekenntnisse in der Volksrepublik Bulgarien, Ausgabe der ökumenischen Abteilung des Hl. Synod, 1975; ZS »Glaube in der 2. Welt«, Küsnacht/Zollikon 1973ff, [5]1991, [2]1992.

E. Bryner

Bullinger, Heinrich (1504-1575)

B. ist am 4. 7. 1504 in Bremgarten (Schweiz) geboren (Priestersohn), besucht von 1516 an die Schule in Emmerich (Niederrhein) und studiert ab 1519 in Köln (Abschluß 1522: Magister artium); humanistisch geprägte Lehrer an beiden Orten bestimmen die Richtung. Ohne eigentliches Theologiestudium, vielmehr über die Lektüre der Kirchenväter, kommt er zur Bibel und schließlich (ca. 1522/23) zur → Reformation. 1523-1528 ist er Lehrer an der Schule des Zisterzienserklosters Kappel bei Zürich, hält bibl. Vorlesungen, führt das Kloster der Reformation zu, lernt → Zwingli kennen, heiratet. 1529-1531 ist er Prediger in seiner Heimatstadt Bremgarten. Am 9. 12. 1531, nach Zwinglis Tod, wird er dessen Nachfolger als Antistes (Leiter) der Zürcher Kirche und bleibt dies bis zu seinem Tode am 17. 9. 1575, also fast 44 Jahre.

Er trägt zur Konsolidierung der Reformation in Zürich bei, durch Klärung des Verhältnisses Kirche-Obrigkeit (Freiheit der Predigt; Alleinzuständigkeit des Rates in Disziplinarsachen), Weiterführung der Synoden, ausgedehnte Predigttätigkeit (dreimal wöchentlich; fortlaufende Auslegung bibl. Bücher), Aufmerksamkeit auf das Schulwesen, Arbeit an Liturgie und Kirchenordnung sowie Seelsorge (Eheberatung!). Er hat (gedruckte) Kommentare zu fast allen Büchern des NT verfaßt und viele theol. Kleinschriften; er hat an Bekenntnisformulierungen mitgewirkt, und das Zweite Helvetische Bekenntnis von 1566 ist sein Werk (→ Bekenntnisschriften, ref.). Der außerordentlich umfangreiche Briefwechsel (ca. 12.000 Briefe von und an B.!) ergibt, »daß Bullinger zu den bestinformierten und einflußreichsten Männern der damaligen Zeit gehörte und tatsächlich wie ein Patriarch dastand« (Büsser). In seiner Theologie spielt der Bundes-Gedanke eine zentrale Rolle. Außerdem hat er sich mit der Schweizergeschichte und Genealogie (der eigenen Familie) befaßt.

Lit.: Maßgebliche Gesamtausgabe (im Erscheinen): Heinrich Bullinger Werke, 2. Abt.: Briefwechsel, Bde. 1-4, 1973-1989 (Briefw. d. Jahre 1524-1534); 3. Abt.: Theologische Schriften: Bd. 1, 1983 (Exegetische Schriften der Jahre 1525-1527); Bd. 2, 1991 (unveröffentlichte Werke der Pappeler Zeit. Theologica); 4. Abt.: Historiographische Werke (noch nichts erschienen); Sonderbd.: Studiorum ratio – Studienanleitung, 2 Bde., 1987; ferner: Diarium (Tagebuch) . . ., 1904, Nachdruck 1985.

H. Bullinger Werke: 1. Abt.: Bibliographie; Bd. 1, 1972

(gedruckte Werke B.s); Bd. 2, 1977 (Lit. über H. Bullinger bis 1974 bzw. 1976); ferner: J.W. Baker: H. Bullinger and the Covenant. The other reformed tradition, 1980; F. Büsser: »Bullinger, Heinrich«, TRE 7, 1981, 375-387 (Lit. bis 1977); P. Biel: Doorkeepers at the house of rigtheousness. H. Bullinger and the Zürich clery 1535-1575, 1991; W. Hollweg: H. Bullingers Hausbuch, 1956; G.W. Locher: Die Zwinglische Reformation im Rahmen der Europäischen Kirchengeschichte, 1979, 584-614; C. Pestalozzi: H. Bullinger. Leben und ausgewählte Schriften, 1858; J. Staedtke: Die Theologie des jungen Bullinger, 1962, 261-292 (Arbeiten B.s bis 1528).

B. Steinseifer

Bultmann, Rudolf (1884-1976)

B., geb. am 20. 8. 1884 in Wiefelstede als Sohn des ev. Pastors Arthur B., Studium der Theologie in Tübingen, Berlin und Marburg, dort Promotion 1910 und Habilitation 1912; 1916 a.o. Prof. in Breslau, 1920 o. Prof. in Gießen, 1921 in Marburg, emeritiert 1951. Am 30. 7. 1976 starb B. in Marburg.

Seiner Herkunft nach ist B. Vertreter der liberalen, insbesondere der hist.-kritischen Theologie, der auch sein erstes größeres Werk, die »Geschichte der synoptischen Tradition« (1921) zugehört: Die Evv. seien nicht Biographie des hist. Jesus, sie verkündeten den Christus des Glaubens, den Gottessohn, der in göttlicher Vollmacht gewirkt, der gelitten hat, gestorben und auferstanden ist und erhöht wurde. Die synoptischen Evv. seien Gemeindebildung, in welche die palästinische Jesusüberlieferung unter dem Gesichtspunkt der Verkündigung und des Kultes eingearbeitet wurde. Der hist. Jesus sei darin nicht mehr erkennbar. Mit diesem Ergebnis gab B. eine wichtige Position der liberalen Theologie preis: Die Berufung auf Jesus in Abgrenzung gegen den Christus des »Dogmas«. Der Glaube der nachösterlichen Gemeinde, welche die Evv. geschaffen hat, ist entstanden aus der Verkündigung des Mensch gewordenen, für uns gestorbenen, auferstandenen und zum Herrn erhöhten Jesus Christus. Auch der Jesus der Evv. gehört in dieses *kerygma*, d.h. in diese Christusbotschaft.

Von hier aus ist es verständlich, daß B. sich der → Dialektischen Theologie zuwandte, zu deren Mitbegründern er gehört. Jede Gotteserkenntnis aus der Geschichte, aus der Natur oder aus einer rel. Anlage im Menschen lehnt er ab. Es gibt keinen andern Zugang zu Gott als durch den Glauben. Aber wie kommt es zum Glauben? Karl → Barth sagt: Durch die Predigt, wobei nicht der Prediger macht, daß sein Menschenwort zum Wort Gottes wird, sondern der Hl. Geist, also Gott selber. B. sagt ebenfalls, daß Gott durch die Christusbotschaft redet, und daß der Glaube Antwort auf die Begegnung mit Gott in seinem Wort ist. Aber er sagt nicht mehr, daß Glaubenserkenntnis eine Erleuchtung durch den Geist Gottes voraussetzt (1Kor 2,6ff). Die Frage, wie Verkündigung vollzogen und verstanden werden kann, beantwortet er nicht theol., sondern von anthropologischen und phil. Prämissen her. Das gilt sowohl in bezug auf das ntl. Kerygma, wie in bezug auf den Glauben.

Zur Kritik am ntl. Kerygma: Die ntl. Christusbotschaft ist nach B. ein Mythos. Die Menschen des bibl. Zeitalters hätten die Welt von undurchschaubaren, auch dämonischen Mächten beherrscht gesehen, und diese Mächte hätten sie in mythischen Vorstellungen verobjektiviert. Der moderne Mensch aber denkt wissenschaftlich. Er erklärte die Welt rational nach Ursache und Wirkung, und indem sie für ihn Gegenstand des Erkennens sei, machte er sie sich verfügbar. Wegen des Kausalitätsprinzips gebe es für ihn keine geheimnisvollen Mächte mehr. Das mythische oder mythologische Denken sei ihm fremd und unverständlich geworden. Aus diesem Grund kann nach B. das ntl. Kerygma heute nicht mehr verstanden und akzeptiert werden. Daß das ntl. Christuskerygma Mythologie sei und nicht mehr verstanden werde, wird aber von B. nicht am Kerygma selber aufgezeigt, sondern am Gegensatz des bibl. Weltbildes zum modernen wissenschaftl. Weltbild, wobei er sagt, daß das Kerygma vom damaligen Weltbild abhängig sei: die Welt sei in drei Stockwerke gegliedert – Himmel, Erde, Unterwelt-, der Himmel sei die Wohnung Gottes und der Engel, die Unterwelt die Hölle; Satan und seine Dämonen wirkten auch auf der Erde. Da es unmöglich sei, dieses überholte Weltbild zu »repristinieren«, könne auch das mythische Kerygma, d.h. insbesondere der Sühnetod Jesu, die Auferstehung und Erhöhung, nicht mehr beibehalten werden. B. fordert deshalb die »Entmythologisierung« der ntl. Verkündigung. Entmythologisierung heisst aber nicht einfach Eliminierung. Beizubehalten sei das, was nach B. der »eigentliche Sinn« des Mythos ist, nämlich das christl. Existenzverständnis bzw. Selbstverständnis, das sich im Mythos bloß in falscher, zeitbedingter Objektivierung ausgesprochen habe.

Und entsprechend der Reduktion der Verkündigung auf ein Selbstverständnis ist es dann auch dieses Selbstverständnis, das sich als Glaube in der Verkündigung kund tut und im Hörer wiederum den Glauben, also das christl. Selbstverständnis, weckt. Glaube ist das Verständnis der eigenen Existenz als einer von Gott angesprochenen. Im Unterschied zum erklärenden und objektivierenden Denken der Wissenschaft ist das Sich-selbst-Verstehen nicht verfügend. Von Gott kann nicht gegenständlich gesprochen werden. Ich kann nicht sagen, wer Gott ist, aber ich bin als Glaubender gewiß, daß das Wort, das mir begegnet, Gnade ist, und daß die Transzendenz, die sich mir öffnet, Liebe ist. Und das macht mich frei von der Weltangst und Weltverfallenheit, aber auch von aller selbstgeschaffenen Sicherheit. Gott bleibt aber der verborgene, unbekannte Gott. Glauben heißt also nicht »glauben an . . .«, sondern immer nur »glauben, daß . . .«.

B.s Theologie bewirkte eine jahrelange Diskussion über Kerygma und Mythos, Glauben, Verstehen und Auslegen (→ Hermeneutik). Im Grunde geht es um die Frage, wie die Transzendenz (Gottes) vom Menschen ausgesagt und verstanden werden kann. In Anlehnung an Heideggers Existenzphilosophie will B. dieses Verstehen als anthropologische Möglichkeit aufzeigen. → Heidegger sieht, daß der Mensch der Welt verfallen, in Sorge und Lebensangst lebt und sich zu sichern sucht. Die Existenzphilosophie will aber zeigen, wie im Prozeß des Sich-selbst-Verstehens die Möglichkeit besteht, aus der Weltverfallenheit zur Freiheit, d.h. zur Eigentlichkeit seiner Existenz zu kommen. B. übernimmt dieses Schema, sagt aber, daß diese Möglichkeit nur ergriffen werden kann, wenn der Mensch durch die Begegnung mit Gott im Christus-Kerygma aus der Weltverfallenheit herausgerufen wird zur Freiheit von den Mächten der Welt und von der Weltangst. Glaube ist also Selbstverständnis und Gottesbeziehung in einem, deshalb der Satz, daß man von Gott nicht anders als in bezug auf die menschliche Existenz reden kann.

Innerhalb der Schule B.s verlegte sich die Debatte besonders auf Probleme der Hermeneutik, d.h. der Textauslegung. Es gab auch neue Positionen von B.s Ansatz aus. Wenn das Kerygma ein Mythos ist, dann ist für Herbert Braun auch Gott ein Mythos. »Gott« erfahre ich, wo mir menschliche Liebe, Geborgenheit begegnet. »Gott« ist eine Möglichkeit mitmenschlicher Beziehung. Auch Dorothee Sölle erkennt, von B. herkommend (vgl. Sölle, Politische Theologie, 1971) in der Entmythologisierung den »Tod« Gottes. Aber das »Absolute« in der Christusbotschaft bleibe, nämlich die Liebe. Wenn der Christ durch die Botschaft zur Freiheit kommt, wird er auch zur Liebe aufgerufen. Die Liebe – für B. noch ein Akt Gottes – ist nur Gesetz, welches der Christ durch sozialpolit. Werke in die Praxis umzusetzen hat. Das ist die Umkehrung von B.s Intention. Aber man muß fragen, ob diese Umkehrung nicht schon angelegt ist, wenn die Botschaft von Gottes Handeln in Christus auf ein menschliches Selbstverständnis zurückbezogen wird. Und ist es nicht tatsächlich eine Inkonsequenz, wenn Gott nicht auch in die existentiale Interpretation einbezogen wird?

B. beweist die Notwendigkeit der Entmythologisierung nicht am Kerygma selbst, sondern so, daß er die Entmythologisierung als Parallele zum Wechsel vom bibl. Weltbild zum Weltbild der modernen Wissenschaft versteht. Aber das alte Weltbild ist nicht mythisch, es ist real das Bild, wie sich die Welt dem menschlichen Auge darstellt. Diese Sicht wird durch die Wissenschaft nicht aufgehoben, sondern relativiert. Das wissenschaftl. Weltbild ist nicht unmittelbar anschaulich, es beruht auf Berechnung und kann nur am Modell anschaulich gemacht werden. Das bibl. Weltbild ist auch nicht »dreistöckig«. Die Unterwelt (Scheol, Abyssos, Hades) gehört nicht zur Schöpfung. Die bibl. Schöpfungsgeschichte erwähnt sie nicht, dafür steht 1Mo 1,1 und 2,4 und durch die ganze Bibel häufig der Ausdruck »Himmel und Erde« für die geschaffene Welt. Andererseits kann auch vom »Wohnen« Gottes im Himmel nur bildlich gesprochen werden. Gott »wohnt« auch zu Zion und bei seinem Volk (Ps 68,17; 78,3; 132,13), aber aller Himmel Himmel können ihn nicht fassen (1Kön 8,8.27).

B.s Frage nach der rechten Interpretation der bibl. Christusbotschaft müßte unabhängig von der Weltbild-Diskussion beantwortet werden. Sachgemäßer wäre es auch, wenn man anstelle des an die

Bibel herangetragenen Mythosbegriffs den bibl. Ausdruck Prophetie setzte. Die bibl. Rede vom Handeln Gottes ist prophetische Rede. Prophetie deckt in bestimmten Situationen das sonst verborgene Tun Gottes auf. Aber der Prophet verfügt nicht über Gott, Gott verfügt über ihn. Prophetie greift nicht nach dem Sein Gottes, sondern sie erkennt und bekennt ihn in seinem Namen. Eine bibl. Theologie, die von einer Besinnung über Prophetie und prophetische Rede ausgehend nach der rechten Textauslegung, nach dem rechten Reden von Gott und zu Gott fragt, könnte eine bibl. Antwort geben auf die Frage, was Reden von Gott und was »Verstehen« im Zusammenhang dieser Rede bedeutet, und sie könnte der Theologie auch helfen, von der Bindung an eine bestimmte Philosophie frei zu werden.

Lit.: Das Evangelium des Johannes, 1941; Die Geschichte der synoptischen Tradition, 1921; Jesus, 1926; Glauben und Verstehen I-IV, 1933-1965 (Ges. Aufsätze); Jesus Christus und die Mythologie, 1964; Neues Testament und Mythologie, 1941 (erschienen in Kerygma und Mythos I, 1948, neu hg. von E. Jüngel, 1985); Theologie des NT, 1953; Das Urchristentum im Rahmen der antiken Religionen, 1949.

K. Barth: Rudolf Bultmann. Ein Versuch, ihn zu verstehen, ThSt 34, 1952; G. Bornkamm: Die Theologie Rudolf Bultmanns in der neueren Diskussion, in: Ges. Aufsätze zum NT, Bd. 3, 1974; F. Flückiger: Existenz und Glaube, 1966; B. Jaspert (Hg.): Bibel und Mythos, 1991; O. Michel: Heilsereignis und Wortgeschehen im NT, in: ders., Dienst am Wort, 1986, 186-197; Kerygma und Mythos I-VI, hg. von H.W. Bartsch, I-VI. 1948-1961/62; W. Schmithals: Die Theologie Rudolf Bultmanns, 1966.

F. Flückiger

Bund

a) biblisch

1. Die Etymologie des hebr. Nomens *bĕrīt* (griech. *diathēkē*, »Verfügung«) ist umstritten; von akkad. *birit*, »zwischen« (M. Noth); von *bārah*, »ersehen«, »erachten« (E. Kutsch) oder von *bārāh* II, »essen«). Es empfiehlt sich die Ableitung von akkad. *birītu*, »Band«, »Fessel« (vgl. griech. *synthesia*, »binden«). Es ist kennzeichnend für das Alte Israel, daß ein Bund

a. zwischen ungleichen Partnern abgeschlossen werden konnte, unter Menschen (Jos 9,6.11; 1Sam 11,1) und vor allem zwischen Gott und Menschen, so mit Abraham (1Mo 17), David (2Sam 7), dem Volk Israel (2Mo 24);

b. – damit zusammenhängend –, daß Gott den B. »setzt«, »gibt«, »aufstellt«, »befiehlt«;

c. daß dieser eine Verpflichtung enthält und mit → Gesetz und Gebot gleichgestellt werden kann (5Mo 4,13; 33,9);

d. wie ein Gesetz oder Gebot »beachtet« und nicht gebrochen werden darf. Der Bruch des eidlich bekräftigten B.es (5Mo 29,12) wird mit der Todesstrafe bedroht, was u.a. durch ein Zeremoniell mit zerschnittenen Tieren angezeigt wird (1Mo 15; Jer 34,18-20).

Aber der vom Gott Israels gewährte B. bezeugt dessen Gnade (5Mo 7,9.12) und Treue (Ps 89,25.34). Vor allem wird ein neuer B. verheißen, bei dem Gott das Gesetz den Menschen ins Herz schreibt und ihnen die Sünden vergibt (Jer 31,31-34); erneuerte, von Gottes Geist geleitete Menschen werden seine Partner sein (vgl. Hes 36,26f).

2. Diese Verheißung eines neuen B.es hat weniger die Theologie der Rabbinen als vielmehr a.) den Glauben der Qumrangemeinde, sowie b.) das Wirken Jesu und die Verkündigung der Apostel geleitet.

Zu a.: die Damaskusschrift (CD) spricht von der jetzt schon existierenden »Gemeinde des neuen Bundes im Land Damaskus« (CD 6,19; 20,12), die sich als Kennzeichen der Buße zu einem besonders strikten Gesetzesgehorsam verpflichtet weiß (6,17ff; 20,10-13).

Zu b.: Dagegen ist der von Jesus initiierte neue B. durch seinen Sühnetod und die durch ihn erwirkte Sündenvergebung ermöglicht (Mk 14,24 parr; vgl. 1Kor 11,25; Hebr 8,8-13; 10,14-18). Die Glieder der neuen Bundesgemeinde werden durch den Geist des erhöhten Herrn verwandelt (2Kor 3,17f) und vom »Gesetz des Geistes des Lebens in Christus Jesus« dazu befreit, die Rechtsforderung des Gesetzes zu erfüllen (Röm 8,2-4.9-11).

Lit.: E. Kutsch: Sehen und Bestimmen. Die Etymologie von Berit. FS K. Galling, 1970; V. Korosec: Hethitische Staatsverträge. LRST 60, 1931, 165-178; M. Weinfeld: ThWAT I, 1973, 781-808.

O. Betz

b) theologiegeschichtlich

Bei den Kirchenvätern, besonders bei Augustin, spielte der Begriff des »Gnadenbundes« bereits eine gewisse Rolle, doch erst in der ref. Theologie kam es zur Entwicklung einer umfassenden Bundestheologie. Erste Ansätze hierzu finden sich bei → Zwingli. Später begegnen auch bei → Bullinger und → Calvin föderaltheol. Gedanken, die dann von ref. Theologen anderer Länder übernommen wurden. Die wichtigsten Vertreter in Deutschland waren Olevian, Ursin und → Hyperius, in England Perkins, Amesius und die Verfasser der Westminsterkonfession, in Holland De Brès, Gomarus und → Coccejus.

In den meisten dieser Vorstellungen bildet der Bundesgedanke die Grundlage zur Beschreibung des Verhältnisses zwischen Gott und Mensch. Ursin beschreibt den »Gnadenbund« als »ein gegenseitiges Versprechen und Übereinkommen zwischen Gott und den Menschen, wobei Gott den Menschen zusichert, er werde sich ihnen gnädig erweisen, und die Menschen sich Gott gegenüber dazu verpflichten, Buße zu tun, Glauben zu üben und in Gott wohlgefälligem Gehorsam zu leben.«

Eine solche Definition gab freilich Anlaß zu Diskussionen darüber, welcher Stellenwert den Voraussetzungen im Gnadenb. zukommt. Ist der Gnadenb. seinem Wesen nach an Bedingungen geknüpft oder frei davon? Die meisten Theologen entschieden sich für letzteres. Schon Calvin war der Ansicht, der Bund im AT sei im wesentlichen mit dem des NT identisch. Verschieden sei nur die »äußere Darbietung« (Institutio II, 10, 2).

Nach und nach kamen weitere Bundestheorien hinzu. Gegen Ende des 16. Jh.s wurde die Auffassung vertreten, Gott habe mit Adam vor dem Sündenfall einen »Werkbund« geschlossen, in dessen Mittelpunkt das Verbot stand, vom Baum der Erkenntnis zu essen. Problematisch an dieser Theorie ist jedoch, daß sie allzu leicht zu der Vorstellung führt, es gebe zwei Heilswege: vor dem Sündenfall den Weg, der auf menschlicher Leistung beruhe, nach dem Sündenfall den Weg der göttlichen Gnade. Die Zukunft des Menschen war jedoch von Anfang an abhängig von Gottes Gnade. Gehorsam war nie die Heilsbedingung, wie es die Westminsterkonfession formuliert (Westminsterkonfession, VII, 2), sondern lediglich der Heilsweg.

In der Mitte des 17. Jh.s wurde der Bundesgedanke von → Coccejus nochmals weiterentwickelt. Er wurde nun auch auf den ewigen Ratschluß Gottes und das Verhältnis der drei göttlichen Personen zueinander angewandt. Diese Form des Bundesgedankens bezeichnete Coccejus als »Erlösungsbund«. Demnach trafen Gott der Vater, der Sohn und der Heilige Geist eine Art Übereinkommen, dessen Ziel die → Erlösung des Menschen war. Jede der drei göttlichen Personen sollte dabei eine bestimmte »Aufgabe« übernehmen. Heute lehnen viele ref. Theologen diese Theorie als eine Spielart scholastischer Spekulation ab.

Die Bundestheologie wirkt sich in der ref. Theologie stets dann aus, wenn es um die Rechtfertigung der Kindertaufe geht (vgl. Heidelberger Katechismus, Frage 74).

Lit.: J. Guhrt: TBLNT I, [8]1990, 157-161; L. Perlitt: Bundestheologie im Alten Testament, 1970; G. Schrenk: Gottesreich und Bund im älteren Protestantismus vornehmlich bei Johannes Coccejus, 1923; M. Weinfield: ThWAT I, 1972, 781-808.

K. Runia

c) systematisch-theologisch

Der Begriff des B.es weist in seiner bibl. Bedeutung (s.o.) zum ersten auf den heilsgeschichtl. Charakter des göttlichen Heilshandelns, zweitens auf das Verhältnis sowohl der Kontinuität wie der Diskontinuität von AT und NT und drittens auf das Verhältnis zwischen Gott und Mensch.

1. Die verschiedenen atl. Bundesschlüsse (Noahb., Abrahamsb., Sinaib. und dessen Erneuerung im Moabb. und Sichemb.) lassen die sukzessive Vorbereitung der Erlösung und Erwählung in Christus im Rahmen einer Heilsökonomie erkennen, ungeachtet des jeweils verschiedenen Charakters der einzelnen B.esschlüsse. Es widerspricht daher dem geschichtl. Charakter des bibl. B.esgedankens, wenn K. → Barth den B. als den inneren Grund der Schöpfung prinzipialisiert. Die Schöpfung dient bei Barth lediglich als Voraussetzung für die sowohl atl. wie ntl. Darstellung des vor Grundlegung der Welt in Gott selbst geschlossenen Gnadenb.es (KD III/1).

2. Gegenüber dem auf der Basis des mosaischen Gesetzes geschlossenen Sinaib. hebt sich der B. des NT im Blut Jesu durch seine Bedingungslosigkeit und geistgewirkte Erfüllbarkeit scharf ab. Hatte der Sinaib., dessen Gültigkeit an die Bedingung des Gehorsams geknüpft war (2Mo 19,5), nach Paulus die päd. Funktion der Aufdeckung menschlicher Schwachheit und Schuld (Gal 3,15-24), so befreit der neue B. (Jer 31,31-34) durch das Blut Christi nicht nur von Sünde und Schuld, sondern durch die im B. enthaltene Gabe des Geistes (Hes 36,26f) auch zu einem neuen Gehorsam gegenüber dem vom Mißbrauch durch die Sünde befreiten ursprünglichen Gotteswillen im Gesetz des Geistes bzw. Christi (Röm 8,2-4; 13,8-10; Gal 6,2).

Gleichwohl wird durch den Begriff B. auch im NT die Kontinuität des zielgerichteten Heilshandelns des einen Gottes sichtbar gemacht, der seine Bundesverheißungen an Abraham nicht vergessen hat (Gal 3,15f; 4,21ff).

3. Schließlich wirft der Begriff des B.es auch ein Licht auf die Wechselseitigkeit des Verhältnisses von Gott und Mensch. So sehr der B.esschluß im

AT wie NT von Gott ausgeht, der sich in äußerster Einseitigkeit gegenüber seinem ungleichen B.espartner in die Pflicht nimmt (vgl. z.B. 1Mo 15 – nur Gott geht durch die gespaltenen Tiere und spricht sich damit im Falle seiner potentiellen Untreue das Todesurteil zu), bleibt der Mensch nie in der bloßen Zuschauerrolle verhaftet. Auch nach dem NT soll aus der passiv im Glauben empfangenen Versöhnung die Nachfolge in aktiver Liebe erwachsen, ohne daß dies jemals zur Bedingung des Heils erhoben würde.

Lit.: K. Barth: KD, Bd. III 1, ^{2}1947; E. Brunner: Dogmatik II, 1950, 251ff; H. Heppe: Dogmatik der ev.-ref. Kirche, (1861) neu hg. von E. Bizer, ^{2}1958; O. Weber: Grundlagen der Dogmatik, 1955, 323ff.

V. Gäckle

Bund der Evangelischen Kirchen in der DDR

Der Bund der Ev. Kirchen in der DDR (BEK) bestand vom 10. Juni 1969 bis zum Wiedereintritt seiner Gliedkirchen in die EKD im Juni 1991. Zu ihm gehörten die acht Ev. Landeskirchen der DDR, außerdem die Ev. Brüder-Unität, Distrikt Herrnhut (ab 1970). Der BEK entstand einerseits durch massiven Druck der Staatsorgane der DDR, die seit Einführung der DDR-Verfassung von 1968 nicht nur alle kirchl. Zusammenarbeit auf der Ebene der EKD blockierten, sondern auch jeden Kontakt zu den EKD-Mitgliedskirchen in der DDR ablehnten. Andererseits standen hinter der in freier kirchl. Entscheidung beschlossenen Gründung des BEK zugleich der Wunsch nach engerer Zusammenarbeit zwischen den Ev. Kirchen in der DDR und die Notwendigkeit, konkreter auf Probleme und Aufgaben der DDR-Umwelt zu reagieren. Der BEK verstand sich keineswegs als Notbehelf, sondern formulierte in seiner Ordnung das Ziel, die »vorgegebene Gemeinschaft« zu vertiefen und als »Zusammenschluß von bekenntnisbestimmten und rechtlich selbständigen Gliedkirchen. . . in der Einheit und Gemeinsamkeit des christlichen Zeugnisses und Dienstes« zusammenzuwachsen.

Seine Leitungsstrukturen zeigten besondere Akzente: Neben der Bundessynode (60 Mitglieder) stand die Konferenz der Ev. Kirchenleitungen, der die leitenden Geistlichen der Gliedkirchen, je ein weiterer Vertreter der acht Kirchenleitungen, der Präses der Synode, sieben von der Synode gewählte Mitglieder, der Leiter des Sekretariats und der Direktor der Brüder-Unität angehörten. Das Sekretariat wurde bewußt klein gehalten, lediglich sein Leiter trug den Titel »Oberkirchenrat«. Durch die Bildung von vier Kommissionen und sechs Ausschüssen wurden Arbeitsgremien eingerichtet, die Konferenz und Synode beraten und Entscheidungen vorbereiten sollten. Sie umfaßten alle kirchl. Arbeitsbereiche: Ausbildung, Ökumene, Theologie, Zeugnis und Gestalt der Gemeinde, Kirche und Gesellschaft, kirchl. Erziehung und Unterweisung, Jugendarbeit, Publizistik, Finanzen, Recht/Verwaltung/Organisation. In die Kommissionen und Ausschüsse wurden nicht nur Theologen, sondern auch Gemeindeglieder berufen. Als weiteres Arbeitsinstrument wurde 1974 die Theol. Studienabteilung eingerichtet.

Auch wenn das Vorhaben der Eisenacher Delegiertenkonferenz 1979, den BEK zu einer »Vereinigten Evangelischen Kiche in der DDR« zusammenzuführen, an der fehlenden Mehrheit in der Synode Berlin-Brandenburg scheiterte, beschloß die Bundessynode 1985 eine »Gemeinsame Erklärung zu den theologischen Grundlagen der Kirche und ihrem Auftrag in Zeugnis und Dienst« und bezeichnete die Gemeinschaft des Bundes »als Kirche im theologischen Sinn des Wortes«. Die besondere Zeugnis- und Dienstgemeinschaft im BEK führte nicht nur zur gemeinsamen Aufgabenwahrnehmung gegenüber der Ökumene und der Regierung der DDR (z.B. Grundsatzgespräch vom 6. 3. 1978, Gestaltung des Lutherjahres 1983), sondern auch zu für alle verbindlichen Arbeitsergebnissen, z.B. gemeinsames Pfarrerdienstgesetz, Rahmenplan für die kirchl. Arbeit mit Kindern und Jugendlichen, Leitsätze zum konfirmierenden Handeln, Grundsätze zur Teilnahme von Kindern am Abendmahl, Konzeptionen für die Ausbildung hauptamtlicher Mitarbeiter, Gottesdienst zur Eheschließung zwischen Christ und Nichtchrist. Von besonderer Bedeutung waren die jährlichen Bundessynoden. Sie vermittelten inhaltliche Leitlinien für die Arbeit des Bundes (1971: Kirche für andere – Zeugnis und Dienst der Gemeinde; 1973: Kirche nicht neben, nicht gegen, sondern im Sozialismus; 1974: Kirche als Gemeinschaft von Lernenden; 1977: Der Laie in Gemeinde und Kirche; 1984: Christliche Verantwortung für die Schöpfung; 1987: Bekennen in der Friedensfrage). Seit Anfang der 80er Jahre gehörten Aufgaben der Friedensverantwortung, seit 1985 zusätzlich Fragen des konziliaren Prozesses zu den regelmäßigen Arbeitsschwerpunkten. Durch ihre gesellschafts- und staatskritischen Äußerungen und Beschlüsse trug die Bundessynode wesentlich zur Wende von 1989 bei.

Lit.: Gemeinsam unterwegs, Dokumente aus der Arbeit des Bundes. . ., 1989; Kirche als Lerngemeinschaft, Dokumente aus der Arbeit des Bundes. . ., 1981; Mitteilungsblatt des Bundes der Ev. Kirchen der DDR, 1971-1991.

W. Nixdorf

Bund Deutscher Gemeinschafts-Diakonissen-Mutterhäuser

Gründungsdatum: 4. 4. 1922. Der »Bund« hatte sich von Anfang an zum Ziel gesetzt, neben der Förderung der weiblichen Diakonie innerhalb der deutschen → Gemeinschaftsbewegung die bibl. → Bekehrung zur Hauptbedingung für die Aufnahme von Schwestern zu machen. Neben dem → Deutschen Gemeinschaftsdiakonieverband gehört der Bund zum → Evangelischen Gnadauer Gemeinschaftsverband. Im Juni 1991 erfolgte die Wiedervereinigung des Bundes Ost und West. Gegenwärtig gehören folgende Diakonissenmutterhäuser dazu:

- Mutterhaus Salem-Lichtenrade in Bad Gandersheim,
- Mutterhaus Kinderheil in Bad Harzburg,
- Diakonissenhaus St. Michael in Berlin,
- Diakonissenhaus Lobetal in Lübtheen/Mecklenburg,
- Diakonissenhaus Zion in Aue/Sachsen,
- Diakonissenhaus Puschendorf bei Nürnberg,
- Mutterhaus Aidlingen in Württemberg,
- Mutterhaus Liebenzell in Württemberg,
- Diakonissenhaus St. Chrischona bei Basel.

In diesen Mutterhäusern tun rund 2.000 Diakonissen ihren Dienst der Liebe in Tat und Wort: in der tätigen Diakonie und in der Verkündigung des Evangeliums in vielfältiger Ausprägung.

M. Gresing

Bund evangelisch-reformierter Kirchen in Deutschland → Reformierter Bund

Bund evangelisch-freikirchlicher Gemeinden → Baptisten; → Elim-Gemeinden; → Versammlung, christliche

Bund Freier evangelischer Gemeinden

a) in Deutschland

1. Geschichte

Ihre geistl. Wurzeln haben die Freien ev. Gemeinden in den Erweckungen des 19. Jh.s. Sie entstanden zuerst in der Schweiz und in Frankreich und 1854 durch Hermann Heinrich → Grafe auch im Wuppertal. Die Lehre von der → Gemeinde und dem → Abendmahl als Mahlgemeinschaft der Glaubenden führte zur Trennung von der Volkskirche. 1950 hatte sich aus polit. Gründen der B.F.e.G. in der DDR gebildet. Nach der Wiedervereinigung gliederte er sich am 1. 1. 1991 mit 20 Gemeinden, knapp 900 Mitgliedern und 14 Pastoren wieder in den B.F.e.G. Deutschlands ein.

2. Gemeindeverständnis

Die Bibel gilt als das vollkommene Wort Gottes und soll den Glaubensinhalt und das Leben ordnen. Darum ist den Freien ev. Gemeinden das NT normativ für ihr Gemeindeverständnis. In Gemeinden von Glaubenden soll die ntl. Beschreibung der Gemeinde als Leib des Christus sichtbar werden. Als Voraussetzung für die Mitgliedschaft wird das persönliche Bekenntnis zu Jesus Christus erwartet.

Die → Taufe von Glaubenden wird gelehrt und praktiziert. Weil aber der Einigkeit der Gemeinde Vorrang vor der Einheit in Lehrmeinungen gegeben wird, soll auch die Gewissenshaltung derer respektiert werden, die ihre Kindertaufe als gültig ansehen.

Am Abendmahl kann teilnehmen, wer seines Heils in Christus gewiß ist und nicht gegen die Gebote Jesu lebt.

Der Dienst von Pastoren und → Ältesten ist üblich, begründet aber keine Hierarchie, sondern ist in das allgemeine Priestertum der Glaubenden eingeordnet.

3. Strukturen

Die Gemeinden entsprechen dem kongregationalistischen Gemeindebild und verantworten ihre Aufgaben selbständig. Die Finanzierung geschieht durch freiwillige Spenden.

Untereinander pflegen die Gemeinden eine freiwillige, enge Gemeinschaft gemäß der Präambel ihrer Verfassung: »Der Bund Freier evangelischer Gemeinden ist eine geistliche Lebens- und Dienstgemeinschaft selbständiger Ortsgemeinden.«

4. Zahlen und Dienste

1992 zählt der Gemeindebund über 300 Ortsgemeinden, 27.000 Mitglieder, die auf Grund ihres persönlichen Bekenntnisses aufgenommen wurden, und etwa 250 Pastoren im aktiven Dienst. Zu den Gottesdiensten kommen mehr als 30.000 regelmäßige Besucher.

Der gemeinsame Dienst geschieht u.a.

- in der »→ Allianz-Mission im Bund Freier evangelischer Gemeinden« mit ca. 130 Missionaren/innen,

- der Inlandmission mit über 30 Pastoren,
- den diakon. Werken »Bethanien« in Solingen und »Elim« in Hamburg,
- dem Frauen-, Jugend- und Kinderwerk,
- dem Theol. Seminar in Ewersbach bei Dillenburg,
- dem Bundesverlag in Witten.

5. Zwischenkirchliche Beziehungen

Freie ev. Gemeinden betrachten sich als Teil der Gesamtgemeinde Jesu und pflegen Gemeinschaft innerhalb der Evangelischen → Allianz und der Vereinigung Evangelischer Freikirchen.

Das zwischenkirchl. Gespräch findet vor allem auf der Ebene der → Arbeitsgemeinschaft Christlicher Kirchen (ACK) statt, in der sie Gastmitglied sind. Zum Ökumen. Rat der Kirchen unterhalten sie keine Beziehungen.

Lit.: K. Bussemer: Die Gemeinde Jesu Christi, 1976; E.W. Erdlenbruch, H.-A. Ritter: Freie evangelische Gemeinden, 1990; W. Haubeck, G. Hörster: Berufen zum Diener des Wortes Gottes, 1987; Ein Act des Gewissens. Dokumente zur Frühgeschichte der Freien evangelischen Gemeinden, 2 Bde., hg. von W. Dietrich, 1988; H. Lenhard: Die Einheit der Kinder Gottes, 1977.

K.H. Knöppel

b) in der Schweiz

1. Geschichte

Karl von Rodt (1805-1861) wurde von der Erwekkungsbewegung in Genf geprägt. Er schloß sich in Bern einer kleinen Gruppe an, der »Eglise de Dieu« (1829). Die Absonderung von der Staatskirche bewirkte, daß er von der Regierung verbannt wurde. Nachdem ein Umschwung in Bern 1831 die Glaubens- und Gewissensfreiheit brachte, kehrte von Rodt zurück. In der Stadt und der Umgebung gründete er die ersten Freien Gemeinden. Ein Bund entstand 1834 und umfaßte drei Jahre später 45 Ortsgemeinden. Etwa ab 1850 wurden diese »Freie Evangelische Gemeinden« genannt. Eine ähnliche Entwicklung ging von Stephan Schlatter (1805-1880) in St. Gallen aus. 1877 kam es zur Gründung eines Bundes in der gesamten Deutschschweiz. Nachdem um die Jahrhundertwende die Aktivitäten erloschen waren, wurde 1910 der bis heute bestehende B. neu gegründet.

Die Arbeit von Karl von Rodt hatte Ausstrahlung in viele Teile Europas und gab dazu Anlaß, daß 1948 der »Internationale Bund Freier ev. Gemeinden« in Bern gegründet wurde.

2. Lehre und Praxis

Grundlage ist die Bibel, das von Gott inspirierte Wort. Ein Mensch wird allein durch den Glauben an Jesus und sein Erlösungswerk gerettet. Im geistl. Leben soll der Christ ständig wachsen. Dazu kommt, daß er in Wort und Tat das Evangelium in der Welt bekannt macht.

Es werden nur gläubige Menschen getauft. Die Gläubigentaufe wird als Schritt des Gehorsams erwartet, ist aber nicht Voraussetzung für die Gemeindezugehörigkeit. Am → Abendmahl können alle teilnehmen, die sich zu Jesus Christus bekennen.

3. Struktur

Die Gemeinden werden von → Ältesten geleitet, zu denen auch der Verkündiger gehört. Jede Ortsgemeinde ist ein selbständiger eingetragener Verein. Dies ermöglicht große Entfaltungsmöglichkeiten, aber auch Unterschiede zwischen den Gemeinden. Der B. hat nur beratende und keine bestimmende Funktion.

Der B. ist ebenfalls als Verein organisiert. Oberste Instanz ist die Delegiertenkonferenz. Jede Gemeinde entsendet zwei Delegierte und den/die vollamtlichen Verkündiger. Ausführendes Organ ist die Bundesleitung.

4. Statistik

55 Gemeinden mit 46 Zweigstellen haben ca. 6.000 Mitglieder. Dazu kommen etwa 3.500 junge Menschen. Bundeswerke sind: Europamission, Inlandmission, Kinder- und Jugendarbeit, Medienarbeit, Kinderheim, Jugendhaus, Alten- und Pflegeheim, Bauhilfsgenossenschaft.

Lit.: A. Mauerhofer: Eine Erweckungsbewegung im 19. Jahrhundert, 1987.

S. Nüesch

Bundesbuch → Pentateuch

Bunsen, Christian Carl Josias, Freiherr von (1791-1860)

B., geb. am 25. 8. 1791 in Korbach, gest. am 20. 11. 1860 in Bonn. Als Freund → Friedrich Wilhelms IV. war er preußischer Diplomat in Rom, Bern und London, ein weit gebildeter und interessierter

Mann. 1841 glückte ihm durch geschickte Verhandlungen die Errichtung des preußisch-englischen Bistums Jerusalem. In Rom gründete er die deutsche ev. Gemeinde und komponierte für sie eine eigene Liturgie, in England gab er nach dem Vorbild des → Book of Common Prayer das »Allgemeine ev. Gesang- und Gebetbuch« der Gemeinde in die Hand. Ansonsten war er eher liberaler Gesinnung und für Gewissens- und Glaubensfreiheit, gegen F. Stahl Befürworter der Union in Preußen. Immer setzte er sich für eine »Gemeindekirche« anstelle der Amtskirche ein, schrieb in seinen letzten Lebensjahren an einem »Bibelwerk für die Gemeinde« und wirkte mit bei der Begründung der Deutschen Ev. → Allianz.

Lit.: E. Geldbach: Reform der Kirche, in: ZRGG 27, 1975, 153-165.

G. Ruhbach

Bunyan, John (1628-1688)

Der am 28. 11. 1628 in Elstow bei Bedford getaufte Sohn eines Kesselflickers ist einer der einflußreichsten Erbauungsschriftsteller der Neuzeit. Mit 16 Jahren nahm er am von 1642-48 währenden Bürgerkrieg teil und stand auf der Seite der Parlamentspartei. In den Streitkräften der → Puritaner wimmelte es damals von schwärmerischen Vorstellungen. B. erlebte auf diese Weise die rel. Vielfalt des Puritanismus. 1647 heiratete er. Seine Bekehrung zum Christen fand unter langen Anfechtungen zwischen 1650 und 1655 statt. Er beschrieb sein inneres Werden in »Grace Abounding to the Chief of Sinners« (1666). Geistl. wurde er begleitet von der Gemeinschaft der Independents in Bedford unter Leitung des John Gifford, der B. auch taufte. Dennoch vertrat B. später die Wiedertaufe nicht.

Nachdem Karl II. 1660 das Haus der Stuarts wieder installieren konnte, ist die Zeit der Independenten vorbei. 1662 erfolgt im Act of Unity die Wiederherstellung der englischen Staatskirche und die allgemeine Verpflichtung auf das → Book of Common Prayer. B. wurde in den folgenden Jahrzehnten wiederholt inhaftiert, durfte aber an Gemeindeversammlungen teilnehmen und wurde, noch inhaftiert, 1672 zum Pastor der Bedforder Gemeinde gewählt. In der Haft schrieb er mehrere Erbauungsbücher, so 1680 »The Life and Death of Mr. Badman« und »Pilgrim's Progress« (1678). Dies Buch, in dem B. den Weg des Christen in der Welt beschreibt, verbreitete sich außergewöhnlich rasch, wurde noch zu B.s Lebzeiten ins Französische und Holländische,

später in über 200 Sprachen übersetzt (dt. zuerst 1751; zahlreiche Neuübersetzungen im 19. Jh.). Jeder Christ, ob gebildet oder nicht, kann sich in der erfahrungsbezogenen Offenheit der Gestalt des »Christ« wiederfinden. Berühmt geworden, konnte B. ohne Behelligung seitens der Behörden fortan große Versammlungen der Independenten abhalten. Am 31. 8. 1688 starb er in London.

Lit.: The Whole Works of John Bunyan, hg. von George Offor, 3 Bde., 1853-1862.

J. Bunyan: Überreiche Gnade für der Sünder größesten, 1666, übers. und erläutert von E. Hirsch, 1966; ders.: Pilgerreise zur seligen Ewigkeit, 1975; R.L. Greaves: John Bunyan, 1969; Chr. Hill: A turbulent, Seditious and Factious People, John Bunyan and his Church 1628-1688, 1988; E.H. Pältz: John Bunyan. Ein Pilgrim Gottes, 1956; R. Sharrock: John Bunyan, [2]1968.

H.-J. Hoeppke

Burckhardthaus

Seit 1. 6. 1992 sind die beiden Burckhardthäuser in Gelnhausen und Berlin/Potsdam als »Evangelisches Institut für Jugend- und Sozialarbeit e.V.« wieder unter einem gemeinsamen Dach. In Berlin/Potsdam wird der Aufbau und die Entwicklung von Jugendarbeit in den neuen Bundesländern im Vordergrund stehen. Ansonsten geht es auch dort wie in Gelnhausen um bundeszentrale, berufliche Fort- und Weiterbildung primär hauptamtlicher Mitarbeiter/ Mitarbeiterinnen in der Kirche (und bei anderen Trägern). Die berufsbegleitenden, zumeist qualifizierenden Langzeitprogramme orientieren sich an folgenden Schwerpunkten:

- Beratung und Supervision
- Sozial- und Jugensozialarbeit
- Theologische Fortbildung (und Bibliodrama)
- Kulturelle Bildung (Dialog von Kirche und Kunst).

Durchgehende Bezugspunkte aller Programme sind neben dem Bezug zur Jugendarbeit und der Orientierung an den Bedingungen im Gemeinwesen frauen- und mädchenspezifische Fragen und die ökumen. Dimension.

Die Ursprünge des B.es liegen in dem 1893 in Berlin von Pfarrer Johannes Burckhardt gegründeten »Vorständeverband der evangelischen Jungfrauenvereine Deutschlands«. Die Jugendverbandsarbeit für die weibliche Jugend verbindet sich mit dem B. (Gründungmitglied des YWCA) ebenso wie die Ausbildung von Gemeindehelferinnen (1901 beginnt Burckhardt die Ausbildung von »Berufsarbeiterinnen der Inneren Mission«; 1926 wird diese Arbeit in die von Anna Paulsen und Wilhelm Thiele geleitete »Bibel- und Jugendführerschule« überführt). Das ist der Beginn weiblicher beruflicher Sozialarbeit.

Die Verbandsarbeit wird nach 1945 an die Landeskirchen abgegeben, und 1971 wird auch die Ausbildung von Gemeindehelferinnen eingestellt und die Umwandlung zum Fortbildungsinstitut für kirchl. Mitarbeiter/Mitarbeiterinnen aus unterschiedlichen Grundberufen vollzogen. Geblieben ist das Bemühen, christl. Glauben und soziale Not konkret aufeinander zu beziehen - im ständigen Dialog zwischen Theologie und Humanwissenschaften.

Lit.: P. Musall: Vom Vorständeverband zum Institut (Jahresbericht 1978); B. Thiele: Jugendarbeit als Spiegel des Zeitgeschehens, 1968.

P. Musall

Bürgerrechte → Menschenrechte

Bürgertum

Nach dem Niedergang des Städtewesens im weström. Reich keimten seit dem 11. Jh. in Europa neue Stadtgemeinden auf, die an antike Traditionen anknüpften. Das europäische B. wuchs v.a. im 12. und 13. Jh. aus Fernhandel und Handwerk empor, indem es gegen feudale Stadtherren die Selbstverwaltung durchsetzte. Inmitten der Naturalwirtschaft legte es den Grund zur Geldwirtschaft und durchbrach mit der städtischen Autonomie auf genossenschaftlicher Grundlage die herrschaftlich organisierte Feudalordnung.

Mit → Humanismus, → Renaissance und → Reformation erreichte das B. in weiten Teilen Europas eine geistige Führungsrolle und die wirtschaftl. Vormachtstellung. In der frühbürgerlichen Bewegung des 16. Jh.s stellte es die führende Kraft in der Gesellschaft dar, ohne jedoch die polit. Macht an sich bringen zu können. Gegenüber der adlig-höfischen bildete sich die bürgerliche Kultur aus.

In der europ. Aufklärung des 18. Jh.s erhob sich das B. zu neuem Selbstbewußtsein und bildete in Philosophie und Rechtswissenschaft ein gegen den Absolutismus gerichtetes System von Theorien aus, wobei die Menschen- und Bürgerrechte, die Lehre von der Gewaltenteilung und die Idee der Volkssouveränität hervorgebracht wurden. Nach der Glorreichen Revolution 1688 in England und der amerikanischen Unabhängigkeit 1776 brachte die Französische Revolution 1789 erstmals in Europa den »dritten Stand« an die polit. Macht und die bürgerlichen Ideale von Freiheit und Gleichheit zum Durchbruch. Seitdem drängten Liberalismus und demokratische Bewegung zum bürgerlichen Verfassungsstaat, der zumeist auf dem Wege der Reform von oben verwirklicht wurde. In ihm wurde die bürgerliche Freiheit auf alle »Staatsbürger« ausgedehnt.

Im Zuge der industriellen Revolution steigerte das B. die Geldwirtschaft zum voll entfalteten → Kapitalismus, die Industrialisierung brachte die Industriegesellschaft hervor, in der die nicht bewältigte »Soziale Frage« sozialistische Bewegungen aufkeimen ließ. Unter ihnen wurde der Marxismus zur stärksten Herausforderung der »Bourgeoisie«. Die technologische Fortentwicklung brachte jedoch den Rückgang der Arbeiterschaft und ihre Verbürgerlichung mit sich.

Obwohl die bürgerliche Gesellschaft in der zweiten Hälfte des 20. Jh.s von systemkritischen Bewegungen von innen heraus in Frage gestellt und in ihrem Selbstverständnis als »spätbürgerlich« verunsichert wurde, erscheint ihr Fortbestand besonders nach dem Zusammenbruch des sowjetisch-sozialistischen Ostblocks 1990/91 gesichert. Die in der europäischen Stadt des Mittelalters geborene bürgerliche Kultur und Zivilisation hat mit ihren im 19. Jh. geschaffenen Grundlagen von Konstitution und Maschine nach dem Zweiten Weltkrieg ihren Einfluß auf die gesamte Welt bewiesen, dabei aber auch mit der Entstehung verbürgerlichter Eliten und mit der Industrialisierung in außereuropäischen Gebieten gewachsene Strukturen zerstört.

Lit.: K.D. Bracher: Ende des bürgerlichen Zeitalters?, in: Aus Politik und Zeitgeschichte, Beilage zu »Das Parlament« B 48/1978; O. Gmelin: Naturgeschichte des Bürgers, 1929; G.W.F. Hegel: Die bürgerliche Gesellschaft, in: Grundlinien der Philosophie des Rechts, 1821 (1976); W.H. Riehl: Die bürgerliche Gesellschaft, (1851) 1976.

K. Blaschke

Burgunder → Germanen, Christianisierung der

Busch, Johannes (1905-1956)

B., geb. am 11. 3. 1905 in Wuppertal, gest. am 14. 4. 1956 in Bochum nach einem Autounfall bei einer Dienstfahrt. Aufgewachsen in Frankfurt/M. Die geistl. Wurzeln lagen (über den Vater Pfr. Dr. Wilhelm Busch) im Baseler und im rheinischen und (über die Mutter Johanna, geb. Kullen) im schwäbischen → Pietismus.

Nach dem Theologiestudium in Bethel, Tübingen, Basel, Münster (K. Barth) wurde B. 1930 Pfarrer in einem Bergarbeiterbezirk von Witten/Ruhr. Als aktives Glied der Bekennenden Kirche im Kirchenkampf wurde B. zum Bundeswart des Westdeutschen Jungmännerbundes und später zum Landesjugendpfarrer von Westfalen berufen. Nach seiner Rückkehr aus engl. Kriegsgefangenschaft wurde B. zum sog. »Reichs-Evangelisten« und »Reichs-Seelsorger«. Neben Predigten, Evangelisationen, Rüstzeiten und Vortragsdiensten war es B. wichtig, einzelnen zum Glauben zu helfen. Für B.s Verkündigung waren bezeichnend: Ehrfurcht vor der Bibel, das Liebmachen des Heilandes der Sünder, der Aufruf zum brennenden missionarischen Einsatz. B. war ein demütiger und zugleich vital-fröhlicher Christ, voll Erbarmen mit einzelnen Suchenden. Sein Einsatz galt dem »freien Werk in der Kirche« und der Mitverantwortung des Laien in der Kirche.

Lit.: J. Busch: Stille Gespräche. Seelsorger für Mitarbeiter, [13]1985; W. Busch: Johannes Busch. Ein Botschafter Jesu Christi, 1956.

R. Scheffbuch

Busch, Wilhelm (1897-1966)

B., geb. am 27. 3. 1897 in Elberfeld, gest. am 20. 6. 1966 in Lübeck auf der Rückreise von einem Evangelisationseinsatz auf Rügen; älterer Bruder von Johannes → B. (gemeinsame geistl. Wurzeln vgl. dort). Im Ersten Weltkrieg wurde B. als Freiwilliger und Offizier, vor Verdun »von Jesus persönlich ergriffen«. Nach dem Theologiestudium in Tübingen (bei A. Schlatter und K. Heim) war er ab 1924 38 Jahre Pfarrer in Essen/Ruhr, zuerst in einer Bergarbeitergemeinde, dann ab 1930 Jugendpfarrer und Leiter des Weigle-Hauses.

Im Ringen um die unverfälschte Wahrheit des bibl. Evangeliums und um die Freiheit ev. Jugendar-

beit wurde B. ein kompromißloser Vorkämpfer der Bekennenden Kirche (mehrfach inhaftiert; Reichsredeverbot). B.s evangelistische Gabe bestand darin, das bibl. bezeugte Heilsangebot theol. verantwortet, packend-anschaulich, fröhlich-werbend, gewissen- und glaubensweckend in Rede, Buch (Andachtsbücher, Predigtbände, Lebensbilder) und in aufrüttelnden Zeitschriftenartikeln weiterzugeben und das auch einem Schülerkreis (Parzany, Demmer, Währisch, Teschner, Eißler, W. Scheffbuch u.a.) zu vermitteln. B. war als Evangelist, als Leiter der Essener »Tersteegen«-Glaubenskonferenz, als Schriftleiter des auflagenstarken Monatsblattes »Licht und Leben«, als evangelistischer Schriftsteller so etwas wie der »geheime Präses« des deutschen → Pietismus und zugleich ein prophetisch-kritischer »Rufer zur Sache« des Evangeliums im Nachkriegsprotestantismus.

Lit.: W. Busch: Verkündigung im Angriff. Gesammelte Aufsätze über Jugendarbeit, Kirche, Theologie und Pietismus, hg. von H. Währisch, 1968; W. Busch: Jesus unser Schicksal, [32]1992, auch in engl., franz., ital.; U. Parzany: Im Einsatz für Jesus. Programm und Praxis des Pfarrers Wilhelm Busch, 1973.

R. Scheffbuch

Bußbücher

B. sind für die Hand des Beichtvaters gedachte Kataloge mit präzisen Angaben einer Buße für eine bestimmte Sünde, zum Beispiel Fasten, Gebete, Züchtigungen, Geldstrafen u.a. Die älteren B. sind in den Klöstern Irlands, Englands und Schottlands seit 450 nachweisbar. Im 7. und 8. Jh. wurden sie präzisiert und mit der iroschottischen Mission auch auf den Kontinent gebracht. Da die verschiedenen B. die einzelnen Sünden unterschiedlich beurteilten, herrschte im MA beträchtliche Unsicherheit in der Beichtpraxis. Die Karolingische Reform und Papst Gregor VII. versuchten zwar, zu Vereinheitlichungen zu kommen, aber vergebens. Erst das Decretum Gratianum um 1140 beendete die Tradition der B.

So problematisch die Verdinglichung der Sündenstrafen war, so haben die B. doch zur Verfeinerung des Gewissens beigetragen. Hist. gesehen sind sie wertvolle Zeugnisse für die Beichtpraxis und Sittengeschichte ihrer Zeit.

Lit.: F. Liebermann: Zu den Bußbücher der lateinischen Kirche, in: ZSavRGkan 10, 1920, 292-301; H.J. Schmitz: Bußbücher und die Bußdisziplin der Kirche I/II, 1883, 1898.

G. Ruhbach

Buße

a) biblisch

»Buße«, »Buße tun« ist Luthers Wiedergabe der bibl. Begriffe, die ein Sich-Hinwenden des eigenwilligen Menschen, und vor allem des abtrünnigen Volkes, zu Gott bedeuten.

1. Im AT wird der Vollzug der B. durch das Verbum *schûb* (LXX *epistrephō*) beschrieben, das nicht etwa in übertragenem Sinn ein Bereuen, sondern das konkrete, ursprünglich räumlich gedachte »Sich-Abwenden« (*schûb min* = *apostrephō*) vom Bösen (Jer 18,8; 44,5; Hes 14,6; 18,21.30), besonders vom Götzendienst (Hes 14,6), voraussetzt. Der Ruf zur B. ist ein besonderes Kennzeichen israel. Frömmigkeit und der prophetischen Verkündigung, vor allem bei Jeremia und Hesekiel (Jer 3,14; 4,1; 8,4-7; vgl. Klgl 5,21; Hes 3,16-21; 18,31f; Jes 10,22; 55,7; Hos 14,2-4; Joel 2,12f); er läßt erkennen, daß eine bloß rituelle Sühne, etwa durch ein Schuldopfer (3Mo 4), nicht ausreicht. Aber für echte B. und sittliche Erneuerung werden die Reue Gottes, sein gnädiges Erbarmen in Aussicht gestellt (Joel 2,12-27; Jes 55,7). Ausdruck einer öffentlichen B. waren das → Fasten und das Tragen eines härenen Bußgewandes (*saq*), sowie das Zerreißen der Kleider (Joel 2,13). In besonderen Nöten konnte ein → Buß- und Bettag gehalten werden; auch sind Bußliturgien und Bekenntnisse des ganzen Volkes überliefert (Hos 6,2ff; Jes 63). Letztlich ist die Umkehr Israels das Werk Gottes, der das Geschick seines Volkes wendet (Jer 31,18.20; vgl. 30,3.18; 33,7.11).

2. Im Judentum wurde das Nomen *teschûbāh*, »Umkehr«, »Buße« geprägt. Von der B. bestimmt sind das Neujahrsfest (1. Tischri) und der Große Versöhnungstag (10. Tischri), sowie die zwischen ihnen liegenden Tage. Die Bedeutung der B. wird auch daran ersichtlich, daß sie zu den präexistenten Größen gehört. Eine Bußbewegung hat zur Bildung der sogenannten Qumrangemeinde geführt, wobei die einzelnen Bußwilligen die Abkehr vom Bösen durch den Auszug aus dem Kulturland und die Hinwendung zu Gott durch gewissenhafte Erfüllung der Tora bekräftigten (CD 4,2f; 1 QS 5,1ff). Den Qumranfrommen nahe stand Johannes der Täufer, der wegen des drohenden Gerichts zur B. rief, aber die Früchte der B. auch im weltlichen Stand und Beruf bringen hieß (Mk 1,4f; Lk 3,12-14).

3. Im NT wird die B. vor allem durch die griech. Wörter *metanoein*, *metanoia* ausgedrückt, die das

Umkehren im Sinne eines Umdenkens und neuen Sich-Selbst-Verstehens bezeichnen. Buße-tun heißt bei Jesus Umkehren in die offenen Arme Gottes und Glauben an das in der messianischen Sendung begründete Evangelium (Mk 1,15; Mt 18,3; Lk 14,15-24; 13,1-3). Bei Paulus und Johannes tritt der Begriff B. zurück. Diese ist im Glauben an die Botschaft vom Kreuz mit vollzogen, die für die Juden ein Ärgernis und für die Griechen Torheit war und deshalb ein radikales Umdenken und Sich-Verlassen auf Gottes Weg erforderte.

Lit.: R. Hermann: »Buße«, RGG³, I, 1534-38; O. Michel: ThWNT IV, 1943, 630-633; H. Wißmann, P. Welten, L. Jakobs, J. Becker, G.A. Benrath: »Buße I. - VI.«, TRE 7, 1981, 430-473.

O. Betz

b) theologiegeschichtlich

1. In der Alten Kirche

In nachapostol. Zeit ergab sich auf dem Hintergrund eines verkürzten Sünden- und Vergebungsverständnisses das Problem, wie innerhalb der Gemeinde mit Christen umgegangen werden sollte, die nach ihrer → Taufe und der damit geschenkten umfassenden Sündenvergebung erneut in Sünde gefallen waren. Für leichtere Sünden konnten im Anschluß an das öffentliche Sündenbekenntnis vor der Gemeinde die drei klass. Bußleistungen des Betens, Fastens und Almosengebens erbracht werden, die eine ewige Bestrafung abwenden würden. Schwieriger gestaltete sich das Problem bei den drei unvergebbaren Todsünden (Abfall vom Glauben, Mord und Ehebruch). Für diese Sünden wird erstmals in der Schrift »Hirt des Hermas« (um 140 in Rom entstanden) die Möglichkeit einer zweiten B. nach der Taufe eröffnet. Diese Schrift betont gleichermaßen die Barmherzigkeit Gottes, die auch für schwere Sünden eine umfassende Vergebung gewährt, wie andererseits den Ernst und die Strenge der B. Wurde nach dieser einmaligen Gelegenheit der B. erneut eine Todsünde begangen, dann ging der Sünder der ewigen Verdammnis entgegen.

Diese Sicht teilte auch → Tertullian (um 210), der seinerseits besonderen Wert auf die genugtuende Bußleistung legte und als erster eine gewisse Systematisierung der B. vornahm: Durch das Bekenntnis (*confessio*) wird die Genugtuung (*satisfactio*) »disponiert« und die B. (*poenitentia*) »geboren«, die wiederum Gott gnädig zu stimmen vermag. Die B. wurde von Tertullian als Werk verstanden, das eine sündentilgende Wirkung entfaltet.

Über dem Problem der kirchl. Handhabung der Bußzucht kam es in der ersten Hälfte des 3. Jh.s in Rom zu zwei Schismen. In der Auseinandersetzung zwischen Hippolyt und Bischof Calixt I. (217) ging es ebenso um den Vorwurf der bischöflichen Laxheit bei der voreiligen Gewährung der Vergebung, wie im Schisma zwischen dem röm. Presbyter Novatian und seinem Bischof Cornelius (251), bei dem es um die Frage der Wiederaufnahme von Abgefallenen während der decischen Verfolgung (250/251, → Christenverfolgungen) ging. Dasselbe Problem behandelte auch Cyprian von Karthago im Sinne einer gemäßigten Position, die eine grundsätzliche Vergebungsbereitschaft und Wiederaufnahme der Bußfertigen vertrat, freilich nicht ohne vorherige Bestrafung, Genugtuungsleistung und Bewährungszeit.Epochale Bedeutung für das kath. Bußinstitut bekam Cyprian aber durch seine Verknüpfung der Bußzucht mit dem Bischofsamt, dem von Jesus die Schlüsselgewalt des Lösens und Bindens übergeben worden sei (vgl. Mt 16,19).

Diesen Standpunkt vertrat auch 150 Jahre später Augustin: Nur die kath. Kirche habe das Recht, Sünden zu vergeben. Daher könne es auch nur innerhalb der Kirche das Heil geben. Augustin betonte neben der unbegrenzten Sündenvergebung vor allem auch den Strafcharakter der B., da für jede Sünde eine Genugtuung erbracht werden müße, wenn man der göttlichen Bestrafung entgehen wolle. Gleichwohl vertiefte Augustin das Sünden- und Bußverständnis dahingehend, als er auch die unser ganzes Leben begleitenden alltäglichen Sünden in ihrer Schwere und Vergebungsbedürftigkeit erkannte: Die Buße muß unser ganzes Leben durchziehen.

Eine Bußtheorie ganz eigener Art entwickelte im Osten Origenes. Sünde und Buße sind hier ein wesentlicher Teil des heilsgeschichtlichen Weltprozesses. Subjekt von Sünde und B. ist nicht nur der Mensch, sondern sind alle »Logoswesen«, also auch Engel und Dämonen, sogar der Satan selbst. Dieser Prozeß, der bereits in präexistenten Welten begonnen hat, erstreckt sich auch in künftige Welten hinein, in denen der reinkarnierte Sünder Gelegenheit hat, für die Verfehlungen seines vorigen Lebens B. zu tun (für die Sünde eines Tages muß mit einem Jahr Strafe gerechnet werden). Am Ende ewiger Weltzeiten steht für Origenes die »Wiederbringung aller Dinge« (Apg 3,21; → Allversöhnung), bei der alles in Gott zurückkehrt und vereint wird.

2. Im Mittelalter

Zu einer gewaltigen Ausweitung des Bußwesens kam es im Zuge des aufstrebenden Mönchtums.

→ Bußbüchern (*libri poenitentiales*) zurückgreifen, in denen für jede Sünde die entsprechende Strafe kasuistisch festgelegt war (die sog. Tarifbuße). Hinter dieser Verrechnung der einzelnen Sünden mit konkreten Genugtuungsleistungen wird der Einfluß germanischen Rechtsdenkens deutlich. Das Verhältnis zu Gott wurde als Rechtsverhältnis begriffen und die Tarifbuße erzeugte eine Rechtssicherheit gegenüber Gott und seinen strafenden Schicksalsschlägen sowie die Abwendung der ewigen Verdammnis bzw. die Milderung der Fegefeuerstrafen für die zeitlichen Sünden. Diese Verrechtlichung des Gottesverhältnisses ging so weit, daß Bußstrafen mit einer Sachleistung bzw. mit einem Geldbetrag abgegolten werden konnten. Damit war das Ablaßwesen geschaffen (→ Ablaß).

Angesichts der weitreichenden Bedeutung der B. im MA, nahm auch ihre theol. Reflexion einen immer breiteren Raum ein. Im Decretum Gratiani (um 1140) werden drei Teile der B. unterschieden, die für das kath. Bußinstitut bis heute konstitutiv geblieben sind: 1. die »Zerknirschung« bzw. Reue des Herzens (*contritio cordis*); 2. das Bekenntnis mit dem Mund (*confessio oris*); 3. die Genugtuung mit Werken (*satisfactio operis*). Die B. ist also im Wesentlichen ein Akt des Büßers, auf den der Priester mit der Absolution (»Ego te absolvo!«) im Namen Christi antwortet. Seit Thomas von Aquin wurde die B. endgültig zu den Sakramenten gezählt.

Die Bedeutung der B. im MA wird ferner durch die immer neu aufkommenden Bußbewegungen deutlich, die durch Europa zogen und zu neuem Bußernst aufriefen. Erwähnenswert sind dabei zum einen die Bettelorden (vor allem die Franziskaner) und zum anderen die in Folge von Pestepidemien entstehenden Geißlerbewegungen (→ Geißler), die eine öffentliche und blutige Selbstgeißelung praktizierten.

Angesichts derartiger Exzesse wurde im Spätmittelalter vermehrt Kritik an der sakramentalen Bußpraxis laut (→ Marsilius von Padua, John → Wicliff, Jan → Hus), und es ist bezeichnend, daß die → Reformation Luthers an der Kritik des kath. Bußverständnisses ihren Ausgang nahm.

3. In der Reformation

Die erste der 95 Thesen enthält bereits seinen reformat. Ansatz: »Unser Herr und Meister Jesus Christus wollte mit seinem Wort ›Tut Buße etc.‹ (Mt 4,17), daß das ganze Leben des Gläubigen Buße sei.« Die zweite These fügt an, daß sich diese B. nicht auf die sakramentale B. der Kirche beziehen könne. In diesen Sätzen kommt Luthers vertieftes Verständnis der Sünde zum Ausdruck. Er sah die Sünde nicht nur in einzelnen Akten lebendig, sondern verstand sie als eine Grundkonstante der menschlichen Natur nach dem Sündenfall, die in allem menschlichen Tun, auch im besten Werk, virulent ist. Dementsprechend sprengt es nicht nur die menschlichen Möglichkeiten, sie durch vermeintlich genugtuende Werke abzuleisten, sondern es wäre auch vor Gott der falsche, weil selbstrechtfertigende Weg. Die Vergebung der Sünde beruht einzig und allein auf der Zusage des Evangeliums, daß Christi Kreuzestod die Schuld des Menschen getilgt hat. Der Sünder soll und kann nicht mehr zu seinem Heil tun, als sich immer wieder neu glaubend auf diese Zusage zu beziehen. Die B. versteht Luther nicht als einen zweiten Gnadenakt Gottes gegenüber der Taufgnade, sondern als deren immer neue Aktualisierung. In der B., so ist die erste These zu verstehen, realisiert sich die christliche Existenz. Die Reue und der Glaube an die Verheißung sind für Luther die wesentlichen Elemente der B. (vgl. CA 12), die damit auch ihren sakramentalen Charakter verliert. In Reue und Glaube wird die Grundspannung christl. Existenz zwischen Gericht und Gnade, bzw. Gesetz und Evangelium im Leben des einzelnen lebendig.

Insofern hat die B. immer das Ziel, den Menschen aus der Selbstverzweiflung zur Gewißheit der Vergebung und des Heils zu führen. Deshalb soll der Glaubende nicht in Form endloser Selbstüberprüfung auf sich blicken, sondern sich an das Verheißungswort Jesu klammern, das allein gewiß ist. Weil aber Gott das Evangelium dem Menschen immer nur durch das äußere Wort der Schrift, der Predigt, der Sakramente oder des brüderlichen Trostes zusagt, sollen auch Beichte und Absolution als Form des Evangeliums erhalten bleiben (vgl. BSLK 449.453ff). Jedoch ist nach reformat. Verständnis jeder Christ dazu befähigt und berechtigt, die Beichte abzunehmen, die Vergebung zuzusprechen und Seelsorge zu üben.

Im sog. Antinomistischen Streit (1527 und 1536) widersprach J. → Agricola zunächst Melanchthons und später Luthers Auffassung, daß die B. ihren Anfang nehme im erschrockenen Gewissen angesichts der Predigt des Gesetzes. Demgegenüber vertrat er die Position, daß die B. mit der Beschämung angesichts der Gnade des Evangeliums einsetze. Agricola konnte sich mit dieser These allerdings nicht durchsetzen.

Von ganz anderen Voraussetzungen her entwickelte H. → Zwingli in Zürich seine Bußauffassung. Die Ordnung der Privatbeichte und Absolution wurde abgeschafft und die Gemeinde auf die Möglichkeit verwiesen, im Gebet ihre Sünden direkt vor Gott zu bringen und sich auf die Absolutionszusage der Hl. Schrift zu berufen (nach 1Joh 1,9). Dagegen spielte in Bezug auf grobe Sünden und Ärgernisse die Kirchenzucht in Form des Bannes eine bedeutende Rolle, die Zwingli sogar als Aufgabe der weltlichen Obrigkeit betrachtete.

Der öffentlichen Bußzucht kam auch im Bereich des Täufertums eine wesentliche Bedeutung zu, da ihr hier die Aufgabe zufiel, mittels Bann und äußeren Strafen die Gemeinde rein zu erhalten (vgl. Artikel über den Bann in den → Schleitheimer Artikeln 1527).

Auch J. Calvin schaffte in Genf den Bußzwang ab und stellte die B. auf eine fakultative Basis. Er zog das allsonntägliche Schuldbekenntnis der Privatbeichte vor. Besonderes Gewicht legte Calvin dagegen auf die sichtbaren Früchte der B., d.h. auf die konkreten Fortschritte in der persönlichen Heiligung. Um diese zu fördern, spielte auch bei ihm die – ebenfalls mit Hilfe staatlicher Gewalt durchgesetzte – Kirchenzucht eine so wichtige Rolle, daß Calvin sie neben der evangelischen Wortverkündigung und der rechten Sakramentsverwaltung als drittes Kennzeichen der wahren Kirche rühmen konnte.

Ungeachtet dieser prot. Erneuerungen der B. schrieb der Katholizismus auf dem Reformkonzil von Trient das mittelalterl. Bußverständis fest. Zu einer wirklichen kath. Erneuerung des Bußwesens kam es durch → Ignatius von Loyola (1491-1556) und den von ihm gegründeten Jesuitenorden. In seinen »Exercitia spiritualia« (geistliche Übungen) leitet er anhand der Meditation des Lebens und Leidens Jesu zu einer methodischen und psych. Reflexion über die eigenen Sünden an. Ziel war allerdings nicht die Traurigkeit über die eigene Sünde, sondern die Reinigung der Seele zum Lob Gottes.

4. In Orthodoxie, Pietismus, Aufklärung und Neuzeit

Gegenüber dem sehr weitgefaßten reformat. Verständnis der B. als Grundvollzug christl. Existenz in Reue und Glauben als ständiger Aktualisierung der Taufgnade, erfährt die B. in der altprot. Orthodoxie eine gewisse Verengung, indem sie in den »Heilsweg« eingereiht wird. Sie gilt nunmehr nur noch als ein bestimmtes Moment im umfassenden Vorgang der → Bekehrung. Innerhalb des Bekehrungsvorgangs gelten die beiden Bußelemente Reue und Glaube nun als die menschliche Antwort auf die vorlaufende göttliche Heilszueignung.

Der → Pietismus betonte gegenüber einer gewissen theoretisierenden Verkrustung der B. verstärkt die praktische Erfahrbarkeit derselben sowohl bei der Bekehrung als auch im alltäglichen Umgang mit Sünde und Vergebung. Der reformat. Zusammenhang der einmaligen Umkehrbuße (→ Bekehrung) mit dem lebenslangen B.-Tun des Christen wird bei Ph.J. Spener durch die Unterscheidung zwischen der »großen« und der »kleinen« B. gewahrt. Hingegen droht er bei A.H. → Francke durch die im Vergleich zur altprot. Soteriologie analoge Beschränkung der B. auf den der Bekehrung vorhergehenden »Bußkampf« verloren zu gehen und auf ihr Element der Reue beschränkt zu werden. Diese Reduzierung der B. auf das Element der Reue verdichtete sich in der aufgeklärten und neuprot. Theologie des 18. und 19. Jh. zunehmend. Die B. wurde damit als eine vom Sünder zu erbringende Vorleistung zum ersten Teil der Bekehrung degradiert, der dann im zweiten Teil der von Gott geschenkte Glaube folgt.

Wie der Begriff der B. im Kontext des immanenten Weltbildes der Neuzeit verwendet wurde, ist exemplarisch bei W. Herrmann zu beobachten. Nach seiner Ansicht entsteht die B. unter dem sittlichen Erlebnis der Kraft und Güte der Person Jesu. Indem der Mensch von der personifizierten Macht des Guten in der Person Jesu überwältigt wird, beginnt er, ihr zu vertrauen und zu glauben. Er erfährt dabei seine eigene Unvollkommenheit und fängt an, sich gemäß dem sittlichen Vorbild Jesu in Gottes- und Nächstenliebe zu üben. Entsprechend den immanenten Voraussetzungen seiner Theologie redet Herrmann an keiner Stelle von einer wirklichen Tat Gottes im Vollzug der B. .

Dies hat umso mehr sein Schüler K. Barth getan. B. geschieht, indem Gott in Christus ganz für den Menschen ist und damit diesen zu einem Sein für Gott motiviert. War bei W. Herrmann überhaupt nicht von einem Handeln Gottes die Rede, so ist bei K. Barth der Sünder an seiner »Umkehr« (diesen Begriff verwendet Barth anstelle von B.) nicht mehr wirklich beteiligt. Die Umkehr des Sünders zu Gott ist nur in Christus stellvertretend vollzogen. In diese Umkehr Jesu Christi sind alle Menschen in einem ontologischen Zusammenhang einbezogen. Die Frage nach der menschlichen Aktivität im Vorgang der Umkehr bzw. der B. bleibt somit unbeantwortet. Konkret wird Barth erst wieder, wenn es um die Folgen dieser Umkehr geht. Diese sollen zu einem aktiven Engagement nicht nur im persönlich-rel. oder kirchl. Bereich, sondern auch in Gesellschaft und Politik führen.

Lit.: K. Barth: KD IV/2, 1955; ders.: IV/4, 1967; H. v. Campenhausen: Die Schlüsselgewalt der Kirche, EvTh 4 (1937), 143-169; ders.: Kirchliches Amt und geistliche Vollmacht in den ersten drei Jahrhunderten, [2]1963;

sich gemäß dem sittlichen Vorbild Jesu in Gottes- und Nächstenliebe zu üben. Entsprechend den immanenten Voraussetzungen seiner Theologie redet Herrmann an keiner Stelle von einer wirklichen Tat Gottes im Vollzug der B.

Dies hat umso mehr sein Schüler K. Barth getan. B. geschieht, indem Gott in Christus ganz für den Menschen ist und damit diesen zu einem Sein für Gott motiviert. War bei W. Herrmann überhaupt nicht von einem Handeln Gottes die Rede, so ist bei K. Barth der Sünder an seiner »Umkehr« (diesen Begriff verwendet Barth anstelle von B.) nicht mehr wirklich beteiligt. Die Umkehr des Sünders zu Gott ist nur in Christus stellvertretend vollzogen. In diese Umkehr Jesu Christi sind alle Menschen in einem ontologischen Zusammenhang einbezogen. Die Frage nach der menschlichen Aktivität im Vorgang der Umkehr bzw. der B. bleibt somit unbeantwortet. Konkret wird Barth erst wieder, wenn es um die Folgen dieser Umkehr geht. Diese sollen zu einem aktiven Engagement nicht nur im persönlich-rel. oder kirchl. Bereich, sondern auch in Gesellschaft und Politik führen.

Lit.: K. Barth: KD IV/2, 1955; ders.: IV/4, 1967; H. v. Campenhausen: Die Schlüsselgewalt der Kirche, EvTh 4 (1937), 143-169; ders.: Kirchliches Amt und geistliche Vollmacht in den ersten drei Jahrhunderten, [2]1963; S. Hausammann: Buße und Umkehr und Erneuerung von Mensch und Gesellschaft, 1974; W. Herrmann: Die Buße der ev. Christen, in: ders.: Gesammelte Aufsätze, hg. von F.W. Schmidt, 1923, 28-81; H. Karpp: Buße und Ablaß im Altertum und Mittelalter, ThR 21 (1953), 121-136; B. Poschmann: Paenitentia secunda. Die kirchliche Buße im ältesten Christentum bis Cyprian und Origenes, (1940) 1964.

V. Gäckle

c) systematisch-theologisch

Zu B. kommt es, wo ein Mensch im Licht des Wortes Gottes seine → Sünde erkennt (Röm 3,20; 7,7), aufgrund der Anklage seines Gewissens bereut (Lk 15, 17 »Da schlug er in sich«; Apg 2,37 »Als sie das hörten, ging es ihnen durchs Herz«), sie vor Gott bekennt (Ps 32, 3-5; 38, 19; 1Joh 1,9, vgl. → Beichte) und im Vertrauen auf Gottes Güte um Vergebung bittet (Mt 6,12; Lk 15,18.21).

Solche B. steht am Anfang des christl. Lebens (→ Bekehrung), wird aber, um der bleibenden Sündhaftigkeit auch des Glaubenden willen (Röm 7,14ff; 2Kor 7,9; 12,21; Jak 5,18f; vgl. Lk 17,3f; Offb 2-3) immer wieder nötig (Mt 6,12 steht nicht zufällig die Bitte um Vergebung neben der um das tägliche Brot in V.11). Um der theol. Klarheit willen empfiehlt es sich, die wiederholte B. auch begrifflich von der einmaligen B. (= Bekehrung) zu unterscheiden.

B. und Vergebung sind der Grundvollzug der ständigen geistl. Erneuerung des Christen, aus der stets neu die Bereitschaft zur Hingabe des Lebens im → Dienst für Gott erwächst (Röm 12,2). Als Neinsagen zur eigenen Sünde ist B. Trauer über sich selbst. Als Antwort auf die in Christus offenbare Güte Gottes (Röm 2,4) ist B. Freude an Gott.

Lit.: A. Schlatter: Das christliche Dogma, [3]1977 (§ 70-71 Die Reue; § 116 Die Reue und der Glaube; § 117 Die Gemeinsamkeit der Buße; § 119 Die Verbundenheit der Liebe mit dem Glauben und der Reue); J. Schniewind: Die Freude der Buße. Zur Grundfrage der Bibel, 1956.

H. Burkhardt

Buß- und Bettag

Neben dem B., wie er allgemein von ev. Christen am Mittwoch vor dem Ewigkeitssonntag begangen wird, sind in manchen Landeskirchen noch weitere B.e üblich. Ihr Ursprung liegt in den Quatembertagen (von lat. *quattuor tempora*, »vier Zeiten«), die ihrerseits an heidnisch-röm. Ernte- und Aussaattage anknüpfen und auf den Beginn der Jahreszeiten bezogen sind; sie werden heute von der kath. Kirche in der ersten Woche der Fastenzeit, in der Woche vor → Pfingsten, in der ersten Oktoberwoche und im Advent begangen.

Obwohl Luther an diesem Brauch Kritik übte, knüpften Kirchenordnungen der Reformationszeit daran an und schrieben B.e vor, die häufig zu den überlieferten Zeiten, mancherorts auch monatlich, begangen wurden. Die gesamte Bevölkerung wurde angesichts aktueller Notstände und Bedrohungen (z.B. bei Kriegsgefahr) zu → Buße und → Gebet aufgerufen. Dieser Sinn trat später zurück zugunsten eines stärker auf den einzelnen bezogenen Verständnisses; es wurde üblich, den Tag zum Abendmahlsgang und zur Gewissensprüfung zu nutzen. Der heutige B. geht auf Vorschläge der Eisenacher Konferenz ev. Kirchenleitungen von 1853 und 1878 zurück, die 1893 von den meisten deutschen Landeskirchen übernommen wurden. Die gottesdienstl. Lesungen aus Röm 2,1-14 und Lk 13,(1-5) 6-9 stimmen im Ruf zur Buße (kein Ansehen der Person vor Gott; Gleichnis vom Feigenbaum) überein.

Der schweizerische »Eidgenössische Dank-, Buß- und Bettag« wurde auf Beschluß der Tagsatzung seit 1797 jeweils am 17. September begangen und 1832 auf den dritten Sonntag im September verlegt. Er war gedacht als ein Tag »der frommen Andacht und ernsthaften Betrachtungen über den sittlichen Zustand des Volks« (Ph.A. Stapfer).

Lit.: R. Pfisterer: Kirchengeschichte der Schweiz, 1985; F. Schulz: Die Ordnung der liturgischen Zeit in den Kirchen der Reformation, LJ 32, 1982, 1-24.

K.-H. Bieritz

Buxtehude, Dietrich (1637? -1707)

Der Organist und Komponist B. wurde wahrscheinlich 1637 in Oldesloe (Holstein) geboren und starb am 9. 5. 1707 in Lübeck. Er war Sohn des Lehrers und Organisten Johannes B., der ihn auch unterrichtete. Seit 1660 war B. Organist an der Deutschen Kirche St. Marien in Helsingör. Seit 1666/67 sind erste Kompositionen nachweisbar. 1668 übernahm er das Organistenamt an St. Marien zu Lübeck, 1669 auch das Amt des »Werkmeisters« (leitender kirchl. Verwaltungsbeamter). Am 3. 8. 1668 heiratete er Anna Margareta Tunder, eine Tochter seines Vorgängers im Organistenamt, Franz Tunder.

Zu B.s Pflichten als Organist gehörten das Spielen zum Eingang und Ausgang der Gottesdienste (Choralbegleitung in Lübeck war damals unüblich) sowie zur Kommunion. Dazu waren die sog. »Abendmusiken« und besondere Musiken für die Kaufleute Lübecks seine Hauptaufgabe, für die wahrscheinlich der größte Teil seiner geistl. und weltlichen Kompositionen entstand, von denen ein großer Teil nicht erhalten ist.

Als künstlerisch bedeutend gilt neben dem Orgel- und Klavierwerk vor allem das Vokalwerk: Kantaten, Arien und Choräle (eine »Missa brevis«), überwiegend aus der Zeit von 1676 bis 1687. Die Werke der letzten 20 Lebensjahre fehlen.

B. wirkte über seinen Schüler Nikolaus Bruns (1665-1697), aber auch über Andreas Werckmeister (1645-1706), J.G. Walther (1684-1748) sowie über J.S. → Bach (1685-1750), der ihn 1705 besuchte, nach Nord- und Mitteldeutschland, blieb aber selbst ganz dem norddeutschen Raum, den er nie verließ, verhaftet - in seiner Kunst von schöpferischem Geist beseelt, ein einzigartiger und der letzte Zeuge des norddeutschen Musikbarock. Das Motto »Non hominibus, sed Deo« (»Nicht für Menschen, sondern für Gott«) zeugt von der luth. Auffassung, alles geschehe für Gott und sei Gottes-Dienst, auch wenn er mit weltlicher Musik die Herzen der Menschen erfreuen wollte.

Am 16. Mai 1707 wurde B. in der Lübecker Marienkirche beigesetzt.

Lit.: F. Blume: »Buxtehude«, MGG 2, 1989, 548-571 (dort Werkausgaben und Lit.); C.A. Moberg: Dietrich Buxtehude, 1946; A. Pirro: Dietrich Buxtehude, 1913; W. Stahl: Geschichte der Kirchenmusik in Lübeck bis zum Anfang des 19. Jahrhunderts, 1931; ders.: Dietrich Buxtehude, 1937.

Chr. Windhorst

Buxtorf, Johann der Ältere (1564-1629)

B. der Ältere - auch »Vater« bzw. »der Erste« genannt - wurde 1564 in Kamen/Westfalen geboren und starb 1629 in Basel. Er lehrte dort von 1591 an als Prof. für Hebr. an der Universität und gilt als der eigentliche Begründer der rabbin. Studien bei den Christen, die er durch weit verbreitete Hilfsmittel zur Erforschung der hebr. Bibel und ihrer Masora, sowie des rabbin. Schrifttums (Mischna, Targumim, Midraschim) in Gang brachte und förderte.

Zu seinen wichtigsten Werken zählen die Herausgabe der rabbin. Bibel mit hebr. Text, Masora und verschiedenen Kommentaren (1618-19), dazu als Ergänzung »Tiberias, Commentarius Masorethicus« (1620), dann ein Lehrbuch für die hebr. Grammatik (1605), das später mit dem Titel »Epitome Grammaticae Hebraeae« in insgesamt 16 Auflagen erschien und 1656 ins Englische übersetzt wurde. Als Wegweiser durch die rabbin. Literatur diente lange Zeit sein Lexicon Chaldaicum Talmudicum, das vom Sohn J. Buxtorf 1639 vollendet wurde und bis 1735 in zahlreichen Auflagen erschien; 1866 wurde es noch einmal gedruckt. Wichtig sind auch die Concordantiae Bibliorum hebraicae (1632). Besonders verdienstvoll ist die bibliographische vierbändige »Bibliotheca hebraica rabbinica« (1618-19), in der 324 Schriften, nach dem hebr. Alphabet geordnet, aufgeführt sind. B. konnte auf die Arbeiten jüd. Autoren wie des Nathan ben Jechiel und Elia Levita zurückgreifen, führte aber auch eine umfangreiche Korrespondenz mit Juden in Deutschland, Holland und der Türkei. Wegen seiner bahnbrechenden wissenschaftl. Arbeitsweise und Gelehrsamkeit stand er auch bei jüd. Gelehrten in hohem Ansehen. Von dieser Seite wurde ihm jedoch sein etwas oberflächliches und Bagatellen kritisierendes Werk »Synagoga Judaica« übel genommen (Juden-Schul 1603), ferner die erklärte Absicht, die Juden zum christl. Glauben zu führen.

Lit.: J. Herrmann: Johannes Buxtorf aus Kamen, 1948 (Privatdruck); E. Kautzsch: Johannes Buxtorf der Ältere, 1879

O. Betz

Buxtorf, Johann der Jüngere (1599-1664)

B. der Jüngere, Sohn des Vorigen, wurde nach dem Tode seines Vaters der Nachfolger auf dem Hebräischen Lehrstuhl in Basel, wo er dessen Werk und Korrespondenz fortsetzte mit der Absicht, das jüd. Schrifttum unter den Christen bekanntzumachen. Dabei wirkte er im gleichen Geiste wie sein Vater (»non ovum ovo similius, quam Buxtorf pater et filius«); vor allem besorgte er Ausgaben von dessen Werken. Von seinen eigenen Schriften ist besonders kennzeichnend eine Blütenlese charakteristischer Aussagen von jüd. Weisen, vor allem der alten Zeit (1648). Sie trägt den die Arbeit der Buxtorf-Dynastie illuminierenden Titel: »Florilegium Hebraicum continens elegantes Sententias, Proverbia, Apophtegmata: ex optimis quisbusque maxime vero priscis Hebraeorum Scriptoribus collectum ... et alphabetice dispositum«. Ferner hat B. II wichtige hebr. Werke des MAs ins Lat. übersetzt, so die Mischne Torah und den Moreh Nebukhim des Maimonides, sowie den Kusari des Jehuda Ha-Levi. Mit Ludovicus Cappellus hatte B. II einen mit großer Erbitterung und dogmatischer Grundsätzlichkeit geführten Streit über die Unversehrtheit und Zuverlässigkeit des masoretischen Bibeltextes, in dem er die Ursprünglichkeit der hebr. Vokalisierung behauptete (»De Linguae Hebraicae Origine et Antiquitate« 1644).

Lit.: A. Berthold (W. Baumgartner) : »Buxtorf«, RGG [3] I, 1556 f; K. R. Hagenbach: Die theologische Schule Basels und ihre Lehrer, 1860, 27 ff; M. Kayserling: »Buxtorf, Johannes I und II«, The Jewish Encyclopedia, Bd. III, 1892, 444-446.

O. Betz

Byzanz

So sehr B. dadurch geprägt ist, Nachfolgestaat des Röm. Reiches zu sein (Selbstbezeichnung: Romaioi), so schwer wiegen die dramatischen Veränderungen seiner inneren und äußeren Geschichte, die zu einem byz.-griech. Nationalstaat führen, der bestimmt ist durch die Auseinandersetzung mit dem europ. Westen, der osteurop. und der sich schnell wandelnden islam. Welt.

a) politisch

Die megarische Kolonie Byzantion (ca. 660 v.Chr.) bekommt nach wechselvollem Geschick ihre große Stunde im Jahre 324 n.Chr., als ihr Kaiser Konstantin zur Erinnerung an seine Siege und jetzt erlangten Alleinherrschaft den Namen Konstantinopolis gibt und sie dann 328 endgültig als Regierungssitz bestimmt, der am 11.5.330 festlich eingeweiht wird. In vielen Einzelheiten nach dem Vorbild Roms gestaltet, bestimmt die Mischung aus den Formen röm. Staatsarchitektur, von überall her herangeschleppten Reliquien zur Betonung des kirchl. Ranges und antiken Kunstwerken zur Ersetzung fehlender Traditionen über ein Jahrtausend lang die sich an dieser Vergangenheit orientierende geistige und künstlerische Entwicklung des Neuen Rom. Als Residenz wird B. zunehmend Mittelpunkt erst eines administrativen Teiles des spätantiken Römerreiches, dann des sich in dessen territorialen Resten neu bildenden byz. Staates.

Dabei ist der Name Kaiser Justinians (527-565) in besonderer Weise mit der Geschichte des frühbyz. Staates verbunden: Reintegration Italiens, Nordafrikas, einiger Teile von Spanien in das Reich, damit verbunden eine Schwächung der Reichsgrenze gegen Persien, durch handels- und religionspolit. Engagement im arab.-ostafrikanischen Raum (Nubien, Äthiopien, Jemen) kompensiert; Corpus Iuris Civilis mit allen Fragen zu einer Ordnung des weltlichen und geistl. Lebens; Ziel der Wiederherstellung der kirchl. Einheit, besonders Rückgewinnung der sog. Monophysiten durch die Verurteilung der Drei Kapitel (Theodor von Mopsuestia, Ibas von Edessa, Theodoret von Cyrus) bei gleichzeitigem Kampf gegen Häretiker und Paganismus (529 Schließung der Akademie Athen).

Doch das justinianische Großreich fällt zusammen. Es kommt der frühislam. Aufbruch, der bis 640 Armenien, Syrien und Palästina, 650 Ägypten und die Cyrenaica unter arab. Herrschaft bringt. Zwischen 674 und 718 wird Konstantinopel selbst mehrfach belagert. Die kleinasiat. Grenze am Taurus wird ständiger Kriegsschauplatz, bis B. 1071 infolge der gegen die Seldschuken verlorenen Schlacht von Mantzikert auch den größten Teil Kleinasiens verliert (im gleichen Jahr Verlust von Bari an die Normannen).

Gleichzeitig dringen Avaren und in ihrem Gefolge Slaven und Bulgaren auf dem Balkan ein. Das erste bulgarische Reich gerät jedoch mit dem Übertritt des Khans Boris 865 zum Christentum unter den polit.-kulturellen Einfluß von B.s, um 870 auch Serbien. Damit ist eine Linie des byz. Einflusses vorgezeichnet, die gewissermaßen den Verlust der Vorherrschaft im Mittelmeerraum kompensiert und in einer im Bilderstreit neu errungenen Konzentration auf die kulturelle Identität B.s zu einer neuen Expansion findet, die in der offiziellen Christianisierung des Kiewer Rus ca. 988 gipfelt: Als christl. Fürsten treten die Herrscher von Kiew nach der Taufe der Prinzessin Olga-Helena in die byz. Familie der Fürsten ein, an deren Spitze der Kaiser von B. steht.

Das Verhältnis zum westl. Kaisertum bleibt schwankend. Karl der Große gerät durch die röm. Krönung und Akklamation 800 in einen prinzipiellen Gegensatz zu B. Michael II. erkennt ihn schließlich als Imperator an, nennt sich aber Basileus Rhōmaion, seit 869/70 versagt B. dem abendländischen Kaisertum jede Anerkennung.

Stärker als die Schwierigkeiten um → Photius (s.u. II) zeigt das Schisma von 1054 das Auseinanderleben von Ost und West an, das im Zusammenhang der in B. nie verstandenen Kreuzzugsideen seinen Höhepunkt in der Eroberung Konstantinopels und der Errichtung des lat. Kaiserreiches 1204 findet. Zugleich stellt diese Zeit eine Epoche eines ungeheuren Kulturtransfers zwischen Ost und West dar. Die von Nicäa ausgehende Rückeroberung der Hauptstadt 1261 durch die Paläologen leitet noch einmal eine Restauration und vor allem kulturelle Blüte des durch Bürgerkriege geschüttelten und von Serben und besonders Osmanen bedrohten Restreiches ein, das am 29. 5. 1453 mit der Eroberung Konstantinopels durch Mehmed II. als Staat endet.

b) kirchengeschichtlich

Kirchengeschichtl. verbinden sich die Anfänge byz. Theologie mit dem christologischen Streit, und es zeigt sich schon hier eine für B. typisch bleibende Verbindung von Theologie, Frömmigkeit und dem Gedanken einer Reichseinheit, der häufig als Caesaropapismus angesprochen wird. Schlaglichtartig wird das in der vom Kaiser abhängigen Stellung des Patriarchen von Konstantinopel sichtbar, der dann traditionell die zweite Stelle der kirchl. Pentarchie vor Alexandria, Antiochia und Jerusalem inne hat, unmittelbar nach Alt-Rom.

So gehören die meisten Bewegungen, die hier zu erwähnen sind, ebenso in die polit. Geschichte. Deshalb ist das Werben um einen Konsensus mit dem christologischen Bekenntnis des Konzils von → Chalcedon 451 und die Bemühung um einen Ausgleich mit der Theologie des → Cyrill von Alexandria direkt verbunden mit der Frage des Bestandes des Reiches und mit einem religionspolit. Diktat, das letztlich in Syrien und Ägypten der arab. Invasion die Türe öffnet. Kaiser → Justinian, dessen Kampf gegen den sog. zweiten Origenismus (→ Evagrius Ponticus) ein Vorspiel zu der die ganze byz. Theologie und Frömmigkeitsgeschichte durchlaufenden Auseinandersetzung mit asketisch-mystischen Aufstiegstheorien darstellt (Pseudo-→ Dionysius Areopagita), ist selbst der wichtigste neuchalcedonensische Theologe. Ihm gelingt es, die theopaschitische Formel in Rom durchzusetzen (Gott hat in der trinitarischen Person des Sohnes am Kreuz gelitten.), und er betreibt mit Nachdruck die Verurteilung der Drei Kapitel (s.o. I). Auf monophysitischer Seite sind seine großen Gegner Severus von Antiochia (gest. 538) und Julian von Halikarnassos, die dann zu einer kirchl. gefestigten oppositionellen Konfession werden (Jakobiten), während der Nestorianismus außerhalb des Reiches dogmat. und kirchl. in Persien sein Eigenleben führt und dadurch zur »Persischen Kirche« wird. Daß in gewisser Weise byz. Theologie auch eine polit. Erfolgstheologie ist, zeigt sich im Kampf um den → Monotheletismus, dessen stärkster Bekämpfer → Maximus Confessor (gest. 662) wird (der universalste Geist des 7. Jh.s und vielleicht der letzte selbständig denkende Theologe der byz. Kirche), und vor allen Dingen im Bilderstreit, der die Geschichte, Kirchenpolitik und Theologie des 8. und 9. Jh.s in Atem hält und seine Tiefenschärfe darin besitzt, daß die Christologie längst eine Eikon-Lehre (Lehre vom Bild bzw. der Rolle einer rel. Abbildung für die Frömmigkeit) geworden ist.

Der im islam. Gebiet lebende → Johannes von Damaskus (gest. ca. 753, Hauptwerk: Quelle der Erkenntnis) entwickelt, ganz aus der Lehre älterer Theologie schöpfend, die für die byz. Orthodoxie gültige Normaltheologie: Die Bilderverehrung (→ Bild, Bilderverehrung) bedeutet ein Bekenntnis zur

Verklärung der Welt durch die Menschwerdung des Logos. Trotz verschiedener Synoden (besonders Nicäa II, 787) dauert es bis 843, als Kaiserin Theodora und Michael III. in den Bahnen des Patriarchen Nikephoros (gest. 828) und des Theodor Studites (gest. 826) den Bilderfreunden zum Sieg helfen. Sie haben damit die bis heute gültige Vorstellung von einer Ikone als Kultbild, das, wenn nicht angebetet, so doch verehrt werden muß, weil es Gnadenträger ist, endgültig legitimiert.

Vom 9. Jh. an beginnen die Streitigkeiten zwischen Ost und West, die sich am westl. Zusatz zum Nicaeno-Constantinopolitanum über den Ausgang des Geistes vom Vater »und vom Sohn«, *filioque*, entzünden. Dieser Zusatz tritt als Streitobjekt in den Vordergrund, als 863 der durch Papst Nikolaus I. abgesetzte Patriarch → Photius (858-867 und 877-886) den Vorwurf erhebt, die Einheit der → Trinität werde durch die Einführung zweier Prinzipien zerstört und der Zusatz sei ein Verstoß gegen das Verbot des Konzils von → Ephesus 431. Hiermit geht Photius gegen röm. Primatsansprüche vor. Angefangen mit dem photianischen Schisma wird diese Lehre fortan ein primärer Kontroverspunkt zwischen Griechen und Lateinern werden, obwohl sie formal 1054 beim Schisma keine Rolle spielt, als der Kardinallegat Humbert von Silva Candida die Bannbulle gegen den Patriarchen Michael Kerullarios auf dem Altar der Hagia Sophia niederlegt und daraufhin der Patriarch eine Synode veranlaßt, das Anathem (Verfluchung) gegen die Lateiner zu verhängen.

Die disziplinären Fragen, die Sitte des Westens, ungesäuertes Brot (Azymen) bei der Eucharistie zu benutzen, das röm. Sabbatfasten, der Zölibat zeigen, daß es im Westen kein echtes Leben der Kirche, keine Eucharistie gibt, und daß dort, wo kein Zusammenhang mit dem sakramentalen Leben der Kirche besteht, auch dogmat. Irrglaube herrscht. Erst die polit. Situation, nähere Kenntnis der lat. Theologie und die platonische Philosophie machen einen Teil der Griechen zu Unionsfreunden (→ Bessarion, Synode von Ferrara-Florenz 1438/39, das letzte wirklich ökumen. Konzil der Gesamtkirche). Zu dieser Zeit währen schon die Auseinandersetzungen um den → Hesychasmus und das Werk Symeons, des Neuen Theologen (ca. 949-1022), und des Gregorios Palamas (1296/97-1359).

Ausgangspunkt für Symeon ist die seit dem 5. Jh. bekannte sog. Monologia, das Jesusgebet, das mit einer Vision des Taborlichtes in Verbindung gebracht wird, einem der Mittel der Energie Gottes: Gottes Gnade oder das Gottesreich. Nach Symeon gehört dieses Sichtbarwerden der Gnade in den Lichtvisionen notwendig zum Christentum: die Gottesschau ist Vorbedingung christl. Lebens. Aus ihr kommt die notwendig spürbare Erfahrung von Versöhnung und Vollendung in Gott. Dabei ist die Vision sowohl Garantie wie Vorbedingung. So bringt Symeon die alten Traditionen der Hesychia, der ruhenden Kontemplation, die besonders im monastischen Bereich ihre Anhänger haben, in ein System. Als der kalabrische Mönch Barlaam (gest. 1350 als lat. Bischof von Gerace, 1351 in Konstantinopel als Häretiker verurteilt) Symeon angreift und ihm Messalianismus (→ Euchiten) vorwirft, entfesselt er eine der schwersten theol. Kontroversen der byz. Geschichte. Er findet einen großen Gegner in dem Athos-Mönch und Hesychasten Palamas, dessen Nachwirkungen weit über die Existenz von B. hinausgehen. Palamas entwickelt eine Theologie des Hesychasmus, in der das göttl. Wesen in einem letzten undurchdringlichen Dunkel im Hintergrund steht: Wesen Gottes oder seine Gutheit ist »das ganz Andere«, jenseits auch aller rel.-mystischer Erfahrung und aller Begriffe.

Es ist für die Geschichte und den Ausgang der byz. Theologie charakteristisch, wie zunehmend neben das Argument des Väterbeweises die Methode der latein. Scholastik im antipalamitischen Kampf tritt, die dann auch von Palamiten selbst gebraucht wird (Johannes → Duns Scotus bei Gennadios Scholarios). Während es so zunehmend in der Theologie zu einem Ausgleich zwischen Ost und West kommt, konzentriert sich die hesychastische Mystik weiter ungebrochen aufs Mönchsleben.

Aus einer Vielzahl von liturg. Schemata (Syrien: Jakobus; Addai und Mares; Ägypten: Markus; Basileos) setzen sich in und durch Konstantinopel in der griech. Orthodoxie die junge und heute am weitesten verbreitete Chrysostomos- und die ältere Basileios-Liturgie durch, die heute die bekanntesten, nur in einzelnen Gebeten verschiedenen Liturgien darstellen. In der byz. Liturgie vollzieht sich sinnfällig das ordentliche Lehramt der Kirche. Sie bringt bildhaft-sakramental das Heilswerk Christi und die Vorwegnahme himmlischer Liturgie zum Ausdruck (→ Orthodoxe Kirchen des Ostens).

c) kulturell

1. Ein Charakteristikum byz. Literatur besteht darin, daß die gewöhnlich gezogene Trennungslinie zwischen theol. und profaner Literatur nicht zutreffend ist, weil beide Bereiche von Theologen und Laien bearbeitet werden. Das zweite Charakteristikum liegt in der Trennung von hochsprachlicher und volkssprachlicher Literatur. Wir besitzen seit

ca. 1100 solche volkssprachlichen Texte. Das Mönchtum spielt für eine neben der eigentlich theol. Literatur existierende Erbauungsliteratur eine große Rolle mit den Gattungen der Heiligenleben und der »Sprüche der Väter«. Die justinianische Zeit ist auch eine hohe Zeit der Literatur mit den Historikern Prokop von Caesarea und Johannes Malalas; auch der Grundstock der Gedichtsammlung Anthologia Palatina wird hier gelegt. Johannes Damascenus (s.o. II) ist wahrscheinlich der Autor des hagiographischen Romans Barlaam und Joasaph.

In der sog. makedonischen Renaissance (9.-11. Jh.) spielen neben dem Kaiser Konstantin VII. Porphyrogennetos als enzyklopädischer Autor der Patriarch Photius (s.o. II), Exeget und gelehrter Humanist, wie sein Schüler Arethas (Apokalypse-Kommentar, Plato-Ausgabe, wichtig für die Umschrift klass. Literatur von Majuskel in Minuskel) eine bedeutende Rolle. Als Chronisten sind Michael Psellos, Michael Attaleiates und der den älteren Theophanes Confessor fortschreibende Johannes Skylitzes hier zu nennen.

Für die Komnenenzeit (1081-1185) ist das Werk des Ehepaares Nikephoros Bryennios (memoirenhafte Familien- und Zeitgeschichte) und der Anna Komnena (Alexias über ihren Vater Kaiser Alexios I.) höchst bezeichnend, ebenso die versifizierte Weltchronik des Konstantin Manasse und die Homerkommentare des Philologen Johannes Tzetzes. Aber der vielseitigste Autor des 12. Jh.s ist Theodoros Prodromos (Katz-Mäuse-Krieg; Kommentare zu Johannes Damascenus; Heiligenviten; rel. Epigramme; dichtet teilweise in der Volkssprache).

Aus der Lateinerzeit ist Nikolaus Mesarites und der nicänische Herrscher Theodoros II. Dukas Laskaris (1254-58) zu nennen mit seiner im Geist des christl. Humanismus geschriebenen Kosmologie. Aus der Paläologenzeit (1259-1453) muß neben den Kaisern Michael VIII. und Johannes VI. Kantakuzenos, der bedeutende Gelehrte und Literat Theodoros Metochites erwähnt werden, der gleichzeitig als Staatsmann die byz. Politik bestimmt und ein vielfältiges literarisches Werk hinterlassen hat. Von dem 1460 auf Befehl des Patriarchen Gennadios Scholarios verbrannten Werk »über die Gesetze« des Georgios Gemistos Plethon, dem Staatskonzept eines selbständigen Denkers, sind uns nur Fragmente erhalten. Mit Gemistos Plethon steht am Ende der byz. Literatur eine Gestalt, die in vielem an Julian Apostata (gest. 363) erinnert. Dabei vermittelt er über → Bessarion wichtige Impulse an den westl. Humanismus.

2. Die byz. Kunst wird stilgeschichtlich gewöhnlich in drei große Abschnitte unterteilt:

Früh-, Mittel- und Spätbyzantinisch.

a. Die frühbyz. Kunst ist eine so ungebrochene Fortsetzung der spätantiken röm.-hell. Reichskunst auch in ihrer christl. Bildthematik und der Architektur, daß die Forschung sie entweder mit der justinianischen Zeit im 6. Jh. beginnen läßt bzw. sie damit identifiziert oder ihre Anfänge mit der Zeit Konstantins des Großen gegeben sieht (→ Archäologie, christliche). Die Verluste durch den Bildersturm im 8. Jh., gerade was die Kunst des 5. und 6. Jh.s angeht, spielen hier natürlich eine große Rolle. Dabei wird aber doch deutlich, daß die dogmengeschichtl. Streitpunkte der Zeit vor dem Bilderstreit keinen Niederschlag in der Bildthematik gefunden haben (ebensowenig in der Dichtung).

b. Von der Kunst der Zeit des Bilderstreites haben wir nur Beispiele in den byz. Gebieten Italiens und in Palästina. Die mittelbyz. Kunst beginnt nach 860 und ist bestimmt durch die makedonische Renaissance an ihrem Anfang, eine eklektische Auseinandersetzung mit antiken Vorbildern, und setzt sich fort in einer Steigerung zu Pathos und Expressivität.

c. Kunstgeschichtl. verhältnismäßig dunkel bleibt die Lateinerzeit, aus der aber im Serbenreich einige hervorragende Beispiele neohell. Stils erhalten sind (Studenica). Auf dem Balkan (Ohrid) sind dann auch ebenso hervorragende Beispiele spätbyz. (paläologischen) Stils erhalten wie auch in Griechenland (Mistra, Thessaloniki) und in der Hauptstadt selbst (Kahriye Cami: Chorakirche; Fethiye Cami: H. Pammakaristos).

Erst in der nachbyz. Kunst wird die Kunst im byz. Raum zu einer rein kirchl. Angelegenheit. Die Buchmalerei ist für die Bibelillustration sehr wichtig und leicht beweglicher Bildträger für die Verbreitung von Bildmustern (Ikonographie). Die Plastik beschränkt sich nach dem Bilderstreit auf das Relief. Eine typisch byz. Architekturform ist die Kreuzkuppelkirche. Reichere Kirchen haben ein oft in Wand- bzw. Deckenmosaik ausgeführtes vorgegebenes Bildprogramm, das von den atl. Vorläufern über das Dodekaortion (zwölf Hauptfeste des Kirchenjahres) und die Kirche mit ihren Lehrern bis zum Pantokrator führt. Dazu kommt die Ikonostase (Bilderwand), eine Trennung zwischen Templon und Laienraum, bei der sich im Laufe der Zeit anstelle von Vorhängen die Anbringung von beweglichen Ikonen nach einem ebenfalls genau festgelegten Bildprogramm einbürgert; seit dem

14. Jh. voll entwickelt, werden sie symbolisch als Zeichen der Trennung zwischen göttlicher und menschlicher Welt gedeutet und zugleich als Bilder der Erfahrbarkeit der göttlichen Welt im Diesseits.

Dabei kommt die → Ikone vom spätantiken Tafelbild her und ist bis heute eine flache, rechteckige Holztafel. Die Masse der heute zu findenden Ikonen stammt aus postbyz. Zeit. Man kann Wachs- und Temperamalerei, bemalte Keramik, Mosaik- und Emaille-Ikonen unterscheiden, dazu Reliefikonen in Elfenbein, Steatit, Holz, Stein oder Edelmetall. Der Rahmen kann sich weit auf das Bild selbst erstrecken. Die auf Ständern in der Kirche ausgelegten Festtagsikonen werden sowohl bei Gottesdienstbeginn durch Kuß und Kerzen verehrt wie auch zur privaten Andacht. Dazu kommt die Beräucherung. Bei den Sakramenten und Weihungen (Beichte, Eheschließung, Wöchnerinnensegnung und Taufe, Exequien) spielen die Ikonen eine wichtige Rolle und besitzen gerade dadurch auch bis heute eine große Bedeutung für die monastische und familiäre Frömmigkeit.

Lit.: H.G. Beck: Kirche und theologische Literatur im byzantinischen Reich, 1969; I. Hutter: Frühchristliche Kunst. Byzantinische Kunst, 1968; G. Ostrogorsky: Geschichte des byzantinischen Staates, [3]1963; W.F. Volbach, J. Lafontaine-Dosogne: Byzanz und der christliche Osten, 1968.

W. Wischmeyer

Cajetan (1469-1534)

Eigentlich Thomas de Vio, nach seiner Heimatstadt Gaeta (Italien) Cajetanus genannt, geb. am 20.2.1469, 1508 Generalmagister des Dominikanerordens, 1517 Kardinal, gest. am 9.8.1534 in Rom, hervorragender Vertreter einer »innerkatholischen« Reform, der wohl bedeutendste Gegner → Luthers, ein Theologe von hohem Niveau und persönlicher Integrität.

Neben zahlreichen Gutachten und Entscheidungshilfen für die röm. Päpste - wozu die abschließende Formulierung der röm. Ablaßlehre (1518) genauso gehörte wie Gutachten in der Ehesache Heinrichs VIII. von England oder zu den Verhandlungen auf dem Augsburger Reichstag (1530) - liegen C.s Verdienste um die röm.-kath. Kirche vor allem auf vier Gebieten:

a. Die Abwehr des → Konziliarismus und die Formulierung einer streng auf das Papstamt konzentrierten Ekklesiologie ist entscheidend C.s Verdienst.

b. Die Durchsetzung der Theologie des → Thomas von Aquin zu einer die röm. Kirche bis ins 20. Jh. bestimmenden Theologie verdankt sich wesentlich C. (sein durchgehender Kommentar zur Summa des Thomas ist in der offiziellen Thomas-Ausgabe Papst Leos XIII. abgedruckt).

c. Unter dem Eindruck seiner Begegnung mit Luther wandte sich C. in seinem letzten Lebensjahrzehnt fast nur noch der Auslegung der Bibel zu. Viele seiner exegetischen Erkenntnisse (und viele seiner »innerkatholischen« Reformvorschläge) fielen freilich der Zensur und dem Geist des Konzils von Trient zum Opfer.

d. Bei dem C. übertragenen Verhör Luthers in Augsburg (12.-14. 10. 1518) begegneten sich röm.-thomistische und ev.-luth. Theologie in ihren besten Vertretern, erkannten und formulierten (auch in den anschließenden literarischen Auseinandersetzungen) den Unterschied zwischen ev. und kath.: nicht auf dem Gebiet des Ablasses, der zunächst Anlaß war, sondern auf dem Gebiet der Ekklesiologie und der Sakramentslehre, mit anderen Worten in der Frage der → Rechtfertigung: ob der Mensch Gott allein auf sein »Wort« (lat. *promissio*) hin glauben und seiner Seligkeit gewiß sein solle und dürfe (Luther), oder ob er Glied der röm. Kirche und der von ihr verwalteten Sakramente teilhaftig sein müsse, um zu jenen »guten Werken« befähigt zu werden, die er zu seiner Rechtfertigung und Seligkeit beizutragen (lat. *cooperari*) habe (Cajetan).

Lit.: M. Brecht: Martin Luther I, 1981, 237 ff; G. Hennig: Cajetan und Luther. Ein historischer Beitrag zur Begegnung zwischen Thomismus und Reformation, 1966.

G. Hennig

Calixt, Georg (1586-1656)

C. (Kallisen), Georg (1586-1656), lutherischer Kontrovers- und Unionstheologe. Als ein ohne Konkordienformel und Ubiquitätsvorstellung erzogener und von den moderaten Prinzipien → Melanchthons geprägter Student war der schleswig-holsteinische Pfarrersohn C. 1603 an die welfische Universität Helmstedt gekommen. Er widmete sich zunächst dem Aristotelesstudium, erwarb sein theol. Wissen überwiegend als Autodidakt und vertiefte das Erlernte auf zwei ausgedehnten Bildungsreisen in Deutschland, Frankreich und England. Das Zusammentreffen mit Katholiken und Reformierten legte den Grund zu seinen späteren Bemühungen um interkonfessionelle Annäherung. Von 1614 bis zu seinem Tod lehrte C. als Prof. für Kontroverstheologie in Helmstedt. Im ersten Jahrzehnt seiner Wirksamkeit verhalf er einer späthumanistisch-frühaufklärerisch akzentuierten orth. Theologie zum Siege, die ebenso zeitgemäß sein wollte wie auf den durch den Konfessionsstreit ausgelösten Religionskrieg (1618-48) zu antworten suchte. C.s Fernziel war die Aufhebung der Kirchenspaltung des 16. Jh.s. Zu diesem Zweck nahm er eine Unterscheidung zwischen wissenschaftl. Theologie und persönlichem Heilsglauben sowie zwischen heilsnotwendigen fundamentalen und weniger wichtigen Glaubenssätzen vor, arbeitete als Hilfe zum gemeinsamen Handeln eine theol. Ethik aus und reflektierte in drei gelehrten Monographien über die letzten Dinge. Gleichfalls um seines Zieles willen schrieb er als einer der schärfsten und patristisch gebildetsten Kontroverstheologen gegen Katholiken, Reformierte und luth. Wahrheitsfanatiker. Andererseits appellierte er als weitherziger und friedfertiger Theologe an Duldsamkeit, Gesprächsbereitschaft und gemeinsames Suchen nach der Wahrheit mit Hilfe der Hl. Schrift sowie der kirchl. Tradition der ersten fünf Jh.e (*consensus antiquitatis*). Das auf der reformat. Theologie und den → Bekenntnisschriften fußende Luthertum verwarf C.s Position als Religionsmischerei und Verrat an der → Reformation. Im Synkretistischen Streit (1648ff), der sich gegen die Helmstedter Irenik ebenso richtete wie gegen die reformiertenfreundliche Kirchenpolitik des Großen Kurfürsten, erreichte das konfessionelle Zeitalter seinen theol. Höhepunkt und Niedergang zugleich. Eine von kursächsischen Lutheranern (A. Calov) 1655 versuchte reichsweite Verurteilung des Calixtinismus mißlang. Andererseits scheiterten auch alle Unionsversuche im 17. und 18. Jh. auf calixtinischer Grundlage. Gleichwohl sind unter C.s dogmatischen, exegetischen, polemischen und unionstheol. Schriften – die letzteren als Anregung, Mahnung und Verheißung zumal im Zeichen der Ökumene – von bleibendem Interesse.

Lit.: Werke in Auswahl, hg. v. I. Mager, 4 Bde., 1970-82; I. Mager: Georg Calixt, in: GdKG 7, 1982, 137-148; J. Wallmann: »Calixt, Georg«, TRE 7, 1981, 552-59 (Lit.).

I. Mager

Calov, Abraham (1612-1686)

Bedeutender Theologe der luth. Orthodoxie. Nach phil. und theol. Studien in Königsberg und Rostock wurde der aus dem preußischen Mohrungen stammende C. 1640 a.o. Theologieprofessor in Königsberg, wo er gegen die Religionspolitik des Großen Kurfürsten opponierte und sich in Auseinandersetzung mit dem Hofprediger Johann Bergius als konfessionsbewußter Lutheraner profilierte. 1643 ging C. als Pastor und Rektor des berühmten akademischen Gymnasiums nach Danzig. Auch hier setzte er sich nachhaltig für die Stärkung des städtischen Luthertums ein. Während des auf polnische Initiative einberufenen, am Ende ergebnislos verlaufenen Religionsgesprächs in Thorn (1645) geriet C. in Berührung und Konflikt mit → Calixt und war seitdem

einer der Hauptautoren im Synkretistischen Streit, obgleich Calixt ihm selbst nie antwortete. 1650 folgte C. dem Ruf nach Wittenberg als Professor, Pastor und Generalsuperintendent. Seine Wittenberger Antrittsrede über das falsche Verlangen nach Eintracht zwischen den Konfessionen markiert sein Anliegen und seinen ablehnenden Standpunkt. Seit 1660 Professor primarius, verhalf C. der Wittenberger Universität zu ihrer letzten Blüte, hatte es aber auch zu verantworten, daß der Große Kurfürst 1662 seinen Landeskindern das Studium am Ursprungsort der Reformation verbot.

Die Abwehr des Synkretismus und der literarische Kampf gegen Reformierte, Arminianer und Sozinianer zeigt den Streittheologen C.; gleichzeitig war er ein beliebter akademischer Lehrer, hervorragender Kenner der bibl. Sprachen und mitreißender Prediger. Neben frühen phil. Studien zur Stützung der bibl. Wahrheit sind seine gelehrten Bemühungen um die Auslegung der verbalinspirierten Hl. Schrift (Biblia Illustrata, 1672) gegen erste Versuche einer kritischen Exegese (H. Grotius) ebenso zu nennen wie seine zwölfbändige Dogmatik (Systema locorum theologicorum, 1655-77), in welcher die luth. Hochorthodoxie ihren klass. Ausdruck fand. Wegen seiner Gemeindeerfahrung konnte C. J. → Arndts Bücher vom wahren Christentum empfehlen und auch Ph.J. → Speners Anliegen in den Pia Desideria mittragen. Bedingung für diese Offenheit aber blieb ein mit der luth. Lehre übereinstimmender Glaube, für dessen in allen Stücken fundamentale Sätze die Hl. Schrift alleiniger Maßstab und Beweis ist.

Nachdem der Rückhalt am Hofe und in der kursächsischen Geistlichkeit immer mehr schwand und C. fünf Ehefrauen sowie 13 Kinder überlebt hatte, neigte sich mit dem Tod des 74jährigen die Epoche der luth. Orthodoxie ihrem Ende zu.

Lit.: J. Wallmann: »Calov, Abraham«, TRE 7, 1981, 563-568 (Lit.).

I. Mager

Calvin, Johannes (1509-1564)

J.C. (eigentlich Jean Cauvin) ist am 10. Juli 1509 in der Bischofsstadt Noyon (Picardie, Nordfrankreich) geboren. Durch den Vater, Verwalter beim Domkapitel, hatte er früh Zugang zu kirchl. Pfründen, die ihm ein sorgloses Studium ermöglichten. Dieses begann er 1523 in Paris, lernte Latein, studierte Philosophie, beschäftigte sich mit den Kirchenvätern und erwarb 1524 den Grad des Magister artium. Anschließend studierte er in Orléans und Bourges Jura, lernte Griechisch und kam mit Humanisten und humanistischem und reformat. Gedankengut in Berührung. 1531 war er wieder in Paris und trieb vornehmlich Klassische Philologie; Theologie studiert im eigentlichen Sinne hat er nie.

In die Jahre 1533/34 (wahrscheinlich) fällt sein Übergang zur Reformation, den er später als »subita conversio« (»plötzliche Bekehrung«) bezeichnet. Im Zusammenhang mit Wirkungen der (»reformatorischen«) Rektoratsrede seines Freundes Nikolaus Cop flieht er Ende 1533 aus Paris, verzichtet 1534 auf seine Pfründe aus Noyon, gelangt über Straßburg nach Basel und arbeitet dort die erste Ausgabe seiner »Institutio« aus. 1536 wird er auf der Durchreise von Guillaume → Farel in Genf festgehalten, wo am 25. Mai die Reformation eingeführt worden war. C. bleibt, wird »Lektor der Hl. Schrift«, dann Prediger, verfaßt 1537 die »Articles concernant l'organisation de l'Église« (Psalmengesang; sonntägliche Abendmahlsfeier; Ältestenamt) sowie einen Katechismus (als Abhandlung, deshalb nicht erfolgreich) (die »Confession de Foi« von 1537 wird jetzt Farel zugeschrieben).

Nach Differenzen mit dem Rat werden Farel und C. 1538 ausgewiesen. Über Bern und Zürich kommt C. nach Straßburg, betreut dort die franz. Flüchtlingsgemeinde, heiratet die Witwe Idelette de Bure (gest. 1549; eine Tochter ist früh gestorben), widmet sich seiner theol. Schriftstellerei (zweite Ausgabe der »Institutio« 1539, Kommentar zum Römerbrief 1540, Gottesdienstformulare 1540, Abendmahlstraktat 1541) und nimmt mit Martin → Bucer, der ihn stark prägt, an den ev.-kath. Religionsgesprächen in Worms und Regensburg 1540/41 teil.

1541 kehrt C. auf dortige Bitten nach Genf zurück und lebt und wirkt hier bis an sein Lebensende. 1541 veröffentlicht er die »Ordonnances Ecclésiastiques« (Kirchenordnung) mit dem berühmten vierfachen Amt (von Bucer vorgeprägt): pasteurs (Pastoren: Wortverkündigung); docteurs (Lehrer: Jugendunterweisung und theol. Lehre); anciens (Älteste: zusammen mit den Pastoren im »consistoire«, heute Presbyterium: Kirchenzucht); diacres (Diakone: Sorge für Kranke und Arme, Verwaltung der kirchl. Finanzen). 1542 erscheint der Katechismus in völlig neuer Gestalt (373 Fragen und Antworten; »Glaube« kommt nun vor dem »Gesetz«; starke Betonung der Kirchenzucht). 1549 gelingt ihm das Zustandekommen des »Consensus Tigurinus« (Lehrübereinkunft zwischen Zürich und Genf; ähnliche Versuche mit den Lutheranern, 1556/59, scheitern).

Mitwirkung C.s an Verbannungen (Jerome Bolsec, wegen Ablehnung der calvinist. Prädestinationslehre, 1553) und Hinrichtungen (Michael Servet, Bestreitung der Trinitätslehre, 1555) hinterlassen Befremden, so sehr sie sich im Rahmen der Zeit bewegen. In seinem Eintreten für die Freiheit der Kirche (eigene kirchl. Disziplinargewalt) wie insbesondere für eine strenge Kirchenzucht (wie Bucer) bleibt C. in Genf lange umkämpft und angefochten, auch geschmäht; erst 1555 gewinnen seine Anhänger auch in den weltlichen Leitungsgremien die Mehrheit. Mit der Gründung der Akademie in Genf 1559 (theol. und juristische Fakultät) geht ein Wunsch C.s in Erfüllung. Am 27. Mai 1564 stirbt er in Genf; sein Grab ist, seinem Wunsch gemäß, unbekannt.

C. hat neben Kirchenordnung, Gottesdienstordnung und Katechismus sowie kleineren theol. Traktaten und frühen philologischen Arbeiten vor allem zahlreiche gründliche Bibelkommentare, Predigten und einen umfangreichen Briefwechsel (europaweit) hinterlassen. Zusammengefaßt greifbar sind seine Gedanken jedoch in seinem Hauptwerk, der »Institutio Christianae Religionis« (»Unterricht in der christlichen Religion«), das sich, von Ausgabe zu Ausgabe erweitert (lat. 1536, 1539, 1543, 1550, 1559; franz. 1541, 1545, 1560), vom Katechismus zur umfangreichen Dogmatik entwickelt hat, der bedeutendsten reformat. des 16. Jh.s nach allg. Urteil.

In seiner Letztgestalt behandelt es in vier Büchern (wohl an den Sentenzen des Petrus Lombardus orientiert) und insgesamt 80 Kapiteln den gesamten theol. Stoff, mit charakteristischen Akzenten: ausführliche Schriftlehre (I,6-10; Autorität der Schrift durch das »arcanum testimonium spiritus«, das »innere Zeugnis des Geistes«, I,7); Betonung der Bildlosigkeit Gottes (I,9) und der Trinität (I,13, vielleicht durch Servet ausgelöst); Gewichtung des

AT (II,10-11); Notwendigkeit der Menschwerdung Christi (II,12, Gedanken Anselms von Canterbury aufnehmend); die Lehre vom dreifachen Amt Christi (II,15); Voranstellung der »Heiligung« (»Leben eines Christen«, III,6-10) vor der Rechtfertigung (III,11-18); Erwählungslehre (III,21-24; »doppelte Prädestination« im Anschluß an Augustin); schließlich das ganze umfangreiche vierte Buch von der Kirche (IV,1: Kirche als »Mutter«, von der man sich nicht trennen darf; IV,3: Ämter der Kirche; IV,12: Kirchenzucht) und den Sakramenten (IV,16: Plädoyer für die Kindertaufe; IV,17: »mittlere« Abendmahlslehre, »Spiritualpräsenz«) sowie »Vom bürgerlichen Regiment« (IV,20).

C.s Theologie ist bibelorientiert, um Übereinstimmung mit den Vätern (Alte Kirche) bemüht und von gedanklicher Strenge. C. ist darin »Ökumeniker«, daß die Kirche und ihre Einheit für ihn ein vorrangiges Ziel sind und er sich innerreformat. um Ausgleich und Konsens bemüht. Hinsichtlich der kath. Kirche (seiner Zeit) ist er dagegen schroff ablehnend und polemisch (»Tyrannei des Papsttums«, IV,5). Gleichwohl gibt es heute auch eine wissenschaftl. kath. C.forschung. Auf den (ref.) Protestantismus ist C. bzw. Genf (weltweit) von großem Einfluß geworden.

Lit.: Gesamtausgabe: Ioannis Calvini opera quae supersunt omnia, hg. von G. Baum et al., 59 Bde, 1863-1900; Auswahl: Ioannis Calvini opera selecta, hg. von P. Barth et al., 5 Bde., 1926-1936 u.ö.; »Institutio«, übers. von O. Weber, (1955) 51988.

W. Nijenhuis: »Calvin, Johannes«, TRE 7, 1981,568-592 (Lit.); A. Ganoczy: Jean Calvin, in: Klassiker der Theologie 1, hg. von H. Frier, G. Kretschmar, 1981, 329-345.419-421; R. Stauffer: J.Calvin, in: GdKG 6.2, 1981, 211-240; G.W. Locher: J.Calvin, in: Protestantische Profile, hg. von K. Scholder et al., 1983, 78-93; W. Neuser: »Calvins Theologie«, EKL3 1, 1986, 621-630.

W. Niesel: Die Theologie Calvins, (1938) 21957; W.F. Dankbaar: Calvin. Sein Weg und sein Werk, (1959) 21966; F. Wendel: Calvin. Ursprung und Entwicklung seiner Theologie, 1968; W. Neuser: Calvin, 1971; H. Schützeichel: Die Glaubenstheologie Calvins, 1972.

Calvinus Ecclesiae Doctor, hg. von W.H. Neuser, 1980; Calvinus Ecclesiae Genevensis custos, hg. von W.H. Neuser, 1984; In honor of John Calvin, hg. von E.J. Furcha, 1987; Calvin. Erbe und Auftrag: FS., W.H. Neuser, hg. von W. van't Spijker, 1991.

H. Schützeichel: Katholische Calvin-Studien, 1980; K. Reuter: Vom Scholaren bis zum jungen Reformator, 1981; A. Ganoczy, St. Scheld: Die Hermeneutik Calvins, 1983; M. Jenny: Luther, Zwingli und Calvin in ihren Liedern, 1983; W. Balke: Calvin und die Täufer, 1984; H. Schützeichel: Katholische Beiträge zur Calvin-Forschung, 1988; P.Ch. Böttger: Calvins Institutio als Erbauungsbuch, 1990; M. de Kroon: Martin Bucer und Johannes Calvin, 1991.

B. Steinseifer

Calvinismus

C. ist die geschichtliche Gesamtwirkung, die von der Genfer Reformation J. → Calvins (1509-1564) ausging, und zwar vor allem in die westl. Welt, dazu in östl. Gebiete (Ungarn, Polen), z.T. auch nach Deutschland. Es versteht sich, daß die Gesamterscheinung des C. über die mehr oder weniger von Calvins Theologie beeinflußten ref. Kirchen hinausgeht. Es versteht sich ferner, daß sich im Lauf der Geschichte die Anstöße Calvins mit mannigfachen anderen Faktoren vermählten und umformten. Damit ist umso mehr zu rechnen, als Calvin in der ref. »Welt« kaum je dieselbe Autorität genoß wie M. Luther im »Luthertum«. Von einer geringfügigen Ausnahme abgesehen, schmückt sich denn auch keine der ref. Kirchen mit seinem Namen.

Es ist gleich genauer zu sagen: Der C. bildete sich aus, indem Calvins Anstöße in den verschiedenen Regionen je in ihrer Weise, durch ihre Verschmelzung mit den Denkweisen anderer Theologen je eine eigene Formung erhielten. Dabei brachen freilich die in Calvins Theologie zusammengehaltenen starken Spannungen mehr oder weniger auseinander. Erst nachdem etwa Calvins Nachfolger Th. → Beza, über seinen Lehrer hinausgehend, die Prädestinationslehre in die Mitte seines theol. Systems gerückt hatte, entstand ein Denken, das als solches im franz. Sprachraum, in England, teils auch in den Niederlanden wirksam wurde. Dabei nahm in England der C. auch stark Anschauungen des Straßburger Reformators M. → Bucer in sich auf. Hingegen trat in Deutschland durch das Zusammenfließen von Calvins mit → Melanchthons Einsichten ein spezifisch »milder« C. hervor. Wiederum kam es im Bereich der Reformation → Zwinglis durch das Wirken seines Nachfolgers und Calvin-Freundes H. → Bullinger zu einer nochmals anderen Prägung des C.

Man hat also den C. als einen Komplex zu verstehen, der in der nachcalvinischen Zeit verschiedenartige Ausprägungen umfaßte. O. Weber unterscheidet dabei vier »Hauptformen des C.«, die am Ende des 16. und im 17. Jh. hervortraten:

1. Die calvinistische Orthodoxie, die sich über Beza in den westl. Ländern ausbreitete. Ihr Schibboleth war die Lehre von der vorzeitlichen Erwählung einer bestimmten Anzahl von Menschen zum Heil (Prädestination). Diese Lehre handelt von einer Erkenntnis, die den zeitweise hart bedrängten »Kirchen unter dem Kreuz« in Frankreich (→ Hugenotten), in den Niederlanden, auch in England und Schottland eine Quelle der Kraft war. Erst sekundär war die Lehre auch Gegenstand theol. Nachden-

kens. Die Frage, ob der ewige Erwählungsratschluß den Sündenfall als gegeben voraussetze (»Infralapsarismus«) oder als Ermöglichung einer späteren Errettung allein aus Gnaden erst notwendig mache (»Supralapsarismus«), war der Anlaß für die ref. Synode in Dordrecht (1618/19). Wichtiger war hier die Abgrenzung gegen die frühaufklärerischen Arminianer. Diese schränkten die Annahme einer Vorherbestimmung ein zugunsten der Behauptung menschlicher Willensfreiheit, durch die Menschen selbst an ihrer Bestimmung zum Heil oder Unheil beteiligt sind.

2. Die deutsch-reformierte Tradition formte sich unter Aufnahme von Melanchthons Theologie in der Pfalz (Heidelberg) und strahlte von da aus an den Niederrhein, nach Hessen (Herborn, Marburg), nach Ostfriesland (aber mit eigenen Prägungen durch J. → Laski), nach Bremen und Brandenburg. Ihr charakteristisches Dokument ist der → Heidelberger Katechismus (1563). Dessen zentraler Gedanke ist die Erkenntnis Jesu Christi als des »einen Trosts im Leben und im Sterben« und das Verständnis des göttlichen Gebots als der Anleitung, auf diesen Trost mit einem Leben in der »Dankbarkeit« zu antworten. Ein unmittelbares Interesse an der Prädestinationslehre ist hier kaum erkennbar.

3. Die »Föderaltheologie« (abgeleitet vom lat. *foedus*, »Bund«) vertreten von dem Niederländer J. → Coccejus und seiner Schule. Sie wandelte das orthodoxe Nachdenken über die Heilswahrheit in das Erforschen der Heilsgeschichte um, indem sie die stufenweise sich vollziehende Durchführung von Gottes ewigem Bundeswillen im Lauf der Geschichte in den Blick nahm. Da für sie das Ziel der Geschichte das Reich Gottes ist, entdeckte sie dabei die → Eschatologie neu, doch so, daß dieses Ziel leicht als das Ergebnis des Geschichtslaufs verstanden werden konnte. Der Beitrag der Föderaltheologie für das geschichtliche Denken der Neuzeit überhaupt wie insbesondere für das Verständnis der Bibel als einer geschichtlichen Urkunde ist beträchtlich.

4. Der Puritanismus in England richtete sein Interesse nicht so sehr auf den ewigen Erwählungsratschluß Gottes als auf die Wahrnehmung der »Früchte«, die sich im Leben der Erwählten unfehlbar zeigen müßten. Dadurch wandelte sich hier der Objektivismus der calvinistischen Orthodoxie in eine Konzentration auf den subjektiven Vollzug des Lebens eines Erwählten, verbunden mit einem energischen Gestaltungswillen. Das Verständnis der Kirche wurde dabei von der bewußten Teilnahme der Gläubigen an der Gemeinde her gefaßt, und es wurde dabei als ihr Wesensmerkmal teils ihre presbyterianisch-synodale Verfassung (Th. Cartwright), teils die »Kirchendisziplin«, d.h. die Beobachtung des rechten Wandels ihrer Glieder herausgestellt. Letzteres führte zum Kongregationalismus, zu freikirchl. Bildungen, auch zur Mentalität der in die »neue Welt« aufbrechenden »Pilgerväter« (1620). Die Betonung, daß sich der Glaube in einem frommen, sittenstrengen Wandel in Selbstverleugnung zeige (R. Baxter, J. Bunyan), wurde in den Niederlanden unter dem Stichwort der »Präzisheit« (G. Voet) aufgegriffen, und sie regte W. Amesius zu einem Denken an, das zentral an der persönlichen Erfahrung der Gläubigen orientiert ist.

Obwohl sich diese Formen des C. untereinander kaum berührten, läßt sich doch von einer gemeinsamen Stoßrichtung des C. sprechen. Wichtig ist hierbei zu beachten, daß die vorgegebene Hervorhebung der Erwählungslehre im Ausgangspunkt des C. sich keineswegs lähmend auswirkte. Das lag nicht nur daran, daß diese Lehre immer wieder durch die von Calvin doch auch gelehrte Christuserkenntnis »gemildert« wurde. Das lag auch daran, daß hier die als Norm anerkannte Schrift für Korrekturen sorgte. Das strenge Ernstnehmen gerade der Schrift und speziell auch des AT wurde dabei zur Wiege der wissenschaftl. Bibelauslegung (besonders in Basel und Leiden) und brachte schon früh in den Niederlanden Gespräche mit der Judenschaft mit sich.

Noch folgenreicher war, daß sich die drei letzten der Hauptformen des C., je in ihrer Weise, von der Betrachtung des zwar nicht bestrittenen, aber dem Menschen doch verborgen bleibenden Erwählungsratschlusses abwandten, um die Aufmerksamkeit vielmehr auf seinen irdischen Vollzug an den Menschen, in der Geschichte, im Wandel der Gläubigen zu richten. Indes hat auch die strenge calvinistische Orthodoxie die Verbindung von Glaube und Handeln herausgestellt. Darum hatte im Gegenzug zu ihr der → Pietismus im Bereich des C., im Unterschied zur luth. Spielart, eher das Gepräge eines passiv-mystischen Sich-in-sich-Versenkens.

Wiederum ermöglichte die von der Kirchendisziplin abgeleitete »innerweltliche Askese« in der Verbindung mit einem Erkennenwollen des Erwähltseins aus den »Früchten« unserer Arbeit die Geburt des frühkapitalistischen Wirtschaftsethos (so die These von M. Weber). Ferner begünstigte der von der Gemeinde der Gläubigen her bestimmte Kirchenbegriff die Aktivität von Nichttheologen (G. → Coligny) und förderte das schon bei Calvin gegebene Interesse am Politischen den Gedanken einer Durchdringung der »Welt« nach Gottes Willen (O. → Cromwell). Schließlich verknüpften sich diese

Überzeugungen mit der vom Eigenwert menschlicher Individualität, die aufgrund des persönlichen Erwähltseins entdeckt wurde, und das in einer Weise, daß der C. der Nährboden für die Entwicklung eines Widerstandsrechts gegen Tyrannen wurde. Damit war er zugleich Nährboden für die Idee der Demokratie und der Menschenrechte (zunächst in der »neuen Welt«).

So begann der C. freilich eine säkulare Gestalt anzunehmen. Gleichzeitig ließ die an der Erfahrung orientierte Selbstbeobachtung den C. an der Wende zum 18. Jh. teils in die Aufklärung, teils in den Pietismus (so die These von A. Ritschl) übergehen. Unter dem Einfluß der Romantik lebte der C. als Neo-C. wieder auf. Vor allem durch das Wirken des Holländers A. → Kuyper (1837-1920) wurde dieser zu einer antiliberalen Sammlungsbewegung des »bibelgläubigen reformierten Volks« mit dem Ziel einer christl. Durchdringung aller Gebiete des Volkslebens. Neue Vertreter (G.C. Berkouwer, A.A. Ruler) grenzen sich ab gegen die in der Tat den C. kritisch sichtende, ref. Theologie K. Barths, während deutsche Anhänger des Neo-C. 1933 für eine Bejahung des Dritten Reiches anfällig waren.

Lit.: K. Halaski (Hg.): Die reformierten Kirchen, 1977; J.T. Mc Neill: The History and Charakter of Calvinism, 1954.

E. Busch

Cambridge Platonists

Während und nach der englischen Revolution (1640-1660) wurde die phil.-theol. Bewegung des Cambridge Platonismus von Benjamin Whichcote (1609-1683) begründet. Mit Ausnahme des Oxford-Dozenten Henry More (1614-1687) kamen die Anhänger dieser neuen mystisch-rationalistischen Theologie vom Emmanuel College in Cambridge. Die C. P. waren puritanisch erzogen worden, lehnten den Puritanismus insgesamt jedoch ab. Gestützt auf die Lehre Platons und besonders auf den Neuplatonismus Plotins, sowie auf den christl. Platonismus der Florentinischen Akademie von Marsilio Ficino (1433-1499; Theologica Platonica, 1474) und auf die Lehre von Giovanni Pico della Mirandola (1463-1494; Prisca Theologia) haben sie einen eigenen christl. Platonismus entwickelt.

Das Resultat war eine Theologie, die große theol. Auseinandersetzungen vermied, die Idee der Toleranz verteidigte und die direkt die Entstehung der Partei der Latitudinarier und auch den → Deismus in der Staatskirche beeinflußte. Die Bereitschaft der C. P., die Freiheit des Gewissens zu verteidigen, gründet in ihrer Überzeugung, daß die Vernunft die Wahrheit auswählt. Auf dieser Grundlage propagierten sie die Einheit von natürlicher und geoffenbarter Religion und den Zusammenhang von Religion und neuer Naturwissenschaft.

Konsequent lehrten die C. P. die Harmonie von Glauben und Vernunft und betrachteten dabei den Glauben als die höchste Erfüllung der Vernunft. Die Seele, die für sie ihren Ursprung in Gott hat, und die Vernunft, die als Auge und Licht der Seele die Wahrheit erkennt, spielten eine wesentliche Rolle in ihrer Theologie. Die Vernunft entdeckt das Natürliche in der Welt und empfängt von Gott das Übernatürliche, bleibt aber unvollkommenes Ebenbild der göttlichen Vernunft. Jüngerschaft heißt durch intellektuelles Streben und Üben einer strengen Sittlichkeit in Güte, Gerechtigkeit und Wahrheit, die deiformity bzw. Gottähnlichkeit zu erlangen. In Auseinandersetzung mit → Hobbes und → Descartes entwickelten die C. P. ihre Weltanschauung.

Lit.: E. Cassirer: »Die platonische Renaissance in England und die Schule von Cambridge«, in: Studien der Bibliothek Warburg, Bd. XXIV, 1932; G.R. Cragg (Hg.): »The Cambridge Platonists«, in: The Library of Protestant Thought, 1968; J. Gascoigne: Cambridge in the Age of the Enlightenment. Science, Religion and Politics from the Restoration to the French Revolution, 1989; F.J. Powicke: The Cambridge Platonists. A Study, 1926.

R. C. Walton

Camp Meetings → Erweckungsbewegung

Campingmission → Volksmission

Campus für Christus (CfC)

CfC ist ein deutsches Missionswerk mit ca. 150 vollzeitlichen Mitarbeitern, dessen Ursprünge in der amerikanischen Mutterorganisation liegen, die 1951 von Dr. Bill Bright in Kalifornien gegründet wurde. In Deutschland entstand CfC während der Studentenrevolten 1968 an der Freien Universität in Berlin und ist verbunden mit Agape Europe (Campus Crusade for Christ) mit 20.000 Mitarbeitern in aller Welt. Ursprünglich aus einer Erneuerungsbewegung der Reformierten Kirche (→ Presbyterian) hervorgegangen, ist CfC durch die »→ Keswick«-Theologie und die weltmission. Impulse der Student Volunteer Movement (→ Deutsche Christliche Studenten Vereinigung) geprägt und arbeitet auf der Grundlage der Evangelischen → Allianz. CfC betont das Werk des Heiligen Geistes in dem Glaubenden als Impuls zur persönlichen Anteilnahme am Missionsauftrag der Kirche. Hauptarbeitsgebiete sind neben dem Einsatz an den Hochschulen der Welt (daher der Name »Campus«) die Beratung von Gemeinden hinsichtlich missionarischen Gemeindeaufbaus (»Aktion: Neue Schritte«), Seelsorge unter Politikern und Führungskräften und die Aussendung mission. Fachkräfte in die Entwicklungshilfe.

Lit.: ZS: »Impulse«, vierteljährlich

C. Peddicord

Canstein, Karl Hildebrand Frhr. von (1667-1719)

C., geb. am 4. 8. 1667 in Lindenberg bei Berlin, gest. am 19. 8. 1719 in Berlin, aus alter Adelsfamilie, Sohn des brandenburgischen Obermarschalls und Kammerpräsidenten Raban von Canstein, studierte Jura, um nach einer Bildungsreise zunächst am Berliner Hof, dann im brandenburgischen Militär zu dienen. Dort schwer erkrankt, gelobte er Gott, »ihm sein Leben lang zu dienen«. Zurück in Berlin übernahm C. keine öffentlichen Ämter mehr.

Die Begegnung mit → Spener gab seinem Leben eine neue Richtung. 1694 hielt dieser C.s Mutter die Grabrede. Es entwickelte sich eine tiefe Freundschaft. C. fand in Spener seinen geistlichen Vater, dieser einen jungen Freund und unentbehrlichen Helfer. Spener vermachte ihm seinen handschriftlichen Nachlaß, aus dem C. 1711 die »Letzten Theologischen Bedenken« herausgab, mit deren Vorrede er die erste Spener-Biographie lieferte. Ab 1697 entstand auch zu A.H. → Francke eine enge Freundschaft. Das Waisenhaus in Halle zu fördern, Zöglinge und Spenden zu vermitteln, aus den eigenen Einkünften zu geben, was möglich schien, das wurde C. zum Lebenswerk. 1710 erschien sein »Vorschlag, wie Gotteswort den Armen zur Erbauung in die Hände zu bringen sei«. Durch stehenbleibende Drucksätze konnten preisgünstige Bibeldrucke erstellt werden. C. rief zu Spenden auf, die größte Summe kam von ihm selbst. Tatkräftig baute er das Bibelwerk auf, das 1721 nach ihm benannt wurde. Zum ersten Mal gelangte die Lutherbibel in die Hände des Volkes.

Lit.: P. Schicketanz: Carl Hildebrand von Cansteins Beziehungen zu Philipp Jacob Spener (AGP 1), 1967; ders.: »Canstein«, TRE 7, 1981, 614-617.

J.O. Rüttgardt

Cantus firmus → Liedgut/Liederbücher

Capito, Wolfgang Fabricius (1478-1541)

C., geb. 1478 in Hagenau, gest. am 4. 11. 1541 in Straßburg, stammte aus der Familie des Hufschmieds (daher Fabricius) und Ratsherrn Joh. Köpfel, studierte in Ingolstadt, Heidelberg und Freiburg Medizin, Jura und Theologie, erwarb den Doktorgrad und lehrte Theologie. Er folgte Berufungen als Prediger: 1512-15 am Kanonikerstift in Bruchsal, wo er Hebr. studierte; 1515-20 am Münster zu Basel, wo er in Verbindung zu → Erasmus trat, den hebr. Psalter herausgab sowie eine hebr. Grammatik, mit → Luther Briefkontakt hatte und sich für die Reform des Klerus einsetzte; 1520-23 am Mainzer Dom, wo er u.a. als vermittelnder Befürworter Luthers wirkte. 1523 wurde er Probst an St. Thomae in Straßburg, dazu 1524 Pfarrer von Jungsanktpeter; im Barfüßerkloster hielt er atl. Vorlesungen. So wurde er einflußreicher Straßburger Bürger und bis etwa 1530 neben Bucer führender Kopf der Reformation in Straßburg. Zu einer zeitweisen Entfremdung mit → Bucer kam es durch C.s

freundliche Haltung gegenüber den → Täufern, denen er in Straßburg Aufnahme gewährte, bis er 1534 einen härteren Kurs gegen sie einschlug. Nach Beteiligung an den Religionsgesprächen in Hagenau und Worms starb er an der Pest.

C. war zweimal verheiratet: 1524-31 mit der Ratsherrentochter Agnes Roettel, seit 1532 mit der Witwe → Oekolampads, Wibrandis Rosenblatt. C. lehrte - auch in seinen Schriften - ein ethisches Christentum, orientiert am Liebesgebot Jesu. Sein kirchl. Handeln war stets am Gedanken der Einheit der Kirche orientiert. Sein Lied »Gib Fried zu unserer Zeit« findet sich noch heute im Gesangbuch (EKG 389).

Lit.: J.K. Kittelson: Wolfgang Capito. The Council and Reform of Straßbourg, in: ARG 63 (1972), 126-140; ders.: Wolfgang Capito, from Humanist to Reformer (SMRT 17), 1975; M. Lienhard: »Capito«, TRE 7, 1981, 636-640 (Lit.); B. Stierle: Capito als Humanist (QFRG 42), 1974.

Chr. Windhorst

Carey, William (1761-1834)

C., geb. am 17. 8. 1761, gest. am 9. 6. 1834, gehört zu den bedeutendsten englischen Pioniermissionaren. Er erlernte das Schuhmacherhandwerk. Mit 18 Jahren verließ er seine → Anglikanische Kirche, um sich den → Baptisten anzuschließen. Als Baptistenprediger verdiente er seinen Lebensunterhalt überwiegend durch seinen Handwerksberuf.

Von den Berichten ergriffen, die ihn von den Entdeckungsreisen Cooks in die Südsee 1786 erreichten, wuchs in ihm die Überzeugung von der Verpflichtung zur Äußeren Mission. Auf seine Anregung hin entstand 1792 die Baptist Missionary Society, als deren Missionar er 1793 nach Indien reiste. Dort mußte er zunächst als Verwalter auf einer Indigo-Plantage arbeiten, um der missionsfeindlich eingestellten und beherrschenden East India Company auszuweichen und seinen Unterhalt zu sichern. Fünf Jahre später ließ er sich in dem dänischen Serampore nieder. Dort erhielt er 1799 Verstärkung durch die beiden tüchtigen Missionare Joshua Marshman und William Ward. Mit ihnen begann er 1800, die Bibel und Bibelteile in 35 indische Stammessprachen zu übersetzen. Die Serampore Press, eine eigene Druckerei, druckte und vertrieb die insgesamt 46 Übersetzungen. Darüber hinaus widmete sich C. dem Studium des Sanskrit und übersetzte einige Sanskrit-Klassiker ins Englische. Aufgrund seiner in der Freizeit verfaßten Dialoge in Bengali gilt C. als Begründer der modernen bengalischen Prosaliteratur. In Anerkennung seiner guten Sprachkenntnisse erhielt er 1801 eine gut bezahlte Lehrerstelle am Fort William College bei Kalkutta, an dem er für die sprachliche Ausbildung der zukünftigen Kolonialbeamten verantwortlich war. Zusammen mit seinen Kollegen gründete er Internatsschulen und ein weiterführendes College nach britischem Vorbild. Sozialpolitisch engagiert erreichte er das Verbot der Witwenverbrennung. Zur Erholung legte er einen indischen botanischen Garten an, durch den er auch als Botaniker in Indien

und Europa bekannt wurde. Geschichtlich bedeutsam ist C. jedoch vor allem als Pioniermissionar, Übersetzer, Linguist und Erzieher.

Lit.: M. Drewery: William Carey. Shoemaker and Missionary, 1978; K.S. Latourette: A History of the Expansion of Christianity, Bd. IV, 1941, 66-69, Bd. VI, 1944, 104-108; J.C. Marshman: The Life and Times of Carey, 1859; E.A. Payne: Carey and his biographers, in: Baptist Quarterly 1966, 328ff (Lit.); R. Steiner: William Carey, in: ders.: Pioniere des Wortes, 1982, 21-34.

H. Hamer

Caritas, Caritasverband

C. ist die ntl. Bezeichnung für die Liebe, die Gott den Menschen zuwendet und auf die der Mensch in der Gottes- und Nächstenliebe antwortet. Sie umschließt die Menschen aller Rassen, Religionen und Nationen. Aufgrund ihrer Zugehörigkeit zur Kirche sind alle Gläubigen zu caritativem Tun verpflichtet.

In den C.verbänden sind fast durchweg die sozialen kath. Einrichtungen innerhalb einer Diözese organisatorisch zusammengefaßt. Die institutionalisierte C. greift heute über den Bereich der Pfarrei und der Diözese hinaus und erstreckt sich in der Regel auch auf das Gebiet der staatlichen Fürsorge. Am 9. November 1897 wurde der »Caritasverband für das katholische Deutschland« als Verein gegründet. Heute untersteht der Deutsche Caritasverband (DCV), die Vereinigung der Diözesancaritasverbände, der Aufsicht der deutschen Bischöfe. Der DCV nimmt nach dem Statut der → Deutschen Bischofskonferenz die Aufgaben einer Zentralstelle wahr.

Auf gesamtkirchl. Ebene koordiniert die »Caritas internationalis« die Arbeit der einzelnen caritativen und sozialen Organisationen. Sie ist vom Papst ermächtigt, die kath. Organisationen, insbesondere bei den Vereinten Nationen, zu vertreten. Ihren Sitz hat sie im Vatikanstaat. Daneben errichtete Papst Paul VI. am 15. Juli 1971 den Päpstlichen Rat »Cor unum« zur Förderung des menschlichen und christl. Fortschritts. Ziel dieser Institution ist die bessere Zusammenarbeit zwischen Papst, allen Bischöfen und den kath. sozialen Einrichtungen.

Lit.: A.E. Hierold: Grundlegung und Organisation kirchlicher Caritas. Unter besonderer Berücksichtigung des deutschen Teilkirchenrechts, 1979; R. Völkl: Nächstenliebe die Summe der christlichen Religion? Beiträge zu Theologie und Praxis der Caritas, 1987.

K. Wittstadt

Carlyle, Thomas (1795-1881)

C., geb. am 4. 12. 1795 in Ecclefechan (Dumfries), gest. am 4. 2. 1881 in London, Essayist und Historiker.

Der reizbare und launische Schotte Carlyle war einer der einflußreichsten Schriftsteller und Sozialkritiker seines Zeitalters. Wie sein Aufsatz Past and Present (1843) zeigt, führten seine bescheidene Herkunft und calvinistische Strenge zu einer unbarmherzigen Verurteilung der sozialen Gegensätze in der industriellen Gesellschaft. Carlyle warnte frühzeitig vor einer für ihn unvermeidlichen Revolution. Die Latter-Day-Pamphlets (1850) zeigen seine Skepsis gegenüber der Fähigkeit der Demokratie soziale Gerechtigkeit zu schaffen und lösten eine Welle des Protestes gegen ihn aus. Nach Aufgabe des Theologiestudiums befaßte er sich mit klass. und romantischer Literatur Deutschlands. Dies schlägt sich in seiner fiktiven Biographie Sartor Resartus (1833/34) nieder, mit der Carlyles Vermittlung dt. Literatur und Philosophie im angelsächsischen Raum beginnt. Beeinflußt von Goethe und Hegel entwickelt Carlyle in Heroes and Hero Worship (1841) und in The History of Friedrich II of Prussia, called Frederick the Great (1858-1865), sowie in anderen Schriften die oftmals mißverstandene Idee des schöpferischen Helden, der Ordnung aus dem Chaos schafft.

Lit.: J.A. Froude: Thomas Carlyle, Vol. 1-4, 1882-1884. H. Bloom (Hg.): Modern Critical Views of Thomas Carlyle, 1986; I. Campbell: »Carlyle and Europe«, in: The Carlyle Society Occasional Papers 7, 1976-77; K.J. Fielding, R.L. Tarr (Hg.): Carlyle Past and Present. A Collection of New Essays, 1976.

R. C. Walton

Carpzov, Johann Benedikt d.Ä. (1607-1657)

C., geb. am 22. 6. 1607 in Rochlitz (Sachsen), gest. am 22. 10. 1657 in Leipzig, orthodoxer Lutheraner. Nach Studien in Wittenberg und Leipzig wirkte C. seit 1637 als Geistlicher an der Thomaskirche und seit 1643 zusätzlich als Theologieprofessor in Leipzig.

Im Unterschied zu seinem Lehrer und Kollegen J. Hülsemann, der sich im Streit gegen den Synkretismus → Calixts beteiligte, verhielt sich C. zurückhaltend und gab den Kontakt zu Helmstedt nicht auf. Seine ihn überdauernde literarische Hinterlassenschaft besteht in einer hist.-systematischen Einführung in die luth. Bekenntnisschriften (Isagoge in libros ecclesiarum lutheranarum Symbolicos, 1665) sowie in einer an Einfallsreichtum und Variations-

vielfalt kaum zu überbietenden homiletischen Anweisung für die Sonntags- und Festperikopen des Kirchenjahres (Hodegeticum, 1656). Dieser Spiegel der rationalen und zugleich verkünstelten orth. Predigt kann Ph.J. → Speners Bemerkung in seinen Pia Desideria 1675 illustrieren, daß »die Cantzel nicht der jenige Ort ist, da man seine kunst mit pracht sehen lassen, sondern das Wort deß HERRN einfältig aber gewaltig predigen ... solte«.

Lit.: G. Müller: »Carpzov«, RE[3], 3, 1897, 727.

I. Mager

Carpzov, Johann Benedikt d.J. (1639-1699)

C., geb. am 24. 4. 1639 in Leipzig, gest. am 23. 3. 1699 ebenda, orthodoxer Lutheraner und Gegner des → Pietismus. Als Sohn des vorigen studierte C. in Leipzig, Jena, Basel und Straßburg. 1665 wurde er Professor in der phil., 1678 in der theol. Fakultät in Leipzig. Daneben war er wie sein Vater Pastor an der Thomaskirche. Sowohl bei Speners Berufung zum Oberhofprediger nach Dresden als auch bei A.H. → Franckes Gründung eines Collegium Philobiblicum an der Leipziger Universität (1686) verhielt C. sich abwartend. Doch als das neue exegetische Lehrangebot eine studentische Erweckung auslöste, wuchs sein Argwohn. Aus Sorge um die wissenschaftl. Theologie erhoben sich 1689 mit C. die Vertreter des orth. Luthertums an der Universität und in der Stadtgeistlichkeit gegen die als »Pietisten« verspotteten Anhänger Franckes. In Streitschriften und Gutachten kämpfte die sich durch eine ganz neue Theologie und Frömmigkeit bedroht fühlende Orthodoxie gegen die junge pietistische Bewegung. C. zog die Parallele zwischen ihr und Th. → Müntzer, war aber am Ende weder Spener, Francke und Chr. Thomasius gewachsen, noch konnte er den Sieg des Pietismus unter kurbrandenburgischer Schirmherrschaft in der 1694 gegründeten Universität Halle aufhalten.

Lit.: G. Müller: »Carpzov«, RE[3], 3,1897, 727f; E. Beyreuther: »Carpzov«, RGG[3] I, 1957, 1623f; ders.: A.H. Francke, [2]1961.

I. Mager

Cärularius (Kerularios) → Orthodoxe Kirchen des Ostens

Cassian, Johannes (360-430/35)

Abendländischer Mönchstheologe, geb. 360 n.Chr. in der Dobrudscha (heute Rumänien). Aufgewachsen in einem christl. Elternhaus mit umfassender Geistesbildung (griech. Sprachstudium), unternimmt C. eine Pilgerreise nach Palästina, wo er in Bethlehem einem Kloster beitritt. In dem Verlangen, die anachoretische Lebensweise kennenzulernen, begibt er sich schon bald nach → Ägypten und wird dort für mehr als ein Jahrzehnt Schüler der Mönchsväter. Gegen Ende des 4. Jh.s gerät er jedoch in die Auseinandersetzungen, die um die Theologie des → Origenes ausgetragen werden. C. muß Ägypten verlassen, wird 403 in Konstantinopel von Joh. → Chrysostomus zum Diakon geweiht und gelangt schließlich nach Südgallien. In Marseille gründet er 415 ein Frauen- und ein Männerkloster.

Auf Veranlassung des Bischofs Castor aus Apt verfaßt er für beide Häuser monastische Leitlinien. In »De institutis coenobiorum« (419-426) erläutert C. die in den Klöstern Palästinas und Ägyptens üblichen Lebensregeln; zugleich entfaltet er in Anlehnung an die Acht-Laster-Lehre das zugrundeliegende monastische Ideal. In den »Collationes« (420-429) schildert C. in der Form des Dialogs die geistige Welt der ägypt. Mönchsväter. Themen dieser »Gespräche« sind das unablässige Gebet, die Vielfalt der Gnade Gottes, die Wege zur Ruhe der Seele etc. Als drittes Werk schreibt C. kurz vor dem Konzil zu Ephesus (431) »De incarnatione Domini«, eine gegen → Nestorius gerichtete Apologie des kath. Christusbekenntnisses. Sie ist die einzige abendländische Stimme in dieser bedeutenden Lehrkontroverse der Ostkirche. C. stirbt um 430/35 in Marseille.

Die Bedeutung seines Werks besteht darin, daß er die geistige Welt der ägypt. Anachoreten dem abendländischen Mönchtum nahe bringt. Dazu greift C. auf die origenistische Spiritualität des → Evagrius Ponticus zurück, nach der das Ziel des monastischen Lebens der stufenweise Aufstieg der Seele zur vollkommenen Gottesschau ist. Grundgedanke bei C. ist, daß der Mönch den Weg einer sich allmählich vertiefenden inneren Läuterung zu gehen hat, bis sein Leben auf die Erfahrung Gottes hin transparent wird. Zugleich hat C., wie seine in der Auseinandersetzung mit der Gnadenlehre Augustins entstandenen Ausführungen über das Problem des freien Willens zeigen (vgl. Inst. XII; Coll.XIII), abendländische Fragestellungen aufgegriffen (Semipelagianismus). Eine Klosterregel ist uns aus seiner Hand nicht erhalten geblieben. Auf das abendländische Mönchtum hat C., wie die Regula Benedicti zeigt (RB 42,3.5; 73,5), prägend gewirkt und kann darum mit Recht zu seinen Vätern gerechnet werden.

Lit.: Cassian, Schriften, BKV Bd. 7/8, 1879; O. Chadwick: John Cassian, [2]1968; K.S. Frank (Hg.): Frühes Mönchtum im Abendland, Bd. 1, 1975, 107-193; H. Holze: Erfahrung und Theologie im frühen Mönchtum, 1992.

H. Holze

Cassiodorus (Flavius) Magnus Aurelius C. Senator (ca. 485-ca. 580)

C., geb. ca. 485, gest. gegen 580, dessen Vater und Großvater schon hohe Staatsämter innehatten, erhielt bereits 506/7 eine wichtige Aufgabe in der Kanzlei Theoderichs. Nach → Boethius' Sturz (523) bis über Theoderichs Tod (526) hinaus war er Kanzler. 527 auf einen Statthalterposten mit militärischer Befehlsgewalt abgeschoben, machte ihn 533 Amalasuintha zum Obersten der Praetorianergarde. Das blieb er auch nach ihrer Ermordung (535), bis zur Eroberung Roms durch Justinians Feldherrn Belisar (537).

Schriften aus C.' Amtszeit: Reden, nur in Fragmenten erhalten; 12 Bücher Gotengeschichte, nur aus der Epitome des Jordanes (Getica) bekannt; 12 Bücher Variae enthalten von C. verfaßte königliche Schreiben; als 13. Buch zählt De anima.

Mit dem Ende des ostgostischen Reiches wurde C.' Plan, in Rom eine theol. Akadamie zu gründen, hinfällig. Er widmete sich aber fortan ausschließlich theol. und phil. Studien, was er später (wohl in Anlehnung an Augustin) »Bekehrung« nannte. Bis 540 dürfte er in Ravenna geblieben sein. 550 ist er in Konstantinopel. Nach seiner Rückkehr (ab 554) gründete er auf seinem Familienbesitz bei Squillace das Kloster Vivarium und auf dem Monte Castello eine Einsiedelei. C. war dort selbst nie Abt, wahrscheinlich nicht einmal Mönch, ist auch nicht der Verfasser der Regula magistri. Er ließ seine Mitarbeiter griech. Werke ins Lat. übersetzen und die Mönche vor allem abschreiben. Da dies zur Tradition in den Klöstern des Mittelalters wurde, darf man C. als den Retter der antiken Literatur bezeichnen.

Die Schriften der zweiten Phase umfassen exegetische Werke: Psalmenkommentar (selbständige Verwendung von Augustins Enarrationes); Römerbriefauslegung (Bearbeitung des Kommentars des Pelagius), Lehrbücher: Institutiones (Anleitung zum Bibelstudium mit einem Abriß der sieben freien Künste für die Mönche); De orthographia (Grammatik für die Schreiber von Vivarium). Irrtümlich C. zugeschrieben wurde die Historia ecclesiastica tripartita des Epiphanius und die Übersetzung der Jüdischen Altertümer des Flavius → Josephus.

Lit.: Ake Fridh: »Cassiodor«, TRE 7, 1981, 657-663; J.J. O'Donnell: Cassiodorus, 1979 (engl.).

H. Scheible

Casteller Ring

Die Communität Casteller Ring (CCR), 1950 von Christel Schmid und Maria Pfister in Castell/Unterfranken gegründet, gehört zu den neueren ev. → Bruder- und Schwesternschaften. Das geistl. Zentrum ist seit 1957 Schloß Schwanberg bei Rödelsee. Die CCR versteht sich bewußt als Glied der Volkskirche und zugleich - nach dem Nicaenum - als Teil der »Einen, Heiligen, Katholischen und Apostolischen Kirche«. »Frei für Gott und das Kommen Seines Reiches und für den Dienst in der Welt« ist der Grundgedanke allen Lebens und Arbeitens. So lebt die ca. 35 Frauen umfassende CCR nach Apg 2,42 aus dem täglichen Umgang mit dem Wort Gottes und dem häufigen Empfang des → Abendmahls. Das viermalige Stundengebet und die persönliche stille Zeit ordnen den Tag in Lob und Anbetung Gottes; daneben steht der regelmäßige Dienst der Fürbitte für Kirche und Welt. Die CCR lebt nach den drei ev. Räten: Sie versteht die → Gütergemeinschaft umfassend als Gemeinschaft des Teilens aller materiellen, geistigen und geistlichen Güter; die frei gewählte → Ehelosigkeit, die die Freiheit zur größeren Verfügbarkeit gibt, ist praktizierbar, weil im »Du« Christi die Erfüllung erfahren wird; der mündige → Gehorsam schließt die Bereitschaft ein, den eigenen Willen unter den Willen Gottes zu stellen und die Gemeinschaft der Schwestern als gottgewiesenen Ort christl. Existenzverwirklichung bleibend zu bejahen. Die CCR will damit eine Möglichkeit der Christusnachfolge verwirklichen und sieht in diesem Wege eine volle Lebenserfüllung. Aufgaben: die Tagungsstätte Schloß Schwanberg; das Vorseminar für soziale Frauenberufe mit Schule und Internat; Konfirmandentage und -wochenenden, Schüler- und Jugendtreffen; Meditationstagungen, Tage der Besinnung, Einzelretraiten und Familienferien; Außenstationen in einem Kindergarten, in der Jugend- und Mütterarbeit umliegender Pfarreien, in einer Sozialstation und im Krankenhaus.

Lit.: J. Halkenhäuser: Kirche und Kommunität, 1978; Schwanbergbrief (zweimonatlich).

R. Meili

Catechismus Romanus

Die Herausforderung der → Reformation führte innerhalb der kath. Kirche zu einer Selbstbesinnung. Der Klärungsprozeß erfolgte auf dem Konzil von Trient (1545-1563). Durch seine Dekrete setzte das Konzil im Bereich der kath. Kirche der »doktrinären Verwirrung« (H. Jedin) ein Ende. Auf die Dekrete des Konzils gestützt, gab der C.R., der auch Katechismus des Trienter Konzils genannt wird, eine Zusammenfassung der christl. Lehre für Klerus und Volk.

Am 18. November 1547 wurden sechs Konzilsväter mit der Erarbeitung eines Katechismus beauftragt. Wie dringlich dieses Anliegen gesehen wurde, zeigt, daß auch Kaiser Ferdinand I. - er wünschte einen kontroverstheologischen Katechismus - und der König von Frankreich, Karl IX., sich dafür einsetzten.

Die Päpste Pius IV. und Pius V. kümmerten sich persönlich um die Erarbeitung des Werkes, das zugleich Antwort und Angebot an die Reformation sein sollte. Im Oktober 1566 erschien der C.R. Unter der Aufsicht von Karl Borromäus hatten drei italienische und ein portugiesischer Theologe an dem Werk gearbeitet. Alle vier waren der Überzeugung, daß es letztlich im C.R. nicht um Verurteilungen gehen könne, sondern um eine innere Reform der Kirche.

Der Adressatenkreis des C.R. waren die Pfarrer; ihnen sollte er helfen bei Katechese und Predigt, bei der Sakramentenspendung und der Verkündigung des Evangeliums.

Der Inhalt der Heilslehre wird im C.R. in folgende vier Hauptstücke eingeteilt: das apostol. Symbolum, die Sakramente, den Dekalog und das Gebet des Herrn. In dieser Aufteilung »wird eine ganz durchsichtige Heilslinie, frei von jeder antireformatorischen Tendenz, in der sowohl theologisch wie pädagogisch richtigen Ordnung der credenda und der agenda verfolgt« (E. Feifel).

Der C.R. bringt an keiner Stelle die Reformatoren in Verbindung mit Häretikern oder Schismatikern. Vielmehr finden sich im C.R. zahlreiche Anlehnungen an → Luther. So ist z.B. die Erklärung des Vaterunser in Übereinstimmung mit den Katechismen Luthers nicht in sechs, sondern sieben Bitten eingeteilt. Der Text des Vaterunser ist der gleiche wie in Luthers Kleinem Katechismus.

Wohl werden auch die Unterschiede zu den Reformatoren deutlich; z.B. sagt der C.R., daß in Zweifelsfragen die Kirche die Hl. Schrift auslegt, ferner betont er, daß die Hl. Schrift zugleich mit den Überlieferungen, die Glaube und Sitte betreffen, mit gleicher Bereitschaft anerkannt werde.

Nach dem C.R. ist die Kirche die Kirche Christi, sein Kirchenbild ist bibl. fundiert. Es steht nicht die hierarchische Seite im Vordergrund, sondern die pneumatische Sicht der Kirche, »somit hält er das Gespräch mit den Andersgläubigen offen« (G. Bellinger).

Ziel des C.R. ist, die Gläubigen zu Jesus Christus, dem Gekreuzigten, zu führen.

»Gott ist nach dem C.R. nicht nur Vater der Christen, sondern auch Vater aller Menschen« (Cat. Rom I,2,8; IV,9,2). Die Wirkungsgeschichte des C.R. läßt sich ablesen an den zahlreichen Auflagen und Übersetzungen sowie an den Kommentaren und Kompendien.

Lit.: Deutsche Übersetzung des C.R.: M. Gatterer: Das Religionsbuch der Kirche ³1940;

G. Bellinger: Der Catechismus Romanus und die Reformation. Die katechetische Antwort des Trienter Konzils auf die Haupt-Katechismen der Reformation, 1970.

K. Wittstadt

Caux → Moralische Aufrüstung

Celsus

Ein hinsichtlich Lebensdaten, Biographie und Wirksamkeit unbekannter mittelplatonischer Philosoph, der um 180 eine gelehrte Streitschrift (»Der wahre Logos«) gegen die Christen herausbrachte, die offenbar unter seinen Zeitgenossen Eindruck machte. Ihr Text ist nur durch die späte Gegenschrift des → Origenes (»Contra Celsum«, acht Bücher, ca. 245) erhalten, der C. in längeren Auszügen wörtl. zitiert und widerlegt. C. bezeichnet Juden und Christen als Religionen des »Aufstandes«, welche die bewährten Traditionen der Antike auflösen und angesichts des Angriffs der Barbaren in ihrem Bestand gefährden. Seine sehr informierte und sachkundige Auseinandersetzung mit dem Christentum ist eine der letzten großartigen Apologien für die heidnische Antike. Origenes hat sich ausführlich und nicht ohne Mühe mit seinen Argumenten auseinandergesetzt.

Lit.: C. Andresen: Logos und Nomos. Die Polemik des Kelsos wider das Christentum (mit Textauszügen des C.), 1955; H. Chadwick: Origen, c. Celsum, 1953; H.O. Schröder: Celsus und Porphyrius als Christengegner, in: Die Welt als Geschichte 17, 1957, 190-202; W. Völker: Das Bild vom nichtgnostischen Christentum bei Celsus, 1928.

G. Ruhbach

Central-Ausschuß für die innere Mission
→ Innere Mission

Centurien, Magdeburger

Die C. sind die erste umfangreiche protestantische Darstellung der Kirchengeschichte. Geistiger Kopf dieses außerordentlichen Werkes war der Gnesiolutheraner Matthias → Flacius Illyricus (1520-1575), der mit einem Mitarbeiterstab von 1559 bis 1574 pro Jahr einen Band herausgab, der jeweils ein Jahrhundert der Kirchengeschichte behandelte (insgesamt 13 Bde., das Werk endet mit dem 14. Jh.). Für den Vertrieb wurde eigens ein Subskriptionsverfahren entwickelt. Das in lat. Sprache verfaßte Werk (Ecclesiastica historia integram ecclesiam Christi ideam ... secundum singulas centurias ...) wurde mehrfach nachgedruckt, zuletzt in Basel 1724.

Der Kirchengeschichtsschreibung nach der Reformation ging es um den Nachweis, wer in der Kontinuität der wahren Kirche Jesu Christi stehe. Mit dieser Legitimationsabsicht sammelten und ordneten die C. das hist. erreichbare Wissen, um es der konfessionellen Polemik zur Verfügung zu stellen. Gemäß prot. Verständnis war das Autorenteam der Meinung, an der rechten Lehre, insbesondere der der → Rechtfertigung, sei die wahre Kirche zu erkennen. Dementsprechend schenkten sie der Dogmengeschichte, aber auch den Ketzern als Momenten der hist. Entwicklung besondere Aufmerksamkeit. In ihrer Forderung nach kritischer Betrachtung der geschichtl. Quellen und vor allem in ihrer Konzentration auf Gott als den Herrn der Geschichte sind die C. über ihre Entstehungszeit hinaus ein wegweisendes Werk.

Lit.: H. Scheible: Die Entstehung der Magdeburger Centurien: Ein Beitrag zur Geschichte der historiographischen Methode, 1966; P. Meinhold: Geschichte der kirchlichen Historiographie, Bd. 1, 1967, 276-295 (Übersetzung des Vorworts).

L.E. v. Padberg

Cerinth → Häretiker und Schismatiker

Chagall, Marc (1887-1985)

Ch., geb. am 7. 7. 1887 in Witebsk/Weißrußland, gest. am 28. 3. 1985 in Saint-Paul-de-Vence/Frankreich.

Ch. entstammte der Welt des osteuropäischen Judentums, von der er zeitlebens nachhaltig geprägt blieb. Nach Studien an russischen Kunstakademien ermöglicht ihm ein Stipendium 1910 bis 1914 in Paris die Bekanntschaft mit der europäischen Malerei, wobei Ch. sich jedoch keiner Schule anschließt, sondern zu seinem eigenen Stil findet. 1922 siedelt er endgültig nach Frankreich über. Es entstehen die Bilder phantastisch-traumhaften Inhalts, die so bezeichnend für sein Werk sind. Als er 1930 den Auftrag erhält, Radierungen für eine illustrierte Ausgabe der Bibel zu schaffen, findet er zu dem eigentlichen Thema seiner Kunst: die Darstellung der bibl. Botschaft. Wie nur wenigen Künstlern dieses Jh.s gelingt ihm die Übertragung der bibl. Geschichten mit ergreifender Ausdruckskraft, geprägt von seinem jüd. Glauben und seinen persönlichen Erfahrungen. In der Zeit der Judenverfolgung in den dreißiger und vierziger Jahren taucht als zentrales Thema seiner Bilder immer wieder der gekreuzigte Jesus auf, den er als den leidenen Juden schlechthin versteht. Nach seinem Exil in den USA von 1941 bis 1945 kehrt Ch. nach Frankreich zurück. Seine Schaffenskraft bewährt sich in vielen Techniken, die Bibel bleibt dabei das große Thema. 1955 bis 1966 entsteht der große Gemäldezyklus »Message Biblique«, der in dem gleichnamigen Museum in Nizza, das auch andere Werke Chagalls zur Bibel aufnimmt, ausgestellt wird. Ab 1957 wendet sich Ch. auch der Glasmalerei zu. Sie ist vielleicht der Höhepunkt seines Schaffens, kulminierend in den großen Glasgemäldezyklen in Jerusalem, Zürich und Mainz.

Lit.: R. Sommer: Marc Chagall als Maler der Bibel, [2]1991 (Lit.).

R. Sommer

Chalkedon, Konzil von

Das vierte Ökumenische Konzil fand im Oktober 451 in der Nähe von Konstantinopel statt und war vielleicht die bedeutendste Kirchenversammlung der → Alten Kirche. Zugleich markiert es einen tiefen Einschnitt in der Kirchen- und Theologiegeschichte. Seine wichtigste Lehrentscheidung war die sog. christologische Formel, die zwar die Verbindung zwischen den Kirchen in Ost und West festigte, dafür aber die östl. Christenheit spaltete.

In dieser Formel wird Christus bekannt als »wahrer Gott und wahrer Mensch . . ., der in zwei Naturen unvermischt und unverwandelt, aber auch ungetrennt und ungesondert erkannt wird«. So wird das Persongeheimnis Christi umschrieben und gegenüber möglichen Irrtümern, die in einer Vermischung oder in einer Trennung der beiden Naturen liegen, abgegrenzt. In dieser Formel ist der berühmte Lehrbrief Papst Leos I. (440-461) an Bischof Flavian von Konstantinopel (446-449) berücksichtigt und als rechtgläubig erkannt. Auf der »Räubersynode« von Ephesus (449) war er nicht zum Zuge gekommen. Damals war Flavian unter dramatischen Umständen abgesetzt worden, und Dioskur von Alexandrien (444-451; gest. 454) hatte sich mit der Verwerfung der Zwei-Naturen-Lehre durchgesetzt. Die damaligen Entscheidungen wurden nun wieder aufgehoben.

Daß es zu diesem Umschwung kam, hängt vor allem mit dem Wechsel in der polit. Führung zusammen. Kaiser Theodosius II. (408-450) war ganz plötzlich gestorben, und seine Schwester Pulcheria hatte mit dem Offizier Markianos die Regentschaft übernommen. Sie waren es, die das Konzil von Ch. einberiefen, das ursprünglich in Nicaea stattfinden sollte. Flavian wurde rehabilitiert und Dioskur für abgesetzt erklärt. Erneut ging es recht dramatisch zu. Verurteilt wurden nun einerseits die Lehren des Nestorios (Dyophysitismus) und andererseits die des Konstantinopler Archimandriten Eutyches, um dessen Christologie zwischen 448-451 besonders heftig gestritten worden war (Monophysitismus, d.h. die Behauptung nur einer Natur Christi). Die Absetzung des ägypt. Patriarchen Dioskur führte jedoch zur Bildung selbständiger Kirchen in → Ägypten (Kopten), aber auch in → Syrien (Jakobiten) und → Armenien, deren Glieder wie die der später entstandenen äthiopischen Kirche oft auch als »→ Monophysiten« bezeichnet werden, obwohl sie sich aus der Tradition → Cyrills von Alexandrien verstehen. Umgekehrt ist aus der Tradition der »→ Nestorianer« die sog. »Apostolische Kirche des Ostens« bei Ostsyrern/Assyrern hervorgegangen. Mit Ch. setzt sich der Konzilsgedanke in der Kirche endgültig durch. Die Entscheidungen von Nicaea 325, Konstantinopel 381 und Ephesus 431 gelten von nun an als verbindliche Lehrgrundlage.

Unter den rechtlichen Bestimmungen war vor allem die Unterstellung des Mönchtums unter die Aufsicht der Bischöfe bedeutsam. Umstritten, und von Rom nicht anerkannt, blieb Kanon 28, der, ohne Beteiligung der päpstlichen Legaten verfaßt, den Bischof von Konstantinopel dem röm. Bischof fast gleichstellte. Der Streit um diesen Kanon führte zu einem Dauerkonflikt, der mit zur Entfremdung zwischen Ost- und Westrom beitrug.

→ Konzile, kirchliche

Lit.: J. Alberigo et al. (Hg.): Conciliorum oecumenicorum decreta, [3]1973, 75-103; P.-T. Camelot: Ephesus und Chalcedon, 1963; A. Grillmeier, H. Bacht (Hg.): Das Konzil von Chalkedon I-III, (1951-1954) [5]1979; A. Grillmeier: Jesus der Christus im Glauben der Kirche Bd. I, [2]1982; H.J. Sieben: Die Konzilsidee der alten Kirche, 1979; L.R. Wickham: »Chalkedon«, TRE 7, 1981, 668-675.

W.A. Bienert

Chalmers, Thomas (1780-1847)

Ch., geb. am 17. 3. 1780 in Anstruther, gest. am 31. 5. 1847 in Edinburgh. Presbyterianischer Theologe, von der → Erweckungsbewegung erfaßt und in Glasgow unter Industriearbeitern wirkend. In Verbindung mit den sich bildenden Gewerkschaften entwickelte er u.a. ein funktionierendes Selbsthilfesystem »Arme für Arme«, das sich auch anderenorts in Europa, z.B. in Deutschland, Beachtung verschaffte (z.B. bei J.H. → Wichern und Th. → Fliedner), aber wegen seines sozialutopischen Charakters deutliche Grenzen hat.

1813 wurde Ch. Prof. für Ethik und Theologie in St. Andrews, 1827 in Edinburgh. Als solcher wurde er zu einem der wirkungsvollsten Vertreter der Gemeindefreiheit gegenüber staatlicher Bevormundung. Als er das Recht der Patronatsgemeinden auf freie Pfarrwahl nicht durchsetzen konnte, verließ er 1843 die schott. Staatskirche (mit 203 anderen Synodalen) und begründete eine ökonomisch gut abgesicherte lebendige Freikirche. Er gilt zu Recht als einer der großen angelsächsischen Sozial- und Kirchenreformer während der ersten Hälfte des 19. Jh.s, keineswegs nur in Schottland. Die 38 Bde. seiner Schriften, zwischen 1848 und 1852 z.T. posthum herausgegeben, zeugen von seiner reichen literarischen Wirksamkeit.

Lit.: U. Gäbler: Auferstehungszeit (über Chalmers: 29-54), 1991; K. Holl: Chalmers und die Anfänge der kirchlich-sozialen Bewegung, in: Ges. Aufsätze III, [3]1928, 404-436; H.D. Rack: »Chalmers, Thomas«, TRE 7, 1981, 676-679; H. Watt: Thomas Chalmers and the Disruption, 1943.

G. Ruhbach

Charisma → Geistesgaben

Charismatische Bewegung

Um das Jahr 1960 wurde in den USA der pfingstlerische Impuls (→ Pfingstbewegung) in den episkopalen, luth., ref. und baptist. Kirchen wirksam, seit 1966/67 auch in der kath. Kirche. Die Träger waren hier nicht erweckliche Kreise, sondern meist Pfarrer und Ordensleute. Bei diesem Übergang kehrte sich die Wirkweise der »pfingstlerischen« Erfahrungen um: führte bei den freikirchl.-mission. ausgerichteten Pfingstlern das »Wirken des Hl. Geistes« zur Gründung immer neuer Pfingstgemeinden und -verbände, so ging es den kirchl. »Charismatikern« nun primär um eine geistl. Erneuerung ihrer Gemeinden, denn sie wollten in ihren Kirchen bleiben. Bald wurde es nötig, sich von gewissen pfingstlerischen Vorstellungen, Lehren und Praktiken zu distanzieren: z.B. von einem dynamistischen Geistverständnis und drängerischem Vorgehen bei der Vermittlung von Geistwirkungen (»Geistestaufe«), von fundamentalistischen Tendenzen, von der Überbewertung einzelner charismat. Erscheinungen. Daraufhin setzte sich die Bezeichnung, *charismatic renewal*, »Charismatische Erneuerung(sbewegung)« durch. Hiermit wurde der paulin. Begriff *charisma* aufgegriffen (1Kor 12,4ff; Röm 12,4-8) und ausgelegt als Entdeckung und Förderung der »→ Geistesgaben« zur »geistlichen Erneuerung der Kirche und Gemeinde«.

Als 1962 die C. durch den luth. Pfarrer Arnold Bittlinger nach Deutschland kam und in den 70er Jahren auch in der damaligen DDR, besonders aber in der kath. Kirche wirksam wurde, ist dieser Gemeindebezug stets betont worden (offizielle Bezeichnung: »Charismatische. . .« bzw. »Geistliche Gemeinde-Erneuerung«). Seit den 80er Jahren wurde die Szene unübersichtlicher, weil pfingstlerische Missionswerke auftraten (»→ Geschäftsleute des vollen Evangeliums«, »→ Jugend mit einer Mission«, »→ Jugend-, Missions- und Sozialwerk Altensteig« u.a.) und die amerikanische evangelikale → Gemeindewachstums-Bewegung (Church Growth, Fuller Institut) sich mit der C.B. verband. Dadurch entstand, nach der pfingstlerischen und der charismat. Welle, eine sog. »dritte Welle«, deren Kennzeichen sind: eine weltweite Verflechtung der Bewegungen (dadurch ihre verstärkte Wirkung), die Bildung freier Gemeinden mit z.T. stark charismat. Prägung (z.B. »Christliche Zentren«), Heilungs- und Befreiungsdienst als Mittel einer wirksamen Mission (John Wimber). Von diesen drei »Wellen« oder »Strängen« dürften heute weltweit über 200 Mio. Christen geprägt sein; sie bilden somit nach der kath. Kirche die größte »Konfessionsfamilie«.

Man wird dem pfingstlerisch-charismat. Phänomen jedoch nicht gerecht, wenn man es allein mit konfessioneller Brille betrachtet oder lediglich als eine neue Frömmigkeitsform wertet. Insofern hier der Hl. Geist als Kraft erfahren wird (der paulin. Begriff *dynamis*), tritt mit dieser Bewegung eine Dimension des christl. Glaubens neu hervor, die zur worthaften Verkündigung des Evangeliums (Wort Gottes) und zur Gewinnung eines existentiellen Gottesverhältnisses (»Gottvertrauen«, Glaube) hinzutritt. Hier wird der Gottesbezug als Wirken Gottes am ganzen Menschen und in allen Lebensbezügen leibhaftig erfahren (Geisterfüllung, Glossolalie, Heilung und Befreiung, intuitive Erkenntnis, Prophetie). Die geistl. Dimension sowohl des Christenlebens wie der kirchl. Gemeinschaft wird nicht nur als Glaubensgegenstand, sondern als Wirklichkeit erlebt: in charismat. Gottesdiensten, Glaubenskursen, Gebetskreisen und in charismat. geprägter Seelsorge. Die zahlreichen theol. Implikationen dieser Geisterfahrung und die kirchenumbildenden Kräfte, die im Ansatz der C.B. enthalten sind, wurden bisher jedoch noch kaum zur Wirkung gebracht; in Deutschland wurde die C. bisher im wesentlichen nur als Frömmigkeitsbewegung gelebt. Da es sich bei dieser charismat. Frömmigkeit nach pietist.-evangelikaler Tradition um die Gewinnung einer entschiedenen Glaubenshaltung handelt (»Lebensübergabe«, → Bekehrung), stoßen die Charismatiker in ihren Kirchengemeinden vielfach auf Widerstand: Abwehr nicht nur »liberaler« Christen gegen eine gravierende Glaubensentscheidung, Vorbehalte traditioneller Kreise gegen »Emotionales« und evangelikaler Kreise gegen »Pfingstlerisches« (→ Berliner Erklärung). Hingegen wird die C.B., trotz mancher Einseitigkeiten und Eigenwilligkeiten ihrer Vertreter, von den Kirchenleitungen zumeist positiv eingeschätzt.

Lit.: N. Baumert SJ (Hg.): Jesus ist der Herr. Kirchliche Texte zur katholischen Charismatischen Erneuerung, 1987; H. Kirchner u.a. (Hg.): Charismatische Erneuerung und Kirche, 1983/1984; H.-D. Reimer: Wenn der Geist in der Kirche wirken will. Ein Vierteljahrhundert charismatische Bewegung, 1987; Berichte im »Materialdienst der Ev. Zentralstelle für Weltanschauungsfragen«, Stuttgart; L. Christenson: Komm Heiliger Geist, 1989; F.C. Sullivan (kath.): Die Charismatische Erneuerung. Biblische und theologische Grundlagen, 1986.

H.-D. Reimer

Chasidäer → Chasidismus

Chasidismus

1. Als Ch. wird eine während des 18. und 19. Jh.s vor allem in Osteuropa (Podolien und Galizien, Weißrußland und der Ukraine) blühende Bewegung jüd. Frömmigkeit bezeichnet. Das hebr. Wort *chāsîd* meint den Frommen, der von der Liebe zu Gott und der Güte gegenüber den Menschen geleitet ist (vgl. 1Sam 2,9; Ps 4,4); Gott selbst ist gütig (*chāsîd*; Jer 3,12; Ps 145,17). In der Religionsnot unter Antiochus IV. Epiphanes (175-164 v.Chr.) blieben die »Frommen« standhaft (1Makk 7,13); aus ihnen ging die Gemeinschaft von Qumran hervor, deren Name »Essener« von diesen Frommen (*chāsîdîm*) herzuleiten ist. Bei den Rabbinen gilt der *chāsîd* als Heiliger, der den Willen Gottes auf hervorragende Weise verwirklicht.

Im MA (ca. 1150-1250) blühte vor allem in Mainz, Worms, Speyer und Regensburg der aschkenasische (westliche) Ch., der eine esoterische, den Geheimnissen der Schöpfung und der himmlischen Welt gewidmete Theosophie und eine asketische Ethik der Heiligung vertrat (Sefär Chāsidim).

2. Der neuzeitliche, osteuropäische Ch. wollte das → Judentum aus der schweren Krise führen, die durch Verfolgung, wirtschaftl. Notstand und vor allem durch das Scheitern der pseudo-messianischen, antinomistischen und auch nihilistischen Bewegungen des Sabbatai Zwi (1626-1676) und des Jakob Frank (1726-1791) unter den aschkenasischen Juden entstanden war. Als Begründer des Ch. gilt Israel ben Eliezer (1700-1760), genannt Baal Shem Tob = »Meister des guten (d.h. göttlichen und wunderkräftigen) Namens«, aus Miedzyborz in Podolien. Ihm gelang es, die auch von Sabbatai Zwi und Jakob Frank übernommene → Kabbala des »Buches des Glanzes« und besonders die Lehre Isaak Lurjas in volkstümlicher Weise auszulegen: Die Selbsteinschränkung Gottes zugunsten der Schöpfung (Tzimtzum), seine Anpassung an den Menschen in den Kräften der Zehn Sephîrôth, seine Einwohnung im exilierten Volk Israel (Schekhinah), dann die Göttlichkeit des Seelenfunkens, die Seelenwanderung und die Wiederherstellung der gefallenen Welten (Tiqqûn) - all dies wurde nun auf die Praxis einer gesetzestreuen, aber von ekstatischer Freude erfüllten Existenz ausgerichtet.

Die nur mündlich überlieferte Lehre des Baal Shem Tob ist in der Form von Gleichnissen, symbolischen Märchen und aphoristischen Aussagen erhalten, in denen seine charismatische Person oft ins Legendarische erhoben erscheint; auch Wunder wurden ihm zugeschrieben. Sein 1766-1773 amtierender Nachfolger Rabbi Bär, der »Maggid« (= Prediger) aus Mesritsch (Wolhynien), bot eine eher systematisch geordnete Lehre und war Haupt einer Schule, aus der bedeutende chasidische Häupter wie Pinchas von Korsces, Elimelekh von Lisensk, M. Mendel von Witebsk hervorgingen; auch R. Nachman von Brazlaw verdient Erwähnung. Neben der besonders von M. Buber interpretierten und an Personen orientierten Literatur gibt es Homilien, in denen die dem Ch. eigene → Theosophie entfaltet wird (K.E. Grözinger).

3. Die Chasidim bildeten eigene Gruppen innerhalb der von Rabbinern geleiteten jüd. Ortsgemeinden. Sie pflegten eine innige Gemeinschaft mit ihren hochgeschätzten Lehrern, mit denen sie auch gemeinsame Mahle hielten. Dagegen haben die Leiter der offiziellen Judenschaft, vor allem der Gaon Elia von Wilna, die Chasidim wegen ihrer

Lebensführung (auffallende Kleidung, strenge Askese oder auch froher Genuß der Gottesgaben) und ihrer Lehren (kosmische Auslegung der Gebote, Befriedung aller Menschen, auch der Bösen, intensive Messiaserwartung) bisweilen scharf kritisiert; 1772 und 1781 wurde auf Betreiben ihrer Gegner der Bann über sie verhängt. Aber ernsthaft beeinträchtigt wurde diese charismatische Bewegung eher durch die aufkommende Aufklärung (im Judentum: Haskalah), den Feind aller metaphysischen und theosophischen Spekulation.

4. Mit ihrer im Leben bewährten Lehre verfolgten die chasidischen Lehrer das Ziel, die irdische Welt mit der himmlischen zu vereinigen und die kabbalistisch vorgestellten Lichtkräfte des lebendigen Gottes im Menschen wirken zu lassen. Gott ist in allen Dingen, da »alle Lande von seiner Herrlichkeit erfüllt sind« (Jes 6,3); durch seine »Einwohnung« ist er mit dem jüd. Volk und dem Land Israel besonders eng verbunden. Diese Herablassung und Güte Gottes ist für den Frommen Grund zu Freude und Demut sowie zum ekstatischen Aufschwung der eigenen, von Liebe zu Gott erfüllten Seele aus den Bindungen der materiellen Welt.

Diese Erhebung geschieht durch zielgerichtete Konzentration auf das göttliche Leben, durch intuitives Erkennen von Gottes Willen, durch »lebendes«, d.h. leidenschaftliches Gebet nach dem sefardischen Ritus, durch das Studium der Thora und durch Singen und Tanzen. Auch die Liebe zum Nächsten wird auf eine höhere Ebene gerückt: Ein jeder Mensch, auch der scheinbar Gott-lose, trägt einen Funken des göttlichen Lebens in sich, so daß man für alle Geschöpfe, einschließlich der Feinde, betend, liebend und helfend eintreten soll. Mit der Reinigung des Leibes - das Tauchbad gewinnt gesteigerte Bedeutung - und dem Anhangen der Seele an Gottes Kraft schaltet sich der Chasid in das Wirkungsfeld der Ökonomie des Schöpfers ein und wird zu einem kosmischen Helfer. Er stärkt den Segensfluß der göttlichen Güte gegenüber der dunklen »linken Seite« des strafenden Gerichts und der dämonischen Welt der Kelippoth, der Schalen der zerbrochenen Gefäße, aus denen die materielle Welt entstand.

Lit.: M. Buber: Die Legende des Baalshem, 1907; ders.: Die Erzählungen der Chasidim, 1949; J. Dan: »Chasidismus (aschkenasischer)«, TRE 7, 1981, 705-710; S. Dubnow, S.A. Horodetzky: »Chasidismus«, Encyclopaedia Judaica Bd. V, 359-386; K.E. Grözinger: »Chasidismus (osteuropäischer)«, TRE 17, 1988, 377-386; J. Maier: Geschichte der jüdischen Religion, 1972, 312-319. 505-522.

O. Betz

Chemnitz, Martin (1522-1586)

Bedeutender luth. Theologe der Spätreformation, geb. am 9. 11. 1522 in Treuenbrietzen, gest. am 8. 4. 1586 in Braunschweig. Wegen des frühen Todes des Vaters verlief der schulische und universitäre Weg des gebürtigen Kurbrandenburgers wechselvoll und wenig erfolgreich. Nach flüchtigen Begegnungen mit → Luther in Wittenberg wandte sich Ch. auf → Melanchthons Rat der Mathematik und Astrologie zu. Erst als Bibliothekar und Kalendermacher Herzog Albrechts v. Preußen (seit 1550) vertiefte er sich autodidaktisch in das Studium der Kirchenväter und der luth. Dogmatik (Gesetz und Evangelium). Infolge des Osiandrischen Streites verließ er Königsberg 1553 und folgte dem Ruf der Stadt Braunschweig als Koadjutor des Superintendenten J. Mörlin (1554). 1567 trat er Mörlins Nachfolge an und blieb bis zu seinem Tode in Braunschweig.

Nach dem Wormser Religionsgespräch (1557) erfolgte der Bruch mit Melanchthon und die Hinwendung zur Theologie Luthers (wenn auch unter Beibehaltung der Methodologie des Praeceptors). In den frühen 60er Jahren kämpfte Ch. zusammen mit Mörlin gegen die ref. Abendmahlslehre A.R. Hardenbergs in Bremen, festigte durch zahlreiche antimelanchthonische Corpora Doctrinae den luth. Bekenntnisstand in Nord- und Ostdeutschland, half 1568/69 bei der Einführung der Reformation in

Braunschweig-Wolfenbüttel (Abfassung des Lehrteils der Kirchenordnung Herzog Julius' von 1569), opponierte Anfang der 70er Jahre wirksam gegen den Wittenberger → Kryptocalvinismus, setzte sich 1574-1580 entscheidend neben J. → Andreae für das Zustandekommen und die Annahme der Konkordienformel sowie des Konkordienbuchs in Nord- und Mitteldeutschland ein und lenkte die stadtbraunschweigische Kirche gegenüber geistl. Ministerium, Magistrat und Landesfürst als unbestechlicher Wächter (Hes 3,17). 1578 brach er mit Herzog Julius wegen der Weihe seines Sohnes Heinrich Julius zum Bischof von Halberstadt. Neben seinen kirchenleitenden und kirchenpolit. Leistungen gilt Ch. als scharfsinniger Kritiker des Tridentinums (Examen Decretorum Concilii Tridentini, 1566-1573), als Schöpfer der orth. Zweinaturenlehre mit modifizierter Ubiquitätsvorstellung zur Begründung der leiblichen Realpräsenz (De duabus naturis in Christo, 1570) und schließlich als luth. Melanchthonianer und Stabilisator des spätreformat. Luthertums (zahlreiche Lehrschriften, Loci theologici 1591/92, Evangelienpostille 1593/94). Nach Ansicht eines zeitgenössischen Katholiken hätte dem Luthertum ohne Ch. eine wesentliche Stütze gefehlt: »Ihr Protestanten habt zwei Männer, die Martin heißen. Wäre der zweite nicht gewesen, hätte der erste keinen Bestand gehabt.«

Lit.: W.A. Jünke (Hg.): Der zweite Martin, FS, 1986; Th. Mahlmann: »Chemnitz, Martin«, TRE 7, 1981, 714-721 (Lit.).

I. Mager

Cherub, Cherubim → Engel

Chesterton, Gilbert Keith (1874-1936)

Ch., geb. am 29. 5. 1874 in London, gest. am 14. 6. 1936 in London, war Journalist, Schriftsteller, Philosoph und kath. Gegenspieler von G.B. Shaw. Er wurde bekannt durch seine Erzählungen (und Verfilmungen), z.B. des Priesterdedektivs Father Brown, Aufsätze (z.B. Häretiker, dt. 1912, Orthodoxie, dt. 1909), Gedichte und Biographien. Seine Autobiographie trägt den Titel »Der Mann mit dem goldenen Schlüssel«, dt. 1936. Ch. gilt als überzeugter christl. Moralist kath. Prägung.

G. Ruhbach

Chicago-Erklärung zur Irrtumslosigkeit der Heiligen Schrift → Fundamentalismus

Children of God/Kinder Gottes

1. Die Gemeinschaft der »Children of God« (ChoG) wird zu den sog. »Jugendreligionen« gezählt. Sie geht zurück auf die Aktivitäten eines freien Erweckungspredigers namens David Berg (geb. 1919 in Oakland/Ca.), der im Sommer 1968 unter den Hippies von Los Angeles missionierte und erste Anhänger fand. Diese nannten sich zunächst »Revolutionäre für Jesus«, dann »Children of God«. Spätere Bezeichnungen waren »Familie der Liebe« (Ende der 70er Jahre) und »Heaven's Magic« (Ende der 80er Jahre). David Berg hatte schon sehr früh den Namen »Mose David« bzw. »MO« angenommen.

Mit Hilfe seiner vier Kinder (ein Sohn verunglückte 1973 tödlich, eine Tochter verließ inzwischen die Gemeinschaft) konnte Berg Tausende junger Menschen in den westl. Ländern, seit 1971 auch in Deutschland, in seinen Bann ziehen. In den großen Städten entstanden »Kolonien« (Ortsgruppen) als Ur-Zellen einer geplanten »Welt-Kolonisation«. Als die Öffentlichkeit (besonders Presse und Kirchen) in den verschiedenen Ländern auf die bekannt gewordenen Praktiken dieser Gemeinschaft zunehmend kritisch reagierte, sahen sich die ChoG 1977 gezwungen, in den Untergrund zu gehen. Um 1980 verließen fast alle ChoG die USA und Deutschland und wanderten nach Südamerika und Ostasien aus. Anzeichen weisen jedoch auf ihre Rückkehr hin (verstärkte Mission in Ostdeutschland). Zur Zeit (1992) befindet sich die Weltzentrale der Sekte auf einer Farm in Macao (bei Hongkong), die von David Bergs Kindern Jonathan und Faithy geleitet wird. Der Sektengründer selbst soll sich in der Nähe von Lissabon versteckt halten. Die Mitgliederzahl wird weltweit auf etwa 9.000 geschätzt.

2. Grundlage des Lebens und Glaubens der ChoG sind die von D. Berg im Comic-Stil verfaßten »MO-Briefe« (inzwischen über 2000), die absolute Autorität beanspruchen. Die »Kinder Gottes« verstehen sich als »auserwähltes Volk«, das von D. Berg, dem »König« und »Propheten der Endzeit« geführt wird. Sie tun den »Willen Gottes«, wenn sie seine Anweisungen und Lehren genau befolgen. In dualistischer Weise sehen sich die ChoG ausschließlich positiv, während das »System« (die Welt und die traditionellen Kirchen) negativ beurteilt und mit aggressiver Ablehnung bedacht wird. Das Alltagsleben der »Kinder Gottes«, die keiner geregelten Arbeit nachgehen, wird von »litnessing« (Verteilen von Werbematerial) und Spendensammeln bestimmt. Die weiblichen Mitglieder setzen auch Se-

xualität (»Flirty Fishing«) zum Zwecke der Mission ein (»Prostitution für Jesus«). Die Paare in den Wohngemeinschaften leben unverheiratet zusammen und sind normalerweise Eltern von zahlreichen »Jesus-Kindern«.

Lit.: MO-Briefe; F.-W. Haack: Die neuen Jugendreligionen, 1989; R. Hauth: Die Kinder Gottes - Weg und Irrweg einer Jugendsekte, 1981. *R. Hauth*

Chiliasmus → Tausendjähriges Reich

China

1. Land, Leute, Religion

C. ist mit 9,56 Mio. km^2 Landfläche etwa so groß wie Europa. Mit einer Bevölkerung von über 980 Mio. ist es jedoch doppelt so volkreich. Es verfügt über reiche Bodenschätze und eine 5.570 km lange Küste mit bedeutenden Häfen. Das Land ist geprägt von vielen Gebirgszügen und drei großen Stromgebieten. Immer wieder kommt es zu Dürrekatastrophen und Überschwemmungen. Die Bevölkerung besteht aus mehr als 50 Volksgruppen. Sie wächst jährlich um ca. 1,7%. C. wurde als ein Land mit Religiosität ohne Religionssystem bezeichnet, in dem »weder Gott noch Gesetz« (Granet 318) das rel. Leben und Denken bestimmen. Die bei Hofe anerkannten »Herrenreligionen« wie z.B. → Konfuzianismus oder → Buddhismus sind immer wieder mit der Volksreligion → Taoismus eine Verbindung eingegangen. So ist verständlich, daß das rel. Leben in Ch. weder durch Dogmen noch durch Institutionen bestimmt wurde. Neben diesen Religionen sind die islam. Gemeinden der Volksgruppen im N und SW Ch.s von Bedeutung.

2. China-Mission bis 1949

Die kath. Mission hat eine wechselvolle Geschichte: Von 635-855 wirkte die Nestorianer-Mission mit einer blühenden Mönchskirche; 1292-1386 schloß sich die Franziskaner-Mission zur Zeit der Mongolenherrschaft an. Nach 1582 missionierten die Jesuiten bis ins 18. Jh. hinein. 1842 (Vertrag von Nanking) wurde Ch. durch die Kolonialmächte gewaltsam geöffnet. Die kath. Missionare konnten mit Resten früherer Gemeinden wieder eine neue Missionskirche aufbauen. 1946 umfaßte die kath. Mission 20 Erzbistümer und 79 Bistümer mit insgesamt (1948) 3,275 Mio. Gläubigen.

Die prot. Ch.-Mission begann im 19. Jh. ebenfalls im Zusammenwirken mit den Kolonialmächten, zu denen ab 1897 auch Deutschland mit seinem Stützpunkt Tsingtau gehörte. Während J. Hudson → Taylor ab 1866 als Gründer und Leiter der internationalen China-Inland-Mission ein interkonfessionelles Christentum flächendeckend für ganz Ch. forderte, hatten andere Missionsgesellschaften und Denominationen in einzelnen Provinzen mit dem Aufbau konfessionell gebundener Gemeinden und Kirchen begonnen. Es beteiligten sich aus dem deutschsprachigen Raum im 19. Jh. die Basler Missionsgesellschaft und Rhein. Missionsgesellschaft (beide 1847), Berliner Missionsgesellschaft (1882), Ostasien-Mission (1885), Allianz-Mission Barmen (1890), Hildesheimer Blinden-Mission (1897) und Liebenzeller Mission (1899). Sie gründeten Gemeinden, bauten Schulen und errichteten Hospitäler. Aus den → Missionsschulen, die dem Gemeindeaufbau dienen sollten, wurden oft Vermittlungsstätten der Kultur und Technik des Westens. Die klass. chinesische Bildung verlor an Bedeutung, zahlreiche Mädchenschulen konnten entstehen. Oft geriet die Mission in die Gefahr, selbst »kolonisierende Macht« zu werden. Für die Chinesen war die Verbindung von christl. Mission mit westl. Kultur und Politik kaum noch zu durchschauen. Hinzu kam, daß der Absolutheitsanspruch des Christentums und die Intoleranz vieler Missionare denjenigen unverständlich blieb, die an eine Relativität allen Seins glaubten und für Toleranz in einer harmonischen Gesellschaft eintraten, in der gegensätzliche Prinzipien wie Yin und Yang ganz natürlich zusammengehören. Die Reaktion bestand aus gewaltsamen Aufständen, nationalistischen Parolen und Äußerungen des Hasses gegen das Christentum als fremde Religion. Trotzdem wuchs die Zahl der getauften Christen von ca. 100 (1850) auf 1.401.777 (1949), die zuletzt von 2.024 chinesischen Pfarrern betreut wurden. In jener Zeit dominierten in den Missionsgemeinden eindeutig die Missionare, bis am 1. Oktober 1949 in Beijing Mao Zedong die Volksrepublik China ausrufen ließ.

3. Chinesische Christenheit in der Volksrepublik China

Was 1922 durch die Gründung des NCCC (National Chinese Christian Council) bereits in die Wege geleitet wurde, gewinnt nach 1949 sehr schnell Gestalt: Eine unabhängige, eigenständige chinesische Christenheit. Im Jahr 1950, da alle ausländischen Missionare ausgewiesen wurden, tritt eine von der

Regierung begünstigte Patriotische Drei-Selbst-Bewegung (Selbstverwaltung, -erhaltung, -ausbreitung) an die Öffentlichkeit. Sie übernimmt nach ihrer offiziellen Gründung 1954 die Funktionen des früheren NCCC. Wichtig wurde jetzt der Dienst des Christen am Volk in einer der vielen Arbeitsbrigaden/Produktionseinheiten und die Pflege eines patriotischen Geistes. Für die röm.-kath. Christen bildete sich 1957 die Chinesische Patriotische Kath. Vereinigung, die ohne eine Rücksichtnahme auf den Papst bis 1966 ca. 40 neue Bischöfe hat weihen lassen. Die Chinesen unterscheiden jetzt offiziell zwischen einer prot. Religion und einer kath. Religion. Beide waren mit allen anderen rel. Gruppen während der Kulturrevolution (1966-1976) schweren Verfolgungen und Mißhandlungen ausgesetzt. Als »Graswurzel-Gemeinden« (*Fung*) konnten sie verstreut meist nur in Form von kleinen Hauskreisen oder Gebetsgemeinschaften überleben. 1975 verkündeten Partei und Regierung die Modernisierung Ch.s bis zum Jahr 2000. Die einsetzende geistige Liberalisierung führte dazu, daß 1978 erneut die Religionsfreiheit in der Verfassung verankert wird: »Bürger haben die Freiheit, an Religion zu glauben, und die Freiheit, nicht an Religion zu glauben, sowie die Freiheit, Atheismus zu propagieren« (Art. 46).

Nunmehr werden zahlreiche prot. und kath. Kirchen wieder eröffnet. 1980 übernahm der neu gegründete CCC (Chinese Christian Council) auf prot. Seite die Leitung der chinesischen Christenheit. Im selben Jahr bildete sich für die Versorgung der kath. Christen ein Komitee für die Angelegenheiten der kath. Kirche in China und eine eigene Bischofskonferenz. In der Folgezeit entwickelt die chinesische Christenheit eine erstaunliche missionarische Aktivität, die von den Gemeinden ausgeht. Aber auch der innere Aufbau begann neu: Die Ausbildung von Nachwuchskräften, die Versorgung der Gemeinden mit Bibeln und Gesangbüchern, die Verteilung von christl. Literatur und Arbeitshilfen für ehrenamtliche Mitarbeiter. Bei dem Berg von praktischen Aufgaben kann eine eigenständige chinesische Theologie erst nachrangig in Angriff genommen werden. Über die von Christen 1985 initiierte Diakoniestiftung werden auch ausländische Mitarbeiter an den Entwicklungsprojekten im Gesundheits- und Erziehungswesen wie im Sozialdienst unter der ländl. Bevölkerung beteiligt. Mit Hilfe ausländischer Kirchen konnten mehr als 2 Mio. Bibeln neben anderer Literatur in China gedruckt werden.

Lit.: R.P. Kramer: »China«, TRE 7, 1981, 747-760 (Lit.); G. Malmquist: »Chinesische Religionen«, ebd. 760-782 (Lit.); B. Whyte: The unfinished encounter. China and Christianity, 1988.

H. Hamer

China-Inland-Mission → Überseeische Missionsgesellschaft

Chor

Wie im profanen Griech. dient Choros auch im christl. Sprachgebrauch sowohl zur Bezeichnung der singenden Gruppe als auch (abgeleitet) des Platzes, von dem aus sie singt. Schon in der → Alten Kirche entwickelt sich die kunstvolle musikalische Gestaltung von Solo- und Chorgesang, mit denen im Gottesdienst bestimmte Teile begleitet wurden (z.B. der Introitus als Einzugsmusik für den Klerus). Mit dem Beginn der Mehrstimmigkeit im 11. Jh. (zunächst in schlichten Parallelführungen der Stimmen) beginnt auch in der Kirche eine neue Epoche der Chormusik, so daß Ch. schließlich als Begriff für die mehrstimmige Vokalkomposition verwendet werden kann. Die paulin. Weisung 1Kor 14,34 hat man im kirchl. Chorwesen besonders lange beherzigt. Dies führte im MA zur Blütezeit der Knabenchöre. In England hat die Verbindung von Kirchen- und Schulmusik zu einer bis in die Gegenwart reichenden breiten Knabenchortradition geführt. Die Chorzahlen halten sich bis ins 18. Jh. in engen Grenzen. Das Chorwesen erlebte vor allem im 19. Jh. eine breite Entfaltung (Massenchöre bei Oratorienaufführungen).

Der Ch. hat im → Gottesdienst einerseits die Funktion des »Musikausschusses« der Gemeinde, an deren Stelle er singt; andererseits tritt er der Gemeinde auch verkündigend gegenüber (etwa mit einer bibl. Spruchmotette oder einer Kantate).

Lit.: W. Blankenburg: »Chor«, MGG 2, 1952, 1230ff; ders.: Der mehrstimmige Gesang und die konzertierende Musik im evangelischen Gottesdienst, in: Leiturgia IV, 1961.

Chr. Albrecht

Choral → Liedgut

Chrischona, Pilgermission St.

Die Pilgermission St. Ch. ist ein internationales, weitverzweigtes Missionswerk mit Sitz in Bettingen/Basel. Am 8. 3. 1840 hat Chr.Fr. → Spittler in der Kirche »St. Chrischona« mit der Ausbildung junger Männer für mission. Aufgaben begonnen. »Pilgermission« sollte dabei nicht Name, sondern »Programm« sein. Spittler lag alles daran, daß Christen, die wie »Pilger« zum ewigen Ziel unterwegs sind, Mission treiben. Nach wechselvollen Jahrzehnten übernahm C.H. → Rappard 1868 die Leitung des Werkes und gab ihm als Evangelistenschule das Gepräge. Die Nachfolger waren 1909-46 Friedrich Veiel-Rappard, 1947-67 Hans Staub, 1967-91 Edgar Schmid und seit 1991 Karl Albietz.

Im Prediger- und Missionsseminar haben seit 1840 etwa 3.500 junge Männer eine meist vierjährige Ausbildung erhalten. In den ersten Jahrzehnten waren sie vielfach unter Auswanderern in Nordamerika, aber auch als Bibelboten, Schriften-Kolporteure oder Prediger im europäischen Bereich oder als Missionare in Abessinien, Palästina oder Ägypten eingesetzt, während sich mit der Ausweitung der Gemeinschaftsarbeit Aufgaben in Gemeinschaften und Stadtmissionen, in Kinder- und Jugendarbeiten, in Heimen und kirchl. Diensten und in Missionswerken ergeben haben. Seit 1909 haben über 2.000 junge Frauen die Bibelschule für Frauen (seit 1958 als zweijähriger Kurs, seit 1975 mit Katechetischem Seminar) absolviert. Sie haben als Gemeindehelferinnen oder Katechetinnen in Kinder- und Jugendwerken, in der Diakonie oder als Heimleiterinnen und Missionarinnen Aufgaben gefunden. Seit 1968 werden in der → Kurzbibelschule (drei Kurse zu je drei Wochen) Mitarbeiter für den ehrenamtlichen Dienst in Gemeinden zugerüstet. An diesen Schulen sind elf Dozenten voll- und zehn teilzeitlich tätig.

Das Diakonissen-Mutterhaus (1925 gegründet) bietet Frauen die Möglichkeit, in verbindlicher Glaubens-, Dienst- und Gütergemeinschaft zu leben. Die etwa 240 Diakonissen stehen in Alters- und Pflegeheimen, in der Krankenpflege, im Fürsorgedienst und in der Gemeinde- und Kinderarbeit im Einsatz.

Gemeinschaften der Pilgermission entstanden in der Schweiz (seit 1869), in Frankreich (Elsaß, seit 1876), in Deutschland (seit 1875) und im südl. Afrika (seit 1966). In etwa 170 Gemeinde- und Stadtmissionsbezirken wirken über 200 Prediger und Gemeindehelferinnen. Ziel des Dienstes ist, Menschen zum Glauben an Jesus Christus zu rufen (→ Evangelisation), sie im Glauben durch Gottes Wort zu festigen und zur Mitarbeit im Dienst zu motivieren und zu schulen (→ Gemeinschaftspflege).

Der Literaturarbeit wissen sich seit 1908 die Buchhandlungen der Pilgermission und seit 1919 der Brunnen-Verlag in Gießen und Basel verpflichtet.

Mitarbeiter der Ch.-Mission (erste Anfänge bereits 1855) wirken in Verbindung mit der DMG in Äthiopien, Kenia, Südafrika, Chile und Peru, während andere ehemalige Seminaristen und Bibelschülerinnen mit rund 30 Missionsgesellschaften auf allen Erdteilen im missionarischen Dienst stehen.

Lit.: E. Schmid: Wenn Gottes Liebe Kreise zieht, 1990; Chrischona-Magazin (monatl.), Chrischona aktuell (vierteljährl.).

K. Haag

Chrischona-Mission → Chrischona Pilgermission St.

Christ

»Christ« (griech. *christianós*) als Bezeichnung für die Anhänger Jesu kommt im NT nur dreimal vor: Apg 11,26; 26,28; 1Petr 4,16.

1. Sprachliches

Der Begriff ist gebildet aus dem Wortstamm von *christos* (= hebr. *maschiach*, »der Gesalbte«) und der Endung *-ianós*. Im lat.sprachigen Bereich bezeichnete sie die Zugehörigkeit zu bzw. die Anhängerschaft einer Person. Im NT begegnen noch die *Herodianoí* (Mt 22,16; Mk 3,6; 12,13) als Parteigänger des Herodes Antipas. → Josephus nennt sie auch solche, »die die Anliegen des Herodes im Sinn haben« (Ant 14,450). Später wurde die Endung »-ianus« zum Kennzeichen für Sektenangehörige. Demnach sind die »Christen« die Gruppe der Anhänger des von ihnen als Christus verehrten Jesus von Nazareth.

2. Geschichtliches

»Christen« wurden Jesu Anhänger genannt, als sie begonnen hatten, ihn als erhöhten Weltherrn zu bezeugen. Es war vermutlich eine polemisch-ausgrenzende Bezeichnung (ähnlich später dem Spottnamen »Pietist«), die voraussetzt, daß sie sich auch für Außenstehende bereits deutlich von der sie entbindenden jüd. Gemeinde unterschieden. Dies geschah zuerst Ende der 30er Jahre in Antiochia in Syrien (Apg 11,26), wobei der Zusammenhang von charakteristischer Lehre und entsprechender Benennung noch durchschimmert. Der Ausdruck wird hier synonym mit dem semit. geprägten Wort »Jünger« gebraucht. Rund 20 Jahre später scheint sich die Bezeichnung schon weitgehend eingebürgert zu haben: Herodes Agrippa II. benutzt sie wie selbstverständlich im selben Sinn → Paulus gegenüber (Apg 26,28). Im 1Petr (Anfang der 60er Jahre) ist *christianós* bereits zum festen Terminus im Gegenüber zu Nichtchristen geworden (4,16).

3. Inhaltliches

Das Wort wird im NT nicht eigens »definiert«, weil es keiner Definition bedarf. Die Zeitgenossen der frühen Gläubigen hatten ein gutes Gespür dafür, was die Christen zentral ausmachte: ihre Beziehung auf und zu Christus. Erst im 2. Jh. gebrauchten die Apologeten es als Selbstbezeichnung. Mehr vom Inhalt her sind Synonyme bestimmt, die die Christen für sich selbst verwendeten: Sie nannten sich »die Jünger« (Apg 11,26), »die Gläubigen« (Eph 1,1), »die Heiligen« (Röm 1,7) usw.

Lit.: F. Blass, A. Debrunner: Grammatik des ntl. Griechisch, [13]1970, 5,2; F.F. Bruce: Zeitgeschichte des NT 2, 68f.

H.-W. Neudorfer

Christen für den Sozialismus

Als die technische Entwicklung im 19. Jh. die Industrialisierung ermöglichte, führte ein die menschliche Arbeitskraft ausbeutender (Manchester-) → Kapitalismus zur Entstehung des Proletariates und zu dessen wachsender Verelendung. Die Anregung und Anleitung einer Arbeiterbewegung zur Selbsthilfe, ggf. auf revolutionärem Wege, wurde überwiegend von religionskritischen Autoren und Organisatoren gegeben. Karl → Marx entwickelte seine Theorie des Klassenkampfes, die ausdrücklich von einer Verwerfung der Religion ausging, die wie schmerzbetäubendes »Opium des Volkes« wirke, während Bewußtmachung der ökonomischen Gesetzmäßigkeiten und des sie verschleiernden ideologischen Überbaus geboten sei. Die → Arbeiterbewegung geriet damit unter den Einfluß des → Marxismus. Daraus folgte eine Entfremdung der Arbeiterschaft gegenüber der Kirche.

Verspätet stellte sich bei Christen die Erkenntnis ein, trotz einzelner diakonischer Bemühungen Wichtiges versäumt zu haben. Statt die Ausgebeuteten zu »vertrösten« auf jenseitiges Heil, hätten Christen ihnen beistehen und sich ihre Anliegen zu eigen machen müssen. Die Bewegung des Religiösen Sozialismus (→ Sozialismus, religiöser) versuchte durch eine Theologie, die das Reich Gottes nicht mehr als Verheißung individueller Seligkeit, sondern konkret als Ermutigung zu sozialem Fortschritt zu erfassen lehrte, Versäumtes wiedergutzumachen, jedoch mit geringer Wirkung. Als sich in den sechziger und siebziger Jahren des 20. Jh.s ein Bewußtsein dafür verbreitete, daß den wohlhabenden Industrienationen eine von Hunger und Krankheit geplagte sog. Dritte Welt gegenüberstünde, als der Nord-Süd-Konflikt den Ost-West-Gegensatz abzulösen begann, gewannen sozialistische Denkformen neue Aktualität. Die marxistische Theorie erhob den Anspruch, daß sie geeignet sei, sowohl die treffende Diagnose als auch die hilfreiche Therapie für ein Weltproblem zu bieten; sie verband sich mit dem Schuldkomplex der Christen, in der sozialen Frage versagt zu haben. Um nicht abermals zu versagen und um statt guter Worte helfende Maßnahmen zu ergreifen, entschieden sich »Christen für den Sozialismus«. Die Bewegung entstand in Chile, wo sich an eine sozialistische Regierung, die jedoch bald wieder gestürzt wurde, große Hoffnungen knüpften. Auch in Westeuropa fand sie zahlreiche, überwiegend theoretisierende Anhänger. Als Haupteinwand gegen diese Bewegung erhebt sich die kritische Beobachtung, daß sie die christliche Botschaft auswahlweise in den Rahmen des dieser Botschaft wesensfremden Gedankensystems des Marxismus einzeichnet.

Lit.: M. Veit: »Christen für den Sozialismus«, EKL[3] I, 1986, 666-668.

W. Schlichting

Christengemeinschaft

Die C. wurde 1922 in Breitbrunn/Ammersee als christl. Ableger der → Anthroposophie von Rudolf Steiner selbst und seinem Mitarbeiter Friedrich Rittelmeyer (1872-1938), ehemals Pfarrer an der St. Lorenzkirche in Nürnberg, begründet. Rittelmeyer war der erste Erzoberlenker der C., ihm folgten Emil Bock u.a. Die C. begreift sich als rel. Erneuerungsbewegung, als »dritte Kirche« jenseits von Katholizismus und Protestantismus. Kath. geprägt ist sie in ihrer liturgischen Form; ev. geprägt ist sie in ihren Mitgliedern, die fast durchweg aus dem Protestantismus kommen und sich über dessen nüchterne Gestaltungsform hinaussehnen. Zentrum ist die sonntägliche Menschenweihehandlung, die in ständigem Hinweis auf den »Christus in dir« und die »Durchchristung« des ganzen Menschen unter Wort- und Sakramentsfeier ihre Ausrichtung findet. Priesterseminar, in dem auch Frauen ausgebildet werden, Verlag (Urachhaus) und Kirchenleitung befinden sich in Stuttgart. Die C. hat sieben Sakramente, die den Lebensaltersstufen, wie sie die Anthroposophie deutet, entsprechen. Theologie, Anthropologie und Schriftauslegung weisen in vielerlei Hinsicht Anleihen aus der Anthroposophie und fernöstlichen Religionen auf. Sünde wird als Krankheit und Erlösung als »Durchgeistung« verstanden. Ca. 120 Pfarrer tun an ca. 100 Gemeinden und ca. 25.000 Mitgliedern ihren Dienst. Die C. hat als synkretistische Religionsgemeinschaft mit stark esoterischen Zügen zu gelten und wird von keiner christl. Kirche als Kirche anerkannt.

Lit.: F. Heyer: »Christengemeinschaft«, TRE 8, 1981, 10-13; ders.: Konfessionskunde, 1977, 735-742 (Lit.); W. Stählin (Hg.): Evangelium und Christengemeinschaft, 1953; K.V. Stieglitz: Rettung des Christentums? Anthroposophie und Christentum, 1965.

G. Ruhbach

Christentum als Weltreligion

Der Begriff C. erscheint zum ersten Mal bei den apostol. Vätern. → Ignatius von Antiochien redet von C. im Unterschied zum → Judentum (Magn 10,3), um die Heidenchristen gegen Judentum und → Judenchristen abzugrenzen. Der Begriff C. zeigt damit schon bei seiner ersten Verwendung den Weltanspruch der von Jesus begründeten Religion, denn er wird von denen erstmals zur Definition ihrer selbst gebraucht, die in der Folge dieses Weltanspruchs vom → Heidentum zum C. übergetreten sind.

Von Anfang an versteht sich das C. als die einzige, für alle Menschen gültige Heilsoffenbarung Gottes. Andere Religionen bieten nach dem Selbstverständnis des C. keine legitimen Heilswege. Dem daraus sich ergebenden globalen Auftrag zur Mission kommt die geographische Lage Palästinas am Schnittpunkt dreier Kontinente und die geschichtl. Situation zur Zeit Jesu entgegen: Der Kulturraum des Mittelmeeres mit seinem lebhaften Austausch, die Verwendung einer Einheitssprache im röm. Reich und die günstigen Verkehrsverbindungen. Das von Beginn an vorhandene Selbstverständnis des C.s als einer für die Welt gültigen Religion trifft somit auf einen vorbereiteten Boden.

Trotz dieser besonderen geschichtl. Situation kam es bei der Ausbreitung des C.s in den ersten vier Jh.en zu heftigen und blutigen Verfolgungen der jungen Religion, die in der Religionsgeschichte ohne Parallele dastehen. Doch am Ende des 5. Jh.s war das C. zur beherrschenden Religion des Kulturgebietes um das Mittelmeer herum geworden und es gab christl. Ausstrahlungen bis nach → Irland und → England, Persien, → Armenien und → Indien. In den 1000 Jahren zwischen 500 und 1500 gingen dem Ch. große Gebiete an den neu entstandenen → Islam verloren, wobei der Verlust vieler Gebiete nicht nur auf die kriegerische Ausbreitung des Islam zurückzuführen war, sondern auch auf die inneren Spaltungen in den Kirchen. Im gleichen Zeitraum gewann das C. die Länder in Ost- und Nordwesteuropa, aus denen dann die Entdeckungsreisenden kamen, die etwa ab 1500 die Kontinente und Meere erforschten und damit dem C. Wege in die gesamte Welt eröffneten. Im frühen 17. Jh. kam es zuerst in den kathol., nicht viel später bei den prot. Kirchen zu mission. Bemühungen in den neu entdeckten Gebieten und schon Ende des 18. Jh.s gab es Christen in allen fünf Erdteilen. Das Ch. war damit auch von seiner Ausdehnung her eine Weltreligion geworden. Die Gründe für diese Mission waren nicht nur Machtinteressen, sondern auch die Rückbesinnung auf den Auftrag zur Weltmission des Gründers der Religion, Jesu von Nazareth (Mt 28,18-20).

Am Ende des 20. Jh.s bilden die Christen mit 1,6 Milliarden von allen Weltreligionen die größte Gruppe. Bedeutsam ist, daß zu den traditionell christl. Ländern einige der Staaten mit weltweit großem polit. Einfluß gehören. Bei der zahlenmäßigen Vorrangstellung des C.s in der Welt darf allerdings nicht übersehen werden, daß das Wachstum des C.s in den letzten 50 Jahren geringer war als das der anderen Weltreligionen: C.: 47 %; Buddhismus 63 %; Hinduismus 117 %; Islam 235 %. Dazu kommt eine innere Abwendung von christl. Werten bei großen Bevölkerungsteilen der alten christl. Länder. So ist das C. zwar eine Weltreligion, doch der Anspruch, den einzigen Weg zum Heil des Menschen aufzuzeigen, erfordert immer neu eine Rückbesinnung auf den Inhalt dieses Heils und eine mission. Bemühung zur Rückgewinnung der entchristlichten Bevölkerung der »christlichen« Länder und der noch nicht vom christl. Glauben erreichten Völker der Welt.

Lit.: H. Braun, E. Wolf, A. Lehmann, K.E. Løgstrup, H.H. Schrey, E. Beyreuther: »Christentum«, RGG^3, 1685-1730; G. Gallup Jr.: Die Weltchristenheit im Vergleich mit anderen Religionen, idea Dokumentation 20/86; K.S. Latourette: A History of the Expansion of Christianity, 1937-45.

G. Sautter

Christentumsgesellschaft, Deutsche

1779/80 wurde die C. in Basel von J.A. Urlsperger gegründet, um Rationalismus und Entkirchlichung abzuwehren. »Die Förderung reiner Lehre und wahrer Gottseligkeit«, zweier Grundziele des Frühpietismus, sollte ihr Ziel sein. Der Name kommt von C.G. Blumhardt. Zentrum war und blieb Basel, auch als sich vorwiegend in Deutschland, aber auch sonst in Europa ca. 40 Partikulargesellschaften gebildet hatten. Die Verbindung untereinander wurde durch »Sendboten« hergestellt, die über Verkündigung und christl. Literatur die → Erweckungsbewegung im 19. Jh. mit in die Wege leiten halfen. → Jung-Stilling, → Lavater und → Oberlin, der Kreis um J.M. Sailer und die Erweckung im Allgäu und viele andere gehörten zu ihr. 1795 wurde C.F.A. → Steinkopf, 1808 C.F. → Spittler ihr Sekretär. Beide förderten die Beziehung zur angelsächsischen Ev. → Allianz und in je ihren Werken die aufbrechende Erweckungsbewegung über → Bibelverbreitung und → Volksmission.

War die C. zunächst wichtiges Bindeglied zwischen Früh- und Neupietismus, so trat sie im 19. Jh. immer mehr hinter den Trägern und »Werken« der Erweckungsbewegung zurück. Die 1786 erstmals erschienene Monatsschrift »Sammlungen für Liebhaber christlicher Wahrheit und Gottseligkeit« wurde erst 1912 eingestellt und hielt bis dahin die Basler Zentrale mit den verschiedenen Partikulargesellschaften in Verbindung. Keine Frage, daß sie ein wichtiger Förderer der Erweckung und des geistl. Lebens geworden ist.

Lit.: E. Staehelin: Die Christentumsgesellschaft in der Zeit der Aufklärung und der beginnenden Erweckung, 1970; ders.: Die Christentumsgesellschaft in der Zeit von der Erweckung bis zur Gegenwart, 1974; Jahrbuch Pietismus und Neuzeit 7: Die Basler Christentumsgesellschaft, 1981.

G. Ruhbach

Christenverfolgung/-en

1. Zum Begriff

Vielerlei Assoziationen sind mit dem Wort C. gegeben. Zunächst die Erinnerung an das Herrenwort, daß der Nachfolger Christi immer auch am Kreuzesweg Jesu beteiligt werde (Mt 5,11; 10,16ff; Mk 13,9ff, die vielen Berichte in der Apg; 2Kor 6,4ff; 11,23ff; 1Petr 4,12ff; 5,8-10; Offb 2,10; 2,13 u.a.). Was für den einzelnen gesagt wurde, galt auch der Kirche als Nachfolgegemeinschaft, besonders wenn sie in der Naherwartung ihres Herrn mit den »Wehen der Endzeit« rechnen mußte. Insofern war Verfolgung eher etwas Normales; Kreuz und Leid galt zu allen Zeiten als Kennzeichen des Christen und der Kirche. Wie man damit umgeht, das war die zentrale Frage.

C. meint aber auch die gegebene Wirklichkeit, die Widerstände einer nichtchristl. Welt bzw. ihrer staatlichen Repräsentanten in Form beruflicher Schikane, Behinderung von Lebens- und Wirkungsmöglichkeiten, Ausbildungsverbote für Christenkinder und damit gewaltsame Zuordnung der Christen zur Unterschicht einer Gesellschaft. C. meint schießlich Behinderung bis Verbot der Religionsausübung, Einkerkerung und Ermordung von Christen allein auf Grund ihres Bekenntnisses (Mt 5,11: um meines Namens willen; das *nomen istud*). Dazu gehören dann endlich die verschiedenen Maßnahmen selbst, die gegen Christen oder auch von Christen gegen Christen ergriffen wurden (z.B. während der staatlichen Verfolgungen in den ersten Jh.en, in den Glaubens- und Konfessionskriegen des hohen und späten MAs, die Sektenpogrome, die Inquisition, die Hexenprozesse u.a.). Bei fast allen C.en sind die Motive vielfältig und vermischt: So begegnen rel. und ideologische, ökonomische und ethnische, nationalistische und polit. Begründungen, die dann unterschiedlich legitimierte Zweckbündnisse gegen Christen erlauben. Voraussetzung für C. ist eine nichtchristl. Mehrheit; je toleranter eine Gesellschaft ist, desto eher kann sie Minoritäten integrieren bzw. akzeptieren. Je totalitärer, ideologischer ihr Anspruch ist, desto eher wird es zu C. kommen. Die Kirche hat die Standhaftigkeit in der Verfolgung immer als Bewährung des Glaubens angesehen, aber in der Regel vor dem Drang zum Martyrium (Überschätzung der Widerstandskräfte) gewarnt. Das Martyrium galt als Bluttaufe und sicherte den Glaubenszeugen einen Ehrenplatz im kirchl. Gedenken. Viele Märtyrer wurden später zu Heiligen und an ihrem Todestag dankbar verehrt. Zu einer Theologie des Martyriums ist es allerdings weithin nicht gekommen.

2. In der Alten Kirche

Über C.en in der → Alten Kirche ist vielfach pauschal und einseitig aus der Sicht christl. Märtyrerverehrung berichtet worden. In den ersten 100 Jahren ihrer Geschichte blieb die Kirche weithin unbehelligt, solange sie in den Augen des röm. Staates als Sekte galt und an den Privilegien des Judentums teil hatte. Die Vertreibung der Juden aus Rom unter Claudius schloß möglicherweise eine lokal begrenzte C. ein. Nero, unter dem wahrscheinlich auch Petrus den Märtyrertod erlitt, hat ebenfalls keine allg. C. durchgeführt, sondern nur den Verdacht der Brandstiftung Roms von sich auf die christl. Minorität der Stadt abgelenkt und diese für kriminelle Taten haftbar gemacht. Zu eingeschränkten Verfolgungen ist es unter fast sämtlichen Kaisern von Domitian (81-96) bis Aurelius Commodus (180-192) gekommen. Ausgelöst wurden sie wahrscheinlich durch eine verstärkte Betonung des Kaiserkultes und die als Gehorsamsverweigerung und damit als Heraustreten aus der staatlichen Ordnung empfundene Haltung der Christen.

Die juristische Grundlage der Verfolgungen ist immer noch nicht ganz geklärt. Wahrscheinlich wurden sie nicht durch ein besonderes kaiserliches Gesetz veranlaßt, sondern auf Grund der Polizeivollmacht (*coercitio*) der einzelnen Provinzstatthalter angeordnet. Die Verfolgungen bis 250 waren territorial begrenzt und gingen mehr oder weniger blutig aus. Das bekannte Reskript Trajans regelte um 115 auf eine Anfrage des Statthalters Plinius d.J. das Verfahren gegen die Christen folgendermaßen: anonyme Anzeigen seien nicht zu berücksichtigen; jeder Christ aber, der das Kaiseropfer verweigere, solle wegen Widerstands gegen die Staatsgewalt mit dem Tode bestraft werden. Nur der Vollzug des Opfers garantiere Straffreiheit. Wer aber unbegründete, böswillige Anzeige erstatte, müsse selbst mit Strafverfolgung rechnen. Nach dieser Regelung wurde offenbar die nächsten 150 Jahre gegenüber den Christen verfahren. Septimius Severus präzisierte 202/203 die Haltung des Staates durch ein generelles Verbot, zum Christentum überzutreten. Eine auf Katechumenen und die sie unterweisenden Katecheten beschränkte Verfolgung war das Resultat.

Neben dem genannten Verfahren wurde gelegentlich auch die röm. Kriminalprozeßordnung auf die Christen angewandt, vor allem auf Grund fiktiver Anschuldigungen wie Ritualmord und Inzest. Seit dem 2. Jh. existieren Märtyrerakten, die die Schicksale der Christen glorifizierend beschreiben, und andere apologetische Werke christl. Theologen, die sowohl gegen das staatliche Vorgehen protestieren als auch den untadeligen Lebenswandel der Christen hervorheben (Justin, Tertullian u.a.). Aufs ganze gesehen, konnte sich die Kirche bis 250 aber ohne größere Beeinträchtigung festigen und ausbreiten. Erst unter Decius (249-251) kam es zur ersten großen C. im röm. Reich. Verschiedene Gründe sind dafür anzugeben:

a. die im Zusammenhang mit der Tausendjahrfeier Roms vollzogene Staatsreform, die bewußt rel. im Sinne der Festigung des Kaiserkultes orientiert war,

b. die unübersehbar gewordene Größe der Kirche, die sich betont vom staatlichen Leben fernhielt und als ein eigener »Staat im Staat« Verdacht erregte,

c. der Protest zahlreicher Berufsgruppen gegen die Kirche (Priester, Veranstalter von Spielen, Götzenbildhersteller u.a.), die sich in ihrer Existenz bedroht fühlten, und

d. die Bedrohung des Reiches durch äußere Feinde (Germanen, Perser u.a.), welche die Einigung im Inneren erforderlich machte.

So erließ Decius 250 ein allg. Opfergebot, über dessen Vollzug sich jeder Bürger eine Bescheinigung ausstellen lassen mußte. Viele Christen wurden gefangen gesetzt und hingerichtet, eine größere Zahl wurde allerdings abtrünnig und leistete das Opfer. Mit dem Tod des Kaisers hörten die Verfolgungen aber bereits 251 wieder auf, sie wurden jedoch durch seinen Nachfolger Valerian verschärft fortgesetzt. 257 erließ dieser ein generelles Versammlungsverbot für Christen, 258 ordnete er die Inhaftierung und Hinrichtung des christl. Klerus an, um die Kirche an ihrer Wurzel zu treffen und ihre Organisation zu zerstören. Doch sein Sohn Gallienus, der eine Christin zur Frau hatte, stellte 260 die Verfolgung abermals ein. Eine 40jährige Duldungszeit schloß sich an.

Aus ähnlichen Gründen wie Decius führten Diokletian und seine Mitherrscher seit 303 die zweite und letzte allg. C. durch, die bis 313 anhielt. Zu den bisherigen Maßnahmen trat die Zerstörung der Kirchen, die Einziehung und Vernichtung christl. Schrifttums und die Deportation und Verbannung standhaft gebliebener Christen in die Bergwerke. Während die Verfolgung im Westen des Reiches nur zögernd durchgeführt wurde, kam es im Osten zu hohen Blutopfern. Die genaue Zahl der Märtyrer ist unbekannt, wahrscheinlich eher geringer als größer. Ein Kalender aus Rom 354 zählt 50 Märtyrergedenktage auf, wobei ca. 30 der genannten Toten ins 1. Jh. gehören.

Die kaiserlichen Toleranzedikte von 311 und 313 ließen die Kirche als Siegerin aus dem Entscheidungskampf hervorgehen. Nur während der Auseinandersetzung zwischen Konstantin und Licinius kam es um 323 noch einmal zu einer begrenzten Verfolgung in den Licinius unterstellten Gebieten, ebenso in der kurzen Regierungsperiode Julians des Abtrünnigen (361-363). Mit der Erhebung des Christentums zur Staatsreligion unter Theodosius I. 380 fand die Zeit der allg. Verfolgungen ihren endgültigen Abschluß. Im persischen wie im germanischen Raum ist es freilich noch zu gelegentlichen Verfolgungen gekommen, bis sich die Kirche in Mitteleuropa durchsetzte und im Orient eine abgekapselte, aber offiziell anerkannte oder zumindest geduldete Minoritätenexistenz erkämpft hatte.

3. Unter islamischer Herrschaft

Die Herrschaft des → Islam brachte zunächst den selbständig gewordenen nationalen Sonderkirchen der Kopten in Ägypten, der Jakobiten in Syrien und der Nestorianer in Persien Befreiung von der Bedrückung durch die Großkirche, setzte aber die Angehörigen der griech. Reichskirche wie die kath. Christen in Nordafrika und Spanien erheblicher Bedrängnis aus, die sich in kurzen, aber heftigen Verfolgungen entlud. Dadurch, daß die Christen vom Islam generell als »Schriftbesitzer« anerkannt und damit von der Zwangsbekehrung ausgenommen waren, gelang es ihnen allerdings bald, als minderprivilegierte Klasse ihren Glauben auch unter muslimischer Oberhoheit weiter auszuüben. Jedenfalls war die Zahl der abtrünnigen Christen bei weitem größer als die der verfolgten.

Im 20. Jh. bis in die Gegenwart hinein entwickelte der Islam in zahlreichen Ländern eine ausgesprochen militante, antichristl. Religionspolitik, der viele Christen zum Opfer fielen oder zumindest schweren Benachteiligungen und Bedrückungen ausgesetzt waren und noch sind. Freilich darf man derlei Gewaltakte nicht aus dem allg. Zusammenhang panislamischer Expansionspolitik einerseits und Selbständigkeitsbestrebungen einzelner Staaten, vor allem in Afrika und Asien, andererseits herauslösen.

4. Innerhalb der Kirche

Leider haben auch christl. Kirchen selbst Verfolgungen initiiert oder durchgeführt, immer wieder durch die Kirchengeschichte hindurch gegen Juden und Häretiker, aber auch gegen andersdenkende Christen und Nichtchristen (Hypatia in Alexandrien, Meister → Eckhart, J. → Wyclif, J. → Hus, M. → Luther, M. Servet, G. → Galilei u.a.). Zwar hat die Einführung der Inquisition das willkürliche Akkusationsverfahren im MA juristisch verbessert, aber sie gab denen, die sie durchführten, so viel Spielraum zum Mißbrauch und zur Gewalt, daß die Inquisition als solche in Verruf kam. Was z.B. zur Zeit der Gegenreformation (→ Täufer, Böhmische Brüder, → Hugenotten, → Waldenser, Salzburger u.a.), aber auch angesichts der Einführung der Union im ev. Preußen (Altlutheraner) Christen einander angetan haben, darf nicht verschwiegen und nicht entschuldigt werden, obwohl auch hier zahlreiche verschiedene Motive rel. und profaner Art zusammengewirkt haben.

5. In den Missionsgebieten

Oft genug war im Zusammenhang mit der Kolonisierung das Christentum eingeführt worden. Allerdings waren vielfach christl. Missionen schon lange vor der Kolonisation am Werk und wurden oft erst nachdrücklich von dieser »beschlagnahmt«. Jedenfalls sind C.en in den ehemaligen Missionsgebieten oft als Reaktion auf polit., kulturelle und rel. (Zwangstaufe) Gewaltanwendung zu werten. Aber auch dort, wo Mission nur mit dem Wort und sozialer wie medizinischer Hilfe betrieben wurde, gab es Pogrome gegen Christen, weil diese die rel. Weltordnung (Tabu) oder ihre rel. Repräsentanten (Medizinmann, Gottkönig) in Frage stellten. Von weitreichenden, systematisch betriebenen Verfolgungen kann aber weder in Afrika noch in Indonesien noch in Japan gesprochen werden.

6. Im 20. Jahrhundert

Im 20. Jh. ist es allerdings wieder zu allgemeineren C. gekommen, die ebenso wie ihre Vorgänger nirgends ausschließlich rel. motivierbar sind. In Europa führte das Aufkommen verschiedener Ideologien und Ersatzreligionen seit der Franz. Revolution zu einer immer stärkeren Entfremdung der Bevölkerung von der Kirche. Die Franz. Revolution brachte dabei eine neue Erfahrung, daß nämlich das Christentum von der ideologisierten Vernunft als Religion verfolgt wurde. Die Trennung der Kirche vom Staat und die (in Frankreich gewaltsame) Loslösung der säkularen Gesellschaft von der Religion wurde deutlich. Im Marxismus-Leninismus wie im Nationalsozialismus nahmen neuzeitliche Ideologien ausgesprochen christentumsfeindliche Züge an.

Nach der vormals engen Verbindung von Staat und Kirche in Rußland führte die Revolution 1917 alsbald zur Unterdrückung der Kirche und zu zahlreichen Hinrichtungen von Christen als Konterrevolutionären. In der Zeit von 1917-1939 kam es zu mehreren harten Verfolgungswellen, die vordergründig die Gegner des Sozialismus, in Wirklichkeit aber die Kirche überhaupt treffen sollten und den Bestand ihrer Glieder erheblich dezimierten. Die Zahl der Opfer geht in die Millionen und ist nur deshalb nicht genau erfaßbar, weil die Verurteilung von Gegnern des Regimes und Anhängern der Kirche nicht klar unterscheidbar ist.

Neben den russischen Kirchen waren auch die Kirchen im → Baltikum (Litauen, Estland und Lettland) und nach dem Zweiten Weltkrieg in den übrigen Ostblockstaaten in der Ausübung ihres Glaubens nahezu total eingeschränkt worden. Zwar gab es fast nirgends offiziell durchgeführte Verfolgungen von Christen. Diese wurden geduldet, soweit sie die rel. Betätigung auf den Kultraum beschränkten und sich gegenüber dem Staat loyal verhielten. In → Bulgarien und Kuba zeitweise, aber in → Albanien systematisch war es allerdings zu allgemeineren C. mit zahlreichen Opfern gekommen, und in → Jugoslawien hatten die zumeist kath. Kroaten nach 1945 schwer zu leiden gehabt, allerdings auch dadurch bedingt, daß sich gerade Kroaten während der Hitlerzeit in größerer Zahl an den Ausschreitungen des faschistischen Regimes beteiligt hatten. Das Ausmaß der Verfolgungen läßt sich auch hier nicht übersehen. Die Kirchen in der DDR hatten von 1948 an bis zur Wende ebenfalls unter erheblichen Beeinträchtigungen zu leiden.

In der Zeit des Nationalsozialismus sind viele Christen, Theologen und Nichttheologen aus Deutschland und den von Deutschen besetzten Gebieten in Gefängnissen und Konzentrationslagern umgekommen. Der Widerstand der Christen richtete sich vornehmlich gegen den nationalistischen und biologisch-rassistischen Totalitätsanspruch des Hitlerstaates (→ Kirchenkampf). Auch der spanische Bürgerkrieg 1936 kostete zahlreichen Christen, vor allem Priestern, das Leben.

Schließlich ist das neu erwachte Nationalbewußtsein in vielen asiatischen, afrikanischen und lateinamerikanischen Staaten als einer von mehreren Gründen für blutige C.en zu nennen, zumal der Nationalismus dort oft mit der Wiedergeburt alter rel. Vorstellungen verbunden war und seine Vertreter in den christl. Kirchen durchweg den Wegbereiter des verhaßten europäisch-amerikanischen Kolonialismus erblickten.

Die griech. Christen in Kleinasien hatten schwere Bedrängnisse durch die Türken zu bestehen; das durchweg christl. armenische Volk wurde seit 1894 in verschiedenen Vernichtungsaktionen entsetzlich dezimiert oder gewaltsam islamisiert, weil die Jungtürken in ihnen zugleich potentielle Gegner des türkischen Nationalstaates sahen. Der chinesische, japanische und koreanische Nationalismus forderte den dortigen Christen ebenfalls einen beträchtlichen Blutzoll ab. Wie die Auseinandersetzung vor allem zwischen Christentum und Islam in den jungen afrikanischen Staaten verläuft, bleibt abzuwarten. Ein erhebliches Ausmaß hat die Verfolgung von Christen in den Diktaturen Mittel- und Südamerikas angenommen. Tausende von Priestern und Gemeindegliedern wurden verschleppt, gefoltert und getötet, seit sich Teile der Kirche auf die Seite der verarmten Landbevölkerung und der von Ausrottung bedrohten Ureinwohner gestellt haben und die ungerechten Besitzverhältnisse in diesen Ländern beim Namen nennen (Basisgemeinden). In eine schwierige Position geraten viele nordatlantische Missionsgesellschaften, deren Heimatländer oft genug an der Aufrechterhaltung der vorhandenen Strukturen zum Nutzen der eigenen Wirtschaft interessiert sind und damit indirekt auch die C. unterstützen. Unter solcher Bedrängnis hat die Kirche Lateinamerikas eine eigene »Theologie der Befreiung« ausgebildet, in der sich Elemente marxistischer Wirtschaftstheorie mit christl. Anthropologie, Soteriologie und Zukunftshoffnung verbinden (Kirche der Armen). Der Leidensweg der lateinamerikanischen Kirchen und dessen geistl. Verarbeitung zu einer neuen → Spiritualität hat großen Einfluß auf die Entwicklung der Kirchen der Dritten Welt. Es zeigt sich jedenfalls, daß die C.en auch im 20. Jh. nirgends allein durch antikirchl. Emotionen ausgelöst wurden, sondern immer mit anderen Faktoren vornehmlich polit. und weltanschaulich-ideologischer Art gekoppelt waren. Märtyrer wie D. → Bonhoeffer, M. Kolbe und O. Romero sind im Unterschied zu den Verfolgungen in der Alten Kirche nur selten namentlich zu benennen. Anonym gebliebene Christen hatten dafür einzustehen, wo die Kirchen im Verlauf ihrer Geschichte Bindungen eingegangen waren, die nicht zum Vollzug ihres Auftrags gehörten und dadurch Gegenimpulse hervorriefen, an denen die Kirchen selbst in der Regel nicht schuldlos waren.

Lit.: H. v. Campenhausen: Die Idee des Martyriums in der alten Kirche, [2]1964; W.C. Fletcher: A Study in Survival. The Church in Russia 1927-1943, 1965; R. Freudenberger, K. Schäferdiek, F. Stoeßel: »Christenverfolgung«, TRE 8, 1981, 23-62; R.M. Grant: Christen als Bürger im römischen Reich, 1981; G. Hamburger: Verfolgte Christen. Berichte aus unserer Zeit, [3]1979; A. v. Harnack: Die Mission und Ausbreitung des Christentums I/II, [4]1924; M. Lange, R. Iblacker (Hg.): Christenverfolgung in Südamerika, [2]1981; J. Lepsius: Der Todesgang des armenischen Volkes, 1919; J. Moreau: Die Christenverfolgungen im römischen Reich, 1961; W. Scheffbuch: Christen unter Hammer und Sichel, [4]1973; B. Spuler: Die Gegenwartslage der Ostkirchen, 1948; G. Vicedom: Das Geheimnis des Leidens der Kirche, 1963; G. Weth: Chinas rote Sonne, 1972.

G. Ruhbach

Christi Himmelfahrt → Himmelfahrt Christi

Christian Science → Christliche Wissenschaft

Christkatholische Kirche → Altkatholiken

Christlich-soziale Bestrebungen

Die Wortschöpfung christlich-sozial geht auf Franz von → Baader (1765-1841) zurück, der darunter die »Einbürgerung der Proletarier« in eine ständisch gegliederte Gesellschaft mit arbeitsangemessenem Lohn verstand. Sie wird von Johann Hinrich → Wichern (1808-1881) 1848 auf dem Wittenberger Kirchentag verwandt, um zur »christlichen Wiedergeburt sozialer Verhältnisse des Volkslebens« zu gelangen. Die Innere Mission, die nun entsteht, ist Antwort auf die auch sozial bedingte Abkehr der Massen von der Kirche. Wicherns »rettende Liebe« beruhte indes nicht auf einer Gesellschaftsanalyse, sondern bezog sich im Rahmen einer individuellen Diakonie auf die Opfer eines wirtschaftl.-sozialen Systems im Gegenüber zu sozialistischen Modellen.

Ebenfalls 1848 veröffentlichte Victor Aimé Huber (1800-1869) die Schrift »Die Selbsthilfe der arbeitenden Klassen durch Wirtschaftsvereine und innere Ansiedlung«. Er hatte erkannt, daß die soziale Frage als Folge der Klassenstruktur der Gesellschaft und der wirtschaftlichen Faktoren anzusehen ist. Er war sich aber auch bewußt, daß Millionen nicht deshalb im Elend sind, »weil sie an das Riesenrad der englischen Industrie gefesselt. . ., sondern weil sie selbst und ihre Brotherren, jeder Teil in seiner Weise, Knechte der Sünde und Torheit (sind) und der Liebe wie der Wahrheit ermangeln«. Seine Lösung einer genossenschaftlichen Selbsthilfe in Vereinen und Wohnkolonien hatte zwar wenig praktische Bedeutung, lehnte sich aber an englische Versuche an.

Auf der britischen Insel hatten Frederick Denison Maurice (1805-1872), Charles Kingsley (1819-1875) u.a. einen christl. Sozialismus entwickelt, der die Gewissen gegenüber der sozialen Frage auch in der Anglikanischen Kirche schärfte und zusammen mit einer vor allem vom → Methodismus beeinflußten Gewerkschaftsbewegung (→ Gewerkschaften) das Abgleiten der Arbeiterschaft in einen atheistisch-weltanschaulichen Sozialismus verhinderte. In gewisser Weise ist auch die → Heilsarmee als eine christl. soziale Bewegung zu verstehen.

In Deutschland versuchte R. Todt 1877 mit dem Buch »Der radikale deutsche Sozialismus und die christliche Gesellschaft« ein Gespräch mit dem Sozialismus. Es zeigt sich, daß christl. soziale Anstrengungen zwischen einer befürchteten und abzuwendenden Revolution und einer von den Herrschenden betriebenen Restauration angesiedelt waren. Dies gilt auch für die »Christlich-soziale Arbeiterpartei«, die der Hofprediger Adolf → Stoekker (1835-1909) 1878 gründete, die jedoch die großstädtischen Arbeiter als Zielgruppe verfehlte und daher eine kümmerliche Existenz fristete. Ab 1882 gab es ev. Arbeitervereine, die parallel und im Kontrast zu den röm.-kath. c.-s. Vereinen enstanden. 1890 gründeten deren Leiter L. Weber und A. Stoecker den »Evangelisch-sozialen Kongreß«, dem führende Wissenschaftler, u.a. Max Weber (1864-1920), Rudolf Sohm (1841-1917) und Adolf von Harnack (1851-1930) angehörten. Spannungen zwischen »Alten« und »Jungen«, letztere vor allem durch die Sekretäre Paul Göhre (1864-1928) und Friedrich Naumann (1860-1919) vertreten, führten 1896 zum Austritt Stoeckers und seiner Freunde, die 1897 die »Freie kirchlich-soziale Konferenz« (ab 1918 Kirchlich-sozialer Bund unter R. Seeberg und R. Mumm) gründeten. Nach einer Palästinareise rückte Naumann von der Vorstellung ab, Jesus sei sozialer Revolutionär gewesen. Er wandte sich dem Liberalismus zu und erreichte mit anderen, daß dieser sich den sozialen Fragen weiter öffnete.

Um eine Vermittlung zwischen Christentum und Sozialismus ging es den »religiös-sozialen« Schweizern Hermann Kutter (1869-1931) und Leonhard Ragaz (1868-1945), die dem Internationalen Bund Religiöser Sozialisten zuzurechnen sind. Der Kirchlich-soziale Bund und der »christliche Volksdienst« schufen 1929 die Partei »Christlich-sozialer Volksdienst«, der bei der Reichstagswahl am 14. 9. 1930 2,5 % (14 Mandate) erringen konnte.

Nach dem Zweiten Weltkrieg erkannte die Kirche die Lösung sozialer Probleme als eine ihr zukommende Aufgabe. Der »Kirchliche Dienst in der Arbeitswelt« sucht mit Hilfe von Industrie- und Sozialpfarrämtern dem gerecht zu werden. Eine »Kammer für soziale Ordnung« sowie die Sozialakademie in Friedewald und das Sozialwissenschaftliche Institut in Bochum wurden von der EKD geschaffen.

Im katholischen Raum waren der »Gesellenvater« Adolf Kolping (1813-1865) und der Mainzer Bischof W.E. Freiherr von Ketteler (1811-1877) aktiv. 1890 wurde der »Volksverein für das katholische Deutschland« als zusammenfassende Organisation c.-s. B. gegründet. Ein Jahr später veröffentlichte Papst Leo XIII. die erste Sozialenzyklika »Rerum novarum«, die Recht und Pflicht zur Staatsintervention und die Koalitionsfreiheit der Arbeiter unterstrich. Die Soziallehre des Lehramts wurde immer weiter verfeinert und ist zum Schluß greifbar in den beiden Sozialenzykliken Johannes Pauls II. »Laborem exercens«, in der betont wird, daß der personale Einsatz von Arbeit vor dem instrumentalen Einsatz von Kapital Vorrang hat, und »Centesimus annus« (1991). Kath. Politiker hatten maßgeblichen

Anteil an der Sozialpolitik der Weimarer Zeit und nach dem Zweiten Weltkrieg.

Die ökumenische Bewegung wurde stark von c.-s. Ideen gespeist, vor allem die Bewegung für Praktisches Christentum (1. Weltkonferenz Stockholm 1925). Die sozialen Versäumnisse der Kirchen gaben Anlaß, sich mit Wirtschaftsfragen zu beschäftigen. Mit der Entkolonisierung rückten diese Fragen in einen weltweiten Horizont. Der Nord-Süd-Konflikt zwischen reichen und armen Ländern verlangt nach einer Lösung. Heute ist der Prozeß für Gerechtigkeit, Frieden und Bewahrung der Schöpfung Ausdruck dieser ökumenischen c.-s. Bemühungen. Nach dem Zerfall der östl. Planwirtschaft bedarf es der Rückfragen an das wirtschaftl.-monetäre System von Bretton Woods (Abkommen über Int. Währungsfonds und Weltbank 1944). Insbesondere geht es um eine demokratische Kontrolle der Börsen und der Finanzmärkte sowie um den Aufbau einer internationalen Kartellbehörde. Die Kirchen haben für eine zukünftige internationale Ordnung und auf dem Felde der Wirtschaftsethik den Maßstab der Gerechtigkeit deutlich ins Spiel zu bringen.

Lit.: G. Brakelmann: Die soziale Frage des 19. Jahrhunderts, [6]1979; Friedewälder Beiträge zur sozialen Frage, 1950 ff; Zeitschrift für evangelische Ethik; Ev. Soziallexikon, 1980 (7. A.); A. Rauscher: Katholische Soziallehre. Entwicklungen, Probleme, Aufgaben, in: Kirche und Gesellschaft 1989, 3-16; U. Ruh: Vatikan: Grundsätzliches zur kirchlichen Soziallehre, in: Herder-Korrespondenz 43, 1989, 352ff.

E. Geldbach

Christliche Blindenmission im Orient e.V. → Christoffel Blindenmission

Christliche Fachkräfte International

Auf Bitten überseeischer Kirchen hin wurde »Christliche Fachkräfte International e.V.« (CFI) 1984 von der Aktion → Hilfe für Brüder gegründet. Die Zusammenarbeit mit diesem Hilfswerk ist sehr eng. Durch CFI werden ausschließlich qualifizierte Mitarbeiter in solche Projekte nationaler ev. Kirchen der Dritten Welt vermittelt, wo einheimische Mitarbeiter nicht vorhanden sind. Durch den zeitlich begrenzten Einsatz (drei oder vier Jahre mit Möglichkeit der Verlängerung) sollen die einheimischen Mitarbeiter so unterstützt und weitergebildet werden, daß sie so bald als möglich die Aufgaben selbständig weiterführen können. Neben den beruflichen Gaben kommt deshalb der persönlichen Eignung der Bewerber in Glauben und Leben große Bedeutung zu, damit sie sich in die Gemeinschaft der überseeischen mission. und bekennenden Kirchen einfügen können. Zu den kirchl. Projekten in Asien, Afrika und Südamerika, in die bisher Entwicklungshelfer vermittelt wurden, gehören Schulen, landwirtschaftl. Maßnahmen, Wasserbau, Gesundheitsdienste und Krankenhäuser, Ausbildungsstätten, Flüchtlingshilfe und Sozialdienste. CFI wurde 1985 von der Bundesregierung als Entwicklungsdienst anerkannt. Sitz der Geschäftsstelle ist in Stuttgart.

Lit.: »Christliche Fachkräfte International«, vierteljährliches Berichtsblatt.

W. Scheffbuch

Christliche Pfadfinder → Verband christlicher Pfadfinder

Christliche Postvereinigung → Berufsmissionen

Christliche Welt → Rade, Martin

Christliche Wissenschaft (Christian Science)

Begründerin ist die US-Amerikanerin Mary Baker Eddy (1821-1910), die 1862 durch den Geistheiler Ph.P. Quimby von chronischer Krankheit geheilt wurde. Ihre Lehre wurde in ihrem Buch Science and Health (Wissenschaft und Gesundheit mit Schlüssel zur Heiligen Schrift 1875, letzte Fassung 1910) niedergelegt; an diesem Werk darf nichts ausgelegt oder verändert, es darf nur gelesen werden und hat kanonische Bedeutung neben der Bibel.

Nach M.B. Eddy gibt es in der Materie kein Leben; diese ist sterblicher Irrtum, zeitlich und unwirklich. Gott ist Geist und der Mensch als sein Ebenbild geistig. Der Mensch hat zu Lebzeiten einen ständigen Kampf mit den Gegenpolen von Geist und Materie zu bestehen: Erlösung meint die Überwindung des Irrtums Materie, meint Heilung von Krankheit und geschieht durch die Erkenntnis der allein wirksamen göttlichen Macht und der realen Überwindung von Sünde, Krankheit und Tod. Jesus hat als erster diese »Wissenschaft« gelehrt, gelebt und seinen Jüngern aufgetragen (das »Prinzip des Heilens«: nicht der Heiler, sondern die Wahrheit heilt).

1879 wurde in Boston die Church of Christ (Scientist) gegründet, ab 1892 ist der gegenwärtige Name und die heutige Organisation (Mutterkirche in Boston mit ca. 3.000 Zweigkirchen in 50 Ländern, in Deutschland ca. 120) nachweisbar. Jede Kirche (oder Vereinigung) hält eine Sonntagsfeier und eine Mittwochabendversammlung. Diese Feiern sind extrem schlicht (ohne Liturgie, Predigt, Sakramente) und beschränken sich auf Lesungen aus der Bibel und dem »Lehrbuch« (am Mittwoch gelegentlich auch auf Heilungsberichte). Ein Lesezimmer mit Bibel, den Schriften von M.B. Eddy und den Veröffentlichungen des Verlages in Boston steht in der Regel für Interessenten zur Verfügung. Seit 1908 erscheint - ununterbrochen bis in die Gegenwart - die angesehene Tageszeitung »The Christian Science Monitor« in den USA.

Diese Kirche ist eindeutig als Sekte anzusehen, weil sie die Christusoffenbarung verdunkelt.

Lit.: K. Hutten: Seher, Grübler, Enthusiasten, [12]1982; M. Kießig, H. Reller (Hg.): Handbuch Religiöse Gemeinschaften, [3]1985, 253-264; H.-D. Reimer: Metaphysisches Heilen, 1966.

Die Universitäts-Bibliothek Erlangen unterhält eine Christian Science Sammlung.

G. Ruhbach

Christlicher Blindendienst → Evangelischer Blinden- und Sehbehindertendienst in Deutschland

Christlicher Gemeinschaftsverband Mülheim a.d. Ruhr

Der Christliche Gemeinschaftsverband Mülheim a.d. Ruhr (CGV) ist der älteste Teil der deutschen → Pfingstbewegung und entstand 1905 aus der → Erweckungsbewegung in Deutschland.

In dieser war das Verlangen nach einem »Mehr« an Kraft zum Zeugnis für Jesus und im persönlichen Leben aufgebrochen. Daraufhin kam es zu tiefgreifender Buße, tiefer Liebe zu Jesus und Erfüllung mit Heiligem Geist. Auch Gaben des Heiligen Geistes taten sich auf.

Die sog. »→ Berliner Erklärung« bewirkte die Abspaltung von der Gemeinschaftsbewegung.

Das Lehrzeugnis des CGV bewegt sich auf dem Boden der Bekenntnisse der ev. Landeskirchen.

Besonderer Wert wird auf persönliche Entscheidung für Jesus Christus, Buße, Wiedergeburt und Erneuerung im Hl. Geist sowie auf aktive Teilhabe am Gottesdienst gelegt. Erklärtes Ziel ist, Menschen für Christus zu gewinnen und sie im Glauben zu fördern.

In der Regel wird die → Taufe an gläubig Gewordenen vollzogen. Kirchenaustritt wird nicht gefordert.

Die organisatorische Ordnung: Basis ist die Ortsgemeinde. Mehrere Ortsgemeinden bilden einen Bezirk, mehrere Bezirke einen Bund und die Bünde zusammen ergeben den Verband. Dementsprechend gibt es Orts-, Bezirks- und Bundesälteste. Die Bundesvorsteher bilden den Ältestenrat. Aus ihnen wird der Verbandsvorsteher oder »Präses« gewählt. Das verfassungsgebende Gremium ist der »Hauptbrüdertag«. Der CGV hat die Rechtsform einer Gesellschaft mit beschränkter Haftung.

Außenmission betreibt der CGV in Indonesien, Sambia und Osteuropa.

Lit.: Festschrift zum 75jährigen Bestehen des Christlichen Gemeinschaftsverbandes Mülheim a.d.Ruhr, 1990; E. Giese: Und flicken die Netze, 1976; ders.: Jonathan Paul, ein Knecht Jesu Christi, 1964; C. Krust: Was wir glauben und bekennen, 1963; ders.: 50 Jahre deutsche Pfingstbewegung, 1956.

S. Keller

Christlicher Kalender → Kirchenjahr

Christlicher Missionsverein für Österreich → Österreich

Christlicher Sängerbund

Der CS, gegr. 1879 in Elberfeld (heute Wuppertal), ist eine Vereinigung von etwa 1.000 Chören aus Freikirchen, Kirchen und Gemeinschaften mit ca. 22.000 Chormitgliedern in gemischten Chören, Frauen- und Männerchören sowie Jugendchören; ein Arbeitszweig Kindermusik ist im Aufbau. Von 1951-91 bestand die Arbeitsgemeinschaft ev. Gemeindechorwerke in der DDR; die enge Zusammenarbeit blieb immer erhalten. Der CS ist heute in 15 Landesverbände und den Männerchorverband gegliedert. Die Aufgabe des CS besteht in der Pflege und Förderung geistl. Singens in der Gemeinde und bei mission. Anlässen. Das Evangelium von Jesus Christus ist Grundlage für das Verständnis der Aufgabenstellung wie der Mitgliedschaft. Der CS führt Chorleiterseminare und Singfreizeiten sowie eine Vielzahl von Schulungsveranstaltungen durch, er gibt Fachliteratur heraus und unterhält einen Musikverlag, den Verlag Singende Gemeinde, dessen Name Programm und Verpflichtung ist.

Bei der Herausgabe von Chormusik gilt der evangeliumsgemäßen Textgestalt besondere Aufmerksamkeit. Der CS wurde stark beeinflußt von der → Erweckungsbewegung im 19. Jh. und der Singbewegung im 20. Jh.; viele andere Strömungen haben das Werk immer neu belebt. Eine der prägendsten Gestalten als Chorpädagoge und Komponist ist Paul Ernst Ruppel (geb. 18. 7. 1913). Sitz und Geschäftsstelle des CS ist in Wuppertal. Der CS gehört dem Verband ev. Kirchenchöre (VeK) und der Arbeitsgemeinschaft freikirchlicher Chorwerke in Europa (AfC) an.

Lit.: Hundert Jahre CS 1879-1979, FS, hg. von W. Schmidt, 1979; ZS Der Gemeindechor.

G. Michael

Christlicher Sozialismus → Christlich-soziale Bestrebungen

Christlicher Verein Junger Männer/ Christlicher Verein Junger Menschen – CVJM/YMCA

Eine Erweckung in einem Textilhaus in London löste 1844 die Gründung des ersten CVJM aus (Young Men's Christian Association YMCA). Die Initiative ging vom 23jährigen George Williams aus. Er wollte mit der Vereinsform die Ausbreitung des Evangeliums auch unter den Handlungsgehilfen anderer Tuchfirmen erreichen. Das mission. Ziel und die Verantwortung der Laien, der persönliche Glaube und das offensive Christuszeugnis, die Evangelisation und der soziale Dienst, die interkonfessionelle Weite und die internationale Breite prägten von Anfang an die Arbeit des CVJM. Schnell breitete sich die Idee aus (z.B. 1851 in Boston, 1852 in Genf – durch Henri Dunant – und in Paris), korrespondierend mit der Bewegung der Missions-Jünglingsvereine in den deutschen Ländern. Diese gingen auf Gründungen in Stuttgart (1805/15), in Barmen (1823) und in Bremen (1834: »Hülfsverein für Jünglinge«) zurück.

Die Jünglingsvereine unterschieden sich von den CVJM durch ihr Verhältnis zu den ev. Kirchen; sie arbeiteten als freie Werke in den Kirchen, die CVJM dagegen übergemeindlich, sich selbst finanzierend, in eigenen Häusern, mit eigenen hauptamtlichen Mitarbeitern und der Unterscheidung von eingeschriebenen und tätigen Mitgliedern. So auch der erste CVJM in Deutschland, 1883 durch den Deutsch-Amerikaner Friedrich von Schlümbach und den Oberförster Eberhard von Rothkirch in Berlin gegründet. In vielen Städten bildeten sich CVJM.

Nach dem Zweiten Weltkrieg wird der Name CVJM auch für die Jünglingsvereine gebräuchlich, so daß heute beide Formen – die übergemeindliche und die gemeindlich arbeitende – CVJM heißen. Durch die Aufnahme von Mädchen und Frauen änderten viele CVJM ihren Namen in »Christlichen Verein Junger Menschen«, auf den sich heute die Abkürzung »CVJM« bezieht.

Regionale Zusammenschlüsse der Missions-Jünglingsvereine gibt es seit 1848 (Rheinisch-Westfälischer Jünglingsbund, Wuppertal), in die sich später die CVJM integrierten: 1919 Arbeitsgemeinschaft der CVJM Deutschlands. Seit 1882 (erste Nationalkonferenz bei Detmold) schließen sich die regionalen Bünde enger zusammen. 1900 gibt es die erste Satzung der »Nationalvereinigung evangelischer Jünglingsbündnisse in Deutschland«. Der heutige CVJM-Gesamtverband in Deutschland e.V. ist der Zusammenschluß von 12 Werken und Verbänden: CVJM-Westbund, Evangelisches Jugendwerk in Württemberg, CVJM-Landesverband Bayern e.V., CVJM-Nordbund e.V., CVJM-Landesverband Baden e.V., CVJM-Pfalz e.V. – Ev. Jugendverband, CVJM-Ostwerk, CVJM-Landesverband Sachsen e.V., Evangelisches Jungmännerwerk/ CVJM Thüringen, CVJM Görlitzer Kirchengebiet, Arbeitsgemeinschaft der CVJM Deutschlands, Christliches Jugenddorfwerk Deutschlands. Sie erreichen über die örtlichen Vereine, Jugendwerke und Jugenddörfer ca. 250.000 junge Menschen regelmäßig.

Der CVJM-Gesamtverband fördert die Zusammenarbeit seiner Mitglieder und erfüllt Gemeinschaftsaufgaben, z.B. die Ausbildung (CVJM-Sekretärschule) und Fortbildung hauptamtlicher Mitarbeiterinnen und Mitarbeiter, im Rahmen der internationalen Arbeit den CVJM-Weltdienst, die Koordinierung von Fachbereichen (Sport, Bläserarbeit, Musik, Jugendpolitik) und altersspezifischer Bereiche (Jungschar-, Jugend-, Junge-Erwachsenen-Arbeit) sowie die Herausgabe von Arbeitshilfen. Er ist Mitglied in der Arbeitsgemeinschaft der Evangelischen Jugend, im Diakonischen Werk der EKD, in der Arbeitsgemeinschaft Missionarische Dienste und im Weltbund der CVJM, dem 90 Nationalverbände mit ca. 25 Mio. Mitgliedern angehören (Sitz: seit 1878 Genf).

Die Grundlage der CVJM-Arbeit ist die bei der Gründung des Weltbundes 1855 verabschiedete sog. Pariser Basis: »Die Christlichen Vereine Junger Männer haben den Zweck, solche jungen Männer miteinander zu verbinden, welche Jesus Christus nach der Heiligen Schrift als ihren Gott und Heiland anerkennen, in ihrem Glauben und Leben seine Jünger sein und gemeinsam danach trachten wollen, das Reich ihres Meisters unter jungen Männern auszubreiten.« (Bei der Formulierung der theologischen Grundlage des 1948 in Amsterdam gegründeten Weltrates der Kirchen stand diese Basis Pate.) Im Hinblick auf die Erweiterung der Arbeit beschloß der CVJM-Gesamtverband 1976 eine Zusatzerklärung: »Die CVJM sind als eine Vereinigung junger Männer entstanden. Heute steht die Mitgliedschaft allen offen. Männer und Frauen, Jungen und Mädchen aus allen Völkern und Rassen, Konfessionen und sozialen Schichten bilden die weltweite Gemeinschaft im CVJM. Die Pariser Basis gilt heute im CVJM-Gesamtverband in Deutschland e.V. für die Arbeit mit allen jungen Menschen.«

Lit.: W. Stursberg: Glauben - Wagen - Handeln, [3]1987; K. Kupisch: Der deutsche CVJM, 1958.

D. Roll

Christlicher Volksdienst

Der C. V. war die einzige ev. Partei, die sich in der Weimarer Republik formierte. Im Unterschied zu der von ev. Wählern favorisierten Deutschnationalen Volkspartei (DNVP) ging es dem CV um eine entschieden christl. Politik, die sich von monarchistischen und nationalistischen Neigungen freihält, die Demokratie bejaht und für soziale Gerechtigkeit eintritt. Der CV entstand am 12./13. 11. 1927 in Nürnberg aus christl.-sozialen Gesinnungsgemeinschaften, die sich 1924 aufgrund eines Aufrufes des Betheler Pastors Samuel Jaeger »zur Rettung von Volk und Vaterland« gebildet hatten und auf ein Geltendmachen des »Willens Gottes im öffentlichen Leben« zielten. Nach dem am 28. 12. 1929 erfolgten Zusammenschluß mit der Christlich-sozialen Reichsvereinigung unter Pfr. R. Mumm zum Christlich-sozialen Volksdienst (CSV) erzielte die Partei bei der Reichtstagswahl am 14. 9. 1930 mit 2,5% der Stimmen und 14 Mandaten ihren beachtlichsten Wahlerfolg. Mit 6,7 % der Stimmen am erfolgreichsten war der Volksdienst in Württemberg, wo die Partei unter der Führung von P. Bausch und W. Simpfendörfer nicht nur von Teilen des Pietismus und der Pfarrerschaft (M. und Th. Haug), sondern auch von führenden Universitätstheologen wie A. Schlatter und K. Heim unterstützt wurde. Am 30. 6. 1933 wurde der Volksdienst aufgelöst, nachdem er jahrelang einen energischen Kampf gegen den Nationalsozialismus geführt hatte (vgl. das weitverbreitete CV-Flugblatt »Hakenkreuz oder Christuskreuz?«). Nach dem Zweiten Weltkrieg schlossen sich die meisten Politiker des CSV der CDU an.

Lit.: P. Bausch: Lebenserinnerungen und Erkenntnisse eines schwäbischen Abgeordneten, 2. Aufl. o.J.; K. Buchheim: Geschichte der christlichen Parteien in Deutschland, [2]1966; G. Opitz: Der Christlich-soziale Volksdienst, 1969.

W. Neuer

Christlieb, Theodor (1833-1889)

Ch., geb. am 7. 3. 1833 in Birkenfeld/Württemberg, gest. am 15. 8. 1889 in Bonn; zunächst Pfarrer in Württemberg, ab 1868 Prof. für Praktische Theologie in Bonn. Von 1858-1865 war er Pfarrer der dt. Gemeinde in London-Islington und kam dort mit der angelsächsischen Erweckung in lebendige Verbindung, deren Grundziele er auch in Deutschland zu verwirklichen suchte - gegen den beträchtlichen Widerstand seiner Fakultät und Kirche. 1880 begründete er mit F. → Fabri den Westdeutschen Zweig der Ev. → Allianz, 1881 lud er (mit Hilfe A. → Stökkers) den umstrittenen Deutschamerikaner F. von Schlümbach ein, in Berlin und im sonstigen Deutschland zu evangelisieren, 1884 gründete er den Dt. → Evangelistenverein und 1886 eröffnete er das → Johanneum in Bonn, eine Evangelistenschule für Nichttheologen unter seiner Leitung, die 1893 nach seinem Tod in (Wuppertal) Barmen Heimat fand und bis heute existiert. 1888 rief er mit vielen anderen den

Gnadauer Verband für Evangelisation und Gemeinschaftspflege (→ Gemeinschaftbewegung, → Evangelischer Gnadauer Verband) ins Leben. 1887 war seine »Geschichte der Predigt« erschienen.

Ch. zählt zu den wenigen akademischen Theologen, die den Neupietismus förderten und dem landeskirchl. Pietismus nach der → Erweckungsbewegung zahlreiche Impulse inhaltlicher wie organisatorischer Art vermittelten. Ob → Evangelisation und → Volksmission in Deutschland so nachdrücklich ohne ihn betont und betrieben worden wäre, darf mit Fug bezweifelt werden. Alfred Christlieb, der bekannte Heidberger Pfarrer und Vorsitzende des → Pfarrergebetsbundes, setzte die Arbeit seines Vaters mit anderen Mitteln fort.

Lit.: A. Pagel: Professor Theodor Christlieb, 1956; Th. Schirrmacher: Thomas Christlieb und seine Missionstheologie, 1985.

G. Ruhbach

Christoffel, Ernst J. (1876-1955)

C., geb. am 4. 9. 1876 in Rheydt, gest. am 23. 4. 1955 in Isfahan/Iran. Als Missionar versuchte er, durch die Tatpredigt die Not zahlloser Blinder im Orient zu lindern. 1904 wird er zusammen mit seiner Schwester als Lehrer und Leiter von zwei Waisenhäusern nach → Armenien gesandt. Unter dem Eindruck der Not der Blinden gründet er 1908 eine eigene Blindenmission, nachdem alle anderen Missionsgesellschaften abgesagt hatten. 1909 entsteht

in Malatia das erste Blindenheim. Nach dem Ersten Weltkrieg werden 1919 alle Deutschen aus der Türkei ausgewiesen. Als C. 1924 in die Türkei reisen darf, aber keine Genehmigung zur Reise nach Malatia bekommt, zieht er weiter nach Täbris/Iran, um die Möglichkeiten einer neuen Blindenarbeit zu erkunden. 1929 entsteht die erste Missionsstation in Isfahan. Nach der russ. und englischen Besetzung des Iran (1941) wird C. 1943 interniert.

In Nümbrecht (Bergisches Land) gründet er nach Ende des Zweiten Weltkriegs ein Heim für pflegebedürftige Kriegsblinde. Als 75jähriger reist er 1951 erneut nach Persien aus. C. schuf Blindenalphabete in orientalischen Sprachen und erzog einheimische Blinde zu Lehrern und Evangelisten. Seine Tat der Liebe findet heute durch die »Christoffel Blindenmission e.V. Bensheim« ihre Fortsetzung.

Lit.: E.J. Christoffel: Aus der Werkstatt eines Missionars, 1973; F. Schmidt-König: E.J. Christoffel, Vater der Blinden im Orient, [2]1969.

E. Geldbach

Christoffel-Blindenmission

Die CBM geht zurück auf den Orient-Missionar E.J. → Christoffel (1876-1955), der zunächst in der Türkei (1908) und später in Persien (ab 1924) Heime für Blinde, Taubstumme, Krüppel und Elende gründete.

Von Beginn an entstanden Freundeskreise in Deutschland, Österreich und der Schweiz. 1975 erfolgte die Gründung von CBM-International als Zusammenschluß von Freundeskreisen aus den USA, Kanada und Australien.

Der Auftrag der missionarischen Diakonie, speziell an Blinden und Augenkranken, wird heute von 176 Mitarbeitern in Deutschland (Missionszentrale in Bensheim und Heim für Kranke und Sehbehinderte in Nümbrecht) und 205 Mitarbeitern unter insgesamt 8.000 Fachkräften in 96 Ländern der Dritten Welt wahrgenommen. Der Missionsbrief »Berichte« erscheint sechsmal jährlich in einer Auflage von 520.000 Exemplaren. *Red.*

Christologie → Jesus Christus

Christus für alle

»Christus für alle« (CFA) ist der Schweizer Zweig der internationalen Bewegung »Every Home for Christ«, in Deutschland »→ Aktion: In jedes Haus«

(AJH), in Österreich »Evangelium in jedes Haus« (EIJH). Die Arbeit in der Schweiz begann 1975 durch Karl Albietz, damals Jugendsekretär der Chrischona-Gemeinden. Zusammen mit vielen Christen aus praktisch allen Denominationen der Schweiz konnten bis 1983 in einem ersten Durchgang alle Haushalte der deutschen Schweiz erreicht werden. Der zweite Durchgang in ähnlicher Art, aber mit neuem Verteilmaterial, wird 1992 abgeschlossen. Leiter des Werkes ist heute Daniel Blaser. Kennzeichen der Aktion ist die systematische Verteilung von evangelistischen Schriften. In jedem Haushalt eines Dorfes oder einer Stadt wird je eine Schrift für Kinder und Erwachsene oder ein evangelistisches Magazin für die ganze Familie abgegeben. Mit einem Gutschein können die Empfänger weitere Unterlagen anfordern, unter anderem ein Evangelium oder einen Bibelfernkurs. Interessenten werden auf schriftlichem Weg begleitet und auf Wunsch in bestehende Gemeinden in ihrer Umgebung zur weiteren Betreuung eingeladen.

K. Albietz

Christusbruderschaft Falkenstein

Die Christusbruderschaft Falkenstein e.V. ist ein ev. Laienorden, für den die Bibel und das Bekenntnis der ev.-luth. Kirche maßgeblich sind. Sie entstand aus Wortverkündigung und Seelsorge des Pfarrerehepaares Walter und Hanna Hümmer in der Gemeinde Schwarzenbach/Saale. Aus dem geistl. Aufbruch erwuchs 1945-1949 die Bruderschaft. Das gemeinsame Leben wurde geprägt von den »evangelischen Räten« Armut, Keuschheit und Gehorsam. Noch 1949 wurde Pfarrer Hümmer nach Selbitz gerufen, wo das rasche Wachstum der Gemeinschaft (bis zu ca. 180 Geschwister) mehrere Baumaßnahmen notwendig machte: ein Mutterhaus und ein Gästehaus wurden errichtet, ein Alten- und Pflegeheim übernommen.

Nach dem Tode des Gründerehepaares 1972 bzw. 1977 begann ein inneres Ringen um Weg und Auftrag der Bruderschaft. Neue Impulse wurden in sie hineingetragen (so z.B. stark psychoanalytisch ausgerichtete Seelsorge, Ausdrucksformen der sog. »Charismatischen Gemeindeerneuerung«, intensives gesellschaftspolitisches Engagement), was zu einer Entfremdung innerhalb der Gemeinschaft führte. Der Minderheit, die sich teils wegen bibl.-theologischer Bedenken, teils wegen ihrer Auffassung vom speziellen Auftrag der Bruderschaft, den neuen Einflüssen nicht öffnen wollte, wurde nahegelegt, einen eigenen Zweig zu gründen.

Im Oktober 1984 konnte von dieser Gruppe das ehemalige Krankenhaus in Falkenstein/Opf. als neues Mutterhaus erworben werden, im Jahre darauf auch eine kleine Pension als Gästehaus. Der tägliche Lebensrhythmus der Bruderschaft gliedert sich durch regelmäßige Zeiten der Stille und des Gebets. Aus diesem Gebetsdienst speist sich der Verkündigungsdienst in Bibelfreizeiten, Evangelisationen und Gottesdiensten sowie der praktische Dienst in Haus, Gästebetreuung und Krankenpflege. Z.Zt. besteht die Bruderschaft aus 17 Schwestern und 12 Brüdern. Ein engerer Kreis (Tertiärgeschwister) und ein weiterer Kreis von Freunden umgibt und begleitet sie.

Lit.: Christusbruderschaft Selbitz (Hg.): Denn er hatte seinem Gott vertraut, 1973; H. Hümmer: ER trat zu ihnen, [2]1985. Zweimal jährlich erscheint der Rundbrief der Christusbruderschaft Falkenstein.

Br. M. Sitzmann

Christusbruderschaft Selbitz

Die ev. Kommunität entstand in den ersten Nachkriegsjahren aus einer erwecklichen Jugendarbeit durch das Pfarrerehepaar Walter und Hanna Hümmer. Eine Bleibe fanden die ersten Schwestern und Brüder in Selbitz bei Hof, wo in den folgenden Jahren ein Mutterhaus, ein Gästehaus und ein Alten- und Pflegeheim gebaut wurden. Bis zum Tod der Gründer 1972 bzw. 1977 war ein schnelles Wachstum der Gemeinschaft zu verzeichnen. Auf dem Weg in die zweite Generation gab es zunächst eine Krise, in deren Folge es 1984 zu einem Auszug einer Gruppe nach Falkenstein/Opf. kam. In Selbitz blieben ca. 110 Schwestern und 5 Brüder. Sie leben nach den Ev. Räten in Gütergemeinschaft, Ehelosigkeit und Gehorsam. Der Tag ist vom »Bete und Arbeite« der monastischen Tradition geprägt. Anbetung geschieht in den Stundengebeten und im persönlichen inneren Gebet. Die Dienste konzentrieren sich auf den Bereich der Diakonie in Pflege und Seelsorge, sowie auf die Verkündigung, durch Retraite- und Freizeitarbeit, aber auch durch künstlerische Gestaltung. Sie geschehen in Selbitz sowie in mehreren Gemeinden der Ev. Luth. Kirche in Bayern, in deren Raum die Kommunität lebt. Seit einigen Jahren existiert eine Zelle auch in Botswana/Südliches Afrika. Die C. unterhält enge Beziehungen zu anderen Orden und Kommunitäten und ist dem ökumen. Auftrag verpflichtet. Sie vereinigt in sich pietist., hochkirchl. und charismat. Wesenszüge. Die Leitung haben derzeit Sr. Renate Heckel, Br. Markus Wächter. Ihr Pfarrer ist Dr. Hans Häselbarth.

Lit.: Denn er hatte seinem Gott vertraut. Zum Gedenken an Walter Hümmer, 1973.

Christusbruderschaft Selbitz

Chronologie

a) Altes Testament

Die atl. C. war noch bis ins 19. Jh. hinein Skelett für hist. Abläufe im Vorderen Orient. Jedoch wurde durch die Palästinaforschung des letzten Jh.s bald erkannt, daß Unklarheit bezüglich paralleler und sukzessiver Ereignisabläufe bestand, und daß die LXX erhebliche chronologische Varianten aufwies. In jedem Fall erschwerten diese Tatbestände die Übertragung der atl. Geschehnisse auf die absolute C. unseres Kalenders.

Der Kanon des Ptolemäus und andere klass. Quellen (Manetho, Berossus, Josephus) sowie archäologische Daten, babylonische Limmu-Listen (Eponyme der »Jahresbeamten«) und astronomische Angaben ermöglichten es, ab ca. 620 v.Chr. die Irrtumsspanne derart zu verringern, daß durch Berechnungen nach oben und unten die historischen Ereignisse im vorhellen. Vorderen Orient ab 911 v.Chr. bis auf ein Jahr genau datiert werden können (so z.B. orientiert an der Sonnenfinsternis am 15. Juni 763 v.Chr. im Jahr des Limmu Bur-Sagale). Vor allem assyr. und ägypt. Königslisten und daraus gewonnene Querverbindungen zu hist. Ereignissen beider Länder ergeben eine Datierung der Ereignisse zwischen 2100-900 v.Chr., jedoch mit Abweichungen von ca. zehn Jahren. Alle Daten vor 3500-2000 v.Chr. und älter sind jedoch recht grob und manchmal mit großer Unsicherheit behaftet. Mit Ausnahme der Urgeschichte (1Mo 1-11) bewegt sich die atl. Wissenschaft aber auf relativ sicherer chronologischer Grundlage.

Die → Erzväterzeit (ca. 2000-1700 v.Chr.) kann mit Infiltrationen und Bevölkerungsverschiebungen an den Randgebieten des palästinischen Kulturlandes während der Mittelbronzezeit II in Verbindung gebracht werden, folgt man der bibl. C. Ferner werden gerne soziale (Halbnomadentum) und hist. Tatbestände (1Mo 14; die Hyksos und Josef) angeführt, um diese Datierung zu belegen. Andere Forscher verknüpfen aufgrund literarkritischer Erwägungen die Erzväter mit der »aramäischen Wanderung« um 1400 v.Chr. Problematisch ist in diesem Zusammenhang auch die Frage des frühen (um 1400 v.Chr.) und späten (um 1260 v.Chr.) Exodus und der Landnahme. Verknüpfungen mit den Schasu-Jahwe (ägypt. Inschrift von Amenophis II.) und den Habiru (Amarnabriefe) ermöglichen den sozialen und hist. Hintergrund der Frühdatierung des Exodus (vgl. 2Mo 12,40 mit 1Mo 15,13.16), wobei die Eroberung Jerichos ein (Dauer-)Problem bleibt. Ebenfalls auf literarkritischen Untersuchungen basiert die Auffassung, daß die Landnahme (und der voraufgegangene Exodus) um 1250 v.Chr. erfolgt ist (Merneptah-Stele). Gewichtig ist hier das archäologische Zeugnis: die meisten der in der Bibel erwähnten, von Israel eroberten Städte (vgl. Jos) sind um 1200-1150 v.Chr. zerstört worden. Historizität und Datierung von Exodus und Landnahme werden die atl. Wissenschaft daher noch weiterhin beschäftigen.

Von dem Eponymenjahr 911 v.Chr. ausgehend, ergeben sich sichere Daten von Saul bis Salomo (der Tempelbau in seinem vierten Jahr datiert nach 1Kön 6,1 in das Jahr 967 v.Chr.), die Reichsteilung zwischen Nordisrael und Juda vollzog sich 931/30 v.Chr. Die Schlacht bei Karkar (Ahabs Tod) 853 und die Thronbesteigung Jehus 841 lassen sich aufgrund der Limmu-Listen fixieren. Die dazwischen liegenden und nachfolgenden Daten der Könige Israels und Judas sind leicht zu errechnen, können aber hinsichtlich der Doppelregentschaften und der inklusiven oder exklusiven Zählweise bei der Thronbesteigung (Akzessionsjahr) gelegentlich Schwierigkeiten bereiten. Jedenfalls gilt das Ende des Nordstaates Israel mit der Eroberung Samarias 722/21 v.Chr. als gesichert, ebenso die Eroberung Jerusalems am 15./16. März (2. Adar) 597 v.Chr. und der Fall der judäischen Hauptstadt im Jahre 587 v.Chr. Bereits in den letzten Jahren der Könige Israels und später Judas finden sich die meisten der israelit. Herrschernamen auf Inschriften der Assyrer bzw. Babylonier wieder und erlauben so chronologische Querverbindungen. Die nachfolgenden Daten der pers. Geschichte in Verbindung mit bibl. Angaben sind völlig unproblematisch: danach erreichte Esra 458 v.Chr. Jerusalem und Nehemia im Jahre 445 v.Chr.

Lit.: J. Finegan: Handbook of Biblical Chronology, 1964; E.R. Thiele: The Mysterious Numbers of the Hebrew Kings, 1965; A. Ungnad: »Eponymen«, RLA II, 1938, 412-457 (vollständige Eponymenlisten).

U. Worschech

b) Neues Testament

Um eine Geschichte des Urchristentums schreiben zu können, benötigt man ein chronologisches Gerüst. Das NT bietet zwar keine umfassende Ch., läßt aber einige grundlegende Daten der Urchristentumsgeschichte erkennen. Jesus wurde vor dem Tod des jüd. Königs Herodes dem Großen (gest. 4 v.Chr.) geboren (Mt 2,1; Lk 1,5). Wenn man den Stern der Weisen (Mt 2,1-12) mit einer Jupiter-Saturn-Konjunktion verbindet, dann war das Geburtsjahr 7 v.Chr. Johannes der Täufer trat im 15. Jahr der (Mit)-Regentschaft des röm. Kaisers Tiberius, d.h. 26/27 n.Chr., auf (Lk 3,1). Jesus begann seine öffentliche Wirksamkeit wahrscheinlich im darauffolgenden Jahr, das nach einer apokalyptischen Berechnung als messianisches Jobeljahr galt (vgl. Lk 4,16ff). Nach zwei Passafesten (Joh 2,13; 6,4) kam es dann 30 n.Chr. zum Todespassa. In diesem Jahr lag der Passa-Festabend (14. Nisan) auf Freitag (vgl. Joh 18,28; 19,14), dem 7. April. Die Stephanus-Verfolgung und mit ihr die Berufung des → Paulus (Apg 7-9) darf nicht zu weit von Kreuz und Auferstehung Jesu abgerückt werden. Nach den ältesten Traditionen kommt man dafür ins 2. Jahr nach der Kreuzigung Jesu (31/32 n.Chr.). Ein einschneidendes Ereignis war die Verfolgung der Jerusalemer Urgemeinde durch den jüd. König Agrippa I. (vor 44 n.Chr.). Seit dieser Zeit lag die Leitung in Jerusalem nicht mehr beim Zwölferkreis, sondern beim Herrenbruder Jakobus (Apg. 12).

Die sog. erste Missionsreise des Paulus (und Barnabas) nach Süd-Galatien (Apg 13-14) kann man auf 46/47 n.Chr. ansetzen. Nach dem → Apostelkonzil von 48 n.Chr. (Apg 15) missionierte Paulus 49-51 n.Chr. eigenständig in Mazedonien und Achaja (Apg 16-18). Nach einem ca. dreijährigen Aufenthalt in Ephesus (Apg 20,31) besuchte der Apostel nochmals seine griech. Gemeinden, um 57 n.Chr. eine Kollekte nach Jerusalem zu überbringen (Apg 20; Röm 15,22ff). Nach seiner Festnahme in der heiligen Stadt, zweijähriger Haft in Caesarea Maritima (Apg 24,27) und einer Überwinterung in Malta erreichte Paulus 60 n.Chr. Rom (Apg 27-28). Die altkirchl. Überlieferung weiß von einer nochmaligen Freilassung und einem Martyrium (wie Petrus) unter Kaiser Nero (zwischen 64 und 68 n.Chr.). Schon 62 n.Chr. war der Herrenbruder Jakobus in Jerusalem hingerichtet worden. Am Beginn des Jüdischen Krieges (66-70 n.Chr.) floh die Jerusalemer Gemeinde ins Ost-Jordanland, kehrte aber wenige Jahre später wieder zurück. Nach der altkirchl. Tradition lebte der Zwölferjünger Johannes bis in die Zeit des Kaiser Trajan (98-117) in Ephesus. Der Bar-Kochba-Aufstand (132-135 n.Chr.) gehört nicht mehr zur vom NT abgedeckten Zeit.

Lit.: R. Jewett: Paulus-Chronologie, 1982; W.G. Kümmel: Einleitung in das NT, [21]1973; G. Ogg: »Chronologie des NT«, GBL 1, 240-245; R. Riesner: Die Früh- zeit des Apostels Paulus, 1992; A. Strobel: »Zeitrechnung«, BHH III, 1966, 2211-2228; ders.: Ursprung und Geschichte des frühchristlichen Osterkalenders, 1977.

R. Riesner

c) christliche Zeitrechnung

In der Frage der Zeitrechnung treffen nicht nur naturwissenschaftl. und mathematische Fragen zusammen, sondern im täglichen Bereich ebenso Einflüsse verschiedener Kulturen wie einer Reihe liturgischer Probleme im Zusammenhang des christl. Festkalenders.

1. Stunde und Tag

Bis zu den mechanischen Schlaguhren des 14. Jh.s war eine gleichlange Stundeneinteilung des Tages unbekannt. Vorher orientierte man sich am Schattenmaß eines senkrechten Stabes, den ungleich langen sog. Temporalstunden. Daraus entstehen im Kirchenbereich die Horae, an denen Gebete verrichtet werden müssen und die im Westen seit dem 7. Jh. durch Glockenläuten angezeigt werden. Der 24stündige Tag (Ägypten, Babylonien) wird bei den Juden und Griechen von Sonnenuntergang an gerechnet (christl. Vigilfeiern und Sonntagseinläuten), bei den Römern von Mitternacht an.

2. Woche

Die Tageszählung der julianischen Kalenderreform von 46 v.Chr. bleibt im Rahmen der dreiteiligen röm. Monatsgliederung (Kalenden, Nonen, Iden). Durch jüd. Einfluß verbreitet sich seit dem 1. Jh. v.Chr. die nicht an Jahreszeiten oder astronomischen Konstellationen orientierte kontinuierliche Sieben-Tage-Woche, die in Analogie zur Schöpfungserzählung (1Mo 1) einen Ruhetag am Ende der Woche besitzt. Vorgänger eines an den Planeten orientierten Sieben-Tage-Zyklus sind bekannt. Die Orientierung selbst hat sich in den röm. Tagesnamen erhalten, die in vielen romanischen Sprachen z.T. heute noch gebraucht werden. Die Christen übernehmen das 7-Tage-Schema, zeichnen aber den 1. Tag nach dem Sabbat als österlich bestimmten Herrentag aus. Konstantin I. gibt 321 diesem Wochenschema bürgerliche Geltung. Erst in der Gegenwart wird aufgrund des »Wochenendes« und internationaler Kalenderübereinkünfte stärker mit dem Montag als dem ersten Wochentag gerechnet.

3. Monate

Hier schließt sich die Kirche im allgemeinen dem Namens- und Zählsystem des Julianischen Kalenders an, wenn nicht alte und literarisch verfestigte Traditionen übernommen werden (Ägypten).

4. Jahre

Bei aller Akzeptierung des Julianischen Kalenders verlangt für die → Alte Kirche der Zusammenhang von Passa und Ostern einen Rückgriff auf den solilunaren jüd. Kalender. Zugleich aber zeigt sich die Trennung vom Judentum auch in der Trennung des Ostertermines im Streit des 2. Jh.s um die ältere quartodezimanische Osterfeier (14. Nisan = babylon. Name des 1. jüd. Monats nach dem Frühlingsäquinoktium): 325 (Nicäa) wird der erste Sonntag nach dem dem Frühlingsäquinoktium folgenden Vollmond als allgemein verbindlicher Ostertermin festgelegt.

Damit setzt sich die wohl zuerst in Rom zu findende Trennung von Passa und Ostern durch. Doch muß auch weiterhin der Unsicherheit der Festberechnung mit den das Datum des folgenden Osterfestes anzeigenden Osterfestbriefen begegnet werden. Wenn für das Frühlingsäquinoktium der 21. März als festes Datum angenommen und die Osterfeier um eine Woche verschoben wird, wenn Frühlingsvollmond und Sonntag zusammenfallen, ergeben sich als Eckdaten des Osterfestes der 22. März und der 25. April. Dionysius Exiguus gelingt im 6. Jh. durch Verbindung des 19jährigen Mondzirkels und der 84jährigen solilunaren Periode zur 532jährigen alexandrinischen Periode eine allgemein rezipierte Osterberechnung, die zugleich den Zusammenhang mit einer Inkarnationszeitrechnung vermittelt. Diese wird durch Beda Venerabilis zur verbreitetsten im westl. Abendland und auch beibehalten, als 1582 unter Gregor XIII. die notwendige Reform des Julianischen Kalenders dekretiert wird. Doch ist die Einführung des gregorianischen Kalenders polit. sehr umstritten und führt noch 1923 bei ihrer Einführung in Griechenland zu einer bis heute bestehenden großen schismatischen Bewegung. Die evangelische Kirche im Deutschen Reich akzeptiert endgültig erst 1776 auf Antrag Friedrichs des Großen den Neuen Kalender, so daß von da an in Deutschland wieder ein Datum gilt und vor allen Dingen das Osterfest am selben Tag gefeiert werden kann.

5. Jahreszählung und -anfang, Tageszählung.

Die röm. Jahreszählung nach den Konsuln und schließlich auch das Indiktionsjahr (eine 287 durch Diokletian geschaffene, fünf-jährige Steuerperiode) werden im 6. Jh. n.Chr. abgelöst durch die Rechnung nach Herrschaftsjahren (Justinian). Dieser östl. Brauch wird im Westen übernommen. Erst langsam setzen sich hier im 8. Jh. die 525 in den Ostertafeln des Dionysios Exiguus zuerst belegten »Jahre unseres Herrn Jesu Christi« durch, eine bewußte Änderung der ägypt. Zeitrechnung der Jahre nach Diokletian. In Byzanz (in Rußland bleibt es so bis zu Peter dem Großen) wird nach dem konstantinopolitanen Weltjahr gezählt: ab anno mundi 5508/9. Dort war allgemein der Jahresbeginn am 1.9., von Konstantin 312 als Beginn des 2. Indiktionszyklus (Periode von 15 Jahren, bis 1806 gebräuchlich) eingeführt gegenüber dem allg. spätröm. Jahresbeginn am Geburtstag des Kaisers Augustus: 23.9. Der September-Jahresbeginn ist auch im Westen bekannt, aber dort finden wir neben vielen anderen häufiger den Paschalstil (mit Jahreslängen, die bis zu 35 Tagen schwanken) und den Nativitätsstil (25.12.). Es setzt sich aber der Circumcisionsstil (1.1.) als allgemeine Berechnungsform durch, die schon auf den julianischen Kalender zurückgeht und mit der Wiedereröffnung der Mittelmeerschiffahrt zusammenhängt. Neben der dort ebenfalls vorgegebenen durchlaufenden Zählung der Tage im Monat entwickelt sich seit dem 7. Jh. die Datierung der Tage nach dem Kirchenfestkalender, der jeweils lokal eigene Akzente besitzen kann (regional verehrte Heilige, verschiedene Festtermine für allgemein anerkannte Heiligenfeste; zu den Kalendern der Bistümer kommen die der Orden).

Lit.: A. Cappelli: Cronologia, Cronografia e Calendario Perpetuo, [3]1969; H. Grotefend, Th. Ulrich: Taschenbuch der Zeitrechnung, [11]1971.

W. Wischmeyer

Chrysostomus, Johannes (ca. 350-407)

Ch., geb. ca. 350 in Antiochien, gest. am 14. 9. 407 in Komana. Er war bereits als Christ aufgewachsen, allerdings erst 372 getauft und studierte bei → Diodor von Tarsus. Er lebte zunächst als Asket und Mönch, wurde 381 Diakon und dann 386-397 Priester in Antiochien, wo er seinen Ruf als bedeutender Prediger erwarb. 397-404 war er Patriarch in Konstantinopel; die letzten Lebensjahre lebte er dann in der Verbannung. Seine Tätigkeit in Konstantinopel wurde ihm durch allerlei polit. und kirchenpolit. Intrigen erschwert, die am kaiserlichen Hof und in der Kirche herrschten. Ch. war Opfer, nicht Beteiligter an diesen Machenschaften. Eine Zeit lang wurden er und seine Anhänger förmlich verfolgt, nur das

Abendland unterstützte ihn. Kaiser Theodosius II. ließ 438 seine Gebeine feierlich in der Apostelkirche in Konstantinopel bestatten und hat ihm damit eine späte Anerkennung verschafft.

Ch. gilt als der bedeutendste Prediger (daher der Name Chrysostomus = Goldmund) und Seelsorger der östl. Alten Kirche. Sein Schrifttum ist so umfangreich überliefert wie nur das Augustins im Westen; es besteht vor allem aus Predigten (exegetische Predigten, Predigten zu bestimmten Anlässen, die ihm am meisten Ärger brachten), aus moraltheol. Abhandlungen (z.B. über das Amt, über Kindererziehung, Buße, Leiden etc.) und aus Briefen. Viele unter seinem Namen bekannte Schriften sind unecht; die sogenannte Chrysostomus-Liturgie, die bis in die Gegenwart hinein zentrale Liturgie der orthodoxen Kirchen ist, stammt sicherlich nicht von ihm.

Lit.: Deutsche Übersetzungen in der Bibliothek der Kirchenväter.

H. von Campenhausen: Griechische Kirchenväter, [7]1986; R. Kaczynski: Das Wort Gottes in Liturgie und Alltag der Gemeinden des J. Chrysostomus, 1974; A. Kulemann: Das christliche Lebensideal des Chrysostomus, 1924; J.M. Leroux: »Johannes Chrysostomus«, TRE 17, 1988, 118-127; H. Lietzmann: »Johannes Chrysostomus«, RE 9, 1916, 1811-1828; A.M. Ritter: Charisma im Verständnis des J.Chrysostomus und seiner Zeit, 1972; P. Stockmeier: »J. Chrysostomus«, GdKG 2, 1984, 125-144.

G. Ruhbach

Church Growth → Gemeindewachstumsbewegung

Church of God → Pfingstbewegung

Church of South India (CSI)

Die CSI ist ein Zusammenschluß der anglikanischen, presbyterianischen, kongregationalistischen, methodistischen Kirche und der Gemeinden der Basler Mission in Südindien. Diese Union kam nach fast dreißigjährigen Verhandlungen 1947 zustande. Als Bekenntnisgrundlage gelten in ihr die Heilige Schrift, das Nicänum und Apostolicum, Taufe und Abendmahl als Sakramente sowie das altkirchl. Bischofsamt. Mit fast zwei Millionen Angehörigen ist sie die zweitgrößte Kirche Indiens und auf vier südindische Bundesstaaten mit verschiedenen Sprachen verteilt. Entsprechend hat sie vier theol. Ausbildungsstätten, außerdem das United Theological College in Bangalore, in dem nur in Englisch doziert wird.

Die CSI hat 21 Diözesen und 8.700 Gemeinden, die Synode ist das oberste Leitungsorgan der Kirche. Die CSI ist Mitglied des Weltrates der Kirchen. Sie erkennt drei ordinierte Ämter an, das Diakonen-, das Pfarr- und das Bischofsamt. Seit 1982 werden auch Frauen ordiniert. Eine neue, weitgehend der anglikanischen Liturgie entsprechende Gottesdienstordnung hat sich entwickelt. Hauptanliegen der CSI sind Evangelisation und schwerpunktorientierte Sozialarbeit neben dem Dialog mit anderen Religionen. Die Hoffnung, daß die CSI ein Modell für weitere Kirchenunionen werden könne, hat sich allerdings abgeschwächt.

Lit.: H.-W. Gensichen: Die Kirche von Südindien, [2]1965; H. Grafe (Hg.): Ev. Kirche in Indien, 1981, 127-148; J.L. Newbegin: The Reunion of the Church, 1948.

G. Ruhbach

Civil Religion → Zivilreligion

Claudius, Matthias (1740-1815)

C. (Pseudonym Asmus), geb. am 15. 8. 1740 in Reinfeld/Holstein als Pfarrerssohn, gest. am 21. 1. 1815 in Hamburg, bestattet in Wandsbek. Volkstümlich bekannter Lyriker und Publizist. Nach abgebrochenen Studien in Jena 1759-62 (Theologie, Rechts- u. Staatswissenschaft) lebt C. jahrelang im Elternhaus, dazwischen 1764/65 als Sekretär in Kopenhagen. Ab 1768 ist er Journalist in Hamburg, 1771-75 im (dänisch regierten) Wandsbek Redakteur der Zeitung »Der Wandsbecker Bothe« (Nachrichten, Feuilleton), 1776/77 Beamter einer Reformbehörde und Redakteur in Darmstadt. Danach bleibt C. bis zum Lebensende fast ununterbrochen in Wandsbek als Schriftsteller. Erst ab 1788 ist er durch Protektion des dänischen Kronprinzen als Revisor einer Bank in Altona auch materiell gesichert. Seine Lebensmitte ist die Familie (1772 Heirat

mit der Handwerkerstochter Rebekka Behn, zwölf Kinder); wegbegleitende Freunde sind u.a. Gerstenberg, → Klopstock, → Hamann, → Herder, Voß, F.H. → Jacobi, F.L. Stolberg.

1775-1812 publiziert C. in sieben Bdn. (acht Teilen) »Asmus omnia sua secum portans, oder Sämmtliche Werke des Wandsbecker Bothen«, eigenwillige Sammlungen von Lyrik, Prosadichtung, Aufsätzen u.ä., in Stil und Sprache bewußt einfach (oft nur scheinbar naiv), liedhaft bzw. volkstümlich (zuweilen gekünstelt); kaltes Gelehrtentum und jeglichen Ästhetizismus lehnt C. ausdrücklich ab. Seine im Luthertum verankerte Frömmigkeit speist sich v.a. aus Bibel und Gesangbuch. Den Titel der Zeitung, die ihn berühmt gemacht hatte, umdeutend, versteht C. sich als Bote christl. Daseinsfreude und Glaubenszuversicht; er thematisiert genügsames Glück in Familie, Alltag und Natur, Sündhaftigkeit und Lebensleid, Bestimmung zum Tod (»Freund Hain«) und Ewigkeitshoffnung als unauflösliches Sinnganzes menschlicher Existenz. Sein Denken nimmt Elemente der theol. und literarischen Aufklärung (Neologie, Empfindsamkeit) wie auch des → Pietismus auf (Wegbereiter der → Erweckungsbewegung); für andere Religionen und Konfessionen ist er bemerkenswert aufgeschlossen (Verbindung zu kath. Kreisen um A.v. Gallitzin und J.M. → Sailer) und erregt Aufsehen als Übersetzer franz. Mystiker (St. Martin, Fenelon). Überzeugt vom Gottesgnadentum aller Monarchen (bei deutlicher Kritik fürstlicher Willkür), bekämpft C. die demokratischen Ideen der Französischen Revolution, ebenso den dezidiert offenbarungsfeindlichen Rationalismus der Spätaufklärung.

Bedeutende Einzeltitel, Lyrik: z.B. »Der Tod und das Mädchen«, »Täglich zu singen«, »Abendlied« (»Der Mond ist aufgegangen«), »Der Mensch«, »Motet«, »Kriegslied«, »Frau Rebekka mit den Kindern, an einem Maimorgen«, »Die Sternseherin Lise«; Prosa: z.B. »Nachricht von meiner Audienz beim Kaiser von Japan«, »Paul Erdmanns Fest« (daraus bearb. das Erntedanklied »Wir pflügen und wir streuen«), »Der Besuch im St. Hiob zu * * «, »An meinen Sohn Johannes 1799«, »Predigt eines Laienbruders zu Neujahr 1814«, mehrfach »Briefe an Andres«.

Lit.: Sämtliche Werke, hg. v. J. Perfahl, R. Siebke, H. Platschek, [5]1984; Ausgewählte Werke hg. v. W. Münz, 1990. (Beide ausführlich kommentiert.)

P. Berglar: Matthias Claudius in Selbstzeugnissen und Bilddokumenten, 1972; F. Debus (Hg.): Matthias Claudius - 250 Jahre. Werk und Wirkung, 1991; H. Glagla, D. Lohmeier (Hg.): Matthias Claudius 1740-1815, 1990; R. Görisch: Matthias Claudius oder Leben als Hauptberuf, 1985; G.W. Röpke (Hg.): In Wandsbek zu Hause. Essays zur Würdigung des »Wandsbecker Boten« Matthias Claudius, 1990; H. Rowland: Matthias Claudius, 1990.

R. Görisch

Clemens von Alexandrien (160-ca. 215)

C., geb. ca. 160, wahrscheinlich in Athen als Sohn heidnischer Eltern. Nach verschiedenen Reisen hielt er sich als freier christl. Lehrer in Alexandrien auf; die Verfolgung des Septimius Severus (202) bewog ihn zur Auswanderung nach Kleinasien, wo er ca. 215 starb.

C. gilt als der erste umfassend gebildete christl. Gelehrte, der sich in der Bibel ebenso gut auskannte wie in der Philosophie und in der Literatur seiner Zeit. Von seinen zahlreichen Schriften ist außer

Fragmenten nur eine Trilogie (Mahnrede an die Heiden, der Pädagoge, Teppiche) erhalten geblieben. Hier versucht er als Apologet der Kirche zu zeigen, daß die gesamte vorchristl. Philosophie ihren Höhepunkt und ihre Zusammenfassung im Christentum fände; außerdem gibt er Anweisungen für christl. Leben im Alltag und bemüht sich um Unterscheidungen zwischen wahrer und falscher »Gnosis«. Von großer Wirkung war eine Predigt über Mk 10,17ff mit der Überschrift: »Welcher Reiche wird gerettet werden?« Nicht Weltflucht, sondern einfaches, an Christus hangendes Leben empfiehlt er Christen und Nichtchristen. Die Wirkung seines Lebenswerkes auf viele Christen nach ihm (z.B. auf → Origenes) war beträchtlich.

Lit.: Dt. Übersetzung seiner Schriften in der Bibliothek der Kirchenväter.

F. Buri: Clemens Alexandrinus und der paulinische Freiheitsbegriff, 1939; H. von Campenhausen: Griechische Kirchenväter, [7]1986; A. Méhart: »Clemens v. Alexandrien«, TRE 8, 1981, 101-113; J. Meifort: Der Platonismus bei Klemens von Alexandrien, 1928; J. Munck: Untersuchungen über Klemens von Alexandrien, 1933; W. Völker: Der wahre Gnostiker nach Klemens von Alexandrien, 1952.

G. Ruhbach

Clemensbriefe → Apostolische Väter

Cluny, Cluniazenser

Die Benediktinerabtei C. (nordwestl. von Mâcon) hat als Zentrum einer der bedeutendsten monastischen Reformbewegungen entscheidend zum Aufschwung des Mönchtums im Hochmittelalter beigetragen. Zur Sicherung seines ewigen Heils und zur Förderung des kath. Glaubens hat Herzog Wilhelm III. von Aquitanien 910 dem Kloster seinen Besitz in C. geschenkt. Die Abtei erhielt das Recht der freien Abtswahl und wurde zum Schutz vor weltlichen und geistl. Übergriffen direkt dem Papst unterstellt. Dies und päpstliche Reformlizenzen trugen maßgeblich zur Blüte C.s bei. Sie wurde überdies begünstigt durch die ungewöhnlich langen Abbatiate von fünf Äbten (910-1049), unter denen Odilo (994-1049, genannt der »Erzengel der Mönche«) herausragt. Ziel der cluniazensischen Reform war die Besinnung auf das monastische Wesen. Man wollte das in früheren Zeiten Bewährte zu neuem Leben erwecken und auf breiter Basis durchsetzen. Im Vordergrund standen die Intensivierung liturgischer Gebetsdienste und tägliche Meßgottesdienste, wozu die Mönche von Laienbrüdern von der Feld- und Handarbeit entlastet werden sollten. Das Bild des ständig betenden C. ist dennoch falsch, der Tagesablauf ließ auch Raum zu individueller Gestaltung. Einen wichtigen Platz nahm das Totengedächtnis ein, das zum einen den Klosterverband einigte und zum anderen Anreize schuf, sich durch Stiftungen das Gebet der Mönche zu sichern.

Durch geschickte Zurückhaltung in den polit. und geistigen Auseinandersetzungen der Zeit und die Konzentration auf die monastische Reform gelang es den Äbten, C. zur Spitze eines zentralistisch strukturierten Klosterverbandes auszugestalten. Unter Erzabt Hugo (1049-1109) gehörten ca. 200 Abteien, Priorate und Eigenkirchen zum *ordo cluniacensis*, unter C.s Einfluß standen ca. 1200 Klöster in ganz Europa. Diese größte Klostergruppe des damaligen Abendlandes wirkte mit ihrem Gedankengut natürlich auch auf die Umwelt. Besondere Bedeutung kommt dem von Abt Odilo propagierten Gottesfrieden zu (Abwehr des Schwert- und Faustrechts des Adels, Begründung des christl. Rittertums). Mit der Idee der *libertas ecclesiae* förderte C. den Investiturstreit und die gregorianische Reform (Eindämmung des weltl. Einflusses auf die Kirche), wurde so aber auch zum Wegbereiter eines päpstlichen Zentralismus. Trotz dieser Zusammenhänge spielte C. in diesen Auseinandersetzungen keine zentrale Rolle, war es doch noch der Idee einer geistl.-weltl. Harmonie verpflichtet.

Sichtbarer Ausdruck der Bedeutung C.s war die großartige Klosterarchitektur. Die Klosterkirche C. III (ab 1088) war die größte Kirche des Abendlandes (187 m lang). Im 12. Jh., als andere Ideen attraktiver wurden, setzte der Niedergang C.s ein. Durch starke Orientierung an der national-französischen Politik schwand der europäische Einfluß. 1790 schließlich wurde C. säkularisiert, die letzten 35 Mönche vertrieb man. Gleichwohl verbindet sich bis heute der Name C. mit dem Reformbemühen des mittelalterl. Mönchtums.

Lit.: J. Wollasch: Mönchtum des Mittelalters zwischen Kirche und Welt, 1973; K.S. Frank: »Cluny«, TRE 8, 1981, 126-132; N. Bulst u.a.: »Cluny«, LexMA 2, 1983, 2172-2194.

L.E.v. Padberg

Coccejus, Johannes (1603-1669)

J.C. (eigentl. Coch/Cock) ist am 30. 7. oder 9. 8. 1603 in Bremen geboren und hat hier, als Schüler und Student, gründliche Kenntnisse der alten Sprachen erworben und die bisherige Föderaltheologie kennengelernt. 1626-1630 studiert er in Franeker,

1630 kurz in Leiden und Groningen, wird 1630 Prof. für Biblische Philologie in Bremen und heiratet dort 1635 (ein Sohn, drei Töchter). 1636 geht er als Prof. für Hebräisch nach Franeker, kann sich aber seit 1643 stärker (systematisch-)theol. Fragen widmen. 1650 wird er Prof. der Theologie in Leiden und lehrt und wirkt dort bis zu seinem (Pest-)Tode am 5. November 1669.

C. ist zunächst stärker Bibelausleger (Kommentare zu fast allen bibl. Büchern, Lexikon), später (bibelorientierter) syst. Theologe. Sein Programm einer *philologia sacra* (heiligen Philologie) zielt, bei aller Sorgfalt der Auslegung, immer auf Glaube, Leben und Frömmigkeit der Gegenwart (*ad pietatem*). Unter dem Gedanken der Bundschlüsse Gottes systematisiert er die bibl. Heilsgeschichte; dieser »→ Föderaltheologie« (*foedus*, »Bund«) hat er, nach Vorgängern, in der ref. Theologie Heimatrecht verschafft. Im übrigen ist »die coccejanische Theologie ... eine den deutschen Pietismus tief beeinflussende Macht geworden« (Schrenk). Die letzten 15 Jahre seines Lebens sind von Auseinandersetzungen über seine Theologie mitgeprägt (Sabbatfrage; Weise der Geltung des AT in der christl. Kirche).

Lit.: W. J. van Asselt: Amicitia Dei. Een onderzoek naar de structuur van de theologie van J.Coccejus, 1988 (dt. Zus.); H. Faulenbach: »Coccejus, Johannes«, TRE 8, 1981, 132-140 (Lit. bis 1979; neuere Werkausg. gibt es nicht); ders.: J.Coccejus, in: GdKG 7, 1982, 163-176; ders.: Weg und Ziel der Erkenntnis Christi. Eine Untersuchung zur Theologie d. J.Coccejus, 1973; G. Schrenk: Gottesreich und Bund im älteren Protestantismus vornehmlich bei J.Coccejus, 1923 (Nachdruck 1985).

B. Steinseifer

Codex Iuris Canonici

CIC, das »Gesetzbuch des Kanonischen Rechts«, Hauptquelle des geltenden Rechts der kath. Kirche. Weil das kirchl. Recht nur in voluminösen Sammlungen verschiedenartiger Gesetze vorlag (→ Corpus Iuris Canonici), gab Pius X. 1904 den Auftrag zur Erarbeitung eines modernen kirchl. Gesetzbuches, das 1917 veröffentlicht wurde und Pfingsten 1918 in Kraft trat. Es enthielt 2414 Canones in fünf Büchern. Nach dem II. Vatikanischen Konzil erfolgte die bereits 1959 angekündigte Revision des CIC durch verschiedene Arbeitsgruppen, deren Entwürfe den Bischöfen und Fachleuten zur Stellungnahme zugesandt wurden. Einzelne Teile wurden bereits vorab in Kraft gesetzt, z.B. das neue Mischehenrecht 1970. Am 25. 1. 1983 wurde der neue CIC veröffentlicht; er trat am 27. 11. 1983 in Kraft. Inzwischen liegt der CIC in amtlichen Übersetzungen in allen wichtigen modernen Sprachen vor. Verbindlich ist jedoch nur die lat. Fassung.

Dieser neue CIC besteht aus 1752 Canones in sieben Büchern. Das 1. Buch enthält die allg. Normen einschließlich der Bestimmungen über die Ausübung der Leitungsgewalt und über die Kirchenämter (cc. 1-203). Das mit »Volk Gottes« betitelte 2. Buch (cc. 204-746) handelt von den Gläubigen allg., von der hierarchischen Verfassung der Kirche, den Rechten und Pflichten der Amtsträger auf den verschiedenen Ebenen, vom Papst und allg. Konzil über die Bischöfe bis zum Pfarrer; schließlich folgt das Recht der geistl. Gemeinschaften (Ordensrecht). Auf das relativ kurze 3. Buch mit den Normen über den Verkündigungsdienst (Predigt und Katechese, Schulen und Universitäten, soziale Kommunikationsmittel) folgt das 4. Buch über den Heiligungsdienst der Kirche (cc. 840-1253), in dem die Normen über die sieben Sakramente (mit einem detaillierten Eherecht) am ausführlichsten sind. Im kürzesten 5. Buch über das Kirchenvermögen (cc. 1254-1310) wird nur ein Rahmen abgesteckt. Die kirchl. Strafbestimmungen (cc. 1311-1399) kennen nach wie vor einige Strafen, die bereits mit Begehung einer schweren Straftat zugezogen werden, z.B. Exkommunikation wegen Glaubensabfalls oder Abtreibung, in der Regel jedoch durch den Bischof oder durch Richterspruch zu verhängen sind. Das Prozeßrecht (cc. 1400-1752) regelt außer dem allg. Streitverfahren noch besonders den Eheprozeß, den Strafprozeß und einige Verwaltungsverfahren. Bei der Interpretation und Anwendung aller Normen ist das »Heil der Seelen« zu beachten, »das in der Kirche immer das oberste Gesetz sein muß« (c. 1752). Parallel zu diesem CIC für die lat. Kirche wurde 1990 nach langen Vorarbeiten erstmals ein umfassender Codex Canonum Ecclesiarum Orientalium veröffentlicht, der in 30 Titeln das für die mit Rom unierten orientalischen Kirchen geltende Kirchenrecht enthält.

Lit.: Codex des kanonischen Rechtes. Lat.-dt. Ausgabe mit Sachverzeichnis, [3]1989; Handbuch des katholischen Kirchenrechts, hg. v. Listl-Müller-Schmitz, 1983; Münsterischer Kommentar zum CIC, 1985ff; Codex Canonum Ecclesiarum Orientalium, 1990.

R. Weigand

Coerper, Heinrich (1863-1936)

C., geb. am 3. 3. 1863 in Meisenheim/Glan, gest. am 8. 7. 1936 in Lahr-Dinglingen. Nach dem Studium in Halle, Tübingen, Utrecht, Bonn und Berlin war C. Pfarrer in Heidelberg (Kapellengemeinde), Essen und Straßburg. Anschließend wurde er theol. Lehrer am → Johanneum in Barmen.

1899 trat C. in die Arbeit des von Johannes Rischmann soeben gegründeten Deutschen Zweiges der China-Inland-Mission (Hudson → Taylor) ein, die er 1902 unter dem Namen → Liebenzeller Mission nach Bad Liebenzell (Schwarzwald) verlegte. 1910 rief C. die → Süddeutsche Vereinigung für Evangelisation und Gemeinschaftspflege ins Leben, aus der eine umfangreiche Gemeinschaftsarbeit in Württemberg, Baden und Bayern erwuchs. 1933 trat C. aber mit dem ihm nahestehenden Kreis aus dem Verband aus, um den Liebenzeller Gemeinschaftsverband als heimatmission. Zweig der Mission zu gründen. Auf dem Höhepunkt waren 173 Missionare für das Werk tätig.

Lit.: K. Koch: Heinrich Coerper und sein Werk, 1964; E. Kühn, W. Grünewald (Hg.): Pfarrer Heinrich Coerper. Zum Gedächtnis an Gründer der Liebenzeller Mission, 1951; W. Reiter: Die Liebenzeller Mission und ihr Werk. Zum 100. Geburtstag ihres Gründers Heinrich Coerper, in: Zeitschrift für Kulturaustausch 13, 1963, 110ff.

S. Rothenberg

Coligny, Gaspard de, seigneur de Châtillon (1519-1572)

C., geb. 1519, gest. am 24. 8. 1572 in Paris, Admiral von Frankreich und Hugenottenführer. Nach humanistischer Erziehung und Ausbildung am Königshof schlug er die militärische Laufbahn ein: 1547 Generaloberst der Infanterie, 1552 Admiral von Frankreich, 1555 Statthalter der Picardie. In der Endphase jahrzehntelanger Kämpfe Frankreichs gegen Habsburg geriet C. 1557 in spanische Gefangenschaft, wo er sich unter dem Einfluß seines jüngeren Bruders, seiner ersten Gemahlin de Laval und → Calvins zum ev. Glauben durchrang.

Das Jahr 1559 brachte nicht nur die schwere Niederlage Frankreichs und den plötzlichen Tod König Heinrichs II. (regierte seit 1547), sondern auch die Konstituierung der ref. Kirche Frankreichs, zu der sich C. öffentlich bekannte. Unter Franz II. (1559-60) von der Macht verdrängt, trug C. als überzeugter Hugenotte (→ Hugenotten) die Beschwerden der grausam verfolgten Minderheit den staatlichen Gremien vor.

Der Royalist C. verband sich mit dem Kanzler L'-Hôpital, den die Königinmutter Katharina v. Medici für ihren Sohn Karl IX. (1560-74) ernannt hatte. Die polit. Lösung des Religionskonfliktes durch die rechtliche Anerkennung der neuen Konfession scheiterte trotz des Toleranzediktes von 1562. In den folgenden Hugenottenkriegen spielte C. als militärischer und polit. Führer eine immer größere Rolle. Am Ende des 3. Religionskrieges 1570 erzielte er günstige Zugeständnisse für die Hugenotten im kirchl. sowie militärischen Bereich und gewann zunehmenden Einfluß auf den jungen König. Er forderte zumindest völlige Gleichberechtigung der Reformierten und eine antispanische Kriegspolitik in Verbindung mit dem ev. Ausland. Im Kampf der beiden rivalisierenden Konfessionsparteien um die Staatsmacht sah Katharina ihre Position bedroht und ließ durch eine spontane Aktion C. im Zuge des Massakers an den Hugenotten in der Bartholomäusnacht (24.8.1572) in Paris töten. Dem »vielleicht berühmtesten Mann der damaligen Welt«, bedeutenden Hugenottenführer und praktizierenden Calvinisten wurden erst 300 Jahre später verschiedene Denkmale errichtet.

Lit.: K. Kupisch: Coligny, 1951; J. Shimizu: Conflict of Loyalties, 1970; ders.: Actes du colloque l'amiral de Coligny, 1974.

W. Mogk

Collenbusch, Samuel (1724-1803)

C., geb. am 1. 9. 1724 in Wichlinghausen bei Barmen, gest. am 1. 9. 1803 in Barmen. Arzt und pietist. Laientheologe. Aufgewachsen in einer von schlichter Bibelfrömmigkeit geprägten Kaufmannsfamilie, studierte C. Medizin in Duisburg und Straßburg. Nachdem er sich zunächst mit der Anlage eines Schmelzofens als Unternehmer versucht hatte, ließ er sich in Duisburg als praktischer Arzt nieder. Seit 1784 wirkte er als Badearzt in Barmen. 1789 promovierte er zum Dr. med. (»Observationes medicae de utilitate et noxis aquae martialis Schwelmensis«). In den letzten zehn Lebensjahren war C. erblindet.

Entscheidende geistl. Anstöße empfing der junge C. 1742 von seinem Konfirmator G. Wülfing (das »Geheimnis Christi für uns«) und, während des Studiums in Duisburg, in der Seelsorge → Tersteegens (1745). In der durch die Begegnung mit dem württembergischen Kandidaten J.L. Fricker (1760) vermittelten Beschäftigung mit Schriften von → Leibniz, → Bengel und → Oetinger geht ihm das für sein Denken künftig bestimmende »Geheimnis Christi in uns« auf: die Rechtfertigung durch Vergebung führt über die Gerechtmachung und Heiligung zur Vollkommenheit. Grundlegend ist für C. in allem die unbedingte Autorität der Bibel mit ihrer Bezeugung der Werke und Wege Gottes (Gedanke der → Heilsgeschichte). Gott selbst ist Liebe. Auch seine Heiligkeit ist nichts als sich selbst zum Menschen erniedrigende Liebe. Die Versöhnung besteht deshalb nicht in der Abwendung des Zornes Gottes im Strafleiden Jesu, sondern in seinem vollkommenem Gehorsam, in dem er das sündliche Fleisch, an dem auch Jesus kraft seiner Erniedrigung teilhat (→ Kenosis), überwindet und solcher Gehorsam zum Lösegeld und Sühnopfer zugunsten der Sünder wird.

In Duisburg und später auch Barmen sammelt sich ein aus allen sozialen Schichten stammender Kreis von »Bibelverehrern« um C., mit denen er gemeinsam die Bibel studiert und die dann auch über seinen Tod hinaus im rheinischen Pietismus sein geistiges Erbe wachhalten. C.s Schriftstudien fanden ihren Niederschlag in zahlreichen kleinen, erst posthum veröffentlichten Aufsätzen und einem weitgestreuten Briefwechsel u.a. mit → Oetinger, → Wizenmann (der wesentliche Anstöße von C. empfing) und → Lavater (dem C. in eindringlicher freundschaftlicher Kritik begegnete). Diese schriftlichen Zeugnisse spiegeln nicht nur C.s Versuch, durch vertiefte Schriftkenntnis über traditionelle orthodoxe Positionen hinauszukommen, sondern zugleich seine intensive und leidenschaftliche Auseinandersetzung mit dem Rationalismus der Aufklärung (→ Lessing, → Mendelssohn, → Kant). H. Cremer weist darauf hin, daß C. durch Vermittlung des aus Duisburg stammenden reformierten Erlanger Theologen Chr. → Krafft entscheidender Anreger der → Erlanger Theologie und damit »der eigentliche Ausgangspunkt der neueren lutherischen Theologie« geworden sei (Cremer, 23). Ausdrücklich dem geistigen Erbe C.s verpflichtet wußte sich G. → Menken in Bremen, einer der wichtigsten Wegbereiter der → Erweckungsbewegung.

Lit.: Aus dem Nachlaß eines Gottesgelehrten. Aufsätze, Briefe und Tagebuchblätter von Dr. Samuel Collenbusch, hg. von H. Cremer, 1902; E. Moltmann-Wendel: »Collenbusch«, EKL^3 1, 807 (Lit.).

H. Burkhardt

Comenius, Johannes Amos (1592-1670)

C. (Jan Amos Komensky), tschechischer Theologe und Pädagoge, letzter Bischof der Böhmisch-Mährischen → Brüderunität, geb. am 28. 3. 1592 in Nivnice (Südmähren), gest. am 15. 11. 1670 in Amsterdam. C., durch die Religionsverfolgungen des → Dreißigjährigen Krieges und die Kriegswirren des 17. Jh.s mehrfach vertrieben, wirkte als Lehrer, Prediger und Bildungsreformer in Polen, England, Schweden, Ungarn und zuletzt in Holland. Seine pädagogisch-didaktischen Schriften wie z.B. die Große Unterrichtslehre (Didactica magna), die elementarisierte Sach- und Sprachlehre Janua linguarum reserata (→ Geöffnete Sprachtür) und das bebilderte Unterrichtswerk Orbis sensualium pictus (Die sichtbare Welt in Bildern) machten ihn schon zu Lebzeiten zu einem bedeutenden europäischen Pädagogen.

Sein theol.-päd. Hauptwerk Pansophia (eine allumfassende Weisheitslehre), in wichtigen Teilen erst 1935 in Halle entdeckt, läßt erst heute deutlich werden, daß C. eine universale Theologie entworfen hat, die Theologie, Pädagogik und politische Verantwortung miteinander verbindet und in den Dienst der Bewahrung und Verbesserung dieser Welt stellt. Seine Pädagogik ist auf das Heilshandeln Gottes bezogen und auf die Bewahrung und Vollendung der Schöpfung ausgerichtet. Der Mensch wird als Partner am Heilswirken Gottes beteiligt. Im Mittelpunkt steht für C. nicht die erforschende, sondern die vernehmende Vernunft, die sich durch Gottes Weisheit leiten läßt. C. hat als Prediger und Bischof der Brüderunität Trostschriften, ein Gesangbuch, Friedensschriften und eine Mahnschrift für ein einzuberufendes Weltkonzil der Kirchen veröffentlicht. So zählt er zu den Vätern des konziliaren Prozesses. Am bekanntesten wurde seine Schrift »Vermächtnis der sterbenden Mutter der Brüderunität«.

Lit.: J.A. Comenius: Orbus sensualium pictus. Die bibliophilen Taschenbücher, [2]1979.

V.-J. Dieterich: Johann Amos Comenius, 1991; K. Goßmann, H. Schröer: Auf den Spuren des Comenius. Texte zu Leben, Werk und Wirkung, 1992; K. Goßmann, Ch. Scheilke: Jan Comenius. Theologische und pädagogische Deutungen, 1992; B. Uher: Jan Amos Komensky. Comenius, Lehrer der Völker, 1991.

K. Goßmann

Common Prayer Book → Book of Common Prayer

Communicatio idiomatum → Abendmahl; → Jesus Christus

Communio Sanctorum

Im → Apostolischen Glaubensbekenntnis folgt auf das Bekenntnis zur »heiligen, katholischen (allgemeinen, christlichen) Kirche« die Formel »Gemeinschaft der Heiligen«, lat. *sanctorum communionem.* In der Vorform des Apostolicums, dem sog. Romanum, fehlt allerdings diese Formel noch. Als Bestandteil eines Glaubensbekenntnisses ist sie zum ersten Mal in der sog. Fides Hieronymi bezeugt, einem vermutlich Hieronymus im antiochenischen Kirchengebiet um 377 n.Chr. abverlangten Bekenntnistext. Die beiden nächstfolgenden Zeugen sind das Symbol bei Niketas von Remesiana (um 395) und das bei Faustus von Reji (um 450). Außerhalb eines Bekenntniskontextes taucht c.s. auch in einem kaiserlichen Reskript an den Praefectus praetorio von Konstantinopel aus dem Jahr 388, in den Akten der Synode zu Nîmes im Jahr 396 und in einem (nur lateinisch erhaltenen) Synodalschreiben des Bischofs Theophilus von Alexandrien vom Jahr 401 auf.

Der Sinn, den diese Formel für die altkirchl. Autoren gehabt hat, ist nicht immer sicher zu erkennen und in der Forschung daher auch umstritten. Faustus von Reji versteht c.s. jedenfalls eindeutig als Verbindung der irdischen Kirche mit den vollendeten Heiligen im Sinn der kirchl. Märtyrer(reliquien)verehrung. Niketas von Remesiana rechnet zu den »Heiligen« auch die atl. Patriarchen und Propheten, die heiligen Menschen aller Zeiten und die Engel; mit ihnen allen sei der Gläubige in der Kirche verbunden. Als Wechselbegriff für die irdisch-sichtbare Kirche haben c.s. zunächst anscheinend nur die → Donatisten (Anfang 5. Jh.) gebraucht. Dagegen führt der Gebrauch der Formel in der Fides Hieronymi und den übrigen o.g. Zeugen noch auf eine ganz andersgeartete Bedeutung, insofern er nämlich wahrscheinlich macht, daß die Formel ursprünglich aus der griech. Kirche stammte und *tôn hagiôn koinônian* hieß. Das aber bedeutet nach dem ganz überwiegenden kirchl. Sprachgebrauch die »Anteilhabe an den heiligen Gütern«, *ta hagia* (Dualis), d.h. an den Abendmahlselementen. Der lat. Genitiv *sanctorum* gehört dann nicht zum personalen *sancti*, sondern zum neutrischen *sancta*. Daß dies tatsächlich der ursprüngliche Sinn von c.s. ist, wird sowohl dadurch bestätigt, daß das Verständnis der griech. Formel klar und einfach, das der lat. dagegen mehrdeutig ist, als auch durch die Feststellung, daß c.s. nicht nur in der Fides Hieronymi, sondern etwa auch im Antiphonar von Bangor (7. Jh.) eindeutig nicht als Apposition oder Attribut zur »heiligen katholischen Kirche« zu verstehen ist. »Credo... sanctorum communionem« bedeutete ursprünglich also: »Ich glaube, daß ich in den Abendmahlselementen Anteil empfange an den Heilsgütern.«

Die röm.-kath. Lehre vom frühen MA bis hin zum II. Vaticanum versteht c.s. primär als geistl. Gütergemeinschaft zwischen den drei »Ständen«, der (auf Erden) streitenden, der (im Fegefeuer) leidenden und der (im Himmel) triumphierenden Kirche durch Verehrung der Heiligen und wechselseitige Zuwendung von Verdiensten. In den Ostkirchen ist das Apostolicum nicht gebräuchlich; man kennt jedoch den Begriff der Gemeinschaft der Heiligen und versteht darunter die Gemeinschaft der Liebe zwischen der örtlichen und der universalen Kirche wie auch zwischen der irdischen und der triumphierenden Kirche. Martin Luther sieht c.s. im Apostolicum als Apposition zu »Kirche« an und erklärt es im Großen Katechismus als »eine Gemeine der Heiligen, das ist eine Gemeine, darin lauter Heiligen sind, oder noch klärlicher: eine heilige Gemeine«. Darin drückt sich sein Kirchenverständnis aus, das statt auf eine hierarchisch geordnete Heilsanstalt auf eine Personengemeinschaft geht. Zugleich versteht er die c.s. als das Geschehen eines gegenseitigen *communicare*, eines Dienstes der irdischen Gläubigen aneinander in leiblicher und geistl. Hinsicht. Johannes Calvin (Inst. IV,1,3) deutet dieses Bekenntnis auf die gegenseitige Mitteilung von Gott gewährter Wohltaten, durch die die Einheit der Kirche gewahrt wird.

Eine dogmatische Prüfung der verschiedenen Deutungen muß von dem ntl. Begriff der »Gemeinschaft« ausgehen. Nach ihm entsteht die Verbindung der Gläubigen untereinander nicht durch ihr eigenes Handeln, sondern durch die gemeinsame Teilhabe an Christus und seinen Gaben; Christengemeinschaft ist wesentlich Christusgemeinschaft (1Kor 1,9; 10,16ff). Das gegenseitige Sich-Annehmen ist eine Folge des Angenommenseins durch Christus (Röm 15,7); die Horizontale des Gemeinschaftsbegriffs gründet in der Vertikalen.

Das sakramentale Verständnis der c.s. hat also darin seine bleibende Bedeutung, daß es die gemeinsame Teilhabe am Heil in Christus als Grundlage jeder christl. Gemeinschaft festhält. Diese Teilhabe an Christus wird durch Wort und Glaube vermittelt und gewinnt in → Taufe und → Abendmahl sichtbar gemeindegründende und -bauende Gestalt. Das interpersonale Verständnis der c.s. fügt dem die notwendige Kommunikation der Gläubigen im gegenseitigen Anteilgeben und -nehmen hinzu. Die Gliedschaft am Leibe Christi bewirkt sowohl, daß alles, was Christi ist, ebenso den Gläubigen gehört, als auch, daß das, was ein Glied an Gaben oder Mangel hat, ebenso allen anderen eigen ist. C.s. heißt deshalb immer auch Dienst aneinander.

Die Deutung der c.s. auf die Heiligenverehrung erinnert zwar mit Recht daran, daß die Gemeinde Jesu auch ihre im Glauben vollendeten Glieder mit einschließt (vgl. Hebr 12,22-24). Sie vergißt jedoch, daß die geistl. Gaben oder Gebete der Verstorbenen genau so wenig unseren gegenwärtigen Mangel beheben, wie wir ihnen helfen können; die in besonderem Sinne »Heiligen« können uns nur ein Ansporn sein zu eigenem Wirken.

Lit.: P. Althaus: Communio Sanctorum. Die Gemeinde im lutherischen Kirchengedanken, 1929; M. Basarab: Communio sanctorum nach orthodoxem Verständnis, Una Sancta 43/1988, 284ff; St. Benko: The Meaning of Sanctorum Communio, 1964; W. Elert: Abendmahl und Kirchengemeinschaft in der alten Kirche, (1954) [2]1985, 5ff, 166ff; Internationale katholische Zeitschrift Communio 17/1988 (mit Beiträgen von H.U.v. Balthasar, Chr. Schönborn, B. Hallensleben); E. Lamirande (kath.): Gemeinschaft der Heiligen, 1963; F. Schulz: Communio Sanctorum, KuD 12/1966, 154ff.

U. Swarat

Computer-Technik

1. In der Verwaltung

C. hielt seit Mitte der 60er Jahre unter dem Namen Elektronische Datenverarbeitung (EDV) Einzug in die Kirche, zunächst im Melde-, dann auch im Rechnungswesen. Ab etwa 1977 werden mit C. meist Personal Computer (PC) bezeichnet. Im Unterschied zu den Großrechenanlagen der EDV hat beim PC jeder Benutzer einen eigenen Rechner zur Verfügung. Seit der massenhaften Verbreitung von PCs gehört elektronische Textverarbeitung zum Haupteinsatzgebiet von C. in der Kirche. Daneben werden PCs verstärkt für den Austausch von Melde- und Buchhaltungsdaten zwischen Kirchenzentralen und Außenstellen eingesetzt.

2. In der Theologie

Die erste Anwendung begann 1967 an der Universität von Nancy mit der Erfassung des hebr. AT. Der griech. Urtext des NT wurde ab 1978 im Institut für ntl. Textforschung in Münster mit C. wissenschaftl. aufbereitet. 1979 erstellten Kent Ochel und Bert Brown in Texas mit »The Word Processor« ein Suchprogramm mit dem englischen Bibeltext in der King-James-Version.

Vergleichbares für die Lutherübersetzung wird seit 1987 von der Dt. Bibelgesellschaft in Stuttgart veröffentlicht.

Lit.: H.-F. Angel: Computer im Pfarrbüro, 1990; ASCII-Bibel (Rev. Elberfelder Bibel), 1989; Diskettenversion der Lutherbibel mit COBRA-Suchprogramm, [3]1990; ELBIKON (Elektronische Bibel-Konkordanz), 1991; J.J. Hughes: Bits, Bytes and Biblical Studies, 1987; W. Küstenmacher: Das Christliche Computerbuch, 1990.

W. Küstenmacher

Concursus divinus → Vorsehung

Confessio Augustana → Augsburger Bekenntnis

Confessio Gallicana → Bekenntnisschriften (ref.)

Confessio Helvetica → Bekenntnisschriften (ref.)

Confessio Tetrapolitana → Bekenntnisschriften (ref.)

Confessio Virtembergica → Bekenntnisschriften (luth.)

Confiteor

»Wir sind hier zusammengekommen, um miteinander das Wort Gottes zu hören, ihn im Lied und Gebet anzurufen und das Mahl des Herrn zu feiern. Weil wir aber von Gottes Weg abgewichen sind und aus eigener Kraft nicht zurückfinden können, laßt uns unseren himmlischen Vater um sein Erbarmen anrufen.« So eröffnet nach dem Entwurf der »Erneuerten Agende« (1990, 33) der Liturg das C. (»ich bekenne«) zu Beginn des Gottesdienstes, und die Gemeinde stimmt ein: »Der allmächtige Gott erbarme sich unser, er vergebe uns unsere Sünde und führe uns zum ewigen Leben« (a.a.O.).

Das C. ist keine Beichte (es fehlt sowohl das persönliche Bekennen einzelner Sünden als auch der indikativische Zuspruch der Vergebung), sondern ein fakultatives Rüstgebet zur Vorbereitung der ganzen Gemeinde auf den Gottesdienst: nie anders denn als Sünder kommen wir vor Gott zusammen. Das C. hat seine Wurzeln (etwa seit dem 9. Jh.) zum einen im Akzeß, einem Sündenbekenntnis der Priester in der Sakristei, zum anderen im Stufengebet, einem Gebet um Vergebung, das von den einziehenden Priestern an den Altarstufen gebetet wurde und mit dem Vergebungswunsch (z.B. *misereatur tui*, »Er erbarme sich deiner!«) schloß. Die Gemeinde hatte seit dem MA zwischen Predigt und Mahlteil eine Art Beichte in der »Offenen Schuld«.

Luther hat kein C. in die »Deutsche Messe« aufgenommen. Reformat. Gottesdienstordnungen kennen dann aber das C. als Rüstgebet der Geistlichen in der Sakristei, als Rüstgebet der ganzen Gemeinde zu Beginn des Gottesdienstes oder als »Offene Schuld« nach der Predigt. In der Zeit des Verfalls der liturgischen Formen fiel das C. nahezu völlig aus; erst Friedrich Wilhelm III. fügte 1829 in die preußische Agende wieder ein C. ein. Verhängnisvoll ist aber jetzt die (psych. verständliche, aber theol. unhaltbare) Verknüpfung des Sündenbekenntnisses mit dem → Kyrie und des Vergebungszuspruchs mit dem → Gloria, obwohl Kyrie und Gloria sich gerade nicht auf Schuld und Vergebung beziehen. In den neuen Agenden ist das C. wieder das Rüstgebet der ganzen Gemeinde, die sich ihrer

Unwürdigkeit und Sünde vor Gott bewußt wird und um Vergebung bittet. Es ist kein magischer Reinigungsakt des Christen. »Der ganze Gottesdienst ist für ihn Sündenvergebung und Gnadenzuspruch« (Mahrenholz, in: Kalb, Grundriß, 114).

Sinnvoll ist neben der eingangs zitierten Grundform des C. eine kirchenjahresgemäße oder situative Formulierung des C., die in den gemeinsamen Ruf um das Erbarmen Gottes einmündet. Das C. kann dann (wie im Entwurf der »Erneuerten Agende«, 33f) vom Liturgen abgeschlossen werden: »Nimm von uns, Herr, unsere Sünde und verleihe uns, daß wir mit lauterem Herzen und reinen Lippen diesen Gottesdienst feiern und dich preisen. Durch Jesus Christus, unsern Herrn. Amen.«

Von der Akzeß zu lernen ist, daß alle im Gottesdienst mitarbeitenden Christen sich vor dem Gottesdienst in der Sakristei zum Gebet und somit zur Zurüstung auf den Gottesdienst treffen können.

Lit.: F. Kalb: Grundriß der Liturgik, ²1982, 111-115; B. Klaus: Die Rüstgebete, in: K.F. Müller und W. Blankenburg (Hg.): Leiturgia, Bd. II, 1, 1955, 524-560.

M. Herbst

Congregatio de Propaganda Fide

(heute: Sancta Congregatio pro Gentium Evangelizatione seu de Propaganda Fide)

Mit den Entdeckungen der Gebiete in Übersee im 15. Jh. stellte sich die Frage der Missionierung dieser Gebiete. Im Testament der Königin Isabella von Kastilien-Leon und Aragonien steht: »Es war unser Wunsch, alle Kräfte einzusetzen, um die Völker dieser neuen Länder zu unserer heiligen Religion zu bekehren, ihnen Priester, Ordensleute ... zu schicken.« Die Betreuung der zum Glauben gelangten Gebiete erforderte eine Konzentration aller Kräfte. So entstand nach mehreren vergeblichen Versuchen zur Betreuung der Missionsgebiete die Propaganda-Kongregation. Sie wurde am Epiphaniefest 1622 von Papst Gregor XV. gegründet. Am 22. Juni unterzeichnete der Papst die offizielle Errichtungsbulle »Inscrutabili«. Sie umschrieb Rechtsgrundlage und Aufgabenbereich der neuen Institution. Die Ausbreitung des Glaubens wird als Hauptaufgabe des päpstlichen Hirtenamtes voll und ganz für den Papst beansprucht. Die neue Kongregation sollte »die Wende von der Kolonialmission zur rein kirchlichen Mission anbahnen« (J. Glazik). Das heißt, der Kongregation ging es um ein neues Konzept von Mission. Dazu gehörte die Heranbildung eines einheimischen Klerus; ein bodenständiges Christentum sollte sich entfalten, und eine der eigenen Art entsprechende Kirche sollte begründet werden. In einer Instruktion der Kongregation aus dem Jahre 1659 heißt es: »Eifert nicht und argumentiert nicht, um diese Völker dazu zu bewegen, daß sie ihre Riten, ihre Gewohnheiten und ihre Sitten ändern ... Was wäre absurder, als Frankreich, Spanien, Italien oder irgend ein anderes europäisches Land zu den Chinesen zu verpflanzen? Verpflanzt zu ihnen nicht unsere Länder, sondern den Glauben.« Auch das von Gregor XVI. (1840) errichtete Werk der Glaubensverbreitung hatte als eines seiner Ziele die Stärkung der einheimischen Kirchen. Der aktive Anteil der Kongregation an einer Entwicklung zur Mündigkeit dieser Kirchen ist nicht zu übersehen.

Innerhalb der weiteren Entwicklung ist die Enzyklika »Rerum Ecclesiae« (1926) von Pius XI. zu nennen, die als Magna Charta der modernen Missionsbewegung gilt. Die im Zusammenhang mit dem II. Vatikanum (1962-1965) erfolgte Kurienreform hatte eine Umbenennung der Propaganda-Kongregation zur Folge. Die heutige Bezeichnung lautet: »Kongregation für die Evangelisation der Völker oder für die Glaubensverbreitung«. Sie ist die oberste Instanz für alle Missionen und die gesamte mission. Tätigkeit. Sie regt mission. Initiativen und die Sammlung von Hilfsmitteln an.

Ausrichtung und Auftrag der Kongregation lassen sich nach dem II. Vatikanum in folgender Weise umschreiben: Gemeinsam mit dem Sekretariat zur Förderung der Einheit der Christen soll die Kongregation Wege und Mittel suchen, »um eine brüderliche Zusammenarbeit mit den Missionsunternehmungen anderer christlicher Gemeinschaften zu ermöglichen und zu ordnen, damit man so miteinander leben könne, daß das Ärgernis der Spaltung, soweit wie möglich, beseitigt werde«. Deshalb sollen alle im Missionsdienst Tätigen »ein Herz und eine Seele« (Apg 4,32) sein.

Lit.: J. Glazik: Die Gründung der Propaganda-Kongregation, in: Handbuch der Kirchengeschichte, Bd. IV, 1967; J. Greco: Leitung und Ordnung der Missionsarbeit, in: J. Schütte (Hg.): Mission nach dem Konzil, 1967, 294-314; O. Stoffel: Die katholischen Missionsgesellschaften. Historische Entwicklung und konziliare Erneuerung in kanonischer Sicht, NZM 33, 1984.

K. Wittstadt

Consensus Tigurinus → Bekenntnisschriften (ref.)

Contarini, Gasparo → Reformation

Corpora Doctrinae

Corpora Doctrinae (CD; »Lehrsammlungen«) sind Sammlungen von regional oder lokal geltenden Bekenntnisschriften, die zwischen 1560 und 1580 in mittel-, nord- und ostdeutschen Territorien und Städten zusammengestellt wurden. Der Begriff geht auf → Melanchthon zurück, der 1558 erstmals eine Lehrzusammenfassung so bezeichnete. In der Auseinandersetzung zwischen orth. und gemäßigten Lutheranern kam eine wahre Fülle von CD zustande, auf Grund deren das → Konkordienbuch 1580 als gesamtluth. CD festgelegt wurde. Lokale CD blieben auch weiter in Kraft, besonders bei den Ständen, die das Konkordienbuch nicht anerkannten. Die ref. Kirchen kennen keine CD.
→ Bekenntnisschriften (lutherisch)

Lit.: W.-D. Hauschild: Corpus Doctrinae und Bekenntnisschrift, in: M. Brecht, R. Schwarz (Hg.): Bekenntnis und Einheit der Kirche, 1980, 235-252; I. Mager: Das Corpus Doctrinae der Stadt Braunschweig im Gefüge der übrigen niedersächsischen Lehrschriftensammlungen, in: Die Reformation in der Stadt Braunschweig, 1978, 111-122. 139-143.

G. Ruhbach

Corpus Iuris Canonici

Unter C. wird seit dem 16. Jh. die aus sechs Teilen unterschiedlichen Charakters bestehende Sammlung des kath. kirchl. Rechts verstanden.

1. Das Dekret Gratians (ursprünglicher Titel: Concordia discordantium canonum) entstand als Privatarbeit um 1140. Gratian, gelehrter Mönch in Bologna, sammelte in fast 4000 Kapiteln das überlieferte Recht, besonders aus Canones der Konzilien, päpstl. Dekretalen und patristischen Texten. Der erste Teil dieses Werkes enthält in 101 Distinktionen die Lehre von den Rechtsquellen, das Ordinations- und das Wahlrecht (Zitationsweise: D.61 c.13). Der zweite Teil behandelt in 36 Rechtsfällen (Causae), die in Fragen (Quaestiones) gegliedert sind, das kirchl. Prozeß-, Vermögens-, Straf- und Eherecht (Zitierweise: C.27 q.2 c.10). C.33 q.3 wurde zu einem eigenen Bußtraktat mit sieben Distinktionen ausgeweitet. Der dritte Teil bringt in fünf Distinktionen das Recht der übrigen Sakramente und Sakramentalien (Zitierweise: de cons. D.4 c.151).

2. Der Liber Extra (-vagantium decretalium) wurde 1234 von Gregor IX. als offizielles kirchl. Gesetzbuch publiziert. Er enthält in fünf Büchern mit zahlreichen Titeln 2139 Kapitel, überwiegend päpstliche Dekretalen der letzten 100 Jahre, darunter 195 von Gregor selbst stammende, die zum Teil zur Entscheidung von Kontroversen neu geschaffen wurden. Der Redaktor Raymund von Penafort entnahm das meiste Material fünf früheren (meist privaten) Dekretalensammlungen (Zitierweise: X 2.28.45).

3. Der Liber Sextus wurde 1298 von Bonifaz VIII. publiziert. Er enthält 359 Texte in 77 Titeln, die teilweise von den vorausgehenden Päpsten stammen, überwiegend jedoch von Bonifaz selbst herrühren und meist abstrakt formuliert sind. Am Schluß des Werkes sind 88 Rechtsregeln enthalten. Zitiert wird VI. 1.16.8.

4. Die Clementinen enthalten im wesentlichen Gesetze Clemens V. (1305-14) und des Konzils von Vienne, wurden jedoch erst von Johannes XXII. 1317 publiziert. Sie enthalten in der gleichen Ordnung wie die beiden vorausgehenden Gesetzbücher 106 Kapitel, die gewöhnlich zitiert werden: Clem. 5.3.1.

5. Die 20 Extravaganten Johannes XXII. wurden privat gesammelt und erst 1500 (ebenso wie die folgende Sammlung) durch den Pariser Kanonisten Jean Chappuis in 14 Titeln geordnet an die päpstlichen Gesetzbücher angefügt.

6. Die Extravagantes Communes enthalten 74 ausgewählte päpstliche Gesetze aus dem 14. und 15. Jh., die eine private Sammlung darstellen, zitiert: Extrav. com. 3.8.3.

Das C. war bis zum Inkrafttreten des → Codex Iuris Canonici 1918 geltendes Recht der kath. Kirche.

Lit.: Decretum Gratiani emendatum et notationibus illustratum una cum glossis, Gregorii XIII P.M. iussu editum, Decretales D. Gregorii papae IX . . ., Liber Sextus Decretalium. . ., Rom 1582 (sog. Editio Romana); Corpus Iuris Canonici. Editio Lipsiensis secunda, instruxit Aemilius Friedberg, 1879, 1881 (Nachdruck 1959 u.ö.).

R. Weigand

Corvey (Korvei)

Benediktinerkloster an der Weser bei Höxter, Tochterkloster von Corbie an der Somme in Frankreich; 822 von Ludwig dem Frommen gegründet, der C. große Ländereien schenkte. Heinrich III. verlieh 1039 dem Abt den Fürstenrang; C. unterstand unmittelbar dem päpstlichen Stuhl. Es hatte eine hervorragende Bibliothek, die nach und nach verloren ging. Hoffmann von Fallersleben war mehrere Jahre an ihr Bibliothekar und wird durch ein Denkmal an einer Außenmauer geehrt. 1803 wurde das Kloster säkularisiert und kam 1815 an Preußen. Mehrmals restauriert, ist es gegenwärtig ein Kultur- und Begegnungszentrum geworden.

G. Ruhbach

Cranach, Lukas der Ältere (1472-1553)

C., geb. 1472 in Kronach (daher der Name), gest. am 16. 10. 1553 in Weimar, gilt als Maler der Reformation, obwohl er auch später noch Heilige und Madonnen malte. 1500-1504 hatte er in Wien eine besonders produktive Phase. Von Kurfürst → Friedrich dem Weisen wurde er 1505 nach Wittenberg berufen, wo er zu Ansehen gelangte, Ratsmitglied und Bürgermeister wurde. Er befreundete sich mit → Luther, dessen Lehren er in seiner großen Werkstatt unterstützte. Illustrierte Flugblätter und Propagandaschriften halfen der Verbreitung der Reformation. In den 26 Holzschnitten »Passional Christi und Antichrist« stellte C. dem Leben und Leiden Christi das weltliche, üppige Leben des Papstes gegenüber. Gottes Gnade steht über dem Gesetz, dem Verdienst, der Vergeltung. Zu diesem Gedanken gehören die mehr als 20 Variationen von Christus, der die Kinder segnet, oder die Ehebrecherin, die Christus an die Hand nimmt. Auf den Tafeln oder unter den Holzschnitten sind Bibelzitate in deutscher Sprache zugefügt, so daß Luthers Forderung entsprochen wurde, das Bild mit der Hl. Schrift zu verbinden. Neben christl. Bildern, auch atl.en, entstanden viele zur Mythologie, auch Allegorien. Ebenso reich war die Porträtmalerei: Luther und seine Frau, Melanchthon, Bürgerliche und Adlige. Prägnante Physiognomien, geschmeidige Formen, prachtvolle Ausstattung zeigen den Menschen vor dunklem Hintergrund oder in freier Landschaft. C.s glatter, eleganter Stil erfreute sich großer Beliebtheit.

Lukas Cranach der Jüngere führte die Werkstatt im Sinn seines Vaters fort, ebenfalls in dem Bemühen, die Gedanken der Reformatoren zu verbreiten.

Lit.: M.J. Friedländer, J. Rosenberg: Die Gemälde von Lukas Cranach, 1932, 1979; W. Schade: Die Malerfamilie Cranach, 1974; Katalog der Ausstellung Lukas Cranach, 2 Bde, 1974/76.

R. Lohse-Flitner

Creatio continua → Schöpfung

Creatio ex nihilo → Schöpfung

Credo → Apostolisches Glaubensbekenntnis; → Bekenntnis; → Ordinarium und Proprium

Cremer, Hermann (1834-1903)

C., geb. am 18. 10. 1834, gest. am 4. 10. 1903, wuchs in Unna/Westfalen in einem von lebendiger Frömmigkeit geprägten Elternhaus auf, das enge Verbindung zu – auf S. → Collenbusch (1724-1803) zurückgehenden – erweckten Kreisen hatte. Seine Mutter entstammte einer in bewußter Entscheidung zum christl. Glauben übergetretenen jüd. Familie. In seinem Studium hatten vor allem A. → Tholuck in Halle und J.T. → Beck sowie pietist. Kreise Bengelscher Prägung in Tübingen maßgeblichen Einfluß auf seine geistl.-theol. Entwicklung.

Nach Abschluß des Studiums und Lizentiaten-Promotion in Tübingen wurde C. 1859 zunächst Landpfarrer in Ostönnen bei Soest. Hier entstand sein bekanntestes Werk, das »Biblisch-theologische Wörterbuch«. 1870 erhielt er, gegen hartnäckigen Widerstand des Protestantenvereins, eine Professur für systematische Theologie an der Ev.-Theol. Fakultät der Universität Greifswald. Mit diesem Lehrstuhl war das Hauptpastorat an der St. Marienkirche verbunden, das C. 19 Jahre lang versah.

Vor allem durch C.s akademische Lehrtätigkeit erlebte die Theol. Fakultät Greifswald einen bedeutenden Aufschwung; C. wurde als »Haupt der Greifswalder Schule« bezeichnet. Dabei ging es ihm selbst allerdings weniger um eine seiner Person verpflichtete »Schule« als vielmehr um die Ausbildung seiner Studenten im Sinne einer umfassenden Hilfe zum Glauben und Verkündigen.

Eine enge und herzliche Freundschaft verband C. seit der gemeinsamen Studienzeit mit Martin Kähler und später mit Adolf Schlatter, der von 1888 bis 1893 neben C. in Greifswald lehrte. Zusammen mit Schlatter gründete er 1897 die Zeitschrift »Beiträge zur Förderung christlicher Theologie«. C.s Einfluß reichte weit über den akademischen Bereich hinaus. Als Konsistorialrat übernahm er kirchliche Verantwortung in der pommerschen Provinz- und in der Preußischen Generalsynode, als Redner war er vor allem in Vereinen der Inneren Mission und zeitweise auch beim Ev.-Sozialen Kongreß geschätzt.

Als luth. Theologe war C. entschieden Bibeltheologe. Er war von der alleinigen Autorität der Hl. Schrift in allen Fragen des Glaubens überzeugt. Schon in seinem bedeutenden »Biblisch-theologischen Wörterbuch der neutestamentlichen Gräzität« trat seine zeitlebens beibehaltene Arbeitsweise zu Tage, indem er die Offenbarung Gottes allein in engem Anschluß an die Schrift und durch reiche Ausschöpfung ihres Erkenntnisgehaltes zu erfassen suchte. Dabei teilte C. die reformat. Erkenntnis, daß die Hl. Schrift ihr inhaltliches Zentrum und ihr Ziel in Jesus Christus und der in ihm begründeten Glaubensgerechtigkeit habe. Beides, das reformat. Schriftprinzip und die Rechtfertigungslehre, sah er in der liberalen Theologie gefährdet. Nach C.s Urteil führte sie aufgrund ihrer rationalistischen bzw. idealistischen Prämissen zur Aushöhlung und zur Moralisierung des Evangeliums. Als Hauptgegner C.s sind Ritschl und Harnack zu nennen. Auf dessen berühmte Vorlesung »Das Wesen des Christentums« (1899/1900; veröffentlicht 1900) antwortete C. mit einer Vorlesung und Schrift unter gleichlautendem Titel (1901). C. hoffte, durch sein Lebenswerk zur »Überwinterung des Evangeliums« in Deutschland und zur notwendigen Besinnung auf das reformat. Erbe in Theologie und Kirche beizutragen.

Lit.: Biblisch-theologisches Wörterbuch der neutestamentlichen Gräcität, (1866/67), ab der 10. Auflage hg. v. J. Kögel, [11]1923; Die paulinische Rechtfertigungslehre im Zusammenhange ihrer geschichtlichen Voraussetzungen, (1899) [2]1900; »Die christliche Lehre von den Eigenschaften Gottes«, BFChTh 1.4, 1897. Neudruck hg. v. H. Burkhardt, 1983, [2]1984; Arbeit und Eigentum in christlicher Sicht, 1907, Neudruck, hg. von H. Burkhardt, 1984.

E. Cremer: Hermann Cremer. Ein Lebens- und Charakterbild, 1912 (mit Bibliographie); R. Stupperich (Hg).: Hermann Cremer - Haupt der »Greifswalder Schule«. Briefwechsel und Dokumente, MDF 97, 1988 (mit Bibliographie).

G. Diekmeyer

Cromwell, Oliver (1599-1658)

C., geb. am 25. 4. 1599 in Huntingdon, gest. am 3. 9. 1658 in London, britischer Feldherr und Staatsmann, Führer der Puritaner, stammte aus verarmtem Landadel und wuchs im Geist des → Puritanismus auf. Nur kurz besuchte er ein College in Cambridge bis zum Tode des Vaters 1617, als er nach London ging, um sich juristische Kenntnisse für die Führung seines Gutes anzueignen, dessen Verwaltung er dann übernahm. 1620 heiratete er Elizabeth Burchier, mit der er neun Kinder hatte. 1628 wurde

er ins Parlament gewählt, trat aber polit. nicht hervor. Als 1640 der despotische König Karl I. von England zur Deckung hoher Kosten für Kriegszüge gegen Schottland an das Parlament herantrat, dieses aber den Forderungen nicht entsprach, tat sich eine folgenschwere Kluft zwischen Parlament und König auf, die eine derartige Feindschaft zur Folge hatte, daß der König aus London floh und der Bürgerkrieg zwischen Parlamentariern und Royalisten nicht mehr aufzuhalten war.

Zwar war C. als Parlamentarier an diesen Vorgängen mitbeteiligt, seine eigenen Aktivitäten entfaltete er aber mehr in der Vorbereitung und Durchführung militärischer Aktionen. Schnell und erfolgreich durchlief er die militärische Karriere vom Kavallerieoffizier 1642 bis zum Lieutenant General 1644. Als Führer des Heeres errang er den wichtigen Sieg von Marsten Moor bei York 1644 mit seinen sorgfältig ausgesuchten, gut trainierten und hochmotivierten Soldaten, den sog. »Ironsides«.

Mit diesem Erfolg wuchs auch sein polit. Gewicht. C. stieg zum Führer der Independenten im Parlament auf und schuf die »New Model Army«, in der Adlige von der Heeresleitung ausgeschlossen wurden. Mit der Einführung der »Self-Denying Ordinance« trennte er Heer und Parlament, da kein Parlamentsmitglied Heeresoffizier sein durfte. Damit war die Armee ein gesondertes Machtinstrument geworden, auf das C. sich in Zukunft stets stützen konnte.

Nach der für C. siegreichen Schlacht von Naseby floh Karl I. nach Schottland. 1646-48 versuchte C., zwischen Parlament und König zu vermitteln. Als man ihn jedoch des Royalismus verdächtigte, Karl I. in überheblicher Torheit alle Kompromißvorschläge ablehnte und verräterische Verhandlungen mit den Schotten führte, versicherte C. sich aufs neue der Schlagkraft seiner Armee und vernichtete in der Schlacht bei Preston die ins Land eingefallenen Schotten völlig. Damit war das Ende Karls I. gekommen. Wegen Hochverrats wurde er zum Tode verurteilt und am 30.1.1649 hingerichtet. Damit war die Monarchie abgeschafft, das Oberhaus wurde aufgelöst und England als Republik (Commonwealth and Free State) vom »Rumpfparlament« regiert.

C. wurde Präsident des Staatsrates, der ihn dazu bestimmte, einen Rachefeldzug gegen Irland zu unternehmen. Den beendete er im Mai 1650 erfolgreich, um sogleich gegen Schottland ins Feld zu ziehen. Mit dem höchsten militärischen Rang und entsprechenden Befugnissen ausgestattet, auf dem Höhepunkt seiner soldatischen Karriere angelangt, führte C. in zwei schwierigen Schlachten bei Dunbar 1650 und bei Worcester – mitten in England – 1651 die Entscheidung gegen die Schotten herbei. Er sicherte damit die Herrschaft Englands über Schottland und den Bestand Großbritanniens. Damit waren die Kriegshandlungen in England beendet.

C. konnte sich der Ordnung des Staatswesens zuwenden. Dabei kam es zur Auflösung des Rumpfparlaments, von dem die Militärs sich ungerecht behandelt fühlten. C. setzte statt dessen ein »Parlament der Heiligen« ein, das sich aber auch als unfähig erwies und aufgelöst wurde. Schließlich ließ sich C. zum Lordprotector über England, Irland und Schottland ernennen. Da weitere parlamentarische Versuche fehlschlugen, teilte C. das Land in zwölf Bezirke auf, die von je einem Major General verwaltet wurden. Über sie konnte C. nach Art einer Militärdiktatur seine innenpolitischen Absichten direkt durchsetzen. Zu Reformen, etwa in Hinsicht auf die Sozialstruktur der englischen Gesellschaft, reichte jedoch die Kraft nicht. Die Reform der anglik. Kirche im puritanischen Sinne führte zu großer Verwirrung.

Außenpolitisch verfolgte C. einen eher aggressiven Kurs: führte Krieg gegen Spanien und setzte englische Handelsinteressen gegen Holland und Schweden durch. Als er 1658 starb, hinterließ er ein straff geführtes Imperium, das sein ältester Sohn Richard als Nachfolger nicht zu halten vermochte. 1660 kehrte die Monarchie zurück. C.s Gebeine wurden exhumiert und öffentlich zur Schau gestellt, – die posthume Strafe für den Frevel am Königtum!

Die Persönlichkeit C.s hat rätselhafte Züge und ist in der Forschung kontrovers beurteilt worden. Gewiß war er von tiefer und zugleich praktischer Frömmigkeit des puritanischen Christentums. Ihre Basis waren die unmittelbar ins Leben sprechende Bibel, das Gebet und der feste Glaube, er sei ein Werkzeug Gottes und handle im Auftrag Gottes. Sich dem zu entziehen, wäre schwere Sünde gewesen. Mit seiner Sache stand Gottes Sache auf dem Spiel; seine Siege waren Gottes Siege und Zeichen der Verwerfung des Königs. C.s Einsatz galt der Gewissensfreiheit, der bürgerlichen Freiheit seines Volkes sowie der Toleranz im Rahmen eines vom Christentum geprägten »Lebens in Gottseligkeit und Ehrbarkeit« (»a life of godliness and honesty«).

Lit.: Oliver Cromwell's Letters and Speeches, hg. v. Th. Carlyle, 2 Bde., 1845; The Writings and Speeches of Oliver Cromwell, hg. v. W.C. Abbott, 4 Bde., 1937-1947. G. Drake: »Cromwell, Oliver«, TRE 8, 1981, 236-238; Ch. Hill: God's Englishman. Oliver Cromwell and the English Revolution, 1970; H. Kittel: Oliver Cromwell. Seine Religion und seine Sendung, (AKG 9), 1928.

Ch. Windhorst

Crüger, Johann → Liedgut/Liederbücher

Cuius regio eius religio → Augsburger Religionsfrieden

Cullmann, Oscar (geb. 1902)

Ev. Theologe, geb. am 25. 2. 1902 in Straßburg; 1930 Professor für NT, ab 1936 auch für Geschichte der Alten Kirche an der Universität Straßburg; 1938 Professor für NT sowie Alte und Mittlere Kirchengeschichte an der Universität Basel; Pariser Professuren für Geschichte des frühen Christentums an der École des Hautes-Etudes (seit 1949) und an der Sorbonne (seit 1954) sowie für NT an der Faculté Libre de Théologie Protestante (seit 1953); 1962-65 offizieller Beobachter beim Zweiten Vatikanischen Konzil; 1972 Mitglied des Institut de France.

C. wurde frühzeitig sowohl durch die historische Arbeit des Liberalismus als auch durch den Aufbruch der dialektischen Theologie und den exegetischen Ansatz der Formgeschichte geprägt. Internationale Bedeutung erlangte C.s vielfältige historische Arbeit durch die Betonung der → Heilsgeschichte als Grundstruktur bibl. Denkens. Ausgehend von der ntl. Christologie und Eschatologie, konkret von der Einsicht, daß mit dem Kommen Jesu Christi, sodann mit dem Anbruch seiner Königsherrschaft die endzeitliche Erfüllung begonnen hat, die sichtbare Vollendung des Reiches Gottes aber noch aussteht, zeichnet C. einen einmaligen Geschichtsverlauf, der, vorbereitet im AT und gegründet auf das Christusgeschehen (Kreuz und Auferstehung) als »Mitte«, der zukünftigen Vollendung entgegengeht.

Im weiteren ist C. seit den 50er Jahren durch wichtige Beiträge zu ökumen. Fragen hervorgetreten, als Verfechter eines »realistischen Ökumenismus der Einheit durch Vielfalt«.

Lit.: Le probleme littéraire et historique du roman pseudo-clémentin, EHPhR 23, 1930; Christus und die Zeit, (1946) ³1962; Die Tauflehre des NT, AThANT 12, (1948) ²1958; Petrus. Jünger-Apostel-Märtyrer, (1952) ²1960; Die Tradition als exegetisches, historisches und theologisches Problem, 1954; Der Staat im NT, (1956) ²1961; Unsterblichkeit der Seele und Auferstehung der Toten, ThZ 12 (1956) 126-156, 1986; Die Christologie des NT, (1957) ⁵1975; Heil als Geschichte, (1965) ²1967; Vorträge und Aufsätze 1925-1962, 1966; Der johanneische Kreis, 1975; Einheit durch Vielfalt, (1986) ²1990.

K.H. Schlaudraff: »Heil als Geschichte«?, BGBE 29, 1988; ders., F. Christ, in: S. Leimgruber, M. Schoch: Gegen die Gottvergessenheit. Schweizer Theologen . . ., 1990, 206-222. 539-545.

K.H. Schlaudraff

Culmann, Philipp Theodor (1824-1863)

C., geb. am 13. 11. 1824 in Bergzabern/Pfalz, gest. am 22. 10. 1863 ebenda; Vertreter einer im bewußten Gegensatz zur nachkantianischen Bewußtseinsphilosophie stehenden spekulativ-theosophischen Theologie.

Während des Studiums in Erlangen (1844-47) empfing C. bleibende Prägung durch den jungen christl. Philosophen E.A.v. → Schaden (1814-1852), einen Schüler F.v. → Baaders, der ihn auch in das Spätwerk F.W.J. → Schellings und die spekulative Mystik J. → Böhmes und → Saint-Martins) einführte. Nach halbjährigem Zusatzstudium in Berlin und Vikariat in Kaiserslautern wurde C. 1851 Pfarrer in Freckenfeld, 1859 - bis zu seinem frühen Tod - in Speyer. Sein Hauptwerk, die 1863 in ihrem ersten Teil erschienene Christliche Ethik (seit 1864 posthum durch den Abdruck des Entwurfs zum 2. Teil ergänzt), geht aus von einer in Analogie zur Trinität spekulativ entwickelten Lehre von der Gottebenbildlichkeit des Menschen: Als »Abgrund des Hungers und Begehrens« nach Gott ist der Mensch Abbild des »Zuges des Vaters zum Sohne«. Ziel der Ethik ist die Vollendung der mit der »Vaterhypostase« von der Schöpfung her gegebenen anfänglichen Gottebenbildlichkeit in der »Assimilierung« des Sohnes und des Geistes in Erlösung und Heiligung. Das in mehreren Auflagen (zuletzt 1927) erschienene Buch hatte vor allem auf die → Gemeinschaftsbewegung bedeutenden Einfluß (Ohlemacher).

Lit.: Ph.T. Culmann: Die Christliche Ethik, 1863 (die Auflagen von 1866 und 1874 enthielten noch später separat unter dem Titel »Vier theosophische Aufsätze« erschienene Arbeiten C.s, von denen besonders wichtig sind: Die Prinzipien der Philosophie Fr.v. Baaders und E.A.v. Schadens; Wuttkes christliche Sittenlehre und der Notstand dieser Disziplin).

Lebensabriß (anonym; in der Auflage der Ethik von 1889, 9-14); J. Ohlemacher: Das Reich Gottes in Deutschland bauen, 1986, 108.

H. Burkhardt

Curriculumtheorie

1. Wort und Begriff

Das lat. Wort *curriculum* (ursprüngl. einfach »Lauf«) bedeutet im Spätlatein und im mittelalterl. Latein »Ablauf, Zeitabschnitt, Alljährlichkeit«. Seit dem 16./17. Jh. dringt es in die Pädagogik ein und ist seit dem Barock die maßgebliche Bezeichnung für das, was in den Schulen und Universitäten gelehrt werden soll. Im deutschsprachigen Bereich wird es in dieser Funktion seit dem ausgehenden 18. Jh. durch die neue Wortbildung »Lehrplan« ersetzt. In der angelsächsischen Welt hat es sich dagegen bis heute erhalten. Dort hat der Begriff aber eine mehrfache Wandlung durchgemacht. Er bezeichnet nicht mehr nur die im Unterricht zu behandelnden Stoffe, sondern bezieht soziales und emotionales Lernen mit ein, »the sum total of experience that are sponsored by the school« (D. Tonner bei H. Blankertz, 122). Unter angelsächsischem Einfluß ist der Begriff auch bei uns seit Mitte der sechziger Jahre wieder eingeführt worden, um im Unterschied zum Lehrplan, der zu einem reinen Stoffplan verkommen war, den untrennbaren Zusammenhang von Zielen,

Inhalten, Methoden und Medien unter Berücksichtigung der Lernlage der Schüler und möglicher Überprüfungen der Lernergebnisse zu bezeichnen. Ein Curriculum sollte die »Aufgaben der Schule in Form einer organisierten Sequenz von Lernerfahrungen, die auf beabsichtigte Verhaltensdispositionen gerichtet sind« (D. Knab, 160), beschreiben. Aufgabe der C. sollte dabei sein, diesen Zusammenhang wissenschaftl. zu begründen.

2. Allgemeine pädagogische Bedeutung

Nach der geisteswissenschaftl. Lehrplantheorie sind Lehrpläne das Ergebnis des Kampfes gesellschaftl. Mächte (Erich Weniger) wie der polit. Parteien, der Wirtschaft, der Wissenschaft, der Kirchen usw. Die Vertreter der C. traten mit dem Anspruch auf, die sich auf diese Weise ergebenden wechselnden Koalitionen mit hist. zufälligen Ergebnissen der Lehrplangestaltung durch eine objektive wissenschaftl. Arbeit abzulösen. Am einflußreichsten war Saul B. Robinsohn vom Berliner Max-Planck-Institut für Bildungsforschung mit seiner Schrift »Bildungsreform als Revision des Curriculum« (1967). Lehrinhalte sollen nicht mehr einfach von der Tradition vorgegeben werden, sondern es sollen nur solche Gegenstände mit entsprechender Intention im Unterricht thematisiert werden, die Fähigkeiten (Qualifikationen) vermitteln, die die Schüler im Blick auf zukünftige Anforderungen und Lebenssituationen benötigen. Auf wissenschaftliche Weise mit Hilfe der Methoden der empirischen Sozialforschung sollten die zukünftig erwartbaren Lebenssituationen erhoben werden, die dafür notwendigen Qualifikationen ermittelt und in einem interdisziplinären Diskurs zwischen Fachwissenschaften, zukünftigen »Abnehmern« der Schüler und Vertretern von auf den Menschen bezogenen Wissenschaften Lehrinhalte und Ziele ermittelt werden. Als Kriterien für die Auswahl der Inhalte sollten gelten: a) Ihre Bedeutung im Gefüge der Wissenschaft, b) die Leistung für Weltverstehen, c) ihre Funktion in Verwendungssituationen des privaten und öffentl. Lebens.

Die C. war der letzte große Impuls, der die Erziehungswissenschaft in Deutschland 15 Jahre lang bewegte. Die heutigen Lehrpläne wären zwar ohne die mannigfachen Beeinflussungen durch die C. nicht zustande gekommen, aufs ganze gesehen vermochte sie jedoch ihr eigenes Programm nicht einzulösen, die – aus ihrer Sicht – hist. zufällig gewachsenen Lehrpläne durch »wissenschaftliche« Curricula abzulösen. Der vorausgesetzte positivistische Wissenschaftsbegriff war trügerisch. Ohne Weltanschauungen, Werte und Normen ließen sich nicht Qualifikationen zu Situationen, Lernziele zu Qualifikationen und Lerninhalte zu Lernzielen zuordnen. Die C. bedarf einer leitenden Bildungstheorie, um zu funktionieren. Am Scheitern der C. rächte sich, daß Robinsohn die deutsche Bildungstradition gar nicht wahrgenommen hatte (A. Flitner). Geblieben sind ein größerer Problemhorizont und ein höheres Reflexionsniveau, aber dadurch auch ein Zurückschrekken der Praktiker vor der Erziehungswissenschaft, der sie theoretische Verstiegenheit vorwerfen.

3. Bedeutung für Religionspädagogik und Praktische Theologie

Das Aufblühen der C. traf auf eine Krise der Religionspädagogik. Viele Religionspädagogen versuchten mit Hilfe der C. den erlittenen Relevanzverlust wieder wettzumachen. Besonders die Lernzielorientierung erschien manchen dabei als willkommenes Instrumentarium zur Reform des Religionsunterrichts, um vermeintlich überholte Inhalte abstreifen zu können. Anfangs wurde dabei übersehen, daß sich die damit verbundene sog. Operationalisierung (Kleinarbeitung der Lernziele mit dem Zweck, ihr Erreichen anschließend kontrollieren zu können) bei Prozessen des Glaubenlernens kaum anwenden ließ. Als ausgesprochen hilfreich erwies sich aber die Nötigung, Unterrichtsinhalte in ihrer Bedeutung für die Lebenswirklichkeit der Schüler begründen zu müssen und nicht einfach ihre Wichtigkeit voraussetzen zu können. Damit hat die → Didaktik lediglich an eine beinahe selbstverständliche, aber oft vergessene theol. Aussage erinnert, die H.B. Kaufmann einmal so formulierte: »Die Frage nach Gott und das Zeugnis des Neuen Testaments vom Heil in Jesus, dem Gekreuzigten und Auferstandenen, sowie die paulinische Rechtfertigungslehre gehen auf das Ganze der Wirklichkeit und des Menschseins. Sie kommen deshalb in ihrer Bedeutung nur dann recht in den Blick, wenn es gelingt, sie im Kontext der geschichtl. Welt und der menschlichen Lebenswirklichkeit sowie im Dialog mit dem Welt- und Selbstverständnis der heute lebenden Menschen zur Sprache zu bringen.« (1973, 23) Die Leistung theol. Aussagen für das Verstehen der Welt und ihre Funktion im täglichen, privaten und öffentlichen Leben zum Ausdruck zu bringen, ist notwendigerweise Aufgabe aller praktisch-theol. Rede von Gott, wenn diese nicht zum klerikalen Monolog verkümmern will.

Lit.: F. Achtenhagen, H.L. Meyer (Hg.): Curriculumrevision. Möglichkeiten und Grenzen, 1971; I. Baldermann, G. Kittel: Die Sache des Religionsunterrichts. Zwischen

Curriculum und Biblizismus, 1975; H. Blankertz: Theorien und Modelle der Didaktik, [9]1975; J. Dolch: Lehrplan des Abendlandes, 1959; U. Hemel: »Ziele religiöser Lernprozesse«: Handbuch religionspädagogischer Grundbegriffe Bd. 2, hg. v. G. Bitter, G. Miller, 1986, 488-494; G. Hilger: »Lehrplan/Curriculum«: ebd., 482-488; H.-B. Kaufmann: Streit um den problemorientierten Unterricht in Schule und Kirche, 1973; D. Knab: Konsequenzen der Curriculum-Problematik im Hinblick auf Curriculumforschung und Lehrplanentscheidungen in der Bundesrepublik, in: F. Achtenhagen, H.L. Meyer (Hg.): a.a.O., 159-177; Kontinuität und Traditionsbrüche in der Pädagogik. Ein Gespräch zwischen den Generationen, hg. v. H.B. Kaufmann u.a., 1991; G. Stachel: »Theorie und Praxis des Curriculum«, in: Handbuch der Religionspädagogik Bd. 2, hg. v. E. Feifel et al., [2]1978, 34-72; S.B. Robinsohn: Bildungsreform als Revision des Curriculum, [5]1975; K. Riedel: »Curriculum«, in: Pädagogische Grundbegriffe Bd. 1, hg. v. D. Lenzen, 1989, 298-301.

H.-J. Abromeit

Cusanus → Nikolaus von Kues

CVJM → Christlicher Verein Junger Männer

Cyprian, Thascius Cäcilius (gest. 258)

C. wurde wohl zu Beginn des 3.Jh.s in Karthago geboren und war seit 248/49 Bischof der Stadt. Er starb am 14.9.258 den Märtyrertod in der Verfolgung unter Kaiser Valerian.

C. stammte aus einer vornehmen und wohlhabenden Familie und hatte eine klass.-rhetorische Ausbildung erhalten, die ihn zum höheren Staatsdienst befähigte.(Später wandte er große Teile seines Vermögens der Armenfürsorge zu.) Anfang der 40er Jahre des 3. Jh. war er zum Christentum übergetreten. Als Gründe für seine Entscheidung nennt er: die Sittenlosigkeit der Schauspiele, die Grausamkeit der Gladiatorenkämpfe und den allgemeinen Verfall der Moral im öffentlichen und privaten Leben (»Ad Donatum«; vgl. auch die Lebensbeschreibung des Pontius).

Sein Martyrium hat C. ein bleibendes Andenken in der Kirche verschafft. In ihm vollendete sich sein Lebenswerk als engagierter Bischof und Seelsorger. Seine zahlreichen Schriften und Briefe erweisen ihn zugleich auch als einen leidenschaftlichen Streiter für die Einheit und Reinheit der Kirche in einer kritischen Zeit.

In der Mitte des 3. Jh.s wurde die Kirche von mehreren schweren Verfolgungen (unter den Kaisern Decius und Valerian) heimgesucht und hatte eine Reihe - damit verbundener - innerer Krisen zu überstehen. Gleich nach dem Ende der decischen Verfolgung (251) entstand in Rom eine Kirchenspaltung (Schisma) durch den Presbyter Novatian. Dieser hatte sich an der laxen Bußpraxis des römischen Bischofs Cornelius und seiner Nachfolger im Umgang mit den bei der Verfolgung Abgefallenen (*lapsi*) gestoßen und versucht, eine »Kirche der Reinen« um sich zu sammeln, die dem Todsünder keine Vergebung in diesem Leben gewährte. Obwohl C. ebenfalls einer strengen Auffassung von der → Buße zuneigte, beteiligte er sich nicht an diesem Schisma. Vielmehr kämpfte er um die Einheit der Kirche, »in der allein das Heil gegeben ist« (ep. 72).

Im Streit um die Anerkennung der Häretikertaufe (→ Ketzertaufstreit) verfocht C. gegenüber Rom (Stephanus I. 254-257) den Standpunkt, daß Häretiker (und Schismatiker!) beim Übertritt in die Kirche getauft werden müßten. Das Sakrament der Taufe sei nur gültig und heilswirksam in der kath., durch den Bischof repräsentierten Kirche.

C. gehört zu den herausragenden Bischofsgestalten der Alten Kirche und hat an der Ausformung dieses Amtes wesentlich mitgewirkt. C. war jedoch kein spekulativer Theologe, sondern ein Mann der Praxis.

Die Kirche Nordafrikas wurde von ihm nachhaltig mitgeprägt. Die Donatisten (→ Donatismus), aber auch → Augustin beriefen sich später auf ihn als kirchl. und theol. Autorität.

Lit.: J. Baer: Des Hl. Kirchenvaters Cäcilius Cyprianus sämtliche Schriften übers., 2 Bde. (BKC 34.60), 1918/1928; Pontius, Vita et martirio di San Cipriano, ed. M. Pellegrino, 1955; M. Bévenot: »Cyprian von Karthago«, TRE 8, 1981, 246-254 (Lit.); H. Gülzow: Cyprian und Novation (BHTh 48), 1975; G. Haendler: Von Tertullian bis zu Ambrosius (KGE I/3), ³1986, 14. 54-75; U. Wikkert: »Cyprian von Karthago«, GdKG 1 (1984), 158-175; ders.: Sacramentum unitatis (BZNW 41), 1971.

W. A. Bienert

Cyrillus (826-869) und Methodius (ca. 815-885)

Die Brüder C. (eigentlich: Konstantinos, den Mönchsnamen Kyrillos nahm er erst auf dem Sterbebett an; 826-869) und M. (ca. 815-885), die byz. »Slawenapostel«, entstammten einer höheren Beamtenfamilie in Thessaloniki. M., der ältere, hatte sich zunächst für den Staatsdienst entschieden, ehe er Mönch wurde. Konstantinos hatte theol.-wissenschaftl. Interessen. Er wird als Gelehrter und Philosoph bezeichnet, der sich in Religionsgesprächen mit Muslimen und Juden hervortat. Beide dienten dem byz. Kaiser Michael III. (842-867) in verschiedenen Gesandtschaften, bevor sie im Jahre 863 im Auftrag des Patriarchen von Konstantinopel und der Patriarchatssynode auf Bitten des Fürsten Rastislav (846-870) nach Mähren gesandt wurden. Sie sollten dort den christl. Glauben in slavischer Sprache verbreiten und vor allem eine slavische Liturgie für den Gottesdienst in der Muttersprache erarbeiten.

Die Brüder aus Thessaloniki brachten dafür besondere Voraussetzungen mit. Denn sie waren von ihrer Jugend an mit der südslavischen Sprache vertraut und hatten für die slavische Bevölkerung im

Umkreis der bithynischen Klöster wohl schon früher das sog. glagolitische Alphabet geschaffen, das dem slavischen Lautsystem entgegenkam. Daraus wurde später die kirchenslavische und schließlich die »kyrillische« Schrift (Bulgarien, 10. Jh.).

Ziel der Arbeit in Mähren war nicht die Bekehrung, denn dieses Land war durch bayerisch-fränkische Missionare bereits christianisiert worden. Rastislav suchte vielmehr das Bündnis mit Byzanz im Gegenüber zu den benachbarten Bulgaren und den mit ihnen verbündeten Franken. Der fränkische Klerus im Land vertrieb jedoch die Byzantiner (866), die daraufhin ihre Tätigkeit nach Pannonien verlegten. Von dort zogen sie nach Rom, um vom Papst Unterstützung für ihre Arbeit zu erhalten. C. starb in Rom (14.2.869). M. kehrte zwar als Bischof nach Pannonien zurück, wurde aber vom dortigen Klerus gefangengesetzt und kam erst 873 durch die Hilfe Papst Johannes VIII. (872-882) wieder frei. Er wurde nun Erzbischof für das Großmährische Reich, mußte aber auf die Feier der slavischen Liturgie verzichten. Die Arbeit wurde immer schwieriger, auch weil in Mähren die Regierung auf Svatopluk übergegangen war (870). Nach dem Tod des M. (6.4.885) wurden seine Schüler endgültig vertrieben. Diese fanden Zuflucht in Kroatien und Bulgarien und setzten von dort (vor allem von Ohrid aus) ihr Werk fort.

Trotz der kurzen und scheinbar erfolglosen Wirksamkeit in Mähren war die Arbeit der »Slavenlehrer« C. und M. von großer Bedeutung. Durch die Erfindung des glagolitischen Alphabets und die Übersetzung der Bibel, der Liturgie und kirchenrechtlicher Schriften ins Slavische hatten sie ein dauerhaftes Fundament geschaffen für den Aufbau und die Entwicklung einer eigenständigen slavisch-christl. Kultur.

Lit.: J. Bujnoch: Zwischen Rom und Byzanz (Slav. Geschichtsschreiber 1), ²1972; N. Randow: Die pannonischen Legenden, 1972; F. Dvornik: Byzantine Missions among the Slavs, 1970; F. Grivex: Konstantin und Method. Lehrer der Slaven, 1960; Chr. Hannick: »Cyrillus und Methodius«, TRE 8, 1981, 266-270; ders.: Die byzantinischen Missionen, in: K. Schäferdiek (Hg.): Die Kirche des früheren Mittelalters (KGMG II/1), 1978, 279-359.

W. A. Bienert

Cyrillus von Alexandrien (ca. 380-444)

C., Bischof und Oberhaupt der ägypt. Kirche seit 412, war der letzte große Theologe und Kirchenvater der alexandrinischen Kirche. C. war ein bedeutender Exeget und Bibeltheologe, aber auch ein Kirchenpolitiker, der sich nicht scheute, das Mittel der Intrige und der Bestechung einzusetzen. C. war der Neffe seines Amtsvorgängers Theophilos von Alexandrien (385-412), der ihn 403 zur »Eichensynode« nach Konstantinopel mitnahm, auf der Johannes Chrysostomos (gest. 407), damals Bischof von Konstantinopel, verurteilt und in die Verbannung geschickt wurde. Die Rivalität zwischen Alexandrien und Konstantinopel, die später im Streit zwischen C. und Nestorios (428-431) eine bedeutsame Rolle spielte, hatte also bereits eine längere Vorgeschichte.

C. verfügte über eine umfassende klass.-antike Bildung (C. verstand auch Latein!), sein Interesse galt aber mehr der Bibel und den Kirchenvätern. Theol. knüpfte C. vor allem an → Athanasius an. Der heidnischen Philosophie stand er ablehnend gegenüber. Man beschuldigte ihn sogar, er habe Mönche und Volk zur Ermordung der Philosophin Hypatia (415) aufgehetzt. Mit seiner Streitschrift gegen Julian (Apostata) verfaßte er eine umfangreiche Apologie des christl. Glaubens. Auch gegen das Judentum richteten sich seine Angriffe. C. wandte sich damit zumeist gegen ein damals unter (intellektuellen) Christen verbreitetes Interesse an heidnischen Kulten, die sich in Ägypten dem Hellenismus angenähert hatten (→ Synkretismus; vgl. auch das hellen. Judentum in Alexandrien). Im Kampf gegen die Häresien (Arianer, Novatianer) folgte C. der Tradition seiner Amtsvorgänger.

Ende 428 beginnt der christologische Streit mit dem kurz zuvor zum Bischof von Konstantinopel erhobenen Nestorios. Darin tritt C. leidenschaftlich für die Einheit des fleischgewordenen Logos in Christus ein. Nur in der Einheit mit Gott sei Christus der Garant unserer → Erlösung. Dagegen betont Nestorios (in antiochenischer Tradition) die Unterscheidung der göttlichen und menschlichen Natur und lehnt darum auch den in der Volksfrömmigkeit verbreiteten Ausdruck »Gottesgebärerin« (*Theotókos*) für Maria ab. Durch geschicktes Vorgehen gelingt es C., Papst Cölestin I. (422-432) für sich zu gewinnen, so daß eine röm. Synode Nestorios verurteilt und zum Widerruf auffordert (August 430). Auf dem Konzil in Ephesus (431), dem »3. Ökumenischen Konzil«, wird diese Verurteilung bestätigt. Die strenge Position C.s vom November 430 (12 Anathematismen), in der die Einheit Christi nicht nur als »wesenhaft« (hypostatisch), sondern als »naturhaft« (physisch) bezeichnet wurde, setzte sich allerdings nicht durch. Sie erinnerte zu sehr an die Lehre des → Apollinaris von Laodicea von der »einen, Fleisch gewordenen Natur Christi«.

Nach dem dramatischen Verlauf des Konzils von Ephesus, auf dem die verschiedenen Parteien sich zunächst gegenseitig verdammt hatten, kommt es 433 zu einer Einigungsformel, die wohl von → Theodoret von Kyros, einem Vertreter der antiochenischen Tradition, verfaßt wurde. In ihr wird Maria zwar als »Gottesgebärerin« bezeichnet, aber zugleich wird die Unterscheidung der göttlichen und der menschlichen Natur in Christus betont. Ihre Trennung wird jedoch verworfen. C. sieht so die Einheit und Göttlichkeit Christi gewahrt und interpretiert die Formel so, daß in Christus beide Naturen untrennbar verbunden sind und aneinander teilhaben. Diese Unionsformel wurde später zu einer wichtigen Grundlage bei der Ausformulierung des christologischen Dogmas von → Chalkedon (451).

Lit.: A. Grillmeier: Jesus der Christus im Glauben der Kirche I, ^{2}1982; A. de Halleux: Cyrill von Alexandrien, in: Klassiker der Theologie I, hg. v. H. Fries, G. Kretschmar, 1981, 130-149. 403f; E.R. Hardy: »Cyrillus von Alexandrien«, TRE 8, 1981, 254-260; G. Jouassard: Cyrill v. Alexandrien: RAC 3, 1957, 499-516; H.J. Vogt: Cyrill von Alexandrien: GdKG 2, 1984, 227-238.

W. A. Bienert

Dahlemer Erklärung

Am 19./20. 10. 1934 trat in Berlin-Dahlem die zweite Bekenntnissynode der Deutschen Evangelischen Kirche (DEK) zusammen. Direkter Anlaß war der gewaltsame Eingriff der Reichskirchenregierung (Reichsbischof Müller, »Rechtswalter« Dr. Jäger) in die Leitung der Landeskirchen von Württemberg und Bayern, um auch diese in die DEK einzugliedern. Dagegen proklamierte die Synode ein kirchl. Notrecht, das mit der Trennung von der deutsch-christl. Reichskirchenregierung und der Schaffung eigener Leitungsorgane die praktischen und rechtlichen Folgerungen aus der → Barmer Theologischen Erklärung zog. Die Botschaft der Bekenntnissynode enthält in ihrem Kern drei Punkte: Die Leitung und Vertretung der DEK ist auf die Bekenntnissynode und von ihr bestellte Organe übergegangen; die Gemeinden werden aufgefordert, von der bisherigen Reichskirchenregierung keine Weisungen mehr anzunehmen; die Zusammenarbeit mit denen, die diesem Kirchenregiment gehorchen, ist abzubrechen. Besonders der dritte Punkt war und blieb – zumal in seiner Durchführbarkeit – umstritten. Auch weitere inhärente theol. Fragen blieben ungelöst. Dennoch war die Botschaft »nach der Theologischen Erklärung von Barmen zweifellos die wichtigste Entscheidung der Bekennenden Kirche« (Scholder) und der entscheidende Schritt zu deren Konsolidierung.

Lit.:K. Meier: Der evangelische Kirchenkampf, Bd. 1, 1976; W. Niemöller: Die zweite Bekenntnissynode der Deutschen Evangelischen Kirche zu Dahlem, 1958; K.D. Schmidt: Die Bekenntnisse und grundsätzlichen Äußerungen zur Kirchenfrage, Bd. 2: Das Jahr 1934, 1935; K. Scholder: Die Kirchen und das Dritte Reich, Bd. 2, 1985.

H. Kirchner

Dallmeyer, Heinrich (1870-1925)

D., geb. am 25. 2. 1870 in Bordesholm, gest. am 28. 11. 1925 in Nachrodt, Kr. Altena. Nach einer Müllerlehre absolvierte er eine Ausbildung am → Johanneum. Ab 1896 war er Jugendsekretär in Dortmund, 1899 Arbeitermissionar in Kassel-Rothenditmold, 1902 Pfarrgehilfe in Langendreer, 1906 wurde er durch H. Dannert in den Evangelistendienst geholt. Auf der Brieger Woche 1907 begegnete er Pastor J. → Paul und wurde für die → Pfingstbewegung gewonnen. In Hamburg erlebte D. am 25. 6. 1907 nach eigener Darstellung die Geistestaufe, verbunden mit der Heilung von einem körperlichen Leiden. Gemeinsam mit seinem Bruder August, dem Leiter des Kasseler Blaukreuzvereins und Schriftleiter der Zeitschrift »Der Reichgottesarbeiter«, und Theodor → Haarbeck lud D. im Juli 1907 zu einer Evangelisation des Gnadauer Verbandes nach Kassel ein, auf der neben ihm zwei Norwegerinnen dienten. Es kam zu einer Erweckung, aber auch zu Auswüchsen und Tumulten, so daß D. die Evangelisation auf Bitten der Polizei nach vierwöchiger Dauer abbrechen mußte. In einem offenen Brief trennte sich D. am 27. 11. 1907 von der von ihm »Los-Angeles-Bewegung« genannten Gruppe. Ebenso verurteilte sein Bruder August D. die Geschehnisse, die er auf einen »Lügengeist« zurückführte, der auf »Verwüstung« aus ist. Als »Kasseler Bewegung« wurde sie vom → Gnadauer Gemeinschaftsverband in der »→ Berliner Erklärung« (I) von 1909 verurteilt. – Später war D. vor allem als Evangelist tätig, schrieb mehrere Schriften über die Pfingstbewegung (zuletzt 1924), über Möttlingen und über »Biblische Kindererziehung« (stark gesetzlich geprägt).

Lit.: H. Dallmeyer: Die Zungenbewegung, 1924.

S. Rothenberg

Damaskusschrift

Der Name »Damaskusschrift« wurde diesem titellosen, in hebr. Sprache abgefaßten Werk deshalb gegeben, weil es für eine »Gemeinde des neuen Bundes im Land Damaskus« bestimmt ist. Auch die Bezeichnung »Cairo Document« (CD) wird vielfach verwendet; sie ist vom Fundort, der Geniza der Esra-Synagoge in Alt-Kairo, bestimmt. Dort hatte Solomon Schechter diese Schrift 1896/7 entdeckt, und zwar in zwei mittelalterl. Handschriften: A, 16 Kolumnen enthaltend, B, einen Paralleltext zu A 7,5-9,1ff mit anderen Schriftzitaten bietend. Schechter selbst nannte das Werk »A Zadokite Work«, da die Mitglieder dieser Gemeinde auch als »Sadoq Söhne« bezeichnet sind (4,3), in denen Schechter mit Recht jüd. Sektierer sah. Die Datierung und historische Einordnung blieben lange Zeit umstritten (frühjüd. oder mittelalterl.?, pharisäisch, zadokidisch, vor-karaäisch?). Mit der Entdeckung der Schriftrollen vom Toten Meer (Qumran) ließ sich die Heimat der D. bestimmen: Sie ist wie diese Rollen von den sog. »Essenern« verfaßt worden und besonders der »Gemeinderegel« (1 QS) nah verwandt; Fragmente der D. wurden in Höhle 4 und 6 von Qumran gefunden.

Der erste Teil der D. (Kol. 1-8) besteht aus Mahnreden, die auch über die Geschichte dieser Gemeinde manches verraten. Sie entstand aus einer Bußbewegung, die von dem aus anderen Qumrantexten bekannten »Lehrer der Gerechtigkeit« entscheidend geprägt wurde (1,11f); allerdings wird er in B als bereits verstorben bezeichnet (20,14f). Kritisiert werden die Priester in Jerusalem (4,15-27), ferner »der Lügenmann«, der die Gemeinde gespalten haben muß (20,15). Einzelne Schriftworte werden – z.T. allegorisch ausgelegt – auf die Geschichte der Gemeinde bezogen; sie besteht aus Priestern, Leviten und Laien, die aus dem Lande Juda auszogen (4,2ff). Der 2. Teil der D. (Kol. 9-16) enthält rigorose Vorschriften für ein gemeinsames Leben in Lagern (13,1ff), die jeweils von einem Aufseher geleitet werden; die Einhaltung des Sabbats und der rituellen Reinheit, die Abgaben an den Tempel, der Verkehr mit den Heiden werden im einzelnen geregelt. Für die Glieder der Gemeinde wird die Ehe vorausgesetzt (7,6f; 12,1f), auch der Besitz von Geld (10,18; 12,7f), so daß die D. für den von Josephus erwähnten »zweiten Orden« der Essener bestimmt sein könnte (Bell 2,160f). Es ist umstritten, ob die Bezeichnung »Land Damaskus« einer Gegend um Damaskus gilt oder aber als verschlüsselter Name die Wüste Juda und Qumran meint; die letztere Annahme ist deshalb weniger wahrscheinlich, weil der Auszug der Büßer aus dem Land Juda mehrfach betont wird (4,2; 6,5).

Lit.: C. Rabin: The Zadokite Documents, ²1955; L. Rost: Die Damaskusschrift, Kl T 167, 1933; S. Schechter: Documents of Jewish Sectaries. Vol. I, Fragments of a Zadokite Work, 1910;

O. Betz

Dammann, Julius (1840-1908)

D., geb. am 8. 4. 1840 in Warburg (Westf.), gest. am 10. 12. 1908 in Eisenach, Führer der deutschen Gemeinschaftsbewegung. Nach dem Theologiestudium in Halle und Berlin nahm er verschiedene Hauslehrerstellen an und wurde bald darauf Prädikant und Lehrer in Peseckendorf bei Hadmersleben. 1866 wurde er Leiter der städt. Schulen zu Löbejün und nach seinem Rektorexamen Rektor der Bürgerschule in Tangermünde. Nach Aufgabe des Lehrerberufs nahm er den Ruf als Pfarrer nach Burgscheidungen a.d. Unstrut an. Als Pfarrer seit 1879 in Siegen erlebte er dort seine Bekehrung und schloß sich der Gemeinschaftsbewegung an. Seit 1885 wirkte D. segensreich als Prediger in Essen, wo er eine Erweckung hervorrief. Im Kampf um die kirchl. entfremdeten Arbeiter und gegen den polit. Atheismus und die liberale Theologie erwies er sich als streitbarer Theologe und Evangelist, aber auch als Seelsorger. Seinem evangelist. Engagement diente das 1889 von ihm gegründete Blatt »Licht und Leben«.

Lit.: W. Busch: Die von Herzen dir nachwandeln. Gestalten des rhein.-westf. Pietismus, ²1950, 148ff; O. Hasselmann: Pastor Julius Dammann, Volksmann, Seelsorger, Evangelist, ²1931.

V. Gäckle

Dämon, dämonische Besessenheit → Satan

Dänemark → Skandinavien

Daniel → Apokalyptik

Dänisch-Hallesche Mission

Friedrich IV. von Dänemark suchte 1705 Missionare für die dänischen Besitzungen in West- und Ostindien (Besitz in Ostindien seit 1620, in Westindien seit 1672). Über den deutschen Hofprediger in Kopenhagen Franz Julius Lütkens wurden Bartholomäus Ziegenbalg (1682-1719) und Heinrich Plütschau (1677-1746) für die Missionsarbeit gewonnen. Der erstere stammte aus Pulsnitz in der Oberlausitz, der letztere aus Wesenberg in Mecklenburg, beide hatten Theologie in Halle bei August Hermann → Francke studiert. Am 9. Juli 1706 betraten Ziegenbalg und Plütschau als erste ev. Missionare in der Hafenstadt Transquebar an der Koromandelküste indischen Boden. Die so entstandene D.-H.M. wurde von deutschen, dänischen und englischen erweckten Kreisen geistl. und finanziell getragen und trug als luth. geprägte Mission durch die Kooperation mit Anglikanern von Anfang an einen ökumen. Akzent.

Ziegenbalg beherrschte Tamil und übersetzte u.a. Luthers Kleinen Katechismus in diese Sprache. Bereits 1709 begehrte er für indische Mitarbeiter das Ordinationsrecht. Mit seiner Arbeitsweise unter den Hindus wurde er zum Prototyp des ev. Missionars. Plütschau verließ 1711 Indien und wurde Pastor in Beidenfleth in Holstein. Ziegenbalg verstarb 36jährig in Tranquebar. Claus → Harms nennt 1823 die D.-H.M. das »schönste Juwel in der dänischen Königskrone«. Die größten Erfolge betrafen die Anfangszeit (40.000 Bekehrte). Innere Auseinandersetzungen und nicht zuletzt rationalistische Missionstheologien brachten die D.-H.M. zum Erliegen. Ihr Erbe im Tamulenland Südindiens betreuten Engländer, bis es 1841 die »Evang.-Luth. Mission zu Leipzig« (Leipziger Mission) übernahm. 1845 wurde Tranquebar an die Britisch Ostindische Kompanie verkauft.

L. Hein

Dänische Missionsgesellschaften → Skandinavien

Dankopfer → Opfer (biblisch)

Dannhauer, Johann Conrad (1603-1666)

D., geb. am 24. 3. 1603 zu Köndringen im Breisgau, gest. am 7. 11. 1666 in Straßburg. Nach Schul- und Universitätsbesuch in Straßburg sowie Studien in Marburg, Altdorf und Jena wurde D. nach Straßburg berufen, übernahm 1633 eine theol. Professur, wurde Pfarrer am Münster und 1658 Straßburger Kirchenpräsident. Als Theologe war er ein Vertreter der strengen luth. Orthodoxie, vor allem als Polemiker. Seine Dogmatik »Hodosophia christiana seu

Theologia positiva« erlebte vier Auflagen (1649, ^{4}1713). Die umfangreiche kasuistische Ethik »Liber conscientiae apertus, sive Theologiae conscientariae« (1662/1667) nimmt Grundzüge puritanischer Gewissenserforschung auf (W. Amesius, s. → Orthodoxie, protestantische). Die umfänglichste homiletische Auslegung des Katechismus im Luthertum, sie erschien in 10 Quartbänden (1642-1673) unter dem Titel »Katechismusmilch«, entstand aus sonntäglichen Vesperpredigten im Münster. Sie zeigt D. als eindringlichen, volkskirchl. Prediger. P.J. Spener, der Begründer des luth. → Pietismus, hat bei D. Dogmatik, Ethik und Polemik studiert und ihn stets als seinen theol. Lehrer bezeichnet. Mit seinen 1690 veröffentlichten »Tabulae Hodosophicae«, einer ursprünglich für seine Straßburger Studenten erstellten Kurzfassung der Hodosophia, hat Spener erheblich zur Verbreitung der Dogmatik D.s beitragen. In seinen pietistischen Gedanken und Bestrebungen ist er allerdings nicht von D. gefördert worden.

Lit.: W. Horning: Der Straßburger Universitätsprofessor, Münsterprediger und Präsident des Kirchenkonvents Dr. Johann Conrad Dannhauer, 1883; J. Wallmann: Philipp Jakob Spener und die Anfänge des Pietismus, ^{2}1986, 100-125.

J.O. Rüttgardt

Dante Alighieri (1265-1321)

D., italienischer Dichter, wurde Mai/Juni 1265 in Florenz geboren. 1274 lernte er Beatrice (Portinari? gest. 1290) kennen, die sein Werk entscheidend inspirierte. Seiner Ehe mit Gemma di Manetto Donati entstammten vier (drei?) Kinder, von denen Jacobo (1322) und Pietro (1341/48) zu den ersten Kommentatoren seiner Commedia gehörten. Er starb am 13./14. September 1321 in Ravenna.

In Florenz übernahm D. 1289/90 diplomatische und polit. Funktionen (1295 Zunft der Ärzte und Apotheker, 1295ff Rat der Hundert, 1300 Rat der sechs Prioren). Als Gegner der päpstlichen Partei (Papst Bonifatius VIII.) wurde er 1302 auf Dauer aus Florenz verbannt und irrte seitdem durch Italien. Im Traktat De Monarchia (Über die Monarchie: 1312/13, vielleicht schon 1308/09?) forderte D. eine von päpstlichem Übergewicht unabhängige Universalmonarchie, die wie die Kirche eine zentrale Rolle im göttlichen Heilsplan spielt.

D. genoß eine vielseitige Bildung, die antike (Aristoteles, Platon, Cicero, Vergil), theol.-phil. Elemente (Ordensschulen der Franziskaner und Dominikaner, Universität Bologna (?): Boethius, Thomas von Aquin, Albertus Magnus), aber auch Rhetorisches (13 lat. Epistol(a)e, Briefe) und naturwissenschaftl.-kosmologische Bereiche (Zahlensymbolik) einbezog. Zeittendenzen entsprechend versuchte er, Wissen in popularisierter Form und in der Volkssprache einem adelig-bürgerlichen Publikum in den Städten nutzbar zu machen.

Seine thematisch und stilistisch vielfältige Lyrik steht in der Tradition provencalischer Dichtung und der Scuola Siciliana.

Hauptwerk D.s ist die (Divina) Commedia (1307-1321), ein phil.-theol. Lehrgedicht in 100 Gesängen über eine Reise D.s durch Hölle und Fegefeuer (Führung Vergils), sowie das Paradies. In Hinwendung zum Glauben und mit zeitgeschichtl. Bezügen werden göttlicher Heilsplan und Gerechtigkeit dargestellt in einem symbolhaften, mathematisch aufgebauten Kosmos.

Eine breite Rezeption (Boccaccio, Vico) setzte bald europaweit ein. Die italienische Einigungsbewegung knüpfte an D.s volkssprachliche Ideen an; entscheidend für die D.-Rezeption wurden die kritische Commedia-Ausgabe von Karl Witte 1862, der 1865 die »Deutsche Dante-Gesellschaft« gründete, und die »Socièta Dantesca Italiana« (1888).

Lit.: BBKL I, 1975, 1212-1221; Enciclopedia Dantesca (hg. von Umberto Bosco), 6 Bde., 1970-1978; Le opere di Dante, [2]1960; F. Schneider: Dante. Leben und Werk, [5]1960; LexMA, Bd. 3, 1986, 544-563.

G. Knetsch

Darby, John Nelson (1800-1882)

D., geb. am 18. 11. 1800 in London, gest. am 29. 4. 1882 in Bournemouth, studierte nach juristischem Examen 1819 Theologie, war 1826-1830 Pfarrer der anglikanischen Kirche, die er 1834 verließ. Zuvor war er in engen Kontakt zu freien Versammlungen getreten. Er übernahm die Führung dieser »Brüderbewegung«, deren »exklusiven« Flügel er bestimmte (→ Versammlung).

Die Kirche ist nach D. seit den Tagen der Apostel verfallen. Da zu ihrer Wiederherstellung die apostol. Vollmacht fehlt, vertrat D. gegenüber der Vielzahl der Kirchen den Gedanken der einen Kirche aller Gläubigen, die sich nur im Namen Jesu (Mt 18,20) zu allsonntäglichem Brotbrechen versammelt. Dort wird nur zugelassen, wer sich durch Glauben, reinen Wandel, gesunde Lehre und Trennung vom Bösen (alle Kirchen und Sekten) auszeichnet. Das Brotbrechen ist geistige Vergegenwärtigung des Leidensweges Jesu und Ausdruck der Einheit des Leibes Jesu. Ausgedehnte Reisen nach Westeuropa, Nordamerika und Australien dienten der Sammlung der philadelphischen Geistkirche der Endzeit zur Vorbereitung der Wiederkunft Jesu (s.a. → Scofield-Bibel).

Lit.: J.N. Darby: Collected Writings, 34 Bde., [2]1961-67; ders.: Letters, 3 Bde., o.J.

E. Geldbach: Christliche Versammlung und Heilsgeschichte bei J.N.Darby, [3]1975.

E. Geldbach

Darbysten → Versammlung, christliche

Darwin (1809-1882) / Darwinismus

Der britische Naturforscher Charles Robert D. (1809-1882) gilt als Hauptbegründer der → Evolutionstheorie (Deszendenztheorie, Abstammungslehre). Danach stammen alle Lebewesen von einem einzigen einzelligen Urorganismus ab; der Mensch entstammt somit dem Tierreich. Schon vor D. gab es zahlreiche spekulative evolutionäre Vorstellungen. Aber erst mit D.s Hauptwerk »Über die Entstehung der Arten durch natürliche Zuchtwahl« (1859) erlangte die Abstammungsidee allgemeine Akzeptanz. Im Gegensatz zu seinen Vorläufern konnte D. reiches Tatsachenmaterial als Beleg für seine These vorweisen sowie ein mechanistisches Prinzip der Artenwandlung vorlegen, das Selektionsprinzip. Die Selektionstheorie ist das eigentliche Spezifikum D.s gegenüber seinen Vorläufern.

Die Selektionstheorie basiert auf drei grundlegenden Beobachtungen:

Es gibt eine Variabilität der Lebewesen.

Es gibt eine Überproduktion von Nachkommen.

Dennoch bleiben die Populationsgrößen langfristig konstant.

D. schloß daraus, daß aus dem Überangebot der Nachkommen nur die am besten an die Umwelt angepaßten überleben (»survival of the fittest«). Durch diese natürliche Auslese (Selektion) und den damit verbundenen Anpassungsprozeß sollten sich nach D.s Vorstellung die Arten stufenweise zu immer komplexeren Formen entwickeln. In D.s eigenen Worten: »Es folgt deshalb, durch den Kampf der Natur, infolge Hungersnot und Tod, das höchste Ziel, das man sich erdenken kann - die Hervorbringung höherer Lebewesen« (aus: »Über die Entstehung der Arten«, 1859).

Das Selektionsprinzip ist unter dem Schlagwort Darwinismus bekannt geworden. Man verbindet mit dem D.ismus gewöhnlich gleichzeitig die Vorstellung der gemeinsamen Abstammung aller Organismen; doch muß man korrekterweise zwischen der Evolutionslehre (die die Abstammung als solche behauptet) und dem D.ismus unterscheiden, der einen speziellen Evolutionsmechanismus (das Selektionsprinzip) propagiert.

Im Gegensatz zum Evolutionsgedanken war der D.ismus heftig umstritten. Bis heute wird auch von zahlreichen Vertretern der Evolutionslehre das Selektionsprinzip als hauptsächlicher Mechanismus der Artenwandlung bestritten und nach alternativen Konzepten gesucht (Riedl 1975, Illies 1983, Kimura 1983, Schmidt 1985, Lima-de-Faria 1988). Im allgemeinen gilt aber das darwinistische Prinzip als wesentlicher Bestandteil auch der modernen Evolutionstheorien, wobei zahlreiche weitere Faktoren berücksichtigt werden.

Die Kritik von theol. Seite muß in ähnlicher Weise differenziert werden: Während viele Theologen von der Zeit D.s bis heute keine grundsätzlichen Probleme in der Akzeptanz des Abstammungsgedankens sehen, erregt die im Selektionsprinzip eingeschlossene Vorstellung eines plan- und ziellosen Werdens des Menschen bis heute z.T. heftigen Widerspruch. Neben der Mechanismenkritik (Darwinismuskritik) wird in neuerer Zeit auch wieder die Evolutionsanschauung als Rahmenkonzept von einer wachsenden Zahl von Wissenschaftlern abgelehnt. Die Kritik wird naturwissenschaftl. und bibl. begründet. Zu ersterem Bereich wird auf das regelhafte Fehlen von Zwischengliedern zwischen verschiedenen Organisationstypen (z.B. Fisch und Amphibie) verwiesen, das auch von Evolutionstheoretikern eingeräumt wird (Eldredge und Gould, 1972 und nachfolgende Arbeiten; Denton 1985). Außerdem konnte durch die experimentelle Forschung nur eine begrenzte Veränderlichkeit der Lebewesen nachgewiesen werden, die nach Auffassung von Kritikern prinzipieller Natur zu sein scheint (Junker, Scherer 1988, Lönnig 1988). Die Entstehung ersten Lebens unter präbiotischen Bedingungen ist ungeklärt (Dose 1987, Shapiro 1987). Alternative Konzepte gehen von einer separaten Erschaffung von Grundtypen aus, die schöpfungsbedingt ein weites, aber begrenztes Maß an Variabilität aufweisen (Junker, Scherer 1988).

Die theol. Kritik am Evolutionskonzept betrifft vor allem die Fragen der Entstehung der Sünde (ist Sünde evolutionsbedingt?) und der Bewertung des Todes (der Tod als Feind Gottes - 1Kor 15,26 - ist im Rahmen der Evolution ein schöpferischer Faktor). Da mit der Bewertung von Sünde und Tod die ntl. Heilslehre zentral betroffen ist, betrifft die Evolutionslehre wesentliche Fragen der christl. Botschaft (Gitt 1990).

Lit.: Ch. Darwin: On the origin of species by means of natural selection, 1859; M. Denton: Evolution: a theory in crisis, 1985; K. Dose: Präbiotische Evolution und der Ursprung des Lebens. (Zs.) Chemie und Zeit 21, (1987), 177-185; N. Eldredge, S.J. Gould: Punctuated equilibria: an alternative to phyletic gradualisms, in: Schopf TJM (ed) Models in paleobiology, 1972; W. Gitt: Schuf Gott durch Evolution?, 1990; J. Illies: Der Jahrhundertirrtum, 1983; R. Junker, S. Scherer: Entstehung und Geschichte der Lebewesen, 1988; M. Kumura: The neutral theory of molecular evolution, 1983; A. Lima-de-Faria: Evolution without selection, 1988; W.E. Lönnig: Artbildung, Evolution und Schöpfung, 1988; R. Riedl: Die Ordnung des Lebendigen, 1975; F. Schmidt: Grundlagen der kybernetischen Evolution, 1985; R. Shapiro : Schöpfung und Zufall, 1987; F.M. Wuketits: Grundriß der Evolutionstheorie, 1989.

R. Junker

Datenschutz

D. dient dazu, Menschen vor dem Mißbrauch der sie persönlich betreffenden Informationen (den sog. personenbezogenen Daten) zu schützen. D. ist besonders wichtig im Bereich der → Computer-Technik, da elektronisch erfaßte Daten (Dateien) unbemerkt verbreitet und bearbeitet werden können. Rechtliche Grundlage des D.es sind Grundgesetz, seit 1971 Länderdatenschutzgesetze, seit 1977 das Bundesdatenschutzgesetz und eigene Gesetze der Kirchen.

Jede personenbezogene Datei muß beim zuständigen »Kirchlichen Beauftragten für den D.« angemeldet werden, auch wenn sie sich z.B. auf dem privaten Personal-Computer des Pfarrers befindet. Es ist sicherzustellen, daß Unbefugten der Zugang zu diesen Dateien nicht möglich ist (Zugangsschutz), daß Dateien nicht mitgenommen oder kopiert werden können (Abgangskontrolle), und daß sich feststellen läßt, wer sie zuletzt gelesen oder verändert hat (Eingabekontrolle). In der Praxis geschieht dies meist über verschlüsselte Speicherungen mit Paßwortschutz. Alle Mitarbeiter, die mit personenbezogenen Dateien zu tun haben, sind über den D. zu belehren und auf seine Einhaltung schriftlich zu verpflichten. D. legt auch fest, welche Personendaten gespeichert werden dürfen. In der Regel sind dies die von den Einwohnermeldeämtern übernommenen Meldedaten und kirchl. Daten über Amtshandlungen und Mitarbeit in Gruppen. Notizen z.B. über Seelsorgegespräche dürfen in keiner Form gespeichert werden.

Lit.: W. Fuchs-Stratmann, H. Przybylski: Hilfe durch Bruder Computer?, 1987; Rechtssammlungen der einzelnen Landeskirchen; H.H. Schulze: Das rororo Computer Lexikon, 1991.

W. Küstenmacher

Daub, Karl (1765-1836)

D., geb. am 20. 3. 1765 in Kassel, gest. am 22. 11. 1836 in Heidelberg. Nach dem Studium der Theologie war er zunächst 1791 Dozent für Philosophie und hebr. Philologie und Theologie in Marburg,

1793 Prof. für Philosophie an der Hohen Landesschule Hanau, 1785 wurde er Prof. der Theologie in Heidelberg.

D. war ursprünglich Kantianer und somit Rationalist. In seiner Schrift »Judas Ischariot oder das Böse im Verhältnis zum Guten« (1816-1818) ging er zum dt. → Idealismus, zunächst zu → Hegel, dann zu → Schelling über und wurde zusammen mit Ph. → Marheineke (1780-1846, 1807-1811 ebenfalls in

Heidelberg) Führer der Rechtshegelianer und Vertreter einer »spekulativen Restauration des orthodoxen Dogmas«, er war Antipode D.F.E. → Schleiermachers.

Lit.: K. Daub: Lehrbuch der Katechetik, 1801; ders.: Die dogmatische Theologie jetziger Zeit oder die Selbstsucht in der Wissenschaft des Glaubens 1833.

M.R. Landerer: »Daub«, RE 4, [3]1898, 496-502.

G. Ruhbach

David, Davididen, Davidsbund

1. D., der König über Juda und Israel (1010-970 v.Chr.; vgl. 2Sam 5,4f), gewann eine zentrale Stellung in der Geschichte Israels (vgl. 1Sam 16-1Kön 2,12; 1Chr 10-29). Diese läßt auch der Stammbaum Jesu nach Matthäus, der einen Abriß der Geschichte Israels darstellt, klar erkennen (Mt 1,1-17; vgl. bes. 6f.17): Die dreimal vier Glieder dieses Stammbaums (V. 17) sind wohl gematrisch am Namen D. (drei Buchstaben mit dem Zahlenwert 14) orientiert. Auch wurde das von D. eroberte und zur Hauptstadt des Großreichs erhobene Jerusalem zur Mitte des Landes (»Stadt Davids« 1Kön 3,1; 8,1). Diese beherrschende Rolle D.s und seiner Stadt hat man bald der Erwählung Gottes zugeschrieben; sie erlangte deshalb eine bleibende theol. Bedeutung. Das gilt nicht zuletzt von der Messiaserwartung der ntl. Zeit: Die Herkunft D.s aus dem Stamm Juda (vgl. 1Mo 49,10), die Tatsache, daß D. als jüngster Sohn Isais in Bethlehem geboren wurde (1Sam 16,1; 20,27; 1Chr 2,13-15), prägte das Bild des endzeitl. Herrschers (Jes 11,1; Mi 5,1-4; Mt 2,6). Er mußte ganz ein König von Gottes Gnaden wie D. sein. Die göttliche Führung zeigte sich auch darin, daß die Moabiterin Rut durch ihren Mann Boas zu D.s Ahnen zählte (Rut 4,17.20-22; vgl. Mt 1,5) oder daß Gott den jungen D. von der Herde weggenommen und zum Hirten seines Volkes bestimmt (2Sam 7,8f; Ps 89,21f; Apg 13,22f) und die Eroberung Jerusalems durch seine Erwählung bestätigt hatte (Ps 132,13-18; Achtzehn-Bitten-Gebet 14). D.s Salbung durch den Propheten Samuel und die mit ihr verbundene Geistbegabung (1Sam 16,13) bewirkten, daß der endzeitl. Erlöser und Herrscher als Messias bezeichnet wurde (Ps Sal 17,36). Bedeutungsvoll waren auch D.s Heldentaten in der Kraft des Gottesgeistes (1Sam 16,14-23; 17,41-54; vgl. Kriegsrolle von Qumran 11,1f), dann sein Eintreten für Recht und Gerechtigkeit (2Sam 14; vgl. Jes 11,4; Ps Sal 17,42-51b Sanh 19a), seine Verfolgung durch den noch amtierenden Herrscher Saul (1Sam 19-24; vgl. Apg 9,4f), schließlich sein Grab in Jerusalem, das bis auf den heutigen Tag verehrt wird (1Kön 2,10; Apg 2,29; 13,36).

2. Das »Haus Davids« bildete eine Dynastie; die Könige des Südreichs waren Davididen. Die davidische Abstammung galt auch für den Messias: Er wurde »David« genannt (Jer 30,9; Ez 34,23f; Hos 3,5) oder »Davidssohn« (Ps Sal 17,23; Mk 10,47 parr; Mt 1,1; 9,27; 15,22; vgl. 20,30; gängige Messiasbezeichnung bei den Rabbinen) und »Davidssproß« (Sach 3,8; 6,12; vgl. Offb 5,5; 22,16). Das Großreich, das D. als König über die zwölf Stämme Israels und nach der Unterwerfung der Philister (2Sam 5,25; 1Chr 14,16), der Moabiter, Aramäer und Edomiter (2Sam 8,1-14) sowie der Ammoniter (10,1-4) beherrschte, wurde von Herodes dem Großen angestrebt und konnte als »Reich Davids« (Mk 11,10) eine Bezeichnung für die Messiasherrschaft sein. Dagegen wurden die Gefahren, die die Eroberungs- und Bündnispolitik D.s in sich trug, in der späteren Zeit eher übersehen, so etwa die Entmündigung der Stämme durch das Gesetz des Königs mit Abgaben, Frondienst und Volkszählung (1Sam 8,10-17, vgl. 2Sam 20,1f), dann die Einbeziehung vieler Heiden in das Großreich und die dadurch bedingte Beeinflussung durch die kanaan. Religion, die Zentralisation des Gottesdienstes durch die Überführung der Lade (2Sam 6) und den Plan des Tempelbaus (2Sam 7). Vielmehr wurde die Frömmigkeit D.s, des Verfassers vieler Psalmen, hervorgehoben (b Pes 117a; b BB 14b), bei den Rabbinen auch das nächtliche Studium der Tora (b Ber 3b); viel seltener war die Kritik (b Ber 4a).

3. Die Begründung für diese Hochschätzung bildete vor allem der Bund Gottes mit D., der in dem Orakel des Propheten Nathan (2Sam 7,10-16) verankert ist: Gott wird einen leiblichen Nachkommen D.s inthronisieren (V. 12) und diesen wie seinen Sohn achten und führen (V. 14). Diese Zusage konnte auch als Bund und eidliche Zusage Gottes betrachtet werden (Ps 89,4f.35; vgl. 132,11; Apg 2,30). Auf das Nathanorakel gründete sich nicht nur die davidische Dynastie im Südreich, sondern auch die messianische Hoffnung in Israel (vgl. Ps 89,30-38; 132,11f; Jes 11,1ff; 55,3). In Qumran wurde 2Sam auf die Endzeit und auf den »Messias Israels« bezogen, der auf dem Zion »aufstehen wird, um Israel zu retten« (4 Q Florilegium 1,11f; vgl. Ps Sal 17,5.23). Unter den ersten Christen war die davidische Abstammung Jesu unbestritten (Röm 1,3; 2Tim 2,8; Offb 22,16); sie wird durch die Stammbäume Mt 1,1-17; Lk 3,23-37 (V. 31) unterstrichen, obwohl gerade diese beiden Evangelisten von der Zeugung

durch den Hl. Geist und der jungfräulichen Geburt berichten (Mt 1,18; Lk 1,35). Die Mk 12,35-37 berichtete Frage Jesu nach der Davidssohnschaft des Messias zielt nicht auf deren Ablehnung hin, sondern auf die richtige Einstufung: David konnte in Ps 110,1 den (messianischen) Davidssohn seinen »Herrn« nennen, weil dieser aufgrund von 2Sam 7,14 auch von Gott als Sohn anerkannt und deshalb dem leiblichen Vater überlegen war. Auch der Ablauf des Verhörs Jesu vor dem Hohenpriester Kaiphas (Mk 14,53-62) ist von 2Sam 7,12-14 bestimmt. Das Wort vom Tempelbau (Mk 14,58) wird von 2Sam 7,13 her zum indirekten Hinweis auf einen Messiasanspruch Jesu, den dann die im Sinne von 2Sam 7,14 gestellte, direkte Frage des Hohenpriesters: »Bist du der Christus, der Sohn des Hochgelobten?« eindeutig klären soll (Mk 14,61f). Die doppelte Sohnschaft des Christus wird in Röm 1,3f; Lk 1,32f; Apg 2,30-36; 13,32-37 ausdrücklich festgestellt; aus 2Sam 7,14 (vgl. Ps 2,7) wurde der Messiastitel »Gottessohn«, aus Ps 110,1 »Herr« gewonnen (vgl. Apg 2,33-36; 13,33-36; Röm 1,3f; Hebr 1,13; 10,12f); D. galt als Prophet des Messias (Apg 2,30).

Lit.: A. Alt: Kleine Schriften 2, 1953, 66-75; K. Elliger: PJ 31, 1935, 29-75; T.H. Jones: »David«, GBL 1, 256-260 (Lit.).

O. Betz

Decius, Nikolaus → Liedgut/Liederbücher

Deismus

1. Zum Begriff

Der ref. Theologe Pierre Viret teilt in seiner »Instruction chrétienne« (Genf 1564) mit, daß es eine »Bande« gäbe, die sich selbst Deisten nenne, und diese »Monstren« seien schlimmer als Türken und Juden, die ebenfalls Jesus Christus als Sohn Gottes und Erlöser leugnen. Nach Viret gibt es Deisten, die die Unsterblichkeit der Seele leugnen und solche, die die Fürsorge (»Vorsehung«) Gottes, seine Leitung des Geschicks der Menschen, ablehnen.

Da das neue zeitliche Phänomen D. sehr vielfältig ist, wird eine Definition äußerst problematisch, zumal D. keineswegs durchgängige Eigenbezeichnung ist. Die weitaus häufigere Eigenbezeichnung war → Freidenker. Will man trotzdem eine Definition des D. versuchen, die den geschichtl. Erscheinungsformen einigermaßen gerecht wird, so kann man sagen, der D. erschließt durch freie rationale Prüfung eine natürliche Religion, die Regel und Norm aller tatsächlichen Religion ist, und die die Konflikte, die sich aus der konfessionellen Aufspaltung seit der Reformation ergeben haben, beseitigt und so zur Grundlage eines glücklichen und friedlichen Zusammenlebens wird.

2. Geschichte des Deismus

Der D. entstand in der zweiten Hälfte des 16. Jh.s in den Gebieten, die vom Calvinismus beeinflußt waren. Er belebt rel. Reformideen des Humanismus des 15. Jh.s und tritt als Gegener der durch die → Reformation bedingten konfessionellen Streitigkeiten auf. Diese Streitigkeiten und die zunehmende Kenntnis anderer Religionen seit dem ausgehenden 15. Jh. haben die Suche nach einer allgemeinen ursprünglichen Religion provoziert. Diese natürliche Religion wird als die wahre hinter allen tatsächlichen (positiven) Religionen behauptet. Sie führt auch ohne Offenbarung zum Heil.

Eine umfassende Bewegung wird der D. erst in den englischen Bürgerkriegen des 17. Jh.s, die aus dem Gegensatz zwischen englischem Episkopalismus und ref. Presbyterianismus, dem sog. Puritanismus, entstanden. Diese Glaubensgegensätze, die durch ähnliche Erfahrungen des 14./15. Jh.s (John → Wyclif) vorbereitet waren, führten in Verbindung mit dem entstehenden Empirismus zum englischen D., als dessen Begründer Edward Lord Herbert of Cherbury (gest. 1648) gilt. Er hatte als Gesandter Jakob I. die deistischen Gedanken in Frankreich kennengelernt und sie als die fünf Wahrheiten der vernünftigen Religion durch sein berühmtes Werk »Über die Wahrheit« (1624) in England bekannt gemacht: Glaube an eine höchste Gottheit, Pflicht sie zu verehren, Tugend und Frömmigkeit als wesentlicher Teil des Gottesdienstes, Reue und Umkehr als Wiedergutmachung von Sünde, Glaube an ein jenseitiges Leben.

Die wahre ursprüngliche Religion ist Gemeinbesitz, auf Grund der allen Menschen eingeborenen Ideen von Gott, die sich an den in allen Religionen übereinstimmenden Aussagen ablesen lassen. Im Laufe der Geschichte sind dieser Religion durch die Priester Unwahrheiten zugewachsen, die sie trübten. Herbert wollte auf diesem Wege den konfessionsbedingten Streit und das damit verbundene Leid überwinden.

John → Locke (1632-1704) lehnte die Vorstellung Herberts von den eingeborenen Ideen von Gott ab und vertrat stattdessen die Anschauung, daß man von der Existenz der Welt durch vernünftige Schlußfolgerungen zur Existenz Gottes gelange. Er erwies sich als Deist, indem er die so von der Erfahrung ausgehende Gotteserkenntnis für das Heil ausreichend hielt, auch wenn er die Offenbarung nicht ablehnte, aber sie trat nur bekräftigend und verstärkend hinzu.

In der Bibelauslegung verfolgten die Deisten vor allem drei Anliegen: den Nachweis des keineswegs geheimnisvollen und übernatürlichen Inhalts der Schrift, dies geschah durch den Aufweis außerbibl. Parallelen und Einflüsse; die kritische Untersuchung der atl. Weissagungen und der Wunderberichte; die Herausarbeitung des ethischen Gehalts der Schrift.

Charles Blount (1654-1693), der sich selbst als Deist bezeichnet, vergleicht Jesus Christus mit dem antiken Wundertäter Apollonius von Tyana; John Toland (1670-1722), einer der bedeutendsten Deisten, betont die Geheimnislosigkeit des christl. Glaubens und den ethisch-rel. leicht faßlichen Inhalt des NT; John Anthony Collins (1676-1729) verteidigt die freie, an keine Autorität gebundene Untersuchung der Schrift, wodurch ein Land von den Hexenprozessen und der Priestermacht befreit würde; Matthew → Tindal (1657-1733) vertritt die Identität von den Gesetzen der Natur mit der wahren Ur-Religion, so daß alle Menschen zur Erkenntnis der Wahrheit und damit zu einem menschlichen, glücklichen Leben gelangen können, und er ist überzeugt, daß Jesus mit seinem Evangelium nichts anderes als diese Ur-Religion vom Schutt der menschlichen Zusätze befreien wollte; Thomas Woolston (1670-1733) deutet die Wundergeschichten der Evv. allegorisch, so sind die Totenauferweckungen letztlich Sinnbilder für die Erneuerung der Menschheit zu ihrer ursprünglichen Freiheit und Glückseligkeit, dabei läßt er offen, was den Wundergeschichten historisch zugrunde liegt; Thomas Morgan (1680-1743) nennt sich - wie vor ihm schon Matthew Tindal - einen »christlichen Deisten«, weil er die besondere moralische Kraft der Verkündigung Jesu betont; Peter Annet (1693-1769) vergleicht kritisch die Paulusbriefe mit der Apostelgeschichte und die verschiedenen Überlieferungen von der Auferweckung Jesu. Insbesondere von Annet übernahm → Voltaire, der sich von 1726-29 in England aufhielt, die deistischen Anschauungen und reimportierte sie nach Frankreich. Dabei gewann der D. seine antikirchl., materialistisch-atheistische Zuspitzung. Erschien in Frankreich die röm.-kath. Kirche als wichtigste Stütze des feudalen, absolutistischen Staates, so sah man in den deistischen Anschauungen eine Waffe gegen jede kirchl. Autorität und der damit verbundenen polit. Unterdrückung und verschärfte ihre religionskritische Seite.

In Deutschland wurden die deistischen Anschauungen vor allem durch die antideistische Literatur bekannt. Wirklicher Deist war in Deutschland nur der Hamburger Theologe Hermann Samuel → Reimarus (1694-1768), der in seiner Schrift »Abhandlung über die vornehmsten Wahrheiten der natürlichen Religion« (1754) die Meinung vertrat, daß die wahre Religion ebensogut durch das Studium des menschlichen Herzens und der Natur erlangt werden kann, wie durch den Katechismus. In den von Gotthold Ephraim → Lessing (1729-81) zwischen 1774 und 1778 veröffentlichten »Fragmenten eines Ungenannten«, die dem Werk des Reimarus »Apologie oder Schutzschrift für die vernünftigen Verehrer Gottes« (vollständig erst 1972 veröffentlicht) entstammten, werden die Ergebnisse der englischen deistischen Exegese vertieft und zugespitzt zu der These, daß die Auferstehung Jesu als Grunddatum des Christentums auf einem Jüngerbetrug beruhe.

3. Antideistische Literatur

Schon früh wurde den anglikanischen Theologen klar, daß der D. die Grundlagen des christl. Glaubens umfassend angriff. Der Naturforscher Robert Boyle (1627-91) stiftete die jährlich zweimal zu haltenden Boyle's Lectures, die die Übereinstimmung der christl. Wahrheiten mit den neuen naturwissenschaftl. Erkenntnissen aufweisen sollten. Wandten die Deisten zunehmend die Vernunft, insbesondere die naturwissenschaftl. geschulte Vernunft gegen die Offenbarung und ließen nur gelten, was dieser Vernunft entsprach, so zeigten die Prediger der Boyle's Lectures die Übereinstimmung dieser Vernunft mit der Offenbarung auf und sahen in den Wundern eine Analogie zu den Rätseln in der Natur. In diesem Zusammenhang stehen auch die Werke der sog. → Physikotheologen, die in den naturwissenschaftl. Beobachtungen Beweise für die göttliche Güte und Fürsorge bis in die Gegenwart sahen. Die naturgesetzliche Stabilität der Wirklichkeit war ihnen Ausdruck der Treue Gottes, wodurch bis in die Gegenwart eine lebensfördernde Wirklichkeit von Gott erhalten wird.

Hauptvertreter der Physikotheologie in Deutschland war der Hamburger Theologe Johann Albert → Fabricius (1668-1736), der zunächst in einem umfassenden Werk (1725) die antideistische Literatur gesammelt und durch Vorworte und Übersetzungen vermittelt hat, um dann selbst in eigenen Werken (ab 1730) physikotheol. Gedanken vorzutragen.

Die physikotheol. Bekämpfung des D. hat dazu geführt, daß D. einseitig mit der Vorstellung von einem Schöpfergott gleichgesetzt wurde, der sich nach der Schöpfung aus dieser Welt zurückgezogen hat. In der deutschen Theologie hat die Physikotheologie bewirkt, daß die Aufklärung mit Theologie und Kirche verlief und nicht gegen sie.

Lit.: E. Hirsch, Geschichte der neueren evangelischen Theologie, Bd 1, [5]1975, 292ff.; U. Krolzik: Säkularisierung der Natur, 1988; G.V. Lechler: Geschichte des englischen Deismus, (1841), 1965; W. Philipp (Hg.): Das Zeitalter der Aufklärung, 1963, LXXXff.; H. Graf Reventlow: Bibelautorität und Geist der Moderne. Die Bedeutung des Bibelverständnisses für die geistesgeschichtliche und politische Entwicklung in England von der Reformation bis zur Aufklärung, 1980.

U. Krolzik

Dekalog

a) biblisch

1. Die sprachliche Gestalt

Die Zehn Gebote oder Zehn Worte (griech./lat.: Dekalog) liegen uns in zwei Fassungen vor, die nur an wenigen Punkten voneinander abweichen (2Mo 20,2-17; 5Mo 5,6-21). Die ursprüngliche Zählung und Reihenfolge ist umstritten; mit H. Gese, der sich u.a. auf den alten Papyrus Nash und Codex B der LXX stützen kann, wird neuerdings oft diese Abfolge angenommen (die folgende, möglichst wortgetreue Übersetzung möchte den Kern des jeweiligen Gebots herausstellen und die Gliederung des Dekalogs anzeigen):

Die Worte 1 und 2 ermöglichen die personale Gottesbeziehung:

1. Nicht sollst du andere Götter haben mir ins Angesicht.

2. Nicht sollst du dir ein Gottesbild machen ...

Die Worte 3 und 4 wahren den Kultus – den heiligen Ort und die heilige Zeit:

3. Nicht sollst du erheben den Namen Jahwes, deines Gottes, zu Üblem ...

4. Denke an den Sabbattag, ihn zu heiligen ...

Die Worte 5 und 6 schützen die Familie, den innersten Lebenskreis:

5. Ehre deinen Vater und deine Mutter ...

6. Nicht sollst du ehebrechen.

Die Worte 7 und 8 proklamieren allgemeine Menschenrechte:

7. Nicht sollst du töten.

8. Nicht sollst du (Menschen) stehlen.

Die Worte 9 und 10 schützen die Nachbarschaft (Bereich der Ortschaft):

9. Nicht sollst du aussagen gegen deinen Nächsten als Lügenzeuge.

10. Nicht sollst du begehren deines Nächsten Haus ...

Von einem absoluten Gleichmaß der 10 Worte kann keine Rede sein. Neben den lapidar kurzen, sich anscheinend von selbst verstehenden Verboten 6-9 stehen andere, mit Aufzählungen, Begründungen, Strafandrohungen, Verheißungen und Sinngebungen erweiterte.

2. Die einzelnen Gebote – ihr historischer Sinn

zu 1: In Israel stellte eine Erfahrung alle anderen in den Schatten: Israel ist aus dem Sklavenhaus Ägypten befreit worden und hat auf dem Wüstenzug die helfende Gegenwart seines Gottes erfahren: Seinem Gott Jahwe verdankte Israel Leben in Freiheit. Und es wußte vom Sinai her, daß dieser Gott wie eine liebende menschliche Person eine tiefe Beziehung »von Angesicht zu Angesicht« (5Mo 5,4) will, eine so tiefe, daß andere Beziehungen ausgeschlossen werden müssen.

zu 2: Israel lernte, »daß Jahwe nie so dem Menschen zuhanden sei, wie es die Gottheit in den Ritualformen der Umwelt war, in welchen das Gottesbild bedient, bekleidet, geschmückt, gespeist, aber dann auch zu mantischer Praktik gehandhabt wurde« (Zimmerli, 104f). Ein solcher Wandel des rel. Bewußtseins ist ohne Parallele im Alten Orient: Gott wurde erkannt als lebendige, je neu begegnen wollende Person, verläßlich, aber nicht ausrechenbar, mit auf dem Wege, aber nie verfügbar.

zu 3: Der Name ist für den Hebräer nicht bloß Schall und Rauch. Mit seinem Namen hat Gott sein Wesen offenbart (2Mo 3,14). Mit seinem Namen, der seit Davids Zeiten auf dem Zion »wohnt«, läßt Er sich anrufen (vgl. 1Mo 4,26; 2Mo 3,15; 5Mo 12,5). An seinem Namen haftet Jahwes Ehre oder Unehre in der Welt (Hes 36,20ff). Ihn zu Üblem »erheben«, d.h. gezielt in böser Absicht aussprechen, konnte man auf manche Weise: durch ein Gelübde, das man dann nicht einlöste (vgl. 1Mo 28,20-22; 4Mo 30,2ff); durch Prophezeien ohne Auftrag (5Mo 18,20ff); indem man sich mit einem »Reinigungseid« am Heiligtum von einer schweren Beschuldigung befreite – und wußte doch: man hatte es getan (vgl. 2Mo 22,7); durch Flüche und Gotteslästerung (vgl. 2Mo 22,27). So verbittet sich Gott im dritten Wort den Mißbrauch des Kultes: Die Bemäntelung eigensüchtiger und die Verstärkung aggressiver Taten durch Berufung auf seinen Namen.

zu 4: Im Blick auf drei Arbeitsqualitäten - Fronarbeit, (bäuerliche) Schweißarbeit, schöpferische Arbeit - wurde in Israel ein heilsamer Zeittakt von sechs Arbeitstagen und einem Ruhetag als Gottes Wille und Gabe verkündet. Israels Umwelt hatte es anders verteilt: alle Muße den Göttern und den Herren auf Erden, alle Arbeit dem Menschen als dem Vieh der Götter, und unter den Menschen alle Arbeit den Sklaven, Frauen und anderen Untergebenen. Und nun heißt es im Jahwevolk, den eben erst dem ägypt. Frondienst Entronnenen: Ein Ruhetag für alle, die sechs Tage gearbeitet haben! Arbeit und Muße sind revolutionär neuverteilt, nicht mehr auf Hochgestellte und Unterdrückte, sondern auf die lineare Zeitstrecke eines jeden Menschen (N. Lohfink).

zu 5: Das fünfte Wort ist wie die anderen an die erwachsenen Kinder, die Söhne vor allem, gerichtet. Es ist nicht gedacht als göttlicher Beistand zur Zähmung widerspenstiger Kinder, sondern: Die ohne Hilfe im Alter nicht mehr lebensfähigen Eltern sollen mit allem Lebensnotwendigen - dazu zählte Nahrung, Kleidung, Wohnung und ein würdevolles Begräbnis - versorgt werden, und dies um so mehr, als es damals eine institutionelle Altersversorgung nirgends gab. Die Kinder schulden den Eltern Dank und Respekt, haben diese ihnen doch das Leben vermittelt, besonders durch die umfassende, auch rel. und berufliche Unterweisung einschließende → Erziehung, die in Israel vor allen Dingen zu einem Leben »in der Ehrfurcht vor Jahwe« hinführte (vgl. Spr 4,3f; Ps 111,10).

zu 6: Angesprochen ist im sechsten Wort der israelit. Mann, dem die Beziehung zu einer verheirateten oder rechtlich verlobten Frau verboten wird.

zu 7: Das siebte Wort, in Israels Bewußtsein einem allg. Menschenrecht entsprechend (vgl. Am 1-2), will elementar den Grundwert »Leben« sichern. Es wehrt allem gewaltsamen ungesetzlichen Töten, einschließlich aller Machenschaften, die zum Tod eines Menschen führen.

zu 8: Aus dem Sklavenhaus Ägypten befreit, soll der Israelit seine elementare Freiheit nicht wieder verlieren. In diesem Sinne werden alle Arten von »Menschendiebstahl« verboten, aber auch die materielle Lebensgrundlage des Israeliten geschützt: der Erbbesitz der Familien, der immer als Leihgabe Jahwes zur Sicherung des Lebensunterhalts angesehen wurde (vgl. 2Mo 22,6-8 neben 21,16).

zu 9: Verboten wird die bewußte Falschaussage des mit großer Verantwortung belasteten Zeugen vor Gericht, die in vielen Fällen Verlust der Ehre, ja des Lebens eines »Nächsten« bedeuten konnte (vgl. 1Kön 21).

zu 10: Das Verbot des *chāmad* bezeichnet die zweite Stufe in der geprägten Reihe »sehen«, »begehren«, »nehmen« (vgl. Jos 7,21). Es zielt gegen die Begehrlichkeit als eine von zwei Wurzeln des sozialen Verbrechens. (Die andere ist die strukturelle Macht; vgl. Mi 2,1f). Wer »begehrte«, konnte, Recht umgehend oder Gesetzeslücken nutzend, auch im gesetzeskundlichen Israel den Nächsten um seine Lebensgrundlage bringen.

3. Ort und Bedeutung des Dekalogs in biblischer Zeit

Viele Forscher nehmen mit guten Gründen an, daß eine solche Reihe »apodiktischer« Gebote - im Unterschied zu kasuistischen Sätzen, die einen Rechtsfall beschreiben und das Strafmaß festlegen - immer wieder im Gottesdienst Israels verlesen wurde. Das bestätigen die Ps 50 und 81, die eine mehrstimmige und mehrphasige Liturgie darstellen, welche im Jerusalemer Heiligtum, vielleicht während des Herbstfestes (→ Feste), gehalten wurde. In ihrem Verlauf kam es zu einer feierlichen D.-Vorhaltung durch den prophetischen oder priesterlichen Sprecher (vgl. Ps 81,9-11; 50,16-23); so vergegenwärtigte man in periodischer Wiederkehr das Grundgesetz des Bundes-Volkes. In der grandiosen Schau von Jes 48,17-19 schafft es Israel einen umfriedeten Raum, in dem stetiger Segen fließt (»schalom«).

Der Hauptteil des Deuteronomiums mit seinen Geboten, Paränesen und vor allem Gesetzen (5Mo 12-26) läßt als Anordnungsprinzip des Stoffes noch den Dekalog erkennen; darin spiegelt sich, daß er auch die Maßstäbe für Rechtsetzung und Rechtsprechung gab. Darüber hinaus ist die Zehnzahl sowie die Symbolik der beiden Tafeln und des »Fingers Gottes« (2Mo 31,18; 32,15f; 34,1) ein Hinweis darauf, daß die abzählbaren Worte auf Lernen und Memorieren angelegt sind (vgl. Ps 50,16ff).

In der Umwelt Israels findet sich für den D. kein Vorbild und keine außerisraelit. Vorgeschichte, allenfalls formal vergleichbare Reihen in anderen Religionen. Er enthält in strenger Konzentration das Wesentliche der Religion Israels und ihrer ethischen Konsequenzen - insbesondere im ersten, zweiten und vierten Wort.

Auch im NT behält der D. seine Gültigkeit. Jesus hat die Gebote bestätigt (Mk 10,17-22), gegen Satzungen der Menschen verteidigt (Mk 7,8-13), interpretiert (Mk 2,27) und radikalisiert (Mt 5,21ff.27ff.33ff). Nach Paulus wird die zweite Tafel des D.s durch das Gebot der Nächstenliebe auf einen Nenner gebracht. Die Liebe ist aber nicht nur das Prinzip des das → Gesetz repräsentierenden D.s, sondern sie besitzt auch die Kraft, das Gesetz zu erfüllen (Röm 13,8-10; vgl. Gal 5,14) – der Gesetzesforderung als solcher ist diese Kraft nicht inne.

Lit.: S.B. Chorin: Die Tafeln des Bundes, 1979; F. Crüsemann: Bewahrung der Freiheit, 1983; H. Gese: Der Dekalog als Ganzheit betrachtet, in: Vom Sinai zum Zion, 1974; F.L. Hossfeld: Der Dekalog, OBO 45, 1982; H. van Oyen: Ethik des AT, 1967, 102–132; L. Perlitt: »Dekalog im AT«, TRE 8, 1981, 408-413; W. Zimmerli: Grundriß der alttestamentlichen Theologie, [4]1982, 94-122.

W. Grimm

b) praktisch-theologisch

Der Glaube bedarf geprägter und einprägsamer Worte. Als zentrale Offenbarung des Willens Gottes im AT (2Mo 20) bleibt der D. durch die Zeiten gültig und aktuell. Jesus hat den D. verschärft (Mt 5,21ff), neu und korrigierend ausgelegt (Mk 2,27; 7,9ff) und ihn zusammengefaßt im Doppelgebot der Liebe (Mt 22,34ff). Als erstes Hauptstück stellte → Luther die 10 Gebote an den Anfang des Katechismus. → Spener folgte ihm darin (Katechismus Erklärung 1677, 22-410), während der → Heidelberger Katechismus von 1563 die Gebote im dritten Teil »Von der Dankbarkeit« (Frage 86-115) behandelt. In der Geschichte der Christenheit diente der D. nicht nur als Beichtspiegel und zur Kinderlehre, sondern ebenso als Predigttext und Anweisung für die Hausväter.

Die 10 Gebote sind nicht ohne die übrigen Hauptstücke zu verstehen, aber sie gelten für alle Menschen. Gott, der Schöpfer, hat seinen Willen universal offenbart.

Vor der Kraft der Erklärungen Luthers verblaßten alle Versuche, sie neu zu formulieren. Die Geschichte der Gebotsunterweisung hat teil an den pädagog. und theol. Einsichten und Grenzen der jeweiligen Epochen – bis hin zum Abrutschen in den libertinistischen Mißbrauch in Gestalt der »10 Erlaubnisse« der Feministin Elga Sorge.

In der Orientierungsunsicherheit und im Traditionsabbruch der Gegenwart fordert der D. uns heraus zur bibelgemäßen, altersstufengerechten und situationsbezogenen Erklärung. Diese kann nur angesichts der Spannung zwischen einem engen Moralismus und der Tendenz zur Beliebigkeit allen Handelns gegeben werden. Die Welt verändert sich, doch es bleiben unaufgebbare Mandate und Weisungen Gottes. Auch die demokratische Gesellschaft und die Erziehung in der pluralistischen öffentlichen Schule bedarf gemeinsamer Werte. Die Frage nach Gott und den Götzen kann nur zum Schaden der Menschen ausgespart werden. Der D. will anleiten, Gottes Gaben zu achten und sich stärken zu lassen im Verzicht angesichts der Flut zerstörerischer Angebote aus der Umwelt. Wer Schöpfung und Menschenwürde bewahren will, muß nach dem Willen des Schöpfers fragen. Dabei muß jeder, der Menschen zu ihrem Wohl beistehen will, auf den zeitgenössischen Protest gegen Gottes Gebote hinhören. Nur so kann die Deutung des D. heute helfen, die eigene Familie und Ehe, sowie Eigentum und Ehre anderer zu schützen. In Predigt und Evangelisation, Kinder- und Jugendarbeit ist uns die Verkündigung des D.s neu aufgegeben. Gottes Gebote wollen in der Gemeinde gelernt und mit ihr gelebt werden.

Lit.: B. Affeld u.a. (Hg.): Erzähl mir von Gott. Kinderkatechismus, 1986; K. Bockmühl: Christliche Lebensführung. Eine Ethik des Dekalogs, 1993; Hj. Bräumer: In Freiheit leben. Gottes Gebote setzen Maßstäbe, 1981; Evangelischer Erwachsenen Katechismus, hg. von der VELKD, [5]1989; H.-J. Fraas: Katechismustradition, 1970; L. Perlitt, J. Magonet, H. Hübner, H.-G. Fritzsche, H.-W. Surkau: »Dekalog« TRE 8, 1981, 408-430; A. Peters: Kommentar zu Luthers Katechismen Bd. 1: Die 10 Gebote, 1990; T. Sorg u.a. (Hg.): Dekalog heute. Predigthilfen, 1979.

K. Hauschildt

Dekan → Kirchliche Ämter

Dekret Gottes → Erwählung

Dekretalen

D. (*litterae* bzw. *epistulae decretales*) sind Papstschreiben, die eine kirchl. Rechts- oder Disziplinarfrage entscheiden (ursprünglich Antwortbriefe auf eine entsprechende Anfrage, meist eines einzelnen, später auch ohne solchen Anlaß; die Geltung reicht über den konkreten Anlaß hinaus). Sie bilden eine zunehmend wichtiger werdende Quelle des (mittelalterl.) Kirchenrechts (neben Aussagen der Kirchenväter, Konzilsentscheidungen usw.). Als älteste erhaltene Dekretale gilt ein Brief von Papst Siricius

(384/85-399) an Bischof Himerius von Tarragona von 385; angeblich ältere D. sind Fälschungen, die es auch sonst gibt (z.B. die berühmten pseudoisidorischen D., Mitte 9. Jh.). Vom 5. Jh. an werden die D. in entsprechende Sammlungen von Kirchenrechtsquellen aufgenommen (nicht immer unverändert). Deren gibt es eine große Fülle unterschiedlicher Art über die Jh.e hin; die erste bedeutsame ist die sog. Collectio Dionysiana des Dionysius Exiguus (gest. 545). Eine »neue Epoche des Kirchenrechts und der Geschichte der Kirchenrechtsquellen« (May) leitet das berühmte Decretum des Kirchenrechtslehrers Johannes Gratian in Bologna ein (Mitte 12. Jh.). Es ersetzt alle bisherigen Sammlungen, systematisiert und ordnet den Stoff und sucht einander widersprechende Aussagen auszugleichen. Es wird in der Folgezeit, obwohl nie amtlich autorisiert, den kirchenrechtlichen Entscheidungen und der Lehre zugrunde gelegt und lediglich durch neuere D.(sammlungen) ergänzt, wobei nunmehr, seit Papst Alexander III. (1159-1181) die D.-«Produktion« zunimmt. Amtlich (»authentisch«) sind die D.-Sammlungen Liber Extra (1234), Liber Sextus (1298) und Clementinae (1317), nicht-amtlich die späteren D.-Sammlungen Extravagantes Johannis XXII. (1325) und Extravagantes communes (Ende 15. Jh.). Diese fünf D.-Sammlungen bilden zusammen mit dem Dekret Gratians das sog. → Corpus Iuris Canonici, das 1500 zuerst gedruckt wurde und Grundlage des kath. Kirchenrechts blieb bis zur Neukodifizierung im → Codex Iuris Canonici (CIC) von 1917 (erneuert 1983).

Lit.: G. May: »Kirchenrechtsquellen I«, TRE 19, 1989, 1-44 (Lit.); H. van der Wouw, St. Chodorow, R. Weigand: »Dekretalen«, »Dekretalensammlungen«; »Dekretalisten«, »Dekretalistik«, »Dekretisten«, »Dekretistik«, LexMA 3, 1986, 655-664;

B. Steinseifer

Delitzsch, Franz Julius (1813-1890)

D., bedeutender Erweckungs-Theologe luth. Prägung, wurde am 23. 2. 1813 in Leipzig geboren. Den Besuch des Nikolaigymnasiums sowie das Studium der Theologie in Leipzig ermöglichte ihm Levy Hirsch, ein jüd. Freund der Familie. Bald nach Studienbeginn erlebte D. eine Bekehrung. Seine geistl. Heimat fand er in erweckten Kreisen der Studentenschaft und des Leipziger Bürgertums. 1835 legte er das theol. Kandidatenexamen ab und promovierte zum Doktor phil. In der Folgezeit widmete er sich semitistischen und judaistischen Studien, die er als Vorbereitung auf eine Tätigkeit als Judenmissionar ansah. Zu einer förmlichen Anstellung kam es infolge Geldmangels seitens der Missionsgesellschaft nicht. Zwischendurch hat D. darum gerungen, ob er mit seinen einstigen streng luth. gesinnten Studienfreunden nach Nordamerika auswandern sollte. Schließlich entschied er sich für die akademische Laufbahn und habilitierte sich 1842 in Leipzig für das Fach Altes Testament. Bis zu seiner Berufung als o. Professor nach Rostock (1846) entfaltete

er bereits in Leipzig eine erfolgreiche Lehrtätigkeit als Privatdozent und a.o. Prof. 1845 hatte er sich mit einer Leipziger Bürgerstochter, Clara Silber, verheiratet. Der Ehe entstammten vier Söhne, deren bekanntester Friedrich D., der nachmalige Assyriologe, war. 1850 folgte D. einem Ruf nach Erlangen, wo er in enger Arbeitsgemeinschaft mit → Hofmann stand, kehrte aber 1867 an die Leipziger Universität zurück, wo er bis zu seinem Tode am 4. 3. 1890 wirkte.

In Forschung und Lehre war D. erklärtermaßen Bibeltheologe. Wenn er sich auch in erster Linie dem AT verpflichet fühlte, so hielt er darüberhinaus vielbeachtete Vorlesungen über ntl. Bücher und Themen. Nicht nur über seine akademische und kirchl. Vortragstätigkeit, sondern auch über sein umfangreiches publizistisches Lebenswerk wirkte D. weit in die Öffentlichkeit hinein. Bis heute bekannt und geschätzt sind seine Kommentare zu Genesis, Jesaja, Psalmen, Hiob, Sprüche Salomos u.a., die auch ins Englische übersetzt worden sind und gegenwärtig wieder Neuauflagen erleben. D. verband hohe Gelehrsamkeit mit tiefer Frömmigkeit. Für letztere zeugt auch ein umfängliches Erbauungsschrifttum. Als Erweckungs-Theologe setzte er sich mit der historisch-kritischen Forschung auseinander, ohne sie in Bausch und Bogen abzulehnen. Mit der Übersetzung des NT in Hebr. (10 Auflagen zu seinen Lebzeiten ab 1877) blieb er seiner Liebe zum alten Bundesvolk treu. Er war Mitbegründer des »Ev.-luth. Centralvereins für die Mission unter Israel« (1870) und dessen 1. Vorsitzender (1871). Dem aufkommenden Antisemitismus trat er mutig in Wort und Schrift entgegen. Die Errichtung des → Institutum Judaicum in Leipzig (1886) diente der sachkundigen Einführung interessierter Theologen in Wesen, Sitten und Literatur des Judentums. Viele Schüler im weiteren und engeren Sinn verdankten D. entscheidende Impulse für ihre Arbeit in Theologie und Kirche.

Lit.: S. Wagner: Franz Delitzsch. Leben und Werk, [2]1991 (mit Bibliographie).

S. Wagner

Delitzsch, Friedrich Conrad Gerhard (1850-1922)

D., berühmter Assyriologe, wurde am 3. 9. 1850 als jüngster von vier Söhnen des Franz Julius → D. in Erlangen geboren. Er studierte in Leipzig und Berlin orientalische Sprachen und Philologie, promovierte 1873 in Leipzig zum Dr. phil., habilitierte sich nach Spezialstudien in Jena (E. Schrader) 1874 in Leipzig für das Fach Assyriologie und wurde 1877 dort auf die erste (ao.) Professur für Assyriologie in Deutschland berufen. Er verhalf durch erfolgreiche Lehr- und Forschungstätigkeit seinem Fachgebiet zu hoher Geltung weit über die Landesgrenzen hinaus. 1893 als ordentl. Professor nach Breslau berufen, ging er 1899 nach Berlin und war dort zugleich Direktor der Vorderasiatischen Abteilung der Königlichen Museen bis 1919.

Sein bleibendes Verdienst besteht darin, der Assyriologie durch umfangreiche Studien an den Texten in methodischer, grammatisch-philolog. und lexikographischer Hinsicht sichere wissenschaftl. Fundamente verschafft zu haben. Auf diesen Gebieten lagen seine wichtigsten Publikationen (u.a. Assyr. Grammatik, Assyr. Wörterbuch, Assyr. Lesestücke, Sumerische Grammatik, Sumerisches Glossar). Einer breiteren Öffentlichkeit ist D. durch den sog. → Bibel-Babel-Streit bekannt geworden. In dessen Folge erklärte er das AT, dem das Lebenswerk seines Vaters gegolten hatte, für die christl. Kirche als entbehrlich. 1920 trat er in den Ruhestand und verstarb am 19. 12. 1922 in Langenschwalbach bei Wiesbaden.

S. Wagner

Demiurg → Gnosis; → Marcion; → Schöpfung

Demokratie

1. Politisch

Der griech. Begriff bedeutet wörtlich »Volksmacht« oder »Volksherrschaft«. Es geht mithin um die Form der Macht- und Herrschaftsausübung - zunächst im Staat, dann auch in der Gesellschaft. In der polit. Philosophie des Aristoteles wird D. neben Monarchie und Aristokratie als dritte gute Verfassungsform angesehen, denen jeweils eine Verfallsform (Tyrannis, Oligarchie und Ochlokratie) entgegensteht. Die klass. antike Verwirklichung von D. im Stadtstaat Athen des 5. und 4. Jh.s v.Chr. entspricht jedoch nicht heutigen Vorstellungen von D., weil sie ständisch eingeschränkt war. Nur die männlichen, freien Vollbürger waren stimmberechtigt.

Die Abgrenzung der D. gegen Ochlokratie (Pöbelherrschaft) zeigt, daß D. und Mehrheitsprinzip nicht gleichzusetzen sind. Das Mehrheitsprinzip kann nur ein Hilfsmittel der D. zur Entscheidungsfindung nach Meinungsbildung unter gleichberechtigten, mündigen Menschen darstellen. D. zu verwirklichen ist daher auch eine Bildungsaufgabe.

Der entwickelten D. liegt ein bestimmtes Menschenbild zugrunde, das sich im Zuge der abendländischen Geistesgeschichte entfaltete und seit der → Aufklärung auch politisch zum Durchbruch kam. Meilensteine auf diesem Weg bildeten das Grundsatzbekenntnis aus der Unabhängigkeitserklärung der 13 Gründerstaaten der USA vom 4. Juli 1776 (»daß alle Menschen gleich geschaffen sind«) und die Prinzipien der Französischen Revolution »Freiheit, Gleichheit, Brüderlichkeit«. Verfassungsmäßig verknüpft sich damit der Gedanke der Volkssouveränität (Rousseau). Die Beachtung der Menschenrechte bildet die Voraussetzung zur Verwirklichung von D., wie umgekehrt die vornehmste Aufgabe der D. darin besteht, Menschenrechte und Menschenwürde zu schützen (vgl. Art. 1 Abs. 1.2 Grundgesetz der Bundesrepublik Deutschland). Wenn dieses Menschenbild auch erst in der Aufklärung polit. zum Zug kam, so geht es doch auf christl. Wurzeln zurück.

Bei der praktischen Gestaltung von D. ist zwischen repräsentativer D. und unmittelbarer D. zu unterscheiden. In der repräsentativen D. überträgt das Volk gewählten Abgeordneten für begrenzte Zeit ein Mandat, während in der unmittelbaren D. die Versammlung des Volks direkt Entscheidungen trifft (z.B. in den Landgemeinden der schweizerischen Kantone). Wegen der Schwierigkeit, bei allen auftretenden Fragen ein Plebiszit durchzuführen, und wegen des Problems der jeweiligen Sachkompetenz ist unmittelbare D. heute nur noch selten anzutreffen, jedoch sind in manchen Verfassungen plebiszitäre Elemente aufgenommen.

Wird Abgeordneten auf Zeit ein Mandat übertragen, so handeln sie frei nach ihrer Sacheinsicht und ihrem Gewissen. In der Form des »imperativen Mandats« kann versucht werden, Abgeordnete an Meinungen von Parteien oder Wählern zu binden. Dabei entsteht aber die Gefahr extremistischer Entwicklungen, sei es im Sinne einer autoritär »gelenkten« D. oder einer totalitären »absoluten Gemeinschaft« (vgl. »Volksdemokratie«).

Ein grundlegendes Element der modernen demokratischen Staatsverfassung bildet die Gewaltenteilung. Die Staatsgewalt sondert sich nach ihren Hauptfunktionen in Gesetzgebung (Legislative), Regierung mit Verwaltung (Exekutive) und Rechtspflege (Jurisdiktion). Theoretisch formulierte Montesquieu die Gewaltentrennung in seinem Werk »De l‹ Esprit des lois« (1748). Sie richtet sich gegen den Absolutismus und dient der demokratischen Kontrolle der Macht.

Eine wichtige aktuelle Frage ist, wie – über die demokratische Staatsverfassung hinaus – einzelne gesellschaftl. Bereiche in Richtung auf mehr D. gestaltet werden können. Denn D. ist nicht bloß als formale Verfassungsform anzusehen; sie bedarf ständiger Belebung und Erneuerung. Bei der Forderung nach Demokratisierung der Gesellschaft darf jedoch nicht übersehen werden, daß allein dem Staat das Gewaltmonopol zusteht, nicht einzelnen gesellschaftl. Institutionen oder Gruppen.

Zwischen Staat und Gesellschaft ist deshalb zu unterscheiden. Im Rahmen z.B. der Wirtschaft spricht man besser von Mitbestimmung. Demokratisierung der Gesellschaft bedeutet die Forderung nach mündiger Teilhabe aller von einer Entscheidung Betroffenen. Prinzipielle Ablehnung von Macht und der damit verbundenen Entscheidungsbefugnisse gehört hingegen in den Bereich der Utopien (→ Anarchismus). Diese Spannung ist nicht aufzulösen. Jedoch ist es richtig, mehr D. zu wagen, denn »nicht in einer Weltregierung besteht die friedenspolitisch-menschenrechtliche Chance, sondern im Abbau inner- und vor allem zwischengesellschaftlicher Ungleichheit« (W.-D. Narr).

2. Theologisch

D. kann als gesellschaftl. Postulat nicht direkt aus der Bibel abgeleitet werden, denn es gibt keine »christliche« Gesellschaftsordnung. Aber die Grundgedanken, aus denen heraus ein demokratischer Staat seine Aufgaben wahrnimmt, weisen »eine Nähe zum christlichen Menschenbild« auf (EKD Denkschrift).

Bibl. leiten sich die auf D. zielenden Gedanken vor allem aus der Erlösungs- und Heilsordnung ab. Für das AT gilt, daß die ganze israelit. Volksgemeinde Bundespartner Gottes ist, daß es deshalb auf das Tun jedes einzelnen Volksgenossen ankommt (vgl. z.B. Heiligkeitsgesetz 3Mo 17-26). Die Erwählung und Errettung Israels durch Gott bildet die Grundlage der altisraelit. Freiheitsrechte (vgl. 5Mo 15,15). Ebenso sind nach dem NT »in Christus« alle Geschlechts-, Rassen- und Standunterschiede zwischen den Menschen aufgehoben (vgl. Gal 3,28). Das wirkt sich an erster Stelle auf die Gemeindeordnung aus. Sie wird mit dem paulin. Bild vom Leib beschrieben (vgl. Röm 12,3ff; 1Kor 12,12ff): Die Glieder haben zwar unterschiedliche Gaben und Aufgaben, sind jedoch gleichwertig. Zwar läßt sich in einigen Briefen des NT ein Ansatz zur Entwicklung auf eine kirchl. Hierarchie hin beobachten, doch wird diese Hierarchie nicht als Heilsordnung angesehen. Dem gibt das reformat. Prinzip vom »Priestertum aller Gläubigen« Ausdruck.

So beginnen die Spannungen, unter denen D. steht, mit der Spannung zwischen Geist und Amt bereits in der Kirche. Wichtig ist auch zu beachten, daß das Bild vom Leib, also das damit verbundene organologische Denken, mit dem im NT die Kirche beschrieben wird, nicht auf die Gesellschaft übertragen werden kann. Insofern gilt die alte soziologische Unterscheidung von Tönnies zwischen Gemeinschaft (hier: Kirche) und Gesellschaft (hier: polit. Bereich) nach wie vor.

Die im ev. Raum gültige, der bibl. Sicht vom Priestertum aller Gläubigen entsprechende Praxis, die z.B. möglich macht, daß ein Bischof bei einem einfachen Gemeindeglied beichtet und von diesem die Sündenvergebung vollgültig zugesprochen erhält, bedeutet einen stetigen Impuls für das christl. Menschenverständnis in Kirche und Gesellschaft: Trotz aller Ämter und Aufgabenteilungen ist und bleibt die Kirche stets Leib Christi als Gemeinschaft aller zum Priestertum berufenen Gläubigen; Staat und Gesellschaft aber sind, allen Tendenzen sich verfestigender Strukturen zum Trotz, beständig auf mehr Teilhabe hin zu gestalten, in vorläufigen Ordnungen und revidierbaren Institutionen, demokratisch und bescheiden.

Lit.: Denkschrift der EKD: »Evangelische Kirche und freiheitliche Demokratie«, 1985; G. Leibholz, Strukturprobleme der modernen D., [3]1967; H. Thielicke, Theologische Ethik II/2, 1958.

R. Mayer

Demut → Tugend/-en

Denken → Glauben und Denken

Denkschrift

Mit D.en werden allg. Eingaben, Berichte oder Abhandlungen bezeichnet, mit denen der Absender beim Empfänger Einsicht vermitteln oder etwas bewirken will. Kirchengeschichtl. besonders hervorzuhebende D.en sind J.H. Wicherns Programmschrift »Die innere Mission der Deutschen Evangelischen Kirche. Eine Denkschrift an die deutsche Nation« (1849), die D. der Zweiten vorläufigen Kirchenleitung der Dt. Ev. Kirche (VKL) u.a. gegen Entchristlichung und Judenhaß an Hitler (1936) und die D. der EKD »Die Lage der Vertriebenen und das Verhältnis des deutschen Volkes zu seinen östlichen Nachbarn« (1965).

Stand die Bezeichnung D. bis dahin in der Kirche mehr oder weniger zufällig neben anderen, wie z.B. »Wort« oder »Erklärung«, so schuf sich die EKD ab 1962 mit den D.en gezielt ein Instrument, um ihre Öffentlichkeitsverantwortung wahrzunehmen. Vom Rat der EKD eingesetzte Fachgremien (Kammern, Kommissionen, Ausschüsse) erarbeiten Stellungnahmen zu gesellschaftl. und polit. Fragen. Diese werden im Auftrag des Rates publiziert. Der Rat selbst identifiziert sich danach, wie meist aus dem jeweiligen Vorwort hervorgeht, ganz oder teilweise mit den Ausführungen. Daneben gibt die EKD auch Studien, Gutachten, Thesenreihen, Kommentare usw. heraus, für die, begrifflich unscharf, ebenfalls oft die Sammelbezeichnung D. gebraucht wird. Sachlich sind die Grenzen in der Tat fließend. Im Unterschied zu den päpstlichen Enzykliken in der röm.-kath. Kirche sind mit den D.en jedoch keine lehramtlichen Ansprüche verknüpft. Ziel ist, zu drängenden Problemen oder kontroversen Fragen in Gesellschaft und Politik einen Beitrag zu leisten, der nicht interessengeleitet ist, somit die grundlegenden Alternativen aufdeckt und zur Versachlichung der Diskussion beiträgt. Gesichtspunkte theolog. Sozialethik fließen dabei ein. Die Autorität der D.en leitet sich dabei allein aus der Kompetenz der beteiligten christl. Fachleute ab.

Seit 1962 erschienen D.en zu Themenkreisen wie Frieden, Versöhnung, Menschrechte; zur sozialen Ordnung, Staat und Demokratie; zur Bildungspolitik, Sexualethik und zur Situation einzelner gesellschaftlicher Gruppen.

Weil die ersten D.en, insbesondere die erwähnte Vertriebenendenkschrift (1965), ein breites, aber auch kontroverses Echo ausgelöst hatten, gab der Rat der EKD 1970 eine D. mit dem Thema »Aufgaben und Grenzen kirchlicher Äußerungen zu gesellschaftlichen Fragen« (auch »Denkschriften-Denkschrift« genannt) heraus. Diese gibt Auskunft über das Selbstverständnis der kirchl. D.en. Es geht demnach um »Gruppenseelsorge« oder auch »gesellschaftliche Diakonie«. Die D.en dienen in erster Linie der innerkirchl. Klärung. Angesprochen sind des weiteren die Verantwortlichen in Politik und Wirtschaft. Zum Reden ermächtigt wird die Kirche durch ihr »Wächteramt«.

Gegenwärtig ist zu beobachten, daß die D.en kaum bis zu den Gemeinden durchdringen und in der Öffenlichkeit relativ wenig Beachtung finden. Das mag an der Fülle der Veröffentlichungen liegen, denn inzwischen gibt es kaum ein aktuelles Thema, das nicht zum Gegenstand einer kirchl. Stellungnahme oder D. geworden wäre. Die geringe Öffentlichkeitswirkung ist z.T. zu bedauern, jedoch wäre auch eine Neubesinnung nötig. Nicht zu jeder aktuellen Frage muß sich die Kirche äußern. Die Art, wie D.en entstehen, ist zu kopflastig. Da die Kriterien der D. allein ihre Schriftgemäßheit und Sachgemäßheit sind, bedürfen sie der Prüfung und Rezeption durch mündige Gemeinden.

Lit.: W. Böhme, E. Wilkens (Hg.): Möglichkeit und Grenze politischer Wirksamkeit der Kirche, 1970; Die Denkschriften der EKD (hg. von der Kirchenkanzlei der EKD), z.Zt. 4 Bde.; H. Schulze, Ethik im Dialog (Kommentar zur »Denkschriften-Denkschrift«), 1972.

R. Mayer

Denomination

D. bedeutet eine autonome (= rechtlich selbständige) christl. Glaubensgemeinschaft. So setzt sich der ÖRK (1991) aus 317 D.en = selbständigen Mitgliedskirchen in über 90 Ländern zusammen. Meistens erstreckt sich eine D. auf das Gebiet eines Landes oder darin einer Region. Gelegentlich ist sie länderübergreifend (z.B. weltweit die röm.-kath. Kirche und die Heilsarmee), üblicherweise dann mit einer gewissen innerkirchl. Teilautonomie in den einzelnen Ländern.

Der schon im 18. Jh. im englischen Sprachraum benutzte Begriff D. (wörtlich: »Benennung«) wurde im engeren Sinn angewandt auf prot. Freikirchen im Unterschied zur etablierten Kirche (Landes-, Staatskirche) und zu den »Sekten«. Im weiteren, heute üblichen Sinn sind alle autonomen christl. Glaubensgemeinschaften D.en: Staats- und Freikirchen, Volks- und Freiwilligkeitskirchen; Gemeinschaften mit hierarchischer, bischöflicher, synodaler und kongregationalistischer Verfassung; Konfessionskirchen und Unionen aus verschiedenen prot. konfessionellen Traditionen; Gemeinschaften, die in der gesamtchristl. Tradition stehen sowie Sondergemeinschaften.

Von D.en wird vor allem in Ländern mit einem Nebeneinander gleichberechtigter Glaubensgemeinschaften gesprochen, etwa im »denominationalen Kirchensystem der USA« (J. Matthes, 127). Da sich dieser rel. Pluralismus auch in Ländern mit herkömmlicherweise »volkskirchlichem Muster« wie in Deutschland ausbreitet, ist der Begriff D. allgemein sinnvoll.

Ein Gewinn des Begriffs D. liegt im Verzicht auf Wertungen. Die röm.-kath. Kirche bezeichnet sich selbst als »die Kirche« und Glaubensgemeinschaften mit von ihr anerkannter apostol. Sukzession der Bischöfe als »Kirchen«, billigt aber den reformat. Kirchen nur den Status »kirchliche Gemeinschaften« zu. Das von den in gesamtchristl. Tradition stehenden Konfessionsfamilien auf die Sondergemeinschaften angewandte Etikett »Sekte« wirkt noch stärker disqualifizierend. Manche prot. Freikirchen kennen keine für ihre besondere Tradition maßgebenden Bekenntnisse (Konfessionen) und nennen sich deshalb nicht »Konfession«, manche nennen sich auch nicht »Kirche«, wegen der dabei aufkommenden »amtskirchlichen« Assoziationen. Alle derartigen Probleme des Selbstverständnisses christl. Glaubensgemeinschaften und ihrer Beurteilung anderer Glaubensgemeinschaften sind in dem wertneutralen Begriff D. ausgeblendet. Die Wahrheitsfrage, inwieweit die einzelnen D.en in Lehre und Praxis der bibl. Botschaft entsprechen, ist dadurch aber nicht erledigt.

Lit.: E. Geldbach: »Denomination«, ÖL², 235; J. Matthes: Kirche und Gesellschaft. Einführung in die Religionssoziologie II, 1969; A. Rössler: Positionen Konfessionen - Denominationen. Eine kleine Kirchenkunde, 1988.

A. Rössler

Descartes, René (1596-1650)

1. D. wurde am 31. 3. 1596 im franz. La Haye geboren und ist am 11. 2. 1650 in Stockholm gestorben. Von 1614-29 befand er sich auf Reisen durch ganz Europa. Danach lebte er in den Niederlanden und seit 1649 auf Einladung der Königin Christine am Hof in Stockholm.

Seine Bedeutung für die Entwicklung neuzeitlicher Philosophie, den Weg und das Selbstverständnis der Natur- und Geisteswissenschaften, die Konzeption menschlicher Naturbeherrschung und den Fortschrittsgedanken sowie für den Ansatz heutiger Anthropologie wie Theologie kann kaum überschätzt werden.

An der Schwelle vom späten MA zur Neuzeit, deren Mitbegründer er vor allen anderen ist, wagt D. - unter Einsatz seines Lebens (Specht, 47) - eine systematische und alle traditionellen Autoritäten in Frage stellende, damit am Fundament von Kirche, Theologie und Staat rüttelnde Offensive für eine von allen »Vorurteilen« und bloßen »Meinungen« freie und allein auf Evidenz und Wahrnehmung gestützte Erkenntnis und Wahrheit.

D. verfolgt keine bloß akademischen und auch keine antiklerikalen Ziele: Vielmehr will er die Theologie von der Überfremdung durch den mittelalterl. → Aristotelismus befreien, einer durch die Konfessionskriege erschütterten Menschheit eine phil. Methode präsentieren, die darin eine friedenstiftende Funktion hat, daß sie die Wahrheit »klar und deutlich« und damit gewiß erkennen und darum alle Streitfragen hinter sich läßt, und er will den sozialen, technischen und phil. Fortschritt der Menschheit dadurch ermöglichen, daß er die Wissenschaft von dem die Wahrnehmung verstellenden scholastischen Korsett befreit.

2. D. hat seine rationalistische Methode am ausführlichsten in seinen Meditationes de prima philosophia (1641) entfaltet. Eine reife Zusammenfassung gibt D. in seinen Principia philosophiae von 1644: Wenn man ein unerschütterliches Fundament (*fundamentum incossum)* sucht, muß man alles bezweifeln, was bezweifelbar ist. Zu den bezweifelbaren bloßen Meinungen (*opiniones*) zählt auch, »daß es einen Gott gibt«. Doch auf dem Boden dieses radikalen, selbst Gott - als traditonellen Garanten der Zuverlässigkeit der Erkenntnis - in Frage stellenden Zweifels angelangt, muß der Mensch nicht verzweifeln. Er findet vielmehr am Ende seines Reflexionsweges die eine unbezweifelbare Gewißheit vor, die Grundlage aller weiteren Erkenntnis wird: Selbst wenn der Mensch sich in allem täuschen oder irren sollte, so ist doch offensichtlich und notwendig zu denken: Wer denkt, - auch wenn er sich irrt - der existiert jedenfalls. Mit dem davon abgeleiteten Grund-Satz *cogito ergo sum* (Ich denke, »aha« ich bin [selbst wenn ich falsch denke]; Simon), hat D. aber nur die Existenz des denkenden Ichs (*res cogitans*, wird zum Erkenntnis-Subjekt) bewiesen, aber noch nicht die Existenz der von diesem Ich im Prozeß der Zweifelsbewegung geschiedenen (Außen-)Welt (*res extensa(e)* wird zum Erkenntnis-Objekt). Um diese zu erreichen, bedient er sich des klass., schon bei → Anselm von Canterbury zu findenden ontologischen → Gottesbeweises: Der Mensch findet in sich den Begriff eines vollkommenen Wesens vor. Dieser Begriff ist aber nur dann wirklich vollkommen, wenn er auch existiert. Denn, würde er nicht existieren, fehlte ihm die entscheidende Eigenschaft: eben zu existieren. Diesen Beweis stützt D. dann noch durch die zusätzliche Überlegung ab, daß nur der vollkommene Gott selbst Verursacher dieser vollkommenen Idee sein kann. Wenn aber Gott existiert, dann ist es durch das natürliche Licht (*lumen naturale)* der Vernunft offenbar, daß er wahrhaftig ist und uns nicht als Wesen geschaffen hat, die grundsätzlich irren. Daraus resultiert die Abwehr des radikalen Zweifels, die Einsicht in die grundsätzliche Zuverlässigkeit unserer Erkenntnis und das für D. entscheidende Wahrheitskriterium der Evidenz.

3. Über die Tragfähigkeit cartesischer Philosophie, v.a. Erkenntnistheorie (vgl. Brands), und deren Wirkungsgeschichte gibt es eine kaum noch zu überschauende Literatur (Marshall).

a. Sehr bald ist der zirkuläre Charakter der Argumentation D.' erkannt worden: Um sich Gottes gewiß zu werden, vergewissert sich D. seiner selbst. Das Cogito-Argument beruht seinerseits auf der Wahrheit einer Evidenz, auf die D. nur bauen kann, wenn er von der grundsätzlichen, nur von Gott garantierten Zuverlässigkeit seiner Erkenntnis ausgehen kann. Es ist freilich zu fragen, ob dieser Zirkelschluß einen Einwand bedeutet oder nicht bereits die moderne Einsicht in den unauflösbaren Zusammenhang von Gottes- und Selbstgewißheit vorwegnimmt und damit auch in der Sache deutlich macht, daß D.' Denken sich nicht eignet zur Selbst-Begründung des Menschen.

b. F. Nietzsche hat gezeigt, daß die Evidenz des Cogito-Argumentes bedingt ist durch sprachliche Gewöhnung, »welche zu einem Tun [dem Denken] einen Täter [das denkende Ich] setzt« (Nietzsche, 158).

c. Die D. leitende Vorstellung einer Befreiung der Vernunft von den Bedingtheiten der Sinnlichkeit *(mentem a sensibus abducere)* und die resultierende Vorstellung eines reinen Vernunft- bzw. Erkenntnisvermögens bedeutet eine Fiktion, die davon lebt, daß sie die schon über die Sprachlichkeit aller Begriffe gegebene unüberholbare Individualität und Geschichtlichkeit jeder Vernunft übersieht (s. oben b. vgl. Hempelmann, GBL 1).

d. Die moderne Wissenschaftstheorie hat die Subjekt-Objekt-Spaltung D.' und das aus ihr abgeleitete Objektivitätsideal als erkenntnistheoretisch naiv aufgewiesen (vgl. Hempelmann, 1987).

e. Zumindest für die Kopenhagener Deutung der Quantentheorie ist die cartesische Trennung von *res cogitans* und *res extensa(e)* (Außen-Welt) empirisch widerlegt (Heisenberg; v. Weizsäcker; Gutsche/ Hafner).

Hinsichtlich der von D. vorgelegten Gottesbeweise ist zu fragen, a) inwieweit »Existenz« eine Eigenschaft darstellt (Kant: hundert bloß gedachte Taler sind noch lange keine 100 existierenden) und b) inwiefern nicht gerade der unvollkommene, endliche Mensch *via negationis* die Idee eines vollkommenen, unendlichen Wesens aus sich heraus entwirft (vgl. L. Feuerbachs Religionskritik).

Lit.: O. Bayer: Descartes und die Freiheit, in: ders.: Umstrittene Freiheit, 1981, 39-65; H. Brands: »Cogito ergo sum«. Interpretationen von Kant bis Nietzsche, 1982; R. Descartes: (Oeuvres de Descartes, hg. von Ch. Adam, P. Tannery, 12 Bde., 1897-1910 oder eine der Ausgaben der phil. Bibliothek Meiner); E. Gutsche, H. Hafner (Hg.): Descartes und die Folgen. Anfragen an die Grundlagen naturwissenschaftlicher Weltbilder, 1988; W. Heisenberg: Das Naturbild der heutigen Physik, 1955; ders.: Quantentheorie und Philosophie, 1979; H. Hempelmann: »Erkennen/Erkenntnis«, GBL 1, 1987, 325-333; ders.: Kritischer Rationalismus und Theologie als Wissenschaft. Zur Frage nach dem Wirklichkeitsbezug des christlichen Glaubens, [2]1987; D.J. Marshall: Prinzipien der Descartes-Exegese, 1979; F. Nietzsche: Kritische Studienausgabe, hg. von G. Colli/M. Montinari, Bd. 12, 1980; A. Schlatter: Die philosphische Arbeit seit Cartesius, [5]1981; G. Schmidt: Aufklärung und Metaphysik. Die Neubegründung des Wissens durch Descartes, 1965; W. Schulz: Der Gott der neuzeitlichen Metaphysik, [5]1974, 57-85; J. Simon: Wahrheit als Freiheit, 1978; R. Specht: Descartes, 1966; C.F. von Weizsäcker: Aufbau der Physik, 1985.

H. Hempelmann

Deszendenztheorie → Darwin, Darwinismus; → Evolution, Evolutionstheorie

Determinismus → Freiheit; → Willensfreiheit, menschliche

Deuteronomium → Pentateuch

Deutsche Bischofskonferenz

1848 tagten erstmals vom 23.10-16.11. in Würzburg die kath. deutschen Bischöfe zu gemeinsamer Beratung seelsorgerl. und kirchenpolit. Fragen, was sie später mehrmals in Fulda zur Vor- und Nachbereitung des 1. Vatikan. Konzils taten. Seit 1871 tagten jährlich wenigstens einmal wegen des Kulturkampfes die preußischen Bischöfe in Fulda und die bayerischen Bischöfe in Freising. Diese beiden Konferenzen vereinigten sich in den 30er Jahren des 20. Jh.s zur Fuldaer Bischofskonferenz, die jährlich mindestens einmal tagte, außer den mehrmals tagenden regionalen Konferenzen.

Aufgrund dieser und anderer Erfahrungen sowie des Wunsches vieler Bischöfe wurde schließlich auf dem Zweiten Vatikanischen Konzil im Bischofsdekret Art. 38 die Bischofskonferenz als echte Zwischeninstanz zwischen dem Papst und den Einzelbischöfen eingerichtet und durch die folgende Gesetzgebung mit Gesetzgebungsbefugnis in vielen Einzelfällen ausgestattet. Nachdem in Deutschland neben der Fuldaer Bischofskonferenz für den Westteil seit 1976 die rechtl. eigenständige Berliner Ordinarienkonferenz für die DDR bestand, bilden die deutschen Bischöfe seit Herbst 1990 eine Deutsche Bischofskonferenz. Außer der Vollversammlung (jährlich zweimal), zu der die Diözesan- und Weihbischöfe gehören, kennt sie den unter demselben Vorsitzenden (ein auf sechs Jahre gewählter Diözesanbischof) gewöhnlich zweimonatlich tagenden Ständigen Rat sowie jetzt 14 Kommissionen zur Vorbereitung der Arbeit und ein Sekretariat. Rechtl. eigenständig, aber personell (bes. im Vorsitzenden) damit verbunden ist der Verband der Diözesen Deutschlands für finanzielle Entscheidungen. Beschlüsse der Bischofskonferenz sind rechtsverbindlich, wenn sie im Rahmen ihrer Zuständigkeit liegen, mit Zweidrittelmehrheit ihrer Mitglieder beschlossen und vom Apostol. Stuhl bestätigt werden. Für Statutenänderungen sind allein die Diözesanbischöfe zuständig.

Lit.: R. Lill: Die ersten deutschen Bischofskonferenzen, 1964; H. Müller, H.J. Pottmeyer: Die Bischofskonferenz. Theologischer und juridischer Status, 1989; H. Schmitz: Die Einheit der katholischen Kirche in Deutschland: Archiv für katholisches Kirchenrecht 159, 1980, 623-634 (Lit.).

R. Weigand

Deutsche Christen

Die »Glaubensbewegung ›Deutsche Christen‹« (DC), gegründet am 6. 6. 1932, ist in dieser Form zwar ein Phänomen der nationalsozialistischen Ära, fügt sich jedoch ein in einen Strom der deutschen Geistesgeschichte, der bereits im 19. Jh. einsetzte und in gewissen Ausprägungen auch jene Zeit überdauerte. Der »Bund für Deutsche Kirche« (gegründet 1921), der völlig in der Tradition deutschgläubiger Bewegungen stand, gehörte zu den wichtigsten Wegbereitern. Die »Christlich-deutsche Bewegung« (gegründet 1930) sammelte die rechten Kräfte im deutschen Protestantismus für eine nationale Ausrichtung. In Thüringen trat 1931 erstmals eine Gruppe »Kirchenbewegung ›Deutsche Christen‹« hervor, in deren Programm die christl.-völkische Erneuerung der deutschen Nation stand und damit von vornherein die Option für den Nationalsozialismus. Sie gab auch der Glaubensbewegung DC ihren Namen und ordnete sich ihr als Gau Thüringen ein.

Seitens der NSDAP verfocht vor allem Gauleiter W. Kube (Berlin) das Ziel, die ev. Kirche zu erobern. Ein brauchbares Instrument dafür bot eine Gruppe nationalsozialistischer Pfarrer um J. Hossenfelder (Berlin, Parteimitglied seit 1929). Dieser entwarf Richtlinien zunächst für eine Liste eigener Kandidaten zur Kirchenwahl in Preußen 1932, damit aber auch schon für eine das ganze Reich umfassende Bewegung. Diese formierte sich insofern durchaus kirchenintern und nicht als Gliederung der Partei.

Die Richtlinien treten ein für eine »artgemäßen Christus-Glauben«, eine »evangelische Kirche, die im Volkstum wurzelt«, für die Pflege von »Rasse, Volkstum und Nation« als »von Gott geschenkte ... Lebensordnung«. Kirchenpolit. Ziel war die Errichtung einer ev. Reichskirche. Mit deutlichem Bezug auf Art. 24 des Programms der NSDAP (»positives Christentum«) erhoffte man sich die Möglichkeit für eine breite Volksmission und die Überwindung der vielfältigen Säkularisierungserscheinungen, wobei theol. und vor allem Bekenntnisfragen ausgeblendet wurden.

In der Tat brachten die Kirchenwahlen erhebliche Erfolge. Die polit. Ereignisse 1933 führten zu einer förmlichen Eintrittswelle. Auch namhafte Theologen schlossen sich an. Es gelang, wichtige Positionen in der Kirche zu besetzen. Die Brüchigkeit des Unternehmens zeigte sich jedoch schnell. Die Sportpalastkundgebung in Berlin am 13. 11. 1933 mit der Rede des Gauobmanns Dr. Krause offenbarte ein derartiges zumal theol. Substanzdefizit, daß sich nicht nur viele Einzelpersonen abwendeten, sondern die Bewegung als soche in verschiedene Gruppen zerfiel, die jeweils für sich unter z.T. wechselnden Bezeichnungen fortexistierten, von denen aber nur wenige, nun schon als freireligiöse Vereinigungen außerhalb der Kirche, den NS-Staat überdauerten.

Lit.: K. Meier: Die Deutschen Christen, 1965; ders.: Der evangelische Kirchenkampf, Bd. 1, 1976; K.D. Schmidt: Die Bekenntnisse des Jahres 1933, 1934; K. Scholder: Die Kirchen und das Dritte Reich, Bd. 1, 1977; H.-J. Sonne: Die politische Theologie der Deutschen Christen, 1982.

H. Kirchner

Deutsche Christliche Studenten-Vereinigung (DCSV)

Die DCSV hat ihre Wurzeln in der → Erweckungs- und der → Gemeinschaftsbewegung des 19. Jh.s. Anstöße aus der Schüler-Bibelkreis-Bewegung, aus dem Berliner CVJM und von Studentenkonferenzen in Amerika führten – vor allem auf Initiative von Graf E. v. → Pückler – zur ersten »Allgemeinen Christl. Studentenkonferenz« 1890 in Niesky: »Konferenz zur Vertiefung christl. Lebens und Anregung christl. Arbeit unter der studierenden Jugend Deutschlands«.

Einzelne Bibel- und Gebetskreise bildeten sich an den Universitäten. 1895 kam es auf der sechsten Konferenz in Großalmerode in Anwesenheit von J. → Mott zur Gründung der DCSV (der Name wird ab 1897 geführt). Die Zielsetzung der DCSV ist eindeutig mission. bestimmt: »So viele Studenten als möglich in persönliche Berührung mit dem Heiland zu bringen und sie zur Mitarbeit für ihn zu bewegen.« Das Motto lautet: »Deutschlands studierende Jugend für Jesus.« Zentrale Veranstaltung der Kreise ist die Bibelstunde.

Mit der Verfassung von 1897 verlagert sich der Schwerpunkt von den Konferenzen zu den Studentenkreisen. Die Kreise vor Ort werden zum Träger der Bewegung. Die Studenten erhalten eine größere Selbständigkeit gegenüber den Gründervätern. Zur Begleitung der Gruppen und zur Evangelisation an den Universitäten werden Sekretäre berufen (H. Witt 1896, K. → Heim 1899 und andere).

1896 entsteht in enger Verbindung mit der DCSV der Studentenbund für Mission, 1901 Beginn der Altfreundearbeit, 1905 Anfänge der Deutschen Christl. Vereinigung Studierender Frauen (DCVSF). Publikationen sind ab 1897 die »Mitteilungen«, ab 1910 die Zeitschrift »Die Furche« (Furche-Verlag).

Als erste deutsche studentische Gruppe kümmert sich die DCSV seit 1912 in besonderer Weise um ausländische Studenten (dies führt 1933 zur Ablehnung des Arierparagraphen). Im Ersten Weltkrieg wird ein umfangreiches soziales Hilfswerk organisiert. Die Ausweitung der Arbeit führt aber auch zu inneren Auseinandersetzungen. Manchem geht sie zu Lasten des Wesens und Ziels der DCSV. Auch die Jugendbewegung bringt Belastungen mit sich. Ganz entscheidend gelingt es P. → Humburg (Generalsekretär 1919-21) durch seine Gaben der Seelsorge und Schriftauslegung, die DCSV wieder zu ihren ursprünglichen Linien zurückzuführen. Die NS-Zeit ist weniger eine Zeit der Erweckung als vielmehr der Bewährung. Unter den Generalsekretären H. → Lilje und Eberhard Müller kommt es zu einem verstärkten theol. Arbeiten und zu engeren Kontakten mit der Bekennenden Kirche. Im Juli 1938 wird die DCSV verboten.

Unter kirchl. Dach haben sich dennoch während des Krieges christl. Studenten zu Bibelstunden getroffen: Es entsteht die »Studentengemeinde«, aus der später die Evangelische Studentengemeinde hervorgeht. Nach dem Krieg kommt es zu keiner Neugründung der DCSV. In Struktur und Zielsetzung findet sie aber einen Nachfolger in der ab 1946 entstehenden → Studentenmission in Deutschland (SMD).

Lit.: K. Kupisch: Studenten entdecken die Bibel – die Geschichte der DCSV, 1964; E. Stange: Ein Menschenalter deutscher christlicher Studentenbewegung, 1920.

M. Haizmann

Deutsche Evangelische Allianz → Allianz, Evangelische

Deutsche Evangelistenkonferenz

In der besonderen mission. Situation nach dem Zusammenbruch Deutschlands fanden sich 1949 vier Persönlichkeiten aus den Volksmissionarischen Ämtern der Landeskirchen, aus Freikirchen und freien Werken im Haus »Friedewald« bei Betzdorf/ Sieg zusammen und berieten die Möglichkeiten der → Evangelisation, besonders in Form der Zeltmission. Sie luden für das Jahr 1958 zur ersten Evangelistenkonferenz ein, die von nun an jährlich stattfand, anfangs im Haus Friedewald, ab 1952 im »Haus Patmos«, der Zentrale der → Deutschen Zeltmission, in Siegen-Geisweid. Inhalt der Konferenz war und ist die immer neue Vergewisserung des Auftrags zur Evangelisation, die Möglichkeit gelebter Bruderschaft und gegenseitiger Seelsorge unter den Evangelisten und Austausch von Erfahrungen. Zum Vorsitzenden wurde Pfr. Wilhelm Brauer gewählt. Seit 1973 ist es Pfr. Rolf Woyke. Dem jeweiligen Vorsitzenden ist ein Vertrauensrat zur Seite gestellt. Die aufgenommenen Mitglieder aus verschiedenen Prägungen der Ev. → Allianz tragen verantwortlich die Konferenz mit. Angegliedert ist die »Arbeitsgemeinschaft für Zeltmission«. Aus der D.E. hatten sich eigene Konferenzen in der DDR und in der Schweiz entwickelt. Im Jahr 1991 beschlossen die Vertrauensräte und Mitgliederversammlungen der DDR und der Bundesrepublik die Vereinigung beider Konferenzen ab 1992.

R. Woyke

Deutsche Gesellschaft für Biblisch-therapeutische Seelsorge (DGBTS)

Die 1987 gegründete und von Prof. Dr. Michael Dieterich geleitete DGBTS (Kernen bei Stuttgart) hat auf der Basis der Ev. → Allianz in Deutschland zum Ziel, das Angebot der → Seelsorge für psychisch leidende Menschen in christl. Gemeinden durch eine qualifizierte Ausbildung von haupt- und nebenamtlichen Mitarbeitern zu vermehren.

Seelsorge versteht die DGBTS als »die in Christus beschlossene, alle menschliche Seelen- und Lebensnot von ihrer letzten Ursache her verstehende, aufdeckende und überwindende Glaubens- und Lebenshilfe« (A.D. Müller, 1961). Hierbei wird versucht, Methoden etablierter Psychotherapie in das bibl. Wirklichkeitsverständnis mit einzubeziehen. Für die DGBTS ist die bibl. Sicht des Menschen grundlegend. In der Praxis der bibl.-therapeutischen Seelsorge zeigt sich, daß einige psychotherapeutische Vorgehensweisen unabhängig von ihrem ideologischen Überbau zu sehen sind und daß sie dem bibl.-weisheitlichen Denken entsprechen. Die DGBTS weiß sich der methodischen Vielfalt seelsorgerl. Arbeitens verpflichtet und verwendet dabei neben Formen des Tröstens, des Ermahnens, des Lösens und Bindens auch lernorientierte, gesprächsorientierte und tiefenpsychologisch fundierte Therapieverfahren.

Lit.: M. Dieterich: Psychologie, Seelsorge, Biblisch-therapeutische Seelsorge, 1987; ders.: Handbuch Psychologie und Seelsorge, 1989.

W. Veeser

Deutsche Gesellschaft für Pastoralpsychologie (DGfP)

Die DGfP wurde im April 1972 gegründet. Sie umschließt Theologen unterschiedlicher Konfessionen, die sich unter zwei Bedingungen zusammengefunden haben:

Alle Mitglieder haben eine zusätzliche Qualifikation auf dem Gebiet psych., pastoralpsych. oder seelsorgerl. Arbeit.

Alle Mitglieder sind auch als Hochschullehrer, Seelsorgelehrer, Trainer oder Ausbilder in der Kirche tätig.

Die DGfP versteht sich damit als eine Supervisorengesellschaft. Sie ist nicht für jedermann offen. Der Beitritt und die (ordentliche oder außerordentliche) Mitgliedschaft sind an bestimmte Bedingungen (Standards) gebunden. Die Gesellschaft gliedert sich in vier Sektionen, die eine gewisse Nähe zu bestimmten psych. Schulen haben.

Die »Sektion Tiefenpsychologie« (91 Mitglieder) umfaßt Theologen, die psychoanalytische Kenntnisse und Praktiken in Theologie und Kirche anwenden wollen. Hier finden sich Psychoanalytiker freudianischer Herkunft, Individualpsychologen aus der Schule Alfred Adlers und Psychotherapeuten im Sinne C.G. Jungs.

Die »Sektion Gruppendynamik« vereinigt 51 Mitglieder, die im weitesten Sinne gruppendynamisch tätig sind.

Die zahlenmäßig größte Sektion ist die »Sektion Klinische Seelsorgeausbildung«. 133 Mitglieder vertreten ein Konzept von Seelsorgeausbildung, das sich vor allem an Carl Rogers anschließt. Rogers versteht sein therapeutisches Wirken als »Hebammenkunst«, die es dem Klienten (nicht: Patienten) erlaubt, verdrängte Anteile seines Ich angstfrei wahr- und anzunehmen (indem er Annahme durch den Therapeuten erfährt) und so zu einer integrierteren Persönlichkeit zu reifen. Dieses Modell ist in der theol. und kirchl. Seelsorgeausbildung nahezu »klassisch« geworden, andererseits im Blick auf das dahinterstehende Menschenbild und auf den Verzicht einer verbalen Mitteilung des Evangeliums auch kritisiert worden.

1975 wurde die »Sektion Kommunikations- und Verhaltenspsychologie« gegründet. Sie hat 57 Mitglieder. Die meisten von ihnen stehen der klientenzentrierten Schule von C. Rogers nahe, jedoch gibt es auch Mitglieder mit einem verhaltenstherapeutischen oder kommunikationstheoretischen Hintergrund. Mit 12 assoziierten Mitgliedern hat die Gesellschaft damit nach dem Stand vom 1. 1. 1991 insgesamt 348 Mitglieder. Theol. Standort und Glaubensausprägung der Mitglieder sind durch die Sektionen nicht eindeutig definiert.

Lit.: I. Baumgartner (Hg.): Handbuch der Pastoralpsychologie, 1990; G. Besier: Seelsorge und Klinische Psychologie. Defizite in Theorie und Praxis der Pastoralpsychologie, 1980; Frielingsdorf, Kühnholz, Riess, Schall, Schmidt: Zur Situation der Pastoralpsychologie in der Bundesrepublik Deutschland, 1978; T.U. Schall: Seelsorge und Klinische Psychologie, in: Wege zum Menschen 34. Jg. (1982), 391-399.

T. Schall

Deutsche Glaubensbewegung → Völkisch-religiöse Richtungen

Deutsche Glaubensfront → Völkisch-religiöse Richtungen

Deutsche Indianer-Pionier-Mission → Indianermission

Deutsche Messe

Martin → Luther wollte keinen radikalen Umsturz der Gottesdienstformen; er strebte vielmehr eine gründliche Reinigung der Messe an. Dieser eher vorsichtige Grundzug zeigt sich in allen seinen Schriften über den → Gottesdienst.

Luthers Hauptanliegen war die Reinigung der Messe von der Opfervorstellung, die den Gottesdienst zum verdienstlichen Werk der Gemeinde macht. Aus der Gabe Gottes im → Abendmahl (*sacramentum*) war eine Sühneleistung des Menschen (*sacrificium*) geworden. Außerdem wollte Luther, daß die Predigt als Schriftauslegung wieder ins Zentrum des christl. Gottesdienst komme. Bei der Einweihung der Torgauer Schloßkirche 1544 sagt Luther ganz knapp, was er will, nämlich »daß nichts anderes geschehe, denn daß unser lieber Herr selbst mit uns rede durch sein heiliges Wort, und wir wiederum mit ihm reden durch Gebet und Lobgesang« (zitiert nach Kalb, 31). Somit ist der reformat. verstandene Gottesdienst eine Elipse mit ihren zwei Mittelpunkten: der Predigt und dem Abendmahl. Deutlicher äußerte sich Luther nach seiner Wartburg-Zeit (1521/22), als man in seiner Abwesenheit in Wittenberg radikale Reformen eingeleitet hatte (vor allem durch Karlstadt und Zwilling). In seinen Invocavit-Predigten 1522 rief Luther zur Ordnung zurück und warnte davor, ein neues Gesetz aufzurichten. In den folgenden Jahren entstanden Luthers liturgische Hauptschriften, zunächst 1523 »Von Ordnung Gottesdiensts in der Gemeine« und »Formula Missae et Communionis«, eine gereinigte Form der lat. Messe mit landessprachlicher Predigt, und dann 1526 die »Deutsche Messe«. Deutsche Gottesdienste wurden zu dieser Zeit bereits an vielen Orten gefeiert, aber Luther sträubte sich lange dagegen, selbst eine Messe in deutscher Sprache vorzulegen. Er sah große musikalische Probleme, da er nicht einfach deutsche Texte unter die alten Melodien legen wollte. Außerdem war er gegen normative Meßordnungen. Erst auf Bitten des Zwickauer Pfarrers Nikolaus Hausmann und auf Drängen des Kurfürsten Johann begab sich Luther, unterstützt durch die Musiker Konrad Ruppsch und Johann Walter, im Herbst 1525 an die Arbeit. Das Ergebnis unterstellte er am 29.10.1525 dem Willen Gottes: alles Eigene solle »untergehen und stinken« und nur, was aus Gott war, Bestand haben (Brecht, 249).

Von besonderer Bedeutung und bleibender innovativer Kraft für die ev. Christenheit blieb Luthers Vorrede. In ihr finden sich grundlegende reformat. Aussagen über Gottesdienst und Gemeindeaufbau.

Luther beginnt mit der Warnung, aus seiner Schrift »ja kein nötig Gesetz« zu machen (WA 19,72). Er betont im Sinn der »Freiheit eines Christenmenschen« (1520) die Freiheit und die Liebe als Eckpfeiler liturgischer Arbeit. Nur innerhalb eines Territoriums sollte der Gottesdienst gleichförmig sein. Drei Formen des Gottesdienstes sieht Luther vor: zum einen die lat. Messe nach der »Formula

Missae«, die ihren Vorteil darin hat, daß sie überall in der ganzen Welt gefeiert werden könnte, zum anderen die deutsche Messe, diese aber vor allem für das ungebildete und jugendliche Volk. Die deutsche Messe hat einen durchweg evangelistischen Zug: Man muß sie haben »um derer willen . . ., die noch Christen sollen werden« (a.a.O., 73). Der Gottesdienst in deutscher Sprache ist vor allem »eine öffentliche Reizung zum Glauben und zum Christentum« (a.a.O., 75). Die dritte Weise des Gottesdienstes schließlich hat bis heute den Pietismus in besonderer Weise geprägt und angeregt: »Diejenigen, so mit Ernst Christen wollen sein und das Evangelion mit Hand und Munde bekennen, müßten mit Namen sich einzeichnen und etwa in einem Hause alleine sich versammeln zum Gebet, zu lesen, zu taufen, das Sakrament zu empfangen und andere christliche Werk zu üben. In dieser Ordnung könnt man die, so sich nicht christlich hielten, kennen, strafen, bessern, ausstoßen oder in den Bann tun nach der Regel Christi, Matth. 18,15f« (a.a.O., 75; → Hauskreis, → Gemeindezucht). Allerdings, so Luther, habe er die Leute nicht und könne darum eine solche Gemeinde auch nicht einrichten.

Luther gibt in der »Deutsche(n) Messe« genaue Angaben, was an den einzelnen Wochen- und Sonntagen gepredigt werden soll und bietet schließlich seinen schlichten Entwurf der deutschsprachigen Messe an: ein deutsches Lied als Introitus, das → Kyrie (ohne → Gloria), ein → Kollektengebet, Epistel, Wochenlied und Evangelium, das Glaubensbekenntnis als Lied (EKG 132, von Luther), die Predigt, eine Vaterunser-Paraphrase als Abendmahlsermahnung, die → Konsekration (gleich nach den Worten der Segnung soll das Brot gereicht werden, noch vor der Segnung des Kelchs), dabei deutsches »Sanctus« (EKG 135, von Luther), dann Segnung des Kelchs und Austeilung, dabei deutsches »→ Agnus Dei« (EKG 136, von Luther), schließlich Dankgebet und Segen.

Das Besondere an der »Deutschen Messe«: sie beteiligt die Gemeinde, vor allem durch den Gesang, sie stellt die Predigt ins Zentrum, sie entfernt jegliche Opfervorstellung und bietet das Abendmahl unter beiderlei Gestalt (also mit Brot und Wein), und sie gibt die Möglichkeit, in der Muttersprache den ganzen Gottesdienst zu feiern. Diese Verdienste bleiben der »Deutschen Messe« trotz der nicht unberechtigten Kritik, Luther habe, vor allem im Abendmahlsteil, älteste und durchaus nicht unev. Stücke zum Schaden des ev. Gottesdienstes gestrichen.

Luthers Entwurf konnte sich allerdings nicht einmal in Wittenberg ganz durchsetzen. Erheblich wirksamer wurde eine 1528 von → Bugenhagen und → Jonas weiterentwickelte Form.

Lit.: M. Brecht: Martin Luther, Bd. 2, 1986, 246-253; P. Cornehl: »Gottesdienst, VIII. Evangelische Kirche«, TRE, 14, 1985, 54-59; F. Kalb: Grundriß der Liturgik, [2]1982, 31-35.

M. Herbst

Deutsche Missionsgemeinschaft (DMG)

Die DMG, Verein für Wohltätigkeit e.V., ist ein selbständiges, unabhängiges Missionswerk, gegründet im August 1951. Ihre Merkmale sind:

1. Die DMG wird von einem sog. persönlichen Freundeskreis getragen. Jeder Missionar ist selbst verantwortlich, von Gemeinden und Freunden seine Unterstützung durch Gebet und Gaben zu erhalten.

2. Die DMG verzichtet auf die Eröffnung von eigenen Arbeitsgebieten. Alle Missionare werden bestehenden evangelikalen Partnermissionen unterstellt.

3. Die DMG vertritt und repräsentiert diese Partnermissionen in Deutschland. Zur Zeit bestehen mit ca. 25 Partnermissionen Arbeitsverträge.

Die DMG bekennt sich zur Glaubensgrundlage der Deutschen Ev. → Allianz. Sie ist Mitglied in der → Arbeitsgemeinschaft Evangelikaler Missionen. Die DMG ist ein Allianzwerk mit Gliedern aus Kirchen und Freikirchen, die zur Allianz gehören. Zur Zeit werden etwa 250 Missionare in über 50 Ländern voll unterstützt. Das Missionszentrum befindet sich im Buchenauerhof bei Sinsheim im Kraichgau.

B. Herm †

Deutsche Volkskirche → Völkisch-religiöse Richtungen

Deutsche Zeltmission (DZM)

Die im deutschen Volk um sich greifende Gottlosigkeit beschäftigte den späteren Gründer der DZM, Jakob → Vetter, während seiner Ausbildung auf St. Chrischona/Schweiz tief. Im Nachdenken darüber, wie diesen Gott entfremdeten Massen das Evangelium nahegebracht werden könnte, sah Vetter im Geist ein großes Zirkuszelt vor sich. Er gewann die Gewißheit: Dies ist der Ort, an dem du viele dem Glauben fernstehende Menschen erreichen kannst.

Bei einem Besuch in England erfuhr → Vetter, daß man in England und Amerika bereits im Zelt Menschen das Evangelium verkündigte. Nun betete Vetter intensiv um ein Zelt in Deutschland, vermied es aber, öffentlich um Spenden dafür zu werben.

Im Jahr 1902 konnte er das erste Missionszelt kaufen. Am 27. April wurde das Zelt in Mülheim/Ruhr erstmals in Dienst genommen und damit die Zeltmission gegründet. Innerhalb der nächsten fünf Jahre wurden vier weitere Zelte angeschafft; drei standen schwerpunktmäßig in Deutschland, eines in Holland, eins in der Schweiz. Hinzu kam 1905 das zentrale Erholungs- und Nacharbeitungszentrum »Patmos« der DZM. Zu jedem Zelt gehören außer dem Evangelisten der Zeltmeister, Zeltdiakone und viele Mitarbeiter aus den Gemeinden. Einer der bekanntesten Evangelisten der DZM war Gerhard → Bergmann.

R. Woyke

Deutscher Evangelischer Missionstag

→ Evangelisches Missionswerk

Deutscher Gemeinschafts-Diakonieverband (DGD)

1. Geschichte

Die Wurzeln des DGD liegen in der ostdeutschen Erweckungsbewegung Ende des 19. Jh.s. Pfarrer Blazejewski legte am 20.10.1899 mit vier Diakonissen im Pfarrhaus zu Borken/Ostpreußen den Grund für die Diakonissenarbeit. Nach dessen plötzlichem Tod führte Pfarrer Theophil → Krawielitzki das junge Werk in Vandsburg/Westpreußen weiter. Er gilt als der eigentliche Gründer des Werkes und gab dem Gemeinschaftsdiakonissenwerk das geistl. und organisatorische Gepräge. Durch seine Initiative entstanden folgende Diakonissen-Mutterhäuser und das Brüderhaus »Tabor«:

- Hebron (Marburg) 1908
- Hensoltshöhe (Gunzenhausen) 1909
- Brüderhaus Tabor (Marburg) 1909
- Elbingerode 1921
- Lachen 1932.

Wegen der Folgen des Zweiten Weltkriegs mußte das Mutterhaus in Vandsburg aufgegeben werden. Die Diakonissen fanden eine neue Bleibe in Lemförde (Niedersachsen). Ein Teil der Diakonissen des Mutterhauses Elbingerode zog 1945 beim Einmarsch der Roten Armee nach Westen und gründete in Velbert (Rheinland) ein weiteres Mutterhaus. Auch außerhalb Deutschlands wird das Anliegen der Gemeinschafts-Diakonie aufgenommen. Es entstehen folgende Diakonissenarbeiten:

- 1933 Liberty Corner (USA)
- 1935 Amerongen (Niederlande)
- 1980 Curitiba (Brasilien)
- 1985 Kobe (Japan).

Im Jahre 1922 wurden die damals schon bestehenden Diakonissen-Mutterhäuser und das Brüderhaus zum »DGD« zusammengefaßt. Es entstanden die Arbeitsbereiche:

- Verkündigungs- und Seelsorgedienst: (sieben Gemeinschaftsverbände) Evangelistische Zentrale (Blättermission und Evangelisation), Marburger Mission (Brasilien, Thailand, Taiwan, Japan, Afrika);
- Soziale Aufgaben: Krankenpflege, Altenpflege, Psychotherapie, Suchttherapie;
- Pädagogische Aufgaben: Kindergarten, Realschule, Ausbildungsbetriebe, Pflegevorschulen, Krankenpflegeschulen, Krankenpflege-Hochschule, Fachakademie für Sozialpädagogik, Berufsfachschule für Hauswirtschaft, Marburger Bibelseminar;
- Literaturarbeit (Francke-Verlag und Buchhandlung mit mehreren Filialen);
- Verwaltungs- und Wirtschaftsdienst.

2. Geistliche Zielsetzung

a. Missionarische Diakonie. Das Priestertum aller Gläubigen ist auch auf die Diakonissen anzuwenden. Die Diakonisse ist zum Zeugendienst gerufen. Alle diakon. Aufgaben sollen diesen Zentralauftrag berücksichtigen. Die missionarische Diakonie zielt auf die Rettung des ganzen Menschen. Auch das Mutterhaus hat einen evangelist.-mission. Auftrag wahrzunehmen. So wurden im DGD sowohl von den Mutterhäusern als auch vom Brüderhaus regelmäßige evangelist. Konferenzen eingerichtet.

b. Seelsorge. Der geistl. Mensch auf dem Wege zum Ziel bedarf der intensiven Pflege (Heiligung). Seelsorge durch regelmäßige geistl. Zurüstung (Verkündigung und Gespräche), durch Briefkontakt zwischen Hauseltern und Diakonissen erhalten einen besonderen Akzent in der Gemeinschafts-Diakonie.

c. Glaubenswerk. Der DGD lebt nicht von finanziellen Unterstützungen des Staates und der Kirche (abgesehen von sozialen Einrichtungen wie Krankenhäuser und Altenheime), sondern vertraut auf die Fürsorge Gottes. Die notwendigen Mittel werden erbeten. Glieder des Werkes können nur die sein, die ihres Heils gewiß sind. Der DGD erwartet im Glauben, daß Gott junge Menschen in seinen Dienst beruft und sendet. Der Verband gehört zur

→ Evangelischen Kirche in Deutschland und ist Mitglied des deutschen Verbandes für Gemeinschaftspflege und Evangelisation (→ Evangelischer Gnadauer Verband). Zum DGD gehören z.Zt. ca. 2.400 Diakonissen, 450 Brüder und etwa 50 freie Mitarbeiter.

Lit.: H. Bruns: Er wirkte, es wurde, 1956; s.a. → Diakon, -in, -isse und → Diakonie.

Th. Wendel

Deutscher Hilfsbund für christliches Liebeswerk im Orient (DHB)

Der DHB ist mit dem Schicksal des armenischen Volkes eng verbunden. Er wurde auf die erschrekkenden Nachrichten von den blutigen Massakern unter den Armeniern 1895/96 in der Türkei von Pastor Ernst Lohmann im Juli 1896 gegründet.

Es entstanden Waisenhäuser, ein Krankenhaus, Schulen, handwerkliche Werkstätten, ein Lehrer- und Lehrerinnenseminar, eine Ausbildungsstätte für Bibelfrauen und eine Evangelistenschule. Bis zum Ersten Weltkrieg hatte der DHB zahlreiche Missionsstationen mit vielen Missionaren und Schwestern, v.a. aus der von Lohmann hierfür 1898 gegründeten Bibelschule der → Frauenmission Malche in Freienwalde/O.

Der Dienst wurde von Anfang an diakon.-mission. verstanden aus der Erkenntnis heraus, daß durchgreifende Hilfe nur durch persönliche Glaubensbeziehung zu Jesus Christus erfolgen könne. Man dachte auch an Einwirkungen des Evangeliums in die moslemische Umwelt hinein durch Krankenarbeit, Hausbesuche u.a. In der päd. Arbeit wurde das einheimisch-armenische Element in die Erziehungsarbeit mit einbezogen.

Die härteste Verfolgung der Armenier brach 1915 unter der jungtürkischen Regierung herein, die einen unabhängigen Nationalstaat anstrebte. Hierbei sind etwa 1 bis 1,5 Mio. Menschen bei den Massakern und Deportationen in der Wüste umgekommen oder umgebracht worden.

Nach dem Krieg bemühte sich der DHB um die armenischen Flüchtlinge in Bulgarien und Mazedonien. Während des Zweiten Weltkrieges sprangen die Schweizer Freunde ein, die dann als »Schweizer Hilfsbund« zusammen mit dem DHB 1947 die Arbeit unter den armenischen Flüchtlingen im Libanon neu aufnahmen.

Gegenwärtig unterhält der DHB zusammen mit dem SHB im Flüchtlingsdorf Anjar im Libanon nahe der syr. Grenze eine Höhere Schule mit 410 Schülern und drei Heime für 155 Kinder, sowie eine Grundschule im moslemischen Nachbardorf Medjdel mit 500 Kindern.

Die neue polit. Situation in der ehemaligen UdSSR, die Erdbebennot in Sowjet-Armenien und der gegenwärtige Aufbruch der dortigen Bevölkerung zum Evangelium haben den DHB 1991 bewogen, auch in diesem Gebiet eine helfende Arbeit aufzunehmen.

J. Eichler

Deutscher Orden

Auch Orden der Ritter des Hospitals St. Marien des Deutschen Hauses zu Jerusalem, auch Deutschherren oder Marianer genannt. Er ist der letzte der drei großen geistl. Ritterorden, die zur Zeit der Kreuzzüge gegründet wurden. Er erhielt am 6.2.1191 bzw. am 19.2.1199 die päpstliche Bestätigung. Außer den drei Mönchsgelübden übernahm er wie die Templer die Verpflichtung zum Kampf gegen die Heiden (Kleidung: weißer Mantel mit schwarzem Kreuz). Der Orden wuchs schnell an Grundbesitz in allen europäischen Staaten, vor allem in Deutschland.

1225 wurde er von Herzog Konrad von Masovien mit der Bekämpfung der heidnischen Preußen beauftragt. 1226 übertrug ihm Friedrich II. ihr Land als Reichslehen für den Fall der Eroberung. 1237 vereinigte sich der D.O. mit dem Orden der Schwertbrüder. Jahrzehntelange Kämpfe um Landbesitz waren erforderlich, um den gegründeten Ordensstaat Preußen zu sichern. Stärke- wie Schwächeperioden wechselten sich ab. 1525 wurde Hochmeister Albrecht von Brandenburg für die Reformation gewonnen und verwandelte – auf Rat Luthers – den Ordensstaat in ein weltliches Herzogtum. Papst und Kaiser erkannten diese Entscheidung niemals an, so daß der Orden nominell weiter bestehen blieb. Mergentheim wurde Hauptsitz und die noch vorhandenen Güter in zwölf Balleien verteilt. 1809 erklärte Napoleon den Orden in allen Staaten des Rheinbundes für aufgelöst, so daß nur Österreich und die Niederlande übrigblieben. Der österreichische Kaiser nahm den Orden unter seinen Schutz, und bis 1918 war ein österreichischer Herzog Hochmeister. 1960 wurde der Deutschherrenorden als Laienorden neu aufgebaut.

Lit.: H. Boockmann: Der deutsche Orden, 1981; H. Wieser (Hg.): Acht Jahrhunderte Deutscher Orden in Einzeldarstellungen, 1967.

G. Ruhbach

Deutscher Verband Evangelischer Büchereien e.V. (DVEB)

Der 1927 erstmals gegründete DVEB mußte sein Wirken 1933 einstellen. 1952 erfolgte die Neugründung in Göttingen. Ihm gehören Büchereiverbände von derzeit 13 Landeskirchen in der EKD an. Als Zentralstelle der Büchereiarbeit in der EKD wird er von ihr finanziell getragen und nimmt überregionale Aufgaben wahr. Er hat eine Reihe von Fachausschüssen, die die Arbeit begleiten. Der DVEB vertritt die ev. Büchereiarbeit in Kirche und Öffentlichkeit und nimmt zu büchereipolit. Fragen Stellung. Zur Förderung der Zusammenarbeit mit der kath. und der kommunalen Bibliotheksarbeit wirkt er in kirchl. und staatl. Gremien mit. Mit dem seit 1979 jährlich vergebenen Evangelischen Buchpreis will der DVEB Bücher fördern, die dazu anregen, über das Christliche in der Literatur neu nachzudenken. Für die fast ausschließlich ehrenamtlichen Mitarbeiter/innen in ev. öffentlichen Büchereien bietet er die Ausbildung zum/zur »Büchereiassistent/in im kirchlichen Dienst« an, außerdem Fortbildungsseminare zu literarischen und bibliothekarischen Themen. Seine seit 1947 vierteljährlich erscheinende Rezensionszeitschrift »Der Evangelische Buchberater« dient als Hilfe beim Bestandsaufbau, die Loseblattsammlungen »Evangelische Büchereiarbeit« und »Öffentlichkeitsarbeit der Bücherei« als Arbeitshilfen bei der Verwaltung ev. öffentlicher Büchereien. Zur Unterstützung der Werbung für ev. Büchereiarbeit stellt der DVEB Werbemittel bereit.

B. Burmeister

Deutschkirche → Völkisch-religiöse Richtungen

Devotio Moderna

Die D.M. ist eine Frömmigkeitsbewegung, die im 14. und 15. Jh. von den Niederlanden ausging und sich schnell über ganz Europa ausbreitete. Es waren in der Regel Gemeinschaften von Klerikern und Laien, die ohne approbierte Gelübde und Regeln als Semireligiöse (Halbmönche/nonnen) geistl. zusammenlebten. Das neue (moderne) Glaubens- und Lebensverständnis des späten MAs verschafft sich in ihnen Ausdruck: Ihre Lebensformen sind nicht so sehr Kritik an der Kirche überhaupt, wohl aber Kritik an deren Formalisierung und Klerikalisierung. »Es war ein Ansatz, den Begriff der Kirche zum Kirchenvolk hin auszuweiten« (J. Lortz).

Die D.M. verdankt sich einer popularisierten Mystik, etwa J. → Taulers und H. → Seuses und J. Ruysbroeks; sie erscheint in sehr unterschiedlichen Formen, u.a. der → Begarden und Beginen, der → Brüder/Schwestern vom gemeinsamen Leben bis hin zu Randgruppen wie den spanischen Illuminados bzw. den Brüdern und Schwestern vom freien Geist. Sie lebt in Häusern statt in Klöstern, vornehmlich von eigener Arbeit, z.B. dem Abschreiben von Büchern oder der Aufnahme und Betreuung von Schülern. Sie hat sich, auch in den später ev. gewordenen Konventen wie Herford, z.T. bis ins 18. Jh. hinein gehalten. Das bekannteste literarische Werk aus der Tradition der D.M. sind die vier Bücher von der Nachfolge Christi, deren Überarbeiter und vielleicht Verfasser → Thomas von Kempen war. Der D.M. verdanken sich außerdem zwei Reformbewegungen, die das Klosterwesen im späten MA erneuerten: die Windesheimer Kongregation (Augustinerchorherren) und die Bursfelder Kongregation (→ Benediktiner).

Lit.: E. Brouette, R. Mokrosch: »Devotio Moderna«, TRE 8, 1981, 605-616; M.A. Lücher: Meister Eckhart und die Devotio Moderna, 1950; R.R. Post: The Modern Devotion, 1968; R. Stupperich: Devotio Moderna und reformatorische Frömmigkeit, in: JUSKG 60, 1967, 11-26.

G. Ruhbach

Devotionalien

D. sind meist graphische Andachtsgegenstände für die persönliche Frömmigkeit und Erbauung, die seit dem MA in großer Zahl und Vielfalt bekannt sind. Ihre Ursprünge liegen in der spätmittelalterl. deutschen Mystik der Hochgotik, besonders dem »Herz-Jesu-Kult«. Die D. gehören zur rel. Kleinkunst, die den einfachen Menschen ansprechen soll und bis auf wenige Ausnahmen (z.B. Marien- und Passionsdarstellungen Dürers und Totentanzzyklen Holbeins) ohne jeden künstlerischen Anspruch, zum Teil in Massenproduktion, hergestellt wird. Es werden in der Regel heilige Gestalten, sowie bibl. und legendäre Wunder- und Heilsgeschichten dargestellt, die zur Erinnerung sowohl an kath. Glaubensinhalte als auch an persönlich erlebte sakramentale Handlungen (Beicht-, Kommunion-, Primizbildchen) dienen.

Durch die priesterliche Benediktion (Segnung) oder Weihe können D. zu Sakramentalien werden, gelten dann als heilsam und können mit Ablaß belegt werden (CIC cc. 1144-1153). Ein magischer Mißbrauch als Amulett oder Talisman wird jedoch grundsätzlich abgelehnt.

Im prot. Raum fanden entsprechende Bildchen und Graphiken im Pietismus des 18. Jh., vor allem in der Brüdergemeine (→ Brüder-Unität; → Zinzendorf), Verbreitung und wirkten im kirchl. Raum in Form von graphisch gestalteten Urkunden zur Taufe, Konfirmation und Trauung nach.

Lit.: R. Guardini: Vom Geist der Liturgie, (17)1949; ders.: Von heiligen Zeichen, 1928; A. Spamer: Das kleine Andachtsbild vom 14.-20. Jh., 1930.

V. Gäckle

De Wette, Wilhelm Martin Leberecht (1780-1849)

De W., geb. am 12. Januar 1780 in Ulla (bei Weimar), gest. am 16. Juni 1849 in Basel - entstammt einem ursprünglich holländischen, seit langer Zeit in Deutschland lebenden Geschlecht, sein Vater war Pfarrer. Besuch des Gymnasiums in Weimar, wo er Schüler Herders war. 1799 Studium in Jena, 1805 Dr. phil. und Dozent für Theologie in Jena, 1807 a.o. Prof., 1809 o. Prof. für Theologie in Heidelberg, wo er Freundschaft mit J.F. → Fries schloß, von dessen Philosophie er wesentliche Anregungen empfing. 1810 Berufung an die Universität Berlin, wo er Vorlesungen über atl. und ntl. Schriften hielt (»Kommentar über die Psalmen«, 1811; »Lehrbuch der hist.-krit. Einleitung in die kanonischen und apokryphen Bücher des AT«, 1817). Zugleich hielt er auch systematische Vorlesungen. - 1819 schrieb er einen Trostbrief an die ihm bekannte Mutter des Kotzebue-Mörders Sand. Dieser durch Indiskretion verbreitete Brief hatte seine Entlassung von der Universität zur Folge. Er zog nach Weimar, ohne feste Anstellung, erhielt dann 1822 einen Ruf an die Universität Basel, wo er bis zu seinem Tode gewirkt hat. Viermal war er Rektor der Universität. - Wie J.F. Fries und auch → Schleiermacher versteht de W. das Christentum als höchste Entfaltung der in allen Menschen vorhandenen rel. → Anlage. Religion ist für ihn Sache des »Gefühls«, nicht des Verstandes oder des Wissens. Das rel. Gefühl bringe Ahnungen des Göttlichen hervor, die zur inneren Gewißheit dem Glauben - führen. Beim Anblick der Wunder der Natur, und in der Folge besonderer Erfahrungen, ahne der Mensch die Allmacht, die alles nach einem heiligen Willen hervorbringt und zum Ziel führt. Zumeist würden die rel. Ahnungen und Ideen freilich unterdrückt durch die irdische Sinnlichkeit und den materiellen Sinn. Nur bei einzelnen Menschen entfalte sich die rel. Ahnung in visionären Bildern und Erleuchtungen des Geistes, d.h. in prophetischen Offenbarungen. Aus diesen bilde sich die Erfahrung und die dogmatische Überlieferung der Glaubensgemeinschaften. In den Symbolen werde jedoch etwas festgehalten und zum Ausdruck gebracht, was den rel. Erfahrungen gemeinsam ist. Weil aber die Symbole bzw. die dogmat. Vorstellungen auf Ahnungen und bildhaften Eingebungen beruhen, können sie auch symbolisch gedeutet werden. So sei z.B. die Menschwerdung Gottes in Christus zu verstehen als Symbol für das Göttliche, das in allen Menschen angelegt ist, aber freilich in Christus als erstem und einzigem Menschen voll zur Entfaltung gekommen sei, ungehindert von der Sinnlichkeit, im Geiste voll und ganz eins mit Gott. In ihm habe sich die Menschlichkeit in ihrer vollen Würde als Gottessohnschaft offenbart, d.h. bis zum Gleichwerden mit Gott.

Der Dogmatik entspricht die Ethik bzw. die christl. Sittenlehre. Sie sei nicht Vorschrift, sondern Geistwirkung, die (wie der Glaube) dem Gefühl als der rel.-sittlichen Anlage entspringe, indem diese das Herz und den Willen zur Tugend und zur Pflichtübung bewege. Auch hier sei Christus das Urbild, denn die Sittlichkeit gehöre zur vollen Verwirklichung des gottgleichen Wesens des Menschen.

De W. will zwei Anliegen vereinen: Einerseits die seiner Zeit gemäße Ansicht, daß die Religion bzw. das Christentum, die Voraussetzung zur Höherentwicklung der Menschheit zu ihrem eigentlichen, gottgleichen Wesen sei - anderseits die Aussage des Glaubens, daß die Vollendung, das Ziel der Geschichte, von Gott durch Christus, den Erlöser, bewirkt ist. Die nie ganz zu überbrückende Spannung zwischen beiden Anliegen ist unverkennbar.

In den Jahren 1836-1848 veröffentlichte de W. sein »Kurzgefaßtes exegetisches Handbuch zum Neuen Testament« (3 Bde, 10 Teilbde.), eine Auslegung, die weniger theol. als sprachlich-exeget. ausgerichtet ist und de W.s gründliche Kenntnis der griech. und hebr. Sprache erkennen läßt. Sein Vorwort zur Erklärung der »Offenbarung Johannis« zeigt, daß er im Unterschied etwa zu Schleiermacher offenbar nicht mehr erwartete, daß der Fortschritt, an den sein Zeitalter glaubte, auch zum Wachstum des Reiches Gottes führen werde. Er schreibt: ». . .der Gedanke an die Schicksale, die uns und wahrscheinlich auch der Kirche bevorstehen, begleiteten fast jeden Federzug, den ich that. Ich konnte mich nicht enthalten den von Johannes geschilderten Antichrist, obschon in veränderter äusserer Gestalt und in noch schwärzeren Zügen, in unserer Zeit zu erblicken. Die Selbstvergötterung des römischen Antichrists erscheint mir ein Kinderspiel gegen gottesleugnerischen ungläubigen übermüthigen alle Zügel von sich werfenden Egoismus unserer Tage«.

Lit.: De Wette: Lehrbuch der christlichen Dogmatik I, 1813; 1816; Christliche Sittenlehre, 4 Bde. 1819-1823; Über Religion und Theologie, 1815; (dazu die im Text erwähnten Werke).

K.H. Bernhardt: »De Wette«, TRE 8, 1981, 616f; F. Flückiger: Die Protestantische Theologie des 19. Jahrhunderts, 1975, 46-50; R. Smend: W.M.L. de Wettes Arbeit am AT und NT, 1958; E. Staehelin: Dewettiana. Forschungen und Texte zu W.M.L. de Wettes Leben und Werk, 1956.

F. Flückiger

Diakon, -in, -isse

1. Die Anfänge des Diakonats

a. Diakonos im Neuen Testament

Das griech. Wort *diakonos* entstammt dem profanen Sprachgebrauch (von *diēkō*, »hingelangen«) und bezeichnet den Boten sowie v.a. den, der zu Tisch dient. Dieser weltliche Begriff wurde im NT aufgenommen. Jesus selbst bezeichnet sich als Dienenden (Lk 22,27). Damit ist auch in der Nachfolge Jesu jeder zum *diakonos* berufen (Mk 9,35). Neben diesem allg. Gebrauch von *diakonos* bekommt dieses Wort bereits im NT die Bedeutung einer Amtsbezeichnung. In Phil 1,1 und 1Tim 3 werden D.e zusammen mit Bischöfen genannt. Beide Ämter scheinen sich in paulin. Gemeinden herausgebildet zu haben, während es in judenchristl. Gemeinden das Presbyter- bzw. Ältestenamt gegeben hat, ähnlich wie in der Synagoge. Ob auch D.e bereits durch Handauflegung ordiniert wurden (vgl. 1Tim 5,22), muß offenbleiben.

b. Dienstauftrag der Diakone

In 1Tim 3,8-13 kann man den Dienstauftrag nur aus den vom D. geforderten Fähigkeiten her rückschließen: Offenbar hatten D.e → Aufgaben im finanziellen Bereich und waren zuständig für die Armenfürsorge. Vermutlich hatten sie auch eine Funktion beim Abendmahl. Ob die Aussage »das Geheimnis des Glaubens mit reinem Gewissen bewahren« auf einen Verkündigungsauftrag hinweist oder »nur« sagen will, daß D.e nicht durch ihre Lebensführung unglaubwürdig werden dürfen, ist offen. Von Apg 6 her ist nur sehr bedingt etwas über den Dienstauftrag der D.e zu erfahren. Apg 7-8 wird deutlich, daß »die Sieben« Leiter der griech.-sprechenden Urgemeinde waren und einen Verkündigungsauftrag hatten. Nicht umsonst fehlt auch Apg 6 der Diakonentitel.

c. Diakone in der frühen Kirche

Um 110 n.Chr. spricht Ignatius von Antiochia vom Bischof als Repräsentanten Gottes, von den Presbytern als Ratsversammlung Gottes und von den D.en als Dienern »der Geheimnisse Jesu Christi... nicht für Speisen und Getränke... sondern der Kirche Gottes Diener« (IgnTrall 2,3). Die Presbyter nehmen den zweiten Rang ein, die D.e den dritten, obwohl sie als rechte Hand des Bischofs oft mehr Einfluß hatten. Es kam zu jahrhundertelangen Rivalitäten zwischen Presbytern und D.en, die schließlich damit endeten, »daß das Diakonenamt ... zur Durchgangsstufe« zu dem inzwischen priesterlich verstandenen Presbyteramt »verkümmerte« (Philippi, 623).

d. Das weibliche Diakonat

Bereits im NT gibt es auch das Amt des weiblichen D.s; Röm 16,1 wird Phöbe ausdrücklich mit dem männlichen Titel *diakonos* bezeichnet. 1Tim 3,11 wird wahrscheinlich nicht von der Frau des D.s, sondern von der Frau im D.enamt gesprochen, während das mit künftiger Ehelosigkeit verbundene Witwenamt (1Tim 5,3-16) wohl kaum mit dem D.innenamt zusammengesehen werden darf. Die D.innen waren zum Dienst an Frauen bei der Krankenpflege, der Taufe und dem Abendmahl eingesetzt. Sie brachten auch kranken und schwangeren Frauen die Osterkommunion. Ab 325 n.Chr. werden sie nicht mehr D.in, sondern D.isse genannt. Während das weibliche D.enamt im Westen im Gegensatz zum Osten nie recht zur Blüte kam, wurde seine Liebestätigkeit später immer mehr von Frauenklöstern übernommen.

2. Das Diakonat bei den Reformatoren

a. → Luther hat kein kirchl. Diakonat neben dem Pfarramt eingerichtet. Die → Confessio Augustana nennt nur das Predigtamt. Bugenhagen jedoch setzte in Hamburg ehrenamtliche, auf Zeit gewählte D.e ein, die mit dem städtischen Rat zusammen für die Armen sorgen sollten.

b. → Bucer hielt das Amt des D.s für unentbehrlich. Die D.e sollten die Not der Christen feststellen und nach Möglichkeit lindern.

c. → Calvin sah – im Anschluß an Bucer – vom NT her vier geistl. Ämter geboten: neben dem der Pastoren, der Lehrer, der Ältesten das der D.e für die Armen- und Krankenpflege. Calvin hat dabei auch an ein weibliches D.enamt gedacht.

3. Neuentdeckung des Diakonats

Angesichts der Nöte der beginnenden Industrialisierung lebte im 19. Jh. das D.enamt neu auf.

a. → Fliedner gründete, angeregt durch Elisabeth Fry, 1836 in Kaiserswerth die D.issenanstalt als »Bildungsanstalt für evangelische Pflegerinnen«. Er gab den D.issen bewußt die Tracht der verheirateten Bürgersfrau mit Haube. Das Mutterhaus sollte ihre Heimat werden. Bald wurden weitere Mutterhäuser gegründet, auch weit über Deutschland hinaus. 1936 gab es in der Kaiserswerther Generalkonferenz insgesamt 105 Mutterhäuser mit 36.000 D.issen. Heute ist die Zahl der D.issen rapide zurückgegangen. 1990 gehörten dem Kaiserswerther Verband in den alten Bundesländern nur noch 1.250 aktive D.issen an. Dafür steigt die Zahl der Diakonischen Schwestern, zu der auch inzwischen eine kleine Gruppe Diakonischer Brüder gehört. Es gibt aber auch D.issen, die dem »Bund deutscher Gemeinschaftsdiakonissen-Mutterhäuser«, D.issen die dem »Deutschen Gemeinschafts-Diakonie-Verband«, und D.issen, die dem »Verband ev. freikirchlicher Diakonissenmutterhäuser« angehören. Außerdem gibt es Diakonieschwesternschaften, die im »Zehlendorfer Verband« zusammengeschlossen sind.

b. → Wichern wurde der Vater der männlichen Diakonie. 1833 gründete er das »Rauhe Haus« in Horn bei Hamburg als Heimat und Erziehungsanstalt für verwahrloste Kinder. Für ihre Erziehung bildete er dort zugleich auch »Gehilfen« aus durch theoretischen Unterricht und praktische Arbeit. Sehr bald entstanden, durch Wichern angeregt, weitere D.enanstalten. Wichern nannte die Gehilfen »Brüder«. Er sträubte sich lange, sie D.e zu nennen, weil er neben dem Pfarramt in der Gemeinde den apostol. Diakonat schaffen wollte. Auf diese D.e, über denen dann ein Archidiakon stehen sollte, wollte er den Diakonentitel beschränkt sehen.

4. Heutige Lage des Diakons, der Diakonin

Seit vielen Jahren bemüht man sich in den Landeskirchen, das Amt des D.s neu zu formulieren und ihm eine klare gesetzliche Grundlage zu geben. Das D.enamt ist »ein hauptberufliches Amt im Rahmen des diakonischen Auftrags der Kirche« (so z.B. das Kirchl. Gesetz über die Berufung in das Amt des Diakons der württembergischen Landeskirche, 1974). Nach dem Selbstverständnis des »Verbandes Evangelischer Diakonen- und Diakoninnengemeinschaften in Deutschland e.V.« (VEDD) haben D.e und D.innen in der Regel eine doppelte Qualifikation erworben, d.h. einen kirchl. und einen staatlichen Abschluß erhalten. Die Ausbildung geschieht auf Fachschul- oder Fachhochschulebene. Das Ziel der Ausbildung ist die Einsegnung und Berufung in das Amt des D.s. D.e gehören in der Regel einer Gemeinschaft an.

5. Diakonat in der röm.-kath. Kirche

Die röm.-kath. Kirche kennt neben dem D. als niedere Weihe und Durchgangsstufe zum Priester auch den ehrenamtlichen oder hauptamtlichen Diakonat, zu dem auch verheiratete Männer Zugang haben. Angesichts des wachsenden Priestermangels kommt ihm immer mehr Bedeutung zu.

Lit.: E. Beyreuther: Geschichte der Diakonie und inneren Mission in der Neuzeit, [3]1983; P. Philippi: »Diakonie I«, TRE 8, 1981, 621-644; ders.: Das sogenannte Diakonenamt, 1968; J. Roloff, R.P.C. Hanson, H. Fagerberg, C.H. Ratschow: »Amt/Ämter/Amtsverständnis IV-VIII«, TRE 2, 1977, 509-622; F. Siegert: Prophetie und Diakonie, Th Beitr 22/1991, 174-194; A. Stein: »Diakon, Diakonisse«, EKL[3], I, 1986, 848-850; J.H. Wichern: Ausgewählte Schriften Bd 1, hg. von K. Janssen, 1956.

L. Mattern

6. Diakonat in Freikirchen

Parallel zur Entwicklung in den ev. Landeskirchen gründeten die drei klass. → Freikirchen in Deutschland (Bund Ev.-freikirchl.Gemeinden/Baptisten, Ev.-method. Kirche, Bund Freier ev. Gemeinden) in der zweiten Hälfte des 19. Jh.s eigene Diakonissenmutterhäuser. Der Dienst der D.isse wurde nach dem Vorbild ntl. Gemeinden als geistl. Auftrag verstanden. Waren die D.issen zunächst überwiegend in der Gemeindearbeit und Hauskrankenpflege eingesetzt, verlagerte sich der Schwerpunkt der Arbeit nach dem Ersten Weltkrieg auf den Einsatz der D.issen in den Krankenhäusern, die den Diakonissenmutterhäusern angeschlossen waren. Wie in den kirchl. Mutterhäusern ist auch in den ev. Freikirchen die Zahl der D.issen rückläufig. 1990 gehörten zu den im Verband freikirchl. Diakoniewerke zusammengeschlossenen zehn Mutterhäusern 1.135 D.issen, von denen 414 in verschiedenen Arbeitsbereichen tätig waren.

Einzelne freikirchl. Gemeinden haben Diakonate eingerichtet. Diakonatsleiter (D.e) sind bewährte Christen, die in ihren Wohnbezirken seelsorgerl. Kontakte zu den Gemeindegliedern pflegen und sie in praktischen Fragen des Gemeindelebens beraten. In vielen Baptistengemeinden wird innerhalb des Gemeindevorstandes zwischen → Ältesten und D.en bzw. D.innen unterschieden, wobei die D.e bzw.

D.innen für einen Teilbereich der Gemeindearbeit die Ältesten in der Leitung unterstützen. Außerdem sind Frauen und Männer vollzeitlich als Gemeindediakone und -diakoninnen in Jugendarbeit, Evangelisation und caritativer Arbeit tätig.

F. Laubach

Diakonie

a) Grundsätzliches

D. ist Wesens- und Lebensäußerung der Kirche, ohne die Kirche als Zeugnis- und Dienstgemeinschaft aufhören würde, wirlich Kirche zu sein. In der Präambel der Satzung des Diakonischen Werkes der EKD wird formuliert: »Die Kirche hat den Auftrag, Gottes Liebe zur Welt in Jesus Christuns allen Menschen zu bezeugen. D. ist eine Gestalt dieses Zeugnisses und nimmt sich besonders der Menschen in leiblicher Not, in seelischer Bedrängnis und in sozial ungerechten Verhältnissen an ... Da die Entfremdung von Gott die tiefste Not des Menschen ist und sein Heil und Wohl untrennbar zusammengehören, vollzieht sich D. in Wort und Tat als ganzheitlicher Dienst am Menschen.«

1. Biblische Grundlagen

Die Grundaussagen bedürfen ihrer Begründung in der bibl. Überlieferung:

a. In der Apostelgeschichte ist dokumentiert, daß die Urgemeinde in Jerusalem - wie die zeitgenössischen jüd. Gemeinden - von Anfang an ihre bedürftigen Mitglieder auch materiell unterstützt hat. Apg 6,1-6 berichtet im Zusammenhang eines Streites um die Witwenversorgung in der Gemeinde von der Einsetzung sieben erprobter Männer speziell für diese Aufgabe. So wird hier seit dem Kirchenvater Irenäus (haer. 1,26,3 u.ö.) die Geburtsstunde des geordneten und institutionell verfaßten Hilfehandelns der Kirche, des »Diakonats«, gesehen. Auch Paulus kennt bereits neben dem Amt des Bischofs das des »Diakons« (Phil 1,1; vgl. Röm 16,1), was belegt, daß es schon bald die an ein kirchliches Amt gebundene Übertragung der der ganzen Gemeinde aufgegebenen sozialen Dienstpflicht an einzelne gegeben haben muß.

b. Der theol. Grund für die urchristl. D. liegt im Vorbild Jesu Christi, wie sich exemplarisch an Matthäus 20,25-28 zeigt: »Aber Jesus rief sie (die Jünger) zu sich und sprach: Ihr wißt, daß die Herrscher ihre Völker niederhalten und die Mächtigen ihnen Gewalt antun. So soll es nicht sein unter euch; sondern wer unter euch groß sein will, der sei euer Diener; und wer unter euch der Erste sein will, der sei euer Knecht. So wie der Menschensohn nicht gekommen ist, daß er sich dienen lasse, sondern daß er diene und gebe sein Leben zu einer Erlösung für viele.« Der besondere Charakter der christl. D. liegt in dem »so wie« begründet: wie Jesus, so auch seine Gemeinde.

Jesus, von dem im Evangelium gesagt wird (Mt 11,19 u.ä.), daß er ein »Freund der Zöllner und Sünder« ist, hat sich besonders den ausgestoßenen und übersehenen Menschen, den Armen, Elenden und Kranken zugewandt. Damit hat er der Gemeinde ein Beispiel gegeben. Der selbstlose Einsatz der frühen Christen für die eigenen in Not geratenen Glaubensgenossen und ab dem 2. Jh. verstärkt auch für Nichtchristen (Begräbnis, Armenunterstützung, Hilfe bei Katastrophen wie den Pestepidemien von 259 und 312) war sprichwörtlich und hat wesentlich zum Siegeszug des Christentums in der Alten Welt beigetragen.

Für Jesus gehören die Ansage des Reiches Gottes und ihre zeichenhafte Verwirklichung, Verkündigen und Heilen untrennbar zusammen: die konkrete Hilfe bildet ab, was die Verkündigung aussagt. So kann Paulus denn auch die Gemeinde in Rom auffordern, das ganze Leben als dem Wort von Jesus Christus angemessenen Gottesdienst zu geben (Röm 12,1). Dienst der Hand und Dienst der Verkündigung können im Neuen Testament beide mit dem gleichen Begriff »diakonia« bezeichnet werden (vgl. Apg 20,24).

c. Der konkrete Ort der D. der Urgemeinde war die Mahlversammlung: hier wurden die Gaben eingesammelt und an die Bedürftigen verteilt. Schon der Ursprung des griech. Wortes *diakonia/diakonein* verweist zurück auf den Tischdienst. Der enge theol. Zusammenhang zwischen Abendmahl und D. ergibt sich aus Dienstworten Jesu wie Mk 10,45: »Der Menschensohn ist nicht gekommen, um sich dienen zu lassen, sondern um zu dienen und sein Leben als Lösegeld hinzugeben für die Vielen«. Hier steht der Gedanke des Dienstes Jesu, der das Vorbild der D. ist, in direkter Beziehung zu seiner Selbsthingabe, auf die sich die Kirche in der Feier des Abendmahls gründete. Die D. gehört auch hier vom Ansatz her zum Wesen der Kirche.

2. Das Ringen um die Einlösung des theol. Anspruchs spiegelt sich in der Geschichte der Kirche wider:

a. War in der Verfolgungszeit die D. noch wesentlich auf den sozialen Zusammenhalt der Gemeinde gerichtet, so führte der Übergang zur Staatskirche dazu, daß die kirchliche D. mehr und mehr die Stelle des zusammenbrechenden staatl. Armendienstes einnahm. Mit diesen größeren Aufgaben hängt zusammen, daß die D. immer mehr von der Aufgabe der einzelnen Gemeinde zur Aufgabe besonderer Anstalten wie Hospitäler usw. wurde. Diese Entwicklung setzte sich im MA weiter fort: die diakon. Arbeit wurde jetzt von Klöstern und ab der Jahrtausendwende zunehmend auch von (Laien-)Bruderschaften und Stiftungen betrieben.

b. Der bedeutendste Beitrag der Reformation zur D. liegt in der gewandelten theol. Begründung: Die diakon. Tat wird nun als Dank für die zuvor neuerkannte Gnade Gottes verstanden. Organisiert wurde die D. durch die »Kastenordnungen«, in denen die Gemeinden in enger Kooperation mit der Obrigkeit ihre soziale Hilfe regeln wollten. Die angestrebte Neuordnung scheiterte am Ende an dem Bestreben der Obrigkeiten, möglichst viele Kompetenzen an sich allein zu bingen. Immerhin wird im Ergebnis ein größeres Bewußtsein um die soziale Verantwortung erzielt.

c. Starke Impulse zu einer Erneuerung der D. gehen vom deutschen Pietismus des 17./18. Jahrhunderts aus: Die ab 1695 von A.H. Francke gegründeten Erziehungseinrichtungen und Wirtschaftsanstalten bei Halle zielen durch ein Greifbarmachen der Liebe Gottes auf Umkehr und Bekehrung der in ihr Betreuten. Die Herrnhuter Brüdergemeine des Reichsgrafen Zinzendorf verstand dagegen ihre D. mehr von einem Leitbild der Christengemeinde als »Liebensvereinigung«, in der der Not gewehrt wird, her.

b) in Deutschland

Die Wurzeln der modernen D. liegen in den zahlreichen Initiativen der Inneren Mission des 19. Jh.s. Namen wie J.H. Wichern, T. Fliedner und F.v. Bodelschwingh stehen für eine Bewegung, die zunächst unter dem Dach des christl. Vereinswesens einer verkündigungszentrierten Kirche neu einzuschärfen versucht, daß sie des Zeugnisses der rettenden Liebe zur Bezeugung des Glaubens bedarf, daß Wort- und Tatzeugnis zusammengehören.

1848 wurde von Wichern der »Central-Ausschuß für die Innere Mission« als Zusammenschluß der verschiedenen neuen Initiativen ins Leben gerufen, der in der Folge zur Gestaltung des neuzeitl. Wohlfahrtsstaates wesentlich beigetragen hat. Seit 1975 ist die Innere Mission mit dem 1945 von den Kirchen gegründeten »Hilfswerk« zum Diakonischen Werk der Ev. Kirche in Deutschland e.V. vereinigt.

Mit dem Begriff D. kann sowohl das aus dem Glauben an Jesus Christus erwachsende Leben und Tun des einzelnen Christen und der christl. Gemeinde als auch die institutionalisierte D. in Gestalt eines Wohlfahrtsverbandes, von diakon. Werken, Einrichtungen, ambulanten Diensten und weiteren Angeboten des diakon. Netzwerkes beschrieben werden. Die D. des einzelnen Christen und die in der Gemeinde am Ort praktizierte D. bedarf einer Ergänzung durch ein dichtgeknüpftes Netz spezieller Dienste und Einrichrungen.

D. sieht ihre Hauptaufgabe darin, für den hilfesuchenden Bürger tätig zu sein und nicht etwa Funktionen des Staates zu übernehmen. Aus diesem Grund ist es auch die Aufgabe der D., in Fragen der sozialen Politik ein Wächteramt wahrzunehmen.

D. wird auch immer dafür eintreten, daß die Ansprüche des Bürgers, die er als Steuerzahler und Versicherter erworben hat, ihm auch gewährt werden. Soziale Leistungen sind im modernen Sozialstaat kein Almosen, sondern Recht und Anspruch des Bürgers. Da sich die D. und die gesamte Freie Wohlfahrtspflege in der Bundesrepublik weitgehend über Tages- und Pflegesätze sowie staatliche Zuschüsse an Institutionen finanzieren, wurde ein großes Wachstum der D. ermöglicht.

Im → Diakonischen Werk der EKD arbeiten alle Landes- und Freikirchen, über 100 Fachverbände, ungezählte Ehrenamtliche und über 350.000 Hauptberufliche zusammen. Sie helfen z.B. in der → Beratung und → Telefonseelsorge, betreuen Alte, Behinderte und Kranke, organisieren Besuchsdienste bei neu zugezogenen oder ans Haus gebundenen Menschen. Viele Kindergärten, Krankenhäuser, Altenheime, Aus- und Fortbildungsstätten, Beratungsstellen und Diakoniestationen werden im Zeichen des Kronenkreuzes betrieben. Hilfe wird in über 29.000 Einrichtungen gewährt.

Lit.: P. Philippi: »Diakonie I«, TRE 8, 1981, 621-644; J. Roloff: Zur diakonischen Dimension und Bedeutung von Gottesdienst und Herrenmahl, in: Diakonie – bibilische Grundlagen und Orientierungen, hg. von G.K. Schäfer, T. Strohm, 1990, 186-211; R. Weth: Diakonie, in: Gemeindepraxis in Grundbegriffen, hg. von C. Bäumler, N. Mette, 1987, 116-126.

K.H. Neukamm

c) in der Schweiz

Zahlreiche diakon. Projekte und Initiativen in der Schweiz haben ihre Wurzeln in Deutschland. Die Schweiz hat aber auch ihre eigene humanitäre Tradition. Namen wie Henri → Dunant (er gründete 1863 das Rote Kreuz), Heinrich Pestalozzi (1746-1827) mit seiner pädagog. Pionierleistung oder Pfr. Louis-Lucien Rochat, Gründer des Blauen Kreuzes (1877), machten die Schweiz weit über die Grenzen Europas hinaus bekannt.

Es war vor allem der Pietismus mit seinen starken theolog. und diakon. Impulsen, der in der Schweiz viele diakon. Initiativen freisetzte. Die überragende Gestalt des 19. Jh.s war dabei Christian Friedrich → Spittler in Basel. Seine mission. und diakon. Überzeugung führte zur Gründung von über 30 verschiedenen Werken und Institutionen. Unter dem Motto: »Was hilft's, wenn wir beim warmen Ofen und einer Pfeife Tabak die Notstände der Zeit bejammern? Hand anlegen müssen wir, und sei es auch ganz im Kleinen!« gründete er zum Beispiel das Diakonissenhaus Riehen, das Kinderspital Basel, ein Lehrerseminar, eine Taubstummen- und eine Erziehungsanstalt. Die Anliegen der inneren und äußeren Mission waren für ihn gleichwertig: »Wenn wir dafür sorgen, daß die Heiden Christen werden, so dürfen wir nicht versäumen, auch darauf bedacht zu sein, daß die Christen keine Heiden werden.« Im zeitlichen Abstand von 25 Jahren gründete er die Basler Mission und die Pilgermission St. Chrischona zur Ausbildung von »Handwerkermissionaren«.

Auch die Mutterhaus-D. hat ihre Wurzeln in Deutschland, entwickelte aber in der Schweiz ein eigenständiges Profil. In den insgesamt elf Mutterhäusern ließen sich Tausende von jungen Frauen ausbilden. In koordinierten Einsätzen gelang es ihnen, medizinische oder soziale Mißstände aufzuzeigen und auf breiter Front praktische Hilfe anzubieten.

Während des Ersten Weltkrieges eröffnete »Vater Rupflin« (1885-1966) in Felsberg ein erstes Kinderheim. Er sollte zu einem Pionier auf dem Gebiet der Erziehung und Betreuung heimatloser Kinder werden. Durch seine von Eva von → Tiele-Winckler übernommene Art der Heimführung faßte der Gedanke der Familien- und Gruppenerziehung in der Schweiz Fuß. Aus den bescheidenen Anfängen wuchs die Stiftung »→ Gott hilft«, zu der heute eine ganze Reihe von Kinderheimen, heilpädagogischen Pflegefamilien, eine Heimerzieherschule und verschiedene andere Heime gehören.

Neue Problemstellungen rufen nach neuen Lösungen. So sind auch in der Schweizer D. des ausgehenden 20. Jh.s erfreuliche neue Initiativen auszumachen. Vor allem die kleinen, beweglichen Zellen, die Kommunitäten und Lebensgemeinschaften liegen der jungen Generation am Herzen. Aus der Fülle von Angeboten einige Beispiele: Im Bereich der Drogenrehabilitation leistet vor allem das Projekt »Best Hope« in Nieschberg bei Herisau Pionierdienste. Der Zürcher Pfarrer Ernst Sieber ist durch sein beharrliches Einstehen für die Obdachlosen und Randsiedler der Gesellschaft bekannt geworden. In seiner »Therapeutischen Lebensgemeinschaft Christuszentrum« haben unzählige junge Menschen aus der »Szene« neuen Halt und Orientierung bei Jesus Christus gefunden. Verschiedene Initiativen im Raum Basel verfolgen ähnliche Ziele. In den »Weizenkorn«-Werkstätten (herausgewachsen aus der charismat. Alban-Arbeit) werden psychisch und sozial behinderte und gefährdete Jugendliche zu einer sinnvollen Tätigkeit angeleitet. Der Haß gegen Ausländer nimmt bedrohliche Formen an. Vor diesem Hintergrund ist das Engagement der Heilsarmee Schweiz im Bereich der Asylanten-Betreuung beispielhaft. In einem neuen Projekt der Diakonie-Gemeinschaft Bethanien in Zürich werden Aids-Kranke umfassend begleitet. Die Berner Landes- und Freikirchen haben 1991 eine gemeinsame diakon. Initiative gestartet.

Es fehlt nicht an Bemühungen, die verschiedenen Initiativen zu koordinieren und von den Erfahrungen anderer zu profitieren. Bekannt ist dabei vor allem der Verband für innere Mission und Diakonie. Seit 1986 gibt es die »Arbeitsgemeinschaft christlicher Lebenshilfe« (ACL), die durch eine öffentliche Stellungnahme zur Drogenpolitik des Bundes Aufsehen erregte. Vom Schweizerischen Evangelischen Kirchenbund wurde 1986 eine »Diakoniekonferenz« ins Leben gerufen. Auf internationaler Ebene gelingt es den Hilfswerken »Brot für alle«, HEKS (Hilfswerk der Ev. Kirche der Schweiz), »Allianzhilfe Schweiz« und anderen immer wieder, große Summen für konkrete Hilfsaktionen freizusetzen.

Mehr und mehr faßt die D. aber auch in der christl. Gemeinde selber Fuß. D. darf nicht einfach an Spezialisten delegiert werden. Aufsehen erregte 1974 ein Passus in der »Lausanner Verpflichtung« zur sozialen Verantwortung der Christen: »Evangelisation und soziale wie polit. Betätigung gehören gleichermaßen zu unserer Pflicht als Christen.« Der Evangelisation wird zwar nach wie vor das Primat zugewiesen. Aber nie zuvor ist in einer offiziellen Verlautbarung von evangelikaler Seite der D. ein so hoher Stellenwert zuerkannt worden. Eine gesunde Gemeinde ist nicht nur mission., sie ist auch diakon. Durch die Gemeindeglieder ist sie viel unmittelbarer an den Knotenpunkten menschlicher Not anwesend. Das Image einer Gemeinde in der Öffentlichkeit kann durch diakon. Projekte entscheidend verbessert werden. Evangelisationen wirken glaubwürdiger und stoßen auf breitere Akzeptanz, wenn sie durch praktische Hilfeleistungen vorbereitet und begleitet werden.

D. ist nicht in unser Belieben gestellt. Die Botschaft Jesu war eindeutig. Er selber verstand sich als Diakon (Lk 22,27). Dabei muß D. – richtig verstanden – absichtsfrei bleiben. Wir dienen dem anderen nicht, um etwas für uns herauszuholen (und sei es ein gutes Gewissen!). Antrieb zur barmherzigen Tat bleibt einzig und allein die Liebe, die Jesus Christus uns erwiesen hat. Die Liebe zum bedürftigen Nächsten ist Dank für Gottes Liebe zu uns. Dann bleibt sie echt und verbraucht sich nicht.

Lit.: Liebe hat Hände und Füße. Diakonie in der Schweiz, 1991.

K. Albietz

d) in Österreich

Nichts hat in den vergangenen 200 Jahren die Evangelische Kirche in Österreich mehr bereichert und befruchtet als die Innere Mission und D. Viele Menschen haben aus der persönlichen Überzeugung ihres Glaubens ihr ganzes Leben in den Dienst dienender Liebe gestellt. Auch der Frau hat erst die D. ein Wirkungsfeld in der Kirche geöffnet. In der Verfassung der Evangelischen Kirche Augsburgischen und Helvetischen Bekenntnises in Österreich ist die D. fest verankert. Sie gehört »zu den wesentlichen Aufgaben der Kirche als Lebensäußerung evangelischen Glaubens . . .(und zum) Dienst christlicher Nächstenliebe in den vielfachen, leiblichen, seelischen und geistlichen Nöten« (§ 223,1).

1. Entwicklungen

Die D. in Österreich entwickelte sich aus einem stark geprägten Pietismus, besonders in den Toleranzgemeinden (Gemeinden nach 1781), die aus der Not des Geheimprotestantismus in der Zeit der Verfolgung und Rekatholisierung entstanden waren. Die Gemeinden sind geprägt von großer innerer Frömmigkeit, die ihren Glauben in der Diaspora in Wort und Tat leben wollen. Die D. wurde aus dem Bewußtsein glaubender Menschen geboren, die die Liebe Christi umsetzen in Hilfe und Einsatz für andere Menschen. Dies begann in den Zeiten besonderer sozialer Nöte, wie an anderen Orten in Europa im 19. Jh.:

a. Karl Albrecht Vogel, Ritter von Frommannshausen (1822-1890), Professor an der Theologischen Fakultät Wien, begründete 1870 die Sonntagsschularbeit in Wien. Das Kernstück war ein Gruppensystem mit der wöchentlichen Vorbereitungsstunde für die Helfer. Er führte auch Theologiestudenten darin ein. Sein Hauptgedanke war, D. in den Gemeinden bewußt zu machen. Damit war der Beginn der Inneren Mission in Wien gelegt, dem heutigen Ev. Diakoniewerk für Wien, Niederösterreich und Burgenland.

b. Pfarrer Ludwig Schwarz (1833-1910) kam als erster Pfarrer nach 1871 nach Gallneukirchen/Oberösterreich in eine von dem kath. Priester Martin Boos gut vorbereiteten reformat. Gemeinde. 1874 gründete er den Verein für Innere Mission in Oberösterreich, das spätere Ev. Diakoniewerk → Gallneukirchen. Die diakon. Arbeit begann er mit einem Waisen- und Rettungshaus in Weikersdorf, 1906 baute er die ev. Kirche und 1909 das einzige Diakonissenmutterhaus in Österreich. Schon 1877 wurde in Thening die erste Diakonisse eingesegnet.

c. Pfarrer Ernst Schwarz (1845-1925) kam 1871 als Pfarrer nach Waiern/Kärnten. Er war erst der zweite Pfarrer dieser Toleranzgemeinde. 1873 begann er mit der diakon. Arbeit, der Kinderrettungsarbeit, für die er 1881 ein Statut schuf und 1901 den Verein für Innere Mission Kärnten gründete, das heutige Ev. Diakoniewerk Waiern.

d. Gräfin Elvine de La Tour (1841-1916) begann 1873 ihre Arbeit im Süden der damaligen österreichischen Monarchie auf dem Schloß Russiz bei Görz – heute Italien – mit einer Kinderrettungsarbeit im Schloß. Nach Erwerb des Schlosses → Treffen in Kärnten fing sie 1891 die Sonntagsschularbeit an, gründete eine ev. Volksschule und startete mit der Kinderrettungsarbeit und der Arbeit der Alkoholikerfürsorge. 1915 übersiedelte die Arbeit aus Russiz ganz nach Treffen.

e. Superintendent Theodor Zöckler (1867-1949), der 1891 Pfarrer der Gemeinde Stanislau/Galizien wurde, gründete 1894 ein erstes Haus für Kinder. Später schuf er ein Schulwesen, Lehrerausbildungsstätten und eine Diakonissenanstalt. Die Arbeit mußte nach dem Ersten Weltkrieg teilweise und mit Beginn des Zweiten Weltkrieges endgültig aufgegeben werden.

2. Das Diakonische Werk in Österreich

Das Diakon. Werk für Österreich entstand 1968 aus seinen Vorgängern, dem auf Initiative von Zöckler 1912 gegründeten Zentralverein für Innere Mission in Österreich und dem 1950 gegründeten Zentralausschuß für Innere Mission und Diakonie in Österreich.

Im Diakon. Werk arbeiten mehr als 200 verschiedene Rechtsträger, Einrichtungen, Werke und Arbeitszweige zusammen. Annähernd 3.000 Mitarbeiter betreuen, helfen, pflegen jährlich über 180.000 Mitmenschen. Dem Diakon. Werk für Österreich gehören 35 Mitgliedsorganisationen an. Die D. in Österreich gibt Hilfen bei menschlicher Not in der Pfarrgemeinde und ihrem Umfeld (Gemeindediakonie), in verschiedenartigen Heimen, Krankenhäusern, Pflegeeinrichtungen und dergleichen (Anstaltsdiakonie), für Menschen in Not aus anderen Ländern und bei Katastrophen im In- und Ausland (ökumen. Diakonie).

In der Praxis ist das Netz von Hilfsangeboten sehr weit: stationäre Einrichtungen, Kindergärten, Werkstätten, Beratungsstellen, Nachbarschaftshilfe, Ausbildungsstätten in kirchl. und sozialen Berufen, besonders Fachschulen für Behindertenhilfe, Krankenpflege und Diakonenausbildung.

3. Die Diakonie im Wandel der Zeit

Heute steht D. neuen Herausforderungen gegenüber, wie z.B. der Sinnkrise, seelischen Störungen, psychischen Behinderungen, Drogenabhängigkeit, Alkoholgenuß, Selbstmord und dgl. Neue Aufgaben warten, besonders Betreuung und Pflege schwerst geistig behinderter und alter Menschen. Wichtig ist es, profilierte ev. Christen zu finden und die Ökumene mit den anderen christl. Kirchen zu stärken, Mitarbeiter auszubilden und ökumen. Weite zu leben. Die Gemeindediakonie muß gestärkt, Fachkenntnisse müssen vermittelt werden. Dabei sind besonders wichtig der diakon. Einsatz und der Einsatz der Zivildienstleistenden. Das ist eine große Chance, junge Menschen mit der D. und ihren Aufgaben vertraut zu machen. Mit der Betreuung von Gastarbeitern hat das Diakon. Werk seit vielen Jahren ein wichtiges Arbeitsgebiet. Die Methodistenkirche in Österreich hat zur D. ein besonders enges Verhältnis und arbeitet als Mitglied im Diakon. Werk mit.

Das Kronenkreuz ist das Zeichen der D. Es erinnert uns Christen an Jesus Christus. Das Kreuz weist hin auf den Tod, die Krone auf Hoffnung und Aufstehung. Die Verbindung von Kreuz und Krone macht deutlich, daß Not überwunden werden kann, weil Christus der auferstandene Herr ist. Alle Arbeit der D. geschieht unter diesem Zeichen.

Lit.: E. Gläser: Diakonie in Österreich, Faltblatt, 1991; H. Hauck: Kirchengeschichte, [4]1963; H. Jaquemar: Innere Mission. Das Werden und Wirken der organisierten christlichen Liebestätigkeit in der Evangelischen Kirche Österreichs, 1951; W. Nausner: 15 Jahre Diakonisches Werk für Österreich, 1983; Statuten des Diakonischen Werkes für Österreich, 1968; Verfassung der Evangelischen Kirche Augsburgischen und Helvetischen Bekenntnises in Österreich, 1983.

P. G. Hülser

Diakonieverein, evangelischer

→ Evangelischer Diakonieverein

Diakonisches Jahr

Bei der Hundertjahrfeier der Diakonissenanstalt Neuendettelsau (1954) rief der damalige Rektor Dietzfelbinger – einen Gedanken des Anstaltsgründers Wilhelm Löhe aufgreifend – die Jugend auf: »Wagt ein Jahr eures Lebens für die Diakonie!« Gemeint war der Dienst für Behinderte, Alte und Kranke. Im Gegensatz zum immer wieder diskutierten sozialen Pflichtjahr sollte beim D.J. nicht das sozial geforderte Helfen-Müssen, sondern das glaubensstärkende Helfen-Wollen Leitmotiv sein – also eine Chance zur Einübung in eine christl. Existenz in einer weltlichen Welt. »Ihr werdet ausgebildet werden im Dienen, Beten, Leiden, Mittragen. Da will der Glaube bewährt werden, der Gottes Kraft in den Schwachen mächtig sieht. Die Liebe Christi soll geübt, die Hoffnung will erprobt werden. Wer aber in diesen Fächern bewährt ist, der ist bewährt fürs Leben.«

Im Lauf der Jahre entwickelte sich das D.J. immer mehr zu einem sozialen Bildungsjahr mit sozialpädagogischer Begleitung und bei vielen zu einem Berufsfindungsjahr.

Bis heute sind über 50.000 Frauen und Männer aus ev. Landes- und Freikirchen in viele diakon. Einsatzorte Europas diesem Ruf gefolgt.

1964 nahm die deutsche Bundesregierung das D.J. und das parallel entstandene kath. »Jahr für den Nächsten« zum Anstoß, ein »Freiwilliges soziales Jahr« anzubieten und sozialgesetzlich abzusichern.

Th. Schober

Diakonisches Werk

Ihren diakon. Auftrag nimmt die Ev. Kirche in Deutschland gemeinsam mit den ev. Freikirchen durch das Diakonische Werk der EKD e.V. wahr. Seine Arbeit – eine »Gestalt des Zeugnisses von Gottes Liebe zur Welt in Jesus Christus« – wendet sich an Menschen in leiblicher Not, in seelischer Bedrängnis und in sozial ungerechten Verhältnissen.

Zugleich sollen die Ursachen dieser Nöte beseitigt werden (Satzung).

Zu den vielfältigen Einzeldiensten gehören:

die Jugendhilfe mit Angeboten offener Arbeit, Heimpädagogik, Gemeindekindergärten, Kindererholung;

die Familienhilfe mit Familienbildungsstätten, Mutter-und- Kind-Einrichtungen, Frauenhäusern, Angebote für Alleinerziehende, Beratungsstellen für Ehe-, Familien- und Lebensfragen, Schwangerschaftskonfliktberatung, offene Sozialarbeit;

die Krankenhilfe in ev. Krankenhäusern, in Diakonie- bzw. Sozialstationen; ferner Alten- und Behindertenhilfe, Hilfen für psychisch Kranke, für Gefährdete, für Suchtkranke;

Soziale Integration geschieht durch Arbeitslosenprogramme, Sozialberatung für Ausländer, Hilfen für Aussiedler und ausländische Flüchtlinge.

Einen eigenen Bereich stellt die ökumen. Diakonie dar. Zu ihr gehören die kirchl. Entwicklungshilfe »→ Brot für die Welt«, die Katastrophenhilfe, das Programm »Kirchen helfen Kirchen«, Stipendienprogramme. Nicht immer lassen sich gemeindliche und bibl. Orientierung der Aktivitäten augenfällig machen. Zu groß sind Vielfalt und professionelle Differenzierung der Aufgaben, zu stark die Einbindungen in das flächendeckende System des Sozialstaats. Inwiefern trotzdem Charismen der Gemeinde wirksam sind, ist eine Frage der Diakonie an sich selbst. Spannungsvoll ist auch das Miteinander von Professionellen und Ehrenamtlichen, von Einrichtungen, Selbsthilfegruppen und Gemeindediakonie.

Mitglieder des Diakon. Werkes der EKD e.V. sind: die Diakon. Werke der 24 ev. Landeskirchen, die Werke und Einrichtungen der ev. Freikirchen sowie die über hundert Fachverbände der Diakonie. Organe: die Diakonische Konferenz und der Diakonische Rat - die Hauptgeschäftsstelle hat ihren Sitz in Stuttgart. Entstanden aus der Zusammenführung von Innerer Mission und Evangelischem Hilfswerk - eingeleitet 1957 (→ Ev. Hilfswerk) - ist das D. W. zugleich ein Spitzenverband der Freien Wohlfahrtspflege, zusammen mit → Caritas, Rotem Kreuz, Arbeiterwohlfahrt, Paritätischem Wohlfahrtsverband und Zentraler Wohlfahrtsstelle der Juden.

R. Boeckler

Diakonissenmutterhaus Aidlingen

In dem westl. von Böblingen gelegenen Dorf Aidlingen fanden sich schon am Anfang des 18. Jh.s kleine Kreise um die Bibel, später besonders beeinflußt durch Pfarrer W.L. Hosch (gest. 1811) und Michael → Hahn (gest. 1819). 1921 entstand durch eine Mitarbeiterin von Christa von Viebahn (geb. 1873) ein Kreis für Mädchen und junge Frauen. Durch erweckliche Verkündigung und Evangelisation wurden in Aidlingen und im weiteren Umkreis viele erreicht. Ein Versammlungssaal wurde gebaut und zum Mutterhaus erweitert. Der 13. November 1927 ist der Gründungstag der jungen Schwesternschaft, die Christa von Viebahn als Oberin bis zu ihrem Tod am 2. Januar 1955 leitete. Im Mittelpunkt der Arbeit stehen bibl. Zurüstung und Evangelisation. 1915 übernahm Christa von Viebahn von ihrem Vater Georg von Viebahn (1840-1915) die Erarbeitung des »Bibellesezettels«, der in einer Auflage von 86.000 Exemplaren durch den Verlag des Mutterhauses auch heute noch im ganzen dt. Sprachraum versandt wird. Für junge Menschen wird »Jugend liest die Bibel« in 26.000 Exemplaren aufgelegt. Beide Hefte werden ins Spanische und Portugiesische übersetzt.

Der Bibelschule (Beginn 1927) folgten die Haushaltungsschule (1945) und die Krankenpflegeschule am Kreiskrankenhaus Kirchheim/Teck (1949). Neben anderen weiterführenden Schulen ist das Mutterhaus seit 1970 Ausbildungsstätte für Katechetinnen und Gemeindediakoninnen mit kirchl. anerkanntem Abschluß. Unterrichts- und Anschauungsmaterial für den Religionsunterricht und für Kinder- und Jugendarbeit wird hier erarbeitet.

Ausgedehnte Bibelkurs- und Freizeitarbeit für Erwachsene, Jugendliche und Kinder findet in Villingen, Michelsberg, Titisee und Aidlingen statt. Weitere Aufgabenbereiche der Schwestern sind Kindergarten, Religionsunterricht, Jugend- und Gemeindearbeit, Krankenpflege.

Besondere Veranstaltungen sind das große Pfingstjugendtreffen in Aidlingen, die Neujahrstagung in Stuttgart, sowie sonntägliche Bibelstunden im Neuen Mutterhaus (eingeweiht 1964) am östl. Ortsrand.

Seit 1955 leitet Schwester Berta Kempf als Oberin das Werk, dem 372 Diakonissen angehören. Über den → Bund deutscher Gemeinschaftsdiakonissenmutterhäuser ist die Schwesternschaft Mitglied im → Ev. Gnadauer Gemeinschaftsverband.

Lit.: H. Brandenburg: Ich hatte Durst nach Gott. Aus dem Leben und Dienen von Christa von Viebahn, 1978; ders.: Georg von Viebahn - General und Evangelist, 1984; Chr. von Viebahn: Neues Testament, Teil I und II; dies.: »Vom Leben im Geist«.

A. Bube

Dialektik

D. stellt bei Platon die Methode der Unterscheidung bzw. Verbindung der im Dialog zu bestimmenden Washeiten der Dinge im Rückgang auf die obersten Ideen dar. Die platonische Kunst der Unterteilung des Einen in Vieles bzw. der Gattungen in Arten richtet sich nach dem auszuweisenden Begründungszusammenhang. Auch die Zusammengehörigkeit bzw. Verschiedenheit der fünf obersten Gattungen: Ruhe (*stasis*), Bewegung (*kinesis*), Seiendes (*on*), Seligkeit (*auton*), Verschiedenheit (*tateron*) wird geregelt durch den auszuschließenden Widerspruch. Die genannten Gegensätze bleiben trotz ihrer Beziehung zum Gegenteil mit sich selbst identisch (Sophistes, 254a, 230b, 263d). Diese den Widerspruch prinzipiell ausschließende platonische D. ordnet Aristoteles in die Topik als Teil seiner Logik ein.

Erst mit dem 16. Jh. wird die auch im MA z.B. bei Augustinus, A. Magnus, Th. von Aquin vorgenommene Gleichsetzung von Logik und D. durch M. Luther in eine Gegensatzeinheit aufgehoben. Luther läßt Gott von sich selbst sagen: »Ich bin der Herr, der Gutes und Böses schafft.«(WA II,417). So allmächtig ist Gott nach Luthers Meinung, daß er die nach dem Satz des Widerspruchs sich ausschließenden Weisen von Gut und Böse auf die Einheit seiner ewigen Natur zurückführt. An dem »Widereinandersein« von Gott und Mensch, der Zweinaturenlehre Christi, die den schärfsten Gegensatz umfaßt und dem »simul justus et peccator« (»zugleich gerecht und Sünder«) der menschlichen Natur, scheitert die Redeform, die die Wesenhaftigkeit unterschiedlicher Naturen festhält und sie nicht durch einen dialektischen Werdeprozeß in eine neue Einheit aufhebt.

Kant gibt den antik mittelalterl. Gedanken der Teilnahme des Endlichen an der Vollkommenheit Gottes in der Spur Luthers preis und beschreibt die Antinomien, in die die endliche Vernunft sich notwendigerweise verstrickt, sofern sie über das absolute Ganze der Erscheinungen, ihren Ursprung, ihr inneres Wesen eine Aussage zu machen versucht. Aus Respekt vor dem Ding an sich bzw. dem verborgenen Gott schreibt Kant den Widerspruch der Endlichkeit menschlicher Erkenntnisart zu.

Nach Hegels Auffassung bedarf die bisherige Logik einer totalen Umarbeitung (Wissenschaft der Logik I, 1951, 33, hg. von Lasson): Die antinomischen Denkstrukturen drücken den widersprüchlichen Sachverhalt aus! »Im Fassen des Entgegengesetzten in seiner Einheit – oder des Positiven im Negativen besteht das Spekulative dieser Dialektik« (vgl. ebd. 38). Die von Luther »zum Bade geführte Metaphysik« (vgl. U. Asendorf, Luther und Hegel) wird Fundament für das Hegelsche Denken (vgl. R. Kroner, Von Kant bis Hegel). »Das, wodurch der Begriff sich selbst weiterleitet, ist das Negative, das er in sich selbst hat. Dies macht das wahrhaft Dialektische aus!« (Hegel, Wissenschaft der Logik I, 37). »Das Negative in Gott selbst« (ebd. 70), »das Hineinnehmen des Widerspruchs ins Zentrum, in das Wesen des Geistes versteht Asendorf als die luth. Spur im Denken Hegels schlechthin« (U. Asendorf, Luther und Hegel, 358).

K. Marx nennt »das Große an der hegelschen Dialektik als dem bewegenden und erzeugenden Prinzip, daß sie die Selbsterzeugungen des Menschen als Prozeß faßt . . . und den wahren weil wirklichen Menschen als Resultat seiner eigenen Arbeit begreift.« (K. Marx, Frühschriften, 1953, 269). An die Stelle der Gegensatzeinheit Gott – Mensch tritt der »Stoffwechselprozeß Natur – Mensch«. Nietzsche: »Ohne Hegel kein Darwin«, im kühnen »Durchgriff durch alle logischen Gewohnheiten entwickelt Hegel die Artbegriffe auseinander und bringt damit . . . den entscheidenden Begriff Entwicklung in die Wissenschaft« (Nietzsche, Fröhliche Wissenschaft Nr. 357). Heideggers Dialektik fordert die prinzipiell unversöhnliche »Gegenwendigkeit« von Gut und Böse, Licht und Finsternis, Leben und Tod, den »strittigen Streit« als Erscheinungsstätte »des letzten Gottes, dem ganz Anderen, gegen die Gewesenen, zumal den christlichen« (Heidegger, Beiträge zur Philosophie Bd. 65, 1989, 403).

Lit.: K. Düsing: Ontologie und Dialektik bei Plato und Hegel, in: Hegelstudien 1980; ders.: Hegel und die Geschichte der Philosophie. Ontologie und Dialektik in Antike und Neuzeit, 1983; E. de Negri: Offenbarung und Dialektik. Luthers Realtheologie, 1973; A. von Stockhausen: Der Geist im Widerspruch, Schriftenreihe der Gustav-Siewerth- Akademie, Bd. 3; P. Wust: Dialektik des Geistes, 1928.

A. von Stockhausen

Dialektische Theologie

Die D.Th. ist kennzeichnend für eine zeitlich begrenzte Phase theol. Denkens in Deutschland und in der Schweiz. Repräsentative Vertreter dieser Theologie waren Karl → Barth, Friedrich → Gogarten, Rudolf → Bultmann, Emil → Brunner, Eduard → Thurneysen, die aber alle später den ursprünglichen Ansatz der D.Th. erweitert oder z.T. preisgegeben haben. Sie gründeten 1922 die Zeitschrift »Zwischen den Zeiten«, mit Georg Merz als Schriftleiter. Weil der Mitarbeiterkreis sich auflöste, wurde die Zeitschrift 1933 aufgegeben. Zu diesem Zeitpunkt war die Phase der D.Th. eigentlich schon vorbei. Aber ihre Einsichten und Anliegen wirkten nachhaltig weiter.

Der zeitgeschichtl. Hintergrund dieser Theologie war die Kulturkrise, die in → Nietzsches Infragestellung aller Werte oder in Oswald Spenglers kulturgeschichtlichem Werk »Der Untergang des Abendlandes« (1918/22) Ausdruck gefunden hatte und in der Katastrophe des Ersten Weltkrieges auch polit. bestätigt wurde. Aber auch positive theol. Impulse wurden aufgenommen und verarbeitet, wie der wachsende Einfluß der Schriften Sören → Kierkegaards oder neue Akzente der Lutherforschung (Karl → Holl).

»Dialektik« bedeutet das Denken in (unaufhebbaren) Gegensätzen, wie Gott und Welt, Zeit und Ewigkeit, endlich und unendlich. Auch der für die D.Th. grundlegende Begriff »Wort Gottes« ist dialektisch zu verstehen: Er bezeichnet einerseits das Menschenwort der Predigt; aber der Prediger kann nicht »machen«, daß Gott selber durch dieses Wort redet. Andererseits meint »Wort Gottes« im eigentlichen Sinn die je und je Ereignis werdende Selbstmitteilung Gottes durch das menschliche Wort: die Wirkung des heiligen Geistes. Glaube gründet im Ereignis des Redens Gottes durch das Zeugnis menschlicher Predigt.

Folgende Grundpositionen gehören zur D.Th.:

1. Die D.Th. geht aus von der absoluten Transzendenz Gottes bzw. vom unendlichen qualitativen Unterschied von Gott und Welt, Ewigkeit und Zeit. Jeder Schluß vom Endlichen und Vergänglichen auf das Unendliche und Ewige ist Vergöttlichung der Kreatur, ist Religion – im Gegensatz zu Glauben bzw. Offenbarung –, ist rel. Eigenmächtigkeit im Sinne von Röm 1,18ff. Unter dieselbe Beurteilung fällt jede »natürliche Religion« und jeder Gottesbegriff phil. Metaphysik.

2. Gott ist in seinem Reden und Handeln frei und unverfügbar. Historisch läßt sich Gottes Herrschaft in der Geschichte nicht aufweisen, auch nicht in der Kirchengeschichte. Ebensowenig läßt sich im Weltlauf Gott als Weltgeist (im Sinne Hegels und der idealistischen Geschichtsphilosophie) nachweisen, noch in einer fortschreitenden Durchdringung der Menschheit mit dem göttlichen Geist im Sinne Schleiermachers. Gott ist nur erkennbar, wo er sich selbst zu erkennen gibt: In seinem Wort. Und dieses Wort deckt gerade die Sünde, die Auflehnung der Welt gegen Gott auf. Man hat deshalb der D.Th. vorgeworfen, daß sie zuviel vom Gericht und von der Verlorenheit der Menschen rede. Aber die Absicht der Gerichtspredigt ist, die Menschen dahin zu führen, wo sie sich ihrer Verlorenheit bewußt werden, um offen zu werden für den Zuspruch der Gnade. Die »Mitte« der Verkündigung in der D.Th. ist das Wort vom Kreuz, das Gerichtsoffenbarung und Gnadenbotschaft in einem ist.

Im Grunde ist in der D.Th. die stets wiederholte Predigt (»es predigt«) und der sich bezeugende Glaube das einzige geschichtl. Kontinuum. Hier suchte man neue Wege: Barth fand sie in der Hinwendung zum Bekenntnis der Kirche und hinter diesem den zum Mensch gewordenen Christus. Gogarten und Brunner suchten einen Ansatz natürlicher Gotteserkenntnis im Menschen. Bultmann radikalisierte den unendlichen qualitativen Unterschied von Gott und Mensch so sehr, daß Gott letztlich auch dem Glauben unerkennbar bleibt als der unbekannte, unaussagbare Gott.

Lit.: Eine übersichtliche Wiedergabe von Texten der D.Th. findet sich bei J. Moltmann (Hg.): Anfänge der dialektischen Theologie I/II, 1962.

K. Barth: Das Wort Gottes und die Theologie, 1924; ders.: Die Theologie und die Kirche, 1928; ders.: Der Römerbrief (2. Aufl.) 1922; E. Brunner: Erlebnis, Erkenntnis und Glaube, 1921; ders.: Die Mystik und das Wort, 1924; ders.: Natur und Gnade, 1934; ders.: Wahrheit als Begegnung, 1938; R. Bultmann: Jesus, 1926; ders.: Glauben und Verstehen I, 1933; II, 1952; F. Gogarten: Die religiöse Entscheidung, 1921; ders.: Ich glaube an den dreieinigen Gott, 1926; ders.: Von Glauben und Offenbarung, 1926; ders.: Gericht oder Skepsis, 1937; E. Thurneysen: Das Wort Gottes und die Kirche, 1927.

F. Flückiger

Dialog

1. Zum Begriff

Das griech. Wort *dialogos* bedeutet ursprünglich »Gespräch, Unterredung«. In den phil. Sprachgebrauch kam es durch die von Plato aufgezeichneten bzw. erdachten Lehrgespräche des Sokrates, bei denen es in Anwendung seiner *mäeuthischen* (geburtshelferischen) Methode galt, durch Aufdeckung der Irrtümer und Klärung der Begriffe gemeinsam zur Wahrheit vorzudringen, die in jedem Menschen schlummert. Dem phil., z.T. auch rel. D. liegt also die Voraussetzung eines schon vorfindlichen Fundamental-Konsensus zugrunde, den es zu entdekken, festigen und erweitern gilt. In diesem Sinne läßt sich D. definieren als Bemühen von Menschen unterschiedlicher Überzeugungen, im Gespräch einander verstehen zu lernen, Gemeinsamkeiten abzustecken und sodann entweder den anderen für die eigene Erkenntnis zu gewinnen oder aber zu einer beiderseitig erweiterten Wahrheitserkenntnis zu gelangen.

2. Zur Gestalt

Die Gestalt des D.s variiert entsprechend der angedeuteten unterschiedlichen Voraussetzungen und Zielsetzungen. Es kann sich um spontane geistige Begegnungen, wissenschaftl. Symposien, Streitgespräche oder auch um Bekehrungsversuche handeln. D.e können bilateralen oder multilateralen Charakter tragen, je nachdem, ob zwei oder mehrere Partner beteiligt sind. In jedem Fall geht es im D. um mehr als einen unverbindlichen Meinungsaustausch, nämlich um ein engagiertes Ringen um die Wahrheit, in welchem die Teilnehmer sich mit ihrer ganzen Existenz einzubringen suchen. Von den D.-Partnern wird zugleich »Verwundbarkeit« und existentielle Offenheit für die Position des anderen erwartet. Brisant wird das neuerdings im »spirituellen Tiefendialog«, in welchem die Partner am mystisch-kultischen Vollzug der anderen Religionen teilnehmen.

3. Zur Geschichte

Das NT kennt D. zwar nicht dem Begriff, aber der Sache nach (z.B. Jesu Gespräche mit Nikodemus und der Samaritanerin, Joh 3; 4; Paulus mit den Philosophen in Athen, Apg 17). Dabei handelt es sich in jedem Fall eindeutig um mission. Gespräche mit der Absicht, den anderen der Unvollkommenheit seiner bisherigen Erkenntnis zu überführen und ihn zum lebendigen Glauben an Jesus Christus zu führen. – In diesem Sinne hat es in der ganzen Kirchengeschichte mission. D.e gegeben, insonderheit mit Juden (z.B. durch Justin d. Märtyrer, gest. 165) und Muslimen (z.B. K.G. Pfander, gest. 1865). Entsprechend der Überzeugung von der Absolutheit der christl. Botschaft und der wesentlichen »Diskontinuität« (Hendrik Kraemer) zwischen dem Evangelium als Gottes Heilsangebot an die Menschen und den nicht-christl. Religionen als menschlichen Selbsterlösungswegen trug die mission. Begegnung mit diesen nur anknüpfungsweise den Charakter des D.s, während die entscheidende Kommunikation in der Verkündigung mit dem Ziel der → Bekehrung bestand. Erst in den 60er Jahren des 20. Jh.s wurde aufgrund einer gewandelten »Theologie der Religionen« sowohl in der Missionstheologie des ÖRK als auch der der röm.-kath. Kirche stärker Gewicht auf den D. als wesentliche Form interreligiöser Begegnung gelegt. Das führte zur Einrichtung eines vatikanischen Sekretariates für die Nichtchristen (1964) und einer Genfer Abteilung für den »Dialog mit Menschen anderer Religionen und Ideologien« (1971), hier zunächst unter bahnbrechender Leitung des indischen Theologen Dr. St. Samartha. Vorbereitet und wirksam werden diese Einrichtungen durch zahlreiche multilaterale und bilaterale Konsultationen (z.B. in Kandy, Sri Lanka, 1967; Ajaltoun 1970; Chiang Mai 1977 und Hongkong 1991), an denen Christen aller Konfessionen und Vertreter nicht-christl. Religionen gleichberechtigt teilnahmen. Ebenso bedeutsam war der Weltgebetstag der Religionen für den Frieden am 27.10.1986 in Assisi. Für das theol. Verständnis und die Gestaltung des D.s erließen der ÖRK (1977) und der Vatikan (1986) Richtlinien. – Sowohl auf evangelikaler als auch auf konservativ-kath. Seite stieß das neue ökumen. Verständnis des D.s wegen befürchteter Tendenzen zur Relativierung der Einzigartigkeit Jesu Christi und der lähmenden Konsequenzen für die Evangelisation auf Einspruch (z.B. in der → Frankfurter Erklärung, Artikel VI und in der Lausanner Verpflichtung, Artikel III), bei gleichzeitiger Bestätigung der Bedeutsamkeit eines D.s im bibl. Sinn (LV Artikel IV).

4. Beurteilung

Der D. hat in der mission. Begegnung mit den anderen Religionen eine unaufgebbare Funktion als ein Mittel, »durch einfühlsames Hören zum Verstehen des anderen« zu gelangen (LV Artikel IV). Er ist wichtig zur Kontaktaufnahme, zur Erkundung der vorfindlichen rel. Überzeugungen des nicht-christl. Gesprächspartners, zur diakritischen Unterscheidung zwischen echten Wahrheitselementen in den nicht-christl. Religionen, die aus dem Erlösungsverlangen ihrer Anhänger und der allg. Offenbarung stammen, einerseits und gefährlichen Irrtümern andererseits, wie schließlich auch zur Korrektur einer mangelhaften Erfassung des eigenen Glaubens durch den christl. Gesprächspartner. – Abzulehnen dagegen ist ein D., der die wesentliche Gleichheit aller Religionen als Manifestationen einer allg. Religionsgeschichte (E. Troeltsch; P. Tillich; P. Knitter) behauptet, die christl. Pflicht zur Bekehrungspredigt bestreitet oder gar einer allg. Verschmelzung der Religionen als Grundlage einer Weltfriedensordnung das Wort redet.

Lit.: T. Arai, W. Ariarajah (Hg.): Spirituality in Interfaith Dialogue, 1989; P. Beyerhaus: »Der Dialog als Ausdruck eines neuen ökumenischen Missionsverständnisses«, in: ders.: Krise und Neuaufbruch der Weltmission, 1987, 83-110; H. Burkhardt: Wiederkehr der Religiosität, 1990, 56-75; J. Dörmann: Die eine Wahrheit und die vielen Religionen (Schriftenreihe Respondeo 8), hg. von J. Bökmann, 1988; H.J. Margull, St.J. Samartha (Hg.): Dialog mit anderen Religionen, 1972.

P. Beyerhaus

Diaspora

D. (griech. »Zerstreuung«, »Zerstreut-werden«). In Apg 8,4 wird anläßlich der Steinigung des Stephanus berichtet: »Die nun zerstreut worden waren, zogen umher und predigten das Wort.« Denn von Anfang an ist die D. mit dem Missionsbefehl (Mt 28,18ff) verbunden. Die Jünger trugen das → Evangelium mutig in kleinen Gruppen »unter alle Völker«, d.h. nach Mk 16,15 unter die ganze Menschheit/Schöpfung. So erfüllt sich Jesu Verheißung nach Mt 24,14: »daß allen Völkern auf dem Erdkreis die Heilsbotschaft vom Reich als Zeugnis gepredigt wird«.

»Diaspora« ist auch in den allg. Wortschatz übernommen worden und bedeutet dort eine Minderheit, die in sprachlicher, religiöser bzw. konfessioneller, ethnischer und kultureller oder auch in sozial-gesellschaftl.-polit. Hinsicht schutzbedürftig ist. Der Minderheitenschutz will in einer andersartigen Umwelt den Bestand einer Sondergruppe bewahren helfen. Es handelt sich um eine demokratische Forderung, die von der UNO in die Menschenrechtsdeklaration aufgenommen wurde.

Zwei Ereignisse haben eine besondere Art der D. geschaffen:

1. Seit der → Reformation und → Gegenreformation entstand eine konfessionelle D.

2. Durch die Aufklärung ausgelöst hat die Franz. Revolution eine Säkularisierung des Bewußtseins vorangetrieben, so daß engagierte, gläubige Christen und Gemeinden in einer neuen weltanschaulichen D. der Gleichgültigkeit und des Atheismus leben.

Auch traditionalisierte, konservative Kirchlichkeit, die nicht mehr auf die Nöte und Fragen der heutigen Menschen einzugehen versteht, und nicht aus dem Glauben ihr Leben gestaltet, hat das begünstigt.

H. Karzel

Dibelius, Martin → Neues Testament, Geschichte der Erforschung

Dibelius, Otto (1880-1967)

D., geb. am 15. 5. 1880 in Berlin, gest. am 31. 1. 1967 ebenda, war eine der bekanntesten und wirksamsten Gestalten der ev. Kirche. Er studierte bei A. → Harnack, ohne seine Theologie zu übernehmen; 1903 Dr. phil. in Gießen, 1906 Lic. theol. in Berlin, Pfr. in ostdeutschen Gemeinden, 1915-25 in Berlin, nebenamtlich Oberkonsistorialrat, seit 1925 Generalsuperintendent der Kurmark. Als Organisator und kirchl. Schriftsteller verfaßte er bedeutende Programmschriften: »Das Jahrhundert der Kirche« [6]1928, »Friede auf Erden?« [3]1930, »Kirche und ihr Recht«. Als maßgebender kirchl. Publizist wurde er vom nationalsozialistischen Staat 1933 abgesetzt. Er war eine der markantesten Gestalten im Kirchenkampf 1933-45; Minister Kerrl verlor den Prozeß gegen ihn. Theologisch war er Gegner von Karl Barth, mit dem er 1930/31 ein vielbeachtetes »Aufsatz- bzw. Vortragsduell« über »Das Jahrhundert der Kirche« führte.

Seit 1945 Bischof von Berlin, entfaltete er eine umfassende Tätigkeit beim Aufbau der ev. Kirche. 1948 wird er erster Ratsvorsitzender der neu organisierten EKD und bleibt es über zwei Wahlperioden. Im Ausland hoch angesehen (Einweihung der Kirche in Coventry), wurde er vor Niemöller Präsident im Weltrat der Kirchen 1954-60. In Deutschland hatte er im Gegensatz zur Niemöller-Gruppe – infolge des von der EKD-Synode beschlossenen Militärseelsorgevertrags von 1957, der sich im »Obrigkeitsstreit« 1960 zuspitzte – schwere Folgen zu tragen (vgl. »Reden an die gespaltene Stadt«, 1961). 1958 wurde er zum Ehrenbürger von Berlin ernannt.

D. war gleichbedeutend als Theologe (Bericht von Jesus von Nazareth, Werdende Kirche u.a.), Übersetzer des NT, beeindruckender Prediger und Leiter der Diakonie. Zum geflügelten Wort wurde sein Zeugnis »Ein Christ ist immer im Dienst« (1961); D.‹ Schriftenverzeichnis umfaßt 450 Nummern.

Lit.: R. Stupperich: O. Dibelius. Ein Bischof im Umbruch der Zeiten, 1989; ders.: Dibelius und Söderblom, ZKG 100, 1990; ders.: Otto Dibelius. Sein Denken und Wollen, 1970.

R. Stupperich

Dichotomie → Mensch

Dichtung, christliche

Seit jeher umstritten ist, ob es eine »christliche« D. überhaupt geben kann. »Wie, Christ und Poet, meinst du den Glauben und die Kunst, Ästhetik und Religion miteinander verbinden zu können?« hatte bereits Sören Kierkegaard gefragt. Doch während die Frage, ob denn das, was Christen dichten, christl. D. ebenso sei wie etwa die Mathematik, die Christen betreiben, dann christl. Mathematik sein müsse, ihren Platz in der literaturwissenschaftl. Debatte haben muß, hat es seit den Anfängen des Christentums zweifellos immer wieder Werke gegeben, die sinnvoll nicht anders als mit der Bezeichnung »christliche Dichtung« erfaßt werden können. Das »Hohelied der Liebe« des Paulus von Tarsus (1Kor 13,1-13) ist bereits ein erstes, durchgeformtes Meisterwerk, und noch aus der Frühzeit des Christentums wären mit den Hymnen des Ambrosius und dem »Tagzeitenbuch« des Prudentius (2. Hälfte des 4. Jh.) herausragende Beispiele für eine innovative Lyrik zu nennen, die nicht anders als christl. verstanden werden will. Bereits hier trifft die Reichenberger Definition, »christliche Literatur ist eine Literatur, die ein von Jesus Christus ergriffener Mensch schreibt, und in der dieses Ergriffensein zu erkennen ist«. Innovativ zeigte sich christl. D. von Anfang an auch in den beiden anderen Großgattungen, Roman und Drama.

Während die Apg des Lukas noch demonstriert, wie hist. Begebenheiten nicht zuletzt im Dienste einer bewußt konzipierten Leserbindung mit Stilmitteln des Romans dargeboten werden können – eine literarische Meisterleistung, die gegen manche Kritiker des lukanischen Geschichtswerks nachdrücklich betont werden muß –, ist bereits im 2. Jh. vor allen vergleichbaren säkularen Romanen die später maßstabsetzende Form ausgeprägt, in der hist. Grundlagen zur fiktiven, auf Unterhaltung abzielenden Belletristik ausgeweitet werden. Beispielhaft dafür sind die »Acta Petri« (ca. 180 n.Chr.) und die beiden Clemens-Romane der »Homilien« und »Recognitionen« (4. Jh.).

Dem Drama standen christl. Dichter lange reserviert gegenüber; Tertullian hatte in »De spectaculis« (ca. 197 n.Chr.) den Besuch von Schauspielen aller Art als sittenverderbend untersagt, und dieses Verdikt hatte lange nachgewirkt. Doch der Durchbruch, den die Gandersheimer Nonne Hrotsvith (ca. 935-975) mit ihren sechs Dramen erzielte, bewirkte zugleich die Wiederentdeckung des antiken Dramas als Theater: Mit der Edition ihrer auf christl. Adaptationen von Stoffen des Terenz gründenden Stücke durch den Humanisten Konrad Celtis wurde auch Terenz selbst als bühnenwirksamer Dramatiker wiederentdeckt. Mag das auch nicht in der Absicht der Nonne Hrotsvith von Gandersheim gelegen haben, so war doch damit auch das christl. Drama, für das es bis dahin nur in den frühen Osterspielen Vorläufer gegeben hatte, gegen Tertullian akzeptabel geworden.

Christl. D. entwickelte sich in der Folgezeit weit über die traditionellen Gattungen hinaus; auch wenn sie ausdrücklich im Dienst von Kirche und Gemeinde stand, war Zweckgebundenheit nie automatisch gleichbedeutend mit künstlerischer Minderwertigkeit. Zwar konnte ein Reinhold → Schneider die im literarischen Widerstand gegen den Nationalsozialismus entstandenen Werke bescheiden als »literarischen Sanitätsdienst« bezeichnen, doch sind darunter ebenso bleibende Meisterwerke (»Las Casas vor Karl V.«, 1937, u.a.m.), wie etwa gleichzeitig Rudolf Alexander → Schröder und Jochen → Klepper mit ihren Kirchenliedern eine Form der Lyrik schufen, deren literarischer Rang unbestritten ist. Die Unterschätzung des prot. Kirchenlieds als eigenständige Form der D. gehört zu den Lücken der gegenwärtigen – und nicht nur der christlichen – Literaturwissenschaft.

Christl. D. durchläuft in der unmittelbaren Gegenwart eine Krise, die weniger im Fehlen bedeutender Autoren liegt (unter den älteren v.a. Gertrud Fussenegger, Albrecht Goes, Rudolf Otto Wiemer, unter den jüngeren begabter Nachwuchs wie Oliver Kohler und der Kreis um die Zeitschrift »Ambo«), sondern in einer tiefgreifenden Rezeptionsproblematik. Bis zum Ende der 50er Jahre hatte christl. D. einen etablierten Platz in der literarischen Landschaft, der mit großen Namen wie Gertrud von Le Fort, Werner Bergengruen, Reinhold Schneider oder Bernt von Heiseler unter den auch öffentlich

Auftretenden verbunden war – ein Platz, der sich nicht zuletzt der gesellschaftl. Wirkung christl. D. gerade im Widerstand und in der »inneren Emigration« unter dem Nationalsozialismus und dem Engagement während der Aufbauphase der Bundesrepublik verdankte, für das der 1957 an Reinhold Schneider verliehene Friedenspreis des deutschen Buchhandels Höhepunkt und in gewisser Weise zugleich Abschluß war. Eine vergleichbare Außenwirkung hat christl. D. seitdem nicht mehr erreicht, wenngleich sich der 1972 mit dem Literatur-Nobelpreis ausgezeichnete Heinrich Böll gerade in seinem gesellschaftspolit. Handeln selbst immer als Christ verstand.

Diese Wirkungslosigkeit christl. D. heute, die sich auch an einer Verinnerlichung und Parochialisierung ablesen läßt, muß als eine Herausforderung begriffen werden: Kaum eine Zeit hat christl.-literarisches, dichterisches Engagement so nötig wie die vom Neuheidentum und Synkretismus geprägte Auslaufphase des 20. Jh.s.

Lit.: W. Jens, H. Küng, K.-J. Kuschel (Hg.): Theologie und Literatur. Zum Stand des Dialogs, 1986; G. Kranz: Was ist christliche Dichtung?, 1987; Zur »Reichenberger Definition«: C.P. Thiede (Hg.): Christlicher Glaube und Literatur, Bd. 1, 1987; ferner die Bände 2-6, 1988-1992.

C.P. Thiede

Didache → Apostolische Väter

Didaktik

1. Der Begriff Didaktik

a. Der Begriff D. leitet sich aus dem Griech. her. Das Stammverb *didaskein* heißt: »lehren, aufklären, auseinandersetzen, beweisen, vorschreiben, einstudieren, aufführen (lassen)«. Der Begriff D. hatte also im antiken Kontext noch keine spezifisch päd. Bedeutung. Das »Didaktische« war z.B. auch eine Gattung des griech. Epos. Bis heute verwendet die französ. Sprache das Wort in diesem Sinne.

b. Seine päd. Zuspitzung erhielt der Begriff D. erst durch Amos → Comenius (1592-1670) und dessen Hauptwerk »Didactica Magna«. Comenius entwikkelt dort eine »Erziehungstheologie«. Die D. soll dem gefallenen Menschen ein Stück seiner Gottesebenbildlichkeit zurückgeben, indem sie ihn positiv verändert.

c. Die moderne Alltagssprache, aber auch einige Fachdidaktiken, haben ein sehr oberflächenhaftes Verständnis von D. Sie wird mit Methodik gleichgesetzt und auf reine Unterrichtstechnik reduziert. Demgegenüber stehen die Bemühungen um D. als eine »Theorie der Bildung«, die alles umfaßt: Sinngebung – Ziele Inhalte – Formen des Lehrens.

2. Modelle der Allgemeinen Didaktik

a. Normative Didaktik

Diese älteste Form von D. stammt aus dem vorwissenschaftl. Bereich, sie hat dort die Form von Erfahrungssätzen. Auf der wissenschaftl. Ebene wird daraus ein System, das von obersten Sinnormen für das menschliche Leben ausgeht. Diese Normen werden dann ausgelegt auf Erziehungsziele hin. Daraus ergeben sich die Unterrichtsinhalte und auch die Methoden. Es wird alles deduziert aus vorgegebenen phil. Postulaten, rel. Offenbarungen oder polit. Zielen.

Die Schwäche dieser normativen D. sind unerwünschte Nebenwirkungen, weil die empirischen Bedingungen für Lernen und Verhaltensänderung nicht genügend bekannt sind.

Es entwickelten sich in hist. Reihenfolge deshalb auch drei Gegenpositionen:

b. Bildungstheoretische Didaktik

Sie hat ihre Wurzeln in der geisteswissenschaftlichen Pädagogik. Ihre Hauptvertreter sind: H. Nohl, E. Weniger, W. Klafki. Diese Schule arbeitet ganz bewußt nicht mit dem Lernbegriff, sondern mit dem Bildungsbegriff und setzt an bei der Analyse von Erziehungsvorgängen. Was braucht der Jugendliche, um eine Persönlichkeit zu werden? Die objektiven Erziehungsmächte: Kultur, Gesellschaft, Staat, Familie, sollen ernstgenommen, aber ihr Absolutheitsanspruch muß gebrochen werden. Der Lernende soll eine »kategoriale« Bildung erhalten. Das bedeutet zum Beispiel für den Geschichtsunterricht, daß Kenntnis und Verstehen der Geschichte nur Zwischenstufen sind auf dem Weg zu polit. Verantwortung.

c. Lerntheoretische Didaktik

Die Lerntheoretiker – auch unter der Bezeichnung »Berliner Schule« bekannt – stellen sich die Aufgabe, alle Faktoren des komplexen Lehr-Lern-Prozesses durch empirische Analysen zu erhellen. D. ist hier die »Wissenschaft vom Unterricht«. Die Hauptvertreter dieser Richtung sind: P. Heimann, W. Schulz.

d. Informationstheoretische oder kybernetische Didaktik

Diese jüngste Richtung kommt aus der Naturwissenschaft. Sie arbeitet mit der engsten Definition von D. »Lernen« ist lediglich Aufnahme, Speicherung, Verarbeitung und Wiedergabe von Information. D. steuert diese Prozesse. Die Hauptvertreter dieser Richtung sind: F. van Cube, H. Frank.

Alle anderen Modelle der D. sind Variationen dieser vier oben genannten oder der Versuch einer Synthese, wobei in der Moderne ein besonderer Akzent auf Kommunkationsvorgänge gelegt wird.

3. Rezeption der Modelle in der Religionsdidaktik

Alle modernen Entwürfe zeigen, daß der Religionsdidaktik mit ihrer seelsorgerl. Komponente die bildungstheoretische Schule am nächsten steht und die kybernetische am fernsten, obwohl in der Religionsdidaktik auch mit Lernprogrammen gearbeitet wird. Die Forschungsergebnisse der lerntheoretischen Schule aber sind auch in der Religionsdidaktik Allgemeingut geworden.

Lit.: H. Blankertz: Theorien und Modelle der Didaktik, 1975; G. Lämmermann: Grundriß der Religionsdidaktik, 1991; H.P. Siller: Handbuch der Religionsdidaktik, 1991.

D. Nowak

Didaskalia

→ Apostolische Konstitutionen

Diebstahl

→ Eigentum

Dienst

Begriff und Sache des D.es erfahren seit jeher vehemente Bestreitung und vielfache Ablehnung. Die fassungslose Frage des Sophisten Kallikles in Platos Dialog »Gorgias« (491 e): »Wie könnte wohl ein Mensch glücklich sein, wenn er irgendwem dient?« steht für eine heute nicht weniger aktuelle Mentalität. Wer dient, der läßt sich in seinem Handeln ja offenbar von einem anderen beeinflussen, scheint also in seiner freien Selbstbestimmung beeinträchtigt. Als Lebensideal gilt dem Menschen der antik-griech. wie der neuzeitlichen Aufklärung die Befriedigung des Machtstrebens, die Durchsetzung des eigenen Rechts in jeder Hinsicht sowie der uneingeschränkte Lebensgenuß, geschehe dies nun in der »dionysischen« Form (sinnlich-materiell) oder in der »apollinischen« (geistig-kulturell). Beide Typen des säkularen Humanismus – sie sind in Goethes »Faust« repräsentiert – ignorieren den konkreten Mitmenschen und verfehlen sich an ihm.

Demgegenüber offenbart sich nach dem Zeugnis der Bibel Gott als der den Menschen in ihrer Geschichte aktuell zu Hilfe kommende Gott. Sein rettendes Eingreifen an Israel ist die Aktualisierung und Steigerung seines allg. Erhaltungshandelns. Das eine wie das andere zeigt Gott als den, der seinem Geschöpf dient: »Der Herr ist allen gütig und erbarmt sich aller seiner Werke. Der Herr richtet die Niedergeschlagenen auf, er heilt die zerbrochenen Herzen und verbindet ihre Wunden« (Ps 145,8ff). Gott übt seine Herrschaft als D. aus, nicht nur im regelmäßigen Bewahren, vielmehr ebenso im aktuellen Heilen und Erretten des Verlorenen: »Ich will das Verlorene wieder suchen und das Verirrte zurückbringen« (Hes 34,16). Dieser rettende D. Gottes gipfelt in der Sendung seines Sohnes. Gott offenbart sich in der Existenz eines »Knechtes«(*doulos*), der dient (Phil 2,7).

Ausgehend vom Doppelgebot der Liebe (Mt 22,37-39) lebt Jesus als einer, der Gott und dem Mitmenschen dient. Gegenüber dem ichzentrierten Weltbild des profanen Humanismus liegt der Schwerpunkt der Menschlichkeit Jesu in Gott und dem Nächsten. Jesus sucht nicht das eigene Glück, sondern den D. am Nächsten unter der Herrschaft Gottes. Sinnbildlich zeigt das Gleichnis in Mt 24,45-51 die Alternative von Selbstkultur und D. auf. Auch die Weisung Jesu an seine Jünger (Mt 20,25f) trägt die Gestalt des Gegensatzes: Es kommt alles darauf an, Größe nicht auf Kosten, sondern zugunsten des Nächsten auszuleben!

Diese von ihm stets gelehrte Lebensperspektive – »für die Menschen eingesetzt zum Dienst vor Gott« (Hebr 5,1) unterstreicht Jesus durch sein eigenes Vorbild: »Er ging umher, Gutes zu tun« (Apg 10,38). Er heilte die Kranken, speiste die Hungrigen, schenkte Schuldigen die Vergebung und rief Menschen in seine Gemeinschaft.

In der Erfüllung der messianischen Prophetie (»Das geknickte Rohr wird er nicht zerbrechen und den glimmenden Docht wird er nicht auslöschen«, Jes 42,3; Mt 12,20) offenbart Jesus nicht nur das wahre Wesen Gottes, des barmherzigen Königs und Hirten, sondern zugleich auch das wahre Wesen des Menschen: Echte Humanität ist nicht Herrenmenschen-Existenz nach dem Motto F. Nietzsches: »Was da fallen will, das soll man auch noch stoßen!«, sondern Freiheit zum D. an Geknickten und Erschöpften.

Freiheit und D. gehören demnach unter dem bibl. Horizont der Herrschaft Gottes untrennbar zusammen, wie ja bereits die Bezeichnung »Knecht Gottes« im AT ein Hoheitstitel ist. Das JohEv. zeigt uns das vollkommene Einverständnis Jesu mit seinem himmlischen Vater als die Grundeinstellung seines D.es. Zugleich wird immerzu sichtbar, daß Jesus seinen D. nicht in sklavischer Gesinnung ausübt, vielmehr mit dem Selbstbewußtsein, daß ihm »der Vater alles in seine Hände gegeben hat« (Joh 13,3). Es ist dieser vollmächtige, freie, königliche Mensch, der seinen Jüngern die Füße wäscht und zu ihnen sagen kann: »Ich bin unter euch als ein Diener« (Lk 22,27). An Jesus sieht man, daß es so etwas gibt wie eine freiwillige Selbstbestimmung zum Dienen, ein bereitwilliges Sich-zur-Verfügung-Stellen für Gottes Werk.

Dies soll nun auch von den Jüngern Jesu gelten. Leben in der Nachfolge dessen, der um unsrer Freiheit willen sein Leben hingab (Mt 20,28), bedeutet deshalb: im Handeln Jesus ähnlich werden, sich der persönlichen Mühe um Menschen von Jesus bestimmen lassen, also andern dienen mit jener Hingabe und Selbstvergessenheit, Aufmerksamkeit und Liebe, die man von ihm empfangen und gelernt hat. Im Wirkungsbereich Jesu ist das Leben des Nächsten nicht nur garantiert, sondern auch der besonderen Fürsorge aufgegeben. Das NT zeigt durch eine Vielfalt von Bezeichnungen, wie fundamental und umgreifend das Leben »in Christus« von den ersten Gemeinden als D. begriffen wurde. A. Schlatter hat deshalb statt von »Ethik« viel lieber vom »Dienst des Christen« gesprochen.

Unter der Führung der Liebe, die »sucht, was der andere braucht« (1Kor 10,24; Phil 2,4) richtet sich der D. des Christen zunächst auf die geschöpflichen Bedürfnisse des Menschen: Nahrung, Kleidung, Wohnung sowie das Erleben von Gemeinschaft (vgl. Mt 25,31-46). Diakonie in ihren vielfältigen Formen gehört wesentlich den »Geringen« und Übersehenen; sie richtet das schwache und verwundete Leben wieder auf (Lk 10,30-37) und realisiert jene Barmherzigkeit, welche das Prinzip des *do-ut-des* (dt.: Wie ich dir, so du mir!) weit hinter sich läßt.

Weiterhin richtet sich der D. der Gläubigen inhaltlich gleichermaßen auf die geistl. Grundbedürfnisse des Menschen, angefangen von der Erstbezeugung des Evangeliums (1Petr 2,9) bis dorthin, wo die Neuschöpfung und die Verähnlichung mit Christus im Leben von Menschen Gestalt annimmt (vgl. Kol 1,28f). So bezieht sich der Reich-Gottes-Dienst des Christen sowohl auf die Erhaltungsordnung als auch auf die Erlösungsordnung und umfaßt stets beides: Mission und Diakonie.

Leiblich-praktischer D. und »Dienst des Wortes« ergänzen einander (Apg 6,2ff; 1Petr 4,10f). So kann Paulus die Kollekte für die notleidende Gemeinde in Jerusalem einen »Gemeinschaftsdienst für die Heiligen« nennen (2Kor 8,4), während er seinen Missionsauftrag als »Dienst der Versöhnung« bezeichnet (2Kor 5,18f).

Dabei führt der Weg im Gefolgschafts-Dienst Jesu stets zu konkreten, einzelnen Menschen, wenngleich der Christ die umfassende Weite des Reiches Gottes für alle Menschen im Blick behält. »Im Kleinbetrieb des Dienens an dem einzelnen wird die große Sache Gottes durchgesetzt« (M. Kähler): daß nämlich erneut einer aufhört, sich selbst zu dienen, um statt dessen als »neue Kreatur« in den D. Jesu zu treten (2Kor 5,14-15). Denn »Geben ist seliger als Nehmen, und Dienst ist das Ziel der Gnade« (A. Schlatter).

Lit.: K. Bockmühl: Reich Gottes und Humanismus, in: Theologie und Lebensführung, Ges. Aufsätze II, 1982; H. Burkhardt: Der Dienst des Christen und die Mutterhausdiakonie, 1991; R. Frische: Wasser aus der Wüste. Impulse für eine Spiritualität des Dienstes, 1986; ders.: Biblische Reichsgotteserwartung und Ethik, in: Begründung ethischer Normen, hg. von H. Burkhardt, 1988; ders.: Haushalterschaft contra Selbstherrschaft. Christen im Paradigmenkonflikt, in: Die Kunst gemeinsamer Nachfolge im Narzißmus unserer Zeit. FS H.U. Herrmann, 1992; A. Schlatter: Der Dienst des Christen in der älteren Dogmatik, BFchTh, 1897, Bd. 1.

R. Frische

Dienste in Übersee

Mit dem Verein »Dienste in Übersee – Arbeitsgemeinschaft evangelischer Kirchen in Deutschland, e.V.« haben sich die ev. Landes- und Freikirchen ein Instrument zur Vermittlung ev. Fachkräfte in Entwicklungsländer geschaffen. Die Vermittlung erfolgt auf Anforderungen aus kirchl. oder gemeinnützigen Organisationen der betreffenden Länder. Besonders gefragt sind medizinische, technische, betriebs- und finanzwirtschaftl. sowie landwirtschaftl. Berufe. Mindestens 25 Jahre muß ein(e) Bewerber(in) sein, Ausbildung und zwei Jahre Berufspraxis muß hinter ihm (ihr) liegen. Die christl. motivierte Mitarbeit zielt nicht nur auf die wirtschaftl., sie dient auch der sozialen und soziopolit. Entwicklung im Einsatzland und, nach der Rückkehr, der Bewußtseinsbildung zu Hause. D.i.Ü., 1960 gegründet mit der Geschäftsstelle in Stuttgart, versteht sich als Ergänzung zu »→ Brot für die Welt«. Ein »Übersee-Register« dient der Sammlung von Interessenten, über kirchl. Entwicklungsarbeit informiert die Zeitschrift »Der Überblick«. D.i.Ü. gehört der »Arbeitsgemeinschaft Kirchlicher Entwicklungsdienst« an.

S.a. → Christliche Fachkräfte International)

R. Boeckler

Dietrich, Christian (1844-1919)

D., geb. am 8. 4. 1844 in Gschwend/Württ., gest. am 22. 2. 1919 in Stuttgart, wuchs ab 1852 bei dem Bruder seines Vaters, dem Lehrer Christian Dietrich (1823-1898) - Erwecker des Hohenloher Landes - in Homberg auf. Nach Ausbildung am Ev. Lehrerseminar Tempelhof wirkte er als Lehrer und (seit 1896) als Rektor am Ev. Töchterinstitut in Stuttgart.

Er gründete 1865 den »Verein christl. Lehrgehilfen (später: Lehrer)«, dem er von 1896-1918 vorstand. Vom Onkel im Geiste des innerkirchl. württembergischen Pietismus geprägt, stand er der Oxforder → Heiligungsbewegung kritisch gegenüber. In der aufkommenden → Gemeinschaftsbewegung spielte er früh als Schriftführer des »Deutschen Komitees für evangelische Gemeinschaftspflege« (seit 1897 Gnadauer Verband: → Evangelischer Gnadauer Verband) und Herausgeber des Monatsblattes »Philadelphia« eine entscheidende Rolle. 1897 übernahm er den Vorsitz des Verbandes der altpietist. Gemeinschaften in Württemberg. Als Mitglied des Gnadauer Vorstandes sorgte er in den Auseinandersetzungen mit der aufkommenden → Pfingstbewegung mit für das Durchhalten reformat.-theol. Grundpositionen.

Lit.: Ch. Dietrich: Kirchliche Fragen der Gegenwart, (1887); ders., D. Brockes: Die Privaterbauungsgemeinschaften innerhalb der evangelischen Kirche Deutschlands, 1903; G. Schmid: Von Kraft zu Kraft. Rektor Dietrichs Lebensgang und Lebenswerk, 1919.

J. Ohlemacher

Dietzfelbinger, Hermann (1908-1984)

D., geb. am 14. 7. 1908 in Ermershausen, gest. am 15. 11. 1984 in München, ev. Pfarrer in Rüdenhausen (Bayern) und München 1931-1943, Studentenpfarrer in München 1943-1949, Direktor des Predigerseminars Nürnberg 1945-1953, Vorsteher des Diakonissenmutterhauses Neuendettelsau 1953-1955, Landesbischof der ev.-luth. Kirche in Bayern 1955-1975, Ratsvorsitzender der EKD 1967-1973.

D. gilt als einer der bedeutendsten konservativen Bischöfe der Nachkriegszeit.

Lit.: H. Dietzfelbinger: Christus praesens. Vorträge, Aufsätze, Predigten, 1968; ders.: Veränderung und Beständigkeit. Erinnerungen, 1984; O. Steiner, W. Rupprecht (Hg.): H. Dietzfelbinger: Dein Wort bewegt des Herzens Grund. Bibelarbeiten und Vorträge, 1988.

G. Ruhbach

DIGUNA

Die Gute Nachricht für Afrika e.V., Mitglied in der → Arbeitsgemeinschaft evangelikaler Missionen, gegründet 1978, Sitz in Haiger (Hessen), freies Missionswerk als Glaubensmission auf Spendenbasis, ist hervorgegangen aus dem »Kongoteam«, welches 1972 durch V. Paul, H. Kommerau und W. Weber begründet wurde.

Entstanden aus der Missionsarbeit von Austin Paul (Vater des Mitbegründers Vic Paul, Afrika-Inland-Mission), der zu Fuß und mit dem Fahrrad im Ostteil von Zaire (damals Kongo) unterwegs war, um zu evangelisieren. Nach dessen Tod hat dessen Sohn die Aufgabe von der einheimischen Kirche übertragen bekommen. Besonderes Merkmal sind die geländegängigen ehemaligen Armeefahrzeuge, die aus Deutschland nach Afrika, zunächst auf dem Landweg, dann auf dem Seeweg gebracht wurden.

Es entwickelte sich eine mobile Evangelisationstätigkeit, die sich später auf Kenia ausdehnte. Besondere Ziele der Diguna-Arbeit: Hilfe für die einheimische Gemeinde und Kirche bei der Aufgabe der Evangelisation, besonders in schwer zugänglichen oder total unerreichten Gebieten Ost- und Zentralafrikas. Arbeitsgebiete: Kenia, Zaire, Tanzania, Uganda.

Zur Zeit hat DIGUNA etwa 160 Mitarbeiter, etwa die Hälfte sind Einheimische aus Kenia, Zaire und Uganda. Einstieg in die Missionsarbeit ist für zwei bis vier Jahre oder länger möglich. Gefragt sind praktische Begabungen sowie mission. Lebensstil.

Arbeitszweige bilden neben der mobilen Evangelisation mit Bibelverbreitung eine Jüngerschule und eine Trompetenschule als Ausbildung für Einheimische, Freizeiten für einheimische Schüler und Studenten; außerdem ein Schulevangelisationsprogramm im dichtbesiedelten Westen Kenias.

Lit.: H. Kommerau: Licht über Afrika, 1990.

B. Glasow

Dilthey, Wilhelm (1833-1911)

In der ersten Hälfte des 19. Jh.s gelang es den hist. Wissenschaften, ein eigenes Selbstverständnis zu gewinnen, das ihnen einen besonderen Rang sicherte. Dabei standen sie zunächst vor allem im Gegensatz zum deutschen Idealismus, der die konkrete Wirklichkeit abwertete und über das Recht des einzelnen hinwegschritt. Demgegenüber betonten sie die Einmaligkeit und Besonderheit hist. Gestalten und Erscheinungen. Die konkrete hist. Erfahrung könne zwar an jedem Punkt auch Allgemeingültiges vernehmen, lasse sich jedoch nicht durch allgemeingültige Erkenntnisse ersetzen. Das Allgemeine lasse sich nur in der jeweiligen individuellen Besonderheit begreifen.

Diese Hochschätzung des Einmaligen und Besonderen wurde jedoch durch den Fortschritt der hist. Wissenschaft selbst zunehmend in Frage gestellt. Je mehr Jahrtausende und je mehr Völker und Kulturen in die hist. Forschung einbezogen wurden, desto bedeutungsloser schien jede individuelle Einzelentscheidung und jedes einzelne Subjekt der Geschichte. Aus dieser Lage suchte D. die Konsequenzen zu ziehen.

Er wurde am 19. 11. 1833 in Biebrich geboren, wirkte als Professor in Basel, Kiel und Breslau und schließlich seit 1882 in Berlin. Am 1. 10. 1911 starb er in Seis am Schlern.

Es geht D. im wesentlichen um eine systematische Grundlegung der Geisteswissenschaften, deren Eigenständigkeit im Hinblick auf Gegenstand und Methode er betont. Er ist davon überzeugt, daß der Mensch nur durch die Geschichte erfährt, wer er ist. Dazu bedürfe es einer inneren Erfassung geistesgeschichtl. Vorgänge. Es gelte, sie seelisch nachzuerleben. Nur die Geisteswissenschaften hätten es mit dem Menschen als Ganzen zu tun. Zu seinem Verständnis sei eine beschreibende und vergleichende Psychologie notwendig.

Angesichts der vielfältigen Erscheinungsformen und Deutungen menschlichen Lebens im Laufe der Jahrtausende lehnt D. jede auf allgemeine Wahrheitserkenntnis abzielende Metaphysik ab. Er unterscheidet drei Grundtypen der in der Geschichte vorfindlichen Weltanschauungen. Jeder von ihnen sei jedoch in seiner Weise einseitig und unzureichend. Es könne nur darum gehen, sie in ihrem jeweils zeitgebundenen Kontext zu begreifen und sich in diesem umfassenden Begreifen über ihre Unzulänglichkeiten zu erheben.

Ein Ziel der gesamten geschichtl. Entwicklung ist

nach D.s Überzeugung nicht erkennbar. So ist das Ergebnis seiner Überlegungen letzten Endes ein allgemeiner Skeptizismus. Auch die Philosophie könne die Wahrheitsfrage nicht lösen. Sie habe daher legitimerweise nur die Aufgabe, die bisherigen Bemühungen um eine angemessene Deutung der Welt verständnisvoll nachzuvollziehen und zu beschreiben. Ihr Gegenstand sei nicht die Wahrheit, sondern die Darstellung bisheriger menschlicher Denkbemühungen. Damit wird Philosophie zur Philosophiegeschichte umgeprägt. Die Wirkungen D.s auf die weitere geistige Entwicklung, u.a. auch auf die hermeneutische Theologie der Schule R. → Bultmanns, sind vielfältig und nachhaltig.

Lit.: W. Dilthey: Ges. Schriften, 12 Bde., 1913ff (zahlreiche Neudrucke).

R. Bultmann: Das Problem der Hermeneutik, GuV II, 1972, 211-235. O.F. Bollnow: Dilthey, [2]1955; H. Diwald: Wilhelm Dilthey 1963.

H. Staudinger

Dimissoriale

D. bezeichnet die vorübergehende Entlassung (lat. *dimittere*, »entlassen«) eines Gemeindeglieds aus dem Zuständigkeitsbereich seines Gemeindepfarrers. Nach den Ordnungen der Landeskirchen ist jedes Gemeindeglied dem Seelsorgebereich eines bestimmten Pfarrers zugeordnet, jeder Pfarrer an bestimmte Gemeindeglieder gewiesen. In der Regel ist der Zuständigkeitsbereich eines Gemeindepfarrers an örtliche Merkmale geknüpft (Parochie). In Ausnahmefällen sind persönliche Merkmale bestimmend (Personalgemeinde, Anstaltsgemeinde). In seinem Zuständigkeitsbereich hat der Gemeindepfarrer das Recht und die Pflicht zu Seelsorge und kirchl. Handlungen (Taufe, Konfirmation, Trauung, Bestattung). In dem durch die kirchl. Ordnung bestimmten Rahmen hat jedoch jedes Gemeindeglied die Möglichkeit, sich an einen Seelsorger seiner Wahl zu wenden. Erfolgt diese Wahl allgemein und auf Dauer, so spricht man von Abmeldung zur Seelsorge. Diese unterliegt den geringsten Einschränkungen, wenn sie innerhalb einer einheitlichen Gemeinde mit mehreren Pfarrstellen erfolgt. Sie ist aber auch möglich über die Grenzen der Kirchengemeinde hinweg. Vorauszusetzen ist dabei, daß das Gemeindeglied willens und in der Lage ist, in der Gemeinde seiner Wahl am kirchl. Leben teilzunehmen. Ist die Abmeldung erfolgt, so ist eine neue Zuständigkeit begründet. Ein D. ist erforderlich, wenn die freie Wahl des Seelsorgers nur im Blick auf eine bestimmte Amtshandlung erfolgt. Hat sich ein nicht zuständiger Pfarrer zur Vornahme einer solchen Amtshandlung bereit erklärt, so ist es seine Sache, das D. beim zuständigen Gemeindepfarrer einzuholen. In der Regel darf dieser das D. nicht verweigern, wenn die in der kirchl. Ordnung vorgesehenen Voraussetzungen für die Amtshandlung gegeben sind. Er muß hierzu den Sachverhalt prüfen und ggf. die erforderlichen Gespräche führen. Er trägt außerdem die Verantwortung dafür, daß der Pfarrer, der das D. beantragt, zur Vornahme der Amtshandlung ermächtigt ist.

M. Daur

Diognetbrief → Apostolische Väter

Dionysius Areopagita (Ende 5. Jh.)

Es ist anzunehmen, daß D. am Ende des 5. Jh.s gelebt hat. Vielleicht war er ein syrischer Mönch. Er selbst bezeichnet sich als D. vom Areopag. Allerdings kann er nicht der gewesen sein, als der er sich ausgibt: Der in der Apostelgeschichte (17,34) erwähnte Ratsherr von Athen, der als einziger Zuhörer vom Apostel Paulus durch dessen Predigt auf dem Areopag bekehrt worden war, Dionysius Areopagita. »Mit dieser Fiktion spekulierte der Verfasser auf erhöhtes Prestige, was sich in Ost und West bald auch einstellte« (K. Flasch).
Über das Leben des D. läßt sich kaum etwas aussagen. Sein Ansehen im Westen wurde besonders dadurch unterstrichen, daß man D. mit dem Pariser

Märtyrer Dionysius identifizierte, der Schutzpatron des franz. Königtums wurde. Der zentrale Ort war die Kathedrale von St.-Denis im Norden von Paris, die zur Grablege der franz. Könige wurde.

Seit dem 9. Jh. beeinflußte D. das europäische Denken in entscheidener Weise.

Vier Schriften und zehn Briefe sind von D. bekannt. »Die Werke über die ›Himmlische Hierarchie‹ und die ›Kirchliche Hierarchie‹, über die ›Göttlichen Namen‹ und die kurze Programmschrift ›Mystische Theologie‹ sind seine wichtigsten theoretischen Erörterungen. In den Briefen kommt dann die praktische Seite stärker zum Tragen« (V. Keil).

»Mit der Bezeichnung ›Hierarch‹ für den → Bischof und der Wortschöpfung ›Hierarchie‹ bringt D. ein neues Verständnis von Kirche und Theologie zum Ausdruck. Die Bestimmung des Bischofs als Stifter und Gebieter über die heiligen Dinge und seines Amtes als Stiftung und Verwaltung derselben ermöglicht, die Kirche in einem größeren Zusammenhang zu sehen« (G. Heil).

In ›Die Namen Gottes‹ sagt D.: »Trotz aller Partizipation bleibt das Wesen Gottes verborgen und unerkennbar, trotz aller trinitarischen Wahrheiten sind Aussagen zum Wesen der Trinität unmöglich, trotz aller christologischen Feststellungen bleibt das Wesen der Menschwerdung Jesu unbenennbar und nicht zu erkennen.« Seine Antwort lautet: »Nur mystische Schauung läßt das Wesen Gottes erahnen« (B.R. Suchla).

Bestimmend waren für D. das östliche Mönchtum sowie die neuplatonische Philosophie.

So kontemplativ seine Gedanken waren, sie hatten doch polit.-praktische Bedeutung durch die Darlegungen von »den himmlischen und kirchlichen Hierarchien«.

Die kirchl. Hierarchie besteht aus zwei mal drei Stufen: Bischöfe, Priester, Diakone einerseits, Mönche (die in der Regel nicht Priester waren), Gläubige und Katechumene bzw. Büßer andererseits.

Der Zentralgedanke des D. ist die Gottesidee. Wie an der Sonne alles Licht und Leben teilhat, so an Gott alles Sein und Leben, alle Welt und alle Schönheit.

Der gesamte Weltprozeß ist eine Hinbewegung zu Gott. Der Weg ist ein dreifacher: Reinigung, Erleuchtung, Vollendung. Meister Eckhart kannte D., Nikolaus von Cues hat ihn zitiert, Thomas von Aquin kommentierte seine Schriften.

»Dionysius kann uns ... keinen Weg zeigen, den wir so nachgehen können... Aber er kommt in seinen Texten zu uns als Wegweiser, der uns eine Richtung zeigt, in die wir gehen können« (V. Keil).

Lit.: K. Flasch: Das philosophische Denken im Mittelalter. Von Augustin zu Machiavelli, o.J.; W. Gessel (Hg.): Pseudo-Dionysius Areopagita. Die Namen Gottes, 1988; V. Keil (Hg.): Dionysius Areopagita. Ich schaue Gott im Schweigen, 1985; P. Wirth, W. Gessel (Hg.): Pseudo-Dionysius Areopagita Über die himmlische Hierarchie. Über die kirchliche Hierarchie, 1986.

K. Wittstadt

Diözese

Der Begriff D. ist von dem griech. Wort *dioikesis*, »(Staats-) Haushalt«, abgeleitet, der in der röm. Amtssprache einen Verwaltungsbezirk, der wiederum Teil einer Provinz war, bezeichnete. Diese Begriffsbedeutung von D. wurde von der lat. Kirche des Westens auf den Amtsbezirk eines → Bischofs übertragen. Die D. ist die erste untergeordnete Instanz der ständigen Kirchenleitung, direkt vom Papst abhängig, und die Grundlage der röm.-kath. Territorialgliederung.

In den ersten christl. Jh.en war die D. beschränkt auf die bischöfliche Stadtgemeinde. Nachdem im Zuge mission. Bemühungen umliegende Gebiete und Städte erreicht wurden, sind die dortigen Stadt- oder Landgemeinden der D. angegliedert worden, und es entstanden größere Diözesanterritorien, die seit dem 3. Jh. in einzelne Pfarreien unterteilt wurden. Die Schlüsselstellung der D. und die Leitungsfunktion ihres Bischofs gelten als apostolisch und sind somit göttliches Recht (CIC c. 329,§1).

Im Rahmen der Gesamtkirche gilt die D. als der »Teil des Gottesvolkes, der dem Bischof in Zusammenarbeit mit dem Presbyterium zu weiden anvertraut ist« und als »eine Teilkirche, in der die eine, heilige, katholische und apostolische Kirche Christi wahrhaft gegenwärtig ist und wirkt.«

Dem Bischof sind als beratende und helfende Instanzen die Diözesankurie und die Diözesansynode zur Seite gestellt. Im Byzantinischen Reich bezeichnete D. entsprechend der späteren röm. Bezeichnung einer D. als Gesamtgebiet mehrerer Provinzen den Amtsbezirk eines Patriarchen. Heute entspricht eine D. der Orthodoxen Kirche einem Bistum.

In der ev. Kirche verstand man früher unter der D. den Bezirk eines Superintendenten bzw. Dekans. Als analoge Begriffe dienen heute Bistum, Sprengel, Prälatur, Propstei, Stift, Kirchenkreis und Landeskirche.

Lit.: CIC/1983 c.368-374.

V. Gäckle

Dippel, Johann Konrad (1673-1734)

D. (Pseudonym »Christianus Democritus«), geb. am 10. 8. 1673 auf Schloß Frankenstein bei Darmstadt, gest. am 25. 4. 1734 auf Schloß Wittgenstein, Theologe, Chemiker und Arzt. Hochbegabt, doch als Person stets umstritten, trat der Student in Gießen und Marburg als Anhänger der luth. Orthodoxie auf, wurde aber 1697 von G. → Arnold für den → Pietismus gewonnen. Während Arnold zur Kirche zurückfand, wurde D. zum schärfsten Kritiker der luth. Kirche (1698 Vorwurf des protestant. Papismus) und zum vorbehaltlosen Verfechter des radikalen Pietismus. Auf Grund seiner mystisch-spiritualistischen Glaubensüberzeugung handelte D. stets als freies Subjekt und geriet darum immer wieder in Konflikt mit Staat und Kirche. 1704-1707 im pietistenfreundlichen Berlin, begegnete D. → Spener, erfand als Alchemist das Berliner Blau und forderte 1706 den preußischen König mit seiner ökumen. Programmschrift »Ein Hirt und eine Herde oder Unfehlbare Methode, alle Secten und Religionen zur einigen wahren Kirche und Religion zu bringen« dazu auf, nur noch »unparteiische« Männer in den Kirchenschuldienst zu berufen, denen es ausschließlich um die wahre innere Herzensfrömmigkeit gehe.

Zahlreiche Konflikte führten zu einem unsteten Leben: Nach 1706 Flucht in die Niederlande, 1711 medizinischer Doktorgrad in Leiden, 1726 Entlassung und Aufenthalt in Stockholm, ab 1729 Lebensabend in Berleburg in der Grafschaft Sayn-Wittgenstein. Wo D. auftrat, gewann er Einfluß, durch seine zahlreichen, überwiegend deutschsprachigen Publikationen wurde er zu einem der meistgelesenen Autoren des Jh.s; sein kritischer Geist arbeitete der späteren → Aufklärung zu. Wie Jakob → Böhme Gott ausschließlich als Liebe denkend, verwarf D. die orth.-luth. Heilslehre. Die Vorstellung vom erlösenden Opfertod Jesu hielt er für heidnisch, den Rechtfertigungsglauben für illusionär. Die Lehre von der Heiligen Schrift bekämpfte er als »Bibliolatrie«, da Gott nach D. nur durch das innere Wort unmittelbar im Herzen wirke. Besondere Kirchen oder Konfessionen haben damit jegliche Berechtigung verloren. D. endete als rel. Individualist, konsequent lehnte er auch pietistische oder separatistische Gruppenbildungen ab und starb ohne jegliche Gemeinschaftsbindung.

Lit.: Gesamtausgabe: Eröffneter Weg zum Frieden mit Gott und allen Kreaturen, 3 Bde., 1747.

W. Bender: Johann Konrad Dippel, 1882; K. L. Voss: Johann Konrad Dippel, in: Orthodoxie und Pietismus, 1982, 277-285; J. Wallmann: Der Pietismus, 1990, 95-99.

J.O. Rüttgardt

Disciples of Christ (Christian Church)

Die vielfältigen kirchl. Experimente unter den geographischen Gegebenheiten der amerikanischen frontier-Erfahrung des 19. Jh. führten zu immer neuen kirchl. Spaltungen. Daher erwuchs das Hauptanliegen der D., die Einheit herzustellen. Dies konnte nur auf der Grundlage der Bibel geschehen: »Wo die Schrift redet, reden wir; wo sie schweigt, schweigen auch wir.« Entsprechend will man alle Verfälschungen abschütteln und zur apostol. Kirche in einer Art christl. »Primitivismus« zurückkehren. Zwei ursprünglich von Alexander Campbell (1788-1866) und Barton Stone (1772-1844) begründete, getrennte Bewegungen verbanden sich in den 30er Jahren. Sie wuchsen rasch und hatten zu Beginn des 20. Jh.s eine Mio. Mitglieder.

Die Entwicklung zur Überwindung der Spaltungen führte jedoch zu drei neuen Denominationen: der Disciples of Christ (Jünger Christi), die heute annähernd zwei Mio. Mitglieder zählt und zu den ökumen. aufgeschlossenen Denominationen (eigene ökumen. Zeitschrift: Midway) gehört, der Churches of Christ, deren Mitgliederzahl nur geschätzt werden kann (etwa auch zwei Mio.) und die sehr konservativ ist. Dazwischen stehen die Christian Churches, die über etwa eine Mio. Mitglieder verfügen. Die D. haben auf Weltebene mit der röm.-kath. Kirche einen fruchtbaren Dialog geführt.

Lit.: G.G. Beazley (Hg.): Die Kirche der Jünger Christi, 1977.

E. Geldbach

Dispens

1. Begriff

Während D. anfangs die sinnvolle Anwendung eines Gesetzes überhaupt meinte, versteht man unter D. seit der Mitte des 12. Jh.s einen hoheitlichen Akt der zuständigen Autorität, der die Verpflichtungskraft eines rein kirchl. Gesetzes aus bestimmten Gründen für einzelne Personen oder Personengruppen teilweise oder vorübergehend aufhebt (CIC c. 85). Die sog. D. von einem Gelübde oder einem Versprechenseid sowie die dispensatorische Auflösung des Ehebandes in wenigen Sonderfällen ist sachlich etwas anderes.

2. Dispensgewalt

Von göttlichen Gesetzen kann niemand dispensieren. Ferner kann nicht von Formvorschriften dispensiert werden, die den Wesensgehalt einer Rechtseinrichtung oder eines Rechtsaktes betreffen.

Von kirchl. Gesetzen kann der Gesetzgeber, sein Vorgesetzer und der von ihm Beauftragte dispensieren. Der Papst kann von allen Kirchengesetzen dispensieren. Diese Gewalt übt er durch die Kurienkongregationen und für den inneren Bereich durch die Apostol. Pönitentiarie aus. Seit 1966 haben die Diözesanbischöfe die Vollmacht, von den Partikulargesetzen und auch den allgemeinen kirchl. (Disziplinar-) Gesetzen zu dispensieren, außer die D. ist ausdrücklich dem Papst vorbehalten, z.B. bei einigen Ehehindernissen. Zuvor konnten sie nur von den eigenen Gesetzen und von allgemeinen Kirchengesetzen dann dispensieren, wenn ihnen dazu die Vollmacht kraft Gesetzes oder durch Verfügungen des Apostol. Stuhls verliehen war. Pfarrer, andere Seelsorger und Beichtväter (letztere nur für den inneren Bereich) können in Sonderfällen, besonders in Todesgefahr, von manchen Kirchengesetzen dispensieren, von denen die zuständige Autorität zu dispensieren pflegt.

3. Für die Gewährung einer D. ist ein gerechter und vernünftiger Grund erforderlich, der der Bedeutung des Gesetzes entspricht, von dem dispensiert werden soll. Eine ohne vernünftigen Grund erfolgte D. ist unerlaubt; wenn sie nicht vom Gesetzgeber selbst oder dessen Oberen gewährt wird, ist sie ebenfalls ungültig.

4. In den ev. Kirchen spielt die D. praktisch keine Rolle.

Lit.: J. Brys: De dispensatione in iure canonico, 1925; Handbücher des Katholischen Kirchenrechts, bes. zur Erklärung der cc. 85-93 CIC; J. Lederer: Der Dispensbegriff des kanonischen Rechts, 1957. *R. Weigand*

Dispensationalismus

Als D. (=Heilszeitentheologie) wird eine besondere Ausprägung heilsgeschichtl. Theologie bezeichnet, die seit Ende des 19. Jh.s weite Verbreitung gefunden hat. Der Name geht auf das griech. Wort *oikonomia* (engl. dispensation; dt. Hausverwaltung, Heilsordnung, Heilsplan) zurück, wie es sich in Eph 1,10; 3,2.9; Kol 1,25f findet. Paulus spricht hier von einer zukünftigen Heilsordnung der Fülle der Zeiten sowie von einer mit dem Geheimnis der Gemeinde zusammenhängenden gegenwärtigen Heilsordnung, die zuvor so nicht geoffenbart war. Der D. schließt daraus, daß es innerhalb der → Heilsgeschichte im Zuge der fortschreitenden Offenbarung einander ablösende Ökonomien oder Heilsordnungen gibt, die Gott jeweils einsetzt. Z. Zt. leben wir in der Heilsordnung der ntl. Gemeinde.

Die Einteilung der Heilsgeschichte in verschiedene Perioden ist allerdings älter als der D. Seit den Zeiten der Alten Kirche fand sich häufig die Dreiteilung: ›vor dem Gesetz‹, ›unter dem Gesetz‹, ›unter der Gnade‹; doch es gab auch Vier-, Fünf-, Sechs- und Siebenteilungen der Heilsgeschichte. In der späteren → Föderaltheologie (H. Witsius) und der mit ihr verwandten Prophetischen Theologie (C. Vitringa) wurde im 17. u. frühen 18. Jh. der Gedanke einer Aufeinanderfolge von Ökonomien zentral (ähnlich bei P. Poiret, der indirekt J.A. → Bengel beeinflußte). Drei wesentliche Impulse für die Ausformung des D. lieferte J.N. → Darby (1800-1882), der Begründer der Brüderbewegung (→ Versammlung, christliche): Zum einen mit seiner strikten Unterscheidung von Israel und Gemeinde Jesu, zum andern mit seiner Verfallstheorie (daß nämlich Gott in jeder Heilsordnung den Gehorsam des Menschen durch bestimmte Gebote prüft; wird gegen diese gesündigt, ist damit die Heilsordnung unwiderruflich verfallen und muß durch eine neue ersetzt werden), und zum dritten mit seiner Erwartung einer wörtlichen künftigen Erfüllung aller atl. und ntl. Prophetien. Bedeutende Vertreter des D. sind C.I. Scofield (1843-1921), L.S. Chafer (1871-1952), E. Sauer (1898-1959). Bei allen Unterschieden eint sie ein Festhalten am Literalsinn der Bibel speziell in der Lehre von der Endzeit und in der Unterscheidung von Israel und Gemeinde sowie ein Beachten unterschiedlicher Epochen im Fortschreiten der Heilsgeschichte.

S.a. → Erlösungsplan

Lit.: C.B. Bass: Backgrounds to Dispensationalism, 1960; L.S. Chafer: Systematic Theology Bd. IV, [6]1962; A.D. Ehlert, »A bibliography of dispensationalism«, Bibliotheca Sacra, 101 (1944), 95ff. 199ff. 319ff. 447ff; 102 (1945), 84ff. 207ff. 322ff. 445ff; 103 (1946), 57ff; E. Geldbach: Christliche Versammlung und Heilsgeschichte bei J.N. Darby, [2]1972; Cl. Rogers: »Paulus und die Heilsgeschichte«, in Epochen der Heilsgeschichte, hg. von H. Stadelmann, 1984, S. 55-66; Ch.C. Ryrie: Dispensationalism Today, [10]1965; E. Sauer: Morgenrot der Welterlösung, [6]1976, ders.: Der Triumph des Gekreuzigten, [12]1988; ders.: Der göttliche Erlösungsplan, 1959; C.I. Scofield: Legen wir die Bibel richtig aus?, 1974; Neue Scofield Bibel (1914), 1972, 1992.

H. Stadelmann

Dissenters

Der Begriff D. bezieht sich auf diejenigen Gruppen, die außerhalb der englischen Staatskirche ihre Gottesdienste abhielten, und geht zurück auf die Lollardenbewegung im 14. und 15. Jh. Mit dem Regierungsantritt von Königin Elisabeth I. (1558) kam es zu Verfolgungen und offenem Separatismus. Während der Englischen Revolution (1640-1660) wurden diese Tendenzen fortgesetzt. Die Dissenters waren bereits fest etabliert, als es 1660 zur Wiederherstellung der Monarchie und Neuordnung der Staatskirche und 1662 zur Verabschiedung des Clarendon-Gesetzes gegen sie kam. Diese D. (Old Dissent) wurden auch »Nonkonformisten« genannt und umfaßten → Presbyterianer, → Independenten (→ Kongregationalisten), → Baptisten (General und Particular) und → Quäker. Sie verteidigten den Pluralismus mit der Behauptung, jede rel. Gemeinschaft (→ Denomination) habe Anteil an der Wahrheit. Trotz Gefängnis und hohen Geldstrafen setzten sie ihre Gottesdienste fort und leiteten ihre berühmten Akademien. Ihre Existenz bestätigt, daß die Staatskirche nicht allumfassend war. Die Thronbesteigung von Wilhelm III. von Oranien und Maria führte 1689 zur Toleranzakte (Act of Toleration), deren Wirkung jedoch durch das Occasional Conformity Gesetz von 1711, ergänzt 1714, begrenzt wurde. Die D. wurden vom öffentlichen Leben weitgehend ausgegrenzt und entwickelten daher ihre eigene Kultur. Im Laufe des 18. Jh.s haben sie ihren Kampf für rel. Freiheit unermüdlich fortgesetzt, doch vergrößerten sich ihre Gemeinschaften nicht wesentlich. Die Entstehung des »New Dissent« (Methodismus) und die Countess of Huntingdon Connection, inspiriert von George → Whitefield, hat den Alten Dissent neu belebt. Die polit. und soziale Reformtätigkeit aller D. während und nach der Französischen Revolution markiert den Beginn des Kampfes für Rechtsgleichheit, der bis in das 20. Jh. andauerte und einen friedlichen Übergang zu echter Demokratie und Pluralismus ohne Revolution in England ermöglichte. Als polit. Aktivisten haben die Nonkonformisten mit der Liberalen Partei und später mit der Labour Party zusammengearbeitet. Bevor die Säkularisierung der Gesellschaft die polit. Wirkung der Nonkonformisten beendete, hat sie durchaus das Wahlverhalten in England beeinflußt. Im Jahre 1900 war ein Drittel der britischen Parlamentsabgeordneten Nonkonformisten und zwei aus ihren Reihen, Herbert H. Asquith und Neville Chamberlain, wurden sogar Premierminister von Großbritannien.

Lit.: D. Davie: A Gathered Church. The Literature of the English Dissenting Interest 1700-1930, 1978; B.R. Knox: Reformation Conformity and Dissent. Essays in honour of Geoffrey Nuttall, 1977; M.R. Watts: The Dissenters. Vol. I: From the Reformation to the French Revolution, 1978.

R.C. Walton

Dissidenten

Man bezeichnet polit., rel. und andere Gruppen oder Individuen, die von einer herrschenden Meinung abweichen, als D. Im Warschauer Frieden (Pax dissidentium 1573) werden die von der röm. Kirche Getrennten so bezeichnet. Überall dort, wo sich Staats- oder Volkskirchen etablierten, oder wenn, wie zum Beispiel in Preußen, mehrere Kirchen öffentliche Befugnisse besitzen, waren die Abweichler »Dissidenten«. Eine Verengung des Sprachgebrauchs war nach dem Ersten Weltkrieg zu beobachten, als Personen, die keiner Glaubensgemeinschaft angehörten, die also konfessionslos waren, mitunter als D. oder auch als → Freidenker bezeichnet wurden.

Im englischen Sprachraum wurden die Worte »→ Dissenters«, »Nonkonformisten« oder »Separatisten« gleichbedeutend gebraucht. Im 19. Jh. kam in Schottland das Wort Free Church (→ Freikirche) auf. Damit wird der Anspruch verknüpft, neben der Kirche von England und der Presbyterianischen Kirche von Schottland ebenfalls »Kirche« im Vollsinn zu sein. Der Beigeschmack des »Abweichlers« soll damit verschwinden. Es zeigt sich, daß das jeweilige rel. und damit auch gesellschaftl. Umfeld darüber entscheidet, wer als D. eingestuft wird. So zum Beispiel galten Anglikaner in Schottland und Presbyterianer in England als D., weil sie nicht der Staatskirche zugehörig waren. In England galten alle als Dissenters, die sich der Uniformitätsakte von 1662 widersetzten. Das Ziel, die rel. Uniformität durch Zwangseintritt der D. in die Staatskirche wiederherzustellen, wurde nicht erreicht. Statt dessen wurde den D. 1689 in der Toleranzakte die freie Gottesdienstausübung gewährt; doch blieben sie bis weit ins 19. Jh. Bürger zweiter Klasse. Ab 1827 erhielten Nonkonformisten Zugang zu Staatsämtern. 1868 wurde die Kirchensteuerverpflichtung aufgehoben, und erst 1871 hatten sie Zugang zu den Universitäten Oxford und Cambridge. Das rel. und kulturelle Leben Englands ist vielfältig von den D. bestimmt worden. Unter → Cromwell (1599-1658) errichteten sie eine Republik. Der Dichter John Milton (1608-1674; »Verlorenes Paradies«) verteidigte die Hinrichtung des Königs und trat für Pressefreiheit ein. John → Bunyan (1628-1688) schrieb im Gefängnis »Die Pilgerreise«, eines der meistgelesenen Erbauungsbücher der Christenheit. Der Begründer der Quäker, George → Fox (1624-1691), und der Liederdichter Isaac Watts (1674-1748) haben ebenso ihre Spuren in der Geschichte der Kirche hinterlassen wie die machtvollen Prediger John → Wesley (1703-1791), George → Whitefield (1714-1770) und

Charles H. → Spurgeon (1834-1892). Zu den D. gehörten auch die »Pilgerväter«, in deren Gefolge Nordamerika zum Refugium der Abweichler wurde.

Lit.: H. Davis: The English Free Churches, 1952; M.R. Watts: The Dissenters, 1978ff.

E. Geldbach

Distler, Hugo → Kirchenmusik

Disziplinarverfahren → Lehrzucht, Lehrverfahren

Doctor ecclesiae → Kirchenlehrer

Dodd, Charles Harold (1884-1973)

D., geb. am 7. 4. 1884 in Wrexham (Nordwales), gest. am 21. 9. 1973 in Oxford, war kongregationalistischer Pastor und Lehrer für NT, graduierte in Oxford und hielt dort am Mansfield College von

1915-30 Vorlesungen im NT. 1930-36 war D. Professor für Exegese an der Universität Manchester und von 1936-49 in Cambridge. Nach seiner Emeritierung war er Direktor des Komitees zur Übersetzung der New English Bible.

D. dominierte die britische ntl. Theologie während seiner akademischen Laufbahn und darüber hinaus. Sein Buch über die Gleichnisse (1935) gab in der englischsprachigen Welt ebenso den Ton an, wie es Jülichers Werk in Deutschland getan hatte. D.s Interpretation des Lehrens Jesu als »realisierte Eschatologie« sowie die Identifizierung einer gemeinsamen Grundlinie des Kerygmas in der → Alten Kirche (The Apostolic Preaching and Its Developments, 1936) zogen die Aufmerksamkeit der ntl. Forschung für Jahrzehnte auf sich. In »According to the Scriptures« (1952) stellte D. die Gleichförmigkeit heraus, mit der die ntl. Schreiber das AT benutzten und führte dies auf das Lehren Jesu zurück. In seinem Römerbriefkommentar (1932) trat er dafür ein, das bibl. Konzept des Zornes Gottes als unpersonalen Vergeltungsprozeß in der menschlichen Geschichte zu verstehen, nicht aber als göttliche Reaktion auf die Sünde der Menschheit. Auch verwarf er den Sühnegedanken als im wesentlichen unbibl. »Interpretation of the Fourth Gospel« (1953) und »Historical Tradition in the Fourth Gospel« (1963) kennzeichnen den Höhepunkt seines wissenschaftl. Werkes.

Lit.: W.D. Davies, D. Daube (Hg.): The Background of the NT und Its Eschatology, [2]1964; W.D. Davies: In memoriam C.H. Dodd, 1884-1973, in: NTS 20, 1974, I-IV; F.W. Dillistone: C.H. Dodd, Interpretor of the NT, 1977.

W. W. Gasque

Dogma

Das Christentum ist eine denkende Religion. Nicht Gefühle oder Emotionen bestimmen den Glauben, sondern die Inhalte der bibl. Verkündigung. Diese Inhalte, die das Glaubenszeugnis der Bibel vermitteln, wollen auf ihre Bedeutsamkeit für das Heute des Glaubens reflektiert sein. Der Glaube reflektiert seine zentralen Inhalte – Wort, Werk und Person Jesu – auf ihre Aktualität und Aussage im Westeuropa des ausgehenden 20. Jh.s. Dabei leiten ihn die seit Bestehen der christl. Kirche aufgestellten Grundsätze, die sog. Dogmen. Der Begriff wird schon in der Apg (16,4) für die Beschlüsse des Apostelkonzils in Jerusalem verwendet. In den D.en gewinnt der Konsens des christl. Glaubens über seine Inhalte Gestalt. Sie schlagen sich nieder in den frühen Taufbekenntnissen.

Es sind drei Gesichtspunkte, die beim D. stets mitbedacht sein wollen: Erstens ist jedes D. auf sein Verhältnis zum bibl. Kerygma anzusehen. Diese Grundthematik prägt sowohl die kath. wie die ev. Diskussion in der Gegenwart. Weil das Verständnis der bibl. Verkündigung nicht einhellig ist, muß die Diskussion über die D.en geführt werden. Die Angemessenheit der D.en gegenüber der bibl. Verkündigung entscheidet über ihren christl. Charakter. Zweitens sind die D.en in Bildung wie Tradierung, in Veränderung wie Rezeption an Entscheidungen der Kirchen bzw. Gemeinden gebunden. Die Kirche verpflichtet die angehenden Geistlichen auf die in ihren Gemeinden geltenden D.en und trägt Sorge für die Wahrung derselben. Drittens faßt die Kirche ihre zentralen D.en in → Bekenntnissen zusammen. Dies gilt zumal für die Taufbekenntnisse der alten Kirche oder für die Beschlüsse der ersten sieben ökumen. Synoden. Dies gilt auch für die reformat. Lehrbekenntnisse, wie die Confessio Augustana oder die sog. fides Catholica. Die christl. Kirchen als Konfessionen sind seit dem 16. Jh. Bekenntnis-Kirchen.

Lit.: M. Blondel: Geschichte und Dogma, 1963; Y. Congar: Die Tradition und die Traditionen, 1965; H.-G. Fritzsche: Lehrbuch der Dogmatik Bd. I, 1964; A. Jeffner: Kriterien christlicher Glaubenslehre, AUU 15, 1977; W. Joest: Endgültigkeit und Abgeschlossenheit des Dogmas, ThLZ 79, 1954; C.H. Ratschow: »Dogma II«, TRE 9, 1982, 34-41 (Lit.); H. Roudet: Ändern sich die Dogmen?, CiW 5/12, 1965; C. Stange: Das Dogma und seine Beurteilung in der neueren Dogmengeschichte, 1898.

C.H. Ratschow

Dogmatik

1. D. und Ethik bilden die sog. Systematische Theologie, in der der Glaube nach seinen Glaubensinhalten wie nach seinen Handlungsnotwendigkeiten reflektiert wird. Die D. geht in fünf Schritten vor: Erstens erhebt sie die gegenwärtig in den Gemeinden lebendigen Fragen und Probleme des Glaubens in bezug auf seine Inhalte. Zweitens klärt sie diese Fragen an der Wirkungsgeschichte des Glaubens und drittens an der Religionsgeschichte ab. Diese so geklärten Fragen stellt sie viertens an die bibl. Überlieferung, um die Antworten fünftens in religionsphil. Vorgehen an die Gegenwart zurückzugeben. Nur in diesen fünf Schritten kann die D. hoffen, dem lebendigen Glaubensgeschehen dahingehend zu helfen, daß seine überlieferten Inhalte nicht veraltet oder unzeitgemäß erscheinen, sondern ihrer Gegenwart eröffnet bleiben.

2. Die D. geht in ihrem Aufbau fast überall nach dem heilsgeschichtl. Schema vor. Sie beginnt mit Gott und verhandelt dabei die Welt als → Schöpfung. Es folgt der Mensch und mit ihm die Sünde. Darauf wird Jesus Christus behandelt und die → Versöhnung der Welt. Darauf folgt das Wirken des Heiligen Geistes, die Heilsgaben und die → Kirche. Am Ende pflegen dann die letzten Dinge (→ Eschatologie) verhandelt zu werden. Dieser dogmatische Aufbau ist mit dem Glauben selbst gegeben. Keinen festen dogmatischen Ort hat die Behandlung der Trinitätslehre. Sie kann am Anfang, wie bei Karl → Barth, aber auch jenseits des Schlusses stehen, wie bei → Schleiermacher. Die Trinitätslehre hat in dem heilsgeschichtl. Schema keinen Ort, denn sie stellt eine Reflexion des Ganzen dar.

3. Die D. hat es in allen ihren Teilen mit drei Grundproblemen zu tun, die antinomisch (durch die ihnen innewohnende Spannung) die Behandlung aller dogmat. Fragen prägen bzw. komplementär ihre Natur ausmachen. Das erste Grundproblem betrifft die Tatsache, daß alle Glaubensaussagen Überzeugung des einzelnen Glaubenden und »zugleich« christl. Gemeinglaube sind. Die Gemeinsamkeit oder Kirchlichkeit der Glaubensaussagen ist ebenso unerläßlich wie ihre individuierte Übernahme durch den einzelnen Glaubenden. Das eine geht nicht aus dem anderen hervor. Beide Komplemente sind zugleich oder gar nicht da. Das zweite Grundproblem betrifft die Tatsache, daß alle Glaubensüberzeugungen auf der Person Jesu Christi als der Wahrheit (Joh 14,6) ruhen und »zugleich« wahre Urteile über diesen israelit. Mann beinhalten. Man kann mit Gloege von der Antinomie personaler und ontologischer Aussagen im Glauben sprechen. Dieses komplementäre Miteinander gilt nicht etwa nur für christologische Einsichten, sondern prägt alle dogmatischen Aussagen über Gott, Welt und Mensch. Die dogmat. Bewältigung der mit der hist. Forschung gegebenen Schwierigkeiten ist in der Handhabung der Antinomie des zweiten Grundproblems gegeben. Das dritte Grundproblem können wir am leichtesten erkennen. Es ist in dem »Zugleich« von Gesetz und Evangelium in allen dogmat. Hinsichten gegeben. Ob man der ref. Erfassung des Problems als Evangelium und Gesetz oder der luth. als Gesetz und Evangelium folgt, ändert daran nichts, ist nur von einem anderen Standort aus geurteilt. Die reformat. Problemanzeige von *simul iustus et peccator* oder die neuzeitliche Frage nach Rechtfertigung und Heiligung zeigen die ganze Weite dieses dritten Grundproblems.

Die drei Grundprobleme sind in allen dogmat. Teilen anwesend. Sie liegen den Einzelheiten voraus. Wer sie nicht erkennt, neigt dazu, dialektische Setzungen in den Einzelheiten zu entdecken, was zu keinen Lösungen führt. Die D. kann diese drei Antinomien (Spannungen, Widersprüchlichkeiten) nicht lösen. Sie muß ihre Komplementarität (Gegensatzverhältnis) handhaben, um dem dialektischen Schein zu entgehen.

Lit.: Lehrbücher der Dogmatik.

E.H. Amberg: Christologie und Dogmatik, 1966; ders.: Literatur zur Dogmatik, ThLZ 103 (1978), 327-332; G. Ebeling: Dogmatik und Exegese, ZThK 77 (1980), 269-286; H. Fritzsche: Was macht Systematische Theologie zur Theologie?, ThLZ 104 (1979), 785-795; E. Lessing: Dogmatik als Aufgabe der Systematischen Theologie, ZThK 75 (1978), 350-35; E. Schlink: Die Struktur der dogmatischen Aussage als ökumenisches Problem, KuD 3 (1957), 251-306; G. Wingren: Theologie zwischen Dogmatik und Analyse, NZSTh 12 (1970), 184-195.

C.H. Ratschow

Dogmengeschichte

D. ist die Geschichte der Entstehung und Entwicklung kirchl. Lehrnormen. Insofern ist sie ein Teil der allgemeinen Kirchengeschichte bzw. der hist. Theologie. Denn Theologie, Kirche und → Dogma sind untrennbar miteinander verbunden. Es gibt keine Kirche ohne Dogmen, ohne verbindliche und zugleich verbindende Lehrnormen. Sie sind Ausdruck des Glaubens, aber auch Orientierung für die, die sich zu diesem Glauben bekennen. Sie sind Erkennungszeichen (Symbole) für die Glieder der Kirche und zugleich Identifikationsmerkmale für Außenstehende. Inhaltlich sind diese Dogmen bezogen auf Offenbarung, Schrift und Tradition, deren normative Bedeutung bereits dogmatisch vorausgesetzt wird. Ihre Annahme durch den einzelnen und die Gemeinde geschieht jedoch immer wieder neu und auf immer neue Weise. Auch das Verständnis der Dogmen wandelt sich ebenso wie das Verständnis ihrer Normativität. Darüber denkt die D. als theol. Disziplin nach. Als Wissenschaft erforscht sie den Prozeß der Entstehung, der Annahme und der Ausgestaltung kirchlicher Lehre und ihrer Normen. Sie hat dabei eine kritische Funktion, ist aber selbst abhängig vom jeweiligen - auch geschichtl. bedingten Erkenntnisstand.

Zum Verständnis der D. als einer eigenständigen theol. Disziplin gehört ein Blick in ihre Geschichte. Als eigenständige Disziplin innerhalb der ev. Theologie entstand die D. als Ausdruck der Dogmenkritik im Zeitalter der Aufklärung und des Rationalismus im 18. Jh. Auch der Pietismus nahm Anstoß am Dogma vor allem, wenn damit eine Überordnung der Lehre gegenüber der lebendigen Glaubenserfahrung verbunden war. Auch kritisierte er die Verwendung des Dogmas als Lehrgesetz in der (staatlich unterstützten) Auseinandersetzung mit Ketzern oder Andersgläubigen. Statt dessen verwies man auf die Anfänge der Kirche (G. Arnold) und verlangte nach einer bibl. Gestalt der Lehre. - Dem Anspruch auf zeitlose, ewige Gültigkeit widersprach die Einsicht in die Entstehungsgeschichte der altkirchl. Dogmen (vgl. D.F. Strauß: »Die wahre Kritik des Dogmas ist seine Geschichte«, Glaubenslehre I,71). Für eine »Religion innerhalb der Grenzen der bloßen Vernunft« (I. → Kant) mußte es zwangsläufig zum Streit um den Vorrang zwischen Glaubenswahrheiten und Vernunftwahrheiten kommen, zumal zufällige Geschichtswahrheiten im Sinne von veränderlichen Lehrmeinungen schwerlich den Vernunftwahrheiten übergeordnet werden könnten (G.E. → Lessing).

Aber nicht nur durch die Einsicht in ihre Geschichtlichkeit suchte man die Autorität der Dogmen zu beseitigen. Einigen galten sie sogar als Fremdkörper in der christl. Tradition. Am schärfsten formulierte es A.v. → Harnack (1851-1930): »Das Dogma ist in seiner Conception und in seinem Ausbau ein Werk des griechischen Geistes auf dem Boden des Evangeliums« (Lehrbuch der D., I,20). Anders ausgedrückt: Das reine Evangelium des Ursprungs wurde durch Anpassung an den griech. Geist nach und nach in eine Glaubenslehre verwandelt und damit verfälscht. Harnacks Lehrbuch der D. will diese Fehlentwicklung im einzelnen aufweisen und so das Christentum vom Dogma befreien. Ziel ist ein undogmatisches, humanistisches Christentum, das sich allein auf das unverfälschte, von Jesus verkündigte Evangelium gründet. Harnacks Dogmengeschichtsschreibung bildet den Höhepunkt hist. und sachlicher Kritik am überlieferten Dogma, markiert aber zugleich einen Wendepunkt.

Der Umbruch kam zunächst durch eine neue, positive Bewertung des Dogmas in der Theologie K. → Barths, aber auch im Luthertum, das die Kontinuität kirchl. Lehre betonte (W. → Elert) und auf den Zusammenhang von Bekenntnis und Dogma verwies (B. Lohse). Die kritische Erforschung der Entstehung der altkirchl. Dogmen, der Harnacks besondere Aufmerksamkeit galt, wurde fortgesetzt. Doch sie hat inzwischen Harnacks Thesen vom Dogma als Ausdruck der Hellenisierung des Christentums weithin widerlegt. Das altkirchl. (trinitarische und christologische) Dogma wendet sich vielmehr *gegen* Versuche (z.B. im Arianismus/→ Arianer), die bibl. Lehre von Gott und Christus der phil. Tradition der Antike anzupassen. Das Bekenntnis von Nicaea 325 erweist sich bei genauer Betrachtung als »Krisis des altchristlichen Platonismus« (F. Ricken). Der leidenschaftliche Kampf des → Athanasius um die nicaenische Orthodoxie, der schließlich zur Ausbildung des trinitarischen Dogmas führte, steht ganz im Zeichen der Bewahrung der bibl. Botschaft vor dem Eindringen phil. Vorstellungen in den christl. Gottesbegriff ebenso wie vor einem ›schlichten‹ Biblizismus, der nur auf die Wörter, nicht aber auf das Wort (Christus) achtet.

Als Kern altkirchl. Dogmenbildung erweist sich der Streit um die Bewahrung des Christusbekenntnisses, wie es im bibl. Zeugnis überliefert ist (vgl. dazu bereits 1Joh 4,2). Um nichts anderes ging es der → Reformation Luthers. Mit Recht nannte A.v. Harnack Luther den »Restaurator des alten Dogmas« (Lehrbuch der D., III, 814).

Was bleibt, ist die Schwierigkeit, die Normativität des Dogmas und seine Geschichtlichkeit zusammenzudenken (vgl. K. Beyschlag 1, 1ff). Wer das Dogma als zeitlos ewige Wahrheit versteht, übersieht die Notwendigkeit, daß sich die Wahrheit des Glaubens in der Geschichte immer wieder neu bewähren muß. Christl. Glaube ist nicht einfach Dogmenglaube, aber er orientiert sich an den Erfahrungen derer, die die Heilswahrheit dieses Glaubens erfahren, bezeugt und bewahrt haben. Das altkirchl. Dogma ist aus dem Streit um die Wahrheit des Christusbekenntnisses unter Berufung auf das apostol. Zeugnis hervorgegangen. Mit ihm aber wurde zugleich die Grenze zwischen Orthodoxie und Häresie, zwischen Kirche und Nicht-Kirche bestimmt. Seitdem gehört das altkirchl. Dogma neben der Bibel und dem altkirchl. Bekenntnis zu den unveräußerlichen Kennzeichen der Kirche mit ökumen. Bedeutung.

Wenn es gilt, daß die Kirche ein Werk des Hl. Geistes ist, dann sind die in ihr gültigen Dogmen weder bloße theol. Lehrmeinungen noch Glaubensvorschriften, sondern geistl. Orientierung für alle, die nach dem Weg des Heils fragen und für die die Kirche der Ort ist, an dem die bibl. Heilsbotschaft zuverlässig bewahrt und weitergegeben wird. Welche Schwierigkeiten dabei entstehen, zeigt ein Blick in die Geschichte der Kirche. Der Streit um die Wahrheit des Glaubens begleitet die Kirche seit ihren Anfängen und wird sie auch weiter begleiten, solange der christl. Glaube strittiger und angefochtener Glaube ist.

Lit.: A. Adam: Lehrbuch der Dogmengeschichte I-II, (1965-1968) ^{5}1985/86; C. Andresen (Hg.): Handbuch der Dogmen- und Theologiegeschichte I-III, (1980-1984) ^{2}1988; K. Beyschlag: Grundriß der Dogmengeschichte 1, ^{2}1988, 2/1, 1991; M. Elze: Der Begriff des Dogmas in der Alten Kirche: ZThK 61 (1964), 421-438; A. v. Harnack: Lehrbuch der Dogmengeschichte I-III, ^{4}1909/10 (= 1983); ders.: Dogmengeschichte, (^{7}1931), ND 1991; W.-D. Hauschild: »Dogmengeschichtsschreibung«, TRE 9, 1982, 116-125; M.A. Lipps: Dogmengeschichte als Dogmenkritik (BSHST 48), 1983; W. Löser et al. (Hg.): Dogmengeschichte und katholische Theologie, 1985; B. Lohse: Epochen der Dogmengeschichte, ^{6}1986.

W. A. Bienert

Doketen/Doketismus → Gnosis; → Jesus Christus

Döllinger, Johann Joseph Ignaz von (1799-1890)

D., geb. am 28. 2. 1799 in Bamberg, gest. am 10. 1. 1890 in München, röm.-kath. Theologe, Prof. der Kirchengeschichte in München, mehrfach Rektor der Universität, 1848/49 Abgeordneter im Frankfurter Parlament, verschiedentlich auch Abgeordneter im Bayerischen Landtag, vielfach kirchl. und staatl. ausgezeichnet, 1860 in den persönlichen Adelsstand erhoben, geistiger Wegbereiter der altkath. Bewegung nach dem I. Vatikan. Konzil (1869/70), 1871 exkommuniziert.

Im Wirken dieses wohl bedeutendsten kath. Theologen Deutschlands im 19. Jh. sind verschiedene Phasen unterscheidbar. In einer ersten Schaffensperiode überwiegen der kirchenpolit. Einsatz, publizistische Tätigkeit (»Historisch-politische Blätter«) sowie Beiträge zur interkonfessionellen polemischen Auseinandersetzung (»Die Reformation«, 3 Bde., 1846-1848). Nach einem Jahrzehnt der Konzentration auf hist.-wissenschaftl. Aufgaben (erste

Bände einer breit angelegten Kirchengeschichte) wandte er sich in den 60er Jahren verstärkt wieder kirchenpolit. Fragen zu. In demselben Maße, wie seine wissenschaftl. Arbeit und interkonfessionellen Kontakte sein Urteil über die von Rom getrennten Kirchen klärten und ökumen. Aufgaben deutlich machten, wuchsen kritische Einsichten über gefährliche Tendenzen in der eigenen Kirche unter der unversöhnlichen, starren Führung Papst Pius‹ IX. (Kirchenstaat, Syllabus). Dagegen betonte D. die Geschichtlichkeit auch der Kirche. Im Festhalten eines bibl.-patristischen Bildes von der Kirche protestierte er leidenschaftlich gegen die Unfehlbarkeitsforderungen im Vorfeld des I. Vatikan. Konzils und begleitete dieses mit kritischen Kommentaren. Auf seine Initiative hin sammelten sich die in Opposition gegen das verkündete Dogma von der Unfehlbarkeit des Papstes verharrenden Theologen (Altkatholikenkongresse 1871/72), doch widersprach D. entschieden allen Versuchen, die Oppositionsbewegung als eine eigene Kirche zu organisieren und damit »Altar gegen Altar« zu stellen. Nur ausgesprochene Notlösungen vermochte er mitzutragen. Er verschloß sich deshalb auch der Anfrage, in der sich trotzdem bildenden altkath. Kirche das Bischofsamt zu übernehmen. Erst auf dem Sterbebett empfing er aus der Hand eines altkath. Priesters die Sakramente.

Lit.: V. Conzemius: »Döllinger«, TRE 9, 1982, 20-26; ders.: Gestalten der Kirchengeschichte, Bd. 9,1, 1985, 263-280; C. Deyen: Döllinger als Altkatholik. Eine Bestandsaufnahme, in: IKZ 80, 1990, 67-105; J. Finsterhölzl: Ignaz v. Döllinger. Wegbereiter heutiger Theologie, 1969; J. Friedrich: Ignaz v. Döllinger, 3 Bde., 1899-1901; Geschichtlichkeit und Glaube. Zum 100. Todestag Johann Josef Ignaz von Döllingers (1799-1890), hg. von G. Denzler, E.L. Grasmück, 1990; P. Neuner: Döllinger als Theologe der Ökumene, 1979; G. Schwaiger, Katholische Theologen Deutschlands im 19. Jh., [3]1975, 9-43; ders. in: Klassiker der Theologie, Bd. 2, 1983, 127-150.

H. Kirchner

Dom, Domkirche, Domkapitel

Als D. (lat. *domus* »Haus«) bezeichnet man die Bischofskirche, die Hauptkirche einer Diözese (in Süddeutschland auch »Münster« genannt). Die Dombauten haben in der abendländischen Baugeschichte weithin stilbildend gewirkt. Als Bischofskirche verselbständigten sich viele D.e so sehr, daß sie nicht mehr einer Ortsgemeinde als Gotteshaus dienten, was in vielen Orten dazu führte, daß unmittelbar neben dem Dom eine Pfarrkirche erbaut wurde.

Die D.e wurden zu einem großen Teil aus Stiftungen finanziert und unterhalten (Domstiftsverwaltungen). Doch waren meist auch die Diözesankirchen beitragspflichtig.

Das D.kapitel ist der Zusammenschluß der an der Bischofskirche amtierenden Priester. Die Bezeichnung stammt von der Sitte, bei den täglichen Versammlungen jeweils ein Kapitel vorzulesen. Der Begriff wurde zunächst auf den Versammlungsraum (Kapitelsaal), schließlich auch auf die Gruppe der Domherren übertragen. Im Mittelalter wurden auch säkulare Domherren zugelassen. Seit dem 12. Jh. obliegt dem D.kapitel die Bischofswahl.

In den Kirchen der → Reformation wurden die D.kapitel entweder aufgelöst, oder sie blieben formal weiter bestehen, etwa im Sinne eines Aufsichtsrats. Im Zuge der Säkularisation wurden die D.kapitel 1803 den Landesherren unterstellt.

In neuester Zeit wird mehr und mehr versucht, die D.kirchen einer festen Ortsgemeinde zuzuordnen.

Lit.: B.J. Comaskey: »Cathedral«, NCE, Bd. 3, 1967, 247ff: J. Gilchrist: »Cathedral Chapter«, ebenda, 249ff; P. Hinschius: »Kapitel«, RE 10, [3]1901, 35ff; G.P. Marchal: »Domkapitel«, TRE 9, 1982, 136ff.

Chr. Albrecht

Dominikaner

Der D.-orden wurde 1215 durch den Spanier Dominicus Gúzman (geb. ca. 1175 in Caleruega/Kastilien, gest. 1221 in Bologna, heiliggesprochen 1234) im Zusammenhang mit der Bekämpfung der Katharer und → Waldenser in Toulouse gegründet. Predigt in Armut und Einfachheit sollten mehr überzeugen als die alten Methoden. Die neue Ordensgemeinschaft ist daher die erste, in der ein gründliches, systematisches Studium vorgeschrieben ist. Auf Verlangen des Papstes wird eine bereits bestehende Ordensregel übernommen, die der Augustiner. 1218 erhält die Gemeinschaft den Namen »Fratres ordinis Praedicatorum« (O.P.) und den offiziellen päpstlichen Auftrag zur Predigt in aller Welt.

An der Spitze der D. steht der Generalmeister. Selbständige Einheiten sind die Provinzen mit einem Provinzial und einem Provinzkapitel. Im Gegensatz zu den alten Orden kennen die D. keine dauernde Bindung an ein Kloster, jeder einzelne ist überall einsetzbar. Die alte monastische Handarbeit ist durch das Studium ersetzt.

Der neugegründete Orden verbreitete sich rasch in ganz Europa. 1220 fand das erste Generalkapitel statt, auf dem die Verpflichtung zur Armut festgelegt wurde. Als schließlich die Inquisition eine feste Institution zur Ketzerbekämpfung wurde, wurden vor allem D. damit beauftragt. Ende des 13. Jh.s kam es zu einem Niedergang aus verschiedenen Gründen: Aufgabe der Bettelarmut (offiziell 1475/77), Lockerung der Disziplin, Pestepidemie, Schisma u.a. In der Folge entstanden verschiedene Reformkonvente. Die Predigt nahm aber auch im Spätmittelalter den ersten Rang ein.

Durch → Thomas v. Aquin erlangten die D. große Bedeutung für die theol. Wissenschaft, wurden aber auch in verschiedene Streitigkeiten verwickelt. Im 14. Jh. brachten sie die Mystik zu neuer Blüte (Meister → Eckart, J. → Tauler, H. → Seuse).

Eine zweite Epoche des Niedergangs wurde durch die Reformation hervorgerufen, zu deren Bekämpfung wieder D. eingesetzt waren. Seither lag der Schwerpunkt des Ordens mehr in den romanischen Ländern. Die neuentdeckten Erdteile wurden zu bevorzugten Missionsgebieten. Durch die französische Revolution und die Säkularisation wurden die D. erneut in starke Mitleidenschaft gezogen, bis nach dem Wiener Kongreß ein Neubeginn einsetzte. Heute zählen die D. 42 Provinzen.

Von Dominicus wurden auch Frauenklöster gegründet (das erste in Prouille bei Toulouse), um die Predigt durch Gebet zu unterstützen. Diese Konvente waren in Deutschland im 14. Jh. Zentren der Mystik. Außerdem entstand ein Tertiarierorden sowie ein klösterlicher dritter Orden, der mehr nach außen gerichtet ist.

Lit.: A. Eßer: »Dominikaner«, TRE 9, 1982, 127-136.

D. Heller

Donatismus

Der D. war ursprünglich eine auf das westl. Nordafrika (heute: Algerien, Tunesien) beschränkte, im 4. Jh. entstandene Sonderkirche, benannt nach ihrem Oberhaupt Donatus (313-355). In Resten bestand der D. bis zum Beginn des Arabersturms (Anfang 8. Jh.). Seine Blütezeit reicht bis zum Beginn des 5. Jh.s. Danach verliert er unter dem Druck des Staates und der kath. Kirche (→ Augustin) an Bedeutung.

Die Spaltung der Kirche Nordafrikas entstand bei der Wahl eines Nachfolgers für Bischof Mensurius von Karthago (311) kurz nach der diokletianischen Verfolgung. Spannungen zwischen Verfechtern einer reinen, der Märtyrertradition verpflichteten Kirche und Vertretern einer nachgiebigeren Haltung, die in der diokletianischen Verfolgungszeit (303-305) aufgetreten waren, führten zu einer Doppelwahl.

Schon Mensurius hatte man beschuldigt, er habe heilige Bücher an die heidnischen Behörden ausgeliefert (*traditor*). Als sein Erzdiakon Caecilian zum Nachfolger geweiht wurde, erklärte die Gegenseite diese Weihe für ungültig, weil er von ›Traditoren‹ (u.a. Bischof Felix von Abthugni, dessen Unschuld später jedoch erwiesen wurde) geweiht worden sei. Man erhob statt dessen den Lektor Maiorinus zum Bischof (dem kurz darauf Donatus folgte).

Der Grundsatz (vgl. → Cyprian), daß die Weihe bzw. das Sakrament eines in der Verfolgung Abgefallenen (Todsünders) ungültig sei, wurde zu einem charakteristischen Merkmal der Donatisten. Erst die Heiligkeit des Spenders garantiere die Gültigkeit des Sakraments. Deswegen wurden auch Katholiken beim Übertritt (noch einmal) getauft. Die gegenteilige Auffassung, nach der die Wirksamkeit des Sakraments von seinem Spender unabhängig sei, wird von Augustin später ausführlich begründet.

Der Konflikt zwischen den mit Rom verbundenen Katholiken und den Donatisten verschärft sich, als diese von den großzügigen Zuwendungen Konstantins (312) ausgeschlossen werden. Auf Antrag der Donatisten läßt der Kaiser die Angelegenheit auf zwei Synoden in Rom (313) und Arles (314) offiziell untersuchen. Der Antrag der Donatisten wird jedoch verworfen. Der anschließende Versuch, die Einheit der nordafrikanischen Kirche mit Gewalt zu erzwingen, scheitert am Widerstand der Donatisten, die zum Martyrium bereit sind. Dabei zeigt sich, daß auch polit.-nationale (Punier und Berber gegen Rom) und soziale Probleme (Landarbeiter gegen röm. Großgrundbesitzer) in diesem Konflikt eine wichtige Rolle spielen.

Bis zur Zeit Augustins bildeten die Donatisten wohl die Mehrheit des nordafrikanischen Christentums. Außerhalb Afrikas waren sie jedoch so gut wie unbekannt. Erst unter Aurelius von Karthago und Augustin werden die Donatisten mit staatlicher Unterstützung und z.T. mit militärischem Druck, den auch Augustin gutheißt, mit der kath. Kirche zwangsweise vereint (d.h. man erklärt sie zu Häretikern, ihre Gottesdienste werden verboten und ihr Vermögen der kath. Kirche übertragen; Unionsedikt vom 30. 1. 412).

In der späteren Kirchengeschichte (z.B. in der Reformationszeit) spricht man gelegentlich von donatistischen Tendenzen dort, wo die Heiligkeit der Kirche von der Heiligkeit ihrer Mitglieder und die Heilswirksamkeit der Sakramente von der Würdigkeit ihrer Spender abhängig gemacht werden (vgl. CA VIII; Täufertum).

Lit.: W.H.C. Frend: The Donatist Church (1952), [2]1971; ders.: »Donatismus«, RAC 4, 1959, 128-147; K.M. Girardet: Kaisergericht und Bischofsgericht, 1975; E.L. Grasmück: Coercitio. Staat und Kirche im Donatistenstreit (BHF 22), 1964; B. Kriegbaum: Kirche der Traditoren oder Kirche der Märtyrer? Die Vorgeschichte des Donatismus (ITS 16), 1986; J.-L. Maier: Le dossier du donatisme I-II (TU 134/135), 1987-1989; H. v. Soden (Hg.): Urkunden für Entstehungsgeschichte des Donatismus, 2. Aufl. hg. von H. v. Campenhausen (KlT 122), 1950; E. Tengström: Donatisten und Katholiken (SGLG 18), 1964.

W. A. Bienert

Dordrechter Synode (1618/19)

Die D.S. ist eine Nationalsynode der ref. Kirche der Niederlande mit internationaler ref. Beteiligung. Mitglieder waren Pfarrer, Älteste, Professoren, polit. Kommissare und die ausländischen Delegierten bzw. Gäste (aus Deutschland: Pfalz, Hessen, Bremen, Emden, Nassau). Anlaß waren Differenzen und landesweite Diskussionen hinsichtlich der Erwählungslehre, verursacht durch prädestinationskritische Thesen des Jakob Arminius (gest. 1609), konkret ausgelöst durch deren Zusammenfassung und Publikation durch seine Anhänger (Arminianer) in fünf Artikeln 1610 (sog. »Remonstration«), die die (orthodox-calvinistischen) Gegner 1611 zu Gegenthesen herausforderte (sog. »Kontraremonstration«). Verzögert durch Verquickung mit politischen Differenzen (Oldenbarnevelt auf Seiten der Remonstranten, Prinz Moritz auf Seiten der »Orthodoxen«), vorbereitet auf Provinzialsynoden usw., kommt die Nationalsynode schließlich zustande und tagt, mit Unterbrechung, vom 14. November 1618 bis zum 29. Mai 1619 in Dordrecht. In insgesamt 154 Sitzungen geht es, neben anderen Themen (Bibelübersetzung, Katechismuspredigt, Kirchl. Unterricht, Geltung der Bekenntnisse, nämlich der Confessio Belgica und des Heidelberger Katechismus) schwerpunktmäßig um Fragen im Umkreis der Prädestination. Am 6. Dezember 1618 treffen die »Remonstranten« auf der Synode ein (als Angeklagte behandelt), erläutern ihre fünf Artikel, lösen Streit aus und werden schließlich von der weiteren Teilnahme ausgeschlossen. In ihrer Abwesenheit beschließt die Synode, nach langwierigen Diskussionen und Abstimmungen, analog zu den fünf Artikeln, fünf »Canones« mit angehängten Verwerfungen; diese werden am 6. Mai 1619 feierlich verkündet. Sie enthalten »eine großzügige Zusammenfassung des orthodoxen reformierten Systems vom Mittelpunkt der Prädestination her« (Seeberg).

Im einzelnen: Can. 1: Erwählung und Verwerfung beruhen auf Gottes ewigem Ratschluß; Erwählung bedeutet nicht Vorauswissen (Präszienz) des Glaubens der Glaubenden, sondern wirklich Erwählung (Prädestination) - wobei die Gewißheit der Erwählung aus den »unfehlbaren Früchten der Erwählung« (fructus electionis infallibiles: Glaube, christl. Leben) erlangt wird.

Can. 2: Christi Erlösungstod war notwendig (vgl. Anselm von Canterbury) und galt allen zum Heil, kommt aber nur den Erwählten zugute; an ihnen erweist sich Gottes Barmherzigkeit, an den Verworfenen Gottes Gerechtigkeit.

Can. 3/4: Der Glaube der Gläubigen ist Gottes Werk, die Wiedergeburt vollkommen übernatürlich (plane supernaturalis), der Unglaube der Ungläubigen aber gleichwohl deren Schuld.

Can. 5: Gott läßt die Erwählten nicht aus der Gnade fallen, sondern beharren (Perseveranz).

In Folge der Synode werden über 200 »remonstrantische« Pfarrer ihres Amtes enthoben.

Lit.: Text der Canones: E.F.K. Müller: Die Bekenntnisschriften der reform. Kirche (1903) 1988, 843-861.

J.P. van Dooren: »Dordrechter Synode«, TRE 9, 1982, 140-147 (Lit., meist niederländisch); R. Seeberg: Lehrbuch der Dogmengeschichte 4.2, 1920, § 97, 678-700.

B. Steinseifer

Dorner, Isaak August (1809-1884)

D. wurde am 20. Juni 1809 in Neuhausen ob Eck (Württemberg) geboren. Studium der Philosophie und Theologie in Tübingen, stark beeinflußt von → Hegel und → Schleiermacher. 1834 Repetent in Tübingen, 1838 a.o. Prof. in Tübingen, 1839-43 o. Prof. in Kiel, 1843-46 in Königsberg, 1847-53 in Bonn, 1853-62 in Göttingen, 1862 Berufung nach Berlin, wo er zugleich Mitglied des Oberkirchenrates wurde. 1883 trat er krankheitshalber vom Lehramt zurück, 1884 auch Rücktritt als Oberkirchenrat. Am 8. Juli 1884 verstarb er während eines Kuraufenthaltes in Wiesbaden. D. gilt als einer der bedeutendsten Vertreter der Vermittlungstheologie, die einen Ausgleich zwischen dem überlieferten Glauben und dem zeitgenössischen Denken (d.h. der idealistischen Philosophie) suchte. Der »Einheitspunkt«, von dem für D. christl. Lehre und Ethik ausgehen, ist die christl. Erfahrung bzw. der christl. Glaube. Aufgabe der Theologie ist es, die unmittelbare Gewißheit des Glaubens zur »wissenschaftlichen Erkenntnis oder zum Bewußtsein von dem inneren Zusammenhang und der objectiven Begründung dieses Inhalts« zu bringen (Chr. Glaubenslehre I, § i). Im Blick auf seine Zeit spricht er von der »Zerstörung der alten Form der Christologie durch die Philosophie der einseitigen »Subjektivität« (Entwicklungsgeschichte S. 931). Wenn Gott ganz in die Subjektivität hineingenommen wird, dann ist die Konsequenz, daß das Ich sich mit Gott identifiziert, oder aber im Nihilismus kein Absolutes mehr anerkennt. Subjektiver Glaube und objektives Zeugnis bedingen einander und müssen eine Einheit bilden. Nicht der Glaube kann das Begründende des Christentums heißen, sondern das »objective Christentum, wie es durch Christus offenbar, von der heiligen Schrift aber bezeugt ist, in letzter Beziehung zu Gott liegt die begründende Macht für den Glauben« (Christl. Glaubenslehre 1, S. 157).

In der Gotteslehre folgt D. zunächst der phil. Tradition, die Gott als das absolute Sein versteht. Dann aber geht er aus von den ethischen Bestimmungen des Offenbarungszeugnisses: Gottes Gerechtigkeit, Heiligkeit, Liebe.

In der Christologie sagt D., daß die von Anfang an gesetzte Einheit der Persönlichkeit des Gottmenschen entsprechend dem natürlich-menschlichen Wachstum Jesu auch ein Reifeprozeß bis zur vollen Erkenntnis und zum vollmächtigen Handeln gewesen sei. In der Einzigkeit der gottmenschlichen Person ist Christus der zweite Adam, der Vollender der Schöpfung, das Haupt der neuen Menschheit, die in ihm mit Gott vereinigt ist, die »Incarnation des göttlichen Weltcentrums oder des Logos« (Christl. Glaubenslehre II, S. 422). Christus ist also nicht nur hist. der Anfänger der Erlösung und Stifter der Gemeinde der Glaubenden, sondern als das Haupt ist er gegenwärtig und bleibend der Erlöser, der durch Wort und Sakrament und die Sendung des Hl. Geistes Menschen in die Gottesgemeinschaft hineinnimmt (Christl. Glaubenslehre II/2 S. 682ff).

Posthum erschien 1885 die Christliche Sittenlehre, als Seitenstück zur Dogmatik. Sie befaßt sich zunächst mit der natürlichen Ethik, entfaltet unter den Aspekten des Gesetzes, des Gewissens und der Freiheit. Zur natürlichen Ethik gehört auch das Rechtsbewußtsein, dem die Lehre vom Staat beigeordnet ist. Die spezifisch christl. Ethik setzt zwar die natürliche voraus, nimmt aber ihren Ansatz in der Gottmenschheit Christi und orientiert sich auf die in ihm geschehende Gottesgemeinschaft (als christl. Persönlichkeitsethik und im Blick auf die kosmische, auch die Engel umfassende Weltvollendung in Christus).

Lit.: I.A. Dorner: Entwicklungsgeschichte der Lehre von der Person Christi, 1839; 2. erw. Aufl. in zwei Teilen 1845/ 1853; Briefwechsel zwischen H.L. Martensen und J.A. Dorner, I/II 1888; Geschichte der protestantischen Theologie, bes. in Deutschland, 1867; System der Christlichen Glaubenslehre I. 1879; II (1. Teil) 1880, (2. Teil) 1881.

R. Rothermund: »Dorner, Isaak August«, TRE 9, 1982, 155-158 (Lit).

F. Flückiger

Dorothea-Mission e.V.

1942 begann Hans von Staden (1905-1986), der Gründer des Werkes, mit der mission. Arbeit unter schwarzen Einwanderern in den Elendsgebieten Johannesburgs (Südafrika). Bald darauf entstand eine Bibelschule für junge afrikanische Christen. Seit 1953 bemühte sich Sw. Dorothea Hesse, die die Mission in Südafrika kennenlernte, um den Aufbau eines Freundeskreises in der Bundesrepublik. Nach dem Tod des Gründers übernahm dessen Sohn Prof. Paul von Staden die Leitung der Mission. Zielgruppe der mission. Arbeit ist nach wie vor die schwarze Stadtbevölkerung in den Großstädten des südlichen Afrika. Mittlerweile sind ca. 80 vollzeitliche Mitarbeiter (davon die Hälfte Schwarze) in Südafrika, Namibia, Simbabwe, Sambia und Malawi tätig. Die Arbeit reicht von der Bibelschule über Bibelstunden, Kinderarbeit, Fernunterricht, Frei- und Zeltversammlungen bis zu einer eigenen Radioarbeit und Druckerei für christl. Literatur.

Die Mission arbeitet auf der Glaubensgrundlage der ev. → Allianz und finanziert sich durch Spenden, die in der Hauptsache aus dem ca. 600 Mitglieder umfassenden Freundeskreis eingehen.

D. Hesse/Red.

Dörpfeld, Friedrich Wilhelm (1824-1893)

D., geb. am 8. März 1824 in Wermelskirchen bei Lennep als Sohn eines Schmiedemeisters, gest. am 26. Oktober 1893 in Ronsdorf (Wuppertal), besuchte das Lehrerseminar in Moers und wurde dort Präparandenlehrer, ab 1845 Hauptlehrer, dann Rektor einer Volksschule in Barmen (Wuppertal) bis zum Ruhestand im Jahre 1880.

1857 gründete D. das »Evangelische Schulblatt«, ein konfessionelles Organ der ev. Lehrer von Rheinland und Westfalen. An der Gründung und Leitung des »Vereins Evangelischer Lehrer und Schulfreunde in Rheinland und Westfalen« war D. beteiligt, ebenso am »Deutschen Evangelischen Schulverein« sowie an Bibelkonferenzen für Lehrer. Als profilierter Vertreter ev. Pädagogik und Schulpolitik engagierte er sich für die Bekenntnisschule, geistl. Schulaufsicht hingegen lehnte er ab.

D. hat die Pädagogik F. Herbarts weiterentwickelt im Blick auf Schulverwaltung und -verfassung; die Gründung freier Schulgemeinden, in denen die Eltern, die Kirchengemeinde und die polit. Gemeinde vertreten sind, geht auf seine Initiative zurück.

Lit.: F.W. Dörpfeld: Ausgewählte pädagogische Schriften, hg. von A. Reble, 1963.

E. Hindrichs: F.W. Dörpfeld, der geistige Vater unserer evangelischen Schulgemeinde, in seinem Leben und Wirken, 1926; G. Werner: F.W. Dörpfeld, in: Wuppertaler Biographien 3, 1961, 53ff.

K. Günther

Dostojewski, Fjódor Michájlowitsch (1821-1881)

D., geb. am 30. 10. (11. 11.) 1821 in Moskau, gest. am 28. 1. (9. 2.) 1881 in Petersburg, einer der größten Schriftsteller des 19. Jh.s, ist auch als rel. Erscheinung hochbedeutsam und hat das rel. Bewußtsein der nachfolgenden Zeit wie kaum ein anderer Schriftsteller oder Theologe des 19. Jh.s beeinflußt.

Aufgewachsen in einem Christentum, das einerseits von der russ.-orth. Tradition, andererseits von der Bibelfrömmigkeit und Jesusliebe des → Pietismus und der Romantik geprägt war, kam er in den Literatenkreisen in Petersburg in den 40er Jahren unter den Einfluß des atheistischen Sozialismus und der Religionskritik eines → Feuerbach und D.F. → Strauß. Wegen Beteiligung an einem revolutionären Zirkel wurde er 1849 zum Tode verurteilt und erst auf dem Hinrichtungsplatz zu vier Jahren Zwangsarbeit begnadigt. Seit dieser Zeit fand er zurück zu einem Gottesglauben, der vor allem auf der Liebe zur Gestalt Jesu begründet war, an der er auch in der Zeit seiner größten Zweifel festgehalten hatte. Jesus Christus war ihm das »Wunder der Weltgeschichte«, die Erfüllung jener Vorstellung vom wahren Menschsein, die jeder als Ideal in sich trägt. Darum, wenn wir Christus folgen, unterstellen wir uns nicht einem fremden Gesetz, sondern folgen dem tiefsten Drang unseres eigenen Herzens. Wir glauben an Gott, weil wir sehen, daß die Kraft zu einem Leben, wie Christus es geführt hat, nur aus dem Gottesglauben erwächst. Eine Bestätigung für die Wahrheit des Glaubens ist das dem Menschen eingeborene Empfinden der ewigen Verantwortung für sein Tun. Ewige Verantwortung gibt es nur, wenn es Gott und Unsterblichkeit gibt. Voraussetzung für Verantwortung aber ist sittliche Freiheit. Diese ermöglicht die Wiedergeburt, die sittlich-rel. Auferstehung auch des tief gefallenen Menschen. Die Todesstrafe ist abzulehnen, weil sie dem gefallenen Menschen die Möglichkeit der sittlichen Wiedergeburt nimmt. Ziel der Geschichte ist die brüderliche Vereinigung aller Menschen und Völker, in der sie sich nicht mehr gegenseitig ausschließen und bekämpfen, aber in ihrer Persönlichkeit und Eigenart erhalten bleiben – eine neue Erde, »auf welcher Gerechtigkeit wohnt« (2Petr 3,13). Streng kirchl. denkende orth. Theologen haben in der Religion D.s Züge gefunden, die nicht aus der östl.-orth. Theologie stammen und nicht mit ihr vereinbar sind. In der Tat ist D. nicht nur der kirchl.-christl. Tradition, sondern auch der → Aufklärung, dem deutschen → Idealismus und dem sozialen Humanismus des 19. Jh.s tief verbunden. Aber alle diese Elemente sind eingeschmolzen durch das Feuer eines leidenschaftl. rel. Suchens und Ringens und haben zu einer eigenartigen und höchst fruchtbaren rel. Synthese geführt.

Lit.: F.M. Dostojewski: Sämtliche Werke, 10 Bde., 1980; ders.: Sämtliche Romane und Erzählungen, 16 Bde., 1986.
U. Elsäßer-Feist: Fjodor M. Dostojewski, 1991; J. Frank: Dostoevsky (engl.), 5 Bde., bisher erschienen Bde. 1-3, 1976ff; G. Kjetsaa: Dostojewskij, 1985; L. Müller: Dostojewskij. Sein Leben, sein Werk, sein Vermächtnis, [2]1990.

L. Müller

Doxologie

Eine D. (griech. »Ruhmrede, Preisgesang«) ist eine lobpreisende Schlußformel eines Gebetes oder einer Schriftlesung; zu einer D. gehören vier Bestandteile:

der ausgeführte Name dessen, dem der Lobpreis gilt,

die Entfaltung der Prädikation,

eine Ewigkeitsformel,

das Amen als Aneignungsformel der Gemeinde.

In dieser Form begegnet uns die D. schon im AT (Ps 41,14; 72,18f u.a.). Die Übernahme in den christl. Gottesdienst erfolgte vor allem in Anlehnung an Formeln aus dem hellen. Judentum.

Mannigfache Umschreibungen des Gottesnamens (z.B. Röm 16,25ff; Eph 3,20) und mehrgliedrige Prädikationen (Vierzahl Jud 25; Siebenzahl Offb 7,12) werden zusammengestellt. Aus der folgenden christologischen Schlußformel (z.B. Eph 3,21; Jud 25) wird die Christusdoxologie entwickelt (z.B. 1Tim 6,15f; Offb 1,6). Die Schlußwendungen der altkirchl. D. zeigen die Entwicklung über eine triadische Formel (...dem Vater durch den Sohn im Heiligen Geist) zum trinitarischen Abschluß. Jedes Gebet, jede Predigt wurde mit einer D. beschlossen. Die doppelte handschriftliche Überlieferung des Vaterunsers (Mt 6,13: teils mit, teils ohne D.) belegt die alte Praxis, ein Gebet auch dann mit einer D. abzuschließen, wo sie nicht ausdrücklich überliefert war.

Lit.: G. Delling: Der Gottesdienst im Neuen Testament, 1952; J.A. Jungmann: Missarium Sollemnia, 2 Bde., [5]1962; H. Graf Reventlow, R. Deichgräber, S.G. Hall, H.-Ch. Schmidt-Lauber: »Formeln, Liturgische«, TRE 11, 1983, 252-271.

Chr. Albrecht

Drechsel, Thomas → Zwickauer Propheten

Dreieinigkeit → Trinität

Dreißigjähriger Krieg

Der schon seit 1648 nachweisbare Sammelbegriff »Dreißigjähriger Krieg« bezeichnet eine Serie von militärischen Auseinandersetzungen, die Europa 1618-48 nacheinander heimsuchten. Er galt bis zum Zweiten Weltkrieg als die schwerste und grausamste polit. Katastrophe der Neuzeit. Der D.K. war ein gesamteuropäisches Ereignis; nie zuvor hatten so große Heere so lange miteinander gekämpft, und nie zuvor waren fast alle außerdeutschen Staaten in das deutsche Kriegsgeschehen direkt (Dänemark, Schweden, Venedig, Frankreich, Spanien, Generalstaaten) oder indirekt (Türkei, Rußland, Polen-Litauen, Schweiz, Portugal und der Papst) verwickelt, überdies hatte der Friedensschluß weitreichende Bedeutung für die europ. Staatenwelt. Dabei ist freilich zu beachten, daß der D.K. bis 1635 ein Ereignis der deutschen Geschichte und erst danach ein europ. Krieg auf deutschem Boden war.

1. Anlaß

Unmittelbar ausgelöst wurde der D.K. durch den Prager Fenstersturz am 23. Mai 1618, der eine geplante Adelsrevolution gegen die böhmische Krone der österreichischen Habsburger auslöste. Dem war vorausgegangen der böhmische Majestätsbrief vom 9. Juli 1609, in dem Kaiser Rudolf II. dem Land größere Religionsfreiheit zugesichert hatte, die von seinen Nachfolgern schrittweise wieder abgebaut wurde und so zur Erbitterung der prot. Böhmen führte. Hinter diesen Anlässen stehen ältere Probleme der Machtverteilung zwischen Krone und Oberschichten, eine europäische Dauerschwierigkeit, die durch das Konfessionsproblem infolge der Reformation noch verschärft worden war. Dabei ist zu berücksichtigen, daß dem frühneuzeitlichen Staat bürgerliche oder kirchl. Toleranz genauso fremd war wie den Großkirchen; sie mußte in der Praxis erkämpft werden. Wenn man von einem konfessionellen Zeitalter spricht, so hatte damals das Konfessionelle wohl innenpolit. Bedeutung, aber keine Priorität in der Außenpolitik. Neben der sicher vorhandenen rel. Motivation waren es also vor allem Machtinteressen, die die angestrengte Balance der Jahrzehnte zuvor 1618 schlagartig zusammenbrechen ließ.

2. Der böhmisch-pfälzische Krieg 1618-1623

Die böhmische Revolution, in der sich weder die eigenen noch die kaiserlichen Truppen durchsetzen konnten, verlief sich, als 1619 König Matthias starb.

Der bereits 1617 vorgekrönte Ferdinand wurde abgewählt und Friedrich V. von der Pfalz zum böhmischen König ausgerufen. Die ev. Sachsen, deren König Johann Georg auch in Betracht gekommen wäre, schlugen sich aus Enttäuschung auf die Seite des kath. Kaisers. Da der »Winterkönig« Friedrich keine ausländische Unterstützung zu gewinnen vermochte und Kaiser Ferdinand II. eine Unterstützungszusage von Maximilian von Bayern erhielt, konnte die kath. Liga in der Entscheidungsschlacht am Weißen Berg bei Prag am 8. November 1620 Böhmen zurückerobern. Das Land wurde gewaltsam rekatholisiert, die Oberpfalz Bayern zugeschlagen, das auch die Kurwürde übernahm, die Rheinpfalz ebenfalls katholisiert (damals kam die berühmte Bibliotheca Palatina von Heidelberg nach Rom). Das entscheidende Ergebnis dieser Kriegsphase war das Auseinanderbrechen der protestant. Liga.

3. Der niedersächsisch-dänische Krieg 1625-1629

Die Gefährdung der deutschen Protestanten rief die Dänen auf den Plan, die sich, unterstützt von England, mit den niedersächsischen Kreisständen gegen das kaiserliche Heer verbündeten, das unter dem Feldherrn Tilly plündernd und brandschatzend in Norddeutschland eingefallen war. Der in Bedrängnis geratene Kaiser bildete 1625 eine neue Armee unter Wallenstein, die zum stärksten militärischen Faktor in Europa wurde. Entscheidend dafür war das Kontributionssystem, nach dem ab 1627 alle Armeen finanziert wurden. Durch dieses System wurde Wallenstein zu einem der bedeutendsten Heeresorganisatoren der neueren europäischen Geschichte. Es bedeutete, daß unter fast vollständiger Umgehung der Zivilverwaltung (und damit Entlastung der kaiserlichen Finanzen) sich die Armeen gleichsam selbst finanzieren mußten (»Der Krieg ernährt den Krieg«). Sie machten dadurch im Grunde das plündernde Unrecht zum System, weshalb es im Wortsinne zutrifft, daß das deutsche Volk den D.K. selbst bezahlt hat. Wallenstein gelang es, die Dänen zu besiegen und am 22. Mai 1629 den Frieden von Lübeck zu schließen. Der Kaiser erließ in der Hochgestimmtheit des Sieges am 6. März 1629 das Restitutionsedikt, nach dem die Protestanten alle eingezogenen Kirchengüter zurückgeben sollten. Der Schutz des Augsburger Religionsfriedens sollte nur den Lutheranern, nicht aber den Reformierten gelten. Für den Protestantismus stellte sich damit die Existenzfrage.

4. Der schwedische Krieg 1630-1635

Die Machtfülle des kath. Kaisers führte zum Eingreifen des prot. Königs Gustav Adolf, der am 6. Juli 1630 mit einem kleinen Heer auf Usedom landete. Das ev. Deutschland war macht- und orientierungslos, das kath. konnte sich nicht auf die Kriegsziele einigen. In dieser Situation konnte der Schwede innerhalb von knapp zwei Jahren eine Wende herbeiführen. Zwar vermochte er die Einnahme Magdeburgs durch Tilly nicht zu verhindern, schlug ihn aber in der Schlacht bei Breitenfeld am 17. September 1631 vernichtend und stand bald in Süddeutschland; die kath. Front brach auseinander. Aus dem kleinen Brückenkopf in Pommern war die Herrschaft über halb Deutschland geworden, ein Restitutionsedikt war nun nicht mehr denkbar. Über die Motive des nüchternen Pragmatikers Gustav Adolf ist in der Forschung viel diskutiert worden, man wird in ihnen eine Mischung aus rel., polit. und wirtschaftl. Interessen sehen müssen. Der Kaiser setzte in seiner höchsten Not den zuvor entlassenen Wallenstein wieder ein und gab ihm größte Vollmachten. Ihm gelang es bald, den Schweden aus Süddeutschland zu vertreiben; Gustav Adolf fiel in der Schlacht bei Lützen am 16. November 1632. Wallenstein taktierte nun nach eigenem Ermessen und nahm auch polit. Verhandlungen mit der Gegenseite auf. Als am kaiserlichen Hof der Verdacht seines Verrates sich verdichtete, wurde er abgesetzt und schließlich in Eger am 25. Februar 1634 von einem Dragonerhauptmann getötet. Die Forschung, die von der Tatsache seines Verrates ausgeht, aber uneins über dessen Motive ist, bezeichnet dies je nach Standpunkt als Hinrichtung, Tötung oder Ermordung. Im Frieden von Prag 1635 konnte eine Befriedung des Reiches noch nicht erreicht werden.

5. Der europäische Krieg in Deutschland 1635-1648

In dieser letzten Phase, in der es allein um die polit. Vorherrschaft in Europa ging, traten die Franzosen an der Seite Schwedens in den Krieg, während spanische Truppen die Habsburger unterstützten. Eine Kriegsentscheidung konnten die militärischen Aktionen dennoch nicht erreichen. Das Kriegsglück wogte hin und her. Als die schwedischen Truppen im Oktober 1648 Prag belagerten, erreichte sie die Nachricht vom Friedensschluß. Der D.K. endete dort, wo er eine Generation zuvor begonnen hatte.

6. Der Westfälische Friede von 1648

Der infolge von Kriegsmüdigkeit und Erschöpfung herbeigesehnte Friede gelang erst nach siebenjährigen Verhandlungen und wurde dann am 24. Oktober 1648 im Friedenssaal zu Münster mit folgenden Bestimmungen unterzeichnet: Geistliche Gebiete werden zu Lasten der kath. Kirche besonders in Norddeutschland säkularisiert; Schweden erhält unter anderem Vorpommern und Rügen; Frankreich Metz, Toul, Verdun und Rechte im Elsaß; die Niederlande und die Schweiz werden endgültig als selbständige Staaten anerkannt; Deutschland ist zersplittert in eine Vielzahl von Territorien.

Der sog. rel. Besitzstand bleibt ungefähr auf dem Vorkriegsstand, die Reformierten werden als zum Augsburger Frieden zugehörig betrachtet. Die prot. Stände verbinden sich zum Corpus evangelicorum, zunächst von Sachsen, dann von den Hohenzollern geführt. Vor Gericht haben die Konfessionen den gleichen Stand, bei einem Konfessionswechsel muß die Bevölkerung dem ius reformandi des Landesherren nicht folgen.

7. Folgen

Der D.K. hat tiefer als der Zweite Weltkrieg in den Bestand des deutschen Volkes eingegriffen: der Bevölkerungsverlust wird auf ca. 40% geschätzt, nicht in erster Linie durch direkte Kampfhandlungen, sondern durch die Folgen von Flucht, Unterernährung und Epidemien. Der D.K. hat die Kultur in Deutschland an den Rand des Verfalls gebracht, die Verrohung der Sitten und die Verwilderung des Volkes zerstörte auch das kirchl. Leben. Viele Gebiete waren endgültig für den Protestantismus verloren, die Gegenreformation wirkte erfolgreich, namentlich in Österreich und Frankreich. Entscheidend war ferner der Säkularisierungseffekt: Die Konfessionsfrage war zwar noch vorhanden, spielte aber keine entscheidende Rolle mehr im politischen Leben. Damit wurde eine Entwicklung der allgemeinen Emanzipation eingeleitet, die auf längere Sicht von einer antikirchl. zu einer antirel. überhaupt voranschritt, wie die bald beginnende Aufklärungsepoche konkretisiert. Der Friedensschluß von Münster und Osnabrück hat immerhin eine relativ dauerhafte Friedensordnung herbeigeführt und eine schreckliche Zeit beendet, so daß man verstehen kann, wenn 1648 ein Schautaler das Gefühl der betroffenen Menschen in die Devise gefaßt hat: pax optima rerum.

Lit.: J. Burkhardt: Der Dreißigjährige Krieg, 1991; F. Dickmann: Der Westfälische Frieden, (1959) [4]1977; H. Jessen, (Hg.): Der Dreißigjährige Krieg in Augenzeugenberichten, (1963) ND 1971; G. Mann: Das Zeitalter des dreißigjährigen Krieges, Propyläen Weltgeschichte 7, 1964, 133-230; ders.: Wallenstein, 1971; G. Parker: Der Dreißigjährige Krieg, 1987; K. Repgen: »Dreißigjähriger Krieg«, TRE 9, 1982, 169-188; H.U. Rudolf (Hg.): Der Dreißigjährige Krieg, (Wege der Forschung 451), 1977; S.H. Steinberg: Der dreißigjährige Krieg und der Kampf um seine Friedensordnung in Europa zwischen 1617 und 1635, 1967.

L.E. v. Padberg

Drews, Paul (1858-1912)

D., geb. am 8. 5. 1858 in Eibenstock/Erzgebirge, gest. am 2. 8. 1912 in Halle/Saale. Pfarrer 1883 in Burkau/Lausitz und 1889 in Dresden, 1894 a.o. Prof. der Praktischen Theologie in Jena, 1901 o. Prof. in Gießen, 1908 in Halle. D. war Mitbegründer der liberalen Zeitschrift »Christliche Welt«. Er gilt als »Vater der ev. Kirchenkunde und rel. Volkskunde«, weitere Spezialgebiete waren die Geschichte der Liturgie und der Reformation. Auch für Bemühungen zur Lösung der sozialen Frage war er offen.

Lit.: BBKL I., 1975, 1382 (Werke); E. v. Dobschütz: Paul Drews, Biographisches Jahrbuch 1913, 64ff; K. Eger: ThStKr 90, 1917, 1ff; W. Rudolph: Paul Drews, Der Vater der evangelischen Kirchenkunde und religiösen Volkskunde, Diss. Leipzig, 1968.

G. Ruhbach

Drogen → Sucht/-kranke

Droste zu Vischering → Ultramontanismus

Droste-Hülshoff, Annette Freiin von (1797-1848)

Anna Elisabeth (Annette) Freiin von D.-H., geb. am 10. 1. 1797 auf Burg Hülshoff bei Münster, gest. am 24. 5. 1848 in Meersburg am Bodensee. Bedeutende kath. Dichterin, zu Lebzeiten kaum bekannt, seit Ende des 19. Jh.s zunehmend gewürdigt. Konservativ und standesbewußt erzogen, von Jugend an krank oder kränkelnd, nach mißglückten bzw. enttäuschten Liebesneigungen (1820 Heinrich Straube, 1842/43 Levin Schücking) unverheiratet, lebt sie nach dem Tod des Vaters (1826) bei der Mutter in Rüschhaus, wo ihre meisten Werke entstanden, seit 1841 bis zum Tod häufig auch in Meersburg (Erwerb eines Domizils 1843) bei ihrer verständnisvollen Schwester Jenny, verh. v. Laßberg. Gefördert wird sie von konservativ wie von liberal gesinnten Freunden (v.a. Chr.B. Schlüter in Münster, L. Schücking).

Im Lebensgefühl und literarischen Schaffen von D.-H. verbinden sich restaurative Kräfte ihrer Herkunft und Umgebung (Familie, Standesbewußtsein, Katholizismus), Landschaft und Historie der westfälischen Heimat und ein emanzipativer Wille zu künstlerischer (beiläufig zeichnet und komponiert sie) und fraulicher Selbstverwirklichung. Das Spannungsfeld von Schuld/Scheitern, Sühne/Ergebung und Gnade/Versöhntheit, in dem D.-H. sich selber und die Umbrüche ihrer Zeit erfährt, prägt auch (offen oder versteckt) ihr ganzes Werk. In der Natur gewahrt sie die bergenden wie die dämonischen Elemente; ihre treu kath. Frömmigkeit gründet im Gewissen und ist zugleich anfällig für Glaubensnöte des säkularisierten Bewußtseins. In bildkräftiger, detailgenauer (manchmal auch ungeschmeidig schwerfälliger) Sprache, mit symbolischen wie realistischen Mitteln gestaltet D.-H. menschlich ergreifende Themen, die über bloß konfessionsbedingte Probleme weit hinausgehen.

Wichtigste Werke: »Das geistliche Jahr« (Gedichtzyklus entstanden 1820/39, publiziert 1851), »Die Judenbuche« (Novelle 1842), »Der Spiritus familiaris des Roßtäuschers« (Versepos 1844); Natur-, Landschafts- und reflexive Gedichte sowie Balladen (z.B. »Der Weiher«, »Im Grase«, »Am Turme«, »Das Spiegelbild«, »Mondesaufgang«, »Der Knabe im Moor«; Gedichte in Auswahl 1838 und 1844).

Lit.: Werke: Briefwechsel in 14 Bdn (hist.- krit.) hg. von W. Woesler, 1978ff; Sämtliche Werke in 2 Bdn. hg. von G. Weydt, W. Woesler, 1973/78 (ausführlich kommentiert).

P. Berglar: A.v.Droste-Hülshoff in Selbstzeugnissen und Bilddokumenten, 1967; W. Gödden: Die andere Annette. A.v. Droste-Hülshoff als Briefschreiberin, 1991; C. Heselhaus: A.v. Droste-Hülshoff. Werk und Leben, 1971; R. Schneider: A.v. Droste-Hülshoff, 1977; K. Schulte Kemmighausen, W. Woesler: A.v. Droste-Hülshoff, [4]1981 (zahlr. Abb.).

R. Görisch

Dualismus

1. Zum Begriff und Gesamtphänomen Dualismus

D. bezeichnet im Unterschied zum Monismus eine Weltsicht, die von zwei grundlegend unterschiedlichen oder sogar gegensätzlichen Prinzipien bzw. Polen der Wirklichkeitserfahrung ausgeht. Dabei ist jeweils das Verhältnis der dualen Prinzipien entweder als antagonistisch, antithetisch, analogisch oder komplementär zu bestimmen, je nachdem ob der Gegensatz als unauflöslicher Widerspruch oder als konstruktive Ergänzung gefaßt ist. Ferner ist zu fragen, welche menschlichen Erfahrungen sich in den gegensätzlichen Polen der Wirklichkeit spiegeln und wie diese eventuell im sozialen Gefüge institutionalisiert werden. Schließlich können in den verschiedenen Religionen und phil. Systemen die dualen Exponenten der Wirklichkeit in gänzlich unterschiedlichen Dimensionen des Seins manifestiert werden. Je nach ihrer Bestimmung liegt ein polit., kosmologischer, anthropologischer, metaphysischer, illusionärer, ethischer oder eschatologischer D. vor.

2. Religionsgeschichtliche und philosophische Grundformen des Dualismus

a. Theologischer Dualismus in den Gottesbildern nichtchristlicher Religionen

Am ausgeprägtesten begegnet in der Gotteslehre des Parsismus (→ Zoroastrismus) ein theol. D., der zwei gleichrangige Götter des Guten (Ohrmazd) und des Bösen (Ahriman) einander antagonistisch gegenüberstellt. Mitunter werden derartig widersprüchliche Gottesvorstellungen auch mythologisch durch die Annahme von Zwillingsgöttern beschrieben; so ermordet z.B. in der nordischen Edda Hödr, der böse Gott, seinen Bruder Baldr, den guten Gott. In der hinduistischen Bhagavadgita (»Das

Lied des Erhabenen«) kann die Gottheit Vishnu zwei höchst ambivalente Verkörperungen entweder des radikal gütigen oder des radikal zornigen Gottes annehmen.

b. Kosmogonischer bzw. Kosmologischer Dualismus

Der theol., d.h. auf die Gottheit selbst bezogene D., ist häufig mit einem kosmogonischen (die Entstehung der Welt betreffenden) bzw. kosmologischen D. verbunden. So spaltet beispielsweise in dem babylon. Weltentstehungsepos Enuma elis der Stadtgott Marduk die Chaosmacht Tiamat und formt aus deren Leib Himmel und Erde sowie aus Blut und Erde die Menschen. Sehr viel subtiler, aber ebenfalls einen kosmologischen D. voraussetzend, ist die → Gnosis einschließlich des Manichäismus. Sie stellt sich den Weltprozeß als unrechtmäßige Vermischung der geistigen und materiellen Sphäre vor, die ein böser Schöpfergott, ein Demiurg, verursacht hat.

c. Ontologisch-anthropologischer Dualismus

In der Tradition der idealistischen Philosophie von → Platon über Plotin bis zu den sog. deutschen Idealisten ist der ontologische (seinsmäßige) Dualismus zwischen der guten Wirklichkeit des Geistes bzw. der Seele einerseits und der bösen verderblichen Wirklichkeit des Leibes bzw. der Materie bestimmend. In der Philosophie J. G. → Fichtes stehen sich Ich und Nicht-Ich, geistige Persönlichkeit und die von ihr gesetzte materiale Natur unvereinbar gegenüber. F. W. → Schelling und G. W. F. → Hegel bemühen sich, in ihren Systemen Natur und Geschichte zusammenzudenken, allerdings immer unter der bestimmenden Macht des Geistes. Diese kommt nach Hegel nur im denkenden Subjekt zu sich selbst und radikalisiert so den ontologischen D., der immer auch einen anthropologischen (Leib-Seele-Trennung) und einen erkenntnistheoretischen D. (Trennung von erkennendem Subjekt und erkanntem Objekt) impliziert.

Eine im Unterschied zur Antithetik des abendländischen D. harmonische Gestalt des anthropologischen D. liegt dem ostasiatischen → Taoismus zugrunde. Das Tao beschreibt die Polarität zwischen Yang, dem männlichen Prinzip, und Yin, dem weiblichen Prinzip. Beide ergänzen sich harmonisch und spiegeln analogisch den D. des Tao im Makrokosmos auf menschlicher Ebene wider.

3. Dualismus in biblisch-theologischer Sicht

a. Der uneigentliche Dualismus von Schöpfer und Geschöpf

Zunächst ist das bibl. Denken in dem Sinne monistisch, daß Gott von allen Dualismen, die seine Aseität (d.h. sein An-Sich-Sein) polar ergänzen oder gar bedingen würden, absolut frei ist. Die Schöpfung und die Vollendung der Welt und des Menschen ist Gottes souveräne Tat. Das duale Gegenüber von Immanenz und Transzendenz, von Zeit und Ewigkeit etc. beschreibt theol. keine Notwendigkeit für Gott, sondern seine freie Setzung. Der D. von Schöpfer und Geschöpf impliziert also die bleibende Aseität Gottes und ist daher nur im uneigentlichen Sinne dualistisch. Dies gilt erst recht für den Antagonismus von Gott und Satan bzw. Gott und Sünder. Gott allein ist absolut Herr. Die Möglichkeit zum Bösen kennzeichnet lediglich den Mißbrauch der Freiheit seitens des Geschöpfes, hat aber keine Ursache in Gott. Die marcionitische Lehre von einem bösen Weltschöpfer wurde deshalb zu Recht aus der Kirche ausgeschieden.

Bei Luthers Unterscheidung zwischen dem *deus revelatus*, der sich zum Heil offenbart, und dem *deus absconditus*, der in seiner Unfaßbarkeit verborgen bleibt, handelt es sich nicht um einen theol. (vgl. 2.b.), sondern um einen erkenntnistheoretischen D. Dieser bezieht sich allein auf die Gotteserkenntnis des Menschen, nicht aber auf die Eigenschaften oder das Wesen Gottes.

b. Die ontologische Einheit der Schöpfung – vor und nach dem Fall

Unter der Voraussetzung der ursprünglich sehr guten Schöpfung und ihrer Korruption durch die Sünde des Menschen lehnt die christl. Theologie den ontologischen D. der idealistischen Philosophie ab. Geist, Seele und Leib – einschließlich der Sexualität – gehören ganzheitlich zur guten Schöpfung Gottes, und die Verderbnis der Sünde infiziert ihrerseits alle Lebensbereiche der menschlichen Individualität und Sozialität gleichermaßen. Die idealistische Trennung eines an sich guten intellegiblen Seins (griech. *nous*) von einem an sich verwerflichen materiellen Sein (griech. *hyle*) ist weder aus der Schöpfungslehre noch aus dem bibl. Verständnis der Sünde ableitbar.

c. Ethischer und eschatologischer Dualismus

Statt dessen ist für die Bibel der ethische D. von Sünde des Menschen und Gerechtigkeit Gottes wesentlich. Das → Evangelium zielt auf die ewige Errettung des Sünders aus dem Gericht Gottes. Der gefallene Mensch soll aus dem Machtbereich der Finsternis in den des Lichtes versetzt werden. Besonders Johannes und Paulus kontrastieren in dualistischen Begriffen den hier bestehenden Gegensatz: Kirche und Welt; Licht und Finsternis; Fleisch und Geist etc. Die duale Wirksamkeit von → Gesetz und

Evangelium entspricht diesem soteriologischen, auf das Heil ausgerichteten Tatbestand. Der ethisch-soteriologische D. mündet in einen eschatologischen. Das bedeutet: Am Ende wird die im Glauben vollzogene Entscheidung zwischen Glaube und Unglaube durch Gottes Gericht zum endgültigen, d.h. am Ende gültigen Entschiedensein der ewig Geretteten und Verlorenen.

Lit.: A. Bertholet: Götterspaltung und Göttervereinigung, 1933; H. Köster: Symbolik des chinesischen Universismus, 1958; G. von der Leeuw: Phänomenologie der Religion, [2]1956; R. Otto: Das Heilige, [30]1958; A. Vierkandt: Der Dualismus im modernen Weltbild, [2]1923; G. Wingren: Religionsphänomenologie, 1969.

R. Hille

Dunant, Henri (1828-1910)

D., geb. am 8. 5. 1828 in Genf, gest. am 30. 10. 1910 in Heiden/Appenzell. Schon als junger Kaufmann evangelisierte er um 1850 in Genf und wurde 1856 zu einem der Mitbegründer des Weltbundes des CVJM (→ Christlicher Verein junger Menschen).

Anläßlich einer Reise nach Afrika wurde er »zufällig« am 25. 6. 1859 Zeuge der Schlacht von Solferino/Oberitalien und der entsetzlichen Leiden der zahllosen unversorgten Verwundeten. Er half selbst mit, mobilisierte die Öffentlichkeit mit dem Vorschlag, freiwillige Hilfskorps für die Verwundeten einzurichten (Un Souvenir de Solférino, 1862), und reiste für seinen Gedanken rastlos durch Europa. 1863 trat eine internationale Konferenz zusammen, die die → Genfer Konvention von 1864 vorbereitete, den Sanitätsdienst ins Leben rief, diesen gegenüber den kämpfenden Parteien neutralisierte und durch die weiße Binde mit rotem Kreuz weithin erkennbar machte. Das »Rote Kreuz« war damit geschaffen und wurde von D. tatkräftig, auch aus eigenen Finanzmitteln unterstützt. Dafür mußte sein eigener, lange vernachlässigter Betrieb Konkurs anmelden. Vergessen von der Öffentlichkeit, lebte D. als überzeugter Christ jahrzehntelang im Armenhaus in Heiden, bis er dort von einem Journalisten aufgespürt und nun von allen Seiten - gegen seinen Willen - geehrt wurde. 1901 erhielt er den Friedensnobelpreis.

Lit.: R. Krug v. Nidda: Henri Dunant. Genie der Menschlichkeit, 1959.

G. Ruhbach

Dunkelmännerbriefe

Die D. sind eine humanistische Spottschrift aus dem Kreis der Kölner Theologen, die im 1511 ausgebrochenen Streit zwischen J. → Reuchlin und und den Kölner Dominikanern, hauptsächlich vertreten durch den getauften Juden J. Pfefferkorn, um Vernichtung oder Erhaltung der jüd. Bücher für Reuchlin Partei ergriffen. Reuchlin fertigte aus humanistischer Sicht ein Gutachten über rabbinische Literatur an und vertrat darin die Auffassung, daß sie trotz ihrer antichristl. Polemik vom hist. Standpunkt her erhaltenswert seien. Bei den D. handelt es sich um eine 1515 erschienene Sammlung von 41 anonymen fiktiven Briefen, hinter denen vor allem J. Crotus Rubianus und andere Humanisten, z.B. U. von → Hutten, als Verfasser stehen. In der zweiten Auflage 1516 wurden weitere Briefe hinzugefügt. Sie kritisieren rein äußerlich die Position Reuchlins, tun dies aber in einer derart dilettantischen Art und Weise, daß die ironische, prohumanistische und proreuchlinistische Grundabsicht deutlich wird und richten sich in scharfer Kritik gegen das kirchl. Leben und den scholastischen Wissenschaftsbetrieb; sie wurden - nicht nur wegen ihres grobianistischen Stiles - sowohl von Rom als auch von → Erasmus und → Luther abgelehnt.

Lit.: Text: A. Bömer (Hg.): Epistolae obscurorum virorum, 2 Bde., 1924; ders.: Die Verfasser und Drucke der Epistolae obscurorum virorum, in: ZfB 41, 1924, 1-12.

G. Ruhbach

Duns Scotus, Johannes (ca. 1265/66-1308)

J.D.S. ist ca. 1265/66 in Schottland (Duns) geboren. Er wird mit 15 Jahren Franziskaner, 1291 Priester, studiert in Oxford und Paris. Er liest über die Sentenzen des Petrus Lombardus in Cambridge, Oxford und Paris. Dort wird er vertrieben (Streitigkeiten Papst/König), kehrt später zurück, wird 1305 Doctor und Magister regens (»Professor«). 1307 geht er nach Köln und stirbt dort am 8. November 1308; sein Grab ist in der Minoritenkirche.

D. ist der bedeutendste Franziskanertheologe des ausgehenden 13. Jh.s (Übergang zur Spätscholastik). An theol.(-phil.) Werken hat er hinterlassen: Disputationen, Aristoteles-Kommentare, zwei Traktate (»De primo principio« und »Theoremata«) und, als sein Hauptwerk, einen umfangreichen

Kommentar zu den Sentenzen des Petrus Lombardus. Dieser liegt in dreifacher Gestalt vor: (1) »Lectura prima« (1298-1302 Cambridge und Oxford; Hörernachschriften); (2) »Reportatio maior« bzw. »examinata« (1302-1305 Paris; Hörernachschriften, teilweise von D. durchgesehen und ergänzt); (3) »ordinatio« (nach 1305; von D. zur Veröffentlichung bestimmte, als »authentische« Fassung unvollendet, früher »Opus Oxoniense« genannt).

D. ist Theologe, der der Offenbarung Vorrang einräumt, jedoch das phil. Rüstzeug der Zeit eigenständig und subtil handhabt (»Doctor subtilis«) und in den Dienst der Theologie stellt. Er gelangt dabei, in z.T. schwierigen Gedankengängen, zu eigenständigen Auffassungen, die von denen der Zeitgenossen abweichen (z.B. Univozität des Seinsbegriffs – derselbe Begriff des Seienden für Gott und die Geschöpfe – im Unterschied zur Analogielehre; Personbegriff; Akzeptationstheorie in der Heilslehre: Gott nimmt das auf die Gnade gegründete verdienstliche Handeln des Menschen in freier souveräner Willensentscheidung an zu dessen Heil – Nähe zu reformat. Intentionen; Betonung der Kontingenz (Nicht-Notwendigkeit) der Heilsgeschichte; Hervorhebung des Willens Gottes als Liebeswille). Sein Eintreten für die unbefleckte Empfängnis Mariens (1854 dogmatisiert) hat ihm den Titel »Doctor marianus« eingebracht.

Lit.: Gesamtausgabe (noch unvollständig): Joannis Duns Scoti ... Opera Omnia, hg. von C. Balic et al.; Ioannis Duns Scoti Tractatus De primo principio, hg. u. übers. von W. Kluxen, 1974.

W. Dettloff: J.D. Scotus, in: Klassiker der Theologie 1, 1981, 226-237 u. 412-413; ders.: »Duns Scotus/Scotismus I«, TRE 9, 1982, 218-231 (Lit.); H.-J. Werner: J.D. Scotus, in: Gestalten der Kirchengeschichte 4.2, hg. von M. Greschat, 1983, 73-91; Homo et mundus. Acta Quinti Congressus Scotistici Internationalis Salmanticae ..., hg. von C. Bérubé, 1984; E. Gilson: J.D. Scotus. Einführung in die Grundgedanken seiner Lehre, 1959.

B. Steinseifer

Duplessis-Mornay, Philipp → Hugenotten

Dürer, Albrecht (1471-1528)

D., geb. am 21. 5. 1471 in Nürnberg, gest. ebd. am 6. 4. 1528. Der Name weist auf die Herkunft aus dem ungarischen Gyula (=Tür) hin. D. lernte zuerst beim Vater das Goldschmiede- und 1486-90 bei Michael Wolgemut in Nürnberg das Malerhandwerk; ab 1492 erscheint er in Basel als begehrter Buchillustrator (u.a. Holzschnitte zum Narrenschiff des Sebastian Brant). 1494 heiratete er in Nürnberg Agnes Frey. Im August 1494 floh D. vor der Pest über die Alpen nach Venedig, wo er durch die deutsche Gemeinde Zugang zu den führenden Künstlern der italienischen Renaissance erhielt. Im Frühjahr 1495 kehrte er über Innsbruck nach Nürnberg zurück. Hier entstanden neben großen Holzschnittfolgen, Kupferstichen und Aquarellen Gemälde rel. Inhalts und Portraits. Das Selbstbildnis von 1500 mit seiner Christusähnlichkeit drückt exemplarisch das Ringen um das Selbstverständnis des Renaissancekünstlers aus.

Im Herbst 1505 wich er erneut vor der Pest nach

Venedig, wo er nach Vollendung des »Rosenkranzfestes« mit Aufträgen überhäuft wurde, und kehrte Mitte Februar 1507 nach Nürnberg zurück.

Nun folgten Meisterwerke wie die »Marter der zehntausend Christen« für die Heiligtumskammer Kurfürst Friedrichs des Weisen in der Wittenberger Schloßkirche. 1509 erwarb D. das sog. Dürerhaus in Nürnberg und wurde in den Großen Rat der Stadt gewählt. Ab 1512 war er durch Aufträge Kaiser Maximilians I. stark beansprucht. Daneben schuf er aber so berühmte Werke wie die Kupferstiche der Melancholie und des Hieronymus im Gehäus (1514) oder das Bildnis seines Lehrers Wolgemut (1516). Im Sommer 1518 gehörte er der Nürnberger Gesandtschaft auf dem Reichstag in Augsburg an. Dort portraitierte er die gesamte Prominenz. Die Schriften Luthers, »der mir aus grossen engsten geholfen hat« (1520 an Spalatin), beeindruckten ihn tief.

Seine letzte Reise (das Tagebuch ist erhalten) unternahm D. (zusammen mit seiner Frau und einer Magd) 1520-21 in die Niederlande, um sich eine von Kaiser Maximilian zugesagte Rente von König Karl auf Lebenszeit bestätigen zu lassen. Er wohnte in Antwerpen, wo er sehr ehrenvoll aufgenommen wurde. In Seeland hat er sich vermutlich mit Malaria infiziert. Auf der Rückreise im Sommer 1521 erfuhr er von Luthers Gefangennahme und war, da er die Hintergründe nicht kannte, zutiefst betroffen.

D.s letzte Lebensjahre sind durch seine Krankheit, vor allem aber durch die polit. und rel. Unruhen der Zeit, namentlich in Nürnberg, beeinträchtigt. Er brachte jetzt seine drei theoretischen Schriften zum Abschluß, zuletzt sein Hauptwerk »Vier bücher von menschlicher Proportion«, dessen Erscheinen im Oktober 1528 er nicht mehr erlebte. Aber er erreichte noch einmal einen künsterlischen Gipfel in den beiden Tafeln der »Vier Apostel« (1526), die er, mit Zitaten des jeweiligen Apostels versehen, seiner Vaterstadt vermacht und sie ermahnt hat, bei der rechten Lehre zu bleiben. Daß D. damit etwas anderes meint als das »reine Evangelium«, wie er es durch Luther erfahren hat, ist schwer vorstellbar. Aber es wurde viel darüber gestritten.

Lit.: F. Anzelewsky: Dürer. Werk und Wirkung, 1988; M. Mende: Dürer-Bibliographie (Bibliographie der Kunst in Bayern, Sonderband), 1971; H. Rupprich (Hg.): Dürer. Schriftlicher Nachlaß, 3 Bde., 1956-69.

H. Scheible

Dwight, Timothy → Neu-England-Theologie

Ebenbild Gottes → Mensch

Ebioniten

E. oder »Ebionäer« war ursprünglich wohl die Selbstbezeichnung einer judenchristl. Gruppe, die sich als »Arme« (von hebr. *aebjonim*) vor Gott verstand (vgl. Lk 6,20) und damit ihren besonderen Grad der Erwählung durch Gott zum Ausdruck brachte. Ob der Begriff ursprünglich Selbstbezeichnung der → Urgemeinde war, ist umstritten, aber nicht sehr wahrscheinlich.

Zuerst begegnet er bei Irenäus (haer. I 26,2) und wird von da an bei den Kirchenvätern zu einem Sammelbegriff für das häretische Judenchristentum insgesamt. Origenes deutet ihn ironisch als Spottname für die »Armen in ihrem Verstand«, die die Worte Jesu (z.B. Mt 15,24), aber auch die bibl. Verheißungen »fleischlich« auf das Israel »nach dem Fleisch« beziehen (princ. IV 3,8) und nicht auf die Kirche, d.h. auf die Gemeinschaft der von Gott aus *allen* Völkern durch seinen Geist frei Erwählten.

Tertullian (praescr. X,8) und Hippolyt (ref. VII 35,1) führen den Namen E. auf einen Sektengründer mit Namen »Ebion« zurück und zeigen damit, daß sie den hebr. Hintergrund nicht mehr kannten. Gleichwohl deutet ihre Polemik gegen die E. darauf hin, daß der Ablösungsprozeß des Christentums vom Judentum noch nicht abgeschlossen ist, sondern bis ins 4. Jh. (vgl. Epiphanius, pan. 30) andauert.

Charakteristische Merkmale der Theologie der E., die von den Evv. nur das MtEv. anerkannten, sind ihre Kritik an der Lehre von der → Jungfrauengeburt Jesu und ihr Festhalten am jüd. Gesetz. Sie praktizieren weiterhin die Beschneidung und betrachten Paulus als Gesetzesabtrünnigen. Wegen ihres Bekenntnisses zu Jesus werden sie jedoch auch von der jüd. Synagoge verworfen. »Da sie Juden und Christen sein wollen, sind sie weder Juden noch Christen«, schreibt Hieronymus (ep. 112,13).

Der Sammelbegriff → Judenchristen ist insgesamt zu vielschichtig und verlangt nach genauerer Differenzierung (z.B. auch im Hinblick auf gelegentlich zu beobachtende gnostische Einflüsse).

Lit.: G. Kretschmar: Die Kirche aus Juden und Heiden, in: Juden und Christen in der Antike, hg. von J. van Amersfoort, J. van Ort, 1990, 9-34; J. Maier: Jüdische Auseinandersetzung mit dem Christentum in der Antike (EdF 122), 1982; G. Strecker: »Ebioniten«, RAC 4, 1959, 487-500; ders.: »Judenchristentum«, TRE 17, 1988, 310-325.

W. A. Bienert

EC → Jugendbund »Entschieden für Christus«

Eccard, Johann → Kirchenmusik

Ecclesia → Gemeinde der Christen

Eck, Johannes (1486-1543)

E., geb. am 13. 11. 1486 in Egg an der Günz, gest. am 10. 2. 1543 in Ingolstadt, eigentlich Maier, nach seinem Geburtsort Egg an der Günz genannt, war seit 1510 Theologieprofessor an der Universität Ingolstadt.

Er wurde zunächst bekannt durch seine ethische Rechtfertigung der modernen Kapitalwirtschaft. Aufgeschlossen für den Humanismus, stand er zunächst in einem guten Verhältnis zu Luther. Durch Karlstadt wurden die beiden dann in eine theol. Auseinandersetzung getrieben, die 1519 bei der

Leipziger Disputation zum Austrag kam. E. trat dabei als der Verteidiger der herkömmlichen spätmittelalterl. Theologie und Kirche auf. Er brachte Luther dazu, seine Zweifel an der Unfehlbarkeit von Papst und Konzilien zu äußern. Den Sieg in der Disputation sprach die humanistische Öffentlichkeit dann aber doch nicht E., sondern dem »Ketzer« Luther zu. 1520 war E. an der Ausfertigung der Bannandrohungsbulle gegen Luther und danach an ihrer Bekanntmachung beteiligt. In der Folgezeit blieb E. einer der entschiedensten theol. Verteidiger der altgläubigen Kirche. Für den Augsburger Reichstag 1530 stellte er z.B. nicht weniger als 404 Artikel gegen Luther auf. Auftragsgemäß konnte er sich in Augsburg oder später in Regensburg aber auch um den konfessionellen Ausgleich bemühen. Insgesamt war es seine undankbare Rolle, den kath. Gegensatz gegen die Reformation hervorzuheben.

Lit.: E. Iserloh: Johannes Eck, 1981.

M. Brecht

Eckhart, Meister (ca. 1260 bis ca. 1327)

E., geb. um 1260 in Hochheim/Thüringen, gest. um 1327 in Avignon (?). Ob E. aus adligem Geschlecht stammt, ist ungewiß. Um 1280 trat er ins Dominikanerkloster Erfurt ein, studierte in Köln, war 1298 Prior und Ordensvikar in Thüringen, 1300-1303 und 1311-1313 Prof. an der Pariser Universität als Magister sacrae theologiae (daher: Meister), 1304 bis 1311 Ordensprovinzial der Saxonia, ab 1307 auch Generalvikar für Böhmen, ab 1314 Ordensprovinzial im Elsaß, ab 1325 Prof. an der Ordenshochschule Köln.

E.s Werk liegt noch keineswegs vollständig ediert vor. Es zerfällt in lat. und dt. Schriften. Die lat. Schriften erweisen ihn als einen der Tradition verpflichteten Scholastiker, der sich auf die herkömmlichen Autoritäten, besonders seinen Ordensbruder → Thomas von Aquin bezieht. Allerdings ist er mehr Exeget als Dogmatiker. Seine eigentliche Bedeutung hat er über seine dt. Schriften gefunden: drei Traktate und 45 Predigten. Er gilt als Vater der dt. Mystik und vertritt die »Ein-Bildung« des Glaubenden in den Seelengrund, in dem Gott dem Menschen liebevoll entgegenkommt und ihn zur Wiedergeburt bringt. Ob seine Gedankenwelt Intensivchristentum, Pantheismus oder Häresie ist, war immer umstritten. E. hatte viele Anhänger und Schüler, z.B. J. → Tauler und H. → Seuse, aber auch Randgruppen wie die Gottesfreunde und die → Begarden und Beginen, selbst die Brüder und Schwestern vom freien Geiste beriefen sich auf ihn. Sein Kölner Bischof ließ daher einen Ketzerprozeß gegen ihn führen. Eine päpstliche Bulle vom 27. 3. 1329 verurteilte 26 Schriftsätze aus seinen Werken, allerdings nur für die Kölner Diözese. Trotzdem geriet E. dadurch in Verdacht und Vergessenheit, auch wenn manche seiner Schüler, so z.B. Nikolaus von Kues seine Schriften sammelten und z.T. pseudonym herausgaben. Erst die Romantik (F. von → Baader und → Hegel) entdeckte E. wieder als den »erleuchtetsten Theologen des Mittelalters«. Seitdem wurde er besonders für Germanisten als Vater der mittelhochdeutschen Kunstsprache interessant, und im 20. Jh. haben ihn die Nationalsozialisten wegen seines Deutschtums gepflegt. Das neue Interesse an → Mystik läßt auch E. wieder hervortreten. Zweifellos gehört E. zu den unvergänglichen Lehrern und Lebemeistern des späteren MAs.

Lit.: J. Quint u.a.: Die deutschen und lateinischen Werke, 1936ff (noch unabgeschlossen); J. Quint (Hg.): Deutsche Predigten und Traktate, 1955.

A.M. Haas: Meister Eckhart als normative Gestalt geistlichen Lebens, 1979; ders.: Gott leiden, Gott lieben, 1989; K. Ruh: Meister Eckhart. Theologe, Prediger, Mystiker, 1985.

G. Ruhbach

Eddy, Mary Baker → Christliche Wissenschaft

Edel, Eugen → Pfingstbewegung

Edwards, Jonathan (1703-1758)

E. wurde nach dem Studium am Yale College Pfarrer der kongregationalist. Gemeinde in Northampton, Massachusetts, als Nachfolger seines Großvaters Solomon Stoddard (1643-1729). Weil er sich mit sei-

nem Versuch, eine strenge Abendmahlszucht einzuführen, nicht durchsetzen konnte, wurde er 1750 abgesetzt, war Prediger in Stockbridge und wurde 1757 zum Präsidenten des Princeton College berufen, wo er aber bald nach Dienstantritt starb.

Seine mehr als 1000 Predigten erweisen ihn als bedeutenden Exegeten und Systematiker in der Tradition des Puritanismus Neuenglands; sie waren zumeist gegen den Arminianismus gerichtet. Ab 1734/35 kam es zu »Erweckungen«, die er 1737 beschrieb (A Faithful Narrative of the Surprising Work of God in the Conversion of Many Hundred Souls). Hier und anderswo erweist er sich als einfühlsamer Seelsorger und als Vorläufer der Religionspsychologie. Vor allem aber wird er zum Verteidiger der »Großen Erweckung« (Great Awakening), die das Prädikat »groß« weniger wegen der Zahl als wegen des Unerwarteten und darum Überraschenden, mit dem sich die Bekehrungen vollzogen, verdiente. Sein Gegenspieler war Charles Chauncy in Boston, der die Gefühlsregungen (affections) angriff. E. erwiderte mit dem Hinweis auf »gnädige« und »heilige« Gefühle (gracious, holy affections). Er wird Verteidiger der calvinist. Prädestinationslehre, die er gegen die arminianische Willensfreiheit verteidigte (Freedom of the Will, 1754). Er versuchte auch, die Erkenntnistheorie John Lockes (1632-1704) in sein Denken einzubeziehen. Seine erst posthum veröffentlichten Werke On the Nature of True Virtue und Concerning the End for Which God Created the World erweisen ihn als spekulativen Ontologen und Geschichtstheologen. Der Aufrichtung des Königreiches Christi dienen Werkbund (covenant of works = Naturgesetz) und Gnadenbund (covenant of grace). Letzterer ist weniger systematisch entfaltet, sondern ordnet die eigenen Erfahrungen der Erweckung in das Auf und Ab von göttlichen Gerichts- und Gnadenzeiten ein. Auf dieser Linie erwartete er den Anbruch des Tausendjährigen Reiches in Amerika.

E.' Einfluß war beträchtlich. Er gilt noch heute als bedeutendster Theologe Nordamerikas. Erst jüngste Veröffentlichungen seiner literarischen Hinterlassenschaft haben die Breite und Tiefe seiner Gedanken gezeigt.

Lit.: The Works of Jonathan Edwards, 1957ff.

E.S. Gaustad: The Great Awakening in New England, 1957; S.H. Lee: The Philosophical Theology of J. Edwards, 1988.

E. Geldbach

Egede, Hans → Skandinavien

Egoismus

Der E., als Begriff seit dem 18. Jh. allg. gebräuchlich, bezeichnet eine Haltung, die eigene Zwecke und Ziele den Zwecken und Zielen anderer grundsätzlich vorordnet. Im Rahmen einer Ethik wird E. meist im Zusammenhang mit seinem Gegenbegriff Altruismus behandelt, wobei Altruismus eine Haltung ist, in der es wesentlich um die Wahrung fremder Interessen geht. In der phil. Ethik ersetzt man heute E. gelegentlich durch den Begriff Selbstinteresse. Was das Verhältnis von Selbstinteresse zu Fremdinteresse angeht, so lassen sich, gerade auch unter Einbeziehung tiefenpsych. Erkenntnisse, etwa folgende Ergebnisse festhalten: Selbstinteresse und Fremdinteresse sollten keine einander ausschließenden Gegensätze bilden, sondern in einer gesunden Spannung zueinander stehen. Ein vernünftiges Verfolgen fremder Interessen dient dabei stets berechtigten Eigeninteressen. So gemeinschaftzerstörend ein reiner E. sein kann, so verkehrt wäre ein unbedingter Altruismus. Dieser kann sogar einem krankhaften Selbstaufopferungswillen (Masochismus) entsprechen oder Ausdruck eines Helfer-Syndroms sein (»Ich brauche zu meiner Selbstbestätigung andere Menschen, um die ich mich unablässig kümmere«). Er wäre damit nur eine Spielart des E., der wie falsch ausgeübte Nächstenliebe den anderen an sich bindet oder Macht über ihn gewinnt. Diese Erkenntnisse kann christl. Ethik aufnehmen und sie noch vertiefen. Denn gerade in der Selbstliebe des Menschen in all ihren Formen sieht sie den tiefsten Ausdruck seiner sündhaften Verkehrtheit, die auch die Formen frommer Selbstsucht und pharisäerhafter Selbstgerechtigkeit annehmen kann. Nur Christus kann den Menschen daraus befreien. Denn wer aus der Gewißheit des Heils lebt, hat sich um sich selbst ausgekümmert und ist frei zu echter Nächstenliebe. Allerdings entsteht aus der Formulierung des Gebotes »Du sollst deinen Nächsten lieben wie dich selbst« die Frage: Soll man sich selbst zuerst lieben, weil ohne rechte Selbstliebe keine Nächstenliebe möglich ist? Augustin hat diese Frage bejaht. Die kath. Ethik ist ihm darin weitgehend gefolgt. Luther und nach ihm viele prot. Ethiker sehen es anders. Für sie kann Eigenliebe als Ausdruck der Sündhaftigkeit des Menschen nie bestimmend sein für Nächstenliebe. Dennoch müssen sich beide Standpunkte nicht völlig ausschließen. Denn im Glauben wird der Christ zwar die sündhafte Eigenliebe mit Christus in den Tod geben. Andererseits wird er in einem durch Christus befreiten Leben auch sich selbst annehmen, weil er von Christus angenommen ist. Er wird seinen E. überwinden, indem er in Christi Kraft seinem Nächsten das zukommen läßt, was er selber von Gott erwarten darf. Hier ist Selbstannahme nicht E., sondern dankbares Echo auf Gottes Liebe.

Lit.: O. Höffe: »Selbstinteresse«, Lexikon der Ethik, hg. von O. Höffe, [2]1980, 215-216; W. Lütgert: Ethik der Liebe, 1938, 17-21; N.H. Søe: Christliche Ethik, 1949 (Selbstliebe).

K.H. Bormuth

Ehe, -bruch, -scheidung

a) biblisch

1. Ehe

Die umfassendste bibl. Deutung der E. gibt Eph 5,22-33. Was E. in Gottes Augen ist und was sie in der Kraft des christl. Glaubens werden kann, wird hier gleichnishaft am Verhältnis des auferstandenen Christus zu seiner Gemeinde geschildert. Demnach ist die E. zu verstehen als ein Einübungsfeld in gelingende, liebende Kommunikation auf der Grundlage einer schon durch die E. gesetzten, von Gott verliehenen Einheit der Eheleute. Gleichzeitig wird an diesem Abschnitt deutlich, daß die hier beschriebene Dimension der E. nur im Glauben erfahrbar ist (5,22 »als dem Herrn«; 5,25 »gleichwie Christus«).

Die Deutung der E. als Kommunikationsgeschehen greift Grundeinsichten atl. Anthropologie auf. Der Mensch ist Geschöpf eines trinitarischen, kommunizierenden Gottes (1Mo 1,26). Seine Berufung zum Ebenbild Gottes meint, daß er diese Wesensart Gottes, die sich in Liebe und Fürsorge zeigt, repräsentieren soll. E. und Gemeinde sind dafür vorrangige Praxisfelder. Die Institution der E. ist, bibl. gesehen, eine Stiftung Gottes. Mit der komplementären Erschaffung von Mann und Frau ist die E. gesetzt. Indem Adam eine Frau – und nicht mehrere – als sein Gegenüber bekommt, ist die E. monogamisch konstitutiert. Indem Eva zur ganzheitlichen Hilfe für Adam bestimmt wird, ist die lebenslange Dauer der E. begründet, denn eine Gemeinschaft auf Abruf vermag kein Programm ganzheitlicher Hilfe zu vermitteln (1Mo 2,18).

Nach der atl. Überlieferung hat Lamech aus der Nachkommenschaft Kains eigenmächtig die Mehrehe eingeführt (1Mo 4,19). Die Mehr- bzw. Vielehen der Erzväter und Könige Israels werden mit ihren emotionalen, erzieherischen, erbrechtlichen und geistl. Nöten offen geschildert. Die Bewertung der Monogamie als die von Gott eingesetzte Eheform bleibt jedoch in den Ehevorschriften für die Priester und Könige (!) erhalten (3Mo 21,13ff; 5Mo 17,17). In Israel bis zur Zeit Jesu war sie die normale Eheform.

Als Stiftung Gottes und damit als besonderes Rechtsgut genießt die E. in den atl. Rechtsvorschriften einen hervorragenden Schutz (2Mo 20,14; 5Mo 5,18; 3Mo 20,10; 5Mo 22,12, vgl. 1Mo 20,19). Die eheliche Treue galt als hochrangiges Gut (Spr 5,18f; Mal 2,14-16).

Als Spruch atl. Eheweisheit kann 1Mo 2,24 gelten. Das »Verlassen«, das »Freigeben« und das beständig wiederholte »Anhangen« sind elementare – auch psych. begründbare – Voraussetzungen für das Gelingen der E., für das »Ein-Fleisch-Sein«, d.h. für die beglückende Erfahrung der Einheit in der Verschiedenheit.

Grundlegend für das ntl. Ehebild ist die seelsorgerl. akzentuierte geschlechtsspezifische Zuordnung der Geschlechter. Der Mann wird ermahnt, im Blick auf Christus Hingabe und Verantwortung für seine Frau und Familie zu lernen und zu üben (Eph 5,25ff; Kol 3,19; 1Petr 3,7). Die Frau wird ermahnt, sich nicht über den Mann zu überheben, sondern ihm im Geist der Unterordnung zu helfen (Eph 5,22ff; Kol 3,18; 1Tim 2,12; Tit 2,5; 1Petr 3,1-6). Das Hauptsein des Mannes ist als Ausdruck für seine Verantwortungsverpflichtung zu verstehen und die geforderte Unterordnung der Frau darf nicht als Unterwürfigkeit gedeutet werden, sondern als Verpflichtung zum Hilfesein. Auch 1Kor 11,1-16 sollte nicht strukturell im Sinn einer Rang- oder Stufenfolge ausgelegt werden. Hier geht es um die Frage der Ehrerbietung. So wie der Mann Christus als sein Haupt ehren soll, weil er von ihm Wesen und Würde echten Mannseins empfängt, so soll die Frau den Mann als ihr Haupt ehren, weil sie Sinnbestimmung und Lebenserfüllung im Hilfesein für ihn findet. Beide, Mann und Frau, sollen an der Ehre, die Christus Gott als seinem Haupt gibt, die ihnen gebotene spezifische Ehrerbietung lernen und verwirklichen.

In der bibl. Perspektive hat die Intimgemeinschaft von Mann und Frau ihren Platz ausschließlich in der E. Vorehelicher Intimverkehr gilt als Unzucht, außerehelicher Intimverkehr mit einer verheirateten Frau gilt als Ehebruch (s. 2.). Das eheliche Intimleben wird in das Licht der ntl. Liebesethik gestellt. Da die Liebe nicht das Ihre sucht, geben beide Ehegatten die Verfügung über ihre Sexualität gegenseitig ab und suchen die Beglückung des anderen (1Kor 7,4).

Die E. beginnt nach bibl. Auffassung mit der Heimholung der Braut durch den Bräutigam unter Anteilnahme der Öffentlichkeit (1Mo 29,12; Ri 14,10ff; Mt 22,1ff; 25,1ff; Joh 2,1ff). Sie endet mit dem Tod eines Ehegatten (Röm 7,2; 1Kor 7,39) bzw. durch Scheidung (s. 3.).

2. Ehebruch

Der Hochschätzung der E. als Stiftung Gottes entspricht im AT ihr öffentlich-rechtlicher Schutz. Schon die Verführung eines noch nicht verlobten Mädchens zum Intimverkehr zog strafrechtliche Folgen nach sich (2Mo 22,15f; 5Mo 22,28f). Die Verführung eines verlobten Mädchens war genauso wie der Intimverkehr mit einer verheirateten Frau bei Todesstrafe verboten (5Mo 22,22-27). Auch die Bestimmung, daß eine Frau, die ihrem Verlobten ihre eigene voreheliche Unzucht verschwiegen hatte, nach der Hochzeit gesteinigt werden konnte, diente dem Schutz der E. (5Mo 22,13-21). Der Begriff des E.bruchs wird in 3Mo 20,10 verwendet (s.a. 2Mo 20,14; 5Mo 5,18; 4Mo 5,11-31; Spr 7,10-27). Aufgrund dieser Belege läßt sich E.bruch im atl. Sinn definieren als der außereheliche Intimverkehr einer verheirateten Frau. Die Ehefrau, der von Gott die Weitergabe menschlichen Lebens anvertraut ist, trägt gleichzeitig die Verantwortung vor Gott für die Reinheit ihrer E.

Das NT hält an der strengen Verurteilung des E.bruchs fest (1Kor 6,9). Das Gebot »Du sollst nicht ehebrechen« deckt nach Jesu Auslegung in den Antithesen der → Bergpredigt den sexuellen Egoismus des Mannes auf und soll ihn zur Umkehr bewegen. Erst der durch Christus erneuerte Mensch vermag aber durch die ihm verliehene Liebe seine ehebrecherischen Gedanken zu überwinden. Der Begriff des E.bruchs erfährt durch Jesus eine radikale Veränderung. Da er an der Unauflöslichkeit der E. festhält, bezeichnet er eine Wiederheirat nach Scheidung zu Lebzeiten des früheren Ehegatten als E.bruch. Die vor Gott unlösbare, also auch nach der Scheidung weiterexistierende E. wird durch eine erneute Heirat gebrochen (Mt 5,27-32; 19,8; vgl. Mk 10,10-12; Lk 16,18).

3. Ehescheidung

Ein ausgesprochenes Ehescheidungsrecht kennt weder das AT noch das NT. Das bibl. Bild der E. als einer Stiftung Gottes, in welcher sich die unkündbare Treue des auferstandenen Christus zu seiner Gemeinde abbildet, schließt die Möglichkeit einer Scheidung aus. Mit dem gegenseitigen, öffentlichen, auf Lebenszeit gegebenen Treueversprechen tritt das Ehepaar in die göttliche und damit unauflösbare Stiftung der E. ein. In diesem Sinn sind die beiden »von Gott zusammengefügt« (Mt 19,6; Mk 10,8).

Laut 5Mo 24,1-4 hat Mose die Möglichkeit zur Scheidung gegeben »im Blick auf die Herzenshärtigkeit« Israels (Mt 19,8; Mk 10,5). Die Herzenshärtigkeit ist nicht der Grund, sondern der Zweck dieser Anordnung. Jede Scheidung dient ihrer Herausstellung, offenbart Israels geistl. Verstockung und wird damit zum Straf- und Gerichtsgeschehen.

Eine besondere Situation schildern das Buch Esra und Nehemia. Einige der Mitte des 5. Jh.s v.Chr. von Babel nach Jerusalem zurückgekehrten Juden hatten sich heidnische Frauen genommen. Die geistl. und nationale Identität Israels stand auf dem Spiel. In dieser heilsgeschichtl. Ausnahmesituation entschlossen sich Esra und Nehemia, die Betreffenden zur Scheidung aufzufordern (Esra 9; 10; Neh 13). In Mal 2,10-16 wendet sich der Prophet eindringlich gegen die unter den heimgekehrten Juden aufkommene Tendenz, sich von ihren Frauen zu scheiden und heidnische Frauen zu heiraten.

Die ablehnende Stellungnahme Jesu zur Ehescheidung ist in den Texten Mk 10,1-12 und Lk 16,18 eindeutig. Schwierig ist das Verständnis der beiden einschlägigen Texte im MtEv. 5,31f und 19,3-9 wegen der hier auftretenden sog. Unzuchtsklauseln. Es ist hier an den ursprünglichen speziellen, nämlich jüd. und judenchristl. Leserkreis des Matthäusevangeliums zu denken. Mit »Unzucht« scheint Mt wie im sog. Aposteldekret (Apg 15,29) bestimmte, nach 3Mo 18,6-18 verbotene »Unzuchtsehen« anzusprechen. Es ist wahrscheinlich, daß die E. des Herodes Antipas mit der Herodias, seiner Nichte und früheren Frau seines Bruders Philippus, die eine solche verbotene Eheform darstellte, den aktuellen Anlaß für diese Stellungnahme Jesu abgab. Die weitverbreitete Deutung der Unzuchtsklauseln als außerehelichen Intimverkehr der Frau ist jedenfalls abzulehnen, denn dies ist »Ehebruch« und wäre von Mt mit einem eigenen Begriff benannt worden.

Die Lehrauffassung des Apostels Paulus zur E.scheidung ist mit derjenigen Jesu identisch (1Kor 7,10). Christen sollen sich nicht scheiden. Falls sie schon geschieden sind, sollen sie ehelos bleiben oder sich wieder mit ihrem Ehegatten aussöhnen. Die Möglichkeit einer Wiederheirat nach erfolgter Scheidung eröffnet Paulus nicht (1Kor 7,11). Für den Fall, daß in einer E. von zwei Nichtgläubigen einer zum Glauben findet, erteilt Paulus folgende Weisung: Der Gläubige soll an der E. festhalten. Falls der ungläubige Teil sich scheiden lassen will, muß der gläubige Teil nicht um jeden Preis die E. aufrechterhalten (12-16). Aber auch in diesem Fall eröffnet der Apostel nicht den Weg in eine andere E. (V. 39).

Lit.: H. Baltensweiler: Die Ehe im Neuen Testament, 1967; J. Cochlovius: Lieben und Helfen. Ein Eheseminar, ²1990; G. Friedrich: Sexualität und Ehe. Rückfragen an das Neue Testament, 1977; W.A. Heth, G.J. Wenham: Jesus and divorce, ²1985; J.C. Laney: . . .bis der Tod euch scheidet? Scheidung und Wiederverheiratung, 1988; W. Neuer: Mann und Frau in christlicher Sicht, ³1985; ders.: »Ehe, Ehescheidung, Ehelosigkeit«, GBL 1, 1987; C.H. Ratschow, J. Scharbert, Z.W. Falk, B. Reiche, H. Cronzel, L. Brink, M.E. Schild, H. Ringeling, A. Stein: »Ehe, Eherecht, Ehescheidung« I-IX, TRE 9, 1982, 308- 362 (Lit.); C.-D. Stoll: Ehe und Ehescheidung. Die Weisungen Jesu, 1983.

J. Cochlovius

b) theologiegeschichtlich

1. In der Alten Kirche vollzog sich die Ausbildung des kirchl. E.verständnisses in ständiger Auseinandersetzung mit einer hell.-platonischen Leibfeindlichkeit, die in der christl. Gnosis gleichermaßen zu asketisch-zölibatären (ebenso bei Marcion und im Montanismus) wie zu libertinistischen Ehekonzepten führte. Daneben trugen auch die vielfältigen Probleme der ersten Jh.e mit Mischehen, E.bruch (neben Mord und Abfall vom Glauben eine der drei Todsünden), E.scheidung, Wiederverheiratung, insbesondere bei Klerikern, dazu bei, daß sich innerhalb der Kirche bis ins Spätmittelalter ein äußerst spannungsreicher E.begriff durchsetzte. Einerseits galt die E. als ein Gut, dessen Zweck in der Kinderzeugung, der ehelichen Treue und der Verhütung von Unzucht liegt. Der bibl. Aspekt der gegenseitigen Liebe und personalen Gemeinschaft (1Mo 2,18) kam nur noch vereinzelt in den Blick (→ Clemens v. Alexandrien). Auf der anderen Seite vollzog sich durch die Abwertung der E. gegenüber der monastischen E.losigkeit, die als die reinere Form der Christusnachfolge verstanden wurde, eine Degradierung des E.standes. Dieser Trend setzte sich durch die augustinische Erbsündenlehre fort, in der die Begierde (lat. *concupiscentia*) als die eigentliche Form der Erbsünde verstanden wurde, die es folglich auch im Geschlechtsakt auszuschalten galt. Die geschlechtliche Gemeinschaft in der E. war somit allein als lustfreie Zeugung von Kindern erlaubt.

2. Dieser Spannung begegnete das Hochmittelalter mit einer zunehmenden Klerikalisierung und Sakramentalisierung. Die E.schließung war etwa bis zur Jahrtausendwende ein rein weltlicher Vorgang, der durch einen E.vertrag zwischen dem Freier und dem Vormund der Braut rechtlich begründet (Muntehe) und durch den Geschlechtsakt gültig vollzogen wurde. Dagegen wurde schon im Decretum Gratiani (1140) die geistl. Gerichtsbarkeit in E.fragen festgeschrieben. Die E. galt durch die Übereinkunft der E.leute als geschlossen (lat. *consensus facit nuptias*) und durch den Geschlechtsakt vollzogen (Verbindung von röm. mit german. Recht). In Anlehnung an Eph 5,22-33 vollzog sich parallel eine Sakramentalisierung der E., die von den Konzilien von Verona (1184) und Lyon (1274), endgültig vom Konzil von Florenz (1439), bestätigt wurde. Danach spenden sich die Eheleute im Beisein eines Priesters gegenseitig das Sakrament.

3. Gegen den Sakramentscharakter der E. und ihre gleichzeitige Abwertung gegenüber dem monastischen Ideal des Zölibats erhob sich der heftige Widerspruch der Reformation. Luther verstand die E. als ein »weltlich Ding«, das zwar von Gott als heiliger und ihm wohlgefälliger Stand verordnet und eingesetzt ist (*ordinatio* und *institutio divina*), aber als Teil des weltlichen Regiments Gottes dem geistl. Regiment des Glaubens gegenübersteht (→ Zwei-Reiche-Lehre). Die E. gibt nicht Gnade vor Gott, sondern Gott gibt den E.leuten seine Gnade zur E. Damit ist sie ebenso wertvoll wie die E.losigkeit (1Kor 7,7), was für Luther die Ablehnung des Zölibats und der Klostergelübde begründete. Mit dem Wegfall des sakramentalen Charakters war für Luther aber auch die E.scheidung aus verschiedenen Gründen (E.bruch, Verlassen des E.partners, Impotenz) möglich. Er urteilte in dieser Beziehung in der Regel seelsorgerl.-pragmatisch. Die E.gerichtsbarkeit wurde in die Hände der Konsistorien gelegt, einem weltlichen Gremium mit geistl. Beisitzern.

Trotz der weitreichenden reformat. Durchdringung blieb in Luthers E.begriff eine gewisse Spannung erhalten. Diese wurzelt – analog zu Augustin – in der fehlenden Unterscheidung zwischen dem geschöpflichen, natürlichen Geschlechtstrieb und seiner egoistischen Verzerrung zu sündhafter Begierde. Demgegenüber unterschied er zwischen einem guten, natürlichen Fortpflanzungstrieb und sündiger Lust, die vom Geschlechtsakt so weit als möglich fernzuhalten war. Entsprechend war auch für Luther der E.zweck weniger die personale Liebesbeziehung zwischen Mann und Frau und die damit verbundene Freude, als in erster Linie die Kinderzeugung und der Schutz vor Unzucht. Damit gab auch er dem – abgesehen vom Adel – allg. und bis ins 18. Jh. gültigen Lebensgefühl Ausdruck, das E. und Liebe als zwei isolierte Größen betrachtete. Unter den Reformatoren war es einzig M. Bucer, der den partnerschaftlichen Charakter der E. betonte.

4. Auch der → Pietismus wertete das Lustgefühl im Geschlechtstrieb als Sünde, die es zu unterbinden galt. Diese Auffassung führte hinsichtlich des E.be-

griffs zu einem überaus schillernden Bild. In den Reihen radikaler Gruppierungen gab es sowohl asketisch-platonisierende E.auffassungen einer rein geistigen Beziehung als auch libertinistische Exzesse. Zu einer Überhöhung der ehelichen Geschlechtlichkeit kam es im Verständnis Zinzendorfs, dessen eigentliches Anliegen in der Aufwertung der E. als gottgewollter Lebensgemeinschaft lag. Im Anschluß an den paulin. Vergleich der E. mit der Beziehung Christi zur Gemeinde (Eph 5,22-33) verstand er den Geschlechtsakt als Äquivalent der Vereinigung Christi mit der Gemeinde, der fern jeglicher Lustbefriedigung als sakramentaler Akt vollzogen werden solle.

5. Während die → Aufklärung die E. in rationalistischer Weise als vertragliche Vereinbarung (die auch prinzipiell auflösbar ist) zum gemeinsamen Leben und der Zeugung von Kindern verstand, kam es im Zuge der Romantik zur einer umfassenden Neubewertung ehelicher Liebe als tiefer seelischer Gemeinschaft und Lebenserfüllung. Damit ging eine Privatisierung der E. und ihre gleichzeitige Überforderung durch ein überzogenes Harmonie-Ideal einher. Entsprechend dem Charakter der E. als ewige Liebesbeziehung galt sie als unauflöslich, so daß z.B. Schleiermacher die E.scheidung ablehnte.

Im 20. Jh. steht neben Bemühungen, die E. von der Schöpfungsordnung her zu begründen (luth.: W. Elert, P. Althaus, H. Thielicke; ref.: E. Brunner), eine zunehmende Resignation christl. Eheethiker. Es ist angesichts der im Zuge der Säkularisation einhergehenden Liberalisierung zwischenmenschlicher Beziehungen zunehmend schwieriger, bibl. Maßstäbe in einer pluralistischen Gesellschaft zu vermitteln. Eine fundierte christl. Begründung der E. wird aber umso dringlicher, je mehr die gängige Unverbindlichkeit in E.fragen zu gesellschaftl. Verfallserscheinungen führt.

Lit.: W. Elert: Morphologie des Luthertums, Bd. 2, (1932) [2]1953; C. H. Ratschow, J. Scharbert, Z. W. Falk, B. Reicke, H. Crouzel, L. Brink, M. E. Schild, H. Ringeling, A. Stein: »Ehe, Eherecht, Ehescheidung«, TRE 9, 1982, 311-362; H. Thielicke: Eros und Agape. Ethik der Geschlechter, in: Theologische Ethik, Bd. 3, 1964, 507-810.

V. Gäckle

c) systematisch-theologisch

1. Ehe

Da weder im AT noch im NT die Eheschließung mit einer Heilszusage Gottes verbunden ist, muß die ev. Theologie an Luthers Entscheidung, den sakramentalen Charakter der E. zu bestreiten, festhalten. Der Ehestand ist ein »weltlich Geschäft« (Traubüchlein 1529). Luther meint damit nicht, daß sie menschlicher Verfügung oder Willkür unterstellt sein soll, sondern daß sie ein mit der Erschaffung des Menschen gesetzter und nur für die irdische Lebenszeit geltender Stand ist (vgl. Mt. 22, 30 par.).

Nach der bibl. Offenbarung ist die E. der von Gott gestiftete Stand für die Gemeinschaft eines Mannes mit seiner Frau. Der Schöpfungsbericht und die Paradieserzählung in 1Mo 1 u. 2 sind also konstitutiv für eine theol. Begründung der E.

Der Ehestand als Stiftung Gottes ist »Schöpfungs- und Erhaltungsordnung«, gleichzeitig »Voraussetzung für die Chance des Heils« (Thielicke, Theol. Ethik III, 2220ff). Schöpfungsordnung ist die E., weil sie allen Menschen gilt. Erhaltungsordnung ist sie, weil sie das Miteinander der Geschlechter in einer gefallenen Welt ordnet und damit sichert, konkret gesagt: weil sie den Egoismus der Geschlechter durch die den Ehegatten auferlegte Verantwortung füreinander und für die Kinder zügelt.

Der Zweck der E. ist nach 1Mo 1,26f und 1Mo 2,18 als Kommunikations- und Hilfsgemeinschaft zu definieren. Mann und Frau sind Geschöpfe des trinitarischen, in drei Personen mit sich selbst kommunizierenden Gottes. Damit sind die Ehegatten zur Kommunikation berufen. Im Gespräch, durch Fürsorge, Anteilnehmen sowie gegenseitige leibliche Beglückung soll und kann sich der Zweck der E. verwirklichen. Gleichzeitig ist sie damit Vorbereitung auf die ewige Kommunikation des erlösten Menschen in Gottes Vollendungswelt.

Die Frau ist berufen, ihrem Mann im umfassenden Sinn des Wortes Hilfe zu sein. Der Gehalt des Begriffs »Hilfe« ist dabei vom Hilfe-sein Gottes zu bestimmen. Keineswegs ist damit gemeint, daß die Frau Erfüllungsgehilfin der Wünsche ihres Mannes sein soll. Vielmehr soll sie ihm helfen, ein Mann nach dem Bilde Gottes zu werden, ein Mann, der sich in liebender Verantwortung für seine Frau und Familie einsetzt. Die schöpfungsgemäße leibliche und seelisch-geistige Veranlagung der Frau zur Mutterschaft bildet eine elementare Voraussetzung für ihr Hilfe-sein gegenüber ihrem Mann. Der Mann ist aufgerufen, die ganzheitliche Hilfe seiner Frau anzunehmen und ihr mit Hingabe und Treue lebenslang beizustehen.

Mit der Berufung der Frau zur Hilfe ihres Mannes ist die E. ein für allemal monogam und auf Lebenszeit eingesetzt. »Hilfsgemeinschaft« kann nämlich nur die monogame E. sein, »weil nur durch diese Form der Ehe dem Gatten das ganze Leben und Vermögen ohne Teilung dargegeben wird« (Schlatter, Die christliche Ethik, 341). Ebenso verhält es sich mit der Dauerhaftigkeit. Nur wenn Mann und Frau sich verbindlich, d.h. öffentlich, den Willen zur lebenslangen Treue bezeugen und damit in den Stand der E. eintreten, vermag ihre Gemeinschaft ganzheitliche Hilfe und echten Beistand zu vermitteln.

Die E. als Schöpfungs- und Erhaltungsordnung trägt die göttliche Verheißung, daß die Ehegatten »ein Fleisch«, d.h. eine von Gott selbst gewährleistete und gesegnete Gemeinschaft sind (1Mo 2,24). Beide dürfen sich bei aller bleibenden Verschiedenheit im gelebten Füreinander als eine beglückende Einheit erfahren, in der jeder für die ergänzende Andersartigkeit des anderen dankbar wird.

Zu Recht werden in der neueren theol. Ethik Bedenken gegen eine »Verzweckung« der E. geäußert (Rendtorff, Ethik Bd. 2, 19), wenn etwa die E. hauptsächlich mit der Fortpflanzung, mit der Erhaltung des Eigentums, mit der Bildung der Persönlichkeit (Schleiermacher) oder mit der Abwehr von Unzucht begründet wird. Wenn wir hier den Zweck der E. als Kommunikations- und Hilfsgemeinschaft bestimmen, dann unternehmen wir jedenfalls keine neue »Verzweckung«. Diese theol. Sinnbestimmung der E. ist vielmehr zutiefst im Wesen ihres Stifters begründet: Gottes Wesen ist Kommunikation und helfende Liebe.

Die theol. Definition der E. schließt eine soziologische oder juristische Betrachtungsweise nicht aus, aber sie transzendiert sie. Einer mit der Aufklärungszeit aufgekommenen rein juristischen Beschreibung der E. als zwischenmenschlicher Vertrag (so schon Kant, Metaphysik der Sitten, § 24) muß aber um Gottes und des Menschen willen widersprochen werden. Der Stiftungscharakter wird dadurch ausgehöhlt, und dem Menschen wird die Last aufgebürdet, die E. zu »halten«, während doch in Wirklichkeit die E. ihn halten will.

Die E. beginnt mit dem öffentlichen, gegenseitigen, auf Lebenszeit gegebenen Treueversprechen, wobei die Öffentlichkeit durch unterschiedliche Institutionen repräsentiert werden kann (in Deutschland seit dem Personenstandsgesetz von 1875 durch das Standesamt). Die Bestimmung des E.endes hängt von der E.auffassung ab. Als auf Lebensdauer angelegte Stiftung Gottes verstanden, endet die E. mit dem Tod eines Ehepartners (Röm 7,2; 1Kor 7,39). Als menschlicher Vertrag verstanden, endet sie mit der öffentlich bestätigten Vertragskündigung durch einen E.gatten (s. u. 3.).

Wie alle anderen menschlichen Beziehungen ist auch die E. seit dem Sündenfall dem Mißbrauch durch den → Egoismus preisgegeben. Die Chance beglückender Kommunikation wird verfehlt. Statt Hilfsgemeinschaft zu sein, ist sie in der Gefahr, Kampffeld der Geschlechter um Macht und Vorherrschaft zu werden. Die Monogamie wird durch Polygamie einschließlich sukzessiver Polygamie in Frage gestellt. Die lebenslange Dauer wird durch Scheidung aufgehoben. Ihre Ausschließlichkeit wird durch nichteheliche Beziehungen unterlaufen. Daß die E. angesichts dieser massiven Infragestellung überhaupt noch existiert, ist ein deutlicher Hinweis auf ihre göttliche Stiftung.

Erst der durch den Glauben an Christus erneuerte Mensch vermag dank der Liebe, die er empfängt, im bibl. Ehekonzept die Liebe Gottes zu entdecken. Die E.frau empfängt aus der Liebe Gottes die Kraft, sich ihrem Mann unterzuordnen und die Weisheit, ihm helfen zu können. Der E.mann läßt sich durch das Bild Christi zu Hingabe und Verantwortungsbereitschaft verändern (Eph 5,22-33). So gewährleistet der Glaube zwar keine vollkommene E., aber er befreit die E. zu gelingender Kommunikation, zu Dienst und Hingabe. Die E. kann heranreifen zum Abbild der Gemeinschaft, die Christus mit seiner Gemeinde pflegt. Die Geborgenheit, die sie gibt, wird zum Abglanz der Glaubensgeborgenheit, in welcher sich die Gemeinde wissen darf. Die Treue, die sich die E.gatten schenken, wird zum Hinweis auf die unwandelbare Treue Christi zu den Seinen. Dieser Abbildcharakter einer E., die aus der veränderten Kraft des Glaubens gelebt wird, ist die tiefste Bestimmung, welche die bibl. Offenbarung der E. überhaupt gibt.

2. Ehebruch

E.bruch als Eindringen in eine bestehende E. ist ein Vergehen gegen den Stifterwillen Gottes, der die E. als monogame Kommunikations- und Hilfsgemeinschaft dem Menschen gegeben hat, damit dieser in ihr die Fürsorge Gottes erkennen soll. Das neue Leben in der Gemeinschaft mit Christus sucht in der Kraft der Liebe Gottes das Beste des Nächsten. Der Christ, der aus dieser Kraft lebt, bleibt nicht bei einer bloßen Nicht-Verletzung der E. der anderen stehen, sondern er versucht, diese E.n nach Kräften zu schützen, zu stabilisieren und aufzubauen. »Also ist so viel gefordert, daß ein jeglicher für sich selbst keusch lebe und dem Nächsten auch dazu helfe« (Luther, Großer Katechismus). Das Leben im neuen Äon verhilft gleichzeitig zu einem neuen Bild vom jeweils anderen Geschlecht.

Der Mensch des anderen Geschlechts erscheint als Geschöpf Gottes, dem als solches eine einmalige Würde zukommt. Im Lichte des Wortes Gottes erkennt der Christ in sich selbst die Quelle sexueller egoistischer Gedanken (Mt 5,28), er darf aber Vergebung, Reinigung und Heiligung seines Verhältnisses zum anderen Geschlecht erbitten und empfangen. Ein Rückfall in ehebrecherische Verhaltensweisen kann durch Beichte und Vergebungszuspruch geistl. bewältigt werden (vgl. Joh 8,3ff).

Die sog. Unzuchtsklauseln in Jesu Worten von der E.scheidung (Mt 5,32; 19,9) wurden im Verlauf der Kirchengeschichte öfters, besonders seit Luther im Protestantismus als Erlaubnis ausgelegt, bei E.bruch eines E.gatten die Scheidung der E. zu vollziehen. Der Gesamtcharakter der → Bergpredigt als Proklamation der in Christus begonnenen Gottesherrschaft, die zu einem aus Liebe völlig erneuerten Leben führt, schließt jedoch faktisch aus, daß Jesus an die Möglichkeit gedacht hat, daß Christen noch E.bruch begehen könnten. Wahrscheinlich sind an diesen beiden Stellen eheliche Verbindungen gemeint, die nach jüd. Gesetz Unzucht waren (also E.n in bestimmten Verwandtschaftsgraden). Wenn in christl. E.n E.bruchshandlungen vorkommen, dann gehören sie in die Beichte und dürfen den Vergebungszuspruch empfangen. Zur Scheidung der E. müssen sie nicht führen. Daß ehebrecherisches Verhalten die E. als Stiftung Gottes zerstört, ist exegetisch nicht zu begründen (gegen Elert, Das christl. Ethos, 132). Die Kraft der Vergebung Gottes ist stärker als das Zerstörungspotential, das zweifellos durch den E.bruch freigesetzt wird.

3. Ehescheidung

Der Wert und die Schönheit der E. als göttliche Stiftung bestehen darin, daß das E.paar in ihr abbildmäßig die Fürsorge und die Treue Gottes erfahren kann. Die Dauerhaftigkeit der E. ist also kein bloßes Attribut, über das zu diskutieren wäre, sondern ein Wesensmerkmal. Nur die auf Lebenszeit geschlossene E. vermag ein Abbild der Treue Gottes zu sein.

Nach dem schon zitierten Jesuswort Mt 19,6 soll die E. von Menschenhand nicht geschieden werden. Mit dieser autoritativen Aussage verleiht Jesus der E. den denkbar stärksten Schutz, und er erklärt sie faktisch für unantastbar. Der Gemeinde ist damit ein unaufgebbares E.bild zugesprochen, dessen Anspruch allerdings unerreichbar hoch zu sein scheint. Jesus selbst deutet es in Mt 19,11 an, daß der Mensch nur mit Hilfe Gottes diesem Anspruch genügen kann.

Das röm.-kath. Kirchenrecht hält prinzipiell an der Unscheidbarkeit gültig geschlossener sakramentaler und nichtsakramentaler E.n fest, kennt aber genau formulierte Dispens- und Aufhebungsbestimmungen. Im Luthertum galten als E.scheidungsgründe der E.bruch (unter Hinweis auf Mt 5,32; 19,9), das sog. böswillige Verlassen (nach 1Kor 7,15) und das sog. privilegium Paulinum (ebenfalls 1Kor 7,15), nach dem der christl. Teil in eine vom nichtchristl. Teil vollzogene Scheidung um des Friedens willen einwilligen darf. K. Barth hat die Frage aufgeworfen, ob jede geschlossene E. als von Gott zusammengefügt angesehen werden dürfe, und den »Grenzfall« offengehalten, daß eine E. »im Urteil Gottes keine haltbare Ehe ist« (KD III, 4, 237).

Der hohe Anspruch des von Jesus verkündigten E.bildes sollte aus Ehrfurcht vor dem Wort des Herrn, aber auch um der Würde der E. willen theol. durchgehalten werden. Wo er in der Verkündigung aufrechterhalten wird, muß er allerdings begleitet werden von intensiver Ermutigung zum Glauben, von der Fürbitte der Gemeinde, von bibl. orientierter E.schulung, und er muß gegründet sein im Vorbild gelingender E.n. Der Christ, der befreit ist von Herzenshärtigkeit (vgl. Mt 19,8), darf sich der Hilfe Gottes gewiß sein, wenn er in E.krisen an der E. festhält und den Gedanken an eine Scheidung abweist. Dabei bleibt ihm um des Friedens (oder auch um der Kinder) willen die Möglichkeit einer – zeitweisen – Trennung offen, wenn der E.gatte es will (1Kor 7,15). Auch in diesem Fall wird er sich seinem E.gatten weiterhin vor Gott verbunden wissen und deswegen eine andere E. nicht suchen (vgl. 1Kor 7,11).

Die staatliche Scheidungsgesetzgebung hat in Deutschland seit der Aufklärungszeit mit der damals aufgekommenen sog. Konventionalscheidung eine insgesamt zunehmende Liberalisierung erfahren. In der nationalsozialistischen Zeit wurde das Zerrüttungsprinzip als möglicher Scheidungsgrund eingeführt (Ehegesetz von 1938), das über die sog. objektive Zerrüttung im Ehegesetz von 1946 dann im Ersten Eherechtsreformgesetz von 1976 zum einzigen Scheidungsgrund erhoben wurde. »In dem jahrhundertelangen Kampf um die Ehescheidung hatte die scheidungsfreundliche Partei über die scheidungsfeindliche gesiegt« (Hattenhauer, Die Privatisierung der Ehe, 18). Will man diese Rechtsentwicklung theol. bewerten, dann fällt vor allem das allmähliche Zurücktreten des Schuldfaktors auf. Menschliches Schuldigwerden vor Gott und den Menschen ist aber eine elementare Dimension menschlicher Existenz, die auf Strafe, Sühne und Vergebung angelegt und angewiesen ist. Der Verzicht des Gesetzgebers, diese Dimension anzusprechen, muß in der Perspektive bibl. Theologie als Ausdruck weit fortgeschrittener Entchristlichung der Gesellschaft gedeutet werden. Angesichts dieser

Entwicklung kommt auf Kirche und Gemeinde die immense Aufgabe zu, die in der Rechtsprechung verlorengegangenen Kategorien von Schuld, Strafe, Sühne und Vergebung zu bewahren und sowohl innerhalb ihrer Strukturen als auch gegenüber säkularisierten Menschen zu praktizieren und zu verkündigen, als Dienst vor Gott und für die Menschen.

Lit.: K. Barth: KD III/4, Die Lehre von der Schöpfung, 1951; O. Bayer (Hg.): Ehe. Zeit zur Antwort, 1988; Th. Bovet: Ehekunde 2 Bde., 1961/62; W. Elert: Das christliche Ethos, [2]1961; H. Hattenhauer: Die Privatisierung der Ehe, 1986; M. Holland: »Ehe und Ehebruch/Ehescheidung«, BBW, [2]1986; J.C. Laney: . . .bis daß der Tod euch scheidet? Scheidung und Wiederverheiratung, 1988; Rat der EKD (Hg.): Zur Reform des Ehescheidungsrechts in der Bundesrepublik Deutschland. Eine Denkschrift, 1969; C.H. Ratschow, J. Scharbert, Z.W. Falk, B. Reicke, H. Cronzel, L. Brink, M.E. Schild, H. Ringeling, A. Stein: »Ehe/Eherecht/Ehescheidung«, TRE 9, 1982, 308-362; T. Rendtorff: Ethik Bd. 2, 1981; A. Schlatter: Die christliche Ethik, [2]1924; C.-D. Stoll: Ehe und Ehescheidung. Die Weisungen Jesu, 1983; H. Thielicke: Theologische Ethik, 3. Bd., 1964; W. Trillhaas: Ethik, 1959; E. Wilkens (Hg.): Ehe und Ehescheidung. Ein Symposion, 1963.

J. Cochlovius

d) praktisch-theologisch

Aufgrund des bibl. Befunds ist jungen Menschen die E. in Predigt, Seelsorge und Unterricht als etwas Befreiendes und Beglückendes aufzuweisen. Vor allem wäre es angesichts der Institutionenfeindlichkeit junger Menschen nötig, darauf hinzuweisen, daß die Institution E. Schutz- und Schonraum der sexuellen Partnerschaft ist, nicht ihr Gefängnis. Es müßte – auch aufgrund von soziologischen und psych. Gutachten – klargemacht werden, daß es im Wesen der Sexualität selbst liegt, sich an den anderen und an ihn alleine zu binden, für immer mit dem anderen zusammenzubleiben, Treue zu geben und zu empfangen. So erwächst Gewißheit, daß der andere bei mir bleibt und mir der Boden des Vertrauens nicht weggezogen wird. Nur ein unbedingter und letztgültiger Treuebund wie die E. kann Glück auf Dauer und somit wahres Glück vermitteln, nicht »Test-Ehen« wie die E. auf Zeit oder freie Lebensgemeinschaften, in denen Angst, den anderen zu verlieren, Partnerschaft immer wieder gefährdet. Ähnliches gilt vom Zusammenleben auf Probe mit dem Ziel der E., nicht nur von alternativen Lebensformen anstelle der E. Die unbedingt liebende Liebe, die das Wesen erotischer Beziehungen ausmacht, wird hier von Vorbedingungen abhängig gemacht, ihre vorbehaltlose Hingabe durch Vorbehalte verfälscht. Unterderhand wird in solchen Probeehen der Partner zum Objekt erniedrigt, statt Subjekt zu sein. Nur die unwiderrufliche Zusage: »Ich kann mich auf dich verlassen, ich will dich nie verlassen«, macht E. aus und schenkt wahres, weil verläßliches Glück.

Viele Menschen fragen hier zurück: Kann ich das nicht auch ohne Trauschein haben? Warum brauchen wir die Öffentlichkeit des E.schlusses, warum die Rechtsform der E.? Sie ist wichtig, denn sie schützt nicht nur die Kinder, die eine verläßliche Zuwendung benötigen, sie schützt auch die Partner voreinander und den Partner vor sich selbst, sie schützt ihn vor seinem »alten Adam« und dessen Versuchungen.

So lebt die E. von der Vergebung, gerade auch, wenn sie in Gedanken, Worten und Werken gebrochen wird. Nicht der erhobene Zeigefinger, sondern der Hinweis auf Umkehr und Vergebung, von der alle E.leute immer neu leben, ist in der Seelsorge im Blick auf einen E.bruch wichtig. Daß Gottes unverbrüchliches Ja unser zerbrechliches Ja trägt, ist für christl. E. konstitutiv, nicht die Ideal-E. und Perfektion. Doch die größere Gefahr für die heutige E. ist nicht der E.bruch, sondern Langeweile, Gleichgültigkeit und das Aneinander-Vorbeileben der Partner. Die vielen »verkorksten« und »miesen« E.n, die nichts mehr von der Spannung und dem Geheimnis spüren lassen, die uns in der Bibel begegnen (Eph 5,32), sind es vor allem, die junge Menschen von der E. abschrecken. Die Liebe stirbt nicht an der E., sondern an Langeweile und Preisgabe der Mühe um den anderen (1Thess 4,4).

Jesus wollte die E. als grundsätzlich unscheidbaren, exklusiven und letztverbindlichen Treuebund wieder erneuern (Mt 19,5f). Es ist daher in der Seelsorge immer wieder zu versuchen, von der E.scheidung abzuraten. Trotzdem gibt es den Grenzfall, wo dieser grundsätzlich unauflösbare Treuebund der E. im Blick auf die »Herzenshärtigkeit« (Mt 19,8) geschieden werden kann. Bedenklich ist, daß dieser Grenzfall heute fast zum Normalfall geworden ist. Beständig ist nur noch der Wandel. E. und Familie konkurrieren zunehmend mit wechselnden alternativen Lebensformen. Der einzelne, der sich gern zum Maß erhebt (Narziß), wechselt Lebensform und Partner auf der Suche nach Glück und Geborgenheit mehrfach. Doch gerade Geborgenheit und verläßliche Fürsorge bleiben so auf der Strecke. So wird die christl. verstandene E. zum zeugnishaften alternativen Lebensentwurf.

Lit.: s.o. unter *a), b), c)*

H.G. Pöhlmann

Eheberatung

1. Entwicklung

Gab es schon in der Zeit zwischen 1919 und 1933 vereinzelt E.sstellen, so ist ein besonderer Beginn von E. in Deutschland nach dem Zweiten Weltkrieg anzusetzen. 1949 wurde in Detmold die »Deutsche Arbeitsgemeinschaft für Jugend- und Eheberatung« (DAJEB) gegründet, in der sich Fachleute aus verschiedenen Berufen und Konfessionen zusammenschlossen. Ziel war es, durch Krieg, Flucht, Vertreibung sowie Gefangenschaft belastete Ehen zu begleiten und zu stützen. Ziel war weiter, auch unterschiedliche Ansätze und Bemühungen zum Erhalt belasteter Ehen zusammenzufassen. Konnte das erste Ziel – wenigstens teilweise – erreicht werden, war das zweite Ziel nicht durchzuhalten. Von der DAJEB, die noch heute als überparteilicher und überkonfessioneller Verband besteht, lösten sich nach und nach einzelne Gruppierungen und gründeten eigene Verbände. Zuerst sonderten sich die kath. Berater ab. Sie sind heute in der »Bundesarbeitsgemeinschaft für Beratung« (BAG) zusammengefaßt. Ev. Berater folgten ihnen und gründeten ihrerseits die »Evangelische Konferenz für Familien- und Lebensberatung« (EKFuL). Zu diesen drei separaten Verbänden kamen noch zwei andere: »Bundeskonferenz für Erziehungsberatung« (BKfE) und »Pro Familia«. Diese fünf Verbände schlossen sich im »Deutschen Arbeitskreis für Ehe-, Familien- und Lebensberatung« zusammen. Ev. und kirchl. gebundene und angestellte Berater finden sich nicht nur in der EKFuL, die etwa 500 Mitglieder (1991) umfaßt. Sie sind aufgrund alter Tradition auch in der DAJEB vertreten, wo sie neben kath., kommunalen und anderen Beratern keinen unerheblichen Mitgliederanteil darstellen.

2. Kirchliche Eheberatung

Nach und nach gründeten immer mehr Kirchen, Kirchengemeinden und kirchl. Werke Beratungsstellen für Familien-, Ehe- und Lebensfragen. Auf kath. Seite wird dabei bis heute eine strenge Trennung zwischen diesem Beratungsbereich (EFL-Beratung) und anderen Beratungsfeldern wie Erziehungsberatung und Schwangerschaftskonfliktberatung durchgehalten. Auf ev. Seite sind häufig »integrierte Stellen« anzutreffen, wo neben der Ehe- und Lebensberatung auch Erziehungsberatung und Schwangerschaftskonfliktberatung angeboten werden. Innerhalb der Landeskirchen wurden besondere Verantwortliche bestellt. Sie sind als Leiter der jeweiligen Beratungsarbeit landeskirchl. Beauftragte oder Hauptstellenleiter in der »Konferenz der Hauptstellenleiter und landeskirchlichen Beauftragten« in der EKD zusammengefaßt.

3. Methodik

In die ersten Anfänge von E. flossen Fachkenntnisse unterschiedlicher Berufsgruppen ein: Ärzte, Juristen, Pädagogen und Theologen erarbeiteten miteinander Hilfen für belastete, gefährdete und zerbrechende Ehen. E. war in dieser Zeit oft »Rat geben«, wie es noch heute von vielen Ratsuchenden verstanden wird.

Tiefenpsych., z.B. psychoanalytische Kenntnisse boten sich bald an, tiefergehende Störungen zu bearbeiten und aufzulösen. Wird E. so von der Geschichte her mit Psychoanalyse in Verbindung gebracht, hat sie heute ein viel breiteres methodisches Fundament. Verhaltenstherapeutische Konzepte stehen neben klientenzentrierter E. Neben dem kommunikationstheoretischen Ansatz wird auch »systemisch« gearbeitet. Damit ist gemeint, daß Berater und Ratsuchende in der Beratung miteinander »beraten«, was am besten zu tun sei. Berater verstehen sich dabei weniger als wissende Experten, die nach einer Diagnose entsprechende »Ratschläge« geben, sondern vielmehr als Partner bei gemeinsamer Problemlösung. Dafür bringen sie ihre Erfahrung und ihr Wissen ein.

4. Ziele und Werte

E. hat zuerst ein bewahrendes Ziel. Sie soll Eheleute fähig machen, Konflikte besser zu klären und zu lösen, z.B. bei Störungen der sexuellen Gemeinschaft, bei zunehmenden ungelösten Partnerschaftskonflikten und einem allmählichen Auseinanderleben. Neue Vereinbarungen sollen möglich werden, erneuerte Gesprächsbereitschaft und Vergebung alter Schuld. Von ihrem Ursprung her soll E. helfen, Treue zu bewahren. Durch diese primären Ziele kollidiert (kirchl.) E. mit zeitgenössischen Autonomiebestrebungen, die vorschnelle Auflösung von Ehen wünschen, um im Zuge einer falsch verstandenen »Selbstverwirklichung« lediglich eigene Wünsche zu verfolgen. Kirchl. gebundene E. sieht die Ehe unter dem Segen und Anspruch Gottes. Berater und Eheleute wissen innerhalb eines solches Verständnisses nicht, welche Wege Gott für sie bereit hat. Darum ist E. oft auch Begleitung unter und zur Geduld. Gleichwohl können Ehen trotz intensiver Beratung scheitern. Eheleute können so in ihren Verstrickungen befangen sein, daß ein Weg zueinander nicht mehr möglich ist. Hier hat E. die Aufgabe, dazu zu helfen, daß solche Eheleute in Frieden und ohne Haß auseinandergehen können, dies schon zum Besten eventuell vorhandener Kinder. Besonders im Falle verlassener Partner ist E. Begleitung durch Scheidung hindurch und Hilfe zu einem veränderten Leben.

5. Konkrete Seelsorge

Die Zuordnung ev. E. zu gesamtkirchl. Arbeit ist nicht eindeutig. In einigen Landeskirchen ist die Ehe-, Familien- und Lebensberatung der → Diakonie zugeordnet und rückt so in die Nähe kirchl. Sozialarbeit. Oft liegt hier die Betonung stärker auf der fachlich guten Beratung. Das kann dazu führen, daß Aspekte des Glaubens zurücktreten. In anderen Landeskirchen wird die E. der → Seelsorge zugeordnet. Sie wird damit als »Konkrete Seelsorge« im Gesamtauftrag der Kirche verstanden. Ratsuchende werden unter dem Anspruch und Trost des Willens Gottes gesehen. Ehe- und Lebensberater verstehen sich hier ausdrücklich als Christen und Mitarbeiter der Kirche. Ausrichtung, Auswahl und geistl. wie fachliche Weiterbildung von Beraterinnen und Beratern rücken hier in verstärktes Interesse. Die Einbindung von Beratungsdiensten in Gemeinde und Kirche ist ein mancherorts noch nicht voll erreichtes Ziel.

Lit.: H. Halberstadt: Psychologische Beratungsarbeit in der evangelischen Kirche, 1983; T.U. Schall: Eheberatung – Konkrete Seelsorge in Familie und Gemeinde, 1983.

T. U. Schall

Ehelosigkeit

Im NT sind E. und → Ehe zwei gleichwertige Dienstordnungen mit je eigener Gabe und Berufung (1Kor 7,7; Mt 19,11). In Not und Verfolgung gilt E. als die bessere Lebensordnung (1Kor 7,26), nicht aber grundsätzlich. Eine falsch motivierte E. wird kritisiert, vor allem in 1Tim 4,3ff, aber auch in 1Kor 7,1-7.36-38. Gegen gnostische Irrlehrer, »die zu heiraten verbieten«, betont der 1Tim: »Alles, was Gott geschaffen hat, ist gut . . .« (4,3f). Grundsätzliche Kritik an Ehe und Leiblichkeit kann sich somit nicht auf das NT berufen.

Die Überordnung der E. über die Ehe seit der Alten und mittelalterl. Kirche ist auf einen sexual- und leibfeindlichen Platonismus zurückzuführen, der in die Kirche seit → Augustinus eindrang. Die → Reformation korrigiert diese verhängnisvolle Entwicklung, die zur Verachtung der Ehe als eines von Gott gestifteten Bundes führte: Die Ehe ist eine gute Schöpfungsordnung Gottes, die man niemandem – auch nicht Priestern – verbieten darf (Zwangszölibat). Die Gabe der E., die selten ist, steht nicht über der Ehe (Augsburger Bekenntnis und Apologie, Art. 23). Die röm.-kath. Kirche verwirft im Trienter Konzil die Meinung der Reformatoren, »es sei nicht besser und seliger, im Stande der Jungfräulichkeit oder Ehelosigkeit zu bleiben, als durch die Ehe sich zu verbinden« (D 1810). Im Zuge der Verbürgerlichung des Christentums gibt es sicher auch das andere Extrem, die E. abzuwerten und im Ehelosen einen halben Menschen zu erblicken. Durch ev. Ordensgemeinschaften wurde die E. zu Recht wieder aufgewertet.

Lit.: G. Friedrich: Sexualität und Ehe. Rückfragen an das NT, 1977; B. Reicke: »Ehe, Eherecht, Ehescheidung IV.«, TRE 9, 1982, 318-325.

H. G. Pöhlmann

Ehre

a) Ehre Gottes

Das griech. Wort für E. Gottes (*doxa*; hebr. *kabod*) bekommt im NT gegenüber dem sonstigen griech. Sprachgebrauch drei besondere Bedeutungen, die ihren Ursprung schon im AT haben (2Mo 24,15ff; Ps 97,3ff), nämlich himmlischer Lichtglanz, Erhabenheit oder Majestät Gottes, ja Wesen der göttlichen Welt überhaupt, und zwar von der Weihnachtsgeschichte über Verklärung und Ostern bis zum himmlischen Tempel und der himmlischen Stadt (Lk 2,9; 9,28ff; 2Petr 1,17; Apg 22,11; Offb 15,8; 21,23). Besonders die Offb nimmt atl. Aussagen auf, die auf die endgültige Verwirklichung des Herrschaftsanspruchs Gottes vorausweisen (Jes 6,3; Ps 72,19). Die Auferweckung Jesu ist durch die göttliche *doxa* ebenso gewirkt (Röm 6,4), wie der Erhöhte in die göttliche Herrlichkeit aufgenommen wird (1Tim 3,16). Nicht zufällig werden also Aussagen über Gottes Ehre und Herrlichkeit auf Christus übertragen (Lk 2,14; Offb 5,12f). Wie bei den Synoptikern muß freilich auch bei Johannes die göttliche Herrlichkeit Jesu enthüllt und geglaubt werden (Joh 1,14). Wendepunkt ist das Kreuz, wenn das Weizenkorn stirbt und nur so Frucht bringt (12,23ff), und die gesamte Passion unter dem Zeichen der Erhöhung und Verherrlichung steht (12,28ff), in der zugleich der Vater durch den Sohn verherrlicht wird und umgekehrt (13,31f). Die Glaubenden haben schon jetzt an der anbrechenden endzeitlichen Herrlichkeit Anteil (Röm 8,17ff; 2Kor 3,7ff; 4,6), so daß auch Dienst bzw. Amt (*diakonia*) und Herrlichkeit zusammengehören.

Die E. und Herrlichkeit Gottes finden, beginnend mit den atl. Doxologien (Jes 6,3), ihren besonderen Ausdruck in den gottesdienstl. → Doxologien in Form der großen Doxologie (Ehre sei Gott in der Höhe/→ Gloria in Excelsis) und der kleinen (Ehre sei dem Vater und dem Sohne und dem Heiligen Geiste/→ Gloria patri). Besonders eindrucksvoll ist die vor dem 4. Jh. gebräuchliche Formel: Ehre sei dem Vater durch den Sohn in dem Heiligen Geist.

Die E. Gottes im anbetenden Lobpreis hat ihre Entsprechung in den Erklärungen Luthers zu den Geboten im Kleinen Katechismus und ihrer stereotypen Einleitungsformel: Wir sollen Gott fürchten und lieben. Der anbetenden gottesdienstl. Verherrlichung Gottes entspricht das Halten seiner Gebote. Innerhalb der ev. Tradition gehört die E. Gottes zu den markanten Zügen der Theologie → Calvins.

Wie die Verbindung von gottesdienstl. Anbetung und dem Halten der Gebote zeigt, umfaßt die E. Gottes nicht nur die jenseitige Welt, sondern an ihr entscheidet sich auch das Handeln des Christen in der Welt, wie es besonders in der bibl. Einheit von Liturgie und Diakonie zum Ausdruck kommt, beispielhaft etwa im Wirken von Wilhelm → Löhe in → Neuendettelsau.

Lit.: H. Cremer: Die christliche Lehre von den Eigenschaften Gottes, 1897 (Nachdruck 1983); G. Kittel, G. v. Rad: ThWNT II, 1935, 235-258.

U. Asendorf

b) Ehre eines Menschen

E. und Ehrerbietung einem Menschen gegenüber erscheinen im Zusammenhang von Röm 12,1ff im Rahmen des für Gott dahingegebenen Opfers der Leiber als des »vernünftigen Gottesdienstes«, verbunden mit der Mahnung, sich nicht der Welt gleichzustellen, sondern sich durch Sinnesänderung zu erneuern. Jeder soll sich selbst maßvoll einschätzen, wie es den vielen Gliedern am Leib Christi zukommt (3ff; 1Kor 12,23f). In diesem Sinne und unter Berufung auf die brüderliche Liebe ergeht die Aufforderung, dem anderen mit Ehrerbietung zuvorzukommen (Rö 12,10). Auch wird die Forderung, der Obrigkeit untertan zu sein, durch den Hinweis ergänzt, neben den schuldigen Abgaben wie Steuer und Zoll Furcht und E. zu erweisen, wem sie gebührt (13,1ff; 1Petr 2,17). Im Gesamtzeugnis der Bibel wird besonders gefordert, die Eltern zu ehren (2Mo 20,12; 5Mo 5,16; Mk 7,10; 10,19; Mt 15,4; 19,19 ; Lk 18,20; Eph 6,2). Besonders aber soll – entgegen der gemeinantiken Regel – der Frau als Geschöpf Gottes E. und liebevolle Rücksicht erwiesen werden (1Thess 4,4; 1Petr 3,7), besonders auch den Witwen (1Tim 5,3). Das Gleiche gilt auch für das wechselseitige Verhältnis von Eltern und Kindern (Eph 6,1ff). Auch die Sklaven werden ihren Herren gegenüber zur Ehrerbietung aufgerufen, auch mit deutlicher Kritik (1Tim 6,1f; Eph 6,5ff; 1Petr 2,18). In die gleiche Richtung geht Luthers Erklärung des vierten und achten Gebots.

Da E. und Würde des Menschen unteilbar zusammengehören, hat die heutige Christenheit angesichts der generellen Verachtung der göttlichen Gebote in einer emanzipierten Gesellschaft und ihrer manipulierbaren Meinung wie angesichts totalitärer Herrschaft für die E. des Menschen im Namen Gottes einzutreten. Das ist zugleich einer ihrer wesentliche Beiträge zur Humanität gegenüber allen Religionen, Völkern und Rassen.

Lit.: D. Bonhoeffer: Ethik, [12]1988, 152-199 (Abschnitt: Das Natürliche); J. Schneider: ThWNT VIII, 1969, 170-182.

U. Asendorf

Ehrfurcht → Furcht/Furcht Gottes

Ehrlichkeit → Wahrhaftigkeit

Eichendorff, Joseph Karl Benedikt Freiherr von (1788-1857)

E., geb. am 10. 3. 1788 auf Schloß Lubowitz, Oberschlesien, gest. am 26. 11. 1857 in Neiße, aus altem schlesischem Adelsgeschlecht, Sohn des Adolf Freiherr von E. und der Karoline, geb. Freiin von Kloch.

Schon als Kind beginnt er zu dichten und setzt die Versuche während der Schulzeit in Breslau (St. Josephs-Konvikt) und des Studiums in Halle (Jura, ab 1805) und Heidelberg (ab 1807) fort. Nach dem Referendarsexamen in Wien (1811) arbeitet er an seinem ersten und bedeutendsten Roman, »Ahnung und Gegenwart«, den er 1813 beendet. Im gleichen Jahr schließt er sich dem Lützowschen Freikorps an und kämpft in den Befreiungskriegen gegen die Franzosen. 1815 heiratet er Luise von Larisch, stellt eine Landwehrkompanie zusammen, verfolgt bei Waterloo die Franzosen und nimmt am Einzug in Paris teil. Während er anschließend seine juristische Karriere fortsetzt, erscheinen weitere Hauptwerke, darunter die Erzählungen »Das Marmorbild«

(1819) und »Aus dem Leben eines Taugenichts« (1821). 1832 wird der engagierte Katholik E. als Regierungsrat an die Abteilung für kath. Kirchen- und Schulwesen beim preußischen Kultusministerium in Berlin versetzt. Eine Sammlung der Gedichte und die Erzählung »Das Schloß Dürande« erscheinen 1837; der (1841) zum Geheimen Regierungsrat beförderte E. erlebt im gleichen Jahr eine vierbändige Werkausgabe. 1847 veröffentlicht er die Buchfassung eines auch aus christl. Sicht bleibend wertvollen Werkes: »Über die ethische und religiöse Bedeutung der neueren romantischen Poesie in Deutschland«; 1851 folgt »Der deutsche Roman des 18. Jahrhunderts in seinem Verhältnis zum Christentum«. E. gilt zu recht als einer der großen christl. Dichter der europäischen Romantik; über der scheinbaren Harmlosigkeit des zur Schullektüre gewordenen »Taugenichts« wird die subtile Sprachkunst und gedankliche Klarsichtigkeit seiner Werke oft verkannt.

Lit.: Neue Gesamtausgabe der Werke und Schriften, hg. von G. Baumann, S. Grosse, 4 Bde, 1957ff; Werke, 5 Bde, 1976ff;

W. Frühwald, F. Heiduk: Joseph von Eichendorff. Leben und Werk in Texten und Bildern, 1988; M. Kessler, H. Koopmann (Hg.): Eichendorffs Modernität, 1989.

C.P. Thiede

Eichenkreuz → Christlicher Verein Junger Männer

Eid

1. Begriff und Bedeutung

Unter E. (= Schwur) verstehen wir die Bekräftigung der Wahrheit einer Aussage (assertorischer E., vor allem in Gerichtsverfahren) oder das Versprechen, bestimmte Verpflichtungen gegenüber einem E.nehmer einzuhalten (promissorischer E. von Amtsträgern, Soldaten, Hippokratischer E. der Ärzte). Zum Wesen des E.es gehört die Anrufung eines die Wahrheit kennenden Gottes als Zeugen und Bürgen der Aussage bzw. des Versprechens. Der E. ist oft verbunden mit einer symbolischen Handlung (wie der Handauflegung auf einen hl. Gegenstand, z.B. Bibel, Koran). Damit wird das Urteil Gottes herbeigerufen, wenn die Wahrheit nicht gesagt oder das Versprechen nicht gehalten wird. Der E. hat also auch den Charakter der Selbstverfluchung vor Gott, so daß Meineid Gotteslästerung ist und deshalb im MA nach kirchl. Recht bestraft wurde.

2. Biblisch

Im AT ist überwiegend der Versprechenseid im Blick. Gott schwört bei sich selbst (1Mo 22,16), verbürgt damit seine Verheißungen, schließt einen auf Treue beruhenden Bund mit seinem Volk, dem dieses durch Halten seiner Gebote entsprechen soll (2Mo 20; 34). Im Rechtswesen sind die E.e von Frauen nur bedingt gültig (4Mo 30,4ff). Da E.e im Namen Gottes geschworen werden, verbietet der → Dekalog (2Mo 20,7) den Mißbrauch des Namens Gottes durch falsches Schwören, und ist das Schwören bei anderen Göttern Gotteslästerung (5Mo 6,12f; Am 8,14). Ab dem 3. Jh. v.Chr. meidet man im Judentum den Namen Gottes immer mehr und schwört statt dessen bei Ersatznamen (Mt 23,16ff). Nach der Bergpredigt (Mt 5,34) lehnt Jesus nicht nur das mißbräuchliche, sondern das Schwören überhaupt ab und läßt nur das einfache »Ja« oder »Nein« ohne Anrufung Gottes gelten (ebenso Jak 5,12). Das Schwören setzt insgeheim voraus, daß im alltäglichen Leben ohne Schwur die Lüge geduldet ist. Vor dem Hohen Rat (Mt 26,63f) verweigert Jesus die geforderte eidliche Erklärung durch das einfache »Du sagst es« (= Ja). Die Einleitung von Jesusworten durch Beteuerungsformeln (z.B. »Amen«) widerspricht dem nicht. Hebr 6,16f ist keine Anweisung an die Gemeinde zum Schwören, sondern erwähnt im Anschluß an die auch sonst zitierten atl. Worte vom Schwören Gottes (Lk 1,73; Apg 2,30; Hebr 3,11.18; 4,3) die außerhalb der Gemeinde übliche Schwurpraxis nur zur Veranschaulichung.

3. Geschichtlich

Die meisten Väter der frühen Kirche raten dazu, den E. generell zu vermeiden, und verbieten ihn, wenn er einen Akt heidnischer Götterverehrung (z.B. des Kaisers) einschließt. Erst die lat. Kirchenväter → Ambrosius, → Hieronymus, → Augustinus halten den E. unter Anrufung des Namens Gottes (aber nicht irdischer Größen) grundsätzlich für erlaubt. Jesus habe nur vor dem Bruch des E.es warnen wollen. So wurde mit beginnendem Staatskirchentum das Verbot Jesu zunehmend außer Kraft gesetzt, doch konnte die Kirche von unrechtmäßigem E. entbinden. Im MA gewinnt die germanische Tradition des Treueids große Bedeutung. Der E. wird im kanonischen Recht ausführlich geregelt. Verweigert wurde der E. nur von »Sekten« (→ Waldenser, Böhmische Brüder) und in und nach der Reformationszeit von den → Täufern (Mennoniten) und ihren Nachfahren (Quäker u.a.), teils einfach mit Berufung auf das Verbot Jesu, teils, weil man gegenüber Menschen keine bedingungslose Verpflichtung eingehen und sich vor Gott nicht auf Zukünftiges festlegen dürfe. Die Reformatoren halten freie Gelübde (CA 27) für verwerflich und nur das mißbräuchliche Schwören im eigenen Interesse und den Meineid für einen Mißbrauch des Namens Gottes. Die Obrigkeit ist vorbehaltlos zur Eidesforderung berechtigt (CA 16; Luthers Großer Katechismus 1,2; Genfer Katechismus 159ff; → Heidelberger Katechismus 99,101), um Recht und Unrecht zu scheiden (Zwei-Reiche-Lehre) und um die Untertanen zur Treue zu verpflichten. Vorausgesetzt wird dabei eine Obrigkeit, die - von Gott eingesetzt - in Gottes Auftrag gemäß seinen Geboten handelt, und eine christl. Gesellschaft, die keinen Atheismus und rel. Neutralität kennt. Innerhalb der Kirche soll es jedoch - im Gegensatz zum kath. Kirchenrecht - keine eidlichen Gelübde und E.e geben. In der Neuzeit wird der E. wegen seines rel. Charakters von Philosophen wie I. Kant gerade deshalb kritisiert, weil der Staat damit alle Menschen zwinge, an göttliche Mächte zu glauben, und der E. so der Freiheit (insbesondere der Religionsfreiheit) widerspreche.

4. Fragwürdigkeit des Eides heute

Innerhalb der ev. Kirchen ist die Stellung zum E. umstritten. Luth. Theologen bejahen ihn als Ausdruck einer Verantwortung, die »das Gewissen an Gottes Willen bindet« (W. Künneth), andere sehen im E. »einen Mißbrauch der Religion für profane Zwecke« (H. Strathmann). Vor allem im »Dritten Reich« hat sich gezeigt, daß staatl. Machthaber dazu neigen, mittels des Treueids unbedingten Gehorsam zu fordern, ohne sich selbst Gott unterstellt zu wissen. Vertretbar ist der E. für Christen nur als Bitte um Gottes Beistand, daß die Aussage zutreffend und das Treueversprechen ehrlich gemeint sein möge, aber niemals als Verfügung über die Wahrheit oder als unbedingter Gehorsam gegenüber Menschen (Apg 5,29). Ein ev.-kath. Ausschuß hat in »Thesen zur Eidesfrage« (1972) Einschränkungen der Vereidigungen empfohlen und die Einführung nicht-rel. Eidesformen gefordert, zumal das Grundgesetz es freistellt, auf die Formel »Ich schwöre bei Gott. . .« zu verzichten. Da der E. dennoch seinen rel. Charakter behält, wird von Theologen auch gefordert, ihn durch andere Formen öffentlicher Beteuerung und Verpflichtung zu ersetzen. Wenigstens sollte allen Bürgern die Verweigerung des E.es ohne Nachteile freigestellt werden, zumal sich der E. in der Rechtsprechung heute als entbehrlich erweist, da immer mehr nur nach überzeugenden Beweisen be- und verurteilt wird.

Lit.: H. Bethke: Eid, Gewissen, Treuepflicht, 1965; H.-W. Gensichen, H. Seebaß, N. Oswald, G. Dautzenberg, P. Landau, H.-H. Schrey, B. Maurer: »Eid I-VII«, TRE 9, 1982, 373-399; G. Niemeyer (Hg.): Ich schwöre. Bd. I und II, 1968; Thesen zur Eidesfrage, ZEE 17 (1972), 106-112.

U. Eibach

Eigengesetzlichkeit

1. Zum grundsätzlichen Gehalt des Begriffes

Über den Begriff der E. als theol. Begriff wird seit dem Ende des 19. Jh.s gestritten. Dabei rührt er aus einer Fragestellung, die mit der grundsätzlichen Stellung des Christen zur Welt zu tun hat: nämlich inwieweit geglaubt, bekannt und konkret damit gerechnet werden darf, daß alle Gebiete menschlichen Lebens unter die Herrschaft Gottes gewiesen sind.

Rechnete → Augustin noch alles außerhalb der Kirche zum Reich des Teufels, so sehen die Reformatoren im Rahmen der → Zwei-Reiche-Lehre sowohl Kirche als auch den Staat unter der Herrschaft Gottes. Die Neuzeit mit ihren Emanzipations- und Autonomie-Bestrebungen stellt jedoch dieses universale und integrative christl. Weltdeutungsmuster in Frage. Vor diesem Hintergrund bedeutet die Rede von der E. der Lebensgebiete zweierlei: Einerseits hätten sich christl. Denk- und Glaubensweisen auf bestimmte Segmente des Lebens zurückzuziehen. Andererseits unterliege alles Übrige den »eigenen« Gesetzen dieser Lebensgebiete, auf welche Glaube und christl. Ethik keinerlei Einfluß hätten und in denen deshalb eine Unterscheidung von Gut und Böse nicht möglich sei. Ein solches Verständnis von E. ist jedoch ursprünglich so nicht beabsichtigt gewesen.

2. Zur Begriffs-Entwicklung im 19. Jahrhundert

In Reaktion auf die Franz. Revolution kam es in Deutschland zu umfangreichem Zusammenwirken von Kirche und Staat, bis hin zur Forderung nach einem christl. Staat (F.J. Stahl). Das induzierte jedoch doppelten Widerspruch: Zum einen interessierten sich weite Teile der damaligen Erweckungsbewegung mehr für die »Innerlichkeit«, d.h. das individuelle Erlebnis der »Wiedergeburt«, als für staatspolit. oder sozialethische Fragestellungen. Zum anderen wurde aus luth. Theologie (Luthardt) an die »Eigenständigkeit« oder »relative Autonomie« des Staates gegenüber der Kirche erinnert, ohne jedoch eine absolute Verselbständigung dieser Bereiche fördern zu wollen.

Gegen Ende des 19. Jh.s wurde der Gedanken der E. folgenschwer verstärkt: Die nationale Begeisterung, die nach der kleindeutschen Reichsgründung das Land ergriff, machte auch vor Theologie und Kirche nicht halt und unterband weitgehend kirchl. Kritik an der »Realpolitik« der neuen souveränen Großmacht. Darüber hinaus beeindruckten die nationalen Erfolge in Wissenschaft, Wirtschaft und Technik, allerdings vielfach ohne durch das theol., naturwissenschaftl. nicht geschulte Denken durchdrungen werden zu können. Sie fanden aber ihre Einbettung in der weit verbreiteten Überzeugung, daß jeder eigengesetzliche polit., kulturelle, wirtschaftl. oder technologische Fortschritt nur dem Guten dienen könne.

3. Im Kirchenkampf

Eine Weiterentwicklung des Konzepts der E. bildete die Theologie der »Schöpfungsordnungen«. In ihr gewann u.a. der Begriff des Volkes besondere Bedeutung. Als Ausdruck nationalsozialistischer Ideologie stand er für das Streben, den Menschen total für sich vereinnahmen und damit dem Anspruch Gottes entziehen zu wollen. Dagegen setzte Karl → Barth 1934 auf der Barmer Bekenntnissynode die II. These. Mit ihr betont er den Anspruch Gottes auf das ganze Leben des Christen und bestreitet mit Nachdruck, daß es »Bereiche unseres Lebens« gäbe, in denen »wir nicht Jesus Christus, sondern anderen Herren zu eigen wären«. Dieses Bekenntnis Barths zur »Königsherrschaft Christi« gab im Kern nichts anderes wieder als das ntl. gut belegte Kyrios-Bekenntnis, daß »Christus sei mein Herr« (Luthers Erklärung zum 2. Artikel).

Barths christologische Bestreitung aller E. gab dem Kirchenkampf im Dritten Reich seine Basis und prägte auch die Nachkriegszeit, in der sich Christen und Kirche bewußt am Aufbau der neuen bundesrepublikanischen Gesellschaft beteiligten.

4. Christliche Verantwortung für die ganze Welt?

In der Christenheit der Gegenwart hat neben dem zentralen Bekenntnis zu Christus und seiner Herrschaft die Frage nach der Praxis ein eigenes Gewicht gewonnen, d.h. ob und wie es in allen Lebensbereichen und für die ganze Welt neben dem von der Vernunft Gebotenen immer eine theol. Alternative geben kann. Jeder überzogene Kampf gegen E. aus christl. »Weltverantwortung« im Sinne der »Königsherrschaft Christi« steht jedoch in der Gefahr zu übersehen, daß Christi Herrschaft im gegenwärtigen Äon (→ Äon/Äonenlehre) im Verborgenen bleiben oder z.T. sogar dem Augenschein entgegen wirken will. Ferner droht eine zu intensive Wahrnehmung von »Weltverantwortung« christl. »Spiritualität« und geistl. Sensibilität zu verkürzen oder gar Kirche und Pfarrerschaft schwärmerisch zu »politisieren«.

Als Alternative sowohl zur Lehre Barths als auch zur Preisgabe der Welt an ihre E. versteht sich das Konzept A. Richs, nach dem es in der christl. Ethik um die Berücksichtigung des »Sachgemäßen« und des »Humanum« aus Glaube, Liebe, Hoffnung zu gehen habe.

Lit.: M. Honecker: Das Problem der Eigengesetzlichkeit, in: ZThK 73 (1976), 92-130; F. Karrenberg: Gestalt und Kritik des Westens, 1959; W. Künneth: Politik zwischen Dämon und Gott, 1954; A. Rich: Wirtschaftsethik, 1984; H. Thielicke: Theologische Ethik I-III, 1958ff (besonders I, 5-14).

A. Pawlas

Eigenkirche, Eigenkirchenwesen

Das Rechtsinstitut der E. reicht in frühchristl.-spätantike (388: *ecclesiae publicae et privatae*), wohl nicht in indogermanische (Feine) oder germanische Zeit (Stutz) zurück und erlebte seinen Höhepunkt im 8./9. Jh. Es geht dabei um Kirchen, die nicht den Bischöfen unterstanden, sondern Eigentum und Herrschaftsobjekte Dritter (Laien, Kleriker, kirchl. Institutionen) waren.

Privat- bzw. E. finden sich ebenso im byz. Raum (Ktitoren-, d.h. Stifterrecht), in Gallien (441), besonders im Frankenreich, aber auch in Italien (471), Spanien (546), Skandinavien, auf den britischen Inseln und bei den Slawen.

Da die Bischöfe mit Sitz in den Städten, zumal in kirchl. noch nicht organisierten Missionsgebieten, häufig nicht in der Lage waren, auf dem flachen Land ausreichend Kirchen zu errichten, gründeten, unterhielten und besetzten der König und adelige Grundherren, aber auch Klöster und auswärtige Bischöfe auf ihrem Land (Eigen-)Kirchen und (Eigen-)Klöster, die sie als Eigenkirchenherren samt Zubehör veräußern oder vererben konnten und die sie seit dem Frühmittelalter zunehmend wirtschaftl. nutzten (Kirchenvermögen, Stolgebühren, Nachlaß der Geistlichen, Zehnten usw.). Es kommen auch Eigenbistümer (Normandie, Midi) vor. Die »volle geistliche Leitungsgewalt« (Stutz) und Kirchenherrschaft lag beim E.nherr, nicht beim an sich zuständigen Diözesanbischof, der seinerseit häufig E.nherr wurde. Kirchenrecht und Organisation paßten sich damit gesellschaftl.-ökonomischen Gegebenheiten zumal des germanischen Raumes (adeliges Erbcharisma, Grundherrschaft; s. Dopsch) an. Eigenklöster wurden seit Columban häufig Zentren monastischer Reform.

Diskussionen (Hinkmar von Reims, De ecclesiis et capellis) um das E.nwesen und Mißbräuche (zunächst oft Besetzung mit Unfreien) und Versuche zu seiner Reform mehren sich seit dem 8. Jh., auch von Seiten des Königtums (794, 818/819). Diese Frage spielte allerdings – trotz überragender Bedeutung – im Kirchenrecht selbst eine eher nachgeordnete Rolle. Seit dem Investiturstreit (1078, 1096/96), vor allem seit dem 2. Laterankonzil (1139) wird das E.nwesen allmählich verdrängt durch das verwandte → Patronatsrecht (Gratian, Rufinus), aber auch durch die Inkorporation von Kirchen in Klöster, hier allerdings aufgrund entsprechender Zuweisung durch die Bischöfe selbst.

Lit.: A. Dopsch: Wirtschaftliche und soziale Grundlagen der europäischen Kulturentwicklung II, [2]1924; H.E. Feine: Kirchliche Rechtsgeschichte, [5]1972; P. Landau: »Eigenkirchenwesen«, TRE 9, 1982, 399-404; U. Stutz: Die Eigenkirche als Element des mittelalterlich-germanischen Kirchenrechts, 1895; LexMA, Bd. 3, 1986, 1705-1710.

G. Knetsch

Eigenschaften Gottes → Gott, Eigenschaften

Eigentum

Im deutschen Recht wird zwischen »Besitzer« und »Eigentümer« unterschieden. Der Besitzer übt die tatsächliche Herrschaft über eine Sache aus, der Eigentümer hat darüber die uneingeschränkte Verfügungsgewalt. In der wirtschaftswissenschaftl. Literatur wird von Eigentumsrechten (property rights) gesprochen. E. ordnet eine Sache bestimmten Verfügungsberechtigten zu. Diese Verfügungsgewalt kann einer Person, mehreren Personen (Privateigentum, Miteigentum) oder der Gesamtheit (Gemein-, Kollektiv- oder Staatseigentum) zugeordnet werden. Gesellschaftl. Kritik unterliegt insbesondere das private E. an Produktionsmitteln und die E.sverteilung.

1. Historische Bemerkungen

Die These des Urkommunismus wird heute nicht mehr aufrechterhalten. Schon in frühgeschichtl. Zeit waren Gegenstände des persönlichen Gebrauchs sowie Erzeugnisse der eigenen Arbeitsleistung Privateigentum. Grund und Boden wurden gemeinschaftlich genutzt. Die Entwicklung von privaten E.srechten war noch nicht erforderlich, weil Grund und Boden als freie Güter angesehen wurden, die nicht gesondert zugeteilt werden mußten. E.srechte benötigt man nur für knappe Güter. Im Rahmen der »enclosure«-Bewegung (Einfriedung der Allmende im 18./19. Jh., in England im 15./16. Jh.) wurde das gemeinsam genutzte Land (Allmende) »privatisiert«. Es begann eine stürmische Entwicklung der landwirtschaftl. Produktivität, die pessimistische Hungerprognosen (Malthus) widerlegten.

2. Ökonomische Sicht

Langlebige Wirtschaftsgüter entstehen durch Arbeit und Konsumverzicht (Sparen), sie bedeuten einen kurzfristigen Konsumverzicht bei langfristig höheren Einkommenserwartungen (Umwegproduktion: Produktivitätssteigerung der menschlichen Arbeit). Die staatliche Garantie von E.srechten hilft nun, Kampfkosten zu ersparen, die dem Besitzer von Sachen zu ihrer Verteidigung anfallen würden.

Privateigentum an Produktionsmitteln (Kapital) dient der individuellen Vorsorge und als Schutz gegenüber der staatlichen Gewalt. Im röm. Recht wurde zwischen *imperium* (staatliche Gewalt) und *dominium* (Privateigentum) unterschieden, das vor staatlichen Eingriffen geschützt war. Bei Privateigentum werden Güter verantwortlicher genutzt, da der Nutzer zugleich der Pfleger ist. Der Privateigentümer haftet mit seinem Eigentum für Fehlentscheidungen und wird schnellstmögliche Korrekturen bei falschen Entscheidungen vornehmen. Bei Gemeineigentum kommt es oft zu einer Übernutzung (Tragik der Allmende!). Gesellschaften mit Wettbewerb (vgl. → Konkurrenz) und Privateigentum haben bei der Befriedigung der Grundbedürfnisse ihrer Bevölkerung erheblich besser abgeschnitten als Staaten mit Kollektiveigentum.

Als auf den Eigentümer bezogene Funktionen des E.s werden genannt: Unabhängigkeitsfunktion (Möglichkeit der Selbstversorgung), Sicherungsfunktion (soziale Sicherheit), Ertragsfunktion (Einkommenserzielung) und Prestigefunktion. Bei den gesellschaftlichen E.sfunktionen wird zwischen außerökonomischen und ökonomischen unterschieden. Zu den ersteren gehören z.B. die Entwicklung von Verantwortungs- und Rechtsbewußtsein. Eine breite E.sstreuung kann auch zur Entproletarisierung der Armen beitragen. Zu den ökonomischen Funktionen gehören die Einkommensverteilungsfunktion, die Wettbewerbsförderung sowie die Allokationsfunktion. Dezentrale Eigentumsrechte fördern die bestmögliche Verwendung knapper Ressourcen.

3. Eigentumsverteilung

Diese Effizienzfunktion des E.s kommt aber nur zum Tragen, wenn die Verfügungsgewalt auch ausgeübt werden kann. Dies spricht gegen eine starke E.skonzentration. Großgrundbesitz (z.B. Latifundien in Lateinamerika) führt zu einer Verschwendung knapper Ressourcen. Dem ökonomischen Ideal entspräche ein »Mittelstand«, da hierbei E. verantwortungsvoll genutzt werden kann.

P.J. Proudhon (1809-1865) behauptete: E. ist Diebstahl (*La propriété, c'est le vol*), aber auch: E. ist Freiheit (*La propriété, c'est la liberté*). Bei genauer Analyse wird deutlich, daß nicht das Privateigentum als solches, sondern seine Verteilung von Sozialisten und Sozialreformern kritisiert wurde. Wer über E. an Produktionsmitteln verfügt, besitzt Macht, die zur Ausbeutung führen kann (Marx) und deshalb gebändigt werden muß. Sozialisten haben sich deshalb für ein Kollektiveigentum an Produktionsmitteln ausgesprochen. Das deutsche Recht betont (germanische Tradition) die Sozialpflichtigkeit des E.s (E. verpflichtet, Art 14.2 Grundgesetz). In modernen Gesellschaften wird ein Funktionswandel sichtbar: Trennung von Eigentümer und Unternehmer: Eigentumskontrolle, Nutzung und Verfügungsgewalt wird von verschiedenen Personenkreisen ausgeübt. Die in letzter Zeit zunehmende Kollektivierung der sozialen Sicherung (vgl. → Sozialpolitik) führt zu einer »Nationalisierung der Menschen« (Röpke). Rechtliche Befugnisse über sich selbst stehen zur Disposition und werden auf in Nationen zusammengefaßte Kollektive übertragen, wodurch die Mitglieder ihrer persönlichen Rechte und Würde beraubt werden können. Es findet eine Refeudalisierung der Gesellschaft (neue Abhängigkeit von Bürokratie und Staat) statt.

4. Biblische und theologische Aspekte

Das AT bejaht das Privateigentum, das unter Gottes Schutz steht. (Du sollst nicht stehlen! Du sollst nicht begehren. . .). E. wird sogar langfristig geschützt. Die von Mose und Josua durchgeführte Verteilung des Landbesitzes (in jener Zeit das Produktionsmittel) sollte alle 50 Jahre wiederhergestellt werden (3Mo 25). Gott will nicht, daß ein Mensch permanent verarmt, er soll in der Lage sein, sich die Mittel zum Lebensunterhalt selbst zu erarbeiten (vgl. → Arbeit). Zusätzlich gab es alle sieben Jahre ein »Erlaßjahr«, in dem alle persönlich haftenden Schulden erlassen wurden. Eine hohe Konzentration des Privateigentums an Produktionsmitteln und eine hohe Verschuldung einzelner sind demzufolge unbibl.

Da Gott Israel aus Ägyptenland führte und ihm Kanaan zuteilte, bleibt im Grunde Gott der Eigentümer des Landes. Die Israeliten wurden nur Besitzer! Der Mensch ist demzufolge nur Haushalter des Eigentums Gottes. So konnte Augustin schreiben: Wir verfügen über unseren Privatbesitz . . . als über das Gut der Armen, deren Rechte wir . . . vertreten (MPL 33.809). Das atl. Ideal ist wohl der Mittelstand (». . . jeder unter seinem Weinstock und Feigenbaum. . .«, 1Kön 5,5; Mi 4,4). E. ist auch im AT sozialverpflichtend, der Schutz des Armen ist den Reichen anbefohlen (vgl. → Reichtum). Das NT erkennt Privateigentum an, selbst den Großbesitz (Mt 24,45ff).

Abschaffung des E.s kann zur Anarchie führen. Ohne E. kann man Gott nicht dienen. Die Ordnung des Privateigentums wird aus kath. Sicht als Erfüllung des göttlichen Liebesgebots gedeutet (Naturrecht). Im Protestantismus bleibt E. ein theol. Problem. Die Reformatoren betonten die Haushalterschaft (Luther: Dein Gut ist nicht Dein, sondern Deines Nächsten). Diese Sicht führte zur Forderung sozialer Reformen (Zwingli). Calvin betrachtete E. als Aufgabe (Teilhabe an göttlicher Weltregierung). Die starke Betonung der persönlichen Verantwortung vor Gott führte, insbesondere im Puritanismus, zu wirtschaftl. Aufschwung (M. Weber, E. Troeltsch). Die fortschreitende Säkularisierung führte dann jedoch zum Kapitalismus und Liberalismus sowie später über die Sozialreformen zum Sozialismus.

Lit.: E. Brunner: Das Gebot und die Ordnungen, [4]1978; H. Cremer: Arbeit und Eigentum in christlicher Sicht, 1984; G. Gutmann, A. Schüller (Hg.): Ethik und Ordnungsfragen der Wirtschaft, 1989; W. Lachmann: Wirtschaft und Ethik, [2]1989; G.W. Locher: Der Eigentumsbegriff als Problem evangelischer Theologie, 1962; Ludwig-Erhard-Stiftung (Hg.): Eigentum als Grundrecht und Element der Ordnungspolitik, 1984; P.J. Proudhon: Was ist Eigentum? in: Th. Ramm (Hg.): P.J. Proudhon: Ausgewählte Texte, Stuttgart 1963, 1-119; A. Schüller (Hg.): Property Rights und ökonomische Theorie, 1983; E. Troeltsch: Die Soziallehren der christlichen Kirchen und Gruppen, 1977 ([3]1922); H.-J. Wagener: Zur Analyse von Wirtschaftssytemen, 1979; Walter-Raymond-Stiftung (Hg.): Eigentum - Wirtschaft - Fortschritt, (Bd. 12) 1970; M. Weber: Die protestantische Ethik und der Geist des Kapitalismus, in: Max Weber. Gesammelte Aufsätze, [9]1988; H. Willgerodt: Eigentumsordnung (einschl. Bodenordnung), in: W. Albers et al. (Hg.): Handwörterbuch der Wirtschaftswissenschaft, Bd. 2, 1980, 175-189.

W. Lachmann

Einfachheit Gottes → Gott, Eigenschaften

Einheitsübersetzung → Bibelübersetzungen

Einigungsbestrebungen der Kirchen → Ökumenische Bewegung

Einigungswerk, kirchliches → Kirchenkampf

Einleitung in AT und NT → Bibel a) Entstehung

Einsetzungsworte → Abendmahl

Einsiedler → Mönchtum

Einzelbeichte → Beichte

Eisenach, Kirchenversammlung → Evangelische Kirche in Deutschland

Eisenacher Bund

1902 riefen S. Keller, J. Lepsius und Th. Josenhans mit Unterstützung der Prof. H. → Cremer, M. → Kähler und A. → Schlatter die Eisenacher Konferenz ins Leben (nicht zu verwechseln mit der 1852 gegründeten Eisenacher Konferenz der ev. Kirchenleitungen in Deutschland). Absicht der Gründung war, kirchenoffene Vertreter der → Gemeinschaftsbewegung und für die Anliegen der Gemeinschaftsbewegung geöffnete Christen aus den Landeskirchen miteinander ins Gespräch zu bringen. Die Auseinandersetzungen um Lepsius und Keller zwischen 1902 und 1904 in der Ev. → Allianz und in der Gemeinschaftsbewegung blockierten allerdings den guten Anfang. So wurde die »Konferenz« nicht weitergeführt, sondern 1905 der E.B. ins Leben gerufen mit einer doppelten Zielsetzung: 1. »gegen den Sektengeist des Allianzchristentums« (Blankenburger Konferenzen) und 2. gegen die moderne Theologie »anzutreten«. Jedes Jahr fand eine größere Tagung statt (außer 1917 bis 1920). Nach 1945 trat der E.B. nicht wieder zusammen.

G. Ruhbach

Eisenacher Kirchenkonferenz → Evangelische Kirche in Deutschland; → Liedgut/Liederbücher

Eisenbahner, christliche → Berufsmissionen

EKD → Evangelische Kirche in Deutschland

Ekklesiologie → Gemeinde

Ekstase

E. bezeichnet einen vorübergehenden Zustand des menschlichen Bewußtseins »außer sich«, d.h. außerhalb der Alltagswirklichkeit in Raum und Zeit, unterschieden von der Enstase, die mit introvertiert-ruhiger Disziplin auch einen veränderten Zustand des Bewußtseins meint. Die Aufmerksamkeit ist dabei weitgehend verengt oder ganz von der Wahrnehmung der Umwelt abgezogen; desto stärker sind andere Eindrücke wie Visionen oder Auditionen. E. ist mehr als die jedermann bekannte Begeisterung. Sie kann spontan auftreten, aber auch vorbereitet, gelernt werden, z.B. von Medien in Trancekulten. Dazu dienen Reizeinschränkung, Atemtechniken, Tanz, starke Rhythmen mit niedrigen Frequenzen, konditionierende Signale, aber auch Stimulantien und Psychopharmaka.

Diese Erfahrung wird im Geisterglauben entweder als Besessenheit - ein anderer Geist steuert die Person in E. - oder als Reise der Seele zum Ort der Geister in Himmel und Höllen gedeutet (so im Schamanismus). Sie kann als Annäherung an die Schau der Gotteswelt, als Realisierung der Buddhanatur oder der Einheit von Atman und Brahman verstanden werden. Dann aber entzieht sie sich dem eingeübten Zugriff und bleibt unverfügbar.

Der psychische Vorgang, der auch simuliert werden kann, sagt nichts über den Wahrheitsgehalt der inneren Erfahrung; diese drängt aber auf Mitteilung. Die ekstatische Erfahrung kann von einer Lichterscheinung oder einer starken Ergriffenheit zu ganz detailreichen Visionen mit Deutung oder längeren Auditionen gehen.

Religionen schriftloser Völker geben der E. einen breiten Raum, während Religionen mit schriftlich fixierter Offenbarungstradition weniger Raum bieten, aber es gibt überall feste Anschauungen, ob und wieso eine E. der Beachtung würdig ist.

Die → Aufklärung tendierte dazu, E.n als wahnhaft anzusehen, die Psychoanalyse suchte ihre Wurzeln im Unterbewußtsein. Sie bleibt eine Erfahrung von großer Stärke. Die Begegnung mit existentieller Wahrheit kann oft nicht ohne ekstatisches Element des Überwältigenden erfolgen. Aber die Wahrheit kann sich nicht in der E., sondern in dem von ihr getragenen Leben bewähren. Christen sind deshalb angehalten, um den Hl. Geist zu beten und auf seine Hilfe zu bauen, auch in der nötigen Unterscheidung der Geister.

Lit.: N.P. Duerr: Traumzeit, 1978; M. Eliade: Schamanismus und archaische Ekstasetechnik, 1975; I.M. Lewis: Ecstatic Religion, 1971; A. Schimmel: Mystische Dimensionen des Islam, 1985; U. Wössner: Zur Deutung des Göttertanzes in Indien und Griechenland, 1981.

N.P. Moritzen

Elberfelder Bibel → Bibelübersetzungen

Elert, Werner (1885-1954)

E., geb. am 19. 8. 1885 in Heldrungen, gest. am 21. 11. 1954 in Erlangen, empfing durch sein pommersches Elternhaus die altluth. Freikirche als geistl. Heimat. Daß er sich im Studium neben der Theologie auch der Philosophie, Geschichte, Literaturgeschichte, Psychologie und Jura zuwandte und sich ungewöhnliche Kenntnisse in preußischer Heeres- und Kriegsgeschichte aneignete, zeigt die Breite seiner Begabung und seiner Interessen. Nach zweifacher Promotion (Philosophie und Theologie) wirk-

te er zunächst als Pastor und im Ersten Weltkrieg als Feldprediger. Von 1919 bis 1923 war er Direktor des Theologischen Seminars der Altlutheraner in Breslau. 1923 wurde er als Ordinarius für Kirchen- und Dogmengeschichte sowie Symbolik nach Erlangen berufen, konnte aber 1932 auf den Lehrstuhl für syst. und hist. Theologie überwechseln. Obwohl er den nationalsozialistischen Staat zunächst bejahte, wurde er kein Parteimitglied und grenzte sich auch von den »→ Deutschen Christen« ab. Er starb in Erlangen im Jahr nach seiner Emeritierung.

Abgesehen von geschichtsphil. und psych. Studien in der Anfangszeit entfaltete sich E.s theol. Werk schrittweise in folgenden vier Themenbereichen: Christentum und Kultur, Lehre und Morphologie des Luthertums, Dogma und Ethos, Dogmengeschichte. Während die scharfe Ablehnung nicht nur K. Barths, sondern auch J. Calvins ihn als Konfessionalisten erscheinen ließ, blieb er im Kern Erfahrungstheologe. Das in tiefster existentieller Erschütterung gemachte »Urerlebnis« von Gericht und Gnade Gottes, Verurteilung durch das Gesetz und Freispruch durch das Evangelium wurde für sein ganzes Denken bestimmend (→ Gesetz und Evangelium). Dabei versteht er das Gesetz unter dem Einfluß von O. Spengler und R. Otto als lebensfeindliche Schicksalsmacht und grauenerregendes Geheimnis, vor dem wir nur zu Christus als dem Versöhner fliehen können. Das Evangelium als Aufhebung unseres (gesetzlichen) Todesurteils läßt nach E. keinen Raum für einen Brauch des Gesetzes als Lebensregel für Christen.

Von mindestens ebenso großer Bedeutung wie seine syst.-theol. Arbeiten sind seine historischen Untersuchungen der Theologiegeschichte des 19. Jh.s, der umfassenden Sozialwirkungen des Luthertums und der altkirchl. Dogmengeschichte. Im Unterschied zu → Harnack sieht er vom 4. bis 7. Jh. eine zunehmende Enthellenisierung des Dogmas aufgrund des anschaulichen Christusbildes der Evangelien.

Lit.: Hauptschriften: Der christliche Glaube, (1940) [6]1988; Morphologie des Luthertums, 2 Bde., (1931/32) [3]1965.

Bibliographie: Gedenkschrift für D. Werner Elert, 1955, 411ff; R. Hauber: s.u., 138ff.

K. Beyschlag: W. Elert in memoriam, Homiletisch-Liturgisches Korrespondenzblatt NF 9, 1991/92, 5ff; R. Hauber: Werner Elert, NZSTh 29/1987, 113ff; L. Langemeyer: Gesetz u. Evangelium, 1970; A. Peters: Unter Gottes Heimsuchung, KuD 31/1985, 250ff; M. Roensch: Das Verständnis der Dogmen- und Theologiegeschichte bei W. Elert, Luth. Theol. u. Kirche 9/1985, 143ff; W. Trillhaas: Konservative Theologie und moderne Welt, in: Troeltsch-Studien, Bd. 4, hg. von H. Renz und F.W. Graf, 1987, 305ff.

U. Swarat

Elia → Propheten Israels

Elim-Gemeinden

Die »Christen-Gemeinden Elim« sind eine Gründung des früheren Gemeinschaftspredigers und → Evangelisten Heinrich Vietheer (Schwiegersohn von J. → Paul). Ursprünglich arbeitete er im → Christlichen Gemeinschaftsverband Mülheim mit, von dem er sich 1912 trennte.Als Zeltevangelist war er sehr erfolgreich. 1921 gründete er die »Zeltmission Berlin-Lichterfelde«. Er evangelisierte im Auftrag der »Christlichen Gemeinschaft«, der Ev. Allianz und der Methodisten, mit denen es aber nacheinander zum Zerwürfnis über seine pfingstlerischen Anschauungen kam. Aus der Evangelistentätigkeit Vietheers erwuchsen Gemeinden vor allem in Sachsen, Ostpreußen, Schlesien, Thüringen und Hamburg. Die erste »Christen-Gemeinde Elim« entstand 1926 in Hamburg. In Lauter im Erzgebirge, dem Wohnsitz Vietheers, wurde ein Heim als Zentrale und für Bibelkurse geschaffen.Um einem Verbot zu entgehen, teils aber auch im Zuge von Kontaktbestrebungen mit täuferischen Gruppen ließen sich im Jahre 1938 etwa 5.000 Mitglieder der E.-G.n in den Bund der Baptistengemeinden aufnehmen, wodurch sich die E.-G.n zunächst auflösten. Lediglich die großen E.-G.n bestanden im eigenen Bund während des Krieges weiter. Nach 1945 haben sich im Westen fast alle E.-G.n von dem inzwischen aus dem Bund freikirchl. Christen (Versammlung) und dem Bund der Baptistengemeinden gegründeten Bund Ev.-Freikirchl. Gemeinden wieder getrennt, nach 1990 auch die meisten der E.-G.n in den neuen Bundesländern, und sich zum großen Teil dem Bund freikirchl. Pfingstgemeinden (→ Pfingstbewegung) angeschlossen. Die einzelnen Gemeinden sind selbständig. Sie haben pfingstlerischen Charakter und legen Wert auf → Bekehrung, Gläubigentaufe, »Geistestaufe« und »Geistesgaben«.

Lit.: H. Reller: Handbuch Religiöse Gemeinschaften, 1978, 273ff.

W. Grün/Red.

Elisa → Propheten Israels

Elisabeth von Thüringen (1207-1231)

E., geb. 1207 auf der Burg Sárospatak (Nordungarn) als Tochter des Ungarnkönigs Andreas II. aus dem Geschlecht der Arpaden und seiner Frau Gertrud von Andechs. Nach früher Verlobung mit dem älteren Bruder (gest. 1216) ihres späteren Mannes, des Landgrafen Ludwig IV. von Thüringen (1200/1217-1227), wurde Elisabeth seit 1211 am dortigen Hof erzogen bis zur Eheschließung 1221. Aus der Ehe gingen drei Kinder hervor.

Schon 1224/1225 förderte sie die in Thüringen tätig werdenden → Franziskaner. Entscheidend wurde 1226 die Begegnung mit dem hochgelehrten und rigoros-asketischen Kreuzzugsprediger und späteren Ketzerrichter Magister Konrad von Marburg (gest. 1233), dem sie als Beichtvater und Seelenführer besondere Gehorsamsgelübde ablegte. Trotz der zunehmenden Konflikte mit ihrer Rolle als Fürstin versuchte E. ohne Rücksicht auf sich selbst, ihre radikalen Frömmigkeitsziele, vor allem tätige Nächstenliebe zu verwirklichen. Damit erscheint sie, ähnlich wie → Franz von Assisi als eine

zentrale Gestalt in den Frömmigkeits- und Armutsbestrebungen des 13. Jh.s, die am Rande bzw. außerhalb des bisherigen Ordenswesens (*status tertius*) gerade auch von Frauen (Beginen; → Begarden und Beginen) aufgenommen worden sind. Entsprechend rasch und tief war die Wirkung ihrer Verehrung auch beim einfachen Volk.

»Die Herrin der Wartburg setzte sich nicht nur für die Armen ein, sie verehrt in ihnen die gleiche Liebe Gottes, die sie im Glück ihrer Ehe erfährt und die sie im Aufblick zum gekreuzigten Herrn anbetet« (J. Lang).

Nach dem Tod Ludwigs 1227 auf dem Kreuzzug und zunehmenden Anfeindungen vom thüringischen Hof aus begab sich E. schließlich nach Marburg; hier gründete sie 1228/29 das Franziskus-Hospital, wohl das erste nach Franz von Assisi benannte Spital überhaupt. Am 17. November 1231 starb sie und wurde 1235 von Papst Gregor IX. heiliggesprochen (Grab in der Elisabethenkirche in Marburg/Lahn).

Lit.: Neue Deutsche Biographie, Bd. 4, 1959, 452; Sankt Elisabeth. Fürstin, Dienerin, Heilige: Aufsätze, Dokumentation, Katalog zur Ausstellung zum 750. Todestag der hl. Elisabeth, Marburg, Landgrafenschloß und Elisabethkirche, hg. von der Philipps-Universität Marburg in Verbindung mit dem Hessischen Landesamt für geschichtliche Landeskunde, 1981; LexMA, Bd. 3, 1986, 1838-1842.

G. Knetsch

Ellersche Sekte → Ronsdorfer Sekte

Elohist → Pentateuch

Emanzipation → Autonomie; → Frauenbewegung

Empirische Theologie

1. Unter e.T. im engeren Sinne ist jede Form von Theologie zu verstehen, die sich der Aufgabe stellt, die Erkenntnisse der empirischen Wissenschaften (Anthropologie, Psychologie, Sozialwissenschaften) in die theol. Reflexion einzubeziehen und sich einem interdisziplinären Dialog zu öffnen (Arnd Hollweg).

2. Als e.T. im weiteren Sinne kann man all jene theol. Konzeptionen bezeichnen, welche die christl. Glaubensinhalte nicht nur (wie z.B. die → Dialektische Theologie) aus der Schrift oder (wie Schleiermacher und die ihm folgende Bewußtseinstheologie des 19. Jh.s) aus dem rel. Bewußtsein abzuleiten suchen, sondern direkt aus der in Heilsgeschichte (Geschichte Israels und Jesu) und Schöpfung (Natur und Menschsein) erkennbaren Wirklichkeit göttlicher Offenbarung.

Den wohl konsequentesten Versuch einer e.T. in diesem Sinne hat im 20. Jh. Adolf → Schlatter unternommen, der seinen dogmat. Ansatz ausdrücklich als »beobachtende« oder »empirische« Theologie kennzeichnete: Schlatter bemühte sich darum, seine Dogmatik als »Theologie der Tatsachen« zu entfalten, deren Inhalte nicht bloß aus Schrift, kirchl. Dogma oder rel. Bewußtsein als nicht mehr hinterfragbaren Voraussetzungen theol. Erkennens deduziert werden, sondern aus der (grundsätzlich auch für Nichtglaubende nachvollziehbaren!) Wahrnehmung der Schöpfungswirklichkeit und der in der Bibel bezeugten Heilsgeschichte erwachsen. Schlatter verbindet diesen Ansatz mit einer bewußten Überwindung des seit Kant in der Philosophie, aber auch in der ev. Theologie weitverbreiteten antimetaphysischen Erkenntnisskeptizismus, indem er im Sinne eines erkenntnistheoretischen Realismus die objektive (seinsgerechte) Erkennbarkeit des Wirklichen betont und die Begriffe »Wahrnehmung« (bzw. »Beobachtung«) und »Empirie« so weit entgrenzt, daß sie das Ganze menschlicher Wirklichkeitserfahrung einschließlich ihrer rel. und metaphysischen Dimension umfassen. Schlatter sieht in seiner Konzeption einer »Theologie der Beobachtung« keinen Gegensatz zur notwendigen Schriftgebundenheit christl. Theologie, da die realitätskonforme Wahrnehmung der in der Bibel bezeugten einzigartigen Offenbarungsgeschichte seiner Ansicht nach mit sachlicher Notwendigkeit zur Anerkennung der Schriftautorität führt. Andererseits bedeutet die kanonische Geltung der Schrift nach Schlatter keine sklavische Bindung des theol. Erkennens an die Bibel: Als Werkzeug der göttlichen Gnade befreit die Schrift zur unbefangenen Wahrnehmung Gottes in den Werken der Schöpfung, so daß für die Theologie auch die kreatürliche Realität (freilich nie losgelöst von der Bibel) zum Erkenntnisobjekt werden kann.

Schlatters Konzeption einer e.T. konnte sich angesichts der in der ev. Theologie dominierenden Leugnung eines dem Glauben vorausgehenden, in der Wahrnehmung begründeten Erkennens nicht durchsetzen, hat aber die systematischen Entwürfe seiner Schüler Wilhelm → Lütgert und Paul → Althaus maßgeblich beeinflußt. In neuerer Zeit war es vor allem Wolfhart Pannenberg, der die Verankerung der christl. Theologie in der wahrnehmbaren Realität betonte: Gott hat seine Gottheit nach Pannenberg in der Geschichte Jesu und damit in der »Sprache der Tatsachen« geoffenbart. Da Gott als alles bestimmende Wirklichkeit nicht von der erfahrbaren Realität getrennt werden kann, hat die christl. Theologie Pannenberg zufolge grundsätzlich die Aufgabe, den Wirklichkeitsbezug ihrer Wahrheiten so zu verdeutlichen, daß er »für gegenwärtige Erfahrung einlösbar ist«.

Das Konzept einer e.T. im weiteren Sinne hat seine Berechtigung sicherlich darin, daß Gott sich tatsächlich in der Geschichte Israels und in Wort und Werk Jesu geoffenbart hat und nach dem bibl. Zeugnis auch in den Werken der Schöpfung (Röm 1,18f) erkennbar ist. Angesichts der seit Kant um sich greifenden Skepsis gegenüber der Möglichkeit einer wirklichen Gotteserkenntnis hat die christl. Theologie aufgrund ihres wissenschaftlichen Anspruches, aber auch aus Gründen missionarischer Diakonie (vgl. 1Petr 3,15) allen Anlaß, ihren Wahrheitsanspruch nicht nur zu postulieren oder zu dekretieren, sondern so weit wie möglich in seiner realen Begründetheit und logischen Plausibilität aufzuzeigen. Dabei wird sie sich freilich bewußt bleiben müssen, daß die ihr anvertrauten Glaubenswahrheiten zwar »empirisch« vermittelt sind, aber in ihrem Inhalt und in ihrer Geltung grundsätzlich überempirischen Charakter haben. Dies gilt insbesondere für jene Aussagen, welche die eschatologische Hoffnung des Christen entfalten, die nicht nur (wie alle Gotteserfahrung) jede bloß immanente Wirklichkeitserfahrung, sondern auch alles bisher erfahrene Handeln Gottes grundsätzlich transzendieren.

Lit.: P. Althaus: Die christliche Wahrheit, [8]1972; A. Hollweg: Theologie und Empirie, 1971; W. Lütgert: Schöpfung und Offenbarung, 1934 ([2]1984); K.H. Michel: Immanuel Kant und die Frage der Erkennbarkeit Gottes, 1987; W. Neuer: Der Zusammenhang von Dogmatik und Ethik bei Adolf Schlatter, 1986 (§ 6); W. Pannenberg (Hg.): Offenbarung als Geschichte, 1961; ders.: Wissenschaftstheorie und Theologie, 1973; A. Schlatter: Das christliche Dogma, [2]1923 (1984); ders.: Briefe über das christliche Dogma, 1912 ([2]1978).

W. Neuer

Empirismus

Der E. ist eine erkenntnistheoretische Position, die als alleinige Quelle der → Erkenntnis die Erfahrung behauptet. Der E. steht damit im Gegensatz zum → Rationalismus, für den die Vernunft die einzige (legitime) Quelle der Erkenntnis darstellt. Während sich eine Erkenntnis allein aus Vernunftbegriffen in Widersprüche verwickelt (→ Antinomie) und eine wissenschaftl. Erkenntnis nicht zu begründen vermag, versucht sich der E. im Gegensatz zu dieser vor allem kontinentaleuropäischen rationalistischen Tradition pragmatisch an den Tatsachen, der → Erfahrung, den *facts*, zu orientieren.

Der traditionell angelsächsische E. (Hauptvertreter: J. → Locke; G. → Berkeley; D. → Hume) mit seiner erkenntniskritischen, zuweilen gar skeptischen Position (Hume) steht freilich seinerseits vor phil. Problemen, die er nicht zu lösen vermag: So kann eine konsequent empiristische Position weder die Frage nach der Gültigkeit bzw. Anwendbarkeit mathematischer Grundsätze beantworten noch die Legitimität der Annahme allgemeiner Naturgesetze rechtfertigen. In der Tradition des klassischen E. steht ab den 20er Jahren des 20 Jh.s der sog. logische E. (man spricht auch vom logischem Positivismus) des »Wiener Kreises« (Kraft, 1968). Diese interdisziplinäre Gelehrtenvereinigung von Philosophen, Mathematikern, Logikern und Physikern ist orientiert am Ideal naturwissenschaftl. Forschens und verfolgt das doppelte Ziel (a) einer Einheitswissenschaft und (b) einer wissenschaftl. Weltanschauung (zur Lit. vgl. Hempelmann, 1987, 31-69). Der Philosophie kommt im Rahmen des logischen E. nicht mehr die Rolle zu, Erkenntnis zu gewinnen; sie hat nur noch eine erkenntniskritische, kathartische Aufgabe: Sie soll überzogene, d.h. nicht wissenschaftl. zu rechtfertigende, – in der Sprache des logischen E. – »metaphysische Aussagen« entlarven und destruieren (→ Metaphysik; vgl. Carnap, 1931/

32; 1976). Dazu dient ihr das doppelte Instrumentarium (a) des Verifikationsprinzips und (b) des Sinnkriteriums.

Zu a: Alle Aussagen, für die man den Anspruch auf Wissenschaftlichkeit erhebt, müssen sich entweder direkt auf bestimmte Beobachtungen bzw. Beschreibungen von Beobachtungen (sog. »Protokollsätze«) oder aber mit Hilfe von verschiedenen, nach genau zu definierenden Regeln (»logische Syntax«) verknüpften Aussagen auf die empirische Basis zurückführen lassen.

Zu b: Nur solche Aussagen, die sich solchermaßen verifizieren, d.h. vollständig überprüfen und bewahrheiten lassen, erfüllen das Sinnkriterium. Alle anderen Sätze sind entweder sinnlos oder gar unsinnig. Vor allem dieses »Sinnkriterium« des logischen E. (wie der frühen analytischen Philosophie, A.J. Ayer, 1936) offenbart das dezidiert antimetaphysische Interesse des logischen E., das sich zugleich auch auf theol. Aussagen richtet, die als in diesem Sinne »metaphysisch« gelten: Metaphysische und theol. Aussagen lassen sich nicht verifizieren und sind darum sinnlos. Ihnen kommt allenfalls ein expressionistischer Wert zu: Sie drücken wie Musik, Malerei und bildende Kunst etwas aus, ohne - im strengen Sinne - etwas auszusagen, das dann ja empirisch verifizierbar sein müßte.

Es ist vor allem das Verdienst K.R. Poppers, auf entscheidende Schwächen des logischen E. aufmerksam gemacht zu haben (Popper, 1973):

Es gelingt auch dem logischen E. nicht, die naturwissenschaftl. Aussagen vollständig auf eine empirische Basis zurückzuführen (vgl. Stegmüller, 1970). Wenn aber selbst naturwissenschaftl. Aussagesysteme nicht »verifizierbar« sind, sondern streng genommen als »sinnlos« qualifiziert werden müßten, dann ist der logische E. in seinem Anspruch gescheitert, den Begriff einer wissenschaftl. im Gegensatz zu einer metaphysischen Aussage zu definieren.

Das entscheidende sprachphil. Problem besteht darin, daß Theorien nie direkt mit der Erfahrung oder gar »der Wirklichkeit« verglichen werden können. Vergleichbar sind nur Sätze mit Sätzen, etwa Theorien mit Beobachtungssätzen. In die Formulierung letzterer gehen aber - man denke z.B. an die sprachlichen Universalien - notwendig trans-empirische Größen ein, die nicht mehr durch die Erfahrung selbst begründet werden können. Jede Beschreibung einer Erfahrung ist sprachlicher Natur. Über die benutzte Terminologie gehen ganze theoretische Hintergründe in die Beobachtungssätze ein, die zudem noch (a) der Anerkennung durch die *scientific community* bedürfen (so ist im Einzelfall zu entscheiden, ob ein von der Norm abweichendes Meßergebnis Wahrnehmung der Wirklichkeit oder bloß ein Meßfehler ist) als auch (b) auf bestimmten anerkannten bzw. anzuerkennenden Konventionen beruhen (vgl. Kuhn, 1973; dazu Hempelmann, 1987, 244-251; 269f).

Schließlich hebt sich das Konzept des logischen E. in seiner metaphysikkritischen Spitze schon dadurch selbst auf, als ja auch Verifikationsprinzip und Sinnkriterium nicht aus der Empirie abgeleitet werden können, mithin selbst metaphysischer Natur sind und darum als »sinnlos« gelten müssen (Patzig, 1976).

Der weltanschaulich hybride Anspruch des logischen E. ist mitsamt seiner impliziten Theologiekritik gescheitert. Es bleibt die Frage, ob ihm nicht eine Theologie vorgearbeitet hat, die a priori jeden Erkenntnisanspruch aufgegeben hatte, weil sie das ihr Wesentliche weder als ein Wissen noch als ein Tun definierte, sondern als eine Bestimmtheit des Gefühls (→ Schleiermacher). Es bleibt die Aufgabe, energischer als bisher im Kontext eines naturwissenschaftl.-technisch geprägten Weltbewußtseins nach dem Wirklichkeitsbezug der Aussagen des christl. Glaubens zu fragen.

Lit.: A.J. Ayer: Language, Truth, and Logic, 1936; R. Carnap: Überwindung der Metaphysik durch logische Analyse der Sprache, in: Erkenntnis II, 1931/32, 219-241; ders.: Scheinprobleme in der Philosophie. Das Fremdpsychische und der Realismusstreit (1928) 1976, Nachwort von G. Patzig; R. Hegselmann: »Empirismus« (Logischer), in: E. Braun, H. Radermacher (Hg.): Wissenschaftstheoretisches Lexikon, 1978, 126f; H. Hempelmann: Kritischer Rationalismus und Theologie als Wissenschaft. Zur Frage nach dem Wirklichkeitsbezug des christlichen Glaubens, [2]1987; F. Kambartel: »Empirismus«, in: Enzyklopädie Philosophie und Wissenschaftstheorie, Bd. 1, hg. von J. Mittelstraß, 1980, 542f; V. Kraft: »Positivismus, logischer«, HWP, Bd. 7, 1989, 1122-1124; ders.: Der Wiener Kreis. Der Ursprung des Neopositivismus, [2]1968; Th.S. Kuhn: Die Struktur wissenschaftlicher Revolutionen, 1973; K. Lorenz: »Empirismus, logischer«, in: Enzyklopädie Philosophie und Wissenschaftstheorie, Bd. 1, hg. von J. Mittelstraß, 1980, 543f; G. Patzig: Nachwort, in: Carnap (1976), 85-143; K.R. Popper: Logik der Forschung, [5]1973; W. Stegmüller: Probleme und Resultate der Wissenschaftstheorie und analytischen Philosophie, Bd. II Theorie und Erfahrung, Teil C: Beobachtungssprache, theoretische Sprache und die partielle Deutung von Theorien, 1970.

H. Hempelmann

Endzeit → Eschatologie

Engel

Die Bibel rechnet sowohl im AT als auch im NT mit der Wirklichkeit der E. (hebr. *maleach*; griech. *angelos*). Sie gehören zur Welt Gottes und werden als Repräsentanten der unsichtbaren Welt verstanden.

1. Die Engel als Zeugen der Herrlichkeit Gottes

Die Bibel bezeugt den lebendigen Gott in einer großen Fülle von Herrlichkeit und Leben. Die E. stellen den Hofstaat Gottes dar und sind mit dem Lobpreis und der Anbetung Gottes befaßt (Ps 103,20ff; Dan 4,10-14; 7,10; Ps 29,1). Auch die Serafim, die den Thron Gottes umgeben, strahlen die ganze Majestät und Herrlichkeit Gottes aus (Jes 6). Die Cherubim (Hes 10,1.5.16.20.21; 28,14.16; 2Sam 22,11) sind hier ebenso einzuordnen. Die Liturgie, der himmlische Gottesdienst, gehört zu den wesentlichen Aufgaben der E. (s.a. Lk 2,14). Damit wird zugleich unterstrichen, daß der lebendige Gott in seiner Größe nur in der Anbetung wirklich erfaßt wird. Alle Erkenntnis muß letzten Endes in die Anbetung Gottes führen.

2. Die Engel als Boten Gottes

Sie tauchen an den zentralen Wendepunkten der Heilsgeschichte auf.

a. In der Patriarchengeschichte (1Mo 18-19; 28,12; 32,25ff)

b. Zu Beginn der Herausführung aus Ägypten (2Mo 3,2f)

c. Bei der Gesetzgebung am Sinai (Apg 7,53; Gal 3,19)

d. Vor besonderen Aufgaben des Volkes Gottes (Ri 5,20; Jes 6)

e. Bei der Ankündigung der Menschwerdung (Lk 1,26f; 2,9f)

f. Bei der Ankündigung der Auferstehung (Mt 28,1f).

Sie überbringen also Gottes Botschaft und künden das Heil an. Sie repräsentieren die andere Welt und reden mit den Menschen über das göttliche Heilsgeschehen. In den meisten Begegnungen zwischen E.n und Menschen lösen die E. zunächst Furcht aus, weil sie die heilige Welt Gottes verkörpern. Die Menschen sehen in der Begegnung mit den E.n ihre Unheiligkeit. Die E. haben aber auch teil an der Heilsoffenbarung: So freuen sie sich über die Umkehr der Sünder (Lk 15,10) und über deren Erlösung (1Petr 1,12).

3. Die Engel als Vollstrecker des Gerichtes Gottes (2Sam 24,16.17; 1Chr 21,12)

Sie können als Unheilsengel auftreten (Ps 78,49), als Würg-E. (2Mo 12,23), als Wiederhersteller der Ehre Gottes (Apg 12,23). Immer handeln sie ganz im Auftrag Gottes. Auch in den eschatologischen Reden begleiten die E. den Menschensohn beim Gerichtsgeschehen bzw. sie sind selbst Mitwirkende beim Gericht Gottes (Mk 8,38; Mt 13,41.42; 16,27; 25,31; 2Thess 1,7).

4. Die Engel als Zeugen der Fürsorge und Bewahrung Gottes

Sie erscheinen im Traum und geben Weisungen (1Mo 28,12; 31,11; Mt 1,20). Der E. schützt Israel am Schilfmeer (2Mo 14,19) und geleitet das Volk (2Mo 23,20). Elia erfährt durch den E. Gottes Ermutigung und Stärkung (1Kön 19,7). Die E. üben beim Volke Gottes eine bewahrende Funktion aus (Ps 34,8; 91,11). Bei Sacharja hat der E. die Aufgabe, die Interessen Israels zu vertreten. »Er ist die Person gewordene Hilfe Jahwes für Israel.« Der E. kümmert sich um die Hagar in der Wüste (1Mo 16,7f; 21,17f) und tritt bei Abraham für die Verschonung Isaaks ein (1Mo 22). Daniel wird in der Löwengrube bewahrt (Dan 6). Der E. ist also Zeichen der Gnade Gottes. Hebr 1,12 umschreibt die Funktion der E. als Diener derer, die zum Volk Gottes gehören. So stärken die E. Jesus nach der Versuchung (Mt 4,11). Petrus wird durch einen E. aus dem Gefängnis befreit (Apg 12), Paulus in Seenot ermutigt (Apg 27,23). So vermitteln die E. in kritischen Situationen die Gewißheit der Gegenwart Gottes. Die Gemeinde darf gerade in der Anfechtung der besonderen Fürsorge durch die E. gewiß sein. In diesem Zusammenhang ist der Gedanke von Bedeutung, daß den Kleinen und Geringen persönlich ein E. Gottes zugeordnet ist (Mt 18,10), wie auch Apg 12,15 so ausgelegt werden kann, daß jeder Gläubige auch seinen E. hat.

5. Christus und die Engel

Christus nimmt im ntl. Zeugnis eine völlig andere Stellung ein als die E. Christus ist durch Leiden und Sterben in die Herrlichkeit Gottes eingegangen und hat Anteil an der Herrschaft Gottes. So steht er höher als die E. (Hebr 1,4). Die Stellung Jesu Christi ist unvergleichlich. An der Stellung zu ihm entscheidet sich unser Schicksal. Die E. stehen darum ganz im Schatten des Christus. Im Kolosserbrief tritt Paulus einem Engelkult entgegen, der offensichtlich in die

Gemeinde eingedrungen war und die überragende Stellung Jesu zu verdunkeln drohte (Kol 2,18).

6. Aspekte der Kirchengeschichte

Nach → Thomas von Aquin bilden die E. mit den Dämonen ein Zwischenreich zwischen Gott und Mensch. Die E. gehören zur unsichtbaren Welt. Die kath. Kirche lehrt, daß mit der Taufe jedem Christen ein besonderer Schutzengel zur Seite tritt. Die orth. Kirche betont vor allem den himmlischen Gottesdienst, den die E. feiern. Im irdischen Gottesdienst vollzieht sich die Abschattung des himmlischen Gottesdienstes. Die Christen feiern den himmlischen Gottesdienst mit.

Die Reformation konzentriert den Glauben wieder ganz auf Christus. In ihm allein ist das Heil gegeben. Die E. werden dem ersten Artikel zugeordnet. Sie haben an Gottes Weltregierung teil. Sie schützen und bewahren die Gläubigen. »Gott führt durch seine Engel, welches so zugeht, daß die lieben Engel da sind und durch inwendig Anregen plötzlich einen Rat oder Sinn eingeben oder äußerlich ein Zeichen oder Anstoß in den Weg legen, damit der Mensch gewarnet und gewendet wird, dies zu tun, das zu lassen, diesen Weg zu ziehen und diesen zu meiden, auch oft wider den ersten Vorsatz« (Luther). Auch in Luthers Morgen- und Abendsegen hat der Schutzengel Eingang gefunden.

Für die rationalistische Theologie ist die Engelvorstellung untrennbar mit dem antiken Weltbild verbunden (Stockwerktheorie), das für den modernen Menschen überholt sei.

7. Theologische Markierungen

a. Das umfassende bibl. Zeugnis vom Dienst der E. sowie die Autorität Jesu lassen es nicht zu, den E.-Glauben zu relativieren.

b. Das Gottesbild der Bibel bezieht sich auf die Schöpfung des Sichtbaren und Unsichtbaren, also auch auf das, was wir mit unseren Sinnen nicht wahrnehmen. Die Wirklichkeit der E.welt ist Ausdruck der Fülle und Herrlichkeit Gottes.

c. Die Erfahrungen der Missionsgeschichte und der besonderen Krisenzeiten der Kirche Jesu Christi bestätigen den bewahrenden und helfenden Dienst der E.

d. Es ist allen Spekulationen zu wehren, die über Wesen und Rangordnung der E. Aussagen machen wollen bzw. sie in menschliche Kategorien einordnen wollen. Der E.-Glaube muß sich auf die oben erwähnten Funktionen des E.dienstes beschränken. Der E.-Glaube darf das Zentralzeugnis der Schrift nicht verdrängen, das die Heilsoffenbarung Gottes in Christus zum Gegenstand hat. (Zu »gefallene Engel« s. → Satan).

Lit.: P.L. Berger: Auf den Spuren der Engel, 1968; H. Lutz: Die Engel, 1948; U. Mann: Das Wunderbare. Wunder-Segen und Engel, 1979; E. Schick: Die Botschaft der Engel im NT, 1940; H. Schlier: Mächte und Gewalten im NT, 1958; G. Tavard: Die Engel, 1970.

Th. Wendel

Engels, Friedrich (1820-1895)

E., geb. am 28. 11. 1820 in Wuppertal-Barmen, gest. am 3. 8. 1895 in London. Aufgewachsen in einer großbürgerlich-pietist. Familie in Barmen, von der er sich früh löste, blieb er zunächst bis ca. 1870 als Kaufmann tätig. Früh kam er in intensive Lese-Berührung mit F.D.E. → Schleiermacher, G.W.F. → Hegel, D.F. Strauß und L. Feuerbach, über den er zum Materialisten wurde. Besonders von der radikalen Hegelschen Linken um Bruno → Bauer war er angezogen.

1845 begann die lebenslange Freundschaft mit K. → Marx, mit dem zusammen er den »historischen und wissenschaftlichen Sozialismus« in einer Reihe von Schriften ausarbeitete (1845 die Heilige Familie, 1848 das Kommunistische Manifest). Fragen, die K. Marx eher am Rande interessierten, wurden von E. ausführlich und wirkungsvoll für spätere Generationen bedacht (z.B. Herrn E. Dührings Umwälzung der Wissenschaft, 1878; Der Ursprung der Familie, des Privateigentums und des Staates, 1848). E. war 1864 Mitbegründer der 1. Internationale und ab 1870 ihr Sekretär. E. hat K. Marx nach 1883 eindrucksvoll popularisiert, dem Sozialismus unter der Arbeiterschaft Bahn gebrochen und K. Marx zum System des Marxismus verarbeitet. Nach dem Tod von Marx verwaltete er dessen literarischen Nachlaß. Sein Fortschrittsoptimismus war säkularisierte christl. Eschatologie; auch sonst hat er immer wieder an christl. Vorstellungen angeknüpft und diese atheistisch uminterpretiert. Zum Ende seines Lebens ist E. von manchen seiner früheren Auffassungen abgerückt. In den marxistischen Schulen und Staaten galt F.E. als jenseits aller Kritik stehender Klassiker des Marxismus.

Lit.: K. Marx, F. Engels: Werke, 1971-1975.
A. Cornu: K. Marx und F. Engels, 3 Bde., 1954-1968; K. Kupisch: Vom Pietismus zum Kommunismus, 1953; G. Mayer: F. Engels. Eine Biographie, 2 Bde., 1920; H. Mehringer, G. Mergner: Debatte um Engels, 2 Bde., 1973.

G. Ruhbach

Engels, Jakob Gerhard (1826-1897)

E., geb. am 5. 10. 1826 in Inden bei Jülich, gest. am 16. 2. 1897 in Nümbrecht im Bergischen Land, war einer der bedeutendsten Vertreter des niederrheinischen Pietismus und der westdeutschen Erweckungsbewegung im 19. Jh. Der Pfarrersohn stammte aus einem alten Hugenottengeschlecht, das seit sieben Generationen Pfarrer hervorbrachte, die ausnahmslos in ref. Gemeinden am Niederrhein und im Bergischen Land wirkten.

Er studierte ein Semester Philosophie in Berlin, um sich anschließend in Bonn dem Theologiestudium zu widmen. Während seines Vikariats in Kaiserswerth erlebte er die entscheidende Lebenswende hin zu einem persönlichen Glauben an Jesus. Von 1851 an war er bis zu seinem Lebensende Pfarrer einer Landgemeinde in Nümbrecht. In der sittlich und vom Rationalismus auch geistl. verwüsteten Gemeinde begann er unter großem persönlichen Einsatz eine mission. und diakon. Arbeit. Er gründete einen Armenverein, um der Bettelei zu begegnen, machte zahllose Haus- und Krankenbesuche und hielt Bibelstunden in den weit verstreut liegenden Dörfern und Höfen. Als Frucht dieser Arbeit erlebte E. 1877 eine große Erweckung in Nümbrecht. Bekannt geworden sind seine 30 geistl. Leitsätze für jeden Tag des Monats, die an seinem Sterbebett gefunden wurden.

Lit.: H. Horn: J.G.Engels, in: Rheinische Lebensbilder 6, 1975; A. Pagel: J.G. Engels. Von der Macht eines wahren Jüngers Jesu, 1951.

V. Gäckle

England → Großbritannien

England, Kirche von → Anglikaner/Anglikanismus

Englische Missionen → Großbritannien

Enkratiten → Askese

Entfremdung

E. war bis in die siebziger Jahre des 20. Jh.s ein linksintellektuelles Modewort. Sprachlich meint E. das Fremdwerden, Fremdsein oder Sich-Fremdwerden bis zur Trennung von Personen, Sachen und Gemeinschaften. Die Aufklärungsphilosophie (Rousseau, Kant, Fichte, Hegel) versuchte durch diesen Begriff mit der negativen Erfahrung von Menschen fertigzuwerden, denen die von ihnen angeblich unterworfene Welt und Natur nun fremd und feindlich gegenübertritt (»Krise der Subjektivität«). G.F.W. → Hegel (1770-1831) beabsichtigte in seinen reiferen Werken, den Geist der menschlichen Freiheit mit der christl. Tradition in Einklang zu bringen. L. Feuerbach (1804-1872) machte Religion und Glauben für die Entzweiung des Menschen mit sich selbst verantwortlich und forderte, an die Stelle Gottes den Menschen, an die Stelle der Theologie Anthropologie zu setzen. K. Marx (1808-1872) sah die Arbeitsteilung, d.h. die Trennung des Arbeitenden von seinem Arbeitsprodukt als Ursache der Verelendung des Proletariats sowie das Privateigentum als Ursache der »Mißgestaltung« des gesamten Lebens an. Marx verkannte dabei die Bedingungen und positiven Entwicklungsmöglichkeiten technischer und wirtschaftl. Prozesse. In Soziologie und Sozialpsychologie (E. Durkheim, T. Parsons, R.K. Merton, M. Seeman) wurde das Gefühl der Machtlosigkeit, Meinungslosigkeit, Normlosigkeit und Isolation in einer unüberschaubar gewordenen Welt als E. bezeichnet, während neuerdings unter empirisch arbeitenden Soziologen das Unbehagen an derartig globalen Schlagwörtern wächst. Sinnvoll wäre es, auf den Begriff der E. ganz zu verzichten und statt dessen genauer zu beschreiben, wer sich von was oder wem und warum »entfremdet« und was man dagegen tun kann, z.B. in der Arbeitswissenschaft die negativen Folgen der monotonen Teilarbeit durch Veränderung der Arbeitsorganisation und Verbesserung der menschlichen Beziehungen zu erleichtern. Dabei ist allerdings auf das sog. »Perversionssyndrom« von Menschen ohne Glauben hinzuweisen, die sich, obwohl es ihnen immer besser geht, immer schlechter fühlen. In der Theologie hatte der Begriff der E. keine große Bedeutung, außer bei Theologen, die Wert auf einen sog. »Dialog« mit dem Sozialismus legten (K. Barth, P. Tillich, J. Moltmann). Für Christen ist die Wirklichkeit der Sünde nicht durch andere Begriffe zu vernebeln. Im Schatten des Urfalls (1Joh 5,19) bezeichnet Sünde die Gottentfremdung des Menschen, seine gottfernen und widergöttlichen Willenshaltungen, Grundeinstellungen und Verhaltensweisen (Eph 2,12; Gal 4,8; 1Kor 2,14; Joh 3,19f). Infolge der Gottesentfremdung entfernen sich Menschen von sich selbst, von den Mitmenschen und von der Natur. Durch die in Jesus Christus geschenkte Offenbarung erkennen Christen die Heillosigkeit und den Erlösungsbedarf der gesamten Weltexistenz, nehmen dankbar die Gnade der Erlösung und Überwindung der Gottesentfremdung an (Eph 2,13) und hoffen auf die Erfüllung des Schöpfungshandelns Gottes, wenn alles nahe bei Gott sein wird (Röm 8,19; Kol 1,16).

Lit.: H.-H. Schrey (Hg.): Entfremdung, 1975 (WdF 437), 481-507.

J. Kniffka

Enthaltsamkeit → Askese

Enthaltsamkeitsvereine

1.Entstehung

Angesichts des Elendsalkoholismus der Industrialisierung im 19. Jh. und im Geist der → Erweckungsbewegung gründete der Schweizer Pfarrer Louis-Lucien Rochat am 21. 9. 1877 in Genf das → Blaue Kreuz. Die Parole lautet seither: Evangelium und Abstinenz. Der Berner Pfarrer Arnold Bovet trug diesen Gedanken über die Grenzen nach Deutschland (Hagen 5. 10. 1885 – erster deutscher Enthaltsamkeitsverein), wo er den Oberstleutnant Curt von → Knobelsdorff für diese Arbeit gewann. 1914 gab es in Deutschland schon 43.000 Mitglieder des Blauen Kreuzes.

2. Beweggrund und Ziel

Rochat litt unter der physischen und psychischen Not sowie der »ewigen Verlorenheit der Trinker«. In England hatte er Süchtige kennengelernt, die durch den Glauben an Jesus Christus freigeworden waren. Gleichzeitig erkannte er, ohne um die modernen Erkenntnisse von Suchtentstehung und -entwicklung zu wissen, daß der Suchtkranke und dessen Angehörige totale »Abstinenz« nötig haben, wenn der Süchtige nicht rückfällig werden will, und daß alle dazu des persönlichen Glaubens an Jesus bedürfen sowie der stärkenden Gemeinschaft der Gläubigen. Nicht Antialkoholiker wollten die Blau-Kreuzler sein, sondern Helfer zur irdischen Heilung und zum ewigen Heil. Das Blaue Kreuz unterhält eine Fachklinik in Radevormwald und mehrere Rehabilitationsheime. Es betreibt Jugendarbeit und Öffentlichkeitsarbeit und begleitet Alkoholiker in mehr als 200 Vereinen.

3. Enthaltsamkeitsvereine heute

Blaues Kreuz in Deutschland e.V. (Wuppertal): ca. 5.000 Mitglieder und 7.000 zur Enthaltsamkeit verpflichtete Freunde; Blaues Kreuz in der EKD e.V. (Rendsburg): ca. 3.000 Mitglieder; Kreuzbund e.V. (kath.) (Hamm): ca. 12.000 Mitglieder; Deutscher Guttempler Orden (IOGT e.V. – Hamburg): ca. 10.000 Mitglieder; die von den rel. geprägten Männern Bill und Bob in den USA gegründete Bewegung der »Anonymen Alkoholiker«, seit 1935 weltweit »AA« genannt: ca. 400.000 Mitglieder. Viele berufsständische Organisationen bildeten sich: z.B. der Bund abstinenter Kraftfahrer e.V., der Bund für drogenfreie Erziehung e.V., der Deutsche Frauenbund für alkoholfreie Kultur e.V., die Gemeinschaft drogenfreier Jugend oder die Bundesarbeitsgemeinschaft der Freundeskreise für Suchtkrankenhilfe in Deutschland e.V. Alle Verbände sind zusammengeschlossen in der »Arbeitsgemeinschaft der Deutschen Abstinenzverbände« (Stuttgart).

Lit.: B. Gustafsson: »Abstinenz«, TRE 1, 1977, 392-398; E. Rieth: Alkoholkrank? Die heutigen Erkenntnisse über den süchtigen Alkoholiker, 1973.

M. Holland

Entkirchlichung → Säkularisierung

Entmythologisierung

Die Forderung, die ntl. Botschaft müsse »entmythologisiert« werden, ist von R. Bultmann 1941 in seinem programmatischen Vortrag »Neues Testament und Mythologie/Das Problem der Entmythologisierung der neutestamentlichen Verkündigung« erhoben worden. »Entmythologisiert« durch die moderne Naturwissenschaft sei bereits das »mythische« Weltbild des NT. Dem mythischen Weltbild entspreche die ntl. Darstellung des Heilsgeschehens: Die Menschwerdung, die stellvertretende Sühne durch den Tod Christi, die Auferstehung und die Erhöhung Christi. »Das alles ist mythologische Rede... sofern es nun mythologische Rede ist, ist es für den Menschen von heute unglaubhaft, weil für ihn das mythische Weltbild vergangen ist« (Neues Testament und Mythologie, 13f). Bultmanns Vortrag bewirkte eine sehr lebhafte Diskussion. (Zustimmende und widersprechende Beiträge, auch weitere Stellungnahmen Bultmanns sind enthalten in der Reihe »Kerygma und Mythos« I-VI,2; der Vortrag findet sich in Bd. I, 15-48, hg. von H.W. Bartsch; eine Sonderausgabe des Vortrages, hg. von E. Jüngel, erschien 1985; nach dieser Ausgabe wird hier zitiert).

Mythisches Denken ist bei Bultmann der Gegenbegriff für wissenschaftl. Denken. Für das mythische Denken sei das Weltgeschehen offen für den Eingriff jenseitiger Mächte, »also durchlöchert vom Gesichtspunkt des wissenschaftlichen Denkens aus. Für dieses sind Welt und Weltgeschehen »geschlossen«, geschlossen nämlich gegen den Eingriff unweltlicher Mächte« (Kerygma und Mythos, II, 181).

Interessanterweise gelte aber der »geschlossene Kausalzusammenhang«, der ein Einwirken übernatürlicher Mächte ausschließe, für den Menschen nicht. »Der Mensch ist nicht wie ein Naturwesen dem kausalen Zusammenhang des Naturgeschehens eingeordnet, sondern er hat sein Sein selber zu übernehmen, ist für sich selbst verantwortlich« (Kerygma und Mythos VI, 21). Deshalb ist der Bestand der Welt dem Menschen ja auch »durchschau- und beherrschbar«. Bultmann versteht den Kausalzusammenhang im Grunde mechanistisch, wogegen er die menschliche Existenz einseitig als geistiges Prinzip (in seinem eigentlichen Sein) versteht. Wenn der menschliche Geist sich (im Glauben) von der Weltabhängigkeit lösen kann und anderseits die Welt beherrscht, dann kann das Argument des geschlossenen Kausalzusammenhanges nicht gegen den Geist Gottes (und auch nicht gegen dämonische Mächte) vorgebracht werden. Bultmann lehnt aber die Rede vom heiligen Geist (*pneuma*) und auch von den Sakramenten als »schlechterdings fremd und unverständlich« ab. »Der rein biologisch sich verstehende Mensch sieht nicht ein, daß überhaupt in das geschlossene Gefüge der natürlichen Kräfte ein übernatürliches Etwas, das *pneuma*, eindringen und in ihm wirksam sein könne. Er weiß sich für sich selbst verantwortlich...« (Neues Testament und Mythologie, 17f).

Die E. setzt voraus, daß dem Mythos doch eine Wirklichkeit zugrunde liege – nicht das, was ein ntl. Text »objektivierend« aussagt, sondern das diesem Text zugrunde liegende menschliche Selbstverständnis. Zur E. gehört deshalb die → existentiale Interpretation: Der auszulegende Text wird nicht befragt nach seiner objektiven Aussage, sondern nach dem ihm zugrunde liegenden menschlichen Selbstverständnis, und dieses Selbstverständnis soll dann in der Predigt »zur Sprache« kommen.

Aber schon dem von Bultmann selber zum Modell des mythischen Denkens gemachten antiken Weltbild liegt ein Weltverständnis zugrunde, nicht ein Selbstverständnis. Selbstverständlich hat das Weltverständnis auch eine subjektive Seite, aber diese ist abhängig von der objektiven Welterkenntnis und Welterfahrung. Der Kosmos wird nicht durch mein subjektives Verständnis hervorgebracht, sondern »mein« Weltverständnis hängt davon ab, wie ich die vorhandene Welt sehe und erfahre. Was das Weltbild der Bibel anbelangt, so ist dieses nicht das ptolemäische Weltbild, das erst im 2. Jh. n.Chr. entstanden ist. Es ist aber auch nicht das Weltbild der vor- und außerbibl. Kulturen bzw. Religionen. Letztere sahen in den Gestirnen Götter, die angebetet wurden. Gegenüber der mythischen Vergötterung der Gestirne in dieser Astralreligion war der bibl. Schöpfungsglaube tatsächlich eine radikale E.: Auch die Sterne sind »gemacht« und vergänglich wie alles Irdische. Paulus sieht im Rückfall der Galater in die frühere Verehrung der Weltelemente einen Rückfall ins Heidentum (Gal 4,3.8-11). Auffällig ist, daß jetzt der »moderne Mensch« des 20. Jh.s in der verbreiteten → Astrologie die alte Astralreligion wieder erneuert, unabhängig davon, daß die Sterne für ihn keine Götter mehr sind. Offenbar war der eigentliche Mythos der Glaube an die der Berechenbarkeit des Laufs der Gestirne entsprechende Berechenbarkeit des Schicksals, und dieser ist durch das wissenschaftl. Denken nicht überwunden.

Die gleiche Problematik ergibt sich in bezug auf den Erlöser-Mythos. Nach Bultmann ist der christl. »Erlöser-Mythos« aus der hell. Gnosis übernommen und mit Elementen der jüd. Apokalyptik und Elementen der Jesus-Überlieferung zu einer synkretistischen Religion verbunden worden. »Das Christuskerygma ist also Kultlegende, und die Evangelien sind erweiterte Kultlegende« (Geschichte der synoptischen Tradition, 396). Der verkündigte Christus sei nicht mehr der hist. Jesus. Nun ist aber in der ntl. Verkündigung durchweg der hist. Jesus, den die Jünger gekannt haben, der gekreuzigt wurde, identisch mit dem auferstandenen und erhöhten Christus. »Gott hat ihn zum Herrn und Christus gemacht, diesen Jesus, den ihr gekreuzigt habt« (Apg 2,36). In den Auferstehungsberichten ist es der Auferstandene selbst, der sich als Jesus zu erkennen gibt. ». . . er war gehorsam bis zum Tode, bis zum Tod am Kreuz, darum hat Gott ihn erhöht. . .« (Phil 2,8f). Ein (gnostischer) Erlöser-Mythos, der den Namen Christus trägt, entspricht sicher nicht dem im NT gepredigten Glauben und darum auch nicht dem Selbstverständnis der urchristl. Gemeinde, das ja die dem Kerygma zugrundeliegende Wirklichkeit sein soll. Zum gnostischen Erlöser-Mythos ist zudem zu sagen, daß es keine authentischen Texte dieses Mythos gibt, deren Vorhandensein schon für die Zeit der Evangelienbildung und der Paulusbriefe nachweisbar ist. Nach Meinung der Kirchenväter warnt das NT vielmehr die synkretistischen Gnostiker, welche die Botschaft vom Erlöser vom Christentum übernommen und in ein System der Selbsterlösung umgewandelt haben.

Lit.: H.W. Bartsch (Hg.): Der gegenwärtige Stand der Entmythologisierungsdebatte, 1954; R. Bultmann: Neues Testament und Mythologie (1941), 1985; ders.: Jesus Christus und die Mythologie, in: Kerygma und Mythos, Bd. I-VI,2, 1948-62; ders.: Glauben und Verstehen, I/II 1933/1952; ders.: Die Geschichte der synoptischen Tradition, [8]1970; F. Flückiger: Existenz und Glaube, 1966; K. Jaspers, R. Bultmann: Die Frage der Entmythologisierung, 1954; E. Jüngel: Glauben und Verstehen. Zum Theologiebegriff R. Bultmanns. Sitzungsberichte der Heidelberger Akademie der Wissenschaften, 1985.

F. Flückiger

Entrückung

1. Biblischer Befund

Die Lehre von der E. geht auf 1Thess 4,17 zurück. Die Gemeinde in Thessalonich ist um das Schicksal der schon entschlafenen Gemeindeglieder besorgt. Sind sie nicht im Nachteil, wenn die Wiederkunft Jesu erst noch bevorsteht? Paulus antwortet: Wenn Jesus Christus wiederkommt, werden die bereits Entschlafenen zuerst auferweckt. Dann wird die noch lebende Gemeinde dem Herrn entgegengerückt, gemeinsam mit den Entschlafenen (wörtl.: entrafft, hingerissen). Die E. erfolgt zur Einholung des Herrn (Apantesis). Dies ist ein Begriff, der in der röm. Geschichte zu Hause ist. Wenn der röm. Kaiser siegreich aus der Schlacht zurückkehrte, wurde er von einer Abordnung der Stadt Rom feierlich eingeholt. So wird durch die E. der Tod gleichsam übersprungen, und die noch Lebenden werden in die Gemeinschaft mit dem auferstandenen Herrn hineingenommen.

Ein ähnlicher Vorgang wird in 1Kor 15,50-55 bezeugt. V. 52: Die Toten in Christus werden auferweckt; alle, die Lebenden und schon Entschlafenen, werden verwandelt werden und mit dem Herrn vereint sein.

Offb 20,4-6 spricht nicht von der E., sondern von der ersten Auferstehung, an der die teilhaben, die nicht das Tier angebetet haben. Es handelt sich hier um eine »Vorweg-Auferstehung«, die vor der allgemeinen Auferstehung der Toten sich vollzieht (Offb 20).

2. Kirchengeschichtlicher Aspekt

Der Gedanke der E. hat eine besondere Ausprägung durch E. Irving (1792-1834, Gründer der → Katholisch-Apostolischen Gemeinde) in England erfahren. Er entwickelte eine Vor-Entrückungslehre und gab Entrückungs-Prophezeiungen heraus, die sich nicht erfüllten. Vor-Entrückung bedeutet: Die wahre auserwählte Gemeinde wird vor der letzten großen Trübsal der Welt entrückt und damit allen Versuchungen, die aus dem Kommen des → Antichristen zu erklären sind, entnommen.

Im Rahmen der Gnadauer Pfingstkonferenz 1908 wurde durch Th. Krawielitzki der Gedanke einer Auswahlgemeinde vorgetragen, die zur E. kommt. Nach Krawielitzki werden nicht alle Erretteten zur E. kommen, sondern nur diejenigen, bei denen der geistl. Umgestaltungsprozeß zum Abschluß gekommen ist. Der Gedanke von der E. einer Eliteschar setzte sich jedoch in der Gemeinschaftsbewegung nicht durch (D. Lange: Eine Bewegung bricht sich Bahn, 191).

3. Systematisch-theologische Markierungen

a. Das bibl. Wort von der E. will besagen: Gott hat seine Gemeinde in dieser Welt nicht vergessen. Sie wird nicht dem Untergang preisgegeben, sondern zur Vollendung kommen.

b. Die Schrift gibt keine näheren Erläuterungen

über das »Wie« der E. Hier ist allen Spekulationen zu wehren. Die E. bleibt ein Geheimnis. Das Ziel der E. ist die Gemeinschaft mit dem erhöhten Herrn, sowohl derer, die zum Zeitpunkt der Wiederkunft Jesu bereits entschlafen sind – sie werden durch die Kraft des Auferstandenen auferweckt –, als auch der zum Zeitpunkt der Wiederkunft Jesu noch Lebenden, die eine Verwandlung erfahren (1Kor 15,51ff). Zur E. gelangen die, die Christus angehören bzw. die »in dem Herrn« gestorben sind. Die E.slehre ist nicht unumstritten. So spricht Walter Tlach bewußt nicht von einer E., sondern von einem »Versetztwerden« in die unsichtbare Gotteswelt (»Hinaufgerissen«). »Es findet keine Entrückung statt, sondern eine Versetzung aller Gläubigen. Das ist dann die erste Auferstehung.«

c. Das ntl. Zeugnis von der E. spricht nicht von einer Verschonung *vor* der großen Trübsal. Die Gemeinde wird der Versuchung durch den Antichristen nicht entnommen. Offb 7,14 unterstreicht: Die Gemeinde, die am Ziel ist, kommt aus der großen Trübsal. Offb 3,10 bezeugt eindeutig die Bewahrung in der Stunde der Versuchung, konkret: die Bewahrung vor dem Untergang durch die Verfolgung Domitians. Nach F. Grünzweig findet die E. gegen Ende der antichristl. Zeit statt. Er verweist auf 2Mo 15, das Modell für E. Aus dem NT läßt sich eine genaue zeitliche Festlegung der E. nicht entnehmen.

d. Die E. einer Eliteschar, wie sie in der Vor-E.slehre zum Ausdruck kommt, ist aus dem Gesamtzeugnis der Schrift nicht herauszuhören. Es haben an ihr alle diejenigen teil, die aus dem Geist Gottes neu geboren sind. Das Zeugnis vom Kommen Jesu ist zwar immer als Weckruf zur Buße, zum Glauben und Gehorsam verstanden worden, aber die Qualität der Entrückten liegt nicht in einem Vollkommenheitsstreben, sondern in der Fürsprache Jesu und in der Kraft seiner Vergebung. »Sie haben ihre Kleider hell gemacht im Blute des Lammes« (Offb 7,14).

Lit.: H. Burkhardt: Ausharren bei Jesus. Überlegungen zum theologischen Verständnis der Johannesoffenbarung, ThBeitr 17/86, 234-247 (245); F. Grünzweig: Heilsgeschichte und Vollendung des Reiches Gottes, in: »Dem Auftrag verpflichtet«, 1988; F. Hubmer: Der Heilsplan Gottes. Schöpfung, Erlösung, Vollendung, (1949) 8 1987; W. Schäble: Die glaubende Gemeinde in der Endzeit. Schlüsselfragen biblischer Prophetie, o.J., 106ff; W. Tlach: Der letzte Krieg, 1991.

Th. Wendel

Entscheidung, Aufruf zur → Evangelisation

Entwicklung → Evolution; → Geschichte, Geschichtsphilosophie

Entwicklungshilfe

Der Begriff E. wird unterschiedlich verwendet. In der Öffentlichkeit werden alle Übertragungen von Kapital und Wissen in die Entwicklungsländer als E. bezeichnet. In der offiziellen Statistik zählen nur die Übertragungen staatl. Organisationen als E., die gegenüber kommerziell motivierten Transfers mindestens ein Zuschußelement von 25 % beinhalten. 1989 betrug die private E. 1,3 Mrd. DM und die öffentliche E. 9,3 Mrd. DM. Mit einem Anteil der E. am Bruttosozialprodukt von 0,41 % liegt Deutschland über dem Durchschnitt aller Industrieländer (0,33 %). Die Bundesregierung hat von 1959-1989 333 Mrd. DM an finanziellen Leistungen für die Entwicklungsländer aufgewandt.

Aus psycholog. Erwägungen heraus wird auf das Wort Hilfe in letzter Zeit verzichtet. Man spricht statt dessen von »Zusammenarbeit«.

1. Begründung der Entwicklungshilfe

Die E. wird unterschiedlich begründet. Die Entwicklungsländer fordern wegen der kolonialen Vergangenheit E. als Kompensation für in der Vergangenheit erlittenes Unrecht ein. Die Industriestaaten geben E. aus humanitären Gründen, teilweise wird die E. außenpolitisch genutzt.

E. soll die Entwicklung der Dritten Welt vorantreiben und damit Märkte erschließen, die wiederum die Nachfrage nach Produkten im eigenen Lande erhöhen. Vom Standpunkt der Weltwohlfahrt ist eine E. dann gerechtfertigt, wenn die Rentabilität in der Dritten Welt höher liegt als beim heimischen Gebrauch der Ressourcen.

2. Auswirkungen der Entwicklungshilfe

Die Wirkungen der E. sind umstritten. Zu Beginn der 50er Jahre ging man davon aus, daß zur wirtschaftl. Entwicklung der Dritten Welt finanzielle Mittel notwendig sind, da im fehlenden Kapital das Entwicklungshemmnis gesehen wurde. Das zu geringe Sparaufkommen und die Devisenknappheit waren Ursache für den Entwicklungsrückstand (Zwei-Lücken-Theorien). Mit massiver Kapitalhilfe sollte zudem der Teufelskreis der Armut überwunden werden. Als Erfinder der E. in diesem Sinne kann der schwedische Nobelpreisträger Gunnar Myrdal angesehen werden.

Die hohen Kapitalübertragungen haben in der Dritten Welt kaum zur Entwicklung geführt. Vereinzelt wird die E. als mitverursachend für die wirtschaftl. Misere in den Entwicklungsländern angesehen (Tödliche Hilfe). E. hat demotiviert. Die kommerzielle E. hat in Schwellenländern, die kurz vor dem wirtschaftl. Aufschwung stehen, zur internationalen Verschuldung beigetragen, die wegen der Rückzahlung der Darlehen und Begleichung der Zinsen die Entwicklungsmöglichkeiten hemmte. Vereinzelt meinen Kritiker, daß die E. gegeben wird, um wirtschaftl. Probleme der Industriestaaten, also der Gebernationen zu lösen (Nahrungsmittelhilfe).

3. Arten der Entwicklungshilfe

Im allgemeinen wird zwischen finanzieller, technischer und personeller Zusammenarbeit unterschieden.

Die finanzielle Zusammenarbeit kann teilweise in Form von Projekthilfen oder als Programmhilfe vergeben werden. Bei Projekten handelt es sich um einzelne, abgrenzbare Investitionsvorhaben (Bau einer Straße, einer Düngermittelfabrik oder eines Stromnetzes). Bei der Programmhilfe steht nicht das einzelne Projekt im Vordergrund, sondern die Gesamtheit mehrerer aufeinander abgestimmter Maßnahmen (eine bestimmte Bevölkerungsgruppe, ein Sektor oder eine Region des Entwicklungslandes). Zur finanziellen Zusammenarbeit gehört auch die Nahrungsmittelhilfe, die jedoch mittelfristig eine negative Auswirkung auf die wirtschaftl. Entwicklung des Entwicklungslandes haben kann. Da die Nahrungsmittelhilfe meist kostenlos zur Verfügung gestellt wird, führt sie zu niedrigen Agrarpreisen in der Dritten Welt, wodurch die einheimischen Bauern keinen Anlaß sehen, Nahrungsmittel selber für den Markt zu produzieren. Verstärkte Abhängigkeit von Nahrungsmittelhilfen und Nahrungsimporten ist die Folge, obgleich die meisten Entwicklungsländer potentielle agrarische Selbstversorger sind. Die finanzielle Zusammenarbeit wird über die Kreditanstalt für Wiederaufbau abgewickelt.

Die technische Zusammenarbeit beinhaltet z.B. die Entsendung und Finanzierung von Beratern, Ausbildern, Sachverständigen und Gutachtern, die Entsendung von Fachkräften sowie Produktionsmitteln, ebenso zählt die Gewährung von Zuschüssen und Zahlungen von Gehältern an Fachkräfte, die das Entwicklungsland unter Vertrag nimmt, zur technischen Zusammenarbeit. Für die technische Zusammenarbeit ist die Gesellschaft für technische Zusammenarbeit (GTZ) hauptsächlich verantwortlich.

Die Bundesrepublik hat verschiedene Programme der personellen Zusammenarbeit, wie die Förderung der Existenzgründung und beruflichen Eingliederung, die Entsendung, Vermittlung und der Einsatz von Fachkräften (wie z.B. der Senioren-Experten-Service). Zur personellen Zusammenarbeit gehören auch die Ausgaben für Entwicklungshelfer der sechs anerkannten Trägerorganisationen:

- die kath. Arbeitsgemeinschaft für Entwicklungshilfe AGEH (1989: 325 Entwicklungshelfer),
- der Deutsche Entwicklungsdienst – DED (1989: 987 Entwicklungshelfer),
- Dienste in Übersee – DÜ (ev.), (1989: 193 Entwicklungshelfer),
- EIRENE (34 Entwicklungshelfer),
- Weltfriedensdienst (15 Entwicklungshelfer),
- Christliche Fachkräfte International (Deutsche Ev. Allianz und evangelikale Missionsgesellschaften), (31 Entwicklungshelfer).

Das Problem der E. liegt darin, die einheimische Bevölkerung zu motivieren. Diese Motivation kann aus motivierenden Rahmenbedingungen kommen (Öffnung für mehr Markt) und über die Beeinflussung der Denkmentalität in den Entwicklungsländern (dynamische Unternehmer) erreicht werden.

Die Mission ist teilweise in der öffentlichen Meinung unter kritischen Beschuß geraten, weil sie die Menschen aus ihrer kulturellen Identität genommen hätte. Aber wenn Menschen durch die Übernahme des Christentums anders denken, bestimmte Tabus ablegen, langfristig für die Zukunft planen, die Welt naturwissenschaftl. betrachten und ein Verantwortungsgefühl entwickeln, dann sind diese erneuerten Menschen Mitträger der wirtschaftl. Entwicklung. Man könnte überspitzt formulieren: Mission ist die beste E., wenn dadurch die Motivation der Menschen beeinflußt, die Korruption bekämpft, verantwortliches wirtschaftl. Handeln vor Gott gelernt, die Angst vor Göttern in der Natur reduziert wird usw. Die Missionsgesellschaften haben aber auch praktische E. geleistet (Pioniermissionen), insbesondere im Gesundheits- und Bildungsbereich. Das sind wichtige Voraussetzungen für die Verbesserung der Lebensumstände in der Dritten Welt.

Lit.: J.A. Agarwal et al.: Wirkungen der Entwicklungshilfe. Bestandsaufnahmen und Überprüfung für die zweite Entwicklungsdekade, 1984 (Forschungsberichte des Bundesministeriums für wirtschaftliche Zusammenarbeit, Bd. 50); R. Cassen: Entwicklungszusammenarbeit, 1990; B. Erler: Die tödliche Hilfe. Bericht von meiner letzten Dienstreise in Sachen Entwicklungshilfe, 1985; H.-R. Hemmer: Wirtschaftsprobleme der Entwicklungsländer.

Eine Einführung, [2]1989; W. Lachmann: Leben wir auf Kosten der Dritten Welt?, [2]1987; ders.: Überwindung der Not in der Dritten Welt durch marktwirtschaftliche Ordnung?, in: Aus Politik und Zeitgeschichte (Beilage zur Wochenzeitung Das Parlament), vom 21. 2. 1987 (B 8/87); ders.: Realitätsnähe der Entwicklungshilfe im Rahmen der von der Bundesregierung verfolgten Entwicklungsstrategie, in: G. Rüther (Hg.): Die notwendige Hilfe. Grundlagen, Leitlinien und Instrumente der Entwicklungszusammenarbeit, 1986; ders.: Die deutsche Entwicklungspolitik - eine Beurteilung aus marktwirtschaftlicher Sicht, in: El-Shagi El-Shagi (Hg.): Deutsche Entwicklungspolitik, 1988; W.P. Wiesebach: »Entwicklungspolitik, II. Entwicklungshilfe«, Handwörterbuch der Wirtschaftswissenschaften, Bd. 2, 1980. Sehr gute Informationen bietet das jährlich herauskommende Journalisten-Handbuch Entwicklungspolitik des Bundesministeriums für wirtschaftliche Zusammenarbeit und die seit 1978 erscheinenden Weltentwicklungsberichte der Weltbank.

W. Lachmann

Enzyklika, Enzykliken

In der → Alten Kirche, im 4. Jh. belegt, hießen die Rundschreiben der Bischöfe E.en. Als Bezeichnung für ein päpstliches Dokument taucht das Wort im 7. Jh. auf. Allerdings wurde der Name E. erst seit Benedikt XIV. wirklich gebräuchlich. Mit »Ubi primum« vom 3. Dez. 1740 hat er die Reihe der neuzeitlichen Lehrschreiben eröffnet. Seit Gregor XVI. haben die Päpste sich immer häufiger der E. bei der Leitung der Kirche bedient. Spätestens seit Leo XIII. (1878-1903) sind die E.en eine Hauptquelle für die allg. Verkündigung der kath. Kirche geworden.

Die amtliche Erstfassung der E. ist in der Regel in lat. Sprache. Die E.en werden nach den Anfangswörtern zitiert. Die amtliche Veröffentlichung erfolgt durch die Acta Apostolicae Sedis. E.en sind, wo sie sich an die Gesamtkirche wenden, Ausdruck der obersten Lehrgewalt des Papstes; sie besitzen aber nur eine disziplinäre, keine unfehlbare Lehrautorität. Doch haben die Gläubigen »den Lehrgehalt mit einem Akt positiver, innerer und sicherer Zustimmung zu übernehmen, der aber, weil nicht schlechthin unwiderruflich, vom eigenen Glaubensakt wohl zu unterscheiden ist« (H. Bacht).

Besonders im Bereich der kath. Soziallehre bilden die sog. Sozialenzykliken die Grundlage lehramtlicher Äußerungen. Deren Reihe wird eröffnet mit »Rerum novarum« (1891) Leos XIII. Das Lehrschreiben setzte Maßstäbe für die Zukunft. Mit der E. wurde die kirchl. Anerkennung der demokratischen Prinzipien vollzogen. Zum 40jährigen Gedächtnis von Rerum Novarum erschien die E. »Quadragesimo anno«. Als Ziel wird eine neue, klassenfreie Gesellschaft anvisiert.

Mit der E. »Mater et magistra«, die Johannes XXIII. am 15. Mai 1960 erläßt, setzt eine neue Zeit ein. Diese E. »kniet sich in die soziale Wirklichkeit hinein«. Diese E. hat der Kirche und ihrer Soziallehre Sympathien gewonnen wie keine andere zuvor. Sie behandelt die jüngsten Entwicklungen des gesellschaftl. Lebens und seine Gestaltung im Lichte der christl. Lehre. Hervorgehoben werden Solidarität und Zusammenarbeit sowie die Verantwortung gegenüber dem Gemeinwohl. Die E. »Populorum progressio«, über die Entwicklung der Völker, verkündet am 26. März 1967 von Paul VI., will die vollmenschliche Entfaltung der Persönlichkeit im christl. Sinne. Hier knüpft auch Johannes Paul II. an. Nach »Laborem exercens«, über die menschliche Arbeit, (1981) und »Sollicitudo rei socialis«, über die aktuellen Fragen der Entwicklung der Menschen und Völker, (1987) stellt »Centesimus Annus« (1991) bereits seine dritte Sozialenzyklika dar. Sie unterstreichen die Bedeutung, die der Papst der Soziallehre der Kirche in der Welt von heute beimißt. Die E. »Centesimus annus« verbindet die traditionellen Aussagen der Soziallehre mit neueren Erkenntnissen der phil. und theol. Anthropologie. Neben den klassischen Zielen der sozialen Marktwirtschaft fordert der Papst die ökologische Verträglichkeit aller wirtschaftl. Handlungen und die Zumutbarkeit des Güteraustausches für alle Völker. Auch fordert der Papst ein verantwortliches Verbraucherverhalten sowie ein hohes Verantwortungsbewußtsein von Produzenten, Trägern der Kommunikationsmittel und ein Eingreifen staatlicher Behörden. »An einem Wendepunkt der Geschichte ist die neue Enzyklika ein Plädoyer für eine menschenwürdige Ordnung, für Solidarität, für Freiheit und soziale Gerechtigkeit« (A. Rausche).

Eine Reihe von E.en markieren die Entwicklung des Verhältnisses der kath. Kirche zu den Vorstellungen und Forderungen der Moderne. Gregor XVI. brachte am 15. August 1832 die E. »Mirari vos« heraus. Der Papst wandte sich hierin gegen die Gewissensfreiheit, ferner gegen die Druck- und Pressefreiheit: »Hierher gehört jene grundschlechte und niemals hinreichend verurteilte abscheuliche Freiheit der Buchdruckerkunst, Schriften unter das Volk zu bringen, wie sie einige Leute mit so großem Geschrei zu fordern und zu fördern wagen.« Pius IX. entwirft in seiner E. »Qui pluribus« (9. Nov. 1846) ein rel.-sittliches Zeitgemälde. Der Papst sieht einen Krieg »gegen alles Katholische« angezettelt. Am 8. Dezember 1864 erschien die E. »Quanta cura« in der »die Zeitirrtümer« verurteilt wurden, z.B.

der Sozialismus und Kommunismus. In seiner E. »Quod Apostolici muneris« vom 28. Dez. 1878 griff Leo XIII. das Thema Sozialismus und Kommunismus wieder auf: »Hingerissen endlich von der Gier nach den gegenwärtigen Gütern, welche die Wurzel aller Übel ist, und sich ihr ergebend, sind einige vom Glauben abgewichen (1Tim 6,10), bekämpfen sie das durch die Natur geheiligte Eigentumsrecht, und indem sie den Bedürfnissen aller Menschen zu dienen und ihren Wünschen zu entsprechen scheinen, suchen sie durch unsäglichen Frevel zu rauben und als Gemeingut zu erklären, was immer auf Grund rechtmäßiger Erbschaft, oder durch geistige und körperliche Arbeit oder durch Sparsamkeit erworben wurde«. Es werden dann die Gegensätze zwischen Christentum und Sozialismus herausgearbeitet. Ein Aufsehen erregendes Dokument war die E. »Pascendi« vom 8. September 1907. Hier setzt sich Pius X. mit den Lehren der Modernisten auseinander. Den Modernismus nennt er ein Sammelbecken aller Irrlehren. Es heißt in der E.: Es wird deutlich, »wie alle Wege des Modernismus zum Atheismus und zur Vernichtung aller Religion führen. Der Protestantismus war der erste Schritt; dann folgt der Modernismus; das Ende ist der Atheismus«. Am 19. März 1937 erschien die E. »Divini Redemptoris«. In dieser E. setzt sich Pius XI. neuerlich mit dem Kommunismus auseinander. »Der heutige Kommunismus birgt in einem höheren Maße, als es bei anderen ähnlichen Bewegungen der Vergangenheit der Fall war, eine falsche Erlösungsidee in sich.« Im Zusammenhang mit der Verurteilung des Kommunismus betont der Papst, daß er in »keiner Weise die Völker der Sowjetunion in ihrer Gesamtheit verurteilen« will.

Die Ebene der Ausgrenzungen und Verurteilungen verläßt dann die E. »Pacem in terris« (11. April 1963): Über den Frieden unter allen Völkern in Wahrheit, Gerechtigkeit, Liebe und Freiheit. Zu Recht wird diese E. eine Charta der Menschenrechte genannt. Sie stellt das Vermächtnis Johannes‹ XXIII. dar. Diese Gedanken führt Paul VI. fort in der E. »Ecclesiam suam« (10. August 1964): Über die Kirche und die Menschheit von heute. Eine große Rolle in dieser E. spielt der Dialog: der Dialog der Kirche, die Religion als Dialog zwischen Gott und den Menschen, die Kennzeichen des Heilsdialogs.

Eine Reihe von E.en bemüht sich um die Klärung moraltheol. Probleme. Die kath. Lehre über die Ehe ist grundgelegt in der am 31. Dezember 1930 erschienenen E. »Casti conubii«: Über die christl. Ehe in der heutigen Zeit. Scharf wendet sich hier der Papst gegen Abtreibung und jede Form künstlicher Empfängnisverhütung. Am 25. Juli 1968 erscheint die heftig diskutierte E. »Humanae vitae«: Über die rechte Ordnung der Weitergabe menschlichen Lebens, wo an den Aussagen »Casti conubii« festgehalten wird.

Weitere E.en gaben dem theol. Studium Wegweisung. In der E. »Aeterni Patris Filius« vom 4. August 1879 werden Größe und Grenzen der Philosophie herausgearbeitet. Es wird dargelegt, worin die Bedeutung der Philosophie als Wegbereiterin des Glaubens liegt. Der Papst empfiehlt den echten Thomismus. Die E. »Providentissimus Deus« vom 18. Dezember 1893 widmet sich dem Studium der Heiligen Schrift, die als Quelle der christl. Verkündigung herausgestellt, sowie als Seele der Theologie bezeichnet wird. Am 30. September 1943 erschien die E. »Divino afflante Spiritu«. Der Papst behandelt hier die zeitgemäße Förderung der bibl. Studien. Besonders wird die Textkritik gewürdigt; aber es wird auch von der trostspendenden Kraft der Schrift gesprochen, »der zermarterten und angsterfüllten Menschheit öffnen sich die Quellen der göttlichen Gnade. . . Hier endlich werden alle Christus kennenlernen«.

Zu erwähnen sind noch E.en, die sich um die Fortentwicklung dogmat. Fragen bemühen. Einen hervorragenden Rang nimmt dabei die am 29. Juni 1943 erschienene E. »Mystici Corporis«, »Über den mystischen Leib Jesu Christi«, ein. Zunächst geht es um die Menschwerdung Gottes und die Gründung der Kirche sowie das Geheimnis unserer Verbindung mit Christus in der Kirche: »Wie nämlich der Erlöser den Beistand, den Geist der Wahrheit, gesandt hat, damit er an seiner Statt die unsichtbare Leitung der Kirche übernehme, so hat er dem Petrus und seinen Nachfolgern aufgetragen, ihn auf Erden zu vertreten und die sichtbare Leitung der christlichen Gemeinschaft zu übernehmen.« Eine christologisch orientierte Anthropologie entwickelt Johannes Paul II. in seiner Enzyklika »Redemptor hominis« (4. März 1979).

Wichtige Themen von E.en sind noch Liturgie und Mission. Am 20. November 1947 erschien die Enzyklika »Mediator Dei et hominum«: Über die heilige Liturgie. Ausführlich geht der Papst auf die Verdienste und Gefahren der liturg. Erneuerung ein. Das Thema Mission wird erstmals in der E. »Probe nostis« am 18. September 1840 aufgegriffen. Sie leitet eine verstärkte Phase der kirchl. Missionstätigkeiten ein. In der E. »Evangelii praecones« vom 2. Juni 1951 behandelt Pius XII. die Förderung der kath. Missionen. Als Ziel der Missionsarbeit stellt er die einheimische Kirche heraus, ein Eingeborenen-Klerus muß herangebildet werden. Besonders schärfte der Papst die Ehrfurcht vor der »einheimischen Kultur« ein. In der E. »Fidei donum« vom 21. April 1957 nimmt der Papst zur Lage der Kirche in Afrika Stellung; er stellt heraus, daß die Missionsliebe das Kennzeichen kath. Gesinnung ist. 1959 erschien die Missionsenzyklika »Princeps Pastorum«, wo die spezifischen Aufgaben der Laien in der Missionsarbeit herausgestellt werden.

Eine Besonderheit stellt die am 14. März 1937 von Papst Pius XII. erlassene E. »Ardenti cura« (Mit brennender Sorge) dar. Sie ist gerichtet an die Bischöfe und Katholiken des Deutschen Reiches. Sie betont: »Der Anschauungskampf der vergangenen Jahre klärt die Verantwortlichkeiten. Er enthüllt Machenschaften, die von Anfang an kein anderes Ziel kannten als den Vernichtungskampf.« Der Nationalsozialismus wird als eine schreckliche Verirrung gebrandmarkt.

Zusammenfassend kann herausgestellt werden, daß in den E.en alle Bereiche kirchl. Lebens angesprochen werden. Zeitbedingtheit und Wandlungsfähigkeit kommen in ihnen ebenso zum Ausdruck wie die Kontinuität kath. Denkens.

Lit.: Acta apostolicae sedis; Verlautbarungen des Apostolischen Stuhls, hg. v. Sekretariat der Deutschen Bischofskonferenz (seit 1975).

K. Wittstadt

Enzyklopädie

1. Das wissenschaftstheoretische Ideal der Enzyklopädie

Der Begriff »Enzyklopädie« wurde im ausgehenden 15. Jh. von humanistischen Gelehrten in bewußter Anlehnung an die Tradition der griech. Sophistik geschaffen.

Die griech. Wortverbindung *enkyklios paideia* (»kreisförmige Bildung«) beschreibt den Horizont des Wissens, das sich der gebildete Mensch in der Antike (seit dem 1. Jh. v. Chr.) vor seiner speziellen Ausbildung bzw. vor seinem Eintritt in das praktische Berufsleben zu erwerben hatte.

Enzyklopädische Bemühungen sind grundlegend an dem Ideal orientiert, den jeweiligen Erkenntnisstand ihrer Zeit summarisch aufzuarbeiten und systematisch darzustellen. Damit ist die wissenschaftstheoretische Aufgabe verbunden, vor dem Überblick über das reale Detailwissen eine Konzeption für den wesensmäßigen Sachzusammenhang aller Erkenntnisse und ihrer inhaltlichen Verbindungen zu entwickeln und zu begründen. In der Geschichte der E.n wurde dieses Ziel mit z.T. sehr gegensätzlichen weltanschaulichen Prämissen und wissenschaftstheoretischen Ansätzen angegangen. Unterschiedlich erwies sich in verschiedenen Epochen die Zuordnung von einer möglichst umfassenden Darstellung aller erkennbaren Realien einerseits und den prinzipiellen Leitideen zur systematischen Organisation des Faktenwissens andererseits. Deutlich wird die Spannung zwischen Einzelwissen und universalem Denkhorizont bereits in der formalen Aufarbeitung des enzyklopädischen Materials. Diese folgt entweder dem Alphabet oder einer thematischen Durchgliederung des Stoffes. In der Regel werden in neuerer Zeit beide Aspekte durch eine Kombination der alphabetischen Anordnung mit sachlich-systematischen Querverweisen und Registern verbunden.

2. Zur geschichtlichen Entwicklung enzyklopädischer Werke

Bereits die Tontafeln der Sumerer und Assyrer sowie Inschriften der Ägypter lassen auf kulturgeschichtl. frühe Bemühungen schließen, das im Altertum vorhandene Wissen zu ordnen und zu bewahren. In der Antike versuchte der Platonschüler Speusippos den Ertrag der phil. Akademie enzyklopädisch zusammenzustellen; diesem Vorbild folgten später griech. und röm. Autoren.

Das MA schuf mit der Gründung von Universitäten auch einen allg. Bildungskanon, der seinen bedeutendsten Niederschlag im Konzept der sog. *artes liberales* (der »freien Künste«) erfuhr, die als Grundlage jeder darauf aufbauenden spezifischen Wissenschaft dienten. Die *unitas*, d.h. die »innere Einheit« dieses universitären Wissenschaftsbetriebes, war durch die Theologie als unbestrittener Leitwissenschaft und die methodische Vorgabe der aristotelischen Philosophie gewährleistet.

Unter dem phil. Vorzeichen der franz. Aufklärung mit ihrem rationalistischen Ansatz und ihrer atheistischen Grundeinstellung gaben Jean le Rond d'Alembert und Denis Diderot im 18. Jh. unter dem Titel »Encyclopédie ou Dictionnaire raisonné des sciences, des arts et des métiers« die erste umfassende Realenzyklopädie heraus. Das Werk umfaßte 17 Folio- und 11 Tafelbände. Es wendet sich an das mit der franz. Revolution entstandene Bildungsbürgertum und organisiert das damals vorhandene Faktenwissen durch Wissenschafts- und Übersichtstabellen zu den 60.200 Stichworten. Die ideologische Zielsetzung ist entscheidend von den polit., phil. und atheistischen Maximen der bürgerlichen Revolution (1789) bestimmt.

Im angelsächsischen Bereich wurde die Tradition

monumentaler E.n bis zur Gegenwart von der »Encyclopaedia Britannica« (seit 1768) gepflegt. In Deutschland wandte sich der Verleger Arnold Brockhaus Ende des 18. Jh.s mit dem Plan eines »Konversationslexikons« bewußt an gebildete Laien; 1796 wurde das »Conversationslexikon mit vorzüglicher Rücksicht auf die gegenwärtigen Zeiten« begonnen. Die Brockhaus-Enzyklopädie ist bis heute neben der Meyerschen Enzyklopädie im deutschsprachigen Bereich das lexikalische Standardwerk.

Neben den universal angelegten Realenzyklopädien sind die unterschiedlichen phil. und wissenschaftstheoretischen Abhandlungen zu beachten, die im Sinne eines allgemeinverbindlichen Entwurfs die erkenntnistheoretische Möglichkeit des Wissens prüfen und ihre systematische Durchdringung zu sichern trachten. Hier dürfte G.W.F. → Hegels »Enzyklopädie der philosophischen Wissenschaften im Grundrisse« von besonderer Bedeutung sein (^{3}1830). In einer Epoche der Wissens- und Informationsexplosion gewinnt ein solches Unterfangen vermehrte Bedeutung für die Integration wissenschaftl. Arbeit.

3. Theologische Fachenzyklopädien

Neben den interdisziplinär angelegten Realenzyklopädien sind die Fach-E.n und wissenschaftl. Handbücher in nahezu jedem Wissensgebiet von Bedeutung. Bei der Entwicklung dieser lexikalischen Literatur haben phil. und theol. Werke eine vorzügliche Rolle gespielt.

Der interdisziplinäre Dialog zwischen der entstehenden christl. Theologie und dem antiken Wissenschaftsbetrieb setzt bereits mit den Apologeten des 2. Jh.s ein. Einen weiteren Meilenstein in der enzyklopädischen Wissenschaftsgeschichte der Theologie stellt die Sentenzensammlung des Petrus → Lombardus im 12. Jh. dar. Die herausragendste systematische Leistung des MAs ist die »Summa theologica« des Thomas von Aquin mit ihrer einleitenden Prinzipiendiskussion. Ein Anspruch auf enzyklopädische Theologie steht auch hinter den »Loci communes rerum theologicarum« (1521) des Philipp → Melanchton sowie hinter Johannes → Calvins »Christianae religionis Institutio« (1536). Die großen Systeme der altprot. Dogmatiker sind ebenfalls in dieser Traditionslinie zu sehen.

Vielfältige E.nentwürfe der Aufklärungstheologie münden im 19. Jh. in die bedeutende »Realenzyklopädie für protestantische Theologie und Kirche« (RE: 22 Bände, Leipzig 1854-1866; 3. Aufl. 1896-1909).

Ein weiteres maßgebliches theol. Lexikon stellt das Werk »Die Religion in Geschichte und Gegenwart« (RGG^{3}; 6 Bände, ^{3}1957-1965; 1. Aufl. in 5 Bdn., 1909-1913) dar.

Das kath. Gegenstück ist das zehnbändige »Lexikon für Theologie und Kirche« (LThK), das durch eine umfangreiche Dokumentation des II. Vatikanums ergänzt wird.

Auf prot. Seite nimmt inzwischen die seit 1977 in Berlin und New York erscheinende »Theologische Realenzyklopädie« (TRE) umfangmäßig bei weitem den ersten Rang ein.

Im universalen Wahrheitsanspruch der Theologie liegen die vielfältigen enzyklopädischen Darstellungen begründet – sei es zur propädeutischen Einführung ins theol. Studium oder zur wissenschaftstheoretischen Rechtfertigung der Theologie im Kontext der säkularen Universität. Einflußreich war vor allem F.D.E. → Schleiermachers »Kurze Darstellung des theologischen Studiums« (1811) mit der Differenzierung zwischen hist., phil. und prakt. Theologie. Die spätere Vermittlungstheologie, aber auch die luth. geprägte → Erlanger Schule hat die enzyklopädischen Impulse auf der Ebene theol. Wissenschaftsbegründung weitergeführt. P. Tillich, G. Ebeling, G. Sauter und W. Pannenberg haben aus hermeneutischer, wissenschaftsanalytischer und geschichtstheoretischer Perspektive die enzyklopädische Diskussion im 20. Jh. weitergeführt.

4. Enzyklopädische Theologie aus biblischem Ansatz

In der Tradition des → Pietismus stehende Theologen haben versucht, die bibl. Offenbarung in ihrer Ganzheit als organische Einheit zu verstehen und aus ihr nicht nur die E. der theol. Disziplinen zu entwickeln, sondern auch interdisziplinär den universalen Wahrheitsanspruch der Bibel zur Geltung zu bringen. Repräsentativ für dieses Anliegen sind z.B. F.Ch. → Oetinger mit seiner »Philosophia sacra« und vor allem seine »Theologia ex idea vitae deducta« (1765); sowie J.T. → Beck mit seiner »Einleitung in das System der christlichen Lehre« (1838) und seinem Werk »Die christliche Lehrwissenschaft nach den biblischen Urkunden« (1840) sowie das sechsbändige Hauptwerk des Tübinger Systematikers Karl Heim »Der evangelische Glaube und das Denken der Gegenwart. Grundzüge einer christlichen Lebensanschauung« (1931-52).

In Weiterführung der hier beispielhaft genannten biblizistischen Ansätze greift die evangelikale Theologie das enzyklopädische Interesse auf, um zu zeigen, daß die bibl. Botschaft ein aus sich selbst verständliches heilsgeschichtl. Kontinuum darstellt. Dieses läßt sich zwar nicht als formallogisch kohärentes System aufweisen, wohl aber als ein lebendiges »Organon« der göttlichen Selbstoffenbarung entfalten. Diese innere Einheit der Schrift in apologetischer Auseinandersetzung gegenüber der Philosophie und den Wissenschaften kritisch zu bewähren, ist bleibende Aufgabe der bibl. orientierten Systematik im Horizont der abendländischen enzyklopädischen Denktradition. Innertheol. beschreibt dann die Kirchen- und Theologiegeschichte von der bibl. Geschichtstheologie ausgehend die Wirkungsgeschichte des Wortes und setzt sich kritisch mit Fehlentwicklungen und Häresien in der Kirche auseinander. Enzyklopädische Theologie in bibl. Verantwortung erweist ihren auf die Gemeinde Jesu Christi bezogenen Charakter schließlich in einem am Missions-, Seelsorge- und Diakonieauftrag orientierten Praxisbezug.

Lit.: K. Barth: Einführung in die evangelische Theologie, 1962; O. Bayer: Was ist das, Theologie? Eine Skizze, 1973: H.-G. Fritzsche: Theologie als positive Wissenschaft, 1953; E. Grassi: Die zweite Aufklärung. Enzyklopädie heute, 1958; G. Chr. A. von Harleß: Theologische Encyklopädie und Methodologie vom Standpunkt der protestantischen Kirchen, 1837; J. Henningsen: Enzyklopädie. Zur Sprach- und Bedeutungsgeschichte eines pädagogischen Begriffs, 1964; W. Pannenberg: Wissenschaftstheorie und Theologie, 1973; F. Schalk: Einleitung in die Encyklopädie der französischen Aufklärung, 1936; P. Tillich: Das System der Wissenschaften nach Gegenständen und Methoden, 1923.

R. Hille

Epheserbrief → Paulus, Apostel

Ephesus

Die uralte karische, später attische Siedlung wurde in hell. Zeit neu angelegt und kam 133 v.Chr. in röm. Besitz. Von 29 v.Chr. 297 n.Chr. war E. Hauptstadt der senatorischen Provinz Asia und in Konkurrenz mit Pergamon und Smyrna eine der reichsten und bedeutendsten Städte Kleinasiens.

Mehr noch als der Kaisertempel (Sebasteion), wo sich Archiv, Kasse und Gericht der Provinz befanden, war der Tempel der Artemis das wichtigste Heiligtum der Stadt. Der nach Zerstörung des Baus aus dem 6. Jh.v.Chr. an einer heiligen Stätte im 4. Jh. v.Chr. errichtete Marmortempel von 110 x 55 m wurde zu den Sieben Wundern der Welt gerechnet. Hier wurde die Kultstatue der ephesinischen Artemis aufbewahrt, deren Holz durch jahrhundertelange Ölung geschwärzt war. Ihre Kleidung und ihr Schmuck waren abnehmbar; besonders typisch der bis heute nicht überzeugend gedeutete Brustschmuck. Der Kult fand eine weite Verbreitung, wie die Fundorte ephesinischer Artemis-Devotionalien zeigen. Apg 19,23-40 schildert so eine lebensechte Episode.

Die Blüte der Stadt in der Kaiserzeit kommt durch die Plünderung durch die Araber (655) und Seldschuken (1090) zu einem Ende, und nach der Zerstörung durch Timur Leng (1403) sank die griech. Stadt, die 1923 durch Bevölkerungsaustausch zur türkischen wurde, zur Bedeutungslosigkeit herab (heute Seltschuk).

Das dort gefundene vorpaulin. Christentum organisierte Paulus während seines mehr als zweijährigen Aufenthaltes neu und benutzte E. als mission. Zentrum für die Umgebung. Die Paulustradition blieb auch darin lebendig, daß Timotheus, dessen Gebeine 356 nach Konstantinopel überführt wurden, an der Spitze der Bischofsliste von E. steht.

Daneben ist eine weitere Aposteltradition mit E. verbunden, die des Johannes, greifbarer seit dem Ende des 2. Jh.s. Die johanneische Literatur wird mit guten Gründen mit E. verbunden und trotz Unsicherheit in der Identifizierung von »Johannes« ist der Lieblingsjünger der für die ephesinische Kirchengeschichte bedeutendste Heilige. Seine Grabanlage aus dem 3. Jh. entwickelte sich zu einem der bedeutendsten Wallfahrtszentren (Staubwunder), dessen Ruinen heute die Ruinenlandschaft von E. dominieren und dessen Name im heutigen türkischen Ortsnamen enthalten ist. Neben zu vermutenden Erinnerungen an Artemis führte wohl gerade der Zusammenhang mit Johannes dazu, daß E. zu einem wichtigen Ausgangspunkt des Marienkultes wurde (um 400 große Marienkirche am Hafen; »Konzilskirche«, vgl. → Ephesus, Konzil von 431, doch wurde das »Sterbehaus der Maria«, Panaya Kapulu, erst aufgrund der Visionen der Anna Katharina von Emmerich am Ende des 19. Jh.s entdeckt). Auch die im 5. Jh. entstandene Legende der Siebenschläfer ist mit E. und einer dortigen altchristl. Grabanlage verbunden.

Der auf allen Konzilien vertretene Bischof von E. war zeitweise Metropolit von weit über die staatlichen Provinzgrenzen hinausreichenden Bistümern. Die Wahl von E. als Schauplatz für Reichssynoden (neben dem Konzil von 431 für die sog. Räubersynode von 449) zeigt ebenso die Bedeutung von E. wie der zweite Platz in der Rangliste der Hierarchie des Patriarchates Konstantinopel.

Lit.: F. Miltner: Ephesus. Stadt der Artemis und des Johannes, 1958; M. Restle: RBK 2, 1971, 164-207.

W. Wischmeyer

Ephesus, Konzil von 431

Zu Pfingsten 431 lud Kaiser Theodosius II. zu einer Synode nach E., die von der Tradition als das dritte Ökumen. Konzil rezipiert wurde. Von seinen Verhandlungen besitzen wir die ältesten Konzilsakten, die von den theol. Parteien publiziert wurden. Anlaß war der Streit zwischen Nestorius, seit 429 Patriarch von Konstantinopel, und Kyrill, unter dessen Patriarchat 412-444 Alexandria den Höhepunkt seiner Macht erreichen konnte. Gegenstand des Streites waren Fragen der Christologie, und zwar betrafen sie gerade den Zusammenhang von Theologie und Frömmigkeit. Ausgangspunkt war die Polemik des Nestorius gegen die volksreligiös übliche Marienbezeichnung »Gottesgebärerin« und sein Eintreten für den Ehrentitel »Christusgebärerin«. Nestorius blieb den Verhandlungen fern. Kyrill beherrschte die Teilsynode seiner Partei, die die Mehrheit besaß und der sich auch die später eingetroffenen Legaten Coelestins I. aus Rom anschlossen. Die ebenfalls später eingetroffene Minorität unter Johannes von Antiochia setzte Kyrill und den Ortsbischof Memnon ab, nachdem schon vorher die Mehrheit Kyrills zweiten Brief an Nestorius von 430 als in Übereinstimmung mit dem Bekenntnis von Nicaea stehend erklärt und Nestorius abgesetzt hatte. Daraufhin mußte der Kaiser beide Patriarchen in Haft nehmen.

Der chaotische Verlauf der Synode 431 barg in sich doch die Möglichkeit, zum Unionstext von 433 zu gelangen, der, da von der antiochenischen Minorität 431 entworfen, Symbolum Ephesinum genannt wird. Der Text wurde von Kyrill anerkannt, weil er den Ehrentitel »Theotokos« (Gottesgebärerin) enthält, obwohl er auch mit einer antiochenischen Grundformel von der Einwohnung des göttlichen Logos im Menschen Jesus redet. Zwar wird infolgedessen die antiochenische Schule gesprengt, da ein Teil der Dyophysiten die Verurteilung des Nestorius nicht anerkennt. Doch der theol. Kompromiß, der sowohl von zwei Naturen und ihrer Vereinigung redet, als auch von der Einheit des Gottmenschen Christus und von der Gottesgebärerin, führte seit Chalcedon 451 zur Anerkennung des Konzils von Ephesus als eines ökumen. Der sicher gegebene Zusammenhang unseres Konzils mit der Entwicklung des Marienkultes ist im einzelnen in der Forschung bisher undeutlich.

Lit.: A.M. Ritter: Handbuch der Dogmen- und Theologiegeschichte, hg. von C. Andresen, 1, 1982, 249-253.

W. Wischmeyer

Epigraphik

Die Beschäftigung mit der Inschriftenkunde geht in der Regel im Zusammenhang der historischen Hilfswissenschaften vor sich. Dabei eröffnen die inschriftlichen Quellen zum Teil Aussagebereiche, die die literarische Überlieferung, speziell der hohen theol. und phil. Tradition, ergänzen. In kirchengeschichtl. Hinsicht bedeutet das, daß z.B. die griech., lat., kopt., syr. Inschriften der älteren Zeit ebenso wie Inschriften in den europäischen Sprachen der neueren Zeit wichtige Aussagen zur Missions- und Ortskirchengeschichte enthalten, für sie oft die einzige Quelle darstellen. So ist etwa eine Missionsgeschichte der → Alten Kirche nicht ohne Benutzung des inschriftlichen Materials vorstellbar. Gleichzeitig bilden Inschriften eine wichtige Quelle zur Sozialgeschichte der Kirche und enthalten wichtige Aussagen zur Sozial- und Bildungsgeschichte der christl. Bevölkerung. Darüber hinaus können in den Inschriften Motive und Themen der Volksreligion beobachtet werden, die in der theol. Überlieferung ausfallen bzw. stark zurücktreten. Was die Inschriften aus altchristl. Zeit angeht, so zeigt sich in ihnen zum Teil ein sehr eigentümlicher Verschmelzungsprozeß von Antike und Christentum.

Unter den Inschriften überwiegt als Material aus dem Zusammenhang von Tod und Begräbnis vor allem die Masse der Grabinschriften. Von großer hist. Bedeutung sind die Bauinschriften, die sehr oft die einzige Quelle zur Datierung einer Kirche oder eines Klosters sind. Darüber hinaus sind etwa die Pilgerinschriften zu nennen, die die Reichweite bestimmter rel. Phänomene illustrieren.

Lit.: E. Gose: »Epigraphik II.«, RGG^3 2, 526-528; W. Wischmeyer: Griechische und lateinische Inschriften zur Sozialgeschichte der Alten Kirche, 1982.

W. Wischmeyer

Epiklese

Nach dem → Sanctus (»Heilig, heilig, heilig...«) in der Abendmahlsliturgie bietet der Entwurf zur erneuerten → Agende ein erstes Abendmahlsgebet an. Es lautet (Erneuerte Agende, Vorentwurf, 1990, S. 57): »Wir loben dich, Herr des Himmels und der Erde. Du hast dich über deine Geschöpfe erbarmt und deinen Sohn Mensch werden lassen. Wir danken dir für die Erlösung, die er am Kreuz für uns vollbracht hat. Wir bitten dich: Sende auf uns herab den Heiligen Geist, heilige und erneuere uns an Leib und Seele, damit wir unter diesem Brot und Wein den Leib und das Blut Jesu Christi zu unserem Heil empfangen, wenn wir tun, was er uns geboten hat.« Es folgen die Einsetzungsworte.

Dieses Abendmahlsgebet heißt E. (Herabrufung des Hl. Geistes). Es ist ein altkirchl. Abendmahlsgebet, in dem die Gemeinde darum bittet, daß der Heilige Geist auf die Empfänger des Abendmahls komme. Im frühen MA änderte sich die Richtung dieses Gebetes: nun wurde das Kommen des Geistes im Sinne der Meßopfertheologie auf die Gaben, also auf Brot und Wein, erbeten. Die E. wurde zum »Wandlungsgebet« und ist dies bis heute noch in der orth. Kirche. Im hohen MA fiel die E. weg, so daß Luther sie nicht mehr kannte und darum auch in seine Gottesdienstformen nicht aufnahm.

Gegenüber dieser Verarmung ist es ratsam, wieder an die → Alte Kirche anzuschließen und eine E. in die Abendmahlsfeier aufzunehmen. Dabei ist zu beachten:

Die E. kann nur fakultativ sein, denn notwendig sind allein die Einsetzungsworte, die uns die Gegenwart Jesu Christi in, mit und unter Brot und Wein verbürgen.

Die E. bewahrt uns davor, in ein magisches Denken zu verfallen, als ob wir mittels der Einsetzungsworte über Gott im Abendmahl verfügen könnten. Wir bitten demütig um den Hl. Geist, damit die Verheißung Gottes auch für uns wahr werde.

Darum bitten wir nicht um das Kommen des Geistes auf die Elemente, sondern auf die versammelte Gemeinde.

In der Gestaltung ist die schlichte Form der Erneuerten Agende sinnvoll, auch wenn andere Formen, selbst Lieder, denkbar sind.

Lit.: F. Kalb: Grundriß der Liturgie, [2]1982, 155-157.

M. Herbst

Epikureismus

Der E. gehört zu jenen ethisch-rel. Schulen der nachklass. Philosophie, in denen theoretische Fragestellungen von den Bemühungen um die praktische Meisterung des Lebens abgelöst wurden. Sein Begründer ist Epikur von Samos (342/41-271/70 v.Chr.), für dessen phil. Bildung Demokrit und Aristoteles prägend waren. 306 erwarb Epikur in Athen ein Haus, in dessen berühmtem Garten (griech. *kepos*) sich seine Schüler und Freunde trafen. Mit ihnen lebte er dort in einer Schul- und Hausgemeinschaft, der es weniger auf Erkenntnisgewinn als absolutem Wert ankam, sondern eher auf die Bewährung der gewonnenen Erkenntnis im Zusammenleben. Als Epikur nach langem, schmerzhaftem Leiden starb, hinterließ er nicht nur ein Testament (Diogenes Laertios 10,16-22), das ein bewegendes Zeugnis seiner Fürsorge für die Freundesgruppe darstellt, sondern auch einen reichen schriftlichen Nachlaß. Dadurch ist er der einzige hellen. Philosoph, dessen Texte sich in nennenswertem Umfang erhalten haben.

Weil sich Epikurs Schule streng von der unbelehrbaren Masse abgrenzte, haftete ihr früh der Ruf des Sektenhaften an. Obwohl über sein stilles Leben wenig zu berichten war, mag dies zu manchen Legendenbildungen beigetragen haben. Sie haben sich insbesondere in der modernen Welt zum E. verdichtet, dessen durch ›Lust‹ geprägte Form der Lebensführung durch Abkoppelung vom ursprünglichen Sinn geeignet war, zum Charakteristikum einer Weltanschauung zu werden. Epikur dagegen kam es auf die Bewältigung konkreter Lebenssituationen durch die Entmythologisierung der Natur und der Götter an. Im Unterschied zu Platon ist für ihn das Sein nicht transzendent hinter, sondern in den Dingen. Konsequent leugnet er daher jede Absolutheit der Werte. Alles ist im Werden, weshalb die unveränderlichen Götter auch von der Welt getrennt sind und nicht in ihren Lauf eingreifen können. Sie existieren in heiterer Gelassenheit und kümmern sich nicht um die Menschen. Deren Ziel muß es sein, Schmerz zu vermeiden und Lust zu gewinnen. Lust bedeutet Lebenskunst, die in der Beschäftigung mit Philosophie gipfelt. Epikurs Ziel ist demnach das intensiv gelebte Leben, das zum ruhigen Gleichmaß der Seele gelangt (griech. *ataraxiá*). Dazu müssen Störungen vermieden werden, weshalb sich die Epikureer der Politik fern hielten. Auch die Angst vor dem Tode galt ihnen als überwindbar, zerfalle der Mensch dabei doch nur in seine Atome: »Solange wir da sind, ist er nicht da; und wenn er da ist, sind wir nicht mehr.«

Insgesamt stellt sich Epikurs Lehre, die freilich leicht mißzuverstehen war, mit ihrem Akzent auf der Forderung nach Erlösung von Schmerz und Unruhe als Heilslehre dar, die von kleinen Kreisen Gleichgesinnter gepflegt wurde. Für die Botschaft des Paulus, der ihnen in Athen begegnete (Apg 17,18), hatten sie verständlicherweise nur Spott übrig. Im Anschluß an die Kritik Ciceros wurde in frühchristl. Zeit ›Epikureer‹ zum Synonym für ›Lüstling‹ und ›Atheist‹. Weitere undifferenzierte Entstellungen, die den E. mit ausschweifenden Vergnügungen gleichsetzten, ließen ihn zum Schlagwort verkommen. Die damit bezeichnete Lebensform, der das Streben nach Sinnenlust und Lustgewinn höchstes Glück ist, entspricht eher der antiken

Haltung des Hedonismus und hat mit Epikurs materialistischer Lebenskunstlehre wenig zu tun.

Lit.: H. Dörrie: »Epikuros«, KP, 2, 1975, 314-318; W. Hochkeppel: War Epikur ein Epikureer?, 1984, 145-166; W. Schmid: »Epikur«, RAC 5, 1960, 681-819.

L.E. v. Padberg

Epiphanias

Am 6. Januar begeht die ökumen. Christenheit das Fest der Erscheinung des Herrn (Epiphanias, griech. *epiphaneia*, Erscheinung). Es entstand - etwa zeitgleich mit dem in Rom beheimateten Weihnachtsfest - im 3. Jh. in Alexandrien in Ägypten. In der zweiten Hälfte des 4. Jh.s breitete es sich rasch aus und gelangte auch nach Rom, wo es dem Weihnachtsfest zur Seite trat, das im Zuge einer gegenläufigen Wanderung Aufnahme in den Kirchen des Ostens (mit Ausnahme der armenischen Kirche) fand.

Anfänglich hatte E. die Geburt Jesu, seine Taufe im Jordan (Mt 3,13-17 par) und sein erstes Zeichen auf der Hochzeit zu Kana (Joh 2,1-12), an manchen Orten auch die Speisungswunder Jesu (Mt 14,13-21 par) zum Inhalt. Als man im Osten das Weihnachtsfest übernahm, wanderte das Motiv der Menschwerdung Gottes vom 6. Januar auf den 25. Dezember; E. stand hier nunmehr im Zeichen der Taufe Jesu und wurde - besonders in Kleinasien und Byzanz - zum großen Tauftag der Gemeinden. An das Fest schloß sich ein vierzigtägiges Fasten zum Gedächtnis des Fastens Jesu nach seiner Taufe (Mt 4,1-11 par) an.

In Rom wurde der Motivkomplex Geburt Jesu - Weise aus dem Morgenland - Taufe Jesu - Hochzeit zu Kana auseinandergefaltet: Die Geburt Jesu wurde am 25. 12. gefeiert, die Anbetung der Weisen stand am 6. 1. im Mittelpunkt, am Oktavtag von E. (13. 1.; heute: am Sonntag nach dem 6. 1.) gedachte man der Taufe Jesu, am Sonntag darauf der Hochzeit zu Kana. So wurde E. im Abendland schließlich zum Tag der »Heiligen Drei Könige«: Ist Mt 2,1-12 nur von Weisen allgemein die Rede, so wurde ihre Zahl schon von Origenes (185-254) aufgrund der dreifachen Gaben auf drei festgesetzt. Später wurden sie zu Königen, deren Namen man kannte: Balthasar (Bithisarea), Melchior (Melichior) und Caspar (Gathaspa). Am 23. 7. 1164 wurden ihre Reliquien von Mailand nach Köln überführt; ein starker Aufschwung ihrer Verehrung war die Folge. So gewann der 6. 1. im Abendland immer stärker den Charakter eines Heiligenfestes.

In ev. wie kath. Gottesdiensten wird zu E. Jes 60,1-6, Eph 3,2-3a.5-6 und Mt 2,1-12 gelesen. Im Mittelpunkt von Gebeten und Liedern steht Jesus Christus als das Licht der Völker; auch der Gedanke der Königsherrschaft Christi wird entfaltet; besonders in ev. Gemeinden spielt das Motiv der Mission eine Rolle. Zum Brauchtum des Festes gehören Dreikönigsspiele, das Sternsingen und die Haussegnung, wobei an die Türbalken die Jahreszahl, verbunden mit den Anfangsbuchstaben der Namen der Heiligen Drei Könige (von manchen auch als »Christus mansionem benedicat«, »Christus segne dieses Haus« gelesen), geschrieben wird. Im Osten, wo wesentlicher Festinhalt die Taufe Jesu ist, wird die »Große Wasserweihe« vollzogen, bei der ein Kreuz ins Wasser gesenkt wird.

Lit.: H. Auf der Maur: Feiern im Rhythmus der Zeit I, Gottesdienst der Kirche, 5, 1983; H.-J. Schulz: Liturgie, Tagzeiten und Kirchenjahr des byzantinischen Ritus, HOK, 1970, 386ff.

K.-H. Bieritz

Episkopalismus

1. Katholischer Begriff

In der Geschichte der kath. Kirchenverfassung bezeichnet E. die Anschauung, daß alle Kirchengewalt nach göttlichem Recht vom einzelnen → Bischof ausgeht, bzw. von der im allgemeinen Konzil versammelten Gesamtheit der Bischöfe.

a. Seine grundlegende Formulierung fand der E. bei → Cyprian von Karthago (gest. 258). Vom Urchristentum her wurde der eschatologische Charakter der Kirche noch bei → Tertullian (gest. nach 220) so verstanden, daß die in Christus vorgegebene, überweltliche Einheit der Kirche in jeder gottesdienstl. Versammlung Gestalt gewinnt. Bei Cyprian erscheint nun die überweltliche Einheit der Kirche empirisch im Bischofsamt. Dabei repräsentieren die einzelnen Bischöfe innerhalb ihres Amtsbezirks die Kirche schlechthin; der Universalepiskopat erscheint als »Ganzes im Teil« des Ortsepiskopats. Der Bischof von Rom hat laut Cyprian als Nachfolger Petri die Aufgabe, innerhalb des Kollegiums gleichberechtigter Bischöfe als »einer an aller Statt« zu sprechen.

b. Nachdem schon Cyprian im → Ketzertaufstreit genötigt war, gesamtkirchl. Machtansprüchen des röm. Bischofs entgegenzutreten, bekam der E. seit dem 11. Jh. große Bedeutung als Alternative zum universalen Jurisdiktionsprimat des Papstes. Er verband sich dabei mit dem staatskirchl. Absolutismus und dem erwachenden Nationalbewußtsein der europäischen Völker. Während des großen Papst-Schismas 1378-1418 wurde an der Pariser Universität die Überordnung des allgemeinen Bischofskonzils über den Papst als einzige Möglichkeit zu grundlegender Kirchenreform herausgestellt (→ Konziliarismus). Die französische Kirche erklärte sich ausdrücklich als dem Papst nicht untergeordnet (→ Gallikanismus). Im 17. und 18. Jh. liegt die Blütezeit des E. Innerhalb des Reiches bekam er ein theoretisches Fundament durch eine (unter dem Pseudonym Justinus → Febronius veröffentlichte) Schrift des Trierer Weihbischofs Nikolaus von Hontheim, und polit. angestrebt wurde er im absolutistischen Staatskirchentum Österreichs (→ Josephinismus).

c. Viel von seiner Stoßkraft verlor der E., weil das Papsttum es immer wieder verstand, sich mit dem Staatskirchentum zu arrangieren. Die französische Revolution und die 1803 im Reich verfügte Säkularisation aller Kirchengüter (Reichsdeputationshauptschluß) entzog dem E. auch die materielle Basis. Schließlich wurde er durch die Erneuerung des kath.-kirchl. Lebens im 19. Jh. fast ganz zum Erliegen gebracht. Das I. Vatikanische Konzil (1870) dogmatisierte mit der Unfehlbarkeit des Papstes auch seinen Universalepiskopat, so daß im Codex Iuris Canonici (CIC) von 1917 (und ebenso in seiner überarbeiteten Fassung von 1983) festgeschrieben werden konnte: Ein allgemeines Konzil kann nur durch den Papst einberufen werden, und seine Beschlüsse erlangen nur durch päpstliche Bestätigung Rechtskraft. Die Berufung gegen den Papst an ein allgemeines Konzil ist ausgeschlossen.

d. Das II. Vatikanische Konzil (Dogmat. Konstitution über die Kirche, 1964) stellte zwar heraus, daß die Bischöfe in ihren Teilkirchen als Stellvertreter Christi - nicht etwa als Stellvertreter des Papstes - eine »eigene, ordentliche und unmittelbare Vollmacht« haben; dennoch können sie ihr Lehr- und Leitungsamt nur »in hierarchischer Gemeinschaft« mit dem Papst ausüben, d.h. unter Beachtung seines Primats. Die Gesamtheit der Bischöfe wird betont als »Kollegium« bezeichnet, das als »Träger der höchsten und ganzen Vollmacht gegenüber der ganzen Kirche« auftritt - unter der entscheidenden Voraussetzung allerdings, daß es in Verbindung mit dem Papst und nicht unabhängig von ihm handelt.

2. Protestantischer Begriff

In der Geschichte der ev. Kirchenverfassung wird mit E. oder Episkopalsystem die von der altprot. Orthodoxie vertretene Anschauung vom »landesherrlichen Summepiskopat« bezeichnet. Um eine reichsrechtliche Legitimation für das bereits praktizierte Kirchenregiment durch die ev. Landesherrn zu schaffen, griffen die Brüder Joachim und Matthias Stephani in Publikationen von 1599 und 1609 auf den → Augsburger Religionsfrieden von 1555 zurück. Die dort suspendierte Jurisdiktionsgewalt der kath. Bischöfe über die Protestanten sei treuhänderisch auf die Landesherrn übergegangen, die demzufolge die gleichen Zuständigkeiten hätten wie die kath. Bischöfe. Diese bischöfliche Vollmacht des Landesherrn müsse jedoch von ihrer weltlichen Herrschaft streng unterschieden und dürfe nur durch eigene geistl. Behörden ausgeübt werden.

Johann → Gerhard (1582-1637) verstand die Regelung von 1555 als »Restitution« des ursprünglichen Rechts; nach → Melanchthon habe nämlich der Landesherr über »beide Tafeln des Gesetzes« zu wachen (*custodia utriusque tabulae*), also auch für die wahre Gottesverehrung zu sorgen. Außerdem verband Gerhard den E. mit der Dreiständelehre Luthers, derzufolge die Leitung der Kirche sowohl durch den Lehrstand (die Theologen) und den Hausstand (die christl. Väter) als auch durch den Regierstand (die Landesherrn) ausgeübt wird.

In der Zeit der → Aufklärung wurde das Episkopalsystem durch das Territorialsystem abgelöst; das landesherrliche Kirchenregiment wird nun dadurch begründet, daß man die Kirche einfach als Teil des Staates ansieht.

Lit.: A. von Campenhausen: Staatskirchenrecht, [2]1983; H.E. Feine: Kirchliche Rechtsgeschichte. Die Katholische Kirche, (1950) [5]1972; M. Heckel: Staat und Kirche nach den Lehren der evangelischen Juristen Deutschlands in der ersten Hälfte des 17. Jahrhunderts, 1968; U. Wickert: Sacramentum Unitatis. Ein Beitrag zum Verständnis der Kirche bei Cyprian (BZNW 41), 1971;

U. Swarat

Epistulae obscurorum virorum → Dunkelmännerbriefe

Erasmus von Rotterdam, Desiderius (1466?-1539)

Desiderius E., geb. am 28. 10. 1466 oder 1469 in Rotterdam; gest. am 12. 7. 1539 in Basel, größter Gelehrter des Humanismus in Mitteleuropa, entstammte einer Priesterehe. Er erhielt seine Schulbildung in Deventer und s'Hertogenbosch unter dem Einfluß der → Devotio moderna durch die »→ Brüder vom gemeinsamen Leben«. 1487 trat er in das Augustinerkloster Steyn bei Gouda ein, empfing 1492 die Priesterweihe, wurde 1493 Sekretär des Bischofs von Cambrai und studierte von 1495 bis 1499 in Paris Theologie, Philosophie, Latein und Griechisch. Mit den Pariser Humanisten hatte er engen Kontakt. Von Paris ging er einige Monate nach London, wo er unter dem Einfluß von John

Colet sich der Theologie zuwandte mit der Absicht, nun auch seine humanistischen Studien der Theologie ganz nutzbar zu machen.

Der Geist der Antike sollte sich mit dem Geist des Christentums verbinden. Die Synthese von Humanismus und Theologie war sein Ideal. Die Grundlage war eine bibl. Theologie unter enger Einbeziehung der Lehren der Kirchenväter. Sie sollte der Erneuerung der Kirche und der Gesellschaft dienen. Als Zeugnis seiner humanistischen Gelehrsamkeit erschienen 1500 die »Adagia«, eine Sprichwörtersammlung der Antike mit Kommentierungen. Das weitverbreitete »Enchiridion militis Christiani« (Handbuch eines christlichen Streiters, 1501, gedruckt 1503, 1518-36 in über 50 Ausgaben in ganz Europa verbreitet) ist ein frühes Zeugnis seines bibl. orientierten christl. Humanismus.

Auf vielen Reisen zwischen England und Italien, bei denen er 1506 in Turin den theol. Doktorgrad erwarb, sammelte er Handschriften für eine Edition der Kirchenväter und des NT, das zum ersten Mal 1516 in griech. Sprache erschien und für fast 300 Jahre als Standardausgabe die Grundlage der Auslegung des NT war (»textus receptus«). 1516-21 lebte und lehrte E. in Löwen (1517 Entlassung aus dem Mönchsstatus!), 1521-29 in Basel, 1529-35 in Freiburg/Br. und schließlich wieder bis zu seinem Tod in Basel. In den frühen Jahren der → Reformation galt E. vielen Zeitgenossen als Auslöser der reformat. Bewegung; denn in vielen Städten waren es humanistisch Gebildete, die Reformen durchsetzten und sich von der Kirche trennten. Dies mochte E. jedoch nicht tun, vielmehr wollte er die alte Kirche mit der »philosophia Christi« erneuern. Sein Vorhaben wurde aber von der Reformation Luthers durchkreuzt, den er anfänglich unterstützte. Im Streit um den freien Willen kam es dann zur Trennung von → Luther, als E. 1524 mit der »Untersuchung über den freien Willen« dem Menschen eine Mitwirkung am Zustandekommen des Heils einräumte (1524). Luther bestritt dies mit heftiger Deutlichkeit in seiner Schrift »Vom unfreien Willen« (1525). E.' Wirkung auf den Prostestantismus war dennoch stark über das NT, die Kirchenväterausgaben und seine Bibelkommentare.

In der Moderne hat Hans Küng (»Theologie im Aufbruch«, 1987) E. als Vorbild einer »anderen Katholizität«, »einer lebendigen Synthese aus humaner Universalität und evangelischer Christozentrik«, dargestellt und für eine ökumen. Reformtheologie reklamiert.

Lit.: Opera Omnia, Amsterdam 1969ff; Ausgewählte Schriften, 7 Bde., 1967ff.

C. Augustijn: Erasmus von Rotterdam, GdKG 5, 1981, 53-75; R.H. Bainton: Erasmus of Christendom, 1969; J. Huizinga: Erasmus, 1924, dt. 1936; J.S. Weiland (Hg.): Erasmus von Rotterdam. Die Aktualität seines Denkens, 1988.

Ch. Windhorst

Erbauung

1. Im Neuen Testament

Der ntl. Begriff E. (griech. *oikodome*) hat im Griech. ausschließlich profane Bedeutung im Kontext des Hausbaus. Diese Bedeutung findet sich auch in den bibl. Schriften, z.B. in der Verheißung des Bauens des Hauses Davids im Sinne der davidischen Dynastie (2Sam 7,11; Am 9,11), in der Verheißung des Wiederaufbaus nach dem babylon. Exil (Jer 1,10; 31,4 u.ö.) oder in der Rede vom Bauen Gottes an seinem Haus bzw. Tempel, die als Metapher für die ntl. Gemeinde steht (Mt 16,18; 1Kor 3,9.16f; 1Tim 3,15; Hebr 3,1-6). Die angegebenen Stellen lassen die im AT wurzelnde Gewichtsverlagerung des Begriffs deutlich zugunsten der rel. Bedeutung von »erbauen« im Sinne von »fördern«, »stärken« und »ermuntern« erkennen.

Christus als der »Eckstein« (Jes 28,16; Ps 118,22; vgl. Eph 2,20; 1Petr 2,6-8) ist zugleich das Fundament der Gemeinde (1Kor 3,11f; 2Tim 2,19), die sein Tempel ist. Er bedient sich dabei der Jünger (Petrus als Fels der Gemeinde: Mt 16,18), der Apostel (Paulus als Architekt: 1Kor 3,10; 2Kor 10,8; 13,10), der Propheten, Evangelisten, Hirten und Lehrer (Eph 4,11-13), sowie aller Gemeindeglieder als »lebendige Steine zum geistlichen Haus« (1Petr 2,4f).

Als Mittel der E. dienen das Wort Gottes (Jer 1,9f; 1Kor 14,3), Psalmen, Lehre, Offenbarungen, Zungenrede und ihre Auslegung (1Kor 14,26) und nicht zuletzt das ermahnende Wort zur geistl. Lebensführung (Eph 4,29; 1Thess 5,11).

Paulus beschreibt in Eph 4,12ff als Ziel der E. die völlige Glaubens- und Erkenntniseinheit sowie die Mündigkeit und Festigkeit des Leibes Christi in allen seinen Gliedern. Die besondere ekklesiologische Bedeutung des Begriffs E. für Paulus wird vor allem in der Auseinandersetzung des Apostels mit der Gemeinde von Korinth deutlich. An den konkreten Konflikten um das Götzenopferfleisch (1Kor 8) und die Zungenrede (1Kor 14) zeigt Paulus, daß weder rücksichtslose Freiheit (1Kor 8,1.9ff) noch egozentrisch gebrauchte Charismen (1Kor 14,2ff.17.22) der E. der Gemeinde dienen. Für Paulus kann es keine E. des einzelnen geben, die nicht gleichzeitig zur E. der Gemeinde führt. Ein wesentlicher Faktor der E. ist für Paulus die Liebe (1Kor 8,1; 10,23f), die in der rücksichtsvollen Annahme des anderen für die E. am förderlichsten ist.

2. In der Theologiegeschichte

Der Begriff E. verlor in der nachkanonischen Zeit weitgehend die Bedeutung, die ihm Paulus in seinen Briefen beilegte. Weder in altkirchl. Zeit noch im MA hatte der Begriff eine bedeutende ekklesiologische Relevanz. Auch bei Luther trat der Begriff nach 1523 aus nicht mehr sicher ermittelbaren Gründen zurück. Evtl. hatte »E.« im Gefolge → Müntzers und des Täufertums einen mystisch-spiritualistischen Klang bekommen, dem Luthers Glaubensbegriff gegenüberstand. Der Sache nach ist E. freilich sehr wohl ein Thema bei Luther. Im Sinne von E. ist das Wort aus den Schmalkaldischen Artikeln (1537) zu verstehen, wo er von der »Stärkung des Bruders und dem wechselseitigen Gespräch« redet als einer Weise der Weitergabe des Evangeliums (ASm III,4).

Eine breite Verwendung erfuhr der Begriff erst wieder im → Pietismus. Daher ist die weithin übliche Kritik, der Pietismus habe E. individualistisch und psychologisierend verzerrt, in doppelter Hinsicht zu hinterfragen.

Erstens beginnt ein neues Interesse an der E. nicht erst mit dem Pietismus, sondern, wie u.a. die Geschichte des → Erbauungsschrifttums zeigt, bereits zwei Generationen vorher, am Anfang des 17. Jh.s. So redet z.B. Johann → Arndt (»Vier Bücher vom Wahren Christentum«, 1609) gerne von E. und strebt damit Erneuerung und Verinnerlichung des Glaubenslebens an.

Zweitens ist der Pietismus keineswegs nur auf den einzelnen und sein Innenleben aus. Den bahnbrechenden Vertretern dieser Bewegung (z.B. Ph.J. Spener, A.H. Francke, N.L. v. Zinzendorf) ging es elementar um die Reform der Kirche. Der Begriff E. stand also für die Förderung des christl. Lebens der einzelnen in der kirchl. Gemeinschaft. So dienten Speners Collegia pietatis sowohl zur seelischen E. ihrer zu Bibellektüre, -gespräch und Gebet versammelten Glieder als auch der qualitativen und quantitativen E. der ganzen Gemeinde durch deren Engagement. Erst während des 18. Jh.s kam es im Zusammenhang der Epochen der »Empfindsamkeit« und der Aufklärung zu der heute von vielen Theologen beklagten Privatisierung und Säkularisierung des Begriffs E. im Sinne natürlicher Frömmigkeit, moralischen Wertes und ästhetischer Gefühle und der damit verbundenen Reduktion auf die Subjektivität des einzelnen. Die erbaulichen Gefühle rel. Individuen wurden durch entsprechende Literatur gepflegt, und auch die Predigt wurde im Gefolge F.D.E. Schleiermachers vorwiegend nach dem Gesichtspunkt der Erbaulichkeit beurteilt, ob sie dem einzelnen rel. »Genuß« verschafft habe. Es zeigt sich hier ein breit angelegter geistesgeschichtl. Prozeß (vgl. etwa → Kant, → Schleiermacher, → Kierkegaard), in dem das Seelenleben des einzelnen eine immer stärkere Aufmerksamkeit erhielt. Gleichzeitig wird aber auch deutlich, daß die allgemeinen Tendenzen zur Individualisierung sich auch in erweckten Kreisen zeigten, so daß die E. des einzelnen als Genuß rel. Empfindungen der E. der Gemeinde vorgeordnet wurde.

Im 20. Jh. findet sich die ausführlichste Behandlung des Begriffs bei K. → Barth im Rahmen seiner christologischen Ekklesiologie (KD IV/2, 695-824). Nach Barth ist E. »das Handeln Jesu im hl.

Geist, das der Christenheit in der Welt als seiner irdisch-geschichtlichen Existenzform Sein, Wachstum, Erhaltung und Ordnung gibt« (Krause, 27). Die bei Barth angedeutete Rückkehr zur bibl. Weite des Begriffs fand seit Anfang der 70er Jahre eine Fortsetzung in der Diskussion um den Gemeindeaufbau und den bewußt an den ntl. Begriff *oikodomē* anschließenden Konzepten von Th. Sorg, M. Herbst, C. Möller u.a. (s.a. → Gemeindeaufbau).

Lit.: G. Friedrich, G. Krause: »Erbauung I. II.«, TRE 10, 1982, 18-28.

W. Eisenblätter/V. Gäckle

Erbauungsschrifttum

1. Begriff und Bedeutung

Zum E. zählen Schriften und Bücher, die weniger der mission. Verbreitung als vielmehr der Förderung und Pflege geistl. Lebens in der Gemeinde und beim einzelnen dienen wollen. Die Ganzheit der bibl., christl. und kirchl. Lehre soll auf die persönliche Existenz angewandt werden und zu einer praktizierenden Christusnachfolge und gelebter Heiligung führen. Das E. nimmt damit auch eine starke seelsorgerl. Funktion an schwachen, angefochtenen und zweifelnden Christen wahr. Der Charakter der Allgemeinverständlichkeit und die damit verbundene Möglichkeit der Privatlektüre, seine Verwendung bei Hausandachten im kleinen Kreis sowie die konfessionelle Ungebundenheit in vielen Fällen machten das E. zur dominierenden christl.-ökumen. Laienliteratur, deren Verbreitung und Wirkung wissenschaftl.-theol. Werke in der Regel weit übertraf.

Durch stilistische Mittel wie die Brief- oder Dialogform wurde versucht, die Distanz und Anonymität gegenüber dem Leser zu überbrücken. Als Hilfe zur Memorierbarkeit und Verinnerlichung findet sich häufig die Spruch-, Lied- oder Gedichtform.

2. Geschichte

a. In der Zeit der → Alten Kirche fand die Individualfrömmigkeit vor allem in sog. hagiographischen Schriften ihren Ausdruck. In Märtyrerakten (während den großen Verfolgungswellen im 3. Jh.) und Heiligenlegenden wurde das vorbildliche Leben und Sterben treuer Bekenner den Gläubigen als Beispiel der Nachfolge vor Augen gestellt. Eine besondere Gattung des E. bildete das ab dem 4. Jh. sich verbreitende Mönchtum aus. Mönchsviten, wie die Vita Antonii (vor 367 von → Athanasius verfaßt) über den Eremiten Antonius (ca. 250-356), und Sammlungen von Mönchssprüchen, sog. Apophthegmata, waren nicht nur in Mönchskreisen weit verbreitet. Diese Literatur fand in der stark mystisch geprägten Gebetsfrömmigkeit des ostkirchl. Mönchtums eine breite Fortführung in liturgischen Gebetsbüchern und Litaneien (z.B. Makarius, Joh. Klimakus u.a.).

b. Gebetsbücher (z.B. »libelli precum« von Alkuin) und Mönchsregeln waren auch im mittelalterl. Abendland zunächst das vorwiegende E. Im 13. Jh. fanden die sog. Stundenbücher (lat. *horae*) als liturgische Tageszeitengebetsbücher große Beliebtheit. Seit dem 12. Jh. machte sich auch in abendländischen Klöstern zunehmend der Einfluß der Mystik bemerkbar (→ Mechthild v. Magdeburg, → Hildegard v. Bingen, Meister → Eckhart, Johannes → Tauler, Johann v. → Staupitz u.v.a.). Die Passionsmystik fand ihren literarischen Ausdruck in sog. Passionalen (z.B. »Meditationen über das Leiden Jesu« von Ludolf v. Sachsen). Das meistverbreitete Erbauungsbuch des MAs ist »De imitatione Christi« des Niederländers Thomas a → Kempis (1380-1471), ebenfalls mit stark mystischem Einschlag.

c. Für die Epoche der → Gegenreformation erlangten die Meditationsschriften der Jesuiten (→ Ignatius v. Loyola - exercitia spiritualia) und Canisius Bedeutung neben einer eher quietistisch ausgerichteten Erbauungsliteratur (z.B. Madame de → Guyon). Im 18. Jh. versuchte Michael Sailer in seinem Gebetbuch (1783) eine Verbindung von kath. Frömmigkeit mit nationalistisch-aufgeklärtem und ev. Gedankengut zu schaffen.

d. Das klass. Erbauungsbuch der → Reformation und der ev. Christenheit wurde die Bibelübersetzung Luthers (zunächst das sog. Septembertestament, 1522 erschienen). Zur Gattung des E.s dürfen auch Luthers frühe Sermone (bis 1520), die »Vierzehn Trostmittel für Mühselige und Beladene« (1520) für den kranken Kurfürsten → Friedrich den Weisen und sein Betbüchlein (1522) gezählt werden. Zu später, aber dafür um so breiterer Wirkung gelangte das von Luther geschaffene und vielfach erweiterte Gesangbuch (→ Liedgut). In dieser Phase kam der Verbreitung des E.s die Erfindung des Buchdrucks zu Hilfe.

Die bekannteste Erbauungsschrift nach Luthers Bibel wurde zu vorpietist. Zeit Johann → Arndts

»Vier Bücher vom wahren Christentum« (1605-1609), die großen Einfluß auf den gesamten Pietismus hatten und unzählige Auflagen erlebten. Als Vorrede von Arndts »Postilla« waren die »Pia desideria« (Fromme Wünsche) von Ph.J. → Spener gedacht, die freilich selbst sowohl als Erbauungsschrift wie auch als Reformprogramm epochale Bedeutung erlangten. Bekannte Erbauungsschriften des Pietismus wurden ferner von A.H. → Francke, G. → Tersteegen, J.J. Rambach, J.Fr. Starck und N. Graf v. → Zinzendorf verfaßt. Die täglichen Losungen der Herrnhuter Brüdergemeine sind bis heute Bestseller. Zwei besondere literarische Gattungen bilden zum einen der erbauliche Bibelkommentar (z.B. J.A. Bengel, Gnomon, 1752) und die pietist. (Auto-)Biographie (z.B. J.H. Reitz, Historie der Wiedergeborenen, 1698ff; ebenso Francke, Jung-Stilling u.a.). Eine bis heute noch unabsehbare Wirkungsgeschichte geht von den Liedern luth.- und ref.-orth. sowie pietist. Dichter aus (P. Gerhardt, G. Tersteegen, N.v. Zinzendorf u.v.a.).

Eine eigene Tradition von E. entstand im Zuge des Puritanismus in England. Die Allegorie »Pilgerreise nach dem Berge Zion« (1665, dt. 1694) von J. Bunyan ist das meistgelesene Erbauungsbuch überhaupt.

Für das ev. E. des 19. Jh.s in Deutschland stehen Autoren wie J.E. → Gossner, L. → Hofacker, A. → Tholuck, J.W. → Wichern, W. → Löhe, Fr. v. → Bodelschwingh und C.H. → Spurgeon, dessen Predigten ab ca. 1860 in Deutschland veröffentlicht wurden. Eine neue Form der E. stellte das Traktat dar, das neben seiner mission. auch eine geistl. vertretende Funktion erfüllte.

Auch im 20. Jh. erfreuen sich nach wie vor alte Formen wie Lied (J. Klepper, R.A. Schröder, M. Siebald), Andacht (W. Busch, H. Giesen), Predigtbände und Biographien großer Beliebtheit. Daneben treten neue Formen wie Bildmeditationen und Bild-Text-Bände.

Lit.: J. Procopé, R. Mohr, H. Wulf: »Erbauungsliteratur I-IV«, TRE 10, 1982, 28-83.

W. Eisenblätter/V. Gäckle

Erbsünde → Sünde

Erde, neue → Eschatologie

Eremiten → Mönchtum

Erfahrung/Erfahrungstheologie

1. Der Begriff

Der Begriff E. besitzt eine Vielzahl verschiedener Aspekte, die teilweise zueinander in Spannung stehen und sich in seiner historischen Verwendung widerspiegeln. Zunächst läßt sich etymologisch sowohl eine aktive als auch eine passive Komponente aufweisen. Die aktive Komponente im Sinne von »versuchen« (griech. *peirasthai*; lat. *experiri*, Subst. *experimentum*) ist im dt. Verb »erfahren« (= durch Fahren einholen) noch deutlich hörbar und betont das Sich-Einlassen auf eine E. mit dem Risiko, durch eine E. selbst verändert zu werden. Die passive Komponente im Sinne von »empfinden«, »erleiden« ist seit dem Mittelhochdeutschen nachweisbar und weist auf die Unkalkulierbarkeit und den Widerfahrnischarakter jeder E. Das Verhältnis beider Komponenten wird durch die Unterscheidungen zwischen einer rel.-theol. Glaubense. und einer allg.-profanen Wirklichkeitse. sowie zwischen innerer und äußerer E. nochmals verkompliziert. Ein anderes Strukturmerkmal des E.sbegriffes ist sein Verhältnis zur Theorie. Einerseits widersetzt sich E. als individuelle, einmalige Wahrnehmung am bestimmten Einzelfall in einer bestimmten Situation einer theoretischen Systematik, andererseits ist E. als interpretierte Wahrnehmung schon immer in einen bestimmten Theorierahmen eingezeichnet. Eine weitere Spannung liegt in der Subjektivität jeder E., die auf das Engste mit dem Erfahrenden verbunden ist, aber gleichzeitig auf eine intersubjektive Vermittlung drängt. Wie kann eine unwiederholbare Einzel-E. mit anderen E.en in Beziehung gesetzt oder als Gesetzmäßigkeit formuliert werden? Diese Komplexität der Aspekte gilt es bei der konkreten Verwendung des Begriffs ständig im Auge zu behalten.

2. Philosophiegeschichtlich

a. Aristoteles bestimmte die E. (griech. *empeiria*; lat. *experientia*) als Erinnerung an die erlebte Praxis, die die Handlungsfähigkeit des Menschen überhaupt erst begründet. Inhalt der E. sind also die individuellen Fälle des Umgangs mit alltäglichen Dingen und Situationen. Das unterscheidet sie von der Kunstfertigkeit (griech. *techne*, »methodisierbares Know how«) und dem aus ewigen Prinzipien abgeleiteten Wissen (griech. *episteme*) über allg. und unveränderliche Sachverhalte.

b. Aber eben diese praktische Effektivität der aus der E. gewonnenen Kenntnisse rückte im neuzeitlichen → Empirismus (abgeleitet von griech. *empeiria*) in den Mittelpunkt des Interesses. Die Natur kann nach F. → Bacon (1561-1626) vom Menschen nur unterworfen werden, wenn ihm die Ursachen und Gesetze natürlicher Vorgänge bekannt sind. Diese aber sind zuverlässig nur über methodisch geordnete E. zu erkennen. Im Unterschied zu Aristoteles ist damit die methodisch angewandte E. selbst zum Weg und zur Bedingung wirklichen Wissens und damit zu einem neuen Zugang zur Wirklichkeit geworden. Konstant bleibt dagegen die Beschränkung der E. auf die für den Menschen erfahrbare Außenwelt.

Den E.sbegriff der Neuzeit formulierte schließlich John Locke (1632-1704), der E. als »die Gegebenheitsweise von Gegenständen möglicher Gewißheit« beschrieb.

c. Es war I. → Kant (1724-1804), der darauf hinwies, daß die Gegenstände unserer Wahrnehmung uns immer schon durch unsere subjektive E. und der dabei wirksamen Kategorien und Verstandesgrundsätze unserer Vernunft vermittelt erscheinen (vgl. → Erkenntnis, 4.). Das Selbstbewußtsein ist aktiv an der Vorstellungsbildung beteiligt, indem es die Fülle von Anschauungsformen und Begriffen zur Synthese bringt. Entsprechend können nach G.F.W. → Hegel (1770-1831) nur die Inhalte als wahr beurteilt werden, die der Erkennende als kongruent mit seiner Selbstgewißheit erfährt.

3. Theologiegeschichtlich

a. Während sowohl im AT wie im NT ein eigener E.sbegriff fehlt, existiert mit dem hebr. Verb *jd'* (= *jada*, »erkennen, erfahren«; Subst. *daat*) ein Begriff, der die in der geschichtl.-leiblichen Begegnung (vgl. 1Mo 4,1; 2Mo 6,7 u.ö.) sich ereignende Erkenntnis meint, die das Erkenntnissubjekt einer Bewußtseinsveränderung unterwirft und sachlich die rel. E. einschließt.

Das ntl. Äquivalent zu hebr. *jd'* bildet das griech. Verb *gignoskein*. Der aktive Aspekt von E. im Sinne von »versuchen«, »testen« wird in Joh 7,17 deutlich: Die Wahrheit der Lehre und Botschaft Jesu kann nur im gläubigen Sich-Einlassen bzw. in der gehorsamen Nachfolge »erfahren« werden (vgl. → Luther und → Kierkegaard).

b. In der Alten Kirche waren Reflexionen über rel. E. eher selten. Zu sehr standen die Lehrauseinandersetzungen um das trinitarische und christologische Bekenntnis im Vordergrund, als daß man auch der Innenseite des Glaubens Aufmerksamkeit hätte widmen können. Das bedeutendste Werk über rel. E. stellen somit die autobiographischen Bekenntnisse (Confessiones) des → Augustinus (354-430) dar, der ausgehend von seiner Bekehrungse. auch die psych. Innenseite seines bisherigen Lebens beleuchtet.

Einen breiten Raum gewinnt das theol. Nachdenken über E. erst im → Mönchtum (vgl. Apophthegmata Patrum). In der Selbstbeobachtung und Konzentration auf das innere Leben in der Klausur kann der Mönch seine eigenen E.en beobachten und diese unter der Anleitung des »erfahrenen« Beichtvaters und bereits systematisierter E.en anderer Mönche auch interpretieren. Besonders in der stark mystischen Tradition des griech. Mönchtums wurde die Möglichkeit, das Wesen und die Erlangung rel. Erfahrungen thematisiert (→ Hesychasmus, → Athos).

c. Im abendländischen Mönchtum dauerte es bis zum 12. Jh., bis die eigene Glaubense. wieder Gegenstand theol. Reflexion wurde. Es war → Bernhard von Clairvaux (1090-1153), der die passive E. (»Erfahrung ist Geschenk Gottes«) in der mystischen Innenschau bis hin zur mystischen Vereinigung betonte. Dieser auf die innere Vereinigung der Seele mit Gott eingeschränkte E.sbegriff fand bei den Mystikern des Spätmittelalters in der Rede vom göttlichen Seelenfunken und der Geburt Christi in der Seele seine Fortsetzung (Meister → Eckhart, → Tauler, → Seuse; → Mystik). Bei → Thomas von Aquin (1225-1274) ist die Selbste. des Gnadenstandes nur eine untergeordnete Möglichkeit der Gnadenerkenntnis neben der bibl. Offenbarung und ihrer deduktiven Ableitung aus höheren Prinzipien. Überhaupt ist das Hochmittelalter eher skeptisch gegenüber einer methodischen Anwendung der E. im Bereich der Glaubenswahrheit.

Mit der im Vergleich zu Bernhard konträren Einschränkung des E.sbegriffs auf die Wahrnehmung der den Menschen sinnlich affizierenden Umwelt im Zuge des spätmittelalterl. → Aristotelismus und der aufkommenden empirischen Naturwissenschaft (vgl. 2.) verlor die rel. E. des eigenen Glaubens an Bedeutung. Auf eine revolutionär neue Art rückte die Glaubense. dagegen bei Luther in den Mittelpunkt.

d. Während bei Thomas von Aquin der Gnadenstand durch einen bestimmten Seelenzustand erfahren (oder besser erfühlt) wird, ist für Luther die E. der dem Menschen heilbringenden Selbstoffenbarung Gottes in, mit und durch das äußere Wort selbst schon der gewißmachende Erweis der Gnade. Denn die → Offenbarung der Gnade Gottes vollzieht sich beim Menschen durch die vom Hl. Geist durch das äußere Wort Gottes gewirkte Verwandlung seiner Wahrnehmung und E., so daß der Mensch sich selbst als verlorenen Sünder, Christus aber als die ihn gerechtmachende Liebe Gottes »erfährt«, »schmeckt«, »spürt« und auch »fühlt«. Diese passive Form des E.sbegriffes macht ihn für Luther zum Prädikat dessen, was er unter Glauben versteht: das von Gottes Offenbarung im Wort eröffnete, die ganze Existenz umfassende Für-sich-als-wahr-Erfahren des Evangeliums. So kann Luther Glaube und E. bisweilen gleichsetzen (vgl. WA 5,642,7 und 19,489,15f). Gleichwohl wird bei Luther auch die Mehrdeutigkeit des E.sbegriffs deutlich. So kann er der bedrängenden Wirklichkeitse. den allein gewißmachenden Glauben an das Wort der Verheißung entgegenstellen, ebenso wie die durch Anfechtung getrübte Selbste. keinen Hinweis auf den Gnadenstand gibt.

Dabei kommt gerade der Anfechtungse., die das gesamte Leben und Glauben des Christen durchzieht, eine hermeneutische Funktion zu. Die Anfechtung hilft das Leben und damit auch die Hl. Schrift zu verstehen.

Die für Luther konstitutive Bindung der Glaubense. an das äußere Wort wird bei Thomas Müntzer, im Täufertum und im Kreis der Spiritualisten bestritten. Es wird in diesen Kreisen die Unmittelbarkeit der göttlichen Offenbarung in Form einer direkten Anrede des Gläubigen durch den Hl. Geist gelehrt. Damit gewinnt wiederum die subjektive E. des Gläubigen eine maßgebende Rolle und wird zum Kriterium des Glaubens.

e. Gegenüber einer Übergewichtung intellektueller Lehrinhalte in der altprot. Orthodoxie bemüht sich der → Pietismus, Glaube und E., Theorie und Praxis wieder in eine lebendige Beziehung zu setzen. So wie der Glaube sich im Sinne Luthers auf der E. der Selbstoffenbarung Gottes in seinem Wort gründet, so folgen aus dieser E. viele weitere Glaubense.en im täglichen Leben.

f. Zu einer E.stheologie im engeren Sinne, d.h. einer Theologie, die nicht mehr in erster Linie von der bibl. Offenbarung, sondern von der subjektiven E. des Menschen ihren Ausgang nimmt, kommt es erst bei F.D.E. → Schleiermacher (1768-1834). Er bestimmt die Religion als das »Gefühl schlechthinniger Abhängigkeit«, eine E. unmittelbaren Ergriffenseins. Seine »christliche Glaubenslehre« versteht er folglich als Reflexion über die christl. Gestalt dieses Gefühls. Ziel christl. Existenz ist die Intensivierung des Gottesbewußtseins und die Ausbildung der frommen Persönlichkeit im Rahmen der Kirche als rel. Gemeinschaft, die sich durch das gemeinsame Gefühl der Abhängigkeit, d.h. durch die Äquivalenz der E., verbunden weiß. Mit dieser Konzeption hat Schleiermacher die bisherige Zuordnung von Glaube und E. auf den Kopf gestellt. Nahm die bisherige Theologie stets ihren Ausgang bei der bibl. Offenbarung, entfaltet er seine Glaubenslehre allein aus der E.

An die E.stheologie Schleiermachers, verbunden mit Einflüssen der Erweckungstheologie und der Romantik, knüpfte im 19. Jh. die konfessionell-luth. geprägte Erlanger Schule an (→ Erlanger Theologie). A. von → Harleß, J.Chr.K. von → Hofmann und F.H.R. → Frank gingen von der Einsicht aus, daß sich der Christ in seinem Christsein einer Erweckungs- bzw. Bekehrungse. verdankt und Theologie folglich bei dieser E. als unmittelbarer Gewißheit ihren Ausgang zu nehmen hat. Während aber bei Hofmann die Gewißheit der Glaubense. aus der Übereinstimmung mit der Hl. Schrift und der Gemeinde folgt, ergibt sie sich bei Frank aus der E. der Wiedergeburt und → Bekehrung selbst.

Als im Zuge der Religionsgeschichtl. Schule des 19. Jh.s in Verbindung mit der hist.-kritischen Erforschung die Messianität und Gottessohnschaft Jesu in Frage gestellt wurde und lediglich seine sittliche Persönlichkeit als moralisches Vorbild für den christl. Glauben relevant blieb, war es wiederum die rel. E., die als Vermittlungsinstanz für die sittlich-rel. Kraft Jesu diente. Nach W. Herrmann gewinnt der Glaube seine Gewißheit aus der Begegnung mit dem »inneren Leben Jesu«. Die sittlichen Gedanken Jesu befördern die Reifung zur sittlichen Persönlichkeit.

g. Im 20. Jh. bestritt in betontem Widerspruch zu Schleiermacher K. → Barth (1886-1968) in seiner Theologie des Wortes Gottes sowohl die Möglichkeit als auch die Notwendigkeit, mittels rel. E. Gewißheit über dieses dem Menschen unverfügbare Wort zu erhalten. Barth verstand Glaubense. streng intellektuell als E. des den Menschen in Frage stellenden Wortes Gottes, als rein geistige Einsicht in die Bestimmtheit der eigenen Existenz durch dieses Wort. Damit ist freilich der E.sbegriff seines traditionellen Sinnes entleert und das theol. Gespräch mit den Fragen und Problemen des allg. E.sbegriffs in der Neuzeit abgebrochen.

Um eben dieses Gespräch zwischen Glaube und allgemeiner Welte. und der damit zusammenhängenden Anknüpfungsproblematik bemühten sich Entwürfe luth. Theologen (W. → Elert, P. → Althaus, H. → Thielicke) ebenso wie das Lebenswerk von P. → Tillich, dessen Werk der Frage nach dem Zusammenhang der Offenbarung zur Weltwirklichkeit gewidmet ist. Er versucht mittels einer Methode der Korrelation Offenbarung und Wirklichkeit aufeinander zu beziehen, indem die ontologisch interpretierte Offenbarung (so ist z.B. Jesus die Offenbarung des »Neuen Seins«) alle Bereiche der menschlichen Wirklichkeitse. durchdringt und auslegt.

4. Systematisch-theologisch

Der christl. Glaube bezieht sich auf die in der Hl. Schrift geoffenbarten geschichtl. Heilssetzungen Gottes in Kreuz und Auferstehung Jesu Christi. Insofern liegt der Grund des Glaubens außerhalb des Menschen und vor jeder E. Der Glaube ist dem Menschen aber nur möglich durch die persönliche Offenbarung Gottes im äußeren Wort, vermittelt durch den Hl. Geist bei der Bekehrung und Wiedergeburt. Hier erfährt sich der Mensch nicht nur intellektuell, sondern auch leiblich und seelisch (im Sinne des hebr. *jd'*) als Sünder, den aber die zugesprochene Gerechtigkeit Christi vor dem Sündentod rettet. So sehr der Christ seine Glaubensgewißheit aus dem Zuspruch des Evangeliums und nicht mystisch aus seelischen Stimmungen oder außerordentlichen E.en gewinnt, wird lebendiger Glaube stets E.en machen und diese im Lichte der Hl. Schrift als Handeln Gottes in seinem persönlichen Leben verstehen, ohne sie für andere absolut zu setzen.

Lit. P. Althaus »Erfahrungstheologie«, RGG[3] Bd.II, 1958, 552-553; O. Betz: Religiöse Erfahrungen. Wege zur Sensibilität, 1977; ders. (Hg.) Zugänge zur religiösen Erfahrung, 1980; G. Ebeling: Die Klage über das Erfahrungsdefizit in der Theologie als Frage nach ihrer Sache, in: ders.: Wort und Glaube III, 1975, 3-28; W. Elert: Der christliche Glaube, [6]1988, 59-109; R. Guardini: Religion. Erfahrung und Glaube, 1974; A.M. Haas: Die Problematik von Sprache und Erfahrung in der deutschen Mystik, in: W. Beierwaltes, H.U.v. Balthasar, A.M. Haas (Hg.): Grundfragen der Mystik, 1974, 73-104; K. Heim: Glaubensgewißheit. Eine Untersuchung über die Lebensfragen der Religion, 1920; W. Hess: Erfahrung und Intuition bei Aristoteles, in: Phron. 15, 1970, 48-82; H. Holzhey: Kants Erfahrungsbegriff, 1970; W. Joest: Erfahrung als theologisches Prinzip in der älteren Erlanger Schule, in: Glaube und Gesellschaft. FS W. Kasch, 1981, 165-176; A.S. Kessler, A. Schöpf, Ch. Wild: »Erfahrung«, HPhG 1, 1973, 373-385; A. Köberle: Legitimation der religiösen Erfahrung, NZSTh 18 (1976), 91-110; I.H. Marshall (Hg.): Christian Experience in Theology and Life, 1988; H.M. Müller: Glaube und Erfahrung bei Luther, 1929; G. Ruhbach (Hg.): Glaube - Erfahrung - Meditation, 1977; R. Slenzka: Gotteserkenntnis und Gotteserfahrung. Randbemerkungen zu einem dogmatischen Gespräch, in: F. Mildenberger, J. Track (Hg.): Zugang zur Theologie, 1979, 130-146; J. Track: Erfahrungen Gottes. Versuch einer Annäherung, KuD 27, 1976, 1-21; H. Wißmann, E. Herms, U. Köpf, J. Track, D. Zilleßen: »Erfahrungen«, TRE 10, 1982, 83-141 (Lit.!).

V. Gäckle

Erhaltung → Schöpfung; → Vorsehung

Eriugena Scotus, Johannes → Johannes Scottus Eriugena

Erkenntnis

1. Erkenntnis als Problem

In der Tradition der abendländischen Philosophie (vgl. H. Krings, H.M. Baumgartner) gibt es eine große, kaum zu überschauende Zahl von Antworten auf die Fragen: Was ist E.? Wie kommt es zu E.? Die Vielzahl der Entwürfe, die zueinander z.T. in einem diametralen Gegensatz stehen, ist einer der Gründe für die phil. Disziplin der Erkenntnistheorie. Die Erkenntnistheorie unterzieht die Erkenntnisansprüche und die verschiedenen erkenntnistheoretischen Modelle einer kritischen Prüfung. Ein zweiter Grund für die Einsicht in die Notwendigkeit kritischer Prüfung von »Erkenntnis« ist die Fraglichkeit der E., d.h. der Erkennbarkeit der → Wahrheit über die Welt. Die Tatsache, daß uns unsere Sinneswahrnehmungen täuschen können, daß wir uns faktisch vielfältig irren, und die Einsicht, daß sich sogar streng logisches Denken in Widersprüche verwickeln kann (→ Antinomie), läßt die Zuverlässigkeit wie überhaupt die Erschlossenheit der Welt für die E.-Bemühung des Menschen fraglich erscheinen.

So fraglich die Erkennbarkeit der Welt auch ist, so notwendig ist sie doch für den Menschen. Als Wesen, das instinktreduziert (K. Lorenz, 1965) und nicht umweltgebunden ist wie das Tier (J.v. Uexküll 1921; 1962), lebt der Mensch weltoffen (M. Scheler; H. Plessner) in einer Distanz zu seiner Um-Welt, die ihm die Fähigkeit ein-räumt, über sich und seine Welt zu reflektieren (A. Portmann; A. Gehlen).

2. Formen der Erkenntniskritik

Entscheidend ist die Frage nach den Quellen zuverlässiger E. In der Tradition klass. Philosophierens gibt es zunächst Ansätze, die die Möglichkeit einer verläßlichen E. und eines sicheren Wissens generell und grundsätzlich in Frage stellen. Zu nennen (vgl. A. Diemer) sind die verschiedenen Spielarten eines radikalen oder gemäßigten → Skeptizismus, der von der Beobachtung lebt, daß man alles, was verläßlich zu sein scheint, in Frage stellen und auf seine Voraussetzungen hin befragen kann; die verschiedenen Formen eines weltanschaulichen oder auch wissenschaftl. → Agnostizismus, der die wesentlichen, »metaphysischen« Fragen aus dem Rahmen dessen ausklammert, was er »wissenschaftlich« zu erkennen sucht oder was er prinzipiell für sicher erkennbar hält; schließlich ein Relativismus, der den unterschiedslosen Zusammenhang alles Seienden unterstellt (lat. *relatio*, »Beziehung«) und darum die Möglichkeit eines aller Bedingtheit enthobenen Standpunktes als Bedingung der Möglichkeit von E. bestreitet.

Das Grundproblem der genannten skeptischen Positionen liegt für ihre Vertreter darin, daß auch sie ethische Probleme entscheiden und auf die Fragen nach Woher? Wohin? und Warum? Antworten finden müssen bzw. diese Fragen faktisch so oder so beantworten. Die genannten erkenntniskritischen Positionen können darum höchstens sensibilisieren für vorschnelle oder nur scheinbar sichere Erkenntnisse.

3. Die Quellen der Erkenntnis

Wer nach dem Grund zuverlässiger E. sucht, stößt in der klass. Tradition abendländischer Philosophie v.a. auf → Verstand und → Erfahrung als die beiden Hauptquellen der E. Welche Quelle jeweils bevorzugt wird, hängt von der Vorentscheidung darüber ab, welche Sicht von Wirklichkeit (→ Ontologie) leitend ist. Sind alle Begriffe, Denk- und Naturgesetze letztlich nur Schöpfungen des Geistes, dann kann sich »wirkliches« Erkennen letztlich nicht auf diese rationalen Größen gründen, sondern nur auf die als »rein« unterstellte Erfahrung (→ Empirismus). Liegt das Wesentliche der Wirklichkeit dagegen im Begriff, der z.B. über Abstraktion von dem »bloß« Sinnlichen erreichbar ist, dann ist die Empirie nur ein sekundäres Medium, durch das hindurch erst zu dem Wesentlichen durchgestoßen werden muß (Descartes: Man muß »den Geist von den Sinnen abziehen«). Im ersteren Fall mißtraut man den »metaphysischen Spekulationen«, die unkontrollierbar scheinen und sogar zu Widersprüchen führen können. Im letzteren Fall mißtraut man der Erfahrung, die täuschen kann, die ja immer bloß individuell, kontingent und endlich ist und nie ein zuverlässiges Urteil über die Wirklichkeit im Ganzen erlaubt.

4. Der Ansatz I. Kants

Am nachhaltigsten wirksam geworden ist der Versuch I. → Kants, die Alternative eines skeptischen Empirismus (D. Hume) und eines unkritischen »dogmatischen« Rationalismus (vgl. Chr. Wolff und seine Schule) zu überwinden (Kant, Kritik der reinen Vernunft A/B; dazu H.M. Baumgartner). Ein empiristisches Modell, das sich ganz allein aus der Erfahrung begründen will, kann letztlich die Frage, inwiefern E. allgemeingültig, weil notwendig und objektiv sein kann, nicht beantworten. Denn noch soviele Einzelbeobachtungen rechtfertigen logisch keine allgemeinen Aussagen über alle Sachverhalte der betreffenden Art (sog. Induktionsproblem). Ein rein rationalistischer Ansatz kann letztlich die Frage nicht beantworten, ob und wie seine Erkenntnisse überprüfbar sein sollen.

Kant löst beide Probleme, indem er eine bis dahin weithin gültige Voraussetzung der Erkenntnistheorie revolutionär umkehrt: »Bisher nahm man an, alle unsere Erkenntnis müsse sich nach den Gegenständen richten.« Nachdem alle entsprechenden Versuche der E. gescheitert sind, besteht Kants »kopernikanische Wende« in der Philosophie darin, daß er vorschlägt: »Man versuche es daher einmal, ob wir nicht . . . damit besser fortkommen, daß wir annehmen, die Gegenstände müssen sich nach unserem Erkennen richten. . .« (KrV, B XVI). Nicht die Wirklichkeit, der E.-Gegenstand (das E.-Objekt) schreibt dem Beobachter (E.-Subjekt) vor, was er als E. zu formulieren hat; vielmehr schreibt das erkennende Ich dem E.-Objekt seine Gesetze vor: wie es beschaffen ist, oder besser: wie es uns »erscheint«, d.h.: wie es sich uns zu erkennen gibt. Das E.-Subjekt steht dem E.-Objekt nicht als *tabula rasa* gegenüber. Es erscheint vielmehr als in vielfacher Weise von Anfang an strukturiert: von vornherein (»a priori«) in bestimmten Formen der Anschauung und Kategorien des Verstandes (z.B. Ursache-Wirkung; Möglichkeit-Unmöglichkeit; Dasein-Nicht-Sein; Einheit-Vielheit-Allheit, vgl. KrV B, 106). Diese Strukturen liest das E.-Subjekt nicht vom E.-Objekt ab. Es schreibt sie ihm vielmehr vor. Die entsprechenden »Erkenntnisse« sind darum »notwendig«, weil sie nicht von der Notwendigkeit einer Erfahrung (»a posteriori«) abhängen, sondern vor aller, d.h. unabhängig von aller Erfahrung (»a priori«) gegeben sind. Sie sind in dieser Notwendigkeit allgemeingültig und d.h. objektiv, weil sie nicht in das Belieben eines Individuums gestellt sind oder durch individuelle Unterschiede geprägt sind, sondern sich - so Kant - logisch aus einer Analyse unseres Verstandes ableiten lassen (zur Kritik an der These von der Apriorizität unseres Erkenntnisapparates vgl. K. Lorenz, 1973; G. Vollmer).

Mit dem hier nur skizzierten Ansatz gelingt Kant (a) eine Begründung der Auffassung von der Allgemeingültigkeit der Erfahrung, die es dann auch erlaubt, von (Natur-)Gesetzen zu sprechen: Wir finden diese nicht in der Erfahrung; wir schreiben sie ihr vielmehr vor; (b) es gelingt ein geordneter, kontrollierter Gebrauch der rationalen Begriffe. Auch wenn die inhaltliche Quelle der E. nur die Erfahrung sein kann und es z.B. verboten ist, über die Grenzen des Wahrnehmbaren hinaus nach Ursache-Wirkungs-Zusammenhängen zu fragen (vgl. die alte metaphysische Frage nach der »ersten Ursache«), so wird doch eine konstitutive Bedeutung der Vernunfterkenntnis für die E. der Wirklichkeit darin festgehalten, daß die Verstandesbegriffe eine regulative, die Sinneserkenntnis leitende und ihr ihre Struktur vorschreibende Funktion besitzen.

5. Zur Tragweite wissenschaftlicher Welterkenntnis

Für die moderne Wissenschaftstheorie ist die Kantsche Einsicht grundlegend geworden, daß die wissenschaftl. Erkenntnisbemühung die Natur nicht als solche erkennt (vgl. A. Eddington; H.-P. Dürr). Mit den Fragen, die eine wissenschaftl. Disziplin an »die Natur« stellt, schreibt sie dieser die Antworten schon vor. Die (natur)wissenschaftl. Forschung mit ihrer sehr präzisen, weil auf einen ganz bestimmten Aspekt reduzierten Fragestellung gleicht einem Fischernetz, dessen Maschen durch ganz bestimmte Charakteristika wie Größe, Beschaffenheit etc. gekennzeichnet sind. Wie in diesem Netz nicht das Meer als solches hängenbleibt, sondern nur das, was der Beschaffenheit des einzelnen Netzes entspricht, so fängt auch die jeweilige wissenschaftl. Disziplin nie die Wirklichkeit als solche in ihr Begriffsnetz ein, sondern immer nur einen Aspekt, eine Dimension. Wissenschaftl. E. ist darum per se keine *Erklärung* der Welt, sondern nur eine *Beschreibung* der Art und Weise, wie sie sich unter einem bestimmten Zugriff darstellt. Diese wissenschaftstheoretische Einsicht ist von größter theol. Relevanz (A. Schlatter). Eine wissenschaftl. Disziplin stellt die Welt deshalb nur als ein Modell unter vielen anderen denkbaren Modellen dar (F. Kaulbach; A. Meesen; H.W. Beck). Die Beschaffenheit des begrifflichen Theorie-Netzes, das die jeweilige Wissenschaftler-Gemeinschaft durch das Wirklichkeits-Meer zieht, entscheidet vorweg über die Struktur des Bildes, das Modell, das am Ende des E.-Prozesses herauskommt. Der jeweilige E.-Zugriff bedeutet eine bestimmte Gegenstandskonstitution.

Damit ist - jedenfalls im Grundsatz - auch der Versuch gescheitert, das neuzeitliche Unternehmen Wissenschaft vor den ideologischen Karren einer Emanzipation des »modernen Menschen« von Glaube, Religion und Kirche zu spannen. Da, wo Wissenschaftler weltanschauliche Aussagen - und sei es auch in einem wissenschaftl. Gewand! - formulieren, da reden sie nicht in der Autorität der Wissenschaft, sondern als Privatpersonen. Der Übertritt von Wissenschaft als Welt-Beschreibung zur Weltanschauung als Versuch einer Welt-Erklärung bedeutet eine *metabasis eis allo genos* (Aristoteles, An. pr. 1, 7, 75 a30 b20).

6. Zum Problem »objektiver Erkenntis«

So einsichtig das Postulat »objektive Erkenntnis!« als Forderung einer von persönlichen Interessen und den Bedingtheiten einer subjektiven Lage unabhängigen E. ist, so sehr meldet die moderne E.- und Wissenschaftstheorie als auch Sprachphilosophie unüberhörbare Fragen an diese Forderung an:

a. Die Vorstellung eines rationalen Unternehmens »Wissenschaft« impliziert zum einen eine gemeinsame theorieneutrale Beobachtungssprache und zum andern eine gemeinsame Theoriesprache. Beide Größen sind von Th.S. Kuhn unter Hinweis auf die Wissenschaftsgeschichte in Zweifel gezogen worden. Sprachphilosophische, im Anschluß v.a. an den »späten Wittgenstein« (1984) vollzogene Überlegungen haben deutlich werden lassen, in welchem Umfang sämtliche sprachliche Leistungen des Menschen inclusive seiner wissenschaftl. Orientierungsversuche einen konstruktiven Charakter besitzen und eine jeweils spezifische Welt herstellen (N. Goodman).

b. Das durch → Descartes begründete erkenntnistheoretische Modell einer Subjekt-Objekt-Spaltung als Voraussetzung wissenschaftl. Objektivität ist nicht in der Lage, die Beobachtungen und Theorien der Elementarteilchenphysik adäquat zu interpretieren (W. Heisenberg, 21; H. Rohrbach, 123ff). Erfahrungen und E.se der modernen Physik legen es dagegen nahe, der Verfassung des E.-Subjekts eine mitkonstitutive Bedeutung für die E. wie für die spezifische Weise der Existenz (!) des E.-Objekts zuzuweisen (H. Rohrbach; P. Davies, 45).

c. Mit diesen wissenschaftstheoretischen Befunden konvergiert das spezifisch biblische Sprachzeugnis von »erkennen« (hebr. *jd'*; griech. *ginosko*). Die sich in der bibl. Sprachgestalt niederschlagenden Erfahrungen und Reflexionen der Wirklichkeit des Gottes Israels und Vaters Jesu Christi führen zu einer Semantik von »erkennen«, die neben den für das griech.-abendländische Denken wesentlichen kognitiven und konstatierenden Bedeutungselementen drei weitere Bedeutungskomponenten von »Erkenntnis« in den Vordergrund stellt: E. hat bibl. ebensosehr eine kontaktive wie kommunikative wie (mit-)konstitutive Dimension. Wenn es gebraucht werden kann zur Bezeichnung der körperlichen Vereinigung von Mann und Frau (Adam erkannte seine Frau Eva, 1Mo 4,1), dann ist hier nicht die Erfahrung äußerster Distanz, sondern größter Nähe als Bedingung und Konstituens von E. leitend. Wenn es gebraucht werden kann als Bezeichnung für den Akt der Schöpfung (Spr 3,20), dann bricht sich hier die Erfahrung semantisch Bahn, daß dem Akt der E. als solcher eine den Gegenstand der E. nicht nur tangierende (kontaktive), sondern sogar mitkonstituierende Bedeutung zukommt. E. ist bibl. Herstellen einer Relation, ist ein kommunikatives Sich-Beziehen auf etwas (Gott »erkennt« das verlorene Volk Israel in der Wüste und rettet es dadurch), das diesem Gegenüber sein Leben schenkt bzw. erhält (vgl. zum spezifischen hebr.-bibl. Profil von E. die Durchsicht und Zusammenordnung der Belege bei Hempelmann, 1989).

d. Ein weiteres Problem des Objektivitätspostulats besteht in der von Kant unterstellten objektiven Gültigkeit und allg. Notwendigkeit der Begriffe, mit deren Hilfe Kant das Funktionieren unserer Wahrnehmung, unseres Verstandes und unserer Vernunft beschreibt und bestimmt. Kant unterstellt eine absolute Geltung der von ihm getroffenen und für seine E.-Theorie wesentlichen, für zeitlos gültig gehaltenen, übersubjektiven, in Wahrheit aber höchst individuellen Distinktionen wie »a priori-aposteriori«, »synthetisch-analytisch« etc. (Kant, 1800). Demgegenüber hat schon J.G. Hamann darauf aufmerksam gemacht, daß Kant den sprachlichen, damit geschichtlichen, damit kontingenten und somit letztlich »zufälligen« Charakter der von ihm als absolut notwendig geglaubten Begriffe übersieht (Hamann, 1781; 1784). Während sich Kants Unternehmen einer »*Kritik* der *reinen* Vernunft« gerade um eine Unterscheidung von bloß geschichtlichen, empirischen einerseits und demgegenüber notwendigen, unabhängig von aller Erfahrung geltenden Sätzen und Einsichten andererseits bemüht, zeigt Hamann (1781; 1784), daß gerade dieses Vorhaben einer Reinigung der Vernunft von allem Bedingten nicht gelingen kann. Das Unternehmen der Kritik übersieht – so die Metakritik Hamanns –, daß sich auch diese Kritik selbst nur wieder sprachlich, d.h. mit »unreinen« Mitteln vollziehen kann. Denn die von Kant in der KrV verwendeten Begriffe sind sprachlicher Natur, damit aber geschichtliche Größen. Alles Geschichtliche ist aber gerade nicht unbedingt und darum auch nicht abstrakt gültig.

7. Offenheit und Demut als Bedingung von Gottes- und Welt-Erkenntnis

Diese bis heute gültige Meta-Kritik hat exemplarische Bedeutung. Gegenüber allen Versuchen des nach verläßlicher Orientierung suchenden Menschen, sich selbst zu begründen, ist auf die unüberholbare Individualität, Lokalität und Temporalität jedes denkenden Ichs hinzuweisen. Es kann dem Menschen nur um den Preis einer Täuschung über seine eigenen Möglichkeit gelingen, sich über seinen immer begrenzten, immer individuellen, »bedingten« Horizont zu erheben und sich aus seiner Endlichkeit herauszureflektieren. Gegenüber allen Versuchen, objektive, allg. oder »ewig gültige« Orientierungen zu begründen, gehört es gerade zur Aufgabe des Christen, auf dem Stückwerk-Charakter aller E., die bibl. unter einem eschatologischen Vorbehalt steht (1Kor 13,9), zu insistieren und erkenntniskritisch alle Selbstüberhebung und Täuschung des Menschen zu entlarven, der sich in diesen Theorien selbst zum Gott macht.

Der gefallene Mensch gebärdet sich darin als »Gott«, daß er sich seine Begriffe von Gott, Welt und Mensch schafft und diese absolut setzt. Der *homo incurvatus in se* (»auf sich selbst zurückgekrümmte Mensch«; Luther) will sich aus sich selbst heraus begründen, statt als Gottes Ebenbild *coram Deo* auf den Gott zu vertrauen, der allein den Menschen zu begründen vermag. Gott hat die Weisheit dieses gefallenen, natürlichen Menschen (1Kor 2,14) zur Torheit gemacht (1Kor 1,20), indem er an dessen erkenntnistheoretischer Hybris in der Knechtsgestalt der Fleischwerdung vorbeigegangen ist. In seiner Niedrigkeit läßt sich Gott gerade nicht auf die Begriffe ein, die die Menschen sich von ihm bilden. Er muß darum viel Widerspruch von Seiten der Sünder erfahren (Hebr 12,3), die in ihrer *gnosis* (»Erkenntnis«) und ihrer erkenntnistheoretischen

Selbstbegründung und Überhebung an der Niedrigkeitsgestalt Gottes scheitern (1Kor 1,18).

E. Gottes wie der Welt kann nur da gelingen, wo der Mensch sich auf die E.-theorie Israels (G. v. Rad, 94) einläßt: Die Furcht Gottes ist der Anfang der E. (Spr 1,7). Nur da, wo der Mensch das exklusive Gottsein Gottes respektiert und sich in die eigene, bloß endliche Konstitution findet, wo er dann auf einen Versuch einer Selbstbegründung durch E. verzichtet, den er als Mensch nicht leisten kann, gelangt er zu einer geistl. Demut und – damit korrespondierend – einer erkenntnistheoretischen Offenheit, die der Grundsatz und der Beginn aller wissenschaftl. Welt-E. ebenso wie aller E. Gottes ist.

Lit.: H.M. Baumgartner: Kants »Kritik der reinen Vernunft«, 1985; H.W. Beck: Die Welt als Modell. Gegen den Mythos vom geschlossenen Weltbild, 1973; H. und G. Böhme: Das Andere der Zukunft. Zur Entwicklung von Rationalitätsstrukturen am Beispiel Kants, 1983; R. Descartes: Meditationen über die erste Philosophie (Paris 1641), [2]1977; A. Diemer: »Erkenntnistheorie«, in: Philosophie (Fischer-Lexikon), hg. von A. Diemer, I. Frenzel, Neubearbeitung 1970, 32-43; H.-P. Dürr: Das Netz des Physikers. Naturwissenschaftliche Erkenntnis in der Verantwortung, 1988, 26-49; J.G. Hamann: Kritik der reinen Vernunft (Rezension), in: ders.: Sämtliche Werke. Historisch-kritische Ausgabe von J. Nadler, Bd. III, 1951 (= N III), 275-280; ders.: Metakritik über den Purismum der Vernunft, in: N. III, 281-289; W. Heisenberg: Das Naturbild der heutigen Physik, 1965; H. Hempelmann: »Erkennen/Erkenntnis«, GBL 1, 1987, 325-332; ders.: Kritischer Rationalismus und Theologie als Wissenschaft. Zur Frage nach dem Wirklichkeitsbezug des christlichen Glaubens, [2]1987; ders.: Veritas Hebraica als Grundlage christlicher Theologie. Zur systematisch-theologischen Relevanz der biblisch-hebräischen Sprachgestalt, in: K. Haacker, H. Hempelmann: Hebraica veritas. Die hebräische Grundlage der biblischen Theologie als exegetische und systematische Aufgabe, 1989, 39-78; P. Hoyningen-Huene: Die Wissenschaftsphilosophie Thomas S. Kuhns, 1989; K. Hübner: Kritik der wissenschaftlichen Vernunft, 1978; ders: Die Wahrheit des Mythos, 1985; I. Kant: Anthropologie in pragmatischer Hinsicht, AA Bd. VII, 117-333 (1798; 1907); ders.: Kritik der reinen Vernunft, A (1. Aufl.) 1791; B (1787); ders.: Logik. Ein Handbuch für Vorlesungen, hg. von G.B. Jäsche, in: AA Bd. IX, 1-150; F. Kaulbach: »Modell I«, HWP 6, 1984, 45-47; H. Krings, H.M. Baumgartner: »Erkennen/Erkenntnis I«, HWP 2, 1972, 643-662; K. Lorenz: Die Rückseite des Spiegels. Versuch einer Naturgeschichte menschlichen Erkennens, 1973; A. Meesen: Begriffsbildung und Modellvorstellungen in der Physik, in: N.A. Luyten (Hg.): Wirklichkeitsbezug wissenschaftl. Begriffe? Gleichnis oder Gleichung, 1986, 11-59; F. Nietzsche: Die »Vernunft« in der Philosophie, in: ders.: Götzendämmerung oder wie man mit dem Hammer philosophiert, in: KSA Bd. 6, 74-79; M. Planck: Sinn und Grenzen der exakten Wissenschaft, in: ders.: Vorträge und Erinnerungen, [10]1975, 363-380; H. Plessner: Die Stufen des Organischen und der Mensch (1928), [3]1975; K.R. Popper: Logik der Forschung, [5]1973; A. Portmann: Zoologie und das neue Bild vom Menschen, 1962; G. v. Rad: Weisheit in Israel, 1970; H. Rohrbach: Naturwissenschaft, Weltbild, Glaube, 1967; M. Scheler: Die Stellung des Menschen im Kosmos (1928), [7]1966; A. Schlatter: Atheistische Methoden in der Theologie (1905), mit einem Beitrag von P. Jäger, hg. von H. Hempelmann, 1985; J. Simon: Vornehme und apokalyptische Töne in der Philosophie, in: Zs. f. phil. Forschung Bd. 40 (1986), 489-519; J.v. Uexküll: Umwelt und Innenwelt der Tiere, 1921; ders.: Streifzüge durch die Umwelt und von Tieren und Menschen, 1962; G. Vollmer: Evolutionäre Erkenntnistheorie, 1981; C.F. v. Weizsäcker: Die Tragweite der Wissenschaft, [6]1990; B.L. Whorf: Sprache, Denken, Wirklichkeit, 1963; L. Wittgenstein: Philosophische Untersuchungen (1953), Ges. Werke, 1984, Bd. 1.

H. Hempelmann

Erlanger Theologie

Mit »Erlanger Theologie« (= E.Th.) pflegt man jene besondere Ausprägung zu bezeichnen, die der ev. Theologie an der Erlanger Fakultät in den beiden letzten Dritteln des 19. Jh.s gegeben wurde. Die führenden Gestalten waren dabei A. → Harleß (von 1833-45 an der Fakultät), J.v. → Hofmann (1845-77) und R.v. → Frank (1857-94), neben denen jedoch auch J.W.F. → Höfling (1833-52), G. → Thomasius (1842-75), Franz → Delitzsch (1850-67) und Th. → Harnack (1853-66) wesentliche Bedeutung hatten. Es handelt sich nicht eigentlich um eine theol. »Schule«, sondern um eine Arbeitsgemeinschaft selbständiger, im Innersten aber gleich gerichteter Theologen. Sie begann 1833 mit der Berufung von Harleß und Höfling und endete 1894 mit dem Tod Franks als ihrem letzten Vertreter. In der »Zeitschrift für Protestantismus und Kirche; ZPK« (1838-76) hatte sie sich ein gemeinsames Sprachrohr geschaffen. Theol. Nachwirkungen lassen sich auch bei Chr.E. → Luthardt (gest. 1902), L. → Ihmels (gest. 1933), Th. → Zahn (gest. 1933) und R. Seeberg (gest. 1935) feststellen.

Ungeachtet aller zwischen jenen Theologen bestehenden Unterschiede repräsentierten sie doch im Kontext des damaligen Protestantismus eine relativ einheitliche Richtung, die man als luth. → Erfahrungstheologie bezeichnen kann: Sie teilten persönlich die gleiche Erfahrung, und sie machten diese Erfahrung zugleich zum Ausgangspunkt ihrer jeweiligen theol. Arbeit. Die gemeinsam geteilte Erfahrung ist die der → Bekehrung zu einem in Herz und Gewissen verankerten Christusglauben. Die Formulierung dieser Erfahrung ist unterschiedlich: Harleß spricht von der Wirksamkeit von Gesetz und Evangelium am Gewissen, Hofmann von der in Christus vermittelten persönlichen Gemeinschaft

Gottes und der Menschheit, Frank vom neuen, wiedergeborenen Ich. Alle drei meinen sie jedoch die existentielle Gewißheit des Heils in Christus. Die E.Th. war also aus der von A. → Tholuck, K.v. Raumer und Chr. → Krafft geprägten → Erwekkungsbewegung hervorgegangen und versuchte nun, sie auch auf wissenschaftl.-theol. Weise zu vertreten.

Die Selbständigkeit der Theologie gegenüber der Philosophie und anderen Wissenschaften und damit ihren zugleich kirchl. und wissenschaftl. Charakter wollen diese Theologen dadurch sichern, daß sie (ähnlich → Descartes' »cogito ergo sum«) von der persönlichen Heilserfahrung des Theologen als dem unmittelbar Gegebenen und absolut Gewissen ausgehen. In dieser Heilserfahrung ist für sie die ganze christl. Wahrheit einschlußweise enthalten, so daß alle Inhalte des Glaubens (durch Rückschluß von der Wirkung auf die Ursache) aus dem Tatbestand der Heilsgewißheit heraus entwickelt werden können.

Dieser Ausgangspunkt bei der Erfahrung ist weder subjektivistisch (wie bei Fr. → Schleiermacher) noch individualistisch, denn die persönliche Heilserfahrung ist nach der E.Th. sowohl von der bibl. Offenbarung als auch vom Glauben der Kirche bedingt und vermittelt. Gerade auf den harmonischen Dreiklang von persönlicher Erfahrung, Bibel und kirchl. Bekenntnis kam es entscheidend an: Die Theologie hat die Aufgabe, die in der Heilsgewißheit beschlossenen Gehalte mit Schrift und Bekenntnis zu vergleichen und an der Übereinstimmung dieser drei die Wahrheit und Gewißheit ihres Inhalts wissenschaftl. darzulegen. Das im Glauben unmittelbar Gewisse wird durch sie also methodisch kontrolliert vergewissert.

Die Bibel wird dabei als einheitliches, inspiriertes »Denkmal« der Heilsgeschichte gesehen. Ihre Einheit besteht in der organischen Verknüpfung aller Teile der Heilsgeschichte, und ihre Inspiration ist dadurch gewiß, daß sie im vorliegenden Umfang den bleibend wirksamen Ursprung der Kirche vollständig abbildet. Die kirchl. Bekenntnisse sind für die E.Th. der durch die Abwehr konkreter Irrlehren begrifflich bestimmte Ausdruck der gemeinsamen kirchl. Heilserfahrung und nicht ihrer Form, aber doch der Substanz nach verbindlich. Speziell in den luth. Bekenntnisschriften und ihrer Rechtfertigungslehre fanden die Erlanger Theologen denselben Inhalt, der ihnen schon zuvor durch Schrift und persönliche Erfahrung gewiß geworden war, so daß die Erweckungstheologie hier (Thomasius: »Frei, von innen heraus!«) eine betont luth. Gestalt bekam.

Das Erlanger Verständnis von der Aufgabe der Theologie ermöglichte gegenüber Schrift und Bekenntnis Bindung und Freiheit zugleich. Es betrachtete die Geschichtlichkeit von Schrift und Bekenntnis nicht als Widerlegung, sondern als Begründung ihrer Verbindlichkeit, und es verband in der Gewißheitsfrage subjektive Erfahrung und objektiven Glaubensgrund. Wohl ist die Erlanger Fassung der Heilsgewißheit als Gewißheit des Gläubigen um sich selbst unzureichend; Heilsgewißheit ist immer zuerst eine Gewißheit um Christus und dann erst um mich selbst. Dennoch hat die E.Th. insgesamt gezeigt, wie eine lebendige Theologie auch die Infragestellung des kirchl. Glaubens durch Rationalismus und skeptische Bibelkritik (in der gleichzeitigen »Tübinger Schule« F.Chr. → Baurs) überwinden konnte: Sie antwortete nicht mit einfacher Wiederherstellung der altprotest. Orthodoxie, sondern mit einer »neuen Weise, alte Wahrheit zu lehren« (Hofmann), indem sie wissenschaftl. Denken zur Vergewisserung des Glaubens einsetzte. (Vgl. auch die Artikel zu den einzelnen genannten Personen.)

Lit.: Ph. Bachmann: Stellung u. Eigenart der sog. Erlanger Theologie. Festgabe für Th. Zahn, 1928,1ff; M. Hein: Lutherisches Bekenntnis und Erlanger Theologie im 19. Jh., 1984; R. Jelke: Die Eigenart der Erlanger Theologie, NKZ 41/1930, 19ff; Fr.W. Kantzenbach: Die Erlanger Theologie, 1960; M. Keller-Hüschemenger: Das Problem der Heilsgewißheit in der Erlanger Theologie im 19. u. 20. Jh., 1963.

U. Swarat

Erlaßjahr

Vorläufer und Grundlage des E.es ist ein sakraler Brauch, der in der ältesten Gesetzessammlung des AT, dem sog. »Bundesbuch« (2Mo 21-23), geregelt ist: In jedem siebten Jahr soll ein Acker nicht bestellt und abgeerntet, sondern »in Ruhe gelassen« werden, brach liegen (2Mo 23,10f). Damit wird JHWH als Schöpfer und Eigentümer des Landes geehrt, und das Land kehrt in seinen schöpfungsgemäßen, ursprünglichen Zustand zurück. Die Früchte des Wildwuchses im Brachjahr dürfen die Armen und die wilden Tiere nehmen. Eine Vorstufe des deuteronomischen E.es stellt auch die Regelung von 2Mo 21,2-11 betreffs der Freilassung eines hebr. Sklaven nach sechs Dienstjahren dar.

Die im Deuteronomium verbindlich festgeschriebene Interpretation der Brache in jedem siebten Jahr überträgt den agrarischen Vorgang auf wirtschaftl. Rechtsgeschäfte: Ein Gläubiger darf ein gegebenes Darlehen vom Schuldner im siebten (jetzt kalendarisch festgelegten) Jahr nicht zurückfordern. Mehr noch: Er hat die Schuld zu erlassen, sofern der Schuldner ein Volksgenosse (und damit Bruder!) und nicht ein Ausländer ist. Der hohe soziale Wert der mosaischen »*šemittâ*« besteht darin, daß sie nicht von einer gnädigen Herablassung der Mächtigen abhängt - solche Schuldenerlasse sind im damaligen Vorderen Orient öfter belegt -; vielmehr hat jeder verarmte Israelit einen Rechtsanspruch auf sie. Dem Schuldenerlaß eignet gottesdienstl. Dignität (5Mo 15,2: »für JHWH«); es ist ja JHWHs Wille, daß die schlimmen Folgen der Überschuldung ganzer Bevölkerungsteile (z.B. Verarmung, Pfändung, Schuldknechtschaft) regelmäßig gebrochen werden. Was aber, wenn die Besitzenden hart reagieren und angesichts eines bevorstehenden E.es Kredite verweigern? Dem entgegenzuwirken, steht den Promulgatoren des E.es nur der eindringliche Appell zu Gebote: »Öffne deinem Bruder die Hand!« (5Mo 15,1-11).

Zur Zeit Jesu hat allerdings Rabbi Hillel den »Prosbol« (Vorbehalt) eingeführt, den ein Gläubiger machen durfte, um sein Darlehen jederzeit - auch nach dem E. - zurückfordern zu können (Mischna Schebiith 10,3ff).

Wahrscheinlich erst für die Zeit des zweiten Tempels haben priesterliche Kreise ein kalendarisches »Sabbatjahr« (3Mo 25,2-7.20-22) - Variationen des alten Brachjahres - in Kombination mit dem → Jobeljahr (3Mo 25,8-55) konzipiert.

Lit.: O. Betz: »Sabbatjahr und Jobeljahr«, GBL 3, 1989, 1313f.

W. Grimm

Erlebnis → Erfahrung/Erfahrungstheologie

Erleuchtung

Der Begriff E. hat in der Antike (seit Platon und besonders in den gnostischen Mysterienkulten), im MA (besonders seit Augustin) und in allen Formen der christl. Mystik (bis zu → Tersteegen) eine jeweils eigene Bedeutung. Im Buddhismus, Zen- und Amida-Buddhismus, im Islam, bei den Quäkern und allen spiritualistisch-mystischen Bewegungen spielt die E. eine je verschiedene Rolle.

AT und NT verwenden den Begriff »Erleuchtung« (auch »Licht«), um vor allem die Erkenntnis der → Offenbarung und des Willens Gottes und des Evangeliums von Christus durch den Hl. Geist zu beschreiben. Luther hat in der Erklärung zum dritten Glaubensartikel (Kl. Katechismus) klassisch formuliert: »...der Heilige Geist hat mich durch das Evangelium berufen, mit seinen Gaben erleuchtet, im rechten Glauben geheiliget und erhalten.«

E. durch das Wort des Evangeliums in der Kraft des Hl. Geistes ist die Beschreibung lebendigen Glaubens als heilsame Erkenntnis der Sünde (tägliche → Buße) und der Gnade (Nachfolge und Heiligung). Die Reformatoren → Luther und → Calvin haben sich beide entschieden gegen eine von den Schwärmern behauptete »unmittelbare Erleuchtung« durch den Hl. Geist ohne die Bindung an das Wort der Hl. Schrift gewandt.

In der altprot. Orthodoxie hat seit Hollaz in der Lehre vom »ordo salutis« (→ Heilsordnung) der Begriff E. einen festen Platz erhalten. Im → Pietismus (z.B. J. → Arndt u. P. J. → Spener) wird die E. mit der → Bekehrung (Buße) und Wiedergeburt (Heiligung und Nachfolge) in enge Beziehung gesetzt.

In der neueren ev. Dogmatik spielt der Begriff der E. - außer bei W. → Elert (Der christliche Glaube, [5]1988, § 81, 464ff) und K. → Barth (KD IV, 3/2, 1959, 584ff) - kaum eine Rolle. Die letzte umfassende Darlegung findet sich bei E. Wacker, Die Heilsordnung (1898), hg. von M. Pörksen (1960) im 3. Kap.: »Von der Erleuchtung und geistlichen Erkenntnis« (Heilsordnung).

Lit.: J. Auer: »Erleuchtungsgnade«, LThK[2], Bd. 3, 1959, 1015f; W. Beierwaltes: »Erleuchtung«, HWP, Bd. 2, 1972, 712-717; L. Cassut: »Erleuchtung«, LThK[2], Bd. 3, 1959, 1014; E. Fahlbusch: »Heilsordnung«, EKL[2], 1962, 91-94; M. Koch: Der ordo salutis in der alt-prot. Dogmatik, 1899; R. Kübel: »Erleuchtung«, RE[2], Bd. 4, 1879, 297-299; L. Richter: »Erleuchtung«, RGG[3] II, 1958, 573-576; F.W. Schmidt: »Erleuchtung«, RGG[2] II, 1928, 258-260; R. Seeberg: »Erleuchtung«, RE[3], Bd. 5, 1898, 457-459; E. Wacker: Ordo salutis. Die Heilsordnung 1898, hg. von M. Pörksen 1960; F. Wagner: »Erleuchtung«, TRE 10, 1982, 164-174.

J. Heubach

Erlösung

a) religionsgeschichtlich

Man kann hören, alle Religionen seien E.sreligionen. Diese Annahme ist insofern richtig, als alle Religionen den Druck der Leiden dieser Zeit aufzuheben und den Menschen ihr Heil zu geben suchen. Aber diese Annahme ist insofern unrichtig, als das Heil, das die verschiedenen Religionen vermitteln, so verschiedenartig ist, daß die darin angezeigte E. nicht auf einen Nenner zu bringen ist. Wir brauchen hierfür nur den → Buddhismus in seinen verschiedenen Ausprägungen anzusehen. Im ursprünglichen Buddhismus verwirklicht der Heilige (*arhat*) das Heil als Lösung vom Daseinsdurst und Eingehen in die vier Schauungen, wodurch die Erleuchtung (*bodhi*) vermittelt wird, so daß das Erlöschen (*nibbāna*) erfolgen kann. Ganz andersartig ist das Heil z.B. im japanischen Amida-Buddhismus vermittelt: Es erfolgt durch das vertrauensvolle Wiederholen des Nembutsu: »Verehrung sei dem Buddha des unermeßlichen Lichtglanzes.« Eigenes Tun ist dabei überflüssig. Man hat die tiefen Unterschiede der E.swege der Religionen mit den drei Heilswegen des Hinduismus zu typisieren gesucht, der den »Weg der Werke« (*karma-mārga*) und den »Weg der Erkenntnis« (*jnāna-mārga*) und den »Weg der Hingabe« (*bhakti-mārga*) unterscheidet. Aber auch diese drei Typen erfassen die Vielfalt des rel. Heils nur sehr formal, bleiben aber hinter der inhaltlichen Wirklichkeit der E.s-Vorstellungen weit zurück. Wir können daher nur konkret die Heilsvorstellungen jedes einzelnen E.sweges kennzeichnen, ohne ihre Verschiedenheit auf allgemeine nichtssagende Abstrakta wie E. oder Heil zu übertragen.

Lit.: C. Clemen: Das Leben nach dem Tode im Glauben der Menschheit, 1920; H. v. Glasenapp: Unsterblichkeit und Erlösung in den indischen Religionen, SKG.G 14,1, 1937; G. Lanczkowski: »Heil und Erlösung I«, TRE 14, 1985, 605-609 (Lit.); R. Reitzenstein: Die hellenistischen Mysterienreligionen, ^{5}1980; J. Wach: Der Erlösungsgedanke und seine Deutung, 1922.

C.H. Ratschow

b) biblisch

1. Altes Testament

a. Die beiden hebr. Begriffe *gā'al* und *pādāh* bedeuten »loskaufen, abgelten, auslösen, losmachen, erlösen. . .« usw. und bezeichnen damit einen rechtlichen Vorgang aus dem Bereich des Zivilrechtes (Sklaven bzw. Erbloskauf) bzw. auch des kultischen Rechts (Auslösung von Erstgeburt usw.). Subjekt des Begriffes können Menschen oder Gott sein, wie aber auch andere Götter.

b. Die Begriffe für E. werden häufig im Austausch zu den Begriffen Rettung/→ Heil einerseits und Versöhnung/Sühne/sühnen andererseits verwendet und darum in Übersetzungen auch sehr verschieden wiedergegeben. Dabei sind sie sprachlich und sachlich klar zu unterscheiden, gerade auch dann, wenn sie denselben Vorgang bezeichnen. »Rettung« sagt etwas über Ziel und Absicht von Gottes Handeln aus und betont, daß bei solchem Einsatz Gottes der Mensch nichts dazu beitragen kann. »Loskauf/Erlösung« deutet denselben Vorgang in seiner rechtlichen Tiefe und zeigt, daß Gott dafür einen Kaufpreis einsetzt, während »Sühne/Versöhnung« den kultischen Aspekt aufdeckt: beim Kaufpreis, den Gott einsetzt, geht es um Opfer, also um Leben für verwirktes Leben.

c. Israel hat seine Errettung aus Ägypten als die große, zentrale Errettungstat Gottes erfahren und als »Loskauf« verstanden (2Mo 6,6; 15,13; Ps 74,2; 77,16; Jes 63,16; häufig in 5Mo 5-26).

An diesem Ereignis hat Israel seinen Glauben an Gottes E. festgemacht, immer wieder erneuert (→ Feste a) biblisch) und seine Hoffnung fortwährend vertieft (vgl. Sach 10,8ff; Neh 1,5-11) und unter der Unterweisung der Propheten gelernt, daß Gott auf diese Weise auch weiterhin handeln kann und will. Die Erwartung eines zweiten Exodus in Analogie (und Überbietung!) zum ersten gehört zur Hoffnung und Erwartung Israels (Jes 43,1; 44,22f; 48,20; 51,10; 52,3.9 u.v.a.), die in der Rückführung des Volkes aus dem Exil in Babylon wenigstenszeichenhaft Wirklichkeit wurde. Daß jedoch die erfahrene Wirklichkeit das Maß der Verheißung nicht erreichte, vertiefte die Hoffnung auf eine messianische, endzeitliche E. für das ganze Volk, ja die ganze Schöpfung und insofern auch für den einzelnen (Jes 35,9.10; 62,12).

d. Diese Vorgänge der Errettung werden nun als »Loskauf« gedeutet. Dabei geht es um einen Rechtsvorgang, der sich uns in zwei Bereichen zeigt. Einerseits in der rechtlichen (finanziellen) Auslösung von Sklaven, Grundbesitz, Familienmitgliedern (Israeliten als Sklaven in Fremdherrschaft; vor allem 3Mo 25) bzw. von Familienbesitz und Witwen durch Verwandte der Familie, denen das Recht zum Loskauf nicht nur zusteht, sondern auch auferlegt ist (Rut; 1Kön 16,11 u.a.). Der »Erlöser« ist der Loskäufer, der vom Sippenrecht her dazu bestimmt ist, die Loskaufsumme (Lösegeld) zu bringen.

Andererseits berührt das Loskaufrecht auch den Bereich des kultischen Rechts, wenn es um die »Erlösung« von dem Tempel Geweihtem (Tiere, Häuser, Felder, Zehnter; vgl. 3Mo 27) durch Geld geht. Was jedoch dem Bann verfallen ist, darf nicht gelöst werden (27,28f), während über die E. von Erstgeburt genaue Vorschriften bestehen (27,27; vgl. 2Mo 34,20; 13,13; 4Mo 18,15ff).

Dieser Rechtshintergrund zeigt, daß die bibl. Erlösungsauffassung ohne den Gedanken an einen

Erlöser und an eine Stellvertretung (Loskaufsumme) nicht gedacht werden kann, also dem Vorgang der Sühne (Opfer, Stellvertretung) nahesteht.

e. Was Israel durch Gottes Handeln als Ganzes erfahren hat (Exodus), das erhofft auch der einzelne von Gott als Hilfe (Spr 23,11; Klgl 3,58; Hiob 19,25; Ps 19,15; 69,19), da kein Mensch für sich oder für einen anderen die Loskaufsumme erbringen kann (Ps 49,8f); ja die Hoffnung auf Loskauf weist über den Tod hinaus (Hiob 5,20; 33,38) und umfaßt sowohl Hoffnung für den Leib (Heilung) wie für die menschliche Schuldvergebung (Ps 130,7.8; vgl. 34,23; 49,8f; 103,2f; Jes 44,22; 59,20).

f. Im nachbibl. Judentum setzt sich der bibl. Sprachgebrauch fort, wobei je nach Zeit, Situation und Richtung verschiedene Seiten der Hoffnung (polit., messianisch anhand 5Mo 18,15; apokalyptisch) vertieft werden.

2. Neues Testament

a. Wie im AT treten zu den Begriffen für »Loskauf« *apolytrōsis, lytroō; (ex)agorazō*, »(los)kaufen«, eine Reihe anderer Vorstellungen, die zusammen die Grundlage des ntl. Heilsverständnisses entfalten (→ Heil/Soteriologie; zu berücksichtigen sind v.a. → Sühne/Versöhnung; → Rechtfertigung; Heil/Rettung; aber auch Opfer; Blut; Kreuz usw.). »Erlösung« ist eine Vorstellung, die in diesem Zusammenhang ihr eigenes Profil hat.

b. Die einzelnen Bedeutungsbereiche, die im AT unterschieden sind, werden in der Sprache des NT vorausgesetzt und aufgenommen. Auch hier ist der Exodus Typos von Gottes erlösendem Handeln, aufgrund dessen auf die kommende »Erlösung Israels« gewartet werden darf (Lk 16,8; 2,38; 24,21; Jes 41,14; 43,14).

c. Jesus muß angesichts der Ablehnung seiner Sendung durch die jüd. Oberen und des naheliegenden polit. Mißverständnisses mit seinem gewaltsamen Tod gerechnet haben. Er hat die Bedeutung dieses Todes durch das bibl. Wort zu verstehen gesucht und als »Loskauf« (Sühne, Opfer) gedeutet (Mk 10,45 = Jes 43,4; vgl. 53,10-12 und 11,11f; 1Tim 2,5f), was auch in den Abendmahlsworten (→ Abendmahl) anklingt.

d. Die ntl. Briefe verwenden die Begriffe »erlösen/loskaufen« im Zusammenhang einer weit gefächerten Terminologie (z.B. Dahingabeformel, Röm 8,32f; »für uns ...«; versöhnen ... usw.). Von »Erlösung und Loskauf« wird gesagt:

Grund des Loskaufs ist Gottes erwählende Liebe, die aber nie kosmisch-universal, sondern immer geschichtlich-konkret gemeint ist und an Gottes Weg der Erwählung Israels gebunden bleibt und sich auf diesem Weg allen Menschen (Heiden) zuwendet (Röm 3,24; Eph 1,4-7).

Losgekauft wird vom Fluch des Gesetzes und der Sünde, die vor allem als eine Macht gesehen wird, die den einzelnen ergreift (Gal 3,13; Tit 2,14; vgl. Offb 1,5).

Der Loskauf geschah durch Jesu Tod am Kreuz, d.h. durch sein »Blut« (Eph 1,7; vgl. 1Petr 1,18f; Offb 1,5; 5,9), wo sich die Vorstellungen von Sühne/Opfer mit der des Loskaufes berühren.

Die unmittelbare Folge des Loskaufes besteht in einem umfassenden Herrschaftswechsel (1Kor 7,22f; Kol 1,23f; Eph 1,14). Damit verbunden ist die Vergebung der Schuld (Eph 1,7; Kol 1,14), die Annahme an Sohnes Statt, die ihrerseits Freiheit bedeutet (Gal 5,1), zu Gottes Eigentum erklärt (Tit 2,14; vgl. Offb 1,5f) und die Gabe der Sohnschaft (→ Gotteskindschaft) durch die Gabe des Geistes (als Angeld auf eschatologische Vollendung) besiegelt (Röm 8,14-23; Gal 4,4-7; Eph 1,11-14).

e. Allen Zeugen des NT steht fest, daß mit dem Heilsgeschehen Jesu (Tod, Auferstehung) der Loskauf rechtlich ein für allemal vollzogen und insofern bereits (rechtlich) Gegenwart ist. Auf dieses Recht hat sich der Glaubende auch zu berufen. Aber ebenso wissen die ntl. Zeugen, daß die Durchsetzung dieses Rechtes erst zeichenhaft begonnen hat (Wunder Jesu, der Urgemeinde, Heilungen als Zeichen der anbrechenden Herrschaft Gottes). Die Erlösung ist jedoch noch nicht »in Macht« durchgesetzt oder gar (vom Menschen; von der Kirche) durchsetzbar, sondern immer noch Gegenstand der Hoffnung. Insofern bleibt sie zwar in Zeichen anschaubar, in ihrer Wirklichkeit jedoch unter Schwachheit, Verfolgung und Tod verborgen (bis in ihr Gegenteil). Darum hofft die Gemeinde mit der ganzen Schöpfung auf die Erlösung (Eph 1,14; 4,30; Röm 8,20-23) bis Jesus wiederkommt.

Lit.: F. Büchsel: ThWNT I, ND 1990, 125-128; W. Haubeck: Loskauf durch Christus. Herkunft, Gestalt und Bedeutung des paulinischen Loskaufmotivs, 1985; E. Pax: Der Loskauf. Zur Geschichte eines ntl. Begriffes, in: Antonianum 37, 1962, 239-278; O. Procksch, F. Büchsel: ThWNT IV, ND 1990, 329-359.

W.J. Bittner

c) systematisch-theologisch

Mitte und Spitze der ntl. Theologie ist die Botschaft, daß Christus unser einziger Weg (Joh 14,6) und Grund (1Kor 3,11) der E. ist. Die Reformation wollte diesen »Hauptartikel« von der »E.« durch Christus allein (Schmalkaldische Artikel II, 1), der durch soteriologische Nebenzentren in Frage gestellt war (Maria, die Heiligen, Papst, die Kirche, der Mensch) wieder ins Zentrum von Glauben und Leben rücken. Durch die → Dialektische Theologie und ihren Hauptvertreter Karl → Barth wurde das Grundkerygma der Kirche von der E. durch Christus allein wieder zum Angelpunkt der Theologie im Kampf gegen die anderen Glaubens- und Heilsquellen des Neuprotestantismus und der liberalen Theologie. Die von K. Barth stammende erste These der → Barmer Erklärung 1934 bekennt sich gegen die falschen Heilswege der → Deutschen Christen mit Joh 14,6 und Joh 14,1.9 zu Jesus Christus als dem einzigen »Weg« zum »Vater« und der einzigen »Tür« zum Heil. »Jesus Christus ist« nach ihr »das eine Wort Gottes, das wir zu hören, dem wir im Leben und Sterben zu vertrauen und zu gehorchen haben«. An der Spitze der zweiten These der Barmer Erklärung steht das Bibelwort 1Kor 1,30: »Jesus Christus ist uns gemacht von Gott zur Weisheit und zur Gerechtigkeit und zur Heiligung und zur Erlösung«. Der Ökumenische Rat der Kirchen versteht sich in seiner für alle ihm angehörenden Kirchen verpflichtenden »Basis« als »eine Gemeinschaft von Kirchen, die den Herrn Jesus Christus gemäß der Heiligen Schrift als Gott und Heiland bekennen ...«

Trotz dieses Fundamentalkonsenses der Kirchen im Grunddogma christl. Glaubens wird es heute nicht selten in der Theologie bestritten, neuerdings vor allem im christl.-jüd. und im interrel. Dialog. So wenn u.a. P.v.d. Osten-Sacken einen christologischen »Besitzverzicht« gegenüber dem Judentum fordert, Jesus sei nicht der »einzige Weg zum Vater«. Ähnlich P. Knitter, der in seiner »pluralistischen Theologie der Religionen« die These vertritt, Jesus Christus sei zwar »der universale Erlöser«, aber nicht »der einzige universale Erlöser«. Nach J. Moltmann geben wir, wenn wir die »Einzigartigkeit Jesu Christi« bestreiten, unsere »christliche Identität« und uns selber auf, wie er mit Recht gegen Knitter vermerkt.

Tendenzen, diesen einen Heilsgrund Jesus Christus umzustoßen, gibt es auch z.T. in der lateinamerikanischen Befreiungstheologie (die Armen werden die Welt richten und retten; der Mensch errichtet das Reich Gottes durch die Revolution) und im Feminismus (von der Frau ist das Heil der Welt zu erwarten).

Die E. allein durch Jesus Christus steht und fällt mit der Gottheit Christi (Basis des Ökumenischen Rates!). Ist Jesus Christus bloß ein Mensch und nicht der menschgewordene Gott, dann hätte er uns nicht erlösen können, denn der Mensch kann sich nicht selber erlösen. Daher war die Grundentscheidung der Kirche auf dem Konzil von Nicäa (325) gegen Arius von axialer Bedeutung: Jesus Christus ist »wesenseins« mit dem Vater. Die E. wird in Frage gestellt, wenn diese Wesenseinheit Jesu mit Gott (Phil2,6; Joh 1,1; 10,30; 14,9; 20,28) in Zweifel gezogen und seine Einheit mit Gott zu einer bloßen Offenbarungs- und Willenseinheit verfälscht wird, wie das bei P. → Tillich, F. → Gogarten, H. Küng, D. Sölle u.a. der Fall ist. Jesus *ist* Gott, offenbart aber nicht nur Gott oder ist nicht nur willenseins mit ihm wie jeder Christ, nur intensiver.

S.a. → Heil; → Versöhnung

Lit.: W. Lütgert: Der Erlösungsgedanke in der neueren Theologie, BFChTh 32,2/1928; M. Seils: »Heil und Erlösung IV.«, TRE 14, 1985, 622-637 (Lit.).

H.G. Pöhlmann

Erlösungsplan

Ausgehend von der Geschichtlichkeit des göttlichen Erlösungshandelns in Raum und Zeit wurde schon von altkirchl. Theologen der Versuch unternommen, sowohl das individuelle Erlösungshandeln Gottes mit dem einzelnen Menschen als auch das universelle Heilsgeschehen zu gliedern und zu periodisieren (→ Heilsordnung, → Heilsgeschichte). So fand → Irenäus von Lyon (gest. um 200) den Dreischritt: 1. Schöpfung, 2. Sündenfall, 3. Wiederherstellung und Zusammenfassung zu Christus (recapitulatio). → Augustin (354-430) stellte im Anschluß an die paulin. → Äonenlehre (Röm 12,2; Gal 1,4; Eph 1,9f; 3,8f) das Erlösungsgeschehen im geschichtl. Spannungsfeld des Kampfes zwischen dem Reich Gottes und dem Reich des Teufels dar. Im MA erlangte das chiliastische Konzept der drei Weltzeiten (des Vaters, des Sohnes und des hl. Geistes) von → Joachim von Fiore (ca. 1130-1202) große Bedeutung. Die → Reformation und die luth. Orthodoxie legten in Abwehr der mittelalterl. Rechtfertigungslehre den Ton auf das individuelle Heilshandeln Gottes am Menschen. So redet Luther in der Auslegung des dritten Glaubensartikels im Kleinen Katechismus von der Reihenfolge: »berufen, erleuchtet, geheiligt und erhalten«.

Die ref.-orth. → Föderaltheologie (*foedus*, »Bund«) im Anschluß an → Coccejus (1603-1669), der angelsächsische Evangelikalismus (→ Dispensationalismus) und die deutsche heilsgeschichtl. Theologie des 19. Jh.s griffen die paulin. Äonenlehre wieder auf und machten sie zur Grundlage einer heilsökonomischen Periodisierung der Geschichte in einzelne Weltzeitalter.

Eine gebräuchliche Zählung der Zeitalter ist folgende:

1. Das Zeitalter des Paradieses von der Erschaffung des Menschen bis zum Sündenfall.
2. Das Zeitalter der Selbstbestimmung vom Sündenfall bis zur Sintflut.
3. Das Zeitalter der menschlichen Herrschaft von der Sintflut bis zur Sprachenverwirrung.
4. Das Zeitalter der Patriarchen von Abraham bis Mose.
5. Das Zeitalter des Gesetzes von Mose bis Christus.
6. Das Zeitalter der Kirche oder Gemeinde Christi von Pfingsten bis zur → Wiederkunft Christi.
7. Das Zeitalter des Königsreichs (Tausendjähriges Reich) von der Wiederkunft bis zum Weltgericht, dem die Vollendung in Ewigkeit folgt.

In diesen Zeitaltern erfüllen sich die drei Hauptstücke des E.es: die Heilsvorbereitung (1. bis 5. Zeitalter), die Heilserfüllung (6. Zeitalter), die Heilsvollendung (7. Zeitalter).

Lit.: G. Lanczkowski, A. Schenker, E. Larsson, M. Seils: »Heil und Erlösung« I.-IV.«, TRE 14, 1985, 605-637 (Lit.); E. Sauer: Offenbarung Gottes und Antwort des Glaubens (im Anhang Heilskarte mit Erläuterungen) 1969; ders.: Morgenrot der Welterlösung, [6]1976; ders.: Der Triumph des Gekreuzigten, [13]1989; Fr. Hubmer: Der Heilsplan Gottes, [7]1968; ders.: Weltreich und Gottesreich in Prophetie und Erfüllung, [5]1971.

V. Gäckle

Erneuerung

1. E. ist ein vielschichtiger Begriff, der eine ganze Reihe von Aspekten beinhalten kann: von der materiellen E. im Sinne einer Restaurierung bis hin zur geistigen E. einer ganzen Gesellschaft. Im christlichen Sinne kann zwischen der individuellen geistlichen E. des Menschen in der Bekehrung und der umfassenden E. einzelner Gemeinden, ja einer ganzen Kirche (z.B. im Sinne einer → Erweckung) unterschieden werden. Der inflationäre Gebrauch des Begriffs in der Gegenwart wirft Licht auf die Sehnsucht nach E. als einer menschlichen Grundkonstante, die nicht selten manches Alte nur in neuem Licht erscheinen läßt.

2. In der Bibel wird dieser Tatbestand deutlich gesehen. Der Prediger Salomo betont, daß es »unter der Sonne nichts Neues gibt« (Pred 1,9). Statt dessen vermittelt er die weise Erkenntnis, daß »alles seine Zeit hat« (Pred 3,1-8); auch das Neue hat demnach seine Zeit. Im NT führt Lukas uns die Athener vor Augen, die immer »darauf aus waren, etwas Neues zu sagen oder zu hören« (Apg 17,21). Sie werden zum Sinnbild des ständig hektisch sich nach Neuem ausrichtenden Zeitgenossen, der unzufrieden ist mit der Alltäglichkeit seines Lebens.

3. Das alles heißt aber nicht, daß die Bibel nicht doch wirklich Neues kennt. In der prophetischen Botschaft kündigen Jeremia und Hesekiel an, daß Gott seinem Volk einen neuen Bund, ein neues Herz, einen neuen Geist geben wird (Jer 31,31; Hes 11,19 u.ö.). Im NT wird die Verheißung zur großen Erfüllung: »Ist jemand in Christus, so ist er eine neue Kreatur. Das Alte ist vergangen, siehe, Neues ist geworden« (2Kor 5,17; vgl. auch Joh 3,3.5). Und der Ausblick auf »den neuen Himmel und die neue Erde« (Off 21,1) zeigt an, daß es in der Vollendung noch einmal einen neuen Anfang geben wird. Der Wegbegleiter zwischen Erfüllung und Vollendung ist der Hl. Geist, dessen belebende Kraft wirkliche E. (und nicht Restaurierungen) herbeiführen kann (vgl. Apg 1,8).

4. So hat die Kirche Jesu Christi sorgfältig zu prüfen, ob bei der so faszinierenden Rede von der E. wirklich Neues anklingt. Nach bibl. Botschaft ist neu, was vom Geist Gottes gewirkt ist und das Leben der Gemeinde entwickelt und aufrechterhält. Darum wird eine kirchl. E.sbewegung geistliche Kräfte in Anspruch nehmen, sie wird aus dem Gebet und aus Gottes Wort, aus → Beichte und Vergebung herauswachsen. Sie wird den gekreuzigten Christus großmachen wollen und zur Nachfolge einladen. Dann wird sie sich auch moderner Methoden bedienen, wird Gemeindewachstumsstrategien etc. mitbedenken und auch weltliche Werbemethoden nicht verachten, wenn sie dem Evangelium nicht zuwiderlaufen. Bei allem gilt aber: Eine wirkliche E. bedarf des »Platzregens des Heiligen Geistes« (M. Luther). So hängt alle E. an Gottes eigenem Wollen und Vollbringen. Wir sollen, im Wissen, daß Gott zu seinen Verheißungen steht, tapfer und fröhlich unsere Arbeit tun (Phil 2,12f).

5. Leider aber gilt, auch für die lebendigste Gemeinde: Auch die wunderbarste E. hat ihre Begrenzung,

weil die Vollendung noch aussteht. Wenn es denn doch wieder »menschelt«, wenn auf das Blühen der ersten Generation das Stöhnen der zweiten Generation folgt: Wir sind noch nicht am Ziel! Dem stöhnenden Paulus hat Christus gesagt: »Laß dir an meiner Gnade genügen, denn meine Kraft ist in den Schwachen mächtig« (2Kor 12,9).

6. So bleiben wir immer wieder auf neue Kraft angewiesene »Neulinge«. Wir werden reifer im Glauben, gewiß, aber wie Kinder strecken wir - je länger desto mehr - unsere leeren Hände Christus entgegen, um sie von ihm füllen zu lassen (Röm 5,2; Joh 21,4).

Lit.: J. Schniewind, Zur Erneuerung des Christenstandes, 1966; T. Sorg: Wie wird die Kirche neu?, 1977.

H. Bärend

Ernst I., der Fromme (1601-1675)

E., geb. am 25. 12. 1601 auf Schloß Altenburg, gest. am 26. 3. 1675 in Gotha. Seit 1640 Herzog zu Sachsen-Gotha und Altenburg, der Inbegriff des patriarchalischen luth. Landesfürsten, widmete E. sich intensiv der »zeitlichen und ewigen Wohlfahrt« seiner Untertanen. Auf Grund seiner tiefen Frömmigkeit machte er die Kirchenreform und die rel. Bildung zum Zentrum des umfassenden öffentlichen Wiederaufbaus nach den Verwüstungen des → Dreißigjährigen Krieges: Generallandvisitation (1641-45); Begründung der allg. Volksschule durch Unterrichtsreform und Einführung der Schulpflicht; Überwindung des Analphabetismus durch Katechismusunterricht für Erwachsene (»Informationswerk«); erstes ev. Landesgesangbuch (»Geistliches Gesangbüchlein« 1660); schließlich die von E. veranlaßte »Ernestinische Bibel« (auch weimarische, gothische, nürnberger oder jenaische Bibel genannt, Erstdruck 1641, zuletzt 1880 in St. Louis), eine durch umfangreiche Erklärungen erweiterte Lutherbibel. Der fromme Fürst, dessen polit. Werk über Deutschland hinaus Bewunderer fand, wurde von seinen Landeskindern »Bete-Ernst« genannt.

Lit.: G. Loesche: »Ernst der Fromme«, RE^3 Bd. 5, 1898, 477-481; ADB VI, 302.

J. O. Rüttgardt

Erntedankfest

Ev. Gemeinden begehen das E. in der Regel am Sonntag nach Michaelis (29. 9.) bzw. am ersten Oktobersonntag. Es ist üblich, Altar und Altarraum mit Erntegaben zu schmücken (Getreidegarben, Brot, Weintrauben u.a.). Man liest 2Kor 9,2-15 (Sammlung für die Gemeinde in Jerusalem, verglichen mit Aussaat und Ernte) und Lk 12, (13f) 15-21 (Gleichnis vom reichen Kornbauern).

Kirchenordnungen der Reformationszeit hatten zunächst unterschiedliche Bestimmungen hinsichtlich des Termins getroffen (so zu Michaelis, zum Bartholomäustag am 24. 8., zum Sonntag nach Ägidii am 1. 9. oder nach Martini am 11. 11.).

Auch kath. Gemeinden begehen das Fest, örtlicher Gewohnheit folgend, am letzten September- oder am ersten Oktobersonntag; zudem können die Herbstquatember in der ersten Oktoberwoche (von lat. *quattuor tempora*, »vier Zeiten«, für die vier über das Jahr verteilten Quatemberwochen, die auf den Beginn der Jahreszeiten und heidnisch-röm. Aussaat- und Erntetage verweisen) unter das Thema Erntedank gestellt werden. Die Segnung der Erntegaben kann innerhalb der Messe oder in einer eigenen Feier stattfinden; sie sollen danach »in das gemeinsame häusliche Mahl einbezogen« oder »Armen, Kranken und alten Menschen gebracht« werden (Benediktionale). Die Erntegaben diakon. Zwecken zuzuführen, ist auch in ev. Gemeinden üblich.

Lit.: A. Adam: Das Kirchenjahr mitfeiern, 1979; G. v. Gynz-Rekowski: Der Festkreis des Jahres, ^{2}1985.

K.-H. Bieritz

Eros → Liebe; → Sexualethik

Erwachsenenbildung

Zu den Aufgaben der Kirche gehört seit ihren Anfängen die E. »Sie hat teil an einer Grundaufgabe von Kirche, dem Lehren und Lernen.« (Evangelische Erwachsenenbildung als Aufgabe der Evangelischen Kirche. Grundsätze, EKD 1983). Ihre Anfänge finden sich im NT: »Verstehst du auch, was du da liest?« (Apg 8). Das menschliche Begreifen als Antwort auf das Ergriffenwerden durch Gott ist die Voraussetzung der Taufe. Erwachsene waren die ersten Katechumenen. Der ev. Erwachsenenkatechismus (hg. von H. Jetter u.a. 1975, 1989) setzt die Katechismustradition der Reformation fort. Im 19. Jh. hat der dänische Bischof N.F.S. → Grundtvig den Zusammenhang von E. und Gemeindebildung, in gesellschaftl. wie in kirchl. Hinsicht, erkannt und Einrichtungen der E. angeregt und gefördert (Gemeindehuset). Er gilt als einer der Väter moderner E. überhaupt.

Ev. E. heute muß sich auch verstehen und legitimieren vor dem Hintergrund der E. insgesamt, deren Wurzeln in der europäischen Aufklärung liegen und die der Industrialisierung wichtige Impulse verdankt. In Deutschland hat die E. seit der Weimarer Republik gesellschaftl. Anerkennung gefunden. Eine freie Volksbildung sollte zur berufsbezogenen Weiterbildung, staatsbürgerlichen Bildung, und auch zur Überwindung der Kluft zwischen den mit der Hand arbeitenden und den »gebildeten« Menschen beitragen; die Volkshochschulen entstanden. Spätestens seit dem Strukturplan des Deutschen Bildungsrates gilt die E. als eine wichtige staatl. Aufgabe. Immer mehr Erwachsene müssen immer häufiger die »Schulbank« drücken. Die beruflichen Anforderungen steigen, das Wissen veraltet frühzeitiger, ein Lernen auf Vorrat ist immer weniger möglich. Diese Entwicklungen führen zu einer verstärkten Nachfrage beruflicher E. Aber auch die sozialen und polit. Veränderungen erfordern immer öfter Neu- und Umlernen. Für eine verantwortungsbewußte Demokratie wichtig ist die polit. Bildung (z.B. durch die Stiftungen der Parteien, Gewerkschaften, aber auch – in größerer Distanz und Neutralität – verschiedener ev. Träger). Auch werden dem einzelnen Menschen immer mehr selbständige Entscheidungen abverlangt. Um sich dabei zurechtzufinden, selbständige Entscheidungen begründet treffen und sich angesichts persönlicher wie gesellschaftl. Krisen verantwortungsvoll orientieren zu können, bedarf es der Angebote personorientierter, sozialer, kommunikativer und kultureller E. Pluralität der Träger ist ein Kennzeichen von E. seit den Anfängen freier Volksbildung. Ev. E. ist Teil dieses pluralen Angebots. Sie leistet auch einen wichtigen Beitrag zur allg. E., indem sie auf die Pluralität achtet und inhaltlichen wie finanziellen Verkürzungen der E. generell wehrt, so daß sich E. z.B. nicht in beruflichen Maßnahmen oder polit. Kursen erschöpft. Deshalb sind Angebote der E. notwendig, die sich auf die Menschen in ihren unterschiedlichen Lebenssituationen beziehen und den Menschen dabei nicht auf einen Teilaspekt reduzieren. Solche situations- und personorientierten Angebote dürfen gegenüber einer beruflichen oder politischen E. finanziell nicht benachteiligt werden.

Auf Pluralität zu achten, fällt ev. E. nicht schwer, denn sie verdankt sich selbst der Vielfalt im ev. Bereich. Die ersten Ansätze einer ev. E. entwickelten sich z.B. in Männer- bzw. Frauenarbeit, Industrie- bzw. Handwerkerarbeit. In Grundtvigscher Tradition kamen Heimvolkshochschulen hinzu. Ab 1945 wurden in allen Landeskirchen die ev. → Akademien eingerichtet. Ev. E. ist heute nur in der Vielfalt von Angebot und Träger (Werke, Verbände, Kirchenkreise, Gemeinden...) denkbar. Entsprechend gibt es ganz unterschiedliche Arbeitsformen in der ev. E., angefangen bei den Hauskreisen, über Initiativgruppen, bis hin zu Tagungen (z.B. der Akademien), Fernstudium und Zukunftswerkstätten. Als theol. Bildung, als gesellschaftl., polit. oder gemeindeorientierte Bildung, ob (weniger) als Vortragsveranstaltung oder (mehr) als Seminar, ob kreativ oder verbal, gruppen- oder inhaltsorientiert, ev. E. ist immer dialogisch. Deshalb nimmt sie auch den Ausgang bei den Nöten und Nachfragen ihrer Teilnehmer(innen). Das ist keine nur taktische Regel. Ev. E. nimmt den Menschen als Gottes Ebenbild ernst. Vier Prinzipien haben sich in der ev. E. herauskristallisiert:

1. Gewinnung der inhaltlich-thematischen Fragestellungen aus der alltäglichen Lebenswelt der jeweils angesprochenen Adressatengruppen.

2. Verwirklichung eines mehrdimensionalen Lernbegriffs, in dem orientierende Aufklärung und befreiende Erfahrungsverarbeitung, Gemeinschaftserfahrung und kritische Handlungsbefähigung eine unlösliche Verbindung eingehen.

3. Aufbau eines differenzierten Systems der E. in ev. Trägerschaft in systematischer Weiterentwicklung der bisherigen Strukturen.

4. Entscheidung für die Beteiligung an einem plural verfaßten System der E. unter öffentlicher Verantwortung, ohne auf eine kritische Mitgestaltung dieses Systems zu verzichten, die darauf ausgerichtet ist, humanes, befreiendes und sinnstiftendes Lernen nicht nur zu ermöglichen, sondern herauszufordern« (DEAE). In der Deutschen Evangelischen Arbeitsgemeinschaft für Erwachsenenbildung (DEAE) und ihren landeskirchl. Arbeitskreisen arbeiten alle Träger ev. E. auf dieser Grundlage zusammen. Sie ist Ausdruck der Absicht, das Evangelium als helfende und befreiende Botschaft in die Bearbeitung alltäglicher persönlicher, kirchl. bzw. gesellschaftl. Problemstellungen einzubringen.

Lit.: G. Buttler et al.: Einrichtungen der evangelischen Erwachsenenbildung (EKD-Reihe Bd. 12), 1982; G. Bromm et al. (Hg.): Einrichtungen der Evangelischen Erwachsenenbildung (EKD-Reihe Bd. 3), 1978; Kirchenamt der EKD (Hg.): Erwachsenenbildung als Aufgabe der evangelischen Kirche. Grundsätze, 1983; K.E. Nipkow: Bildung als Lebensbegleitung und Erneuerung. Kirchliche Bildungsverantwortung in Gemeinde, Schule und Gesellschaft, 1990 (bes. Kap. 12); K. Wegenast: Evangelische Erwachsenenbildung, in: G. Adam, R. Lachmann (Hg.): Gemeindepädagogisches Kompendium, 1987 (Kap. 12).

Die DEAE veröffentlicht regelmäßig aktuelle Informationen aus der ev. E. in ihrem »Nachrichtendienst«.

Ch. Th. Scheilke

Erwählung

a) biblisch

Durch seine E. wählt Gott einzelne oder Gruppen aus einer größeren Menge aus. Im AT wird dafür meist das Verb *bachar* (LXX: *eklegesthai*) gebraucht, im NT die Wortgruppe *eklegesthai, eklogē*.

1. Im Alten Testament

a. Gott hat Israel aus allen Völkern als sein Volk erwählt, nicht wegen eines Vorzugs, sondern weil er es liebte (5Mo 7,6-8; vgl. 9,4-6; Ps 106,4f). Diese freie E. Gottes vollzog sich durch die Befreiung aus Ägypten. Dadurch wurde Israel zu Gottes Eigentumsvolk, das er segnet und für das er sorgt. Die E. bedeutet für Israel zugleich, daß es nun Gott dienen und lieben und nach seinem Willen leben soll (5Mo 10,12ff; 4,37ff). Durch Ungehorsam hat das Volk im Lauf der Geschichte die großen Möglichkeiten der E. vertan (vgl. Hes 20,5ff).

In und nach dem babylon. Exil wird neu an die Erwählungszusagen angeknüpft (Jes 41,8f; Jer 33,24-26; Sach 1,17; 2,16; vgl. Jes 14,1). Die Heilszusagen werden z.T. auf einen glaubenden »Rest« Israels eingeschränkt.

b. Aus seinem Volk hat Gott bestimmte Personen erwählt für besondere Aufgaben. So erwählte er Abraham (Neh 9,7; Jes 41,8), Mose (Ps 106,23), Aaron (105,26), die Priester (5Mo 18,5; 1Chr 15,2; 2Chr 29,11) und Könige (1Sam 10,24;2Sam 6,21; 1Chr 28,4ff). Er hat auch den »Knecht Gottes« erwählt (Jes 42,1), der durch sein stellvertretendes Leiden den vielen Gerechtigkeit schaffen soll (vgl. Jes 53).

2. Im Neuen Testament

a. Von der E. Israels spricht das NT nur noch an wenigen Stellen (Apg 13,17; Röm 11,5ff.28). Gott hat Israel nicht verstoßen, sondern er erweist seine Treue dadurch, daß entsprechend seiner E. ein »Rest« aus Israel an Christus glaubt und so das Heil erlangt.

b. Vor allem werden die Glieder der Gemeinde, die an Christus glauben, nun als die Auserwählten Gottes bezeichnet (Mk 13,20ff par.; Kol 3,12; 2Tim 2,10). Gott erwählt Menschen nicht wegen ihrer besonderen Qualitäten(1Kor 1,27f; vgl. Jak 2,5), sondern auf Grund seiner Gnade bzw. Liebe (vgl. Röm 9,11f; Eph 1,4f). Die Auserwählten sollen heilig leben und Gott verherrlichen, und sie erhalten Anteil an Christi Herrlichkeit und am himmlischen Erbe (Eph 1,4ff; vgl. Joh 15,16; 2Petr 1,10).

c. Jesus wird bezeichnet als Gottes auserwählter Sohn (Lk 9,35), als der auserwählte Eckstein, durch den Gott Menschen rettet (1Petr 2,4-6).

d. Als einzelne hat Gott → Paulus (Apg 9,15) und Petrus (15,7) für besondere mission. Aufgaben erwählt. Jesus hat aus dem größeren Jüngerkreis zwölf als seine → Apostel erwählt (Lk 6,13; Joh 6,70; vgl. 15,16).

e. Das Wissen um die E. Gottes motiviert zu Lob und Dank. Es schenkt die Gewißheit des Heils, weil dieses in Gottes Liebe und nicht in menschlichen Leistungen gründet (Röm 8,31ff). Vor einer falschen Heilssicherheit auf Grund der E. warnt Jesus durch eine Unterscheidung zwischen Berufung und E. (Mt 22,14). Parallel werden beide Begriffe gebraucht in Röm 9,11; 11,28; 2Petr 1,10; Offb 17,14.

E. ist nicht gleichzusetzen mit Prädestination. Mit *eklegomai* wird nur in Eph 1,4 von Gottes E. vor Grundlegung der Welt gesprochen; Gott faßte seinen Heilsplan im präexistenten Christus und erwählte so die, die an ihn glauben (vgl. 2Thess 2,13f).

Lit.: G. Schrenk, G. Quell: ThWNT IV, 1942, 147-197; L. Coenen: TBLNT I, [8]1990, 282-291; H. Wildberger: THAT I, [4]1984, 275-300; J.I. Packer: GBL 1, 1987, 340-342.

W. Haubeck

b) theologiegeschichtlich

Augustinus hat erstmals in der Theologiegeschichte die Lehre von der Gnade, der Erwählung und Prädestination (Vorherbestimmung) in die Mitte theol. Denkens gerückt. Die Gnade wirkt nach ihm unwiderstehlich, sie ist an keine Bedingungen geknüpft, sondern ergeht unbedingt, sie ist als freie Gnade reines Geschenk. Er lehrt eine doppelte Prädestination: Aus der »Masse der Verdammnis« (*massa perditionis*) reißt Gott die Erwählten heraus, (de corr.et grat 13,39), die er »vorherbestimmt hat zur Gnade«, während er einen anderen Teil der Menschheit »gerechterweise zur Strafe vorherbestimmt hat« (enchir. 100), gerechterweise, weil ja im Grunde alle Menschen die Verdammnis verdient haben und er die Verdammten ihrer selbstverschuldeten Verdammnis überläßt. Auf die Frage, warum Gott nicht alle erwählt, sondern einen Teil verdammt habe, gibt Augustinus die Antwort: »Warum sonst, als weil er es so gewollt hat. Warum hat er es aber gewollt? Mensch, wer bist du, daß du Gott zur Rede stellen willst?« (Epist. ad. Rom. 186,23).

Im allg. wurde – sieht man von Gottschalk und einigen anderen ab – im MA die Prädestinationslehre Augustins vollkommen umgedeutet. Die »Vorherbestimmung« und »Verwerfung« wurde mit dem »Vorherwissen« Gottes gleichgesetzt, der menschliches Verhalten voraussieht (so etwa Petrus Lombardus, sent. libr. IV dist. 40).

In ihrem Kampf gegen die Werkgerechtigkeit und die Heilsverwaltung der kath. Kirche griffen die Reformatoren auf die Lehre der göttlichen Prädestination, in der sich die Alleinwirksamkeit Gottes zum Heil ausdrückt, zurück. Die Lehre Augustins von der E. aus Gnade und Nicht-E. aus Gerechtigkeit wird von ihnen zur doppelten Prädestination – E. und Verdammnis – ausgebaut.

Die durch die Vernunft nicht verrechenbare Abgründigkeit göttlicher Prädestination wurde vom jungen → Luther und von → Melanchthon, vor allem aber von → Zwingli und → Calvin erneut im Anschluß an Augustinus wiederentdeckt. Zwingli, der die doppelte Prädestination lehrt, antwortet auf die Frage, wieso die Verworfenen deswegen verdammt werden, weil sie nichts Gutes tun, obschon sie doch gar nichts Gutes tun können: »Lies Matth. 7,18f. Wenn Du nun nicht gute Frucht bringst, so ist es ein Zeichen, daß Du ein böser Baum bist!« (20. Art. der Auslegung der Schlußreden).

Calvin meint: »Gott hat in seinem ewigen und unwandelbaren Ratschluß ein für allemal festgesetzt, welche er einst zum Heil annehmen und welche er andererseits dem Verderben anheimgeben will.« Wichtig ist auch ihm, wie Zwingli, daß der Herr seine Auserwählten »kenntlich macht«, ebenso wie er den Verworfenen durch »Zeichen« ihren Ausschluß vom Heil und der Heiligung zu erkennen gibt (Institutio III 21,7). Die → Bekenntnisschriften der luth. Reformation kennen nur eine Prädestination zum Heil, nicht zum Unheil, Prädestination und E. sind identisch (1577 Konkordienformel Art. 11). Die röm.-kath. Kirche hat im Trienter Konzil in der sechsten Sitzung 1547 die doppelte Prädestination verworfen, ebenso wie Papst Innozenz X. 1653 in Abwehr des Jansenismus, einer innerkath., augustinisch orientierten Bewegung. Durch die → Dordrechter Synode 1618-1619 wurde der ref. Christenheit die calvinistische Prädestinationslehre gegen die holländischen Remonstranten oder Arminianer (→ Arminius), die sie bestritten, lehramtlich fixiert.

Calvin spricht von einem dreifachen Nutzen der E.s- und Prädestinationslehre: Gewißheit, Demut und Dankbarkeit (Institutio III 21,1). Auf jeden Fall aktiviert das E.sbewußtsein den Menschen in enormem Ausmaß, muß er doch die E. durch gute Werke ausweisen (Syllogismus practicus). Wirtschaft und Industrie prosperierten nicht zufällig gerade in calvinistischen Ländern der früheren Neuzeit wie Holland, England, Nordamerika, der Schweiz und bei den franz. → Hugenotten. Der Religionsphilosoph E. Troeltsch meinte sogar: »Es ist schon so: Erwählung, Gnade, Prädestination, Auslese ist alles ... Gnade und Erwählung sind das Geheimnis und Wesen der Geschichte« (Der Historismus und seine Probleme, 1922, 101).

H.G. Pöhlmann

c) systematisch-theologisch

Ähnlich wie vorher schon → Augustinus haben → Calvin und die traditionelle ref. Theologie den Erwählungsgedanken und die doppelte Prädestination zum Ausgangs- und Zielpunkt theol. Denkens gemacht. Calvin definiert die »Prädestination« als »die ewige Anordnung Gottes, derzufolge er bei sich beschloß, was aus jedem Menschen werden sollte nach seinem Willen. Denn sie werden nicht alle mit der gleichen Bestimmung geschaffen, sondern den einen wird das ewige Leben, den anderen die ewige Verdammnis im voraus verordnet.« Die luth. Konkordienformel (1577) lehnt die doppelte Prädestination zum Heil und Unheil ab: Die »Prädestination« ist identisch mit der »ewigen Erwählung Gottes«.

Ist Prädestination und E. dasselbe und besteht sie nur in der Prädestination zum Heil oder auch zum Unheil? Das Luthertum hat bis heute gegen die herkömmliche ref. Lehre von der doppelten Prädestination im Namen der Universalität des Heils protestiert, das allen Menschen angeboten wird (2Petr 3,9; 1Tim 2,4; Tit 2,11; Mt 28,19). Interessant ist die Selbstkorrektur der ref. Prädestinationslehre durch K. → Barth und E. → Brunner. Die Prädestination ist bei Barth eine »doppelte«, aber nicht in dem traditionell calvinist. Sinn, daß ein Teil der Menschheit von Ewigkeit her erwählt, der andere verworfen ist, sondern in dem Sinn, daß in Jesus Christus alle Menschen erwählt sind, obschon sie ohne ihn alle verworfen sind; denn Jesus Christus ist der einzig erwählte und der einzig verworfene Mensch. Gott verwirft sich selbst am Kreuz stellvertretend für alle Menschen, so daß kein Mensch verworfen und alle erwählt sind. Gott tauscht mit uns. Dieser »Tausch« auf Golgatha ist »nicht mehr rückgängig zu machen«. E. Brunner hat mit Recht darauf hingewiesen, daß diese Lehre Barths im Widerspruch zum NT steht und daher keine überzeugende Alternative zu Calvins Prädestinationslehre sein kann. Die doppelte Prädestination Calvins wird von E. Brunner abgelehnt, weil sie der »Liebe Gottes« widerspricht, wie umgekehrt die Lehre von der Apokatastasis (→ Allversöhnung), der Barth zuneigt, unvereinbar wäre mit Gottes »Heiligkeit«. Die Bibel lehrt zwar, daß das Heil in der ewigen E. begründet ist, doch die naheliegende Konsequenz wird gerade nicht gezogen, daß auch das Unheil in einem entsprechenden ewigen Unheilsratschluß begründet sei. »Wir sollen die Schrift so unsymmetrisch lassen, wie sie... ist« (Unser Glaube, 1934, 33).

In der Tat ist nirgendwo in Röm 9, auch nicht in den Versen 13.15-18 und 21f von einer von Ewigkeit her beschlossenen und ewig dauernden Verwerfung die Rede. Zudem muß Röm 9 im Kontext von Röm 10 und 11 interpretiert werden. Nach Röm 10,17ff ist die Verwerfung des einzelnen seine eigene Schuld, weil er nicht glaubt. Von Röm 11,25f und 32 her gilt die Verstockung nicht als letztes, sondern als vorletztes Wort Gottes. Paulus kennt keine letztgültige, unabänderliche Verwerfung. Die Prädestination ist keine doppelte, sondern nur eine Prädestination zum Heil (Eph 1,4f; Röm 8,28), Prädestination ist E.

Lit.: K. Barth: KD II/2, 1942, 1ff; E. Brunner: Dogmatik I, [2]1953; W. Elert: Der christliche Glaube, [6]1988, 453ff.

H.G. Pöhlmann

Erweckung

1. Begriff und Sprachgebrauch

Der Begriff E. umfaßt die beiden Momente des Erweckens und des Erwachens. »Erwecken« steht für den von außen ertönenden Ruf bzw. das von außen aufstrahlende Licht des neuen Tages, während »Erwachen« den Akzent auf die neue Sicht der Welt und Wirklichkeit ebenso wie auf die neue Aktivität legt, vor denen das Alte verblaßt. E. ist somit die geistige Entsprechung zum allmorgendlichen Aufwecken und Aufwachen.

Im christl. Sprachgebrauch bezeichnet E. das Geschehen, in dem ein Mensch durch den Geist Gottes im eigentlichen Sinne Christ wird. Der Weckruf ist in diesem Kontext Bild für das Wort Gottes, das Licht des neuen Tages für den Geist Gottes.

Auch außerhalb des Christentums findet sich der Vorgang geistiger E., z.B. in der sog. → Gnosis, der mittelalterl. Licht-Mystik und der → Aufklärung des 17. Jh.s. Die Gefahren letzterer liegen in ihrer Neigung, sich selbst zu verabsolutieren und damit als Wege der Selbsterlösung zu erscheinen.

2. Biblisch-bestimmte Erweckung

Den bibl. E.sbegriff deutet der urgemeindliche Hymnus in Eph 5,14 »Wache auf, der du schläfst, und stehe auf von den Toten, so wird dich Christus erleuchten.« Der Noch-nicht-Erweckte wird als Schlafender, ja als Toter angerufen, und der mit todüberwindender Kraft ausgestattete Weckruf führt ihn zu Jesus Christus und damit ins Licht des neuen Lebens.

a. Erweckung aus Gottes Liebe

Im NT bezeichnet »Erwecken« im geistigen Sinne die Auferweckung Jesu (1Kor 15,3-5), die die Grundlage und das Unterpfand (2Kor 1,22; 5,5) ist, zum einen für die Auferweckung des Menschen aus dem Tode der Sünde in die Christusgemeinschaft (vgl. Eph 2,1-6) und zum anderen für die leibliche Auferweckung der Toten am Jüngsten Tage (1Kor 15,12-57). Grund für dieses erweckende und lebenschaffende Handeln Gottes ist allein seine Liebe zu den Menschen (Joh 3,16).

b. Erweckung aus Gottes Wort

Der E.sruf ist Gottes Wort, primär in der raum- und zeitübergreifenden Gestalt der Heiligen Schrift. Der Mensch darf sich vor Gott auf dieses geschriebene Wort berufen. Es hat Charakter und Kraft eines Samens und erzeugt im Hörenden die Fähigkeit zu einer geistl. Schriftauslegung und einer entsprechenden schriftgemäßen Bezeugung.

c. Erweckung aus dem Tod zu Glaube und Leben

Der Nicht-Erweckte weiß von seinem Tod in der Sünde so wenig wie der Schlafende davon, daß seine Vorstellungen bloße Träume sind. Darum geschieht E. nur durch den Vollzug des Zorngerichts Gottes über die Sünde und die Aufdeckung unserer Ungerechtigkeit hindurch (Röm 1,17f), d.h. durch den Tod Jesu »für uns« hindurch. Durch die → Taufe wissen wir davon, daß wir mit Christus gestorben und »mit ihm begraben sind durch die Taufe in den Tod, damit, wie Christus auferweckt ist von den Toten durch die Herrlichkeit des Vaters, auch wir in einem neuen Leben wandeln« (Röm 6,4). Mit der Taufe hängt für den Christen der Glaube zusammen wie Tod und Auferstehung Jesu. Er ist mit Christus gestorben in der Taufe und mit ihm auferstanden durch den Glauben (Kol 2,12). E. ist als geistige Auferweckung vom Tod der Sünde E. zu einem von Gott bestimmten Leben mit Christus, das von dem alten, selbstbestimmten Leben deutlich abgegrenzt ist. Das »Leben im Geist« ist Ziel des erweckenden Rufes Christi.

d. Erweckung zur Gemeinde

Die E. des einzelnen führt in die Gemeinschaft der Glaubenden, die im Abendmahl Ausdruck findet (1Kor 11,20f) und im NT Leib Christi (1Kor 12), neues Gottesvolk (1Petr 2,9f) oder endzeitliche Brautgemeinde genannt wird. Die erste E. zur Gemeinde wird in Apg 2 als gegenseitiges Verstehen aufgrund der Überwindung der babylonischen Sprachverwirrung (1Mo 11) sowie als Frucht geistl. Schriftauslegung (Apg 2,16) und persönlicher Zeugenschaft (Apg 2,32), die durchs Herz geht (Apg 2,37), berichtet.

Im Rahmen der sich ausbildenden Institution Kirche unterscheidet sich die erweckte → Gemeinde als Kirche im eigentlichen Sinne von der offiziellen Kirche im weiteren Sinne.

3. Gestalt und Gefährdung der Erweckung

Die Elemente bibl. Erweckung zeigen sich beispielhaft an der Reformationsbewegung des 16. Jh.s. Dem unter Gottes Wort und Gericht erschrockenen Gewissen wird von außen her durch Hören auf das Wort der Glaube zur Rettung durch Rechtfertigung, die Erneuerung des Herzens und die → Wiedergeburt durch den Heiligen Geist zu neuem Leben gegeben. Aus der E. erwächst eine geistl. Schriftauslegung, reine Lehre, erweckende Verkündigung und rechter Umgang mit den Sakramenten.

E. ruft in der die Erweckten nach wie vor umgebenden alten Wirklichkeit umfassende Gegenwehr hervor. Den Versuch, die Erweckten in ihre alten Bindungen zurückzuführen, erfahren diese als Anfechtung, Versuchung und Gefährdung ihres Gehorsams gegen den Willen Gottes.

4. Erweckende Verkündigung und Theologie

Theologie ist erweckend, sofern sie – der genauen Wortbedeutung entsprechend – von Gott her bestimmt ist, d.h. wenn sie im Denken mit dem, was Gott bestimmt, übereinstimmt und der jeweilige Theologe selbst danach sucht, in seinem Leben und Denken von Gott her bestimmt zu sein.

S.a. → Erweckungsbewegung.

Lit.: G.A. Benrath, R. Deichgräber, W. Hollenweger: »Erweckung«, TRE 10, 1982, 205-227; O. Riecker: Erweckung heute und ihre Botschaft an uns, 1958; ders.: Erwecklich singen? Wert und Bedeutung des erwecklichen Liedes, 1967; P.J. Spener: »Umkehr in die Zukunft«. Reformprogramm des Pietismus. Pia desideria, hg. von E. Beyreuther [2]1975; J.W. van Zeijl: Wenn Gottes Winde wehen, 1955.

S. Findeisen

Erweckungsbewegung

1. Zwischen dem Wiener Kongreß 1815 und den »Revolutionen« bis 1850 gab es auf vielen Feldern des Lebens mancherlei Impulse zu Aufbrüchen und Reformen. Auch die Kirchen blieben davon nicht unberührt; sowohl im kath. als auch im ev. Raum kam es zwischen 1820 und 1850 zu Aufbrüchen, die hier und dort einzelne Menschen, andernorts ganze Landstriche erfaßten und veränderten. »Erwekkungsbewegung«, so lautet die nachträgliche Bezeichnung für dieses Phänomen; unbestimmt, wie sie ist, markiert sie den Aufbruchscharakter, der im Wort »Bewegung« zum Ausdruck kommt, und die Bereitschaft, zu neuen, noch nicht klaren Lebensveränderungen zu gelangen.

Das Wort »Erweckung« findet sich schon in der Heiligen Schrift (z.B. Jes 60,1; 1Thess 5,1ff; Eph 5,14 u.a.) und zielt auf Verlebendigung des Glaubens, auf Auszug aus starr gewordener Frömmigkeit. Erweckungen finden sich in der ganzen Kirchengeschichte, z.B. im Mönchtum, in der Reformation und im Frühpietismus. Oft begegnen auch andere Begriffe dafür, die sich gegenseitig interpretieren, z.B. → Berufung, → Bekehrung, → Erleuchtung und → Wiedergeburt. Im geprägten Sinn findet sich »→ Erweckung« zuerst bei A.H. → Francke und seinen Schülern, dann um 1770 bei Johann Kaspar Lavater (1741-1801). Wahrscheinlich bringt Lavater nur auf den Begriff, was virulent und in dieser und jener begrifflichen Ausprägung längst da war. Revival und awakening, réveil und Erweckung sind Bewegungen (und Worte) in der angelsächsischen Welt ebenso wie in Frankreich, Holland und Deutschland. E. meint ein europäisches, ja internationales Phänomen, auch wenn sie sich – der europäischen Vielstaaterei entsprechend – eher partiell als universal ausbreitet, ihren Anfang eher von unten als von oben nimmt und mit den sie in Gang setzenden Personen (Pastoren oder Laien) oft auch ihr Ende findet. Einige Kennzeichen der E. als ganzer lassen sich angeben:

a. Alle Erweckten treten ein für die Überwindung des tiefsinnigen oder platten Rationalismus der Aufklärungszeit und für Rückkehr zu einer bibelorientierten, lebendigen Frömmigkeit.

b. Sie erfahren sich in diesem Anliegen verbunden in einer weltweiten Gemeinschaft, die sich »rings um die Erde die Hände reicht als Brüder« (J.H. Volkening). Die Begründung der Evangelischen → Allianz 1846 als eines christl. Bruderbundes, der Christen aller Konfessionen vereinigt, ist ein Indiz dafür.

c. Auf die Frage, ob man, von den zeitlichen und geographischen Unterschieden ausgehend, eher von E.en oder, die Ähnlichkeit in Motivation und Durchführung im Auge, von der E. sprechen sollte, entscheiden sich die meisten Forscher gegenwärtig eher für den Singular: selbst wenn es eine »Einheit im Negativen«, nämlich in der Überwindung der Aufklärung sein sollte, so gibt es doch viele weitere Übereinstimmungen im Anliegen und in der Mentalität ihrer Vertreter.

d. E. ist Glaubenserneuerung, Bußbewegung, Rückkehr zu reformat. Grundanliegen. U. Gäbler faßt diese Grundanliegen instruktiv in fünf Hinsichten zusammen:

- Die E. hat ein »prophetisches Motiv«: Analyse der Zeit und Anklage der Kirchen wegen ihrer Verfallenheit an den Zeitgeist. Damit lebt die Geschichts- und Lebenskritik der atl. Propheten wieder auf.
- Das »Reich Gottes«, seine Nähe und seine Verwirklichung wird zur zentralen Vorstellung, die allenthalben auftaucht und als zukünftige Tat Gottes verkündet wird. Reich Gottes hat eine endzeitliche Perspektive, die zur Judenmission mahnt und nicht nur die gegenwärtigen Christentümer und Kirchen erneuern will.
- Die Versöhnung der großen Konfessionen, wie sie in der Herrnhuter Brüdergemeine begonnen hatte und in den Vereinigten Staaten von Amerika konkretisiert wurde, war verbreitetes Hoffnungsgut der E.
- Glaube wird allenthalben als persönlicher Glaube verstanden. Christsein ist nicht Theorie, nicht Spekulation, sondern begründet eine Lebensgestalt (Spener) und errichtet damit einen wirksamen Schutz gegen den Atheismus der Neuzeit. Die Erfahrung neuen Lebens findet ihren Niederschlag in neuer, gelebter Frömmigkeit, in lebendigem Interesse an Erbauungsliteratur wie am Aufblühen der Autobiographie.
- Diese persönliche Frömmigkeit führt schließlich zur Erneuerung bzw. zur Begründung zahlloser rel. Vereine und Gesellschaften, die gegenseitige Erbauung und innerweltliche Verantwortung zum Ziel hatten. Die »Sozietät« des 18. Jh.s erlebt im »Verein« des 19. Jh.s ihre Fortsetzung. Zur Kirche gehörte man durch Kindertaufe, im Verein konnte Mitglied werden, wer dessen Ziele bejahte. Katholiken und Protestanten, Radikale und Orthodoxe zählten dazu; nicht nur die Evangelische Allianz, sondern auch der CVJM und viele andere internationale christl. Vereinigungen legten zwar auf die persönliche Beziehung zu Jesus Wert, aber nicht eigentlich auf die Zugehörigkeit zu einer Kirche.

Einige der hervorstechenden und immer wieder begegnenden Vereinsziele innerhalb der E. seien genannt: Mission unter Juden und Heiden, Evangelisation im eigenen Land, Christenlehre und Sonntagsschule für die Erweckten, die Chor- und bald auch die Posaunenarbeit als spezifische Form christl. Jugendarbeit und natürlich die Jünglings- und Jungfrauenvereine überhaupt, die Bibel- und Traktatverbreitung, die Armen- und Waisenunterstützung. Jetzt entstanden die großen Bibel- und Missionsgesellschaften im angelsächsischen und kontinentalen Raum. Die Gründung von Diakonissenhäusern und Einrichtungen der Inneren Mission vom Rauhen Haus in Hamburg bis zu den Betheler Anstalten gehört ebenfalls zu den Früchten der E. Daß die E. die Frömmigkeit der Täufer und Spiritualisten fortsetzte, weltabgewandt, ja weltverneinend wäre, solche Einschätzung gehört lange der Vergangenheit an.

e. Schließlich besteht Übereinstimmung darin, daß die E. in Deutschland (und darüber hinaus) ihre Wurzeln vornehmlich in Reformation und Frühpietismus/Puritanismus, besonders formkräftig aber in der → Christentumsgesellschaft in Basel und in der Herrnhuter → Brüdergemeine hatte, die über ihre Sendboten sogar abgelegene Gebiete erreichte und gerade dort große Wirkungen erzielte, so in Minden-Ravensberg, im Siegerland und in Wittgenstein, im Oberbergischen, am Niederrhein und in Ostfriesland.

Schließlich waren wie in jeder Bewegung einzelne Personen von besonderer Bedeutung wie L. → Hofacker (über seinen Predigtband), Heinrich → Jung-Stilling (über sein allgemeines Ansehen) und J.H. → Volkening, der über seine Predigttätigkeit besonders bei Missionsfesten in ganz Deutschland Einfluß ausübte.

2. Jede geschichtl. Bewegung ist Teil ihrer Zeit. Nicht zufällig hatten die Befreiungskriege vom napoleonischen Joch ausgesprochen rel. Züge. «Nationale Erhebung« und »Religiöse Erweckung« verstärkten sich gegenseitig; das 1816 von → Friedrich Wilhelm III. eingeführte und am letzten Sonntag im Kirchenjahr zu begehende »Totenfest« als Erinnerung für die Opfer der Erhebung unterstreicht die rel. Einfärbung nationaler Heldenverehrung deutlich. Zwar war die E. in ihren Wurzeln älter und in ihrem Anliegen eindeutig bibl. orientiert. Sie kann daher nicht als Tochter oder Fortsetzung der Nationalen Erhebung bezeichnet wer-

den; aber emotional war die Bevölkerung eingestimmt, und als die Restauration ab 1817 polit. Aktivitäten zunehmend einschränkte, blieb – zumal für konservative Kreise – vor allem der rel. Bereich für gelebte Begeisterung und praktiziertes Engagement übrig.

Europa wurde zwischen 1789 und 1815 von einem ersten Säkularisierungsschub erfaßt. Was die → Aufklärung vorbereitet hatte, kam in den Revolutionen von 1786 und 1789 zur Gestalt und blieb als gärkräftiges Ferment auch nach 1815 erhalten: die in einer Verfassung geregelte Mitwirkung der Bürger am Gemeinwesen, der Zusammenklang von Vernunft und Gottes Willen (und damit die endgültige Beendigung des Teufelsglaubens und der Hexenprozesse wie die Einführung wissenschaftl. Methoden im Umgang mit Gottesdienst und Bibel), die Erziehung der Gesellschaft zu größtmöglicher Moralität und Verantwortung und damit Befreiung des einzelnen von den gegebenen Zwängen durch Bildung und Fortschrittsglauben. Das → Bürgertum setzte sich nunmehr endgültig als selbständige politische Kraft gegenüber dem fürstlichen Absolutismus durch, und die neue Liberalität bereitete den künftigen Liberalismus in Ökonomie, Politik und Bildung als prägende Tendenz des 19. Jh.s vor.

Viele Christen blieben dieser Entwicklung gegenüber zurückhaltend eingestellt; sie reaktivierten überkommene Traditionen, glaubten angesichts der zahllosen Lebensmühsale, daß das Ende der Zeit unmittelbar bevorstehe und wanderten entweder nach Rußland oder in die Vereinigten Staaten von Amerika aus oder ließen sich auf die Auseinandersetzung mit dem gottlosen Zeitgeist aktiv und unverdrossen ein. Die Begründung von Missions- und Bibelgesellschaften, der Aufruf → Wicherns zur → Evangelisation gegenüber dem andrängenden Kommunismus und die Gründung von kirchl.-diakon. Anstalten als Gegenmaßnahmen gegen den Zeitgeist ist augenfälliges Kennzeichen dafür.

Der Kontakt zu den Arbeitern und ihren Führern wurde weder gesucht noch gefunden. Vielmehr wurden Feindbilder gegen Rationalismus, Liberalismus und Sozialismus errichtet und durchgehalten. Darin unterscheidet sich die E. trotzdem vom Frühpietismus, daß unter dem Aspekt der »Reich-Gottes-Arbeit« die Öffentlichkeitszuwendung – durch die genannten Vereine und Werke – weit intensiver erfolgte als im 17. und 18. Jh., zur Zeit der »Stillen im Lande«. Darin kommt auch die neue Beziehung zwischen E. und Spätaufklärung zum Ausdruck. Die Reklamation der Welt für Christus war zwar von einem tiefen Mißtrauen gegenüber der sich selbstbewußt gebenden neuen Zeit bestimmt, aber auch von einem großen Eifer geprägt, die Welt für Christus zurückzugewinnen. Die polit. Einstellung der E. findet hierin ihre Erklärung. Das wirtschaftl. Elend, das die Industrialisierung mit sich brachte, wurde als »Gericht Gottes über unser Vaterland« und damit als Appell zur Buße und Umkehr gesehen, dem dann der Aufruf zu tatkräftiger Hilfe folgte.

Dennoch hat die E. – trotz ihrer Beschränkung auf bestimmte Bereiche des alltäglichen Lebens – die Bejahung der Welt als Schöpfung Gottes keineswegs preisgegeben. Die Reisefreudigkeit der Erweckten nicht nur ins kontinentale, sondern auch ins nordamerikanische Ausland als Tagungsteilnehmer oder Konferenzredner ist auffallend, ebenso die ausländischen Brüdern und Schwestern gewährte Gastfreundschaft, mit der immer eine Horizonterweiterung verbunden war. Hierzu gehört auch die Festkultur der Erweckten, die bei Festen der Äußeren und Inneren Mission wie bei »Jahresfesten« allerlei Art entwickelt wurde und in ländlichen Bereichen an die Stelle der Kirmes bzw. des Schützenfestes trat. Auf diese Weise gelang es, die ganze Familie, ja ganze Dörfer und Regionen in die neue Frömmigkeit einzubeziehen und diese weiteren Generationen zu vererben.

Schließlich sollte auch die neue Mentalität, die manchmal kleinbürgerlich und gesetzlich erscheint, in ihrer positiven Wirkung nicht unterschätzt werden. Zum Kleinbürgertum und zur Arbeiterschaft – auch auf dem Land – gehörten ohnehin die meisten Erweckten, und traditionelle Liturgie und Predigt, Kirchenmusik und Choral entsprachen seit eh und je nicht ihrem rel. und musikalischen Empfinden. Die neue, schlichte Art der Glaubensverkündigung, das »englische Lied« und die durch Chor- und Posaunenmission aktivierte Mitarbeit vieler Gemeindeglieder am Gottesdienst hatten deutlich verlebendigende Wirkung. Durch die gepredigte Heiligung wurde dem Alkoholismus und der Amoralität in den Ballungszentren der Industriearbeit (wie im deutschen Ruhrgebiet) oder der zunehmenden Verarmung (wie in Finnland) ein Riegel vorgeschoben und ein neuer, christl. Lebensstil mit zahlreichen Vereinsgründungen ermöglicht. Was Lars Levi Laestadius (1800-1861) für die finnischen Lappen und Johann Heinrich → Volkening (1796-1876) für Minden-Ravensberg bedeutete, ist noch in der Gegenwart spürbar. Unter den Vätern der Inneren Mission mit ihren verschiedenen Anstaltsgründungen dürfte es vom Baron von → Kottwitz bis zu Friedrich von

→ Bodelschwingh kaum jemanden gegeben haben, der nicht durch die E. entscheidend mitgeprägt wurde. Zwar hat sich die E. - anders als der Methodismus in Großbritannien - nicht an der Gründung von Gewerkschaften beteiligt; doch wenn ein beträchtlicher Teil der Industrie- und Landarbeiterschaft wie des Kleinbürgertums der Kirche, sogar in tätiger Mitarbeit, erhalten blieb, ist dies wesentlich der E. zu verdanken.

Ob es eine ausdrückliche Erweckungstheologie gibt, ist eher fraglich. Die wenigen Theologen, die der Erweckung zugerechnet werden, wie C. → Harms und F.A. → Tholuck, Chr. → Krafft und A. → Neander, F.J. → Delitzsch und W. → Löhe sind zu verschieden, als daß man sie einer bestimmten Theologie zuordnen könnte. Was sie verbindet, ist ihre Nähe zur Gemeinde und ihrem Gottesdienst, ihre Offenheit für das den einzelnen angehende Wort Gottes, für missionarische Verkündigung und praktizierte Seelsorge, vor allem auch unter Theologiestudenten.

3. Zu den Voraussetzungen der E. gehört mehrerlei: öffentlich wahrgenommene und als solche benannte Mißstände in der Kirche, vorhandene Kreise, die sich für Bibel und Erneuerung der Gemeinde einsetzen, und charismatische Persönlichkeiten, Pfarrer und Nichttheologen, die in Wort und Tat das Evangelium predigen und für Erweckung in ihrem Lebensbereich eintreten, schließlich aber der »zündende Funke«, der außerhalb menschlicher Möglichkeiten liegt. Kein Wunder, daß es daher landeskirchl. verschieden, mancherlei Vorstufen und Übergänge, Verbindungen und Sonderentwicklungen gab.

Gewiß kommt der kath. Erweckung im Allgäu, die von Johann Michael → Sailer (1751-1832), dem späteren Bischof von Regensburg, ausging, besondere Bedeutung für die meisten landeskirchl. Aufbrüche im Protestantismus zu. Frei von jedem Verdacht, er wolle diesen oder jenen Konfessionalismus oder Pietismus fortsetzen, trat Sailer für eine erneuerte Frömmigkeit ein, für die Gemeinschaft von erweckten Brüdern und Schwestern in Christo, für eine bibl. Christus- und Rechtfertigungserfahrung und für eine ökumen., die sichtbaren Konfessionen übergreifende Kirche: »Die Protestanten sind als Christen unsere Brüder, als Protestanten unser Wetzstein, als Menschen Kinder eines Gottes« (Sailer). Zahlreiche Protestanten besuchten Sailer und seine Freunde (M. Boos, J.M. Feneberg u.a.) in Bayern und Österreich. Mehrere seiner Schüler, z.B. J.E. → Goßner (1773-1858) und A. → Henhöfer (1789-1862) konvertierten zum Protestantismus und brachten ihm ihre neugewonnenen Einsichten und Erfahrungen mit. Schließlich hielt ein Kreis ev. Laien, besonders Frauen wie Anna → Schlatter und Auguste von Stolberg-Wernigerode, intensiven Brief- und Besuchskontakt zu Sailer. So erhielt die kath. E. eine bemerkenswerte Strahlkraft vor allem nach Süddeutschland und nach Preußen hin.

In Berlin gab es um 1810 »noch gegen 20 altpietistische Zirkel«, außerdem existierten verschiedene von der Romantik geprägte Kreise, wie die »Tischgesellschaft« und die »Maikäferei«, zu denen die bedeutendsten Vertreter der Berliner gehobenen Gesellschaft gehörten wie Friedrich Karl Savigny, Heinrich von Kleist, Carl von Clausewitz, die drei Brüder von → Gerlach u.a. 1816 erfuhr Savigny von der Erweckung in Bayern und reiste mit einigen Freunden nach Süddeutschland, um den Aufbruch kennenzulernen. Tief berührt kehrten sie nach Berlin zurück und begannen, für geistl. Verlebendigung des Christentums einzutreten. Sie kamen nun in Verbindung mit dem seit 1773 zum lebendigen Glauben gekommenen Baron Hans-Ernst von → Kottwitz (1757-1843), der seine Lebenswende dem Bischof der Herrnhuter Brüdergemeine A.G. → Spangenberg verdankte, von Schlesien nach Berlin zog und sich dort mit allen Kräften und Mitteln der Armenfürsorge widmete. Auf viele Pastoren, auch auf A. → Tholuck und A. → Neander hat er tiefe Wirkungen ausgeübt. Die Kreise um Savigny und Kottwitz, die Brüdergemeine, der von München nach Berlin gekommene J.E. Goßner und viele andere Pastoren (z.B. Lisco, Theremin und Couard) hielten die Erweckung in Berlin lebendig.

Die 1829 begründete Ev. Kirchenzeitung trennte allerdings bald die Erweckten in solche, die der Erweckung die Treue hielten wie z.B. A. Neander, und andere, die polit. und theol. Restauration betrieben wie die Brüder von Gerlach und E.W. → Hengstenberg. Durch → Friedrich Wilhelm IV. erhielt die Berliner E. sogar über zwei Jahrzente hin (kirchen)polit. Einfluß in Preußen.

Mehrere in Berlin erweckte jüngere Adelige kehrten in ihre pommersche Heimat zurück und brachten den geistl. Aufbruch dorthin. Die Brüder von Below neigten allerdings zu randkirchl. schwärmerischen Bestrebungen. Adolf von → Thadden, der die Erweckung auf sein Gut Trieglaff gebracht hatte, erreichte ein gutes Verhältnis zur Landeskirche und veranstaltete seit 1829 die Trieglaffer Konferenzen, die zum Zentrum der erweckten Pastoren (z.T. über 100) und Gemeindeglieder wurde. Hier hat auch Otto von → Bismarck 1847 seine Wende zum christl. Glauben vollzogen. Neben den Gutsbesitzern waren Pastoren die Träger der E. in Pommern, besonders Moritz Görcke und Gustav Knak, auf den die Einrichtung vieler Missionsfeste zurückgeht. Auf einem dieser Missionsfeste hat der junge Friedrich von → Bodelschwingh um 1853 seine Bekehrung erlebt.

In Posen, Ostpreußen, Brandenburg und in der Provinz Sachsen kam es zu keiner eigentlichen E.; es blieb dort bei einzelnen »Erweckungsherden«, die durch Herrnhuter Sendboten oder Laien und Pastoren zustande kamen. Allein Schlesien erlebte eine größere Erweckung in und um Breslau herum sowie im Riesengebirge im Bannkreis der Gräfin Friederike von → Reden. Durch den massiven Widerstand gegen die Union wurde die schlesische E. allerdings bald in ein streng luth. Fahrwasser gebracht. Ihr Anführer, der Breslauer Theologieprofessor Johann Gottfried → Scheibel (1783-1843), begründete 1840 die altluth. Kirche, der sich 1848 auch Adolf von Thadden mit vielen anderen Erweckten in Pommern anschloß.

Die Einführung der Union (und ihrer neuen Agende) hat die Erweckung in Ostdeutschland weithin konfessionalisiert und sogar zur Auswanderung in die USA bzw. zum Schritt in die Freikirche Anlaß gegeben. Die staatl. und kirchl. Schikanen gegen die Pietisten im 17. und 18. Jh. setzten sich auch im 19. Jh. fort, führten jedoch - dem Geist der Zeit entsprechend - zu für Staat und Kirche unerwarteten und ungewollten Reaktionen, z.B. zum Kirchenaustritt aus Glaubensgründen.

In den neuen preußischen Westprovinzen Rheinland und Westfalen wurden weite Landstriche von der E. überhaupt nicht erfaßt. Ausgebreitet hat sie sich am Niederrhein und im Wuppertal, im Siegerland und im Oberbergischen, außerdem in Minden-Ravensberg. Im Siegerland und am Niederrhein gab es langanhaltende, feste Verbindungen nach Süddeutschland. Die Herrnhuter Sendboten waren überall in den preußischen Westprovinzen unauffällige Vermittler der Erweckung, am Niederrhein auch die weit verbreiteten Kreise der Tersteegen-Anhänger.

Die Siegerländer E. erhielt ihre Wirkung in die anliegenden Gebiete ins Hessische hinein bis nach Herborn und Biedenkopf, nach Wittgenstein und ins Oberbergische. Der Schuhmacher Heinrich Weisgerber war ein eher nach innen gekehrter, der Tersteegen-Tradition verbundener Mann, aber mit beträchtlicher Wirkung auf viele Erweckte, während Tillmann → Siebel, ein aktiver Gerbermeister aus Freudenberg, weiten Einfluß hatte und die »Missionshilfsvereine der Rheinischen Missionsgesellschaft« und den »Verein für Reisepredigt« im Siegerland ins Leben rief. Da sich die Siegerländer Pfarrer der E. weitgehend versagten, wurde diese vornehmlich von Laien getragen und stand daher immer wieder in der Gefahr, zur Freikirche abzugleiten.

Der Niederrhein, weitgehend von der Aufklärung unberührt geblieben, dafür offen für den Pietismus in verschiedensten Schattierungen, auch von Holland aus, ist vor allem durch die Brüder → Krummacher zur Erweckung gekommen. Der ältere Friedrich Adolf (1767-1845) durchlief zunächst eine bedeutende theol. Laufbahn, wurde aber nach und nach für die Erweckung gewonnen. Sein Bruder Gottfried Daniel (1774-1837) ist die eigentliche Zentralgestalt der rheinischen E., bei dem sich mancherlei Frömmigkeitstraditionen trafen. Die Bibel und allerlei Erbauungsschriften (vor allem → Thomas von Kempen und → Gerhard Tersteegen) wurden nach seiner Bekehrung 1798 Grundlage seiner Verkündigung, allerdings auch das ref. Bekenntnis im Sinn einer strengen Prädestinationslehre und im Eintreten für eine presbyterial-synodale Kirchenordnung. Der Schwerpunkt der Erweckung verlagerte sich durch das Wirkungsfeld Krummachers vom Niederrhein zum Wuppertal, in dem weitgehend rel. Toleranz herrschte und sich die E. in vielen Spielarten, z.T. auch Absonderlichkeiten, ausbreiten und halten konnte. Von hier aus griff sie ins benachbarte westfälische Schwelm über, aber auch nach Hagen und Altena und natürlich ins Oberbergische. Gewirkt hat sie bis nach Bremen, das durch seine ref. Prägung immer schon Beziehungen zum Niederrhein hatte. Der Pastor und Theologe Gottfried → Menken (1768-1831) ist die tragende Gestalt der Bremer Erweckung.

Die Erweckung in Minden-Ravensberg hat nahezu die gesamte Landschaft erfaßt und erst vor den Toren Mindens und Bielefelds Halt gemacht. In nahezu allen Gemeinden wirkten erweckte Pastoren, was durch die presbyteriale Wahlordnung gelingen konnte. J.H. → Volkening (1796-1877) ist der wichtigste Träger und Prediger der Ravensberger E., Theodor Schmalenbach, sein Freund und Superintendent in Herford ihr Theologe. Dem Charakter der Gegend entsprechend war die Erweckung luth. geprägt, allerdings vorwiegend im Blick auf die Predigt von Gesetz und Evangelium und nicht so sehr hinsichtlich eines luth. Konfessionalismus. Zwar gab es seit 1821 die Lutherische Konferenz, die Pastoren der Region zu theol. Arbeit, aber gleichwohl nicht eigentlich zum Widerstand gegen die Union versammelte. Durch die fast totale Prägung der Landschaft durch die Erweckung über mehrere Generationen hin entwickelten sich hier wirksame Formen des Gemeindeaufbaus in Männer-, Frauen-

und Jugendarbeit, aber auch ein intensives Interesse an der kirchl. Musikpflege in Chor- und Posaunenarbeit, an der Äußeren Mission (der Rheinischen Missionsgesellschaft in Barmen) und an der Bibelverbreitung, z.B. in der Mindener Bibelgesellschaft von 1817-1868. Die Gründung eines Evangelischen Gymnasiums in Gütersloh, das Kinder im Geist der Erweckung erziehen sollte, ist ebenfalls ein wichtiges Indiz für die Fruchtbarkeit der Bewegung. Daß im 19. Jh. gerade in Ostwestfalen zahlreiche diakon. Einrichtungen (Bethel, Wittekindshof, Schweicheln u.a.) gegründet wurden, zeigt den weltoffenen Charakter der Minden-Ravensberger Erweckung. Am Niederrhein hat lediglich der Graf von der Recke-Volmarstein in Düsselthal ein diakon. Rettungswerk ins Leben gerufen, das von Erweckten in ganz Deutschland mitgetragen wurde.

Zum Kernland der E. gehört Württemberg, in dem der Frühpietismus über → Bengel und → Oetinger die ganze Landschaft nachhaltig geprägt hatten und über die Brüder → Hofacker dann wirkungsvolle Erweckungsprediger fand. Auch in Baden hat sich die E. vor allem über den konvertierten Sailer-Schüler A. → Henhöfer weit verbreitet. Bodenständig war die Erweckung in Franken, wo sich Pietismus und Luthertum, z.B. über W. → Löhe, eindrucksvoll und nachhaltig verbanden. Wahrscheinlich von Franken aus ist das sächsische Erzgebirge für die E. erschlossen worden. In manchen Landeskirchen gab es allerdings kaum Anzeichen einer tiefergreifenden Erweckung, z.B. in Hannover, abgesehen von → Hermannsburg, das die Lüneburger Heide weit geprägt hat und immer noch prägt, Braunschweig, Thüringen, die Kirchenprovinz Sachsen, Mecklenburg, Schleswig-Holstein (außer Breklum). Ein besonderes Zentrum der E. war das abgelegene Ostfriesland. In Oldenburg ist von der Erweckung ebenfalls wenig zu spüren gewesen. Über amerikanische Missionare oder Rückwanderer fand die EB. besonders in den Freikirchen viele Anhänger und rief diese z. T. sogar erst ins Leben, wie z.B. die Freie evangelische Gemeinde. Hier ist vor allem die angelsächsische Erweckungstradition gepflegt und fortgesetzt worden, in Verkündigung wie im Liedgut. Die Ev. Allianz hat für alle Erweckten das Sammelbecken zu gegenseitiger Gemeinschaft und Befruchtung gegeben.

Blicken wir auf die E. als ganze zurück, läßt sich feststellen, daß sie einen beträchtlichen Teil der Bevölkerung in Deutschland wieder für das Evangelium und ein christl. Leben aufgeschlossen hat. Zwar hat sie wesentlich die unteren Volksschichten geprägt und nur einen geringen Teil der Pfarrerschaft, der Gebildeten und des Adels erfaßt. Dadurch ist sie weithin unliterarisch und ohne Einfluß auf Kunst und Musik geblieben, weithin auch unpolit. und am Geschehen der Weltgeschichte unbeteiligt. Dadurch, daß sich, vom Siegerland abgesehen, in der Regel Pfarrer an die Spitze der Erweckung stellten, ist die Stellung der Erweckten zur Kirche - aufs ganze gesehen - stabil geblieben. Schlesien, aber auch das Siegerland und die in sich vielfältig ausgeprägte, z.T. privatistisch ausufernde Wuppertaler Erweckung zeigen freilich auch andere Trends auf, die, von der schlesischen Separation abgesehen, allerdings erst im 20. Jh. ihre eigene Ausprägung erhalten.

Lit.: Quellen: W. Heienbrok: Zeugen und Zeugnisse aus Minden-Ravensberg, 2 Bde, 1931; L. Tiesmeyer: Die Erweckungsbewegung in Deutschland während des 19. Jahrhunderts, 4 Bde. 1905-1912.

G.A. Benrath: »Erweckung/Erweckungsbewegungen I«, TRE 10, 1982, 205-220; E. Beyreuther: Die Erwekkungsbewegung, ^{2}1977; ders.: Frömmigkeit und Theologie. Ges. Aufsätze zum Pietismus und zur Erweckungsbewegung, 1980; R. Carwardine: Trans-Atlantic Revivalism. Popular Evangelism in Britain and America 1790-1865, 1978; U. Gäbler: Erweckung im europäischen und amerikanischen Protestantismus, PuN 15, 1989, 24-39; M. Greschat: Die Erweckungsbewegung. Versuch einer Übersicht, in JWKG 66, 1973, 97-148; F.W. Kantzenbach: Die Erweckungsbewegung, 1957; L. Rott: Die englischen Beziehungen der Erweckungsbewegung und die Anfänge des wesleyanischen Methodismus in Deutschland, 1968; P. Scharpff: Geschichte der Evangelisation, 1964; M. Schmidt: Die innere Einheit der Erweckungsfrömmigkeit im Übergangsstadium zum lutherischen Konfessionalismus, ThLZ 74, 1949, 17-28; J. Schmitt: Die Gnade bricht durch. Aus der Geschichte der Erweckungsbewegung im Siegerland, ^{3}1958.

G. Ruhbach

Erweckungspredigt

→ Erweckung; → Erwekkungsbewegung

Erzbischof

→ Bischof

Erzengel

→ Engel

Erziehung

1. Begriff

Wenn man den Menschen als veränderbar und unfertig, als »homo educandus« sieht, dann gehört seine E. zu den wichtigen menschlichen Grundaufgaben. Im allg. Sprachgebrauch wird E. als eine der Hauptaufgaben der Pädagogik gesehen. Eine differenziertere Unterscheidung sieht weitere Handlungsfelder. Hierzu gehört u.a. die Vermittlung von → Bildung, eines allg. Gutes an Wissen, die Vermittlung von Ausbildung, eines eher für bestimmte Aufgaben vorgesehenen Wissens, Sozialisation, eine Hinführung in die Gesellschaft der anderen Menschen. E. im engeren Sinne ist bei dieser Unterscheidung dann eher die Vermittlung sittlicher Werteordnungen.

Unabhängig davon, ob die engere oder weitere Definition gebraucht wird, muß E. vermittelt werden. Hierzu bedarf es der Bestimmung von E.szielen sowie der E.smethoden – eine der Hauptaufgaben der Didaktik.

2. Biblischer Ansatz

Übernimmt man von R.F. Mager den bekannten Satz »Wer nicht weiß, wohin er will, braucht sich nicht zu wundern, wenn er ganz woanders ankommt« in Verbindung mit den didaktischen Ansätzen Klafkis vom Primat der E.sziele vor den E.smethoden (aber auch die Gedanken der früheren Pädagogen z.B. im Sinne der »erzieherischen Absicht«), so zeigt sich vor diesem Hintergrund auch der Ansatz zur E. in der Bibel. »Ihr Väter reizet eure Kinder nicht zum Zorn, sondern zieht sie auf in der Zucht und Vermahnung zum Herrn« (Eph 6,14) macht deutlich, daß die Ziele (»Vermahnung zum Herrn«) vorgeordnet sind. Damit ist nicht gesagt, daß die Bibel keine methodischen Aussagen macht (wobei mit »Methode« die Art und Weise des erzieherischen Vorgehens gemeint ist, z.B. ein E.sziel durch Fragen, durch Selbsterfahrung, durch Imitation, im Einzel- oder Gruppengespräch usw. zu erreichen), wichtiger aber sind die E.sziele und die hilfreichen Gebote, Normen, Vorgaben, um diese Ziele zu erreichen. Hierzu macht sie grundsätzliche Aussagen, z.B. in der Weisheitsliteratur des AT oder zur Liebe (1Kor 13), zur Ehrerbietung (Röm 12,9ff), zum Dienst (Phil 2,5ff) usw., gipfelnd in der kategorischen Aussage Jesu: »Wie ihr wollt, daß euch die Leute tun sollen, also tut ihnen auch« (Luk 6,31).

Die Bibel zeigt uns auch an Beispielen, wie verschiedenartig die jeweiligen Persönlichkeiten ihre E.saufgabe wahrnehmen und wie deutlich sich die Methoden in den jeweiligen Zeitepochen unterscheiden.

Jesus selbst macht uns E. vor. Er sucht die Begegnung mit Kindern und stellt sie seinen Zuhörern als Vorbild dar. Er zeigt aber auch, daß E. nicht nur bei Kindern notwendig, sondern ein lebenslanger Prozeß ist, indem er z.B. die Geldwechsler vom Tempelplatz verjagt (Joh 2, par) – also sehr konsequent sein kann – oder beispielsweise mit der Frau am Jakobsbrunnen ein überaus einfühlsames Gespräch führt (Joh 4).

Die Bibel als »systematisches Methodenbuch« für E. zu gebrauchen ist jedoch nicht in ihrem Sinne. Wer sich dennoch um Methoden bemüht, findet verstreut eine Reihe von Aussagen. Die Besonderheit der Predigt Jesu zeigt sich z.B. daran, daß sie in der Regel aus kurzen Stücken besteht und sehr bilderreich ist. Er setzte sich zum Lehren nieder, wie es bei den jüd. Lehrern üblich war (Mt 13,1; 24,3; Mk 13,3). Weil die Hörer seine Botschaft bedenken sollten, blieb ihnen kaum etwas anderes übrig, als sie durch Wiederholung zu erlernen. Weil viele seiner Zuhörer nicht lesen (und damit repetieren) konnten, war er besonders auf die Eindringlichkeit seiner Worte bedacht. Stilmittel wie Paradoxien, Rätsel, Gleichnisse und starke Kontraste machen dies deutlich. Besonders typisch für die Reden Jesu sind die häufigen Imperative (Riesner, 1984). Wie die Propheten im AT redete er die Menschen häufig in der zweiten Person Plural (ihr, euch) an. Auch die besondere poetische Formung der Worte Jesu deutet darauf hin, daß er diese Stilmittel einsetzt, um das Memorieren zu erleichtern. Insgesamt gesehen dürfen wir davon ausgehen, daß die rabbinische Maxime »zuerst auswendig lernen und dann verstehen« zum methodischen Vorgehen Jesu gehörte.

Trotz all dieser Befunde müssen wir jedoch wiederholen, daß die Bibel keine systemat. Methodenlehre anbietet. Die relative Unbestimmtheit bei solchen Fragen hat auch dazu geführt, daß von theol. Seite nur sehr spärliche Ansätze hierzu nachweisbar sind. Man kann zwar bei vielen bedeutenden Pädagogen christl. Wertvorstellungen und E.sziele erkennen (vgl. u.a. → Comenius, → Pestalozzi, → Herbart usw.). Von A.H. → Francke ist bekannt, daß er sich intensiv mit den praktischen Anteilen der E. beschäftigte, bis dahin, daß er genaue Vorgaben für den Naturlehreunterricht machte, aber eine eindeutig »christliche« E.smethode ist nicht erkennbar. Auch so bekannte Bibelabschnitte wie die »christliche Haustafel« (Eph 5; Kol 3) müssen, was die Methoden ihrer Durchführung anbelangt, in die jeweilige Zeit umgesetzt werden.

3. Martin Luther

Luther hat die Spannung zwischen Zielen und Methoden recht deutlich gesehen, wenn er davon ausging, daß E. einerseits ein weltliches Werk ist, das mit Vernunft getan wird, und daß andererseits die E. in ständiger Beziehung zu Gott getan werden muß, wenn sie nicht scheitern soll. Vor diesem Hintergrund verzichtet er auf Belehrungen in methodischen Fragen, und auch seine bekannteste Schrift zu diesem Thema, der Sendbrief an die Ratsherren, ist keine Schrift mit genauen methodischen Handlungsanweisungen: »Der Theologe ist kein Fachmann in Erziehungsfragen. Erziehung ist ein weltliches Werk, das auch die Heiden tun (und oft so, daß sich Christen schämen müssen), denn Gott hat dem Menschen dazu die Vernunft gegeben.«

4. Weltliche Erziehungssysteme

Untersucht man vor diesem Hintergrund die weltlichen E.ssysteme, so ist festzustellen, daß in unserem Kulturkreis bis zum Zeitalter der Aufklärung die Vertiefung der bibl. Lehrinhalte vorrangiges Unterrichtsziel war. J.A. → Comenius hat z.B. in der Mitte des 17 Jh.s in seiner »Großen Didaktik« ein aus allen Künsten und Wissenschaften abgeleitetes E.skonzept entworfen, das vor allem auch durch die Ehrfurcht vor Gott gekennzeichnet war. Auch die Grundgedanken der »pädagogischen Begegnung« oder des »pädagogischen Bezugs« sind von der Bibel her inspiriert (vgl. Buber 1962).

In den ersten Jahrzehnten des 20. Jh.s kam es in Deutschland zur reformpäd. Bewegung: Landerziehungsheim, Lebensgemeinschaftsschule und die Jena-Plan-Schule sollten den ganzen Menschen ansprechen und formen, die Schulen nicht »Anstalten«, sondern Heime mit jugendgemäßem Lebensstil sein, deshalb wurde auch auf die Internatsausbildung großen Wert gelegt.

Daneben entstanden seit 1919, begründet von Rudolf → Steiner, die → Waldorfschulen mit einem E.skonzept, das bis heute zunehmendes Interesse erweckt. Es gibt in diesen Schulen kein Sitzenbleiben, der Unterrichtsstoff wird in Epochen behandelt usw. Die Gewichtung dieser Schulen liegt deutlich im künstlerischen Bereich. Durch die Verknüpfung des geistigen Lebens in das musisch-körperliche ergibt sich als methodische Konsequenz die Eurythmie (d.h. die körperliche Darstellung von sinnlichen oder geistigen Elementen). Bei allen päd. Besonderheiten, die viele Eltern heute sehr ansprechen, und obwohl die Waldorfpädagogik auch christl. Religionsunterricht kennt, darf nicht übersehen werden, daß das Menschenbild der → Anthroposophie funktional deutlich prägend wirkt, d.h. die Ideologisierung der Waldorfpädagogik ist unverkennbar.

Im zweiten Teil des 20. Jh.s gab es eine Reihe von päd. Bewegungen, z.B. die sog. »antiautoritäre Erziehung« (Neill, 1969) oder auch die »demokratische Erziehung« (Tausch, 1963), mit denen versucht wurde, in einer partnerschaftlich-symmetrisch strukturierten Begegnung erzieherische Antworten auf die veränderten gesellschaftl. Anforderungen der Nachkriegsgeneration und der durch den schnellen Wirtschaftsaufschwung entstandenen Probleme zu finden.

Die päd. Strömungen unserer Tage sind vor dem Hintergrund einer pluralistischen Gesellschaft zu sehen. Ihre E.sziele haben sich in vielen Fällen weit von bibl. Grundprinzipien entfernt oder gehen nur am Rande darauf ein. Chancengleichheit und eine demokratische Leistungsschule sind heute wichtige Maximen im Schulbereich.

5. Christliche Erziehnung heute

Nach Abschaffung der Konfessionsschulen als Regelschulen in den 60er Jahren sind konfessionell geprägte Schulen nur noch als Privatschulen möglich. Neben den kath. Privatschulen entstanden auf Initiative von Eltern, die eine eindeutige bibl. Zielsetzung des E.sgeschehens wünschten, auch »Evangelische Bekenntnisschulen« (erstmalig in Reutlingen im Jahr 1973), die anfangs nur im Primarbereich, heute aber teilweise bis zur Sekundarstufe II ausbilden. In diesen ca. 30 »Schulen auf biblischer Basis« (Stand Mitte 1992) wird versucht, angefangen bei der Auswahl der Lehrer bis hin zu den E.sinhalten, eine eindeutig bibl. orientierte Prägung zu vermitteln (Schaude, 1989).

Von pietist. Seite wurde durch den Gnadauer Pädagogischen Arbeitskreis zusammengetragen, welchen Beitrag eine christl. E. heute und in der Zukunft leisten kann:

Christl. E. bietet eine konstruktive Hilfestellung für das Zusammenleben in der pluralistischen Gesellschaft: Liebe, Versöhnung, gegenseitige Achtung, Vergebung der Schuld und die Möglichkeit des Neuanfangs durch den Glauben an Jesus Christus sind ordnende Faktoren im Zusammenleben der Menschen.

Christl. E. versteht Ehe und Familie als von Gott gestiftete Institutionen. Die Familie ist der wichtigste Schutzraum für die gesunde Entfaltung der Persönlichkeit des Kindes. Durch das Opfer der Eltern an Zeit, Kraft und Lebensstandard erfährt das Kind Liebe und Geborgenheit, die ihm andere soziologische Organisationsformen nicht bieten können.

Christl. E. leistet in einer pluralistischen Gesellschaft einen wichtigen Beitrag zur Wertorientierung dadurch, daß sie ein realistisches Bild vom Menschen zeigt sowie klare E.sziele und erzieherische Haltungen vorgibt.

Mit klaren Zielen bietet die christl. E. jungen Menschen eine wichtige Orientierungshilfe in einer durch weltanschaulichen Pluralismus verursachten Orientierungslosigkeit. Sie leistet damit einen entscheidenden Beitrag zur Klärung der wichtigen Frage junger Menschen nach dem Sinn ihres Lebens.

Christl. E. muß aus Liebe zum Kinde auch Grenzen setzen. Durch die Begegnung mit Autoritäten, die solche Grenzmarkierungen vorgeben, trägt sie zur Stabilisierung der Persönlichkeit und damit auch zur Identitätsfindung bei.

Christl. E. wirkt dem teilweise verführerischen Ansturm der Massenmedien entgegen. U.a. durch alternative Angebote qualifizierter Medien, aber auch durch die Möglichkeit gemeinsamer Freizeitgestaltung in Familie und Jugendgruppe.

Als Geschöpf Gottes weiß sich der Mensch für die ihm von Gott anvertraute Schöpfung verantwortlich. Christl. E. ist deshalb auch E. zum verantwortlichen Umgang mit all dem, was uns in Natur und Umwelt anvertraut ist.

Mit Gott versöhnte Menschen werden friedensfähig für diese Welt. Christl. E. ist deshalb immer auch eine E. zum Frieden.

Lit.: G. Bohne: Grundlagen der Erziehung, Bd. I, ^{2}1958, Bd. II, ^{2}1960; M. Buber: Werke, 1962; O. Hammelsbeck: Evangelische Lehre von der Erziehung, ^{2}1958; W. Klafki: Didaktische Analyse als Kern der Unterrichtsvorbereitung, 1964; R.F. Mager: Lernziele und Programmierter Unterricht, 1965; A.S. Neill: Theorie und Praxis der antiautoritären Erziehung, 1969; R. Riesner: Jesus als Lehrer, 1984; R. u. A. Tausch: Erziehungspsychologie, 1963; O. Schaude: Schulen auf biblischer Basis, ^{2}1989.

M. Dieterich

Erzväter

Die Schrift erzählt von den E.n (Patriarchen) Abraham, Isaak und Jakob in zwei großen Blöcken:

a. 1Mo 11,27-25,11 enthält die Abrahamsüberlieferungen;

b. die Jakobsgeschichte, deren Hauptthema die Auseinandersetzung zweier verfeindeter Brüder ist, findet sich in 1Mo 25, 19-34; 27,1-35,29 (ohne 1Mo 34). Weitere Überlieferungen von Jakobs Aufbruch nach Ägypten, Segnung der Söhne, Tod und Begräbnis finden sich im Rahmen der Josefsgeschichte (1Mo 46, 1-34; 47,27-50,26).

c. Die Isaak-Erzählungen sind so eng mit den anderen Traditionen verbunden, daß sie gar keine eigene Größe darstellen; lediglich 1Mo 26 ist als eigenständiger Traditionskomplex zu bezeichnen. Die anderen Erzählungen erscheinen entweder innerhalb der Abrahamsüberlieferungen (Geburt Isaaks, 1Mo 21; Opferung Isaaks, 1Mo 22; Brautwerbung für Isaak, 1Mo 24), oder im Rahmen der Jakobsgeschichte: Erlistung des Erstgeburtssegens, 1Mo 27.

Die E., in deren Verwandtschaftsverhältnissen die genealogischen Beziehungen der Völker Palästinas wurzeln, waren vermutlich Sippenoberhäupter von Nomaden. Sie wohnten in Zelten (vgl. 1Mo 12,8; 13,3.18; 18,1ff; 25,27; 26,25; 31,25.33f) und lebten vornehmlich von der Kleintierzucht (vgl. 1Mo 12,16; 20,14; 21,27; 27,9; 30,32ff; 32,6.8.15f u.ö.). Im Gegensatz zu den Kamelnomaden, die mit ihren Karawanen die Wüsten durchziehen, hielten sich die Väter Israels am Rande des Kulturlandes und in dessen unfruchtbaren Gebieten auf; man bezeichnet sie daher als Rand-, Berg- oder Kulturlandnomaden. Das Verhältnis zu den Bewohnern der Städte und Dörfer, in deren Nähe die Nomaden lebten, wurde durch Verträge geregelt (vgl. die Abmachung über die Brunnenrechte 1Mo 21,22-31; 26,15-33).

Da die Vätergeschichten keine direkten Anhaltspunkte für eine hist. Datierung enthalten, ist ihre zeitl. Einordnung schwierig. Die Parallelen zwischen verschiedenen Dokumenten des Alten Orients und den Patriarchennamen sowie den zahlreichen in den Vätergeschichten vorkommenden Rechtsbräuchen (vgl. die Adoption eines Sklaven bei Kinderlosigkeit, 1Mo 15,1ff, oder der Brauch des »Auf-den-Knien-Gebärens«, wodurch das Kind einer Sklavin als der rechtliche Nachkomme ihrer kinderlosen Herrin gilt, 1Mo 16.30) zeigen den realen Hintergrund der Überlieferung der Schrift und den engen Bezug der Väter zu den altorientalischen Kulturen des 2. Jt.s v.Chr.

In theol. Hinsicht kommt den Patriarchengestalten große Bedeutung zu: Der Vater eines Volkes, der am Anfang steht, ist »Repräsentant des Heils« (H. Gese, 29). Was im Anfang geschieht, ist Urbild und Prototyp des Zukünftigen; in dem, was dem Vater widerfährt, bilden sich exemplarisch die Erfahrungen des Volkes mit seinem Gott ab. An Abraham zeigt sich Gottes Führung, wenn dieser ihm befiehlt, seine Heimat zu verlassen und in ein bisher unbekanntes Land zu ziehen (1Mo 12,1-9); göttlicher Schutz wird ihm zuteil, wenn er in Ägypten, wohin er wegen einer Hungersnot aufzubrechen gezwungen war, aus der Hand des

Pharao errettet wird (1Mo 12,10-20); Abrahams Gottesfurcht und Hingabe an den göttlichen Willen kommt in der Erzählung von der Opferung Isaaks zum Ausdruck (1Mo 22). Von zentraler Bedeutung schließlich ist der Bundesschluß Gottes mit Abraham, in dem ihm Nachkommen und Land verheißen werden (1Mo 15.17).Wo man von der Theorie der Quellenscheidung innerhalb des Pentateuch ausgeht, stellen die verschiedenen Erzähltraditionen des Pentateuch unterschiedliche Aspekte in den Vordergrund. Während in der einen Tradition der Glaube Abrahams, den dieser der unvorstellbaren göttlichen Verheißung entgegenbringt, besonders betont wird (1Mo 15,6), legt eine andere Tradition großes Gewicht auf den durch das Zeichen der Beschneidung geschlossenen Bund (1Mo 17,7) und seine Unauflöslichkeit. Das theol. Hauptmotiv der Jakobserzählung, das bereits bei der Rivalität der feindlichen Brüder eine Rolle spielt (vgl. 1Mo 27) und in der Geschichte vom nächtlichen Kampf am Jabbok entfaltet wird (1Mo 32,23-32), bildet die Weitergabe des göttlichen Segens, den Gott bereits dem Abraham verheißen hatte (vgl. 1Mo 12,1-3).

Lit.: C. Westermann: Genesis 12-50 (EdF 48), [2]1987; H. Gese: Die Komposition der Abrahamserzählung, in: ders. Alttestamentliche Studien, 1991, 29-51; J. Goldinggay, A.R. Millard: Die Väter Israels, 1984.

B. Ego

Eschatologie

a) biblisch

1. Einführung

Der Begriff E. wurde erst in der Neuzeit geprägt und bezeichnet unscharf die »Lehre von den letzten Dingen«, d.h. vom Ende der Welt, der Geschichte, ja auch des einzelnen Menschen (Tod, Auferstehung, ewiges Leben).

E. ist ein Teil der bibl. Geschichtsauffassung, die von einigen Voraussetzungen ausgeht, die auch für die E. gelten:

a. Geschichte ist von Gott begonnen, getragen und gestaltet.

b. Geschichte hat einen Anfang und ein klares, unüberholbares Ende.

c. Einzelne Ereignisse der Geschichte haben von Gott her einen Sinn, der die ganze Folgezeit prägt (z.B. Erwählung Abrahams und Israels; Tod und Auferstehung Jesu).

d. Von Jesu Geburt, Tod und Auferstehung her ist nicht nur von einem Anfang und einem Ende, sondern auch von einer Mitte der Geschichte zu sprechen, mit der die »Endzeit« (→ Reich Gottes) beginnt.

Im Grunde gehen alle Bücher der Bibel von dieser Geschichtsauffassung aus, sind also auch da eschatologisch (d.h. vom Wissen um die von Gott gestaltete Geschichte und eine kommende bzw. mit Jesus angebrochene Endzeit geprägt), wo E. im engeren Sinn nicht ihr Thema ist. Es ist darum methodisch verfehlt, eine bibl. E. nur aus den explizit »eschatologischen« Texten zu erheben.

Daraus wird klar, daß bibl. E. unlösbar mit der Christologie (also: Menschwerdung, Kreuz und Auferstehung Jesu) verbunden ist (Gal 4, 4). Durch die Sendung Jesu in diese Welt wird die nach ihm kommende Zeit als Endzeit qualifiziert.

Ebenso unlösbar hängen darum auch E. und → Ethik zusammen. Gibt man Jesu Anspruch glaubend recht, dann zeigt sich das in einem Verhalten, das der verborgenen und erwarteten Gegenwart Jesu entspricht.

Die Gegenwart erscheint seit dem Kommen Jesu unter einem doppelten Aspekt, der den Grundcharakter der Gegenwart als »Endzeit« ausmacht: Vom (ersten) Kommen Jesu (Geburt, Kreuz und Auferstehung) und der damit gegebenen endgültigen Überwindung des Bösen (→ Erlösung) an stehen wir jetzt schon in der Fülle des Heiles Gottes (2Kor 5,17). Daß jedoch Jesu (zweites) Kommen als Endpunkt unserer Geschichte erwartet wird, zeigt, daß das → Böse zwar (de jure) bereits überwunden, aber (de facto) noch nicht entmachtet und vernichtet ist, sondern von Gott im Verlauf der Geschichte noch Raum zur Entfaltung seiner eigentlichen Gestalt hat (→ Apokalyptik; → Antichrist).

Das bedeutet, daß die Endzeit einen zunehmenden Kampfcharakter hat. Das Böse und ebenso die Gemeinde Jesu werden in ihrer gegenseitigen Bezogenheit in dieser Geschichte zu ihrer letzten Gestalt heranreifen bis zum Gericht und zum Offenbarwerden des Sieges Jesu.

2. Altes Testament

Der Ursprung atl. E. liegt in der Erfahrung Israels mit seinem Gott, der einzelne Menschen und ein ganzes Volk aus den Völkern erwählt, einen Bund mit ihm schließt und seine Geschichte mit diesem Volk (und auch gegen es!) gestaltet und einem Ziel entgegenführt: dem Heil der ganzen Welt. Der Weg Israels beginnt mit der Berufung Abrahams (1Mo 12,1-3), weist schon an seinem Anfang weit in die Zukunft hinein und läßt die Bedeutung dieser Berufung für alle Geschlechter der Erde erkennen. Ebenso wird die Erwählung Israels sofort mit Gottes Eigentumsrecht an der »ganzen Erde« in Beziehung gesetzt (2Mo 19,4-6).

Werden Heil und Gericht zunächst in irdischen Vorgängen angekündigt, erwartet und erfahren (→ Heil, → Erlösung, Tag Jahwes), so erweitern und vertiefen sich sowohl aus den geschichtl. Erfahrungen, als auch aus den Verheißungen Gottes die Hoffnungen; sie weisen in die Zukunft, ja weisen am Ende auch über eine irdisch erwartete Zukunft hinaus. Erwartete Israel zunächst einen Umbruch innerhalb der Zeit (mit vorangehender Bedrängnis, Endkampf, Notzeit), so vertiefte sich auch diese Hoffnung noch einmal zur Erwartung des Abbruchs dieser Weltzeit (→ Äon) und des Anbruchs einer neuen Zeit, ja bis hin zur Erwartung eines völlig neuen Himmels und einer neuen Erde. Da in diesem Prozeß der Vertiefung die alten Verheißungen Gottes und die damit gegebenen Vorstellungen und Begriffe immer neu aufgenommen und neu verstanden werden, ist es oft schwierig zu sehen, ob z.B. beim »Tag des Herrn« ein Gerichtstag Gottes innerhalb des irdischen Geschichtsverlaufes gemeint ist, oder ob die Erwartung eines Endgerichtes am Ende der Geschichte vorliegt.

Fragt man nach den Grundprozessen, in denen diese Erneuerung und Vertiefung geschieht, so weist die Forschung vor allem auf einzelne Propheten, die an alte Traditionen und Geschichtserfahrungen (vgl. die Bedeutung des → Exodus) anknüpfen, um sie für eine neue Zeit in der Vollmacht Gottes zu vertiefen (z.B. Jes 40,1ff; 43,19; 52,11f; 54,12 u.a.). Ebenso aber ist an die Liturgie der Feste zu denken, in denen die heilsstiftenden Ereignisse der Vergangenheit nicht bloß als vergangene Ereignisse »erinnert«, sondern vielmehr vergegenwärtigt werden, um die eigene Gegenwart in diese vergangenen Heilsereignisse gleichsam einzuholen.

Damit ist klar, daß das AT kein geschlossenes Bild einer E. bieten kann. Es handelt sich um einen durch Geschichtserzählung (innerhalb familiärer und priesterlicher Unterweisung), durch immer neue Vergegenwärtigung der heilsstiftenden Vergangenheit im Fest und durch Prophetie stimulierten dynamischen Prozeß, aus dem sich immer neue Ansätze und Anläufe ergeben.

Im Rahmen dieses Vorbehaltes läßt sich dennoch das Bild eines eschatologischen Geschichtsverlaufes grob skizzieren. Die Geschichte drängt auf ein Ende hin, das die Rückführung der zerstreuten Kinder Israels aus allen Völkern in ihr Land (Jes 11,1ff; Hes 36,22-24 u.a.) und die Erneuerung des (Sinai-)Bundes in einem Neuen Bund bringen wird (Jer 31,31ff; Hes 36,25-27). Ebenso aber kommt es (zur selben Zeit? davor? danach?) zur Verschärfung des Kampfes, so daß sich die Völker gegen Israel/Jerusalem/Zion aufmachen, um Gottes Volk zu vernichten, ja letztlich mit einem solchen Kampf den Gott Israels selbst herauszufordern (Hes 38-39; Sach 12; Joel 3). Dieser Kampf wird nicht mehr von Israel, sondern (in Analogie zum »Typos« dieses Kampfes, dem Exodus; vgl. 2Mo 14-15) von Gott selbst geführt werden. So kommt es zum »Tag des Herrn«, dem Weltgericht (Sach 14), auf das der endgültige Friede, die Neuerweckung Israels und die Hinwendung der Völker zu Israel/Jerusalem/Zion folgen wird (Jes 2,1-5; Sach 8,20-23; 14,16ff u.a). Israel und die Völker werden dann in einem Friedensreich zusammen wohnen. Im Rahmen dieser Geschichtsanschauung taucht auch die Vorstellung eines endzeitlichen Königs aus dem Haus Davids (→ Messias) auf. Die atl. E. endet mit dem Ausblick, daß Gott die ganze Schöpfung abbrechen und einen neuen Himmel und eine neue Erde schaffen will (Jes 65,17ff; 66,22).

3. Neues Testament

a. Jesus

In der Mitte der Verkündigung Jesu steht sein Hinweis, daß die »Herrschaft Gottes« (→ Reich Gottes) in die Gegenwart einbricht (Mk 1,15; Lk 4,16-21). Entscheidend ist, daß die Herrschaft Gottes von Jesus nicht nur in seiner Verkündigung angesagt wird, sondern auch in den helfenden Taten der Befreiung, Heilung, Speisung und Erweckung nach atl. Verheißungen zeichenhaft hereinbricht und anschaubar wird (Mt 11,2-6; Jes 35,5f; Jes 61,1f u.a.). Jesus greift also die atl. Hoffnung auf endzeitliche Hilfe auf, kündet sie an und bringt ihre Erfüllung erfahrbar in die Gegenwart. Ebenso lassen sich jedoch auch E. und Ethik nicht voneinander trennen (Bergpredigt, Gemeinde- und Jüngerunterweisung als eschatologische Ethik; vgl. Mt 19,8; Mt 19,12). Und doch bleibt Jesu Dienst offen auf die Zukunft: der Abbruch der alten Weltzeit, die völlige Entmachtung des Bösen, die völlige Erscheinung der Heilszeit stehen noch aus. Der Verweis auf die Zukunft der Vollendung durchzieht Jesu Botschaft und Jesu Tun: er kündet an, was kommen wird; er macht zeichenhaft sichtbar, was vollendet werden wird.

In den eschatologischen Abschnitten seiner Botschaft (Mk 13; Mt 24; Lk 21; vgl. 12,35-59!) verweist Jesus auf erkennbare »Zeichen« der Nähe des kommenden Endes (Mk 13,4-23 par; vgl. auch Mt 16,1ff: Verführungen, Krieg, Hunger, Erdbeben, sowie Bedrängnis der Gemeinde durch Verfolgung, Abfall, Irrlehre, Gesetz- und Lieblosigkeit), spricht auch von einzelnen Ereignissen, die »zuvor« eintreten müssen (Mk 13,7; Lk 21,20-24: Israel/Jerusalem; Mt 24,14: Mission), lehnt jedoch jede Berechnung des »Endes« als unmöglich ab, da die »Stunde« nur der Vater kennt (Mk 13,32). Ziel der eschatologischen Unterweisung ist die ständige (hoffende!) Bereitschaft (Mt 24,42-44).

b. Die Gegenwart als Zwischenzeit zwischen Kreuz und Auferstehung Jesu und seiner Wiederkunft

In Jesu Sendung, in seinem Tod und seiner Auferstehung hat die urchristl. Gemeinde den Umbruch der Zeiten erkannt Die Geschichte erscheint zwischen zwei Pole eingespannt und wird als »Zwischenzeit« zwischen dem ersten Kommen Jesu und seiner Wiederkunft erfahren. Der Sinn dieser »Wartezeit« wird darin gesehen, daß damit dem Evangelium der Raum zur Mission gegeben ist, daß Gott für seinen Weg mit Israel noch Zeit hat, daß Gott in seiner Langmut den Menschen immer noch Raum zur Umkehr läßt (2Petr 3,9; vgl. Röm 2,4).

c. Paulus

Paulus greift auf die im AT sich abzeichnende und im Frühjudentum ausgestaltete Vorstellung der Äonenwende zurück. Dabei tritt die Spannung zwischen dem »schon jetzt« und dem »noch nicht« als Grundkennzeichen gegenwärtiger Existenz in der Welt deutlich hervor, in die die ganze Schöpfung mit einbezogen ist (Röm 8,16-25), wobei die Gabe des Geistes als Angeld der Vollendung und Zeichen des Kommenden begriffen wird (Röm 8,16.31; vgl. 2Kor 1,22). Die Gegenwart steht einerseits unter dem Zeichen des Sieges Jesu (2Kor 5,14 u.a.), ist aber gerade darum eine Zeit des Harrens auf die Vollendung (Röm 8,23). Einer Berechnung des Endes hat Paulus deutlich widerstanden und in Aufnahme von Jesuslogien die Wachsamkeit und ständige Bereitschaft betont (1Thess 5,1-8). Paulus kennt wie Jesus eine bestimmte Reihenfolge der Ereignisse (1Kor 15,20-28; 1Thess 4,13-17) und widersteht doch einer drängenden Naherwartung mit dem Hinweis auf »Bedingungen«, die innerhalb des Geschichtslaufes zuvor erfüllt sein müssen (2Thess 2,1-12), in denen Gott das Böse zwingt, sich unverhüllt in der Welt zu zeigen (→ Antichrist).

Sehr scharf tritt bei Paulus der Zusammenhang von E. und Ethik heraus. Da die Gegenwart eschatologische Entscheidungszeit ist (Röm 13,11ff), in die das Ende bereits hereinleuchtet, können bisher normale Verhaltensweisen nur noch als »vergehende« und damit für den Christen nur noch relative gelten: man kann nur noch »haben, als hätte man nicht«. Dahinter steht keine asketische Abwertung des Geschöpflichen, sondern die eschatologische Relativierung des Normalen (1Kor 7,29-35).

d. Zeitliche und räumliche Vorstellungen

Die ntl. Geschichtsanschauung kennt zwei Vorstellungen. Gottes Kommen wird »von oben her« als Einbruch erwartet (priesterl. Denkform; Himmel) und »von vorne her« als Ankunft (Geschichte). Beide Vorstellungen stehen parallel zueinander und ergänzen sich. Räumliche Vorstellungen liegen vor allem dem Denken des Joh-Ev.s und dem Hebräerbrief (vgl. Hebr 6,18-20; 10,19f.25; 12,1ff) zugrunde und dominieren auch im Epheser- und Kolosserbrief (vgl. z.B. Eph 2,1f, wo »Äon« – eigentl. ein Zeitbegriff! – als räumlich anwesender Weltzeitherrscher gesehen ist; Kol 3,1ff). Die Gewißheit der »Nähe« Jesu, die für die christl. Gemeinde so charakteristisch war, enthält das räumliche und das zeitliche Element. Die Feier des Gottesdienstes mit dem → Abendmahl und die Erfahrung des Geistes in seiner Gegenwart und seinen Wirkungen war Erfahrung der »Nähe«, an der sich die Hoffnung auf »Nähe«, also auf die Wiederkunft Jesu immer neu entzündete.

e. Verzögerung der Wiederkunft

Das Problem der Naherwartung und der Verzögerung der Wiederkunft Jesu wird ausdrücklich in 2Petr 3,1-10 besprochen und mit dem Hinweis auf Gottes Güte, die zur Umkehr noch Raum gibt (3,9) beantwortet. Es ist damit zu rechnen, daß die frühe Gemeinde gewiß war, daß Gott den Geschichtslauf souverän in seinen Händen hält und aus Gründen seiner Liebe, seiner Langmut und seines Weges mit seinem Volk Israel und seiner Schöpfung Zeitläufe dehnen und verkürzen kann, ja will (vgl. 2Petr 3,9; Mt 16,28; 24,22).

f. Offenbarung

Das letzte Buch der Bibel betont, daß im Geschichtsverlauf das Böse sich immer unverhüllter ausgestalten wird, ja auch Katastrophen und Gerichte einer ständigen Steigerung unterliegen, die andererseits zur immer tiefergehenden Reinigung der Gemeinde führen. Die Vorstellung, daß das Böse auch polit. Gestalt annimmt und zu weltweiter Anerkennung kommt (13), die vor allem wirtschaftl. (18) und auch militärisch (19,11-21) dominiert, ist deutlich. Auf eine letzte kriegerische Auseinandersetzung (19,19-21) folgt ein Friedensreich

(20,1-6), an dessen Ende ein letzter Krieg steht, der mit der endgültigen Entmachtung des Bösen, der allgemeinen Totenauferstehung und dem Gericht endet (20,7-15) und den Weg frei macht zu einem neuen Himmel und einer neuen Erde (21,1-22,5).

W.J. Bittner

b) theologiegeschichtlich

Charakteristikum der ntl. E. ist die Spannung zwischen dem Schon-jetzt und Noch-nicht des Eschatons oder Endheils. Eschatologischer Schlüsselbegriff ist die *basileia tou theou*, die Königsherrschaft Gottes, der radikale Umbruch des Bestehenden. Sie ist – im Unterschied zum Judentum – nahe (Mt 4,17), und zwar in Jesus von Nazareth (Lk 11,20; 17,21). In Abwehr prägnostischen Spiritualismus' verficht das NT die → Auferstehung des Leibes, die aber im Gegensatz zum Judentum nicht fleischlich (1Kor 15,50), sondern geistlich verstanden wird (1Kor 15,44 »geistlicher Leib«).

Die Seele ist nach dem AT nicht – wie im griech. Platonismus – ein vom Leib abtrennbarer Teil des Menschen, sondern der Mensch selbst.

In und seit der → Alten Kirche wird die Spannung zwischen dem Schon-jetzt und Noch-nicht des Eschatons nicht selten aufgelöst und eine individualisierte Jenseits-E. bekommt mehr und mehr den Vorrang. Der platonisch-hellen. Glaube an die persönliche Unsterblichkeit gewinnt an Bedeutung. Das theol. Interesse an der Kontinuität zwischen dem Leben vor und nach dem Tode ist groß. Trotzdem vergißt man neben dem kontinuierlichen nicht den totalen Aspekt und neben dem individuellen nicht den universal-kosmischen Zug bibl. E. So ist in der Alten Kirche der Glaube an die eigene Auferstehung und sogar an das Tausendjährige Reich, das Millennium (Offb 20,1ff), lebendig geblieben. → Papias und → Irenäus malen sich dieses Reich in ganz irdischen Farben aus. Dieser Chiliasmus, der das Tausendjährige Reich als diesseitige Größe versteht, verlor durch → Origenes mehr und mehr an Einfluß auf die Kirche und wanderte schließlich in die Sekten aus. → Augustinus hat ihn in seiner irdisch-materiellen Form verworfen, aber in einer vergeistigten Form anerkannt, wenn er das Millennium mit der Zeit der Kirche gleichsetzt. Die Kirche ist nach seiner Sicht das Reich Christi. Die rein jenseitig gedachte ewige Seligkeit besteht nach ihm in der »Schau« und im Genuß »Gottes«. Die Auferstehung der → Toten wird in der Alten Kirche zum Teil grob-sinnlich – wie etwa von → Justin, → Tertullian und → Hieronymus – und zum Teil geistig – wie von Origenes – verstanden. Das → Apostolische Glaubensbekenntnis redet ganz massiv von der »Auferstehung des Fleisches«. Bei Origenes, der durch seine Vergeistigung der E. vor allem auf die griech. Theologie stark eingewirkt hat, findet man auch schon die Lehre vom Reinigungsfeuer nach dem Tode sowie die Vorstellung von der *apokatástasis pántōn*, der Allbeseligung, der schließlichen Seligwerdung aller Menschen (→ Allversöhnung). Die Hölle ist nach dieser Lehre nicht ewig, sondern als Reinigungsfeuer gedacht. Im Apostolischen Glaubensbekenntnis bekennt sich die Alte Kirche zu folgenden letzten Dingen: »er wird kommen, zu richten die Lebenden und die Toten«, »Auferstehung des Fleisches und ein ewiges Leben«.

Im MA bildet sich u.a. die Lehre von den fünf eschatologischen Aufnahmeräumen aus: Zwischen »Hölle« und »Himmel« gibt es den »Reinigungsort« oder das Fegfeuer, den »Raum der Kinder«, die ungetauft gestorben sind und den »Raum der Väter«, der Frommen des AT.

Bezeichnend für die apokalyptische Grundhaltung des mittelalterl. Menschen ist die eschatologische Spannung, die sich der Menschen mit dem Herannahen der Jahrtausendwende bemächtigte. Damals erwartete man das Ende des → Tausendjährigen Reiches, das nach Augustinus zu diesem Zeitpunkt abgelaufen war, und den Jüngsten Tag. Die Reichserwartung → Joachims von Fiore (das dritte Reich des Geistes) löste im Spätmittelalter ebenso eine Welle eschatologisch-chiliastischer Hoffnungen aus. Neben einem kosmisch-apokalyptischen Endzeitbewußtsein behauptete sich eine individualisierte Jenseitseschatologie. Im fünften Laterankonzil wurde 1513 die Unsterblichkeit der Seele dogmatisiert. Christus wird im MA vorwiegend als Richter verstanden.

Die → Reformation wendet sich gegen die mittelalterl. Angstreligion und die Vergesetzlichung des → Evangeliums. Christus wird in erster Linie als Retter denn als Richter begriffen. Von dem alles fordernden und alles schenkenden Gott her ist Christus wesentlich der gerichtete Richter, der stellvertretend für seine Geschöpfe am Kreuz das Gericht auf sich genommen hat, das wir verdient haben. Wenn wir gegen das Gesetz an das Evangelium glauben, läßt er Gnade vor Recht ergehen, obschon wir das Gericht verdient haben. Die Reformation verwirft den Chiliasmus der Täufer, ihre Allversöhnungslehre und die Fegfeuervorstellung der mittelalterl. Kirche.

Die Reformatoren hatten eine eschatologische Grundeinstellung, die sich überall vor das Letzte gestellt sah und Christi baldige Wiederkunft erwartete.

In der Aufklärungszeit wird weithin der Gerichtshorizont abgeblendet und das Eschaton ins Gewissen, den »inneren Gerichtshof« (Kant) verlegt. Im Zuge dieser Verinnerlichung und Verdiesseitigung des Eschatons bekommt die Unsterblichkeit der Seele alles Gewicht, und das Reich Gottes wird rein moralisch verstanden (Kant). Diese enteschatologisierende Tendenz der → Aufklärung setzt sich im → Idealismus und in der liberalen Theologie fort. Nach F. Schleiermacher kommt den Lehren »von den letzten Dingen« nicht der »gleiche Wert« zu wie den anderen. Die letzten Dinge werden wirklich zu letzten Dingen, zu Randfragen. Die gegenwärtige Vereinigung der Seele mit Gott ist wichtiger als die letzten Dinge. Ganz ähnlich messen Harnack und Troeltsch, beide Vertreter der liberalen Theologie, der Menschenseele einen »unendlichen Wert« zu, der alles andere in der Theologie, auch ihre E., relativiert. An die Stelle der Universaleschatologie tritt in der liberalen Theologie häufig eine idealistische Individualeschatologie. Die letzten Dinge werden »geistig« verstanden, ihre leiblich-kosmische Dimension wird bestritten.

Bei A. → Ritschl rückt das Reich Gottes in den Mittelpunkt der Theologie; er versteht es wie → Kant moralisch. J.Chr. → Blumhardt entdeckt ganz neu die kosmische Dimension des Reiches Gottes. Chr. Blumhardt d.J. sieht das Reich Gottes vor allem im sozialen Umbruch am Werk. Demgegenüber kommt es im 19. und beginnenden 20. Jh. zu einem neuen eschatologischen Aufbruch und Naherwartungsglauben im Pietismus und in vielen Sekten.

Lit.: G. Maier: Die Johannesoffenbarung und die Kirche, WUNT 25, 1981.

H. G. Pöhlmann

c) systematisch-theologisch

1. Das Endgültige zwischen »Schon jetzt« und »Noch nicht«

Die Wiederentdeckung der eschatologischen Verkündigung Jesu steht am Beginn der modernen, bibl.-orientierten Theologie und ist weitgehend mit dem Namen A. → Schweitzers verbunden. Er präsentierte erstmals eine durchgehend eschatologische Interpretation Jesu, eine Position, die oft konsequente E. genannt wird. Jesu Ethik wird als Interimsethik verstanden, die zur Vorbereitung auf das Reich Gottes diente. Da das Reich nicht kam, könne jedoch unsere Ethik nicht von Jesu Ethik abgeleitet werden.

R. → Bultmann übernahm die Grundentscheidung Schweitzers, betonte aber die existentielle Ausrichtung der E. Nach Bultmann ist die mythische E. des NT unhaltbar, da die Wiederkunft Christi niemals so stattfand wie sie das NT erwartete. Der mythische Rahmen ist nach Bultmann unnötig, da die Wiederkunft nicht kosmologisch, sondern vielmehr anthropologisch oder existential interpretiert werden will. Der einzelne begegnet dem Eschaton in der unmittelbaren Gegenwart, wodurch er wahrhaft eschatologisch in radikaler Offenheit für die Zukunft existiert.

Etwas anderer Meinung war C.H. → Dodd, der betonte, das Reich Gottes sei mit Jesus schon gekommen. Diese Interpretation wird als »Sich verwirklichende Eschatologie« bezeichnet, denn sie versucht zu zeigen, daß die Christen allmählich verstanden, das entscheidende Ereignis, das Kommen Christi, hätte sich schon ereignet. Es wird nur sein Kommen jenseits der Geschichte stattfinden, wenn alle Geschichte in Gottes ewigem Ziel aufgenommen wird.

Eine dritte Interpretationsart versucht, die Zukunftsgerichtetheit der E. beizubehalten. O. → Cullmann betont deshalb, daß die temporal-zukünftig verstandene E. zum Zentrum der ntl. Botschaft gehört. Sinngebende Mitte des christl. Zeitverständnisses sind der Tod und die Auferstehung Christi. Christliche Existenz steht daher in der Spannung zwischen der durch Jesus schon vollbrachten Erösung und ihrer noch nicht vollendeten leibhaften Verwirklichung, die durch die Wiederkunft Christi geschehen wird.

Konservativere Theologen, wie Anthony A. Hoekema weisen auch darauf hin, daß Jesus niemals einen Zeitpunkt für seine Wiederkunft bekanntgegeben hatte. Die Idee einer Parusieverzögerung widerspräche so dem NT. Da niemand genau wisse, wann die Wiederkunft stattfindet, sei es wichtig, stets für sie bereit zu sein. Jesu Auferstehung sei sowohl Vorschau als auch Garantie der Wiederkunft, die sich in ihrer eigenen Zeit ereignen wird.

E. muß beides im Auge behalten. »Sie handelt von dem, was unbedingt zu erwarten steht, und hat ihren Grund in gegenwärtiger Erfahrung des Unbedingten« (P. Althaus). Präsentische (gegenwärtige) und futurische (zukünftige) E. können zwar unterschieden, dürften aber nicht alternativ gegeneinander ausgespielt werden. An dieser Voraussetzung haben sich sowohl die präsentische als auch die futurische E. und im Rahmen der letzteren die individuelle, universale und kosmische E. zu orientieren.

2. Neuere eschatologische Konzepte

In neuerer Zeit wies besonders J. Moltmann darauf hin, daß die E. nicht auf die sog. Letzten Dinge, wie

Jüngstes Gericht, Wiederkehr Christi, Auferstehung der Toten usw. beschränkt werden soll, die sich am Ende ereignen, sondern den ganzen Verlauf der Geschichte, der sich auf dieses Ende zubewegt, mit berücksichtigen muß. Demnach ist die E. die Lehre der christl. Hoffnung, die sowohl das erhoffte Ziel als auch die Hoffnung, die sich daran knüpft, umfassen muß. Ähnlich betont W. Pannenberg den vorwegnehmenden Aspekt der E. In Christi Auferstehung hat sich das erwartete Ende schon in proleptischer Vorwegnahme ereignet, d.h. das Ende verwirklichte sich schon in einzigartiger Weise, ohne dadurch die endzeitliche und universale Verwirklichung zunichte zu machen.

Die → Befreiungstheologie erinnert besonders im Hinblick auf die atl. Propheten daran, daß diese ein Friedensreich Gottes ankündigten, das nicht einfach eine überweltliche Wirklichkeit ist, sondern auf dieser Erde errichtet werden sollte. Deshalb betont sie, daß die eschatologischen Verheißungen teilweise in Geschichtsereignissen ihre Erfüllung finden sollen, die sich dann in die Zukunft hin ausweiten und eine ständige geschichtl. Mobilität erzeugen.

3. Das Christusereignis als Begründung der Eschatologie

Angesichts dieser Interpretationen muß man festhalten, daß sich die christl. E. im Christusereignis gründet, d.h. besonders in der Auferstehung Christi. Dieses Ereignis hat gegenwarts- und zukunftsbegründende Macht. Die erste Christengemeinde erfuhr die Auferstehung Christi nicht nur als Grund ihrer Zukunftshoffnung oder als Anstoß, das → Evangelium zu verkünden. Wie Paulus betonte, hat das Sterben und Auferstehen mit Christus auch grundlegende Konsequenzen für unser gegenwärtiges Leben (Röm 6,4).

Die → Taufe befähigt die Christen, an Christi Tod und Auferstehung teilzunehmen und macht sie zu Gliedern der christl. Gemeinschaft des Leibes Christi und zu neuen Menschen, die an dem teilhaben, was durch Christi Tod und Auferstehung erreicht wurde. Ihr Verhältnis zu Gott in Christus ist neu geworden und spiegelt sich in unserem Verhalten zu anderen Menschen wider. Somit besteht eine enge Beziehung zwischen E. und → Ethik. Da die Christen nach dem Geist Gottes leben, der ihnen in der Taufe zuteil wurde, wandeln sie in einem neuen Leben. Aber das gegenwärtige Leben ist nur ein Zwischenstatus. Durch ihr Sein in Christus leben die Christen schon auf das Ziel der allumfassenden neuen Schöpfung zu.

Der proleptische (das Kommende vorweg empfangende) Aspekt der christl. Existenz kommt in den liturg. Handlungen der Kirche besonders gut zur Darstellung. Wenn sich die Gemeinde zum → Abendmahl versammelt, fallen alle Unterschiede des Ranges und der sozialen Stellung weg. Die enge Kommunion der Gläubigen mit ihrem Herrn zeigt vorweg schon etwas von dem neuen Zustand der Gottesgemeinschaft in der himmlischen Stadt an. Dem entsprechend ist der zweifache Hinweis »tut dies zu meinem Gedächtnis« in den Einsetzungsworten des Abendmahls an die Christen gerichtet, damit sie sich an Christi Opfer erinnern. Zudem enthält es die Bitte an Gott, daß er um des Opfers seines Sohnes willen die Vollendung seines Reiches verwirklichen soll. Bei der Feier des Abendmahls betet die Gemeinde um das Kommen des Herrn, sie verkündigt den Beginn der Heilszeit und nimmt den Segen der Wiederkunft vorweg.

4. Christliche Zukunftserwartung

Sowohl AT wie NT bezeugen, daß mit dem Tod nur die menschliche Existenz auf Erden beendet ist. Dies war trotz aller Betonung des diesseitigen Verständnisses der Lebenserfüllung schon im AT selbstverständlich. Doch erwuchs erst langsam in der jüd.-christl. Tradition die Gewißheit, daß es Erfüllung des menschlichen Lebensziels und der Schöpfung Gottes nicht schon in diesem, sondern erst in einem neuen, von Gott bereiteten Leben geben wird.

a. Individuelle Eschatologie

Von der Christusoffenbarung her wird deutlich, daß es für die Gläubigen ein neues Leben jenseits des Todes in und bei Christus geben wird. Somit bezeugt das NT auch einen zweifachen Ausgang der Geschichte, der jedoch für die Gläubigen nichts Bedrohliches enthält, da der Richter gleichzeitig der Erlöser ist. Obwohl von einem Gericht nach den Werken gesprochen wird (1Kor 3,12-15; 2Kor 5,10), wird verdeutlicht, daß jeder aufgrund seiner sündhaften Entfremdung von Gott nur den ewigen Tod verdient hätte. Die Gerechtsprechung im Gericht kann deshalb nicht aufgrund der eigenen Werke erfolgen, sondern durch die Gerechtigkeit, die den Gläubigen aufgrund des Erlösungswerkes Christi zugesprochen wird.

Das Schicksal derer, die Christus nicht als ihren Erlöser bekennen, ist nicht Gegenstand des christl. Glaubens, sondern es ist Anlaß zur Verkündigung der erlösenden Botschaft und Notwendigkeit zum fürbittenden Gebet an den Gott, der nicht will, daß einer verloren gehe (2Petr 3,9). Für den Christen verbietet sich einerseits die Aussage, daß die Hölle leer sein wird, da diese Feststellung allein von Gott getroffen werden kann, wie auch die andere Behauptung, daß nur eine gewisse Anzahl von Menschen die ewige Seligkeit empfangen werde.

Die Frage nach einer zeitlichen Abfolge der Endereignisse ist für den christl. Glauben unwichtig. Die Tradition hat oft einen Zwischenzustand behauptet, etwa in Anlehnung an Lk 16,23-26, obwohl andere ntl. Aussagen ein unmittelbares Erlangen des Endzustandes nahelegen (Lk 23,43). Wie das NT einschärft, ist nicht eine zeitliche Abfolge entscheidend, sondern daß die Gläubigen jederzeit bereit sind, von Gott in seinem Reich empfangen zu werden.

Die persönliche Identität des verstorbenen mit dem auferweckten Menschen steht für das bibl. Zeugnis außer Frage. Doch darf man keine geradlinige Kontinuität zwischen dem gegenwärtigen und dem zukünftigen Leben annehmen, da man dadurch das Zukünftige seiner Andersartigkeit berauben würde. Während besonders die dialektische Theologie vehement die Unsterblichkeit der Seele ablehnte, da sie befürchtete, eine »natürliche Unsterblichkeit« zu befürworten, hat man inzwischen eingesehen, daß die Unsterblichkeit der Seele auch die christl. Grundüberzeugung adäquat ausdrücken kann, daß der Gott, der uns in diesem Leben erhält, uns durch den Tod hindurch zu neuem Leben erhalten wird. Der Mensch stürzt im Tod in kein Nichts, sondern er wird durch den Tod hindurch von dem Gott getragen, dem er schon im Leben seine Existenz verdankte. Trotz aller Andersartigkeit des Lebens hier und dort (vgl. 1Kor 15,35-49), muß an der Personalidentität des Menschen festgehalten werden, da sonst auch die Vollendung der persönlichen Zukunftshoffnung unbefriedigend bliebe. Der Gedanke des Aufgehens des einzelnen in den größeren Seinszusammenhang Gottes als Ziel endzeitl. Erfüllung widerspricht der bibl. Zukunftsverheißung, die sich immer auch an den einzelnen und auf sein individuelles Geschick richtet.

b. Universale und kosmische Eschatologie

Die Letzten Dinge betreffen nicht nur den einzelnen Menschen, sondern auch den raumzeitlichen Kontext, in dem er sich bewegt. Es ist christl. Überzeugung, daß mit der Wiederkunft Christi die ganze Schöpfung und der ganze Kosmos »zu einem neuen Himmel und einer neuen Erde« verwandelt und erneuert werden. Wiederum ist es hier unerheblich, ob man von einer totalen Neuschöpfung ausgeht, die eine Vernichtung des Bisherigen voraussetzt, oder von einer Umwandlung, die das Bisherige gleichsam als Teilbausteine in das Neue miteinbezieht. Wichtig ist, daß die Neuschöpfung völlig anders strukturiert wird, so daß die begrenzenden und schmerzverursachenden Phänomene dieser Welt nicht mehr zum Tragen kommen.

Die Endverwandlung der Welt setzt die Wiederkunft Christi voraus, und die Eliminierung aller widergöttlichen Mächte, so daß die Schöpfung in ihrer ursprünglich intendierten Reinheit und Vollendung zum Leuchten kommt.

Verschiedene geschichtl. Phänomene werden als Vorzeichen der Vollendung erwähnt, wie die Vollendung der Weltmission (Mk 13,10), das Kommen des Antichrists und ein antichristliches Weltreich (2Thess 2,3ff; Off 13), die Verfolgung der Gemeinde und des Volkes Israel (Mt 24,9f), die Bekehrung Israels (Röm 11,15.25f), sowie ein tausendjähriges Reich (Off 20,1-6). Alle diese Phänomene bezeugen einerseits einen tatsächlichen Fortschritt auf die verheißene Erfüllung hin.

Andererseits verändert sich die Geschichte aber nicht so, daß am Ende das Reich Gottes als Ergebnis menschlicher Anstrengungen hervortritt. Die widergöttl. Kräfte scheinen vielmehr zu einem letzten Angriff auf die Gläubigen anzusetzen, um jegliche Zukunftshoffnung zunichte zu machen. Trotz aller Widerwärtigkeiten hält jedoch der christl. Glaube daran fest, daß Gott den Sieg davontragen wird, denn dieser Sieg zeichnet sich in der Auferstehung Jesu Christi schon vorweg ab.

Die Interimslage zwischen Christi Auferstehung und der letztlichen Erfüllung des Reiches Gottes hat Christen oft dazu verleitet, ein Datum für das Kommen des Reiches zu suchen oder den eschatologischen Fortschritt durch die Erwartung eines Tausendjährigen Reiches vor Christi Wiederkunft anschaulicher zu machen. Dennoch müssen wir uns an die Ermahnung halten: »Doch jenen Tag und jene Stunde kennt niemand, auch nicht die Engel im Himmel, nicht einmal der Sohn, sondern nur der Vater« (Mt 24,36). Das Eschaton ist das von Gott gegebene Ziel, das zu einem gewissen, von Gott festgesetzten Punkt in Fülle hervortreten wird und woraufhin unser ganzes Leben ausgerichtet sein soll. Die dem Evangelium gemäße Haltung der Christen besteht darin, auf die Wiederkunft Christi und den Eingang in das Reich Gottes bereit zu sein und etwas von dem im Leben transparent werden zu lassen, auf das hin sie glauben.

S.a. → Antichrist; → Äon/Äonenlehre; → Apokalyptik; → Auferstehung der Toten; → Ewiges Leben; → Gericht Gottes; → Gog und Magog; → Leiblichkeit; → Seele; → Tausendjähriges Reich; → Tod/Sterben; → Unsterblichkeit.

Lit.: P. Althaus: Die letzten Dinge, [7]1957; H. Burkhardt: Ausharren bei Jesus. Zum theologischen Verständnis der Johannesoffenbarung, ThBeitr 17 (1986), 234-247; H. Cremer: Jenseits des Grabes, [8]1987; G. Maier (Hg.): Zukunftserwartung in biblischer Sicht. Beiträge zur Eschatologie, 1984; J. Moltmann: Theologie der Hoffnung, Untersuchungen zur Begründung und zu den Konsequenzen einer christlichen Eschatologie, [6]1966; R. Schaeffler: Was dürfen wir hoffen? 1979; H. Schwarz: Jenseits von Utopie und Resignation. Einführung in die christliche Eschatologie, 1991.

H. Schwarz

Esoterik → Geheimwissen

Esra → Israel (biblisch)

Essener → Israel (biblisch); → Qumran

Essenz → Ontologie

Ester → Megilloth

Estland → Baltikum

Ethik

1. Begriff

a. Ethik und Moral

Der Begriff E. ist sprachlich abzuleiten aus griech. *ethos* (»Wohnung, Gewohnheit«), das dann, unter leichter Veränderung (Dehnung des e), die Bedeutung Sitte, Charakter annimmt. Von dem antiken Gedanken her, daß das von alters her Gewohnte auch verpflichtende Kraft hat (→ Positivismus), entsteht der Begriff des Ethos als Normbegriff: das vom Menschen geforderte Verhalten. Die theoretische Beschäftigung mit dem, was als Verhalten des Menschen zu fordern ist, ist dann die ethische Theorie (Aristoteles). Das Wort Moral kommt von lat. *mos* (Adj. *moralis*; verwandt mit dt. »Mut, Gemüt«) her, das seit Cicero (de fato, 1) Übersetzungsbegriff für griech. *ethos* ist. Die heute im prot. Sprachgebrauch übliche negative Wertung des Begriffs (»ein Stil äußerlichen Verhaltens« Trillhaas, 8) ist vom Ursprung des Wortes her völlig unbegründet, zugleich eine fragwürdige Disqualifizierung kath. Ethik, die traditionell die Begriffe Moral (= Ethos) bzw. Moraltheologie (= Ethik) bevorzugt.

b. Biblische Äquivalente

Die Begriffe *ethos* (z.B. Lk 22,39: »Gewohnheit«; Apg 25,16: »Sitte«) bzw. *ēthos* (nur 1Kor 15,33: »Charakter«) kommen in der Bibel nur am Rande vor. In der Apg ist *ethos* bewußt hellen. formulierte Umschreibung für das mosaische Gesetz (»Sitten des Mose« 6,14 u.ö.), für das sonst griech. *nomos* (für hebr. *thora*) steht.

Der Bedeutung von *thora* als Wegweisung entspricht das in der Bibel oft für das Leben des Menschen und seine Führung gebrauchte Bild des Weges (*däräch* Spr 5,21 u.ö.; *hodos* Jak 1,8 u.ö.; vgl. Ps 86,11; 1Kor 12,31) bzw. des Wandels (*anastrophē* 1Petr 2,12 u.ö.). Dabei ist die Unterschiedlichkeit der Bilder auffallend: in der griech. Überlieferung das mehr statische Bild des Hauses, in der bibl. Überlieferung das mehr dynamische Bild des Weges. Man hat deshalb mit gewissem Recht die Brauchbarkeit des Begriffs E. für bibl. Theologie in Frage gestellt, weil er ungeeignet sei, die typisch bibl. Führung ins Ungewohnte (Abraham, Nachfolgeethik) wiederzugeben. Andererseits gibt es bisher keine im wissenschaftl. Sprachgebrauch verwendbare Alternative zu Ethos bzw. Moral. Außerdem hat der Gedanke des gewohnten Handelns durchaus auch bibl. Recht (vgl. Lk 4,16).

2. Zur Geschichte der Ethik als wissenschaftlicher Disziplin

E. als wissenschaftl. Disziplin entstand im 5. Jh. v.Chr. in der sokratischen Schule als Antwort auf die durch die sophistische Aufklärung im 5. Jh. v.Chr. hervorgerufene Krise des traditionellen Ethos. → Aristoteles war der erste Verfasser eines wissenschaftl. Lehrbuches der E. (Nikomachische Ethik) als naturrechtlich vom Wesen des Menschen her begründeter Tugendethik, bei → Plato als Ideal, bei Aristoteles als der Vernünftigkeit des Menschen entsprechendes Mittelmaß gedacht. In der → Stoa (seit Ende des 4 Jh.s) stand die ethische Frage im Zentrum aller phil. Bemühung.

Die erste auf dem Boden bibl. Überlieferung systematisch reflektierte E. entwarf der jüd. Religionsphilosoph → Philo von Alexandrien (in der Schriftenreihe, die mit der Weltschöpfung als Grundlegung beginnt und sich in der Auslegung des Dekalogs und den daran anschließenden vier Büchern über die Spezialgesetze fortsetzt, wobei die zehn Gebote als Gliederungsprinzip dienen).

Während die → Alte Kirche (mit Ausnahme am ehesten des Paidagogos von → Clemens von Alexandrien) mehr nur Schriften zu einzelnen ethischen Fragen hervorbrachte, versuchte die mittelalterl. → Scholastik, die ethische Fragestellung in das Gesamtsystem ihres theol. Denkens einzuordnen, bei → Thomas v. Aquin im Zusammenhang der Lehre vom Menschen als Ebenbild Gottes. Dabei knüpfte Thomas an die antike Naturrechtslehre an, indem er sie zur Lehre vom vierfachen Gesetz (lex aeterna, lex naturae, lex divina, lex humana) theol. umgestaltete. Inhaltlich entfaltete er die E. als Tugendlehre, die vier antiken → Kardinaltugenden Weisheit, Besonnenheit, Tapferkeit und Gerechtigkeit durch die christl. Tugenden Glaube, Liebe und Hoffnung ergänzend.

Die luth. Reformation konzentrierte sich auf die Frage des Verhältnisses von Gesetz und Evangelium und der Notwendigkeit guter Werke mehr unter dogmatischem als ethischem Blickwinkel. Die Dekalogauslegungen vor allem der Katechismen Luthers entfalteten zwar eine weitreichende volksbildende Wirksamkeit, beschränkten allerdings die E. zugleich wesentlich auf das Leben in den natürlichen bürgerlichen Ordnungen (→ Beruf, → Berufung). Dem entsprach es auch, daß Ph. → Melanchthon seine Moralphilosophie in Wiederaufnahme des antik-mittelalterl. Naturrechts entwarf. In Fortführung und Neufassung der scholastischen Integration der E. in einen theol. Gesamtentwurf erörterte J. → Calvin im zweiten Buch der Institutio im Anschluß an die Lehre von der Verlorenheit des Menschen die Lehre vom Gesetz (II, 7ff), im dritten Buch als Frucht der angeeigneten Gnade das Leben des Christenmenschen (III, 6-20) und im vierten Buch, im Zusammenhang der äußeren Mittel zum Heil und sachlich im Anschluß an Luthers → Zwei-Reiche-Lehre, die politische E. (IV, 20).

In der Zeit der prot. Orthodoxie entwarf der luth. Theologe G. → Calixt die erste formal selbständige theol. E. (Epitome theologiae moralis, 1634) mit Berufung darauf, daß die E. mit dem Naturgesetz eine von der christl. Heilsoffenbarung unabhängige Basis habe.

In der → Aufklärung führte die Loslösung von der geschichtl. Offenbarungswahrheit zu einer Konzentration der Theologie auf die E. als eigentlichem Kern der christl. Religion, klass. zum Ausdruck kommend im rein ethischen Wahrheitskriterium der Ringparabel → Lessings (siehe »Nathan der Weise«). I. → Kant rüttelte zwar mit seiner Lehre vom (in der Sinnlichkeit begründeten) sog. radikal Bösen im Menschen (Religion innerhalb, 21ff) am sittlichen Optimismus der Aufklärung, mit seiner Pflichtlehre (KpV, 154) an ihrem → Eudämonismus. Aber in der Auflösung der traditionellen → Gottesbeweise und der Begründung des Daseins Gottes auf ein Postulat der praktischen Vernunft (KpV, 223ff) ersetzte er, ganz im Geist der Aufklärung, die herkömmliche Abhängigkeit der E. von der → Dogmatik durch Abhängigkeit der Dogmatik von der E.

Indem F.D.E. → Schleiermacher in seiner romantischen Theologie die Religion auf das rel. Gefühl als »eigne Provinz im Gemüt« (Reden über die Religion, 37) zurückführte, löste er sie wieder aus der Abhängigkeit von der E., verfestigte aber zugleich deren Trennung von der Dogmatik. In der Erneuerung der bibl. Lehre von der Sünde als Selbstsucht und Feindschaft gegen Gott (nicht nur Mangel des rel. Gefühls) überwand die Erweckungstheologie (→ Tholuck) die romantische Trennung von Religion und E.C.I. → Nitzsch entwarf dann sein »System der christl. Lehre« wieder als Einheit von Dogmatik und E. Ihm folgten J.T. → Beck und der Tholuck-Schüler M. → Kähler, später, unter anderen Voraussetzungen (→ Dialektische Theologie), K. → Barth. Gleichzeitig blieb aber, besonders unter dem wirksamen Einfluß von W. → Herrmann, auch die Auffassung von der Selbständigkeit der E. lebendig: nach ihm gibt es weder eine spezifisch christl. noch überhaupt eine theol. E., sondern nur E. schlechthin, als Beantwortung »der Frage, welche Gedanken wir damit haben, daß wir anderen vertrauen« (Herrmann, VII).

Nachdem in der Zeit des Dritten Reiches eine angepaßte, dualistisch interpretierte neuluth. Zwei-Reiche-Lehre diese durch die Annahme einer → Eigengesetzlichkeit des »Reiches zur Linken« diskreditiert hatte, wurde sie, vor allem durch den Einfluß der dialektischen Theologie K. Barths, nach dem Zweiten Weltkrieg weithin durch eine einlinige christokratische Konzeption verdrängt. Mit diesem Ansatz bei der Christusherrschaft und der Verwerfung aller sog. natürlichen Theologie fiel auch der nach dem Krieg zunächst wieder neu aufgelebte Naturrechtsgedanke theol. Kritik anheim. Theol. E. wurde hier nur noch als spezifisch christl. E. gedacht.

Die gegenwärtige prot. E. ist einerseits bestimmt von dem Versuch, den christokratischen Ansatz zur sozialrevolutionären → Befreiungstheologie und der Theorie des → konziliaren Prozesses weiterzuführen. Andererseits ist, begünstigt von einer weitverbreiteten existentialistischen Grundstimmung, eine mehr oder weniger konsequente emanzipatorische → Situations-E. bestimmend. Im evangelikalen Bereich neigt man bisher entweder zur herkömmlichen dualistischen Zwei-Reiche-Lehre oder aber neuerdings (J. Wallis, R. Sider) zur Annäherung an die christokratische Konzeption. Einen eigenständigen weiterführenden Ansatz bietet im Bereich evangelikaler Theologie am ehesten die heilsgeschichtl.-theozentrische E. K. → Bockmühls.

In der kath. Moraltheologie hat nach wie vor die thomistische Naturrechtslehre (J. Messner, J. Höffner) großen Einfluß. Vor allem durch ihre konstruktive Aufnahme der → sozialen Frage vermochte sie sich auch gesellschaftl. Anerkennung zu verschaffen. Andererseits wird auch die kath. Moraltheologie zunehmend in die Grundlagenkrise der prot. E. hineingezogen (Infragestellung des Naturrechts, situationsethische Kritik an der offiziellen Sexual-E. der Kirche).

3. Grundprobleme der Ethik

a. Dogmatik und Ethik

Sofern alle E. mit dem Handeln des Menschen zu tun hat, liegt ein anthropologischer Ansatz der E. nahe. Die bibl. Lehre vom Menschen als Gottes Ebenbild aber führt von der Frage nach dem Menschen notwendig weiter zur Frage nach Gott. Eine den bibl. Linien folgende christl. E. kann deshalb nur theol., genauer theozentrische, d.h. vom bibl. bezeugten Wesen und Werk Gottes ausgehende E. sein. E. ist also ebensowenig von ihrem dogmatischen Grund, der schöpferischen und erlösenden Güte Gottes, ablösbar wie Dogmatik von ihrem sittlichen Horizont, der Herrschaft Gottes.

Dieser Feststellung entspricht auch die Struktur ethischer Rede in der Bibel: Dem Dekalog ist der Hinweis auf die Heilstat Gottes vorangestellt (2Mo 20,2). Ebenso folgt in den apostol. Briefen in der Regel auf den dogmat.-hymnischen ersten Teil ein zweiter paränetischer (Röm 1-11 und 12-15, mit 12,1 als Verbindungsglied »ich ermahne euch um der Barmherzigkeit Gottes willen«, vgl. Eph 1-3 und 4-6; Gal 1-5,11 und 5,12-6 u.ö.).

b. Begründung ethischer Normen

- Schöpfungstheol. Begründung: In phil. Ethik gilt heute weithin der gegen das Naturrecht gerichtete Satz, daß aus einem Sein kein Sollen ableitbar sei. Tatsächlich aber ist nur aus Seiendem (der Welt als Gottes Werk und insofern Ausdruck seines Willens) wirklich verpflichtendes Sollen ableitbar, alles andere Sollen bleibt in Willkür und Unverbindlichkeit stecken. Das gilt von der → Situations-E., die ohne Rückgriff auf gewisse utilitaristische Grundwerte gar nicht durchführbar ist, ebenso aber auch von jeder Form utilitaristischer (auf bloße Nützlichkeit gerichteter) E., die zwar sittliche Teilwahrheiten zu formulieren vermag (seelisches Glück, Bewahrung physischen Lebens), aber die Fragen nach einer näheren Bestimmung solcher Werte wie nach dem Warum offenlassen muß.

Hier führte die antike Naturrechtslehre mit ihrem Ansatz bei dem kritischer Reflexion vorgegebenen Sosein des Menschen weiter. Sofern man allerdings beim Menschen als Maß aller Dinge (Protagoras) oder dem als unveränderlich gedachten Kosmos (Stoa) stehen blieb, verharrte man auch dort im Vorläufigen. Erst die bei Philo und dann im NT (Röm 1-2; 1Kor 11,14) vollzogene Integration des Naturrechtsgedankens in den Schöpfungsglauben vermag eine letzte Antwort im Wesen und Werk Gottes zu finden: Gott hat die Welt als strukturierten Organismus geschaffen, der in bestimmten, in ihm angelegten Ordnungen lebt. Dem Menschen als Gottes Ebenbild ist die Freiheit gegeben, die Ordnungen zu erkennen, zu bejahen und im vorgegebenen Rahmen eigenständig auszugestalten - oder sie zu verneinen, damit aber schuldig zu werden und schließlich zu scheitern (Röm 1,22ff; 2,14-16). Dieser Sicht des Menschen als »ersten Freigelassenen der Schöpfung« (Herder) entspricht die empirische Anthropologie mit ihrer Deutung des Menschen als relativ instinktfreien, unspezialisierten, aber vernunftbegabten »Mängelwesens« (A. Gehlen, A. Portmann), wobei diese Freiheit recht verstanden nicht Freiheit zur Naturwidrigkeit, sondern zur Kultur als »zweiter Natur« ist (Landmann, 166).

- Offenbarungsgeschichtliche Begründung: Als Gottes Ebenbild ist der Mensch angewiesen auf Gottes Anrede und Weisung. Der Sündenfall ist der Versuch eines Ausbruchs aus diesem Angewiesensein (»sein wie Gott und wissen, was gut und böse ist«, 1Mo 3,5). Tatsächlich verschärft der Sündenfall aber durch die ihm folgende Einschränkung menschlichen Erkenntnisvermögens (Röm 1,21) das Angewiesensein auf sittliche Orientierung, ohne doch die Möglichkeit, an den natürlichen Gegebenheiten das dem Willen Gottes Entsprechende zu erkennen (Röm 2,14f), ganz aufzuheben. Die Offenbarung des in seinem Kern (insbesondere dem → Dekalog) universal gültigen → Gesetzes an Israel (2Mo 20,11; 5Mo 4,6) gibt damit Licht in die sittliche Dämmerung des natürlichen Menschen.

- Eschatologische Begründung: Aber auch die Offenbarung des Willens Gottes im Gesetz vermag die menschliche Sünde bestenfalls in ihren Auswirkungen zu hindern (Röm 13), aber nicht wirklich zu überwinden. Gerade innerhalb der Gesetzesfrömmigkeit können gut und böse heillos verwirrt werden (Röm 2,17ff; 10,2f).

Damit werden wir auf einen, in der atl. Verheißung (Jer 31) vorbereiteten neuen Ansatz christl. E. geführt: In der von Gott dem Christen geschenkten Erneuerung zur Neuen Schöpfung durch → Wiedergeburt und → Bekehrung im Glauben an Jesus Christus. Dieser in der → Heiligung sich fortsetzenden inneren Erneuerung als willentlicher Unterstellung unter die Herrschaft Gottes entspricht eine das atl. Gesetz nicht aufhebende, aber überbietende neue Sittlichkeit (→ Bergpredigt). Anders als die in Schöpfung und geschichtl. Offenbarung begründete E. ist ihre Gültigkeit aber nicht universal, sondern auf die gläubigen Christen beschränkt. Auch hier aber gilt sie nicht als äußeres Gesetz, sondern als individuelle Führung durch den Geist Gottes (→ Geistesleitung), die künftige Vollendung des Reiches Gottes als Reiches der Liebe (1Kor 13) bruchstückhaft vorausdarstellend. In diesem Sinn ist neben und im Unterschied zu einer allg. oder Schöpfungs-E. (2.a. und 2.b.), in der es über weite Strecken zu Übereinstimmungen und Gemeinsamkeiten mit nichtchristl. E. kommen kann, auch von einer spezifisch christl. oder Reich-Gottes-E. zu sprechen, die eigene Normen (Feindesliebe) und eigene Mandate (Mission, Diakonie, Gemeinschaft, Gebet) kennt.

c. Verwirklichung ethischer Normen

Die Begründung der E. im Schöpfungswerk Gottes ermöglicht nicht nur die Erkenntnis ihr entsprechender Normen, sondern vermittelt auch Motivation zu ihrer Verwirklichung: im Gefühl der Dankbarkeit wie vor allem im Wissen darum, daß diese Normen ja nicht etwas dem Menschen Fremdes sind, sondern der Zielrichtung seines eigenen Seins und Lebens entsprechen.

Andererseits aber stört die Sünde diese Zusammenhänge schon im Verhältnis des Menschen zu sich selbst und zur Umwelt, mehr noch im zwischenmenschlichen Bereich, vollends und vom Menschen aus unaufhebbar im Verhältnis zu Gott. Wo dagegen die Feindschaft des Menschen gegen Gott durch die im Glauben an Jesus Christus geschenkte Versöhnung in Frieden umgewandelt ist, da erwächst aus diesem neuen Verhältnis zu Gott und der damit gegebenen Gegenwart des Geistes stets neu weltüberwindende Kraft zum Tun des Guten in allen Bereichen menschlichen Lebens.

d. Individual-Ethik und Sozial-Ethik

Die bis ins 20. Jh. hinein inhaltlich weithin als Tugend-E. entworfene E. hatte einen ausgesprochen individualistischen Zug: Die Entfaltung des einzelnen als sittliche Persönlichkeit war Ziel der E. Die im Gegenzug dazu heute weitverbreitete Betonung der → Sozial-E. neigt dazu, den Menschen als Kollektiv-Wesen zu verstehen und → Erziehung einseitig als Sozialisation zu begreifen.

In beiden Tendenzen wird verkannt, daß der Mensch wesentlich beides ist: Individuum und Sozialwesen, das eine nie ohne das andere. Der Mensch kann sich nicht isoliert zum Gegenstand der E. machen, weil er immer in allem zugleich in Relation lebt. Es kann also keine Individual-E. im Sinne eines eigenen Gegenstandsbereichs geben, sondern höchstens als ein Aspekt menschlichen Handelns: der Ausbildung einer gewissen subjektiven Konstanz im Tun des Guten (→ Tugend). Sozial-E. dagegen als ethische Reflexion der gesellschaftl. Ordnungen (Familie, Staat etc.) ist ein Teilbereich neben anderen wie Religions-, Lebens-, Sexual-, Wirtschafts- und Kultur-E.

Lit.: Lehrbücher: K. Bockmühl: Christliche Lebensführung, 1993; D. Bonhoeffer: Ethik, 1949; K. Heim: Christliche Ethik, 1955; W. Hermannn: Ethik, [6]1921; Hertz, Korff, Rendtoff, Ringeling (Hg.): Handbuch der christlichen Ethik, 2 Bde., 1978; W. Lütgert: Ethik der Liebe, 1938; J. Messner: Das Naturrecht. Handbuch der Gesellschaftsethik, Staatsethik und Wirtschaftsethik, 1950; A. Schlatter: Christliche Ethik, 1911; N.H. Soe: Christliche Ethik, dt. 1949; H. Thielicke: Theologische Ethik, 3 Bde., 1958-1964; W. Trillhaas: Ethik, 1959.

Böckle, Bockenförde (Hg): Naturrecht in der Kritik, 1973; K. Bockmühl: Glauben und Handeln. Beiträge zur Begründung evangelischer Ethik, 1975; ders.: Gott im Exil. Zur Kritik der Neuen Moral, 1975; ders.: Theologie und Lebensführung. Gesammelte Aufsätze, 1982; ders.: Gesetz und Geist. Eine kritische Würdigung des Erbes protestantischer Ethik, 1987; H. Burkhardt (Hg.): Begründung ethischer Normen, 1988 (darin zu Philo, 81ff); ders.: Kraft zur Ethik, in: W. Lachmann (Hg.): Wirtschaftsethik in einer pluralistischen Welt, 1991; A.F. Holmes: Wege zum ethischen Urteil. Grundlagen und Modelle, 1987; M. Landmann: Philosophische Anthropologie, 1964; W. Neuer: Der Zusammenhang von Dogmatik und Ethik bei A. Schlatter, 1986; R. Romberg: »Ethik«, HWP 2, 1972, 759ff; R. Sider: Der Weg durchs Nadelöhr, 1977.

H. Burkhardt

Ethnologie

Die E. (Bezeichnung des Fachs an deutschen Universitäten: Völkerkunde) ist eine der Wissenschaften, die sich mit den Kulturen menschlicher Gruppierungen (Ethnien, Stämme, Völker) beschäftigen. Forschungsgegenstand der E. sind die Naturvölker, deren Kulturen durch geringe Komplexität, einfache Technologie und Schriftlosigkeit gekennzeichnet sind.

Im englischsprachigen Raum heißt die E. cultural anthropology oder einfach anthropology. Dies hat dazu geführt, daß die christl. Missionen, insbesondere die evangelikalen, die E. mehr und mehr mit dem Terminus Anthropologie bezeichnen, was im säkularen Wissenschaftsbetrieb physische Anthropologie (griech. *anthropos*, »Mensch«) bedeutet. Diese beschreibt den Menschen als körperliches Wesen (z.B. Rassenmerkmale). Die Kulturanthropologie dagegen, eine wichtige Nachbarwissenschaft der E., beschreibt ihn als Wesen, das im Unterschied zum Tier Kultur besitzt. Die Kulturanthropologie hat aber, anders als die E., einen allg., theoretischen Kulturbegriff im Blick, den es in der Wirklichkeit nicht gibt. Die E. dagegen ist die Wissenschaft von den real existierenden Kulturen, aus denen sie durch Vergleich Aussagen darüber gewinnt, was Kultur ihrem Wesen nach ist.

Was die E. unter Kultur versteht, läßt sich schwerlich in kurzer Form definieren. Kultur ist die Gesamtheit aller Vorstellungen und Dinge, mit deren Hilfe eine menschliche Gruppierung ihr Leben gestaltet. Kultur ist eine Strategie zur Bewältigung des Daseins. So gesehen ist Kultur primär etwas Geistiges, ein System von Denkformen, mit dessen Hilfe die Wirklichkeit interpretiert, geordnet und entsprechend gestaltet werden kann. Die materiellen Erzeugnisse einer Kultur (Werkzeuge, Trachten usw.) dagegen sind sekundäre Ausprägungen von Vorstellungen, die ihnen zugrunde liegen.

Kulturen als Denksysteme oder Strategien zur Daseinsbewältigung bestehen aus Teilsystemen, die untereinander in enger Verbindung stehen. Verwandtschaftssysteme weisen den Individuen einer Abstammungsgruppe unterschiedliche Rollen zu, die über Verwandtschaftsbezeichnungen sprachlich faßbar sind. Solche Gruppen (Kernfamilie, Lineage, Klan) sind Einheiten, die gemeinsam Existenzsicherung betreiben. Im Bereich der Naturvölker bzw. schriftloser Kulturen unterscheidet die E. vier Wirtschaftsformen: Wildbeuter (Jäger und Sammler), Pflanzer (Knollenpflanzen), Ackerbauer (Körnerfrüchte) und Viehzüchter (Nomaden).

Ein Teilbereich von elementarer Bedeutung in jeder Kultur ist die Religion. Sie bildet ein Denk- und Ordnungssystem von hoher Komplexität. Grundlage schriftloser Religionen ist in der Regel Animismus. In seinem Zentrum steht ein Menschenbild: das Individuum besteht aus einem materiellen Körper und einem (oder mehreren) geistartigen Wesen (Seele), das diesen zu Lebzeiten begleitet, gegen Attacken böser Geister beschützt, den Tod des Körpers überlebt und so die Persönlichkeit des Individuums fortsetzt. Eingebettet ist dieses Menschenbild in einen Vorstellungskomplex vom Aufbau der Welt, die von einem sog. Höchsten Wesen geschaffen wurde. Berichte über diesen Schöpfungsakt sind in der Mythologie überliefert.

Nach Edward Burnett Tylor (1832-1917), einem Vertreter des Evolutionismus in der E., entstand der Animismus aus der Erfahrung des Traums, in dem der Mensch ohne Bewußtsein ist und sich dennoch als existent erlebt. Daraus, so Tylor, habe der Mensch geschlossen, daß neben seinem Körper ein zweites Wesen zu ihm gehöre. Dies habe zur Konzeption einer Seele geführt, die den Körper ergänze und unabdingbare Voraussetzung für dessen Leben sei. Diese Seelenvorstellung und der dazugehörige Glaube an die Existenz und Wirksamkeit von Geistern sei der Ausgangspunkt menschlichen Religionsverhaltens überhaupt. Menschliche Seelen seien nach dem Tode der Betreffenden als Ahnengeister und später als gottähnliche Wesen verehrt worden. Aus höherrangigen Geistern habe sich schließlich einer zum Höchsten Wesen entwickelt. Auf diese Weise sei in einer späten Entwicklungsphase der Kultur die Lehre von einem einzigen Gott entstanden (Monotheismus).

Wilhelm Schmidt (1868-1954), kath. Theologe und Begründer der Wiener Schule der E., ging den umgekehrten Weg. Er vertrat die These, die Menschen hätten ursprünglich ein monotheistisches Gottesbild besessen, das im Lauf der Geschichte der Kultur verblaßte und zum Animismus verkam (Degenerationshypothese).

Religionen als Denk- und Ordnungssysteme sind direkter Beobachtung nur in eingeschränktem Maß zugänglich und daher in weiten Bereichen nur über die Untersuchung von Sprachstrukturen zu erfassen. Dies hat zur Bildung einer Methodenkombination aus E. und Linguistik geführt, die als kognitive Anthropologie Bedeutung erlangt hat. Sie spielt zunehmend eine Rolle beim Prozeß der Inkulturation christl. Elemente in fremde Kulturen (Kontextualisierung des Evangeliums): Mit Hilfe der kognitiven Anthropologie kann erkannt werden, ob Denkstrukturen in der Empfängerkultur die Aufnahme neuer Elemente zulassen oder verhindern. Dies könnte zur Entwicklung einer Missionsethnologie führen, die gegenwärtig erst in Ansätzen vorhanden ist.

Lit.: H. Fischer, (Hg.): Ethnologie. Einführung und Überblick, 1992; L. Käser: Animismus. Die Religionen traditionaler Kulturen in neuerer Sicht, Evangelikale Missiologie 8 (1992) 3, 35-40; J. F. Thiel: Religionsethnologie. Grundbegriffe der Religionen schriftloser Völker, 1984.

L. Käser

Eucharistie → Abendmahl

Eucharistischer Weltkongreß

Die E. W.e setzen sich das Ziel, die Einheit der Kirche über regionale und nationale Grenzen hinweg im Zeichen des eucharistischen Mahles und Brotes bewußt zu machen und zu stärken. Innerkath. sollen sie das Eucharistieverständnis und die eucharistische Frömmigkeit vertiefen.

Ausgangspunkt ist der Gedanke, von dem 1873 Maria Martha Tamisier in Paray-le-Monial, dem Zentrum der Herz-Jesu-Verehrung, ergriffen wurde: »die Welt retten durch die heilige Eucharistie«. Diese Vorstellung mündete in den 1. Internationalen Eucharistischen Kongreß in Lille 1881. In Seoul konnte 1989 der 44. E.W. stattfinden.

In der Anfangszeit besaßen die E.W.e einen stark bekenntnishaften und durchaus triumphalistischen Charakter, welcher aus der gegenreformat. Tradition und der antimodernistischen Stimmung der Jahrhundertwende zu erklären ist und von ev. Christen als Provokation empfunden werden konnte. Ein eindeutiger Wandel kündigte sich auf dem E.W. in München 1960 an, wo sich die liturg. Erneuerungsbewegung niederschlug: Das eucharistische Mahl als Zentrum eucharistischer Frömmigkeit wurde stärker betont; im eucharistischen Leib sollte nicht mehr ein Mittel kirchl. Selbstdarstellung gesehen werden, sondern im Ereignis der Eucharistie die lebendige Beziehung Christi zu den Menschen sichtbar werden. Nach dem II. Vatikanischen Konzil trat besonders hervor, daß die eucharistische Gemeinschaft mitmenschliche Solidarität zur Folge haben muß. So stand der 39. E.W. in Bogota 1968 unter dem Leitwort »Band der Liebe«. Papst Paul VI. besuchte den E.W. und verkündigte dort seine Sozialenzyklika »Populorum progressio«. Die Tendenz, das Mysterium der Eucharistie zu sehr mit sozialen und ethischen Anliegen zu überlagern, fand auch Kritik. In seiner Botschaft für den E.W. in Lourdes 1981 betonte daher Johannes Paul II., daß das »Zeichen des Brotbrechens primär auf das Kreuzesopfer Christi und seine reale Vergegenwärtigung in der Eucharistiefeier der Kirche« hindeute. In jüngster Zeit wurden die E.W.e durch die Anwesenheit von Päpsten aufgewertet, verloren aber angesichts der Vielzahl internationaler Treffen ihre einmalige Bedeutung für die Begegnung der Weltkirche.

W. Weiß

Euchiten

E. (griech., syr. Messalianer), eine enthusiastisch-spiritualistische Sonderströmung des frühen östl. Mönchtums, die im 4./5. Jh. vor allem in Syrien und Kleinasien verbreitet ist. Den E. gilt die Sünde als Ausdruck des Wirkens feindlicher Mächte. Jeder Mensch wird seit seiner Geburt von einem Dämon verfolgt und beeinflußt. Diese Verstrickung ins Böse kann aber nicht durch asketische Anstrengung überwunden werden. Auch das Sakrament der Taufe beseitigt nur die Aktualsünden. Allein der Geist Gottes, der durch anhaltendes, inständiges Beten in den Menschen gerufen wird, vermag deren Wurzel zu tilgen. Der bibl. Aufforderung »Betet ohne Unterlaß« (Lk 18,1; 1Thess 5,17) suchen die E. (dt. Betende) darum buchstäblich zu folgen. Einige von ihnen lehnen sogar die Handarbeit ab und leben vom Bettel. Ist der Dämon ausgetrieben, erhält der Beter himmlische Offenbarungen und vermag Gott zu schauen. Im Bewußtsein ihrer Vollkommenheit lehnen die E. die kirchl. Ordnung ab und tolerieren möglicherweise sogar das Zusammenleben von Männern und Frauen. Schon früh wurden sie mit dem Häresieverdacht belegt (Ephraem; Epiphanius) und von verschiedenen Synoden verurteilt (Side in Pamphylien 390; Konstantinopel 426), abschließend auf dem dritten Ökumen. Konzil in Ephesus 431. In den unter dem Namen des Makarios von Ägypten überlieferten Homilien des Symeon von Mesopotamien sind Schriften der Messalianer (u.a. das Asketikon) erhalten geblieben. Gregor von Nyssa greift ihre Anliegen auf und führt sie seelsorgerl. korrigierend weiter.

Lit.: H. Dörries (Hg.): Die 50 geistlichen Homilien des Makarios, 1964; ders.: Die Theologie des Makarios/Symeon, 1978; R. Staats: Gregor von Nyssa und die Messalianer, 1968; ders. (Hg.): Makarios-Symeon, Epistola Magna, 1984.

H. Holze

Eudämonismus

E. bezeichnet jene phil. Lehre, die im Glück die Sinnerfüllung menschlichen Daseins sieht und nur entsprechendes Handeln als »gut« gelten läßt. Jede anders motivierte Tätigkeit wird danach als ethisch nicht akzeptabel angesehen. Für den individuellen E. der Antike bedeutete dies das Streben nach Übereinstimmung mit der Natur und der Bestimmung des Menschen, so daß man nahezu die gesamte antike Ethik unter dem Aspekt des E. verstehen kann. Unter dem Einfluß des humanistischen Utilitarismus (auf bloße Nützlichkeit gerichtete Ethik) kam in der Neuzeit der Sozial-E. auf, wonach das Wesen des Guten nicht nur im Erstreben der eigenen, sondern vor allem der allgemeinen Glückseligkeit bestehe. Das Problem des E. liegt darin, daß Glück kein letztes ethisches Prinzip sein kann, weil es von Wertvorstellungen abhängt, die entweder subjektiv (z.B. → Hedonismus) oder objektiv (z.B. göttliche Weltordnung) bestimmt sind. Als Lehre von den Motiven und Zielen menschlichen Handelns führt der E. daher leicht in Bedürfnisbefriedigung oder Nützlichkeitsstreben. Gottes absolutes Gebot schließt jeden E. als Handlungstheorie aus, denn Glück ist Ausdruck der zugewandten Gnade Gottes, die sich einer auf menschlichen Werken beruhenden Berechnung entzieht.

Lit.: S. Pfürtner et al.: Ethik in der europäischen Geschichte, 2 Bde., 1988; H. Reiner: »Eudämonismus«, HWP 2, 1972, 819-823.

L.E. v. Padberg

Eugenik

1. Begriff und Geschichte

Unter E. versteht man die Bestrebungen, das menschliche Erbgut vor Verfall und Schädigung zu bewahren, die Weitergabe schlechten Erbguts durch Zeugungsverbot (Sterilisierung u.a.) zu verhindern (negative E.) und die Verbreitung guten Erbguts zu fördern bzw. es zu verbessern (positive E.). Eugenische Bemühungen gab es bereits in der Antike (→ Euthanasie). Der Begriff wurde von F. Galton (1833) eingeführt. Er erlangte zu Beginn des 20. Jh.s im Sozialdarwinismus (→ Euthanasie) große Bedeutung im Zusammenhang mit der Rassenideologie und der Rassenhygiene. Auch in den USA und anderen Ländern wurden aus Angst vor der Degeneration des Erbguts eugenische Zwangssterilisierungen gesetzlich ermöglicht und durchgeführt. Im »Dritten Reich« wurden 200-400.000 Menschen nicht nur wegen Erbkrankheiten (z.B. Sinnesbehinderte), sondern auch wegen angeblicher rassischer Minderwertigkeit (Sinti, Roma, Kommunisten u.a.) zwangsweise sterilisiert. Die ev. Kirchen haben – aus Sorge um das »Deutsche Volk« – an diesen Maßnahmen großenteils bereitwillig mitgewirkt und nicht das Gefälle von der Bestreitung des Rechts auf Fortpflanzung zu der des Rechts auf Leben behinderter Menschen bemerkt.

2. Heutige Probleme

Eugenische Tendenzen werden durch die neuen Methoden der Gendiagnostik (→ Gentechnik) und der vorgeburtlichen Diagnostik wiederbelebt. Zwar sind Humangenetiker meist bemüht, bevölkerungseugenische Zielsetzungen abzuwehren und genetische Beratung und Diagnostik nur am Wohl des einzelnen und der Familie auszurichten, doch wird aufgrund der rapide zunehmenden Diagnosemöglichkeiten die Gefahr immer deutlicher, daß mittels Gendiagnostik der Gesellschaft die Belastung durch erblich behinderte Menschen erspart werden soll.

3. Ethische Beurteilung

Jede Form der E. steht in Gefahr, Leben in höher- und minderwertiges aufzuteilen. Der Wert des Lebens wird von seinem Nutzen für die Gattung her begründet und soll in erster Linie von der Güte des Erbguts abhängen. Damit wird die Würde des Menschenlebens auf seine biologische Funktionstüchtigkeit reduziert, und diese wird gemessen am volksgesundheitlich Wünschbaren. Der oberste biologische Wert, das Überleben der Stärksten, wird zum höchsten sittlichen Wert. Deshalb wird den »Lebensuntüchtigen« zunächst das Recht auf Fortpflanzung und dann auch das Recht auf Leben abgesprochen, wie es im Falle vorgeburtlicher → Euthanasie schon deutlich ist. Demgegenüber ist aus christl. Sicht dafür einzutreten, daß die Interessen der Gesellschaft keinen Vorrang vor denen des einzelnen haben, wenn Grundrechte, wie die Achtung vor der von Gott verliehenen Würde und das Recht auf Leben, zur Diskussion stehen. Deshalb haben die Kirchen darüber zu wachen, daß die neuen genetischen Diagnoseverfahren sich nicht zu einer Bedrohung der Würde und des Lebensrechts der schwächsten Glieder der Gesellschaft entwikkeln.

Lit.: s. Lit. zu → Euthanasie; U. Eibach: Gentechnik – der Griff nach dem Leben, ²1988, 132-181; W. Furch (Hg.): Keine Chance für Behinderte?, 1989; Gott ist ein Freund des Lebens, hg. vom Rat der EKD und der Deutschen Bischofskonferenz, 1989; P. Weingart, J. Kroll, K. Bayertz: Rasse, Blut und Gene, 1988.

U. Eibach

Europäische Baptistische Mission (EBM)

Die EBM verantwortet und koordiniert für zwölf Baptistenbünde deren außenmissionarische Aktivitäten in Afrika und Südamerika. Sie will dadurch

»Gottes Liebe zur Welt in Christus zum Heil und Wohl der Menschen bezeugen«.

1. Geschichte

Gegründet wurde die EBM 1954 in Zürich, wo sie bis heute ihren Rechtssitz hat. Die Gründungsmitglieder Schweiz, Frankreich, Deutschland nahmen damit, einer Empfehlung der EBF folgend, die durch zwei Weltkriege unterbrochene Arbeit der ehemaligen deutschen baptistischen Kamerunmission wieder auf.

1955 erfolgte eine Ausweitung auf den Norden Kameruns durch die französischen Missionare Farelly. 1965 übernahm die EBM auf Einladung der Londoner Baptist Missionary Society deren kleine Pionierarbeit in Sierra Leone und seit 1984 unterhält die EBM eine Partnerschaft zum selbständigen Baptistenbund U.F.E.B. in der Zentralafrikanischen Republik.

Die 1969 begonnenen »Missionarischen Aktionen in Südamerika« (MASA) wurden 1979 in den Rahmen der EBM als ein eigenständiges Südamerika-Referat integriert und verzichten, im Gegensatz zur EBM-Afrika, fast vollständig auf die Entsendung europ. Missionare. Ihre Arbeitsgebiete sind Argentinien, Brasilien, Peru und Portugal. Partnerschaften mit weiteren afrikanischen und südamerikanischen Baptistenbünden sind in Vorbereitung.

Mitglieder der EBM waren 1991 die Baptistenbünde aus der Schweiz, Frankreich, Deutschland, Holland, Italien, Finnland, Spanien, Portugal, Belgien, Österreich, Jugoslawien und Ungarn mit 70 Missionaren (davon 15 in Vorbereitung). Die Partnerunionen in Übersee gelten als »assoziierte« Mitglieder mit vollem Stimmrecht.

2. Arbeitsbereiche

Die Arbeit der EBM in Afrika umfaßt vor allem folgende Bereiche:

- Gemeindearbeit und Evangelisation,
- Krankenarbeit und Gesundheitsvorsorge,
- Schule und Ausbildung,
- Landwirtschaft, Aufforstung, ländliche Entwicklung,
- theol. Ausbildung.

In Südamerika engagiert sich die EBM über MASA insbesondere durch evangelist. und soziale Projekte unter abgegrenzten ethnischen Gruppen (Indianerstämme, Pommern, etc.) beim Aufbau und bei der Unterstützung theol. Ausbildungsstätten sowie bei der langfristigen Betreuung obdachloser Kinder in Heimen.

3. Grundsätze der EBM

a. Partnerschaft aller kooperierenden Baptistenbünde in Europa und Übersee;
b. Ganzheitlichkeit beim Zusammenwirken des mission. und diakon. Handelns;
c. Glaubensweckung und Jüngerschaft als Zielvorgabe des mission. Alltags.

D. Lütz

Europäische Evangelikale Akkreditierungsvereinigung (EEAV)

In der EEAV sind gegenwärtig über 30 evangelikale bibl.-theol. Ausbildungsstätten in ganz Europa zusammengeschlossen. Die EEAV strebt im wesentlichen folgende Ziele an:

1. Bibl.-theol. Ausbildungsstätten sollen durch externe Besucherteams darin unterstützt werden, ihre eigenen Ziele in der Zurüstung von Mitarbeitern für die Reichsgottesarbeit besser in die Praxis umzusetzen und die Qualität ihrer Ausbildung zu verbessern.

2. Durch die Schaffung anerkannter Kriterien und die Definierung bestimmter Ausbildungsziele soll es zu einer Vergleichbarkeit der verschiedenen Ausbildungsstätten kommen, die den Übergang zu einem weiterführenden Studium in Europa oder in Übersee erleichtert.

3. Die Akkreditierungsvereinigung verleiht den Absolventen akkreditierter Schulen Zertifikate, die nicht zum Führen eines akademischen Grades berechtigen, die aber auf internationaler Ebene die Vergleichbarkeit des jeweiligen Abschlusses einer Ausbildungsstätte dokumentieren.

Die EEAV wurde durch die Delegierten von 23 Ausbildungsstätten offiziell am 31. 10. 1979 in St. Chrischona (Schweiz) gegründet und ist seit 1990 eingetragener Verein. Die Akkreditierungsvereinigung ist assoziiertes Mitglied der Europäischen Evangelischen → Allianz und Gründungsmitglied des International Council of Accrediting Agencies, einer autonomen Abteilung innerhalb der World Evangelical Fellowship. In diesem Rahmen besteht ein ständiger Kontakt mit evangelikalen Akkreditierungsvereinigungen auf allen Kontinenten.

Die Arbeit der EEAV wird durch Spenden und Mitgliederbeiträge bzw. Gebühren der im Akkreditierungsprozeß befindlichen Ausbildungsstätten finanziert.

Die EEAV hat ihren Sitz in Korntal-Münchingen.

H. Born

Europäische Evangelische Allianz → Allianz, Evangelische

Europäische Mennonitische Bibelschule

Die E.M.B. wurde 1950 in Basel gegründet und befindet sich seit 1957 auf dem Bienenberg bei Liestal/Schweiz. Als zweisprachig (dt./franz.) geführte bibl.-theol. Ausbildungs- und Tagungsstätte für voll- und teilzeitlich tätige kirchl. Mitarbeiter/innen aus verschiedenen Konfessionen und Denominationen hat sie bisher einigen Tausend Menschen ihr Rüstzeug gegeben für vielfältige Dienste im In- und Ausland.

Im ein-, zwei- oder dreijährigen Hauptkursprogramm unterrichten derzeit fünf voll- und mehrere teilzeitlich Lehrende etwa 50 bis 60 Studenten. Die Schule wird getragen von europ. Mennonitengemeinden: Die Mennoniten gelten als die älteste prot. Freikirche und gehen auf die Täuferbewegung der Reformationszeit zurück. Zu deren Hauptanliegen gehört bis heute die Förderung von unabhängigen, auf freiwilliger Mitgliedschaft beruhenden Gemeinden, in denen Frauen und Männer in der Nachfolge Jesu gemeinsam das zu leben versuchen, was sie glauben.

Dementsprechend sind auch die Zielsetzungen der Schule: Es soll versucht werden zu verbinden, was so oft auseinanderklafft: Lehre und Leben, Frömmigkeit und Weltoffenheit, Evangelisation und soziales Handeln, Gotteslob und Feindesliebe.

Lit.: S. Gerber: Mit Freuden Wasser schöpfen. Europäische Mennonitische Bibelschule 1950-1990, 1990.

H. Jecker

Eusebius von Caesarea (ca. 263-339)

Schüler und Nachfolger des in der Origenestradition stehenden Märtyrers Pamphilus, des Leiters der Bibliothek und Schule von Caesarea; seit 313 Bischof, zunächst für den radikalen → Arius eingenommen und deshalb auch 324 exkommuniziert, legte er auf dem Konzil von Nicaea 325 ein vermittelndes Bekenntnis vor, durch das er wieder die Rechtgläubigkeit und vor allem die Freundschaft mit Kaiser Konstantin erlangte, die bis zu dessen Tod anhielt. Als Theologe des Ausgleichs war er allen Radikalismen abhold und hat seiner Kirche dadurch – nach der unerwarteten Wende 313 – zur Stabilität verholfen.

Unter seinen erhalten gebliebenen, zahl- und umfangreichen Schriften befinden sich apologet. Werke an Heiden und Juden, zwei Lobschriften auf Konstantin nach dessen Tod, vor allem aber hist. Schriften, darunter sein Hauptwerk, die zehn Bücher der Kirchengeschichte, die den Weg der Kirche von den Anfängen bis zum Sieg unter Konstantin 324 beschreiben. Durch Quellenzitate und seine Darstellungsweise ist er zum »Vater der christlichen Kirchenhistorie« geworden, an dem sich Generationen von Nachfolgern orientiert haben und noch orientieren.

Lit.: Eusebius' Werke in MPG und GCS, in deutscher Auswahl in der Bibliothek der Kirchenväter (BKV).

H. Berkhof: Die Theologie des Eusebius, 1939; H. von Campenhausen: Die griechischen Kirchenväter, [7]1986; G. Ruhbach: Eusebius als politischer Theologe, in: G. Ruhbach (Hg.): Die Kirche angesichts der konstantinischen Wende, 1976, 236-258; ders.: »Eusebius von Caesarea«, GdKG I, 1984, 224-235; E. Schwartz: »Eusebius von Caesarea«, PRE 11, 1907, 1370ff.

G. Ruhbach

Euthanasie

1. Begriff

Mit E. (griech., »guter Tod«) bezeichnet man so verschiedene Verfahren wie die Erleichterung von Sterben (Sterbehilfe), den Verzicht auf lebensverlängernde Maßnahmen (passive E.), die bewußte Beschleunigung des Sterbens oder direkte Verursachung des Todes Sterbender (aktive E.) mit oder ohne ihre Einwilligung und auch die Tötung unheilbar kranker und behinderter, aber nicht sterbender Menschen mit oder ohne deren Verlangen (Vernichtung »lebensunwerten« Lebens). Der Begriff wird hier auf die beiden aktiven Formen der E. eingegrenzt (vgl. → Sterbebegleitung).

2. Geschichte

Platon und Aristoteles (Politik VII, 14) empfahlen, »verkrüppelte Geburten« nicht aufzuziehen und die, die an »der Seele mißraten und unheilbar« sind, umzubringen (Platon, Politeia, 410). Das Lebensrecht des einzelnen erlischt, wenn er für den Staat nur eine Belastung darstellt. Ebenso war die Glorifizierung des geistig hochstehenden und des jugendlich vitalen Menschen (Athlet) Ursache für die Vernichtung »lebensunwerten« Lebens, in der Antike wie auch im »Dritten Reich«. Die geistigen Hintergründe für die Verbrechen der Medizin im »Dritten Reich« sind in der Rassentheorie und dem Sozialdarwinismus (Ende 19./Anfang 20. Jh.) zu finden, der Darwins Theorien über die Entwicklung des Lebens (Kampf ums Dasein, Ausrottung der Schwachen) zum Maßstab menschlichen Zusammenlebens erhob. Der Lebenswert des einzelnen wurde als empirisch feststellbarer Sachverhalt aufgefaßt und gemäß seinem Nutzen für die Gesellschaft berechnet, so daß er in Verlust gerät, wenn das Leben nur eine Last darstellt (so der Jurist K. Binding und der Psychiater A. Hoche, 1922). Der NS-Staat hat dieses Gedankengut in die Tat umgesetzt und ca. 300.000 Menschen wegen Krankheit, Behinderung u.a. als »lebensunwertes Leben« umgebracht.

Ein zweiter Typ von E. geht auf die stoische Philosophie zurück. Nach ihr soll der Mensch die Freiheit seines Ichs gegenüber leidvollen äußeren Umständen (z.B. Krankheit) immer so bewahren, daß er sich stets als Herr über sein Leben erweist. Wenn die Persönlichkeit durch Krankheit entmächtigt zu werden droht, soll sich der Weise vorher selbst umbringen oder dazu die Hilfe des Arztes erbitten. Der Tod soll also nicht ein Naturereignis sein, das unwillentlich erlitten wird, sondern soll zu einer freien Tat des Menschen umgestaltet werden, wie es am radikalsten F. Nietzsche (Also sprach Zarathustra) ausdrückte: »Meinen Tod lobe ich euch, den freien Tod, der mir kommt, weil ich will« und nicht, wenn die »Natur« oder »ein Gott« es will. Der bloß naturbedingte Tod sei des Menschen unwürdig. Bei der Tötung angeblich »lebensunwerten Lebens« beurteilen andere den Lebenswert und vernichten Leben ohne seine Einwilligung. Beim zweiten Typ von E. wird ganz auf die Freiheit des Menschen abgestellt, die ein Recht zur totalen Verfügung über das eigene Leben bis hin zur Selbsttötung und Tötung auf Verlangen einschließt. Die Rechtfertigung dafür besteht letztlich aber doch in der Annahme, daß es ein »lebensunwertes Leben« gibt. Das Urteil »lebensunwert« ist also in beiden Typen von E. grundlegend. Das Lebensrecht unheilbar schwerkranker und behinderter Menschen wird heute insbesondere durch den australischen Philosophen P. Singer (Praktische Ethik, 1979, dt. 1984) mit ähnlichen Begründungen wie im Sozialdarwinismus wieder in Frage gestellt.

3. Theologische Beurteilung

Entscheidend für die theol. Beurteilung beider Formen der E. sind die Fragen, worin der »Lebenswert« gründet und ob jemand das Recht hat, über ihn zu urteilen und über das Leben total zu verfügen. Nach christl. Lehre ist die Würde, Mensch und Person zu sein (Gottebenbildlichkeit), nicht darin begründet, daß der Mensch in seinen geistigen Leistungen über dem Tier steht, sondern darin, daß Gott seinem Leben eine besondere Bestimmung und Verheißung gibt, die sich erst im Reich Gottes vollendet, auch bei denen, die sie in dieser Welt aufgrund von Versehrungen des Geistes und der Seele gar nicht leben können. Im Lichte des Auferstehungsglaubens hat auch solches Leben voll an der letztlich zukünftigen Würde teil und ist entsprechend zu achten und zu behandeln. Person ist der Mensch ohne sein Zutun allein durch Gottes Handeln und Verheißung. Die Würde des Menschen gründet also nicht in den aufweisbaren geistigen Leistungen, ist keine empirische Qualität, sondern eine von Gott her zugeeignete »transzendente« Würde (*dignitas aliena*), so daß sie jedem Moment des Lebens und Sterbens gilt und durch Krankheit und Behinderung nicht in Verlust geraten kann. Wer von Menschen geboren ist, ist und bleibt Mensch bis zu seinem Tod (D. Bonhoeffer) und über ihn hinaus. Ein Richten über den Lebenswert sowohl des eigenen, wie erst recht des Lebens anderer, steht keinem Menschen zu. Alles von Gott geschaffene Leben steht unter seinem im Tötungverbot gebotenen Schutz.

Diese christl. Sicht wird heute vor allem in bezug auf das eigene Leben zunehmend bestritten. Die Verdiesseitigung des Lebens macht die Gesundheit zum höchsten Gut, läßt unheilbar schwere Lebenszustände als »lebensunwert« erscheinen. Die Behauptung einer letzten Unverfügbarkeit des Lebens wird als eine entwürdigende Fremdbestimmung durch ein blindes Naturgeschick angesehen, das rel. als Fügung Gottes gedeutet werde. Demgegenüber sei die Forderung nach einem selbstbestimmten »gnädigen« Tod als spezifisch humanes Recht geltend zu machen. Aus christl. Sicht ist jedoch zu sagen, daß es des Menschen nicht unwürdig ist, das Ende – wie den Anfang – des Lebens zu erleiden (bis hin zur Entmächtigung der Persönlichkeit), sich im Sterben ganz dem Handeln Gottes anzuvertrauen, bis er das Leben abberuft (Röm 8,31ff). Das besagt nicht, daß Leben gegen den Willen des Menschen zu verlängern ist, auch wenn der Tod unausweichlich ist. Das Sterben sollte auch vor Manipulationen durch andere geschützt sein.

In Grenzfällen unbehebbarer schwerer Schmerzzustände kann der Schrei nach Erlösung vom Elend aufkommen, ohne daß damit eine autonome Selbstverfügung, eine Auflehnung gegen Gott oder ein Richten über den Lebenswert verbunden ist. Wenn in solchen ganz seltenen Grenzfällen aus Verzweiflung zu lebensverkürzenden Mitteln gegriffen wird, so entzieht sich solches Handeln jeder normativen ethischen Beurteilung. Der Handelnde steht mit seinem Gewissen allein vor Gott, muß die Schuld und auch die rechtlichen Konsequenzen auf sich nehmen. Solche Grenzfälle können ethisch und rechtlich nicht objektiviert werden und dürfen nicht zur Unterhöhlung des für den Schutz des Lebens grundlegenden Tötungsverbots führen.

Lit.: U. Eibach: Medizin und Menschenwürde, [3]1988; ders.: Sterbehilfe - Tötung auf Verlangen?, 1988 (Lit.); K. Nowak: »Euthanasie« und Sterilisierung im »Dritten Reich«, [3]1984.

U. Eibach

Eutychianismus → Monophysiten

Eva

E. (*chawwah*), die erste Frau und Gattin → Adams, wurde nach dem priesterlichen Schöpfungsbericht zusammen mit dem Manne durch das Wort und nach dem Bilde Gottes geschaffen (1Mo 1,27; vgl. 5,2). Die wesenhafte Einheit von Mann und Frau wird auch im zweiten (jahwistischen) Bericht zur Geltung gebracht. Nach 1Mo 2,21-25 wurde die Frau aus einer Rippe des Mannes »erbaut«, um eine ihm entsprechende Gehilfin zu sein (2,20; vgl. Tob 8,8); diesem ihrem Ursprung und Wesen entspricht der Name ʾishshah (2,23, volksetymologisch von ʾish, »Mann«; Luther: »Männin«). Der Name ›Eva‹ (*chawwah*, »Lebenspenderin«), der die »Stammutter aller Lebenden« kennzeichnet (1Mo 3,20), wurde erst nach dem Sündenfall gegeben, bei dem die Frau von der Schlange verführt worden war (3,1-7). Als Strafe wurde über sie die Unterordnung unter den Mann und der Schmerz beim Kindergebären verhängt (3,17); Eva gebar Kain, Abel und Set (4,1.2.25).

Im Frühjudentum wurde die bibl. Überlieferung von E. erbaulich erweitert, so deren Erschaffung (Tg Jer I zu 2,21), die eheliche Verbindung mit Adam (ARN 38) und vor allem ihre Verführung durch die Schlange = Satan (Gen r 19; ARN 1,5), wobei der Name Chawwah mit aram. *chēwjāʾ*, »Schlange« verbunden wurde (1Mo 20,11; 22,2). Schließlich erzählte man von einer Buße Evas (Vit. Ad. et Evae 15-19), ihrem Tod und Begräbnis (ibid. 43-46).

Im NT wird zwar die Verführung Evas nicht verschwiegen (2Kor 11,3), aber die theol. Bedeutung des Sündenfalls an Adam dargstellt (Röm 5,12-21). Maßgebend wird die Ehe des ersten Menschenpaares, weil sie Fügung Gottes ist (Mk 10,6-9); für Paulus war E. ein Antitypos für die Kirche, die Braut des zweiten Adam Christus (2Kor 11,2; vgl. Eph 5,25-31).

In der christl. Gnosis, in der die Bedeutung von Paradies und Sündenfall in ihr Gegenteil verkehrt wurden, konnte E. als Verkörperung der himmlischen »Erkenntnis des Lichtes« gelten, wodurch sie zur wahren Hilfe Adams wurde (Ap Joh NH II, 20-22; BG 56-61).

Lit.: A. Böhlig: Der Name Gottes in Gnostizismus und Manichäismus, in: Der Name Gottes, 1975, 149f; Heon-Wook Park: Sōma Christou, 1992.

O. Betz

Evagrius Ponticus (345-399)

Bedeutender ägypt. Mönchstheologe des 4. Jh.s. Geb. 345 in Pontus, wird E. in Konstantinopel von Gregor von Nazianz zum Diakon geweiht. 381/83 begibt er sich über Jerusalem zu den ägypt. Mönchen in die nitrische Wüste, wo er eine reiche literarische Tätigkeit entfaltet. Im Streit um das bibl. Gottesverständnis stellt sich E. gegen die Anthropomorphiten auf die Seite der Origenisten. E. stirbt 399. Seine Lehre stößt wegen ihrer Nähe zur Theologie des → Origenes schon früh auf Kritik (Hieronymus), die 553 auf dem fünften Ökumen. Konzil von Konstantinopel in der Verurteilung E.' als Häretiker gipfelt. Nur z.T. liegen darum die Werke des E. im griech. Original vor (Praktikos; Mönchsspiegel u.a.); zumeist sind sie ins Syrische und Armenische übersetzt (Kephalaia Gnostika; Antirrhetikos; Briefe u.a.) oder unter anderem Namen (Nilus von Ancyra) überliefert.

E. unterscheidet zwischen einem tätigen und einem kontemplativen Leben. Der Mönch durchläuft durch seine Absage an die Welt und seinen Kampf gegen die Versuchungen (Acht-Laster-Lehre) einen inneren Aufstieg, der ihn zur Ruhe, zur Leidenschaftslosigkeit und zuletzt zur Erkenntnis Gottes führt. Diese vollkommene Hingabe an Gott ist ein unablässiges Gebet. In seiner Metaphysik nimmt E. an, daß von der göttlichen Ureinheit Vernunftwesen abgefallen sind; dies führte zur Schöpfung und erklärt die Erlösungssehnsucht des Geschaffenen. Allein Christus führt als göttlicher Logos zum Ursprung zurück. Trotz seiner postumen Verurteilung hat E. auf das ägypt. (Hist. Laus.; Hist. Mon.; Apophthegmata Patrum) und lat. Mönchtum (Joh. Cassian, Rufin; Gennadius) gewirkt. Besonders in der Ostkirche und vor allem in Syrien wird das Gedächtnis an ihn ehrend bewahrt (Maximus Confessor).

Lit.: A. Guillaumont: »Evagrius Ponticus«, TRE 10, 1982, 565-570; E. Ponticus, Briefe aus der Wüste, hg. G. Bunge, 1986; M. Viller, K. Rahner: Aszese und Mystik in der Väterzeit, [2]1989.

H. Holze

Evangelien, neutestamentliche

1. Der Ursprung der Evv.überlieferung liegt bei Jesus selbst. Er hat in Logien und Gleichnissen seine Lehre zusammengefaßt und sich dabei zur besseren Behältlichkeit oft poetischer Kunstformen bedient. Seine Lehrsummarien hat Jesus wiederholt als Eröffnung, Abschluß oder Illustration von Reden und Gesprächen vorgetragen. Eine Aufgabe des vorösterlichen Jüngerkreises bestand darin, sich als Schüler die Lehre Jesu einzuprägen, um sie dann bei der vorösterlichen Mission in Israel weitergeben zu können (Lk 10,16). Für die Jünger, die Jesu messianischem Anspruch Glauben schenkten, besaßen seine Worte höchste Autorität (Mk 8,38; 13,31).

2. Durch die Auferstehung wurde Jesu vorösterliche Verkündigung mit ihrer Deutung seines Leidens und Sterbens als stellvertretende Sühne durch Gott bestätigt. Die Überlieferung der Jerusalemer Urgemeinde umfaßte a) die vorösterlichen Worte Jesu, b) einen Passionsbericht, der Jesu Leiden im Licht des AT deutete (1Kor 11,23-25), c) einzelne Geschichten aus dem Leben Jesu und d) erste Zusammenfassungen des gemeinsamen Glaubens (1Kor 15,3-5). Eine umfassendere Logiensammlung und eine ausführlichere Passionsgeschichte wurden wahrscheinlich schon vor 40 n.Chr. in Jerusalem schriftlich festgehalten und auch ins Griech. übersetzt. In dieser Zeit hatte der vorösterliche Zwölferkreis maßgeblichen Einfluß auf die Gestaltung der Überlieferung (vgl. Apg. 2,42).

3. Wie die Paulus-Briefe zeigen, wurde die urkirchl. Jesus-Überlieferung auch in den heidenchristl. Missionsgemeinden weitergegeben (1Kor 7,10f; 9,14 u.ö.). Vereinfacht lassen sich folgende Überlieferungsströme voneinander unterscheiden: a) die Tradition der konservativen Jerusalemer Judenchristen um den Herrenbruder Jakobus (hebraisierende lukanische Sonderüberlieferung), b) die petrinische Überlieferung (vor allem hinter Markus), c) eine galiläische Tradition (in Teilen des Matthäus) sowie d) die Überlieferung Jerusalemer und dann Antiochener Hellenisten (Teile der Logientradition des Matthäus und Lukas).

4. Das Verhältnis zwischen den drei synoptischen Evv. Matthäus, Markus und Lukas kann nur durch eine literarische Verwandtschaft befriedigend erklärt werden, so sehr der weitergehende Einfluß mündlicher Überlieferung immer in Rechnung zu stellen ist. Die Mehrheit der Forscher vertritt heute die Zwei-Quellen-Theorie, nach der Matthäus und Lukas gemeinsam den Markus sowie eine Redenquelle Q vorliegen hatten. Die zum Teil sehr abweichenden Fassungen dieser Hypothese weisen darauf hin, daß sie den synoptischen Sachverhalt nur sehr schematisch erklären kann. Deshalb haben in letzter Zeit auch andere Erklärungsversuche an Einfluß gewonnen. Die erneuerte Griesbach-Hypothese hält Matthäus für das älteste Ev., das Lukas vorlag, während Markus eine Zusammenschreibung der beiden Vorgänger darstelle. Andere Forscher lehnen eine direkte Benutzung der Synoptiker untereinander ab und erklären die Übereinstimmungen durch gemeinsam benutzte Quellen (Mehr-Quellen-Hypothese).

5. Die entscheidende Phase für die Ablösung von inoffiziellen schriftlichen Aufzeichnungen durch öffentlich herausgegebene Evv.schriften war die Zeit um 70 n.Chr., als die apostol. Generation aus natürlichen Altersgründen, aber auch durch das Martyrium erlosch. In den wichtigsten Kirchengebieten lösten schriftliche Evv. die lebendige Autorität der apostol. Augen- und Ohrenzeugen ab und sicherten so die Jesus-Überlieferung auch für die kommende Generation:

a. Markus in Rom (noch vor 70 n.Chr.) die petrinische Tradition,

b. Lukas im paulin. Missionsgebiet (Achaja?, Ephesus?) Antiochener und Jerusalemer Überlieferungen,

c. Matthäus eine zum Teil aus der Schultradition dieses Zwölferjüngers stammende Überlieferung für Palästina und Syrien.

6. Das JohEv. geht auf eine gegenüber den Synoptikern eigenständige palästinische Jesus-Tradition zurück, die in Sprache und Vorstellungswelt gewisse Berührungen zu Qumran aufweist. Das vierte Ev. setzte die übrigen voraus und wollte sie bewußt ergänzen. Seine Endgestalt erhielt es offenbar nach

dem Tod des Johannes in seinem Schülerkreis (Joh 21) in Ephesus. Besonders in den Reden des vierten Ev.s sind treue Überlieferung und theol. Deutung sehr eng miteinander verwoben.

7. Die Vier-Evv.-Sammlung entstand am Beginn des 2. Jh.s n.Chr. und hängt vielleicht ebenfalls mit dem johanneischen Schülerkreis zusammen. Sehr alt sind auch die Überschriften »Evangelium nach Matthäus« usw., die zum Ausdruck bringen, daß es nur eine Frohbotschaft von Jesus Christus gibt, wenn auch in verschiedener Bezeugung. Von der Überschrift in Mk 1,1 her wurde »Evangelium« dann zur Gattungsbezeichnung für eine Darstellung des Lebens und der Lehre Jesu. Die handschriftliche Bezeugung der Evv. reicht mit dem unumstrittenen Fragment des Papyrus 52 (Joh 18) bis ins erste Viertel des 2. Jh.s zurück. Ob in der 7. Höhle von Qumran ein Bruchstück des Markus-Ev.s gefunden wurde (7Q5 = Mk 6,52f), wird kontrovers diskutiert.

8. Lange Zeit hat man die vier kanonischen Evv. als übereinstimmendes Christus-Zeugnis aufgefaßt, auch wenn schon die alte Kirche manche Schwierigkeiten bei der Harmonisierung empfand. Während sich in der alten und mittelalterl. Kirche Matthäus großer Beliebtheit erfreute, schätzten die Reformatoren vor allem Johannes. Seit der Aufklärung des 18. Jh.s rückte dann bei der Frage nach dem sog. »historischen Jesus« Markus als anscheinend ältestes und am wenigsten dogmatisch überformtes Ev. in den Mittelpunkt des Interesses. Wenn in neuester Zeit apokryphe Evv. wie das des Thomas den kanonischen Evv. als Geschichtsquellen gleichberechtigt an die Seite gestellt werden, so stellt das einen Rückschritt der Forschung dar. Bei all ihren Grenzen als antike Geschichtsdarstellungen legen die Evv. auch den modernen Historiker auf ein deutliches Bild von Person, Geschichte und Verkündigung Jesu fest.

Lit.: M.-É. Boismard, A. Lamouille: Aus der Werkstatt der Evangelisten, 1980; H. Cancik (Hg.): Markus-Philologie, 1984; M. Hengel: Zur urchristlichen Geschichtsschreibung, [2]1984; W.G. Kümmel: Einleitung in das NT, [21]1973; R. Riesner: Jesus als Lehrer. Eine Untersuchung zum Ursprung der Evangelien-Überlieferung, [3]1988; J.A.T. Robinson: Wann entstand das NT?, 1986; H.H. Stoldt: Geschichte und Kritik der Markushypothese, [2]1986; F. Stuhlhofer: Jesus und seine Schüler, 1992; P. Stuhlmacher (Hg.): Das Evangelium und die Evangelien, 1983; G. Theißen: Lokalkolorit und Zeitgeschichte in den Evangelien, 1989; C.P. Thiede: Markus in Qumran?, [3]1992.

R. Riesner

Evangelien, apokryphe

Im Unterschied zu den in die griech. Bibel (LXX) aufgenommenen »gut und nützlich« zu lesenden → Apokryphen des AT wurden die pseudoapostol. Apokryphen zum NT schon früh aus dem gottesdienstl. Gebrauch der Kirche ausgeschieden bzw. gar nicht erst in ihn aufgenommen. Es handelt sich bei ihnen um Evangelien, Apostelakten, Briefe und Offenbarungen, die zwar beanspruchen, von Augenzeugen der Jesusgeschichte verfaßt zu sein, aber unser Wissen von ihm nicht bereichern. Unter ihnen enthalten die a. E. entweder legendenhafte Ausschmückungen von Jesu Leben, vor allem von seiner Kindheit (a) oder aber häretisch gefärbte Jesusworte bzw. esoterische Offenbarungen des Auferstandenen (b).

zu a. Das (griech.) Jakobusbuch oder Protevangelium erzählt wunderbare Begebenheiten aus der Vorgeschichte bzw. Kindheit Jesu, die zum Teil von berühmten Malern des Mittelalters dargestellt und durch sie bekannt sind; so von den Eltern der Mutter Jesu, Joachim und Anna, von der späten Geburt Marias und ihren im Tempel verbrachten Mädchenjahren, schließlich von ihrer Verlobung mit Josef (1-10). Stark erweitert und legendenhaft ausgeschmückt ist die aus Mt 1-2 und Lk 1-2 bekannte Geschichte von der Geburt Jesu (Kapp. 11ff).

Im Kindheitsevangelium des Thomas (zwei verschiedene Versionen in Griech. und Lat.) werden wunderbare Taten des Jesuskindes erzählt, die seine übernatürliche Kraft und Weisheit offenbaren. Noch spätere Berichte über die Eltern und die Kindheit Jesu sind in kopt., armen. und arab. Evangelien enthalten.

zu b. Ebensowenig konnten die von christl. Sondergruppen, besonders in gnostizistischen Kreisen verfaßten E. sich in der Großkirche durchsetzen. Durch Zitate, die sich bei Kirchenvätern wie Irenäus oder Eusebius finden, sowie durch kleine zum Fund von Oxyrhynchus gehörende griech. Fragmente, sind uns Bruchstücke eines Hebräerevangeliums (= Nazaräerevangelium) bekannt (über die Empfängnis Jesu durch den hl. Geist, seine Taufe), eines Ebionitenevangeliums (= Evangelium der Zwölf; über Johannes den Täufer), dann Logien Jesu aus einem Ägypter-Evangelium, einem Evangelium des Thomas, einem Philippus-Evangelium. Die beiden letzteren wurden zusammen mit vielen anderen Apokryphen in der von christl. Gnostikern stammenden Bibliothek kopt. Handschriften 1945 in Nag Hammadi (Oberägypten) entdeckt. Da das zu ihnen gehörende »Apokryphon des Johannes« (NH II,1 u.a.

von Irenäus teilweise dargestellt wird, können einzelne dieser ursprünglich wohl in griech. Sprache abgefaßten Schriften bereits in der Mitte des 2.Jh.s n.Chr. entstanden sein. Das »Evangelium der Wahrheit« (NH I,3 und XII,2) schildert Jesus als göttlichen Sohn und Logos, der den Vater offenbart. Das wohl zu gleicher Zeit entstandene Thomasevangelium (NH II,2) bietet die »geheimen Worte, die der lebendige (d.h. auferstandene) Jesus sprach«. Dabei handelt es sich um Gleichnisse oder Logien, die den synoptischen Evv. entnommen, aber verkürzt oder erweitert und z.T. auch mit anderen Jesusworten so verbunden sind, daß sie einen neuen, geheimnisvollen Sinn erhalten; auch uns bisher unbekannte Jesusworte sind eingefügt. Der Versuch, in diesen Logien des Thomasevangeliums die Reste alter Jesusüberlieferung zu finden (J. Jeremias, K.H. Hunzinger u.a.), dürfte kaum gelungen sein. Das Philippusevangelium (NH, II,3) bietet eine Jesustradition, die von der uns bekannten weit entfernt ist und ein besonderes Interesse an den fünf gnostischen Sakramenten verrät. Auch andere, nicht ausdrücklich als E. bezeichnete NH-Texte (z.B. das »Apokryphon des Johannes«, auch in Codex BG 8502) bieten Lehren des Auferstandenen an die Jünger, während das »Evangelium der Maria« (nur in Codex BG 8502) von einem Gespräch zwischen den Jüngern und Maria (Magdalena) berichtet, der eine Vision des Herrn und eine besondere Offenbarung zuteil wurde.

Lit.: F.F. Bruce, E. Güting: Außerbiblische Zeugnisse über Jesus und das frühe Christentum, 1991; E. Klostermann: Apocrypha II, Evangelien KlT 8, 1929; I.M. Robinson: The Nag Hammadi Library in English, [3]1988; W. Schneemelcher: Neutestamentliche Apokryphen Bd. I, Evangelien, [4]1968.

O. Betz

Evangelienharmonie

Eine E. versucht, die vier Evv. des NT in eine zusammenfassende Darstellung unter Berücksichtigung der Erzähl- und Redestoffe aller Evv. zu bringen. Dahinter steht der Wunsch, das Ärgernis zu überwinden, daß die Jesusüberlieferung so unterschiedlich tradiert worden ist. Natürlich kann ein solcher Versuch nicht gelingen, weil sich der Bearbeiter (z.B. im Fall der vierfachen Überlieferung des Petrusbekenntnisses bei Caesarea Philippi, Mk 8,27ff, par.) für eine der überlieferten Versionen bzw. deren Addition entscheiden muß. Durch eine E. entsteht so, unbefriedigend genug, ein künstlich konstruiertes fünftes Evangelium. Deshalb hat die Kirche diese Versuchung immer wieder abgewehrt.

Folgende E.n liegen vor:

1. Das Diatessaron (= eines aus vieren) des Tatian, ein offenbar weit verbreitetes Buch, das allerdings in keinem Exemplar mehr vorhanden ist. So bleiben Sprache, Entstehungsort und -zeit dunkel, und nur Vermutungen sind möglich. Da Tatian als Fast-Häretiker betrachtet wurde, galt sein Diatessaron als »Evangelium der Getrennten« und wurde von der Kirche eingezogen und wahrscheinlich vernichtet. Immerhin hat es Übersetzungen ins Lat. und Armen., Syr. und Arab., Mittelenglische, Mittelniederländische und Altitalienische gegeben. Das Diatessaron wurde auch in Kurzform (Epitome) gebracht und episch bearbeitet, angefangen beim Heliand um 830 bis zu den Gesta Christi (J. → Hus?) um 1400 und den beiden Harmonien des Luscinius 1523 und 1524.

2. Augustin hat keine E. zusammengestellt, aber Richtlinien für eine solche Arbeit in seiner Schrift »De consensu evangelistarum« niedergelegt.

3. Das Monotessaron Gersons (1369-1429) ist eine möglichst wortgetreue Bearbeitung des Bibeltextes unter Aufnahme aller Worte des Evangeliums. Es wurde übersetzt nach dem Luther-Deutsch von Erlinger 1524-1530, außerdem von Branteghen 1537, Dupryherbault 1547 und Antonius von Königstein 1542. Im 16. Jh. muß es ca. 40 E.n gegeben haben.

4. Berühmt wurde die 1537 erschienene Harmonia evangelica von A. Osiander mit vielen Nachdrukken, Bearbeitungen und Neuversuchen im 16. Jh. 1583 erscheint dafür erstmals der Begriff Synopsis.

5. Eine E., an der mehrere Theologen und verschiedene Generationen gearbeitet haben, ist die Harmonia evangelica des M. Chemnitz, P. Leyser d.J. und J. Gerhard, endgültig abgeschlossen und erschienen 1652. Auch im Zeitalter des → Pietismus gibt es noch mehrere E.n.

Lit.: C. Peters: Das Diatessaron Tatians, 1939; D. Wünsch: Evangelienharmonie im Reformationsjahrhundert, 1982; ders.: »Evangelienharmonie«, TRE 10, 1982, 626-636 (Lit.).

G. Ruhbach

Evangelikal

1. Der Begriff »evangelikal«

Der Begriff e. reicht im angelsächsischen Bereich bis in die Zeit John → Wycliffs (14. Jh.) zurück. Die Anhänger der → Reformation wurden in England, weil sie dem → Evangelium gemäß glaubten und lebten, »Evangelicalles« genannt. In der Folgezeit wurde bis zur großen methodistischen Erweckung des 18. Jh.s der Begriff in Großbritannien allerdings durch die Bezeichnung »protestant« zurückgedrängt. In Deutschland wird die englische Bezeichnung »evangelical« seit dem 16. Jh. als Übersetzung des deutschen »evangelisch« gebraucht; so ist im Oxford Dictionary of the Christian Church der Name »EKD« mit »Evangelical Church in Germany« wiedergegeben, während umgekehrt die »Evangelical Alliance« mit Evangelische Allianz übersetzt wird. Seit den 70er Jahren des 20. Jh.s bezeichnet der Begriff e. in Deutschland jedoch zunehmend die pietistisch-erweckliche und reformat.-bekennende Bewegung in den verschiedenen ev. Landes- und Freikirchen.

2. Entstehung und Geschichte

Der Evangelikalismus wurzelt im angelsächsischen Bereich in der puritanischen Erweckung und im kontinentaleuropäischen Bereich im → Pietismus des 17. Jh.s. Seine Weiterführung im 18. Jh. ist die methodistische Bewegung in England und Schottland, das Great Awakening in den amerikanischen Kolonien und die deutsche → Erweckungsbewegung. Die englische → Keswick-Bewegung und die deutsche → Gemeinschaftsbewegung des 20. Jh.s stehen in der unmittelbaren Tradition des Evangelikalismus.

Für die Integration der sehr vielgestaltigen e.en Gruppierungen zu einer ökumen. aktiven Weltbewegung wurde die 1846 in London erfolgte Gründung der Ev. → Allianz entscheidend wichtig.

3. Organisationsformen und Verbreitung

Die Evangelikalen bilden keine eigene Konfessionskirche, sondern verstehen sich als geistl. Erneuerungsbewegung in den verschiedenen Denominationen. So bildet in der anglikan. Kirche der e.e Flügel die sog. »low church«. In den USA sind z.B. die Southern Baptist Convention und die Missouri-Lutheraner stark e. geprägte Kirchen. Weltweit ist der Evangelikalismus von der Heiligungsbewegung (z.B. Church of the Nazarene), den Pfingstkirchen, der neueren → charismatischen Bewegung, aber auch von Einflüssen der amerikanischen Social-gospel-Bewegung bestimmt. Viele junge Kirchen in der Dritten Welt, die durch pietist. Missionsgesellschaften gegründet wurden, sind bis heute weithin e.

Noch bedeutsamer als der Einfluß in einzelnen Kirchen und Denominationen sind die großen international wirksamen Zusammenschlüsse der Evangelikalen. Im 19. Jh. sind hier u.a. die Gründung der YMCA (George Williams; → Christlicher Verein junger Menschen), die → Heilsarmee (William → Booth) und repräsentativ für die Gründung neuer Missionsgesellschaften die China-Inland-Mission (Hudson → Taylor) zu nennen. Im 20. Jh. stellen die 1951 erfolgte Gründung der World Evangelical Fellowship (WEF) und die Entstehung der → Lausanner Bewegung für Weltevangelisation (1974) wichtige Foren für die E.en dar. Entscheidende Impulse sind im 20. Jh. von der → Billy Graham Evangelistic Association ausgegangen. Der amerikanische baptistische Evangelist B. Graham ist zweifellos die bekannteste und herausragendste Führungspersönlichkeit in der gegenwärtigen e.en Bewegung.

Die Basisarbeit der E.en geschieht weltweit vor allem im Rahmen der national und kontinental organisierten Evangelischen Allianzen unter dem Dach der WEF; so z.B. in der amerikanischen National Association of Evangelicals oder in der Deutschen Evangelischen → Allianz, die ihrerseits Mitglied der Europäischen Evangelischen Allianz ist.

Die kontinuierliche praktische Arbeit vollzieht sich in einem weitläufigen Netzwerk von Gebetswochen, Konferenzen, theol. Hochschulen, publizistischen Einrichtungen, Evangelisationsprojekten, parakirchlichen Missionswerken, diakon. Einrichtungen sowie Bibel- und Missionsgesellschaften.

Nach Auskunft der World Christian Encyclopedia sind weltweit ca. 150 Mio. Christen zur e.en Bewegung zu rechnen.

4. Theologie und Spiritualität

Der Evangelikalismus ist seinem Wesen nach primär eine Frömmigkeitsbewegung, die in der Erfahrung des Christwerdens durch → Buße, → Bekehrung und Wiedergeburt wurzelt. Wichtig ist weiterhin das praktizierte Christsein durch ethische Heiligung, die spirituelle Praxis des Gebets, der gegenseitigen Erbauung und Seelsorge sowie persönliche und gemeinschaftliche Bibellese bzw. Bibelauslegung. Die sog. »Stille Zeit« über der Bibel und die Praxis der Gebetsgemeinschaften mit frei formulierten Gebeten haben einen hohen Stellenwert. In ihren Aktivitäten räumen die E.en der Mission und persönlichen → Evangelisation – verbunden mit diakon. Engagement – hohe Priorität ein.

In Auseinandersetzung mit dem von der → Aufklärung bestimmten prot. Liberalismus und Modernismus haben sich die Evangelikalen vor allem in den großen Konfessionskirchen als entschiedene Gegenbewegung formiert. Charakteristisch für ihre

Theologie ist das bewußte Festhalten am »historical Christian faith«, wie er sich in der Bibel und den altkirchl. ökumen. → Bekenntnissen findet. In Abgrenzung gegenüber der → Bibelkritik des Neuprotestantismus betonen die Evangelikalen die Geltung der gesamten Hl. Schrift als höchster und einzig verbindlicher Lehrautorität in der Kirche und als Norm aller Theologie. Begründet wird die Normativität der Schrift gewöhnlich mit dem Hinweis auf deren Inspiration; wobei das Inspirationsverständnis mit unterschiedlichen Akzentuierungen interpretiert wird (das Spektrum umfaßt fundamentalistische und biblizistische Positionen).

Mit der → Reformation wird von Evangelikalen die ausschließliche Heilsbedeutung Jesu Christi unter besonderem Hinweis auf seinen stellvertretenden Sühnetod, seine leibliche Auferstehung und seine zu erwartende sichtbare Wiederkunft festgehalten. Die e.e Ekklesiologie (Lehre von der Kirche) geht primär von der heilsnotwendigen Wiedergeburtserfahrung und Heiligung des einzelnen aus. Sie gründet christl. Ökumene deshalb auf den Zusammenschluß einzelner Christen, die bewußt Nachfolge Jesu leben wollen, sich zur gemeinsamen Glaubensbasis bekennen, in Mission und Diakonie zusammenarbeiten und Formen geistl. Lebens miteinander praktizieren; darüber hinausgehende konfessionelle Lehrunterschiede und sakramentale Vollzüge des kirchl. Lebens sind für die E.en sekundär und obwohl kirchentrennend, letztlich nicht glaubensspaltend.

Grundlegende Dokumente e.er Theologie sind die Glaubensbasis der Evangelischen Allianz (1846), die → Frankfurter Erklärung zur Grundlagenkrise der Mission (1970), die Lausanner Verpflichtung (1974) und das Manila-Manifest (1989).

Lit.: D.G. Bloesch: The Future of Evangelical Christianity, 1983; K. Bockmühl: Evangelikale Sozialethik, 1975; E. Geldbach: Evangelikalismus. Versuch einer historischen Typologie, in: R. Frieling: Die Kirchen und ihre Konservativen, 1984, 53-83; J.D. Hunter: American Evangelicalism, 1983; F. Laubach: Aufbruch der Evangelikalen, 1972; B. Shelley: Evangelicalism in America, 1967; J.R. Stott: Einheit der Evangelikalen, 1975.

R. Hille

Evangelisation

1. Begriff

E. ist öffentliche und leidenschaftliche Ankündigung der mit Kreuz und Auferstehung Jesu eröffneten letzten Zeit. Sie lädt zu einem neuen Leben in Hoffnung ein, dringend, aber nicht drängerisch. E. gehört zum »Wesen der Kirche« (H. Lilje). Sie ist »aggressiver« Ruf zur Umkehr, gerichtet an Menschen, »die an der zukunftslosen Realität orientiert sind« (W. Kohler). Sie ist Heilsbotschaft, »doch mit dem konstitutiven Horizont der Gerichtsdrohung« (W. Klaiber). E. stiftet Unruhe und ruft zur Weltverantwortung als Antwort auf die Einzigartigkeit Jesu Christi. E. hat Anteil an der Missio Dei (Mt 28,18-20), als »ein Auftrag unter anderen, wenngleich der wichtigste« (J. Moltmann). Ihre Sprache ist einfach, werbend, christozentrisch, freundlich und aufmerksam ausgerichtet auf die Hörer. E. will erwekkend wirken an Getauften und nicht Getauften. Sie ruft in die Gemeinde und zu einem Leben in der Heiligung.

2. Zur Geschichte

Die → Alte Kirche war Missions- und Evangelisationskirche, im O bis zur islam. Überfremdung (nach 634); im W bis ins MA. Die → Reformation zielte auf die Erweckung der Christenheit, ihre → Bekenntnisschriften rufen Getaufte zu Buße und Umkehr. Der → Pietismus verstand sich als Weiterführung der unvollendeten Reformation, um mit dem Priestertum der Glaubenden andere zum Glauben einzuladen. Im angloamerikanischen Bereich begann die klass. E. mit der Predigt von George → Whitefield (1714-1770) vor Bergleuten in England (2. Febr. 1739). Seither gehören erweckende Predigt und soziale Verantwortung in der E. zusammen gemäß John → Wesleys (1703-1791) Ziel: »reform the nation and not especially the church«. Er war auch Bahnbrecher der engl. Arbeiterbewegung. Der Revivalismus in den USA (nach 1791) verband Erweckung mit vorbildlicher Sozialarbeit. Erst nach dem Zweiten Weltkrieg erfolgte die Beschränkung der E. auf persönliche Erweckung und »church planting« in der Abwehr des von der Erweckung losgelösten »social gospel«. In Deutschland wird die E. seit J.H. → Wichern (1808-1891) im Zusammenhang mit der Inneren Mission (1848) gefordert. Der Gnadauer Verband (1888) verantwortet neben den Freikirchen »Evangelisation und Gemeinschaftspflege«. Das drängerische Element trat immer mehr zurück zugunsten des bibl. Zeugnisses mit seiner vertiefenden Seelsorge, z.B. bei Elias → Schrenk (1831-1913) und Samuel → Keller (1856-1925). Die Zeltmission begann mit Jakob → Vetter (1872-1918) im Jahre 1902. Zur Volksmission in den Landeskirchen rief G. Hilbert 1916 auf. Nach dem Zweiten Weltkrieg erhielt die E. neue Impulse aus der evangelikalen Bewegung und dem Weltrat der

Kirchen (ÖRK Amsterdam 1948ff). E. wurde eschatologisch begründet, ihre Weltverantwortung auf die Vollendung des Reiches Gottes ausgerichtet. Mit Uppsala 1968 (ÖRK) kam es zwischen beiden Richtungen zu Spannungen. Der eschatologische Schalom wurde im ÖRK verstanden als »soziale Harmonie ... ohne eine vergleichbare Sorge um den geistlichen Hunger der Menschen« (John Stott). Die Evangelikalen schlossen sich 1974 in Lausanne (→ Lausanner Bewegung) zusammen. Sie sind weltweit Impulsgeber der E. unter Anerkennung der sozialen Verantwortung. Das Missionarische Jahr 1980 in Deutschland ging z.B. auf die Initiative von Lausanne zurück. Die Verbindung zwischen ÖRK und Lausanne ist nicht abgerissen, Annäherungen zeichnen sich ab, weil Wort und Tat unlösbar zusammengehören.

3. Fragestellungen

a. Bis in die Mitte der 50er Jahre war »Mission« Ruf an Menschen außerhalb der christl. Welt (Gustav Warneck, 1834-1910). E. war der Erweckungsruf an Getaufte. Heute bildet Mission als Missio Dei den Oberbegriff für die gesamte Sammlung und Sendung der Gemeinde Jesu zu Martyria (= Zeugnis), Diakonia (= Weltzuwendung) und Koinonia (Gemeinschaft). Alle E. ist auch Mission, aber nicht alle Mission ist gleichzeitig E.

b. Träger der E. ist die Ortsgemeinde, d.h. alle Christen, die an einem Ort wohnen, unabhängig von ihrer kirchl. Zugehörigkeit. Alleinvertretungsansprüche einzelner Kirchen oder Gruppen rauben der E. geistl. Kraft und innere Vollmacht. Die Ortsgemeinde ist vor Ort der Brief Christi (2Kor 3,3); ihre bloße Existenz ist - positiv oder negativ - Zeugnis vor Menschen.

c. Kommunikation zwischen Glaube und Unglaube ist Aufgabe der E. Die Verstehensmöglichkeiten zwischen Kirche und Welt sind heute äußerst gering. E. braucht daher Geistesgegenwart im Hinhören und Ernstnehmen der Vielfalt von Mentalitäten, Denk- und Sprachformen einer multikulturellen Gesellschaft.

d. Laien waren von der Urchristenheit bis heute Träger von E. »Der Laie ist der Missionar des 20. Jahrhunderts« (ÖRK-Evanston 1954). Der Laie verdeutlicht in seiner Existenz Kirche in der Welt. Laien erfahren handfest, daß das »Corpus Christianum« erledigt ist. Laiendienst ist als E. mitgeteiltes Leben und Zeugnis der Hoffnung (1Petr 3,15) inmitten der Welt.

e. Der Ruf zur Entscheidung gehört zum klass. Verständnis der E. Was Hilfe sein will, kann als Manipulation verstanden werden. E. Schrenk, W. → Busch u.a. haben den Ruf nach vorne abgelehnt. Das persönliche Ja zum Ja Gottes ist bibl. fundiert. Hilfen dazu können liturg. Formen sein, in denen personhaft erfahrbar wird, daß Gottes Gnade dem Fragenden gilt. Der Schatz des Segens ist für die E. noch nicht ausgeschöpft.

f. Gesellschaftskritik gehört zur E. Nach M. Luther muß »sündlicher Stand« aufgehoben werden, d.h. sündige Strukturen hindern nicht nur den Lauf des Evangeliums; sie müssen darüber hinaus öffentlich unter das Gericht Gottes gestellt werden. Das erfordert Geistesgegenwart in Sachkenntnis, Augenmaß, Gegenwartsbezug, Zucht und Leidensbereitschaft.

g. E. in der Bildungs- und Kommunikationsgesellschaft fordert zu neuen Formen heraus. Der »außengeleitete Mensch« vermag seine eigenen Kräfte nur schwer sachgemäß einzuschätzen. Die Emotionen spielen eine beherrschende Rolle.

Lit.: W. Bub: Evangelisationspredigt in der Volkskirche, 1989; J. Hansen, Chr. Möller: Evangelisation und Theologie, 1980; J.Chr. Hoekendik: Die Zukunft der Kirche und die Kirche der Zukunft, 1964; W.J. Hollenweger: Evangelisation gestern und heute, 1973; W. Klaiber: Ruf und Antwort, 1990; W. Kohler: Umkehr und Umdenken, 1988; H.J. Margull: Theologie der missionarischen Verkündigung, 1959; H. Marquardt, U. Parzany (Hg.): Evangelisation mit Leidenschaft, 1990; V. Samuel, A. Hauser: Proclaiming Christ in Christ's way, 1989; P.W. Schäfer: Evangelisation, viele Wege, ein Ziel, 1989; P. Scharpff: Geschichte der Evangelisation, [2]1980; A. Schulte: Evangelisation praktisch, 1979; J.R.W. Stott: Gesandt wie Christus, 1976; K. Teschner (Hg.): Die Botschaft von der freien Gnade, FS J. Hansen, 1990; J. Witzke (Hg.): Dein Wille geschehe, 1989.

J. Hasselhorn

Evangelisationsverein, Deutscher

Der E. wurde 1884 in Bonn auf Betreiben Th. → Christliebs zusammen mit E. → Schrenk als erfahrenem Evangelisten, J.v. → Oertzen, E.v. → Pückler, A.v. → Bernstorff u.a. gegründet. Das Ziel, »die gemeinsamen Interessen der deutschen Evangelisation zu vertreten und zu fördern, vorzüglich eine Vereinigung aller herbeizuführen, welchen die → Evangelisation am Herzen liege« (so Pückler 1886), also eine Art Dachverband der verschiedenen Evangelisationsbestrebungen kirchl. Charakters zu schaffen, konnte angesichts vorhandener selbständiger Organisationen (→ Innere Mission, Stadtmission, → Evangelische Gesellschaft, Verein für Reisepredigt u.a.) nicht erreicht werden. Von der zugleich als Problem erkannten Tatsache eines speziellen »Evangelistenamtes« neben dem geordneten Pfarramt überzeugt, beschloß der E. 1886 die Einrichtung der Evangelistenschule → Johanneum (→ Ausbildung, theologische b.) zur Ausbildung evangelistisch begabter Laien. Anläßlich der Übersiedlung der Schule nach Wuppertal-Barmen 1893 löste sich der E. auf; seine Hauptanliegen Evangelisation und »Weiterpflege der Erweckten« sind von der noch durch Christlieb und seine Freunde einberufenen ersten Gnadauer Pfingstkonferenz 1888 aufgegriffen worden und haben schließlich im Gnadauer Verband (→ Evangelischer Gnadauer Verband) eine in die Zukunft führende Struktur gefunden.

Lit.: E. Fleisch: Die moderne Gemeinschaftsbewegung I, [2]1912, 82-87; H. Klemm: Elias Schrenk. Der Weg eines Evangelisten, 1961, 260-338.

G. Balders

Evangelisch

1. Der normative Begriff »evangelisch«

Das Wort »evangelisch« weist als Adjektiv, das vom griech. Begriff *euangelion*, »Frohbotschaft«, abgeleitet ist, darauf hin, daß etwas »dem → Evangelium zugeordnet« bzw. »dem Evangelium gemäß« ist. Die Übersetzung »dem Evangelium gemäß« signalisiert zugleich, daß es sich um einen Normbegriff handelt. Er macht deutlich, daß ein Verhalten oder eine Lehre mit dem Evangelium von Jesus Christus übereinstimmt. Sobald diese Übereinstimmung fraglich wird, wird der im Begriff »evangelisch« enthaltene normative Anspruch deutlich und relevant.

2. Die Konfessionalisierung des Begriffs

Bereits im MA wurde der Hinweis auf die »vita evangelica et apostolica« zeitweise kritisch gegen die verweltlichte Kirche verwendet.

Vor allem die Reformatoren kennzeichneten ihre am Zentrum des Evangeliums neuentdeckte Rechtfertigungsbotschaft als »evangelisch« und zwar im elementaren Sinne des Wortes.

E. ist nach ihrer Überzeugung die ursprüngliche und für die weltweite Christenheit verpflichtend gültige Gestalt christl. Glaubens und Lebens überhaupt. Allerdings setzte Martin → Luthers Gegenspieler Johann → Eck schon 1519 die Bezeichnung »evangelisch« polemisch ein; so begegnet sie 1529 auch bei → Erasmus von Rotterdam. Der Begriff »evangelisch« wurde bald von den entstehenden prot. Kirchen zur Selbstbezeichung verwendet; er setzte sich damit als Konfessionsname durch. 1653 schloß man sowohl Lutheraner als auch Reformierte im Corpus Evangelicorum reichsrechtlich als die nichtkath. Stände zu einer Gesandtenkonferenz zusammen. Die preußische Union von 1817 schuf schließlich aus den ehemals getrennten luth. und ref. Kirchen auf ihrem Staatsgebiet eine neue »evangelisch-christliche« Kirche. Die traditionelle Konfessionsbezeichnung »evangelisch« hat sich bis in den Namen »Evangelische Kirche in Deutschland« etc. bis heute durchgesetzt.

3. Das unverzichtbar »Evangelische«

Ungeachtet der kirchenpolit. Verengung des Begriffs »evangelisch« ist der ökumen. und normative Ursprungscharakter des Begriffs festzuhalten und in je neuen hist. Situationen der Kirche sachlich zu bewähren. Die grundlegenden Erkenntnisse der Reformation - allein Christus als Mittler zwischen Gott und Mensch, allein die Schrift als Maßstab der Lehre und Verkündigung und allein der Glaube als gnädige Rechtfertigung des Sünders bestimmen inhaltlich die Normativität des Begriffs »evangelisch«. Kirchenpolit. und theol. Diskussion um die aus dem angelsächsischen Bereich ins Deutsche übernommene Bezeichung »→ evangelikal« im Unterschied zu »evangelisch« macht erneut deutlich, daß der normative Anspruch des Evangeliums von der Kirche je neu in der Sache eingelöst werden muß. Dabei geht es also nicht um konkurrierende Religionsparteien, die gewisse Namen zur Selbstbezeichung für sich beanspruchen, sondern um das eine, der ganzen Christenheit auf Erden anvertraute und sie verpflichtende Evangelium. In diesem Sinne ist der normative Begriff »evangelisch« unverzichtbar, zumal etymologisch die Worte »evangelisch« und »evangelikal« inhaltlich identisch sind und auf dieses eine Evangelium zurückverweisen.

Lit.: W. Brändly: Zur Selbstbezeichnung der Evangelischen, Zwingliana 8 (1944-48), 471-486; H. Heppe: Ursprung und Geschichte der Bezeichnung »reformierte« und »lutherische« Kirche, 1859.

R. Hille

Evangelisch-freikirchliche Gemeinden

→ Baptisten; → Elim-Gemeinden; → Versammlung, christliche

Evangelisch Johannische Kirche

Sie wurde von Joseph Weißenberg (1855-1941) gegründet. Weißenberg verfügte von Jugend an über besondere Fähigkeiten (Reden in Trance, Heilungen durch Handauflegung, Christusvisionen u.a.). In Berlin eröffnete er ein »Heil-Institut« und nannte sich Heilmagnetiseur. Seit ca. 1900 sammelte er einen Kreis von Anhängern um sich, konvertierte 1904 zur ev. Kirche, trat 1926 wegen Streitigkeiten mit dem Gemeindekirchenrat wieder aus und gründete noch im gleichen Jahr die E.J.K. (nach Offb 21,3). Immer wieder gab es in der Öffentlichkeit Probleme um seine Person, Prozesse und Inhaftierungen. In seinem Hauptmedium Grete Müller sah seine Gemeinde eine Inkarnation der Mutter Jesu, auch Weißenberg selbst ließ sich göttlich verehren (und z.B. in das Glaubensbekenntnis aufnehmen). Seine Geistheilungen und sein Jenseitsglaube, seine Selbstbezeichnung als Inkarnation Christi, sein »Drittes Testament«, das das AT und NT überbietet, das Sakrament der geistigen Heilung, die Gründung einer neuen Kirche u.a., all das enthüllt ihn als Häretiker. Kirchengemeinschaft in irgendeiner Form ist mit seiner Gruppierung nicht möglich.

1935 wurde die »Kirche« vom NS-Staat verboten. Nach 1945 erholte sie sich nicht mehr, sondern ging von 126.000 Anhängern (1929) auf ca. 4.000 Anhänger (1981) zurück.

Lit.: K. Hutten: Seher, Grübler, Enthusiasten, [12]1982, 514-531; M. Kießig, H. Reller: Handbuch Religiöse Gemeinschaften, [3]1985, 265-280.

G. Ruhbach

Evangelisch-lutherische Kirche in Baden
→ Baden, Ev.-luth. Kirche

Evangelisch-lutherische Kirche in Bayern → Bayern, Ev.-luth. Kirche

Evangelisch-methodistische Kirche → Methodisten

Evangelisch-Sozialer Kongreß (ESK)

Der ESK wurde im Mai 1890 unter wesentlicher Anteilnahme von Adolf → Stoecker (1835-1909) gegründet. Es gelang zunächst, verschiedene kirchenpolit. Richtungen zusammenzuführen, weil man einen wissenschaftl. Austausch zwischen Theologen, Ökonomen, Juristen, Soziologen u.a. auf hohem Niveau angesichts der wirtschaftl. und ethischen Probleme der Zeit anstrebte. Die Satzung schrieb dem ESK die Aufgabe zu, »die sozialen Zustände unseres Volkes vorurteilslos zu untersuchen, sie an dem Maßstab der sittlichen und religiösen Forderung des Evangeliums zu messen und diese selbst für das heutige Wirtschaftsleben fruchtbar zu machen«. Die Sekretäre Paul Göhre (1864-1928) und Friedrich Naumann (1860-1919) wollten unmittelbar (»von unten«) sozialpolit. aktiv werden. Dies führte zu Spannungen, die durch Angriffe auf Adolf → Harnack (1851-1930) und durch die Wiederaufnahme der parteipolit. Tätigkeit Stoeckers verstärkt wurden. Dieser trat mit seinen Anhängern 1896 aus und schuf 1897 die »Kirchlich-soziale Konferenz«. Auch Naumann wandte sich vom ESK ab und gründete den »National-sozialen Verein«.

Der ESK versuchte, seine wissenschaftl. Arbeit auf großen Tagungen fortzuführen. Seine Vorsitzenden (seit 1902 Harnack, seit 1912 O. Baumgarten, 1858-1934) kamen aus dem »freien« Protestantismus. 1904 wurde die Zeitschrift »Evangelisch-sozial« von W. Schneemelcher gegründet; sie erschien bis 1941. 1923 wurde die Arbeit wieder aufgenommen. Die 1925 vom Evangelischen Kirchenausschuß angenommenen »Richtlinien für die sozialkirchliche Arbeit« zeigen den Einfluß des ESK, ebenso wie die erste Vollversammlung der Bewegung für Praktisches Christentum 1925 in Stockholm. Trotz Versuchen des letzten Vorsitzenden J. Herz gelang nach dem Zweiten Weltkrieg kein Neubeginn.

Lit.: W. Schneemelcher: ESL, [7]1980, 386f; ders., W. Liese: Christlich-soziale Bestrebungen, in: Handwörterbuch der Staatswissenschaften III, 1926, 174ff.

E. Geldbach

Evangelische Allianz → Allianz, Evangelische

Evangelische Buchhilfe → Literaturarbeit

Evangelische Gemeinschaft → Albrecht, Jakob; → Methodisten

Evangelische Gesellschaft für Deutschland – Neukirchener Mission

»Wollen wir nicht Deutschland evangelisieren?« Auf diesen Aufruf von Pastor L. Feldner (1805-1890) am 25. 8. 1848 hin kamen 53 Pastoren und

Laien in Elberfeld zusammen und gründeten die »Evangelische Gesellschaft für Deutschland« (EGfD). Anlaß waren die zunehmende Säkularisierung und die Erschütterungen des Revolutionsjahres. Kolporteure wurden ausgesandt in die deutschen Provinzen vom Saarland bis Posen. Die ersten Stadtmissionen wurden in Breslau (1855) und Dortmund (1856) gegründet. 22 »Boten« hielten 1857 an 140 Orten in ganz Deutschland regelmäßig Bibelstunden und verteilten Bibeln und christl. Schriften in den Häusern. Als offizielle Organe entstanden: »Der feste Grund« und ab 1905 auch das Blatt »Licht und Leben« (von 1948-66 war Pastor W. → Busch Schriftleiter). Als Glaubensgrundlage dienen das apostolische Glaubensbekenntnis und das »Wuppertaler Bekenntnis« zur Unfehlbarkeit der Heiligen Schrift (von Pastor Heinrich Jochums 1905-1986). 1960 erfolgte die Gründung des »Bibelseminars Wuppertal« (Fachschule für Theologie). Leitende Mitglieder der EGfD waren u.a. die Pastoren H. und F. → Coerper, E. → Buddeberg und H. Jochums.

Die Neukirchener Mission (NM) wurde im Januar 1882 von Pfarrer Ludwig Doll (1846-1883) gegründet und arbeitet auf Missionsgebieten in Java (seit 1884), Ostafrika (seit 1887), Peru (seit 1966), Belgien und Italien (seit 1988). Die Arbeit geschieht auf der Glaubensgrundlage der Ev. → Allianz. 1975 kam es zur Fusion von EGfD und NM. Heute sind im Heimatdienst ca. 75 Missionsprediger, in der äußeren Mission ca. 40 Mitarbeiter tätig. Die EGfD-NM ist Mitglied des → Ev. Gnadauer Gemeinschaftsverbandes und des Diakonischen Werkes der Inneren Mission. Die NM ist Mitglied der → AEM und der EUKUMINDO.

Lit.: Mitteilungen der E.G. seit 1851; ZS: Der feste Grund;

O. Erdmann: Arbeiten und Erfahrungen, 1873/74; Fr. Coerper: 50 Jahre der E.G., 1925; D. Schäfer: 100 Jahre E.G., 1948; H.Jochums: 125 Jahre E.G. für Deutschland,1973.

W. Hoffmann

Evangelische Gesellschaft Stuttgart

Als »Verein zur Ausbreitung kleiner religiöser Schriften« wurde die E.G.S. von dem Theologen Christoph Ulrich Hahn 1830 gegründet zum Zweck der »Ausbreitung des Reiches Gottes und unseres hochgelobten Heilandes«. Das Ziel war, Menschen mit Traktaten zur Bibel zu führen, gegen den Zerfall kirchl. Lebens und den Liberalismus zu kämpfen. Maßgebliche Persönlichkeiten des württembergischen Pietismus wie L. → Hofacker, Kapff, → Knapp, Scholl, prägten das Werk. Schriftenkolporteure wurden angestellt, ein eigener Verlag entstand: der Quell Verlag mit sechs Buchhandlungen, dazu das Ev. Gemeindeblatt für Württemberg.

Ab 1900 vollzog sich der Aufbau der Stadtmission (Falch, Wurm). Es folgte die Bestellung von Stadtmissionaren, die in Gemeinden eingesetzt wurden. Der Aufbau der weiblichen Jugendhilfe, der Diakonieschule für Gemeindehelferinnen, Heime für Gefährdete, Mitternachtsmission, Gefängnisseelsorge, Kellnermission, Trinkerfürsorge schlossen sich an. Nach 1945 entstanden neue Hilfseinrichtungen gegen die Massennot. Mit der Schaffung zahlreicher Wohnheime und Werkstätten, Beratungseinrichtungen, Telefonseelsorge, Diensten in der offenen Alten- und Behindertenhilfe wurde der Not ganzheitlich begegnet.

Heute gliedert sich die E.G.S. in die Abteilungen: Gesamtleitung, Stadtmission, Jugendhilfe, Erwachsenenhilfe, Diakon. Bezirksstelle, ›Seelische Gesundheit‹, Fortbildungsstätte Denkendorf, Verwaltung, dazu die juristisch selbständige Verlagsgruppe Quell und Kaiser Verlag und die Ev. Gemeindepresse GmbH.

Lit.: A. Hinderer: Was zur Tat wurde, 1909; A. Kircher: 150 Jahre Dienst am Nächsten, in: . . .daß allen Menschen geholfen wird. FS »Diakonie seit 1830«, hg. von der Ev. Gesellschaft Stuttgart, 1980; M. Remppis: In Gottes Rüstung vorwärts. Aus der 100jährigen Geschichte der Ev. Gesellschaft Stuttgart 1830-1930, o.J.

W. Meng

Evangelische Gesellschaften (Schweiz)

Als Auswirkung des Genfer Réveil zu Beginn des 19. Jh.s und unter Einfluß des Basler Pietismus entstanden in Genf (1831), Bern (1831), Zürich (1835) und St. Gallen/Appenzell (1864) innerhalb der Landeskirchen sogenannte »Evangelische Gesellschaften« (E.G.).

Gegründet zum Zweck der Sammlung erwecklich Gesinnter, zur Aufrechterhaltung der bibl.-reformat. Lehre und zur Verbreitung christl. Literatur wurden die E.G. nach und nach zum Sammelpunkt der positiven Kräfte in den entsprechenden Landeskirchen. Hier wurde der Not der sozial Benachteiligten entgegengetreten und der Kampf gegen den wachsenden Liberalismus in den Kirchen aufgenommen. Zahlreiche freie Werke im Sozial- wie im Bildungsbereich wurden ins Leben gerufen: Kinderheime, Armenvereine, Stiftungen für Behinderte und Suchtkranke, Diakonissenhäuser, staatsunabhängige Lehrerseminare und Gymnasien, Stadtmissionen, Telefonseelsorge u.a.m. Die E.G. waren auch Pioniere der Sonntagschule, der Jugendarbeit und der kirchl. Laienschulung.

Auch in der Theologenausbildung machten die E.G. ihren Einfluß geltend: In Genf gründete die »Société évangélique« bereits 1832 eine freie Theol. Fakultät, in Bern und Zürich gelang es später, an den staatlichen Theol. Fakultäten Privatdozenten ihrer Richtung anzustellen.

Die geschichtliche Entwicklung der E.G. in den verschiedenen Kantonen verlief unterschiedlich: In Genf ging die E.G. bereits 1849 in die neugegründete freie ev. Kirche ein. In Bern erlebte die E.G. durch den nachhaltigen Einfluß der Evangelisationstätigkeit von Elias → Schrenk nach 1880 eine große Ausdehnung der Arbeit vor allem im Versammlungswesen. Heute beschäftigt sie über 50 vollzeitliche Mitarbeiter und unterhält zahlreiche Häuser (z.B. das Zentrum für ev. Erwachsenenbildung »Schloß Hünigen«). Immer wieder neu ist ihr die Aufgabe gestellt, trotz mancherorten faktisch freigemeindlicher Tätigkeit neue Formen der Evangelisation und der verbindlichen Aufbauarbeit innerhalb der Landeskirche zu finden (z.B. Mitarbeitergemeinschaft Looslistraße, Bern). Demgegenüber verlief die Entwicklung der E.G. in Zürich und St. Gallen/Appenzell im 20. Jh. eher rückläufig und konzentriert sich heute vorwiegend auf die Arbeit der beiden Stadtmissionen.

Lit.: W. Hadorn: Geschichte des Pietismus in den Schweizerischen Reformierten Kirchen, Konstanz und Emmishofen, 1901; R. Dellsperger, M. Nägeli, Ramser: Auf dein Wort. Beiträge zur Geschichte und Theologie der Evangelischen Gesellschaft des Kantons Bern im 19. Jahrhundert, 1981. Jahresberichte.

M. Nägeli

Evangelische Karmelmission

Die E.K. wurde 1904 gegründet durch Johannes Seitz mit dem Ziel, das Evangelium zunächst unter deutschen Siedlern und Juden in Palästina und später unter Muslimen zu verkündigen. 1948 wurde der ganze Besitz durch die Gründung des Staates Israel beschlagnahmt. 1952 schenkte Gott einen Neubeginn der Missionsarbeit in Libanon.

1968 begann die Schriftenmission:

- Pastoren der Beirut-Kirche baten, eine Bibellese mit Erklärungen herauszubringen.

- Radiostationen baten, die Auslegungen jeden Morgen ausstrahlen zu dürfen.

- Hunderte von Muslimen stellten Fragen. Die Antworten auf die wichtigsten Fragen erschienen in gedruckter Form.

Auf die große Nachfrage hin wurden Traktate gedruckt; jeder bekommt monatlich so viele Traktate, wie er zu verteilen verspricht. In kurzer Zeit standen mehr als 4.000 freiwillige Verteiler in der arab. Welt zur Verfügung.

Tausende beantworten die Fragen, die nach jedem Tagesabschnitt der Bibellese gestellt werden. Daraus entstand die Gemeindebibelschule im Fernbriefkurs-System mit (1992) weit über 100.000 Teilnehmern.

Schriften, die Muslime besonders ansprechen, erscheinen in Arabisch, Englisch, Französisch, Türkisch, Haussa, Kisuaheli, Persisch, Urdu, Malayalam, Bengali, Tamil, Telegu, Marathi, Russisch, Kasachisch, Mandurin-Chinesisch, Indonesisch.

Die E.K. arbeitet im Libanon, in Syrien, Jordanien, im Heiligen Land, in Ägypten, Sudan, Kenia, Nigeria, Ghana, Sierra Leone, Marokko, Türkei, Iran, Pakistan, Indien, Bangladesh, Hongkong/China, Indonesien und unter Arabern in den USA.

S. Fehr

Evangelische Kirche der Union

→ Union, Evangelische Kirche der

Evangelische Kirche des Görlitzer Kirchengebietes

→ Schlesische Oberlausitz, Evangelische Kirche der

Evangelische Kirche in Berlin-Brandenburg

→ Berlin-Brandenburg, Evangelische Kirche in

Evangelische Kirche in Deutschland (EKD)

1. Die EKD wurde 1948 als Zusammenschluß der damals 27 deutschen ev. Landeskirchen gegründet. Seit 1969 – nach Inkrafttreten der neuen Verfassung der DDR – war den östl. Gliedkirchen die Zugehörigkeit zur EKD, weil das Staatsgebiet übergreifend (Hintergrund: Militärseelsorgevertrag), nicht länger gestattet; sie schlossen sich zum »→ Bund evangelischer Kirchen« zusammen und suchten eine eigene Gestalt des Lebens unter dem Evangelium (»Kirche im Sozialismus« als Kennzeichnung des Umfeldes). Auf beiden Seiten wurde jedoch – auch in den Grundordnungen – die »besondere Gemeinschaft« bewahrt und durch gegenseitige Besuche, gemeinsame Beratungen und finanzielle Unterstützung aus dem Westen in Milliardenhöhe praktiziert und gefe-

stigt. Nach Öffnung der Grenze und Aufhebung der polit. Teilung des Landes beschlossen die Synoden beider Seiten im Februar 1991 die Wiederzusammenführung, die im Juni 1991 in Coburg vollzogen wurde. Seitdem gehören zur EKD 24 Gliedkirchen und die Ev. Kirche der Union; angeschlossen ist die Brüder-Unität. Die Zahlendifferenz zu 1948 erklärt sich aus dem Zusammenschluß von vier Landeskirchen zur Nordelbischen Ev.-Luth. Kirche. Zehn der Gliedkirchen sind ev.-luth. (davon drei im östl. Teil des Landes), von denen sieben zur Vereinigten Ev.-Luth. Kirche (VELKD) gehören und zwei ref. Bekenntnisses sind. Die übrigen 12 Gliedkirchen sind Unionskirchen; sieben von ihnen (auf dem ursprünglich preußischen Territorium) gehören zur Ev. Kirche der → Union; alle stimmen gemeinsame Anliegen (zusammen mit den nicht zur VELKD gehörenden luth. Landeskirchen) in der → Arnoldshainer Konferenz ab. Die ref. Kirchen und Einzelgemeinden in Unionskirchen sind im → Reformierten Bund zusammengeschlossen.

Zu den Gliedkirchen der EKD gehören ca. 29 Mio. ev. Christen (ca. 24 in West-, 5 in Mitteldeutschland). Die Mitgliedschaft wird durch die (in der Regel: Kinder-) → Taufe begründet; volle Rechte gelten mit der Konfirmation (meist mit 14-16 Jahren). Hauptberufliche Mitarbeiter: ca. 22.000 Pfarrer (Ausbildung an Theol. Fakultäten und Kirchl. Hochschulen) im aktiven Dienst; etwa 12 % sind Frauen. Dazu kommen über 300.000 weitere Mitarbeiter (Küster, Kirchenmusiker, in Verwaltung, Sozialarbeit, Heimen und Krankenhäusern, Kindergärten, Bildungsstätten etc.).

2. Die EKD und ihre Gliedkirchen gelten als »Volkskirchen«, was sowohl als »Kirche des Volkes« wie auch als »Kirche für das Volk« interpretiert werden kann (in den alten Bundesländern gehören immer noch vier von fünf Einwohnern den Großkirchen an, in den neuen nur noch jeder fünfte). Das hat geschichtl. Gründe: Die → Reformation wurde nach den geistl. Impulsen Luthers und seiner Mitstreiter in Deutschland weitgehend von den Landesfürsten durchgesetzt bzw. eingeführt, soweit sie nicht von ihnen oder den Fürstbischöfen unterdrückt wurde. Sie übernahmen statt der Bischöfe die Sorge für die rechtliche und materielle Existenz der Kirche in ihrem Territorium. Nach dem → Dreißigjährigen Krieg wurde im Westfälischen Frieden 1648 die Regelung des Augsburger Religionsfriedens von 1555 bestätigt, daß in jedem Territorium nur die Religion des Landesherrn gelte, der die Untertanen zu folgen oder in ein anderes Gebiet auszuwandern hatten. Faktisch entstanden so homogene Gebiete, und die Konfession wurde durch die Geburt bestimmt. Daraus erklärt sich auch, daß einige Landesherren zu Beginn des 19. Jh.s auf die Union zwischen luth. und ref. Gemeinden drangen, um eine einheitliche Kirche in ihrem Gebiet zu haben (z.B. Nassau, Preußen, Baden). Erst durch die mit der Industrialisierung einsetzende Wanderung und den demokratischen Aufbruch in der Mitte des 19. Jh.s entstanden konfessionelle Mischsituationen und damit die Zulassung auch anderer Konfessionen in bisher homogenen Gebieten wie auch neue, eigenständige kirchl. Formen, die sog. »Freikirchen« (z.B. → Baptisten, → Methodisten, Freie ev. Gemeinden u.a.). Als das landesherrliche Kirchenregiment 1918 endete, konstituierten sich die Kirchen in den Territorien zu selbständigen Landeskirchen mit eigenem Recht, eigener Ordnung und Leitung, zunächst nur in einigen luth. Kirchen auch mit Bischöfen (heute mit Ausnahme der ref. und einiger Unionskirchen fast allgemein).

Als erste lockere Kooperationsform der Territorialkirchen bildete sich 1852 die Eisenacher Konferenz deutscher ev. Kirchenregierungen mit dem Ziel, die gemeinsame Basis zu stärken (Bibelrevision, Perikopenreihe, sog. Kernlieder für die Gesangbücher), die 1903 im Deutschen Ev. Kirchenausschuß verfestigt wurde. Nach dem Ersten Weltkrieg schlossen sich die Landeskirchen 1922 zum Deutschen Evangelischen Kirchenbund zusammen, aus dem – unterschiedlichen Motiven und Interessen folgend – 1933 die Deutsche Evangelische Kirche entstand, in der jedoch die Landeskirchen ihre Eigenständigkeit in Bekenntnis und Kultus behielten. Als die sog. Glaubensbewegung »→ Deutsche Christen« im Juli 1933 bei den Kirchenwahlen eine Synodalmehrheit errang und mit einem Reichsbischof die Kirche auf »völkischen« Kurs bringen wollte, rief die Bekennende Kirche, z.T. innerhalb der bestehenden Strukturen, z.T. neben ihnen, die Kirche zur ausschließlichen Bindung an Schrift und Bekenntnis zurück (→ Kirchenkampf, → Barmer Theol. Erklärung 1934). Nach dem Ende des NS-Staates kam es dann 1948 zur Gründung der EKD, fast gleichzeitig mit der des Ökumenischen Rates der Kirchen.

3. Unbeschadet der weitgehenden Selbständigkeit der Landeskirchen im Blick auf Lehre, Gottesdienst- und Gemeindeordnung (die EKD hat lediglich ein Einspruchsrecht, wo Gesetze der gemeinsamen Grundordnung widersprechen) sind die Gemeinsamkeiten der Gliedkirchen ständig gewachsen: Zwei Revisionen der Lutherbibel wurden 1957 und 1984 herausgegeben und dienen den Gemeinden. Aus den ursprünglich 150 Kernliedern des dt. ev. Kirchengesangbuches von 1854 wurden im Evang. Kir-

chengesangbuch von 1950 394, die als Stammteil, ergänzt durch landeskirchl. Anhänge, in jedem Gesangbuch enthalten sind; eine erweiterte Neubearbeitung soll noch in den 90er Jahren erscheinen. Die Ordnungen der Gottesdienste und der vorgeschlagenen Lesungen und Predigttexte wurden stärker einander angeglichen. Mit alledem wurde die Gemeinschaft verfestigt und vertieft, wie es der Grundordnung entspricht. Gemeinsam verstärkt werden auch ökumen. Kontakte, sowohl mit Kirchen reformat. Tradition wie auch mit orthodoxen und der röm.-kath. Der EKD ist die Vertretung der gesamtkirchl. Anliegen gegenüber den Inhabern öffentlicher Gewalt, die Förderung der theol. Wissenschaft und der Publizistik, die Koordinierung der Lebens- und Ausbildungsordnungen, auch die Seelsorge in der Bundeswehr, im Bundesgrenzschutz und in den deutschsprachigen Auslandsgemeinden aufgetragen.

4. Als ein »Bund lutherischer, reformierter und unierter Kirchen« bekennt sich die EKD zum Evangelium von Jesus Christus, wie es im AT und NT bezeugt ist, zur Basis der altchristl. und reformat. Bekenntnisse (entsprechend der Konfession) und zur Barmer Theologischen Erklärung. Nach dem Zweiten Weltkrieg kam es über die Arnoldshainer Thesen (1957) durch die Leuenberger Konkordie (1973) zur vollen Kanzel- und Abendmahlsgemeinschaft der reformat. Konfessionen, seit den 80er Jahren ausgedehnt auch auf die → Anglikaner, → Methodisten und → Altkatholiken. Ökumen. arbeitet die EKD neben vielen Beziehungen zu einzelnen Kirchen (Besuche, Dialoge) seit deren Gründung 1948 mit in der → Arbeitsgemeinschaft Christl. Kirchen (ACK), der Konferenz Europäischer Kirchen und dem Ökumen. Rat der Kirchen (ÖRK). Zur Koordinierung der diakon. und sozialen Arbeit entstand (aus der früheren Inneren Mission und dem Ev. Hilfswerk) das → Diakonische Werk der EKD, zu dem auch die ev. Freikirchen gehören. Dieses nimmt auch Aufgaben ökumen. Diakonie wahr (z.B. → Brot für die Welt). Aufgaben der Weltmission werden vom Ev. Missionswerk in Hamburg koordiniert, dem die EKD zusammen mit einigen Freikirchen und regionalen wie freien Missionswerken angehört.

5. Oberstes Organ der EKD ist die jährlich tagende Synode (134 von den Gliedkirchen entsandte und 26 vom Rat berufene fachkundige Mitglieder, überwiegend Nichttheologen, jeweils für sechs Jahre), in der die Vielfalt kirchl. Einsichten und Dienste zur Geltung kommt. Sie wählt zur ständigen Leitung und Vertretung der EKD nach außen den 18-köpfigen Rat, während die Leitungen der Gliedkirchen die gemeinsamen Angelegenheiten in der von ihnen gebildeten Kirchenkonferenz abstimmen. Die Geschäftsführung für alle drei Organe, unter deren Mitgliedern niemand hauptberuflich im Dienst der EKD steht, liegt beim Kirchenamt in Hannover. Für grundlegende und langfristige Entscheidungen wird der Rat durch Kommissionen und Kammern (z.B. für Theologie, Jugend, Bildung, öffentliche Verantwortung, Publizistik, Ausländer und ethnische Minderheiten u.a.) beraten, die für ihn Studien und Denkschriften vorbereiten. Der Rat ist bei der Bundesregierung durch einen eigenen Bevollmächtigten vertreten; für besondere Aufgabenbereiche ernennt er Beauftragte (z.B. Umsiedlerfragen, Kommunitäten, Film/Fernsehen). Die EKD ist – wie ihre Gliedkirchen und Gemeinden – Körperschaft des öffentlichen Rechtes. Ihr finanzieller Bedarf für die Gemeinschaftsaufgaben wird von den Gliedkirchen durch Umlage aus ihren Kirchensteuermitteln aufgebracht.

Lit.: W.-D. Hauschild: »Evangelische Kirche in Deutschland«, TRE 10, 1982, 656-677 (Lit.).

L. Coenen

Evangelische Kirche in Österreich

Im 16. Jh. hat sich Österreich weitgehend der → Reformation geöffnet (ca. 90% der Bevölkerung). Von Ferdinand II. (1608-1657) wurde die Gegenreformation aber massiv durchgeführt (Verfolgungen, Deportationen), und Österreich wurde wieder ein kath. Land. Erst 1781 hat Joseph II. das Toleranzpatent für die ev. Minderheit erlassen und private Religionsausübung der »Akatholiken« (!) gestattet. Das Protestantenpatent von 1861 verschaffte die Gleichberechtigung in der Öffentlichkeit und die Anerkennung als Kirche. Heute hat die ev. Kirche ca. 400.000 Mitglieder (5,5 % der Bevölkerung) und hält in 177 Gemeinden an ca. 1.000 Orten Gottesdienst. Die ev. Kirche organisiert sich als ev. Kirche Augsburger (AB) und Helvetischen (HB) Bekenntnisses. Diese Verbindung ist allerdings nichts als eine Verwaltungsunion. Zu weitergehenden Gesprächen ist es noch nicht gekommen. Beide Kirchen haben getrennte Synoden und Kirchenleitungen mit einem Bischof (AB) und einem Landessuperintendenten (HB) an der Spitze, allerdings eine gemeinsame Generalsynode und einen gemeinsamen Oberkirchenrat (AB und HB). Dogmat. und liturg. Fragen werden von den Sektionen einzeln behandelt und entschieden. Die Kirchenverfassung von 1949 ist presbyterial-synodal orientiert und bindet die luth. Seite an das Konkordienbuch und die ref. an den → Heidelberger

Katechismus und die Confessio Helvetica Posterior. 1961 hat sich der österreichische Staat verpflichtet, die Ev. Theol. Fakultät der Wiener Universität, den Religionsunterricht und die Militärseelsorge zu finanzieren und diakon. Einrichtungen der Kirche zu unterstützen. Im übrigen trägt sich die Kirche finanziell selbst, von einer Staatspauschale für die Pfarrgehälter abgesehen. Die Gemeindearbeit gestaltet sich schwierig, weil sie - trotz der Minderheitensituation - volkskirchl. und wenig mission. betrieben wird.

Lit.: P. Barton: Die Bekenntnisentwicklung in der evangelischen Kirche AB von Österreich, in: V. Vajta u.a. (Hg.): Das Bekenntnis im Leben der Kirche, 1963, 115-129; G. May: Die evangelische Kirche in Österreich, 1962; G. Mecenseffy: Geschichte der Protestanten in Österreich, 1956.

G. Ruhbach

Evangelische Landeskirche in Baden

→ Baden, Evangelische Landeskirche in

Evangelische Marienschwesternschaft

→ Marienschwesternschaft, Evangelische

Evangelische Michaelsbruderschaft (EMB)

Die EMB, erwachsen aus der Berneuchener Bewegung (→ Berneuchen), wurde am 1. Oktober 1931 in Marburg gestiftet. Ihr gehören inzwischen im gesamten deutschen Sprachgebiet etwa 500 Männer aus verschiedenen Berufen an. Sie ist in regionale Konvente gegliedert und wird von einem Rat unter Vorsitz des Bruder-Ältesten geleitet. Ihr eingegliedert ist die Ev. Jungbruderschaft St. Michael; ihr verbunden sind die Gemeinschaft St. Michael und eine Bruderschaft in Südafrika; diesen drei Gruppen gehören auch Frauen an.

Die EMB, »erwachsen aus der gemeinsam erfahrenen Not der Kirche, begründet in dem Glauben an die der Kirche Jesu Christi gegebene Verheißung«, verdankt ihre Stiftung der Einsicht, »daß für die Erneuerung des gesamten kirchlichen und christlichen Lebens nichts nötiger und wertvoller ist als die Bildung lebendiger Zellen kirchlichen Lebens«, in denen »leibhafte Kirche als tragende und verpflichtende Wirklichkeit erfahren wird«. So stellt die EMB dem im Protestantismus verbreiteten Individualismus die Gemeinschaft, der Beliebigkeit die Verbindlichkeit entgegen.

Die Brüder leben je an ihrem Ort, in ihrer Familie, in ihrem Beruf. Aber sie »erneuern ihre Bruderschaft in Tagen gemeinsamen Lebens«. Diese Tage sind geprägt vom gemeinsamen Gebet (vier Gebetszeiten täglich) und der Feier des hl. Abendmahls, von bibl. Besinnung und Vortrag, von Gespräch und Stille; auch die »geistlichen Übungen«, insbesondere die Meditation, haben hier ihren Ort. Die dabei entwikkelten Ordnungen des gemeinsamen Gebets (»Evangelisches Tagzeiten Buch«) sind weit über die EMB hinaus verbreitet; so hat sie die kirchl. Agendenwerke der jüngeren Zeit und alternative Gottesdienstgestaltungen (»Abendmahl in der Tischgemeinschaft«) beeinflußt. Dabei hat sich das ökumen. Gespräch, an dem die EMB von Anfang an beteiligt war, prägend ausgewirkt (Abendmahl als »Eucharistische Feier«). Die Stifter der EMB gehörten verschiedenen ev. (landeskirchl.) Traditionen an; inzwischen ist sie in ihrer konfessionellen Breite weit darüber hinaus gewachsen.

Leben die Brüder auch allein, so bleiben sie doch in der Fürbitte einander verbunden und »helfen einander in allen Nöten des Leibes und der Seele nach bestem Vermögen«. Jeder Bruder hat einen »Helfer«, der »ihm in besonderem Maße Rat und Beistand gewährt«. Bei Entscheidungen sucht er den »Rat der Brüder«, vor denen er jährlich Rechenschaft gibt über sein Tun. So bemüht sich die EMB, ihren Gliedern zu helfen, daß sie ihren Auftrag in Familie und Beruf, in Kirche und Öffentlichkeit erfüllen. (Zitate aus Urkunde und Regel.)

Lit.: Die Evang. Michaelsbruderschaft, hg. von G. Hage (Kirche zwischen Planen und Hoffen, N.F.H. 23), 1981; Zeitschrift: Quatember (vierteljährlich)

J.-F. Moes

Evangelische Mission im Tschad (EMT)

Die EMT entstand nach dem Zweiten Weltkrieg in Frankreich. Die Aussendung des dt. Missionars Walter Utermann machte 1959 die Gründung eines dt. Zweiges (Sitz in Kernen) nötig. Später entstanden Zweige in der Schweiz (dt.- und franz.-sprachig). 1962/63 begann Utermann eine Pionierarbeit unter dem animistischen Sokorostamm im Hadjarai-Gebiet (Station Gogmi) des südl. Tschad. Die entstehenden Gemeinden wurden der Assemblée Chrétienne au Tschad (ACT, über 500 Gemeinden) angeschlossen. Durch den Bürgerkrieg (1968-82) wurde die wachsende Arbeit der EMT sehr in Mitleidenschaft gezogen. In der Hauptstadt N'Djamena und im Tschadseegebiet ergaben sich neue Einsatzmöglichkeiten, ab 1981 auch wieder im Süden (Koyom). Die EMT legt das Hauptgewicht auf Evangelisation, Gemeindebau und Ausbildung (Bibelschule und Handwerk), ist aber auch im Gesundheitsdienst tätig. Die EMT ist in Deutschland und in der Schweiz Mitglied der → Arbeitsgemeinschaft evangelikaler Missionen (AEM). Von 1980-84 war die dt. EMT mit dem dt. Freundeskreis der Schweizer Sudan-Mission zur Vereinigten Kamerun- und Tschad-Mission zusammengeschlossen. Seit 1984 besteht die dt. EMT wieder als eigenständiger e.V. Mitte 1992 hatten die vier Zweige der EMT 16 Mitarbeiter aus Deutschland, Frankreich, den Niederlanden und der Schweiz im Einsatz innerhalb der ACT.

Lit.: M. Clauss: Collège in Koyom. Lehren und lernen im Tschad, 1992; vierteljährlicher Rundbrief der EMT.

E. Troeger

Evangelische Mission in Oberägypten

→ Evangeliumsgemeinschaft Mittlerer Osten

Evangelische Notgemeinschaft in Deutschland (E.N.i.D.)

Die »Evangelische Notgemeinschaft in Deutschland« versteht sich als Zusammenschluß von Männern und Frauen, die die innere Not der ev. Kirche auf den Plan gerufen hat. Auf der Grundlage von Schrift und Bekenntnis tritt sie dafür ein, daß die Kirche sich nicht im Pluralismus verzettelt, sondern ihren Auftrag verwirklicht: die rechte Verkündigung des Evangeliums, Seelsorge und Dienst am Nächsten. »Kirche muß Kirche bleiben« ist das Motto. In Treue zum Glauben der Väter will sie sich dem Zeitgeist und der Aufsplitterung in Parteien und Gruppen innerhalb der Kirche widersetzen. Sie ist seit September 1966 als eingetragener Verein organisiert, dessen Zweck ist »die Besinnung auf den Auftrag der Kirche, der in der rechten Verkündigung des Evangeliums besteht. Daraus ergibt sich notwendig auch die Treue im Umkreis der irdischen Pflichten zur Familie, zum Nächsten, zu Volk und Vaterland« (§ 2 der Satzung). Die Mitglieder sammeln sich in örtlichen und regionalen Gruppen. Jährlich werden zwei bis drei Studientagungen zu aktuellen Fragen von Zeit und Kirche durchgeführt. Die Zeitschrift »Erneuerung und Abwehr« erscheint monatlich. In unregelmäßigen Abständen werden Sonderhefte zu aktuellen Themen veröffentlicht. Die E.N.i.D. ist Mitglied der Konferenz Bekennender Gemeinschaften.

Lit.: Die Ev. Notgemeinschaft in Deutschland e.V. Ziele und Aufgaben, 1990; Kirche muß Kirche bleiben, hrsg. von A. Hudak, 1979; ZS Erneuerung und Abwehr.

H. Schrödl

Evangelische Schlesische Kirche → Schlesische Oberlausitz, Evangelische Kirche der

Evangelische Studentengemeinde → Studentengemeinde, evangelische/katholische

Evangelische Studiengemeinschaft → Studiengemeinschaft, Evangelische

Evangelische Zentralstelle für Weltanschauungsfragen (EZW)

Die EZW in Stuttgart wurde 1960 als ein Institut der EKD gegründet. Anregung gab Kirchenrat Kurt Hutten, der dann ihr erster Leiter wurde. Wie ihre Vorläuferin, die Apologetische Centrale in Berlin-Spandau, die 1937 von den NS-Behörden aufgelöst wurde, ist die EZW ein apologet. Institut. Doch liegt bei ihr ein stärkeres Gewicht auf eigenen Recherchen und Weitergabe von Forschungsergebnissen, interpretierender Information und einem unmittelbaren Kontakt zu den rel.-weltanschaulichen Gruppierungen und Bewegungen, denen sie auftragsgemäß zugeordnet ist. Das Spektrum reicht von Frömmigkeitsbewegungen im kirchl. Raum über christl. Sondergruppen (Sekten) bis zu fremdrel. und synkretistischen Strömungen (etwa New Age), okkulten Praktiken und modernen weltanschaulichen Entwürfen und Ideologien. Die anerkannte Effizienz der EZW beruht auf ihrer Verbindung von phänomenologischer Forschung, apologet. Reflexion und großer Praxisnähe (Zusammenarbeit mit den landeskirchl. Beauftragten für Sekten und Weltanschauungsfragen).

Lit.: Materialdienst der EZW, monatl., 1992 im 55. Jahrg.; EZW-Texte; EZW-Studienbücher; K. Hutten: Seher, Grübler, Enthusiasten. Das Buch der traditionellen Sekten und religiösen Sonderbewegungen, [13]1983.

Über die EZW: Materialdienst der EZW 10/1985, 282ff.

D. Reimer

Evangelischer Arbeiterverein → Arbeiterbewegung

Evangelischer Ausländerdienst (EAS)

Als 1960 im Anschluß an eine Evangelisation in Solingen italienische Gastarbeiter zum Glauben kamen und dadurch Christen die Möglichkeit und Notwendigkeit der Mission unter ausländischen Mitbürgern erkannten, gründete Adolf B. Welter den Ev. Ausländerdienst Solingen (EAS).

Die mission. und diakon. Arbeit unter Ausländern umfaßt heute neben der Verteilung von christl. Literatur (Bibeln, Traktaten, Kalendern, Büchern etc.) auch den Versand von Ton-, Lichtbild- und Videokassetten sowie den Einsatz von Simultan-Dolmetsch-Anlagen bei Evangelisationen und Konferenzen.

Seit 1972 bzw. 1987 sind die Korea-Mission in Deutschland und die Thai-Mission dem EAS angeschlossen.

Die Arbeit geschieht auf der Glaubensgrundlage der Ev. → Allianz und wird von Mitgliedern aus Landeskirchen, landeskirchl. Gemeinschaften und Freikirchen getragen.

Der EAS, der seit 1977 seine Geschäftsstelle in Dortmund hat, beschäftigt elf hauptamtliche und ca. zehn freie Mitarbeiter.

Red.

Evangelischer Blinden- und Sehbehindertendienst in Deutschland

In der Bundesrepublik Deutschland leben 150.000 Blinde. Rund 60.000 von ihnen gehören einer ev. Landes- oder Freikirche an. Die Zahl der Sehbehinderten (bis 10 % Sehvermögen) beträgt ca. 450.000.

Blindenseelsorge geschieht in allen Landeskirchen der EKD durch haupt- und/oder ehrenamtliche Mitarbeiter. Formen der Arbeit sind:

- Bibelwochen und Kurzfreizeiten (rund 90 pro Jahr)
- Tages- und Nachmittagstreffen an zentral gelegenen Orten (meist monatlich)
- Zeitschriften in Normaldruck, Blindendruck, Großdruck und auf Kassetten
- Einzelseelsorge am Telefon, im Briefwechsel und beim Hausbesuch.

Die Mitarbeiter der landeskirchl. Arbeitszweige sind zusammengefaßt im Dachverband »Evangelischer Blinden- und Sehbehindertendienst in Deutschland e.V.« (EBS Deutschland), Marburg, gegründet 1953, gegliedert in 18 Landesgruppen.

Neben der Koordination der Blindenseelsorge ist Spezialaufgabe des Dachverbandes die Arbeit mit Taubblinden und die Unterhaltung einer Ev. Blindenhörbücherei mit weit über 2.000 Titeln aus allen Bereichen der ev. Literatur. 120 Bücher werden jährlich auf Tonträger gelesen und dem Bestand hinzugefügt. Die Ausleihe ist kostenlos.

Das Ziel der Arbeit besteht darin, unter den Blinden und Sehbehinderten christl. Glauben und christl. Leben zu wecken und zu vertiefen und sie zur Teilnahme am Leben ihrer Gemeinden zu ermutigen und zu befähigen.

Ab 1992 übernimmt der EBS auch die Ev. Drukkerei und das christl. Blindenerholungsheim in Wernigerode/Harz.

H. Rupp

Evangelischer Brüderverein (Bergerianer)

Gründer: Fritz → Berger (1868-1950), geb. in Trachselwald (Emmental), von Beruf Wagner, von Kartenspiel und Trunksucht befreit, Mitglied des → Blauen Kreuzes, später vollzeitlicher Mitarbeiter. Wegen Lehrdifferenzen 1909 aus dem Blauen Kreuz ausgeschlossen, gründete Berger aus dem »Drang, das Evangelium zu verkündigen«, den E.B. am 9. Okt. 1914. Versammlungen gibt es in der Schweiz und in Süddeutschland. B. betont Anliegen der Heiligungsbewegung: Christus ist uns nicht nur gegeben zur Rechtfertigung, sondern auch zur Heiligung. Das »volle Heil« in Christus hat entsprechende Konsequenzen im praktischen Leben. Der Christ ist nicht sündlos, aber von der Sünde frei, solange er in Verbindung mit Christus lebt (Röm 8). Die fünfte Bitte im Unser-Vater wird in Erinnerung an Christi Vergebungstat gebetet und ist für die »Gerechten« nicht mehr nötig. »Ich muß nicht deshalb nicht um Vergebung bitten, weil ich keine Fehler mache, sondern weil die Schuld bezahlt ist.« Streng dem bibl. Zeugnis verpflichtet, wird Beitritt zur Landeskirche (wegen → Bibelkritik und Tolerierung verschiedener Lehrmeinungen) und zur Ev. → Allianz (keine klare Abgrenzung zwischen Gläubigen und Ungläubigen) abgelehnt. Zentrum des E.B.s: Wydibühl, Herbligen (Bern), ca. 150 Versammlungsplätze, 62 Vereinshäuser, 24 Evangelisten und viele Laienprediger, Altenarbeit, Missionsstationen in Papua-Neuguinea.

Lit.: F. Berger: Von der überschwenglichen Gnade Gottes in meinem Leben, 1940; »Etwas über das Unser-Vater«; FS »75 Jahre Evang. Brüderverein – Mein Wort behalten«, 1984.

ZSen: »Friedensbotschaft« und »Schäfli-Hirt« (für Kinder).

E. Schmid

Evangelischer Bund

Der EB wurde 1886 zur »Wahrung deutsch-protestantischer Interessen« gegründet, trat für mehr ev. Einheit und gegen den Absolutheitsanspruch Roms ein. Er verfügte 1914 über 500.000 Mitglieder, doch kam es im Gefolge beider Weltkriege und der Zeit des Nationalsozialismus zu starkem Mitgliederschwund und Zerstörung der Zentrale in Berlin (1943).

Der EB versteht sich heute als Arbeitswerk der EKD. Er unterhält seit 1947 das Konfessionskundliche Institut in Bensheim mit derzeit acht wissenschaftl. Mitarbeitern. Dort werden Vorgänge in Kirchen, Freikirchen und Gruppen beobachtet und analysiert, um zur ev. Selbstbesinnung anzuleiten und das zwischenkirchl. Gespräch zu erleichtern. Vielfältige Publikationen (Materialdienst des Konfessionskundlichen Instituts, Jahrbuch des EB, Bensheimer Hefte, Kirche und Konfessionen) sowie Tagungen und Vortragsarbeit dienen diesem Ziel. Ein Europäischer Arbeitskreis für Konfessionskunde wurde ins Leben gerufen.

Lit.: W. Fleischmann-Bisten, H. Grote: Protestanten auf dem Wege. Geschichte des EB, 1986; G. Maron (Hg.): Evangelisch und ökumenisch. Beiträge zum 100jährigen Bestehen des EB, 1986.

E. Geldbach

Evangelischer Diakonieverein (EvDV)

Von Friedrich Zimmer 1894 gegründet und seit 1898 mit dem Heimathaus in Berlin-Zehlendorf hat der Ev. Diakonieverein e.V. (EvDV) sein Ziel »Sicherstellung von Dienstleistungen der ev. Diakonie« durch seine Schwesternschaft und durch Ausbildung in Diakonieseminaren bis heute verfolgt. Schwerpunkt der Ausbildungen und der Tätigkeit der Diakonieschwestern ist die Kranken- und Kinderkrankenpflege sowie die Altenpflege. Derzeit sind es ca. 2.500 Schwestern und 20 Diakonieseminare. In Gruppen oder einzeln sind die Schwestern durch Gestellungsvertrag in 100 Arbeitsfeldern tätig.

Ursprüngliche Aufgaben der Genossenschaft sind heute durch allg. Gesetzgebung und Tarifverträge abgedeckt.

Bleibende Aufgaben, besonders in der Pflege, sind über die fachliche Qualifikation hinaus die Sinnfrage der Arbeit und die Freiheit ihrer diakon. Gestaltung, Persönlichkeitsbildung und die Gemeinschaft der Gleichgesinnten. So sucht die Schwesternschaft in genossenschaftlicher Selbstbestimmung die zeitgemäße Gestalt der »Diakonie an Frauen und durch Frauen« (F. Zimmer).

Zwangsweise durch die Gesetzgebung der DDR 1968 getrennt, konnte die Wiedervereinigung 1991 vollzogen werden. Damit ist der EvDV wieder die Vertretung dieser Schwesternschaft in ganz Deutschland.

Nach dem Heimatort des EvDV benannt, haben sich Schwesternschaften ähnlicher Tradition mit insgesamt ca. 5.400 Schwestern im »Zehlendorfer Verband für ev. Diakonie« zusammengeschlossen. Er vertritt sie im Weltbund DIAKONIA und in der »Arbeitsgemeinschaft Deutscher Schwesternschaften« (ADS).

Lit.: G. Großmann: »Der Evangelische Diakonieverein: Seine Geschichte, Aufgaben und Arbeit«, 1911; L. Katscher: »Krankenpflege und Drittes Reich«. Der Weg der Schwesternschaft des EvDV 1933-1939, 1990; I. Kracker von Schwartzenfeld: »Auftrag und Wagnis«. Der Weg des Ev. Diakonievereins 1894-1969, 1969; F. Zimmer: »Frauennot und Frauendienst«, [6]1901.

»Die Diakonieschwester«, neue Folge der Blätter aus dem Evangelischen Diakonieverein und des Zehlendorfer Verbandes für Ev. Diakonie, 87. Jg.

H.-Ch. Henckel

Evangelischer Gemeinschaftsverband Siegerland und Nachbargebiete e.V.

Der E.G. ist die Dachorganisation der (meisten) ev. (landeskirchl.) Gemeinschaften im Siegerland und in der näheren Umgebung mit Sitz (Geschäftsführung) in Siegen-Weidenau. Er ist Nachfolger (seit 1974) des »Vereins für Reisepredigt« (gegründet 1853). Dieser entstammt der → Erweckungsbewegung im Siegerland (seit 1822 in Freudenberg, in den Jahren danach auf ziemlich alle ev. Orte des Siegerlandes ausstrahlend). Da sich die ursprüngliche Absicht, »erweckte« Kandidaten und Pfarrer für eine Zeit als »Reiseprediger« zu gewinnen, nicht verwirklichen ließ, stellte der Verein und stellt der Verband eigene (Reise-)Prediger an, z.Zt. vier. Sie betreuen geistl. die (z.Zt. ca. 100) angeschlossenen Gemeinschaften (Bibelstunden usw.). Der Verband verwaltet auch die Ev. Vereinshäuser (z.Zt. ca. 80). Er gibt die Zeitschrift »Der Evangelist aus dem Siegerland« heraus (seit 1863).

Kirchenkritisch-separatistische Neigungen bzw. Tendenzen haben die Erweckungsbewegung im Siegerland sowie Verein und Verband in unterschiedlicher Intensität immer begleitet, jedoch nie im ganzen zur Trennung von der Kirche geführt. Sie scheinen im Augenblick da und dort zuzunehmen (eigene Gottesdienste usw.), wobei der Vorstand dem zumindest nicht entgegentritt.

Lit.: A. Kühn: Die Gemeinschaftsbewegung im Siegerland, in: Unter dem Wort... Das evangelische Siegerland in Vergangenheit und Gegenwart..., hg. von W. Thiemann, 1967, 48-62; J. Schmitt: Die Gnade bricht durch. Aus der Geschichte der Erweckungsbewegung im Siegerland..., (1953) [2]1954 (Nachdrucke); ZS: Der Evangelist aus dem Siegerland, 129. Jg. 1992.

B. Steinseifer

Evangelischer Gnadauer Gemeinschaftsverband

Der E.G.G. stellt das weitaus größte Sammelbecken für »Gemeinschaftsbewegung« in Deutschland, Österreich und den Niederlanden dar. Die → Gemeinschaftsbewegung ist aus dem pietist. Neuaufbruch erwachsen, der sich innerhalb der ev. Landeskirchen Deutschlands im letzten Drittel des 19. Jh.s ereignet hat. Hierbei erwachte eine neue Verantwortung für die Verkündigung des Evangeliums an die vom pfarramtlichen Dienst nicht erreichten Menschen. Zugleich prägte sich eine neue Form der Sammlung und Betreuung sowie des gemeinsamen Lebens derer aus, die zum Glauben gekommen waren.

1. Die Wurzeln der Gemeinschaftsbewegung liegen vor allem:

a. in der → Reformation, deren zentrale inhaltliche Anliegen aufgenommen wurden (*solus Christus, sola scriptura, sola fide, sola gratia*). Daneben wird der Gedanke des allg. Priestertums aller Glaubenden aufgegriffen, wobei die »dritte Form des Gottesdienstes« (nach M. Luther, Einleitung zur Deutschen Messe, 1526) besonders hervorgehoben wird.

b. im Frühpietismus des 18. Jh.s, zu dem besonders in Württemberg unmittelbare geschichtl. Verbindungen bestehen, weil dort Gemeinschaften existieren, die die Epoche des Rationalismus überdauert haben und direkt in die Gemeinschaftsbewegung einmünden. Stärker noch zeigen sich die Verwurzelungen im Inhaltlichen: So wurden in der Gemeinschaftsbewegung die sog. »collegia pietatis« als kleine Gruppen heimisch, die sich außerhalb des Gemeindegottesdienstes zu Bibellektüre und Gebet treffen.

c. in der Erweckungsbewegung des beginnenden 19. Jh.s, die weite Bereiche der ev. Kirche erfaßte und geistl. belebte.

d. in anglo-amerikanischen Einflüssen (Methodismus, Heiligungsbewegung, evangelist. Aktivitäten).

2. Das Werden der Gemeinschaftsbewegung vollzog sich in einer Zeit wachsender geistl. und geistiger Not in Kirche und Volk (Entkirchlichung und Entchristlichung der Massen). Aus den genannten Quellen gespeist, brach an vielen Stellen die Gemeinschaftsbewegung auf, die ihre Schwerpunkte in »Gemeinschaftspflege und Evangelisation« setzte. Regionale und nationale Verbindungen und Zusammenschlüsse bildeten sich, die dann im »Gnadauer Verband« ihr Organisationszentrum fanden. Im Jahre 1888 fand die erste Pfingstkonferenz in Gnadau (daher der Name) bei Magdeburg statt. Neun Jahre später gab sich die Gemeinschaftsbewegung ihre endgültige Form im »Deutschen Verband für evangelische Gemeinschaftspflege und Evangelisation«. In den Jahren 1907 bis 1910 geriet die junge Gemeinschaftsbewegung durch die aufbrechende → Pfingstbewegung in eine ernste Krise, die jedoch unter dem Preis schmerzlicher Trennungen überwunden wurde. Bereits in der Anfangszeit des Nationalsozialismus lehnte sich Gnadau an die Bekennende Kirche an und setzte sich von den »→ Deutschen Christen« ab. In der Nachkriegszeit wurde die organisatorische Einheit durch die polit. Umstände zerbrochen. Es bildeten sich aus der gemeinsamen geschichtl. Wurzel der »Gnadauer Verband« (Bundesrepublik) sowie das »Evangelisch-kirchliche Gnadauer Gemeinschaftswerk in der DDR«. Nach Überwindung der deutschen Teilung war es beiden Verbänden möglich, die gemeinsame Tradition fortzuführen und sich 1991 zum »Evangelischen Gnadauer Gemeinschaftsverband« zusammenzuschließen.

3. Das Wesen der Gemeinschaftsbewegung läßt sich in folgenden Merkmalen charakterisieren:

a. Der Ruf zur Bekehrung als der erstmaligen und entscheidenden Umkehr des Menschen aus dem Unglauben zum Glauben.

b. Die Lehre von der Wiedergeburt als dem alleinigen Werk des Heiligen Geistes.

c. In der durch die Gotteskindschaft begründeten Gemeinschaft der Glaubenden, die sich im gemeinsamen Hören auf das Wort und im Dienst der Liebe betätigt.

d. Die Bedeutung und Pflege des persönlichen und gemeinsamen Gebets.

e. Der Ruf zur Heiligung als im Glauben gestalteter Weg der Nachfolge Jesu.

f. Die Beteiligung der Laien an der Wortverkündigung und die Aktivierung aller Glieder zum Dienst im und für das Reich Gottes.

g. Die Anerkennung der ganzen Heiligen Schrift als alleinigen und verbindlichen Maßstab für Glauben und Leben im Sinne der reformat. Bekenntnisse.

h. Bejahung des Standortes innerhalb der ev. Landeskirche und das Arbeiten in ihr und für sie durch ergänzenden und stellvertretenden Dienst.

4. Die gegenwärtige Gestalt der Gemeinschaftsbewegung ist die eines freien mission. Werkes, das innerhalb der ev. Landeskirchen und darüber hinaus seinen Dienst tut. Die örtlichen Gemeinschaften (Landeskirchl. Gemeinschaften, Stadtmissionen

etc.) sind in regionalen Verbänden zusammengeschlossen. Unter dem Dach des E.G.G.es sind 38 Regionalverbände miteinander verbunden. Die hauptamtlichen Mitarbeiter werden überwiegend in den zehn Gnadauer Bibelschulen ausgebildet. Dazu kommen acht Missionsgesellschaften und 16 Diakonissen-Mutterhäuser. Weiter gehören zum Verband spezielle Werke, wie z.B. das → Blaue Kreuz, der → Jugendbund für Entschiedenes Christentum (EC) und der → Evangelische Sängerbund.

Der Sitz der Zentrale ist Dillenburg. Dort wird auch ein Verlag betrieben, der Schrifttum der Gemeinschaftsbewegung erstellt und vertreibt, u.a. das »Gnadauer Gemeinschaftsblatt« und die Bibellese »Leben aus dem Wort«.

Lit.: K. Heimbucher (Hg.): Dem Auftrag verpflichtet, 1988; D. Lange: Eine Bewegung bricht sich Bahn, 1979; E. Sauberzweig: Er der Meister - wir die Brüder, 1959.

Ch. Morgner

Evangelischer Pressedienst (epd)

Eine institutionelle ev. Pressearbeit entstand mit den Ev. Presseverbänden. In deren 1910 in Berlin gebildeter Dachorganisation, dem Ev. Preßverband für Deutschland (EPD), begründete August Hinderer (1877-1947) den Ev. Pressedienst (epd) als moderne Nachrichtenagentur und entwickelte so ein positives Verhältnis zur allg. Publizistik. Der Nationalsozialismus führte zur restlosen Vernichtung. Der Neuaufbau begann 1947 von Westfalen (Bethel) aus. 1948 erfolgte der Zusammenschluß der (westlichen) Landesdienste mit der Zentralredaktion zu einem wirksamen Verbund. Seit 1968 in Frankfurt/M. ansässig, wurde der epd Fachbereich des 1973 gegründeten → Gemeinschaftswerks der Ev. Publizistik (GEP) und arbeitet seit 1975 nach den gleichen »Grundsätzen«. Es erscheinen insgesamt elf regelmäßige Publikationen des epd, darunter Spezialdienste für Rundfunk, Film und Entwicklungspolitik und für kirchl. Leser die »Evangelische Information«. Der Auftrag des epd umfaßt neben kirchl. auch relevante gesellschaftl. Bereiche. Ihm wird ein »Gesamtmandat« zugeschrieben, das ihn verpflichtet, »alle Kräfte und Richtungen angemessen zur Geltung zu bringen« (Gesamtplan). 1990 entstand unter Beteiligung der östl. Landeskirchen der Ev. Presseverband Ost als Träger des epd-Ost.

Lit.: G. Mehnert: Evangelische Presse. Geschichte und Erscheinungsbild von der Reformation bis zu Gegenwart, 1983; Publizistischer Gesamtplan der Evangelischen Kirche in Deutschland, 1979.

G. Heinrich

Evangelischer Sängerbund (ESB)

1898 aus dem überwiegend freikirchl. → Christl. Sängerbund hervorgegangener Zusammenschluß von Chören der Landeskirchl. Gemeinschaften, Kirchenchören und Einzelmitgliedern. Ein Werk des → Ev. Gnadauer Gemeinschaftsverbandes, das sich dem innerkirchl. Pietismus verpflichtet weiß. Ziel dieser Laienarbeit ist lt. Satzung: »Dem Volk das Evangelium ins Herz« zu singen.

Arbeitszweige: Gemischte Chöre, Männer-, Frauen-, Jugend- und Kinderchöre. Das Liedgut des ESB entspricht seinem volksmission. Auftrag und der Leistungsfähigkeit seiner Chöre. Die Verkündigung des gesungenen Evangeliums durch theol. einwandfreie und sprachlich verständliche, zeitgemäße Texte hat Vorrang vor musikalischer Höchstleistung.

Arbeitsfelder: Gottesdienstliche Veranstaltungen, Altenheime, Krankenhäuser, Justizvollzugsanstalten u.a.

Vier hauptamtliche Bundeswarte stehen für Chorbesuche, Chorleiterrüsten, Singwochen und -freizeiten zur Verfügung. Das Verlagsangebot (Notenblätter, Bundesblatt »Singet dem Herrn«, eine praxisbezogene »Chorleiterhilfe« nebst Übungs-Musik-Cassette sowie Chorbücher, Tonträger: LP, MC, CD) dient ausschließlich satzungsmäßigen Zwecken. Organisationsstruktur: 13 Landesverbände, 47 Kreisverbände, ca. 600 Chöre mit 12.000 Mitgliedern, mehrere Auslandschöre.

Lit.: W. Hennes: Der ESB, in: H.v. Sauberzweig: Er der Meister, wir die Brüder, 1959, 486-489; M. Leuchtmann: Dem Volk ins Herz. 75 Jahre ESB, 1972.

M. Krause

Evangelischer Verein für innere Mission, Augsburgischen Bekenntnisses

1. Entstehung

Nachdem in Baden im 18. Jh. der → Pietismus unterdrückt worden war, kam es durch den kath. Priester Aloys → Henhöfer (1789-1862) zu einer nachhaltigen Erweckung. Er wurde 1823 ev. Pfarrer in Graben und 1827 in Spöck und Staffort nördlich von Karlsruhe. Menschen, die durch seine Verkündigung von Christus ergriffen wurden, bildeten hin und her Gemeinschaften. Durch Theologen, die sich ihm anschlossen, und durch Seminardirektor Stern in Karlsruhe und von ihm ausgebildete Lehrer wurde sein Anliegen weitergetragen. Gemeinschaftsleiter und Pfarrer gründeten am 24.1.1849 in (Karlsruhe-)Durlach den Verein. Während in der badischen Unionsurkunde von 1821 die Geltung des → Augsburger Bekenntnisses eingeschränkt war durch ein »insofern und insoweit«, stellten sich die Gründer uneingeschränkt auf dieses Bekenntnis und seinen dritten Artikel: »Jesus Christus, wahrer Gott und Mensch, wahrhaftig am dritten Tage von den Toten auferstanden.«

2. Geschichte

Bereits vor der Gründung des Vereins bestanden Gemeinschaften. Die vier ersten Reiseprediger bekamen den Auftrag, diese Kreise zu besuchen und neue zu gründen. Zunächst waren es Brüder ohne theol. Ausbildung. 1856 kam der erste → Chrischona-Prediger in den Verein. Die Arbeit erfuhr eine kräftige Belebung, als 1903 Pfarrer Theodor Böhmerle (1870-1927) von Langensteinbach zum hauptamtlichen Inspektor des Vereins berufen wurde. 1909 gründete er das Bibelheim »Bethanien« in (Karlsbad-)Langensteinbach. Im Mittelpunkt stand von Anfang an bis heute das Zeugnis von Jesus Christus und von seiner herausgerufenen Gemeinde, von Israel und dem prophetischen Wort bis zur Vollendung. Pfarrer Wilhelm Beck (1894-1980) schlug in der Zeit des Nationalsozialismus einen klaren Kurs ein. Die Aufgabe bleibt, Menschen zu Christus zu rufen und zu einem zielklaren Glaubenslauf zu führen.

3. Heutiger Stand

In annähernd 400 Gemeinschaften dienen neben vielen örtlichen Brüdern 25 Prediger und 12 Missionsschwestern, die auch Kinder- und Jugendarbeit tun. Jeden Winter werden die Bezirke durch zwei Brüder auf einer »Brüderreise« besucht. Außer dem Bibelheim hat der Verein zwei Alten- und Pflegeheime mit täglichen Andachten. Das Gemeinschaftsblatt »Reich-Gottes-Bote« erscheint seit 1844. Geschäftsstelle, Buchhandlung und Verlag befinden sich in Karlsruhe.

Lit.: H. Stöckle: 100 Jahre Gemeinschaftsarbeit in Baden, 1949; G. Urbahn: Theodor Böhmerle. Ein Zeuge Jesu Christi und seiner Gemeinde, 1973.

W. Hauser

Evangelisches Hilfswerk

Das Ev. H., 1945 von der Kirchenkonferenz in Treysa beschlossen, ist ein Werk Eugen Gerstenmaiers (1906-1986, führender Repräsentant des prot. Flügels der CDU, 1956-1969 Präsident des Dt. Bundestages) gewesen. Nicht bloß deutscher Zweig der ÖRK-Hilfe für den kirchl. Wiederaufbau, sondern ein Selbsthilfewerk, das angesichts der Nachkriegsnot eigene Kräfte mobilisierte und die Wirkung ökumen. Spenden vervielfachte. Kirchl. Wiederaufbau bildete einen Teilbereich, Schwerpunkte jedoch waren allg. Nothilfe und Flüchtlingshilfe: mit selbstorganisierten Vertriebenenhilfskomitees, der Flüchtlingsstadt Espelkamp, der »Gemeinnützigen Siedlungsgesellschaft« zur Linderung der Wohnungsnot. Tat, die aus der Verkündigung erwuchs, wollte das Hilfswerk sein, ein Neuaufbruch kirchl. Diakonie, der die vereinsgebundene Innere Mission ablösen müsse und gesellschaftspolit. Engagement einbezog. Die Innere Mission kehrte demgegenüber das Missionarische christl. Liebestätigkeit heraus sowie das Erfordernis vereinsrechtl. Organisation. Die Normalisierung der Nachkriegsverhältnisse ließ auch den Einfluß des Hilfswerks zurückgehen, Innere Mission blieb unverzichtbar, eine Zweigleisigkeit diakon. Tätigkeit erschien hinderlich. 1957 beschloß die Synode in Spandau die Fusion der beiden Werke, unausgetragen blieb die theol. Differenz.

Lit.: J.M. Wischnath: Kirche in Aktion. Das Evangelische Hilfswerk 1945-1957 und sein Verhältnis zu Kirche und Innerer Mission, 1986 (Lit.).

R. Boeckler

Evangelisches Johannesstift

Das E. J. in Berlin ist 1858 durch Johann Hinrich → Wichern begründet worden und geht auf eine Schenkung des Grafen von Bismarck-Bohlen zurück, der zum Zwecke der »Errichtung eines Brüderhauses« 1.000 Taler zur Verfügung stellte. Das Brüderhaus vereinte in sich die tätige Samariterliebe mit der Ausbildung und der Befähigung junger Männer dazu.

Aus der Wichernschen »Brüdersache« entwickelte sich später der Beruf des Diakons. Heute ist die Diakonenausbildung mit der Arbeit in der Einrichtung nicht mehr so eng verknüpft. Neben der Samaritertätigkeit und Diakonenausbildung hat das E. J. den Zusammenhang von Diakonie und Bildung gepflegt. Es ist Ende der 20er Jahre Standort der Ev. Sozialschule, des Kirchl. Kunstdienstes und der Apologetischen Centrale gewesen. Diese hat in der weltanschaulichen Auseinandersetzung mit der nationalsozialistischen Ideologie eine wichtige Rolle gespielt. Dabei ist die Auseinandersetzung mit Rosenbergs »Mythos des 20. Jahrhunderts« durch Walter Künneth besonders zu benennen.

In den Jahren nach 1945 war das E. J. eine wichtige gesamtkirchl. Begegnungsstätte und Tagungsort bedeutender EKD-Synoden. Auf seinem Gelände in Spandau widmet sich das E. J. heute verschiedenen diakon. Arbeitszweigen: Pädagogik, Behindertenarbeit, Altenpflege. Es unterhält zu diesem Zweck Werkstätten, Versorgungsbetriebe, ein Krankenhaus, dazu Schulen, besonders die Berliner Kirchenmusikschule. Es betreibt eine ausgedehnte Öffentlichkeits- und Tagungsarbeit. 1.030 Mitarbeiter in über 80 verschiedenen Berufen betreuen ca. 965 Menschen. Die Rede Wicherns zur Gründung des E. J.s am 25. April 1858 gehört zu den wichtigen Zeugnissen für die Anfänge der Inneren Mission in Deutschland.

Lit.: H. Becker: Das Ev. Johannesstift in Berlin-Spandau. Seine Geschichte von 1858-1983, 1983; W. Künneth: Lebensführungen. Der Wahrheit verpflichtet, 1979; J.H. Wichern: Sämtliche Werke, hg. von P. Meinhold, 1962ff.

H.A. Oelker

Evangelisches Missionswerk (EMW)

Die Anfänge des im Jahre 1975 gegründeten EMW im Bereich der Bundesrepublik Deutschland und Berlin-West mit Sitz in Hamburg, das nach der Vereinigung der beiden deutschen Teilstaaten nun ganz Deutschland umfaßt, gehen zurück in die Zeit der Weltmissionskonferenz in Jerusalem (1928), als man das Verhältnis zwischen den Missionsgesellschaften und den auf den Missionsfeldern entstehenden »jungen Kirchen« neu zu bestimmen versuchte. Die Missionsgesellschaften mußten »in der Stunde, da Gott unser deutsches Volk eine große geschichtliche Wende erleben läßt, (und) sich die deutschen evangelischen Kirchen zu einer einigen Deutschen Evangelischen Kirche« verbanden, ihr Verhältnis zu den sog. »Deutschen Christen« klären. Die → Deutschen Christen (DC) forderten 1933 die Integration von Kirche und Mission. Der Leiter der Auslandsabteilung »Deutsches Haus« in Stuttgart, Dr. Csaki, betont in seinem Gutachten vom 25. Mai 1934, daß »die deutsche Missionsarbeit ... für das Ansehen deutscher Kulturleistung unter fremden Völkern sowie für die deutsche Kolonialpolitik im allgemeinen« eine große Bedeutung gehabt habe. Die Mission verdiene »daher die Förderung des gesamten deutschen Volkes und besonders ihres Heimatlandes«. Die DC forderten die Gleichschaltung von Mission und Kirche unter ihrer Führung. Nach dem »Berliner Entwurf« (26./27. Mai 1933) sollte die gesamte Äußere Mission vom Geistlichen Ministerium über eine Missionskammer und die Missionsräte nach dem Führerprinzip hierarchisch strukturiert und dem Reichsbischof unterstellt werden. Als Ziel galt die »Verkirchlichung der Mission und Vermissionierung der Kirche«.

Die beiden führenden Missionstheologen Karl → Hartenstein und Walter → Freytag stellten sich aus missionstheol. Gründen entschieden dagegen. Die Kirche sei als »una sancta ecclesia« die weltweite Kirche. Die Mission dürfe deshalb keiner partikularen Kirche untergeordnet werden. Möglich sei höchstens eine Integration der Kirche in die Mission. Nach heftigen Debatten stellten sich die Vertreter des Deutschen Evangelischen Missions-Rates (DEMR) auf die Seite der Barmer Bekenntnissynode.

Kurz vor Ausbruch des Zweiten Weltkrieges war das »Wunder der Kirche unter den Völkern der Erde« – so lautete der Titel des deutschen Berichtsbandes – zum Zentrum der missionstheol. Debatte in Tambaram/Madras (1938/39) geworden. Die theol. Neuorientierung der Mission als Teilhabe an Gottes Mission (*missio Dei*), die sich an Gottes Handeln in Geschichte und Gegenwart ausrichtet und auf die Versöhnung der ganzen Schöpfung mit Gott zielt, führte nach der Gründung des ÖRK in Amsterdam 1948 in Neu Delhi 1961 zur Integration des IMR in den ÖRK und zur Veränderung zahlreicher kirchl. Missionsstrukturen auf regionaler und nationaler Ebene. »Die Landeskirche als Teil der Weltmission« (W. Freytag) übernahm die Initiative. Im März 1963 bevollmächtigte die Synode der EKD den Rat der EKD, eine »Vereinbarung« zwischen EKD und dem Deutschen Ev. Missions-Tag (DEMT), dem 1922 gegründeten Zusammenschluß der meisten deutschen Missionsgesellschaften, abzuschließen und die »Evangelische Arbeitsgemeinschaft für Weltmission« (EAGWM) zu gründen, die dann eine regionale Neuordnung von Kirche und Mission in die Wege leitete. Aus den verschiedenen Missionswerken entstand dann 1975 das Evangelische Missionswerk (EMW) mit Sitz in Hamburg, das sich aus verschiedenen Freikirchen, regionalen Missionszentren sowie einzelnen mission. Einrichtungen zusammensetzt. Das EMW übernahm die Aufgaben vom DEMR und EAGWM und fördert durch die »Liste des Bedarfs« mission.-ökumen. Aufgaben, die Bibel- und Rundfunkmission sowie die Studienzentren und theol. Ausbildungsstätten. Die Mittel kommen aus den verschiedenen Landeskirchen.

Die Frage nach dem richtigen Verständnis von »Heil heute« führte in Deutschland seit der »Frankfurter Erklärung zur Grundlagenkrise der Mission« (1970) zur Trennung der Mission. Die evangelikale Bewegung sammelte sich in der → Arbeitsgemeinschaft Evangelikaler Missionen (AEM), die heute über 45 Missionen mit mehr als 1.200 aktiven Missionaren in allen Kontinenten umfaßt. Die Integration von Mission und Kirche blieb bis heute unvollendet.

Lit.: J. Rossel: Über die grundsätzliche Bedeutung der Integration des IMC in den ÖRK für das Verhältnis von Mission und Kirche, EMM 1963, Heft 1, 5ff; Die unvollendete Integration von Mission und Kirche, ÖR 1982, Heft 1; Das Zeitalter der Missionsgesellschaften ist vorbei - wirklich?, idea-Dokumentation 3/83.

K. Rennstich

Evangelisches Studienwerk Villigst → Studienwerk Villigst

Evangelist

Der E. ist Hoffnungszeuge, Zeitansager der Gegenwart und Zukunft Jesu Christi, Teilhaber am Werk des »treuen Zeugen« (Offb 1,5). In seine Berufung wird er durch den Geist Gottes hineingerissen (Apg 8,26-40). E.en sind im NT den → Aposteln untergeordnet und setzen deren Arbeit fort: Eph 4,11; Apg 21,8; 2Tim 4,5. Sie wurden von der Gemeinde als Wanderprediger ausgesandt. Ihre Bedeutung für die Kirche ab der zweiten Generation kann kaum überschätzt werden. E.en im MA waren u.a. → Bernhard v. Clairvaux (1093-1153), → Berthold v. Regensburg (gest. 1272), Franz v. Assisi (1182-1226) und John → Wycliff (1320-1384). Predigt und Wirkungsweise vieler Reformatoren war E.en-Dienst. Nach der Reformation ließen staatskirchl. Einbindung und Furcht vor »Schwärmerei« das Amt des E.en in den Kirchen verblassen. Kirchl. Lexika bis ins 20. Jh. kennen unter dem Stichwort »Evangelist« nur die Verfasser der Evangelien. Afrikan. und asiat. Kirchen bezeichnen immer noch den nichtordinierten, wenig ausgebildeten Gemeindeleiter als E. Die Berufung zum E.en begann neu in England (1739) und Nordamerika (→ Whitefield, → Wesley, → Finney, → Moody, → Spurgeon). Das Amt des E.en prägte in Deutschland Elias → Schrenk ab 1880. Es entstanden Evangelistenschulen (St. → Chrischona, → Johanneum, → Bahnauer Bruderschaft u.a.).

Die großen E.en des 18. u. 19. Jh.s waren nüchterne, mit großer Denk- und Gestaltungskraft begabte Männer, tief betroffen von den rel. und sozialen Problemen ihrer Zeit.

Anfragen an das Amt des Evangelisten:

a. Der E. muß dringend, aber nicht drängerisch ausrufen: »Extra Christum nulla salus est« (Außerhalb von Christus gibt es kein Heil!). Dieser Ruf muß sowohl bibl. als auch gegenwartsnah ausgerichtet werden.

b. Der Ruf zur Umkehr ist für den E.en die Bitte eines Bettlers an andere Bettler, die geballten Fäuste zu öffnen und sich die leeren Hände füllen zu lassen.

c. Das Grundthema des E.en ist die Rechtfertigung des Sünders. »Der Sünder kommt nicht zu Gott, Gott kommt zu ihm« (Spurgeon). Einübung in Kreuzestheologie ist ihm die Quelle seiner Lebensarbeit (2Kor 5,19ff).

d. Das immer neue Auftreten vor andern Menschen hat eine große Verführungsmacht. Der E. lebt geistl. von der Korrektur und Fürbitte der Gemeinde. Nur so bleibt er begnadigter Sünder unter Sündern.

e. Wie jeder andere ist auch der E. dem Zeitgeist ausgeliefert. Nicht auf wachsende Zahlen darf er sehen, allein die treue Ausrichtung der Botschaft ist sein Dienst.

f. Die argumentative, dialogische → Evangelisation setzt einen reifen Zeugen voraus, der bereit ist, in lebenslänglicher Übung Gottvertrauen, Anfechtung und Leiden auf sich zu nehmen.

Lit.: W. Bub: Evangelisationspredigt in der Volkskirche, 1990; H. Beintker: Martin Luther als Evangelist, ThZ 39/5, 1983; B. Graham: Biblische Richtlinien für Evangelisten, 1986; H. Klemm: Elias Schrenk. Der Weg eines Evangelisten, ^{2}1986; O. Riecker: Das evangelistische Wort, 1953; C.H. Spurgeon: Der Seelengewinner, o.J.

J. Hasselhorn

Evangelium

1. Unter den bibl. Autoren spricht Paulus am häufigsten und deutlichsten von »Evangelium« (griech. *euangelion*, »gute Botschaft«). Er versteht darunter die Heilsbotschaft vom gekreuzigten und auferstandenen Jesus Christus, durch den Gott die Welt mit sich versöhnt hat (1Kor 15,1-11; 2Kor 5,19-21). Der Inhalt dieser Botschaft ist wirksam zur Rettung für jeden, der ihn annimmt (Röm 1,16); er ist rückbezogen auf die Endzeitverheißungen des AT, und er ist den Aposteln als Mittel der Gemeindegründung anvertraut (Röm 1,1-6). Diese Botschaft heißt »Evangelium Christi« (1Thess 3,2; Röm 15,19 u.ö.), weil Christus ihr Inhalt ist und weil er in ihr selbst zur Sprache kommt. Sie heißt »Evangelium Gottes« (1Thess 2,8f; Röm 15,16 u.ö.), weil Gottes freie Offenbarung ihr Ursprung ist und ihre Autorität aus-

macht. Paulus nennt sie auch »mein Evangelium« (Gal 1,11; Röm 2,16), weil ihm durch seine Bekehrung vor Damaskus (Apg 9,1ff; Gal 1,11ff) stärker als den Uraposteln der Sinn des E.s als »Ende des Gesetzes« (Röm 10,4) aufgegangen und zur Weitergabe anvertraut war: Im E. wird die Gerechtigkeit Gottes offenbar, die uns ohne Werke allein durch den Glauben an das Sühnopfer Christi in die Gemeinschaft mit Gott zurückführt (Röm 1,17; 3,28).

2. Während das Verständnis des E.s dem Paulus durch die unmittelbare Offenbarung Christi vor Damaskus (Gal 1,11f) geöffnet wurde, empfing er den Inhalt des E.s durch geschichtl. Überlieferung von den Osterzeugen her (1Kor 15,1.3). Dabei läßt sich der Begriff des E.s von Paulus über Jesus bis auf das atl. Buch Jesaja zurückführen (vgl. Röm 10,14-17). In Jes 52,7ff wird von dem endzeitlichen »Freudenboten« (hebr. *mebasser*) gesprochen, der den Anbruch des Reiches Gottes verkündet, und in Jes 61,1-3 übernimmt der Prophet selbst die Aufgabe, den Armen »frohe Botschaft« zu bringen. Jesus macht den nahen Anbruch des Gottesreiches zum Inhalt seiner Verkündigung (Mt 4,17; vgl. Mk 1,15) und wendet das Prophetenwort Jes 61,1f auf seine eigene Sendung an (Lk 4,17ff; 7,22); er versteht sich also selber als den endzeitlichen »Freudenboten«. Dementsprechend wird seine Botschaft im MtEv. als »Evangelium vom Reich« (Mt 4,23; 9,35; 24,14) bezeichnet. Nachdem die Auferstehung klar machte, daß die Gottesherrschaft in Christus als Person angebrochen ist, wurde schließlich das E. vom Reich Gottes notwendigerweise zum E. von Jesus Christus.

Das griech. Verständnis von E. als Siegesbotschaft oder der Sprachgebrauch des röm. Kaiserkultes (z.B. auf der Inschrift von Priene in bezug auf Augustus: »Der Geburtstag des Gottes war für die Welt der Anfang der Freudenbotschaften, ›euangelia‹, die seinetwegen ergangen sind«) hat auf das urchristl. Verständnis von E. keinen nachweisbaren Einfluß ausgeübt.

3. E. bezeichnet zunächst nur die mündliche Heilsbotschaft Christi und seiner Apostel, wird aber seit der Mitte (vielleicht schon seit Anfang) des 2. Jh.s auch als Buchtitel, bzw. als Bezeichnung für die viergestaltig aufgezeichnete Geschichte Jesu verwendet (»Evangelium nach Matthäus, Markus, Lukas, Johannes«). Darin kommt ganz sachgemäß zum Ausdruck, daß der christl. Glaube wesenhaft an die geschichtl. Offenbarung Gottes in den Worten und Taten Jesu gebunden ist. Aus dem geschichtl. Kerygma (1Kor 15,1-11; Röm 1,1.3f; vor allem Apg 10,36-43) wird die kerygmatische Geschichtserzählung.

4. Die theol. Entwicklung des 2. Jh.s ging dahin, den mit »Evangelium« bezeichneten Inhalt der Christusoffenbarung vor allem als »neues Gesetz«, als eine neue, das Naturrecht vollendende Ethik anzusehen. Dieses neue Gesetz unterscheide sich vom jüd. Gesetz dadurch, daß es frei ist von dessen kultischen Vorschriften und daß seine moralischen Gebote nicht aus Zwang, sondern von Herzen erfüllt werden. Von Augustin bis ins MA wird die Gnade Gottes als die (sakramental vermittelte) Kraft angesehen, die zur Erfüllung des neuen Gesetzes fähig macht. Demgegenüber versteht Luther E. als wesenhaft mündlichen Gnadenzuspruch, als »eine Predigt und Geschrei von der Gnade und Barmherzigkeit Gottes, durch den Herren Christum mit seinem Tod verdienet und erworben« (WA 12, 259, 5). Als solches ist das E. die Befreiung der Gewissen vom tötenden Urteilsspruch des Gesetzes (→ Gesetz und Evangelium). In der altprot. Orthodoxie nimmt E. den Sinn von »geoffenbarter Gotteserkenntnis« an, während der theol. Idealismus im E. den Durchbruch eines neuen Gottesgedankens sieht. A. Harnack versteht unter E. ausschließlich die Verkündigung des historischen Jesus; sie habe keine Christologie zum Inhalt gehabt, sondern allein Gott den Vater und den unendlichen Wert der Menschenseele. Im Gegensatz dazu sieht R. → Bultmann nur das paulin. (und johann.) E. als maßgebend an (von ihm ausschließlich »Wort« und »Kerygma« genannt) und unterstreicht, daß es seinem Wesen nach Anrede sei, in dem sich das vergangene Heilsgeschehen gegenwärtig ereigne.

5. Das dogmat. Urteil muß vor allem festhalten, daß die Person Jesu Christi der spezifische Inhalt des E.s ist. Nicht ein neuer Gedanke (etwa die Vaterliebe Gottes, die Nähe der Gottesherrschaft oder die Rechtfertigung der Gottlosen) ist das Eigentliche des E.s, sondern die neue Wirklichkeit, daß Gott im Menschen Jesus als Versöhner und Erlöser der Menschheit handelt. Jesus ist nicht nur Zeuge oder Verkörperung einer Wahrheit, sondern er ist die Wahrheit selbst; als geschichtl. Gestalt ist er die Heilsgegenwart Gottes bei den Menschen. Formal ist das E. deshalb immer zugleich Bericht und Anrede; es berichtet von Leben, Lehre, Leiden und Auferstehen Jesu mit der Absicht, daß seine Hörer sich als von diesem Geschehen existentiell betroffen erkennen. Da es das Handeln Gottes in Christus zum Inhalt hat, ist es auch selber ein Handeln Gottes, durch das Gott der Heilige Geist das vergangene

Geschehen gegenwärtig macht. Die Tat Gottes in Christus besteht zunächst darin, daß er durch den Sühnetod am Kreuz Vergebung der Sünde ermöglicht und so die zerbrochene Gemeinschaft von Gott und Mensch wieder herstellt. Das E. setzt also die Schuld der Menschheit und damit die Geltung und Anerkennung des → Gesetzes Gottes voraus. Sodann ist das E. aber auch Verheißung und Anbruch des umfassenden und endgültigen Heils im Reich Gottes. Anbruch der völligen → Erlösung ist das E., weil es sowohl Glauben als auch neuen Gehorsam gegen Gott wirkt und auf diese Weise Gemeinde als Keimzelle der neuen Menschheit schafft. Verheißung des Gottesreiches ist das E., weil die gegenwärtige Erfahrung von Vergebung und Glaube auch die Gewißheit um eine endgültige und vollständige Überwindung von Sünde, Tod und Leid in sich trägt.

Lit.: P. Althaus: Die christliche Wahrheit, [7]1966, 102ff; H. Frankemölle: Evangelium – Begriff und Gattung, 1988; W. Pannenberg: Systematische Theologie, Bd. II, 1991, 501ff; J. Schniewind: Euangelion, BFChTh 31/1927; P. Stuhlmacher (Hg.): Das Evangelium und die Evangelien, 1983; E. Wolf: »Gesetz und Evangelium, dogmengeschichtlich«, RGG[3] Bd. II, 1958, 1519ff.

U. Swarat

Evangeliums-Rundfunk – International e.V. (ERF-Int.)

Der ERF mit Sitz in Wetzlar ist Dachverband für ERF-D, ERF-CH (Zürich), ERF-A (Wien) und ERF-Südtirol (Meran). Die Aufgabe des Vereins ist »die Förderung des kulturellen und geistlichen Lebens, vornehmlich in Europa, sowie sozial-diakonischer Belange« (wie etwa die von verschiedenen nationalen Radiosendern in Afrika übertragenen Sendungen der Aktion »Afrika soll leben«), »vorwiegend durch Rundfunk, elektronische und Print-Medien, welche die Verkündigung des Evangeliums von Jesus Christus durch Wort, Lied und Bild zum Inhalt haben« (Satzung).

Fast 200 fest angestellte Mitarbeiter und über 1.000 freie Mitarbeiter (Pfarrer, Evangelisten, Jugendleiter u.a. – Stand 1992) kommen aus den verschiedenen christl. Kirchen. Die gemeinsame Arbeit geschieht auf der Basis der Deutschen Evangelischen → Allianz.

Der ERF ist Partner der internationalen Radiomissionsgesellschaft Trans World Radio (TWR) mit Sitz in Cary/USA (Gründer und Präsident: Paul E. Freed) und »Co-Founder« von TWR-Europa. Weltweit arbeitet TWR über sieben eigene und gemietete Sender in 90 Sprachen von Monte Carlo/Monaco, Zypern, Bonaire (Karibik), Uruguay, Swasiland, Sri Lanka und Guam aus. Der ERF nutzt vorwiegend Mittelwelle und Kurzwelle von Radio Monte Carlo, produziert darüber hinaus Beiträge für ca. 40 UKW-Sender in Deutschland, in der Schweiz, in Österreich und Südtirol. Zur Programmgestaltung werden neben Vorträgen und Gottesdiensten alle funkischen Formen genutzt, wie z.B. Hörspiele, Musiksendungen, Magazine, Features, Reportagen. Seit 1984 werden Fernsehsendungen produziert, seit 1990 im eigenen Studio.

Für Seelsorge suchende Radiohörer und Fernsehzuschauer arbeiten eine Seelsorgeabteilung und der Glaubenshof »Cyriaxweimar« bei Marburg, eine Lebensgemeinschaft für sozial-therapeutische Seelsorge.

Geschichte:

– 1954-1959: »Stimme von Tanger« als Vorläufer von TWR;

– 1959: Vertrag zwischen TWR und Radio Monte Carlo;

– 19. 10. 1959: Gründung des ERF auf Initiative von Hermann Schulte und Helmut Gaertner;

– 5. 2. 1961: Beginn der Sendetätigkeit auf Kurzwelle, seit 1966 auch über Mittelwelle;

– 1968: deutschsprachige Sendungen für Hörer in Südamerika; Gründung von Geschäftsstellen in Sao Paulo und Buenos Aires;

– seit 1969: Tonbandservice für Krankenhäuser;

– 1971: eigenes Studio- und Verwaltungsgebäude in Wetzlar-Dalheim (Erweiterungen: 1980, 1990);

– 1972: Geschäftsstelle in der Schweiz;

– 1974: Mittelwellensender Monte Carlo auf 1.200 kW aufgestockt und seither überall in Europa zu hören;

– 1976: Geschäftsstelle in Österreich und Nairobi/Kenia, dort Produktion von Sendungen für TWR-Swasiland und diverse afrikanische Radiostationen;

– 1977: Gründung des ERF-Verlages in Wetzlar;

– 1978: Einrichtung einer ERF-Geschäftsstelle in Johannesburg/Republik Südafrika;

– 1984: Gründung der nationalen ERF-Verbände;

– 1985: Hörfunk- und Fernsehsendungen über Kabelsysteme und Regional- bzw. Lokalsender;

– 1992: Hörfunksendungen über Satellit ASTRA 1 A.

Missionsleitung: H. Marquardt (Direktor), K. Scherer (stellv. Direktor), M. Fischer (Leiter ERF-CH), U. Rüsch (Geschäftsführer), J. Werth (Leiter ERF-D).

Monatliche Publikation: »antenne« (Auflage 250.000).

Lit.: E. Diehl, K. Sprenger: »Mehr Evangelium in den Medien«, 1982; P.E. Freed: »Frohe Botschaft wir künden den Völkern«, [4]1972; H. Lützenbürger: »...aber Gottes Wort ist nicht gebunden«, 1977; H. Marquardt: Tips für Radioprediger, [2]1984; J. Schmidt: »Rundfunkmission - ein Massenmedium wird Instrument«, 1980.

H. Marquardt

Evangeliumschristen

Evangeliumschristen-Allrussischer Bund der E., entstanden 1906-1909 in Petersburg und Südrußland. Gründer und langjähriger Vorsitzender war I. S. Prochanow. Zunächst auf Allianzbasis organisiert, unter Aufnahme der Erweckungsanstöße durch Lord Radstock in Petersburg und in Abgrenzung vom durch → Oncken mitgeprägten russischen Baptismus, entwickelte sich der Bund jedoch zunehmend zu baptistischen Prinzipien. Theol. und organisatorisch waren die Parallelen zu den Vereinigungen freier Gemeinden in Deutschland und Schweden deutlich. Einwirkungen erfolgten von Schweden und vor allem von England her, darunter in den Anfängen darbystische in verschiedenen Ausprägungen. Früh einsetzende Bemühungen um Vereinigung mit dem Bund der Baptisten (1907 Petersburg, weiter 1917-1922) blieben erfolglos. Erst nach weitgehender Zerschlagung der Organisationen beider Bünde erfolgte 1944 in Moskau unter staatlicher Förderung die Gründung des Bundes der E. und Baptisten, nach der zusätzlichen Aufnahme von Pfingstgemeinden 1945 »Bund der »Evangeliumschristen/Baptisten« benannt. In der Führungsmannschaft des vereinigten Bundes nahmen, auch in Folge der Ausfälle unter den Baptisten, Angehörige der E. bedeutenden Raum ein. Der Bund der E. führte von 1909-1926 insgesammt 10 Bundeskongresse durch. Um 1928 entsprach die Zahl der Glieder mit rund 1 Mio. der der Baptisten. Nach der Trennung des Bundes vom Baptistischen Weltbund 1928, als Folge von Spannungen, wurde von Prochanow ein Weltbund der E. gegründet. Ihm gehörten Gemeinden vor allem in Polen, den baltischen Ländern, Bulgarien und den USA an; er zerfiel im Zweiten Weltkrieg. Nach wie vor bestehen Zusammenschlüsse von ev. christl. Gemeinden, u. a. in Polen und Kanada.

Lit.: ZSen: Christianin (1906-1928 mit Unterbrechung); Bratskij Listok (Bruderblatt) 1908 ff.; Utrennjaja Zvezda (Der Morgenstern), Wochenblatt 1910 ff. Duchovnye Pesni (Geistliche Gesänge-Hymnenbuch) 1924.

I. S. Prochanow: Erfolge des Evangeliums in Rußland, 1929; ders.: In the Cauldron of Russia, 1933; W. Kahle: Evangelische Christen in Rußland und der Sovjetunion, 1978; L. Senderovskij: Evangel'skie Christiane (russ.), 1980; W. Sawatsky: Soviet Evangelicals Since World War II, 1981; V. Popov: I. C. Prochanov, in: Bratskij Vestnik, Jg. 1989/1990.

W. Kahle

Evangeliumsgemeinschaft Mittlerer Osten (EMO)

Die EMO wurde 1900 auf Initiative des Deutsch-Briten Karl Kumm als Sudan-Pionier-Mission (SPM) in Eisenach gegründet, bis 1906 schrittweise nach Wiesbaden verlegt und hier in die volksmission. Arbeit von Pfarrer Th. Ziemendorff integriert. Als Ausgangspunkt für die Evangelisierung des Sudan-Gürtels wurde Assuan (Oberägypten) gewählt (Anstellung des Nubiers Samuel A. Hussein). Aus polit. Gründen blieb die dt. SPM lange auf Assuan und Umgebung beschränkt (Verkündigung, Schul-, Literatur- und Gesundheitsdienst). K. Kumm gründete nach Ausscheiden aus der dt. SPM Ende 1902 eine brit. Sudan-Mission (seit 1904 SUM). Erster Weltkrieg und nationalsozialistische Herrschaft führten zur Verselbständigung des Schweizer Freundeskreises (heute Schweizer. Ev. Nilland-Mission). Das dt. Werk änderte 1937 seinen Namen in Ev. Muhammedaner-Mission, 1953 in Ev. Mission in Oberägypten und 1989 in Evangeliumsgemeinschaft Mittlerer Osten. 1963 beteiligte sich die EMO an der Gründung des Orientdienstes, begann 1970 die Förderung einer Schularbeit in Tunis und 1979 die Entsendung von Krankenschwestern in den Sudan (Nord-Sudan-Dienste). Mitte 1992 hatte die EMO 33 Mitarbeiter (elf in Ägypten, sechs im Sudan, zehn in Deutschland - darunter vier in der Ev. Buchhandlung Wiesbaden - und sechs in Vorbereitung). Die EMO ist Mitglied der → Arbeitsgemeinschaft Evangelikaler Missionen (AEM) in Deutschland.

Lit.: E. v. Dessien u.a.(Hg.): Wasser auf dürres Land. 85 Jahre Sudan-Pionier-Mission/Ev. Mission in Oberägypten, 1985; R. Werner (Hg.): Die Wüste soll blühen. Anfänge im Nordsudan, 1989; Zeitschrift EMO-Nachrichten. Zeugnis und Dienst im Mittleren Osten (zweimonatlich).

E. Troeger

Evolution, Evolutionstheorie

Über viele Jahrhunderte lang orientierte sich das abendländische Verständnis der Natur an der Lehre des griech. Denkers → Aristoteles. Dieser war von der Ewigkeit und Unvergänglichkeit der Welt überzeugt. Dem entsprach seine Lehre, derzufolge die einzelnen Arten der Pflanzen und Tiere durch die

Zeit hindurch stets gleich blieben. Diese Lehre konnte sich auf die Erfahrung stützen, daß von einer Generation zur anderen aus dem Samen der Pflanzen immer wieder die gleichen Pflanzen entstehen, und daß die Tiere Junge zur Welt bringen, die der gleichen Art angehören.

Die mittelalterl. Theologie korrigierte die Lehre des Aristoteles nur insofern, als sie die Welt als Schöpfung Gottes betrachtete und daher die These von der Ewigkeit der Welt ablehnte. Sie hielt jedoch an der Auffassung des Aristoteles von dem stets gleichbleibenden Bestand der Arten der Pflanzen und Tiere fest. Dementsprechend interpretierte sie den Schöpfungsbericht des AT so, daß Gott die Arten der Pflanzen und Tiere in je besonderen Schöpfungsakten unmittelbar so geschaffen habe, wie sie seither vorkommen. Eine Entwicklung neuer Arten gab es in dieser Schöpfungstheologie nicht.

In Auseinandersetzung mit dieser Schöpfungstheologie setzte sich unter dem Einfluß Darwins (→ Darwin, Darwinismus), Haeckels und anderer Naturwissenschaftler seit der zweiten Hälfte des 19. Jh.s die E.theorie durch. Ihr zufolge gibt es keine zeitübergreifende Konstanz der Arten. Vielmehr sei der heutige Bestand an Pflanzen und Tieren das Ergebnis einer langen Entwicklung. Durch geringe, vom Zufall bedingte Abweichungen von einer Generation zur anderen entstünden jeweils Exemplare, die für den »Kampf ums Dasein« besser, und andere, die schlechter ausgerüstet sind. Da sich jeweils die besseren bzw. ihrer Umwelt besser angepaßten Exemplare durchsetzten und zur Vermehrung gelangten, entstehe eine allg. Tendenz zu einer der jeweiligen Umwelt entsprechenden Ausdifferenzierung und einer Höherentwicklung der Arten. Dementsprechend stünden einfache Lebewesen am Anfang der gesamten Entwicklung und erst im Laufe langer Zeiträume habe sich das Lebendige zu seiner heutigen Komplexität und Fülle ausdifferenziert.

Diese zunächst für die Welt der Lebewesen entwickelte Grundkonzeption eines evolutionären Geschehens wurde im Laufe des 20. Jh.s ausgedehnt. Sie wurde einerseits analog auf den Kosmos angewandt. Andererseits wurde auch die Herausbildung des menschlichen Bewußtseins samt seiner personalen Geistigkeit ausdrücklich als Ergebnis evolutionärer Prozesse gedeutet. Im Endergebnis betrachtet die E.stheorie schließlich als den Ausgangspunkt aller Wirklichkeit einen »Urknall« oder auch eine Ur-Materie – die von manchen E.stheoretikern selbst wiederum auf eine E. des Raumes zurückgeführt wird. Die gesamte Entwicklung bis zum heutigen Zustand erscheint als ein sich selbst durch »Zufall und Notwendigkeit« bzw. durch »Selbstorganisation der Materie« vorantreibender Prozeß. Verfechter dieser Auffassung machen geltend, daß eine solche Entwicklung zwar in mancher Hinsicht unwahrscheinlich, jedoch nicht »undenkbar« sei. Trotz zahlreicher Variationen im einzelnen ist die gekennzeichnete Grundstruktur den heute gängigen E.theorien gemeinsam. Gott kommt in ihnen nicht vor. Daher sehen Vorkämpfer des → Atheismus in der E.theorie eine Widerlegung des Schöpfungsglaubens.

Die Kirchen und engagierte christl. Wissenschaftler reagierten auf die E.stheorie in einer doppelten Weise: Die einen hielten an der aristotelischen Interpretation des Schöpfungsberichtes fest und lehnten den Gedanken einer artübergreifenden Entwicklung des Lebendigen ab. Dementsprechend suchten sie die E.stheorie insgesamt zu widerlegen. Dabei konnten und können sie zu recht auf Widersprüche zwischen verschiedenen Richtungen der E.stheorie und auf andere Ungereimtheiten hinweisen. Diese Position wird am eindrucksvollsten und konsequentesten von den sogenannten »Kreationisten« vertreten, die insbesondere in Amerika beachtlichen Einfluß gewonnen haben. In ihrer Konzeption erscheint der Schöpfungsbericht der Genesis als Alternative zum Grundgedanken der E.stheorie.

Andere kirchl. Gruppierungen und christl. engagierte Wissenschaftler lösten sich von der aristotelischen Interpretation des Schöpfungsberichtes. Sie wiesen darauf hin, daß der Schöpfungsbericht selbst zwischen drei Phasen des Schöpfungsgeschehens unterscheide: Nur in der ersten Phase sei Gott allein wirksam: »Im Anfang schuf Gott Himmel und Erde.« In der zweiten Schöpfungsphase jedoch gebe Gott der bereits ins Dasein gerufenen Schöpfung selbst Anteil am weiteren Geschehen, indem er der Erde und dem Meer gebietet, Pflanzen und Tiere hervorzubringen. Diese gebietenden Schöpfungsworte Gottes fänden jeweils eine entsprechende Antwort von seiten der Schöpfung, von der mit den Worten »Und es geschah so« berichtet werde. Es handele sich also in dieser Schöpfungsphase um eine Art dialogisches Geschehen. Zwar gingen die entscheidenden Impulse von Gott aus. Die bereits vorhandene Schöpfung werde jedoch zur Mitwirkung bzw. zur Antwort auf die Schöpfungsworte Gottes aufgerufen. Schließlich werde dann in der dritten Schöpfungsphase durch einen eigenen Akt der Zuwendung Gottes der Mensch nach dessen Bild ins Dasein gerufen.

Diese christl. Gruppen gestehen also durchaus zu, daß es eine E. im Sinne einer Entstehung neuer Tier- und Pflanzenarten gebe. Sie machen jedoch mit Nachdruck geltend, daß dieses Geschehen sich nicht allein durch »Zufall und Notwendigkeit« bzw. durch

»Selbstorganisation der Materie« hinreichend erklären lasse. Es seien vielmehr koordinierende schöpferische Impulse Gottes gewesen, die nach der ersten Schöpfungsphase das weitere Geschehen lenkten und ihm die Richtung gaben. Der Mensch als Person schließlich sei durch eine besondere und eigene personale Zuwendung Gottes ins Dasein getreten.

Bei einer allseits kritischen Einschätzung der Auseinandersetzung um die E.stheorie müssen vor allem folgende Tatsachen und Argumente bedacht werden:

1. Daß es eine evolutionäre Entwicklung gegeben hat, wird durch zahlreiche Tatsachen und Argumente nahegelegt und kann in diesem Sinne als gesichert gelten. Dies gilt ebenso für die Gestaltung des Kosmos wie für die Entfaltung des Lebendigen. Daher muß die aristotelische Lehre von der Ewigkeit der Welt und von der Konstanz der Arten als widerlegt gelten.

2. Wie diese Entwicklung des Kosmos und des Lebendigen im einzelnen vonstatten gegangen ist, ist weithin unklar. Zahlreiche Beobachtungen und Funde legen den Schluß nahe, daß es neben kontinuierlichen Fortentwicklungen an entscheidenden Stellen sprunghafte Veränderungen im Erscheinungsbild der Lebewesen gegeben hat, die jeweils im Genotyp vorbereitet wurden.

3. Ein Teil dieser Veränderungen kann als Anpassung an veränderte Umweltbedingungen interpretiert werden. Andere lassen sich jedoch auf diese Weise nicht erklären, sondern gehen auf eine zielgerichtete Spontaneität der betreffenden Lebewesen zurück. Wodurch diese Spontaneität jeweils ausgelöst wurde und woher die Richtungsimpulse für das gesamte Geschehen kamen, läßt sich wissenschaftlich nicht sagen.

4. Ebensowenig ist es gelungen, eine wissenschaftl. Hypothese zu entwickeln, die die Frage, wie es zum Auftreten des Menschen kam, überzeugend beantwortet. Der Mensch in seiner selbstbewußten Personalität und seinem »freien« Weltverhältnis muß als ein Lebewesen völlig neuer Qualität betrachtet werden.

5. Eine der wichtigsten Basisthesen der E.stheoretiker, daß das jeweils theoretisch Denkbare auch faktisch möglich sei, ist nachweislich falsch. So ist z.B. theoretisch jede beliebige Geschwindigkeit und jeder Grad von Temperatur denkbar, faktisch möglich jedoch sind nur Geschwindigkeiten bis zur Lichtgeschwindigkeit und Temperaturen bis zum absoluten Nullpunkt. Bei der E. ist eine Ausdifferenzierung und Höherentwicklung der Wirklichkeit allein »von unten«, d.h. durch »Zufall und Notwendigkeit« bzw. durch eine »Selbstorganisation der Materie« – ebenso wie eine geglückte Autofahrt von Moskau nach Lissabon mit verbundenen Augen – zwar theoretisch denkbar, faktisch jedoch unmöglich.

Angesichts dieses Forschungsstandes kann heute von einer »Widerlegung des Schöpfungsglaubens« durch die E.stheorie keine Rede sein. Widerlegt ist allenfalls eine aristotelische Interpretation des Schöpfungsberichtes. Dagegen vermag alleine eine angemessene Deutung der Genesis überzeugend zu erklären, wodurch die evolutionäre Entwicklung der Welt und des Lebendigen in Gang gesetzt wurde und ihre richtungsgebenden Impulse erhielt.

Lit.: E. Mayr: Die Entwicklung der biologischen Gedankenwelt, 1984; dazu: Spektrum der Wissenschaft: Evolution, 1982; U. Niemann: Zum Problem der Selbstorganisation der Materie. Tonbandnachschrift eines Symposions zwischen Naturwissenschaftlern, Philosophen und Theologen, 1991.

Zum Kreationismus: A.E. Wilder-Smith: Planender Geist gegen planlose Entwicklung, 1983.

Zur Gesamtproblematik: G. Masuch, H. Staudinger: Geschöpfe ohne Schöpfer. Der Darwinismus als biologisches und theologisches Problem, [2]1990.

H. Staudinger

Ewiges Leben → Leben, ewiges

Ewigkeit → Zeit und Ewigkeit

Ewigkeit Gottes → Gott, Eigenschaften

Ewigkeitssonntag

Friedrich Wilhelm III. von Preußen bestimmte durch Kabinettsorder vom 17. 11. 1816 den letzten Sonntag des Kirchenjahres zum »allgemeinen Kirchenfest zur Erinnerung an die Verstorbenen«; dabei spielte das Gedächtnis der in den Befreiungskriegen Gefallenen, aber auch die Trauer um die 1810 verstorbene und fast wie eine Märtyrerin verehrte Königin Luise eine Rolle. Dieses »Totenfest« zum Abschluß des Kirchenjahres wurde auch von anderen Landeskirchen übernommen und gewann als Totensonntag große Popularität.

In gewisser Weise bildet der Tag das ev. Gegenstück zu → Allerseelen; es ist üblich, die Gräber zu schmücken und zu besuchen, in den Gottesdiensten die Namen der Verstorbenen des letzten Jahres zu verlesen und Andachten auf den Friedhöfen zu halten. Freilich ist die Berechtigung eines solchen Tages, in dem sich offenbar ein tiefes menschliches Bedürfnis ausdrückt, immer wieder mit theol. Gründen bestritten worden. Die neueren Agenden und Lektionare vermeiden die Bezeichnung Totensonntag und sprechen statt dessen vom Letzten Sonntag des Kirchenjahres (Ewigkeitssonntag, Sonntag vom Jüngsten Tage). Innerkirchl. hat sich die Bezeichnung E. weitgehend durchgesetzt; zusammen mit dem drittletzten und vorletzten Sonntag und dem → Buß- und Bettag verleiht er dem letzten Abschnitt des Kirchenjahres ein endzeitliches Gepräge, das sich freilich in den Sonntagen im → Advent fortsetzt. Gottesdienstl. Lesungen sind Offb 21,1-7 (neuer Himmel – neue Erde) und Mt 25,1-13 (Gleichnis von den zehn Jungfrauen). Wie ihre Vorgängerinnen bietet auch die »Erneuerte Agende« von 1990 eigene Texte für den »Gedenktag der Entschlafenen«; sie sollen im Früh- oder Vespergottesdienst oder am Vortage Verwendung finden, die Texte des E.es im Hauptgottesdienst jedoch nicht verdrängen.

Lit.: K.-H. Bieritz: Das Kirchenjahr. Feste, Gedenk- und Feiertage in Geschichte und Gegenwart, [3]1991.

K.-H. Bieritz

Ex cathedra

Mit Cathedra wird seit der Antike der Sitz (Thron) des Bischofs in seiner Kirche (Kathedralkirche) bezeichnet. Sie gibt Ausdruck von seiner Autorität als des obersten Lehrers und Leiters seiner Gemeinde (Ortskirche). Als Repräsentant der Ortskirche und Nachfolger der Apostel verkündet der → Bischof von der Cathedra aus die Botschaft Christi authentisch den Gläubigen. Die Cathedra wird so zum Symbol für die amtliche Lehrverkündigung. Seit der Frühzeit der Kirche beansprucht der röm. Bischof als Nachfolger auf der cathedra Petri eine hervorgehobene Stellung. Von der besonderen Berufung des Petrus (Mt 16,18) leitet sich die Primatsidee ab. Sah man ursprünglich die Irrtumslosigkeit der Gesamtkirche im ökumen. Konzil garantiert, trat zunehmend der Anspruch des röm. Bischofs als Repräsentant und Haupt der Gesamtkirche und Stellvertreters Christi hervor, die volle und höchste Autorität (*plenitudo potestatis*) zu besitzen und irrtumslos für die Gesamtkirche sprechen zu können (→ Leo I., Gregor VII., Innozenz III., Bonifaz VIII.). Dagegen artikulierte sich im Spätmittelalter die Auffassung der Oberhoheit des ökumen. Konzils über den Papst (→ Konziliarismus).

Die Frage fand auf dem I. Vatikanischen Konzil in der dogmatischen Konstitution »Pastor aeternus« eine Klärung. Hier wurde dem Papst Unfehlbarkeit (Infallibilität) zuerkannt, wenn er »ex cathedra spricht, d.h. wenn er in seinem Amt als oberster Hirt und Lehrer aller Christen, durch seine höchste apostolische Autorität eine Glaubens- und Sittenlehre als von der ganzen Kirche festzuhalten definiert«. Derartige päpstliche Entscheidungen (Kathedralentscheidungen) sind »aus sich, nicht aber aus der Zustimmung der Kirche, unabänderlich« (DS 3074). Zu einer Kathedralentscheidung in diesem Sinne kam es bisher erst einmal und zwar 1950, als Papst Pius XII. das Dogma der leiblichen Aufnahme Marias in den Himmel verkündete. Nur hier wurde der definitive Charakter der päpstlichen Entscheidung eindeutig zum Ausdruck gebracht, während bei anderen autoritativen päpstlichen Äußerungen in Glaubens- und Sittenfragen der Anspruch der Unfehlbarkeit nicht erhoben wurde.

Durch das II. Vatikanische Konzil wurde »Pastor aeternus« insofern ergänzt, als höchste Autorität und Unfehlbarkeit zugleich dem Papst als Haupt des Bischofskollegiums und dem Bischofskollegium in Verbindung mit dem Papst zukommen. Nach der Erfahrung der jüngsten Kirchengeschichte ist »der primäre Ort der päpstlichen ›Unfehlbarkeit‹ nicht die Ex-cathedra-Entscheidung, sondern das ökumenische ... Konzil. Unfehlbare Definitionen außerhalb des Konzils müssen als möglicher, aber defizienter Modus des Engagements des kirchl. Lehramts angesehen werden... Und darum ist auch nicht zu erwarten, daß sie dieselbe Bedeutung für Glauben und Leben der Kirche erlangen wie Konzilsentscheidungen, noch auch, daß es ihnen gelingt, die ganze Glaubenswahrheit in gleicher Ausgewogenheit und Berücksichtigung all ihrer Aspekte auszusagen« (K. Schatz).

Lit.: U. Horst: Unfehlbarkeit und Geschichte. Studien zur Unfehlbarkeitsdiskussion von Melchior Cano bis zum I. Vatikanischen Konzil, 1982; K. Schatz: Der päpstliche Primat. Seine Geschichte von den Ursprüngen bis zur Gegenwart, 1990; ders.: Welche bisherigen päpstlichen Entscheidungen sind »ex cathedra«? Historische und theologische Überlegungen, in: W. Löser et.al. (Hg.): Dogmengeschichte und katholische Theologie, [2]1988, 404-422.

W. Weiß

Exegese → Schriftauslegung

Exequien → Begräbnis

Exerzitien

1. Geschichte

Von E. wird seit Ignatius von Loyola gesprochen. Seine »Exercitia spiritualia« (1541) fassen Erfahrungen geistl. Begleitung zusammen, die in klass. Ausprägung ein wichtiges Element der Erneuerung der Frömmigkeit in der kath. Kirche sind. Ursprünglich Entscheidungshilfe für Berufungen, helfen sie allg. zu Klarheit in der Nachfolge. Das Verbot der Gesellschaft Jesu 1773 brachte die E. fast zum Erliegen. Seit der Neuzulassung 1814 sind sie eine der wichtigsten Aufgaben des Ordens.

2. Ökumenische Bedeutung

Ihr bibl. Inhalt macht die Übernahme im ev. Bereich möglich. Vorbild der E. ist der regelmäßige Rückzug Jesu zum Gebet, seine Einladung an die Jünger zu ruhen (Mk 6,31). In der anglikan. Kirche begann vor 100 Jahren mit der Erneuerung kommunitären Lebens eine eigene Retreatarbeit, die bis heute zu über 100 Retreathäusern in Großbritannien geführt hat. Nach ihrem Vorbild entstanden nach 1945 in Schweden (Rättvik) und in Deutschland (Bethel) Häuser der Stille. Auch in der ref. Kirche sind Retraiten bekannt (Grandchamp, Taizé, Reuilly).

3. Inhalt

Zielsetzung der ignatianischen E. ist: Gottes Willen zu suchen und zu finden und größere Bereitschaft zu erlangen, ihn zu erfüllen. Benediktinische Akzentuierung betont Zurückfinden zum Gottvertrauen und Neuverwurzeln in seine Liebe. Ignatius gibt präzise Anweisungen für vier Wochen in täglich fünf Gebetsstunden, die genügend Freizeit zur individuellen Entfaltung lassen, wenig von Reglementierungen, alles von der Gnade erwartend. Dem Fundament der ersten Woche (Gewissenserforschung, Absolution, Hilfe zur Selbstannahme) folgt die Betrachtung des Lebens Jesu, des Kreuzes und der Auferstehung in jeweils einer Woche, die zur Neuorientierung am Vorbild Jesu, zur Aufarbeitung von Leid und Kreuz und zur Entfaltung neuen Lebens dienen. Der Leiter muß als Begleiter unbedingt »dem Schöpfer gestatten, unmittelbar mit seinem Geschöpf zu verkehren«. Jede Dominanz zerstört das geistl. Geschehen. Sein Verzicht auf Beeinflussung hilft zur Indifferenz, der ignatianischen Variante christl. Freiheit, die Ziel der E. ist.

4. Teilnehmer

Lange auf Kleriker und Ordensleute beschränkt, für die ursprünglich die 30-tägigen E. bestimmt waren, werden E. heute für alle angeboten, die im Glauben wachsen möchten, in unterschiedlicher Dauer, von zweieinhalb bis zehn Tagen. Einzelexerzitien erlauben durch tägliches persönliches Gespräch mit dem Begleiter intensivere Beratung und Betreuung.

5. Häuser

Sie gehören einer → Diözese oder einem Orden, zu Diakonissenhäusern (Bethel), Kommunitäten (Grandchamp) oder Landeskirchen (Magdeburg, Pommern, Rheinland). Sie haben Einzelzimmer, durchgängiges Schweigen, eigene Kapelle für tägliche Sakramentsfeier und Tagzeitengebet.

Lit.: Ignatius von Loyola: Geistliche Übungen, übersetzt und erklärt von P. Knauer, 1978; P. Köster, H. Andriessen: Sein Leben ordnen, 1991; G. Wolff: Zeiten mit Gott, 1980.

G. Wolff

Exil, Babylonisches

Das babylon. E. ist das Ergebnis der Deportation von 4600 Judäern (Jer 52,30 – höhere Zahlen nennt der Bericht von 2Kön 24-25), die der babylon. Großkönig Nebukadnezar nach seinen erfolgreichen Feldzügen gegen das davidische Königreich Juda 597 und 587 v.Chr. durchführen ließ. Das Exilschicksal traf vor allem die Familien der gesellschaftl. Oberschicht; die »kleinen Leute«, Ackerbauern und Weinbauern blieben im Lande (2Kön 24,14-16; 25,11-12).

Die assyrische Herrschaft über den Alten Orient war unter den Angriffen der verbündeten Babylonier und Meder 612 v.Chr. zusammengebrochen; 605 v.Chr. trat in Babylon Nebukadnezar II., aus der Dynastie der aramäischen Chaldäer, die Regierung an. Seine Hegemonialpolitik zielte sofort auf Gebietszuwachs; Babylon wurde Zentrum der damals bekannten Welt. 589 rückte das babylon. Heer, nachdem der letzte judäische König, Zedekia, Nebukadnezar die Vasallentreue aufgekündigt hatte, zum zweiten Mal nach Juda vor; 587 nahm der chaldäische Feldherr Nebusaradan Jerusalem ein und verwandelte es in ein Trümmerfeld (vgl. Jes 49,19), ließ den Tempel samt Lade (?) niederbrennen, nur die Wertgegenstände ausgenommen, die man mit nach Babel nahm. Die Kinder des Königs tötete man vor seinen Augen; ihm selbst stach man die Augen aus und verschleppte ihn nach Babylon. Damit endete die Existenz des Südstaates Juda und des davidischen Königtums.

Die Exulanten wurden in geschlossenen Wohnkolonien angesiedelt (vgl. z.B. Hes 1,1). Die äußeren Lebensbedingungen waren erträglich; es stand ihnen frei, Häuser zu bauen, Gärten anzulegen, Handel zu treiben; ja, sie konnten ihre familienübergreifenden Angelegenheiten wohl bis zu einem gewissen Grad selbst - durch »die Ältesten Israels« (Hes 14,1; 20,1) - verwalten (vgl. besonders Jer 29). In ihrer Freiheit wurden sie kaum mehr als die übrige Untertanenbevölkerung eingeschränkt. Ihr Elend war von subtilerer Art: Babylonien galt ihnen als unreines Land (Hes 4,13); die großen Feste mit den Götterprozessionen (vgl. Jes 44,10-20; 46) bedeuteten eine harte Anfechtung ihres Glaubens an JHWH als den Herrn der Geschichte. Die Symbole der JHWH-Religion - Jerusalem, die heilige Stadt, und der Tempel - wurden schmerzlich vermißt. Je länger das E. währte, desto häufiger kam es zu depressiven Verstimmungen (vgl. Ps 137 und Jes 40,27f).

Doch leiteten vor allem die Propheten Hesekiel und Deuterojesaja (Jes 40-55) an, die Katastrophe des E.s als Strafgericht Gottes anzunehmen und so frei zu werden für ein »neues« Heilshandeln JHWHs (vgl. z.B. Jes 43,18f; 44,24-28).

Für die Weiterentwicklung der Glaubensüberzeugungen Israels waren die Jahre des E.s eine ungemein fruchtbare Zeit. Damals erhielten die Bräuche des Sabbats und der → Beschneidung das große Gewicht von Bundeszeichen (vgl. 2Mo 31,17; 1Mo 17); durch die Botschaft Deuterojesajas setzte sich der strenge Monotheismus durch - zusammen mit einem Universalismus, der das Heil aller Völker von Israel ausgehen sah (z.B. Jes 45,18-25); die ideale oder real existierende Gottesknechtsgestalt (Jes 42,1ff; 53) revolutionierte die Messiaserwartung.

538 erlaubte ein Erlaß des Perserkönigs Kyros II., der dem morsch gewordenen babylon. Weltreich ein Ende gesetzt hatte, die Heimkehr der Exulanten und den Wiederaufbau des Tempels (Esr 6,3-5 wird von den meisten Forschern ein höherer hist. Wert zugemessen als Esr 1,1-4). Klug kalkulierend, tolerierten die Perserkönige die Religionen der unterworfenen Völker und sicherten gerade so für lange Zeit ihr Imperium. Keineswegs alle Judäer machten von der Möglichkeit, nach Judäa zurückzukehren, Gebrauch. Der Zustand der Heimat blieb auf Jahre hinaus wenig attraktiv.

Lit.: C.D. Stoll: »Exil«, GBL 1, 1987, 368-369 (Lit.)

W. Grimm

Existentiale Interpretation

Der Ausdruck »Existentiale Interpretation« entstammt der Philosophie M. Heideggers (vgl. »Sein und Zeit«, 1927, wo er sich auf die Analyse menschlichen Daseins, d.h. der menschlichen Verhaltensmöglichkeiten bezieht). R. → Bultmann hat den Ausdruck aufgenommen als Bezeichnung für die von ihm als zeitgemäß eingeführte neue Methode der Interpretation bibl. Texte.

Die Botschaft bibl. Texte - für Bultmann speziell das ntl. Kerygma, d.h. die ntl. Botschaft - sei nun aber in ihrer Denk- und Ausdrucksweise dem modernen Menschen unverständlich. Der moderne Mensch denke wissenschaftl., die Vorstellungswelt der Bibel einschließlich der Botschaft von Christi Sühnetod, Auferstehung und Erhöhung aber sei mythisch. Um sie heute verständlich zu machen, müsse sie → entmythologisiert werden. »Entmythologisieren« heiße nicht, den Mythos zu eliminieren, sondern ihn zu interpretieren. Die Wahrheit des Mythos sei nicht, was in mythischen Vorstellungen vom Handeln Gottes ausgesagt wird, die Wahrheit sei vielmehr das christl. Selbstverständnis des Glaubens, das den mythischen Vorstellungen zugrunde liege. Es ist also zu fragen: »Kann es eine entmythologisierende Interpretation geben, die die Wahrheit des Kerygmas als Kerygma für den nicht mythologisch denkenden Menschen aufdeckt?« Die Frage wird bejaht: Die bibl. Mythologien haben ihren Sinn nicht in ihren mythologisierenden Vorstellungen, sondern müssen auf das ihnen zugrunde liegende Existenzverständnis hin, d.h. existential interpretiert werden (NT und Mythologie, 28.29).

Wie sieht der Mensch sich selber, der Christus verkündet? Er sieht sich als ein Erlöster, als ein zur Freiheit der Kinder Gottes Berufener. Er weiß sich in der Welt zugleich umgeben von bösen Mächten und Gefahren, und er weiß auch, daß er sein Leben weder mit guten Werken, noch mit Besitz oder Wissen sichern kann. Aber als einer, der durch das Wort zum Leben »im Glauben« gerufen wurde, hat er die Möglichkeit ergriffen, sich von der Weltverfallenheit zu lösen. Glaube ist »das Vertrauen, daß gerade das Unsichtbare, Unbekannte, Unverfügbare dem Menschen als Liebe begegnet, ihm seine Zukunft entgegenbringt, nicht Tod, sondern Leben für ihn bedeutet« (NT und Mythologie, 34). Im Glauben versteht sich der Mensch als von Gott gerufen, wobei Gott nicht »Objekt« ist. »Gott« ist transzendent, unerkennbar und unverfügbar. Und der Name Jesus Christus bedeutet, existential interpretiert, nicht mehr eine göttliche Person, sondern ein Geschehen, eben das Zum-Glauben-Kommen als Antwort auf das Angerufen-Sein durch das Wort. »Das eschatologische Ereignis, das Jesus Christus heißt, geschieht hier und jetzt, wo das Wort gepredigt wird« (Jesus Christus und die Mythologie, 96). Und das »ein für allemal des Todes Jesu am Kreuz« (Hebr 7,27; 9,12; 10,10) bedeute nun, daß das eschatologische Ereignis des Glaubens allemal, d.h. heute wie schon zur Zeit der apostolischen Predigt, in gleicher Weise geschieht (Jesus Christus und die Mythologie, 96f).

Das Programm der E.I. hatte eine lange Diskussion unter Fachtheologen zur Folge, deren Niederschlag insbesondere die Sammelbände »Kerygma und Mythos« zugänglich machen. Aber viele Fragen blieben offen. H.W. Bartsch sagt, daß die E.I. bibl. Texte nach dem Selbstverständnis des Autors eines Bibeltextes befragen muß. Er stellt aber fest, daß sich in den ntl. Texten kein übereinstimmendes Selbstverständnis feststellen läßt. Das gilt schon für die Texte der apostol. Zeit, aber mehr noch, wenn auch nach dem Selbstverständnis Jesu gefragt wird, wie das E. Fuchs versucht hat (vgl. Kerygma und Mythos VI,1, 77ff).

Was Bultmann als christl. Daseinsverständnis versteht, ist modernes Verständnis, abhängig von → Kierkegaards Frage nach der christl. Existenz, von → Diltheys Aufspaltung zwischen Verstehen seiner selbst und objektivierendem Erkennen und von → Heideggers Existenzanalyse. Das heißt aber, daß in der »entmythologisierenden« Verkündigung gar nicht das den bibl. Texten zugrundeliegende Verstehen der eigenen Existenz »zur Sprache« kommt, sondern das moderne Verständnis des Predigers.

Besonders starke Auswirkung hat die E.I. (und die mit ihr zusammenhängende Entmythologisierung) durch die radikale Trennung von Historie (Geschichte) und Botschaft. Die Bibel wird in ihren hist. Aussagen ganz der hist.-kritischen Wissenschaft überlassen und soll nach gleichen Regeln der Literatur- und Geschichtswissenschaft behandelt werden wie andere Literatur des Altertums. Das Kerygma, die zu verkündigende Botschaft der Bibel, hingegen wird als mythische Vorstellung »enthistorisiert« und einzig nach dem ihm zugrundeliegenden subjektiven Selbstverständnis befragt.

Für die bibl. Botschaft jedoch gehören Geschichte und Botschaft untrennbar zusammen. Der historische Jesus von Nazareth, der unter Pontius Pilatus gekreuzigt wurde, ist der erhöhte Christus, der *kyrios.* Paulus wird von Christus selber berufen und zu den Völkern gesandt. Und schon der Bund Gottes mit Israel ist untrennbar Geschichte und Offenbarung Gottes. Israels Segnung und Verheißung beginnt mit Abraham, Gott führt Israel aus Ägypten und gibt dem Volk durch Mose am Sinai sein Gesetz. Die bibl. Geschichte ist → Heilsgeschichte, in der das sonst verborgene Handeln Gottes prophetisch erhellt und durch das Wort kundgetan wird. Das prophetische Wort schenkt dem einzelnen nicht nur ein neues Verständnis seiner selbst, sondern ruft ihn zugleich in eine Gemeinschaft, in den Bund einer Verheißung, die dem Volk, der Gemeinde gegeben ist.

Das Anliegen der E.I., daß der Glaube nicht ein hist. Wissen sei und auch nicht in der Annahme einer Lehre besteht, sondern Zuwendung zu dem transzendenten Gott ist, der im verkündigenden Wort begegnet, hat bleibende Berechtigung. Aber es bleiben einige Fragen, die gerade auf Grund der bisherigen theologischen Diskussion zu stellen sind:

1. Genügt der an die Bibel herangetragene Begriff des Mythos zur wissenschaftl. Kennzeichnung der bibl. Rede vom Handeln Gottes, d.h. der prophetischen Rede, zu deren Wesenszug auch die fortwährende Bezugnahme auf Geschichte gehört (und ganz abgesehen davon, daß die Meinung, der moderne Mensch verstehe mythisches Denken nicht mehr, kaum haltbar ist in einer Zeit, die von Okkultismus, Spiritismus, Astrologie, New-Age-Mythologie und sogar Hexen- und Satanskulten geradezu überschwemmt wird) – müßte dieser Begriff des Mythos hier nicht durch den der prophetischen Rede von Gott ersetzt werden? Wobei Prophetie als bibl. Rede vom Handeln Gottes auf Grund des reichlich vorhandenen bibl. Materials und in Abgrenzung gegenüber dem allg. religionsgeschichtl. Mythosbegriff umfassend zu beschreiben und zu erklären wäre.

2. Ist das als »existentiale Interpretation« formulierte Konstrukt einer existentialontologisch begründeten Textinterpretation und einer entsprechenden Auffassung vom Glauben (als einem existentiellen Verstehen) nicht eine vergewaltigende Einengung der Freiheit der Predigt und der Offenheit des Glaubens? Und muß die Reduzierung des Glaubens auf ein bloßes Selbstverständnis nicht zur Ablösung von der Gemeinde führen (auch wenn das von den Vertretern dieser Theologie keineswegs gewünscht wird)? Wenn Gott nicht mehr personal-objektivierend angerufen werden kann (im Namen »Vater«, im Namen »Christus der Herr« Phil 2,9-11), dann ist die Konsequenz die »Abwesenheit« Gottes, die ja auch nach Bultmann

ausgesagt worden ist (Herbert Braun, Dorothee Sölle).

Lit.: R. Bultmann: Neues Testament und Mythologie, (1941), 1985, hg. von E. Jüngel; R. Bultmann: Jesus Christus und die Mythologie, 1964; ders.: Glauben und Verstehen I-IV, 1952-1965; Kerygma und Mythos, Bd. I-IV 1/2, hg. von H.W. Bartsch, 1948-1962 (in Bd. I auch der Vortrag von Bultmann, NT und Mythologie).

M. Boutin: Rationalität als Verstehensprinzip bei Rudolf Bultmann, 1974; F. Flückiger: Existenz und Glaube. Kritische Betrachtungen zur existentialen Interpretation, 1966; E. Fuchs: Hermeneutik, 1954; ders.: Zum hermeneutischen Problem in der Theologie. Die existentiale Interpretation, 1959; B. Jaspert (Hg.): Bibel und Mythos, 1991; J.M. Robinsohn, B.C. Copp Jr. (Hg.): Neuland in der Theologie, Bd. 2: Die neue Hermeneutik, 1965.

F. Flückiger

Existentialismus/Existentialphilosophie

Eine Voraussetzung für den E. war der Übergang zur mobilen Gesellschaft, in der dem einzelnen seine Stelle nicht vorgegeben ist. Bezeichnenderweise erklärte schon einer der Vorkämpfer der Französischen Revolution, Sieyès: »Je me donnerai une existence ou je périrai - Ich werde mir eine Existenz schaffen oder zugrundegehen«.

Eine weitere Voraussetzung war der Zustand der überkommenen Philosophie. Mit dem ausgehenden 19. Jh. verlor insbesonders die Metaphysik zunehmend an Überzeugungskraft. Das hatte Rückwirkungen auch für theol. Konzeptionen, insbesondere die Scholastik. Überzeugende Deutungen von Mensch und Welt gab es nicht mehr. Auch die Wissenschaften vermochten trotz imponierender »Fortschritte« den Sinn des Daseins nicht zu erhellen.

In dieser Situation ging es den Vertretern des Existentialismus - Wegbereiter waren Sören → Kierkegaard und Friedrich → Nietzsche gewesen - nicht mehr um die Essenz - um das Sein und Wesen der Dinge -, sondern um die Existenz des endlichen und bedrohten menschlichen Daseins. Diese Akzentuierung ist allen Richtungen des E. gemeinsam, so verschieden die Lösungsversuche bzw. Antworten auch sein mögen.

Beispielhaft für diese Spannweite sind die Franzosen Gabriel Marcel (1889-1973) und Jean-Paul Sartre (1905-1980). Für Gabriel Marcel bedeutet sein Philosophieren zugleich eine Wende zum christl.-kath. Glauben, den er in einer vertieften Weise zu verstehen sucht. Realisierung der Existenz sei zugleich Engagement im Sein, denn »es steht nicht in unserer Macht, aus ihm herauszutreten«. Marcels Leitmotiv sind Freiheit, Wagnis, Treue, Glaube, Liebe und Tod, die gemeinsam getragen werden von einer Haltung der Hoffnung. Sie ist zutiefst rel. verankert. In seinem »Entwurf einer Phänomenologie und einer Metaphysik der Hoffnung« stellt er heraus, daß die Aussage »Ich hoffe« auf die Formel »Ich hoffe auf Dich für uns« erweitert werden müsse. Denn die Existenz des Menschen sei in Gott begründet und dialogisch auf den Nächsten angelegt. Wie es im Joh-Ev. heißt, kam das Licht in die Welt und »wir müssen dieses Licht einer für den anderen ausstrahlen«. Hoffnung ist für Marcel kein Versuch, die Abgründe und Gefährdungen der menschlichen Existenz zu überspielen. Die Angst könne jedoch »nicht das Letzte« sein: »Das letzte Wort, ich fühle es zutiefst, kann nur die Liebe haben und die Freude.«

Im Gegensatz dazu betrachtet Jean-Paul Sartre das menschliche Dasein als absurd. Es gäbe »keine menschliche Natur, da es keinen Gott gibt, um sie zu entwerfen... Der Mensch ist nichts anderes als wozu er sich macht«. Indem er die Absurdität aushält und sich bejaht, etwas unternimmt und durchhält, schafft er sich eine Existenz. Sartres 1943 erschienenes Werk L'être et le néant, »Das Sein und das Nichts«, kann als das vielleicht wirkungsmächtigste Werk des französischen E. betrachtet werden.

In Deutschland gehört Martin Heidegger (1889-1976) zu den wichtigsten Vertretern der existentialistischen Richtung. Sein Hauptwerk »Sein und Zeit« erschien erstmals 1927. Die Sprache Heideggers ist bis an die Grenze des Erträglichen maniriert. Sie erschwert das Verständnis und überspielt die Probleme mehr als sie zu lösen, wirkt jedoch auf Anhänger faszinierend und nachahmenswert. Sätze wie »Einzig, weil das Nichts im Grunde des Daseins offenbar ist, kann die volle Befremdlichkeit des Seienden über uns kommen« wirken wie eine Kreuzung zwischen Tiefsinn und Glasperlenspiel. Es ist sicher kein Zufall, daß Heidegger von dem politischen Pathos des Dritten Reiches nicht unberührt blieb und als Rektor der Universität Freiburg seinen Studenten zurief: »Nicht Lehrsätze und ›Ideen‹ seien die Regeln eures Seins. Der Führer selbst und allein ist die heutige und künftige deutsche Wirklichkeit und ihr Gesetz.«

Im Gegensatz dazu erhielt Karl Jaspers (1883-1969) von den Machthabern des Dritten Reiches »Lehrverbote«. Seine erste Veröffentlichung war eine »allgemeine Psychopathologie«. Bald jedoch verlegte er den Schwerpunkt seiner Überlegungen zur Philosophie und schuf eine Existentialphilosophie eigener Akzentuierung. Dabei stellt er sich auch der Frage nach »Ursprung und Ziel der Geschichte« (1949). Denn »wir wollen die Geschichte als ein Ganzes verstehen, um uns selbst zu verstehen«. Die Überlegungen Jaspers' entsprangen dem Bewußtsein einer drohenden Gefahr: »Während die frühere Geschichte mit ihren Ereignissen die Substanz des Menschseins wenig betraf, scheint jetzt diese Substanz ... in ihrem Kern bedroht.« In dieser Situation schien es ihm gewiß zu sein, daß »im Bezug unseres Glaubens auf die biblische Religion zuletzt die Entscheidung über die Zukunft unseres abendländischen Menschseins liegt«.

Die Existenzphilosophie hatte auch Rückwirkungen auf die Theologie, insbesondere die → dialektische Theologie und die entmythologisierende Exegese. Dabei ließ man sich bewußt oder auch unterschwellig von dem Gedanken leiten, daß eine existentielle Erfassung der Heiligen Schriften »historische Absicherungen« überflüssig mache. Während Angelus Silesius formuliert hatte, »Wär Jesus tausendmal in Bethlehem geboren, und nicht in Dir, so bliebst Du doch verloren«, wurde nunmehr die historisch Rückkopplung – entgegen der Tendenz des Neuen Testaments selbst – für unwichtig bzw. überflüssig erklärt.

Lit.: O.F. Bollnow: Existenzphilosophie, [6]1964; F. Flückiger: Existenz und Glaube, 1966; K. Jaspers: Der philosophische Glaube angesichts der Offenbarung, 1984; G. Marcel: Homo viator – Philosophie der Hoffnung, 1949.

H. Staudinger

Exkommunikation

1. Katholisch

Nach c. 1311 des kirchl. Gesetzbuches (→ Codex Iuris Canonici CIC) ist es »das angeborene und eigene Recht der Kirche, straffällig gewordene Gläubige durch Strafmittel zurechtzuweisen«. Solche Strafmittel sind »Besserungs- oder Beugestrafen« und »Sühnestrafen« (c. 1312 CIC). Zu den Beugestrafen (*censurae*), die in erster Linie darauf zielen, den straffällig Gewordenen zu bessern, gehören neben Interdikt (Ausschluß vom Gottesdienst) und Suspension (Dienstenthebung) die E. (Kirchenbann). Sie bedeutet nicht Ausschluß aus der Kirche, sondern aus der aktiven Gemeinschaft der Kirche. Sie kann von selbst eintreten oder auch ausdrücklich verhängt oder erklärt werden.

Die E. hat bestimmte Rechtswirkungen, die kirchenrechtlich festgelegt sind. So ist allen Exkommunizierten, also auch denen, bei denen die E. von selbst eingetreten ist, jeder Dienst beim eucharistischen Opfer oder sonstigen gottesdienstlichen Feiern untersagt, weiter ist verboten die Spendung von Sakramenten oder Sakramentalien und der Empfang von Sakramenten, sowie jede Ausübung kirchl. Ämter, Dienste oder Aufgaben und die Setzung von Akten der Leitungsgewalt (c. 1331 § 1 CIC). Bei Tätern, bei denen die E. durch einen kirchl. Akt verhängt oder erklärt wurde, treten zusätzliche Rechtswirkungen ein, die in c. 1331 § 2 CIC aufgeführt sind.

Von dem Verbot der Spendung von Sakramenten oder Sakramentalien und der Setzung von Akten der Leitungsgewalt werden Ausnahmen bei den Beugestrafen gemacht (Suspension), also auch bei der E., sooft es für das Heil sich in Todesgefahr befindlicher Gläubiger notwendig ist, sowie bei nicht kirchenamtlich festgestellten Beugestrafen, sooft ein Gläubiger um solch eine Handlung bittet, was ihm aus jedem gerechten Grund erlaubt ist (c. 1335 CIC).

Die E. dauert, bis sie durch einen kirchl. Akt erlassen wird. Dazu ist nötig, daß der Exkommunizierte vorher seine Widersetzlichkeit aufgibt, wofür Zeichen sind das Bereuen der Straftat, angemessene Schadenswiedergutmachung und Behebung des entstandenen Ärgernisses (c. 1347 § 2 CIC). Nach Aufgabe der Widersetzlichkeit muß der Erlaß der Strafe gewährt werden (c. 1358 § 1 CIC).

2. Evangelisch

Es darf der Kirche nicht gleichgültig sein, ob ihre Glieder bewußt an Sünden festhalten oder gar mit bewußtem Verstoßen gegen die Grundordnungen der Bibel öffentlich Anlaß zu Ärgernis oder Desorientierung geben (vgl. Barmer Erklärung, These 3). Schon in der Bibel ist darauf hingewiesen (etwa Mt 18,15ff). So hat Luther zwar den »großen Bann«, der ganz aus der kirchl. Gemeinschaft und Gliedschaft ausschließt, abgelehnt, den »kleinen Bann« (Ausschluß von Sakrament oder sonstiger kirchl. Gemeinschaft) aber bejaht (ASm III). Calvin war die Kirchenzucht ein wichtiges Anliegen (Institutio IV 12,1ff). Heute ist die Übung der Kirchenzucht in ev. Kirchen nicht von großer Bedeutung (→ Gemeindezucht). Dennoch ist die Tatsache, daß es auch heute noch kirchl. die – wenn auch kaum geübte – Möglichkeit gibt, etwa in groben Fällen unchristl. Handelns vom Abendmahl auszuschließen, ein Hinweis darauf, daß die Gemeindeglieder füreinander und für die Darstellung der Gemeinde mitverantwortlich sind, und daß die Kirche sich in ihrer geistlichen Struktur noch nicht aufgelöst hat.

Lit.: C. Link: »Bann I.«, EStL, 1966; H. Schwendenwein: Das neue Kirchenrecht, 1984; A. Stein: Evangelisches Kirchenrecht, 1980.

K. Baral

Exodus → Pentateuch

Exorzismus

E. ist ein im Namen Jesu oder des Dreieinigen Gottes an einen bösen Geist (Teufel; s. → Satan, Dämon) gerichteter Befehl, einen Menschen zu verlassen bzw. von ihm abzulassen, etwa: »Im Namen Jesu gebiete ich dir, du böser Geist, wer immer du bist, diesen Menschen zu verlassen.« Voraussetzung ist dabei die Umsessenheit oder Besessenheit eines Menschen, die trotz gegenteiliger Ansichten auch in der Gegenwart sich ereignen kann. Im unsichtbaren Reich der Finsternis existieren Satan und Dämonen als unsichtbare Geister und wirken in das Sichtbare ein (Rohrbach, 138ff). Eine Umsessenheit (*circumsessio*) besteht, wenn böse Geister den Menschen nur von außen beeinflussen, eine Besessenheit, wenn sie ihm beherrschend innewohnen, genauer: Teilbesessenheit (*obsessio*), wenn sie zeitweise, Vollbesessenheit (possessio), wenn sie dauernd Besitz ergriffen haben. Im Fall von Umsessenheit wird im E. das Ablassen vom Menschen, bei einer Besessenheit das Verlassen des Menschen (das Ausfahren) geboten (Rohrbach, 100ff). Ein E. bewirkt zunächst kein sofortiges Ablassen oder Ausfahren, bereitet es aber vor; er ist so oft wie nötig zu wiederholen. Ein E. darf nur bei echter Um- oder Besessenheit angewandt werden (nicht bei schwächeren Geistereinwirkungen wie Versuchung, okkulter Belastung, okkulter Bedrohung, (s. Rohrbach, 92f), da man sonst Geister erst herbeiruft. Der sicherste Weg zur Klärung von Um- oder Besessenheit ist der Probe-E.: Im Verdachtsfall wird über dem Betroffenen ein E. gesprochen, ohne daß er davon weiß (etwa im Nebenraum, während ein Beobachter bei ihm verbleibt). Tritt der Krisenzustand ein, im allg. ein Trancezustand, in dem Verstand und Willen völlig ausgeschaltet sind, so kann man Besessenheit annehmen. Liegt sie vor, so darf der Exorzist bestimmte Fragen an den Geist (die Geister) stellen: nach dem Namen des (Haupt-)Geistes, nach ihrer Anzahl, nach dem Grund des Einfahrens, nach dem Termin des Ausfahrens – das alles befehlend im Namen Jesu. Gehorchen werden die Geister nur dem von Jesus bestimmten Exorzisten. Fragen aus Neugier, Antworten auf Fragen der Geister sind unzulässig. Zum angegebenen Termin erfolgt der entscheidende E. zum Ausfahren. Jedem ausfahrenden Geist ist im Namen Jesu das Zurückkommen zu verbieten. Der letzte, der ausfährt, hat als Zeichen auszurufen: Jesus ist Sieger. Alles hat der Verherrlichung Jesu zu dienen. Fehlt die Vollmacht, so ist der Fall einem anderen Exorzisten abzugeben, den Jesus zuführt oder der zu erbeten ist. In der kath. Kirche wird der Exorzist vom zuständigen Bischof bestellt.

Lit.: A. Rodewyk: Dämonische Besessenheit heute, 1966; H. Rohrbach: Unsichtbare Mächte und die Macht Jesu,[3]1988.

H. Rohrbach

Extra Calvinisticum

Ein – nach längerer Vorgeschichte – 1620 von dem luth. Theologen Th. Thumm geprägtes Schlagwort der luth. Polemik gegen die von J. → Calvin her bestimmte Theologie. Es bezieht sich auf ein bestimmte ref. Auffassung im Zusammenhang der Frage, wie sich »wahrer Gott und wahrer Mensch« in der einen Person Jesu Christi zueinander verhalten. Nach dieser Auffassung nimmt der Sohn Gottes in seiner Menschwerdung zwar ganz unsere Menschlichkeit an, ohne sich jedoch mit ihr zu vermischen. Es ist darum zu sagen, daß er zugleich »ihr ganz einwohnt und ganz außerhalb von ihr ist (lat.: *et extra eam sit*)« (so der Reformierte Maresius 1662). Von diesem *et extra* (»und außerhalb«) leitet sich das Schlagwort ab, und es verbindet sich mit dem Namen Calvin, weil schon er lehrte: »Das Wort (Gottes) ist zwar in der Unermeßlichkeit seines Wesens mit der Natur des Menschen zu einer Person zusammengewachsen, aber doch nicht darin eingeschlossen« (Institutio II,13,4; vgl. Heidelberger Katechismus Frage 48). Die luth. Polemik hat diese Lehre oft zum Anlaß genommen, der ref. Theologie das Bedingtsein durch ein phil. Prinzip vorzuwerfen (*Finitum non capax infiniti*, »Das Endliche kann das Unendliche nicht fassen«). Der Vorwurf ist nicht richtig, nicht nur, weil diese ref. Lehre gute, alte theol. Tradition für sich hat, sondern vor allem darum, weil ja mit der Lehre keineswegs die wirkliche, »ganze Einwohnung« des Gottessohns in der Menschheit bestritten wird; sie behauptet ja zugleich die ganze Verbindung des Gottessohns mit dem von ihm angenommenen »Fleisch«. Das Anliegen dieser Lehre ist vielmehr zum einen die Betonung, daß der vom Gottessohn in seine Gemeinschaft aufgenommene Mensch wirklich Mensch ist, einer wie wir, da wir sonst nicht unserer Erlösung gewiß sein könnten. Ihr Anliegen ist zum anderen die Hervorhebung des Ereignisses der Menschwerdung in ihrem Gefälle von Gott her, so daß ihr Ertrag nicht in ein menschliches »Haben« umgedeutet werden kann. Beides vermißten die Reformierten in der luth. Lehre, die dagegen stark das ganze Eingegangensein des göttlichen Worts in das menschliche »Fleisch« und das dadurch bewirkte Hineingenommensein des Fleisches in das göttliche Wesen aussagte. Die Reformierten sahen dort die Gefahr der Vergottung des menschlichen »Fleisches« drohen. Umgekehrt hatten sie selbst Mühe, den luth. Vorwurf zu entkräften, sie trennten hier, was Gott zusammengefügt habe: Gott und Mensch. Es ist heute unter Reformierten anerkannt (vgl. K. Barth, KD II/1, 548ff), daß in dieser Sache eine Lösung gefunden werden muß, in der die Anliegen beider Positionen verbunden und in der die auf beiden Seiten drohenden Gefahren ausgeschlossen sind.

Lit.: W. Neuser, in: C. Andresen (Hg.): Handbuch der Dogmen- und Theologiegeschichte. Bd. 2, 1980, 247-250, 320-321.

E. Busch

Extra ecclesiam nulla salus

»Es gibt kein Heil außerhalb der Kirche.« → Cyprian (gest. 259) (ep 73,21 u.ö., aber z.B. auch Origenes: »Außerhalb dieses Hauses, d.h. der Kirche, wird niemand gerettet.« Hom. Iesus Nave 3,5) betonte gegen die durch die dezische Christenverfolgung zu Einfluß gekommenen enthusiastischen Strömungen (Novatian) die Heilsnotwendigkeit der Kirche. Der in der Sukzession der → Apostel stehende → Bischof ist Repräsentant und Garant der Einheit. Innerhalb des durch ihn markierten Raumes findet sich das Heil. Die → Reformation rezipierte diesen Satz und interpretierte ihn von dem in seinem Wort durch den Heiligen Geist gegenwärtigen Herrn her: Kirche Jesu Christi entsteht nicht durch den Entschluß von einzelnen Gläubigen, sondern ist Schöpfung Gottes, in der dieser - durch Wort und Sakrament (CA VII) - Menschen zum Glauben ruft, heiligt, begabt, in Dienst stellt. Die luth. Orthodoxie hielt von Eph 2,12f; 4,17; 5,8; 1Petr 2,9; Offb 22,15; 21,8 her fest: »Diejenigen, die sich außerhalb der (sc. so gekennzeichneten) Kirche befinden, sind fern von Gott, von Christus, von den Wohltaten des himmlischen Reiches und der Hoffnung auf das ewige Heil.« (Joh. Gerhard, Loci theol. XI, 39).

Lit.: Y. Congar: Heilige Kirche, 1966, 434ff.

E. Hahn

Ezechiel → Propheten Israels

Eznik von Kolb → Armenien

Faber Stapulensis (ca. 1455-1536)

F., Jakob, genannt Stapulensis, gilt als führende Persönlichkeit des franz. Humanismus. In vertieftem Wissen sah er einen Zugang zu einem intensiveren Glaubensleben. Er inspirierte die reformat. Bewegung und kath. Reform.

F. wurde zwischen 1450 und 1460 in Etaples (Picardie) geboren, erhielt 1479 den Bachelier des arts und lehrte dann am Collège du Cardinal Lemoine in Paris. Während eines längeren Italienaufenthalts (wohl 1492-1500) kam er in Kontakt mit führenden Humanisten. Ab 1508 befand er sich auf Einladung des Abtes Guillaume Briçonnet im Kloster St. Germain des Prés. Als Briconnet 1516 Bischof von Meaux wurde, folgte F. ihm ca. 1520 und unterstützte ihn in der Diözesanverwaltung (1521 Generalvikar). Während seiner Pariser Lehrtätigkeit bemühte sich F. erfolgreich um eine umfassende Edition des → Aristoteles. Er strebte danach, aristotelische und platonische Konzeptionen miteinander zu verbinden. Angeregt durch die Mystik und Vertreter der → Devotio moderna rückte zunehmend das Bibelstudium in den Mittelpunkt. Dabei bildet die 1530 erschienene franz. Vulgataübersetzung seine größte Leistung. F. wollte die Bibel einer breiten Leserschicht zugänglich machen, damit jeder über die Schrift Christus begegnen kann.

Bei seinen exeget. Studien bediente sich F. philologischer Methoden und kam zu Einsichten, die der Tradition widersprachen, wodurch er in Konflikt mit der theol. Fakultät der Sorbonne geriet. König Franz I. bewahrte F. vor einem bereits eingeleiteten Ketzerprozeß. F. trat 1526 in dessen Dienst und lebte ab 1530 bis zu seinem Tod 1536 am Hof der Königin Margarete von Navarra, einer Schwester des franz. Königs.

Lit.: BBKL 1, 1975, 1582-1584 (Werke u. Lit.); LexMA 5, 1991, 1793f (Lit.).

W. Weiß

Fabri, Friedrich (1824-1891)

F., geb. am 12. 6. 1824 in Schweinfurt/Main, gest. am 18. 7. 1891 in Würzburg. Studium der Theologie von 1841-45 in Erlangen (K. v. Raumer, E.A. v. Schaden) und Berlin (→ Ranke, → Schelling, → Steffens, → Marheinecke, → Neander, → Henstenberg), 1848 Stadtvikar in Würzburg, 1851 Pfarrer in Bonnland (Begegnung mit C.A. → Auberlen, Studium der Schriften → Oetingers und → Baaders), 1857-1884 Inspektor der Rheinischen Mission in Barmen, 1889 Honorarprofessor in Bonn. F. hatte eine umfassende Schau von der Aufgabe ev. → Mission und war offen für die → Erweckungsbewegung und die Ev. → Allianz. F. überwand die konfessionellen Gegensätze bei Missionaren und Heimatgemeinden, indem er sie zur gegenseitigen Achtung der luth., ref. und unierten Eigenheiten verpflichten konnte. Er sorgte für eine Vertiefung der theol. Ausbildung am Barmer Missionshaus (theol. Hauptwerk: Der Sensus Communis, das Organ der Offenbarung Gottes in allen Menschen, 1861, v.a. von Oetinger beeinflußt) und eine Ausweitung der Missionsarbeit in Indonesien. Darüber hinaus wirkte er literarisch im Bereich der Sozialpolitik (Arbeiterfrage, Armenpflege), der Kirchenpolitik (Trennung von Kirche und preußischem Staat unter Beibehaltung der Volkskirche, Ausgleich der konfessionellen Standpunkte in der Union) und der Kolonialpolitik. Mit seiner Schrift: »Bedarf Deutschland der Kolonien?« (1879) hat er einen Anstoß zur kolonialen Bewegung in Deutschland gegeben. Er forderte ein Verbot der Alkoholeinfuhr in den Kolonien und aktive Unterdrückung des Sklavenhandels. Als Freund Th. → Christliebs schrieb er dessen Nekrolog (1889).

Lit.: K.J. Bade: Friedrich Fabri und der Imperialismus in der Bismarckzeit, 1975; J. Ohlemacher: Das Reich Gottes in Deutschland bauen, 1986, 106-120; E. Sachsse: »Fabri, Friedrich«, RE^3, 723-730; W.R. Schmidt: Mission, Kirche und Reich Gottes bei F. Fabri, 1965.

L. Rott

Fabricius, Johann Albert (1668-1736)

F., geb. am 11. 11. 1668 in Leipzig, gest. am 16. 1. 1736 in Hamburg, ursprünglich Philologe und Literaturhistoriker, Professor und später Rektor am Gymnasium Johanneum in Hamburg, Schwiegervater von H.S. → Reimarus, der 1737 über das Leben und die Werke von F. (in lat. Sprache) berichtete. Seine Beschäftigung mit der griech. und lat. Literatur, aber auch mit der Kirchen- und Missionsgeschichte, schließlich auch mit der Pseudepigraphie des AT und NT öffneten ihn für die Theologie. Mit zahlreichen Freunden gründete er die physiko-theologische Bewegung, welche die Majestät Gottes in seiner Schöpfung suchte, erkannte und pries. F. gilt als wichtiger Vertreter der werdenden → Aufklärung in Deutschland, hat aber sowohl die Skepsis eines Chr. → Wolff als auch den engl. und französ. → Deismus abgelehnt und sich auf Grund eines klaren Offenbarungsglaubens für das Christentum eindrucksvoll apologetisch in seinem »Syllabus« eingesetzt.

Lit.: U. Möller: J.A.Fabricius, in: Zeitschrift des Vereins für Hamburgische Geschichte 36, 1937 (Lit.).

G. Ruhbach

Fachbereiche, theologische → Fakultäten, theologische

Fachhochschulen für Sozialwesen → Sozialwesen, Fachhochschulen für

Fachschaften, theologische → Fakultäten, theologische

Fackelträger

Die Missionsgemeinschaft der F. ist international und überkonfessionell in ihrem Charakter. In Deutschland sieht sie ihre Dienste im Rahmen volksmission. Möglichkeiten innerhalb der Ev. → Allianz. Major W. Ian Thomas, der Gründer dieser Bewegung, begann 1947 die Arbeit in Capernwray Hall, England. 1958 entstand die Klostermühle in Obernhof/Lahn als Freizeitheim, und 1960 wurde die erste Bibelschule durchgeführt. Das Anliegen der F. ist es, junge Menschen mit der Bibel zu konfrontieren und den Glauben an den lebendigen, auferstandenen Jesus Christus zu bezeugen. Im Sommer finden in den Jugendzentren Freizeiten, Fitness- und Musikwochen sowie Tagungen für junge Familien statt. In den Wintermonaten wird ein sechsmonatiger Bibelkurs durchgeführt. In einem parallel laufenden Programm werden Konfirmandengruppen betreut.

Bis 1975 leitete J. Dwight Wadsworth die F.arbeit in der Klostermühle, seitdem Bernhard Rebsch.

Weitere Zentren: Bodenseehof/Friedrichshafen, Schloß Klaus/Österreich, Tauernhof/Österreich, Hinterholz/Schweiz, Holsby-Brunn/Schweden und in Costa Rica, Texas, Colorado, Kanada, Indonesien, Australien, Neuseeland, Japan und Capernwray Hall/England.

Lit.: W. I. Thomas: Christus in Euch-Dynamik des Lebens, [9]1990; ders.: Man braucht Gott um Mensch zu sein, [2]1988; ders.: Tote können nicht sterben, [2]1989.

B. Rebsch

Fakultät/-en, theologische

(Vorbemerkung: Der Artikel beschränkt sich auf die T.F.en im deutschsprachigen Raum seit dem 16. Jh.).

T.F.en gibt es, seit es ab dem 13. Jh. Universitäten mit mehreren F.en gibt. Die T.F. gehört zu den oberen F.en und nahm vor der juristischen und medizinischen F. den ersten Rang ein. Als Zubringer für die oberen F.en galt die Artistenfakultät, die jeder Student zu durchlaufen hatte. Im MA erfolgte die Klerikerausbildung weitgehend an Kloster- bzw. Kathedralschulen des zuständigen Bischofs. Die T.F.en waren also vorwiegend für den gelehrten Nachwuchs vorgesehen. → Humanismus und → Reformation stellten die gesamte Bildung der Zeit auf eine höhere Stufe. Trotzdem gab es noch im ganzen 16. Jh. Pfarrer ohne akademische Ausbildung oder nur mit Abschluß in der Artistenfakultät. Ab ca. 1600 hatte jeder ev. Geistliche ein akademisches Studium mit Examen vor seiner Anstellung nachzuweisen. Nun erst erfolgte generell in den T.F.en die Ausbildung zum Pfarrer und Lehrer; letztere waren bis ins 19. Jh. hinein in der Regel ebenfalls Theologen. Bis ca. 1850 hatte eine normale T.F. 15 bis 20% aller Studenten einer Universität. Dieser Studentenanteil ist erst im 20. Jh. rasant zurückgegangen.

Die im 16. Jh. erneuerten Kirchen waren in der Regel zu Landeskirchen geworden, für die der Landesherr die Fürsorge – auch in der Pfarrerausbildung – übernommen hatte. So wurden zahlreiche Universitäten bzw. F.en neu gegründet: Marburg 1527; Königsberg 1544; Jena 1548; Straßburg 1566; Helmstedt 1568; Altdorf b. Nürnberg 1580; Herborn 1584. Die Professoren der T.F.en waren neben ihrer Lehrtätigkeit auch als Gutachter, Eherichter, Visitatoren und im Konsistorium der Landeskirche tätig, gelegentlich auch als Ordinatoren. Über Jh.e hin hat sie das fest mit der Kirche verbunden, und erst im 19. Jh. änderte sich diese enge Beziehung im Sinne eines deutlich größeren Abstandes zwischen F. und Landeskirche. Besonders für die Territorien, die keine Landesuniversität/F. hatten, hatten die Professoren über längere Zeit hin landesübergreifende Bedeutung. Immer haben auch Ausländer (in Ostdeutschland aus Polen und den Balkanstaaten, in Mittel- und Süddeutschland aus Holland, Frankreich und der Schweiz, in Rostock aus Skandinavien) an deutschen F.en studiert. Dagegen haben immer wieder deutsche Landesherren ihren Landeskindern untersagt, außerhalb der eigenen Territorialuniversität zu studieren.

Im 17. und 18. Jh. wurden weitere Universitäten gegründet: Gießen 1607 (gegen das ref. gewordene Marburg; es hatte die erste pietist. Fakultät in Deutschland noch vor Halle), Rinteln 1621, Kassel 1632, Kiel 1655, Halle 1693, Göttingen 1734, Erlangen 1743, jeweils mit einer T.F. Im Zusammenhang mit den Folgen der Franz. Revolution wurden mehrere, vor allem kleinere Universitäten bzw. F.en aufgehoben: in ev. Territorien Altdorf, Erfurt, Helmstedt, Herborn, Rinteln, Straßburg und Wittenberg. Im 19. Jh. wurden Berlin (1810), Bonn (1819) und Straßburg (1871) neu gegründet, Bonn und Straßburg mit zwei T.F.en. Auch an anderen Universitäten gibt es seit dem 19. Jh. zwei F.en: in Breslau 1811, Tübingen 1817, Gießen 1827 auch eine kath. T.F. und in Münster 1914 eine ev. T.F. Die nach dem Ersten Weltkrieg gegründeten Universitäten Frankfurt/Main, Hamburg und Köln blieben zunächst ohne T.F. In Hamburg wurde die dortige Kirchliche Hochschule 1952 in eine ev. T.F. verwandelt, in Frankfurt/Main wurden aus den »Betriebseinheiten Theologie« vor wenigen Jahren zwei T.F.en. Die ev. T.F.en in Breslau, Gießen und Königsberg sind nach 1945 erloschen. Die Universitätsneugründungen (nach 1945) Mainz und Bochum haben zwei T.F.en, die bayerischen Neugründungen Augsburg, Bamberg, Regensburg und Passau eine kath. T.F. erhalten; auch die neu errichteten Gesamthochschulen sind in der Regel mit theol. Lehrstühlen ausgestattet, wenngleich meistens ohne Fakultätsstatus.

Gegenwärtig gibt es 12 ev. T.F.en an den Universitäten der alten Bundesländer (Tübingen, Heidelberg, Erlangen, München, Mainz, Bonn, Münster, Bochum, Marburg, Göttingen, Hamburg und Kiel) und 6 ev. T.F.en in den neuen Bundesländern (Berlin, Greifswald, Halle, Jena, Leipzig, Rostock). Die Bestandsgarantie der Fakultäten ist durch Landesverfassung und Staatskirchenverträge zwischen Bundesländern und Landeskirchen geregelt, allerdings nicht für die T.F.en in den neuen Bundesländern. Bei der Berufung der Professoren stellt der Kultusminister zu den jeweiligen Landeskirchen das Benehmen, bei der Berufung eines Praktischen Theologen das Einvernehmen her. Im übrigen sind die Mitwirkungsrechte der ev. Landeskirchen bei der Fakultätsbesetzung sehr gering.

Seit der Aufklärung (vgl. I. Kant: Streit der Fakultäten, 1798) ist die Stellung der T.F. im ganzen der Universitäten umstritten (angebliche Unvereinbarkeit von Voraussetzungslosigkeit wissenschaftl. Denkens mit rel.-kirchl. Bindung). Andererseits ist der rel.-neutrale Staat verpflichtet, die Religions- und Kirchenfreiheit zu schützen und zu garantieren. Ob die Existenz der T.F. an der Universität in absehbarer Zeit gefährdet sein wird, läßt sich schwer voraussagen. Die Befürchtung, die Errichtung Kirchlicher Hochschulen im 20. Jh., die das staatliche Bildungsmonopol in der Theologenausbildung durchbrochen hat, könne die Universitätsfakultäten bedrohen, hat sich längst als unbegründet erwiesen.

Aufgabe einer T.F. ist die Pflege der Theologie als Wissenschaft in Forschung und Lehre sowie die Ausbildung von Pastoren und Religionslehrern v. a. für die beiden großen Kirchen. Im MA und im 16. Jh. hat es in der Regel nur zwei Professuren an einer T.F. gegeben, eine für bibl. und eine für dogmat. Theologie. Im 18. Jh. differenzierte sich die bibl. Theologie in zwei Professuren aus, in Altes Testament und Neues Testament, außerdem kam die Kirchengeschichte als neue Disziplin hinzu. An den einzelnen Fakultäten erfolgte die Differenzierung zeitlich sehr verschieden; so wurde die Kirchengeschichte als Disziplin in Helmstedt 1650, in Tübingen erst 1720 eingeführt. Vorher hatte sie Gastrecht in der juristischen, in der philosophischen und sogar in der medizinischen Fakultät. Die Praktische Theologie kam erst im 19. Jh. – unter dem Einfluß Schleiermachers – als eigene Disziplin hinzu. Habilitationen in Theologie gibt es erst seit dem 19. Jh., und zwar nur im deutschsprachigen Gebiet. Bei diesen fünf Professuren ist es über lange Zeit geblieben. Missions- und Religionswissenschaft als Disziplin gibt es erst nach 1945, und zwar nur in Hamburg, Bochum, Mainz, Heidelberg, Tübingen und Erlangen; über einen Lehrstuhl für Sozialethik bzw. christl. Gesellschaftslehre verfügen mittlerweile die meisten ev. T.F.en, christl. Archäologie wird hier und dort durch andere Disziplinen mit vertreten. Nach dem Zweiten Weltkrieg hat sich die Zahl der Lehrstühle je nach Studentenzahl verdoppelt oder sogar verdreifacht. Bei der restriktiven Hochschulpolitik der Bundesländer haben bereits mehrere T.F.en Lehrstühle abgeben müssen.

Die kath. Theologenausbildung ist – in der Reaktion auf die Reformation – durch das Tridentinum und im 20. Jh. durch das II. Vaticanum grundlegend reformiert worden. Im Zuge der Gegenreformation haben vor allem die Jesuiten die Theologie auf ein mit der ev. Theologie vergleichbares Niveau gehoben, neue Ausbildungsstätten (Kollegs bzw. Universitäten) eingerichtet und alte neu besetzt. Jeder Bischof ist seit dem späten 16. Jh. verpflichtet, zumindest über Diözesanseminare für eine qualifizierte Ausbildung der Priester zu sorgen. Seit 1564 müssen Professoren vor Übernahme des Lehramtes ein »Glaubensbekenntnis« (professio fidei) ablegen, das erst nach 1965 durch eine offenere Erklärung ersetzt wurde. Der für die F. zuständige Bischof hat das Recht, bei der Besetzung der Professur mitzuwirken. Ohne sein »nihil obstat« kann der Kultusminister, wie im noch gültigen Reichskonkordat von 1933 geregelt, nicht berufen; der Bischof kann auch die missio canonica, also die Lehrbefugnis, bei Einwänden gegen Lehre und Lebenswandel des Hochschullehrers entziehen. Der Kultusminister muß dann den Lehrstuhl neu besetzen und dem entlassenen Professor (als Staatsbeamten) eine neue, entsprechende

Lehrtätigkeit verschaffen. Im 19. Jh., besonders im → Kulturkampf, hat sich die kath. Kirche diese Rechte erstritten und bis in die Gegenwart hinein bewahrt.

In den alten Bundesländern gibt es 12 kath. T.F.en (Tübingen, Freiburg, München, Würzburg, Regensburg, Augsburg, Passau, Bamberg, Mainz, Bonn, Münster und Bochum). Eichstätt hat eine T.F. an der Katholischen Universität in Trägerschaft der Kirche. In der früheren DDR gab es keine kath. T.F. Das Phil.-Theol. Seminar in Erfurt soll bei Begründung einer Erfurter Universität zur kath. T.F. werden. Die Lehrstühle an kath. T.F.en entsprechen denen an ev. T.F.en. Eigene Lehrstühle gibt es für christl. Philosophie, für Fundamental-, Moral- und Pastoraltheologie, auch für christl. Gesellschaftslehre. Die Kirchengeschichte ist grundsätzlich in Patristik einerseits und mittelalterl. und neuere Kirchengeschichte andererseits aufgeteilt. Wie weit sich an Universitäten mit zwei T.F.en die jeweilige Doppelbesetzung halten lassen wird, bleibt abzuwarten.

In Österreich gibt es eine ev. T.F. in Wien (seit 1819 Prot. theol. Lehranstalt, 1850 Rechte einer F., 1922 Eingliederung in die Universität) und vier kath. T.F.en in Wien (1384), Graz, Salzburg und Innsbruck.

In der Schweiz bestehen ev. T.F.en in Basel (1460), Bern (1528, Ausbau zur F. 1805 bzw. 1834), Genf (1559, Ausbau zur F. 1877), Neuchâtel, Lausanne und Zürich (1523, Ausbau zur F. 1833) und kath. T.F.en in Fribourg und Luzern. Altkatholische Theologie kann in Bonn (Seminar) und Bern (Christ.kath. F.) studiert werden. Basel hatte seit 1836 bis in die 60er Jahre des 20. Jh.s eine, zeitweise zwei von ursprünglich pietist. Kreisen aus der → Christentumsgesellschaft getragene Stiftungsprofessuren (J. T. → Beck; J. → Kaftan; A. → Köberle).

Neben den von Staat oder Kirchen getragenen F.en bestehen im deutschsprachigen Bereich zwei freie T.F.en mit evangelikaler Prägung: Die 1970 gegründete Freie Ev.-Theol. Akademie in Riehen bei Basel (als Akademie staatlich anerkannt, mit Promotionsrecht einer Filiale in Genf) und die Freie Theol. Akademie in Gießen (1974 in Seeheim gegründet).

Lit.: G.A. Benrath: Die Universität der Reformationszeit, ARG 57, 1966, 32-53; A. von Harnack: Die Bedeutung der Theologische Fakultät, in: PrJ 175, 1919, 362-374; M. Kähler: Die ev. Kirche und die Theologische Fakultät, in: Die Universitäten und das öffentliche Leben 1891, 99-129; H. Mulert: Evangelische Kirche und Theologische Fakultät, 1930; H. Mussinghoff: Theologische Fakultät im Spannungsfeld von Staat und Kirche, 1979; F. Paulsen: Geschichte des gelehrten Unterrichts auf den deutschen Schulen und Universitäten vom Ausgang des Mittelalters bis zur Gegenwart, [3]1919-1921; E.-L. Solte: »Fakultät Theologische«, TRE 10, 1982, 788-795; H. Thielicke: Was ist Wahrheit? Die Theologische Fakultät im System der Wissenschaften, 1954; W. Weber: Der gegenwärtige Status der Theologischen Fakultäten und Hochschulen, in: Tymbos für W. Ahlmann, 1951, 309-326.

G. Ruhbach

Falk, Johannes Daniel (1768-1826)

F., geb. am 28. 10. 1768 in Danzig, gest. am 14. 2. 1826 in Weimar, Dichter von »O du fröhliche«, war zunächst als satirischer Schriftsteller, hernach als Vater verwahrloster Kinder und christl. Pädagoge tätig.

Enttäuscht von einer rationalistisch geprägten Theologie wandte sich F. als Student in Halle der schönen Literatur zu. Gefördert von Gleim und Wieland ließ er sich 1797 in Weimar nieder, wo er in engem Kontakt mit Wieland und Herder stand. Aus seinen häufigen Begegnungen mit → Goethe entstand ein vielbeachtetes Büchlein über diesen (posthum 1832). 1806 sorgte F. als Diplomat für Linderung der Kriegsnot und wurde daraufhin zum Legationsrat ernannt. 1813 starben vier seiner Kinder; in derselben Zeit erkannte F. es als seine Aufgabe, durch den Krieg elternlos gewordene, verwahrloste Kinder bei sich aufzunehmen, sie in christl. Glauben und Freiheit zu erziehen und ihnen eine solide Berufsausbildung zu vermitteln. Seine »Gesellschaft der Freunde in der Not« förderte bis zu F.s Tod über 500

Zöglinge. Das Werk fand Unterstützung und Nachahmung im In- und Ausland. Wichern sah in F. eines seiner großen Vorbilder.

Lit.: Geheimes Tagebuch, hg. v.E. Schering, 1964; Die Prinzessin mit dem Schweinerüssel. Lustspiele, Gedichte, Publizistik, hg. v. P. Saupe, 1988. *J. Demandt*

Falkenberg, Bibelschule

→ Gnadauer Bibelschule Falkenberg

Familie

1. Die Familie als Institution der Gesellschaft

Soziologisch betrachtet ist die F. eine Institution in der Gesellschaft, ist also menschlicher Beobachtung und Erforschung zugänglich. Trotz aller Wandlungen des Familienverständnisses in den einzelnen Kulturen und im Laufe der Geschichte werden doch noch die meisten Menschen in F.n geboren und leben in F.n. Selbst starke ideologische Angriffe auf die F. im herkömmlichen Verständnis haben nicht zu ihrer grundsätzlichen Auflösung oder Ersetzung durch andere Strukturgebilde führen können. H. Thielicke weist das beispielsweise nach an der »Ehe und Familie im Marxismus« (vgl. Theol. Ethik, Bd. 3, § 290-316). F. ist nach wie vor die bedeutendste Primärgruppe, durch die die entscheidende Sozialisation des Menschen erfolgt, wenn auch heute andere Bereiche des gesellschaftl. Lebens entlastend, ergänzend und weiterführend hier mitbeteiligt sind. W. Trillhaas nennt sie »Keimzelle der Völker« und »Urform des Gemeinschaftslebens«. Auch die psychoanalytische Forschung hat die Bedeutung der Eltern als entscheidender primärer Bezugspersonen im Blick auf die frühkindliche Sozialisierung herausgestellt. Damit hat sie »Argumente geliefert für den Alleinerziehungsanspruch der Eltern in der frühen Kindheit« (S. Keil). Als Lebens- und Erziehungsgemeinschaft ist die F. eine »ursprüngliche und vorstaatliche biosoziale Gruppe« (S. Keil). Die entscheidenden Funktionen, aus denen sich die speziell familienbezogenen Verhaltensmuster ergeben, sind die Gattenfunktion und die Eltern-Kind-Funktion. Man nennt sie die Kernfunktionen und spricht deshalb auch von der F., sobald und solange diese Funktionen vorhanden sind, als von der Kernfamilie.

2. Die Familie im gesellschaftlichen Wandel

Im Verlauf der Geschichte begegnen uns im wesentlichen drei bedeutende F.nformen: die patriarchalische Großfamilie, die patriarchalische Kleinfamilie, die moderne F.

a. Die patriarchalische Großfamilie umfaßt in der Regel die Eltern mit den verheirateten und unverheirateten Kindern und ihren Kindern, also drei Generationen. Wie ihr Name sagt, galt die Vorrangstellung des Mannes als F.noberhaupt. Sie begegnet vor allem in vorindustrieller Zeit in haus- und dorfwirtschaftl. ausgerichteten Gesellschaften. Ihre Besonderheit ist ihr Funktionenreichtum. Vielfach war sie eine wirtschaftl., juristische, kulturelle und rel. Einheit, da alle diese Funktionen in ihrem Rahmen abgewickelt wurden. Und sie legten sich wie ein schützender Kranz um die Kernfunktionen des Gatten- und Generationenverhältnisses. Das gab dieser Familienform besondere Stabilität.

b. Die patriarchalische Kleinfamilie umfaßt Eltern und unverheiratete Kinder, jedenfalls soweit sie nicht durch Beruf und Alter den engeren F.nverband verließen. Diese F. findet sich in Europa und den USA meist noch bis zum Zweiten Weltkrieg.

c. Die moderne F. umfaßt Eltern und unverheiratete, noch nicht erwachsene Kinder. Sie kam in den USA und Europa auf und greift allmählich auf die übrigen Kulturkreise über. Ihre besonderen Kennzeichen sind:

- Partnerschaftliches anstelle patriarchalischen Gattenverhältnisses;
- Abbau des autoritären Eltern-Kind-Verhältnisses;
- Häufige Berufstätigkeit beider Eltern;
- Neigung der Kinder, bei der Partner- und Berufswahl sich vom Willen der Eltern unabhängig zu machen;
- Ideal der Kleinfamilie;
- Häufiger Orts- und Berufswechsel der Eltern (Mobilität);
- Zunehmend kinderfeindliche Struktur moderner Wohnverhältnisse.

Dazu kommen zwei weitere Kennzeichen: Die Desintegration und Desorganisation der moderen F. Beides hängt zugleich zusammen.

Desintegration meint die zunehmende Ausklammerung der F. aus den gesamtgesellschaftl. Funktionen, die sie in früheren Zeiten erfüllt hat. Das zeigt sich einmal darin, daß ein großer Teil der für das Leben nötigen Informationen durch außerfamiliäre Institutionen geliefert wird. Dann werden viele gesellschaftl. wichtige Verhaltensmuster erst außerhalb der F. erlernt. Auch der Wertepluralismus der Moderne nimmt der F. die entscheidend prägende Funktion hinsichtlich der Wertvorstellungen des jungen Menschen. Schließlich erfolgt ein deutlicher Bruch mit jahrhundertelang gültigen Traditionen hinsichtlich des Lebensstils in Essen, Trinken, Kleidung, Fest- und Feiergestaltung, der Einstellung zu Volkstum, Vaterland, Religion, Sitte.

Desorganisation bedeutet die fortschreitende Veränderung der Innenstruktur der F. Da der größte Teil des Lernens außerhalb der F. erfolgt, verbringt der junge Mensch auch die meiste Zeit in außerfamiliären Bereichen (Schule, Vereine, Kurse, Interessengruppen). Freizeitgestaltung vollzieht sich ebenfalls meist in außerfamiliären Bereichen. Problembearbeitung, die früher im Kreis der F. geschah, wird mehr von modernen Therapieangeboten oder dem Rat Gleichgesinnter übernommen.

Gerade angesichts dieser Herausforderungen beteiligt sich auch die christl. Sozialethik an der Sorge um den Weiterbestand der F. Bevor sie Lösungsangebote anbieten kann, muß sie sich auf das Wesen der F. im christl. Sinne besinnen.

3. Die Familie als Stiftung Gottes

Wenn auch die F. als unaufgebbare Institution von Soziologie und Psychologie weithin erkannt wird, wenn man auch F. aus bestimmten grundlegenden Bedürfnissen des Menschen wie Sexualtrieb, Gesellungstrieb, Verlangen nach Sicherheit und Nahrung herleiten kann, so ist damit für christl. Theologie noch nicht das entscheidende Fundament gelegt. Denn gesellschaftl. über lange Zeit stabile Einrichtungen können ja auch fragwürdigen Tendenzen der sündigen Natur des Menschen entspringen, was das Beispiel der Kriege zeigt. Sie können ebenso vorübergehende, hilfreiche Institutionen sein, die zu gegebener Zeit durch andere mit dem gleichen Recht abgelöst werden können.

Als göttliche Stiftung jedoch sind sie verbindlich durch göttliche Anordnung, in der der Wille des Schöpfers und Erlösers zum Ausdruck kommt. Das zeigt sich bei der F. in drei Grundfunktionen:

a. Zuordnung der Partner

Gott hat Mann und Frau zu gegenseitiger Gemeinschaft in Entsprechung geschaffen und bestimmt (1Mo 2,18-23). Diese Gemeinschaft ist vorrangig vor jeder anderen Beziehung (1Mo 2,24).

b. Vermehrung und Weltgestaltung

Der Mensch soll durch Vermehrung zugleich eine Bereicherung und ein Segen für die ihm anvertraute Welt sein und über sie eine befreiende Herrschaft ausüben, um sie so ihrer göttlichen Bestimmung zuzuführen (1Mo 1,28-30; 2,15; Ps 8).

c. Generationenverantwortung

Wie das von Gott gesetzte Gattenverhältnis nur unter Gottes Segen und unter seinem Wort die rechte Ausprägung findet, so gilt es auch im Blick auf das Generationenverhältnis. Es vollzieht sich nicht instinktmäßig wie Brutpflege und Aufzucht bei den Tieren, sondern lebt vom beiderseitigen Hören auf das Wort des Schöpfers und Erlösers. Schon im AT sind die Weitergabe des Wortes Gottes und die Vermittlung der heilsgeschichtl. Traditionen vornehmste Aufgabe der Eltern gegenüber den Kindern (5Mo 6,20-25). Dies wird von den Haustafeln des NT aufgenommen und spiegelt sich dort in der Redewendung »in dem Herrn« (Eph 6,1-4; Kol 3,20-22). Wo dies Verhältnis recht verstanden wird, kann auch die durch die jeweilige gesellschaftl. Situation bestimmte Alternative von emanzipiertem und autoritativem Verhalten durchbrochen werden. An ihre Stelle tritt dann eine Zuordnung in Liebe, die den anderen jeweils in seiner Gabe und Aufgabe, die ihm von Gott zukommt, annimmt.

4. Christliche Familie in der Herausforderung

Es ist wichtig, daß christliche F. heute sich weder zu einer Auflösung der F.ngemeinschaft infolge von Desintegration und Desorganisation drängen läßt, noch daß sie sich ängstlich in den Innenbereich der F. zurückzieht. Sie muß und darf auch die gegenwärtige Situation als von Gott überwaltet annehmen. Sie wird die »Notwendigkeit ergänzender, die Kleinfamiliensozialisation erweiternder Sozialisationsräume« (Keil) wie Schule, Berufsbildungswesen, Gruppen, Vereine u.ä. anerkennen. Aber sie wird die durch die damit verbundenen Begegnungen und Informationen aufgeworfenen Fragen und Probleme in ihrem Innenbereich bearbeiten müssen. So wird sie für den einzelnen zu einer Art Umschlaghafen der Gesellschaft und erlangt eine neue Bedeutung. Auch wird christl. F. im Rahmen der individuellen Möglichkeiten Anlaufstelle für Vereinsamte und andere Menschen mit sozialen Integrationsschwierigkeiten sein können. Von christl. Kirchen und Gemeinden und ihren verantwortlichen Vertretern darf erwartet werden, daß sie den staatlichen Organen gegenüber darauf hinarbeiten, daß die Rahmenbedingungen für eine gesunde Familienentwicklung im erwähnten Sinne gewährleistet sind.

Im Gemeindeleben werden christl. F.n gerade angesichts zunehmender Entchristlichung großer Bevölkerungsteile durch Hauskreisarbeit, Besuchs-

und Einladearbeit, auf dem Wege über Kontakte und Nachbarschaftshilfe einen wesentlichen Teil unterstützender Vorfeldarbeit leisten können.

Lit.: L. Bormuth: Keine Angst vor der Familie, 1985; S. Keil: »Familie«, TRE 11, 1983, 1-23; H. Thielicke: Theologische Ethik, Bd. 3, ²1968; W. Trillhaas: Ethik, ³1970.

K.-H. Bormuth

Farel, Guillaume (1489-1565)

G.F. ist 1489 in Gap (Dauphiné, Frankreich) geboren. 1509 geht er zum Studium nach Paris, wird 1517 Magister artium, Lehrer am Collège Cardinal LeMoine, 1521 Laienprediger in der Diözese Meaux. In dieser Zeit (1519/22) löst er sich, unter dem Einfluß von → Faber Stapulensis u.a. von der bestehenden Kirche, wird zum scharfen Kritiker ihrer Mißstände und öffnet sich reformat. Gedanken. Dies setzt sich seit 1523 in Basel fort (Begegnung mit Oekolampad u.a.). Nach seiner Vertreibung dort (Kritik an → Erasmus) wirkt er in der Grafschaft Montbéliard (seinerzeit württembergisch), predigt und verwaltet die Sakramente, obwohl nicht ordiniert. Nach kurzem Aufenthalt in Straßburg (Begegnung mit → Capito u.a., 1525/26) geht er nach Aigle (1526-1530) und Murten (1530-1533) in der franz. Schweiz, jeweils, nicht unangefochten, reformatorisch wirkend. Ende 1533 kommt er nach Genf, erreicht die Einführung der Reformation am

21. Mai 1536 und gewinnt Calvin zu deren Befestigung und Ausbau. Als beide 1538 ausgewiesen werden, geht F. nach Neuchâtel und wirkt dort 27 Jahre bis an sein Lebensende, bemüht sich aber auch von hier aus weiterhin um die Durchführung der Reformation im französischsprachigen Gebiet (Genf, Metz u.a.). 1558 heiratet er; am 13. September 1565 stirbt er in Neuchâtel.

Hinsichtlich der Beachtung seines Wirkens und seiner Werke steht er im Schatten Calvins. Gleichwohl sind einige der insgesamt 17 zu seinen Lebzeiten gedruckten Werke »Erstlinge«: Ein liturgisches »Handbuch« (vielleicht 1528 entstanden, 1533 gedruckt) ist »der erste gedruckte Zeuge einer französischen Liturgie der reformierten Kirchen« (Gilmont); der »Summaire & briefue declaration. . .« (»Zusammenfassung und kurze Erklärung. . .«, 1529, nicht 1525) ist »das erste Werk in französischer Sprache über die wesentlichen Punkte der reformierten Lehre« (Hofer; nur Trinität und Kindertaufe werden vermißt); die Genfer »Confession de la foy« (1536), die die Forschung jetzt F. zuschreibt, nicht Calvin, ist das erste franz. »Bekenntnis«. Im übrigen hat er Thesen für Disputationen verfaßt (Basel 1524, Lausanne 1536), das Vaterunser ausgelegt (1524 und 1541) sowie über das Abendmahl (1553) und »den wahren Brauch des Kreuzes« geschrieben (1560; letztes Werk; Polemik gegen die kath. Kreuzverehrung). Inhaltlich steht er in einigem → Zwingli nahe (Abendmahl: keine Betonung der Realpräsenz), in vielem Calvin, den er selbst als den Größeren anerkennt. Gleichwohl ist er »eine zentrale Figur für die Durchführung der Reformation in der französischsprachigen Welt« (Fatio).

Lit.: Keine Gesamtausgabe. Neuere Einzelausgaben: Sommaire et brève declaration 1525, hg. von A.-L. Hofer, 1980 (Text und Übertragung in modernes Franz.); Du vrai usage de la Croix et autres traités, hg. von E. Urech, 1980 (modernisiert, enthält auch das liturg. »Handbuch«); Le Pater noster et la Credo en francoys, hg. von F. Higman, 1982.

O. Fatio: »Farel, Guillaume«, TRE 11, 1983, 30-36 (Lit.); Actes du colloque G. Farel (1980), hg. von P. Barthel u.a., 2 Bde., 1983 (Bd. I: Abhandlungen; Bd. II: Repertorium der insges. 1029 Briefe, v. D. Quadroni; Bibliographie der gedruckten Werke, v. J.-F. Gilmont); La dispute de Lausanne (1536) . . . Textes du colloque international . . . (1986), Lausanne 1988 (mehrere Abhandlungen zu Farel); E. Jacobs: Die Sakramentslehre Wilhelm Farels, 1978.

B. Steinseifer

Fasching → Fastnacht

Fasten

a) biblisch

In fast allen Religionen gibt es das Bedürfnis, sich durch F. körperlich und geistig auf die Begegnung mit den Göttern vorzubereiten. In Judentum und Christentum bekam dieses urreligiöse Phänomen spezifische Ausprägungen.

So bereitete sich Mose durch 40tägiges F. am Sinai vor, als ihm die zehn Gebote offenbart wurden. Das Trauerfasten, das z.B. David praktizierte (2Sam 12,16-23), war eng verbunden mit der ethischen Dimension des F.s. Es galt als Ausdruck persönlicher und gesellschaftl. Umkehr, als Besinnung und Sühne für eine Schuld. Dies wird allgemein deutlich am Großen Versöhnungstag (3Mo 16,29). Die Propheten kritisierten eine Veräußerlichung und Scheinheiligkeit des F.s (Jes 58,1-5; Jer 14,12). Echtes F. soll zu einem veränderten Verhalten führen, persönlich, rel. und polit. Auch Jesus ging in die Wüste, um zu fasten, bevor er den Menschen seine Botschaft vom nahen Reich Gottes verkündigte (Mt 4,1ff). Die Jünger fasteten allerdings nicht, solange er bei ihnen war (Mk 2,18ff). Die urchristl. Gemeinden nahmen die jüd. Fastenpraxis bald auf und interpretierten sie christologisch. Jesus hielt nichts von einer gesetzlichen, zur Schau gestellten Frömmigkeit. Er verkündigte vielmehr Gottes Anspruch auf unser ganzes Leben, so daß das F. – für sich genommen – kein verdienstliches Werk mehr sein sollte wie bei den Pharisäern (Lk 18,9ff). Es kann nur eine Haltung symbolisieren auf der tiefen Suche nach Gott, bei der sich der Mensch der Verlassenheit innerer Wüsten aussetzt und vor seinem Herrn mit leeren Händen steht.

H. Westphal

b) praktisch-theologisch

Fastenübungen, wie sie in der Ostkirche recht streng, in der röm.-kath. Kirche abgemildert üblich sind, haben seit der → Reformation in der ev. Kirche an Bedeutung verloren. Zu stark schätzte man die Gefahr der Werkgerechtigkeit ein, die sich schnell mit solchen rel. Praktiken verbindet. 1983 wurde aber die Fastentradition in der ev. Kirche Deutschlands durch die Passionsaktion »Sieben Wochen ohne« neu belebt. Sie holt auch kirchl. Randsiedler ab, z.B. bei ihrem somatischen Bedürfnis nach einer Frühlingskur, oder bei ihrem Unbehagen über das Ungleichgewicht in unserer Gesellschaft: Während die einen hungern, werden bei uns immer mehr andere – vom Alkoholiker bis zum Workaholic (Arbeitssüchtigen) – am Überfluß krank.

Die Teilnehmer der Fastenaktion werden eingeladen, in den 46 Tagen zwischen Aschermittwoch und Ostern ihren eigenen Standort zwischen Freiheit und Abhängigkeit zu finden, indem sie sich freiwillig verpflichten, auf Alkohol, Süßigkeiten oder Rauchen, auf zuviel Autofahren, Fernsehen oder Hektik, auf Gedankenlosigkeit, üble Nachrede oder andere ethische Verfehlungen zu verzichten. Sie werden durch Durchhaltebriefe, Fastenkalender, Teilnehmertreffen und Passionsandachten in den Kirchengemeinden unterstützt. Dabei machen viele die Erfahrung: Wo es nicht nur um eine Frühlingsdiät, sondern um mehr Lebensqualität und verantwortete Freiheit geht, kommt auch die Frage nach dem Sinn des Lebens, nach Gott und das Bedenken der Passion Jesu ins Spiel. Die finnische Kirche griff die deutsche Fasteninitiative mit ihrer Aktion »Seitsemän vapaata viikkoa« (sieben freie Wochen) auf und legte ihren Schwerpunkt vor allem auf Gottesdienst und Gebet. Nach jenen siebenwöchigen F.aktionen treffen sich immer mehr Christen in Gemeinden, Akademien und Häusern der Stille, um mit F., Feiern und gottesdienstl. Liturgien das Osterfest gemeinsam zu erleben.

Lit.: N. Brantschen: Fasten neu erleben. Warum? Wie? Wozu?, 1992; J. Griesbeck: Weniger ist mehr. Ein Werkbuch zum Fasten, 1980; A. Grün: Fasten. Beten mit Leib und Seele, 1984; M. Seitz, H.R. Müller-Schwefe: Evangelische Askese, 1979.

H. Westphal

Fastnacht

Im engeren Sinne bezeichnet F. den Dienstag vor Aschermittwoch, im weiteren Sinne den Zeitraum, der der Fastenzeit vor Ostern vorausgeht. Andere Bezeichnungen hierfür sind Fasching (von *vastschanc*, dem vor Beginn der Fastenzeit üblichen Trunk), Karneval (vielleicht von *carnem levare*, »das Fleisch weglegen, auf das Fleisch verzichten«; volkstümlich auch *carne vale*, »Fleisch, lebe wohl«; andere Ableitung von *curris navalis*, dem »Schiffswagen«, der bei Karnevalsumzügen mitgeführt wurde), Fasenacht und Faselavn evtl. von fasen (faseln, vaseln = wirr und unsinnig reden, aber auch zeugen, befruchten).

Die F. als eine Festzeit eigener Art beginnt am Donnerstag vor Invokavit und erreicht in der Dreitagefeier von Karnevalssonntag, Rosenmontag und F.sdienstag ihren Höhepunkt wie ihren Abschluß. Dazu stimmt die These, die in der F. eine am Zweistaatenmodell des Kirchenvaters Augustin orientierte kirchl.-katechetische Institution sehen will, die sich im 13. Jh. durchsetzt: Den Gläubigen soll auf anschauliche Weise der Gegensatz von Gottesstaat und Teufelsstaat (= Narrenstaat) vor Augen geführt werden. Wahrscheinlicher ist freilich, daß die F. tief in vorchristl. Frühlings- und Fruchtbarkeitsbräuchen (Winteraustreiben; Bacchanalien u.a.) wurzelt, die in der christl. Volksfrömmigkeit im Vorfeld der Fastenzeit ihren Platz fanden. Typisch für zahlreiche F.sbräuche ist die Umkehrung der natürlichen und gesellschaftl. Verhältnisse und Ordnungen (Verkleidung, Rollenwechsel, Parodien des Staats- und Militärwesens, Übernahme der Stadtgewalt durch die »Narren« u.a.), Vorgänge, die sich in durchaus vergleichbarer Weise schon in der Antike nachweisen lassen.

Lit.: G. v. Gynz-Rekovski: Der Festkreis des Jahres, [2]1985; D.-R. Moser: Fastnacht - Fasching - Karneval, 1986.

K. H. Bieritz

Fatalismus

Der Begriff »fatalisme« begegnet im Anfang des 18. Jh.s zuerst als Charakteristik Spinozas. Er bezeichnet jede Lehre, die die blinde Notwendigkeit jeden Geschehens behauptet. Der F. ist von Friedrich Heinrich → Jacobi in die phil. Sprache des 18. Jh.s als Charakteristik Lessings eingeführt, den er in seinem Brief an Moses Mendelsohn als Fatalisten kennzeichnet (F.H. Jacobi, Werke Bd.IV, S. 55). → Kant hat als F. auch bezeichnet, wenn das Handeln eines höchsten Wesens den Grund der Handlungen der Menschen enthält (Kritik der Praktischen Vernunft Bd.V, 101). Kant meint, damit sei die → Freiheit des Menschen vertan. Die Meinung Kants ist insofern falsch, als Gott keine reine Notwendigkeit, sondern persönliches Gegenüber ist, von dem Christen wissen, daß er der barmherzige Vater ist. Anders ist das für den Muslim. Ihm gilt der Wille Allahs, der sich in allem Geschehen als unwidersprechliche Notwendigkeit ausspricht. Man spricht hinsichtlich der Vorherbestimmung (*kadaa*) aller Ereignisse durch Allah, die Muhammad im Laufe seines Lebens immer strenger verfocht, von einem »starren« F. im Qur'an (Koran). Dies ist im christl. Glauben anders, da wir mit Wort, Werk und Person Jesu die väterliche Liebe Gottes als den Kern aller Werke Gottes glauben und im Gebet zu dieser Liebe trotz aller Schrecken der Welt hindurchgreifen.

Lit.: H.v. Arnim: Die stoische Lehre von Fatalismus und Willensfreiheit, 1905; I. Goldziher: Vorlesungen über den Islam, [2]1925.

C.H. Ratschow

Father Divine's Peace Mission

Ein eklektischer Kult, der den Glauben vertritt, daß sein Gründer, Father Divine genannt, nicht einfach ein Prophet oder Messias war, sondern eine Inkarnation Gottes.

Der Gründer der Bewegung, George Baker, wurde etwa 1878 in einer armen schwarzen Familie im ländlichen Georgia geboren. Im Alter zwischen 20 und 30 versammelte er in Valdosta, Georgia, eine Gemeinde um sich, wurde aber wegen Erregung öffentlichen Ärgernisses festgenommen und gezwungen, den Staat zu verlassen. So zog er nach Sayville, N.Y., wo er als Reverend Major J. Devine unzählige Gefolgsleute in der »Peace Mission Movement« organisierte.

Angezogen von der Versorgung mit reichlichem Essen und sauberen Schlafquartieren, wuchs seine Anhängerzahl in der Zeit der Weltwirtschaftskrise um ein Vielfaches. 1930 erlebte Baker eine Wiedergeburt als Father Divine, und 1941 verlegte er sein Hauptquartier nach Philadelphia. Bei seinem Tod im Jahr 1965 ging Father Devines Führungsrolle auf seine weiße Witwe, Mother Divine, über.

Father Divines Worte wurden in der Zeitschrift New Day als heilige Schrift veröffentlicht. Er lehrte, daß der Himmel jetzt auf der Erde sei; das Abendmahl wurde bei Festessen mit Gott selbst gefeiert, das Zeitalter der Kirche und die Wassertaufe seien überholt, und es gebe keine Trennung zwischen Klerus und Laien. Sünde, Krankheit und Tod seien Folgen des Unglauben, und wahrer Sieg und Heiligkeit schon in diesem Leben möglich.

Laster wie Trinksucht, Rauchen, Spielsucht und Ehebruch wurden verurteilt. Father Divine trat ein für Rassengleichheit, öffentliche Erziehung, Massenproduktion zur Beseitigung der Armut und geschäftlich Transaktionen, die ausschließlich mit Bargeld abgewickelt wurde.

In Theorie und Praxis förderte die Bewegung eine Massenkooperative oder eine Art primitiven Kommunismus.

Lit.: O. Eggenberger: Die Kirchen, Sondergruppen und religiösen Vereinigungen, [4]1986, 157.

J. Mitchell

Faulhaber, Michael v. (1869-1952)

F., geb. am 5. 3. 1869 in Heidenfeld (Unterfranken), gest. am 12. 6. 1952 in München, röm.-kath. Theologe, 1903 Professor für atl. Exegese in Straßburg,

1911 Bischof von Speyer, 1917 Kardinal; »einer der letzten Kirchenfürsten«, »eine der profiliertesten kath. Bischofsgestalten des Jahrhunderts« (Schwaiger). Schon als junger Wissenschaftler als Lehrer, Seelsorger und mitreißender Redner geschätzt, erlangte F. besondere Bedeutung als Kirchenpolitiker, Wortführer des bayerischen Episkopats und später der dt. Bischöfe überhaupt. Sein Wahlspruch »Vox temporis vox Dei« unterstrich das Anliegen der je aktuellen Glaubensverkündigung. F. war geprägt durch eine patriotische und entschieden monarchische Gesinnung. Sein Widerspruch gegen die Weimarer Republik (Eklat auf dem Münchener Katholikentag 1922) wurde erst durch das Bayernkonkordat 1924 gemildert, weil damit dem föderalen Anliegen Rechnung getragen schien. Analog lähmte das Reichskonkordat 1933 den Widerstand gegen den Nationalsozialismus. Kompromißlos in Fragen des Glaubens und der Rechte der Kirche, ließ F. doch keinen Zweifel an seiner Loyalität und suchte einen mittleren Kurs zwischen entschiedenem Widerstreben (Bischof v. Preysing, Berlin) und gesprächsbereiter Zurückhaltung (Kardinal v. Bertram, Breslau).

Lit.: L. Volk (Hg.): Akten Kardinal Michael von Faulhaber 1917-45, 2 Bde., 1975, 1978; ders.: Kardinal Michael von Faulhaber (1869-1952), in: ders.: Katholische Kirche und Nationalsozialismus, 1987, 201-251.

H. Kirchner

Febronius, Justinus (1701-1790)

Der Trierer Weihbischof Johann Nikolaus von Hontheim (geb. am 27. 1. 1701 in Tier, gest. am 2. 9. 1790 auf Schloß Montquintin in Luxemburg) veröffentlichte 1673 unter dem Pseudonym »Justinus Febronius« ein kirchenrechtliches Werk »De statu ecclesiae et legitima potestate Romani Pontificis. . .«, das den umfassendsten Versuch darstellt, das System des → Episkopalismus zur Grundlage der kath. Kirchenverfassung zu machen. F. bestritt das monarchische Verständnis des Papsttums und die Macht der Kurie und faßte dazu die seit dem MA vorgetragenen episkopalen Traditionen in einem modernen System zusammen. Er forderte, zur ursprünglichen Gleichberechtigung der Apostel bzw. Bischöfe zurückzukehren, gestand den Nationalkirchen erhebliche Eigenständigkeit zu und sah in einem allg. Konzil die höchste kirchl. Autorität. Dem Papst wurde lediglich ein Ehrenprimat zugestanden. Mit der Rückkehr zur ursprünglichen Verfassung der Kirche wollte von Hontheim die Wiedervereinigung der getrennten Christen ermöglichen. Trotz erzwungenem Widerruf (1778) gewann der Febronianismus über Deutschland (Emser Kongreß) und Österreich (→ Josephinismus) hinaus beachtliche Wirkung. Erst die Unfehlbarkeitsentscheidung des I. Vatikanums 1870 entzog ihm die Grundlage.

Lit.: V. Pitzer: »Febronius/Febronianismus«, TRE 11, 1983, 67-69; v. Schulte: »Hontheim«, RE[3] Bd. 8, 1900, 340-342.

J.O. Rüttgardt

FEET – Fellowship of European Evangelical Theologians → Gemeinschaft europäischer evangelikaler Theologen

Fegfeuer

Das Wort »Fegfeuer« (lat. *purgatorium*) meint Reinigungsfeuer. Ihm sollen laut röm.-kath. Lehre nach dem Tod die Seelen derer, die selig werden, aber von Sünden befleckt sind, vorübergehend ausgesetzt sein. »Nicht alle in der Gnade Gottes sterbenden Menschen sind frei von sittlichen Mängeln und der selbstsüchtigen Verkrampfung im eigenen Ich, von allen Makeln der Sünde und allen Überresten von Sündenstrafen. So fordert schon das sittliche Empfinden des Christen einen jenseitigen Läuterungsprozeß« (K. Algermissen). Diesem Postulat entspricht die bibl. → Eschatologie jedoch nicht. Im Unterschied zu anderen Religionen, die solche Läuterungsprozesse vorsehen, spricht die Bibel nur von peinigendem, nicht von reinigendem jenseitigem Feuer (Lk 16,24). In 1Kor 3,11-15 ist vom Feuer des Gerichts, nicht von einem Fegfeuer die Rede. Daher haben sowohl die orth. Ostkirchen als auch die Bekenntnisse der → Reformation die – von Gregor dem Großen in volkserzieherischer Absicht entwikkelte – Lehre vom F., die aus der Theorie und Praxis des → Ablasses als Erlaß jener zeitlich begrenzten jenseitigen Sündenstrafen abgeleitet wurde, als unbibl. abgelehnt. In der Bannandrohungsbulle gegen Martin → Luther wurde 1520 unter anderem die Aussage, das F. lasse sich nicht aus der Heiligen Schrift belegen, als Irrtum gebrandmarkt. Das Konzil von Lyon hatte 1274 die Lehre vom Fegfeuer verbindlich gemacht.

Lit.: E. Koch: »Fegfeuer«, TRE 11, 1983, 69-78 (Lit.); Unser Glaube. Die Bekenntnisschriften der ev.-luth. Kirche. bearb. von H.G. Pöhlmann, 1986.

W. Schlichting

Feldner, Ludwig → Evangelische Gesellschaft

Feminismus

1. Definition und Abgrenzung

Der F. ist eine Strömung der Emanzipationsbewegung in der zweiten Hälfte des 20. Jh.s. Von Erfahrungen und Bedürfnissen der Frau ausgehend, strebt der F. eine grundlegende Veränderung der gesellschaftl. Normen an. Selbstverständnis wie Zielvorstellung machen ihn zu einer kulturrevolutionären Bewegung. Vom F. zu trennen ist die Frauenbewegung des 19. und frühen 20. Jh.s, der es im Rahmen der Menschenrechtsbewegung um die Durchsetzung des legitimen Rechtes auf Gleichstellung der Frau ging. Ziel war die Verbesserung der Bildungs- und Berufschancen sowie die Erlangung des allg. Stimm- und Wahlrechtes, Grundlage die Vorstellung der Gleichwertigkeit, aber Verschiedenartigkeit der Geschlechter. Die Forderungen der Frauenbewegung sind durch den Rechtssatz der Gleichberechtigung (Grundgesetz Art. 3.2 und 3) in der Bundesrepublik Deutschland festgeschrieben. Zwischen Verfassungsnorm und gesellschaftl. Wirklichkeit besteht allerdings noch immer eine Kluft.

2. Entwicklungsgeschichte

Der F. entstand in den 60er Jahren in den USA (Women's Liberation Movement) und entfaltete sich in drei Richtungen: der an die Frauenbewegung anknüpfende Kampf gegen die Diskriminierung von Frauen und für deren gleiche Beteiligung in polit. Entscheidungsgremien; die radikale Befreiungsbewegung, die die Unterdrückung der Frau als das herrschende Prinzip in Familie, Kirche, Staat und Gesellschaft ansieht und zum Widerstand dagegen aufruft, die Geschlechter trennt, damit die Frauen als Schwestern ihre Identität finden und eine neue Humanisierung der Welt einleiten können; die androgyne Richtung, die in jedem Mann auch weibliche und in jeder Frau auch männliche Züge sieht und zu einem ergänzenden Miteinander dieser speziellen Charakteristika kommen möchte. Unter Aufnahme der radikalen Spielart war in Deutschland der Kampf um die Freigabe der Abtreibung (§ 218 StGB) die Geburtsstunde des F. In den Jahren 1971 bis 1975 bildete sich auf der Basis entsprechender Aktivitäten allmählich ein feministisches Gruppenbewußtsein heraus. In der zweiten Phase ab 1975 traten Selbsterfahrungskreise in den Vordergrund. Der dadurch begünstigte Bewußtwerdungsprozeß förderte die Besinnung der Frauen auf ihre Emotionalität als Maßstab ihrer Werte und Normen. Die dritte Phase seit Ende der 70er Jahre vermochte den F. als legitimen Zweig der gesellschaftl. Realität zu etablieren. Durch den Aufbau eines feministischen Netzwerkes ist es gelungen, Bestandteile einer Gegenkultur aufzubauen. Die Aktivitäten erstrecken sich auf Bewußtseinsbildung von Frauen durch Seminare, Tagungen und Selbsterfahrungsgruppen, auf wissenschaftl. Forschungen zur Sozialisation, zur matriarchalischen Frühgeschichte, zu patriarchalischen Unterdrückungsmechanismen, zur → feministischen Theologie und auf vielfältige publizistische Tätigkeiten.

3. Zielvorstellungen

Die Bandbreite des F. reicht von gemäßigten zu radikalen Spielarten. Folgende Aspekte sind ihnen gemeinsam:

a. Kampf gegen den Sexismus

Unter Sexismus versteht der F. die ungerechte unterschiedliche Behandlung von Menschen aufgrund ihres Geschlechtes, speziell die Unterdrückung der Frauen durch patriarchalische Strukturen. »Sexismus war immer Ausbeutung, Verstümmelung, Vernichtung, Beherrschung, Verfolgung von Frauen. Sexismus ist gleichzeitig subtil und tödlich und bedeutet die Verneinung des weiblichen Körpers, die Gewalt gegenüber dem Ich der Frau, die Achtlosigkeit gegenüber ihrer Existenz, die Enteignung ihrer Gedanken, die Kolonialisierung und Nutznießung ihres Körpers, den Entzug der eigenen Sprache bis zur Kontrolle ihres Gewissens« (M. Janssen-Jurreit).

b. Überwindung des Patriarchats

Für den F. stand am Anfang der Geschichte das Matriarchat, die auf Mutterrecht beruhende Herrschaft der Frauen. Die Entstehung von Ehe, Familie und Eigentum habe die Herrschaft der Väter, das Patriarchat, hervorgebracht, dessen ideologische Basis der Sexismus sei. Da Matriarchat als das absolut gute und Patriarchat als das absolut böse Prinzip gilt, ermöglicht nur eine Feminisierung der Gesellschaft die Rückkehr zu paradiesischen Zuständen.

c. Ablehnung der Geschlechterrollen

Der F. leugnet die Verschiedenartigkeit der Geschlechter, die er auf das Rollendiktat der patriarchalischen Gesellschaft zurückführt. Neue Formen der Erziehung sollen die einseitige Sozialisation überwinden. Radikale Spielarten des F. sehen in Schwangerschaft, Mutterschaft und Familie patriarchalische Repressionsmaßnahmen, andere kultivieren das mütterliche Hegen und Nähren im Gegensatz zu dem nüchternen Berechnen und Planen der Männergesellschaft.

d. Selbstbestimmung der Sexualität

Der F. plädiert für eine frei auslebbare Sexualität ohne Tabus, also einschließlich der Möglichkeit von Inzest und Lesbianismus. Einige sehen in der Ehe ein »Konzentrationslager« (B. Friedan) und fordern daher neue Formen des Zusammenlebens, zumal die Einehe ein Diktat des Patriarchats sei. Letztlich ist alles erlaubt, was gefällt.

e. Aufbau eines neuen Wertesystems

Der F. versteht sich selbst nicht als Organisation, sondern als Ausdruck eines neuen Bewußtseins. Als ersten Schritt auf dem Weg zu einer neuen Gesellschaft ist man um die Befreiung der Frau von der Männerherrschaft durch deren Konzentration auf ihre Selbstheilungskräfte bemüht.

Die → Feministische Theologie, die sich als Teil des umfassenden Kampfes der Frauen sieht, sucht nach einer der weiblichen Spiritualität angepaßten Glaubensweise. Es findet sich die Form der kirchenkritischen Theologie, die mit feministischer Praxis die Veränderung der vom Patriarchat geprägten Kirche anstrebt; die Form feministischer Religiosität, die über außerbibl. Leitbilder den Zugang zu neuen Formen der Offenbarung erwartet; die Form neuer Spiritualität, die aus dem Selbstverständnis der Frauen ein matriarchalisches Gottesbild entwickeln will. Analog zum profanen F. ergeben sich daraus folgende Zielvorstellungen:

a. Überwindung der patriarchalischen Degeneration des Christentums durch dessen Versöhnung mit der archaischen Matriarchatsreligion. Dazu soll die Bibel als »garstiges Buch« (C. Halkes) von den Entstellungen der Männerherrschaft gereinigt werden, was auch sprachliche Korrekturen einschließt (»Jesa Christa«, »Mutterunser«).

b. Entfaltung eines neuen Gottesbildes durch dessen konsequente Verweiblichung. Dazu wird das neu entdeckte Selbstverständnis der Frauen auf Gott übertragen und an die Stelle der Theologie die »Theophantasie« (E. Moltmann-Wendel) gesetzt.

c. Veränderung des Sündenverständnisses durch Überwindung der bibl. »Sündenideologie« (E. Sorge). Der bibl. Bericht vom Sündenfall sei ein »Schwindel von kosmischen Ausmaßen« (M. Daly), den das Patriarchat zur Unterdrückung der Frau konstruiert habe. Sünde sei allein die Machtergreifung der Männer, denn Frauen seien aufgrund ihrer Naturnähe ohne Fehl. Daher erwüchsen aus ihren zu entfaltenden kosmischen Energien die zur Gesundung von Kirche und Gesellschaft erforderlichen Kräfte.

d. Bildung einer »Kirche der Schwesterlichkeit« (M. Daly) durch Aufbau eines spirituellen Netzwerkes. Dessen Kristallisationspunkt sind die göttlich-natürlichen Kräfte der Frauen, in denen sich die Offenbarung prozeßhaft fortsetzt.

F. wie feministische Theologie zielen demnach nicht auf die Veränderung von Teilbereichen der Gesellschaft, sondern streben ein grundsätzlich neues Denken und Handeln an. Der F. ist kulturrevolutionär und will aus der besonderen Selbsterlösungskraft der Frauen das Paradies auf Erden schaffen. Denn nach Überzeugung vor allem der radikaleren Spielarten wird erst eine Neuwerdung des Menschen in diesem Sinne eine ganzheitliche Existenz in Glück, Frieden, Freiheit und Selbstbestimmung ermöglichen.

4. Zur Bewertung

Als geschlossenes System mit festgefügtem Geschichtsbild, Kampfbereitschaft, Ablehnung Andersdenkender und Zukunftsvision weist der F. die Struktur einer Ideologie auf. In typischer Weise führt der Weg zum Frieden über den radikalen Kampf. Die immer stärker werdende Aufspaltung der Gesellschaft in weibliche und männliche Verhaltensweisen gehört ebenso dazu wie das aus dem Emanzipationsdenken bekannte Muster der Diffamierung vorhandener gesellschaftl. Strukturen. So wird die Möglichkeit eines erfüllenden und beglückenden Miteinanders der Geschlechter als dem eigentlichen Weg zur Harmonie gar nicht erst in Betracht gezogen. Anders als die frühere Frauenbewegung gelingt es dem F. durch die Segmentierung der Gesellschaft und die Konfrontationspolitik indes kaum, das noch vorhandene Ungleichgewicht zwischen den Geschlechtern abzubauen. Für den Christen ist der Bewertungsmaßstab das sich aus dem Gesamtzeugnis der Bibel ergebende Bild von Mann und Frau. Aus dieser Sicht ist der F. eine Revolte gegen Gottes Schöpfungs- und Erhaltungsordnung, in der Mann und Frau in ihren spezifischen und unveränderlichen Eigenarten mit den entsprechenden Aufgaben einander so zugeordnet wurden, daß daraus erfüllendes Leben ebenso erwachsen kann wie ein friedliches Miteinander in der Gesellschaft.

F. wie feministische Theologie haben allerdings – das darf bei aller berechtigten Kritik nicht vergessen werden – ihre tiefste Ursache in geistigen und gesellschaftl. Fehlentwicklungen, die eine entsprechende Reaktion geradezu provozieren mußten. Denn im Kern ist der F. eine Folge der jahrtausendewährenden, von der Kirche nicht unerheblich geförderten Diskriminierung der Frau. Die Loslösung des Mannes von seinem schöpfungsgemäßen Auftrag hat zur Vergötzung seiner Macht geführt und in der Tat einen Patriarchalismus wachsen lassen, der durch Selbstherrlichkeit und Bindungslosigkeit bestimmt ist. Wenn sich die gottgewollte Autorität des Mannes von der Ordnung Gottes abkoppelt, wird sie zwangsläufig hohl und kann zum Unterdrückungsmechanismus ausarten. Das Aufbegehren des F. dagegen ist in das gleiche Gebaren umgeschlagen, weil ebenfalls schuldhaft der Autorität Gottes entflohen. Das Nichternstnehmen der bibl. Ordnung ist demnach der eigentliche Grund für die Krise des Miteinanders der Geschlechter.

Lit.: (feministisch) M. Daly: Gyn/Ökologie. Die Metaethik des radikalen Feminismus, 1981; B. Friedan: Der Weiblichkeitswahn oder die Selbstbefreiung der Frau. Ein Emanzipationskonzept, 1975; C. Halkes: Gott hat nicht nur starke Söhne. Grundzüge einer feministischen Theologie, 1980; M. Janssen-Jurreit: Sexismus. Über die Abtreibung der Frauenfrage, 1980; E. Moltmann-Wendel: Ein eigener Mensch werden. Frauen um Jesus, 1982; E. Sorge: Religion und Frau. Weibliche Spiritualität im Christentum, 1987;

(kritisch) P. Beyerhaus (Hg.): Frauen im theologischen Aufstand. Eine Orientierungshilfe zur »Feministischen Theologie« (Wort und Wissen 14), 1983; I. Hauschildt: Die feministische Versuchung und die Antwort der christlichen Frau, 1989; W. Neuer: Mann und Frau in christlicher Sicht, 1985; L.E. v. Padberg: Feminismus – eine ideologische und theologische Herausforderung, 1985; ders.: New Age und Feminismus. Die neue Spiritualität, 1990.

L.E.v. Padberg

Feministische Theologie

F. Th. ist der christl. Zweig der allg. geistesgeschichtl. Bewegungen des → Feminismus. F. Th. ist kein einheitlicher Block, sondern hat viele unterschiedliche Flügel.

1. Feministische Exegese

Die Feministische Exegese bevorzugt einseitig sog. »Frauentexte«. Sie werden von heutiger Frauen-Erfahrung und - Identität hergeleitet, die oft zum fixierten Auslegungs-Schlüssel wird (»Wir sind der Text«).

a. Jesus wird zum freundlichen Bruder mit »weiblichen Anteilen in seiner Person«, der versteht, hilft und heilt. Das Kreuz wird zusammengesehen mit den »Kreuzen« aller leidenden Menschen und damit seiner Einmaligkeit beraubt. Die Auferstehung wird nur spirituell gedeutet. Die Paulus-Briefe werden weitgehend abgelehnt (vor allem wegen der angeblich »frauenfeindlichen« Äußerungen – 1Kor 14,34 und 1Tim 2,12; dagegen viel zitiert Gal 3,28), damit auch die Rechtfertigungslehre mit ihrer Botschaft von Sünde und Gnade.

b. Die »Theologie der Beziehung« behauptet, Jesus habe nur durch sein Lernen von den Frauen zu seiner Aufgabe finden können. Christus wird eingeebnet in die Menschheit und darf nicht mehr Herr und Gottessohn sein. Ähnlich geschieht in Gemeinde und Verkündigung alles durch Beziehung und Gegenseitigkeit; ein echtes Gegenüber von Verkündigungsamt und Gemeinde darf es nicht mehr geben.

2. Fremdreligiöse Einflüsse

Während die F. Th. die Transzendenz im Sinne der christl. Tradition weitgehend ausblendet, führt sie sie von anderer Seite wieder ein.

a. Emotionalität, Mystik, Esoterik und Pantheismus

Der erste Glaubensartikel wird wichtiger als der zweite, die »sisterhood« aller Frauen der ganzen Welt wichtiger als die Bruderschaft des Glaubens. In Blume und Baum, Tier und Mitmensch meint man Gott mehr zu begegnen als im Wort der Schrift. Deshalb werden Tanz und Meditation, Gefühl und Umarmung, Lieder und bunte Tücher wesentliche Elemente der Gemeinsamkeit.

b. Matriarchatsträume und Zukunfts-Utopien

Vom angeblichen früheren Matriarchat her bezieht man alle Nöte der heutigen Welt auf den »Sündenfall des Patriarchats«. Diesen müßten wir durchbrechen und bewußt hinarbeiten auf eine neue heile Welt, entweder als erneuertes Matriarchat oder als ein friedevolles Miteinander von »androgynen« Menschen (die weder Mann noch Frau sind bzw. eine Addition männlich-weiblich).

c. Göttinnengestalten und ihre angeblichen »Reste« in der Bibel

Viele feministische Theologinnen sind überzeugt, daß Frauen für ihren Glauben eine weibliche »Identitätsfigur«, also eine Art Göttin, brauchen. Aus dem alten Vorderen Orient werden verschiedene angeboten: Isis, Astarte, Magna Mater, Demeter (fast durchweg Fruchtbarkeitsgöttinnen!). In der Bibel meint man Reste solcher Überlieferungen zu finden, besonders in der wie personifiziert erscheinenden Weisheit, Spr 8, die gelegentlich als weibliche Person in der Trinität angesehen wird. Dabei wird der Abwehrkampf der Propheten gegen die Baalim und Asteroth bewußt als Fehlweg abgelehnt.

3. Einflußnahme in der Kirche

a. In kirchl. Institutionen ist die F. Th. seit Ende der 70er Jahre zur bestimmenden Kraft geworden. Vorangegangen sind die Frauenwerke der Landeskirchen. Sie prägen den Zusammenschluß aller kirchl. Frauenverbände, die EFD. Diese verstärkt ihrerseits feministische Überzeugungen, besonders im Arbeitsmaterial zum Frauen-Weltgebetstag und in ökumen. Aktionen. Ev. Akademien haben feministische Themen aufgegriffen und publik gemacht. Theol. Fakultäten und viele kirchl. Ausbildungsstätten bieten Seminare und Vorlesungen über F. Th. an, so daß sie als selbstverständlicher und notwendiger Teil theol. Arbeit erscheint.

b. Frauenquoten in Leitungsämtern

In den Kirchenvorständen der Gemeinden sind fast überall viele Frauen tätig. Gleiches wird für Synoden der Kirchenkreise und Landeskirchen angestrebt. Es werden Quoten aufgestellt, deren Verwirklichung eingeklagt wird. Vielerorts werden »Frauenreferate« eingerichtet, parallel zu den Gleichstellungsbeauftragten bei kommunalen und staatlichen Organen. Für Theologinnen wurde in jahrzehntelangem Kampf die Ordination durchgesetzt. Jetzt werden zunehmend auch kirchl. Leitungsämter von Frauen übernommen, und das unter erheblichem Meinungsdruck außerkirchl. Medien. Die Frage nach der Qualifikation für Leitungsämter in der Kirche tritt dabei oft in den Hintergrund.

c. Forderung einer »frauenfreundlichen Sprache«

Es wird darauf hingewiesen, daß die bisherige Amtssprache grammatisch maskulin sei. So wird gefordert, daß auch der weibliche Ausdruck neben dem männlichen in Gesetzestexte aufgenommen wird (»MitarbeiterInnen«), und Bibelabschnitte, liturg. Texte und Lieder umgeschrieben werden. Das Wort »Herr« für Gott und für Jesus dürfe nicht mehr vorkommen, weil darin eine Unterdrückung der Frau stecke. – Es liegt auf der Hand, daß mit solchen Eingriffen auch massive inhaltliche Umdeutungen geschehen.

Lit.: Feministische Theologie. Perspektiven zur Orientierung, hg. von M. Kassel, 1988; I. Hauschildt: Gott eine Frau?, 1983; dies.: Die feministische Versuchung und die Antwort der christlichen Frau, 1989; W. Schlichting: Maria, die Mutter Jesu in Bibel, Tradition und Feminismus, 1989; U. Schmidhäuser: Soll Gott nicht mehr Herr genannt werden? Zum gegenwärtigen Feminismus in Gesellschaft und Kirche, 1991; Werkstattbücher Feministisch Theol.-Praxis, Ev. Akademie Bad Boll 1981 und 1992.

I. Hauschildt

Fénelon, Francois de Salignac, (1651-1715)

F., geb. am 6. 8. 1651 in Sainte-Modane, gest. am 7. 1. 1715 in Cambrai, kath. Theologe, Studium in Paris, Predigtausbildung und Seelsorge bei den Sulpizianern, 1675 Priesterweihe, 1676-88 Leiter eines Internats für junge Konvertitinnen, 1689 von Ludwig XIV. zum Erzieher seiner Enkel bestimmt. Aus seiner päd. Erfahrung entstanden die vielgelesenen Schriften: »Traité de l' éducation des filles« (1687) und der antikisierende Erziehungsroman »Les Aventures de Télémaque« (1699). Bei Hofe Günstling und Berater der Mme de Maintenons, der Gattin Ludwigs XIV., wurde F. auf deren Betreiben 1695 zum Erzbischof von Cambrai geweiht. Das theoretische wie praktische Interesse des Theologen, Predigers und Seelsorgers galt vor allem der Bekämpfung und Wiedergewinnung der Protestanten und Jansenisten.

In Ungnade fiel F. durch sein Eintreten für Mme de → Guyon, eine Vertreterin der quietistischen Mystik, die ab 1685 in Paris weilte und deren Lehren 1694 von → Bossuet, dem theol. Führer des gallikanischen Klerus, verurteilt worden waren. Mit den Schriften »Maximes des Saints« und »Explication des Maximes des Saints sur la vie intérieure« (1696) entfachte F. eine in ganz Europa beachtete theol. Kontroverse mit Bossuet, die F. 1699 eine milde päpstliche Verurteilung und die Verbannung nach Cambrai eintrug. Bis zu seinem Tode wirkte F. in seiner Bischofsstadt als geistl. Hirte und Schriftsteller. Im Mittelpunkt seiner Theologie steht die Lehre von der völlig interesselosen Gottesliebe (»pur amour«). Durch innere Selbstaufgabe lernt der Mensch auf den eigenen Willen sowie alle Wünsche und Heilserfahrungen zu verzichten, auch auf das ewige Heil. Selbst von der Liebe zu Gott weiß die

passive, interesselose Seele nichts mehr. Indem sich die Seele so mit allem Eigenleben vernichten läßt, wird sie mit Gottes Wollen und Leben identisch, Gott wird zur Seele der Seele. Die Aussagen F.s, dem eigene mystische Erlebnisse fehlten, können im Sinne mystischer Erfahrung gedeutet werden, und so haben sie auf den deutschen → Pietismus eingewirkt (G. → Arnold, G. → Tersteegen, M. → Claudius). Beachtet man jedoch die Distanz zu christl. Glaubenslehren und kirchl. Handlungen sowie die Herkunft aus der antiken Philosophie und frühchristl. Vorstellungen, so wird eine Einstellung erkennbar, die sich von der konkreten Religion emanzipiert hat und zur aufklärerischen Ethik hinüberleitet. Jedenfalls hat die europ. → Aufklärung das Andenken an den »sanften Fénelon« als Idealbild eines edlen, tugendhaften Menschen stets in Ehren gehalten.

Lit.: Geistliche Werke. Einleitung und Textauswahl von F. Varillon, übers. von P. Manns, 1961.

Christliche Mystik, hg. von G. Ruhbach und J. Sudbrack, 1989, 377-388; K. Heitmann: »Fénelon«, TRE 11, 1983, 81-83; R. Spaemann: Reflexion und Spontaneität. Studien über Fénelon, 1963.

J. O. Rüttgardt

Ferienseminare → Pfarrer-Gebets-Bruderschaft

Fernsehen und Kirche

F. (die Aufnahme, Übertragung und Wiedergabe bewegter Bilder oder stehender Bildvorlagen auf drahtlosem Wege durch elektromagnetische Wellen oder über Kabel) wurde in Deutschland seit 1952 schrittweise eingeführt. Nach 40 Jahren ist das F. praktisch flächendeckend verbreitet und erreicht mit geringfügigen Ausnahmen (weniger als zwei Prozent) die gesamte Bevölkerung. Es ist damit zum wichtigsten neuzeitlichen Medium geworden und gilt auch in der Einschätzung der Nutzer als das Leitmedium. Auf Nachfragen bezeichnen die Nutzer F. als das verläßlichste Medium. Das wird weniger an der Schnelligkeit der Übermittlung von Nachrichten liegen (Hörfunk ist in der Regel schneller) noch an der Gründlichkeit der Berichterstattung (Zeitungsberichte sind umfassender und genauer). Vielmehr vermittelt die Faszinationskraft der Bilder den Zuschauern die Illusion, sie seien bei den entscheidenden Ereignissen der Gegenwart als Augenzeugen dabei. Dabei darf nicht übersehen werden, daß F. aus dramaturgischen Gründen die Wirklichkeit inszenieren muß, um sie vorzeigbar machen zu können. Nur durch Erzeugung von Illusion kann F. im Wettlauf der Medien bestehen. Da aber ist es unschlagbar.

Entsprechend ist die stärkste Seite des F.s seine Fähigkeit, durch visuelle Eindrücke die Gefühle der Zuschauer zu beeinflussen, sie zu Mitleid oder Abscheu zu bewegen, ihnen Identifikation oder Distanz zu oder mit Personen oder Ereignissen nahezulegen. In diesem Sinn ist F. da am stärksten, wo es seine Zuschauer unterhält, ohne selbst eindeutig Stellung zu nehmen. Maßstab ist dabei in der Regel das Unterhaltungsbedürfnis der F.- Zuschauer. An ihm orientieren sich F.-Redakteure und Programmverantwortliche.

Diese Tendenz wird durch den Kampf um die Einschaltquoten noch unterstützt. Denn F. ist ein teures Medium. Als Faustregel darf gelten, daß die Herstellung von F.-Programmen etwa fünfzig- bis sechzigmal teurer ist als die Herstellung von Radio-Programmen (Eine Minute Radio-Programm kostete 1991 durchschnittlich DM 100.-; eine Minute F.-Programm etwa DM 6.000.-). Da alle F.-Anbieter (auch die F.-Anstalten öffentlichen Rechts) ihr Programm zu einem großen Teil aus Werbeeinnahmen finanzieren, erscheint ein massenattraktives Programm aus ökonomischen Gründen unerläßlich. Das hat fast zwangsläufig die Ausrichtung der Programmplanung am unteren Rand des in der Gesellschaft geschmacklich Erlaubten zur Folge. So kann nicht verwundern, daß Sex und Crime die Themen der F.-Unterhaltung bestimmen. Eine konstante Gefährdung nicht nur der jugendlichen Zuschauer durch ein derart verzerrtes Bild der Wirklichkeit ist die unabweisbare Folge dieser Programmphilosophie.

Dennoch kann man dem F. nicht die Möglichkeit absprechen, durch Darstellung von Personen und Ereignissen auch einen positiven Einfluß auf seine Zuschauer ausüben zu können. Das gilt sowohl für allg. menschliche Werte und Tugenden wie Gemeinsinn und Verantwortung für andere, besonders schwächere Glieder der Gesellschaft, als auch für spezifisch christl. Anliegen. Ein Erscheinen christl. oder kirchl. Themen im F. liegt darum im Interesse aller christl. Gruppen. Denn wenn F. das Leitmedium der Gegenwart ist, bedeutet der Ausschluß christl. Themen aus dem F. praktisch einen Ausschluß des Evangeliums aus der Öffentlichkeit. Das aber darf um des Evangeliums willen nicht zugelassen werden.

Allerdings müssen sich Christen und Kirchen klar machen, daß sie sich den technischen und dramaturgischen Gegebenheiten des F.s anpassen müssen, wenn sie auf diesem Feld bestehen wollen. Im F. zählen Bilder und Ereignisse; deswegen können glaubwürdige christl. Persönlichkeiten, deren Lebensgeschichte die Wirkungen des Evangeliums deutlich macht, auch solche Zuschauer beeindrukken, die dem christl. Glauben oder den Kirchen fernstehen. F. ist immer eindrucksvoll, wenn es Geschichten erzählen kann. Weniger eindrücklich sind hingegen Stellungnahmen, die minutiös auf dogmatische Korrektheit bedacht sind oder binnenkirchliche Fragestellungen vor einem breiten Publikum erörtern wollen. Für die Zuschauer zählt nur, was erkennbar für ihr Leben Bedeutung hat, und weil F.-Redakteure sich am Zuschauerinteresse orientieren, wird im F. auch nur das zur Sprache kommen und ins Bild gesetzt werden, was diesen Kriterien entspricht. Dieser Sachverhalt erklärt auch die Grenzen, die der Übertragung von Gottesdiensten im F. gesetzt sind. Abgesehen davon, daß viele gottesdienstliche Elemente Außenstehenden schwer verständlich sind, muß bedacht werden, daß im F. letztlich Regisseur und Bildmischerin entscheiden, was beim Zuschauer ankommt, so daß das gottesdienstl. Geschehen den Akteuren, der Gemeinde also, entgleitet und zu einer neuen Wirklichkeit wird: aus dem Gottesdienst wird eine Sendung des F.s. Konsequenterweise bevorzugen darum christl. F.-Veranstalter in Nordamerika auch die Programmform der F.-Show, um ihre mission. Anliegen fernsehgerecht umsetzen zu können.

Lit.: H. Albrecht: Kirche im Fernsehen. Massenkommunikationsforschung am Beispiel der Sendereihe »Das Wort zum Sonntag«, 1974; E. Diehl, K. Sprenger: Mehr Evangelium in den Medien, 1982; N. Postman: Wir amüsieren uns zu Tode. Urteilsbildung im Zeitalter der Unterhaltungsindustrie, 1985; H.E. Thomé: Gottesdienst frei Haus? Fernsehübertragungen von Gottesdiensten, 1991; R. Uhlmann: Chancen und Kriterien christlicher Verkündigung im Fernsehen, 1991.

J. Goetzmann

Feste

a) biblisch

1. Die F. im Alten Israel waren streng auf den einen Gott, den Schöpfer der Welt und Erlöser Israels, bezogen; sie wurden manchmal ausdrücklich »Festzeiten des Herrn« (*mo'ade* JHWH, 3Mo 23,2.4. 37.44) genannt; auch das Wort *hāg*, das für die Bezeichnung der drei Wallfahrtsfeste, aber auch für den Sabbat oder den Neumond verwendet wird, hat oft die Näherbestimmung »Fest Jahwes« bzw. »Fest für Jahwe« (2Mo 13,6; 32,5; 3Mo 23,39). Dabei wurde Gott als Herr der Zeiten, als Ernährer von Mensch und Tier geehrt, der auch einem kleinen Volk wie Israel das Recht auf ein Leben in Freiheit sichert. Kennzeichen der israelit. Feste waren die Darbringung der Erstlinge der Ernte und besondere Opfer, dann die Arbeitsruhe zur Heiligung des besonderen Tages, ferner die gemeinsam erlebte Freude mit Essen und Trinken, abgesehen vom Großen Versöhnungstag und Neujahrsfest, die von Buße und Fasten bestimmt waren. Nach dem Siebener-Rhythmus (Mondkalender) sind vor allem der Neumond und der Sabbat (Hos 2,13; 1Mo 2,1-3; 2Mo 20,8-11; Am 8,4f) sowie das Sabbatjahr (2Mo 23,10f) und das Jobeljahr (3Mo 25,8-55) geordnet. Die Siebenzahl machte sich auch bei den drei Erntefesten geltend, da deren Dauer sieben Tage betragen soll, von denen allerdings nur der erste und letzte arbeitsfrei waren. Das gilt für das Mazzenfest *hāg ha-massōth* (15.-22. Nisan, im Frühjahr), ursprünglich eine Feier der Gerstenernte (3Mo 23,6-8), und für das Lesefest im Herbst (*hāg ha-sukkōth*, »Laubhüttenfest«), an dem man für die Früchte von Baum und Weinstock dankte (15.-22. Tishri: 3Mo 23,33-44), ebenso für das im 2. Jh. v.Chr eingeführte Fest der Tempelweihe (*Chanukkah, egkainia*, ab 25. Kislew: 1Makk 4,36ff). Dazwischen lag das Wochenfest, (*hāg ha-schabū'ōth*), am 50. Tag (*pentekostē* = 6. Siwan) nach der Darbringung der Omergarbe, das als Abschluß der sieben Wochen lang dauernden Getreideernte gefeiert wurde (3Mo 23,15-21). Das Neujahrsfest (1. Tishri) wurde durch das Blasen auf dem Widderhorn gefeiert (daher der Name *jōm tĕrūāh*, 4Mo 29,1) und der Große Versöhnungstag (*jōm kippūr*, 3Mo 16), ein Tag der Buße und des Fastens im heutigen Judentum.

In der Tempelrolle von Qumran ist darüber hinaus das siebentätige Fest der Priesterweihe vorgesehen (*millu'im*, 2.-10. Nisan; 15,3-17,5); nach dem Wochenfest folgen dort jeweils in sieben-wöchigem Abstand das Fest des (neuen) Weins (3. Ab, 18,11-21,10), dann das Fest des Öls (22. Ellul; 22,11-23), und gleich darauf das Fest des Holzes für den Tempel (23. Ellul, 23-25,1).

2. Der theol., dem Glauben Israels angemessene Charakter der F. wurde schon früh dadurch verstärkt, daß sie zusätzlich als Gedenktage an grundlegende heilsgeschichtl. Ereignisse begangen wurden. Das Passa (14. Nisan), ursprünglich wohl ein Hirtenfest, wurde auf die Herausführung Israels aus Ägypten bezogen und mit dem ähnlich gedeuteten Mazzenfest verbunden (2Mo 12 und 13), das Laubhüttenfest erinnerte an die Wüstenwanderung, an Pfingsten wurde später der Sinaigesetzgebung gedacht (ab 2. Jh.v.Chr., Jub.Buch). Das spätere Purimfest (14./15. Adar) wurde zum Gedenken der Rettung der Juden in Persien eingesetzt (Ester 3,7; 9,26-28), die Tempelweihe zur Erinnerung an die Vertreibung der Syrer aus Jerusalem; in der sog. »Fastenrolle« werden weitere solcher nationalen Feiertage erwähnt, an denen das → Fasten (aber wohl kaum die Arbeit) verboten wurde (vgl. Mischna Traktat Jōm Tōb).

3. Im NT bot das Wirken Jesu den Anlaß zu einer neuen Deutung der bibl. Feste. Jesus selbst gab dem Sabbat seine ursprüngliche Bestimmung als Tag der Erholung, des Atemholens und der Restauration des Lebens zurück (Mk 2,27-3,6; vgl. Joh 5,17- 23). Das Todespassa nutzte er zur Einsetzung des Herrenmahls (Mk 14,22-24 parr). Die ersten Christen haben den ersten Tag der Woche zum Gedenken an die Auferstehung Jesu als »Herrntag« gefeiert (Offb 1,10; allerdings anfangs nicht als Ruhetag). Auch das Wochenfest erhielt einen neuen Inhalt, weil nun nicht mehr der Übergabe des Gesetzes, sondern der Ausgießung des Hl. Geistes gedacht wurde (Apg 2).

Lit.: D. Freeman: »Feste«, GBL 1, 1987, 376-378; W. Grimm: Der Ruhetag, 1980.

O. Betz

b) praktisch-theologisch

1. Wenn die Christenheit Ereignisse der Heils- und Glaubensgeschichte im Zusammenhang besonderer, im Jahresrhythmus wiederkehrender Tage und Zeiten festlich begeht, folgt sie damit einer grundlegenden Bedingung des Menschseins: (Lebens-)Zeit bedarf der Strukturierung durch Höhepunkte intensiven, bedeutungsvollen Erlebens, um überhaupt – im individuellen wie im sozialen Bereich – als ein sinnvoller Zusammenhang erfahren und gestaltet werden zu können. So ist das Fest wohl ein ursprüngliches Element aller menschlichen Kultur; es verbindet sich mit den für das soziale Leben bedeutsamen Ereignissen des kosmisch-vegetativen Zyklus (dem Wechsel von Hell und Dunkel, Sommer und Winter, Regen- und Trockenzeiten, Aussaat und Ernte) ebenso wie mit den Wendepunkten des Lebenszyklus (Geburt, Reife, Heirat, Alter, Tod), kann aber auch geschichtl. – bzw. als geschichtl. aufgefaßte – Geschehnisse (Stadt- und Staatsgründungen, Kriege und Friedensschlüsse, Revolutionen, Geburt und Tod bedeutender Menschen usw.) zum Anlaß nehmen. Dabei eignet ihm eine ebenso ursprüngliche rel. Qualität: Jahreszyklische Daten und Ereignisse des gesellschaftl.-polit. Lebens werden zum Erscheinen und Wirken von Gottheiten in Beziehung gesetzt, mit ihrem Namen und Geschick verbunden. Auf den Sinn des Festes verweist seine Archē (griech. »Anfang, Ursprung«), seine Ursprungsgeschichte (Kurt Hübner): Was in einer »Zeit vor aller Zeit« geschah, wird im Fest in beständiger Wiederkehr erinnert, wiederholt und erneuert; nur so kann die Ursprungshandlung weiter wirken.

2. In unmittelbarer Erwartung der Wiederkunft Christi lebend, hatten die ersten Christengemeinden kaum ein Interesse daran, einen eigenen Festkalender zu entwickeln; judenchristl. Gemeinden folgten vermutlich weiter der jüd. Festpraxis. Zum »Urfest der Christenheit« (Adolf Adam) wurde der als »Tag des Herrn« (Offb 1,10) begangene Sonntag, an dem die Christen sich versammelten, um im Wort und im gemeinsamen Mahl (»Herrenmahl«, 1Kor 11,20) den Tod und die Auferstehung Jesu Christi zu verkünden, »bis er kommt« (1Kor 11,26). Das älteste – und zunächst einzige – christl. Jahresfest war Ostern; trotz einiger Andeutungen im NT (1Kor 5,7; vielleicht auch Apg 12,1-7) finden sich eindeutige Belege für eine christl. Passafeier erst im 2. Jh. Sie wurde mit einem nächtlichen Gottesdienst begangen, der bis in die Morgenstunden dauerte und mit der Feier des Herrenmahls schloß; erinnert wurde der Weg Jesu durch den Tod in das Leben beim Vater, nicht nur das Ereignis seiner Auferstehung. Eine gleichsam hist. Entfaltung des als Einheit geschauten Christusereignisses setzte erst mit dem 4. Jh. ein; dabei kam es zunächst zur Ausgliederung der »heiligen drei Tage« (Karfreitag als Tag des Leidens und Sterbens, Karsamstag als Tag der

Grabesruhe, Ostersonntag als Tag der Auferstehung), später dann zur Ausgestaltung der »heiligen Woche« (Karwoche mit Palmsonntag und Gründonnerstag) und der österlichen Freudenzeit (»Weiße Woche«, Christi Himmelfahrt am 40. Tag nach Ostern). Dabei spielte das Vorbild der Jerusalemer Gemeinde eine Rolle, in der es üblich geworden war, die Ereignisse der Christusgeschichte an den Tagen und Orten zu begehen, an denen sie der Überlieferung nach stattgefunden hatten. Der 50. Tag nach Ostern (Pfingsten, von griech. *pentekostē*) war ursprünglich der Abschluß der Osterfeier; seit dem Ende des 4. Jh.s wurde hier das Gedächtnis der Ausgießung des Heiligen Geistes (Apg 2) begangen. Die beiden anderen großen christl. Jahresfeste, Weihnachten und Epiphanias, haben im Unterschied zu Ostern und Pfingsten keinen Anhalt am jüd. Festjahr; sie sind wohl – in der Auseinandersetzung mit dem Heidentum – aus dem Versuch hervorgegangen, Geburts- bzw. Erscheinungsfeste heidnischer Gottheiten zu verchristlichen.

3. Neben den F.n und Festzeiten mit Bezug auf die Christusgeschichte umfaßt der christl. Festkalender heute die Gedenktage der Heiligen, Gedenktage zu Ereignissen der Kirchen- und Glaubensgeschichte (ev.: → Reformationstag; in gewisser Weise auch das → Kirchweihfest) sowie Tage, die in einer Beziehung zum Naturjahr (→ Erntedankfest) oder zum bürgerlichen Jahr stehen (Jahreswechsel). Daneben begegnen »Ideenfeste«, die eine bestimmte Glaubensaussage entfalten (Trinitatis; in gewisser Weise auch → Bußtag und → Ewigkeitssonntag); ihnen müssen neuere Versuche zugerechnet werden, einzelne Sonntage thematisch zu akzentuieren (Sonntag der Kirchenmusik, der Diakonie, der Weltmission usw.).

4. Von großer Bedeutung für die christl. Lebenspraxis wie für den Aufbau der Gemeinde sind Feste mit lebenszyklischem Hintergrund, in denen sich biographische Einschnitte mit den Stationen eines geistl. Lebenslaufes verbinden. So kann z.B. die Konfirmation, meist an bestimmte »Festpunkte« des Kirchenjahres gebunden, einen festlichen Höhepunkt im Leben der Familien und Gemeinden bilden, zumal dort, wo es gelingt, sie wirklich als Gemeindefest zu gestalten. Von ihrem Sinn her ist auch die → Taufe darauf angelegt, in der Gemeinschaft der Getauften – und nicht nur im familiären Rahmen – festlich begangen zu werden; die großen Tauffeste der alten Kirche mit ihren festen Taufterminen (zunächst in der Osternacht, dann auch zu Epiphanias und Pfingsten) können hier als Vorbild dienen. Die Möglichkeit, auch andere lebenszyklische Ereignisse (Trauung, Jubiläen usw.) im Rahmen der Gemeinde – und damit zugleich im Zusammenhang des Kirchenjahres – festlich zu begehen, sollte zumindest erwogen werden; in vielen Gemeinden sind ja Silberne und Goldene Konfirmation bereits in den Festkalender integriert.

Lit.: A. Adam, R. Berger: Pastoralliturgisches Handlexikon, 1980; K. Hübner: Die Wahrheit des Mythos, 1985; D. Trautwein: Mut zum Fest, 1975.

K.-H. Bieritz

Fetischismus

F. (von portugiesisch *feticio*, »verzauberter Gegenstand, Zauber«, dies wiederum von lat. *factitius*, »künstlich hergestellt, Zauber«) bezeichnet seit dem 17. Jh. den rituellen Gebrauch von »Fetischen«, also gefertigten – nicht natürlichen – Objekten, in denen eine unpersönliche Kraft oder eine persönliche Macht wohnt, die man durch Opfer und Geschenke beeinflussen und zum eigenen Vorteil oder Schaden anderer aktivieren kann. Die Bedeutung erhält der Fetisch nicht durch seine äußere, meist unfertig wirkende Gestalt, wie die Portugiesen bei der Prägung des Begriffes fälschlich annahmen, sondern durch die innewohnende Kraft, die mit → Mana zu vergleichen ist. Manche ältere völkerkundliche Autoren sahen im F. ein Entwicklungsstadium in der Religionsevolution, das dem Animismus und dem Polytheismus voranging. Zusammen mit dem Ende religionsevolutionistischer Entwürfe wurde auch der Gebrauch des Begriffes seltener. Heute wird er in der Ethnologie und Religionswissenschaft vor allem deswegen ungern verwendet, weil er unter einem formalen Begriff Phänomene zusammenfaßt, die in den einzelnen Kulturen völlig unterschiedliche Bedeutungen haben.

Die Übertragung des Begriffes im Bereich von Neurologie und Psychologie durch Sigmund Freud in die Sexualforschung als Fixiertsein auf Gegenstände des Partners hat mit der ursprünglichen Bedeutung wenig gemeinsam.

Lit.: H.G. Kippenberg (Hg.): Neue Ansätze in der Religionswissenschaft, 1983, 59-74; R.H. Miligan: The Fetish Folk of West Africa, 1912; J.F. Thiel et al.: Was sind Fetische?, 1986; ders.: Ahnen, Geister, Höchste Wesen, 1977.

Th. Schirrmacher

Feuerbach, Ludwig Andreas (1804-1872)

L.A. F., geb. am 28. 7. 1804 in Landshut, Sohn des bedeutenden Juristen Anselm v. Feuerbach, Philosoph, 1828 Priv. Doz. in Erlangen, privatisierte seit 1836 in Bruckberg bei Ansbach, seit 1860 auf dem Rechenberg bei Nürnberg, wo er am 13. 9. 1872 starb.

F. wandte sich, nach angefangenem Theologiestudium, der Philosophie zu und gehörte zum Kreis der Hegelschen Linken, die sich vom Idealismus dem Naturalismus oder Materialismus zuwandten. Für F. ist nicht mehr der absolute Geist (Gott) der Urgrund alles Wirklichen, sondern die Natur, die auch den Menschen und den menschlichen Geist (Gefühl, Bewußtsein, Denken, Phantasie) hervorgebracht hat. Sein Verständnis der Natur, die er für ewig ansieht, und des Menschen ist allerdings noch philosophisch, noch nicht von der aufkommenden Naturwissenschaft geprägt. Er fragt nach dem »Wesen«, d.h. hegelisch nach dem Begriff. In Umkehrung von Hegels Satz, daß das Denken des Menschen von Gott im Grunde das Denken Gottes (des Weltgeistes) von sich selber ist, folgert F., das Wissen des Menschen von Gott sei in Wahrheit sein Wissen von sich selber, von seinem eigenen Wesen (Wesen des Christentums, Kap. 24). Gott ist ein Gedanke des Menschen, nicht umgekehrt. »Gott ist nichts anderes als das vergötterte Wesen des Menschen.« Theologie soll daher Anthropologie werden, aber nicht durch einen bloß destruktiven Atheismus, sondern durch einen »christlichen« Humanismus, der die Prädikate des Göttlichen – Liebe, sittliche Vollkommenheit (Heiligkeit), Weisheit – als das »Absolute« des Gottesbildes in das menschliche Selbstverständnis aufnimmt. Die Religion hat das Verdienst, dem Menschen sein Wesen, als Wesen der Gattung, ins Bewußtsein gebracht zu haben, aber in falscher Weise, indem dieses »Wesen« personifiziert und als Gott über den Menschen erhöht wurde. In diesem Sinn ist die Religion ein Akt der Selbstentfremdung des Menschen. Ihre Aufhebung führt ihn zum Bewußtsein seiner selbst, indem er das Wesen »Gottes« als seine eigene Bestimmung des Menschseins erkennt. Es ist kein Zufall, daß das Christentum in seinem Gottesbild dem Wesen des Menschen am nächsten kam. Das Christentum sei die Religion der Subjektivität. In der Subjektivität löst sich der Mensch von den Schranken der Objektivität, der Welt. Die Subjektivität ist grenzenlos. Deshalb gehört zum Christentum auch der Ewigkeitsglaube. Die andern Religionen sind noch weltabhängig, beschränkt, ihre Religiösität ist noch stark geprägt durch weltliche Wünsche und Glückserwartungen.

F. hat nicht nur über die Religion geschrieben. In der Auseinandersetzung mit Hegel setzte er dessen Logik den Sensualismus entgegen. Die Sinne sind Ausgang aller Erkenntnis. Er erkennt auch die Bedeutung der Sprache als Mittel des Bewußtwerdens im Zusammenhang mit dem Dialog, der Begegnung mit dem Mitmenschen. Aber der Gedanke, daß die Wahrheit der Theologie die Anthropologie sei, war doch sein eigentliches Thema, dessen Bearbeitung ihm Ruhm und große Wirkung verschaffte. Allerdings auch Widerspruch: Karl Marx hielt ihm entgegen, daß das menschliche »Wesen« kein dem Individuum innewohnendes Abstraktum sei, sondern »das Ensemble der gesellschaftlichen Verhältnisse« (Thesen über Feuerbach). Später war es dann Friedrich Nietzsche, der als Konsequenz aus dem naturalistischen Atheismus die Umwertung aller Werte verkündete, d.h. die Unvereinbarkeit dieses Atheismus mit absoluten Werten des christl. Gottesbildes.

Lit.: L. Feuerbach: Gedanken über Tod und Unsterblichkeit, 1830; Das Wesen des Christentums, 1941; Grundsätze der Philosophie der Zukunft, 1843; Das Wesen der Religion, 1951; Theogonie, 1957; Gottheit, Freiheit, Unsterblichkeit, 1866.

Gesamtausgaben: Sämtliche Werke, 10 Bde., 1846-1866; Sämtliche Werke, neu hg. von W. Bolin und F. Jodl, 1903-1911 (2. Aufl. mit 3 Ergänzungsbdn., Hg. H.M. Sass, 1960); Ges. Werke, hg. von W. Schuffenhauer, 1969ff.

K. Bockmühl: Leiblichkeit und Gesellschaft. Studien zur Religionskritik und Anthropologie im Frühwerk von L. Feuerbach und K. Marx, [2]1980; S. Rawidowicz: Ludwig Feuerbachs Philosophie, (1931) [2]1964; E. Schneider: Die

Theologie und Feuerbachs Religionskritik, 1972 (mit reicher Literaturangabe der Schriften über Feuerbach); W. Schuffenhauer: Ludwig Feuerbachs Entwicklung zum philosophischen Materialisten, Diss. Berlin (Ost), 1956.

F. Flückiger

Fichte, Johann Gottlieb (1762-1814)

1. Das Leben Fichtes

J. G. F. wurde am 19. Mai 1762 in Rammenau bei Bischofswerda in der sächsischen Oberlausitz als erstes von acht Kindern geboren. Der Vater war ein armer, pietist. geprägter Leineweber. Der Patronatsherr Haubold von Miltitz wurde auf den achtjährigen Jungen aufmerksam, als dieser ihm eine versäumte Sonntagspredigt auswendig rezitieren konnte. Von Miltitz ermöglichte F. von 1774 an den Besuch der berühmten Fürstenschule in Pforta, wo der Junge heimlich Schriften von G. E. → Lessing (Anti-Goeze) und J.-J. Rousseau las. 1780 begann F. mit dem Theologiestudium in Jena, das er 1781 in Leipzig fortsetzte. Ab 1784 erduldete er das kärgliche Leben eines Hauslehrers. 1788 wechselte er nach Zürich, wo er mit dem rel. Schriftsteller J. C. → Lavater Bekanntschaft machte. Er verlobte sich dort mit Johanna Maria Rahn, einer Nichte des Dichters F. Klopstock. 1791 besuchte er I. Kant in Königsberg und veröffentlichte mit dessen Empfehlung 1792 seine Schrift »Versuch einer Kritik aller Offenbarung«. Dieses anonym erschienene Werk wurde zunächst als ein Beitrag Kants angesehen und machte F. nach Bekanntwerden seiner Verfasserschaft über Nacht berühmt. Literarisch trat F. seit 1789 leidenschaftlich für die Ideale der franz. Revolution ein.

1794 wurde er zum ao. Prof. für Philosophie nach Jena berufen. Sein steiler Aufstieg erfuhr jedoch 1799 durch den sog. Atheismusstreit eine jähe Unterbrechung. F. hatte im »Philosophischen Journal« eine pantheistisch orientierte Abhandlung »Über den Grund unseres Glaubens an eine göttliche Weltregierung« veröffentlicht, die von der kursächsischen Regierung beschlagnahmt wurde. Er wechselte als freier Schriftsteller in das tolerante Berlin, wo er mit dem Romantikerkreis (F. Schlegel, Dorothea Veit und F. D. E. Schleiermacher u.a.) in Verbindung stand. 1804 hielt er drei aufsehenerregende Vortragsreihen über die »Wissenschaftslehre«. Diesen Vorträgen schlossen sich 1805 »Die philosophische Charakteristik des Zeitalters« und eine »Vorlesung über Gottes-, Sitten- und Rechtslehre« an. 1807/08 hielt er ungeachtet der Gegenwart franz. Abgesandter seine vierzehn »Reden an die deutsche Nation«, die wesentlich zur Ausbildung des deutschen Nationalbewußtseins beitrugen und in den Bedrängnissen der Befreiungskriege gegen die Napoleonische Gewaltherrschaft den geistigen Widerstand stärkten. 1810 wirkte F. bei der Gründung der Berliner Universität mit, wurde Dekan der phil. Fakultät und danach ihr erster gewählter Rektor. Am 29. Januar 1814 starb F., 51-jährig, am Lazarettfieber.

2. Fichtes philosophisches System

Ausgangspunkt des F.schen Denkens ist die Erkenntniskritik I. Kants. Die Gegenstände der sinnlichen Erfahrung kommen durch die dem vernünftigen Subjekt innewohnenden Kategorien der Erkenntnis ins Bewußtsein. Über die objektive Realität der Welt, also das »Ding an sich«, vermag das Ich keine Aussage zu machen. F. radikalisiert diesen idealistischen Ansatz, indem er die gesamte Vorstellungswelt als Schöpfung der je eigenen Bewußtseinswelt beschreibt. Das Ich setzt in freien Tathandlungen das Nicht-Ich. Damit löst sich die gegenständliche Welt in eine reine Vorstellungswelt auf. Sinn dieser Konstruktion ist es, die absolute menschliche Freiheit des Ich gegenüber der Natur zu wahren. Das Ich steht über der äußeren Welt und beherrscht sie; es ist unendlich viel mehr als ein unbedeutendes Rädchen im kausal-determinierten Kosmos. Die äußere Welt ist vielmehr bloßes Material zur Pflichterfüllung. Die sinnliche Wirklichkeit fordert den kategorischen Imperativ im sittlichen Subjekt heraus. Die gegenständliche Welt erfährt nur vom Ich her ihren Ernst und ihre sinnvolle Begründung. In der Überlegenheit des sittlichen Ich über die Natur realisiert dieses seine Freiheit. Der Mensch verwirklicht sich, indem er allein und ausschließlich dem autonomen Pflichtbewußtsein seines Gewissens folgt. Dabei sucht F. den individualistischen Ansatz der Moral durch eine umfasssende Ethik des Staates und des Rechts weiterzuentwikkeln. Das als Rechtsstaat zu konstituierende Gemeinwesen hat vor allem durch die Bildungspolitik hohe erzieherische Aufgaben am einzelnen. Das ausgeprägte Nationalbewußtsein F.s hat vor allem in dessen Bildungsideal seine Wurzeln. Er rühmt die Deutschen vor allem als das Volk der Dichter und Denker, dessen bedeutendste Repräsentanten die Gelehrten, also die Universitätsprofessoren, sind.

Da jedoch auch der Rechtsstaat am polit. Gewaltmonopol festhalten muß, entwickelt F. die Utopie eines Staates, in dem das Recht als Norm überflüssig wird. Der Bürger verwirklicht in autonomer Freiheit, nur seinem Gewissen folgend, von sich aus das Recht. Der Staat geht dann in eine Art innerweltliches Reich Gottes über, gekennzeichnet durch vollkommene Freiheit und Sittlichkeit.

In seiner Religionsphilosophie »Anleitung zum seligen Leben« (1806) entfaltet F. pantheistisch-mystische Vorstellungen, die den platonischen Idealismus inhaltlich mit der Botschaft des johanneischen Christus identifizieren. Im Akt des Denkens findet der Mensch aus der Vielheit der Welt zu sich selbst und in seinem schöpferisch-sittlichen Handeln wird er sich seiner wesentlichen Einheit mit Gott bewußt.

F. hat mit seinem System sowohl die weitere phil. Entwicklung als auch die polit. Geschichte in Deutschland nachhaltig beeinflußt.

3. Theologische Kritik

Die Ich-Philosophie F.s trägt Züge titanischer Selbstüberschätzung des Menschen, indem sie entgegen aller geschichtlichen Erfahrung dem Individuum autonome Freiheit und sittliche Vollkommenheit zuspricht. F. verkennt den grundlegenden Unterschied von Schöpfer und Geschöpf, indem er den Menschen mit seiner Tathandlung zum beherrschenden Subjekt über die Natur erhebt und ihn als Schöpfer seiner Welt preist. F. mißachtet dabei vor allem den radikalen Gegensatz zwischen dem heiligen Gott und dem sündigen Menschen, weil er mystisch die Gemeinschaft des rel. Individuums mit dem pantheistisch verstandenen Göttlichen voraussetzt. Der Mensch erhebt sich ohne Buße und Vergebung kraft seiner Sittlichkeit zur Einheit mit dem Seinsgrund; er bedarf keiner Rechtfertigung durch einen Mittler. F. spielt dabei die johanneische Christologie, die er bewußt im Widerspruch zu ihrem bibl. Wortlaut interpretiert, gegen Paulus aus. Dahinter steht die aufklärerische These, daß das Historische an Jesus als bloß zufällige Geschichtstatsache keine universale Bedeutung haben könne. Jesus ist nach F. deshalb nur moralisches Vorbild, aber nicht der ewige Sohn Gottes, der Erlöser der Sünder und der Vollender des kommenden Reiches Gottes.

Lit.: J.G. Fichte: Sämtliche Werke, hg. von I.H. Fichte, 8 Bde. (1845-1846), 1971; Nachgelassene Werke, 3 Bde. (1834-1835), 1971.

G. Geiss: Im Labyrinth der Philosophen, 1968, 158-162; H. Lamparter: Prüfet die Geister, 1961, 32-45; W. Ritzel: Fichtes Religionsphilosophie, 1956; A. Schlatter, Die philosophische Arbeit seit Cartesius, [5]1981, 168-178.

R. Hille

Filioque

Kurze Bezeichnung der wichtigsten Lehrdifferenz zwischen der Kirche des Ostens und der des Westens. Im ursprünglichen Text des → Nicaenoconstantinopolitanum (381) wird gesagt, daß der Hl. Geist vom Vater ausgeht. Im Westen wurde hier der Satzteil »filioque« d.h. »und vom Sohn« eingefügt, zuerst in Spanien, dann durch Karl d. Großen und zuletzt durch Papst Benedikt VIII. (1014). Diese Einfügung führte 1054 zur Spaltung zwischen dem Osten und dem Westen. Hinter dieser Kontroverse liegt ein Unterschied im Verständnis des gemeinsamen trinitarischen Bekenntnisses. Im Westen wird unter Einfluß von Augustinus mehr die Einheit der drei göttlichen Personen, im Osten mehr die Verschiedenheit betont. Die Kritik des Ostens an dem F. wurde zuerst massiv formuliert von Photius, Patriarch von Konstantinopel (9. Jh.). Wie die kath. Kirche hat die Kirche der Reformation sich zum F. bekannt. Als Ausnahme in der westlichen Kirche hat die altkath. (oder christkath.) Kirche das F. abgelehnt. Frühere Versuche zur Einigung zwischen dem Osten und dem Westen sind, auch aufgrund polit. Faktoren, erfolglos geblieben. In der Gegenwart finden erneut Gespräche statt, die durch Beseitigung von Mißverständnissen und Klärung der Positionen einen Konsens vorbereiten wollen. Dabei geht man von wichtigen Punkten von Übereinstimmung aus, z.B. der auch vom Osten geteilten Überzeugung, daß in der geschichtl. Vermittlung des Heils der Geist als der Geist Jesu Christi auftritt.

Mit Recht hat man die östliche Verwerfung der zentralistischen päpstlichen Gewalt wie auch die Offenheit des Ostens für das Wirken des Geistes und für Mystik mit der Ablehnung des F. in Zusammenhang gebracht.

J. Veenhof

Film und Kirche → Medien, Medienarbeit

Filmevangelisation → Medien, Medienarbeit

Finney, Charles Grandison (1792-1875)

F., geb. am 29. 8. 1792 in Warren, Conn., gest. am 16. 8. 1875 in Oberlin, Ohio; erster Berufsevangelist. Zunächst Rechtsanwalt, bekehrte er sich 1821, um von Stund an das »Plädoyer für Jesus Christus« zu halten und Sünder in die Entscheidung für Christus zu rufen. Nach selbständigem Bibelstudium legte er 1824 das Examen ab und wurde von der »Free Presbyterian Church« zum Pfarrer ordiniert. Er entwikkelte »Erweckungstechniken« wie die Bußbank, Hausgebetskreise, Hausbesuche, allabendliche Versammlungen über zwei oder drei Wochen, besonders Rhetorik für seine »Feldzüge« in den Großstädten Philadelphia (1827), New York (1829) und Boston (1831) und den Städten der Ost- und Mittelstaaten.

Bild 7 cm

Wegen der → Prädestinationslehre ging er 1834 von den Presbyterianern zu den Kongregationalisten. In New York baute man ihm im selben Jahr mit dem Broadway Tabernacle einen eigenen Versammlungssaal. 1835 riefen ihn die Gebrüder Tappan und Th. Wald an das Oberlin College, wo er Generationen von Pastoren und → Evangelisten (revival men) ausbildete. 1851-1866 war er Präsident des College. 1849/50 und 1858/60 hielt er sich zu Evangelisationen in England auf. Ausgehend von einer sehr optimistischen Anthropologie hinsichtlich der Fähigkeiten und des Willens des Menschen, teilte F. die Anschauung, daß Christen durch die → Geistestaufe (zweite Segnung) Vollkommenheit (→ Perfektionismus) erreichen könnten.

Lit.: Lectures on Revival, 1835; Sermons on Important Subjects, 1836; Memoirs, 1876, dt. von E.v. Felitzsch, 1902; Erinnerungen und Reden bearbeitet von K. Richter, 1927; Erweckung. Gottes Verheißung und unsere Verantwortung, 1987.

S.C. Henry: »Finney, Charles Grandison«,TRE 11, 1983, 177- 178 (Lit.); W.G. McLoughlin: Modern Revivalism. C.G. Finney to Billy Graham, 1959.

E. Geldbach

Finnische Missionsgesellschaft → Skandinavien

Firmung → Sakramente (katholisch)

Fisch

F. tauchen im Alten Orient, in Ägypten und Syrien in den verschiedensten Lebenszusammenhängen auf. Im AT begegnen F. oft als Nahrung, einmal auch als Medizin (Tob.). In der griech.-röm. Welt sind sie teils billiges Volksnahrungsmittel, teils hochgeschätzter Luxus. Dies erklärt die Häufigkeit der Verwendung auch in ntl. Zusammenhängen.

Für die Kirche wird erst die Abkürzung des griech. Wortes für F., ΙΧΘΥΣ (ICHTHYS), im 2. Jh. von Bedeutung: *Iēsus Christos Theou Hyios Sotēr*, »Jesus Christus Gottes Sohn (ist) Heiland oder Jesus Christus (ist) Gottes Sohn (und) Heiland«. Diese Abkürzung und ihre bekenntnishafte Bedeutung steht ebenso am Anfang des Glaubensbekenntnisses wie eines vielfältigen Spiels mit dem Fischsymbol in der Literatur und der Kunst. Allerdings muß bei der Interpretation zu größter Vorsicht gemahnt werden angesichts des auch sonst beliebten F.-Themas in der griech.-röm. Welt. Alle Beispiele aus dem Genrezusammenhang der griech.-röm. Kunst und der Bildsprache, der ja von den frühen Christen als Ausdruck des Zeitstils übernommen wird, eignen sich nicht für eine solche bekenntnishafte christusbezogene Interpretation als Fischsymbol, die im 6. Jh. im Westen mit dem Verlust des Griech. verloren ging.

Als Fastenspeise ist F. seit dem 4. Jh. belegt, doch dauert es länger, bis sich der Bedeutungswandel von einer Luxusspeise zum Fleischersatz durchsetzte.

Lit.: J. Engemann: RAC 7, 959-1097.

W. Wischmeyer

Flacius, Matthias Illyricus (1520-1575)

F. (eigentlich Matija Vlacic) wurde am 3. 3. 1520 in Albona, Illyrien, geboren. Sein Onkel, ein Franziskanerprovinzial, sympathisierte mit der → Reformation und riet ihm zum Studium in Tübingen und Basel. Seit 1541 studierte F. in Wittenberg, wo er 1544 Prof. für Hebr. wurde. Prägend für ihn war die Begegnung mit → Luther und dessen Seelsorge.

Nachdem → Melanchthon das Leipziger Interim angenommen hatte, führte F. einen leidenschaftlichen Kampf gegen die darin der kath. Seite gemachten Zugeständnisse in sog. Mitteldingen. Das führte zur Vertreibung des F. aus Wittenberg. Ab 1549 leistete er zusammen mit Gallus, Amsdorf u.a. in Magdeburg Widerstand gegen das Interim.

Auch in die darauf folgenden Auseinandersetzungen (majoristischer, synergistischer Streit) griff F. aktiv ein. Er reagierte um der Sache Willen heftig, oft polemisch, jedoch nicht aus persönlicher Abneigung.

Im Dezember 1544 bereits begann die Arbeit an den sog. »Magdeburger Zenturien«, der ersten reformat. Kirchengeschichte. Bis zu Gottfried Arnolds »Unparteiischer Kirchen- und Ketzer-Historie« (1699/1700) blieb das Werk für die ev. Geschichtsschreibung wegweisend.

Nachdem F. 1557 in Jena Professor geworden war, kam es 1560 auf dem Weimarer Kolloquium zum Bruch mit dem übrigen Luthertum. Darauf mußte er Jena verlassen, wo er von 1557-61 gewirkt und das Weimarer Confutationsbuch verfaßt hatte. An verschiedenen Orten, so in Regensburg, fand er Zuflucht. Später wandte er sich nach Straßburg (1567-1573), geriet aber mehr und mehr in menschliche wie theol. Isolation. Bereits auf dem Altenburger Kolloquium 1568/69 wurde F. und seine Lehre als Grund für die Uneinigkeit im Luthertum benannt. 1573 wurde er zu Weihnachten mit seiner Familie aus Straßburg ausgewiesen. Seine letzten beiden Lebensjahre verbrachte er im Kloster der Weißen Frauen in Frankfurt a.M. Dort starb er am 11. 3. 1575 und wurde ohne kirchl. Begräbnis bestattet.

Lit.: P. Barton: Matthias Flacius Illyricus, GdKG 4, 1981, 227-293; J. Baur: Flacius Radikale Theologie, ZThK 72 (1975), 365-380; L. Haikola: Gesetz und Evangelium bei Matthias Flacius Illyricus, 1952; R. Keller: Der Schlüssel zur Schrift. Die Lehre vom Wort Gottes bei Matthias Flacius Illyricus, 1984; G. Moldaenke: Schriftverständnis und Schriftdeutung im Zeitalter der Reformation, 1936; W. Preger: Matthias Flacius und seine Zeit, 2 Bde., (1859/61) 1964.

H.-J. Hoeppke

Flagellanten → Geißler

Fliedner, Friederike → Fliedner, Theodor

Fliedner, Karoline → Fliedner, Theodor

Fliedner, Theodor (1800-1864)

F. wurde in Eppstein am 21. 1. 1800 als Pfarrerssohn geboren. Während seines Theologiestudiums in Gießen und Göttingen prägte ihn der Rationalismus. 1820 legt er sein Examen ab und wurde Hauslehrer und Mitarbeiter der Kölner Bibelgesellschaft. 1822 nahm er die Pfarrstelle in Kaiserswerth bei Düsseldorf an. In England kam er mit der Gefangenenarbeit von Elizabeth Fry in Berührung, nachdem er vorher in Holland bei den Mennoniten das

Diakonissenamt kennengelernt hatte. Er erlebte eine innere Wende weg von den »lichtscheuen Rationalisten« zu einer bibl. Erweckungstheologie. Dadurch erkannte er die Not der Gefangenen im Kaiserswerther Arresthaus und besuchte sie regelmäßig. 1826 gründete er die »Rheinisch-Westfälische Gefängnis-Gesellschaft« und begann eine zeitgemäße → Gefängnisseelsorge, ebenso eine Strafentlassenenfürsorge. Auch richtete er ein Asyl für weibliche Strafentlassene ein. 1836 gründete F. das erste Diakonissenkrankenhaus zur Ausbildung »evangelischer Pflegerinnen«. Er rief junge, unverheiratete Frauen dazu auf, Diakonissen zu werden. 1828 heiratete F. Friederike Münster nach einer lediglich schriftlichen Brautwerbung. Friederike F. wurde 1836 die erste Vorsteherin des Mutterhauses, starb aber bereits 1842.

Die Zahl der Pflege- und Lehr-Diakonissen wuchs stetig. 1856 gab es bereits 228. Damit vergrößerten sich auch die Kaiserswerther Anstalten (z.B. Kleinkindschule 1836, Mädchen- Waisenhaus 1842, Lehrerinnenseminar 1847, Heilanstalt für weibliche Gemütskranke 1852). Auch im Ausland wurde F. diakonisch aktiv (Pittsburgh 1849, Jerusalem 1851, Istanbul 1852). Die Verbindungen F.s waren weit gespannt. So lernte Florence → Nightingale 1850/51 die Kaiserswerther Krankenpflege kennen. 1844 wurde in Mülheim auch eine Pastoralgehilfenanstalt, die spätere Diakonenanstalt, gegründet. Seit 1861 wurden sämtliche Mutterhäuser, auch die ausländischen, in der Kaiserswerther Generalkonferenz zusammengeschlossen. Als F. am 1. 10. 1864 starb, gehörten 32 Mutterhäuser dazu. Heute gehören die Kaiserswerther Anstalten zum Kaiserswerther Verband und zum Bund der Diakonissenverbände Diakonia.

F.s diakon. Aufbauarbeit verband erweckliche Frömmigkeit mit sozialem Tun. Die Wiederherstellung des bibl. Diakonissenamtes führte zur Schaffung eines gesellschaftl. anerkannten Berufsstandes für die ev. Frau.

Lit.: G. Fliedner: Theodor Fliedner. Durch Gottes Gnaden Erneuerer des apostolischen Diakonissenamtes in der evangelischen Kirche, 3 Bde., 1908-1912; M. Gerhardt: Theodor Fliedner. Ein Lebensbild, 2 Bde., 1933/37 (Lit.); A. Sticker: Friederike Fliedner und die Anfänge der Frauendiakonie. Ein Quellenbuch, [2]1963 (Lit.); dies.: Theodor und Friederike Fliedner, 1989.

H.-J. Hoeppke

Fluch/Fluchen

F./F.en als Gegenstück zum Segen/Segnen ist auch in den außerbibl. Religionen bekannt. Dort werden Fluchsprüche meist in einem magischen Sinne verstanden. Sie wirken wie Worte, denen eine eigene Wirkkraft innewohnt. Für den davon Betroffenen können sie Unheil und Schaden an Leib und Leben, Ausschluß aus der Gemeinschaft, sogar auch die Vernichtung bedeuten. Im AT hat der Fluchspruch auch eine Wirkung, aber sie ist weder eine Eigendynamik noch hängt sie von der Macht des Fluchenden ab. Vielmehr liegen F. und seine Wirkung allein in der Hand Gottes. Er verflucht den Ackerboden, um dem sündigen Menschen Grenzen zu setzen (1Mo 3,17), und verflucht die Schlange, die sich zum Werkzeug des Bösen machen ließ (1Mo 3,14). Auch später trägt die Erde den Fluch um der Sünde des Gottesvolkes willen (Jes 24,6). Gottloses Leben, Brechen des Gelübdes und Vertrauen auf Vergängliches ziehen Gottes F. nach sich (Spr 3,33; Mal 1,14; Jer 17,5). Wenn auch ein Mensch nicht von sich aus verfluchen darf, so kann doch Gott Menschen beauftragen, in seinem Namen F. auszusprechen (5Mo 27-28). Wie wenig dieses F. mit menschlicher Willkür verbunden ist, zeigt die Tatsache, daß es im Zusammenhang mit der Nichtbefolgung des Gebotes

Gottes steht. So trifft auch ein unverdienter F. nicht (Spr 26,2), und eigenmächtiges F.en wird von Gott verhindert (4Mo 23,7-8). Aus alledem wird klar, daß F., auch wenn er von Gott oder den von ihm beauftragten Menschen kommt, nicht wie eine unabwendbare Voraussage des Schicksals ist, sondern immer ein Ziel hat: der Betroffene soll gewarnt und zur Umkehr gerufen werden; zumindest soll er durch die Folgen des F.s vor Selbstüberhebung und noch größerem Sündigen bewahrt werden. Deshalb will Gott auch nicht die Selbstverfluchung des Menschen; denn damit würde er das Vertrauen in die auch aus letzter Schuld, Not und Verzweiflung rettende Macht und Liebe Gottes aufgeben.

Auch das NT kennt Verfluchung im Auftrag Gottes. Sie gilt einmal denen, die das → Evangelium verfälschen (Gal 1,8-9), andererseits auch allen, die die Liebe Gottes in Christus nicht mit Gegenliebe beantworten (1Kor 16,22). Beidesmal steht das Wort *anathema*, das bedeutet, daß diese Menschen dem Endgericht Gottes ausgeliefert werden. Auch hier bleibt noch Raum zur Umkehr vor dem Gericht. Im übrigen sollen Christen nach dem NT alles Böse von seiten anderer Menschen nicht mit F., sondern mit Wohltun und Segnen beantworten (Mt 5,44; Röm 12,14). Dies alles ist ihnen nur möglich, weil sie nicht unter dem Gesetz stehen und den Fluch der Gesetzesübertreter zu tragen hätten (Gal 3,10), sondern im Glauben an Christus, der selber ein F. für uns wurde (Gal 3,13) und uns damit vom F. des Gesetzes erlöst hat.

Lit.: H. Aust, D. Müller, W. Mundle, Th. Sorg: »Fluchen«, TBLNT I,[8]1990, 348-353.

K.H. Bormuth

Flüchtlinge/Flüchtlingsarbeit der Kirche

Gegenwärtig sind weltweit, nach Schätzungen des UNO-Hochkommissariats für Flüchtlinge, ca. 17 Mio. Menschen auf der Flucht. Die Kirchen vertreten nicht die Auffassung, daß die Bundesrepublik Deutschland grenzenlos F. aufnehmen solle; angesichts der wachsenden internationalen Flüchtlingsnot muß jedoch auch die Bundesrepublik ihren angemessenen Beitrag zur Bewältigung dieses Problems leisten. Dazu gehört nicht nur die verstärkte Unterstützung von internationalen und regionalen Flüchtlingsprogrammen in aller Welt, sondern auch die unmittelbare Aufnahme von Flüchtlingen in unserem Land. Viele Flüchtlinge sind Christen. Die Flüchtlingshilfe der Diakonie kann sich jedoch nicht alleine auf Christen beschränken; das Gebot der Nächstenliebe gilt allen Bedürftigen und Hilfesuchenden, ohne Ansehen von Rasse, Hautfarbe, Volkszugehörigkeit und Religion. Jesus selbst identifiziert sich mit allen Bedürftigen, die er seine Brüder nennt, und denen er ausdrücklich die Fremden zurechnet.

Die Kirchen und ihre → Diakonie versuchen durch verschiedene Einrichtungen zur Beratung und Betreuung den Asylsuchenden und Geflüchteten in ihrer schwierigen Situation zu helfen. Vielfach arbeiten sie dabei mit anderen Wohlfahrtsverbänden zusammen, häufig auch mit den zuständigen staatlichen Stellen. Beispiele kirchl.-diakon. Flüchtlingsarbeit sind:

- Erstversorgung von ankommenden Asylsuchenden im Flughafen bzw. in Transitstellen;
- Beratung und Betreuung in Sammelunterkünften und Wohnheimen;
- gemeinwesenbezogene Beratung und Betreuung bei privater Unterbringung;
- bundesweit organisierte qualifizierte Rechtsberatung;
- bundesweit abgestimmte qualifizierte psychosoziale Beratung und Therapie;
- Beratung und Unterstützung bei Rückkehr bzw. Weiterwanderungsabsichten;
- Sprachunterricht, Orientierungskurse und Hilfen zur beruflichen Eingliederung;
- Schaffung von persönlichen Kontakten zur Einbindung in die Gemeinde;
- spezifische Betreuungsangebote für Kinder und Familien;
- Unterstützung der Familienzusammenführung;
- Hilfen bei der Integration, insbesondere in beruflicher und sozialer Hinsicht nach der Anerkennung als Asylberechtigte;
- Unterstützung von Selbsthilfeinitiativen der Flüchtlinge.

Eine weitere wichtige Aufgabe kirchl.-diakon. Arbeit besteht auch darin, durch Informationen und Öffentlichkeitsarbeit die Aufnahmebereitschaft unter der Bevölkerung zu stärken.

Die kirchl. Bemühungen um Flüchtlinge und Asylsuchende sind in vielen Orten auf die ehrenamtliche Arbeit von einzelnen Christen oder Initiativgruppen und die Unterstützung von Kirchengemeinden angewiesen.

Lit.: EKD Texte Nr. 16: Flüchtlinge und Asylsuchende in unserem Land, 1986, hg. vom Kirchenamt der EKD.

Ch. Gutekunst

Flut → Sintflut

Focolarini

F. sind Angehörige einer verpflichteten rel. Gemeinschaft innerhalb der röm.-kath. Christenheit. Sie wurde 1943 von Chiara Lubich in Trient gegründet und umfaßt Menschen in allen Alters- und Berufsgruppen. Inzwischen hat sich diese Gemeinschaft in aller Welt ausgebreitet. F., »Herdgemeinschaften«, sind Zentren gemeinsamen Lebens, die das Zeugnis des Auferstandenen, des Geistes Gottes, des Wortes und der Liebe Gottes in alle Welt tragen und glaubwürdig zu leben versuchen. Sie sind von ökumen. Weite und haben mancherlei Aufbruchsbewegungen auch im ev. Raum geprägt, z.B. die Lebenswortbewegung und die ev. Bischöfe → Dietzfelbinger, Hanselmann, Kruse und Wilckens. Sie wirken über kleinere, fast familiäre Gruppen und halten über das Jahr verteilt zahlreiche Regionaltagungen.

Lit.: A. Diana (Hg.): Die Bewegung der Fokolare, 1975; ZS: Città Nouva (dt. Neue Stadt, dies ist auch der Name des Verlages in München).

G. Ruhbach

Föderaltheologie

Eine Theologie mit dem Zentralbegriff des von Gott mit den Menschen geschlossenen → Bundes (lat. *foedus*). Sie geht zurück auf die Schweizer Reformation (vgl. H. → Bullinger, Vom einen und ewigen Bund Gottes, 1534). Bei J. → Calvin bestimmt der Begriff »Bund« das Verhältnis von AT und NT: »Der Bund mit den Vätern ist im Wesen von dem unsrigen nicht unterschieden, sondern ein und dasselbe. Verschieden ist die äußere Darbietung« (Inst. II, 10,2). Dabei gilt Christus als die Substanz des einen Bundes. In der deutschreformierten Theologie wurde der Bundesbegriff erweitert durch die These Melanchthons vom göttlichen »Naturgesetz«. Man unterschied nun zwischen dem bibl. Bund und einem ihm vorangehenden »Naturbund«. Diesen nannte man (so Polanus) einen »Werkbund«, weil in ihm das göttliche Naturgesetz das Heil vom Tun guter Werke erwarte. Jenen nannte man einen »Gnadenbund«, geschlossen mit Sündern, die den »Naturbund« nicht halten können. Durch diese Unterscheidung konnte die Rede von Gottes Gnadenbund relativiert werden durch das Rechnen mit einem ursprünglichen Willen Gottes, der vom Menschen nur eben Werke fordert.

1648 verfaßte Johannes → Coccejus die Schrift, die ihn zum Vater der eigentlichen F. machte: Summa doctrina de foedere et testamento Dei (Zusammengefaßte Lehre vom Bund und Testament Gottes). Nach ihm hat zwar Gott anfänglich einen Werkbund mit den Menschen geschlossen, der aber in der Geschichte Gottes mit den Menschen sukzessive beseitigt und durch einen auf Gnade begründeten Bund ersetzt wird. Das geschieht durch fünf »Abschaffungen«: durch die Sünde, durch die Stiftung eines Gnadenbundes in einem Pakt zwischen Gott Vater und Sohn, durch die »Ökonomie« des AT, durch den »Tod des Leibes« (→ Rechtfertigung und → Heiligung durch das Werk Christi), durch die künftige Auferweckung des Leibes.

Die Bedeutung dieser F. lag darin, daß sie an die Stelle der theol. Systeme der altprot. Orthodoxie eine heilsgeschichtl. Betrachtung der bibl. Zeugnisse rückte. Jedoch konnte einerseits die juristische Fassung des Bundesbegriffs im Sinn eines »Vertrages« bei weiteren Vertretern der F. (H. Witsius, A. Heidanus) einen Rationalismus anbahnen, der auf dem Nenner eines naturgesetzlichen Werkbundes stand. Andererseits führte die F. auch zu einer heilsgeschichtl. Theologie, die einen »Plan« im Handeln Gottes zu den verschiedenen Zeiten zu erkennen suchte (Vitringa, → Bengel, → Collenbusch, von → Hofmann). Wurde diese Bemühung von der Erkenntnis des Gnadenwillens Gottes gelöst, trat an die Stelle der Bibel die menschliche Geschichte als Quelle der Gotteserkenntnis (Hegel). Im 20. Jh. ist in der Theologie K. → Barths, im Rückgriff auf Calvin, der Bundesbegriff zentral.

Lit.: G. Schrenk: Gottesreich und Bund im älteren Protestantismus, 1923.

E. Busch

Formgeschichte → Bibelwissenschaft, moderne

Foucauld, Charles de (1858-1916)

F. wurde am 15. 9. 1858 in Straßburg geboren als Angehöriger eines alten franz. Adelsgeschlechts. Besuch der Offiziersschule Saint-Cyr, wegen leichtfertig-ausschweifenden Lebenswandels zeitweise vom Dienst suspendiert. 1882 Demission zum Zweck einer zweijährigen Forschungsreise ins Innere der Sahara. Die Begegnung mit dem Islam weckt in dem jungen Abenteurer Interesse für rel. Fragen. 1866 Bekehrung zu Christus in radikaler Lebensbeichte. 1890 Eintritt in den Zisterzienser-Orden (Trappisten), auf Geheiß der Ordensoberen Theologiestudium an der Gregoriana in Rom. Nach dreijährigem Aufenthalt in Nazareth (»verborgene Jahre« der Meditation und des niedrigsten Dienstes am Nächsten) 1901 Priesterweihe. 1901 bis 1916 als unabhäniger Missionar in Algerien, zuletzt als Einsiedler im Hoggar-Gebirge, darum bemüht, den mißtrauischen Tuaregs ein Freund und Bruder zu werden. Am 1. 12. 1916 von Aufständischen getötet.

Im anbrechenden Zeitalter des Säkularismus gehört F. zu jenen Menschen, die von einer leidenschaftlichen Welthörigkeit hinfanden zu einer neuen, größeren Leidenschaft: Gott zu lieben und im selbstlosen Dienst an den Menschen Christus ähnlich zu werden.

Zwanzig Jahre nach F.s Tod ging die »Saat der Wüste« auf in den beiden Orden der »Kleinen Brüder Jesu« und der »Kleinen Schwestern Jesu«. Diese leben heute unter den Allerärmsten in den Industriestädten Europas, bei den Nomaden Nordafrikas, in den Slums von Beirut, in den Gefängnissen New Yorks und unter dem Proletariat Lateinamerikas als »Nester innigen geistlichen Lebens« und Zentren der Ausstrahlung von Liebe.

Lit.: Charles de Foucauld: Der letzte Platz. Aufzeichnungen und Briefe, ausgewählt und eingeleitet von M. Gisi, 1957 (Sigillum 8).

R. Frische: Wasser aus der Wüste. Impulse für eine Spiritualität des Dienstes, 1986; ders.: Gott lieben und seinen Willen tun. Verähnlichung mit Christus im Leben von Charles de Foucauld, in: M. Bockmühl, H. Burkhardt (Hg.): Gott lieben und seine Gebote halten, 1991 (122-141); J.-F. Six: Charles de Foucauld. Der geistliche Werdegang, 1978.

R. Frische

Fox, George (1624-1691)

F. wurde als Sohn eines wohlhabenden puritanischen Webers in der engl. Grafschaft Leicestershire geboren. Er war der Begründer der Society of Friends; seit 1651 wurden diese von ihren Gegnern → Quäker genannt, weil ihre Zusammenkünfte denjenigen der späteren Pfingstler ähnelten. Sie wiegten ihre Körper, stöhnten, seufzten und weinten. F. rechtfertige diese Gewohnheit als das Zittern des Menschen vor Gott und als Beweis der Wirkung des Hl. Geistes. Die Gemeinde verharrte still, bis der Hl. Geist einige Mitglieder zum Sprechen bewegte. Die geistl. Entwicklung F.' ist nur im Zusammenhang mit der rel. Gärung, die durch die puritanische Revolution ausgelöst wurde, zu verstehen.

Die Bewegung der Quäker wurde zu einem Sammelbecken der von der Revolution Enttäuschten aus allen Bevölkerungsschichten. In seinem Anliegen, eine Vereinigung aus tätiger Frömmigkeit und Glauben zu vollziehen, ist F. typisch puritanisch. Die calvinistische Theologie mit ihrer Betonung der Notwendigkeit einer Bekehrung lehnt er aber ab. Viele Bräuche, die man heute als für die Quäker typisch ansieht, fanden sich im 17. Jh. bei anderen radikalen Separatisten. Diese haben F. als einen auf der Suche befindlichen Schuhmachergesellen seit 1643 beeinflußt.

Er übernahm von der Gemeinschaft der Suchenden (»Seeker«) und radikalen → Baptisten die Lehre vom inneren Licht Christi und die Überzeugung, daß diejenigen, die dem Licht folgen, die christl. Vollkommenheit erlangen werden. Von dieser baptistischen Sonderrichtung und indirekt auch von den deutschen Familisten beeinflußt, gab F. dem inneren Licht den Vorrang vor der Heiligen Schrift. Er erkannte die geistige Taufe als einziges Sakrament an. Von den Levellers aus der Armee Cromwells lernte F., jeden zu duzen und das Ziehen des Hutes zu verweigern.

Der Gedanke der Gewaltlosigkeit aber war durch die Restauration bedingt. Außerdem lehnte F. jede Art von Eid ab. In der Errichtung einer lebensfähigen Struktur für seine Bewegung zeigte F. seine Fähigkeiten. Seine größte Leistung war die Entwicklung einer Theologie des Geistes in seinen bewegenden und aggressiven Predigten und öffentlichen Heilungen für die Kinder des Lichtes, die die ganze Welt bekehren sollte. Diese Theologie verlangt die Bereitschaft, die Erleuchtung durch den Geist Christi zu erfahren und ihm zu folgen, und spiegelt die Erfahrungen F.' zwischen 1646-1642.

Lit.: P. Held: Der Quäker G. Fox, 1949; J. C. Nickalls (Hg.): The Journal of George Fox, 1952; ZS: The Friend, 1827ff.

R. C. Walton

Franck, Melchior → Liedgut/Liederbücher

Franck, Sebastian (1499-1542/43)

F., in Donauwörth geboren, war nach Studium in Ingolstadt und Heidelberg sowie Seelsorgetätigkeit im Bistum Augsburg zunächst Pfarrverweser in Büchenbach bei Schwabach (1525) und dann Frühmesser in Gustenfelden (1527). Wohl vor allem wegen mangelnden Erfolges im Predigtamt gab er 1528/29 sein Pfarramt auf und ließ sich als Literat in Nürnberg nieder; wahrscheinlich hat er hier schon Kontakte zum »Linken Flügel« der Reformation gefunden. Im Herbst 1529 übersiedelte er nach Straßburg, wo er, mit Täufern, Spiritualisten und Antitrinitariern (Bünderlin, → Schwenckfeld, Campanus, → Servet) in Verbindung stehend, vollends zum Kritiker der Reformation und Propagator des → Spiritualismus wurde. Wegen seiner Geschichtsbibel (1531), die mannigfaches Aufsehen erregte, wurde er ausgewiesen. Über Kehl begab er sich nach Esslingen, um sich und seine Familie hier als Seifensieder zu ernähren, bis er im Spätjahr 1534 in Ulm das Bürgerrecht erhielt. In großer literarischer Produktivität verfaßte er mehrere Werke (u.a. Weltbuch, 1534, Paradoxa, 1534), die teils in seiner eigenen, teils in auswärtigen Druckereien erschienen. Auch betätigte er sich als Herausgeber und Übersetzer fremder Schriften (u.a. von → Erasmus, Agrippa). Wegen dieser Schriftstellerei wurde er (auf Drängen Philipps von Hessen und der Ulmer Geistlichkeit) erneut in zwei Prozesse verwickelt; trotz der Fürsprache einflußreicher Freunde mußte er Anfang 1539 die Stadt verlassen. In Basel, wo er sich als Drucker niederlassen konnte, ist er weiterhin literarisch tätig gewesen (Sprichwörter, 1540) und ist wahrscheinlich hier 1542 oder 1543 verstorben. F. hat es nicht vermocht, seine spiritualistischen Vorstellungen - vielfach von → Mystik und → Humanismus beeinflußt - zu systematisieren, jedoch werden sie aus seinem Gesamtwerk deutlich. Danach hat Gott, der »aller Wesen Wesen« (Paradoxa, Nr. 3) ist, sein göttliches oder inneres Wort nicht nur aller Kreatur eingedrückt, sondern vor allem als »ein Muster, Zundel, eine Spur, Licht und ein Bild in des Menschen Herz gelegt« (Nr. 101-102). Dieses von der Sünde verdeckte innere Wort muß nun vom Menschen neu entdeckt und durch Gelassenheit aktualisiert werden, wenn es zur Wiedergeburt bzw. Entstehung des Neuen Menschen kommen soll. Hierbei ist Jesus Christus - selber »ein Schatten und eine Figur« (Nr. 50) des Wortes Gottes - Paradigma und Pädagoge zugleich; denn er »erinnert an das, was vorhin in uns war, wir aber nicht wissen wollten« (Nr. 115-118). Alle diejenigen, bei denen es zu einer Aktualisierung des inneren Wertes gekommen ist (d.h. Christen, atl. Fromme und erleuchtete Heiden) gehören zur Geistkirche.

Obwohl F. sowohl von kath. (Cochläus) als auch ev. Theologen (z.B. Luther, Melanchthon, Calvin) und sogar von Spiritualisten (Schwenckfeld) Kritik und Zurückweisung erfahren hat, sind seine Gedanken später vom mystischen Spiritualismus (Weigel), → Pietismus (→ Arnold) und → Idealismus mannigfach rezipiert worden.

Lit.: S.o. im Text sowie K. Kaczerowsky: Sebastian Franck. Bibliographie. Verzeichnisse von Francks Werken, der von ihm gedruckten Bücher sowie der Sekundär-Literatur, 1976.

H. Weigelt: Sebastian Franck und die lutherische Reformation, 1972 (Lit.).

H. Weigelt

Francke, August Hermann (1663-1727)

F., geb. am 12. 3. 1663 in Lübeck, gest. am 8. 6. 1727 in Halle, ev. Theologe, bedeutender Vertreter des luth. Pietismus. Als Sohn eines Juristen frühzeitig für den Theologenberuf bestimmt, verließ der hochbegabte F. bereits mit 15 Jahren das berühmte Gothaer Gymnasium, um sich im Studium in Erfurt, Kiel und Hamburg umfassende bibl. Gelehrsamkeit, insbesondere Sprachkenntnisse zu erwerben. Von den Ideen des Gothaer Reformprogramms und der luth. Reformorthodoxie (Christian Kortholt) geprägt, gründete F. mit Freunden 1686 in Leipzig ein Collegium philobiblicum. Aus der Beschäftigung mit der quietistischen → Mystik entstand die lat. Übersetzung des »Guida spirituale« des Michael Molinos. Philipp Jakob → Spener, dem F. im April 1687 begegnete, versuchte, das Collegium stärker auf die persönliche Erbauung auszurichten. Doch erst im Herbst des Jahres wurde F. durch sein für den späteren → Pietismus prototypisches Bekehrungserlebnis in Lüneburg ganz für Spener und dessen Anliegen gewonnen. Anläßlich der Predigtvorbereitung zu Joh 20,31 brach eine existentielle Glaubenskrise aus, die F. an der Kirche, der Bibel, ja an Gott selbst zweifeln ließ. Doch waren nach einem Gebet um Errettung aus den Anfechtungen plötzlich alle Zweifel wie weggefegt, und sie kehrten nie wieder.

Innerlich gewandelt und gefestigt kehrte F. 1689 nach Leipzig zurück und begann gemeinsam mit Paul Anton und Johann Caspar Schade derartig eindringliche Bibelauslegungen zu halten, daß nicht nur die Studentenschaft, sondern bald auch viele Bürger der Stadt erfaßt wurden. Die mit dieser Erweckung verbundene Abkehr von der orthodoxen Gelehrsamkeit ließ die Hörsäle der theol. Fakultät veröden. Der Konflikt mit den Theologen der Universität und Stadt war unvermeidlich. Diesen gelang es, die Leipziger pietist. Bewegung zu unterdrücken und die Anführer aus dem Land zu drängen. Als Diakon fand F. 1690 in Erfurt Anstellung, mußte aber bereits 1691 wieder weichen. Spener, inzwischen Konsistorialrat in Berlin – F. hatte bereits 1688/89 zwei Monate in seinem Haus verbracht – gelang es, eine brandenburgische Anstellung zu vermitteln. 1692 begann F. seinen Dienst als Pfarrer in Glaucha und als Prof. für Griech. und orientalische Sprachen an der neu gegründeten brandenburgischen Reformuniversität in Halle. In dieser Stellung gelang es ihm als dem begabtesten und tatkräftigsten Schüler und Mitstreiter Speners, dessen pietist. Reformprogramm so zu realisieren, daß der → Pietismus zum Durchbruch kam und als »hallischer Pietismus« über Europa hinaus segensreich wirken konnte.

Bedeutung gewann die von F. durchgeführte Reform des Theologiestudiums. Fromme und tüchtige Pfarrer sollten ausgebildet werden. Darum traten die Sprachen, die Bibelexegese sowie die Praktische Theologie in den Vordergrund, erstmalig wurden homiletische Übungen angeboten. 1695 gab F. mit den »Observationes biblicae« die erste exeget. Monatszeitschrift heraus, die die Verbesserung der Bibelübersetzung Luthers zum Ziel hatte. F.s akademischer Schwerpunkt lag neben der Seelsorge in der bibl. Exegese und Hermeneutik.

Die angestrebte pietist. Gemeindeerneuerung in der Parochie Glaucha konnte nur ansatzweise verwirklicht werden. Dafür entwickelte sich in wenigen Jahren aus der 1695 für Glaucha gegründeten Armenschule der umfangreiche Komplex der hallischen Anstalten. Der Armenschule folgte das Waisenhaus, dem sich wenig später das ganze System der Franckeschen Schulanstalten anschloß: die Volksschule für Bauern und Handwerker, die Lateinschule für Begabte aller Schichten, die Ausbildungsstätte für zukünftige Offiziere und Staatsdiener. Als überzeugter Pädagoge wollte F. gottesfürchtige und berufstüchtige Menschen heranbilden. Die Erziehung war bei pietist. Strenge ausgesprochen modern, erstmalig wurden im Unterricht Realien verwandt. Auch die Anfänge einer geordneten Lehrerausbildung gehen auf F. zurück.

Die hallischen Anstalten, die 1727 3.000 Personen Lern- und Arbeitsmöglichkeiten boten, vielen auch Unterkunft und Verpflegung, hatten sich in wenigen Jahren mit der Buchhandlung, der Bibelanstalt (seit 1721, offiziell seit 1775 Cansteinsche Bibelanstalt) sowie der gewinnbringenden Apotheke zu einem erfolgreichen Wirtschaftsunternehmen entwickelt, das F. umfangreiche ökumen. und diakon. Projekte ermöglichte: Freitische für bedürftige Studenten, auch aus dem Ausland, preisgünstige Bibeln für die ärmere Bevölkerung, Unterstützung ev. Diasporakirchen durch Bibeln, Schrifttum und entsandte Pfarrer, die Gründung luth. Volkskirchen in Pennsylvania und in Südindien, die dänisch-hallische Mission. F. hatte den Horizont landeskirchl. und konfessioneller Enge verlassen, er wirkte für das Reich Gottes, seine universalen ökumen. Reformpläne (der große Aufsatz von 1701) zielten auf Europa und darüber hinaus, Ziele, die sich nur ansatzweise verwirklichen ließen, fehlten doch im Laufe der Zeit vor allem fähige Mitarbeiter.

Nur das Bündnis mit dem Königshaus Preußen bewahrte den Pietismus davor, von der Orthodoxie und den luth. Landständen unterdrückt zu werden. Dafür gelang es Preußen, die von Halle ausgehende polit.-soziale Reformbewegung vor allem für den inneren Aufbau des eigenen Staates fruchtbar werden zu lassen. Seit dem Besuch Friedrich Wilhelms I. in Halle 1713 genoß F. die volle Unterstützung Preußens; mit dem Wechsel auf die Stadtpfarrstelle St. Ulrich 1715 war der orth. Widerstand in Halle gebrochen. Die innere Glaubensgewißheit hatte F. seit seiner Bekehrung nicht verlassen. In dem Wachstum seiner Anstalten erblickte er »Die Fußstapfen des noch lebenden und waltenden liebreichen und getreuen Gottes« (Titel des 1701 veröffentlichten Berichtes über die hallischen Anstalten). Gleichwohl sind F. Enttäuschungen und Rückschläge, der frühe Tod unersetzlicher Mitarbeiter und eigenes, schweres Krankenlager nicht erspart geblieben. Nur von kurzer Dauer war die radikale Distanz zur Aufklärung, die der anfänglichen Nähe zur Frühaufklärung (Christian → Thomasius) gefolgt war; die Vertreibung Christian → Wolffs 1723 hat F. als Gebetserhörung erfahren. Die Vernachlässigung der Philosophie erwies sich als verhängnisvoll, wie die hallische Theologie überhaupt zu wenig Verständnis für die schöpfungsmäßigen Fähigkeiten des natürlichen Menschen zeigte. Weil F. nur Bibel und Bekehrung gelten ließ, sich aber der Auseinandersetzung mit der neuzeitlichen Philosophie verschloß, siegte bereits wenige Jahre nach seinem Tode an der Universität der Geist der Aufklärung, der dann über die Erzieher auch in die Schulen der Anstalten eindrang.

Lit.: A.H. Francke: Werke in Auswahl, hg. von E. Peschke, 1969.

E. Beyreuther: August Hermann Francke, ^{2}1961; K. Deppermann: Der hallesche Pietismus und der preußische Staat unter Friedrich III., 1961; G. Kramer: August Hermann Francke. Ein Lebensbild, 2 Bde., 1861-75; J. Wallmann: Der Pietismus, 1990, 59-70.

J.O. Rüttgardt

Frank, Franz Hermann Reinhold (1827-1894)

Im sächsischen Altenburg am 25. 3. 1827 als Pfarrerssohn geboren, wurde F. während seines Studiums in Leipzig (1845-48) besonders von A. → Harleß geprägt. Nach dem Examen betrieb er drei Jahre lang selbständige Studien und promovierte in Philosophie und Theologie, arbeitete dann sechs Jahre als Schullehrer in Ratzeburg und Altenburg und wurde schließlich 1857 an die Erlanger Fakultät berufen. Nach 37 Jahren erfolgreichen Unterrichtes starb er dort am 7. 2. 1894.

Als der eigentliche Systematiker der → Erlanger Theologie entwickelte F. das von → Hofmann ganz überwiegend exeget. durchgeführte theol. Programm in eigenständiger und zugleich einseitiger Form weiter. Er teilt mit Hofmann die Wiedergeburtserfahrung als Ausgangspunkt der theol. Vergewisserungsbemühung, versteht sie aber noch subjektiver als innere ethische Erneuerung des Menschen, entfaltet aus ihr auch keine Geschichte, sondern einen metaphysischen Kosmos und arbeitet weniger am Dreiklang von Bibel, Kirche und Erfahrung als am Aufbau des Systems.

Sein Hauptwerk, das »System der christlichen Gewißheit« (1870/73; ^{2}1881/83), will von der Realität des »Neuen Ichs« des Wiedergeborenen her die Realität auch der damit gegebenen Glaubensobjekte begründen, nämlich der immanenten Objekte

(Sünde des alten und Gerechtigkeit des neuen Ich), der transzendenten Objekte (Persönlichkeit Gottes, Trinität, der Gottmensch als stellvertretender Sühner) und der transeunten, zwischen Gott und Bewußtsein vermittelnden Faktoren (Kirche, Wort Gottes, Sakramente). Im »System der christlichen Wahrheit« (1878/80; ^{3}1894) stellt F. die so gewonnenen Glaubensobjekte nach ihrem inneren Zusammenhang (bezogen auf das Werden der Menschheit Gottes) dar, und im »System der christlichen Sittlichkeit« (1884/87) beschreibt er, welches Verhalten sich aus der Tatsache der Wiedergeburt notwendig ergibt.

Lit.: Hauptschriften: S. o. im Text.

H. Edelmann: Subjektivität und Erfahrung, Diss. theol., München, 1980; F.W. Kantzenbach: Die Erlanger Theologie, 1960, 221ff; M. Keller-Hüschemenger: Das Problem der Heilsgewißheit in der Erlanger Theologie im 19. und 20. Jh., 1963, 57ff; J. Kunze: Frank und Hofmann. FS zum 50jährigen Stiftungsfest des Theol. Studentenvereins Erlangen, 1910, 235ff; R. Seeberg: Frank, NKZ 38/1927, 156ff.

U. Swarat

Franken → Germanen, Christianisierung der

Frankfurter Erklärung zur Grundlagenkrise der Mission

Am 4. März 1970 verabschiedete der Theologische Konvent der → Bekenntnisbewegung »Kein anderes Evangelium« und anderer bekennender Gemeinschaften in Frankfurt eine Thesenreihe zu Grundfragen des Missionsverständnisses. Die von Prof. P. Beyerhaus unter Mitwirkung von Prof. G. Vicedom entworfene Erklärung fand durch zahlreiche Übersetzungen rasch eine weltweite Verbreitung. Die F.E. stellte gewissermaßen die Initialzündung für die weltweite Auseinandersetzung um den Weg des Ökumenischen Rates und der von ihm bestimmten Kirchen und Missionen dar. Die sieben Thesen und Antithesen der Erklärung haben den säkularistischen Umbruch in der Missionstheologie auf eine prägnante Formel gebracht. Vorausgegangen war die tiefe Beunruhigung über den Weg der ev. Mission, die durch die sozialrevolutionären Akzente der Konferenz für »Kirche und Gesellschaft« in Genf 1966 und die Auseinandersetzungen um das Missionsverständnis besonders in Sektion II während der V. Vollversammlung des Ökumen. Rates der Kirchen in Uppsala 1968 aufgebrochen war.

Sieben in der gegenwärtigen Situation umstrittene Grundelemente der Mission werden zur Sprache gebracht:

1. Die christl. Mission erhält ihre Begründung, Zielsetzung und Arbeitsaufgabe und den Inhalt ihrer Verkündigung nicht durch die Tagesordnung der Welt, sondern aus dem Auftrag Jesu Christi.

2. Humanisierung ist nicht vorrangiges Ziel der Mission, sondern eine Folge.

3. Die Einzigartigkeit Christi wird bezeugt entgegen der Idee einer anonymen Präsenz Christi in den Religionen und Revolutionen.

4. Gegen Heilsuniversalismus wird festgestellt, daß das Heil allein im Glauben zugeeignet wird.

5. Vorrangiges Ziel der Mission ist die Pflanzung und Bewahrung der Kirche.

6. Gegen die Ineinssetzung von Fortschritt und messianischem Heil wird im Eintreten für Gerechtigkeit und Frieden die humanisierende Konsequenz der Bekehrung gesehen.

Die F.E. hat eine erregte Debatte über das Missionsverständnis ausgelöst. Die weitere Entwicklung der ökumen. Missionstheologie mit dem umstrittenen Antirassismusprogramm des Ökumen. Rates der Kirchen, dem veränderten Heilsverständnis (Bangkok 1973), der Aufnahme der Theologie der Armen (Melbourne 1980) und dem Dialogprogramm mit Menschen anderer Religionen (Canberra 1991) hat die Grundthese von der Krise der Mission und die warnenden und abgrenzenden Aussagen eher bestätigt. Während aus den ökumen. orientierten Missionsgesellschaften nur vereinzelte Zustimmung kam, machte sich die 1969 gegründete → Arbeitsgemeinschaft Evangelikaler Missionen die F. E. – mit einer Zusatzbemerkung zum Kirchen- und Sakramentsverständnis – als Ausdruck ihres Missionsverständnisses geschlossen zu eigen.

Mit der F.E. ist ein wesentlicher Schritt unternommen worden in dem Bemühen, die evangelikale Missionsbewegung missionstheol. zu begründen. Die deutsche ev. Missionsbewegung nimmt damit Anstöße auf, die im nordamerikanischen Raum die Erklärung des Wheaton-Kongresses evangelikaler Missionen schon im Jahr 1966 ausgelöst hatte. Im Jahr 1974 findet der Prozeß der Formulierung eines eigenständigen evangelikalen Missionsverständnisses in der Lausanner Verpflichtung seinen vorläufigen Höhepunkt (→ Lausanner Bewegung).

Lit.: P. Beyerhaus: Humanisierung – einzige Hoffnung der Welt?, 1969, (2. erw. Aufl. 1970); ders.: Krise und Neuaufbruch der Weltmission, 1987; K. Bockmühl: Was heißt heute Mission?, 1974; Text der Frankfurter Erklärung u.a. in: Bekenntnisse der Kirche, hg. von H. Steubing, 1985, 319-325.

E. Berneburg

Frankfurter Schule

Die Bezeichnung F.S. ist gang und gäbe für eine Gruppe von Denkern, die sich um den Philosophen und Soziologen Max Horkheimer gruppierte. Horkheimer hatte seit 1930 eine Professur an der Universität Frankfurt und übernahm die Leitung des 1923 von F. Weil begründeten und von 1924 bis 1930 von C. Grünberg weitergeführten »Instituts für Sozialforschung«. Nach der »Machtergreifung« Hitlers wich er mit dem Institut zunächst nach Genf und 1934 in die Vereinigten Staaten aus. Während einige seiner Mitarbeiter – insbesondere Herbert Marcuse, Erich Fromm und Leo Löwenthal – in Amerika blieben, kehrte Horkheimer 1949 zurück und übernahm zusammen mit Theodor W. Adorno und Friedrich Pollock den Wiederaufbau des Instituts in Frankfurt. Die räumliche Aufspaltung zwischen Amerika und Frankfurt machte sich schon bald auch geistig bemerkbar. In Deutschland gewannen neben den Rückkehrern rasch auch Wissenschaftler der folgenden Generation wie Jürgen Habermas, Ludwig von Friedeburg und Alfred Schmidt eigenständige Bedeutung. Dazu kam, daß nach dem Tode Adornos (1969), Pollocks (1970) und schließlich Horkheimers (1973) trotz des nach wie vor in Frankfurt tätigen Sozialinstituts ein anerkannter geistiger Kristallisationspunkt fehlte. So verlor die F.S. ihre ursprüngliche relative Geschlossenheit.

Der gemeinsame Ausgangspunkt war vor allem eine durch empirische Untersuchungen untermauerte Analyse der durch wissenschaftl.-technischen Fortschritt geprägten Industriegesellschaft. In dieser Analyse wurde der innere Zusammenhang zwischen der durch die Aufklärung repräsentierten europäischen Geistesentwicklung und der durch einen ungeistigen Positivismus gekennzeichneten Weltgestaltung des Industriezeitalters aufgewiesen. Die Vorarbeiten dazu liegen bereits in den 30er Jahren. Eine umfassendere Untersuchung Max Horkheimers unter dem Titel »Zur Kritik der instrumentellen Vernunft« erschien 1947 in New York. Im gleichen Jahre veröffentlichten Horkheimer und Adorno gemeinsam in Amsterdam ihre in der Wirkungsgeschichte nachhaltigste Untersuchung »Dialektik der Aufklärung«.

In ihr gehen sie davon aus, daß Aufklärung den Menschen durch Entmythologisierung von der Furcht vor übermenschlichen Mächten befreien wolle. Dabei gehe die Vernunft immer konsequenter einen Bund mit der Mathematik ein. Denn eine absolute Berechenbarkeit allen Geschehens werde als Garant voller Sicherheit empfunden. Die Konzentration auf das Berechenbare und Machbare bedeute jedoch zugleich Verzicht auf die Frage nach Sinn. Dazu komme, daß mathematische Berechnungen von allem Individuellen und Einmaligen abstrahieren, da das Individuelle und Einmalige sich der Berechenbarkeit entzieht. Das habe schwerwiegende Auswirkungen: »Die Eliminierung der Qualitäten, ihre Umrechnung in Funktionen, überträgt sich von der Wissenschaft, vermöge der rationalisierten Arbeitsweisen auf die Erfahrungswelt der Völker. . .« So werde in der wissenschaftl.-technisch gestalteten Welt der einzelne Mensch zum bloßen Funktionsträger. Wie jeder Hebel und wie jedes Rädchen sei er austauschbar und ersetzbar, ständig gezwungen, sich in das Getriebe des Ganzen einzupassen.

Während der Grundansatz dieser Analyse von allen Vertretern der F.S. anerkannt wurde, waren die Akzentuierungen und insbesondere die daraus gezogenen Konsequenzen höchst unterschiedlich. So betonte Herbert Marcuse die »Eindimensionalität« der Gesellschaft und des Denkens. Angesichts des Konformitätsdruckes sei Befreiung nur noch durch eine »Große Weigerung«, d.h. durch revolutionäre Gewalt nicht-integrierter Minderheiten möglich. Dagegen erhoffte sich Jürgen Habermas eine Überwindung der gegenwärtigen Sinn- und Orientierungslosigkeit durch eine polit. Willensbildung in einem »herrschaftsfreien Dialog«. Beide Impulse wurden von der Studentenbewegung 1968 aufgenommen: Einerseits Gewalt gegen Sachen, die oft auch zu Gewalt gegen Personen wurde, andererseits die Forderung nach Diskussion auf allen Ebenen bzw. nach einer »Demokratisierung der Gesellschaft«. Das Erlebnis dieser Bewegung mitsamt ihren Ausschreitungen hat in weiten Kreisen das Bild der F.S. wesentlich geprägt.

Dabei wird jedoch übersehen, daß die beiden bedeutendsten Theoretiker der Frankfurter Schule, Max Horkheimer und Theodor W. Adorno, sich von der Studentenbewegung ausdrücklich distanziert haben und ihre eigenen Gedanken in einer Weise weiterentwickelten, die positive Möglichkeiten zu eröffnen suchte. Dabei beziehen sich beide in je eigener Weise auf die rel. Tradition.

Adorno wollte in Auseinandersetzung mit der idealistischen und marxistischen Dialektik, die alles Besondere in immer neuen Synthesen zu verschlingen droht, dem Individuellen bleibende Bedeutung sichern. Daher erklärte er, der Gedanke eines absoluten Todes widerstreite dem Denken kaum weniger als der Gedanke an eine Unsterblichkeit der Seele im Sinne der platonischen Konzeption: »Hoffnung aber heftet sich. . . an den verklärten Leib. Metaphysik will davon nichts hören, nicht mit Materiellem sich gemein machen. . . Die christliche Dogmatik, welche die Erweckung der Seele mit der Auferstehung des Fleisches zusammendachte, war metaphysisch folgerechter, wenn man will: aufgeklärter als die spekulative Metaphysik.«

Horkheimer war davon überzeugt, daß mit der Ausschaltung der Theologie durch das wissenschaftl. Denk- und Gesellschaftssystem »das, was wir ›Sinn‹ nennen, aus der Welt« verschwindet. Er hielt diese Entwicklung für unumkehrbar und schrieb (mir): »Leider können wir nicht erwarten, daß unsere theoretischen Aktivitäten die gesellschaftliche Tendenz des Rückgangs von Philosophie und Theologie verändern werden.« Dabei empfand er im Hinblick auf Gott die Wahrheitsfrage als das dringendste Problem. Notvoll formulierte er: »Ich bin mehr und mehr der Meinung, man sollte nicht von der Sehnsucht sprechen, sondern von der Furcht, daß es diesen Gott nicht gebe.«

Lit.: Th.W. Adorno: Negative Dialektik, 1975; J. Habermas: Technik und Wissenschaft als Ideologie, 1975; M. Horkheimer, Th.W. Adorno: Dialektik der Aufklärung, [4]1991; H. Marcuse: Der eindimensionale Mensch, [22]1988; H. Staudinger: Die Frankfurter Schule - Menetekel der Gegenwart und Herausforderung an die christliche Theologie, 1982.

H. Staudinger

Frankreich

Eine Reihe von Anhaltspunkten macht es wahrscheinlich, daß die christl. Botschaft bereits im 1.Jh. in die damals röm. Provinz Gallien, zunächst in die Hafenstadt Marseille, gelangte. Nach Meinung einiger Forscher gibt es dafür sogar einen bibl. Beleg. In 2Tim 4,10 erwähnt Paulus, daß sein Mitarbeiter Kreszens nach Galatien gegangen sei. Die wichtige Handschrift des Codex Sinaiticus liest statt Galatien an dieser Stelle »Gallien«. Hat also evtl. einer der Mitarbeiter - nachdem er Paulus in röm. Gefangenschaft besucht hatte - ebenso wie dieser den Westen der mediterranen Welt als Missionsziel ins Auge gefaßt?

Sicher belegt ist die Existenz christl. Gemeinden (zunächst griech. Exulanten) im 2.Jh. Zentren waren Lyon und das benachbarte Vienne. Beide Städte sahen 177/78 auch die erste große Christenverfolgung auf franz. Boden, der neben vielen anderen auch Photinus, der Bischof von Lyon, zum Opfer fiel. Sein Nachfolger → Irenäus zählte zu den bedeutendsten Theologen des 2. Jh.s.

1. Die römisch-katholische Kirche in Frankreich

Nach der Konstantinischen Wende und dem Toleranzedikt von 313 ging die Christianisierung des Landes abseits der großen Städte nur zögernd voran. Einen entscheidenden Fortschritt bedeutete der Übertritt des Frankenkönigs Chlodwig zum kath. Glauben (um 500). Er und seine Nachfolger, namentlich der fränkische Hausmeier Karl Martell (714-741) und der spätere Kaiser Karl der Große (768-814), unterstützten die Missionsbestrebungen iroschottischer und angelsächsischer Mönche wie Columban und später → Bonifatius ebenso wie die Gründung von Klöstern, denen als Missionszentren entscheidende Bedeutung zukam.

Das Kloster → Cluny in Burgund brachte im 11. Jh. eine Reformation des gesamten abendländischen Kloster- und Ordenswesens in Gang. Weitere monastische Reformbewegungen gingen im 12. und 13. Jh. von Citeaux (→ Zisterzienser) und der Gründung weiterer Orden in F. aus.

Führend war F. auch in der Unterstützung der Kreuzzugsidee. Aus F. kam nicht nur der bedeutendste Kreuzzugsprediger des MAs, → Bernhard von Clairvaux, sondern auch die Mehrzahl aller Kreuzfahrer.

Südf. war im 12./13. Jh. gleichzeitig ein Zentrum der sog. Ketzerverfolgung. Gegen von der Kirche abtrünnige Glaubensgemeinschaften wie → Waldenser und → Albingenser (oder Katharer) wurden grausame Pogrome inszeniert. Überhaupt wurde die kompromißlose Verfolgung von Andersgläubigen bis zur Franz. Revolution ein Merkmal franz. Religionspolitik.

Für die Theologiegeschichte des Spätmittelalters spielte die Universität von Paris eine dominierende Rolle. Neben überragenden Denkern wie → Alexander von Hales, → Bonaventura, → Albertus Magnus, → Thomas von Aquin und Siger von Brabant gingen aus der Pariser Universität auch die vorreformat. Reformvorschläge der Professoren P. d'Ailly und J. Gerson hervor.

Die Macht, die das franz. Königtum mittlerweile über das Papsttum gewonnen hatte, wurde vor allem während des Exils des Papsttums in Avignon (1309-77) deutlich. In diesem Jh. waren die Päpste vollkommen vom absolutistisch regierenden Herrscher abhängig (»Babylonische Gefangenschaft« des Papsttums). Der franz. König war es wiederum, der 1378 nach der Rückkehr des Papsttums nach Rom für die Bestellung eines Gegenpapstes in Avignon sorgte und damit das »Große abendländische → Schisma« (1378-1415) provozierte. Diese nationalkirchl.-antiröm. Tendenzen des franz. Klerus, die seit dem spätmittelalterl. → Konziliarismus zu Tage treten, werden als → Gallikanismus bezeichnet.

Die Reformationszeit ist in F. im wesentlichen durch die Verfolgung der prot. Bewegung, namentlich der → Hugenotten, gekennzeichnet (s. u. 2.).

Zu einer Erneuerung des Katholizismus kam es erst wieder im Zuge der → Gegenreformation. Namentlich die Jesuiten sorgten mit ihrer Erziehungsarbeit und ihrer Priesterausbildung für eine Reform der Kirchen und Klöster. Die rel. Intoleranz des franz. Klerus wie des Adels bekamen im 17./18.Jh. neben den Protestanten auch die Bewegungen des → Jansenismus und des Quietismus (Mme de → Guyon, → Molinos, → Fenelon) zu spüren.

Im Zuge der Franz. Revolution (1789) wurde teils eine atheistische, teils eine deistische Vernunftreligion anstelle des überkommenen Glaubens propagiert, an deren Ende die Trennung von Kirche und Staat stand. Die hier zu Tage getretenen antiklerikalen Tendenzen setzten sich im 19. und 20. Jh. in Form des staatlich favorisierten Laizismus fort, der die Verminderung des kirchl. und überhaupt des rel. Einflusses auf das öffentliche Leben verfolgt.

Heute zählt F. zu den am meisten säkularisierten Staaten Europas. Die Mehrheit der Bevölkerung steht dem christl. Glauben eher gleichgültig gegenüber (in vielen Gegenden beträgt der Anteil der Christen weniger als 30% !). Mit ihrem kirchl. Angebot erreicht die kath. Kirche allenfalls noch 50% aller Franzosen, davon nimmt allerdings nur ein Bruchteil am kirchl. Leben teil. Gleichzeitig ist vor allem unter der jungen Generation eine verstärkte Suche nach rel. Fundamenten und Erfahrungen zu beobachten, was die Zunahme von Jugendsekten und okkulten Kreisen zeigt. *V. Gäckle*

2. Die prot. Kirchen in Frankreich

Zu Beginn des 16. Jh.s übersetzten christl. Theologen die Bibel in die deutsche (→ Luther) und in die franz. Sprache. Während → Faber Stapulensis jedoch nicht zu den Reformatoren gerechnet werden kann, kamen in F. zwischen 1527 und 1530 übersetzte Streitschriften Luthers in Umlauf. Die von ihnen beeinflußten Humanisten G. → Farel und J. → Calvin flohen nach Genf bzw. Straßburg. Vergleichbar mit dem eine Generation früher wirkenden Luther entstand unter dem Einfluß Calvins in F. eine große Anzahl ref. Kirchen. Calvin erreichte durch seine »Institutio christianae religionis«, die Katechismen und Kirchenordnungen (ebenso wie das Glaubensbekenntnis von La Rochelle, die ursprüngliche Confessio Gallicana, welche von der Nationalsynode der ref. Kirchen angenommen wurde) um 1571 etwa zwei Mio. Menschen, d.h. zwischen 8 und 12 % der Bevölkerung, die sich zu seiner Lehre bekannten. Mehr als andere haben die ref. Kirchen F.s die verheerenden Auswirkungen der Religionskriege, die endgültig erst am Vorabend der Revolution von 1789 beendet wurden, durchleiden müssen. Angefacht durch das Massaker an den → Hugenotten in der Bartholomäusnacht (1572), bei dem auch ihr bedeutendster Führer, Admiral → Coligny, getötet wurde, führten acht Religionskriege fast zur Ausrottung der Protestanten. 1598 unterschrieb der ehemalige Hugenottenführer Heinrich IV., der mit der Thronübernahme zum Katholizismus übergetreten war, einen Friedensvertrag, das Edikt von Nantes. Den Hugenotten, die vornehmlich in den Südprovinzen und an der Atlantikküste siedelten, wurden gewisse rel. und militärische Freiheiten eingeräumt. Ein heimlicher Krieg ersetzte nun den bewaffneten Konflikt.

Der Durchhaltewille der Hugenotten im 17. Jh. bis zur Aufhebung des Edikts von Nantes (1685) beruht zu einem großen Teil auf der aufopfernden Arbeit der Konsistorien, die sich zu einer echten rel. Elite entwickelten. Unter der Aufsicht der Synoden waren sie für die gedeihliche Wirksamkeit der Pfarreien verantwortlich. Die ref. Akademien (Universitäten) in Sedan, Saumur, Die, Montauban und Nîmes unterrichteten außer den traditionellen Grundwissenschaften (den »sieben freien Künsten«) nur Theologie und bildeten vornehmlich Pfarrer aus. Während Sedan sich als Verteidigerin der strengen Orthodoxie verstand, lehrte → Amyraut in Saumur als gemäßigter Calvinist einen hypothetischen Universalismus. Beide Strömungen wurden von den Synoden akzeptiert.

Der skeptische Geist der Aufklärung, der das Land im 18. Jh. erreichte, wurde spürbar in den Publikationen der fähigsten kath. und prot. Autoren, die in ihrer Unverbindlichkeit nicht wenig zur Demontierung der Dogmen, des praktischen rel. Lebens und letztlich des persönlichen Glaubens ihrer Zeitgenossen beitrugen. Gegen Ende des 17. Jh.s versuchte Ludwig XIV. (1643-1715) nach der Devise »Ein Glaube, ein Gesetz, ein König« die Reformierten mit einer Politik von Zuckerbrot und Peitsche zur Rückkehr zum Katholizismus zu bewegen. 1685 widerrief er das Edikt von Nantes, verbannte die Pastoren, ließ ref. Kirchen zerstören und verbot die Möglichkeit der Auswanderung. Von den 20 Mio. Einwohnern bekannten sich immerhin noch eine Mio. zum prot. Glauben. In den folgenden Flüchtlingswellen gelang es etwa einem Viertel, Zuflucht in den prot. Ländern Europas und anderswo zu finden. Entgegen anfänglicher Hoffnungen sollte die Repression in F. noch lange andauern und die im Exil lebende Elite nie mehr zurückkehren. Für die Nation bedeutete dies einen schweren Verlust.

Obwohl untersagt, fanden weiterhin prot. Gottesdienste statt. Eher vorsichtig beim wohlhabenden Bürgertum, im Kreise der Familie, deutlich mutiger bei den kleinen Leuten, die sich nachts an abgelegenen Orten zu den »Assemblées du Désert«, den Wüstenversammlungen, trafen. Laienprediger, unter ihnen der Advokat Brousson, predigten dort bis zur Auflösung der Versammlungen um 1701. Hier und da reagierten die »petits prophètes« (kleine Propheten), Männer, Frauen und Kinder (z.B. Isabeau) auf eigene Faust auf die unerbittlichen Nachstellungen, bis die »prophètes guerriers« (Kriegspropheten), die »Camisards«, sich erhoben und als Widerstandskämpfer in den Cevennen unter der Führung von Roland, Mazel und Cavalier drei Jahre lang dem Druck der königlichen Armee standhielten, bevor sie sich zerstreuten. Als im Todesjahr Ludwigs XIV. (1715) die Eglise du Désert (Wüstenkirche) fast schon verschwunden schien, feierte sie eine bemerkenswerte Auferstehung. Innerhalb von 30 Jahren konstituierten sich die ref. Kirchen im Süden und Westen neu. Von 1760 an ließen die Verfolgungen unter Ludwig XV. (1715-1774) im Innern F.s nach, und die bürgerlichen Protestanten konnten sich wieder in ihren Kirchen versammeln.

Trotz dieser äußerlich günstigen Umstände fanden sie nicht wieder zu der Einheit und Stärke zurück, die zu Beginn des Jh.s in der festen Bindung an Bibel und calvinistische Theologie begründet war. Kaum wurden den Protestanten durch das Toleranzedikt von 1789 bürgerliche und rel. Freiheiten zugesagt, wurden sie durch die Ereignisse der Revolution von 1789 getroffen. Nach allen Heimsuchungen, Verfolgungen und Entsagungen zogen sich die prot. Kirchen ohne große Anzeichen von Vitalität auf sich selbst zurück.

Im Verlauf des 19. Jh.s prägten zwei große Strömungen den Protestantismus: auf der einen Seite ein in der Aufklärung wurzelnder Liberalismus, für den die alten Dogmen ihren Sinn verloren hatten. Auf der anderen Seite war die aus der Schweiz und England ins Land kommende → Erweckungsbewegung von fundamentaler Bedeutung für die Neugliederung der Kirchen. Die Brüder Frédéric und Adolphe → Monod sind bekannte Repräsentanten dieser Bewegung. Die Erweckung brachte neue Kirchen hervor: Freie evangelische Gemeinden, aus der ref. Kirche herkommend, Methodisten, Baptisten, Brüdergemeinden. In diese Zeit fällt auch die Gründung zahlreicher Werke im Sozial-, Gesundheits- und Erziehungsbereich.

Gegen Ende des Jh.s ist der prot. Einfluß in F. weit größer, als es die immer noch kleine Zahl vermuten läßt (fünf von neun Ministern der Regierung von 1879 sind Protestanten). Nicht zuletzt ist dies auf die Unterstützung von antiklerikalen und antikath. Kräften zurückzuführen, die 1905 mit Erfolg die Einführung der konfessionslosen Schulen und die Trennung von Kirche und Staat erreichten. Für die bisher dem Konkordat unterstehende Kirche wurde die Bezahlung ihrer Pastoren zum Hauptproblem. Die Freikirchen hatten diesen Anpassungsprozeß schon hinter sich. Die Folgen des Ersten Weltkriegs waren gleichermaßen schwer zu tragen. Von drei Theologiestudenten blieb einer im Krieg. Im Osten konnten die Kirche des Augsburgischen Bekenntnisses von Elsaß-Lothringen und die Reformierte Kirche von Elsaß-Lothringen ihren Konkordatsstatus und ihr spezifisch kirchl. Leben beibehalten.

1933 kam es zu einer ökumen. Annäherung verschiedener prot. Kirchen, die 1938 zu einer Neugliederung der Reformierten Kirche Frankreichs führte. 7/8 der Union des Eglises Réformées wurden Mitglied, ebenso die Hälfte der Freien evangelischen Gemeinden und der Methodistenkirchen.

Indessen hat das Fehlen einer dominierenden theol. Schule Einheit und Ausstrahlungskraft des franz. Protestantismus geschwächt. Die Barthsche Theologie stand im Widerspruch zum Liberalismus des Elsässers A. → Schweitzer. Die sechziger Jahre markieren einen Wendepunkt in der Geschichte der ref. und luth. Kirchen. Die positiven Resultate der Evangelisationen des 19. Jh.s wurden durch die Indifferenz der meist in sie hineingeborenen Mitglieder weitgehend verspielt. Der prot. Journalist J.P. Richardot stellte 1980 öffentlich die Frage, ob es in 40 Jahren überhaupt noch Protestanten in Frankreich geben werde. Während die klass. prot. Kirchen mit den oben geschilderten Problemen kämpfen, gibt die Entwicklung der evangelikalen Richtungen zur Hoffnung Anlaß. Neben den traditionellen evangelikalen Kirchen sind dies auch Pfingstler und Charismatiker. Nach einer neueren Schätzung (1989) nehmen sonntäglich 59.000 Personen an luth. oder ref. Gottesdiensten teil, hingegen etwa 158.000 Personen an evangelikalen Gottesdiensten. Wichtigste theol. Ausbildungstätte der Evangelikalen ist die Freie Fakultät in Vaux-sur-Seine.

Lit.: Ch. Pietri, A. Vauches, J. Le Brun, M. Lienhard: »Frankreich I-III/2«, TRE 11, 1983, 346-385 (Lit.) Histoire des Protestants en France, (Privatdruck Institut Emmaus), 1977; J. Bauherot: Le Retour des Huguenots, 1985.

J. Winston

Franz von Assisi (1181/82-1226)

F., geb. 1181/1182 in Assisi, gest. am 3. 10. 1226 in Portiuncula. W. Nigg nennt F. »das lebendige Christussymbol und die intensivste Christuserinnerung«.

F. kam aus einem wohlhabenden Elternhaus. Sein Vater, der Tuchhändler Pietro Bernardone, nannte seinen Sohn, der auf den Namen Giovanni getauft war, wohl wegen dessen Vorliebe für Frankreich Francesco. Der jugendliche F. wird als dichterisch, leidenschaftlich und ehrgeizig beurteilt.

Im Jahre 1202 nahm F. am Krieg zwischen Assisi und Perugia teil und geriet in Kriegsgefangenschaft, nach einem Jahr kam er aus Gesundheitsgründen frei. 1204 machte er eine lange schwere Erkrankung durch.

1205 zog er erneut in den Krieg. In Spoleto hatte er eine Art »mystisches Erlebnis«. Dieses bedeutete für ihn den Beginn einer Berufung, die sein weiteres Leben bestimmen sollte. In einer einsamen Höhle außerhalb Assisis wurde ihm zur Gewißheit, dem gekreuzigten Christus nachzufolgen. Dies äußerte sich in der Zuwendung zu den Aussätzigen, in denen er Christus sah. Ende des Jahres 1205 hörte F. vor dem Kreuz in der Kapelle von San Damiano die Stimme Christi: »Geh und baue meine Kirche wieder auf.« Er nahm zunächst den Auftrag wörtlich und baute in der Umgebung von Assisi zerfallene Kirchen auf.

F. vollzog die Lösung von seinem Elternhaus und dessen Lebensstil. Er verzichtete in einer Gerichtssitzung vor dem Stadtbischof auf Besitz und Erbschaft, »tauschte den bisherigen Weltstand mit dem eines Büßers« (I. W. Frank) und dokumentierte dies in einer öffentlichen Entkleidungsszene.

Wohl am 24. Februar 1209 entdeckte F. während einer Messe in der Portiuncula-Kapelle seine endgültige Berufung, die darin bestand, »nach der Form des heiligen Evangeliums zu leben« (Testament). Der Herr verlangte von ihm nicht die Wiederherstellung eines steinernen Gotteshauses, sondern die des Leibes Christi. Arm, wie die Apostel es waren, machte er sich auf, ihrem Beispiel zu folgen und von Jesus Christus Zeugnis abzulegen. Es dauerte nicht lange, bis es zur Bildung einer Bruderschar (→ Franziskaner) kam. In der Zeit vom 15. August bis zum 29. September 1224 prägten sich ihm die Wundmale Jesu ein. Bestätigt wurde damit seine enge Christusverbundenheit.

In Portiuncula diktierte der vom Tode gezeichnete F. sein Testament. Am Abend des 3. Oktober 1226 starb F. in Portiuncula. Am 16. Juli 1228 wurde er von Papst Gregor IX. heiliggesprochen. Nach Reinhold Schneider war die tiefste Eigenart des F., das Wort des Herrn zu tun. »Das Einzigartige liegt in dem Mut

zur Unbedingtheit ... es liegt darin, daß mit dem äußersten Ernste von Christus her, im Gehorsam gegen Christus ein Leben gelebt wurde; in der unerhörten Kühnheit des Verlangens, auf dem Wege demütiger Nachfolge in Christus verwandelt zu werden.«

Lit.: L. Hardik OFM, E. Grau OFM (Hg.): Die Schriften des heiligen Franziskus von Assisi (Franziskanische Quellenschriften, Bd. 1, 1981).

I.W. Frank: Franz von Assisi. Frage auf eine Antwort, 1982; W. Nigg, T. Schneiders: Der Mann aus Assisi. Franziskus und seine Welt, [7]1976; A. Rotzetter, W.Chr. van Dijk, Th. Matura: Franz von Assisi. Ein Anfang und was davon bleibt, 1981.

K. Wittstadt

Franz von Sales (1567-1622)

F., geb. am 21. 8. 1567 in Sales/Savoyen, gest. am 28. 12. 1622 in Lyon. Er war Jurist und Theologe und glaubte über Calvins Prädestinationslehre, er sei zu ewiger Verdammnis bestimmt, fand dann aber zum Glauben und wurde 1594 Priester, der mit allem, z.T. gewaltsamen Einsatz für die Gegenreformation in den franz. Gegenden um den Genfer See eintrat und 1602 zum Bischof von Genf ernannt wurde (Residenz in Annecy).

1604 wurde er zum geistl. Begleiter und Freund der J.-F. Chantal, mit der er den kontemplativen Orden von der Heimsuchung Mariae (Salesianerinnen) ins Leben rief. Schon 1665 wurde er heilig gesprochen, 1877 zum Kirchenlehrer und 1922 von Pius XI. zum Patron des kath. Schrifttums ernannt. Er war überzeugender Repräsentant für die kath. Barockfrömmigkeit, ein vielgesuchter Prediger, Vertreter und Lehrer einer schlichten, lebbaren Mystik und hat durch seine Schriften nicht nur geistl., sondern auch kulturell gewirkt. Sein Hauptwerk ist die bis in die Gegenwart hinein wirksame und gelesene Philothea (1608).

Lit.: Franz von Sales: Über die Gottesliebe (Philothea, mit Kurzbiographie von R. Schneider), 1978; Deutsche Ausgabe seiner Werke in 12 Bdn., 1959-1983;

A. Hämel-Stier: Franz von Sales, 1956; A. Mattes: Franz von Sales, in: G. Ruhbach, J. Sudbrack (Hg.): Große Mystiker, 1984, 237-250; M. Müller: Frohe Gottesliebe, 1968; W. Nigg: Franz von Sales, in: Große Heilige, 1947; A. Nobis: Geistlicher Briefwechsel des hl. Franz von Sales mit J.F. von Chantal, 1967; A. Ravier: Franz von Sales, 1963; Jahrbuch für Salesianische Studien seit 1963.

G. Ruhbach

Franziskaner

Um → Franz von Assisi (1181/82-1226) scharte sich sehr schnell eine Gruppe Gleichgesinnter, die wie er die radikale Nachfolge Christi suchten. So zog Franziskus im Jahre 1210 mit seinen ersten elf Gefährten nach Rom, um sich von Papst Innozenz III. (1198-1216) seine Lebensweise bestätigen zu lassen. Ab 1215 verstärkte sich der Zulauf. Der Franziskus-Biograph Thomas von Celano bemerkt: »Damals machten sich, durch Gottes Gnade getrieben, viele auf den Weg zu Franziskus: Adelige und Nichtadelige, Kleriker und Laien.«

Die Hauptursache für die schnelle Verbreitung des Ordens war die lebendige Gestalt des Franz von Assisi und sein begeisterndes Beispiel. Als sie eine Gruppe von zwölf waren, schrieb Franziskus seine Urregel, die sich auf eine Reihe von Evangeliumstexten bezog. In dieser Urregel ging es um folgende Punkte: die Verpflichtung zu einem Leben nach dem Evangelium, die vollkommene Armut der Gruppe, ein Leben der Wanderschaft durch die Welt ohne jede Vorsorge. Arbeit und Almosen sollten je nach Gelegenheit den Lebensunterhalt gewähren. Bis zur Einführung des Noviziats im Jahre 1220 wurden die einzelnen Bewerber - durch die Einkleidung mit dem Habit - in den Orden aufgenommen. Der Beweis für die Berufung zum Leben nach dem Evangelium war der Verzicht auf allen Besitz und der Dienst an den Leprakranken.

Im Jahre 1212 schloß sich der Lebensweise des Franziskus Klara von Assisi an, die mit ihren Schwestern nach San Damiano bei Assisi zog. Mit dieser Schwesterngemeinschaft war der zweite franziskanische Orden entstanden (Klarissen). Auch Verheiratete wollten in ihren Familien nach den Idealen des Franziskus leben; daraus entwickelte sich der Dritte Orden, der 1221 offiziell anerkannt wurde.

Wie schnell der Orden angewachsen war, zeigt, daß sich 1221 mehr als 3.000 Brüder bei Portiuncula zum sog. Mattenkapitel einfanden. Eine ausführliche Lebensordnung wurde verabschiedet (regula non bullata). »Offiziell wurden Brüder in alle europäischen Länder ausgesandt, um die schon angebahnte weltweite Ausbreitung des Ordens fortzusetzen« (K. S. Frank). 1223 schrieb Franziskus mit Hilfe des Kardinals Hugolin von Ostia (des späteren Papstes Gregor IX.) eine neue Regel, die am 29. November 1223 von Papst Honorius III. bestätigt wurde (regula bullata). Auffallend an dem neuen Orden war, daß er keine Klöster im alten Sinne hatte. Vielmehr zogen die Brüder als wandernde Prediger durch die Welt und wirkten besonders in den Städten.

Bereits 1221 kamen auch Brüder nach Deutschland und gründeten Konvente, in Augsburg, Würzburg, Worms und Speyer; 1230 gab es bereits zwei Provinzen (Rhenia und Saxonia); die rheinische

Provinz wurde 1239 in die niederdeutsche (Köln) und oberdeutsche (Straßburg) Provinz aufgeteilt.

Mit der Institutionalisierung und der Einbindung in die kirchl. Strukturen geriet der junge Orden bald in Konflikt darüber, wie er den ursprünglichen Intentionen des Gründers gerecht werden konnte. Es bildeten sich früh zwei Blöcke im Orden heraus, die Spiritualen, die das Recht zur geistl. Beobachtung der Regel einforderten, und die Kommunität, die den von offizieller Seite dem Orden vorgezeichneten Weg beschritt. Da die Spiritualen, die in geistiger Nähe zu den eschatologischen Auffassungen des Abtes → Joachim von Fiore standen, zunehmend kirchenkritische und antihierarchische Positionen einnahmen, wurden sie von der Amtskirche bekämpft und verboten.

Aber auch innerhalb des offiziell anerkannten Franziskanerordens zogen sich die Auseinandersetzungen um den wahren Sinngehalt der Regel bis ins 16. Jh. hin. Es war der Konflikt zwischen dem reinen Ideal und den tatsächlichen Erfordernissen des Lebens. Erstere Bestrebungen nahmen in der Observanz Gestalt an, letztere im Konventualismus. Leo X. besiegelte im Jahre 1517 die endgültige Trennung zwischen Observanten und Konventualen. Zu diesem Zeitpunkt zählte der Orden mehr als 50.000 Mitglieder: 20.000 bis 25.000 Konventualen in 34 Provinzen und 30.000 bis 32.000 Observanten in 53 Provinzen.

In der Anfangszeit des Ordens lebten Kleriker und Laien als Minderbrüder in vollkommener Gleichheit zusammen. F. nannte die Welt »die Region der Ungleichheiten« und wollte, daß Reiche und Arme, Adelige und Bürgerliche, Gelehrte und Ungebildete beim Eintritt in die Gemeinschaft vollständig gleichgestellt wurden. Doch gerade die Predigt erforderte ausgebildete Brüder, d.h. Priester. So veränderte sich das Erscheinungsbild der Brüdergemeinschaft grundlegend. Der Orden wurde zu einem Klerikerorden. Der erste große Prediger dieses Ordens war der heilige Antonius von Padua, der in weniger als zehn Jahren mit seiner Beredsamkeit ganz Italien und Südfrankreich mobilisierte. In Deutschland wirkte → Berthold von Regensburg, der berühmteste deutsche Volksprediger des MAs.

Die erste Zielgruppe der Minderbrüder waren die notleidenden Menschen. Als caritative Initiativen verdienen über die täglich den Armen an der Klosterpforte ausgeteilten Almosen hinaus eigens erwähnt zu werden: die von Franziskus so bevorzugte Sorge für die Aussätzigen, die Pflege der Pestkranken und die verschiedenen Wohltätigkeitseinrichtungen, wie Asyle und Krankenhäuser, die durch den Einsatz der Minderbrüder errichtet und für gewöhnlich der Leitung der Tertiarier anvertraut wurden.

Auch die Mission war ein wichtiges Betätigungsfeld der F. Als Missionsmethode steht an erster Stelle das Zeugnis eines wahrhaft christl. Lebens.

Obwohl Franziskus der Wissenschaft sehr distanziert gegenüberstand, bildeten sich im 13. und 14. Jh. zwei franziskanische Bildungszentren heraus: Paris und Oxford. Der glanzvollste Gelehrte der Oxforder Universität war Johannes → Duns Scotus (gest. 1308), der später in Paris lehrte. Auch Wilhelm von → Occam (gest. 1347) erhielt seine Ausbildung in Oxford. Er schuf ein eigenes phil. System, das die Bezeichnung → Nominalismus erhielt. Der Occamismus war die Philosophie des 14. Jh.s, mit der sich später auch Luther intensiv auseinandersetzte. Im Bestreben nach Reformen innerhalb des Franziskanerordens entstand im Jahre 1528 die Gemeinschaft der Kapuziner. Der Name »Scapuccini« spielte auf die lange Kapuze an.

Seit Ende des 19. Jh.s hielt das Wachstum des Ordens beständig an und erreichte bei den F.n im Jahre 1963, bei den Kapuzinern 1964 und bei den Konventualen 1968 seinen Höchststand. In den Jahren danach ist – wie bei allen anderen Ordensgemeinschaften auch – eine deutlich spürbare Abnahme zu verzeichnen.

Lit.: K. Esser OFM: Anfänge und ursprüngliche Zielsetzungen des Ordens der Minderbrüder (Studia et documenta franciscana IV), 1966; L. Iriarte OFM Cap.: Der Franziskusorden. Handbuch der franziskanischen Ordensgeschichte, 1984.

K. Wittstadt

Frau

a) biblisch

1. Im AT wird die Stellung der F. schon in den Berichten von der Schöpfung und dem Sündenfall (1Mo 1-3) klar aufgezeigt. Der nach dem Bilde Gottes geschaffene Mensch existiert als Einheit von Mann und F. (1,27), und dem Begriff nach ist die F. der weibliche »Mann« (*'ishshāh*, Luther: »Männin«, von *'ish*), d.h. sie ist Teil von ihm (2,23), sein Gegenüber und seine Gehilfin (2,18), ohne die er nicht leben kann (2,23). Ferner geht ihre lebenswichtige Bedeutung aus der Erklärung des Namens »→ Eva« (*Chawwāh*) hervor: Er bezeichnet die Mutter jedes Lebenden (Menschen, 1Mo 3,20; vgl. 1Kor 11,12). Die Unterordnung der F. unter den Mann (1Mo 2,18) wird verstärkt als Straffolge des Sündenfalls (3,16). Durch die Bezeichnung des Ehegatten als

*baʿ*al (»Herr, Besitzer«, 2Mo 21,3.22) erhielt die Verhältnisbestimmung von Mann und F. einen der ursprünglichen, göttlichen Setzung unangemessenen, allzu menschlichen Ausdruck. Allerdings wird die Unterordnung der F. durch die Liebe des Gatten und durch schützende Bestimmungen in der Tora vor Mißbrauch bewahrt. Der Vater pflegte seine Tochter in die Ehe zu geben und erhielt für sie einen Brautpreis; aber der Wunsch der Tochter wurde respektiert (vgl. 1Mo 24; 4Mo 36,6). Auch behielt sie ihren Namen und ihre persönliche Würde. Die Familienordnung war patriarchalisch, aber gerade die bibl. Patriarchenerzählung stellt die Ahnfrauen Israels als selbstbewußt und geachtet dar. Der Mann konnte zwar mehrere F.en haben; aber das war eher eine Ausnahme, die vor allem den Königen - und auch da mit Einschränkungen - zugestanden wurde (5Mo 17,17). Der Mann konnte seine Ehefrau entlassen, aber er hatte ihr dann einen Scheidebrief auszustellen, der sie vor Willkür und Elend schützen sollte (5Mo 24,1-4). Die Schwagerehe war Verpflichtung (5Mo 25,5-10; vgl. Mk 12,18-27). Eine Jungfrau durfte nicht entehrt oder in einen üblen Ruf gebracht werden (5Mo 22,13-29); kultische Prostitution war verboten (5Mo 23,18). Wie der Vater war auch die Mutter von den Kindern zu ehren (3Mo 20,9; 5Mo 27,16), da sie ihnen das Leben gab (Spr 23,25b) und durch Backen und Weben für Nahrung und Kleidung sorgte; im Lob der tüchtigen Hausfrau (Spr 31,10-31) wird dies besonders liebevoll geschildert. In der Regel blieb die Aufgabe der F. auf Haus und Familie beschränkt; jedoch gab es auffallende Ausnahmen, so bei den charismatischen Gestalten Mirjam (2Mo 15), Debora (Ri 4-5), Hulda (2Kön 22,14), der F. Jesajas (8,3), bei Ester und Judit. Sicherlich nahmen die F.en an den Wallfahrtsfesten teil (Ri 21,19-21; 1Sam 1-2; 2Kön 4,23), und bis hin zum Martyrium verteidigte die Mutter der sieben Söhne ihre Glaubenstreue (2Makk 7). Freilich waren Töchter weniger geachtet als Söhne (3Mo 12,1-5); sie konnten auch von einem verschuldeten Vater in die Sklaverei verkauft werden (2Mo 21,7; vgl. Neh 5,5) und wurden im Sabbatjahr nicht automatisch wieder frei (3Mo 25,40).

2. Das messianische Wirken des irdischen Jesus und sein Regiment als Herr der Kirche markiert den Anbruch der endzeitlichen Ordnung, die Aufhebung der Folgen des Sündenfalls und damit letztlich die Gleichstellung von Mann und F. Für die → Ehe machte Jesus die Ordnung der Schöpfung geltend und verbot die Scheidung (Mk 10,6-9 parr, nach 1Mo 1,27; 2,24; vgl. 1Kor 7,10). Auch konnte er das Ethos der Gottesherrschaft durch Doppelgleichnisse lehren, in denen einerseits der Bauer bzw. Hirt, andererseits die Hausfrau als Paradigma dargestellt wird (Mt 13: Schatz im Acker und Sauerteig; Lk 15: Verlorenes Schaf und verlorener Groschen). Die F. behält das von ihr selbst erwählte (endzeitliche) Los, Hörerin Jesu zu sein (Lk 10,38-42). An der Nachfolge sind auch F.en beteiligt (Lk 8,1-3). Diese harren bei Jesus aus und werden Zeugen der Kreuzigung (Mk 15,40-41) und zu ersten Empfängern der Osterbotschaft (Mk 16,1-7 parr); sie gehören zu den ersten Gliedern der Urgemeinde (Apg 1,14).

3. Für Paulus ist die Kirche der Leib Christi. Sie ist gleichsam als endzeitliche, geistl. Eva aus dem erhöhten Herrn und zweiten Adam hervorgegangen, von seinem »Fleisch und Bein« (Eph 5,30 vgl. 1Mo 2,23). Sie wird vom Apostel als reine Jungfrau zu Christus gebracht, wie damals Eva zu Adam (2Kor 11,2f; Eph 5,27, vgl. 1Mo 2,24), wird von diesem geliebt wie eine F. von ihrem Mann (Eph 5,25f). Die Unterordnung der F. bleibt zwar bei Paulus insofern bestehen, als der Mann das »Haupt« der Ehefrau ist wie auch Christus das Haupt der Kirche (Eph 5,23). Aber der Apostel sieht diese Unterordnung nicht im Fluch nach dem Sündenfall, sondern in der schöpfungsmäßigen Tatsache begründet, daß der Erstgeschaffene Anfang (*rēʾshīt*) und somit »Haupt« (*roʾsh*) der F. ist (1Kor 11,3.8 nach 1Mo 2,22).

Lit.: K. Brandt: »Frau«, GBL 1, 1987, 385-386. (Lit.).

O. Betz

b) theologiegeschichtlich

Das NT birgt im Gegensatz zu Antike und Judentum in den Berichten über Jesu Tun und Reden wie in einzelnen Briefstellen des Paulus Ansätze zu einer partnerschaftlichen Sicht des Verhältnisses von F. und Mann in sich (Gal 3,28). Gleichzeitig enthält es aber auch die Forderung nach der weiblichen Unterordnung unter den Mann, die schöpfungstheol. begründet wird (1Kor 11,3.8; 1Tim 2,11-14). Im Zuge der Ausbildung amtskirchl. Strukturen sowie der Abwehr häretischer Gefahren gewannen schon im 1. Jh. frauenskeptische Tendenzen die Oberhand (1Kor 14,34f). Infolge der Hochschätzung der Sexualaskese und beginnender Marienverehrung wurde der verbreitete katechetische, gottesdienstl., mission. und soziale Diakonissendienst frommer Witwen mehr und mehr durch Jungfrauen verrichtet, gegen Ende des 4. Jh.s stark eingeschränkt und schließlich im 6. Jh. im weiblichen Mönchtum aufgehoben. Die Idealisierung von eheloser Enthaltsamkeit, verbunden mit der Verteufelung des Geschlechtstriebes, führte trotz späterer Qualifizierung der Ehe als Sakrament zu jahrhundertelangen frauendiskriminierenden und eheverachtenden Einstellungen, die durch Thomas v. Aquin im 13. Jh. ihre endgültige theol. Begründung erhielten. Fürstinnen und F.en des Hochadels genossen demgegenüber zu allen Zeiten uneingeschränkte Wertschätzung, allerdings kaum Möglichkeiten zur selbstverantwortlichen Lebensgestaltung. Ihr Stand hob gleichsam die Geschlechtsspezifica auf. Was den übrigen F.en als Töchtern Evas abgesprochen und angelastet wurde, fand entweder in gesteigerter Marienverehrung oder hinter Klostermauern seinen Ausgleich. Kanonissenstifte, Benediktinerinnen-, Zisterzienserinnen- und Prämonstratenserinnenklöster boten vielen, insbesondere adeligen F.en Bildungs- wie Entfaltungsmöglichkeiten bei höchster gesellschaftl. Anerkennung (Hrotsvitha v. Gandersheim 10. Jh.). Die mystischen Theologinnen (z.B. → Hildegard von Bingen) gewannen erheblichen Einfluß als Schriftstellerinnen, Ratgeberinnen und Predigerinnen. Die Klosterwirklichkeit entsprach bald nicht mehr der ursprünglichen Strenge der Gelübde, so daß insbesondere im 12. und 13. Jh. unter Rückbezug auf Bibel und Urchristentum eine weithin von F.en getragene Armuts- und Nachfolgebewegung aufkam, an deren Ausgang die kirchl. rezipierten Bettelorden mit jeweils weiblichen Zweigen (Franziskanerinnen, Dominikanerinnen) und das freiere Beginentum (→ Begarden und Beginen) zahlreichen F.en als Stätten der Frömmigkeitspflege und Diakonie zur Verfügung standen (Mechthild von Magdeburg, → Elisabeth von Thüringen), während Katharer und Waldenser wegen ihrer kirchenkritischen Haltung der Inquisition anheimfielen. Außerdem hatten diese den F.en die Gottesdienstfähigkeit eingeräumt und dadurch weibliche Emanzipationsbedürfnisse unterstützt. Als Alternative zum rel. oder semirel. Leben konnten F.en am Ende des MAs auch als zunftfähige Unternehmerinnen, Hebammen, Pflegerinnen und im gesellschaftl. akzeptierten Bordellwesen tätig sein. Unter dem Einfluß der Renaissance im 15. Jh. genoß die europ. F. das größte Maß an Gleichberechtigung und Anerkennung (Vittoria Colonna). Demgegenüber brachten → Humanismus und → Reformation wieder Rückschritte. Ersterer erneuerte den antiken Antifeminismus, der dem um die Jahrhundertwende sich steigernden Hexenglauben mit unzähligen weiblichen Opfern kein Gegengewicht bot (Malleus maleficarum, 1487). Luther vertrat zwar die schöpfungs- und tauftheol. begründete Gleichheit aller Menschen vor Gott und verkündete das Priestertum aller Gläubigen. Doch zog er keine kirchl. und gesellschaftl. Konsequenzen für F.en daraus. Vielmehr engte er durch die Aufwertung der Ehe zum eigentlich gottgewollten Stand den Handlungs- und Entfaltungsspielraum von F.en erheblich ein. Er trug durch die Kritik an den Mönchsgelübden zur Auflösung vieler Klöster bei, lieferte der unverheirateten F. aber kein alternatives Lebenskonzept, so daß das Ideal der Gattin, Mutter und Pfarrfrau (Katharina Luther, geb. v. Bora) für Epochen festgeschrieben wurde. Dessen ungeachtet setzten einzelne F.en durch theol. Publikationen und kirchl. Mitarbeit wegweisende entgegengesetzte Akzente (Argula v. Grumbach, Katharina Zell), ganz zu schweigen von Fürstinnen mit beachtlichen Führungsqualitäten (Elisabeth v. Calenberg, Elisabeth I. v. England). Unter mystischem Einfluß, der zunächst im nachreformatorischen Katholizismus zur Geltung kam, erstarkte das weibliche Selbstbewußtsein (Teresa v. Avila, Jeanne Marie de → Guyon). Zu einer gründlichen Veränderung des Frauenbildes und des Umgangs der Geschlechter miteinander kam es indessen erst im → Pietismus, am weitestgehenden in den separatistischen Gruppierungen (Johanna Eleonora Petersen, Rosamunde Juliane v. Asseburg). Durch Anstöße A.H. → Franckes und G. → Arnolds gelangten diese Impulse unter N.L. Graf v. → Zinzendorf und seiner Gattin Erdmuthe Dorothea zu einem bewußt bibl. begründeten (Gal 3,28) partnerschaftlichen Miteinander von F.en und Männern in den Siedlungen der Brüdergemeine. Trotz wieder gegenläufiger Entwicklungen in der Zeit der Aufklärung (J.J. → Rousseau) setzte sich die veränderte Einschätzung von F., Ehe und Sexualität in Romantik und Idealismus fort. Der durch Herrnhut geprägte F. D. E. → Schleiermacher propagierte zu Beginn des 19. Jh.s in vielgelesenen Schriften die »befreiende Liebe« zur Überwindung der Herrschaft von Männern über F.en in Familie, Kirche und Gesellschaft. Damit waren bescheidene Voraussetzungen für eine beginnende weibliche Emanzipation gegeben (Bettina v. Arnim, Luise Hensel), die allerdings für viele F.en doch nur in die von erweckten Theologen geleitete diakon. Arbeit führte (Friederike Fliedner), während z.B. Amalie Sieveking mehr für die Selbstverantwortung pflegerisch tätiger F.en eintrat. Das Bürgertum des 19. Jh.s band die »Hausfrau« allerdings zurück an den privaten Bereich. Die im Zusammenhang mit Industrialisierung und sozialer Frage um die Jahrhundertmitte einsetzende sozialistische Beschäftigung mit der Frauenfrage und die aufbrechende Frauenbewegung selbst (Hedwig Dohm) mit ihrer Einforderung polit. und sozialer Rechte für F.en führte 1919 in Deutschland zur Erteilung des aktiven und passiven Wahlrechts, fand in der Kirche aber so gut wie keine Resonanz.

Im Ökumen. Rat der Kirchen sowie im Luth. Weltbund ist inzwischen ein Konsens über den aus gleichberechtigten F.en und Männern bestehenden Leib Christi erzielt worden.

Lit.: H.-J. Greschat, J. Ebach, F. Dexinger, H. Ringeling, I. Ludolphy, G. Scharffenorth, E. Reichle, Chr. Meyers-Herwatz: »Frau I-VIII«,TRE 11, 1983, 417-469.

I. Mager

c) systematisch-theologisch

1. Eine dogmat. Klärung von Wesen und Auftrag der F. ist hinsichtlich ihrer Erkenntnisgrundlagen an die Hl. Schrift gebunden, denn die bibl. Offenbarung beansprucht nicht nur in soteriologischer, sondern auch in anthropologischer Hinsicht normative Geltung. Um ein tieferes Verständnis der bibl. Sicht der F. zu gewinnen und im Denkhorizont der Gegenwart vertreten zu können, ist es freilich unerläßlich, auch die kirchl. Tradition (als systematisierte Interpretation der bibl. Wahrheit) und die Humanwissenschaften (Medizin, Psychologie, Soziologie, Ethnologie, Geschichte, Philosophie) zu berücksichtigen.

2. Für das christl. Verständnis der F. sind vor allem drei bibl. Voraussetzungen von wegweisender Bedeutung:

a. Die F. besitzt aufgrund ihrer schöpfungsmäßigen Gottebenbildlichkeit (1Mo 1,26f) und ihrer Berufung zur Gotteskindschaft (Gal 3,28; Joh 1,12) die gleiche Würde wie der Mann. Damit ist jede Form von Minderbewertung und Unterdrückung der F. als Sünde zu verurteilen.

b. Wesen und Auftrag der F. sind aufgrund der Erschaffung nicht identisch mit Wesen und Auftrag des Mannes: Während dem Mann vor allem die geistige Durchdringung und praktische Umgestaltung der Welt anvertraut sind (1Mo 2,15.19f; 3,17ff), ist die F. in besonderer Weise mit der personalen Aufgabe betraut, ergänzende Gefährtin des Mannes (1Mo 2,18; Tit 2,4) und Mutter (1Mo 3,16; 1Tim 2,15; 5,10.14; Tit 2,4) zu sein. Aus der im Schöpfungsbericht vollzogenen Zuordnung der F. auf den Mann als (kreatürlichen) Ursprung und Ziel ihres Daseins (1Mo 2,18.10-23) ergibt sich für die bibl. Schau der Geschlechter die Hauptstellung des Mannes (1Kor 11,3; Eph 5,23; Kol 3,18; Tit 2,5; 1Petr 3,1), die für den Mann die hingabebereite Leitung in Ehe, Familie und Kirche nach dem Vorbild Christi bedeutet (Eph 5,2-33; 6,4; 1Tim 3,1-7; 1Petr 3,7; 5,1-3), während sie die F. in den genannten Bereichen zur dienenden, begleitenden und ergänzenden Mitwirkung durch ihre spezifisch weiblichen Gaben beruft (Eph 5,24.33; 1Tim 5,3-14; Tit 2,3-5).

c. Die Kirche hat in ihrem Lebensvollzug und in ihrer institutionellen Ordnung sowohl der schöpfungsmäßigen und soteriologischen Gleichwertigkeit als auch der geschöpflichen Verschiedenartigkeit von Mann und F. Rechnung zu tragen: Die apostol. Gemeinden brachten beide Aspekte zur Geltung, indem sie die F.en einerseits uneingeschränkt als »Miterben der Gnade« (1Petr 3,7) anerkannten und sie in reichem Maße an der Auferbauung der Gemeinde durch Charismen und Dienste beteiligten (Röm 16,1ff.6.12.13.15; Phil 4,2f; 1Kor 11,5), andererseits aber nur Männer (ihrer kreatürlichen Hauptstellung entsprechend) mit den spezifischen Ämtern der öffentlichen Lehre und Gemeindeleitung betrauten (1Kor 14,34f; 1Tim 2,13; 3,2; Tit 1,5), während den F.en vornehmlich die Wahrnehmung ihrer geschöpflichen Berufung (als Gefährtin des Mannes und Mutter) und die für das menschliche Klima der Gemeinde fundamentalen diakon. Aufgaben der Gastfreundschaft, caritativen Hilfe, seelsorgerl. Zuwendung und des fürbittenden Gebets zugewiesen wurden (1Tim 5,3-14; Tit 2,3-5). Angesichts von 1Kor 14,34f ist umstritten, ob der in 1Kor 11,5 und Apg 21,9 klar bezeugte prophetische Dienst der F. auch im urchristl. Gemeindegottesdienst praktiziert wurde.

3. Während die erste Grundvoraussetzung (die Gleichwertigkeit der Geschlechter) in der christl. Theologie unumstritten war und ist (wenngleich ihr in der kirchl. Wirklichkeit nicht immer gebührend Rechnung getragen wurde), stoßen die beiden anderen Voraussetzungen in der prot. und röm.-kath. (im Unterschied zur orth.) Theologie gegenwärtig auf heftigen Widerspruch: Sowohl durch den säkularen wie durch den theol. → Feminismus wird die (in der zweiten Voraussetzung implizierte) kreatürliche Verschiedenartigkeit von Mann und F. radikal bestritten und als sekundäre, sozial bedingte und überwindbare Rollenfixierung gedeutet. Eine geschlechtsspezifische Zuordnung verschiedener Aufgaben und Dienste in Kirche und Gesellschaft, wie sie die dritte Voraussetzung einschließt, ist in dieser Sicht natürlich völlig unplausibel und als eine die freie Selbstbestimmung der F. beschneidende »Rollenfixierung« abzulehnen, indem das bibl. Zeugnis über die Geschlechter als einer »patriarchalischen« Zeit verhaftete und heute überholte Auffassung

dargestellt wird. Die Verwerfung der bibl. Überzeugung einer spezifischen Wesensart und Beauftragung der F. als zeitbedingte Anschauung stellt freilich nicht nur die Normativität der bibl. Offenbarung für die christl. Anthropologie in Frage, sondern hat darüber hinaus auch den ausdrücklichen Wahrheitsanspruch der maßgeblichen Bibeltexte gegen sich: Das NT begründet die in feministischer Sicht besonders anstößige Hauptstellung des Mannes und das ihm zugewiesene Leitungsamt in Ehe, Familie und Gemeinde nicht pragmatisch, sondern sehr grundsätzlich mit der göttlichen Schöpfungsordnung (1Kor 11,3.8.9; 1Tim 2,13) und Erlösungsordnung (Eph 5,22ff), mit dem Wesen des dreieinigen Gottes (1Kor 11,3) und mit einem Gebot Jesu (1Kor 14,37). Das theol. Gewicht dieser Begründungen verbietet es, in den betreffenden Texten eine Konzession an das antike Denken zu sehen, zumal sich die gesellschaftl. Emanzipation der F. in der hell. Welt des 1. Jh.s n.Chr. mit der des 20. Jh.s z.T. durchaus messen kann: Unternehmerinnen, Ärztinnen und Ringkämpferinnen waren ebenso akzeptiert wie Philosophinnen, Priesterinnen und Volkspredigerinnen. Der zeitgeschichtliche Hintergrund hätte eine Betrauung der F. mit geistl. Leitungsaufgaben durchaus zugelassen.

Die Verneinung der Verschiedenartigkeit von Wesen und Auftrag der Geschlechter widerspricht auch zahlreichen Befunden der Humanwissenschaften: Die phil. unabweisbare Einsicht in die Ganzheitlichkeit des Menschen, die ethnologisch feststellbare Universalität bestimmter geschlechtsspezifischer Zuordnungen, die in zahlreichen psych. Untersuchungen weltweit erhärtete Verschiedenheit von Denken, Empfinden und Verhalten der Geschlechter, neuere Ergebnisse der Gehirnforschung u.a. bestätigen die bibl. Überzeugung, daß sich Mann und F. in ihrer Wesensart unterscheiden und die F. besonders geeignet ist, die personalen Aufgaben als Gattin und Mutter wahrzunehmen. Darüber hinaus weisen viele Beobachtungen darauf hin, daß das vom Feminismus propagierte Ideal der Selbstbestimmung und Emanzipation der F. von den natürlichen »Fesseln« der Ehe und Mutterschaft sowohl individualpsychologisch (Alkoholismus, Depressivität) als auch soziologisch (erhebliche Zunahme von kindlichen Verhaltensstörungen, Scheidungen, Abtreibungen, Kriminalität u.a) gravierende zerstörerische Folgen nach sich zieht, während sich das bibl. Leitbild der F. in der Praxis als lebensbejahendes und schöpfungsgemäßes Ethos erweist, das der F. zur wahren Selbstverwirklichung verhilft. All dies macht deutlich, daß die bibl. Sicht der F. keineswegs »überholt« ist, sondern auch heute (in Theorie und Praxis) einer Bewährung standhält.

4. Die Christenheit hat daher die Aufgabe, die fortdauernde Geltung der bibl. Sicht der F. in Wort und Tat zu bezeugen und deren bleibende Aktualität als wohltuende Schöpfungsordnung aufzuzeigen: Sie hat einerseits die Würde der F. gegen jede Form gesellschaftl. Mißachtung oder Ausbeutung zu verteidigen. Andererseits aber muß sie die vom Feminismus propagierte (die weibliche Wesensart zutiefst verachtende) Einebnung der Geschlechtsunterschiede und die heute verbreitete (zutiefst leibfeindliche) Geringschätzung der Mutterschaft als schöpfungswidrig zurückweisen und sich darum bemühen, auch der heutigen F. ihre von Gott erteilte Berufung zur Gefährtin des Mannes und zur Mutterschaft als besondere Entfaltungsmöglichkeit ihrer spezifisch weiblichen Gaben nahezubringen. Damit ist keineswegs notwendig eine Fixierung der F. auf Ehe und Familie verbunden. Denn zum einen ist der primäre Bezugspunkt weiblicher Existenz nicht der Mann, sondern der dreieinige Gott. Zum andern aber läßt sich der Auftrag zur Ergänzung des Mannes und zur (keineswegs nur biologisch zu verstehenden!) Mütterlichkeit auch außerhalb von Ehe und Familie in Beruf, Gesellschaft und Kirche verwirklichen. Die christl. Sicht der F. ist daher hinsichtlich ihrer Verwirklichung in keiner Weise an vergangene Gesellschaftsformen gebunden, die der F. außerhalb der Familie kaum Entfaltungsmöglichkeiten boten. Die im 20. Jh. möglich gewordene staatsbürgerliche, rechtliche und soziale Gleichstellung der Geschlechter ist aufgrund der beiden eigenen Personwürde und Gottebenbildlichkeit uneingeschränkt zu bejahen, solange aus ihr nicht Konsequenzen gezogen werden, welche die besondere geschöpfliche Beauftragung der F. verneinen oder gefährden. Die christl. Kirchen müssen ein solches schöpfungswidriges Emanzipationskonzept als mit der bibl. Offenbarung unvereinbar ablehnen und in ihrem eigenen Bereich die verschiedene Berufung der Geschlechter deutlich machen. Zwar sind sie durch das bibl. Zeugnis ermächtigt, die im 20. Jh. eröffneten beruflichen und akademischen Möglichkeiten für die F. im Hinblick auf das gesellschaftl. und kirchl. Leben als Chance zu bejahen, zugleich aber auch aufgefordert, in ihrer kirchl. Ordnung die unterschiedliche Beauftragung der Geschlechter zum Ausdruck zu bringen: Die Mitarbeit von F.en ist grundsätzlich nicht nur im diakon. und sozialen Bereich zu begrüßen, sondern auch in der Kirchenverwaltung (Gemeinderat, Synode u.a.), Kirchenmusik, theol. Forschung, Katechese, Seelsorge, Ver-

kündigung (v.a. in bezug auf Kinder, Jugendliche und F.en) und in der Mission. Gleichzeitig aber muß jedes egalitäre Gleichheitsdenken als schriftwidrig zurückgewiesen werden, welches das kirchl. Leben durch Quotenregelungen zu reglementieren sucht oder das Hirtenamt (d.h. die Gemeindeleitung, gottesdienstl. Wortverkündigung und Sakramentsverwaltung) für die F. beansprucht. Denn die Mehrzahl der christl. Kirchen (die röm.-kath., orth., ein Teil der anglik. und prot. Kirchen), die sich bislang der Ordination von F.en zum geistl. Amt verweigert haben, kann sich nicht nur auf die Hl. Schrift, sondern auch auf eine 1900 Jahre lang nahezu unangefochtene ökumen. Tradition stützen.

Lit.: Die Sendung der Frau in der Kirche. Die Erklärung »Inter insigniores« der Kongregation für die Glaubenslehre mit Kommentar und theologischen Studien, 1978; Die Frau in Familie, Kirche und Gesellschaft (hg. von der Kirchenkanzlei im Auftrage des Rates der EKiD), 1979; Die Stellung der Frau in der Orth. Kirche und die Frage der Ordination der Frauen, in: Orthodoxes Forum 3 (1989/1), 93-102; D.S. Bailey: Mann und Frau im christlichen Denken, 1963; K. Barth: KD III/4, 1951; P. Beyerhaus (Hg.): Frauen im theologischen Aufstand, 1983; L. Bouyer: Frau und Kirche, 1977; P. Brunner: Das Hirtenamt und die Frau; in: ders.: Pro Ecclesia, 310-341, 1962; S.B. Clark: Man and Woman in Christ, 1980; E.S. Gerstenberger, W. Schrage: Frau und Mann, 1980; M. Hauke: Die Problematik um das Frauenpriestertum vor dem Hintergrund der Schöpfungs- und Erlösungsordnung, [3]1991; I. Hauschildt: Die feministische Versuchung und die Antwort der christlichen Frau, 1989; The Church and Women. A Compendium (ed. by H. Moll), 1988; W. Neuer: Mann und Frau in christlicher Sicht, [4]1988; L.v. Padberg: Feminismus – eine ideologische und theologische Herausforderung, 1985.

W. Neuer

Frauenarbeit

Die Anfänge ev. F. finden sich im 19. Jh. 1832 gründete Amalie Sieveking (1794-1859) in Hamburg den »Verein für Armen- und Krankenpflege«. 1899 wurden der Deutsche Evangelische Frauenbund mit dem Arbeitsschwerpunkt Bildungsarbeit und die Evangelische Frauenhilfe als diakon.-gemeindebezogene Arbeit gegründet. Der Dachverband, die Evangelische Frauenarbeit in Deutschland, entstand 1919. Anlaß war u.a. das durch die Weimarer Reichsverfassung den Frauen gewährte Wahlrecht – zu seiner Wahrnehmung war die Vermittlung staatsbürgerlicher Bildung eine vorrangige Aufgabe. Die Evangelische Frauenarbeit in Deutschland e.V. bemüht sich heute vornehmlich um Gemeinschaftsaufgaben ihrer Mitgliedsorganisationen (z.Zt. 38), die Stärkung der Frau in Kirche und Gesellschaft und die ökumen. Gemeinschaft mit Frauen aus anderen Ländern und Kirchen. Dabei wirkt sie u.a. mit im Deutschen Komitee des Weltgebetstages der Frauen, der seit 1897 jährlich am ersten Freitag im März stattfindet und Frauen aller christl. Kirchen weltweit verbindet.

Organisation, Zielsetzung und theol. Ausrichtung der einzelnen Träger ev. Frauenarbeit sind sehr unterschiedlich. Neben gemeindebezogenen Werken (z.B. Frauenhilfe) finden sich zielgruppenorientierte Verbände (z.B. Berufstätigenarbeit), Berufsverbände (z.B. Theologinnen), Schwesternschaften und Frauenkommunitäten.

In den letzten Jahren sieht sich die traditionelle F. zunehmend der neuen Frauenbewegung gegenüber. In der Kirche wird das Thema »Gemeinschaft von Frauen und Männern« neu bedacht (Die Gemeinschaft von Frauen und Männern in der Kirche, Synode der Evangelischen Kirche in Deutschland, 1990). Neue Formen der F. sind entstanden, neben örtlichen Fraueninitiativen – mit zumeist feministischem Hintergrund – u.a. auch die überkonfessionellen Frühstückstreffen für Frauen. Sie wurden 1983 in Zürich ins Leben gerufen. Mittlerweile gibt es sie in über 90 europäischen Städten. Ihr Ziel ist es, auf der Grundlage des Evangeliums ein Forum zu schaffen, in dem Frauen untereinander über Lebens- und Glaubensfragen diskutieren können.

Lit.: E. Diehl, E. Wetter: Frauen. Ein Werkbuch für die Arbeit in den Gemeinden, [2]1989; E. Diehl, B. Blunck, G. Strauch (Hg.): Stundenbilder für die Frauenarbeit, 1992; B. Jakob: Mehr als nur ein Frühstück. Von Frauen für Frauen, 1987.

B. Winterhoff

Frauenbewegung

In der Forschung wird von einer F. bereits in der → Alten Kirche und im MA gesprochen. Mit diesem Begriff wird das Streben der Frauen bezeichnet, ihr Leben in Eigenverantwortung zu führen und ein eigenes Denken zu entwickeln, was oft mit einem Ausbrechen aus den vorgegebenen Strukturen verbunden war: So entstand im Zusammenhang der mittelalterl. Armutsbewegung mit den Beginen (→ Begarden und Beginen) eine F., die zu einer Blüte der Mystik mit einer eigenen weiblichen Spiritualität auch in den institutionalisierten Orden führte (vgl. Hildegard v. Bingen, Gertrud v. Helfta u.a.). Dieser Aufbruch war sehr vielgestaltig und rief unterschiedliche Reaktionen der offiziellen Kirche hervor.

Die moderne F. entstand erst im Zusammenhang der Industrialisierung im 19. Jh. und der dadurch eingeleiteten gesellschaftl. Veränderung im säkularen Bereich. Ihre Wurzeln sind aber bereits in der Menschenrechtsbewegung im angelsächsischen Raum und in der franz. Revolution zu finden. Dabei muß die F. immer im Kontext der jeweiligen Länder verstanden werden. Als Beginn der Bewegung in Deutschland gilt die erste deutsche Frauenkonferenz 1865. Ende des 19. Jh.s wurde der »Bund deutscher Frauenvereine« gegründet. Im Laufe der Zeit fielen dann eine bürgerliche und eine proletarische F. auseinander. Im kirchl. und theol. Bereich blieb man lange blind für die Veränderungen in der Gesellschaft und die Probleme der Frauen. Nur der »→ Evangelische Diakonieverein« griff diese Fragen auf. Ein grundlegendes Erkennen der Probleme der Frauen ist jedoch erst beim → Ev.-sozialen Kongreß 1895 in Erfurt erkennbar. Mit der Gründung des »Deutschen ev. Frauenbundes« (1899) und des »Kath. deutschen Frauenbundes« (1903) entstand die konfessionelle F.

Zu Beginn des 20. Jh.s geriet die F. unter den Einfluß einer völkischen, sozialdarwinistischen Bevölkerungspolitik, die für ähnliche Forderungen, jedoch mit anderem Interesse eintrat. Um der nationalsozialistischen Mutterschaftsideologie zu widersprechen, waren die Frauenorganisationen ungenügend vorbereitet.

In den 60er Jahren formierte sich in den USA eine neue F., die in den Kirchen viele Anhängerinnen fand, aber gleichzeitig durch ihre teils radikale Art auch viele Gegengruppen hervorbrachte (→ Feminismus; → Feministische Theologie). Dennoch entstand ein neues Selbstverständnis der Frauen, das nationale und konfessionelle Grenzen überschreitet. Die Schwerpunkte dieser F. liegen in der Bewußtseinsbildung durch Seminare und Tagungen, in der wissenschaftl. Forschung zur Geschichte der Frau und Veröffentlichungen verschiedener Art. Dadurch wurde auch in den Kirchen eine selbstkritische Besinnung eingeleitet. Es geht um eine Erneuerung der Beziehung von Männern und Frauen von der Bibel her.

Lit.: O. Bangerter: Frauen im Aufbruch. Die Geschichte einer Frauenbewegung in der Alten Kirche, 1971; B. Degler-Spengler: Die religiöse Frauenbewegung des Mittelalters, in: Rottenburger Jahrbuch für Kirchengeschichte 1984, 75-88; P. Dinzelbacher, D.R. Bauer (Hg.): Religiöse Frauenbewegung und mystische Frömmigkeit im Mittelalter, 1988; E. Ennen: Frauen im Mittelalter, 1984; Handbuch der Frauenbewegung, hg. v. H. Lange, G. Bäumer, 4 Bde., (1901) 1981; G. Scharffenorth: »Frauenbewegung«, TRE 11, 1983, 471-481; dies.: »Frauenbewegung in der Ökumene«, ÖL [2]1987, 388-392; dies. et al. (Hg.): Frauen auf neuen Wegen, 1978.

D. Heller

Frauenfrage → Frau; → Frauenbewegung

Frauenmission Malche

Gegründet 1898 von Pfarrer Ernst Lohmann. Er wollte Mission von Frauen an Frauen. Die »Malche« ist ein kleines Tal vor den Toren von Bad Freienwalde an der Oder. Die Familie von Hochstetter stellte es für das Werk zur Verfügung. Drei Frauen aus dieser Familie, aber vor allem die hinzugerufene Lehrerin und Missionarin Jeanne Wasserzug, prägten zusammen mit E. Lohmann das Werk bis in die dreißiger Jahre.

Frauen mit Beruf erhielten eine einjährige Bibelschulausbildung. Andere erlernten noch den Beruf der Krankenschwester oder Hebamme. Ein staatlich anerkanntes Lehrerinnenseminar bildete im Malchetal bis zum Krieg Missionslehrerinnen aus. In den zwanziger Jahren kam zum einjährigen Kursus der Oberkursus. Eigene Missionsfelder hatte das Werk nie. Es gab die Absolventinnen an viele Missionen und freie Werke ab; viele von ihnen arbeiteten im Orient an verfolgten Armeniern. Heute arbeiten die meisten als Gemeindehelferinnen/-Diakoninnen und als Katechetinnen. Nach 1945 wurde eine »Westmalche« nötig, die ihren Sitz in Porta Westfalica bei Minden hat. Hier werden seit 1970 auch Männer ausgebildet. Zielsetzung ist missionarische Gemeindearbeit in landeskirchl. Gemeinden, freien Werken und in Missionsgebieten der Dritten Welt.

H. Ockert

Frauenordination → Ordination; → Frau

Frauenvereine, -verbände → Frauenarbeit

Freidenker

Die Wurzeln der F. liegen in der Aufklärungsphilosophie des 17./18. Jh.s. Der Begriff stammt von W. Molyneux (1656-1698) und wurde durch eine Abhandlung von A. Collins weithin bekannt: »Free-Thinking« (1713). Dt. begegnet er 1715 bei Leibniz in Konkurrenz zu »Freigeist«. Der Bedeutungsgehalt schwankt in ziemlicher Breite zwischen undogmatischem Christentum und erklärtem Atheismus (Freydenker-Lexikon, 1759).

Eine organisierte F.-Bewegung entstand im 19. Jh. Befördert durch weitere Vorläuferbewegungen

(Dt.-Katholizismus und → Lichtfreunde, 1859 zum Bund Freireligiöser Gemeinden zusammengeschlossen) und neue geistige Impulse (Religionskritik: L. → Feuerbach, D. F. Strauß; Dialektischer Materialismus: K. Marx; neues mechanistisches Weltbild: L. Büchner, E. Haeckel) konstituierte sich 1880 in Brüssel der Internationale F.-Bund als »Vereinigung aller rationalistischen Gesellschaften der Welt«, um die »Verbreitung rationalistischer Ideen durch eine Verständigung all derer zu erleichtern, welche die Gesellschaft von rel. Vorurteilen befreien und die Freiheit des Gewissens sicherstellen wollen« (Satzung). 1881 entstand der Dt. F.-Bund (DFB). Einen eigenen Weg beschritt seit 1908 der Zentralverband Dt. F.-Vereine (ab 1911 Zentralverband proletarischer F. Deutschlands), während sich der mehr bürgerliche DFB ein Jahr später mit dem 1906 gegründeten Dt. Monistenbund und weiteren kleineren entsprechenden Organisationen zum »Weimarer Kartell« zusammenschloß. Die 1925 gegründete Internationale proletarischer F. brach bald wieder in einen kommunistischen und einen sozialdemokratischen Verband auseinander. Der ideologische Anspruch der proletarischen F. im Rahmen der Arbeiterbewegung ließ ohnehin das Verhältnis zu den polit. Parteien im Unklaren. Kernpunkte der bürgerlichen F. blieben optimistischer Fortschrittsglaube, aufgeklärter Humanismus und die Betonung entsprechender ethischer Werte. Beide Richtungen beschränkten sich nicht auf antikirchl. Polemik und Kirchenaustrittspropaganda, sondern mühten sich um alternative Gestaltungsformen für herausgehobene Lebensabschnitte und -vollzüge (Namensgebung, Jugendweihe, neue Sinngebung für Feste und Feiertage, Feuerbestattung). Während des Nationalsozialismus zunächst stark eingeschränkt, dann ganz verboten, gelang eine Wiederbelebung nach 1945 nur in Ansätzen. Auch der Versuch, 1989 in der ehemaligen DDR an die alten proletarischen Traditionen anzuknüpfen, mißlang.

Lit.: F. Heyer, V. Pitzer: Religion ohne Kirche. Die Bewegung der Freireligiösen, [2]1979; J.-C. Kaiser: Arbeiterbewegung und organisierte Religionskritik, 1981; J. Mehlhausen: »Freidenker«, TRE 11, 1983, 489-493; C. Schweitzer, W. Künneth (Hg.): Freidenkertum und Kirche, 1932.

H. Kirchner

Freie Evangelisch-Theologische Akademie → Fakultäten, Theologische

Freie evangelische Gemeinden → Bund Freier evangelischer Gemeinden

Freie Missionsgemeinden (CH) → Vereinigung Freier Missionsgemeinden

Freie Theologische Akademie → Fakultäten, Theologische

Freier Wille → Willensfreiheit, menschliche

Freiheit

Über die Frage, ob der Wille des in Sünde gefallenen, d.h. des real existierenden Menschen frei oder unfrei sei, ist es zur tiefsten Auseinandersetzung zwischen einem christl. Humanismus (→ Erasmus von Rotterdam) und reformat. Theologie (Martin → Luther) gekommen. Luther behauptete, der Mensch gleiche einem Reittier, das entweder von Gott oder vom Teufel geritten werde (»Vom unfreien Willen«, 1525). Das entspricht der paulin. Vorstellung, daß der Mensch entweder »nach dem Fleisch« oder »nach dem Geist« lebt; eine neutrale Plattform freier Entscheidung für das eine oder andere besteht nicht. Der Begriff »Freiheit« wird jedoch nicht immer in dem theol. Sinne gebraucht, den Luther meinte.

1. Freiheit ist die begrenzte Wahlmöglichkeit des in Sünde gefallenen, d.h. des vorfindlichen Menschen.

a. Sie ist das Vermögen, spontan oder nach Überlegung zu entscheiden, d.h., eine Möglichkeit zu wählen und andere Möglichkeiten zu verwerfen. Unter dem Eindruck des kausalmechanischen Weltbildes einer überholten Naturwissenschaft wurde die Frage des Determinismus dringend. Der Verdacht kam auf, die F. menschlicher Selbsterfahrung könnte eine Selbsttäuschung sein. Wenn aber ethische Entscheidungen überhaupt möglich sein sollen, und wenn Menschen verantwortlich zu machen sind, dann muß F. vorausgesetzt werden. I. Kant formulierte diese Einsicht als Postulat der praktischen Vernunft. Während tatsächlich durch zahllose Einflüsse, die oft nicht ins Bewußtsein treten, vermeintliche Entscheidungen gleichsam programmiert werden, scheinen doch gelegentlich Entscheidungen offen zu bleiben, die man verantwortlich fällen muß. (Sie sind mit Weichenstellungen zu vergleichen).

b. Der menschlichen Fähigkeit zu freier Entscheidung muß ein Spielraum eingeräumt werden. Dem zur Entscheidung fähigen Menschen darf die Möglichkeit zu entscheiden nicht vorenthalten werden. Aus der Fähigkeit zur F. folgt ein Recht auf F. Der Kampf um Befreiung zielt darauf, den Raum der F. zu erweitern und Beschränkungen der F. abzubauen. Individualistisches Freiheitsstreben führt, ins Extrem getrieben, zum → Anarchismus. In Gemeinschaftsbindung wird F. durch ein Recht zur Mitsprache und Mitbestimmung ausgeübt.

c. Angesichts mangelnden Spielraums und äußerer Zwänge kann der F. gelegentlich nur noch der Ausweg innerer Emigration offenstehen. (»Gedanken sind frei«. F. Schiller: »Der Mensch ist frei geboren, ist frei, und wär er in Ketten geboren«). Äußere Bedürfnislosigkeit und innere Unabhängigkeit läßt auch bei extrem eingeengtem Spielraum noch eine Selbsterfahrung der F. zu.

d. Auch von eigenen körperlichen Bedürfnissen, deren Erfüllung man als schädlich erkennt, und von Neigungen, deren Gefährlichkeit man durchschaut, kann man sich durch Entschluß und Übung befreien. Selbstbeherrschung ist ein Erweis der F. Im bewußten Verzicht auf Möglichkeiten, denen man spontan zuneigen würde, erfährt man Befreiung.

2. Freiheit ist die Folge der Befreiung von Sünde.

a. Der von Gott abgekommene (gottlos gewordene) Mensch hat nicht die Fähigkeit (»Freiheit«), auf Gott zurückzukommen. Paulus schreibt den Römern, sie seien »Knechte der Sünde« gewesen (6,17). Der in Sünde gefallene, d.h. der real existierende Mensch steht unter dem Zwang der Sünde. Er ist unfähig, sich von diesem Zwang zu befreien. Das Zwanghafte besteht darin, daß er immer auf sich selbst zurückkommen muß. Luther sprach von einer Verkrümmung in sich selbst (*incurvatio in se ipsum*). Auch durch moralische und rel. Selbstbefreiungsversuche kommt der Mensch von der sündigen Fixierung auf sich selbst nicht los und findet nicht zu Gott zurück. Indem er durch Gehorsamsleistung gegenüber Gottes Gesetz vor Gott seine eigene Gerechtigkeit aufzurichten trachtet, bleibt seine Frömmigkeit selbstbezogen und »gesetzlich«, weit entfernt von Liebe, die Gott im Menschen hervorrufen möchte. »Wer Sünde tut, der ist der Sünde Knecht« (Joh 8,34).

b. Christus ist gekommen, um die Knechte der Sünde aus dieser Knechtschaft zu befreien. Paulus spricht die Christen als Menschen an, die »frei geworden« sind »von der Sünde« (Röm 6,18). Er sagt die Offenbarung der »herrlichen Freiheit der Kinder Gottes« an (Röm 8,21), betont: »Zur Freiheit hat uns Christus befreit« (Gal 5,1), und warnt davor, diese F. durch → Gesetzlichkeit wieder zu verspielen. Diese F. bedeutet, daß man von der Fixierung auf sich selbst, die in der Bemühung gipfelt, sich das eigene Heil zu besorgen, loskommt. »Freiheit heißt jetzt nicht mehr nur, daß ich tue, was ich will, sondern daß ich will, was Gott tut« (E. Fuchs). Der um sich selbst nicht mehr besorgte, weil im Glauben an Christus seines Heils gewiß gewordene Mensch ist frei zu selbstloser Liebe. Wo »der Geist des Herrn« als innere Antriebskraft wirkt, »da ist Freiheit« (2Kor 3,17). Die psychologisierende Betonung der Notwendigkeit von Selbstliebe, damit man fähig wird, auch andere zu lieben, ist, wenn sie als theol. Aussage gelten soll, ein Anzeichen des Verlustes dieser F. und der Gefahr eines Rückfalls in Selbstbezogenheit und Gesetzlichkeit.

c. Martin Luther hat die »Freiheit eines Christenmenschen« in zwei Sätzen klassisch zum Ausdruck gebracht. Im Glauben ist der Christ »ein freier Herr aller Dinge und niemandem untertan«. In seiner ausschließlichen Bindung an Gott ist er über alle anderen Bindungen erhaben. Dies ist aber nur die halbe Wahrheit. Hinzukommt die Aussage: in der Liebe ist der Christ »ein dienstbarer Knecht aller Dinge und jedermann untertan«. In einer Liebe, die »nicht das Ihre« sucht (1Kor 13,5), bestimmt sich der freie Herr aller Dinge (»alles ist euer, ihr aber seid Christi«, 1Kor 3,22f) freiwillig zum Diener anderer (»wer der erste sein will unter euch, sei euer Knecht«, Mt 20,27). Der Christ ist befreit von dem Zwang zum Kampf um Selbstbefreiung. Er erfährt seine F. nicht in innerer Emigration, sondern in liebender Zuwendung zu denen, die seiner Hilfe bedürfen.

Lit.: H.W. Bartsch, R. Heiligenthal, H. Greive, R. Mehl, A. Schwan: »Freiheit«, TRE 11, 1983, 497-549; G. Ebeling: Die königlich-priesterliche Freiheit, in: Luther-Studien. Bd. 3, 1985, 157-180; ders.: Luther. Einführung in sein Denken, 1964, 239-258.

W. Schlichting

Freikirchen

Aus Protest gegen Patronatsrechte und gerichtliche Eingriffe verließen 1843 unter Führung von Thomas → Chalmers (1780-1847) mehr als 200 Pfarrer die Kirche von Schottland und gründeten die Free Church. Etwa zur gleichen Zeit kam es in der

Schweiz um Alexandre Vinet (1797-1847) zu Gründungen freier Gemeinden. Offenbar konnte im ref. Umfeld das Wort »Kirche« unbefangen für die neuen Bildungen gebraucht werden. Erst 1892 wagten es die englischen Nonkonformisten (→ Dissenters; → Dissidenten), das Wort auch auf sich anzuwenden, als sie einen »Freikirchenrat« bildeten. Der Gegensatz von church und chapel, église und temple, Kirche und Kapelle (im Deutschen nur auf das Gebäude bezogen) signalisiert sprachlich die Abweichung der F. von etablierten Volks-, Staats- oder Landeskirchen. Dahinter verbirgt sich ein grundlegendes Strukturmerkmal, das einem Paradigmawechsel im Verhältnis von Kirche und Gesellschaft gleichkommt: Bürger- und Christengemeinde sind nicht deckungsgleich. Damit geht die Forderung nach Religions-, Glaubens- und Gewissensfreiheit Hand in Hand. Rel. Pluriformität tritt an die Stelle von Uniformität.

Das moderne F.tum hat seine Wurzeln in der Täuferbewegung der Reformationszeit. Im 17. Jh. war der englische Puritanismus Wurzelgrund für das Entstehen des → Presbyterianismus, → Kongregationalismus, Baptismus (→ Baptisten) und des Quäkertums (→ Quäker). Man wird im Puritanismus den Einfluß John → Wyclifs (ca. 1320-1382) nicht übersehen dürfen, der auch auf → Hus (ca. 1371-1415) und die Hussiten und damit auch auf die → Waldenser Einfluß nahm, so daß das F.tum auch mittelalterl. Vorläufer kennt. Die englischen Dissenters wurden nach der Restauration des unter Oliver Cromwell (1599-1658) abgeschafften Königtums hart verfolgt, erzwangen aber 1689 die Toleranzakte, die sie jedoch immer noch Restriktionen unterwarf. So durften sie z.B. nicht die Universitäten beziehen und gründeten eigene Akademien.

Im 18. Jh. trat die Erweckungsbewegung des Methodismus (→ Methodisten) hinzu, die entgegen der Absicht John Wesleys (1703-1791) sich zu einer eigenständigen Kirche entwickeln mußte. Ähnliches gilt für die Brüder-Unität (Moravian Church) des Grafen Zinzendorf (1700-1760). Im 19. Jh. entstanden die → Heilsarmee, die Disciples of Christ, die Freien evangelischen Gemeinden (→ Bund Freier ev. Gemeinden), die Gemeinden der Siebenten-Tags- Adventisten (→ Adventisten), die Kirche des → Nazareners und die → Pfingstbewegung.

Nach Charakter und Art ihrer Entstehung sind von diesen »klassischen« F. die beiden »konfessionellen« F. zu unterscheiden: die Altlutheraner (→ SELK) und die Altreformierten (→ Altreformierte Kirche).

Durch Auswanderung rel. Dissenters nach Nordamerika und durch Baptisten wie Roger Williams (1644) und Quäker wie William Penn (1682) wurde schließlich die Religionsfreiheit 1789 garantiert. Der Staat verzichtete um seiner selbst und um des Gedeihens der Denominationen willen auf eine Aufsicht über diese oder gar eine Begünstigung der einen oder der anderen. Damit trug das F.tum wesentlich zur Herausbildung der modernen pluralistischen und demokratischen Gesellschaft bei.

Während in Deutschland die Kirchen, die nicht im Westfälischen Frieden (1648) einbezogen waren, als »Sekten« abqualifiziert wurden (so der Kirchentag in Eisenach 1855 mit Nachwirkungen im Volksbewußtsein bis heute), gebrauchten die F. den wertneutralen Begriff »Denomination«. Alle christl. Gemeinschaften – die röm. Kirche war davon anfänglich ausgenommen – sind wie Zweige an dem einen großen Baum der Kirche. Diese *branch theory* wurde ökumen. bedeutsam, weil man auf der Grundlage der Gleichheit aller die Einheit im wesentlichen betonen konnte. Es ist darum nur folgerichtig, wenn die Anfänge der ökumen. Bewegung auch auf freikirchl. Ansätze zurückgehen. Dies gilt für die Evangelische → Allianz (1846) ebenso wie für die christl. Jugend- und Studentenarbeit, die Mission (Edinburgh 1910) und schließlich die Entstehung des Ökumen. Rats der Kirchen (1948), die alle dem Einsatz des Methodisten John R. → Mott (1865-1955) viel verdanken. Die moderne Missionsbewegung erhielt durch den Baptisten William → Carey (1761-1834) entscheidende Anstöße. Viele »Junge Kirchen« sind freikirchl. strukturiert.

Die F. verlangen eine Entscheidung zur Mitgliedschaft. Dadurch ist das Verantwortungsbewußtsein der Glieder (Haushalterschaft, Gottesdienstbesuch) groß und die Laienmitarbeit (Priestertum aller Gläubigen) weit entwickelt. Maßnahmen der Kirchenzucht können aus seelsorgerl. Gründen Anwendung finden. Der Freiwilligkeit entsprechen der evangelistisch-mission. Einsatz sowie die diakon. Anstrengungen. Auf Erziehungs- und Jugendarbeit (Sonntagsschule, Gemeindebibelschule) wird großer Wert gelegt.

Freikirchl. Gemeinden sind wegen ihrer Überschaubarkeit (in der Regel weniger als 300 Mitglieder für einen Pastor) und der »Nestwärme« anziehend. Es können leicht intensive Kontakte, dadurch aber auch interne Spannungen entstehen. Aufgrund soziologischer Gegebenheiten waren F. häufig die Kirchen der »kleinen Leute«, so daß es bei sozialem Aufstieg zu Übertritten in »respektablere« Kirchen kommen kann. Gegenwärtig lassen sich jedoch auch soziologische Verschiebungen erkennen.

In Deutschland gibt es seit 1926 die Vereinigung Evangelischer Freikirchen (VEF).

Lit.: E. Geldbach: Freikirchen - Erbe, Gestalt und Wirkung (Bensheimer Hefte 70), 1989; W.E. Heinrichs: Freikirchen - eine moderne Kirchenform, 1989; F.H. Littell: Von der Freiheit der Kirche, 1957.

E. Geldbach

Freimaurer

1. Der Ursprung der modernen F. und ihres Brauchtums liegt im mittelalterl. Großbritannien, im Umfeld des Kathedralenbaus (York, Canterbury, u.a.). Die dort künstlerisch mit dem »Freestone« (Sand- oder Kalkstein) arbeitenden Steinmetze wurden »Freestone Masons« genannt; in der verkürzten Form »Freemasons« (»Freimaurer«) erstmalig 1376 in einer Londoner Urkunde belegt. Die Angehörigen dieser Zunft lebten in »Lodges« (Bauhütten). Mit dem Begriff (davon abgeleitet »Loge«) wurden später auch die Zusammenschlüsse der »Freemasons« bezeichnet. In den schottischen Werk-Logen entstand der Brauch, den Mitgliedern als Schutz vor dem Eindringen unqualifizierter Handwerker bestimmte Erkennungszeichen (Handgriffe) und »Maurerworte« mitzuteilen. Sie gehören noch heute zum Brauchtum der F. Als im 17. Jh. auf die »Logen« in stärkerem Maße soziale und kulturelle Aufgaben zukamen, wurden auch »Nicht-Maurer« (Ärzte, Schriftsteller, Adlige) aufgenommen, die man »Accepted Masons« (Angenommene Maurer) nannte. Zahlenmäßig gewannen sie im Laufe der Zeit die Überhand; heute dürfte es kaum noch »echte« Maurer in den Logen geben.

Am 24. Juni 1717 schlossen sich vier Londoner Logen zur ersten »Großloge« der Welt zusammen und machten 1723 das von dem anglikan. Pfarrer James Anderson erarbeitete »Konstitutionenbuch«, mit dem wichtigen Abschnitt »Die Alten Pflichten«, zur Grundlage ihrer Theorie und Praxis. »Die Alten Pflichten« sind für alle Freimaurerlogen der Welt bis heute verbindlich geblieben. 1725 sprang die Idee der Freimaurerei auf das europäische Festland über; 1737 wurde in Hamburg die erste deutsche Loge gegründet. Gegenwärtig (1991) zählen die F. in Deutschland (Vereinigte Großloge) rund 14.000 Mitglieder, die zu etwa 400 Logen gehören.

2. Die F. verstehen sich nicht als Geheimbund; sie möchten vielmehr ein »ethischer Bruderbund« sein, dessen Mitglieder gehalten sind, in den Logen Toleranz, Humanität und Brüderlichkeit einzuüben. Dazu verhilft besonders die »Arbeit« in der Loge, d.h. die gemeinschaftliche Pflege eines bestimmten Brauchtums, einschließlich der Einweihung der »Brüder« in die Grade »Lehrling«, »Geselle« und »Meister«, sowie das subjektive Erleben überkommener Symbole und Rituale (als das eigentliche »freimaurerische Geheimnis« bezeichnet). Die normalerweise zwischen Männern kontrovers diskutierten Themen »Politik«, »Religion« und »Frauen« sind aus der Logen-»Arbeit« verbannt. Frauen können aus Gründen der Tradition nicht Logen-Mitglieder werden.

3. Die kath. Kirche ist den F.n gegenüber kritisch eingestellt und hält die Mitgliedschaft in einer Loge mit dem kath. Glauben für unvereinbar. Die Ev. Kirche in Deutschland überläßt die Entscheidung über die Zugehörigkeit zu einer Loge dem einzelnen Christen (Erklärung von Tutzing, 1973).

Lit.: R. Appel, D. Möller: Was ist Freimaurerei?, 1975; F.-W. Haack: Freimaurer, 1988; E. Lennhoff, O. Posner: Internationales Freimaurerlexikon, 1980; A. Mellor: Logen Rituale Hochgrade - Handbuch der Freimaurerei, 1967.

R. Hauth

Freireligiöse → Freidenker

Freitod → Suizid

Freiversammlungsmission

Eine mobile Art der → Volksmission. Die mission. Einsätze geschehen auf Straßen und offenen Plätzen, aber auch auf Campingplätzen oder in Erholungsgebieten. In Deutschland verfügt die Freiversammlungs-Mission e.V. mit Sitz in Wuppertal über Missionswagen, die in Form von »Kanzelwagen« konstruiert sind und überall eingesetzt werden können. Die Mission wurde um die Jahrhundertwende in Australien ins Leben gerufen und arbeitet heute in vielen Ländern der Erde.

E. Geldbach

Freizeit

Ein Zeitverständnis, das nicht vom christl. Glauben getragen ist, stockt vor den Schwierigkeiten, erstens »Arbeit« und »Freizeit« zu unterscheiden, zweitens den Sinn beider zu verstehen und drittens zu verdeutlichen, wie Menschen sich in ihnen verhalten sollen. F. ist normalerweise alle frei verfügbare freie Zeit am Feierabend, am Wochenende, im Urlaub und im Ruhestand. Ihr Umfang ist für viele Menschen in den letzten Jahrzehnten ständig gewachsen, während bestimmte Berufe wie z.B. Landwirte, selbständige Handwerker, leitende Angestellte, Ärzte, Architekten, Politiker, Künstler 10 bis 12 Stunden täglich arbeiten. Christen haben sich vor einer Vergötzung der → Arbeit wie der F. zu hüten. Seit Max Weber (1864-1920) werden besonders die Reformatoren → Luther und → Calvin für die Entstehung eines sog. »protestantischen Arbeitsethos‹«, d.h. einer Hochschätzung der Arbeit zusammen mit einer Abwertung der Muße verantwortlich gemacht. Luthers neue Bewertung der Arbeit als → Berufung, d.h. jeder Mensch solle in dem ihm zugewiesenen Stand Gott dienen und wissen, daß auch die unscheinbarste Arbeit Gott wohlgefällig ist, und Calvins Lehre, daß auf gehorsamer Berufsarbeit Gottes Segen liege, und daß sich der Christ an diesem Segen als Zeichen der Erwählung freuen könne, dürfen nicht aus ihren theol. Zusammenhängen, der Rechtfertigungslehre und der Erwählungslehre, gelöst werden. Menschen leben und handeln allein aus Dankbarkeit für die all ihrem Tun bereits vorausliegende Versöhnung mit Gott. Durch Christus ist der Mensch bereits gerechtfertigt und muß sich nicht selbst mit seinen Werken das Heil erarbeiten. Die Erwählungsgewißheit ist allein Sache des Glaubens, des beharrlichen Zutrauens auf Christus. Auf der anderen Seite aber gilt Luthers Grundsatz, formuliert im Blick auf Gottes Ruhe als Abschluß und Ergänzung des Schöpfungshandelns (1Mo 2,2; Hebr 3,7ff): »Gott dient man auch durch Ruhe und Muße, ja durch nichts dient man ihm mehr als dadurch« (WA.Br 5,317,40). Die → Säkularisierung (die Loslösung vom Glauben) des Zeitverständnisses durch die Aufklärungsphilosophie begründete ein neues Verständnis von Arbeit und F. Das aufklärerische Leitprinzip der menschlichen Selbstverwirklichung durch Arbeit (F. Bacon, Th. Hobbes, J. Locke: A. Smith, K. Marx) wird heute von den Propheten einer »emanzipierten Freizeitgesellschaft« (H. Opaschowski, W. Nahrstedt) durch die Utopie einer quasirel. F. ersetzt, deren wichtigste Ziele Selbstgewißheit, soziale Vergewisserung und Lebensgenuß zu sein scheinen. Für Christen gilt gegenüber den Gütern und Werten der Welt eschatologische (auf das erwartete Reich Gottes bezogene) Distanz (1Kor 7,29ff). Das gilt auch für die christl. F.gestaltung. Christen bekennen: »Meine Zeit steht in Deinen Händen« (Ps 31,16). Arbeit hat ihre Zeit, F. hat ihre Zeit (Pred 3,1ff). Die Aufgabe der Christen ist es, in allen Lebensbereichen die Botschaft von dem dreieinigen Gott zu verkünden. Diesem mission. Ziel fühlte sich der ev. Dienst in der F. der 50er und 60er Jahre noch weithin verpflichtet. Die inzwischen weit ausgefächerte kirchl. F.arbeit in Form von Familienf.en, Jugend- und Studienreisen, Camping-, Urlauber- und Kurseelsorge u.a.m. (→ Freizeiten) muß sich fragen lassen, ob sie nicht unter den Stichworten »ganzheitlicher Dienst am Menschen« und »diakonische Betreuung« als Einfallstüren Erwartungen nachgibt, die sich von den bibl. -theol. verantwortbaren Zielen immer weiter entfernen.

Lit.: Ch. Gremmels: »Freizeit«, TRE 11, 1983, 572-578 (Lit.).

J. Kniffka

Freizeit/-en

Der Begriff F. wird erstmals 1913 im »Ev. Verband für die weibliche Jugend Deutschlands« für eine »Rüst- und Besinnungszeit« verwendet. Inzwischen wird unter F., im Gegensatz zu Tagungen und Seminaren, eine Erholungsmaßnahme in einer Gruppengemeinschaft verstanden. Gewachsener Wohlstand im christl.-kirchl. Mittelstand, eine weitere Zunahme an selbstbestimmt zu gestaltender, arbeitsfreier Zeit (→ Freizeit), der Trend zum zweifachen Urlaub pro Jahr und zum Wochenend-Kurzurlaub sowie die weltweite Tourismusindustrie mit ihren ökologischen und anderen Risiken bilden den einen Teil des soziologischen Umfeldes christl. F.en. Den anderen Teil bilden die permanente Konsumorientierung und Individualisierung unserer Gesellschaft. Immer besseren technischen Kommunikations- und Unterhaltungsmöglichkeiten stehen immer anonymere zwischenmenschliche Beziehungen bis hin zur Gemeinschafts- und Freizeit-Unfähigkeit bzw. -Unwilligkeit gegenüber. Den vielfältigen Erwartungen entsprechend – F. ist in sich schon mit der Erwartung des Besonderen behaftet – entwikkelt sich heute eine Spezialisierung der F.-Angebote nach Zielorten, Altersgruppen, Familienstand und Familienzusammensetzung, sozialer Schichtung, Berufsgruppen und nach Erlebnis-, Bildungs- und Aktionsinhalten. Das Ziel christl. F.en muß sich dem Ziel aller christl. Gemeindearbeit zuordnen, nämlich Vermittlung und Gestaltung des Lebens in der Gemeinschaft mit Jesus Christus. Im einzelnen gehört dazu: Glauben finden und behalten an die uns in Jesus Christus aufgeschlossene, unverdiente

Zuwendung Gottes; eigene Befähigungen entdekken und in persönlichkeitsentfaltenden Aufgaben bewähren; in der Orientierung an Jesus Christus Maßstäbe zu konstruktiver und kritischer Lebens- und Weltgestaltung gewinnen; ein Mitmensch werden, der für Gott und mit anderen lebt. F.en kommt dabei die unverwechselbare Aufgabe zu, dies in einer zeitlich befristeten, ganzheitlichen Lebensgemeinschaft mit Christen und Nichtchristen zu verwirklichen. Als Einübungsfeld in gelebten christl. Glauben haben christl. F.en heute angesichts des Ausscheidens traditioneller christl. Sozialisationsinstanzen eine unvergleichliche Bedeutung. Programminhalte von F.en sind deshalb tägliche Verkündigung in Bibelarbeit, Andacht o.ä., Geselligkeit, lebenskundliche Bildung, Sport, Musisch-Kreatives, Kultur-, Landschafts- und Aktionserlebnisse, Seelsorge. Methodisch ist zu bedenken, daß der Genuß persönlicher Freiheit oberstes Urlaubsziel vieler F.-Teilnehmer ist. Die Bewältigung der daraus resultierenden Spannung zwischen Angebots- und Verbindlichkeitscharakter des F.-Programms bleibt Daueraufgabe der F.-Leitung. Ebenso die Spannung zwischen dem Wunsch nach Mitmach- und Mitverantwortungsmöglichkeiten auf der einen und eingefleischter Konsumentenmentalität auf der anderen Seite. Gesprächsgruppen, Hilfen zu argumentativer Auseinandersetzung, Erlebnis-Vermittlung, spielerisch-kreative Elemente, gezielter Medieneinsatz und »learning by doing« bieten sich als Methodenfelder an. Von entscheidender Bedeutung ist die Delegation von Verantwortungsbereichen der F. an ehrenamtliche Mitarbeiter. Ohne deren lebendige Glaubensbeziehung zu Jesus Christus, ihre Kontakt- und Kooperationsfähigkeiten sowie ihre Programmbeiträge und ihr Organisationstalent sind die o.a. Ziele und Inhalte nicht realisierbar.

Lit.: R. Frey, G. Terner, E.G. Wenzler: Praxisbuch Freizeitarbeit, 1989; S. Hölzel: Freizeitpädagogik zwischen Gleichgültigkeit und Zwang, 1971; J. Schilling: Planung von Ferienlagern und Freizeiten, 1981.

P.L. Böcking

Freude

Das deutsche Wort »Freude« ist abgeleitet von der Bildung »froh«. Dieses Wort »froh« hatte ursprünglich die Bedeutung »eilig«, »schnell«, was sich auch im außerdeutschen Raum niedergeschlagen hat (russ. *pryt*, »schneller Lauf«). Die indogermanische Wurzel heißt *pren*, »springen«.

F. hat also immer mit Bewegung zu tun (vgl. die Bildungen »vor Freude taumeln«, »Freudentänze aufführen« usw.). F. reißt mit und erfaßt den ganzen Menschen.

Im Griech. wiederum kommt das Wort *chara*, »Freude«, von der Bildung *charis*, »Gnade«. Der Zusammenhang zwischen F. und Gnade ist hier erkannt und sprachlich festgehalten worden: F. als Antwort auf Gottes Gnadenhandeln.

Ein Blick in die Bibel zeigt ein buntes Bild. Das Wort »Freude« kommt häufig und an entscheidenden Stellen vor.

1. Sehr auffällig ist im AT (und bis heute in der jüd. Frömmigkeit!) der Zusammenhang zwischen F. und Fest. Das Feiern spielt im Leben des gläubigen Juden eine erhebliche Rolle, und das spiegelt sich im AT: z.B. 5Mo 16,15; 2Chr 30,21; Esr 6,22; Est 8,16.17. Aber auch in anderen Lebensbereichen herrscht der Grundton der F.: Die F. am Singen (2Chr 29,30; Jer 30,19), am Spiel (Ps 45,16), die Lebensfreude insgesamt durchzieht die atl. Botschaft. Aber gleichermaßen gilt: Wo F. entschwunden ist (Jes 24,11; Joel 1,12.16), da ist es finster, und Leben kann sich nicht mehr entfalten.

2. Das alles ergibt sich aus dem Verhältnis Gottes zum Menschen, speziell zu seinem Volk. Bei Gott selbst ist die F. (1Chr 29,3; 2Chr 20,27). Auf seiten des Volkes kann die Antwort auf Gottes freundliche Zuwendung auch nur F. sein: »Dienet dem Herrn mit Freuden« (Ps 100,2; Neh 8,10). So kann auch das gesamte gottesdienstl. Leben nur Ausdruck von F. sein; das Laubhüttenfest wird ausdrücklich als Fest der F. proklamiert (5Mo 16,15), und Israel freut sich an den Geboten Gottes (Ps 119,47). Am Ende der Tage wird Gott dann alle Trauer fortnehmen (Jer 31,13).

3. Im NT durchzieht der Grundton der F. alle Bücher, angefangen vom Lobpreis der Engel: »Siehe, ich verkündige euch große Freude« (Lk 2,10) bis zur Darstellung bei Johannes (1Joh 1,4). Jesus selbst ist Botschafter der F., er möchte, daß seine F. seinen Jüngern zuteil wird (Joh 15,11; 16,24; 17,13), und die Jünger nehmen »mit großer Freude« Anteil an seinem Leben: Die Auferstehung ist das Fest der F. (Mt 28,8; Lk 24,52)! So fordert der Apostel Paulus wieder und wieder in seinen Briefen, und vor allem im Philipperbrief, auf: »Freuet euch in dem Herrn allewege!« (4,4).

Ein besonderer Aspekt im NT ist noch der, daß F. und Anfechtung verbunden werden: »Achtet es für lauter Freude, wenn ihr in mancherlei Versuchungen geratet« (Jak 1,2). Die F. im Leid, die Fähigkeit, in Drangsal und Verfolgung doch Gott loben zu können (Apg 16,25), durchzieht die Frömmigkeitsgeschichte der Christen und ist ein tiefer Ausdruck der Tatsache, daß F. nach der Botschaft der Bibel nicht menschliche Erfindung, sondern Gnadengeschenk Gottes ist. Nicht umsonst (und leider viel zu wenig beachtet) heißt das Abendmahl eigentlich und zuerst Freudenmahl, spricht uns doch Christus in Brot und Wein die F. zu, die er uns verheißen hat. Schließlich ist die F. nach der Botschaft des NT eine Frucht des Geistes (Apg 13,52; Röm 14,17; Gal 5,22).

F. kann man nicht machen, sagen wir. Das stimmt. Aber die F., die Christus schenkt, steckt an, macht sich Bahn, teilt sich mit, reißt davon. Sie macht heiter, weckt das Spiel, das Lied, die Gemeinschaft. In unserem Leben, in unserer Gesellschaft, in unserer Welt ist viel Ernst, auch viel Glaubensernst, tiefe Frömmigkeit, aber auch Fanatismus und Enge. Gottes Geschichte mit seinem Volk, das Kommen Jesu Christi in diese Welt weckt eine F., die durchträgt.

Lit.: J. Schniewind: Die Freude im Neuen Testament, in: ders.: Die Freude der Buße, 1956, 9-18.

H. Bärend

Freundschaft

In der Antike gilt F. (*philia*) als »die Mutter aller Tugenden«. Neben der Bluts- und Stammesverwandtschaft zeigt sie sich vor allem in der Gastfreundschaft. Das griech.-röm. Ideal begrenzt F. allerdings streng auf den Kreis der Altersgenossen, Ebenbürtigen, Gleichgesinnten und Sympathischen. Die *philia* ist insofern egozentrisch fixiert, als allen Handlungen die *timē* vorausgeht, das Werturteil über den andern, das ihn erst eines Freundschaftserweises für würdig erklärt (vgl. Aristoteles, Nikomachische Ethik, hg. von F. Dirlmeier, 187f). Für Cicero ist F. »Übereinstimmung in allen Dingen, verbunden mit gutem Willen und Zuneigung« (Laelius sive de amicitia, 20).

In der Bibel findet sich eine Art Definition in 5Mo 13,7: Ein Freund ist einer, »der dir so lieb ist wie dein Leben«. Ein hebr. Sprichwort sagt: »Ein Freund liebt mehr und steht fester bei als ein Bruder« (Spr 18,24; vgl. die F. zwischen Jonatan und David: 1Sam 18,1ff). Für die Weisheitsliteratur spielt die Mahnung zu echter F. eine wichtige Rolle. Sir 6,5-17 bietet ein Summarium, wobei als die Voraussetzung treuer F. die Gottesfurcht genannt wird.

Darüber hinaus ist in der Bibel auch von Gottesfreundschaft die Rede. Diese bezeichnet eine erstaunliche Vertrautheit der Beziehung von Menschen zu Gott. So wird Abraham »Freund Gottes« genannt (Jes 41,8; 2Chr 20,7). Weil er Gott Gehör und Glauben schenkt, zieht Gott ihn ins Vertrauen (1Mo 18,17). Mit Mose spricht Gott so, »wie einer mit seinem Freund spricht« (2Mo 33,11). F. ist hier bezogen auf die enge, vertrauensvolle, geradezu partnerschaftliche Zusammenarbeit mit Gott. Nach Ps 25,14 gilt Gottes F. uneingeschränkt allen, die ihn ernst nehmen.

Im NT ist auffällig, daß Jesus nicht nur seine Jünger mit »meine Freunde« anredet (Lk 12,4; Joh 11,11), sondern daß er seine F. gerade auch den Schuldiggewordenen und allseits Verachteten schenkt. Als »Freund der Zöllner und Sünder« (Lk 7,34) ermöglicht Jesus eine tiefgreifende Änderung im Leben von Menschen auf der Basis vorbehaltlosen Vertrauens (Lk 19,1ff). In seinen Gleichnissen beschreibt Jesus Gott als den persönlichen Freund des Menschen, den man jederzeit bitten und bemühen darf (Lk 11,5ff). Seine Jünger nennt Jesus ausdrücklich »nicht mehr Knechte, sondern Freunde« (Joh 15,14f; vgl. auch Eph 2,19: »Gottes Hausgenossen«) und stellt sie damit in eine unmittelbare, beteiligte Beziehung zu sich selbst und zum Handeln Gottes: ». . .denn ich habe euch alles mitgeteilt, was ich von meinem Vater gehört habe.«

F. mit Jesus konkretisiert sich im Gebet, in der vertrauensvollen Zwiesprache und im erwartenden Hören auf ihn. Diese F. ist nicht nur kostbar, sondern zugleich anspruchsvoll, indem sie das Ausführen der Aufträge Jesu zur Bedingung macht (Joh 15,14). F. beschränkt sich christl. nie nur auf die Ebene des Genießens, sondern hat den Einsatz für die Ehre und Herrschaft Gottes im Blick. Grundlage christl. F. bleibt der Wille Gottes (vgl. Mt 12,50).

Die Gläubigen sind deshalb gerufen, F. »in Christus« weiterzugeben: andere vorurteilslos und geschwisterlich anzunehmen, ihnen aufmerksam beizustehen, sie mitverantwortlich einzubeziehen in den eigenen Dienst für Gott und ihnen so auf jede Weise das innere Wachstum vor Gott zu erleichtern. Zur Qualität christl. F. gehören Aufrichtigkeit, Treue, Herzlichkeit, Hochachtung, Großmut, Besonnenheit sowie der dauernde Respekt vor der Freiheit des andern (vgl. auch Gal 5,22!).

In den wenigsten Lehrbüchern der Ethik finden sich Ausführungen über F. Für E. → Brunner gehört sie zu den freiheitlichen Gemeinschaftsformen, eine Gabe Gottes, die jedoch stets in Gefahr steht, zum »Besitzanspruch und zur exklusiven Genießerei« zu werden. Deshalb müsse auch die F. wiedergeboren werden (Das Gebot und die Ordnungen, 1933, Kap.

42). D. → Bonhoeffer schätzt F. als »das seltenste und kostbarste Gut« innerhalb des von Gott gewährten Bereichs der → Freiheit. Die F. gehöre in ihrer Eigenart zu den ethischen Gütern »wie die Kornblume zum Ährenfeld« (Brief vom 23. 1. 1944: Ethik, 1949, 222, Anm. 2; vgl. auch Bonhoeffers Gedicht »Der Freund« (1944) in »Widerstand und Ergebung«).

Lit.: H.-H. Schrey: »Freundschaft«, TRE 11, 1983, 590-599 (Lit.).

R. Frische

Frey, Hellmuth (1901-1982)

F., geb. am 20. 12. 1901 in Torri/Estland, 1921-28 Studium in Dorpat bei Bulmerincq, v. Stromberg, in Tübingen bei Procksch, Schlatter, Heim, 1923 Mag. theol., ab 1928 Pastor und Dozent für AT in Dorpat, 1941-43 Pastor in Lissa, 1943-45 Kriegsdienst und Gefangenschaft mit Lehrtätigkeit in der Kriegsgefangenenhochschule Norton Camp, ab 1946 Dozent für AT und Seelsorger für geistig Behinderte in Bielefeld-Bethel, gest. am 27. 12. 1982 in Bethel.

Literarische Tätigkeit: Auslegung des AT »für Freunde und Verächter der Bibel« in der Reihe »Botschaft des AT« als geistl. Schriftauslegung unter dem Eindruck der gesellschaftl. und polit. Krisen der beiden Weltkriege, der Kriegsgefangenschaft, des Verlustes geistl. Bindung der Schriftauslegung in der Nachkriegszeit.

Aus seinem Selbstverständnis als Lehrer der ev. Kirche heraus begann F. 1950 den Kampf gegen die Zersetzung der Glaubensgrundlage durch die phil. Überfremdung der Theologie. In diesem Zusammenhang wurde er Mitbegründer des »Bethelkreises« (1960) und der aus ihm 1966 erwachsenen → Bekenntnisbewegung »Kein anderes Evangelium«, deren Wortführer er in ihren Anfängen war. In dieser Auseinandersetzung entstanden zahlreiche Aufsätze und Schriften (s. Lit.).

Das Grundanliegen von F.s theol. Arbeit besteht darin, vor dem Hintergrund der Heiligkeit Gottes die Genugsamkeit des Heilswerkes Christi in der gegenwärtigen Situation zur Geltung zu bringen. Die sog. »pneumatische Exegese« geht, in Anknüpfung an K. → Girgensohn, davon aus, daß der Buße und Glaube wirkende Heilige Geist durch die Schrift selbst »ihr Interpret« ist, durch den allein sie in ihrer geschichtlich gewordenen Gestalt sachgemäß verstanden werden kann. Von daher eröffnete für F. auch erst der Glaube an Jesus Christus den Zugang zum AT.

Um F. sammelten sich, vor allem seit 1966, Bibel- und Gebetskreise der Betheler Theologiestudenten, die zum Anfang einer eigenständigen Studienvorbereitung und -begleitung für Theologiestudenten geworden sind (Seminare, Freizeiten in Pura, Geistl. Rüstzentrum Krelingen; Studienstiftung »Kein anderes Evangelium«; Arbeitsgemeinschaft Geistliche Orientierung im Theologiestudium/AgO). Hier wird versucht, das bibl.-reformat. und seelsorgerl.-erweckliche Grundanliegen F.s aufzunehmen und in den kirchl. Dienst wie in die theol. Arbeit und Ausbildung hinein umzusetzen.

Lit.: »Die Botschaft des Alten Testaments«, ab 1935: (1 Mo; 2 Mo; Jes 40-55; kleine Propheten; Hos; Am); »Das Ziel aller Dinge«, Bibelstudien über Offb 1-22, [3]1964; Handkommentar zum Buch Jesaia: Kp. 1-5, 1975; Kp. 6-12, 1978; Um den Ansatz theologischer Arbeit, in: Abraham unser Vater, FS O. Michel, 1963; Die Krise der Theologie. Historische Kritik und pneumatische Auslegung im Lichte der Krise, 1971; Die Frage nach dem Zeugnis von Jesus Christus heute. Die christologische Konzeption Willi Marxens und ihre weltanschauliche Bestimmtheit, 1966.

S. Findeisen, H. Frey, W. Johanning: Das Kreuz Jesu und die Krise der Evangelischen Kirche, 1967; A. Sierszyn: Die Bibel im Griff? Historisch-kritische Denkweise und biblische Theologie, 1978; Die Frühlingswiese Gottes. Theologie und Erweckung heute, hg. von G. Diekmeyer, 1983.

S. Findeisen

Freylinghausen, Johannes Anastasius (1670-1739)

Ev. Theologe, geb. am 2. 12. 1670 in Gandersheim, gest. am 12. 2. 1739 in Halle. Als Theologiestudent 1691 in Erfurt für den → Pietismus gewonnen, wurde F. 1695 in bescheidener Stellung (ohne Gehalt) für 20 Jahre A.H. → Franckes Gehilfe im Pfarramt zu Glaucha und im Waisenhaus. 1715 Franckes Adjunkt an der Ulrichskirche in Halle, heiratete er Franckes einzige Tochter. Nach Franckes Tod 1727 übernahm F. gemeinsam mit dessen Sohn die Leitung der Franckeschen Anstalten. Für das Pädagogium veröffentlichte er 1703 das häufig aufgelegte Lehrbuch »Grundlegung der Theologie« (14 Auflagen). Auf Bitten der Theol. Fakultät hielt er homiletische Vorlesungen und führte als erster praktische Predigtübungen durch. Bekannt wurde F. als Liederdichter (44 Gesänge) und als Herausgeber pietist. geprägter Gesangbücher »Geistreiches Gesangbuch« (1704 mit 683 Liedern), »Neues geistreiches Gesangbuch« (1714 mit 815 Liedern). 1741 veröffentlichte Franckes Sohn das »Vollständige Freylinghausensche Gesangbuch«, das alle von F. herausgegebenen Lieder enthielt, mit 1582 Liedern eine der reichhaltigsten pietist. Sammlungen.

Lit.: (Chr. v. Palmer) C. Bertheau: »Freylinghausen«, RE[3] Bd. 6, 1899, 269-272; J. Klepper: Der Soldatenkönig und die Stillen im Lande, 1938; W. Lueken: »Freylinghausen«, RGG[3] II, 1958, 1132.

J. O. Rüttgardt

Freytag, Walter (1899-1959)

F., geb. am 28. Mai 1899 im thüringischen Neudietendorf bei Erfurt, gest. am 24. Oktober 1959 in Hamburg als Prof. für Missionswissenschaft, wurde durch die »unreflektierte Frömmigkeit« seiner Jugendzeit in der Brüdergemeine, der er zeitlebens angehörte, geprägt. Gleichzeitig diente er als Pfarrer der luth. Kirche und lehnte das ihm (dreimal!) angetragene Amt des Bischofs von Hamburg ab.

Da seine Vorbereitungen für den Missionsdienst in China der polit. Entwicklung Chinas wegen nicht zum Ziele führten, konzentrierte sich F. auf die Arbeit in der Heimat. Er wurde nach dem ersten Theol. Examen 1924 in Halle und dem zweiten Examen 1925 Vikar in Sachsen und promovierte 1925 in Hamburg, wurde 1926 Sekretär und 1928 Direktor der 1913 gegründeten Stiftung Deutsche Evangelische Missionshilfe. Mit Martin Schlunk zusammen reiste er zur 2. Weltmissionskonferenz nach Jerusalem, wurde 1929 als Nachfolger Schlunks zum Hanseatischen Missionsdirektor berufen und übernahm den damit verbundenen Lehrauftrag für Missionswissenschaft an den Universitäten Hamburg und Kiel bis zum Lehrverbot 1943. Nach dem Krieg wurde er 1947 zum Honorarprofessor für Missionswissenschaft und 1953 zum Ordinarius berufen, nachdem drei Jahre zuvor die Universität Tübingen ihm den Ehrendoktortitel verliehen hatte. Die Gründung der Missionsakademie an der Universität Hamburg ist sein Verdienst.

F. wurde 1930 zum Mitglied des Deutschen Evangelischen Missions-Rates (DEMR) berufen und (war seit 1946 bis zu seinem Tode als dessen Vorsitzender) wesentlich an den Entscheidungen dieses alle deutschen Missionsgesellschaften umfassenden Gremiums beteiligt. Zusammen mit seinem Freund K. → Hartenstein verhinderte er die von den → Deutschen Christen geforderte Integration von (Deutscher) Kirche und Mission. 1954 wurde er Vorsitzender der Studienabteilung des Ökumen. Rates der Kirchen (ÖRK) und 1958 einer der Vizepräsidenten des Internationalen Missionsrates (IMR). Obwohl selber nie im aktiven Missionsdienst tätig, bereiste er mehrfach Indien, China, Indonesien und Neuguinea und verwertete diese Reiseerfahrungen in seinem einzigen Buch »Die junge Christenheit im Umbruch des Ostens – Vom Gehorsam des Glaubens unter den Völkern«, das zum grundlegenden Vorbereitungsmaterial der 3. Weltmissionskonferenz in Tambaram/Madras 1938/39 wurde. Zusammen mit K. Hartenstein nahm er an dieser letzten Versammlung vor Ausbruch des Krieges teil und wurde nach dem Zweiten Weltkrieg als einer der ersten Deutschen wieder zur 4. Weltmissionskonferenz in Whitby/Kanada (1947) und Willingen (1952) sowie Achimota/Ghana (1958), wo er zum Vizepräsidenten des IMR gewählt wurde, für grundlegende Vorträge eingeladen. Auch in der Ökumene hatte er seinen festen Platz und nahm sowohl an der Gründungsversammlung in Amsterdam 1948 als auch in Evanston 1954 teil. Die Landeskirche verstand er als Teil der Weltmission und leitete damit die früher abgelehnte Integration von Kirche und Mission ein, die dann 1961 in Neu Delhi durch den Zusammenschluß von IMR und ÖRK ihren ersten Ausdruck fand.

Theol. begründete er die Mission aus der → Eschatologie und war sich klar darüber, daß die Kirchen in der »Dritten Welt« andere Formen annehmen werden als in Europa und USA; andererseits würden aber nur die Kirchen, die sich senden lassen, der Verwirklichung der Einheit entgegenschreiten.

Lit.: Bibliographie der wichtigsten Werke Freytags in: Basileia. FS für W. Freytag, 1959; W. Freytag: Reden und Aufsätze, 2 Bde., 1961.

K. Bockmühl: Die neuere Missionstheologie, 1964; R. Hering: Theologische Wissenschaft und »Drittes Reich«. Studien zur Hamburger Wissenschafts- und Kirchengeschichte im 20. Jahrhundert. Reihe Geisteswissenschaften Bd. 20, 1990; J. Triebel: Bekehrung als Ziel der missionarischen Verkündigung. Die Theologie Walter Freytags und das ökumenische Gespräch, 1976.

K. Rennstich

Frieden

1. Aktualität der Friedensfrage

In der wissenschaftl.-technischen Zivilisation, die laufend komplexere Strukturen und damit wachsende Abhängigkeiten schafft, und einer Welt, die immer näher zusammenrückt, gehört F. zu den Überlebensbedingungen der Menschheit. Die Bedeutung des Themas zeigt sich u.a. daran, daß seit den 60er Jahren auch in Deutschland die F.s- und Konfliktforschung als neuer Wissenschaftszweig hervortrat. Dabei spiegeln sich die Fülle der Probleme und die verschiedenen Auffassungen von F. in diesen Bemühungen. Bezüglich einiger Grundsätze herrscht jedoch weitgehende Übereinstimmung:

a. F. kann nicht nur negativ definiert werden, d.h. er ist mehr als die Abwesenheit von → Krieg. Zum F. gehören auch andere Werte wie z.B. die Wahrung der Menschenrechte.

b. F. darf nicht statisch verstanden werden. Denn die unterschiedlichen Vorstellungen von gesellschaftl.-polit. Idealzuständen führen oft in den Nebel utopischer Wunschträume. Erhebt sich eine Friedensideologie gegen die andere, kann das Friedenspostulat selbst in Krieg umschlagen.

c. Zur Friedfertigkeit gehört auch die Konfliktfähigkeit als Bereitschaft, mit Konflikten in rechter Weise umzugehen. F. ist kein ein für allemal vorhandener Zustand, sondern muß immer neu erworben werden.

2. Biblische Bezüge

F. (Schalom) ist im AT ein umfassender Begriff, der alle persönlichen und sozialen Lebensbereiche einbezieht. Nur da, wo in all diesen Bereichen und zwischen ihnen eine Leben ermöglichende Geordnetheit besteht, kann von Schalom die Rede sein. Der vollkommene F. ist dabei der bestehenden Situation voraus. In diesem Sinne wird F. als Gruß und Segen zugesprochen. Jahwe schafft F. und ist sein eigentlicher Garant. Schalom herrscht nur dort, wo Güte und Treue einander begegnen und Gerechtigkeit und F. sich küssen (Ps 85,9-14). Die eschatologische Orientierung des F.sverständnisses nimmt im Rahmen der atl. Überlieferung an Deutlichkeit zu. Am Ziel der Zeit wird es keine Kriege mehr geben, und die Nationen werden ihre Schwerter zu Pflugscharen und ihre Spieße zu Rebmessern schmieden (Jes 2,4; Mi 4,3).

Das Wissen darum, daß F. von Gott herkommt und allem menschlichen Tun vorausgeht, findet im NT seinen vollen Ausdruck. Mit der Erfüllung der messianischen Erwartung in der Sendung Jesu wird der Gottesfriede zeichenhaft schon jetzt sichtbar (vgl. Lk 2,14). Wenn Jesus Geheilte mit der Aufforderung entläßt: »Gehe hin in Frieden« (Mk 5,34), so sind darin soziale, körperliche und geistig-seelische Dimensionen eingeschlossen, das Wohl und das Heil. Weil Jesus Christus am Kreuz zwischen Gott und Menschen F. schloß, gewährt die Rechtfertigung aus Glauben F. mit Gott (Röm 5,1). Folglich ist durch das Kreuz Jesu die Mauer der Feindschaft auch zwischen den Menschen abgerissen. Diese christologische Sicht des F.-Stiftens gipfelt in dem Satz von Eph 2,14: »Denn ER ist unser Friede« Als Boten des F.s (vgl. Mt 5,9) werden Jesu Jünger beauftragt, den »Söhnen des Friedens« (Lk 10,6), d.h. allen denen, die zur Annahme der Botschaft bereit sind, den in Jesus Christus gekommenen F. wirksam zuzusprechen. Dieser F., der »höher ist als alle Vernunft« (Phil 4,7), gilt auch gegen allen Augenschein inmitten von Angst und Not in der Welt (vgl. Joh 16,33).

3. Christliche Friedensethik

Nach ursprünglicher Distanz der frühen Christenheit gegenüber Staat und Kriegsdienst, trat mit der Erhebung des Christentums zur Staatsreligion im Römischen Reich eine Wende ein. In dieser Situation entwickelte Augustinus (354-430) unter Anknüpfung an ältere Tradition (Cicero/Origenes) in seiner Schrift »De civitate Dei« die für das Abendland geschichtlich grundlegende christl. Sicht zum Thema Krieg und F. Seine Lehre vom »gerechten Krieg« geht davon aus, daß Krieg nur zulässig ist als Mittel zur Wiederherstellung der durch Angriff (d.h. durch das Böse) gestörten F.sordnung. Es geht keineswegs um direkte Rechtfertigung des Krieges, sondern um eine ethische Anweisung, die im Blick auf das hohe Ziel des gerechten und ewigen F.s Gottes auch um das Elend der »gerechten Kriege« und um die Vorläufigkeit des irdischen F.s weiß. »Denn solange die beiden Reiche miteinander vermischt sind, bedienen auch wir uns des F.s Babylons« (De civitate Dei XIX,26).

Die Kriterien für den »gerechten Krieg« wurden in der mittelalterl. scholastischen Theologie bis zum Höhepunkt bei → Thomas von Aquin (1225-1274) immer genauer zu fassen versucht. Die mittelalterl. Gottesfrieden- und Landfriedensbewegung zeigt die Notwendigkeit und Sehnsucht nach einer rechtlich geschützten F.sordnung.

Renaissance und Humanismus wollten die F.sidee durch Vernunftgründe und den Humanitätsgedanken festigen. Diese humanistische Tradition schließt mit der Absolutheit der sittlichen Pflicht zum F. die Vorstellung von seiner Realisierbarkeit ein (vgl. I. Kant, Zum ewigen Frieden, 1795). Die Lehre der Reformatoren bleibt im wesentlichen im Rahmen der traditionellen Auffassung vom »gerechten Krieg«, jedoch wird die persönliche Gewissensprüfung der Regierenden und Abhängigen betont. Religionskriege und Kreuzzüge fallen nach reformat. Verständnis grundsätzlich nicht unter die Kategorie des »gerechten Krieges«.

Aus Täufergruppen und anderen in der Reformation verwurzelten Bewegungen, die jede Tötungsgewalt ablehnen, gingen die hist. → Friedenskirchen → Quäker, Kirche der Brüder (Church of the Brethren) und → Mennoniten hervor.

Den Ausgangspunkt der neueren ökumen. F.sethik bildet das Grunddilemma der atomaren Abschreckung: Die Drohung mit dem Einsatz von Atomwaffen soll diesen Einsatz gerade verhindern. Angesichts der neuzeitlichen Massenvernichtungsmittel führen sich die herkömmlichen Kriterien für einen »gerechten Krieg« ad absurdum, denn was geschützt werden soll, wird vernichtet. Entsprechend kann Krieg heute nicht mehr als »Fortsetzung des politischen Verkehrs mit anderen Mitteln« (v. Clausewitz) angesehen werden. Umgekehrt lautet die Forderung gegenwärtig nach »Abschaffung des Krieges als politischer Institution« (C.F. v. Weizsäcker).

Bei der Diskussion um den Wehrdienst von Christen ist im Bereich der EKD mit den »Heidelberger Thesen« von 1959 ein Kompromiß vorgeschlagen worden: »Friedensdienst mit Waffen« oder »Friedensdienst ohne Waffen« lautet die Formel für die nach Gewissensentscheidung möglichen christl. Haltungen; beide, so wird gesagt, ergänzen sich letztlich (wirken komplementär). Aber diese Regel gilt nur so lange, wie das Ziel des F.s und der Abrüstung im Auge behalten wird. Auch der Kompromiß der »Heidelberger Thesen« ist also dynamisch zu verstehen. Er gilt nur für eine Übergangszeit.

Die → Friedensbewegung als soziale Erscheinung erfaßte seit Beginn der 80er Jahre auf breiter Basis auch die Kirchen. Dabei mischten sich humanistische und christl. Motive. Je nach Akzentuierung ergeben sich auch unter Christen verschiedene Positionen. Nach bibl. Sicht ist jedoch deutlich, daß die Schuldverstrickung des Menschen und die Zwiespältigkeit der Welt zu groß sind, als daß sich der umfassende F. (innerer und äußerer F.) in der Geschichte durchsetzen könnte. Dennoch ist F. nicht rein jenseitig zu verstehen. Er bleibt das eschatologische Ziel der Welt, das der Mensch zwar nicht in eigene Regie übernehmen kann (→ Reich Gottes), das Christen aber doch Orientierung für ihr Handeln in der Welt gibt (→ Bergpredigt). Als fundamentale christl. Erkenntnis bei allen unterschiedlichen ethischen Positionen im einzelnen gilt, daß im Blick auf die F.sfrage nicht »gegen Fleisch und Blut«, sondern »gegen Fürsten und Gewalten« (Eph 6,12) zu kämpfen ist. »Die Mächte der Dämonen werden nicht durch Organisationen gebrochen, sondern durch Gebet und Fasten« (D. → Bonhoeffer). Gegenüber manchen humanitären Illusionen ist biblisch zu betonen, daß zum F.-Stiften Leid und Kreuz gehören. So wenig diese Feststellung dem selbstverständlichen menschlichen Streben entspricht, so gewiß gilt diesem Weg die Verheißung des Evangeliums.

Lit.: Frieden wahren, fördern und erneuern. Denkschrift der EKD, [2]1981; E. Jüngel: Zum Wesen des Friedens, 1983; E. Lorenz, Th. Strom (Hg.): Das Wagnis engagierter Friedensarbeit, 1985; H. Schmidt: Frieden, 1969.

R. Mayer

Friedensbewegung

Die Erfahrungen zweier Weltkriege und zahlloser Stellvertreterkriege nach 1945, dazu das enorme Vernichtungspotential moderner Waffensysteme sowie die Abschreckungsdoktrin haben die F., deren Wurzeln ins 16. und intensiv ins 19. Jh. zurückreichen (Mennoniten bis Religiöse Sozialisten), durch verschiedene Aktionen und Publikationen an die breite Öffentlichkeit treten lassen. Politiker und Offiziere wurden so gezwungen, die möglichen Folgen getroffener Entscheidungen wie Mittelverteilung im Haushalt, Militärdoktrin und Rüstungsentwicklung, Ost-West-Konfrontation, Implikationen für Ökologie und Entwicklungspolitik, Rolle der transnationalen Konzerne und Banken zu überdenken. Die F. regte alternative Strategiemodelle angesichts der von ihr aufgezeigten Mängel in der bisherigen Politik an.

In der F. arbeiten Gruppen unterschiedlicher Herkunft in einer »Koalition« der Friedenskräfte zusammen. Die christl. motivierten Friedensgruppen haben maßgeblichen Anteil an der F., so daß die Kirchen ihrerseits gezwungen waren, sich zu Wort zu melden. Die EKD-Denkschrift »Frieden wahren, fördern und erneuern« (1981), aber auch die Erklärung des Moderamens des Reformierten Bundes, in der der status confessionis angesichts der Hochrüstung ausgerufen wurde, sind ebenso Beispiele wie röm.-kath. Hirtenworte und Enzykliken. Der konziliare Prozeß zu Gerechtigkeit, Frieden und Bewahrung der Schöpfung gehört in diesen Zusammenhang, wenngleich die hier kooperierenden Kirchen der → Arbeitsgemeinschaft christlicher Kirchen (ACK) in der Stuttgarter Erklärung (1988) nicht so radikal formulieren konnten, wie es einzelne Gruppen gerne gesehen hätten. Dennoch wird, wie in anderen kirchl. Dokumenten auch, mit der F. Kritik an der nuklearen Abschreckung geübt und die Verantwortlichkeit der Industrienationen für die unmenschlichen Folgen der Militarisierung der Zwei-Drittel-Welt zum Ausdruck gebracht.

Der Golfkrieg (1990/91) hat eine neue Diskussion entfacht, in der es besonders um die Sicherheit Israels, um die Waffenlieferungen deutscher Rüstungskonzerne an Diktatoren und um den Umgang der internationalen Staatengemeinschaften mit aggressiven Diktatoren geht.

Lit.: G. Baadte et.al. (Hg.): Frieden stiften. Die Christen zur Abrüstung. Eine Dokumentation, 1984; E. Stammler: Die Friedensbewegung in der Krise, in: Sicherung des Friedens 11, Mai 1991.

E. Geldbach

Friedenskirchen

Zu den »historischen Friedenskirchen« gehören drei kleine, aber sehr aktive Denominationen: die Mennoniten (mit Amish Brethren und Hutterern), die Quäker und die Kirche der Brüder (Church of Brethren). Alle drei Kirchen stimmen überein in der Ablehnung des Krieges und in der Wahrnehmung der Friedensverantwortung als Ausdrucksform der Nachfolge Jesu. Zu diesem Zwecke bildeten sie 1935 einen »Verbindungsausschuß der historischen Friedenskirchen« (»Continuation Committee of Historic Peace Churches«), in dessen Namen die Bezeichnung »historische Friedenskirche« für diese Gruppen erscheint.

Die Ursprünge der F. liegen in Europa, ihre Beheimatung fanden sie überwiegend in Amerika. Die Mennoniten (Menno Simons) gehen zurück auf das Täufertum des 16. Jh.s, das schon in den → Schleitheimer Artikeln 1527 Gewaltlosigkeit und Verweigerung staatlicher Dienste forderte und dafür blutig verfolgt wurde. Zwar wurde der Gedanke der Wehrlosigkeit und des Friedensdienstes in der Geschichte des Mennonitentums nicht immer als selbstverständlicher Ausdruck christl. Existenz gesehen, gewann aber besonders nach 1945 im Ruf nach einem christl. Pazifismus vor allem in Deutschland an Gestalt: 1956 wurde das »Deutsche Mennonitische Friedenskommittee« gegründet.

Die Quäker gehen Mitte des 17. Jh.s aus dem englischen Puritanismus hervor (George → Fox, William → Penn). Sie lehnten Wehr- und Kriegsdienst leidenschaftlich ab, weil dies dem Geist Jesu Christi widersprach. Die Nachfolge Jesu kennt keinen persönlichen Widerstand, sie fordert vielmehr Gewaltlosigkeit und Friedensdienst, was wiederum die Quäker in Opposition zum Staat brachte und zu ihrer Verfolgung führte.

Die »Brüder« haben ihren Ursprung in pietistischen und täuferischen Kreisen Anfang des 18. Jh.s in Westdeutschland. Sie wanderten unter dem Verfolgungsdruck der Obrigkeit in die USA aus. Liebestätigkeit und christl. Pazifismus gehören zu ihren wesentlichen Kennzeichen.

In den USA kam es durch den Ersten Weltkrieg zu Kontakten der F. untereinander und zur Gründung eines gemeinsamen Hilfswerkes unter der Hauptbeteiligung der Quäker (»Quäkerspeisung«).

Verbindend war auch die Frage der Kriegsdienstverweigerung. Als es 1935 zur Gründung des Continuation Committee kam, konnte man mit Beginn des Zweiten Weltkrieges in den USA 11.000 Kriegsdienstverweigerern mit einem von den drei Kirchen organisierten und finanzierten staatlich anerkannten Ersatzdienst helfen. Nach 1945 kam es wieder zu großen Hilfsaktionen. 1947 wurde in Europa ein Verbindungsausschuß der F. gegründet, der sich im Rahmen des ÖRK zur Kriegsfrage äußerte und die Arbeitsgemeinschaft »Kirche und Frieden« (»Puidoux-Konferenz«) ins Leben rief (1955 in Puidoux, Schweiz).

Lit.: D.F. Durnbaugh (Hg.): On Earth Peace. Discussions on War/Peace Issues between Friends, Mennonites, Brethren and European Churches 1935-1975, 1978; H. Fast: Beiträge zu einer Friedenstheologie. Eine Stimme aus den historischen Friedenskirchen, 1982; E. Geldbach: Die historischen Friedenskirchen, in: MdKI 33, 1982, 111f; H. Krüger: »Friedenskirchen«, EStL 1, 1987, 1014-1016.

Chr. Windhorst

Friedhof

F. (eigentlich Freithof, von althochdeutsch *friten*, »hegen, schonen«) meint ursprünglich den »eingefriedeten« Bezirk, in dem der Flüchtige Asyl genießt; die volksetymologische Ableitung von »Friede« ist sekundär. Andere Bezeichnungen sind Kirchhof, Totenhof und Gottesacker (in Anlehnung an 1Kor 15,42; von Luther bevorzugt).

Die ersten Christen bestatteten ihre Toten - jeweils örtlichem Brauch folgend - in Einzel- bzw. Familiengrabstätten sowohl in Felsenhöhlen wie in Gruften und Erdgräbern.

Atl.-jüd. Sitte verpflichtet, lehnten sie die im hell.-röm. Raum verbreitete Feuerbestattung ab. Wohlhabendere Gemeindeglieder stellten ihre Grabstätten (Coemeterien, von lat. *coemeterium*, »Ruhestätte«) ärmeren zur Verfügung; so entstanden gemeinschaftliche Begräbnisplätze, die schließlich in den Besitz der Gemeinden übergingen. In Rom und an anderen Orten, wo die geologischen Voraussetzungen dies erlaubten (Tuffgestein), bevorzugte man unterirdische Grabanlagen, die den Namen Katakomben (übernommen von einer einzelnen Anlage dieser Art in San Sebastiano bei Rom) erhielten; sie bestehen aus einem Netz unterirdischer Gänge, in deren Wände Grab neben Grab eingelassen ist. Während der Christenverfolgungen dienten sie als Zufluchtsstätten. Sie waren zugleich Orte des Gedenkens an die Märtyrer: An ihrem Sterbetag versammelte man sich an ihrem Grab, las den Bericht über ihr Leiden und Sterben und feierte die Eucharistie. Später errichtete man über den Katakomben und Märtyrergräbern vielfach Kirchen und Kapellen.

Im frühen MA wurde es üblich, sich in den Kirchen (ein Vorrecht, das vor allem Adeligen und hohen Klerikern zukam) oder in ihrem Umkreis bestatten zu lassen, um den Gebeinen der Heiligen und den über ihnen errichteten Altären, auf denen das Meßopfer dargebracht wurde, besonders nahe zu sein. So entstanden Begräbnisstätten um die Kirchen herum (Kirchhöfe), für die ein eigener Weiheritus - vergleichbar der Kirchweihe - in Brauch kam; Selbstmörder, Andersgläubige, unbußfertig Gestorbene u.a. wurden nicht in »geweihter Erde« beigesetzt, ungetaufte Kinder und als unrein geltende Wöchnerinnen häufig auf einem »ungeweihten« Platz in der Nähe der Friedhofsmauer.

Die reformat. Kirchen kennen keine Weihe des F.s; es ist aber üblich, ihn beim ersten → Begräbnis mit Bibellesung und Gebet seiner Bestimmung zu übergeben. Luther setzte sich dafür ein, die F.e aus hygienischen Gründen wieder vor die Ortschaften zu verlegen. Die Trennung nach Konfessionen und die oben genannten Beschränkungen wirkten jedoch noch lange nach.

Grabmale in unterschiedlicher Gestalt (Sarkophage, Grabplatten, -kreuze, -steine) sind von den Christen immer auch dazu genutzt worden, ihren Glauben, insbesondere ihre Auferstehungshoffnung, bildnerisch zur Darstellung zu bringen. Beispiele, wie ganze F.e aus diesem Geiste heraus gestaltet werden können, bieten insbesondere die Gottesäcker der Herrnhuter Brüdergemeine.

Lit.: H.-K. Boehlke: Das Bestattungs- und Friedhofswesen in Europa, 1977; J. Schweizer: Kirchhof und Friedhof, 1956.

K.-H. Bieritz

Friedrich der Weise (1463-1525)

F., geb. am 17. 1. 1463 in Torgau, gest. am 5. 5. 1525 in Lockau bei Torgau, war seit 1486 Kurfürst von Sachsen, einem der bedeutendsten, aufstrebenden Territorien des Reiches. Er wurzelte in der spätmittelalterl. Frömmigkeit, pilgerte ins Heilige Land und sammelte in der Wittenberger Schloßkirche einen großen Reliquienschatz.

Für sein Land gründete er 1502, beraten durch Johann von → Staupitz, die Universität Wittenberg. 1512 kam er für die Kosten von Luthers Doktorat auf. Als dieser wegen des Ablasses in den Streit mit Rom geriet, verhinderte F. die Auslieferung seines berühmten Professors. Wegen der Kaiserwahl 1519 mußte Rom Rücksicht auf F. nehmen und stoppte das Vorgehen gegen → Luther. 1521 erreichte F. bei Karl V., daß der gebannte Luther auf dem Wormser Reichstag verhört wurde. Als über diesen die Reichsacht verhängt wurde, ließ er ihn auf der Wartburg verstecken. Ohne den Schutz seines Landesherrn hätte Luther die ersten Jahre des Konflikts schwerlich überstanden. Luther liebte ihn, »weil er die Bibel liebt«, durfte aber nie persönlich vor ihm erscheinen. Für eine aktive Ausgestaltung der → Reformation war der vorsichtige F. freilich nicht zu gewinnen. Gegen seinen Willen kehrte Luther von der Wartburg nach Wittenberg zurück. Die fällige kirchl. Neuordnung kam erst nach F.s Tod in Gang. Auf dem Sterbebett nahm er das Abendmahl in beiderlei Gestalt.

Lit.: I. Ludolphy: Friedrich der Weise, 1984.

M. Brecht

Friedrich II., der Große (1712-1786)

Kein anderer preußischer König hat so widersprüchliche Deutungen erfahren wie Friedrich II., geb. am 24. 1. 1712 in Berlin, gest. am 17. 8. 1786 in Potsdam. Für die Entwicklung seiner Persönlichkeit ist die Auseinandersetzung mit seinem Vater → Friedrich Wilhelm I. von entscheidender Bedeutung gewesen. Äußerlich hat er dessen Werk vollendet. Preußen wurde nach drei Schlesischen Kriegen zur fünften europ. Großmacht. Mit der Eroberung Schlesiens erhielt Preußen dazu die bevölkerungsmäßige und wirtschaftl. Voraussetzung. In seiner Weltanschauung unterschied sich F. allerdings diametral von seinem Vater. Er war fasziniert von den Ideen der franz. → Aufklärung und wollte diese während seiner Regierung in die Praxis umsetzen. Dazu gehörte die Schaffung eines einheitlichen Rechts für alle Staatsbürger. Es wurde im »Allgemeinen Landrecht für die preußischen Staaten« posthum 1794 erlassen. Der König durfte selbst nicht mehr in das Rechtsverfahren eingreifen.

F. war → Freidenker, darum war die Durchsetzung des Toleranzgedankens in Preußen folgerichtig. Der König war in seinem Denken und Handeln der antiken → Stoa verpflichtet. In verzweifelter Kriegslage schrieb er 1760 an seinen Freund: »Es ist nicht wichtig, daß ich lebe, wohl aber, daß ich meine Pflicht tue.« Als erster Diener des Staates hatte er immer auf Posten zu sein. Entsprechend ruhte der Staat auf dem Ehrbegriff des Offiziers und der unbestechlichen Moral des preußischen Beamten. Das Preußische dieser Gesinnung setzte sich in ganz Preußen und langsam auch darüber hinaus im Deutschen Reich durch. Dabei herrschte F. absolut. Er sorgte für das Volk - ohne das Volk. Die Ruhmsucht des jüngeren F. wich im Alter dem Pessimismus, der Menschenverachtung und Skepsis. Windspiele wurden zu seinen besten Freunden, mit denen zusammen er auch beigesetzt werden wollte. F. der Große - erstmals gab man ihm diesen Beinamen nach seiner Rückkehr aus dem zweiten Schlesischen Krieg nach Berlin - vereinigte in seiner Persönlichkeit nicht nur widerstrebende Tendenzen, er war genial. Die phil. Tafelrunde von Sanssouci, bei der zeitweise → Voltaire zu Gast war, ist dafür ebenso ein Indiz wie F.s geschichtl., polit. und phil. Werke. Er war Dichter und hat auch komponiert. Schloß Sanssouci ist nach seinen eigenen Vorstellungen erbaut worden. Mit F. kam der Aufstieg Preußens zu einem vorläufigen Abschluß. Die »Gefahr des Untergangs«, 1740 erstmals heraufbeschworen, gehörte seitdem zur Problematik Preußens. Es zeigte sich nur eine Generation später, daß F. Preußen überanstrengt hatte. Seine Ressourcen reichten nicht aus, die gewonnene Großmachtstellung auf Dauer zu halten.

Lit.: Friedrich der Große: Mein lieber Marquis! Sein Briefwechsel mit Jean-Baptiste d'Argens während des Siebenjährigen Krieges, 1985; L. Reiners: Friedrich. Das Leben, 1952; H.-J. Schoeps: Preußen. Geschichte eines Staates, [6]1967, 62ff.

P. Zimmerling

Friedrich Wilhelm, der Große Kurfürst (1620-1688)

F.W., geb. am 16. 2. 1620 in Berlin, gest. am 9. 5. 1688 in Potsdam, begründete die Entwicklung Brandenburg-Preußens zur europ. Großmacht. 1640, mitten im → Dreißigjährigen Krieg zur Herrschaft gelangt, erlebte er, wie das Reich und auch Brandenburg-Preußen wehrlos dem Zugriff fremder Mächte ausgeliefert waren. Dazu trug das Fehlen natürlicher Grenzen, vor allem aber eines schlagkräftigen Heeres bei. Der Große Kurfürst baute eine gut organisierte Armee auf, mit der er die militärischen Traditionen Preußens begründete. Als absolutistischer Herrscher betrieb er eine höchst bewegliche Politik mit ständig wechselnden Koalitionen. Seine Devise war ein Wort Senecas: Die Notwendigkeit bricht jedes Gesetz. Der Adel wurde zum Staatsdienst und zum Dienst in der Armee herangezogen. Damit war die Voraussetzung für den künftigen preußischen Rechts- und Militärstaat geschaffen.

Trotz seines Sieges bei Fehrbellin 1675 über die Schweden, den er dem Willen Gottes zuschrieb, war er ein friedliebender Monarch. In seinem Politischen Testament von 1667 forderte er seinen Nachfolger zu einer friedliebenden Außenpolitik auf, ohne prinzipiell auf militärische Machtausübung zu verzichten. Neben → Hugenotten, Juden, → Waldensern, Mennoniten nahm er die Salzburger in seinem Land auf. Dazu bewogen ihn neben polit. und wirtschaftl. Erwägungen vor allem rel. Motive. Als calvinist. Herrscher in einem luth. Land strebte er nach Konfessionsfrieden und Auflockerung konfessionalistischer Denkweise, sorgte allerdings auch für die Verbannung Paul Gerhardts von Berlin in den Spreewald.

Lit.: L. Hüttel: Friedrich Wilhelm von Brandenburg, der Große Kurfürst, 1981; H.-J. Schoeps: Preußen. Geschichte eines Staates, [6]1967, 31ff.

P. Zimmerling

Friedrich Wilhelm I. (1688-1740)

F.W. I., geb. am 14. 8. 1688 in Berlin-Kölln, gest. am 31. 5. 1740 in Potsdam, ist »die widersprüchlichste, die originellste, die verblüffendste Figur der preußischen Geschichte« (Venohr). Man hat ihn auch den Pietisten auf Preußens Königsthron genannt. Im Vergleich zur Verschwendungssucht seines Vaters hat er die sparsamste Hofführung gepflegt, die sich in dieser Zeit denken läßt.

Der → Pietismus, zunächst hallischer, später herrnhutischer Prägung, hat mit zur Entstehung eines Beamtenstandes geführt, dessen Arbeitsgesinnung ethisch-rel. begründet war. Auch im Adel wirkte sich diese Gesinnung aus. Neben dem Pietismus wurzelt das Preußentum, wie es unter dem »Soldatenkönig« Gestalt gewann, im Calvinismus des Herrscherhauses und in aus Holland stammenden neu-stoischen Gedanken. F.W. I. hat immer wieder mit dem Gedanken gespielt, abzutreten und in Holland als normaler Bürger zu leben. Er verstand sich als »erster Diener des Königs von Preußen«. Seine Devise war ein tätiges Christentum, das ihn zu »Preußens größtem inneren König« (Th. von Schöns) werden ließ. Er herrschte uneingeschränkt, fühlte sich jedoch gegenüber Gott und dem Recht verantwortlich. Preußen wurde unter ihm zum bestorganisierten Staat Europas mit der viertstärksten Armee. Aus christl.-moralischen Bedenken heraus verzichtete er jedoch auf Machtgebrauch und Machtentfaltung. Seinen Sohn, den späteren → Friedrich II., versuchte er - erfolglos - zum eigenen Glauben zu zwingen.

Lit.: J. Klepper: In tormentis pinxit. Bilder und Briefe des Soldatenkönigs, 1959[2]; ders.: Der König und die Stillen im Lande, [4]1962; ders.: Der Vater. Roman eines Königs, 1991; H.-J. Schoeps: Preußen. Geschichte eines Staates, [6]1967, 47ff.

P. Zimmerling

Friedrich Wilhelm III. (1770-1840)

F.W., geb. am 3. 8. 1770 in Potsdam, gest. am 7. 6. 1840 in Berlin: Die Regierung F.W.s III. (1797-1840) ist reich an einschneidenden Veränderungen: 1806 wurde Preußen bei Jena und Auerstedt von Napoleon vernichtend geschlagen. Im Frieden von Tilsit verlor Preußen seinen westelbischen Besitz. Man war auf den Lorbeeren → Friedrichs des Großen eingeschlafen (Königin Luise). 1806-1813 erlebte es durch die Reformen von Stein und Hardenberg eine innere Wiedergeburt. F.W. III. dachte und lebte im Gegensatz zu seinem Vater → Friedrich Wilhelm II. haushälterisch-sparsam. Seine Lebensanschauung war bürgerlich-schlicht: Er hielt auf Pflichtbewußtsein, Zuverlässigkeit und Pünktlichkeit. Zusammen mit seiner Frau Luise wurde er darin für die preußische Gesellschaft vorbildhaft.

Persönlich unentschlossen, ließ er sich nach 1806 von der Notwendigkeit tiefgreifender Veränderungen überzeugen: die Leibeigenschaft wurde abgeschafft, die Judenemanzipation durchgeführt, selbständige Ministerien eingerichtet, städtische und ländliche Selbstverwaltung ermöglicht - Voraussetzungen, um die napoleonische Besetzung zu überwinden. Dazu kam eine von Wilhelm von Humboldt geprägte neue Universitätsidee. Sie sollte eine aus dem Idealismus gespeiste, den ganzen Menschen umfassende → Bildung ermöglichen. Durch Neugründung oder Verlegung entstanden die Universitäten von Berlin (1810), Breslau (1812), Bonn (1818). Am Ende der Befreiungskriege gegen Napoleon stand 1815 der Wiener Kongreß mit der Gründung des Deutschen Bundes und der »Heiligen Allianz«. Preußen wurde durch Gewinne im Westen des Reiches endgültig zur Vormacht im nord- und ostdeutschen Raum.

Die Zeit nach 1815 stand im Zeichen der Reaktion und des Kampfes um eine Verfassung. F.W. III. war persönlich fromm. Darum war er der Heiligen Allianz beigetreten, die die Religion, den Frieden und die Gerechtigkeit schützen sollte. Deshalb brachte er eine Kirchenunion auf den Weg, durch die die preußische ev. Kirche zur größten ev. Kirche der Welt werden sollte.

Lit.: H.-J. Schoeps: Preußen. Geschichte eines Staates, [6]1967, 106ff; T. Stamm-Kuhlmann: König in Preußens großer Zeit. Friedrich Wilhelm III., der Melancholiker auf dem Thron, o.J.

P. Zimmerling

Friedrich Wilhelm IV. (1795-1861)

F.W. IV., geb. am 15. 10. 1795 in Berlin, gest. am 2. 1. 1861 in Potsdam, der Romantiker auf Preußens Königsthron (1840-1861), muß von der preußischen → Erweckungsbewegung her verstanden werden. Wie deren Anhänger war F.W.IV. nicht nur persönlich fromm, sondern bemühte sich um den Aufbau des Reiches Gottes in der Welt. Zusammen mit seinem engeren Freundeskreis, dem »anderen Preußen« (Schoeps), stand für ihn die Kirche sogar über dem Staat. Die Bibel war ihm persönliche Kraftquelle und Anleitung für das praktische Handeln. Die romantische Beeinflussung seiner Frömmigkeit zeigte sich z.B. darin, daß er begann, öffentliche Reden zu halten. F.W.IV. verstand sich als König von Gottes Gnaden und erwartete darum von Gott besondere Ausrüstung für seine Aufgaben. Da er sich zum patriarchalischen Regiment bekannte, lehnte er jede Verfassung ab, die sich seiner Meinung nach zwischen ihn und sein Volk stellen würde. Eine episkopale Erneuerung der preußischen Kirche konnte er nicht durchsetzen. Dafür hat er später Unternehmungen der → Inneren Mission und den Neubau von Kirchen gefördert. Auf seine Anregung geht die Errichtung eines luth.-anglik. Bistums von Jerusalem zurück. Die Revolution von 1848 brachte endgültig zum Vorschein, daß sich F.W.s IV. Staatsideen überlebt hatten. In der Folge ging man von der Ideen- zur Realpolitik über. Dadurch, daß der König jedes Machtstaatsdenken ablehnte, hat er für Preußen sowohl bei Olmütz wie auch im Krimkrieg den Frieden bewahrt.

Lit.: W. Bußmann: Zwischen Preußen und Deutschland. Friedrich Wilhelm IV., 1990; H.-J. Schoeps: Preußen. Geschichte eines Staates, [6]1967, 187ff.

P. Zimmerling

Fries, Jakob Friedrich (1771-1843)

F. wurde geboren am 21. 8. 1771 in Barby, er starb am 10. 8. 1843 in Jena. Er entstammt der Herrnhuter Brüdergemeine und besuchte deren Schulen in Niesky (gemeinsam mit → Schleiermacher) und in Barby, wandte sich dann der Philosophie zu (→ Kant, → Jacobi), was die Trennung von der Brüdergemeine zur Folge hatte. Es folgten 1796 Studium in Leipzig, 1797 in Jena, und 1800 Promotion, anschließend Habilitation in Jena, wo F. 1805 ao. Prof. für Philosophie wurde. 1812 wurde er o. Prof. für Philosophie und Physik in Heidelberg, Freundschaft entstand mit dem Theologen W.M.L. → de Wette. 1816 wurde F. wieder nach Jena berufen. Mit Kant lehnte er die phil. Metaphysik ab: Wissen und Glauben sind unterschiedliche Bereiche des Bewußtseins. Das Wissen bezieht sich auf das Endliche, auf die Welt, der Glaube bezieht sich auf das Ewige. Das Innewerden des Ewigen im Glauben, als Religion verstanden, gründet in der ästhetischen Wahrnehmung und im Gefühl (ähnlich dem, was Schleiermacher mit Anschauung und Gefühl des Unendlichen beschreibt), dazu kommt die »Ahnung«, die ein eigentlich rel. Sinn für die Gegenwart des Ewigen ist. Im Zusammenhang mit dem rel. Bewußtsein steht auch die Sittlichkeit, die Tugend. Wie der Mensch sich über die »Ahnung« hinaus die Gottheit vorstellt, ist immer nur Symbol, denn das letzte Geheimnis des Ewigen bleibt dem menschlichen Geiste verborgen.

F.' Religionsphilosophie zeigt deutlich den Einfluß der deutschen Romantik, insofern diese sich vom einseitigen Vernunftbegriff der → Aufklärung abkehrte und die menschliche Innenwelt, d.h. das → Gefühl, die Phantasie, die Intuition, bis zu Magie und zum Okkulten als eigene Bereiche des Bewußtseins entdeckte. F. übte einen starken Einfluß auf die Theologie aus. Besonders nahe stand ihm de Wette. Aber auch bei → Biedermann ist seine Wirkung noch spürbar.

F. befaßte sich auch mit rechts- und staatsphil. Problemen. Er setzte sich für bürgerliche Freiheit und für eine freiheitliche Verfassung ein. Wegen seiner polit. Ansichten mußte er seine phil. Vorlesungen einstellen bzw. auf Lesungen privatim beschränken, erhielt aber die Professur für Physik und konnte ungehindert phil. Schriften veröffentlichen. Die ihm auferlegten Beschränkungen waren auf preußischen und österreichischen Druck hin erfolgt.

Lit.: Neue oder anthropologische Kritik der Vernunft, 1807, [2]1830; System der Logik, 1811; Von deutscher Art, Philosophie und Kunst, 1812 (eine Stellungnahme für Jacobi in dessen Streit mit Schelling); Julius und Evagoras (1844, 1822); Vom deutschen Bund und deutscher Staatsverfassung, 1817; Handbuch der praktischen Philosophie 1818, 2. Band mit der Religionsphilosophie 1832; Handbuch der psychischen Anthropologie, 2 Bde. 1820/21; System der Metaphysik, 1824; Geschichte der Philosophie, 2 Bde. 1837/40; Politik (posthum 1848).

J. Hasenfuss: Die Religionsphilosophie bei J.F. Fries, 1937; M. Hasselblarr: J.F. Fries, 1922; R. Otto: Kantisch-Friessche Religionsphilosophie, 1909.

F. Flückiger

Friesen → Germanen, Christianisierung der

Fröbel, Friedrich (1782-1852)

F., geb. am 21. 4. 1782 in Oberweißbach (Thüringen), gest. am 21. 6. 1852 in Marienthal (Thüringen), Pädagoge und Begründer des Kindergartens. Nach landwirtschaftl., forstwirtschaftl. und natur-

wissenschaftl. Ausbildung kam er als Lehrer und Erzieher (1806-1811) in Kontakt mit J.H. → Pestalozzi und dessen Erziehungsideen. 1816 gründete F. eine Erziehungsanstalt bei Stadtilm, ab 1817 in Keilhau bei Rudolfstadt. Von 1831-1837 lebte F. in der Schweiz, wo er neue Anstalten ins Leben rief. Zurück in Blankenburg hielt F. seit 1839 Kurse für Kinderpflegerinnen und gründete am 28.6.1840 den ersten »Allgemeinen deutschen Kindergarten«, dem weitere folgten. Nachdem das preußische Kultusministerium am 7.8.1851 das »Kindergartenverbot« wegen angeblicher »destruktiver Tendenzen auf dem Gebiet der Religion und Politik« erließ, war die Kindergartenbewegung bis zur Wiederzulassung 1860 lahmgelegt.

F.s Hauptwerk »Die Menschenerziehung« (1826) enthält eine Fülle psych. Beobachtungen und geniale pädagog. Ideen. Er wollte die pädagog. Grundlage für eine neue Epoche der Menschheitsentwicklung legen, in der jeder Mensch selbständig zu den Höhen des reinen Menschentums gelangen kann. Zu diesem Zweck muß die → Erziehung bereits im Vorschulalter beginnen, ohne daß die Familie dabei überflüssig würde; im Gegenteil, sie soll dadurch zu ihrer eigentlichen pädagog. Bestimmung gelangen. Obwohl F. seine Erziehung betont im Sinne der »christlichen Religion« verstand, stand er einem phil. Panentheismus nahe.

Lit.: E.v. Hoffmann (Hg.): Friedrich Fröbel, Ausgewählte Schriften (5 Bde.), ^{4}1984ff.

H. Heiland: Literatur und Trends in der Fröbelforschung (mit vollständiger Bibliographie zu F.s Lit.), 1972; ders.: Fröbel und die Nachwelt, 1982; ders.: Friedrich Fröbel, 1982; ders.: Die Pädagogik Friedrich Fröbels. Aufsätze zur Fröbelforschung 1969-1989, 1989.

V. Gäckle

Frommel, Emil (1828-1896)

F., geb. am 5. 1. 1828 in Karlsruhe, gest. am 9. 11. 1896 in Plön, war einer der im besten Sinne volkstümlichen und mit Recht beliebten Prediger des 19. Jh.s.

Nach Jahren des Ringens und der Kritik wurde er in Erlangen (→ Erlanger Theologie) unter dem Einfluß J. C. K. von → Hofmanns und eines baltischen Kommilitonen ein bibelgläubiger, weitherziger luth. Christ. 1850-1864 steht er im badischen Kirchendienst (im Anfang einer kurzen Zeit als Vikar bei → Henhöfer). Nach sechs weiteren Jahren in Barmen war F. 1870-1896 erst Garnisons-, ab 1872 einer der Hofprediger in Berlin, mit engen seelsorgerl. Beziehungen zum Kaiserhaus. Er genoß ein hohes Ansehen bei allen gesellschaftl. Schichten, so daß ihn Kaiser Wilhelm I. ebenso wie Wilhelm II. zum geistl. Berater wählte.

Lit.: Gesammelte Schriften, 11 Bde. 1873-97.

A. Katterfeld: Emil Frommel. Blicke in sein Leben, ^{2}1952; V. Besau: E. Frommel. Dienst und Freiheit, 1990.

E. Mülhaupt

Frömmigkeit

»Fromm« ist eigentlich gar kein rel. Begriff. Er stammt aus einer alten Wortfamilie, zu der auch das lat. *primus* und das deutsche *Fürst* gehören. »Fromm« bedeutet, dem Wortlaut folgend (*primus* »der Erste«; »Fürst« kommt von »fördern«) zunächst »förderlich«, »tapfer«. Auf Personen bezogen bedeutet »fromm« soviel wie »rechtschaffen«, »tüchtig«.

Erst Luthers Bibelübersetzung hat den Anstoß gegeben, das Wort »fromm« auch auf den rel. Bereich zu übertragen. Aber auch Luther hat am Ursinn des Wortes festgehalten, so z.B. in Lk 2, 25: Simeon wird hier als fromm und gottesfürchtig beschrieben; gemeint ist damit, daß er rechtschaffen (im Griech.: »gerecht«) war.

Diese mehr das sittliche Verhalten beschreibende Deutung des Wortes »fromm« hat sich auch später noch behauptet, so z.B. bei F. Schiller (aus Wilhelm Tell): »Es kann der Frömmste nicht im Frieden bleiben, wenn es dem bösen Nachbarn nicht gefällt.«

F. wurde dann von der Theologie beschlagnahmt, als F. D. E. → Schleiermacher zu Beginn des 19. Jh.s dem Gefühlsleben des rel. Menschen besondere Aufmerksamkeit widmete: »Die Frömmigkeit, welche die Basis aller kirchlichen Gemeinschaft ausmacht, ist, rein für sich betrachtet, weder ein Wissen noch ein Tun, sondern eine Bestimmtheit des Gefühls.« F. und Gefühl werden eng miteinander verzahnt. Schleiermacher kann vom frommen Selbstbewußtsein sprechen und setzt damit den Begriff der F. mit dem der Religion gleich. F. ist der Zustand des Ausgerichtetseins auf Gott – so ließe sich in der Sprache der damaligen Zeit die neue Deutung des Wortes beschreiben. Mit aller Schärfe ist dann K. → Barth gegen diese rel. Deutung zu Felde gezogen. Überhaupt hat er jedes Reden von Gefühl, Religion und F. strikt abgelehnt: »Gott im Sinne des christlichen Glaubens befindet sich nicht in der Reihe der Götter. Er befindet sich nicht in dem Pantheon menschlicher Frömmigkeit und religiöser Erfindungskunst.«

Frömmelei mag die weltliche Begleitmusik dieser theol. Kritik sein. Bis vor kurzem war der Begriff »Frömmigkeit« fast verpönt. Eher abfällig wurde (und wird manchmal immer noch) bestimmtes christl. Verhalten als »Frömmelei« oder »scheinfromm« bezeichnet. Auch Christen tun sich mit dem Wort schwer. Fromm möchte kaum einer sein, weil er dahinter muffige Enge riecht: »Allzusehr scheint uns dieses Wort besetzt mit weltabgewandter Innerlichkeit, weltunfähiger Kirchlichkeit und ähnlichem. Es läßt an Lebensformen denken, die aus einer vorindustriellen Welt stammen und die im heutigen Leben keinen Platz mehr haben« (Evangelischer Erwachsenenkatechismus).

Fromm sein möchte also kaum einer, und trotzdem hat sich das Wort in jüngster Zeit in einer Weise wieder durchgesetzt, wie das noch vor zehn Jahren niemand vermutet hätte. Landeskirchen und Kirchengemeinden entdecken die Sache der F. neu, aber auch die theol. Fakultäten wenden dem Thema neue Aufmerksamkeit zu. So hat der verstorbene Hamburger Bischof H.O. Wölber formuliert: »Frömmigkeit bedeutet die Wendung weg von der Sklaverei des Sachweltdenkens hin zum Wagnis der Subjektivität zur Selbsterfahrung. Und darum will Frömmigkeit bekennen durch Erleben, Empfinden, Erfahren, Betroffensein. Aus ihrer ungerechten Abdrängung werden diejenigen Lebenswirklichkeiten wieder hervorgeholt, in denen jeder von uns unvertretbar ist, seine Entscheidungen, seine Gefühle, seine Liebe.« Also doch zurück zu Schleiermacher? In einer Weise ja: F. und Gefühlswelt werden wieder stärker aufeinander bezogen. Damit bekommt das Stichwort F. aber heute nicht das theol. Schwergewicht wie bei Schleiermacher. Vielmehr geht es um Formen gelebten Glaubens, um die Gestaltung der F., um das »Fromm-Sein«.

Darum schließt der Evangelische Erwachsenenkatechismus (1975) auch mit dem Abschnitt über »Grundformen der Frömmigkeit«. So wird das Wort F. im Sinne von »fromm sein« neu und bewußt gebraucht. Unter diesem Aspekt wird heute wieder nachgedacht über das große F.s-erbe unserer Kirche (Meditation, Ordensgemeinschaften, Mönchtum, Gestaltungsreichtum der Ostkirche etc.). Das Gebet und die Arbeit mit der Bibel (»Jahr mit der Bibel« 1992) rücken wieder stärker ins Blickfeld. So bekommt die F. eine praktisch-geistl. Bedeutung. F. ist kein strenger theol. Hauptbegriff mehr, aber Theologie lehnt F. auch nicht mehr rigoros ab: »Beide Weisen bedürfen einander. Die Theologie ist das Gewissen der Frömmigkeit, und die Frömmigkeit ist das Gewissen der Theologie« (Evangelischer Erwachsenenkatechismus).

Und: Damit werden endlich auch in jüngster Zeit die großen Zeugnisse zum Thema F. im NT, die beiden Timotheus-Briefe des Apostels Paulus, wiederentdeckt und als wegweisend für die christl. Nachfolge neu erschlossen.

Lit.: G. Ruhbach: Theologie und Spiritualität, 1987; Evangelische Spiritualität. Überlegungen und Anstöße zur Neuorientierung, vorgelegt von einer Arbeitsgruppe der Evangelischen Kirche in Deutschland, 1979.

H. Bärend

Fronleichnam

Am Donnerstag der zweiten Woche nach → Pfingsten (wo dieser nicht Feiertag ist, am Sonntag darauf) begeht die kath. Kirche das Hochfest des Leibes und Blutes Christi (F. von *vron* oder *fron*, »Herr«, und *lichnam*, »lebendiger Leib«). Die Texte der Festmesse umkreisen das Geheimnis der Eucharistie; sie ziehen zu ihrer Deutung die Berichte über die Einsetzung des Abendmahls (Mk 14,12-16; 1Kor 11,23-26), die johanneische Brotrede (Joh 6,51-58), die Erzählung von der Speisung der Fünftausend (Lk 9,11b-17) und atl. Überlieferungen (1Mo 14,18-20; 2Mo 24,3-8; 5Mo 8,2-3.14b-16a) heran. Der Messe folgt die Prozession, der das Fest seine besondere Volkstümlichkeit verdankt: Man zieht mit dem Sakrament zu vier Stationsaltären, wo jeweils die Anfänge der vier Evv. gelesen werden, gefolgt von Fürbitten und dem sakramentalen Segen. Die Prozession kehrt zur Kirche zurück, wo der Priester das Volk abschließend mit dem Sakrament segnet. Sonderformen sind Schiffsprozessionen auf Seen und Flüssen.

F. gehört zur Gruppe der Ideenfeste, die jeweils bestimmte Themen der christl. Lehre und Fömmigkeit aufgreifen; seine Entstehung hängt mit der Herausbildung einer am Anschauen und an der Verehrung des Sakraments interessierten Frömmigkeit sowie mit der Lehre von der Wesensverwandlung (Transsubstantiation) der Abendmahlselemente zusammen, die 1215 vom IV. Laterankonzil zum Dogma erhoben wurde. Eine Vision der Augustinernonne Juliane von Lüttich im Jahre 1209 (eine Vollmondscheibe mit einer dunklen Stelle) wurde als Hinweis auf die Notwendigkeit eines besonderen Festes zu Ehren der Eucharistie gedeutet. Das Fest wurde zuerst 1247 in Lüttich eingeführt, 1264 von Urban IV. für die Gesamtkirche vorgeschrieben und 1317 von Johannes XXII. bestätigt. Die Texte für Messe und Stundengebet an F. soll Thomas von Aquin (1225-1274) verfaßt haben. Die Prozession, kein ursprünglicher Bestandteil des Festes, breitete sich im 14. Jh. aus und verband sich in Deutschland im 15. Jh. mit den hier üblichen Flurumgängen, bei denen ein bestimmtes Gebiet umschritten, an den vier Himmelsrichtungen haltgemacht, der Wettersegen gespendet und zu dessen Bekräftigung jeweils ein Evangelienanfang gelesen wurde. Der prunkvolle Umzug unter Mitführung von Fahnen, Bildern und Reliquien gewann seit der Zeit der → Gegenreformation den Charakter kämpferischer Demonstration kath. Frömmigkeit.

Lit.: P. Browe: Die Verehrung der Eucharistie im Mittelalter, 1933; A. Häußling: Leitideen für Fronleichnam heute, Gottesdienst 3 (1969), 78f.

K.-H. Bieritz

Frühjudentum → Israel (biblisch)

Frühkatholizismus

Oft im gleichen Sinne wie »frühkatholisch« wird »nachapostolisch« bzw. »altkatholisch« oder »vorkatholisch«. gebraucht. F. ist als prot. Kampfbegriff gegen die Entwicklung des Katholizismus im 19. Jh., zunächst in der kirchengeschichtl. (Ritschl, Harnack, Troeltsch), dann ntl. (Käsemann, Schulz, Luz) Forschung aufgenommen, die die Kontinuität reformat. Theologie mit dem Urchristentum erweisen wollte. F. meinte hier die Entfremdung der Kirche und ihrer Theologie von den Ursprüngen, wie sie im 2. Jh. bei den »frühkatholischen Vätern« – z.B. → Irenäus, → Clemens von Alexandrien u.a. – begonnen hat, meint die »Verchristlichung des antiken Denkens«, die »Hellenisierung des Christentums« (A. von Harnack). Die kath. Theologie (Neufeld, Wagner, Schürmann u.a.) hat dagegen den Zusammenhang zwischen Urchristentum, gesamter → Alter Kirche bis in die kath. Kirche und Theologie der Gegenwart hinein zu erheben versucht. Alles in allem ist die Diskussion um den F. eine spitzfindig und gelehrt geführte, aber letzthin unhist. und ökumen. unfruchtbare Streitfrage.

Lit.: U. Luz: »Erwägungen zur Entstehung des Frühkatholizismus«, ZNW 65, 1974, 88-111; K.H. Neufeld: »Frühkatholizismus. Idee und Begriff«, ZKTh 94, 1972, 1-28; J. Rogge, G. Schille (Hg.): Frühkatholizismus im ökumenischen Gespräch, 1981; H. Wagner: An den Ursprüngen des frühkatholischen Problems. Die Ortsbestimmung des Katholizismus im älteren Luthertum, 1973.

G. Ruhbach

Fuchs, Ernst → Existentiale Interpretation

Führung → Geistesleitung

Fulgentius von Ruspe (ca. 467-531)

F., geb. ca. 467 in Telepte/Nordafrika, gest. am 1. 1. 531 in Ruspe, war ein gebildeter Theologe, zunächst Mönch und Asket, seit 507 Bischof von Ruspe in Nordafrika, von 508-515 und 517-523 nach Sardinien verbannt, vielleicht der bedeutendste lat. sprechende kath. Theologe der zweiten Hälfte des fünften Jh.s. Er war wirkungsvoller Bekämpfer des → Arianismus und → Pelagianismus, Vertreter der augustinischen Theologie. Seine Biographie wurde kurz nach seinem Tod von seinem Schüler Ferrandus abgefaßt. Außer den antiarianischen und antipelagianischen Schriften sind Briefe, Predigten und einige andere Abhandlungen überliefert.

Lit.: J.H. Collins: »Fulgentius«, TRE 11, 723-727; H.J. Diesner: Fulgentius von Ruspe als Theologe und Kirchenpolitiker, 1966.

G. Ruhbach

Funcke, Otto (1836-1910)

F., geb. am 9. 3. 1836 in Wülfrath, gest. am 26. 12. 1910 in Bremen; ev. Pfarrer, Schriftsteller.

Vom heimischen niederrheinischen → Pietismus, dann als Theologiestudent (Halle, Tübingen, Bonn) vor allem durch J.T. → Beck geprägt, diente er nach kurzer Hilfspredigerzeit in Wülfrath und Wuppertal von 1862-68 als Pfarrer in Holpe (im Oberbergischen). In diese Zeit fielen schwere Prüfungen durch den Tod seiner ersten (1863) und zweiten Frau (1867), die jeweils nach ein bzw. zwei Jahren Ehe verstarben und je ein Kind hinterließen. Seit 1868 bis zu seiner Emeritierung 1903 war er als Inspektor der → Inneren Mission und Pfarrer einer von ihm gegründeten Vorstadtgemeinde in Bremen tätig. Als Seelsorger und fruchtbarer Schriftsteller achtete er besonders auf die »Fußspuren des lebendigen Gottes, in meinem Leben« (Autobiographie), die er in volkstümlich origineller Weise praktisch und lebensnah darzustellen verstand. An dogmat. Fragen wenig interessiert, wollte er durch »Jesus allein« eigene und fremde »Zweifel zu bezweifeln« (Beck) suchen und lehren, »wie man glücklich wird und glücklich macht«.

Lit.: O. Funcke: Fußspuren Gottes in meinem Leben. Gekürzte und überarbeitete Ausgabe, [2]1986; A. Pagel: Otto Funcke. Ein echter Mensch - ein ganzer Christ, [3]1962.

G. Balders

Fundamentalismus

1. Geschichte

Als F. bezeichnet man zunächst eine apologet. Bibelbewegung in Amerika, die am Anfang des 20. Jh.s gegen die Auswirkungen des Liberalismus in Staat und Kirche vorging. Erweckungs- und Heiligungsbewegung, presbyterianische »Tatsachentheologie« und der aus der Brüderbewegung stammende → Dispensationalismus verbanden sich zu einer schlagkräftigen Abwehrbewegung, die insbesondere innerhalb des Baptismus und der presbyterianischen Kirchen einen Kampf um die Besetzung von kirchl. Schlüsselpositionen führte.

Die 1910-15 erschienenen zwölf Bände der »Fundamentals« dienten als literarisches Manifest der neuen Bewegung. Dabei stand die Abwehr des Liberalismus und Modernismus im Vordergrund der Beiträge von populären Theologen und Predigern aus England und Amerika (z.B. Warfield, R.A. Torrey, Orr, Weight u. a.). Die 1919 unter W.B. Riley gegründete »World Christian Fundamental Association« und die Anti-Evolutions-Kampagnen von W.J. Bryan machten den amerikanischen F. auch über die nationalen Grenzen hinaus bekannt. Die Kreationisten verloren 1925 ihr Ansehen durch den »Scopes-Prozeß« - ein juristisches und journalistisches Spektakel um den gesellschaftlichen Einfluß im Lande.

Der F. wurde nach 1925 separatistisch: seine Anhänger zogen sich aus den Denominationen zurück und gründeten eigene Kirchen und theol. Seminare. Militante Kreise um Carl McIntire sprachen sich gegen die Ökumen. Bewegung und die offene Haltung der evangelikalen Kreise aus. Diese wiederum gründeten 1942 die »National Association of Evangelicals«, um sich von der kämpferischen Art des neuen F. zu distanzieren. Aber auch den Separatisten blieben weitere Spaltungen nicht erspart: in Amerika unterscheidet man heute zwischen den militanten (McIntire) und den offenen (Falwell) Fundamentalisten. Durch die starke Zunahme von apokalyptischen Bewegungen (Dispensationalismus) in Amerika und das Einsetzen modernster Telekommunikation nahm die Anhängerschaft der Fundamentalisten in den 70er und 80er Jahren wieder stark zu. Der offene F. nimmt zudem Einfluß auf das polit. und gesellschaftl. Leben der Nation.

In Deutschland gab es schon im 19. Jahrhundert eine breite Abwehr gegen den Rationalismus und Liberalismus in der Theologie. Der konfessionelle Zweig des Luthertums (z.B. E.W. Hengstenberg) und Kreise der → Erweckungsbewegung (z. B. G. Menken) wandten sich gegen die glaubenszersetzenden Methoden einer kritischen Exegese. Aber erst im luth. »→ Bibelbund«, dessen Mitglieder an der Irrtumslosigkeit der Bibel festhalten, bekam diese Strömung 1894 eine organisatorische Größe. Gesinnungsgenossen in den verschiedenen Freikirchen wurden aus konfessionellen Gründen zunächst nicht als Bündnispartner akzeptiert, die → Gemeinschaftsbewegung rang zudem selber mit der Frage nach der Verbalinspiration (Lepsius-Streit). Erst die Auseinandersetzung um die → existentiale Interpretation Rudolf → Bultmanns in den 50er und 60er Jahren ließ die Rückbesinnung auf die Fundamente des Glaubens erwachen, wenn auch die dadurch entstandenen Bekenntnisbewegungen keinen Konsens über das Bibelverständnis fanden. Der Einfluß amerikanischer Fundamentalisten machte sich nach den Weltkriegen besonders in den Freikirchen, aber auch im »Bibelbund« bemerkbar. Zu separatistischen Tendenzen ist es aber in Deutschland nicht gekommen.

2. Lehre

Der F. beruft sich in seinem Selbstverständnis auf die Bibel als die irrtumslose Offenbarung Gottes, ohne an einer mechanischen Diktatinspiration festzuhalten. Die Bibel ist frei von Widersprüchen und Fehlern, glaubwürdig auch in naturkundlichen und geschichtl. Aussagen. In der Hermeneutik des F. wird eine wörtliche Auslegung der Schrift vorgezogen, jegliche Bibelkritik dagegen als unsachgemäß und glaubenszerstörend verworfen.

In der Darwinschen → Evolutionslehre sehen die Fundamentalisten einen massiven Angriff auf die christl. Gesellschaft und das bibl. Menschenbild. In ihren Auswirkungen zerstöre sie jegliche Ethik und führe zum brutalen Nützlichkeitsdenken. Auch würden neuere naturwissenschaftl. Entdeckungen und Forschungen gegen eine allmähliche Höherentwicklung und für eine junge Erde sprechen. Eine von Gott gelenkte Evolution der Materie und des Lebens wird als unbibl. abgelehnt.

Viele Fundamentalisten vertreten eine besondere Form des Chiliasmus, die mit dem baldigen Ende dieser Welt und mit der Wiederkunft Christi vor dem → Tausendjährigen Reich rechnet (Prämillenniarismus). Die Gemeinde Jesu habe sich wachsam bereit zu halten für Christi Ankunft, bevor die ganze Welt in einer siebenjährigen Trübsalszeit in ein Chaos stürzen wird (Vortrübsalsentrückung). Erst die Wiederkunft Christi in Macht und Herrlichkeit beende die Schreckensherrschaft Satans, der gegen das wiedererweckte Israel kämpfen wird. Im Tausendjährigen Reich regiere dann Christus in seinem Königreich bis zum letzten Gericht über Satan und die Ungläubigen. Gepaart mit dieser eschatologischen Schau steht die Anfälligkeit des F. für Weltverschwörungstheorien.

Der F. fordert die Trennung des Gläubigen von allem Sündigen in der Welt. Darüber hinaus wird von einigen Fundamentalisten auch die Absonderung von andersdenkenden Christen gefordert, die spezielle Erkenntnisse des F. nicht nachvollziehen können. Dabei tritt eine gewisse Gesetzlichkeit auf, die mit Militanz und Überheblichkeit gepaart sein kann.

3. Globaler Fundamentalismus

Der Begriff F. erhielt Anfang der 70er Jahre eine unsachgemäße rel. und polit. Ausweitung. Zunächst wurde er von Vertretern des »Kritischen Rationalismus« als Schlagwort für die Gegner ihres »Fallibilismus« gebraucht. Kurze Zeit später tauchte er erstmals für antiwestliche Bestrebungen im Islam auf, es folgte die Bezeichnung für reaktionäre Gruppen im Judentum. Auch die Bewegung um den abtrünnigen Erzbischof Lefèbvre wird mit diesem Wort kategorisiert. Später wurde der Begriff auf zivilisationskritische Denkformen innerhalb der grünen Bewegung angewandt und wurde zum allg. Schimpfwort für jeglichen Konservativismus.

Diese Begriffsausweitungen übersehen die Diskontinuität zwischen verschiedenen rel. und polit. Ansätzen. So spricht man im Falle des Islam besser von »Islamismus«, im Falle der kath. Kirche von »Traditionalismus«. Die gemeinsame Kategorisierung »Antimodernismus« greift ebenfalls zu kurz, da der prot. F. gerne auf modernste technische Hilfsmittel zur Ausbreitung seiner Botschaft zurückgreift.

Lit.: J. Barr: Fundamentalismus, 1981 (engl. 1977); S. Holthaus: Protestantischer Fundamentalismus in Deutschland, Diss. theol., Leuven, 1992; G. M. Marschen: Fundamentalism and American Culture, 1980; E. R. Sandeen: The Roots of Fundamentalism, 1970.

S. Holthaus

Fundamentaltheologie

F. ist als theol. Begriff in der ersten Hälfte des 19. Jh.s aufgetaucht. Er stammt als Begriff – nach G. Ebelings Nachweis – aus dem Kreis der Schleiermacher-Schule. Als theol. Disziplin ist die F. im Bereich der kath. Theologie vor allem gepflegt. Die kath. F. ist nach dem I. Vaticanum vor allem dem Leitsatz gewidmet: »Die richtig gebrauchte Vernunft beweist die Grundlagen des Glaubens« (*recta ratio fidei fundamenta demonstrat*). Die F. ist nahezu identisch mit der → Apologetik gebraucht und nimmt ihre Aufgaben wahr.

Im ev. Bereich ist die Apologetik wenig angesehen gewesen. Durch die Theologie K. → Barths ist die F. als natürliche Theologie in Verruf geraten. Seit dem Abklingen dieser Tendenzen wird die F. auch in der ev. Theologie wieder als Aufgabe erkannt. Die Arbeit von G. Ebeling von 1970 mit dem Titel »Erwägungen zu einer evangelischen Fundamentaltheologie« hat hier die ersten Schritte getan. Freilich ist die F. im ev. Bereich weniger apologetisch als vielmehr eine Erörterung der Grundlagen von christl. Theologie überhaupt. So versteht W. Joest, der die erste ev. F. schrieb, seine Aufgabe ebenfalls. Es handelt sich nach ihm »um die Besinnung auf Grund, Normen und Methode theologischer Aussagen« (S. 9), wenn F. geschieht.

Lit.: G. Ebeling: »Erwägungen zu einer evangelischen Fundamentaltheologie«, ZThK 67 (1970), 479-524; C. Geffré: »Die neuere Geschichte der Fundamentaltheologie«, Concilium 5 (1969), 518-429; W. Joest: Fundamentaltheologie, [2]1981; K. Lehmann: »Apologetik und Fundamentaltheologie«, Communio 7 (1978), 289-299; H. Petri: »Die Entdeckung der Fundamentaltheologie in der evangelischen Theologie«, Catholica 39 (1979), 241-261; H. Wagner: Einführung in die Fundamentaltheologie., 1981.

C.H. Ratschow

Fürbitte → Gebet

Furcht Gottes

Die F.G. gehört zu den Grunderfahrungen des Rel. schlechthin, wie es R. Otto als das »Moment des ›tremendum‹ (des Schauervollen)« beschrieben hat oder als »schlechthinnige Unnahbarkeit«, dem negativ Tabuierungen wie positiv rituelle Begehungen entsprechen. Bibl. gesehen ist das Gefälle vom AT zum NT unübersehbar. So erschrickt Israel vor Gottes Zorn und vor seiner Gegenwart (2Mo 20,18f; 1Sam 6,20). Entsprechendes gilt von den Berufungsgeschichten der Propheten (Jes 6,5; Hes 1,28). Daher lautet die Offenbarungsformel »Fürchte dich nicht!« (1Mo 15,1; 21,17; 26,24). Im Unterschied zu den Religionen stehen Israel aber nicht Götter, sondern der eine Gott gegenüber. Das Erschrecken vor Gott verwandelt sich aber auch in Scheu und Ehrfurcht, ja in Liebe vor dem Gott des Bundes, der Furcht und Liebe fordert (5Mo 10,12).

Dagegen spricht das NT generell relativ selten von der F.G. Mit der Furcht vor der Begegnung mit Gott verbindet sich die Freude (Lk 2,9), wie auch die Christusliebe die Furcht austreibt (1Joh 4,17f). Bezeichnend ist auch der Wechsel von der Genitiv- zur Akkusativkonstruktion, bezogen nicht auf irgend etwas, sondern auf den Gott, der Leib und Seele verderben kann, der aber zu seinen Bekennern steht (Mt 10,28ff par). Das vertrauensvolle Abba-Rufen (Röm 8,15), das ein gegenüber dem Judentum neues väterliches Vertrauen zu Gott ausdrückt, hebt die Mahnungen zu Furcht und Zittern beim Wirken des ewigen Heils (Phil 2,12; 1Petr 1,17ff) nicht auf. Genauso gehören Rechtfertigung durch den Glauben und das Gericht nach den Werken zusammen.

Der reformat. Durchbruch gewinnt die bibl. Grundkonstellation gegenüber der mittelalterl. Tradition zurück, wenn Luther den Zorn Gottes in der Anfechtung in einem Grade erfährt, der die prophetische und paulin. Gerichtsdimension existentiell zurückgewinnt. Die mittelalterl. Kiche hat demgegenüber von Augustin zu Thomas ein Verständnis der Gottesfurcht begründet, das sich in einem ausgewogenen System von Reue, Bekenntnis und Genugtuung bewegt (→ Buße, theologiegeschichtlich) und das im Zusammenhang mit dem Bußsakrament den Christen von der knechtischen zur kindlichen Furcht führt, die immer kräftiger wird. Die F.G. wird damit in ein bis heute tradiertes Erziehungssystem einbezogen. Der reformat. Angriff dagegen durchbricht die mittelalterl. Front an zwei Stellen, indem der Zorn Gottes einmal alle kirchl. Kanalisierungsmöglichkeiten zunichte macht, weil sie an der Wirklichkeit Gottes zerbrechen, und zum andern, weil die reformat. Rechtfertigungsgewißheit an die Stelle einer bleibenden letzten Heilsungewißheit tritt. Luthers Formel: »Von Gott zu Gott zu fliehen«, macht den Unterschied deutlich. Luther gelingt es auch, das Gemeinte in griffige Formeln umzusetzen wie in der Erklärung zum ersten Gebot im Kleinen Katechismus: »Wir sollen Gott über alle Dinge fürchten, lieben und vertrauen« entsprechend der Einleitungsformel zu den einzelnen Geboten: »Wir sollen Gott fürchten und lieben. . .«.

In dem Bußernst der → Erweckungsbewegungen lebt vieles aus dieser reformat. Tradition weiter, wird aber im weiteren Verlauf schon seit der → Aufklärung immer weiter durch eine bibl. unqualifizierte Rede von der Liebe Gottes, der alle Elemente der F.G. fehlen, verdrängt; die »teure Gnade« wird, mit D. → Bonhoeffer geredet, immer mehr zur »billigen Gnade«. Sobald aber der Horizont des Zornes und der F.G. ausgeblendet ist, wird aus dem → Evangelium eine christl. Weltanschauung.

Die heutige Gemeinde lebt in einer alles tolerierenden permissiven Gesellschaft, besonders seit der sog. zweiten Aufklärung der späten sechziger Jahre. Daraus folgt nicht nur eine allg. Orientierungslosigkeit, sondern auch unkontrollierte Aggressionen. Bestimmte Vorstufen artikulieren sich schon in einem existenzialistischen Atheismus, wie ihn J.P. Sartre etwa in »Die Fliegen« (1943) vertritt. Das erfolgreiche Theaterstück will die Menschheit, besonders in Krisenzeiten, von einer überholten Gottesfurcht befreien.

Dagegen gehören in einer bibl. Gotteserfahrung

Gottesfurcht und Gottesliebe unauflöslich zusammen. Sie verhindern zugleich das Abgleiten der bibl. Botschaft in ein allg. gesellschaftspolit. Engagement. Zugleich ist die christl. Gemeinde immer stärker dazu aufgerufen, der Manipulation des Lebens in → Euthanasie und → Abtreibung entgegenzutreten. Sie hat darum auch und gerade in der heutigen Gesellschaft unter Berufung auf das Liebesgebot aber genauso auch auf die Gottesfurcht für das Leben in der göttlichen Schöpfung einzutreten. Jedwede Gewissensschärfung geht daher mit einer neuen Bewußtmachung der F.G. einher. Anders läßt sich die von Christus geforderte »bessere Gerechtigkeit« (Mt 5,20) nicht realisieren. Die Wiedergewinnung der bibl. Dimension der F.G. gehört damit zu den besonderen Aufgaben heutiger Verkündigung, ohne die das → Evangelium nicht mehr Evangelium bleibt.

Lit.: U. Asendorf: Eschatologie bei Luther, 1967; D. Bonhoeffer: Nachfolge, 1937; W. Lütgert: Die Furcht Gottes, in: ders.: Natur und Geist Gottes, 1910, 70-91; R. Otto: Das Heilige. Über das Irrationale in der Idee des Göttlichen und sein Verhältnis zum Rationalen, [26-28]1947; C.H. Ratschow, J. Fichtner, H.J. Iwand: »Furcht Gottes«, RGG[3] II, 1958, 1791-1798.

U. Asendorf

Fürsorge

Das Herz aller F. schlägt in der persönlichen Hilfe von Mensch zu Mensch. Je mehr eine Gesellschaft die Kompliziertheit und drohende Anonymität menschlicher Beziehungen erfährt, desto nötiger bleibt die personale Zuwendung. Sonst werden Hilfegewährung und -entgegennahme nicht selten kränkend im Sinne von krankmachend empfunden. Schon im Sprachgebrauch sind Begriffe zu vermeiden, die – früher einmal richtig – im Lauf der Jahre von Betroffenen als demütigend erlitten wurden. So ist aus der Armen-Hilfe die Fürsorge und schließlich aus der Fürsorge die Sozialhilfe (BSHG von 1961) geworden und bei manchem auch schon wieder suspekt.

Das bibl. Menschenbild geht von der Würde jedes Menschen aus, der als Gottes Geschöpf einen Anspruch auf Hilfe zum Leben hat, sofern er nicht kraft eigener Berufsarbeit oder im Familienverband ausreichend versorgt ist. Dabei genügt nicht die Sicherstellung eines nur physischen Existenzminimums (s. den Streit um den »Warenkorb«!). Ein moderner sozialer Rechtsstaat muß darüber hinaus dafür Sorge tragen, daß auch der Sozialhilfe-Empfänger am kulturellen Leben teilhaben kann. Letztes Ziel fürsorgerischer Arbeit ist es freilich, dem in eine Notlage Geratenen dazu zu helfen, seine Schwierigkeiten möglichst aus eigener Kraft zu meistern. Nur durch »Hilfe zur Selbsthilfe« (im sozialen Alltag wie in der weltweiten Entwicklungshilfe) erfährt der Mensch die befreiende Unabhängigkeit von fremder Zuwendung.

Aber auch wo der einzelne auf solche Hilfen staatlicher (öffentlicher) oder privater F.-Träger angewiesen ist, verlangt es seine Würde, daß diese Hilfe

- nachrangig gewährt wird (also seine Eigenverantwortung nicht lähmt),
- familiengerecht (vorbeugend oder nachgehend) geschieht (um den noch bestehenden Familienzusammenhalt zu festigen),
- der individuellen und örtlichen Situation und den je persönlichen Bedürfnissen angepaßt wird,
- als einklagbarer Rechtsanspruch verstanden werden kann, der den Empfänger nicht zum Bettler degradiert.

Die Persönlichkeitsrechte des Grundgesetzes stehen auch ihm uneingeschränkt zu!

Dazu gehört auch das Recht jedes Bürgers, die ihm nach dem Gesetz zustehenden sozialen Leistungen sich jeweils von dem freien oder öffentlichen Träger vermitteln zu lassen, der seiner persönlichen (z.B. rel.) Grundrichtung am meisten entspricht, sofern dadurch nicht unvertretbare Mehrkosten entstehen. Dieses soziale Wahlrecht des Empfängers setzt ein deutliches Angebotsprofil der verschiedenen Sozialhilfe-Träger in einer pluralen Gesellschaft voraus.

Das derart partnerschaftlich bestimmte Zusammenspiel freier und öffentlicher Wohlfahrtspflege hat sich in Deutschland als optimale Form menschengerechter Fürsorge-Praxis bewährt, nicht zuletzt auch dadurch, daß sich besonders motivierte Dienstgruppen (z.B. der Kirchen) im Haupt- und Nebenamt gleichrangig an dieser gesellschaftl. Aufgabe beteiligen können.

Lit.: W. Schellhorn et al.: Das Bundessozialhilfegesetz. Kommentar, [10]1979; H. Scherpner: Theorie der Fürsorge, 1962.

Th. Schober

Fußwaschung

Die F. war aus hygienischen Gründen in allen antiken Kulturen des Mittelmeerraumes üblich.

Bei Griechen und Römern wurden vorwiegend Sklaven zur F. herangezogen.

Bei den Juden gehörte die F. zur täglichen Reinigung am Abend. Ferner diente sie zur Begrüßung des Gastes. Der Reinheit wegen war sie vor jeder rel. Handlung vorgeschrieben. Das NT setzt die Fußwaschung als lebendige Übung voraus. Die durch die F. bekundete und von Christus angenommene Glaubenshingabe führt die Sündenvergebung herbei (Lk 7,44).

Joh 13,4.12 wird über die F. berichtet, die Christus am Vorabend seines Leidens an seinen Aposteln vornahm. Die F. findet während des Mahles statt; sie ist also nicht zu verstehen als die übliche Zurüstung der Geladenen für das Mahl. »Christus will seine Jünger die neue Ordnung der Liebe und des Dienens lehren« (B. Kötting).

In der → Alten Kirche formte sich die vom Judentum überkommene Vorstellung von der reinigenden Kraft der F. zur Lehre von der sündentilgenden Wirkung der F. Das Beispiel der Demut, das Christus durch die F. gegeben hatte, wurde immer wieder allen Christen zur Nachahmung empfohlen.

Bereits vom 3. Jh. an gehört die F. in manchen Gebieten als Komplementärritus zur → Taufe. Aus dem ursprünglichen Sklavendienst ist in der christl. Gemeinde ein Bruderdienst geworden.

Die Entwicklung der Karliturgie als Nachvollzug der Passion des Herrn führte zu einer besonders feierlichen Form der F. am Gründonnerstag. Die ersten Spuren einer solchen Liturgie außerhalb der Klöster finden sich in Spanien (694). In Rom läßt sich die F. im Zusammenhang der Karwoche erst im 10. Jh. nachweisen, ebenfalls in der griech. Kirche.

Bei den → Adventisten und der pfingstlerischen → Gemeinde Gottes wird die F. regelmäßig in Verbindung mit Taufe und Abendmahl als »göttliche Verordnung« praktiziert.

»Die Fußwaschung ist ein Zeichen, das das Testament des Herrn deutet und bewußt macht: ›Ein neues Gebot gebe ich euch: Liebt einander wie ich euch geliebt habe, so sollt auch ihr einander lieben‹ (Mt 20,28).« (Th. Maas-Ewerd).

Lit.: B. Kötting: »Fußwaschung«, AC, Bd. 8, 1972, 743-777; Th. Maas-Ewerd: Plädoyer für die Fußwaschung am Gründonnerstag, in: Liturgisches Jahrbuch (22), 1972, 18-26; Abendmahl und Fußwaschung (Studien zur adventistischen Ekklesiologie, Bd. 1), 1991.

K. Wittstadt

Gabler, Johann Philipp → Altes Testament, Geschichte der Erforschung

Galaterbrief → Paulus (Apostel)

Galilei, Galileo (1564-1642)

Der italienische Naturforscher G., geb. am 15. 2. 1564 in Pisa, gest. am 8. 1. 1642 in Arcetri bei Florenz, arbeitete in Pisa, Padua und Florenz. Seine Leistungen lagen vor allem auf dem Gebiet der Physik und Astronomie. Weit über die Grenzen seines Faches hinaus berühmt wurde er durch den sog. »Galilei-Prozeß«, in dem es um das heliozentrische Weltsystem des Kopernikus ging. 1616 war G. von Kardinal Robert Bellarmini in Rom ermahnt worden. Unklar ist, inwiefern ihm damals das Infragestellen des alten Systems verboten wurde. Sein 1632 italienisch erschienenes Werk »Dialog über die beiden hauptsächlichen Weltsysteme« war dann der eigentliche Anlaß für den Prozeß. Ende 1632 wurde er vor die Inquisition zitiert, Mitte 1633 wurde er verurteilt und mußte seinen Ansichten abschwören, wobei jeder der Beteiligten wußte, daß es sich hierbei um einen formalen, äußeren Akt handelte, der nicht mit G.s innerer Gesinnung übereinstimmte. G. wurde nicht gefoltert; das ganze Verfahren bedeutete aber doch einen enormen psychischen Druck für den damals im 70. Lebensjahr stehenden Gelehrten (einige Jahrzehnte zuvor war der kompromißlose Giordano → Bruno in Rom verbrannt worden). In einer Ansprache am 31. 10. 1992 nahm Papst Johannes Paul II. zum Fall G. Stellung (manche sehen darin eine »Rehabilitation Galileis«).

Lit.: K. Fischer: Galileo Galilei, 1983; F. Krafft (Hg.): Große Naturwissenschaftler. Biographisches Lexikon, [2]1986, 132-135.

F. Stuhlhofer

Gallikanismus

Der Begriff G. bezeichnet die Theorie und Praxis des franz. Staatskirchentums, in dem sich vom Spätmittelalter bis ins 19. Jh. nationale und kirchl. Interessen gegen die Ansprüche des Papsttums und kurialen Zentralismus miteinander verbanden. Es handelt sich um die besondere franz. Form des → Episkopalismus und → Konziliarismus, die dem Staat eine nahezu unbeschränkte Gewalt über die Kirche gewährt.

Der G. begann, als König Philipp IV. von Frankreich, der Schöne (1285-1314) im Konflikt mit Papst Bonifatius VIII. den franz. Klerus zum Bestandteil seines Reiches erklärte. In der Pragmatischen Sanktion von Bourges 1438 wurde der auf den Konzilien von Konstanz und Basel formulierte Konziliarismus zum franz. Staatsgesetz erhoben. Im Konkordat von 1516 gelang es dem Papsttum zwar, die Pragmatische Sanktion außer Kraft setzen zu lassen, es mußte jedoch dem franz. König das einzigartige Privileg eines vollen Nominationsrechts auf alle freigewordenen Bischofssitze und Abteien (das sog. Regalienrecht) einräumen. Es mußte auch hinnehmen, daß die franz. Bischöfe auf dem Konzil von Trient (1545-63) die Dogmatisierung des päpstlichen Primats unter Berufung auf die Pragmatische Sanktion verhinderten. Als Ludwig XIV. 1673 das Regalienrecht auch auf von Frankreich annektierte Länder ausdehnte und Papst Innozenz XI. dagegen Einspruch erhob, stellte sich der franz. Klerus durch die Formulierung der vier sog. Gallikanischen Artikel von 1682 hinter seinen König. Abgefaßt vom Minister J.B. Colbert und vom Bischof J.B. → Bossuet besagen diese Artikel: (1) Könige und Fürsten sind zwar nicht in geistl., aber doch in weltlichen Dingen von der Kirchengewalt unabhängig. (2) Die geistl. Vollgewalt des Papstes wird durch das allg. Konzil begrenzt. (3) Die päpstliche Gewalt hat die traditionellen Regeln und Gebräuche der franz. Kirche, die mit den Freiheiten der Urgemeinde identisch sind, unangetastet zu lassen. (4) Päpstliche Entscheidungen in Glaubensfragen werden erst durch die Zustimmung der Gesamtkirche verbindlich.

In der Folgezeit wurde der G. auch über die Grenzen Frankreichs hinaus wirksam (→ Febronius, → Josephinismus). Er überstand die Franz. Revolution und wurde von Napoleon I. im Konkordat aus dem Jahr 1801 formal zwar preisgegeben, ansonsten aber neu bekräftigt. Die anti-napoleonische Restauration verband sich dagegen mit dem → Ultramontanismus zur erfolgreichen Bekämpfung des G. Das I. Vatikanische Konzil (1870) mit seiner Definition, daß der Papst die volle und oberste Jurisdiktionsgewalt über die ganze Kirche hat und daß seine *ex cathedra* getroffenen Entscheidungen »aus sich und nicht aufgrund der Zustimmung der Kirche unabänderlich« sind (gegen den 4. Gallikanischen Artikel), verdrängte den G. endgültig aus dem Leben der kath. Kirche.

Lit.: K. Schleyer: Die Anfänge des Gallikanismus im 13. Jh., 1937; H. Schneider: Der Konziliarismus als Problem der neueren katholischen Theologie, 1976; J. Wilhelm: Das Fortleben des Gallikanismus in der französischen Literatur der Gegenwart, 1933.

U. Swarat

Gallio-Inschrift → Paulus (Apostel)

Gallisches Bekenntnis → Bekenntnisschriften, reformierte

Gallneukirchen

Das Ev. Diakoniewerk G. (Verein) ist die größte diakon. Einrichtung innerhalb der → Ev. Kirche in Österreich. Sie besteht seit 1872 und wurde von Pfarrer Dr. theol. Ludwig Schwarz zusammen mit Jakob Bollinger (Kinder- und Waisenrettungsarbeit in Weikersdorf) gegründet. Die Arbeit ist aus dem Boden einer Erwekkung innerhalb der kath. Gemeinde um 1800 durch das Wirken ihres Pfarrers M. Boos erwachsen.

Heute gehören folgende Arbeitsgebiete dazu: Drei Krankenhäuser, vier verschiedene Einrichtungen für Schwer- und Schwerstbehinderte, zwei für Rehabilitanden, sechs Ausbildungsmöglichkeiten für Krankenpflege und Behindertenarbeit, fünf Erholungs- bzw. Tagungsstätten, drei Altenheime und mehrere Einrichtungen des Wirtschaftsbereichs. Den Schwerpunkt bildet der Behindertenbereich. Innerhalb des Diakoniewerkes werden ca. 1.300 Menschen von etwa 1.000 Mitarbeitern betreut. In G. befindet sich auch das einzige österreichische Diakonissen-Mutterhaus.

H. Karzel

Gandhi, Mohandas Karamchand (1869-1948)

G., geb. am 2. 10. 1869 in Porbandar (Gujarat), gest. am 30. 1. 1948 in Delhi, war der polit. und geistig wichtigste Führer des unabhängig werdenden Indiens. Nach seinem Jurastudium in England sammelte G. Erfahrungen mit dem »gewaltfreien« Widerstand gegen die Engländer als Rechtsanwalt in Südafrika im Kampf für die Rechte der Inder (nicht jedoch der Schwarzen). Nach Indien zurückgekehrt, kämpfte er um die Unabhängigkeit Indiens, um die »Hindu-Muslim-Einheit«, um die Beseitigung des Kastenwesens, und zwar besonders zur Rehabilitation der Unberührbaren (Kastenlosen), und um die »Gewaltlosigkeit«, d.h. den Kampf durch Mittel wie Streik, Steuerverweigerung, Menschenblockaden und Hungerstreik, die bis heute viele Nachahmer der unterschiedlichsten Richtungen gefunden haben.

Verwirklichen konnte er schließlich nur die Unabhängigkeit. Diese ließ aber die Spannung zwischen Muslimen und Hindus in gewaltsamen Auseinandersetzungen zum Ausbruch kommen, die schließlich in G.s Ermordung gipfelten. Die Aufhebung der Kasten fand zwar Eingang in die indische Verfassung, nicht jedoch in den Alltag Indiens.

G. wurde maßgeblich von europ. Denkern wie Rousseau, Ruskin und Thoreau, vor allem aber von den Schriften Leo Tolstois (z.B. dessen neuverfaßtes und geändertes Evangelium bzw. Leben Jesu; »Krieg und Frieden«) beeinflußt. Mit Tolstoi führte er einen Briefwechsel, der später veröffentlicht wurde. Tolstois Idee, daß man sich dem Bösen nicht widersetzen dürfe, verstand er im hinduistischen Sinne der *ahimsa* (Nichtschädigung lebendiger Wesen) und der *asahayoga* (Nichtmitwirken mit dem Übel). Christl. Gedankengut lernte er wohl nur auf diesem Umweg kennen. Trotzdem war G. ein energischer Gegner der christl. Mission und ließ nur das im Christentum gelten, was den ererbten und früh in ihm gefestigten Lehren des indischen Jainismus entsprach. So

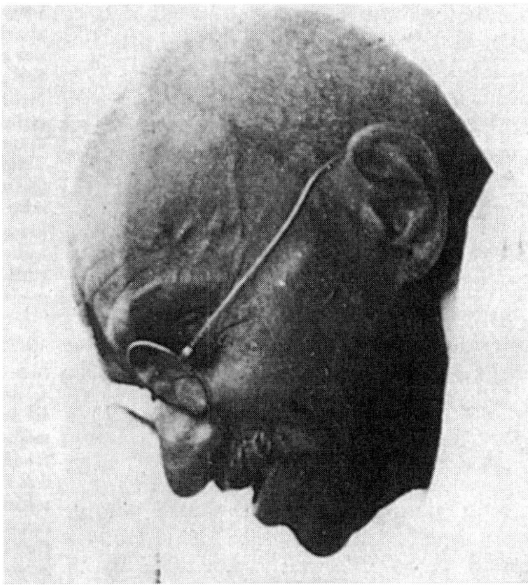

rühmte er zwar Bibel und Koran (Ges. Werke XXI, 246; XXVIII, 111), lehnte aber ihre traditionelle Auslegung ab und setzte sein eigenes Verständnis an deren Stelle.

G. wurde aber auch maßgeblich von zwei indischen Religionen beeinflußt, die sich aus dem Hinduismus entwickelt haben, dem Jainismus und dem Theravada-Buddhismus. Nur so ist zu verstehen, wie G. die Überlegenheit der indischen Kultur und einen Universalitätsanspruch des Hinduismus (vgl. sein Glaubensbekenntnis, Ges. Werke XXI, 245-246) vertreten und zugleich das Kastenwesen und den Kampf gegen die Muslime ablehnen konnte. Oberstes Lebensziel war für ihn die durch mehrere Wiedergeburten hindurch zu erlangende *moksha*, also die »Erlösung« bzw. »Selbstverwirklichung« im hinduistischen Sinne.

Lit.: M. Gandhi: Mein Leben, 1983.
M. Blume: Satyagraha. Wahrheit und Gewaltfreiheit, 1987; A.R. Sequeira: Gandhi für Christen, 1987; O. Wolff: Gandhi und Christus, 1955.

Th. Schirrmacher

Gastarbeitermission → Evangelischer Ausländerdienst

Gasthausmission → Missionarischer Dienst im Hotel- und Gaststättengewerbe

Gauger, Joseph (1866-1939)

G., geb. am 2. 4. 1866 in Winnenden, gest. am 1. 2. 1939 in Wuppertal-Elberfeld. Württembergischer Pfarrersohn, mit 13 Jahren Vollwaise, verwurzelt im Pietismus seiner Heimat, studierte er Theologie und verbrachte die ersten Amtsjahre in seiner Heimat.

1898 wurde er in die Verlagsleitung der → Ev. Gesellschaft f. Deutschland nach Wuppertal berufen, wo er bis zum Lebensende blieb und den Literaturdienst seines Werkes erfolgreich intensivierte. Als Liederbuch für Gemeinschaftskreise gab er den »Evangelischen Psalter« heraus, der neben den »Reichsliedern« gern und häufig benutzt wurde. Für die Zeitschriftenarbeit hatte er besondere Fähigkeiten, rasch und verständlich, schriftbezogen und aktuell, eindeutig und in der Regel nicht verletzend zu schreiben. Neben Jugend- und Kinderblättern gab er vor allem »Licht und Leben« und »Licht und Kraft für den Tag« heraus und führte diese Schriften zu beträchtlicher Blüte und einem großen Leserkreis. Für die Erforschung der Kirche zur Zeit des Nationalsozialismus sind seine »Gotthard-Briefe« als Dokumentation des Zeitgeschehens von großer Bedeutung geworden. Der Bekennenden Kirche fühlte er sich bis zu seinem Tod verbunden, im

Laufe der NS-Zeit wurden alle von ihm redigierten Zeitschriften von der Reichsschrifttumskammer verboten.

Lit.: S. und J. Gauger: Joseph Gauger. Sein Leben und sein Werk, 1950.

G. Ruhbach

Gebet

a) biblisch

1. Im Alten Testament

a. Im AT gibt es eine bunte Fülle von hebr. Wörtern, die das bezeichnen, was im Dt. mit G./Beten gemeint ist. Wörtlich mit Beten übersetzt werden können *'atar*, 20mal im AT, z.B. 2Mo 10,18, und *hitpallel*, 79mal, z.B. 1Mo 20,17; für G. ist das hebr. Äquivalent *Tefillah*, z.B. Ps 109,7. Sehr viel häufiger werden allg. Begriffe, meist aus dem Bereich dringlichen, gemütsbewegten Redens gebraucht, z.B. »rufen« (*qara'*, 1Mo 12,8), »klagen« (Ps 31,23; 55,18; 2Mo 2,23 u.ö.), »loben« (Ps 9,15; 35,7; Jes 12,6 u.ö.). Zahlreich sind auch die hebr. Wörter, die den Lobpreis bezeichnen, allen voran *hillel*, »rühmen, jauchzen« (Ps 113,1); *Tehillah*, »Lobpreis« (Ps 34,2); *hodah*, »loben, preisen« (1Mo 29,35). *Todah* ist »Dank(opfer) und Lob« (Ps 50,14).

Vom Wesen her ist das atl. G. unmittelbare Lebensäußerung (vgl. Ps 42,5; 62,9; Klgl 2,19), ausgelöst durch eine Notlage bzw. durch den Dank für die Errettung. So sind Klage und Lob die beiden großen Pole des atl. G.s. G.formen lassen sich dahingehend unterscheiden, ob sie von einem einzelnen oder von einer großen Gruppe bzw. dem Volk gesprochen werden. Entsprechend variieren die Gebetshaltungen: 1Mo 24,26; 1Kön 8,54; 1Sam 1,26; Ps 141,2; 143,6 bis hin zum Tanz 2Mo 15,20. Bestimmte Tages- (Ps 4; 5; 55,18; Dan 6,11) und Festzeiten (1Sam 1) oder bestimmte Orte (meist Jerusalem/Tempel 2Chr 6,34; Ps 28,2; 134) können für das G. von Bedeutung sein, jedoch ist das Beten überall möglich (1Sam 25,32; 2Sam 15,31; Jes 38,1-3).

b. Alle G.e richten sich ausnahmslos an Jahwe (vgl. den häufigen Ausdruck: »den Namen des Herrn anrufen«, z.B. 1Mo 12,8). Dessen Ausschmückung oder die Anhäufung von Ehrentiteln ist nicht nötig, ebensowenig das stundenlange, beschwörende G. (vgl. 1Kön 18,26-28 mit 18,36f; s.a. Mt 6,7). Erst in der Spätzeit, unter dem Bewußtwerden der Sündengeschichte Israels, werden die G.e um lange Sündenbekenntnisse erweitert (Esr 9; Neh 9; Dan 9; Tob 2,1-16). Zum G. im atl. Sinne zu rechnen sind auch die zahlreichen Lobrufe in der dritten Person (*baruch JHWH*, z.B. 2Mo 18,10; Ps 18,47; 28,6ff), die andere Anwesende voraussetzen, die mit dem Beter in das Lob einstimmen sollen.

c. Gegenüber dem direkten G. tritt die Fürbitte zurück. Meistens ist sie von mit besonderer Macht ausgestatteten Gottesmännern überliefert (1Mo 25,21; 2Mo 32,11-14,31f; Am 7, 2.6; Jer 37,3; 42,2). Die große Verheißung, die über dem atl. G. liegt, findet sich am schönsten in Ps 50,15; vgl. auch Ps 81,8, 86,5; eschatologisch Jes 65,24.

2. Im Neuen Testament

a. Die Hauptbegriffe für Beten/G. sind *proseuchomai*, 85 mal im NT, z.B. Mt 6,5; Lk 6,12 und *proseuche*, 37 mal, z.B. Mk 9,29; Apg 2,42. Besonders häufig begegnen sie im lukanischen Doppelwerk; in den johanneischen Schriften tauchen sie dagegen überhaupt nicht auf (außer Offb 5,8). Daneben finden sich *aiteo*, »bitten, fordern«, z.B. Mt 6,7 (nie vom Beten Jesu gebraucht); *deomai*, »bitten, flehen«, z.B. Lk 8,28; *proskynein*, »anbeten«, eigentlich »sich niederwerfen«, Offb 5,14 (überwiegend in den johanneischen Schriften); *eucharisteo*, »danken«, z.B. Röm 1,8 (ganz überwiegend in den Briefen).

b. Die besondere Bedeutung des G.s für die Urgemeinde gründet in dem hohen Stellenwert, den Jesus selbst dem G. beigemessen hat (G. in der Einsamkeit, besonders bei den Synoptikern: Mt 14,23; Mk 1,35; Lk 5,16; 6,12; 9,18 u.ö.; Beibehaltung des jüd. Dankgebets vor dem Essen: Mk 6,41; Mt 26,26f; Lk 24,30). Auch seine Passion ist vom G. gerahmt (Gethsemane: Lk 22,39 par; Lk 23,34,46; Mk 15,34). Im Unterschied zum G. anderer weist jedoch das G. Jesu auf seine einzigartige Verbindung zum Vater hin (besonders bei Joh, so 11,41). So betet Jesus nie mit den Jüngern, wohl aber für sie (Joh 17). Ein weiteres Zeichen der Vollmacht Jesu ist seine vielfache Zusicherung, daß G.e erhört werden (Mt 7,7-11; Mk 11,24; Lk 18,1-8 u.ö.). Bei Joh erscheint die G.serhörung geradezu als das Vermächtnis Jesu an seine Jünger (Joh 14,13f; 15,7,16; 16,23f). Daß die Erhörung nicht automatisch erfolgt, zeigt 2Kor 12,7-9.

c. In diesem Sinne hat in der Urgemeinde das G. von Anfang an eine zentrale Stellung (Apg 1,14; 2,42). Natürlich bestehen zunächst noch enge Verbindungen zum jüd. G., z.B. G.e zu bestimmten Tageszeiten (Apg 3,1; 10,9.30), G. im Tempel (Apg 22,17). Das G. einzelner (Mt 6,6; Apg 9,11) und das gemeinsame G. (Mt 18,19; Apg 2,42) finden sich nebeneinander, ebenso freie (1Kor 11,5; 14,13-15) und vorformulierte G.e, allen voran das Vaterunser (aber nicht als starres Schema, vgl. die verschiedenen Versionen Mt 6,6ff-Lk 11,2ff), wie auch kurze Gebetsrufe (*Maranatha*, 1Kor 16,22; Herr ist Jesus, Röm 10,9; 1Kor 12,3). Prägenden Einfluß hat auch das AT, speziell die Ps, vgl. die Psalmgebete Mt 27,46; Lk 23,46. Neu ist im NT, daß das G. sich auch an den erhöhten Christus wendet. Vor allem kurze G.srufe an Jesus sind überliefert (Apg 7,58f; 1Kor 16,22; Offb 22,20; vgl. Apg 1,14.21; 1Kor 1,2 und in nach-ntl. Zeit Plinius, Briefe X,96).

Die gegenseitige Fürbitte ist für das ntl. G. entscheidend: die Gemeinde für den Apostel (Röm 15,30; Phil 3,19; 1Thess 5,25 u.ö.), der Apostel für die Gemeinde (Röm 1,10; Phil 1,3f u.ö.), für andere Einzelpersonen (2Tim 1,3; Phlm 4 u.ö.), für Kranke (Jak 5,15,16); sie ist aber nicht auf den Raum der Gemeinde begrenzt (Röm 10,1; 1Tim 2,1).

Entsprechend der Bedeutung des G.s für die Gemeinde stehen im NT zahlreiche Gebetsparänesen, Mahnungen zum beständigen G., häufig mit dem Aufruf, »wach« zu sein, speziell in eschatologischem Kontext (Mk 14,38; Lk 21,36; 1Petr 4,7 u.ö.); dieser kann aber auch fehlen (Lk 18,1; Röm 12,12; Eph 6,8; Kol 4,2).

Lit.: R. Albertz, K. Berger: »Gebet«, TRE 12, 1984, 34-60; H.-M. Barth: Woher – wohin mein Ruf? 1981; R. Deichgräber: Wachsende Ringe – die Bibel lehrt beten, 1983; R. Gebauer: Das Gebet bei Paulus, 1990; C. Westermann: Lob und Klage in den Psalmen, ^{6}1983.

G. Hengel

b) systematisch-theologisch

1. Wesen des Gebets

a. Gebet als Lebensäußerung des Glaubens

G. gibt es in nahezu allen Religionen. Es ist eine »Urfunktion unseres Geistes« (K. Heim). Oft ist das G. hier magische Beschwörung (animistische Religion) oder mystische Versenkung (pantheistische Religion). In der prophetischen Religion der Bibel (F. Heiler), in der Gott als freies, persönliches Gegenüber gedacht ist, ist Beten ein personaler Akt. »Beten heißt mit Gott sprechen.« (R. Guardini). Weil Gott aus seiner Verborgenheit herausgetreten ist und sich in Jesus Christus bekannt gemacht hat, können wir das Gespräch mit ihm aufnehmen. Gott begegnet mir als eine Person, zu der ich Kontakt aufnehmen kann. Feuerbach dagegen definierte das G. als Selbstgespräch des Menschen. Da, wo Gott außer Sicht geraten ist, wird das G. nur noch als fromme Introvertiertheit gesehen. G. ist immer Antwort auf den Gott, der das Gespräch eröffnet hat. Wir leben davon, daß Gott spricht. Unser Beten ist also Reaktion auf Gottes Verheißung, auf Gottes Wort hin. Das Gespräch mit Gott kann weder durch »verbindliches Nachdenken in konkreten Situationen des Lebens« (D. Sölle) noch durch »das Gespräch mit dem Nächsten« (Robinson) ersetzt werden.

b. Das Gebet als Ausdruck der Abhängigkeit von Gott

»Es sind sicher nur die Hilflosen, die beten können« (Hallesby). Gerade im G. kann dem Menschen neu bewußt werden: Alles, was er ist und hat, ist von Gott empfangen. Das unbegrenzte Vertrauen in die Machbarkeit aller Dinge und in die Möglichkeiten des Menschen wird im G. empfindlich beschnitten.

c. Gebet als Zeichen der Freiheit der Kinder Gottes

Die Bibel bezeugt: Wir haben durch Jesus Christus die *parrēsia*, den Freimut, mit Gott zu reden. Jesus Christus hat uns durch sein Leiden und Sterben die Ermächtigung gegeben, vor Gott zu treten. Gott hat den Geist seines Sohnes in unsere Herzen gegeben, so daß wir das »Abba« rufen können (Gal 4,6). So befreit uns Jesus zum kindlichen Vertrauen und löst damit das G. aus der Verkrampfung und aus erstarrten Formen. Wir können Gott im Geist und in der Wahrheit anbeten. »Das Gebet ist gelebte Rechtfertigung des Sünders« (Pöhlmann).

d. Das Gebet führt in die Verantwortung vor der Welt

Beten kann die bedrängenden Weltprobleme niemals zudecken bzw. zurückdrängen. Die Schrift zeigt uns einen engen Zusammenhang von G. und Mission (Apg 13,1ff; 2Thess 3,1; Kol 4,3) sowie von G. und Regierungsverantwortung (1Tim 2,1; Jer 29,7). Das G. bezieht auch bewußt die Feinde mit ein. Es ändert die Einstellung zu den Menschen, die uns das Leben schwermachen (Mt 5,44; Lk 23,34). Wo gebetet wird, öffnen sich Türen, die sonst kein Mensch zu öffnen vermag.

e. Erwartungshaltung im Beten

»Beter bewegen den Arm Gottes.« Die Schrift gibt einer fatalistischen Haltung den Abschied:

»Es kommt ja doch, wie es kommen soll«; »Ich kann sowieso nichts ändern«. Gott ist nicht starres Prinzip, er läßt sich stören in seinem Plan, er läßt sich gereuen (Jona 3f). Jesus sagt unseren G.en Erhörung zu (Lk 11,9-13). Gott bleibt aber immer der souveräne Herr, der unsere G.e erhören, der uns aber auch warten lassen kann. Martin Luther betont: »Wenn nicht geschehen wird, was wir wollen, so wird geschehen, was besser ist.«

2. Arten des Gebets

a. Anbetung

G. ist nicht denkbar ohne → Doxologie. Der Glaubende rühmt die Größe und Herrlichkeit Gottes und bekennt sich zu Gott, dem Schöpfer, dem Erlöser und Vollender. In der Anbetung protestiert der Glaube gegen die Mächte des Unglaubens. Während der Ungläubige Gott die Ehre verweigert (Röm 1,21), gibt der Glaubende Gott die Ehre zurück (Röm 4,20).

b. Dankgebet

Es hat die empfangenen Gaben und Wohltaten Gottes im Auge. Im Danken anerkennen wir den Geber aller guten Gaben. Dem Danken soll in allen Situationen Priorität eingeräumt werden (Phil 4,6; 1Thess 5,18).

c. Das Gebet als Klage

Aus der verdrängten Klage entsteht viel Bitterkeit. »Wer klagt, gibt sein Leid heraus.« Es gehört mit zur Freiheit der Kinder Gottes, Ängste und Anfechtungen herauszuschreien (so besonders in den Klagepsalmen, z.B. Ps 12; 13).

d. Bittgebet

Die Einladung und Ermutigung zum Bitten bezieht sich auf alle Anliegen des Lebens, besonders aber auf das Kommen des Reiches Gottes (Mt 6,33, Vaterunser; vgl. oben 1.e).

e. Fürbitte

Im Fürbitteg. übernimmt der Christ Verantwortung für die ihm anvertrauten Menschen und für die Welt. Das priesterliche Eintreten des Beters für die Umgebung und die Welt ist Zeichen einer mission.-diakon. Gesinnung.

3. Gestalt des Gebets

a. Einsames und gemeinsames Beten

Der Glaubende wird den Rhythmus von Einsamkeit und Gemeinschaft beim Beten zu beachten haben. Das einsame Beten braucht die Ergänzung durch das gemeinsame Beten. Die Gefahr des nur einsamen Betens: Einseitigkeit, Enge, Egoismus. Die Gefahr des gemeinsamen Betens: Schönrederei, die eigene Frömmigkeit wird zur Schau gestellt. Gemeinsames Beten bedarf der Leitung, der Zucht und der Selbstbeherrschung, der Information über bestimmte Gebetsanliegen.

b. Leibhaftes Beten

Die Bibel weist uns auf den Zusammenhang von Beten und → Fasten hin. Unser Leib mit seiner Zerstreuungslust, seinen Begierden ist oft ein Gebetshindernis. Rechtes Beten setzt auch ein leibliches Zur-Ruhe-Kommen voraus. Es ist gut, auch »Haltungsfragen« zu bedenken, z.B. das Knien als Ausdruck der recht verstandenen Gottesfurcht.

c. Spontaneität und Ordnung

Die herrliche Freiheit der Kinder Gottes löst von allen gesetzlichen Vorschriften über das G. Das Beten darf nicht zum heidnischen Plappern werden. Spontan sucht der Glaubende das Gespräch mit Gott. Daneben wird aber auch eine Ordnung des Betens hilfreich sein. Jesus selber hat das vorgegebene G. der Psalmen geübt (s. Kreuzesworte). Psalmen, Liedverse und in der Christenheit vorgegebene G.e bewahren uns vor Subjektivismus und schaffen eine gute Gewöhnung (→ Liturgie). Umgekehrt kann die G.ssprache sehr schnell formelhaft werden. Hier hilft es, wenn wir das freie G. als ein großes Geschenk sehen.

In allem gilt: Christen bleiben im Beten stets Schüler Jesu (Lk 11,1).

Lit.: Ev. Erwachsenen Katechismus, 1975, 1245ff.; M. Gibbard: Gebet und Kontemplation, 1983; O. Hallesby: Vom Beten, 1954; F. Heiler: Das Gebet. Eine religionsgeschichtliche und religionspsychologische Untersuchung, [3]1921; K. Heim: Das Gebet als philosophisches Problem, in: ders.: Versöhnung und Weltvollendung, hg. von A. Köberle, 1982; A. Köberle: Schule des Gebets, 1967; M. Luther: Eine einfältige Weise zu beten, 1534; H.G. Pöhlmann: Das Gebet bei uns Theologen und in unserer Welt. Grundsätzliches und Konkretes zum Gebet, in: ThBeitr., 1986, 225ff.; M. Seitz, F. Thiele: Wir beten. Gebete für Menschen von heute, 1971; Th. Sorg: Wenn ihr aber betet, 1973; H. Thielicke: Das Gebet, das die Welt umspannt, 1945; ders.: Das Amt des Beters, 1961.

Th. Wendel

Gebet des Herrn → Vaterunser

Gebetbücher → Erbauung/Erbauungsliteratur

Gebetsgemeinschaft → Gebet

Gebetsheilung → Heilung

Gebetsstunden → Gebet; → Stundengebet

Gebetsvereine (masurische bzw. ostpreußische)

Die im östl. Ostpreußen im 19. Jh. unter Masuren und Litauern gegründeten G. knüpften an Gruppenbildungen an, die *Gromadki* (Häuflein) genannt wurden. Unter dem später in Tilsit wohnenden Ch. Kukat (1844-1914) erfuhren sie 1885 ihre Zusammenfassung zum »Ostpreußisch-evangelischen Gebets-Verein«. In den in der ev. Landeskirche verbleibenden Vereinen paarten sich strenge Prinzipien der → Heiligung, Momente luth. Orthodoxie im Rückgriff auf älteres Andachtsgut (Seuse, Tauler, Johann → Arndt) mit Vorbehalten gegen die das bäuerliche Frömmigkeitsleben in masurischer und litauischer Sprache hemmenden Kirchen- und Staatsorgane. Binnenwanderung führte zur Gründung zahlreicher Vereine im Ruhrgebiet.

Seit 1911 gibt es den Ev. G. und den Ev.-luth. G. In letzterem findet sich eine ausgedehnte Jugend- und Chorarbeit sowie eine mission.-diakon. Tätigkeit durch das angegliederte Gemeinschaftswerk (Altenheim, Bibelfreizeit und Erholungsheim) und den Verlag.

Lit.: A. Rapp: 50 Jahre Gemeinschaftsarbeit in Ost- und Westpreußen, 1927.

W. Kahle/Red.

Gebhardt, Ernst (1832-1899)

G., geb. am 12. 7. 1832 in Ludwigsburg, gest. am 9. 6. 1899 in Ludwigsburg, 1852 Auswanderung nach Chile, von wo er nach wenigen Jahren zurückkehrte und in seiner Heimat Christ wurde, seit 1860 method. Prediger und Evangelist, dann Superintendent in Bremen, Zwickau und Zürich.

Nicht nur die Erweckungspredigt, sondern vor allem das erweckliche Lied hat er maßgeblich gefördert durch Sammlung und Übersetzung englisch-amerikanischer Erweckungs- und Heiligungslieder, die dann vor allem in den »Reichsliedern«, aber auch in vielen anderen Liederbüchern der → Gemeinschaftsbewegung Aufnahme gefunden haben. Außerdem hat er selbst zahlreiche schlichte, einprägsame Lieder verfaßt und vertont (z.B. Kommt, stimmet alle jubelnd ein; So lang mein Jesus lebt; Welch ein Freund ist unser Jesus u.a.). Sein Liedschaffen blieb keineswegs auf die Methodistenkirchen beschränkt, sondern hat sich überall im neupietist. Liedgut durchgesetzt. Er gilt zu Recht als einer der Väter der → Erweckungsbewegung im 19. Jh. G. hat den → Christlichen Sängerbund mit begründet, ebenso die Ev. → Allianz in Deutschland und die Blaukreuzarbeit in Deutschland und der Schweiz (→ Blaues Kreuz).

Lit.: Liederbücher: Frohe Botschaft in Liedern, [85]1921 (1972 Textausgabe); Evangeliumslieder, [57]1920; Jubiläumssänger, [42]1921 (Nachdruck 1978);

Th. Funk: Ernst Gebhardt. Der Evangeliums-Sänger, 1969.

G. Ruhbach

Gebot → Gesetz/Gebot

Gebote, Zehn → Dekalog

Geburt Jesu → Jungfrauengeburt

Geburt, Neue → Wiedergeburt

Geburtenregelung

Unter G. versteht man die kontrollierte Zeugung von Nachwuchs bzw. die bewußte Behinderung oder Förderung des Entstehens von Leben durch menschliche Eingriffe in die Fortpflanzung.

1. Theologiegeschichtlich

Nach atl. Auffassung ist das Werden von Leben Ausdruck des segnenden Handelns Gottes (1Mo 1,28; 17,21ff u.a.). Zwar besteht der Sinn einer → Ehe schon nach dem AT (Hos 2; Mal 2,10ff) und dem NT (Eph 5,21ff) in der liebenden Gemeinschaft der Partner, doch galt die Fortpflanzung nach kirchl. Lehre bis ins 20. Jh. hinein allg. als primärer Zweck der Ehe. In der Alten Kirche spielte dabei die von griech.-gnostischem Geist beeinflußte Sicht der Sexualität als Folge des Sündenfalls und die stoische Lehre eine große Rolle, nach der sexueller Verkehr ohne Zeugungsabsicht eine Verletzung der Naturordnung sei, durch die das Ehebett in ein Bordell verwandelt werde (Augustin). Daher wird der »Coitus interruptus« mit Bezug auf die Sünde Onans (1Mo 38,10) abgelehnt. Die Reformatoren haben zwar die sexuelle Befriedigung im Rahmen der Ehe bejaht, aber doch daran festgehalten, daß ihr primärer Zweck in der Fortpflanzung besteht.

Anglik. Bischöfe haben als erste offizielle Vertreter einer Kirche 1930 den eigenständigen Wert der geschlechtlichen Vereinigung betont und damit die Berechtigung anerkannt, »die Elternschaft zu beschränken oder zu vermeiden«. Papst Pius XI. (1930) erlaubte als Methode der G. nur die indirekte Verhütung durch die Wahl der unfruchtbaren Zeit, verwarf dagegen jeden aktiven, direkten künstlichen empfängnisverhütenden Eingriff, da er gegen die Natur des ehelichen Aktes gerichtet sei. Papst Paul VI. hat diese Sicht in der Enzyklika »Humanae vitae« (1968) bestätigt. Diese biologisch-naturrechtlich begründete Ablehnung der G. wird von vielen kath. Theologen kritisiert, weil sie die Besonderheit menschlicher gegenüber tierischer Sexualität, also den Eigenwert der Liebesgemeinschaft der Partner, nicht bedenke und weil zwischen natürlichen und künstlichen Methoden der G. kein grundsätzlicher Unterschied bestehe, da die Absicht, die Zeugung zu vermeiden, stets bestimmend sei. Die neuere ev. Theologie stellt den Eigenwert ehelicher Liebesgemeinschaft heraus, der auch unabhängig von der Erzeugung von Kindern besteht (H. Thielicke), zu deren Ganzheit aber die grundsätzliche Bereitschaft zu Kindern hinzugehört. Zwischen natürlichen und künstlichen Mitteln der G. wird kein wertmäßiger Unterschied gesehen (Denkschrift Sexualethik, Nr. 46), und es wird betont, daß die Zahl der Kinder und der Zeitpunkt ihrer Geburt nicht biologischen Gegebenheiten überlassen werden sollte, sondern von den Eltern bewußt in Verantwortung füreinander und vor Gott zu gestalten seien. Über die Anwendung der Mittel, die Zeugung und die Zahl der Kinder sollten die Partner Übereinstimmung erreichen und dabei die Bedürfnisse und das Wohl des Partners und der Ehe und das Gelingen des Lebens der Kinder im Auge haben. In letzterer Hinsicht dürfte eine »Ein-Kind-Ehe« nicht weniger ethisch problematisch sein als eine nach oben hin extrem abweichende Kinderzahl. Ein bewußter Verzicht auf Kinder aus hedonistischen Gründen oder aus Angst vor der gefährdeten Zukunft ist christl. gesehen abzulehnen. Zeugung und Erziehung von Kindern ist immer wie mit Freude und Glück auch mit Verzicht und Entsagung verbunden, und die Zeugung von Leben ist und bleibt ein Wagnis, das auch angesichts der gesteigerten Unsicherheit des Lebens im Vertrauen auf Gott eingegangen werden darf.

2. Mittel zur Geburtenregelung

»Alle Verfahren, die begonnenes Leben antasten oder zum Abbruch der Schwangerschaft führen, sind als Methoden der Empfängnisregelung auszuschließen« (Denkschrift Sexualethik, Nr. 47), weil sie nicht die Zeugung von Leben verhindern, sondern entstandenes Leben vernichten. Deshalb bestehen auch erhebliche ethische Bedenken gegen die Mittel, die die Einnistung des Embryos im frühen Entwicklungsstadium in die Gebärmutter verhindern (Spirale, »Pille danach«). Selbst wenn man den Embryo in seinen frühen Entwicklungsstadien nicht als voll personales Menschenleben betrachtet, gebietet der Schutz dieses entstandenen menschlichen Lebens den Partnern doch, daß sie sicherste Methoden der Empfängnisregelung anwenden, wenn die Bereitschaft zum Kinde beim Geschlechtsverkehr nicht besteht. Von der Befruchtung außerhalb des Körpers rät die ev. Kirche ab. Bei ihr wie bei der künstlichen Besamung wird der Gebrauch fremder Keimzellen – gemäß den gesetzlichen Bestimmungen – abgelehnt. Gegenüber der meist unwiderruflichen → Sterilisation bestehen Bedenken, auch hinsichtlich ihrer Anwendung bei geistig behinderten Menschen (→ Eugenik).

3. Moralische Auswirkungen der Geburtenregelung

Die verbreitete Anwendung künstlicher Mittel der G. und damit die Befreiung vom Risiko der Schwangerschaft hat erhebliche Auswirkungen auf das Sexualverhalten. Sie führt eher zur beliebigen Auswechselbarkeit der Sexualpartner als zu tiefer verantwortlicher Liebesgemeinschaft. Sie fördert ferner die Vorstellung, das Werden eines Kindes sei die kausale Folge eines Willensentschlusses, gleichsam ein »Produkt« von Menschen und nicht mehr eine »Fügung« oder ein Geschenk Gottes. Der technischen Planbarkeit des Lebens entspricht die schwindende Bereitschaft und Fähigkeit, ein ungeplantes und unerwünschtes Leben doch anzunehmen und sein Lebensrecht zu achten (→ Abtreibung). Darüber hinaus sind Zusammenhänge zwischen rationaler Planung des Nachwuchses und negativer Einstellung zu Kindern wahrscheinlich.

4. Geburtenregelung und Bevölkerungswachstum

Bei der theol. Beurteilung der G. wurden bisher bevölkerungs- und sozialpolit. Gesichtspunkte kaum berücksichtigt. Angesichts des Bevölkerungswachstums in der Dritten Welt hat schon die Weltkirchenkonferenz in Neu Delhi (1961) eine Bevölkerungsbeschränkung durch G. als nötig bezeichnet. Die Frage besteht, ob die Entscheidung über G. dort ebenso wie in den meisten reichen Ländern den Eltern allein überlassen werden soll oder ob gar staatlicher Druck zur Geburtenkontrolle (China, Ein-Kind-Ehe) ausgeübt werden darf. Eine Studie der EKD (1984) kommt zu dem Schluß, daß G. stärker verbunden werden muß »mit einer wirtschaftlichen und sozialen Entwicklung, die den religiösen, kulturellen und gesellschaftlichen Prägungen der Menschen Rechnung trägt und ihre Beteiligung an allen Entscheidungsprozessen im Rahmen der Familienplanung gewährleistet«. In Staaten mit niedriger Geburtenrate sollte bei der G. beachtet werden, daß Familien mit mehreren Kindern ein materiell eingeschränkteres Leben führen und daß deren Kinder später die Altersversorgung derjenigen erwirtschaften müssen, die heute keine oder nur ein Kind haben. Das Gebot der Gerechtigkeit verpflichtet daher dazu, bei der G. auch die Belange anderer Menschen, der Gesellschaft und ihrer Zukunft zu bedenken, und den Staat dazu, für eine bessere finanzielle und sonstige Förderung von Familien mit mehreren Kindern zu sorgen.

Lit.: EKD Denkschrift zu Fragen der Sexualität, 1971; A. Hertz et al. (Hg.): Handbuch der christlichen Ethik, Bd. II, [2]1979, 148-160; St. Pfürtner: Kirche und Sexualität, 1972, 106-161; Weltbevölkerungswachstum als Herausforderung an die Kirchen. Eine Studie der EKD, 1984 (Lit.).

U. Eibach

Geduld

1. Der Wortsinn

Das deutsche Wort »Geduld« hängt eng zusammen mit dem Verb »dulden«. Dieses wiederum ist eine Bildung, der das lat. *tollere*, »aufheben, tragen«, zugrunde liegt. Mit *tollere* hängt schließlich *tolerare*, »ertragen«, eng zusammen, das Grundwort für »Toleranz«.

Bei der »Geduld« geht es demnach keineswegs zuerst um den Zusammenhang von dulden und leiden. Ganz sicher darf diese Verbindung (vgl. das engl. *patience* »Geduld«, abzuleiten vom lat. *pati* »leiden«) nicht in Vergessenheit geraten. Wesentlich aber ist G. eine aktive, positive Eigenschaft, die nicht ohne Auswirkung auf die Umwelt ist.

Nicht umsonst ist G. als Selbstbeherrschung, Mäßigung, Ruhe und Unerschütterlichkeit schon von den Griechen und besonders von der Stoa als hohe Tugend gepriesen worden. Auf diesen Zusammenhang weist auch die griech. Bildung *makrothymia*, die am besten mit »Großmut« oder »Langmut« zu übersetzen ist. Neben der *hypomone* »Darunterbleiben« ist die *makrothymia* Ausdruck dessen, was wir mit G. bezeichnen, nun aber als mutiges Handeln zum Wohl und im Dienst der Mitmenschen. Schließlich ist interessant, daß G. und »Toleranz« zu einem Wortstamm gehören. Beide sind abzuleiten vom aktiven »Tragen, Ertragen« und müssen vor Mißverständnissen bewahrt werden: G. ist keine passive Leidenshaltung, Toleranz kein »Alles Geltenlassen«. Beide Lebenshaltungen wollen und können dem Mitmenschen aktiv dienen.

2. Geduld im Alten Testament

Im AT wird Gottes Langmut und G. gepriesen. Als Selbstaussage (2Mo 34,6), als Gebet (Neh 9,17) oder als Ausruf des Lobes in der

Gemeinde (Ps 103,8) werden Gottes Langmut und Güte miteinander verbunden: In seiner G. zeigt sich seine Güte (= Huld), in seiner Güte ist Gott langmütig.

Dies gilt nun besonders im Blick auf das Volk, das Gott sich erwählt hat und das ihm immer wieder entlaufen will (Neh 9,30). Gottes G. geht seinem Volk nach, wobei es durchaus passiert, daß er seine G. »verliert« (Sach 11,8; Mt 18,34). Aber durchgängig gilt das Wort des Paulus, das er speziell an Israel richtet: »Oder verachtest du den Reichtum seiner Güte und Geduld und Langmut und weißt nicht, daß Gottes Güte dich zur Buße leitet?« (Röm 2,4).

Was für Israel gilt, kommt in und durch Jesus Christus auch der gesamten Völkerwelt zugute. So soll die G. Gottes mit seinem Volk und mit der Völkerwelt als ganzer auch die Haltung des Glaubenden sein. In den Sprüchen Salomos klingt dies noch allgemeiner: »Die Geduld ist eine der größten Tugenden des Menschen. In der Langmut zeigt sich die Einsicht des Menschen« (Spr 19,11). »Besser langmütig sein als ein Kriegsheld« (Spr 16,32).

3. Geduld im Neuen Testament

Das NT beschreibt die G. und Langmut als eine wesentliche Frucht des Glaubens. So wie Gott langmütig den Christen gegenüber ist (2Petr 3,9), so sollen auch wir sein, allen Menschen gegenüber (1Thess 5,14). Im berühmten »Hohelied der Liebe« (1Kor 13) wird an hervorragender Stelle ausgeführt, daß die Liebe langmütig ist (1Kor 13,4). In den »Tugendkatalogen« des Paulus findet sich immer die G. (Gal 5,22; Kol 3,12; 2Kor 6,6; 1Tim 6,11).

Auch der Aspekt des Leidens wird eng mit der G. verbunden, aber nicht im Sinne düsteren, hinhaltenden Ausharrens, sondern getragen von Freude und Hoffnung: »Seid fröhlich in Hoffnung, geduldig in Trübsal, haltet an am Gebet«, heißt es in Röm 12,12, und im gleichen Brief formuliert Paulus (5,3f): »Wir rühmen uns auch der Trübsale, weil wir wissen, daß Trübsal Geduld wirkt, die Geduld aber wirkt Bewährung, die Bewährung aber Hoffnung...«

Von hier aus kommt der Zusammenhang zwischen G. und Warten in den Blick, der im NT sehr deutlich anklingt. »Hoffen und Harren macht manchen zum Narren«, heißt es in einem bekannten Sprichwort. In der Bibel ist das umgekehrt: Ein Narr ist, wer keine Hoffnung hat und nicht warten kann. Immer wieder wird die angefochtene und verfolgte Gemeinde zur G., zum Harren ermuntert. Denn es gibt Grund zur Hoffnung! Der Herr kommt wieder, und er wird alle Tränen abwischen: »So harret nun geduldig, ihr Brüder, bis zur Wiederkunft des Herrn« (Jak 5,7), heißt es lapidar, und mit dieser Losung im Herzen hat die junge christliche Gemeinde auch die schwersten Verfolgungen durchgestanden. Hier machen Menschen ernst damit, daß Christus das Todesgeschick durchbrochen und eine neue, lebendige Hoffnung erweckt hat.

Es ist schwer, zwischen Rastlosigkeit und Hektik ein Zeichen der G. zu setzen. Aber der Mut zur G. hat Verheißung: »Alles kommt zu dem, der warten kann.« Oder: »Die Hoffnung läßt nicht zuschanden werden« (Röm 5,5).

Lit.: U. Falkenroth, W. Mundle: »Geduld«, TBLNT I, [5]1990, 459-466 (Lit.).

H. Bärend

Gefährdetenhilfe Scheideweg

Auf Einladung der Jugendstraftanstalt Siegburg gestalteten Christen aus dem → Jugendbund für entschiedenes Christentum (EC) Scheideweg 1972 einen Gottesdienst dort, aus dem zwei regelmäßige Bibelgruppen in diesem Gefängnis entstanden. Als die ersten jungen Gruppenteilnehmer aus der Haft entlassen wurden, nahmen Mitarbeiterfamilien sie auf. Um der wachsenden Arbeit in und außerhalb der Gefängnisse den notwendigen organisatorischen Rahmen zu geben, gründeten Christen aus Landes- und Freikirchen 1975 den Verein »Gefährdetenhilfe Scheideweg e.V.« mit Sitz in Hückeswagen. Als mission.-diakon. Werk trägt die Gefährdetenhilfe Scheideweg heute 17 Bibelgruppen in 14 verschiedenen Gefängnissen, in denen rund 300 Christen ehrenamtlich tätig sind. Straffällige und ähnlich gefährdete junge Menschen können in eine der sieben Wohngemeinschaften aufgenommen werden und mit einer Familie und anderen engagierten jungen Christen ihr Leben teilen. Sie nehmen gemeinsam mit vielen Jugendlichen aus dem Umfeld an den Angeboten der integrativen Jugendarbeit (Teestube, Sportgruppen, Jugendchor, Bibelkreise) teil. Als Arbeitstrainingsbereich gehört ein Pflanzencenter zum Verein. Kurse in seelsorgerlicher Randgruppenarbeit bietet die Gefährdetenhilfe in ihrem Seminar »Haus Kreckersweg« an.

Lit.: Gefährdetenhilfe Scheideweg e.V.: Einer geht mit. Antworten auf das Problem Jugendkriminalität, [5]1992; ders.: Einer steht zu dir. Begegnungen mit »Knackis« und ihren Freunden, [3]1992.

F. Pfeiffer

Gefängnisseelsorge

Gemeinde Jesu Christi hat es seit ihren Anfängen mit Gefangenen zu tun gehabt: Jesus forderte die Jünger auf, sich so um sie zu kümmern, als gälte ihm selbst dieser Dienst (Mt 25,36). Hebr 13,3 ermahnt die Gemeinden, der Gebundenen als Mitgebundenen zu gedenken. Ihr Dienst gilt allen Gefangenen: den um ihres Glaubens willen Verfolgten wie den Kriminellen. Praktizierte G. ist Gemeinschaft der begnadigten Sünder über Gefängnismauern hinweg. Beide, Gefangene und Freie, sind der Versöhnung mit Gott bedürftig. Durch Wort und Sakrament werden sie der Vergebung ihrer Sünden gewiß.

Erst mit dem allmählichen Aufkommen der Freiheitsstrafe seit der zweiten Hälfte des 16. Jh.s in England und in Holland wird die G. als kirchl. Dienst geordnet. Eine große Ausbreitung erfuhr sie durch die→ Erweckungsbewegung: vor allem unter dem Einfluß der Quäker (St. Grellet, E. Fry) entstanden in Nordamerika, England, Holland, Rußland und Preußen Gefängnisgesellschaften, die die Aufgabe hatten, Gefangene zu besuchen, ihnen Gottes Wort zu verkündigen, ihre Haftsituation zu verbessern und ihnen den Weg in ein straffreies Leben nach der Entlassung zu ebnen. Die erste deutsche Gesellschaft ist die von ev. und kath. Christen (v. Spee, Th. → Fliedner) 1826 in Düsseldorf gegründete Rhein.-Westf. Gefängnisgesellschaft mit zahlreichen Tochtergesellschaften. J.H. → Wichern setzte sich als Beamter des preußischen Innenministeriums für die Ausbildung geeigneter Aufsichtsbeamter ein: 1856 wurden 37 Brüder des Rauhen Hauses in den Gefängnisdienst eingestellt. Wicherns Absicht, Gefangene durch »Rechristianisierung« zu resozialisieren, scheiterte wenig später am Widerstand der Mehrheit des Parlaments.

G. wird heute überwiegend von staatlich angestellten Pfarrern ausgeübt: neben Predigt, Sakramentsverwaltung, Bibelarbeit und Einzelseelsorge treten neuerdings konkurrierend Erwachsenenbildung und Sozialarbeit. Das Strafvollzugsgesetz (§§ 53-55) regelt seit 1977 die »religiöse Betreuung« der Gefangenen. § 157 (3) erlaubt dem Anstaltsseelsorger, sich mit Zustimmung des Anstaltsleiters »freier Seelsorgehelfer« zu bedienen. Einige Vereine, z.B. die → Gefährdetenhilfe Scheideweg (Nordrhein-Westfalen) und Waren (Mecklenburg-Vorpommern), das Schwarze Kreuz (Celle) und die Ev. Bergische Gefängnisgemeinde (Wuppertal) machen davon regen Gebrauch.

Lit.: Gefährdetenhilfe Scheideweg: Einer steht zu Dir, 1989; W. Molinski (Hg.): Versöhnen durch Strafen, 1979; Seelsorge in Justizvollzugsanstalten. Empfehlungen des Rates der Ev. Kirche in Deutschland, 1979.

G. Deimling

Gefängniswesen → Strafvollzug

Gefühl

Im Gegensatz zur vergangenen Generation ist G. heute sehr gefragt, und es wird darauf geachtet, daß G.e auch gezeigt und nicht verdrängt werden. Hier hat die Psychologie aufdeckend gewirkt, indem sie herausgestellt hat, daß verdrängte G.e psychosomatische Störungen hervorrufen können. Insgesamt läßt sich sagen, daß im Zeitalter eines auf Ganzheitlichkeit ausgerichteten Denkens und Lebens Körpererfahrung und Gefühlsleben eine völlig neue Dimension bekommen haben. Neuere Glaubensbewegungen innerhalb und außerhalb der Kirchen legen großen Wert auf Glaubenserlebnisse und entsprechende Erfahrungen, die sich gefühlsmäßig niederschlagen.

Die Bibel äußert sich sehr zurückhaltend im Blick auf den Begriff »Gefühl«. Zwar werden menschliche G.e wie Freude und Trauer häufig artikuliert; der Begriff dagegen kommt nur selten vor. Ähnlich zurückhaltend wird das Thema in der Lehre der Kirche behandelt. Vielleicht hat Augustin mit seiner Losung, daß wir Menschen Gott genießen mögen (*frui deo*), einen Beitrag in dieser Richtung leisten wollen. Insgesamt aber ist die christl. Lehre hier sehr vorsichtig gewesen, sicher aus der Sorge heraus, der christl. Glaube könne, wenn man ihn zu stark auf das G. hin auslegt, seine eigentliche Verankerung verlieren: Er wäre nicht mehr gebunden an Gottes Gnade, die im Kreuz Christi erschienen ist, sondern eher an G.e, die kommen und gehen. Ein vom G. her geprägter Glaube, so betont kirchl. Lehre in der Abgrenzung von schwärmerischen Tendenzen durch die Jh.e hindurch, ist gar kein Glaube, sondern eine allzu menschliche Empfindung.

D.F. → Schleiermacher hat in seinen theol. Arbeiten dem G. einen hohen Stellenwert zugemessen, indem er Religion als »Gefühl schlechthinniger Abhängigkeit« definierte. Sein Einfluß hat allerdings die → Dialektische Theologie eingangs des 20. Jh.s nicht überdauert:

Die scharfe Religionskritik K. → Barths (schon in der Römerbriefauslegung von 1921) und später D. → Bonhoeffers (in »Widerstand und Ergebung«) haben alle → Erfahrungstheologie bekämpft. Die Auseinandersetzungen im Dritten Reich mit der vom Nationalsozialismus vertretenen dumpf gefühlsbetonten Blut- und Boden-Ideologie taten ein übriges, um diese Abgrenzungen gegen eine G.s-Frömmigkeit eher zu verschärfen als zu lockern.

Offenbar erleben wir aber im ausgehenden 20. Jh. einen deutlichen Gegenschlag: Was lange nicht zusammengebracht werden durfte, wird nun massiv verbunden: Glaube und Erfahrung, Glaube und G. sind aktuelle Themen unserer Zeit. Bisweilen scheint die Tendenz sogar dahin zu laufen, daß von Glaube nur da zu reden ist, wo sich auch entsprechende Gefühlsäußerungen niederschlagen. Die Sehnsucht nach mehr G. ist groß angesichts der Kälte unserer Leistungsgesellschaft, an der ja auch die Kirche Anteil hat.

Die Gemeinde Jesu Christi wird zwei Aussagen zu treffen haben, wenn sie der Botschaft der Bibel treu bleiben will: (1) Der Glaube macht Erfahrungen. Er schlägt sich im ganzen Menschen, also auch im Gefühlsleben, nieder. Das darf und muß entfaltet werden. (2) Der Glaube lebt nicht von Erfahrungen, sondern einzig und allein aus der im Wort zugesagten Gnade Gottes in Jesus Christus. Insofern sind G.e niemals Gradmesser für den Glauben. Andernfalls können sich → Gesetzlichkeit und Schwärmerei einnisten und die Gemeinden vergiften. Der Glaube hängt sich nicht an unsere G.e, er hängt ganz und gar an Christus. Das ist der Trost des Evangeliums.

Lit.: A. Schlatter: Das christliche Dogma, [4]1984, 124-147.

H. Bärend

Gegenreformation

In der neueren wissenschaftl. Diskussion hat der lange pauschal verwendete Begriff – in der Geschichtsschreibung seit dem 19. Jh. (Ranke) zur Bezeichnung einer Epoche allg. üblich – eine erhebliche Differenzierung erfahren. Zuweilen wird er direkt abgelehnt. Das z.T. alternativ verwendete »katholische Reform« deckt jedoch den Sachverhalt nur partiell. Dies meint den Versuch einer Selbstreform in Fortsetzung schon länger dauernder Bemühungen, angesichts der radikalen Anfragen der → Reformation jedoch intensiviert und ausgedehnt (die Päpste Hadrian VI. und Paul III., Erneuerungsbewegungen in Frömmigkeit, Orden, Priesterbildung usw. bes. in Spanien und Italien, Gründung des Jesuitenordens). Viele Initiativen scheiterten jedoch an der Enge päpstlicher und kurialer Ansichten. Das Konzil von Trient (1545-1563 → Tridentinum) kam zu spät. Es führte zwar die Kirche zu neuer Geschlossenheit und Selbstgewißheit, blieb mit seinen Reformansätzen aber weit hinter den Erwartungen zurück und verengte den Blickwinkel materiell wie formal auf die röm. Kirche, wodurch es erheblich zur Konfessionalisierung beitrug und damit zu einer Situation der Konfrontation.

So bildete es in mehrfacher Hinsicht die Basis für die G. (im engeren Sinne). Diese meint die weiteren Versuche, die Ausbreitung der reformat. Bewegung nicht nur aufzuhalten, sondern nach Möglichkeit ihre Ergebnisse rückgängig zu machen. Dies geschah auf ganz unterschiedlichen Wegen. Der Einsatz weltlicher Machtinstrumente war nicht die einzige, aber doch eine verbreitet angewendete Methode. Der Grundsatz von der Notwendigkeit rel. Geschlossenheit des Staatswesens war dafür ebenso Voraussetzung wie die regional fortdauernde Geltung des Ketzerrechts auf der anderen Seite bzw. die des Widerstandsrechts auf der anderen. So erklären sich auch die Eskalationen in regelrechten Bürgerkriegen. Jene Versuche begannen bereits mit den frühen reichsrechtlichen Maßnahmen (Wormser Edikt 1521) und Einzelaktionen auf territorialer Ebene. 1523 brannten die ersten Scheiterhaufen. Die Bekämpfung der Bauernaufstände 1525 trug partiell gegenreformat. Züge. Einen ersten Höhepunkt bildete der sog. Schmalkaldische Krieg (1646/47), dessen verspätetes Ergebnis (→ Augsburger Religionsfriede 1555) zunächst jedoch den Status quo festigte (»Cuius regio, eius religio«) und für Jahrzehnte den äußeren Frieden sicherte; im Inneren der Länder und Territorien dauerten die Auseinandersetzungen jedoch unvermindert an. Diese sind bis zum → Dreißigjährigen Krieg die eigentlichen Schauplätze der G.

In → Italien und → Spanien wurden die kleinen Gruppen von Protestanten sehr schnell durch die → Inquisition erstickt.

In den → Niederlanden, wo sich die Ausbreitung der Reformation eng mit dem nationalen Freiheitsstreben verband, stand die G. entsprechend im Zeichen des Kampfes um die Macht der spanischen Krone. Diese zu erhalten gelang allerdings nur in den Südprovinzen (Herzog Alba, A. Farnese) unter grausamer Unterdrückung der Andersgläubigen.

In → Frankreich provozierte das Blutbad von Vassy (1562) eine Kette innerer Religionskriege (Herzog Franz von Guise, Admiral von → Coligny), die ihren furchtbaren Höhepunkt in der »Bartholomäusnacht« (24. 8. 1572) erreichte, in der allein in Paris über 4000 Evangelische ermordet wurden. Erst die Thronbesteigung Heinrichs IV. von Navarra, der dafür und um der rel. Befriedung willen konvertierte (1589), und das Edikt von Nantes (1598) entspannten die Situation.

In → Polen führte Bischof Hosius von Ermland zusammen mit den von ihm gerufenen Jesuiten die G. zum Sieg, begünstigt durch die Uneinigkeit der Evangelischen und die Politik König Sigismunds III. Wasa. Dessen Versuch, auch Schweden wieder der römischen Kirche zuzuführen, mißlang allerdings.

In → Österreich, wo in weiten Gebieten die Bevölkerung ev. war, führten die gegenreformat. Bestrebungen der Habsburger zu einem Kampf gegen die ev. Landstände, mit nennenswertem Erfolg zunächst jedoch nur in den Städten. Erst der Dreißigjährige Krieg brachte eine tatsächliche Umkehrung der Verhältnisse.

Für den Charakter der G. in Deutschland war infolge der nationalen Zersplitterung in hohem Maße die Aktivität der einzelnen Reichsstände verantwortlich. Daraus, daß der Augsburger Religionsfriede zunächst eine Phase der weiteren Ausbreitung der Reformation ermöglichte, erklärt sich die zeitliche Verzögerung gegenüber der Entwicklung in anderen Ländern. Beispielhaft sind besonders die Vorgänge in Bayern und einer Reihe geistl. Territorien, in denen deutlich wird, daß G. nicht nur Verfolgung, Vertreibung, Konversionsdruck bis hin zum Mord war, sondern gestützt auf das Konzil Rekatholisierung in dem Sinne, das entstandene »konfessionelle Chaos« (Maron) innerhalb der einzelnen Territorien zu beseitigen und mit Hilfe der neuen Instrumentarien (Orden, Seminare, Visitationen, Bildungsarbeit, gezielte Seelsorge) konfessionelle Eindeutigkeit herzustellen.

Den absoluten Höhepunkt der G. bildete dann der → Dreißigjährige Krieg 1618-48. Das Restitutionsedikt Kaiser Ferdinands II. (1629) kam zwar nur begrenzt zur Anwendung. Und der Westfälische Friede gewährte dann auch dem Calvinismus die reichsrechtliche Anerkennung. Er bestätigte aber auch den religionsrechtlichen Status von 1624; und der Ausgang des »Böhmisch-pfälzischen Krieges« (1618-1623), der über das Schicksal der Evangelischen in diesen Ländern entschied, hatte bereits frühzeitig bleibende Fakten geschaffen. Mit dem Friedensschluß kamen auch die gewaltsamen Rekatholisierungsmaßnahmen noch keineswegs zum Erliegen. In den habsburgischen Ländern, in Polen und Frankreich dauerten Unterdrückungsmaßnahmen und Vertreibung von Protestanten fort.

Lit.: G. Maron: »Katholische Reform und Gegenreformation«, TRE 18, 1989, 45-72 (Lit.); K.D. Schmidt: Die katholische Reform und die Gegenreformation, 1975 (KIG 3, Lfg. L 1); E.W. Zeeden (Hg.): Gegenreformation, 1973.

H. Kirchner

Geheimnis

1. Kontexte

Obwohl Theologie und Verkündigung es kaum vermeiden können, zentrale Inhalte des christl. Glaubens als geheimnisvoll zu bezeichnen, mangelt es weithin an einer theol. Besinnung auf den Begriff des G.ses. Die Gründe hierfür liegen nicht so sehr im bibl. Sprachgebrauch, in dem das Wort zwar nicht häufig, aber durchaus an zentralen Stellen begegnet (vor allem 1Tim 3,16; vgl. TBLNT I, 476-479), sondern vornehmlich in zwei theol. bzw. geistesgeschichtl. Grundentscheidungen: zum einen in der Dominanz eines Offenbarungsbegriffs, der das G. als das noch nicht Offenbarte negativ definiert und von sich ausschließt, zum anderen in dem Evidenzbegriff neuzeitlicher Aufklärung, sofern für diese die allg. Überprüfbarkeit und eindeutige Mitteilbarkeit des Wissens zu Kriterien der Wahrheit geworden sind. Christl. Offenbarungsglaube und neuzeitliche Vernunft scheinen sich darin einig zu sein, dem G. lediglich eine vorläufige Bedeutung zuzuerkennen und den Kern des Christentums als geheimnislos zu bestimmen (programmatisch: John Toland, Christianity not mysterious, 1696). Der theol. Vergessenheit und der aufklärerischen Verdrängung des G.ses widerspricht freilich eine unaufdringliche Präsenz des Geheimnisvollen im gemeindlichen und gottesdienstl. Kontext, vermittelt insbesondere durch die → Sakramente und durch liturgische Formen. Der Begriff des G.ses will bedacht sein auf der Grenze zwischen Theologie und Gottesdienst, zwischen Gottesbegriff und Gottesverehrung, wobei seine Funktion gerade darin besteht, die Grenze in beiderlei Richtung offenzuhalten.

2. Geheimnis und Rätsel

Im Bestreben, G.se zugunsten eines offenkundigen, unverhüllt mitteilbaren Wissens aufzulösen, werden die Begriffe G. und Rätsel gleichverstanden und gleichbehandelt. Die spezifische Bedeutung von G. wird jedoch gerade in der Differenz gegenüber dem Rätsel deutlich. Was sich als Rätsel darstellt, kann und soll seiner rätselhaften Form entkleidet werden. Wahrheitsgewinn erfolgt hier durch Enträtselung. Ein Sachverhalt, der auf diese Weise durchsichtig geworden ist, kann fortan beherrscht werden, ohne daß es einer stets neuen Erschließung bedürfte. Während das Rätsel in diesem Sinne als eine zufällige Erscheinungsweise der Wahrheit zu verstehen ist, bedeutet das G. im strengen Sinne ein notwendiges G., d.h. es will gerade als G. gewußt und gewahrt werden. So ist der Mensch als Ebenbild Gottes ein notwendiges G. Was er wesentlich ist, läßt sich trotz aller Möglichkeiten wissenschaftl. Decodierung nicht vollständig abbilden, aussagen und vergegenständlichen. Die zufälligen G.se, also die Geheimhaltung von grundsätzlich mitteilbaren Erkenntnissen (vgl. Beichtgeheimnis, ärztliche Schweigepflicht, Bankgeheimnis etc.) sind insoweit ethisch geboten, als durch sie einem notwendigen G., z.B. dem G. menschlicher Freiheit, entsprochen wird.

3. Geheimnis und Offenbarung

Daß ein G. nicht erschöpfend ausgesagt werden kann, schließt nicht seine Selbstmitteilung aus. G. ist nicht der Gegenbegriff zu → Offenbarung, vielmehr sind beide Begriffe im wechselseitigen Bezug aufeinander zu verstehen. Das Evangelium von Jesus Christus ist wesentlich öffentliche Rede (vgl. Mt 10,26f par); es will verstanden werden als Offenbarung eines zuvor verschwiegenen, nun aber allen Völkern bekannt zu machenden G.ses (Röm 16,25f; Eph 3,1-11; 6,19; Kol 1,25-27; 4,3f). Aber gerade der aus der Verborgenheit heraustretende Gott, in Luthers Terminologie: der *deus revelatus* im Unterschied zum *deus absconditus*, vergegenwärtigt sich auf geheimnisvolle Weise. Das »kündlich große« G. (1Tim 3,16; übers. von M. Luther) gründet darin, daß Gott Mensch wird und somit zusammenkommt, was sich im begrifflichen Denken ausschließt: Geist und Materie, Ewigkeit und Zeit, Reich Gottes und Welt. Was so in zweifacher, gegenläufiger Perspektive wahrgenommen wird, kann nicht begrifflich als Einheit rekonstruiert werden, ebensowenig wie das G. des Menschen sich durch Reduktion des Geistigen auf Materie oder durch Ableitung des Materiellen aus dem Geist auflösen läßt. Das in diesem Sinne verstandene G. verdichtet sich im Kreuzestod Jesu Christi, sofern der christl. Glaube hier den Punkt erkennt, an dem Gottes Liebe und Weisheit am tiefsten in die geschöpfliche, der Vergänglichkeit unterworfene Wirklichkeit eingehen. Paulus (vgl. 1Kor 2,1-16) und die Evv. (vgl. insbesondere die bei Mk zu findende Anschauung vom »Messiasgeheimnis«) stimmen darin überein, daß sie die Erkenntnis der wahren Gottheit Jesu Christi von der Wahrnehmung des Gekreuzigten abhängig sein lassen.

4. Geheimnis und Weisheit

An der Verkündigung des Kreuzes scheiden sich menschliche und göttliche Weisheit (vgl. Mk 8,31-33 par; 1Kor 1,17-2,16). Die »im Geheimnis« gegebene Weisheit Gottes (1Kor 2,7) kann nur erkennen, wer sich selbst in die geheimnisvolle Wirklichkeit hineinziehen läßt. Zu kurz greifen daher alle noch so erschöpfenden Erklärungen, wenn sie nicht dem Erkennenden die Teilhabe am Erkannten und somit einen neuen Standort und eine neue subjektive Wirklichkeit erschließen. Sich auf ein G. zu verstehen fordert die Bereitschaft, in einen Bund einzutreten, in dem sich der weisheitlich Erkennende ebenso ehrfürchtig wie vertrauensvoll seinem Gegenüber öffnet (vgl. bereits Ps 25,14). Erkenntnis der Wahrheit und Sein in bzw. aus der Wahrheit (vgl. Joh 18,37) gehören untrennbar zusammen. Um diese Einheit von Erkenntnis und Lebensvollzug zu vermitteln, bedarf es bestimmter Sprachformen, die sich sowohl von aussagenden, behauptenden oder beweisenden Sätzen als auch von imperativischer Rede unterscheiden. Zu denken ist hier an Zusage und Verheißung, an dialogische und erzählende Formen sowie insbesondere an die Gleichnisse, in denen sich »das Geheimnis des Reiches Gottes« (Mk 4,11 par) nur so erschließt, daß die Hörer sich in das dem Reiche Gottes gemäße Lebensverhältnis versetzen lassen. Die Notwendigkeit des G.ses und einer ihm entsprechenden »indirekten Mitteilung« ist in der Theologiegeschichte vor allem von S. Kierkegaard herausgestellt worden (Unwissenschaftliche Nachschrift, 1846). Wichtige Anstöße hierzu haben zuvor u.a. G.E. Lessing (Ringparabel in »Nathan der Weise«, 1779; Ernst und Falk. Gespräche für Freimaurer, 1778/80) und J.G. Hamann (Konxompax. Fragmente einer apokryphischen Sibylle über apokalyptische Mysterien, 1779) gegeben. Von dieser Tradition her ist erneut nach dem Selbstverständnis der Theologie zwischen Wissenschaft und Weisheit zu fragen.

5. Geheimnis und Sakrament

Die Vulg. hat an einigen Stellen das griech. *mysterion* mit *sacramentum* übersetzt. Gleichwohl kann der theol. Sakramentsbegriff nicht aus dem ntl. Geheimnisbegriff abgeleitet werden, schon deswegen nicht, weil die später so genannten Sakramente → Taufe und → Abendmahl an keiner Stelle des NT als G.se bezeichnet werden. So verfehlt es ist, die Sakramente von einem allg. Begriff des G.ses her zu verstehen – etwa in Analogie zum antiken und modernen Mysterienwesen –, so sehr ist umgekehrt der evangelische Sinn des G.ses von den Sakramenten her zu bestimmen. Daß Gott es ist, der sich in die kreatürliche Wirklichkeit hineinbegibt, um durch das Wasser der Taufe am Menschen zu handeln und sich »in, mit und unter« den Elementen von Brot und Wein im Abendmahl zu vergegenwärtigen, ist weder sinnlich aufweisbar noch verstandesmäßig beweisbar. Von einem G. ist jedoch nicht allein in diesem negativen Sinne zu reden. Unbegreiflich ist das sakramentale Geschehen nicht so sehr als eine verborgene, dem Menschen entzogene Wirklichkeit, die er zu enträtseln hoffen könnte, sondern vielmehr als ein Geschehen intensivster Kommunikation, das den Menschen einbezieht und sich nur so lichtet, daß sich die menschliche Lebenswirklichkeit unter der Gegenwart Gottes öffnet. Dieses positive G. ist konstitutiv auf Sprache angewiesen. Es erschließt sich, sofern das Wort der Zusage Gottes im Glauben angenommen wird. Gegenüber allen sonstigen G.sen, die nicht derart in die Relation von Wort und Glaube eingefaßt sind, ist christlicherseits Zurückhaltung geboten. Das gilt nicht nur im Blick auf theol. Spekulationen, sondern auch im Blick auf heterogene esoterische Bewegungen innerhalb und außerhalb der Kirche (z.B. Freimaurerei, Anthroposophie, »New Age«).

Lit.: G. Ebeling: Profanität und Geheimnis, in: ders.: Wort und Glaube, Bd. 2, 1969, 184-208; E. Jüngel: Gott als Geheimnis der Welt. Zur Begründung der Theologie des Gekreuzigten im Streit zwischen Theismus und Atheismus, [6]1992; W. Stählin: Mysterium. Vom Geheimnis Gottes, 1970.

J.v. Lüpke

Geheimwissen (Esoterik)

1. Geheimwissen bzw. Geheimwissenschaft ist Umschreibung bzw. Übersetzung dessen, was unter dem Fremdwort Esoterik zusammengefaßt wird. Das griech. Wort *esoterikos*, »innerlich«, (im Gegensatz zu *exoterikos*, »äußerlich«) deutet bereits auf zwei charakteristische Merkmale der E. hin: Es werden damit Anschauungen und Praktiken bezeichnet, die a) auf die Wahrnehmung und Erfahrung der inneren, verborgenen Struktur des Wirklichkeitsganzen zielen und b) nur einem begrenzten Kreis Eingeweihter und Erleuchteter zugänglich sind. In den verschiedenen Bereichen und Praktiken der E. (z.B. → Astrologie, → Magie, → Spiritismus) geht es um Kontakt und Kommunikation mit übersinnlichen Kräften und geistigen Wesenheiten, um die Erschließung von Erfahrungsbereichen, durch die der innere Zusammenhang aller Dinge bzw. das hinter den äußeren Erscheinungsformen liegende Geheimnis des Universums erkennbar werden soll. Dabei kann die moderne E. am allg. Unbehagen gegenüber moderner Wissenschaft und Technik einerseits und traditioneller Religion andererseits anknüpfen und den eigenen Weg gleichsam dazwischen als Überbietung solcher »exoterischen« Bemühungen verstehen. Die Begriffe Esoterik und → Okkultismus (lat. *occultus* »verborgen«) werden häufig parallel verwandt. Vereinzelt wird der Begriff Okkultismus auf die Bezeichnung der praktischen Seite der Esoterik konzentriert. Zur Popularisierung des G.s in der Gegenwart (vgl. etwa den Esoterikanteil auf dem Büchermarkt) haben u.a. die → New-Age-Bewegung und die alternative Therapieszene beigetragen.

2. Esoterische Orientierungen reichen weit zurück in die abendländische Geistes- und Religionsgeschichte und finden sich etwa in den → Mysterienreligionen, der → Gnosis, der Alchemie, dem Rosenkreuzertum bis hin zum modernen Spiritismus. Die westl. E. hat ihren Ausgangspunkt in den hermetischen Schriften (von Hermes Trismegistos in Ägypten), weshalb für E. auch der Begriff Hermetik verwandt wird. Grundanschauungen der E. sind bereits in diesen Schriften aus den ersten Jh.en n.Chr. zusammengefaßt. Trotz überaus vielfältiger Ausprägungen des esoterischen Verständnisses von Mensch und Welt in einer Jahrhunderte dauernden Geschichte, können folgende Grundzüge als charakteristisch festgehalten werden:

a. das Analogie- bzw. Entsprechungsprinzip zwischen Mikrokosmos und Makrokosmos (»Wie oben, so unten«), das insbesondere für die Astrologie bedeutsam ist;

b. eine intuitiv geprägte Weltbetrachtung, die auf Einheit (Monismus) und Ganzheitlichkeit zielt und alles im Spannungsfeld zwischen Stoff und Geist in Blick nimmt, wobei sich das Erkenntnisstreben auf die Welt des Geistes richtet;

c. die Anschauung vom Astralleib des Menschen, einem feinstofflichen Organismus, der den Charakter eines Energiemantels hat und den grobstofflichen Körper umgibt;

d. die Lehre von der sog. Seelenreise des Menschen und den Sphären der jenseitigen Entwicklung des Menschen.

Verstärkt seit dem 19. Jh. gibt es Einflüsse asiat. Religiosität auf die westl. E., vor allem durch die Theosophie (1875: Gründung der Theosophischen Gesellschaft). Im Rezeptionsprozeß östl. Religionen wurden einzelne Anschauungen (z.B. der Reinkarnationsgedanke und die Karmalehre) charakteristisch verändert. Aus dem Kreislauf des Leidens wurde die Spirale der Evolution. Durch zahlreiche Wiederverkörperungen (Reinkarnationen) soll der Mensch zu größerer Vollkommenheit und Bewußtseinsfülle gebracht werden.

3. Beispiele esoterischer Gruppierungen sind u.a. die → Theosophische Gesellschaft, von der Russin Helena P. Blavatsky (1831-1891) gegründet, und die Anthroposophische Gesellschaft, gegründet durch Rudolf → Steiner (1861-1925), die im deutschsprachigen Bereich fraglos einflußreichste Gruppe. Theosophie und → Anthroposophie gelten zugleich als die beiden großen geheimwissenschaftl. Systeme. Während die Mitgliederzahlen innerhalb dieser Gruppen eher klein sind, haben esoterische Lehren und Praktiken seit den 70er Jahren weite Verbreitung gefunden. Was früher als Subkultur eher ein Nischendasein führte, dringt heute zunehmend in das gesellschaftl.-kulturelle Leben ein. Verbreitet ist dabei eine auswählende und individualisierende Aufnahme esoterischer Anschauungen und Praktiken (z.B. Tarot, Reinkarnationstherapie, Astrologie), die weithin unorganisiert geschieht und sich mit synkretistischen Orientierungen (Mischungen verschiedener rel. Traditionen) verbindet. So ist bezeichnend, daß das Glaubenswissen im Blick auf die christl. Auferstehungshoffnung abnimmt, während der Reinkarnationsglaube zunimmt. Zugleich darf nicht übersehen werden, daß die heute vielfältig vermarktete »Gebrauchsesoterik« zwar in breite Schichten der Gesellschaft eindringt, die Beschäftigung mit esoterisch-gnostischen Systemen jedoch weithin auf das gebildete Bürgertum und Intellektuellen- und Künstlerkreise beschränkt bleibt.

4. Zu den Entstehungsbedingungen der gegenwärtigen Esoterik-Renaissance gehört das Scheitern des wissenschaftl.-technischen Fortschrittsglaubens, der Geltungsverlust des christl. Glaubens und der weitgehende Ausfall einer gelebten christl. Spiritualität. Die Esoterikwelle ist Protest gegen das geheimnisleere Wirklichkeitsverständnis der Moderne. Die Erfahrungsarmut des Alltags macht empfänglich für das Übersinnliche und Geheimnisvolle. Die anhaltende Nachfrage nach esoterischer Religiosität deutet gleichermaßen auf elementare Bedürfnisse wie unübersehbare Defizite der modernen Kultur hin.

5. Zur kritischen Auseinandersetzung mit der Esoterik aus der Perspektive des christl. Glaubens gehört die selbstkritische Rückfrage nach vergessenen Themen der eigenen Glaubensorientierung, wie z.B. Schöpfungsglaube bzw. die Einwohnung des Schöpfers in seiner Schöpfung, Heilsgeschichte, Engel und Dämonen ... Dem wissenschaftl. Selbstanspruch genügt die E. insofern nicht, als weder die auf Bewußtseinserweiterung zielende spirituelle Gesamtsicht, noch einzelne esoterische Praktiken, abgesehen von weltanschaulichen Voraussetzungen, einer erfahrungswissenschaftl. orientierten Nachprüfbarkeit standhalten. Zugleich darf nicht übersehen werden, daß die esoterischen Systemen innewohnende Tendenz zur Vergöttlichung des Menschen und der Welt dem christl. Schöpfungsglauben entgegensteht, der von einer grundlegenden Unterschiedenheit zwischen Schöpfer und Schöpfung ausgeht (vgl. 1Mo 1ff). Im Unterschied zu mystischen Strömungen, die sich mit dem christl. Bekenntnis zum dreieinigen Gott verbinden konnten und können, bewirken esoterisch-gnostische Anschauungen und Praktiken meist eine Abkehr vom Christentum. Während christl. Glaube die Personalität Gottes und des Menschen hervorhebt, geht es der E. vor allem um die Anerkennung der Abhängigkeit von geheimnisvollen Mächten und Kräften, was zu problematischen Abhängigkeiten und einem Verzicht auf persönliche Entscheidung führen kann. Christl. Glaube zielt seinem Wesen nach nicht auf einen Kreis Eingeweihter, sondern ist Evangelium für alle Welt.

Lit.: M. Frensch (Hg.): Lust an der Erkenntnis. Esoterik. Von der Antike bis zur Gegenwart, Ein Lesebuch, 1991; T. Dethlefsen: Schicksal als Chance, 1979; J. Wichmann: Die Renaissance der Esoterik, 1990; H.-J. Ruppert: Durchbruch zur Innenwelt, 1988.

R. Hempelmann

Gehenna → Hölle

Gehörlosenseelsorge

In Deutschland gibt es ca. 70.000 Gehörlose. Sie haben eine unsichtbare Behinderung. Früher wurden sie als »Taubstumme« bezeichnet. Kinder, die von Geburt an taub sind, erlernen auf natürlichem Wege weder das Sprechen noch die Sprechinhalte. Die Gehörlosenschule hat die Aufgabe, den hörgeschädigten Kindern eine Auswahlsprache in der Laut- und Schriftform zu vermitteln. Unterstützende Gebärden sind eine wertvolle Hilfe beim Ablesen der Wörter vom Munde: Sie »hören« mit den Augen, sind aber aus der Welt der Töne ausgeschlossen. In den verschiedensten Berufen sind Gehörlose vollwertige und geachtete Mitarbeiter. Die technische Weiterentwicklung von Bild- und Schreibtelefonen wird die Chancen beruflicher Fortbildung in Zukunft verbessern helfen. Mit der G. können sie Gemeinde erleben: Gehörlose brauchen eigene Gottesdienste, die von besonders geschulten Seelsorgern gehalten werden. Anschließende Versammlungen bieten Gelegenheit zum gegenseitigen Austausch. Gehörlose erleben Gemeinde ferner durch Einzelseelsorge und breite Angebote an Freizeiten und Ausflügen.

Lit.: Gehörlosenseelsorge-Agenden, 1985; A. Kretzer: Das kleine Glaubensbuch, 1990; H. Lane: Mit der Seele hören, 1988; M. Wallisfürth: Sie hat es mir erzählt, 1989.

A. Kretzer

Gehorsam

G. ist die praktische Unterordnung unter eine → Autorität. In dem Sinne unterscheidet sich G. als wertbesetzter Akt vom wertfreien Instinktverhalten, wie wir es bei den Tieren beobachten. Die Geschichte weist viele Arten von Autoritäten auf, denen Menschen sich unterordnen: Familie, Religion, Volkssitte, Staat und staatliche Institutionen. Jede menschliche Gesellschaft kennt ein vielfach gegliedertes System von Über- und Unterordnungen. Dazu kommen in der modernen Welt noch andere das Verhalten bestimmende Faktoren und anonyme Autoritäten wie Konsumzwang, öffentliche Meinung, Massenmedien, Aberglaube.

Die phil. Ethik hat immer wieder versucht, allg. Prinzipien herauszustellen, denen der Mensch verpflichtet sein sollte. Bekannt ist der kategorische Imperativ von I. → Kant (1724-1804): »Handle so, daß die Maxime deines Willens jederzeit zugleich als Prinzip einer allgemeinen Gesetzgebung gelten könne.« Bei allen Unterschieden im einzelnen weist die phil. Ethik drei wesentliche Grundzüge auf: (1) Die von ihr aufgestellten Werte beziehen sich vor allem auf die Freiheit und Würde des einzelnen sowie das Wohl der Allgemeinheit. (2) Der Mensch ist sittlich autonom, d.h. was er tun soll und die Kraft zu dessen Verwirklichung entnimmt er aus sich selbst. (3) Jeder Mensch kennt den Konflikt von Sein und Sollen. Der Wert seiner ethischen Anstrengungen liegt darin, wieweit er sich bemüht hat, das durch das Sollen gesetzte Ziel anzustreben.

Christl. → Ethik dagegen geht von anderen Voraussetzungen aus. Quelle der ethischen Erkenntnis und der Kraft zur Verwirklichung des Guten liegen allein bei Gott. Deshalb hat man der christl. Ethik gerade in der Gegenwart, auch aus psych. Erwägungen heraus, vorgeworfen, sie sei heteronom; denn indem der Mensch sich Gottes Willen unterwerfe, gehorche er einer fremden Macht und komme so nicht zu seiner Entfaltung, ja er könne dadurch sogar seelisch krank werden. Dazu ist zu sagen: Im Unterschied zu allen innerweltlichen Autoritäten ist Gottes Wille der Wille dessen, der den Menschen auf sich hin geschaffen hat. In der Gemeinschaft mit Gott und im Gehorsam gegen sein Wort ist der Mensch »einbeschlossen in einer Bindung, die sein Wesen ausmacht« (Thielicke), er kommt so zu seinem wahren Selbst. Christl. Ethik ist also weder autonom noch heteronom, sondern theonom. Dieser befreiende G. ist aber nur möglich, weil er auf dem Boden der Rechtfertigung des Sünders geschieht. »Während die philosophische Ethik ... vom Ziel des ethischen Aktes ausgeht, nimmt die evangelische Ethik ihren Ausgangspunkt bei den Voraussetzungen des ethischen Aktes, nämlich bei der Tatsache der geschehenen Rechtfertigung« (Thielicke). Und die Confessio Augustana (Augsburger Bekenntnis von 1530) sagt in Artikel VI (Vom neuen Gehorsam): »Auch wird gelehrt, daß solcher Glaube gute Früchte bringen muß.« Der neue G. besteht also darin, daß der gerechtfertigte Mensch dem Geist Gottes in seinem Leben Raum macht, daß er das, was Gott will, in seinem Leben geschehen läßt (Gal 5,22). Und doch geschehen diese Früchte nicht automatisch, sondern die Christen werden immer wieder aufgefordert, den alten Menschen abzulegen, den neuen Menschen anzuziehen u.ä. (vgl. Kol 3,1-17; Röm 6,11-14; Eph 4,22-32). Die apostol. Mahnungen sind aber keine Gesetzesforderungen, als ob nun doch das Gesetz in den neuen G. wieder eingeschleust würde, sondern tragen der Tatsache Rechnung, daß wir als Erlöste immer wieder Gefangene der Sünde sind und deshalb der Ermahnung und Warnung vor bestimmten Verhaltensweisen bedürfen – wie etwa der Hurerei (1Kor 6,12-20) – »mit denen zusammen Gottes Geist auf keinen Fall ›unter demselben Dach‹ des Ich wirksam sein will« (Thielicke). Die apostol. Mahnungen sind auch deshalb keine Gesetze, weil das Wort Gottes *metanoia* (Sinneswandlung) wirkt und daher der G. nicht ausschließlich Leistung des Menschen ist (→ Willensfreiheit).

Im Lichte dieses G.s gegen Gott als die entscheidende Autorität sind alle menschlichen Instanzen nur abgeleitete Autoritäten. Durch sie, z.B. durch Eltern und durch Verantwortungsträger jeder Art, kann Gott vom einzelnen G. fordern. Um Gottes willen, als seine bewußten oder auch unbewußten Mandatsträger, sind sie zu achten und zu ehren (Eph 6,2; 1Petr 2,17; Röm 13,1ff). Aber an Gottes Willen hat auch der G. gegen sie seine Grenzen (Apg 5,29).

Bereitschaft zum G. gegen Gott in diesem Sinne fordert zugleich auf zu ethischem Nachdenken als einem verantwortlichen Prüfen (Röm 12,2). Denn G. ist kein blinder G., weder im Blick auf das, was Gott von uns will, noch im Blick auf die Gefährdungen unseres Glaubens. So entwickeln wir eine geistl. Sensibilität gegenüber den Ansprüchen des Zeitgeistes sowie den unterschwellig wirkenden Mächten der Manipulation in verschiedenem Gewand. Je mehr der Christ sich selbst erkennt, desto deutlicher wird er auch die manipulierenden Mächte entlarven, und aus dem schützenden Raum der befreienden Gottesmacht heraus sein Leben gestalten.

Lit.: P. Althaus: Grundriß der Ethik, ²1953; O. Bayer: Aus Glauben leben, 1984; W. Lütgert: Ethik der Liebe, 1938, 184ff; H. Thielicke: Theologische Ethik, Bd. 1, 1958, § 213ff.

K.H. Bormuth

Gehorsam Christi → Jesus Christus

Geißler (Flagellanten, Kreuzbrüder u.a.)

Die (nichtöffentliche) Geißelung hatte als Mittel der → Askese und → Buße schon seit der Spätantike zunächst im Mönchtum einen Platz. Die G. als rel. Massenbewegung selbst bildeten sich 1260 in Perugia um den Bußbruder Raniero Fasani, der im Konflikt zwischen Guelfen u. Ghibellinen zu Buße und zum Frieden aufrief. Die Motive Ranieros sind wie die der späteren G. nicht eindeutig zu klären. Bedrohung durch Epidemien und Naturkatastrophen, polit., soziale und wirtschaftl., aber auch endzeitlich-chiliastische Elemente mischten sich mit Bemühungen um kollektive Buße in der Nachfolge des leidenden Christus als Erscheinung (städtischer) Volksfrömmigkeit. Die G. lassen sich trotz starker regionaler Unterschiede weder als eindeutig kirchenfeindliche, noch als sozialkritische bzw. -revolutionäre Gruppe kennzeichnen. Die G.bewegung weitete sich rasch auf Mittel- und Oberitalien aus, erreicht 1261 Straßburg und Oberdeutschland und wirkte bis nach Böhmen und Polen, löste sich dann aber relativ rasch auf. In Italien formten sich die G. in Anlehnung an die Bettelorden um in auch caritativ tätige Bruderschaften (Disciplinati).

Eine zweite Welle der G.bewegung entstand im Gefolge der großen Pest 1348/9, wobei das Zentrum wohl nicht in Italien (Friaul), sondern in Österreich und Ungarn lag. Schwerpunkte wurden Deutschland (Franken und Thüringen, Rheinland) und vor allem die Niederlande mit Ausläufern nach Nordfrankreich, England und Polen. Bei den G.zügen entwikkelte sich kein institutioneller Rahmen, aber eine Anzahl relativ fester, auch im 14. Jh. charakteristischer Formen: Geführt von Laien-Meistern schlossen sich Männer, erst später Frauen, für jeweils 33 1/2 Tage (Lebensjahre Christi) unter strengen Regeln und in einer Art G.tracht zu wallfahrtsähnlichen Zügen zusammen. Höhepunkt bildeten öffentliche Selbstgeißelungen, die durch pantomimische Sündenbekenntnisse und eine Art Absolution eingeleitet wurden. G.lieder, volkssprachliche Predigten über einen angeblich von Christus verfaßten Himmelsbrief schlossen sich an.

Die Bewegung hatte starken Zulauf aus allen Ständen, auch aus dem Klerus, der jedoch keine führende Rolle übernehmen sollte. Von den Niederlanden abgesehen, wo die G. offensichtlich von der Kirche begünstigt worden sind, gingen weltliche und geistl. Obrigkeit gegen die G. vor. Die hohe Bewertung der G.buße, die Anmaßung von Beicht- und Predigtrecht führten zu ausgedehnter Gegenpropaganda (Vorwurf des Judenmordes; Gutachten der Universität Paris) und schließlich zum Verbot durch Papst Clemens VI. (20.10.1349), das allerdings spätere »Nachzüglerwellen« (1353 und 1357 Köln, 1370/1392 Würzburg, um 1400 Rheinland und Niederlande u.a.) nicht verhindern konnte. Unter der Führung von Bußpredigern wie Vinzenz Ferrer gab es Ende des 14. Jh.s G.züge in Oberitalien, Südfrankreich und Spanien, die 1417 zu einem weiteren Verbot durch das Konstanzer Konzil führten. In Südeuropa lebte die G.bewegung in Bruderschaften, umgeformt während der kath. Reform, bis ins 18. Jh. fort. In Thüringen ging aus ihnen die Sekte der sogenannten »Kryptoflagellanten« hervor, die 1481 ausgerottet wurde. Zentrale Gestalt war Konrad Schmid (1369 Ankündigung des Weltgerichts) in Nordhausen, der sich als »Haupt der Christenheit« verstand und die Selbstgeißelung als einzigen Weg zum Heil ansah.

Lit.: N. Bulst: LexMA, Bd. 4, 1989, 509-512; F. Graus: Pest-Geißler-Judenmorde. Das 14. Jh. als Krisenzeit, 1987; P. Segl: »Geißler«, TRE 12, 1984, 162-169.

G. Knetsch

Geist (philosophisch)

G. als Grundbegriff und Zielvorstellung aller Reflexion steht in einem Spannungsgefüge zur Materie als seinem Gegenteil. Im geschichtl. Überblick lassen sich drei grundsätzlich verschiedene Verknüpfungsformen unterscheiden.

1. In der Antike besitzt sowohl der göttliche G., wie abbildlich zu ihm die menschliche Geistseele keine innere Beziehung zur materiellen Vielfältigkeit und Einzelheit, sondern löst sich davon als das allgemein Gültige und Beständige. Der Tod alles Materiellen stellt die endgültige und befreiende Trennung des menschlichen G.es aus der Entfremdungsgeschichte in der Materie dar.

2. Die christl. Botschaft der Inkarnation (Menschwerdung) des Logos löst die griech. Aporie der einschränkenden Verbindung von G. und Leib, Allgemeinheit und Einzelheit: der göttliche G. selbst wird trotz höchster Allgemeinheit als einzelne Persönlichkeit, als Vater, Sohn und Hl. Geist geoffenbart. Die Materie, geschaffen vom göttlichen G. selbst, widerstreitet nicht prinzipiell dem sich selbst wissenden G., ihre Sterblichkeit als Folge der Sünde wird erlöst durch den Kreuzestod Christi und dadurch dem G.e innerlich vermählt.

3. Die begriffliche bzw. gnostische Aufhebung der Inkarnation des Logos in die dialektische Geschichte der Geistwerdung Gottes im Durchgang durch die Natur dieser Welt, bzw. die Marxsche Konsequenz der Entwicklungsgeschichte des G.es aus der Natur mit den unterschiedlichsten Evolutionstheorien bis hin zu Teilhard de Chardin, der selbst den göttlichen G. in Form der Christogenese aus der Materie emergieren läßt.

Zu 1.: Dem deutschen Wort G. entspricht griech. *nous*, *logos*, *pneuma* bzw. *psyche*. → Plato bezeichnet den göttlichen G. als Idee des Guten, insofern sie Ursache des Seins und der Erkenntnis ist (Plato, Philebos, 220). Als das Ursprünglichste ist die Idee des Guten auch das Allgemeinste und als sich selbst besitzender G. substantiell von der Weltseele verschieden (Timaios, 35a). Die menschliche Seele wird als Teil der Weltseele verstanden (Philebos, 30a). Insofern sie sich in Teilhabe an der Idee des Lebens selbst bewegt, ist sie vom Tode alles Leiblichen nicht berührt. Für → Aristoteles gilt: Als oberster G. ist Gott Denken des Denkens (*noesis noeseos*; Metaphysik XII, 1074 b, 30). Da das Gedachte und der G. bei allem, was keinen Stoff hat, nicht zu unterscheiden sind, ist Gott jener einfache G., der in unterschiedsloser Selbigkeit mit sich identisch ist (vgl. 1075a). Als Abbild des göttlichen G.es verbindet sich die menschliche Geistseele, die *anima intellectiva*, nur äußerlich mit dem Leibe, so daß sie im Tode ohne jede Beschränkung dem Leibe wieder entfliehen kann. Als reine Denktätigkeit setzt der *nous* keinen leiblichen Träger voraus, an dem er erscheint. Er gehört nicht zum anderen, vielmehr ist er bei sich selbst, sofern er denkt, was ist. Der *nous* des Menschen denkt sich in seiner umfassenden Allgemeinheit im Widerspruch zu seiner leiblichen Einzelexistenz.

Zu 2.: Der tödliche Gegensatz von G. und Materie wird durch den Schöpfungsbericht völlig überwunden. Im Anfang schuf Gott Himmel und Erde... Der Geist Gottes schwebte über den Wassern (1Mo 1,1f).

Dies beides, ein von Anfang an Geformtes (der Himmel) und ein gänzlich Formloses, Erde (Augustinus, Bekenntnisse, 12,13), schuf Gott abbildlich zu sich als dem dreifaltigen Geistgott (vgl. ebd., 13, 5, 6). Der Mensch ist als Ganzer, als G. und Leib, Ebenbild Gottes. Der Gegensatz von lebendigem G. und sterblicher Materie wird erst durch den Tod als Folge der Sünde verursacht.

Die verschiedenen Begriffe für G. und Fleisch im AT (*ruach; basar*) bezeichnen unterschiedliche Formen von Lebendigkeit: Der Mensch in der Unterscheidung von G. als lebenspendendem Prinzip, als Bei-sich-sein = *ruach* und G. als verschenktes Bei-sich-sein als Sein-beim-anderen = *basar* erweist sich als Abbild jenes Gottes, der Himmel und Erde ebenbildlich zu sich als dem Dreifaltigen schuf. Die sprachliche Differenz von *ruach* und *basar* weist auf die Trennung beider Seinsweisen im Tode durch den Mißbrauch der Freiheit zum anderen hin.

»Und das Wort ist Fleisch geworden und hat unter uns gewohnt« (Joh 1,9-14). Erst nachdem die wahre Gottessohnschaft Christi in der Wesensgleichheit von Vater und Sohn im Glaubensbekenntnis von Nicäa (325) und gleichermaßen die Gottheit des Hl. Geistes mit dem Zusatz Herr und Lebenspender, ausgegangen vom Vater und Sohn, bekannt wurde (Konstantinopel 381), konnte durch das Konzil von Chalcedon (451) auch die Inkarnation der zweiten Person der Gottheit ausgesagt werden. Gott Vater ruht nicht nur als sich selbst denkender G. in sich. Er verschenkt, was er besitzt, will nicht sich, sondern den anderen um des anderen willen, zeugt den wesensgleichen Sohn in der Hingabe seines Wesens. Auch das Gespräch von Vater und Sohn ist nicht Ziel der unterscheidenden Bewegung, vielmehr verschenken Vater und Sohn ihr Miteinandersein, hauchen den Hl. Geist. Die Wesenseigentümlichkeit des dreifaltigen Gottes ist die sich selbst mitteilende → Liebe.

Wie ist nun die Inkarnation des Logos zu verstehen? Widerspricht nicht die Begrenztheit der menschlichen Natur und des Fleisches der Absolutheit des göttlichen G.es? Gott, dessen Wesen schenkende Liebe ist, besitzt die Freiheit, sich seiner Geistnatur so zu entäußern, sie so zurückzunehmen, daß sie zum Suppositum, zur Hinnahmefähigkeit des anderen, des Menschen in seiner Andersheit, wird. Das Aus- und Bei-sich-sein des G.es wird zur Schenkungsgeschichte des G.es = Liebe.

Entsprechend wird nun auch der menschliche G. neu verstanden: → Thomas von Aquin denkt die den Menschen auszeichnende *anima intellectiva* (Geistseele) nicht nur als indirektes Abbild des göttlichen Urbildes, sondern im Unterschied zur Antike wird die Idee jedes einzelnen Menschen vom Vater gedacht und vom Sohn ausgesprochen als Weise der ausdrücklichen Hervorbringung dieser einzelnen Geistseele, als Formprinzip des entstehenden Leibes. Ebenbildlich zu Gott, unmittelbar aus ihm selbst hervorgegangen, kann die Seele selbst nicht vom Tode betroffen werden.

→ Duns Scotus, Franziskaner des 13. Jh.s, geht über die aristotelisch-thomistische Position insofern hinaus, als er den menschlichen G. noch entschiedener als → Augustinus abbildlich zum trinitarischen Geistgott versteht. Die Wesensform der typisch menschlichen Geistseele als Abbild der göttlichen unterschiedslosen Wesenheit wird überformt durch die *haecceitas* (Diesheit), die bestimmt, wie die allgemeine Geistnatur des Menschen spezifisch als »diese« vom einzelnen dadurch individuierten Träger besessen wird. Prinzip der Individualität der Geistseele ist nicht mehr die Einschränkungsform der Materie, sondern die Einmaligkeit der Geistform. Menschliche Leiblichkeit als das dem G.e äußerliche und ihn vereinzelnde Prinzip wird zur Hingabeform der persönlichen Existenzweise des G.es, Hinspannung der willentlichen Entscheidung als Anverwandlung an den anderen als anderen.

Luther geht gegen den »Hochmut der Theologia gloriae« von dem prinzipiellen Widerspruch zwischen G. und Leib im Menschen aus: Die phil.-theol. Weisheit des Fleisches widerspricht dem göttlichen Wort als Antithesis, behauptet Luther. An die Stelle der personalen Liebe tritt »der Geist, der den Tod Gottes und sein Wiedererstehen im Geiste zum Thema hat« (U. Asendorf, Luther und Hegel, 1982, 355). »Ein und derselbe Mensch ist geistlich und fleischlich, Gerechter und Sünder, gut und böse« (WA 56, 343). »Da der Geist des Menschen dem Fleische zustimmt«, ist er mit dem »Aufbegehren des Fleisches« zu identifizieren, so daß der G. Christi an die Stelle des menschlichen G.es treten muß. Die Grundkräfte des menschlichen G.es sind durch die Sünde verfallen, so daß die Gnade nur *per »contrarium«*, (durch den Gegensatz) *extra nos*, (ohne uns) wirken kann. Weil unser persönlicher Geist erstickt ist durch die Sünde, wird »der Personkern auf Gott hin übertragen«, so daß wir, »von der Gnade erhöht«, »ein und dieselbe Person mit Christus« geworden sind.

→ Kant sagt über den göttlichen G.: »Denken wir uns den ersten Grund allen Seins als reines Verstandeswesen, so denken wir dadurch nichts Bestimmtes – mithin ist unser Begriff ohne Bedeutung. Denken wir das höchste Wesen mit Eigenschaften, die von den Sinnen entlehnt sind, so ist es nicht mehr reines Verstandeswesen und gehört zur Sinnenwelt« (Kant, Prolegomena, A 171). In dem Satz: Gott existiert, ist »Sein kein reales Prädikat«, die Existenz muß synthetisch zur Essenz hinzukommen. Die Gegenwart des »vollkommenen Geistes« kann nicht im Raum gedacht werden. Aber das »Faktum des moralischen Gesetzes in mir« läßt uns auf »innige« Weise die Gegenwart Gottes für uns erfahren. Das Ich der *personalitas moralis* findet sich nicht einfachhin vor, sondern hat eigenständig Stellung zu nehmen zu sich als einem »vernünftigen Sinnenwesen«. »Gottes Dasein ist ursprünglich nicht ein zur Physik gehörender, sondern ein zur Moral gehörender Begriff.« Gott offenbart sich uns als Geber des Sittengesetzes: »hiermit stimmt aber die Möglichkeit eines solchen Gebotes als: liebe Gott über alles und den Nächsten als dich selbst, ganz wohl zusammen« (Kritik der praktischen Vernunft, A 252, 147).

Zu 3.: »Gott ist der Geist, die Tätigkeit des reinen Wissens, um aber als Tätigkeit gesetzt zu sein, muß sie in ihren Momenten gesetzt sein. Zum Wissen gehört ein anderes, das gewußt wird, und indem das Wissen es weiß, so ist es ihm angeeignet. Diese Wahrheit, diese Idee ist das Dogma der Dreieinigkeit genannt worden,« erklärt → Hegel (Philosophie der Religion, II, 3. Teil, 1928, 228). Die dialektische Entwicklungslogik erklärt, »daß das Menschliche, das Endliche, das Gebrechliche, die Schwäche, das Negative göttliches Moment selbst ist, in Gott selbst ist« (ebd., 286). Die menschliche Sünde wird als Ausdifferenzierung der göttlichen Negativität ontologisiert. Der Tod Christi wird also nicht als Sühnetod für den menschlichen Geist begriffen, vielmehr als notwendige »Begeistung des göttlichen Wesens«. Der absolute G. muß als solcher die Nacht des Todes in seinem »Lebenslauf« von der Substanz zum Subjekt notwendigerweise erleiden. »Der Geist, der sich im Prozeß der Weltgeschichte seine Wirklichkeit gibt, ist der Staat« (Rechtsphilosophie, § 259). »Der Staat ist«, so belehrt uns Hegel weiter, »göttlicher Wille als gegenwärtiger sich zur wirklichen Gestalt und Organisation einer Welt entfaltender Geist« (ebd., § 270). »Im Staate allein, unter dessen Gesetze die Religion sich stellen soll, lebt der Geist in seiner Wahrhaftigkeit« (Hegel, Philosophie der Religion I, 1. Teil, 256). »Das Wort der Versöhnung«, das Ereignis der liebenden Entäußerung der zweiten Person der Gottheit, die durch das Kreuzesopfer unsere Schuld sühnte, wird von Hegel als Naturwerdung jenes G.es mißdeutet, der sich in seinem Gegenteil, den welthaften Existenzen, letztlich dem »Volksgeist« selbst vorstellt, um durch »das gegenseitige Anerkennen« als »absoluter Geist« zu sein.

Der G., der dies ist, Hervorgehen vermittels der Natur, wird von → Marx konsequentermaßen aus der Natur entwickelt. Es gilt für Marx, »im Wirklichen selbst die Idee zu suchen« (K. Marx, Frühschriften, 1953, 7). Marx kritisiert »die Einverleibung des menschlichen Geistes in das Selbstbewußtsein des Absoluten« (ebd., 271) bei Hegel. Der Mißbrauch des Menschen als Material der Geistwerdung bei Hegel soll für Marx durch die »Wesenhaftigkeit des Menschen in der Natur« überwunden werden. Der Geist Gottes ist für Marx nicht mehr »der Geist über der Natur und dem Menschen«, vielmehr der Geist der Natur des Menschen. An die Stelle der Inkarnation des göttlichen Geistes tritt nun die Wesenseinheit: »Natur-Mensch«, der »Stoffwechsel von Mensch und Natur« (Alfred Schmitt, Der Begriff der Natur in der Lehre von Karl Marx, 1952, 91). »Die Natur hat keinen Anfang und kein Ende, sie ist schlechthin eine göttliche Wesenheit«.

→ Heidegger rühmt Hegel, »einen Pantheismus auszudenken, bei dem das Böse, der Irrtum und das Leid nicht als Argumente gegen das Göttliche empfunden werden« (Heidegger, Nietzsche I, 1961, 74).

Max → Scheler wird von Heidegger in seiner Gedächtnisrede gelobt wegen der »ungeheuer kühn gesehenen Idee vom schwachen Gott, der nicht sein kann ohne den Menschen als Mitwirker« (Heidegger, Gesammelte Werke, Bd. 26, 1978, 63), insofern als für Scheler die »Verlebendigung des Geistes« nur durch die »gegenseitige Durchdringung des ursprünglich ohnmächtigen Geistes und des ursprünglich dämonischen Dranges« (Max Scheler, Die Stellung des Menschen im Kosmos, 1928, 71) geschieht. Für Heidegger selbst tritt die Natur als »das Heilige, älter denn die Zeiten und über die Götter« (Heidegger, Hölderlininterpretationen, 1944, 73) an die Stelle des Geistgottes. Die Natur als »allerschaffendes Chaos« soll nicht verwechselt werden mit dem »metaphysisch gemeinten Überzeitlichen und vollends nicht mit dem christlich gedachten Ewigen« (ebd.).

→ Teilhard de Chardin lehrt: »Konkret gibt es nicht Materie und Geist: vielmehr existiert nur die Geist werdende Materie« (Teilhard de Chardin, Der Mensch im Kosmos, 1959, 289). Sogar Gott selbst soll durch die Evolution realisiert werden. Gott Omega wird von Teilhard de Chardin zum »Element des Aufstiegs« gemacht. Gott ist für uns »das ewige Wachstum« (Der Mensch im Kosmos, 1959, 289). Teilhard will mit seiner monistischen Evolutionstheorie erklären, daß »geistige Vervollkommnung und stoffliche Synthese nur die beiden Seiten ein und derselben Erscheinung sind« (ebd., 36). Der G. Gottes oder des Menschen besitzt also sich nicht selbst in unsterblicher Einfachheit, sondern ist »etwas an der Korpuskel, Höhepunkt des Stoffes« (ebd., 34).

Entgegen allen evolutionären Entwicklungsvorstellungen, die den G. als »Selbstbewußtsein der Materie«, als »Handlanger des Leibes« (→ Nietzsche) verstehen wollen, beweist der Hirnphysiologe Eccles die substantielle Eigenständigkeit des G.es, der mit seinem Gehirn wie der »Klavierspieler mit dem Klavier« (Eccles, Der Mensch und sein Gehirn, 1986, 71) umgeht. »Da materielle Erklärungen unsere erfahrene Einzigartigkeit nicht begründen können, sind wir gezwungen, die Einzigartigkeit der Psyche oder Seele einer übernatürlichen geistigen Schöpfung zuzuschreiben... Jede Geistseele ist eine göttliche Schöpfung« (ebd.). Das »Gestaltungsprinzip der Organismen« ist, wie der Anatom Erich Blechschmidt zeigt, ein »geistiges und deshalb aus der Materie nicht ableitbar« (Erich Blechschmidt, Entwicklungsgeschichte und Entwicklung, in: Scheidewege Heft 1, 1975, 91).

Lit.: Th. Beer: Der fröhliche Wechsel und Streit. Grundzüge der Theologie Martin Luthers, 1980; H. Dreyer: Der Begriff Geist in der deutschen Philosophie von Kant bis Hegel, 1908; E. Hengstenberg: Philosophische Anthropologie, 1984; Der Mensch und die Materie. Zur Problematik Teilhard de Chardins, 1965; J. Marder: Die logische Struktur des personalen Denkens, 1965; M. Schmaus: Die psychologische Trinitätslehre des Hl. Augustinus, 1927; J. Schmukker: Das Problem der Kontingenz der Welt, 1969; H. Seidl: Der Begriff des Intellekts (nous) bei Aristoteles, 1971.

A. von Stockhausen

Geist, Heiliger

a) biblisch

1. Vorbemerkung

Das bibl. Zeugnis vom Hl.G. muß sowohl gegen das idealistische Mißverständnis geschützt werden, als sei Geist »das Geistige« im Unterschied zum Materiellen, als auch gegen das pantheistische, das »Geist« als göttliches »Lebensprinzip« im Universum versteht. Wesen und Eigenart des G.es Gottes können nur anhand seines im AT und NT bezeugten Wirkens und im NT besonders aufgrund der Verkündigung Jesu erkannt werden.

2. Der Geist Gottes im Alten Testament

Das hebr. Wort *ruach* bedeutet je nach Kontext »Wind, Hauch, Atem, Geist«, umschließt mit seiner Bedeutungsbreite also den meteorologischen, anthropologischen und theol. Gebrauch. An ca. 100 Stellen bezieht es sich auf den G. Gottes.

Dieser bewirkt Krafttaten durch Menschen: Otniël, Gideon, Simson und andere Richter werden von ihm »gestoßen«, »bekleidet« und zu Rettungstaten für Israel getrieben. Gott schafft durch sie seinem bedrängten Volk Recht.

Der G. Gottes vollbringt Machttaten an Menschen: Elia wird (offensichtlich mehrfach) entrückt (2Kön 2,16; ähnlich Hesekiel: Hes 11,1 u.ö.) – ein atl. Vorbild für die ntl. Entrükkungen (Philippus: Apg 8,39; vgl. Paulus: 2Kor 12,1-4).

Während der frühen Königszeit ziehen Gruppen von *nebiim*, »Propheten«, durch das Land, als deren geistl. Vater wohl Samuel anzusehen ist (1Sam 10,12: »ihr Vater«; vgl. 1Sam 19,20: »Samuel an ihrer Spitze«). Sie geraten in Verzückung, und in ihrem Kreis erlebt Saul ein bestätigendes Zeichen seiner Berufung zum König (1Sam 10,9-13).

Der G. Gottes schenkt auch künstlerische und weisheitliche Begabungen. Die am Bau der Stiftshütte beteiligten Kunsthandwerker empfangen neben ihrer Berufskenntnis Weisheit und Inspiration (2Mo 31,1-6). Josef und Daniel können Träume deuten (1Mo 41,8; Dan 4,5; 5,11).

Ganz besonders ruht der G. auf dem zukünftigen messianischen Herrscher aus davidischem Geschlecht (Jes 11,1-10) und befähigt ihn zu seiner Herrscheraufgabe. Der »Knecht Gottes« wird ebenfalls mit Gottes G. für seine weltweite Missionsaufgabe zugerüstet (Jes 42,1). Der G. Gottes wirkt auch prophetische Rede, besonders den Ruf zur Umkehr. Daß Jeremia (7. Jh.v.Chr.) im Unterschied zum Jesajabuch fast nie vom G. Gottes spricht, dürfte an dem Mißbrauch liegen, den pseudoprophetische Zeitgenossen mit ihrer Berufung auf den »Geist« treiben. Jeremia hebt das »Wort Jahwes« als Kundgabe seines Willens hervor (Jer 23,23-32).

Israels Propheten erwarteten eine geistl. Erneuerung des Gottesvolkes für die Zukunft

(Joel 3,1f; Jes 32,15; 44,3). Der G. Gottes ist die treibende Kraft der Heilsgeschichte, sowohl zum Heil als auch zum Gericht (Jes 40,6-8; 34,16; Sach 4,6). Bereits im AT steht der G. ganz auf seiten Gottes, des Schöpfers; er ist sein Werkzeug. Gott wirkt durch ihn an Menschen und an der Welt. Den G. kennzeichnen die Merkmale der Kraft und des Geheimnisvollen. Die atl. Offenbarung vermittelt uns noch nicht das Zeugnis von der Personhaftigkeit des Geistes.

3. Der Heilige Geist im Neuen Testament

Im NT wirkt der Hl.G., der zu Pfingsten der Welt geschenkt wurde, als »Scheinwerfer Christi« (J. Packer), der die Person und das Werk Jesu ins helle Licht rückt. War der G. im AT Werkzeug, Instrument Gottes, so offenbaren die Worte Jesu (z.B. Joh 13-17) noch mehr: das Personsein des Hl.G. Er ist nicht nur eine Kraft – das allein reichte noch nicht über den Bereich des Naturhaften hinaus – sondern ein »Er«, der spricht und sendet (Apg 13,2), lehrt (Joh 14,26), betet (Röm 8,26), betrübt werden kann (Eph 4,30). Durch den Hl.G. in den Gläubigen ist die Unmittelbarkeit zum erhöhten Herrn gegeben. Im Hl.G. ist Jesus Christus selbst gegenwärtig.

Der Hl.G. begleitete das Leben und Wirken des irdischen Jesus, dieser verdankt ihm sein menschliches Leben aus der Jungfrau Maria (Mt 1,20; Lk 1,35).

Er ist zu Pfingsten gekommen, um das verkündigte Wort der Botschaft von Jesus Christus zu beglaubigen und zur lebenschaffenden Kraft zu machen. Der Hl.G. macht Sünde sündig, weist von ihrer Sünde überführte Menschen auf die Person Jesu und sein Sühnewerk. Er beschenkt sie mit rettendem Glauben, gibt ihnen damit ewiges Leben aus Gott und gliedert sie so in die Gemeinde des Auferstandenen, den Leib Christi, ein. Der Hl.G. beschenkt den Gläubigen mit vielfältigen Gaben. Dienten sie im AT der Begleitung, Leitung und Korrektur des Gottesvolkes, so sind sie auch im NT dem »Aufbau des Leibes Christi« zugeordnet (Eph 4,11-13).

Im Hl.G. ist der erhöhte Herr selbst in seiner Gemeinde anwesend. Er will in einem lebenslangen Prozeß in jedem einzelnen die Eigenschaften Jesu Christi einprägen, die unter der Metaphorik der »Frucht des Geistes« beschrieben werden (Gal 5,22). Im Horizont christl. → Eschatologie ist der Hl.G. ein »Angeld« für die Teilhabe an der zukünftigen neuen Welt Gottes (Röm 8,23f; 2Kor 5,5).

Lit.: F. Büchsel: Der Heilige Geist im Neuen Testament, 1926; M. Dreytza: Der theologische Gebrauch von ruach im Alten Testament, [2]1992; M. Green: I believe in the Holy Spirit, [2]1985; H.J. Kraus: Heiliger Geist. Gottes befreiende Gegenwart, 1984; A. Kuen: Der Heilige Geist, 1980; J.I. Packer: Auf den Spuren des Heiligen Geistes, 1989.

M. Dreytza

b) theologiegeschichtlich

1. Bis zum Konzil von Konstantinopel (381)

Das Wirken des Hl.G.es wurde erstmals im Zusammenhang mit dem Problem der Erkenntnis der Wahrheit und dem der urchristl. Prophetie theologisch thematisiert. Das Verhältnis der Prophetie und des urchristlichen Pneumatikertums (vgl. Didache und Ignatius von Antiochien) zu den heiligen Schriften der Kirche, in denen der Hl.G. bei Entstehung und Auslegung wirkte, wurde in dem Moment problematisch, als im 2. Jh. mit der christl. → Gnosis und dem → Montanismus zwei Bewegungen auf den Plan traten, die eine über die Schrift hinausgehende Offenbarung durch den Geist für sich reklamierten.

Gegen das individualistische Geistverständnis der Gnostiker entwickelte → Irenäus von Lyon (seit 177/78 dort Bischof) seine heilsgeschichtl. Theologie. Der Hl.G. hat den Propheten und Aposteln seinen Heilsplan offenbart, der jedem Christen unter Anleitung durch die kirchl. Auslegung und Verkündigung verständlich ist.

Die entscheidende Antwort auf die durch Gnosis und Montanismus angezeigte Grundlagenkrise gab die junge und in ihrer Existenz bedrohte Kirche durch die Entwicklung von drei für alle Geistwirkungen normativen Lehrinstanzen: (1) dem die Offenbarung des Hl.G.es normativ eingrenzenden ntl. Kanon, (2) der die kirchl. Lehre gegenüber den Spekulationen der Gnosis zusammenfassenden Glaubensregel (regula fidei; → Bekenntnisse, theologiegeschichtlich) und (3) dem die Kirche als ganze repräsentierenden Amt, dem durch die apostol. Sukzession (Kette der Handauflegungen von einem Bischof zum nächsten) der Geistbesitz institutionell mitgeteilt wird und den Bischof als Amtsinhaber damit befähigt, autoritative Lehrentscheidungen zu treffen (apostol. Lehramt nach Apg 6,4). Daher wirkt nach → Cyprian von Karthago (gest. 258) der Geist nur innerhalb der von den Bischöfen repräsentierten Kirche.

Daneben entwickelte → Origenes (184/5-254) eine eigenständige Verhältnisbestimmung von Schrift und Geist. Mit Hilfe der allegorischen Schriftauslegung kann ausschließlich der pneumatische Christ die unter dem Buchstaben verborgene Geist-Wahrheit erkennen.

Zur dogmatischen Festlegung der Gottheit des Hl.G.es in Wesensgleichheit (griech. *homousie*) mit Vater und Sohn kam es erst in Folge der arianischen Streitigkeiten (→ Arius) im 4. Jh. Entscheidenden Anteil an dieser Entwicklung hatte → Athanasius von Alexandrien (295-373). Er entwickelte seine Pneumatologie von seinem trinitarischen Gottesbild her (Gott-Vater, -Sohn und -Hl.G. handeln in Schöpfung, Erlösung und Vollendung immer in dreieiniger Gemeinsamkeit) und verteidigte sie gegen die aus dem ägypt.-syr. Mönchtum stammenden »Pneumatomachen« (»Geistbekämpfer«: Bestreiter der Gottheit des Hl.G.es). Den theol. Ansatz des Athanasius führte Basilius von Cäsarea (um 329-379) weiter und bereitete damit die dogmat. Fixierung der Gottheit des Hl.G.es im Bekenntnis des Konzils von Konstantinopel (381) vor.

2. Augustin, der filioque-Streit und die Scholastik

Im Gegensatz zur platonisch-origenistischen Tradition tritt bei Augustin das personale Sein des Geistes und damit die Formulierung einer selbständigen Pneumatologie zurück. Der Hl.G. wird vor allem von seinen Wirkungen und Funktionen im Rahmen der Soteriologie, Ekklesiologie und Trinitätslehre her thematisiert. Im Bereich der Soteriologie ist der Hl.G. in erster Linie die göttliche Kraft, die den menschlichen Willen zu einer Bewegung der Liebe auf Gott hin frei macht. Im Anschluß an Röm 5,5 kann Augustin den Geist auch mit der Liebe Gottes identifizieren. Diese im Hl.G. mitgeteilte Liebe Gottes bildet die Voraussetzung für die Einheit der Gemeinde, deren Kennzeichen Augustin konsequent in der Verbundenheit der Liebe lokalisiert. Im innertrinitarischen Sein Gottes ist der Hl.G. die dem Vater und Sohn gemeinsame Liebe zueinander, die die innergöttliche Gemeinschaft erst ermöglicht. Auch in der Trinitätslehre stehen also die Funktionen des Geistes (göttliche Kraft, Liebesbindung, Gemeinschaft etc.) gegenüber seinem eigenen Subjekt-Sein im Vordergrund. Der seiner Personalität weitgehend beraubte Geist wird von Augustin auf das engste an das Heilswirken Christi (und damit an Christologie und Soteriologie) gebunden, was in der nachaugustinischen Theologie seinen Ausdruck im Lehrsatz vom Ausgang des Hl.G.es *ex patre filioque* (»aus dem Vater und dem Sohn«) findet. Unter → Karl dem Großen wurde diese Wendung 796/97 in den Text des Symbols von Konstantinopel (Nicaeno-Constantinopolitanum 381) eingefügt und damit dogmatisiert. In diesem theologischen Problem lag eine der Wurzeln für die – endgültig 1054 vollzogene – Kirchenspaltung von West- und Ostkirche. Für letztere war die mit dem → *filioque* gegebene Abwertung der Pneumatologie und des Hl.G.es als Person inakzeptabel.

Nach der Kirchenspaltung trat im Abendland das Thema der Pneumatologie wieder in den Hintergrund. Die mittelalterl. Scholastik begnügte sich im Wesentlichen mit immer neuen Variationen der von Augustin überkommenen Lehren über die Gnadenwirkungen des Hl.G.es. Dieser gießt nach → Thomas von Aquin die Gnade in den Menschen ein (*gratia infusa*) und verleiht ihm damit einen – ethisch fruchtbar zu machenden – Habitus (Besitz) der Gnade und der Liebe, der ihm Mitwirkung am Heilsweg Gottes ermöglicht.

3. Reformation und Schwärmertum

Wie die Reformatoren die Christologie und die Rechtfertigung in das Zentrum der Theologie rückten, stellten sie auch die Pneumatologie auf eine neue Basis. An die Stelle starrer ontologischer Begriffsschemata trat die bibl. Betonung des personalen Beziehungverhältnisses zwischen Gott und Mensch.

Konstitutiv für die Pneumatologie Luthers ist die Verbindung von Wort und Geist. Weil sich Gott an sein Wort als alleinige Offenbarungsform gebunden hat, wirkt der Hl.G. ebenfalls nur durch und mit diesem äußeren Wort. Dies geschieht in der Weise, daß das äußere Wort in Form der Hl. Schrift und der Predigt durch die Vermittlung des Geistes im Herzen des Hörers den Glauben wirkt. Der Hl.G. ist damit personaler Schöpfer und Erhalter des Glaubens an den im Wort verkündigten Christus (vgl. Luthers Auslegung des dritten Glaubensartikels im Kl. Katechismus). Er stellt die Gleichzeitigkeit zwischen der einmaligen, objektiven Heilstat Christi in Kreuz und Auferstehung und der Heilsannahme durch den Glaubenden her. Das von Christus *extra me* (außerhalb von mir und meinen Möglichkeiten) erwirkte Heil wird durch den Geist *pro me* (für mich) gültig. Gleichzeitig schließt Luther durch die Pneumatologie jede Werkgerechtigkeit aus, denn nur der Hl.G. kann als

Gabe Gottes im Glaubenden gute Werke wirken. Gegenüber den Schwärmern betont Luther, daß »Gott niemandem seinen Geist und Gnade gibt, ohne durch oder mit dem vorgehenden, äußerlichen Wort« (BSLK 453,17f). In gleicher Weise kritisiert Luther auch den röm.-kath. Sakramentalismus, der den Hl.G. durch die Bindung an die Kirche als Heilsanstalt instrumentalisiert und verfügbar macht. Demgegenüber bleibt der Geist gerade in seiner alleinigen Bindung an das Wort frei und wirkt, »wo und wann es Gott gefällt« (vgl. CA 5).

Während die enge Verbindung von Wort und Geist bei anderen Reformatoren (z.B. Melanchthon und Zwingli), aufgrund ihrer Verhaftung in augustinisch-platonisierenden Denkschemata, nicht im gleichen Maße wie bei Luther durchgehalten wurde, ist sie im Raum des Schwärmer- und Täufertums oft zerbrochen. Gegenüber der Vermittlung des Heils durch Wort und Sakrament, durch die nach Luther der Geist wirkt, betont z.B. Thomas Müntzer die Unmittelbarkeit des Geistes bis hin zur Vereinigung von Gottes Geist und menschlichem Geist, die als Basis für direkte Offenbarungen des Geistes verstanden wurde. Die alle Institutionen abwertende und ablehnende spiritualisierende Haltung der Schwärmer machte sich in der Polarisierung von äußerem Schriftwort und innerem Geistbesitz bemerkbar. Nur die Erfahrung des Hl.G.es könne wirkliche Heilsgewißheit verleihen.

4. Orthodoxie, Pietismus, Aufklärung, Neuzeit

In der altprot. → Orthodoxie spielte die Pneumatologie, vor allem im Bereich der Schriftlehre, konkret im Zusammenhang der Inspirationslehre, eine bedeutende Rolle. Die Schrift enthüllt gegenüber dem glaubenden Leser das »innere Zeugnis des Heiligen Geistes« über ihre göttliche Autorität und Wahrhaftigkeit (Matthias → Flacius Illyricus 1520-1575).

Der Frühpietismus war bei weitgehender Übereinstimmung hinsichtlich der pneumatologischen Lehrfragen vor allem an der Erfahrbarkeit des Hl.G.es und seines Wirkens durch das biblische Wort interessiert. Daß diese Wiederentdeckung der geistl. Erfahrung in radikalen, separatistischen Gruppen die Grenze hin zu einer schwärmerischen Geistunmittelbarkeit überschritt, kann nicht darüber hinwegtäuschen, daß es dem → Pietismus um eine bibl.-orientierte Verbindung der reformat. Pneumatologie mit der geistgewirkten Lebenswirklichkeit des Urchristentums ging.

In der → Aufklärung und ihrem anthropozentrischen Weltbild wurde mit der überkommenen Theologie und ihren metaphysischen Dogmen auch die Pneumatologie grundsätzlich in Frage gestellt. Von einem »Wirken des Hl.G.es« konnte nur noch als rel. Chiffre für den unter der Voraussetzung der sittlichen Freiheit sich vollziehenden moralischen Fortschritt des Menschen die Rede sein. Eine dem Menschen von außen entgegentretende Person bzw. göttliche Kraft konnte damit nicht mehr verbunden werden. Gleiches gilt auch für die Identifizierung des Hl.G.es mit dem menschlichen Geist bzw. dem Weltgeist (Hegel) im dt. Idealismus und im Neuprotestantismus des 19. Jh.s, der den Hl.G. nicht selten mit der Motivation des sittl. Handelns identifizierte.

Im 20. Jh. spielt die Pneumatologie vor allem im Zusammenhang der → Pfingstbewegung, der → Charismat. Bewegung, sowie im ökumen. und interrel. → Dialog eine wichtige Rolle.

Lit.: H. Bauch: Die Lehre vom Wirken des Heiligen Geistes im Frühpietismus, 1974; K. Bockmühl: Gesetz und Geist. Eine kritische Würdigung des Erbes protestantischer Ethik, 1987; H. Dörries: De Spiritu Sancto. Der Beitrag des Basilius zum Abschluß des trinitarischen Dogmas, 1956; H. Gerdes: Zu Luthers Lehre vom Wirken des Geistes, LuJ 25 (1958), 42-60; W.-D. Hauschild: »Geist/Heiliger Geist/Geistesgaben IV.«, TRE 12, 1984, 196-217 (Lit.); H.-J. Jaschke: Der Heilige Geist im Bekenntnis der Kirche. Eine Studie zur Pneumatologie des Irenäus von Lyon, 1976; E. Kinder: Zur Lehre vom Heiligen Geist nach den luth. Bekenntnisschriften, FuH 15 (1964), 7-38; Henri de Lubac: Geist aus der Geschichte. Das Schriftverständnis des Origenes, 1968; J. Ratzinger: Der Heilige Geist als communio. Zum Verhältnis von Pneumatologie und Spiritualität bei Augustinus, in: C. Heitmann, H. Mühlen (Hg.): Erfahrung und Theologie des Heiligen Geistes, 1974, 223-238; O. Rodenberg: Wort und Geist, 1969.

V. Gäckle

c) *systematisch-theologisch*

1. Die Rede vom Heiligen Geist als doppeltes Bekenntnis

a. Das Bekenntnis der eigenen Unfähigkeit

Vom Hl.G. kann nicht wie von einem Gegenstand gesprochen werden. In der Versklavung durch die Sünde ist der Mensch blind (2Kor 4,4) und »vernimmt nichts vom Geist Gottes« (1Kor 2,14). Am Anfang des Redens vom

Hl.G. steht deshalb das Bekenntnis: »Ich glaube, daß ich nicht aus eigener Vernunft noch Kraft an Jesus Christus, meinen Herrn, glauben oder zu ihm kommen kann.« (Luthers Erklärung zum 3. Glaubensartikel). Dieses Bekenntnis eröffnet sich als Bekenntnis des Glaubens erst dort, wo der Hl.G. mit der »Erkenntnis der Herrlichkeit Gottes in dem Angesichte Jesu Christi« (2Kor 4,6) zugleich die Erkenntnis der eigenen Unfähigkeit wirkt. Auch der Glaubende läßt das Bekenntnis dieses Unvermögens nie hinter sich, sondern bleibt stets auf die Bitte um Erleuchtung durch den Hl.G. angewiesen (vgl. Eph 1,17ff).

b. Das Bekenntnis der Wirklichkeit und Wirksamkeit des Heiligen Geistes

Neben das Bekenntnis zur menschlichen Unfähigkeit tritt das zur Wirklichkeit und Wirksamkeit des Hl.G.es als Ausgangspunkt allen Redens vom Hl.G. Vom Hl.G. wissen wir nur deshalb, weil er in Wort und Sakrament wirkt, weil er durch das Evangelium Menschen zum Glauben ruft und im Glauben erhält (vgl. Joh 6,63; 1Kor 2,1ff), weil die Kirche als Leib Christi von ihm geschaffen wurde und bewahrt wird (1Petr 1,23; Jak 1,18), weil er seinen Zeugen auch wirklich beisteht (Lk 12,12; Joh 14,16; Röm 8,26). Daher fährt Luther in der Erklärung zum 3. Glaubensartikel fort: »...sondern der Heilige Geist hat mich durch das Evangelium berufen, mit seinen Gaben erleuchtet, im rechten Glauben geheiligt und erhalten; gleichwie er die ganze Christenheit auf Erden beruft, sammelt, erleuchtet, heiligt...«. Gegenstand der Lehre vom Hl.G. (Pneumatologie) kann daher nicht der Versuch sein, die vielfältige Begriffsgeschichte des Wortfeldes »Geist« nachzuzeichnen oder die Unterschiedlichkeit menschlicher Geisterfahrung innerhalb der Geschichte zu verfolgen (etwa mit dem Ziel, auf diese Weise neue Geisterfahrung zu vermitteln), sondern allein die pneumatische Realität und Identität des dreieinigen Gottes und seines Handelns in der Welt. Erkenntnisgrundlage dafür ist allein das Wort der Heiligen Schrift. Damit ist es auch alleiniges Kriterium zur Unterscheidung der → Geister (s.u. 5.).

2. Der Heilige Geist als dritte Person der Trinität: Der Beistand

Im NT finden sich weder Anrede, Bitte noch Bekenntnis, in denen sich Menschen an den Hl.G. als Du wenden würden. Dennoch bekennen alle Kirchen den Hl.G. als Person und bitten um ihn nicht nur als Gabe. Damit wird ernstgenommen, wenn im NT vom neuschaffenden Werk Gottes durch den Hl.G. die Rede ist; er selbst tritt Gott (Röm 8,26; Gal 4,6) und Christus (1Kor 12,3; Offb 22,17) gegenüber. Der Hl.G. handelt in vielfältiger Weise als Person: Er spricht (vgl. bes. Offb 2-3), wehrt, mahnt, tröstet, leitet etc. So ist sein Werk ein eigenes, das zu den Werken des Vaters und des Sohnes hinzukommt und diese voraussetzt (Joh 14,16: ein anderer Tröster), und doch ist es zugleich in der Einheit auf den Vater und Sohn bezogen. Denn in allem steht der Hl.G. nicht selbst im Mittelpunkt, sondern verweist stets auf den Sohn und den Vater. Er vertritt sowohl den Vater und den Sohn beim Menschen, als auch, umgekehrt, den Glaubenden bei Gott. »Er verbindet so die Glaubenden mit dem Vater und dem Sohn und nimmt sie hinein in ihr Gegenüber und Miteinander.« (Schlink, 721) So wird der Hl.G. häufig als Geist Gottes und Geist Christi bezeichnet. Als ewiger Geist Gottes ist der Hl.G. an der Schöpfung (1Mo 1,2) und Erhaltung der Welt (Ps 104,29f; Hiob 34,14f) beteiligt und ermächtigt im Alten Bund einzelne zu ihren Aufgaben. Sein besonderes Werk jedoch ist die Zueignung des Heils in Jesus Christus.

3. Der Heilige Geist als Geber und Gabe

a. Glauben und Erkennen

Das Zentrum des Geistwirkens macht 1Kor 12,3 deutlich: »Niemand sagt: ›Verflucht sei Jesus!‹, der durch den Geist Gottes redet; und niemand kann sagen: ›Herr ist Jesus!‹ außer durch den Heiligen Geist«. Die Erkenntnis des gekreuzigten Nazareners als des von Gott gesandten Versöhners, der Glaube an ihn, der aus der Knechtschaft der Gottesferne befreit und die Adoption zum Kind Gottes bewirkt, das Leben aus der Neuschöpfung durch Gott in der Erwartung der Totenauferweckung und Heraufführung seines Reiches, in all dem erweist sich die fortwährende Wirkung und Gabe des Hl.G.es.

b. Das Zeugnis von Jesus Christus

Der Hl.G. befähigt die Glaubenden zum Ruhm »der großen Taten Gottes« gegenüber der Welt (Apg 2); er gibt Freimut, Freude, Eifer zum Zeugnis. In diesem Zusammenhang kommt der Konzentration auf die Ausbreitung des Evangeliums in aller Welt, wie sie in der Gegenwart neu erkannt wird, eine besondere Bedeutung zu (vgl. etwa die Lausanner Verpflichtung oder das Manila-Manifest).

c. Die Geistesgaben (Charismen) als Dienstgaben

Die Fülle der Charismen (vgl. z.B. Röm 12; 1Kor 12) reiht sich in diese mission. Hauptaufgabe ein: innerhalb der Gemeinde haben diese ausnahmslos der gegenseitigen Auferbauung, dem gemeinsamen Nutzen zu dienen. Insgesamt stellen sie die Ausstattung zum Dienst des Zeugnisses an die Welt dar (vgl. die Auseinandersetzung um → Glossolalie und → Prophetie in 1Kor 14, bes. 14,23ff, wo auf Buße und Anerkennung der Herrschaft Gottes beim Ungläubigen abgezielt wird). Dementsprechend wird in 1Kor 14,27ff das enthusiastische Phänomen auf das Kriterium der Erbauung zurückgewiesen.

d. Kirche und Reich Gottes

Die Ausgießung des Hl.G.es »auf alles Fleisch« als Erfüllung der Verheißung von Joel 3 an Pfingsten schafft zugleich das neue Gottesvolk aus Juden und Heiden, in dem alle bisherigen menschlichen Unterschiede und Trennungen keinen Grund und Raum mehr haben. Zwar ist die Kirche nicht das Reich Gottes, doch ist sie »geöffnet für eine Anteilhabe an dem zukünftigen Reich Gottes. Die Geistesgabe ist die Gegenwart des kommenden Reiches in der Ekklesia« (P. Brunner, 221).

4. Der Heilige Geist als Modus des neuen Lebens

Leben im Glauben an Jesus Christus ist wesentlich Leben »im Geist« (parallel zu »in Christus«: vgl. Röm 8,4.5.9 mit 2Kor 5,17; 12,2), das aus der Taufe erwächst (Röm 6,3; 1Kor 12,13). In umfassender Weise (vgl. die paränetischen Teile des NT) ist die Existenz des Christen von der neuschaffenden und heiligenden Kraft des Hl.G.es bestimmt, der als Frucht die Liebe schafft. Er ist der »Spiritus creator, vivificator, sanctificator« »Schöpfergeist, Lebendigmacher, Heiligender« (Peters, 194). Das zentrale Kennzeichen dafür ist die Ermächtigung zum kindlichen Gebetsanruf »abba«, »Vater«. Als Hl. G. geht dieser jedoch nicht in den Besitz des Menschen über, sondern bleibt auch in der engsten Verbindung mit dem Menschen diesem unverfügbar. So ist er einerseits real und gegenwärtig am Werk (vgl. die Fülle der indikativischen Aussagen), andererseits wird er auch vom Glaubenden stets neu erbeten und erwartet. Nimmt man die verschiedenen Aspekte der Wirklichkeit des Hl.G.es zusammen, gibt er sich als »Zustand« (Modus), »Gegenstand« (Gabe) und »Beistand« (Person) zu erkennen. So ist zu beachten, daß dabei »die volle Gemeinschaft mit Gott in Jesus Christus durch den Geist bezeugt wird und gleichzeitig die Unterscheidung von Gott und Mensch sowie von menschlicher Subjektivität und Gottes Geist für die Situation des Fleisches festgehalten wird« (Slenczka, 85).

5. »Wo wirkt der Heilige Geist?«: Die Unterscheidung der Geister

Grundlegend für die Unterscheidung der Geister ist die Frage des Kriteriums (→ Geister, Unterscheidung). Dabei scheiden sich die Geister bereits an dessen Wahl. Kriterium ist nach 1Kor 12,3 (vgl. 1Joh 4,1ff) das geistgewirkte Bekenntnis zum Gekreuzigten als Herrn; dagegen können Verabsolutierungen empirischer Phänomene (Geisterfahrungen, moralische Qualitäten, intellektuelle Fähigkeiten, strukturelle Gegebenheiten etc.) keine sachgemäßen Kriterien sein.

Die Unterscheidung der Geister ist selbst Gabe des G.es (1Kor 12,10) und geht aus von der Wirklichkeit des Hl.G.es in seiner Gemeinde, auch wenn sie inmitten von Verwirrung und Konflikten verborgen ist. Sie ereignet sich in der Form, daß »in der Unentwirrbarkeit der Probleme zum Wort Gottes der Heiligen Schrift zurück(ge)führt« wird (Slenczka, 95). Daher wird sie inbesondere die konstitutive Verbindung von Evangelium, Glaube und Geisteswirken hervorheben und so die Verkehrung des Evangeliums in Gesetz, des Glaubens in vorweggenommenes Schauen und Erfahren, der Geistbegabung in verfügbaren Geistbesitz als dem Hl.G. zuwiderlaufend enthüllen.

Lit.: H. Berkhof: Theologie des Heiligen Geistes, 1968; P. Brunner: »Der Geist und die Kirche«, in: ders.: Pro Ecclesia I, [3]1990, 220-224; J.I. Packer: Auf den Spuren des Heiligen Geistes, 1989; A. Peters: Kommentar zu Luthers Katechismen, Bd 2: Der Glaube, 1991; E. Schlink: Ökumenische Dogmatik, [2]1985 (»Die Lehre von der Neuschöpfung«: 537ff. 720ff); R. Slenczka: Die Erkenntnis des Geistes, die Lehre vom Geist und die Unterscheidung der Geister, in: J. Heubach (Hg.): Veröffentlichungen der Luther-Akademie Ratzeburg 17, 1990, 75-104; H. Steubing (Hg.): Bekenntnisse der Kirche, 1985; H. Thielicke: Theologie des Geistes (Der Evangelische Glaube Bd. III), 1978.

E. Hahn

Geist, unreiner → Dämon, dämonische Besessenheit

Geister → Dämon, dämonische Besessenheit; Spiritismus

Geister im Gefängnis → Hades

Geister, Unterscheidung der

AT und NT kennen den Dienst der »Propheten«. Gott vertraut von ihm berufenen Männern und Frauen (2Kön 22,14; Jes 8,3; Lk 2,36; 1Kor 11,5) das klärende Wort für die gegenwärtige Lage seines Volkes wie auch Weissagung und Wegweisung für die Zukunft der Völker an. Neben den »Geistern der Propheten« (1Kor 14,32) gibt es aber auch andere, fremde G., die sich einmischen können. Das AT erwähnt immer wieder falsche Propheten (1Kön 22,5ff; Jer 28; Klgl 2,14; Neh 6,14). Jesus warnt vor falschen Propheten, die mit Zeichen und Wundern auftreten werden (Mt 7,15.21ff; 24,4f.11.24). Johannes bestätigt das Auftreten »vieler Pseudopropheten« (1Joh 4,1ff; Offb 2,20). Zum Wesen eines falschen Propheten gehört, daß sein Wort und seine »Vollmacht« aus einer völlig anderen Quelle als der des Geistes Gottes kommen: »Das ist der Geist des Antichrists« (1Joh 4,3). Diese Tatsache schafft Verwirrung in der Gemeinde; darum ist die »Gabe der Unterscheidungen der Geister« nötig (1Kor 12,10). Paulus wählt für den Begriff »Unterscheidung« das griech. Wort *diakrisis*, das im ursprüngl. Sinn »Trennung, Streit, Beurteilung« bedeutet; in der LXX dient das entspr. Verb überwiegend zur Übersetzung des hebr. *schafat*, »richten, verurteilen«. Bei der »Unterscheidung der Geister« geht es nicht etwa um eine »Deutung von Geistesoffenbarungen« (Dautzenberg), nicht um eine Korrektur des von dem »Propheten« verkündigten Wortes, sondern im ursprüngl. Sinn des griech. Wortes um eine Auseinandersetzung, um einen »Streit« (Röm 14,1), einen Kampf mit jenseitigen Mächten (Eph 6,12), bei dem das satanische Blendwerk (2Kor 11,14) in der Kraft des Hl. Geistes entlarvt und aus der Gemeinde ausgeschieden wird.

Die Gemeinde soll die G. prüfen (1Thess 5,19-21; Offb 2,2). Weil alle Glaubenden den Hl.Geist empfangen haben, können sie beurteilen, ob das, was ein Prophet sagt, wirklich aus Gottes Geist stammt (1Kor 14,29). In der Gemeinde gibt es gereifte, urteilsfähige Christen, die »geübte Sinne zur Unterscheidung (*diakrisis*) von Gut und Böse« (Hebr 5,14) haben, d.h. für das, was »heilsame Worte« (1Tim 6,3) und was »irreführende Lehren« (1Tim 4,1) sind. Von ihnen soll die Gemeinde sich bei der Beurteilung der Propheten leiten lassen. Außerdem gibt Gott zum Dienst in der Gemeinde die Gabe der »Unterscheidungen der Geister«, eine geistl. intuitive Fähigkeit, echtes Wort Gottes von verführerischen Lehren zu unterscheiden. Wie bei den Gnadengaben der Heilungen und wunderbaren Kraftwirkungen (1Kor 12,9f) steht auch hier der Plural »Unterscheidungen« der G. Damit wird angedeutet, daß es nicht um eine gleichbleibende Fähigkeit einzelner Gemeindeglieder geht. Die Gaben sind nicht »Besitz« der Gabenträger. Gott teilt vielmehr diese Gabe je nach geistl. Erfordernis zu. Nicht jedem Christen wird diese Gabe anvertraut. Darum sind die anderen Gemeindeglieder auf den Dienst der mit dieser Gabe ausgerüsteten Christen angewiesen und sollen auf ihr Urteil hören. Maßstab zur Beurteilung ist die Hl. Schrift. Die Gemeinde soll sich nicht durch wunderbare Fähigkeiten beeindrucken lassen, sondern auf den Inhalt der Botschaft und die Lebensführung (Mt 7,16; Gal 5,22) der Verkündiger des Wortes Gottes achten.

Lit.: P. Beyerhaus: Geisterfüllung und Geisterunterscheidung, 1977; G. Dautzenberg: Urchristliche Prophetie, 1975; F. Grünzweig: Was sagt die Bibel über den Heiligen Geist?, o.J.; G. Hörster: »Gaben des Geistes«, GBL 1, 1987, 398-400; K. Schäfer: Kraft, die verwandelt, 1974.

F. Laubach

Geistesgaben

a) biblisch

1. Wortbedeutung

a. Mit dem Begriff G. (*pneumatika*) werden im NT zusammenfassend die Gaben benannt, die der Hl. → Geist den Gläubigen für den Dienst in der Gemeinde zueignet (1Kor 12,1; 14,1). In diesem engeren Sinn findet sich der Begriff nur an den o.a. Stellen des NT (in ähnlichem Zusammenhang vgl. Röm 1,11). Im weiteren Sinn bezeichnet der Begriff (*pneumatika*) »Geistliches« (aus dem Geist Gewirktes) im Gegensatz zu Irdischem oder Fleischlichem (vgl 1Kor 2,13-15; 3,1; 15, 44-46; Gal 6,1; 1Petr 2,5 u.ö.).

b. Häufiger begegnet der Begriff »Gnadengaben« (*charismata*), mit dem auf Gottes unverdientes Schenken (Gnade = *charis*) hingewiesen wird. Die eine Gnade Gottes, die sich auf verschiedene Art erweist (1Petr 4,10), offenbart sich in einer Vielfalt von Gnadengaben

(1Kor 12,4ff.28.30; 1Tim 4,14; 2Tim 1,6; 1Petr 4,10; s.a. 1Kor 1,7).

Paulus verwendet den Begriff »Gnadengabe« allerdings auch in anderer Weise: So nennt er »das ewige Leben« Gottes Gnadengabe (Röm 6,23; s.a. 5,15). Er macht klar, daß gegenseitige Ermutigung und Stärkung eine »Gnadengabe« ist (Röm 1,11). Schließlich qualifiziert er einerseits Gottes »Gaben an Israel« (Röm 11,29) und andererseits das Leben in der Ehe bzw. in der Ehelosigkeit als »Gnadengabe« (1.Kor 7,7).

2. Biblischer Zusammenhang

a. Der Begriff G. (Gnadengaben) begegnet im AT nicht; der Inhalt aber ist durchaus zu erkennen: So werden einzelne Personen durch den Geist Gottes begabt, um die Stiftshütte und ihre Geräte anfertigen zu können (2Mo 28,3; 31,3). Richter und Könige werden berufen und durch den Geist zu machtvollem Handeln ausgerüstet (z.B. Ri 3,10; 6,34; 13,25; 1Sam 10,6; 11,6; 16,13 und 2Sam 23,1f; s.a. 1Kön 3,9.12). Propheten erfahren durch Gottes Geist Auftrag und Ausrüstung zum Dienst (1Chr 12,19; 2Chr 15,1; 20,14; 24,20).

b. Die Zahl der ntl. Stellen ist eher begrenzt (G. – zweimal; Gnadengaben 17 mal); aber die Aussagen sind wesentlich und auf das Leben der Gemeinde Jesu bezogen: Wer an Jesus Christus glaubt, hat den Hl. Geist empfangen; denn »niemand kann Jesus den Herrn nennen außer durch den Heiligen Geist« (1Kor 12,3; s.a. Röm 8,9b). Der Hl. Geist, der den Glauben an Jesus weckt und vertieft, gibt den Gläubigen zugleich Gaben zum Dienst: »...und haben verschiedene Gaben nach der Gnade, die uns gegeben ist« (Röm 12,6; s.a. 1Kor. 12,7.11). Wenn es um Gnadengaben geht, ist der lebendige Gott mit seinem gnädigen Schenken im Blick. Das bewahrt davor, Geistesgaben eigensüchtig zu mißbrauchen oder bestimmte Gaben eigenwillig zu verlangen (vgl. 1Kor 12,11).

Weil der Heilige Geist unerschöpflich wirkt, kann vom Reichtum der Gaben gesprochen werden, die in der Gemeinde zum Einsatz kommen sollen. Alle Glieder der Gemeinde haben wenigstens eine Gabe empfangen. Diese Gaben vertraut der Herr seiner Gemeinde in ihren einzelnen Gliedern an, damit sich die Gemeinde geistlich auferbauen und ihren Dienst zu seiner Ehre erfüllen kann (1Kor 12,7; 1Petr 4,11).

3. Überblick über die Geistesgaben nach 1Kor 12; 14 und Röm 12:

- Weisheitsrede (1Kor 12,8a)
- Erkenntnisrede (1Kor 12,8b; 14,6)
- Glaube (1Kor 12,9a)
- Krankenheilung (1Kor 12,9b)
- Wunder (1Kor 12,10a)
- Prophetie (1Kor 12,10b; 14,1ff.; Röm 12,6b)
- Geisterunterscheidung (1Kor 12,10c; 14, 29)
- »Sprachenrede« bzw. Zungenrede (1Kor 12,10d; 14,2ff.)
- Auslegung der »Sprachenrede«, Zungenrede (1Kor 12,10e; 14,26)
- Offenbarung (1Kor 14,6.26.30)
- Lehre (1Kor 14,6.26; Röm 12,7c)
- Dienst/Diakonie (Röm 12,7b)
- Ermahnung (Röm 12,8a)
- »Mitteilen«, Geben (Röm 12,8b)
- Vorstehen (Röm 12,8c)
- Barmherzigkeit üben (Röm 12,8d)

Die Aufzählungen der verschiedenartigen Geistes- bzw. Gnadengaben machen deutlich, daß Paulus nicht an eine abgeschlossene Liste denkt. Es findet sich auch keine Beschränkung auf bestimmte gemeindliche Bereiche; vielmehr wird erkennbar, daß das ganze Leben der Gemeinde durch den Einsatz der G. geprägt und gefördert werden soll.

Die Frage nach dem Verhältnis von natürlicher Begabung und Gnadengaben wird im NT nicht ausdrücklich gestellt. Am ehesten könnte in 1Kor 7,7 mit *charisma* an eine natürliche Fähigkeit (bzw. bei seinem Fehlen Unfähigkeit) zur Ehelosigkeit gedacht sein. Nach 1Tim 3,2 scheint eine natürliche Lehrgabe (*didaktikos*) zu den Voraussetzungen des Bischofsamts zu gehören.

4. Gaben und Dienste

In den o.a. Abschnitten weist Paulus darauf hin, daß die Gläubigen zu dem einen Leib des Christus gehören (1Kor 12,13 und Röm 12,5-6), zu dessen Auferbauung sie mit den anvertrauten Gaben beizutragen haben. Darum finden G.n ihre eigentliche Zielsetzung in den Diensten, die in der Gemeinde und für sie wahrgenommen werden sollen (1Kor 12,28-30; vgl. Eph. 4,11, dabei ist zu beachten, daß in den V. 7.8.11 von der Gabe Jesu für die Gemeinde geredet wird):

- Apostel (Eph 4,11ff; 1Kor 12,28)
- Prophet (Eph 4,11ff; 1Kor 12,28)/Pro-

phetische Rede (Röm 12,4ff)/Reden als Wort Gottes (1Petr 4,10f)
- Evangelist (Eph 4,11ff)
- Hirte (Eph 4,11ff)
- »Diakonie« (Röm 12,4ff; 1Petr 4,10f)
- Lehrer (Eph 4,11ff; 1Kor 12,28)/Lehre (Röm 12,4ff)
- Seelsorge (Röm 12,4ff)
- Almosenverteilung (Röm 12,4ff)
- Machttaten (1Kor 12,28)
- »Heilungen« (1Kor 12,28)
- Hilfeleistungen (1Kor 12,28)
- »Verwaltung« (1Kor 12,28) / Vorstehen (Röm 12,4ff)
- Arten von »Sprachen« (1Kor 12,28)
- Barmherzigkeit üben (Röm 12,4ff)

Aus obiger Übersicht ergibt sich die Erkenntnis, daß alle Dienste in den Gemeinden der ntl. Zeit aufgrund der anvertrauten Geistesgaben wahrgenommen worden sind.

Lit.: U. Brockhaus: Charisma und Amt. Die paulinische Charismenlehre auf dem Hintergrund der frühchristlichen Gemeindefunktionen, [3]1987; F. Büchsel: Der Geist Gottes im NT, 1926; F. Grau: Der neutestamentliche Begriff Charisma, 1946; U. Heckel: Paulus und die Charismatiker, Th Beitr 3/92, 117-138.

K. Haag

b) theologiegeschichtlich

Bei Ignatius von Antiochien um 110 n.Chr. (→ Apostolische Väter) sind im Unterschied zu späterer Zeit Geistesgaben (Charismen) und Amt noch keine Gegensätze. Der charismatische Bischof hat die Funktion eines Chorleiters. In dem einen Geist erkennen die Gläubigen ihre G. und Aufgaben und ihr Angewiesensein auf den Bischof (Amtsträger), durch den Christus seine Gemeinde leitet.

Die um 130 in Syrien entstandene Didache stellt Kriterien im Blick auf echte und falsche Prophetie auf. Der Pseudoprophet entlarvt sich selbst. Er sucht seine eigene Ehre und macht aus seiner Gabe ein Geschäft. Irenäus (seit 177 Bischof von Lyon) bezeugt die Praktizierung der Gnadengaben innerhalb der Kirche. »Hören wir doch von vielen Brüdern in der Kirche, daß sie prophetische Charismen haben, in Sprachen beten, Verborgenes im Menschen ans Licht bringen und an Gottes Geheimnisse heranführen« (adv. haer., V. 6,1).

Im 2. und vollends im 3. Jh. gewann gegenüber den Charismen das geistl. → Amt eine Vorrangstellung. Tertullian tadelt, daß Gnostiker wie die Valentinianer jede vermeintlich neue Erkenntnis als »Charisma« ausgeben (adv. Val. 4,4). Auf Grund von Auswüchsen wurde innerhalb der Kirche die Praktizierung von G. je länger desto mehr nur noch Klerikern und Einsiedlern zugestanden. Der alexandrinische Bischof Athanasius (gest. 373) streicht unter den mönchischen Charismen die Gabe der Geisterunterscheidung und die Macht der Dämonenaustreibung heraus (vita Antonii, 44).

Die Zurückdrängung der Charismen hängt auch mit den Auseinandersetzungen um den → Montanismus zusammen, wo Prophetien in eine apokalyptische Richtung führten. Die Apostolischen Konstitutionen (Ende des 4. Jahrhunderts in Syrien) bringen eine Charismenlehre: Wer Charismen empfangen hat, darf sich nicht gegenüber sonstigen Gläubigen erheben, denn jeder rechtgläubige Christ ist ebenfalls Charismatiker (u.a. 8,1,8; 8,1,9/11).

Im MA sind es Missionare und Ordensangehörige, die als Charismatiker auffallen. Vom Slawenmissionar Vizelin (gest. 1154) heißt es, er war mit den Charismen begnadet, Kranke zu heilen und Teufel auszutreiben (Helmold I, 55). Hildegard von Bingen (gest. 1179) wird als Ärztin Gottes und Prophetin der Kirche gerühmt. Neben den Bettelorden gehörten Katharer, Waldenser und Joachimiten zu den Bewegungen, die Gnadengaben praktizierten. Die Reformatoren haben keine spezifische Charismenlehre entfaltet, auch wenn ein Brief aus Luthers letztem Lebensjahr eine praktische Anweisung zur geistl. Krankenheilung enthält (WABr XI,112, Nr. 4120). In seiner Auseinandersetzung mit den »himmlischen Propheten« (den »Schwärmern«) hat er herausgekehrt: Erst das Wort, dann der Geist. »Wer dir eine andere Ordnung vorschlägt, da zweifle nicht, es sei der Teufel« (WA 18,139). So richtig es ist, daß die Lehren des Apostels Paulus der Kern der Theologie der Reformatoren sind, so wenig trifft das für jene Kapitel zu, die die Lehre von den G. enthalten (Röm 12; 1Kor 12-14).

In den frühen pietist. Aufbrüchen wurden die G. im Rahmen der Wiederentdeckung der geistl. Struktur der Kirche neu gewürdigt und neu begehrt. In pietist. Zirkeln wurden Charismen praktiziert, auch das Sprachengebet (Zungenrede). Von der Gemeinde in Altona um Jean de Labadie (1610-1674) ist das Sprachensingen bezeugt. Mehr noch als im deutschen → Pietismus ist in den durch den englischen → Methodismus ausgelösten Erweckungsbewegungen die paulin. Charismenlehre zu neuer Bedeutung erhoben worden.

Der Presbyterianer Edward Irving (1792-1834) ließ 1831 in der nationalschottischen Gemeinde in London das Sprachengebet zu. Im Streit um den rechten Brauch der Charismen – insbesondere im Blick auf die Gabe der »Zungenrede« – haben sich → Gemeinschaftsbewegung und → Pfingstbewegung geschieden (→ Berliner Erklärung vom 15.9.1909). Erst in jüngster Zeit gibt es wieder Annäherungsversuche, vor allem im Bereich der neuen deutschen Bundesländer.

Lit.: N. Baumert: Gaben des Geistes Jesu, 1986; H. v. Campenhausen: Kirchliches Amt und geistliche Vollmacht in den ersten drei Jahrhunderten, [2]1963; L. Christenson (Hg.): Welcome Holy Spirit, 1987; O. Knoch: »Gnade« I/II, RAC 11, 1981, 351-382; P. Meinhold: Studien zu Ignatius von Antiochien, 1979; W. Rebell: Alles ist möglich dem, der glaubt. Glaubensvollmacht im frühen Christentum, 1989; T. Rendtorff (Hg.): Charisma und Institution, 1982.

L. Hein

c) *systematisch-theologisch*

Im Blick auf den Einsatz der Geistesgaben im gemeindlichen Leben ergeben sich verschiedene Akzentuierungen.

1. Gaben des Wortes

Die »Weisheitsrede« ist nicht einfach auf menschliches Wissen bezogen; es ist damit an die Tatsache erinnert, daß das Geheimnis des Heils »mit Worten, die der Geist lehrt« bezeugt werden soll (1Kor 2,6ff).

Bei der »Erkenntnisrede« geht es darum, Gottes- und Heilserkenntnis so zu vermitteln, daß Menschen verstehen lernen, was es um den lebendigen Gott und sein Heil und das Wirken des Hl. Geistes ist.

Indem die »Prophetie« besonders hervorgehoben wird (1.Kor 14), ist auf das von Gott bevollmächtigte Reden hingewiesen, das Menschen in die Gegenwart Gottes stellt (V.24ff), die Gemeinde tröstet, erbaut und ermutigt (V. 3).

Die »Sprachenrede« (Zungenrede) ist vom Apostel Paulus wesentlich dem persönlichen Bereich des Glaubenslebens zugeordnet. Sie dient dem Lobpreis Gottes und wirkt persönliche Erbauung.

Im Gottesdienst der Gemeinde hat die »Sprachenrede« nur dann ihren Platz, wenn jemand die Gabe hat, die »Sprachenrede auszulegen« (1Kor 14,27f), damit die Gemeinde am sonst »unverständlichen Reden« Anteil erhält.

Die Gabe der »Offenbarung« ist eng mit der Prophetie verbunden. Durch Gottes Wirken wird sein Wille bekannt gemacht und den einzelnen oder der Gemeinde Wegweisung geschenkt.

Die Gabe der »Lehre« macht bewußt, daß der Glaube auf solidem Fundament gründen soll. Durch diese Gabe erhalten einzelne die Fähigkeit, Zusammenhänge der bibl. Botschaft zu entfalten und einprägsam zu vermitteln.

In den weiten Bereich der Seelsorge führt die Gabe der »Ermahnung«. Der Empfänger dieser Gabe kann zurechthelfen und zusprechen, zurechtweisen und warnen, ermutigen und trösten.

2. Gaben des Handelns

Bei der Gabe des »Glaubens« haben wir an vollmächtiges Handeln zu denken, das Gott einzelnen Menschen schenkt, durch die er seine Werke tun will.

Die Gabe der »Heilungen« hat Gott einzelnen anvertraut, um seine Macht zu offenbaren (davon ist das Krankengebet der Ältesten zu unterscheiden; vgl. Jak 5,13ff).

In ähnliche Richtung weist die Gabe, »Wunder« zu tun. Wen Gottes Geist damit beschenkt, den beglaubigt er für bestimmte Situationen oder Aufgaben und bewahrt ihn vor eigenmächtigem Tun (vgl. Mt 7,21ff).

Die Gabe des »Dienstes« (Diakonie) befähigt, der Gemeinde in vielfältigen und alltäglichen Aufgaben zu helfen, aber auch einzelnen mit Rat und Tat beizustehen.

Die Gabe des »Mitteilens« ermächtigt zum Einsatz anvertrauter Mittel im Reiche Gottes; dadurch wird das Werk des Herrn umfassend gefördert.

Durch die Gabe der »Barmherzigkeit« gibt der Heilige Geist Menschen Kraft, sich für Leidende und Bedrückte einzusetzen und ihnen mit »fröhlichem Herzen« Liebe zu erweisen.

3. Gabe der »Leitung«

Gottes Geist rüstet Menschen mit der Fähigkeit aus, die Gemeinde zu leiten, in Organisation und Verwaltung umsichtig tätig zu sein und in Verantwortung vor Jesus gemeindliches Leben planen und prägen zu können.

4. Die Gabe der »Geisterunterscheidung«

Diese Gabe wird Gliedern der Gemeinde verliehen, damit geprüft werden kann, welches Wirken aus Gott kommt und welche Gaben von Gott gegeben sind. Diese Gabe ist nötig, um rechte und falsche Lehre unterscheiden, Wahrheit und Irrtum erkennen und die Gemeinde vor Verführung in Lehre und Leben warnen und bewahren zu können (s.a. → Geister, Unterscheidung der).

5. Zusammenfassung: Das bibl. Zeugnis vom Einsatz der G.n korrespondiert mit dem Zeugnis vom → Priestertum aller Gläubigen, zu dem die Gemeinde berufen und befähigt ist. Während alle, die durch den Glauben an Jesus Christus zu neuem Leben wiedergeboren sind, in priesterlichem Dienst stehen (1Petr 2,5.9), wirkt jeder einzelne mit der Gabe, die ihm durch den Hl. Geist anvertraut ist, an dem Platz, an den der Herr ihn in seiner Gemeinde berufen hat.

Natürliche Begabungen werden durch den → Geist Gottes geheiligt und in Dienst genommen.

Da die bibl. Gabenlisten nicht eine abgeschlossene Aufzählung aller möglichen Gaben sein wollen, kann damit gerechnet werden, daß Gott im Laufe der Geschichte noch andere Gaben gibt als die in der Bibel bezeugten, während umgekehrt auch einzelne von ihnen zeitweise zurücktreten können (H. Cremer). Auch hier gilt es, alles zu prüfen und das Gute zu behalten (1Thess 5,21).

Als Erkennungszeichen für den rechten Umgang und als Hilfe für den gemeindebauenden Gebrauch der Gnadengaben kann gelten: Wo Geistesgaben recht eingesetzt werden, wird die Liebe gemehrt (1Kor 13) und der lebendige Gott und Herr verherrlicht (1Petr 4,11).

K. Haag

d) praktisch-theologisch

1. Die G. sind den einzelnen durch den Hl. Geist »zum gemeinsamen Nutzen« anvertraut (1Kor 12,7-11). Weil G. der Erbauung der Gemeinde dienen, sollen sie durch die Gemeindeleitung geprüft und im Dienst der Gemeinde eingesetzt werden (1Thess 5,19-22).

Es trägt nicht »zum gemeinsamen Nutzen« bei, wenn sich der einzelne Gläubige durch den Einsatz der G. zu profilieren sucht und wenn sowohl »im Streben nach den besten Gaben« wie auch im Reden von G. egoistische Motive bestimmend werden. Durch Überbetonen einzelner G. entsteht Unfriede in der Gemeinde und die Einheit des Leibes wird zerrissen. Denn die G. sind eine Wirkung des Hl. Geistes. Sie ersetzen nicht die Frucht des Geistes, die mit dem Glauben an Jesus und mit dem glaubwürdigen Bekenntnis zu ihm in unmittelbarer Verbindung steht (Gal 5,22; Matth 7,21-23).

2. Im Leben und Dienst der Gemeinde geht es vornehmlich um Jesus Christus, den der Hl. Geist als Heiland und Herrn verherrlichen und in dessen Gemeinschaft er die Gläubigen verwurzeln will (Joh 15,26; 16,13-15). Darum wird in allem Einsatz der G. danach zu fragen sein, ob und in welchem Maße Jesus Christus und sein Heil verherrlicht werden.

Wenn die Gaben des Wortes und des Handelns, der Leitung und der Geisterunterscheidung in der Gemeinde eingesetzt werden, ist darauf zu achten, daß die bibl. Ordnungen zur Geltung kommen (1Kor 14,27-33). So hat die »Sprachenrede«, die dem Lobpreis Gottes dient und persönliche Erbauung wirkt, in der Gemeinde nur dann Platz, wenn zugleich die Gabe der Auslegung vorhanden ist.

Zum anderen hat beim Einsatz der Prophetie, die sowohl in der öffentlichen Wortverkündigung wie auch im Bibelgespräch, in der persönlichen Begleitung von Mitarbeitern wie in der Seelsorge zur Wirkung kommen kann, die Gemeinde die Aufgabe der Prüfung (1Thess 5,20-21).

Lit.: H. Brandenburg: Ich glaube an den Heiligen Geist, o.J.; U. Brockhaus: Charisma und Amt. Die paulinische Charismenlehre auf dem Hintergrund der frühchristlichen Gemeindefunktionen,[2]1975; F. Büchsel: Der Geist Gottes im NT, 1926; H. Cremer: Die Fortdauer der Geistesgaben in der Kirche, 1890; S. Grossmann: Der Geist ist Leben. Hoffnung und Wagnis der charismatischen Erneuerung, 1993; K. Haacker, G. Hörster: Mit Geist beschenkt, 1983; K. Heimbucher: Das biblische Zeugnis vom Heiligen Geist, 1973; ders.: Eine Gnade – viele Gaben, Beiträge zum biblischen Zeugnis von den Gnadengaben, 1980; A. Kuen: Der Heilige Geist, Biblische Lehre und menschliche Erfahrung, 1980; W. Lohrmann: Frucht und Gaben des Heiligen Geistes, 1978; R. Pache: Der Heilige Geist, [2]1975; J.I. Packer: Auf den Spuren des Heiligen Geistes. Im Spannungsfeld zwischen Orthodoxie und Charismatik, 1989; D. Scheunemann: ...und führte mich hinaus ins Weite, 1980.

K. Haag

Geistesleitung

Das Reden von »Geistesleitung« wurzelt im bibl. Wort, auch wenn der Begriff selbst so nicht vorkommt. Mit G. wird das objektive Wirken und Führen Gottes durch den Hl. Geist (→ Geist, Heiliger) im Leben eines Christen oder einer Gemeinde beschrieben.

1. Im AT finden sich wesentliche Hinweise auf Gottes Führen bei der Erlösung Israels aus Ägypten und während des Wüstenzuges (2Mo

13,21f; 4Mo 9,15-23). Daß Gott sein Volk auch durch Menschen leiten wollte, wird z.B. im Wirken Moses (2Mo 3,10; 7,16; 5Mo 34,10-12) und Josuas (4Mo 27,15f; Jos 1) erkennbar. Darum mußte es großes Verderben in Israel bringen, als die Führer des Volkes sich selbst und ihren eigenen Vorteil suchten und das Volk in die Irre und ins Verderben gehen ließen (vgl. Hes 34). In Israel war durchaus das Wissen wach, daß Gott seinen Willen durch sein Wort (Ps 1,2f; 19,8-12; 119,105.133), durch »Licht und Recht« (2Mo 28,30), durch das Los (1Sam 10,20ff; Spr. 16,33) oder durch Seher (1Sam 9,9) offenbaren konnte.

Um so bemerkenswerter ist es, daß auch einzelne im Volk sich bewußt an Gott wenden und um Wegweisung bitten (Ps 25,4; 27,11; 86,11; 139,24; 143,10 »...dein guter Geist führe mich auf ebener Bahn.«) bzw. ihre Freude und ihren Dank über erfahrene Führung zum Ausdruck bringen (Ps. 16,11; 23,3; 25,8.9; 32,8).

2. Im NT sind konkrete Hinweise auf Führung durch den Hl. Geist bei Simeon (Lk 2,25-27), bei Jesus (Mt 4,1; Lk 4,1; s.a. Joh 5,19f; 8,26.28), bei Philippus (Apg 8,29-39) und beim Dienst der Apostel (Apg 13,2.4; 16,6-10) zu erkennen.

Von wesentlicher Bedeutung ist, daß Jesus seinen Jüngern die Leitung durch den Hl. Geist zugesagt hat (Joh 16,13f; s.a. 14,26), und daß zur Gotteskindschaft auch die Führung durch den Geist Gottes gehört (Röm 8,14).

Solche G. erfolgt nicht automatisch; denn zum Erkennen des Willens Gottes sind immer auch sorgfältiges Prüfen (Röm 12,2; Eph 5,10.17; Phil 1,10f) und verantwortliches Bedenken und Entscheiden erforderlich (Apg 6,1ff; 8,14ff; 15,36ff; 2Kor 1,15ff).

3. G. ist nötig, weil nicht alle Fragen im Gemeindeleben oder im Alltagsbereich des einzelnen Christen durch bestimmte Weisung des göttlichen Wortes beantwortet werden. Dabei wird es nicht um Fragen allgemeiner Lebens- oder Berufsbelange gehen; diese können vielfach aufgrund praktischer Erfahrungen und Kenntnisse gelöst werden.

Dennoch gibt es genügend Gemeinde- und Lebenssituationen, in denen G. unerläßlich ist, weil von der Erkenntnis des Willens Gottes für den einzelnen oder für eine Gemeinde Entscheidendes abhängt.

4. G. weist darauf hin, daß Gott durch seinen Geist im Leben der Gläubigen und seiner Gemeinde Wegweisung schenkt (Apg. 16,10). Sie erfolgt in vielen Situationen nicht unmittelbar durch augenblickliche Eingebung oder göttliche Offenbarung, sondern in einem größeren Zusammenhang, für den Wiedergeburt durch Gottes Wort und Geist und Bereitschaft zum Gehorsam die Grundlage bilden, während Gebet und Stille (Bitte um Erkenntnis des Willens Gottes und um Wegweisung, Achten auf Gottes Wort), aber auch gründliche Sachinformation und der Rat erfahrener Christen das Ohr und Herz auf Gottes Reden und Führen ausrichten helfen.

Weil G. verheißen ist, soll und darf sie erbeten und erwartet werden. Weil aber das menschliche Herz immer auch durch eigenes Wünschen oder eigenmächtiges Planen gefährdet ist, werden die enge Verbindung mit Jesus und das wache Achten auf das Wort der Schrift, das Fragen und Prüfen, das Reden und Handeln des einzelnen oder der Gemeinde begleiten. Das bewahrt vor Ängstlichkeit, aber auch vor Verabsolutierung eigener Wünsche. Das verleiht dann aber auch Mut, den vor Gott erkannten Weg im Glauben und Gehorsam zu gehen, das ratende, warnende oder zurechthelfende Wort zu sagen oder das aufgetragene Werk auszuführen.

Lit.: K. Bockmühl: Sinn und Unsinn der neuen Moral, 1972; ders.: Gesetz und Geist, 1987, 362-440; ders.: Hören auf den Gott, der redet, 1990; S. Liebschner: Die Bedeutung des Heiligen Geistes für die Ethik, in: M. Bockmühl, H. Burkhardt: Gott lieben und seine Gebote halten, 1991, 337-343; O. Riekker: Leben unter Gottes Führung, 1975; E. Schick: Geistesleitung. Eine Gabe und Aufgabe für unser persönliches Leben, [5]1981.

K. Haag

Geistestaufe

Die Begriffe »Geistestaufe« oder »Taufe im/mit/aus dem Heiligen Geist« tauchen erst in der jüngsten Kirchengeschichte auf. Weder das Zeitalter der Alten Kirche noch das des MAs kennt eine ausführliche Lehre der G. Bei den Reformatoren verhält es sich ähnlich, standen sie den Geistbewegungen ihrer Zeit doch distanziert bis ablehnend gegenüber. In den Heiligungsbewegungen des 18. und 19. Jh.s wurde dann eine Art »Geistestaufe« erlebt: die Gläubigen machten die Erfahrung eines spürbaren, oft intensiven Erfülltwerdens mit dem Hl.Geist, das als »zweite Segnung« auf Taufe und Bekehrung folgte. Erst die → Pfingstbewegung machte im 20. Jh. daraus einen »systematisch gepflegten Zentralpunkt ihrer Frömmigkeit und Theologie« (K. Hutten). Die so entstandene Lehre der G. fand z.T. auch Eingang in die 1960 entstandene Charismatische Erneuerungsbewegung (→ Charismatische Bewegung) – v.a. in deren neo-pfingstlerischen Zweig –, wo sie bis heute, wenn auch oft in abgeschwächter und modifizierter Form, existiert.

1. Biblischer Befund

Im NT ist die Taufe im Geist Teil des gesamten Geschehens, durch das ein Mensch zum Glauben an Jesus Christus findet, zusammen mit der Verkündigung des Evangeliums, dem Glauben an Jesus als Herrn und der Wassertaufe im Namen des Herrn Jesus. Die Taufe im Geist – oder: die Gabe des Geistes – ist das Hauptelement im Umkehrprozeß, so daß nur »Christ« genannt wird, wer den Geist empfangen hat (Röm 8,9).

Johannes der Täufer macht einen klaren Unterschied zwischen seiner Wassertaufe – ein Zeichen der Vergebung der Sünden durch Gott – und der Taufe im Geist (Lk 3,16), die durch Jesus kommt. In Joh 3,5 sagt Jesus zu Nikodemus: »Wenn jemand nicht aus Wasser und Geist geboren wird, kann er nicht in das Reich Gottes kommen.« – Diese wenigen ntl. Stellen, die ausdrücklich von »Taufe im/aus dem Geist« sprechen (oder eng damit zusammenhängen, Joh 3,5), machen deutlich: Wassertaufe und G. müssen voneinander unterschieden werden, obwohl beide zu demselben Geschehen der Umkehr zu Gott gehören. Wenn Apg 1,5 ebenfalls von »Taufe im (heiligen) Geist« spricht, dann sieht hier Lukas die atl. Geistverheißung (v.a. Joel 3,1-5) in Erfüllung gehen. Im weiteren aber benützt Lukas – und auch die anderen Schreiber des NT – nicht mehr den Begriff »Taufe im/aus dem Geist« (außer 1Kor 12,13; s. dazu weiter unten).

Mit der »Taufe im Geist« verbanden die ersten Christen offenbar die Gabe Christi, den ersten Jüngern gegeben am ersten Pfingstfest und darauf allen Menschen, die an Jesus Christus glaubten als Anfangsgabe ihrer Nachfolge (Apg 2; 1Kor 12,13; Apg 19,2; Röm 8,23; 2Kor 1,22; Eph 1,13f). Dieser Vorgang wird mit verschiedenen Begriffen wiedergegeben: mit dem Geist »erfüllt werden« (Apg 2,4; 9,17); »Ausgießen des Geistes« (Apg 2,17f; 2,33; 10,45); »Fallen des Geistes« (Apg 8,16; 10,44); »Kommen des Geistes« (Apg 1,8; 19,6) auf Personen. Mit dem »Erfülltwerden mit dem Geist« konnte aber auch etwas anderes gemeint sein: ein spürbares Angetanwerden mit der Kraft aus der Höhe, das Gott einem oder einer Gruppe von bereits Gläubigen wiederholt schenken konnte (Apg 4,8; 4,31).

2. Die Lehre von der Geistestaufe

In der Pfingstbewegung und in Gemeinden, die ihr nahe stehen, wird die G. als ein von der Umkehr unabhängiges Geschehen betrachtet. Vor allem aufgrund der Auslegung der Apg (8,12-17; 9,4-17; 10,43f; 11,15-18; 19,2-6) wird die Meinung vertreten: »Zusätzlich zur Neugeburt durch den Geist, durch die das neue Leben beginnt, besteht die Notwendigkeit, mit dem Geist getauft (...) zu werden« (J.R. Williams). Ziel dieser G. ist die Ausrüstung mit Kraft für den Dienst für Gott und die Welt. Voraussetzung für die G. ist der Glaube (Apg 8,12; 10,43f; 11,17, 19,4.6; Gal 3,2; Eph 1,13) und – als Früchte des Glaubens – Gebet, Gehorsam und ein ernstes Verlangen nach der G. Das Sprachengebet (→ Glossolalie) wird als »Initial-Zeichen« (»initial sign« oder »initial evidence«) gesehen, als primäres Merkmal der G. (Apg 2,4; 8,17; 19,6; 19,45f).

Wer an Jesus Christus glaubt und getauft ist, hat den Hl. Geist bereits; wer aber zusätzlich die G. erlebt hat, den hat der Geist, d.h. der ist ganz vom Geist erfüllt und bevollmächtigt, und an ihm erfüllt sich die Verheißung Jesu von Joh 14,12 (man beachte den Kontext der Geistverheißung!).

3. »Geistestaufe« und »Erfülltwerden mit dem Geist«

Nach dem bibl. Befund (s.o.) ist G. ein integraler Bestandteil des gesamten Umkehrprozesses, durch den ein Mensch ewiges Leben im Glauben an Jesus Christus findet. G. muß von der Wassertaufe unterschieden, nicht aber geschieden werden. Die pfingstlerische Lehre von der G. ist daher abzulehnen, weil sie G. und Taufe/Umkehr voneinander trennt. Auf der anderen Seite ist aber auch ein sakramentalistisches Taufverständnis abzulehnen, nach dem der Geist durch den Vollzug der Wassertaufe verliehen wird; hier wird ebenfalls nicht unterschieden zwischen G. und Wassertaufe, sondern vermengt. Die Geschichte der Entstehung der Lehre der G. mit ihren Wurzeln in den Heiligungsbewegungen weist aber darauf hin, daß sich hinter der Lehre der G. ein legitimes menschliches Bedürfnis und ein bibl. belegtes Handeln Gottes verbirgt: das Erfülltwerden mit dem Geist von bereits gläubigen Christen. Apg 4,8 und 4,31 berichtet davon; auch Paulus weiß darum, wenn er die Glieder der christl. Gemeinde in Ephesus auffordert: »Werdet voll heiligen Geistes« (Eph 5,18). Wer den guten Kampf des Glaubens kämpft, der braucht ein immer neues Angetanwerden mit der Kraft aus der Höhe. Er hat die G. bei seiner ganzen Hinkehr zu Jesus Christus erlebt und soll sich deshalb nicht nach weiteren, oft gefühlsbetonten, schönen Erfahrungen des Geistes sehnen (und diesen den irreführenden Namen »G.« geben). Vielmehr darf er täglich »in die Taufe zurückkriechen« (M. Luther), d.h. sich immer neu der Herrschaft Jesu Christi unterstellen und die Kraft des Hl.Geistes beanspruchen.

Lit.: S.M. Burgess, G.B. McGee (Hg.): Dictionary of Pentecostal and Charismatic Movements, 1988; J.D.G. Dunn: Baptism in the Holy Spirit. A Reexamination of the New Testament Teaching on the Gift of the Spirit in relation to Pentecostalism today, 1970; H. Kägi: Der Heilige Geist in charismatischer Erfahrung und theologischer Reflexion, 1989.

H. Kägi-Studer

Geistheilung/Geistheiler → Heilung

Geistliche Gemeindeerneuerung → Charismatische Bewegung

Geistliche Lieder → Liedgut/Liederbücher

Geistliches Leben → Frömmigkeit

Geistliches Rüstzentrum Krelingen

Das G. R. in Krelingen, am Südrand der Lüneburger Heide gelegen, ist ein freies Werk innerhalb der Ev.-luth. Landeskirche Hannover und dem dortigen Diakonischen Werk angeschlossen. Es umfaßt folgende hauptsächliche Arbeitsbereiche: einen ausgedehnten ganzjährigen Gäste- und Tagungsbetrieb, Rehabilitation für Drogenabhängigkeit, Spielsucht und bei seelischer Behinderung, theol. Vorstudium mit Sprachkursen und Lehrveranstaltungen für Theologiestudenten. Außerdem gibt es Lehrbetriebe, ein Altenwohnheim, eine Mehrzweckhalle mit 3.500 Plätzen, Evangelisations- und Medienarbeit und ein Freizeitheim in Burhave/Nordsee.

Das G.R. wurde von Pastor Heinrich Kemner (geb. am 19. 6. 1903, gest. am 13. 6. 1993), mit Unterstützung der Ahldener Bruderschaft weitgehend auf Spendenbasis aufgebaut. Der Bau eines ersten Gästehauses 1969 kann als Gründungsjahr gelten. Juristischer Träger ist die Ahldener Bruderschaft e.V. Sie ist satzungsmäßig verpflichtet, mit dem G.R. der Verkündigung des Evangeliums in der Bindung an die Bibel als dem geoffenbarten Wort Gottes zu dienen. Die Gemeinnützigkeit der Arbeit, die Rehabilitationseinrichtungen und das theol. Vorstudienjahr sind staatlich anerkannt. Die Aktivitäten des G.R.s wollen einen Beitrag zur geistl. Erneuerung in Gemeinde und Kirche leisten. Hervorgehoben seien die Ahldener Jugendtage (seit 1946, ab 1973 in K.), die Erweckungstage, die Monatsschrift »Erweckliche Stimme« (Auflage ca. 20.000), das Krelinger Buch-Center, die Gemeindebibelschule, die Kongreßarbeit sowie die Kirchenvorsteher- und Eheseminare. Ein Gebetsbrief informiert über aktuelle Anliegen. Die Autobiographie H. Kemners »Da kann ich nur staunen« vermittelt ein eindrucksvolles Bild vom Entstehen und Selbstverständnis des G.R.s.

Lit.: H. Kemner: Da kann ich nur staunen. ^{3}1985; ZS Erweckliche Stimme, Monatsschrift des Geistlichen Rüstzentrums Krelingen.

J. Cochlovius

Geld

Alle Kulturen haben die Nutzung von G. als notwendig empfunden. Dennoch stand das G. von jeher unter einem ethischen Vorbehalt. Obgleich jeder G. kennt, fällt es dennoch schwer, G. zu definieren. G. ist was gilt, alles was Geldfunktionen ausübt, kann als G. verwendet werden. Die Ambivalenz aller Dinge nach dem Sündenfall gilt auch für das G.

1. Der Nutzen des Geldes

Der Nutzen des G.es stammt aus seinen Funktionen: G. dient zuerst als »Wertmesser« (Recheneinheit). Eine moderne Buchführung wäre ohne G. nicht möglich. Sodann ist es das allg. akzeptierte »Tauschmittel« (Zahlungsmittel). G. erlaubt die Zerlegung des Güteraustausches in einen Kauf- und einen Verkaufsakt. Ohne G. wäre bei jedem Tausch eine doppelte Koinzidenz der Wünsche notwendig (wer Bananen anbietet und Eier haben möchte, benötigt einen Tauschpartner, der Eier anbietet und Bananen erwerben möchte – ohne G. wären aufwendige Ringtausche notwendig!). Außerdem ist G. ein Wertaufbewahrungsmittel. Der Kaufakt kann in die Zukunft gelegt werden. Als gesetzliches Zahlungsmittel löscht es Schuldverhältnisse. G. hilft Zeitkosten sparen; ohne seine Nutzung wäre das moderne Wirtschaftsleben nicht möglich. Güter, die haltbar und teilbar sind sowie bei geringem Gewicht eine hohe Kaufkraft haben, können als G. dienen (Kaurimuscheln, Edelmetalle). Heute ist G. ein Geschöpf der Rechtsordnung. Die Deutsche Bundesbank hat das Monopol der Emission des gesetzlichen Zahlungsmittels »Deutsche Mark«. Als G. dienen auch die Giroguthaben der Bürger bei den Banken, da sie jederzeit »auf Sicht« (daher Sichtguthaben) in das gesetzliche Zahlungsmittel umtauschbar sind. In einem weiteren Sinne können auch Spar- und Termingelder als G. verwendet werden. Je nach Schnelligkeit des Umtausches in »DM-Scheine« (Liquiditätsgrad) wird zwischen verschiedenen Geldmengenaggregaten unterschieden.

2. Gefahren des Geldes

Die Bibel betont den Dienstcharakter des G.es. Gleichzeitig werden die Gefahren des G.es gesehen (vgl. → Reichtum). Die Geldgier ist die Wurzel allen Übels (1Tim 6,10). G. kann eine Macht über Menschen ausüben (Mammon). → Aristoteles hat darauf hingewiesen, daß die Geldanhäufung nicht dem Gesetz des sinkenden Grenznutzens unterliegt, d.h. wer G. besitzt, will immer mehr davon, da es hierbei keinen Sättigungspunkt gibt wie bei anderen Gütern. Der Traum von Reichtum und G. kann eine dämonische Gewalt über Menschen und Völker ausüben.

3. Geldwertstabililtät

Damit G. seine Funktionen ausüben kann, muß es seinen Wert behalten. Oft meint man, zu Lasten der Geldwertstabilität Arbeitsplätze schaffen zu können. Dies hat sich als Trugschluß erwiesen. Die Folgen der Inflation liegen in der Zerrüttung der Wirtschaftsordnung. Zu den unsozialen Folgen gehört auch eine erhöhte → Arbeitslosigkeit. Da von den Folgen der Inflation alle Bürger betroffen sind, von der Arbeitslosigkeit aber nur einige für eine kurze Zeit, ist die Geldwertstabilität auch ein ethisches Gebot. Die Inflation kann daher als »Diebstahl« (oder staatliche Steuer) gedeutet werden.

Die Geldwertstabilität läßt sich nur institutionell absichern. Dazu ist es notwendig, daß die Zentralbank eines Landes bei der Ausübung der Geldpolitik von Weisungen der Regierung unabhängig ist und ihr Kredite zur Finanzierung der Staatsausgaben untersagt sind. Außerdem muß die Zentralbank gesetzlich auf eine Politik der Geldwertstabilität festgelegt werden. Diese institutionellen Vorkehrungen im deutschen Bundesbankgesetz verhalfen Deutschland zu einer hohen Geldwertstabilität. Diese institutionellen Regelungen sollen nach deutscher Position bei der Schaffung der europäischen Währungsunion in die Konzeption einer europäischen Zentralbank übernommen werden.

Lit.: F. Beutter, W. Ehrlicher u.a.: Geld und Glaube (Bayreuther Kolloquium), 1979; O. Issing: Einführung in die Geldtheorie, [8]1991; ders.: Einführung in die Geldpolitik, [3]1990; W. Lachmann: Geld und wie man damit umgeht, 1989; ders.: Volkswirtschaftslehre. 1. Grundlagen, 1990; W. Schmitz: Währungsethik – eine tragende Säule der Wirtschaftsethik, in H. Hesse (Hg.): Wirtschaftswissenschaft und Ethik, 1988, 373-400; H. Schröder: Jesus und das Geld, [3]1981; J. Wesley: Der rechte Gebrauch des Geldes. Bearbeitet und mit einem Vorwort versehen von K. Steckel, in: Beiträge zur Geschichte der Evangelisch-Methodistischen Kirche, Nr. 19, 1985.

W. Lachmann

Gellert, Christian Fürchtegott (1715-1769)

G., geb. am 4. 7. 1715 als Pfarrerssohn in Hainichen bei Freiberg (Sachsen), gest. am 13. 12. 1769 in Leipzig. In der Familie mit 13 Kindern lernte G. beizeiten, sich mit wenigem zu bescheiden; bereits als 11jähriger trug er durch das Abschreiben von Gerichtsakten zum Familienunterhalt bei. Von 1729 an besuchte er die Fürstenschule in Meißen, 1734 begann er an der Universität zu Leipzig Philosophie und Theologie zu studieren, verzichtete aber auf den Beruf des Pfarrers. Nach literarhistorischen Studien (1744 Magisterwürde) wurde G. 1745 Privatdozent an der Universität Leipzig, 1751 Professor für Dichtkunst und Beredsamkeit, später auch der Moral. Eine Berufung als ordentlicher Professor lehnte er jedoch aus gesundheitlichen Gründen ab.

Den Dichter und Menschen G. kennzeichnen innige Frömmigkeit und demütige Bescheidenheit. Friedrich II., dem die deutschen Literaten »keinen Schuß Pulver« wert sind, lädt G. 1760 zum Gespräch ein und empfindet Achtung und Verehrung für ihn.

Die dichterische Bedeutung G.s liegt auf dem Gebiet der Fabel und des geistl. Liedes. Bei seinen Fabeln verbindet sich einfache Sprache mit mildem, aber treffendem Spott (Der Prozeß; Die Bauern und der Amtmann; Das Gespenst).

G.s geistl. Lieder haben in der Zeit der → Aufklärung dazu beigetragen, schlichten Bibelglauben und Herzensfrömmigkeit zu erhalten. Aus der Vielzahl seiner Lieder seien genannt: »Dies ist der Tag, den Gott gemacht« (EKG 34), das Osterlied »Jesus lebt, mit ihm auch ich« (EKG 89), das Abendlied »Herr, der du mir das Leben bis diesen Tag gegeben, dich bet ich kindlich an«, oder »Wie groß ist des Allmächtgen Güte«. Zu sechs Liedern G.s hat L. van Beethoven die Melodien komponiert.

Lit.: C. F. Gellert: Sämtliche Schriften, 10 Teile in 5 Bdn. (1769-74) 1968; ders.: Fabeln und Erzählungen. Hist.-kritische Ausgabe, bearbeitet von S. Scheibe, 1966; ders.: Schriften zur Theorie und Geschichte der Fabel. Hist.-kritische Ausgabe, bearbeitet von S. Scheibe, 1966; C. F. Gellerts Briefwechsel. Kritische Gesamtausgabe, hg. von J. F. Reynolds, Bd.1 1983, Bd. 2 1987, Bd. 3 1991; C. F. Gellert: Geistliche Oden und Lieder, o.J.

W. Martens: Literatur und Frömmigkeit in der Zeit der frühen Aufklärung, 1989, 199-213.

K. Günther

Gelübde

1. Biblische Grundlagen

Der Bund Gottes mit seinem Volk ist Fundament jedes besonderen G.s. Das Ur-G. lautet daher: »Ich will euer Gott sein, und ihr sollt mein Volk sein« (3Mo 26,12 u.ö.); die Antwort des Gottesvolkes kann nur heißen: »Wir wollen dem Herrn dienen« (Jos 24,21). Alle besonderen G. bauen auf diesem Grund auf. Zu unterscheiden sind »Leistungs-G.«, durch die man sich zu einer besonderen Leistung Gott gegenüber verpflichtete (z.B. Opfer, vgl. Ps 50,14; 56,13), und »Verzichts-G.« (kein Weingenuß, Wachsenlassen der Haare: 4Mo 6). Diese zuletzt genannten G. galten meist nur für eine bestimmte Zeit (vgl. Apg 18,18; 21,23). Ihre Bedeutung liegt in der besonderen Gottesweihe eines Menschen, der dann »Nasiräer« genannt wurde und auf die Reinheitsvorschriften der Priester verpflichtet war; so brachte er durch sein Leben die priesterliche Berufung des ganzen Gottesvolkes zum Ausdruck. Es gibt auch Beispiele für eine lebenslängliche Aussonderung: Simson (Ri 13,1-5), Samuel (1Sam 1,11.21-28) und wahrscheinlich Johannes der Täufer (vgl. Lk 1,15).

2. Kirchengeschichtliche Entwicklung

Vielleicht dürfen wir schon in 1Tim 5,9 die Anfänge von G.n im Sinne der Aussonderung für Gott sehen; auf jeden Fall geht es hier um die Herausbildung eines eigenen Standes (Witwen) inmitten der Gemeinde. Nach dem Vorbild Elias, Johannes des Täufers, des Paulus und vor allem Jesu selbst wurde bald die Ehelosigkeit als Merkmal besonderer Hingabe des Lebens an Gott (vgl. Apg 21,9) verstanden.

Im Laufe der Zeit bildeten sich als Inhalt besonderer G. die drei sog. »evangelischen Räte« heraus: Armut (Mt 19,21), Ehelosigkeit (Mt 19,12) und Selbstverleugnung in der Form des Gehorsams (vgl. Mt 16,24). Im MA sah man darin im Gegensatz zu den allen Christen verpflichtend aufgetragenen Geboten Gottes Ratschläge (»Räte«) dafür, wie man durch besondere Leistungen zusätzliche Verdienste vor Gott erwerben könne. Diese »Mönchs-G.« wurden als zweite Taufe mit sündentilgender Wirkung angesehen.

Dagegen erhob Luther Einspruch (siehe v.a. seine Schrift »De votis monasticis iudicium« von 1521). Einerseits erteilte er allen besonderen G. eine scharfe Absage; andererseits stellte er die Taufe als das größte und grundlegende G. dar. Darauf aufbauend ließ er besondere G. gelten, wenn sie aus freiem Willen übernommen werden und keine besondere »Heiligkeit« daran geknüpft wird (Halkenhäuser, 13-74). Dennoch schien der Stand von freiwillig Ehelosen (»Mönche« und »Nonnen« kann man sie nun nicht mehr nennen) den prot. Kirchen verloren gegangen zu sein. Zwar gab es im → Pietismus immer wieder Ansätze dazu (Halkenhäuser, 113-143), doch trat erst durch die Diakonissen im 19. Jh. die Möglichkeit der Festlegung zu einem in der Ehelosigkeit gottgeweihten Stand auch in der ev. Kirche wieder voll ins Leben.

Während und nach den beiden Weltkriegen bildeten sich innerhalb der prot. Kirchen ev. Kommunitäten, Bruder- und Schwesternschaften, deren Glieder sich auf Lebenszeit zu einem Leben nach den »evangelischen Räten« verpflichten. Es ist damit die Frage nach einer theol. Neubewertung der G. im ev. Raum gestellt.

3. Theologische Bewertung

Wie im AT ist auch für die Gemeinde Jesu Christi der Bund Gottes, für den einzelnen in seiner Taufe konkretisiert, Fundament für jede Form der Lebenshingabe an Gott, welches prinzipiell unüberbietbar ist. Die G. z.B. der Kommunitäten sind die Konkretisierung der Nachfolge Jesu für den einzelnen, ohne daß damit eine (Ab)wertung anderer Formen der Nachfolge gegeben oder der Gedanke einer besonderen Leistung verbunden wäre. Für den, der von Gott zu einem Leben in solcher Form angesprochen wird, hat dieser »Ruf« Dringlichkeit; damit entfällt die Unterscheidung zwischen »Gebot« und »zusätzlichem Rat«. Allerdings spricht das NT in bezug auf die Ehelosigkeit nicht von »Berufung«, sondern von »Charisma« (1Kor 7,7). Ein Charisma aber braucht die Einwilligung, die Einübung, es erlaubt Wachstum und will dem ganzen Leib Christi dienen (1Petr 4,10). Die Festlegung dazu in Form eines G.s »ist nicht ein ein für allemal vollzogener Akt«, sondern muß »immer wieder mit dem inneren Geist der Hingabe ... erfüllt und aktualisiert werden« (Halkenhäuser, 327). Diese Hingabe braucht einen Lebensraum, der durch das gegenseitige Treueversprechen vor Gott eröffnet wird. Darin kommt der Gemeinschaftsbezug der G. zum Ausdruck. Ein solches G. verstößt weder gegen die ev. Freiheit noch gegen die Unverfügbarkeit Gottes, sondern ist die verbindliche Anerkennung der empfangenen Gabe und Ausdruck des Glaubens an Gottes Treue, dessen Gaben und Berufungen ihn nicht gereuen können (Röm 11,29).

Lit.: J. Halkenhäuser: Kirche und Kommunität. Geschichte und Auftrag der kommunitären Bewegung in den Kirchen der Reformation, [2]1985; B. Lohse: Mönchtum und Reformation. Luthers Auseinandersetzung mit dem Mönchsideal des Mittelalters, 1963; K. Schwarz: »Gelübde«, EKL[3] Bd. 2, 1989, 44-46.

F. Ch. Joest

Gemeinde/Kirche

a) biblisch

In der Bibel herrscht eine erstaunliche Begriffsvielfalt (im NT fast hundert Ausdrücke) jener Größe gegenüber, die wir in der Regel G. (Kirche) zu nennen pflegen. Das hat seinen theol. Grund in der Analogielosigkeit der G., die mit Ostern und Pfingsten ins Leben tritt: sie ist stets mehr als der Begriff von ihr, weil sie G. Jesu (Röm 16,16; Gal 1,22; vgl. Mt 16,18), G. Gottes ist (Apg 20,28; 1Kor 1,2; 10,32; 11,16.22; 15,9; 2Kor 1,1; Gal 1,13; 1Thess 2,14; 2Thess 1,4), was in den Korrelatbegriffen Haupt-Leib (1Kor 12; Röm 12; Eph 5,23.30; Kol 1,18.24), Weinstock-Reben (Joh 15), Hirte-Herde (Joh 10,13ff), Fundament-Bau (1Kor 3,11) bzw. Eckstein-Bau (Mt 21,42; Eph 2,20; 1Petr 2,4ff), Bräutigam-Braut (Offb 21,2.9; 22,17; 2Kor 11,2; Eph 5,25-27; vgl. Mk 2,19f; Mt 25,1-13) usw. zum Ausdruck kommt: Ohne Jesus ist die G. ein Nichts.

Eine der ältesten G.-Bezeichnungen ist »der Weg« (Apg 9,2; 19,9.23; 22,4; 24,14.22 vgl. 16,17; 18,25), d.h. die Schar derer, die auf den Nachfolgeruf Jesu (Mk 1,15.17) antworten und sich auf den Weg machen ihm nach: G. ist Jüngerschaft Jesu, konstituiert und zusammengehalten durch seine Lehrautorität (Mt 28,19f; vgl. Kap. 10); der Zwölferkreis ist dafür das Modell.

Atl. Vor-Bild ist das durch Exodus und Kundgabe der Tora ins Leben getretene, wandernde Gottesvolk, das erst relativ spät Jahwe-Gemeinde (*qahal JHWH*) genannt wird (5Mo 5,22; 9,10; 10,4; 18,4.16; 23,2ff; 1Kön 8,14ff). Zu der Jahwe-G., die sich nach dem Exil unter Esra und Nehemia in Jerusalem konstituiert, gehören nicht nur Frauen und Kinder (Esra 10,1; Neh 8,2f; vgl. Jos 8,35), sondern auch Nichtisraeliten (Esra 6,21; vgl. 2Mo 12,38; Jes 56,1-8), denn die nachexilische Jahwe-G. ist eine Bekenntnisgröße: das Halten des Sabbat ist ihr wichtigstes Kennzeichen (Neh 8-10).

Hinter dem anderen atl. G.-Begriff *'edah* steht ein theol. Neuentwurf: Jahwe wohnt inmitten des Lagers, das streng gegliedert um das Zeltheiligtum steht (2Mo 25,8; 29,45f; 4Mo 35,34 vgl. Offb 21,3). Besser als in diesem theo-zentrischen Bild kann das Wesen der Jahwe-G. nicht beschrieben werden.

Der 114mal im NT erscheinende Begriff *ekklesia* (in profan-griech. Bedeutung: »die Volksversammlung der stimmberechtigten freien Männer« nur Apg 19,39), der wohl zunächst Selbstbezeichnung der Jerusalemer G. war, bezeichnet vorwiegend die konkrete Ortsgemeinde und ist inhaltlich vom AT geprägt: *ekklesia* ist durchweg als Verkürzung von *ekklesia tou theou* (»Gemeinde Gottes«) zu verstehen (s.o.) und bringt ihr eschatologisches Selbstverständnis zum Ausdruck: Die G. aus Juden- und Heidenchristen ist das endzeitliche Aufgebot Gottes (Hebr 2,12; 12,23; vgl. 1 QM 4,10).

Paulus nennt die G. »die Heiligen« (Röm 1,7; 1Kor 1,2; 2Kor 1,1; Eph 1,1; Phil 1,1; Kol 1,2 u.ö.) und hat dabei die Ortsgemeinde im Blick (1Kor 1,2), deren gottesdienstl. Versammlung die Mitte des G.lebens ist (1Kor 11,22). Sie ist keine Organisation, sondern ein von Gottes Geist gesteuerter Organismus (1Kor 12-14; Röm 12,4ff etc.), der eine Personalstruktur besitzt (Eph 4,11ff; 1Kor 12,28). Wahrscheinlich waren die ersten G.n relativ kleine Haus-G.n (Apg 9,43; 10; 16,14f; 17,5; 18,7f; 19,7 u.ö.).

Lit.: L. Coenen: »Kirche«, TBLNT II, [8]1990, 784-799; O. Michel: Das Zeugnis des Neuen Testaments von der Gemeinde, 2., erw. Aufl. 1983; H.W. Park: Die Kirche als Leib Christi bei Paulus, 1992; W. Popkes: Gemeinde. Raum des Vertrauens, 1984; J. Roloff: »ekklesia«, EWNT I, 1980, 998-1011; E. Schweizer: Gemeinde und Gemeindeordnung im NT, [2]1962.

S. Stiegler

b) theologiegeschichtlich und konfessionskundlich

1. Die Alte Kirche

Das Selbstverständnis der Jerusalemer Urgemeinde orientierte sich zunächst am heilsgeschichtlichen Vorbild des Volkes → Israel. Die Gemeinde Jesu repräsentiert das endzeitlich erneuerte, wahre Israel. Folgerichtig wurde auch die im Judentum vorhandene synagogale Organisationsstruktur für die einzelnen Hausg.n übernommen, die in einem parasynagogalen Verband durch das Leitungsgremium der zwölf Apostel verbunden waren.

Durch die Heidenmission des Paulus entstanden eine ganze Reihe verschiedenster G.formen, die sich je nach ihrer Zusammensetzung mehr an der jüdisch-synagogalen Struktur oder an der heidnischen Vereinsform orientierten. Auf letztere weist vor allem die Übernahme des Begriffes *ekklesia* hin, der im hellen. Kontext die Volksversammlung bezeichnete. Schon in der LXX fand er als Prädikat für das Volk Israel Verwendung. In diesem Begriff verbanden sich Strukturmerkmale sowohl der jüdischen wie der heidnischen Versammlung, die auch auf die christl. G.n angewandt werden konnten. In der *ekklesia* war Raum für religiöse Handlungen, geordnetes Gespräch, strafrechtliche Prozesse, verbindliche Bekenntnisformulierungen, die Aussendung offizieller Boten, und sie war Absender und Adressat offizieller Schreiben.

Die Orientierung an heidnischen polit. Institutionen verstärkte sich in dem Maße, wie die christl. G.n aus dem jüd. Volksverband heraustraten bzw. ausgeschlossen wurden.

Im 2. Jh. nötigte die Vielzahl der entstandenen G.n zu einer Verhältnisbestimmung zwischen der Einzelg. und der G. Jesu als ganzer. Es setzte sich die Einsicht durch, daß die eine *ekklesia tou theou* in der Vielzahl der Ortsgemeinden besteht, wobei aber jede G. für sich das Ganze repräsentiert und damit gleichzeitig Abbild und Teil der himmlischen G. ist. Mit der zunehmenden Herausbildung hierarchischer Amtsstrukturen ging eine gewisse Institutionalisierung christl. Heilsvollzüge, z.B. im Bußinstitut (→ Buße), einher.

Zu einer weiteren Neubesinnung wurde die Kirche durch die gnostische Krise veranlaßt. Die antignostischen Väter wie → Irenäus von Lyon betonten den Zusammenhang von Wahrheit und Kirche. Die Kirche ist das »Gefäß« und das »Haus« der Wahrheit. Sie hat die Vollmacht, den Glauben auszuteilen, da sie allein auf dem Fundament der heiligen Schriften steht. Eine Trennung von der Kirche würde Trennung von der Gnade und dem Heil überhaupt bedeuten. Die Lehrkontinuität gegenüber der Überlieferung wurde durch die apostolische Sukzession (→ Amt) und den monarchischen Episkopat (→ Bischof) gewährleistet.

Seine bis dahin reifste theologische Durchdringung erfuhr der Kirchenbegriff im Denken → Cyprians von Karthago. Die Kirche als ganze ist für ihn im Bischof als dem Teilhaber an dem einen Bischofsamt repräsentiert. Die

Einheit der Kirche gründet sich zwar in der Gemeinschaft mit Christus, wird aber in der Gemeinschaft der Bischöfe sichtbar. Alle wichtigen kirchl. Funktionen legt Cyprian in die Zuständigkeit des Bischofs. Er spendet die Sakramente, vollzieht die Weihe, leitet das Bußverfahren und übt die Kirchenzucht. Obwohl Cyprian kein ethischer Rigorist war, drängte er dennoch stark auf die Heiligkeit und Reinheit der Kirche. Ein »*corpus permixtum*» (vermischte Körperschaft) mit Reinen und Unreinen war für ihn undenkbar.

Die Theologie des → Origenes vertrat entgegen diesen Institutionalisierungstendenzen einen mehr spirituellen Kirchenbegriff. Die Wirksamkeit kirchenamtlicher Entscheidungen hängt für Origenes von der geistl. Qualität des Amtsträgers ab, die wiederum auf seiner persönlichen Vollkommenheit beruht. In dieser Linie wird von Origenes der geisterfüllte Laie höher geachtet als der ungehorsame Kleriker oder Bischof.

Origenes und Cyprian stehen stellvertretend für den auseinanderdriftenden Kirchenbegriff der Ost- und Westkirche. Im Osten wurde größter Wert auf die liturg. Feier des Gottesdienstes gelegt, der eine Einheit zwischen irdischer und himmlischer Welt darstellt. Die Ekklesiologie ist stark durch das Thema der »Vergöttlichung« des Menschen und der Betonung des mystischen Wirkens des Hl. Geistes geprägt. Im Westen wurde demgegenüber verstärkt die sichtbare organisatorische Struktur der Kirche reflektiert und theologisch durchdacht.

Mit der → Konstantinischen Wende trat im selben Moment, als die Frontstellung zum Kaisertum verschwand das Problem der Verweltlichung zu Tage. Aus der Märtyrerkirche wurde die Massenkirche und später die Reichskirche. Im Osten arrangierte man sich mit der neuen Situation sehr schnell. In der auf → Eusebius von Cäsarea zurückgehenden byz. Reichsideologie wurde das irdische Reich mit dem Gottesreich identifiziert. Im Westen blieb man sich aufgrund geschichtlicher Erfahrungen stärker der Distanz zwischen Staat und Kirche bewußt. Diese fand ihren wirkungsvollsten Ausdruck in → Augustins epochemachendem Werk »De civitate Dei« (»Der Gottesstaat«). Grundzug ist hier der heilsgeschichtliche Kampf zwischen der Kirche als der himmlischen Bürgerschaft und der Welt, als dem Reich Satans.

Waren bereits im 3.Jh. die Spannungen zwischen einem mehr spirituellen und einem betont institutionellen Kirchen- und Amtsbegriff angelegt (vgl. Cyprian und Origenes), so kamen diese im sog. Donatistischen Schisma (→ Donatismus) des 4. und 5. Jh.s zum offenen Ausbruch. Letztlich spitzte sich der Konflikt auf die ekklesiologische Grundfrage nach der Möglichkeit einer reinen Kirche auf Erden zu und führte dadurch zu einem intensiven theologischen Nachdenken. Bischof Optatus von Mileve stellte bereits um 365 den Grundsatz auf, daß die Heiligkeit der Kirche an die Heiligkeit der Sakramente und nicht an die Heiligkeit der sie spendenden Personen gebunden sei. Da es auf Erden keine vollkommene Sündlosigkeit gibt, hat niemand das Recht, Gottes Gericht vorwegzunehmen.

Auf diesen Einsichten aufbauend unterscheidet → Augustin die *ecclesia mixta* (die gemischte Kirche) der Gegenwart, in der es Heuchler und Scheinchristen gibt, von der heiligen Kirche der Endzeit, die schon jetzt in der vorfindlichen Kirche verborgen existiert, aber nur von Gott selbst durch sein Endgericht sichtbar gemacht werden kann. Weil jeder Christ bei allem Wachstum Sünder bleibt und allein durch die Gnade Christi geheiligt wird, kann auch die Wirksamkeit der Sakramente nicht von ihrem Spender abhängig sein, sondern beruht auf der Vollmacht der kath. Kirche als solcher, die sie von Christus empfangen hat. Damit hatte Augustin die theol. Grundlagen für den bis heute gültigen volkskirchl. Kirchenbegriff gelegt.

2. Die römisch-katholische Kirche

Das kath. Abendland begnügt sich im Frühmittelalter im Wesentlichen mit der Auslegung Augustins. Zu einem ekklesiologischen Nachdenken wird die Kirche vor allem durch die im Zuge der Germanenmission entstehenden europäischen Nationalkirchen gezwungen. Als christl. Herrscher verstanden die Frankenkönige ihre weltliche Macht als eine Funktion der Kirche und forderten einen entsprechenden Einfluß. In dieser Konstellation war ein Machtkonflikt angelegt, der Europa bis zum Ausgang des MAs prägen sollte und der immer wieder zu einer mehr polit. als theol. Bestimmung des Kirchenbegriffs Anlaß gab.

Während bis ins 9. Jh. das Kaisertum deutliche Machtvorteile auf seiner Seite hatte, änderte sich diese Situation durch die kirchl. Erneuerungsbewegungen des 11. Jh.s, allen voran die von → Cluny ausgehende Reform. Bedeutende Theologen bemühten sich um eine Stärkung der kirchl. Autorität gegenüber dem Kaiser.

Nach Humbert von Silva Candida (gest. 1061), dem Berater Papst Leos IX., ist die röm. Kirche in Glaubensdingen unwandelbar und irrtumslos und damit »das Haupt, die Mutter, die Quelle und das Fundament« aller anderen Kirchen.

Einen entscheidenden Sieg und damit das Ende des sog. → Investiturstreites errang Papst Gregor VII. (1073-85). Es gelang ihm das Verbot der Laieninvestitur (der Einsetzung von Bischöfen und Klerikern durch weltl. Machthaber) durchzusetzen und die Kirche völlig der päpstlichen Autorität zu unterstellen. Die theol. Legitimation dafür lieferte die sog. Zwei-Schwerter-Theorie. Danach sind nach Lk 22,38 beide Schwerter, die geistl. und die weltl. Gewalt, dem Papst als Stellvertreter Christi übergeben. Wenn er nun das weltl. Schwert den Kaisern und Königen übergibt, so haben jene es in seinem Auftrag zum Wohle der Kirche zu führen.

Den Höhepunkt seiner Machtfülle erreichte das Papsttum mit Innozenz III. (1198-1216). Er verstand sich nicht nur als Haupt der *ecclesia*, sondern als *vicarius* Christi (Stellvertreter Christi) war er König der Könige und Herr der Herrscher und beanspruchte damit nicht nur die geistl., sondern auch die weltl. Obergewalt. In dieser Linie steht auch die Bulle Unam sanctam (1302) von Bonifatius VIII., in der die Unterwerfung unter die päpstliche Autorität als »heilsnotwendig« beschrieben wird.

Was das theol. Nachdenken über die G. Jesu angeht, ist in der Hochscholastik vor allem die Verbindung von Christologie und Sakramentenlehre von Bedeutung. Verstanden die Kirchenväter die Kirche als den »wahren Leib Christi« und die Eucharistie als den »mystischen Leib Christi«, so vollzog sich seit dem 9.Jh. ein Bedeutungswechsel. Mit der Verteidigung der Realpräsenz (→ Abendmahl) wurde die Eucharistie als wahrer Leib Christi gedeutet und die Kirche als mystischer Leib Christi, der durch die Taufe und die Eucharistie erbaut wird. Im Anschluß daran wurde häufig auch die Grundfrage erörtert, wer zu diesem mystischen Leib Christi gehört. Die Mehrheit der Scholastiker entschied sich für einen Ausschluß der Sünder aus diesem Leib Christi bzw. einer nur unvollkommenen Teilhabe.

Kirchenrechtlich wird im 13. Jh. die Hierarchienlehre des → Dionysius Areopagita bedeutend und von → Thomas von Aquin (1225-1274) aufgenommen. Danach empfängt der Priester durch das Sakrament der Weihe ein neues, unzerstörbares Wesen (*character indelebilis*), das ihn im Verhältnis zum Laien auf eine höhere Gnadenstufe stellt.

Das Spätmittelalter stand im Zeichen des Niedergangs des päpstlichen Einflusses. Dies zeigte sich zuerst an den zahlreichen Stimmen, die in ganz neuer Weise über das Verhältnis von → Staat und Kirche nachdachten. Die bedeutendsten Vertreter einer strikten Trennung waren → Marsilius von Padua und Wilhelm von → Ockham. Nach Marsilius ist nicht der Staat der Kirche, sondern die Kirche dem Staat zugeordnet, dem als Organ des Volkes allein das Recht der Gesetzgebung zusteht. Die Vollmachten der Kirche werden auf die rein kirchl. Aufgaben beschränkt und der Primat des Papstes vom NT her abgelehnt. Wilhelm von Ockham leitet die weltl. Gewalt direkt von Gott ab, der sie dem jeweiligen Herrscher kommisarisch überträgt.

In die kritischen Stimmen reiht sich auch der englische Reformer John → Wyclif (gest. 1384) ein. Für ihn gibt es nur die geistige Kirche derer, die von Ewigkeit her zum Heil prädestiniert sind. Die wahre Kirche ist für ihn eschatologischer Natur und allein Gott bekannt. Die eschatologische Sammlung und Offenbarung der Gemeinde betont auch der von Wyclif abhängige böhmische Reformer Jan → Hus (gest. 1415).

Die größte Oppositionsbewegung gegen den päpstlichen Primatsanspruch formierte sich im 15. Jh. in der Bewegung des → Konziliarismus, die auf den Konzilen von Konstanz (1414-18) und Basel (1431-49) bedeutende Erfolge erzielen konnte. In der Folgezeit erlahmten allerdings ihre Kräfte, so daß es auf dem V. Laterankonzil (1516) mit der Bulle Pastor aeternus zur Verurteilung des Konziliarismus kam.

Zu Beginn des 16. Jh.s beherrschte die Auseinandersetzung mit den Reformatoren die röm. Kurie. Ihre bedeutendsten Theologen → Cajetan und Sylvester Prierias betonten gegenüber Luther die Unfehlbarkeit des Papstes in Lehrfragen, sowie seine unumschränkte Jurisdiktionsgewalt über die gesamte Kirche. Das Trienter Reformkonzil (1545-63) behandelte kaum ekklesiologische Themen.

Im Rahmen der nachtridentinischen Kontroverstheologie bemühte man sich von neuem um ekklesiologische Definitionen. Roberto → Bellarmini betonte dabei die Sichtbarkeit der kath. Kirche, wenn er sie zuerst eine »Vereinigung von Menschen« nennt, deren Gemeinschaft so sichtbar ist, »wie die Gemeinschaft des röm. Volkes«. Bezüglich Häretikern und (reformat.) Schismatikern lehnt er eine Gliedschaft in der einen Kirche Christi ab, da sie den

Papst als das sichtbare Haupt der Kirche leugnen.

Die kath. Ekklesiologie des 17. Jh.s ist in der Hauptsache von der nationalkirchl. Bewegung des franz. → Gallikanismus herausgefordert.

In Deutschland wurden dieselben Gedanken durch den sog. → Febronianismus verbreitet.

In der → Aufklärung fand die ethische Verengung des Religionsbegriffes auch in der kath. Ekklesiologie ihren Niederschlag. Die Kirche ist demnach eine »öffentliche Lehranstalt«, welche die Menschen »zur Humanität im Geiste der Religion« erzieht.

Im 19. Jh. gewinnt im Bereich der kath. Ekklesiologie die kath. Tübinger Schule, v.a. ihr Hauptvertreter J.A. → Möhler (1796-1838), eine zentrale Bedeutung. Von dieser Schule wurden u.a. I. von → Döllinger sowie die Röm. Schule beeinflußt, die wiederum wesentlichen Einfluß auf das I. Vatikanische Konzil hatte. In der Röm. Schule wurde das Unfehlbarkeitsdogma des Konzils vorbereitet und im Sinne Bellarminis die Trennung der Häretiker und nichtkath. Schismatiker von Christus formuliert. Bis heute umstritten ist die Frage, wie das Unfehlbarkeitsdogma des I. Vatikanum konkret zu interpretieren sei, d.h. ob es primär um die Unfehlbarkeit des Papstes oder um die der Kirche geht, die nur durch den Papst vertreten wird.

Im 20. Jh. erlangten zunächst die ekklesiologischen Bestimmungen der Enzykliken Pius' XII. über die Kirche Mystici Corporis (1943) und über die heilige Liturgie Mediator Dei (1947) Aufmerksamkeit. Bedeutend ist vor allem die hier vorgenommene Identifikation des mystischen Leibes Jesu mit der sichtbaren röm.-kath. Kirche. Voraussetzungen für die Gliedschaft an diesem Leibe sind nach Mystici Corporis die Wassertaufe, das Bekenntnis zum kath. Glauben und die Verbindung mit der kirchl. Hierarchie. Nichtkath. Christen blieben von der Teilhabe am Leib Jesu ausgeschlossen.

Zu einer gewissen ökumen. Annäherung kam es erst im Zuge des II. Vatikanischen Konzils, das auch für den gegenwärtigen Stand der kath. Ekklesiologie maßgeblich ist. Nun werden auch nichtkath. Kirchen als »Kirchen oder kirchl. Gemeinschaften« bezeichnet und den Christen anderer Denominationen wird im Sinne einer abgestuften Gliedschaft eine gewisse Verbindung zum Leib Christi zugestanden (Lumen Gentium 13). Hinsichtlich des Verhältnisses von Klerikern und Laien betont LG 10 zuerst die Einheit des gesamten Volkes Gottes als das Ziel des Heilswerkes Christi. Erst in zweiter Linie wird das besondere vom allgemeinen Amt unterschieden. Bezüglich des Verhältnisses zwischen Papst und Bischofskollegium wird gegenüber Vatikanum I die Bedeutung der Bischöfe sowie die Kooperation beider Instanzen betont. Im Hinblick auf die sozialen Herausforderungen der säkularen Welt wird von einer Fortführung der Pro-existenz Christi für die nach Heil sich sehnende Welt gesprochen.

3. Die orthodoxen Kirchen

Anders als in der kath. oder in den reformat. Kirchen ist es bei den orth. Kirchen nur schwer möglich, die ekklesiologischen Vorstellungen theologiegeschichtl. darzustellen, da es niemals eine dogmat. Festlegung über das Wesen der orth. Kirche gab. Ihr Wesen will aus ihrem Leben heraus beschrieben werden.

Einer geschichtl.-linearen Darstellung der Ekklesiologie widersetzt sich auch die zentrale Stellung der Trinitätslehre in der orth. Theologie. Die trinitarische, christologische und pneumatologische Betrachtungsweise der Kirche müssen als komplementäre Dimensionen der einen Wirklichkeit verstanden und zusammengesehen werden.

Die christologische Dimension der orth. Kirche wird durch das Bild des Leibes Christi zum Ausdruck gebracht Die G. ist weniger eine Organisation als ein lebendiger Organismus, dessen Haupt Christus selbst ist. Neben Christus kann es kein zweites Haupt geben, sondern nur die ontologische Gleichheit aller Glieder. Daher kann es zwar eine funktionale Ämterhierarchie geben, aber keine höhere sakramentale Weihestufe der Kleriker gegenüber den Laien.

Die myst. Verbindung mit Christus verleiht der G. als ganzer eine neue Identität, die nicht mehr mit irdischen Kategorien beschrieben werden kann. Sie ist letztlich eine gottmenschliche Gemeinschaft, die in besonderem Maße in der Eucharistie (→ Abendmahl) zum Ausdruck kommt. Die Eucharistie ist keine Funktion der Kirche, sondern umgekehrt wird eine Gemeinschaft durch die Eucharistie eigentlich erst zur Kirche.

Die trinitarische Dimension der orth. Ekklesiologie ist durch den Begriff der »Einheit in der Vielfalt« zu beschreiben. Jede gleichwertige und -berechtigte Ortsg. ist nicht nur eine Teilkirche, sondern zeigt für sich die ganze Wirklichkeit der einen Kirche, ebenso wie in jeder göttlichen Person das Ganze der hl. Trinität sichtbar wird (Prinzip der Autokephalie der G.n). Der innertrinitarischen Gemeinschaft wird durch den synodale Dialog aller Ortskirchen Ausdruck verliehen (Synodalprinzip).

Die pneumatologische Dimension kommt in der Wirklichkeit der Kirche als lebendiger Gemeinschaft zum Ausdruck.

4. Die protestantischen Kirchen

a. Die lutherischen Kirchen

Martin Luther verstand die G. als eine »Schöpfung des Wortes Gottes« (*creatura verbi*). Wo das Evangelium verkündigt wird, ruft der Hl. Geist Menschen zur G. und versammelt sie als Volk Gottes. Neben der Predigt des Evangeliums versteht Luther vor allem die Taufe und das Abendmahl als eingesetzte (institutionelle) Zeichen der wahren Kirche (*notae ecclesiae*). Wo diese Dinge geübt werden, da soll der Glaube gewiß sein, daß er die G. Jesu vor sich sieht. Ihrem geistl. Wesen nach bleibt sie freilich verborgen, da stets auch Heuchler und Ungläubige dazwischen sitzen (CA VIII). Diese ekklesiologische Grundspannung, zwischen sichtbarer und unsichtbarer Kirche (*ecclesia visibilis et invisibilis*) gründet im Wesen des Wortes und der Sakramente. So sehr die Stimme des Predigers hörbar und der Vollzug der Sakramente spürbar und schmeckbar ist, so wenig ist doch das Wirken des Geistes durch Wort und Sakrament im Herzen der Menschen sichtbar.

Als weitere göttliche Einsetzungen (lat. *institutiones*) nennt Luther die Ämter, die Gott um der Ordnung willen gegeben hat. Ein Amt gibt aber keinerlei geistlichen Vorrang, sondern wird als Dienst an der G. verstanden.

Auch in den luth. Bekenntnisschriften bleibt die doppelte Begründung der G. gewahrt. Nach CA VII ist die Gemeinde »eine Versammlung aller Gläubigen, bei welchen das Evangelium rein gepredigt und die heiligen Sakramente lauts des Evangelii gereicht werden«. Auch hier kommt zunächst ein geistl.-personales Moment (Versammlung aller Gläubigen) zum tragen, das durch die institutionellen Elemente (Predigt; Sakramente) konkretisiert und definiert wird. Die G. wird damit auch als der Rahmen für die Ausübung des Predigtamtes verstanden, durch das gemäß CA V Gott dem Menschen den Hl. Geist schenkt.

Der reformat. Willen zur Ökumene, kommt in CA VII doppelt zum Ausdruck. Einmal wird Wert gelegt auf die Kontinuität der reformat. G.n mit der einen Kirche (»daß alle Zeit musse eine heilige christliche Kirche sein und bleiben«) und zum anderen werden als Bedingungen für die Einheit der Kirche lediglich die schriftgemäße Wortverkündigung und Sakramentsverwaltung erhoben.

Eine gewisse Gewichtsverlagerung hin zu einer Institutionalisierung erfuhr die luth. Ekklesiologie im Spätwerk Philipp Melanchthons. Sah Luther die Frontlinie zwischen wahrer und falscher Kirche quer durch ein und dieselbe Kirche gehend, so bestand sie für Melanchthon zwischen den G.n evangelischen Bekenntnisses und der röm. Papstkirche. Er definiert das Wesen der Kirche mit der Formel »coetus vocatorum, qui est Ecclesia visibilis« (Versammlung der Berufenen [nicht Gläubigen!], welche die sichtbare Kirche ist). Als *notae ecclesiae* nennt Melanchthon neben schriftgemäßer Lehre und stiftungsgemäßem Brauch der Sakramente zusätzlich noch den Gehorsam gegenüber dem *»ministerio Evangelii«*, d.h. dem Predigtamt und damit auch gegenüber seinem Träger. Damit ist Melanchthon von Luther abgerückt und in starke Nähe zum kath. Kirchenbegriff geraten. Nicht nur, daß die Reduktion der Ämter (Pl.) auf das eine Predigt-Amt (Sg.) sich kaum auf Luther berufen kann, sondern daß mit der Gehorsamsforderung gegenüber dem Amt die Autorität des Predigers weniger in seiner schriftgemäßen Verkündigung und damit in der Wirkmacht des Evangeliums, als vielmehr im Amt selbst gesehen wird. Die damit aufgerissene Distanz zwischen Amtsträger und G. konnte in den luth. Kirchen bis heute nicht geschlossen werden.

Auch im 20. Jh. wurde im konfessionellen Luthertum wieder die alte Grundspannung zwischen geistl. Gemeinschaft und äußerer Institution reflektiert. Während W. → Elert den letzteren Aspekt betonte, wenn er auf den Stiftungscharakter der kirchl. Ordnung verwies (Kirche ist Versammlung der Getauften), trug P. → Althaus mehr der Kirche als »Gemeinschaft der Glaubenden« Rechnung, die das letzte Ziel alles Institutionellen ist. Nach dem zweiten Weltkrieg gewann zunehmend die Einsicht in den mission. Sendungsauftrag der Kirche in die Welt Bedeutung. Unter letzterem wird nicht nur die mission. Verkündigung, sondern vor allem auch die öffentl., soziale und polit. Verantwortung der Kirche innerhalb der Gesellschaft verstanden. D. → Bonhoeffers Formel von der »Kirche für andere« wurde neu aufgenommen. Auch die ekklesiologischen Fragen, die die ökumen. Bewegung aufwarf, zwangen die luth. Kirchen zu neuem Nachdenken. Der Luth. Weltbund vertritt hier ein Konzept der »versöhnten Verschiedenheit«. Eine breite Diskussion ist seit den 70er Jahren in Deutschland über den → Gemeindeaufbau im Rahmen der Volkskirche entbrannt, die zu einem neuen ekklesiologischen Nachdenken über die volkskirchl. Struktur geführt hat. In diesem Zusammenhang haben auch luth. Theologen wertvolle Beiträge geliefert (VELKD, Sorg, Herbst, Möller).

b. Die reformierten Kirchen

Die ref. Ekklesiologie wurzelt im Kirchenbegriff Johannes → Calvins. Ausgehend von seiner Prädestinationslehre ist die wahre G. für ihn zunächst nur die unsichtbare G. der Erwählten. Zu dieser gehört aber nur, wer gleichzeitig Glied in der sichtbaren-institutionellen Kirche ist, deren äußere Kennzeichen die schriftgemäße Predigt und Lehre, sowie die stiftungsgemäße Verwaltung der Sakramente sind. Ein wesentliches Merkmal von Calvins Kirchenbegriff ist ferner die von → Bucer übernommene G.ordnung mit dem viergeteilten Amt. Den Pastoren und Lehrern stehen Älteste und Diakone zur Seite. Das Ältestenamt mit seiner Ausrichtung auf die Disziplin der G. weist auf einen weiteren wesentlichen Grundzug des ref. Kirchenbegriffs die Kirchenzucht. Dem äußeren Lebenswandel der Christen kommt eine entscheidende Bedeutung zu und zu seiner Förderung dient das Kontrollamt der Ältesten ebenso wie disziplinarische Maßnahmen, die unter Umständen auch durch die staatl. Gewalt vollzogen werden können.

Mit dem Ältestenamt verbunden ist die presbyterial-synodale Kirchenverfassung, die den Laien ein erhebliches Mitspracherecht in der Kirchenleitung einräumt. Eine weitere ref. Alternative bildet in manchen Ländern die kongregationalistische Kirchenverfassung (→ Kongregationalismus). Klar abgelehnt wird von den ref. Kirchen eine bischöfliche Kirchenverfassung, die im Widerspruch zum ref. Synodalprinzip stünde (Ausnahme ist die ref. Kirche in Ungarn).

Theol. ist die ref. Ekklesiologie geprägt von der calvinistischen Prädestinationslehre, der entsprechenden Unterscheidung von sichtbarer (G. der Berufenen) und unsichtbarer Kirche (G. der Erwählten), sowie der eschatologischen Ausrichtung der G. auf das Reich Gottes. Eine besondere Betonung erfährt die atl. Heilsgeschichte. Weil Gott seine G. bereits im alten Bund mit dem Volk Israel gebaut hat, behält das AT eine exemplarische Bedeutung für das ref. G.verständnis. Festgehalten wird in den ref. G.n auch das reformat. Ineinander des geistl.-personalen und des institutionellen Moments. Dies kommt klar im dritten Artikel der Barmer Theologischen Erklärung (1934) zum Ausdruck »Die christliche Kirche ist die Gemeinde von Brüdern, in der Jesus Christus durch Wort und Sakrament durch den Heiligen Geist als der Herr gegenwärtig handelt.«

Im 20. Jh. zeichneten sich die ref. Kirchen durch ein starkes ökumenisches Engagement aus, das seinen Ausdruck in der Gründung des ref. Weltbundes fand. Auch bei der Gründung des Ökumenischen Rates der Kirchen (1948) leisteten die ref. Kirchen einen wesentlichen Beitrag.

c. Die anglikanische Kirche

In der anglik. Kirche (→ Anglikanismus) werden als Sakramente Taufe und Eucharistie akzeptiert. Ferner legt der Anglikanismus Wert auf die apostolische Sukzession des Bischofsamtes. Da die anglikanische Kirche sich theologisch zu den Einsichten der Reformation bekennt, selbst aber nicht eigentlich zu den Reformationskirchen zählt, und sich im Amtsbegriff, Liturgie und Brauchtum ihrer katholischen Tradition bewußt ist, nimmt sie eine hist. Vermittlerposition zwischen den prot. Kirchen und dem Katholizismus ein.

d. Die Täufergemeinden

Kennzeichen der Täuferg.n war von Anfang an die Freiwilligkeit der Mitgliedschaft, die durch die erneute Taufe vollzogen wurde. Die Ekklesiologie ist in erster Linie durch das Nachfolgeethos bestimmt, das den Status einer *nota ecclesiae* bekam. Durch die Forderung nach der realen Heiligkeit und Sündlosigkeit der Glieder nimmt die G.zucht einen zentralen Platz ein. Gegenüber der stark individualistischen Ausrichtung der reformat. Ethik, wurde hier versucht ein Konzept bibl. G.ethik zu entwerfen, das freilich immer in der Gefahr der → Gesetzlichkeit stehen mußte. Teil dieser täuferischen G.ethik, wie sie prototypisch in den → Schleitheimer Artikeln von 1527 vorliegt, war auch die Absonderung von der »Welt« und ihren Institutionen. Diese wurde von außen verstärkt durch die sowohl von Katholiken wie von Protestanten eingeleitete Verfolgung. Beide erblickten im Täufertum eine Gefahr für die bestehende gesellschaftl. und polit. Ordnung.

e. Die Freikirchen

Viele ekklesiologische Merkmale der Täufer

tauchen wieder in den traditionellen Freikirchen auf, die vor allem aus den engl. → Dissenters und dem → Puritanismus hervorgegangen sind (→ Baptisten, → Kongregationalisten, → Presbyterianer; die → Methodisten stammen aus der anglik. Tradition). Zentral ist auch hier die Forderung nach lebendigem Glauben aller Glieder und deren ernsthaftem Bemühen um einen heiligen Lebensstil in der Nachfolge Jesu. Demgegenüber traten die institutionellen Merkmale wie Sakramente, Amt, Bekenntnis und Liturgie (bei den Methodisten allerdings weniger) in den Hintergrund. Als einzige Lehrnorm gilt allen Freikirchen bis heute die heilige Schrift, bei deren gemeinschaftlicher Auslegung mit dem Wirken des Hl. Geistes gerechnet wird. Vorbild und Ziel aller Freikirchen ist die Orientierung an den urchristl. G.strukturen und -verhältnissen.

Obwohl es auch in den Freikirchen notwendigerweise zur Ausbildung von Ämtern kam, wird stärker als in den Kirchen der Reformationszeit versucht, das Priestertum aller Gläubigen zu verwirklichen. So wird beispielsweise Wert auf die Mitarbeit aller Gemeindeglieder gelegt. Die Gemeindeleitung obliegt gewöhnlich einem Ältestenkreis.

Gegenüber dem Rückzug der ersten Täufer aus der »Welt« wird von heutigen Freikirchen gerade die mission. Sendung in die Welt betont und auf das mission. Engagement aller Gemeindeglieder Wert gelegt.

f. Geschichte der protestantischen Ekklesiologie vom Pietismus bis zur Gegenwart

Die fruchtbare Spannung im reformat. Kirchenbegriff zwischen geistl.-personalem und institutionellem Moment sowie zwischen sichtbarer und unsichtbarer Kirche prägen die prot. Kirchengeschichte bis zur Gegenwart.

Gegenüber der erdrückenden Betonung des Amtes, der Lehre und der Sakramente in der Zeit der altprot. Orthodoxie setzte der → Pietismus den Akzent auf den Gemeinschaftsaspekt der G. (Entstehung von pietist. Zirkeln und Stunden, in denen Laien die Bibel auslegten), die Notwendigkeit der Bekehrung und das geistl. Wachstum aller G.glieder (persönl. Bibellektüre, gemeinsames Gebet, Heiligung des alltäglichen Lebens). Die Begrenzung der wahren Kirche auf den Raum der sichtbaren Institution wurde vom Pietismus abgelehnt Auch außerhalb der verfaßten Kirche gibt es wahre Kinder Gottes. Insofern war auch der Schritt in die Freikirche möglich. N.L. Graf von → Zinzendorf verstand die von ihm gegründete → Herrnhuter Brüdergemeine als einen Liebesbund der Gotteskinder und verzichtete auf jede konfessionelle Abgrenzung.

Das wirkungsgeschichtl. bedeutendste Konzept einer Kirche entwarf im 19. Jh. F.D.E. → Schleiermacher. Das geistl.-personale Moment der G. wird von Schleiermacher als das alle verbindende »Gottesbewußtsein« bezeichnet, das sich im gemeinsamen »Gefühl der schlechthinigen Abhängigkeit« äußert. Dieses Gottesbewußtsein wurde in vollkommener Weise im Menschen Jesus kräftig und damit zum Urbild für die Gläubigen. Die G. der in diesem Bewußtsein Lebenden entsteht nun aufgrund des Geselligkeitstriebes der Menschen, der stets Gleichgesinnte zusammentreten läßt. Die Aufgabe der G. ist es, das Gottesbewußtsein in jedem ihrer Glieder zu kräftigen. Gegenüber Aufklärung und Pietismus bewertet Schleiermacher die institutionelle Gestalt einer G. bzw. Kirche als durchaus positiv. Weil es bei der Unterscheidung von Gläubigen und Ungläubigen in der Kirche lediglich um ein quantitatives mehr oder weniger des »Gottesbewußtseins« geht, kann es eine Bekehrung im eigentlichen Sinn nicht geben. Von daher kann Schleiermacher die sichtbar-institutionelle Kirche gemäß dem Bild zweier konzentrischer Kreise auf die innere Gemeinschaft hin zuordnen und verbinden. Weil jeder Mensch nun ein mehr oder weniger kräftiges Gottesbewußtsein in sich trägt, steht auch jeder in einer lediglich quantitativen Nähe oder Distanz zur Kirche, ist also in jedem Falle auf sie hingeordnet. Damit wird die Kirche zu einer notwendigen kulturellen Instanz innerhalb der Gesellschaft, mit dem Auftrag und Ziel, diese zu ihrem Ursprung zurückzuführen.

Der hier bereits angelegte → Kulturprotestantismus erreichte seinen Höhepunkt in den Ideen Richard → Rothes. Für Rothe ist das Christentum der Träger einer fortlaufenden geistig-sittlichen Entwicklung, die letzten Endes die ganze, im Staat organisierte Gesellschaft durchdringen soll. Je mehr dieser Prozeß fortschreitet, desto stärker tritt die institutionelle Kirche in den Hintergrund und überträgt ihre Funktionen der Gesellschaft bzw. ihren staatl. Vertretern. Nach Rothe geht somit die Verchristlichung der Gesellschaft mit ihrer Entkirchlichung Hand in Hand.

Natürlich fehlte es im 19. Jh. nicht an konservativen Gegenstimmen zu diesen liberalen Konzepten (z.B. → Löhe). Der schärfste Widerspruch kam allerdings erst im 20. Jh. aus dem Kreis der → Dialektischen Theologie um K.→ Barth. Indem das Wort Gottes, seine unverfügbare Offenbarung, alles menschliche

Denken und Handeln in die *krisis* stellt, wird auch die menschliche Sünde in und an der Kirche offenbar. Konkret kritisierte Barth die Hybris, eine kulturelle Einrichtung als Kirche Christi und Menschenwort als Gotteswort auszugeben. Später stellte Barth in seiner »Kirchlichen Dogmatik« ein am reformat. Kirchenbegriff orientiertes ekklesiologisches Konzept vor. Wesentlicher Auftrag der Kirche ist die Verkündigung des Wortes Gottes. Ausgehend von seinem Erwählungsverständnis versteht Barth die gegenwärtige G. als eine eschatologische Vorhut. Weil Gottes Erwählungsratschluß letztlich alle Menschen umfaßt, entbindet dies die gegenwärtige G. nicht von ihrem Verkündigungsauftrag, sondern nimmt sie im Gegenteil gerade in die Pflicht.

Das Verständnis der Kirchengeschichte als einer Geschichte des Abfalls von der geisterfüllten Gemeinschaft der ntl. *ecclesia* hin zum »institutionellen Mißverständnis« einer kirchenrechtl. verfaßten Organisation bestimmen die Ekklesiologie Emil → Brunners. Die ntl. *ecclesia* hatte zwar Institutionen (z.B. Taufe und Abendmahl), aber sie war keine Institution; sie hatte zwar eine Ordnung, aber sie war keine Ordnung. Ziel muß wieder die geistliche Persongemeinschaft der Gläubigen werden. Diese ist aber nicht durch den Abbruch der Institutionen zu erreichen, sondern durch die Schaffung von »lebendigen Gemeinschaftszellen« innerhalb der bestehenden Institution. Diese Position wird gegenwärtig in der »Theologie des Gemeindeaufbaus« von F. und C. Schwarz aufgenommen.

In Anknüpfung an die kulturprot. Kirchenidee versteht Paul → Tillich die Kirche als »Geistgemeinschaft« der vom göttlichen Geist Ergriffenen. Tillich spricht aber auch denen eine »latente Geistgemeinschaft« zu, die sich nicht ausdrücklich zu Christus bekennen, sich vielleicht sogar als Atheisten verstehen. Weil sich der göttliche Geist auch in anderen Religionen und Glaubensformen offenbart, kann es auch hier zu Glaube und Liebe, den Zeichen der Geistgemeinschaft kommen. Ziel der Kirchen ist die Überwindung der Trennung von Kirche und Welt hin auf das Reich Gottes.

Am Ende des 20. Jh.s werden die Fragen nach der Volkskirche bzw. möglicher Alternativen intensiver als je zuvor gestellt, gerade angesichts der rapiden Säkularisierung, die sich mehr und mehr auch in einer Kirchenaustrittsbewegung bemerkbar macht (→ Säkularisierung, → Gemeindeaufbau).

Nicht zuletzt sieht sich auch die ökumenische Bewegung vor fast unüberwindliche Hindernisse gestellt. Wurden 1982 mit der Konvergenzerklärung von Lima (→ Lima-Texte) noch große Hoffnungen verbunden, trat insbesondere im Dialog mit der röm.-kath. Kirche mittlerweile eine gewisse Ernüchterung ein. Gerade die Amtsfrage stellt durch die röm.-kath., orth. und anglikan. Forderung nach der apostolischen Sukzession (→ Amt) weiterhin ein großes Problem dar. Mit steigender Tendenz nehmen auch politische und ökolog. Probleme großen Raum ein, was die eigentliche theol. und konfessionelle Diskussion nicht erleichtert.

Lit.: C. Andresen: Die Kirchen der alten Christenheit, 1971; K. Barth: KD IV/1-3, 1989; K. Berger, G. May, J. Finkenzeller, A. Kallis, U. Kühn: »Kirche II.-VI.«, TRE 18, 1989, 201-277; E. Brunner: Das Mißverständnis der Kirche, 1951; Y. Congar: Die Lehre von der Kirche von Augustinus bis zum Abendländischen Schisma, 1971 (HDG III,3c); ders.: Die Lehre von der Kirche vom abendländischen Schisma bis zur Gegenwart, 1971 (HDG III,3d); H.-J. Iwand: Zur Entstehung von Luthers Kirchenbegriff. Ein kritischer Beitrag zu dem gleichnamigen Aufsatz von Karl Holl, in: FS Günther Dehn, hg. von W. Schneemelcher, 1957, 145-166; P. Kessler: Glaube und Gesellschaftsgestaltung. Die Bedeutung Richard Rothes für das Verhältnis von Kirche und Welt im 20. Jh., 1969; E. Kinder: Der ev. Glaube und die Kirche. Grundzüge des ev.-luth. Kirchenverständnisses; 1958; U. Kühn: Kirche (Hb. Syst. Theol. 10), 1980; O. Michel: Das Zeugnis des NT von der Gemeinde, [2]1983; W. Popkes: Gemeinde – Raum des Vertrauens, freikirchliche Perspektiven, 1984; P. Tillich: Systematische Theologie III, ND 1987; O. Weber: Calvins Lehre von der Kirche, in: ders.: Die Treue Gottes in der Geschichte der Kirche. Ges. Aufsätze II, 1968, 19-104.

V. Gäckle

c) systematisch-theologisch

1. Die Wirklichkeit von G. ist nicht »eindeutig«. Zwar ist die christl. G. sicher G. des Herrn Jesus Christus und somit sein Leib (1Kor 12), doch läßt dies nicht die Augen vor der Tatsache verschließen, daß uns nicht eine, sondern viele verschiedene Arten von G. begegnen: unabhängige und anonyme, freikirchl. und volkskirchl. G.n. Bedeutet dies etwa, daß es an uns wäre zu definieren, welche Gemeindeform wir gerne hätten? Oder gibt es bibl. Maßstäbe? Tatsächlich liefert uns das NT solche Maßstäbe. Bevor wir uns denen jedoch zuwenden, ist es wichtig zu erkennen, daß auch hist. Entwicklungen und Realitäten bedacht werden müssen. Keine G. existiert in einem Vakuum. H. Berkhof warnt zu Recht vor einem Doketismus in der Ekklesiologie. Allzu oft begegnen vollmundige Aussagen über G., ohne sich der

Mühe zu unterziehen, solche Aussagen mit den oft ganz anderen empirischen Daten in Beziehung zu setzen. Auf der anderen Seite kann es aber auch nicht um einen Rückzug auf hist. Vorfindlichkeiten gehen, da dies lediglich bei einer rein soziologischen Konzeption von G. endet. Wenigstens zwei ntl. Kriterien können zu jeder Zeit Anwendung finden: (1) Die Gemeinde ist der Leib Christi. Hierbei liegt die Betonung auf dem Verhältnis zu Christus und dem wechselseitigen Verhältnis der Glieder zueinander. (2) Die Gemeinde ist das wandernde Gottesvolk auf dem Weg zum kommenden Reich Gottes (vgl. auch die Bezeichnung »Weg« für die ersten Christen in Apg 9,2 u.ö.). Das aber heißt, daß die G. sich stets auf der Wanderschaft durch die Geschichte befindet und eine Aufgabe gegenüber der sie umgebenden Welt wahrzunehmen hat.

Theol. kann G. folgendermaßen definiert werden: Eine G. ist eine Gruppe von Menschen, die herausgerufen und in Bewegung gesetzt ist durch Christus, um zum einen eine Gemeinschaft zu sein, deren Zentrum Christus selbst ist, und um zum andern auf jenen Ruf zu antworten, indem sie Christus in der Gesellschaft und für die Gesellschaft repräsentiert. Das wahre Geheimnis der G. ist Jesus Christus selbst, der durch sein Wort und durch den Hl. Geist die G. zusammenbringt und -hält und sie in seinen Dienst nimmt.

2. Es fällt auf, daß das ntl. Wort *ekklesia* sowohl die universale Kirche als auch die lokale G. meint. Das aber bedeutet: jede lokale Kirche repräsentiert in ihrer Partikularität die ganze Kirche, und stellt somit das Volk Gottes, den Leib Christi dar, dessen Fundament Christus und sein Werk ist. In der lokalen G. wird die universale Kirche manifest. Daher ist die Einzelgemeinde in jeder Hinsicht ganz Kirche mit allen Charakteristika und Aufgaben, die auch die Kirche in ihrer Gesamtheit kennzeichnen.

3. Im NT findet sich eine Vielzahl von Bildern für die G. Sie wird bezeichnet als Gemeinschaft der Heiligen oder Gläubigen, auch als Gemeinschaft der Diener Gottes, als Volk Gottes, als Leib Christi, als Salz der Erde und Licht der Welt, ja als neue Menschheit. Alle diese Bilder haben die G. aus der Perspektive Gottes im Blick und verweisen auf Wesen und Aufgaben der G. Es wird nicht gesagt: Werdet Salz der Erde und Licht der Welt. Es wird der G. vielmehr zugesagt: Ihr seid das Salz der Erde! Ihr seid das Licht der Welt! Handelt daher entsprechend.

4. Drei weitere Aspekte müssen ebenfalls erwähnt werden:

a. Die G. kann nur innerhalb eines trinitarischen Rahmens gesehen werden: Sie ist Gottes Werk in Christus durch den Hl. Geist. Sie ist eine theozentrische Wirklichkeit, denn sie verdankt ihren Ursprung Gott, dem Vater, der sich von Ewigkeit her ein Volk erwählt hat. Sie ist eine christozentrische Wirklichkeit, denn Gott, der Sohn, erkaufte sie mit seinem Blut. Als der auferstandene und in Herrlichkeit aufgefahrene Herr sammelt er die G., die seinen Leib darstellt; als ihr Haupt regiert er den Leib durch Wort und Geist. Die G. ist auch eine pneumatozentrische Wirklichkeit, denn die Inkarnation ist nicht das Ende der Wege Gottes mit der G., vielmehr bleibt es nun Aufgabe des Menschen, das von Gott begonnene Werk zu Ende zu führen. Dennoch wird Gott sein eigenes Werk selbst vollenden. Gott, der Hl. Geist, konstituiert die Glieder der G. als eine Gemeinschaft von Gläubigen, er erneuert sie und erhält ihren Glauben, er bindet sie an Christus und aneinander als die »Gemeinschaft der Heiligen« (→ Communio sanctorum).

b. G. kann nur recht verstanden werden im Lichte der → Eschatologie. So gesehen ist sie die G. der »Heiligen der letzten Tage«, die Fortsetzung und Erfüllung des Volkes Gottes des alten Bundes. Gleichzeitig aber ist die G. auch Neuschöpfung, die eine Verheißung für die ganze Schöpfung trägt. Sie ist das wandernde Volk Gottes »zwischen den Zeiten«, gegründet auf die Taten ihres Herrn bei seinem ersten Kommen, die zuversichtlich auf die verheißene Erfüllung bei seiner zweiten Ankunft wartet.

c. Die G. ist die Gemeinschaft, die auf das einzigartige Geschenk der → Erlösung antwortet: Sie antwortet mit Glauben und Liebe, Zeugnis und Dienst. Auch dies hat Verheißungskraft für die gesamte Schöpfung: Was die G. schon jetzt tut, wenngleich noch in begrenzter und unvollkommener Weise, nämlich Gott zu verherrlichen, wird eines Tages durch die gesamte Schöpfung geschehen.

5. Was sind die Aufgaben der Gemeinde?

a. Die G. soll das Evangelium von Jesus Christus und der durch ihn geschenkten Erlösung innerhalb und außerhalb der Kirche verkünden. Sie selbst lebt vom Brot des Lebens, sie soll aber dieses Brot auch mit der Welt um sie herum teilen.

b. Die G. sollte in ihrer Liturgie die wundervollen Taten Gottes in Schöpfung und Erlösung preisen. Sie soll die durch Christus geschehene Rettung in Predigt, Gebet, Taufe und Abendmahl feiern.

c. Die G. soll ihren jungen Mitgliedern die christl. Lehre verständlich machen, ebenso aber auch Außenstehenden, die Interesse am Evangelium zeigen. Die gesamte G. soll in einen Prozeß des Lehrens und Lernens kommen.

d. Die Gemeindeglieder sollen aneinander Seelsorge üben, einander in Glaube und Heiligung auferbauen, aber, wo nötig, einander auch ermahnen.

e. Die Gemeindeglieder sollten sich in Krankheit und Leid, in Armut und Bedürftigkeit helfen, doch auch der Welt außerhalb der Kirchengemeinschaft dienen.

Mit Absicht werden diese Aufgaben hier primär der G. als ganzer und nicht allein den Amtsträgern zugewiesen. Zweifellos sind letztere auch für jene Aufgaben verantwortlich, dennoch ist es die G. selbst und jedes einzelne Gemeindeglied, die zuerst aufgerufen sind, sich dieser Aufgaben anzunehmen.

6. Gewöhnlich besteht ein Unterschied zwischen den nationalen Kirchen (Volkskirchen) und den Freikirchen hinsichtlich des Ortes und Charakters von G. Früher wurde die G. meist als »Teil« der Volkskirche betrachtet, gebunden an deren Beschlüsse und Verordnungen. Mitglied der Volkskirche wird man durch die Kindertaufe. Die Mitgliedschaft ist jedoch oft nur formal und nominal. Viele Menschen nehmen lediglich die »Amtshandlungen« in Schwellensituationen des Lebens (Taufe, Konfirmation, Hochzeit, Beerdigung) in Anspruch. Die eigentliche G. besteht aus der sog. »Kerngemeinde«. Bei Mitgliedschaft in einer Freikirche wird der persönliche Glaube weitaus mehr betont, was oft zur Praxis der Erwachsenentaufe führt und eine aktive Teilnahme an mission. Aktivitäten der G. nach sich zieht. Wie auch immer die Einzelsituation aussehen mag, ist die G. in beiden Fällen mehr als ein bloß willentlicher Zusammenschluß. Die G. gehört zu Jesus Christus und verdankt ihre Existenz dem Werk des Hl. Geistes. Dies ist auch die Grundlage der Verheißung, die Jesus seinen Jüngern gab: »Auf diesen Felsen (gemeint ist der »Felsen« des Bekenntnisses Petri, Jesus sei der gottgesandte Messias) will ich meine Gemeinde bauen, und die Pforten der Hölle sollen sie nicht überwältigen.« (Mt 16,18f.; vgl. auch Mt 18,18)

Lit.: E. Brunner: Das Mißverständnis der Kirche, 1951; H. Burkhardt: Kirche als soziale Gestaltwerdung von Liebe zu Gott und Liebe unter Menschen, in: H. Burkhardt, M. Bockmühl: Gott lieben und seine Gebote halten, 1991, 260-275. W. Huber: Kirche, 1979; J. Moltmann: Kirche in der Kraft des Geistes, 1975; R. Riesner: Formen gemeinsamen Lebens im Neuen Testament und heute, 1977; Th. Sorg: Wie wird die Kirche neu?, 1977.

K. Runia

Gemeinde der Christen »Ecclesia«

Die Gemeinde der Christen »Ecclesia« wuchs aus der evangelistischen Tätigkeit des aus Schwaben stammenden und in Solingen ansässigen Rasierklingenfabrikanten Hermann Zaiss (1889-1958) hervor. Zaiss, der ursprünglich keine eigenen Gemeinden gründen wollte, sprach durch seine einfache Verkündigung und oft derb-zupackende Art viele an. Im Mittelpunkt stand das »ganze, totale Evangelium« unter Betonung der Charismen (→ Geistesgaben), besonders der Glaubensheilung. Weil Christus den ganzen Menschen durch Geist, Seele und Leib erlöst hat, ist es auch Gottes unbedingter Wille, daß er geheilt wird. Nach dem plötzlichen Tod von Zaiss wurde das Werk als e.V. von einem Brüderrat weitergeführt. Die evangelistisch ausgerichtete Anfangsentwicklung mündete jetzt in eine Phase des Gemeindeaufbaus. Die → Taufe wird an Gläubigen vollzogen, am → Abendmahl kann teilnehmen, wer die bibl. Grundlage der Ecclesia bejaht. Die örtlich selbständigen Gemeinden werden von Ältesten geleitet und haben in der Regel eine pfingstlerische Prägung. Die Gemeinden sind in Bezirke mit Bezirksältesten als Vorsteher zusammengeschlossen. Diese bilden den Gesamtvorstand, der aus seiner Mitte den »arbeitenden Vorstand« als Exekutive wählt. Die ca. 150 Gemeinden in Deutschland sind mittlerweile um nüchterne bibl. Ausrichtung bemüht und suchen verstärkt Kontakte zu anderen Gläubigen.

1963 wurde in der Schweiz die »Gemeinde der Christen, Ecclesia« aufgelöst. Einige Gemeinden wurden von Charles Reichenbach übernommen, der daraufhin den unabhängigen Gemeinschaftverband »Gemeinde der Christen« gründete.

Lit.: ZS Fröhliche Nachrichten

E. Geldbach/Red.

Gemeindeaufbau

a) in den Volkskirchen

1. Väter

Das Stichwort G. ist relativ jung. Der Neuprotestant Emil Sulze gilt als der Vater des modernen G.-Gedankens. Ihm ging es um die Jahrhundertwende um die organisatorische Aufteilung unüberschaubarer Massengemeinden in überschaubare und lebendige Gemeinschaften (E. Sulze, Die evangelische Gemeinde, 1891).

Einen anderen Ansatz vertrat Gerhard Hilbert, der »Deutschland als Missionsland« betrachtete und lebendige Kreise erweckter Christen als entscheidenden Weg des G.s ansah (G. Hilbert, Ecclesiola in Ecclesia, 1920).

Seit den zwanziger Jahren hat sich auch Erich Schnepel um die Erneuerung und Gestaltung der Gemeinde bemüht (vgl. E. Schnepel, Gemeinde aktuell. Lebenfragen der christlichen Gemeinde heute, 1978).

Einen entscheidenden Anstoß zum G. gab auch die Barmer Theologische Erklärung (1934), nicht nur mit ihrer Definition der Kirche als »Gemeinde von Brüdern, in der Jesus Christus in Wort und Sakrament durch den Heiligen Geist als der Herr gegenwärtig handelt« (3. These), sondern auch durch ihre Praktische Erklärung, in der es um die geistl. Erneuerung des Pfarrerstandes sowie um die Sammlung und die Sendung der Christen ging.

2. Neutestamentliche Grundlagen

Im NT (W. Rebell) begegnen wir der Gemeinde im Bild des Baues (P. Vielhauer) und darum auch der Auferbauung dieser Gemeinde (griech. *oikodome*). Der Bauherr und Besitzer des Baues ist allein Gott selbst (1Kor 3,5-9). Christus ist das alleinige und unauswechselbare Fundament dieses Baus (1Kor 3,10f). Wiederum kann er auch als der Eckstein bezeichnet werden (Eph 2,20). Bei aller Unterschiedlichkeit der ntl. Aussagen über die *oikodome* lassen sich doch einige Gemeinsamkeiten festhalten:

a. Im G. geht es immer darum, daß Menschen als lebendige Steine dem Bau hinzugefügt werden (1Petr 2,4-8). *Oikodome* kann geradezu synonym mit *euaggelizesthai*, »evangelisieren«, übersetzt werden (Röm 15,20).

b. G. meint im NT stets beides: intensives und extensives Wachstum der Gemeinde. Menschen werden für Christus gewonnen und in den Bau der Gemeinde eingefügt (1Kor 14,23-25); die, die zur Gemeinde gehören, wachsen im Glauben und in der Liebe (Eph 4,13-15).

c. G. ist im NT das Werk des erhöhten Herrn (Mt 16,18f), der sich aber mit Vorliebe menschlicher Mitarbeiter bedient. Grundlegend ist der Dienst der Apostel und Propheten (Eph 2,20). Darüber hinaus aber ist jeder Christ als vom Geist Begabter (»Charismatiker«, vgl. 1Kor 14,26) berufen, dem Aufbau der Gemeinde Jesu mit seiner Gabe in Liebe zu dienen (1Kor 12-14). Die Ämter in der Gemeinde dienen der »Zurüstung der Heiligen« zu diesem Dienst (Eph 4,11-16). Besondere Orte des G.s sind für das NT der Gottesdienst (1Kor 14), die Häuser der Christen (vgl. Apg 2-5), aber auch der alltägliche Dienst der Christen untereinander, die einander dienen, tragen und ertragen, trösten und ermahnen (1Thess 5,11; Gal 6,10).

G. ist im NT ein Prozeß des Wachsens und Reifens, der erst mit der Wiederkunft Jesu beendet sein wird (vgl. 1Kor 3,13-17). G. ist also prinzipiell unabgeschlossen, die Gemeinde immer im Werden.

3. Die neuere Diskussion

a. Die Frage nach dem G. war nie ganz zum Erliegen gekommen; sie lebte z.B. in der Arbeit der → Pfarrergebetsbruderschaft fort. Aber Ende der siebziger Jahre entstand eine neue G.-Diskussion in den ev. Volkskirchen Deutschlands. Der Herner Superintendent Fritz Schwarz (gest. 1985) mit seiner Buchreihe »Überschaubare Gemeinde« erregte erhebliches Aufsehen, große Zustimmung und heftige Ablehnung zugleich. Ihm ging es um die Schönheit des »einfachen Evangeliums« von Jesus, der letztgültigen Liebeserklärung Gottes an uns Menschen. Ihm ging es um Evangelisation, damit Menschen in der Volkskirche Christen werden können, denen »Jesus konkurrenzlos wichtig« ist. Er suchte nach lebendiger Gemeinde inmitten der volkskirchl. Institution, in der Gemeinschaft »im Hören und Beten, im Feiern und Arbeiten« liebevoll Gestalt gewinnen kann. Zugleich setzte er sich ein für Frieden und Gerechtigkeit. Und ebenso deutlich verweigerte er sich typischen Frontenbildungen, etwa der zwischen »Charismatikern« und »Evangelikalen«, zwischen »Pietisten« und »Ökumenikern«.

b. Ähnliche Gedanken vertraten zur selben Zeit schon der württembergische Theologe

Theo Sorg und der Erlanger Praktische Theologe Manfred Seitz.

c. In den achtziger Jahren wurde das Thema G. theol. und kirchl. salonfähig. Zahlreiche Bücher zum Thema erschienen, Pfarrkonferenzen und Seminare befaßten sich mit G., eine Zeitschrift »Gemeindewachstum« erschien. Die »Arbeitsgemeinschaft für Gemeindeaufbau« entstand, noch von F. Schwarz initiiert, erst von Bernd Schlottoff, später von Klaus Eickhoff geleitet. Höhepunkt der G.-»Welle« war der Stuttgarter Theologenkongreß »Das Haus der lebendigen Steine« 1987. Nach einer »Phase der Initiation« (1977-1983), einer »heißen Phase der Diskussion« (1983-1988) trat aber auch eine »Phase der Beruhigung« (seit 1988) ein: das Thema G. ist nicht verschwunden, aber es ist wieder »ins Glied zurückgetreten« und dadurch auch praktischer geworden. Konkrete Arbeitsformen des G. werden seither gesucht und diskutiert: z.B. → Hauskreise oder neue Formen der → Evangelisation.

d. Seit dem Ende der 80er Jahre gibt es aber auch eine neue Konfliktebene: meinen die klassischen Vertreter der G.-Bewegung bei aller Kritik an der vorfindlichen Volkskirche doch »missionarischen G. in der Volkskirche«, so streben einige evangelikal oder charismatisch geprägte G.-Theologen heute stärker eine Gemeindegründungs-Bewegung an (W. Kopfermann, Abschied von einer Illusion, 1990).

4. Der Ansatz

a. Wer G. sagt, der verrät schon damit eine erste Grundorientierung: Er ist überzeugt, daß Gemeinde immer im Werden ist, und daß darum der status quo nie an sich heilig ist. Er ist offen für Veränderung und verweigert sich einem »morphologischen Fundamentalismus«, der an dem festhält, was immer schon so war.

b. Zugleich impliziert G. die Bereitschaft zu konzeptionellem Denken: der G.-Bewegung ging es stets darum, nach dem organischen Zusammenhang aller Bemühungen um die Gemeinde Jesu zu suchen. Wer G. sagt, meint also nie eine planlose Addition von mehr oder weniger sinnvollen kirchl. Aktivitäten.

c. Andererseits ist der Vertreter des G.s nicht ein Technokrat, der in autonomer Hybris Gottes Gemeinde in die eigene Verfügung nimmt. Er möchte vielmehr dem Handeln Gottes dienstbar sein, und er weiß, daß umsonst am Haus baut, der ohne Gott baut (Ps 127,1).

d. Schließlich ist der G.-Gedanke, anders als der der Gemeindegründung, bei aller Kritik dem Ort seiner Berufung treu. Er nimmt die Ortsanweisung Gottes für seinen Dienst an und verteufelt nicht die Kirche, in der er dem G. Gottes dienen soll.

e. Dabei sucht die neuere G.-Bewegung nach Erneuerung in der Kirche auf sehr verschiedenen Ebenen: sicher zuerst auf der Ebene der Ortsgemeinde, dann aber auch im freundschaftlichen Zusammenschluß von missionarischen Gemeinden z.B. in der Evangelischen → Allianz, aber auch in Freundeskreisen für Missionarische Verkündigung, etwa in der Ev. Kirche von Westfalen. Darüber hinaus geht es immer auch um eine Veränderung der theol. Ausbildung, in der der mission. G. weitgehend übersehen wird, sowohl an den Universitäten als auch an den Predigerseminaren. Der »Ausbildung« von »Laien« im mission. G. dienen sogenannte »Missionarische Zentren«, z.B. in Hanstedt, die Ermutigung und Zurüstung zur Mitarbeit in der Gemeinde anbieten. Dabei ist eine kleine geistl. Lebensgemeinschaft im Missionarischen Zentrum selbst von größter Wichtigkeit.

5. Ein Einspruch

Grundsätzlich kritisch äußert sich der Heidelberger Theologe C. Möller zu diesen Aspekten. Er vertritt in seiner zweibändigen »Lehre vom Gemeindeaufbau« einen eher konservativ-volkskirchl. Kurs. Skeptisch bleibt er gegenüber der planerischen Grundströmung der G.-Bewegung. Er sieht Gemeinde als Gegebenes, das erglaubt werden will. G. geschieht für ihn von der Mitte her: von der um Wort und Sakrament versammelten, gottesdienstl. Gemeinde her. Hier kriechen Getaufte in ihre Taufe zurück (M. Luther) und entdecken ihre Gaben für Gemeinde und Gesellschaft.

Immer wieder betont Möller das *corpus permixtum* der Volkskirche, das allg. Priestertum aller Getauften und die Vorläufigkeit der vorhandenen Gemeinde (ihre eschatologische Gestalt). Seine Position ist schwer einzuordnen: »volkskirchlich-pluralistisch« denkende Theologen fragt er, wo sie denn noch die Glaubensmitte der Kirche sehen (wenn nicht im Gottesdienst), »missionarische« Theologen kritisiert er wegen der Unterscheidung von Christen und Nicht-Christen unter den Getauften. Wer sorgfältig predigt und Seelsorge übt, Gemeinde liebend in seiner Kirche erglaubt, das hybride menschliche Planen fahrenläßt, aber darauf vertraut, daß Gottes Wort nicht leer zurückkommt, der dient nach Möllers Auffassung am besten dem G.

6. Die Lage

Die neuere G.-Diskussion ist sehr stark von den Veränderungen der kirchl. Großwetterlage in Westeuropa nach 1968 mitbestimmt. Die extreme Zunahme der Kirchenaustritte (etwa 100.000 in den alten Bundesländern im Jahresschnitt seit 1968 und über 250.000 seit 1991) ist ein Indiz für den Traditionsabbruch in den westl. Gesellschaften. Kirchensoziologische Untersuchungen fördern immer deutlicher ein Ergebnis zu Tage: G. geschieht in einer spätvolkskirchl. Phase der Gemeinde Jesu Christi.

Diese Phase ist vor allem durch vier Entwicklungen gekennzeichnet:

a. Emigration: Hierfür stehen die hohen Austrittszahlen. Vor allem jüngere, formal höher gebildete, großstädtische Menschen treten aus der Kirche aus. Die Kirchensteuer ist dabei nur ein letzter Anlaß, die Gründe liegen in einer mangelnden kirchl. Sozialisation und einer sich daraus ergebenden fehlenden Plausibilität der Kirchenzugehörigkeit. Wer nicht mehr weiß, warum er einer Kirche angehören sollte, tritt irgendwann, wenn sich ein Anlaß bietet, aus.

b. Erosion: Nicht nur an den Rändern brökkelt die Volkskirche ab, auch bei ihren treuen Mitgliedern kriselt es; immer mehr Kirchenmitglieder wissen immer weniger vom christl. Glauben. Sie können den Glauben kaum noch an ihre Kinder weitergeben, weil sie sprachunfähig in Sachen »Glauben« geblieben sind. → Bibellese, → Gebet und → Gottesdienst sind nicht mehr selbstverständliche Bestandteile ihres Alltags. Bis hinein in die Theologenschaft ist die Verunsicherung im Zentralen zu spüren.

c. Civil Religion: Die bürgerliche Religiosität (→ Zivilreligion), die sich längst von den Inhalten des christl. Glaubens emanzipiert hat, prägt die rel. Einstellung vieler Menschen. Diese Religiosität beschränkt sich auf Allgemeines: Ein Herrgott über uns, Gebote, die anzuerkennen sind, ein vor allem moralisches Verständnis des Christseins, eine vor allem durch Amtshandlungen vermittelte und auf den Pfarrer als Amtsträger konzentrierte Kirchlichkeit. Ein Haupt-Streitpunkt in der Kirchendebatte besteht darin, ob Kirchenmitglieder, die auf diese Weise »positiv-distanziert« in ihrer Kirche leben, getauft sind, Kirchensteuer zahlen und punktuell Dienstleistungen der Kirche an Krisen- und Knotenpunkten ihrer Biographie in Anspruch nehmen, als Christen zu betrachten sind, die eine gültige Form christl. Freiheit leben, oder als Menschen, die durch Evangelisation zur Umkehr in eine verbindliche Christusgemeinschaft (und damit auch Kirchengemeinschaft) zu rufen sind (vgl. die EKD-Studie »Christsein gestalten«).

d. Konkurrenz: Auf der anderen Seite füllt sich das rel. Vakuum mit zahlreichen Angeboten alter und neuer Religiosität (»New Age«) bis hin zur Neugier und Offenheit für okkulte rel. Praktiken.

In dieser spät-volkskirchl. Phase geschieht G. Allerdings diktiert nicht die Not das Notwendige. G. geschieht in dieser Situation, aber auf Grund der Verheißungen Gottes. Gott will Gemeinde erneuern und bauen. G.-Theologen sind überzeugt: Er ruft lebendigen Glauben hervor, auch wenn wir in der Volkskirche unter einer folgenlos bleibenden Taufe leiden. Er schafft sich Gemeinschaften des Hörens und Betens, des Feierns und Arbeitens, auch wenn wir weitgehend nur noch privatisierte Religiosität wahrnehmen.

Er begabt Christen und befähigt sie zum Dienst in seiner Gemeinde, auch wenn wir unter der Pfarrerzentrierung leiden, die den Pfarrer überfordert und den »Laien« entmündigt. Er befreit Menschen zum Lob Gottes, auch wenn wir Gebetsarmut und Sprachlosigkeit registrieren. Gott erneuert seine Kirche, das ist das Credo der G.-Bewegung. Und darum beruft er Christen und Gemeinden zum G.: zum planvollen Arbeiten an der Erneuerung der Gemeinde auf Grund der Verheißungen Gottes in einer spätvolkskirchl. Situation.

7. Die Konzepte

G. ist kein homogener Begriff. Verschiedenste Konzeptionen von G. sind inzwischen entwikkelt und veröffentlicht worden.

a. »Kirche für andere – oder: Von der Konversion zur Welt« (W. Ratzmann). Kirche soll nicht um ihre eigene Identität besorgt sein, sondern sich mutig in die Geschichte Gottes mit seiner Welt verwickeln lassen und an der Humanisierung der Welt mitwirken. Dieses G.-Konzept ist stark an der Ethik orientiert: Denn Gott ist am Werk, wo für die Humanisierung gekämpft wird, wo in der Säkularisierung die Welt von allen Götzen entzaubert und befreit wird, und wo die Urbanisierung fortschreitet. Mission als Missionierung wird eher kritisch beurteilt: Durch Christus sind ja alle Menschen schon versöhnt; sie wissen es nur noch nicht. Der Vorsprung der Christen ist also nur erkenntnismäßig, nicht seinsmäßig. Flexible Strukturen muß die Kirche haben. Ihr Wesen muß mehr von der Sendung als der Sammlung bestimmt werden. Der Gottesdienst muß aufnahmefähig, ausstrahlungskräftig und aussendungstüchtig sein. Die Laien sind entscheidend; der Pfarrer ist Helfer und Berater der in der Welt wirkenden Laien.

b. »Offene Kirche für alle – oder: Vom Ja zum Pluralismus«.

– Hierher gehört z.B. die »funktionale Theorie« (K.W. Dahm, Beruf: Pfarrer, 1971). Sie sieht die Aufgabe der Kirche darin, die ihr im Gesamtsystem der Gesellschaft zugewiesene Kompetenz anzunehmen und eine entsprechende Funktion als religiöses Teilsystem wahrzunehmen. Dabei geht es um die Darstellung und Vermittlung von grundlegenden Werten und die helfende Begleitung in Krisensituationen (z.B. Diakonie, Seelsorge) und an den Knotenpunkten des Lebens (Amtshandlungen).

Der Pfarrer als Agent dieser rel. Stabilisierung ist der eigentliche Repräsentant der Kirche.

– Hierher gehört auch das Konzept der »konziliaren Gemeinde« (z.B. W. Lück). Hier geht es um eine offene, bewußt plurale Kirche, in der verschiedenste Frömmigkeitsformen und Partizipationsformen akzeptiert werden. Hier hat jede Form ihr relatives Recht, keine darf sich absolut setzen, aber alle sollen voneinander lernen. Der Kirchentag ist ein Symbol dieses Kirchenverständnisses.

– Hierher gehört jedoch auch ein institutioneller Ansatz des G.: die sogenannte »missionarische Doppelstrategie« der VELKD (vgl. K. Lorenz, H. Reller), von dieser in einem eigenen »Gemeindekolleg« in Celle an Gemeinden und Mitarbeiter multipliziert. Ausgehend von der prekären geistl. Situation wird G. unter zwei sich dialektisch ergänzenden Aspekten gesehen: es geht um Öffnung und Verdichtung. Öffnung will möglichst niedrige Schwellen des Zugangs zur Kirche (z.B. durch Kirchenmusik, Amtshandlungen etc.), um möglichst viele zu erreichen. Verdichtung dagegen strebt Vertiefung des Glaubens in verbindlicher Gemeinschaft mit dem Ziel des mündigen, sprachfähigen Glaubens an (z.B. durch Bibel- und → Glaubenskurse, durch → Hauskreise, Cursilloarbeit usw.).

c. »Die missionarische Gemeinde für alle – oder: Von der Einladung zur Umkehr«

Dieser Ansatz entspricht dem mission. G. in der Volkskirche. Auch dieser Ansatz ist nicht homogen, sondern läßt sich in unterschiedliche Strömungen aufteilen, z.B. in die → Gemeindewachstums-Bewegung, in die → Geistliche Gemeindeerneuerungs-Bewegung in der ev. und in der kath. Kirche, in die »Überschaubare Gemeinde«, das Konzept von Fritz Schwarz und seinen Schülern, in die oben bereits beschriebene Gemeindegründungs-Bewegung (Kopfermann, Wagner, Zeitschrift »Gemeindewachstum«) oder auch in die stärker volkskirchl. verankerte G.-Theologie des »Erlanger Kreises« um Manfred Seitz, Falk Becker, Michael Herbst u.a. bzw. die ganz ähnlichen Gedanken des Hannoverschen Theologen Burghard Krause, der den Grundkurs des Glaubens »Christ werden – Christ bleiben« entwickelt hat. Die Hauptakzente dieses Konzepts liegen in Stichworten, wie sie etwa der württembergische Bischof Theo Sorg (Th. Sorg, Christus vertrauen, 36-43) aufzählt: es geht um einen einladenden Gottesdienst, um missionarische Verkündigung, die auch den Getauften mit dem Anruf Gottes und der notwendigen Einladung in die Nachfolge Christi konfrontiert. Es geht um eine nachgehende Seelsorge, um geistl. motivierte Mitarbeiter, um Hausgemeinden und Dienstgruppen, um eine solide Einführung in bibl. Lehre und um Angebote spirituellen Lebens.

8. Grundentscheidungen des missionarischen Gemeindeaufbaus

Bei aller Verschiedenheit der Programme im Bereich des missionarischen G.s gibt es doch Gemeinsamkeiten. Im Grunde geht es immer um sieben Grundentscheidungen des mission. G.s in der Volkskirche:

a. Im mission. G. geht es darum, das schöne, einfache → Evangelium von Jesus Christus zu feiern (Gottesdienst, Gebetszeiten).

G. beginnt nicht in unserer Anstrengung, sondern in der Freude an Jesus Christus und seinem Evangelium. Und G. führt immer neu in die Feier des Gottesdienstes. Der → Gottesdienst ist das Zentrum des G.s. Hier ist der Ort der Sammlung und Sendung der Christen. Nicht der Pfarrer »hält« einen Gottesdienst, sondern die Gemeinde Jesu feiert ihren Gottesdienst und beteiligt möglichst viele daran.

b. Im mission. Gemeindeaufbau geht es um die geistl. Erneuerung der Leiterschaft in der Gemeinde.

Hier sind verschiedene Aspekte zu bedenken: Leitung in der Gemeinde ist Sache nicht nur des Pfarramtes. Darum gilt im mission. G. große Aufmerksamkeit der Arbeit mit den Leitern in der Gemeinde: Presbytern (→ Älteste), aber auch Jugend- und Hauskreisleitern. Sie sollen immer mehr zu mündigen und verantwortlichen Leitungspersönlichkeiten heranreifen (1Petr 5,1-4).

Generell geht es in dieser Grundentscheidung auch um die Bekämpfung der Pfarrerzentrierung, die den Pfarrer in seiner Rolle festschreibt als beherrschende Person der Gemeinde, die selbst der Vielzahl der Erwartungen kaum noch gerecht wird und zugleich den Reichtum der Charismen in der Gemeinde blockiert. Der Pfarrer im mission. G. versteht sich darum eher von Eph 4,10f her: er soll »die Heiligen zurüsten zum Dienst«.

Andererseits gilt auch der Pfarrerschaft große Aufmerksamkeit. In der Ausbildung z.B. ist der mission. G. in Theorie und Praxis nahezu ausgeblendet.

Geistl. Erneuerung des Pfarrerstandes (J. Schniewind) tut not, denn am Pfarrer vorbei ist G. in der Volkskirche fast unmöglich. Der Pfarrer muß Motor einer neuen Entwicklung werden, die letztlich auch seine Rolle verändert. Dazu aber bedarf gerade er der Einübung in ein persönliches und kommunitäres geistl. Leben.

c. Im mission. G. geht es darum, die Christen zu sammeln (z.B. in Hauskreisen) und sie zu einem persönlichen geistl. Leben (»Jüngerschaft«) und zum Dienst in Gemeinde und Gesellschaft zuzurüsten.

Diesen Aspekt betonten schon M. Luther (Vorrede zur »Deutschen Messe«) und Ph. J. Spener (»Pia Desideria«): die mit Ernst Christen sein wollen, sollen zusammenkommen, um in der Bibel zu lesen, einander zu trösten und zu ermahnen, miteinander zu beten und zu dienen. Diese Grundentscheidung betont den »sozialen« Charakter des Heils in Jesus Christus: der Glaube an Jesus Christus stellt sofort hinein in die Gemeinschaft der Christen. Hier geschieht die »Bildung« des Jüngers. Der G. lebt von der doppelten Gemeinschaft: zum einen in den überschaubaren und sehr persönlichen Zellen des Glaubens (z.B. Hauskreisen), zum anderen in der Vollversammlung des Gottesvolks im Gottesdienst.

d. Im mission. G. geht es um die Sammlung, Zurüstung, »Pflege« und Sendung der Mitarbeiterschaft (Eph 4,11.12).

Diese Grundentscheidung ist nur konsequent, wenn es um das »allgemeine Priestertum der Gläubigen« geht. Die Gemeinde Jesu ist charismatische Gemeinde: jeder Christ hat eine Gabe des Heiligen Geistes, mit der er dienen soll. Diese Gaben müssen entdeckt und gefördert und eingesetzt werden. Darum ist der Mitarbeiterkreis ein wesentliches Instrument des G.s. Er ist nicht ein reines Verwaltungsgremium, sondern selbst Ort gelebter Geschwisterschaft. Er dient der bibl. Lehre, der Gemeinschaft auch z.B. durch gemeinsame Mahlzeiten, dem Austausch der Sorgen und Freuden in der Mitarbeiterschaft, der Schulung und der Planung der konkreten Arbeit.

e. Im mission. G. geht es um einen der Liebe gemäßen, diakon. Lebensstil.

Die »Ethik des Gemeindeaufbaus« ist ein bisher vernachlässigtes Kapitel. In der geistl. erneuerten Gemeinde geht es aber auch um Fragen der inneren Ethik, z.B. im Umgang mit Geld, Sexualität, Schöpfung. Ebenso geht es um den Dienst der Gemeinde an den Kranken und Alten, den Armen und Übersehenen. Vernachlässigt die Gemeinde diesen Dienst, so verweigert sie sich dem Willen Jesu (vgl. Mt 25 und Joh 13).

f. Im mission. G. geht es darum, Menschen, die dem Evangelium fernstehen, zur Umkehr zu Jesus Christus einzuladen und in das Leben der Gemeinde zu integrieren (→ Evangelisation).

Evangelisation ist die Speerspitze des mission. G.s. Sie verkündigt »Christus zur Entscheidung« (D. Bonhoeffer). G. fragt: Wie wird ein Mensch Christ? Wie findet auch der als Säugling Getaufte zum lebendigen Glauben? Volkskirchl. Rest-Religiosität kann den mission. G. nicht beruhigen. Wer sich dabei beruhigt, enthält den Menschen die frohmachende Gewißheit des Heils in Jesus Christus und die stärkende Gemeinschaft der Schwestern und Brüder vor. Methodisch ist der mission. G. an dieser Stelle äußerst kreativ: er gebraucht gemeindenahe Wege der Evangelisation ebenso wie Formen der Großevangelisation (z.B. ProChrist 1993 mit Billy → Graham über Satellit); er verbindet neue Formen der → Evangelisation wie den Grundkurs des Glaubens mit traditionellen Wegen z.B. der Zeltmission. Aber auch hier, in der Großevangelisation als der notwendigen öffentlichen Proklamation des Evangeliums, werden neue Wege gesucht, z.B. im Kultur- und Nachtcafé, im Gospelzirkus etc.

g. Im mission. G. geht es darum, der Weltmission und der weltweiten Gemeinschaft der Christen zu dienen, in Erwartung der Wiederkunft Jesu Christi.

Hier zeigt sich die Vorläufigkeit des G.s.: Auch der mission. G. strebt nicht mehr an als die »Gemeinde der begnadigten Sünder« (Barmen III). Ihrer Vollendung geht die Gemeinde Jesu erst noch entgegen – in der Parusie Jesu Christi. Bis dahin aber hat sie einen weltmission. und ökumen. Charakter. G. zielt immer auch auf Weltmission. Die Einzigartigkeit Jesu Christi muß weltweit bezeugt werden (Mt 28,18-20). Der G. wird befruchtet durch den Austausch mit Christen aus anderen Ländern und durch die Aussendung von Mitarbeitern in Felder der Mission in sechs Kontinenten.

Lit.: K.-W. Dahm: Beruf: Pfarrer, 1971; K. Eickhoff: Gemeinde entdecken, 1992; M. Herbst: Missionarischer Gemeindeaufbau in der Volkskirche, [3]1993; W. Kopfermann: Abschied von einer Illusion, 1990; K. Lorenz, H. Reller: Alternative: Glauben, 1985; W. Lück: Praxis: Kirchengemeinde, 1978; Chr. Möller: Lehre vom Gemeindeaufbau, Bd. 1 und 2, 1987ff; W. Ratzmann: Missionarische Gemeinde, 1980; W. Rebell: Zum neuen Leben berufen, 1990; B. Schlottoff (Hg.): Gemeindeaufbau provokativ, 1989; F. Schwarz, Chr. Schwarz: Theologie des Gemeindeaufbaus, 1984; F. Schwarz: Überschaubare Gemeinde, Bde. 1-3, 1979ff; M. Seitz: Erneuerung der Gemeinde, 1985; Th. Sorg: Christus vertrauen – Gemeinde erneuern, 1987; ders.: Wie wird die Kirche neu?, 1977; R. Strunk: Vertrauen, 1985; K. Teschner: Einladende Gemeinde, 1990; Ph. Vielhauer: Oikodome, 1979; K. Vollmer: Eine Kirche denkt nach, 1989.

M. Herbst

b) in den Freikirchen

1. Theologische Grundvoraussetzungen freikirchlicher Gemeindebildung

Alle freikirchl. Gemeinden sind – ihrem theol. Selbstverständnis gemäß – Ergebnis mission. Gemeindeaufbaus. Dabei entwickelte sich eine große Vielfalt von Lebensformen. Dennoch lassen sich einige Kennzeichen beschreiben, die als mehr oder weniger allgemeingültig für die »klassischen« → Freikirchen (Baptisten, Methodisten, Freie ev. Gemeinden) anzusehen sind: der bewußte Ruf zur Bekehrung des einzelnen, der Aufbau der Gemeinde als einer Gemeinschaft derer, »die mit Ernst Christen sein wollen« (M. Luther: Vorrede zur Deutschen Messe), die Betonung des »Priestertums aller Gläubigen« nicht nur als eines theol. Lehrsatzes, sondern als gelebte Erfahrung in den Gemeinden und die Unabhängigkeit der einzelnen Gemeinden und Kirchen vom Staat.

2. Die neuere Gemeindeaufbau-Diskussion und die Freikirchen

G. in überschaubaren Ortsgemeinden ist vom theol. Ansatz her für Freikirchen schon lange ein zentrales Thema. Und doch sind nach 1945 auch freikirchl. Gemeinden von der Gemeindeaufbau-Diskussion ganz neu bewegt worden.

a. Einen großen Einfluß übte in den 60er Jahren Emil Brunner aus mit seinem Buch »Das Mißverständnis der Kirche«. Er beschreibt darin Gemeinde im Gegenüber zur Welt als »Gemeinschaft von Personen«, ja deutlicher noch als »Gemeinschaft der an Christus Gläubigen«.

b. In den 80er Jahren fanden die Übersetzungen der G.-Literatur der amerikanischen Theologen Donald McGavran und Peter Wagner breite Aufnahme in freikirchl. Gemeinden. Ihnen geht es um »Gemeindewachstum«, um strukturelle und soziologische Gegebenheiten und auch um die »Gaben des Geistes für den Gemeindeaufbau« (Wagner).

c. Seit Ende der 80er Jahre öffnen sich freikirchl. Gemeinden (teilweise) den neueren charismat. Bewegungen. Neu entstehende Freikirchen (wie z.B. die Anskar-Gemeinden von Wolfram Kopfermann) fordern die traditionellen Freikirchen heraus und stellen sie zugleich in Frage.

3. Strukturen und Erscheinungsformen

a. Hauskreise und Bibelgruppen entstehen in freikirchl. Gemeinden in großer Zahl. Sie ersetzen oder ergänzen weithin die traditionellen Bibelstunden. Vor allem in großen Gemeinden dienen sie dem G., der Integration neuer Mitglieder und der persönlichen Evangelisation.

b. In Gebetsgottesdiensten werden in vielen Gemeinden Lebensformen einer eher charismat. Frömmigkeit praktiziert (Chorusse, Segnungen, Heilungsgebet, Zungenrede). G. wird dabei als ein rein geistl. Geschehen verstanden, das sich jeder menschlichen Machbarkeit entzieht.

c. Eine neue Entwicklung sind die seit einigen Jahren verstärkt erfolgenden Gemeinde-Neugründungen. Dabei geht es (in Zusammenarbeit mit anderen Kirchen) nicht nur um einzelne Aktionen, sondern um eine umfassende mission. Durchdringung ganzer Städte, Regionen und Länder.

4. Probleme und Anfragen

Im öffentlichen Bewußtsein (respektive in der veröffentlichten Meinung) unseres Landes spielen Freikirchen nur eine untergeordnete Rolle. Zugleich geht die Entwicklung aber auch in den großen Landeskirchen – zumindest vor Ort – mehr und mehr in Richtung freikirchl. Strukturen. Daraus ergeben sich eine Reihe von Anfragen und Problemen.

a. Freikirchl. Gemeinden müssen achthaben darauf, sich nicht subsummieren zu lassen unter bestimmte kirchl. Interessengruppen (Evangelikale, Charismatiker). G. in der Praxis ist ein Proprium freikirchl. Gemeinden und deshalb auch identitätsstiftend.

b. Im Blick auf größere ortsübergreifende Strukturen weisen die kongregationalistisch organisierten Freikirchen ein Defizit aus. Wegen der Schwächen ihrer übergemeindlichen Leitungsstrukturen sind sie in starkem Maße von Ab-Spaltungen und Sonderentwicklungen bedroht. Für den G. ist dies eine Herausforderung, sich stärker zu konzentrieren auf Fragen der Leitung, des Bischofsamtes, des Miteinanders von Gesamtgemeinde und Gemeinde vor Ort.

c. Wenn auch gemäß ihrer äußeren Gestalt freikirchl. Gemeinden eine gewisse Antwort auf die Herausforderungen einer säkularisierten Gesellschaft darstellen, so bleiben sie jedoch (wie die anderen Kirchen auch) überzeugende inhaltliche Antworten auf die geistigen Infragestellungen durch die Moderne weitgehend schuldig. Der G., wenn er sich fruchtbar entwickeln soll, wird sich den Themen mission. Zielgruppen (wie z.B. Emanzipation, Pluralismus, Nützlichkeitsideologien, Konsumdenken) auf Dauer auch inhaltlich stellen müssen.

Lit.: H.B. Motel (Hg.): Glieder an einem Leib. Die Freikirchen in Selbstdarstellungen, 1975; H. Kirchner (Hg.): Freikirchen und konfessionelle Minderheitskirchen, 1987; Missionarischer Gemeindeaufbau in der Evangelisch-methodistischen Kirche. Materialheft, 1989; »Gemeinsam auf dem Weg zur geistlichen Erneuerung«, Blickpunkt Gemeinde 2/90; »Gemeindeaufbau ist mehr ...«, Blickpunkt Gemeinde 2/91.

H. Guderian

Gemeindebeitrag

1. Zu den selbstverständlichen Lebensäußerungen der frühchristl. Gemeinden gehört die Bereitschaft, mit persönlichem Besitz den Erfordernissen der Ortsgemeinde wie der christl. Gemeinschaft insgesamt zu dienen (Apg 4,35; 1Kor 9,4-14; Gal 6,6-10; Phil 4,15-17). So hat die Kollekte für Jerusalem einen außerordentlich hohen Stellenwert, der weit über den finanziellen Aspekt hinausreicht. Sie ist ein ökumen. Zeichen der Einheit (Röm 15,25-31; 2Kor 8;9; Gal 2,10).

Mag auch die jüd. Praxis (Almosen, Abgaben, der Zehnte und Tempelsteuern; 2Mo 30,11-16; 2Kön 12,5ff; 2Chr 24,6ff; Esr 6,9; Neh 10,33) im Hintergrund gestanden haben, so ist für die christl. Gemeinden doch die Verkündigung Jesu vom Anbruch der Gottesherrschaft die eigentliche Begründung für den neuen Umgang mit Gütern und Besitz: dem Reich Gottes ist alles unterzuordnen (Mt 6,33), auch Gut und Habe (Röm 13,11-14; 1Kor 7,29-34).

2. Dieses neue Verhältnis zum Besitz wird nicht durch gesetzliche Vorschriften geregelt; es ist vielmehr von Freiwilligkeit und Liebe gekennzeichnet. Mit dem Dank gegenüber dem Vater, der der Geber aller guten Gaben ist, und dessen Fürsorge der Christ vertraut, verbindet sich die Liebe zu den notleidenden Gliedern des einen Leibes, für die durch den Überfluß der einen ein Ausgleich geschaffen wird (Apg 4,34f; 2Kor 8,14f; 9,6-12).

Weil das finanzielle Opfer der Ausbreitung des Evangeliums wie der Ehre Gottes dient, ist die innere Einstellung des Gebers entscheidender als die Höhe der Gabe (Mk 12,41-44; Apg 20,35; 2Kor 9,6f). Dabei zeichnet sich bereits im NT die verbindliche Praxis einer regelmäßigen Sammlung der Beiträge ab (1Kor 16,2).

3. Der Gemeindebeitrag verkörpert ein alternatives Modell der Finanzierung des kirchl. Lebens zur in Deutschland vorherrschenden Praxis der Kirchensteuer. Die Kirchen, die die Trennung von Kirche und Staat theol. fordern und in der Praxis verwirklichen, sehen in der »staatlichen Kirchensteuergesetzgebung« einen bibl.-theol. nicht zu verantwortenden Weg. Die Erfahrungen vieler → Freikirchen im In- und Ausland, der Bekennenden Kirche, der Kirche unter atheistischen Regimen könnten als Plädoyer für eine der christl. Gemeinde angemessene Form der Finanzierung ihres Lebens und Dienstes gewertet und fruchtbar gemacht werden. Entscheidend bleibt, daß die Gemeinde ihren Haushalt ihrem Wesen entsprechend zusammenbringt und ihrer Sendung gemäß verantwortet. G. ist also recht verstanden Ausdruck verantwortlicher Haushalterschaft derer, die mit der Berufung zur Nachfolge in der Gemeinde Jesu Christi sich selbst mit ihren Gaben und Gütern zum Dienst für das kommende Reich Gottes zur Verfügung stellen (s.a. → Zehnter).

Lit.: I. Wesley: Der rechte Gebrauch des Geldes, 1985.

E. Brandt

Gemeindebibelschule (GBS)

1. Begriff

Gemeindebibelschule (GBS) ist eine Wortneuschöpfung. Der Begriff hat sich seit 1977 – parallel zur Einführung der GBS als Lebens- und Lernstruktur in zwei ev. Freikirchen – durchgesetzt. Gemeint ist die permanente bibl. Unterweisung aller Gemeindeglieder und Interessenten in wöchentlichen Gruppen am jeweiligen Gemeindeort.

2. Geschichte

Anreger waren die seit 150 Jahren gut funktionierenden Sonntagsschulen (Sunday Schools) für alle Gemeindeglieder bei den Southern Baptists in den USA. Nach örtl. Vorausexperimenten ev.-freikirchl. Gemeinden in Bremerhaven und Hamburg-Eimsbüttel gelang die breite und eigenständige Einführung im Bund Ev.-freikirchl. Gemeinden und im Bund Freier ev. Gemeinden ab April 1977, dann auch in der damaligen DDR, in Österreich, Polen und z.T. über den → Evangeliums-Rundfunk in der damaligen UdSSR.

Heute gibt es im deutschen Sprachraum über 1.500 GBS-Gruppen mit 18.000-20.000 Teilnehmern, die sich als Sonntags- oder Werktagsgruppen zentral oder in Hauskreisen treffen.

3. Ziele und Strukturen

Die GBS hat vier zusammenhängende Zielsetzungen:

- Bibelkenntnis
- Gesprächsfähigkeit
- geistl. Gemeinschaft
- mission. Gemeindeaufbau.

Curriculum und Lektionen dieser Basisform der → Gemeindepädagogik werden von einem deutschen Redaktions- und Verfasserkreis erarbeitet. Er gibt das Vierteljahresheft »Gemeindebibelschule« mit je 13 exegetisch und didaktisch bearbeiteten Stundenbildern heraus. Die Hefte dienen der Gesprächsvorbereitung aller Teilnehmer.

Die GBS will auch zur Überwindung einer einseitig pastoren-orientierten Gemeinde beitragen. Ihre Mitarbeiter und Mitarbeiterinnen entlasten den Pastor in den Bereichen Gemeinschaftsaufbau, Lehre, Seelsorge und Evangelisation. Dadurch ist die GBS cin Schritt zur Wiederbelebung des allgemeinen Priestertums und verwirklicht wesentliche Anliegen der geistl. Gemeindeerneuerung.

Lit.: E.W. Erdlenbruch: Lernen und Lehren in der Gemeinde, 1980; B. Powers: Christian Education, Handbook, 1981; G. Wieske: Betrifft: Gemeindebibelschule – ein Weg zu gesundem Gemeindewachstum, 1977; Vierteljahreshefte Gemeindebibelschule, (seit 1977), (Lit.).

G. Wieske

Gemeindebrief

Unter diesem Sammelbegriff gibt es so unterschiedliche Publikationen wie den handgeschriebenen und vervielfältigten Brief des Pfarrers an seine Gemeinde, zweiseitig bedruckte Blätter mit Veranstaltungsplänen und Kurzinformationen oder aber auch eine Zeitschrift mit mehr als 40 Seiten, die dem Leser Teilhabe am Geschehen in der Kirchengemeinde ermöglichen will. Selbst Veröffentlichungen für ganze Regionen bezeichnen sich gelegentlich noch als G.

Entstanden sind diese Formen, wenn man von wenigen Vorläufern absieht, erst nach 1945. Von Beginn an waren G.e ein Kommunikationsmittel, das sich an der Basis der Kirchen entwickelte: den Gemeinden. Nicht selten kritisch betrachtet von Kirchenleitungen, manchmal als lästige Konkurrenz bekämpft von bestehenden publizistischen Einrichtungen der Kirchen.

Heute ist von allen öffentlichen Lebensäußerungen der Kirche der G. in seiner Reichweite nur noch vom »Wort zum Sonntag« der ARD übertroffen. 65 Prozent aller ev. Christen kennen ihn.

Dies bedingt eine entsprechend hohe Verantwortung. Was soll, was kann ein G. erreichen? Als lokales Kommunikationsmittel vermag er die Bedeutung des christl. Glaubens für die Lebensgestaltung der Menschen im persönlichen wie im gesellschaftl. Bezug glaubwürdig, weil ein Stück weit nachprüfbar, zu vermitteln. Darüber hinaus wirbt er um Vertrauen und Verständnis für die Gemeinde am Ort, indem er die Mitglieder offen informiert, Rechenschaft über die gemeindliche Arbeit und die Verwendung ihr anvertrauter Gelder ablegt, geistl. Orientierung zu anstehenden Fragen wagt und das Gespräch der Mitglieder der Gemeinde untereinander und mit den Nachbarn anregt.

Wird das alles in einer optisch ansprechenden Form präsentiert, trifft der G. auf eine sehr hohe Lesebereitschaft bei den Kirchenmitgliedern.

Lit.: K. Schatz: Werkbuch Kleinpublizistik, 1990, Gemeinschaftswerk der Evangelischen Publizistik; Material- und Gestaltungshilfe Der Gemeindebrief, erscheint sechsmal jährlich, dazu ein Beiheft Bausteine, hg. vom Gemeinschaftswerk der Evangelischen Publizistik.

H. Meile

Gemeindediakon/in

1. G. ist eine Berufsbezeichnung für hauptamtliche Mitarbeiter in den Kirchengemeinden, die eine theol. und (sozial)päd. Ausbildung erhalten haben, z.T. mit staatl. Anerkennung.

2. G.e haben teil am diakon. Auftrag der Kirche. Damit sind sie auch »beauftragt, durch Hilfestellung an einzelnen und Gruppen materielle, seelische und geistliche Not abzuwenden« (so z.B. heißt es im kirchl. Gesetz der Württ. Landeskirche über die Berufung in das Amt des Diakons, 1974). In Zusammenarbeit mit anderen kirchl. Mitarbeitern sollen G.e auf soziale Brennpunkte achten und diakon. Aufgaben wahrnehmen. Sie haben – je nach Gemeindesituation verschieden akzentuiert – einen diakon., mission. und seelsorgerl. Auftrag. Sie arbeiten mit Kindern, Jugendlichen, Erwachsenen und älteren Menschen. Viele G.e gehören einer Gemeinschaft an. Zu ihrem Dienst werden sie im Gottesdienst eingeführt.

3. Die Konzeption → Wicherns, daß neben dem Pfarramt, das für Verkündigung, Seelsorge und Sakramentsverwaltung zuständig ist, der apostol. Diakonat stehen sollte, ist bis heute nicht verwirklicht. Da es in vielen Gemeinden auch keine G.e gibt, ist der Gemeindediakonat als Amt der Kirche noch wenig ins Bewußtsein gedrungen. Da sich die Dienstaufträge von Pfarrern und G.en vielfältig berühren und z.T. überschneiden, ist eine klare Abgrenzung der Aufgabenfelder und der Zuständigkeit dringend geboten, zumal G.e mit ihrer qualifizierten Ausbildung darauf drängen, selbständig arbeiten zu können.

4. G.e werden meist auf Gemeindeebene angestellt, bisweilen auch auf Dekanats- oder Kirchenkreisebene für regionale Aufgaben.

Lit.: D. Aschenbrenner, G. Buttler: Die Kirche braucht andere Mitarbeiter, 1970; E. Beyreuther: Geschichte der Diakonie und inneren Mission in der Neuzeit, [3]1983; U. Kleinert: Sozialarbeit gehört zum Glauben – Berufspraxis der Gemeindediakonie, 1991; ders. Grundauftrag – Grundbedürfnisse – Grundprobleme von Gemeindediakoninnen und Gemeindediakonen, in: U. Kleinert (Hg.): Mit Passion und Profession: Zukunft der Gemeindediakonie, 1992; M.E. Kohler: Kirche als Diakonie, 1991;

L. Mattern

Gemeindehelfer/-in → Gemeindediakon/-in

Gemeindeleitung

Jede Gemeinschaft, gleich ob innerhalb oder außerhalb der Kirche, ist auf gewisse Leitungsfunktionen angewiesen. Auch die christl. Gemeinde bildet diesbezüglich keine Ausnahme, allerdings bleibt die konkrete Form der Leitungsstruktur vom NT her offen, was den einzelnen Gemeinden schon im Urchristentum einen großen Freiraum eröffnete.

Während die judenchristl. Gemeinden die synagogale Gemeindestruktur übernahmen, in der der Kreis der Ältesten die G. innehatte, wurde in den paulin. Gemeinden verstärkt auf die jeweiligen → Geistesgaben (griech. *charismata*, Röm 12; 1Kor 12-14) geachtet, die der Hl. Geist einzelnen Gemeindegliedern schenkte. Dies bedeutete durchaus keine Führungslosigkeit. Auch Paulus spricht von konkreten Leitungsfunktionen (vgl. 1Thess 5,12; Röm 12,8) und darüberhinaus von einer gewissen Führungsposition der Erstbekehrten in einer bestimmten Region (1Kor 16,15f; Röm 16,5).

Wichtiger noch als die Frage nach der Identität der jeweiligen Leiter ist die konkrete Form der Leitungsstruktur. Diese soll sich nach Paulus weder an der Persönlichkeit des oder der Gemeindeleiter(s) noch an weltlichen Maßstäben ausrichten, sondern einzig und allein an dem Wesen der Gemeinde als Leib Jesu Christi, der ihr einziges Haupt ist. Gemeinde ist wesentlich Christokratie. In diesem Sinne betont z.B. das ref. belgische Bekenntnis, daß Christus »der einzige weltweite Bischof und das einzige Haupt der Kirche« ist (Art. 31), dem alle Charismen und Ämter unterstehen. In der Tat gibt es im NT auch keinen wesentlichen Unterschied zwischen Charisma und Amt, denn das »Charisma des Regierens und Leitens (Röm 12,8; 1Kor 12,28) war unwiderruflich und in diesem Sinne eine Voraussetzung des Presbyter-Bischofs. Es konnte darüber hinaus in den Leitungsämtern auch die Befähigung zum Lehren nicht fehlen, denn nur Männer mit dem Charisma der Lehre wurden zur Leitung der Gemeinde bestimmt. Das Charisma hatte schon immer die Tendenz zum Amt, wobei umgekehrt auch das Amt nicht des Charismas entbehren kann« (H. Ridderbos).

Die primäre Aufgabe des bzw. der Gemeindeleiter(s) besteht in der geistl. Zurüstung der Gemeindeglieder, sowie in der Verteilung und Strukturierung der einzelnen Aufgaben, Dienste und Ämter. Das Ziel jeder G. sollte es sein, daß alle Mitglieder einer Gemeinde ihren Platz im Leib Christi ausfüllen und dadurch zum »reifen Mannesalter« (Eph 4,11-14) gelangen. Charakteristisch für die bibl. G. ist, daß sie als Dienst (griech. *diakonia*) verstanden wird. Jesus selbst ist in dieser Beziehung das Vorbild »Ich bin unter euch wie ein Diener!« (Luk 22,27; vgl. Mk 10,45). G.S.M. Walker faßt daher die ntl. Prinzipien wie folgt zusammen

1. Jegliche Autorität kommt von Christus und soll in seinem Namen und Geist geübt werden.

2. Die Demut Christi ist das Vorbild für christl. Dienst.

3. Geistl. G. wird eher gemeinschaftlich als hierarchisch ausgeübt.

4. Lehre und Leitung sind eng verknüpft.

5. Der Verkündiger des Wortes braucht Mitarbeiter für die Aufgabe der Leitung, Verwaltung und Organisation.

Das letzte Ziel der G. ist die qualitative und quantitative Erbauung der Gemeinde (→ Gemeindeaufbau) durch die Motivierung ihrer Glieder zu einem mission. Engagement in Wort und Tat. Sie sollen zum »reifen Mannesalter« geführt werden, zum »vollen Maß der Fülle Christi« (Eph 4,13-16).

S.a. → Kirchenleitung.

Lit.: W. Erk, Y. Spiegel (Hg.): Theologie und Kirchenleitung, 1976; H. Ridderbos: Paulus, (1966) 1975; H. Vogel: Wer regiert die Kirche? Über Amt, Ordnung, Regiment der Kirche, (TEH 15); G.S.M. Walker: »Gemeindeleitung«, GBL 1, 1987; 437f.

K. Runia

Gemeindeordnung

Die meisten Kirchen/Gemeinden haben sich, obwohl dies im NT nirgends verbindlich vorgeschrieben wird, Kirchen-/Gemeindeordnungen gegeben. So sagt der Apostel Paulus in 1 Kor 14,33, daß Gott kein Gott der »Unordnung, sondern des Friedens« ist, und fügt in V.40 im Blick auf die Gottesdienstverlauf hinzu: »Laßt aber alles ehrbar und ordentlich zugehen.« Dies bezieht sich natürlich auf die gesamte Existenz und Funktion von Gemeinde. Im NT begegnet so etwas wie G. am ehesten in den Pastoralbriefen, in denen Paulus die Voraussetzungen für Amtsträger nennt. Wie sie aber gewählt werden sollen, wird nirgends gesagt. Generell kann man im apostol. Zeitalter von zwei Arten christl. Gemeinden reden: Die judenchristl. Gemeinden, die sich in ihrer Ordnung mehr oder minder am Vorbild der Synagoge orientierten, und die heidenchristl. Gemeinden, die ihrem Wesen nach mehr charismatisch ausgerichtet waren, aber dennoch gewisse Führungsstrukturen aufwiesen. Schon sehr bald nach der Zeit der Apostel kommen ausgesprochene G.en auf (vgl. → Apostolische Väter: die Didache).

Im Laufe der Zeit entstanden verschiedenartige Typen von Kirchenverfassungen:

a. Der älteste Typ ist der hierarchische. Schon früh ging die Entwicklung dahin, daß jemand aus der Gruppe der → Ältesten, die es in jeder Gemeinde gab, als Führungspersönlichkeit hervorstach und → Bischof wurde (griech. *episkopos*, »der die Aufsicht führt«). Hierbei handelte es sich noch um den parochialen, also auf die Einzelgemeinde bezogenen Episkopat. Schon ein Jh. später hielt der Diözesanepiskopat seinen Einzug: Bischof meint nun den Leiter aller Gemeinden einer Region. Die hierarchische Ordnung wurde graduell noch weiter ausgebaut: Erzbischöfe standen ganzen Kirchenprovinzen vor. Der ranghöchste Bischof innerhalb dieser Ordnung, zumindest aus röm.-kath. Sicht, ist der Bischof von Rom, der Papst. Die orth. Kirchen des Ostens kennen Patriarchen.

b. In der Reformationszeit entstand aufgrund der Theologie Calvins ein neuer Typus von Gemeindeordnung: die presbyterial-synodale Ordnung. Hier wird die Gemeinde durch das Presbyterium geleitet, das aus den Ältesten sowie dem jeweiligen Pastor, der als lehrender Ältester betrachtet wird, besteht. Die jeweilige Denomination wird durch Versammlungen von Amtsträgern geleitet, auf regionaler Ebene durch Presbyterien oder Klassen, auf Provinzialebene durch Partikularsynoden und auf nationaler Ebene durch Generalsynoden bzw. Generalversammlungen.

c. Das am stärksten betonte Element des kongregationalistischen Systems ist die Autonomie der sich selbst leitenden lokalen Gemeinde. Obwohl es auch hier Amtsträger gibt, ruht die letzte Autorität auf den Gliedern der lokalen Gemeinde, wenn sie sich zu einer Gemeindeversammlung zusammenfinden. Dieses System findet sich hauptsächlich in Freikirchen, die allerdings nicht alle von kongregationalistischem Typus sind (siehe etwa das weltweite Verbundsystem der Methodisten).

Unter ev. Christen findet sich oft wenig Verständnis für die Belange von G.en. Hinzu kommt, daß die Lehre von der Kirche oft nur schwach ausgebildet erscheint. Die wahre Kirche, zu der alle Gläubigen als Glieder gehören, ist zerstreut unter alle existierenden Kirchengemeinschaften. Warum sollte man sich daher mit so etwas wie G.en befassen? Es muß zugestanden werden, daß diese Auffassung ein Körnchen Wahrheit enthält. Denn eine G. ist immer von sekundärer Bedeutung. Sie kann sogar hinderlich werden, indem sie die Freiheit der Kinder Gottes einzuschränken beginnt oder gar das Werk des Hl. Geistes in der Gemeinde hindert. Dennoch ist die Gemeinde als Leib Christi nicht der Ort für Verwirrung und Individualismus. Ein Leib kann nur dann richtig funktionieren, wenn alle seine Glieder und ihre Funktionen aufeinander abgestimmt sind. Wie auch immer die jeweilige Gemeindestruktur aussehen mag, so sollte sie doch stets den von Gott seiner Gemeinde zugedachten Aufgaben dienen: Nach innen, wie Paulus es in Eph 4,11.12 beschreibt: »Und er (Christus) hat einige als Apostel eingesetzt, andere als Propheten, andere als Evangelisten, andere als Hirten und Lehrer, damit die Heiligen für ihren Dienst zugerüstet werden. Dadurch soll der Leib Christi aufgebaut werden,...«; nach außen: Die Gemeinde ist aufgerufen, daß Evangelium vor der Welt zu bezeugen und ihren diakon. Auftrag in der Welt wahrzunehmen.

Lit.: K. Barth: Die Ordnung der Gemeinde, KD IV/2, 1955, 765-824; H. Dombois: Ökumenisches Kirchenrecht heute, in: Zeitschrift für evangelisches Kirchenrecht 24 (1979), 225-249; E. Schweitzer: Gemeinde und Gemeindeordnung im Neuen Testament, 1962; W. Wolf: Ordnung der Kirche, 1961.

K. Runia

Gemeindepädagogik

G., als Begriff Anfang der 70er Jahre entstanden, bezieht sich auf die Gemeinde als Lebens- und Lernort des Glaubens im Unterschied zur Religionspädagogik, die sich seit den 60er Jahren vor allem mit der Frage der Glaubensvermittlung in Schule und Gesellschaft (Religionsunterricht, kirchl. Schulen, Erwachsenenbildung) befaßt.

Gemeindepädagogische Prozesse gehen davon aus, daß Glauben- und Lebenlernen zusammengehören. Christl. Erziehung und Unterweisung vollzieht sich nicht primär im Medium der Belehrung, sondern des Gespräches, das Erfahrungen deutet, Lebenszusammenhänge vom Glauben her erschließt und kritische Auseinandersetzung ermöglicht. Hier wirken sich Einsichten der rel. Lebenslaufforschung aus: Jede Phase des Lebens hat ihre eigene Bedeutung für das Verstehen und Gestalten des Glaubens. Deshalb sind für die G. die wechselseitigen und generationsübergreifenden Lebens- und Lernbeziehungen bedeutsam (z.B. in der Beteiligung von Konfirmandeneltern und Paten am Konfirmandenunterricht).

Dieser päd. Ansatz greift auf ein theol. Verständnis von Gemeinde zurück, wie es Paulus in seiner Lehre von den Charismen entwickelt hat: Die Gemeinde ist der Leib Christi; in ihr kommen die einzelnen mit ihren Gaben und Fähigkeiten zur Geltung; Gemeinde als »Gemeinde der Beteiligten« bzw. als »Gemeinde der Befreiten«, berufen und befähigt zum Dienst aneinander und in Beruf, Gesellschaft und Welt.

Folgende konzeptionelle Schwerpunkte lassen sich in der G. unterscheiden:

– Ein integrativer Ansatz versteht G. als eine die verschiedenen pädagogischen Arbeitsfelder übergreifende, profilierende und integrierende Reflexions- und Handlungsdimension unter der Integrationsformel »Kommunikation des Evangeliums«.

– Ein struktureller Ansatz fragt nach den Konsequenzen, die die G. für das jeweilige Ziel der Gemeindearbeit, für die Zusammenarbeit verschiedener kirchl. Mitarbeiter (z.B. Pfarrer/-innen und Erzieher/innen), für berufsübergreifendes Lernen, für das Zusammenspiel von »Verheißung und Verwaltung« hat.

– Ein gemeindlich-gemeinwesenorientierter Ansatz versucht, sozialwissenschaftl.-gesellschaftsdiakon. Aspekte so zu entfalten, daß eine katechetisch-gemeindliche Engführung vermieden, das Recht des einzelnen, Subjekt seiner Bildung und Entwicklung zu sein, gewahrt und Gemeinde in ihrem gesellschaftsbezogenen Auftrag gestaltet wird.

– Ein gemeindlich-reformorientierter Ansatz fragt im Blick auf die großen ökumen. Aufgaben wie Gerechtigkeit, Frieden und Bewahrung der Schöpfung nach dem Beitrag der Kirchen für eine zukunftsfähige Gesellschaft und nach den Konsequenzen, die sich hierbei für den Lernort Gemeinde selbst ergeben.

Parallel zur Entwicklung der G. erfolgte eine veränderte und verbesserte berufliche Qualifikation kirchl. Mitarbeiter und Mitarbeiterinnen. In der Bundesrepublik wurden zu Beginn der 70er Jahre Ev. Fachhochschulen errichtet, die in einem eigenen Studiengang Religions- und Gemeindepädagogen ausbilden. In den Kirchen in der ehemaligen DDR wurde seit 1975 neben der Pfarrerausbildung eine eigene Ausbildung für Gemeindepädagogen/-pädagoginnen neu geschaffen, die in einzelnen Landeskirchen (Berlin-Brandenburg, Kirchenprovinz Sachsen, in Mecklenburg nur, wenn die Wahrnehmung von pfarramtlichen Pflichten vorgesehen ist) eine Ordination einschließt.

Lit.: G. Adam, R. Lachmann (Hg.): Gemeindepädagogisches Kompendium, 1987; F. Barth (Hg.): Gemeindepädagogik im Widerstreit der Meinungen, 1989; R. Degen: Gemeindeerneuerung als gemeindepädagogische Aufgabe. Entwicklung in den ev. Kirchen Ostdeutschlands, 1992; R. Degen, W.-E. Failing, K. Foitzik (Hg.): Mitten in der Lebenswelt. Lehrstücke und Lernprozesse zur zweiten Phase der Gemeindepädagogik, 1992; Der Ev. Erzieher 44 (1992) Heft 5; K. Foitzik: Gemeindepädagogik. Problemgeschichte eines umstrittenen Begriffs, 1992; ders., E. Goßmann: Gemeinde leben. Zusammenarbeit pädagogischer und theologischer Mitarbeiter. Gemeindepädagogik Bd. 2, [2]1987; E. Goßmann, H.B. Kaufmann: »Gemeindepädagogik«, EKL[3], Bd. 2, 73-77); K. Goßmann: Evangelische Gemeindepädagogik, in: JRP 4, 1988, 137-154; K. Goßmann, A. Pithan: Schritte der Hoffnung gehen. Gemeindepädagogik, Bd. 8, 1992; H.B. Kaufmann: Nachbarschaft von Schule und Gemeinde. Gemeindepädagogik, Bd. 6, 1990; Kirchenkanzlei der EKD: Zusammenhang von Leben, Glauben und Lernen. Empfehlungen zur Gemeindepädagogik, 1982; K.E. Nipkow: Grundfragen der Religionspädagogik, Bd. 3: Gemeinsam leben und glauben lernen, [3]1992; ders.: Bildung als Lebensbegleitung und Erneuerung. Kirchliche Bildungsverantwortung in Gemeinde, Schule und Gesellschaft, 1990; E. Schwerin: Gemeindepädagogik. Lernwege der Kirche in einer sozialistischen Gesellschaft. Gemeindepädagogische Ansätze, Spuren, Erträge, 1991.

K. Goßmann

Gemeindeprinzip

Im AT meint »Gemeinde Jahwes« Israel als »Volks-, Rechts- undKultgemeinde«. Im Urchristentum fällt die Eingrenzung auf die Stämme Israels weg, und der Rechts- und Kultcharakter der G. Christi bildet sich erst nach und nach heraus. Gemeinde begegnet im NT als Ortsgemeinde (z.B. in Korinth oder Ephesus) und repräsentiert als Gemeinde die ganze Kirche. Von daher hat jeder → Kongregationalismus in den verschiedenen Ausprägungen der Kirchengeschichte sein Kirchenverständnis abgeleitet, und grundsätzlich wird gelten können: Was sich nicht in einer normalen Ortsgemeinde (Parochie) leben läßt, bedarf besonderer Begründung, wenn es als kirchenkonstitutiv ausgegeben wird. Die spätere Unterscheidung zwischen Gesamtgemeinde (Kirche) und Einzelgemeinde (Ortsgemeinde) hat es zu Anfang des Christentums nicht gegeben. Wichtig ist die christologische Bestimmtheit der Gemeinde als Leib Christi und ihre endzeitliche Ausrichtung: Sie ist das neue Gottesvolk innerhalb einer vergehenden Welt. Solange diese beiden Aspekte dominierten, waren rechtliche und soziologische Fixierungen nicht erforderlich.

Je mehr sich die christl. Kirche ausgebreitet hat, desto mehr waren auch Zwischenebenen im Kirchenverständnis erforderlich (Kirchenkreis, Diözese, Landeskirche etc.). Jede Reformation und Erweckung hat aber wieder die Gemeinde gestärkt und das G.leben gefördert. Das gilt besonders für die → Reformation im 16. Jh., die in Predigt und Gottesdienst, Choral und Katechumenat, Pfarrerausbildung und Mitarbeiterpflege immer die Ortsgemeinde im Blick hatte. Luther hat das Wort »Kirche« so weit wie möglich vermieden und statt dessen von Gemeinde gesprochen. Seinem Freund → Bugenhagen ließ er bei dessen Kirchenordnungen immer freie Hand, aber er achtete darauf, daß diese sich als Gemeindeordnungen bewähren konnten.

Im Frühpietismus wurde dieses Anliegen aufgenommen und weitergeführt, z.B. in Speners collegia pietatis, in denen die versammelte Gemeinde ein geistl. Gespräch über die Bibel in Frage und Austausch führen (lernen) sollte. Die Hauskreis- und Kleinkreisarbeit der Ortsgemeinden ist daraus erwachsen. Gelegentlich hat es auch Separationen gegeben, wofür es zu allen Zeiten Beispiele gibt. Aber wer nicht Trennung riskiert, wird sie auch nicht vermeiden können. Trotzdem ist der Gedanke einer *ecclesiola in ecclesia* (einer Gemeinde von Gläubigen innerhalb der Ortsgemeinde) immer eine Vorstellung gewesen, die in Spannung zum bibl. Gemeindeverständnis stand (vgl. Mt 13,24ff).

Eine besondere Form der Gemeinde war die Sondergemeinde (Paragemeinde), die viele Erscheinungsformen kennt (Studentengemeinde, Hochschulgemeinde, Krankenhausgemeinde etc.). Am eindrucksvollsten und kontinuierlichsten hat sie sich im Klostermönchtum dargestellt. Geistl. und rechtl. ist das Kloster seit eh und je eigene Gemeinde und als solche auch Kirche, der Jurisdiktion des Ortsbischofs entnommen und dem Abt als Bischof unterstellt, andererseits ist das Kloster immer Gemeinde in der Kirche und für die Kirche und daher dem Bischof von Rom als dem Leiter der Gesamtkirche unterstellt. Je mehr es seine ekklesiale Zuordnung aufgab, verlor es seine Fruchtbarkeit. Ähnliches gilt auch für die ev. → Kommunitäten, aber auch für die → Gemeinschaftsbewegung. Solange das – nach dem bekannten, aber nicht verortbaren Dictum – »in der Kirche und mit der Kirche« gelebt wird, darf auch »aber nicht unter der Kirche« gelebt werden.

Immer wieder im Lauf der Kirchengeschichte ist das geistl. Gemeindeverständnis von einem rechtl. Kirchenverständnis aufgesogen worden oder das eine und das andere in Gegensatz zueinander getreten. An der Reformation Luthers und Calvins läßt sich lernen, daß beides vermeidbar ist. Luther bevorzugte »Gemeinde« gegenüber »Kirche«, weil er über dieses Wort das atl. und ntl. Gottesvolk miteinander verbinden konnte, weil Gemeinde zuerst eine geistl. Wirklichkeit beschrieb, die von der Verkündigung des Evangeliums und der Austeilung der Sakramente lebt (Joh 10, Congregatio sanctorum in CA VII). Kirche in all ihren Gestaltungen wäre nach Luther von der Gemeinde aus zu imprägnieren und zu durchsäuern. Calvin hat durch die Einrichtung der vier Grundämter (Pastor, Lehrer, Ältester, Diakon) den ersten Schritt auf eine Gemeindeordnung hin getan. Allerdings zeigt das Ringen um Gemeindeordnungen im 16. Jh., wie prägend der anstaltlich bestimmte Gesichtspunkt Kirche auch unter Zwingli, W. Musculus und Calvin noch war.

Das Kollegialprinzip des 18. Jh.s hat zwar das Territorialprinzip des Landesherrn eingeschränkt, aber den Gemeindegedanken nicht gefördert. So brauchte es seine Zeit, bis das presbyteriale und synodale »System« sich im 19. Jh. allmählich durchsetzen konnte. Die »Bekennenden Gemeinden« im Kirchenkampf haben die geistl. und rechtl. Bedeutung einer im Bekenntnis gegründeten Gemeindeordnung nachdrücklich erfahren und den Landeskirchen und ihren Gemeinden nach 1945 weitergegeben. Daß im letzten Jahrzehnt so intensiv von einem geistl. und mission. → Gemeindeaufbau die Rede ist, signalisiert, daß der bibl.-reformat. Weg noch keineswegs zu Ende gegangen ist.

Die röm.-kath. Kirche kennt den Gemeinde-Begriff so nicht. In den Freikirchen erhielt »Gemeinde« eine neue und eigene Ausprägung. Nach ihrem theol. Selbstverständnis wollen sie auf ausschließlich missionarische Weise »Gemeinde nach dem NT« bauen, d.h. als Gemeinschaft der wahrhaft Gläubigen und als Priestertum aller Glaubenden. Die (häufig vereinsähnliche) rechtliche Ordnung der Einzelgemeinden und die überörtliche Organisation (die vor allem von den Methodisten betont wird) hat dem missionarischen Gemeindeaufbau am Ort zu dienen. In den Gemeindeversammlungen werden die notwendigen Entscheidungen getroffen und gegebenenfalls auch Gemeinde- bzw. Kirchenzucht geübt.

Lit.: K. Barth: Die Ordnung der Gemeinde, 1955; Berufen, beschenkt, beauftragt, das Ev.-method. Verständnis von Kirche, 1991; K. Bussemer: Die Gemeinde Jesu Christi, [6]1968; H. Lenhart: Studien zur Entwicklung der Ekklesiologie in den Freien evangelischen Gemeinden in Deutschland, 1977; E. Schweizer: Geist und Gemeinde im NT und heute, 1952; O. Weber: Versammelte Gemeinde, 1949; E. Wolf: Bekennendes Kirchenrecht, 1948.

G. Ruhbach

Gemeindetag unter dem Wort

G.e unter dem Wort finden seit 1973 in unregelmäßigen Abständen statt, veranstaltet von einem Trägerkreis, dem Verantwortliche der Bekenntnisbewegung »Kein anderes Evangelium«, der Konferenz Bekennender Gemeinschaften, des Gnadauer Verbandes, des CVJM und der Ludwig-Hofacker-Vereinigung angehören. Die G.e werden durch Spenden finanziert.

Anlaß für die G.e waren revolutionäre Thesen und Aktionen, die um 1970 auch in den Raum der Kirche eindrangen. »Angesichts der wachsenden geistlichen Verwirrung« schien »das Verlangen der Gemeinde Jesu Christi nach erwecklichen Glaubenstreffen« groß. Vorbild für die G.e waren die »Evangelischen Wochen« und die »Gemeindetage unter dem Wort«, die in den Kampfzeiten der »Bekennenden Kirche« durchgeführt worden waren, aber auch die ersten Deutschen Ev. Kirchentage der Nachkriegszeit. Der erste G. versammelte 25.000 Besucher in der Dortmunder Westfalenhalle (31. 5. 1973). Der zweite G. (29. 5. 1975 im Stuttgarter Neckarstadion; 40.000 Teilnehmer) war stärker von erwecklicher Ermutigung als von der Abgrenzung von Irrlehren geprägt. Die seitdem durchgeführten G.e (Dortmund 1977; Stuttgart 1978 und 1982; Essen 1984; Stuttgart 1989 und 1992) hatten die Ziele:

– Horizontweitung für die größere Gemeinschaft

– Weckung der Verantwortung für die

noch unerledigten Ziele in den Bereichen von → Evangelisation und Weltmission

– Ruf zum Glauben und zur Stärkung des Glaubens

– bibl. verantwortetes Warnen vor dogmat. und ethischen Fehlentwicklungen

– Teilnahme an der Verantwortung polit. Mandatsträger.

Die G.e waren veranstaltet worden, nachdem in Gesprächen mit der Leitung des Deutschen Ev. Kirchentags klar geworden war, daß sich der DEKT als »Forum« des nach Frömmigkeit, Theologie, Ethik und polit. Überzeugung vielförmigen Protestantismus verstehen will. Die G.e haben sich als wichtiges zusätzliches Großtreffen im Bereich der Kirchen und Freikirchen deutschen Sprachraums erwiesen. Jeweils wird versucht, DEKT und G. terminlich so zu entflechten, daß es zu keiner zeitlichen Überschneidung mit den traditionell an Fronleichnam stattfindenden G.en kommt; das ist dem DEKT nicht immer gelungen. Der G. ist wie der DEKT keine kirchen-»amtliche« Aktion, sondern ein »freies Werk« in der Kirche.

R. Scheffbuch

Gemeindeversammlung → Gemeinde

Gemeindevertretung → Gemeinde

Gemeindewachstums-Bewegung

Donald McGavran (1897-1990) war der Nestor der amerikan. G. (Church Growth). Bis 1954 war Mc Gavran Missionar in Indien. Danach hat er aus missionswissenschaftl. Sicht Gemeindeaufbau-Forschung betrieben. Seine Leitfrage lautete: Warum und unter welchen Bedingungen wachsen Gemeinden zahlenmäßig und qualitativ? 1965 gründete McGavran die School of World Mission am Fuller Theological Seminary in Pasadena (USA). 1970 erschien das wohl wichtigste Werk »Understanding Church Growth« (seit 1989 auch in Deutsch). In Deutschland bekannt wurde auch McGavrans Mitarbeiter und Nachfolger Peter C. Wagner.

Seit 1979 ist die G. auch in Deutschland aktiv geworden. Der württembergische Unternehmer Jörg Knoblauch ist einer der wichtigsten Multiplikatoren des Church-Growth-Gedankengutes. Gemeinsam mit Theologen aus dem Umfeld von Fritz Schwarz (»Überschaubare Gemeinde«) entstand die »AGGA« (Arbeitsgemeinschaft für Gemeindeaufbau, unter dem Vorsitz von Bernd Schlottoff, ab 1991 Klaus Eickhoff) mit Tagungen und Seminaren zum Thema → Gemeindeaufbau (parallele Organisationen entstanden in der Schweiz und in Österreich). Ebenfalls seit 1979 werden die Gedanken der G. durch das Quartalsblatt »Gemeindewachstum« in Deutschland verbreitet. Seit 1980 arbeitet in Gießen unter der Leitung von Roger Bosch das »Institut für Gemeindeaufbau« im Sinn der Church-Growth-Theologie. Neben Veröffentlichungen bietet das Institut vor allem Seminare an, z.B. über → Gebet, Gemeindeanalyse (ein wichtiges Stichwort für die G.), → Hauskreisarbeit, → Geistesgaben.

Die Theologie der G. ist vor allem Evangelisations-Theologie. McGavran ging es um »conversion evangelism«, um eine auf → Bekehrung zielende → Evangelisation. Dieser Auftrag wird in weltweiter Dimension begriffen: es geht um Weltevangelisation (z.B. in der DAWN-Bewegung). Sprachliche, kulturelle und geographische Grenzen sind zu überschreiten. Und Evangelisation wird immer im Zusammenhang mit Gemeindeaufbau gesehen: die Gemeinde muß evangelistische, sammelnde und sendende Strukturen haben; die Neu-Bekehrten müssen auch Glieder von Gemeinden werden, soll ihr Glaube von Bestand sein. H. Kasdorf faßt das Prinzip von Church Growth präzise zusammen: G. heißt einfach: »Verkündigung und Bekehrung zu Gott, Integration der Neubekehrten in die Glaubensgemeinschaft und Verdoppelung der Glaubensgemeinden« (Kasdorf, 14). Dabei ist der Grundansatz optimistisch: es werden sich Menschen bekehren, Gemeinden werden wachsen und viele neue Gemeinden werden gegründet werden. Neue Gemeinden sind notwendig, damit jeder Mensch die Chance hat, das Evangelium kennenzulernen, ohne kulturelle Schranken überwinden zu müssen. G. ist immer auch Gemeindegründungsbewegung. Dahinter steht der Gedanke der »homogeneous units«, der homogenen Gruppen mit »Wir-Gefühl«, die es dem Menschen leichter machen, sich für das Evangelium zu öffnen. Die G. hat den Anspruch wissenschaftl. Analyse: immer neue Erhebungen und Statistiken sollen den Gesetzmäßigkeiten des Gemeindewachstums auf die Spur kommen (z.B. eine regelmäßige Statistik der bestbesuchten Gottesdienste in Deutschland in der Zeitschrift »Gemeindewachstum«). Man erkennt wachsende Gemeinden an bestimmten Merkmalen: vernünftige und nüchterne Bestandsaufnahme, Einmütigkeit in der Arbeitsplanung, motivierende Pfarrer als Leiter, lebendige Gottesdienste, viele kleine Zellen (z.B. Hauskreise), Offenheit für alle Charismen, konkretes und erwartungsvolles Gebet, soziales Engagement der Gemeinde und ihrer Mitarbeiter, evangelist. Arbeitsformen wie z.B. Grundkurse des Glaubens, Aktion »Neue Schritte« o.ä. und schließlich gute äußere Bedingungen.

In den 80er Jahren hat die deutsche G. sich sehr stark mit der »Dritten Welle des Heiligen Geistes« (nach der → Pfingstbewegung und der → Charismatischen Bewegung) identifiziert und damit eine wachsende Nähe zur Geistlichen Gemeinde-Erneuerung entwickelt. Die Frage nach den Charismen im Gemeindeaufbau (z.B. der Zusammenhang von Heilungswundern und evangelist. Vollmacht), die Suche nach neuen evangelist. Methoden (z.B. Jesus-Marsch), die Forderung, in und auch neben der Volkskirche viele neue Gemeinden zu gründen sowie die Aussöhnung zwischen evangelikalen und charismat. Christen und Bewegungen sind vorherrschende Themen, z.B. auch beim gemeinsamen Gemeindekongreß der AGGA und der GGE in Nürnberg 1991. Die G. ist ein wichtiger Impulsgeber für die Gemeindeaufbau-Bewegung in Deutschland. Sie muß sich immer wieder bemühen, ihre amerikanischen Ursprünge auf die deutsche und damit volkskirchl. Situation zu übersetzen. Häufig muß sich die G. gegen den Vorwurf der »Technokratie« wehren: Die G. stehe in der Gefahr, geistl. Prozesse für machbar zu erklären, wenn nur die richtige Methodik eingesetzt wird. Mit ihrer starken Betonung der Gemeindegründung und ihrer zunehmenden Nähe zur charismatischen Bewegung hat die G. in Deutschland ab 1988 einige Konflikte und auch größere Sympathieverluste, vor allem bei Theologen, die sich dem mission. Gemeindeaufbau in der Volkskirche verpflichtet fühlen, hinnehmen müssen.

Lit.: W. u. C. Arn, Chr. Schwarz: Gemeindeaufbau – Liebe in Aktion, 1985; M. Herbst: Missionarischer Gemeindeaufbau in der Volkskirche, [2]1988, 253-268; H. Kasdorf: Gemeindewachstum als missionarisches Ziel, 1976; J. Knoblauch: Gemeindeaufbau hat Zukunft, 1987; D. McGavran: Gemeindewachstum verstehen, 1989; B. Schlottoff (Hg.): Gemeindeaufbau provokativ, 1989; Chr. Schwarz: Praxis des Gemeindeaufbaus, 1987; F. Schwarz: Überschaubare Gemeinde, Bd. 1, 1979; C.P. Wagner: Gemeindegründung. Die Zukunft der Kirche, 1989; ders.: Die Gaben des Geistes für den Gemeindeaufbau, 1987.

M. Herbst

Gemeindezentrum

G. bezeichnet eine Verbindung von Bauten, Räumen und Einrichtungen einer Kirchengemeinde (Gemeindehaus, Pfarrhaus, Kindergarten, Diakoniestation, Verwaltungsräume u.a.), v.a. wenn auch eine Kirche oder ein Gottesdienstraum eingeschlossen ist.

Bereits die frühchristl. Hauskirchen bestanden aus mehreren Räumen, und die ersten Kirchengebäude hatten Nebenräume (→ Kirchenbau).

Die mittelalterl. Klosteranlage stellte für die Klostergemeinschaft gleichsam ihr »Gemeindezentrum« dar. Spitäler besaßen vielfach eigene Kapellen oder Kirchen, waren also selbst kleine »Gemeindezentren«. Das Bauen der Kirchengemeinde im MA und nachfolgend bis zum Ende des 19. Jh.s beschränkte sich auf Kirchengebäude und Pfarrhaus.

Über Jahrhunderte hindurch war die Sonntagspredigt zugleich »Nachrichtendienst« und »Bildungsveranstaltung« für die Bevölkerung. Mit zunehmender Mobilität der Bewohner, mit der Veränderung der Wohn- und Arbeitswelt, mit der Änderung der Bildungseinrichtungen wuchs die Notwendigkeit für die Kirchengemeinde, unter der Woche in spezifischen Gruppen und Kreisen zusammenzukommen. So entstanden im 19. Jh. die ersten Gemeindehäuser und Vereinshäuser christl. Gemeinschaften. Um die Wende vom 19. zum 20. Jh. entstanden Kirchenbauten, die unter ihrem Dach auch Gemeindesaal und Gruppenräume einschlossen. Nach dem Zweiten Weltkrieg ergab sich in neuen Siedlungsgebieten für die Kirchengemeinden der Zwang, alle erforderlichen Bauten auf einmal oder je nach finanziellen Möglichkeiten in aufeinanderfolgenden Bauabschnitten neu schaffen zu müssen. Daraus entwickelte sich der Gedanke des G.s weiter. Der Gottesdienstraum wurde zunächst noch in einem eigenen Kirchengebäude zusammen mit den Baukörpern der anderen Aufgaben gruppiert, später zugunsten eines »Mehrzweckraumes« oft weggelassen oder als Gottesdienstraum in einen Baukörper mit anderen Räumen integriert.

Da die Besucherzahl bei »normalen« Sonntagsgottesdiensten, Werktags- und Feiertagsgottesdiensten meist stark variiert, bietet ein integrierter Gottesdienstraum die Möglichkeit der Erweiterung um den Gemeindesaal oder andere Räume mittels Öffnen einer beweglichen Wand. Bald stellte sich auch die Aufgabe, große historische Kirchen – für geschrumpfte Gemeinden oft zu groß – durch Einbau kleinerer Räume zu G.en umzubauen. Solche Lösungen werden in Zukunft vielfach die einzige Möglichkeit bieten, große Kirchen sinnvoll für die Gemeindearbeit nutzen und damit erhalten zu können.

Eine Sonderform des G.s stellt – von England und den Niederlanden ausgehend – das ökumen. G. dar. Dabei treten meist ev. und kath. Kirchengemeinden vor Ort als getrennte oder gemeinsame Bauherren auf, manchmal auch die bürgerliche Gemeinde als Dritte im Bunde. Nach dem Raumprogramm können folgende Formen unterschieden werden:

– mit getrennten Gottesdiensträumen (ev. und kath.)

– mit kath. Gottesdienstraum, der von der ev. Kirchengemeinde mitbenutzt wird oder – seltener – umgekehrt.

Die anschließenden Gemeinderäume stehen im Eigentum jeweils einer der beiden Gemeinden, werden aber je nach Bedarf auch von der anderen Gemeinde benutzt.

Die neue Aufgabe des G.s bietet dem Architekten Gestaltungsmöglichkeiten für vielfältig nutzbare und zugleich anspruchsvolle Bauten, die innen überlegte Grundrisse und spezielle technische Einbauten (Elementschiebewände, Küchen, Rampen oder Aufzüge und eigene Toiletten für Behinderte) erfordern und von außen zum Eintreten einladen und zugleich Zeichen geben sollen von der christl. Gemeinde in der Welt.

Lit.: M. Görbing, H. Grass, H. Schwebel: Planen, Bauen, Nutzen – Erfahrungen mit Gemeindezentren, 1981; R. Volp, H. Schwebel (Hg.): Oekumenisch Planen, 1973; W. Weyres, O. Bartning: Kirchen – Handbuch für den Kirchenbau, 1959.

G. Memmert

Gemeindezucht

a) grundsätzlich

Der Kirchen- bzw. Gemeindezucht unterworfen sind Gemeindeglieder, die in offensichtlichen Sünden leben. Menschen außerhalb der Kirche befinden sich natürlich auch außerhalb ihrer »Rechtsprechung« (vgl. 1Kor 5,12.13). Jedes Glied am Leibe Christi aber ist ohne Ansehen der Person der G. unterworfen. Für gewöhnlich wird zwischen der G. an Gemeindegliedern und der an Amtsträgern unterschieden. Gerade bei letzteren sollte größtmögliche Sorgfalt walten (vgl. 1Tim 5,19.20), bevor Maßnahmen ergriffen werden. Wenn sie jedoch in offensichtlichen Sünden leben, sind sie der G. sowohl als Gläubige, aber auch als Amtsträger zu unterwerfen. Die altref. Orthodoxie beschreibt in den Beschlüssen der Synode von Dordrecht (1619) solche Sünden zunächst ganz allg. als »jede öffentliche, schwere Sünde, die eine Schande ist und wert durch die Kirchenleitung bestraft zu werden« (Art. 79). Dieses Verständnis wird in Art. 80 als »falsche Lehre oder Häresie, öffentliche Gotteslästerung, Meineid, Ehebruch, Hurerei, Diebstahl, Gewalttätigkeit, Trunksucht etc.« spezifiziert. G. an Amtsträgern geschieht durch zeitweilige Suspendierung und/oder Amtsentsetzung. Bei Gemeindegliedern wird zwischen zwei Arten von Verstößen unterschieden: gottlose Lebensführung und Irrtümer in der Lehre. Beides wird von der Schrift verurteilt. Eine Sünde wird jedoch erst dann zum Gegenstand von G. werden können, wenn sie anderen zum Anstoß wird, entweder durch ihre öffentliche Ausübung oder durch die unbußfertige Haltung des Sünders. Mit Ausnahme öffentlicher Sünden sollte jede Vermahnung in Anlehnung an Mt 18,15-17 auf der persönlichen Ebene beginnen. Ja, jede Form öffentlicher G. sollte vielmehr in der gegenseitigen Ermahnung der Gemeindeglieder gegründet sein (vgl. Röm 15,14; 1 Thess 5,11; Hebr 3,12.13). Weigert sich der Sünder, auf die persönliche Mahnung zu hören, oder ist die Sünde von öffentlichem Belang, wird der Amtsträger sich gezwungen sehen, offiziell G. anzuwenden. Für gewöhnlich beginnt diese mit einer Ermahnung und dem Ausschluß vom Herrenmahl. Hält der Sünder an der Sünde fest, kann er ggf. völlig exkommuniziert werden. Echte Buße aber ist das Ende jeder öffentlichen Disziplinarmaßnahme. Nach einer solchen Buße gilt auch der exkommunizierte Sünder wieder als in die Kirchengemeinschaft aufgenommen. Jede Disziplinarmaßnahme sollte im Geist christl. Liebe praktiziert werden (vgl. 1Kor 13,4-7), denn letztlich ist das Ziel aller G. nicht Bestrafung, sondern Rettung.

In den heutigen Großkirchen ist G. im Grunde genommen unmöglich geworden. In diesen Kirchen findet sich kein Festhalten und Verfechten der jeweiligen Bekenntnisschriften mehr. Darüber hinaus ist die geistl. Gemeinschaft so schwach geworden, daß G. nicht länger aus Glaube, Liebe und Gebeten der ganzen Gemeinde geboren wird.

Lit.: R. Bohren: Das Problem der Kirchenzucht im Neuen Testament, 1952; H. Frh. v. Campenhausen: Kirchliches Amt und geistliche Vollmacht in den ersten drei Jahrhunderten, 1953; R. Götze: Wie Luther Kirchenzucht übte, 1958; J. Plomp: De kerkelijke tucht bij Calvijn, 1969; W. Wolf: Ordnung der Kirche, 1961.

K. Runia

b) in Landeskirchen

G. ist grundsätzlich sowohl dann zu üben, wenn Glauben und Lehre der Gemeinde angegriffen sind, als auch dann, wenn das Verhalten eines Mitchristen dem Gebot Gottes zuwiderläuft, wie es in der Gemeinde und durch sie verkündigt wird, und für dessen Geltung die Gemeinde einzustehen hat.

Die G. verfolgt damit eine dreifache Zielrichtung: Sie wehrt zum einen dem Anschein, als habe das verkündigte Wort in der Gemeinde selbst keine Geltung; sie sucht dadurch zu verhindern, daß das Zeugnis der Gemeinde vor der Welt unglaubwürdig wird. Sie stellt zum zweiten den Versuch dar, das betreffende Gemeindeglied zur Einsicht zu bewegen und es in die Gemeinschaft zurückzuführen. Sie dient endlich dem Frieden in der Gemeinde, indem sie die in ihr geltende Lehre und Sitte angesichts abweichender Verhaltensweisen zur Geltung bringt und dadurch entstandenem Ärgernis wehrt.

Zu brüderlicher Ermahnung und Hilfe ist jedes Gemeindeglied berechtigt und verpflichtet. Soweit Maßnahmen der G. darüber hinaus gehen, werden sie durch die nach der Kirchen- oder Gemeindeordnung dazu Berufenen geübt. Dies können sowohl die Vertreter der Gemeinde (Presbyter, Kirchengemeinderäte) als auch die Inhaber besonderer Ämter sein, insbesondere die zur Verkündigung des Wortes Gottes Berufenen.

Maßnahmen der G. sind in neuerer Zeit vorgesehen in kirchl. Wahlordnungen wie in einzelnen Ordnungen des kirchl. Lebens (z.B. Konfirmations-, Trauordnung). Sie bestehen im zeitweiligen Entzug kirchl. Rechte. So kann vom Wahlrecht ausgeschlossen werden, wer durch sein Verhalten Jesus Christus als alleinigen Herrn der Kirche leugnet oder seine Verkündigung grob mißachtet. Ein solches Verhalten führt auch zur Zurückstellung von der Konfirmation. Die in den Kirchen der ehemaligen DDR frühzeitig getroffene Entscheidung, wonach die Teilnahme an der staatlichen Jugendweihe die kirchl. Konfirmation ausschloß, hat sich auf die Länge der Zeit nicht ausnahmslos durchhalten lassen. Die in den einzelnen Ordnungen formulierten Bestimmungen sind als allg. Grundsatz anzusehen, welcher auf alle kirchl. Rechtsbereiche Anwendung finden kann. Im Einzelfall wird zu prüfen sein, welche Gründe für das Verhalten des Gemeindeglieds bestimmend waren, und wie das Gemeindeglied nachträglich zu seinem Fehlverhalten steht.

Während in den alten Kirchenordnungen dem zeitweiligen Ausschluß vom Abendmahl (→ Exkommunikation) große Bedeutung zukam, ist in der volkskirchl. Praxis die Zurückweisung vom Tisch des Herrn eher in den Hintergrund getreten. Dies hängt nur zum Teil damit zusammen, daß ethische Überzeugungen und Verhaltensweisen einem geschichtl. Wandel unterliegen und daher im Streit der Meinungen immer neu an dem lebendigen Wort der Hl. Schrift geprüft werden müssen. Die öffentliche Bloßstellung vor der Gemeinde wird heute nicht mehr als angemessenes Mittel empfunden, um einzelne Glieder der Gemeinde auf den rechten Weg zurückzuführen. Jedoch kann sich auch in der Volkskirche eine Situation ergeben, in der die Gemeinde der Welt die Zucht als einen Akt des Bekenntnisses schuldet. Als »Märtyrer der Kirchenzucht« bekannt geworden ist der rheinische Pfarrer Paul Schneider, der in der Zeit des Nationalsozialismus den Gedanken der Kirchenzucht gegenüber einem Gemeindeglied wiederzubeleben versuchte, das die christl. Weihnachtsbotschaft mit der Veranstaltung einer »deutschgläubigen« Julfeier angriff. Schneider bezahlte diesen Versuch mit seinem Leben.

Lit.: M. Brecht: Kirchenordnung und Kirchenzucht in Württemberg vom 16. bis zum 18. Jahrhundert, 1967; H. Diem: Lebensordnung und Kirchenzucht, ZEvKR 4 (1955), 291-307; G. Ebeling: Kirchenzucht, 1947; A. Schönherr: »Kirchenzucht, Verlegenheit und Auftrag«, Handbücherei für Gemeindearbeit, Heft 37, 1966; A. Stein: Evangelisches Kirchenrecht, [2]1985; Chr. Stoll: »Kirchenzucht«, Bekennende Kirche, Heft 51/52, 1937.

M. Daur

c) in Freikirchen

Nach freikirchl. Gemeindeverständnis kann nur Gemeindeglied sein, wer bereit ist, seinen Glauben an Christus in Wort und Tat zu bekennen. Die Praxis der G. bei den → Täufern der Reformationszeit, die ref. Ekklesiologie (G. als *nota ecclesiae*, »Kennzeichen der wahren Kirche«) und die pietist. Betonung der → Heiligung haben dahingehend zusammengewirkt, daß G. in Freikirchen von Anfang an als wesentlicher Bestandteil schriftgemäßer Gemeindeordnung angesehen wurde. Obwohl heute hier und dort Unsicherheiten über ihren Inhalt und ihre Form erkennbar sind, wird die Aufgabe doch noch weitgehend ernstgenommen.

Ausgehend von Mt 18,15-18 wird freikirchl. G. üblicherweise in drei Schritten vollzogen: Auf erste vertrauliche Ermahnungen (häufig durch den Pastor und die Ältesten) folgt die Darlegung des Sachverhaltes vor der Gemeindeversammlung und schließlich (bei fortdauerndem Festhalten an der Sünde oder der Irrlehre) der Ausschluß aus der Gemeinde. Wie für die Aufnahme eines Gemeindegliedes ist auch für den Ausschluß die Gemeinde als ganze verantwortlich. Ein solcher Ausschluß ist weder gleichbedeutend mit dem Verlust des Heils (obwohl er mit ihm einhergehen kann) noch muß er endgültig sein; er zielt vielmehr als äußerste Maßnahme der → Seelsorge auf die Umkehr des Betroffenen und seine Wiederaufnahme in die Gemeinde.

Die Evangelisch-methodistische Kirche hat sich eine Kirchenzuchtordnung und (für Hauptamtliche) eine Disziplinarordnung gegeben. Beide richten sich gegen schwerwiegende Verstöße in Lehre und Leben, wenn keine Bußfertigkeit zu erkennen ist. Ein Gemeindeglied, das seine bei der Aufnahme übernommenen Verpflichtungen trotz seelsorgl. Bemühungen vernachlässigt, ist nach zwei Jahren im Register zu streichen.

Bei den Baptisten dominierte zunächst (im 19. Jh.) einseitig das Anliegen, die Gemeinde rein zu halten. In Verbindung mit einem gesetzlichen Schriftverständnis (etwa in der sog. »Sabbatheiligung«) führte das zu einer Häufung von Ausschlüssen. Später trat dann das Ziel einer seelsorgl. Gewinnung des Gemeindegliedes in den Vordergrund, und die Ausschlüsse wurden seltener. Als Gründe für einen Ausschluß werden heute am häufigsten das dauerhafte Fernbleiben vom Gottesdienst, sexuelle Fehltritte oder allg. der Verlust des Glaubens genannt. Vielfach kommen Glieder durch Austritt aus der Gemeinde einem Ausschluß zuvor.

Lit.: E. Brandt: Vom Bekenntnis der Baptisten; Vom Gemeindeleben der Baptisten, in: G. Balders (Hg.): Ein Herr, ein Glaube, eine Taufe, 1984, 197ff, 252ff; E. Geldbach: Freikirchen, 1989; Lehre, Verfassung und Ordnung der Evangelisch-methodistischen Kirche, 1992; R. Thaut: Der theologische Beitrag der Freikirchen, in: H.B.Motel (Hg): Glieder an einem Leib, 1975, 9ff.

U. Swarat

Gemeinschaft

G., griech. *koinonia*, bedeutet gegenseitiges Anteilhaben und -geben, aber auch enge Beziehung.

In der hell. Welt und bei den griech. Philosophen erfährt G. hohe Wertschätzung und bezeichnet die selbstverständliche, ungebrochene G. zwischen Göttern und Menschen, aber auch die enge, brüderliche Verbindung von Menschen untereinander. Im profanen Gebrauch kann es auch den gemeinsamen Anteil an einer Sache (z.B. bei Rechtsverhältnissen) oder einer Person (z.B. Ehe) beschreiben.

G. (*koinonia*) als Begriff findet im AT und den Evv. keine Verwendung, obwohl sein Inhalt vielfach verhandelt wird. Größte inhaltliche Nähe besteht im AT beim Bundesgedanken (→ Bund). Die in Apg 2,44 beschriebene → Gütergemeinschaft der Jerusalemer Urgemeinde darf als zeichenhafte Ausstrahlung der unmittelbar nachpfingstlichen Gemeinde verstanden werden. Sie ist weder für die anderen urchristl. Gemeinden normativ, noch kann sie als Ursache für die frühzeitige Verarmung der Jerusalemer Gemeinde gelten. Erst Paulus scheint G. (*koinonia*) in sein theol. Denken aufgenommen und inhaltlich geprägt zu haben. Er gebraucht G. ausschließlich in rel. Zusammenhängen. G. ist somit nicht einfach Gemeinsamkeit oder Genossenschaft und mehr als ein Zusammenschluß von Menschen, die ein gemeinsames Anliegen vertreten. Mit G. wird die Glaubensbeziehung als »Anteilhaben« beschrieben: 1Kor 1,9 – am Sohn; 2Kor 13,13 – am Hl. Geist; Phil 1,5 – am Evangelium. In der Teilnahme am Herrenmahl vollzieht sich Gemeinschaft am Blut Christi (1Kor 10,16). Solcher Lebenszusammenhang mit Christus schließt auch die Teilhabe an seinem Leiden (Phil 3,10) mit ein. G. unter Christen ist eingebettet in deren G. mit Christus und dem Vater (1Joh 1,3; 2Petr 1,4: Teilhabe an der göttlichen Natur). Im Miteinander der Christen wird ihre Christusgemeinschaft sichtbar, dargestellt im Bild vom Leib Christi (1Kor 12,12ff). Solche im Glauben geschenkte Lebensgemeinschaft mit Gott ist nach Apg 2,42 konstitutives Merkmal der Gemeinde Jesu. Sie prägt das Leben der Glaubenden (Röm 6,6.8). Obwohl sie »in Christus« neu geworden sind (2Kor 5,17), leben sie in Raum und Zeit dieser Welt, was die ständige Bedrohung der G. durch die Sünde bedeutet. Im Extremfall kann es sogar zur Teilhabe an Sünden anderer kommen (1Tim 5,22). Durch Schuldbekenntnis und erfahrene Vergebung wird die G. erneuert (1Joh 1,6-9). Ihre Vollendung erfährt sie im Abendmahl des Lammes (Offb 19,9).

Lit.: D. Bonhoeffer: Gemeinsames Leben, [4]1980; W. Popkes: »Gemeinschaft«, RAC 9, 1976, 1100ff; J. Schattenmann: »Gemeinschaft«, TBLNT 1, [8]1990, 495-499.

J. Drechsel

Gemeinschaft → Communio Sanctorum; Gemeinde

Gemeinschaft europäischer evangelikaler Theologen (GEET/FEET)

Die GEET bzw. FEET (Fellowship of European Evangelical Theologians) ging aus dem internationalen Kongreß für Weltevangelisation 1974 in Lausanne (Schweiz) hervor. Dr. John Stott (London) lud führende evangelikale Theologen aus allen Teilen Westeuropas nach Chesière (Schweiz) ein, um die Möglichkeit der Gründung einer solchen Gemeinschaft zu erörtern. Zwei Jahre danach fand in Heverlee (Belgien) eine erste gesamteuropäische Konferenz statt, bei der die Gemeinschaft offiziell gegründet wurde. Die Arbeitsgrundlage der Gemeinschaft ist nahezu mit der der Evangelischen → Allianz identisch. Zweck ist es, in Treue der Heiligen Schrift gegenüber evangelikale Theologie in Europa zu fördern. Hierdurch soll eine Erneuerung des theol. Denkens innerhalb der evangelikalen Bewegung und in den verschiedenen Kirchen, in denen die der Gemeinschaft angehörenden Theologen beheimatet sind, erreicht werden. Die GEET möchte zum theol. Studium sowie zur Forschung durch Konferenzen, gegenseitige Beratung und Korrespondenz anregen. Bisher besteht ihre Tätigkeit hauptsächlich in einer alle zwei Jahre abgehaltenen Konferenz, die gewöhnlich in Wölmersen bei Altenkirchen stattfindet. Diese Konferenzen werden durch das Exekutivkomitee organisiert. Darüber hinaus möchte die Gemeinschaft die Publikation evangelikaler theol. Literatur fördern. Ein wichtiger Zweig der GEET ist der 1977 in Deutschland entstandene → Arbeitskreis für evangelikale Theologie (AfeT).

Lit.: I.H. Marshall: Christian Experience in Theology and Life, 1988; K. Runia, J. Stott (Hg.): Das Himmelreich hat schon begonnen. Reich Gottes in unserer Zeit, 1977.

K. Runia

Gemeinschaftsbewegung

1. Begriff und heutige Gestalt

Der Begriff der Gemeinschaften geht auf Vereinigungen von Christen in den traditionellen, vom → Pietismus geprägten Erweckungsgebieten zurück. Von G. spricht man seit den 80er Jahren des 19. Jh.s und meint damit die Zusammenschlüsse ev. Christen (Theologen und Laien), die sich als Erneuerer der Anliegen des Barockpietismus und der → Erweckungsbewegung verstehen. Im Unterschied zur Evangelikalen Bewegung stellt sich die G. als prinzipiell innerkirchl. Reformbewegung dar. Etwa 100 Jahre nach der Gründung der Gnadauer Konferenz (1888) umfaßt die G. in der Bundesrepublik Deutschland, in Österreich und der Schweiz ca. 340.000 Mitglieder, die in ca. 30 Verbänden organisiert sind. 1991 haben sich die Gemeinschaftsverbände der (alten) Bundesrepublik und der DDR wieder zusammengeschlossen. In eigenen Ausbildungsstätten (z.B. Pilgermission St. → Chrischona bei Basel, Evangelistenschule → Johanneum, Wuppertal-Barmen) für sozialpäd. oder evangelist. Berufe wie in Missionswerken, Diakonissen-Mutterhäusern und Vereinen (z.B. → Taschenbibelbund, Bad Harzburg; → Deutsche Zeltmission, Siegen; → Evangelischer Sängerbund, Wuppertal) werden Traditionen weiter gepflegt. Es bestehen enge Kontakte zur Ev. → Allianz wie zu verschiedenen evangelikalen Organisationen (Lausanner Komitee, → Konferenz Evangelikaler Publizisten, → Hilfe für Brüder, Intervarsity Fellowship u.a.). Theol. wie polit. und kirchenpolit. bieten die vornehmlich aus der Mittelschicht stammenden Mitglieder der G. ein eher an konservativen Positionen orientiertes Erscheinungsbild.

2. Herkunft

Entstanden ist die G. aus dem Zusammengehen unterschiedlicher Strömungen: Südwestdeutscher Pietismus (J.A. → Bengel, J.C. → Blumhardt d.Ä.), norddeutsche Erweckungsbewegung (J.H. → Wichern) und angelsächsische Heiligungs- (R.P. Smith) und Evangelisationsbewegung (D.L. → Moody). Ihre Vertreter verband das gemeinsame Bewußtsein, in einer letzten Zeit vor der Wiederkunft Christi zu leben. Nachrichten über Erweckungen aus den Missionsgebieten in aller Welt förderten diese Einschätzung ebenso wie die Beobachtung der sich verschärfenden sozialen Gegensätze im Gefolge der sog. Industriellen Revolution. Die heilsgeschichtl. Deutung solcher u.a. »Zeichen der Zeit« im Rahmen einer lebendigen Endzeiterwartung förderte die Sammlungsbewegung. In ihr ging es darum, mit einer neuen Geistesausrüstung nach Joel 3 (auf dem Wege der → Heiligung) die Gläubigen zu sammeln (Gemeinschaftsgedanke) und das Evangelium im eigenen Land und in aller Welt auszubreiten (→ Evangelisation).

3. Geschichte

Anknüpfen konnte die G. an die bestehenden Gruppen der sog. Stillen im Lande in den traditionellen Erweckungsgebieten und den Stammlanden des Pietismus mit den Zentren in Württemberg (Altpietisten), am Oberrhein (Pilgermission St. Chrischona), im Siegerland (Reisepredigerverein), im hessischen Hinterland, in Wuppertal (Ev. Gesellschaft f. Deutschland), am Niederrhein (Tersteegensruh-Konferenz), in Hamburg (Rauhes Haus), in Berlin, in Ostpreußen (Kukatianer), Schlesien, Pommern (Reichsbrüderbund) u.a.

Ein anderer Anknüpfungspunkt lag in dem seit 1880 bestehenden »Westdeutschen Komitee der Ev. Allianz«. Auch die → Innere Mission (z.B. Stadtmission) ist unter den Voraussetzungen zu nennen, ebenso wie die Evangelisationen des Deutsch-Amerikaners Friedrich von Schlümbach (1842-1901).

Personell wie organisatorisch und intentional ist als direkte Vorläuferinstitution die erste dt. Ausbildungsstätte für Evangelisten und Gemeinschaftspfleger, das Johanneum (in Bonn 1883, seit 1886 in Wuppertal-Barmen) einzuschätzen. Seit 1874 wirkte die angelsächsische Heiligungsbewegung auf die frommen Kreise in Deutschland. Den Anstoß zur eigentlichen Gründung gaben der Professor für Praktische Theologie Theodor → Christlieb (1833-1889), der Jurist Eduard Graf von → Pückler (1853-1924), der Gutsbesitzer Jasper von → Oertzen (1833-1893), der Diplomat Andreas Graf von → Bernstorff (1844-1907) und der erste bedeutende Evangelist in Deutschland Elias → Schrenk (1831-1913). Formal ermöglicht wurde der Zusammenschluß durch ein neues Vereinsrecht in Preußen. Ihre organisatorische Sammlung fand die G. zuerst 1888 in der Gnadauer Konferenz, die seitdem alle zwei Jahre und ab 1906 jährlich abgehalten wird. In der Konferenz, die der Stärkung der Gemeinschaft wie der Klärung von Lehrfragen dient, wirken Pfarrer, seminaristisch ausgebildete Evangelisten und Laien zusammen. Für die verschiedenen Initiativen, die sich bildeten, wurde der »Deutsche Verband für Gemeinschaftspflege und Evangelisation« (1897) – später kurz »Gnadauer Verband« genannt (→ Evangelischer Gnadauer Gemeinschaftsverband) – als Koordinierungsinstrument für die Arbeit der Landesverbände gegründet. Bis 1905 erlebte die G. besonders in den traditionellen Erweckungsgebieten ihre stärkste Ausbreitung. Sie bildete innerhalb der Landeskirchen eine eigene Organisationsstruktur aus. Seit 1905 machte sich besonders im Osten (Schlesien) unter der geistigen Führung Jonathan → Pauls (1853-1931) eine »charismatische« Heiligungsbewegung bemerkbar, in der verschiedene Vollkommenheitsstufen des Christenlebens bis hin zur Sündlosigkeit gelehrt wurden. Später kamen noch Geistestaufe und Zungenrede (→ Glossolalie) als Kennzeichen der wahren christl. Existenz hinzu. Verstärkt wurden diese Tendenzen innerhalb der G. durch die seit 1907 in Europa Fuß fassende → Pfingstbewegung.

Nach einem mühevollen Klärungsprozeß schied die Mehrheit der leitenden Mitarbeiter der G. zusammen mit Vertretern der Ev. Allianz 1909 in der sog. → Berliner Erklärung die Anhänger der Pfingstbewegung aus, die besonders im Osten des Deutschen Reiches schon eigene Organisationsstrukturen geschaffen hatten. Etwa ein Drittel der G. ging den Weg in die Freikirche und schloß sich später der Weltpfingstbewegung an. Als es nach dem Ersten Weltkrieg um die Alternative → Freikirche oder → Landeskirche ging, entschied sich die Mehrheit des Gnadauer Vorstandes für den Verbleib der G. in der Landeskirche gegen starke freikirchl. Tendenzen.

Maßgeblichen Anteil an dieser Entscheidung hatte, wie schon bei der Trennung der G. von der Pfingstbewegung, der langjährige Vorsitzende des Gnadauer Verbandes, Pastor Walter → Michaelis (1866-1953). Als nach 1933 viele der vornehmlich dt.-national orientierten Mitglieder der G. Anschluß an die »Glaubensbewegung Deutscher Christen« (→ Deutsche Christen, → Kirchenkampf) suchten, setzte Michaelis 1934 einen Unvereinbarkeitsbeschluß zwischen Mitgliedschaft im Gnadauer Verband und bei den Deutschen Christen durch. Einzelne Landesverbände und Organisationen trennten sich daraufhin vom Verband. Wie andere kirchl. Arbeit wurde auch die G. während der Zeit des Nationalsozialismus z.T. stark behindert. Besonders das Verbot der Konferenzen und der Periodica (fast 100 »Gemeinschaftsblätter«) wirkte sich aus. Nach 1945 wirkte die G. in Arbeitsformen und Programmatik wieder innerhalb der Landeskirchen wie vor dem Kriege. Intensiv wurde seither die Auseinandersetzung mit der hist.-kritischen Arbeitsweise theol. Wissenschaft (Bibelexegese) – bes. mit R. Bultmanns (1884-1976) sog. Entmythologisierungsprogramm (→ Entmythologisierung) – geführt. Eine Belebung erfuhr die G. seit Mitte der 50er Jahre durch Großevangelisationen (→ Evangelisation) amerikan. und kanadische Prediger (Billy Graham und das Janz-Team). Der eigene Aufruf zur bewußten Glaubensentscheidung wurde in der G. je länger je mehr als Gegensatz zum Pluralismus der Volkskirche empfunden.

Die regelmäßigen Großevangelisationen sind in Organisationsform und technischer Durchführung an amerikan. Vorbildern orientiert. Ca. 60 % der ev. Buch- und Schriftenproduktionen werden von Verlagen, die der G. verbunden sind, produziert.

4. Organisation

Die Gemeinschaften haben in der Regel die Rechtsform des eingetragenen Vereins und finanzieren sich über freiwillige Beiträge ihrer Mitglieder. Sie werden von einem Vorstand geleitet, der einen hauptberuflichen »Gemeinschaftspfleger« oder »Prediger« mit seminaristischer Ausbildung anstellen kann. Mittelpunkt der Arbeit ist die »Stunde« mit Bibelarbeit und Gebetsgemeinschaft, daneben gibt es Kreise für die verschiedenen Lebensalter. Die Gemeinschaften sind überregional in Bezirks- und Landesverbänden über gewählte Delegierte vertreten. Die Landesverbände senden ihrerseits Vertreter in den Vorstand des Gnadauer Verbandes, in dem auch die großen Ausbildungsstätten und diakon. Einrichtungen vertreten sind. Die Ausbildung dieser eigenen Organisationsformen trat von Anfang an in Spannung zu den landeskirchl. Strukturen: Verhältnis der Mitgliedschaft zur Gliedschaft in der Gemeinde, Pastoren und Prediger, Pastoren und Evangelisten.

5. Prägungen und Zielsetzungen

Neu gegenüber dem Barockpietismus brachte die G. die »Glaubenskonferenz«, die zugleich zur Stärkung des Gemeinschaftsgefühls wie zur Klärung von Lehrfragen auf dem Niveau der Laien diente. Neu war auch die aus dem Angelsächsischen entlehnte öffentliche Verkündigung in Form von Evangelisationen, die nicht an den Kirchenraum gebunden waren (Zelt-, Mitternachtsmission etc.). Als Fundamente der Frömmigkeit in der G. lassen sich nennen:

– Das Vertrauen gegenüber der Bibel als Gottes ewiggültigem und zugleich jeden Menschen persönlich angehende Wort,

– die Notwendigkeit der Erfahrung der → Wiedergeburt (→ Bekehrung),

– die bewußte Gestaltung eines christl. Lebens (→ Heiligung).

Eine einheitliche Theologie hat die G. nicht ausgebildet. Zentral für die im einzelnen durchaus unterschiedlichen Ausprägungen der theol. Vorstellungen und Traditionen innerhalb der G. ist der Begriff des → Reiches Gottes. Die Christen in der G. sind am Bau des Reiches Gottes beteiligt und stehen bewußt in seiner Dynamik (vgl. die »Reichslieder«). Je nachdem, ob in einer Gruppierung innerhalb der G. ein eher kooperatives Verständnis des Reiches Gottes vorherrscht oder eher die Anschauung seiner vom Menschen unabhängigen Durchsetzung, entwickeln sich unterschiedliche Arbeitsformen. Auch die Einschätzung des zeitlichen Standes der heilsgeschichtl. Entwicklung (→ Heilsgeschichte) des Reiches Gottes ist für die Aufgabe bestimmend. Es dominieren postmillenaristische Vorstellungen (→ Tausendjähriges Reich).

6. Perspektiven

Die G. ist v.a. eine Bibelbewegung. Ihr Beitrag zur Ausbildung einer praktischen Laienfrömmigkeit ist nicht zu unterschätzen. Auch ihre kritischen Anfragen an Kirchenleitungen und die wissenschaftl. Theologie können ein wichtiges Korrektiv gegenüber einseitigen Entwicklungen bilden. Seit ihren Anfängen wird die G. von unterschiedlichen Anschauungen ihrer Mitglieder im Gemeindeverständnis (→ Gemeinde, → Kirche) bestimmt. Die Spannung zwischen einem freikirchl. und einem volkskirchl. Verständnis wird bei dem zunehmenden Einfluß der Evangelikalen zugunsten der geschichtlich bewährten »innerkirchlichen Stellung« der G. durchzuhalten sein. Der alte Wahlspruch der G. »in, mit, aber nicht unter der Kirche« behält nach wie vor seine Bedeutung. Die Geschichte der G. kann als ein über hundert Jahre dauernder Prozeß der Annäherung und Verschmelzung angelsächsischer mit deutsch-pietist. Frömmigkeit beschrieben werden.

Quellen: J. Ohlemacher (Hg.): Die Gemeinschaftsbewegung in Deutschland. Quellen zu ihrer Geschichte 1887-1914, 1977. Lit.: M. Brecht et al. (Hg.): Pietismus und Neuzeit Bd. 15: Die Gemeinschaftsbewegung, 1989; M.E. Dieter: The Holiness Revival of the Nineteenth Century, in: Studies in Evangelicalism, Nr. 1, 1980; J. Drechsel: Das Gemeindeverständnis der deutschen Gemeinschaftsbewegung, 1984; P. Fleisch: Die moderne Gemeinschaftsbewegung in Deutschland, Bd. 1; Die Geschichte der deutschen Gemeinschaftsbewegung bis zum Auftreten des Zungenredens (1875-1907), ³1912; D. Lange: Eine Bewegung bricht sich Bahn. Die deutschen Gemeinschaftsbewegungen im ausgehenden 19. und beginnenden 20. Jh. und ihre Stellung zu Kirche, Theologie und Pfingstbewegung, 1979; J. Ohlemacher: Das Reich Gottes in Deutschland bauen. Ein Beitrag zur Vorgeschichte und Theologie der deutschen Gemeinschaftsbewegung, 1986; E.G. Ruppel: Die Gemeinschaftsbewegung im Dritten Reich. Ein Beitrag zur Geschichte des Kirchenkampfes, 1969.

J. Ohlemacher

Gemeinschaftsschule → Schule und Kirche

Gemeinschaftswerk der Evangelischen Publizistik (GEP)

Das GEP mit Sitz in Frankfurt am Main wurde 1973 im Auftrag des Rates der EKD gegründet, weil → Publizistik eine Funktion der Kirche ist und zu den Gemeinschaftsaufgaben der EKD gehört. Seine Arbeit soll den Mitgliedern und Einrichtungen der Kirche zum Verständnis wichtiger Vorgänge in der Christenheit verhelfen sowie Zeugnis und Dienst der Kirche in der Öffentlichkeit geltend machen. Die dem GEP gesteckten Ziele sind im Publizistischen Gesamtplan der EKD von 1979 beschrieben, der für alle Tätigkeiten die Bindung an das Evangelium voraussetzt. Träger des Werkes sind die EKD, ihre Gliedkirchen, das → Diakonische Werk und das → Evangelische Missionswerk. Eine Satzungsänderung (1989) ermöglicht den Beitritt von Freikirchen, die der EKD in der → Arbeitsgemeinschaft christl. Kirchen (ACK) verbunden sind. An der Erfüllung der Aufgaben sind fünf Fachabteilungen beteiligt. Der Ev. Pressedienst (epd) steht in enger Kooperation mit zehn selbständigen Landesdiensten. Seine Nachrichtenangebote erfolgen neben täglichen Informationen auch in periodischen Publikationen. Die Ev. Medienakademie dient der journalistischen Aus- und Fortbildung. Das GEP fördert die kirchl. Arbeit in Hörfunk, Fernsehen, Film und audiovisuellen Medien, im Buch- und Zeitschriftenwesen und in der Öffentlichkeitsarbeit. Internationale und ökumen. Kontakte werden u.a. durch das EKD-Bulletin wahrgenommen, das in englischer Sprache in 116 Ländern verbreitet wird. In der Zeitschrift »Medium« stellt das GEP publizistische Probleme zur Diskussion.

Lit.: H.-D. Mattmüller: GEP-Handbuch, 1991.

H. Hild

Genesis → Pentateuch

Genetik → Gentechnologie

Genfer Katechismus → Bekenntnisschriften, c) reformierte

Genfer Konventionen

Auf Anregung von H. → Dunant wurden 1864 die G.K. über »die Verbesserung des Loses der Kranken und Verwundeten bei der Armee im Felde« zwischen vielen Staaten der Welt abgeschlossen. Dieser Vertrag führte zur Gründung des Internationalen Roten Kreuzes. Weitere Verbesserungen des Verwundeten- und Kriegsgefangenenrechtes kamen in den Verträgen von Den Haag 1889 und 1906/07, Genf 1929 und in den vier G. K. vom 12. 8. 1949 zustande. Außerdem sind die Genfer Seerechts-Konventionen vom 29. 4. 1958 erwähnenswert.

Lit.: F. Groh: Die vier Genfer Abkommen zum Schutze der Opfer des Krieges von 1949, 1954.

G. Ruhbach

Gennadius II. → Byzanz

Genossenschaft

G.en sind Zusammenschlüsse, welche Erwerb oder Wirtschaft ganz oder teilweise gemeinschaftlich betreiben und dabei das Prinzip gegenseitiger Hilfe bzw. der Gemeinnützigkeit dem des Gewinns vorordnen. In enger Form können sie Lebensgemeinschaften bilden (z.B. israelische Kibbuzim); in weiter Form (wie im deutschen G.gesetz vorgesehen) sind sie im Hinblick auf Mitgliedschaft offen verfaßt. Zwangszusammenschlüsse – auch wenn sie sich G.en nennen – sprengen die Idee.

Die G.en nahmen infolge der industriellen

Revolution im 19. Jh. von England her ihren Aufschwung als Selbsthilfeorganisationen der Arbeiterschaft und dann auch des unteren Mittelstandes. In Deutschland ist das G.swesen eng verbunden mit den Namen Hermann Schulze-Delitzsch (1808-1883) und Friedrich Wilhelm Raiffeisen (1818-1888). Für letzteren waren G.en eine »praktische Betätigung des Christentums im öffentlichen Leben«. Der bibl. verwurzelte Gedanke des Gemeinsinns ist vom G.swesen nicht zu trennen.

G.en der unterschiedlichsten Formen gibt es heute weltweit. Als eine »Ordnung dritter Art« (Weippert) stärken sie durch Initiative und Selbstverantwortung in den wirtschaftl. schwachen Ländern die Entwicklung; in marktwirtschaftl. Zusammenhängen fördern sie das soziale Element. Ihre Grenze liegt nach den bisherigen Erfahrungen darin, daß sie, jedenfalls im Produktionsbereich, nur im Rahmen kleiner, homogener und relativ stabiler Gruppen erfolgreich sind. Das weist zurück auf Überzeugungen und Glaubensmotive als wesentliche Quellen des Gemeinsinns.

Lit.: H. Faust: Geschichte der Genossenschaftsbewegung, [3]1977; A. Rich: Wirtschaftsethik II, 1990; G. Weippert: Jenseits von Individualismus und Kollektivismus, 1964.

R. Mayer

Gentechnologie

1. Methode und Anwendungsbereich

Der chemische Aufbau der Erbanlagen (Gene) ist bei allen Lebewesen gleich. Die Gene der Keimzellen besorgen die Vererbung von Merkmalen von einer Generation zur anderen (Identität der Art). Wachstum und die gesamten Lebensprozesse werden durch die Gene gesteuert. Individuelles Leben entsteht durch die Neukombination der Gene bei den Reifeteilungen und der Verschmelzung von Samen- und Eizelle. Die Zahl der Kombinationsmöglichkeiten der Gene (beim Menschen ca. 100.000) ist so groß, daß kein Individuum einem anderen gleicht (außer eineiige Mehrlinge). Man kann nicht vorausberechnen, welche Merkmale ein Individuum haben wird (Zufallsgeschehen). Durch die G. aber ist es möglich, das Erbgut gezielt zu zerlegen und Teilstücke von einem Individuum zum anderen zu übertragen und das Erbgut verschiedener Arten so zu fusionieren, daß Lebewesen mit ganz neuen Eigenschaften oder gar neue Lebewesen entstehen. Damit wird es möglich, das »Zufallsgeschehen« der Entstehung von Leben in planendes Handeln zu überführen, Leben mit gewünschten Eigenschaften wie technische Gebilde zu konstruieren. Natürlicherweise kommen Verschmelzungsprozesse von Erbgut verschiedener Arten nicht vor. Dagegen bestehen starke biologische Barrieren. Deshalb verlaufen Veränderungsprozesse im Leben langsam und in Anpassung an die Veränderungen in der Umwelt. Durch gentechnische Methoden können diese Barrieren unterlaufen und kann die Entwicklung des Lebens um das millionenfache gegenüber der natürlichen Lebensentwicklung beschleunigt werden. Das gibt der G. eine neue Qualität gegenüber herkömmlichen Züchtungsmethoden. Die wesentlichen Anwendungsbereiche der G. liegen in der Herstellung von Mikroorganismen, Pflanzen und Tieren mit neuen Eigenschaften, der Produktion von Arzneimitteln mit derart veränderten Organismen und in der medizinischen Diagnostik, vor allem der Genomanalyse, durch die genetisch bedingte oder mitbedingte Krankheiten ermittelt werden.

2. Theologische Fragen

Die G. stellt den Höhepunkt einer mechanistischen Betrachtung des Lebens und zugleich der Herrschaft des Menschen über die belebte Natur dar. Der Mensch schafft neue Lebewesen nach »seinem Bilde«, seinen Bedürfnissen, achtet nicht die Identität und Integrität der Arten, mischt ihr Erbgut nach seinem Gutdünken, betrachtet auch die belebte Natur primär als »Stoff« für veränderndes Handeln und setzt sich selbst als Herrn und Besitzer der derart hergestellten »zweiten Schöpfung« ein, macht z.B. auf neu hergestellte Lebewesen Patentrechte wie auf technische Gebilde geltend. Weil Gott nicht mehr als Schöpfer und Herr der Schöpfung verstanden wird, wird das Leben auch nicht mehr in seinem ihm von Gott verliehenen Daseinsrecht und eigenen Wert geachtet, sondern wird ihm dieser erst von den Menschen verliehen nach dem Maß, wie es für von ihm gesetzte Zwecke nützlich ist (Gebrauchswert). Weil die Welt »Gott-los« verstanden wird, hat der Mensch keine Ehrfurcht vor dem Leben, verkennt er, daß er selbst nur Geschöpf und eingebunden in die Natur ist, daß er die Natur nicht voll durchschauen und beherrschen kann und deshalb auch nicht in der Lage ist, in sie eine bessere Ordnung hineinzubringen. Die G. wirft also die Frage auf, ob der Mensch sich noch als endliches, fehlbares und auch sündiges Geschöpf versteht, sich nicht in die Herrschaftsposition einsetzt, die nur Gott, dem Schöpfer, gebührt, ob er es nicht an Demut des Geschöpfs vor dem Schöpfer und an Achtung vor der Schöpfung fehlen läßt und ob er mit seinem technischen Können die Schöpfung nicht immer mehr gefährdet. Dennoch können Eingriffe ins Erbgut nicht mit der Begründung abgelehnt werden, daß dieses in sich selbst heilig und unantastbar ist. Die Natur, die wir vorfinden, ist nicht mit Gottes guter Schöpfung identisch, vielmehr gefallene Schöpfung. In ihr und also auch im Erbgut ist auch das die Schöpfung bedrohende und lebenszerstörende »Chaos« anwesend. Aufgabe des Menschen ist es, Leben vor dieser Bedrohung zu schützen, es zu heilen oder wenigstens die daraus entstehenden Leiden zu lindern. Die Frage, ob wir überhaupt so tief ins Leben eingreifen dürfen, wie es mit der G. möglich ist, ist also aus christl. Sicht nicht mit einem grundsätzlichen »Nein« zu beantworten. Um Leben zu schützen und Leiden zu lindern, darf der Mensch sich demnach auch der G. bedienen. Das Problem ist nur, daß die Grenzen zwischen Bewahrung und angeblicher Verbesserung fließend sind, daß die G. uns die Mittel an die Hand gibt, Leben – einschließlich des menschlichen – nach Gutdünken zu manipulieren.

3. Ethische Probleme

Maßstäbe dafür, wie wir Leben vor weiterer Zerstörung durch menschliches Handeln schützen, lassen sich am ehesten aus den Gesetzmäßigkeiten des Lebens selbst gewinnen. Die natürlichen Veränderungen im Erbgut verlaufen langsam (s.o. 1). Lebewesen entfalten eine eigene Lebensdynamik (Wachstum und Vermehrung), können deshalb nicht wie technische Gebilde beherrscht werden. Eingriffe in sie können globale räumliche und zeitliche Auswirkungen haben, weil alles Leben unter natürlichen Bedingungen in Wechselwirkung miteinander steht. Um Leben nicht weiter zu gefährden, sollten die Eingriffe ins Erbgut grundsätzlich revidierbar sein und um so behutsamer und langsamer vorgenommen werden, je tiefer durch sie die biologischen Grundlagen des Lebens umgestaltet werden können und je weniger die Folgen solchen Handelns absehbar sind. Anders ausgedrückt: Das Beachten der in der Natur vorgegebenen Regeln und Grenzen der Entwicklung von Leben bekommt Vorrang vor deren Überschreitung. Die größte Gefahr der G. besteht darin, daß es durch sie im Verein mit anderen biotechnischen Methoden (z.B. Fortpflanzungsbiologie) auf lange Sicht leichter wird, das natürliche nichtmenschliche und menschliche Leben von seinen biologischen Grundlagen her an die Eigengesetzlichkeiten der technischen Zivilisation anzupassen, statt diese an die Bedingungen des natürlichen Lebens und der natürlichen Konstitution des Menschen und seiner Wertordnung anzugleichen (z.B. gegen Schadstoffe der Industriewelt resistentere Bäume herstellen, statt den Schadstoffausstoß zu mindern). Besondere Probleme wirft die Anwendung der G. beim Menschen auf, insbesondere in der Genomanalyse. Hier besteht die Gefahr, daß alles nicht gesunde Leben »selektiert« wird, daß nur noch gesundes Leben leben darf (→ Eugenik) und daß menschliches Leben auf genetischer Ebene durchsichtig und manipulierbar wird. Andererseits eröffnen sich auch Möglichkeiten der Therapie. Ohne Bereitschaft zum Verzicht auf therapeutische Möglichkeiten wird der Fortschritt in der G. nicht nach ethischen Gesichtspunkten zu steuern sein.

Lit.: U. Eibach: Gentechnik – der Griff nach dem Leben, [2]1988; EKD (Hg.): Einverständnis mit der Schöpfung, 1991 (Lit.); Gott ist ein Freund des Lebens. Gemeinsame Erklärung der EKD und der Dt. Bischofskonferenz, 1989; J. Hübner, H. v. Schubert (Hg.): Biotechnologie und evangelische Ethik. Die Internationale Diskussion, 1992; W. Klingmüller (Hg.): Genforschung im Widerstreit, [3]1993; H. v. Schubert: Evangelische Ethik und Biotechnologie, 1991.

U. Eibach

Genugtuung → Versöhnung

Georgien

Das Christentum in G. geht nach der Legende bis in die Zeit Jesu zurück; hist. nachweisbar hatte es in der ersten Hälfte des 4. Jh.s in diesem Land, das südlich des Kaukasus und zwischen dem Schwarzen und dem Kaspischen Meer liegt, tiefere Wurzeln gefaßt. Die Geschichtsschreibung berichtet von einer kriegsgefangenen Frau aus Kappadozien mit Namen Nino, der es gelang, den ostgeorgischen König Mirian für den christl. Glauben zu gewinnen. In kürzester Zeit wurde eine Kirche mit einer aus Konstantinopel stammenden Hierarchie und Priesterschaft aufgebaut und das Christentum zur Staatsreligion erhoben. Nach einer anfänglich kompliziert verlaufenden kirchenrechtl. und theol. Entwicklung nahm die georgische Kirche im 7. Jh. die Lehre von Jesus Christus als wahrem Menschen und wahrem

Gott an, wie sie auf dem Konzil von Chalcedon 451 beschlossen worden war, fügte sich in die Familie der orth. Kirchen ein und erhielt gegen Ende des 8. Jh.s die → Autokephalie. Eine glänzende polit., wirtschaftl., kulturelle und kirchl. Epoche war G. im 11.-13. Jh. beschieden. Im großen Ganzen liegt über G.s Geschichte und Kirchengeschichte jedoch viel Tragik, da das Land immer wieder von Völkern aus Asien erobert und besetzt wurde, von den Persern, Arabern, Seldschuken, Mongolen und Türken. Im 15. Jh. zerfiel G. in mehrere von Türken und Persern abhängige Königreiche und Fürstentümer. Durch die lange Zeit islamischer Fremdherrschaft gingen georgisches nationales Bewußtsein und Christentum eine sehr enge Verbindung ein, die bis zum heutigen Tag anhält.

Da G. in der 2. Hälfte des 18. Jh.s dem türkischen und pers. Druck nicht mehr standhalten konnte, wandte es sich hilfesuchend an das orth. Rußland und schloß mit ihm einen Schutzvertrag. Rußland dehnte sich zu Beginn des 19. Jh.s im Kaukasus aus, machte aus G. eine russ. Provinz und gliederte die georgische Kirche in die russ. ein. Es folgte ein radikaler Russifizierungsprozeß. Nach dem Sturz des Zarenregimes im Februar 1917 löste sich die georgische Kirche aus der russ. und proklamierte ihre Autokephalie; nach der Oktoberrevolution wurde G. auch polit. selbständig. Die Republik wurde 1921 gewaltsam in die Sowjetunion eingegliedert, und es setzte eine scharfe Sowjetisierung ein, verbunden mit brutalen Repressionsmaßnahmen gegen die Religion. Seit Glasnost und Perestroika konnte sich die georgische orth. Kirche konsolidieren; nach langer Leidenszeit begann eine rel. Renaissance. Am 9. April 1991 erklärte G. seine polit. Unabhängigkeit. Seither ist G. in innenpolit. Machtkämpfe, Instabilität und innerethnische Konflikte (Abchasier, Osseten, Abscharen) verstrickt. G. gehört nicht der Gemeinschaft unabhängiger Staaten (GUS) an.

Von den rund 5,3 Mio. Einwohnern sind 69 % Georgier, der Rest Armenier, Russen, Aserbeidschaner, Osseten, u.a. Die Georgische Orthodoxe Kirche, die lange Zeit ums nackte Überleben kämpfen mußte und außerdem durch Korruptionsaffären geschwächt war, steht in einer umfassenden Aufbauphase. Geistl. Oberhaupt ist Katholikos-Patriarch Ilia II. (seit 1977) mit Sitz in Tbilisi. Die Kirche ist in 15 Diözesen aufgegliedert. Mitte der 80er Jahre wurde die Zahl der Kirchengemeinden offiziell mit 200, die der Priester mit 180 angegeben; die effektiven Zahlen dürften deutlich niedriger gewesen sein. Doch jetzt erhält die Kirche die einst säkularisierten Gotteshäuser zurück, oft sind es Ruinen. Dank der am 1. Oktober 1988 eröffneten geistl. Akademie von Tbilisi konnte die theol. Forschung und die Ausbildung des Klerus intensiviert werden. Predigt, Katechese, kirchl. Sozialarbeit und Mönchtum werden wiederbelebt. 1990 erkannte das Patriarchat Konstantinopel die Autokephalie der georgischen Kirche an.

Lit.: J. Aßfalg: »Georgien«, TRE 12, 1984, 389-396; O. Basse, G. Stricker (Hg.): Religionen in der UdSSR, 1989, 83-92; I. Reissner: Georgien. Geschichte, Kunst, Kultur, 1989; ZS Glaube in der 2. Welt, 18/1990, 22-32; 20/1992, 16-24; 21/1993, 16-20.

E. Bryner

Gerechtigkeit

1. G. galt in der Antike als eine der vier Haupttugenden, zusammen mit Klugheit, Weisheit und Tapferkeit. Man kann über G. in subjektivem Sinn als Tugend sprechen (jemand zeigt, daß er G. beachtet und ist damit »gerecht«) und in objektivem Sinn (G. als gerechte Ordnung in einem Gemeinwesen).

Seit → Aristoteles pflegt man zwischen zuteilender G. (*iustitia distributiva*) und ausgleichender G. (*iustitia commutativa*) zu unterscheiden. Die erstere gibt jedem das, was ihm aufgrund seiner Position, seiner Leistungen, seiner Verdienste und ähnlichem zukommt (*ius suum cuique dare*, »jedem das Seine geben«). Diese zuteilende G. wirkt nach einem geometrisch-proportionalen Maßstab (a:b = c:d), so daß die Ungleichheit berücksichtigt wird. Die Ehre (b), die ein Hochgestellter (a) empfängt, ist größer als die Ehre (d), die ein Untergeordneter (c) erhält. In der ausgleichenden G. spielt die Gleichheit eine größere Rolle. Man kann hier von einem arithmetischen, absoluten Maßstab (a+c=b-c) sprechen. Wenn a sein Haus an b verkauft, darf angenommen werden, daß das dafür empfangene Geld (c) dem Wert des Hauses entspricht. Wenn das Strafgesetz gerecht angewendet wird, ist das Strafmaß für jeden identisch, ohne Ansehen der Person.

Weil sowohl die Gleichheit als auch die Ungleichheit bei den Menschen von fundamentaler Bedeutung ist, wird die klass. Unterscheidung zwischen zuteilender und ausgleichender G. stets ihre Bedeutung behalten. Aber mit dieser Unterscheidung ist nicht geklärt, wann Ungleichheiten und wann Gleichheiten zu beachten sind. Für uns versteht es sich von selbst, daß jeder in einer Theatergarderobe so lange in der Reihe stehen und warten muß, bis er bedient wird, gleichgültig, welche gesellschaftl. Stellung er bekleidet. Aber das, was wir als gerecht empfinden, ist in einer rel. Kastenordnung mit Parias und Brahmanen undenkbar. Es gibt für den Paria kein gleiches Recht, keine G., nach der ihm das »zukommt«, was dem anderen zukommt (Beispiel von E. Brunner).

Das heißt, wie wir G. erfassen, ergibt sich aus unserer Sicht des Menschen. Dies wird an der Entwicklung der Menschenrechte deutlich. Tatsächlich beurteilt man heute das, was G. ist, anders als vor Abschaffung der Sklaverei oder vor Einführung der Demokratie oder bevor die Emanzipation die Stellung der Frau verändert hat etc.

2. Die Hl. Schrift hat unsere Einsicht in das, was G. meint, verändert. Dies tat sie vor allem dadurch, daß sie Aufmerksamkeit auf G. gegenüber Armen, Witwen, Waisen und anderen Elenden fordert (u.a. 2Mo 23,11f; 5Mo 15,7ff; 24,12ff). Genau wie Gott selbst die Geringen in G. richtet (Jes 11,4), muß auch der König und jeder andere an den Elenden des Volkes G. erweisen (Ps 72; Spr 29,7). Darum protestieren die Propheten, Christus und die Apostel scharf gegen soziale Ungerechtigkeit (Jes 5,8; Jer 22,13ff; Am 8,4ff; Hab 2,9; Mt 23,14; Jak 2,7; 5,4). Die zuteilende G. wird in einem durch das Christentum geprägten Gemeinwesen mit einer Form von Proportionalität arbeiten müssen, die die menschlichen Notlagen im Blick behält: Wer nicht in der Lage ist, sich selbst zu helfen, dem muß durch andere geholfen werden.

Daraus folgt auch, daß G. nicht von der Barmherzigkeit und der Liebe zum Nächsten zu trennen ist. Der barmherzige Samariter bewies G., als er den Mann, der beraubt und verwundet war, versorgte und auf seine Kosten in einer Herberge aufnehmen ließ. Obgleich dieser Samariter mehr tat, als man heute von einem Durchschnittsbürger an Gerechtigkeitserweisung juristisch einklagen kann, ist zugleich deutlich, daß der Priester und der Levit, die den verwundeten Mann links liegen ließen, heute juristisch strafbar wären (Beispiel von R. Spaemann).

Es bleibt schwierig, Ungleichheit und Gleichheit theoretisch in ein Gleichgewicht zu bringen. Den Versuch, den J. Rawls unternommen hat, ist (auch ohne Zustimmung zu der Vertragstheorie, die seiner Sicht zugrundeliegt) wert, beachtet zu werden. Als allg. Regel formuliert er, daß alle primären sozialen Güter (Freiheit, gleiche Chancen, Einkommen, Reichtum und Bedingungen für Selbstachtung) gleich verteilt werden müssen, es sei denn, eine ungleiche Verteilung von einigen oder von allen diesen Gütern ist für die, die in der schlechtesten Position verkehren, von Vorteil. Rawls formuliert auf dieser Basis zwei Prinzipien: (1) Jeder hat das Recht auf die gleichen fundamentalen Freiheiten, sofern diese mit dem gleichen Recht auf dieselben Freiheiten für alle vereinbar sind. (2) Soziale und ökonomische Ungleichheiten müssen so geregelt werden, daß sie (2a) sich zum Vorteil der am stärksten Benachteiligten entwickeln, und (2b) verbunden sind mit Ämtern und Positionen, die allen gemäß fairer Chancengleichheit offenstehen. Die Sicht von Rawls wendet sich (zurecht) nicht gegen Ungleichheit überhaupt, wohl aber gegen jede schreiende Ungleichheit.

Aufgrund des oben Ausgeführten ist es gegenwärtig für jeden deutlich, daß eine vollkommen freie Marktwirtschaft in einen Konflikt mit der G. geraten muß. Die Regierung wird kontrollieren und gegebenenfalls korrigieren müssen, so daß einer zu großen Ungleichheit in Wohlstand und Einkommen und der damit verbundenen Verarmung eines Teiles der (Welt)bevölkerung gegengesteuert werden kann.

G. muß Gesetzgebung und Rechtsprechung kennzeichnen (*iustitia legalis*). Sowohl Gleichheit als auch Proportionalität spielen dabei eine Rolle. Gleiches Recht für jeden bedeutet, daß weder der Reiche noch der Arme vorgezogen werden darf (3Mo 19,15). Proportionalität verlangt, daß ein schweres Verbrechen strenger bestraft wird als eine leichte Übertretung.

Rigorose Anwendung der Gesetzgebung, die immer einen abstrahierenden Charakter trägt, d.h. Gruppen von Menschen losgelöst von ihren individuellen Besonderheiten vor Augen hat, führt regelmäßig zu Ungerechtigkeiten. Darum wird gesagt, daß das höchste Recht zugleich das höchste Unrecht ist (*summum ius summa iniuria*). Um dies zu vermeiden, muß G. immer mit Billigkeit (griech. *epieikeia*) verbunden sein, da jene die Forderung nach der Beachtung konkreter Situationen und konkreter Personen berücksichtigt. Auch das Recht selbst kann nicht starr sein und muß sich dem Zustand von Zeit, Ort und Volk anpassen. Mit Hinweis auf die Billigkeit konnte → Calvin schreiben, daß die Gesetze Menschlichkeit (*humanitas*) zeigen müssen und daß ihre Anpassung an den Zustand von Zeit, Ort und Volk es erforderlich machen kann, von den Gesetzen Moses abzuweichen (Institutio IV, 20,15f).R 3. Die Tatsache, daß die Hl.

Schrift oft über rettende G. spricht (s.o.), heißt nicht, daß sie nicht auch eine strafende G. kennt. Versuche, die atl. G. (hebr. *zedaka*) ausschließlich als rettende G. zu interpretieren und darin die Basis für eine bessere Rechtsordnung zu sehen (H. Bianchi), sind dem nicht angemessen, was die Schrift über die → Gerechtigkeit Gottes sagt, die in Zorn und Vergeltung offenbar werden muß (s. z.B. Jes 5,16; 10,22; 28,17; Jer 11,20; Dan 9,14; Neh 9,33; 2Chr 12,5f). Diese G. spiegelt sich auch in der mosaischen Gesetzgebung wider. G. im ethischen Sinn muß unterschieden werden von der tiefen, den Menschen rettenden G. in Jesus Christus. Darum unterschieden die Reformatoren auch zwischen der G. aus dem Glauben (*iustitia fidei*) und der bürgerlichen G. (*iustitia civilis*).

Lit.: H. Bianchi: »Das Zedaka-Modell als Alternative zum konventionellen Strafrecht«, ZEE 18, 1974, 89ff; E. Brunner: Gerechtigkeit, 1943; J.B. Rawls: A Theory of Justice, 1971; R. Spaemann: Moralische Grundbegriffe, 1982.

J. Douma

Gerechtigkeit Gottes

a) biblisch

1. Im AT wird die G. (*zädäq*) von Gott verkörpert und verwirklicht (Ps 35,28; 50,6; 85,11-14; Jer 23,6), der Natur eingestiftet (Ps 85,12; Joel 2,23) und in der Geschichte der Völker und einzelner Menschen bewährt: G. ist als Gottes Gabe die rechte Ordnung, die jedem Geschöpf ein Leben in Frieden und Freiheit sichert (Ps 85,10-14; 65,6; 97,2). Inhaltlich verwandt sind die Begriffe *schālōm*, »Heil«, *mischpāth*, »Recht«, und *'ämät*, »Treue«, »Wahrheit« (Ps 85,11; Hos 2,21); der Gegensatz ist *tōhū*, »Chaos« (Jes 29,21). Im Auftrag Gottes hat vor allem der König (Jes 11,4f; Ps 45,5; 72,1-7), dazu der Richter (5Mo 16,18-20), diese Ordnung gegenüber Frevlern zu schützen und dabei die Sache der sozial Schwachen, der Witwen und Waisen zu vertreten (2Mo 22,21; 5Mo 10,18; Jes 1,17.23).

G. ist also nicht primär die vom Menschen verwirklichte, auf Leistung gebaute *iustitia distributiva* (zuteilende Gerechtigkeit). Neben der Ordnung der G. (*zädäq*) bezeichnet das oft auch gleichbedeutend gebrauchte Nomen *zedāqāh* in der Regel den Akt der Rechtshilfe, durch den eine gewaltsame Verletzung der segensreichen Ordnung wieder behoben wird (Jer 22,3; 23,5f); der auffallende Plural *zideqōt JHWH* meint die »Heilstaten Gottes«, durch die er seinem unterdrückten Volk zum Recht verhilft (Ri 5,11; 1Sam 12,7). Vor allem bei Jesaja wird diese heilschaffende G. Gottes auch als Kraft zur endzeitlichen Erlösung Israels gerühmt (45,8.21-24; 51,5.8; vgl. 56,1). In Entsprechung zu dieser G. Gottes wird vom Menschen erwartet, daß er Recht und G. übt (Jes 56,1; Hes 18,5.19) und dabei den Notleidenden hilft (Jes 58,7f).

2. Auch in den Schriften von Qumran gilt Gott als Inbegriff der G. (1QM 18,8; 1QH 11,17f); bei Ihm, nicht beim Menschen, sind »alle Werke der Gerechtigkeit« (1QH 1,26f; 4,30f). Seine heilschaffende G. (*zedāqāh*) reinigt von Sünden (1QS 11,14f).

In Erwartung des kommenden Gerichts offenbart der »Lehrer der Gerechtigkeit« anhand der Tora den Weg nach Gottes Willen (1Qp Hab 1,12). Die Endzeit bringt die Durchsetzung der noch verdeckten G. im Weltmaßstab (1QM 27,I,6-8).

Bei den Rabbinen ist die strafende G. (*dîn*) neben dem Erbarmen (*rachamîm*) eines der beiden »Maße« (= Verfahrensweisen) der Königsherrschaft Gottes (b Ber 7a, vgl. Ps 18,21-28). Als G., die vor Gott gilt, erstrebt der Fromme die *zākhūt*, die verdienstvolle »Reinheit« von Sünden.

3. Während die G. als Begriff in den Evv. meist fehlt, sachlich aber durch Gleichnisse wie Mt 18,23-35; 20,1-16 und durch die helfenden Taten des Christus illustriert wird, erscheint sie in der Bergpredigt geradezu als Thema: Die G. Gottes ist Inbegriff der Gottesherrschaft (*basileia*, 6,33) und meint – anders als in 5,20; 6,1 – das heilschaffende Handeln Gottes, nach welchem der Fromme sich ausstreckt (5,6). Denn diese der Basileia angemessene G. erfordert die Tat der Liebe und übertrifft die schulmäßig gelehrte G. bei weitem (5,20). Nur Jesus hat alle G. erfüllt (Mt 3,15; 5,17), indem er sein Leben für die Vielen in den Tod gab (Mk 10,45 par).

Für Paulus ist die sühnende, den Sünder für gerecht erklärende G. Gottes (*iustitia passiva*) vom »Gesetz und den Propheten bezeugt« (Röm 3,21; vgl. 1Mo 15,6; Jes 53,11f; 56,1) und durch das Kreuz des gerechten Gottessohnes vor der Welt geoffenbart (Röm 3,21.26; 4,25; 5,8.16f nach Jes 52,15; 53,11f). Sie wird deshalb als → Evangelium von der rettenden Kraft Gottes allen Menschen verkündigt (Röm 1,16f; 1Kor 1,18), im Glauben an den Christus ergriffen (Röm 3,22; 5,1) und in der Kraft des Geistes durch die Nächstenliebe erwidert

(13,8-10). Das Streben nach eigener G. durch das Tun des Gesetzes ist nicht nur zum Scheitern verurteilt (Röm 3,20), sondern auch eine Mißachtung der helfenden, schöpferischen G. Gottes.

Lit.: O. Betz: Rechtfertigung in Qumran, in: ders.: Jesus der Messias Israels, 1989, 39-58; J. Scharbert, A. Finkel, D. Lührmann: »Gerechtigkeit I.-III.«, TRE 12, 1984, 404-420; H.H. Schmid: Gerechtigkeit als Weltordnung, BHTh 40, 1968; P. Stuhlmacher: Gerechtigkeit Gottes bei Paulus, FRLANT 87, [2]1966.

O. Betz

b) theologiegeschichtlich

Von den altkirchl. Theologen wurde der Begriff G. überwiegend von seiner phil. Bestimmung in der Antike – speziell in der Tugendlehre des → Aristoteles – her verstanden. Demnach ist die göttliche G. im Wesentlichen zuteilende G. (*iustitia distributiva*), d.h. eine G., nach der Gott – nach dem Prinzip »jedem das Seine« (lat. *suum cuique*) – das zuteilt, was jeder gemäß seinen Werken verdient. Der bibl. G.sbegriff blieb dementsprechend in das Koordinatensystem der phil. Tugendlehre eingezeichnet (→ Gerechtigkeit). So verstand Origenes die G. Gottes (z.B. Röm 3,21) als die Eigenschaft Gottes, gemäß derer er der menschl. G. den angemessenen Lohn zuteil werden läßt. Bleibt dieser Lohn angesichts scheinbar unverdienter Schicksalsschläge aus, so deutet Origenes dies als eine göttliche Strafpädagogik, die den Verfehlungen in einem früheren Leben gilt.

Der erste Kirchenvater, der das gesamtbibl. Zeugnis des G.sbegriffs wieder entdeckte, war Johannes → Chrysostomos. Er bestimmte die G. als eine nur von Christus vollkommen verwirklichte und dem Menschen durch Gottes Gnade geschenkte G. Im lat. Westen war es schließlich → Augustin, der G. nicht nur als moralischen Tugendbegriff verwandte, sondern auch den ntl. G.sbegriff aufnahm und erstmals breit entfaltete. Gottes G. ist nach dem Römerbrief nicht eine Eigenschaft Gottes, mittels der er den Sünder richtet, sondern der Gnadenakt Gottes, durch den er den Menschen rechtfertigt und ihm damit sein Heil widerfahren läßt.

Dieser bibl. Aspekt wurde in der mittelalterl. Theologie erneut durch den Rückbezug auf das antik-aristotelische G.sverständnis verdunkelt. Der von daher geprägte reichsrechtliche G.sbegriff des Codex Justinianus bestimmt G. als den beständigen Willen, jedem zu seinem Recht zu verhelfen (*suum cuique*). Für die scholastischen Theologen des Hoch- und Spätmittelalters lag die vollkommene Verwirklichung der G. durchaus in den Möglichkeiten des Menschen, der im Glauben durch die Liebe gerecht handelt. Durch die Aufnahme der aristotelischen Tugendlehre blieb auch bei → Thomas von Aquin der juridische Aspekt der G. im Sinne einer strafenden Gesetzesgerechtigkeit (*iustitia legalis*) beherrschend.

Die in der scholastischen Theologie durchaus gesehene Spannung zwischen dem rechtlichen Charakter der zuteilenden G. Gottes, die jeden nur nach seinen Verdiensten belohnt bzw. bestraft, und dem paulin. Aspekt der dem Sünder geschenkweise mitgeteilten göttlichen G., wird in einem zeitlichen Nacheinander harmonisiert. Gott teilt dem Menschen in den Sakramenten geschenkweise seine G. mit, durch die der Mensch nun seinerseits zu guten Werken fähig wird und in der Lage ist, aufgrund dieser Leistungen sich im Endgericht im Rahmen der zuteilenden G. das Heil zu verdienen. Bisweilen konnte auch schon die menschliche Haltung der Offenheit für den Sakramentsempfang als vergeltungswürdiges Verdienst betrachtet werden.

Der fromme Leistungsdruck, den dieser G.sbegriff barg, war es, der → Luther neu zur Frage nach dem bibl. Verständnis nötigte. In seinem sog. Turmerlebnis lernte er die G. Gottes nach Röm 1,17 als das den Sünder heilmachende Geschenk Gottes in Form des Glaubens kennen. G. Gottes und Glaubensgerechtigkeit sind identisch. Gleichwohl behält auch Luther den Begriff einer juridischen bzw. ethischen G. bei, die aber keine Heilsverheißung mehr besitzt, sondern nur noch das christl. Handeln bestimmt.

Somit unterscheidet Luther eine doppelte G.: der passiven (weil nicht verdienten), fremden (weil von Gott geschenkten), ursprünglichen (weil dem Status vor dem Sündenfall entsprechenden), geistl. und inneren (weil nur im Glauben sichtbaren) G. Christi steht die aktive (weil in konkreten Werken zu verwirklichende), eigene (weil mit den geschöpflichen Möglichkeiten des Menschen erreichbare), aktuale (weil nicht im Wesen des Menschen wurzelnde), körperliche und äußere (weil nach dem Gesetz überprüfbare) bürgerliche G. gegenüber. Während die letztere durch das Gesetz jedem Menschen zu üben geboten ist, wird die erstere nur im Glauben an Christus geschenkt.

Diese Unterscheidung der beiden G.en und die sie implizierende Unterscheidung von Glauben und Handeln ist für Luthers Theologie konstitutiv.

Im nach Luthers Tod sich entzündenden sog. Osiandrischen Streit ging es um die Frage der Einwohnung der G. Christi im Christen. Nach A. → Osiander ist G. Gottes als Synonym für die göttliche Natur Christi zu verstehen, die im Christen durch den Glauben einwohnt im Sinne eines ethischen Habitus, der dem Christen das Tun guter Werke erst ermöglicht. Demgegenüber bestanden luth. Theologen wie Ph. → Melanchthon und M. → Flacius auf dem zugeeigneten (imputativen) Charakter der christl. G., die allein in der stellvertretenden Satisfaktion Christi begründet ist und in der Vergebung der Sünden dem Gläubigen zugerechnet wird (vgl. den anti-osiandrischen dritten Artikel der Konkordienformel).

In der luth. Orthodoxie wurde vor allem der Begriff der ursprünglichen G. (*iustitia originalis*) aufgegriffen und zu dem Begriff der Ursprungssünde (*peccatum originale*) in Beziehung gesetzt. Ebenso wie die G. vor dem Sündenfall zur Natur des Menschen gehörte und nicht nur im scholastischen Sinne ein Zusatz zur Natur war, wird diese Natur, nachdem sie durch den Sündenfall vollständig zerstört wurde (und nicht nur ihres Zusatzes beraubt wurde), durch die Zueignung der G. Christi wesenhaft wieder hergestellt.

Im radikalen → Pietismus und bei manchen Vertretern der → Aufklärung bis hin zu Theologen des 19. Jh.s wird G. vor allem humanistisch im Sinne der → Sozinianer verstanden. Diese lehnten eine strafende G. ebenso ab wie eine als Eigenschaft Gottes verstandene G. Die G. Gottes beruht nicht auf der Satisfaktion Christi, sondern ist lediglich eine Konsequenz und Billigkeit des göttlichen Willens.

Gegenüber diesen Tendenzen betonte K. → Barth die Einheit von G. und Barmherzigkeit im bibl. Gottesbild. Im sündenvergebenden Heilswerk Christi kommt an seinem Kreuz gerade auch die verurteilende und strafende G. zum Ausdruck, die an Christus die Sünde der Menschen richtet.

Lit.: K. Barth: KD II/1-2, [5]1974/75; O. Bayer: Promissio. Geschichte der reformatorischen Wende in Luthers Theologie, 1971; E. Bizer: Fides ex auditu. Eine Untersuchung über die Entdeckung der Gerechtigkeit Gottes durch Martin Luther, [3]1966; H. Bornkomm: Iustitia Dei in der Scholastik und bei Luther, ARG 39 (1942), 1-46; M. Brecht: Iustitia Christi. Die Entdeckung Martin Luthers, ZThK 74 (1977), 179-223; J. Christes: Christliche und heidnisch-röm. Gerechtigkeit in Augustins Werk »De civitate dei«, RMP 123 (1980), 163-177; M.T. Clark: Platonic Justice in Aristotle and Augustine, DR 82 (1964), 25-35; H. Denifle: Die Abendländischen Schriftausleger bis Luther über Justitia Dei (Röm 1,17) und Justificatio, [2]1905; A. Dihle: »Gerechtigkeit«, RAC 10 (1978), 233-360; W. Elert: Morphologie des Luthertums I, 1931; J. Gemmel: Die Justitia in der Lehre des hl. Thomas, Schol. 12 (1937), 204-228; E. Hirsch: Die Theologie des Andreas Osiander und ihre geschichtlichen Voraussetzungen, 1919; K. Holl: Die iustitia dei in der vorluth. Bibelauslegung des Abendlandes, in: ders.: Gesammelte Aufsätze zur Kirchengeschichte III, 1928, 171-188; H.J. Iwand: Glaubensgerechtigkeit nach Luthers Lehre, [2]1951; H. Merkel, L. Hödl, B. Hägglund: »Gerechtigkeit IV.-VI.«, TRE 12, 1984, 420-440 (Lit.); H.A. Oberman: »Iustitia Christi« and »Iustitia Dei«. Luther and the Scholastic Doctrines of Justification, HThR 59 (1966), 1-26.

V. Gäckle

c) systematisch-theologisch

Um nicht dogmat. Engführungen zu erliegen, wird man die ganze bibl. Bedeutungsbreite des Begriffes G. Gottes zu berücksichtigen haben. Die G. Gottes ist danach sowohl eine Eigenschaft Gottes (vgl. Ps 9,9 u.ö.; Apg 17,31; Ps 11,7; Röm 3,4-6), als auch eine Tat Gottes, durch die er dem Sünder die G. Christi zurechnet (Röm 4,3-6) und ihn durch den Glauben in ein Verhältnis der G. zu sich selbst setzt (vgl. die Identifizierung von G. und Heil in Jes 56,1 u.ö.; ferner Röm 1,17; 3,21 vgl. dazu 1Mo 15,6 und Jes 53,11; 2Kor 5,21). Glaube und G. werden dabei identisch, weil beide die von Gott eröffnete Form der Beziehung zwischen ihm und den Menschen bezeichnen. Dem Glaubenden selbst eignet folglich nur insofern eine wesenhafte G. – aber dann auch wirklich –, als die Christusbeziehung selbst zu einem »Wesensmerkmal« seiner erneuerten Natur geworden ist. Er ist dann wesenhaft ein Gerechter, wenn Christus mit seiner G. in Form des Glaubens »in ihm« wohnt. Die G. des Menschen vor Gott läßt sich also nie substanzontologisch als Habitus beschreiben, sondern stets nur als ein personales Beziehungsverhältnis, das die entsprechend ihrem Ursprung erneuerte Natur des Menschen erst konstituiert. Unter dieser Voraussetzung muß auch von einer effektiven G. des Menschen geredet werden.

Zu diesem heilschaffenden Aspekt der G. Gottes gehört gewissermaßen als Kehrseite die strafende und richtende G. Gottes, die sich zum einen am stellvertretenden Kreuzestod Christi als Zorn Gottes offenbart hat (Röm 1,18) und sich im endzeitlichen Weltgericht über alle jene offenbaren wird, die sich der in

Christus geschenkten G. Gottes ungläubig entziehen (Apg 17,31).

Nur unter dem Gerichtsaspekt der göttlichen G. läßt sich umgekehrt die in Christus zugesprochene G. angemessen verstehen, die sich gerade nicht nach menschlichen Qualitäten und Werken »berechnen« läßt, sondern immer das unbegreifliche Wunder bleibt, daß »Gott sein Herz zum Sünder kehrt«.

Lit.: H. Cremer: Die christliche Lehre von den Eigenschaften Gottes, [3]1985, 46-67.

V. Gäckle

Gerechtigkeit, ursprüngliche → Mensch

Gerhard, Johann (1582-1637)

G., geb. am 17. 10. 1582 in Quedlinburg. Mit 15 Jahren erkrankte er schwer und beschloß auf den Rat seines Beichtvaters und späteren Freundes Johann → Arndt hin, Theologie zu studieren. Zunächst begann er 1599 in Wittenberg ein Medizinstudium, wechselte dann nach Jena, um Theologie zu studieren. Dort hielt er ab 1603 phil. und theol. Vorlesungen, erkrankte aber wieder schwer. In Marburg setzte er 1604 seine theol. Studien fort und kehrte 1605 nach Jena zurück, dort 1606 Promotion; 1606 Superintendent in Heldburg, 1615 Generalsuperintendent in Coburg. Mehrmals verhinderte Herzog Johann Casimir von Coburg, daß G. dem Ruf der theol. Fakultät in Jena folgen konnte. 1616 ließ er ihn ziehen, und G. wurde Professor in Jena, wo er bis zu seinem Lebensende am 17. 8. 1637 lehrte. 24 ehrenvolle Berufungen lehnte er ab. G. wurde Ratgeber und Seelsorger mehrerer Fürsten. Sein Sohn Johannes Ernst publizierte den Nachlaß des Vaters.

Das Hauptwerk G.s sind die »Loci Theologici« (1610-1622), die umfassendste luth. Dogmatik. An der Umsetzung der Lehre in das persönliche Leben interessiert, beendete G. jeden Abschnitt mit einer Abhandlung »über die Nutzanwendung« (De usu). Die vierbändige »Confessio catholica« (1633-37) ist G.s bedeutendste kontroverstheol. Schrift. Postum erschien 1653 die »Patrologia«.Mit ihr hatte G. den Begriff der »Patrologie« geprägt, er verstand ihn aber nicht hist., sondern verteidigte die luth. Lehre, indem er deren Übereinstimmung mit den Kirchenvätern aufwies. Bedeutsam ist neben seinen dogmat. Schriften das Erbauungsbuch »Meditationes sacrae« (1606, dt.: 1607), das ein Jahr nach Johann → Arndts »Wahrem Christentum« erschien. Es wurde in mindestens neun Sprachen, sogar ins Arabische übersetzt. Eine ähnlich erbauliche Zielsetzung hatte auch seine »Schola pietatis« (1622/23). G. führte endgültig die aristotelische Metaphysik in die luth. Theologie ein, die Luther noch scharf abgelehnt hatte.

Als Hauptvertreter der luth. → Orthodoxie entwickelte G. die Lehre einer strikten Inspiration der Schrift. Die Hl. Schrift wird , weil gottgewirkt, geradezu zum Gnadenmittel.

Eine Eigentümlichkeit bei G. ist seine Behauptung der *annihilatio mundi*, der Vernichtung der Welt am Ende der Zeiten. Die Welt wird demnach nicht erneuert, sondern völlig vernichtet und völlig neu geschaffen.

Denkweise und Wesen der luth. Orthodoxie, aber auch praktische Frömmigkeit seiner Zeit werden am Werk G.s deutlich.

Quellen: Meditationes sacrae..., 1606; dt.: 1607; Loci theologici..., hg. v. E. Preuß, 1863-1875; Schola pietatis...,Jena 1622/23; Confessio catholica, Jena 1634-1637; Patrologia,..., 1653

Lit.: J. Baur: Johann Gerhard, GdKG 7, 1982, 99-120; C.J. Böttcher: Das Leben Dr. Johann Gerhards, 1898; B. Hägglund: Die heilige Schrift und ihre Deutung in der Theologie Johann Gerhards, Diss. Lund 1951; M. Honecker: Gerhard, Johann, TRE 12, 1984, 448-453; Jacobs: Der Kirchenbegriff bei Johann Gerhard, Diss. Hamburg 1958; R.B. Preus: The Theology of Post-Reformation Lutheranism, 2 Bde., 1970/72.

H.-J. Hoeppke

Gerhardt, Paul (1607-1676)

G., geb. am 12. 3. 1607 in Gräfenhainichen bei Wittenberg, gest. am 27. 5. 1676 in Lübben (Niederlausitz), gilt bis heute neben M. Luther als der größte Kirchenliederdichter des deutschen Protestantismus. Nach dem frühen Tod seiner Eltern trat G. 1622 in die Fürstenschule in Grimma ein und begann Anfang 1628, inmitten der Wirren des → Dreißigjährigen Krieges, mit dem Theologiestudium in Wittenberg. Wie lange er studierte und was er unmittelbar nach dem Studium tat, ist unbekannt. Eine Nachricht über ihn findet sich erst wieder aus dem Jahre 1643, als G. sich als Kandidat in Berlin aufhält und als Hauslehrer bei seinem späteren Schwiegervater, dem Kammergerichtsadvokaten A. Berthold, wohnt. Im Alter von 44 Jahren tritt G. 1651 seine erste Stelle als Propst in Mittenwalde bei Berlin an. Im Jahr darauf heiratet er Anna Maria Berthold. 1657 ergeht an ihn der Ruf als Diakonus an die St.Nicolai-Kirche nach Berlin. Es ist die Zeit der scharfen

Auseinandersetzungen um die Erneuerung des Toleranzedikts. Mit der Aufhebung der Verpflichtung der Pfarrer auf die Konkordienformel (→ Bekenntnisschriften) wollte der Kurfürst → Friedrich Wilhelm von Brandenburg die jahrzehntelangen theol. Streitigkeiten zwischen Lutheranern und Reformierten beenden. Zusätzlich wurde den Brandenburgern das Theologiestudium in Wittenberg untersagt. Ohne daß G. ein starrer luth. Polemiker gewesen wäre, war es ihm nicht möglich, seine Gewissensbindung an die Konkordienformel zu lösen, und er verweigerte daraufhin die Unterschrift unter die entsprechende kurfürstliche Verordnung (1664), was 1666 seine erste Amtsenthebung zur Folge hatte. Aufgrund einer Vielzahl von Bittschriften der Bürgerschaft, des Magistrats, der Gewerbe- und Landstände mußte ihn der Kurfürst 1667 auch ohne G.s Zustimmung zur kurfürstlichen Verordnung wieder in sein Amt einsetzen. Er machte es G. aber zur Auflage, in seiner Verkündigung jegliche konfessionelle Kritik und Eigenart zu unterlassen. Da sich G. aber auch in seiner Verkündigung an sämtliche luth. Bekenntnisschriften gebunden fühlte, lehnte er ab und verzichtete auf sein Amt. Als 1668 seine Frau starb, vereinsamte G. zunehmend, zumal er schon vorher vier seiner fünf Kinder verloren hatte. 1669 trat er schließlich eine Stelle als Archidiakon in Lübben an, wo er bis zu seinem Tode wirkte.

Die Periode seiner größten dichterischen Schaffenskraft fällt in seine Berliner und Mittenwalder Zeit, etwa zwischen 1643-1653. Bekannt wurden G.s Lieder zum ersten Mal durch die dritte Auflage des Berliner Gesangbuches »Praxis pietatis melica« von J. Crüger aus dem Jahre 1647, in dem 18 Lieder G.s enthalten waren. Die Ausgabe von 1653 enthält bereits 81 Lieder. Die Gesamtausgabe von G.s Werken enthält 134 deutsche und 14 lat. Lieder und Gedichte. Es war ein Charakterzug G.s, daß er keinen Ruhm mit seinen Liedern suchte, sondern sein Schaffen als einen Dienst an der Gemeinde verstand. Ihren großen Bekanntheitsgrad verdanken die Lieder denn auch ihren Herausgebern J. Crüger und dessen Nachfolger J.G. Ebeling. Die Lieder greifen nahezu alle Themen christl. Lebens auf, durchziehen das Kirchenjahr ebenso wie die Tages- und Jahreszeiten und besondere Anlässe und sind geprägt von einem außerordentlichen theol. und seelsorgerl. Tiefgang, der G.s persönliche Leidenserfahrungen widerspiegelt. Als Vorlage dienten G. meist bibl. Texte (z.B. »Ist Gott für mich, so trete gleich alles hinter mich…« nach Röm 8,31-39), vor allem die Psalmen. Eine besondere Gattung stellen die mystischen Passionslieder (vgl. EKG 62; 64) dar, die z.T. lat. Salveliedern von Arnulf von Löwen (gest. 1250) nachgedichtet sind.

Quelle: E.v. Cranach-Sichart (Hg.): Paul Gerhardts Dichtungen und Schriften, 1957.

Lit.: J. Erb.: Paul Gerhardt und seine Lieder, [5]1988; K. Hesselbacher: Paul Gerhardt. Sein Leben – seine Lieder, hg. von S. v. Heinzelmann, [10]1991.

V. Gäckle

Geriatrie → Altenhilfe

Gericht Gottes

Die Hl. Schrift spricht von der Heiligkeit und Gerechtigkeit Gottes. Damit sind keine ruhenden Eigenschaften Gottes gemeint; vielmehr ist Gott als der Lebendige dabei, Heiligkeit und Gerechtigkeit in dieser Welt durchzusetzen. Beides ist kein Widerspruch zu seiner Liebe. Denn als der Lebendige kann er auch zürnen, wo seine Liebe verkannt und verschmäht wird. In dieser Weise wird er dann auch bezeugt als der Richter, der seine Gottheit durchsetzt gegen alles, was sich gegen ihn auflehnt. Sein Richten steht dabei in einem dreifachen Zusammenhang: mit der Welterhaltung, mit der Welterlösung und mit der Weltvollendung.

1. Gottes Gericht im Zusammenhang der Welterhaltung

Gott hat diese Welt, in die auf unerklärliche Weise die Mächte des Bösen eingebrochen sind, nicht vernichtet, sondern sie an Vergänglichkeit, Sünde und Tod dahingegeben. Sie steht gleichsam unter Gottes Notverordnungen (vgl. 1Mo 8;9), die eine ständige Erinnerung an die Urschuld sind, die als letzte Ursache hinter der gegenwärtigen Weltstruktur steht. So ist der Zerfall im Einzelleben wie in der Geschichte nicht nur Folge menschlichen Tuns, »sondern zugleich Gericht Gottes, das sich darin ausdrückt« (Schlink). Doch diese G.e Gottes sind nicht einfach Strafen, sondern enthalten zugleich ein Gnadenelement. So ist die verhängte Sterblichkeit des Menschen eine gnädige Bewahrung davor, daß er sich in seinem Sündersein verewigen muß. So lassen die Lebensnöte den Menschen seine Grenzen erkennen und nach Gottes Hilfe fragen. So können Macht und Gewalt in der Hand menschlicher Ordnungsmächte in relativem Sinne vor Chaos und Zerfall bewahren (Röm 13,1ff).

2. Gottes Gericht im Zusammenhang der Welterlösung

Wenn auch das eben Gesagte grundsätzlich gilt und anerkannt werden kann, so bleiben doch im Blick auf Einzelschicksale von Völkern und Menschen viele Fragen offen (→ Theodizee). Hier gilt grundsätzlich: Gottes G. ist ein Geheimnis und deshalb nicht erklärbar und ausrechenbar. Die Weltgeschichte ist nicht das Weltgericht. Erfolg und Mißerfolg sind nicht einfach Maßstäbe für Gottes Ja oder Nein zu menschlichem Tun. Deshalb durchbricht Jesus die pharisäische Vergeltungslehre (Joh 9,1ff), indem er nicht eine Einzelursache nachweist, sondern auf das erlösende Gotteshandeln hinweist. Zwar drückt sich in den konkreten moralischen Verfehlungen des Menschen Gottes zürnende Dahingabe des Menschen an sein Sündersein aus (Röm 1,24.26.28), was auch im gleichen Textzusammenhang vom Götzendienst alter und neuer Form gilt (Ersatzreligionen und Ideologien). Doch auch dies steht, ebenso wie Blindheit, unter dem von Gott allein zu setzenden Vorzeichen der Erlösung. Denn Paulus erwähnt es im Rahmen der Gerichtspredigt, die die Unmöglichkeit des Menschen zu seiner Selbstrechtfertigung und damit seine totale Angewiesenheit auf Gottes Rechtfertigung in Christus erweisen soll. So sollen und können Gottes G.e im Lichte der Botschaft von Sünde und Gnade Heimsuchungen werden. Dies war das Ziel der atl. Propheten mit ihrem Umkehrruf, das wollten Jesus und die Apostel, das ist auch der Sinn der ernsten Gerichtsbotschaften der Johannesapokalypse, wo ja gerade schmerzlich festgestellt wird, daß die Menschen nicht umkehren (9,20; 16,9). Alle Umkehr ist aber nur möglich, alle Gerechtsprechung des Sünders durch den heiligen Gott hat nur darin ihren Grund, daß der eine Sündlose für die Sünder das G. Gottes am Kreuz trug. Hier liegen Gericht und Heil zusammen. Damit ist Kreuzesbotschaft Rettungsbotschaft.

3. Gottes Gericht im Zusammenhang der Weltvollendung

Weil Jesus Christus nicht nur der Gekommene, sondern auch der Kommende ist, steht auch die Frage des Endgerichtes (»Jüngstes Gericht«) unter christologischem Aspekt. Somit bekommt die Heilsbotschaft vom Kreuz ihre Dringlichkeit, indem sie auf den kommenden Weltrichter hinweist (Apg 10,42; 17,30-31; Röm 2,16). Einerseits vollzieht sich G. Gottes schon darin, daß hier und jetzt die Heilsbotschaft nicht angenommen wird (Mt 13,1-23; Joh 3,18-19), andererseits gibt es ein Ausreifen bis zum Ende hin (Mt 13,30). Auch bleibt vieles in dieser Welt ungesühnt, es gibt kein vollkommenes menschliches Gericht und keinen wirklichen Ausgleich von Gut und Böse. Ebenso werden wir vieles nur unvollkommen erkennen, was erst die Ewigkeit in ein klares Licht rückt (vgl. Mt 25,31ff). Schließlich gilt: Wenn Gott wahrhaft Gott und nicht ein ohnmächtiger Götze ist, muß sich einmal seine Macht gegen alles Widergöttliche durchsetzen, damit er am Ende sei »alles in allen« (1Kor 15,28). Damit wird dieses Ziel der Weltvollendung durch Gott nicht ohne eine Endabrechnung möglich sein. Sie bringt die Weltgeschichte in ihrem bisherigen Verlauf zum Ziel, indem sie im Zusammenhang mit dem wiederkommenden Christus von außerhalb in die Geschichte einbricht und ihr ein Ende setzt. Dieses ganze Geschehen übersteigt nicht nur menschliche Vorstellungskraft, es kann auch nur in einer spannungsvollen Zusammenschau bezeugt werden.

Erste Aussage: Gottes G. hat einen Termin, den »Jüngsten Tag«. Was jetzt schon an Scheidung und Entscheidung in Annahme bzw. Ablehnung der Heilsbotschaft geschieht und nach dem Tode klar wird, findet erst im Endgericht seine volle Auswirkung.

Zweite Aussage: Gottes G. ist gerecht. Rettung im Gericht findet nur, wer das Heil in Christus in diesem Leben angenommen hat und glaubt. Kein eigenes Tun kann vor Gott rechtfertigen. Dennoch gibt es ein gerechtes G. Gottes über alles Tun aller Menschen (2Kor 5,10; Mt 25).

Dritte Aussage: Gottes G. ist Scheidung. Im letzten Gericht gibt es Gerettete und Verlorene, Angenommene und Verworfene. Daneben stehen die Aussagen von ewiger Vollendungsherrlichkeit (Offb 22), davon, daß alles durch Christus versöhnt ist (Kol 1,20) und Gott alles in allen sein wird (1Kor 15,28). Unsere Aufgabe ist es, weder die Qualen der Hölle auszumalen noch die Spannung durch eine Möglichkeit im Sinne eines → Fegefeuers oder einer → Allversöhnung aufzulösen. Wir können nur angesichts des vollen Gerichtsernstes umso klarer die Frohe Botschaft von der Rettung vor dem Gericht durch Christus ausrufen.

Lit.: P. Althaus: Die letzten Dinge, [6]1956; H. Thielikke: Theologische Ethik, Bd. II/1[5], 644ff.

K.H. Bormuth

Gericht, Jüngstes → Gericht Gottes

Gerlach, Gebrüder von

(1) Leopold (1790-1861), General; (2) Ludwig (1795-1877), Jurist, Präsident des Oberlandesgerichtes in Magdeburg; (3) Otto (1801-1849), Pfarrer, später Hofprediger und Professor – Söhne einer Berliner Beamtenfamilie.

1. Leopold v.G. nahm als Generaladjutant und persönlicher Freund König → Friedrich Wilhelms IV. starken Einfluß auf die preußische Politik (»Camarilla«), in vielem unterstützt von seinem Bruder Ludwig, mit dem ihn sowohl die geistl. Prägung durch die Erwekkungsbewegung verband wie die polit. Option für die konservative Rechte im Gefolge der Restaurationsvorstellungen K.L. v. Hallers bzw. der Gesellschaftsmodelle F.J. Stahls. Beide gehörten insofern ebenso zu den Gegnern der Revolution von 1848 wie zu den Beförderern des Aufstiegs Bismarcks, dessen spätere Politik sie dann freilich nicht mehr mitzutragen vermochten.

2. Ludwig v.G., der sich in seinem polit. Wirken stark von Glaubensentscheidungen leiten ließ und für einen christl. Staat und eine »Evangelische Katholizität« als kirchenpolit. Leitlinie eintrat, fand sogar Anschluß an das Zentrum.

3. Otto v.G. bewarb sich bewußt um eine Pfarrstelle in einem Berliner Arbeiterviertel, um dort neue Wege einer sozialen Seelsorge zu gehen (Tholuck: »Berliner Wesley«). Otto v.G. war Verfasser eines vielbändigen bibl. Kommentar-Werkes.

Lit.: M. Fleischer: »Deus praesens in jure. The Politics of L. v. Gerlach«, ZRGG 39 (1987), 1-23; A.L.v. Gerlach: Von der Revolution zum Norddeutschen Bund, hg. v. H. Diwald, 1970; H.-J. Schoeps: Das Andere Preußen, [4]1974; NDB 6, 294-299.

H. Kirchner

Germanen, Christianisierung der

Die Christianisierung der german. Völker erstreckt sich chronologisch vom 4. bis zum 12. Jh. und umfaßt geographisch den Raum von der unteren Donau bis Island und von Spanien bis Schweden. Im 4.-7. Jh. steht sie im Zusammenhang mit dem gewaltigen Umgestaltungsprozeß, der das röm. Weltreich auflöst und die german. Völker zu den vorherrschenden Mächten des europ. MAs macht. Damit ist sie sowohl Beleg für die partielle Kontinuität zwischen Antike und MA als auch Grund für die geistige Einheit des Abendlandes. Die Christianisierung der G. kann kaum als einheitliche Größe verstanden werden, zumal die Kirche in ihrem Vollzug verschiedene Wandlungen erlebte.

1. Die arianische Germanenmission

Ihre Ausgangsbasis ist die durch das Wirken des Bischofs → Wulfila (311-383) entstandene gotische Kirchengemeinschaft des 4. Jh.s. Wohl 336 ist er zum Bischof einer gotischen Exulantengemeinde im nördlichen Balkanvorland geweiht worden. Seine herausragende Leistung ist die gotische Bibelübersetzung, für die er eine spezifische Schriftform erst schaffen mußte. Wulfila gab so dem gotischen Christentum die Möglichkeit nationalsprachlicher Ausformung und legte es überdies auf die »homöische« Position (Wesensähnlichkeit und Unterordnung der drei göttlichen Personen untereinander nach den Synoden von Rimini und Seleukia 359) fest. Diese beiden Aspekte definieren das Kirchentum des gotischen Arianismus, das ostkirchl. Züge trägt (und nicht etwa speziell auf german. Vorstellungen ausgerichtet ist, wie vielfach behauptet wurde). Durch die polit. Entwicklung wird das gotische Christentum in den Westen getragen. Dort erreicht es, wenn auch in unterschiedlicher Intensität, die Vandalen, Burgunder und Sueven, im Osten die Ostgoten, Gepiden, Langobarden, Rugier, Skiren und Heruler. Alle diese Völker gehen im frühen MA unter oder treten zum kath. Bekenntnis über, so daß die arianische G.mission geschichtl. anhaltende Wirkung nicht erreichte. Bestehen bleibt das Beispiel ihrer friedlichen Arbeit und ihrer Konzentration auf das Zeugnis der Bibel.

2. Die katholische Germanenmission

Vom späten 5. Jh. an begegnet das westliche Christentum den herandrängenden G.stämmen. Zentrales Ereignis ist die Taufe des Frankenfürsten Chlodwig am Weihnachtstag 499 in Reims, bot sie doch trotz der anfänglich zögerlichen Christianisierung der Franken die grundlegende Voraussetzung für den Anschluß West- und Nordeuropas an die röm. Kirche. Die polit. Expansion der Franken bis in das 8. Jh. bedeutete zugleich die Ausbreitung der Kirche auf das Gebiet der Alemannen, Bayern, Hessen, Thüringer, Friesen und Sachsen.

Den frühmittelalterl. Typus geplanter Mission zeigt die der Angelsachsen, getragen von Roms erstem »Missionspapst« Gregor (590-604) und den Iren gleichermaßen. Die Entstehung der romorientierten angelsächsischen Kirche im 7. Jh. (endgültige Entscheidung auf der Synode von Whitby 664) brachte, verbunden mit irischen Impulsen, eine lebendige Missionsbewegung hervor. Ihre Träger (Wilfrid, Willibrord, → Bonifatius u.a.) reformierten nicht nur die fränkische Kirche, sondern zeigten auch erste Ansätze einer Hinwendung zum skandinavischen Raum, dessen Christianisierung den Abschluß der G.mission darstellt (Vollendung mit der Errichtung des Erzbistums Uppsala 1164). Zwischen dem äußeren Glaubenswechsel und der inneren Aneignung des Christentums ist dabei stets zu unterscheiden. Die kath. G.mission ist so aspektreich, daß hier nicht ihr Ablauf, sondern nur einige systematische Punkte angesprochen werden können.

a. Germanische Religion

In der quellenmäßig nur schwer erschließbaren Gentilreligion der G. decken sich ethnische, polit. und rel. Ordnung. Innerhalb dieser ist jeder zur Teilnahme am Kult verpflichtet, um das vor allem diesseitig begriffene Heil in der freundlichen Zugewandtheit der Götter zu erhalten. Das Alltagsleben stand unter vielfältigen rel. Sinngebungen, konkretisiert durch die Gemeinschaft und Einheit stiftenden Kultfeste. Herausragend ist das sakrale Moment german. polit. Herrschaft, das die Funktion von König und Opferherr verband und rel. Bezüge zur Grundlage der archaischen Staatlichkeit werden ließ. Die Missionare sahen sich dadurch genötigt, die Christianisierung »von oben nach unten« zu betreiben. Die german. Religion war keineswegs so grob, wie sie kirchl. Quellen darstellen, sondern durch kulturellen Austausch mit dem spätantiken Süden durchaus differenziert. So gab es persönliche Frömmigkeit, Gebete und die Überzeugung von der heilswirksamen Epiphanie der Götter, auch für den Gedanken des stellvertretenden Opfers Christi fanden sich Anknüpfungspunkte. Vieles aus der rel. Alltagspraxis der G. hatte auch nach dem Glaubenswechsel Bestand, teils durch Umdeutung und Anpassung, teils als verdeckt heidnische Ausdrucksform der Volksfrömmigkeit. Insgesamt ist zu beachten, daß die christl. Mission bei den G. nicht in einen glaubenslosen Raum vorstieß, sondern auf die Konkurrenz einer ausgeprägten Religion traf.

b. Missionsprogrammatik

Gegenüber der Gentilreligion der G. vertraten die Missionare den universellen Anspruch des Christentums. Für sie war jede heidnische Religion Teufelsdienst, der um der Menschen willen ausgerottet werden mußte. Nach der theol. Auffassung des Frühmittelalters ging das nur über die Eingliederung der Völker in die universelle Kirche. Kennzeichen dessen war die Taufe, der die ausdrückliche Absage an den Teufel vorausgehen mußte (zweipoliges Taufgelöbnis: Absage und Bekenntnis). Die Taufe war somit der entscheidende Akt der Integration in die Institution Kirche, die eigentliche Bekehrungsarbeit erfolgte danach. Hintergrund dessen war für die Missionare die eschatologische Aktualisierung von Röm 11,25, wonach die Bekehrung der Heidenvölker Voraussetzung der das Weltende herbeiführenden Bekehrung Israels sei. Trotz dieses formalen Vollzugs darf die individuelle Missionsarbeit nicht unterschätzt werden, denn erst Einzelbekehrungen (zumal bei Königen) schufen die Möglichkeiten für Massentaufen.

c. Missionsmethoden

Mit Ausnahme der Christianisierung der Sachsen und der Norweger verlief die Mission weitgehend friedlich. In geschickter Weise paßten sich die Missionare den german. Verhältnissen an. Meist gelang nach einer Periode individueller Bekehrungen mit Unterstützung des einheimischen Königtums, das mit der Rezeption atl. Vorstellungen neue Legitimation gewann, die Taufe ganzer Stämme oder Völker. Entscheidend war, daß die überragende Macht des Christengottes herausgestellt werden konnte. Das geschah durch Missionspredigten, mehr noch aber durch die Tatmission in der Zerstörung heidnischer Kultorte. Da die Missionare oftmals Anknüpfungspunkte in der german. Religion aufgriffen (besondere Festtage, Amulette, genealogische Vorstellungen, Reliquien), konnten sich auch nach der Taufe heidnische Glaubensformen halten. Man wird ihnen dies kaum zum Vorwurf machen dürfen, denn aufgrund der damaligen Theologie war der formale Taufvollzug der entscheidende Herrschaftswechsel. Auf einem anderen Blatt steht, daß damit synkretistische Verschleifungen Eingang in die mittelalterl. Kirche fanden. Bedeutsam dafür ist schließlich die Sozialstruktur der Missionare, deren ethnische Verbundenheit mit den G. nicht außer acht gelassen werden darf. Neben der Abhängigkeit vom Papsttum und der Kooperation mit den Herrschern war für sie bestimmend ein Netzwerk persönlicher Kontakte, das getragen wurde von dem geistl. Rückhalt einer europaweiten Gebetsverbrüderung. Die Leistung dieser Missionare in dem rauhen Alltag des Frühmittelalters kann kaum überschätzt werden. Das christl. Abendland ist ohne sie nicht denkbar.

d. Ergebnis

Die G.mission war kein einfacher Adaptionsvorgang, veränderte sie doch G. wie die Kirche nachhaltig. Der Glaubenswechsel vollzog sich meist nach der Deutungsmöglichkeit, geschichtl. Erlebtes als Erfahrung der Geschichtsmächtigkeit des Christengottes zu verstehen und für die Wende zu aktualisieren. Damit wurde aber auch die rel. Struktur der polit. Ordnung der G. unvollkommen verchristlicht, so daß sich die Kirche in das Gefüge der german. Adels- und Königsherrschaft integrieren ließ (nicht zu verwechseln mit der angeblichen »Germanisierung des Christentums«, einer heute überholten, aber immer noch begegnenden älteren Forschungshypothese!). Daraus entstand das frühmittelalterl. Landeskirchentum als neue Größe, denn es unterscheidet sich grundsätzlich von dem reichskirchl. Gedanken der Spätantike. Diesem Moment der Diskontinuität steht das der Kontinuität gegenüber, repräsentiert durch die kulturellen Leistungen vornehmlich des Mönchtums. Die Christianisierung der G. schuf in den romverbundenen Landeskirchen und insbesondere in der Ausbildung eines wirksamen hagiographischen Leitbildes Frömmigkeitsformen, denen die aufgeklärte Gegenwart zwar mit Kritik begegnen mag, die den damaligen Menschen aber trotz mancher Entstellungen fest in die geglaubte Weltordnung Gottes stellten.

Lit.: A. Angenendt: Das Frühmittelalter: Die abendländische Christenheit von 400 bis 900, 1990; W. Baetke: Die Aufnahme des Christentums durch die Germanen, (1943) 1973; L.E.v. Padberg: Wynfreth-Bonifatius, 1989; K. Schäferdiek (Hg.): Kirchengeschichte als Missionsgeschichte, Bd. 2/1: Die Kirche des früheren Mittelalters, 1978; ders.: »Germanenmission«, RAC 10, 1977, 492-548; ders. et al.: »Christentum der Bekehrungszeit«, in: Reallexikon der germanischen Altertumskunde 4, 1981, 501-599; K.D. Schmidt: Die Bekehrung der Germanen zum Christentum I, 1939; H.v. Schubert: Geschichte der christlichen Kirche im Frühmittelalter, (1921) 1962.

L.E.v. Padberg

Germanische Religion → Germanen, Christianisierung

Gerok, Karl (1815-1890)

G., geb. am 30. 1. 1815 in Vaihingen/Enz, gest. am 14. 1. 1890 in Stuttgart; seit 1844 Pfarrer in Böblingen und Stuttgart, seit 1868 Prälat und Oberhofprediger ebenda.

Er gilt als der Spätromantik verbundener Schriftsteller und Lyriker und der → Erwekkungsbewegung nahestehender Prediger, Seel-

sorger und Theologe. Zu seiner Lebzeit von großem Einfluß, haben seine Werke ihn jedoch kaum überdauert. Die Literatur über G. ist gering an Zahl und beschränkt sich auf den württembergischen Raum. Bekannt geworden und geblieben sind folgende seiner Werke: Palmblätter 1856; Blumen und Sterne 1868; Deutsche Ostern 1871.

G. Ruhbach

Gerontologie → Altenhilfe

Gerson, Johannes (1363-1429)

J.G. (eigentlich Jean le Charlier), geb. am 14. 12. 1363 in Gerson-les-Barby in der Grafschaft Rethel (Flandern), durchläuft in Paris die üblichen akademischen Stadien bis zur licentia docendi (Lehrbefugnis) in der Theologie 1392, tritt 1393 in die Dienste Herzog Philipps des Kühnen von Burgund (1363-1404), wird 1394 Dekan des Kapitels von St. Donatian in Brügge (bis 1411) und Magister (»Professor«) in Paris, 1395 Kanzler von Notre Dame de Paris und damit der Universität (Nachfolger von Pierre d'Ailly), 1403 außerdem Pfarrer in Paris. Während der Regierungszeit Herzog Johanns ohne Furcht von Burgund (1404-1419) ist G. in Frankreich in Gefahr, weil er die Ermordung des Herzogs von Orléans durch diesen nicht als »Tyrannenmord« mitverteidigt. Er nimmt am Konzil von Konstanz (1414-1418) aktiv teil, hält sich dann in Rattenberg (Inn) und im Stift Melk (Donau) auf, kehrt 1419 nach Frankreich zurück und stirbt am 12. 7. 1429 in Lyon.

G.s zahlreiche (meist kleinere) Schriften (lat., einige franz.) gelten der (mystischen) Theologie sowie Recht und Reform der Kirche. Auf dem Hintergrund des großen abendländischen Schismas (1378-1415) trennt G. sorgfältig zwischen göttlichem und kanonischem (kirchl.) Recht, begründet (bei anfänglich klarer Favorisierung des avignonesischen Papsttums) die Autorität eines allg. Konzils, notfalls gegen den Papst, fordert Reform der Theologie und des akademischen Unterrichts auf »Erbauung« hin (statt bloßer intellektueller Brillanz), befürwortet ein gemeinsames eheloses Leben ohne Gelübde (Nähe und Distanz zu den bestehenden Orden). Er gilt als »Kirchenvater der deutschen geistlichen Schriftsteller des 15. Jahrhunderts« (Moeller, Burger). Theologen der Reformation (Luther) sehen ihn positiv. Der Ehrentitel »doctor consolatorius« (»Doktor Tröster«) würdigt sein (schriftstellerisches) seelsorgerl. Wirken.

Lit.: Gesamtausgabe: Jean Gerson, Oeuvres complétes, Bde. I-X, hg. von P. Glorieux, 1960-1973; ergänzend: Ioannis Carlerii de Gerson, De mystica theologia, hg. A. Combes, 1958. Ch. Burger: »Gerson, Johannes«, TRE 12, 1984, 532-538 (Lit.); ders.: Aedificatio, Fructus, Utilitas. J. Gerson als Professor der Theologie und Kanzler der Universität Paris, 1986 (Werkverzeichnis, Forschungsstand).

B. Steinseifer

Gesangbuch → Liedgut/Liederbücher

Geschäftsleute des vollen Evangeliums (GdvE)

Die GdvE bilden den deutschen Zweig der »Full Gospel Business Men's Fellowship International«, die 1953 von dem aus Armenien stammenden und in Los Angeles aufgewachsenen Geschäftsmann Demos Shakarian (geb. 1913) gegründet wurde. Dieser gehörte zu einer armenischen Pfingstgemeinde, in der er (nach eigener Aussage) 1926 die → Geistestaufe erlebte. In den Jahren seiner Berufstätigkeit kam er zu der Überzeugung, daß »die an das volle Evangelium gläubigen Geschäftsleute mächtig für Gott wirken könnten, wenn sie zusammenarbeiteten«. Die GdvE sind eine pfingstlerisch-charismat. ausgerichtete Laienbewegung, die sich nicht als eigenständige »Kirche« versteht, sondern als Teil des weltweiten Leibes Christi. Sie möchte »ein helfender Arm der bestehenden Gemeinden sein« und durch Gebet und persönliches Zeugnis evangelist.-mission. wirken. Ihre Zielgruppe sind Geschäftsleute (aber nicht ausschließlich), die sie zu monatlichen Treffen in Hotels und Restaurants (nicht in kirchl. Räume) einladen. Wer Mitglied einer Ortsgruppe (*Chapter*) werden möchte, muß das Zeugnis einer bewußten Heilserfahrung haben und das »doctrinal statement« unterschreiben; zu diesem gehört ein zehnteiliges »Glaubensbekenntnis«, das unter anderem die Glaubensheilung als Zeichen der Versöhnung durch Christus und den Glauben an die Geistestaufe zum Ausdruck bringt. 1991 gab es in 230 Ländern ca. 4.500 Chapters, davon etwa 50 in Deutschland. Die Weltzentrale hat ihren Sitz in Los Angeles.

Lit.: K. Hutten: Seher – Grübler – Enthusiasten, 1982, 337ff.

R. Hauth

Geschichte, Geschichtsphilosophie

Man hat zuweilen versucht, zwischen G. und Historie zu unterscheiden. G. sei alles im Laufe der Zeit Geschehene, Historie dessen Darstellung. Diese Unterscheidung hat sich jedoch nicht durchgesetzt, da das Geschehene nur durch eine entsprechende Darstellung zugänglich ist. Dementsprechend hat G. eine doppelte Bedeutung: einerseits das Geschehene, andererseits dessen Darstellung. Im Hinblick auf den Gegenstand wird zwischen einer G. des Kosmos, einer Geschichte des Lebendigen und der G. menschlicher Gemeinschaften unterschieden.

In der Art der Darstellung ist die G. mit dem Mythos verwandt. In alten Zeiten wird zwischen beiden nicht unterschieden. Inhalt der Mythen sind vornehmlich einmalige Geschehnisse, die in der Vergangenheit liegen, aber bleibende Bedeutung haben, da durch sie kosmische, kultische, kulturelle und polit. Ordnungen gestiftet wurden. So künden die Schöpfungsmythen, wie Erde, Sonne, Mond und Sterne geschaffen wurden, andere erzählen, wie es zum Wechsel der Jahreszeiten kam, wie das Feuer in die Hand der Menschen gelangte, wie der Weinbau sich verbreitete, wie mit Hilfe schützender Gottheiten Städte gegründet wurden und dergleichen mehr. Dabei gibt es fließende Übergänge zu geschichtl. Ereignissen. So entsteht z.B. aus einem Streit dreier Göttinnen der Trojanische Krieg.

Als in der griech. Kultur das kritische Denken Oberhand gewann, erzwang es auch eine Scheidung zwischen Mythos und G. Als G. wird seither nur noch das betrachtet, was durch Augenzeugen oder glaubwürdige Überlieferungen als gesichert erscheint. In diesem Sinne beteuert z.B. Thukydides, »nur aus den besten Quellen geschöpft« und bei gegenwärtigen Ereignissen jeweils Augenzeugen befragt zu haben. In der gleichen Tradition stehen die ntl. Schriften. Ihre Verfasser versichern, allen Ereignissen sorgfältig nachgegangen zu sein (Lk 1,3) und beteuern: »Nicht ausgeklügelten Mythen hängen wir an…, sondern wir waren Augenzeugen seiner erhabenen Größe« (2Petr 1,16). Gegenstand der Geschichtsschreibung waren zunächst bestimmte Ereignisse und Taten einzelner Herrscher, sowie die »Geschichte« bestimmter polit. Gebilde. Mit anderen Worten: Es ging jeweils um ein abgrenzbares Thema.

Erst nach der Ausbreitung des Christentums im röm. Weltreich erwuchs aus der jüd.-christl. Glaubenstradition der Gedanke der Weltgeschichte und ihrer Deutung. Den Anstoß dazu bildete die Einnahme und Plünderung Roms durch die Goten im Jahre 410. Schockiert fragten damalige Christen, ob die Apostel Petrus und Paulus nicht imstande seien, die Stadt ihrer Gräber zu schützen. In dieser Lage griff Augustinus zur Feder (De civitate Dei). Er legt dar, daß das Entscheidende in der Weltgeschichte nicht das Schicksal Roms sei, sondern die Auseinandersetzung des Gottesreiches mit dem Reich des Bösen. Dabei falle die Entscheidung im einzelnen Menschen. Somit erhielt die Weltgeschichte eine theol. Deutung, die jedem Menschen weltgeschichtl. Rang zuerkannte. Als Ergänzung zu seinen Überlegungen veranlaßte Augustinus den spanischen Priester Orosius, darzustellen, daß es in vorchristl. Zeiten keineswegs besser zugegangen sei als in der christl. Gegenwart. Darauf verfaßte Orosius die »erste in sich geschlossene und literarisch hochstehende Welt- und Universalgeschichte« (PRE). So fand der Glaube an einen einzigen Gott als Herrn aller Völker den ihm gemäßen Ausdruck in der Konzeption der G. als Weltgeschichte. Auf dem Höhepunkt der mittelalterl. Geschichtsschreibung faßte Otto von Freising, ein Onkel Friedrich Barbarossas, die phil.-theol. Deutung Augustins und die universale Darstellung der G. des Orosius in einer einzigen »Weltchronik« zusammen. Dagegen geht in den trinitarischen Spekulationen des Joachim von Fiore – er unterscheidet ein Zeitalter des Vaters, des Sohnes und des Heiligen Geistes – der Bezug zur konkreten G. weithin verloren.

Die Aufklärer der Neuzeit lehnten die überkommene heilsgeschichtl. Konzeption ab. Ihre »Geschichtsphilosophie« bedeutet eine Säkularisierung der Geschichtsdeutung. Fasziniert vom Gedanken des Fortschritts wollte z.B. Voltaire wissen, »über welche Stufen die Menschen vom Zustand der Barbarei in die Zivilisation übergingen«. Die trinitarische Konzeption erschien nunmehr säkularisiert als Dreischritt von These, Antithese und Synthese in einem dialektischen Geschichtsprozeß. In ihm gibt bei Hegel der Geist »das Kommandowort«, während bei Marx die materielle Basis das Primäre ist. Beiden geht es um den Gesamtprozeß. Von ihm wird der einzelne absorbiert. Selbst die hervorragenden Gestalten der G. werden nach vollbrachter Leistung weggeworfen »wie leere Hülsen« (Hegel).

Angeregt durch Erkenntnisse ihrer Wissenschaften legen in jüngster Zeit zunehmend auch Naturwissenschaftler Modelle zur Erklärung der kosmischen, biologischen und gesellschaftl. Entwicklung vor. Sie versuchen, in mannigfaltigen Varianten den gegenwärtigen Stand der Wirklichkeit als Folge der »Selbstorganisation der Materie« zu erklären. Dabei kommen sie – abgesehen von zahlreichen Ungereimtheiten im einzelnen – durchweg zu dem Schluß, daß alles Wirkliche letztlich sinnlos und das menschliche Dasein als »Zufallsprodukt der Evolution« absurd sei. Die Frage, ob dieses Ergebnis die zwangsläufige Folge eines grundlegend falschen Ansatzes – des methodischen Atheismus der modernen Wissenschaften – ist, wird von ihnen nicht gestellt. Als Gegenposition zu den atheistischen Weltmodellen wurde in jüngster Zeit von christl. Wissenschaftlern eine durch die personale Komponente geprägte Interpretation entwickelt.

Lit.: A. Brunner: Geschichtlichkeit, 1961; A. Dempf: Sacrum imperium, 1929; H. Freyer: Weltgeschichte Europas, [2]1953; K. Jaspers: Vom Ursprung und Ziel der Geschichte, [2]1963; Th. Litt: Geschichtswissenschaft und Geschichtsphilosophie, 1950; U. Niemann: Das Problem der Selbstorganisation der Materie, Tonbandnachschrift eines Symposions des Instituts für wissenschaftstheoretische Grundlagenforschung, 1990; H. Staudinger, J. Schlüter: Die Glaubwürdigkeit der Offenbarung und die Krise der modernen Welt. Überlegungen zu einer trinitarischen Metyphysik, 1987.

H. Staudinger

Geschichtsschreibung

a) Israel und Vorderer Orient

1. Das AT ist in einem Zeitraum von mehr als 1.000 Jahren zu einem Gesamtwerk zusammengewachsen, das in dieser Periode immer wieder durch Redaktionen ergänzt und überarbeitet worden ist. Welche literarischen Prozesse dabei abliefen, ist ungewiß. Bemerkenswert ist jedoch, daß die G. im AT als Darstellung von Handlungen, Geschichten und Prozessen von jenen »Geschichtsbüchern« zu unterscheiden ist, die offenbar das Quellenmaterial zur Gesamtdarstellung geliefert haben, z.B. die »Chronik der Könige Judas« (1Kön 15,23), die »Chronik der Könige Israels« (1Kön 15,31) oder die »Taten/Chronik Salomos« (1Kön 11,41) sowie Werke von Samuel, David, Nathan, Iddo usw.

Die Beobachtungen von literarischen Spannungen, theol. Überarbeitungen und Dubletten haben im 19. Jh. dazu geführt, daß das atl. Schrifttum hist.-kritisch gesichtet wurde; damit wollte man eine direkte Herleitung des atl. Stoffes aus verschiedenen Quellen versuchen. Aber die Unsicherheit und Widersprüchlichkeit, die den quellenkritischen Untersuchungen trotz einer mehr als 100jährigen Forschung immer noch anhaftet, läßt es unmöglich erscheinen, daß auf dieser Grundlage jemals eine Gesamtdarstellung zur atl. G. abgefaßt werden kann.

Statt einfacher oder komplexer Tatenlisten, wie sie bei anderen altorientalischen Völkern üblich sind, postuliert die hist.-kritische Forschung eine aus mehrfachen Redaktionen sowie theol. (D) und priesterlichen Überarbeitungen (P) und Redaktionen entstandene »Geschichte« Israels, die jedoch keine einhelligen Ergebnisse bei der kritischen Beurteilung des Stoffes darbietet. Einmütigkeit herrscht darüber, daß Genealogien, Annalen, Kataloge, Listen und Itinerare zwar die ältesten und einfachsten Formen sind, jedoch nur Teile komplexer Handlungsdarstellungen abbilden, die es wiederum ermöglicht haben, durch verschiedene Prozeßdarstellungen (Gott und Mensch, Gott und Volk, Landnahme usw.) eine theol. Theorie der Geschichte zu formulieren. Dies setzt aber gleichzeitig Abstraktionsfähigkeit und einen theol. Überbau zur G. voraus (vgl. Ri 2,11-23), mit deren Hilfe unter theol. Aspekten (Gerechtigkeit, Sünde, Strafe, Sühne, Eschatologie usw.) die Handlungsstränge zusammengefügt wurden. So ist man zu einer rel. und moralischen Deutung der Geschichte überhaupt vorgestoßen, was in der altorientalischen Welt einzigartig war (vgl. dazu die »Geschichtsschreibung« der Königbücher mit jener der Chronikbücher mit ihrem prodavidischen und pro-judäischen Blickwinkel).

2. Die G. des alten Vorderen Orients geht in Assyrien vornehmlich aus Annalen hervor, die jedoch neuerdings als Auszüge aus »Briefen an die Götter« verstanden werden, was ihre Egozentrik und Autorität erklärt. Deshalb gelten die assyrischen Texte als weniger hist. exakt als die babylonischen, die völlig »uninspirierte Geschichte« wiedergeben. In der mesopotamischen Weisheitsliteratur findet sich die theol. Grundlage für die Deutung der Geschichte: Weil die Handlungen der Götter nicht vorhersehbar sind, ist der Mensch verdammt, ruhelos und unsicher in dieser Welt zu leben. Die Könige können durch Reinigung und Sühne das Gleichgewicht herstellen und dem wirklich Guten Rettung zuteil werden lassen (Sargon/Hiob-Problem).

Um dieses Gleichgewicht zwischen Kosmos und dieser Welt, die einander entsprechen, zu sichern, ist es notwendig, aus der Vergangenheit die Rituale, Gebete und Inschriften aufzubewahren, um aus der Vergangenheit für die Gegenwart Impulse zu erhalten: »Jede Tafel oder jedes Ritual... ist gut für meinen Palast« (Assurbanipal).

3. Die zyklisch periodisierte Weltgeschichte des Alten Orients wird von dem Geschichtsverständnis des AT durchbrochen: der kommende Äon ist das Gottesreich (Dan 2) – die Geschichte findet ihr Ende. Die Historiographie Israels weiß von einem göttlichen Plan, sie reflektiert über »Verheißung und Erfüllung«, verknüpft den Bundesschluß mit hist. Fakten, die zwar von Abfall und Strafe aber auch von Errettung wissen.

Lit.: H. Cancik: Grundzüge der hethitischen und alttestamentlichen Geschichtsschreibung, 1976; H. Gese: Geschichtliches Denken im Alten Orient und im Alten Testament, ZThK 55 (1958), 127ff; A.K. Grayson: Histories and Historians in the Ancient Near East: Assyria and Babylonia, Or 49 (1980), 104-140; S.N. Kramer: Historiography, IEJ 3 (1953), 217-232; E. Otto: Geschichtsbild und Geschichtsschreibung in Ägypten, WO 2 (1966), 161ff; G.v. Rad: Der Anfang der Geschichtsschreibung im Alten Israel, 1944; J. Rüsen (Hg.): Formen der Geschichtsschreibung, Beiträge zur Historik 4, 1982.

U. Worschech

b) griechisch-römische Antike

Mit einem gewissen Recht wird die Entstehung einer »wissenschaftlichen« G. mit den Namen der griech. Historiker Herodot (»Historien«, ca. 490-425 v.Chr.) und Thukydides (»Peleponnesischer Krieg«, ca. 460-399 v.Chr.) verbunden. Zentrales Thema dieser G. war der Krieg. Die vorliegende Überlieferung wurde kritisch gesichtet, die Ursachen des Geschehens in menschlichem Entscheiden und Handeln gesucht. Zwar berichtete man über Orakel und Vorzeichen, aber mit einem direkten Eingreifen der Götter wurde nicht mehr gerechnet. Letztlich bestimmten überpersönliche Faktoren wie Schicksal (*tyche*), Notwendigkeit (*ananke*) oder die Rache der Geschichte (*nemesis*) ihren Ablauf. Die griech. Historiographie prägte durch ihre klassischen, aber auch neueren Vorbilder wie Polybios (ca. 200-118 v.Chr.; »Historien«) die röm. G. eines Tacitus, (ca. 55-125; »Annales«, 112), Sueton (70-140; »Kaiserviten«, ca. 120) oder Dio Cassius (ca. 155-235; »Römische Geschichte« bis ca. 199-211).

Eine eigenständige Ausprägung erhielt die griech.-röm. G. bei dem jüd. Historiker Flavius Josephus (ca. 37-100 n.Chr.). Er konnte vom AT her die Geschichtsmächtigkeit Gottes natürlich nicht leugnen, sah sie für die Gegenwart aber hauptsächlich in der göttlichen »Vorsehung« (*pronoia*) wirksam. Dagegen erscheinen etwa Prophezeiungen als durchaus rätselhaft und mehrdeutig (Ant VIII 14,419f). Neben dem persönlichen Motiv, sich für seine Teilnahme am Jüdischen Krieg zu entlasten (»Jüdischer Krieg«, ca. 78), stand bei Josephus vor allem die Apologie des Judentums. Das hohe Alter des Volkes, die Überlegenheit seines Glaubens und seiner Gesetzgebung sollten gezeigt werden (»Jüdische Altertümer«, 93-94). Während diese Art der hellen. G. ohne Wirkungen auf das rabbinische Judentum blieb, beeinflußte sie die christl. Historiker, wie vor allem an Eusebius (ca. 263-339; »Kirchengeschichte«, um 325) deutlich wird.

Lit.: M. Grant: Klassiker der antiken Geschichtsschreibung, 1973; H. Lindner: Die Geschichtsauffassung des Flavius Josephus im Bellum Judaicum, 1972; N. Vielmetti: »Geschichte, Geschichtsschreibung, Geschichtsphilosophie III.«, TRE 12, 1984, 586-595.

R. Riesner

c) Neues Testament

Man hat die ntl. G. ganz von der griech.-röm. Historiographie und Biographie trennen wollen. Wie wenig das möglich ist, zeigt ein Vergleich mit der rabbinischen Literatur, die Geschichtserzählung weithin auf Anekdote und Legende beschränkt. Lk 1,1-4 als Vorwort zum lukanischen Doppelwerk folgt dem Vorbild antiker Prologe zu hist. Werken. Lukas beansprucht, seine Quellen geprüft und eine zusammenhängende Geschichtsdarstellung gegeben zu haben. Auch ohne ausdrücklichen Hinweis darf man aufgrund der verwandten Form ähnliches für die übrigen kanon. Evv. annehmen. Die apokryphen Evv. sind dagegen ihren Merkmalen nach den antiken Romanen an die Seite zu stellen, deren geschichtl. Fiktion den meisten Lesern bewußt war. Eine Fortsetzung der Art ntl. G. bieten im 2. Jh. n. Chr. eher die Werke des Papias von Hierapolis und des Judenchristen Hegesipp, von denen uns bisher allerdings nur Fragmente bekannt sind. Den klass. Vertretern der antiken Historiographie an die Seite stellen kann man durchaus Lukas (E. Meyer). Wenn er wie die anderen Evangelisten mit dem Eingreifen Gottes in die Geschichte rechnete, so war das kein Rückfall in naive Mythologie, sondern urchristl. Erfahrung der Offenbarung Gottes in Jesus Christus. In atl. Zeit konnte gerade auf dem Boden göttlicher Offenbarung in Israel eine für ihre Zeit überlegene G. wachsen. Bei Lukas treten Polemik und egoistische Motive so zurück, daß er im Grunde das Programm »ohne Haß und Eifer« zu schreiben, besser erfüllt hat als Tacitus, der es formulierte (Ann I 1,3). Allerdings wählt auch Lukas gemäß seiner schriftstellerischen Absicht aus. Was ihm wichtig ist, verdeutlicht er in breit erzählten Episoden. Anderes, wie Konflikte in der Urkirche, unterdrückt er zwar nicht einfach, läßt es aber doch zurücktreten. Sparsamkeit bei chronologischen Angaben und Verzicht auf die Darstellung psych. Entwicklungen sind Grenzen, welche Evv. und Apg mit anderen Werken der antiken G. teilen. Entgegen heutigen Erwartungen wird auch nicht Alltägliches, sondern in der Regel nur das Außergewöhnliche berichtet.

Ein besonderes Problem stellen in der antiken G. die Reden dar, die von maßgeblichen Persönlichkeiten berichtet werden. Dabei gab es zwei verschiedene Möglichkeiten. Entweder versuchte man aufgrund zuverlässiger Nachrichten eine Zusammenfassung der tatsächlich gehaltenen Rede zu geben, in anderen Fällen versetzte man sich in die entsprechende Person und konstruierte eine beispielhafte Rede. Gerade bei ihren »Reden« erweisen sich die ntl. Geschichtsschreiber in der Regel mehr an die hist. Wahrheit gebunden als ihre antiken Kollegen. Die »Reden« Jesu in den synoptischen Evv. sind nichts anderes als thematische Zusammenstellungen von Einzelworten Jesu. Wenn Lukas entgegen seinen eigenen stilistischen Fähigkeiten das semitische Gewand der Worte Jesu weitgehend beibehalten hat, so weist das auf ein eher konservatives Überlieferungsverständnis zurück. Stärker vom Evangelisten mitgeformt sind die Christus-Reden des vierten Ev.s. Doch auch hier zeigen die zahlreichen Berührungen mit den Synoptikern, daß es sich nicht einfach um völlig freie Schöpfungen handelt. Ebenfalls aufgrund von Überlieferungen geschrieben, aber dabei als gleichzeitig programmatisch ausgewählt und gestaltet zeigen sich die Reden in der Apg.

Zur nach-ntl. christlichen Geschichtsschreibung siehe → Kirchengeschichte, Geschichte der

Lit.: C.J. Hemer: The Book of Acts in the Setting of Hellenistic History, 1989; M. Hengel: Zur urchristlichen Geschichtsschreibung, [2]1984; E.E. Lemcio: The past of Jesus in the gospels, 1991; U. Luz, R. Mortley: »Geschichte, Geschichtsschreibung, Geschichtsphilosophie IV und V«, TRE 12, 1984, 595-608; R. Riesner: Jesus als Lehrer. Eine Untersuchung zum Ursprung der Evangelien-Überlieferung, [3]1988; C.J. Thornton: Der Zeuge des Zeugen. Lukas als Historiker der Paulusreisen, 1991.

R. Riesner

Gesellschaft

G. als soziologischer Begriff bezeichnet eine Gesamtheit von Menschen, die den Anforderungen des menschlichen Zusammenlebens zu entsprechen bemüht ist. Diese Erfordernisse sind:

- Fortpflanzung (Biologische Reproduktion)
- Erziehung (Sozialisation)
- Sprache (Kommunikation)
- Wirtschaft (Produktion, Technologie, Handel)
- Aufgabenverteilung (Rollen- und Statusdifferential)
- Ordnung (Legitimation, Orientierung)
- Religion (Glaube, Wertesystem).

Sie sind in der geschichtl. Wirklichkeit von demographisch, geographisch und kulturell ähnlichen Menschengruppen nach Art und Umfang unterschiedlich organisiert. Man kann G.en nach Volumen, Entwicklungsdynamik, Zivilisationsstufe, Komplexitätsgrad oder anderen dominanten Merkmalen unterscheiden und durch adjektivische oder subjektivische Bestimmungsworte oder Doppelbegriffe beschreiben, z.B. pluralistische G., Gesamtg., G.s-Ordnung. Von verschiedenen Seiten ist auch versucht worden, die beiden anderen Bedeutungen der *koinōnia politikē (societas civilis)*, Staat und Gemeinschaft, die seit ca. 1800 hinter dem Begriff der G. zurückgetreten sind bzw. sich verselbständigt haben, wieder zu profilieren. Derartige Bemühungen sind aber wegen des »kollektiven Lernniveaus« (W. Schluchter) von Menschen schwierig, die die inzwischen eingetretenen sozialen und polit. Entwicklungen eben mit dem Begriff der G. in ihr Bewußtsein aufgenommen haben und in ihren eigenen Einstellungs- und Verhaltensmustern wirksam werden lassen.

Für Christen sind gesellschaftl. Aspekte in dreifacher Hinsicht bedeutsam, und zwar als (1.) Soziale Gestaltung des christl. Glaubens; (2.) Sozialethische Verantwortung des Glaubens; (3.) Theol. Deutung der Geschichte. Das Verhältnis von Christentum und Gesellschaft wird in der neueren ev., insbesondere neoliberalen Theologie vorwiegend ethisch und dadurch theol. verkürzt dargestellt. Demgegenüber kommt es darauf an, auch den Bereich der G.

aus einer geschichtstheol. Gesamtkonzeption zu verstehen, die im Anschluß an Luthers Zwei-Reiche-Lehre von W. Künneth verdeutlicht worden ist. »Hinter« und »in« der gesellschaftl. Wirklichkeit vollzieht sich in transzendenter Verhüllung das Geschichtshandeln Gottes in dreifacher Weise:

– Gott ordnet in der Vielfalt und Gliederung von Gesellschaften, er verleiht Macht und Herrschaft (Ps 67,5; 1Kor 14,33; Röm 13,1);

– Gott wirkt in und durch menschliches Denken, Planen und Handeln in der Gesellschaft als der Herr (Jes 45,1-5; 2Mo 7-11; Apg 13,17);

– Gott richtet, d.h. die Weltgeschichte läuft auf den Tag des Endgerichts zu, an dem Gott durch Christus die Menschen richten wird (Röm 2,16; 3,6; 2Kor 5,10) und die Geschichte vollenden wird in die Ewigkeit (Offb 11,15).

Lit.: W. Künneth: Der Christ als Staatsbürger, 1984; ders.: Fundamente des Glaubens, [4]1980.

J. Kniffka

Gesellschaft Jesu → Societas Jesu

Gesenius, Wilhelm → Altes Testament, Geschichte der Erforschung

Gesetz, Gebot

a) biblisch

1. Das von Luther als »Gesetz« wiedergegebene Wort *tōrāh* meint ursprünglich »Weisung«, etwa den vom Priester gegebenen Bescheid zu Fragen der kultischen und sittlichen Reinheit (vgl. Hag 2,11-13; 5Mo 17,9; 33,10). Später wurden solche Weisungen schriftlich niedergelegt (Hos 8,12). Das 5. Buch Mose wurde als eine das israelit. Leben abdeckende Sammlung solcher Sätze mit »Tora« (= Willensoffenbarung Gottes) bezeichnet (1,5; 17,11; vgl. die Wendung »Tora Moses«, 1Kön 2,3 bzw. »Tora Gottes«, Ps 1,2; 19,8); in Neh 8,3.8 sind mit dem »Buch der Tora« wohl die fünf Bücher Mose gemeint. Daneben erscheinen Begriffe, die das Verpflichtende des Gesetzes betonen, z.B. *mizwāh* (»Befehl«), *chōq* (»Gebot«) und *mischpāt* (»Rechtssatz«, vgl. 5Mo 5,28; 7,11; 33,10). Dagegen werden die Zehn Gebote im Hebräischen einfach als »Worte« (2Mo 20,1) bzw. als »Zehn Worte« bezeichnet (5Mo 4,13; 10,4).

2. Ein eher »nomistisches« Verständnis des Gesetzes setzte im Frühen Judentum ein: *tōrāh* wurde durch das griech. *nomos*, »Gesetz«, wiedergegeben (LXX und NT). Nach der Gemeinderegel von Qumran hat Gott die Tora »befohlen«; die Propheten galten als Offenbarer des Gesetzes (1QS 8,15f). Das Tun der ganzen Tora wurde eingeschärft (5,1.8f). Man soll Gott in seinen Geboten suchen, dabei die verborgenen Dinge erforschen und diese ohne Rücksicht auf etwaige Härten in die Tat umsetzen (5,11f; 8,11f). Buße bedeutet Umkehr zur Tora, die den Menschen gegen die Angriffe des Teufels schützt (1QS 5,8; CD 16,4f).

3. Die Rabbinen bzw. Pharisäer haben neben der schriftlichen eine mündliche Tora gelehrt; sie deutet und schützt das schriftlich gegebene Gebot (Aboth 1,1f; vgl. Mk 7,8f). Das Studium, die Lehre und Einhaltung des zweifachen Gesetzes wird zur Mitte der jüd. Frömmigkeit (Aboth 1,4-6.12-15.17). Der Begriff »Tora« kann sowohl die fünf Bücher Mose als auch die ganze hebr. Bibel bezeichnen. Das Gesetz, gleichgesetzt mit der präexistenten Weisheit Gottes, galt nun als Grundordnung der Welt, als Quelle des Lebens für Zeit und Ewigkeit, als Weisung für den Gottesdienst und als Norm des großen Gerichts. Die am Sinai allen Völkern angebotene Tora hat nur Israel angenommen (b Schabb 88 b). Das Gesetz ist erfüllbar; allerdings muß der Mensch mit seinem guten Trieb die Neigung zum Bösen überwinden (Targum zu 1Mo 4,7). Die Gebote wurden als eherner Wall verstanden, der das Gottesvolk schützt und dessen Einzigartigkeit und Reinheit bewahren hilft (Aristeasbrief, § 139f.142).

4. Im NT kann das Wort Gesetz (*nomos*) wie bei den Rabbinen die ganze hebr. Bibel meinen (Röm 3,19; 1Kor 14,21), während es in der von Jesus gebrauchten Wendung »das Gesetz und die Propheten« den fünf Büchern Moses gilt (Mt 5,17; 7,12 u.a.). Jesus hat die von den Pharisäern hochgeschätzte mündliche Überlieferung als Menschensatzung abgelehnt: Sie verdunkelt das Gotteswort, das vor allem im Dekalog zum Ausdruck kommt (Mk 7,9f; Mt 5,21-37). Nach Mt 5,17 war es Jesu Auftrag, das (schriftliche) Gesetz und die Propheten zu »erfüllen«. Solche Erfüllung geschieht in der vollkommenen, auch den Feind mit einschließenden Liebe (Mt 5,21-48) und in der völligen Konzentration auf Gott (6,1-18); das ganze Gesetz wird im doppelten Liebesgebot zusammengefaßt (Mt 22,39). Ferner hat sich Jesus an dem »am Anfang der Schöpfung« erkennbaren Gotteswil-

len orientiert und von daher die Ehescheidung als Notverordnung beurteilt (Mk 10,5f). Auch die Heiligung des Sabbats wird von Gottes Verhalten am Anfang neu festgelegt: Er ist zum Atemholen, zur Stärkung des Lebens da (1Mo 2,1-3; 2Mo 31,17; Mk 2,23-28; 3,4; Joh 5,17). Auch haben die Reinheitsgebote angesichts der Gottesherrschaft (*basileia*) keine Gültigkeit, da alles von Gott Geschaffene am Anfang sehr gut war (Mk 7,18f, vgl. 1Mo 1,31). Nach Joh 1,17 ist das Gesetz durch Mose gegeben, die Gnade und Wahrheit sind durch Jesus Christus geschichtlich verwirklicht worden, d.h. sie sind die wahren, endzeitlichen »Maße« Gottes. Das Kreuz des eingeborenen Sohnes offenbart die Liebe des Schöpfers zur gefallenen Welt (Joh 3,16); ihr entspricht das von Jesus gegebene neue Gebot (13,34).

5. Paulus stimmt mit der Auffassung Jesu vom Gesetz weitgehend überein. Die Liebe ist die Erfüllung des Gesetzes, der im Dekalog zur Sprache gebrachten Grundordnung des menschlichen Lebens (Röm 13,8-10). Christus ist insofern Ende und Erfüllung des Gesetzes, als er dem Gesetz gehorchte (Gal 4,4), dessen Fluch für uns getragen (3,13) und durch seinen Sühnetod die → Gerechtigkeit Gottes offenbart hat (Röm 10,3f); damit wurde die durch Gesetzeswerke angestrebte eigene Gerechtigkeit als Irrweg erwiesen (3,20; 10,3). Auch kann der gefallene Mensch aus eigener Kraft das Gesetz nicht erfüllen. Denn er ist fleischlich und unter die Sünde verkauft (Röm 7,14, vgl. 1Mo 6,3.5-7.13; 8,21), während das Gesetz geistl. und das Gebot heilig, gerecht und gut ist (Röm 7,14.12). Es ist der Übertretungen wegen hinzugefügt worden (Gal 3,19), an die Stelle des bis dahin den Menschen führenden Gottesgeistes getreten; es soll eher die Sünde aufdekken (Röm 5,13) und als ein Zuchtmeister auf Christus hin wirken (Gal 3,24). Andererseits hat der Christ die neue Möglichkeit, die »Rechtsforderung des Gesetzes zu erfüllen« (Röm 8,4f). Er kann die »Werke des Leibes« und das menschliche Streben nach Autonomie und eigener Leistung durch den in der Taufe empfangenen Hl. Geist überwinden (Röm 8,9f.13f); der »geistliche« Christ lebt im Einklang mit dem geistl. Gesetz. Das Gesetz wird deshalb von Paulus nicht etwa aufgehoben, sondern aufgerichtet (Röm 3,31), d.h. als »Gesetz Christi« in Kraft gesetzt (Gal 6,2). Dabei fallen die Reinheitsvorschriften, Beschneidung und Sabbatgebote weg, wo sie die neue Gemeinschaft aus Juden und Heiden gefährden und wie eine trennende Mauer wirken (Eph 2,14).

Lit.: O. Betz: Der fleischliche Mensch und das geistliche Gesetz, in: Jesus, der Herr der Kirche, WUNT 52, 1990, 129-196; ders.: »Das Gesetz im NT«, GBL 1, [2]1990, 456-459; K. Koch, J. Amir, G. Klein: »Gesetz«, TRE 13, 1984, 40-75.

O. Betz

b) theologiegeschichtlich

1. Die kirchl. Zeugnisse der nach-ntl. Zeit belegen, daß die paulin. Lehre vom Gesetz weithin nicht verstanden wurde. Während für Paulus das Gesetz als Machtwort Gottes wirkt, das den Sünder für seine Sünde verantwortlich macht und ihn an der Sünde scheitern und sterben läßt, wird jetzt das Gesetz primär als inhaltliche Formulierung des Willens Gottes an den Menschen verstanden. Zieht man das Gesetz aber nach seinem Inhalt und nicht nach seiner Wirkung in Betracht, dann läßt sich der scharfe paulin. Gegensatz von Gesetz und Gnade, Gesetz und Christus, Gesetz und Geist nicht mehr nachvollziehen und die Zeichen stehen auf Synthese.

So versteht man im 2. Jh. Christus als den zweiten Mose und seine Botschaft als »neues Gesetz«. Die durch Christus erwirkte und in der Taufe verliehene Vergebung wird nur auf die Sünden *vor* der Taufe bezogen; die Getauften sind auf das Gesetz Christi verpflichtet und müssen sich Verdienste auf das Jüngste Gericht hin erwerben. Dieser Synthese von Gesetz und Evangelium antwortet → Marcion mit einer schroffen Diastase, indem er den Gesetzesgott der Juden von dem sich in Jesus offenbarenden Gott unterscheidet und damit den bloß gerechten, aber nicht guten Schöpfer dem im Evangelium vergebenden Gott gegenüberstellt. Da für ihn Gesetz und Evangelium als Offenbarungen zweier Gottheiten absolut zu trennen sind, nimmt sein Evangelium selbst gesetzliche Züge an.

2. Die kath. Kirche blieb gegen Marcion erst recht bei der Konsonanz von Gesetz und Evangelium; im griech. Osten dominierte dabei der Gedanke einer Erziehung des neuen Menschen durch das Gesetz (z.B. → Clemens von Alexandrien), im lat. Westen der Gedanke eines Rechtsverhältnisses zwischen Gott und Mensch (z.B. → Tertullian). Als Tiefpunkt dieser Entwicklung ist → Pelagius (um 400 n.Chr.) anzusehen. Für ihn sind die Forderungen des Gesetzes Gnadenerweise Gottes,

weil sie die Möglichkeit ihrer Erfüllung und damit der Rechtfertigung des Menschen durch Werke voraussetzen. Jesus Christus hilft bei dieser Gesetzeserfüllung durch sein Vorbild.

3. → Augustin erneuerte demgegenüber den paulin. Gegensatz von Gesetz und Gnade. Das Gesetz soll dem Menschen zeigen, daß er Gottes Forderungen – selbst wenn er ihnen recht geben muß – nicht erfüllen kann, weil er von der Sünde nicht loskommt (→ Erbsünde). Dadurch zerstört das Gesetz jede Selbstgerechtigkeit und führt den Sünder zur Christusgnade, die – durch die Sakramente vermittelt – ihn innerlich umwandelt und die Forderungen des Gesetzes in ihm erfüllt: »Das Gesetz ist gegeben, damit die Gnade gesucht wird; die Gnade ist gegeben, damit das Gesetz erfüllt wird« (De spiritu et littera, 34).

4. Im nachaugustinischen MA versteht man wiederum Gesetz und Evangelium nicht als grundverschiedene Beziehungsstrukturen, sondern als verwandte Inhalte. Sie werden daher positiv aufeinander bezogen im Sinne einer Steigerung des Unvollkommenen zum Vollkommenen, bzw. des bloß Äußeren zum Inneren: Das alte Gesetz tritt von außen an den Menschen heran, das »neue Gesetz« wird als Gnade des Hl. Geistes dem menschlichen Herzen eingegossen und läßt es von innen heraus das Gute tun. Das vorrangige Interesse am Inhalt führt auch zu einer Differenzierung der Autorität des atl. Gesetzes nach Moralgeboten, Kultvorschriften und Rechtssatzungen. Die direkte inhaltliche Verbindlichkeit des neuen Gesetzes erzwingt außerdem mit der Unterscheidung von »Geboten« und »evangelischen Ratschlägen« eine Zwei-Stufen-Ethik: Geboten ist den Gläubigen die Erfüllung des Dekalogs und der Kirchengebote, geraten ist die Erfüllung der Bergpredigt und das (mönchische) Leben in Armut, Keuschheit und Gehorsam; wer den »Räten« folgt, steigert seine Verdienste durch »überpflichtige Werke« und erreicht den »Stand der Vollkommenheit«.

5. Für M. → Luther ist die Unterscheidung von Gesetz und Evangelium »die höchste Kunst in der Christenheit«, denn an ihr hängt das richtige Verständnis der Rechtfertigung (→ Gesetz und Evangelium). Das Wort Gottes wirkt als Gesetz, wo es den Menschen (auch den gläubigen Christen) von seiner Sünde überführt und zum Tode verurteilt; als Evangelium wirkt es, wo es um Christi willen Vergebung zuspricht und damit vom Tode zum Leben erweckt. Das Gesetz ist Gottes »fremdes Werk«, durch das er den sich selbst rechtfertigenden Sünder überwindet, so daß dieser Gottes »eigentliches Werk«, die freie Begnadigung, an sich geschehen läßt. Wahre Buße wird nicht durch das Evangelium allein gewirkt (gegen J. Agricolas → Antinomismus), aber auch nicht durch das Gesetz allein, sondern dadurch, daß der Heilige Geist aus dem Gesetz einen »Pädagogen (Luther: Zuchtmeister) auf Christus hin« macht (Gal 3,24).

Neben diesem richtenden Sinn des Gesetzes als seiner eigentlichen, »geistlichen« oder »theologischen« Funktion kennt Luther noch einen »bürgerlichen« oder »politischen« Sinn des Gesetzes: durch die Obrigkeit mit ihren Gesetzen sowie durch Eltern und Lehrer wehrt Gott den groben Sünden und bewahrt die Welt vor dem Untergang im Chaos. Darüber hinaus leisten die Gebote (Luther spricht an dieser Stelle bewußt nicht von »Gesetz«) dem wahrhaft Gläubigen noch den wichtigen positiven Dienst einer Anleitung zum Tun guter Werke. Dementsprechend gibt Luther in den Katechismen eine synekdochische (ins Positive gewendete und erweiterte) Auslegung der Zehn Gebote, durch die sie gegen jede selbst gewählte christl. Heiligkeit zur vollgenügsamen Norm allen christl. Handelns werden.

6. Ph. → Melanchthon systematisiert Luthers Gesetzesverständnis in seiner Lehre vom »dreifachen Amt (oder Brauch) des Gesetzes« (dem polit., dem überführenden und dem für die Heiligung der Wiedergeborenen) und vergröbert sie dabei zugleich. J. → Calvin übernimmt von Melanchthon die Gliederung in das dreifache Amt, betrachtet aber den Gebrauch des Gesetzes für die Wiedergeborenen (das Gesetz als »Regel eines frommen und heiligen Lebens«) als den wesentlichen Gebrauch. Der damit gegebenen stärkeren Konsonanz von Gesetz und Evangelium entspricht ihre Eingliederung in den einen atl. und ntl. Gnadenbund; das atl. Gesetz ist auch für die Kirche die Bundesordnung des gnädigen Gottes. Alle drei Reformatoren (und ihnen folgend die altprot. Orthodoxie) formten ihre Ethik nach dem Doppelprinzip von Gesetz (bzw. bei Luther: Gebote) und Beruf: der Dekalog bildete die allg. Norm, der je besondere Stand des Christen in den drei »Erzhierarchien« (Familien-)wirtschaft, Politik und Kirche ergab die individuelle Weisung. Das Täufertum verstand demgegenüber vor allem die ntl. Gebote (den Missionsbefehl, die Gemeindeermahnungen, die

Bergpredigt) als unmittelbare Handlungsanweisung.

7. In den innerluth. Lehrstreitigkeiten nach dem Tode des Reformators kam es zur Auseinandersetzung über das Recht, den »dritten Brauch« des Gesetzes für die Wiedergeborenen zu lehren (sog. zweiter antinomistischer Streit). Eine Theologengruppe um A. Poach vertrat die These, für die guten Werke sei das Gesetz weder notwendig noch nützlich; der Hl. Geist wirke seine Früchte nämlich spontan ohne Gesetz. Die Konkordienformel von 1577 reagierte darauf mit der Aussage, daß das Gesetz auch bei den Wiedergeborenen gepredigt werden muß, weil auch sie noch nicht vollkommen sind und ihr »alter Adam« die Belehrung, Drohung und Bestrafung des Gesetzes in gleicher Weise nötig hat wie der Nicht-Wiedergeborene. Hier wird also der dritte Brauch des Gesetzes als Sonderfall des zweiten, »überführenden« Brauchs interpretiert.

8. Für die kath. Theologie brachte das Konzil von Trient (1545-63) eine entscheidende Weichenstellung. Die Versuche des von Luther beeinflußten Augustiner-Eremiten G. Seripando, eine lehramtliche Aussage der Antithetik von Gesetz und Evangelium und der Erwekkung von Sündenerkenntnis als eigentlichem Amt des Gesetzes zu erreichen, schlugen fehl. Das Konzil interpretierte Luther antinomistisch und bestand deshalb auf der Gebotserfüllung als Heilsbedingung und auf der Bezeichnung Christi als »Gesetzgeber«.

Lit.: K. Bockmühl: Gesetz und Geist, 1987; W. Joest: Gesetz und Freiheit, [4]1968; O.H. Pesch, A. Peters: Einführung in die Lehre von Gnade und Rechtfertigung, [2]1989; A. Peters: Gesetz und Evangelium, 1981.

U. Swarat

c) systematisch-theologisch

Der dogmat. Begriff des Gesetzes empfängt seine Bestimmung aus dem Gegenüber zum Evangelium (→ Gesetz und Evangelium). Es empfiehlt sich deshalb, Gesetz und Gebot als zwei unterschiedliche Gestalten des Willens Gottes terminologisch und sachlich auseinanderzuhalten.

Das Gebot Gottes ist die ursprüngliche, den Stand der Sünde umgreifende Berufung des Menschen zum Handeln. Im Gebot fordert Gott den Menschen in der Ganzheit seiner Person zur Hingabe seiner selbst. Nicht ein Kodex von Geboten ist hier gemeint, sondern Gottes jeweils aktuelles Gebieten, durch das er den Menschen für sich fordert. Die konkreten innerweltlichen Aufgaben sollen vollzogen werden als Akte des Gehorsams und der Liebe zu Gott (und damit auch zum Nächsten), durch die der Mensch in seinem Handeln der Zuwendung Gottes zu ihm antwortet. Als die uns Menschen beanspruchende Gestalt der Hingabe Gottes an uns hat das Gebot den Charakter der Einladung und der Erlaubnis. Durch das Gebot ruft uns Gott zu freier Selbstbestimmung, macht uns zugleich aber auch verantwortlich für unser Tun, so daß wir einmal vor Gottes Gericht werden Rechenschaft geben müssen. So verbinden sich im Gebot die Liebe und die Heiligkeit Gottes.

Das Gesetz ist demgegenüber diejenige Gestalt, die die Berufung des Menschen zum Handeln unter den besonderen Bedingungen der Sünde annimmt. Auch das Gesetz drückt den unbedingten Anspruch Gottes auf den Menschen aus. Aber dieser Anspruch wird nun aus der personalen Einfachheit des positiven Gebotes (»Gib mir dein Herz!«) in die sachliche Vielzahl negativer Verbote transformiert (»Du sollst nicht töten, ehebrechen, stehlen usw.!«). Er ist nun nicht mehr Einladung und Erlaubnis, sondern Zwang und Verhängnis, nicht mehr Tat-Gestalt der Gottesbeziehung, sondern ihre geforderte Bedingung. Das Gesetz begegnet uns in der uns konkret beanspruchenden Wirklichkeit von Natur und Geschichte, besonders in den unser Handeln herausfordernden → Schöpfungsordnungen (Ehe, Familie, Recht, Staat, Wirtschaft). Es bindet uns an uns selbst, den Nächsten und die Welt, über allem und durch alles aber an Gott. Weil es von der Wirklichkeit der Sünde mitgeprägt ist, bleibt es allerdings dunkel und widersprüchlich, bis es durch das geschriebene Gesetz der Hl. Schrift als des Schöpfers Wille identifiziert wird.

Gott gebraucht das Gesetz, um seine Schöpfung gegen den sündigen Zerstörungstrieb des Menschen zu erhalten; er stellt uns in Strukturen, die gemeinschaftskonformes Verhalten äußerlich erzwingen können (der sog. »politische« Sinn des Gesetzes, der auf »bürgerliche Gerechtigkeit« zielt). Das Gesetz hat nicht den Sinn, uns vor Gott gerecht zu machen. Es widerspräche ja dem ausschließlichen Schöpfertum Gottes, wenn sich die Gemeinschaft von Gott und Mensch durch menschliche – und sei es noch so anspruchsvolle – Aktivität herstellen ließe. Außerdem muß jeder Versuch in dieser Richtung an der Radikalität des Gesetzes scheitern: Das Gesetz fordert nicht nur die gute Tat, sondern das reine Herz, die ungebrochene Hingabe an Gottes Ruf; darum kann kein Mensch seinem Anspruch wirklich gerecht werden. Ein solches Versagen gegenüber dem Anspruch Gottes bedeutet aber unendliche Schuld und Zerstörung unseres Lebens. Das Gesetz Gottes hat also den Sinn, uns vor Gott unserer Sünde zu überführen und uns der gerechten Verdammnis auszuliefern (der sog. »theologische« Sinn des Gesetzes).

In dieser Lage des Menschen entfaltet das → Evangelium seine Art als »frohe Botschaft« dadurch, daß es des Gesetzes Ende ist. Weil Gott um Christi willen allein durch den Glauben die Schuld vergibt, ist die Anklage und Verurteilung für den Glaubenden aufgehoben, und weil durch die Einwohnung Christi die Liebe zum Nächsten im Glaubenden lebt, darum ist auch der »politische« Zwang des Gesetzes für ihn überflüssig geworden. Die Aufhebung des Gesetzes durch das Evangelium erfolgt allerdings nicht als einmaliges, sondern als jeweils aktuelles Geschehen im Glaubensakt. Daher behält das Gesetz auch für den Christen noch seine doppelte Funktion. Die in der Rechtfertigung anfangsweise geschehene seinshafte Erneuerung vollendet sich erst in Tod und Auferstehung, so daß der Christ sein ganzes Leben hindurch teils gerecht, teils Sünder ist und selbst in seiner tatsächlichen Heiligung der Vergebung bedürftig bleibt. Damit er in seinem Kampf zwischen alter und neuer Kreatur nicht nachlässig und in seinen Erfolgen nicht stolz wird, übt das Gesetz weiterhin sein überführendes Amt an ihm aus. Auch dem polit. Amt des Gesetzes bleibt der Christ unterstellt, insofern er zum Dienst am Nächsten innerhalb der weltlichen Strukturen berufen ist und auch selber immer wieder einen Schutz gegen Versuchungen zur Sünde braucht.

Das Evangelium macht den Glaubenden frei vom Gesetz; es ist aber als Zuspruch der Vergebung zugleich auch Berufung zum Handeln, weil der Glaube an das Evangelium nur im konkreten Akt, nur in gehorsamer Tat, nur als Werk wirklich ist (Gal 5,6). Der Indikativ der Heilszusage gehört mit dem Imperativ der gelebten Heilsaneignung zusammen. »Eben der Glaube an ... das Wort von der Rechtfertigung des Sünders durch die im Blut Christi geschehene Versöhnung bedeutet Reinigung, Heiligung, Erneuerung oder er bedeutet gar nichts« (K. Barth, a.a.O., 9). Man sollte hier jedoch nicht von »Gesetz« sprechen, da es sich vielmehr um die Wiederaufrichtung des »Gebotes« als der Kehrseite des göttlichen Angebotes handelt. Christen unterstehen nicht mehr dem Gesetz, sondern der Gnade (Röm 6,14). Sie empfangen weder die Motivation noch die Inhalte ihres Handelns aus äußeren Vorschriften, sondern sie empfangen sie aus dem Hl. Geist, der durch den Glauben an Christus in ihnen wohnt (Gal 5,16.18). Richtiger als von einem Amt des Gesetzes als Lebensregel für den Christen (der sog. *tertius usus legis in renatis*) ist deshalb von einem »praktischen Gebrauch des Evangeliums« (W. Joest) oder vom »Leben unter dem Gebot« (P. Althaus) zu sprechen. Christl. Leben ist »Wandel im Geist« (Gal 5,25).

Der Inhalt des Gebotes ergibt sich aus dem Evangelium. Was Gott von mir will, ist das, was er mir gibt: Liebe! Was Liebe jeweils konkret bedeutet, das läßt sich nicht gesetzlich festlegen (wie es die → Kasuistik versucht), sondern das kann sich nur in der Situation selbst aus der persönlichen Weisung des Geistes im Gewissen ergeben. Die Vielzahl der bibl. Gebote sind für den Christen also nicht unmittelbar maßgebend, sondern nur im Zusammenwirken mit dem aktuellen Reden des Geistes. Als paradigmatische Konkretionen des apostol. Evangeliums weisen sie auf die Liebe als den einen Ur-Sinn des göttlichen Gebietens hin. Da jedoch das Gehör des Gewissens von Mensch zu Mensch unterschiedlich fein ist, da ständig die Gefahr besteht, daß Teilbereiche des christl. Lebens aus der heiligenden Wirksamkeit des Geistes ausgeklammert und daß eigene Gedanken mit der Stimme Gottes verwechselt werden, sind die bibl. Weisungen dem Christen als Maßstab und Korrektiv seines eigenen Erkennens unentbehrlich. Zugleich bleibt der Christ natürlich auch gebunden an das, was Gott in der Wirklichkeit von Natur und Geschichte tut. Es ist also das Miteinander von Weltwirklichkeit, heilsgeschichtl. Offenbarung (die bibl. Weisungen) und innerem Reden des Hl. Geistes, aus dem der Christ jeweils den konkreten Inhalt des göttlichen Gebietens erkennt.

Lit.: P. Althaus: Gebot und Gesetz (1952), in: Gesetz und Evangelium, hg. von E. Kinder und K. Haendler, 1968, 201ff; K. Barth: Evangelium und Gesetz (1935), in: Gesetz und Evangelium, a.a.O., 1ff; K. Bockmühl: Gesetz und Geist, ThBeitr 19/1988, 5ff; D. Bonhoeffer: Ethik, [10]1984, 293ff; E. Brunner: Das Gebot und die Ordnungen, 1932 (= [4]1978), 97ff; W. Joest: Gesetz und Freiheit, [4]1968; H. Thielicke: Theologische Ethik, Bd. I, [4]1972, 87ff.

U. Swarat

Gesetz und Evangelium

1. Die rechte Verhältnisbestimmung von G.u.E. ist der Theologie durch M. → Luther zur wesentlichen Aufgabe gemacht worden. In Fortführung von → Augustinus (Gesetz und Gnade) und in Auslegung der paulin. Dialektik von → Gesetz und Christus (bzw. von Gesetz und Glaube, Gesetz und Geist) entfaltet Luther in der Lehre von G.u.E. sein Verständnis der Rechtfertigung des Menschen: Sie kommt nicht aus dem Tun des Guten (den Werken des Gesetzes), sondern aus dem unverdienten Empfangen der Gerechtigkeit Christi. Weil Gottes Gesetz nicht nur äußeren Gehorsam, sondern ein reines Herz fordert, kann es dem gefallenen Menschen nicht zur Gerechtigkeit helfen, sondern offenbart und vermehrt nur seine Sünde. Es klagt den Sünder ständig an und liefert ihn dem Zorngericht Gottes aus. Diesem Urteil tritt jedoch das → Evangelium entgegen mit der Botschaft, daß die Forderungen des Gesetzes von Christus dem Sünder zugute erfüllt sind und daß deshalb dem Sünder, wenn er das glaubt, Vergebung gewährt wird. G. u. E. stehen also zueinander wie Zorn und Gnade, Tod und Leben. Wo diese Unterscheidung des Evangeliums vom Gesetz verwischt wird, verliert die → Rechtfertigung ihren Geschenkcharakter und damit ihre Wirklichkeit. Gerade in ihrer Unterscheidung bleiben G.u.E. jedoch auch aufeinander bezogen: Erkenntnis der Sünde ist die notwendige Voraussetzung für den Zuspruch der Vergebung, wie es umgekehrt zum heilsamen Erschrecken durch das Gesetz nur kommt, wenn zugleich das Angebot der Vergebung verkündet wird.

2. Seit der nachreformat. Zeit ging das theol. Interesse an diesem Thema vielfach verloren; erst durch die Luther-Renaissance der 20er Jahre des 20. Jh.s bekam es neues Gewicht. Besonders belebt wurde die Diskussion durch K. → Barths Versuch (»Evangelium und Gesetz«, 1935), der luth. Lehre eine alternative Fassung entgegenzustellen. Statt von G.u.E. hätten wir demnach primär vom Evangelium und erst sekundär vom Gesetz zu reden. Das Gesetz sei nämlich nichts anderes als die notwendige Form des Evangeliums, dessen Inhalt die Gnade ist. Mit Gnade meint Barth das Ereignis des für uns stellvertretenden Glaubens Christi; dieses Ereignis wird, indem es offenbar wird, notwendig zum Anspruch auf unsere Konformität mit ihm, also Gesetz. Für die Lehre von G.u.E. wird hier die Struktur der ntl. Paraklese mit ihrer Vorordnung des Heilsindikativs vor dem Imperativ allein bestimmend. Damit wird zugleich bestritten, daß der wahre Sinn des Gesetzes in der Aufdeckung und Verurteilung der Sünde bestehe. Die Gnade Gottes hört auf, das schlechthin unpostulierbare, in Christus aber geschichtl. Ereignis gewordene Wunder der Rettung vor dem → Zorn Gottes zu sein; sie wird nun die allgemeine, selbstverständliche Wahrheit der Liebe Gottes.

3. Der schärfste Widerspruch gegen Barth ist von W. → Elert formuliert worden. Für ihn sind G.u.E. zwei Worte Gottes, die unüberbrückbar Gegensätzliches sagen. Das Gesetz kann – selbst für den Christen – niemals nur Lebensregel sein, weil es im Dienst des Richteramtes Gottes alle ohne Ausnahme verurteilt. Das Evangelium dagegen hebt, weil es Begnadigung ist, das Urteil des Gesetzes vollständig auf. Dabei versteht Elert Gesetz als universale Zwangsordnung, die den Menschen schicksalhaft in ein Seins- und Sollensgefüge stellt, ihn darin zum Sünder macht und schließlich mit dem Tode bedroht. In der Dämonie dieses Gesetzes begegne uns der verborgene Gott, vor dem uns nur grauen könne, vor dem wir uns aber auch retten dürfen zu dem im Evangelium offenbaren, gnädigen Gott. Die »Realdialektik« von G.u.E. führt bei Elert zu einem Dualismus von Schöpfung und Erlösung, der den Schöpfersegen ausblendet, und zu einem Mißverständnis der Christusnachfolge, als könne sie ohne Gehorsam gegenüber den Geboten als freies Wagnis der Liebe geschehen.

4. Die wichtigste Weiterführung des Gesprächs stammt von P. → Althaus, der auf den Unterschied zwischen dem ewig gültigen Willen Gottes und seiner besonderen und damit auch begrenzten Gestalt als Gesetz hinwies. Die anthropologische Differenzierung von Urstand, Sündenstand und Gnadenstand führte ihn zur dreigliedrigen Formel »Gebot, Gesetz, Evangelium«. Sachlich in die gleiche Richtung weist der Beitrag von P. → Brunner. Die folgenden Sätze schließen sich diesem Grundgedanken an.

5. Der Wille Gottes begegnet uns Menschen zunächst darin, daß wir seine Geschöpfe sind. Gott hat uns geschaffen, weil er uns als seine Kinder will, ihm in Liebe verbunden. Die Erschaffung des Menschen als seine Bestimmung zur Gotteskindschaft ist also zugleich Zuwendung der Liebe Gottes und Aufruf, in dieser Liebe zu leben, sie ist sowohl Gabe als auch

Gebot. Das Gebot gehört notwendigerweise auch zur ursprünglichen Gottesgemeinschaft des Menschen, weil sie kein mystisches Eins-Sein bedeutet, sondern personales Gegenüber. Verweigerung gegenüber diesem Schöpfungsgebot ist gleichbedeutend mit der Zerstörung der Gemeinschaft und dem Verlust des Lebens aus Gott.

Diese Verweigerung ist Wirklichkeit geworden im Sündenfall. Seither trifft der ewige Liebeswille Gottes auf ein bundesbrüchiges Geschöpf und wird ihm zum anklagenden und tötenden Gesetz. Wenn Gott angesichts der Sünde sein Schöpfungsziel noch erreichen will, dann kann er das nur, wenn zugleich auch das Verdammungsurteil des Gesetzes über dem Menschen vollzogen wird. So wird Gott Mensch in Jesus Christus und stellt sich selbst unter sein Todesgericht, damit der Sünder um Christi willen freigesprochen werden kann. Im Evangelium durchbricht Gott sein eigenes Gesetz, indem er an Sündern nicht (die gesetzlich geforderte) Vergeltung übt, sondern ihnen Vergebung schenkt. Er tut es aber so, daß er das Gesetz zugleich bestätigt: Vergebung setzt nämlich immer wirkliche Schuld voraus; der Sünder empfängt sie auch nicht am Tod vorbei, sondern durch den Tod Christi (und das eigene Mitsterben mit ihm) hindurch. Das Evangelium hat also das Gesetz zu seiner ständigen Voraussetzung, weil es aus der Selbstüberwindung des zürnenden Gottes zur Gnade hin entspringt.

Diese Selbstbestimmung Gottes zum Bund mit den Menschen trotz ihrer Sünde bildet den Grund, um deswillen der Sündenfall noch nicht das Jüngste Gericht war. Gott gewährt den gefallenen Menschen eine Geschichte, und er bereitet sie darin durch Gesetz und Verheißung auf das Kommen Christi vor. Unter den Völkern handelt er durch die → Schöpfungsoffenbarung, unter Israel durch die Tora; beide sind Gnadenerweise Gottes und lassen doch gerade deshalb alle Menschen schuldig werden.

Über diese vorbereitenden Gnadenerweise geht das Evangelium dann insoweit hinaus, als es sowohl Vergebung schenkt als auch ein neues Herz, d.h. die innere Umwandlung des sündigen Willens durch den Hl. Geist. Der Christ wird nicht mehr durch das Gesetz, sondern durch den Geist geleitet, der spontan die Werke der Liebe hervorbringt. Dennoch ist das Leben unter dem Evangelium zugleich Gebotsgehorsam, weil es dem Glaubenden nicht einfach nur gegeben, sondern immer auch aufgegeben ist – Sein und Akt zugleich. Dabei gründet der Imperativ des Glaubens und der Werke wesensmäßig im Indikativ des Heilswirkens Gottes. Außerdem ist der Gerechtfertigte noch nicht restlos ein neuer Mensch, sondern teils Fleisch, teils Geist. Darum braucht er noch die bibl. Gebote, nämlich einerseits als Erkenntnishilfe zum Tun guter Werke, andererseits als Überführung von der noch verbliebenen Sünde. So bleiben Gesetz, Evangelium und Gebot in Kraft bis zum letzten Gericht, in dem uns allein das Evangelium vor dem Verdammungsurteil des Gesetzes retten kann, und bis zur neuen Welt, in der die Sünde und damit auch das Gesetz endgültig aufgehoben sein wird.

Lit.: P. Althaus: Die Theologie Martin Luthers, [5]1980, 218ff; P. Brunner: Gesetz und Evangelium, in: ders.: Bemühungen um die einigende Wahrheit, 1977, 74ff; Gesetz und Evangelium, hg. von E. Kinder und K. Haendler, 1968 (darin u.a. die entscheidenden Aufsätze von Barth und Althaus sowie eine umfangreiche Bibliographie); E. Jüngel: Evangelium und Gesetz, in: ders.: Barth-Studien, 1982, 180ff; W. Elert: Gesetz und Evangelium, in: ders.: Ein Lehrer der Kirche, hg. von M. Keller-Hüschemenger, 1967, 51ff; A. Peters: Gesetz und Evangelium. Handbuch Systematische Theologie Bd. 2, 1981; H. Thielicke: Theologische Ethik, Bd. I, [4]1972, Ziffer 554-623.

U. Swarat

Gesetzlichkeit

G. (Nomismus, Legalismus) ist im theol. Sprachgebrauch eine Überordnung des → Gesetzes über das → Evangelium und stellt darum die Christlichkeit einer Gemeinde ernstlich in Frage.

Sie findet ihren Niederschlag in einem gesetzlichen Schriftverständnis (1. und 2.), einer gesetzlichen Ethik (3.) und in einem gesetzlichen Gottesverhältnis (4. und 5.).

1. Es ist gesetzlich, bibl. Weisungen ohne Nachdenken äußerlich nachzuexerzieren und sie ohne Rücksicht auf ihre besondere Stunde zum zeitlosen Gesetz zu machen. So geht es z.B. im Aposteldekret (Apg 15) um die Gemeinschaft in den aus Heiden und Juden gemischten Gemeinden. Es wäre gesetzlich, heute in einer einseitig heidenchristl. zusammengesetzten Gemeinde diese Weisung, losgelöst von ihrer eigentlichen Funktion, als Panier wahrer Christlichkeit aufzurichten.

2. Es ist gesetzlich, gültige bibl. Weisungen ohne innere Bejahung zu befolgen und zu fordern, daß es etwas auch heute geben müsse, weil es in der Bibel da war – nur dann sei die Gemeinde »biblisch«. Aber durch diese gesetzliche Lösung wird das Gemeindeleben unecht.

Paulus handelt davon in Röm 2,27: »Du stehst unter dem Buchstaben«, deine Lebensführung ist zuverlässig vom Gesetzesbuchstaben abgedeckt, aber du »übertrittst das Gesetz«. Obwohl das Gesetz in deinem Leben erklärtermaßen einen hohen Rang einnimmt, wird es von dir nach seinem eigentlichen Sinn nicht erfüllt, denn »die Liebe (zu Gott und dem Nächsten) ist des Gesetzes Erfüllung« (Röm 13,10).

3. → Kasuistik ist gesetzlich (lat. *casus*, »der Fall, das Vorkommnis«). Hier soll jede Verweltlichung der Gemeinde ausgeschlossen werden. Das flutende, bewegte, überraschende und oft abgründige Leben wird darum berechenbar gemacht. Flächendeckend bringt man es auf formulierbare Fälle und legt für jeden Fall das Verhalten der Gläubigen fest. Was der einzelne jeweils tun soll, ergibt sich für ihn damit ohne Auseinandersetzung, ohne Ringen und Beten, ohne Leiten des Heiligen Geistes, ohne lebendige Verbindung mit Gott und auch ohne einfühlsame Seelsorge. Die Kasuistik hat im Grunde die persönliche Beteiligung am sittlichen Handeln abgeschafft. Auch lauert hier die Gefahr einer nur negativen Ethik. Eine Vermeidungsmoral erstickt die in der Bibel so lebendige Auftragsethik.

4. Leistungsfrömmigkeit ist gesetzlich. Ausgangspunkt ist hier eine Erkenntnis bibl. Anthropologie: Der Mensch ist ein befragtes Wesen. Er befindet sich ständig wie im Verhör und wird zur Verantwortung gezogen. So schwebt er bei allem Tun und Lassen zwischen Lob und Anklage und ist auf Rechtfertigung und Anerkennung aus.

Doch warum gewinnt der Mensch nicht den inneren Freispruch: Du bist gerecht!? Er reagiert auf die Rechtfertigungsfrage völlig falsch, nämlich unter der alles umfassenden Ideologie: Ich lebe von meiner Leistung. Gottes Gebote werden als Leistungsaufruf mißverstanden: Ich muß etwas bringen, sonst ist es aus mit mir. So ist der natürliche Mensch nicht mehr wirklich natürlich. Der Dimension des Sich-Beschenken-Lassens entfremdet, fehlt ihm der Zugang zur Grundwahrheit über sich selbst: daß er als Mangelwesen entworfen ist, und zwar nicht erst von der Sünde her, sondern schon von der Schöpfung her. Er ist darauf angelegt, Gottes zu bedürfen. Den Aufgaben gehen immer die Gaben voran.

Folgen der Leistungsfrömmigkeit sind:

– Verkrampfung: Beständiger Leistungsdruck führt in die chronische Überanstrengung.

– Zerfall der Ethik: Ich werde andern gegenüber kleinlich und berechnend, muß ich doch sehen, wo ich bleibe; mir wird auch nichts geschenkt. Ich handle nicht unbeschwert von mir selbst weg auf den Nächsten zu, der mich braucht, sondern beschäftige mich immer mit der Aufrichtung meiner »eigenen Gerechtigkeit« (Röm 10,3; Phil 3,9).

– Die Bibel gerät mir unter einen Schatten (vgl. 2Kor 3,14). Jeder Text setzt mich unter Druck. Ist wirklich einmal der Triumph der Gnade Thema, lenke ich bestimmt ab oder schränke ein. Unter der Hand wird mir die Frohbotschaft zur Drohbotschaft. Angesichts dessen, was der Mensch tun soll, überhöre ich, was Gott getan hat, tut und noch zu tun versprochen hat. Die bibl. Imperative versetzen meinen Eifer mächtig in Bewegung, aber »ohne Einsicht« (Röm 10,2), nämlich in eine falsche Richtung. Ich fühle mich durch sie nur veranlaßt, mein rel. Soll noch einmal zu steigern. – Dies ganze Elend läßt sich zusammenfassen mit 1Mo 3,5: Der Mensch will sozusagen Selbstversorger sein, also sein eigener Gott, statt Gott Gott sein zu lassen und dafür auf dieser Erde fröhlich Gottes Mensch zu sein.

5. G. ist schließlich Unfreiheit. Unter dem Gesetz gibt es nicht nur den stolzen Menschen, der mit seinem Tun prahlt, sondern auch den gefangenen, zwanghaften und freudlosen Menschen, der bei seinem Tun leidet und nach dem Wort Jesu unter dem Gesetzesjoch »mühselig und beladen« ist (Mt 11,28). Was eine gesetzliche Gemeinde braucht, ist darum eine Neuverkündigung des Evangeliums in seiner ganzen Fülle. Das sah Paulus den Galatern gegenüber als seine Aufgabe an: »Meine lieben Kinder, die ich abermals unter Wehen gebäre, bis Christus in euch Gestalt gewinne!« (4,19)

6. In folgenden zwei Fällen ist der häufig zu beobachtende Gebrauch des Begriffs G. jedoch unsachgemäß:

a. Als »gesetzlich« gilt vom Standpunkt der Situationsethik aus jede inhaltliche Festlegung auf ethischem Gebiet, die über das Liebesgebot hinausgeht. »Nichts ist vorgeschrieben – außer Liebe«, aber was im Einzelfall Liebe oder Lieblosigkeit ist, läßt sich nicht allgemeingültig katalogisieren. In zwei Punkten wird hier etwas Richtiges gesehen. Erstens wird das Gewicht der geschichtl. Situation ernstgenommen, wozu auch Paulus in Röm 12,2; Eph 5,10.17; Phil 1,10; 1Thess 5,21 auffordert. Nicht Buchstabengerechtigkeit ist gefragt, sondern Sachgerechtigkeit und Verantwortungsethik. Zweitens ist wohltuend, wie das Vielerlei des »Du sollst dies nicht und das nicht und jenes nicht!« durchstoßen wird in Richtung auf Liebe: Du sollst lieben! Auch darin klingen Grundanliegen Jesu und auch des Paulus an (Mk 12,30.33; Röm 13,8-10; Gal 5,14).

Aber nach dem NT ist Nächstenliebe eingebunden in das Gebot der Liebe zu Gott (Mk 12,30-31). Der Situationsethiker bricht sie aus diesem lebensnotwendigen Verbund heraus. Was er von »Liebe« sagt, ist zu formal, zu allgemein, um noch bedeutungsvoll zu sein. Der Mensch soll eben lieben, als wär's das Selbstverständlichste von der Welt. Ihn aber einfach mit dem Liebesgebot in die Situation hineinzustoßen, ist offensichtlich eine Überforderung und darum selbst schon Lieblosigkeit. Gott will seine Liebe in unsere Herzen ausgießen durch den Hl. Geist (Röm 5,5). Jesus ruft: »Bleibt in meiner Liebe!« (Joh 15,9). Sie deckt sich eben nicht ohne weiteres mit dem, was wir für Liebe halten. Diese Abhängigkeit der Nächstenliebe von Gott bedeutet, daß Gott uns in seinem Wirken und Wollen authentisch bekannt sein muß. Darum benötigen wir das Offenbarungszeugnis der Hl. Schrift.

b. Als »gesetzlich« gilt von einem Standpunkt aus, den schon → Bonhoeffer aufs Korn nahm, der wörtliche einfältige Gehorsam Gott gegenüber. Gottes heilsame Weisungen werden hier vergeistigt und verinnerlicht, aber eben nicht befolgt. Durch solches Aufheben konkreter Nachfolge, immer unter der Fahne der »Freiheit vom Gesetz«, bleibt es bei einer Scheingemeinschaft mit Jesu und kann ein Menschenleben nicht von der Gottesherrschaft gestaltet werden.

Lit.: D. Bonhoeffer: Nachfolge, (1937) 1965 , 51-55; U. Dierse: »Gesetzlichkeit«, HWP, 1974, Bd. 3, 533-535; A. Köberle: Christliche Existenz jenseits von Gesetzlichkeit und Gesetzlosigkeit, ThBeitr. 6 (1975), 233-238; R. Mayer: Ethik ohne Normen? Herkunft, Wesen und Kritik der Situationsethik, in: H. Burkhardt (Hg.): Begründung ethischer Normen, 1988, 147-165.

A. Pohl

Gespräch

Während G. im weitesten Sinne jeden zwischenmenschlichen Austausch von Botschaften meint, hat das Wort im engeren Sinne unterschiedliche Bedeutungsschwerpunkte. In der → Psychotherapie ist der Begriff G. für solche Begegnungen vorbehalten, die darauf zielen, einen möglichst echten Austausch von persönlichen Inhalten (z.B. persönliche Gefühle, Wünsche, Erfahrungen, Gedanken) zu gewährleisten. Das strukturierte G. findet z.B. im → Gesprächskreis statt, üblicherweise mit einer Gesprächsleitung durch festgelegte oder wechselnde Leitungspersonen. Von besonderem Interesse für die Gemeinde ist das seelsorgerl. G. (s.a. → Seelsorge).

In einem G. müssen die Partner in der Lage sein, unterschiedliche Botschaften gleichzeitig wahrzunehmen. Die persönlichen Inhalte einer Botschaft werden oft verschlüsselt (z.B. nonverbal) weitergegeben. So hat eine Botschaft fast immer vier Schichten: die Sachebene, den Appell, die Beziehungsebene und den Selbstoffenbarungsaspekt (Schulz von Thun, 1981). Beispiel: Die Frage »Willst Du dieses Hemd wirklich anziehen?« ist auf der Sachebene eine Frage – ob jemand motiviert ist, ein bestimmtes Hemd zu tragen. Die eigentlichen Botschaften sind verborgen: Der Appell (»Bitte suche ein anderes Hemd heraus!«), die Beziehungsebene (»Ich habe einen besseren Geschmack als Du!«), die Selbstoffenbarung (»Es wäre mir peinlich, mit Dir gesehen zu werden, wenn Du ein solches Hemd trägst ...«). Gute G.spartner haben die Fähigkeit, zwischen den verschiedenen Ebenen zu unterscheiden, und die Ebene anzusprechen, auf der eine Störung liegt. Wenn also im o.g. Beispiel eine Störung im Beziehungsaspekt liegt, muß man nicht auf der Sachebene antworten (»Wieso, das Hemd ist doch völlig o.k.!«), sondern kann die Beziehungsebene ansprechen (»Es ärgert mich, wenn Du mich behandelst, als ob ich ein kleines Kind wäre ...«).

Für das therapeutische bzw. seelsorgerl. G. gilt die besondere Situation, daß die G.spartner mit unterschiedlichen Zielen am G. beteiligt sind: es gibt eine helfende und eine hilfesuchende Person. Für den helfenden G.spartner gibt die wissenschaftl. Kommunikationsforschung, insbesondere aber auch die Erfahrungen der G.spsychotherapie wertvolle Hilfestellungen.

Die G.spsychotherapie geht zurück auf C.R. Rogers (1902-1987). Er belegte in umfangreichen Studien, daß in der Psychotherapie die Methode oder das Expertenwissen der Therapeuten eine eher untergeordnete Rolle spielt; was dagegen für den Therapieerfolg ausschlaggebend ist, läßt sich als »therapeutische Grundhaltung« beschreiben. Die von ihm beschriebenen Zusammenhänge haben in jeder großen Schule der Psychotherapie sowie in der Seelsorge erheblichen Einfluß gehabt, führten aber auch zu einer eigenen Schule, der G.spsychotherapie (auch »Klientenzentrierte Therapie« genannt). Wegen der mit dieser Schule verbundenen humanistischen Ideologie ist dieser Einfluß, insbesondere auf die christl. Seelsorge, von christl. Autoren z.T. zu Recht scharf kritisiert worden (s. z.B. Adams, 1972).

Die therapeutische Grundhaltung des Zuhörers wird durch drei Merkmale beschrieben: Echtheit, Einfühlungsvermögen und bedingungslose positive Wertschätzung. Echtheit bedeutet, daß die verbalen und non-verbalen Äußerungen mit dem übereinstimmen, was diese Person wirklich denkt und fühlt. Damit ist nicht Offenheit gemeint (also möglichst viel von der eigenen Person preiszugeben) oder gar »Kumpelei«. Echtheit ist also die Fähigkeit, eigene Gefühle und Erlebensweisen unverzerrt wahrzunehmen und, soweit sie in der Beziehung zum anderen bedeutsam sind, auszudrücken. Einfühlungsvermögen, auch Empathie genannt, ist die Fähigkeit, aus den Äußerungen des Gegenübers das herauszuhören und in Worte zu fassen, was der andere wirklich gemeint hat – dabei insbesondere auf solche Anteile der Nachricht zu hören, die persönlich und gefühlsbeladen sind. Bedingungslose positive Wertschätzung beschreibt die grundsätzliche Annahme der anderen Person ohne Abwertungen oder persönliche Vorlieben/Sympathien.

Durch diese therapeutische Grundhaltung entsteht eine Atmosphäre, in der der hilfesuchende Teil die eigenen Gefühle klarer erleben und ausdrücken kann (»Selbstexploration«). Anstelle von verzerrten Selbstwahrnehmungen, die durch Erziehung oder gesellschaftl. Vorstellungen bestimmt sind, tritt zunehmend eine echte, mit dem wirklichen Erleben kongruente Selbst- und Fremdwahrnehmung. Die zwischenmenschliche Beziehung ist das eigentlich heilende, nicht eine bestimmte Methode.

Die moderne Psychotherapieforschung bestätigt, daß G.spsychotherapie bei vielen Hilfesuchenden wirksam ist; jedoch zeigt sich ebenso deutlich, daß einem größeren Teil umfassender geholfen wird, wenn eine Vielzahl verschiedener Ansätze nebeneinander stehen kann (Methodenpluralität; Dieterich, 1989). Dies bedeutet z.B. auch, daß zu den Selbstheilungskräften (→ Heilung) unbedingt auch geistl. Fragen angesprochen werden sollten (Heil, Umgang mit Schuld, usw.). Insbesondere bei der Seelsorge an Christen geht es darum, daß ihre neue geistl. Existenz das tägliche Verhalten immer mehr bestimmt (→ Heiligung). Die Erfahrungen bibl.-therapeutischer Seelsorge zeigen, daß gesprächstherapeutische Elemente in der seelsorgerl. Begegnung einen Wachstumsprozeß fördern.

Lit.: J.E. Adams: Befreiende Seelsorge, (1972) 1988; M. Dieterich: Handbuch Psychologie und Seelsorge, [2]1992; C.R. Rogers: Entwicklung der Persönlichkeit, 1976; F. Schulz von Thun: Miteinander Reden. Störungen und Klärungen, 1981; R. u. A. Tausch: Gesprächspsychotherapie, 1979.

U. Giesekus

Gesprächskreis

Es gibt Gespräche zu zweit (Seelsorge) oder in inoffiziellen Gruppen (Cliquen) oder in großen Versammlungen, z.B. nach einem Vortrag. In diesem Artikel ist aber das Gespräch in einer Gruppe von 8-15 Teilnehmern gemeint, die sich bewußt zum G. getroffen haben (Hauskreis, Kirchengemeinderat, Team). Es geht der Gruppe dabei um die Behandlung eines Stoffes (Information) und um die Erfahrung der Gemeinschaft (Interaktion). Wie leitet man ein solches Gespräch?

1. Machen Sie sich Ihre Grundeinstellung zur Gruppe bewußt: Fürchten Sie sich? (wovor?, vor wem?) Sind Sie »geladen«? Wollen Sie auf jeden Fall einen Stoff (Ihre Meinung) vermitteln? Freuen Sie sich, Freunde zu treffen?

Die Klärung dieser Frage ist entscheidend: Sie prägen mit Ihrer Einstellung die Atmosphäre des ganzen Abends.

2. Sie müssen in Ihrem Stoff zu Hause sein. Ersparen Sie sich auch bei Bibelgesprächen nicht die Vor-Arbeit.

3. Der Einstieg in ein Gespräch ist wie das Einfädeln des Fadens vor dem Nähen. Es geht dabei um eine (warme!) Begrüßung und die Angaben zum Ablauf des Abends. Danach bedarf es eines guten Impulses, »Aufhänger« genannt, der die Arbeit am Stoff sinnvoll, ja sogar schmackhaft machen muß.

4. Der »Aufhänger« geht über in die Einführung ins Thema. Die Aufgabe dieses Teils ist nicht (!) die Belehrung der Gruppe, enthält auch noch nicht die Meinung des Leiters, sondern gibt nur in knapper Form die Informationen vor, die nötig sind, um nachher ein fruchtbares Gespräch führen zu können.

5. In einer Bibelgruppe empfiehlt sich nach dieser knappen Einleitung eine Stille zum Eigenstudium des Textes. Denn Jesus sagt: »Meine Schafe hören meine Stimme«. Diese Verheißung gilt jedem im Kreis.

6. Grundregel für den G.: es sollte jeder (!) zu Wort kommen können. Denn für den Lernvorgang in einer Gruppe gilt: Jeder behält am besten das, was er selber gesagt hat. Der Leiter ist ein Ermöglicher. Dazu ist nötig:

– daß er sich selber zurückhält;

– daß er Dauerredner und Spontane nur im ersten Drittel als »Eisbrecher« zuläßt, sie dann aber bremst;

– daß er Zurückhaltende ermutigt (aber ohne Druck);

– daß er überspitzte Meinungen der Gruppe zur Beurteilung zurückgibt;

– daß er Exkurse erkennt und gegebenenfalls »vertagt«;

– daß er existenzielle Betroffenheit (z.B. Tränen) zuläßt und die Richtung des Treffens evtl. völlig verändert.

7. Der Leiter muß mit der Uhr arbeiten. 15 Minuten vor Schluß muß er das Ende des Abends ankündigen und eine Zusammenfassung versuchen. Dabei bündelt er das Gesagte und auch das Offen-Gebliebene. (S. a. → Gespräch; → Kommunikation)

Lit.: A. Hecht: Zugänge zur Bibel, o.J.; O. Schweitzer: Werkbuch Hauskreis, 1984, 84-89.

O. Schweitzer

Gess, Wolfgang Friedrich (1819-1891)

G. wurde am 27. 6. 1819 in Kirchheim (Württemberg) als Sohn des dortigen Pfarrers geboren, verstorben ist er am 1. 6. 1891 in Warnigrode. 1837 Studium im Tübinger Stift. Nach dem ersten theol. Examen Vikar bei seinem Vater, der inzwischen Generalsuperintendent in Heilbronn geworden war. Nach dem zweiten Examen 1846 Repetent in Tübingen, 1847 Pfarrer in Großaspach, 1850 Lehrer am Missionshaus in Basel, 1864 o. Prof. in Göttingen, nachdem er Dr. h.c. der Universität Basel geworden war. 1871 o. Prof. in Breslau, 1880 Generalsuperintendent in Posen, 1885 Ruhestand in Warnigrode.

G. vertrat eine streng biblizistische, pietist. Tradition verbundene Theologie. Sein erstes größeres Werk, die 1856 erschienene »Lehre von der Person Christi«, gibt das Thema und die Richtung seines theol. Schaffens überhaupt an: Die Darlegung der Christusbotschaft des NT. Theologie hat weder vom gegenwärtigen christl.-frommen Bewußtsein auszugehen – wie es in der Schule Schleiermachers geschah –, noch von den kirchl. Symbolen und Bekenntnissen, sondern von der Bibel, die auch der Theologie übergeordnet ist.

Als die »Lehre von der Person Christi« vergriffen war, beschloß G. an Stelle einer Neuauflage das Ganze noch einmal, aber ausführlicher, zu schreiben. Die Neubearbeitung erschien zwischen 1870 und 1887 in drei Bänden unter einem gemeinsamen Obertitel: »Christi Person und Werk nach Christi Selbstzeugnis und den Zeugnissen der Apostel«. Im ersten Band geht G. aus von Jesu Selbstbewußtsein, wobei er sich auf die synoptischen Evv. und auf das JohEv. stützt. Im zweiten Band analysiert er zuerst die paulin. Zeugnisse, dann die andern Briefe und die Offb. Der dritte, das christologische Dogma thematisierende Band handelt zunächst von Christi Werk, dann von der Person Christi. Die Frage, um die G. – in Auseinandersetzung mit → Dorner, → Rothe und andern – geradezu ringt, bezieht sich auf die Menschwerdung: Wie kann der, der am Anfang zu Gott hin war, der Gott war und durch den alles geworden ist, wahrer Mensch gewesen sein? G. ist Kenotiker: In der Menschwerdung verändert sich der göttliche Logos, der Sohn (→ Kenosislehre). G. spricht von der »Entherrlichung des Logos«. Er empfing von Maria die Menschennatur, schuf sich eine menschliche Seele, aber er entäußerte sich (nach Phil 2,5ff) seiner göttlichen Herrlichkeit und wurde ganz Mensch (Bd. III, S. 315ff, 344ff). Aber in dieser Entäußerung behält er das Ich, das Personsein des Sohnes Gottes. Von konfessionell luth. Seite wurde entgegnet, daß der Logos die göttliche Hoheit und Herrlichkeit auch in der Inkarnation behalten habe, da ansonsten die Unveränderlichkeit Gottes in Frage gestellt sei. Ob nicht gerade der Widerstreit die Grenze menschlicher Versuche aufzeigt, das Mysterium der Menschwerdung rational erklären zu wollen?

G. war, besonders wegen seiner Unbekümmertheit gegenüber der aufkommenden hist.-kritischen Forschung, ein Einzelgänger. Aber sein Anliegen verdient Beachtung. Er vertritt eine kerygmatische, auf die Verkündigung ausgerichtete Theologie, eine ganz auf die Christusverkündigung ausgerichtete ntl. Theologie.

Lit.: W.F. Gess: Die Lehre von der Person Christi, 1856; Christi Person und Werk nach Christi Selbstzeugnis und den Zeugnissen der Apostel, 3 Bde., 1870, 1878, 1887; Das Gebet im Namen Jesu, 1861; Der Stufengang in Jesu Unterweisung seiner Jünger, 1869; Gottesvolk ein Königreich von Priestern, 1872.

F. Flückiger

Gesundheit und Krankheit

1. Anthropologisch

G. und K. sind Funktionen des Lebens und als solche nicht Zustand, sondern Geschehen. Leben ist das Geschehen der Integration (1) von Organen zum Organismus, (2) von seelischem und körperlichem Leben, d.h. der Beziehung des körperlichen Lebens auf ein wahrnehmendes und steuerndes Zentrum (= Seele), (3) des Individuums in seine Mit- und Umwelt. G. ist daher der harmonische Ablauf des Lebens auf den drei genannten Ebenen, K. die teilweise oder überwiegende Störung der Beziehungen, die Leben ausmachen. Diese kann ihre Ursache in allen drei Ebenen haben, sie tritt aber für das Subjekt nur dann ins Bewußtsein, wenn sie sich als Hindernis der Lebensvollzüge (Schmerz, Depression u.a.) bemerkbar macht. Leben ist immer störanfällig, es ist aber auf die Abwehr der Bedrohungen der »Lebensharmonie« ausgerichtet, so daß es zwischen G. und K. nur gleitende Übergänge gibt. K. wird als Bedrohung der Identität (Leib-sein) zwischen dem Ich und seinem Körper (Leib-haben) und der Harmonie zwischen dem Individuum und seiner Mit- und Umwelt erlebt. Leben spielt sich notwendig in der Polarität von G. und K. ab, es ist Zu- und Abnahme der Lebenskräfte und endet deshalb im Tod. G. ist das Geschehen der erfolgreichen Abwehr von störenden Lebenseinflüssen, die zur K. führen, durch den Organismus (vorbewußte Ebene) oder durch das Ich (bewußte Ebene).

2. Biblisch

Für Christen besteht die entscheidende Beziehung des Lebens im Verhältnis zu Gott. Gesund ist der Mensch letztlich nur, wenn die Beziehung zu Gott heil ist (Lk 17,11ff). G. ist – wie das Leben überhaupt – Gabe Gottes und K. Ausdruck dessen, daß das Verhältnis zwischen Schöpfer und Geschöpf gestört ist (1Mo 3,1ff). Die Bibel redet also theol. und nur selten medizinisch von G., K., → Heilung und → Tod, dies auch deshalb, weil Israel erst in der Spätzeit mit dem medizinischen Wissen seiner Umwelt in Berührung kam. Sie nimmt das Phänomen K. vom Verhältnis zu Gott her in Blick. G. ist ein Segen Gottes. Deshalb erlebt der Gläubige K. nicht nur als Schmerz und Bedrohung des Lebens, sondern auch als Infragestellung des Gottesverhältnisses (Ps 22; 42; 77; 88; Jes 38,10ff u.a.). So beklagen die Beter im Zustand des Krankseins nicht nur ihre Qualen und Leiden, sondern auch die Gottverlassenheit. Störungen des natürlichen Lebens haben ihre Wurzel im gestörten Gottesverhältnis. Daher soll man sich in der K. auch an Gott als Arzt (2Mo 15,26) und nicht an die auf die Heilkraft anderer Götter bauenden fremden Ärzte wenden (2Chr 16,12). K. wird als Strafe Gottes erlebt, und zwar zunächst in einem das Individuum übergreifenden menschheitlichen Sinne. Weil in der Welt die Sünde herrscht, hat auch die K. Raum, und ist der Tod der Sünde Sold (1Mo 2,17; Röm 6,23; Jak 1,15). Sünde, K. und Tod stehen in einem universalen Zusammenhang, sie sind die Gestalten des »Nichtigen« (K. Barth), die Gottes Willen widersprechen und sein Werk zerstören. Erst in späteren, meist weisheitlichen Texten wird ein individueller Tun-Ergehen-Zusammenhang hergestellt und K. als Strafe für persönliche Sünden gedeutet oder gar rückgeschlossen, daß, wer krank ist, gesündigt haben muß. Dieses, schwere Anfechtungen auslösende Dogma (Ps 73) zerbricht angesichts der K. »frommer« Menschen (Hiob) und wird von Jesus entschieden abgelehnt (Lk 13,2ff; Joh 9,2ff). Auch die Vorstellung, K. sei eine Prüfung (Hiob 32-37; Spr 3,11f; Hebr 12,5f), löst das Rätsel der Sinnlosigkeit schwerer K. nicht. Es bleibt im AT und NT unbestritten, daß K. und Tod nicht zu Gottes guter Schöpfung gehören, daß sie deshalb in der erneuerten Schöpfung, dem Reich Gottes, wie die Sünde, keinen Platz haben werden (Ps 103,3; Jes 33,24; 65,17ff; Offb 21,1ff). Die Erlösung des Leibes und die Besiegung des Todes ist die letzte Antwort auf den Sinn schwerster K. (Röm 5,1ff; 8,18ff). Jesus hat nie vom Sinn oder gar vom Segen der K. gesprochen, sondern hat den Schrei nach Heilung ernstgenommen und K. wie die Sünde als widergöttliche Macht bekämpft (Mk 2,1ff). Seine Krankenheilungen sind Zeichen der anbrechenden Herrschaft Gottes über die ganze Schöpfung (Reich Gottes). Hinter den K.en – und zwar sowohl denen, die »natürliche« Schwächezustände sind, als auch denen, die als dämonischen Ursprungs bezeichnet werden – steht die die Schöpfung Gottes zerstörende Macht des Satans (Bösen), die Jesus mit den Heilungen bekämpft. Das relativiert den Unterschied zwischen »normalen« und K.en dämonischen Ursprungs. Unter letzteren lassen sich am ehesten die K.en verstehen, die im Unterschied zu körperlichen K.en mit ihrem zerstörerischen Werk im Zentrum der Person ansetzen, den Menschen von dort her überwältigen und ihn einer ihn ganz bestimmenden fremden Macht ausliefern (Psychose: Mk 5,1ff; Epilepsie: Mk 9,14ff), so daß die Person nicht mehr Distanz zur K. nehmen kann und nicht mehr Herr über sich selbst ist. Auf keinen Fall sind Menschen mit solchen K.en Gott ferner als andere Menschen. Auch Paulus führt seine K.en auf die satanische Macht zurück (2Kor 12,7) und ordnet die verhängnishaften K.en (Röm 8,18ff) nicht unter den Aspekt der Nachfolge Christi ein.

Jesus beauftragt seine Jünger mit der Verkündigung des → Evangeliums und der Heilung der Kranken (Mt 10,7f; Lk 9,17), weil Heil und Heilung in der Bibel zwar unterschieden werden, aber doch in der Botschaft vom Reich Gottes zusammengehören (Ps 103,3; Mt 8,16f; 91ff). Entsprechend gehörte die Heilung von Kranken zur Aufgabe der Gemeinden (Jak 5,14ff). Sie wurde sowohl von den Aposteln als auch in der Alten Kirche praktiziert.

3. Kirchengeschichtlich

Die Alte Kirche sah in Jesus den wahren Arzt (*Christus medicus*), der sich gerade um die unheilbaren Menschen sorgte, ihnen sagt, daß sie von Gott geliebt und am Reich Gottes teilhaben werden. Deshalb errichtete man erstmals in der Antike Hospitäler, in denen diesen von der Gesellschaft meist ausgestoßenen Menschen eine auf das ewige Heil und das irdische Wohl zugleich ausgerichtete Betreuung zuteil wurde. Vor allem durch stoische Einflüsse kam es bald zur Überfremdung der bibl. Sicht von K., aus Hiob wurde der exemplarische Dulder, das Motiv des »Christus medicus« wurde spiritualisiert, aus Jesus wurde der reine »Seelenarzt«, und K.en sollten die positive Bedeutung haben, den Menschen daran zu hindern, die Welt zu lieben (Basilius der Große, Augustin; vgl. EKG 305,4). In seiner Frühzeit hat auch M. Luther die spiritualistische Deutung von K.en geteilt; sie dienen dazu, die Realitäten des Lebens zu sehen, der Läuterung und Prüfung des Menschen und bewahren ihn vor Hochmut. Erst muß die K. der Seele geheilt werden. Als er und seine Freunde später selbst von schwerer K. bedroht sind, betont er immer mehr, »daß der Teufel der eigentliche Urheber der Krankheit ist«, und zwar sowohl der körperlichen wie auch erst recht der Gemütskrankheiten. Deshalb sollen die Kranken und die Gemeinde in diesen Nöten Gott um Heilung anrufen und zugleich die Hilfe der Ärzte in Anspruch nehmen. Bis über das 16. Jh. hinaus waren supranaturalistische Deutungen von K. (K. kommt von Gott, dem Teufel, wird durch die Stellung der Sterne verursacht) vorherrschend. Unter Einfluß der Philosophie R. → Descartes' wird der Körper als eine komplexe Maschine betrachtet und werden alle K.en auf materiell faßbare Ursachen zurückgeführt und damit zu einem blinden Schicksal ohne Sinn. Der → Pietismus bekämpft diese Vorstellung. Die dämonologische Sicht der K. (NT, Luther) tritt ganz hinter der Auffassung zurück, K. sei eine Folge der Sünde, diese sei das »Haupt und eine Mutter« aller K., ohne daß einzelne K.en mit bestimmten Sünden im Zusammenhang stehen. K. wird als von Gott auferlegtes Geschick betrachtet, das für den Unbekehrten wahrhafte Strafe für die Sünde ist, für den Bußfertigen Arznei zum ewigen Leben und für den Bekehrten eine Züchtigung für sein noch immer sündiges Wesen, Ruf zur Buße oder – als Teilhabe am Leiden Christi – ein auferlegtes Kreuz. »Gott will durch deinen kranken Leib an deine kranke Seele kommen« (S. Urlsperger). Dagegen vertritt J.Chr. → Blumhardt die Auffassung, daß jede K. letztlich Erscheinungsform der Gott widersprechenden Macht des Bösen ist, daß zwischen K. mit übernatürlicher und natürlicher Ursache nicht klar zu unterscheiden ist und daß gegen sie sowohl mit natürlichen wie mit geistl. Mitteln zu kämpfen ist. K. ist – wie die Sünde – eine das Individuum übergreifende, gegen Gott gerichtete Macht. Sie zielt daher nicht so sehr auf die Bekehrung des einzelnen, als vielmehr auf die Erlösung der ganzen Schöpfung von den todbringenden Mächten (Röm 8,18ff; 1Kor 15). Dieser Sicht stehen K. Heim und in anderer Weise K. Barth nahe. Für ihn ist K. als Vorbote des Todes eine Gestalt des »Nichtigen«, ein Element und Zeichen der die »Schöpfung bedrohenden Chaosmacht«, die sich gegenüber Gott im Kampf befindet, so daß der Mensch ihr gegenüber zu Recht »Widerstand bis aufs Letzte« leisten darf. Er unterscheidet jedoch die Nachtseite der Schöpfung von deren Schattenseite, die von Gott gewollt und geschaffen ist und zu der mit der Endlichkeit des Geschöpfs auch die Zunahme und die Abnahme der Lebenskräfte, das Altern und das Sterben gehören. Es gibt also von Gott gewollte Schwächen des Lebens, die der Mensch tragen muß und kann. G. ist daher nicht als ungebrochene Lebenskraft zu verstehen, vielmehr hat sie sich auch als »Leidensfähigkeit« zu erweisen. Sie ist »Kraft zum Menschsein«, Kraft, der Bestimmung unseres Lebens durch Gott zu entsprechen.

4. Praktisch-theologisch und ethisch

Rel. »Traktatliteratur« und Kirchenlieder (EKG 305) kennzeichnet das Bemühen, K. als aus »Gottes Hand kommend« zu verstehen, das Zerstörerische vieler K.en und ihre Sinnlosigkeit zu verharmlosen und ihnen vorschnell ein von Gott gewolltes Recht in der Schöpfung einzuräumen. Die Psalmen zeigen jedoch, wie der Mensch in der Klage vor Gott den Widerspruch zwischen dem in der K. erlebten Unheil und dem heilsamen Schöpfungswillen Gottes bzw. seiner Verheißung Ausdruck verleiht. Es geht daher in der Seelsorge nicht darum, dem Unheil einen Sinn zu verleihen, sondern den Glauben so zu bestärken, daß der Mensch in der Zeit der Krankheit die Spannung zwischen dem Unheil und dem guten Willen Gottes aushalten kann, ohne an Gott und seinem Leben zu verzweifeln. Jede ernsthafte K. bringt eine um so tiefere Identitätskrise mit sich, tastet das Selbstwertgefühl um so mehr an, je mehr der Sinn und Wert des Lebens mit G. und damit mit Arbeits- und Genußfähigkeit (S. Freud) gleichgesetzt wird, und je weniger der Mensch in seiner Dimension jenseits von G. den Sinn seines Lebens findet. Ob und wie K.en ertragen werden können, hängt nicht nur von der Schwere der K.en, sondern ebenso von den Lebenseinstellungen der Kranken und der Zuwendung ab, die sie durch andere erfahren. Häufig werden erst in der Zeit der K. die Tore zu Wahrheiten des Lebens – einschließlich der Frage nach Gott – geöffnet, die sonst verschlossen blieben (A. Gide). Wenn G. nur mit Wohlbefinden und Arbeits- und Genußfähigkeit gleichgesetzt wird und nicht auch die Fähigkeit zum Erleiden einschließt, dann wird das Leben unheilbar kranker und pflegebedürftiger Menschen schnell als »lebensunwertes« Leben eingestuft. Der Zwang zur G. kann also zu einer Bedrohung des Lebensrechts unheilbar oder schwerkranker Menschen werden. G. ist eine wesentliche Gabe Gottes, aber doch nicht das letzte, sondern ein vorletztes Gut, für das der Mensch Verantwortung trägt. Es kann nicht bestritten werden, daß zwischen Lebensführung und K. Zusammenhänge bestehen, daß viele K.en ihre Ursachen in Konflikten des Lebens, in Fehlverhalten und Versagen haben. Das heißt nicht notwendig, daß der Mensch auch in der Lage sein muß, sein Leben so zu verändern, daß solche Krankheitsursachen zu vermeiden sind. Selbst wenn ein Mensch an seiner K. wesentlich selbst die Schuld trägt, darf ihm in der K. nicht die notwendige Hilfe verweigert werden.

Lit.: K. Barth: KD III/4, [3]1969, 404-426; W.J. Bittner: Heilung – Zeichen der Herrschaft Gottes, 1984; U. Eibach: Heilung für den ganzen Menschen?, 1991 (Lit.); ders.: Der leidende Mensch vor Gott, 1991; K. E. Rothschuh: Konzepte der Medizin in Vergangenheit und Gegenwart, 1978; K. Seybold, U. Müller: Krankheit und Heilung, 1978; E. Zsindely: Krankheit und Heilung im älteren Pietismus, 1962.

U. Eibach

Gewalt

Es gibt keine allg. anerkannte präzise Definition von G. Der bedeutungsgeschichtl. direkte Nachbarbegriff ist jener der Macht. Im juristischen Bereich steht G. sogar oft als Synonym für »Macht« (vgl. z.B. den Wortgebrauch im Grundgesetz der Bundesrepublik Deutschland), ebenso im bibl.-christl. Zusammenhang (vgl. Mt 28,18; EKG 21,3). Macht ist potentielle G. Im Rahmen der hier vorgenommenen ethischen Erörterung des G.problems wird im folgenden die Bedeutung des Begriffs eingeschränkt auf die unfreiwillig zwingende, physisch oder psychisch verletzende Machtausübung. (So ist z.B. nicht nur bei Folter, sondern auch bei »Gehirnwäsche« von G.anwendung zu sprechen.) Zweifellos gibt es fließende Übergänge von der Beeinflussung durch Massenmedien bis hin zur Drohung mit G. Das G.phänomen läßt sich also nicht eindeutig abgrenzen! Die öffentliche Diskussion über G. richtet sich hauptsächlich auf die polit. Fragen wie Rüstung, Krieg und Frieden, Revolution, Widerstand, Anarchismus, Staat; weniger im Brennpunkt stehen die Alltagssituationen von G.anwendung etwa im Straßenverkehr, in der Familie, in Subkulturen (Rauschgiftszene) und der Kriminalität allgemein. Letztere beeinflussen aber das Leben vieler Menschen ebenfalls entscheidend und sind daher ethisch nicht zu vernachlässigen.

In der polit. G.diskussion treten zwei konträre Grundauffassungen hervor, die beide ein paradoxes Verhältnis zur G. anzeigen: Die »konservative« Position bejaht militärische und polizeiliche G.anwendung, fordert jedoch für den polit. Widerstand strikte G.losigkeit; die »progressive« Position stellt das G.monopol des Staates als »unterdrückende« G. in Frage, befürwortet hingegen die revolutionäre »befreiende« G. An diesen Auffassungen wird sichtbar, daß nicht das G.phänomen als solches beurteilt wird, sondern die jeweilige Art des Gebrauchs von G.

Die theol. Ethik kennt ein legitimes G.monopol des Staates, von dem auch die Bibel weiß (Röm 13). Diese G. dient dazu, den Guten zu schützen und den Bösen zu strafen (Röm 13,3f). Als Machtausübung ist sie lebensnotwendig für ein erträgliches menschliches Miteinander. Im Gefolge davon schließt sie aber auch die verletzende, ja sogar die Tötungsgewalt (→ Todesstrafe) ein (Röm 13,4). Angesichts der Erfahrungen mit dem Mißbrauch des staatlichen G.monopols, vor allem in der jüngeren Geschichte, ist dieses Monopol allerdings demokratischer Einschränkung und Kontrolle zu unterwerfen (→ Demokratie).

Gibt es auch einen legitimen G.gebrauch im Rahmen des Widerstands? Die theol.-ethische Tradition hat die Möglichkeit des G.gebrauchs für die individuelle Situation der Nothilfe und meist auch für den Fall der Notwehr zugestanden. (Luther verschärft: G.verzicht bei Selbstverteidigung, G.anwendung bei Verteidigung anderer; in: Von weltlicher Oberkeit, 1523). Das polit. Widerstandsrecht wird in der Tradition unterschiedlich beurteilt; im naturrechtlichen Argumentationszusammenhang wird es in der Regel bis hin zum Grenzfall des Tyrannenmordes zugestanden (vgl. Thomas v. Aquin), bei Luther und Calvin hingegen im Rahmen des Ständerechts (z.B. nur Fürsten dürfen sich gegen den Kaiser erheben, nicht der einzelne) eingeschränkt. In demokratischen Verfassungen ist das Widerstandsrecht Verfassungsbestandteil (vgl. GG Art. 20,4), wobei die Frage der G.anwendung offen bleibt. Gerade in demokratischen Staaten gibt es jedoch weitesten Spielraum für gewaltfreie Opposition.

Die gegenwärtige theol.-ethische Diskussion knüpft an die Situation des gewaltsamen Widerstandes, auch durch Christen, im »Dritten Reich« an (→ Bonhoeffer) und aktualisiert dieses Problem im Blick auf den Widerstand gegen heutige Unrechtsstrukturen. Insbesondere das Programm des Ökumen. Rates der Kirchen (ÖRK) zur Bekämpfung des Rassismus (»Antirassismusprogramm«) führte seit 1970 zu heftigen Auseinandersetzungen über die Haltung der Kirchen zum gewaltsamen Widerstand. Das Problem des staatlichen Gewaltmonopols wurde vor allem im Zusammenhang der atomaren Rüstung diskutiert (→ Frieden).

Trotz bleibend unterschiedlicher Meinungen kann in folgenden Punkten eine Tendenz zum Konsens festgestellt werden:

a. Die G.phänomene werden gegenwärtig komplexer und sind immer weniger überschaubar. Da im menschlichen Miteinander Macht und G. nicht abgeschafft werden können (→ Anarchismus), kann ohne Bezug auf die jeweilige Situation keine allgemein gültige konkrete Anweisung im Rahmen christl. Ethik gegeben werden.

b. Davon unberührt gilt der Grundsatz, daß der Weg der gewaltfreien Aktion, wo immer möglich, vorzuziehen ist. G.anwendung kann für Christen stets nur *ultima ratio* sein.

c. Auch ein Untätigbleiben angesichts von G. (etwa um der Reinerhaltung des eigenen Gewissens willen) kann die Teilhabe an einem G.system und damit Unterstützung von G. bedeuten.

d. Im Rahmen der konkreten Entscheidung können naturrechtliche, deontologische und utilitaristische Gesichtspunkte eine Rolle spielen (Wahl des geringsten Übels). Aber abgesehen davon, daß solche Überlegungen selten zu eindeutigen Ergebnissen führen, kann in Situationen, in denen gewissermaßen zwischen zwei Formen der Sünde abzuwägen ist (Konfliktsituationen), auch aus der nach bestem Wissen und Gewissen getroffenen Entscheidung keine prinzipielle Rechtfertigung von G.anwendung abgeleitet werden. Der Christ bleibt auf die → Rechtfertigung des Sünders durch die in Jesus Christus immer neu zu empfangende Vergebung angewiesen.

Lit.: Gewalt und Gewaltanwendung in der Gesellschaft. Thesenreihe der Kammer für öffentliche Verantwortung der EKD, 1973; E. Lorenz (Hg.): Widerstand, Recht und Frieden, 1984; R. Mayer: Friede durch Gewalt?, 1973; ders.: Moral und christliche Ethik, 1976.

R. Mayer

Gewerkschaft, christliche

G.en entstanden zuerst in England als dem Ausgangsland der industriellen Revolution. Sie sind zur Durchsetzung und Wahrung wirtschaftl. und sozialer Interessen der Arbeiter ins Leben gerufen worden. In England waren anfänglich starke christl. Einflüsse, vor allem aus dem → Methodismus, am Werk, die es verhindern konnten, daß zwischen der Arbeiterschaft und den Kirchen eine große Kluft entstand.

Ende des 19. Jh.s kam es in Deutschland zur Gründung christl. G.en, die 1899 den »Gesamtverband der Christlichen Gewerkschaften« ins Leben riefen. Obgleich der kath. Anteil überwog und der ev. Einfluß nicht nur von den Zahlen, sondern auch von der inhaltlichen Programmatik gering blieb, setzte sich das Prinzip der Interkonfessionalität und der organisatorischen Unabhängigkeit von den Kirchen durch. Die christl. G.en traten zwar auch für den Streik als letztes Mittel ein, stellten jedoch den Versuch friedlicher Übereinkunft in den Vordergrund. Daran wird deutlich, daß nicht der Klassenkampf bzw. die Revolution zum Zweck grundlegender Veränderung der gesellschaftl. und wirtschaftl. Verhältnisse angesteuert wurde, sondern eine Gesellschaft, deren Glieder auf Interessenausgleich bedachte Sozialpartner sind. Die naturrechtlich begründete Sozialpartnerschaft von Arbeitgebern und Arbeitnehmern und die Ablehnung des Sozialismus waren Bestandteil kath. Lehräußerungen, wie in der ersten Sozialenzyklika »Rerum novarum« von Papst Leo XIII.

1919 wurde in Den Haag der Internationale Bund Christlicher Gewerkschaften gegründet. Als nach dem Zweiten Weltkrieg in Deutschland-West eine Einheitsg. und in Deutschland-Ost eine ideologische, systemkonforme G. entstanden, hatten es Richtungsg. wie die christl. G.en schwer, sich zu behaupten, zumal die Einheitsg. die weltanschauliche und parteipolit. Neutralität festschrieb. Dennoch entstand 1959 der »Christliche Gewerkschaftsbund Deutschlands«, weil man der Meinung war, daß in der Einheitsg. eine Politik auf christl. Grundlage nicht durchzusetzen sei. Man wollte also zu einer christl. Richtungsg. zurückkehren, um der exklusiv »sozialistischen« Orientierung der Einheitsg. zu begegnen.

Lit.: D. Koch: Der christliche Gewerkschaftsbund, 1978; M. Schneider: Die christliche Gewerkschaft, 1894-1933, 1982.

E. Geldbach

Gewissen

1. Der Begriff

a. Das griech. Wort *syn-eidesis*, das latein. *conscientia*, das dt. *Ge-wissen* werden so gebildet, daß jeweils eine Vorsilbe von der Bedeutung »zusammen« dem Hauptwort »Wissen« vorangestellt ist. Drei Ebenen sind zu unterscheiden:

– »Ich weiß mit mir zusammen«, d.h. ich bin mir meiner Tat (wertend) bewußt;

– ein anderer weiß mit, kann als »Mitwisser« Komplize wie Ankläger sein;

– Gott, der »ganz Andere«, weiß mit und von mir und stellt mich unter sein Urteil.

b. Bei dem »moralischen« G. kennen wir das »vorangehende« G., das meinem Tun Wegweisung gibt, und das »nachfolgende« G., das die Tat nachträglich wertet, und zwar entweder verurteilend (»schlechtes« G.) oder bestätigend (»gutes« G.).

2. Gewissenserfahrung

Im Unterschied zum instinktgebundenen Tier ist der Mensch das Gewissenswesen. Er muß fragen »Was soll ich tun?« und bedarf dazu der Außensteuerung (Gesetze) wie der Innenlenkung (G.). Die Erfahrung des verklagenden G.s ist weltweit. Es wird erlebt als personhafte Anrede: »Jemand« ruft mich an; das G. wird stets konkret (»Gelogen hast Du!«); es ist unbestechlich (läßt sich nicht etwa mit Geld beschwichtigen); es kennt keine Größenunterschiede (ein kleiner Diebstahl wiegt wie ein Mord); es hebt die Zeit auf (duldet keine Verjährung); es trifft mich mit einem Ganzheitsurteil (»Du Lump!«); es richtet und vernichtet (schlägt, beißt, sticht, tötet). – Wird so das G. wach, stellen sich drei WER-Fragen:

– Wer redet da mit mir? (Ich erfahre die Stimme in mir zugleich als mein Gegenüber),

– Wer bin ich angesichts dieses Urteils? (Wo kann ich bleiben?),

– Wer tritt für mich ein?

3. Theorien und Modelle der Gewissensdeutung

Hier stoßen wir auf einen uferlosen Pluralismus völlig unterschiedlicher Meinungen. Beispielhaft sollen drei Typen genannt sein:

a. Von »innen« her kommt die (tiefen-)psychologische Sicht: Das G. wird als steuerndes »Über-Ich« (S. Freud) gegen die triebhaften Begierden gerichtet; es bildet sich durch die »verinnerlichten« Normen der Eltern, Lehrer und des kulturellen Umfelds; es ist wesentlich Schuldgewissen.

b. Von »der Seite her« kommt die soziologische Deutung: Das G. ist nichts als Echo der Umwelt: Es speichert das Praktikable, das, was sich als »gut« bewährt hat (zum Erfolg) oder als »schlecht« ausscheiden muß; das G. ist wesentlich fremdgesteuertes, funktionierendes »Regelgewissen«. Hierher gehört auch das (besonders in Stammeskulturen beobachtete) »Schamgewissen«: Es ist nicht individuell-persönlich geformt, sondern »funktioniert« kollektiv (am »man« orientiert), ist nicht an ethischer Weisung ausgerichtet, sondern am Tabu.

c. Gleichsam »von oben« her kommt die rel. (idealistische) Sicht: In dem »inneren Gerichtshof« G. meldet sich die absolut gültige »Stimme Gottes« (Seneca, Kant). Unbestreitbar ist, daß das G. durch Erziehung geformt wird, geradezu dressierbar ist (In einem Kulturkreis werden die Alten sorgfältig gepflegt, in dem andern ausgesetzt; ein Kind, das zum Stehlen »abgerichtet« wurde, hat Schuldgefühle, wenn es einmal nichts »mitgehen« ließ). Von einer absoluten »Stimme Gottes« kann also nicht die Rede sein. Andererseits geht das G. nicht darin auf, Echo der Umwelt zu sein. Es ruft immer wieder einzelne auf gegen die Normen der ganzen Welt. – Eine wirkliche Antwort auf die drei Wer-Fragen (s. oben 2.) läßt sich angesichts dieses Stimmengewirrs nicht finden.

4. Der biblische Befund

Die Vokabel Gewissen spielt in der Bibel keine zentrale Rolle. Die »Sache« fehlt jedoch keineswegs.

a. Im Alten Testament

Es kennt kein eigenes Wort für G. Entscheidend ist das »Gehör« für die von außen kommende gute Weisung (Tora) Gottes: Die Wahrheit kommt nicht aus dem Herzen; sie will ins Herz hinein. »Herz« und »Nieren«, die »schlagen«, »züchtigen«, treten für G. ein (z.B. 1Sam 24,6, vgl. Apg 2,37; Ps 16,7; 7,10).

b. Im Neuen Testament

Das Wort *syneidesis* findet sich besonders bei Paulus: Für ihn ist das Normbewußtsein im »Herzen« oder »Gemüt« (griech. *nous*); das G. ist prüfende Instanz (keineswegs selbständige Offenbarungsquelle). Es fragt, ob der Mensch seiner Erkenntnis gemäß handelte (kann von daher ein richtendes Nein wie ein bestätigendes Ja sprechen). – Auch die Heiden sind in ihrem »Herzen« mit Gottes Gesetz konfrontiert (Röm 2,14-16), so gewiß sie die Wahrheit Gottes »niederknüppeln« (Röm 1,18). Aber: In dem Gewissensprozeß meldet sich schon das Wetterleuchten des Jüngsten Gerichts. Auch in der Weise der Verdrängung weiß der Mensch von Gott und ist darum »unentschuldbar« (Röm 1,20).

Im Blick auf die Christen spielt der Begriff G. eine wichtige Rolle im Zusammenhang der Frage nach dem Genuß von Götzenopferfleisch (1Kor 8,10). Es gibt im Glauben und in der Erkenntnis »Starke« und »Schwache«. Der schwache Glaube äußert sich im »schwachen« G. (1Kor 8,7.10.12), das wegen der »Gewöhnung an Götzen« (objektiv unangemessen) schlägt. Auf ein solches »schwaches« G. ist in der Liebe Rücksicht zu nehmen. Andererseits kann der im Glauben Starke nicht das Gewissensurteil des Schwachen übernehmen (1Kor 10,29f). Hier gibt es kein »man« im G., sondern jeder ist gebunden an das → Evangelium und steht und fällt seinem Herrn.

Von positiver G.sbindung ist in Röm 13,5 die Rede (»untertan sein um des Gewissens willen«). Im Glauben gibt es das »gute«, »reine« G. (1Tim 1,5; 3,9). Der Sühnetod Jesu »reinigt das Gewissen von den toten Werken« (Hebr 9,13f).

5. Die reformatorische Erkenntnis

Zentrale Bedeutung gewinnt das Wort G. in der Reformation, vor allem bei Luther: Das G. ist der Ort, wo Gott durch sein Wort den Menschen trifft (das G. ist keineswegs aus sich selbst »Stimme Gottes«!). Vier Aspekte lassen sich unterscheiden:

a. Gewissen und beanspruchende Gottesforderung

Jeder Mensch ist vor Gott gestellt (vgl. Röm 2). Aber gerade das »natürliche« G. ohne Glauben ist Ort der widergöttlichen Selbstrechtfertigung und Selbstbehauptung. Es ist ganz von der Sünde gefangen (ein von der Sünde unberührtes heiles »Seelenfünklein« im G. akzeptiert die Reformation nicht).

b. Gewissen und richtendes Gotteswort (Gesetz)

Unter der Predigt vom Zorn des heiligen Gottes wird das G. gleichsam vom Tode »erweckt«. Dieses von Gott ergriffene G. gibt dem göttlichen Todesurteil recht.

c. Gewissen und rettendes Gotteswort (Evangelium)

Die Botschaft vom »Christus für uns« schenkt unter der Vergebung das »gute«, d.h. in Christus »getröstete« G.

d. Gewissen und weisendes Gotteswort

Dieses getröstete G. ist kein sanftes Schlummerkissen, sondern im Blick auf noch nicht glaubende oder notleidende Menschen »die Unruhe im Gehäuse«: Es treibt zur Mission, zur Diakonie, zur Weltverantwortung. Hier im G. läßt jetzt der Heilige Geist seine Führung wirksam werden, er motiviert.

Von der → Reformation her lassen sich die Wer-Fragen (s.o. 2.) beantworten:

– Gott redet durch sein Wort in mein G. hinein, richtend und vergebend.

– Ich bin als »verlorener und verdammter Mensch« in Jesus Christus geliebtes Kind.

– Einzig Christus vermag vergebend, tröstend, wegweisend für mich und in mein G. einzutreten.

Zusammenfassend läßt sich sagen: Für die Reformation »ist« der Mensch geradezu G., d.h. stets »Person vor Gott«. Das G. ist in keiner Weise Quelle der Selbstbestimmung (Autonomie), sondern stets »gefangen in Gottes Wort« und gerade so frei!

6. Seelsorgerliche Fragen

Weil das G. manipulierbar ist, muß es »gebildet« werden: Das »Bild«, das es prägt, kann nur das Wort Gottes sein: für Kinder sind entscheidend von diesem Wort gebildete Vor-Bilder.

Das irrende G.: Wo eine Sünde bekannt und vergeben wurde, ist der Stimme des G.s, wenn sie noch weiter verklagt, zu gebieten: »Weg mit Dir, Satan!«

G. und persönliche Lebensgeschichte: Unter dem Geist Gottes gibt es eine Geschichte des sich wandelnden G.s. Hier wird es fester und »weiter«, dort sensibler und »enger«. Das G. braucht nicht nur Bekehrung, sondern auch Belehrung.

Das individuelle (»eigene«) G.: Wenn H. Göring äußerte: »Ich habe kein Gewissen, der Führer ist mein Gewissen«, so ist mit dem eigenen G. zugleich die Menschenwürde bestritten. Dagegen zeigt Missionserfahrung, wie das kollektive, tabugenormte »Schamgewissen« durch das wachsende »Gehör« für das Evangelium umgestaltet wird in das vor Gott verantwortliche »eigene« G.

Das intellektuelle G.: Fanatiker unter Christen entstehen, wenn gedankliche Fragen und Zweifel verdrängt werden und so das G. vergewaltigt wird. Jede Ideologie knechtet, der Geist der Wahrheit macht das G. frei!

Das behütete G.: Nur Gottes Geist kann das G. den schmalen Grat führen zwischen falscher, krankhafter »Über-Gewissenhaftigkeit« (Skrupulantentum) und dickfelliger Abstumpfung. Ziel ist das zarte G., das feinfühlig wie ein Seismograph auf die Leitung des Hl. Geistes reagiert.

Summe: Bei der Frage nach dem G. sammelt sich die Frage nach dem Menschen (-bild) wie die Frage nach der Weise, wie der lebendige Gott uns begegnet und uns von innen her befreit und in Freiheit bindet.

Lit.: H.-J. Eckstein: Der Begriff Syneidesis bei Paulus, 1983; O. Hallesby: Vom Gewissen, 24 1990; S. Kettling: Das Gewissen, 1985.

S. Kettling

Gewißheit → Erkenntnis; → Heilsgewißheit

Gichtel, Johann Georg (1638-1710)

G., geb. am 4. 3. 1638 in Regensburg, gest. am 21. 1. 1710 in Amsterdam, Vertreter des mystischen Spiritualismus, bei dem sich die radikale Kirchenkritik mit krankhaften Zügen mischte, Herausgeber der Werke Jakob → Böhmes (1682).

Nach dem Studium der Theologie und Jurisprudenz in Straßburg scheiterte der Versuch einer bürgerlichen Existenzgründung als Advokat. G. schloß sich dem Missionswerk des J.v. Welz an, geriet in den Niederlanden unter den Einfluß des Spiritualisten F. Breckling, wurde 1655 wegen seiner überzogenen Kritik an der luth. Orthodoxie aus Regensburg verbannt und schließlich in Amsterdam zum Haupt eines vor allem durch Korrespondenz verbundenen Anhängerkreises, den G.s Schüler zur Sekte der Gichtelianer (»Engelsbrüder«) umformten.

G. verband mystisch-spiritualistische Anschauungen (Gott in uns, inneres Licht und innerer Gottesdienst, Wiedergeburt und Vervollkommnung statt Rechtfertigung) mit Lehren Jakob Böhmes und forderte rigorose, weltflüchtige Askese: Verzicht auf Ehe und Sexualität (Wiedervereinigung mit der jungfräulichen, himmlischen Sophia), Enthaltung von jeglicher Arbeit zum Gelderwerb (Ausdruck völligen Gottvertrauens); G. selbst praktizierte v.a. Schlafentzug. Der »holländische Engel«, der von den reichlichen Spenden seiner Anhänger lebte, glaubte im vollkommenen Stande des »Melchisedekschen Priestertums« zu stehen, eine Vorstellung, die es ihm erlaubte, sich im Gebet und inneren Kämpfen für andere Menschen »aufzuopfern« (Röm 9,3).

Werke: Theosophische Sendschreiben hg. von G. Arnold, 2 Bde., 1701. Theosophia practica hg. von J.W. Überfeld, 1722.

Lit.: G. Zaepernick: Johann Georg Gichtels und seiner Nachfolger Briefwechsel mit den Hallischen Pietisten, besonders mit A.H. Francke, PuN 8, 1983, 74-118.

J.O. Rüttgardt

Gideonbund, Internationaler

Der Internationale G. (gegründet 1899) ist eine berufsorientierte Vereinigung von ev. Christen in 156 Ländern mit über 190.000 Mitgliedern. Seit 1956 ist der G. in Deutschland in 141 Städten organisiert (Stand: 30. 6. 93).

Einziges Missionsziel der Mitglieder ist: Menschen für Jesus Christus zu gewinnen. Dies geschieht durch das öffentliche Auftreten im gemeinsamen Dienst, das individuelle Glaubenszeugnis im täglichen Leben und die kostenlose Weitergabe von Bibeln bzw. Neuen Testamenten in Hotels, Krankenhäusern, Arztpraxen, Kasernen, Justizvollzugsanstalten, Schulen, Universitäten. Bis 1992 wurden mehr als 550 Mio. Exemplare ausgegeben. Dabei werden die Schriften immer persönlich übergeben und nicht versandt. Gegenseitige Ermutigung zum Bekenntnis des Glaubens an Jesus Christus, verbunden mit der Weitergabe von Gottes Wort, ist Hilfe, um aus der Anonymität des Christseins herauszutreten. Deshalb versteht sich der G. vorrangig auch nicht als »Verteilaktion«, sondern als Zeugnisdienst im Sinne des Missionsauftrages Jesu Christi. Die »Gideons« vertrauen auf Gottes Wort aus Jesaja 55,11: »Das Wort, ... das ausgeht, ... wird tun was mir gefällt.« Finanziert wird die Arbeit durch Kollekten aus Gemeinden und von Einzelspendern.

Lit.: F. Löber (Hg.):... Es wird nicht leer zu mir zurückkommen. Die Gideons, 1991.

F. Löber

Giesen, Heinrich → Berliner Stadtmission

Gilgamesch-Epos

Das altorientalische G.-Epos, das auf mehreren Keilschrifttafeln, zum Teil fragmentarisch, überliefert worden ist, rankt sich legendenhaft um einen etwa um 2600 v.Chr. in Uruk herrschenden König. Das Epos existierte in verschiedenen Variationen bis in die seleukidische Zeit. Ein Überlieferungsfragment stammt aus Megiddo (14. Jh.v.Chr.). Das G.-Epos, das seit 1872 bekannt ist, gilt wegen seiner scheinbaren Parallelen zur Urgeschichte des AT als religionsgeschichtl. wichtig. Es werden folgende Berührungspunkte betont:

Tafel 1: Enkidu und die Dirne – 1Mo 2;

Tafel 2: Bekleidungsvorgang – 1Mo 3;

Tafel 11: geschlechtliche Liebe, Zivilisation und »Sintflut« – 1Mo 3 und 7-9;

Tafel 11: die Frage nach Unsterblichkeit im Zusammenhang mit einer lebenspendenden Pflanze und einer Schlange – 1Mo 3. (Vgl. auch die Vorstellung im G.-Epos Tafel 7, wonach die Menschen im Totenreich Vogelgestalt annehmen, dazu Nebukadnezar, Dan 4,30).

Hatte man früher angenommen, daß die atl. Aussagen vom G.-Epos abhängig oder angeregt worden seien, so wird heute erkannt, daß diese Parallelen zwischen AT und auch anderen mesopotamischen Epen, wohl auf gemeinsame frühe Traditionen zurückgehen.

Lit.: Reallexikon für Assyriologie III, 357-374; A. Heidel: The Gilgamesh Epic and Old Testament Parallels, 1963; K. Oberhuber et al.: Das Gilgamesch-Epos, 1977; A. Schott, W. v. Soden: Das Gilgamesch-Epos, 1988.

U. Worschech

Girgensohn, Karl (1875-1925)

G., geb. am 22. 5. 1875 in Carmel auf der Insel Ösel, gest. am 21. 9. 1925 in Leipzig; luth. Theologe. Nach dem Studium in Dorpat/Estland (1892-1896) war er als Hauslehrer und als Freiwilliger im Finnländischen Regiment in St. Petersburg tätig. Von 1903-1907 war G. Privatdozent und Religionslehrer am Puschkin-Mädchengymnasium in Dorpat, von 1907-1916 a.o. Prof., ab 1918 o. Prof. für Systematische Theologie an der dortigen theol. Fakultät. Von 1919-1922 lehrte G. in Greifswald und danach bis zu seinem Tode in Leipzig.

G.s besondere Errungenschaft war die Einführung der Methoden der experimentellen Denkpsychologie in die Religionswissenschaft, womit er der Religionspsychologie internationale Geltung verschaffte. Daneben ist G. auch aufgrund seiner Entwicklung eines pneumatischen Schriftverständnisses für die Auslegung bibl. Texte von Bedeutung. Infolge seiner Lebenswende unter dem Eindruck der Verkündigung von Elias → Schrenk erkannte G. die Unzulänglichkeit und Unangemessenheit der hist.-krit. Exegese gegenüber der Schrift als ihrem Gegenstand. Im Anschluß an Luthers Anleitung zum Bibelstudium unter oratio (Gebet), meditatio (Exegese) und tentatio (Anfechtung), entwickelte G. eine Auslegungstheorie mit dem Ziel, die kritische Distanz des Auslegers zum Text zu überwinden und seine Persönlichkeit in den Auslegungsvorgang mit einzubeziehen. Danach muß als Vorstufe der historisch-kritischen Exegese die praktisch-erbauliche, vom heiligen Geist geleitete und im Gebet begleitete Auslegung durch den wiedergeborenen Ausleger erfolgen (pneumatische Exegese). Beide Verfahrensweisen sind bei G. aber lediglich in der Person des Auslegers verbunden, was in der Praxis zu einer zweigleisigen Exegese führte, deren jeweilige Ergebnisse unvermittelt nebeneinander standen.

Lit.: K. Girgensohn: Der Schriftbeweis in der ev. Dogmatik einst und jetzt, 1914; Die Inspiration der Heiligen Schrift, [2]1926; Grundriß der Dogmatik, 1924; Der seelische Aufbau des rel. Erlebens, 1921; Religionspsychologie, Religionswissenschaft und Theologie, [2]1925.

H.Frey: Die Krise der Theologie, 1971, 61-68; W.Gruehn: Die Theologie K.Girgensohns. Umrisse einer christlichen Weltanschauung.

V. Gäckle

Glaube

a) biblisch

1. Das hebr. Wort für G., *'ämūnāh*, griech. *pistis*, ist von der Wurzel *'āman*, »fest sein«, abgeleitet. Im AT begegnet es nur Hab 2,4 in der Bedeutung von »Glaube«, sonst meint es »Treue«, »Zuverlässigkeit«. Dagegen erscheint das Verbum »glauben« (*hä'ämīn be, pisteuein*) an einigen gewichtigen Stellen. Es bedeutet ursprünglich das vertrauensvolle Sich-Verlassen auf und Sich-Festmachen in Gottes Festigkeit, Treue und Wirklichkeit, den G. an seine Verheißung: von den Nachkommen Abrahams (1Mo 15,6), von Israels Berufung (2Mo 19,9) und vom Neubau der Zionsgemeinde (Jes 28,16), dann den G. an die wunderbare Hilfe gegenüber dem Feind (2Mo 14,31; Jes 7,9) und an die Rettung aus Sünde und Schuld (Jes 53,1), den G. an Gottes Wort (Ps 119,66) und an seine Wunder (Ps 78,32). Dieser G. wird meist gegen den Augenschein gewagt und durchgehalten; er bleibt am Bleibenden (vgl. das Wortspiel »Glauben-Bleiben« in Jes 7,9; Hebr 10,23).

2. In der ntl. Zeit richtet sich der G. bzw. Unglaube vielfach auf Menschen, die in Gottes Namen auftraten und G. forderten. Sie verkündigten das Kommen Gottes zu Gericht und Heil als unmittelbar bevorstehend an und maßen dabei ihrer eigenen Person eine besondere Rolle zu. Das gilt etwa vom »Lehrer der Gerechtigkeit« in Qumran, dessen Gerichtspredigt freilich viele nicht »glaubten« (1Qp Hab 2,6). Dagegen wurde seinen Anhängern im Anschluß an Hab 2,4 verheißen, »Gott werde sie aus dem Gerichtshaus erretten wegen ihrer Mühsal und ihres Glaubens an den Lehrer der Gerechtigkeit« (1Qp Hab 7,17-8,3, vgl. Joh 5,24). Ähnlich wie dieser Lehrer kam dann Johannes der Täufer »auf dem Weg der Gerechtigkeit«; auch an ihn haben die maßgebenden Männer Jerusalems nicht »geglaubt« (Mt 21,32). Freiheitsprediger beanspruchten die »Glaubwürdigkeit« (*pistis*) eines Propheten (Jos.bell. 2,161); sie versprachen dem Volk Wunder und Zeichen analog zu denen der Mosezeit (Ant 20, 167-170). Nach Mt 24,24 hat Jesus davor gewarnt, solchen falschen Propheten bzw. Messiassen zu »glauben«.

a. Im Frühen Judentum bestärkten G. und Gesetzesgehorsam einander; in Sir 32,28 hat der G. sogar die Tora zum Gegenstand. Die »Täter des Gesetzes« glaubten an den Lehrer der Gerechtigkeit (1Qp Hab nach Hab 2,4). Man konnte zwar sagen, Habakuk habe mit seinem Hinweis auf den G.n des Gerechten (Hab 2,4) die 613 Gebote in einem einzigen zusammengefaßt (b Makk 23 b); aber solche Maßnahme erschien wohl eher als eine Notverordnung für ein Geschlecht, dessen Eifer um das Gesetz erlahmt war.

b. Jesu messianisches Sendungsbewußtsein mußte mit dem G.n beantwortet werden (vgl. Joh 1,50; 6,69; 11,26; 20,31); dieser blieb in Israel eher aus (vgl. Mk 9,19), wurde aber überraschenderweise bei manchen Heiden gefunden (Mt 8,10; 15,28). Den G.n an Gottes neuschaffende Kraft hat Jesus vor allem in seinen Gleichnissen von Saat und Ernte gelehrt. Auffallend ist es, daß er notleidenden Menschen den wunderwirkenden G.n zusprechen konnte: »Dein Glaube hat dich gerettet!« (Mk 5,34; Lk 7,50; 18,42). Jesus hat dabei das Wort Hab 2,4 aufgenommen und aktualisiert: Der (an den Christus) Glaubende »lebt«, ist heil für Zeit und Ewigkeit. Im Kairos der messianischen Zeit hat der G. eine große Kraft und Verheißung, die Jesus in hyperbolischen Vergleichen beschreiben konnte (Mt 17,20; 21,21f; Mk 9,23; Lk 17,5f).

c. Eine besonders wichtige Rolle spielt der G. in den Briefen des Paulus, wobei das Evangelium von Kreuz und Auferstehung des Messias dessen Inhalt bildet (1Kor 15,1-4). Paulus verkündigte keine vom AT unterschiedene G.nsweise. Denn atl. Aussagen über den G.n beleuchten und aktualisieren das Christusgeschehen, so etwa Jes 53,1 (Röm 1,16f; 10,16f; 1Kor 1,18), Jes 28,16 (Röm 9,33; 10,11), Hab 2,4 (Röm 1,17; Gal 3,11). Abraham ist das große Vorbild des G.ns (Röm 4,3.18, vgl. 1Mo 15,6) und zwar gerade auch für die Heiden; denn er war noch unbeschnitten, als er den rechtfertigenden G.n erbrachte (Röm 4,11f). G. und Gesetzesgehorsam treten insofern auseinander, als nicht das Tun der Tora, sondern nur der G. an die im Kreuz Christi geoffenbarte Gerechtigkeit Gottes zum Heil führt (Röm 3,30; 4,5; 9,30; 10,4). In Hebr 11,1 wird eine an Jes 28,16 orientierte Kurzbeschreibung des G.ns gegeben; dieser wurde von vielen atl. Gottesmännern bewährt (11,3-40).

Lit.: O. Betz: Was wissen wir von Jesus? 1991, 68-84; K. Haacker, E. Bammel: »Glaube II und III«, TRE 13, 1984, 277-305; D. Lindsay: Pistis und pisteuein als Glaubensbegriffe in den Schriften des Flavius Josephus und im Neuen Testament. Diss. Tübingen, 1991; A. Schlatter: Der Glaube im NT, [6]1982.

O. Betz

b) theologiegeschichtlich

G. ist im NT – wie im AT – vor allem ein Vertrauen, aber auch ein Wissen, weil ich Klarheit darüber haben muß, wem ich glaube. G. ist Du-Glaube und Daß-Glaube, nämlich G., daß etwas so und so ist (1Thess 4,14; Röm 10,9).

In der alten und mittelalterl. Theologie verlagert sich der Schwerpunkt vom Vertrauensg.n hin zum Fürwahrhalteg.n, der auf die Autorität der Kirche hin oder auf Grund von Beweisen glaubt (Scholastik des MA). → Luther und die → Reformation bringen den persönlichen Vertrauensg.n ganz neu zur Geltung. Die Konkordienformel definiert den G.n mit Luther als »verwegene Zuversicht«, die Apologie → Melanchthons mit Luther als *fides specialis*, als »speziellen Glauben«, durch den der einzelne herausgerufen wird zur Entscheidung, als den den einzelnen betreffenden G.n.

Die altprot. Orthodoxie unterscheidet: (1) »den Glauben, der geglaubt wird« (*fides quae creditur*) oder den sachbezogenen G.n (*fides objectiva*), den G.n als Inhalt vom (2) »Glauben, durch den geglaubt wird« (*fides qua creditur*), dem personbezogenen G.n (*fides subjectiva*), dem G. als existentiellen G.nsvollzug, dem Vertrauen. Den Vorrang hat die *fides, qua creditur*, der persönliche Vertrauensg., durch den der einzelne das Heil auf sich selbst bezieht. Faktisch wurde freilich in der Orthodoxie nicht selten der Vertrauensg. unter den wuchernden Einzelheiten des Fürwahrhalteg.ns begraben, so daß der G. in Gefahr stand, aus dem G.n an Christus in den G.n an Geglaubtheiten zu entarten. Es ist verständlich, wenn der → Pietismus im Gegenzug den Vertrauensg.n und subjektiven Entscheidungsg.n (*fides qua creditur*) überbetont und ihn gegen den Fürwahrhalteg.n (*fides quae creditur*) ins Feld führt (Francke, Zinzendorf), während die Aufklärung den Fürwahrhalteg.n auf ein Minimum einzuschränken und ihn im Kampf gegen jeden äußeren Autoritätsg.n mit der mündig gewordenen und selbstverantwortlichen inneren Autorität der Vernunft in Einklang zu bringen suchte. Der autonome Mensch der Aufklärung glaubt nur, was er vorher kritisch überprüft hat, er glaubt nicht auf eine Autorität hin, und sei es die der Heiligen Schrift, die durch die historische Kritik ihre Normativität verlor.

In der idealistischen Theologie wird der G. häufig als *fides specialis* und subjektiver Vertrauensakt verstanden und oft auf den Bereich des Gefühls oder der Innerlichkeit reduziert. Nach Schleiermacher, für den ja »Glaubenssätze« »Auffassungen der christlich frommen Gemütszustände« sind, ist die »Frömmigkeit ... rein für sich betrachtet weder ein Wissen noch ein Tun, sondern eine Bestimmtheit des Gefühls«, d.h. ein »schlechthinniges Abhängigkeitsgefühl«.

Lit.: S.G. Hall, E. Gossmann, R. Slenczka: »Glaube IV-VI«, TRE 13, 1984, 305-365.

H.-G. Pöhlmann

c) systematisch-theologisch

Der G. umschließt das Ganze christl. Existenz, charakterisiert und bestimmt die gesamte Beziehung des Christen zu Gott.

1. Glaube an das Evangelium

Der G. verdankt sich der Wirkmacht des → Evangeliums, das als Gottes verläßliches schöpferisches und rettendes Wort verkündigt wird (1Thess 2,13). Diese Wirkmacht des Evangeliums ist in doppelter Weise an seinen Inhalt geknüpft: es verkündet die geschehene Rettungstat Gottes in Jesus Christus; und es eignet die rettende Kraft dieses Geschehens dem Hörer gültig und wirksam zu. Insofern ist der G. mehr als das »Annehmen« einer Kunde über ein Geschehen und kann gar nicht primär und vollständig als ein menschlicher Akt beschrieben werden; vielmehr ist er als Bestandteil des

Rettungshandelns Gottes im Evangelium Gottes Werk am Menschen, in dem der Mensch in die Gemeinschaft mit Jesus Christus eingefügt wird. Indem freilich der G. auf die beiden genannten Momente des Evangeliums bezogen ist, ist er zugleich ein menschlicher Akt, in dem der Glaubende die Kunde von der geschehenen Heilstat Gottes entgegennimmt und sein Vertrauen auf die Zusage setzt, daß sie für ihn gültig und wirksam sei.

2. Glaube als Gott-recht-Geben (Gehorsam)

G. an die Rettungsbotschaft des Evangeliums schließt in sich, daß der Glaubende das Urteil Gottes über ihn anerkennt; und zwar sowohl das vom Evangelium vorausgesetzte Verdammungsurteil über den Sünder wie auch das im Evangelium ergehende Urteil zum Leben, das eben diesen Sünder um Christi willen gerecht spricht. Damit gibt der Glaubende Gott recht und nimmt Gottes Platzanweisung an. So ist der G. Gehorsam gegenüber dem Willen Gottes und begründet ein Leben im Gehorsam.

3. Glaube als Zutrauen und Beharrlichkeit

Diese stark im AT verwurzelte Seite des G.ns hat auch im NT ihr eigenes Recht und Gewicht. Der G. ist ein festes und ggf. sehr beharrlich insistierendes Vertrauen auf Gott bzw. auf Jesus (wie in manchen Heilungsgeschichten der Evv.). Seine Rechtfertigung hat dieser G. darin, daß er sich an der richtigen Stelle festmacht: am lebendigen Gott, dessen Güte, Heilswille und Macht dem Menschen wirklich zugewandt ist, an Jesus Christus, der der von Gott gesandte Helfer und Retter ist. Hierin liegt auch die verbindende Klammer zum G.n an das Evangelium: wer dem Evangelium glaubt und darin Gott recht gibt, der gründet sich damit in Gott und setzt sein Vertrauen auf ihn.

4. Glauben und Erkennen

So wahr das Evangelium etwas zu berichten hat und somit etwas zu erkennen gibt, ist biblischer G. kein blinder G. Jesus als den vom Vater Gesandten erkennen und an ihn glauben, das gehört zusammen (vgl. hierzu besonders Joh 6,69 u.ö. im JohEv). Auch im Raum des Erkennens manifestiert sich somit, daß der G. einen Grund hat, der ihn trägt, daß der G. Wahrheit erfaßt, die dem Menschen gezeigt wird, und nicht ein Spielball von Träumen ist. Im Verhältnis zu der in Erscheinung getretenen Wahrheit ist dieses Erkennen die eigentlich angemessene und natürliche Folge, im Verhältnis zur Verschlossenheit des Menschen gegenüber dieser Wahrheit freilich ist es ein dem Menschen von sich selbst her unerreichbares Wunder Gottes. Jedenfalls aber ist es ein Erfassen gegebener Tatbestände und darin ein gültiges und verbindliches Erkennen, nicht eine für das sonstige Erkennen des Menschen gleichgültige und irrelevante spezielle (und »bloße«) »Glaubenserkenntnis«.

5. Rettender Glaube und neues Sein

Die rettende Kraft des G.ns liegt darin, daß wir durch den G.n in eine Seinsgemeinschaft mit Jesus Christus versetzt werden. Damit begründet der G. ein neues Sein des Glaubenden: Er ist »in Christus«, er ist Glied des Leibes Christi. Es handelt sich somit beim G.n auch von dieser Seite her um mehr als nur einen personalen Akt des Menschen: G. ist auch »Glaubensstand«, Empfang einer neuen Lebenswirklichkeit, seinsmäßige Zugehörigkeit zur Kirche Jesu Christi. In dieser Dimension ist der G. auf die Sakramente bezogen: auf die → Taufe als die einmalige Zueignung dieses neuen Seins, auf das Herrenmahl (→ Abendmahl) als die fortgesetzte Teilhabe daran. Der G. als aktueller personaler Akt und die in Gottes Treue und Beständigkeit begründete Seinshaftigkeit des Glaubensstandes als Teilhabe am Sein Jesu Christi sind dabei nicht im Gegensatz zueinander zu denken, sondern als zwei Aspekte ein und desselben Geschehens: im G.n als personalem Akt wird das neue Sein ergriffen, und umgekehrt wird dieser von dem ihm zugrundeliegenden, durch Gottes Tat und Wort hervorgebrachten Seinsgeschehen genährt und getragen.

6. Glaube und Anfechtung (Glauben und Schauen)

Der Glaubende hat Teil am neuen Sein einer erlösten Welt, steht aber in seinem irdischen Leben noch unter den Bedingungen der alten unerlösten Welt. So steht er in einer Spannung: die in Christus geschaffene Erlösung ist ihm real zuteil geworden, aber sie ist noch nicht »sichtbar«, sondern bleibt verheißene Zukunft, »wir leben im Glauben und nicht im Schauen« (2Kor 5,7; vgl. Röm 8,24; 1Petr 1,8). Aus dieser Spannung ergibt sich immer wieder ein Leiden, das für den G.n zur Anfechtung werden kann, in der seine Wahrheit auf dem Spiel steht und in der er sich zu bewähren hat.

7. Glaubensgewißheit

Gegenüber der Anfechtung bezieht der Glaubende seine Gewißheit nicht aus sich selbst und auch nicht aus einer Entkräftung der anfechtenden Realitäten, sondern aus dem erneuten Hören auf das Evangelium von Jesus Christus und damit aus dem erneuten Festmachen seines Lebens an Jesus Christus. Die darin gewonnene Gewißheit trotzt aller Anfechtung (Röm 8,31-39), aber sie ist keine in sich ruhende Sicherheit, sondern eine lebendige und ständig neue Vergewisserung im Konfrontiertsein mit derAnfechtung.

8. Der Glaube als Grundausrichtung des Lebens

Vielfach im NT sind die Christen einfach als »die Glaubenden« bezeichnet. Dieser Sprachgebrauch signalisiert, daß der G. in diesem spezifischen Sinn a) etwas nur den Christen Eigenes ist und b) eine durchgreifende Grundbestimmung des christl. Lebens darstellt. Damit ist der bibl. G. als ein in sich einheitlicher und zusammenhängender Vorgang gefaßt. Dieser einheitliche Vorgang kann zwar nach in ihm enthaltenen Teilmomenten (z.B. klassisch: *notitia, assensus, fiducia*, »Kenntnisnahme«, »Zustimmung«, »Vertrauen«) befragt, aber nicht als zusammengesetzte Summe aus solchen Teilmomenten gedacht werden. Und als Grundausrichtung des Lebens tritt er anderen Grundausrichtungen gegenüber: etwa der Ausrichtung am Denken (Rationalismus), an der Erfahrung (Empirismus, Positivismus), am Gefühl (Romantik) etc.

9. Der Glaube und die neuzeitliche Wirklichkeitssicht

Wissenschafts- und Wirklichkeitsverständnis der Neuzeit haben ein Klima geschaffen, in dem die Ganzheitlichkeit des G.ns problematisch geworden ist: Hist. Aussagen z.B., wie sie ja im Inhalt und Gegenstand des G.ns mit gegeben sind, gelten als solche nicht mehr als vom Gesamtzusammenhang des G.ns her legitimiert, sondern bedürfen einer Legitimation durch eine hist. Wissenschaft, die ihren Erkenntnisweg betont unabhängig vom G.n geht; Entsprechendes gilt auch für alle anderen Inhalte und Aspekte des G.ns, die irgendeines der wissenschaftl. Wissensgebiete berühren. Dadurch entstehen schwerwiegende Fragen und Probleme sowohl im Verhältnis des G.ns zum Wort der Bibel wie auch sonst hinsichtlich der Formulierung dessen, was sachlich und inhaltlich zum G.n gehört. Neben einer vielfältig anzutreffenden, mehr oder weniger starken Zurückhaltung der Glaubenden gegenüber der wissenschaftl. Weltsicht ist ein viel beschrittener Ausweg auch die Flucht nach vorne: Man versucht, den G.n und seinen Inhalt so zu bestimmen, daß er möglichst wenig oder gar nicht auf den Bereich der verschiedenen profanen Sachgebiete übergreift, so daß Konflikte mit dem »Wissen« von vornherein ausgeschlossen sind. Es kann jedoch weder im Namen des G.ns der Wissenschaft ihre Zuständigkeit für die dem G.n wichtigen Realitäten streitig gemacht werden, noch kann die Einheit und Ganzheit des G.ns oder ihre wesentliche Verknüpfung etwa mit dem im Evangelium bezeugten hist. Geschehen aufgegeben werden. Hier muß eine dialogische Spannung durchgehalten werden, die auf beiden Seiten Lern- bzw. Erkenntnisbereitschaft und Konfliktbereitschaft miteinander verbindet und in der der Glaubende sich auch auf den Wegen der Wissenschaft vor Gott gestellt weiß und darin die Ganzheit des G.ns durch die Spannung hindurch bewahrt.

Lit.: G. Ebeling: Das Wesen des christlichen Glaubens, (1959) [4]1977; H. Hafner: »Worum geht es im christlichen Glauben? Das Ziel des Evangeliums und die Frage nach einer elementaren Zusammenfassung des Glaubens«, ThBeitr 9, 1978, 205-219; H.-J. Kraus: Systematische Theologie im Kontext biblischer Geschichte und Eschatologie, 1983, 50-64; U. Neuenschwander: Glaube. Eine Besinnung über Wesen und Begriff des Glaubens, 1956; H.G. Pöhlmann: Abriß der Dogmatik, (1973) [3]1980, 76-98; A. Schlatter: Das christliche Dogma, [3]1977, 89-124.479-500; R. Slenczka: »Glaube VI«, TRE 13, 1984, 318-365 (Lit.); G. Waldmann: Christlicher Glauben und christliche Glaubenslosigkeit. Philosophische Untersuchungen zum Phänomen des christlichen Glaubensvorgangs und zu seiner Bedeutung für die Situation der Gegenwart, 1968.

H. Hafner

Glauben und Denken

1. Hinsichtlich der hist. Bedingungen der Problemstellung G.u.D. (oder G. und Vernunft, G. und Wissen, G. und Wissenschaft, G. und Erkennen, G. und Verstehen, G. und Rationalität…) sind mehrere Aspekte in Erinnerung zu rufen:

a. Ein wesentlicher Zweig der antiken griech. Philosophie unterschied strikt zwischen der bloßen, unbeständigen Meinung (*doxa* – wozu auch alles Alltagswissen gehörte) und dem eigentlichen Wissen (*episteme*), das nur im strengen Denken zu erreichen sei. Nur das »Denken« erfasse das unveränderliche Wesen der Dinge; was nicht im strengen Sinne »denkend« erfaßt wird, gilt darum nur als »Glaube«, als bloße, ungewisse Meinung.

b. Für das MA wurde die Verknüpfung der Traditionen des phil. Denkens und des bibl. Glaubens zum Programm und zum Problem: die Stichworte G.u.D. betreffen hier faktisch nicht nur verschiedene Akte oder Vorgehensweisen, sondern auch zwei inhaltlich differierende Traditionskomplexe, denen beiden je eine besondere Verbindlichkeit zugemessen wird.

c. Auf der mittelalterl. Problemstellung beruhen die speziellen Probleme, die in der Neuzeit immer wieder zu Auseinandersetzungen um das Verhältnis zwischen vernünftigem bzw. wissenschaftl. Denken und rel. Glauben führten. Entsprechend dem Charakter neuzeitlicher Wissenschaft sind die Problemstellungen hier zumeist komplexere als es durch die Formulierung »Glauben und Denken« angezeigt wird. Andererseits bleibt angesichts der anhaltenden Virulenz rationalistischer Traditionen im neuzeitlichen Denken der Anteil des »Denkens« an der Problemstellung durchaus erhalten.

2. In diesem Horizont steht auch das Ringen um die »Denknotwendigkeit« der Inhalte des christl. Glaubens, das im Laufe des 19. Jh.s immer einhelliger in die Antwort mündete, man könne nicht deren Denknotwendigkeit, wohl aber deren Denkmöglichkeit erweisen. Dieses Zurückstecken einer an rationalistischen Vorstellungen ausgerichteten Bemühung war sachlich unausweichlich und notwendig, behält aber gleichwohl etwas Prekäres an sich: wo man sich damit benügt, sich freudig der verbleibenden Denkmöglichkeit zu vergewissern, kann man selten den Eindruck vermeiden, daß es sich dabei letztlich nicht um Wahrheit, sondern um eine willkürliche Füllung verbleibender Spielräume des Denkens handelt, die der Glaubende ohne wirklichen Grund nach dem jeweiligen eigenen Geschmack vornimmt. Dies hängt u.a. damit zusammen, daß in der Bemühung um den Erweis der Denknotwendigkeit oder der Denkmöglichkeit des Glaubens das Denken dem Glauben als fraglose Instanz vorgeschaltet ist und die Wahrheit des Glaubens unwillkürlich mehr oder weniger als abhängig von seiner Legitimation durch das Denken gesehen wird. Unter dieser Voraussetzung aber schlägt der Nachweis eines vom Denken nicht streitig zu machenden Freiraums für den Glauben nicht durch, wenn nicht zugleich die eigenen (und auch für das Denken relevanten!) Wahrheitsgrundlagen des Glaubens aufgewiesen werden. Eine solche Rechenschaft des Glaubens über seinen Grund muß sich zwar dem Denken stellen, kann und darf sich aber nicht einem vorab definierten »Denken« als der letztlich maßgeglichen Instanz in der Wahrheitsfrage unterstellen.

3. Seit Schleiermacher, verstärkt dann in der zweiten Hälfte des 19. Jh.s und bis in die Gegenwart bemühte man sich darum, den Eigencharakter und die Eigenständigkeit des Glaubens gegenüber dem Denken hervorzuheben und so den Glauben dem Diktat des Denkens oder der Wissenschaft zu entziehen. Da diese Bemühung zumeist Hand in Hand mit der anderen ging, den Glauben so zu fassen, daß sich mit den Glaubensaussagen keine Wahrheitsansprüche auf den Gebieten des Denkens und der (Geschichts-, Natur- und Human-)Wissenschaften verbanden, geriet diese »Befreiung« des Glaubens vielfach dazu, daß er unter dem Motto der Freiheit unversehens unter die Negativ-Diktate eines bewußt vom Glauben getrennten wissenschaftl. Denkens gestellt wurde, von dem er sich nun vorschreiben lassen mußte, was er alles nicht mit seinen Aussagen berühren dürfe, um Konflikte mit dem Wissen prinzipiell zu meiden.

4. Diese aus den Außenbezügen des christl. Glaubens erwachsenden Probleme berühren und verbinden sich mit einer ganz aus dem Glauben selbst und seinem Gegenstand erwachsenden Problematik: Einerseits gehört zum ntl. Glauben von seinen Wurzeln her grundlegend ein Moment des denkenden Erfassens der Wahrheit, man denke etwa an die gewichtige Rolle, die weisheitliches Denken in der Verkündigung Jesu spielt oder an die ausgefeilten theol. Argumentationen des Paulus, aber auch an die äußerst reflektierte und immer wieder zu exakten Sätzen drängende Sprache der johanneischen Schriften! Andererseits erweist sich der Inhalt und die Wirkung dieser Wahrheit ebenso wie das hier zu erfassende Handeln Gottes immer wieder als den Erwartungen menschlichen Denkens (und gerade den menschlichen Gedanken über Gott und seinem Handeln) zuwiderlaufend (Mt 11,25-27; 1Kor 1,18-2,16; Joh 8,46-59; Röm 4,18-22). Hier tritt der Glaubende, indem er sich der Wirklichkeit und Wahrheit des Handelns Gottes öffnet, in Spannung oder in Gegensatz zu seinem eige-

nen menschlichen Denken. Unter diesem Vorzeichen ist es für die Kirche und ihre Lehre immer wieder eine wichtige Frage gewesen, daß, warum und inwiefern in ihr dem Glauben ein unaufhebbarer Vorrang vor dem Denken und Erkennen zukommt (vgl. z.B. Augustins Schrift »De utilitate credendi«, Vom Nutzen des Glaubens).

(Zum angemessenen Umgang mit der Problematik von G.u.D. s. → Glaube, *c)*).

Lit.: Augustinus: Nutzen des Glaubens. De utilitate credendi (392), 1966; Ch. Gestrich: »Glaube und Denken«, TRE 13, 1984, 365-384 (Lit.); H. Gollwitzer, W. Weischedel: Denken und Glauben. Ein Streitgespräch, [2]1956; H. Hafner: Das christliche Zeugnis vom Schöpferwirken Gottes und die Weltbilder neuzeitlicher Wissenschaft, in: E. Gutsche, P.C. Hägele, H. Hafner (Hg.): Zur Diskussion um Schöpfung und Evolution, Porta-Studien 6, 1984, [3]1987, 395-485; ders.: Von der Schwachheit des biblischen Glaubens in Sachen Welterklärung. Ein Hinweis zur Sachlage, in: E. Gutsche, H. Hafner (Hg.): Descartes und das neuzeitliche Denken. Anfragen an die Grundlagen naturwissenschaftlicher Weltbilder, Porta-Studien 12, 1988, 71-75; A.M.K. Müller, W. Pannenberg: Erwägungen zu einer Theologie der Natur, 1970; G. Picht: Der Gott der Philosophen und die Wissenschaft der Neuzeit, 1966; A. Schlatter: Das christliche Dogma, (1911) [3]1977, 89-124; ders.: Atheistische Methoden in der Theologie (1905). Mit einem Beitrag von Paul Jäger, hg. von H. Hempelmann, 1985; ders.: Die philosophische Arbeit seit Cartesius. Ihr ethischer und religiöser Ertrag (1906), [5]1982; H. Thielicke: Glauben und Denken in der Neuzeit. Die großen Systeme der Theologie und Religionsphilosophie, 1983.

H. Hafner

Glaubensartikel → Bekenntnis

Glaubensbekenntnis → Bekenntnis

Glaubensheilung → Heilung

Glaubenskonferenz → Konferenz

Glaubenskurse

In der Volkskirche wächst die Unkenntnis über Glaubensinhalte und -vollzüge. G. (GK) begegnen dieser mission. Herausforderung. Sie verbinden eine volksmission. Intention mit der Notwendigkeit einer zeitgemäßen Erwachsenen-Katechese und mit Einsichten der modernen Gruppenpädagogik. Im Idealfall ergänzen sich dabei drei Anliegen:

1. Eröffnung einer persönlichen Glaubensgeschichte durch glaubenweckende Verkündigung;
2. Vermittlung von Glaubenswissen durch lebensbezogene bibl.-theol. Information;
3. Teilen von Glaubenserfahrung in Gesprächen und gemeinsam erlebter Spiritualität.

Drei Beispiele zeigen Akzentunterschiede in Methodik und Intention:

a. Der Kurs »Christ werden – Christ bleiben« ist als »Lehr-Evangelisation« in volkskirchl. Kontext konzipiert. Über Referate und Schaubilder werden zentrale Inhalte des Evangeliums elementarisiert und seelsorgerl.-evangelistisch vermittelt. Gruppengespräche dienen der Verarbeitung des Gehörten. Der Kurs ermutigt zur Annahme der eigenen Taufe und zur Grundentscheidung des Glaubens in einer gottesdienstl. »Umkehrliturgie« (Tauferinnerung, Beichte, Hingabegebet, Segnung). Nach Kursende werden glaubensvertiefende Hauskreise angeboten.

b. Die »Glaubenskurse mit dem Evangelischen Gemeindekatechismus« (EGK) zielen auf einen mündigen Umgang mit Glaubensfragen ab. In Lerngemeinschaften auf Zeit werden Gemeindeglieder befähigt, ihrem Glauben im Kontext gegenwärtiger Welterfahrung Sprache zu geben. Der EGK dient als Katalysator und Impulsgeber für diesen Prozeß, der Engagement und geistige Beweglichkeit fordert. Ein Kernkurs bietet Wochenend-Einheiten zum Einstieg. Der Kurs »Glaube, Liebe, Hoffnung« erschließt lebensbegleitende Themen. Ein Aufbaukurs behandelt theol. Schlüsselfragen und führt zugleich in die Bibel ein.

c. Der ursprünglich aus dem spanischen Katholizismus stammende, nun u.a. von Otto Diehn adaptierte ev. »CURSILLO – Kleiner Kurs Glauben« leitet zum Teilen des gelebten Glaubens an. Engagierte Christen, Distanzierte und Fragende verbringen ein von zwei Theologen und fünf Laien vorbereitetes Wochenende miteinander. Im Bedenken, Erfahren und Einüben des Glaubens wird der ganze Mensch (Leib, Seele, Geist) angesprochen. Kurze Impulse (»Fährten«) erleichtern die von persönlicher Erfahrung bestimmten Gespräche in kleinen Runden. Seelsorge wird angeboten. Man »begeht« den Sonntag in einer Wanderung, bei der in Wegstationen ein Bibeltext nacherlebt wird. Abendmahlsfeier und »Reisesegen« vergewissern im Glauben und senden zurück in den Alltag.

Lit.: K. Lorenz, H. Reller: Alternative: Glauben. Missionarische Arbeitsformen in der Volkskirche heute, 1985; D. Puttkammer: Glaubenskurse (Studienbrief A 30 der Arbeitsgemeinschaft Missionarischer Dienste Stuttgart), mit Hinweisen auf Zugangswege zu den o.g. Kursen.

B. Krause

Glaubenslehre → Dogmatik; → Lehre

Glaubensmission

Der Begriff G. und seine inhaltliche Füllung ist mit Leben und Werk James Hudson Taylors (1832-1905) und dessen Gründung der China-Inland-Mission (1865) untrennbar verknüpft. Durch die → Erweckungsbewegung mit ihren Anfängen zu Beginn des 19. Jh. in seinem Glauben geprägt und zugleich auf die Möglichkeiten der China-Mission aufmerksam geworden, faßte er nach langjährigem Aufenthalt in diesem Land seine und die Erfahrungen anderer Missionen zusammen und wurde so zum Wegbereiter neuen mission. Wirkens:

1. Missionare werden von Gott erbeten und sind nicht Angestellte, sondern Mitglieder des Werkes.

2. Der einzelne Mitarbeiter vertraut Gott im Blick auf seine Versorgung, wobei die eingehenden Gaben gleichmäßig aufgeteilt und keine festen Gehälter garantiert werden.

3. Die Mission ist offen für Mitarbeiter aller prot. Denominationen.

4. Fragen der Kirchen- und Gemeindeordnung sind sekundär und werden auf dem Missionsfeld einvernehmlich geregelt.

5. Ordinierte und nichtordinierte Männer, Ehefrauen und ledige Frauen sind einander in jeder Hinsicht gleichgestellt.

6. Die Missionare passen sich den Gegebenheiten des Gastlandes an.

Heute zählen sich die G.en zu den evangelikalen Missionen und gehören in Deutschland der → Arbeitsgemeinschaft Evangelikaler Missionen (AEM) an.

Lit.: J.P. Benoit: Wind aus der Feuerwolke. Das Leben Hudson Taylors, 1965; K. Fiedler: Ganz auf Vertrauen. Geschichte und Kirchenverständnis der Glaubensmissionen, 1992; H.u.G. Taylor: Hudson Taylor, ein Mann, der Gott vertraute, [2]1977.

K. Lagershausen

Glaubensregel → Regula fidei

Glaubenstaufe → Taufe

Gleichheit → Gerechtigkeit

Gleichnis/-se Jesu

1. Gestalt der Gleichnisse

Die Wörter für G. (griech. *parabole*, hebr. *maschal*) bezeichnen eine bildliche Rede unterschiedlichster Art, vom einfachen Vergleich über Beispiel, Sprichwort bis zum Rätselwort. In der ntl. Exegese unterteilt man die G. Jesu in drei Gruppen: Das G. im engeren Sinn stellt einen typischen bzw. regelmäßigen Vorgang dar (Mt 13,31f, G. vom Senfkorn); die Parabel erzählt einen Einzelfall mit oft ungewöhnlichen Zügen (Mt 18,23-35, G. vom unbarmherzigen Knecht); die Beispielerzählung unterscheidet sich von der Parabel dadurch, daß sie unmittelbar als positives oder negatives Beispiel auf das Leben anzuwenden ist (Lk 10, 30-37, G. vom barmherzigen Samariter).

Viele G.se sind mit einer Einleitungsformel versehen, die sie in Beziehung zur Gottesherrschaft setzt. Dabei geht es nicht um eine Gleichsetzung der Gottesherrschaft mit einer Person des G.ses (z.B. Mt 13,45f, mit dem Perlenkaufmann). Vielmehr gehen die vergleichenden Einleitungsformeln auf eine aram. Formel zurück und bedeuten: Mit der Gottesherrschaft verhält es sich wie mit der erzählten Geschichte.

2. Zielsetzung der Gleichnisse

Ausgehend von der sog. Parabeltheorie in Mk 4,11f werden die G.se Jesu gelegentlich als verhüllende Redeweise verstanden. Dieses Mißverständnis legen auch die meisten dt. Übersetzungen nahe, wenn sie die griech. Wörter *hina* und *mepote* final mit »damit« bzw. »damit nicht« übersetzen. Danach hätte Jesus dem Volk die G.se erzählt, damit sie sie auf keinen Fall verstehen und umkehren.

P. Lampe hat demgegenüber ein anderes Verständnis einleuchtend begründet (ZNW 65, 1974, 140-150), indem er *hina* epexegetisch (erklärend) und *mepote* mit »ob etwa, ob vielleicht« wiedergibt; beide Wörter kommen häufiger in diesem Sinn im NT vor. Mk 4,11f ist dann zu übersetzen: »... jenen draußen aber wird alles in Gleichnissen zuteil, nämlich daß sie sehend sehen und doch nicht erkennen und hörend hören und doch nicht verstehen; vielleicht werden sie umkehren, und ihnen wird vergeben.« Dies ist keine abstrakte Parabeltheorie, sondern eine erste Auslegung des unmittelbar vorangehenden G.ses vom vierfachen Akker (4,3-9). Dies entspricht auch der erklärten Absicht Jesu, die Botschaft von der Gottesherrschaft den Menschen in G.sen zu sagen, damit sie die Botschaft leichter verstehen können (Mk 4,33f; Mt 13,34f). Durch die G.se bringt Jesus seine Botschaft von der Gottesherrschaft den Menschen anschaulich und sie unmittelbar ansprechend nahe.

3. Auslegung der Gleichnisse

Seit A. Jülicher hat man in der Auslegung von G.sen unterschieden zwischen der Erzählung als Bildhälfte und der Deutung als Sachhälfte; beide seien durch einen Vergleichspunkt (*tertium comparationis*) verbunden. Inzwischen wird in der ntl. Forschung betont, daß die Sache – d.h. die Gottesherrschaft – im G. selbst zur Sprache kommt. Deshalb ist nicht ein abstrakter Vergleichspunkt außerhalb des G.ses zu suchen, sondern genau darauf zu achten, auf welche Aussage das G. selbst zuläuft. Diese Spitze des G.ses wird als Pointe bezeichnet, die die einzelnen Erzählzüge auf ihren Höhepunkt hin sammelt. Diese kann meistens in ein bis zwei Sätzen formuliert werden. Auf die Pointe weisen z.B. ungewöhnliche Züge in der Erzählung hin. Um diese zu erkennen, bedarf es zeitgeschichtl. Kenntnisse (z.B. Verhältnis Samariter – Juden). Bei der Auslegung von G.sen ist also zunächst der Erzählung selbst die volle Aufmerksamkeit zu schenken; sie soll in sich verstanden werden.

In einem zweiten Schritt geht es um die Botschaft, die Jesus durch das G. nahebringen will. Dabei sind aber nicht die Einzelheiten Zug um Zug wie bei einer Allegorie (z.B. Hes 17,3-10) zu übertragen. Vielmehr ist die Pointe auf die Gottesherrschaft zu beziehen. Folgende Punkte sind zu beachten:

a. Wer sind die Hörer, und in welcher Situation erzählt Jesus das G.? In Mt 18,21-35 sind es z.B. die Jünger, denen er mit dem G. vom unbarmherzigen Knecht zeigt, wie ihr Vergeben angesichts der Barmherzigkeit Gottes aussehen soll. Die Hörer gehören als Angeredete zum G.; ihnen begegnet im G. die Gottesherrschaft.

b. Die G.se sind nicht von ihrem Erzähler, von Jesus, zu lösen. Jesu Verhalten ist ein »Kommentar« zu seinen G.sen, und Jesu G.se erläutern sein Verhalten, so z.B. sein Verhalten gegenüber Sündern und Zöllnern im G. vom verlorenen Schaf (Lk 15,1-7). Das einzelne G. ist bei seiner Auslegung einzuordnen in den Gesamtrahmen der Verkündigung und des Lebens Jesu.

In den ntl. Beispielerzählungen (Lk10, 30-37; 12,16-21; 16,19-31; 18,9-14) decken sich Pointe und Botschaft, da in ihnen in der Erzählung selbst die Gottesherrschaft und das sich für den Menschen daraus ergebende Handeln thematisiert wird.

4. Botschaft der Gleichnisse

Das Hauptthema der G.se Jesu ist die Gottesherrschaft. Sie ist nahegekommen, indem Gott sich durch Jesus den Menschen zuwendet, ihnen barmherzig begegnet (Mt 20,1-15, G. von den Arbeitern im Weinberg) und die zerstörte Gemeinschaft zwischen Gott und Mensch wieder herstellt (Lk 15,11-32, G. vom verlorenen Sohn). Deshalb lädt er sie ein, Gottes Heilsangebot freudig anzunehmen (Mt 13,44-46, G. vom Schatz im Acker und von der Perle), auf ihn zu vertrauen (Lk 18,1-8, G. von der bittenden Witwe) und ihm zu gehorchen (Mt 7,24-27, G. vom Hausbau). Zugleich verkündigt Jesus die Gottesherrschaft auch als eine zukünftig sich vollendende (Mt 13,31-33, G. vom Senfkorn und Sauerteig), und er lädt die Menschen ein, sich darauf einzustellen (Lk 16,1-8, G. vom ungerechten Verwalter), damit sie nicht im Gericht verurteilt werden (Mk 12,1-11, G. von den bösen Weingärtnern), sondern am Heil Anteil haben (Lk 14,15-24, G. vom großen Abendmahl).

Lit.: G. Eichholz: Gleichnisse der Evangelien, [4]1984; J. Jeremias: Die Gleichnisse Jesu, [10]1984; E. Jüngel: Paulus und Jesus, [6]1986, §15-18; W. Popkes: GBL 1, 1987, 471-474; H. Weder: Die Gleichnisse Jesu als Metaphern, [4]1990.

W. Haubeck

Glocke

G., kelchförmiges idiophones Musikinstrument, das durch Anschlag eines Hammers oder Klöppels (Läuten) zum Erklingen gebracht wird. In der Urform aus Fruchtschalen oder keramischen Gefäßen entwickelt, seit Beherrschung der Metallbearbeitung aus Metallplatten geschmiedet oder genietet, wird sie seit rund vier Jahrtausenden (Ostasien) aus verschiedenen Metallen meist gegossen (heute vornehmlich »Glockenbronce« aus 78% Kupfer und 22% Zinn). Von Anfang an wurden G.n zu profanen (Signal) und kultischen Zwecken, kleine G.n als Schmuckbehang und Amulett (2Mo 28,35) verwendet.

In der christl. Kirche dienten G.n nach anfänglichem Widerstand Ende des 4. Jh.s zuerst im Orient, ab dem 5. Jh. im Westen in den Klöstern als Ruf zum Stundengebet, Gottesdienst und Versammlung des Kapitels. G.-Gießer der »Kirchenglocken« waren Mönche, besonders Benediktiner, ab dem 12./13. Jh. städtische Handwerker mit z.T. bedeutender Familientradition. Die kunsthandwerkliche Entwicklung der G.n ging von der einfachen Form (»Bienenkorb«, »Zuckerhut«) zur heute noch gebräuchlichen »gotischen Rippe« mit eindeutigem Nominal (auch Schlagton genannt), sauberer Innenstimmung und reicher Klangfülle (z.B. »Gloriosa« in Erfurt, 1497, 11.450 kg; »St. Peter« in Köln, 1923, ca. 24.000 kg.).

Aus dem einfachen »signum ecclesiae« entwickelte sich durch Größe und Tonhöhe verschiedener G.n der Brauch zur Unterscheidung der G.nzeichen als Morgen- und Abendg., Taufg., Toten- bzw. Begräbnisg., Wandlungsg., »pro pace«-Läuten. Karl der Große und Konzile seiner Zeit bestimmten das G.nläuten zum heiligen Dienst der Priester nach geordneten Regeln. Die in der kath. Kirche entwickelten Läuteordnungen wurden von den Reformatoren übernommen, soweit sie dem Verständnis des ev. Gottesdienstes entsprachen. Zur täglichen »Betglocke« als Aufruf zum Morgen- und Abendgebet und Friedensgebet um 12 Uhr kommt die »Kreuzglocke« um 9 Uhr, 11 Uhr, 15 Uhr, 17 Uhr als Erinnerung an die Passion und die Stunde des Todes und Begräbnisses Jesu. Die »Gloriosa« gibt den hohen Festtagen das Gepräge, die »Dominika« zeichnet die Sonntage als Gedächtnisfeier der Auferstehung Christi aus. Die »Zeichenglocke« lädt mit der rechten inneren Bereitung und der Bitte um den Hl. Geist zum bald beginnenden Gottesdienst ein und die »Vaterunserglocke« zur Teilhabe der nicht beim Gottesdienst Anwesenden am Gebet der Gemeinde. Die saubere Disposition eines mehrstimmigen melodischen Geläutes schafft die Möglichkeit zur musikalischen Unterscheidung des Charakters der Gottesdienste im Ablauf des Kirchenjahres nach Fest-, Feiertags-, Sonntags-, Werktags- und Kasualgottesdiensten. Dabei soll auch die äußere künstlerische Gestaltung der G. mit bibl. Inschrift, Bild oder Symbol ihrer liturg. Aufgabe entsprechen. Auch der Uhrschlag, der vielfach auf die Kircheng. erfolgt, ist nicht nur als reine Zeitansage zu verstehen, sondern inmitten des verrinnenden Lebens als tröstlicher und zu Lob und Dank ermunternder Hinweis auf Gottes Führung in Zeit und Ewigkeit (Ps 31,16). Beratung in G.nfragen findet statt durch den »Beratungsausschuß für das Deutsche Glockenwesen«, eine Einrichtung des Rates der Ev. Kirche in Deutschland und der Kath. Deutschen Bischofskonferenz, sowie durch kirchenamtliche Glockensachverständige in allen Landeskirchen und Diözesen.

Lit.: Beratungsausschuß für das Deutsche Glockenwesen. Beiträge zur Glockenkunde, 1970; Glocken in Geschichte und Gegenwart, 1986; Th. Fehn: Liturgisches Läuten. Kleine Glockenkunde, in: Der Glokkenexperte, 1991; Ch. Mahrenholz: »Glocken«, MGG 5, 276-291 (Lit.), 1956; ders.: »Glocken I-III«, RGG[3] 2, 1621-1626 (Lit.); ders.: Glockenkunde, 1948; H. Niemann: »Glocken«, TRE 13, 1984, 446-452 (Lit.).

G. Eiselen

Gloria

1. Gloria patri (das kleine Gloria)

In Anknüpfung an den jüd. Synagogengottesdienst beendete auch die christl. Urgemeinde jedes Gebet mit einer → Doxologie (Origenes, Über das Gebet, c. 33). Die einfachste Formel lautete »Dir sei Ehre in Ewigkeit!« (vgl. Gebet Manasses in Const. Ap. II,22,11; Röm 11,36; Phil 4,20; Did 9,2.3). Zunächst entwickelten sich in den einzelnen Kirchengebieten unterschiedliche Doxologien. Im 4. Jh. wurde dann im Zuge des arianischen Streites (→ Arius, Arianer) die Formel der Trinitätstheologie angepaßt. In Rom wurde noch eine Schlußformel angehängt, so daß die endgültige Form lautete: »Ehre sei dem Vater und dem Sohn und dem Heiligen Geist, wie es war im Anfang, jetzt und immer und von Ewigkeit zu Ewigkeit! Amen.«

Während das G. patri in den Ostkirchen nur teilweise aufgenommen wurde, galt es in der röm. Messe bald als selbständiges liturgisches Stück. Sein liturgischer Ort im Anschluß an die Introitus-Psalmen ist schon bei Johannes Cassian (um 360-430/35) bezeugt. Mit seinem Charakter der Freude ist das G. das Triumph- und Siegeslied des christl. Gottesdienstes geworden. G. entfällt vom Sonntag Judika bis einschließlich Karsamstag.

Die Stellung Luthers zum G. ist unklar, da er es nie eigens erwähnt. Während er in der Formula missae (1523) die Introitus-Psalmen und damit wohl auch das G. beibehält, werden erstere in der »Deutschen Messe« (1526) durch ein geistl. Lied oder einen dt. Psalm ersetzt und diese mit dem → Kyrie beendet. Neuere luth. Agenden führen das G. patri wieder im Anschluß an den Introitus-Psalm.

2. Gloria in excelsis (das große Gloria)
Der Hymnus angelicus (Lobgesang der Engel nach Lk 2,14) ist schon früh in der ostkirchl. Messe bekannt, wo er aber in den regional unterschiedlichen Liturgien an verschiedenen Stellen gebraucht wird. Andere alte Quellen, wie die Const. Ap. VII, 47, die pseudo-athanasianische Schrift de virginitate und der Codex Alexandrinus belegen ihn als Lobgesang am Anfang eines Morgengebets, ohne daß ein Verfasser genannt würde. Das G. in excelsis wird in die lat. Messe aufgenommen, allerdings mit den Abänderungen der lat. Übersetzung des Hilarius von Poitiers (um 315-367). Zunächst durfte es nur von den Bischöfen angestimmt werden, den Priestern war dies nur an Ostern erlaubt. Als höchster Jubelhymnus wird es heute in der röm.-kath. Messe an allen Fest- und Feiertagen gesungen.

Luther hat es in der »Formula missae« belassen, aber in der »Deutschen Messe« nicht mehr erwähnt. Dennoch haben fast alle luth. Kirchenordnungen ebenso wie die ref. das G. in excelsis beibehalten, oft in der Liedform »Allein Gott in der Höh' sei Ehr«. (S. a. → Apostolische Konstitutionen).

Lit.: F. Kalb: Grundriß der Liturgik, [2]1982, 115-122; ders.: »Liturgie I«, TRE 21, 1991, 358-377.

V. Gäckle

Glossolalie

G. ist vom griech. *glossais lalein*, »in Sprachen reden«, abgeleitet, der typischen Formulierung in 1Kor 12-14. *Glossa* heißt sowohl »Sprache« wie »Zunge«. In der Pfingstbewegung und Teilen der charismatischen Bewegung spricht man vom »Zungenreden«, in der charismatischen Erneuerung innerhalb der traditionellen Kirchen vom »Sprachenreden«. Im Zusammenhang mit der G. ergeben sich folgende Hauptfragen:

1. Ist die Glossolalie ein besonderes Charisma, weil sie das Zeichen der in der → Geistestaufe geschenkten Geisterfüllung ist, oder eine Gabe wie alle anderen?

Das NT lehnt eine Sonderrolle der G. ab. Die Frage in 1Kor 12,30 »Reden alle in Sprachen?« beantwortet Paulus mit Nein. Die G. ist eines von vielen in der Apg genannten Zeichen für den Geistempfang, wie Gemeindezugehörigkeit (2,41), Freimut in der Verkündigung (9,1-22), Freude (13,52), G. und Lobpreis (10,46) und G. und Prophetie (19,6). Der Geist »teilt jedem seine Gabe zu, wie er will« (1Kor 12,11). Dies gilt auch für die G.

2. Ist die von Paulus erwähnte Glossolalie »Sprachenreden« oder »Zungenreden«?

1Kor 12-14 versteht *glossa* durchgehend als Sprache. Der Plural bei *gene glosson* in 12,10 (»Arten von Sprachen«) ergäbe als »Arten von Zungen« keinen Sinn. Auch 14,19 »fünf Worte im Verstand« oder »zehntausend Worte in einer (anderen) Sprache« unterstreicht den Sprachcharakter der G. In 14,10ff heißt es im Zusammenhang mit der G.: »Es gibt wer weiß wie viele Sprachen auf der Welt...«. G. ist bei Paulus kein unbewußtes oder ekstatisches Stammeln, sondern ein Reden in (anderen) Sprachen.

3. Was ist der sprachliche Inhalt glossolalischer Rede?

Nach heutiger Beobachtung handelt es sich selten um wirkliche Fremdsprachen, wohl aber um ein »Sprachgeschehen«. Was wir hören, klingt wie eine Sprache, aber ohne festgelegte Bedeutung der Worte und ohne eindeutige Grammatik. Beim Pfingstgeschehen hörten die Menschen echte Fremdsprachen; und auch heute gibt es vereinzelte glaubhafte Berichte über glossolalische Fremdsprachen, vor allem in der Missionssituation.

4. Ist es also falsch, die Glossolalie als ekstatisches Phänomen oder als »Stammeln« zu bezeichnen?

Paulus betont den Sprachcharakter und rät zu einem nüchternen Umgang: »Wenn man in Sprachen reden will, so sollen es nur zwei tun, höchstens drei, und zwar einer nach dem anderen, dann soll einer es auslegen« (1Kor 14,27). Dieser Rat ist auf ekstatische G. nicht anwendbar. 1Kor 14,23 zeigt, daß ein Umgang mit G., der den Uneingeweihten »verrückt« vorkommt, eher schadet als nützt. Demnach wird die G. als enthusiastisches Massenphänomen der Bestimmung des geistl. Sprachenredens nicht gerecht.

5. Gibt es unterschiedliche Formen der Glossolalie mit verschiedener Herkunft?

Neben dem oben beschriebenen geistl. Sprachenreden gibt es ein seelisches Zungenreden, das eine bestimmte psychische Ausgangssituation benötigt, etwa ein enthusiastisches Klima, suggestive Hilfen oder den seelischen Erwartungsdruck, eine »Geistestaufe« als Durchbruchserlebnis mit dem Zeichen der G. zu erleben. Seelisches Zungenreden entzieht dem geistgewirkten Charisma den Boden und macht es menschlicher Manipulation zugänglich. So praktiziert kann die G. zu vielfältigen psychopathologischen Krankheitsbildern führen, verwandt mit einer G., die bei Schizophrenie oder Epilepsie auftritt. G. kommt auch in heidnischen Kulten vor, so daß wir auch vom dämonischen Zungenreden sprechen können. Die bei der G. vorhandenen Gefahren verpflichten uns, sich um den bestimmungsgemäßen Gebrauch dieser geistlichen Gabe zu bemühen.

6. Worin besteht die Aufgabe der geistlichen Glossolalie?

Paulus sieht ihre Hauptbedeutung im persönlichen Gebet: »Wer in Sprachen redet, erbaut sich selbst« (1Kor 14,4). Das stille Sprachengebet, gerade im alltäglichen Leben, gehört zum »Beten ohne Unterlaß« (1Thess 5,17). Das schließt die G. im Gottesdienst nicht aus, die dann allerdings ausgelegt werden muß. Sie wird dort aber eher die Ausnahme als die Regel sein, denn in der Versammlung ist die Prophetie vorzuziehen (1Kor 14).

7. Wie sieht der Inhalt der Glossolalie aus?

Die Grundrichtung zeigt 1Kor 14,2: »Wer in Sprachen redet, redet nicht zu Menschen, sondern zu Gott.« Dies kann Dank und Lobpreis sein (1Kor 14,15-16), Seufzen und Flehen (Röm 8,26-27) oder Anbetung. Hier liegt das Zentrum der geistl. G.: Indem der Geist Gottes in mir betet, durchdringt sein Geist meinen Geist und macht mich offen und bereit für das, was er will. In diesem Einssein sprengt der Geist Gottes die engen Grenzen meiner Person und die Armseligkeit meiner Sprache. Wegen dieser »Explosivkraft« der G. braucht der Umgang mit ihr die Nüchternheit des gereiften geistl. Lebens und die Korrektur in der Gemeinde (1Kor 14,12ff). Die paulin. Aussagen zur G. lassen es sehr bedenklich erscheinen, daß in vielen charismatischen Gruppen der Hauptinhalt der G. prophetische Rede ist.

8. Fazit

Wie in 1Kor 14,26ff beschrieben, ist die G. eine Gabe unter vielen, die nüchtern, demütig und im Miteinander mit traditionellen Formen und in aufbauender Weise in den Gottesdienst und das persönliche Gebetsleben eingebracht werden soll. Wer diese Gabe vom Hl. Geist bekommen hat, soll sein Charisma einbringen, ohne sich über die zu erheben, die es nicht haben, aber auch ohne Minderwertigkeitsgefühle denen gegenüber, die andere Gaben besitzen.

Lit.: A. Bittlinger: Glossolalia, 1969; S. Großmann: Der Geist ist Leben, 1990; E.G. Hinson et al.: 2000 Jahre Zungenreden, 1968; M.T. Kelsey: Zungenreden, 1970.

S. Großmann

Gnadauer Bibelschule Falkenberg

Die G.B.F. ist eine Ausbildungsstätte innerhalb des → Ev. Gnadauer Gemeinschaftsverbandes. Ihre Anfänge gehen zurück auf die sächsische Laienzurüstung in der Nachkriegszeit (Kleinwelka/Oberlausitz). Mit der Gründung der G.B.F. (1. Kursus 1955 in Kottengrün/Vogtland) wurde die Arbeit auf das Gebiet der ehemaligen DDR ausgedehnt. Von 1956-58 fanden Kurse in Woltersdorf bei Erkner statt. Seit 1959 befindet sich die G.B.F. in Falkenberg/Mark (ehemaliges Altenheim des Ev. Diakonissenmutterhauses St. Michael in Berlin). Nach 1961 profilierte sich die G.B.F. zu einer theol. Ausbildungsstätte für Gemeinschaftsprediger und Reisesekretäre der Ev. Arbeitsgemeinschaft zur Abwehr der Suchtgefahren (Blaues Kreuz). Bis 1990 gehörte die G.B.F. zum Ev.-Kirchl. Gnadauer Gemeinschaftswerk in der DDR, seitdem ist sie ein selbständiges Werk.

Grundlage und Richtschnur für die Arbeit ist die Verbindlichkeit der Hl. Schrift für Lehre und Leben. Daneben weiß sich die G.B.F. dem Erbe der Reformation, des Pietismus und der Erweckungsbewegungen im 19. Jh. verpflichtet.

Neben einer vierjährigen Ausbildung (Prediger, Gemeinschaftsschwester) wird eine Einjahres-Bibelschule für nebenamtliche Mitarbeiter sowie eine Kurzbibelschule angeboten. Das Internat verfügt über 30 Studienplätze.

Lit.: Gnadauer Akzente 4: Dreißig Jahre Bibelschularbeit im Gnadauer Gemeinschaftswerk, zusammengestellt von H. Plötner, 1985.

H. Plötner

Gnadauer Brasilien-Mission

»Kommt herüber und helft uns«!, so lautete der Ruf, der 1926 aus Brasilien an den Vorstand des Gnadauer Verbandes gelangte. Unter den deutschstämmigen Brasilianern (heute noch ca. 2-3 Mio.) herrschte manche materielle und geistl. Not. Missionar Alfred Pfeiffer folgte diesem Ruf und wurde 1927 in Jena ausgesandt. Er tat seinen Dienst in St. Catarina in Evangelisationen, Bibelstunden, Hausbesuchen und war oft wochenlang mit dem Pferd, später mit dem Auto unterwegs. Viele Gemeinschaftsleute in Deutschland unterstützen bis heute diese Arbeit mit ihren Gebeten und Gaben.

Gegenwärtig hat die Mission rund 30 Missionare, Missionarinnen und andere Mitarbeiter, die in verschiedenen Bezirken in den drei Südstaaten Brasiliens arbeiten. Bis auf drei Ehepaare sind sie aus der Arbeit in Brasilien herausgewachsen. Ein Missionar konnte nach Paraguay entsandt werden. Schwerpunkte der Arbeit sind: Verkündigung in Evangelisationen, Bibelstunden, Freizeiten, Zurüstung von Mitarbeitern, jährlicher Jugendkongreß, diakon. Dienst. 1990 wurde ein Theol. Zentrum eingeweiht mit einjähriger Bibelschule und vierjährigem Theol. Seminar in Mato Preto, wo sich das Bibel- und Freizeitheim Filadelphia befindet. Im Aufbau ist ein Blaukreuz-Zentrum.

Die Geschäftsstelle der G.B.M ist in Stuttgart, Geschäftsführer ist Missionsinspektor Reinhold Abraham. Vierteljährlich erscheint ein Missionsblatt.

W. Kunz

Gnadauer Verband → Evangelischer Gnadauer Gemeinschaftsverband

Gnade

a) biblisch

1. Im Alten Testament

In der Regel werden zwei hebr. Begriffe im Deutschen mit »Gnade« übersetzt: *chen* und *chäsäd*. Beide aber lassen sich, wie so oft bei atl. Begriffen, nicht allein auf diese Bedeutung begrenzen. Deshalb gibt es auch andere Übersetzungsmöglichkeiten.

a. Hebr. *chen* (LXX übersetzt fast durchweg *charis*) meint »Geneigtheit, Gunst, Gnade« (z.B. 1Mo 39,4), oft in der Wendung »Gnade finden in den Augen jemandes« (1Kön 16,22). Meist im profanen Sinne gebraucht, ist dabei ein Gefälle zwischen Geber und Empfänger der G. vorausgesetzt. Relativ selten meint *chen* die unverdiente Zuwendung Gottes (z.B. 1Mo 6,8). Im Gegensatz dazu werden das dazugehörige Verb *chanan* (»gnädig sein«) und das Adjektiv *chanun* (»gnädig«) überwiegend mit Gott verbunden 2Sam 12,22f z.B. oder Ps 103,8; als Aufforderung Ps 123,2). Dabei bewahrt Jahwe seine Freiheit, er gibt G., wann und wo er will (am radikalsten in 2Mo 33,19; vgl. Ps 77,10; Jes 27,11).

b. Noch bedeutsamer für das atl. Verständnis von G. ist der zweite, sehr viel häufigere Begriff *chäsäd* (ca. 240 Belege). Wird er mit G. übersetzt, so schwingt die Bedeutung von »Liebe« und »Treue« mit; dementsprechend hat er die Beziehung im Blick, die zwischen Geber und Empfänger der Gnade besteht (z.B. 1Mo 19,18; 47,29). So kann *chäsäd* in besonderer Weise das gnädige Handeln Gottes am Volk Israel bezeichnen (mit »Barmherzigkeit« übersetzt: 2Mo 20,5f; Jer 32,18). Auf diese verläßliche G. kann sich der Beter in den Ps immer wieder berufen (z.B. 94,18; 109,26; 119,149). In allen Fällen ist G. im atl. Sinne nie auf ein abstraktes Sein Gottes bezogen; immer hat sie im Blick, was er tut: Gnädig hat er die Welt geschaffen, gnädig hilft er Menschen in bestimmten Situationen bzw. dem Volk Israel immer wieder in seiner Geschichte und erweist so seine Güte und Treue (Ps 136, *chäsäd* hier mit »Güte« übersetzt). Daß er das Volk Israel aus G. erwählt hat, liegt in seinem freien Willen (1Sam 12,22). Seine G. kennt keine Grenzen (Ps 108,5) und doch kann sie an ihr Ende kommen (Jer 14,11; 16,5,13). Dieser schmerzlichen Erfahrung Israels tritt im Exil wieder die Erfahrung von Gott entgegen, der trotzdem an seiner Gnadenwahl festhält (Jes 54,8). So steht die G. im AT in der Spannung zwischen absoluter Freiheit Gottes und seiner treuen Verläßlichkeit, wobei das Element der Verläßlichkeit überwiegt.

2. Im Neuen Testament

Das entsprechende griech. Wort *charis* wird 155 mal mit sehr unterschiedlicher Häufigkeit von den einzelnen Autoren verwendet (im folgenden nur die wichtigsten). Es fehlt völlig bei Mt und Mk. Im Sinne von »Gnade« findet es sich nie im Munde Jesu (nur in recht andersartiger Bedeutung als »Dank«, Lk 6,32-34).

Bei Joh steht es nur im Prolog, dort allerdings gleich viermal in Joh 1,14-17, bezeichnenderweise im Zusammenhang mit der Fleischwerdung des Wortes. G. in Fülle ist auch für Joh Kennzeichen der Offenbarung, jedoch bevorzugt er zur Qualifizierung der Offenbarung sonst den Begriff der »Wahrheit«, die im Glauben erkannt werden will. (G. erscheint in den johanneischen Schriften sonst nur in Grußformeln, 2Joh 1,3; Offb 1,4; 22,21).

Recht vielfältig ist der Wortbefund im lukanischen Doppelwerk. Wird *charis* neben anderen Belegen (»Gunst«, Lk 1,30; 2,40; Apg 25,3 u.ö.; Lk 6,32f) mit G. im eigentlichen Sinne übersetzt, so bezeichnet sie den Inhalt der Offenbarung (Lk 4,22; Apg 14,3; 20,24.32). In der Apg erscheint die G. auch als Gotteskraft, die in einzelnen Menschen (Apg 6,8; 18,27) und in der Ausbreitung der Gemeinden (11,23; 14,26) sichtbar wird, G. als Stand, den es zu bewahren gilt, findet sich in Apg 13,43; in paulin. Sinne Apg 15,11.

Weitaus am häufigsten wird *charis* von Paulus gebraucht (allein im Röm 24 mal), so daß man die Theologie des Paulus schon als »charitozentrisch« bezeichnet hat. Mit wenigen Ausnahmen (etwa Röm 6,17; 7,25 »Dank«; 1Kor 16,3; 2Kor 8,1ff »Dankesgabe« als Bezeichnung für die Kollekte) wird *charis* immer mit G. übersetzt. Sehr häufig nennt Paulus die G. am Briefanfang und -schluß (wie auch in anderen, späteren ntl. Briefen). Er hat hier eine jüd. Briefanfangsformel umgewandelt und anstelle von »Erbarmen« die »Gnade« gesetzt – zur Bezeichnung dessen, was die Adressaten im Gegensatz zu ihrem früheren Leben grundsätzlich bestimmt.

Auch sein Apostelamt ist für Paulus eine persönlich erfahrene G. (Röm 1,5; 12,3; 1Kor 15,8-10; 2Kor 1,12), sein Wirken als Apostel sieht er als Verkündigung der Heilsbotschaft an alle Menschen (Röm 1,5.13-16).

Hauptsächlich aber ist G. für Paulus Zentralbegriff für die Begründung des Christusgeschehens. In der verlorenen Welt (Röm 1,18-3,20) wird die G. von Gott im Kreuz Christi aufgestellt (Röm 3,24). Gott ist Urheber der G., sie geht von ihm in freier und liebender Zuwendung aus (»ohne Verdienst«, Röm 3,24, wörtlich »geschenkweise«); es kann keinerlei Anspruch auf die G. abgeleitet werden (Röm 11,6; 4,4). Als ein Geschenk Gottes ist die G. auch eine Gabe (griech. *charisma*, Röm 5,15.17). Sie bleibt unlöslich an die Person Jesu gebunden (»Gnade Christi«, Röm 5,15; 2Kor 12,9; Gal 1,6). Ihr Gegenüber ist das Gesetz und ein Gesetzesgehorsam (Röm 4,14-16; 6,14), der das Wesen der G. völlig verkennt, Vorleistungen erbringen will und so gerade dem Tun Gottes zuwiderhandelt (Gal 2,21; 5,4). Da das nicht Schuld des (an und für sich guten) Gesetzes ist (Röm 7,12ff), zielt die eigentliche Stoßrichtung der G. gegen die Sünde (Röm 5,12ff). Wie diese kann die G. nahezu als persönliche Macht erscheinen, ist aber immer größer (Röm 5,20).

Zugang zur G. eröffnet allein der Glaube (Röm 5,2), der freilich keine Leistung des Menschen ist, sondern an Gottes freiem Erbarmen hängt (Röm 9,15f). Die schon im AT beobachtete Grundspannung der G. taucht auch bei Paulus wieder auf. Dahinter kann freilich nicht nachgefragt werden (Röm 9,19ff). Was aber verläßlich bleibt, ist die »Gnade durch die Erlösung, die durch Christus Jesus geschehen ist« (Röm 3,24).

Lit.: A. Ganoczy: Aus seiner Fülle haben wir alle empfangen, 1989; O.H. Pesch, A. Peters: Einführung in die Lehre von Gnade und Rechtfertigung, 1981; H. Graf Reventlow, E. Ruckstuhl: »Gnade«, TRE 13, 1984, 459-476.

G. Hengel

b) theologiegeschichtlich

Vom Begriff her ist die G. kaum Thema der altkirchl. Theologie, wohl aber von der Sache her. In den christologischen und trinitarischen Auseinandersetzungen ging es entscheidend auch darum, daß der Mensch seiner Bestimmung zur »Gottebenbildlichkeit« nicht entsprechen kann. Es bedurfte dazu des Heilswerks des dreieinigen Gottes, der in Jesus Christus »für uns Menschen und zu unserem Heil ist vom Himmel gekommen« (→ Nicaenum). Die Anteilhabe an den Sakramenten unterstreicht das Gnadenhafte der christl. Existenz. Die Betonung des freien Willens gefährdet freilich das Wesen der G. als G. (so bei → Chrysostomus: »An uns liegt es, zu wählen und zu wollen, Gott vollendet und führt zu Ende«).

Grundthema der Theologie wurde die G. erst durch → Augustin. Jeder Mensch findet sich so in der Sünde vor (»Erbsünde«), daß sein Wesen durch »Selbstliebe« geprägt und in »Begehrlichkeit« ausgerichtet ist. Er »kann gar nicht nicht sündigen«. Es bedarf (Röm 9,16) der G.: »Dem, der nicht will, kommt sie zuvor, damit er wolle. Dem aber, der dann will, dem folgt sie nach, damit er nicht vergeblich wolle.«

Die → Scholastik des MAs, gipfelnd in → Thomas von Aquin, betonte mehr noch als Augustin die G. als eine G.nkraft, die dem Menschen durch die Sakramente eingegossen wird. Der Mensch lebt »allein aus Gnade«, weil sie erst seine Natur dazu befähigt, der in ihr liegenden, aber verschütteten Bestimmung zu entsprechen. Als zuvorkommende G. versetzt sie den Menschen in den Stand, mit Hilfe der nachfolgenden G. »verdienstlich« zu handeln.

Im Umgang mit dem Sakrament, im Hören auf Paulus und die Psalmen hatte Luther gelernt, das Evangelium als G. zu verstehen: als G.urteil, dessen der Mensch in der Absolution teilhaftig und in der ganzen Schrift ansichtig wird. Daran zweifeln, hieße Gott und Christus zu Lügnern zu machen. Weil Gott sich mit Christus ins Wort begeben hat, darum hängt der Glaube an diesem Wort. Die → Bekenntnisschriften halten diese Ausschließlichkeit fest: allein Christus – allein aus Gnade – allein durchs Wort. Sie vertreten damit die Rechtfertigungslehre als die Mitte der christlichen Theologie gegenüber dem Katholizismus. Gegenüber den Schwärmern vertreten sie die Selbstbindung Gottes an das »äußerliche Wort« der Predigt, der Sakramente und der Schrift. Eine besondere Ausprägung erhielt die reformat. G.nlehre in → Calvins Auffassung von der → Prädestination. Weil ganz Werk Gottes, ist sie für ihn letztlich ein Artikel des Trostes, »denn wir werden vor keinem anderen Richter erscheinen als vor dem , der unser Fürsprecher ist...«.

Das Konzil von Trient (→ Tridentinum) greift weitgehend auf Thomas von Aquin zurück. Besonders die sog. *canones* über die Rechtfertigung grenzen sich gegen die Reformation ab und tragen, weit hinter das von → Cajetan und → Seripando erreichte Gesprächsniveau zurückfallend, wesentlich zum gegenreformat. Gesicht des röm. Katholizismus der Folgezeit bei.

Wohl auch in Reaktion auf die → Orthodoxie verlagerte sich im → Pietismus das Interesse hin auf die persönliche Erfahrung der G. (»Bekehrung«, »Wiedergeburt«, »Heiligung«). In Abgrenzung gegen mystische Strömungen (auch innerhalb des Pietismus) wurde der »Prozeß der neuen Geburt« (G. → Arnold) freilich als ein Wachsen im Wortverständnis und in der Wortergriffenheit verstanden. (J.A. → Bengel: »... er sieht sich berufen von Stufen zu Stufen; und weil er auf Gottes Verheißung sich lehnet, so wird er mit himmlischem Segen gekrönet«). Zeigte sich in der Betonung der Heiligung eine gewisse Nähe des Pietismus zur → Aufklärung – dort freilich im Sinne vernünftiger Moralität –, so wendet sich die Aufklärung selbst doch entschieden gegen das Sündenverständnis des »schwarzgalligsten Augustin« (J.F.W. Jerusalem) und das reformat. G.nverständnis. In Jesus sei die »höchste Regel der Menschen- und Völkerreligion«: die Liebe erreicht (J.G. → Herder). Doch bleibt der hohe sittliche Ernst der späteren Aufklärung, insbesondere eines I. → Kant, zu würdigen und von nicht geringem Einfluß auf den deutschen → Idealismus.

Die ev. Theologie des ausgehenden 19. und des 20. Jh.s war, wo die G. überhaupt ihr Thema geworden ist, wesentlich von dem Bemühen geprägt, die reformat. Rechtfertigungslehre als Mitte der ev. Theologie wiederzugewinnen und neu auszulegen (K. → Holl; W. → Elert, P. → Althaus, F. → Gogarten, E. → Hirsch). Versuche, zwischen kath. G.nlehre und ev. Rechtfertigungslehre zu vermitteln (H. Küng u.a.), bleiben, auch wo sie am röm. Sakraments- und Amtsverständnis scheitern, gleichwohl für das ökumen. Gespräch wichtig. Bedeutsam bleibt der Versuch G. Ebelings, eine Theologie aus der Kategorie der G. zu entfalten (Dogmatik, 1979): »Das Sein in Jesus Christus ... bedeutet Sein in der Gnade ... Die Gnade duldet keinen Zweifel an ihr, denn sie ist in ihrem Erbarmen unendlich viel größer als alle Erbärmlichkeit des Menschseins.«

Lit.: Apologie des Augsburger Bekenntnisses, Art. IV, BSLK, 158ff; O.H. Pesch, A. Peters: Einführung in die Lehre von Gnade und Rechtfertigung, 1981.

G. Hennig

c) systematisch-theologisch

1. Gottes Wesen und Gottes Tat

Die G. ist eine Eigenschaft und eine Tat Gottes in einem. Gerade in seinem Handeln an dieser Welt offenbart Gott sein gnädiges Wesen. Insofern ist auch die Schöpfung und ihre fortdauernde Erhaltung (lat. *creatio continua*) ein Akt seiner G., der zwar von der in Inkarnation, Kreuz und Auferstehung sich ereignenden Erlösungsg. zu unterscheiden, aber nicht zu scheiden ist. Beide markieren im Sinne von Verheißung und Erfüllung, bzw. Ursprung und Ziel die Eckdaten der Heilsgeschichte des einen Gottes. Gegen eine Identifikation von Schöpfer- und Erlöserg., wie sie im Entwurf von K. → Rahner angelegt ist (s. a. → Anonyme Christen), muß betont werden, daß in den außerchristl. Religionen nicht schon allein aufgrund der anthropologischen Struktur des Menschen, als ein von Gott her und auf ihn hin existierendes Wesen, die Erlöserg. Gottes auch ohne Christus am Werke ist. Ebenso wie die Schöpferg. Gottes dem Menschen konkret leiblich und nicht in einer Raum und Zeit übergehenden Überwirklichkeit begegnet, ist auch die Erlösungsg. an die geschichtliche Gestalt Jesu Christi gebunden, in dem Gottes G. Person geworden ist.

2. Gottes Wort und Gottes Wunder

Entsprechend der geschichtlichen Offenbarung der Heilsg. Gottes in Kreuz und Auferstehung Jesu, vollzieht sich auch ihre Mitteilung durch die Zusage des performativen (d.h. durch die Aussage den Gesprächspartner verändernden), äußeren und leiblichen Wortes der Versöhnung (2Kor 5,18-21). Durch dieses Glauben erzeugende und dadurch G. vermittelnde Wort des → Evangeliums überbrückt der Hl. → Geist die zeitliche Distanz zwischen den Ereignissen von Kreuz und Auferstehung damals und der Annahme der G. durch die Antwort des Glaubens heute.

Das Ereignis der den Menschen heilmachenden G. bleibt ein Wunder Gottes, das eben als solches logisch nicht verrechen- oder kalkulierbar ist. Es gründet nicht in einer Wende des Menschen zu Gott hin, sondern in der »wunder«baren Wende Gottes zum Menschen hin. Der Grund für dieses Wunder bleibt somit Gottes unergründbares → Geheimnis. Dementsprechend erhellt sich das Verständnis der G. Gottes als Wunder nur auf dem Hintergrund der Spannung von → Gesetz und Evangelium. Während das Gesetz den Zorn Gottes über die Sünde des Menschen offenbart und ihm das Gericht verkündet, offenbart das Evangelium die G. Gottes, die zur Antwort des Glaubens ruft.

Umgekehrt bedeutet jeder »Gnadenmonismus«, der mit dem Gerichtsernst des Gesetzes auch das Gnadenangebot des Evangeliums nivelliert, die Auflösung des Wunders der Gnade in ein berechenbares System, wie z.B. im Entwurf K. → Barths. Barth sieht in seiner Erwählungslehre sowohl die Verwerfung als auch die Annahme aller Menschen bereits in Christus vollzogen. Gott habe in Christus sich selbst die Verwerfung, der Menschheit aber die Erwählung zugedacht, die aufgrund der ontologischen Wirklichkeit der Versöhnung von Gott als ganze begnadet ist.

Auch im ökumen. Gespräch mit einer sich an der G.nlehre des Tridentinums (sessio VI) orientierenden röm.-kath. Position gilt es, am Wundercharakter der Begnadigung festzuhalten. Nach kath. Verständnis wird der Mensch durch die vorauslaufende G. disponiert, die Rechtfertigungsg. zu begehren und zu erbitten, die ihn wiederum befähigt zu guten Werken, durch die er sich den Lohn des ewigen Lebens verdienen kann. Demgegenüber betont reformat. Theologie, daß das ganze Erlösungsgeschehen inklusive der Heiligung auf einer exklusiven Tat Gottes beruht, die eben deshalb als Wunder erscheint, weil der G. Gottes keine menschliche Disposition oder Leistung entspricht, sondern im Gegenteil die gegen Gott gerichtete Sünde ihr gerade widerspricht.

3. Gottes Geschenk und Gottes Wille

Im gleichen Maße, wie die G. Gottes sein exklusives Geschenk an den Menschen ist, gilt umgekehrt, daß die G. Gottes den Menschen nicht übergeht, ihn gleichsam vergewaltigt, sondern seine Personalität berücksichtigt und damit auch ablehnbar bleibt (vgl. Mt 23,37). Es gehört zur am Kreuz offenbaren Erniedrigung Gottes, daß er seine Freiheit vom »Nein« des Menschen begrenzen läßt. Umgekehrt bleibt nur durch diese göttliche Freiheit zur Selbstbegrenzung angesichts der Ablehnung des Menschen der Charakter der G. als Geschenk gewahrt, das die Entscheidung des Menschen nicht aus, sondern einschließt.

Wird aber die G. im Glauben angenommen, dann spricht Gott dem Menschen die Gerechtigkeit Jesu zu (imputativ-forensische Rechtfertigung), um ihn anschließend auch gerecht zu machen (effektive Rechtfertigung; siehe auch → Gerechtigkeit Gottes, syst.-theol.), in dem er ihn heiligt und durch den Hl. Geist zu guten Werken motiviert. Durch die gerechtmachende G. bekommt die christl. Ethik eine grundsätzlich verschiedene Basis im Vergleich zu jeder philosophischen Ethik. Denn christl. Handeln wird nicht durch ein ethisches Ziel, bzw. ein bestimmtes »Soll« begründet, sondern durch eine Voraussetzung, ein konkretes »Ist«, nämlich der durch die G. geschaffenen Gerechtigkeit des neuen, zum Dienst und guten Werken befreiten Menschen.

Diesen Werken als Früchten der Gnade Gottes wird im NT auch ein Lohn verheißen (Mt 5,12; 10,42; 19,29; Lk 6,35; 2Kor 5,10 u.ö.), der folglich auch nur als Gnadenlohn und nicht als Verdienst verstanden werden darf. Gott belohnt damit seine eigene G., die im Menschen wirksam geworden ist, ohne daß dieser einen Rechtsanspruch darauf hätte. (s. a. → Rechtfertigung, → Bekehrung, → Erwählung)

Lit. W. Elert: Der christliche Glaube, [6]1988, §§ 17-25.82f; W. Joest: »Gnade. V. Dogmatisch«, RGG[3], Bd. 2, 1985, 1640-1645; K. Otte: »Gnade. V.«, TRE 13, 1984, 496-511 (Lit.); O.H. Pesch, A. Peters: Einführung in die Lehre von Gnade und Rechtfertigung, 1981; H.G. Pöhlmann: Abriß der Dogmatik, [4]1985, 246-276.

V. Gäckle

Gnadenbilder → Bild, Bilderverehrung

Gnadenbund → Bund

Gnadenmittel → Sakramente

Gnadenstuhl → Sühne

Gnadenwahl → Erwählung

Gnadenzeit

1. Gott ist gnädig (2Mo 34,6), seine → Gnade währt ewig (Ps 100,5 u.ö.), und doch gibt es neben Zeiten des → Zornes Gottes (Ps 110,5; Off 6,17) auch Zeiten, in denen Gott Menschen in besonderer Weise seine Gnade zuwendet.

2. Der Psalmist bittet darum, »zur Zeit der Gnade« (wörtl.: *razon*, »des Wohlgefallens«) erhört zu werden. Dem in der Verbannung lebenden Volk Gottes wird die Zeit der Befreiung als »gnädiges (wörtl.: *razon*, »des Wohlgefallens«) Jahr des Herrn« angekündigt (Jes 61,2, in Aufnahme des Gedankens des Erlaßjahrs, 3Mo 25,10; vgl. Jes 49,8: »Ich erhöre dich zur Zeit der Gnade und helfe dir am Tag des Heils«).

3. Jesus nimmt in der ersten Predigt in Nazareth Jes 61,2 auf und erklärt, daß jetzt diese Zeit des Erweises der Gnade Gottes da sei (Lk 4,19; vgl. 19,44, »Zeit der Heimsuchung«; Mt 11,12). Deshalb kann jetzt zur Umkehr gerufen werden (Mk 1,15, »der Kairos ist erfüllt«, vgl. Apg 17,30f). Diese Botschaft soll bis zum Ende verkündet werden (Mk 13,10; 2Petr 3,9). Als Zeit der Evangeliumsverkündigung ist so die ganze Zeit vom ersten Kommen Jesu (Tit 2,11: »erschienen ist die heilsame Gnade Gottes«) bis zu seiner → Wiederkunft G.

4. Aber auch in dieser Zeit ist die Gnade nicht etwas beliebig Verfügbares. Es gibt »Stunden der Finsternis« (Lk 22,53) und »Zeiten des Aufatmens« (Apg 3,20). Die Wahrheit des Evangeliums muß sich gegen Widerstand durchsetzen. Man kann sich nicht einfach bekehren (→ Bekehrung), wann man will, sondern nur, wo der Hl. → Geist sich durch das Wort im Menschen Gehör verschafft (Apg 2,37; 16,14; vgl. 2Kor 6,2; Hebr 3-4). Gott schenkt → Erweckung und damit G. wo er will (Joh 3,8). Die G. kann auch, wo der Mensch sich ihr verschließt, unwiderruflich vorbei sein (Hebr 12,17).

5. Damit solche G. nicht ungenutzt verstreicht, ist in der → Evangelisation besonderen Hilfestellungen wie dem Ruf nach vorn ihr Recht nicht zu bestreiten. Nur dürfen sie die Entscheidung nicht durch Drängen irgendwelcher Art erzwingen und so das Wirken des Geistes durch menschliche Manipulation ersetzen wollen.

Lit.: O. Cullmann: Christus und die Zeit, 1946; G. Delling: »Kairos«, ThWNT III, 1938, 456-463; O. Riecker: Das evangelistische Wort, 1935, 121-125 (Die Gotteszeit).

H. Burkhardt

Gnesiolutheraner

1. Begriff

Von → Melanchthon vorgeprägte, seit dem 17. Jh. begegnende, aber erst im 20. Jh. üblich gewordene Bezeichnung für die zwischen 1548-77 für das unverfälschte reformat. Erbe kämpfenden »echten« Lutheraner. Die Zeitgenossen nannten sie nach ihrem gelehrtesten und profiliertesten Vertreter M. → Flacius Illyricus »Flacianer«. Gegenwärtig sucht man nach differenzierenderen Begriffen für die einzelnen Gruppierungen unter den Schülern Luthers und Melanchthons bis zur Jahrhundertwende.

2. Historische Zusammenhänge und Personen

Das kaiserliche Augsburger und das von kursächsischen Theologen verfaßte vermittelnde Leipziger Interim (1548) veranlaßten Flacius, N.v. → Amsdorf, J. Wigand, J. Mörlin, J. Westphal u.a. zu scharfer Opposition. Zentren der literarisch aktiven G. wurden Jena, Magdeburg und die norddeutschen Hansestädte, Mittelpunkt der sich um Melanchthon scharenden Philippisten waren Wittenberg und Leipzig. Aus dem katalysatorisch wirkenden interimistisch/adiaphoristischen Streit erwuchsen die meisten anderen nachreformat. Lehrauseinandersetzungen: um das Verhältnis von Glauben und Werken (Majoristischer Streit), um die Bedeutung der Gesetze in bezug auf die Rechtfertigung (Antinomistischer Streit), um den Beitrag des Menschen zum Heil (Synergistischer Streit) und um das Abendmahl im christologischen Horizont. Weil es in all diesen Kontroversen für die Betroffenen um die Wahrheit ging, wurde in vielen Streitschriften unter Zuhilfenahme polit. Kräfte mit äußerster Schärfe einschließlich persönlicher Diffamierungen und zahlreicher Amtsenthebungen gefochten. Hinter den G.n standen durchweg die sächsischen Herzöge mit den Hansischen Magistraten, hinter den Philippisten die sächsischen Kurfürsten. Die Parteizugehörigkeit der Theologen in den Lehrkonflikten war nicht gleichbleibend. Im Osiandrischen Streit um die forensische oder effektive Rechtfertigung, im Streit um die Erbsünde und den dritten Brauch des Gesetzes standen G. und Philippisten weitgehend zusammen. Um der sich nach dem Trienter Konzil (1545-1563) zur Gegenreformation rüstenden alten Kirche wie der ref. Konfessionalisierung (Calvinisierung der Kurpfalz 1563) geschlossener entgegentreten zu können, wurden die jahrzehntelangen Lehrdifferenzen 1577 in der Konkordienformel meist im Sinne der berechtigten Anliegen beider Fraktionen beigelegt. Federführend dabei waren jüngere Theologen, die man als luth. Melanchthonianer bezeichnen könnte (J. → Andreae, M. → Chemnitz, D. Chytraeus).

3. Theologische Anliegen

Allen G.n gemeinsam waren dogmat. Kompromißlosigkeit, schonungslose Verwerfungspraxis, strenge Kirchenzucht, katechetischer und wissenschaftl. Eifer im Dienste der ev. Kirche (Magdeburger → Centurien, Jenaer Lutherausgabe, Bibelkommentare), Wachsamkeit gegenüber Cäsaropapie, unerschrockener existentieller Einsatz, exklusives Konfessionsbewußtsein. Zum dogmat. Unaufgebbaren zählten die leibliche Realpräsenz im Abendmahl und die Unfähigkeit des Menschen, an seinem Heil mitzuwirken. Die Anliegen der G. kehrten z.T. wieder in der luth. Orthodoxie und im Frühpietismus, während der Philippismus zunächst im Helmstedter Späthumanismus und Calixtinismus eine Fortsetzung fand.

Lit.: R. Keller: »Gnesiolutheraner«, TRE 13, 1984, 512-519 (Lit.); E. Koch: Der kursächsische Philippismus, SVRG 195, 1986, 60-77.

I. Mager

Gnosis/Gnostizismus

Als Religion der »Erkenntnis« bzw. des »Wissens« (griech. *gnosis*) begegnet in der Spätantike eine aus vielen Richtungen und Schulen bestehende rel. Bewegung, die ihren Anhängern durch die Erkenntnis ihres ursprünglich göttlichen Wesens und Einsicht in die Geheimnisse der Welt Erlösung aus den Zwängen des irdischen Daseins versprach. Als Selbstbezeichnung begegnet der Begriff »Gnosis« nur bei einigen Gruppen. Ihre christl. Gegner sprechen allgemein von der »fälschlich sogenannten Gnosis« (→ Irenäus von Lyon, Ende 2. Jh.; vgl. 1Tim 6,20) und deuten damit an, daß es auch eine wahre und zuverlässige Erkenntnis über Gott, die Welt und den Menschen gibt. – Gnostizismus nennt man bisweilen die christl.-gnostischen Systeme, die von den Kirchenvätern (nach Irenäus auch → Clemens v. Alexandrien, → Tertullian, → Hippolyt, Epiphanius u.a.) als → Häresie bekämpft wurden. Eine klare Unterscheidung zwischen Gnosis und Gnostizismus hat sich nicht durchgesetzt. Das hängt auch damit zusammen, daß Ursprung und Anfänge der gnostischen Bewegung weithin im Dunkeln liegen.

Im allgemeinen gilt das 1. Jh. v. Chr. als Entstehungszeit. Den geistig-rel. Hintergrund bildet die hellen. Kultur, in der griech. Philosophie und orientalische Religion sich verbunden hatten. Dazu gehört auch das hellen. Judentum, dessen Erbe die christl. Kirche angetreten hat. Von daher erklärt es sich, daß es schon früh zur Entstehung einer christl. Form der Gnosis kam, die sich wie das Christentum rasch ausbreitete und im 2. Jh. ihre besondere Blütezeit erlebte. Die Vielfalt der Schulbildungen, aber auch die inzwischen erstarkte kirchl. Theologie führten zu ihrem Niedergang. Allerdings nahm der im 3. Jh. entstandene → Manichäismus des persischen Religionsstifters Mani (216-276) wesentliche Elemente der Gnosis auf und formte daraus eine → Weltreligion mit einer »mehr als tausendjährigen Geschichte« (K. Rudolph). Verbindungen bestehen auch zu den → Mandäern, einer Täufersekte, von der es noch heute Reste im Irak gibt.

Bei aller Vielfalt gnostischer Systeme und Schulen, die hier nicht im einzelnen vorgestellt werden können, gibt es einige gemeinsame charakteristische Merkmale. Kennzeichnend ist ein mehr oder weniger ausgeprägter Dualismus zwischen Gott und Welt, Licht und Finsternis, Geist und Materie, der stets als Gegenüber von gut und böse verstanden wird.

Gnostische Erkenntnis gibt zum einen Antwort auf die Fragen: »Wer wir sind und was wir geworden sind; woher wir stammen und wohin wir geraten; wohin wir eilen und wovon wir erlöst sind; was es mit unserer Geburt und mit unserer Wiedergeburt auf sich hat« (Exc. ex. Theod. 78,2), d.h. auf Grundfragen der menschlichen Existenz, die besonders dort aufbrechen, wo der Mensch die Welt als fremd oder feindselig erfährt, wo er sich in der Welt oder in seinem Schicksal gefangen fühlt und sich nach Erlösung (Befreiung) sehnt.

Die Antwort der Gnosis lautet: Der Mensch

bzw. sein Geist (seine Seele, sein Pneuma) sind göttlichen Ursprungs. Durch ein kosmisches Verhängnis ist dieser Lichtfunke in eine materielle Welt geraten, die von einem niederen Gott (Demiurg) geschaffen wurde. Darin wird er von bösen Mächten gefangengehalten. Das Durchschauen dieser Zusammenhänge und das Wiedererkennen der ursprünglich göttlichen (Licht-)Heimat ist der erste Schritt zur Erlösung. Allerdings gibt es sie nur für die Pneumatiker, eine Elite von auserwählten Geistmenschen. Für sie ist Gnosis zugleich ein Weg zur Selbst- und zur Gotteserkenntnis und schließlich sogar das Ziel in der Vereinigung mit dem Göttlichen, was gelegentlich in besonderen Riten (Salbungen, Brautgemach u.a.) auch kultisch gefeiert wird. Im christl. Gnostizismus erscheint Christus als himmlischer Bote, der den Erweckungsruf an die Erwählten weitergibt und diese zum Lichtreich geleitet. Man kennt eigene Offenbarungsschriften (Evangelien), und manche Gruppe versteht sich als wahre Kirche (*ecclesia*).

Zu besonderer Bedeutung gelangten gnostische Schulen, die rel. und phil. Wissen zu einem Erlösungsmythos verschmolzen und auch als Ausleger bibl. Texte (Paulus, Johannes u.a.) hervorgetreten sind. In Ägypten gehört dazu Basilides (um 130). Von dort stammte Valentin, der ca. 140-160 in Rom lehrte und die bedeutendste gnostische Schule gründete (Ptolemaios, Herakleon, Markos waren seine bekanntesten Schüler). Der Kampf des Irenäus galt vor allem Valentin und seiner Schule. Als Begründer der Gnosis galt den meisten Ketzerbestreitern Simon Magus (Apg 8), und es gibt auch eine gnostische Gruppe, die sich auf ihn bezog. Gelegentlich wird auch → Marcion von Sinope den Gnostikern zugerechnet, da er die Schöpfung als Werk eines Demiurgen verstand und dualistisch-asketische Ansichten vertrat. Und es gibt auch sonst gewisse Berührungen, die wohl durch die zeitliche und räumliche Nähe zu erklären sind. Dennoch ist dieser erste Gründer einer christl. Sonderkirche, die sich bewußt vom jüd. Erbe abwandte, als eigenständige Größe zu betrachten.

Lange Zeit kannte man die Gnostiker und ihre Lehren nur aus den Beschreibungen ihrer Gegner bzw. dem, was die Gegner aus den Schriften der Gnostiker zitierten. Zu Beginn des 20. Jh.s fand man Originalschriften (Corpus Hermeticum u.a.), und mit dem Fund von Nag Hammadi in Ägypten (1945/46) ist eine beachtliche Sammlung von insgesamt 53 Schriften hinzugekommen. Sie haben das Bild der Kirchenväter zwar modifiziert, aber keineswegs völlig verändert. Die Auseinandersetzung mit der Gnosis hat ebenso wie die Abgrenzung von Marcion die Entwicklung der christl. Theologie wesentlich gefördert. Dazu gehört die Ausbildung des bibl. Kanons unter Einschluß des ATs. Das Bekenntnis zu Gott, dem Schöpfer, festigte sich gegenüber den gnostischen Mythen von einer Weltentstehung durch Entfaltung (Emanation) des Göttlichen. Mit dem Rückgriff auf das Erbe der Apostel und damit die ältesten Zeugnisse der Christenheit verloren nicht nur später hinzugekommene Offenbarungsschriften ihre Bedeutung für den Glauben, es wurde auch die Geschichte gegenüber dem Mythos neu zur Geltung gebracht. Erlösung ist und bleibt ein Werk Gottes, sie geschieht im Glauben, nicht im Wissen oder durch Wissenschaft; sie ist nicht Befreiung des göttlichen Funkens und Erlösung einiger weniger Pneumatiker, sondern das Heil für die ganze Welt, wie es Gott in seinem Heilsplan beschlossen hat. Dazu aber wurde Gott in Christus wahrhaft Mensch und war nicht nur zum Schein in der Welt, um die Lichtfunken ins Lichtreich zu führen. Dies waren die wichtigsten Antworten der frühkirchl. Theologie auf die Herausforderung durch die Gnosis. Insofern haben die Gnostiker nicht wenig zu deren Entwicklung beigetragen.

Lit.: W. Foerster (Hg.): Die Gnosis I-III, 1969-1980; J.M. Robinson (Hg.): The Nag Hammadi Library in English, [3]1988.

B. Aland (Hg.): Gnosis, FS H. Jonas, 1978; K. Berger, R. McL. Wilson: »Gnosis/Gnostizismus I-II«, TRE 13, 1984, 519-550 (Lit.); K. Beyschlag: Simon Magus und die christliche Gnosis, 1974; C. Colpe: »Gnosis I (Gnostizismus)«, RAC 11, 1981, 538-659; K. Koschorke: Die Polemik der Gnostiker gegen das kirchliche Christentum, 1978; Chr. Markschies: Valentinus Gnosticus ?, 1992; K. Rudolph: Die Gnosis, [3]1990 (Lit.); K.-W. Tröger (Hg.): Altes Testament, Frühjudentum, Gnosis, 1980.

W.A. Bienert

Gobat, Samuel (1799-1879)

G., geb. am 26. 1. 1799 in Colmine/Kt. Bern, gest. am 11. 5. 1879 in Jerusalem. 1821 in Basel als Missionar ausgebildet, 1823/24 in Paris wirkend, 1826 von der Londoner Missionsgesellschaft nach Ägypten und Äthiopien ausgesandt. Aus Gesundheitsgründen mußte er die Missionsarbeit aufgeben und war danach als Reiseprediger in Deutschland wie im Ausland tätig.

1846 wurde er von → Friedrich Wilhelm IV. zum Bischof von Jerusalem ernannt (im Wech-

sel mit England) und wirkte dort – in schwierigster Situation und von vielen Gegnern umgeben – durch Gründung von Gemeinden, Schulen, Kranken- und Waisenhäusern, aber auch als Missionar unter Arabern und Juden. Er hat sein Amt mit Kenntnis und Besonnenheit, wenn auch nicht mit allgemeiner Anerkennung, verwaltet.

Lit.: S. Gobat: Evangelischer Bischof in Jerusalem. Sein Leben und Wirken..., 1884; Th. Schäfer: »Gobat, Samuel«, RE 6, 1899, 738-740.

G. Ruhbach

Godet, Frédéric (1812-1900)

G., geb. am 25. 10. 1812 in Neuchâtel, gest. am 29. 10 .1900 ebenda., ref. Theologe, Pastor, Professor für AT und NT. Tief geprägt von der Frömmigkeit seiner Mutter und dem Erlebnis seiner Konfirmation begann er zu Neuchâtel eine voruniversitäre Ausbildung zum Pastor unter Anleitung eines Pfarrers. Mit dem eigentlichen Theologiestudium begann er 1832 in Berlin bei → Hengstenberg, → Tholuck und → Schleiermacher. Nach dem Studium wurde er zum Erzieher des jungen Prinzen Friedrich von Preußen an den Berliner Hof berufen, wo er bis 1844 den Prinzen unterrichtete. Aus dieser Zeit entwickelte sich eine lebenslange Freundschaft beider Männer.

Im Anschluß wurde G. Pfarrer in seiner Heimatstadt und entfaltete eine große theol. und seelsorgerl. Wirksamkeit. 1864 ernannte ihn die theol. Fakultät Basel zum Doktor h.c., er wurde 1866 Gründungsmitglied der theol. Fakultät in Neuchâtel, an der er von 1873-1887 als Prof. für NT lehrte. Auch an der Gründung der Eglise évangélique Indépendante in Neuchâtel 1873 war G. beteiligt. Während die dt. theol. Forschung das Werk von G. kaum beachtet hat, übten vor allem seine Kommentare, die ins Deutsche übersetzt wurden, in → Freikirchen und → Gemeinschaften erheblichen Einfluß aus. Sie überzeugten durch sorgfältige philologische und hist. Arbeit, durch sachliche Auseinandersetzung mit kritischer Exegese, durch Ehrfurcht vor der Offenbarung Gottes in der Hl. Schrift. Seine Auslegung wurde u.a. in der Wuppertaler Studienbibel aufgenommen.

Werke: Einleitung in das NT (2 Bde. 1893-1904; Kommentare zu Lk (2 Bde. 1871, ND 1986); Joh (2 Bde. 1964, ND 1987), Röm (2 Bde., 1879) 1Kor (2 Bde. 1886).

G. Hörster

Goethe, Johann Wolfgang von (1749-1832)

1. Leben und Werk

G., geb am 28. 8. 1749 in Frankfurt/Main, gest. am 22. 3. 1832 in Weimar, war ein Mann von genialer Begabung und einer der bedeutendsten und einflußreichsten Dichter der Weltliteratur überhaupt. Nach dem Jurastudium in Leipzig und Straßburg (1765-1771), wo er sich der literarischen Bewegung des Sturm und Drang anschloß, und einer kurzen Anstellung am Reichskammergericht in Wetzlar (1772) wird G. zunächst Advokat in seiner Heimatstadt (in dieser Zeit entstehen u.a. das Drama »Götz von Berlichingen« und der Briefroman »Die Leiden des jungen Werther«). 1775 folgt G. einer Einladung des Herzogs Karl August nach Weimar, wo er Aufnahme in einem literarisch interessierten Hofkreis findet. Neben seinem dichterischen Schaffen und seiner Tätigkeit als Minister für Finanzen, Militärwesen, Bergbau, Theater und Bildung beschäftigt sich G. auch mit naturwissenschaftl. und kunstkritischen Studien. Richtungsweisend für Goethes weiteres Werk werden die Eindrücke seiner ersten Italienreise (1786-88). Für die nun beginnende Phase der Weimarer Klassik (1788-1805) gewinnt auch die Begegnung und Freundschaft mit F. → Schiller

(1759-1805) Bedeutung (es entstehen u.a. die »Römischen Elegien«, »Iphigenie auf Tauris«, »Torquato Tasso«, »Wilhelm Meisters Lehrjahre« und der erste Teil des »Faust«). Nach Schillers Tod setzt sich G. verstärkt mit den Vorstellungen der Romantik auseinander. Kurz vor seinem Tod vollendet G. den zweiten Teil seines Hauptwerkes, den »Faust«, der 1833 posthum erscheint.

2. Goethe und die Religion

Die ersten rel. Anstöße bekam G. durch seine prot. Erziehung. Erste Glaubenszweifel kamen ihm nach dem Erdbeben von Lissabon 1755: »Gott, der Schöpfer und Erhalter Himmels und der Erden, ... hatte sich, indem er die Gerechten mit den Ungerechten gleichem Verderben preisgab, keineswegs väterlich bewiesen.« Mit der Aufnahme des Jurastudiums in Leipzig will G. sich vom Christentum lösen. In Leipzig hat er Kontakt u.a. zu dem Pietisten Ernst T. Langer, der G. auch während einer schweren Erkrankung betreut. Nach der Rückkehr nach Frankfurt/M. 1768 ist G. fasziniert von der frommen Stiftsdame Susanne Katharina von Klettenberg, die im engen Kontakt zu seiner Mutter steht. Vier Monate nach seiner Rückkehr schreibt G. an Langer: »Mich hat der Heiland endlich erhascht.« Parallel zum Besuch pietist. Versammlungen beschäftigt sich G. mit neuplatonischen Schriften. 1770 setzt er sein Jurastudium in Straßburg fort mit dem Ziel der Promotion über das Thema »Recht und Verpflichtung des Staates, den kirchlichen Kultus zu bestimmen bei Freiheit des persönlichen Religionbekenntnisses«. Bald distanziert er sich von der Geistesenge der dortigen Pietisten. G. führt sein bisheriges Interesse am Christentum auf die leichte Beeinflußbarkeit während seiner Krankheit zurück. Begegnung und Freundschaft mit → Jung-Stilling, der Einfluß → Herders, aber auch die Auseinandersetzung mit Rousseau und J.G. → Hamann lassen G. eine weltoffene Frömmigkeit anstreben. Er spricht vom beginnenden Ausbau einer Privatreligion, in der er schließlich den Gedanken der göttlichen Gnade mit dem menschlichen Drang nach tätiger Selbsterlösung verbindet. 1773 beginnt der Kontakt mit dem Schweizer Theologen → Lavater. Mit ihm diskutiert G. u.a. die Schriften → Spinozas. Gegenüber Lavater äußert G., er sei »zwar kein Widerchrist, kein Unchrist, aber doch ein dezidierter Nichtchrist«. Die unterschiedlichen Glaubensauffassungen führen 1784 endgültig zum Bruch der Freundschaft. Auf seiner italienischen Reise 1786-1788 setzt sich G. mit dem Katholizismus auseinander. Am 23. 6. 1789 wird G. in die Freimaurerloge »Amalia« in Weimar aufgenommen. Im Alter nähert sich G. wieder dem christl. Glauben. »Ich glaube an Gott und die Natur, und an den Sieg des Edlen über das Schlechte.«

H. Thielicke versucht eine biographieunabhängige Darstellung der verschiedenen Religionskonzepte G.s, die sich zu einem Mosaik ergänzen. Unterschiedliche Äußerungen G.s zum Christentum bei unterschiedlichen Gesprächspartnern seien auffällig. G. selbst schrieb 1783 in einem Brief an Jacobi: »Ich für mich kann ... nicht an einer Denkweise genug haben; als Dichter und Künstler bin ich Polytheist, Pantheist hingegen als Naturforscher, und eins so entschieden als das andere. Bedarf ich eines Gottes für meine Persönlichkeit als sittlicher Mensch, so ist dafür auch schon gesorgt. Die himmlischen und irdischen Dinge sind ein so weites Reich, daß die Organe aller Wesen zusammen es nur erfassen mögen.« Um die Fülle des Göttlichen so zu erfassen, müßten die Organe aller Wesen zusammen in Anspruch genommen und alle erdenkbaren perspektivischen Zugänge gewählt werden. Alle Religionen seien nur »tausendfache Äußerungen dieser Heilungskraft«. Sie enthielten nur »verschiedene Perspektiven, unter denen das Göttliche erscheint«. Glauben sei ein »heiliges Gefäß, in welches ein jeder sein Gefühl, seinen Verstand, seine Einbildungskraft, so gut als er vermöge, zu opfern bereit stehe«. Mit G.E.

→ Lessing verbindet G. die Frage nach Aneignung und Bewahrung menschlicher Identität im Zusammenhang mit dem Thema Religion.

Zentrale Textbeispiele für G.s literarische Auseinandersetzung mit Religion sind: »Der Brief des Pastors«, »Der ewige Jude«, »Die Leiden des jungen Werther«, »Hermann und Dorothea«, »Faust« Teil I und II, »Wilhelm Meisters Lehr- und Wanderjahre«, »Dichtung und Wahrheit«.

Lit.: P. Althaus: Goethe und das Evangelium, 1950; K. Aner: Goethes Religiosität, 1910; E. Busch: Goethes Religion. Die Faust-Dichtung in christlicher Sicht, 1949; W. Fliedner: Goethe und Christentum. Die Religion und Ethik Goethes und der Hauptvertreter des Christentums, 1930; W. Kahle: Goethe und das Christentum, 1949; E. Köppe: Das Verhältnis des jungen Goethe zum Christentum, 1939; R. Meyer: Goethe der Heide und der Christ, 1965; G. Möbus: Die Christus-Frage in Goethes Leben und Werk, 1964; H. Thielicke: Goethe und das Christentum, 1982.

J.K. Bleicher

Goeze, Johann Melchior (1717-1786)

G., geb. am 16. 10. 1717 in Halberstadt, gest. am 19. 5. 1786 in Hamburg, ev. Theologe, 1755-1786 Hauptpastor in Hamburg an St.Katharinen, 1760-1770 Senior der Stadtgeistlichkeit. Als Vertreter der luth. Spätorthodoxie, die sich mit dem kirchl. Pietismus versöhnt hatte (Theologiestudium G.s in Jena und Halle; vgl. seine Schrift »Die gute Sache des wahren Religionseifers«, 1770) und als letzter bedeutender Polemiker der Orthodoxie, war G. ab 1765 in zahlreiche literarische Fehden verwickelt (z.B. ab 1768 in den zweiten Hamburger Theaterstreit).

Bleibende Bedeutung kommt dem Fragmentenstreit zu. Mit der Veröffentlichung der Reimarustexte als »Fragmente des Wolfenbüttelschen Ungenannten« (ab 1774) eröffnete → Lessing in Deutschland die radikale hist. Kritik an der Bibel und den christl. Kirchen in der Überzeugung, daß Geist und Buchstabe zu trennen seien: »Zufällige Geschichtswahrheiten können der Beweis notwendiger Vernunftwahrheiten nie werden.« G., Lessings Hauptgegner, verteidigte die → Verbalinspiration der Schrift und die orth. Kirchenlehre.

Der Hamburger Hauptpastor, der durch Lessings satirische Polemik für die deutsche Aufklärung zum Typus des engstirnigen, wissenschaftsfeindlichen Kirchentheologen abgestempelt wurde, ist als Person wie als redlicher Theologe über jeden Zweifel erhaben. Dem

von einer natürlichen Vernunftreligion aus argumentierenden Lessing mußte G. mit den Mitteln seiner Zeit widersprechen: »Etwas Vorläufiges gegen des Herrn Hofrats Lessings mittelbare und unmittelbare feindselige Angriffe auf unsere allerheiligste Religion« (1778), »Lessings Schwächen« (1778). Die Überzeugung, daß sich der christl. Glaube auf in der Bibel bezeugte geschichtl. Ereignisse bezieht, behält selbst dann ihre Berechtigung, wenn man die orth. Inspirationslehre nicht mehr zu teilen vermag.

Lit.: Goezes Streitschriften gegen Lessing, neu hg. von E. Schmidt, 1893; Verspätete Orthodoxie. Über D. Johann Melchior Goeze (1717-1786), hg. von H. Reinitzer, W. Sparn, 1989 (Wolfenbütteler Forschungen 45).

J.O. Rüttgardt

Gog und Magog

Von Gog im Land Magog (1Mo 10,2; 1Chr 1,5) spricht der Prophet Hesekiel (38-39). Bereits die griech. Übersetzung (LXX) verstand Magog als Volksname, wie dann auch die Offenbarung (20,8) von G. und M. als zwei individuellen Größen (Personen? Völkern?) spricht.

Neue Untersuchungen machen wahrscheinlich, daß Gog Herrschertitel ist und den lydischen Großfürsten Alyattes (607-585 v.Chr.) meint (Urenkel des oft vermuteten Gyges, 680-652 v.Chr.), während Ma-Gog mit »Land des Gog« zu übersetzen wäre. Die auch Israel bedrohende Vorherrschaft Alyattes' über Lydien, Meschech (ehem. Phrygien) und Tubal (oberer Halys bis Euphrat), sowie die Art der Kriegsführung (Reiterheere; freie Vasallenpolitik) entsprechen genau der Beschreibung bei Hesekiel (38,2.4f u.a.). Das in Übersetzungen oft anzutreffende »Rosch« (38,2) ist dann nicht als Volks- oder Landesname, sondern als Teil des Herrschertitels (*n śy' ro'š*, »Großfürst«) aufzufassen. Alyattes' Großmachtpolitik wurde ab 591 v.Chr. durch Auseinandersetzungen mit den Medern gebremst und 585 v.Chr. auf einer »Friedenskonferenz« gebrochen, die dem neubabylon. Reich unter Nebukadnezar den Weg zur Eroberung von Tyrus und Jerusalem öffnete.

Diese Ereignisse stehen deutlich hinter der Schilderung durch Hesekiel. Aber er sieht von Gott her tiefer. Die Ausdrucksweise zeigt (z.B. 38,9.16.22), daß er an eine »Wiederholung« der Auseinandersetzung zwischen Pharao und Gott/Mose denkt (Hes 38,16 – 2Mo 14,4; Hes 38,22 = Plagen usw.) und gleichzeitig an die Prophezeiungen eines »Endfeindes« aus dem Norden (Hes 38,15.17 u.ö.; vgl. Jer 1,14; 4,6 u.a.) anknüpft. Er erkennt also, daß in Gog das »Typische« des Kampfes gegen Gottes Handeln (Pharao; Exodus) neu Gestalt gewinnt und sich steigert (→ Apokalyptik). Weil hier apokalyptisches Denken vorliegt, ist mit drei Schichten der Beobachtung zu rechnen. Der Prophet will auf das Typische aufmerksam machen (Vergangenheit: Pharao), um so die Augen für das Konkrete zu öffnen (Gegenwart: Alyattes? Nebukadnezar?) und dadurch die Steigerungen in der Zukunft verstehbar zu machen. Die Worte und Visionen über Gog weisen auf einen eschatologischen Endkampf hin, in dem sich der Weltherrscher zusammen mit vielen anderen Völkern aufmacht, um das eben erst in sein Land zurückgeführte Volk Gottes zu vernichten; ja, Gott selbst ist es, der Gog herbeilockt (39,1ff, 3; vgl. die Betonung der Eigeninitiative in 38,10f). Gott selbst wird (Erdbeben; Naturereignisse 38,19-22) G. schlagen und dadurch erweisen, »daß ich der Herr bin« (38,2.3; 39,7; vgl. 2Mo 7,17; 20,2).

Der Zusammenhang, in den das Buch Hesekiel die Aussagen über Gog stellt, verrät eine klare Geschichtsschau. Auf die Heilsverheißung der endzeitlichen Bundeserneuerung und Neuerweckung (36; 37) folgt der Kampf der irdisch-polit. Mächte, die Israel vernichten wollen (38; 39, verstanden als eschatologischer Endkampf), worauf die Vollendung Israels von der Erneuerung des Tempels aus Wirklichkeit werden kann (40-48: Tempel; Stadt; Land).

Diese apokalyptische Geschichtsschau wird in der Offenbarung aufgenommen: auf das Friedensreich (Tausendjähriges Reich, Offb 20,1-16) folgt die Freilassung Satans, der die Völker verführt und zum polit.-militärischen Endkampf motiviert. G. und M. erscheinen als Eigennamen, die das »Typische« am apokalyptischen Wissen herbeizitieren: daß der Kampf zwischen Gott und dem Bösen am Ende eine irdische, machtpolit. und militärische Zuspitzung erfahren und sich gegen »das Lager der Heiligen und Gottes geliebte Stadt« (20,9a) richten wird. Die Heiligen aber können ihrerseits das Böse nicht mit denselben Mitteln bekämpfen. Das kann und wird nur Gott allein tun (20,9) durch sein unmittelbares Eingreifen in alle menschliche Unmöglichkeit. Darauf folgen Gericht (20,10-15) und Vollendung (21).

Nachwirkungen dieser Visionen finden sich vor allem bei apokalyptisch orientierten Gruppen und Sekten(z.B. Zeugen Jehovas), aber auch im Judentum, das auf das Geheimnis hinweist, daß es »Gog draußen« (als äußere, polit. Realität) nur geben kann, weil es den »Gog drinnen« (als persönliche Voraussetzung) gibt (Martin Buber). Das Persönliche und das Eschatologische muß zusammengesehen werden – und ebenso ihre Überwindung.

Lit.: P. Högemann: »Gog«, NBL I, 1991, 897-898 (Lit!); B. Otzen: ThWAT I, 1973, 958-965 (Lit!).

W.J. Bittner

Gogarten, Friedrich (1887-1967)

1. F.G. wurde am 13. 1. 1887 in Dortmund geboren. Nach dem Abitur (1907) studierte er zunächst in München ein Semester Kunstgeschichte, Germanistik und Psychologie; danach Wechsel zum Studium der Theologie in Jena, Berlin (bei Adolf von → Harnack) und Heidelberg (Ernst → Troeltsch). 1924 Verleihung des theol. Ehrendoktors durch die Theol. Fakultät in Gießen. Seit 1925 war G. Pfarrer in Dorndorf an der Saale und seit 1927 zugleich Privatdozent für Systematische Theologie in Jena. 1931 wurde er zum o. Prof. in Breslau berufen. Von 1935 bis zu seiner Emeritierung 1955 wirkte er als Systematiker in Göttingen und starb dort am 16. 10. 1967.

Geistig beeinflußt wurde G. außer von A. von Harnack und E. Troeltsch durch den phil. Personalismus M. → Bubers und F. Ebners sowie durch die Existenzphilosophie M. → Heideggers. Wichtig sind vor allem G.s intensive Lutherstudien.

Zusammen mit K. → Barth, R. → Bultmann und E. → Brunner gehört G. zu den Begründern der dialektischen Theologie. Zunächst kämpfte er gemeinsam mit Barth gegen den → Historismus der liberalen Theologie und den Anthropozentrismus des Kulturprotestan-

tismus. Unter dem Einfluß von S. → Kierkegaard stellte G. den absoluten Gegensatz von Gott und Mensch heraus. Als er später jedoch in der Entwicklung einer theol. Anthropologie eine Hauptaufgabe der Theologie sah, kam es zum Bruch mit K. Barth. Die Trennung wurde endgültig, als sich G. der den Nationalsozialisten verpflichteten Bewegung der → Deutschen Christen anschloß.

2. G. geht zunächst in Auseinandersetzung mit J.G. → Fichte von der Frage nach dem Verhältnis zwischen dem Handeln Gottes und dem des Menschen aus, wobei er im Sinne der mystischen Religiosität die vorgegebene wesenhafte Einheit von Gott und Mensch betont.

Durch die Entdeckung des geschichtl. Charakters der Christusbotschaft löst sich G. von seinem mystischen Vorverständnis. Die menschliche Wirklichkeit wird nun in der Sprache des phil. Personalismus im Spannungsverhältnis von Ich und Du erfaßt. Für die Gottesbeziehung wird der die Sünde aufdeckende Gebrauch des göttlichen Gebotes (*usus elenchticus legis*) entscheidend (→ Gesetz). Der sittliche Autonomieanspruch des Menschen gegen Gottes Souveränität wird verurteilt.

In einer dritten Phase seiner theol. Forschung (nach dem Zweiten Weltkrieg) unterscheidet G. scharf zwischen der Verantwortung vor Gott (*secundus usus legis*) und der Weltverantwortung (*primus usus legis*). Durch dieses, die klass. luth. Zwei-Regimenten-Lehre weiterführende Verständnis des Gesetzes versucht G. die neuzeitliche Säkularisierung positiv zu fassen. Die Vernunft befreit sich von jedweder Ideologie, die entweder zum Heilsersatz wird oder dem Nihilismus verfällt, indem sie ihre Begrenzung gegenüber Gott anerkennt und ihre Autonomie gegenüber der Welt wahrnimmt. Von dieser positiven Beurteilung der Säkularisation als legitimer Selbstbefreiung der Welt zu echter Weltlichkeit, ist nach G. der Säkularismus als ideologischer Mißbrauch fundamental zu unterscheiden. Der Glaube befreit den Menschen zu einer dem Willen des Schöpfers gemäßen Herrschaft über die Welt, indem sie ihn zur echten »Sohnschaft« führt. Denn nur in der Bindung an Gott gibt es wahre Mündigkeit gegenüber der Welt.

3. Kritisch bleibt zu fragen, ob die Unterscheidung von legitimer Säkularisierung und unrechtem Säkularismus angesichts der geschichtl. Realität in einer nachchristl. Gesellschaft sinnvoll ist, da die moderne Kultur eben nicht die von G. geforderte Bindung an Gott bewahrt hat, sondern als ganze – selbst in ihren rel. Interessen und Lebensäußerungen – sich vom Christentum abgewandt hat. Faktisch hat der Säkularismus die Projektion einer christl. interpretierten Säkularisation ad absurdum geführt.

Lit.: F. Gogarten: Politische Ethik. Versuch einer Grundlegung, 1932; ders.: Einheit von Evangelium und Volkstum?, 1933; ders.: Die Verkündigung Jesu Christi, 1948; ders.: Der Mensch zwischen Gott und Welt, 1952; ders.: Verhängnis und Hoffnung der Neuzeit. Die Säkularisierung als theologisches Problem, 1953; ders.: Jesus Christus, Wende der Welt. Grundfragen zur Christologie, 1966; ders.: Luthers Theologie, 1967; ders.: Die Frage nach Gott, 1968;

J. Kahl: Philosophie und Christologie im Denken Friedrich Gogartens, 1967; K.-W. Thyssen: Begegnung und Verantwortung. Der Weg der Theologie Friedrich Gogartens von den Anfängen bis zum 2. Weltkrieg, 1970; R. Weth: Gott in Jesus. Der Ansatz der Christologie Friedrich Gogartens. Mit einer Gogarten-Bibliographie, 1968.

R. Hille

Göhre, Paul → Evangelisch-sozialer Kongreß

Goldene Regel

1. Mit der G.R. (»Alles, was ihr wollt, daß euch die Leute tun sollen, das tut ihnen auch«, Mt 7,12) faßt Jesus in der Bergpredigt die ethische Botschaft des AT zusammen. Es handelt sich in ihr aber keineswegs, wie sonst durchgehend in der → Bergpredigt, um eine für die escha-

tologische Ethik Jesu kennzeichnende Weisung, sondern um die Formulierung einer jedermann unmittelbar einleuchtenden, allg.-menschlichen ethischen Aussage, den allgemeinsten Grundsatz sittlichen Handelns. Dementsprechend findet sie sich außer bei Jesus (und ihm folgend in christl. Literatur, Dihle, 107) nicht nur im zeitgenössischen Judentum (u.a. Pseudo-Aristeas 209; Tobit 4,15; Hillel in Abboth 2,2a; T Jer zu Lev 19,18, hier ausdrücklich an das Gebot der Nächstenliebe anknüpfend, dieses sozusagen rationalisierend), sondern auch in Zeugnissen der griech.-röm. Antike (»ich aber will nicht tun, was ich am Nachbarn tadle« Herodot, Hist. 3, 142, 5. Jh.v.Chr.) und der ethischen Weisheit Chinas (»Was dir selber unerwünscht ist, füge auch keinem anderen zu«, Konfuzius in Lun-Yü XV, 23, 5. Jh.v.Chr.) und Indiens (Mahabharata 13,113). Auch → Kants kategorischer → Imperativ kann als eine von der Erfahrung abstrahierende Umformung der G.R. verstanden werden.

2. Die G.R. setzt die gemeinantike sog. Talionsformel voraus, nach der Gleiches mit Gleichem zu vergelten und so gestörte zwischenmenschliche Ordnung wiederherzustellen ist (Dihle). Die G.R. selbst aber läßt den mit der Talionsformel verbundenen Vergeltungsgedanken hinter sich und dient nur noch als Maß für das Verhalten gegenüber den Mitmenschen (gegen Dihle, 110). Sie knüpft zwar an die natürliche Selbstliebe an, bleibt also zunächst im Rahmen des Gedankens der ausgleichenden Gerechtigkeit, ist aber auch offen für Füllung mit dem Gedanken der Feindesliebe (Lk 6,31). Während die negative Fassung (»Was du nicht willst, das man dir tu...«) mehr Ausdruck einer bloßen Vermeidungsethik ist, leitet die positive Fassung (die nicht nur jesuanisch, aber doch für Jesus kennzeichnend ist) zu einer den Mitmenschen im Sinne der Proexistenz in Obhut nehmenden Handlungsweise an.

Lit.: A. Dihle: Die Goldene Regel. Eine Einführung in die Geschichte der antiken und frühchristlichen Vulgärethik, 1962: L.J. Philippides: Die Goldene Regel, religionsgeschichtlich untersucht, 1929; E. Stauffer: Die Botschaft Jesu – damals und heute, 1959, 55-60.

H. Burkhardt

Goldenes Zeitalter → Tausendjähriges Reich

Goppelt, Leonhard (1911-1973)

G., geb. am 6. 11. 1911 in München, gest. am 21. 12. 1973 ebenda, war als ev. Theologe einer der bedeutendsten Neutestamentler der Nachkriegszeit. Nach dem Studium der Theologie wurde er 1936 Repetent in Erlangen. Von 1940-45 zum Kriegsdienst einberufen, war er nach dem Krieg von 1946-48 Privatdozent wiederum in Erlangen. 1949 wurde er zum Professor an die Kirchliche Hochschule nach Hamburg berufen und übernahm 1954 nach der Gründung der Theologischen Fakultät an der Hamburger Universität dort eine ordentliche Professur für NT. G. wurde 1968 Gründungsmitglied der Ev.-theol. Fakultät der Universität München. Er gehörte den Synoden der EKD und der VELKD an und war jahrelang an der Ausarbeitung der Leuenberger Konkordie, einer Lehrübereinkunft reformat. Kirchen in Europa, beteiligt. Sein von einem »dynamischen Biblizismus« (T. Holtz) geprägtes theol. Werk faßte er in dem Neuentwurf einer »Theologie des Neuen Testaments« zusammen, in dem er eine konservative Gegenposition zu entsprechenden Werken der Ära und Schule R. → Bultmanns vertrat und deren Ansatz zu überwinden suchte. So machte er programmatisch im ersten Band seiner »Theologie des Neuen Testaments« das Wirken Jesu selbst wieder zum Gegenstand ntl. Theologie. Im Zuge der Theologie Bultmanns war dieses noch in die jüd. Religionsgeschichte verbannt worden, da angenommen wurde, daß die ntl. Botschaft im eigentlichen Sinne erst mit dem Osterkerygma der Jünger und der nun einsetzenden Reflexion über die vorösterlichen Ereignisse beginne.

Lit.: L.Goppelt: Theologie des Neuen Testaments, 2 Bde., hg. von J. Roloff, 1975/76; ders.: Typos. Die typologische Deutung des Neuen Testaments im NT (1939) [2]1973; ders.: Christologie und Ethik. Aufsätze, 1968; ders.: Der erste Petrusbrief, 1978.

V. Gäckle

Görlitzer Kirchengebiet → Schlesische Oberlausitz, Ev. Kirche

Görres, Johann Joseph (1776-1848)

G., geb. am 25. 1. 1776 in Koblenz, gest. am 29. 1. 1848 in München. Nach dem Besuch des Gymnasiums in Koblenz von 1786 bis 1793 betreibt G. autodidaktische Studien, beschäftigt sich besonders mit Medizin, Naturwissenschaften und Mathematik. Bereits während seiner Schulzeit war G. ein begeisterter Anhänger der Ideale der Franz. Revolution. 1797/98 erschien seine Erstlingsschrift: »Der Allgemeinde Friede, ein Ideal.« In dieser Schrift wird Frankreich als Heimat der Menschheit herausgestellt. G. schwebt eine Synthese von franz. Freiheitswillen und deutscher Philosophie vor. 1799 hält er sich als Deputierter der rheinischen Patrioten in Paris auf. Enttäuscht kehrt er aber im Februar 1800 zurück und schreibt: »Das war's nicht, was ich vor sieben Jahren erwartete.« Bei G. bahnt sich nun eine Umorientierung an; er macht einen Prozeß durch, der ihn zum metaphysischen Denker werden läßt. Im Christentum sieht er einen Schlüssel, das Geheimnis der Menschwerdung zu begreifen. Ihm schwebt eine überkonfessionelle Universalreligion vor.

In den folgenden Jahren widmet er sich dem Unterricht naturwissenschaftl. Fächer an der École secondaire in Koblenz. Hoffnungen, auf einen Universitätslehrstuhl berufen zu werden, z.B. nach Würzburg oder Landshut, zerschlagen sich. Von 1806 bis 1808 kann er an der Universität Heidelberg als Privatdozent lehren, muß aber, da er in Heidelberg keine feste Anstellung erhält, im Oktober 1808 wieder in Koblenz an der »Sekundärschule« seine Tätigkeit aufnehmen. Die Jahre 1809 bis 1814 dienen G. zum Kraftschöpfen. Er betreibt umfangreiche Studien (z.B. lernt er Persisch). Die Befreiung der linksrheinischen Gebiete von der Herrschaft Napoleons im Jahre 1814 sind für G. ein Signal zu besonderer publizistischer Tätigkeit. Er kämpft im »Rheinischen Merkur« für den freien Rhein. Wegen seines polit., aber auch sozialen Engagements – 1817 hatte G. den Koblenzer Hilfsverein gegründet –, mußte er, um einer Verhaftung durch die preußische Regierung zu entgehen, 1819 nach Straßburg fliehen. Zuvor war sein Buch »Teutschland und die Revolution« erschienen. Es enthält die endgültige Absage an die Jakobiner und ein Bekenntnis zur Kirche. Von 1824 bis 1827 arbeitet er mit an der Zeitschrift »Der Katholik«, einem streng kirchl. Publikationsorgan. Damit bekundet er endgültig seine Hinwendung zur kath. Restauration.

Anfang November 1827 erhält G. den Lehrstuhl für Allgemeine und Literaturgeschichte an der Universität München. Hier sieht er sich in einer Doppelrolle, als Historiker und Prophet. Inspiriert von der Romantik bemüht sich G. um eine Erschließung der christl. Mystik. In München bildet sich um G. ein Kreis kath. Wissenschaftler, der in der Zeitschrift »Eos« und ab 1837 in den Historisch-Politischen Blättern publizistisch wirksam wird.

G.' 1837 erschienene Schrift »Athanasius« wird als »das erste große Dokument des politischen Katholizismus« bezeichnet.

Lit.: H. Raab (Hg.): Joseph Görres. Ein Leben für Freiheit und Recht. Auswahl aus seinem Werk. Urteile von Zeitgenossen. Einführung und Bibliographie, 1978.

K. Wittstadt

Görres-Gesellschaft

→ Görres, Joseph

Gossner, Johannes Evangelista (1773-1858)

G., geb. am 14. 12. 1773 in Hausen bei Augsburg, gest. am 20. 3. 1858 in Berlin. Als kath. Priester wurde er 1797 über die Allgäuer → Erweckungsbewegung zu einem lebendigen Christuszeugen. Mehrfach bestraft und unter Druck gesetzt, blieb er gleichwohl Priester in Dirlewang und München, bis er aus Bayern ausgewiesen wurde. Vom russ. Zaren eingeladen, wirkte er von 1820 bis 1824 in St. Petersburg (und Finnland), dann in Erweckungskreisen Hamburgs und Leipzigs, Pommerns und Schlesiens. 1826 konvertierte er und wurde 1829 ev. Pfarrer in Berlin.

Seine Haupttätigkeit entfällt auf den diakon. und mission. Bereich: Er rief Kindergärten ins Leben, gründete das Berliner Elisabeth-Diakonissen- und Krankenhaus 1837 und 1836 die sich in fast allen Erdteilen weit ausdehnende → Gossner-Mission, besonders verbreitet unter den deutschen Auswanderern in den USA. Schließlich gründete er 1845 die bis in die Gegenwart hinein, wenn auch verändert, bestehende ev.-luth. Gossner-Kirche in Süd-Indien. Über seine evangelist. Schriften und seine Pioniertaten in der Inneren und Äußeren Mission hat er sich bis heute einen Namen gemacht.

Werke: Herzbüchlein, 1812; Schatzkästchen, 1824; Kommentar zum NT, 1818; Predigten, 1838; ab 1834: Die Bibel auf dem Missionsfeld (Zeitschrift); Der christliche Hausfreund 1847-1852;

Lit.: W. Holsten: J.E. Gossner. Glaube und Gemeinde, 1949; H. Lokies: J.E. Gossner, 1956.

G. Ruhbach

Gossner-Mission

Die G.-M. ist nach ihrem Gründer Johannes Evangelista → Gossner (1773-1858) benannt. Der Priester erfährt, als er durch die Erwekkung um Boos und Sailer zum lebendigen Glauben kommt, in Bayern viele Demütigungen, wird nach Petersburg berufen (1819), vier Jahre später ausgewiesen. Als »Reise- und Stubenprediger« wirkt er in Hamburg und Leipzig, Schlesien und Pommern, tritt zur evangelischen Kirche über und erhält erst 1828, 54jährig, die Pfarrstelle an der böhmisch-luth. Bethlehemsgemeinde in Berlin. Dort wirkt er segensreich als Prediger und Seelsorger. Seine wichtigsten Anstöße gibt er im Nebenamt: als Erbauungsschriftsteller und Schriftleiter der »Biene auf dem Missionsfelde« (1834), Gründer von Kindergärten, Krankenpflegeverein, Elisabethkrankenhaus mit Pflegeschule. Am 12. 12. 1836 beginnt die G.-M. mit der Vorbereitung von zwölf Handwerkern, Katecheten und Lehrern für den Dienst in Australien. Bis 1958 wurden 292 Missionare und 15 Schwestern nach Australien, Neuguinea, in die Südsee, nach Indien, Afrika und Mittelamerika und zu den »deutschen Heiden« nach Nordamerika entsandt. Gossner hielt eine volle theol. Ausbildung der Missionare für unnötig, ein Missionshaus mit Verwaltung und Ordnungen für unwichtig. Er folgte dem apostol. Konzept, für das festes Gehalt und ein bestimmtes Bekenntnis entbehrlich waren. »Jetzt kommen sie vor lauter Bekenntnissen nicht zu dem zu Bekennenden, zu Christus, zur Liebe«, klagte er (Lokies, 17). Das größte und wichtigste Missionsgebiet wurde die Adivasi-Mission unter den Ureinwohnern Indiens westl. von Kalkutta (seit 1845). Aus ihr ist die seit 1919 selbständige ev.-luth. Gossnerkirche von Chotanangpur und Assam mit heute 400.000 Gliedern hervorgegangen. Die G.-M. stellt der Gossner-Kirche Mittel und Mitarbeiter für Sonderprojekte zur Verfügung. Nach dem zweiten Weltkrieg hat die G.-M. im Ostteil Deutschlands in Zeltmission, ökumen. Arbeitslagern und katechetischem Dienst Schwerpunkte gesetzt. Der Westteil hat mit dem Seminar für den kirchl. Dienst in der Industriegesellschaft in Mainz-Kastel 1949 eine neue Arbeit begonnen. Die Mitarbeit in der Vereinigten Nepalmission (seit 1969) und in der Vereinigten Kirche in Zambia (1970) geschieht arbeitsteilig und projektbezogen.

Lit.: B. Barteczko-Schwedler, H.U. Schwedler (Hg.): Wegmarken, Einschnitte und Wendepunkte in der 150-jährigen Geschichte der Gossner Mission, 1986; W. Holsten: Johannes Evangelista Gossner, Glaube und Gemeinde, 1949; H. Lokies: Die Gossner-Kirche in Indien – Durch Wachstumskrisen zur Mündigkeit, 1969; ders.: Johannes Evangelista Gossner, 1958.

R. Müller

Goten → Germanen, Christianisierung der

Gott

a) biblisch

Durchlaufende Linie im bibl. Zeugnis von G. ist seine Offenbarung in der Geschichte: von der Befreiung aus Ägypten (2Mo 12ff) über den unter Pontius Pilatus gekreuzigten Jesus von Nazareth als den Christus und die urchristl. Mission bis zur endzeitlichen Vollendung der Geschichte in der himmlischen G.esstadt (Offb 21).

Zwei weitere durchlaufende Linien sind G.es Heiligkeit und Gerechtigkeit: vom Dekalog über die prophetische Verkündigung des AT, die Bergpredigt bis zu den Paulusbriefen und den G.eszeugen der Offb. Die andere ist seit dem 5Mo im Doppelgebot der Liebe vorgegeben, wie es Christus aufgenommen und verschärft hat und wie es bei Paulus und Johannes neue Gestalt gewinnt (Mk 12,28ff; 5Mo 6,5; 3Mo 19,18; 1Kor 13; 1Joh 4,16ff).

Im Zentrum des göttlichen Heilshandelns stehen Kreuz und Auferstehung Christi. Beide bilden den Kern des ntl. Christusbekenntnisses (1Kor 15,3f) unter Bezug auf das atl. Zeugnis. Herausragende Akzente des bibl. Zeugnisses vom dreieinigen G. sind sein schöpferisches Handeln (1Mo 1; Joh 1), das zugleich die Erhaltung der Schöpfung vom Noachitischen Bund (1Mo 8,21f) bis zu den Krankenheilungen Jesu einschließt. Das schöpferische Handeln G.es ist zugleich sein Schaffen aus dem Nichts, das seine Entsprechung in der Rechtfertigung hat, in der G.es neuschaffendes Handeln durch den Glauben an Christus aus einem Sünder einen Gerechten macht, wie es Paulus an Abraham exemplifiziert (Röm 4,1ff). Zum Zeugnis der »Offenbarung als Geschichte« (W. Pannenberg) gehört vor allem die in der Bundesgeschichte Israels präformierte Inkarnation des Wortes in Christus, die besonders Johannes (1,14), Lukas (1,5ff; 2,1ff) und Paulus (Gal 4,4f) bezeugen.

Kennzeichen der bibl. Rede von G. ist auch das wechselseitige Verhältnis der Offenbarung des Vaters durch den Sohn und umgekehrt (Mk 1,9ff; Mt 10,32f; 11,27), besonders bei Johannes im Passionsbericht und in den Abschiedsreden (13,31-16,33; 17,1-5).

Konstitutiv für das bibl. Zeugnis von G. sind ferner die Aussagen über seine Gegenwart im Hl. Geist, und zwar beginnend mit der Schöpfungsgeschichte (1Mo 1,2). In der prophetischen Verkündigung wird der Geist G.es als neu schaffende, endgültiges Heil bringende Lebensmacht bezeugt (Jes 11,1f; 44,3; Hes 36, 26f; Jes 63,14; Sach 4,6; Joel 3). Entsprechendes gilt von den → Geistesgaben im NT (1Kor 12, 1ff; 14,1ff; Röm 8,11ff). Besonders herausgehoben sind die johanneischen Aussagen über den Parakleten (14,16f.26; 15,26f; 16,5ff). Aber auch außerhalb der bibl. Offenbarung hat G. sich nicht unbezeugt gelassen (Mi 6,8; Apg 17, 22ff; Röm 1,19ff; 2,15). Von der Abstraktion phil. → Gottesbeweise aber unterscheidet sich das bibl. Zeugnis durch die personale Zuwendung G.es.

Lit.: W. Eichrodt: Theologie des Alten Testaments, Bd. 2, 1935; H. Lindner: »Gott«, GBL 1, 1967, 485-487.

U. Asendorf

b) theologiegeschichtlich

1. Der G. der Bibel ist ein geschichtl. G., kein Naturgott oder ein übernatürlicher Mythos. Er begleitet die Erzväter und Israel durch ihre Geschichte und geht in Jesus Christus selber in die Geschichte ein, indem er Mensch wird (Joh 1,14). Während er sich im AT vor allem als der Herr (*Adonaj*) offenbart, liegt im NT der ganze Akzent auf seiner Offenbarung als der Vater (*Abba*).

2. Die G.eslehre der → Alten Kirche nimmt die bibl. G.eslehre auf, so sehr auf sie auch die hellen. G.esvorstellung der Umwelt einwirkt, in der G. als übergeschichtliches, zeitloses, in sich ruhendes Wesen, nicht als geschichtliche Realität gesehen wird. So kann → Augustinus unter dem Einfluß des Neuplatonismus G. als *bonum solum simplex* (das allein einfache, d.h. nicht zusammengesetzte Gut) und als *summum bonum* (das höchste Gut) umschreiben. Dieser griech. G.esbegriff hat auch die Trinitätslehre der Alten Kirche beeinflußt. Nach dem Konzil von Nizäa 325 ist Jesus Christus »wesensgleich (*homousios*) mit dem Vater«. Die Jungnizäner plädieren für die G.heit des Hl. Geistes und sie reden von den »drei Hypostasen« der G.heit. Mit dem Glaubensbekenntnis des Konzils von Konstantinopel 381 wurde die Trinitätslehre abgeschlossen, wonach Vater, Sohn und Hl. Geist verschiedene Personen des einen G.es (Begegnungsweisen), aber doch wesensgleich sind (→ Trinität).

Trotz der rationalen Klärung des G.esbegriffs wurde G. immer als ein unauslotbares Geheimnis verstanden, wie die sog. »negative

Theologie« der Alten Kirche zeigt (→ Apophatische Theologie). Nach Justin ist G. »unaussagbar« (*árrätos*), nach → Clemens von Alexandrien ist er »unbeweisbar« (*anapódeiktos*) und »unbegreiflich« (*ouk epistämonikós*).

3. Seit dem MA wurde vor allem die G.eslehre des Thomas von Aquin, die stark vom griech.-hellen. G.esbegriff geprägt ist, richtungweisend. G. wird von ihm – aristotelisch – als »erste Ursache« (*prima causa*) und »reine Wirklichkeit« (*actus purus*) ohne Beimischung von Möglichkeiten, sowie – neuplatonisch – als »das Sein selbst« (*ipsum esse*) verstanden. Thomas kennt fünf G.esbeweise.

Im Unterschied zu dem Intellektualismus des Thomas v. Aquin betont der Voluntarismus des → Duns Scotus und seiner Schule den Willen bei Mensch und G. G. hat nach Duns Scotus eine »schrankenlose Macht« (*potentia absoluta*).

4. Luther betont von der Bibel her wieder mehr die Geschichtlichkeit G.es. G. ist für ihn weniger der für sich seiende als der handelnde, und zwar der in Zorn und Gnade handelnde G. G. ist der im Zorn »verborgene Gott« (*deus absconditus*) und der in der Gnade »offenbare Gott« (*deus revelatus*). Dabei gilt der Zorn nicht als Wesenseigenschaft G.es, er gehört nicht zum Wesen G.es, sondern er ist lediglich der Entzug seines Wesens, das einzig Liebe ist. G. ist ein »glühender Backofen voller Liebe«. Da die »Güte« Grundeigenschaft G.es ist, wird im Großen Katechismus das Wort »Gott« vom Wort »gut« abgeleitet. G. ist, indem er gut ist, G. ist, indem er handelt.

Die Apologie der Augsburger Konfession Melanchthons unterscheidet entsprechend Luther »zwei Hauptwerke Gottes« (*duo praecipua opera Dei*): »zu erschrecken und die Erschrockenen zu rechtfertigen und lebendig zu machen«, → Gesetz und Evangelium, Zorn und Gnade. Ersteres ist sein »fremdes, uneigentliches Werk« (*alienum opus*), letzteres sein »eigenes, eigentliches Werk« (*opus proprium*).

5. In der altprot. Orthodoxie wird die »natürliche G.eserkenntnis« (*notitia Dei naturalis*) aller Menschen von der »geoffenbarten Gotteserkenntnis« (*notitia Dei revelata*), die aus der Hl. Schrift kommt, unterschieden (so z.B. J. → Gerhard). Mit der Tradition unterscheidet die Orthodoxie die immanente von der ökonomischen Trinität, die Wesens- von der Offenbarungstrinität: Die Werke G.es »nach innen« werden von denen »nach außen« abgegrenzt. Erstere bestehen in der »Zeugung«, das Werk nach innen des Vaters am Sohn und in der »Hauchung«, das Werk nach innen des Vaters und des Sohnes am Geist. Letztere umfassen die »Schöpfung«, das Werk nach außen des Vaters, die »Erlösung«, das Werk nach außen des Sohnes, und in der »Heiligung«, das Werk nach außen des Geistes. Die Werke nach außen kommen – im Unterschied zu denen nach innen – allen drei Personen zugleich zu.

6. Im Neuprotestantismus wurde die Trinitätsvorstellung entweder ganz aufgegeben oder nur auf die ökonomische bzw. Offenbarungstrinität beschränkt (es gibt nur »Werke nach außen«). Die G.esbeweise erlangten in der → Aufklärung eine große Bedeutung, während sie von I. → Kant abgelehnt wurden, weil unser Erkennen nur die Erscheinungswelt, nicht das, was über sie hinausgeht, erfaßt.

Kant kann nur den moralischen G.esbeweis anerkennen, wonach G. ein Postulat der praktischen Vernunft ist. (»Es ist moralisch notwendig, das Dasein Gottes anzunehmen«.) Anders → Hegel, für den G. nicht nur – wie für Kant – Gegenstand des Glaubens, sondern Gegenstand des Wissens ist: Der Mensch weiß von G., besser gesagt: G. weiß im Menschen von sich selbst. »Die Vernunft des Menschen ... ist ... das Göttliche im Menschen.« G. ist nicht jenseits der Welt, sondern »als Geist im Geiste und in den Geistern«, Religion ist »das Selbstbewußtsein des absoluten Geistes«.

In der G.eslehre und in der Lehre von den Eigenschaften G.es ist in der Theologie des Neuprotestantismus vor allem F. → Schleiermacher hervorzuheben. In den »Reden« wird G. mit dem »Weltgeist«, dem »Unendlichen«, dem »Universum« und »Ganzen« identifiziert. »Alles Einzelne als einen Teil des Ganzen, alles Beschränkte als eine Darstellung des Unendlichen hinnehmen, das ist Religion.« In seiner »Glaubenslehre« tritt die Eigenschaftslehre deutlich hervor. Er kennt göttliche Eigenschaften, die sich auf das Selbstbewußtsein (Ewigkeit, Allgegenwart, Allmacht, Allwissenheit), auf das Bewußtsein der Sünde (Heiligkeit, Gerechtigkeit) und auf das der Erlösung (Liebe, Weisheit) beziehen. Dabei werden von ihm alle Eigenschaften G.es durch das Prisma der Allkausalität betrachtet, die Grundeigenschaft G.es ist. Entsprechend wird die rel. Grundhaltung als »schlechthinniges Abhängigkeitsgefühl« umschrieben.

Der der → liberalen Theologie zugehörige –

von Kant herkommende – Pragmatiker A. → Ritschl wendet sich mit aller Schärfe gegen den spekulativen G.esbegriff seiner Zeit, wie ihn z.B. der Erlanger R. → Frank vertrat. G. ist nicht das »Absolute« – wie Frank meint –, sondern er erweist sich nur in seinem Handeln an uns als G. – so wie sich »religiöses Erkennen nur in Werturteilen« vollzieht, nicht in Seinsurteilen.

Lit.: H.G. Pöhlmann: Der Atheismus oder der Streit um Gott, [7]1991; ders.: Gottesdenker. Prägende evangelische und katholische Theologen der Gegenwart, 1984; ders., M. Machovec: Gibt es einen Gott? Ein Atheist und ein Christ im Streitgespräch, 1990.

H.G. Pöhlmann

c) systematisch-theologisch

1. In einer wegweisenden Art hat Luther anläßlich der Auslegung des ersten Gebots im Großen Katechismus davon gesprochen, was es heißt, einen G. zu haben, nämlich »ihm von Herzen trauen und gläuben«, so daß (Ver)-Trauen und Glauben beides macht, G. und Abgott, »denn die zwei gehören zuhaufe, Glaube und Gott. Worauf Du nu (sage ich) Dein Herz hängest und verlässest, das ist eigentlich Dein Gott« (BSLK 560,5-24). Folglich hat auch der Atheist gerade und trotz aller Leugnung seinen G.

G. wird weiter etymologisch von »gut« abgeleitet, so daß G. »ein ewiger Quellbrunn ist«, der von Güte überfließt und der sich – unter Einschluß von Eltern und Obrigkeit – der Kreaturen als »Hand, Rohre und Mittel« bedient, womit er alles gibt, wie der Mutter für das Kind Brüste und Milch, und so die Kreatur ernährt (BSLK 565,40-566,26). Die Rede ist also nicht von G. an sich, sondern G.es G.heit ist zugleich seine erhaltende und schaffende Kraft im gesamten Umfeld der Kreatur, die er zugleich als Mittel und Werkzeug benutzt.

Dieser G. offenbart sich, wie der Schluß in der Auslegung des ersten Gebots zeigt, auf zweifache Weise, nämlich durch Drohwort und Verheißung, also durch Gesetz und Evangelium, in Forderung und Gabe (BSLK 569,32f). Die christl.-bibl. Rede von G. muß also als ein Geflecht verschiedener, engstens miteinander verbundener Aussagen verstanden werden, die es ebenso verbieten von G. wie von Christus an sich zu reden.

Dieser G. ist kein anderer als der dreieinige G., der sich in Schöpfung, Erlösung und Heiligung offenbart. Darum ist Christus »Spiegel« des väterlichen Herzens, ohne den wir G. nicht anders denn als zornigen und schrecklichen Richter erkennen können (vgl. Apg 14,17). Von Christus aber könnten wir »auch nichts wissen, wo es nicht durch den heiligen Geist offenbaret wäre« (BSLK 660,41-47). So ist das erste Gebot Summe der Offenbarung und des Glaubens.

2. G. als G. der Lebendigen. Hier bekommt Mt 22,32 besonders in den Predigten Luthers den Rang einer Schlüsselstelle, wenn der G. Abrahams, Isaaks und Jakobs nicht der G. der Toten, sondern der Lebendigen ist. Als solcher fragt er auch nach dem toten Abel (1Mo 4,9f). Auch als der um Christi willen rechtfertigende G. ist er der G., der die Toten lebendig macht und der das Nichtseiende ins Leben ruft (Röm 4,17; 2Kor 1,9f), wie er auch der G. ist, der Christus von den Toten auferweckt hat (Apg 2,36; Röm 1,3f; Gal 1,1). G.es G.heit und die Totenauferweckung gehören also zusammen, einschließlich der Auferweckung Christi. Diese wiederum ist vom Kreuz nicht zu trennen, denn Christus ist um unserer Sünden willen dahingegeben und um unserer Rechtfertigung willen auferweckt (Röm 4,25; 1Kor 15,3f.20.57). Auch gehören Glaubensgerechtigkeit und Friede mit G. zusammen (Röm 5,1). Christl. Theologie kann daher ihre G.eslehre nicht im Sinne eines Christomonismus entfalten, sondern muß mit der G.eslehre einsetzen, zu deren besonderen Merkmalen seine sich in der Totenauferweckung und Rechtfertigung manifestierende Schöpferkraft gehört.

3. G. ist die Liebe. Besonders die johanneische Theologie folgt dieser Linie (3,16; 1Joh 3,1; 4,9.16), aber auch Paulus (Röm 8,35ff; 5,5ff; Gal 2,20; 1Kor 13; Eph 5,2). G.es Liebe ist so die durch Christus im Glaubenden fortwirkende Liebe.

Luther hat diese paulin.-johanneische Liebestheologie besonders akzentuiert. Danach ist G. in seinem Wesen die Liebe selbst, so daß Liebe nicht lediglich eine seiner Eigenschaften ist, sondern das göttliche Wesen schlechthin. Diese Liebe ist christologisch vermittelt, weil der Abgrund der göttlichen Natur nichts als Feuer und Liebe ist, ein »Backofen voller Liebe«. Deshalb tut auch die Liebe die Werke, die G. selbst tut. Weil der Mensch vor der Majestät G.es nicht bestehen kann, hat G. sich in der Menschwerdung Christi aufs tiefste in Fleisch und Blut herabgesenkt und unsere Krankheit und Sünde auf sich genommen. Weil es also unmöglich ist, G. in seiner Majestät zu lieben, so sollen wir ihn in den Kreaturen und im Nächsten lieben. Den liebe, und du liebst G.!

Wer Christus in seiner Niedrigkeit ansieht und liebt, der liebt G. Auch bleibt die Liebe nach Luther im johanneischen Zusammenhang mit dem Wort G.es verbunden, denn wenn das Wort da ist, so ist G. selbst, ja die ganze G.heit da.

Hat die Neuzeit G. wesentlich im Gefühl (Schleiermacher) oder in der Sittlichkeit (Kant) finden wollen, und Theologie als Anthropologie zu treiben versucht (Bultmann), so öffnet sich aus dem göttlichen Wort heraus die Glaube, Leben und Liebe einschließende bibl. Gegenposition zu der besonders von Nietzsche ausgegebenen Parole »Gott ist tot«. Die reformat. Theologie vertritt auch keinen Christomonismus, sondern bezeugt die Fülle des dreieinigen G.es. Folglich ist Theologie weder einfach Anthropologie noch Christologie. Nur so läßt sich ein allgemeiner aufklärerischer G.esglaube sowie eine christologische oder gar jesulogische moderne Reduktion G.es korrigieren genauso wie eine abstrakte Wort-Gottes-Theologie.

Lit.: U. Asendorf: Die Theologie Martin Luthers nach seinen Predigten, 1968; Die Bekenntnisschriften der evangelisch-lutherischen Kirche, [2]1952; T. Mannermaa: Der im Glauben gegenwärtige Christus. Rechtfertigung und Vergottung. Zum ökumenischen Dialog, Arbeiten zur Geschichte und Theologie des Luthertums NF 8, 1989.

U. Asendorf

Gott, Eigenschaften

1. Im Hinblick auf G.es Eigenschaften muß in der Tradition der Kirche zwischen Aussagen des Dogmas (Nizänum, Apostolikum) und der Dogmatik (Aussagen einzelner Theologen) unterschieden werden. Aussagen über G.es Eigenschaften im Dogma bleiben im trinitarischen Gesamtrahmen. Daher gibt es weder in den altkirchl. noch in den reformat. Bekenntnissen Ausführungen über G.es Eigenschaften neben den trinitarischen. Die wenigen Eigenschaftsaussagen (z.B. allmächtig, heilig) gehören in den doxologisch-liturg. Rahmen des Dogmas genauso wie solche über Substanz, Person und Zahl (Einheit, Dreiheit). Im Unterschied zum altkirchl. Dogma hat die Dogmatik in vielfältiger Weise G.es Eigenschaften zu definieren und systematisch darzustellen versucht. Besonders die mittelalterl. Tradition verwendet in ihrer Entfaltung der Gotteslehre phil. Begriffe (z.B. Unveränderlichkeit, Leidensunfähigkeit) unabhängig von Gottes Heilstat und ohne trinitarischen Zusammenhang. Durch diese rein ontologische Betrachtungsweise Gottes an sich (in seiner Aseität) kommt es zu tiefgreifenden Veränderungen des christl. Gottesbegriffs durch die Denkvoraussetzungen der antiken phil. und metaphysischen Tradition.

Wenn man aber daraus die generelle Forderung ableitet, die Theologie müsse auf metaphysische Aussagen überhaupt verzichten, wie das im Zuge des Neukantianismus geschehen ist (A. Ritschl, A.v. Harnack, W. Herrmann), so bleibt dabei zweierlei unbedacht. Einmal ist es die sprachliche Verhaftung der Theologie an Worte und Begriffe, auch an phil. und metaphysische (z.B. der *logos* im Johannesprolog). Zum anderen droht die Gefahr, statt der alten eine neue Metaphysik zu verwenden, wie etwa der Neukantianismus Seinsaussagen durch Wirkungsaussagen ersetzt hat. Die Prämissen wechseln, aber die Metaphysik bleibt, wenn auch in anderer Form. Auch haben schon die griech. Kirchenväter (besonders Gregor von Nyssa) gezeigt, wie sich die Theologie mit ihren Mitteln kritisch mit der überkommenen Metaphysik auseinandersetzen kann.

Unbeschadet der trinitarischen Weise von Aussagen über die Eigenschaften G.es, ist es Aufgabe der Dogmatik, herausgefordert durch ganz verschiedene Gegner, über G.es Eigenschaften nachzudenken, wie es etwa Luther im Kampf um die Realpräsenz des Leibes und Blutes Christi unter dem Brot und Wein im Abendmahlsstreit getan hat. Es ging darum, die wirkliche Gegenwart des Herrn gegenüber einem unbibl. Spiritualismus zu bewahren. Gerade darum gehören alle Aussagen über G.es Eigenschaften in den größeren Rahmen der Anbetung und der unbegreiflichen Größe und Herrlichkeit Gottes. Folglich geht es auch hier nicht um göttliche Eigenschaften an sich, sondern um Eigenschaften des Gottes, der sich in Zeit und Geschichte als der dreieinige Gott offenbart hat, der von Ewigkeit zu Ewigkeit derselbe ist. Kern des Dogmas ist daher das Bekenntnis zu dem sich in Kreuz und Auferstehung Christi offenbarenden Gott. Daher ist das zeitliche Verhältnis von Erkenntnis der geschichtl. Heilstat und Lobpreis nicht umkehrbar. Alle Aussagen über Gottes Sein, Wesen und Eigenschaften haben ihren Grund in der Einheit von Bekenntnis und Anbetung dessen, was in Kreuz und Auferstehung geschehen ist. So »tauft« die Dogmatik Worte und Begriffe, auch phil., indem sie diese zugleich aufnimmt und verändert. Auch ist die Vielfalt des Dogmas und des Bekenntnisses nicht durch eine einzige Wesensdefinition Gottes ersetzbar.

Luther hat darum von Gottes Eigenschaften unter Stichworten wie verborgener und offenbarer Gott (*deus absconditus/deus revelatus*), Gott in der Majestät und in der Niedrigkeit usw. bei der Entfaltung der Rechtfertigung geredet, um das Ineinander von Zorn und Liebe im Kreuz Christi zu bezeugen. Ähnliche Bedeutung haben um der göttlichen Offenbarung im Fleisch willen die Aussagen über die wahre Gottheit und Menschheit Christi oder über das doppelte Wort Gottes als Gesetz und Evangelium. Von G.es Eigenschaften kann daher nur im Miteinander der Gegensätze geredet werden. Moderne Illustrationsbeispiele liefert etwa die Atomphysik (Quantenmechanik) in der Komplementarität (d.h. in dem Doppelaspekt) von Teilchen und Welle innerhalb des Atoms.

Auch gebraucht die Theologie in anderer Hinsicht ein Denkschema, wie es in der modernen Physik seit Einstein verwandt wird, das der Relativität. Zorn und Gnade Gottes gelten nicht absolut, sondern stehen in Beziehung zur göttlichen Offenbarung in Kreuz und Auferstehung. Entsprechend wird der Mensch der göttlichen Gerechtigkeit nicht an sich, sondern durch den Glauben an Christus teilhaftig. Genauso bekommt er Anteil an den göttlichen Eigenschaften der Gerechtigkeit und Liebe im Glauben durch den »fröhlichen Wechsel« unserer Sünde gegen die Gerechtigkeit Christi. Luther hat infolgedessen von der Rechtfertigungslehre her neue Zugänge zu den alten Aussagen über die göttlichen Eigenschaften geöffnet. Das Erschrecken über den Zorn Gottes wandelt sich in die Freude über die »süße Wundertat« des Kreuzes Christi, durch das der Glaube ewigen Anteil an der göttlichen Gerechtigkeit empfängt. Die göttlichen Eigenschaften verwandeln so den Kern menschlicher Existenz.

2. Die Stellung der reformat. Theologie innerhalb der Tradition erfordert eine Orientierung über die Bedeutung der Lehre von den Eigenschaften G.es. Die Frage ist schon in der frühen Kirche durch die Anknüpfung an die griech. Philosophie und deren Diskussion über das Eine virulent, wie sie von Pythagoräern, Platonikern und Stoikern geführt wurde. Daran konnte die Seinsmetaphysik der westl. Tradition anknüpfen, die Gott als das Sein selbst versteht. Das Spannungsverhältnis zwischen der an sich mit den göttlichen Eigenschaften identischen Substanz hält die westl. wie die östl. Kirche in Atem, wie auch die Unterscheidung G. Palamas zwischen der »Überwesenheit« Gottes und den göttlichen Energien zeigt.

Für die ev. Tradition ist vor diesem Hintergrund zunächst festzustellen, daß die traditionelle Eigenschaftslehre bei Luther und Melanchthon deutlich zurücktritt, die folglich auch in Melanchthons Loci von 1521 und 1559 nicht eigenständig thematisiert wird, anders als in der Scholastik und der nachfolgenden Orthodoxie, die die Eigenschaften Gottes wie Einheit, Unveränderlichkeit, Unbegrenztheit, Ewigkeit usw. ausführlich behandelt.

Luther bedient sich dieses Verfahrens nicht, weil er als Schrifttheologe aus der Ganzheit der Schrift heraus eine Theologie der Kohärenzen und Interferenzen entwirft. Diese ständige Überschneidung der Perspektiven läßt eine lehrstückartige Behandlung der göttlichen Eigenschaften nicht zu, deren umfassende Darstellung »mit einer universalen Theologiegeschichte identisch« wäre (W. Philipp). Welches Gewicht die Eigenschaftslehre bis heute hat, zeigt die Theologie von K. Barth, wenn Gott selbst sein Wesen in der Fülle seiner Vollkommenheiten oder Eigenschaften ist, die je Gestalt seiner Liebe bzw. seiner Freiheit sind (G. Gloege).

Bei Luther nun läßt sich an einigen Modellen (Allgegenwart, Allwissenheit, Unveränderlichkeit) das Weiterwirken des alten Themas in einer bibl. neu gefaßten Form zeigen. So erscheint die *Allgegenwart* Gottes in einer dreifachen Perspektive, nämlich zunächst in der Schöpfung. Gott ist in ihr auf doppelte Weise gegenwärtig, nämlich als ihr Schöpfer und Erhalter. Da Gottes Wort nicht nur, wenn auch in einer ausgezeichneten Weise gepredigtes Wort oder Kerygma ist, so geht es doch darin nicht auf, denn in der Schöpfung und in ihren Abläufen vom Lauf der Gestirne bis in den Regelkreis des menschlich-tierischen Organismus ist alles durch das göttliche Wort gesetzmäßig festgelegt und gesteuert. Phil. formuliert – in Hegelscher Terminologie – wäre Gott nicht allein – wie der → Neuprotestantismus auf weiten Strecken und vorzugsweise will (Schleiermacher, Existentialtheologie) – im Sinne des subjektiven, sondern ebenso wie in der Schöpfung des objektiven Geistes wirksam. So handelt Keplers Berechnung der Himmelskörper von der göttlichen Geometrie und ist als solche Lobpreis des Schöpfers.

Ähnliches gilt von der Realpräsenz im Altarsakrament und deren Hilfslinie in Gestalt der Ubiquität, der Allgegenwart des Leibes und Blutes Christi im Abendmahl. So lokalisiert → Zwingli wie die mittelalterl. Kirche den

Himmel, der Schweizer mit der absurden Konsequenz, daß der zur Rechten des Vaters sitzende Christus unmöglich in der Hostie gegenwärtig sein könne. Luther tritt ihm mit dem doppelten Argument entgegen, daß die Rechte Gottes allenthalben und daß ein Unterschied zwischen seiner Gegenwärtigkeit und deinem Greifen ist, und zwar im Sinne einer an die Einsetzungsworte gebundenen Gegenwart Christi im Altarsakrament. Aus diesen Prämissen folgt, wie W. Elert gezeigt hat, daß die Lutheraner mit der Kopernikanischen Lehre keine prinzipiellen Schwierigkeiten hatten, deren Hauptwerk (De revolutionibus orbium coelestium) der Reformator von Nürnberg, Andreas Osiander, 1543 im Druck herausgab. Schließlich bezeugt Luther noch eine andere Art der Allgegenwart Gottes, die liturg., wenn Gott durch sein heiliges Wort mit uns redet und wir wiederum mit ihm durch Gebet und Lobgesang gemäß dem Herabsteigen und Heraufsteigen der Engel nach 1Mo 28.

So hat ferner die *Allwissenheit* Gottes in seiner Allmacht ihren Grund, verstärkt durch das Augustinische Argument, wonach alle Zeit vor Gott ein einziger Augenblick ist. Darum gilt vom Zorn Gottes, daß er die Sünde nicht übersieht. Deshalb ist, wie das Beispiel der Bewohner von Sodom zeigt, für die Verstockten und in ihrer Sünde Selbstsicheren die Gesetzespredigt notwendig. Darum darf auch die Obrigkeit die Übertretung nicht durchgehen lassen. Sonst kann man nur noch wie Lot vor dem göttlichen Zorn fliehen.

Was die Eigenschaft der *Unveränderlichkeit* Gottes angeht, so kommt diese bei Luther vorzugsweise – dem Verständnis der Treue Gottes bei K. Barth vergleichbar – im Wechselverhältnis von Glaube und Verheißung wie bei Abraham zum Ausdruck. Die gleiche Unveränderlichkeit der göttlichen Liebe, die den rechtfertigenden Glauben trägt, hat ihre Entsprechung in dem sogenannten Protevangelium (1Mo 3,15), wenn der Same des Weibes den Kopf der Schlange zertreten wird, was im Sieg Christi über die Verderbensmächte von Sünde, Tod, Teufel und Hölle geschieht.

Wenn Luther die Eigenschaften G.es zur Sprache bringt, so geschieht das also nicht im herkömmlichen Sinne einer Wesens- oder Seinsmetaphysik. In einer vergleichbaren Weise redet auch die moderne Theologie von den Eigenschaften G.es, daß jeder metaphysische Gottesbegriff solange vom Verständnis Gottes fernzuhalten ist, bis die traditionellen metaphysischen Begriffe von Kreuz und Auferstehung her neu begriffen werden. In diesem Sinne wird auch die Trinitätslehre neu ausgelegt, wonach das Sein des dreieinigen Gottes nicht aus der Logik des Wesens der Liebe deduziert werden darf. Der Satz »Gott ist Liebe« wird folglich erst aus der Geschichte des Seins Gottes, also trinitarisch, einsichtig.

In einer kreuzes- und trinitätstheol. Weise hat auch J. Moltmann seine Lehre von der Theopathie – die Theologie der Passion Gottes – entworfen, in die auch rabbin. und kabbalistische Motive einfließen, verstanden als »der Kreuzestod in Gott und Gott in diesem Tod Jesu«. Das göttliche Mitleid ist also als der Prozeß zu verstehen, der die Freiheit und Liebe Gottes ausmacht, wie sie in der Geschichte Jesu als des Sohnes Gottes manifest sind.

Auch im Entwurf von W. Pannenberg unter dem Stichwort »Offenbarung als Geschichte« taucht die Eigenschaftslehre betontermaßen, nämlich im trinitarischen Rahmen wieder auf. Vom Ende der Geschichte her haben Kreuz und besonders die Auferstehung »proleptische«, antizipatorische – vorwegnehmende – Bedeutung, so daß die Offenbarung als Geschichte erst von ihrem Ende in der eschatologischen Welterneuerung her einsichtig wird. Erst dann wird die Frage nach der Wirklichkeit Gottes, besonders angesichts der Herausforderung des modernen Atheismus, ihre endgültige Antwort finden. Die Einheit des göttlichen Wesens und seine Eigenschaften werden hier wieder zum zentralen Thema der Dogmatik. Die Trinitätslehre als Ausdruck der Liebe und der Unendlichkeit Gottes bildet so den Rahmen für eine neue Bestimmung seines Wesens und seiner Eigenschaften wie seiner Heiligkeit, Ewigkeit, Allmacht, Allgegenwart und vor allem seiner in der Trinität begründeten Liebe.

Die Übersicht macht also deutlich, wie wenig das alte Thema der Dogmatik von den göttlichen Eigenschaften vergessen ist. Es erscheint freilich in einem anderen Kontext als dem überkommenen, nämlich als Antwort auf die spezifischen Fragen, die sich aus dem atheistischen Horizont der Gegenwart ergeben.

Lit.: E. Brunner: Die christliche Lehre von Gott, Dogmatik I, Kap. 17-21, 1972; H. Cremer: Die christliche Lehre von den Eigenschaften Gottes, 1897 (ND 1983); W. Elert: Morphologie des Luthertums I/II, 1931 (1958); G. Gloege: »Barth, Karl«, RGG^3 I, 894-898; E. Jüngel: Gott als Geheimnis der Welt, 1977; J. Moltmann: Der gekreuzigte Gott, 1972; W. Pannenberg: Systematische Theologie I, 1988; W. Philipp: Eigenschaften Gottes (Eigenschaftslehre), RGG^3 II, 357-362; H. Schmid: Die Dogmatik der evangelisch-lutherischen Kirche, hg von H.G. Pöhlmann, ^{9}1979; G. Wenz: Geschichte der Versöhnungslehre in der evangelischen Theologie der Neuzeit, I/II, 1984/86.

U. Asendorf

»Gott hilft«-Stiftung

»Gott hilft« ist der Name eines Glaubenswerkes mit Sitz in Zizers/Schweiz. Diese Stiftung geht zurück auf Emil Rupflin, dem während der Zeit des Ersten Weltkrieges die Not vieler Kinder aus zerrütteten und verarmten Familien zu Herzen ging. »Ich kann«, so betete der junge Heilsarmeeoffizier Rupflin, »nicht mehr predigen, wenn ich nichts für diese armen Kinder tun kann.« Doch selber hatte er weder Geld noch Häuser. Da sprach Gott zu ihm im Gebet: »Gib mir nur dein Vertrauen und dein Herz für die notleidenden Kinder – alles andere will ich hinzufügen.« Damit begann 1916 die Geschichte unerhört schöner und großer Erfahrungen von Gottes Treue und Führung. Die Stiftung will verhaltens- und lernbehinderten Kindern eine Heimat bieten und sie in familienähnlichen Heimen im ev. Geist erziehen. Sie führt heute fünf Kinderheime, vier sozialpäd. Pflegefamilien und eine höhere Fachschule für Sozialpädagogik. In drei Bibel- und Erholungsheimen (eins in Seewis und zwei in Pura) bietet sie geistl. Zurüstung für jedermann an. Ein Zurüstungskurs für den Dienst im christl. Gastgewerbe ist angegliedert. Die Mitarbeitenden der Stiftung wissen sich mit allen Glaubenden im Sinne der ev. → Allianz in Jesus Christus verbunden.

Lit.: E. Rupflin: In der Erziehungsschule Gottes; H. Brandenburg: Ein Leben in Christi Auftrag.

G. Henny

Gott-ist-tot-Theologie

1. Hintergründe und Motive der Gott-ist-tot-Theologie

a. Kultur- und Kirchenkritik

Die theol. provozierende Rede vom Tode Gottes geht wesentlich auf den Protest amerikanischer Theologen in den 60er Jahren gegen die Oberflächlichkeit, mit der in der amerikanischen Kultur und Gesellschaft von Gott geredet wird, zurück. Die G.-T. will der polit. Vereinnahmung Gottes für typisch westliche Ideale, wie sie sich in der sog. → Civil Religion finden, als kultur- und kirchenkritische Bewegung entgegentreten (so u.a. Thomas J.J. Altizer, America and the Future of Theology in Radical Theology and the Death of God, 1966, 9-21).

b. Sprachanalytische Selbstkritik der Theologie

Stark an L. → Wittgensteins Sprachphilosophie orientiert, radikalisiert P.M. van Buren R. → Bultmanns → Entmythologisierungsprogramm. Im Sinne des angelsächsischen Empirismus gelangt Buren zu dem Ergebnis, daß sich der Gottesbegriff der Verifikation entziehe und daher sinnlos sei. Nicht lediglich die Leugnung der Existenz Gottes, wie sie gegen die metaphysischen Konzeptionen des klass. Theismus vom Atheismus vertreten werde, sei heute das Problem, sondern die Krise der Theologie bestehe bereits darin, »daß das Wort ›Gott‹ tot ist« (Reden von Gott in der Sprache der Welt, 1965, 98).

An dieser Argumentation der G.-T. ist die radikale Ablehnung der Metaphysik, wie sie der phil. Tradition der abendländischen Theologie zu Grunde liegt, typisch. Mit der Negation der Metaphysik ist bereits der Übergang in die prinzipielle Religionskritik unterschiedlicher Begründungszusammenhänge vorbereitet. Die G.-T. bewegt sich als »radical theology« bewußt auf den eigentlichen Atheismus der Neuzeit zu. Denn Th. Altizer kann im Sinne eines hist. Ereignisses davon reden, daß Gott in unserem Kosmos, in unserer Geschichte, in unserer Existenz gestorben sei.

2. Die christologische Intention der Gott-ist-tot-Theologie

Ein – allerdings höchst problematischer – Bezug der G.-T. zum überlieferten christl. Glauben besteht in der scheinbar christologischen Begründung ihrer Position. Sie ist an der radikalen Kenosis Christi (d.h. seiner Selbstentäußerung nach Phil 2,8) interessiert. Sie identifiziert deshalb den Tod Jesu am Kreuz mit dem Tod Gottes, der in diesem hist. Geschehen definitiv und unwiderruflich eingetreten sei. Diese Auffassung vertritt im deutschen Sprachraum D. Sölle vor allem in ihrem Beitrag »Stellvertretung. Ein Kapitel Theologie nach dem ›Tode Gottes‹«, [6]1970. Es handelt sich bei D. Sölles Christologie jedoch um eine grundlegende Verkehrung der ntl. Verkündigung. Letztere geht nämlich davon aus, daß Gott in Kreuz und Auferstehung Jesu Christi stellvertretend unseren Tod gestorben ist und uns so an seinem ewigen Leben Anteil gibt, während bei D. Sölle Gott selbst durch Jesus so stirbt, daß er endgültig das Todeslos des Menschen erleidet und damit nur noch atheistisch gedacht werden kann. Dem dogmatischen Ansatz der G.-T. entsprechend hat auch das Kreuz Christi keine rechtfertigende Heilsbedeutung, sondern wird zum ethischen Appell an den Menschen, in seinem Leben, gemäß dem Vorbild Jesu aus Nazareth, Humanität zu verwirklichen.

3. Die Gott-ist-tot-Theologie als Krise der modernen Theologie

K. Bockmühl (Atheismus in der Christenheit. Anfechtung und Überwindung. Die Unwirklichkeit Gottes in Theologie und Kirche, 1969) hat zu recht nachgewiesen, daß aus der Auflösung der realen Offenbarung Gottes in der Geschichte notwendig über die Spiritualisierung des Gottesbegriffs und die lediglich existentiale Uminterpretation des Evangeliums der Atheismus als eine letzte, unausweichliche Konsequenz folgt. Die G.-T. stellt also kein extremes Randphänomen moderner Theologie dar, sondern ist ein in deren Wurzeln bereits angelegtes und aus ihr sachlogisch hervorgehendes Ergebnis. W. Pannenberg ist zuzustimmen, wenn er die »›Death of God‹ – Theologen ... die Erben Barths und Bultmanns« nennt (Gottesgedanke und menschliche Freiheit, 1972, 32). Die mit der G.-T. markierte Krise des neueren Protestantismus kann nur durch die entschlossene Umkehr zur heilsgeschichtl. Realität und Verbindlichkeit der bibl. Offenbarung überwunden werden.

Lit.: T.J.J. Altizer, W. Hamilton: Radical Theology and the Death of God, 1966; P. Lönning: Der begreiflich Unbegreifbare, 1986; R.L. Rubenstein: After Auschwitz, 1966; G. Vahanian, Kultur ohne Gott, 1973.

R. Hille

Gottebenbildlichkeit → Mensch

Gottesbeweis

Mit G.en wird in verschiedenen Teilen der Theologie und Philosophie versucht, Gottes Existenz unabhängig von göttlicher Autorität intellektuell zu begründen. Die Schlußfolgerung, daß »Gott existiert«, soll durch die G.e als sicher, plausibel oder zumindest vernünftig erscheinen. Obwohl diese Art natürlicher Theologie phil. im griech. Gedankengut verankert ist, hat sie ihren bibl. Berührungspunkt im Konzept von Gottes allg. Offenbarung durch die Erschaffung der gesamten Menschheit (Ps 19,1-6; Röm 1,19-20; Apg 14,17). Besonders die Sprache von Röm 1,19-20 weist griech. Gedankengut auf und bildet eine Parallele zu der hell.-jüd. Weish 13,1-9, in der die natürliche Theologie deutlich sichtbar ist. G.e sind nicht identisch mit der allg. Offenbarung (letztere ist zu verstehen als Züge des Kunsthandwerkers, die sich in seinen Kreationen widerspiegeln), sondern sie sind oft das Ergebnis menschlichen Nachdenkens über die allg. Offenbarung.

Die natürliche Theologie blühte in der kath. und prot. Theologie bis zur Aufklärung (auch wenn Luther mit seiner charakteristischen Betonung von *sola fide, sola gratia* sie verachtete), als die phil. besonders durch D. → Hume und I. → Kant stark angegriffen wurde. Die Theologie diesseits der Aufklärung, unabhängig davon, ob sie orthodox oder nicht-orthodox war, ist normalerweise den G.n ausgewichen. Während des 20. Jh.s hat weder die liberale, dialektische, existentiale noch die postmoderne Theologie einen Platz für die natürliche Theologie gefunden. In den letzten Jahren hat jedoch in der anglo-amerikanischen analytischen Philosophie eine Renaissance des Interesses an G.en stattgefunden, aufgrund deren fast alle traditionellen Argumente neu formuliert und von führenden Philosophen verteidigt wurden.

Die traditionellen G.e lassen sich gut als apriorisch oder aposteriorisch klassifizieren. Apriorische Argumente haben keine Prämisse, die sich auf empirische Erfahrung beruft; aposteriorische Argumente dagegen wohl.

1. Apriorische Argumente:

a. Das Argument der notwendigen Wahrheit

→ Augustinus sagte, daß der menschliche Geist Wahrheiten begreift, die nicht einfach bedingt sind, sondern notwendig und sich daher unserem Denken aufzwingen. Diese Wahrheiten, die unabhängig vom menschlichen Geist bestehen, müssen sich auf ein notwendiges Wesen oder Gott gründen (Von der Willensfreiheit, 2,2-15). Der zeitgenössische Philosoph Q. Smith schlägt ein ähnliches, »konzeptualistisches Argument« für Gottes Existenz vor: Die konzeptualische Ansicht vorausgesetzt, daß Behauptungen das Ergebnis intellektueller Aktivität sind, können notwendigerweise wahre Behauptungen, die der Zahl und Komplexität nach unendlich sind, nicht im menschlichen Geist verwurzelt sein, sondern müssen das Ergebnis eines unendlichen und notwendigen Geistes oder Gottes sein (Faith and Philosophy, Bd. 11, 1994).

b. Der ontologische Gottesbeweis

→ Anselm von Canterbury erklärte, daß Gott der Definition nach das höchste denkbare Wesen ist. Aber ein Wesen, von dem man sich denken kann, daß es nicht existiert, ist nicht so groß wie ein Wesen, dessen Nicht-Existenz unvorstellbar ist, d.h. das notwendig existiert. Folglich existiert Gott (Proslogion 3). Kant lehnte den ontologischen Gottesbeweis ab, da Existenz, wie er sagte, keine Eigenschaft ist, die ein Ding besitzt. Das höchste denkbare Wesen muß daher nicht notwendig als existierend gedacht werden (Kritik der reinen Vernunft, B620-631). Unter den vielen zeitgenössischen Denkern, die den ontologischen Gottesbeweis verteidigt haben, ist A. Plantinga der herausragendste. Er behauptet, daß die Größe eines Wesens von den Eigenschaften dieses Wesens nicht nur in der tatsächlichen Welt, sondern auch in anderen möglichen Welten abhängt. Ein denkbar höchstes Wesen hat höchste Vortrefflichkeit in allen möglichen Welten. Es ist möglich, daß ein solches Wesen in irgendeiner möglichen Welt existiert. Aber dann muß es in allen möglichen Welten, einschließlich der tatsächlichen Welt existieren. Folglich existiert Gott (The Nature of Necessity, 1974, Kap. X). Plantingas Formulierung hängt nicht davon ab, daß Existenz als Eigenschaft begriffen wird.

2. Aposteriorische Argumente:

a. Das kosmologische Argument

Dieses Argument besteht aus einer Gruppe von Argumenten, die ihren Ursprung in → Aristoteles' Schlußfolgerung aus der Bewegung auf einen ersten unbewegten Beweger (Physik 7,1; 8,1-6, 10, Metaphysik A. 6, 1071b4-20) haben. Man kann drei allg. Typen unterscheiden:

– Die Kalam-Version: Mittelalterl. islamische Theologen wie Al-Ghazali argumentierten, daß eine unendliche zeitliche Rückwärtsbewegung vergangener Ereignisse unmöglich ist, und da es unmöglich ist, daß etwas aus Nichts entsteht, muß eine zeitlose Erste Ursache für den Ursprung des Universums bestehen. Hume (Enquiry concerning Human Understanding xii. II. 125) und Kant (Kritik, B455-462) akzeptierten die Folgerichtigkeit des Arguments für den Beginn der Welt, obwohl Kant das entgegengesetzte Argument für genauso folgerichtig hielt. Unter den zeitgenössischen Denkern hat W. Craig das Argument angesichts G. Cantors unendlicher Mengenlehre und klassischer Urknall-Kosmologie verteidigt, die dem Ursprung des Raum-Zeit-Universums einen Punkt in der finiten Vergangenheit gibt (Die Existenz Gottes und der Ursprung des Universums, 1989).

– Die Thomistische Version: → Thomas von Aquin lehrte, daß das Sein eines jeden kontingenten Wesens seine Existenz nicht mit umfaßt; es muß daher einen Grund seines Existierens in jedem Augenblick seines Daseins haben. Eine solche hierarchische Reihe von gleichzeitigen Ursachen läßt sich nicht auf die Unendlichkeit zurückbewegen; es muß daher eine erste nicht-verursachte Ursache geben, deren Sein einfach die Existenz selbst ist (Summa theologiae 1a. 2. 3; Über das Sein und Wesen 4). Eine zeitgenössische Verteidigung dieses Arguments kann man bei B. Reichenbach, The Cosmological Argument (1972) finden.

– Die Leibnizsche Version: Ausgehend von der fundamentalen Frage »Warum gibt es etwas, statt daß es nichts gibt?«, argumentierte G.W.F. → Leibniz, daß ein ausreichender Grund für die Existenz der Welt weder in ihr selbst, noch in der Reihe von vergangenen Zuständen der Welt gefunden werden könne, sondern nur in einem metaphysisch notwendigen Wesen, das die Welt transzendiert (»Die Prinzipien der Natur und Gnade, auf der Vernunft basierend«). Der Oxforder Philosoph R. Swinburne hat die Leibnizsche Version verteidigt, weil die Existenz Gottes eine Erklärung darstelle, die die Existenz des Universums verständlicher macht als sie es aufgrund der Hypothese des Atheismus ist (The Existence of God, 1979). Kant beanstandete bei der Leibnizschen Version, daß sie auf den nicht stichhaltigen ontologischen Gottesbeweis (Kritik, B635) zurückgeht; aber dieser Vorwurf ist unbegründet (da diese Version auf ein Wesen schließt, dessen Natur so ist, daß es notwendigerweise existiert, falls es existiert) und irrelevant (da viele zeitgenössische Philosophen die Auffassung, daß ein Wesen in allen möglichen Welten existiert, nicht für unverständlich halten) – dasselbe Argument könnte gegen Humes Kritik angebracht werden (Dialogues concerning Natural Religion, IX).

b. Das teleologische Argument

Dieses Argument aus der zweckmäßigen Ordnung der Natur und des ganzen Kosmos taucht sowohl bei Aristoteles als auch bei Thomas von Aquin auf. Seinen Höhepunkt erreicht es in W. Paleys Natural Theology (1802). Im ersten Teil des Werks bringt Paley Argumente für einen planvollen Gestalter des Kosmos an und argumentiert dann im zweiten

Teil, daß dieser Gestalter einige der traditionellen göttlichen Attribute besitzt. Das Schlüsselmerkmal der Zweckmäßigkeit, erklärt Paley, besteht darin, daß Teile zusammenarbeiten, um ein Ziel zu erreichen, das sie getrennt voneinander nicht erreichen würden. Der Gestalter der Welt muß mit Bewußtsein, Absicht, Willenskraft und sehr großer Macht und Weisheit ausgestattet sein. Hume feuerte in seinen *Dialogues* eine Breitseite gegen das teleologische Argument ab (obwohl Paley viele seiner Einwände beantwortet), und Kant wies das Argument zurück, weil es nicht zur Vorstellung eines notwendigen und höchsten Wesens führen könne, sondern nur zu einem Architekten des Universums (Kritik, B649-658). Kants Vorbehalte sind merkwürdig, da ein Argument kaum deshalb fehlerhaft ist, weil es etwas nicht beweist, das es überhaupt nicht beweisen will; der kosmische Gestalter mag auch der unendliche Schöpfer sein, und als Teil eines kumulativen Arguments für den Theismus (wie bei Swinburne) kann dieses Argument seine vorgezeichnete Funktion gut erfüllen. Wichtiger noch als die Einwände von Hume und Kant gegen das teleologische Argument war wahrscheinlich die Darwinsche → Evolutionstheorie, die das Vorhandensein eines Gestalters zur Erkärung der biologischen Komplexität überflüssig zu machen schien. Dennoch verteidigte F.R. Tennant 1930 das Argument aus der Zweckmäßigkeit auf der Grundlage einer »weitergefaßten Teleologie«, die die Zielgerichtetheit des Evolutionsprozesses insgesamt umfaßt und nicht nur biologische Komplexität einschließt, sondern auch die Vernünftigkeit der Welt, den ästhetischen Wert der Natur und die Brauchbarkeit der Welt zur Realisierung moralischer Ziele. In den letzten Jahren hat die wissenschaftl. Debatte über das sog. Anthropische Prinzip dem teleologischen Argument viel neuen Schwung verliehen. Wir wissen jetzt, daß das menschliche Leben von einem fein ausgewogenen und unglaublich komplexen Satz von Anfangsbedingungen abhängt, die im Urknall selbst vorhanden waren, so daß unser Universum, das Leben ermöglicht, unvorstellbar unwahrscheinlich ist im Vergleich zu Universen, die kein Leben zulassen. J. Leslie hat aufgrund dessen eindrucksvoll argumentiert, daß Gott entweder existiert oder daß unser Universum Teil einer zufälligen Ansammlung von Universen ist und daß es Gründe gibt, erstere Annahme zu bevorzugen (Universes, 1989).

c. Das moralische Argument

Das moralische Argument versucht, die Existenz Gottes auf der Basis ethischer Überlegungen zu beweisen. Dazu gehört etwa das Bedürfnis nach einer Grundlage moralischer Werte, einer Quelle und Bekräftigung moralischer Pflichten oder einem Garanten für die Einheit von Tugend und Glück. Thomas von Aquins vierter Beweis ist ein moralisches Argument, das auf Motiven von Plato und Aristoteles beruht. Thomas argumentiert auf der Grundlage unserer Erfahrung von Stufen der Güte, daß es ein Wesen geben muß, dessen Natur vollkommen gut ist und so die Norm ausmacht, anhand derer die Stufen der Güte gemessen werden, wie gleichzeitig die Ursache für die Güte in allen guten Dingen ist. Kant selbst behauptete in seiner zweiten Kritik (Die Kritik der praktischen Vernunft), daß wir Unsterblichkeit und Gott als Garanten des moralischen Lebens postulieren müssen, weil moralische Tugend und Glück in diesem Leben sich nicht entsprechen. Da Kants Erkenntnistheorie die rationale Kenntnis von Gott ausschließt, wird Gottes Existenz durch derartige Betrachtungen nicht bewiesen, sondern gilt als notwendige Voraussetzung des ethischen Lebens, dessen Forderungen Kant als objektiv bindend betrachtete. Zu den Verfechtern der moralischen Argumente im 20. Jh. zählt W.R. Sorley, (Moral Values and the Idea of God, 1918). Sorley behauptet, daß ein Reich objektiver moralischer Werte existiert und von uns in moralischer Erfahrung begriffen wird. Evolutionäre und soziologische Erklärungen moralischer Werte verwechseln die subjektiven Ursprünge unseres moralischen Glaubens mit dem Objekt dieses Glaubens. Obwohl moralische Beurteilungen nicht unfehlbar sind, haben wir nicht mehr Grund, die objektive Gültigkeit der moralischen Werte anzuzweifeln als die objektive Existenz physikalischer Objekte. Ein typischer Einwand gegen das moralische Argument ist Platos Euthyphro-Dilemma: Befiehlt Gott etwas, weil es gut ist, oder ist es gut, weil er es befiehlt? Falls ersteres zutrifft, sind moralische Werte unabhängig von Gott; im letzteren Fall werden moralische Werte willkürlich von Gott befohlen. Zeitgenössische theistische Meta-Ethiker haben behauptet, daß dies ein falsches Dilemma sei: Gottes Befehle fließen notwendigerweise aus seiner moralischen Natur, die identisch ist mit höchster Güte, so daß das, was uns als Vorschrift erscheint, für Gott einfach Beschreibung der Art und Weise seines

Seins ist (T. Morris, Anselmian Explorations, Kap. 2, 3).

Viele andere theistische Argumente finden heute Befürworter, beispielsweise das nöologische Argument (J. Moreland, Scaling the Secular City, 1987, Kap. 3), das Argument religiöser Erfahrung (W. Alston, Noûs, Bd. 16, 1982), das Argument der Wunder (R. Swinburne, The Concept of Miracle, 1970) und so weiter. Viele Theologen lehnen die G. aus rel. Gründen ab, aber derart theol. Einsprüche betreffen nur die rel. Nützlichkeit der Argumente, nicht ihre Folgerichtigkeit, die allein von der Stichhaltigkeit ihrer Logik und der Wahrheit ihrer Prämissen abhängt.

Lit.: N. Samuelson, J. Clayton: »Gottesbeweise«, TRE 13, 1984, 708-784 (Lit.).

W. Craig

Gottesdienst

a) biblisch

Weder AT noch NT kennen einen einheitlichen Begriff, der dem deutschen Wort G. entspricht. Die Sache aber ist in doppelter Weise zentral.

1. Gottesdienst als Versammlung des Gottesvolkes vor seinem Gott

Im AT steht im Mittelpunkt der G. im Tempel: Das tägliche Morgen- und Abendopfer verbunden mit Psalmsingen und dem priesterlichen Segen (4Mo 28f). Wichtig sind die G.e an den großen Festen, wie Passa, Laubhüttenfest und besonders am Versöhnungstag (3Mo 16). Grundlegend für das Opfer ist der Gedanke der Sühne und der Wiederherstellung der Gemeinschaft mit Gott. Eine Beteiligung der Gemeinde am G. lassen die Psalmen erkennen. In der jüd. Diaspora entsteht der G. in der Synagoge, der in Lesungen aus Gesetz und Propheten, deren Übersetzung und Auslegung, sowie Bekenntnis, Gebet und Segen besteht. Als G. ohne Opfer ist er in der Antike einzigartig. Im NT berichtet die Apg von täglichen Zusammenkünften der Urgemeinde zum »Brotbrechen« (d.h. gemeinsame Mahlzeiten), zur Lehrverkündigung und zum Gebet (Apg 2,42-47). Die Versammlung der paulin. Gemeinden findet am Sonntag statt; Herrenmahl, Schriftlesung, geistbegabte Verkündigung, Lieder und Gebete, aber auch die Verlesung der Briefe des Apostels sind die wichtigsten Elemente (1Kor 11; 14; 1Thess 5,27).

2. Gottesdienst als Leben vor Gott

Schon im AT wird kritisch betont, daß wahrer G. nicht in äußerem Opferkult, sondern in Gehorsam, Barmherzigkeit, Liebe und Demut besteht (1Sam 15,22; Jes 1,10-17; Jer 7,21-28; Hos 6,6; Am 5,21; Mi 6,6-8; Ps 51,18f). Paulus nimmt dies auf, wenn er in Röm 12,1 vom »vernünftigen« (d.h. wahren und der Sache angemessenen) G. im täglichen Leben der Christen spricht (vgl. auch Jak 1,27).

Lit.: B.-J. Diebner, F. Hahn: »Gottesdienst II.,III.«, TRE 14, 1985, 5-39; F. Hahn: Der urchristliche Gottesdienst, 1970; H.-J. Kraus: Gottesdienst im Alten und im Neuen Bund, EvTh 25, 1965, 171-206.

W. Klaiber

b) theologiegeschichtlich

1. In einer nicht überall einheitlich gestalteten liturg. Handlung wurde, im Anschluß an Apg 2,42 u.a., in den ersten Jahrhunderten an jedem Sonntag die Auferstehung Christi gefeiert.

2. Mit dem Übergang zur Staatskirche (4. Jh.) veränderte sich der G. Die aktive Beteiligung der Laien im G. ging zugunsten der Priester zurück. Es entwickelte sich das Kirchenjahr. Die liturgischen Formen wurden vereinheitlicht und haben im Osten des röm. Reiches zu der orth. Form des G.es geführt, der als Teilhabe der Gemeinde an der Gegenwart des Reiches Gottes in der Liturgie verstanden wird.

3. Im Westen wurde in der röm.-kath. Kirche die Messe in lat. Sprache (weitgehend vereinheitlicht auf dem Trienter Konzil 1570) zum eigentlichen G. Als entscheidend wurde ihr korrekter Vollzug durch den geweihten Priester angesehen, durch den in der Eucharistie (→ Abendmahl) das Kreuzesopfer Christi »unblutig wiederholt« wird. Seit dem II. Vatikanischen Konzil (1963) wird der Gebrauch der Landessprachen gefördert, die Predigt für die Sonntagsmesse verbindlich vorgeschrieben und einem dialogischen Verständnis des G.es Raum gegeben.

4. Die Kritik der Reformatoren richtete sich gegen das Verständnis der Messe als Werk und als Opfer, das Gott darzubringen wäre. Luther wollte die lat. Form der Messe nicht abschaffen, sondern sie nur von Zusätzen reinigen, die nicht dem Evangelium entsprechen (Deutsche

Messe, 1526; WA 19, 72-113). Daneben führte er eine deutsche Form der Messe als »öffentliche Anreizung zum Glauben und zum Christentum« ein, in der die Predigt im Mittelpunkt steht, das Abendmahl unter beiderlei Gestalt gereicht wird und die Gemeinde stärker beteiligt ist (Gesang). Dies wurde zur maßgeblichen G.ordnung in den meisten luth. Kirchen. Für eine dritte G.form, in der »alles aufs Wort und Gebet und die Liebe« zu richten wäre, meinte er, »nicht die Menschen und Personen dazu« zu haben. Gegenüber der Hauptsache, daß das Evangelium im G. verkündigt wird, war ihm die Ordnung des G.es nebensächlich. Man solle »ja kein notwendig Gesetz draus machen ... sondern sie, der christlichen Freiheit entsprechend, nach ... Gefallen gebrauchen«. Nur wenn »sich die Menschen ärgern oder irre werden«, findet diese Freiheit eine Grenze darin, daß sie »der Liebe und des Nächsten Diener ist und sein soll«.

5. In der Schweiz haben → Zwingli und → Calvin, auf Grundlage der im späten MA neben der Messe bestehenden volksmission. Predigt-G.e, eigene Formen ref. Wort-G.e (in der Regel ohne Abendmahlsfeier) entwickelt, die sich vielfach vermischt, weiterentwickelt und verbreitet haben.

6. Luthers Verständnis der Ordnung als »äußerlich Ding« und die auseinandergehenden Vorstellungen der Reformatoren hatten eine große Vielfalt der ev. G.ordnungen zur Folge. Zu einer Annäherung führte die Anfang des 19. Jh. durch König Friedrich Wilhelm III. von Preußen betriebene Einführung der Preußischen Agende. Vor und nach dem Ersten Weltkrieg haben liturgische Bewegungen sich um Theorie und Praxis des G.es bemüht, teilweise unter Verwerfung jeglicher Tradition, teilweise im Rückgang auf altkirchl. Überlieferungen. Die Dimension der Feier und des Festes fand stärkeren Eingang in das G.verständnis. Nach dem Zweiten Weltkrieg wurden die Agenden wieder stärker vereinheitlicht. Seit den sechziger Jahren wurden in zahlreichen G.experimenten festgefügte Formen aufgelöst (Kirchentage, polit. Nachtgebet, Familien- und Jugendgottesdienste). Angestrebt wurde dabei ein stärkerer Gegenwartsbezug und eine noch aktivere Beteiligung der Gemeinde (eigene Gebete, eigene Glaubensbekenntnisse, neuer musikalischer Stil der Lieder, Symbolhandlungen, Bewegung, Pantomime, Meditation).

7. Eine Tradition eigener Art bildet der anglikanische G. mit starken vorreformat. liturg. Traditionen und besonderem Akzent auf bibl. Lesungen. Seine anfängliche Einheitlichkeit, die im »Book of Common Prayer« (seit 1549) gegeben war, hat sich inzwischen mehr und mehr aufgelöst.

Lit.: siehe unter *c)*

Th. Sorg/P.-G. Schöll

c) praktisch-theologisch

1. Sowohl die Vielfalt in der Gestalt als auch die Einheit im Gehalt des G.es gilt es festzuhalten. Schon das Augsburger Bekenntnis von 1530 (CA) hält im Artikel VII fest: »Dann dies ist gnug zu wahrer Einigkeit der christlichen Kirchen, daß da einträchtiglich nach reinem Verstand das Evangelium gepredigt und die Sakrament dem göttlichen Wort gemäß gereicht werden. Und ist nicht not zur wahren Einigkeit der christlichen Kirche, daß allenthalben gleichformige Ceremonien, von den Menschen eingesetzt, gehalten werden«.

2. Aus dem NT läßt sich keine einheitliche Form des G.es erheben. Es gibt ihn nur in einer historisch und kulturell bedingten Vielfalt in der Gestalt.

a. Die röm.-kath. Messe hat seit 1970 eine Form, die in vielem den reformat. Anliegen näherkommt. Nach einer Eröffnung umfaßt der Wortg. im wesentlichen drei Schriftlesungen mit Predigt, Glaubensbekenntnis und Fürbitten. Im Eucharistieteil werden die Gaben von Brot und Wein durch das eucharistische Hochgebet des geweihten Priesters zu Fleisch und Blut Christi (Wandlung). Nach Vaterunser und Friedensgebet wird das Brot gebrochen und die Kommunion gespendet. Die Messe schließt mit Gebet, Segen und dem Ruf, von dem die Messe ihren Namen hat: Gehet hin in Frieden – ite, missa est.

b. Der Evangelischen Messe liegt in ihrem Aufbau die röm. Messe zugrunde: Einleitung, Verkündigung, Abendmahl und Schluß. Einzelne liturg. Stücke dieser Normalform des G.es in den meisten luth. und unierten Kirchen im deutschsprachigen Raum reichen bis in die Zeit der Alten Kirche zurück (Herr, erbarme dich – Ehre sei Gott in der Höhe – Glaubensbekenntnis – dreimal Heilig – Christe, du Lamm Gottes).

c. Die Form des ref. G.es geht nicht auf die Meßliturgie, sondern auf einen reinen Wort-G. zurück. In »einfacher Form« hat er den Aufbau: Lied, Gebet, Predigt, Lied, Gebet, Vaterunser, Segen (teilweise ergänzt durch Schriftlesung, Glaubensbekenntnis, Sündenbekenntnis). Das Abendmahl wird in der Regel nur wenige Male im Jahr gespendet.

d. Die G.e in Freikirchen orientieren sich vielfach am ref. Wort-G. Doch neben der Predigt sind Anbetung, Gemeinschaft (einschließlich Fürbitte, Opfersammlung) und Sendung konstitutiv. Der Gottesdienst ist offen für persönliche Zeugnisse, Glaubenserfahrungen, Schriftauslegung sowie Gebetsgemeinschaft. Es wird Wert auf einen geordneten Gottesdienstablauf gelegt, der jedoch genügend Möglichkeiten für eine Beteiligung seitens der Gemeindeglieder und für geistgewirkte Spontanität bietet. Die Leitung des Gottesdienstes liegt in der Regel beim Pastor, wird aber nicht ausschließlich von ihm gestaltet und verantwortet. Der Abendmahlsgottesdienst wird monatlich gefeiert. Gottesdienste mit besonderen Inhalten und Schwerpunkten (Anbetungsgottesdienste, Familiengottesdienste, evangelistische Gottesdienste, Jugendgottesdienste, Fürbittegottesdienste etc.) gehören ebenso in das freikirchliche Gemeindeleben. Neuerdings treten an die Stelle der traditionellen Formen verschiedentlich charismat. beeinflußte Neugestaltungen.

e. Seit einigen Jahren finden zu verschiedenen Anlässen vermehrt ökumen. G.e statt. Allerdings kann es sich dabei bisher nur um Wort-G.e ohne → Abendmahlsgemeinschaft handeln.

3. Die Vielfalt in der Gestalt findet ihre Einheit im Gehalt: in der Person Jesu Christi, der die Verkündigung des Evangeliums geboten und das Abendmahl eingesetzt hat. Von daher sind bestimmte Gegebenheiten und Elemente für den G. konstitutiv, wenn sie auch nicht in jedem G. auf gleiche Weise zum Ausdruck kommen:

a. »Gottesdienst« meint zuerst einen Dienst Gottes am Menschen. Gott dient durch Wort und Sakrament (letzteres nach reformat. Überzeugung ein »sichtbares Wort«) und wirkt dadurch Glauben. Der G. will Glauben wecken, im Glauben vergewissern und zu einem Leben aus dem Glauben anleiten.

b. Dem Wort Gottes entspricht die Antwort des Menschen. G. ist ein dialogisches Geschehen, in dem der Mensch im Singen und Beten, in Bitte und Dank zu Wort kommt. Nach Luther geschieht im G. nichts anders, als daß »unser lieber Herr selbs mit uns rede durch sein heiliges Wort, und wir widerumb mit jm reden durch Gebet und Lobgesang« (Torgau, 1544; WA 49,588).

c. Antwort auf das Wort Gottes gibt der Mensch nicht nur im G. am Sonntag, sondern in dem »Gottesdienst des Alltags« (Röm 12,1) mit seinem ganzen Leben. Der sonntägliche G. soll diesen Zusammenhang deutlich machen, indem er neben den Elementen der Sammlung auch Anstöße zu einem Leben aus dem Glauben im Alltag gibt.

d. Ordinarium (regelmäßig in jedem G. wiederkehrende Teile der Liturgie, z.B. Glaubensbekenntnis und Vaterunser) und Proprium (jeweils einem bestimmten Sonntag im Kirchenjahr zugehörige Stücke, z.B. Lesungen und Gebete) sind gleichermaßen nötig. Nur was über einen längeren Zeitraum gleich bleibt, kann prägend wirken, und es können Rituale entstehen, bei deren Vollzug Menschen sich geborgen fühlen. Damit eine Form aber nicht erstarrt, muß darauf geachtet werden, daß Raum bleibt für Einmaliges, Überraschendes, Spontanes. Gelegentliche andere Formen des G.es (z.B. Familien-, Jugend-G.e, neuere Lieder) nicht als Alternative, sondern als Ergänzung! – bieten dazu gute Möglichkeiten.

e. Ebenfalls wird in jedem G. Altes mit Neuem, Tradition mit Aktualität eine Verbindung eingehen. In der Tradition sind unverzichtbare Erkenntnisse und Erfahrungen des Glaubens von früher und anderswo aufbewahrt, die sich den Späteren nicht immer einfach erschließen. Aber darüber darf das Hier und Heute nicht vernachlässigt werden. Altes und Neues sollen deshalb einander so ergänzen, daß der G. einladender Mittelpunkt der ganzen Gemeinde ist, bleibt oder werden kann.

Lit.: G. Balders (Hg.): Ein Herr, ein Glaube, eine Taufe, FS, [3]1990; K.H. Bieritz: Gottesdienst, 1987; H. Jetter u.a. (Hg.): Evangelischer Erwachsenenkatechismus, [5]1989, 1015-1038; G. Lanczkowski, B.J. Diebner, F. Hahn, P.F. Bradshaw, H. Reifenberg, K. Ware, P. Cornehl, G. Wainwright, C.F. Hallencreutz: »Gottesdienst I.-X.«, TRE 14, 1985, 1-97; G. Lorenz (Hg.): Unser Gottesdienst. Wesen, Gestaltung, Gestalt, 1967 (bapt.); S. Mowinckel, I. Elbogen (E. Lohse), H. Riesenfeld, G. Kretschmar, K. Onasch, K. Dienst, H. Urner, W. Jannasch, W. Holsten: »Gottesdienst«, RGG[3] 2, 1958, 1751-1789; K.F. Müller, W. Blankenburg (Hg.): Leiturgia. Handbuch des evangelischen Gottesdienstes, 5 Bde., 1954-1970; D. Rössler: Grundriß der Praktischen Theologie, 1986, 360-403; H.-Chr. Schmidt-Lauber, E. Theodorou, J.F. White, J.S. Pobee, N.H. Klein, W. Altmann, G. Wainwright, G.M. Martin: »Gottesdienst«, EKL[3] 2, 1989, 257-284.

Th. Sorg/P.-G. Schöll

Gottesdienstordnung

1. Der kirchl. Ordnungsbegriff grenzt sich einerseits gegen alles Gesetzliche ab (Ordnungen sind nicht heilsnotwendig); andererseits dient Ordnung der Abwehr von Willkür. Im Gemeindeleben soll alles »der Ordnung gemäß« geschehen (1Kor 14,40). In seinen liturg. Schriften, insbesondere in der »Deutschen Messe und Ordnung des Gottesdiensts« von 1526, hat M. Luther nachdrücklich die Freiheit im Gebrauch der von ihm vorgelegten Ordnung gefordert (es solle »ja keyn nöttig gesetz« daraus gemacht werden). Zugleich prangert er es aber als ein Ärgernis an, wenn jeder Pfarrer »eyn eygens macht«. Es sei für den Glauben hilfreich, wenn die Christen »gleycher weyse und geberden seyn«.

2. Ansatzpunkte für die Ausbildung gottesdienstl. Ordnungen bietet das NT mit der Überlieferung des Vaterunsers und der Abendmahls-Einsetzungsworte. In den überlieferten Fassungen stimmen beide Texte im wesentlichen überein; sie weisen aber in der Formulierung Abweichungen auf – trotz der in der Antike üblichen Akribie bei der mündlichen Überlieferung.

In den ersten Jh.en hat zunächst die Abendmahlsliturgie eine festere Ausprägung erfahren. Der einleitende Dialog (»Erhebet eure Herzen...«) läßt sich bis zum Anfang des 3. Jh.s zurückverfolgen, die Verwendung des Sanctus sogar bis ins 2. Jh. Der Wortteil wurde dagegen zunächst wesentlich lockerer gestaltet, was anfangs auch von den gerade verfügbaren Schriften abhängig war (vgl. Kol 4,16). Im 4. Jh. ist es zu einer klaren Zweiteilung des Gottesdienstes gekommen: Am Anfang steht der für alle offene Wortteil mit Lesungen, Auslegung und Gesängen (Missa Catechumenorum), während der zweite Teil nur den getauften und zum Abendmahl zugelassenen Gemeindegliedern vorbehalten war (Missa Fidelium). Die Liturgie der Ostkirche entwickelte sich in den folgenden Jh.en zu einer weithin stereotypen Form mit einer einseitig meditativen Ausrichtung. Dagegen kam es in den westlichen Ordnungen zu einer Durchdringung von gleichbleibenden Teilen (Ordinarium Missae) und von Stücken, die von Sonntag zu Sonntag wechselten (Proprium de tempore).

Während die anglik. und die luth. Kirche sich der gottesdienstl. Tradition der röm. Kirche verpflichtet fühlten (Ursprungsbindung), war für die ref. G.en von Anfang an der bewußte Gegensatz zur röm. Messe konstitutiv. Letztere wurde erst durch das Konzil von Trient – in Abwehr reformat. Tendenzen – vereinheitlicht und verpflichtend vorgeschrieben (Missale Romanum von 1570). Die damit verbundene liturg. Erstarrung wurde schließlich durch das II. Vatikanische Konzil überwunden (Konstitution über die heilige Liturgie von 1964). Die evang. → Freikirchen kennen zumeist (mit Ausnahme der Ev.-methodistischen Kirche) keine formulierte und festgelegte G., orientieren sich traditionell aber am ref. Wortgottesdienst.

3. Die heute geltenden G.en für die luth. und die unierten Gemeinden sind weithin identisch. Letztere bieten allerdings als Variante eine zweite Grundform für die Gebiete mit ref. Tradition. Diese Agenden entstanden bald nach dem Zweiten Weltkrieg noch unter dem Eindruck des Kirchenkampfes. Zwar kam es nie zu einer Agendengesetzlichkeit; aber unverkennbar sind sie Ausdruck eines Bemühens, alles möglichst einheitlich, gut und sicher zu regeln. In den sechziger Jahren kam es dann, vor allem in der kirchl. Jugend, auch auf gottesdienstl. Gebiet zu starken Gärungsprozessen. Die »Gottesdienste in neuer Gestalt« ließen die liturg. Kontinuität und die Ursprungsbindung kaum noch erkennen. Im Jahre 1990 erschien als Ergebnis einer gemeinsamen Arbeit von VELKD und EKU eine »Erneuerte Agende«, die zunächst als Entwurf bis Ende 1993 erprobt und danach als einheitliche Agende eingeführt werden soll. Sie hält eine vertraute Grundstruktur des Gottesdienstverlaufs aus pastoralen Gründen für wichtig. Durch die Kontinuität von Regelformen soll sich das Gemeindeglied im Gottesdienst heimisch fühlen. Der Entwurf bietet aber in wesentlich stärkerem Maße als bisher üblich Austauschformen, offene Formen und Auswahlstücke an. Durch das »Prinzip der festen Grundstruktur in variabler Ausformung« sollen eine Aktualisierung und mehr Spontaneität angeregt werden. Der Aufbau ist viergliedrig:

- Eröffnung und Anrufung,
- Verkündigung und Gebet,
- Abendmahl,
- Sendung.

Bei der Auswahl und Zuweisung der Propriumstexte wurde zwar keine straffe Thematisierung erstrebt oder durchgeführt, aber doch gab ein gottesdienstl. »Motiv« den Ausschlag bei der Zuweisung der Lesungen (entsprechend der Revision der Perikopenordnung aus dem Jahre 1977), der Introiten, Gebete und des Wochenliedes. Neu ist die agendarische Sonderform zur Einbeziehung der Taufhandlung in den Gottesdienst. Weil die Taufe die Aufnahmehandlung in die Gemeinde ist, ist sie Gemeindefeier, keine Familienangelegenheit. Die Taufe kann in den (sonst unveränderten) Gottesdienst einbezogen werden; es besteht aber auch die Möglichkeit, den ganzen Gottesdienst als Taufgottesdienst zu gestalten.

Die Liturgie soll schließlich nicht immer in der gleichen musikalischen Gestalt ausgeführt werden. Gemeinden und Chöre sollen vielmehr »eine gewisse Vielfalt, auch in stilistischer Hinsicht, erstreben«.

Lit.: Agende der Ev.-methodistischen Kirche, 1991; Erneuerte Agende. Vorentwurf. Im Auftrag des Rates der EKU ... und der Kirchenleitung der VELKD erarbeitet von der Arbeitsgruppe »Erneuerte Agende«; Chr. Albrecht: Einführung in die Liturgik, [3]1983; C. Mahrenholz: Kompendium der Liturgik des Hauptgottesdienstes, 1963.

Chr. Albrecht

Gotteserkenntnis → Erkenntnis

Gottesfurcht → Furcht Gottes

Gotteskindschaft

1. Der Gedanke der G. ist in der Welt der Religionen weit verbreitet. Er kann sich auf einem höchsten Gott untergeordnete Götter beziehen (Götterfamilien z.B. in der griech. Mythologie), auf hervorragende Menschen wie Heroen (z.B. Herakles, von Zeus in einer menschlichen Mutter gezeugt) oder Personen in heraussragender Funktion (altorientalische Königsideologie; im Hellenismus aufgenommen z.B. in der Bezeichnung Alexanders des Großen als Sohn des Zeus-Ammon; später bei den röm. Kaisern), kann aber auch auf alle Menschen ausgedehnt werden wie besonders in der Stoa (Zeushymnus des Kleanthes: »Sei mir gegrüßt, o Zeus; denn alle Sterblichen dürfen dich anreden, o Vater, da wir ja deines Geschlechts sind«).

2. Die Bezeichnung »Gottessöhne« im AT (1Mo 6,2.4; Hiob 1,6; 2,1; vgl. Ps 29,1; 89,7) weist → Engelwesen als (ursprünglich) zur Sphäre Gottes gehörig aus. Auch der König in Israel kann, nicht im Sinne physischer Abstammung, wohl aber einer Adoptions- bzw. Legitimationsformel »Sohn Gottes« genannt werden, verstanden als Ausdruck der → Berufung und Zuspruch des väterlichen Beistandes Gottes (2Sam 7,14; Ps 2,7; 89,27f). Angesichts des Versagens der israelit. Könige gegenüber ihrer göttlichen Berufung wird die Sohnschaftsaussage bei den Propheten zur messianischen Weissagung (Jes 9,5f).

Viel häufiger und innerhalb des AT von grundlegendem Gewicht ist die Beschreibung des Verhältnisses Jahwes zu Israel mit dem Vater-Sohn-Verhältnis (2Mo 4,22; 5Mo 32,6; Jer 31,9; vgl. Jes 63,16; 64,7; Jer 3,4.19; im NT Röm 9,4) als Ausdruck der Erwählung Israels zum Bundesvolk Jahwes; die Israeliten sind als Glieder des Bundesvolkes »Söhne Gottes« (5Mo 14,1; Hos 2,1; vgl. Jes 1,2.4; 30,1.9; Jer 3,22; vgl. im NT Mt 8,12). Später bekennt vor allem der fromme Israelit gegenüber Gott »mein Vater bist du« (Sir 51,10f; vgl. Weish 2,16.18, wo der Gerechte sich als solcher »Gottes Sohn« nennt; ähnlich → Philo in QG I 92, spec leg I 318).

In Kontinuität zur und in Überbietung der atl. messianischen Verheißung weiß → Jesus sich als den einen Sohn seines himmlischen Vaters (Mt 3,17 par; 17,5 par; 11,27 par; Lk 2,49; Joh 10,36; vgl. das Petrusbekenntnis Mt 16,16). Aber in offensichtlich anderem, weiteren Sinn kann er auch seinen Jüngern zusprechen, daß sie den Namen »Söhne Gottes« tragen werden (Mt 5,9 als Friedensstifter; 5,45 als die, die ihren Feind lieben; vgl. Lk 20,36).

Auch die Urchristenheit nimmt diesen Sprachgebrauch zunächst auf: Jesus wird in der Auferstehung »Erstgeborener unter vielen Brüdern« sein (Röm 8,29; vgl. Hebr 2,10f). Was hier als Verheißung zugesprochen ist (vgl. 8,19), gilt im Glauben schon jetzt: die im Glauben empfangene Gabe des Geistes weist Christen als »Söhne Gottes« aus (8,14). Im Gegensatz zum knechtischen Geist derer, die unter dem Gesetz leben, haben Christen einen »Geist der Sohnschaft« (*hyiothesia*: wörtl. Annahme an Sohnes statt, Vulg. *adoptio filiorum*) empfangen (8,15.23; vgl. Gal 4,5; Eph 1,5). Wie Jesus seine Jünger im → Vaterunser die Vateranrede lehrte (Mt 6,9; vgl. Lk 15,11ff), so gilt jetzt der geistgewirkte Gebetsruf »Abba« als Ausdruck des neuen Verhältnisses des Christen zu Gott (Röm 8,15; Gal 4,6). Neben das Wort »Sohn« (vgl. noch Röm 9,26; Gal 3,26; 4,6f; 2Kor 6,18; vgl. Offb 21,7) tritt hier in Röm 8 noch das allgemeinere »Kind« (8,16f.21; vgl. 9,8; Phil 2,15; Eph 5,1). Bei Joh dann wird terminologisch konsequent unterschieden: der Sohnesbegriff bleibt Jesus vorbehalten, während die in der → Wiedergeburt zu einem neuen Verhältnis zu Gott Erneuerten »Kinder Gottes« genannt werden (Joh 1,12; 11,52; 1Joh 3,1.2.10; 5,2).

Der universale hell. Gedanke der Gottesverwandtschaft aller Menschen klingt im NT nur in Apg 17,28 an (vgl. Lk 3,38), und zwar auf dem Hintergrund des bibl. Schöpfungsglaubens (17,24-27) und im Wissen um die Notwendigkeit der → Bekehrung (17,30f).

3. Die Lehre von der G. ist »eine der christlichen Grundlehren« (Eck, 1590). Trotzdem wurde sie kaum je zum eigenen dogmat. Thema, sondern wurde, wenn überhaupt, nur im Zusammenhang der Lehren von → Rechtfertigung (als anschauliche Beschreibung des Verhältnisses, in das der Gerechtfertigte zu Gott gesetzt ist) oder der → Wiedergeburt (als deren Ergebnis) erörtert. In gewisser Nähe zum Gedanken der G. stand in der → Alten Kirche, vor allem bei den griech. Kirchenvätern seit Irenäus, der Gedanke der Verähnlichung mit Gott (*homoiosis theo*) oder der Vergottung (*theopoiesis*). In der neueren Theologiegeschichte fand der Gedanke der G. auf dem Hintergrund der Neuentdeckung der Lehre von der Wiedergeburt im → Pietismus neue Aufmerksamkeit, vor allem im Sinne der Adoption (→ Spener, Erklärung, § 1006ff; → Freylinghausen, Grundlegung, 179.188; vgl. → Kähler, Wissenschaft, § 500-512, »Das Leben des Gotteskindes«). Von G. ausdrücklich nicht nur »im Adoptivsinn, sondern im essentiellen Sinn« spricht → Beck (der Christ »weiß das Göttliche in sich als den Lebensgrund einer neuen Persönlichkeit«, Chr. Ethik II, 4f, 201f). Die liberale Theologie sah dagegen, in Berufung auf das Jesusbild der liberalen Leben-Jesu-Forschung, in der G. »ein allgemein menschliches Verhältnis« (Eck, 1590).

4. Die Lehre von der G. setzt die von der Gottebenbildlichkeit jedes Menschen voraus, ist mit ihr aber nicht identisch. Im bibl. Zeugnis ist G. konsequent kein schöpfungstheol., sondern ein soteriologischer Begriff (→ Heil). Die G. ist nicht nur Wiederherstellung der Gottebenbildlichkeit, sondern ihre Überbietung zu einem ganz neuen persönlichen Verhältnis des einzelnen Glaubenden zu Gott. Ohne daß die bleibende Grenzlinie zwischen Schöpfer und Geschöpf angetastet wird (eine Gefahr, die allerdings im altkirchl. Vergottungsgedanken lag), ist dem wiedergeborenen Christen – und nur ihm – mit der Gabe des Geistes Gottes eine neue, bleibende (»essentielle«, Beck), rein rechtliche Kategorien übersteigende Qualität des Lebens mit Gott gegeben, wie sie im Bild des Vater-Kind-Verhältnisses unüberbietbar zum Ausdruck kommt.

Lit.: O. Bauernfeind, A. Köberle: »Gotteskindschaft«, RGG[3] 2, 1798-1804; J.T. Beck: Vorlesungen über Christliche Ethik II, 1883; Eck: »Gotteskindschaft«, RGG[1] 2, 1590-1597; J.A. Freylinghausen: Grundlegung der Theologie, 1725; M. Kähler: Wissenschaft der christliche Lehre, 1905; W.v. Martitz, G. Fohrer, E. Lohse, W. Schneemelcher, E. Schweizer: »hyios, hyiothesia«, ThWNT VIII, 1969, 334-402; G. Mensching: Die Söhne Gottes, 1958; A. Oepke: »pais«, ThWNT V, 1954, 636-653 (bes. 650ff); Ph.J. Spener: Erklärung der christlichen Lehre, 1677.

H. Burkhardt

Gotteslästerung → Religionsvergehen

Gottesschau → Schau Gottes, visio Dei

Gottessohn → Jesus Christus

Gottesurteil

a) biblisch

Wie überall im alten Orient dienten auch in Israel G.e (Ordale) zur Ermittlung oder Überführung eines Straftäters in Fällen, in denen keine Zeugen oder Beweise zur Verfügung standen. Grundlage war die Gewißheit, daß Gott den Straftäter kennt und überführen will, weil er ein ureigenes Interesse an der Reinheit und Heiligkeit seines Volkes hat (vgl. 3Mo 19,2), dessen Gottesverhältnis schon durch die Sünde eines seiner Glieder gestört ist.

Im AT lassen sich eine ganze Reihe von G.en nachweisen, wobei sich zwei methodische Verfahren zur Erfragung eines Gottesentscheides abheben von einer Anzahl singulärer und unmethodischer G.e, die Jahwe in seiner Freiheit bestimmten Auserwählten zuteil werden läßt, so z.B. das von Elia in prophetischer Vollmacht erbetene G. am Karmel (1Kön 18), oder die Mose zur Bestätigung und Verteidigung gegebenen G.e (4Mo 12,1ff; 16,28ff).

1. Im Losordal wird entweder durch Alternativfragen mit Hilfe der beiden Lose »Urim und Tummim« der in Frage kommende Personen-

kreis so weit eingeengt, bis ein Schuldiger übrigbleibt (1Sam 14,36-44). Oder es wird in einem ähnlichen Ausleseverfahren für alle Beteiligten ein Los festgesetzt, das zunächst den Stamm, dann die Sippe, die Familie und schließlich den Schuldigen selbst »trifft« (Jos 7,14-20). Dem Geständnis des Schuldigen (Jos 7,20; 1Sam 14,43) folgt die Bestrafung (Jos 7,25; vgl. dagegen 1Sam 14,44f). Letzteres Verfahren des Losordals wurde offenbar auch im positiven Sinne bei der Ermittlung eines Erwählten angewandt (4Mo 17,16-24; 1Sam 10,19-21).

2. Ein zweites mögliches und geübtes Verfahren stellte das Fluch- oder Probeordal dar. Vorausgesetzt ist, daß der Verdächtige bzw. Angeklagte schon feststeht. Behauptet der Betreffende seine Unschuld, so soll er am Heiligtum einen Reinigungseid schwören (3Mo 5,21-26(24!); 2Mo 22,10), der eine Selbstverfluchung für den Fall der Schuld enthält und damit die gerechte Strafe heraufbeschwört. Bleibt eine Strafe aus, gilt die Unschuld als erwiesen. Methodisch praktizierbar war auch das Trankordal (4Mo 5,12-31), das bei der unbeweisbaren Anklage des Ehebruchs Anwendung fand und am Heiligtum in Gegenwart eines Priesters vollzogen wurde. Zu dem von der Frau zu leistenden Eid für ihre Unschuld trat das Trinken vorher verfluchten Wassers, das im Falle der Schuld seine fluchbringende Wirkung in Form von Unfruchtbarkeit entfalten konnte, ansonsten aber unschädlich blieb.

Lit.: F. Horst: Der Eid im Alten Testament, EvTh 17 (1975), 366-384; R. Press: Das Ordal im Alten Testament, ZAW 51 (1933), 121-140.

V. Gäckle

b) historisch

Das G. findet sich in vielen archaischen Kulturen und ist keine Besonderheit des europäischen Rechts. Dort war es fast ausschließlich in den germanischen Reichen während der ersten Hälfte des MA gebräuchlich und drückt dinglich verstandene Religiosität ebenso aus wie den Glauben an Gottes Zuständigkeit in allen Lebensbereichen. Allg. definiert ist ein G. ein Mittel sakraler Rechtsfindung, das auf der Vorstellung beruht, Gott als Hüter des Rechts werde in Fällen der Unergründbarkeit von Rechtslagen durch Zeichen einen Hinweis auf Schuld bzw. Unschuld eines Angeklagten geben. Das G. dient demnach vornehmlich als Beweismittel. In der vom röm. Recht geprägten Umwelt waren G.e als prozessuale Verfahrensweisen ungebräuchlich. Deshalb mußte die frühe Kirche dazu keine Stellung beziehen und hatte keinen eindeutigen Standpunkt, als sie infolge der Christianisierung der Germanenstämme mit dem G. als gesetzlich vorgesehenem Beweismittel zur Strafentscheidung konfrontiert wurde. Gegen diese Praxis brachte sie anfangs kaum Widerstand auf, zumal das Ordal (angelsächsisch »Urteil«) auch aus dem AT (4Mo 5,11-31) und von → Augustinus überliefert war. Vor allem seit dem Herrschaftsantritt der Karolinger finden sich G.e vermehrt als prozessuale Einrichtung in weltlichen und kirchl. Rechtsquellen. Die Kirche hat dabei wohl die vielfältigen Formen geordnet und ihrerseits durch Rituale ausgestaltet sowie teilweise erst eingeführt.

Die wichtigsten Ordalformen sind: Feuerprobe (wenn die durch verschiedene Verfahren entstandene Brandwunde bei dem Probanden problemlos heilt, gilt er als unschuldig), Kaltwasserprobe (der von einer Leine gehaltene, gefesselte Proband wird ins Wasser geworfen, geht er unter (!), gilt er als unschuldig; weil das Wasser mit dem Taufwasser gleichgesetzt wird, kann darin nur der Schuldlose untertauchen), Bissenprobe (Brot oder ein Stück Käse sind zu verschlucken, wer sich verschluckt, gilt als schuldig) und der Zweikampf.

Dennoch ließen gewichtige Gegenstimmen, so schon früh die des 518 gestorbenen Bischofs Avitus von Vienne, die Fragwürdigkeit der verschiedenen Ordalformen nie völlig aus dem Bewußtsein der Zeitgenossen verschwinden. Aber erst das IV. Laterankonzil von 1215 unter Papst Innozenz III. hat den Zweikampf verboten, allen Klerikern die Beteiligung an der Durchführung von G.en untersagt und den Eid als Beweismittel hervorgehoben. In der Praxis blieben sie gleichwohl bestehen, wie etwa die Anerkennung der G.e im Sachsenspiegel (um 1224-1227) belegt. Sie lebten sogar bis in die Neuzeit fort, wurden doch einige ihrer Praktiken im Zuge der Hexenprozesse verwandt.

Lit.: H.-J. Becker: »Gottesurteil«, LexMA 4, 1989, 1594-1595; C. Leitmaier: Die Kirche und die Gottesurteile, 1953; H. Nottarp: Gottesurteilstudien, 1956; H.-W. Strätz: »Gottesurteil II«, TRE 14, 1985, 102-105.

L.E. v. Padberg

Gottheit Christi → Jesus Christus

Gotthelf, Jeremias (1797-1854)

G., eigentlich Albert Bitzius, entlehnte sein Pseudonym seinem literarischen Erstlingswerk »Der Bauernspiegel« (1837).

G., geb. am 4. 10. 1797 als Sohn eines ref. Pfarrers in Murten/Fribourg, gest. am 22. 10. 1854 in Lützelflüh/Bern, verbrachte seine Kindheit ab 1805 in Utzensdorf im Emmental, die Gymnasialzeit ab 1812 in Bern, wo er dann auch Theologie studierte. Das Vikariat trat er in der Gemeinde seines Vaters im Emmental an, Studienaufenthalte und Bildungsreisen führten ihn nach Göttingen, Hamburg, Rostock, Weimar, Leipzig, Dresden; es folgte das Vikariat in Herzogenbuchsee, ab 1830 in Lützelflüh. Ab 1832 war er dort Pfarrer bis zu seinem Tod 1854.

Geprägt ist G. von der Erziehung in einem aufgeklärten Elternhaus, vom Vertrauen in feste, von einem bisweilen atl. anmutenden Gott gegebene Ordnungen, von einem offensiven christl. Liberalismus, der in seiner die helvetischen Landesgrenzen durchaus überschreitenden Bildung begründet ist, der aber im Laufe von G.s Leben von restaurativen Zügen überlagert wird. G., der von den päd. und sozialreformerischen Ideen Pestalozzis, den er persönlich kannte, stark beeinflußt war, gehört mit seinem päd. und polit. Engagement in die Tradition der Schweizer Volksaufklärung, weil er gegen »Armennot« (1840), Alkoholismus (Wie fünf Mädchen im Branntwein jämmerlich umkommen, 1838), Aberglauben und Kurpfuscherei (Wie Anne Bäbi Jowäger haushaltet und wie es ihr mit dem Doktor geht, 1843/44) vorgeht, sich für Alphabetisierung, Ausbau des Volksschulwesens und Verbesserung der Lehrerbildung einsetzt und nicht zuletzt für Arbeitsamkeit und Selbstdisziplin wirbt (Leiden und Freuden eines Schulmeisters, 1838/39; Wie Uli der Knecht glücklich wird, 1841; Uli der Pächter, 1847).

In seinen Äußerungen an atl. Propheten erinnernd, warnt G. vor den »Schweinsblasen des Zeitgeistes«, vor »brüllhaften Naturen und neumodischen Spekulanten«. »In jeder Gemeinschaft muß Zucht und Ordnung aufrecht erhalten werden, sonst zerfällt sie, und in keiner Gemeinschaft duldet man die, welche öffentlich Umsturz, Auflösung dieser Ordnung predigen. In jeder Gemeinschaft sind solche, welche über Aufrechterhaltung der Ordnung wachen und für fortdauerndes stetiges Reformieren, daß Revolution nie nötig werde; denn nur da entsteht Revolution, wo man das Reformieren vergißt« (Der Bauernspiegel, 1837).

Lit.: K. Fehr: Jeremias Gotthelf, [2]1985; H.P. Holl: Gotthelf im Zeitgeflecht. Bauernleben, industrielle Revolution und Liberalismus in seinen Romanen, 1985.

K. Günther

Gottlosigkeit → Atheismus

Gottschalk (ca. 806-866/888?)

G., geb. wohl 806 als Sohn eines sächsischen Grafen, gest. zwischen 866 und 888 im Kloster Hautvillers. Er erhielt seine Ausbildung in den Klöstern Fulda und Reichenau, war Mönch im Kloster Orbais, reiste nach Rom, Dalmatien, ja bis → Bulgarien. 848 wurde er in Mainz wegen seiner Erwählungslehre verurteilt und aus dem fränkischen Reich ausgewiesen. Er beendete sein Leben in Klosterhaft in Hautvillers – trotz auferlegten Schweigegebotes in gewissem Kontakt mit Freunden und Schülern. G. war ein gebildeter Theologe, der sich auch in die Auseinandersetzungen seiner Zeit um die Trinität und das Abendmahl eingemischt hat. In der Prädestinationsfrage vertrat er unter Berufung auf → Augustin einen radikalen Standpunkt im Sinn einer doppelten Erwählung zum Heil und zum Gericht. Seine Schriften sind erst relativ spät (um 1930) aufgefunden worden. Inzwischen hat sein Ansehen zugenommen, und er gilt als aufschlußreiche Zwischenfigur auf dem Weg der Augustinrezeption in der fränkisch-germanischen Theologie.

Lit.: H. Dörries: Sächsische Gottschalk-Fragen, JGNKG 48, 1950, 29-45; M.C. Mitterauer: Gottschalk der Sachse und seine Gegner, Diss. Wien 1956; K. Schäferdiek: »Gottschalk der Sachse«, TRE 14, 1985, 108-110; G. Schrimpf: Die ethischen Implikationen der Auseinandersetzung zwischen Hraban und Gottschalk um die Prädestinationslehre, in: W. Böhme (Hg.): Hrabanus Maurus und seine Schule, 1980, 164-174.

G. Ruhbach

Götzendienst

Die heutige Wortbedeutung »einen falschen Gott verehren«, »einem Abgott huldigen«, geht auf Luther zurück, ist also Beispiel christl. Sprachbildungskraft. Schon bei dem Begriff des »Abgotts« ist dasselbe Phänomen zu beobachten; es wurde im Zuge der christl. Missionierung des Abendlandes als Ausdruck für die Götter bzw. Götterbilder heidnischer Völker geprägt. Als »Dienst« wird eine Tätigkeit des Dienens bzw. ein andauernder Zustand des Dienens bezeichnet, der im kultischen Bereich besser »Verehrung« genannt (vgl. den 21. Artikel des Augsburger Bekenntnisses »Vom Dienst der Heiligen«). Das »Dienen« stellt den Menschen in Relation zu einem Herrn, dem ein Dienst geleistet wird. In der deutschen Sprache ist der Begriff des G.es inhaltlich von der Kritik an den verehrten nichtchristl. Gottheiten und vom Aufweis einer darin sichtbaren Herrschaftsbeziehung gekennzeichnet. Das bibl. Zeugnis offenbart über diese etymologischen Beobachtungen hinaus, wie stark die Bindung dieses Dienstes ist (1 Kor 12,2): Der Mensch »hat« nicht nur einen Götzen, den er sich selbstbezogen im Götzenbild »vorstellt« – diese Betrachtungsweise ist zu vordergründig-diesseitig. Vielmehr wird G. als eine machtvolle Beziehung gedeutet, die von dem kultisch Verehrten ausgeht. Im G. bindet sich der Mensch nicht nur an »nichtige« (Jes 44,9) dingliche Sachwerte oder an personale Gaben bzw. Personen oder die hinter ihnen stehenden Mächte; vielmehr wird der Mensch unter der Herrschaft der Sünde schon immer von diesen Mächten beherrscht, solange er nicht in Christus befreit ist (1 Kor 10,19f; 1 Petr 4,3). Bilderverehrung wird in Röm 1,23 als Folge der Nichtachtung des sich durch seine Schöpfungswerke offenbarenden Gottes dargestellt. Von der klaren Weisung des 1. Gebotes ausgehend (2Mo 20,3-6; 5Mo 5,7-10) wird im alten und neuen Bund die Verehrung des unsichtbaren Gottes, der sich in seinen Werken offenbart, unterschieden von der verkehrten Verehrung des Geschaffenen. In der Abwendung von Gott, dem die Ehre gebührt, können alle Dinge und Mächte der geschaffenen Welt zu »Götzen« werden. Luther formulierte diese Beziehung klassisch im Großen Katechismus: »Woran Du Dein Herz hängst, das ist eigentlich Dein Gott« (BSLK 560,22-24). Die Einzigartigkeit des sich den Juden und Christen offenbarenden Gottes: die Heiligkeit seines Zornes und der Eifer seiner Liebe, lassen nur seine exklusive Verehrung zu. Diese göttliche Verehrung richtet sich auf den in der Geschichte erscheinenden Christus, der als Bild Gottes (2 Kor 4,4) Gott selbst ist. Das Christsein verträgt sich nicht mit dem G., wird dieser doch zu den Werken des Fleisches gerechnet. Im geistl. Kampf zwischen Fleisch und Geist ist der Christ aufgefordert, der Versuchung zum G. zu widerstehen (Apg 15,20; 1Kor 5,11; 6,9; 10,7.14; Gal 4,8f; 5,20). Diese Aufforderung ergeht angesichts des ewigen Todes, den der G. nach sich zieht (1Kor 6,9; Eph 5,5; Offb 21,8; 22,15). Nur auf diesem Hintergrund läßt sich der Begriff des G.es in der Missions- und Religionswissenschaft entfalten, der nicht als Diskriminierung anderer Kulturen, sondern nur als theol. Urteil auf der Grundlage des Schriftzeugnisses verstanden werden darf. S.a. → Bild, → Erbsünde, → Gott.

Lit.: K.-H. Bernhardt: Gott und Bild. Ein Beitrag zur Begründung und Deutung des Bilder-Gebotes im AT, 1956; H. Bürkle: Das Bild als Ausdrucksmittel von Glaubensinhalten in den Weltreligionen, Orthodoxes Forum 1, 1987, 135-149; E. Fascher: Gott und die Götter, ThLZ 81, 1956, 279-308, bes. 291ff; J. Faur: The Biblical Idea of Idolatry, JewQRev 69, 1978/79, 1-15; F. Kluge: Etymologisches Wörterbuch der deutschen Sprache, [22]1989; A. Peters: Kommentar zu Luthers Katechismen I: Die Zehn Gebote, 1990; J.L. Ska: »Petits enfants, prenez garde aux idoles« 1Jo 5,21, NRTh 111, T. 101, 1979, 860-874; R. Sörries: »Bilder, Bilderverehrung«, EKL[3] 1,504-509; C.D. Stoll: »Bild/Abbild/Ebenbild«, GBL 1, [2]1990, 205-206; ders.: »Götze/Götzendienst«, ebd. 489-492.

J. Eber

Graduallied

In der röm. Messe wurden die Schriftlesungen durch Gesänge verbunden. Auf die atl. Lesung folgte der Gradualpsalm oder Responsorium graduale, später einfach Graduale genannt, ein

Psalmengesang, bei dem der Vorsänger auf den Stufen (lat. *gradus*) des erhöhten Lesepults stand. Nach den einzelnen Versen sang die Gemeinde einen dem Psalm entnommenen Vers als Responsorium (z.B. bei Ps 136: »Denn deine Güte währet ewiglich«). Als die atl. Lesung wegfiel, reihte sich das Graduale mit dem Halleluja an die Epistel an.

In der ev. Kirche wird seit Luthers »Deutscher Messe« nach der Epistellesung »ein deutsch Lied« von der Gemeinde gesungen. Da es bald ein festes Lied zwischen Epistel- und Evangelienlesung für jeden Sonntag des Kirchenjahres gab, wurde dieses G. zum Haupt- oder Wochenlied. Es wurde zum festen Propriumsstück mit einem deutlichen Bezug zum Thema des Sonntags, zum Evangelium und zur Epistel.

Der Wahlfreiheit des Liturgen entnommen, bieten die gut 60 G.er eine »eiserne Ration« an immer wiederkehrenden Gesangbuchliedern. Da sie oft verkündigenden Charakter haben, geben sie der singenden Gemeinde Anteil am Verkündigungsdienst. Das G. sollte möglichst ungekürzt gesungen werden; dabei bewahrt die Gemeinde ein Singen im Wechsel mit dem Chor vor stimmlicher Ermüdung.

Als Beispiel sei auf den 6. Sonntag nach Trinitatis verwiesen. Sein Thema ist die → Taufe, dargestellt durch die Lesungen aus Röm 6,3-11 und Mt 28,16-20. Als G.er werden dazu angeboten: »Ich bin getauft auf deinen Namen« (EKG 152) oder »Durch Adams Fall ist ganz verderbt« (EKG 243).

Lit.: Chr. Albrecht: Einführung in die Liturgik, [3]1983, 49-51; F. Kalb: Grundriß der Liturgik, [2]1982, 134-137.

M. Herbst

Grafe, Hermann Heinrich (1818-1869)

G., geb. am 3. 2. 1818 in Polsterkamp bei Bad Rothenfelde, gest. am 25. 12. 1869 in Elberfeld, war Gründer der ersten »Freien evangelischen Gemeinde« Deutschlands. Im Alter von 16 Jahren kam G. bei der Bibellese zum lebendigen Glauben. 1841 ging er als Handlungsgehilfe einer Seidenweberei für zwei Jahre zur Weiterbildung nach Lyon. Dort lernte er A. → Monod und die von ihm gegründete »Église évangélique libre« kennen, eine von der Kirche unabhängige, mission. ausgerichtete Gemeinde, die großen Eindruck bei ihm hinterließ.

Zurück in Elberfeld trat er bald aus der ref. Gemeindevertretung aus, weil ihn die volkskirchl. Abendmahls- und Kirchensteuerpraxis in Gewissensnöte führte. 1850 gründete G. zusammen mit anderen den »Evangelischen Brüderverein« mit dem Ziel der Laienevangelisation, zu dessen Verwirklichung »Boten« mit der Aufgabe der Seelsorge, Schriftenverbreitung und Verkündigung berufen wurden. Das volkskirchl. Gemeindeverständnis wurde G. in den folgenden Jahren zunehmend problematischer. In dieser Zeit trennten sich C. → Brockhaus und einige weitere Brüder vom Brüderverein, weil sie unter dem Einfluß J.N. → Darbys eigene Abendmahlsfeiern in christl. Versammlungen abhielten. G. bewarb sich daraufhin um die Mitgliedschaft in der Wuppertaler Baptistengemeinde, deren Leiter J. Köbner ihm freundschaftlich verbunden war. Da G. der baptistischen Forderung nach einer nochmaligen Taufe aber nicht entsprechen konnte, entwickelte er in der Auseinandersetzung mit dem Bruderkreis sein eigenes Gemeindeverständnis und gründete zusammen mit sechs weiteren Brüdern am 15./16. 11. 1854 die »Freie evangelische Gemeinde Elberfeld-Barmen«. 1862 folgte die Gründung der Wuppertaler Stadtmission.

Lit.: W. Hermes: H.H. Grafe und seine Zeit, 1933; R. Hoenen: Die Freien evangelischen Gemeinden in Deutschland. Ihre Entstehung und Entwicklung, 1930; H. Lenhard: Die Einheit der Kinder Gottes. Der Weg H.H. Grafes (1818-1869) zwischen Brüderbewegung und Baptisten, 1977.

H. Lenhard/Red.

Graham, William (Billy) Franklin / Billy Graham Evangelistic Association (BGEA)

Graham, William (»Billy«) Franklin, geb. am 7. 11. 1918, baptistischer Evangelist in der Tradition der amerikanischen Erweckungspredigt. Nach Studien am Wheaton College, wo es seit 1980 ein »Billy Graham Center« für weltweite Mission und Evangelisation gibt, war er seit 1943 in der »Jugend-für-Christus-Bewegung« aktiv. Seine erste größere Evangelisation 1949 in einem Zelt in Los Angeles, die wegen des ungewöhnlich großen Erfolges (Bekehrung namhafter Persönlichkeiten von Film und Funk) von drei auf acht Wochen verlängert wurde, machte ihn, unterstützt durch das wohlwollende Echo vor allem der Hearst-Presse, im ganzen Land bekannt und gefragt.

Seine frühen Äußerungen zu öffentlichen Fragen spiegeln eine konservative und fundamentalistische Erziehung wider. Anfänglich waren die Predigten stark von national-amerikanischem Pathos durchzogen, so daß er als Beispiel für eine evangelikale Ausprägung amerikanischer → Zivilreligion gelten kann. Je mehr er jedoch weltweite Kontakte schloß (*global ministry*), desto offener wurde G. für neue Fragen und Aufgaben und betätigte sich als Brückenbauer.

G.s zahlreiche »Feldzüge« (*crusades*), mit denen er wie kein anderer Millionen erreicht, sind stets von einer breiten kirchl. Koalition getragen. Während seines über 40jährigen evangelist. Dienstes hat er in fast allen Ländern der Erde evangelisiert. Allein in der Bundesrepublik war er 1954, 1955, 1960, 1963, 1966, 1970 (EURO '70 mit Übertragung von Dortmund aus in 13 deutsche und 23 europ. Städte zwischen Tromsö im Norden und Zagreb im Süden), 1974, 1990 und 1993 (Pro Christ 93 mit Satelliten-Übertragung von Essen aus in über 1400 Orte Mitteleuropas, Nordafrikas und Zentralasiens).

G.s Versammlungen waren schon früh rassisch integriert, was er auch in Rhodesien (1960) und Südafrika (1973) durchhielt. Die amerikanischen Präsidenten Eisenhower und Johnson zählten auf ihn bei der Durchsetzung der Bürgerrechte, jedoch wandte sich G. gegen die »direkten Aktionen« M.L. → Kings. Überhaupt suchte er überall den Kontakt zu den führenden Staatsmännern, denen er im persönlichen Gespräch niemals das Zeugnis von Jesus Christus schuldig blieb, wie Augenzeugen bestätigen.

Obwohl ausgesprochener Antikommunist evangelisierte G. auch in Ländern des ehemaligen Ostblocks (Jugoslawien: 1967; Ungarn: 1977, 1985, 1989; Polen: 1978; DDR und CSSR: 1982; Rumänien: 1985; UdSSR: 1982, 1984, 1988; VR China: 1988). Im Jahr 1982 nahm er an einer vom Moskauer Patriarchen veranstalteten Friedenskonferenz teil, wo er sich für Abrüstung, vertrauensbildende Maßnahmen sowie für die Armen einsetzte und an die Regierungen appellierte, die Rechte der Gläubigen zu respektieren.

Von Johannes Paul II. wurde G. 1981 und 1993 in Privataudienz empfangen. Auch zur jüd. Gemeinschaft unterhält er gute Kontakte.

G.s Botschaft ist einfach und für jedermann verständlich, oft biblizistisch (»the Bible says«). Sie enthält »biblisches Brot und nicht intellektuelle Leckerbissen« (Thielicke) und zielt auf individuelle Bekehrung ab. G. wirkte durch Einberufung mehrerer bahnbrechender Kongresse für Evangelisation und Weltmission (Berlin 1966, Lausanne 1974) für den Zusammenhalt der Evangelikalen und für die Ermutigung und Zurüstung von Evangelisten und Missionaren vor allem aus der Dritten Welt wie kein anderer.

Schließlich ist G. als Buchautor bekannt und bedient sich in weitem Ausmaß der Massenmedien.

Weltweit sind ungezählte Menschen aus allen Rassen und Bevölkerungsschichten durch

G.s Dienst angesprochen worden, sei es, daß sie durch seinen »Ruf zur Entscheidung«, zu einer klaren und bewußten Hinwendung zu Jesus geführt wurden, sei es, daß sie – vor allem durch die Schulungskurse zum Seelsorgehelferdienst und zur Leitung von Hausbibelkreisen – in ihrem Glauben gestärkt und ermutigt und so zu vermehrter Mitarbeit in ihren Gemeinden befähigt wurden.

Die Billy Graham Evangelistic Association (BGEA) wurde 1950 von G. in den USA gegründet, um seine evangelist. Tätigkeit und die seines internationalen Evangelistenteams wirksam zu unterstützen und zugleich organisatorisch zu entlasten und um die eingehenden Spendengelder kontrollierbar zu verwalten.

Einrichtungen und Aktivitäten der Association sind:

– Herausgabe von Grahams Büchern (übersetzt z.T. in bis zu 38 Sprachen), kostenlosem Kleinschrifttum (Gesamtauflage über 70 Mio.) sowie der Zeitschrift »Entscheidung« (weltweite Verbreitung in 163 Ländern);

– Regelmäßige Radiosendung »Stunde der Entscheidung« über 700 Stationen in USA und weltweit;

– Fernsehübertragungen von Grahams Großevangelisationen in USA und englischsprachigen Ländern;

– Telefonseelsorge im Rahmen der Nacharbeit von Evangelisationen und TV-Sendungen;

– Individuelle Nacharbeit bei allen evangelistischen Aktivitäten durch Bibelfernkurse in vielen Sprachen;

– Produktion evangelistischer Filme und Video-Bänder;

– Evangelisations-Schulungen für Theologen und Laien zur Vorbereitung von Großevangelisationen;

– »Billy-Graham-Training-Center« für bibl. Konferenzen, Freizeiten und Schulen für Theologen und Laien;

– »Mission World« – Abteilung für mehrsprachige kontinentweite Evangelisation über Satellit, Fernsehen und Video; Schulung von Christen zu persönlichem Einladungs- und seelsorgerl. Nacharbeitsdienst.

Die Zentrale befindet sich in Minneapolis, Minnesota, USA.

Lit.: W.G. McLoughlin: Billy Graham. Revivalist in a Secular Age, 1960; J. Pollock: Billy Graham: Evangelist to the World, 1979; R.V. Pierard: »From Evangelical Exclusivism to Ecumenical Openness: Billy Graham and Sociopolitical Issues«, Journal of Ecumenical Studies 20, 1983, 425-446.

E. Geldbach/P. Schneider

Gralsbewegung

Die rel.-weltanschauliche G. geht auf den aus Sachsen stammenden Kaufmann Oskar Ernst Bernhardt (1875-1941) zurück. Unter seinem Pseudonym »Abd-ru-shin« (Sohn des Lichts) verfaßte er zahlreiche gnostisch-esoterische Schriften, die die Glaubensgrundlage der G. bilden (Hauptwerk: »Im Lichte der Wahrheit«, 3 Bde). Seit 1929 war B. wohl davon überzeugt, einen göttlichen Auftrag zu haben und als »Menschensohn« der Heilsbringer der Endzeit zu sein. In diesem Sinne wird er heute noch von den G.-Anhängern verehrt.

Grundlegend für die G.-Lehre ist die von Bernhardt entwickelte Kosmologie. Danach existiert an höchster Stelle das »Göttlich-Wesenlose«, eine unvorstellbare Licht- und Kraftquelle. Darunter gibt es Stufen des »Göttlich-Wesenhaften«, von »Engeln« und anderen Urwesen bevölkert. Auf der Grenzlinie zur geschöpflichen Welt befindet sich die »Gralsburg« bzw. der »Heilige Gral«, der die Kraftstrahlen des Göttlichen bündelt und in die Schöpfung eingehen läßt.

Die G.-Anhänger, weltweit etwa 8.000, davon in Deutschland ca. 2.300, finden sich in »Gralskreisen« zusammen, um das Gedankengut Bernhardts zu »vertiefen«; das geschieht auch bei sonntäglichen »Andachten« in den »Lichtstätten« (örtliche Versammlungsräume). Im Jahreslauf werden drei große Feste begangen:

– das »Fest der Heiligen Taube« (30. Mai), die Erfahrung der Verbindung mit dem »Heiligen Gral«;

– das »Fest der Reinen Lilie« (7. Sept.), das Spenden des »Frauensegens«;

– das »Fest des Strahlenden Sterns« (29. Dez.), die Erinnerung an die »göttliche Sendung« O.E. Bernhardts.

Zu diesen Festen haben Außenstehende keinen Zugang. Das Ritual der »Versiegelung« begründet die eigentliche Mitgliedschaft; »Versiegelte« tragen als äußeres Zeichen das »Gralskreuz«.

Die internationale Zentrale der G. hat ihren Sitz auf dem Vomperberg bei Schwaz/Tirol.

Lit.: K. Hutten: Seher, Grübler, Enthusiasten, 1982, 531-549; K. Verscht-Biener, H.-D. Reimer: Die Gralsbewegung, EZW-Orientierungen Nr. 18, 1991.

R. Hauth

Graul, Karl (1814-1864)

G., geb. am 6. 2. 1814 in Wörlitz, gest. am 10. 11. 1864 in Erlangen; luth. Theologe, Missionsdirektor, Drawidologe.

Nach dem Theologiestudium war G. zunächst Hauslehrer in Italien und Lehrer am Dessauer Institut. Als erster Direktor leitete er von 1844 bis 1860 die luth. Leipziger Mission (gegr. 1836), die er zu der einen Mission des gesamten Luthertums machen wollte. In Süd indien, wo diese das Erbe der Dänisch-Halleschen Mission antrat, erstrebte G. die Bildung einer selbständigen tamulischen Volkskirche, die auf der Grundlage des luth. Bekenntnisses in ihrem organischen Wachstum das indische Volk christianisieren und dabei dessen Charakter vertiefen sollte. Dazu forderte er eine akademische Ausbildung seiner Missionare. In dem während seiner Indienreise (1849-53) ausgebrochenen »Kastenstreit« vertrat er in Abgrenzung zur schroffen Haltung der angelsächsischen Mission eine milde Auffassung.

Umfassend gebildet, besaß G. eine außergewöhnliche Sprachbegabung. Durch seine Übertragungen aus dem Tamil ins Deutsche (Bibliotheca Tamulica, 1854-65) machte er sich als Drawidologe einen Namen. Verdienste erwarb sich G. auch um die Grundlegung der Missionswissenschaft, in der er sich 1864 in Erlangen als erster deutscher Theologe habilitierte. Wegweisend war daneben sein Programm einer selbständigen Volkskirche, das den Werdegang der deutschen ev. Mission entscheidend prägte.

Lit.: S. Krügel: Hundert Jahre Graul-Interpretation, 1965; J. Kuberski: Mission und Wissenschaft. K. Graul und seine Missionstheologie. Diss. Leuven, 1993 (Bibliogr.); A. Oepke: D. Karl Grauls Bedeutung für die deutsche Missionswissenschaft, in: AMZ 44 (1917), 314-323.353-365; W. Raupp: Mission in Quellentexten, 1990, 274-277.336-343.

W. Raupp

Grebel, Conrad (ca. 1498-1526)

G., geb. ca. 1498, gest. Juli (?) 1526, Sohn eines Zürcher Patriziers, mit Felix Mantz, Jörg Blaurock u.a. Begründer des Täufertums in Zürich. G. studierte in Basel 1514-15 im Geiste eines allg. Bildungshumanismus, ebenso in Wien 1515-18 bei J.v. Watt (Vadian, dessen Schwester er später heiratete) und 1518-20 in Paris, wo er in böse Händel verwickelt, von Krankheit geplagt und einem sehr freizügigen Leben ergeben war. Zurück in Zürich, in engem Kontakt zu → Zwingli und unter Einfluß von dessen christl.-bibl. Humanismus in Predigt, Unterricht und Gespräch erfuhr er eine Bekehrung im Frühjahr 1522 zu einem ernsten Christentum in der einfachen Nachfolge Jesu.

Als Zwingli, in dessen Augen die Obrigkeit für die Durchführung von Reformen zuständig war, die zögerliche Haltung des Rates geduldig ertrug, kam es zum Bruch mit G., der schneller zu einer Erneuerung der Kirche kommen wollte. Insbesondere war die Kindertaufe strittig, die Zwingli beibehalten wollte, G. aber als nicht schriftgemäß ablehnte. Er erstrebte eine Kirche der »Brüder in Christo«, frei von obrigkeitlicher Bevormundung. Am 25. 1. 1525 taufte er den ehemaligen Priester Jörg Blaurock und brachte damit die Täuferbewegung in Gang. Verfemt, verfolgt und oft verhaftet, warb er predigend für seine Sache. Er starb an der Pest.

Quellen: Briefe (an Vadian und Th. Müntzer), in: Quellen zur Geschichte der Täufer in der Schweiz, Bd. 1, ^{2}1974.

Lit.: H.S. Bender: Conrad Grebel c. 1498-1526. The Founder of the Swiss Brethren, Sometimes Called Anabaptists, 1950; F. Blanke: Brüder in Christo, 1955; H. Fast: Konrad Grebel, in: H.-J. Goertz (Hg.): Radikale Reformatoren, 1978, 103-114.

Chr. Windhorst

Gregor I. der Große → Papst, Papsttum

Gregor VII. → Papst, Papsttum

Gregor Palamas → Orthodoxe Kirchen des Ostens

Gregor von Nazianz → Kappadozier, die drei Großen

Gregor von Nyssa → Kappadozier, die drei Großen

Gregor von Rimini (ca. 1300-1358)

G. wurde ungefähr im Jahre 1300 in der adriatischen Küstenstadt Rimini geboren. Er trat dem Bettelorden der Augustinereremiten bei. Im akademischen Studienjahr 1343/44 erfüllte er eine der Bedingungen für die Lehrbefugnis als Hochschullehrer in Paris: Er kommentierte die »Sentenzen« des Petrus Lombardus. Seinen

Kommentar zu deren ersten beiden Büchern arbeitete er sorgfältig aus. Auf der Rezeption dieses Werkes beruht seine Wirkung. Als Theologe hat G. vor allem durch seine Lehre von Gottes Gnade Bedeutung erlangt. Im Anschluß an → Augustins Schriften gegen → Pelagius und Julian von Aeclanum lehrt er: Schöpfungsgemäße Bestimmung des Menschen ist es, Gott um Gottes selbst willen und nicht aus egoistischen Beweggründen zu lieben. Weil der Mensch seit Adams Sündenfall aber in der Eigenliebe gefangen ist, kann er aus eigener Kraft nur selbstbezogen denken und handeln. Jede ohne Hilfe der Gnade Gottes vollbrachte Tat ist (als Äußerung der Verknechtung an sich selbst) ein Schritt weg von Gott und damit Sünde. Zur Gottesliebe befreien kann den Menschen nur Gottes Gnade. Gott allein ruft im Menschen Entscheidungen zu guten Taten hervor und trägt jeweils als Erstursache dazu bei, daß Taten folgen.

Luthers Wertschätzung G.s hat die Aufmerksamkeit von Theologen aus Kirchen der Reformation auf diesen gelenkt: Bei der Leipziger Disputation (1519) lehnt der altgläubige Theologe Eck G.s Ansicht ab, es gebe keine neutralen Handlungen des Menschen. Luther entgegnet, G. lehre »nichts anderes als Augustinus und die Heilige Schrift« (vgl. WA 59, 500, 2074-2079). In seinen »Resolutiones« zur Leipziger Disputation macht Luther deutlich, was G. seiner Ansicht nach zu Recht betont hat: Die Gnade Gottes wäre unnötig, wenn ein Mensch aus eigener Kraft Gott über alle Dinge und um Gottes selbst willen lieben könnte (vgl. WA 2,408,7-8). G. allein stimme mit dem Apostel Paulus und mit dessen Interpreten Augustinus überein. Er stehe damit allein unter allen Scholastikern (vgl. WA 2,394,31-36).

Lit.: Gregorii Ariminensis O.E.S.A. Lectura super Primum et Secundum Sententiarum. Edd. A.D. Trapp, Venício Marcolino et al., 1979-1987;

Bibliographie zur Geschichte und Theologie des Augustiner-Eremitenordens bis zum Beginn der Reformation, bearb. und hg. von E. Gindele u.a., 1977, Nr. 1760-1813; Gregor von Rimini. Werk und Wirkung bis zur Reformation, hg. von H.A. Oberman, 1981; M.S. Noya: Die Sünden- und Gnadenlehre des Gregor von Rimini, 1990.

Chr. Burger

Gregorianische Reform

Die G.R. ist eine kirchl. Reformbewegung im 11. Jh. und hat ihren Namen nach Papst Gregor VII. (1020/25-1085; Papst 1073-1085). Sie ist zu sehen im Zusammenhang einer allg. Neubesinnung (ein Zusammenhang mit der monastischen Reform um Cluny besteht vermutlich nur mittelbar): Moralische Mißstände treten ins Bewußtsein. Die Kritik richtet sich v.a. gegen Nikolaitismus (Priesterehe) und Simonie (Käuflichkeit von geistl. Ämtern).

Der Beginn der G.R. ist mit den Päpsten Clemens II. und Damasus II. (1046-1049) anzusetzen, bei denen der Versuch sichtbar wurde, durch eine moralische Erneuerung zur alten Kirche zurückzukehren. Aber zum Zug kam die Reform erst mit Leo IX. (1049-1054). Er betonte die Notwendigkeit der kirchl. Wahl und schuf sich einen Kreis fähiger Mitarbeiter, aus dem sich dann das Kardinalskollegium entwickelte. Außerdem gelang es ihm, den Bischof von Rom durch seine ausgedehnte Reisetätigkeit als Haupt der Gesamtkirche deutlicher ins Bewußtsein zu rufen. Durch die Simonie schien ihm die Glaubenssubstanz und das sakramentale Leben gefährdet, durch den Nikolaitismus das Verhältnis Christi zur Kirche verfälscht. Seine Re-Ordinationen simonistisch geweihter Priester riefen eine Diskussion zwischen den Reformtheologen Petrus Damiani (simonistische Weihen sind gültig) und Humbert v. Silva Candida (simonistische Weihen sind ungültig) hervor. Unter Nikolaus II. (1058-61) wurde eine neue Linie der Reform sichtbar: Als Ursache der Simonie wird die Investitur durch Laien, wie sie sich aus dem germanischen Eigenkirchenwesen ergeben hatte, angegriffen (Humbert v. Silva Candida). Im Papstwahldekret von 1059 wird daher die Freiheit der Kirche festgehalten: für alles, was die Papstwahl betrifft, sollte letztlich die kirchl. Autorität zuständig sein. In ihr entscheidendes Stadium trat die Reform mit Gregor VII. Für ihn ging es darum, im Ringen zwischen Gottes- und Teufelsreich der Gerechtigkeit Gottes zum Durchbruch zu verhelfen. Der Stellvertreter Petri ist dabei der eigentliche Deuter des göttlichen Willens. Gregor verschärfte den Kampf gegen Simonie und Priesterehe und geriet dadurch in einen erbitterten Kampf mit dem dt. König Heinrich IV. (→ Investiturstreit). Trotz eines vorläufigen Sieges ging der Kampf unter Gregors Nachfolgern jedoch weiter, und ein Ende der Bewegung ist nicht genau abzugrenzen, da die Reformideen noch bis ins 12. Jh. wirkten.

Als Resultat der G.R. ist jedoch die Bildung der kirchl. Hierarchie sowie die Scheidung von Priestern und Laien zu erkennen. Dem Primat Roms war der Durchbruch gelungen.

Lit.: F. Kempf: Die gregorianische Reform (1146-1124), HKG(J) III/1, 1966/1985, 401-461; G. Tellenbach: Libertas. Kirche und Weltordnung im Zeitalter des Investiturstreits, 1936.

D. Heller

Gregorianischer Choral → Lied, Liedgut

Greifswald, Ev. Landeskirche → Pommersche Ev. Kirche

Greuel der Verwüstung

Daniel (9,27; 11,31) spricht im Rahmen seiner apokalyptischen Geschichtsschau davon, daß in der → Endzeit ein feindlicher König das Volk verführen und den Tempelgottesdienst durch das Verbot des täglichen Opfers abschaffen wird, vor allem jedoch den »Greuel der Verwüstung« (an heiligster Stätte 9,27 = auf dem Tempel? auf dem Altar?) aufstellen wird.

Hintergrund ist zunächst die vorderorientalische Religionspraxis allg., sowie die Praxis der Eroberungspolitik. Tempelanlagen wurden nicht zerstört, Kulte nicht abgeschafft, sondern durch ein Standbild und einen Altar des neuen Gottes »bereichert«. Daß es vor Daniel schon Vorformen solcher Politik auch am Jerusalemer Tempel gab, zeigt Hesekiel (8,5-18 u.a.).

Hist. erkennbar wird uns die Aufstellung eines heidnischen Opferaltares im Jerusalemer Tempel durch Antiochus IV. Epiphanes (167 v.Chr., vgl. 1Makk 1,54-59), 2Makk 6,1-8 weiß von der Aufstellung eines Zeus-Standbildes. Hinter der Namensgebung könnte ein Wortspiel stehen! Statt um Zeus als »Herr des Himmels« (šamayim) handelt es sich um den »Greuel der Wüste/Verwüstung« (šomem).

Die Bezeichnung ist sprachlich für verschiedene Deutungen offen: ist das Standbild »wüst«, bewirkt es »Verwüstung« in der Entheiligung des Tempels, so daß Gott diesen Tempel verläßt (vgl. Hes 10,18-22 nach 8,5-18), oder bewirkt es Verwüstung in der darauf folgenden Zerstörung der Stadt oder des Volkes (vgl. Hes 9,1ff nach 8,5-18). Die verschiedenen Deutungsmöglichkeiten sind bibl. ineinander zu denken: Der Greuel ist immer »wüst«. Wo er an die Stelle des Heiligsten tritt, führt das zum Rückzug Gottes und damit zum inneren (moralisch-ethischen; rechtlichen) und letztlich zum äußeren (polit.) Verfall eines Volkes.

Die Weissagung Daniels wird von Jesus aufgenommen und in seiner Endzeitrede als Merkzeichen für die dann notwendige Flucht aus Judäa bezeichnet (Mt 24,15; wo Gott selbst »flieht«, Hes 10,18-22, da flieht auch die Gemeinde). Wie aktuell solche Bedrohungen waren zeigt die geplante und befohlene Aufstellung eines Caligula-Standbildes 40 n.Chr. bzw. die Präsenz der röm. Militärstandarten in der Burg Antonia unmittelbar neben dem Tempel. Die Formulierung bei Markus (13,14) ist merkwürdig, da sie den (griech.) neutrischen Ausdruck plötzlich maskulin deutet. Klingt damit an, daß man nicht nur an ein Standbild denken muß, sondern auch an eine Person (Antichrist)? Die Parallele bei Lukas (21,20) spricht von einer militärischen Verwüstung der Stadt.

Der Ausdruck selbst kommt weiter nicht mehr vor, aber der apokalyptische Gedanke, der damit verbunden ist, wird weiter entfaltet: der Götzendienst, die Verfälschung, ja die Erscheinung als Gott im Zentrum des Heiligen wird sich vollziehen und von daher zu wirken beginnen. Davon ist die Beschreibung des Antichristen in 2Thess 2,1-12 deutlich geprägt. Der »Gesetzesfeind« (Gesetzlose) wird sich in den Tempel Gottes setzen und sich als Gott ausgeben (V. 4). Ob mit dem Tempel die christl. Gemeinde gemeint ist, ist unsicher, aber wahrscheinlich. Auch sonst weiß das NT, daß die antichristl. Irrlehre in die Mitte der christl. Gemeinde eindringen, ja aus ihr selbst kommen wird (Apg 20,30; 1Joh 2,18f.22f). Auch die Schilderung der antichristl. Gegenmacht in der Offenbarung (Drache – Antichrist – falscher Prophet; Offb 13, vgl. 16,13) zeigt, daß das Geheimnis der Drei-Einheit Gottes nachgeahmt und »ersetzt« werden soll.

Die Rede vom »Greuel der Verwüstung« verweist also auf ihre Weise darauf, daß das Böse sich eine äußere Form des Göttlichen, des Gottähnlichen suchen, sich darin ausgestalten wird, ja in immer neuen und sich steigernden Anläufen in die Mitte der Kirche vordringen, ja (am Ende?) aus ihr selbst kommen wird. Damit ist ein wichtiger Aspekt des bibl. Bildes vom → Antichrist gezeichnet.

Lit.: W. Foerster: ThWNT I, 1933, 598-600; G. Kittel: ThWNT II, 1935, 654-657.

W.J. Bittner

Griechenland

Die ersten christl. Gemeinden auf dem Gebiet des heutigen G., unter ihnen Philippi, Thessalonich, Athen und Korinth, wurden vom Apostel Paulus gegründet. Sie übten eine reiche Missionstätigkeit aus. In den Verfolgungen durch das röm. Reich erduldeten zahlreiche griech. Christen das Martyrium. Als sich im 4. Jh. die großen Patriarchate herausbildeten, kamen die Diözesen auf griech. Boden zum Patriarchat Rom. Der byz. Kaiser Leon III. unterstellte sie 732 endgültig dem Patriarchat Konstantinopel.

Insbesondere vom 8. Jh. an entfalteten sich in G. Predigt, kirchl. Literatur, Kirchengesang und monastisches Leben (zahlreiche Klostergründungen, Mönchsstaat auf dem Athos). Die lat. Besetzung im Gefolge des vierten Kreuzzuges (1204-1261) konnte die Bevölkerung nur nominell und kurzfristig dem Westen unterwerfen, hinterließ aber tiefe Wunden. Nach dem Fall Konstantinopels 1453 folgten Jahrhunderte türkischer Oberherrschaft. Auch wenn keine systematische Islamisierung stattfand, traten doch viele Christen, vor allem aus wirtschaftl. und steuerlichen Gründen, zum Islam über. Den Christen blieb der Zugang zu einer höheren Bildung verwehrt, und viele fanden in der Opposition gegen die Türken den Tod. Das Mönchtum trug entscheidend zur Bewahrung der orth. Identität der Griechen bei. Die Sammlung von Texten von 38 Wüstenvätern aus dem 4.-14. Jh. (»Philokalia«, gedruckt 1782 in Venedig) gehört zu den wichtigsten geistl. Büchern der gesamten Orthodoxie. Der Befreiungskrieg (1821-1828) brachte G. die staatliche Unabhängigkeit. Die griech.-orth. Kirche erklärte sich 1833 für autokephal (→ Autokephalie), vom Patriarchat Konstantinopel erst 1850 anerkannt. Die Balkankriege, der Erste Weltkrieg und die auf ihn folgenden Wirren sowie die Vertreibung der Griechen aus Kleinasien stellte die griech. Kirche vor große Probleme. 1923 wurde eine neue Kirchenverfassung angenommen; die heute gültige Verfassung stammt aus dem Jahr 1977. Die »orthodoxe Kirche von Hellas« umfaßt heute über neun Mio. Glieder (ca. 97 % der Bevölkerung). Sie ist in 76 Metropolien eingeteilt, von denen 35 dem Patriarchat Konstantinopel direkt unterstellt sind. Das geistl. Oberhaupt ist der Erzbischof von Athen, die höchste kirchl. Behörde die unter seiner Leitung stehende Bischofssynode. Die Zahl der Klöster beträgt rund 200, die der Mönche und Nonnen rund 600. Die theol. Ausbildung geschieht in den theol. Fakultäten der Universitäten Athen und Saloniki, sowie an zwölf Priesterseminaren. Die Gesellschaft »Apostolische Diakonie« (gegründet 1945), die Theologenbruderschaften »Zoe« (gegründet 1907) und »Soter« (gegründet 1960) leisten beachtliche katechetische, volksmission. und soziale Arbeit.

Seit dem griech. Befreiungskrieg wirkten angelsächsische Missionare unter den orth. Griechen und gründeten prot. Gemeinden. Weil die Protestanten Orthodoxe aus ihrer Kirche abwarben, wurde ihnen »Proselytismus« vorgeworfen, und es entstanden größere Spannungen mit der »Kirche von Hellas«. Heute zählt die »griechische evangelische Kirche« rund 5.000 Glieder, 33 Gemeinden und 17 Pastoren. Außerdem gibt es Pfingstgemeinden und eine »Freie Griechische Evangelische Kirche«. Die Zahl der röm. Katholiken beträgt rund 50.000; sie sind in den Erzbistümern Athen, Korfu und Naxos sowie im apostol. Vikariat Saloniki organisiert.

Lit.: A. Angelopoulus: »Griechenland«, TRE 14, 1985, 213-228; P. Bratsiotis (Hg.): Die orthodoxe Kirche in griechischer Sicht, 2 Bde, [2]1970; F. Heiler: Die Ostkirchen, 1971.

E. Bryner

Griechisch-unierte Kirchen

Nach dem großen Schisma von 1054 haben sich immer wieder Christen aus den orth. Kirchen der röm.-kath. Kirche, ihrer Dogmatik und ihrem Kirchenrecht, besonders der Anerkennung des päpstlichen Primats unterstellt. Dafür wurde ihnen die Beibehaltung der eigenen Liturgie, der eigenen Kirchensprache, die Priesterehe und die eigene Hierarchie gestattet. Rechtlich gehören sie zur röm.-kath. Kirche und unterstehen der Orientalenkongregation des Vatikans. Die unierten als kleinere Kirchen haben immer schon um ihren Bestand zu kämpfen gehabt, und der Zweite Weltkrieg wie die marxistische Herrschaft hat sie besonders bedrückt und dezimiert. Zu den griech.-unierten Kirchen gehören folgende Gruppen:

- die Italogriechen in Süditalien, Sizilien, Venedig und Konstantinopel,
- die Melchiten im Vorderen Orient (besonders zahlreich im Libanon, jetzt weithin in Österreich und Italien anzutreffen) mit arab. und griech. Sprache in der Liturgie,
- die Ruthenen in Polen, der Slowakei, der Tschechischen Republik, Rumänien und Bulgarien,
- die unierten Bulgaren, Rumänen und Georgier mit je eigener liturg. Sprache.

Eine Wiedervereinigung all dieser Gruppen mit der orth. Kirche des Landes erscheint nach der polit. Wende noch unwahrscheinlicher als früher.

Lit.: J. Hollnsteiner: Die Union mit den Ostkirchen,

1928; A. Rücker: »Unierte Kirchen des Ostens«, RGG[2] 5, 1359-1368.

G. Ruhbach

Griechische Kirche → Orthodoxe Kirchen des Ostens

Griechische Philosophie → Aristoteles; → Aristotelismus; → Epikureismus; → Platon; → Plotin; → Sokrates; → Stoa; → Vorsokratiker

Griechische Religion

1. Überblick

Die griech. R. als Sammelbegriff der rel. Äußerungen und Institutionen des griech. Kulturraumes wird faßbar mit der mykenischen Kultur (ca. 1600-1150 v.Chr.) und besteht fort bis zum Verbot heidnischer Kulte 392 n.Chr., als privat verinnerlichte Religion bei Intellektuellen bis in das 6. Jh. Ihren Höhepunkt erreicht sie in der Epoche der griech. Polis (ca. 700-330 v.Chr.) mit der Ausformung der Götter- und Heldenmythologie und in der hellen. Zeit (ca. 330-30 v.Chr.) mit der Konzentration auf den Herrscherkult. Obwohl komplex und uneinheitlich, läßt sie sich als mythologisch bestimmter Polytheismus mit anthropomorpher Götterikonographie beschreiben, geprägt von öffentlicher Kultpraxis in festgefügtem Formalismus.

2. Göttergestalten

Wie in allen alten Hochkulturen, so wird auch die griech. R. bestimmt von dem Glauben an eine Vielzahl menschengestaltiger Götter. Deren Genealogie, Namen wie Zuständigkeiten hat vor allem die altepische Dichtung (Homer, Hesiod) geprägt. Diese personhafte Gestaltung läßt die Götter den Menschen zwar an Kraft und Wissen überlegen sein, sie aber nicht allmächtig erscheinen. Sie verhalten sich wie die Menschen auch; sie können demnach vernichten, indes kein Leben schenken. Als der stärkste der Götter gilt Zeus, als Repräsentant der Ordnung spekulativ mit den Zügen eines Allgottes versehen. Die auf dem Götterberg Olymp wohnende Göttergroßfamilie (Hera, Poseidon, Athena, Apollon, Artemis, Aphrodite, Hermes, Hephaistos und Ares; von diesen Olympiern durch stärkere Erdbeziehung abgesetzt Demeter und Dionysos) wird in ihrem Verhalten als durchaus ambivalent geschildert, beteiligt sie sich doch munter am Lieben und Hassen auf Erden.

3. Kultformen

Griech. R. vollzieht sich als Handeln, vornehmlich als zeremonielles Schlachten und Essen. Das Verhältnis zu den Göttern ist ungestört, wenn die rituellen Pflichten erfüllt werden. Nicht Heiligung ist das Ziel der Zeremonien, sondern Teilhabe am Heiligen durch Opfer. Die dabei gesprochenen Gebete sind Formen rel. Zukunftsbewältigung, denn es handelt sich meist um Gelübde, die die göttliche Macht betonen und dafür konkrete Hilfestellung erwarten. Da es keine Offenbarung gibt, vollzieht sich der Verkehr mit den Göttern über die Beobachtung von Zeichen (Vogelflug, Hepatoskopie), die Astrologie und das Orakel. Berühmt war das von Delphi, sein Erfolg dokumentiert sich in zahlreichen Dankesgaben (sprichwörtlich ist das Gold des Kroisos in Delphi). Der Kult vollzieht sich in dem abgegrenzten Bezirk des Heiligtums, zu dessen Tempel das Kultbild gehört. Einen speziellen Priesterstand gibt es nicht, wohl lokale Funktionäre des jeweiligen Heiligtums. Feste mit Lied, Tanz und Theater gehören ebenso in diesen Rahmen wie die Olympischen Spiele. Ausdruck der griech. R. ist ferner der Totenkult, in dem sich die Idee der Jenseitsstrafen und die Hoffnung auf ein seliges Dasein gegenüberstehen. Einzigartig für die griech. R. ist der Heroenkult. Die Heroen sind populärer, weil menschennäher als die Götter. Trotz ihres nur lokalen Einflusses erwartet man von ihnen besondere Hilfe. Der formalistische Charakter der Kulte und die nahezu vollständige Gleichgültigkeit gegenüber ethischen Verhaltensweisen charakterisieren die griech. R. als äußeren Kultvollzug, der im Grunde ohne innere Beteiligung bewältigt werden kann. Im Mittelpunkt steht, den Göttern »Ehre« zu erweisen, um sie so freundlich zu stimmen.

4. Religion als Sozialfunktion

Die griech. R. ist wesensmäßig gemeinschaftsstiftend, weil an das Leben der Familie und der Polis gebunden. Gemeinschaft ist Teilnahme am Kult; wer davon ausgeschlossen wird, verfällt polit., zivilrechtl. und wirtschaftl. Ächtung. Insbesondere die Polis nimmt als Kultgemeinschaft das rel. Monopol wahr. Volksversammlung, Gerichtstage, Militärdienst und Krieg stehen allesamt unter kultischen Aspekten. In dieser umfassenden Ehrung der gemeinsamen Götter kommt polit. Identität zum Ausdruck, so daß vor dieser sozialen Funktion der griech. R. deren rel. Komponente in den Hintergrund rückt. Charakteristisch für die rel. Alltagspraxis ist der mit bestimmten Ritualen verbundene Eid, der staatsrechtl. Aktionen ebenso begleitet wie einfache Kaufverträge. Insofern hat die Bindung an die Götter die Funktion der Aufrechterhaltung der Ordnung. Mit großer Selbstverständlichkeit hat man daher auch die griech. R. zur Stabilisierung von Herrschaft instrumentalisiert. Der Polytheismus gibt dabei auch individuellen Wünschen Gestaltungsmöglichkeit und stabilisiert gleichzeitig die hierarchische Gesellschaft. Die aus der Rückschau überbewertete Wende vom »Mythos zum Logos« durch die phil. Religionskritik vermochte die bestehende Praxis kaum zu verändern. Insgesamt erweisen diese Zusammenhänge die griech. R. als eine Projektion menschlicher Vorstellungen in eine gedachte Himmelssphäre.

5. Mysterien

Den Gegenpol zur öffentlichen Religiosität bilden die Geheimkulte der Mysterien, die nur den persönlich Eingeweihten zugänglich sind. Weite Verbreitung erreichen seit dem Ende des 6. Jh. v.Chr. die dionysischen Mysterien, verbunden mit ekstatischen Festen. Wenn auch vage, so wird den Mysten doch ein besseres Los nach dem Tode versprochen. Faszinierend wirkte die erlebnishafte Begegnung mit dem Heiligen in oft unsäglichen Spektakeln; eine gemeindebegründende Theologie steht allerdings nicht dahinter. Der Myste bedarf keiner inneren Frömmigkeit, den Heilsbesitz garantieren allein die Initiationsriten. So steht auch hier die mechanische Form im Vordergrund, nicht die Erneuerung des einzelnen.

6. Politische Religion

Spektakuläre Weiterentwicklung der griech. R. in der hellen. Epoche ist der Herrscherkult. Er ist keine orientalische Übernahme, sondern entwickelt sich aus dem Heroenkult, dem Mythos der Göttersöhne (wozu im 5. Jh. v.Chr. sogar Spitzensportler aufsteigen konnten) und dem Status der charismatischen Heiler. Jeder reale Sieger, der sich um die Gemeinschaft verdient gemacht hat, kann so in die Rolle eines Gottes kommen. Bei Alexander dem Großen verdichtet sich dies zur göttlichen Verehrung im Königskult, der dann in der röm. Kaiserzeit (ab 31 v.Chr.) polit.-rel. Dimension annimmt. Insbesondere in Kleinasien sind die frühen Christen immer wieder mit dieser offensichtlichen Verfallserscheinung konfrontiert worden, die fast 600 Jahre lang das äußere Erscheinungsbild der griech. R. bestimmte.

7. Synkretismus

Im Polytheismus können mit Leichtigkeit Götter aufgenommen und ausgetauscht werden. Erfolg haben in einem solchen offenen System die Götter, die sich im Alltag zu bewähren scheinen. Wachsende Mobilität, Einwanderungsbewegungen und Handelsbeziehungen führen in hellen. Zeit zu Kontakten mit den hochentwickelten orientalischen Kulturen und ihren Göttervorstellungen. Verbunden mit polit. Expansion führt dies zu synkretistischen Übernahmen. In der Praxis handelt es sich dabei oftmals um die vereinfachende Addition der jeweiligen Götterattribute. Neben dem Kult der phrygischen Muttergöttin Kybele (mit der Zelebration des »Tauroboliums«: über dem in einer Grube kauernden Initianden wird ein Stier geschlachtet, die Besudelung mit seinem Blut garantiert für zwanzig Jahre speziellen Segen) sind die ägyptischen Götter (Isis, Osiris, Sarapis, Harpokrates und Anubis) besonders erfolgreich, wobei angebliche Heilungswunder und Traumdeutung eine wichtige Rolle spielen. Die beliebige Austauschbarkeit der Götter signalisiert das Ende der griech. R., auch wenn in einer heidnischen Reaktion auf die Konkurrenz des Christentums vor allem in Intellektuellenkreisen Wiederbelebungsversuche unternommen werden. Die Befreiung vom Schicksalswalten und der Sünde durch Christus, die Perspektive des ewigen Lebens und insbesondere der gelebte Glaube der Christen überwinden die griech. R. rasch.

Lit.: J. Assmann: Das kulturelle Gedächnis, 1992; G. Bardy: Menschen werden Christen. Das Drama der Bekehrung in den ersten Jahrhunderten,1988; W. Burkert: Griechische Religion der archaischen und klassischen Epoche, 1977; ders.: »Griechische Religion«, TRE 14, 1985, 235-253; W. Jaeger: Die Theologie der frühen griechischen Denker, 1953; K. Kérenyi: Antike Religion, 1971; M.P. Nilsson: Geschichte der griechischen Religion, 1940-50, Bd. 1, [3]1967, Bd. 2, [2]1961; W.F. Otto: Die Götter Griechenlands, [4]1956; E. Simon: Die Götter der Griechen, 1969, [2]1980.

L.E. v. Padberg

Griechische Sprache

1. Sprachfamilie

Die griech. Sprache ist ein Zweig der indogermanischen Sprachfamilie, zu der die meisten europäischen und eine Reihe asiatischer Sprachen zählen (z.B. Latein und Tochtersprachen sowie Germanisch mit Tochtersprachen Deutsch, Englisch, Niederländisch usw.).

2. Sprachgemeinschaft

Die Geschichte der Griechen (aus dem Lat. stammende Bezeichnung, eigene Bezeichnung seit dem 8. Jh.v.Chr.: »Hellenen«) setzt mit indogermanischen Stämmen (u.a. Ionier, Äoler [Achäer] und Dorer) ein, die um 2000 v.Chr. vom Norden kommend in den Süden der Balkanhalbinsel einwanderten, sich mit der Urbevölkerung vermischten und sich darauf in Etappen auf dem griech. Festland, dem Peloponnes, den ägäischen Inseln, der Westküste Kleinasiens (noch im 2. Jt.v.Chr.), auch im Osten bis an die Schwarzmeerküste sowie im Westen vor allem in Unteritalien und Sizilien (nach 800 v.Chr.) ausbreiteten. Durch die Alexanderzüge (334-323 v.Chr.) konnten sie zeitweilig ihre polit. Macht über den Großteil der damaligen Welt (Vorderer und Mittlerer Orient bis nach Indien) ausdehnen; eine kulturelle Durchdringung der gesamten antiken Welt in Ost und West durch das Griechentum während Jahrhunderten war die Folge. Neben dem Christentum wurde es so zur wichtigsten konstituierenden Kraft der abendländischen Kultur.

Mit der Kultur der Griechen wurde auch ihre Sprache verbreitet, so daß z.B. auch Rom wie sämtliche größeren Städte des Westens bis in das 3. Jh. n. Chr. vorwiegend griech.sprachig waren.

Nach der Teilung des röm. Reiches Ende des 4. Jh.s wurde im Westen das Griech. vom Lat. verdrängt. Auch im Osten kam es zunehmend unter Druck, bis der griech. Sprachraum schließlich fast ganz auf das eigentliche Griechenland zusammenschrumpfte. Dort konnte sich die griech. S. allerdings bis heute gegen alle polit. und kulturellen Stürme behaupten. Während des MAs war der Westen ohne Kenntnis der griech. Sprache.

Erst das Zeitalter von Renaissance und Humanismus mit seinem Ruf nach dem Quellenstudium entdeckte sie wieder und brachte sie im 15./16. Jh. zu neuen Ehren.

3. Sprachgeschichte

Es lassen sich vier Perioden unterscheiden:

a. Mykenisches Griech. (ca. 1400 bis 1200 v.Chr.), bezeugt durch Tontafel-Texte in Silbenschrift (»Linear B«) u.a. aus Knossos und Mykene.

b. Altgriech. (ca. 800 v.Chr. bis 565 n.Chr.; das phönizische Alphabet wird übernommen und angepaßt), unterteilt in:

– vorklass. und klass. Griech. (bis 300 v.Chr.) mit den vier Hauptdialekten Ionisch-Attisch (Attisch: Mundart Attikas, nach der literarischen Klassik von ca. 450 bis 323 v.Chr. auch »klassisches Griechisch«), Arkadisch-Kyprisch, Äolisch, Dorisch-Nordwestgriech.;

– »Koine« (d.h. allgemeine [Sprache]), auch »hellenistisches Griech.« (300 v.Chr. bis 565 n.Chr.): Bis in die christl. Zeit hinein (auf dem Attischen fußende) Verkehrssprache des Vorderen Orients und des Mittelmeerraumes, diente sie u.a. auch Juden und Christen als Kommunikationsmittel bei der Verbreitung ihres Glaubens (diese Variante z.T. vom hebr. und aram. Hintergrund der Verfasser gefärbt [»Semitismen«], vor allem im Wortschatz, weniger in Syntax und Stil).

c. Mittelgriech. (556 bis 1453 n.Chr.);

d. Neugriech. (seit 1453).

4. Bedeutung

Griech. geschrieben sind nicht nur die grundlegenden Werke unserer Geistesgeschichte (die griech. Philosophie bildet das Fundament der abendländischen Philosophie und Wissenschaft, die Epen Homers und die Tragödien eines Aischylos, Sophokles und Euripides z.B. sind Meisterwerke der Weltliteratur), sondern vor allem auch (wichtige Voraussetzung für die urchristl. Mission) die Gründungsurkunde des Christentums, das NT, und die Septuaginta, das AT der Frühkirche; ebenso, auf diesen aufbauend, die Werke der griech. Kirchenväter (zunächst auch diejenigen des Westens z.B. Clemens von Rom [um 95], vom 4. Jh. an fast ausschließlich die des Ostens) sowie altkirchl. Glaubensbekenntnisse (Apostolicum, Nicaenum, Chalcedonense) – ein Hintergrund, dessen Einflüsse in allen Bereichen unserer Kultur anzutreffen sind, nicht zuletzt im Wortschatz der europäischen Sprachen (vgl. z.B. die zahllosen in verschiedensten Gebieten gebräuchlichen Lehnwörter wie »Diakon«, »Physik«, »Politik« usw.). Seit der → Reformation mit ihrer Forderung nach sorgfältiger Grundtext-

Exegese gehört die Beschäftigung mit der griech. S. zum wichtigsten Handwerkszeug der Bibelausleger.

Lit.: W. Bauer, K. Aland: Griechisch-deutsches Wörterbuch zu den Schriften des Neuen Testaments und der frühchristlichen Literatur, [6]1988; F. Blass, A. Debrunner, F. Rehkopf: Grammatik des neutestamentlichen Griechisch, [17]1990; E. Hoffmann, H. von Siebenthal: Griechische Grammatik zum Neuen Testament, [2]1990; O. Hoffmann, A. Debrunner, A. Scherer: Geschichte der griechischen Sprache, 2 Bde, 1979; H.G. Liddell, R. Scott, H.S. Jones: Greek-English Lexicon, [9]1968; E. Schwyzer: Griechische Grammatik, 3 Bde, 1939-53; M. Whittaker, H. Holtermann: Einführung in die griechische Sprache des Neuen Testaments, [5]1989.

H. v. Siebenthal

Grisebach, Eberhard → Situationsethik

Grönland → Skandinavien

Groote, Geert → Brüder/Schwestern vom gemeinsamen Leben

Grotius, Hugo (1583-1645)

Niederländischer Rechtsphilosoph, geb. am 10. 4. 1583 in Delft, gest. am 28. 8. 1645 in Rostock. Als Sohn des Delfter Bürgermeisters und späteren Kurators der Universität Leiden besuchte G. bereits mit elf Jahren die Hochschule dort und kam schon sehr früh in Kontakt mit Staatsmännern seines Landes. Nach dem Jurastudium in Orléans und anschließender Promotion ließ er sich 1599 in Den Haag als Advokat nieder. In der Folgezeit wurde er mehr und mehr in die Probleme der Republik verwickelt, deren Vorgehen er rechtlich legitimieren sollte.

1607 wurde G. Staatsanwalt des Provinzgerichtshofes von Zeeland und Westfriesland, sechs Jahre später Stadtsyndikus von Rotterdam. Als Befürworter eines provinziellen Partikularismus in kirchl. und weltlichen Angelegenheiten konnte er sich nicht durchsetzen. Auf der → Dordrechter Synode (1618/19) trat G. auf der Seite der Remonstranten (→ Arminianismus) für eine gemäßigte → Prädestinationslehre ein, was nach dem Sieg der orth.-calvinistischen Contra-Remonstranten seinem Freund Oldenbarnevelt den Tod und ihm die Verurteilung zu lebenslanger Haft einbrachte.

Nach geglückter Flucht mit Hilfe seiner Frau erfuhr G. 1621 eine willkommene Aufnahme in Paris. Hier entstand 1625 sein opus magnum: De Iure Belli ac Pacis (Vom Recht des Krieges und des Friedens), in dem er ein System internationaler Rechtsgemeinschaft entwarf, durch die Verbindung von positivem Völkerrecht mit ethischem → Naturrecht.

In Paris in materielle Nöte gekommen, wagt er eine Rückkehr in seine Heimat, muß aber kurz darauf nach Hamburg fliehen. Ab 1634 weilt er wieder als schwedischer Diplomat in Paris, wo er sich nachdrücklich für die Wiedervereinigung der Kirchen einsetzt (Via ad pacem ecclesiasticam, 1642). Nach der feierlichen Verabschiedung aus dem diplomatischen Dienst in Stockholm stirbt er 1645 auf der Heimreise in Rostock.

G. ist einer der bedeutendsten Vertreter des niederländischen Späthumanismus. Sein Lebenswerk war die Neubegründung des Rechts aus der göttlichen Schöpfungsordnung, die den Willen Gottes offenbart, der Natur (Naturrecht), der Vernunft und dem Gewissen.

Insofern das Recht damit nicht mehr direkt aus den bibl. Geboten abgeleitet wird, sind bei G. bereits die Anfänge der Säkularisierung der abendländischen Rechtstradition zu finden. In seinem Werk vereinigte G. alle geistigen Strömungen seiner Zeit durch die Vermittlung zwischen antik-griech. und christl. Gedankengut.

Lit.: H.Grotius: De Iure Praedae Commentarius, hg. von H.G. Hamaker, 1868; De Iure Belli ac Pacis libis tres. Neuer dt. Text v. Schätzel (1625), 1950;
H. R. Guggisberg: »Grotius, Hugo«, TRE 14, 1985, 277-280; C. Link: H.Grotius als Staatsdenker, 1983; N. Paech: H.Grotius, 1985; E. Wolf: H.Grotius. Großer Rechtsdenker der deutschen Geistesgeschichte, ⁴1963, 253-310 (Lit.!).

V. Gäckle

Großbritannien

1. Das Vereinigte Königreich von G. und Nordirland besteht aus England, Schottland, Wales und Nordirland; jedes dieser Territorien hat eine eigene (Kirchen)Geschichte. Nordirland wird im folgenden nicht behandelt.

Schon unter den Römern fand das Christentum auf der Insel Eingang, doch wurde es durch den Einfall der Angelsachsen fast gänzlich verdrängt. Keltische Mönche begannen eine Missionsarbeit, und Ende des 6. Jh.s kam Augustin von Canterbury von Rom aus mit Benediktinern nach England. Die Synode von Whitby (664) entschied gegen die keltischen und für die röm. kirchl. Bräuche.

2. Ein Grundzug der angelsächsischen Kirche war ihr Missionsdrang nach innen und nach außen. Bekanntestes Beispiel ist der Germanenmissionar → Bonifatius (ca. 672-754). Einen hohen Bildungsstand zeigt → Beda Venerabilis. Einer Zeit des Niedergangs folgte unter König Alfred dem Großen (871-899) eine neue Blüte und eine monastische Reform. Die normannische Eroberung (1066) veränderte die Kirchengeschichte, nicht zuletzt wegen der Umgestaltung der englischen Monarchie. Der Krone gelang es in der nachfolgenden Entwicklung, sich als Zentralmacht zu erhalten, so daß England nicht in Kleinstaaterei verfiel. Zugleich aber erfolgte der bedeutsame Aufstieg des Parlaments, das 1388 Souveränität beanspruchte.

Im 12./13. Jh. wurde die Diözesanverwaltung verbessert und die Pfarreien erhielten eine endgültige Gestalt: Provinzial- und Diözesansynoden werden organisiert; monastische Orden wirken in England und führen zu einer Intensivierung der Seelsorgetätigkeit (Dominikaner seit 1221, Franziskaner seit 1224). Es kam zur Herausbildung eines weltlichen Juristenstandes, der gegenüber den Vertretern des kanonischen Rechtes streng auf Eigenständigkeit bedacht war. Schon früh hatten sich die beiden kirchl. Provinzen Canterbury und York herausgebildet, wo die Provinzialsynoden als Konvokationen bezeichnet wurden. In Oxford und Cambridge entstanden berühmte Universitäten, an denen bedeutsame Lehrer wie → Duns Scotus und → Wilhelm von Ockham lehrten. Bedeutsame Mystiker wie Juliana von Norwich (ca. 1342 bis nach 1416), William Langland mit seinem Epos »Piers Plowman« und Richard Rolle sind vor allem zu nennen. Die Werke des letzteren wurden bei den → Lollarden viel gelesen, die sich außerdem auf → John Wyclif (1330-1384) beriefen. Hier werden gewisse reformat. Erkenntnisse vorweggenommen, ohne daß indes die Lollarden zu einer Gefahr für die bestehende kirchl. und weltl. Ordnung wurden. Man schätzt, daß bis 1500 allerdings ca. 100 Lollarden den Tod fanden.

3. Die englische Reformation ist dadurch gekennzeichnet, daß sie keinen Reformator wie → Luther, keine Bekenntnisschrift wie die Confessio Augustana und keinen theol. Fixpunkt wie die → Rechtfertigung kennt. Sie war ferner durch ein langanhaltendes Auf und Ab bestimmt. Heinrich VIII. (1509-1547) wollte sich von Katharina von Aragon scheiden lassen, doch willigte der Papst nicht ein. 1533/34 wurde die englische Kirche aus der Jurisdiktion Roms gelöst, und der neue Erzbischof von Canterbury, Thomas Cranmer (1489-1556), konnte die Ehe trennen. Der König dachte jedoch nicht daran, mit dem kath. Ritus zu brechen oder eine neue Kirche zu errichten, obwohl er den Titel »Oberhaupt auf Erden der Kirche von England« annahm. Seine Suprematie nutzte er zur weitgehenden Enteignung der Kirche und Abschaffung der Klöster.

Unter Eduard VI. (1547 als Neunjähriger König bis 1553) wurde durch Cranmer mit Unterstützung Martin → Bucers eine liturg. Reform eingeleitet, die im → Book of Common Prayer (1549; 1552) ihren Ausdruck fand. Unter Maria Tudor (1553-1558) gab es ein kath. Zwischenspiel. Cranmer war einer der ca. 300 Märtyrer; 800 Protestanten flüchteten auf das Festland. Elisabeth I. (1558-1603) lenkte auf einen Mittelkurs zurück. Das Elizabethan Settlement war getragen von der Suprematsund Uniformitätsakte, dem Book of Common Prayer von 1552 und den 39 Artikeln als Regulativ. Die eine Kirche für das ganze Volk ließ sich jedoch nicht verwirklichen. Einerseits widerstanden Katholiken allen Bekehrungsversuchen (sog. Rekusanten) und andererseits kämpften die Puritaner für eine von kath. Resten gereinigte (= *pure*) Kirche. Es kam zu Gemeindebildungen außerhalb der englischen Staatskirche. Foxe's Book of Martyrs (1563) stärkte die puritanische Sache durch Verherrlichung der Märtyrer unter der »blutigen« Maria. Die Vernichtung der spanischen Armada (1588) verhinderte den Versuch Philipps II. von Spanien, England zu rekatholisieren, nachdem Elisabeth ein Jahr zuvor die Hinrichtung der schottischen Königin Maria Stuart angeordnet hatte.

4. Als der schottische König Jakob I. 1603 den Thron bestieg, erwarteten Katholiken und Puritaner entscheidende Durchbrüche. Beide wurden enttäuscht. Er verfolgte einen monarchistischen Anglikanismus (»no bishop – no king«, 1604). Sein Name ist mit der englischen Bibelübersetzung – King James Version – verknüpft, deren Bedeutung im englischen Sprachraum der Luther-Bibel lange Zeit vergleichbar war. Unter seiner Regentschaft waren radikale Puritaner nach Holland ins Exil gegangen. 1620 zogen dann die ersten »Pilgerväter« nach Cape Cod. 1629/30 folgten weitere Siedler, die die Massachusetts Bay Colony gründeten.

Als Karl I. 1625 den Thron bestieg, wandte er sich gegen den Calvinismus. Besonders Erzbischof William Laud unterdrückte die Puritaner brutal. Es kam zum Bürgerkrieg (1642ff) und zu einem Bündnis des Parlaments mit den presbyterianischen Schotten (Solemn League and Covenant, 1643). 1646 besiegte die neue Armee unter Oliver → Cromwell (1599-1658, Lord Protector seit 1653) die königlichen Truppen. 1649 wurde Karl enthauptet, nachdem Erzbischof Laud bereits 1645 hingerichtet worden war. Obgleich sich unter Cromwell neue rel. Bewegungen wie zum Beispiel die → Quäker unter George → Fox (1624-1691) entfalten konnten, obwohl eine ökumen. Kooperation der Protestanten ganz Europas angestrebt wurde und John → Durie (1596-1680) diesem Ziel diente, blieb das Commonwealth nur eine Episode, weil es zu sehr auf die persönliche Autorität des Lord Protectors ausgerichtet war. Nach dessen Tod kehrten die Stuarts auf den Thron zurück.

Unter Karl II. (1660-1685) wurde der Versuch gemacht, doch noch eine Kirche für das ganze Volk zu schaffen. Das ging nur mit antiröm. und anti-puritanischen Gesetzen (u.a. Uniformitätsakte 1662; Konventikelakte 1664; Testakte 1673). Das Ziel wurde jedoch nicht erreicht. Insbesondere erstarkten puritanische Gruppen und → Dissenters unter der Verfolgung. Der kath. König Jakob II. erließ eine Duldungserklärung (1688), um die kath. Kirche zu fördern. Sein Neffe Wilhelm III. von Oranien wurde jedoch nach England gerufen, um das Land vor »päpstlicher Tyrannei« zu schützen. Ein Jahr später wurde die Toleranzakte erlassen, die den Dissenters Zugeständnisse machte.

5. In Schottland hatte John Knox (ca. 1505-1572) nach Genfer Modell die Reformation eingeführt. Er trat in scharfen Gegensatz zur kath. Königin Maria Stuart, die 1567 vertrieben wurde. Von England wurde immer wieder versucht, in Schottland das Episkopalsystem gewaltsam einzuführen, doch wurde die Kirche von Schottland schließlich presbyterial verfaßt. Samuel Rutherford (ca. 1600-1661) verteidigte diese Verfassung in seinem Buch »The Divine Right of Church Government« (1646) und vertrat in der Schrift »Lex Rex« (1644) das Widerstandsrecht des Volkes gegen ungerechte Herrscher.

Röm. Katholiken konnten zeitweilig nur im Untergrund wirken, weil die Furcht vor einem Umsturzversuch seit der Regentschaft Elisabeths und der Pulververschwörung 1605 gegen ihren Nachfolger im allgemeinen Volksbewußtsein schwelte. Erleichterungen traten jedoch im Laufe des 18. Jh.s ein, und 1829 erhielten auch Katholiken den Schutz der Grundrechte. Als das englisch-preußische Bistum von Jerusalem begründet wurde, verließen Vertreter des anglo-kath. Flügels die englische Kirche, darunter auch John Henry → Newman (1845). 1850 kam es zur Wiederherstellung einer röm.-kath. Hierarchie in England. Newman wurde Kardinal. Zwischen 1895 und 1903 entstand die Westminster Kathedrale als Sitz des Primas von England und Wales. Im Laufe des 19. Jh.s verzeichnete die katholische Kirche wegen Wanderbewegungen der verarmten Iren ein Wachstum. Spannungen zwischen den Volksgruppen liefen entlang der Konfessionsgrenzen. Inzwischen ist die röm.-kath. Kirche ein Teil der britischen Gesellschaft.

6. Der Gegensatz zur Staatskirche ließ unabhängige Gemeinden (→ Freikirchen) entstehen, vor allem Kongregationalisten, Presbyterianer, Baptisten (1612 Thomas Helwys) und Quäker im 17. Jh. Sie umfaßten ca. 6 % der Bevölkerung. Die Erbauungsschriftsteller Richard → Baxter und John → Bunyan (Pilgrim's Progress), der ehemalige Staatssekretär Cromwells und Dichter John Milton (Paradise Lost, 1667, Paradise Regained, 1671 und Samson Agonistes, 1671), die Quäker George → Fox und William → Penn (1644-1718, No Cross – no Crown) und der Liederdichter Isaac Watts (1674-1748) hinterließen deutliche

Spuren in der englischen Literatur. Im 18. Jh. entstand durch das Wirken der Brüder John (1703-1791) und Charles → Wesley (1708-1788) sowie George → Whitefield (1714-1770) eine Erweckungsbewegung. Dabei konnte man an rel. Gesellschaften (religious societies) wie z.B. die Society for Promoting Christian Knowledge (1698) oder die Society for the Propagation of the Gospel in Foreign Parts (1701) anknüpfen, um die Herzensfrömmigkeit und die mission. Aufgabe zu betonen. Beides wurde auch von Herrnhutern hervorgehoben, die John Wesley deutlich beeinflußten, vor allem Peter Böhler. Die anglikanischen Bischöfe waren jedoch eher am guten Verhältnis zum Staat interessiert und zeigten wenig Interesse an Glaube und Frömmigkeit (»personal« gegen »outward« religion). Sie bekämpften den Methodismus als Schwärmerei, so daß 1795, also nach Wesleys Tod, eine Trennung von der Staatskirche vollzogen werden mußte.

Von erwecklichem und ökumen. Geist waren jedoch Gründungen wie die London Missionary Society, Church Missionary Society, Religious Tract Society und die British and Foreign Bible Society u.a. geprägt. Aus erweckten Kreisen ging auch der Sklavenbefreier William Wilberforce (1759-1833) hervor. Der Methodismus hat im 19. Jh. nicht nur viel zur Herausbildung einer Gewerkschafts- und Arbeiterbewegung getan (→ Gewerkschaften, christl.), sondern aus ihm erwuchs auch die Heilsarmee unter Catherine (1829-1890) und William → Booth (1829-1912). In einem endzeitlich-apokalyptischen Klima entstanden im 19. Jh. die Plymouth-Brüder (→ Darby und der Waisenhausvater Georg → Müller (1805-1889) in Bristol) und die kath.-apostol. Gemeinden unter Edward Irving (1792-1834).

In Charles Huddon → Spurgeon (1834-1892) hatten die Baptisten den volkstümlichsten Prediger des 19. Jh.s. In der Kirche von England nahmen im Verlauf des 19. Jh.s drei Bewegungen Konturen an. Der hochkirchl. Oxford-Bewegung, wegen der Veröffentlichungen »Tracts for the Time« auch Traktarianer genannt, ging es um die göttliche Stiftung und Autorität der Kirche, in deren Leben die Sakramente den Mittelpunkt bilden, und die sich der gesamten christl. Tradition verpflichtet wußte. Die Konversion Newmans ist ein folgerichtiger Schritt. Die broad church, vertreten durch den päd. Reformer in Rugby, Thomas Arnold (1795-1842), und F.D. Maurice, öffneten sich dem modernen Denken und der Bibelkritik (B.F. Westcott, Josef B. Lightfoot und F.J.A. Hort). Der evangelikale Flügel trug zur Entstehung der Evangelischen → Allianz sowie der Jugend- und Studentenorganisationen (Young Men's Christian Association, Student Christian Movement) bei.

7. Da es keine verpflichtende Dogmatik gibt, bildet die Kirche von England eine »ökumenische Bewegung« in sich (comprehensiveness). Der Anglikanismus hat jedoch im sog. Lambeth Quadrilateral vier Maßstäbe benannt: (1) die Bibel, (2) die altkirchl. Bekenntnisse, (3) die Sakramente → Taufe und → Abendmahl, (4) das bischöfliche Amt in apostol. Sukzession.

Zwar sind die Kirche von England und die Presbyterianische Kirche von Schottland heute noch Staatskirchen, doch ist der Einfluß stetig zurückgegangen. 1970 wurden Befugnisse des Parlaments an die anglikanische Generalsynode übertragen. Dennoch sitzt etwa die Hälfte der anglik. Bischöfe im Oberhaus, und die Bischöfe werden von der Königin nach Zustimmung der Regierung ernannt. Ein Kirchensteuersystem gibt es nicht. Nach dem Zweiten Weltkrieg scheiterten Versuche der Kirche von England und der Methodisten, zu einer Union zu gelangen, an einer Minderheit der Anglikaner.

Der Britische Kirchenrat (British Council of Churches) vereint so gut wie alle traditionellen Kirchen und Freikirchen. Lokale Experimente in neuen Städten wie z.B. Milton Keans sind vielversprechend. Die charismat. Bewegung hat Anhänger in allen Kirchen finden können. Verstärkt spielen auch die Schwarzen Gemeinden infolge Einwanderung in die Großstädte eine Rolle.

Eine staatliche Religionsstatistik existiert nicht. Man kann 13 % der Bevölkerung in England als aktive Christen bezeichnen. Davon sind 39 % Anglikaner, 34 % Katholiken und 27 % Freikirchler. Die traditionellen Stützen der Volkskirche wie Säuglingstaufe, Konfirmation und Trauung nehmen rapide ab. In Schottland gehören 37 % der Bevölkerung zu einer Kirche, davon 70 % zur Reformierten Kirche Schottlands, 22 % zur kath. Kirche und 8 % zu Freikirchen (einschließlich Anglikaner). In Wales gibt es keine Staatskirche; hier sind 23 % der Bevölkerung Glieder einer Kirche, davon 53 % Freikirchler, 29 % Anglikaner und 18 % Katholiken.

Lit.: A Century of British Christianity:Historical Statistics 1900-1985 with Projections to 2000, 1989; G.R. Cragg: From Puritanism to the Age of Reason, 1966; R.P. Crosland Hanson, H. Mayr-Harting, R.L. Storey, St.G. Hall, P. Collinson, E. Duffy, D.M.

Thompson: »England I-VI«, TRE 9, 1982, 616-653; H. Davies: Worship and Theology in England, 4 Bde.: From Anderson to Baxter and Fox 1603-1690, 1975; From Watts and Wesley to Maurice 1690-1850, 1961; From Newman to Martineau 1850-1900, 1962; The Ecumenical Century 1900-1965, 1965; G.R. Elton: Studies in Tudor and Stuart Politics and Government, 2 Bde., 1974; J. Habgood: Church and Nation in a Secular Age, 1984; W. Haller: The Rise of Puritanism, [2]1957; I. Hamilton: The Erosion of Calvinist Orthodoxy, 1990; E.R. Norman: Roman Catholicism in England, 1985; G.F. Nuttall, O. Chadwick: From Uniformity to Unity 1662-1962, 1962; P. Sangster: A History of the Free Churches, 1983; S. Sykes, J. Booty (Hg.): The Study of Anglicanism, 1988; The United Kingdom Christian Handbook; M. Watts: The Dissenters, 1978; B. Wilson: Religion in Secular Society, 1966.

E. Geldbach

Großgebauer, Theophil (1627-1661)

G., geb. am 24. 11. 1627 in Ilmenau (Thüringen), gest. am 8. 7. 1661 in Rostock. Als luth. Pfarrer an St. Jacobi und Magister der Theologie in Rostock veröffentlichte er 1661 seine Schrift »Wächter-Stimme aus dem verwüsteten Zion«. G. versuchte, auf die Frage zu antworten, »aus was Ursache die vielfältige Predigt des Wortes Gottes bey Evangelischen Gemeinden wenig zur Bekehrung und Gottseligkeit fruchte«, und forderte »eine Reformation zur wahren Gottseligkeit«. Mit der Radikalität spiritualistischer Kirchenkritik wird die luth. Orthodoxie als »ein todtes erstorbenes Christentum« bezeichnet. Die unterschiedlichen Reformvorschläge, in denen sich Einfluß puritanischer Erbauungsliteratur und presbyterianischer Kirchenordnungen zeigt, laufen auf eine umfassende Neugestaltung der kirchl. Verhältnisse und Lebensformen hinaus. Alles zielt auf die Wiedergeburt des einzelnen. Darum war der »Wächterstimme« ein »Treuer Unterricht von der Wiedergeburt« beigefügt. → Spener, der die »Wächterstimme« 1662 kennenlernte, übernahm für den luth. → Pietismus die radikale Kirchenkritik, nicht jedoch die Reformvorschläge. Mit G.s Schrift »Preservatif wider die Pest der heutigen Atheisten« (1661) begann die deutschsprachige Auseinandersetzung mit dem neuzeitlichen → Atheismus.

Lit.: M. Schmidt: Wiedergeburt und neuer Mensch. AGP 3, 1969, 154-158; J. Wallmann: Philipp Jakob Spener und die Anfänge des Pietismus, [2]1986, 159-163.

J.O. Rüttgardt

Gründonnerstag

Der Name, der sich vermutlich vom mittelhochdeutschen *gronan*, »weinen« (heute noch als »greinen« gebräuchlich) ableitet, verweist auf den Brauch, an diesem Tag die öffentlichen Büßer (»Weinende«) wieder in die kirchl. Gemeinschaft aufzunehmen. Andere Bezeichnungen sind »Hoher Donnerstag« (Meßbuch) und »Tag der Einsetzung des Heiligen Abendmahls« (Erneuerte Agende).

Den bibl. Hintergrund für die Begehung dieses Tages liefern die Berichte über die Einsetzung des Abendmahls durch Jesus in der Nacht vor seinem Tod (Mt 26,17-30; Mk 14,12-26; Lk 22,7-23). Nach kath. Ordnung wird am Vormittag in der Bischofskirche die Chrisam-Messe gefeiert, in der die heiligen Öle (für die Salbungen bei Taufe und Firmung sowie für die Krankensalbung) geweiht werden; an ihr sollen nach Möglichkeit alle Priester des Bistums teilnehmen, die aus diesem Anlaß ihre Bereitschaftserklärung zum priesterl. Dienst erneuern können. Die Abendmahlsmesse am Abend eröffnet die Feier der »Drei österlichen Tage« vom Leiden, vom Tod und der Auferstehung des Herrn (*Triduum sacrum*). Nach der Predigt kann die Fußwaschung vollzogen werden: Zwölf Männer aus der Gemeinde nehmen im Altarraum Platz, wo der Priester jedem einzelnen Wasser über die Füße gießt und sie abtrocknet (vgl. Joh 13,1-35). Nach der Messe wird der → Altar abgedeckt, die Kreuze werden entfernt oder verhüllt; eine nächtliche Anbetung im Gedenken an den Gebetskampf Jesu in Gethsemane (Mt 26,36-46; Mk 14, 32-42; Lk 22,39-46) schließt sich an.

Viele ev. Gemeinden begehen den Tag mit einem Abendmahlsgottesdienst am Abend, in dem 1Kor 11,23-26 (Einsetzung des Abendmahls) und Joh 13,1-15 (34.35) gelesen werden. Geschichtl. erwächst die besondere Begehung des Tages aus der sich im 4. Jh. verstärkenden Tendenz, in der Feier der österlichen Geheimnisse die Christusgeschichte sozusagen hist. nachzubilden. Dabei kommt es auf einer ersten Stufe zu einer Ausgliederung der heiligen drei Tage aus der Osterfeier; der Freitag, der nach antikem Brauch bereits am Vorabend beginnt, steht im Zeichen des Leidens und des Todes Jesu, der Sonnabend im Zeichen seiner Grabesruhe und der Sonntag im Zeichen seiner Auferstehung.

Lit.: H. Auf der Maur: Feiern im Rhythmus der Zeit I. Herrenfeste in Woche und Jahr, 1983.

K.-H. Bieritz

Grundtvig, Nikolaj Frederik Severin (1783-1872)

G., geb. am 8. 9. 1783 in Udby/Seeland, gest. am 2. 9. 1872 in Kopenhagen. Der Theologe, Dichter und Schriftsteller G. war zweifellos – so umstritten er auch bei vielen war und ist – eine strahlende Gestalt der Kirchen- und Geistesgeschichte des 19. Jh.s. Ähnlich wie sein Landsmann S. → Kierkegaard (allerdings schon vor ihm) machte er 1810 in Zusammenhang einer schweren Krankheit die persönliche und bleibende Erfahrung der Annahme durch Gott. Seine zweite prägende Grunderfahrung war die Entdeckung der Kirche, die die Taufe spendet, das Bekenntnis der Apostel pflegt und das »lebendige Wort« Gottes verkündet. Trotz seiner Amtsniederlegung um 1825 schrieb er Predigten, hielt Abendgottesdienste und dichtete Kirchenlieder.

Seine dritte Lebensphase begann mit der Veröffentlichung der »Nordischen Mythologie« (1832), in der er – Zeitgenosse und Kind der Romantik, die ähnliche Gedanken vertrat – vom »Volklichen Christentum«, vom Zusammenhang von Kirche und Volk spricht, wobei oft nicht klar ist, ob die Kirche das Volk Gottes oder das Volk das Subjekt der Kirche Gottes ist. In diesem Konzept wurzelt der in der Zukunft höchst wirksame Gedanke der Volkshochschule. Dänemark hält er für das »auserwählte« und Deutschland für das »verstoßene Volk Gottes«. Um die dänische Volkssprache und Volkskirche hat sich G. höchst verdient gemacht. Die 1947 gegründete G.-Gesellschaft bemüht sich verdienstvoll um seinen Nachlaß und um die Entfaltung seiner Bedeutung für unsere und spätere Zeiten.

Lit.: G. Harbsmeier: Kierkegaard und Grundtvig, EvTh 25, 1965, 72-83; R. Prenter: Die Frage nach einer theologischen Grundtvig-Interpretation, in: Theologische Aufsätze für K. Barth, 1936, 505-513; Ch. Thodberg: »Grundtvig, Nikolaj Frederik Severin«, TRE 14, 1985, 284-289 (Lit.).

G. Ruhbach

Grünewald, Matthias (ca. 1475-1528)

M.G., eigentlich Mathis Gothart N(e)ithart, gest. 1528 in Halle, Geburtsjahr unbekannt, um 1475 in Aschaffenburg, wo er auch später lebte. Etwa 1512 malte G. den Isenheimer Altar für das Antoniterkloster in Colmar, heute im Museum Unterlinden. Seit 1516 war er am Hof des Erzbischofs von Mainz, Albrecht von Brandenburg, angestellt. Nach dem Bauernaufstand 1525 mußten alle Lutheraner den Hof des Kardinals verlassen, unter ihnen auch G. So schlug er sich die letzten Lebensjahre mühsam in Frankfurt und Halle durch.

Der Isenheimer Altar ist ein doppelter Flügelaltar. Trotz der kräftigen, realistischen Malweise fließen großzügig Lichtstrahlen über die Gewänder, verlaufen die Farben himmlischer Erleuchtung, lichte Farben, welche die Gegenstände durchglühen. Vergeistigte Gesichter vermitteln intensive Gläubigkeit. Auf der großen Kreuzigung des geschlossenen Altars liegt in dem Antlitz des leidenden Christus zerreißender Schmerz. Dem steht die abgeklärte Gelöstheit des Auferstandenen gegenüber,der beim ersten Öffnen der Altarflügel die rechte Tafel füllt.

Die Mitte zeigt dann ein Weihnachtsbild, auf dem Maria mit dem Kind, von Dingen mit symbolischer Bedeutung umgeben, in heller Landschaft sitzt. Bei ihr musizieren Engel unter einem verzierten Baldachin.

Neben diesem Altar sind weitere kleine Kreuzigungsdarstellungen von G. überliefert.

Lit.: H. Geissler et al.: Mathis Gothart Nithart Grünewald, 1973, gekürzte Sonderausgabe 1990; O. Hagen: M. Grünewald, [4]1923; E. Ruhmer: M. Grünewald, Die Gemälde, 1959; I. Schulze: Die Erschütterung der Modernen – Grünewald im 20. Jahrhundert, 1991.

R. Lohse-Flitner

Gruppenbewegung → Moralische Aufrüstung

Gruppendynamik

1. Forschungsergebnisse

In der neueren soziologischen Forschung versteht man unter Gruppen kleinere Einheiten der Gesellschaft (bis ca. 30 Personen), die mannigfaltige Einflüsse aufeinander im Sinne eines sozialen Prozesses ausüben. Dabei kann die Gruppe nicht nur als ein Netzwerk von Wechselbeziehungen gesehen werden, sondern ist insbesondere auch durch ein »Wir-Gefühl« bestimmt. Im Gegensatz zu anderen soziologischen Zusammenballungen von Menschen spricht man von Gruppen immer dann, wenn sie ein gemeinsames Interesse haben.

Bei der Untersuchung von kleinen Gruppen konnte deutlich gemacht werden, daß die Strukturen nicht homogen sind. Es gibt in der Regel eine bestimmte »Hackordnung«, d.h. ein »oben« und »unten«, den »Star« und das »scharze Schaf«. J.L. Moreno hat schon 1934 mit seinen Forschungen die Möglichkeiten aufgezeigt, wie diese Gruppenstrukturen wissenschaftl. erfaßt (Soziometrie) und dargestellt werden können (Soziogramm).

K. Lewin hat mit seiner »Feldtheorie« in den dreißiger Jahren die psych. Erkenntnisse aus der Gestaltpsychologie auf Kleingruppen übernommen. Von ihm stammt auch der Begriff *group dynamics* mit dem er, zusammen mit dem Gestaltpsychologen Wertheimer, die Gesetzmäßigkeiten der Physik auf die Dynamik in kleinen Gruppen zu übertragen suchte.

Die von den einzelnen Gruppenmitgliedern ausgehenden und empfangenen »Kräfte« sind – entsprechend den Ergebnissen aus der Physik – gerichtet, haben einen bestimmten Ausgangspunkt und eine bestimmte Größe. Mit einem derartigen Modell kann ein Teil der Dynamik in einer Gruppe erklärt und auch gezeigt werden, wie Gruppen gesteuert werden können. Die Ergebnisse der soziologischen Forschung in Kleingruppen haben weiterhin erklärt, daß der Status eines Gruppenmitglieds sein Rollenverhalten bestimmt. Deutlich wurde auch, daß der Gruppendruck zu einem Verhalten des einzelnen führen kann, das er als Individuum womöglich so nicht zeigen würde. Häufig verändert sich deshalb das Verhalten, wenn in eine Gruppe mit anderen Gruppennormen übergewechselt wird (z.B. der »brave Schüler«, der nach dem Unterricht in die *peergroup* der »Rocker« überwechselt und dann für den Lehrer nicht mehr wiederzuerkennen ist).

Solomon und Rasch haben 1946 nachgewiesen, daß es beim Menschen einen Grundtrieb des »Mitgehens«, d.h. der Anpassung gibt. So wird im Konfliktfall immer angenommen, daß die Mehrheit im Recht ist. Diese Annahme kann im Extremfall zu einer Verzerrung der individuellen Wahrnehmung und des individuellen Urteils führen. Der Einzelgänger wird von der Gruppe bestraft; nicht immer direkt, sondern oftmals auch durch indirektes, kaum auffallendes Verhalten, wie Kopfschütteln, Lächeln, Wegdrehen usw. Der Konformitätsdruck verschwindet, wenn weitere Personen mit Gegenurteilen zur Gruppe hinzukommen. Schon bei einer einzigen andersartig denkenden Person urteilen die Gruppenmitglieder stärker nach ihrem eigenen Denken, als sie dies unter Gruppenzwang tun.

Als weiteren Grundtrieb kann man den Gehorsam gegenüber der Autorität sehen. »Autoritäten« sind in der Regel daran zu erkennen, daß sie einen höheren sozialen Status als den der übrigen Gruppenmitglieder haben, daß sie deutliche Befehle und verbale Aufforderungen geben. Milgram (1974) konnte zusätzlich deutlich machen, daß der Gehorsam eines Menschen umso höher wird, je niedriger sein Verantwortungsbewußtsein ist.

2. Gruppentherapien

Der Ansatz von C. Rogers (1972), daß durch eine Atmosphäre der Einfühlsamkeit, Echtheit und Wertschätzung Menschen über sich selbst nachzudenken beginnen und Lösungswege für manche Probleme ihres Lebens finden, wurde in den vergangenen Jahrzehnten neben Einzelgesprächen zunehmend auch in der Gruppenarbeit eingesetzt. In der Gesprächstherapie kennt man Therapie- und Encountergruppen. Grundsätzlich unterscheiden sich beide dadurch, daß die Therapiegruppe das Ziel hat, den Mitgliedern aus einem ganz spezifischen Defizit herauszuhelfen, während bei der Encountergruppe die Selbsterfahrung (für psychisch gesunde Menschen) im Mittelpunkt steht. Normalerweise unterscheiden sich beide Gruppenarten auch durch ihre Teilnehmerzahl. Bei der Encountergruppe rechnet man mit zehn bis fünfzehn Teilnehmern (teilweise auch weitaus mehr), während eine Gesprächstherapiegruppe ca. sieben Mitglieder haben sollte.

3. Kritik

Kritik an der Encounterbewegung setzt vor säkularem Hintergrund vor allem auf folgenden Ebenen ein:

a. Die Gruppenbewegung ist zu einem Erfahrungsinstrument der bürgerlichen Mittelklassengesellschaft geworden. Arme und Schwache haben selten die Möglichkeit, Selbsterfahrung in Encountergruppen zu erleben.

b. Wie in allen anderen humanistischen Therapieformen werden in kritiklosem Optimismus die Möglichkeiten überschätzt. Etwa wenn Moreno (1959) davon ausging, daß unsere schicksalsvolle Welt eine »Welttherapie« braucht oder Rogers (1968) der Meinung war, daß seine Methode die »vielleicht bedeutendste soziale Erfindung des Jahrhunderts« sei.

c. Die von C. Rogers präzise beschriebene Encountergruppe ist heutzutage in einem psych. Niemandsland untergegangen, »das sich von der Gruppenanalyse und dem Psychodrama über die Transaktions-Analyse und die Laboratoriumsbewegung bis zu Selbsterkenntnis- und Selbsterfahrungsgruppen, zum Sensitivitätstraining, zur gezielten Herabsetzung sinnlicher Wahrnehmungsschwellen und zu gezielt zermürbenden Marathonsitzungen erstreckt« (Bornemann, 1981).

d. Die Annahme, daß Trainer, wenn sie professionell arbeiten, in den Gruppen keine polit. oder rel. Ziele haben, sondern die Machtverhältnisse durchleuchten und damit erkennbar machen würden, trifft nur sehr eingeschränkt zu. Slater (1970) hat in seiner Studie »Mikrokosmos« deutlich gemacht, daß sich in den Encountergruppen die Machtverhältnisse unaufgelöst widerspiegeln. In den Trainer werden Heilserwartungen investiert, die ihm Macht verleihen und die er dann auch im Sinne von »Heilserwartungen« (Bachmann, 1981) realiter ausspielt.

e. Oftmals werden Encountergruppen, weil man von gesunden Teilnehmern ausgeht, recht unkritisch oder flüchtig zusammengestellt. Deshalb sind nicht selten seelisch kranke Teilnehmer dabei, bei denen durch die Gruppenprozesse psychotische Episoden, die mit dem Verlust des Realitätsbezugs verbunden sind, ausbrechen können.

4. Gruppendynamik und Theologie

In den vergangenen zwei Jahrzehnten gab es, ausgehend von den seit Beginn der 70er Jahre von den USA auf die Bundesrepublik überschwappenden Bewegung des Clinical Pastoral Training (CPT), eine deutliche Abwehr von seiten der evangelikalen Bewegung gegenüber »der Gruppendynamik« (Hofmann, 1977; Beck, 1978; Gassmann, 1984). Diese Ablehnung ist vor allem vor dem Hintergrund der Theologenausbildung zu sehen und hat auch in einer »Handreichung zu Fragen der Pastoralpsychologie und Gruppendynamik« (1979) ihren Niederschlag gefunden. Zusätzlich zu der weiter oben vor säkularem Hintergrund vorgetragenen Kritik beziehen sich die negativen Erfahrungen unter theol. Blickwinkel vor allem darauf, daß es in einer Encountergruppe häufig vorkommt, daß ein Gruppenkonsens zur »höchsten Autorität« wird. Oftmals entstammt dieser Konsens nicht dem christl. Glauben und wird nicht selten durch die Betonung einer egoistischen Selbstverwirklichung auf humanistischem Hintergrund gefördert. Sofern Gruppenarbeit tatsächlich auf die Umdeutung christl. Werte und des Glaubens an Jesus Christus hinzielt, ist sie abzulehnen.

Um den Einzug einer falschverstandenen und zur Manipulation eingesetzten Gruppendynamik in die Theologenausbildung abzuwehren, mußte vor 20 Jahren sehr deutlich und teilweise mit »grobem Meißel« gekämpft werden. Heute kann differenzierter argumentiert werden: Die Gesetzmäßigkeiten, die sich in Gruppen zeigen, sind überprüfbare Dimensionen der von Gott eingestifteten Kommunikationsfähigkeit des Menschen. Sie können zum Guten und Bösen eingesetzt werden. Wenn Sozialwissenschaftler mit einem nichtchristl. Hintergrund diese Gesetzmäßigkeiten beschrieben haben und sie teilweise sogar zu Systemen einer Weltverbesserung im Sinne einer nichtchristl. Ideologie einzusetzen gedenken, ändert dies nichts an der Tatsache, daß die Gesetzmäßigkeiten intersubjektiv nachprüfbar sind. Wir müssen davon ausgehen, daß dort, wo sich Menschen in einer Gruppe treffen (ob dies z.B. die Jünger Jesu sind, oder die urchristl. Gemeinde in der Naherwartung Christi, Teenager in einer Jugendstunde oder die Besucher eines Gottesdienstes), immer Gruppenprozesse feststellbar sind.

In der neueren Seelsorgebewegung, z.B. der »Biblisch-therapeutischen Seelsorge« entstehen vor diesem Hintergrund zunehmend Seelsorgegruppen für Menschen mit seelischen Störungen (H.L. Dieterich, 1990), bei denen es die Aufgabe des Seelsorgers ist, die in Gang kommenden Prozesse so zu steuern, daß den Gruppenteilnehmern echte und bibl. verantwortbare Hilfe zuteil wird.

Auch für die Ausbildung von Seelsorgern muß die Möglichkeit von Selbsterfahrungsgruppen differenzierter durchdacht werden. Weil die Persönlichkeit des Seelsorgers ein wichtiges Werkzeug ist, muß er sich selbst gut kennen. Wenn sich in einer speziell zusammengestellten Gruppe ausschließlich Menschen befinden, die entschieden Christus nachfolgen, wird sich der Gruppenkonsens nicht über die bibl. Wahrheit stellen. In diesen Gruppen ist dann die Möglichkeit geboten, durch offene und ehrliche Interaktion zu einer besseren Selbsterfahrung zu kommen – was sich konsequenterweise dann auch in einer qualifizierteren Begegnung mit den Ratsuchenden auswirkt.

Lit.: C.H. Bachmann: Kritik der Gruppendynamik, 1981; H.W. Beck: Gruppenpsychotechnik, 1978; E. Bornemann: Gruppendynamik und Encounterbewegung, in: C.H. Bachmann (Hg.): Kritik der Gruppendynamik, 1981; H.L. Dieterich: Trotz Tränen ein Lied, in: B. Blunck: Die ihre Gaben nicht vergraben, 1990; L. Gassmann: Gruppendynamik, 1984; Handreichung zu Fragen der Pastoralpsychologie und Gruppendynamik. Erklärung der 9. Württembergischen Landessynode, 1979; H.K. Hofmann: Psychonautik – Stop, 1977; K. Lewin: A dynamic Theory of Personality, 1935; J.L. Moreno: Who shall survive?, 1934; C. Rogers: Die nicht-direktive Beratung, 1972; Ph. Slater: Mikrokosmos: Eine Studie über Gruppendynamik, 1970.

M. Dieterich

Guardini, Romano (1885-1968)

G. wurde am 17. 2. 1885 in Verona als Sohn eines großbürgerlichen ital. Kaufmanns geboren; 1886 zog die Familie nach Mainz, wo er mit drei jüngeren Brüdern aufwuchs. Seine Mutter war eine von italienischem Geist und einer herben, innerlichen Frömmigkeit geprägte Frau, die in einer eindrucksvollen Mischung von matriarchalischer Autorität und Güte das Hauswesen gestaltet hat. G. begann, Chemie, dann Nationalökonomie zu studieren (Tübingen, München, Berlin) und wandte sich schließlich der katholischen Theologie zu (Freiburg i.Br., Tübingen). 1910 Priesterweihe (Mainz). 1911 hessischer Staatsbürger; 1915 Promotion (Freiburg i.Br.), 1922 Habilitation (Bonn), jeweils mit Arbeiten über Bonaventura. In Mainz bekam er Kontakt mit dem »Quickborn« und wurde infolge seiner Bemühungen um Erneuerung der röm.-kath. Kirche durch Bibelstudium (Der Herr, 1937), Liturgie (Vom Geist der Liturgie, 1918), persönliche Frömmigkeit (Der Kreuzweg unseres Herrn und Heilandes, 1919) und theologische Bildung zu einer der einflußreichsten Persönlichkeiten der kath. Jugendbewegung. Darüber hinaus wurde er von weiten Kreisen reformwilliger, gebildeter Katholiken sehr geschätzt (Burg Rothenfels). 1923 erhielt er in Berlin einen Lehrstuhl für Religionsphilosophie und kath. Weltanschauung, der 1939 aufgelöst wurde. Einen zweiten Höhepunkt und weithin große Anerkennung auch kirchlicherseits erfuhr er nach dem Zweiten Weltkrieg; 1945 wurde er in Tübingen Professor für Religionsphilosophie und christliche Weltanschauung, 1948 nahm er einen Ruf auf einen Lehrstuhl mit derselben Aufgabenstellung in München an; dort wurde er 1962 emeritiert und starb am 1. 10. 1968.

Durch seine konservative Grundhaltung geprägt, hielt G. in seinen zahlreichen Veröffentlichungen zur Liturgie und Theologie, zur Anthropologie, Philosophie, Dichtung, Pädagogik und zu Zeitfragen an der Autorität der röm.-kath. Kirche und deren Offenbarungsverständnis fest; zugleich suchte er, kritisch gegenüber → Kants Erkenntnistheorie, das Wesentliche seiner Gegenstände phänomenologisch fragend zu erschließen, um »die christliche Wirklichkeit zu deuten« und »das Erwachen der Kirche in der Seele« zu fördern. Zu seiner Daseinsdeutung gehörte das Prinzip des spannungsvollen Gegensatzes; eines seiner frühen Werke war als »Versuch zu einer Philosophie des Lebendig-Konkreten« mit »Der Gegensatz« betitelt (1925). Viel Beachtung fanden seine kulturkritischen Schriften »Das Ende der Neuzeit« (1950) und »Die Macht« (1951). Die politischen Unruhen Ende der 60er Jahre und die Politische Theologie ließen sein Werk in den Hintergrund treten, doch nimmt das Interesse neuerdings wieder stark zu.

Lit.: H. Mercker: Bibliographie Romano Guardini, 1978;

H.-B. Gerl: Romano Guardini 1885-1968. Leben und Werk, [3]1987; A. Schilson: Perspektiven theologischer Erneuerung. Studien zum Werk R. Guardinis, 1986.

B. Maurer

Gundert, Hermann (1814-1893)

G., Dr. phil., geb. am 4. 2. 1814, gest. am 25. 4. 1893, war ev.-Indienmissionar (1836-1859) und Leiter des Calwer Verlags (1860-1893). Nach dem Besuch des Stuttgarter Gymnasiums studierte er seit 1831 in Tübingen. 1833 weckte ein rel. Erlebnis in ihm den dringenden Wunsch, als Missionar in Indien zu arbeiten. 1835 verließ er Tübingen, um als Hauslehrer eines englischen Missionars nach Madras auszureisen. Dort lernte er gründlich die Tamilsprache und gründete in Chittoor eine Missionsstation und -schule. Weil er in Indien bleiben wollte, trat er 1838 in den Dienst der → Basler Missionsgesellschaft. Mit seiner Frau, die ihm sieben Kinder gebar und unermüdlich als Lehrerin für junge Mädchen tätig war, wirkte G. in Malabar, Mangalar und zuletzt in Kalikut als Regierungsschulinspektor für die Provinzen Malabar und Kanara (Hesse, 282).

Geprägt vom württembergischen Pietismus und von freikirchl.-baptistischen Gedanken sah G. in der Mission Christus selber am Werk und sich selbst als »nur Werkzeug« (Frenz, 188). Er wußte sich berufen, den Indern das neue Leben in Christus liebevoll nahezubringen (»Liebe ist Dienen«). In Indien lernte er, daß die innere Kirche nicht ohne die äußere gebaut wird (Frenz, 195). Er ermutigte die Inder zu einem selbständigen Christsein in der radikalen Nachfolge Jesu . G. hat u.a. die Bibel in die Malayalamsprache übersetzt und in dieser Sprache eine Sprachlehre und ein Sprachlexikon herausgegeben. Anläßlich der Gedenkfeiern seines 100. Todesjahrs (1993) in Kerala soll sein Nachlaß aufgearbeitet werden »für die indische Kirche, für die Indologie und die Linguistik überhaupt« (Zacharia, 29).

Lit.: A. Frenz: Die Bedeutung der Erschließung von Quellen aus der Pionierzeit der Mission, dargelegt am Briefwechsel Hermann Gunderts, EMZ 1972, 183-196, 1973, 23-38; J. Hesse: Aus Dr. Hermann Gunderts Leben, 1894; S. Zacharia: Jedes Kind kennt Hermann Gundert, in: darum 3/91, 28. 29.

H. Hamer

Gunkel, Hermann → Altes Testament – Geschichte der Erforschung

Gustav II. Adolf (1594-1632)

G., geb. am 19. 12. 1594 in Stockholm, gest. am 16. 11. 1632 bei Lützen, König von Schweden (1611-1632). Nach dem Tode seines Vaters Karl IX. 1611 trat G. ein schweres Erbe an. Es galt, sich nach drei Seiten zu behaupten. Mit Dänemark und Rußland gelangen 1613 bzw. 1617 Friedensschlüsse. Der seit dem Aufstand 1593 währende Krieg mit Polen, von wo der kath. Cousin Sigismund III. Ansprüche auch auf die schwedische Krone erhob, endete 1629 durch Vermittlung Frankreichs mit einem neuerlichen Waffenstillstand.

Die Ehe mit der kurbrandenburgischen Prinzessin Maria Eleonora 1620 schuf eine zusätz-

liche polit. Rückversicherung. So führte G. binnen zweier Jahrzehnte sein Land zu einer bisher nicht gekannten Größe und schuf damit die Voraussetzung dafür, 1630, als die prot. Seite im kontinentalen Religionskrieg aufs äußerste bedroht war, dieser zu Hilfe zu kommen, gewiß nicht, ohne eigene polit. Ziele damit zu verbinden, zumal mit jedem Erfolg der kath. Liga die Gefahr auch für das eigene Land wuchs. Sein Feldzug quer durch Deutschland mit bedeutenden Siegen über Tilly vermochte zwar den Krieg nicht zu entscheiden, bedeutete jedoch insofern eine Wende, als damit das Kräfteverhältnis wieder ausgewogener wurde, woran auch die unentschiedene Schlacht bei Lützen 1632 gegen die Armee Wallensteins, bei der G. den Tod fand, nichts zu ändern vermochte. Daß im Westfälischen Frieden 1648 das luth. und nun auch das ref. Bekenntnis endgültig anerkannt wurden, ist auch dem Eingreifen G.A.s zu verdanken. S.a. → Dreißigjähriger Krieg

Lit.: K. Repgen: »Dreißigjähriger Krieg«, TRE 9, 1982, 169-188; M. Roberts: Gustavus Adolphus. A History of Sweden, 1611-1632, 1953/58.

H. Kirchner

Gustav-Adolf-Werk

Anläßlich des 200. Jahrestages der Schlacht von Lützen wurde 1832 die G.A.-Stiftung gegründet; 1842 schloß sich diese mit dem »Verein für die Unterstützung hilfsbedürftiger prot. Gemeinden« (gegründet 1841) zusammen (Satzung 1843). Die Stiftung war in keiner Hinsicht konfessionell orientiert, wegen des kleinen Vereinsvermögens waren die Hilfsmöglichkeiten allerdings immer eingeschränkt. 1946 wurde sie – nach mancherlei Krisen – Werk der EKD und kam damit in den Kollektenplan der Landeskirchen hinein, war also nicht mehr nur von privaten Spenden- und Sammelergebnissen abhängig.

Ziel ist, »die kirchliche Not der ev. Gemeinden (nicht nur der dt.) in der Diaspora nach Kräften zu beleben« (durch Finanzierung von Kirch- und Pfarrhausbauten, durch Hilfen bei der Eingliederung ev. Flüchtlinge nach 1945, durch den Versand von geistl. und theol. Literatur, durch Lehrmittel für den kirchl. Unterricht, durch Stipendien für Theologiestudenten etc.). Arbeitsgebiet war von jeher die innerdeutsche und außerdeutsche Diaspora, zunächst in Österreich, Osteuropa, in den romanischen Ländern, gelegentlich in Lateinamerika. Das Werk hat eine feste Organisation; Sitz der Zentralleitung ist Leipzig, nach dem Bau der Berliner Mauer auch Kassel. Die Flüchtlings- und Wanderbewegungen des 20. Jh.s stellen das G.A.W. vor neue, riesige Aufgaben.

Lit.: H.W. Beyer: Die Geschichte des Gustav-Adolf-Vereins, 1932; Zeitschrift des GAW: Die Evangelische Diaspora, seit 1919.

G. Ruhbach

Gut, das Gute

a) historisch

Der Begriff G. (griech. *agathon*, lat. *bonum*), als Adjektiv zu Menschen und Dingen, drückt im vorphil. Gebrauch ihren Vorzug aus, bezeichnet sie als vortrefflich (»bewundernswert«, vgl. Platons Etymologie, Cratylus 412c), tauglich, geeignet, fähig. Seit Platon gewinnt der Begriff in der phil. Tradition seine ethische Bedeutung als das Zweckvolle für das menschliche Handeln und Leben, als das Erstrebenswerte. Es erfolgt eine Einteilung in äußere und innere Güter, wobei die äußeren wieder unterteilt sind in außerleibliche (Nahrung, Kleidung u.a.m.) und leibliche (Gesundheit, Schönheit u.ä.). Die inneren, seelischen werden als Tugenden definiert. Die ersten zwei Arten haben moralische Bedeutung in bezug auf die dritte: Nur im seelischen G.en liegt das Kriterium und Prinzip des moralischen G.en.

Eine weitere Einteilung ergibt sich aus der Unterscheidung zweier wesentlich verschiedener Prinzipien in der Seele, nämlich Sinnlichkeit und Vernunft, welche die Gattung des G.en aufteilt in das geistig Erstrebte, d.h. von der Vernunft Erkannte und vom Willen Gewollte, und das sinnlich Erstrebte, d.h. von den Sinnen Erkannte und vom Trieb Begehrte. Das erstere wird auch als das Tugendhafte, Ehrenvolle bezeichnet, das letztere als das Angenehme, Lustvolle. Dazwischen liegt das Nützliche, das aus beiden gemischt ist.

Platons Ethik betrachtet das sittlich gute Leben vor allem in seiner »Teilhabe« am metaphysischen, göttlichen G.en (s. Dialoge, Respublica, Philebus). → Aristoteles hingegen arbeitet das sittliche G.e als den letzten Zweck an sich alles Handelns, als »das menschliche Gute«, heraus (Ethica Nicom. I 6) und definiert es als vollkommene »Aktualität (Tätigkeit) der menschlichen Seele« nach ihrer besten Tugend, nämlich der vernunftgemäßen (Klugheit und Weisheit/Glückseligkeit, die auf das göttliche G.e ausgerichtet sind).

Im Hellenismus stehen sich die epikureische und die stoische Auffassung des G.en gegenüber: Jene versteht es (hedonistisch) als Lust, diese (rigoristisch) als Tugend bzw. Weisheit (unter Ausschluß der Affekte).

Der bibl. Sprachgebrauch von G. ist im AT überwiegend ein rel. und bezieht alles G.e in den Geschöpfen auf den guten Gott selbst; dieser Bezug bleibt auch im NT bestimmend (vgl. Mt 19,17). Es wird daher auch alles, was durch Jesus Christus mit der göttlichen Gnade verbunden ist, mit seinem Heilswirken für die Menschen und mit dem Gottesreich, gut genannt. Daraus fließt dann die christl. Moral für den Menschen, »sich zu prüfen, was der Wille Gottes sei, das Gute, Wohlgefällige und Vollkommene« (Röm 12,2), das mit gutem Gewissen (Apg 23,1 u.ö.) im Leben aus Gottes Gnade verwirklicht wird.

In der patristischen und mittelalterl. Theologie entfaltet sich der Begriff des G.en auf allen Bedeutungsebenen: als moralische Qualität der Handlungen und in den Tugenden, als letzter Zweck des Lebens, als Naturgesetz, als ontologisches, transzendentales Merkmal alles Seienden als solchen, besonders des menschlichen Seins und Wesens, als metapyhsische, transzendente Ursache, Gott (Thomas v. Aquin, Summa theologiae, I 6, I-II 1-20; 90-94), sowie als Eigenschaft Gottes gemäß seiner Offenbarung.

In der Neuzeit reduziert sich das moralische Gute bei Kant (Kritik der praktischen Vernunft) auf eine Qualität des Willens in seiner freien Selbstbestimmung durch praktische Vernunft, d.h. auf eine subjektive Bedingung (a priori) der Sittlichkeit und auf eine daraus folgende Qualität des Handelns. Es verliert sein ontologisches Fundament im geschöpflichen G.-sein des Menschen. Der kantianische Formalismus setzt sich dann fort in den »deontologischen« Richtungen der Gegenwart, denen die »teleologischen« gegenüberstehen. In ihnen wird das moralische G.e empirisch (a posteriori) aus dem Handlungsergebnis (Telos verkürzt auf Ende, Ergebnis der Handlung) bestimmt. Im Neukantianismus und in Schelers materialer Wertethik verschiebt sich der Begriff des G.en auf den der material-emotional zu erlebenden »Werte«. Bei G.E. Moore (Principia ethica) wird »gut« zu einem nicht mehr definierbaren Begriff, der in der Urteilsrelation aufgeht.

Lit.: W. Bartuschat: »Gut, das Gute, das Gut«, HWP III, 1974, 937-972; W. Grundmann: ThWNT I, 1933, 10-16; J. Pieper: Die Wirklichkeit und das Gute, [7]1963; R. Spaemann: Gut und böse – relativ? Über die Allgemeingültigkeit sittlicher Normen, 1979.

H. Seidl

b) systematisch-theologisch

Die ev. Theologie hält aufgrund des bibl. Schöpfungszeugnisses (vgl. 1Mo 1,31; Ps 104, 24; Jes 6,3; 1Tim 4,4) mit der röm.-kath. und ostkirchl. Tradition an der Gutheit alles Geschaffenen fest (vgl. die Verwerfung der von dem Lutheraner → Flacius vertretenen Auffassung von der substantiellen Bosheit des Menschen durch die Konkordienformel Art. 9). Sie macht aber gegen das in der vorreformat. Tradition z.T. verflachte Verständnis der menschlichen Sündhaftigkeit die bibl. Wahrheit geltend, daß »das Dichten des menschlichen Herzens böse von Jugend auf« ist (1Mo 8,21; vgl. Ps 51,7; Mt 15,19 parr). Durch diese (in der dogmatischen Tradition als Ur- oder Erbsünde bezeichnete) »Bosheit des Herzens« ist die dem Menschen aufgegebene Erkenntnis und Verwirklichung des sittlichen G.en zwar nicht völlig unmöglich (vgl. Röm 2,14; Mt 7,11), aber so schwer beeinträchtigt, daß der Mensch nicht nur zur Erlangung des Heils, sondern auch zur Realisierung des G.en auf die erlösende → Gnade angewiesen ist (vgl. Röm 3,9-31; 7,18-25). Durch den Hl. → Geist ist dem Christusgläubigen die Kraft zum Tun des G.en geschenkt (Röm 8,1-4; Gal 5,16-23). Die bibl. Offenbarung vermittelt ihm darüber hinaus eine Erkenntnis des G.en, welche die dem natürlichen Menschen zugängliche sittliche Einsicht vollendet und zugleich überbietet (vgl. Mt 5,20-48): Inhaltlicher Maßstab des G.en ist der in Christus Mensch gewordene absolut gute Gott (vgl. Mt 5,48; Phil 2,5; Eph 5,1) und sein gutes Werk und Gebot. Sittlich gut ist daher alles, was dem in der Hl. Schrift bezeugten Wesen Gottes, seinem Schöpfungs- und Heilswerk und seinem sittlichen Gebot entspricht. Deshalb sind alle ethischen Konzeptionen zu verwerfen, die (wie die im gegenwärtigen Protestantismus verbreitete → Situationsethik) eine Erkennbarkeit des sittlich Guten vor der im voraus angeblich nicht festlegbaren, je neu zu fällenden sittlichen Entscheidung bestreiten. Ebenso sind alle ethischen Ansätze abzulehnen, welche die absolute Differenz von gut und böse bestreiten oder relativieren, denn das Zeugnis der Schrift von der unbedingten Gutheit und Heiligkeit Gottes macht unzweideutig klar, daß auf »dem sittlichen Gebiet ... nur die absoluten Maßstäbe brauchbar sind, die aufs Böse ein ganzes Nein, aufs Gute ein ganzes Ja anwenden...« (A. Schlatter). Angesichts der im 20. Jh. mehr denn je verbreiteten Neigung, »Böses gut und Gutes böse (zu) nennen« (Jes 5,20), gehört es heute zu den wichtigsten pastoralen Aufgaben der Christenheit, einerseits die Verwerflichkeit (und Destruktivität) des Bösen aufzuzeigen, andererseits aber die sich an der sittlichen Einsicht eines jeden Menschen bewährende Gutheit (und Lebensgemäßheit) der göttlichen Gebote sichtbar zu machen (vgl. F. Buchmans Devise: »Das Gute muß anziehend und interessant gemacht werden.«). Es liegt auf der Hand, daß diese Aufgabe nicht nur durch sittliche Unterweisung, sondern vor allem dadurch erfüllt wird, daß sich die Christen als »Menschen Gottes« erweisen, die »zu allem guten Werk« bereit sind (2Tim 3,17) und »allezeit dem Guten untereinander und gegen jedermann« nachjagen (1Thess 5,15).

Lit.: D. Bonhoeffer: Ethik, [9]1981, 227-278; J.I. Packer: »Gut/Güte«, GBL 1, 1987, 498-500; W. Neuer: Der Zusammenhang von Dogmatik und Ethik bei Adolf Schlatter (§ 11: Gottes Gutheit), 1986, 73-79.

W. Neuer

Gut, Höchstes → Höchstes Gut

Güte → Tugend

Gute Werke → Werke (opera)

Gütergemeinschaft

a) biblisch

Manchen griech. Philosophen galt G. als die ideale Form menschlichen Zusammenlebens. Die israelit. Prophetenkreise um Elia und Elisa hatten offenbar in einer Art von G. gelebt. Eine in der Antike bewunderte, streng durchorganisierte G. gab es dann in der jüd. Sondergruppe der Essener. Dabei verband sich Armut des einzelnen mit großem Reichtum der Gemeinschaft. Der vorösterliche Jüngerkreis Jesu lebte nicht bloß in G., sondern in Armut, da jedes Eigentum zugunsten der Armen verkauft wurde (Mk 10,21; Lk 14,33). Die sog. G. von Teilen der Urgemeinde hatte ihre Wurzeln in dieser Lebensform des Jüngerkreises und erhielt einen zusätzlichen Impuls durch das benachbarte Jerusalemer Essener-Viertel. Im endzeitlich erneuerten Israel sollte es keinen Armen mehr geben (vgl. 5Mo 15,8). Die Entscheidung für den vollen Besitzverzicht war allerdings freiwillig (Apg 5,1-11) und wurde vom hell. Gemeindeteil nicht übernommen (Apg 6,1; 12,12f). Anders als in Qumran scheint es kein genossenschaftliches Wirtschaften gegeben zu haben. Der spontane Verkauf von Besitz (Apg 2,44f; 4,32-37) führte zusammen mit dem wirtschaftl. und sozialen Druck der Umgebung zu einer Verarmung der Jerusalemer Urgemeinde, die deshalb auf Hilfe von außen angewiesen war (1Kor16,1-4; Röm 15,25-28).

In der judenchristl.-häretischen Strömung der Ebioniten (»die Armen«) wurde nach 70 n.Chr. der Besitzverzicht verpflichtend. Inwieweit Einflüsse von der armen Lebensform eines Teiles der Jerusalemer Urgemeinde über syr. Asketen auf das älteste ägypt. und kleinasiat. Mönchtum ausgingen, kann man fragen.

Das Armuts-Ideal der Urgemeinde wurde gelegentlich auch von prot. Gruppen aufgenommen, so in der Reformationszeit von manchen Täufern und in der Neuzeit von der Bruderhof-Bewegung.

Lit.: R. Riesner: Formen gemeinsamen Lebens im NT und heute, [2]1984; B.J. Capper, R. Riesner: ANRW II, Bd. 26.1, 1993.

R. Riesner

b) theologiegeschichtlich

1. Das Vorbild der Jünger Jesu und vor allem der Jerusalemer Urgemeinde hat im Verlauf der Kirchen- und Theologiegeschichte weitergewirkt. Bereits für das frühe Mönchtum in Ägypten, das sich zu gemeinsamem Leben zu-

sammenfand, war es selbstverständlich, gemeinsamen Besitz zu haben. Obligatorische G. aller Christen wurde erst später von Sektierern wie z.B. dem Gnostiker Epiphanes gefordert. Sie äußerte sich z.B. auch darin, daß die Ehefrauen als gemeinsamer Besitz aller Männer betrachtet wurden. In einer der Mönchsregeln Basilius des Großen (um 380) heißt es auf die Frage, ob man in der Bruderschaft etwas Eigenes haben darf: »Dies steht dem im Zeugnis über die Gläubigen in der Apostelgeschichte entgegen, wo geschrieben steht: ›Niemand betrachtete etwas von dem, was er besaß, als sein Eigentum‹ (Apg 4,32). Wer also sagt, daß etwas sein eigen sei, der sondert sich von der Kirche Gottes und von der Liebe des Herrn ab, der durch Wort und Tat gelehrt hat, daß man sein Leben für seine Freunde hingeben müsse, um wieviel mehr dann die zeitlichen Güter« (Kleine Regel 85).

Da jeder Mann, der sich zum Leben als Mönch entschied, auch das Gelübde persönlicher Armut ablegte, war die G. für die mittelalterl. Orden selbstverständlich.

Problematisch – und immer wieder neu Grund zu Reformbestrebungen – war die Anhäufung von Gemeinschaftsbesitz durch die einzelnen Klöster. Erbschaften, Stiftungen und andere Zuwendungen ließen viele Klöster benediktinischer Regel zu Großgrundbesitzern werden. Eine Folge war das Schwinden der geistl. Kraft. Als Gegenbewegung entstanden die sog. Bettelorden, die auch im Hinblick auf das Gemeinschaftseigentum arm bleiben wollten. Sie erwarben das zum Leben Notwendige durch Betteln. Selbst bei ihnen setzte jedoch im Laufe der Zeit durch Schenkungen und Erbschaften eine Besitzvermehrung ein.

2. Die Reformatoren kämpften gegen ein Mönchswesen, das in vielen Klöstern aufgrund des Wohlstandes ein üppiges Leben führte und den Dienstcharakter seiner Existenz vergessen hatte. Die luth. Bekenntnisschriften wenden sich allerdings auch gegen die von bestimmten Täufergruppen geforderte und praktizierte G. Die Münsteraner Täufer beispielsweise praktizierten G. – bis hin zum gemeinsamen Besitz der Frauen – als Zeichen für den Anbruch des tausendjährigen Reiches. Das Erschrecken über diese Entartung ursprünglich ntl. Gedanken begründete die große Skepsis gegenüber jeder Form von G. auf seiten des Protestantismus.

3. Mit dem Barock-Pietismus im 18. Jh. ging eine Entdeckung christl. Lebensformen einher, die durch den Traditionsabbruch im Gefolge der Reformation den ev. Kirchen verloren gegangen war. In der Herrnhuter → Brüdergemeine beispielsweise relativierte sich die Bedeutung des Privateigentums. Man verstand sich als geschwisterliche Gemeinschaft, die auch in materieller Hinsicht füreinander eintrat. Ihre Handwerksbetriebe wurden in einer Art Solidargemeinschaft organisiert. Auf diese Weise war die grundsätzliche Bereitschaft gegeben, in besonderen Situationen G. zu praktizieren. Dies geschah in den nordamerikanischen Brüdersiedlungen von Bethlehem und Nazareth (in Pennsylvanien). Dort verzichtete man aufgrund des intensiven Missionsdienstes unter Indianern und Schwarzen gänzlich auf Privatbesitz. Die Kleinfamilie wurde aufgelöst; die Kinder wurden zur Erziehung in Horte gegeben.

4. Das Vorbild der Brüdergemeine wirkte auf die Entstehung der ev. Diakonissenschaften im 19. Jh. ein. Die Diakonissen fanden sich zum Dienst am Mitmenschen zusammen auf der Basis des Gehorsams gegenüber dem Vorsteher der Gemeinschaft, der Ehelosigkeit und der persönlichen Besitzlosigkeit im Sinne einer G. Im Mutterhaus wurde die einzelne Diakonisse auch nach ihrem Ruhestand materiell versorgt. Im 20. Jh. kommt es innerhalb der ev. Landeskirchen zur Gründung einer Reihe von Bruder- und Schwesternschaften. Beim Eintritt ist für viele dieser Gemeinschaften der Verzicht auf Besitz verbindlich. Andere kennen eine Mitgliedschaft bei weiterer Verfügungsgewalt über das Privateigentum.

P. Zimmerling

c) systematisch-theologisch

1. Das Problem der G. läßt sich syst.-theol. nur im Zusammenhang mit der Frage von Besitz und Eigentum in bibl. Sicht klären. Tenor des atl. Denkens ist die Erkenntnis, daß Gott als Schöpfer und Herr der Welt auch deren Eigentümer ist (Jos 3,11; 2Mo 19,5; 5Mo 10,14; Ps 50,12; 97,5 und besonders Ps 24,1). Folglich ist der Mensch nur Verwalter des ihm von Gott zur Nutznießung überlassenen irdischen Besitzes. Die Israeliten waren Erbpächter, nicht Eigentümer ihres Landes. Man könnte die prophetische Bußpredigt als einzigartigen Umkehrruf gegen egoistischen Umgang mit Besitz bezeichnen. Absolutsetzung des Besitzes ist Leugnung der Herrschaft Gottes (K. Bockmühl).

Im NT betont Jesus vor allem in seinen Gleichnissen den Aspekt der Haushalterschaft als Grundkategorie christl. Umgangs mit Eigentum. Unüberhörbar warnt er seine Nachfolger vor einer Knechtung durch den Mammon (Mt 6,24). Kernstelle im Zusammenhang mit Jesu Beurteilung des Reichtums ist Mt 6,33. Das natürliche Besitzstreben des Menschen wird umgeleitet in Arbeit für das Reich Gottes.

Das Vorbild der Jerusalemer Urgemeinde ist bis heute insofern von entscheidender Bedeutung, als sie ihre G. auf der Basis der Freiwilligkeit und der gegenseitigen Fürsorge lebte. Darin unterschied sie sich grundsätzlich von der Klostergemeinschaft in Qumran sowie der Essener, die den gemeinsamen Besitz institutionalisiert hatten. Paulus selbst hat in seiner großen Kollektensammlung für Jerusalem (2Kor 8-9) auf Freiwilligkeit bei gleichzeitiger Verpflichtung zu gegenseitiger Fürsorge hingewiesen. In 1Kor 7,29-31 zeigt er auf, wieso der Christ in Freiheit von der Bindung an Besitz leben kann: Er braucht sich in dieser Welt nicht einzurichten, weil er unterwegs ist in die neue Welt Gottes.

2. Die Reformation hat im Hinblick auf den Besitz in Anknüpfung an bibl. Gedanken neu die Haushalterschaft betont. Eine Verweigerung möglicher Hilfeleistung kommt dem Diebstahl gleich. Luther selbst hat in einer Reihe von Schriften klar gegen eine autonom-individualistische Handhabe des Besitzes Stellung bezogen. Trotzdem hat sich im Verlauf der weiteren Entwicklung der röm. Eigentumsbegriff durchgesetzt (die umfassende Besitz-, Verfügungs- und Nutzungsmacht über eine Sache).

3. Im Gefolge der industriellen Revolution kam es demgegenüber zu sozialistischen Konzeptionen in der Eigentumsfrage. Karl → Marx fordert das Gemeineigentum an Produktionsmitteln und als Vision für die Zukunft auch das Gemeineigentum an Konsumgütern. Dieses Ziel soll auf dem Weg über gewaltsame Revolutionen erreicht werden. Dieser Versuch ist gescheitert. Verheißungsvoller erscheint eine Art Genossenschaftsprinzip, das G. auf freiwilliger Grundlage im begrenzten Rahmen vorsieht (Raiffeisen).

P. Zimmerling

d) praktisch-theologisch

Die Geschichte der ev. Kirche seit der → Reformation ist nicht reich an Beispielen praktischer Verwirklichung der G. Trotzdem haben die wenigen Beispiele befruchtend auf die Gesamtkirche eingewirkt. Gerade christl. Gemeinschaften zeigen durch ihr Abweichen von der Norm bürgerlichen Zusammenlebens, daß die gegenwärtige Gestalt der Gesellschaft zur zukünftigen Gestalt des Reiches Gottes in Spannung steht. Gemeinde Jesu und die Gesellschaft lassen sich nicht identifizieren. Gemeinsamer Besitz macht anschaulich, was es heißt: »Die da leben sollen hinfort nicht für sich selbst leben, sondern dem, der für sie gestorben und auferstanden ist« (2Kor 5,15). Gerade dem um sich greifenden Individualismus der Neuzeit und der mit ihm einhergehenden Vereinsamung und gefühlsmäßigen Erstarrung des Menschen wird hier ein Gegenprogramm gegenübergestellt.

Die freiwillige Form der christl. G. war zudem ein unübersehbares Zeichen gegen den Zwangs-Kollektivismus marxistischer Prägung. Eine gewaltsame Veränderung von Besitzverhältnissen führte nicht zur Überwindung des Eigentumproblems. Sehr schnell entstand in den kommunistischen Staaten eine neue, parasitäre Klasse von Parteigenossen und Geheimdienstleuten. Freiwillige G. kann, wenn auch nur auf Zeit praktiziert, dazu beitragen, Nachfolge einzuüben. Sie macht ernst mit den bibl. Einsichten, daß Besitz und Besitzstreben Macht über den Menschen gewinnen können. Schließlich hält sie das Bewußtsein in der Gemeinde Jesu wach, daß zum Wesen der Kirche auch das weltweite Eintreten für Gerechtigkeit gehört. Ein Weiterleben der Menschheit kann es nur geben, wenn ein Ausgleich mit dem südl. Teil der Erdkugel stattfindet.

Lit.: K. Bockmühl: »Eigentum, Besitz«, EGL, 1978, 135-137; R. Riesner: Formen gemeinsamen Lebens im NT und heute, ²1984 (Theologie und Dienst, Heft 11); P. Zimmerling: Christliche Maßstäbe für das Wirtschaftsleben bei Zinzendorf und der Herrnhuter Brüdergemeine, in: M. Bockmühl, H. Burkhardt (Hg.): Gott lieben und seine Gebote halten, 1991, 107-121.

P. Zimmerling

Guyon de la Motte, Jeanne Marie (1648-1717)

G., geb. am 13. 4. 1648 in Montargis, gest. am 9. 6. 1717 in Blois; nach schwieriger Kindheit wurde sie 15jährig verheiratet und war mit 28 Jahren (mit vier Kindern) Witwe. Sie gab ihre bürgerliche Existenz auf, um in »geistlicher

Mutterschaft« und totaler Kontemplation für Gott und wenige »Berufene« zu leben. In zahlreichen Schriften und intensivem Briefwechsel (39 Bände), auf Konferenzen und Reisen erfüllte sie ihren Auftrag. Sie gilt als Zentralgestalt des franz. → Quietismus und wurde in dem Streit zwischen → Fénelon, mit dem sie geistl. tief befreundet war, und → Bossuet hineingezogen. Viele ihrer Schriften wurden verurteilt und eingezogen. Über G. → Tersteegen hat sie den dt. → Pietismus maßgeblich beeinflußt. Viele ihrer Schriften sind in dt. Übersetzung nachgedruckt, z.B. ihre ungekürzte Autobiographie.

Lit.: J. Bernhart: Religiöse Erzieher der katholischen Kirche, 1920, 153-182; R.A. Knox: Christliches Schwärmertum, 1958, 289-319; K. Muth: Fénelon und Frau von Guyon, in: Hochland 36, 1938/39, 21-34, 120-134.

G. Ruhbach

Evangelisches Lexikon
für Theologie und Gemeinde

Band 2

Evangelisches Lexikon für Theologie und Gemeinde

Studienausgabe

Band 2

herausgegeben
von
Helmut Burkhardt
und
Uwe Swarat
in Zusammenarbeit mit
Otto Betz
Michael Herbst
Gerhard Ruhbach
Theo Sorg

R. BROCKHAUS VERLAG WUPPERTAL

Haarbeck, Theodor (1846-1923)

Geb. am 11. 11. 1846 in Neukirchen/Moers als Sohn des Mitbegründers des Neukirchener Erziehungsvereins (1845) Gustav H., gest. am 3. 12. 1923 in Wuppertal. Während des Theologiestudiums in Basel und Tübingen prägende Begegnungen mit August Rappard, dessen Tochter Hanna er heiratete, und Samuel → Zeller. Theol. beeinflußt vom niederrheinischen ref. Pietismus und der Reich-Gottes-Theologie J.T. → Becks wirkte H. nach einer Zeit als Lehrer an dem freien christl. Gymnasium »Lerber-Schule« in Bern (1868-1883) von 1883 bis 1890 als Inspektor der Pilgermission St. → Chrischona. In dieser Schweizer Zeit vertrat er zusammen mit seinem Schwager Heinrich → Rappard und Otto → Stockmayer die Lehranschauungen der Heiligungsbewegung. 1890 bis 1919 war er als Nachfolger J.G. Pfleiderers Direktor der Evangelistenschule → Johanneum in Bonn bzw. Wuppertal-Barmen, 1911-1919 Vorsitzender des Gnadauer Verbandes (→ Evangelischer Gnadauer Verband).

H. wirkte literarisch besonders durch seine bis heute aufgelegte Glaubenslehre und die Rundbriefe an die Johanneumsbrüder wie als theol. Lehrer und Konferenzredner. 1919 verlieh ihm die theol. Fakultät der Universität Bonn die Ehrendoktorwürde.

Lit.: Th. Haarbeck: Kurzgefaßte biblische Glaubenslehre für den nachdenklichen Christen, 1902 (3. verm. Aufl. 1906); ders.: Die »Pfingstbewegung« in geschichtlicher, biblischer und psychologischer Beleuchtung, 1910; J. Haarbeck: D. Theodor Haarbeck. Direktor der Evangelistenschule Johanneum in W.-Barmen. Ein Lebensbild, 1935.

J. Ohlemacher

Habakuk → Propheten Israels

Habakukkommentar → Qumran

Habsucht → Eigentum

Hades

1. Dem griech. Wort H. entspricht das hebr. *sche'ōl*. Beide bezeichnen das Reich der Toten, das in der Tiefe der Erde liegend gedacht wird (Ps 63,10), in das der Sterbende hinabfährt (1Mo 37,35; 4Mo 16,30-33). Sachlich verwandt und zuweilen parallel gebraucht sind die Ausdrücke *schachat*, »Grube, Grab« (Ps 16,10), *bōr*, »Zisterne, Grab« (Jes 38,18) und *'abaddōn*, »Untergang« (Spr 15,11). Ein völliges Aufhören der Existenz war undenkbar: Die Toten sind die »Schwachen«, zu einem Schattendasein in der Finsternis und bei Würmern reduziert (Jes 14,9-11; Ps 88,11). Die Gottverlassenheit der Scheol wird dadurch eindrücklich, daß man in ihr die Gnade und die Gerechtigkeit des Herrn nicht preist (Ps 88,11-13; Jes 38,18). Man fürchtete ihren Zugriff: Sie sperrt den Rachen auf (Jes 5,14; Hab 2,5) und will die Menschen verschlingen (4Mo 16,30-33); sie hat Tore, die aufspringen können (Jes 38,10; vgl. 1QH 3,18; 6,24; Mt 16,18).

2. Später wurde die Endgültigkeit des Aufenthalts im H. durch die Hoffnung auf eine → Auferstehung und ein ewiges Leben in Frage gestellt (Dan 12,2): Die Erde wird die Schatten wieder ans Licht bringen (Jes 26,19). Ferner wurde im Blick auf das Schicksal der Toten differenziert, wobei nach Flavius → Josephus griech. Hadesvorstellungen eingewirkt haben. Nach ihm glaubten die Essener, die guten Seelen werden an einen schönen Ort jenseits des Ozeans versetzt; dagegen weilen die schlechten in einer dunklen, kalten Schlucht, wo sie unaufhörlichen Strafen ausgesetzt sind (Bell.Jud. 2,154-158). Ähnliches wird von den Seelen der Verstorbenen in aethHen 22 berichtet: Sie bevölkern drei verschiedenartige Höhlen, wobei die Seelen der Gerechten, der Erschlagenen und der Sünder jeweils getrennt sind. Alle bleiben dort »bis zum großen Tag des Gerichts« (22,11), befinden sich also in einer Art von Zwischenzustand. Der H. ist deshalb vom endgültigen Strafort der Hölle (*ge'enna; gē'hinnōm*) zu unterscheiden; der letzteren ähnlich ist der feurige Abgrund, in dem die gefallenen Engel (vgl. 1Mo 6,1-4) gefangen sind (aethHen 10,11-15, vgl. 1Petr 3,19; 4,6).

3.In deutlichem Bezug zur atl.-frühjüd. Vorstellung vom Totenreich wird im NT vom Schicksal der Verstorbenen geredet. Dem hoch geehrten, aber ungläubigen Kapernaum droht Jesus das Hinabfahren in den H. an (Mt. 11,23 par), auch spricht er von den gefährlichen »Toren des Hades« (Luther: »Pforten der Hölle«, Mt 16,18). Nach dem Tod wird der arme Lazarus in Abrahams Schoß versetzt, der reiche Lebemann dagegen an einen Ort der Qual (Lk 16,23-26). Dabei wird nicht ausdrücklich gesagt, daß es sich um das Schicksal der Seelen und um einen Zwischenzustand handelt; Seligkeit und Pein werden eher körperlich verspürt und als endgültig angesehen. Aber da Jesus den

Sadduzäern gegenüber die leibliche Auferstehung der Toten verteidigte (Mk 12,25-27), ist wohl auch in Lk 16 an ein zwischenzeitliches Verweilen der Seelen im Himmel bzw. im Hades gedacht. Dies ist auch in Apg 2,27 (nach Ps 16,10) und in Offb 20,13 gemeint: Die Seelen bzw. Toten werden dann »herausgegeben«, wann Gott es will.

4. Mit der Auferstehung und Erhöhung Jesu Christi wird die Anschauung vom H. geändert. Wer sich glaubend zu Christus bekennt und als Getaufter ein Glied am Leib der Kirche ist, wird auch nach dem Tode mit ihm vereinigt sein (Phil 1,23; 2Kor 5,8; vgl. Lk 23,43). Der H. wird zum Aufenthaltsort derer, denen das Evangelium verkündigt werden muß (1Petr 4,6), darunter auch den ungehorsamen Engeln: Zwischen Kreuzestod und Auferstehung hat Christus ihnen gepredigt (1Petr 3,19f, vgl. 2Petr 2,4f). Seine »Höllenfahrt« bedeutet deshalb nicht etwa das Ausgeliefertwerden an den H., sondern den Sieg des Gerechten über den Tod. S.a. → Höllenfahrt Christi

Lit.: H. Cremer: Jenseits des Grabes, 1987; B. Reicke: The Disobedient Spirits and Christian Baptism 1946; S.S. Smalley: »Geister im Gefängnis«, GBL 1, 1987, 429.

O. Betz

Haering, Theodor (1848-1928)

H., geb. am 22. 4. 1848 in Stuttgart, gest. am 10. 3. 1928 in Tübingen, war Vikar und Pfarrer in Tübingen, Calw und Stuttgart, 1886-1889 Prof. für systemat. Theologie in Zürich (Nachfolger A.E. → Biedermanns), 1889-1895 in Göttingen (Nachfolger A. → Ritschls), von 1895-1920 in Tübingen.

H. war Vertreter eines milden, pietistisch eingefärbten Ritschlianismus; er war besonders an der Versöhnungslehre interessiert. Seine Dogmatik (Der christliche Glaube, [3]1921) und Ethik (Das christliche Leben, [3]1914) sind ins Englische übersetzt und in der angelsächsischen Theologie wirksam geworden. H.s Söhne sind der Tübinger Philosoph Theodor H. (1884-1964) und Hermann H. (1886-1967), sein Biograph.

Lit.: H. Fischer: »Haering Theodor«, TRE 14, 1985, 348-351; H. Haering: Theodor Haering, 1848-1928, 1963; R. Schäfer, J. Gottschick, Th. Haering, in: M. Brecht (Hg.): Theologen und Theologie an der Universität Tübingen, 1977, 379-394.

G. Ruhbach

Hafenreffer, Matthias → Orthodoxie, protestantische

Haggada

1. H. (aram. *Aggada*, vom Zeitwort *higgid*, »anzeigen, darstellen«) meint eigentlich das, was die hl. Schrift dem in ihr Forschenden »anzeigt« und »lehrt«; bei den Rabbinen wurde dieser Begriff speziell für die rel.-ethische, narrativ gebotene und volkstümlich-erbauliche Deutung der hl. Schrift (Midrasch Haggada) gebraucht, im Unterschied von der auf die Ausübung des Gesetzes bedachten Interpretation (»Halacha«). Grundlage für Begriff und Sache der H. dürfte die Weisung 2Mo 13,8 gewesen sein, wonach bei der Feier des Passa der Auszug Israels »erzählt« werden soll (vgl. m Pes 10,5). Die Passa-H. ist ein anschauliches Beispiel für solche ausschmückende, aktualisierende Deutung der hl. Schrift; auf christl. Seite entspricht ihr die Verkündigung des Todes Jesu beim Herrenmahl (1Kor 11,26). Ein weiterer Grund für die Entstehung der H. war die Notwendigkeit, den beim Gottesdienst rezitierten hebr. Bibeltext mündlich ins Aram. zu übertragen, wobei dieser auch erklärt wurde. Haggadische Auslegung findet sich aber schon im AT, vor allem in 1/2 Chr, Dan 9,2.24-27, dann in den Pseudepigraphen (Jubiläenbuch, Genesisapokryphon von Qumran, Zwölfertestamente, Henochbuch), bei Philo und Josephus und

auch im NT (1Kor 10,4; Gal 4,21ff; Hebr 11,4-40).

2. Die Blütezeit der H. waren die Jahre 100-500 n.Chr. In ihr entstanden die haggadischen Abschnitte in den halachischen Kommentaren zum Pentateuch (Mekhilta, Sifra, Sifre), dann die »Rabbot«, die rein haggadischen Midraschim zu den gottesdienstl. Perikopen und die Pesiqtas. H. ist demnach auch das Ergebnis der erbaulichen Auslegung (vgl. den Plural *Haggadōt*).

3. Ihr wichtigstes Thema ist das wunderbare Handeln Gottes am Menschen, besonders an Israel, und damit das rechte Erkennen und die Verherrlichung Gottes (Sifre Deut zu 11,22; vgl. Ps 9,12; 71,17). Sie will die Gotteskinder erbauen, trösten und warnen (vgl. 1Kor 10,11). Deutlich wird dabei auch die Liebe zu den Frommen des Alten Bundes, zum hl. Land und zur Beschäftigung mit der Tora; die Haggadoth »riechen und schmecken wie Äpfel« (ShirR 2,5).

Lit.: W. Bacher: Die exegetische Terminologie der jüdischen Traditionsliteratur Bd. I, 1899, 30-37; Bd. II, 1905, 44: H. Bietenhard: »Haggada«, TRE 14, 1985, 351-354; K.-H. Rengstorf: »Halacha«, BHH 2, 624.

O. Betz

Haggai → Propheten Israels

Hagiographen → Bibel *c)*

Hagiographie

»Schriften über Heilige«, die ihren Sitz im Leben in einer liturg. Gedächtnisfeier oder/und der Privaterbauung an einem vorbildlichen christl. Leben und besonders Sterben haben. Eventuell können apologet. und im weiteren Sinne propagandistische Zwecke hinzutreten.

Aus der alten Kirche sind uns, beginnend mit dem Martyrium Polykarps (155 oder 166/77) (→ Apostolische Väter), zuerst die Märtyrerakten überliefert. In nachkonstantinischer Zeit entstanden Zusammenfassungen zu Martyrologien, Passionaren und Legendarien. Im Abendland wurden Gregors von Tours (gest. 594) »Lebensbeschreibungen der Väter« und »Zum Ruhme der Märtyrer und Konfessoren« und später des Jakob von Voragine (gest. 1298) »Goldene Legende« die berühmtesten Sammlungen. Im Osten ist Symeon Metaphrastes (2. Hälfte des 10. Jh.s) der einflußreichste Sammler und Bearbeiter.

Zur H. gehört aber teilweise auch die apokryphe Apostelliteratur einschließlich der Werke über Apostelschüler (Thekla). Früh setzt auch die Lebensbeschreibung ein (→ Cyprian, → Antonius, Martin), die nach dem Ende der Martyrien zunehmend das vorbildliche asketische Leben des Mönches in den Vordergrund stellt. Dazu kommen Lob- und Grabreden.

Realität und Fiktion können sich dabei in individueller Weise mischen, so daß oft gerade in den fiktiven hagiographischen Schriften der hist. Ertrag für die Frömmigkeitsanschauungen der Entstehungszeit größer ist als für die beschriebene Zeit.

Im Zuge der kath. Reform unternehmen J. Bollandus (gest. 1665) und die nach ihm genannten Bollandisten die bis heute nicht abgeschlossene philologisch-kritische und kirchenhist. Bearbeitung des gesamten Materials (Acta Sanctorum, Analecta Bollandiana), das zum einen in seiner auch die Sprachen des christl. Orients umfassenden Materialfülle immer stärker den Charakter einer Spezialdisziplin annimmt und zum anderen von den Historikern auch als wichtige Quelle zur Mentalitäts- und Sozialgeschichte gebraucht wird.

In den reformat. Kirchen entwickelte sich im 16. Jh. bei aller Distanz Luthers zur H. (»Legende = Lügende«) eine neue hagiographische Tradition, von der neben Luthers Bericht über die Brüsseler Märtyrer 1523 besonders John Foxes in vielen Ausgaben verbreitetes Werk zu nennen ist (Book of Martyrs, 1563).

Lit.: H. Delehaye: Cinq leçons sur la méthode hagiographique, 1934; W. Nigg: Große Heilige [9]1974.

W. Wischmeyer

Hahn, Michael (1758-1819)

H., geb. am 2. 2. 1758 in Altdorf (Württemberg), gest. am 20. 1. 1819 in Sindlingen, dem Gut der Herzoginwitwe Franziska v. Hohenheim, wo H. 1794 Zuflucht gefunden hatte. Das Denken des Bauernsohnes, der nie eine Ausbildung erhalten hatte, sein über 18.000 Seiten umfassendes lit. Werk, seine seelsorgerl. Wirksamkeit (besonders unter der Landbevölkerung) und sein Erfolg bei der Sammlung der später nach ihm genannten Gemeinschaft (→ Hahnsche Gemeinschaft) müssen von jener »Zentralschau« her verstanden werden, die H.

1778 und 1783 hatte. Diese Begegnungen mit der »göttlichen Tiefe« ließen H. die ganze Welt als eine Bewegung verstehen, in der Gott am Werk ist – »und ruht nicht, bis er in allem zur Vollendung gekommen ist«. In den göttlichen Willen zur »Wiederbringung aller« (→ Allversöhnung) soll der Mensch einstimmen mit seiner → Heiligung und mit seiner eigenen Gotteserfahrung, die freilich ohne Verzicht nicht möglich ist. (»Was hilft ein Kopf voll Wissenschaft/mit einem toten Herzen?/Erfahrung ist der Lebenssaft/die kriegt man nicht ohn' Schmerzen.«) Einen kritischen Maßstab hat die eigene Erfahrung in der Erfahrung anderer und an der Bibel (»Diejenige wird die beste sein, die am meisten mit allen Worten Gottes harmonieret und am meisten mit der Erfahrung der Männer Gottes übereinkommt«).

Lit.: J. Trautwein: Die Theosophie Michael Hahns und ihre Quellen, 1969.

G. Hennig

Hahn, Philipp Matthäus (1739-1790)

H., geb. am 25. 11. 1739 in Scharnhausen (Württemberg), Pfarrer in Onstmettingen, Kornwestheim und Echterdingen, dort gestorben am 2. 5. 1790; eigenwilliger Vertreter eines bibl. orientierten und weltoffenen Pietismus: »Es ist besser, den Text recht zu erklären, als auf die Bekehrung anderer loszudringen, sonst gibt es Gläubige ohne Verstand...« H.s Denken kreiste um die Einsicht, daß Gott »kein außerweltlicher Gott« ist, sondern seinen Liebesratschluß in jedem Christenleben, in der Geschichte der Menschen und schließlich mit der Wiederkunft Christi verwirkliche. »Jesu Hauptsache ist nicht die Tugendlehre, sondern ein fester Glaube an Gott als Regenten über alles Große und Kleine... Der kindliche Glaube an Gott ist die Hauptsache der Bibel.«

Bahnbrechende Erfindungen auf dem Gebiet der Waagen, der astronomischen Uhren – auf denen er, ein Schüler → Bengels, 1836 das »Welt-Ende. Gericht« eingraviert hatte! –, der ersten größeren Rechenmaschinen überhaupt, haben H. berühmt gemacht. Nicht minder bedeutsam sind H.s Initiativen auf dem Gebiet der Gemeindearbeit (»Stunden« unter der Leitung von Laien; »Konferenzen« etc.). Sein spannungsreiches Leben findet einen Niederschlag in Tagebüchern, die freilich nicht für die Öffentlichkeit bestimmt waren, sondern als Rechenschaft vor Gott und als Grundlage für das Seelsorgegespräch mit den »Brüdern«.

Lit.: M. Brecht, in: Th. Sorg: Das Leben in Gang halten, 1980, 89ff.

G. Hennig

Hahn, Traugott jr. (1875-1919)

H., geb. am 1. 2. 1875 in Rauge/Livland, gest. am 14. 1. 1919 in Dorpat, 1902 Pastor der Universitätsgemeinde und Privatdozent in Dorpat, 1908 dort Prof. für Praktische Theologie. Er wirkte vor allem als Prediger und Seelsorger, bes. unter Studenten, 1919 von den Bolschewiken verhaftet und erschossen.

Werke: T. Hahn: Tychonius-Studien, 1904; ders.: Evangelisation und Gemeinschaftspflege, 1909; Predigtbände (Glaubet an das Licht, [2]1925, Dienet dem Herrn mit Freuden, [3]1933, Komm, o mein Heiland Jesus Christ, 1922);

Lit.: O. Scharbert: Baltisches Märtyrerbuch, 1926, 76ff; A. Hahn: Traugott Hahn, 1929.

G. Ruhbach

Hahn'sche Gemeinschaft

Die H.G. umfaßt z.Zt. etwa 300 örtliche Gemeinschaften – vor allem in Württemberg – mit zusammen etwa 4.000 Gliedern. Sie geht zurück auf das Wirken und die Schriften (auch stark auf die lehrhaften Lieder) des württembergischen Bauern (Johann) Michael → Hahn (1758-1819). Ihm war es wichtig, daß es von der Glaubensgerechtigkeit zur »Lebensgerechtigkeit« als einem Werk Gottes komme. Engste Mitarbeiter wie der johanneische Johann Martin Schäffer, wie der tiefernste Anton Egeler, wie der um die Reinheit der Gemeinschaft eifernde Johann Schnaitmann und vor allem wie der Hahn geistvoll interpretierende Lehrer Immanuel Kolb haben den Stil und die Theologie der H.G. bis heute geprägt. Dabei verstehen sich die Glieder der H.G. nicht als »blinde Nachbeter Hahns«; sie lieben die »Wahrheit in jedem Gewande«. Darum stehen neben der Lesung eines Bibeltextes vor den Kurzauslegungen der Laienverkündiger am Brüdertisch im Mittelpunkt der regelmäßigen Versammlungen vor allem das Lesen der »Väter« und ihrer Textbetrachtungen. Die H.G. steht den anderen landeskirchl. Gemeinschaften, dem → Evangelischen Gnadauer Verband sowie der → Ludwig-Hofacker-Vereinigung nahe; sie hat sich jedoch keiner dieser Sammlungsbewegungen offiziell angeschlossen. Die große Opferbereitschaft der H.G. kommt vor allem der Weltmission zugute. Anziehend ist bis heute das Zuchtvolle in den Gemeinschaftsstunden und im Leben der Glieder der H.G. Es wirkt sich in einem alle Halbheiten der Nachfolge vermeidenden Gesinnungsernst ebenso aus wie in der Treue zur Landeskirche.

R. Scheffbuch

Halacha

1. Als H. (von hebr. *halakh*, »gehen«), »Wandel, Sitte, Norm des Handelns« wird im exeget. Schulgebrauch der Rabbinen zunächst eine normative Satzung des geltenden Rechts bezeichnet. Solche Sätze (Halakhot) hat man zunächst mündlich tradiert, dann in der Mischna und Tosefta gesammelt, geordnet und schriftlich niedergelegt, schließlich im Talmud diskutiert. Eine einzelne H. konnte den Namen des Weisen tragen, der sie als erster lehrte (LevR Kap. 25 Anfang); verbindlich wurde sie, wenn sich die Mehrheit der Weisen dafür entschied. H. gab es nach rabbin. Anschauung schon ganz früh; neben der schriftlichen wurde auch eine mündliche Tora als »Halacha Moses vom Sinai« empfangen (Pea 2,6). Diese erläutert, ergänzt und schützt die schriftlichen Gebote.

2. H. meint ferner die exeget. Methode (»Midrasch Halacha« b Qid 49 b), mit der die oft aus dem Gewohnheitsrecht stammenden Bestimmungen im Schulbetrieb des Lehrhauses verifiziert und mit der schriftlichen Tora verbunden wurden. Für die halachische Exegese wurden Auslegungsregeln (*middōt*) entwikkelt, so etwa die sieben Regeln Hillels (Abot di R.N. 37) oder die 13 Regeln Jischmaels (b Sanh 86a). Vorwiegend halachische Kommentare sind die Mekhilta zu 2Mo, Sifra zu 3Mo und Sifre zu 4Mo und 5Mo.

3. Die H. der Rabbinen wurde vom »Wort der Tora« unterschieden (j Keth 24 d 75), freilich nicht im Sinne des kritischen Urteils Jesu, der das »Gebot Gottes« für allein maßgebend hielt und die »Überlieferung der Menschen« ablehnte (Mk 7,8). Über die richtige H. wurde oft »disputiert« (*dajjen* Koh r. zu 2,8, vgl. das griech. *syzētein* Mk 1,27; 12,28; Apg 6,9); der H. eines Lehrers konnte eine anderslautende entgegengestellt werden. Auch gab es ein »Aufheben« der H. (*bittel*, vgl. griech. *katalyein*, Mt 5,17 und *katargein*, Röm 3,31). Der Gegensatz zum »Aufheben« ist das »Aufrichten« (*qajjem*, griech. *anistanai*, Röm 3,31); anders ist das »Erfüllen« (*pleroun*, Mt 5,17) gemeint. Allerdings bezogen sich Jesus und Paulus stets auf das Wort der Schrift und nicht auf eine H.

Lit.: W. Bacher: Die exegetische Terminologie der jüdischen Traditionsliteratur, Bd. I, 1899, 42; Bd. II, 1905, 53f; L. Jacobs: »Halacha«, TRE 14, 1985, 384-388.

O. Betz

Halleluja

H. kommt aus dem Hebr. und bedeutet »Lobet den Herren«. Das H. findet sich als kurzer Lobgesang in vielen Psalmen (z.B. als Rahmen in den Ps 146 bis 150). H.-Gesänge gehören seit alters zur gottesdienstl. Feier. So wurde zwischen Epistel und Evangelium der H.-Psalm gesungen, ein Psalm, auf den die Gemeinde mit ihrem H. antwortete.

Augustin kannte den H.-Jubilus: auf den Schlußvokal folgte ein jubilierendes, nicht mehr durch Worte artikuliertes Lobsingen, das an 1Kor 14,15 erinnert und vielleicht im Sprachengesang charismat. Gottesdienste eine Renaissance erlebt. In Bußzeiten ersetzte der nur vom Chor oder Vorsänger vorgetragene »Tractus« das H. In späteren Jahrhunderten wurden den H.-Melismen Texte unterlegt, die Sequenzen. Später kam es zu einer starken Verkürzung: Halleluja – Psalmvers – Halleluja. Diese Struktur findet sich auch in der röm. Messe und im ev. Gottesdienst mit leichten Variationen wieder.

In der röm. Messe bleibt das H. stark verkürzt: es dient als Antiphon für einen Psalmengesang nach dem → Graduallied.

Im ev. Gottesdienst hat das H. seine Selbständigkeit als Lobgesang ebenfalls verloren. Es ist im Grunde nur noch das »Amen« auf die Epistel (vor dem Graduallied). Neuere Agenden schlagen dabei folgendes vor: nach einem schlichten, von der Gemeinde gesungenen H. singt der Chor den H.vers (thematisch dem Kirchenjahr folgend) auf einem Psalmton. Danach wiederholt die Gemeinde ihren H.vers. In der Osterzeit folgt ein zweiter H.vers des Chores und ein drittes H. der Gemeinde. In der Fastenzeit und an Bußtagen fällt das H. ganz weg.

Lit.: Chr. Albrecht: Einführung in die Liturgik, [3]1983, 49-51; F. Kalb: Grundriß der Liturgik, [2]1982, 134-137.

M. Herbst

Hallenser Beschlüsse → Kirchenkampf

Hallesby, Ole Kristian (1879-1961)

H. wurde am 5. 8. 1879 als Sohn eines Bauern in Aremark, Norwegen, geboren und in einer pietist. Frömmigkeitstradition erzogen. Als Theologie-Student an der Universität von Oslo vertrat er liberal-theol. Gesichtspunkte. Am Ende des Studiums erlebte er einen Durchbruch zu einer pietist.-orth. Glaubensauffassung, die sein ganzes Leben prägte. Nach dem Examen war er von 1903 bis 1907 freier Prediger in der Gemeinschaftsbewegung innerhalb der luth. Staats- und Volkskirche in Norwegen. 1909 vollendete er in Erlangen seine phil. Doktorarbeit über Johannes Volkelts Erkenntnistheorie. Von 1909 bis 1951 war H. Lehrer und später Professor für systemat. Theologie an der 1907 gegründeten Theologischen Gemeindefakultät in Oslo. Er prägte fast zwei Generationen norwegischer Pfarrer.

H. war Erfahrungstheologe, beeinflußt sowohl von der → Erlanger Theologie als auch von der → Erweckungsbewegung. Seine Lehrbücher in Dogmatik und Ethik aus den zwanziger Jahren sind von der Erfahrung des wiedergeborenen Menschen durchdrungen. Er geht aber davon aus, daß die echte und rechte Glaubenserfahrung mit der Hl. Schrift übereinstimmt. 1919 übernahm H. die Führung im Kirchenstreit der Konservativen gegen die liberale Theologie in Norwegen. Er spielte eine leitende Rolle in der Gemeinschaftsbewegung, vor allem durch ein Programm für christl. Schulen und als Vorsitzender der Inneren Mission (1923-1956). Von Anfang 1924 an und bis zu seinen letzten Lebensjahren (gest. am 22. 11. 1961) nahm er an der bibl. profilierten Christlichen Studentenmission Norwegens aktiv teil. Im Kirchenkampf der Besatzungszeit 1940-1945 arbeitete er mit dem Osloer Bischof Eivind → Berggrav eng zusammen, und mußte zwei Jahre in einem Konzentrationslager verbringen.

Neben seiner theol. Lehrtätigkeit war H. ein hochgeschätzter Erweckungsprediger und Seelsorger sowie Verfasser von 67 theol. und erbaulichen Schriften. Seine Bücher sind in 34 Sprachen übersetzt. Der bekannteste Titel, Vom Beten (Originalausgabe 1928), ist nach wie vor in allen Sprachen lieferbar.

Lit.: O. Hallesby: Utvalgte Skrifter (Ausgewählte Schriften), Bde. I-XIV, 1948-49; Wie ich Christ wurde, (dt. 1952) [17]1985 (TB); Vom Beten, (dt. 1954) [25]1992 (TB); Dein Typ ist gefragt, (dt. 1974) [7]1992 (TB); Vom Gewissen, (dt. 1977) [2]1988 (TB).

D. Kullerud: Mannen som ville kristne Norge (O.Hallesby. Der Mann, der Norwegen christianisieren wollte), 1987; S. Moe: Det avgjörende freilsesvalg

(Die entscheidende Heilswahl), 1988 (Diss.); S. Norborg: Ole Hallesby. Der Fels aus Norwegen, 1990.

T. Austad

Hamann, Johann Georg (1730-1788)

H., geb. am 27. 8. 1730 in Königsberg, dort Übersetzer und Zollbeamter, gest. am 21. 6. 1788 in Münster. Die entscheidende Lebenswende widerfährt ihm 1758 in London im Zusammenhang einer intensiven Meditation der Bibel. Diese lesend, schreibt er die von ihm nicht zur Veröffentlichung bestimmten, zunächst als »Tagebuch« gedachten »Biblischen Betrachtungen eines Christen« sowie die »Gedanken über meinen Lebenslauf«, der literarischen Form nach eine pietist. Generalbeichte, und weitere Texte, die zusammengenommen (»Londoner Schriften«) H.s späteres Werk im Kern bereits enthalten. Die Zeugenschaft, zu der H. mit seiner Lebenswende in London berufen wurde, hat ihn, der zeitlebens stotterte, nicht in ein öffentliches kirchl. Amt geführt. Diener des göttlichen Wortes war er als Publizist (vgl. W.D. Baur) und Schriftsteller, der mit seinen Rezensionen in den »Königsbergschen Gelehrten und Politischen Zeitungen« und seinen prägnanten kleinen Schriften, »Fliegenden Blättern«, die in Luthers Kleinem Katechismus zusammengefaßte Bibel in die sich bildende gesellschaftl. Öffentlichkeit zu verpflanzen suchte – und damit Anstoß erregte. H. wußte sich in einem eigentümlich zwiespältigen Verhältnis zum Publikum; er war Schriftsteller in einem Zugleich von Verborgenheit und Öffentlichkeit, das tief bestimmt ist vom Geheimnis des Messias und seiner Parabeln (Mk 4,11f), wie es das MkEv. prägt, aber strukturgleich auch die paulin. und johann. Theologie. Denn der »Glaube ist nicht jedermanns Ding, und auch nicht communicable wie eine Ware, sondern das Himmelreich und die Hölle in uns«.

H. wollte ausdrücklich »Philologus crucis«, Kreuzesphilologe, sein. Aus dem Kreuz kommt die Kraft der Kritik seiner kritischen Philologie, in der er sich auf → Reimarus und → Lessing, → Mendelssohn, → Friedrich den Großen und nicht zuletzt (in einer »Metakritik über den Purismus der Vernunft«) auf → Kant einläßt. Im konkreten Widerspruch zu diesen Zeitgenossen schreibt er zum verantwortlichen Wahrnehmen der Mitgeschöpfe (besonders in der »Aesthetica in nuce«, 1762, die es verdiente, zu einem klass. Text christl. Schöpfungslehre zu werden), zu Vernunft und Sprache (bes. in »Des Ritters von Rosenkreuz letzte Willensmeinung über den göttlichen und menschlichen Ursprung der Sprache« und »Philologische Einfälle und Zweifel…«, 1772), zu Zeit und Geschichte (besonders in »Golgotha und Scheblimini!«, 1784), zur Sexualität und Ehe sowie zur Politik (besonders in den franz. Schriften).

H.s Bedeutung für die Literaturwissenschaft, Philosophie und Theologie kann kaum überschätzt werden. Sie zeigt sich verdichtet in der Gotteslehre des irregulären Kirchenvaters: Gott ist für H. in seinem sprechenden Werk und wirksamen Sprechen »Autor«, »Poet«: »Gott ein Schriftsteller!« Als solcher schreibt er das Buch der Natur und Geschichte und darin meine eigene Lebensgeschichte. Ich werde, durch die »Höllenfahrt der Selbsterkenntnis« hindurch, von ihm verstanden und ausgelegt; er ist selbst der beste Ausleger seiner Worte und ihr letzter Kritiker, ihr Richter.

H., nicht etwa Irrationalist, sondern radikaler Aufklärer, denkt Gott als den, der ihn samt allen Kreaturen durch die Kreatur anredet. Deshalb ist ihm auch das Denken und die Vernunft Sprache. Mit einer Theologie und Philosophie der als Handlung im Übersetzen wirksamen Sprache sucht H. auch die Frage nach dem Sein zu beantworten; in seiner hermeneutischen Ontologie bzw. ontologischen Hermeneutik ist er Kant und Hegel überlegen. Anders als Kant denkt er Gott nicht als Grenzbegriff; anders als Hegel nicht als lautlose Vermittlung.

H. wendet sich scharf gegen den Vernunftdogmatismus der Vertreter einer natürlichen Religion und gegen deren spekulative Theologie; er begrüßt die Skepsis der »Dialoge über natürliche Religion« (1779) → Humes (1711-76) und die diese aufnehmende »Kritik aller Theologie aus spekulativen Prinzipien der Vernunft« Kants. Doch so sehr H. Kants »skeptische Taktik« teilt (»Das Dasein Gottes leugnen und beweisen wollen, ist im Grunde ... Sottise de deux parts«), so wenig vermag er Kants kritischem Weg dort zu folgen, wo dieser in der Furcht vor dem Skeptizismus selbst wiederum (durch die Behauptung der »Reinheit« der Vernunft) in den Dogmatismus führt; Kant beende die Geschichte des Wechselspiels von Dogmatismus und Skeptizismus nicht, sondern treibe sie weiter.

Führt die puristische Tendenz der transzendentalen Frage Kants, von allem Partikularen abstrahierend, zum Begriff einer Grenze, so setzt H.s Metakritik dieser Grenze eine Mitte entgegen, die im Geschehen der Kreuzigung und Auferweckung Jesu Christi liegt. Diese im Titel der Schrift »Golgotha und Scheblimini!« figurierte Mitte bestimmt H.s Leben, Lesen und Schreiben bis in die feinsten Verästelungen hinein. Die wechselseitige Teilhabe der Besonderheiten göttlicher und menschlicher Natur in der Person Jesu Christi (»communicatio idiomatum«) ist »der Hauptschlüssel aller unsrer Erkenntnis«. Seine Menschlichkeit und Erniedrigung erweist Gott nicht erst am Kreuz, sondern schon als Schöpfer; er erweist sie ebenso als Heiliger Geist, der »ein Geschichtsschreiber menschlich törichter, ja sündlicher Handlungen geworden« ist. In seiner Kondeszendenztheologie gelingt es H., Gott jenseits der Alternative von Idealismus und Materialismus zu denken und die Wahrheitsmomente beider im Medium des Wortes – darin Luther folgend – eindrucksvoll zu integrieren.

Quellen: J.G. Hamann: Londoner Schriften. Hist.-krit. Neuedition von O. Bayer und B. Weißenborn, 1993; J.G. Hamann: Sämtliche Werke (hg. von J. Nadler), 7 Bde, 1949-57; Briefwechsel (hg. von W. Ziesemer, A. Henkel), 7 Bde., 1955-79; M. Seils (Hg.): Johann Georg Hamann: Eine Auswahl aus seinen Schriften, [2]1987.

Lit.: W.D. Baur: J.G. Hamann als Publizist. Zum Verhältnis von Verkündigung und Öffentlichkeit, 1991; O. Bayer: Zeitgenosse im Widerspruch. Johann Georg Hamann als radikaler Aufklärer, 1988; S.-A. Jorgensen: J.G. Hamann, 1976.

O. Bayer

Hamartiologie → Sünde, Erbsünde

Handauflegung

H. begegnet im AT im Zusammenhang mit Opferhandlungen (2Mo 29,15; 3Mo 1,4 u.ö.), bei Segenshandlungen (1Mo 48,13-20), bei der Amtseinsetzung Josuas als Nachfolger des Mose (4Mo 27,18ff; 5Mo 34,9) sowie in prophetischen Handlungen (2Kön 13,16; 1Kön 17,21). Wenn auch in der Welt außerbibl. Religionen ähnliche Handlungen vorkommen, die weithin im Zeichen magischer Übertragung von menschlichen und göttlichen Kräften stehen, ist diese Vorstellung nicht mit der H. im AT zu verbinden. Vielmehr kann es sich im Sinne des atl. Gottesglaubens hier nur um die mit einer sichtbaren und spürbaren Handlung verbundene Bitte um die Annahme des Opfers, die Gewährung des Segens oder die Verleihung der Amtsgnade und → Vollmacht (→ Ordination) handeln. Im NT finden wir das Substantiv »Auflegen der Hände« viermal, das Verb »Hände auflegen« 17mal. So legte Jesus bei vielen Krankenheilungen Hände auf (Mk 5,23; 6,5; 7,32; Mt 9,18; Lk 4,40; 13,13 u.ö.) und segnete in dieser Weise die Kinder (Mk 10,13ff). In der Zeit der ntl. Gemeinde nach Pfingsten konnte H. in dreifacher Weise geübt werden:

– bei Krankenheilung (Apg 28,8; Jak 5,13ff),

– beim Empfang des Heiligen Geistes (Apg 8,14ff; 19,6);

– bei der Einsetzung und Ausrüstung zu bestimmten Diensten (Apg 6,6; 13,3; 1Tim 4,14; 2Tim 1,6).

Seitdem hat die Christenheit die H. bei verschiedenen Anlässen und in verschiedener Weise geübt, sich dabei aber grundsätzlich an die Arten ihres Gebrauchs im NT angeschlossen. Hauptsächlich geschieht H. jedoch im Zusammenhang mit Taufe, Segnung und Amtseinführung sowie Ausrüstung und Sendung zu bestimmten Aufgaben in der Gemeinde. Das röm.-kath. Verständnis, das die H. in den Bereich des Sakramentalen rückt, wird so von den aus der Reformation sich herleitenden Kirchen nicht geteilt. Hier schwankt man allerdings zwischen einem mehr exhibitiven (d.h. die Segnung bewirkenden) und einem symbolischen (die Segnung zeichenhaft begleitenden) Verständnis der H.

Grundsätzlich muß jedoch deutlich bleiben: Gott bleibt der souverän Handelnde. Der Gott und Vater Jesu Christi, nicht der die Hände Auflegende, gibt Teil an den durch Jesu Erlösungswerk uns erworbenen Segnungen für Leib und Seele. Dadurch wird H. nicht überflüssig und ist mehr als bloßes Zeichen für ein geistl. Geschehen. Sie ist ein uns von Gott gewährtes Tun im sichtbaren und leibhaften Bereich des Lebens, verbunden mit der glaubenden Bitte um die göttliche Gewährung dieser Gnade. Weil H. mit dem Zuspruch des göttlichen Wortes verbunden ist, ist sie nicht magisch. Da H. ein Tun von außen am Menschen ist, macht sie ihm deutlich, daß er nicht letztlich von seiner Innerlichkeit, sondern von den ihm zukommenden Segnungen Gottes lebt.

Lit.: A.T. Hanson, F. Merkel: »Handauflegung«, TRE 14, 1985, 415-428; P. Senf: Handauflegung, [3]1977.

K.H. Bormuth

Händel, Georg Friedrich → Kirchenmusik

Handwerkervereine → Berufsmission

Hannover(s), Ev.-luth. Landeskirche

Die ev.-luth. Landeskirche H.s erwuchs in den welfischen Stammlanden aus dem luth. (seit 1542/1576) Fürstentum Calenberg-Göttingen (1692 Kurfürstentum, 1714-1833 Personalunion mit England, 1814 Königreich, 1866-1945 preußische Provinz, 1947 Land Niedersachsen) durch beständigen territorialen Zuwachs (1705 Braunschweig-Lüneburg, 1715 Bremen-Verden, 1803 Osnabrück, 1744 Ostfriedland und Hildesheim). Im 19. Jh. wurden die vormals eigenständigen Konsistorialbezirke mit dem Kloster Loccum behutsam zu einer einheitlichen Landeskirche zusammengefügt (1864 Kirchenvorstands- und Synodalordnung, 1866 Verfassung und Landeskonsistorium). Der Gedanke der Union konnte sich nicht durchsetzen, ein »mildes Luthertum« blieb bestimmend, auch gegenüber der konfessionellen Neubesinnung (Neuluthertum). Geleitet von dem Landesbischof und dem Bischofsrat, dem Landeskirchenamt (H. ist seit 1636 Sitz des Konsistoriums), der Synode bzw. dem Landessynodalausschuß und dem Kirchensenat, gliedert sich die großflächige Landeskirche in acht bischöfliche Aufsichtsbezirke (Sprengel unter einem Landessuperintendenten), 76 Kirchenkreise unter einem Superintendenten, 1366 Kirchengemeinden. Mit 3,4 Mio. Mitgliedern (1992) gehört H. zu den größeren Gliedkirchen der EKD, der VELKD, des Ökumenischen Rates, des Luth. Weltbundes sowie der Konföderation Ev. Kirchen in Niedersachsen. Die für Deutschland zentralen Kirchenämter der EKD und VELKD haben ihren Sitz in H.

Lit.: G. Uhlhorn: Hannoversche Kirchengeschichte, 1902; I. Mager, H. Otte: »Hannover«, TRE 14, 1985, 428-442.

J.O. Rüttgardt

Hare Krishna → Jugendreligionen

Häresie → Irrlehre

Häretiker und Schismatiker der Alten Kirche

Das aus dem Griech. kommende Wort »Häresie« bezeichnet ursprünglich eine phil. Schule oder rel. Gruppe (im Judentum z.B. die Sadduzäer oder Pharisäer; vgl. Apg 5,17; 15,5; – umgekehrt werden auch die Nazarener so genannt: Apg 24,5). Die Kirche (*ecclesia*), die von Gott aus allen Völkern erwählte neue Heilsgemeinde, hat jedoch universalen Charakter. Deshalb widersprechen Parteiungen und Spaltungen ihrem Wesen. Bei Paulus gehören Parteiungen zu den Werken des Fleisches (Gal 5,20). In Korinth erlebt er schmerzlich, wie Spaltungen (Schismata) die Gemeinde bedrohen, wie es zu Gruppenbildungen kommt (1Kor 11,17f), die den Leib Christi zerstören.

Hier wird das Kernproblem sichtbar: Häresien bedrohen die Einheit des Leibes Christi und damit die Glaubwürdigkeit der Kirche als universaler Heilsgemeinde. Wer die Gemeinde spaltet, zerteilt Christus. Spaltungen können durch Eifersucht und Rivalitäten entstehen, die das Band der Liebe verletzen. Unvermeidlich aber ist der Streit um die Wahrheit des Glaubens, denn in ihm geht es um Heil oder Verderben.

An den Anfängen der Kirche liegt beides dicht beieinander, die Einheit im Geist ist zugleich Ausdruck des wahren Glaubens. Die Zugehörigkeit zur Kirche zeigt sich aber auch am rechten Bekenntnis zu Christus. »Ein jeder Geist, der bekennt, daß Jesus Christus in das Fleisch gekommen ist, der ist von Gott« (1Joh 4,2). So heißt es gegenüber Leuten, die meinen, Gott sei in Christus nicht wirklich Mensch geworden, sondern habe sich nur zum Schein mit Jesus von Nazareth verbunden (→ Doketen/Doketismus; einer der ältesten Doketen war der Gnostiker Cerinth, gegen den – laut

Irenäus, adv. haer. III,11,1 – der Apostel Johannes das 4. Evangelium geschrieben hat). Am Christusbekenntnis scheiden sich die Geister, und erstmals wird im 1Joh ein Kriterium der Rechtgläubigkeit benannt. Aber schon das Bekenntnis zu Jesus als dem Christus (= Messias) bedeutet für das Judentum, aus dem die ersten Christen kommen, eine Herausforderung und führt zur Trennung von Kirche und Synagoge. Die in der Folgezeit entwickelten Grundlagen des christl. Glaubens werden zu weiteren Kriterien der Rechtgläubigkeit. Das Festhalten am AT in der griech. Übersetzung (Septuaginta) weist nicht nur darauf hin, daß die christl. Kirche das Erbe des hell. Judentums angetreten hat. Es ist zugleich eine bewußte Entscheidung der frühen Kirchen gegenüber → Marcion und seinem Versuch, das Christentum als Antithese zum Judentum zu verstehen. Die Trennung von ihm und seiner Kirche im Jahre 144 (in Rom) markiert die erste bleibende und für den christl. Glauben fundamentale Entscheidung der frühen Kirche. (Die Kirche Marcions ist in Resten bis ins 6. Jh. nachweisbar). Mit ihr bekennt sich die Kirche zu ihrem Ursprung aus Juden und Heiden und erweist sich darin als »katholische Kirche« (unabhängig von der Zahl ihrer Mitglieder). Das Bekenntnis zum geschichtl. Ursprung findet seinen weiteren Ausdruck im Festhalten an der »apostolischen Tradition« – im Bischofsamt, das auf die Einsetzung durch die Apostel zurückgeführt wird, im ältesten apostol. Zeugnis, aus dem sich der Kanon des NT entwickelt, und im »apostolischen« Bekenntnis, das (im Zusammenhang mit der Taufunterweisung weitergegeben) die wichtigsten Glaubensaussagen zusammenfaßt und im Streit um Häresie und Orthodoxie als »Kanon der Wahrheit« entfaltet wird (bei → Irenäus, → Tertullian u.a.).

Dieser Streit wird zunächst noch nicht mit äußeren Machtmitteln entschieden. Das konnte erst geschehen, nachdem sich die kath. Bischofskirche geschichtl. durchgesetzt hatte und – seit Konstantin – auch über polit. Machtmittel verfügte. Vorher gab es nur die Möglichkeit, daß sich im Streit um die Grundlagen des christl. Glaubens die Geister schieden und gegebenenfalls eigene Wege gingen. Nach dem Selbstverständnis der frühen Kirche waren es die H. selbst, die sich von der Heilsgemeinde trennten – erst recht, wenn sie eine eigene Gemeinschaft gründeten. Dort, wo sich die Einheit der Kirche im Bischofsamt manifestierte, bedeutete die Trennung vom Bischof zugleich die Trennung von der Kirche.

Der Streit um die Anerkennung des AT (und um das Bekenntnis zum Schöpfergott) spielte nicht nur im Verhältnis zu Marcion, sondern auch zu den Gnostikern (→ Gnosis) eine zentrale Rolle. Wichtig in der Abwehr waren auch von den Gnostikern behauptete Sonderoffenbarungen, ein doketisches Christusbild sowie phil. und rel. Fremdeinflüsse, vor allem aber ein elitäres Bewußtsein, das die Gnostiker nach ihrem Selbstverständnis von den einfachen Kirchenchristen unterschied.

Im Streit um den → Montanismus (2./3. Jh.), einer prophetisch-ekstatischen Bewegung aus Phrygien (Kleinasien) stand die sich etablierende Bischofskirche vor dem Problem, das Verhältnis von Geist und Amt in der Kirche zu klären. Erstmals werden in diesem Zusammenhang überregionale Synoden in Kleinasien erwähnt. Letztlich ist das Auftreten prophetischer oder charismat. Gruppen – später kommt das → Mönchtum hinzu – ein bleibendes Problem in der Kirchengeschichte, weil es in der Freiheit des Geistes Gottes auch gegenüber der Kirche gründet, ohne den es keine Erneuerung in der Kirche gibt.

Ethischer Rigorismus oder rel. Strenge im Umgang mit öffentlichen Sündern führen seit Beginn des 3. Jh.s in der Alten Kirche – insbesondere im Zusammenhang mit Verfolgungen – immer wieder zur Abspaltung von Gruppen, die das Ideal der reinen Kirche verfechten. Dazu gehören das Schisma → Novatians (von Rom ausgehend) in der Mitte des 3. Jh.s nach der decischen Verfolgung (Novatian verweigerte sich der neuen Praxis des Bischofs Cornelius, in der Verfolgung Abgefallene nach ihrer Buße wieder aufzunehmen; seine Anhänger nannten sich »Katharoi«, »die Reinen« und haben sich als eigene Kirchengemeinschaft bis ins 7. Jh. erhalten) und im Zusammenhang mit der diokletianischen Verfolgung (Anfang 4. Jh.) das melitianische Schisma in Ägypten (Melitius von Lykopolis wandte sich gegen die Wiederaufnahme von in der Verfolgung vom Glauben Abgefallenen durch den Erzbischof von Alexandrien und bildete eine eigene »Kirche der Märtyrer«, die sich bis ins 8. Jh. hinein hielt) und das donatistische Schisma in Nordafrika, bei dem aber auch ethnisch-polit. und soziale Spannungen eine Rolle spielten (Der → Donatismus erklärte die Weihe bzw. das Sakrament eines in der Verfolgung Abgefallenen für ungültig). In dieser Zeit beginnt man damit, zwischen Häresie und Schisma zu unterscheiden, wobei als H. jene gelten, die von der Lehre der Kirche, dem → Dogma, abweichen, während S. sich von der Kirche getrennt haben aufgrund von unterschiedlichen Auffassungen in Fragen der Kirchenzucht oder Kirchenordnung. Als herausragende H. der Alten Kirche gelten außer Marcion und den Gnostikern die → Monarchianer (Sabellius, Praxeas, Paul von Samosata), → Arius, → Apollinaris und – besonders im Westen – → Pelagius. Dabei geht es um Grundfragen des christl. Glaubens von Gott und Welt (Schöpfung; Trinität), Christus (Gott und Mensch) und die Vermittlung des Heils (Gnadenlehre). Nicht zufällig verschärfen sich die Auseinandersetzungen um Rechtgläubigkeit und Ketzerei im 4./5. Jh. mit der Anerkennung des Christentums im röm. Staat.

Zu den wichtigsten Ketzerbestreitern der Alten Kirche gehört nach → Irenäus (2. Jh.), → Hippolyt und → Tertullian (Anfang 3. Jh.) vor allem Epiphanius von Salamis (Ende 4. Jh.).

Lit.: D. Baker (Hg.): Heresy, schism and religious protest, 1972; W. Bauer: Rechtgläubigkeit und Ketzerei im ältesten Christentum (BHTh 10), [2]1964; N. Brox: »Häresie«, RAC 13, 1986 248-297; M. Elze: »Häresie und Einheit der Kirche im 2. Jh.«, ZThK 71 (1974), 389-409; W. Nigg: Das Buch der Ketzer, [5]1970; A. Schindler: »Häresie II«, TRE 14, 1985, 318-341 (Lit.).

W.A. Bienert

Harleß, Adolf (von) (1806-1879)

Gottlieb Christoph Adolf H. (seit 1854 geadelt), geb. am 21. 11. 1806 in Nürnberg, gest. am 5. 9. 1879 in München, gehörte zu den das Luthertum im 19. Jh. am stärksten prägenden Gestalten. Sein Weg führte ihn vom akademischen Lehramt (Prof. in Erlangen 1833-45 und in Leipzig 1845-50) in kirchenleitende Aufgaben (Vizepräsident des Landeskonsistoriums Sachsen 1850-52, Präsident des bayerischen Oberkonsistoriums 1852-79).

Nach seiner durch A. → Tholuck vermittelten Bekehrung zum lebendigen Glauben wurde er zum Begründer der → Erlanger Theologie, indem er die Übereinstimmung von Heiliger Schrift, persönlicher Heilserfahrung und luth. Bekenntnis herausstellte. Er war der erste Herausgeber der »Zeitschrift für Protestantismus und Kirche«. Seinen Protest gegen die »Kniebeugungsordre« der (kath.) Regierung bezahlte er mit der Entfernung aus dem Erlanger Lehramt. Kirchenpolit. ging es ihm um Vertiefung der luth. Konfessionalität seiner Kirche u.a. durch Verpflichtung aller Geistlichen auf die Bekenntnisschriften. Die hochkirchl. Tendenzen W. → Löhes ermäßigte er ähnlich wie → Höfling durch Impulse aus der Erweckungstheologie. Weil die Einheit der Kirche für ihn in ihrem gemeinsamen Bekenntnis lag, bemühter er sich auch um die Einigung der luth. Landeskirchen.

Lit.: Hauptschrift: A. v. Harleß: Christliche Ethik, (1842), [8]1893; autobiographisch: Bruchstücke aus dem Leben eines süddeutschen Theologen, 1872.

Ph. Bachmann: Adolph von Harleß, NKZ 17/ 1906, 860ff, 944ff; Th. Heckel: Adolf v. Harleß, 1933; F.W. Kantzenbach: Gestalten und Typen des Neuluthertums, 1968, 129ff; L. Mohaupt: Dogmatik und Ethik bei A.v. Harleß, Diss. theol. Hamburg, 1970.

U. Swarat

Harmagedon

Der hebr. Name *har megiddon*, »Berg Megiddo«, kommt nur in Offb 16,16 vor (vgl. Sach 12,11). In der Zornschalenvision der ntl. Offenbarung des Johannes (Offb 16,1-21) versammeln die aus dem Maul des Drachens (Satans) hervorkommenden Dämonengeister (16,13 beschreibt die eschatologische Anti-Trinität!) die Könige der Erde zum letzten Kampf an den H. (16,12-16), wo sie vernichtet werden (16,17ff). Im Zusammenhang apokalyptischen Denkens ist auf drei Dinge zu achten (→ Apokalyptik):

1. Hier wird aus der vergangenen Geschichte »Typisches« zitiert (Berg; Megiddo), um die Gegenwart in ihrer Eigenart vertieft zu verste-

hen und so für die Steigerungen der Zukunft vorzubereiten. Das »Typische« nimmt zwar in Gegenwart und Zukunft reale Gestalt an, ist aber nicht einfach eine Wiederholung des Vergangenen, sondern etwas Neues in der Steigerung des alten.

2. Hist. hat es nie einen »Berg Megiddo« gegeben, obwohl man an den Karmel denken könnte (und wohl auch sollte). Mit dieser Bezeichnung werden zwei Traditionen zitiert und verbunden. Dem Berg Zion (als heilsgeschichtl. Zentrum → Jerusalem; und so Träger, ja Symbol eschatologischer Heilsverheißung; vgl. Jes 2,2f u.a.) tritt in der Endzeit ein anderer ebenso »hoher Berg« gegenüber (Jes 14,13 – der Götterberg im Norden als apokalyptisch-dämonische Gegenbildung zum Zion; zur Bergsymbolik vgl. Hebr 12,18.22).

3. Dazu kommt der Hinweis auf Megiddo. Am Ausläufer des Karmel gelegen, war M. als verkehrstechnisch und damit strategisch außerordentlich wichtiger Ort oftmals Schauplatz entscheidender Kriege (vgl. Ri 5,19ff: Debora und Barak über Sisera; 2Kön 9,27: Tod Ahasjas, 23,29: Tod Josijas; vgl. auch Sach 12,11). Es ist jedoch zu fragen, ob nicht auch das Gottesurteil auf dem Karmel (Elia gegen die Baalspriester, 1Kön 18,20-40) typologisch mit anklingt: Gott hält Gericht gegen die versammelte Elite der gottfeindlichen Mächte, aber ohne Menschenmacht.

Beide Stränge bibl. Denkens (Berg; Megiddo) werden in dem neuen Namen H. verbunden und zitiert. Gegen den »Berg« des Heils tritt H. als »Gegenberg«. Es kommt zu einer Zusammenballung polit. Gewalten durch Mächte des Bösen, die auf eine letzte Auseinandersetzung hin angelegt ist, also Gott in seiner Herrschaft selbst treffen will. Von Gott her erfolgt die Auseinandersetzung nicht auf kriegerische Art (es kommt eben nicht zu einer Schlacht! Vgl. Offb 19,19-21), sondern durch sein Gericht (Offb 17,17ff). Für das Verständnis sind darum die übrigen Stellen der Offb, die vom letzten Gericht sprechen, mit zu berücksichtigen. Aber auch die atl. Texte, die in der Bezeichnung »Berg« bzw. »Megiddo« anklingen, sind daraufhin zu befragen, was sie für die Deutung der Gegenwart nahelegen.

In Verkennung der Eigenart bibl.-apokalyptischer Sprache rechnen gegenwärtige apokalyptische Gruppen (z.B. die Zeugen Jehovas: Schlacht bei Harmagedon) damit, daß Gott in einer irdisch gedachten kriegerischen Auseinandersetzung im Tal Megiddo die Mächte des Bösen und die Menschen, die ihnen verfallen sind, vernichten wird.

Lit.: J. Jeremias: ThWNT I, 1933, 467f; R. Riesner: »Harmagedon«, GBL Bd. 2, [2]1990, 525f; A. Strobel: EWNT I, 1980, 367f.

W.J. Bittner

Harms, Claus (1778-1855)

H., geb. am 25. 5. 1778 in Fahrstedt/Dithmarschen; gest. am 1. 2. 1855 in Kiel, wurde als scharfer Gegner des Rationalismus weit über die Grenzen seiner Heimat bekannt. Die Reden von D. F. → Schleiermacher »Über die Religion« (1799) hatten in ihm »den Stoß zu einer ewigen Bewegung« ausgelöst und ihn von dem herrschenden Denken der Aufklärung abgebracht. Als Pastor in Lunden/Dithmarschen (1806-1816) geißelte H. polit. Mißstände im dänischen Gesamtstaat. Am Reformationsfest 1814 rief er mit Blick auf seine eigene durch den Rationalismus geprägte Kirche aus: »Möchte bald ein Luther wiederkommen!« Von 1816-1849 wirkte H. an St. Nikolai in Kiel, zunächst als Pastor, seit 1835 als Hauptpastor und Propst. Verschiedene Ehrungen (u.a. die Verleihung des Danebrogsordens, 1836) und zwei ehrenvolle Berufungen (nach St. Petersburg und nach Berlin als Nachfolger Schleiermachers an der Dreifaltigkeitskirche), die er ablehnte, stärkten seine Position im eigenen Land.

Seine zum Reformationsfest 1817 zusammen mit Luthers Thesen veröffentlichten eigenen 95 Thesen lösten den langjährigen Thesenstreit aus. »Die Schätze der Kirche verschließen und den Schlüssel wegwerfen« – das ist die Torheit der theol. Aufklärung (These 79), die nicht das Evangelium von Jesus Christus, sondern den Menschen in den Mittelpunkt stellt. Die Vernunft geht »rasen«, wenn sie mit dem analytischen Verstand das Geheimnis des Glaubens zersetzt (These 71). Eine seiner Hauptschriften trägt den Titel: »Daß es mit der Vernunftreligion nichts ist« (1819). Mit der Forderung einer an bibl. Maßstäben orientierten Ethik weist er Kant's Postulat eines autonomen Gewissens zurück. Im Unterschied zu Schleiermacher konnte er einer aus Lutheranern und Reformierten gebildeten »unierten« Kirche nicht das Wort reden. Unionstheologen stehen in Gefahr, durch Religionsvermischung (Synkretismus) in der Linie der Aufklärung bibl. Substanz aufzulösen. Andererseits vermochte H. durchaus geistl. Schätze anderer Konfessionen zu würdigen. Sein Hauptwerk ist die in drei Bücher aufgeteilte Pastoraltheologie (Der Prediger – Der Priester – der Pastor, 1830, 1831, 1834), die die geistl. Struktur der Kirche herausstreicht bei gleichzeitiger Betonung der Bedeutung des geistl. Amtes, das es um der Einheit von Wort und Sakrament willen geben muß. Das Werk bleibt trotz seiner Zeitgebundenheit eine Fundgrube pastoraler Weisheit.

Lit.: Claus Harms. Ausgewählte Schriften und Predigten, 2 Bde., hg. u.a. von P. Meinhold, 1955; Harms' Leben in Briefen, hg. von H. Zillen, 1909.

L. Hein: »Claus Harms«, TRE 14, 447-449 (Lit.); ders.: Claus Harms, Leben und Werk, Schleswig-Holsteinische Kirchengeschichte Bd. 5, 1989, 77-124; ders.: Evangelische Spiritualität bei Claus Harms, in: Gedenkschrift für Johann Schmidt, hg. von K. Jürgensen u.a., 1984, 107-121; H.-F. Traulsen: Schleiermacher und Claus Harms, 1989.

L. Hein

Harms, Ludwig (Louis) 1808-1865)

In Walsrode am 5. 5. 1808 geboren, kam H. durch den Umzug der Familie 1817 nach Hermannsburg, dem Heidedorf, das durch sein späteres Wirken weltbekannt werden sollte. Gegen Ende seines Theologiestudiums in Göttingen (1827-30), das den hochbegabten Louis innerlich leer ließ, erlebt er eine persönliche Bekehrung durch das Wort Joh 17,3. In seiner Hauslehrerzeit in Lauenburg gründet er dort 1834 den Missionsverein, sammelt erweckte Christen, erfährt erste Anfeindungen. Seit 1844 ist er Kollaborator des kranken Vaters und nach dessen Tod 1849 sein Nachfolger als Pfarrer in Hermannsburg.

Unter seiner vollmächtigen Predigt von Buße und Gnade geschieht eine Erweckung, die fast die ganze Gemeinde erfaßt und verändert und weit ausstrahlt. Dem bedeutenden Prediger steht der Beter, der volkstümliche plattdeutsche Erzähler und der treue Seelsorger in nichts nach. Mit der Einsegnung von zwölf Missionszöglingen begann er am 12. 10. 1849 die → Hermannsburger Mission. Die »Herrlichkeit unserer Gottesdienste«, die »reine Lehre und die reinen Sakramente« und »die Macht unseres Gesanges« sollten die vorwiegend aus Bauern- und Handwerkerfamilien stammenden Missionare und Kolonisten in die Heidenwelt hinaustragen und damit Erfahrungen weitergeben, die sie selbst in der Erwekkung gemacht hatten. Die schnell wachsende Mission nötigt H. zum Bau des Missionsschiffs »Kandaze«, zu Grunderwerb und Bautätigkeit, Einrichtung von Druckerei, Verlag, Missionshof und Schulen. Die dazu nötigen Mittel erbittet er ausschließlich von seinem Herrn und wird nie enttäuscht. Zum Heiraten fand er keine Zeit. Am 14. 11. 1865 stirbt der lebenslang von Krankheit und Leiden geplagte Mann.

Lit.: L. Harms, Predigten über die Evangelien des Kirchenjahrs, ^{19}1936;

F.W. Bautz: »Harms, Ludwig«, BBKL II, 1990, 545-553; H. Grafe: Die volkstümliche Predigt des Ludwig Harms, ^{2}1974; H.O. Harms: Lebendiges Erbe. Ludwig Harms, Theodor Harms und die Hermannsburger Mission, hg. von W.A. Bienert, 1980; Th. Harms, Lebensbeschreibung des Pastor Louis Harms, ^{8}1911, ND 1978; R. Müller (Hg.): Aus der Heide in die Welt, Quellen und Beiträge zur Geschichte der Hermannsburger Mission, Bd. 4, 1988.

R. Müller

Harms, Theodor (1819-1885)

Geb. am 19. 3. 1819 in Hermannsburg, dort aufgewachsen als Sohn des Pastor Christian H. und jüngerer Bruder von Ludwig (Louis) → H. Vom Vater vorbereitet, besucht er das Johanneum in Lüneburg, studiert Theologie in Göttingen (1839-42), wird Hauslehrer im Lauenburgischen und hat dort Kontakt mit Kreisen erweckter Christen. 1849 ruft ihn Ludwig, jetzt Pastor und Nachfolger des Vaters in Hermannsburg, als Inspektor in die neugegründete Missionsanstalt und vertraut ihm die Ausbildung der Zöglinge an. Mit ihnen »arbeitet er als Tagelöhner und studiert als Schüler«. Er führt Posaunenblasen und mehrstimmigen Chorgesang ein. 1852 heiratet er Charlotte Ohrt, die als Hausmutter ins Alte Missionshaus einzieht. Zwei Gruppen von Missionaren hat er zu Examen und Ausreise 1853 und 1857 gründlich vorbereitet. 1858 folgt er einem Ruf ins benachbarte Müden. Nach dem Tod von Ludwig H. wird er 1865 auf dessen Wunsch sein Nachfolger in Pfarramt und Missionsleitung.

Nachdem Hannover 1866 preußische Provinz geworden war, trat er in Wort und Schrift für eine freie Kirche im freien Staat ein. »Kirche und Staat müssen selbständig nebeneinander rein und klar geschieden sein, um einander zu beider Heil und zur Ehre Gottes dienen zu können.« Nach Einführung der Ziviltrauung und Änderung der kirchl. Trauordnung 1877 widersteht H. aus Gewissensgründen deren Annahme und wird am 4. 2. 1878 amtsenthoben. Der größte Teil der Gemeinde ging mit ihm in die Separation und baute die Kreuzkirche. Die Mission blieb die Brücke zwischen Hermannsburger Freikirche und Landeskirche, und H. bemühte sich, die Folgen der Separation vom Missionsfeld fernzuhalten. Er förderte die von seinem Bruder begonnene Arbeit in Südindien, bezog im Kastenstreit klar Position gegen die Leipziger – die Taufe hebt die Kaste auf –, begann Pionierarbeit in Australien und Neuseeland und sandte 67 Brüder nach Nordamerika, um beim Aufbau luth. Einwanderungsgemeinden zu helfen. Seine Hauptsorge galt der afrikanischen Mission, in die er 58 Brüder sandte. Am 16. 2. 1885 starb Theodor H. in Hermannsburg, den nach dem Urteil seines Sohnes Max »ein weites Herz und ein enges Gewissen« auszeichneten.

Lit.: F.W. Bautz: »Harms, Theodor«, BBKL II, 1990, 553-554; G. Haccius: Theodor Harms, sein Leben und sein Wirken, ^{2}1922; ders.: Hannoversche Missionsgeschichte, Bd. 3,1, 1914; H.O. Harms: Lebendiges Erbe, hg. von W.A. Bienert, 1980; H. Müller: Theodor Harms zum 100. Geburtstag, in: Jahrbuch 1985 des Ev.-luth. Missionswerkes in Niedersachsen (ELM), hg. von R. Müller; R. Müller (Hg.): Aus der Heide in die Welt, Quellen und Beiträge zur Geschichte der Hermannsburger Mission, Bd. 4, 1988.

R. Müller

Harnack, Adolf von (1851-1930)

H., geb. am 7. 5. 1851 in Dorpat, gest. am 10. 6. 1930 in Heidelberg, Sohn des Theodosius → Harnack; Studium in Dorpat, 1874 Privatdozent für Kirchengeschichte in Leipzig, Prof. in Leipzig (1876), Gießen (1879), Marburg (1886), Berlin (seit 1888), 1914 geadelt, 1921 emeritiert, 1890 Mitglied der Preußischen Akademie der Wissenschaften, 1903-1912 Präsident des → Ev.-Sozialen Kongresses, den er 1890 mitbegründete, 1905-1921 Generaldirektor der Staatsbibliothek, 1910 Präsident der Kaiser-Wilhelm-Gesellschaft, 1873 Mitbegründer der Theol. Literaturzeitung, 1891 Begründer der Kirchenväter-Kommission.

H. war von überragendem Einfluß auf Kaiser Wilhelm II. und auf die gesamte Bildungsgesellschaft zwischen 1871 und 1914, aber auch auf die Weimarer Republik. Ursprünglich Lutheraner, öffnete er sich A. → Ritschl und der liberalen Theologie, der er mit seinem »Lehrbuch der Dogmengeschichte« (1886, ND 1983) im Apostolikumsstreit 1892 und mit seinem »Wesen des Christentums« (1900, ND 1977) weite Wirkung verschaffte. Er war der bekannteste und einflußreichste Theologe um die Jahrhundertwende, der die theol. Wissenschaft in all ihren Disziplinen und fast die gesamte ev. Pfarrerschaft maßgeblich geprägt hat, und sei es im Widerspruch zu ihm. Seine Wirkung besteht in der exakten Wissenschaftlichkeit, in der Verbindung von Protestantismus und humanistischer Kultur (Kulturprotestantismus), seiner sozialen Verantwortung einerseits und seinem großbürgerlichen Liberalismus andererseits. Der Dogmatik abhold, hat er das Christentum grundsätzlich hist. verstanden und das Evangelium Jesu vom Evangelium der Kirche strikt unterschieden. D. → Bonhoeffer hat ihm unter vielen anderen die studentische Grabrede gehalten. Neben seiner Dogmengeschichte hat er besonders über »Die Mission und die Ausbreitung des Christentums in den ersten drei Jahrhunderten« (2 Bde, ⁴1924), über »Marcion. Das Evangelium vom fremden Gott« (1921), ND 1960, gewirkt. Seine Bibliographie umfaßt viele Bände und 1.590 Titel (1927-1930).

Lit.: F.W. Kantzenbach: »Harnack, Adolf von« TRE 14, 1985, 450-458; K.H. Neufeld: Adolf von Harnack, 1977; A. v. Zahn-Harnack: Adolf von Harnack, ²1951.

G. Ruhbach

Harnack, Theodosius (1816-1889)

H., geb. am 22. 12. 1812 in Petersburg, gest. am 23. 9. 1889 in Dorpat, Studium in Dorpat, 1843 Privatdozent für Kirchengeschichte und Homiletik ebendort, 1847 Professor für Praktische, dann Systematische Theologie in Dorpat, 1853 Professor in Erlangen, seit 1866 wieder in Dorpat.

H. wurde als Lehrer, Prediger und Seelsorger breiter Schichten seiner livländischen Heimat geschätzt; er galt als überzeugter, vom → Pietismus geprägter Lutheraner, der Luthers Theologie, besonders seine Rechtfertigungslehre, wieder zur Geltung brachte und dem konfessionellen Luthertum gegenüber der Unionsbewegung und der liberalen Theologie (A. → Ritschl) zu neuem Ansehen verhalf. Den Weg seines Sohnes Adolf hat er zeitlebens kritisch bis ablehnend begleitet.

Lit.: Th. Harnack: Luthers Theologie mit besonderer Beziehung auf seine Versöhnungs- und Erlösungslehre, 2 Bde, 1862 und 1886, ²1927; Die Kirche, ihr Amt, ihr Regiment, 1947 (Neudruck); Katechetik 1882.

F. Hoerschelmann: »Harnack, Theodosius«, RE 7, ³1899, 445-451; M. Seitz, M. Herbst: »Harnack, Theodosius«, TRE 14, 1985, 458-462 (Lit); H. Wittram: Die Kirche bei Th. Harnack, 1963; O. Wolff: Haupttypen der neueren Lutherdeutung, 1938; A. von Zahn-Harnack: Adolf von Harnack, ²1951, 5ff.

G. Ruhbach

Hartenstein, Karl (1894-1952)

H., geb. am 25. 1. 1894 in Cannstatt, gest. am 1. 10. 1952 in Stuttgart, studierte 1913-1914 – und nach der Rückkehr aus dem Krieg – von 1919-1921 Theologie in Tübingen. Nach seiner Vikariatszeit war er Repetent am Evangelischen Stift in Tübingen und anschließend Pfarrer in Urach. Die »Krise« des Ersten Weltkriegs führte H. theol. zu Karl → Barth, dessen

Theologie er für die Missionstheologie fruchtbar machte. H. heiratete 1923 Margarete Umfrid, die Tochter von Pfr. Otto Umfrid (1857-1920, Vizepräsident der Deutschen Friedensgesellschaft, 1914 als erster Theologe für den Friedensnobelpreis vorgeschlagen, in der Württembergischen Landeskirche jedoch heftig bekämpft). 1926 übernahm H. die Leitung der Basler Mission, die er bis zu seiner Rückkehr nach Deutschland bei Kriegsbeginn 1939 innehatte. H. promovierte 1933 in Tübingen mit einer Arbeit über »Die Mission als theologisches Problem« und nahm an vielen internationalen Missionskonferenzen teil. H. wurde 1941 Prälat in Stuttgart und war enger Mitarbeiter von Landesbischof Wurm während des Kirchenkampfes bis zu seinem frühen Tod 1952. H. war wesentlich beteiligt bei der Gründung der EKD (1945), des ÖRK (1948) und (1950) des »Ökumenischen Komitees« (heute: ACK). Er erhielt 1952 die Ehrendoktorwürde der Universität Heidelberg, weil er »die Missionswissenschaft durch Lehre und Forschung sehr gemehrt ... im Internationalen Missions-Rat ... mit höchster Hingabe gekämpft ... und ... sich im Dienst der evangelischen Kirche bewährt hat«. Wie D. Bonhoeffer betont H. die »Nachfolge«, die er »missionarische Ethik« nennt. Mission als gehorsamer »Zeugendienst der bekennenden Kirche, sofern sich diese an die Heidenwelt wendet, im Glauben an die Kirche und in der Erwartung des Reiches Gottes« ist Antwort auf die Herausforderung des neuheidnischen Säkularismus in Europa.

Zusammen mit Walter → Freytag (1899-1959) verhinderte er die von den Deutschen Christen verlangte Eingliederung der Missionsgesellschaften in die Reichskirche und ermöglichte, daß die Mission sich zur Bekennenden Kirche bekannte. Zu einem offenen polit. Widerstand gegen das Dritte Reich konnte er sich aber nicht durchringen, denn er glaubte, daß der christl. Kirche das Leiden verordnet sei.

H. verfaßte etwa 500 größere und kleinere Publikationen, zu denen neben seiner oben genannten Dissertation vor allem »Anibu, die neue Zeit auf der Goldküste« (1932); der »Prophet Daniel« (1937) und »Der wiederkommende Herr« (1940) gehören.

Lit.: W. Metzger (Hg.): K. Hartenstein, Ein Leben für Kirche und Mission [2]1956; K. Rennstich: Mission und bekennende Kirche – Weitersagen des Glaubens, Leiden und Wiedergutmachung am Beispiel von K. Hartenstein. Habilitationsvorlesung Basel 1989 = Basler Mission (Hg.): Texte und Dokumente

Nr. 15, 1991; ThZ 49 (1993), 142-174; G. Schwarz: Mission, Gemeinde und Ökumene in der Theologie K. Hartensteins, 1980; Theo Sorg: Bibel lesen mit K. Hartenstein. Ausgewählte Bibelarbeiten, 1982.

K.W. Rennstich

Hartshorne, Charles → Prozeßtheologie

Hase, Karl August von (1800-1890)

v. H. (1883 geadelt) zählt zu den führenden Kirchenhistorikern des 19. Jh.s. Geb. am 25. 8. 1800 in Niedersteinbach bei Penig/Sachsen, wurde er 1823 Privatdozent in Tübingen, 1836 in Leipzig, ab 1830 war er außerordentlicher und seit 1836 ordentlicher Professor an der Universität Jena, deren theol. Fakultät er für ein halbes Jahrhundert geprägt hat; am 3. 1. 1890 verstarb er in Jena.

Seine Kirchengeschichte hat elf von ihm selbst bearbeitete Auflagen erfahren. »Der Geschichtsschreiber ist wie der Prophet Ezechiel, der durch ein Feld von Totengebeinen geht, hinter ihm rauscht das erwachende Leben, er ist der rückwärtsgekehrte Prophet.« Die Kirchengeschichte ist weder Verfall noch Fortschritt. Jedes Zeitalter – das Mittelalter nicht minder als die Reformation – hat seine spezifische christl. Ausprägung. Die Kirchengeschichtsschreibung hat in Gesamtdarstellungen und in Einzelbildern »ohne gelehrten Ballast und totgeborene Kleinigkeiten« die geistl.

Schätze aufzuzeigen. Die Kirche ist immer eine werdende, nie eine vollkommene. Gegensätze wie Katholizismus und Protestantismus durchziehen die Jahrhunderte. Schließlich wird aus dem Widereinander ein Nebeneinander. Sein »Handbuch der protestantischen Polemik gegen die römisch-katholische Kirche« (1862) hat er ein »Buch zum Frieden« genannt. Die Kirchengeschichte deckt auf, »wie eine die Jahrhunderte durchschreitende Gemeinde forschender und irrender Menschen versucht hat, das Unendliche zu begreifen, das ihnen doch nur als ein Geheimnis offenbart worden ist«.

Als Dogmatiker hat v. H. Ergebnisse der Theologie von Schleiermacher verarbeitet. Sein dogmat.-theol. System ist eine eigenständige Synthese verschiedener mehr oder weniger liberaler theol. Strömungen aus dem ersten Drittel des 19. Jh.s.

Lit.: B. Jäger: Karl von Hase als Dogmatiker, 1990; P. Meinhold: Geschichte der kirchlichen Historiographie II, 1967, 230-239.

L. Hein

Haß

Das Wort umfaßt in der Bibel ein vielfältiges Bedeutungsspektrum. Im AT (hebr. *śana*) bezeichnet es zunächst im herkömmlichen Sinn die verachtende Abneigung und oft affektbestimmte Feindschaft zwischen Menschen (1Mo 26,27; 1Kön 22,8). Relativ häufig taucht es im Zusammenhang der Mann/Frau-Beziehung auf. H. bezeichnet dort das Umschlagen von Zuneigung in Antipathie bzw. die förmliche Zurücksetzung und Verstoßung einer Frau (2Sam 13,15; 1Mo 29,31; 5Mo 24,1ff).

In bezug auf Gott drückt H. den ultimativen Gegensatz zwischen Gottes Heiligkeit und der menschlichen Sünde aus. H. gegen Gott auf Seiten des Menschen äußert sich in Ignoranz gegenüber seinen Geboten und in der Bekämpfung der »Gerechten« (vgl. Ps). Wer Gott liebt, kann nicht zugleich mit dem Bösen paktieren (Ps 97,10; Mi 3,2). Das Böse »hassen« meint hier weniger eine spontane psychische Regung, als vielmehr die praktische Distanzierung von dem, was Gott widerspricht. Liebe zu Gott schließt das Tun des Bösen aus. Weil das so ist, heißt es auf der anderen Seite auch von Gott, daß er Abgötterei ebenso haßt wie Heuchelei und Unrecht (5Mo 16,22; Am 5,21). Gottes H. bezieht sich dabei auf die menschliche Tat. Er ist die radikale Verurteilung der Sünde, nicht die Verwerfung des Menschen. Esau, der von Gott »gehaßt« (= verworfen) wird, ist darum auch lediglich das negative Spiegelbild der voraussetzungslos liebenden und erwählenden Gnade Gottes (Mal 1,2f; Röm 9,13).

Im NT (griech. *misein*) wird das atl. Verbot des Bruderhasses (3Mo 19,17) aufgegriffen und sowohl in bezug auf die Glaubensbrüder verschärft (H. = Brudermord; 1Joh 3,15) als auch auf Fremde (Lk 10,25ff) und Feinde ausgeweitet (Mt 5,43ff). Vergeltung wie auch Eingrenzung der Liebe widersprechen der universalen Feindesliebe Gottes. Immer wieder wird erkennbar: Liebe und H. sind polare und alternative Gegensätze. Besonders bei Joh sind Haß und Liebe zwei diametrale Entgegensetzungen, die den Wesensunterschied und die Spannung zwischen Christus und seinen Jüngern auf der einen und der Welt auf der anderen Seite beschreiben (Joh 15,18ff). Im Zusammenhang der Nachfolge gilt, daß die Bindung an Jesus zu einer Veränderung von Lebensprioritäten führt. Der Lk 14,26 geforderte H. gegenüber den Eltern wie auch dem eigenen Leben meint darum nicht emotionale Verachtung, sondern die Umwertung der Werte als Zeichen ganzheitlicher Umkehr und neuer Freiheit (Lk 14,26; par Mt 10,37: »weniger lieben«).

Lit.: O. Michel: ThWNT IV, 1942, 687ff; J. Procopé: »Haß«, RAC 13, 677ff.

K.P. Voß

Hassun, Hassuniten → Armenien

Hauer, Jakob Wilhelm (1891-1962)

H., geb. am 4. 4. 1891 in Ditzingen, gest. am 18. 12. 1962 in Tübingen. Er ging 1906 als Missionar der → Basler Mission nach Indien, schied dann zu religionswissenschaftl. Studien aus. Privatdozent 1921, Ruf nach Marburg 1925, nach Tübingen 1927. Neben seiner akademischen Tätigkeit war H. praktisch und rel. engagiert in verschiedenen völkisch orientierten Bewegungen, 1933 Mitbegründer der deutschen Glaubensbewegung, die über die → Deutschen Christen hinaus die Kirche der Deutschen allgemein-religiös-völkisch gestalten wollte. 1936 schied er aus der Leitung aus.

Seine Auffassung von Religion möchte von innen her, vom rel. Erlebnis ausgehen. Das ekstatische Erleben des Unbedingten als des Heiligen gilt ihm als Quellpunkt aller rel. Lebensprozesse. Echte Gemeinschaft kann nicht auf gemeinsamem vorgegebenem Bekenntnis oder Theologie beruhen, daher seine Kirchenkritik. Schwerpunkte seiner wissenschaftl. Arbeit waren die indischen Religionen, insbesondere der Yoga. Seine reichhaltige wissenschaftl. Leistung ist durch die Eigenart seines völkisch-rel. Engagements auch in der Arbeit an den Quellen beeinträchtigt. In der Basler Mission gab es bei der Aussendung Bedenken wegen seiner Haltung.

Lit.: J.W. Hauer: Die Anfänge der Yogapraxis im alten Indien, 1922; ders.: Der Yoga als Heilsweg, 1932; ders.: Der Yoga, 1958; ders.: Die indischen Religionen, 1922; ders.: Die Religionen, ihr Werden, ihr Sinn, ihre Wahrheit, 1923; ders.: Deutsche Gottschau, 1934; ders.: Glaubensgeschichte der Indogermanen, 1937;

U. Nanko: Die Geschichte des Lehrstuhls für vergleichende Religionswissenschaft, (Magisterschrift Tübingen) 1980.

N.P. Moritzen

Hauge, Hans Nielsen (1771-1824)

H., geb. am 3. 4. 1771 im Kirchspiel Thune, gest. am 29. 3. 1824 in der Nähe von Kristiania/Oslo, ein Bauernsohn aus Südostnorwegen, hat in seinem Land als Laienprediger große Erweckungen ausgelöst. Seine Frömmigkeit war entscheidend durch die »Vier Bücher vom wahren Christentum« von Johann → Arndt (gest. 1621) bestimmt, durch die im 17. Jh. Ph.J. → Spener Erneuerer innerhalb der ev. Christenheit wurde. Seine Bekehrung erlebte H. am 5. April 1796 während der Feldarbeit beim Singen eines geistl. Liedes. Es wurde plötzlich auf unsagbare Weise sein Herz von der Kraft Christi »durchglüht« und von inniger Liebe zu den Verlorenen erfüllt.

Von 1798 bis 1804 legte er als Erweckungsprediger über 7.500 km zurück und kam dabei auch zu den Herrnhutern in Christiansfeld in Nordschleswig. Sein Anliegen war, rechte Lehre (er fand sie vorgegeben in Luthers Kleinem Katechismus) und Glaubensgehorsam in Einklang zu bringen. Wegen seiner Bußpredigten geriet er mit der Staatskirche, deren Pfarrer dem Rationalismus mehrheitlich nahe standen, in Konflikt. Enge, Ungelehrsamkeit und Fanatismus wurden ihm vorgeworfen. Gegen ihn wurde das Konventikelplakat von 1741 angewandt, so daß Haftstrafen (1804-1811 und 1814-1816) nicht ausblieben. Gleichwohl hat er seine Liebe zur offiziellen Kirche durchgehalten. Viele seiner Anhänger wirkten ihrerseits als Wanderprediger mit großem Echo. H.

ist der geistige Vater der 1868 errichteten »Lutherstiftung«, die 1891 zur Entstehung der »Norwegischen lutherischen Gesellschaft für Innere Mission« führte.

L. Hein

Hausbesuch

Daß Christen einander und andere Menschen in ihren Häusern besuchen, gehört seit ntl. Zeiten zu den Kennzeichen gemeindlichen Lebens wie zum Auftrag der Nachfolge (Lk 10,5; Mt 25,33ff; Apg 4,42-46; 16,14f; Jak 1,27 u.a.). Auch Jesus treffen wir häufig in Häusern an, was für den Gastgeber ein Zeichen geschenkter Nähe und des Heils bedeutete (Lk 4,38f; 19,1-10; Mk 2,1-12; 13-17; vgl. Lk 1,68.78f u.a.).

In der Geschichte der ev. Kirchen war der H. Sache des Pfarrers und stand im Zusammenhang der → Amtshandlungen. Der unaufgeforderte H. war nur bei Kranken und Sterbenden üblich. Der → Pietismus hat – auf dem Boden ref. Tradition – den unaufgeforderten H. ausgebaut. Die mission. Situation, in der sich die Kirche in der post-modernen Gesellschaft befindet (Traditionsabbruch, Austrittsquoten), läßt es – besonders bei größeren → Parochien – zudem dringlich erscheinen, den unaufgeforderten Besuch durch einen organisierten Laien-Besuchsdienst neu zu entdecken und zu einem Pfeiler des → Gemeindeaufbaus zu machen. Denn im H. liegt die Möglichkeit, Alltag und Kirche in Beziehung zu bringen, aber auch Menschen mit Gaben zu entdecken, die sich in der Gemeinde entfalten können.

Nach den aus den USA zu uns kommenden Impulsen der Haushalterschafts-Bewegung (»Christian Stewardship«) in den 50er Jahren hat sich die Forderung der Gemeindeaufbauliteratur, durch die Stärkung der mission. Kompetenz der Laien eine pfarrerzentrierte Versorgungsstruktur zu überwinden, seit den 70er Jahren breit Ausdruck verschafft und in den Landeskirchen zur Verstärkung der volksmission. Anliegen geführt. Praktisch knüpft die Besuchsdienst-Arbeit heute oft an die Einrichtung des Austragens von Gemeindebriefen oder an die diakon. »Sammlungen« an; meist aber werden Besuchsdienstgruppen neu gegründet. Die mitarbeitenden Gemeindeglieder werden beauftragt, zu bestimmten Anlässen bestimmte Zielgruppen zu besuchen (»Bezirksmodell« nach Straßen oder reines »Zielgruppenmodell«). Der Schwerpunkt liegt traditionell meist bei den Senioren-Besuchen aus Anlaß des Geburtstags. Immer mehr wird jedoch die seelsorgerl. und mission. Dimension der Besuchsdienstarbeit erkannt, wodurch die »mittlere Generation« stärker ins Blickfeld rückt (Besuche bei Taufeltern, auch anläßlich von Taufjubiläen, Konfirmandeneltern). Auch die Gruppe der Neuzugezogenen wird vielerorts stärker berücksichtigt. Andere Zielgruppen sind Kranke oder Trauernde, aber auch aus der Kirche Ausgetretene sowie Aussiedler und Asylanten. H.-Aktionen anläßlich eines Gemeindejubiläums oder mission. Modelle wie »neue Schritte« oder »neu anfangen« sind mit beachtlicher Wirkung durchgeführt worden.

Die Besuchsdienst-Arbeit bedarf aufmerksamer Begleitung und Zurüstung vor allem in einem regelmäßig stattfindenden Mitarbeiter-Treffen, das die vier Elemente »Erfahrungsaustausch«, »geistliche Zurüstung« (Bibel, Gebet), »Fortbildung« (u.a. Rollenspiele, Gesprächsprotokolle) und »Organisatorisches« einschließen sollte. Ein gründliches Sich-Hineindenken und Hineinfühlen in die jeweilige Besuchssituation unter den Fragestellungen von Anlaß (Anknüpfungspunkt), Gesprächsführung, Rücksichtnahme und den psychologischen Aspekten von Angst und Abwehr bei der Begegnung an einer Türschwelle gehört zum Lern- und Übungsfeld. Dabei ist die Beteiligung der Pastoren/Pastorinnen im Blick auf den Erfahrungsaustausch und die gegenseitige Abstimmung in einem gemeinsam verantworteten Besuchskonzept erforderlich. Die unterschiedliche Rolle von Pastor und Laie ist trotz des Grundsatzes vom »Priestertum aller Gläubigen« zu berücksichtigen. Damit aber der Laien-Besuchsdienst nicht zu einer pastoralen Ersatzhandlung degeneriert, sollte das Selbstverständnis des Besuchers durch eine erkennbare Beauftragung (z.B. mittels Gemeindebrief und »Besuchsdienst-Gottesdiensten«) gestärkt werden.

Lit.: J. Appelkamp u.a.: Türen öffnen, 1979; I. Hilzinger: Zu zweit sind wir stärker, 1992; C.H. Lindijer: Begegnung im Gespräch, 1987; H.-C. Piper: Der Hausbesuch des Pfarrers, 1985; G. Pünder SJ: Von Tür zu Tür, 1974; W. Raupp: Besuchsdienst. Am Netz der Gemeinde knüpfen, 1988.

Div. Arbeitshilfen sind bei den landeskirchl. Referaten für Besuchsdienst zu bekommen.

U. Laepple

Haushalterschaft

Der bibl. Gedanke der H. beinhaltet eine Totalaussage über Wesen, Inhalt und Auftrag christl. Existenz.

Der Mensch ist als Geschöpf Gottes Haushalter. Darin liegen sein Wesen, seine Würde und seine Bestimmung. Gott hat ihm das *dominium terrae* anvertraut, um die Schöpfung zu bebauen und zu bewahren (1Mo 2,15). Und der Nächste ist ihm gegeben, damit er dessen Hüter (1Mo 4,9) und Versorger (Sir 17,12) sei. Was Gott dem Menschen verliehen hat, soll dieser nicht zur Selbsterhöhung und Selbststeigerung gebrauchen, sondern zur Pflege der ihm anvertrauten Erde und zur Obhut seines Nächsten. Der Mensch ist beauftragter Sachwalter und Handlungsbevollmächtigter Gottes. Ihm selbst gehört nichts (vgl. Ps 24,1), alles ist anvertrautes Gut, Leihgabe, über die er am Ende Rechenschaft zu geben hat. Jesus verwendet das Bild vom Menschen als Gottes Haushalter häufig (Mt 24,42-51; Mk 13,3-37; Lk 12,42-48; 16,1-9). Der Mensch ist eingesetzt als Mitarbeiter an Gottes Erhaltungswerk in der Schöpfung. Letztes Ziel der H. besteht darin, daß der Mensch die Früchte der Kultur Gott darbringt (Mt 21,33ff). Jünger Jesu sind »Prokuristen«. Bei der Treuhänderschaft über das anvertraute Gut geht es ebensowenig um Stillegung des Kapitals wie um eigensüchtige Verzehrung, vielmehr um dessen Einsatz und Vermehrung (Mt 25,14ff) zur Ehre des Hausherrn und zum Wohl der »Mitknechte« (Mt 24,45).

Als Gleichnisbild für den Christenstand kommt H. ebenso in den apostol. Briefen vor, betont bei Petrus und Paulus (1Petr 4,10; 1Kor 4,1; 1Tim 6,20; Tit 1,7). H. steht in enger Beziehung sowohl zum Dienstgedanken (1Kor 4,1) als auch zur Wirklichkeit der Charismen (1Petr 4,10). Die Gemeinde Jesu wird gesehen als ein Aufgebot unterschiedlicher Gaben und Kräfte, als ein Kosmos vielfältiger Aufgaben und Dienste (1Kor 12,27f). Nicht nur der einzelne Jünger, auch die Gemeinde als ganze ist mit dem Ziel des Dienstes in die Welt gestellt.

Als Kennzeichen guter H. gelten:

– Treuhänderschaft (Bedachtsamkeit in der Wahrung des anvertrauten Gutes, schonender Einsatz der Ressourcen, vgl. auch Joh 6,12. Es geht stets darum, »mit dem Fremden treu« zu sein, Lk 16,12. Der bibl. Auftrag widerspricht damit dem röm.-rechtlichen Eigentumsbegriff, nach welchem »der Eigentümer mit der Sache nach Belieben verfahren« kann).

– Genügsamkeit im Verbrauch (1Tim 6,8; Überwindung von Habsucht und Begehrlichkeit; nachhaltige Nutzung unter Rückgriff auf das Genossenschaftsprinzip) und aktive Fürsorge für den Nächsten als Grund-Intention der H. (Teilhaberschaft im Sinne des »Wohltuns und Mitteilens«, Hebr 13,16). H. und die entsprechende Selbstbeschränkung haben überall der Realisierung des Doppelgebotes der Liebe zu dienen. »Gutes tun« bedeutet: »Leben erhalten« (Mk 3,4).

Das Werk Jesu verbindet Erhaltung und Erlösung. Darin war er treu im Haushalt Gottes (Hebr 3,6). Dementsprechend steht ein christl. H.-Ethos vor der Aufgabe, Mission und Diakonie mit dem ursprünglichen Erhaltungsauftrag zu koordinieren. Angesichts der wachsenden technischen, sozialen und ökologischen Herausforderungen unserer Zeit ist die Verpflichtung zur H. neu ins Bewußtsein getreten. Dabei ist deutlich, daß bibl. H. ohne ein gewisses Maß an Askese, Opfer und Verzicht um der Brüder und des Zeugnisses willen nicht möglich sein wird.

H. bietet das direkte Gegenprogramm zur Lebensform der Sünde, der Selbstherrschaft, Selbstverfügung oder Selbstgenügsamkeit (vgl. Mt 21,33ff). H. ist der »Dankdienst« des Christen.

Lit.: K. Bockmühl: Umweltschutz-Lebenserhaltung, 1975; R. Frische: Haushalterschaft contra Selbstherrschaft. Christen im Paradigmenkonflikt, in: W. Aebischer, H. Dürr (Hg.): Die Kunst gemeinsamer Nachfolge, 1992; O. Michel: ThWNT, V., 1954, 151ff; H.-H. Ulrich: Theologie der Haushalterschaft, in: Th. Schober (Hg.): Haushalterschaft als Bewährung christlichen Glaubens, 1981.

R. Frische

Hauskreis

1. Geschichtliche Aspekte

Die Hausversammlung gehört nach dem NT zu den Grundbausteinen der christl. Gemeinde (Apg 2,46; 16,14f; 18,7; Röm 16,5.15). In den Hausgemeinden stellte sich sichtbar dar, wie in Christus wirklich eine neue Schöpfung entstanden war, in der nicht Mann noch Frau, nicht Jude noch Grieche, nicht Freier noch Sklave mehr galt (Gal 3,28).

Martin Luther sah in der »Vorrede zur deutschen Messe« 1526 die Hausgemeinde als dritte Form des Gottesdienstes für die reformat. Kirche vor für alle, »die mit Ernst Christen sein wollen«. Diesen Hausversammlungen billigte er sogar Sakramentsverwaltung zu. Da er aber noch nicht genügend reife Christen fand, »die sich dazu drängen«, legte er diesen Plan wieder zur Seite. Statt einer Kirche von Priestern, wie es das Priestertum der Gläubigen nahegelegt hatte, blieb es (bis heute!) bei der Priesterkirche des MAs.

Ph.J. Spener unternimmt mit den »Pia desideria« 1675 einen neuen Anlauf in Richtung Hausgemeinde. Innerhalb der Kirche hat dieser Impuls vorwiegend im Pietismus Württembergs Auswirkungen gezeigt.

Seit Mitte der 70er Jahre ist in Deutschland ein starker Trend zur Bildung von H.en feststellbar. In vielen Gemeinden bilden die H.e die stärkste Gruppe unter den Angeboten für Erwachsene. In der Regel verstehen sich die H.e als Teil des Gemeindelebens, zumal der Großteil der Teilnehmer aktive Gemeindeglieder sind.

2. Konzeptionelle Aspekte:

– H.e werden in der Regel von Laien gegründet und geleitet. Dies unterscheidet sie von den Angeboten der kirchl. Hauptamtlichen.

– H.e stehen so unmittelbar im Leben der Gemeinde wie andere Gemeindegruppen. Sie gehören keinem Werk oder Verband an.

– H.e sind soziologisch vielschichtig. Das unterscheidet sie z.B. von reinen Akademikerkreisen.

– Das Programm ist überwiegend geprägt von der Besprechung bibl. Texte. Geselligkeit und Suche nach Gemeinschaft stehen gleichrangig (nach Apg 2,42) daneben, sind aber nicht vorrangig, wie z.B. bei Familienkreisen.

– Die Zusammenkunft lebt vom Gespräch (aller!) über den Text. Das unterscheidet den H. vom Gottesdienst und der üblichen Form der Bibelstunde.

– Der H. findet in einer Privatwohnung statt. (Er kann deshalb von der Gemeinde schnell als exklusiv, ja als sektiererisch angesehen werden. Deshalb sollten die H.e ab und zu abgekündigt werden).

– H.e treffen sich in aller Regel wöchentlich oder vierzehntägig. Nur so entsteht eine Gemeinschaft.

Innerhalb dieser formalen Rahmenbedingungen lassen sich vom Inhaltlichen (Zweck der Zusammenkünfte) verschiedene Typen von H.en unterscheiden: der Schnupperkurs für Erstkontakte, der Offene Gesprächskreis als zeitlich begrenzte Form der Nacharbeit einer Aktion, der missionarische Hauskreis als Einführung in den Glauben, der vertiefende Hauskreis als Beheimatung für Gläubige, der Gebetskreis als »geistliches Schlüsselloch« für verschlossene Türen in der Gemeinde.

H.e als Ort der Entfaltung verschiedenster Gaben von Laien werden auf Dauer die pastoral-orientierte Ein-Mann-Struktur der landeskirchl. Gemeinden verändern in Richtung auf einen Gemeindeorganismus, der in der Vielfalt seiner Glieder lebt und wächst.

Lit.: H. Nater: Mut zum Hauskreis, 1983. W. Raupp: Hauskreise – Lebendige Steine im Bau der Gemeinde. Orientierungshilfen zum Selbstverständnis und für die Praxis, 1990; O. Schweitzer: Hauskreis ABC, 1993, (Lit.); ders.: Werkbuch Hauskreis, 1986.

O. Schweitzer

Hausmann, Manfred (1898-1986)

H., geb. am 10. 9. 1898 in Kassel, gest. am 6. 8. 1986 in Bremen, gilt heute als einer der bedeutendsten christl. Autoren des 20. Jh.s. Sein Frühwerk, das ihn schon in der Zeit zwischen den beiden Weltkriegen zu großen Publikumserfolgen kommen ließ (Lampion, Roman 1928; Abel mit der Mundharmonika, Roman 1932, verfilmt 1934 u.a.m.), steht jedoch eher unter dem Einfluß der Jugendbewegung dieser Zeit und ist dann auch nur indirekt christl. beeinflußt. Nach Teilnahme am Ersten Weltkrieg studierte H. Kunstgeschichte, Philologie und Philosophie und promovierte 1922 zum Dr. phil. Eine kurze Tätigkeit als Dramaturg wirkte sich später auf zum Teil häufig aufgeführte Theaterstücke aus (u.a. Lilofee, 1929; dann, christl. motiviert: Das Worpsweder Hirtenspiel, 1946; Der Fischbecker Wandteppich, 1955; Aufruhr in der Marktkirche, 1957; Die Nienburger Revolution, 1975). Ebenso kurzfristig wie die Dramaturgentätigkeit war 1923 eine Kaufmannslehre, an die sich die Arbeit als Feuilletonredakteur der »Weser-Zeitung« anschloß. Nach dem großen Anklang des »Lampion« entschloß sich H. zur freien Schriftstellerlaufbahn, wurde im Zweiten Weltkrieg erneut Soldat, ging nach Kriegsende vorübergehend als Schriftleiter zum »Weser-Kurier« und wurde 1952 endgültig freier Schriftsteller.

Eine deutliche, auch offen bekannte Hinwendung zum Christentum entwickelte sich unter dem Einfluß von K. → Barth und S. → Kierkegaard ab 1946; neben Theaterstücken stehen dafür vor allem Erzählungen und Romane wie »Liebende leben von der Vergebung«, 1953; »Was dir nicht angehört«, 1956; »Kleiner Stern im dunklen Strom«, 1963 u.a.m., sowie zahlreise Essays und Predigten (u.a. Licht vom unerschöpften Lichte, 1966; Wort vom Wort,

1968). Herausragend sind teils auch H.s Gedichte, deren kunstvoll gestaltete und zugleich zeitlos einfach wirkende Sprache christl. Gedankengut weit über Gemeindekreise hinaus verständlich gemacht hat (Die Gedichte, 1949; Irrsal der Liebe, 1960; Jahre des Lebens, 1974).

Lit.: M. Hausmann Gesammelte Werke, 12 Bde., 1985.

S. Hajek: M. Hausmann, 1953; U. Homann: »Manfred Hausmann. Dichter und Christ«, Der Literat, 28 (1986); K. Schauder, M. Hausmann: Weg und Werk, [2]1979.

C.P. Thiede

Hauß, Friedrich (1893-1977)

H., geb. am 11. 8. 1893 in Vogelbach bei Kandern, gest. am 9. 7. 1977, wuchs seit 1906 in der ehemaligen Henhöfergemeinde Spöck auf. Sowohl das Elternhaus (Pfarrfamilie) als auch das Studium – v.a. bei A. → Schlatter und K. → Heim – prägten ihn in Richtung einer erwecklichen Theologie. Seit 1919 war er als Pfarrer in verschiedenen Gemeinden und seit 1950 als Dekan in Dietlingen tätig.

Das Studium geistl. Persönlichkeiten führte ihn zu der Erkenntnis, daß die Ursache von Erweckung und Gemeindewachstum »in der von Christus ergriffenen Persönlichkeit« liegt. Diese Erkenntnis setzte er durch konkrete Schritte um: Er evangelisierte neben seiner pfarramtlichen Tätigkeit, führte Theologiestudentenfreizeiten und später Pfarrerrüstzeiten durch, übernahm den Vorsitz des badischen CVJM, leitete nebenamtlich das Amt für Volksmission und führte die Bibelwochen in der badischen Landeskirche ein. Als Mitglied der Bekennenden Kirche und Mitbegründer der »Evangelischen Vereinigung für Bibel und Bekenntnis in Baden« sowie als Verfasser verschiedener Bibelkonkordanzen trat H. für die betonte Geltung von Schrift und Bekenntnis in der Kirche ein. Das Anliegen H.' wird seit 1982 im »Friedrich Hauß Studienzentrum« in Schriesheim bei Heidelberg fortgeführt, einer Arbeit, die Theologiestudierende geistl. und theol. begleitet.

Lit.: F. Hauß: Erweckungspredigt und Erweckungsprediger, 1924; ders.: Väter der Christenheit (1956) 1991; ders.: Erinnerungen und Erfahrungen, 1976.

W. Weiland

Haustafeln

Im engeren Sinne versteht man unter H. (Bezeichnung von Luther geprägt) gleichförmige, aneinandergereihte Anweisungen bzgl. der gegenseitigen Pflichten der Glieder des christl. Hauses (Kol 3,18-4,1; Eph 5,22-6,9; abgewandelt: 1Petr 2,13-3,7; zu unterscheiden sind Ermahnungen an Stände auf Gemeindeebene: z.B. 1Tim 2,8-15; 6,1; Tit 2,1-10). Darin werden paarweise die Beziehungen von Frauen und Männern, Kindern und Vätern (fehlt in 1Petr), Sklaven und Herren im Sinne von Unterordnung (Frauen) und Gehorsam (Kinder/Sklaven) sowie Liebe (Männer) und Fürsorge (Väter/Herren) geregelt, wobei jeweils das schwächere Glied zuerst angesprochen wird. Wenngleich für alle formalen und inhaltlichen Elemente Entsprechungen aus der jüd. und hell. Umwelt vorliegen (vor allem Pflichtenlehre der Stoa bzw. antike Ökonomik), ist keine exakte Parallele bekannt, so daß die eigentlichen H. wohl als genuin christl. Bildungen gelten dürfen. In ihnen werden traditionelle Verhaltensnormen der Umwelt, die sich mit den Grundsätzen urchristl. Ethik vereinbaren ließen, aufgegriffen und dem Heils- und Herrschaftsbereich Christi als der Lebenswirklichkeit der Gemeinde zugeordnet.

Lit.: M. Gielen: Traditon und Theologie neutestamentlicher Haustafelethik, 1990; W. Schrage: »Zur Ethik der neutestamentlichen Haustafeln«, NTS 21, 1975, 1-22; G. Strecker: Die neutestamentlichen Haustafeln (Kol 3,18-4,1 und Eph 5,22-6,9), in: Neues Testament und Ethik. FS für R. Schnackenburg, 1989, 349-375; K. Thraede: Zum historischen Hintergrund der »Haustafeln« des NT (sic), in: Pietas. FS für B. Kötting, 1980, 359-368.

R. Gebauer

Hebel, Johann Peter (1760-1826)

H., geb. am 10. 5. 1760 in Basel als Sohn eines Leinewebers, gest. am 22. 9. 1826 auf einer Inspektionsreise in Schwetzingen, besuchte die Lateinschule in Schopfheim, das Gymnasium in Basel und Karlsruhe, studierte in Erlangen (theol. Examen 1780), war Hauslehrer, ab 1791 Subdiakonus am Karlsruher Gymnasium, 1792 wurde ihm der Titel Hofdiakonus verliehen, 1798 erfolgte die Ernennung zum a.o. Prof. der dogmat. Theologie und der hebr. Sprache, 1806 die Berufung zum Kirchenrat; 1819 Prälat der Badischen Kirche.

In den Jahren 1799 – 1802 entstanden H.s »Alemannische Gedichte«, über die R. M. Rilke befindet: »Nicht daß Hebel im Dialekt gedichtet hat, aber daß der Dialekt in ihm dichterisch geworden ist, das ist das Entscheidende.«

1807 übernahm H. die Herausgeberschaft des Landkalenders für die badische Markgrafschaft, der 1808 illustriert unter dem Titel »Der Rheinländische Hausfreund« erschien. Eine Sammlung seiner Kalendergeschichten gab H. unter dem Titel »Schatzkästlein des Rheinischen Hausfreunds« 1811 heraus, ein Hausbuch, das bis heute aufgelegt wird.

1821 war H. maßgeblich an der Einigung des luth. und ref. Bekenntnisses in seiner Landeskirche beteiligt. Für diese Union schuf er sein letztes Werk: »Biblische Geschichten« (1824), ein Einheitslehrbuch für den Religionsunterricht an den badischen Volksschulen – 1855 wurde es von der badischen Generalsynode mit der Begründung »nicht vollkommen bibeltreu« für den Schulgebrauch wieder abgeschafft.

H.s dichterisches Werk zeichnet sich durch gründliche Kenntnis des antiken Versmaßes aus, ein dem Alltagsleben des Volkes zugewandter, hintergründiger Humor steht neben dem Wissen um die Vergänglichkeit alles Irdischen.

Lit.: J.P. Hebel Werke, hg. von E. Meckel, 2 Bde., 1968.

R. M. Kully: J. P. Hebel, 1969; H. Schlaffer (Hg.): J. P. Hebel: Schatzkästlein des Rheinischen Hausfreunds. Ein Werk in seiner Zeit, 1980; W. Zentner: J. P. Hebel, 1965.

K. Günther

Hebich, Samuel (1803-1868)

Der württembergische Pfarrerssohn H., geb. am 9. 4. 1803 in Nellingen bei Blaubeuren, gest. am 21. 5. 1868 in Stuttgart, entschied sich nach einer kaufmännischen Lehre in Lübeck im Alter von 28 Jahren zum Missionsdienst und wurde einer der Pioniermissionare der Basler Mission in Indien. 1834 landete H. mit einer weiteren Missionarin in Kalihut an der Malabarküste. Während seiner 6jährigen Tätigkeit in Mangalur eröffnete er ein Predigerseminar und wird zusammen mit H. → Gundert zum eigentlichen Begründer der Basler Mission in Indien. 1840 wurde H. nach Kannanur am Arabischen Meer versetzt, einer britischen Garnisonstadt. Die Frucht seiner segensreichen Tätigkeit war die Gründung einer aus Eingeborenen und Briten gemischten Gemeinde. Die Stadt erlebte 1847 eine Erweckung unter Eingeborenen, Soldaten und Offizieren, die zum Segen für ganz Indien wurde. Die mangelnde Sprachbegabung ersetzte H. durch einen beispielhaften Eifer in der Gewinnung von Menschenseelen. Mit großem Mut – oft in ernster Lebensgefahr – wußte er durch Dolmetscher das Kreuz Christi zu verkünden.

Durch derbe Beispiele, ernste Drohungen vor der Hölle, aber zugleich mit zarter Liebe zu jedem Bußfertigen hat H. 1834-1859 ununterbrochen auf dem Missionsfeld gearbeitet. Für seine Mitbrüder und das Missionskomitee Basel war H. nicht immer bequem. »Er war vollmächtig, aber auch eigenmächtig!« Zuletzt wirkte er in der Heimat und warb für die Mission.

Lit.: W. Jörn: Samuel Hebich, Der große Seelengewinner, [2]1968; W. Schlatter: Die Geschichte der Basler Mission;

H. Brandenburg

Hebräerbrief

Der H. ist ein predigtartiges Sendschreiben, das die Glaubenskraft und Geduld angefochtener Christen stärken soll (13,22): Unterdrückung und Leiden dürfen das Aufsehen auf Christus nicht hindern (4,14-16; 10,32-36; 12,1-13). Denn durch ihn hat Gott die Geschichte seiner Offenbarung zum Höhepunkt geführt und die Zeit des Heils eröffnet (1,1f; 2,3f). Die Herrlichkeit des Gottessohnes, der unser Bruder und hohepriesterlicher Mittler wurde, ist das Thema des H. (A. Schlatter); es wird schon in dessen ungewöhnlicher, feierlicher Einleitung angeschlagen (1,1-14).

Die Briefform tritt erst am Schluß (13,9.22-25) deutlich hervor; aber die Alte Kirche hat den H. in der Reihe der Briefe des Paulus überliefert (in p 46 steht er nach dem Römerbrief). Jedoch will der im Hintergrund bleibende (ungenannte) Verfasser kein Apostel sein wie Paulus, der sein Evangelium unmittelbar von Christus erhielt (vgl. Gal 1,12). Vielmehr wurde er von denen unterwiesen, die den Herrn gehört hatten (2,3). Deshalb ist bei ihm eher an einen Schüler des Paulus zu denken (so schon Origenes). Denn in Teil I (1,3-4,13) gründet er sich – wie vor ihm Paulus – auf die alte Christologie, wie sie in den auf 2Sam 7,12-14 und Jes 53 aufgebauten Bekenntnissen Röm 1,3f; 4,24f; Phil 2,5-11 zur Sprache kommt: Christus stand von Anbeginn höher als die Engel, ist aber aus freiem Antrieb Mensch geworden und erlitt den Tod (1,3-2,4). Gerade dadurch wurde er der Führer zum Heil (2,5-18) und der letzte Erlöser, der größer ist als der erste, nämlich Mose (3,1-4,13).

In Teil II (4,14-10,18) werden der Weg und die Wirkung der Erlösung entfaltet, und zwar in Anlehnung an die paulin. These Röm 5,1f: Christus hat uns mit Gott versöhnt und uns den Zugang zur Gnade geschenkt. Das wird nun auf eigenständige Weise – im Blick auf den atl.-jüd. Tempelkult – ausgeführt: Christus, der als messianischer Gottessohn gehorsam war und für uns gelitten hat (5,8f), wird als »Hoherpriester« (*archiereus*) der Endzeit verstanden (7,1-10,18). Der Verfasser hat diesen neuen Christustitel so gewonnen, daß er exeget. von der christologisch wichtigen Stelle Ps 110,1 zu Ps 110,4 weiterging (5,10; 6,20): Der zur Rechten Gottes Thronende (1,8.13; 8,1) ist auch der Priester nach der Ordnung Melchisedeks (5,6 nach Ps 110,4), des Priesterkönigs von Salem (7,1-28 nach 1Mo 14,17-20). Als der Erhöhte hat Christus das himmlische Heiligtum betreten, dort sein eigenes Blut in einem einmaligen, endzeitlich wirksamen Akt der Sündentilgung und Versöhnung dargebracht und so die Schließung des Neuen Bundes nach Jer 31 ermöglicht (Kap 8-10). Die so gewonnene Gemeinschaft mit Gott wird beim Kommen Gottes zu Gericht und Heil vollendet werden; dieses soll sich analog zur Sinai-Epiphanie abspielen, es aber als kosmisches Ereignis überbieten (12,18-29).

H. endet – wie die Briefe des Paulus – mit einem paränetischen Teil (III: 10,19-13,25). Die rechte Antwort auf das Christusgeschehen, d.h. die jetzt gebotene endzeitliche Existenz der Gemeinde, soll gekennzeichnet sein durch den Glauben (Kap. 11), die Geduld im Leiden (Kap. 12), sowie durch die Liebe zum Bruder und die Treue zum Herrn (Kap. 13); dies ist ein Verhalten, wie es kürzer in Röm 5,2.4f.11 aufgezeigt wird. Der Glaube ist das unerschütterliche Vertrauen in Gottes Schöpfermacht und in das verheißene, aber noch nicht offenbare Heil (11,1-3); so wurde er auch von den Gottesmännern des Alten Bundes bewährt (11,4-40). Das Leiden läßt sich geduldig tragen, wenn man sich die Erziehungsweise Gottes und das kommende Gericht vor Augen hält, sowie auf die vollendeten Heiligen im himmlischen Jerusalem blickt (Kap. 12). Die Treue wird befestigt beim Suchen der zukünftigen, himmlischen Gottesstadt (13,14) und beim Hinausgehen aus dem Lager der Welt, hin zum leidenden Christus (13,12f).

Der Brief wurde wohl Mitte bis Ende der 60iger Jahre verfaßt, jedenfalls in einer Zeit, als der Tempel in Jerusalem noch stand. Religionsgeschichtl. sollte er nicht einseitig eingeordnet werden, etwa in die → Gnosis (so E. Käsemann) oder in die Welt → Philos (C. Spicq) oder in die Nähe von → Qumran (H. Kosmala, Y. Yadin). Vielmehr zeigen schon die vielen atl. Zitate (LXX), daß das Christusgeschehen von der Schrift her beleuchtet wird.

Lit.: O. Betz: »Hebräerbrief« GBL 2, 539-544; A. Vanhoye: »Hebräerbrief«, TRE 14, 1985, 494-505.

O. Betz

Hebräerevangelium → Apokryphen (NT)

Hebräische Sprache, hebräisches Denken

1. Hebräisch ist die Sprache des überwiegenden Teils des AT (außer den aram. Stücken Esra 4,8-6,18; 7,12-26; Dan 2,4-7,28; Jer 10,11 und 1Mo 31,47 etc.) und einiger weniger vorderasiat. Quellen.

2. Die h. S. gehört zur Familie der semit. Sprachen, konkreter zur Gruppe der nordwestsemit. Sprachen. Eine Reihe von grammatikalischen Gemeinsamkeiten verbindet das Hebr. mit anderen semit. Sprachen. Das Moabitische und auch das Phönizische weisen solche grammatikalischen Ähnlichkeiten mit dem Hebr. auf, daß eine Unterscheidung oft nur schwer möglich ist.

Daß nach D. Michel fraglich ist, »ob es Kanaanäisch als einheitlichen Sprachtyp überhaupt gegeben hat« (507), könnte erklären, daß auch die Frage, ob die Israeliten bei ihrer Landnahme schon Hebr. gesprochen haben oder Hebr. als Sprache Kanaans vorfanden, bislang nicht einmütig beantwortet wird.

3. Es ist erstaunlich, daß das AT selbst seine Sprache nicht als »hebräisch« qualifiziert. Jes 19,18 spricht von der »Sprache Kanaans«, und Jes 36,11; 2Kön 18,26 sowie Neh 13,24 reden von »jüdisch«. Die Bezeichnung »hebräisch« für die Sprache des AT findet sich erst im Prolog zu Jes Sir (V.24), dann bei Josephus (Ant I,1 §2; Rev IX,11). Das NT hat eine Vielzahl von Hinweisen auf hebr. Mundart (Apg 21,40; 22,2; 26,14), Orts- und Personenbezeichnungen; die Mehrzahl dieser Angaben bezieht sich aber auf die aramäische Umgangssprache der Zeit Jesu (vgl. Lk 23,38ff; Joh 5,3; 19,13.17; 19,20; 20,16 (?); Apg. 21,40; 22,2; Offb 9,11 (?); 16,16 (?)). Der unterschiedliche atl. und ntl. Befund spiegelt eine Veränderung im Umgang mit der hebr. Sprache wider. Für die Zeit bis zum babylon. Exil ist das Hebr. bei allen Dialektverschiebungen, mit denen wir (auch wegen Richter 12,6) rechnen müssen, unproblematisiert vorausgesetzte Umgangssprache. Schon 1Mo 31,47 unterscheidet ausdrücklich zwischen der aramäischen Bezeichnung Labans und der hebr. Namensgebung Jakobs. Noch 2Kön 18,25ff (vgl. Jes 36,11.13; 2Chr 32,10ff) ist das Hebr. die dem Volk – im Gegensatz zum Aramäischen – geläufige Sprache. Erst während und nach dem babylon. Exil unterliegt das Hebr. immer mehr dem Aram. als internationale Verkehrs- und Umgangssprache (vgl. Neh 13,24). Das Hebr. beginnt, seinen Volkscharakter zu verlieren und eine Sprache des Gottesdienstes und der Gelehrten zu werden, die ausgebildet werden, um die heiligen Bücher zu verstehen und zu tradieren. Das Verständnis des Hebr. als »heiliger Sprache« zeichnet sich ab. Da, wo sich im NT Hinweise auf »hebräische Sprache« finden, markieren diese im Rahmen der hell. Mischkultur durchweg die sprachlich gegebene Differenz zur röm.-griech. Zivilisation.

Diese erweiterte Abgrenzungssemantik von Hebr. steht in der Tradition der Gebrauchsweise des AT von »Hebräer«. Auch wenn der etymologische Ursprung von »Hebräer« nicht zu klären ist, macht doch die Verwendung des Wortes deutlich, daß es – je länger um so mehr – zur Abgrenzung der Israeliten und ihrer Eigenart von Nicht-Israeliten dient (1Mo 14,13; 40,15; 43,32; 2Mo 2,6; 3,18; 5,3; 7,16; 9,1.13; 5Mo 15,12).

4. Es gibt eine bis in die Gegenwart reichende Diskussion, ob man von der Eigenart eines (bibl.-)hebr. im Gegensatz zu einem (phil.-) griech. Denken sprechen könne. Der gegenüber den Vertretern eines hebr. Denkens (Ratschow; Boman) geltend gemachten linguistischen Kritik (Barr; Bartelmus) wird man nur gerecht, wenn man das traditionelle Anliegen einer veritas hebraica (»hebräische Wahrheit«) nicht auf der Ebene hebr. Denkens, also als Zusammenhang bestimmter Denk-Vorstellungen, vertritt, sondern auf die hebr.-bibl. Sprachgestalt rekurriert. Daß der veritas hebraica eine dogmat. Kategorien bildende eminente Bedeutung für jede bibl. orientierte systemat. Theologie zukommt, ist nur dann einsichtig zu machen, wenn unter Aufnahme neuerer sprachphil. Einsichten Sprache begriffen wird einerseits als Ausdruck einer (geschichtl.) Lage und andererseits als unhintergehbares Medium von Denken und Vernunft. Die im AT vorliegende hebr.-bibl. Sprachgestalt kann dann begriffen werden »als Resultat der Geschichte des Handelns Gottes an seinem Volk incl. der Erwählung der Sprache dieses Volkes und als Reflex auf die in dieser Geschichte mit Gott gesammelten Erfahrungen« (Hempelmann, 1989, 48, vgl. in: G. v. Rad, II, 375). Die veritas hebraica

als Konsequenz kontingenter Kondeszendenz Gottes schlägt sich nicht nur nieder in grammatikalischen Besonderheiten, sondern v.a. auch in der spezifischen Semantik der hebr., das ntl. Griech. spezifisch prägenden Sprache. Der Hinweis auf das Griech. des NT kann darum genausowenig ein Argument gegen die veritas hebraica sein wie die Betonung der Verwandtschaft des Hebr. mit anderen semit. Sprachen: Der in der Geschichte handelnde und sich einem bestimmten Volk offenbarende Gott (5Mo 7,7f) hat eben mit diesem Volk auch eine bestimmte sprachliche Matrix erwählt, diese aber im jahrhundertelangen Gegenüber zu seinem Volk weiter spezifiziert und besondere, seiner Wirklichkeit angemessene Aussagemöglichkeiten geschaffen (vgl. etwa die »Schwerfälligkeit des Hebräers in der Bildung von Abstraktbegriffen« (v.Rad, I, 439), die theol. begriffen werden müssen (dazu Hempelmann, 1989, 51 Anm. 30). Es sind diese »Spuren des hebräischen Denkens« (Koch, 1991), die der Wissenschaft des AT seit jeher aufgefallen und für das Gesamte einer bibl. Theologie wichtig geworden sind.

Lit.: J. Barr: Bibelexegese und moderne Semantik. Theologische und linguistische Methode in der Bibelwissenschaft, 1965; R. Bartelmus: HYH: Bedeutung und Funktion eines hebräischen »Allerweltswortes«, 1982; Th. Boman: Das hebräische Denken im Vergleich mit dem griechischen, [6]1977; G. Gerleman: Struktur und Eigenart des hebräischen Denkens, in: SeA Bd. 22/23 (1957/58), 252-264; K. Haacker, H. Hempelmann: Hebraica Veritas. Die hebräische Grundlage der biblischen Theologie als exegetische und systematische Aufgabe, 1989; H. Hempelmann: »Sine verbo externo«? Veritas hebraica als Konsequenz kontingenter Kondeszendenz, in: Von Gott erkannt. Gotteserkenntnis im hebräischen und griechischen Denken, hg. von E. Lubahn, O. Rodenberg, [2]1991, 30-41; K. Koch: »Gibt es ein hebräisches Denken?«: Pastoralblätter 108. Jg. (1968), 258-276; ders.: Spuren des hebräischen Denkens. Beiträge zur alttestamentlichen Theologie, 1991; D. Michel: Grundlegung einer hebräischen Syntax, Teil 1. Sprachwissenschaftliche Methodik, 1977; ebenfalls erschienen in: TRE Bd. XIV, 1986, 505-510; G.v. Rad: Theologie des Alten Testamentes Bd. 1/Bd. 2, [6]1969; [5]1968; C.H. Ratschow: Werden und Wirken. Eine Untersuchung des Wortes hajah als Beitrag zur Wirklichkeitserfassung des Alten Testamentes (BZAW; Bd. 70), 1941.

H. Hempelmann

Hedonismus

H. bezeichnet eine phil. Anschauung, nach der das höchste ethische Prinzip das Streben nach Sinnenlust und -genuß ist. In der dauerhaften Erfüllung individueller physischer und psychischer Lust wird das private Glück des Menschen gesehen. Im deutschsprachigen Raum wird H. vor allem auf momentane, sinnliche Lust bezogen, während Eudämonismus allgemeiner als Glücksstreben überhaupt gefaßt wird. Bereits die antiken Philosophen sahen im H. die praktische Haltung der Masse der Menschen. Im christl. MA zurückgedrängt, wurde seit dem 18. Jh. die These zunehmend diskutiert, das Glück sei das einzige Ziel menschlicher Praxis. Seit Schopenhauer bezeichnet H. die Haltung unreflektierter Bereitschaft zum Genuß, die auf jede ethische Rechtfertigung verzichtet. In der Psychologie hat sich daraus die Ansicht entwickelt, Lust in jedweder Form sei das einzige oder zumindest vorrangige Ziel menschlicher Motivation. Damit scheint der Lebensanspruch des modernen Menschen treffend charakterisiert. Auf der unteren ethischen Sinnebene der Triebbefriedigung entsteht daraus meist ein egoistisches Streben, dessen Maßstab allein die Quantität ist. Die damit verbundene Privatisierung der Wertvorstellungen relativiert jede Ethik und gefährdet den Zusammenhalt der Gesellschaft als Solidargemeinschaft. Weil der H. in seiner Konzentration auf das subjektive Gefühl das Zugewandtsein zu Gott und zum Nächsten mißachtet, verfehlt er die volle Realität menschlicher Identität.

Lit.: J. Ruhnau: »Hedonismus«, HWP 3, 1974, 1023-1026.

L.E. v. Padberg

Heerbrand, Jacob

→ Orthodoxie, protestantische

Heermann, Johann

→ Liedgut, Liederbücher

Hegel, Georg Wilhelm Friedrich (1770-1831)

1. Lebenslauf

G.W.F. H. wird am 27. 8. 1770 als ältestes von drei Kindern des herzoglichen Rentkammersekretärs Georg Ludwig H. in Stuttgart geboren. Die Vorfahren waren weithin Pfarrer und

Gelehrte, und der junge H. erhält neben der gymnasialen Ausbildung in der württembergischen Residenzstadt Stuttgart durch Privatlehrer zusätzlichen Unterricht. Er beschäftigt sich neben dem AT und NT mit den antiken Klassikern sowie mit Shakespeare, Rousseau, Klopstock, Goethe und Schiller.

Von 1788-1793 studiert H. als Stipendiat am Evangelischen Stift in Tübingen Theologie und schließt dort Freundschaft mit Hölderlin und dem extrem frühreifen → Schelling. Beide nehmen auf seine phil.-intellektuelle Entwicklung nachhaltig Einfluß. Nicht zuletzt der Briefwechsel H.s während seiner Zeit als Hauslehrer in Bern und Frankfurt mit den Stiftsfreunden legt davon Zeugnis ab. Nach dem Tod des Vaters kann sich H. mittels seines Erbes ab 1800 in Jena ganz seinen akademischen Studien widmen. Er gibt dort gemeinsam mit Schelling, der damals bereits auf dem Höhepunkt seiner wissenschaftl. Laufbahn stand, das »Kritische Journal der Philosophie« heraus. H. entwickelt in Jena, dem geistigen Zentrum seiner Zeit, eine breite literarische Produktivität. Sein Denken ist vom polit. Umbruch nach der französischen Revolution (1789), der theol. Krise des Christentums nach der Aufklärung und der phil. Problematik des dualistischen Idealismus der Systeme von → Fichte und Schelling bestimmt. »Entzweiung ist der Quell des Bedürfnisses der Philosophie.« An der Frage also, wie die Gegensätze überwunden werden können, entwickelt sich H.s Denken, das in der »Phänomenologie des Geistes« (1807) seine erste umfassende Gestalt gewinnt. H. beschreibt die Erscheinung des Geistes als dialektische Selbstbewegung, in der der Widerstreit von These und Antithese in einer umfassenden Synthese aufgehoben ist.

1807/08 arbeitet H. aus finanziellen Gründen zunächst als Redakteur bei der Bamberger Zeitung und danach als Gymnasialdirektor in Nürnberg, wo er seine »Wissenschaft der Logik« verfaßt, in der er die Dialektik als Übereinstimmung des Begriffs mit dem Sein begründet.

Von 1816- 18 wirkt H. als ordentlicher Professor für Philosophie in Heidelberg, wo er 1817 seine »Enzyklopädie der philosophischen Wissenschaften im Grundrisse« herausgibt. Den Zenit seiner wissenschaftl. Laufbahn erlebt er allerdings von 1818 an in Berlin, wo er dreizehn Jahre lang bis zu seinem Tod am 14. Nov. 1831 als einer der berühmtesten Gelehrten Deutschlands seine z.T. erst posthum publizierten Vorlesungen hält.

2. Das geschichtsphilosophische System

»Der einzige Gedanke, den die Philosophie mitbringt, ist aber der einfache Gedanke der Vernunft, daß die Vernunft die Welt beherrsche, daß es also auch in der Weltgeschichte vernünftig zugegangen sei« schreibt H. im Vorwort zu seinen »Vorlesungen über die Philosophie der Geschichte«. H. ist davon überzeugt, daß der Geist als bewegendes Moment der Wirklichkeit (→ Idealismus) einem denknotwendigen Prinzip der Logik entspricht. Das Sein entwickelt sich als objektive Realität gemäß den logischen Gesetzen des Denkens und kommt im subjektiven Begreifen phil. Erkenntnis zu sich selbst. Die Weltgeschichte läßt sich als vernünftige Bewegung des Weltgeistes fassen und ist auf Grund ihrer Vernünftigkeit auch durch ihre eigene Entwicklung gerechtfertigt. »Was vernünftig ist, das ist wirklich; und was wirklich ist, das ist vernünftig«, vermerkt H. in den »Grundlinien der Philosophie des Rechts«. Die Weltgeschichte wird so bei H. zu einem universalen Gottesbeweis und zur vollendeten Theodizee, d.h. Rechtfertigung Gottes. Um sein hist. Ziel zu erreichen, bedient sich der absolute Geist der »List der Vernunft«, indem er konkrete herausragende Gestalten der polit. Geschichte wie z.B. Napoleon zu seinen Mandatsträgern macht und sich ihrer – ohne daß ihnen dies subjektiv bewußt würde –, bedient. In diesem Sinn würdigt H. Napoleon als Verkörperung der Weltvernunft, die den Korsen gebraucht, um die Ziele der französischen Revolution zu vollenden. »Die Weltgeschichte ist der Fortschritt im Bewußtsein der Freiheit – ein Fortschritt, den wir in seiner Notwendigkeit zu erkennen haben«, heißt es in H.s »Vorlesungen über die Philosophie der Geschichte«. Da der Geist den dialektischen Gang des Seins bestimmt und erst in H.s Philosophie zur reinsten Erkenntnis seiner selbst gelangt, kommt die Philosophiegeschichte mit H. zu ihrer umfassendsten inhaltlichen Selbstverwirklichung und vollendeten Form.

3. Philosophische und theologische Kritik

Wegen des universalen Selbstanspruchs des H.schen Systems herrschte zunächst Ratlosigkeit darüber, wie Philosophie nach H. überhaupt eine weitere Geschichte haben könne. Andererseits impliziert H.s dialektische Methode, daß aus jeder erreichten Synthesis, also auch dem System Hegels, wieder eine Thesis hervorgeht, die dann durch eine entsprechende Antithesis überwunden wird.

Die Antithese nimmt im Blick auf H.s Philosophie eine in sich widersprüchliche Gestalt an: bei Sören → Kierkegaard gewinnt sie die Überzeugung, daß alle dem Menschen erreichbare Wahrheit nur existentiell und niemals abstrakt systematisch sein könne; bei Arthur → Schopenhauer, dem Berliner Intimfeind H.s, besteht die Antithese darin, daß das Verständnis der Welt voluntaristisch und vitalistisch als »Wille und Vorstellung« begriffen wird; und schließlich wendet sie sich bei dem Linkshegelianer Karl → Marx zu der Umkehrung des ontologischen Prinzips überhaupt, d.h. sie geht vom Geist zur puren Materialität des Seins und dessen dialektischer Bewegung über. Marx erhob deshalb den Anspruch, »Hegel vom Kopf auf die Füße gestellt« zu haben. Angesichts der furchtbaren Verirrungen der europ. Geschichte im 20. Jh. – insbesondere der Ideologie des Nationalsozialismus mit den Greueln von Ausschwitz – und dem ersten Abwurf der Atombombe über Hiroschima ist H.s Glaube an die Vernunft der (polit.) Geschichte ad absurdum geführt worden.

Indem H. seinen absoluten Idealismus als universale Religionsphilosophie konzipiert hatte, wirkte er nachhaltig auf die Theologie des 19. und beginnenden 20. Jh.s (z.B. Bruno → Bauer, David Friedrich → Strauß, Richard → Rothe u.a.). Bibl.-theol. beurteilt stellt H.s Philosophie die Apotheose, d.h. Selbstvergötzung des denkenden Ich dar, denn Gott bzw. der absolute Geist bedarf des unendlich langen und mühsamen Denkweges der Philosophiegeschichte, um zu sich selbst zu kommen, d.h. sich selbst denkend im Bewußtsein zu erfassen. Die Weltgeschichte ist in ihrer Vernünftigkeit die jederzeit faßbare Gottesoffenbarung. Die bibl. Heilsgeschichte wird somit der spekulativen Vernunft unterworfen und als Element im Prozeß der allg. Religionsgeschichte interpretiert. Sie erfährt ihre eigentliche Vollendung im System des absoluten Idealismus, das in seiner immanenten Denknotwendigkeit weder Platz für einen souverän handelnden Schöpfer und Weltregierer hat, noch die unverfügbare Freiheit der Gnade Gottes kennt. Indem Gott bei H. im Weltprozeß aufgeht, wird er letztendlich in seiner Personalität pantheistisch geleugnet; indem die Weltgeschichte dialektisch sowohl das Weltgericht wie auch die universale Welterlösung darstellt, wird die einmalige Heilsgeschichte Gottes aufgehoben. Das Böse wird weder als solches wirklich ernstgenommen, denn es ist in der dialektischen Bewegung als Antithese nötig und dient guten Zwecken, noch ist Gottes Gericht ernsthaft zu fürchten, weil die Welt als solche schon immer mit Gott versöhnt ist.

Lit.: G.W.F. Hegel: Werke in 20 Bänden, hg. von E. Moldenhauer und K. Markens Michel, 1986;

Chr. Helfrich: G.W.F. Hegel, 1979; H. Lamparter: Prüfet die Geister, 1961; K. Löwith: Von Hegel zu Nietzsche, 1969; O. Ploggeler (Hg.): Hegel, 1977; A. Schlatter: Die philosophische Arbeit seit Cartesius, ^{5}1981.

R. Hille

Heidegger, Martin (1889-1976)

H., geb. am 26. 9. 1889 in Meßkirch (Baden), gest. am 26. 5. 1976 in Freiburg, studierte von 1909-1913 kath. Theologie und Philosophie und war Nachfolger seines Lehrers Husserl in Freiburg.

H. nennt die Geschichte der Metaphysik »sachgemäß gedacht: Onto-Theo-Logik« (Identität und Differenz, 1957, 56). Als solche bekundet sie für ihn schon seit Platon ihre »Seinsvergessenheit«. Die verschiedenen Epochen der Philosophie müssen nach H. als Gestalten der »Irre«, als Prozesse übermächtigender Vorstellungen nicht »noch höher hinaufsteigend« überwunden werden, sondern fordern den Rückstieg in die »Nähe des Nächsten« (Brief über den Humanismus, 1947, 103): die »allgegenwärtige, allerschaffende und allebendige Natur« (Erläuterungen zu Hölderlins Dichtungen, 1944, 63) – also nicht in »das me-

taphysisch gemeinte Überzeitliche und vollends nicht das christlich gedachte Ewige« (ebd., 57). Die Offenbarungsbotschaft des inkarnierten Sohnes Gottes stellt für H. einen besonderen Höhepunkt der Entfremdungsgeschichte, ein »hölzernes Eisen« dar. Anknüpfend an die »marxistische Anschauung von der Geschichte, aller übrigen Historie überlegen« (Brief über den Humanismus, 87) entwickelt H. seine Fundamentalontologie in Sein und Zeit als »Analytik des (menschlichen) Daseins«. In der Verlorenheit der innerweltlichen Verfallenheit des »man« erweist sich für H. die auf den Tod vorlaufende Entschlossenheit des Daseins als rettende »Eigentlichkeit«. »Hat das In-der-Welt-Sein eine höhere Instanz seines Seinkönnes als seinen Tod?« fragt sich H. (Sein und Zeit, 1927, 313) »Ganzsein kann« der Mensch für H. nicht in Beziehung zu Gott, vielmehr durch den Tod. Der Tod ist nicht mehr, bibl. gesehen, die Folge der Sünde. »Die Ontologie des Daseins läßt von sich aus die Möglichkeit von Sünde nicht einmal offen« (K. Löwith, in: Heidegger, hg. von O. Pöggeler, 1969, 66,67). Vielmehr bildet der Tod den Angelpunkt des in der Welt seienden Daseins! Nach der »Kehre« bestimmt der späte H. das Verhältnis von Mensch und Tod »umgekehrt«: der Mensch wird nicht mehr als der durch die Angst auf den Tod als sein Ende vorlaufende ausgespannt, sondern als der im Tode als dem »versammelnden Bergen« dem »Gebirge des Seins« wesende verstanden. (W. Marx, in: Nachdenken über Heidegger, hg. von U. Guzzoni, 1980, 169) Als »erschlossenes Dasein« »existiert« der Mensch nun nicht mehr primär in der »Lichtung der Welt« als der Wahrheit des Seins (*aletheia*), sondern steht in den Tod als *lethe* (Verborgenheit) des Seins hinaus. Die lethe wird jetzt von H. als das »Herz der *aletheia*» verstanden. »Nicht als ein bloßes Sichverschließen, sondern ein Bergen, worin die Wesensmöglichkeit des Aufgehens in das Sichentbergende verwahrt bleibt« (ebd., 166), wird der Tod als Wesensbestimmung der aufgehenden Physis erklärt. Durch den Tod als Tod und »vermittelt« durch ihn – nicht durch den Erlösertod Christi – »gehören« die Menschen nicht nur dem Sein, sondern gleichrangig dem Nichtsein, denn nach H. »ist das Sein das Nichts« (Schellings Abhandlung über das Wesen der menschlichen Freiheit, 1971, 228), bzw. ist das Nichts das Sein. Die von H. kritisierte Seinsvergessenheit der Metaphysik wird überwunden durch die Behauptung, daß das »Nichts« bzw. der Tod das »Ungeheuerste im Wesen des Seyns (selbst) sei« (ebd., 122); im Gegensatz zur Metaphysik, die den Tod als Widerspruch zum Leben vom Sein prinzipiell ausschließt. »Das entscheidend Neue in Heideggers Auffassung der aletheia liegt darin, daß er die ›Bereiche der Finsternis‹ und den ›Bereich des Lichts‹ als gleiche Partner im Seinsgeschehen denkt« (W. Marx, Heidegger und die Tradition, 150) und entsprechend »das Gute und das Böse als ebenbürtige Partner« (ebd., 245), »als Brüder im Sein«, die das »Walten der Physis« – die an die Stelle der Wahrheit der liebenden Entäußerung des Schöpfergottes tritt – als Widerspruchseinheit »strittig« halten soll. Denn ohne diesen »gegenwendigen bleibenden Widerstreit« »weicht« nach H. »das Sein aus dem Seienden, wendet Welt sich weg« (Einführung in die Metaphysik, 1953, 47, 48). Entsprechend hat H. das »Grundgeschehnis der Erwirkung des nationalsozialistischen Staates« »als eine der Weisen« wie »Wahrheit west« verstanden (vgl. W. Marx, Heidegger und die Tradition, 246). Die Überwindung der seinsvergessenen Metaphysik, die nach dem Satze des Widerspruchs Wahrheit und Falschheit, Gut und Böse als die Voraussetzung für die Entgegennahme der frohen, die Welt verwandelnden Botschaft trennt, führt H. zur Aufhebung beider: zur Forderung nach dem »letzten Gott«, »dem ganz Anderen gegen die Gewesenen, zumal gegen den christlichen« (Beiträge zur Philosophie, Gesamtausgabe, Bd. 65, 1989, 403). »Wir stehen in diesem Kampf um den letzten Gott« (ebd., 412), dabei geht es nicht um »Erlösung, d.h. im Grunde Niederwerfung des Menschen«, sondern im Gegenteil »um die Anerkennung der Zugehörigkeit des Menschen in das Seyn durch den Gott, das sich und seiner Größe nichts vergebende Eingeständnis des Gottes, des Seyns zu bedürfen« (ebd., 413). »Der Streit zwischen dem Gott und dem Menschen« (ebd.): »der Gott übermächtigt den Menschen und der Mensch übertrifft den Gott« (ebd., 415), wird im »abgründigen Raum des Seyns selbst« geführt, da »alle bisherigen Kulte und Kirchen nicht die wesentliche Bereitung des Zusammenstoßes des Gottes und des Menschen in der Mitte des Seyns werden können« (ebd., 416). Emanuel Levinas kommentiert H.: »Das Diabolische gibt zu denken« (E. Levinas, Das Diabolische gibt zu denken, in: J. Altwegg, Die Heidegger-Kontroverse, 1988, 104).

Werke: »Sein und Zeit«, 1927; »Kant und das Problem der Metaphysik«, 1929; »Was ist Metaphysik?«, 1926, 1949; »Vom Wesen des Grundes«, 1929; »Platons Lehre von der Wahrheit«, 1942; »Vom Wesen der Wahrheit«, 1943; »Brief über den Humanismus«, 1946; »Holzwege«, 1949; »Erläuterungen zu Hölderlins Dichtung«, 1951; »Einführung in die Metaphysik«, 1953; »Was heißt Denken?«, 1954; Vorträge und Aufsätze«, 1954; »Der Satz vom Grunde«, 1957; »Identität und Differenz«, 1957; »Unterwegs zur Sprache«, 1959; Gesamtausgabe in vier Abteilungen, 1975ff.

Lit.: H. Ebeling: Martin Heidegger. Philosophie und Ideologie, 1991; W. Marx: Heidegger und die Tradition, 1980; H. Ott: Martin Heidegger. Unterwegs zu seiner Biographie, 1988; A. Schwan: Politische Philosophie im Denken Heideggers, 1989.

A.v. Stockhausen

Heidelberger Katechismus

In der sich erst spät der → Reformation öffnenden Pfalz herrschten kirchl. unklare Verhältnisse, die seit 1559 der theol. gebildete Kurfürst Friedrich III. zu ordnen suchte. 1563 veranlaßte er darum die Ausgabe einer Kirchenordnung. In diese wurde zwischen den Formularen für Taufe und Abendmahl der im selben Jahr schon einzeln gedruckte H.K. aufgenommen. Seine Verfasser waren Heidelberger Theologen: vorab der 28jährige Melanchthonschüler Zacharias → Ursin(us), eventuell auch der 26jährige Calvinschüler Caspar → Olevian. Unter Verarbeitung reformat. Katechismusliteratur (→ Butzer, Jud, → Calvin, → Laski, Micron) verbanden sie ein mild-lutherisches und -calvinisches Denken zu einem denkwürdigen Unionsdokument. Ref. Sonderlehren spielen nur eine Randrolle (in der Christologie: Christus ist nach seiner Menschheit seit der Himmelfahrt nur zur Rechten Gottes; die Sakramente sind nur Zeichen dessen, was der Heilige Geist in uns wirkt). Der H.K. diente

– der Unterweisung der Jugend,
– dem Gottesdienst (Verlesung am Morgen, Auslegung am Nachmittag),
– der Schulung der Pfarrer und Lehrer,
– als Hauserbauungsbuch. Er wurde in 129 Fragen (und Antworten) eingeteilt, denen jeweils Bibelstellen beigefügt sind.

Die berühmte Frage 1 nach dem »einen Trost im Leben und im Sterben« faßt den Inhalt des H.K. zusammen: »daß ich nicht mein, sondern meines getreuen Heilandes Jesu Christi eigen bin«. Diese Grundaussage wird in den drei Teilen des H.K. entfaltet:

Von des Menschen Elend (3-11),
Von des Menschen Erlösung (12-85),
Von der Dankbarkeit (86-129).

Von den »katechetischen Hauptstücken« werden das apostol. Glaubensbekenntnis und die Sakramente Teil 2, die Zehn Gebote und das Vaterunser Teil 3 zugeordnet. Im Zentrum steht also der Glaube an Jesus Christus, den »Mittler« der Erlösung (18), dessen Evangelium im AT wie im NT bezeugt ist (19). Er »erlöst« in Ausübung seines dreifachen Amts als Prophet, Priester und König (31), an dem alle Christen im Glauben aktiv teilnehmen (32). Schon das Werk des Schöpfers ist das Werk dessen, der »um seines Sohnes willen mein Gott« ist (26). Und das Jüngste Gericht ist das Kommen Christi, »der sich zuvor für mich dem Gericht Gottes dargestellt und allen Fluch von mir genommen hat« (52). Er regiert auch die Kirche (54). Die Rechtfertigung allein aus Gnade (86) schließt unsere → Bekehrung ein, d.h. das Absterben des alten und Auferstehen des neuen Menschen (88). Das Halten der Gebote und das Bittgebet sind die zwei »Stücke« unserer dankbaren Antwort auf die »Erlösung«, die Christus erworben hat und der Heilige Geist uns vermittelt.

Wegen seiner schroffen Abgrenzung gegen die römische Messe (80) erregte der H.K. oft Anstoß. Wegen seiner erbaulichen Kraft wurde er gleichwohl die verbreitetste Bekenntnisschrift in den ref. Kirchen.

Lit.: Text des H.K.: Wissenschaftl. Ausgabe in: Die evangelischen Kirchenordnungen des 16. Jahrhunderts, hg. von E. Sehling, Bd. 14, 1969, 342-368 – moderne Ausgaben: H.K., hg. von O. Weber, [2]1983, H.K., hg. von Ref. Moderamen, für den Jugendunterricht, 1961, [9]1986.

Zur Auslegung: K. Barth: Die christliche Lehre

nach dem Heidelberger Katechismus, 1948; Handbuch zum Heidelberger Katechismus, hg. von L. Coenen, 1963; Warum wirst du ein Christ genannt? Vorträge u. Aufsätze zum Heidelberger Katechismus, hg. von W. Herrenbrück und U. Smidt, 1965.

E. Busch

Heiden

Das Wort »Heiden« bezeichnet im allg.-christl. Wortschatz und speziell in der älteren Missionsliteratur die Gesamtheit der Nicht-Christen oder Andersgläubigen. Dieser Sprachgebrauch ist aber ungenau und wird zunehmend vermieden.

Im AT sind H. der Kontrastbegriff zum »Volk Gottes«, mit dem insoweit die übrigen Völker bezeichnet werden, die Jahwe nicht kennen und als solche eine stete Gefahr für Israel darstellen. Dennoch besteht die Verheißung, daß sie dereinst zum Berg Gottes kommen (Jes 2,2f) und das Heil dort finden werden (Jes 25,6ff). Im NT wird diese heilsgeschichtl. Linie weiter vertieft. Auch hier stehen die H. im Gegensatz zu Israel und dem neuen Gottesvolk; sie sind »ferne von Gott« und »ausgeschlossen vom Bürgerrecht Israels« (Eph 2,12). Aber der Ruf Jesu und die Einladung zum Gottesreich (Mt 8,10f) gilt auch ihnen. Sein Tod und die durch ihn bewirkte Erlösung gilt allen Menschen (Mt 20,28.24,14). Paulus weiß sich in seiner mission. Tätigkeit als »Apostel der Heiden« (Röm 11,13) speziell zu ihnen gesandt. Seit der Auferstehung Jesu sind sie die eigentlichen Empfänger des Evangeliums (Mt 28,19).

Von diesem bibl. Sprachgebrauch abzuheben ist der lat. Begriff *paganus* (engl. pagans), womit die Christen im röm. Reich später die Nicht-Christen bezeichneten. Sein ursprünglicher Sinn ist umstritten. Er meint entweder allg. den »Außenstehenden, nicht zur Gemeinschaft Gehörenden« oder den »Zivilisten«, also den, der kein »Soldat Christi« ist, oder – wie seit dem 5. Jh. zumeist angenommen wurde – den außerhalb der Stadt lebenden, kulturell rückständigen »Bauer«. Davon leitet sich das dt. »Heide« = auf dem flachen Land lebend, ab. Hier erhält das Wort H. ein kulturelles Gefälle im Sinne von »primitiven Wilden«, bis hin zur intellektuellen und sittlichen Inferiorität. Auf diesem sprachlichen Hintergrund wird es verständlich, daß man im popular-wissenschaftl. Sprachgebrauch die Angehörigen sog. Hochreligionen, zumal Muslime, nicht als H. bezeichnet. Die Überlagerung der bibl. Bedeutung durch eine popular-wissenschaftl. kulturelle Füllung des Wortes lassen es geraten erscheinen, die Bezeichnung H. im bibl. Zusammenhang durch »Völker«, und im allg. Sprachgebrauch durch die neutrale Bezeichnung »Angehörige fremder Religionen« zu ersetzen.

Theol. ist der Begriff H.tum negativ von der Offenbarung her zu bestimmen: die H. kennen nicht das Wort und den Willen Gottes – im Gegensatz zum Gottesvolk, das um seine Weisung weiß. Die »Völker« sind jedoch nicht für immer von Gottes Heil ausgeschlossen. Erst wo Gottes Einladung zu Umkehr und Glauben ausgeschlagen wird, werden Menschen im theol. Sinn zu »gottfernen Heiden«. Insofern es um eine Glaubensentscheidung für oder gegen Christus geht, ist auch der moderne Sprachgebrauch möglich, von »Neuheiden« zu reden. Damit werden Menschen bezeichnet, die zwar getauft sind und als solche nominell der Kirche angehören, die aber in ihrem Leben nie eine Entscheidung für Christus getroffen haben. Ihnen gilt, wie den Angehörigen anderer Religionen, erneut die Einladung zu Umkehr und Glauben und damit zum Volk Gottes.

Lit.: H. Bietenhard: »Volk/ethnos«, TBLNT II/2, 1318-1322; H.-W. Gensichen: »Heidentum I«, TRE 14, 1985, 590-600; K. Heim: »Struktur des Heidentums«, NAMZ 16/ 1939, 8-19; Chr. Mohrmann: Encore une fois: paganus, VigChr 6/1952, 109ff; G. Rosenkranz: Heidentum – was ist das?, in: Th. Sundermeier (Hg.): Fides pro mundi vita (FS Gensichen), 1980, 69-78; Th. Weiß: »Heiden«, LMG, 1987, 139-141; Th. Zahn: Paganus, NKZ 10/1899, 18ff.

H. Wagner

Heidenchristen/-tum → Urchristentum

Heil

a) sprachlich

Das mit lat. *salus* »Wohl«, und griech. *holos*, »ganz, wohlbehalten« verwandte dt. Wort heil ist durch seine positive Bedeutung (= ganz, gesund) gekennzeichnet, ebenso das dem Wort H. in der dt. Bibel in der Regel zugrunde liegende griech. *soteria* (von *saos*, »schwellen, stark sein«). Ähnlich bedeutet die Wurzel des hebr. *jascha* ursprünglich »geräumig, weit«. In dem uns bekannten bibl. Sprachgebrauch hat es aber den logisch mehr negativen Sinn von »aus der Enge führen, retten« und ist gleichbedeutend mit *nazal* »herausreißen, retten«, (vgl. griech. *ryomai*).

b) biblisch

1. Im AT ist H. primär das in der Geschichte Israels erfahrene rettende Eingreifen Gottes zugunsten seines erwählten Volkes (in der Rettung am Schilfmeer 2Mo 14,13; nach dem Sieg über die Ammoniter 1Sam 11,13; vgl. Ps 85,5.8; Jer 17,10; Jud 5). Heil ist dabei allerdings nicht nur die Rettung aus der Not als solche, sondern es besteht darin, daß Gott sich selbst seinem Volk zugewandt und offenbart hat: Gott und Heil gehören unlösbar zusammen: Gott selbst ist Israels Heil (2Mo 15,2), und »Heiland« ist bereits im AT beliebte Gottesprädikation (1Sam 14,39; Jes 43,11 u.ö.).

2. Diese Zuwendung Gottes wird auch als individuelle Hilfe in persönlicher Bedrängnis (durch Krankheit Ps 18,1.3; 40,13.17; berechtigte und unberechtigte Anklage und Anfeindung Ps 27,1f; 65,4.6; 67,3.5; 91,3.15f; 116,3; vgl. 50,23) erfahren. H. erweist sich dann darin, daß Gott Recht schafft bzw. vergibt (65,4b.5), heilt (116,9) und mit materiellen Gütern segnet (65,10f). Entscheidend aber ist auch hier, daß die erfahrene Hilfe Zuwendung Gottes und Ermöglichung der Gemeinschaft mit Gott ist (Ps 27,4; 65,6; 118,14, vgl. 73,26: »wenn mir gleich Leib und Seele verschmachtet, so bist du doch meines Herzens Trost und mein Teil«).

3. In der Prophetie wird H. vor allem als zukünftiges rettendes Eingreifen Gottes zugunsten seines bedrängten Volkes erwartet (Ps 96,2.13; Jes 52,7.10). Im Ineinander von konkret-geschichtl. Bezug und diesen übersteigenden Aussagen (neuer Himmel, neue Erde) deutet sich eine Eschatologisierung der H.s-Erwartung an, die dann in der ntl. Apokalyptik zur Vollendung kommt (Offb 21-22).

4. Diese Eschatologisierung der H.s-Verheißung ist zu verstehen auf dem Hintergrund der Tatsache, daß trotz der vorläufigen geschichtl. Einlösung der Verheißung die Unbußfertigkeit des Volkes zunehmend offenbar wird (Jes 59,2f.16f). In diesem Zusammenhang kommt es auch zur Ankündigung eines neuen Weges der Verwirklichung des H.s durch das stellvertretende Leiden des Gottesknechts (Jes 53).

5. Im NT ist das H. primär individuelle Rettung im nahe bevorstehenden letzten Gericht Gottes (Mt 10,22=24,13; 19,25; 24,22; Mk 16,16; Lk 13,23, vgl. V. 29 »die zu Tische sitzen werden im Reich Gottes«; 1Thess 1,10; Phil 3,20; Röm 1,16, vgl. 2,3.16; 5,9f; 13,11; 2Tim 4,18; 2Petr 3,15; Jak 1,21 »welches kann eure Seelen selig machen«), Rettung vor dem → Zorn Gottes (Röm 5,9; 1Thess 1,10), aber auch Rettung »vom Leibe dieses Todes« (Röm 7,24, vgl. 6,23). Dabei kann vor allem das Substantiv *soteria* mehr positive Färbung gewinnen als Bezeichnung des durch die Rettung hergestellten Zustands im Sinne des »ewigen Heils« (Hebr. 5,9), als Erbe, das »bewahrt wird im Himmel« (1Petr 1,4f, vgl. Hebr 1,14).

6. Das ewige H. gründet in der die Sünde des Menschen sühnenden und überwindenden geschichtl. Tat Gottes in Christus: die ganze Sendung Jesu kann unter das Ziel der Rettung des Verlorenen gestellt werden (Mt 1,21; Lk 19,10; Joh 3,17; 12,47; 1Tim 1,15; Hebr 5,9), und zwar Rettung ausschließlich durch Jesus (Joh 10,9; Apg 4,12).

7. Anteil an diesem H. bekommt der einzelne dementsprechend nicht durch eigene Leistung, sondern allein im durch das → Evangelium ermöglichten (Röm 1,16; 1Kor 15,2f; Apg 11,14; 1Thess 2,16; Jak 1,21) Glauben an Jesus Christus (Apg 16,31), konkret vollzogen im Anrufen des Namens Jesu (Apg 2,21; Röm 10,10).

8. Sofern das Heil durch das von menschlichen Zeugen weitergetragene Wort des Evangeliums vermittelt wird, kann auch von diesen Zeugen gesagt werden, daß sie »retten« (Röm 11,14; 1Kor 9,22; 1Tim 4,16; Jak 5,20).

9. Als Freispruch im jüngsten Gericht ist die Rettung zukünftig (Röm 8,24 »auf Hoffnung«, vgl. 7,24 »wer wird mich retten«, 1Thess 1,10 »vom kommenden Zorn«). Im gegenwärtigen Zuspruch der → Vergebung vollzieht sich Rettung aber auch schon jetzt (Lk 19,9; Apg 2,38-40; Röm 8,24a »ihr seid gerettet«; 2Kor 6,2; Eph 2,8; 2Tim 1,9). Vergebung bedeutet schon jetzt → Rechtfertigung (Röm 5,1; 6,7, vgl. 8,1 »keine Verdammnis«); Frieden mit Gott (Röm 5,1; vgl. 8,6), → Versöhnung (Röm 5,10, vgl. 2Kor 6,2 im Kontext von 5,19f); Gegenwart des Heiligen Geistes im Glaubenden (8,9 »ihr seid geistlich, wenn anders Gottes Geist in euch wohnt«), → Gotteskindschaft (Röm 8,14; vgl. Tit 3,5 → Wiedergeburt), ewiges → Leben (Joh 3,16f; 10,9f; Röm 5,10.21).

10. Die im Glauben bereits erfahrene Rettung zielt zwar auf das ewige H., dies verleiblicht sich aber jetzt schon im veränderten Leben dessen, der »aus der Macht der Finsternis gerettet« und bereits »ins Reich des Sohnes seiner Liebe versetzt« ist (Kol 1,13; Tit 3,3-5). Die Wirkungen eines veränderten Lebens auf andere können diese zwar auf das H. in Christus aufmerksam machen und so, wo es zum Glauben kommt, zum H. führen (1Thess 1,2ff; 1Petr 3,1), werden selbst aber nicht als H. im eschatologischen Sinn bezeichnet. Auch wunderbare Heilungen (so vor allem in den

Evangelien, vgl. Mt 9,22 »dein Glaube hat dich gerettet«), sind in sich selbst nur vergängliche Hinweise auf das ganzheitliche zukünftige Heil.

c) theologiegeschichtlich

Das Wort H. ist seit jeher ein zentraler theol. Begriff. Die sog. Soteriologie als Lehre von der Zu- und Aneignung des H.s faßt alle anderen »soteriologischen« Begriffe wie → Erlösung, → Versöhnung und → Rechtfertigung in sich und macht zusammen mit der sog. Soterologie (M. → Kähler) als der Lehre von Christus, dem »Heiland«, traditionell den größten Teil der Dogmatik aus. Sofern üblicherweise die ganze → Dogmatik heilsgeschichtlich entworfen wird, rückt geradezu die gesamte Theologie unter den Gesichtspunkt des H.s. Da es beim H. aber logischerweise um den Menschen (bzw. den in sein Geschick einbezogenen Kosmos, Röm 8,18ff) geht, liegt im Vorherrschen der H.s-Frage die Gefahr einer anthropozentrischen (bzw. kosmozentrischen) Reduktion der Theologie. H. aber ist, recht verstanden, gerade Befreiung aus der Fixiertheit des Menschen auf sich und die Welt und Befreiung für die Herrschaft Gottes (Kol 1,13).

In einem merkwürdigen Mißverhältnis zu der großen Bedeutung des Begriffs H. innerhalb der Theologie steht die Tatsache, daß der Begriff selbst weithin nur selbstverständlich vorausgesetzt, kaum aber irgendwo erläutert wird. So fehlte er auch oft ganz in den theol. Lexika (RGG, [1/2]EKL). Erst neuerdings (vgl. TRE und EKL[3]) hat der Begriff Aufmerksamkeit gefunden, vielleicht als Folge des vermehrten Interesses an ihm in der ökumen. Diskussion, speziell seit der Weltmissionskonferenz von Bangkok (»Heil heute«, 1973). Während aber früher »Heil« oft einseitig individuell und spritualistisch als jenseitiges »Seelenheil« verstanden wurde, mehr in leibfremder platonischer als bibl. Tradition, besteht heute die Neigung, H. einseitig innerweltlich-säkular zu interpretieren als Herstellung seelisch-leiblichen Wohls, sozialer Gerechtigkeit (→ Befreiungstheologie) und Erhaltung der Schöpfung.

d) systematisch

1. Auch wenn im Neuen Bund das H. tatsächlich individuell Rettung des einzelnen ist, so ist von dieser Rettung doch nicht nur eine vom Leib und seinen Zusammenhängen isolierte »Seele« betroffen, sondern der ganze Mensch (→ Leiblichkeit, → Auferstehung). So hat die allerdings im Innern des Menschen ansetzende Rettung jetzt schon sittlich erneuernde und sich auf die Welt verändernd auswirkende Folgen. Heil geschieht »sobald Menschen unter die Herrschaft Christi kommen« (Bockmühl, 27).

2. Der berechtigte Hinweis auf die psychische, soziale und ökologische Dimension des H.s (als Folge der individuellen Rettung und Zeichen der eschatologischen Vollendung) darf nicht die Theozentrik des bibl. Heilsverständnisses säkularistisch vergessen und so den Blick auf das in der Gemeinschaft des Versöhnten mit Gott gegenwärtige Heil und auf das letzte Gericht Gottes und die die Geschichte transzendierende neue Welt Gottes als letzten Bezugspunkt des Verständnisses des H.s versperren.

Lit.: H. Cremer: Bibl.-theol. Wörterbuch, [9]1902, 978-981; W. Foerster, G. Fohrer: ThWNT VII, 966-1024; G. Lanczkowski, A. Schenker, E. Larsson, M. Seils: »Heil und Erlösung«, TRE 14, 1985, 605-637; E. Fahlbusch, J. Rohloff, M. Stöhr, D.-I. Ciobotea, H. Wagner, G. Ringshausen, K. Blaser: »Heil«, EKL[3] Bd. 2, 410-432;

P. Beyerhaus: Bangkok '73: Anfang oder Ende der Weltmission?, 1973; W. Bittner: Heilung – Zeichen der Herrschaft Gottes, 1984 (bes. 76f); K. Bockmühl: Was heißt Mission heute? Entscheidungsfragen der neueren Missionstheologie, 1974; Ph. Potter (Hg.): Das Heil der Welt heute, 1973.

H. Burkhardt

Heiler, Friedrich (1892-1967)

H., geb. am 30. 1. 1892, gest. am 28. 4. 1967, war von 1920-1961 Professor für Religionsgeschichte und Religionsphilosophie an der Universität Marburg. Er besaß eine gründliche Kenntnis zahlreicher, auch orientalischer Sprachen, phil. und psych. Durchbildung und Einfühlungsvermögen in andere Religionen. Schon sein Erstlingswerk über das Gebet verschaffte ihm allg. Anerkennung.

Durch seine Zusammenarbeit mit R. Otto und H. Frick wurde Marburg Zentrum der religionsgeschichtl. Forschung. H. war im Grund seines Wesens Mystiker. Das zeigte sich u.a. in seinem Eintreten für den zum Christentum übergetretenen Sadhu Sundar Singh. Bei aller Gelehrsamkeit war H. fest im gottesdienstl. Leben verankert. Wichtig war für ihn, daß er von einem gallikanischen Bischof die Bischofsweihe empfing, mit der die Apostolische Sukzession verbunden war. Er fühlte sich aufs engste mit der Ökumene verbunden, längst bevor sie

ihre jetzige Ausformung erhalten hatte. Er bemühte sich um eine ev. Katholizität. Dogmat. Formulierungen, die zu Abgrenzungen führen, lagen ihm fern. Sein visionäres Ziel war über die Ökumene der Konfessionen hinaus die Ökumene der Religionen. Das kommt in einem kurz vor seinem Tode in Marburg gehaltenen Vortrag zum Ausdruck, in dem H. drei Namen von Wegbereitern dieser Ökumene aufzählte: Erzbischof Söderblom, Papst Johannes XXIII. und den Hindu-Philosophen und indischen Staatspräsidenten Radhakrishnan.

Lit.: F. Heiler: Das Gebet, (1918) 1969; ders.: Der Katholizismus, seine Idee und seine Erscheinung, (1923) 1970;

K. Goldammer: Friedrich Heiler (1892-1967) Theologe und Religionshistoriker, in: Lebensbilder aus Hessen, Erster Band, Marburg 1977, 154-168; E. Jungclaussen: Ökumene – Ende oder Anfang? Zur Aktualität Friedrich Heilers und J. Waardenburg, Marburger Universitätsreden 18, 1992; ders.: Friedrich Heiler und die Religionsphänomenologie, ebd.; G. Lanczkowski: »Heiler, Friedrich«, TRE 14, 1985, 638-641.

E. Dammann

Heilig/Heiligkeit

a) biblisch

H. ist im AT vor allem und in besonderem Maße Gott selbst (Jes 6,3; 57,15; Ps 22,4), der daher auch der »Heilige Israels« genannt wird (Ps 71,22; 78,41; Jes 30,11ff; 41,14ff). Auch der Name Gottes gilt als heilig (Ps 30,5; 97,12), und Menschenopfer, Götzendienst oder sexuelle Verfehlungen können als Entweihung des heiligen Namens Gottes gedeutet werden (3Mo 20,3; Hes 20,39; Am 2,7).

H.keit ist jedoch nicht allein ein Attribut Gottes, sondern alles, was zur Sphäre Gottes gehört, hat Anteil an der göttlichen H.keit wie der Himmel (Ps 20,7; Jes 63,15; Jer 25,30) und die himmlischen Wesen, die als H.e bezeichnet werden (Ps 89,6-8; Sach 14,5; Dan 8,13). H. können auch die Stadt Jerusalem (Neh 11,1.18) und der Berg Zion genannt werden (Ps 2,6; 48,2f; Jes 66,20), weil der dortige Tempel als Ort der Gegenwart Gottes gilt (Hab 2,20; Mi 1,2; Ps 48,10; vgl. auch 2Mo 3,5; 19,23).

H.keit kann jedoch nicht nur von Gott und seinem Bereich, sondern auch von Menschen ausgesagt werden, sofern diese von Gott auserwählt und zu seinem Dienst bestimmt sind wie die Priester (3Mo 21), die Leviten (2Chr 35,3) oder die Propheten (2Kön 4,9; Jer 1,5), aber auch die durch ein Gelübde gebundenen Nasiräer (4Mo 6,8) oder die für Gottes Sache eintretenden Krieger (Jes 13,3). H. sind dann auch die mit dem jeweiligen Dienst verbundenen Kleider (2Mo 28,2; 3Mo 16,32), die verwendeten Geräte (4Mo 7,9; Esr 8,28) und die dargebrachten Opfergaben (3Mo 22,2ff), aber auch die geweihten Waffen der Krieger (1Sam 21,6). Daß Gott die heiligt, die ihm dienen, erfordert, daß sich die dem Dienst Geweihten durch sexuelle Enthaltsamkeit (1Sam 21,5) bzw. Vermeidung kultischer Unreinheit heiligen (3Mo 20,7; 21), denn nur Reines kann in Kontakt mit dem H.en treten, ohne es zu entweihen und sich den Zorn Gottes zuzuziehen. Da Gott Israel zu seinem Volk bestimmt hat, kann auch das Volk als Ganzes als heiliges Volk angesprochen und zur Heiligung aufgerufen werden (2Mo 19,6; 3Mo 20,26; 5Mo 28,9).

Gottes H.keit wirkt sich aber nicht nur auf die für seinen Dienst bestimmten Menschen aus, sondern sie heiligt auch die von Gott eingesetzten Zeiten und Feste. So gilt der Sabbat als heilig (1Mo 2,3; 2Mo 20,8.11; Neh 9,14) ebenso wie das Jubeljahr (3Mo 25,10).

Gottes H.keit durchdringt somit nach atl. Vorstellung alles, was in besonderer Weise auf

Gott bezogen ist. Da die Menschen in der Begegnung mit H.em mit der H.keit Gottes konfrontiert sind, müssen sie ihr Verhalten daran ausrichten, daß sie mit ihrem Handeln das H.e nicht entweihen, da ihnen sonst der nur – durch seine Gnade begrenzte – Zorn Gottes droht (Ps 89,32; Hes 20).

Das NT setzt die atl. Vorstellung von der H.keit Gottes voraus (Offb 4,8; 6,10; Joh 17,11). Im Mittelpunkt des ntl. Redens von H.keit steht jedoch Christus, der »Heilige Gottes« (Mk 1,24; Lk 4,34; Joh 6,69), sowie der den Gläubigen verliehene heilige Geist (Mk 13,11; Lk 1,35; Apg 2; Röm 5,5), weil in ihnen Gott den Menschen begegnet und unter ihnen wirkt.

Vor allem aber begegnet der Begriff »Heilige« zur Bezeichnung der Gläubigen (Apg 9,41; Röm 15,26; 2Kor 13,12), worin die Zugehörigkeit der Gemeinde zum Machtbereich Gottes zum Ausdruck kommt (Kol 1,12-14). H.e aber sind die Gläubigen nicht wegen ihrer ethischen Vollkommenheit, sondern weil sie als von Gott Geliebte und Berufene (Röm 1,7), in Christus gerechtfertigt und geheiligt sind und die Gabe des heiligen Geistes empfangen haben (1Kor 1,30; 6,11; Eph 1,1-14). Die von Gott geschenkte H.keit aber soll konkret werden in einer Lebensweise, die dem erfahrenen Heil entspricht (1Petr 1,13-16; 2,5.9).

Lit.: G. Lanczkowski, D. Kellermann, M. Lattke, J. Laube: »Heiligkeit«, TRE 14, 1985, 695-712 (Lit.).

R. Dziewas

b) systematisch-theologisch

H. keit ist ein – wenn nicht das – Attribut Gottes. Durch die Offenbarung der H.keit Gottes wird die Gottheit offenbar. Sie erschließt uns, daß und wie er Gott ist. An seinem Gegensatz gegen alle Sünde und Ungerechtigkeit wird der erkannt, der doch den Menschen sich völlig zuwendet. Gegensatz in der Zuwendung bestimmt die von Liebe umfaßte H.keit Gottes. Diese erweist sich in der Einheit von Gericht und Gnade, welche die Sünde verwirft und sich von ihr scheidet, jedoch den Sünder sucht und annimmt.

Der Gegensatz in der Zuwendung drückt sich aus in der Erwählung Israels. Israel wird von Gott und für ihn ausgesondert, wird für Gott verfügbar gemacht. Gott und Israel gehören in besonderer Weise zusammen. Gott ist »der Heilige Israels« und zugleich sein Erlöser und Retter (Jes 41,14; 43,3.14; 47,4 u.a.).

Gottes Gegenwart in seiner Andersheit (vgl. Hos 11,9: »Ich bin Gott und nicht ein Mensch, ich bin der Heilige in deiner Mitte und will nicht kommen, um zu verheeren.«) findet treffenden Ausdruck in der Symbolgestalt des brennenden Dornstrauchs, der doch nicht verzehrt wird (2Mo 3,5). Der unnütze Dornstrauch ist Israel, welches doch nicht verzehrt, sondern durch Gottes Präsenz bewahrt wird.

So begründet die H.keit Gottes den Bund. Zugleich ist diese H.keit auch das Gestaltungsprinzip des Bundes. Wo sich Gottes Volk von der Ungerechtigkeit nicht trennen will, entheiligt es den Namen Gottes und erfährt das Gericht (Hes 36,19f). Die in Schrecken und Not erfahrene H.keit Gottes zielt indes auf neue Gemeinschaft und Beauftragung (Hes 36,23ff; 37,26ff; Jes 6), damit auch »die Heiden erfahren, daß ich der Herr bin, der Israel heilig macht« (Hes 37,28).

Wenn Jesus als »der Heilige Gottes« erkannt wird (vgl. Mk 1,24; Lk 4,34), so erweist sich in seiner Gegenwart wiederum die Gegenwirkung gegen das Böse, dessen Herrschaft gebrochen wird, und die erwählende Zuwendung zum Sünder. In Jesus offenbart sich die H.keit Gottes mit ganzer Konsequenz. Sein »heiliger Ruf« (2Tim 1,9) trennt Menschen von der Sünde und führt sie mit sich auf einen neuen Weg.

Die eigentliche Erfüllung des Bundes geschieht in der Ausgießung des Heiligen Geistes (Apg 1,4f.8). Durch den Heiligen Geist, in dem das Innerste Gottes gegenwärtig ist (vgl. 1Kor 2,11), wird Gott in seinem geschichtl. Handeln nicht nur bestätigt; Gott wird darüber hinaus erlebt als der, der heute an, in und durch Menschen handelt. Im Leben solcher Menschen, die durch die in Christus geoffenbarte erlösende Liebe in der Zugehörigkeit zu Gott, in dem dadurch bedingten Gegensatz zur Sünde sowie in der hierdurch bestimmten Zuwendung zur Welt erhalten, erneuert und gestärkt werden, ist Gottes H.keit auch weiterhin wirksam.

Lit.: H. Cremer: Die christliche Lehre von den Eigenschaften Gottes, hg. von H. Burkhardt, [2]1983.

R. Frische

Heilige/Heiligenverehrung

Als H. werden im NT alle Christen bezeichnet, am deutlichsten 1Kor 1,2: Die Adressaten sind die »berufenen Heiligen« – also nicht von Natur aus heilig – und die »Geheiligten in Christus Jesus« – durch Vergebung der Sünden. In diesem Sinne heilig zu sein, ist nicht Gegenstand der Erfahrung, sondern Aussage des Glaubens. »Ich glaube, daß mein Leben

Gott gehört, und alles, was Gott gehört, ist heilig« (A. Sommerauer). Dem entspricht die Aussage des Glaubensbekenntnisses, wenn es die »heilige, allumfassende (kath./christl.) Kirche« als die »Gemeinschaft der Heiligen« beschreibt (wobei im Hintergrund die Gemeinschaft am Heiligen, an den Heilsgaben Gottes, steht: → Communo sanctorum).

Da ein Christ, so lange er lebt, die Beziehung zu Gott und damit sein Wesen als H.r verlieren kann, ist jener Sprachgebrauch entstanden und bis heute verbreitet, der nur diejenigen Christen als H. bezeichnet, die am Ziel ihres Lebens angelangt, die vollendet sind (Hebr 12,23) – und dies ist die Brücke zur H.nverehrung. Denn die Christen der Frühzeit glaubten, bei ihren Märtyrern gewiß sein zu dürfen, daß sie, die im Bekenntnis zu Christus »getreu bis in den Tod« (Offb 2,10) geblieben waren, nun bei ihrem Herrn vollendet seien; andere vorbildliche Christen wurden ihnen später an die Seite gestellt. So wurde – seit der 2. Hälfte des 2. Jh.s – ihr Grab in Ehren gehalten und ihr Todestag als »himmlischer Geburtstag« mit einem Gottesdienst begangen, später auch (gemäß jüd. Vorbild: 2Makk 7,37; 4Makk 6,28f) ihre Fürbitte erbeten und Teile ihrer Gebeine als »Reliquien« verehrt und als Schutzmittel verwahrt. Diese letzteren Praktiken nahmen im MA überhand und offenbarten einen Mangel an Glauben an Christus und sein vollkommenes Heilswerk. Dies rief den entschiedenen Protest der Reformatoren hervor. Sie betonten, Christus »ist der einzige Heiland..., Quelle der Gnade und Fürsprecher vor Gott (Röm 8,34). Er allein hat versprochen, daß er unser Gebet erhören will« (CA XXI). Das Konzil von Trient (1545-63) zeigte sich davon beeinflußt, hielt aber doch die bisherige Praxis fest, wenn es »Über die Anrufung, Verehrung und die Reliquien der Heiligen« ausführt; es sei »gut und nützlich, sie demütig anzurufen und wegen der Wohltaten, die von Gott zu erlangen sind durch Seinen Sohn, Jesus Christus, unsern Herrn, der unser einziger Erlöser und Heiland ist, zu ihren Gebeten, ihrer Macht und Hilfe zu fliehen«. Demgegenüber beschränkte sich das → Augsburger Bekenntnis auf die Empfehlung, »daß man der Heiligen gedenken soll, damit unser Glaube dadurch gestärkt wird, daß wir sehen, wie ihnen Gnade widerfahren und ihnen durch den Glauben geholfen worden ist. Außerdem soll man sich an ihren guten Werken ein Beispiel nehmen, jeder für seinen Lebensbereich« (Art. XXI). Hier ist aufgezeigt, was es für den Glauben eines Christen bedeutet, wenn er (gemäß Hebr 13,7) das Leben eines vollendeten Christen betrachtet: Er sieht nicht nur, wie ein Christ sich in bestimmten Situationen verhält, sondern vor allem, was die Gnade Gottes aus einem Menschen macht, und das gibt Zuversicht.

Lit.: J. Erb: Die Wolke der Zeugen, 4 Bde., 1951ff; ders.: Geduld und Glaube der Heiligen, 1988ff; E. und H. Melchers: Das große Buch der Heiligen, 1978.

J.F. Moes

Heilige Allianz

Am 26. 9. 1815 unterzeichnete feierliche Erklärung des orthodoxen Zaren Alexander von Rußland, des ev. Königs Friedrich Wilhelm III. von Preußen und des kath. Kaisers Franz I. von Österreich, »ihre gegenseitigen Beziehungen auf die erhabenen Wahrheiten zu gründen, welche uns die Religion des göttlichen Heilandes lehrt« und »zur Richtschnur ihres Verhaltens im Inneren ihrer Staaten wie nach außen nur die Vorschriften dieser Heiligen Religion, die Vorschriften der Gerechtigkeit, Liebe und Friedseligkeit zu nehmen«. Sie erklären sich »vereinigt ... durch die Bande einer wahren und unauflöslichen Brüderlichkeit«, »als Glieder der einen christlichen Nation« und erklären, »sich bei jeder Gelegenheit Hilfe und Beistand« zu leisten.

Zar Alexander, der Initiator der H.A., stand bei diesem ersten Versuch eines Völkerbundes deutlich unter dem Einfluß der romantisch-mystischen Geisteshaltung H.v. → Jung-Stillings und F.v. → Baaders sowie der Frau v. → Krüdener. Fürst Metternich verstand es, das Manifest, das ursprünglich auf die Begründung einer neuen, auf christl. Grundsätzen beruhenden Politik abzielte, zum Instrument der Bewahrung der herkömmlichen polit. Systeme, zum »Manifest der europäischen Restauration«, zu machen. Zwar traten die meisten europ. Herrscher bei (Absagen kamen aus England und vom Papst), doch gelangte das Dokument zu keiner wirklichen polit. Bedeutung und wurde bald durch die Realpolitik überholt.

Lit.: M. Geiger: »Politik und Religion nach dem Programm der Heilige Allianz«, ThZ 15 (1959), 107-125; D. Langewiesche: Europa zwischen Restauration und Revolution 1815-1849, 1985; H. Schaeder: Die dritte Koalition und die Heilige Allianz, 1934; W. Schwarz: Die Heilige Allianz – Tragik eines europäischen Friedensbundes, 1935.

H. Kirchner

Heiliger Abend

Nach kath. Ordnung beginnt die gottesdienstliche Feier von Weihnachten (25.12.) mit der Vigilmesse vom Vorabend (Am Heiligen Abend), die vor oder nach der Vesper gefeiert werden kann. Während das Meßformular für den Morgen des 24.12. noch adventliche Züge trägt, kreisen die Texte der Abendmesse bereits um weihnachtliche Themen. Es folgen die drei Weihnachtsmessen In der Heiligen Nacht, Am Morgen und Am Tage, wobei dem Gottesdienst »zur halben Nacht« eine besondere Bedeutung in der kath. Frömmigkeit zukommt.

Im ev. Bereich beginnt die Feier des Weihnachtsfestes in der Regel mit der Christvesper am H. A., ein Brauch, der bis in die Reformationszeit zurückreicht: Um »unordentlichem« Treiben zur mitternächtlichen Stunde zu wehren, ersetzte man den Mitternachtsgottesdienst durch die Vesper am Vorabend und verlegte die Christmette, die dem nächtlichen Gottesdienst vorausging, auf den frühen Morgen des Weihnachtstages; in manchen Gegenden Mittel- und Süddeutschlands steht sie heute noch im Zentrum ev. Weihnachtsfeier; sie kann zusätzlich zur Christvesper am Vorabend begangen werden, diese aber auch ersetzen. In neuerer Zeit wird in vielen ev. Gemeinden auch wieder der mitternächtliche Gottesdienst gefeiert. Zu den Texten der Christvesper gehören die Weissagungen aus Mi 5,1-3; Jes 9,5-6a; Jes 11,1-2 und die lukanische Geburtsgeschichte (Lk 2,1-20).

Lit.: G. Rietschel: Lehrbuch der Liturgik, Bd. 1: Die Lehre vom Gemeindegottesdienst, [2]1951.

K.-H. Bieritz

Heiliger Geist → Geist, Heiliger

Heiliger Krieg → Krieg

Heiligkeit Gottes → Gott, Eigenschaften

Heiligsprechung

H. bedeutet in der röm.-kath. Kirche das feierliche Urteil des Papstes über das geglückte Leben von Dienern und Dienerinnen Gottes, »die dem Vorbild Christi besonders gefolgt sind und durch das Vergießen ihres Blutes (Märtyrer) oder durch heroische Tugendübung (Bekenner) ein hervorragendes Zeugnis für das Himmelreich« abgelegt haben (AAS 75 (1983) 349). Diese Gewißheit rechtfertigt den liturg. Kult (→ Heilige/Heiligenverehrung). Gemäß einem seit dem 25. 1. 1983 neugeordneten Verfahren findet nach formeller Seligsprechung, die nur einen begrenzten Kult zuläßt, die Aufnahme in das Verzeichnis der Heiligen, »Canon« genannt, statt (deshalb: Kanonisation). H. bestand ursprünglich in einer meistens durch den zuständigen Bischof erfolgten Kultanerkennung, wodurch das gläubige Volk einem Diener Gottes besondere Verehrung entgegenbrachte. Seit Alexander III. ist die H. dem Apostol. Stuhl reserviert (c. 1 X III 45). Die erste von einem Papst vorgenommene H. war am 11. 6. 993 die des Bischofs Ulrich von Augsburg durch Johannes XV. Die Neuordnung des H.sverfahrens durch Johannes Paul II. zielt auf Prozeßvereinfachung und Hervorhebung der ursprünglichen bischöflichen Verantwortung. In der griech.-orth. Kirche gibt es kein förmliches H.sverfahren, wohl aber eine Kultanerkennung durch Synodenbeschluß.

Lit.: Nr. 828 des Katechismus der kath. Kirche; W. Schulz: Das neue Selig- und Heiligsprechungsverfahren, 1988.

W. Schulz

Heiligtum/Heilige Stätte(n)

1. Allgemein

H. finden sich in allen bekannten Religionen als besonders verehrte Orte der Begegnung zwischen Mensch und der Gottheit oder eines als Heiligen verehrten Menschen, dessen Reliquien an einem solchen Ort aufbewahrt werden. Als H. dienen Orte in der freien Natur (Berg, Stein, Grotte, Baum, Hain, Quelle, Fluß), die in vielen Fällen mit einem Gebäude überdacht wurden (Tempel, Kirche, Moschee, Pagode). Die besondere Verehrung des Ortes grenzt diesen als sakral gegenüber der profanen Umgebung ab, meist durch einen Zaun oder eine Mauer hervorgehoben. Die mit den H. verbundenen rel. Erlebnisse (Gebete, Heilungen, Wundererscheinungen, Orakel) ziehen zahlreiche Gläubige an. Die Opfer der Pilger erlauben eine oft prunkvolle Ausstattung der Bauten. Manche H. sind so zu großen, teilweise international bekannten Wallfahrtsorten geworden (z.B. Lourdes, Fatima, Sagorsk, Mekka, Kufa, Kerbela, Benares, Allahabad, Amritsar, Lhasa).

2. In der Bibel

Im AT findet sich eine Reihe von Berichten, die im Zusammenhang mit einem H. und auch dessen Entstehung stehen (1Mo 12,6-8; 13,18; 21,14-19; 26,23ff; 28,10-22; 33,18ff; 46,1-4; 2Mo 3,1-5; 2Sam 24 u.a.). Es handelt sich um Orte, an denen Gott sich vorwiegend den Erzvätern offenbart hat oder von diesen besonders verehrt wurde (kultische Anbetung; vgl. 1Mo 12,8). Offensichtlich besaßen die meisten dieser Orte schon in kanaan. Zeit rel. Bedeutung und wurden später vom Jahwe-Glauben übernommen (zu erkennen an den El-Namen; vgl. 1Mo 35,7). Dies mußte nicht in Konflikt mit dem bibl. Glauben stehen, da die Selbstoffenbarung Jahwes vom El-Glauben ausgeht, den Abraham aus seiner Heimat mitbrachte. Erst seit der Sinaioffenbarung, die zeitlich mit dem Aufkommen der kanaan. Fruchtbarkeitsreligion des Baalismus einhergeht, wird auch eine scharfe Abgrenzung zu fremden Religionen gefordert. Entsprechend findet sich in der rel. Praxis des atl. Israel eine ständige Spannung zwischen den zahlreichen naturnahen H., die mit dem Baalismus in Zusammenhang stehen (Bethel, Dan, Höhenheiligtümer), und dem zentralen H. in Jerusalem, dessen Ausschließlichkeitsanspruch mit der Durchsetzung des jahwistischen Monotheismus Hand in Hand geht (die Auseinandersetzungen der atl. Propheten liefern dafür anschauliche Beispiele).

Auch das israelit. Zentralheiligtum (Zelt, Lade; Tempel) wird als Stätte der Begegnung zwischen Gott und Mensch verstanden. Der der Gottheit nahende Mensch bedarf besonderer kultischer Anforderungen (Priesteramt; Kultvorschriften; vgl. 2Mo 25ff; 3Mo 1ff). Wichtig ist die schon im AT sich durchsetzende Erkenntnis, daß nicht der Ort als solcher Heilsqualität im Sinne der Begegnung mit dem Göttlichen besitzt (vgl. 1Mo 28,17; 2Mo 3,5). Schon die Tatsache der beweglichen Lade und des Zeltes weisen darauf hin, daß Jahwe nicht an einen bestimmten Ort gebunden ist, auch wenn die mit dem Jerusalemer H. verbundenen Erwartungen oft anders lauten (vgl. Ps 46,5f; Jer 7,4; 26,7-9; dagegen 1Kön 8,27; Jes 66,1; vgl. Apg 17,24). Der irdische Ort stellt gewissermaßen nur die geschichtl. Anbindung dar und hat für den Menschen deshalb in erster Linie Erinnerungs- bzw. Gedenkcharakter. Im NT spielen H. vorwiegend im heidnischen Bereich eine Rolle (Apg 17,16ff; 19,23ff) und zeigen den üblicherweise damit verbundenen Kult (Götzenbilder, Statuetten; Gewerbe). Aber auch das Jerusalemer H. erweist seine zentrale Bedeutung mit der großen Zahl der Festpilger (Mt 26,5; Joh 5,1; 11,55; 12,20; Apg 2,5ff) und den damit verbundenen Kultbräuchen, denen sich auch Paulus wie selbstverständlich unterzieht (Apg 21,26f).

3. In der Christenheit

Seit dem 4. Jh.n.Chr. ist eine rel. Verehrung von H. im Christentum zu beobachten. Vorrangig geht es um die Orte, die mit der Geschichte Jesu verbunden sind (Jerusalem, Bethlehem, Nazareth, Kapernaum). Erste Pilgerreisen ins Heilige Land finden statt, später jedoch durch die arab. und türk. Herrschaft, von den Kreuzzügen abgesehen, gedämpft. Dafür gewinnen im Westen Rom (Vatikan) und im Osten Konstantinopel (Hagia Sophia) an Bedeutung. Als weitere Wallfahrtsorte entstehen im MA H., die Reliquien berühmter Heiliger aufweisen können oder mit deren Leben verbunden sind (Montecassino, Fulda) und um die sich entsprechende Legenden ranken. Am weitesten verbreitet sind die Marienwallfahrtsorte, deren bekannteste wohl Lourdes, Fatima und Montserrat, aber auch Les Saintes-Maries-de-la-Mer darstellen. Im prot. Bereich führte die Ablehnung der Heiligenverehrung auch zu einer großen Zurückhaltung gegenüber H.

4. Bewertung

Für den christl. Glauben sind H. Hinweise auf den engen Zusammenhang zwischen Offenbarung und Geschichte. Nicht das geschichtl. Ereignis und damit auch nicht der damit verbundene geographische Ort sind dabei entscheidend, sondern der souveräne Gott, der sich durch sein Wort in Raum und Zeit zu erkennen gibt. Deshalb besitzt eine H. wie z.B. die Grabeskirche in Jerusalem an sich keinerlei Heilsqualität, vermag jedoch die Erinnerung an das damit geschichtl. verbundene Heilsgeschehen, wie es die Bibel bezeugt, eindringlicher zu machen, gelegentlich auch besser vor Augen zu führen (z.B. bei den Orten am See Genezareth). So wenig nach reformat. Erkenntnis der Mensch durch Werke gerecht wird, so wenig kann eine Teilnahme an Wallfahrten oder der Besuch des Heiligen Landes aus einem Menschen einen Gläubigen oder gar einen besseren Christen machen. Wo das Erleben einer H. jedoch zu vertieftem Nachdenken, Verstehen und Gebet führt, wird der Glaube des einzelnen dadurch durchaus gestärkt werden können.

Lit.: G. Dalman: Orte und Wege Jesu, [2]1921; Fr. Heiler: Erscheinungsformen und Wesen der Religion, 1961; H.W. Hertzberg: »Heilige Stätten II«, RGR[3], III, 156-160; G. Lanczkowski, D. Kellermann:: »Heilige Stätten«, TRE 14, 1985, 672-683.

C.-D. Stoll

Heiligung

a) biblisch

1. Heiligung im Alten Testament

»Heiligung meint das Handeln, durch das der heilige Gott bestimmte Orte, Zeiten, Gegenstände und vor allem das Volk Israel aus der profanen Welt absondert und seinem eigenen Wesen angleicht« (O. Betz). H. läßt sich im AT als Gegenbegriff zum »Bann« erklären: In beiden Fällen werden Gegenstände oder Menschen der profanen Welt und damit dem menschlichen Zugriff entzogen und dem Verfügungsbereich Gottes überantwortet, im Bann zum Gericht und zur Vernichtung, in der H. zum Dienst für Gott.

Der Begriff H. kommt im Hebr. nicht als Nomen (rabb. *qiddusch*) vor; das Verb (*qadasch Pi.; Hiph.*) dagegen häufig.

Die Grundstruktur der H. ist in 3Mo 19,2 ausgedrückt: »Seid heilig, denn ich bin heilig.« Gott ist heilig, und er macht heilig.

Die in der H. sich vollziehende Aussonderung für Gott kann sich im AT auf Zeiten beziehen (Sabbat: 1Mo 2,3; 2Mo 20,11; 31,13; Feiertage und Fasttage: Joel 1,14; 2,16; das Jobeljahr: 3Mo 25,10; sogar Kriege: Jer 6,4; Joel 4,9 die damit als Jahwe-Kriege gekennzeichnet werden), auf Orte (das Land Israels gehört Gott 3Mo 25,23; Jerusalem: Jes 52,1, ist die heilige Stadt), auf das Tempelheiligtum (2Mo 40,9; 1Chr 29,5) mit seinen Geräten (Esr 8,28), auf andere Gegenstände (z.B. Häuser: 3Mo 27,14), auf kultische und rituelle Vorgänge, insbesondere auf die Opferhandlungen (2Mo 29,27). Was geheiligt wird, geht in den Besitz Jahwes über, z.B. Ernteerträge (3Mo 27,16).

Vor allem aber ist es das Volk Gottes selbst, das Gott sich heiligt (2Mo 19,6; 3Mo 22,9; Jes 62,12), und in diesem Volk besondere Personengruppen (Erstgeborene: 2Mo 13,2; Leviten, Priester: 3Mo 21,8; 1Chr 23,13; Nasiräer: 4Mo 4,13ff; Propheten: Jer 1,5).

Einerseits ist es Gott, der Personen und Dinge heiligt (2Mo 29, 44), andererseits kann er dies durch bestimmte Menschen bewirken (z.B. Mose: 2Mo 28,41; 2Mo 30,29).

Vor der Begegnung mit dem hl. Gott muß Israel sich heiligen, d.h. eine rituelle Reinigung vollziehen (Jos 3,5; 1Chr 15,12; 2Mo 19,10.22).

Israel entspricht der Forderung nach H. dadurch, daß es den Unterschied zwischen heilig und profan beachtet (3Mo 10,10) und die Gebote Jahwes hält (Hes 22,16). Die Beachtung kultischer Riten ist keineswegs einzige Forderung der H.: Diese gilt im ganzen ethischen Bereich, darüberhinaus der Person Jahwes selbst (Jes 8,13; 29,23), d.h. Israel soll Jahwe, seinen Namen, heilig halten. Gott selbst wird nach der prophetischen Weissagung dafür sorgen, daß sein durch Israel entweihter Name unter den Völkern geheiligt werden wird (Hes 36,23).

2. Heiligung im Neuen Testament

Im NT korrespondieren miteinander zwei Begriffe für »heiligen«: Einmal *'agnízō* »heiligen, reinigen« (im kultischen und übertragenen Sinn, vgl. Joh 11,55; Apg 21,24.26 vom Nasiräat; 1Petr 1,22; 1Joh 3,3) und das wesentlich häufigere *'agiázō*.

Wie im AT steht im Mittelpunkt die H. des Namens Gottes selbst (Mt 6,9 par, Lk 11,2); der H. Jahwes im AT entspricht in 1Petr 3,15 die H. Jesu Christi.

Nur am Rande geht es im NT um H. von Gegenständen und Riten im atl.-jüd. Sinn (so Mt 23,17.19). Vor allem bezeichnet H. nun das, was Christus durch sein Werk am Menschen bewirkt. Dafür wird er selbst zunächst als das Opfer ausgesondert, von Gott geheiligt (Joh 10,36).

Durch das Opfer Christi sind nach dem Willen Gottes (Hebr 10,10) die Glaubenden nun geheiligt durch das versöhnende Blut Christi (Hebr 10,29; 13,12; vgl. Joh 17,19b; Apg 20,32; 26,18; 1Kor 1,2). Alle Glaubenden können nun grundsätzlich als »Geheiligte« angesprochen werden (1Kor 6,11).

Die Selbsthingabe Jesu hatte das Ziel, die Gemeinde zu heiligen (Eph 5,25f); damit ging die Verheißung, daß Israel ein heiliges Volk sein werde (2Mo 19,5f), in der Gemeinde in Erfüllung. Paulus sieht in den Nationen die Opfergabe, die durch den Hl. Geist geheiligt wurde (Röm 15,16).

Dieser Tat Gottes in der Aussonderung seiner Gemeinde entspricht als Konsequenz die Forderung der H. Hier, in der ntl. Paränese, hat besonders das Substantiv *'agiasmos* seinen Ort. H. ist Wille Gottes für den Glaubenden (1Thess 4,3) und das Ziel des neuen christl. Lebenswandels und wird in Kontrast zu *anomia*, »Gesetzlosigkeit«, *akatharsia*, »Unreinheit« gesetzt (Röm 6,19; 1Thess 4,7). Solange der

Christ unterwegs ist, besteht der Imperativ der H. (Offb 22,11).

Bei aller ethischen Forderung der H. (Hebr 12,14 »Jaget nach…«) ist deutlich, daß diese andererseits ganz und gar Werk Gottes ist (1Thess 5,23). H. wird durch den Hl. Geist gewirkt (die Formulierung »Heiligung des Geistes« in 2Thess 2,13; 1Petr 1,2; vgl. auch Röm 15,16 ist im Sinne des *genitivus auctoris* zu verstehen) und ist ebenso wie die Rechtfertigung Frucht des in Christus geschenkten Heils (1Kor 1,30).

Lit.: O. Betz: »Heiligung«, GBL 2, 1988; O. Procksch, K.G. Kuhn: ThWNT I, 1933, 87-116; J. Riches: »Heiligung«, TRE, 1985, 718-737; K. Stalder: Das Werk des Geistes in der Heiligung bei Paulus, 1962.

H. Schnurr

b) systematisch-theologisch

1. Das Thema H. wurde von weiten Teilen der deutschen ev. Theologie im 20. Jh. ignoriert, diskreditiert oder auf rein individuelle Aspekte beschränkt. Das ntl. Thema von den Früchten des Geistes fand in ihr oft kein eigentliches Heimatrecht. In einseitiger Betonung und Isolierung der Rechtfertigungslehre wurde ein Glauben ohne Werke konstruiert. Das neue Leben galt als prinzipiell »unanschaulich« (R. → Bultmann, K. → Barth). Quasi-reformatorisch sprach man von einem durch die Gnade geänderten Urteil Gottes über den Menschen, bestritt aber gleichzeitig, daß hierdurch in den konkreten Lebensäußerungen des Menschen, in seinem Reden und Tun, etwas wesentlich anders werde. Der Mensch bleibe unverändert ein Sünder. So sieht beispielsweise K. Barth H. strikt als ein ausschließliches Werk Gottes, leugnet sowohl die Beteiligung des Menschen als auch den Gedanken eines Fortschritts in der H. Allerdings ergänzt er seine Ausführungen durch ein sehr umfangreiches Kapitel über die Berufung zum Zeugnis, in welchem er nach einem Mitwirken des Gläubigen mit Christus ruft. E. → Brunner wiederum bietet eine ausgewogene Sicht, verwirft jedoch die Gebote als leitende Prinzipien für die H.

2. Christen sind berufen zur H. Dies ist Teil der Absicht ihrer Erwählung und bleibt die unabdingbare Voraussetzung ihrer Gemeinschaft mit Gott. H. ist – wie ihr Gegenstück, die Rechtfertigung, und als notwendige Konsequenz der Vergebung der Sünden – in erster Linie ein Werk Gottes, insbesondere ein Werk des Heiligen Geistes, zum einen als ein einmaliges Geschehen, gültig für alle Zeit, das Heiligkeit vermittelt, zum andern als ein weitergehendes, voranschreitendes Werk. In diesem zweiten Sinn wird H. auch ein menschliches Tun (Hebr 12,14). Die fortschreitende H. der Gläubigen ist Gottes Wille (1Thess 4,3), so sehr, daß die Teilhabe an der verheißenen künftigen Herrlichkeit davon abhängig gemacht wird.

Die Aufforderung zur H. ist kein leerer Anspruch, sondern mehrfach begründet: Gott wird uns richten, ohne Ansehen der Person, nach Maßgabe unserer Taten. Zudem ist H. die einzig angemessene Antwort auf unsere durch Christus erwirkte Erlösung von einer untauglichen Lebensweise (1Petr 1,18f). H. heißt: die empfangene Gnade nicht in den Wind schlagen, sondern der lebendigen Einwohnung Christi Raum geben (Gal 2,20f). So sind schließlich Gottes Barmherzigkeit und Güte die Ermöglichung, Basis und Kraft für die H. Der Heilige Geist leistet die Aktualisierung, Konkretisierung und Individualisierung des Willens Gottes und vermittelt so selbst die Realisierung der H., welche nicht von selbst erworben, sondern von Gott verliehen wird.

3. H. greift ein in unser irdisches Leben als eine moralische und geistl. Reinigung und Übereignung von Seele und Leib an Gott und sein Werk (vgl. die Verknüpfung von *hagiazein* und *katharizein*, Eph 5,26; Hebr 9,13f, womit an den atl. Sachverhalt angeknüpft wird – vgl. 2Mo 19,10.14 für Reinigung und 2Mo 19,22; 5Mo 15,19; 2Sam 8,11 für Weihe – und dieser von der eher kultisch-rituellen in die ausschließlich sittlich-geistl. Dimension gewendet wird). Indem H. alle menschlichen Möglichkeiten in den Dienst Gottes einspannt und entfaltet, macht sie diese nutzbar für die Auferbauung christl. Verbundenheit und die Erfüllung des Willens Gottes in der Welt (Röm 12,1f). H. umfaßt die bewußte Abwendung von den ungöttlichen Begierden sowie deren Verurteilung (1Petr 4,2ff), zugleich auch die Realisierung der göttlichen Gebote im rechten Handeln, sowohl zum Nutzen der Menschen (Tit 3,8.14) als auch zur Ehre Gottes (1Petr 2,12). Die fortschreitende und durchaus wahrnehmbare (1Tim 4,15; vgl. auch das stehende Bild von den Früchten des Geistes!) H. des Lebens bildet Ziel und Absicht des göttlichen Heilswerks (vgl. Lk 1,74f; Tit 2,11-14). Solche guten Werke sind niemals Grund der Rechtfertigung des Menschen vor Gott, immer aber Resultat der Neuschöpfung (Eph 2,10). Luthers Formel bezüglich des Christen als *simul iustus et peccator*

(»zugleich gerecht und Sünder«) blockiert in ihrer Intention keineswegs die fortschreitende H., fordert sie vielmehr. Zum Glauben gehört die gehorsame Bereitschaft sowie das Verlangen, »daß der Wille Gottes auch bei uns getan werde« (Luther in der Auslegung der 3. Vaterunser-Bitte).

H. umfaßte eine nach dem Willen Gottes gestaltete Lebenspraxis, als Ausdruck einer ernstzunehmenden Verbindung mit Gott. Heiligen bedeutet: zur Entsprechung bringen, alles Handeln in Übereinstimmung zu bringen mit dem Willen Gottes, um ihm zu dienen und den Zielen seines Reiches gerecht zu werden. Demgemäß enthält H. die Forderung, in der Nachfolge Jesu Christi voll verfügbar zu werden für das Werk Gottes in der Gegenwart.

H. bedeutet, Gott zur Verfügung stehen. H. ist auftragsorientiert. H. bedeutet Loyalität zu Gott, zu Gottes Gaben und Aufträgen. Kernstück der H. ist die Liebe zu Gott, welche sich in völligem Vertrauen, innerer Übereinstimmung, Gehorsam und Verpflichtung zur Treue unabhängig von der Situation äußert. Durch die liebende Verbindung mit dem Willen Gottes wird der Gläubige »brennend im Geist« für den Dienst des Herrn (Röm 12,11) und gleicht dem Eisen, das im Feuer zu glühen beginnt (→ Bernhard v. Clairvaux).

H. hat dementsprechend etwas mit geistl. Disziplin zu tun, mit Regelmäßigkeit des Gebetslebens und des Hörens auf den Heiligen Geist in der Stille (→ Geistesleitung), mit Stärkung der Verbündeten (1Kor 15,58) und dem Eifer, Menschen für eine bleibende Hinwendung zu Christus zu gewinnen; dies alles verbunden mit einem Stück → Askese – nicht um des rel. Verdienstes, sondern um des Dienstes willen.

Solche H. in Entsprechung zu Gott (1Petr 1,15) nach dem Vorbild Christi (Phil 2,5) bekommt nach außen überfließende Qualität und umwandelnde Wirkung zur Verähnlichung mit Christus (Kol 1,28; Gal 4,19). H. ist die Wiederherstellung des Bildes Gottes im Menschen, die Angleichung an den »Sinn Christi« sowie der »Erweis des Geistes und der Kraft« (1Kor 2,4). Bestimmt durch das doppelte Gebot der Liebe zu Gott und der Liebe zum Nächsten als der umfassendsten Beschreibung der menschlichen Bestimmung, geschieht H. aufgrund der Weisungen und Antriebe des Heiligen Geistes, durch den wir die Forderungen des Gesetzes Gottes erfüllen (Röm 8,4) und den Mahnungen des NT gehorchen.

4. H. ist am Ende des 20. Jh.s ein besonders aktuelles Programm-Thema, denn als Signatur des Reiches Gottes bildet H. das unmittelbare Gegenprinzip, die positive Alternative zu dem gegenwärtig herrschenden → Säkularismus. Die H. möchte ja alles in Beziehung bringen zur Herrschaft Gottes und zu seinem Dienst. Dem Christen ist die Aufgabe gestellt, »in dieser Welt« zu leben, ohne doch deren Art und Färbung anzunehmen (Tit 2,11-14). Der Auftrag lautet: »heilig leben am unheiligen Ort« (K. Bockmühl). Die zunehmende Bemühung einer Gesellschaft, »ohne Gott in dieser Welt« zu leben (vgl. Eph 2,12) – mitsamt all den hieraus entstehenden sozialen Folgekosten! –, läßt den vollen Gegensatz zu den drei ersten Bitten des Vaterunsers erneut bewußt werden und macht eine umfassende Verpflichtung zur H. geradezu lebens-notwendig.

Lit.: K. Barth: KD IV, 2, § 66; IV, 3, § 71; K. Bockmühl: »sanctification«, New Dictionary of Theology, 1988, 613-16; ders.: Säkularismus und christlicher Glaube (Porta-Studie 8), 1985; ders.: Die Aktualität des Pietismus, 1985; D. Bonhoeffer: Nachfolge (DBW, Bd. IV), 1989; A. Schlatter: Der Dienst des Christen. Beiträge zu einer Theologie der Liebe, hg. von W. Neuer, 1991.

R. Frische

Heiligungsbewegung

Entstanden ist die H. zwischen 1840 und 1850 in der methodist. Kirche Nordamerikas. In ländlich (camp meeting revivals) und städtisch (urban revival, bes. 1857/58) geprägten Erwekkungswellen wurde bis 1910 der ganze Kontinent erfaßt. Die schon bei John → Wesley (1703-1791) angelegte Unterscheidung zwischen → Rechtfertigung und → Heiligung im Sinne zweier aufeinander folgender Stufen des Christseins wurde neu betont. Während mit der Rechtfertigung alle bisher begangenen Sünden getilgt seien, müsse es eine zweite Segnung, die Heiligung, ermöglichen, den natürlichen Hang zum Sündigen zu überwinden: Ein Christenleben ohne bewußte Sünde in der perfekten Gottesliebe galt als das erreichbare Ziel. Auf dem Weg dorthin ist permanente Anstrengung, Selbstkontrolle und peinlich genaue Beachtung der Gebote Gottes vonnöten. Wer nur noch in der Gottesliebe lebt, für den haben die Gebote ihre Bedeutung verloren. Verkündigung und Gemeindeleben sind in der H. von rigoristischer Ethik bestimmt, weitere Kennzeichen sind ein fundamentalistisches Bibelverständnis und kritische Distanz zu den Großkirchen. Seit den 80er Jahren des 19. Jh.s entstanden schismatische Bewegungen, die zu eigenen Kirchengründungen führten, wie z.B. die Church of God in Anderson (1880), die → Kirche des Nazareners (1908) und die Pilgrim Holiness Church (1897, seit 1968 Wesleyan Church). Die Scheidelinie zu der methodist. Mutterkirche bildeten oft prämilleniaristische Vorstellungen. Ein weiteres Kennzeichen dieser Kirchengründungen war die Frauenordination. Seit 1893 bestand in der National Holiness Association (NHA) eine Dachorganisation der H. (1971 umbenannt in Christian Holiness Association). Hervorragende Vertreter der H. in Amerika waren Charles G. → Finney (1792-1876), Thomas C. Upham (1799-1872), Asa Mahan (1799-1899) und Dwight L. → Moody (1837-1899).

Über Heiligungsversammlungen in Oxford 1874 und Keswick 1875 mit dem amerikanischen Evangelisten Robert P. → Smith (1827-1899) und Hanna Whitall Smith (1832-1911) unter Teilnahme deutscher Pastoren und durch die Übersetzung von Schriften der amerikanischen H. wurden ihre Ideen vor allem in Deutschland und der Schweiz verbreitet. Hier wirkten inbesondere Th. → Jellinghaus (1841-1913), C.H. → Rappard (1837-1909), O. → Stockmayer (1838-1917) und E. → Schrenk (1831-1913). Anfang des 20. Jh.s fand die aufkommende → Pfingstbewegung in der Stufenlehre der H. Anknüpfungspunkte für ihre besonderen Erfahrungen wie Geistestaufe und → Glossolalie. Durch die Sündlosigkeitslehre J. → Pauls' (1904), der – geistiger Kopf der deutschen Pfingstbewegung – sich als Lehrer der H. verstand, wurde im deutschsprachigen Raum die H. desavouiert. Ähnlich wirkte der Widerruf von Th. Jellinghaus (1911: »Erklärung über meine Lehrirrungen«), dem Verfasser des wichtigsten Lehrbuches der H. (Das völlige, gegenwärtige Heil durch Christum 1880/[5]1903).

Während die Anschauungen der H. besonders in Nordamerika, aber auch sonst in vielen Ländern, in verschiedenen Denominationen als Programm (bes. in den Pfingstkirchen) und z.B. in England in der »Keswick-Conference« fortleben, sind sie im kontinentalen Europa in den verschiedenen Gruppierungen der Pfingstbewegung und der deutschen → Gemeinschaftsbewegung aufgegangen. Weltweit bilden sie ein gewichtiges Element in der evangelikalen Bewegung.

Lit.: D.W. Dayton: The American Holiness Movement. A Bibliographic Introduction, 1971 (Lit.); ders.: Theological Roots of Pentecostalism, 1987; M.E. Dieter: The Holiness Revival of the Nineteenth Century, 1980 (Lit.); P. Fleisch: Zur Geschichte der Heiligungsbewegung, 1. H.: Die Heiligungsbewegung von Wesley bis Boardman, 1910; W. Hadorn: Die Heiligung mit besonderer Berücksichtigung der Heiligungsbewegung und ihrer Geschichte bis in die Gegenwart (1902), 2. erw. Aufl. o.J.

J. Ohlemacher

Die Heilsarmee (The Salvation Army)

1. Entstehung

Der Gründer der H. ist der Methodistenpastor William → Booth (1829-1912; 1858 in der method. »New Connexion« ordiniert). Sein Predigtdienst und soziales Engagement fanden schnell begeisterte Anhänger, und eine erste gemeinsame Form in der »East London Christian Mission«. Zunächst wurden Gottesdienste im Freien oder in Zelten durchgeführt, bis 1870 die »People's Mission Hall« erworben wurde. Der Name wurde in »The Christian Mission« geändert. Zielgruppe sind Menschen in besonderen sozialen Schwierigkeiten, Randgruppen der Gesellschaft. Inspiriert durch eine straffe Methodik und einen militärischen Führungsstil, entschloß man sich zu dem Namen H.; Uniformen, Fahnen und ein Rangsystem wurden eingeführt, die Mitglieder »Heilssoldaten« (Salutisten) genannt. W. Booth war der erste General der H. Im Dezember 1879 erschien das evangelist. Wochenblatt »The War Cry« (Der Kriegsruf). Da sich die Sakramente immer wieder als Streitpunkt in den verschiedenen Lehrmeinungen unter den Christen erwiesen hatten, wurden 1882 Taufe und Abendmahl als nicht heilsnotwendig eingestuft und ihre Übung aufgegeben. Die Frauen innerhalb der Organisation waren von Anfang an in allen Rechten und Pflichten gleichberechtigt.

2. Weiterentwicklung

Das Verbot der Kinderarbeit, der Kampf gegen den Alkoholismus, der Einfluß auf Prostituierte und Zuhälter bewirkte eine starke Gegnerschaft derer, die dadurch finanzielle Einbußen erlitten. Dennoch verbreitete sich die Arbeit in alle Welt: 1880 USA, 1881 Australien und Frankreich, 1882 Kanada, Schweden, Schweiz und Indien, 1883 Südamerika und Sri Lanka, 1886 Deutschland. Die H. ist heute eine internationale Bewegung, die in 99 Ländern arbeitet und das Evangelium in 138 Sprachen verkündet.

3. Theologie

Die Lehre der H. gründet auf der Heiligen Schrift und den elf Glaubensartikeln, die ihren Ursprung im Methodismus haben. In der Gründungsurkunde (Deed of Constitution, 7. 8. 1878, Neufassung 1980 = Salvation Army Act) wurde der Name »Die Heilsarmee« festgelegt.

Die Erlösung durch Jesus Christus gilt allen Menschen, sie unterliegt dem freien Willensentscheid und beinhaltet, nach persönlicher Entscheidung, die Heilsgewißheit und die Heiligung des ganzen Menschen in der Kraft des Heiligen Geistes, welche das Ziel des geistl. Lebens darstellt.

4. Gemeindeleben

Die H. praktiziert folgende Zeremonien:

Soldateneinreihung, Übergabe einer Fahne, Ablegen eines Gelübdes, Kinderweihe, Einsegnung, Trauung, Begräbnis, Gedächtnisfeier. Die Gottesdienste werden als Heiligungsversammlung (bes. für die Gläubigen), als Heilsversammlung (evangelist. Versammlung), als Freiversammlung (auf Straßen und Plätzen) gestaltet.

5. Selbstverständnis

Die Mitglieder der H., Salutisten, unterzeichnen die Glaubensartikel und die »Kriegsartikel«. Diese bezeugen eine persönliche Erlösung, den Glauben an die Dreieinigkeit Gottes, einen geheiligten Lebensstil und den Willen, anderen Menschen das Evangelium in Wort und Tat weiterzugeben. Die »Kriegsartikel« enthalten die freiwillige Verpflichtung zur Alkohol-, Drogen- und Tabakabstinenz. Die H. versteht sich als christl. Kirche, die im Kampf gegen Ungerechtigkeit, soziale Übel und Gottlosigkeit voranmarschiert. Hilfe für den ganzen Menschen vereint Evangelisation, Seelsorge und diakon. Handeln.

In mehr als 4.000 Sozialeinrichtungen und Schulen (international), sowie 14.428 Korps (Gemeinden) und Vorposten arbeiten 25.075 Offiziere (Pastoren), 71.319 Angestellte und 104.783 Lokaloffiziere (ehrenamtliche Mitarbeiter).

6. Rechtsstatus

Die H. in Deutschland gliedert sich nach internationalem System in ein Territorium, das in vier Divisionen unterteilt ist (Regionalverwaltungen). Es bestehen 45 Korps, einige Vorposten und mehr als 30 Sozialeinrichtungen. Mitgliederzahl: ca. 2000. Die H. ist wie die Groß- und Freikirchen eine Religionsgemeinschaft des öffentlichen Rechts.

7. Zusammenarbeit mit anderen Werken

Die H. in Deutschland ist Mitglied in der Vereinigung Ev. Freikirchen (VEF), in der Arbeitsgemeinschaft christl. Kirchen (ACK), im Diakonischen Werk der EKD, in der Dt. Bibelgesellschaft, im Weltgebetstagskomitee und ihre Mitglieder arbeiten mit in der Evangelischen Allianz.

Lit.: The Salvation Year Book; Die Heilsarmee – Armee der Barmherzigkeit, 1980; »Handbuch der Lehren«, 1978;

R. Collier: Der General Gottes – William Booth, 1981; B. Jungheim: Die Heilsarmee, ein Träger der Jugend- u. Sozialhilfe, 1976.

F. van Houdt

Heilsgeschichte

Der Begriff wurde im 19. Jh. geprägt durch den Erlanger Theologen J. Chr. K. v. → Hofmann u.a. Die Sache, um die es geht, Gottes Offenbarung (als Gericht und Gnade) im Medium der Geschichte, findet sich durch die Kirchengeschichte hindurch in vielen bibl. orientierten theol. Entwürfen, wenn auch mit unterschiedlicher Akzentuierung. Besonders hervorzuheben sind → Irenäus, → Augustin, → Joachim von Fiore, die → Föderaltheologie, der → Pietismus und das bibl. orientierte Luthertum des 19. Jh.s. Während der ersten Hälfte des 20. Jh.s wurde der Begriff von den verschiedensten theol. Richtungen zumeist ohne Infragestellung verwandt. Seine damit verbundene Vieldeutigkeit mußte in der von R. → Bultmanns Entmythologisierung bestimmten Diskussion um die Frage der → Hermeneutik zum Problem werden. Bemüht um eine zustimmende Klärung der H. auf bibl. Grundlage waren O. → Cullmann (Ansatz bei der ntl. Christologie und Eschatologie), L. → Goppelt (Ansatz bei der bibl. Typologie), W.G. Kümmel (Ansatz bei der Verkündigung Jesu), G.v. Rad (Ansatz bei der atl. Traditionsgeschichte), E. Käsemann (Ansatz bei der paulin. Rechtfertigung des Gottlosen) u.a.

Vom bibl. Befund her ist der Gedanke der H. unabweisbar. Die Erkenntnis Gottes gründet im AT wie im NT nicht in dem immer wiederkehrenden Kreislauf des Naturerlebens, sondern in zumeist überraschenden, einmaligen Begebenheiten der Geschichte, die als von Gott gesetztes Heils- oder Unheilsgeschehen erfahren werden. Offenbarung bezieht sich von daher nicht auf Allgemeines, immer Wiederholbares und Erlebbares, sondern auf prophetisch gedeutete einmalige Ereignisse, die, wie atl. im Falle des Exodusgeschehens und ntl. im Falle des Christusgeschehens, ein für allemal Geltung besitzen. O. Cullmann ist zuzustimmen, wenn er die bibl. Geschichte weder im Sinne eines seinem Wesen nach zeitlosen Mythos noch im Sinne hist. Berichte, sondern als prophetisch-kerygmat. Geschichtszeugnisse interpretiert, für die die Zusammengehörigkeit von Geschehen und Deutung, Geschichtsereignis und Verkündigung auf Glauben hin charakteristisch ist. Galt dies bereits für weite Teile des AT, so ist es ntl. das herausragende Kennzeichen der Evv.: Sie berichten einerseits ein einmaliges Geschehen der Vergangenheit und bringen dies zum Ausdruck, indem sie das spezifische Menschsein Jesu, seine konkreten geschichtl. Züge nicht in ein allg. mythologisches Bild vom Gottessohn und neuen Menschen einebnen, andererseits erscheint dieses einmalige Geschehen, die Geschichte Jesu, aber im Lichte der atl. Verheißung und wird von Ostern her als Vorwegnahme des Eschaton in seiner Bedeutung für Gegenwart und Zukunft verkündigt. So gesehen sind die Evv. »nicht nur retrospektiv als kerygmatische Geschichtserzählungen zu begreifen, sondern sie sind gleichzeitig damit exemplarische und eschatologische Geschichtsdarstellungen, in denen aus der Rückschau auf Jesus die Zukunft Gottes christologisch präjudiziert wird« (P. Stuhlmacher, Schriftauslegung, 1975, 163).

Sachlich konvergent mit dieser Verbindung von Geschichte und Eschatologie findet sich bei den wichtigsten ntl. Zeugen eine heilsgeschichtl. Perspektive, die von der Schöpfung und der atl. Gottesgeschichte über die Vorwegnahme der Vollendung im Leben, Sterben und Auferstehen Jesu bis zur zukünftigen Vollendung reicht. Bereits aus der Verkündigung Jesu ergibt sich diese Perspektive, insofern Jesus unter Bezugnahme auf die atl. Verheißung die Gegenwart der Gottesherrschaft (in seinem irdischen Wirken) von ihrer zukünftigen Vollendung unterscheidet und (gemäß Mk 14,7; 2,18ff par) mit einer noch verbleibenden Zeit nach seinem Tod bis zur Vollendung rechnet. Daraus folgt eine heilsgeschichtl.-eschatologische Spannung zwischen »schon erfüllt« aber »noch nicht vollendet«, die sich bei Paulus, nun im Rückblick auf Jesu Kreuz und Auferstehung als entscheidendem Heilsgeschehen, wiederfindet. War bereits für Jesus ein Nebeneinander von Heilsgegenwart und Heilszukunft charakteristisch, so findet sich bei Paulus eine sämtliche wesentlichen Themen seiner Lehre prägende Zerdehnung der Eschatologie in präsentische und futurische Aussagen: Die Glaubenden sind kraft Jesu Sühnetod schon gerechtfertigt und werden daher vor dem zukünftigen Zorn im Endgericht bewahrt werden (Röm 5,8f). Kraft der Auferstehung Jesu wandeln sie bereits in einem neuen Leben und werden Jesus am jüngsten Tage in der Auferstehung gleich sein (Röm 6,4f). Sie wurden gerettet, doch auf Hoffnung (Röm 8,24).

Insofern sich auch im JohEv. aufgrund von Prolog und Abschiedsreden eine glaubensmäßige Unterscheidung der Zeiten von der Schöpfung bis zur Vollendung ergibt, ist die in der dt.-sprachigen Theologie verbreitete Gegenüberstellung von JohEv und lukanischem Geschichtswerk überflüssig. Die Offb schließlich gibt als »Trostbuch« der christl. Gemeinde des zu Ende gehenden ersten Jh.s noch einmal den Blick frei auf den gekreuzigten und zur Rechten Gottes erhöhten Christus, dem eine Herrschaft übertragen ist, die aller Geschichte Ziel und Ende setzt.

Lit.: O. Cullmann: Christus und die Zeit, [3]1962; ders.: Heil als Geschichte, [2]1967; L. Goppelt: Theologie des NT, [3]1980; E. Käsemann: Paulinische Perspektiven, [2]1972; W. Kamlah: Christentum und Geschichtlichkeit, 1951; W.G. Kümmel: Heilsgeschichte im NT?, in: ders.: Heilsgeschehen und Geschichte, Bd. 2, MThST 16, 1978, 157-176; K. Löwith: Weltgeschichte und Heilsgeschehen, 1953; E. Lubahn: Heilsgeschichtliche Theologie und Verkündigung, 1988; G.v. Rad: Theologie des AT I und II, [8]1982; K.H. Schlaudraff: »Heil als Geschichte«? Die Frage nach dem heilsgeschichtlichen Denken…, BGBE 29, 1988; H. Stadelmann (Hg.): Epochen der Heilsgeschichte, 1984; ders. (Hg.): Glaube und Geschichte, 1986.

K.H. Schlaudraff

Heilsgewißheit

1. Biblisch

Im AT kommt eine Art kollektiver Gewißheit des → Heils zum Ausdruck im Vertrauen auf die Bundestreue Gottes, in der er sein erwähltes Volk vor seinen Feinden retten will (Jes 7). Solche H. kann allerdings zu einer falschen Sicherheit entarten, in der man nichts mehr von der heiligen Gerechtigkeit Gottes weiß (Jes 7,4). Daneben findet sich insbesondere in den Psalmen die individuelle Gewißheit, daß Gott in seiner → Gerechtigkeit sich helfend zu den Unrecht leidenden Frommen stellen wird (Ps 23; 73 u.ö.).

Im Judentum der ntl. Zeit kam es zu einer fragwürdigen Heilssicherheit in der Abschirmung gegen den Bußruf des Täufers durch Berufung auf die Abstammung von Abraham und seine Verdienste vor Gott (Mt 3,9). Daneben gründete man H. vor allem auf die eigene Erfüllung des → Gesetzes. Solche Sicherheit verführte nicht nur zu einer dem Doppelgebot der Liebe widersprechenden Selbstgerechtigkeit (Lk 15,25ff; 16,15; vgl. Röm 10,3), sondern hinterließ auch eine letzte Ungewißheit, ob denn der Gehorsam auch ausreiche, um vor Gott bestehen zu können (Mt 19,25; vgl. Röm 3,10ff; 9,31).

Indem Jesus gerade Sündern die vergebende Liebe Gottes zusprach (Lk 19,10; vgl. Mt 9,13), wurde in der Annahme dieser Botschaft (→ Bekehrung) für den einzelnen echte H. möglich, die Ausdruck findet in der Freude, daß sie von Gott angenommen und ihre Namen »im Himmel aufgeschrieben« sind (Lk 10,20). Nach Paulus kommt es von der durch das Gesetz hervorgerufenen Unheilsgewißheit (Röm 7,24: »ich elender Mensch«) im Glauben an Jesus zur H. (Röm 8,1: »So gibt es nun keine Verdammnis für die, die in Christus Jesus sind«; 8,38: »Ich bin gewiß...«, griech. *pepeismai*, vgl. 2Tim 1,12).

Dabei bezieht sich das → Heil, dessen der Glaubende gewiß ist, sowohl auf das gegenwärtige Verhältnis zu Gott (Röm 5,1 »so haben wir Frieden mit Gott«), als auch auf das als nah erwartete Endheil, die Rettung im Jüngsten → Gericht (1Thess 1,10). Der dem Glaubenden verliehene Hl. → Geist, der jetzt schon die H. wirkt (Röm 8,14-16), ist Angeld der kommenden Erlösung (2Kor 1,22; Eph 1,14).

Solange das Ende noch aussteht, ist die Anteilhabe am Heil allerdings nicht ungefährdet. Nachdrücklich wird deshalb vor falscher Sicherheit gewarnt (Mt 26,41; 24,9-13; vgl. 1Kor 10,12f; Phil 2,12f; Röm 11,20; 1Tim 4,1; Hebr 6,4ff; 10,26ff; vgl. als konkrete Beispiele für Abfall vom Glauben Phil 3,18; 1Tim 5,15). Neben den Warnungen stehen aber auch Verheißungen und Aussagen der Zuversicht (Lk 22,31f; Joh 10,28; Phil 1,6; 1Kor 10,13; Röm 8,38f; 2Tim 2,13).

2. Theologiegeschichtlich

In der frühen und mittelalterl. Kirche wurde, vor allem in der Abwehr falscher Sicherheit und sittlicher Laxheit, das eigene Tun des Menschen wieder zunehmend mitbegründend für das Erreichen des Heils, sei es im Sinne frommer Werke oder mystischer Versenkung. So lehnte das → Tridentinum die H. ausdrücklich ab, da niemand wissen könne, wer von Gott erwählt sei (Sessio VI, Cap. 12, Canon 15), und noch in der modernen kath. Dogmatik kann in diesem Zusammenhang betont von »Ungewißheit« gesprochen werden (L. Ott 294). Allerdings warnen neuere Forschungen (Pfürtner) davor, aus mißverständlichen weil zeitbedingten Formulierungen des Konzils kontroverstheol. falsche Schlüsse zu ziehen: → Thomas von Aquin, auf den sich das Konzil beziehe, habe nur die theoretische Gewißheit des Gnadenstandes bestritten, nicht aber die persönliche Gewißheit als Hoffnungsgewißheit.

Trotzdem wird nicht zu bestreiten sein, daß → Luther zu seiner Zeit mit einer kirchl. Lehre und Frömmigkeit konfrontiert war, die das Heil des einzelnen von seinen guten Werken abhängig machte und so wirkliche H. ausschloß. Demgegenüber fand Luther in der → Rechtfertigung allein aus Gnaden auch die Antwort auf die ihn jahrelang umtreibenden Prädestinationszweifel und damit zur H. (WA 18,783; vgl. in den späterern luth. Bekenntnisschriften FC SD XI 45).

In den Linien der → Reformation ist auch im → Pietismus die Lehre von der H. stets als zu echtem Glauben wesentlich dazugehörend lebendig gewesen (vgl. Spener, Erkl.d.Chr.Lehre § 423; M. Kähler, Wissenschaft d.chr. Lehre § 497: H. ist »Abdruck der Erwählung im menschlichen Bewußtsein«). Gleiches kann von der Theologie der klassischen Freikirchen gesagt werden. In einigen Strängen der evangelikalen Bewegung wird die Lehre von der H. verbogen in eine Lehre von der Nichtverlierbarkeit des Heils.

Heute wird H. praktisch überall ausgeschlossen, wo (wie weithin in volkskirchl. Lehre und Verkündigung) → Bekehrung abgelehnt wird und das Christsein nur als ein »strebend sich bemühen« verstanden ist, bei dem das Ziel bewußt offen gelassen wird.

Diese Heilsungewißheit verbindet sich paradoxerweise weithin mit einer in der traditionellen Kirchenmitgliedschaft begründeten Heilssicherheit.

3. Systematisch

H. ist wesentlicher Bestandteil eines christl., im Evangelium begründeten Glaubens. Die im Glauben gewährte → Versöhnung mit Gott gibt jetzt schon persönliche Gewißheit der Anteilhabe auch an der künftigen → Erlösung.

Diese persönliche Gewißheit darf aber nicht mit theoretischer Sicherheit verwechselt werden. Solcher Sicherheit widersprechen eindeutig bibl. Zeugnis und Erfahrung. Auch die Zusage von Joh 10,28 ist so wenig als gleichsam absolute Automatik gedacht wie die der Gebetserhörung Joh 15,7. Hilfreich kann demgegenüber → Schniewinds im Anschluß an Luther und M. → Kähler getroffene Unterscheidung von H. (*certitudo*) und Heilssicherheit (*securitas*) sein. Dabei ist Sicherheit als Beziehung zu Sachen (bzw. theoretischen Sachverhalten) verstanden, Gewißheit als Beziehung zwischen Personen. Bei einer solchen persönlichen Beziehung pflegt die Frage nach Sicherheiten eher zerstörend als festigend zu wirken. Heilssicherheit ist eine Theorie, die mehr aus einer abstrakten Vorstellung von Gottes Allmacht und Unveränderlichkeit abgeleitet ist. H. entsteht im persönlichen Anschluß an Jesus Christus.

Lit.: M. Basse: Hoffnungsgewißheit bei Thomas von Aquin, 1993; S. Grosse: Heilsungewißheit und Scrupulositas im Spätmittelalter, Diss. Erlangen, 1993; M. Kähler: Die Heilsgewißheit, 1912; W. Klaiber, M. Marquardt: Gelebte Gnade. Grundriß einer Theologie der Ev. meth. Kirche, 1993, 192ff. 275-278; K. Lehmann, W. Pannenberg (Hg.): Lehrverurteilungen – kirchentrennend?, 1986, 59-63; L. Ott: Grundriß der Dogmatik, 1963; O.H. Pesch: Hinführung zu Luther, 1982, 116-133; St. Pfürtner: Luther und Thomas im Gespräch. Unser Heil zwischen Gewißheit und Gefährdung, 1961; J. Schniewind: Gewißheit – nicht Sicherheit, in: ders.: Zur Erneuerung des Christenstandes, 1966, 33-44.

H. Burkhardt

Heilslieder → Liedgut, Liederbücher

Heilsordnung (ordo salutis)

Wird die durch die Tat Jesu Christi geschehene Erlösung in Glaubensgewißheit angenommen, so folgt im Leben aus dem Glauben das Leben des »neuen Menschen« in der Heiligung als das besondere Werk des Hl. Geistes (→ Rechtfertigung u. → Heiligung). Schon in der alten Kirche wurde der Begriff H. als »Heilsökonomie« nach Eph 1,9-10; 3,9-11; Kol 1,26-27 u.a. im weiteren Sinne für das Mysterium des Heilsplanes Gottes und der daraus folgenden Heiligung verwendet.

Luther hat im Kl. Katechismus klassisch in der Erklärung zum dritten Glaubensartikel formuliert: »Der Hl. Geist hat mich durch das Evangelium berufen, ... erleuchtet, ... geheiligt und erhalten« (vgl. auch Luthers 1. These der 95. Thesen von 1517). In der nachreformat. Orthodoxie und im Pietismus wurde das Wirken des Hl. Geistes im Menschen dogmat.-lehrhaft entfaltet. Der Begriff H. wurde zuerst von → Buddeus und → Calov, dann von → Quenstedt, → Hollaz u.a. verwendet; dabei werden bestimmte Stufen oder Stadien unterschieden, z.B.: → Berufung, → Erleuchtung, → Bekehrung, → Wiedergeburt, → Rechtfertigung, → Unio Mystica, → Erneuerung, → Heiligung und Verherrlichung. → Schleiermacher unterschied nur zwischen Wiedergeburt als Anfang und Heiligung als Fortgang des Lebens aus dem Glauben. Im Neu-Luthertum des 19. Jh.s hat E. Wacker die altprotest. Lehre der H. erneuert.

In allen pietist. geprägten Bewegungen behält die H. mit Berufung, Bekehrung, Wiedergeburt und Heiligung ihre Bedeutung, bei oft recht unterschiedlicher Akzentuierung.

Unter dem Einfluß von K. → Barth (KD IV, 2,568f) ist in der neueren ev. Theologie die Lehre von der H. kaum aufgenommen worden; vgl. auch G. Ebeling: Dogmatik des christl. Glaubens, II, 12f; III, 233f.

Lit.: J. Baur: Salus Christiana. Die Rechtfertigungslehre in der Geschichte des christl. Heilsverständnisses, 1968; Th. Dieter: »Heilsordnung«, Calwer Kirchenlexikon I, 1937, 824-826; E. Fahlbusch: »Heilsordnung«, EKL[2], 2, 1962, 91-94 und EKL[3], 2, 1989, 471-475; E. Herms: Die Wirklichkeit des Glaubens. Beobachtungen und Erwägungen zur Lehre vom ordo salutis. Ev.Th. 42, 1982, 541-566; M. Koch: Der ordo salutis in der alt-luth. Dogmatik, 1899; A. Köberle: Rechtfertigung und Heiligung, [3]1930, 124, 183f; ders.: »Heilsordnung« RGG[3] III, 1959, 189-190; R. Seeberg: »Heilsordnung« RE[3] 7, 1899, 593-599; H. Schmidt: Die Dogmatik der ev.-luth. Kirche,[2]1847, neu hg. v. H. Pöhlmann 1979; E. Wacker: Ordo salutis. Die Heilsordnung, 1898, [2]1905, neu hg. v. M. Pörksen 1960; F. Wagner: »Berufung und ordo salutis III«, 2.4. TRE 5, 1980, 696ff. (Lit.).

J. Heubach

Heilung

1. Biblische Beobachtungen

a. Der Gott der Bibel will das → Heil des ganzen Menschen, also auch seine H. Er ist ein Gott, »der dir alle deine Sünden vergibt und heilet alle deine Gebrechen« (Ps 103,3; vgl. 2Mo 15,6). Heil und H. bilden nach dem bibl. Menschen- und Gottesbild eine Einheit.

b. Da die bibl. Auffassung von Krankheit nicht medizinisch im neuzeitlichen Sinn orientiert ist, liegt auch das Ziel der H. in der Wiederherstellung der »Vollkraft des Lebens« sowohl im körperlichen wie im psychischen Bereich.

c. Da Krankheit in der ursprünglichen Ordnung Gottes nicht vorgesehen war, wird sie folgerichtig als eine Störung begriffen, die den einzelnen Menschen übersteigt. Von der Krankheit in der Welt ist auf die Sünde in der Welt als der großen Beziehungsstörung zu schließen. Obwohl auch individuelle Zusammenhänge aufzuzeigen sind (Tun-Ergehen-Zusammenhang; Weisheitsliteratur), so übt doch die Bibel Kritik an einer bloß individuellen Aufrechnung, als ob hinter persönlicher Krankheit immer eine dementsprechende persönliche Schuld stehen müßte (Hiob; Ps 73; Joh 9,2f).

d. Weil das so ist, erwartet das AT mit der eschatologischen Aufhebung der Schuld im Rahmen einer umfassenden Erneuerung vor allem die H. von Gebrechen und Krankheiten, meist in Zusammenhang mit dem Kommen des Messias (Jes 29,18; 35,5f; 42,6f; 53,4f; 61,1f u.a.). Auch innerhalb des Früh-Judentums hat man für die kommende Heilszeit die Herstellung körperlicher Unversehrtheit erwartet.

e. Jesus setzt in seiner Sendung diese Erwartung voraus: Er ist der, der Gottes hereinbrechende Herrschaft in seinem Wort ansagt und in seinen heilenden Taten auch zeichenhaft, die Endvollendung da und dort vorwegnehmend, sichtbar macht. So knüpft Jesus an Jes 61,1f (Lk 4,18ff) an, indem er in Vollmacht predigt und »alle« Kranken heilt (»alle«, d.h. diejenigen, die sich selbst an ihn wandten oder zu ihm gebracht wurden: Lk 4,32f.38f.40; vgl. Apg 10,38). Jesus hat keinen Menschen ohne H. entlassen. Wie zentral die H.en zu Jesu Sendung und Selbstverständnis gehören, zeigt die Frage des Täufers aus dem Gefängnis, ob Jesus der sei, »der da kommen soll ...«, die Jesus unter Hinweis auf seine H.en (und die dahinter stehenden Ankündigungsworte bei Jesaja) beantwortet (Mt 11,2ff; Lk 7,18ff)!

f. Als Jesus seine Jünger aussandte (Mt 10,5ff par; Lk 10,1ff), gab er ihnen den Auftrag, den Anbruch der Herrschaft Gottes anzusagen und durch H., Dämonenaustreibung und Totenerweckung die Nähe der Herrschaft Gottes zeichenhaft sichtbar zu machen. Es gibt keine Jüngerbeauftragung, die neben der Verkündigung die H. nicht mit einschließt.

g. An der ntl. Gemeinde (Apg; Briefliteratur) zeigt sich, daß H.en nicht überbetont, aber gleichsam selbstverständlich Teil des apostol. und des gemeindlichen Dienstes waren (Mk 16,15-20; Apg 2,43; 5,12; 6,8; 8,6 u.v.a.), ja daß die Gemeinde gerade diesen Dienst in der Einheit von Wort und zeichenhaften Taten von Gott erbeten hat (Apg 4,29-31). Da die Frage nach dem Auftrag der Gemeinde nicht direkt Gegenstand der Erörterung in der Briefliteratur des Paulus ist, finden wir in seinen Briefen nur Spuren, die jedoch deutlich genug sind (vgl. 1Kor 12,9.28). Ausdrücklich mahnt Jakobus zum H.sdienst durch die Ältesten der Gemeinde und zur Inanspruchnahme dieses Dienstes durch kranke Gemeindeglieder (Jak 5,14ff; vgl. noch Joh 14,12; Hebr 2,4 u.a.).

2. Kirchengeschichtliche Erfahrungen

a. Auch in späterer Zeit hat die Kirche den Dienst der H. immer getan, auch wenn er da und dort zurücktrat. Bedingt durch die Überformung des bibl. Menschenbildes durch das griech. Leib-Seele-Denken trat die Hoffnung auf körperliche H. zurück, verschwand aber nie. Immer wieder bis in die Gegenwart schenkte Gott auf vielfältige Weise Gaben und Dienste der H. Auch die Reformatoren hatten Erfahrungen mit H., haben diesen Dienst auch an anderen getan (Luther). In der jüngsten Vergangenheit wurden die beiden → Blumhardt bekannt, während heute neuere H.serfahrungen vor allem, aber nicht nur, innerhalb der weltweiten und konfessionsübergreifenden → charismatischen Bewegung gemacht werden. Erweckungen waren und sind regelmäßig von vielfältigen H.serfahrungen begleitet.

In der Praxis hat die Kirche immer gewußt, daß Jesus allein der in der Gemeinde gegenwärtige und heilende Herr ist (Hebr 13,8). Nicht die Kirche heilt, sondern Jesus innerhalb seiner Kirche und durch sie. Im Lauf der Geschichte haben sich unter Rückgriff auf ntl. Vorbilder ganz verschiedene Formen ausgebildet, in denen dieser Dienst bis heute geschieht und weiter geschehen kann: Fürbitte, Salbung (also sakramental nach Jak 5,14ff; Sakrament der Krankensalbung), Handauflegung usw.

3. Systematisch-theologische Entscheidungen

a. Umstritten ist die Frage, welchen Stellenwert der Dienst der H. in der Kirche hat. Daß die Kirche Gottes Herrschaft anzukündigen hat (Predigt), darüber besteht kaum Dissens. Ist aber damit der bibl. Auftrag Jesu an die Kirche schon umfassend umschrieben? Hat die Kirche Zeugin zu sein für den Anbruch der Herrschaft Gottes, der im Wort der Predigt angesagt und in Taten der H. und Befreiung zeichenhaft erfahrbar wird? Bibl. und syst.-theol. ist daher die Frage zu stellen, wie man den Auftrag der Kirche begründen kann. Greift man dafür auf die Aussendung der Jünger (vgl. oben 1.f) zurück, dann gehört H. neben die Verkündigung als zweiter Aspekt zum grundlegenden Auftrag der Kirche hinzu. Greift man aber nicht auf die Sendung der Jünger zurück, dann ist zu fragen, wie die Sendung der Kirche bibl.-theol. überhaupt begründet werden soll (der Missionsbefehl in Mk 16,15-20 spricht die H.stätigkeit der Kirche unmittelbar an, während Mt 28,18-20 mit der Aussage »alles, was ich euch befohlen habe ...« auf die Aussendung der Jünger in Mt 10,5ff zurück verweist).

b. Zum Charakter unserer Zeit und Welt gehört, daß die eschatologische Vollendung (→ Eschatologie) noch aussteht, obwohl sie sich bereits zeichenhaft durch Wort und Geist Bahn bricht und in Menschen und Verhältnissen ausgestaltet. Das bedeutet, daß H.en als »Zeichen« für die kommende Vollendung erbeten und erwartet werden sollen, aber »noch nicht« als Normalfall zu gelten oder gar individuell vom Glauben des Menschen abhängig gemacht werden dürfen.

c. Durch neuere Entwicklungen (z.B. »Power Evangelism«, Dritte Welle des Heiligen Geistes usw.) sind alte und teilweise tiefsitzende Ängste, Einseitigkeiten und Vorbehalte neu zur Sprache gekommen. Sie sind um der Einheit der Kirche willen ernst zu nehmen und im Gespräch über der Bibel zu lösen.

»Will Gott denn überhaupt heute noch heilen?« Vgl. Hebr 13,8.

»Wer Heilung will, wehrt sich gegen den ›Sinn‹, der in jeder Krankheit liegt.« Seelsorgerl. ist oft zu erkennen, daß Krankheitsnot positive Folgen im Leben des einzelnen hat. Aber es ist gleichzeitig zu betonen, daß in der Bibel nie (Ausnahme vielleicht 2Kor 12,9) von einem »Sinn« oder gar von einem »Segen« der Krankheit gesprochen wird.

»Spricht die Bibel nicht viel vom ›Leiden‹?« Ja, das tut sie. Aber unter Leiden werden bibl. nie Krankheiten, sondern Verfolgung, öffentliche Benachteiligung usw. verstanden. Krankheit ist im bibl. Sinn von »Leiden« zu unterscheiden.

»In der Heilungsbewegung wird behauptet, es liege am Glauben des Kranken, ob er geheilt werde. Wer nicht geheilt werde, der glaube einfach zu wenig. Damit werden Menschen geradezu in Depressionen hineingetrieben.« H. hängt aber am Willen und an der Macht Jesu, nicht am Glauben des einzelnen. Der Glaube schafft Raum für die heilende Gegenwart Jesu, doch dabei geht es vor allem um den Glauben derjenigen, die den Dienst der H. tun.

4. Praktisch-theologische Fragen

a. In der Gegenwart steht die Erneuerung des H.sauftrags durch die Gemeinde in verschiedenen Spannungsfeldern:

Wie ist das Verhältnis zur modernen Medizin und ihrem dem bibl. Wirklichkeitsverständnis so fremden Weltbild zu klären?

Wie ist der H.sdienst in eine kirchl. Tradition einzubetten, die dem Gedanken an körperliche H. eher fremd gegenübersteht?

Wie ist mit der Erfahrung umzugehen, daß H. Erfahrung spezieller Menschen, unterscheidbarer Bewegungen bzw. einzelner Gruppen der Kirche wurde, nicht der Kirche als ganzer? Hier hilft der Blick in andere Länder, z.B. England, wo der H.sdienst innerhalb der anglik. Kirche offiziell Raum zur kirchl. Entfaltung erhalten hat.

Wie wird und bleibt Krankenh. als Dienst der Kirche unterscheidbar von den vielfältigen Angeboten alternativer Medizin, ja von Erscheinungen der Geistheilung, die in Formen und Sprachgebrauch dem bibl. Auftrag oft sehr nahe liegen, von ihm aber dennoch klar zu unterscheiden sind?

Wie kann Übertreibungen innerhalb der Kirche (H. als Normalfall, als Sensation, als öffentliches Evangelisationsmittel) gewehrt werden, ohne die Hoffnung auf H. selbst preiszugeben?

b. H. bleibt an die Gegenwart Jesu als des heilenden Herrn gebunden und ist nicht abhängig von der richtigen Form, wie dieser Dienst geschieht. Für eine Erneuerung dieses Dienstes kann man einerseits auf bewährte Formen des Glaubens zurückgreifen, soll aber andererseits auch das Selbstverständliche, das in unserer Tradition bereits vorliegt, in seinen Möglichkeiten für einen H.sdienst entdecken: innerhalb des Gottesdienstes z.B. die konkrete Fürbitte für Kranke; die Entfaltung des Segens für verschiedene Lebensbereiche, z.B. auch für Kranke; die sakramentale Gabe des Abendmahls usw. Dazu können spezielle Fürbitte- bzw. Dienstkreise treten, denen ein solcher Dienst am Herzen liegt und durch den der Dienst der Handauflegung geübt wird. Wichtig erscheint, daß der Dienst der H. als Dienst der Gemeinde, d.h. als eine konkrete Aufgabe, die zur Mitte des Evangeliums gehört, erscheint, und nicht als eine Begabung, die einzelne Menschen haben. Wenn eine spezielle Begabung an einzelnen Menschen sichtbar wird, dann soll sie als Auftrag angesehen und in den Dienst der Gemeinde eingebunden werden und ihn nicht überformen.

c. »Jesus Christus ist derselbe: gestern, heute und in alle Ewigkeit« (Hebr 13,8). Aus der Gegenwart Jesu lebt und dient die Kirche in dieser Welt. Jesu Gegenwart aber ist »heilende« Gegenwart in umfassendem Sinn und soll durch die Kirche in unserer Welt gestalthaft wahrnehmbar werden.

Lit.: W. Beinert: Heilender Glaube, 1990 (kath.); G. Bennett: Heilung – Jesu Auftrag an seine Kirche, 1988; W.J. Bittner: Heilung, Zeichen der Herrschaft Gottes, [2]1988 (Lit.); ders.: »Krankenheilung« und »Krankheit«, GBL 2, 827-834; H. Doebert: Das Charisma der Krankenheilung, 1960; R. Heinzer: Mit Kranken beten, 1993; F. Laubach: Herr, heile mich, 1991; M. Marsch: Heilen, 1983 (kath.); B. Martin: Die Heilung der Kranken als Dienst der Kirche, 1954; J. Wimber, K. Springer: Vollmächtige Evangelisation, 1986; dies.: Heilung in der Kraft des Geistes, 1987.

W.J. Bittner

Heim, Karl (1874-1958)

1. Zur Biographie

Am 20. 1. 1874 wird H. als Sohn des Pfarrers Christian Gottlob H. und seiner Ehefrau Stefanie geb. Kieser in Frauenzimmern (Württemberg) geboren. H. entstammt einer alten schwäbischen Pfarrerfamilie und hat vor allem durch das pietistisch erweckliche Erbe seines Vaters und Großvaters, Magister Jakob H., wesentliche Prägungen erfahren. Während seines Theologiestudiums als Stipendiat am Evangelischen Stift in Tübingen erfährt er durch die evangelistische Verkündigung E. Schrenks 1893 eine tiefgreifende Bekehrung. 1899 wird er mit einer Arbeit über »Die Grundzüge der Erkenntnistheorie und Logik von Hobbes« in der Philosophie promoviert. Von 1899 bis 1902 ist er als Reisesekretär der → Deutschen Christlichen Studentenvereinigung (DCSV) quer durch Deutschland an Hochschulen mit mission. Vorträgen für Studenten aller Fakultäten unterwegs. Dieser Dienst konfrontiert ihn unmittelbar mit dem naturwissenschaftl. begründeten Atheismus und läßt ihm deutlich werden, wie umfassend die Säkularisierung besonders im akademischen Bereich fortgeschritten ist. Die Erfahrungen im Reisedienst der DCSV bestimmen weitgehend den Horizont seiner späteren theol. Forschung und Lehrtätigkeit. H. versteht sich als Missionar und Seelsorger an der Universität. Bereits der Titel seines Frühwerkes »Das Weltbild der Zukunft. Eine Auseinandersetzung zwischen Philosophie, Naturwissenschaft und Theologie«, mit dem er 1905 den Doktortitel der Theologie erwirbt, weist in diese Richtung. Seine Laufbahn als theol. Lehrer beginnt für H. als Inspektor am Schlesischen Konvikt in Halle, an das ihn M. → Kähler beruft. Nachdem er zunächst 1914 einen Lehrstuhl für systematische Theologie an der neugegründeten ev.-theol. Fakultät in Münster erhält, wird er 1920 nach Tübingen berufen. Dort entfaltet er neben A. → Schlatter bis zu seiner Emeritierung eine einflußreiche Lehrtätigkeit. Seine Vorlesungen, die Studenten aller Fakultäten erreichen, prägen nicht nur eine ganze Pfarrergeneration, sondern geben auch vielen gebildeten Christen ein intellektuell gutes Gewissen zurück. Glaube und moderne Naturwissenschaft werden von H. versöhnt. Sein sechsbändiges Hauptwerk »Der evangelische Glauben und das Denken der Gegenwart. Grundzüge einer christlichen Lebensanschauung« sowie seine Aufsatzbände finden bis in die Gegenwart immer neue Auflagen. Hinzu kommt H.s Wirksamkeit als Frühprediger an der Tübinger Stiftskirche. Er redet so anschaulich und eindringlich, daß er gleichermaßen »Philosophen, Naturwissenschaftler und Weingärtner« unter seiner Kanzel anspricht. Die gedruckten Predigten H.s werden sowohl als Flugschriften wie auch als Predigtbände viel gelesen. H. stirbt am 30. 8. 1958 in Tübingen.

2. Das Lebenswerk

In der zeitgenössischen Theologie bleibt H. ein Außenseiter, der wegen seiner breiten interdisziplinären Interessen nur schwer in die bestehenden Schulen und Richtungen eingeordnet werden kann. Entgegen der Spiritualisierung des christl. Glaubens und der Auflösung der Heilsgeschichte im liberalen → Kulturprotestantismus betont er den Realitätscharakter der bibl. Offenbarung. Und das in einer Zeit,

als sich um die Jahrhundertwende nicht allein die Masse der Industriearbeiterschaft, sondern auch das gebildete Bürgertum entschlossen vom christl. Glauben abwendet. Den Intellektuellen schien die bibl. Botschaft den grundlegenden Erkenntnissen der neuzeitlichen Naturwissenschaft unversöhnlich zu widersprechen. Man betrachtete damals die Welt im Gefolge des Biologen Ernst Haeckel und seiner antichristl. Monistenbünde als eine in sich geschlossene, völlig vom Kausalgesetz bestimmte Größe, in der weder ein persönlicher Schöpfergott noch gar ein Bittgebet oder Wunder denkbar ist.

H. entwickelt in seinem Frühwerk »Das Weltbild der Zukunft« gegen dieses Naturbild des 19. Jh.s eine energetische Weltsicht, in der jeder Seinszustand grundlegend offen und formbar ist. Nach seinem phil. Konzept bestimmt ein universaler Wille die gesamte materiale Wirklichkeit, indem er in jedem Augenblick alle Faktoren je neu setzt und bestimmt. Was 1904 lediglich eine phil. Spekulation darstellt, erweist sich mit dem grundstürzenden Neuansatz der modernen Atom- und Quantenphysik als naturwissenschaftl. Tatsache. Angesichts der Revolutionierung des Naturbilds durch A. Einsteins allgemeine und spezielle Relativitätstheorie, die Heisenbergsche Unschärferelation, die Entdeckung der Komplementarität des Lichts, das Entropiegesetz etc. sieht H. in seinem Hauptwerk die bibl. Schöpfungslehre bestätigt: das Universum stellt keineswegs ein geschlossenes Gehäuse dar, das unveränderlich von präzise berechenbaren Naturgesetzen bestimmt wird. Vielmehr zeigt die Offenheit im mikrokosmischen Bereich eindeutig, daß über unsere Wirklichkeit in jedem Augenblick neu entschieden wird, und daß jede Naturbeobachtung, die man in mathematischen Modellen zu fassen sucht, vom Standort und der Perspektive des forschenden Subjekts mitbestimmt ist. H. erkennt in der doppelten Negation eine neue, natwurwissenschaftl. mögliche Bejahung des christl. Glaubens an einen persönlichen Schöpfergott, der Gebet erhört, Wunder tut und Menschen seine Führungen erfahren läßt. Denn das Naturbild des 19. Jh.s, das die Denkmöglichkeit Gottes geleugnet hatte, wird durch den Fortschritt der Forschung im 20. Jh. seinerseits negiert und eröffnet dadurch eine neue Freiheit im Verhältnis von Naturwissenschaft und Glaube.

Theol. steht für H. die universale Bedeutung Jesu Christi im Mittelpunkt seines Denkens. Realistisch bewertet er nicht nur die umfassende Wirksamkeit der Sünde als Rebellion des Menschen gegen Gott, sondern auch die personale Wirklichkeit Satans, der sich als transzendente Macht gegen den Willen Gottes auflehnt und der nur durch die Übermacht des Christus überwunden werden kann. Anläßlich einer Studienreise zur Internationalen Konferenz des christl. Studentenweltbundes im Jahr 1922 besucht H. Japan und beschäftigt sich intensiv mit religionsphil. und missionswissenschaftl. Fragen. 1928 reist er als Vertrauensmann und Delegierter des Deutschen Evangelischen Missionsausschusses zur Tagung des Internationalen Missionsrates nach Jerusalem. Die Beschäftigung mit den ostasiat. Hochreligionen und mit dem Phänomen des → Säkularismus führt H. zu der Erkenntnis, daß sowohl die phil. Tradition des abendländischen Idealismus als auch die pantheistischen Systeme des → Hinduismus und → Buddhismus letztlich säkulare Weltanschauungen sind. Die von H. als »Mystizismus« bezeichneten Konzeptionen des → Idealismus und → Pantheismus bilden das Gegenstück zum phil. → Materialismus. Wird im Materialismus die sichtbare Welt zur einzig gültigen Wirklichkeit erklärt und Gott geleugnet, so identifiziert man im Mystizismus Gottes- und Menschengeist zu einer universalen Einheit, in der der Glaube an den Schöpfer in der Welt verloren geht.

3. Würdigung

H. gehört zu den einflußreichsten Theologen in der ersten Hälfte des 20. Jh.s und war einer der wenigen Hochschullehrer, die die theol. Grundüberzeugungen des → Pietismus und der → Erweckungsbewegung mit der modernen Wissenschaftsentwicklung verbanden. Er verstand sich als Seelsorger im Bereich des Denkens und wollte durch seine apologetische Theologie die der Kirche entfremdeten Intellektuellen mission. ansprechen. Durch seine weit über die theol. Fakultät hinausreichende Wirksamkeit ist ihm dies gelungen. Während die liberale Theologie der Ritschlschule jeden Realitätsanspruch der Bibel zugunsten eines spiritualistisch-ethisch interpretierten Christentums aufgab, hielt H. an der bibl. Heilsgeschichte als Realgeschichte fest und eröffnete damit einen neuen Zugang zu den Naturwissenschaften. Es ist ein schwerer Schaden für die akademische Theologie in Deutschland, daß H. durch den Existentialismus der Bultmannschule in der Nachkriegsära praktisch völlig verdrängt wurde. Sowohl inhaltlich wie methodisch lohnt es sich für die Theologie, die apologetisch-mission. Konzeption H.s in der Gegenwart aufzunehmen und fortzuentwickeln.

Lit.: K. Heim: Der evangelische Glaube und das Denken der Gegenwart. Grundzüge einer christlichen Lebensanschauung (sechsbändiges Hauptwerk zwischen 1931 und 1952; NA 1974-1976); Glaube und Leben, 1928; Leben aus dem Glauben, 1932; Das Heil der Welt, NA 1986; Versöhnung und Weltvollendung, NA 1982; Zeit und Ewigkeit, NA 1987;

Ich gedenke der vorigen Zeiten. Erinnerungen aus acht Jahrzehnten, 1957 (Autobiographie);

V. Grüter: Begegnung mit dem göttlichen Du. Karl Heims Christologie im theologiegeschichtlichen Kontext, 1992; R. Hille: Das Ringen um den säkularen Menschen. Karl Heims Auseinandersetzung mit der idealistischen Philosophie und den pantheistischen Religionen, 1990 (mit ca. 150 Seiten umfassender wissenschaftlicher Gesamtbibliographie); H. Schwarz: Das Verständnis des Wunders bei Heim und Bultmann, 1966; H. Timm: Glaube und Naturwissenschaft in der Theologie Karl Heims, 1968.

R. Hille

Heimatmission

Deutschland ist Missionsland. Diese Erkenntnis steht hinter der Arbeit der Heimatmission.

Mit dem vorwiegend von den ev. Freikirchen verwandten Begriff »Heimatmission« wird also zugleich eine Abgrenzung und eine Gemeinsamkeit ausgedrückt: eine Abgrenzung gegenüber der Außenmission (es geht um Evangelisation und Mission in der »Heimat«, im eigenen Land); eine Gemeinsamkeit mit der Außenmission (es geht in gleicher Weise um den Ruf zum Glauben an gottferne und ohne Christus verlorene Menschen).

Im einzelnen kann man fünf verschiedene Ziele der heimatmission. Arbeit beschreiben: Sie will:

- Menschen zum Glauben an Jesus Christus einladen,
- Neubekehrte begleiten und unterstützen im Glaubenswachstum, in der → Nachfolge Jesu,
- Gemeinden beim → Gemeindeaufbau helfen, bei der Entwicklung von einer versorgten zu einer mission. Gemeinde,
- Neue Gemeinden aufbauen und unterstützen,
- Christen und Gemeinden in Deutschland geistl. vorbereiten auf eine Erweckung durch Gott.

Hier kann nur eine kurze Übersicht der sehr vielfältigen mission. Arbeitsbereiche gegeben werden:

- Entwicklung neuer Evangelisationsformen (Straßentheater, Gesprächsabende, Jesus-Marsch),
- Weiterentwicklung der bewährten Zeltmission,
- Aufbau von Missionsgebieten mit vielen neuen Gemeinden (missionsstrategische Planungen, Schulung der leitenden Mitarbeiter, Mission und Gemeindegründung in einer ganzen Region),
- Mission. Zielgruppenarbeit (Ausländermission, Aussiedlerarbeit, Singlesarbeit u.a.),
- Mission. Gemeindeaufbau (Gemeindeseminare, Jüngerschaftsschulungen, Aufbau mission. Leitungsstrukturen),
- Hauskreis- und Bibelgruppenarbeit (Bibelstudienhefte »Gemeindebibelschule«),
- Tagungen und Konferenzen (Angebote für Pastoren, Älteste, Mitarbeiter u.a.).

H. Guderian

Heimbucher, Kurt (1928-1988)

H., geb. am 3. 11. 1928 in Nürnberg, gest. am 24. 7. 1988 ebenda, Studium der ev. Theologie in Erlangen, Pfarrer an der Luther- und Johanniskirche in Nürnberg, engagiert in vielen überparochialen Aufgaben (CVJM, Ev. Allianz, bayer. Landessynode, Bekenntnisbewegung »Kein anderes Evangelium«, Gemeindetage unter dem Wort u.a.). 1971-1988 wirkte H. als Präses des Gnadauer Verbandes (→ Evangelischer Gnadauer Verband) und war neben zahlreichen Leitungsaufgaben in der → Gemeinschaftsbewegung bei vielen Evangelisationen, Bibelwochen, Konferenzen u.a. auch als theol. und geistl. Schriftsteller tätig.

Als »lutherischer Pietist« nahm er zeitlebens Aufgaben als Brückenbauer zwischen Landeskirche und Gemeinschaftsbewegung wahr. Er war »Inspirator und Koordinator der Gemeinschaftsbewegung; Wächter über Lehre und Leben in Kirche und Gesellschaft« (Th. Sorg, gez. Kurt Heimbucher, 9). Die bibl.-reformat. Botschaft von der Rechtfertigung aus Gnaden wie vom Heiligen Geist und deren Ausbreitung in vielfältigen Formen der Evangelisation machten H. zu einer weithin anerkannten Gestalt der Kirche im 20. Jh.

Lit.: K. Heimbucher: gez. Kurt Heimbucher. Notizen aus meinem Leben, 1988.

G. Ruhbach

Heimstätte Rämismühle

Die Trägerschaft der H. R. ist ein eingetragener Verein. Die Heimstätte liegt im Tösstal im Kanton Zürich, unweit von Winterthur. Sie wurde 1885 aus der pietist. Bewegung heraus von Schwester Babette Isler gegründet und durch die prägende Mitarbeit von Schwester Elise Gossweiler ausgebaut. Schwache und müde Menschen sollten nach Leib und Seele betreut und gepflegt werden. In rascher Folge konnten weitere Häuser teils neu erbaut, teils erworben werden. Heute umfaßt das Werk 15 Häuser. Die Schwerpunkte der Aufgaben sind: Gästebetrieb für Einzelgäste und Gruppen, Konferenzen, Schulung, Retraiten und Seniorenbetreuung.

Zusammen mit etwa 70 Mitarbeitern wird versucht, durch bibl. fundierte Verkündigung und Seelsorge, konsequentes Leben in der Hinwendung zu Jesus Christus und verantwortungsbewußte Mitarbeiter- und Betriebsführung eine bewußt christl. Hausatmosphäre zu verwirklichen.

Die H. R. weiß sich auf der Basis der Ev. → Allianz in eine weltweite Gemeinschaft in Christus eingebunden; sie ist Mitglied im Verband Christlicher Hotels und im Evang. Verband für innere Mission und Diakonie. Enge Verbindung besteht zum Missions- und Gemeinschaftswerk der Pilgermission St. → Chrischona.

G. Schaaf

Heimvolkshochschulen, evangelische

1. Geschichte

Die ev. H. sind Einrichtungen der Erwachsenenbildung. Sie leben in einer Geschichte, deren Wurzeln bis in die Mitte des 19. Jh.s reichen. Der dänische Theologe und Volksaufklärer N.F.S. → Grundtvig (1783-1872) gab die entscheidenden Anstöße zur Gründung von H. Auf ihn beriefen sich 1919 die Gründer der ersten dt. ev. H. Die zahlreichen Folgegründungen der zwanziger J. wurden 1933/34 unter dem Nationalsozialismus zwangsweise aufgelöst. 1946 gab es erste Neugründungen, denen rasch weitere folgten.

2. Zielsetzung

Ev. H. bieten gemeinsames Leben auf Zeit. Sie gehören zur Vielfalt kirchl. Lebens. In ihnen treffen sich Menschen, die in der Kirche ihre Heimat haben und solche, die ihr entfremdet sind oder an ihr leiden. Ev. H. schaffen Möglichkeiten zum Gespräch, damit Frauen und Männer Antwort auf ihre Lebens- und Glaubensfragen finden können. Der christl. Glaube soll Mut machen, sich den Problemen der Zeit zu stellen. Er soll Werte zur Orientierung vermitteln und das Leben in der Gemeinschaft fördern.

3. Selbstverständnis

a. Volkskirchlicher Ansatz: Ev. H. leisten in ihrer Kirche einen Dienst, indem sie lehren, informieren und orientieren, den andere auf diese Weise so nicht leisten können. Sie sind offen für jedermann.

b. Gesellschaftsbezogener Ansatz: Verkündigung hat eine Glaubens- und eine Handlungsseite. Der Erwachsene soll lernen, sich als einzelner zu finden und als Nächster zu verstehen. Weil Gesellschaft am sichtbarsten in ihren Problemlagen wird, gehört für die ev. H. zur inhaltlichen Auseinandersetzung mit den Schlüsselfragen der Gegenwart die Frage nach der Bereitschaft zum sozialen und öffentlichen Engagement.

c. Sozialer, ganzheitlicher und wertbezogener Ansatz: In einer ev. H. geschieht »Erziehung zum Leben und zur Gemeinschaft unter Ebenbürtigen«. Gemeint ist hiermit das an ethischen Maßstäben orientierte soziale Lernen in Gruppen, das die eigene Erfahrung und die anderer ernst nimmt und sich auf die Suche nach gültigen Werten macht, um Wissen in Gewissen einmünden zu lassen. Die Formel von der »Bildung für Herz, Hand und Verstand« kennzeichnet die päd. Arbeit der ev. H.

4. Angebot

Das Angebot der ev. H. reicht von Tagesseminaren bis zu mehrmonatigen Lehrgängen. Wohnen, Leben, Arbeiten und Freizeitgestaltung finden stets unter einem Dach statt. Die Themen und Zielgruppen sind vielfältig. Die Inhalte richten sich nach den Bedürfnissen der Erwachsenen. Die Seminare sind bis auf Ausnahmen nicht zertifikatsgebunden.

Lit.: N.S.F. Grundtvig: Schriften zur Volkserziehung und Volkheit, Bd. 1, dt. von J. Tiedje,1927; N. Vogel, H. Scheile: Lernort Heimvolkshochschule, 1983; Evangelische Heimvolkshochschulen, hg. vom Verband ländlicher Heimvolkshochschulen Deutschlands, 1987.

M. Müller

Heitmüller, Friedrich (1888-1965)

H., geb. am 9. 11. 1888 in Völksen am Deister, ab 1906 Ausbildung zum Postbeamten in Hamburg, 1908 erste Kontakte zu der Christlichen Gemeinschaft Philadelphia, Hamburg-Holstenwall, Bekehrung auf der Glaubenskonferenz dieser Gemeinschaft im Herbst 1908. Ab 1910 Besuch des Predigerseminars St. Chrischona. 1912 Berufung zum zweiten Prediger der Christlichen Gemeinschaft Philadelphia. 1918 Übernahme der Leitung dieser Gemeinschaft samt des dazugehörigen Diakonissenhauses Elim. Intensive evangelistische Arbeit in Hamburg und im Umland hatte eine starke Ausweitung der Gemeinde und der diakonischen Arbeit, ab 1927 mit dem eigenen Krankenhaus Elim zur Folge. Nach anfänglicher Offenheit für eine Zusammenarbeit mit dem NS-Staat 1933, bekämpfte H. jedoch bald die NS-Ideologie von der Kanzel und mit zahlreichen Schriften. Im Gegenzug erfolgte sein Ausschluß aus der Reichsschrifttumskammer, Schreibverbot, Reichsredeverbot, drohende KZ-Einweisung. Anfang der 30er Jahre fand bei H. eine innere Lösung von der Gemeinschaftsbewegung statt; 1937 wurde die Holstenwall-Gemeinde mit den dazugehörigen Werken in den Bund Freier ev. Gemeinden aufgenommen. Nach 1945 wurde die Gemeinde- und Diakonie-Arbeit wieder auf- und ausgebaut. Bis zu seinem Tod am 1. 4. 1965 gehörte H. einer Reihe nationaler und internationaler christl. Leitungsgremien an.

Lit.: F. Heitmüller: Aus 40 Jahren Dienst am Evangelium, 1950; E. Rimmerfors: Von der Post zur Kanzel, 1984.

U. Betz

Helfen statt Töten → Lebensrechtsbewegungen; → Weißes Kreuz

Heliand

H. ist die durch den ersten Herausgeber, J.A. Schmeller (1830), geprägte Bezeichnung für eines der bedeutendsten Literaturzeugnisse des Frühmittelalters. Entstanden wahrscheinlich um 840 im Auftrag Ludwig des Deutschen (ältere Forschung: nach 814 unter Ludwig dem Frommen) wohl in Fulda, stellen die ca. 6.000 Stabreimverse umfassend das Erdenleben Jesu Christi von seiner Geburt bis zur Himmelfahrt in altsächsischer Sprache dar. Textgrundlage ist die → Evangelienharmonie des Tatian. Da bestimmte germanische Wertvorstellungen (Sippengedanke, Gefolgschaftstreue, Christus als mächtiger Landesherr, die Jünger als Helden) deutlich hervorgehoben sind, sah die ältere Forschung im H. ein Zeugnis der angeblichen »Germanisierung« des Christentums. Diese Theorie gilt als überholt, denn stilgeschichtl. ist die notwendige Umsetzung des Stoffes in den Verständnisrahmen einer vorgefundenen Dichtungstradition das Ergebnis eines missionstaktischen Vorgehens. Um die Leser zu erreichen, hat der Dichter des H. sich bewußt an deren Verständnismöglichkeiten angepaßt. Entscheidend ist, daß die christl. Botschaft weder durch Abstriche noch durch Konzessionen verfälscht wird. Das zeigt sich gerade an der kompromißlosen Darstellung des Ethos der Bergpredigt. Das nach einer bestimmten Zahlensymbolik aufgebaute Werk ist zweifellos die großartigste christl. Dichtung des 9. Jh.s.

Lit.: Heliand und Genesis, hg. von O. Behaghel, 9. Aufl. bearb. von B. Taeger, 1984.

D. Kartschoke: Geschichte der deutschen Literatur im frühen Mittelalter, 1990, 140-149; J. Rathofer: »Heliand«, TRE 15, 1986, 16-19; B. Sowinski: Darstellungsstil und Sprachstil im Heliand, 1985.

L. E. v. Padberg

Hellenisierung des Christentums

Der Begriff, erstmals von A. von → Harnack in seiner »Dogmengeschichte« verwandt, meint den Übergang des Christentums von der jüd.-aram. in die griech. denkende und sprechende Welt, vor allem auch die Rezeption der antiken Philosophie durch die Alte Kirche. Repräsentanten dafür sind die → Apologeten des 2. Jh.s, die Vertreter der frühkath. Theologie von → Irenäus bis zu → Tertullian und vor allem → Origenes und seine Schule. Inhaltlich gewann die H. d. Chr. ihren Ausdruck vor allem in der Ausformung des trinitarischen und christologischen Dogmas.

Eine zweite Welle der H. d. Chr. findet sich seit dem 7. Jh. in Konstantinopel, wo sich aufgrund der Einkreisung der byz. Kirche durch den Islam eine Abkehr vom Römischen und eine intensive Rezeption der hell. Antike in Theologie und Bildung entwickelte. Antike und Christentum wurden nahezu in eins gesetzt; im abendländischen Humanismus finden sich Nachwirkungen dieser Lebenshaltung.

Lit.: W. Glawe: Die Hellenisierung des Christentums in der Geschichte der Theologie von Luther bis auf die Gegenwart, 1912; R.M. Hübner: Der Gott der Kirchenväter und der Gott der Bibel, Zur Frage der Hellenisierung des Christentums, 1979.

G. Ruhbach

Hellenismus

Der Begriff H. (griech. *hellenismos*) bedeutete in der Antike ursprünglich den richtigen Gebrauch der griech. Sprache. In 2Makk 4,13 ist dann mit »hellenisieren« (*helleniazein*) die Imitation griech. Sprache, Kultur und Religion gemeint. Noch später kann der Ausdruck für Heidentum schlechthin gebraucht werden. Als wissenschaftl. Begriff für die Sprache des NT begegnet H. in der Frühneuzeit. J.G. → Herder bezeichnete so die Verbindung der jüd. Religion mit griech. und oriental. Gedanken. Einflußreich wurde dann das Konzept von J.G. Droysen (Geschichte des Hellenismus, 1836-43). Er faßte den H. als eine Epoche, die von etwa 300 v. bis 300 n. Chr. reichte, also die Zeit zwischen Alexander dem Großen und Kaiser Konstantin umfaßte. Als typisch wurde die Mischung von griech. Kultur und oriental. Religion (z.B. Herrscherkult) angesehen. Dieser Epochenbegriff hat seit K.J. Beloch mancherlei grundsätzliche Kritik erfahren. Umstritten blieb die Begrenzung der Epoche, vor allem ihr Ende. Nach M. Grant wirkt der H. in der westl. Kultur immer noch so stark fort, daß man nicht eigentlich von seinem Ende reden könne.

Fraglos war die Periode zwischen Alexander dem Großen und dem Beginn der eigentlichen röm. Weltherrschaft im 1. Jh. v. Chr. eine Schwellenzeit. Durch die polit. Vereinigung erst im Alexander- und dann im Römerreich kam es zu einem starken Austausch der Kulturen und in seinem Gefolge zu einer bisher unbekannten Vereinheitlichung. Dabei war das Griechentum in Technologie, Wirtschaft, Kultur und Philosophie das bei weitem stärker expandierende Element. Stützpunkte bildeten dabei griech. Stadtgründungen, die es im gesamten Imperium Romanum gab. Mit Theater, Gymnasium, Stadion und Agora waren sie Träger von griech. Bildung und Lebenshaltung. In rel. Hinsicht gab es dagegen auch eine starke Ausbreitung von Kulten (wie der Isis oder des Mithras) vom Osten nach dem Westen. Charakteristisch für die Zeit ist ein starker Zug zum Synkretismus. Verschiedene Götter (z.B. Zeus, Jupiter und Baal) wurden in der sog. interpretatio Graeca (griech. Deutung) einfach gleichgesetzt.

Umstritten ist auch die Frage, wie stark die Juden zur Zeit des NT unter hell. Einfluß standen. Traumatisch war die Krise der Makkabäer-Zeit in der Mitte des 2. Jh.s v. Chr., als griech. Kultur und Religion die Identität des Judentums in seinem Zentrum → Jerusalem tödlich bedrohten. Durch den Makkabäer-Aufstand und die sich etablierende hasmonäische Monarchie konnte die Eigenstaatlichkeit errungen und so auch die Bewahrung des jüd. Glaubens erreicht werden. Gleichwohl blieben hell. Einflüsse in allen Lebensbereichen stark. So wurden die → Synagogen und die ihnen angegliederten Schulen zwar als Abwehr der griech. Gymnasien gegründet, nahmen aber selbst manche hell. Elemente auf (R. Riesner, Jesus als Lehrer, [3]1988, 123-205). Die Frage nach der Hellenisierung des Judentums ist sehr differenziert zu beantworten. Eine sehr weitgehende Übernahme von hell. Lebensweise muß nicht unbedingt rel. Synkretismus bedeuten. Konservative Rabbinen fanden in nachchristl. Zeit nichts dabei, Särge mit den Abbildungungen von Wildschweinen zu schmücken. Auch der geographische Faktor ist mit Vorsicht zu betrachten. In der Diaspora gab es ebenso toratreue Juden, wie man sich auch in Palästina sehr weit auf rel. Vorstellungen des H. einlassen konnte. Die starke Unterscheidung zwischen einem palästinischen und hell. Urchristentum durch W. Bousset und dann ebenso durch R. Bultmann und seine Schule ist zu schematisch und kann viele kritische Folgerungen nicht tragen.

Lit.: K.J. Beloch: Hellenismus, Zs. für Socialwissenschaft 1 (1910) 796-800; R. Bichler: »Hellenismus«. Geschichte und Problematik eines Epochenbegriffs, 1983; L.H. Feldman: How much Hellenism in Jewish Palestine?, HUCA 57 (1986) 83-111; M. Hengel: Judentum und Hellenismus, [3]1988; ders.: The »Hellenization« of Judaea in the First Century after Christ, 1989; F.W. Walbank: Die hellenistische Welt, 1983.

R. Riesner

Helvetische Konfession → Bekenntnisschriften *c)*

Hengstenberg, Ernst Wilhelm (1802-1869)

H., geb. am 20. 10. 1802 in Fröndenberg/Westfalen, gest. am 28. 5. 1869 in Berlin, Professor für Exegese in Berlin und Herausgeber der »Evangelischen Kirchenzeitung« (EKZ); einflußreicher, restaurativ eingestellter Führer der Neulutheraner des 19. Jh.s.

H. wuchs auf als Sohn eines ref. Pfarrers. Er studierte klass. und orientalische Philologie, Philosophie und Theologie in Bonn und Basel. In Berlin (seit 1824) schloß er sich der → Erweckungsbewegung an (Kreis um Baron v. → Kottwitz), kehrte sich vom zeitgenössischen → Rationalismus ab und bekämpfte ihn seitdem. Nach 1840 wandelte er sich vom Befürworter einer ev. Bekenntnisunion zum Anwalt eines konfessionell bestimmten Luthertums innerhalb der preußischen Union (→ Neuluthertum). 1824 in der phil. Fakultät Berlins habilitiert, trat H. nach der theol. Promotion 1825 die Nachfolge A. → Tholucks an.

In seiner Exegese berücksichtigte H., vom Supranaturalismus geprägt, in hohem Maße die Bibelauslegung der Alten Kirche und der altprot. Orthodoxie. Für viele Kritiker betätigte er sich damit lediglich »wiederholend«. In der »Christologie des Alten Testamentes« (ab 1829, 3 Bde.) eröffnete H. seiner Zeit die Schau auf → Jesus Christus als den schon Israel vorhergesagten Messias. In den »Beiträgen zur Einleitung in das Alte Testament« (ab 1831, 3 Bde.) trat H. allen literarkritischen Angriffen auf den atl. Kanon, insbesondere gegen das Daniel-Buch und den Pentateuch, entgegen. Unter H.s Leitung (ab 1827) sammelte und förderte die vielbeachtete »EKZ« kirchlich-konservative Kräfte überall im deutschsprachigen Raum. Ihr geradliniges Eintreten für die erkannte Wahrheit löste viele polemisch geführte Streitigkeiten aus und führte zu starken Anfeindungen. Seinen Einfluß beim preußischen Hof wußte H. für das Anliegen einer kirchl. Erneuerung geschickt zu nutzen. Er billigte die Restaurationspolitik König Friedrich Wilhelms IV. und die sog. Einheit von »Thron und Altar« wegen der erhofften Förderung des Evangeliums. Die Überwindung unchristl. Zustände im Volk und in der Kirche mahnte er wiederholt an.

Lit.: J. Bachmann: E.W. Hengstenberg. Sein Leben und Wirken nach gedruckten und ungedruckten Quellen, 2 Bde., 1876-1880; Bd. 3 bearb. von Th. Schmalenbach, 1892; J. Mehlhausen: »Hengstenberg«, TRE, 15, 1986, 39-42.

P. Siemens

Henhöfer, Aloys (1789-1862)

H., geb. am 11. 7. 1789 in Völkersbach bei Karlsruhe, gest. am 5. 12. 1862 in Spöck, Studium der Theologie in Freiburg/Br. und kath. Priester in Steinegg und Mühlhausen.

Durch die Schriften M. → Sailers und M. → Boos', vor allem aber durch Verbindungen zur württembergischen Erweckung (Besuch in Korntal) wurde er seit 1820 Erweckungsprediger im Sinne der bibl. Heilsbotschaft. 1822 von der kath. Kirche exkommuniziert, trat H. mit seiner Patronatsherrschaft und vielen Gemeindegliedern zur ev. Kirche über und wurde Pfarrer zuerst in Graben, dann in Spöck bei Karlsruhe. Hier wurde er zum Führer der badischen Erweckung, die durch ihn in kirchl. Bahnen blieb und eine luth. Prägung erhielt. H. war engagierter Förderer der äußeren und inneren Mission. Die Diakonissenhäuser in Karlsruhe und Nonnenweier sowie verschiedene soziale Einrichtungen gehen auf ihn selbst oder seinen Einfluß zurück. Literarisch war er ein entschiedener Bekämpfer des Liberalismus seiner Zeit.

Lit.: A. Henhöfer: Das christliche Glaubensbekenntnis, 1822; ders.: Baden und seine Revolution, 1850; Der Kampf des Unglaubens, 1861.

E. Frommel: Aus dem Leben des Dr. Aloys Henhöfer, 1865; F. Hauß: Henhöfer und seine Freunde, ^{2}1961; W. Heinsius: Aloys Henhöfer und seine Zeit, 1925; K.F. Ledderhose: »Henhöfer, Aloys« RE 7, ^{3}1899, 674-677; E. Hagedorn: Erweckung und Konversion. Der Weg des katholischen Priesters A. Henhöfer in die evangelische Kirche, 1993.

G. Ruhbach

Henotheismus

H., (griech. *hen*, »eins«), »Eingottglaube« ist eine Form des Polytheismus (Vielgottglaube), da der Anbetende zwar während der Anbetung nur einen Gott – meist den Hauptgott oder persönlichen Schutzgott – als den allumfassenden Gott anbetet, der die Attribute und Aufgaben anderer Götter in sich aufnimmt, die Existenz und Verehrung anderer Götter jedoch nicht ablehnt. Der H. ist von der ebenfalls noch polytheistischen Monolatrie zu unterscheiden, die zwar ebenfalls die Existenz anderer Götter nicht leugnet, wohl aber deren Verehrung nicht praktiziert. Der Begriff H. darf nicht mit Monotheismus (von *mono*, »allein«, also Glaube an einen einzigen Gott) verwechselt werden, der Existenz und Verehrung anderer Götter leugnet. Der von F.M. Müller 1878 geprägte Begriff H. spielte im Rahmen von Religionsevolutionstheorien als Übergangsstadium auf dem Weg zum Monotheismus eine große Rolle. Für F.W. J. Schelling war der 1842 inhaltlich beschriebene H. umgekehrt eine der Stufen fort vom wahren Glauben nach dem Sündenfall. In der Gegenwart wird jedoch der henotheistische Charakter immer weiterer Religionen angezweifelt (z.B. Ägypten; indische Veden).

Lit.: F.M. Müller: Vorlesungen über den Ursprung und das Wesen der Religion, 1880.

Th. Schirrmacher

Heppe, Heinrich Ludwig Julius (1820-1879)

H., geb. am 30. 3. 1820 in Kassel, dort nach dem Theologiestudium Pfarrverweser, 1849 Privatdozent und 1850 a.o. Prof. H.s beruflicher Werdegang hing mit dem Streit mit August F.Ch. → Vilmar zusammen, der ein strenges Luthertum vertrat, während H. die melanchthonische bzw. ref. Tradition aus geschichtl. Gründen für Hessen betonte, freilich kein ref. Konfessionalist sein wollte (»Die Gegensätze der Confessionen sind mir als solche für die Dogmatik gleichgültig«), sondern sich eher an → Schleiermacher anlehnte. H. hat, obwohl dem Lehrstuhl nach Systematischer Theologe, »ein unerhört reiches Lebenswerk an historisch gelehrter Arbeit« (Bizer) hinterlassen, hat über hessische Kirchengeschichte, Reformationsgeschichte und ev. Kirchengeschichte seit der Reformation gearbeitet. Bis heute herangezogen wird seine »Geschichte des Pietismus und der Mystik in der reformierten Kirche« (1879) sowie die Quellensammlung »Die Dogmatik der evangelisch-reformierten Kirche« (1861; neu hg. von E. Bizer 1958). Am 25. 7. 1879 ist er in Marburg gestorben.

Lit.: E. Bizer: Heinrich Heppe, in: Lebensbilder in Kurhessen und Waldeck 1830-1930 (hg. I. Schnack), Bd. 6, 1958, 112-127; ders.: »Heinrich Heppe«, RGG^3 III, 1959, 226-227.

B. Steinseifer

Heraklit → Vorsokratiker

Herbart, Johann Friedrich (1776-1841)

H., geb. am 4. 5. 1776 in Oldenburg, gest. am 14. 8. 1841 in Göttingen, Prof. der Philosophie in Königsberg und Göttingen.

H. gilt als einer der bedeutendsten Pädagogen der Neuzeit und als Begründer der Pädagogik im Sinne einer eigenen wissenschaftl. Disziplin, die hinsichtlich des Ziels der Erziehung auf die Ethik, hinsichtlich der Lehrmethoden auf die Psychologie zurückgreifen muß. In der »Allgemeinen Pädagogik aus dem Zweck der Erziehung abgeleitet« legt er seine Grundideen dar (die er während seiner Hauslehrer-Tätigkeit selbst erprobt und bewährt hat). Damit in einer hochkomplexen arbeitsteiligen Gesellschaft nicht allmählich alle Tätigkeiten bis zur gegenseitigen Verständnislosigkeit zersplittern, soll jeder wohl in seinem Fache »Virtuose« sein, zugleich aber sollen alle in allen wichtigen Fächern »Liebhaber« (mit einem Mindestmaß von Verstehen und Anerkennen) sein. Deshalb zielt der »erziehende Unterricht« auf die »Vielseitigkeit des Interesses« ab, die kein uferloses Sichverlieren in (tausenderlei) Interessantes heißt, sondern vielmehr aufmerksame Konzentration in »Vertiefung« und »Besinnung« auf fundamentale Wertrichtungen, für die das menschliche Gemüt von sich her empfänglich ist. H.s ureigene Interessenlehre gliedert sich zum einen in Interessen der Teilnahme:

- zwischenmenschlich,
- gesellschaftlich,
- religiös (Ehrfurcht vor Gott als »Vater« aller Menschen und Urmaß für die ethisch-praktischen Ideen der inneren Freiheit, Güte, Gerechtigkeit und Vollkommenheit),

zum anderen in Interessen der Erkenntnis:

- empirisch,
- spekulativ,
- ästhetisch.

Alle diese Interessen sind von Anbeginn und gleichrangig durch Unterricht auszubilden. Höchstes Erziehungsziel ist die »Charakterstärke der Sittlichkeit«, die jede Entfaltung natürlicher Talente überragt und regulieren soll. Zu Lauterkeit des Wollens und Festigkeit im Guten soll der Schüler emporwachsen u.a. durch freiwilligen Gehorsam aus Vertrauen zu einem vorbildhaften Lehrer; durch fundierte Unterweisung und kontinuierliche Begegnung sollen die sittlichen Ideen zu »Leitsternen« im »Gedankenkreis« des Aufwachsenden werden. Durch seine wirkungsmächtige Erziehungskonzeption hat H. die von Rousseau in Umlauf gebrachte These außer Geltung gesetzt, wonach christl.-rel. Unterweisung im Kindesalter eine schädliche Verfrühung sei.

Lit.: J.F. Herbart: Allgemeine Pädagogik, 1806; Hauptpunkte der Metaphysik, 1806; Allgemeine praktische Philosophie, 1808; Lehrbuch zur Psychologie, 1816; Psychologie als Wissenschaft, 1824/25; Umriß pädagogischer Vorlesungen, 1835.

W. Asmus: Herbart. Eine pädagogische Biographie, 2 Bde., 1968/70; J.L. Blaß: Pädagogische Theoriebildung bei Johann Friedrich Herbart, 1972.

E. Düsing

Herbergen zur Heimat

H. z. H. wurden 1854 von C.Th. → Perthes in Bonn ins Leben gerufen gegen die Verwahrlosung der wandernden Handwerksgesellen; getragen wurden sie von einem Verein der Inneren Mission der jeweiligen Großstadt. F. von → Bodelschwingh (Vater) verband die H. mit den Arbeiter-Kolonien, in denen mittellose, meist auch arbeitslose Wanderer Arbeitsgelegenheit und Unterkunft fanden. 1911 gab es in Deutschland 454 H. mit 2,5 Mio. untergebrachten »Wanderarmen«. Nach den beiden Weltkriegen wurden aus den H., von F. von → Bodelschwingh (Sohn) gefördert, Aufnahmeorte für Nichtseßhafte. 1883 wurden alle ev. Herbergen im Deutschen Herbergsverein zusammengefaßt, 1954 wurde die Bundesarbeitsgemeinschaft für → Nichtseßhaftenfürsorge (Geschäftsstelle Bethel) gegründet.

G. Ruhbach

Herder, Johann Gottfried (1744-1803)

H., geb. am 25. 8. 1744 in Morungen/Ostpreußen, gest. am 18. 12. 1803 in Weimar; Lehrer und Prediger in Riga 64-69, nach gewagtem Aufbruch und Reisezeit 71-76 Hofprediger in Bückeburg, Ehe mit Caroline Flachsland (acht Kinder), Generalsuperintendent in Weimar. Er wird der Bewegung des »Sturm und Drang« als großer Anreger, besonders des jungen Goethe, und der Weimarer Klassik zugerechnet als Literaturkritiker, Kulturphilosoph und theol. Schriftsteller von umfassender Weite der Bildung und des Denkens: auf Volksbildung zur → Humanität gerichtet (Höhepunkt: »Ideen zu einer Philosophie der Geschichte der Menschheit« 1784-91). H.s Vater war Küster und Mädchenlehrer, H. selbst arbeitete als Kopist beim Pfarrer, studierte Theologie in Königsberg und war dort begeisterter Schüler von Kant (vorkritische Periode), mit dem er später in Spannung geriet, und von J.G. Hamann, dem er freundschaftlich verbunden blieb bis zu dessen Tod. Gemeinsam ist beiden der Ansatz bei Sprache und Geschichte und der Kampf gegen rationalistische Flachheit (»Die älteste Urkunde des Menschengeschlechts« 1774f).

Die zündenden Ideen der europ. Aufklärung und die radikale Kritik des bibelfesten Hamann an vielen dieser Ideen haben ihn umgetrieben, wie er überhaupt als Leser und Autor im lernenden und polemischen Gespräch mit den unterschiedlichsten Geistern seine Ideen entwickelt. Als Prediger war H. um Schlichtheit, Konzentration aufs Wesentliche und seelsorgliche Einstellung bemüht, als Generalsuperintendent und geborener Pädagoge um Verbesserung der Theologenausbildung (»Briefe, das Studium der Theologie betreffend« 80/81) und des gesamten Schulwesens in dem armen Ländchen, als Exeget hat er neue Wege gewiesen, indem er auf den geschichtl. Ort bibl. Schriften, ihre besondere, oft dichterische Sprache und literarische Form, ihre Symbolkraft die Aufmerksamkeit richtete (z.B. »Vom Geist der hebräischen Poesie« 1783). Er unterschied zwischen Frömmigkeit und Theologie wie später Schleiermacher (»Von Religion. Lehrmeinungen und Gebräuchen« 1798 in:

»Christliche Schriften«). In das Zentrum der christl. Verkündigung stellte er den Ruf zu wahrer Menschlichkeit, zu Humanität – im Geiste Jesu. Er hat durch seine unermüdliche und meisterhafte schriftstellerische Tätigkeit christl. Gedankengut und Bildungswissen seiner Zeit ineinander verwoben, dabei wohl oft Biblisches aufklärerisch-optimistisch überformt, aber auch Anregungen zu dessen besserem Verständnis in Hülle und Fülle ausgestreut und auf das Denken seiner Zeitgenossen und der folgenden Generationen prägenden Einfluß ausgeübt, indem er geschichtl. Denken lehrte, für kulturelle Eigenart und ästhetische Qualität sensibilisierte, Freude an der Muttersprache und Volksdichtung weckte (»Stimmen der Völker in Liedern« 1778/79), den Willen zur weltbürgerlich-humanen Bildung stärkte, fremde Literaturen in Nachdichtungen erschloß und Selbstbestimmung der Völker als polit. Ziel zeigte.

Lit.: Sämtliche Werke, hg. von B. Suphan 1877-1913, Nachdruck 1967/68; Briefe Gesamtausgabe, hg. von K.H. Hahn, 1977-84; R. Haym: Herder nach seinem Leben und seinen Werken dargestellt, 2 Bde. (Erstausgabe 1880/ 85), 1954 (Neudruck 1978); Herder Yearbook vol I, 1992, Publication of the Intern. Herder Society, Columbia SC; Historische Arbeitsgemeinschaft für Schaumburg, Bückeburg; B. Poschmann (Hg.): Bückeburger Gespräche über Johann Gottfried Herder 1988, Schaumburger Studien 49, 1989; Fr. W. Kantzenbach: J.G. Herder in Selbstzeugnissen und Bilddokumenten, 1970; T. Markworth: A bibliographical survey. 1977-1987.

E. Büchsel

Herman, Nikolaus → Liedgut, Liederbücher

Hermann, Rudolf (1887-1962)

H., geb. am 3. 10. 1887 in Barmen, gest. am 2. 6. 1962 in Berlin-Mahlsdorf. Schulbesuch in Bremen. 1906-08 Studium der deutschen Philologie, Geschichte und Religion in Marburg, 1908-12 Theologie in Halle und Greifswald. 1914 Promotion zum Lic.theol. in Göttingen. 1914 schwerverwundet in franz. Kriegsgefangenschaft, im Herbst 1915 ausgetauscht. In Göttingen 1916 habilitiert, erhält er 1919 in Breslau einen Lehrauftrag für »Neuere Religionsphilosophie seit Kant und für Theologie der Reformatoren, für den Zweck der Systematik«. Zugleich Inspektor des Theol. Konviktes (Sedlnitzkysches Johanneum). 1923 zum a.o. Prof. ernannt, wird er 1927 als Ordinarius nach Greifswald und 1953 an die Humboldt-Universität in Ost-Berlin berufen. Von M.→ Kähler und C. Stange angeregt, entfaltet H. das zentrale Thema seiner luth. Theologie: die Rechtfertigung allein aus Glauben.

Entgegen seiner Zeit betont er den Zusammenhang von Theologie und Religionsphilosophie (→ Kant, → Schleiermacher). Allerdings bleibt der Mensch in seinem Glauben auf Gottesoffenbarung (Heilige Schrift) angewiesen. H. nahm auch am Kampf der Bekennenden Kirche teil. Dabei war er der Auffassung, daß man sich an den vom Staat eingesetzten Kirchenausschüssen beteiligen könne. Als luth. Theologe war H. bereit zur Union. An der Neuordnung der Ev. Kirche nach 1945 wirkte er aktiv mit. H. hatte Bedeutung für J. → Klepper und übte starken Einfluß auf H.J. → Iwand aus, mit dem er ein Leben lang befreundet war, trotz Iwands unterschiedlicher Haltung im Kirchenkampf.

Lit.: R. Hermann: Luthers These »Gerecht und Sünder zugleich«, 1930; ders.: Gesammelte Studien zur Theologie Luthers und der Reformation, 1960;

F. Buschbeck: Rudolf Hermanns Bedeutung für Jochen Klepper, in: FS zu Hermanns 70. Geburtstag: So lange es »Heute« heißt, 1957, 52-55; W. Elliger: »Hermann, Rudolf«, NDB, Bd.8, 1969, 664f, 1969; M. Fischer: Geschichte in Gestalten, 1975, 124ff; H.J. Iwand: Briefe an Rudolf Hermann, NW 6, 1964.

R.-D. Krüger

Hermannsburger Mission

Die H. M. ist eine Frucht der Erweckung, die durch Pastor Ludwig → Harms (1808-65) das kleine Dorf in der Lüneburger Heide ergriff und zum Mittelpunkt einer Bewegung werden ließ, die über Niedersachsen nach Hessen und ins Elsaß reichte. Der Anstoß zur Gründung einer Missionsanstalt ging von jungen Gemeindegliedern aus, die die Freude der Umkehr und des neuen Lebens den Menschen bringen wollten, die damals als in Finsternis gefangene »Heiden« ins Bewußtsein europ. Christen traten. Nach vergeblichen Versuchen, sie in Bremen oder Hamburg ausbilden zu lassen, entschloß sich L. Harms 1849, in Hermannsburg ein Missionsseminar zu errichten. Er beauftragte seinen Bruder Theodor → Harms mit der Ausbildung der Zöglinge.

Die Hannoversche Landeskirche zögerte lange, das Werk in ihre Obhut zu nehmen, obwohl Harms nichts sehnlicher wünschte. So wurden die ersten acht Missionare 1853 in Stade geprüft und ordiniert und zusammen mit acht Kolonisten auf dem Missionsschiff »Kandaze« ausgesandt. Sie sollten das Volk der Galla in Ostafrika für Christus gewinnen. Harms war fest davon überzeugt, daß Afrika durch Afrikaner missioniert werden müsse. Sein Leitbild war die angelsächsische Germanenmission. Seine Bauernmission, von erweckten Gemeinden getragen, zielte auf luth. Volkskirche in Übersee. Zu seinem Schmerz erreichten die ersten Sendboten die Galla nicht und begannen ihre Arbeit unter den Zulu in Natal (1854), folgten 1857 einem Ruf zu den Betschuanen in Transvaal. 1864 begann A. Mylius die Arbeit unter den Telugu in Südindien, die der Erste Weltkrieg beendete. Die opfervolle Arbeit unter den Ureinwohnern in Australien (1866) und Neuseeland (1875) ging bald an die australische luth. Kirche über.

Erst 1927 gelang mit W. Wassmann der Beginn der Arbeit unter den Galla (Oromo) in → Äthiopien. Ihre kurze Geschichte ist durch Kriege, Krisen und Revolution, aber auch durch Erfahrungen von Durchhilfe und Segen im Leiden gekennzeichnet. Partner ist heute die Äthiopische Ev. Kirche Mekane Yesus.

Seit 1977 führt das Ev.-luth. Missionswerk in Niedersachsen (ELM) unter dem Rechtsmantel der H.M. als Stiftung privaten Rechts die Aufgaben der H.M. als Werk der Landeskirchen Hannover, Braunschweig und Schaumburg-Lippe weiter. Es arbeitet mit der → Leipziger Mission in der Tamilkirche in Südindien zusammen und pflegt die Beziehungen zu Freundeskreisen aus Landeskirchen und luth. Freikirche, die auch an der Leitung beteiligt sind. Bis heute ist die Mitarbeit in den luth. Kirchen im Südlichen Afrika Schwerpunkt der Arbeit des ELM. Zu den fünf alten, aus der Missionsarbeit erwachsenen Partnern in Afrika, Indien und Brasilien sind neue Partner in Zentralafrika und Malawi, Indien und Lateinamerika getreten. 1990 standen 164 aktive Mitarbeiter in Übersee, davon 68 ordinierte Missionare.

Kern des ELM ist das Missionsseminar geblieben, das als einzige landeskirchl. Ausbildungsstätte in Deutschland theol. Mitarbeiter auf den Dienst in Übersee vorbereitet. Zum ELM gehören die Niedersächsische Luth. Heimvolkshochschule (seit 1919), die Außenstelle in Hildesheim, zahlreiche Einrichtungen in Hermannsburg und der Verlag der Ev.-Luth. Mission in Erlangen.

Volksmission und Evangelisation sind seit 1920 und verstärkt seit 1977 Bestandteil der Arbeit, die darauf zielt, drinnen und draußen »das Evangelium ... in Wort und Tat zu verkündigen und Menschen für die Kirche Jesu Christi zu gewinnen« (Satzung, § 1).

Lit.: Jahrbücher der HM (bis 1977/78) und des ELM (seit 1979);

H. Grafe: Die volkstümliche Predigt des Ludwig Harms [2]1974; G. Haccius: Hannoversche Missionsgeschichte, 4 Bde., 1904ff; Th. Harms: Lebensbeschreibung des Pastor Louis Harms, [8]1911/1978; R. Müller (Hg.): Quellen und Beiträge zur Geschichte der Hermannsburger Mission, bisher 5 Bde., 1987ff.

R. Müller

Hermas, Hirt des → Apostolische Väter

Hermeneutik → Schriftauslegung

Hermes, Georg (1775-1831) Hermesianismus

Der kath. Theologe H., geb. am 22. 4. 1775 in Dreierwalde (Westf.), gest. am 26. 5. 1831 in Bonn, studierte in Münster (1792-98), war dort Gymn.-Prof. (1798-1807), seit 1799 Priester, an den Universitäten Münster (1807-20) und Bonn (1820-31) Prof. für Dogmatik und seit 1825 Kölner Ehrendomherr. Als bedeutender, auch außerhalb der kath. Theologie angesehener, aber zunehmend von Theologen angegriffener Lehrer bemühte er sich, im Blick auf die Harmonie von natürlichem Wissen und übernatürlichem Glauben und in Ablehnung und Anerkennung Kants für die autonom, aufgeklärt, mündig und kritisch gewordene Vernunft und die natürliche Gottes- und Welterkenntnis einzutreten und zeitgemäße Neuinterpretationen der Theologie (→ Offenbarung und kirchl. Offenbarungsvermittlung, Glaube, Wesen und Eigenschaften Gottes, → Gnade, Erbsünde, Erlösung) vorzubereiten. Manches war unzulänglich (z.B. Ableitung der Verbindlichkeit des Glaubens aus der Autonomie der praktischen Vernunft, Verkennung der Intentionen und Leistungen der Scholastik, Mißdeutung der Differenz und Konvergenz des Natürlichen und Übernatürlichen). H. war jedoch überzeugt, den Kernbereich des christl. Glaubens, besonders durch besonnenes methodisches Zweifeln und seine Überwindung, für die Vernunft durchsichtiger machen und gegen alle Einwände verteidigen zu können. Mit der Möglichkeit, daß seine Grundposition mit dem kath. Glaubensverständnis unvereinbar sein könnte, scheint er nie gerechnet zu haben. Aufgrund seines Einflusses waren die kath. Theol. Fakultäten in Preußen um 1830 weithin von einem gewissen »Hermesianismus« geprägt. Dieser Ausdruck konnte sowohl eine streng an H. orientierte als auch eine allgemeinere, die Aufklärung wohlwollend weiterführende kath. Lehrrichtung bezeichnen. Papst Gregor XVI. verurteilte H. (Breve »Dum acerbissimas« vom 26. 9. 1835, s. DH 2738-2740; und Dekret vom 7. 1. 1836). Die Versuche der Hermesianer, eine Revision der Verurteilung zu erreichen, hatten keinen Erfolg. Daraufhin unterwarfen sich die meisten von ihnen. Mehrere Professoren wurden von ihren Lehrstühlen entfernt. Das Erste Vatikanische Konzil verwarf einige hermesianische Anschauungen (DH 3008-3014; 3025; 3031f; 3035f). Die Auseinandersetzung um H. hat das Gespräch zwischen Aufklärung und kath. Theologie jahrzehntelang stark belastet.

Lit.: G. Hermes: Einleitung in die christkath. Theologie, I: Philosophische Einleitung, 1819, ^{2}1834; II,1: Positive Einleitung, 1829, ^{2}1834; Christkath. Dogmatik, hg. von J.H. Achterfeld, 3 Bde., 1834-35;

G. Maron: »Hermes, Georg«, RGG^{3} III, 262-264; LThK^{2} V, 258-261; H. Fries, G. Schwaiger (Hg.): Kath. Theologen Deutschlands im 19. Jahrhundert, I, 1975, 303-322; E. Hegel: »Hermes, Georg« : TRE 15, 1986, 156-158.

H. Riedlinger

Hermetische Literatur → Gnosis

Herntrich, Volkmar Martinus (1908-1958)

H., geb. am 8. 12. 1908 in Flensburg, gest. am 14. 9. 1958 bei Nauen an den Folgen eines Verkehrunfalls, war eine der maßgebenden Persönlichkeiten des deutschen Protestantismus der Nachkriegszeit, Vertreter einer dem Bekenntnis zu Jesus Christus verpflichteten bibl. Theologie.

Nach dem Abitur 1927 Studium der Theologie bei G. → Kittel und K. → Heim, 1929 in Berlin und Kiel. 1931 Promotion in Berlin. Lehrvikariat in Flensburg. Nach der Ordination 1932 Gemeindepastor in Kiel und Dozent an der dortigen theol. Fakultät. 1934 Entzug der Lehrbefugnis aus polit. Gründen. 1934-39 Pastor und Dozent an der Kirchl. Hochschule in Bethel; seit 1939 Leiter des Burckhardt-Hauses in Berlin. 1942 Hauptpastor an St. Katharinen in Hamburg, 1945 Mitglied der einstweiligen Hamburger Kirchenleitung, 1946 nebenamtlich Leiter der Alsterdorfer Anstalten; 1947 Oberkirchenrat und Prof. für AT an der neugegründeten Kirchl. Hochschule in Hamburg; seit 1949 zusammen mit A. Weiser Herausgeber der Reihe Altes Testament Deutsch (ATD). 1956 Bischof der Hamburgischen Landeskirche. Mitwirkung in verschiedenen leitenden Gremien von VELKD und EKD. Vizepräsident der Luthergesellschaft; erster Vorsitzender des Diakonischen Werks.

Lit.: V.M. Herntrich: Ezechielprobleme, 1933; Das Glaubenszeugnis des AT und das Bekenntnis zu Jesus Christus; Jesaja 1-12 (ATD 17), 1950; Der Wohlfahrtsstaat – Krise der Diakonie? in: Diakonie zwischen Kirche und Welt, 1958.

H.-V. Herntrich (Hg.): Volkmar Herntrich 1908-1958. Ein diakonischer Bischof, 1968.

H. Hellmuth

Herrlichkeit Gottes → Gott, Eigenschaften

Herrmann, Wilhelm (1846-1922)

W.H. wurde am 6. 12. 1846 als Sohn eines Pfarrers in Melkow (Mark Brandenburg) geboren. 1866 begann er an der Universität Halle sein Theologiestudium, deren theol. Fakultät sowohl von pietist. Tradition als auch von neuen Vermittlungsversuchen zwischen christl. Glauben und moderner Kultur geprägt war. Er hörte dort Martin → Kähler und trat in engere Beziehung zum theol. Haupt der Erweckungsbewegung August → Tholuck, dessen persönlicher Assistent (»Amanuensis«) er wurde.

Schon während seines Studiums wurde er auf Albrecht → Ritschl aufmerksam, dessen sittlich-theol. System ihm entscheidend den Weg wies. Dies zeigte sich bereits an seinen Frühschriften, die das Verhältnis von Metaphysik und Theologie (1876) und noch grundsätzlicher »Die Religion im Verhältnis zum Welterkennen und zur Sittlichkeit« (1879) behandelten. Nach dem Scheitern von → Hegels spekulativem System und dem Aufschwung der modernen Natur- und Geschichtswissenschaft ging es H. um einen theol. Neuansatz, der sowohl das Ende der metaphysischen Basis der Gotteslehre als auch die dem Glauben bedrohlich gewordenen Ergebnisse der hist.-kritischen Forschung berücksichtigen und dem Glauben einen Ort anweisen sollte, auf dem er sich frei entfalten konnte und der auch dem säkularen Zeitgenossen einsichtig sein sollte. Diesen Ort findet H. im subjektiven Bereich einer nur persönlich erlebbaren Wirklichkeit, wie sie sich dem einzelnen Menschen vor allem in der sittlichen Forderung aufschließt, die wiederum zu ihrer Verwirklichung auf die Kraft des rel. Glaubens angewiesen ist.

Diese neue Verhältnisbestimmung von wissenschaftl. Welterklärung und sittlichem Erleben als Zugang zur Welt der Religion und des christl. Glaubens brachte H. noch 1879 den Lehrstuhl für Systematische Theologie in Marburg ein, den er bis zu seiner Emeritierung 1917 innehatte. Hier wurde er zum einflußreichsten Systematiker der Ritschl-Schule, unter seinem Katheder saßen Schüler wie Karl → Barth und Rudolf → Bultmann. Am 2. Januar 1922 verstarb er in Marburg.

H.s Denken, besonders in seinem in sieben Auflagen erschienenen Buch »Der Verkehr des Christen mit Gott. Im Anschluß an Luther dargestellt« (1886), kreist weiterhin um eine Neubegründung der Theologie, die unangefochten von der hist. Wissenschaft dennoch die Geschichtlichkeit der Offenbarung Gottes in Jesus Christus einzuschließen vermag. Diese Möglichkeit sieht er in der geschichtl. bezeugten Wirksamkeit der Person Jesu, die bis heute in einem ganz und gar »inneren Vorgang« den sittlich bewußten Menschen beeindruckt und in ihm jenes völlige Vertrauen auf Gott weckt, das den christl. Glauben ausmacht. Auf diese Weise hat er seinen Grund im »geschichtlichen Christus«, den die hist. Erforschung der Evangelien weder finden noch zerstören kann, weil er allein ein Faktum der rel. Wirklichkeit ist. Denn es führt keine Brücke von der wissenschaftl. Untersuchung der ntl. Überlieferung zum Erleben des »inneren Lebens Jesu« als einer sittlich-rel. Wirklichkeit, wie sie dem einzelnen in dieser Überlieferung mit unwidersprechlicher Macht entgegentritt. Diese Wirklichkeit gilt es in und hinter der bibl. Überlieferung aufzusuchen, weil nur so der feste Grund der Offenbarung Gottes zu erreichen ist.

Damit hat H. den christl. Glauben und die ihn hervorrufende Offenbarung als ein inneres, empirisch ungreifbares Geschehen verstanden. Heilstatsache kann daher nur eine persönlich erlebte Gottesoffenbarung sein und nicht eine hist. fragwürdige Begebenheit der Vergangenheit. Die Hl. Schrift ist darum nicht mehr als nur das Zeugnis von Menschen, die selbst eine Gottesoffenbarung erlebt und hier ihrem Glauben auf klassische Weise Ausdruck verliehen haben. Hierin haben H. vor allem H. Cremer und H.E. Weber widersprochen, die damit den Boden bibl.-reformat. Gottes- und Schriftlehre verlassen sahen.

Lit.: P. Fischer-Appelt: Metaphysik im Horizont der Theologie Wilhelm Herrmanns, 1965; Th. Mahlmann: »Herrmann, Wilhelm«, TRE 15, 1986, 165-172; K.-H. Michel: Glaubensdokument contra Geschichtsbuch? Die Schriftlehre Wilhelm Herrmanns, 1992.

K.-H. Michel

Herrnhut → Brüder-Unität

Herrscherkult

H. im engeren Sinne meint die Vergottung und kultische Verehrung des Herrschers. Die Grenze zwischen menschlichem König und einem Gott wurde in der Umwelt des AT schon dadurch verwischt, daß die Bezeichnung *ba'al*, »Besitzer, Herr«, im Kult der Kanaanäer auf die Götter angewandt wurde. Im Gegensatz dazu hat man in Israel Gott als *'adōnai*, »Kyrios« gepriesen und auch den Gottesnamen mit diesem Titel umschrieben. So wurde das exkludierende Bekenntnis abgelegt: »Der Herr unser Gott ist allein der Herr!« (5Mo 6,4).

1. In hell.-röm. Zeit war der H. vor allem im Osten üblich (z.B. Alexander der Große). Der röm. Kaiser führte den Titel »Augustus«, d.h. »verehrungswürdige Majestät«. Der Denar, den Jesus sich zeigen ließ (Mk 12,16) trug die Aufschrift: »Kaiser Tiberius, der erhabene Sohn des göttlichen Augustus«. Caligula (37-41) war der erste, der den H. forderte; er wollte seine Bildsäule auch im Jerusalemer Tempel aufstellen lassen, was aber durch den Widerstand der Juden und den Tod des Kaisers verhindert wurde (Jos. bell. 2,184-187. 192-203). Nero wurde als Gott angeredet (Dio Cass. 63,1ff), und die Erlasse Domitians begannen mit den Worten: »Unser Herr und Gott befiehlt« (Sueton Dom. 13).

2. In den röm. Provinzen des Ostens wurden schon für Oktavian – allerdings zusammen mit der Göttin Roma – Tempel errichtet; eigentlich sollte in ihnen dem Genius des Kaiserhauses geopfert werden. Der H. wurde je länger je mehr zum Zeichen der Loyalität gegenüber Rom; die Verweigerung des Kaiseropfers konnte als Majestätsverbrechen und als Gottlosigkeit verurteilt werden.

3. Gegen den H. wandte sich in Palästina vor allem die Partei der Zeloten; ihr geistiger Vater Judas sah schon in der Einführung der Kopfsteuer (Census) einen Verstoß gegen das 1. Gebot: Wer Gott dient, darf keinen menschlichen Herrscher ertragen (Jos. ant. 18,4; bell. 2,118. 433). Die ersten Christen verteidigten zwar den Gehorsam gegenüber der Obrigkeit (Röm 13,1f; 1Petr 2,13-17, vgl. Dan 2,37f). Aber mit dem Bekenntnis zum einen Gott und zum einen Herrn Jesus Christus (1Kor 8,6) haben sie dem H. scharf widersprochen (vgl. Offb 13,11-17). Gerade den Gekreuzigten hat Gott zum Herrn und Christus gemacht (Apg 2,34-36; Phil 2,5-11).

Lit.: A. Dihle:»Herrscherkult«, RGG[3] III, 278-280; M.P. Nilsson: Geschichte der griechischen Religion II, 1974, 132-184.

O. Betz

Hesekiel → Propheten Israels

Hessen-Nassau, Ev. Kirche in

Die Bezeichnung Hessen-Nassau geht auf die preußische Neugliederung von 1866 zurück und umfaßt die damaligen Regierungsbezirke Wiesbaden, Kassel und Hessen-Homburg. 1944 erfolgte die Aufteilung in Kurhessen und Nassau. 1933 entstand aus den selbständigen Landeskirchen Hessen (Darmstadt), Nassau (Wiesbaden) und Frankfurt die Ev. Landeskirche Nassau-Hessen, 1947 veränderte sich die Bezeichnung in Ev. Kirche in Hessen-Nassau. Zur Landeskirche gehören Gebiete, die polit. zu Hessen (Regierungsbezirke Darmstadt, Wiesbaden, Gießen) und zu Rheinland-Pfalz (Rheinhessen, Montabaur, Koblenz) gehören. Der Kreis Wetzlar ist der rheinischen, die Kreise Hanau, Schlüchtern und Gelnhausen sind der kurhessischen Landeskirche zugeordnet.

Ihrem Charakter nach ist die Kirche eine Verwaltungsunion. Die 1949 verabschiedete und seitdem mehrfach überarbeitete Kirchenordnung versteht die Landeskirche eher bruderrätlich in der Tradition der Bekennenden Kirche.

Zur Kirche gehören ca. 2 Mio. Gemeindeglieder, ca. 1.150 Pfarrstellen, 60 Dekanate und 6 Propsteien. Die Predigerseminare liegen in Herborn und Friedberg, Sitz der Kirchenleitung und Kirchenverwaltung ist Darmstadt.

Lit.: K. Dienst: »Hessen-Nassau«, TRE 15, 1986, 279-282; K. Herbert: Die Ordnung der Ev. Kirche in Hessen-Nassau, 1968; H. Steitz: Geschichte der Ev. Kirche in Hessen-Nassau, 1977.

G. Ruhbach

Hessen-Nassauischer Gemeinschaftsverband e.V.

1. Anfänge: 1890-1900 entstehen auch auf dem Gebiet des früheren Kurhessen Gemeinschaften hauptsächlich durch den Dienst landeskirchl. Pfarrer. U.a. sind es Leopold Wittekindt (Oberissigheim), Emil Sperber (Kassel), Otto Sartorius (Burghaun). In Kassel 1894 Bildung eines »Hessischen Brüderrates« (5 Pfarrer, 2 Laien), der Kontakt mit den Gemeinschaften aufnimmt und zur 1. »Philadelphia-Konferenz« (1895) nach Kassel einlädt. 1897 umgebildet in »Hessisches Brüderkomitee« (12 Mitglieder), das nun der »Vereinigung für Evangelisation und Gemeinschaftspflege innerhalb der Landeskirche« vorsteht. Damit Beginn des Hess.-Nass. Gemeinschaftsvereins, der sich am 2. 1. 1901 in Kassel rechtl. konstituiert mit dem Zweck: »...innerhalb der Ev. Landeskirche geistl. Leben zu wecken und zu pflegen«.

2. Werden und Wachsen: 1897 Berufung des ersten »Berufsarbeiters« (Evangelist Dannert) und zwei »Reisepredigern« nach Hersfeld und Hanau. 1902 arbeiten bereits 4 Hauptberufliche in 56 Gemeinschaften. Trotz Widerständen von seiten der Kirchen und Not durch schwarmgeistige Verirrungen (»Kasseler Zungenbewegung«) wächst die Arbeit weiter. Nach Anschluß des »Nassauer Zweiges« (1913) bereisen 10 Prediger 169 Orte. Besondere Neubelebungen gab es jeweils nach den Weltkriegen. Derzeit sind in 22 Bezirken mit rund 190 Gemeinschaften und 90 Sonderkreisen (Haus-, Frauen-, Junge Erwachsene-Kreise u.a.) 41 Mitarbeiter/innen tätig, in Verkündigung und Seelsorge an Kindern, Jugendlichen und Erwachsenen. Die Zahl der ehrenamtlichen Mitarbeiter stieg auf 679; 45 Gemeinschaftshäuser stehen der Gemeinschaftsarbeit zur Verfügung. Sozial-diakon. Arbeiten: 1965 Feierabendhaus »Simeonstift« in Hainburg (210 Plätze), 1984 Wohngemeinschaft »Regenbogen« für Mädchen in Offenbach, »Bibl.-therap. Konfliktberatung« in Wiesbaden (1.1.91).

3. Vorsitzende: Leopold Wittekindt (1897-1923), Alfred Roth (1924-1950), Karl Rübsamen (1952-1975), Martin Gresing (1975-1982), Christoffer Pfeiffer (1983-1988), Günter Raubert (ab 1991).

Lit.: P. Fleisch: Die moderne Gemeinschaftsbewegung in Deutschland, 1912; A. Roth: 50 Jahre Hessen-Nassauischer Gemeinschaftsverein, 1947; A. Sommer: Handelt bis ich wiederkomme, 1987.

A. Sommer

Hesychasmus

hesychia (Apophthegmata Patrum), griech.« Ruhe« bezeichnet bei den ägypt. Anachoreten das Ziel der Askese, das im Kellion durch Entsagung, Gebet und Schweigen erlangt wird. Das abendländische Mönchtum spricht mit gleicher Bedeutung von »Herzensreinheit« als monastischem Vollkommenheitsideal (Joh. Cassian). Im byz. Mönchtum des 10.-14. Jh. entwickelt sich daraus der H. Wegbereiter ist → Symeon der Neue Theologe (949-1022). Nach seiner Überzeugung gipfelt das geistl. Leben in der als Lichtvision gedeuteten Schau Gottes. In den Athosklöstern wird daraus eine Methode: das ständige geistige Gebet führt, verbunden mit Atemübungen, zur Erfahrung des göttlichen Lichts in der Seele (Taborlicht).

Bedeutender Theologe des H. ist der Athosmönch Gregorios → Palamas (1296-1359): in mystischer Gebetsversenkung kann Gott schon diesseitig ganzheitlich erfahren werden, ohne daß die Verborgenheit seines Wesens aufgehoben wird. Diese Auffassung, bekämpft durch Barlaam von Kalabrien (1290-1350), führt zum sog. Hesychastenstreit, der 1351 zugunsten des H. entschieden wird. Seitdem ist der H. in Byzanz reichskirchl. anerkannt, wird aber unter türkischer Herrschaft in den Untergrund verdrängt. Die Zusammenstellung bedeutender Hesychasten in der »Philokalia« (5 Bde. 1782) durch Nikodemus Hagiorites (1749-1809) signalisiert das Wiedererwachen des H. Seine Ausstrahlung wirkt bis in die gegenwärtige orth. Theologie fort (Starzen).

Lit.: H.-G. Beck: Kirche und theologische Literatur im byzantinischen Reich, 1959; H. Holze: Erfahrung und Theologie im frühen Mönchtum, 1992; Kleine Philokalie, hg. von M. Dietz,[2]1981; F. v. Lilienfeld:

»Hesychasmus«, TRE 15, 1986, 282-289; D. Wendebourg: Geist oder Energie, 1980.

H. Holze

Heterodoxie → Irrlehre

Heuchelei

Das griech. Wort, das in der dt. Übersetzung des NT mit »Heuchelei« wiedergegeben wird, bezeichnet ursprünglich das Auftreten von Schauspielern, die eine Rolle darstellen, indem sie z.B. eine Maske anlegen. In abwertendem Sinne bekam dieses Wort die Bedeutung von »Vorstellung«. Nach außen wird ein Anschein erweckt, der nicht begründet ist. Äußere Verhaltensweisen sollen die innere Einstellung verbergen. Dadurch sollen Menschen und schließlich auch Gott getäuscht werden. Propheten des AT deckten auf, daß der vorschriftsmäßige Vollzug gottesdienstl. Riten, durch den der Anschein der Gottesfurcht entsteht, die ethischen Mängel, in denen sich eine tiefe Gottlosigkeit offenbart, nicht verdecken kann. Ein Kultus ohne Umkehr des Herzens ist wertlos und gilt vor Gott nicht. Jesus entlarvt die Gottlosigkeit des Herzens, die sich hinter einer vorbildlichen moralischen Haltung und einer sorgfältigen Beachtung der göttlichen Gebote und ihrer rabbin. Ausführungsbestimmungen durch die entschieden frommen Pharisäer verbergen konnte. Dabei muß nicht eine subjektive Täuschungsabsicht unterstellt werden; vielmehr wird ein »objektiver Selbstwiderspruch« (J. Schniewind) zwischen rel. Eifer und dem Vertrauen auf eigene Leistung enthüllt. Nach 2Kor 11,14 ist der Versuch, sich vor Gott zu verstellen, etwas Satanisches.

W. Schlichting

Heukelbach, Werner (1898-1968) Missionswerk W. Heukelbach e.V.

H., geb. am 8. 5. 1898 in Wiedenest, gest. am 5. 2. 1968 ebenda. Als 38jähriger Bahnbeamter aus gesundheitlichen Gründen pensioniert, gründete er 1936 das » Missionswerk W. H«. Seiner Entscheidung für Jesus Christus folgte eine radikale Lebenswende, vgl. seine Biographie »Vom Gottesleugner zum Evangelisten«. H.s geistl. Heimat waren »Freie Brüdergemeinden«. Als Evangelist erreichte er in seiner volkstümlichen Verkündigung die Massen und wurde Pionier in der Evangeliums-Verkündigung durch die Massenmedien Radio und Presse. Jährlich werden etwa 40 Mio Traktate, Schriften, Broschüren, Kinder- und Erwachsenen-Kalender in mehr als 60 Länder verschickt. 55 Sendungen pro Monat wurden über Radio Luxemburg und Quito/Ecuador ausgestrahlt. Über 130 Telefon-Stationen in Deutschland und der Schweiz stehen für Seelsorge zur Verfügung. Daneben gibt es intensive Seelsorge-Korrespondenz. Bekannt wurde der von W. H. geprägte Slogan: »Gerade Du brauchst Jesus«. Das Missionswerk ist ein Glaubenswerk und wird durch freiwillige Spenden getragen. Es gründet keine eigenen Gemeinden, arbeitet jedoch mit allen Christen zusammen, die die Heilige Schrift für Glauben und Leben verbindlich achten. Mitarbeiter führen das Missionswerk weiter.

Lit.: H.-D.Roch: Naive Frömmigkeit der Gegenwart, 1969.

M. Paul

Hexateuch → Pentateuch

Hexenglaube/-verfolgung

In allen Kulturen gab es von jeher Frauen und Männer, die durch magische Praktiken besondere Macht ausübten: Zauberer, weise Frauen, oft in priesterlicher Funktion, helfend oder auch gefährlich. Das Hexenbild der H.verfolgungen vom 14. bis ins 17. Jh. im Raum der westl. kath. Kirche (einschließlich der im 16. Jh. prot. gewordenen Gebiete) war gegenüber diesen magisch-kulturellen Traditionen etwas Neues. Zwei Aspekte prägen dieses Neue:

1. Der Inquisitionsprozeß

Ketzerei (als Irrlehre) wurde zunächst mit Kirchenstrafen verfolgt. 1183 erklärte Papst Lucius III. einvernehmlich mit Kaiser Friedrich II. die Ketzerei (nun als Abfall von Gott) als todwürdiges Verbrechen, zu bestrafen mit Verbrennung auf dem Scheiterhaufen. Da viele Bischöfe diesem Entscheid widerwillig begegneten, entzog dann Papst Gregor IX. 1232 den Bischöfen diese Gerichtsvollmacht und schuf eine eigene, nur ihm unterstellte Rechtsinstitution zur Verfolgung und Aburteilung der Ketzer: Die Inquisition. Deren Vollzug übertrug er dem Dominikanerorden, später halfen auch Franziskaner. Fast zwei Jh.e lang lag die Inquisition in der Hand dieser beiden Orden, die durch ungezählte Einäscherungen, durch Schriften und Predigten die Hexenangst schürten und jenen »Hexenwahn« zu erzeugen vermochten, der bis Ende des 16. Jh.s alle Kreise, auch die gebildeten, erfaßt hatte. Hexen, des Abfalls von Gott und des Teufelspaktes beschuldigt, wurden wie Ketzer gerichtet.

Die Inquisition schuf ein neues Prozeßrecht. Zuvor galt im kirchl. und weltlichen Recht der Anklageprozeß (Akkusationsprozeß), in dem der Schuldbeweis bei der Anklage liegt. Richter dürfen nicht Partei sein, und der Angeklagte hat das Recht der Verteidigung (mit Rechtsbeistand). Im Inquisitionsprozeß gibt es keinen Schuldbeweis. Die Verurteilung stützt sich auf das durch Folterung erzwungene Geständnis. Die Folter war schon im Jahr 1252 durch die Bulle »Ad extirpanda...« durch das kanonische Recht legitimiert worden. Die Anwendung der Folter (Tortur) als Mittel der inquisitorischen Befragung wurde dann im Ketzer- und Hexenprozeß zum schrecklichsten Instrument des Gerichtsverfahrens. 1532 erließ Kaiser Karl V. in Regensburg die »Peinliche Halsgerichtsordnung«, die »Carolina«, die das ganze furchtbare Verfahren auch ins Reichsrecht aufnahm.

Im letzten Viertel des 15. Jh.s. folgte die größte Welle der H.verfolgungen, die von Spanien bis nach Österreich reichte. In Spanien überlieferte der Großinquisitor Torquamada schon 1481-1498 über 10.000 Menschen dem Feuertod. In der Normandie begannen die großen Verfolgungen 1589 und dauerten über die Jahrhundertwende hinaus. In der Gegend von Bordeaux begann um 1600 der Inquisitor Pierre de Lancre eine der größten Hexenjagden Frankreichs, beginnend in der Region von Labourd und bis zur spanischen Grenze. In der Franche-Comté löste der Inquisitor Henry Boguet eine große Verfolgung aus. In Lothringen brachte der Generalstaatsanwalt Nicolas Remy (Remigius) gegen 1000 Leute auf den Scheiterhaufen. Die schrecklichsten Massenverbrennungen geschahen in dieser Zeit in Deutschland, wobei wir über diese Ereignisse aktenmäßig am besten orientiert sind. Die »Straße des Schreckens« führt von Trier nach Mainz, nordwärts nach Köln, Münster, anderseits nach Würzburg, Bamberg, Ingolstadt, Dillingen, Salzburg. Wie weit die der großen Verfolgung vorangegangene Niederlassung des Jesuitenordens in Deutschland die Hexen- und Ketzerjagden mitverursacht hat, ist schwer zu sagen. Die Verfolgungswelle schlug auch auf prot. Länder über. In Württemberg, in Hessen, Kassel und in Sachsen gab es sehr viele Hexenprozesse, sogar – wenn auch weniger – in Hamburg und in Pommern. Und auffallend war, daß in diesen späten Hexenprozessen auch viele Männer und auch Kinder, sogar unter 10 Jahren, wegen Hexerei bzw. Umgang mit dem Teufel hingerichtet wurden. Am wenigsten Hexenprozesse gab es in Holland, sonst waren alle Länder, von Portugal bis Polen, auch die Schweiz, Österreich, Ungarn vom Hexenwahn mit seinen Folgen heimgesucht.

An der Ausbreitung der Hexenprozesse trugen Hexenbücher, meist von Inquisitoren verfaßt, erheblich bei: u.a.: Johann Nider, Formicarius (vgl. Hansen, Quellen...); Nicolaus Jaquerius, Flagellum Haereticorum... 1458 (vgl. Hansen, Quellen...); das geschichtl. wichtigste und wegen seiner Wirkung furchtbarste Hexenbuch ist der »Hexenhammer« (malleus maleficarum), 1487, der beiden Dominikaner-Inquisitoren Heinrich Institoris und Jakob Sprenger (dt. [3]1985); Ulrich Molitor, Von Hexen und Unholden, 1576; Nicolaus Remigius (Remy), Daemonolatriae ..., 1594 (dt.: Beschreibung von Zauberern und Zauberinnen ..., 1693); Petrus Binsfeld, Bekantnuss der Zauberer und Hexen, 1590 (lat. Tract. Conf. maleficorum et sagarum, 1589); Jean Bodin, De la Démomanie des Sorcièrs, 1589 (auch lat.; dt.: Vom ausgelassenen wütigen Teufelsheer, 1591); Martinus Delrio S.J., Disquisitonum magicarum libri VI, 1599 (neben dem »Hexenhammer« das wichtigste und meistverbreitete Inquisitionsbuch); Pierre de Lancre, Tableaux de l'inconstance des mauvaises anges et démons, 1612 (deutsch: Wunderbahrliche Geheimnussen der Zauberey, 1630); Du Sortilège, 1627.

Bücher weltlicher Juristen zum Inquisitionsprozeß: Benedikt Carpzov (luth.), Practica rerum criminalium, 1635; Joh. Christoph Frölich von Frölichsberg, Nemesis Romano-Austriaco-Tyrolensis..., 1696; Commentarius in Kayser Carl des Fünfften und des H. Röm. Reichs Peinliche Hals-Gerichts-Ordnung, 1714, 2 Bde. (Bd. 1 Anweisungen zum Hexenprozeß).

2. Das Hexenbild

Den Hexenprozessen der Inquisition liegt schon früh ein feststehendes Hexenbild zugrunde, das in den vier Jh.en der Verfolgung kaum verändert wurde.

a. Die Hexen sind den Ketzern zugeordnet. In den frühesten Prozessen tragen sie noch Ketzernamen (Katharer, Waldenser), obschon bereits gesagt wird, daß es sich um eine neue Form der Ketzerei handelt.

b. Hexen hangen nicht nur einer Irrlehre an, sondern sie fallen von Gott ab und machen einen Pakt mit dem Teufel und seinen Dämonen. »Hexen haben es immer mit Dämonen zu tun«, »In Hexenwerken wirken immer Dämonen mit« (Hexenhammer, 28.34). Diese Ansicht ist in allen Büchern der H.verfolgung festgehalten.

c. Die Hexen müssen Gott abschwören und dem Teufel huldigen, der ihnen in Bocksgestalt oder halbtierischer oder Menschengestalt erscheint.

d. Der Teufel versammelt die Hexen zu heimlichen Teufelsfesten (Hexensabbat). Diese gipfeln in der Verhöhnung der heiligen Messe durch ein Mahl, bei dem u.a. Fleisch von getöteten Kindern gegessen und stinkendes Gebräu getrunken wird, anschließend findet der Hexentanz mit obszönen Orgien statt.

e. Alle Hexen vermischen sich häufig mit Dämonen in Mannsgestalt (*incubi*, bei Hexern Weibsteufel, *succubi*) zu geschlechtlichen Ausschweifungen in unflätiger Weise.

f. Der Teufel lehrt die Hexen allerlei schädigende Hexenkünste, wie den Hexenflug, die Verwandlung in Tiergestalt, Schadenzauberei wie Verursachung von Hagelwetter, Pest und anderen Krankheiten, Bewirkung von Impotenz bei Männern und Abtreibung von Frauen, Zubereitung von Giften u.a. – Es gibt auch Hexer, die dann oft einen Hexenkreis um sich sammeln, aber ihre Zahl ist weit geringer. Männer gelten als Urheber ketzerischer Irrlehren.

Der Teufelspakt der Hexen ist ganz von der sexuellen Sünde her konstruiert: »Dies ist allen Hexen gemeinsam, daß sie fleischliche Unflätigkeiten mit Dämonen treiben«, *hoc est commune omnium maleficarum, spurcitias carnales cum daemonibus exercere* (Hexenhammer, Teil 2, S. 28, vgl. Teil I, S. 106; mall. II, 1 c.2). Anders als in heidnischen Überlieferungen, wo Frauen durch Magie auch Gutes wirken können, ist das Hexenwesen der Inquisitionsbücher ganz auf die niedrigste Sinnlichkeit einer dämonisierten Sexualität reduziert, und die Hexenwerke sind ausschließlich Schadenwirkungen. Das wird auch in der Bulle »Summis desiderantes« von Papst Innozenz VIII. gesagt, die dem »Hexenhammer« vorangestellt ist: Hexerei betreiben »Personen beiderlei Geschlechts ... die vom katholischen Glauben abgefallen sind und mit Mannsteufeln und Weibsteufeln Mißbrauch treiben« (*a fide catholica deviantes, cum daemonibus incubis et succubis abuti*), welchem Satz dann eine lange Aufzählung der Laster und Verbrechen der Hexen folgt.

Eine gewisse Ausweitung findet sich bei Delrio: Auch Ketzer werden in den Teufelsbund einbezogen. Das gelte besonders für die *dira Calvinismi lues*, und das Luthertum und die Täufer, diese »drei unsauberen Geister, aus dem Mund des Tieres und des Lügenpropheten hervorgegangen« (Delrio, Disq. Proloquium 11). Er ruft die himmlischen Mächte an und beschwört die Obrigkeiten: »tötet, werfet nieder, richtet zugrunde!«, *caedite, sternite, profligate* (Proloq. 11).

Die dem Hexenbild zugrundeliegende Verteufelung der Sexualität ist nicht bibl. Das Wort »Seid fruchtbar und mehret euch« (1Mo 1,28) gehört zur Segnung, d.h. zur guten Schöpfung Gottes. Die Verteufelung der Sexualität hat ihren Ursprung in der spätantiken Gnosis, die den Schöpfergott, den Demiurgen, als Widersacher des himmlischen Lichtgottes verstand. Zum Reich des Demiurgen gehörte die Leiblichkeit, die Sinnlichkeit, die »fleischliche« Lust. Dieser Dualismus hat auf die Kirche und bes. den kirchl. Asketismus stark nachgewirkt. Das Hexenbild ist im Schoß zweier Orden geschaffen worden, deren Angehörige nicht mehr ans Kloster gebunden waren und für deren Keuschheitsforderung die Kontakte mit Frauen zur Anfechtung werden konnten. Und wenn sexuelle Regungen nicht mehr als natürlich galten, sondern als dämonisch, dann drängte sich der Hexenwahn auf. Der psych. Hintergrund des Hexenwahns war ein Asketismus, welcher die Sexualität an sich für dämonisch hielt. »Die Macht der Dämonen liegt in den Lenden des Menschen« (Hexenhammer, 50). Aber dieser Asketismus allein hätte nicht zur H.enverfolgung geführt. Diese wurde erst möglich durch das furchtbare Instrument des Inquisitionsprozesses. Die orth. christl. Kirchen des Ostens kannten die Askese auch, ebenso Vorstellungen von Hexen (vgl. Gogols Erzählung »Der Wij«). Aber in diesen Kirchen gab es keine H.enverfolgungen, weil es den Inquisitionsprozeß nicht gab.

Lit.: B. Bekker: Frühe Schriften gegen den Hexenglauben: De betooverede wereld, 1691/93; F. von Spee: Cautio Criminalis seu de Processibus contra sagas, 1631, (dt. Rechtliches Bedenken wegen der Hexenprozesse, 1939); J. Weyer: Blendwerke der Dämonen, 1563 (de praestigiis daemonum...).

H. Haag: Teufelsglaube, 1974; M. Hammes: Hexenwahn und Hexenprozesse,[7]1986; J. Hansen: Zauberwahn, Inquisition und Hexenprozeß im Mittelalter und die Entstehung der Hexenverfolgung, 1900; ders.: Quellen und Untersuchungen zur Geschichte des Hexenwahns und der Hexenverfolgung im Mittelalter, 1901; B. E. König: Geschichte der Hexenprozesse, 1989; Soldan-Heppe: Geschichte der Hexenprozesse, neu bearb. von M. Bauer, 1911.

F. Flückiger

Hierarchie

1. Soziologisch

Der Begriff H. (griech.: heilige Herrschaft) bezeichnet eine Form sozialer Ordnung, die durch Über- und Unterordnung ihrer Teile strukturiert ist. Die Stärke hierarchischer Ordnung liegt darin, daß Macht und Entscheidungsbefugnisse in der Spitze der H. konzentriert sind, so daß diese ihre Vorstellungen, Ziele und Pläne von oben nach unten in der gesamten H. durchsetzen und Veränderungen der Gesamtheit gezielt kontrollieren kann. Die Schwäche der H. ist ihre Unbeweglichkeit. Die Abhängigkeit von Entscheidungsvorgaben der H.-Spitze erschwert einer hierarchischen Organisation, schnell und flexibel zu reagieren. Dies hat dazu geführt, daß in vielen Gesellschaftsbereichen hierarchische Ordnungen durch andere, z.B. an Spezialfunktionen orientierte Strukturen verdrängt oder ergänzt werden.

2. Kirchengeschichtlich

Der Begriff H. kommt im NT nicht vor, und die früh-christl. Gemeindestrukturen waren von der Gleichheit aller Gläubigen bestimmt. Sehr bald entwickelte sich jedoch innerhalb der Gemeinden ein hervorgehobenes Bischofsamt und später, nachdem das Christentum röm. Staatsreligion geworden war, auch eine Gesamt-H. der größer und einflußreicher werdenden Kirche. Ende des 5. Jh.s wurde die kirchl. Ämterstruktur von → Dionysius Areopagita erstmals als H. bezeichnet und theol. begründet. Im MA führte das Nebeneinander von kirchl. H. und Feudalsystem zum Streit zwischen Kaiser und Papst um die polit. und geistige Vorherrschaft (→ Investiturstreit).

Die hierarchische Struktur der Kirche wurde bereits im MA kritisiert (→ Marsilius von Padua, → Wyclif, → Hus). Aufgebrochen wurde die kath. Kirchen-H. erst durch die → Reformation, die sich vom Papsttum abwandte, mit der Lehre vom → Priestertum aller Gläubigen die Überordnung der Geistlichen über die Laien aufhob und dazu überging, geistl. Ämter durch Wahl zu besetzen. Die röm.-kath. Kirche reagierte darauf mit einer dogmat. Fixierung ihrer H. im Konzil von Trient (→ Tridentinum) und der Stärkung des päpstlichen Primats.

3. Konfessionskundlich

Die hierarchische Grundstruktur der röm.-kath. Kirche besteht zum einen aus der Weihe-H. von Bischof, Priester und Diakon und zum anderen aus der Ämter-H., die sich von der Höchstgewalt des Papstes ableitet, und in die ein Amtsträger durch Sendung in sein Amt, z.B. als Kardinal oder Nuntius, eingegliedert wird. Die Aufnahme in die Weihe-H. durch die Weihe ist unwiderruflich, während eine zugewiesene Stellung in der Ämter-H. wieder entzogen werden kann.

In den ev. Kirchen kommt den zum Teil vorhandenen hierarchischen Strukturen keine theol. Bedeutung zu. Übergeordnete Funktionen sind meist an demokratisch legitimierte und kontrollierte Ämter gebunden, und es gibt keinen theol. begründeten Vorrang der Geistlichen gegenüber den Laien (→ Klerus und Laien).

Die anglik. Kirchengemeinschaft wie die orth. Kirchen hingegen besitzen die dreigliedrige Weihe-H. und die theol. Überordnung der Geweihten über die Laien, wobei in den orth. Kirchen die H. darüber hinaus im Amt des Metropoliten bzw. Patriarchen eine übergeordnete Spitze besitzt.

Die meisten ev. Freikirchen und Gemeindebewegungen versuchen hingegen ganz oder weitgehend auf Ämter und hierarchische Strukturen zu verzichten, oder diese auf organisatorische Bereiche zu beschränken, um die Gleichheit der Gläubigen vor Gott auch in der Gemeindestruktur sichtbar werden zu lassen. Im Methodismus gibt es jedoch ein Bischofsamt.

Lit.: H. Dombois: Hierarchie – Grund und Grenze einer umstrittenen Struktur, 1971; P. Eicher: »Hierarchie«, NHTHG[2] II, 1991, 330-349; K. Mörsdorf: »Hierarchie«, SM II, 1968, 689-693.

R. Dziewas

Hieronymus (ca. 347-419)

H., einer der vier »Kirchenlehrer« der alten lat. Kirche, wurde um 347 in Stridon in Dalmatien geboren. Sein vollständiger Name lautete: Eusebius Sophronius H. In Rom erhielt H. eine gründliche Ausbildung in lateinischer Sprache und Literatur, in Grammatik und Rhetorik und erwarb Grundkenntnisse in der griech.

Sprache. Mit Rufin von Aquileja (ca. 345-411) schloß er eine lange währende Freundschaft, die jedoch später – am Streit um Origenes (399/400) – zerbrach. Vermutlich hat sich H. in Rom taufen lassen, bevor er (um 367) an die kaiserliche Residenz nach Trier ging. Seine Neigung zu Kontemplation und Askese trieb ihn jedoch in den Osten. Über Norditalien und Athen gelangte er nach Antiochien (374), wo er nicht nur seine Griechischkenntnisse vervollkommnete, sondern – als einer der wenigen Väter der Alten Kirche – Hebr. lernte. Damit verfügte er über die wesentlichen Grundlagen für sein Lebenswerk, die Übersetzung und Kommentierung der Bibel. Auch übersetzte er zahlreiche Schriften griech. christl. Autoren ins Lat.: Die Weltchronik Eusebs, Homilien des Origenes; später: Didymos, »Über den Hl. Geist« u.a. und wurde so zu einem der wichtigsten Vermittler östlicher Theologie und Spiritualität an den Westen. Dazu gehörten auch seine Lebensbeschreibungen berühmter Einsiedler (Paulus von Theben u.a.).

In die antiochenische Zeit fällt wohl auch jener Traum, von dem H. Jahre später schrieb, er sei darin angeklagt worden: »Du bist kein Jünger Christi, sondern ein Anhänger Ciceros«, denn ihm hatte der ungepflegte Stil der bibl. Schriftsteller mißfallen. Da habe er versprochen, keine weltlichen Bücher mehr zu besitzen oder zu lesen und sich nur noch dem christl. Schrifttum gewidmet (ep. 22).

382 kehrte H. nach Rom zurück und wurde Sekretär des Papstes Damasus I. (366-384). Dieser förderte auch sein Vorhaben, eine revidierte bzw. neu übersetzte lat. Bibel zu erstellen (die spätere Vulgata). Nach dessen Tod kam es jedoch zu Rivalitäten und Streitigkeiten in Rom, die H. veranlaßten, in den Orient zurückzukehren. Eine Gruppe von Asketinnen folgte ihm nach Bethlehem, wo er bis zu seinem Lebensende (30. 9. 419) an der Übersetzung und Kommentierung der Bibel arbeitete.

Trotz seines cholerischen Charakters, seiner Empfindlichkeit und Reizbarkeit, die sich in heftiger Polemik äußern konnte, hat H. mit seiner Arbeit an der Bibel – als Ausleger und Übersetzer (das AT aus dem Hebr.) – ein eindrucksvolles Werk hinterlassen, das in der abendländischen Kirche lange in Geltung stand.

Im Streit um → Pelagius unterstützte H. den Standpunkt → Augustins.

Lit.: G.J.M. Bartelink: Hieronymus: GdKG 2, 1984, 145-165; G. Grützmacher: Hieronymus, 3 Bde. (1901-1908), ND 1969; J.N.D. Kelly: Jerome. His Life, Writings and Controversies, London 1975; P. Nautin: »Hieronymus«, TRE 15, 1986, 304-315; I. Opelt: Hieronymus' Streitschriften, 1973; J. Steinmann: Hieronymus – Ausleger der Bibel. Weg und Werk eines Kirchenvaters, 1961.

W. A. Bienert

High Church → Anglikaner, Anglikanismus

Hildegard von Bingen (1098-1179)

H. wurde 1098 als zehntes Kind Hildeberts von Bermersheim bei Alzey geboren. Früh wurde sie zur Ausbildung auf den Disibodenberg (bei Kreuznach) zu der Reklusin Jutta von Spanheim geschickt und entschied sich später für das klösterliche Leben nach der Benediktregel. Nach Juttas Tod (1136) wurde sie deren Nachfolgerin als Äbtissin des inzwischen entstandenen Nonnenkonvents. Schon von Kindheit an hatte H. Visionen: Sie sieht den Schatten des lebendigen Lichts und erhält den Befehl, dies niederzuschreiben. Dazu bekam sie auch die päpstliche Erlaubnis, nachdem sie zunächst aus Unsicherheit gezögert hatte. Ihre musikalische Begabung beweisen verschiedene von ihr komponierte Lieder. H. war jedoch keineswegs weltfremd in ihrer Zelle tätig, sondern gründete z.B. zwei weitere Klöster (1147/50 Rupertsberg bei Bingen; 1165 Eibingen) und war mit kirchenpolit. Ereignissen befaßt (z.B. Papstschisma 1159-81). Sie kritisiert Mißstände ihrer Zeit und predigt Buße. Am 17. 9. 1179 ist H. in dem von ihr gegründeten Kloster Rupertsberg bei Bingen gestorben. Die in ihren Werken beschriebenen Visionen ähneln Bildern aus der urchristl.-jüd. Apokalyptik. Der theol. Symbolismus erreicht bei ihr einen Höhepunkt. Sie behandelt jedoch nicht nur theol. Themen, sondern auch naturkundlich-medizinische.

Lit.: Textausgaben (dt.): Wisse die Wege. Nach dem Originaltext des illuminierten Rupertsberger Kodex ins Deutsche übertragen und bearb. von Maura Böckeler, 1980; Der Mensch in der Verantwortung. Übers. u. erl. von H. Schipperges, 1965; Gott sehen, Hg. und eingeleitet von H. Schipperges, [2]1987; Das Leben der heiligen Hildegard von Bingen, hg., eingeleitet und übers. von A. Führkötter, 1968;

A.Führkötter: Hildegard von Bingen, in: G. Ruhbach; J. Sudbrack: Große Mystiker, Leben und Wirken, 1984, 122-141; U. Kern:«Hildegard von Bingen«, TRE 15, 1986, 322-326.

D. Heller

Hildesheimer Blindenmission

Luise Cooper (1849-1931) begegnete 1884/5 im Findelhaus »Bethesda« in Hongkong dem schlimmen Schicksal blinder Mädchen in China. Nach ihrer krankheitsbedingten frühen Rückkehr setzte die hannoversche Pfarrerstochter all ihre Kräfte für deren Hilfe ein. Sie gründete 1890 in Hildesheim den »Frauen- und Jungfrauenverein für China«, aus dem die heutige H. B. hervorgegangen ist. Schon 1896 wurde Martha Postler als erste deutsche Blindenmissionarin ausgesandt, der bis 1956 noch 13 Schwestern folgten. Sie gründeten 1897/1902 das Heim Tsau Kwong (Kommt zum Licht) in Kowloon, in dem 85 Mädchen wohnen und neben Elementarunterricht handwerkliche Ausbildung erhalten. 1913/14 wurde mit Ebenezer in Hongkong ein in Südostasien beispielgebendes Schulwerk begonnen, das heute fast 200 Sehbehinderte, Mehrfachbehinderte und blinde Alte fördert. Die 1912 begonnene Arbeit »Herz-Licht« in Meishien (Kwangtung) mit zuletzt 90 Plätzen wurde 1951 verstaatlicht. Neue Arbeitsgebiete sind in Taiwan (1965), Indonesien (1976) und auf den Philippinen (1979) mit verschiedenen einheimischen Trägern entstanden.

Menschen zu Jesus Christus, dem Licht der Welt, zu führen, war und bleibt wesentlicher Bestandteil der sozialen, karitativen, medizinischen und päd. Arbeit der H. B. Ihre Arbeit wird durch Spenden von Freunden, Zuschüsse der Hannoverschen Landeskirche und der Ökum. Diakonie getragen.

Lit.: L. Cooper: Aus der Mission unter dem weiblichen Geschlecht in China, 1889; dies.: Aus der Blindenmission in China 1875-1901; F. Garbe: Tsau Kwong, Hildesheim 1968; 100 Jahre Hildesheimer Blindenmission, 1990; Vierteljahresschrift »Hildesheimer Blindenmission e.V.«.

R. Müller

Hilfe für Brüder

Um selbständige evangelikale Kirchen in der sog. Dritten Welt zu stärken, wurde 1980 H.f.B. von der Deutschen Evangelischen → Allianz und der → Arbeitsgemeinschaft evangelikaler Missionen gegründet. Im Rahmen der weltweiten Evangelischen Allianz wollte man die »übersehenen« (Apg 6,1) mission. aktiven Kirchen unterstützen, die weder dem Nationalen Christenrat noch dem Weltrat der Kirchen in Genf angehören und deshalb meist auch von allen finanziellen Unterstützungen der Kirchen in Deutschland abgeschnitten sind. In den ersten zehn Jahren des Bestehens wurden Beziehungen zu evangelikalen Kirchen und Diensten in mehr als 100 Ländern der Erde aufgebaut und über 1.000 Projekte gefördert. Welche Aufgaben vorrangig unterstützt werden, bestimmen die überseeischen Kirchen mit. Sie setzen Schwerpunkte bei der theol. Ausbildung, der Evangelisation sowie mission. und gemeindebildenden Projekten (z.B. Fahrräder für Evangelisten oder Kirchendächer). Daneben werden diakon. Dienste einheimischer Kirchen, besonders in Elendsgebieten, gefördert. Die Geschäftsstelle von H.f.B. hat ihren Sitz in Stuttgart

W. Scheffbuch

Hilfswerk, Evangelisches → Evangelisches Hilfswerk

Hiller, Philipp Friedrich (1699-1769)

Als Liederdichter ist H. durch das »Geistliche Liederkästlein« einer der großen Lehrer besonders von Pietismus und Kirche in Württemberg. Geb. am 6. 1. 1699 in Mühlacker-Mühlhausen, wurde der früh zum Waisen gewordene H. ein Schüler von J. A. → Bengel in dessen erster Denkendorfer Klosterpromotion (1713-16). Als Pfarrer in Neckargröningen und in seinem Geburtsort dichtete H. Frömmigkeitslieder im Stil der Arndtschen Erbauungsliteratur. Schon dabei war ihm der Bengelsche Aufruf zur »Treue im Kleinen« und zum »Bleiben« auch in einer »verdorbenen Kirche« wichtig.

Seit 1748 oft mittelloser Pfarrer von Steinheim bei Heidenheim, verlor er 1751 seine Stimme. In den 18 Jahren der Stimmlosigkeit macht er mit theol. Schriften (»Neues System aller Vorbilder Jesu Christi«; »Der levitische Versühntag«), aber vor allem mit seinen Liedern anders als zuvor die »Majestät des Erlösers« bekannt. Für H. ist das Subjekt des Glaubens der in der Schrift Alten und Neuen Testaments sich bezeugende Gott, nicht das fromme Subjekt der rel. Persönlichkeit. Die auf Christus bezogene Schrift zielt für H. nicht auf Nachahmung des Jesus-Vorbildes, sondern auf die Anbetung des verklärten gekreuzigten Versühners und auf das zuversichtliche Warten auf den kommenden Sieg Jesu. Damit wird H. zum verständlichen Multiplikator der Theologie Bengels und zum populären Kritiker der

Aufklärungstheologie. Gestorben ist H. am 24. 4. 1769 in Steinheim.

R. Scheffbuch

Himmel

Das AT bezeugt, H. und Erde wurden von Gott geschaffen (1Mo 1,1; 14,19; 2Mo 20,11). Im Unterschied zur Erde bezeichnet der H. die Realität der Schöpfung, die für den Menschen unverfügbar bleibt und ihn dennoch grundlegend bestimmt. Die Verwendung von Ausdrücken wie »Vögel des Himmels« (1Mo 2,19; Jer 7,33) oder »Regen vom Himmel« (1Mo 8,2; vgl. 5Mo 28,12), und die kulturellen Funktionen von Sonne und Mond »an der Feste des Himmels« (1Mo 1,14; vgl. Hes 32,8) sind nur einige Beispiele, die diese Auffassung vom H. im Heil und im Gericht bezeugen. Trotz solcher wirkungsvollen Unverfügbarkeit des H. beharrt die Bibel aber auf dem radikalen Unterschied zwischen H. und Gott. Gott ist zwar im Himmel (Pred 5,1), aber »der Himmel und aller Himmel Himmel können ihn nicht fassen« (1Kön 8,27). Gott im H., ebenso wie Gott auf Erden (5Mo 4,39; 1Kön 8,23; vgl. Jer 23,24) bezeichnen darum die Nähe Gottes in seiner Schöpfung.

Zusätzlich zur Gewordenheit des H.s betont das NT seine Vergänglichkeit: »Himmel und Erde werden vergehen« (Mk 13,31 par; vgl. Hebr 12,26f), um durch neue ersetzt zu werden (2Petr 3,13; Offb 21,1). Im Zentrum des Interesses steht nicht der H., sondern »unser Vater im Himmel« (Mt 5,48; 6,9; 23,9), »Herr Himmels und der Erde« (Mt 11,25) sowie der als Brot des Lebens »vom Himmel herniedergekommen(e)« Menschensohn (Joh 3,13; 6,51), der »gen Himmel fuhr« (Apg 1,10), als unser Hoherpriester »im Himmel sitzt« (Hebr 8,1) und als unser Heiland vom H. erwartet wird (Phil 3,20).

Von Stellen wie Apg 17,24 ausgehend, kommt es im Laufe der Theologiegeschichte zu einer Auseinandersetzung zwischen der bibl. (hebr.) und der metaphysischen (griech.) Auffassung vom H. Im Gegensatz zur Bibel ist der metaphysische H. einerseits ungeworden, unvergänglich und göttlich, andererseits aber Teil des Kosmos, des Ganzen des Seins. Der erste Aspekt führt oft zur Verwechselung des H. mit Gott, und der zweite zur Vereinnahmung des H. durch die Erde. Die mannigfachen Versuche, den H. der Bibel mit den sich entwickelnden Vorstellungen vom Kosmos in Einklang zu bringen, haben den H. nacheinander als kosmischen Ort (Antike und MA), als göttliche Substanz (Rationalismus), als offene Zukunft (19. Jh.) und als unbestimmbares, aber energiereiches Vakuum (moderne Physik) zu begreifen versucht. Diese Konzeptionen erreichen den Realismus der bibl. H.sauffassung nicht.

Lit: B. Lang, C. McDannell: Der Himmel, 1988; M. Welker: Universalität Gottes und Relativität der Welt, 1981, 203-233.

Chr. Wassermann

Himmelfahrt Christi

Seit frühester Zeit hat der Glaube an die H. Chr. die Lehre und das Leben der christl. Kirche nachhaltig beeinflußt. Glaubensbekenntnisse und liturg. Praxis bezeugen diesen Glauben bis auf den heutigen Tag.

Die sprachliche Fassung unseres Bekenntnisses zu Jesus Christus, »aufgefahren in den Himmel« steht in einer doppelten Spannung zu den meisten ntl. Stellen von der H. Chr. Letztere sind meistens im Passiv formuliert und besagen, daß Christus »emporgehoben« (Apg 1,9) und in den Himmel »aufgenommen« (Mk 16,19; Apg 1,2.11a.22; 1Tim 3,16) bzw. »hinaufgehoben« (Lk 9,51; Lk 24,51) wurde. In den meisten Stellen dagegen, die eine Übersetzung im Aktiv zulassen, enthalten die verwendeten Verben keine Richtungsangabe der Fahrt, sondern sagen nur den noch andauernden oder bereits abgeschlossenen Zustand eines »Dahinfahrens in den Himmel« aus (Apg 1,10.11b; 1Petr 3,22). Die einzigen Ausnahmen sind Joh 3,13 und Eph 4,8-10. Dort wird direkt oder indirekt auf alt. Stellen Bezug genommen und gesagt, daß Christus weder »hinaufgehoben wurde«, noch daß er nur in den Himmel »dahinfuhr«, sondern daß er in den Himmel »hinaufging«.

Diese Spannung kann nur auf dem Hintergrund des atl. Zeugnisses begriffen werden. Dort ist es allein Gott oder der Engel des Herrn, der (in den Himmel) hinaufgehen kann (1Mo 17,22; 35,13; Ri 13,20; Ps 47,6; 68,19). Und wenn davon die Rede ist, daß ein Mensch in den Himmel hinaufgehen will, dann wird gezeigt, daß dies entweder unnötig (5Mo 30,12), oder unmöglich (Spr 30,4) ist, und wenn es dennoch versucht wird, von Gott vereitelt wird (Jes 14,13ff; Jer 51,53; Am 9,2). Die einzigen Ausnahmen sind die Propheten Elia und Hesekiel. Bei ihnen wird der Passiv verwendet, um deren Emporhebung zu bezeichnen (2Kön 2,11 LXX; Hes 3,12.14; ähnlich auch die Wegnahme Henochs in 1Mo 5,24).

Auf diesem Hintergrund stellt die ntl. Rede von der Aufnahme bzw. dem Dahinfahren Christi in den Himmel mehr seine Menschlichkeit als seine Göttlichkeit in den Vordergrund und hebt so in Verbindung mit den Erscheinungen des Auferstandenen hervor, daß Gott in Christus ein für allemal auf uns Menschen zu unserem Heil eingegangen ist. Diese indirekte Betonung der Menschlichkeit Christi im Zusammenhang mit seiner H. bleibt auch dann noch bestimmendes Merkmal, wenn sein aktives Hinaufgehen in den Himmel (Joh 3,13 und Eph 4,8-10) bzw. sein »Sich-Setzen zur Rechten der Majestät in der Höhe« (Hebr 1,3; vgl. 8,1 und 9,24) angesagt wird. Denn nur der als Mensch auf die Erde Herniedergekommene geht hinauf in den Himmel, und nur als sühnender Hoherpriester, der »in allen Dingen seinen Brüdern gleich wurde« (Hebr. 2,17), sitzt der Sohn zur Rechten Gottes.

Lit.: G. Lohfink: Die Himmelfahrt Jesu, 1971.

Chr. Wassermann

Himmelfahrtstag

Nach dem Bericht der Apg (1,3f) erscheint Jesus nach seiner Auferstehung vierzig Tage lang seinen Jüngern und redet zu ihnen vom Reich Gottes. Nach Ablauf dieser Zeit wird er auf dem Ölberg (Apg 1,12; Lk 24,50: Betanien) vor ihren Augen in den Himmel erhoben. Dieses Ereignis begehen ev. und kath. Christen am Fest Christi Himmelfahrt; man liest Apg 1,1-11 und Lk 24,44-53 (nach kath. Ordnung auch Mt 28,16-20 und Mk 16,15-20) und feiert die Erhöhung Jesu, sein »Sitzen zur Rechten Gottes« (Glaubensbekenntnis) als Ausdruck seiner Teilhabe an der Herrschermacht des Vaters.

In der frühen Christenheit war das Gedächtnis der Erhöhung Jesu eng mit der Osterfeier verbunden; ein eigenes Fest der → Himmelfahrt Christi kannte man noch nicht. In Jerusalem war die Himmelfahrtskirche auf dem Ölberg voll in die Feier der Kar- und Osterwoche einbezogen; später verband sich der Festinhalt zunächst mit dem 50. Tag nach Ostern, an dem man sowohl der Geistsendung wie der Himmelfahrt gedachte. Erst im 4. Jh. begann man damit, den 40. Tag nach Ostern gemäß der Chronologie des Lukas als Tag der Himmelfahrt Christi zu begehen; ein Brauch, der sich im 5. Jh. im Westen wie im Osten allg. durchsetzte. Zum Brauchtum des Tages gehörten Umritte und Brotverteilungen; gelegentlich wurde in der Kirche eine Christusfigur hochgezogen, Wasser und Oblaten wurden ausgeschüttet. Mit dem Löschen der Osterkerze nach der Lesung von Apg 1 endete nach früherem Verständnis liturg. die Osterzeit.

Lit.: A. Adam: Das Kirchenjahr mitfeiern, 1979.

K.-H. Bieritz

Himmelsbrief

H.e sind angeblich von Christus selbst geschriebene und unter wunderbaren Umständen vom Himmel herabgesandte Briefe, die die Aufforderung zur strikten Sonntagsheiligung mit weitreichenden Segensversprechungen verbinden. H. sind erstmals 585 n.Chr. nachgewiesen, als Bischof Licinianus von Cartagena einen H. für apykryph erklärte; sie dürften aber älter sein und aus dem Hellenismus, möglicherweise aus Ägypten, stammen. Trotz kirchl. Verbote fanden H.e im MA besonders im Rahmen der Kreuzzüge und als theol. Streitschriften zur Zeit der Reformation Verbreitung. Später dehnte sich die Segensversprechung auf die Haltung anderer Gebote aus. Heute sind H.e im Volksaberglauben als Amulette usw. weit verbreitet und praktisch immer zugleich Schutzbriefe, die christl. formulierte Segens- und Zauberformeln enthalten und als magische Schutzmittel gegen Krankheit usw. angesehen werden. Besonders in allen Kriegen spätestens seit 1793 treten H.e als Abwehrzauber gegen Kugeln in großen Mengen auf.

Lit.: Handwörterbuch des deutschen Aberglaubens, Bd. IV. 1987/1932, 21-27; W. Köhler: Brief vom Himmel und aus der Hölle, Geisteswissenschaft I, 1914.

Th. Schirrmacher

Hinduismus

Hindu nannte man im Westen die Menschen, die am Indus und dahinter wohnten, H. ihre Religion.

Der Glaube der arischen Einwanderer auf dem indischen Subkontinent ist in den Veden noch greifbar: polytheistisch und stark an diesseitigem Heil orientiert. Die Einwanderer begannen eine komplex gegliederte Gesellschaft zu bilden, die Symbiose und Integration anderer Völker, Lebensformen und Glaubensvorstellungen ermöglich hat. Der H. ist ein fortlaufender Prozeß von Symbiose und Integration, zu dem auch die vorarische Bevölkerung ihre Beiträge gegeben hat.

Die grundlegende Anerkennung der vedischen Tradition – ursprünglich nur mündlich tradiert, später in Sanskrit verschriftet – und der Sonderstellung der Brahmanen für Kult und Lehre gehört zum gemeinsamen Bestand des H., also auch das Kastensystem. Reformbewegungen, die andere Lehrtraditionen als Norm, andere Lehrer z.B. Mönche statt der Brahmanen anerkannten, wie der → Buddhismus, der → Jainismus, der Sikhismus, fielen aus diesem Rahmen und wurden zeitweise bekämpft. Die vier Veden dienen dem brahmanischen Opferritual und sind ausführlich kommentiert worden. Danach entstand eine neue rel. Literatur, Aranyakas und Upanishaden, eine neue rel. Personengruppe taucht auf: die Asketen, die in die Hauslosigkeit d.h. in den Wald gehen, der brahmanische Opferkult wird spekulativ hinterfragt. Dabei wird das Heilsziel jenseitig, und die Grundlagen der hinduistischen Religionsphilosophie sind gelegt.

Gegenüber den mönchischen Reformbewegungen hält die Ordnung der vier Lebensphasen und Ziele daran fest, daß vor der Suche nach dem jenseitigen Heil das Stadium des Lernenden und des Hausvaters bejaht werden muß, ehe man zum Einsiedler oder Pilger wird. Das rel. Leben des Volkes vollzieht sich in der Erfüllung ritueller und kastenspezifischer Pflichten, die den Ablauf der Zeit begleiten und im Familienverband vollzogen werden. Daneben steht die nicht fest verpflichtende Teilnahme am Kult in kleinen und großen Tempeln und Wallfahrtsorten.

Die Pflichten sind bes. für die drei oberen »zwei mal geborenen« Kasten minutiös in den Shastras festgelegt sowie im Gesetzbuch des Manu. Zu den Tempeln und Wallfahrtsorten gehören die Göttergeschichten, die in den Puranas enthalten sind. Zwei große Epen spiegeln etliches aus der Frühgeschichte des H. wider, das Ramayana und das Mahabharatha. Darin findet sich die → Bhagavadgita, »der Gesang des Erhabenen«, in dem Arjuna von Krishna über seine Pflicht (als Krieger) und über die Wege zum Heil belehrt wird. Das endgültige Heil ist das Ausscheiden aus dem Kreislauf der Wiedergeburten, und dazu ist Abbau oder Aufhebung des Karma, der gesetzmäßigen Fortwirkung des menschlichen Tuns, nötig.

Der Weg der Werke (Karmamarga) ist Pflichterfüllung; Pflichten sind kastenspezifisch und umfassen Berufs- und Familienpflichten sowie rituelle Pflichten. Der Weg der Erkenntnis (Inanamarga) geht über das Studium der Schriften und die Selbsterkenntnis (am Kult vorbei) zur Realisierung des Heils; er ist nur mit einem Guru und unter Einübung in die Yoga-Disziplin einer Meditation gangbar. Der Weg der liebenden Hingabe an die Gnade Gottes (Bhaktimarga) gilt der Bhagavadgita als der höchste Weg und wird nicht nur in der Gita monotheistisch ausgelegt.

Verschiedene Richtungen und Schulen haben um die Gunst von Herrschern und um Einfluß gerungen. Daraus sind eindrucksvolle scholastische Systeme der Religionsphilosophie im indischen MA entstanden, die sechs Schulen, von denen Vedanta (das Ende des Veda) die wichtigste wurde. Die Überzeugung von der letzten Einheit aller Wirklichkeit steht im Kontrast zur Erfahrung widersprüchlicher Vielfalt – auch der Götter. Die Folgerung ist, die Einheit hinter den vielfältigen Phänomenen zu suchen. Strittig blieb, ob die letzte Einheit eigenschaftslos-apersonal (das Brahman) oder doch theistisch-personal zu verstehen sei. Das erste vertritt mit Shankara der Advaita-Vedanta, das zweite mit Ramanuja die Vishishtadvaita-Schule.

Dieser Kontroverse entspricht eine soziale Schichtung. Ramanuja ist Anwalt und Theoretiker der Bhakti-Bewegung, die ungleich volkstümlicher war und ist als die elitäre Advaita-Philosophie. Die Bhakti-Bewegung hat auch wie ein Volks-Protest gegen Brahmanenherrschaft gewirkt: Anbetung in der Öffentlichkeit der Straße, Singen und Darstellungen heiliger Geschichte nicht im sakralen Sanscrit, sondern in den Volkssprachen ohne Beachtung von Kastenschranken.

Der H. hat die vor-islamischen Eroberer Indiens absorbieren, den Buddhismus zurückdrängen und dem Islam – wenn auch mit Verlusten – standhalten können. Er hat im 19. Jh. aus der Begegnung mit Christentum und Neuzeit Reformimpulse entwickelt und sich seit Beginn des 20. Jh.s zur werbenden Weltreligion entwickelt. Er hat die meisten Auswanderer halten können und Sympathisanten und Anhänger aus dem Westen gewonnen – die einen durch Diffusion seiner Ideen, die anderen durch werbende Gurubewegungen. Es ist aber nicht geklärt, wohin d.h. in welche Kaste ein Konvertit zum H. gehört.

Die volkstümliche Frömmigkeit des H. ist nur wenig von Aufklärung und Säkularisation beeinträchtigt, und es gibt restaurative Bewegungen neuen Selbstbewußtseins.

Viele Hindus sind von Christus positiv beeindruckt und verehren ihn als eine Verkörperung des Göttlichen. Nicht wenige glauben an Christus ohne sich taufen zu lassen; damit würden sie den Kontakt zu ihrer Familie und Kaste aufs Spiel setzen. Neben großer Offenheit steht ein energisches Festhalten an der eigenen Ordnung.

Lit.: L. Dumont: Gesellschaft in Indien. Soziologie des Kastenwesens, 1976; J. Finger: Gurus, Ashrams und der Westen. Internationalisierung des Hinduismus, 1987; J. Gonda: Die Religionen Indiens I: Veda und älterer Hinduismus, 1960; ders.: Der jüngere Hinduismus, 1963; R. Hummel: Indische Mission und neue Frömmigkeit im Westen, 1980; K. Klostermaier: Hinduismus, 1965.

N.-P. Moritzen

Hinkmar von Reims (ca. 806-882)

Ca. 806 geboren, wurde der dem fränkischen Adel entstammende H. in der Abtei Saint-Denis erzogen. Früh erhielt er Zugang zum Kaiserhof, blieb aber von den verschiedenen Reichskrisen unbehelligt. 840 schloß er sich Karl dem Kahlen an, der H. 845 zum Erzbischof von Reims wählen ließ. Die dort seit der Absetzung seines Vorgängers Ebo 835 herrschenden irregulären Zustände überwand er rasch durch energische Leitung seiner Kirchenprovinz. Entschieden verfocht H. den Vorrang der Metropolitangewalt und widersetzte sich päpstlichen Eingriffen. Auf den Synoden des westfränkischen Episkopats hatte er die führende Stellung inne. Durch sein innerkirchl. wie polit. Handeln wurde er zur dominierenden Gestalt der fränkischen Kirchengeschichte in der zweiten Hälfte des 9. Jh.s, nicht zuletzt auch durch seine Sicherung der Herrschernachfolge nach Karls Tod 877. H. starb 882 in Epernay.

Sein meist aus aktuellem Anlaß entstandenes literarisches Schaffen (theol., kanonistische, paränetisch-zeitkritische, historiographische und hagiographische Werke) zeigt H. auf der Höhe der Bildung seiner Zeit. Er blieb freilich ohne langfristige Wirkung. Herauszuheben sind seine scharfe Ablehnung der Prädestinationslehre → Gottschalks, seine realistische Abendmahlsauffassung, seine Bestimmungen über Lebensweise und Amtsführung der Priester sowie sein Fürstenspiegel, der das Königtum als verliehenes Amt unter der vorrangigen geistl. Gewalt verstand. Insgesamt war H. wohl kein origineller Denker, aber ein versierter und streitbarer Kirchenpolitiker.

Lit.: J. Devisse: Hincmar, Archevêque de Reims, 3 Bde., 1975/76; R. Schieffer: »Hinkmar von Reims«, TRE 15, 1986, 355-360; H. Schrörs: Hinkmar, Erzbischof von Reims: Sein Leben und seine Schriften, 1884.

L. E. v. Padberg

Hiob → Weisheitsliteratur, biblische

Hippolyt von Rom (ca. 170-235)

H. ist wohl im griech.-sprechenden Osten geboren, ein genaues Datum ist nicht bekannt, Schüler des → Irenaeus gewesen, ca. 190 Presbyter in Rom, streitbarer Vertreter der Logos-Theologie gegen die röm. Modalisten (Noët und Sabellius). Trotzdem wurde H. selbst von dem späteren röm. Bischof Kallist des → Sabellianismus angeklagt und exkommuniziert. Danach wirkte er als Bischof einer kleinen schismatischen Gemeinde in Rom und starb 235 in Sardinien. Seine Überreste wurden nach Rom gebracht, als Märtyrer wird er am 13. August verehrt. Auf einer 1551 in Rom gefundenen Plastik sind Titel seiner zahlreichen Schriften vermerkt; er war eher fleißiger Sammler als selbständiger Denker, hat sich aber durch seine Ketzerbestreitung, seine Chronik und seinen Danielkommentar, vor allem aber durch die »Apostolische Überlieferung« (wichtig für die Liturgiegeschichte) einen Namen gemacht.

Lit.: A. Hamel: Die Kirche bei Hippolyt von Rom, 1951; M. Marcovich: »Hippolyt«, TRE 15, 1986, 381-387; C. Scholten: »Hippolytus II (von Rom)«, RAC 15, 1991, 492-551.

G. Ruhbach

Hirsch, Emanuel (1888-1972)

H., geb. am 14. 6. 1888 in Bentwisch, gest. am 17. 7. 1972 in Göttingen, lehrte seit 1921 Kirchengeschichte, seit 1936 systemat. Theologie in Göttingen und wurde 1945 pensioniert.

Das Werk dieses hochgelehrten Mannes umfaßt in erstaunlicher Vielseitigkeit verschiedenartigste Arbeiten: exeget., hist., dogmat., homilet., editorische (Kierkegaards Werke, Theol. Literaturzeitung) und dichterische (Romane). Sein geistl. Orientierungspunkt war zunächst die Theologie M. Luthers, dessen Rechtfertigungslehre er aber energisch mit dem kritischen neuzeitlichen Wahrheitsbewußtsein zu vermitteln und in einer »Gewissensreligion« zu verbinden suchte. Denn, wie er in seiner fünfbändigen »Geschichte der neuern evangelischen Theologie« (1949-54) dartut, er sah im Drängen auf persönliche Gewißheit in den »Geistesverwandten« Pietismus und Aufklärung eine »Geistesmacht« heraufgezogen, hinter die das Christentum nicht mehr auf das altgläubige, orth. Christentum zurückgreifen könne. Eine solche »Geistesmacht« begrüßte er freilich auch im Nationalsozialismus mit seinen Idealen von Volk und Rasse, wodurch er sein Werk trotz seiner imposanten Kenntnisfülle tief überschattet hat.

Lit.: M. Geiger: Geschichtsmächte oder Evangelium?, ThSt 37, 1953; ders.: Christliche Wahrheit und neuzeitliches Denken. Zu E. Hirschs Leben und Werk, 1984; H.-W. Schütte: Bibliographie E. Hirsch 1888-1972, 1972.

E. Busch

Hirtenbriefe

H. sind im Bereich der kath. Kirche bischöfliche Rundschreiben an die Gemeinden einer Ortskirche (Diözese). In der Regel werden sie im Gottesdienst verlesen. Ursprünglich gehen sie auf die Apostelbriefe des NT und die Gemeindeschreiben der nachapostol. Zeit zurück. Wichtige Vorläufer sind auch die Osterfestbriefe der Bischöfe bzw. Patriarchen von Alexandrien, in denen der Ostertermin und der Beginn der Fastenzeit angekündigt sowie andere Angelegenheiten erörtert wurden.

In ihrer jetzigen Form gehen die H. auf Karl Borromäus (gest. 1584) zurück, der nach dem Konzil von Trient diese Form der bischöflichen Unterweisung erneuert und zunächst in Italien verbreitet hat. Seit dem 18. Jh. bedienen sich auch die deutschen Bischöfe dieses pastoralen Instrumentes, vor allem am Anfang der Fastenzeit zur Verkündigung der Fastenordnung und Ermahnung der Gläubigen, aber auch zu anderen Zeiten mit dem Ziel oberhirtlicher Stellungnahmen zu aktuellen Fragen des rel. und sittlichen Lebens. Manchmal erlassen die Bischöfe einer nationalen Bischofskonferenz, vorwiegend zu gesellschaftspolit. und sozialethischen Themen, gemeinsame H. Das II. Vatikanische Konzil hat diese Art bischöflicher Verlautbarungen nicht zuletzt dadurch gefördert, daß es das Amt der Verkündigung als eines der wichtigsten unter den bischöflichen Aufgaben hervorgehoben hat. Nach der Konzilskonstitution über die Kirche sind die Bischöfe »authentische, das heißt mit der Autorität Christi ausgerüstete Lehrer«, die den Glauben fruchtbar werden lassen und das Volk Gottes vor drohenden Irrtümern bewahren sollen (Lumen gentium, Nr. 25).

Lit.: L. Hofmann: »Hirtenbriefe«, $LThK^2$ 5, 1960, 387f; W. Müller, »Osterfestbriefe«, RGG^3 IV, 1960,

1735; F. Schmidt-Clausing: »Fastenbriefe«, RGG³ II, 1958, 885.

H. Bour

Historie → Geschichte

Historienbibel → Bibelverbreitung

Historischer Jesus

Vom »historischen Jesus« wird gewöhnlich gesprochen, um den in der Vergangenheit auf Erden wirkenden, mit den Mitteln historischer Forschung darstellbaren Verkündiger Jesus zu unterscheiden von dem zu Gott erhöhten, gegenwärtigen Christus, wie ihn die Gemeinde glaubt und verkündigt.

1. Diese Unterscheidung wurde zum ersten Mal während der → Aufklärung gemacht, als man begann, das kirchl. Dogma historisch-kritisch zu hinterfragen. Angeregt durch H.S. → Reimarus stellte G.E. → Lessing 1780 der »christlichen Religion«, die Jesus für mehr als einen Menschen nimmt und ihn zum Glaubensgegenstand macht, die »Religion Christi« entgegen, die Christus als Mensch selber übte und die jeder Mensch mit ihm gemein haben kann. Die Evangelien bezeugten klar und deutlich nur die Religion Christi, nicht die christl. Religion.

Als »h.J.« wurde seitdem der bloß menschliche Christus angesehen, der mit dem vom Himmel herabgestiegenen Gottwesen des christologischen Dogmas nichts zu tun hatte. Die Leben-Jesu-Forschung vom Ende des 18. Jh.s bis zum Anfang des 20. Jh.s wollte einesteils durch die Geschichte das Dogma überwinden, anderenteils Jesus so darstellen, daß er auch den modernen Menschen noch ansprechen kann. Im Interesse dieser »Modernisierung« wurde das christologische Dogma allerdings vielfach weniger durch Geschichte als durch Psychologie und Phantasie ersetzt. Der führende Theologe des Liberalismus, A. v. → Harnack, hielt sich davon jedoch frei und sah die zeitgenössische Relevanz Jesu vor allem in seiner hist. rekonstruierbaren Verkündigung: Eine Christologie habe sie nicht enthalten, sondern nur von Gott dem Vater und dem unendlichen Wert der Menschenseele gehandelt. Mit dieser vermeintlich zeitlosen Botschaft des h.J. identifizierte A. v. → Harnack das Wesen des Christentums.

2. Noch während v. Harnacks Blütezeit wurde das liberale Bild vom h.J. von zwei unterschiedlichen Richtungen her unmöglich gemacht. Die konsequent eschatologische Jesusinterpretation (W. Wrede, A. → Schweitzer, M. Werner) verstand Jesus als Apokalyptiker in Naherwartung des Weltendes, dessen Überzeugung mehrfach gescheitert und heute nicht mehr nachvollziehbar ist. Die historisch-skeptische Richtung (J. Weiß, R. → Bultmann und die formgeschichtl. Schule) anderenteils verwies die synoptischen Evangelien aus dem Bereich der hist. Quellen in den der Verkündigung (des »Kerygmas«), löste also die hist. Basis für eine Darstellung des Lebens Jesu auf.

Vor allem Bultmanns Haltung wurde theologiegeschichtlich wirksam. Ihm zufolge können wir von Person und Leben Jesu nichts mehr wissen und von seiner Verkündigung nur sehr wenig. Diese Verkündigung gehört aber ins Judentum und d.h.: Der christl. Glaube ist am h.J. überhaupt nicht interessiert. Heilsgeschehen ist nur das gegenwärtige, kirchl. → Kerygma vom Gekreuzigten und Auferstandenen. Jede historische Rückfrage hinter dieses Kerygma wäre schon Unglaube.

Mit dieser Haltung konnte Bultmann an S. → Kierkegaard und an M. → Kähler anknüpfen. Kierkegaard bestritt eine Abhängigkeit heutiger Christen von den Augenzeugen der ersten Jüngergeneration, und Kähler hatte schon vor der formgeschichtl. Schule die Leben-Jesu-Forschung für einen wissenschaftl. »Holzweg« erklärt, weil die Evv. Urkunden nicht für die Biographie Jesu, sondern für die kirchengründende Predigt seien. Der geschichtl. Christus ist nach Kähler kein anderer als der auferstandene, geglaubte und gepredigte Christus, weil nur er – nicht der sog. h.J. – in der Geschichte Wirkungen hinterlassen hat. Um ihn zu erkennen, sei die Arbeit von Fachhistorikern nicht erforderlich, weil er jedem Menschen im bibl. Christusbild zugänglich ist.

3. Unter denen, die Bultmann widersprochen haben, sind vor allem J. → Jeremias, W. Pannenberg und die schwedischen Exegeten H. Riesenfeld und B. Gerhardsson zu nennen. Jeremias sieht nur die Person und Verkündigung Jesu selbst, nicht die Botschaft der Urgemeinde als Gottes Offenbarung an und sucht deshalb aus der Evangelientradition die *ipsissima vox* (die ureigene Stimme) Jesu historisch herauszuschälen. W. Pannenberg meint, daß die → Auferstehung Jesu in ihrer Tatsächlichkeit wie in ihrem Offenbarungscharakter hist. beweisbar und als solche Grundlage des Glaubens ist.

Riesenfeld und Gerhardsson (gefolgt von R. Riesner) arbeiten heraus, daß die Evangelientradition nicht aus der urchristl. Predigt, sondern aus eigenständiger Lehrüberlieferung in Analogie zum rabbin. Traditionswesen erwachsen ist und auf Jesus als Lehrer seiner Jünger zurückgeht. Prinzipielle hist. Skepsis ist daher nicht gerechtfertigt. Auch in der Schule Bultmanns wurde schließlich erkannt, daß der Bezug auf Jesus, die Bindung an die Historie, für das kirchl. Kerygma konstitutiv ist (E. Käsemann, G. Ebeling).

4. Das von Bultmann grundsätzlich ausgesprochene Nein zu jeder Rückfrage nach dem h.J. läßt sich nicht halten. Die Christusbotschaft der glaubenden Gemeinde (das kirchl. Kerygma) verkündet nämlich einmalige hist. Ereignisse als Gottes Offenbarung, und daß diese Ereignisse tatsächlich geschehen sind, gehört mit zur Glaubwürdigkeit der Botschaft. Im Glauben an das Kerygma ist die Verläßlichkeit seines hist. Inhalts einschlußweise immer mit gesetzt. Sie kann aber nicht durch den Glauben als solchen verbürgt werden, sondern nur durch hist. Vernunft. Der Historiker kann zwar nicht den Offenbarungscharakter der Geschichte Jesu beweisen, aber er kann doch ihren tatsächlichen Verlauf darstellen, und gerade das liegt im Interesse des Glaubens. Ohne eine solche hist. Legitimierung würde das Evangelium zum Mythos oder zur bloßen Behauptung, und der Glaube verkäme zur willkürlichen Entscheidung. Deshalb finden wir hist. Begründungen der Glaubwürdigkeit des Evangeliums auch schon im NT (1Kor 15,3ff; Lk 1,1ff).

Die neueren Arbeiten über die Anfänge der Evangelientradition bestätigen vielfach deren weitgehende geschichtl. Zuverlässigkeit. Freilich ist der Bibelleser bei der Frage nach dem h.J. letztlich nicht abhängig vom häufig schwankenden Urteil der Fachhistoriker. Die wesentliche Echtheit des bibl. Jesusbildes kann sich schon einer jeden offenen Wahrnehmung auf dem Weg intuitiv-unmittelbarer Begegnung erschließen. Diese Begegnungsgewißheit ist noch vor-wissenschaftl. und muß sich an der Quellenforschung bewähren; sie wird deshalb nie ruhige Sicherheit sein können. Sie reicht aber vollkommen aus, um dem geistgewirkten Glauben die nötige hist. Zuversicht zu geben.

Lit.: P. Althaus: Das sogenannte Kerygma und der historische Jesus, [2]1958; M. Baumotte (Hg.): Die Frage nach dem historischen Jesus, Texte aus drei Jahrhunderten, 1984; H. Burkhardt: Wie geschichtlich sind die Evangelien?, 1979; E. Gräßer: Die Frage nach dem historischen Jesus, Bilanz einer Debatte, in: Altes Testament und christliche Verkündigung, FS A.H.J. Gunneweg, 1987, 271ff; O. Michel: Der »historische Jesus« und das theologische Gewißheitsproblem (1955), in ders.: Dienst am Wort, 1986, 135ff; R. Riesner: Jesus als Lehrer, [3]1988; H. Ristow, K. Matthiae (Hg.): Der historische Jesus und der kerygmatische Christus, 1960 (umfangreiche Aufsatzsammlung); A. Schweitzer: Geschichte der Leben-Jesu-Forschung, [9]1984.

U. Swarat

Historismus

H. ist ein sehr vieldeutiges Wort, das manchmal geradezu gegensätzliche Bedeutungen angenommen hat. Gerne wurde und wird es auch als diskreditierendes Schlagwort zur Abgrenzung gegenüber dem jeweils eigenen phil. oder theol. Geschichtsverständnis benutzt.

1. Nach einem ersten, ganz vereinzelten Vorkommen bei Novalis wird H. seit der Mitte des 19. Jh.s häufiger gebraucht. Innerhalb der Geschichtswissenschaft erscheint das Wort zum ersten Mal bei C. Prantl (1852) und R. Haym (1857). Beide vertreten das Recht der empirischen Geschichtserkenntnis gegen eine spekulative Geschichtsbetrachtung nach der Art → Hegels. In der Jurisprudenz (I.H. Fichte; H.M. Chalybäus) erscheint der Begriff bereits 1850 zur Bezeichnung der empiriebezogenen Rechtsbetrachtung der »Historischen Schule« (Recht als geschichtl. gewachsene Kulturerscheinung im Gegensatz zum ewigen Vernunftrecht Hegels), allerdings mit dem vorwurfsvollen Unterton des Einseitigen. Im Kontext der Nationalökonomie verwendet E. Düring 1866 H. für eine einseitig hist. beschreibende, lebensferne Gelehrsamkeit.

2. Zwischen 1880 und 1914 kommt es zu einer breiteren Diskussion um den H. sowohl in Nationalökonomie (Streit zwischen Schmoller und Menger), Jurisprudenz (Bekker-Stammler-Kontroverse) und Geschichtswissenschaft (Streit um K. Lamprecht), als auch in der Philosophie (Diltheys Lebensphilosophie) und der ev. Theologie (M. Kähler: »Historicismus« ist der verfehlte Versuch, das von modernen Historikern ermittelte Bild Jesu an die Stelle des bibl. Christus zu setzen; → Historischer Jesus). Dabei wird der Begriff H. durchgängig zur Bezeichnung eines hist.-empirischen Wissenschaftsverständnisses gebraucht, das lebens-

feindliche Wirkungen zeitigt. Die Lebensfeindlichkeit ergibt sich einmal aus der Unendlichkeit der hist. Forschungsaufgaben, die ohne praktische Relevanz und deshalb handlungshemmend sind, sodann durch die Erkenntnis des ständigen Wandels und der nur relativen Geltung aller Kultur, Moral und Religion.

3. Daß Handlungshemmung und Wertrelativismus die Grundprobleme des H. sind, hat vor allem E. → Troeltsch beschrieben. Er versteht unter H. zunächst eine Erforschung der Geschichte bloß um der Erforschung willen, ohne Beziehung zur Gegenwart, eine rein kontemplative, alles verstehende und alles verzeihende Bearbeitung immer neuer Stoffmassen, durch die die Geschichtswissenschaft »zur völlig relativistischen Wiedererweckung beliebiger vergangener Bildungen« verkommt, »mit dem lastenden und ermüdenden Eindruck historischer Aller-Welts-Kenntnis und skeptischer Unproduktivität für die Gegenwart« (Ges. Schriften IV, 1925, 628). Die lähmende Wirkung des H. liegt für Troeltsch aber nicht nur in seiner faktischen Gegenwartsferne, sondern ist als Gefahr des ethischen Relativismus grundsätzlich mit dem modernen hist. Denken gegeben. Für das moderne Denken sind nämlich Staat, Recht, Kunst, Moral und Religion »in den Fluß des historischen Werdens aufgelöst und uns überall nur als Bestandteil geschichtlicher Entwicklungen verständlich« (Neue Rundschau 1922, 573). Deshalb bezeichnet Troeltsch mit H. nicht nur die lebensfeindlichen Wirkungen des hist. Denkens, sondern ganz allgemein die »grundsätzliche Historisierung alles unseres Denkens über den Menschen, seine Kultur und seine Werte« (Historismus, 102).

4. Diese grundsätzliche Vergeschichtlichung des Denkens in der Neuzeit hatte laut Meinekke das Ziel, den »Glauben an die Unveränderlichkeit der höchsten menschlichen Ideale und die zu allen Zeiten vorhandene Gleichartigkeit der menschlichen Natur zu erweichen« (S. 13). Angefangen mit J.G. → Herder begriff man im 19. Jh. die Welt schlechthin als Geschichte und Geschichtsforschung dementsprechend als Hauptaufgabe der Wissenschaft. Etwas verstehen bedeutete verstehen, wie es geworden ist. Dabei betrachtete man »Einfühlung« als den besten Zugang zum hist. »Verstehen«. Auf alle Erscheinungen wurde der Entwicklungsbegriff und eine individualisierende Betrachtungsweise angewandt. An die Stelle des Naturrechts trat ein Verständnis von Recht als mit den einzelnen Völkern gewachsene Eigentümlichkeit. Getragen wurde diese Arbeit stets von dem Glauben an eine den hist. Abläufen und Gestalten immanente Sinnhaftigkeit, die der Historiker durch rationale Methodik und Beachtung zeitgeschichtl. Erfahrungen objektiv ermitteln kann. Auch auf theol. Seite (F.Chr. → Baur; A. → Harnack) sah man die Weltgeschichte als fortschreitende Objektivierung des Geistes an (Geschichtspantheismus) und fand das Wesen des Christentums durch Anschauung seiner Geschichte. Damit wurde Dogmatik durch Geschichtswissenschaft ersetzt.

5. Sobald der Glaube an die objektive Sinnhaftigkeit der Geschichte und an die entsprechende Erkenntnisfähigkeit der hist. Vernunft schwand, mußte dieses Geschichtsverständnis zu existentiellen Krisen führen. Wo es nur Individuell-Vielfältiges gibt und alles fließt, findet der Mensch keinen Halt mehr. Das wurde schon von → Dilthey (eine »furchtbare Anarchie des Denkens« als Ergebnis des historischen Relativismus; Wittkau S. 99) und auch von Troeltsch als Problem empfunden, aber nicht bewältigt. M. → Weber sah die Hilfe in einer strikten Trennung von Tatsachenerkenntnis und Werterkenntnis, Wissenschaft und Glauben. Die Wissenschaft habe nur mit Tatsachen zu tun und gebe keine ethischen Normen – die zu bilden, sei allein Sache des Glaubens als einer subjektiven Wertentscheidung. Der Sinn der Geschichte kann also nicht hist. ermittelt, sondern nur vom Menschen selbst geschaffen werden.

6. Die von Troeltsch und Weber erreichte Höhenlage des Problembewußtseins konnte in der Folgezeit nicht gehalten werden; die von ihnen aufgeworfenen grundlegenden wissenschaftstheoretischen Fragen wurden nur teilweise aufgegriffen und fortgeführt. Seit etwa 1968 hat man einige von Webers Gedanken in ein geschichtswissenschaftl. Konzept von »Historischer Sozialwissenschaft« oder »Gesellschaftsgeschichte« umgesetzt, das seinen Ort »jenseits des Historismus« sieht.

7. Eine theol. Kritik des H. wird zunächst zu bedenken haben, daß Offenbarung sich bibl. als Geschichte ereignet und daß das abendländische Geschichtsbewußtsein wesentlich durch die bibl. Eschatologie geweckt wurde. In der Bibel ist jedoch nicht das hist. Faktum als solches schon Offenbarung, sondern sofern es in Gottes Wort gefaßt ist und im Glauben wahrgenommen wird. Der H., der die Welt als Ge-

schichte begreift, ist daher als eine Säkularisierung des christl. Offenbarungsglaubens zu verstehen. M. Webers Trennung von Glaube und Wissen führt theol. aber nicht weiter, denn wenn der Glaube als objektiv nicht begründbare persönliche Wertentscheidung verstanden wird, läßt er sich von einem Willkürakt nicht mehr unterscheiden. Glaube ist aber ein Empfangen der Offenbarung Gottes in der Geschichte und insofern Anerkennung einer außerhalb des Glaubens liegenden, ihn überhaupt erst schaffenden Wirklichkeit. Die Wahrheit des Evangeliums wird zwar nicht allein durch hist. Besinnung erkannt, aber auch nicht ohne sie. Es geht in der bibl. Offenbarung nicht um zeitlose Vernunftwahrheiten, sondern um kontingente Geschichtswahrheiten, die allerdings unaufhebbare Geltung haben, weil sich der ewige Gott in ihnen zu erkennen gibt. Für die christl. Ethik ist ein totaler Normenrelativismus auch bei voller Berücksichtigung des geschichtl. Wandels der Kulturen ausgeschlossen; ihm steht sowohl das transzendente Gebot Gottes als auch das nicht beliebig umformbare Wesen des Menschen entgegen. Natur läßt sich anthropologisch nicht restlos in Geschichte verwandeln. Der Sinn der Weltgeschichte liegt für christl. Denken nicht in ihr selbst (so daß man ihn durch hist. Arbeit ermitteln könnte), sondern im Reich Gottes, das von außen her als Ende, aber auch als Vollendung in die Geschichte einbrechen wird.

Lit.: E. Fülling: Der Historismus in christlicher Sicht, ZsysTh 22/1953, 274ff; H. Hempelmann: Heilsgeschichte am Ende?, in: Epochen der Heilsgeschichte, hg. von H. Stadelmann, 1984, 39ff; K. Heussi: Die Krisis des Historismus, 1932; F. Jaeger, J. Rüsen: Geschichte des Historismus, 1992; F. Meinecke: Die Entstehung des Historismus (1936), Werke III, 1959; H. Schnädelbach: Geschichtsphilosophie nach Hegel, 1974; E. Troeltsch: Der Historismus und seine Probleme, 1922; ders.: Die Krisis des Historismus, Die Neue Rundschau 33/1922, 572ff; A. Wittkau: Historismus, Zur Geschichte des Begriffs und des Problems, 1992.

U. Swarat

Hobbes, Thomas (1588-1679)

H., geb. 5. 4. 1588 in Westport bei Malmesbury (Wiltshire) als Sohn eines Landvikars. Ein Onkel ermöglichte H. den Besuch einer Privatschule und (mit 14 Jahren) der Universität Oxford, wo H. 1607 Baccalaureat und Lehrbefugnis für Logik erwarb. Materielle Unabhängikeit sicherte H. eine Stelle als Tutor und Hofmeister in der Familie Cavendish of Hardwick. Am 4. 12. 1679 starb H.

Angesichts der Auseinandersetzungen zwischen englischem König und Parlament wich H. 1640 nach Paris aus, wo er den späteren König Karl II. unterrichtete. 1651 kehrte er unter Cromwell nach England zurück und war nunmehr Angriffen der Monarchisten ausgesetzt.

Auf dem Hintergrund dieser polit. Ereignisse und fasziniert von den Erfolgen der aufkommenden Naturwissenschaften entwickelt er seine phil. Ideen. Nach seiner Überzeugung kommen sowohl die Bewegungen des menschlichen Körpers mechanisch zustande als auch sein Denken. Jeder Willensakt des Menschen gehe aus bestimmten inneren und äußeren Bewegungen mit Notwendigkeit hervor. In dieser panmechanistischen Weltdeutung wird Gottes Schöpfungswirken konsequent zu einer Tätigkeit im Sinne eines großen Weltmechanikers umgedeutet, der einstmals die gigantische Weltmaschine samt ihren einzelnen Teilen konstruiert habe. Dank der Vollkommenheit ihres Schöpfers bedürfe diese seither keiner Wartung. Sie rolle in vorgesehener Weise ohne jedes weitere Eingreifen Gottes ab.

Der Mensch jedoch erweise sich darin als Gottes Ebenbild, daß er Maschinen baute. Sein größtes Werk sei die aus vielen einzelnen Menschen bestehende Staatsmaschine. Nachdem die Menschen zunächst ohne jede Ordnung dahingelebt hätten, sei der Staat durch einen Vertrag entstanden. Um Gesetzlosigkeit und Gewalt zu überwinden, habe man alle Gewalt einem König übertragen. Dieser Rechtsakt sei unwiderruflich, da sonst Rückfall in das gesellschaftl. Chaos drohe. Als Garant von Frieden und Wohlfahrt sei der Staat für den Menschen der irdische Gott.

Bezeichnenderweise nennt Hobbes hier als Hauptaufgabe des Staates neben dem Frieden nicht die Gerechtigkeit, sondern die Wohlfahrt. In seiner Konzeption gibt es nichts, was von sich aus bzw. nach einer vorgegebenen Wertordnung gut oder schlecht ist. Allein der Staat bestimmt, was als Recht und was als Unrecht, was als Tugend und was als Laster zu betrachten ist. Daher ist sein Gesetz das Gewissen jedes einzelnen. Auch über die Religion entscheidet er allein. Wer persönlichen Glauben der offiziellen Religion entgegensetzt, untergräbt nach dieser Auffassung die Ordnung der Gesellschaft.

Die Theorie von H. bedeutet faktisch eine völlige Säkularisierung des Staates. Gott wird nicht geleugnet, jedoch für die Gestaltung der Gesellschaft bedeutungslos. Faktisch wird in dieser Konzeption vorweggenommen, was später K. → Marx ausdrücklich fordert: Der Mensch selbst sei das höchste Wesen für den Menschen. So ist verständlich, daß Marx bei Gelegenheit erklärt: »Hobbes ist unser aller Vater.«

Lit.: Th. Hobbes, Elements of law natural and political, 1889 (dt. 1926).

D. Braun: Der sterbliche Gott oder Leviathan gegen Behemoth, 1963; Z. Lubienski: Die Grundlagen des ethisch-politischen Systems von Hobbes, 1932.

H. Staudinger

Hochkirchliche Bewegung

Hochkirche (High Church) findet sich erstmals um 1700 in England und bezeichnet die in alter, auch vorreformat. Tradition verharrende anglik. Kirche. Sie hat sich unter John Keble (1792-1866) und John H. → Newman zum Anglo-Katholizismus (→ Oxford-Bewegung) vertieft und erneuert. Einige Konversionen zur röm. Kirche (Newman) fanden statt, ansonsten hat die H.B. im Anglikanismus ihre Traditionen in die ökum. Bewegung eingebracht.

Die H.B. in Deutschland geht auf Heinrich Hansen (1861-1940) und vor allem auf Friedrich → Heiler zurück. Auf Heiler berufen sich verschiedene Bruderschaften: Die Ev.-kath. eucharistische Gemeinschaft (1929), die St. Johannes-Bruderschaft (1947, Heiler war ihr »Apostolischer Vorsteher«), der Ev. Humiliaten-Orden (1925), die Ev. Franziskusbruderschaft (1927); in ihrem Zusammenhang stehen auch die St. Athanasius-Bruderschaft und der Bund für Ev.-kath. Wiedervereinigung (Jakobus-Bruderschaft). Zu ihren Zielen gehören die Rückkehr a) zur bibl. Wahrheit in Verkündiung und Lehre, b) zum apostol. Amt, c) zum sakramentalen Leben der Kirche, d) zur ökumen. Einheit. Gelegentliche Reordinationen haben zu Konflikten mit der Gesamtkirche geführt. Liturg. und ökumen. ist die H.B. in Deutschland von einiger Bedeutung und Wirkung.

Lit.: Zeitschriften: Die Hochkirche, 1918-1933; Eine heilige Kirche 1934-42 und seit 1953 (besonders Nr. 28, 1955/57 und N.F. 3, 1989, Jubiläumsdruck); Mitteilungsblatt der Hochkirchlichen Vereinigung.

F. Heiler: Hochkirche heute, 1970; S.H. Gilley, R. Mumm: »Hochkirchliche Bewegung I und II«, TRE 15, 1986, 413-421.

G. Ruhbach

Hochmann von Hochenau, Ernst Christoph (1669/70-1721)

Geb. 1670 in Lauenburg/Elbe, aufgewachsen als Beamtensohn in Nürnberg, Jurastudium, 1693 durch A.H. → Francke in Halle bekehrt, tendierte H. bald zum radikalen Pietismus (G. → Arnold), dessen bedeutendster Vertreter er neben seinem Freund K. → Dippel wurde. Ab 1697 zog H. als Laienprediger des separatistischen Frühpietismus durch Deutschland. Leidenschaftlich bekämpfte er die Konfessionen und Kirchen, die Kindertaufe und das traditionelle Abendmahl mit Brot und Wein, den prot. Bibelglauben und die kirchl. Ehe (Detmolder Glaubensbekenntnis 1702). Todesstrafe, Eidesleistung und Kriegsdienst lehnte er als unchristl. ab. Von der Obrigkeit verlangte er, daß sie sich aus rel. Fragen heraushalte und absolute Toleranz gewähre; Organisation und Kirchenleitung waren ihm verdächtig. Er ließ nur eine unsichtbare, im Innern gelebte Geistkirche (Joh 4,23f) gelten, die persönliche, innige Gemeinschaft mit Christus und das Streben nach vollkommener Heiligung. In chiliastischer Hoffnung erwartete er die Bekehrung der Juden und sammelte mit seinen Volks- und Erweckungspredigten die endzeitliche Gemeinde. Immer wieder erlitt er Haft, Verhör und Landesverweisung. 1709 erbaute H. in

Schwarzenau (Wittgenstein) seine »Friedensburg«, wo er 1721 verstarb. Ein Fortwirken seiner Grundanschauung wird in der »Church of the Brethren« und bei G. → Tersteegen sichtbar, der ihm 1726 die Grabinschrift verfaßte.

Lit.: H. Renkewitz: Hochmann von Hochenau (AGP 5), [2]1969; H. Schneider: »Hochmann von Hochenau«, TRE 15, 1986, 421-423.

J.O. Rüttgardt

Hochmut

H. ist ein Sich-selbst-Vermessen, d.h. eine irrtümliche Überschätzung der eigenen Qualität im Vergleich mit anderen in der Meinung, man könne sie sich selbst als Verdienst zuschreiben. Gott widersteht dieser Vermessenheit. → Augustin versteht unter H. ein Streben nach verkehrter Hoheit, bei dem der Mensch statt seinen Schöpfer sich selbst zu seinem Urgrund macht. Im Anschluß an Sir 10,15 (»Der Anfang jeder Sünde ist der Hochmut«) sieht er den H. als die Ursünde hinter allen einzelnen Verfehlungen an. Die Erlösung geschieht dementsprechend durch Demut – auf seiten Gottes durch seine Selbstentäußerung in Christus und auf seiten des Menschen durch Sündenerkenntnis und Verzicht auf jede Selbstrechtfertigung. H. ist also eine Erscheinungsform der Sünde als Verselbständigung gegenüber Gott. Hochmütig ist der Mensch, der seine Abhängigkeit von Gott und sein Angewiesensein auf ihn nicht eingesteht. H. ist der Ursprung einer praktischen Leugnung Gottes. Der Hochmütige muß an Gott, der ihm widersteht, zu Fall kommen. Daher erkennt die bibl. Lebensweisheit, daß »Hochmut vor dem Fall« kommt (Spr 16,18). Hoffart und H. sind Begriffe, die eng verwandt sind. Die apostol. Ermahnung warnt davor; denn »Gott widersteht den Hoffärtigen« (1Petr 5,5). In seiner Auslegung des Magnificat (Lobgesang der Maria, Lk 1,46-55) stellt Luther fest, daß es durchgängig Gottes Werk sei, das Hohe und Ansehnliche, »was etwas ist«, zunichte zu machen und das, »was nichts ist«, zu schaffen und in Stand zu setzen. Darin erweist sich Gott als Schöpfer. Auch unser Heil kommt nicht durch ein Gelingen unserer eigenen Bemühung zustanden, wie rel. H. sich einbildet, sondern einzig und allein durch Gottes Gnade, die für uns und in uns schafft, was uns fehlt.

Lit.: E. Güting: »Hochmut«, TBLNT I, [5]1990, 701-703; O. Michel: Der Brief an die Römer, KEK IV, [13]1967, 61f.

W. Schlichting

Höchstes Gut

→ Platon betrachtet das h.G. als die oberste Idee, die des Guten, die jenseits der Idee des Seienden steht und Ursache für Sein und Erkennbarkeit der übrigen Ideen, also der Wesenheiten der Dinge der sichtbaren Welt ist (Respublica VI Ende). In Platons Naturphilosophie (s. Timaeus) gestaltet der göttliche Werkmeister (Demiurg) nach Analogie mit dem menschlichen die sichtbare Welt mit dem Blick auf die Ideenwelt und die Idee des Guten, und d.h. auf sich selbst; denn er erschafft sie, »weil er gut ist« und »keinen Neid kennt«, nämlich an seiner Gutheit anderes teilhaben zu lassen (daraus die traditionelle Auffassung über das sich verschenkende Gute: bonum est diffusivum sui, siehe z.B. Thomas v. Aquin, 1 S.th.q.5 a.4 ad 2).

Auch für → Aristoteles ist die erste Ursache, »woran die ganze Natur hängt« (Metaphysik XII 7), die göttliche Substanz als oberste Zweckursache, die alles Seiende »als Geliebtes bewegt« und im Sein hält. Sie ist nicht mehr immanenter Naturzweck, »worumwillen« die Naturdinge entstehen, sondern »wofür« sie sind (ibd.) und ihnen transzendent (XII 10). Die bei Platon implizierte Auffassung von Gott, der auf sich als das h.G. blickend alles schafft, wird bei Aristoteles zur explizierten Lehre von der göttlichen Substanz, die, als reiner Seins- und Vernunftakt, sich selbst als h.G. zum Gegenstande hat, so daß sie (Vernunft-)«Erkenntnis der Erkenntnis« ist (XII 9).

In der Stoa wird die erste göttliche Zweckursache (pantheistisch) zum immanenten, universalen Naturzweck. Im → Neuplatonismus setzt Plotin (Enneade I 6) die platonische Idee des Guten, weil das Eine-Gute, als erste Ursache alles Seienden an, dagegen die aristotelische als untergeordnete, zweite, weil er sie, nach Art der menschlichen Selbsterkenntnis, schon als Zweiheit und Bewegung mißversteht. Mit diesem Mißverständnis ist das Lehrstück in Hegels System des prozessierenden Weltgeistes eingegangen, dem der Aspekt des h.G.es überhaupt fehlt.

Während die patristische und mittelalterl. Theologie das h.G. (summum bonum) nur in metaphysischer Bedeutung versteht und in Gott als höchstem Zweck der Schöpfung betrachtet (z.B. Johannes Chrysostomus, De providentia VI-VIII, Albertus Magnus, De bono, Thomas v. Aquin, I Summa theol. q.6 a.1 ad 2 , a. 2 et passim: Deus est summum bonum), wird der Begriff in der neuzeitlichen Philosophie weniger auf metaphysischem Gebiet, sondern mehr auf ethischem verwendet, und zwar im → Rationalismus häufig als höchstes Glück (in eudämonistischem oder utilitaristischem Sinne, s. Gassendi, → Hobbes u.a.). In der → Aufklärung bedeutet er Tugend und Glückseligkeit als das praktische h.G. (Kant), auch in der nachfolgenden Zeit (→ Fichte, F. Paulsen). Im 20. Jh. reduziert er sich auf einen höchsten Wert (Scheler) oder auf ein Ideal (G.E. Moore).

Lit.: H. Kuhn: Das Sein und das Gute, 1962; R. Spaemann: »Gut, höchstes«, HWP Bd. 3, 1974, 973-976.

H. Seidl

Hochzeit (Trauung)

Das NT und die Alte Kirche zeigen kein Interesse an einer eigenständigen Form und Gestaltung der Eheschließung (Hochzeit). Das Interesse der Gemeinde galt weniger den Fragen der Eheschließung als den Fragen der Eheführung, der Frage nach dem, was »Jüngerschaft in der Ehe« sei (E. Schweizer). Dazu gehörte freilich auch das *Daß* der öffentlich-verbindlichen Eheschließung selbst – es mußte klar sein, wer verheiratet und wer unverheiratet ist; etwas Drittes gab es für Jesus und die erste Christenheit nicht. Das *Wie* der Eheschließung war dem staatlichen Recht und gesellschaftl. Übereinkünften überlassen. Im Römischen Reich akzeptierten die Christen das geltende Konsensrecht (»Die Konsenserklärung der Eheleute begründet die Ehe«), im germanischen Rechtsbereich weitgehend das germanische Umsippungsrecht, nach dem der Vater oder der Vormund die Braut aus seiner »Munt« (= Schutz) in die des Ehemanns durch öffentliche Erklärung übergab. Eine kirchl. Segenshandlung blieb lange, bis ins 9./10. Jh. hinein, ein freies Angebot. Im MA allerdings wuchs der Einfluß der Kirche nicht zuletzt dadurch, daß die Konsenserklärung gegenüber dem Priester abzugeben war. Er sprach daraufhin die beiden Eheleute zusammen; es folgte eine kirchl. Segenshandlung. Die Sache der Eheschließung wurde zunehmend zur Sache der Kirche und ihrer Gesetzgebung; die Ehe galt als Sakrament (1439, Konzil von Florenz). Noch das kath. Kirchenrecht von 1983 schärft ein: »Nur jene Ehen sind gültig, die geschlossen werden unter der Assistenz des Ortsordinarius oder des Ortspriesters ...« Luther drang dem gegenüber darauf, wieder zwischen der Eheschließung als einer Sache des (bejahten) weltlichen Rechts und dem Gottesdienst für die Neuvermählten als einer Sache der Kirche zu unterscheiden. Daß »die Hochzeit und der Ehestand ein weltlich Geschäft« sind, bedeutet freilich nicht, daß dieses »weltliche Geschäft« nichts mit Gott und der Angewiesenheit auf ihn zu tun hätte. Vielmehr, wer anläßlich seiner Hochzeit »vom Pfarrherrn oder Bischof Gebet und Segen begehrt, der zeiget damit wohl an, ... wie hoch er des göttlichen Segens und des gemeinsamen Gebetes bedarf zu dem Stande, den er anfängt« (Traubüchlein). Doch auch die Kirchen der Reformation mußten zunächst die Rolle des »Standesamtes« wahrnehmen. Erst durch die Bismarck'sche Ehegesetzgebung (1875) fand eine wirkliche Trennung zwischen der öffentlichen Eheschließung und dem kirchl. H.sgottesdienst statt.

Was ist konstitutiv für einen ev. H.sgottesdienst (Trauung)?

1. Die Trauung setzt eine öffentliche Eheschließung voraus. Sollte der Staat auf die öffentliche Eheschließung verzichten und nichteheliche »Lebensgemeinschaften« der Ehe gleichordnen, wird doch die Christenheit darauf bestehen und gegebenenfalls auch dafür in ihren Gottesdiensten Platz einräumen, daß Christen sich öffentlich als Eheleute erklären.

2. In der Mitte des H.sgottesdienstes steht das H.sbekenntnis. Auf die Traufrage: »Willst du mit N.N. als deiner Ehefrau nach Gottes Gebot und Verheißung leben ...?« antwortet das Traubekenntnis: »Ja, und Gott helfe mir.« Das Bekenntnis ist also getragen von der Erkenntnis der Angewiesenheit auf Gott.

3. Christen legen ihre Ehe in Gebet und Fürbitte vor Gott – »und beteten inständig, daß Gott sie behüten wolle« (Tob 8,7). Der Ehe-Segen ist Gottes Antwort an die, die so beten und sich zu ihm bekennen.

4. Die Traupredigt vergewissert die Eheleute jener Verheißungen und Gebote Gottes, derer sie ein Eheleben lang bedürfen, um deretwillen sie einander als Gottes Gabe zu ehren und zu lieben versprechen.

Eine »ökumenische« Trauung gibt es nicht. Was so bezeichnet wird, ist entweder eine ev. Trauung unter Mitwirkung eines kath. Pfarrers oder eine kath. Trauung unter Mitwirkung eines ev. Pfarrers. Mitunter – oft genug auch im Blick auf die beteiligten Familien – mag die gemeinsame kirchl. Trauung konfessionsverschiedener Paare unter Beteiligung der Pfarrer beider Kirchen gleichwohl eine seelsorgerl. Hilfe sein.

Lit.: D. Rössler: Grundriß der Praktischen Theologie, 1986, 223ff (Lit.).

G. Hennig

Hofacker, Ludwig (1798-1828)

H., geb. am 15. 4. 1798 in Wildbad, gest. am 18. 11. 1828 in Rielingshausen, war während der vier Wirkungsjahre (1823-1825 als Vikar an der Leonhardskirche Stuttgart, 1826-1828 Pfarrer in Rielingshausen) vielbeachteter Erweckungsprediger und posthum durch die bis heute aufgelegten (51. Auflage) Predigtsammlungen einer der prägendsten Theologen des schwäbischen Pietismus.

Der wegen seiner Schönheit und Geselligkeit geschätzte Pfarrersohn erkannte 1818 als Tübinger Theologiestudent: »Ich habe nichts, auf das ich leben und sterben kann; ich brauche Christus, wenn ich nicht verlorengehen soll.« Erst Kontakte H.s bestanden mit erweckten Studenten und Weingärtnern, mit denen er zwischen Gesetzlichkeit und Schwärmertum »herumtaumelte«; erst Einflüsse des württembergisch kirchl. Pietismus und der Herrnhuter Brüdergemeine halfen zu bibl. Nüchternheit. Körperlich war H. von Studienzeiten an ein Wrack; kurze Zeiten des Wirkens wurden unterbrochen durch lange Krankheitszeiten. Bei jedem Predigttext ist H. darauf aus, den »gekreuzigten Heiland« so vor Augen zu malen, daß darüber das »Meer göttlicher Liebe« zum »Hineinspringen« einlädt. Mehr als durch theol. oder homiletische Brillanz zeichnet H. sich als glaubwürdiger Zeuge aus, der anstelle evangelist. Pathetik mit der gegenwärtigen Wirksamkeit des glaubensweckenden Christus und seines Geistes rechnet. Seelsorgerl.-konkret ist H., wenn er die rel. Selbstgerechtigkeit und Sicherheit aller Stände aufdeckt; er will dabei »einen Keil in die Gewissen treiben«. Aggressiv geht H. die »hohen Geister« seiner Zeit, auch besonders die »teuflischen Lügen« in der Theologie an. Beides steht jedoch im Dienst des »Schreies«, den er tun will, daß Menschen allein Gott die Ehre geben sollten, indem sie sich dem Heiland Jesus anvertrauen, der Gottlose gerecht macht. H. hat mit seiner »heiligen Einseitigkeit« des »Anpreisens« Jesu als des Befreiers von Sündenverfallenheit und von Selbstgerechtigkeit bes. den schwäbischen Pietismus davor bewahrt, das reformat. Freiheitsverständnis liberal aufzuweichen. Diese theol. Grundkonzeption einer erwecklich verkündigten Rechtfertigungsbotschaft und die von H. direkt und indirekt ausgehenden Impulse für Jugendarbeit, für das Zusammenrükken von Christen und für Diakonie und Weltmission haben dazu geführt, daß die württ. Ev. Arbeitsgemeinschaft für Bibel und Bekenntnis 1968 sich den Namen »Ludwig-Hofacker-Vereinigung« gab. Sie wurde bekannt durch ihre jährlich an Fronleichnam stattfindenden, jeweils etwa 20.000 Christen zusammenführenden Ludwig-Hofacker-Konferenzen.

Lit.: L. Hofacker: Predigten für alle Sonn-, Fest- und Feiertage, 1833 (ab 10 1845 mit Lebenslauf);

E. Beyreuther: Luwig Hofacker, 1988; A. Knapp: Leben von Ludwig Hofacker, 3 1859; W. Raupp: Ludwig Hofacker, 1989; G. Schäfer: Ludwig Hofacker und die Erweckungsbewegung in Württemberg, in: Bausteine zur geschichtlichen Landeskunde, 1979, 357-355; ders.: »Hofacker, Ludwig«, TRE 15, 1986, 467-469; R. Scheffbuch: Ludwig Hofacker, 1989.

R. Scheffbuch

Hofacker-Konferenz/Hofacker-Vereinigung

→ Ludwig-Hofacker-Vereinigung

Hoffman, Melchior (ca.1500-1543)

Geb. ca. 1500 in Schwäbisch-Hall, Kürschner, begegnete H. ab 1523 in Livland als Laienprediger zunächst der luth. Reformation. Durch Predigten und Disputationen, Bibelauslegungen und »Erweckungsschriften« wurde H. für zehn Jahre zum bedeutendsten Agitator antiklerikaler, spiritualistischer und apokalyptischer Ideen in Deutschland. Auf Grund inspirierter, allegorischer Bibelauslegung, mit der er die reformat. Theologen bekämpfte (Flensburger Disputation 1529, Bruch mit Luther, Gemeinsamkeit mit Karlstadt), gelangte er zu der Überzeugung, daß das Weltende bevorstehe und für 1533 mit dem Jüngsten Tag zu rechnen sei. Sein bewegter, stets von Konflikten begleiteter Lebensweg führte ihn von Dorpat über Stockholm, Kiel und Ostfriesland nach Straßburg, wo er sich 1530 den Täufern anschloß. Von dort vertrieben, sammelte und stärkte er im niederdeutschen-holländischen Raum (Emden) die Täuferbewegung mit neuem Enthusiasmus. 1533 kehrte er als »apostolischer Herold« nach Straßburg in der Erwartung zurück, daß die oberdeutsche Reichsstadt das Neue Jerusalem sein werde. Vom Rat gefangen genommen, verstarb H. 1543 in der Haft. Seine zuletzt vorgetragene Anschauung vom apokalyptischen Endkampf der freien Reichsstädte gegen die höllische Dreieinigkeit (Kaiser, Papst, reformat. Irrlehrer) und die Erwartung einer irdischen Theokratie führte über seine Anhänger (Melchioriten) zum Täuferreich von Münster 1534/35. Andere Sonderlehren (monophysitische → Christologie, → Abendmahlslehre) lebten in der Täuferbewegung, den von Menno Simons gesammelten friedlichen Melchioriten weiter.

Lit.: K. Deppermann: Melchior Hoffman, 1979; ders.: »Hoffman; Melchior«, TRE 15, 1986, 470-473.

J.O. Rüttgardt

Hoffnung

»Was der Sauerstoff für die Lunge, das bedeutet die Hoffnung für die menschliche Existenz. Nimm den Sauerstoff weg, so tritt der Tod durch Ersticken ein. Nimm die Hoffnung weg, so kommt die Atemnot über den Menschen, die Verzweiflung heißt, die Lähmung der seelisch-geistigen Spannkraft durch ein Gefühl der Nichtigkeit, der Sinnlosigkeit des Lebens« (E. → Brunner, Das Ewige als Zukunft der Gegenwart, 1965, 7). Hoffen ist ein Grundcharakteristikum des menschlichen Lebens und ist unzweifelhaft mit dem Dasein selbst gegeben. Wie E. Bloch (Prinzip Hoffnung, 3 Bde., 1954-1959) aufzeigte, drängt der Mensch immer auf die Zukunft zu, die er antizipierend vorwegzunehmen versucht. Er scheint an einem Antriebsüberschuß zu leiden, der ihn nie mit dem Vorfindlichen zufrieden sein läßt. → Augustin beschrieb diese menschliche Grundbefindlichkeit so, daß Gott uns auf ihn hin geschaffen hat und unser Herz unruhig ist, bis es in ihm ruht. J. → Moltmann (Theologie der Hoffnung, 1964) zeigt auf, daß die israelit. Religion und später der christl. Glaube nicht an einem überzeitlichen und überweltlichen Gott orientiert sind, sondern daß Gott eine neue Zukunft verheißt, auf die hin sich das Volk Gottes in H. ausstreckt, so daß sich die Verheißungsgeschichte als Kontinuum erweist, in der Israel die Treue seines Gottes erkennen konnte.

Der christl. Glaube ist keine H. ins Blaue hinein, sondern hat zwei konkrete Anhaltspunkte: Die christl. H. gründet sich im Ostergeschehen, in der Tatsache der Auferstehung, und sie findet ihre Stärkung in dem lebendigen Gott, der seinsmächtig ist, also das Sein aus dem Nichts erschaffen hat und es auch ihm gegenüber erhält. Somit gründet sich die H. auf vergangenes Geschehen (Schöpfung und Auferstehung), wird gestärkt durch gegenwärtige Erfahrung (Erhaltung und Bewahrung) und richtet sich auf Zukünftiges (die neue Welt Gottes).

Die christl. H. beinhaltet nicht, wie das Wort H. (*elpis*) im Profangriech. ursprünglich meinte, das ambivalente Hoffen oder Fürchten, sondern die schlechthinnige Erwartung des Guten. Wenn allerdings Paulus die Einheit der christl. Existenz mit Glaube, H. und Liebe umschreibt (1Kor 13,13), deutet er an, daß die H. nicht vor der Anfechtung gefeit ist. Sie muß sich im ständigen Vertrauen auf die in Christus beispielhaft vorweggenommene vollständige und universale Erfüllung der Heilszusage immer neu bewähren. H. ist der H.slosigkeit entgegengesetzt. Sie unterschätzt jedoch nicht die Anfechtung und den Zweifel, auch wenn sie von diesen nicht mehr besiegt werden kann. H. ist immer im Werden, aber noch nicht im Vollkommensein. Dies bewahrt sie vor jedem utopischen Realitätsverlust. Da die Liebe der H. zugesellt ist, sind Christen zur Rechenschaft über die H. aufgerufen, die sie erfüllt (1Petr 3,15f). H. darf weder zu einem solipsistischen Gefühl innerlicher Gottseligkeit verkümmern, noch zu einer reinen Theorie über die Zukunft ausarten, sondern sie wird das Leben derer auf das hin strukturieren, woraufhin sie hoffen. Somit reicht H. in die Gegenwart hinein und ist selbst zukunftsmächtig. Sie geht von dem aus und findet in dem ihr Ziel, der als unser Herr und Heiland über die Zukunft entscheidet.

Lit.: L. Boros: Aus der Hoffnung leben: Zukunftserwartung in christlichem Denken, 1968; U. Hedinger: Hoffnung zwischen Kreuz und Reich: Meditationen über die christliche Hoffnung, 1968; H. Küng. Ewiges Leben, 1982; W. Pannenberg: »Der Gott der Hoffnung«, in: Grundfragen der systematischen Theologie, 1979; P. Schütz: Charisma Hoffnung, 1962; H. Schwarz: Jenseits von Utopie und Resignation, 1991.

H. Schwarz

Höfling, Friedrich (1802-1853)

Als Sohn eines oberfränkischen Schullehrers am 31. 12. 1802 geboren, studierte Johann Wilhelm Friedrich H. in Erlangen und wirkte anschließend als Pfarrvikar in Würzburg und Pfarrer in Nürnberg. Die fränkische Erwekkungsbewegung verteidigte er gegen den Vorwurf des Mystizismus auch literarisch als bibl. Offenbarungsglauben. Daraufhin wurde er 1833 als erster Erweckungstheologe und zugleich erster Ordinarius für praktische Theologie nach Erlangen berufen. Dort legte er neben A. → Harleß die Grundlagen für die → Erlanger Theologie, indem er durch Veröffentlichungen auf dem Gebiet der Sakramentslehre, der Liturgik und des Amtsverständnisses ihren Kirchenbegriff entwickelte. Gegen die von F.J. → Stahl und W. → Löhe vertretene hochkirchl. Ekklesiologie (Kirche primär sichtbare Heilsanstalt) betonte H. das Wesen der Kirche als unsichtbare Gemeinde der Gläubigen, auf die die äußere Anstalt als Mittel ihrer Entstehung und Erhaltung bezogen ist. Das Amt ist nicht der Gemeinde übergeordnet, sondern dem allg. Priestertum der Gläubigen eingeordnet, nicht durch apostol. Sukzession mit kirchenleitender Amtsvollmacht ausgestattet, sondern funktional auf Wortverkündigung und Sakramentsverwaltung bezogen. Nachdem H. im Herbst 1852 zugleich mit Harleß ins Münchner Oberkonsistorium berufen worden war, starb er am 5. 4. 1853 im Alter von erst 50 Jahren.

Lit.:F. Höfling: Grundsätze evangelisch-lutherischer Kirchenverfassung, 1850, ^{3}1853.

H. Fagerberg: Bekenntnis, Kirche und Amt in der konfessionellen Theologie des 19. Jahrhunderts, 1952; M. Kiessig: J.W.F. Höfling, Leben und Werk, 1991; F.W. Kantzenbach: Die Erlanger Theologie, 1960, 134-143.

U. Swarat

Hofmann, Johann Christian Konrad von (1810-1877)

In Nürnberg am 21. 12. 1810 geboren, studierte Johannes Christian Konrad H. (1855 geadelt) Theologie in Erlangen und Berlin. Durch die Begegnung mit Chr. → Krafft erlebte er eine persönliche Bekehrung zu erwecklichem Christsein. Sein ausgeprägt hist. Interesse ließ ihn in Erlangen Gymnasiallehrer und Privatdozent für Geschichte werden, bevor er 1835 zunächst als Repetent und dann als Extraordinarius zur Theologie überwechselte. Auf drei Jahre ordentlicher Professur in Rostock (1842-45) folgte seine Rückberufung nach Erlangen (als Nachfolger des strafversetzten A. → Harleß). Dort wurde H. sehr bald zum berühmtesten und einflußreichsten Lehrer nicht nur der theol. Fakultät, sondern der ganzen Universität. Die zwanzig Jahre von 1845-65 stellen die Blütezeit der → Erlanger Theologie dar. Während der Wahlperiode von 1863-69 war H. zugleich Abgeordneter für die liberale Fortschrittspartei im bayerischen Landtag, wo er (gegen den Widerstand des Konsistorialpräsidenten Harleß) für eine stärkere Trennung von Kirche und Staat eintrat. Am 20. 12. 1877 starb H. – mitten in der Arbeit – an zwei Schlaganfällen.

Das theol. Ziel der Lebensarbeit H.s bestand darin, die Autorität der Bibel auf dem Boden der modernen hist. Denkweise neu zu begründen. Er akzeptierte weder den axiomatischen Gebrauch der Verbalinspirationslehre auf seiten der Orthodoxie noch den hist. Kritizismus der → Tübinger Schule, sondern war der Überzeugung, daß die Inspiration der Bibel sich gerade bei ihrer Betrachtung als Geschichtsurkunde wissenschaftl. erweisen lasse.

Im ersten seiner drei Hauptwerke, »Weissagung und Erfüllung im alten und im neuen Testamente« (2 Bde.; 1841/45), führt H. aus, daß primär nicht das prophetische Wort als geistgewirkte Weissagung zu gelten habe, sondern die bibl. Geschichte selber, und daß diese Geschichte einen derart engen organischen Zusammenhang hat, daß die Tatsächlichkeit der berichteten Ereignisse durch ihre Notwendigkeit verbürgt wird.

Das zweite Hauptwerk, »Der Schriftbeweis« (3 Bde.; 1851-55; ^{2}1857-60), will nachweisen, daß bibl. Geschichte und gegenwärtige Heilserfahrung vollständig übereinstimmen. Aus der persönlichen Wiedergeburtserfahrung läßt sich nämlich nach H. die ganze Heilsgeschichte auch ohne Zuhilfenahme der Bibel logisch ab-

leiten und anschließend mit der Schrift vergleichen. Seine in diesem Zusammenhang vorgetragene Versöhnungslehre lehnt ein stellvertretendes Strafleiden Christi ab und versteht das Kreuz statt dessen als Bewährung von Christi neuem gerechten Menschentum.

Im dritten, trotz seines Umfangs unvollendet gebliebenem Hauptwerk »Die heilige Schrift neuen Testaments zusammenhängend untersucht« (13 Bde.; 1862-76) wollte H. den hist. Beweis der Inspiration der Bibel durch den Nachweis ihrer wirklichen Kanonizität führen: das NT sei in seinem jetzigen Umfang ein so vollständiger und genauer Ausdruck der kirchl. Anfänge, daß in ihm alle denkbaren Lebensfragen der Kirche grundsätzlich gelöst sind.

Die Inspiration der Bibel wird von H. also einmal aus ihr selbst, d.h. aus ihrem organisch zusammenhängenden geschichtl. Inhalt, dann aus ihrer Übereinstimmung mit der persönl. Heilserfahrung und schließlich aus ihrer Bedeutung als Kanon für die Kirche aller Zeiten erwiesen. Dieser Dreischnitt entspricht seinem Verständnis von Theologie insgesamt: Indem Bibel, Kirche und persönliche Erfahrung sich gegenseitig stützen, kann die Theologie sich der Wahrheit des christl. Glaubens vergewissern und zugleich ihre Selbständigkeit als Wissenschaft wahren.

Lit.: J. Haußleiter: Grundlinien der Theologie J.Chr.K. v. Hofmanns in seiner eigenen Darstellung, 1910; J. Kunze: Frank und Hofmann, FS zum 50jährigen Stiftungsfest des Theol. Studentenvereins Erlangen, 1910, 235ff; U. Swarat: Die heilsgeschichtliche Konzeption J.Chr.K von Hofmanns, in: Glaube und Geschichte, hg. von H. Stadelmann, 1986, 211ff; P. Wapler: Johannes v. Hofmann, 1914; E. Hübner: Schrift und Theologie, 1956.

U. Swarat

Hohe Mark (Klinik)

Die psychiatrisch-psychosomatisch-psychotherapeutische Klinik Hohe Mark (H.M.) entstand aus dem Bedürfnis, für Christen in seelischer Not eine stationäre Behandlungsmöglichkeit anzubieten. In herkömmlichen Nervenkliniken wurden Glaubensäußerungen oft fehlgedeutet und Christen so zusätzlich belastet. Diese Not wurde vom Nervenarzt Dr. A. Lechler, Stuttgart und von Pfarrer T. Krawielitzki, dem Leiter des Deutschen Gemeinschafts-Diakonie-Verbandes (DGD) in Marburg, gesehen. So wurde von beiden diese vordringliche diakon. Aufgabe in Angriff genommen. Nach einem ersten Anlauf 1927 in Neustadt/Ostharz wurde die in den Jahren 1902-1904 erbaute Psychiatrische Privatklinik H.M. erworben und 1933 eröffnet. Nachdem anfangs in der Kuranstalt H.M. Kur- und klinische Patienten aufgenommen wurden, werden seit 1969 (damals Umbenennung in Klinik H.M.) nur noch stationäre (Krankenkassen-)Behandlungen durchgeführt. Die 260 Patienten werden von 210 Mitarbeitern, davon derzeit 27 Ärzten und Psychologen, 75 Krankenschwestern, davon 20 Diakonissen und vielen Spezialtherapeuten behandelt. Die Therapie wird ergänzt durch seelsorgerl. Zuwendung, tägliche Andachten u.a. Chronisch Kranke und Suchtpatienten werden nicht behandelt.

Lit.: H.v. Knorre (Hg.): Seelische Krankheit – Heilung und Heil, 1987.

H.v. Knorre

Höhere Weihen

→ Klerus und Laien

Hoheslied

→ Megilloth; Megilloth (biblisch)

Holbein, Hans (1497/98-1543)

H. der Jüngere, geb. 1497/98 in Augsburg, gest. 1543 in London, wuchs in einer Malerfamilie auf, übertraf aber seinen Vater und seine Brüder an Genialität. 1515 war er über Isenheim nach Basel gelangt; in Basels Umgebung arbeitete er bis 1526 und wieder von 1528-1532. Dort hatte er eine Familie und erwarb zwei Häuser. Von 1532 bis zu seinem Tode lebte er in London, wo er sich schon beim ersten Aufenthalt von 1526-1528 mit Bildnismalerei einen Namen gemacht hatte, zunächst unter deutschen Handelsleuten, später am königl. Hof. Obwohl eine Italienreise nicht belegt ist, spiegelt sich der Einfluß der Renaissance an einigen seiner Porträts in der ornamentalen Architektur oder den Gegenständen humanistischer Bildung, die sie umgeben. Ein größeres Selbstgefühl der Auftraggeber und des Malers führt zu Distanz und Kühle, wie sein Freund → Erasmus von Rotterdam hervorhebt. H.s Arbeitsfeld ist reichhaltig: Hausfassaden und Rathaussaal in Basel, Orgelflanken, Wagenscheiben, Zeichnungen für Buchtitel und Buchschmuck. Mit Holzschnitten und Tafeln beteiligte er sich an Themen der → Reformation. Einige Werke wurden vom Basler Bildersturm 1529 betroffen. Ein Hauptwerk, Der Tote Christus im Grab, zeigt mit der offenen Wunde der rechten Hand in der Mitte des Bildes einen auffälligen Realismus.

Lit.: Katalog der Ausstellung: Die Malerfamilie Holbein in Basel 1960; Katalog der Ausstellung: Holbeins Zeichnungen aus dem Kupferstichkabinett, Basel 1988;

J. Rowlands: The paintings of Hans Holbein the Younger, Complete edition, 1985; H.A. Schmid: Hans Holbein der Jüngere, 3 Bde., 1945-48.

R. Lohse-Flitner

Holl, Karl (1866-1926)

H., geb. am 15. 5. 1866 in Tübingen, gest. am 23. 5. 1926 in Berlin, Repetent am Tübinger Stift (1891-1894), Wissenschaftlicher Hilfsarbeiter bei der Kirchenväterkommission der Preußischen Akademie der Wissenschaften, a.o. Prof. für Kirchengeschichte in Tübingen (1900), o. Prof. in Berlin (1906).

Obwohl er den Bruch vermieden hat, trat er doch zu seinem Lehrer Adolf von → Harnack und der → Liberalen Theologie in Gegensatz und sammelte um sich einen Schülerkreis neben der → Dialektischen Theologie. Man sollte ihn selbst von der »Lutherrenaissance« unterscheiden. Er lenkte das Interesse der Forschung auf den frühen Luther. Seine Aufsatzsammlung über Luther (1921) ist bis heute von hoher Bedeutung. Seine Schüler wurden wichtige Vertreter des Faches.

H. war »universaler Kirchenhistoriker« (A.v. Harnack). Sein Denken konzentrierte sich auf den Gottesbegriff. Von der Rechtfertigungslehre her – an Paulus und Luther anknüpfend – reflektierte er die Wirkung von Gerechtigkeit und Liebe Gottes. H. war Rektor der Berliner Universität (1923/24), Mitglied der Preußischen Akademie der Wissenschaften und Präsident der Luthergesellschaft. Er gehörte »in die vorderste Linie deutscher Gelehrter« (Harnack) und war als Lehrer von großer Bedeutung für die ev. Kirchen.

Lit.: K. Holl: Gesammelte Aufsätze zur Kirchengeschichte I (Luther) (1921) [7]1948; II (Der Osten, hg. v. Lietzmann), (1928) 1964; III (Der Westen, hg. v. Lietzmann), (1928) 1965; hier S. 578-584 Verzeichnis der Schriften Holls;

W. Bodenstein: Die Theologie Karl Holls im Spiegel des antiken und reformatorischen Christentums, 1968; R. Stupperich: Karl Holl als Lutherforscher, in: Luther 37, 1966, 112-121; J. Wallmann: »Holl, Karl« TRE 15, 1986, 514-518 (Lit!).

R. Keller

Hollaz, David (1648-1713)

H. (Hollazius, Hollatius, Hollatz), geb. 1648 in Wulkow bei Stargard (Pommern), gest. am 17. 4. 1713 in Jakobshagen, 1670 Prediger in Pützerlin, 1681 Prediger und 1683 Konrektor in Stargard, 1684 Rektor des Lyzeums in Kolberg, 1692 Propst in Jakobshagen.

Als streng luth. Dogmatiker schrieb H. für seine Kolberger Schüler ein »Examen theologicum acroamaticum« (1707, ^{8}1763), das man als das letzte der großen Lehrsysteme der Orthodoxie zu nennen pflegt. Es kann als Summe des Gedankenguts der luth. orth. Tradition verstanden werden. Fragestellungen des Pietismus klingen – trotz klarer Abgrenzung – bereits an. Das im Frage- und Antwortstil konzipierte Werk ist von H.' pastoralem Anliegen geprägt. Er baute die Schriftlehre aus und bereitete den Gedanken des ordo salutis (→ Heilsordnung) vor, ohne ihn schon so zu nennen. H. räumte der Lehre von der → Erleuchtung als erster einen besonderen Platz ein. Seine (teils sehr schönen) Gebete, die jedes Kapitel abschließen, zeigen seine Frömmigkeit. Sein Sohn David H. II war von 1703-1713 Pastor in Güntersberg (Hinterpommern) und wurde dann bis 1738 Nachfolger seines Vaters in Jakobshagen. Auch dessen Sohn David H. III. war 1730-1771 Pastor in Güntersberg und viel gelesener Erbauungsschriftsteller, dessen Werke bis ins 19. Jh. gedruckt wurden.

Lit.: D. Hollaz: Examen theologicum acroamaticum, 2 Bde., 1707, Reprographischer Nachdruck, 1971; Wagenmann, P. Wolff: Hollatz, RE^{3} 8, 1900, 279-281; E. Wolf: »Hollaz«, NDB 9, 1972, 540; ders.: »Hollaz«, RGG^{3} III, 1959, 433f.

R. Keller

Hölle

Mit dem deutschen Wort »Hölle« (abgeleitet von dem altnordischen »*hel*», »Totenreich«) wurden in Luthers Bibelübersetzung zwei verschiedene Begriffe der bibl. Ursprachen wiedergegeben, nämlich einerseits das Wort für Totenreich (Scheol, Hades), andererseits die Bezeichnung des Ortes der Verdammnis (Gehinnom, Gehenna; Tartarus).

Im ersten Fall wird damit der Verbleib aller Verstorbenen angegeben, bzw. die Herrschaft des Todes, der alles Leben verschlingt. Von der auf dem Felsen des Christusbekenntnisses durch Gott erbauten Kirche sagt Jesus, daß »die Pforten der Hölle (Hades) sie nicht überwältigen« werden (Mt 16,18); d.h. sie wird nicht nur eine vorübergehende Erscheinung sein, die eines Tages der Vergangenheit angehört, wie alles Irdische. Wenn Christus laut Offb 1,18 sagt, er habe »die Schlüssel der Hölle und des Todes«, so ist gemeint, daß der Tod durch seine Auferstehung umkehrbar geworden ist; das zuvor unentrinnbare Totenreich hat einen Ausgang erhalten. Christus ist, »getötet nach dem Fleisch, aber lebendig gemacht nach dem Geist«, in das »Gefängnis« eingedrungen (1Petr 3,19), »hinabgestiegen in das Reich des Todes« (»niedergefahren zur Hölle«, Apostolisches Glaubensbekenntnis) und hat den Verstorbenen gepredigt.

Im zweiten Fall dagegen ist die endgültige Verwerfung der Verdammten durch Gottes Gericht gemeint. Gott kann »Leib und Seele verderben in der Hölle« (Mt 10,28). Während im Totenreich das sterbliche Leben endet, bis Gott es wieder herausführt, ist die »Hölle« im Sinne der Gehenna der unentrinnbare Ort der Pein, wo die im Endgericht Verworfenen endgültig bleiben.

Das Hinnomtal südlich von Jerusalem, in dem zur Königszeit Moloch-Opfer dargebracht wurden (2Kön 16,3; 21,6), ist durch prophetische Gerichtsdrohungen (Jes 7,32; 19,6) als ein Ort des Fluches gekennzeichnet worden. Der Apokalyptik galt es als Stätte der sich nach dem Endgericht öffnenden Feuerhölle, und das Wort »Gehinnom« wurde zu deren Bezeichnung. Ein Gottloser wird als »Kind der Hölle« (Mt 23,15) bezeichnet. Auch der Teufel und die Dämonen werden in die Hölle geworfen (Mt 25,41).

Während im NT eine Ausmalung der Höllenqualen, wie apokalyptische Schriften sie boten, unterblieb, wurde sie in der Absicht, Gewissen wachzurütteln, in kirchl. Bußpredigt und in veranschaulichender Kunst ausgebreitet. Auf der Basis scholastischer Theologie bot Dantes »Göttliche Komödie« geradezu eine Topographie der Unterwelt. K. → Barth dagegen warnt vor unsachgemäßer »Neugier« in diesem Bereich. Immerhin unterstreicht die drohende Höllenqual die Dringlichkeit des christl. Umkehrrufs. Die Schrecklichkeit der ewigen Verdammnis hat man sich in Analogie zu körperlichen oder seelischen Qualen vorgestellt. Ignatianische Exerzitien und methodistische Bekehrungspredigt wollten durch die Unterstreichung des Drohenden Menschen dazu bewegen, sich Christus als ihrem Erlöser anzuvertrauen.

Lit.: H. Bietenhard: »Hölle«, TBLNT I, ^{5}1990, 711-716; P. Habermehl: »Hölle«, HrwG III, 1993,

160-164; A. V. Ström, T. Rasmussen: »Hölle«, TRE 15, 1986, 445-455 (Lit.).

W. Schlichting

Höllenfahrt Christi

1. Die Bekenntnistradition

Das → Apostolische Glaubensbekenntnis enthält in seinem christologischen Teil die Klausel *descendit ad inferna* (oder: *ad inferos*). Früher wurde sie übersetzt mit »niedergefahren zur Hölle«. In dem seit 1970 ökumen. rezipierten Text heißt es dagegen »hinabgestiegen in das Reich des Todes«. In den Vorformen des Apostol. Glaubensbekenntnisses fehlt das Stück noch; sein frühestes Zeugnis ist das Taufbekenntnis von Aquileja um 370 n.Chr.. Auch in den – freilich anders gearteten – homöischen Bekenntnissen von Sirmium (vierte sirmische Formel 359 n.Chr.; → Homöer), Nike und Konstantinopel (360 n.Chr.) kommt es schon vor. Im Laufe der Dogmengeschichte ist es dann Träger von zwei verschiedenen Gedanken geworden. Sowohl das lat. Wort *inferna/inferi*, als auch das dt. Wort »Hölle« haben nämlich im frühen Mittelalter ihre Bedeutung gewandelt. Sie bezeichneten zunächst allg. das Totenreich (hebr. *scheol*; griech. *hadês*), nahmen aber später die engere Bedeutung »Ort der Verdammten« an, also Hölle im heutigen Sinn des Wortes. Der gegenwärtig gültige dt. Wortlaut des Apostolicums blendet diesen Bedeutungswandel aus. Um so nötiger ist es, daß die dogmat. Interpretation ihn beachtet. Wir haben also beim *descensus ad inferos* zwischen Christi Hadesfahrt und seiner Höllenfahrt zu unterscheiden.

2. Die Hadesfahrt

Daß Jesus Christus zwischen Kreuz und Auferweckung im Totenreich war, ist schon seit Anfang des 2. Jh.s fester Bestandteil kirchl. Lehre. Ignatius, Polykarp, Hermas, Justin, das Petrusevangelium und Irenäus gehören zu den ältesten Zeugen. Auch ntl. Schriften setzen die Hadesfahrt voraus (Mt 12,40; 27,51; Lk 23,42f; Apg 2,24.31; Röm 10,7; Eph 4,8-10; Hebr 13,20; Offb 1,18; die Zugehörigkeit von 1Petr 3,19f; 4,6 zu diesem Thema ist umstritten). Dabei handelt es sich nicht um eine Übernahme heidnischer Mythologie, sondern um Anwendung einesteils frühjüdischer Vorstellungen vom Zustand der Seele nach dem → Tod, anderenteils atl. Aussagen vom Kampf des Gerechten mit den Todesfluten, die auf Christus gedeutet wurden (z.B. Ps 42,8; 69,2f.14-16; Jona 2,1).

Während das NT über eine Tätigkeit Christi im → Hades weitgehend schweigt, wird in der Alten Kirche gelehrt, daß Christus an den Frommen des alten Bundes als Prediger (nach 1Petr 3,19f; 4,6) und als Täufer (!) gehandelt, bzw. daß er die Festung des Hades erstürmt und die Frommen triumphal ins Paradies geleitet hat. Gelegentliche Tendenzen, diese Befreiung universalistisch auf alle Verstorbenen auszudehnen, haben sich nicht durchgesetzt. Die röm.-kath. Kirche lehrt seit der Scholastik, daß nach Christi Tod seine Seele in die Vorhölle der atl. Väter (*limbus patrum*) hinabgestiegen ist, um die zu befreien, die dort auf ihn warteten. M. → Luther hat die atl. Gerechten als bereits selig angesehen und darum bei der Predigt Christi im Hades – wenn überhaupt – nur an das Sintflutgeschlecht gedacht. Die altlutherische Orthodoxie kennt eine Hadespredigt Christi nur als Zornespredigt an die Verdammten und die Teufel, identifiziert die Hadesfahrt also ganz mit der Höllenfahrt.

Für die dogmat. Beurteilung dieser Lehren ist zunächst wichtig, daß die Hadesfahrt Christi zur vollen Wirklichkeit seines menschlichen Sterbens gehört. Im Lichte der Auferstehung wird sie aber zugleich zu seinem Herrschaftsantritt über Tod und Totenreich (Röm 14,9; Offb 1,18). Darauf beruht für die Glaubenden die Gewißheit, daß selbst der Tod sie nicht von Gottes Liebe in Christus Jesus scheiden kann (Röm 8,38f; 14,8; 2Kor 5,8; Phil 1,23). Schließlich verbindet sich mit Christi Rettermacht über den Tod (auch unabhängig von 1Petr 3,19f; 4,6) die Überzeugung, daß diejenigen, die zu ihren Lebzeiten vom → Evangelium nicht oder nicht existentiell erreicht wurden, damit noch nicht endgültig vom Heil ausgeschlossen sind. Die Heilskraft des Kreuzes Christi reicht über die Grenzen hinaus, die mit der geschichtl. Existenz der Gemeinde unvermeidlich gegeben sind.

3. Die Höllenfahrt

Von einer H.Chr. im engeren Sinn hat (abgesehen von wenigen universalistischen Andeutungen in der griech. Kirche) erst Luther gesprochen. Die kath. Lehre besagt seit → Thomas von Aquin, daß Christus in Person nur in die Vorhölle der atl. Väter (*limbus patrum*) hinabgestiegen ist; in die → Hölle der Verdammten strahlte (in schreckenerregender Weise) allein seine Wirkung aus. Luther dagegen ist es wichtig, daß Christus wirklich in der Hölle gewesen ist. Eine einheitliche Anschauung darüber entwickelte er allerdings nicht. Nach seiner ursprünglichen und eigensten Auffassung besteht die H.Chr. in der Anfechtungserfahrung seiner Passion. Die Hölle hat Christus im Garten Gethsemane und am Kreuz erlitten, nämlich den → Zorn Gottes im Gewissen, den Zweifel an seiner Erwählung, die Anfechtung zur Verzweiflung und zum Haß gegen Gott. Indem Christus so für uns (existentiell, nicht räumlich) in die Hölle gefahren ist, hat er sie auch für uns überwunden. Daneben steht bei Luther aber als ein zweiter Gedanke, daß die H.Chr. ein Akt nach dem Kreuzestod gewesen ist. Dieser Akt, den Luther mit drastischen Bildern ausmalen kann, stellt kein Leiden Christi dar, sondern den Triumph über die (zukünftige) Hölle: Christus ist Herr auch über die Hölle geworden und kann deshalb aus ihr erretten.

Luthers Schüler machen sich jeweils nur eine seiner beiden Auffassungen zu eigen. Ph. → Melanchthon versteht die H.Chr. rein triumphal, als Demonstration seiner Macht vor Teufeln und Verdammten. J. → Brenz, J. Aepinus u.a. betonen dagegen Christi stellvertretendes Erleiden von Angst und Höllenschmerzen. Auch J. → Calvin setzt Jesu Gottverlassenheit am Kreuz und seine Höllenfahrt einander gleich. Christi Sieg über die Hölle vollzieht sich demnach in ihrem Erleiden. Diese Gedanken finden sich auch im → Heidelberger Katechismus. Das Luthertum geht dagegen in den Bahnen Melanchthons weiter. Man lehrt die H.Chr. als ersten Akt im »Stand der Erhöhung« (*status exaltationis*) und bekämpft die ref. Position, die sie zum »Stand der Erniedrigung« (*status exinanitionis*) rechnet.

Diese Alternative stellt sich jedoch dann nicht, wenn man beachtet, daß die H.Chr. kein zeitlich zwischen Kreuz und Auferstehung liegendes Geschehen sein kann. Ein besonderer Ort ist die Hölle erst nach dem Jüngsten Gericht. Das Bildwort von der H.Chr. interpretiert also, was am Kreuz geschehen ist: Weil Jesus dort im vollen Bewußtsein der Nähe Gottes doch von ihr ausgeschlossen war, hat er die Hölle erlitten. Indem Jesus diese Gottverlassenheit aber im Gehorsam und Vertrauen zu Gott um unsertwillen ertragen hat, hat er sie auch für uns überwunden. So werden die Glaubenden durch den Artikel von der H.Chr. in allen ihren Anfechtungen vergewissert, daß sie durch Christi Leiden von der höllischen Verdammnis erlöst sind.

Lit.: P. Althaus: Niedergefahren zur Hölle, ZsysTh 19/1942, 365ff; W. Bieder: Die Vorstellung von der Höllenfahrt Jesu Christi, 1949; W. Brändle: Hinabgestiegen in das Reich des Todes, KuD 35/1989, 54ff; J.N.D. Kelly: Altchristliche Glaubensbekenntnisse, 1972, 371ff; W. Maas: Gott und die Hölle, 1979 (kath.); W. Pannenberg: Grundzüge der Christologie, [7]1990, 277ff; A. Schlatter: Das christliche Dogma, [2]1923, 342f; H.J. Vogels: Christi Abstieg ins Totenreich und das Läuterungsgericht an den Toten, 1976 (kath.).

U. Swarat

Holocaust

1. Der Name

Er wurde von dem jüd. Schriftsteller Elie Wiesel geprägt, der selbst die Hölle von Auschwitz überlebt hat. Dies geschah, um das Einzigartige und Ungeheuerliche der Judenvernichtung mit einem neuen Ausdruck zu beschreiben. Inzwischen hat er sich, wie auch andere, davon distanziert. Dieser Begriff hat sich als nicht widerstandsfähig gegen eine Banalisierung und Relativierung der Einzigartigkeit erwiesen. Von anderer Seite wurde dieser Name als gotteslästerlich abgelehnt, bedeutet er doch wörtlich »Ganzverbrennung« (in der bibl. Tradition »Ganzopfer«: 3Mo 3,1ff; Mk 12,33; Hebr 10,8). Neuerdings wird deshalb das hebr. Wort »Schoah« (Katastrophe, Untergang) benützt; es behauptet sich gut gegen jede Verharmlosung.

2. Bedeutung und Umfang

Heinrich Himmler an den Kommandanten von Auschwitz, Rudolf Höß (Sommer 1941): »... Die Juden sind die ewigen Feinde des deutschen Volkes und müssen ausgerottet werden. Alle für uns erreichbaren Juden sind jetzt während des Krieges ohne Ausnahme zu vernichten.« Im Machtbereich des Nationalsozialismus war die Geburtsurkunde jedes Juden sein Todesurteil.

Juden und Christen sind angesichts der Schoah ratlos über die unbegreifliche Verborgenheit Gottes, der nach unserem Verständnis mit dem Rücken zu seinem Volk stand und weder unmittelbar noch mittelbar zu seiner Rettung eingegriffen hat. Dieser Massenmord bleibt ein unauflösbares Rätsel. Jeder Erklärungsversuch birgt in sich den Keim einer Rechtfertigung dieses teuflischen Geschehens.

Seit der Öffnung der russ. Archive wissen wir, daß die Zahl der ermordeten Juden sechs Mio. übersteigt.

3. Die Konsequenzen.

Welche Antwort wird von uns gefordert? Wir müssen die Judenfeindschaft in allen ihren Spielarten (den → Antijudaismus als Angriff auf Gottes Reden zu Israel, den Antizionismus als Bestreitung seines Rechts auf sein Land und den Antisemitismus als das Nein zu den Juden als Volk) bekämpfen und immer und überall die nötige Zivilcourage zeigen. Der Antisemitismus ist ein tödliches Virus. Er ist der Aufstand gegen Gott selbst und sein Volk und öffnet die Schleusen zur Selbstvernichtung.

Lit.: R. Pfisterer: Gottesglaube nach Auschwitz, Tribüne, 70, 1979, 28-42; ders.: Von A bis Z, a.a.O., 172-187.

R. Pfisterer

Holtzmann, Heinrich Julius → Neues Testament, Geschichte der Erforschung

Homer, homerische Theologie → Griechische Religion

Homiletik

1. Definition, Aufgabenbeschreibung und Abgrenzung

H. heißt seit dem 17. Jh. eine Teildisziplin der → Praktischen Theologie. Sie hat die Aufgabe, die Verkündigung des → Evangeliums kritisch und helfend zu begleiten. Analyse, Theoriebildung und theol. und prakt. Anleitung sind ihre wichtigsten Teilaufgaben. Sie nimmt diese Aufgaben wissenschaftl., also methodisch verantwortet wahr. Ihr Forschungsgegenstand ist nicht nur die gottesdienstl. Predigt, sondern jede Form des christl., öffentlichen Wortzuspruchs. Benachbarte Disziplinen sind Liturgik (Lehre vom Gottesdienst), Katechetik (Lehre von der christl. Unterweisung) und Poimenik (Lehre von der Seelsorge). Die Grenzen zwischen diesen Teildisziplinen sind fließend, weil Verkündigung auch lehrende und seelsorgerl. Sprachformen aufweist.

Der Name H. geht auf das griech. *homilein*, »vertraut miteinander sprechen«, zurück (Lk 24,14f; Apg 20,11). So weist der Name dieser Disziplin auf den grundsätzlich dialogischen und mündlichen Charakter christl. Verkündigung.

2. Bibel und Homiletik.

Die Bibel bietet selbst noch keine H., aber eine Fülle homilet. Texte, teils im Wortlaut (z.B. Mk 4,2-9), teils im zusammenfassenden Referat (z.B. Mk 1,15), teils im Bericht ihrer Wirkung (z.B. Apg 2,37.41). Zugleich finden sich Ansätze homilet. Reflexion: Die Frage nach der Wirkungslosigkeit der Predigt aus Jes 53,1 nimmt Röm 10,16 auf. Röm 10,14-21 ist ein paulin. Entwurf der »prinzipiellen Homiletik«. Maßgebende Formulierungen zur »materialen Homiletik« finden sich z.B. in 1Kor 1,23 und 2,2. Eine Grundfrage der »formalen Homiletik« (Verhältnis von Verkündigung und Rhetorik) verhandelt Paulus in 1Kor 2,1-5. Überlegungen zur »pastoralen Homiletik« finden sich z.B. in 1Tim 4,6-16.

3. Gliederung der Homiletik.

Die eben schon benutzte Gliederung der H. ist noch um die »historische« und die »praktische« H. zu ergänzen.

a. Die hist. H. fragt nicht nach der Geschichte der Predigt, sondern nach der Geschichte ihrer Reflexion und Lehre.

In der Alten Kirche finden sich bei → Johannes Chrysostomos und → Augustin die ersten homilet. Werke von bleibender Bedeutung. Im MA treten homilet. Fragen in den Hintergrund. Die → Reformation verschafft einer neuen H. das hermeneut. Fundament. Die Bibel erhält als Hl. Schrift wieder den ihr gebührenden Vorrang, und das hermeneut. Prinzip: »Was Christum treibet« bewahrt die Verkündigung vor der Vergötzung des Buchstabens.

In der nun nicht mehr abreißenden homilet. Arbeit spiegeln sich die jeweiligen zeitgenössischen Einsichten und Versuchungen der Kirche.

b. Die prinzipielle H. analysiert die Verkündigung mit der Frage nach ihren hermeneut. Prämissen und bestimmenden Inhalten und erarbeitet einen weiterführenden Theorierahmen. Dabei bedenkt sie das Spannungsfeld, in dem sich christl. Verkündigung prinzipiell befindet: Wort Gottes/bibl. Text – Hörer/Situation – Verkündiger (Auftrag/Person) – Gemeinde/Kirche/Welt. Im Grundsatz wird ev. Verkündigung sich – um der Herablassung Gottes ins Wort der Bibel willen – an die Texte binden und mit dem Christuszeugnis dieser Texte die Hörer in ihrer jeweiligen Situation aufsuchen.

Zwischen Textbindung und Hörer-Bezogenheit liegt also eine jeweils zurückzulegende Wegstrecke des Verkündigers: die homilet. Arbeit.

Der Zusammenhang und die Unterscheidung von Gesetz und Evangelium, die Verhältnisbestimmung zur Rhetorik und zu den Humanwissenschaften sind weitere Grundthemen der prinzipiellen H.

Schließlich sind hier auch die Ziele der Verkündigung einerseits kritisch zu befragen, andererseits zu benennen. Ev. Verkündigung beschränkt sich aber nicht auf Intentionen, vielmehr ist sie performatives Wort, das schafft, was es sagt: es ruft zur Umkehr, weckt Vertrauten (= Glauben) auf Gott in Jesus, spricht Vergebung der Sünden zu, begründet Hoffnung, ruft in die Verantwortung, tröstet, ermahnt und lehrt.

c. Mit der materialen H. ist die Aufgabe gestellt, den Inhalt der Verkündigung kritisch zu reflektieren und zu bestimmen.

Urheber, Subjekt und Objekt christl. Verkündigung ist Jesus Christus. Jesus selbst kündigte die unmittelbare Nähe des kommenden Gottesreiches an.

Die Apostel bezeugten Jesus als gekreuzigten und auferweckten Herrn und mit ihm den Anbruch der Gottesherrschaft, deren endgültiges Sichtbarwerden sie von der Wiederkunft Christi erwarteten. Die Vergebung der Sünden verstanden sie dabei als die zentrale Vorweg-Gabe der Gottesherrschaft. Die Predigt dieses Evangeliums durch die folgenden Generationen bleibt demgegenüber abgeleitete Zeugenrede. »Schriftbindung« der Verkündigung darf kein formales Prinzip sein; Rezitation eines bibl. Textes ist noch keine Predigt. Der Text bleibt aber die Quelle, aus der der Verkündiger das Evangelium schöpft (M. Luther).

d. Formale Homiletik
Hier geht es um die Formaspekte der Verkündigung. Unterschiedliche Redesituationen und Redeabsichten finden ihren Niederschlag in spezifischen Redeformen: z.B.: → Andacht, Betrachtung, Predigt, Bibelarbeit, Gemeindevortrag, Kasualpredigt, evangelistische Rede, Festrede, Grußwort usw. Des weiteren sind Gliederungsschemata und kleine Redeformen Forschungsgegenstand der H.: Beispiele für den letzten Bereich sind: Einleitungen und Schlüsse, Bildworte, Vergleiche, Beispiele, Aktualisierungen, erzählende Teile, Argumentationen usw. Die formgeschichtl. Analyse der bibl. Texte gibt Hinweise für eine angemessene Sprachgestalt der Verkündigung, erzählende Texte z.B. wollen weitererzählt werden; ein doxologischer Text wird sich der Sprachform der Argumentation entziehen usw.

Grundsätzlich wird Verkündigung des Evangeliums indikativisch-zusprechend, auch imperativisch-auffordernd sein, sich also im Bereich performativer Sprache bewegen. Bedingungssätze dagegen verkehren zumeist das Evangelium zur Gesetzlichkeit.

e. In der pastoralen H. haben die Überlegungen zur Person des Verkündigenden ihren besonderen Raum: er ist als werbender Wahrheitszeuge mit seiner Subjektivität und Originalität beteiligt und weist zugleich von sich weg auf den Bezeugten hin. Ermächtigt, im Namen Gottes zu sprechen, verfügt er doch nicht über das befreiende, Glauben weckende Wort, sondern bleibt Bittender, zu Beschenkender, den der Heilige Geist gebraucht, »wo und wann er will« (CA V).

In der pastoralen H. sind also die Frage nach der Spiritualität des Verkündigenden und auch pastoralpsych. und kommunikationswissenschaftl. Einsichten und Modelle zu verhandeln.

f. Praktische Homiletik.
Die H. als Wissenschaft erfüllt ihre Aufgabe erst dann, wenn sie nach kritischer Reflexion auch theol. und methodisch verantwortete Anleitung zur Übung und zum Vollzug der Verkündigung wird.

Einen möglichen Weg in vier Schritten hat M. Seitz gezeigt:

– Meditation: persönliche, betrachtende (also noch nicht analytische) Begegnung des Predigers mit dem deutschen Text;

– Exegese: methodisch verantwortete Auslegung des Textes in seinem damaligen Zusammenhang;

– Homiletische Besinnung: Verfolgen eines dialogischen Prozesses zwischen der wahrgenommenen Hörersituation und dem Text und eine systemat.-theol. Bearbeitung der in diesem Dialog hervortretenden Themen. Diese Besinnung führt zu einer Predigtinvention unter der Leit-Frage: Was habe ich aufgrund dieses Textes im Namen Gottes diesen Menschen zu sagen? Die schriftliche Ausarbeitung der Predigt dient der Übung der Sprache und der Gedankenführung.

– Vollzug der Verkündigung selbst aber ist nicht Vortrag eines aufgeschriebenen Wortes, sondern Neuschöpfung, »mündliches Wort« (Abm III/4).

Lit.: R. Bohren: Predigtlehre, [5]1986; H.M. Müller: »Homiletik«,: TRE 15, 1986, 526-565; M. Seitz: Zum Problem der sogenannten Predigtmeditation, in: ders.: Praxis des Glaubens, [3]1985, 21-32; W. Trillhaas: Einführung in die Predigtlehre, [3]1983.

F. Becker

Homilie → Predigt

Homolegoumena → Bibel *a)*

Homosexualität

Die erotische Neigung zum eigenen Geschlecht (griech. *homoos*, »gleich«, lat. *sexus*, »Geschlecht«) ist in den letzten Jahren verstärkt in das gesellschaftl. und kirchl. Bewußtsein gedrungen. Neben Fragen nach Entstehung und möglicher Überwindung von H. wird vor allem die gesellschaftl. und kirchl. Akzeptanz und die Veränderung des Strafrechts (§ 175 StGB) diskutiert. Für den Christen entscheidet neben soziologischen und psych. Erwägungen vor allem das bibl. Zeugnis über ethische und seelsorgerl.-prakt. Grundlinien.

Praktizierte H. findet bibl. Erwähnung in 1Mo 19; 2Mo 18,21; 20,23; Ri 19; Röm 1,18ff; 1Kor 6,9-11; 1Tim 1,10; Jud 7(?). In allen Stellen wird praktizierte H. negativ bewertet (explizites Verbot oder abschreckende Beispielerzählung bzw. Auflistung als dem Leben im Herrschaftsbereich Gottes entgegengesetzte Handlung (3Mo 18,22; 20,13). Auch das Schweigen Jesu zu H. kann nicht als stillschweigende Akzeptanz gewertet werden, da sich Jesus ganz in den Rahmen der Ethik des AT stellte (Mk 10; Mt 5-7; 19). Überhaupt ist eine bibl. Bewertung der H. nie zu trennen von der Fülle bibl. Aussagen über das Ziel der Geschlechtlichkeit und den Sinn der Ehe, die ausdrücklich unter dem Segen Gottes steht (vgl. 1Mo 1,27; 2; Eph 5 u.a.). Auch eigenwillige Interpretationen der Freundschaft von David und Jonatan (1Sam) können den klaren exeget. Befund nicht umwerfen. Das Hauptaugenmerk der bibl. Beurteilung liegt auf ausgeübter H.

Skopus der bibl. Beurteilung von praktizierter H. als Sünde (AT: *toeba*, »Greuel«; NT:*hamartia* »Zielverfehlung«) ist jedoch nicht die Verdammung des Menschen, sondern die Erneuerung seines Lebens durch die Kraft des Heiligen Geistes: »Solche waren einige von euch, nun aber...« (1Kor 6,11). Jesus bietet gerade der ausgegrenzten Ehebrecherin Vergebung und Lebenserneuerung an (Joh 8,1-11). Das Evangelium ist auch hier gute Botschaft und als solche zu vermitteln.

Psychologie: Nach Freud, Adler, Stekel u.a. ist deutlich, daß H. nicht angeboren, sondern erworben ist. Psycho-soziale Konfliktfelder (Elternbeziehung, Ausgrenzung in Schule und von Altersgenossen) können zu schwerer Ich-Erschütterung und mangelnder Integration der geschlechtsspezifischen Identität führen. H. ist daher eine Symptomatik anderer, tieferliegender Konflikte. In verschiedenen Gesellschaften tritt H. unterschiedlich häufig auf. (Die statistischen Angaben z.B. des Kinsey-Reports sind mit äußerster Vorsicht zu verwenden und nicht weltweit zu verallgemeinern.) Männliche H. ist prozentual häufiger als weibliche. Auch die Entstehungsbedingungen unterscheiden sich. (Bei Frauen finden sich oft frühe traumatische sexuelle Erlebnisse, Mißbrauch und Vergewaltigung durch Männer.) Bei sachkundiger Therapie ist eine Veränderung bis in die Gefühls- und Neigungsebene nicht auszuschließen und vielfach belegt.

In der Seelsorge muß unterschieden werden zwischen homosexueller Neigung und Praxis. Viele homosexuelle Menschen leiden stark an ihrer Lebensproblematik. In der christl. Gemeinde sollte ein Klima der Annahme, Offenheit und seelsorgerl. Zuwendung entstehen. Wo ganzheitliche Seelsorge geschieht, sind positive Resultate bis hin zur ganzen Überwindung beobachtbar. Auch wo ein Rest von Anfechtbarkeit bleibt, kann eine ganzheitliche Gemeinschaft von Christen Einsamkeit und Isolation reduzieren und erfülltes Leben möglich machen.

Lit.: G. van den Aardweg: Das Drama des gewöhnlichen Homosexuellen. Analyse und Therapie, 1985; M. Green/D. Holloway/D. Watson: The Church and Homosexuality. A Positive Answer to the Current Debate, 1980; H. Hartfeld: Homosexualität im Kontext von Bibel, Theologie und Seelsorge, 1991; R. Werner: Homosexualität und Seelsorge, 1993.

R. Werner

Homousie, Homöer, Homousianer → Arius, Arianer

Horen → Stundengebet

Hosea → Propheten Israels

Hosianna → Gottesdienst

Hospiz-Bewegung → Sterbebegleitung

Hostie

H. (latein.*hostia*,«Schlachtopfer, Opferlamm«) bezeichnet seit Innozenz III. (de sacro alt. myst. II,53) die ungesäuerte Weizenmehlscheibe des Abendmahlsbrotes, die in der röm.-kath. und den luth. Kirchen gebräuchlich ist. Der Begriff löste den bis dahin üblichen Terminus »oblatio« ab.

Aus dem Hoch- und Spätmittelalter werden eine Vielzahl von H.nwundern berichtet, die in engem Zusammenhang mit zeitgenössischen, volkstümlichen Eucharistie- und Frömmigkeitsvorstellungen stehen. Aus der Verehrung des in der gewandelten H. anwesenden Herrn erwuchs ein verbreiteter Wunder- und Aberglaube. Die H. wurde abergläubisch mit magischen Kräften in Verbindung gebracht und als Heilmittel bei Krankheiten und den Bauern und Hirten als Glücksbringer benützt.

Die meisten H.nmirakel berichten vom Blutwunder: Aus der konsekrierten H. treten Blutstropfen aus, bis sich die H. schließlich in den leidenden Heiland verwandelt. Die H.nmirakel halten der Quellenkritik nicht stand: Aberglaube einerseits, handfester Betrug und Gewinnsucht anderseits standen bei vielen dieser Sakramentswunder Pate.

Lit.: A. Döring: »Hostie/Hostienwunder«, TRE 15, 1986, 604-606.

V. Gäckle

Hrabanus Maurus (ca. 780-856)

Um 780 als Sohn adliger Eltern geboren, kam H. früh in das Kloster Fulda, wo er 801 zum Diakon und 814 zum Priester geweiht wurde. Von seinem Lehrer Alkuin erhielt er den Beinamen Maurus (Lieblingsschüler Benedikts). Bereits 804 zum Lehrer der Fuldaer Klosterschule bestellt, übernahm H. später deren Leitung. 822 wählte ihn der Mönchskonvent zum Abt. Sein hervorragender Ruf als Lehrer und Organisator ließen die Reichsabtei zum geistigen Anziehungspunkt der Mönche des Frankenreiches werden. Der Ausbau der Bibliothek, die Schreib- und Malschule, die Übersetzungen in die Volkssprache, der Kirchen- und Kapellenbau sowie die Sorge um die seelsorgerl. Betreuung des Volkes zeugen von H.' großer Zeit in Fulda, einer der besten Bildungsstätten des Reiches. 847 wurde H. zum Erzbischof von Mainz berufen, der damals größten Diözese, wo er vornehmlich als Seelsorger wirkte. Trotz Krankheitsnot blieb er bis zu seinem Tode am 4. 2. 856 wissenschaftl. tätig.

Die Nachwirkung H.' bezeugen die ca. 1.500 erhaltenen bzw. in Bibliothekskatalogen verzeichneten Handschriften vom 9.-16. Jh., darunter vor allem das beliebte Figurengedicht zum Lob des hl. Kreuzes (De laudibus sanctae crucis, ca. 810). H.' Ansehen bei den Zeitgenossen gründete sich vornehmlich auf seine Erklärungen zu fast allen Büchern der Bibel. Dabei griff er auf die Werke anerkannter Autoritäten zurück. Zu seinen Hymnen gehört wohl auch »Veni creator spiritus«. Erwähnenswert sind auch der von H. für den kirchl. Alltag verfaßte Missionskatechismus »De disciplina ecclesiastica« (ca. 841/842) und sein lexikalisches Alterswerk »De rerum naturis« (ca. 845). Nennen die einen ihn »praeceptor Germaniae«, diskreditieren ihn andere als öden Kompilator. Sicher war H. ein belesener und kenntnisreicher Gelehrter der Karolingerzeit mit europ. Ausstrahlung, wenn auch kein origineller Denker. Seine Anlehnung an die kirchl. Autoritäten entsprach dem Geist der Zeit, und seine handfeste, seelsorgerl. Art verdient Respekt.

Lit.: W. Böhne: »Hrabanus Maurus«, TRE 15, 1986, 606-610; R. Kottje: »Hrabanus Maurus«, LexMA 5, 1991, 144-147; ders., H. Zimmermann (Hg.): Hrabanus Maurus: Lehrer, Abt und Bischof, 1982; Rabanus Maurus in seiner Zeit 780-1980, Rd. W. Weber, 1980; M. Sandmann: »Hrabanus als Mönch, Abt und Erzbischof«, in: Fuldaer Geschichtsblätter 56, 1980, 133-180.

L. E. v. Padberg

Huber, Victor Aimé (1800-1869)

H., geb. am 10. 3. 1800 in Stuttgart, gest. am 19. 7. 1869 in Wernigerode, Literaturwissenschaftler, Publizist und Sozialreformer. Nach Studium der Medizin und anschließenden Studien- und Wanderjahren, die ihn durch ganz Westeuropa führten, zuerst Lehrer für Sprachen und Geschichte in Bremen, dann Professor in Rostock, Marburg und ab 1843 in Berlin.

Katholisch getauft und erzogen, doch ohne innere Bindung an die Kirche, konvertierte er 1829 in nun bewußter Hinwendung zum ev. Glauben. Seine wachsende polit.-konservative Ausrichtung fand bald in der Öffnung für die sozialen Probleme ihre Grenze. Früher als andere erkannte H. die Notwendigkeit, den sich entwickelnden Arbeiterstand in die Gesellschaft zu integrieren und ihm die dafür nötige Handlungsfähigkeit zu geben, wie andererseits die Herausforderung zu christl.-sozialem Handeln über den Rahmen von Seelsorge und Wohltätigkeit hinaus. Aufgrund neuer Einsichten in England setzte sich H. stark für die Genossenschaftsidee ein. In Bau-, Produktiv- und Konsumgenossenschaften sollte die »Selbsthilfe der arbeitenden Klassen« praktische Gestalt gewinnen. Entsprechend unterstützte H. in späteren Jahren die beginnende Gewerkschaftsbewegung. In solchem Engagement weithin nicht verstanden und wegen der damit verbundenen Kritik an den für die herrschenden Zustände Verantwortlichen abgelehnt, legte er 1851 seine Professur nieder, überwarf sich auch mit den Konservativen und ließ sich in Wernigerode nieder, um fortan als freier Schriftsteller für seine Ideen zu wirken.

Lit.: S. Hindelang: Konservatismus und soziale Frage. V.A.Hubers Beitrag zum sozialkonservativen Denken im 19. Jh., 1983; NDB 9, 688f.

H. Kirchner

Hubmaier, Balthasar (ca. 1485-1528)

H., auch Hiebmair oder Pacimontanus (nach seinem Geburtsort Friedberg bei Augsburg) genannt, geb. ca. 1485, gest. am 10. 3. 1528, führender Theologe der süddeutschen Täuferbewegung. H. studierte 1503-12 als Schüler von Joh. Eck in Freiburg/Br. die Freien Künste und Theologie, wurde 1512 Dr. theol., lehrte 1512-16 als Theologieprofessor in Ingolstadt. 1516-19 Domprediger in Regensburg, war er 1519 maßgeblich beteiligt an der Vertreibung der Juden aus Regensburg, Zerstörung der Synagoge und Aufbau einer Kapelle »Zur Schönen Maria« aus deren Ruine, die dank seiner Predigtbegabung zum Mittelpunkt einer großen Wallfahrt wurde.

Unvermittelt zog H. sich auf eine Pfarrstelle nach Waldshut zurück, pflegte Kontakte zu Humanisten, las Schriften Luthers, befreundete sich mit → Zwingli und kam so zur → Reformation. In der Konsequenz seiner Zwingli nahestehenden Theologie lag die Abschaffung der Kindertaufe. Durch Verbindung zu den Zürcher → Täufern wurde er für deren Sache gewonnen, ließ sich Ostern 1525 taufen und führte in ganz Waldshut die Täuferreformation durch. Da er nicht das Prinzip der Wehrlosigkeit vertrat, unterstützte er die aufständischen Bauern um Waldshut tatkräftig, mußte Ende 1525 mit seiner Frau Elsbeth Hügline vor den Truppen Ferdinands von Österreich nach Zürich fliehen, von wo er nach harter Haft nach Nikolsburg in Mähren gelangte. Auch hier führte er erfolgreich eine Täuferreformation durch, wurde aber im Juli 1527 verhaftet und 1528 in Wien verbrannt. Seine Frau wurde drei Tage später in der Donau ertränkt. H. hat durch zahlreiche Schriften dem Täufertum eine erste lehrmäßige Grundlage gegeben (»Von der christlichen Taufe der Gläubigen« 1525).

Lit.:Hubmaiers Schriften, hg. von G. Westin u. T. Bergsten, 1962.

T. Bergsten: Balthasar Hubmaier, 1961; Chr. Windhorst: Täuferisches Taufverständnis, 1976.

Chr. Windhorst

Hugenotten

Seit ca. 1560 Spottname umstrittener Herkunft für die Evangelischen in Frankreich und später zugleich Bezeichnung für französisch-ref. Glaubensflüchtlinge. Staatlicherseits wurden sie als »sog. Reformierte«, als Anhänger einer heidnischen »Religion« und seit 1576 stets als Bekenner der »religion prétendue réformée« (R.P.R.), der »vermeintlich reformierten Religion«, diskriminiert. Erst im Edikt von 1787 offiziell als »Protestanten« tituliert, behielten sie diesen Namen als Selbstbezeichnung bis heute bei.

Die Reformation wurde auch in Frankreich durch den → Humanismus vorbereitet und erhielt zusätzliche Impulse durch die Lehren Luthers. In Meaux (bei Paris) entstand unter

Bischof Briconnet und dank der Übersetzung des NT ins Franz. durch Jacques Lefèvre d'Etaples seit 1526 die Bewegung der »bibliens«, »Bibelleute«. Sie endete zunächst mit dem Märtyrertod des Webers Jean Leclerc 1523, nachdem die Sorbonne (die theol. Fakultät zu Paris) 1521 Luthers Ansichten verdammt hatte. Dennoch erreichte der neue Glaube durch Predigten und Traktate v.a. Handwerker und Handelsbürger. Gegen die als »Lutheriens«, »Lutheraner«, Bezeichneten ging das Pariser Parlament als oberster Gerichtshof 1523 und 1525 mit unerbittlicher Schärfe vor: Verbrennung der Ketzer und Vernichtung ihrer Schriften.

König Franz I. (1515-1547), machtbesessener Renaissanceherrscher und zunächst an der neuen Strömung interessiert, ließ jedoch 1529 die Hinrichtung seines Ratgebers Louis de Berquin zu, der einige Werke Luthers übersetzt hatte. 1534 erschien das erste allgemeine Königsedikt gegen die Neugläubigen im Sinn mittelalterl. Ketzerpraxis, d.h. Verbrennung der kirchl. Verurteilten durch die weltliche Gewalt. In Meaux errichteten auch ohne theol. Leitung Weber und Wollkämmer die erste ev. Gemeinde mit fester Ordnung und einem aus ihrer Mitte bestimmten Prediger, der aber 1546 mit 13 weiteren Gläubigen öffentlich verbrannt wurde.

Die weitere Entwicklung der luth. Kreise wurde vom Exilfranzosen → Calvin bestimmt, der seit 1541 von Genf aus durch sein Gemeindemodell, seine Korrespondenz und theol. Publikationen unermüdlich wirkte. Die erste ref. Nationalsynode 1559 in Paris verabschiedete neben dem hugenottischen Glaubensbekenntnis die Kirchenordnung mit presbyterial-synodalem Aufbau. Als den einzelnen → Presbyterien übergeordnete Entscheidungsinstanz richteten die H. ein System von Synoden (Kreis-, Provinzial- und Nationalsynoden) ein, zu denen von Stufe zu Stufe jeweils Vertreter aus der Geistlichkeit und den Laienämtern delegiert wurden – wegen der basisorientierten Struktur von den Zeitgenossen als revolutionär empfunden.

Die ref. Kirche erfaßte verstärkt Geschäftsleute, Intellektuelle und Vertreter des Hochadels. Um letztere sammelten sich rasch zahlreiche niedere Adelige, die sich davon einen Ausweg aus ihrer Wirtschaftsnot erhofften. Über den ref. Adel wurde die abhängige bäuerliche Bevölkerung erreicht. Während der Regentschaft Katharinas von Medici kam es durch ihren Kanzler L'Hôpital zum frühesten Versuch, bei der Religionsausübung zwischen Kultus- und Gewissensfreiheit zu unterscheiden. Seit dem Edikt vom Juli 1561 sollte die reine »ketzerische Gesinnung« ohne praktische Betätigung höchstens mit Landesverweis geahndet werden. Im Januaredikt von St. Germain-en-Laye 1562 brach der Kanzler bewußt mit der mittelalterl. Ketzerbehandlung, indem die Anhänger der »neuen Religion« erstmals rechtlich anerkannt wurden: Die H. durften sich bei Tag und ohne Waffen außerhalb der Städte zum Gottesdienst versammeln und mit staatlicher Genehmigung Synoden abhalten.

Wegen dieses Nebeneinanders von Katholiken und Reformierten in einem Staat gilt das Werk L'Hôpitals als erstes europ. Toleranzedikt. Aber die polit. Lösung des Konfessionskonfliktes zerbrach bereits im sog. Blutbad von Vassy (1. 3. 1562), wo ein ref. Gottesdienst durch Soldaten gestört wurde und einige Teilnehmer umkamen. Statt des bisherigen Martyriums ließen sich die H. unter hochadeliger Führung zum militärisch-polit. Widerstand verleiten, der in zehn bürgerkriegsähnliche Religionskriege mündete: 1562/63, 1567/68, 1568-70, 1572/73, 1574-76, 1576-77, 1579/80, 1585-98, 1620-22, 1625-29. Die ersten acht fielen in die Krise der franz. Dynastie unter den letzten Valoisherrschern von 1559 bis 1598. Die Schwäche der Könige machte sie zum Spielball rivalisierender Hofcliquen und Parteien, die aus rel. Haß gegeneinander arbeiteten, um dominierenden Einfluß auf die Krone zu gewinnen. Die Kämpfe wurden bestimmt durch die hohen Militärs beider Konfessionslager: aus dem ausländischen Haus der Guisen und dem franz. Geschlecht der Bourbonen. Während der Kriege kam es zu großen Grausamkeiten auf beiden Seiten bis hin zu Massenmorden und der Liquidation einzelner Führer, ohne daß durch militärische Operationen der Sieg erreicht wurde. Wegen fehlender Hilfsmittel gab es keine ununterbrochene Kriegstätigkeit, sondern eher eine Abfolge einzelner Kriegszüge unter Beteiligung auswärtiger Mächte und mit zahlreichen Friedensschlüssen sowie nachfolgenden sog. Toleranzedikten zur meistens kurzfristigen Regelung der Konfessionsproblematik.

So brachte das Edikt von St. Germain-en-Laye 1570 günstige Bedingungen für die H. und die Chance der Aussöhnung wegen erstmals gewährter militärischer Sicherheitsplätze (u.a. La Rochelle). Jedoch dem Massaker der Bartholomäusnacht (23./24. 8. 1572) anläßlich der Hochzeit Heinrichs IV. von Navarra-Bourbon mit Margarete von Valois fielen in Paris ca. 2.000 meist adelige Reformierte – darunter ihr Anführer Admiral → Coligny – und in den Provinzen ca. 30.000 H. zum Opfer. Bereits ein Jahr später entstand neben den »Religions«-H. das »Staats«-H.tum: Parallel zum kirchl. Synodalwesen schuf man ein dreistufiges Versammlungssystem zwecks Rekrutierung, Verwaltung sowie Finanzierung der hugenottischen Armee und erließ 1621 sogar eine militärisch-polit. Grundordnung für den Staat im Staate. Im Edikt von Paris (Mai 1576) erzielten die H. die größten Konzessionen: außer völliger Gewissensfreiheit fast unbeschränkte Kultusausübung und besondere Kammern für ihre Rechtsansprüche bei dem Pariser Parlament sowie einigen Provinzialparlamenten.

Der als H. erzogene König Heinrich IV. (1553-1610) beendete mit dem Pazifikationsedikt von Nantes (April 1598) vorläufig die Auseinandersetzungen: Die H. erhielten über 150 Sicherheitsplätze, die rechtliche Gleichstellung mit den Katholiken und v.a. die Anerkennung als staatlich geschützte, rel. Minorität. Den Reformierten wurde zwar örtlich begrenzte, aber dort freie und öffentliche Kultusausübung gewährt. Die röm.-kath. Kirche, zu der sich der König nach zweimaliger Konversion hielt, blieb weiterhin die einzige Staatskonfession. Die H. mußten die kath. Feiertage sowie die kath. Ehegesetze beachten und den Zehnten an die kath. Geistlichkeit entrichten. Nicht die Gleichberechtigung beider christl. Konfessionen, sondern lediglich die Duldung der H. war durch insgesamt 175 Artikel erreicht worden.

Die beiden letzten H.kriege unter Ludwig XIII. brachten zunächst den Verlust der meisten Sicherheitsplätze und 1628 den Fall der hugenottischen Seefestung La Rochelle. Kardinal Richelieu als leitender Minister beseitigte im Gnadenedikt von Nîmes 1629 das militärische H.tum; den H. wurden nur die rel. Sonderrechte von Nantes belassen. Die H. waren fortan bedingungslos auf die Gnade des Herrschers inmitten einer erdrückenden kath. Mehrheit angewiesen. Obwohl Ludwig XIV. dreimal das Edikt von Nîmes bestätigte, änderte sich 1661 das Verhältnis des Staates zu den Religionsgemeinschaften überhaupt. Zuerst zerstörte er die innerkath. Reformbewegung der Jansenisten, dann unterstellte er mit den sog. Gallikanischen Artikeln die kath. Kirche Frankreichs seiner Gewalt, und zuletzt strebte er die Beseitigung der Reformierten durch das Edikt von Fontainebleau an. Vorausgegangen waren zwei Phasen sich ständig verschärfender Maßnahmen gegen die H.: die Zeit der Schikanen und verdeckter Bedrängnis durch restriktive Auslegung des Nîmer Ediktes 1661-1679, offene Verfolgung durch Dragonaden (militärische Zwangseinquartierungen) 1679-1685. Am 18. 10. 1685 hob er zu Fontainebleau sämtliche Privilegien der H. mit der Begründung auf, daß sich der »besserre und größere Teil« der Reformierten bereits zum wahren Glauben bekehrt habe und die alten Edikte daher gegenstandslos geworden seien. Während alle ref. Prediger, soweit sie nicht konvertieren wollten, innerhalb von 14 Tagen Frankreich verlassen mußten, wurde den Laien die Ausreise strikt verboten: bei Galeerenstrafe für Männer, bei Einzug von Leib und Gut für die Frauen. Sämtliche hugenottische »Tempel« wurden sofort zerstört, die Ausübung von Gottesdiensten öffentlich sowie privat wurde strengstens untersagt.

Dennoch flohen ca. 250.000 H. in die ev. Staaten Europas, um dort als → Réfugiés gemäß ihrem Glauben zu leben. Die in Frankreich verbliebenen H. bildeten, soweit sie nicht zu »Neu-Katholiken« konvertiert waren, die »église du desert«, »Kirche der Wüste«: Sie zogen sich als Untergrundbewegung in das Gebirgsmassiv der Cevennen zurück und lieferten im Aufstand der charismat. geprägten Camisarden den Regierungstruppen 1702-1705 einen erbitterten Guerillakrieg. Durch königliche Edikte 1724 und 1744-1752 hart bedrängt, kam es zu zahlreichen Märtyrern. Die H. erhielten 1787 eine beschränkte Duldung, durch die Revolutionsverfassung von 1791 die prinzipielle Gleichberechtigung und durch Napoleon 1802 eine staatliche Ordnung. Nach regionalen Verfolgungen 1815 und 1816 erzielten die Protestanten endlich 1852 eine schärfer umrissene Parität.

Lit.: J. Chambon: Der franz. Protestantismus, [6]1948; J. Coudy: Die Hugenottenkriege in Augenzeugenberichten, 1965; R.P. Gagg: Hugenotten. Profil ihres Glaubens, 1984; ders.: Kirche im Feuer, 1961. Histoire des protestants en France, 1977; R. Stephan: Gestalten und Kräfte des französischen Protestantismus, 1967; O.E. Strasse-Bertrand: Die evangelische Kirche in Frankreich, 1975. (Die Kirche in ihrer Geschichte, Lfg M 2.).

W. Mogk

Humangenetik → Gentechnologie

Humani generis → Enzykliken, päpstliche

Humanismus

1. Begriff

H. (lat. *homo*, »Mensch«) geht als Fachwort auf den deutschen Pädagogen F.I. Niethammer (1808) zurück. Dieser knüpfte damit an den von Cicero hergeleiteten Ausdruck »studia humanitatis« an, ursprünglich eine Bezeichnung für das Studium der »freien Künste« zwecks Ausbildung vor allem des Redners oder Dichters. Bei Niethammer meint H. das Bildungsprogramm des am klassischen Altertum orientierten Gymnasiums im Unterschied zu der von der Aufklärung propagierten Standeserziehung mit ihrer Orientierung an Realien (vgl. »Realschule«). Ab Mitte des 19. Jh. wurde der Begriff H. für die mit der Renaissance in Verbindung stehende geistige Bewegung geläufig (Karl Hagen/Georg Voigt). Dieses geistesgeschichtliche Verständnis verlassend, gab und gibt es Versuche, das »Wesen« des H. zu bestimmen. Damit aber verliert der Begriff seine Präzision. Im weitesten Sinne wird heute unter H. jede Art Hochschätzung menschlicher Würde und Werte verstanden.

2. Geschichte

Im geschichtlichen Zusammenhang sind verschiedene Ausprägungen des H. zu unterscheiden.

Der Renaissance-H. war eine Gelehrtenbewegung an den aufstrebenden Universitäten, Städten und schließlich auch den Fürstenhöfen, die von Italien ausging und ganz Europa erfaßte. Der Dichter Francesco Petrarca (1304-1374) gilt als »Vater des H.«. Als der anerkannt wirkungsvollste Humanist in Nordeuropa trat Erasmus v. Rotterdam (1469-1536) hervor. Der H. gewann sein Selbstbewußtsein in Abgrenzung gegen die mittelalterliche Scholastik. Deren dialektische Erörterungen und Spitzfindigkeiten erschienen den Humanisten als trivial gegenüber der Menschenbildung, die ihnen vorschwebte. Durch Wiederentdeckung der römischen und griechischen Antike, verbunden mit der Entwicklung philologischer Methoden, Texteditionen und Quellenforschung, sollten auch die römischen und griechischen Tugenden mit dem Ziel der Vervollkommnung des Menschen neu belebt werden. Zugleich erkannte der H. seinen Abstand von der Antike und förderte das Geschichtsbewußtsein. Es ging folglich nicht nur um eine Wiederholung des Alten; der H. wurde zur eigenständigen Bewegung. Als deren wichtigste Kennzeichen gelten: die Hochschätzung der Einzelperson, der Glaube an ihre Entfaltung durch Moral und Rationalität und das Bewußtsein, handelnd Geschichte zu verantworten und zu gestalten.

Die Stellung des H. zur mittelalterl. Religiosität ist komplex und daher umstritten. Zweifellos hat der H. der Reformation den Weg gebahnt (Quellenstudium; philologische Methoden; Kritik an zeitgenössischen Institutionen). Dennoch ist sein Verhältnis zur Reformation ebenfalls vielschichtig. Die Differenz im Gottesverständnis und Menschenbild zeigt sich z.B. an Luthers Auseinandersetzung mit Erasmus über die Willensfreiheit (1524/25); andererseits hat Melanchthon das reformatorische Bildungswesen auf h.e. Grundlagen gestellt. Auch Zwingli, Calvin, Bucer, Brenz u.a. blieben dem H. verpflichtet. Schließlich knüpfte die Gegenreformation an den H. an.

Der Neu-H. der deutschen Klassik steht in enger Verbindung mit der Philosophie des deutschen Idealismus. Im Zusammenhang auch mit neuplatonischem Gedankengut und in Wiederanknüpfung an die Kunst des Altertums (J.J. Winckelmann 1717-1768) geht es um die vollkommene Ausbildung der menschlichen Individualität, die zugleich das Ideal der Menschheit als solcher darstellt. Der Neu-H. als Bildungsidee hat epochemachend gewirkt (s.o. Nithammer; W.v. Humboldt 1767-1835).

Der »Dritte Humanismus« in den 20er und 30er Jahren des 20. Jh.s erwuchs aus dem Unbehagen an Positivismus und → Materialismus und betonte die Notwendigkeit der Wiederbelebung der antiken Kultur als Bildungsgut. Er war von Anfang an umstritten.

3. Christlicher Glaube und Humanismus

Renaissance-H. und Neu-H. zeigten bei aller Vielfalt keinen prinzipiellen Gegensatz zum christlichen Glauben. In Kritik am idealistischen Neu-H. ergaben sich aber später Entwürfe des H., die sich auch als atheistisch und antichristlich verstanden. So bezeichnete Karl Marx 1844 den im Kommunismus vollendeten → Naturalismus als H. und umgekehrt den vollendeten H. als Naturalismus. Heute ist H. ein Grundbegriff der marxistischen Sozialphilosophie. Auch J.P. Sartre (1905-1980) reklamierte den H.-Begriff für seine existentialistische Philosophie. Im Protest gegen einen als repressive Autorität mißdeuteten Gottesbegriff wird z.B. bei der »Humanistischen Union« (seit

1961) H. als ausgesprochen antikirchliches und antichristliches Schlagwort verwendet.

Theol. wird eine Synthese von christl. Glauben und H. vor allem im kath. Bereich vertreten. Dabei wird einerseits die Affinität des Menschlichen zum Göttlichen, andererseits das Angewiesensein des natürlichen Humanums auf die übernatürliche Offenbarung vorausgesetzt. Im Rahmen der ev. Theologie ist besonders auf Karl Barths Ansatz hinzuweisen, der vom H. Gottes spricht. Er will damit sagen, daß das Handeln Gottes in der Christusoffenbarung wahres Menschsein erschließt.

Grundsätzlich gilt: Gottesoffenbarung geht ins Humanum ein, nicht im Humanum auf. Die Proklamation eines christl. H. gleicht daher immer einer Gratwanderung. Die Rede vom christlichen H. hat ihr Recht darin, daß die Bezogenheit auf den Gott der bibl. Offenbarung H. nicht hindert, sondern zur Entfaltung führt; sie findet ihre Grenze darin, daß auch christl. H., sobald er programmatisch intendiert wird, der Gefahr ideologischer Festlegungen unterliegt (→ Ideologie). H. bedarf steter Erneuerung. Diese geschieht durch Überprüfung am bibl. Wort und an der Situation sowie durch bleibende geschichtliche Offenheit auf die Zukunft Gottes hin.

Lit.: K. Barth: Die Menschlichkeit Gottes, 1956; K. Bockmühl: Reich Gottes und Humanismus, in: ders.: Theologie und Lebensführung, 1982; H. Liebing: Humanismus-Reformation-Konfession, 1986; H. Lilje: Atheismus-H.-Christentum, [3]1965.

R. Mayer

Humanität

Die Entfaltung der H.s-idee geht weithin Hand in Hand mit der Geschichte des → Humanismus. Sie hat zwei wesentliche Wurzeln. Die eine reicht bis in die griech.-röm. Antike zurück: Kraft seiner Anteilhabe an der den Kosmos durchwaltenden Weltvernunft kann der Mensch sein Wesen entfalten, seine Pflichten erkennen und auch erfüllen. Die andere Wurzel erwächst aus dem Christentum: Kraft der Gottebenbildlichkeit des Menschen (1Mo 1,27) und der Menschenliebe (»Philanthropie«) Gottes (Tit 3,4) hat jeder Mensch, unabhängig von seinen sonstigen Eigenschaften, eine unverwechselbare, unveräußerliche Würde, die auch durch den Sündenfall nicht verloren ging. Gottes Philanthropie erscheint darin, daß er jedem einzelnen, ohne dessen Verdienst, seine rettende Liebe zuwendet.

Durch die Verbindung dieser beiden Wurzeln ist das abendländische Verständnis von H. geprägt. Noch bei J.G. Herder (1744-1803), der die Idee der H. maßgeblich für den Neuhumanismus formulierte, wird das sichtbar. Er bestimmte H. als Bildung zur Vernunft und Freiheit, weil sich im Menschen das Bild des Schöpfers widerspiegelt. In der weiteren neuzeitl. Entwicklung traten die beiden Wurzeln jedoch wieder auseinander. So entstand die paradoxe Situation, daß das Verständnis von H. um so mehr an Klarheit und Eindeutigkeit verlor, wie das Postulat der H. andererseits zur selbstverständlichen und undiskutierten Voraussetzung jeder verbindlichen ethischen Argumentation wurde. Die unterschiedlichsten, ja gegensätzlichen Programme, → Ideologien und Weltanschauungen treten heute im Namen der H. auf und fordern unter Berufung auf H. ihre Durchsetzung. Deshalb ist der neuzeitl. Mensch bedroht durch den Verlust einer inhaltlichen Bestimmung der H., die einhergeht mit dem Verlust seiner Offenheit auf Transzendenz. In diesem Horizont ist in der Gegenwart »die Frage nach der Humanität zur bewegenden Grundfrage überhaupt geworden« (Rohrmoser).

Die Ursachen für dieses Dilemma liegen im optimistischen und relativ harmlosen Menschenverständnis, das sich in der Geschichte der H.s-idee mehr und mehr durchsetzte. Die griech.-aristokratischen Tugenden des Humanismus und die bürgerlichen des Neuhumanismus erwiesen sich als zu harmlos, um in der Krise der Moderne standzuhalten. Im Blick darauf spricht C.F.v. Weizsäcker von der »Unfähigkeit zur Humanität«.

Will man einer Verbindlichkeit der H.s-idee wieder näherkommen, dann darf nach christl. Verständnis der Glaube nicht als die Teilmenge einer alle Menschen und alle Religionen umfassenden allgemeinen H. aufgefaßt werden, wie die → Aufklärung meinte. Der christl. Glaube ist vielmehr umgekehrt als stete Quelle für »Humanität aus Glaube, Hoffnung und Liebe« (A. Rich) anzusehen, deren Wahrheit zwar nicht im engeren Sinn bewiesen werden kann, die aber durchaus gegenüber sich aus anderen Quellen speisenden H.sideen argumentativ zu vermitteln ist und die durch den Tatbeweis überzeugen wird. Andererseits ist es wichtig, daß Christen und Kirche sich nicht absondern und sich durch außerchristl. begründete H.sideen immer wieder wecken, anregen und in Bewegung setzen lassen. Es gilt, auch jede »Fremdprophetie« auf ihren Wahrheitsgehalt zu prüfen und das Gute zu behalten (1Thess 5,21).

Lit.: K. Bockmühl: Der Mensch auf der Suche nach Menschlichkeit, 1979; E. Brunner: Gott und sein Rebell (Anthropologie), 1958; A. Rich: Wirtschaftsethik I, 1984; G. Rohrmoser: H. in der Industriegesellschaft, 1970; C.F.v. Weizsäcker: Der bedrohte Friede, 1981.

R. Mayer

Humboldt, Wilhelm von (1767-1835)

Geb. am 22. 6. 1767 in Potsdam, gest. am 8. 4. 1835 in Berlin, Studium in Göttingen, unabhängiger Privatgelehrter im Umkreis Schillers und Goethes, 1801 preußischer Bevollmächtigter am Vatikan, 1809 Chef der Sektion für Kultus und öffentliche Erziehung im preußischen Innenministerium, 1810 Gründung der heute nach ihm benannten Berliner Universität, in verschiedenen diplomatischen Missionen, u.a. beim Wiener Kongreß tätig; nach den Karlsbader Beschlüssen (1819) entlassen, wirkte H. vor allem als Sprachwissenschaftler und Sprachphilosoph und war von großer Bedeutung für die Reform des höheren Bildungswesens (Humanistisches Gymnasium, Universität). Dem Christentum begegnete er in großer Distanz. Sein jüngerer Bruder war der berühmte Geograph und Naturforscher Alexander von H. (1769-1859).

Lit.: G.A. Benrath: »Humboldt, Wilhelm v.«, TRE 15, 1986, 685-687; P. Berglar: W.v. Humboldt in Selbstzeugnissen und Bilddokumenten, 1970; E. Spranger: W.v. Humboldt und die Reform des Bildungswesens, 1910 (erweiterter Neudruck 1960).

G. Ruhbach

Humburg, Paul (1878-1945)

Präses der Rheinischen Bekennenden Kirche, geb. am 22. 4. 1878 in Köln-Mülheim, gest. am 21. 5. 1945 in Detmold. Von 1906 bis 1942 Pastor in Dhünn, Elberfeld und seit 1929 in Barmen-Gemarke. 1919-1921 Generalsekretär der Deutschen Christlichen Studentenvereinigung, 1921-1929 Bundeswart des Westdeutschen Jungmännerbundes; 1934-1942 Präses der Rheinischen Bekenntnissynode; 1934-1936 ref. Mitglied der ersten Vorläufigen Leitung der Deutschen Ev. Kirche (→ Kirchenkampf). H. entstammt einem durch erweckliche Frömmigkeit geprägten Elternhaus und vollzog 1892 die Wende seines Lebens zu Christus. Der Dienst für Jesus Christus und seine Gemeinde prägten ihn. Vor allem junge Menschen wußte er mit der für ihn alles entscheidenden Frage anzusprechen: »Wie werde ich gerettet?« Im Kirchenkampf kam seine Gabe der → Seelsorge besonders an Pastoren und Synodalen zur Geltung, denen er die Augen für die nationalsozialistische Irrlehre öffnete. Sein Vortrag »Wahrheit wider Irrlehre« auf dem ersten »Rheinisch-Westfälischen Gemeindetag unter dem Wort« in Dortmund vom 18. 3. 1938 ging in die Geschichte des Kirchenkampfes ein. Er gab der Bekennenden Kirche im Rheinland das Siegel mit der Umschrift: Teneo, quia teneor.«Ich halte (an Christus) fest, weil ich (von ihm) gehalten werde«.

Lit.: H. Lilje: Paul Humburg, in: ders.: Begegnungen, 1949; H. Obendick: D. Paul Humburg, 1947; R. Steiner: P. Humburg und das nationale Bewußtsein (Monatshefte für Ev. Kirchengeschichte des Rheinlandes), 1975.

R. Steiner/Red.

Hume, David (1711-1776)

H. wurde am 26. 4. 1711 als Sohn eines schottischen Landadeligen in Edinburgh geboren. Nach abgebrochenem Jurastudium erwarb sich H. phil. und hist. Kenntnisse im Selbststudium. In den Jahren 1734 bis 1737 führte ihn eine Studienreise nach Frankreich, wo der«Treatise of Human Nature« entstand. Dieses 1738 in London gedruckte Werk fand jedoch nicht die erhoffte Aufmerksamkeit. Erst mit seinen 1741 erschienenen »Essays moral and political« erwarb sich H. eine beachtete Stellung. H.s Bewerbung um die Professur für Moralphilosophie an der Universität von Edinburgh 1746 blieb aufgrund seiner religionsphil. Auffassungen erfolglos. Über England hinaus verschaffte ihm seine erstmals 1748 veröffentlichte Kritik am Deismus »An Enquiry concerning Human Understanding« Anerkennung. Während seiner Tätigkeit als Bibliothekar an der Universität von Edinburgh von 1752 bis 1757 hatte H. die Gelegenheit zu intensiven hist.-polit. Studien, die vor allem in der »History of England« ihren Niederschlag fanden. Von 1763 bis 1766 arbeitete H. als Botschaftssekretär in Paris und trat dort u.a. mit den Enzyklopädisten und Rousseau in Kontakt. Von 1769 bis zu seinem Tod am 25. 8. 1776 in Edinburgh widmete er sich erneut phil. Studien.

Im Zentrum der Philosophie H.s steht die Kritik am objektiven Zusammenhang von Ursache und Wirkung. Menschliches Denken und Erkennen ist durch Sinneserfahrung begrenzt. Es gibt keine Erkenntnis der Vernunft a priori (vor aller Erfahrung). Die kausale

Verbindung zweier Tatsachen beruht vielmehr auf dem Urteil des erkennenden Subjektes. Alle Begriffsbildung hat ihren Grund in einer gewohnheitsgemäßen Vorstellungserwartung, die allein den Schluß von einem Ereignis auf ein anderes ermöglicht. Dieser Empirismus H.s ist verbunden mit einem Skeptizismus, nach dem in den Wissenschaften nur solche Objekte untersucht werden können, die empirisch zugänglich sind. In seiner Moralphilosophie sah H. die Motivation für das Handeln in den Neigungen und Leidenschaften. Nicht die Vernunft bestimmt nach H., was sittlich gut ist, sondern einzig das natürliche Gefühl der Sympathie ermöglicht moralisch qualifizierte Handlungen. In seinen religionsphil. Untersuchungen unternahm H. einen Angriff auf den christl. Wunderglauben mit dem Hinweis auf die gültigen Naturgesetze. Ferner übte er am → Deismus und an der Religionsphilosophie der Aufklärung Kritik. Entgegen der Auffassung, unabhängig von aller → Offenbarung Gottes Wesen aus der Natur erkennen zu können, kam H. zu dem Schluß, daß alle theistischen Gotteserklärungen nicht zwingend sind. Die Religion erhielt von H. eine psych. Erklärung: Sie gründet nicht in der Einsicht der Vernunft, sondern in der Furcht vor unbekannten Ursachen natürlicher Ereignisse.

H.s skeptische und aufklärerische Philosophie beeinflußte insbesondere → Kant, die angelsächsische Philosophie des 20. Jh.s und den modernen Empirismus.

Lit.: The Philosophical Works of D. Hume, hg. von T. H. Green, T.H. Grose, Bd. 1-4, 1964; E. Craig: D. Hume. Eine Einführung in seine Philosophie, 1979; E. Topitsch, G. Streminger: Hume, 1981.

M. Freudenberg

Hümmer, Walter → Christusbruderschaft Selbitz

Humor

H. als Haltung des »Trotzdem-Lachens« (Thiede 52) in widrigen Lebensumständen ist theol. auf dem Hintergrund der Unterscheidung von → Gesetz und Evangelium zu deuten: Der Ernst der sündenaufdeckenden Verkündigung von Gericht und Verlorenheit des Menschen kann zumindest auf der Seite des Hörers nicht von H. begleitet sein, da eine humorvolle Haltung eher auf Ablehnung der Botschaft denn auf Bereitschaft zur Buße schließen läßt. H.losigkeit läßt sich dementsprechend als Vorschattung der ewigen Verlorenheit des unerlösten Menschen verstehen. Sie äußert sich als Verstrickung in Probleme der Welt und als der Versuch, das Überleben selbst zu meistern.

Die gläubige Annahme der frohen Botschaft des verkündigten Evangeliums bewirkt Rettung aus dem Gericht, schafft eine weltüberwindende Lebenseinstellung und löst im besten Sinne die Überlebensfragen des Menschen. Als Freudenbotschaft kann das Evangelium von H. begleitet sein; es veranlaßt zu H., der in Analogie zum Evangelium eine Vorschattung der im Glauben zugeeigneten Weltüberwindung, jedoch noch nicht diese selbst darstellt. H. ist in der Bibel keine Geistesgabe, sondern Mitgift der Natur. Pflege des H.s ist deshalb ein Beitrag zur oft geforderten Humanisierung der menschlichen Gesellschaft. Christl. H. findet sich nicht nur in der Predigt (Maess) oder in den bekannten Pfarrhauserzählungen (Seuffert), sondern generell in der Kirchengeschichte (Campenhausen, Blanke, Bunke), im Kirchenjahr (Heinz-Mohr), ja sogar in Darstellungen der Theologiegeschichte (Rohls, Stumpf) und der Konfessionskunde (Techel) sowie in Karikaturen (Küstenmacher), die die kirchl. Gegenwart interpretieren.

Lit.: K. Barth: KD III/4, 1951; F. Blanke: Luthers Humor: Scherz und Schalk in Luthers Seelsorge, 1954; H.v. Campenhausen: Theologenspieß und

-spaß, 1957; G. Heinz-Mohr: Das vergnügte Kirchenjahr, ^{4}1985; W. Küstenmacher: Himmlische Bilderbögen, ^{2}1988; T. Maess (Hg.): Scherze, Lügen, Fabeln in alten Predigten, 1988; R. Niebuhr: »Humor und Glaube«: Zeichen der Zeit. Predigten für heute und morgen, 1948, 73-85; J. Rohls: Dies lehre und erkläre ich!, 1993; B. Seuffert: Fröhlich soll die Pfarrfrau springen, ^{3}1987; L. Steiger: »Humor«, TRE 15, 1986, 696-701 (Lit.); K. Stumpf: Des Theologen Faust, ein neuzeitliches Historienspiel, 1989; K.A. Techel: Tummelplätze Gottes, 1979; W. Thiede: Das verheißene Lachen: Humor in theologischer Perspektive, 1986 (Lit.); H. Thielicke: Das Lachen der Heiligen und der Narren. Nachdenkliches über Witz und Humor, 1988; H. Vogel: »Der lachende Barth«, Antwort, FS Barth, 1958; K. Winkler: »Humor«, EKL^{3}, Bd. 2, 1985, 579-580.

J. Eber

Hunnius, Ägidius → Orthodoxie, protestantische

Hus, Johannes (ca. 1369-1415)

H., geb. in Husinec/Südböhmen, wurde Priester, 1402 Rektor der Universität Prag. Durch seine Predigten seit 1403 in der Prager Bethlehemskirche entfachte der Kritiker der verweltlichten Kirche eine Reformbewegung in Böhmen (eine Predigtsammlung liegt in seiner Postille, 1413, vor). Während er die röm. Heilslehre zwar kaum durchbrach, ist neu seine Betonung, daß das Maß für die christl. Lehre allein die Schrift sei und daß der Glaube sich entscheidend an Christus und sein Gebot zu halten habe. Darin war H. Vorläufer der → Reformation.

Seine Ineinssetzung des Glaubenszentrums mit der »bis zum Tod« zu suchenden, zu liebenden, zu bewährenden »Wahrheit« (Auslegung des christl. Glaubensbekenntnisses, 1412) blieb ein Merkmal des böhmischen Christentums. Diesem gab er ein Selbstbewußtsein auch durch Schaffung der tschechischen Schriftsprache. Indem sein Reformeifer in seinem Volk begeistert Anklang fand, auch bei König Wenzel, suchte man außerhalb des Landes die Bewegung zu ersticken und ihres seit 1411 exkommunizierten Führers habhaft zu werden. Unter Bruch des kaiserlichen Schutzversprechens wurde H. während des Konstanzer Konzils als Ketzer verbrannt (6.7.1415), aber in seiner Heimat als Märtyrer gefeiert (→ Hussiten).

Lit.: J. Hus: Schriften zur Glaubensreform und Briefe der Jahre 1414-1415, hg. von W. Schamschula, 1969.

F. Machilek: »Hus/Hussiten«, TRE 15, 1986, 710-735 (Lit.); M. Vischer: Jan Hus. Sein Leben und seine Zeit, 2 Bde., 1940; ders.: Jan Hus, Aufruhr wider Papst und Reich, 1955.

E. Busch

Hussiten

Der Name H. bezeichnet die Anhänger von J. → Hus, besonders die Glieder der böhmischen Volksbewegung, die nach seiner Hinrichtung entstand. In ihr paarte sich klerus-kritischer rel. Eifer mit tschechisch-nationalen Interessen. An ihr beteiligte sich darum zunächst auch der Adel. Die vier Prager Artikel von 1420 nannten die Ziele der H.: freie Predigt, würdige Lebensführung der Priester, Geltung des göttlichen Gesetzes (Ausrottung der Todsünder durch die Obrigkeit) und Laienkelch. Letzterer wurde das Symbol der H.

Als König Wenzel wieder kath. Priester zuließ, flüchteten radikale H. und gründeten die Siedlung Tabor. 1419 entlud sich der Haß auf den deutschen Kaiser Sigismund in einem Sturm der H. auf Kirchen und Klöster. In fünf Kreuzzügen, zu denen Papst Martin V. seit 1420 aufrief, wurden die Kreuzheere von den Kämpfern der H. geschlagen. Diese begannen seit 1427 sogar, weiter in den osteurop. Raum zu drängen, so daß sich Sigismund genötigt sah, 1431 während des Basler Konzils mit den »Ketzern« in Verhandlung zu treten.

Die H. schwächten sich aber selbst durch innere Aufspaltungen. Die Hauptgruppe bildeten die gemäßigten Utraquisten (lat. *utraque*,« beides«; gemeint ist: Brot und Kelch im Abendmahl). Sie wollten beibehalten, was nicht direkt dem Gebot Gottes nach der Schrift widersprach, und forderten im übrigen Laienkelch, Landessprache im Gottesdienst und Entäußerung des Kirchenguts. Sie zeigten sich bald wieder bereit zur Anerkennung röm. Ordnung. Hingegen verlangte die radikale Minderheit, die Taboriten, zu denen die »kleinen Leute« gehörten, strenge Handhabung des göttlichen Gesetzes und verwarfen Heilige, Bilder, Mönchtum, Fasten, Eid, Ablaß, Wandlung der Elemente im Abendmahl. Ein apokalyptischer Zug verband sich bei ihnen mit sozial-revolutionären Forderungen.

Als Ergebnis der 1431 begonnenen Verhandlungen kamen 1433 die Prager Kompaktaten zustande, die den H. nur den Laienkelch zugestanden. Obwohl nun einige Utraquisten zur röm. Kirche zurückkehrten, obwohl andere sich am Kampf gegen die Taboriten beteiligten, blieben die verschiedenen Gruppierungen der H. weiter bestehen. Die utraquistische Mehrheit forderte über den Laienkelch hinaus den kirchl. Gebrauch der Landessprache und das böhmische Besetzungsrecht für das Erzbistum Prag. Umgekehrt hielten sich Kaiser und Päpste nicht an die Abmachung von 1433. Ja, Papst Paul II. rief zum Kampf gegen den utraquistischen König Podjebrad, zu dessen Zeit Glieder der H. die böhmisch-mährische → Brüderunität gründeten. Im Frieden von Kuttenberg 1485 wurde den Utraquisten neben dem Laienkelch auch die eigene Kirchenverfassung zugebilligt. Im 16. Jh. öffneten sich diese der → Reformation. Die kämpferische Tradition der H. blieb aber auch im tschechischen Protestantismus lebendig.

Lit.: J. Macek: Die hussitische revolutionäre Bewegung, 1958; F. Machilek: »Hus/Hussiten«, TRE 15, 1986, 710-735 (Lit.); R. Říčan: Das Reich Gottes in den böhmischen Ländern. Geschichte des tschechischen Protestantismus, 1957.

E. Busch

Hutten, Ulrich von (1488-1523)

H. stammte aus reichsritterlichem Geschlecht und wurde am 21. 4. 1488 auf der Burg Steckelberg (Rhön) geboren. Auf einem bewegten Bildungsweg entwickelte er sich zum nationalbegeisterten Humanisten und versierten polit. Schriftsteller. Im Streit um den Hebraisten J. → Reuchlin übergoß er die Kölner Dominikaner mit vernichtendem Spott. Danach richtete er seine Agitation gegen das Papsttum und wurde damit zu einem der wirkungsvollsten Vertreter des damals gängigen Antiklerikalismus. In diesem Zusammenhang wurde er 1520 auf → Luther aufmerksam, dessen rel. Anliegen ihm freilich verborgen blieb.

H. ging von einem blinden Walten der Fortuna aus. Immerhin kam durch ihn eine momentane Verbindung der Reichsritterschaft mit Luther zustande, und dementsprechend wurde H. von päpstlicher Seite gefürchtet. Enttäuscht vom Kaiser wegen der Reichsacht gegen Luther wollte H. 1521 wie ein Raubritter seinen eigenen »Pfaffenkrieg« führen. Ein Jahr später begrüßte er den Angriff seines Freundes und Gönners Franz von Sickingen gegen das Erzbistum Trier, der freilich mit einem Desaster für die Reichsritterschaft endete. Danach war H. nur noch ein am Endstadium der Syphilis leidender, gehetzter Mann, den selbst sein ehemaliger Freund → Erasmus nicht mehr verließ. → Zwingli verschaffte ihm eine letzte Bleibe auf der Insel Ufenau im Zürcher See, wo H. am 29. 8. 1523 starb.

Lit.: Ulrici Hutteni, Opera, 7 Bde., 1859-1869, Neudruck 1963; H. Holborn: Ulrich von Hutten, 1968.

M. Brecht

Hutter, Leonhard (1563-1616)

Als Pfarrerssohn 1563 in Neilingen/Ulm geboren, wurde der luth. Theologe H. (Hutterus) nach längerem Studium (Straßburg, Leipzig, Heidelberg und Jena) 1596 als Prof. der Theologie an die Universität Wittenberg berufen, wo er bis zu seinem Tod am 23. 10. 1616 als treuer Hüter und Interpret der Lehre Luthers (Lutherus redonatus) tätig war. Noch nicht wie die spätere luth. Dogmatik von der aristotelischen Scholastik geprägt, machte H. es sich zur Lebensaufgabe, die reine luth. Lehre, wie sie seiner Überzeugung nach mit Hilfe des Heiligen Geistes (Theopneustie) im Augsburgischen Bekenntnis (CA 1530) und in der Konkordienformel (FC 1580) formuliert worden war, auszulegen und aus der Hl. Schrift zu begründen (Loci communes theologici, posthum 1619), sowie vor allem gegen die Reformierten zu verteidigen (malleus Calvinistarum). Zu besonderer Wirkung gelangte das auf kurfürstlichen Auftrag verfaßte Lehrbuch für Universitäten und höhere Lehranstalten (Compendium locorum theologicorum 1610), das für Jahrhunderte zum Kompendium strengluth. Orthodoxie wurde und durch K. Hases dogmat. Repertorium für Studierende von 1829 (»Hutterus redivivus«) bis ins Neuluthertum des 19. Jh.s hineinwirkte.

Lit.: L.Hutter: Compendium locorum theologicorum, hg. von W. Trillhaas, Kleine Texte 183, 1961; J. Kunze: RE 8, [3] 1900, 497-500; F. Lau:«Hutter«, RGG[3], III, 468.

J.O. Rüttgardt

Hutterer

Die H. gehen auf Jakob Hutter zurück, der 1536 in Innsbruck als »Wiedertäufer« verbrannt wurde. Die Gemeinschaft, die vor allem in Mähren Verbreitung fand, praktizierte nach Apg 2,44 Gütergemeinschaft, was ihnen zwischen 1565 und 1592 eine »goldene Zeit« bescherte, die jedoch durch Plünderungen seitens türkischer und anderer Truppen sowie durch Verfolgungen seitens der Jesuiten ein Ende fand. Über Ungarn, Transsylvanien und die Walachei kamen sie 1770 nach Rußland, von wo sie indes wegen Einführung der allg. Wehrpflicht 1874/79 nach Nordamerika zogen.

Heute leben die ca. 35.000 H. auf ca. 380 Bruderhöfen und betreiben Landwirtschaft mit modernsten Maschinen. Sobald ein Hof mehr als 130 Personen zählt, wird eine Tochterkolonie gegründet.

In den täglichen Andachten und Sonntagsgottesdiensten werden die »Vorreden« und »Lehren« des 16./17. Jh.s verlesen. Im ganzen Lebensstil herrscht Einfachheit. Man will dem Ideal der »Gelassenheit« nachleben. Die Gemeinschaft ist die Arche Gottes, in der »jeder gibt, was er kann und kriegt, was ihm not ist«. In Deutschland knüpfte Eberhard Arnold (1883-1935) bei Gründung des Rhön-Bruderhofes an hutterische Traditionen an. Daraus entwickelten sich acht Bruderhöfe mit ca. 1.300 Personen, die heute in den USA und England beheimatet sind und seit 1988 den Michaelshof in Birnbach/Westerwald unterhalten.

Lit.: M. Holzach: Das vergessene Volk, 1980; J.A. Hostetler: Hutterite Society, 1974; A.J.F. Zieglschmid (Hg.): Die älteste Chronik der hutterischen Brüder, 1943.

E. Geldbach

Hymnologie

H. ist die Lehre vom Kirchenlied. Nach ev. Verständnis bedeutet dies im wesentlichen die Beschäftigung mit dem Gemeindelied des 16. bis 20. Jh.s. Für den kath. Forscher gehören jedoch auch die altkirchl. und mittelalterl. Hymnen wesentlich dazu (also auch Chor- und Sologesänge), während eine orth. H. sich ausschließlich mit letzteren zu befassen hat.

Der wissenschaftl. Sammeleifer des 19. Jh.s gab auch den Impuls für das Zusammentragen von Texten und Melodien der Kirchenlieder. Die Hauptarbeit leisteten für die Texte Ph. Wackernagel (»Das deutsche Kirchenlied von der ältesten Zeit bis zu Anfang des XVII. Jahrhunderts«, 5 Bde., 1865-1877) und Albert Fischer/W. Tümpel (»Das deutsche evangelische Kirchenlied des siebzehnten Jahrhunderts«, 1904-1916) sowie für die Melodien Joh. Zahn (»Die Melodien der deutschen evangelischen Kirchenlieder, aus den Quellen geschöpft«, 1889-1893).

Die eigentliche Aufarbeitung nach theol., philologischen und musikalischen Gesichtspunkten setzte erst im 20. Jh. ein. Die von Fr. Smend und Fr. Spitta herausgegebene »Monatsschrift für Gottesdienst und kirchliche Kunst« (1896-1941) und die seit 1929 erscheinende Zeitschrift »Musik und Kirche« haben regelmäßig auch Aufsätze zu hymnologischen Fragen einbezogen. Vor allem sind zwei neuere Publikationsreihen zu nennen, die sich zusammenhängend wissenschaftl. mit hymnologischen Fragen befassen: das »Jahrbuch für Liturgik und Hymnologie« (seit 1955, s.u.) und das als Organ der Internationalen Arbeitsgemeinschaft für Hymnologie erscheinende IAH-Bulletin (Groningen 1974ff).

Eine der Lutherischen Liturgischen Konferenz bzw. den landeskirchl. Liturgischen Ausschüssen vergleichbare hymnologische Institution gibt es bis heute nicht. Jedoch sind durch die Personalunion vieler Mitglieder der IAH und der landeskirchl. Gremien zur Ausarbeitung eines neuen ev. Gesangbuchs viele Impulse aus der überkonfessionellen und überregionalen hymnologischen Arbeit der letzten beiden Jahrzehnte in dieses Buch eingebracht worden.

Ein umfassendes Standardwerk für den Gesamtbereich der H. steht noch aus.

Lit.: K. Ameln, Ch. Mahrenholz, K.F. Müller (Hg.): Jahrbuch für Liturgik und Hymnologie, 1955, 1955ff; K.F. Müller, W. Blankenburg (Hg.): LEITURGIA Bd. 4: Die Musik des evangelischen Gottesdienstes, 1961; Chr. Albrecht: Einführung in die Hymnologie, [3]1987.

Chr. Albrecht

Hymnus

Von der jüd. Gemeinde übernahm die Urchristenheit den Psalmengesang. In der Dichtform des Psalters, dem *Parallelismus membrorum*, entstanden auch neue Lieder, z.B. die drei ntl. Cantica (Lk 1,46ff; 1,68ff; 2,29ff). In den Paulusbriefen finden sich hymnische Texte; der bekannteste ist der Christushymnus Phil 2,6ff. Auch die Offb enthält eine Reihe von Hymnen. Die Aufzählung der »Psalmen, Hymnen und geistlichen Lieder« (Eph 5,19; Kol 3,16) läßt die Vermutung aufkommen, daß bereits die Urgemeinde zwischen mehreren Gattungen unterschieden habe. Doch sind zumindest Psalm und H. für einige Zeit synonym verwendet worden. Während die Psalmen in den ersten Jh.en durchweg responsorial ausgeführt wurden (solistische Verse des Kantors mit Gemeinderefrain), ist dies für die neu entstehenden Hymnen nicht mit gleicher Sicherheit zu behaupten. H. wurde in der Ost- und Westkirche zur Bezeichnung für das Gemeindelied. Möglicherweise wurde jedoch (wenigstens regional) nur die trinitarische Schlußstrophe von der Gemeinde gesungen, während die übrigen Strophen vom Chor ausgeführt wurden. Die freien Hymnendichtungen wurden schon in der Mitte des 3. Jh.s inhaltlich kritisiert; besonders in den dogmat. Streitigkeiten des 4. Jh.s kam es zu einer weitestgehenden Eliminierung der bis dahin entstandenen Hymnentexte, weil man befürchtete, daß mit den Liedern häretische Gedanken verbreitet würden. (Die radikale Beschränkung auf die bibl. Psalmen wiederholte sich im 16. Jh. noch einmal bei → Calvin.) Die weitere Entfaltung des H. geschah dann bezeichnenderweise nicht in der Messe, sondern im monastischen Stundengebet.

In formaler Hinsicht unterscheidet sich der H. vom Psalm durch ein festes Strophenschema. Dadurch lassen sich alle Strophen nach derselben Melodie singen. Die Festlegung der gleichen Silbenzahl innerhalb einer Strophe bedeutete einen revolutionären Schritt weg von der klass. griech. und röm. Poesie. Der Liedcharakter der Hymnenmelodien wurde durch die überwiegend syllabische Melodik (nur als Ausnahme zwei oder drei Noten auf eine Silbe) und durch die leicht faßliche Melodieführung unterstrichen. Hinsichtlich ihrer rhythmischen Ausführung besteht Unklarheit, ob die Melodien äqual gesungen wurden (alle Noten gleich lang) oder ob sie mit langen und kurzen Werten in ein Taktschema gebracht wurden.

Am Ausgang des MAs wurden Hymnentexte in mehrere Nationalsprachen übertragen. An verdeutschte Hymnen konnte → Luther mit dem ev. Kirchenlied anknüpfen. Gleich die beiden ersten Lieder des Babstschen Gesangbuchs von 1545 (des letzten zu Luthers Lebzeiten) sind Hymnenübertragungen: »Nun komm, der Heiden Heiland« als Umdichtung des »Veni redemtor gentium« und »Christum wir sollen loben schon« nach der lat. Vorlage »A solis ortu«. Luthers Verdienst ist aber nicht in der Schaffung des Kirchenliedes in der Muttersprache zu sehen, sondern in der Einbeziehung des deutschen Liedes in den Gottesdienst: H. ist Liturgie. Die zahlreichen frei gedichteten Gemeindelieder Luthers und seiner Zeitgenossen werden dann meist ebenfalls als H. bezeichnet. Auch ihre mehrstimmigen Vertonungen werden so benannt – bis hin zur »Hymnodia Siona« (1611) des Michael Praetorius und den Orgelhymnen in Samuel Scheidts »Tabulatura nova« (1624).

Lit.: K.F. Müller, W. Blankenburg (Hg.): Leiturgia Bd. IV. Die Musik des evangelischen Gottesdienstes, 1961; M. Stöhr, B. Stäblein: »Hymnus«, MGG Bd. 6, 1957, 987ff.

Chr. Albrecht

Hyperius, Andreas Gerhard (1511-1561)

H., geb. am 16. 5. 1511 in Ypern/Westflandern (daher H.), ab 1528 Studium der Philosophie, ab 1532 Jura und Theologie. 1541 kommt H. nach Marburg, bekommt 1542 eine Professur. Theologisch eng mit → Bucer verbunden, wird H. einer der führenden reformat. Theologen Hessens. Der »Melanchthon Hessens« konzentriert seine theol. Arbeit auf die → Homiletik und die → Fundamentaltheologie.

Neben einer Predigtlehre von 1553, die die Schriftgebundenheit der Predigt betont, ist eine theol. Enzyklopädie sein Hauptwerk: die Schrift »De recte formando theologiae studio« von 1556 trägt den Charakter einer Reformschrift. Darin fordert H. eine Wissenschaft, die sich eigens mit dem praktischen Bezug der Theologie, mit den »Kirchentätigkeiten« befaßt.

Man hat in ihm deshalb den eigentlichen Vorläufer → Schleiermachers sehen wollen. Doch wird H. viel eher einer → Speners Reformbemühungen zulaufenden Linie zuzuordnen sein. Praxisbezug der Theologie bedeutet ihm nämlich nicht den Entwurf eines theoretischen Überbaus für eine praktische Theologie, sondern die Ausrichtung sämtlicher theol. Disziplinen auf die Praxis.

H.' bleibende Bedeutung liegt darin, daß er der Theologie den Bezug zur Praxis verordnet und die praktische Theologie, schon lange bevor sie zur selbständigen Disziplin wurde, zur exeget. und systemat. Verantwortung anhält.

Lit.: W. Caspari: Die Bestrebungen des A. Hyperius auf dem Gebiet der praktischen Theologie und des theologischen Studiums, 1901; G. Krause: A. Hyperius in der Forschung seit 1900, ThR 34 (1969), 262-341; G. Rau: »Hyperius, Andreas«, TRE 15, 1986, 778-781 (Lit.).

R. Albrecht

Hypostase → Jesus Christus; → Trinität

Ibn Rushd Averroes → Scholastik

idea

Der Informationsdienst der Evangelischen Allianz (idea) will ev. Positionen und Trends im In- und Ausland in der Öffentlichkeit bekannt machen. Dadurch soll die Verkündigung des Evangeliums, die Arbeit von Gemeinden und Kirchen gefördert werden. Inhaltliche Basis ist die theol. Grundlage der Ev. → Allianz.

Die erste vervielfältigte Ausgabe des Informationsdienstes erschien am 30. 8. 1971; Offsetdruck von idea-spektrum gibt es seit 5. 9. 1979. Rechtsform: Eingetragener Verein seit 17. 2. 1972, Gründer und erster Vorsitzender: H. Marquardt; Schriftleiter: W. Müller und G. Rumler (nebenamtlich bis 31. 8. 1974), danach hauptamtlich: R. Hille (bis 31. 10. 1976), I. Kastellan (bis 31. 5. 1978), seither H. Matthies.

idea erscheint als Funkdienst (seit 1987), Presseausgabe, als Wochenmagazin spektrum (seit 1979), Bildschirmtext (seit 1986), periodisch in englischer Sprache, in Form von Dokumentationen (seit 1980). idea hat (seit 1985) einen regelmäßigen Bilddienst. Die Auflage beträgt ingesamt 26.000 (1993).

H. Marquardt

Idealismus

1. Der Begriff Idealismus

Der I. ist eine der ältesten Richtungen abendländischer Philosophie. Er hebt in der Antike mit → Platon an und erfährt mit dem Deutschen I. im 19. Jh. seine höchste Vollendung. Charakteristisch für jedwede idealistische Philosophie – ungeachtet erheblicher Differenzen im einzelnen – ist ein Dreifaches: Erstens räumt der I. der Idee vor allen konkreten Einzelerscheinungen den Vorrang ein. Nicht das, was die Sinne in Raum und Zeit wahrnehmen, ist die letzte Wirklichkeit, sondern die hinter den Dingen stehenden und diese bestimmenden Ideen konstituieren die Welt. Zweitens ist Erkenntnis nur möglich durch die Übereinstimmung von menschlichem Bewußtsein und den als transzendent vorausgesetzten Ideen. Drittens wird mit der Verbindung von Idealität des Seins und dem menschlichen Bewußtsein die Freiheit des Individuums als sittliche Aufgabe begründet. Dem I. geht es also um ein spezifisch konzipiertes Verhältnis von Ontologie (Seinslehre), Erkenntnistheorie (wie kommt wahre → Erkenntnis zustande?), Anthropologie (Lehre vom → Menschen) und Ethik (Frage nach → gut und → böse).

2. Der Ursprung des abendländischen Idealismus bei Platon (427-347 v.Chr.)

→ Platon kritisiert die naive Akzeptanz der sinnlichen Welt als reale Gegebenheit, indem er den Wandel und die Veränderbarkeit aller wahrnehmbaren Dinge betont und danach fragt, wie wir trotz wesentlicher Unterschiede eine zusammenfassende begriffliche Idee von den Gegenständen haben können. Warum bezeichnen wir etwas verallgemeinernd als Tisch, obwohl Maße, Farbe und Form konkreter Tische gänzlich verschieden sind? Platon verweist in seinem berühmten Höhlengleichnis darauf, die Menschen glichen Wesen, die an Ketten geschmiedet nur die Rückwand einer Höhle erblicken könnten. Aber in den Eingang der Höhle fällt das helle Licht der Sonne und vor der Höhle werden diverse Gegenstände vorbeigetragen, die den Gefangenen als Schattenbilder an der Rückwand erkennbar sind. Deshalb sind nicht die Schatten, die gesehen werden, die eigentliche Wirklichkeit, sondern die Gegenstände, die vorbeigetragen werden. So sind auch die Erscheinungen der sinnlichen Wahrnehmung nicht letzte Realität, sondern nur die ursprünglichen Ideen, denen sie nachgebildet sind. Wirklichkeit ist die Idee Tisch, nicht das vergängliche Einzelobjekt Tisch. Für Platon wird das Reich der Ideen zentral bestimmt und erleuchtet von der Idee des Guten. Da Platon davon überzeugt ist, daß die Ideen objektiv existieren, bezeichnet man seine Position als objektiven I.

Weiterentwickelt und systematisiert hat in der Spätantike vor allem Plotin (um 204-270 n.Chr.) die idealistische Konzeption Platons, der dadurch zum Begründer des → Neuplatonismus wurde. Seine Vorstellung vom absoluten Vorrang des göttlich Einen, aus dem alle Gestalten des Geistes hervorgehen und das strikt vom bösen Prinzip der Materie unterschieden werden muß, hat das frühe Christentum stark geprägt und dessen Auseinandersetzung mit der hell. Philosophie notwendig gemacht. Der Kirchenvater → Augustin (354-430) ist hierfür der herausragendste Vertreter. Im MA entstand eine umfangreiche Diskussion darüber, ob die Ideen als bestimmende Wirklichkeit vor den Dingen oder als Seinsprinzip in den Dingen oder schließlich nur nachträgliche sprachliche Bezeichnungen für die Dinge seien (Ideenrealismus stand gegen den Nominalismus).

3. Der Deutsche Idealismus

Seine eigentliche Blüte erreichte der I. allerdings durch die drei Philosophen → Fichte, → Schelling und → Hegel im 19. Jh. Man nennt diese geistesgeschichtl. Epoche deshalb »Deutscher Idealismus«.

a. Als Wegbereiter des Deutschen I. geht bereits im 18. Jh. Immanuel → Kant (1724-1804) voran. Kants kritisches Interesse richtet sich auf die Erkenntnisfähigkeit des Menschen. Dabei verwirft er sowohl den negativen I., der die Existenz der Materie und der Außenwelt überhaupt in Frage stellt, als auch jenen Dogmatismus, der den Dingen absolute Realität zuerkennt. Mit der Deutung von Raum und Zeit als reinen Anschauungsformen sowie mit der Einführung von Denkkategorien, die dem Verstand vor aller Erfahrung, d.h. a priori, gegeben sind, sucht Kant als praktische Konsequenz den möglichen Ausgleich zwischen realistischer Weltsicht einerseits und individueller Freiheit andererseits. »Die Bedingungen der Möglichkeit der Erfahrung überhaupt sind zugleich Bedingungen der Möglichkeit der Gegenstände der Erfahrung« (Akademieausgabe, 158). Damit ist das Grundthema für seine Nachfolger vorgegeben.

b. Johann Gottlieb → Fichte (1762-1814) führt Kants idealistischen Ansatz radikalisiert fort, indem er das Ich zum praktischen wie zum theoretischen Zentrum der Philosophie macht. In seiner frühen Wissenschaftslehre stellt sich die Natur, d.h. die Welt der Dinge, als schöpferische Tathandlung des Ich dar. Denn das absolut freie Ich schafft sich am Nicht-Ich den Gegenstand und das Gegenüber seines Wirkens – es verwirklicht sich an der Welt und durch die Welt. Das Ich ist somit letzter Bestimmungsgrund und das herausragende Thema der Philosophie. Alles theoretische Bemühen des wissenschaftl. Denkens soll deshalb der systematischen Erklärung der im menschlichen Bewußtsein aufzuweisenden Vorstellungen dienen. Die praktische Aufgabe der Philosophie liegt im Erweis der Freiheit.

c. Friedrich Wilhelm → Schelling (1775-1854) nimmt das Freiheitspathos Fichtes auf: »Das A und O aller Philosophie ist Freiheit«. Ziel allen Strebens ist die Vereinigung mit dem Absoluten. Damit wird das Grundanliegen des Deutschen I. klar ausgesprochen. Es geht um einen systematisch vollzogenen und wissenschaft. gesicherten Heilsweg, dessen theol. Grundüberzeugung darin besteht, daß die Idee vom Ich zum Absoluten aufsteigt. Schelling bezieht in seine Überlegungen bewußt die Natur ein, die von allem starren Mechanismus befreit als organisches Gebilde selbst Freiheit zum Ziel hat. Subjekt und Objekt werden versöhnt, indem sie im Selbstbewußtsein des Menschen zur Identität von Sein und Denken kommen. Die Identitätsphilosophie führt zur Konzeption der absoluten Idee. Der neuzeitliche Gegensatz von Sein und Bewußtsein soll also mittels der Identitätsphilosophie sowohl in der Natur wie auch in der Gesellschaft überwunden werden.

d. Seinen Höhepunkt erreicht der Deutsche I. im System Georg Wilhelm Friedrich → Hegels (1770-1831). Hegel weist in seiner »Phänomenologie des Geistes« nach, daß das übersteigerte Selbstbewußtsein, das sich in hybrider Manier über die Realität der gegenständlichen Welt erhebt, ebenso einseitig und damit unzureichend ist wie ein Realismus, der ganz auf die Wirklichkeit der material sichtbaren Welt bezogen ist. Die Lösung des Erkenntnis- und Freiheitsproblems darf nicht in der Absolutsetzung einer nur relativen Größe gesucht werden. Das Wissen des absoluten I. vermittelt dialektisch zwischen Sein und Bewußtsein. Der Geist bestimmt als bewegende Kraft alle Gestalten des Seins vom einzelnen Individuum angefangen über die Strukturen der Gesellschaft, des Staates und des Rechts bis hin zu den unterschiedlichen Formen der Religion, Kunst und Philosophie. Das sich geschichtl. Ereignende ist die denknotwendige Selbstverwirklichung der Vernunft, die sich als absoluter Geist in die materiale Geschichte hinein entäußert und im phil. Bewußtsein zu sich selbst kommt. Ontologie (Lehre vom Sein) und Logik (Lehre vom richtigen Denken) fallen in der dialektischen Bewegung des Begriffs als Synthese zusammen und bilden die Grundlage allgemeiner und individueller Freiheit.

4. Philosophische Kritik erwächst dem I. durch den konsequenten Materialismus von Ludwig → Feuerbach und Karl → Marx. Marx nimmt für sich in Anspruch, Hegel »vom Kopf auf die Füße« zu stellen. Nicht der Geist, nicht die Ideen, sondern die Materie – bzw. nach Friedrich → Nietzsche auch die Triebe – bestimmen die Weltgeschichte und die Lebensgeschichte. Phil. bleibt die präzise Definition des Verhältnisses von Geist und Materie unmöglich. Die Probleme der Transzendierung des sinnlich Gegebenen sind rational unlösbar.

Dennoch ist es phil. unvermeidlich, diese Frage in immer neuen Varianten aufzuwerfen.

5. Theologisch sind folgende grundlegende Einwände gegenüber dem I. geltend zu machen:

a. Die Ich-idealistische Gigantomanie der Fichteschen Konzeption, daß die → Schöpfung der Welt der freien Tathandlung des Menschen zu verdanken sei, führt notwendig zur Leugnung Gottes als Schöpfer. Der Mensch aber setzt die Welt nicht aus seinem eigenen Vermögen, sondern ist durch Gottes souveräne Schöpfungstat in die Welt gesetzt, damit er diese im Auftrag Gottes baue und bewahre.

b. Gott ist aus sich selbst höchste Realität und nicht ein bloßes Postulat der praktischen Vernunft, wie Kant dies behauptet. Gott ist kein fiktiver Erfüllungsgehilfe gesellschaftl. Moralität, den der Mensch nur als Gedankenspiel einführen könnte, um die letzte Lücke seines moralischen Systems zu schließen.

c. Der Mensch kann auch nicht aus eigener Machtvollkommenheit in sittlicher Autonomie beliebig sein eigener Gesetzgeber sein. Menschliche Freiheit besteht vielmehr in der Bindung an den geoffenbarten Willen Gottes. → Ethik ist weder heteronom noch autonom, sondern theonom, d.h. von Gott her zu begründen.

d. Das geistige Ich des Menschen ist wie alle Kreatur von der lebenserhaltenden Macht Gottes abhängig. Die geistig-seelische Wirklichkeit ist nicht aus sich selbst unsterblich, sondern der Mensch lebt ewig, weil Gott ihn aus dem Tod in Verantwortung und Gericht ruft. → Auferstehung der Toten ist etwas grundsätzlich anderes als platonische Reinkarnationsvorstellungen oder hell. Unsterblichkeitshoffnung.

e. Der Mensch hat nicht auf Grund seiner Intellektualität an Gottes Wesen teil. Der menschliche Geist ist vielmehr wie die gesamte übrige Kreatur von Gott durch die Sünde geschieden und dem Gericht des Todes verfallen. Deshalb ist weder die Genialität phil. Konzepte (Fichte, Hegel) ein Weg zum Heil noch die Versenkung in die eigene geistige Natur (Schelling). Der Mensch bedarf der Erlösung von außen durch Christus und zwar für Leib, Seele und Geist.

Lit.: E. Hirsch: Die idealistische Philosophie und das Christentum, 1926; R. Kroner: Von Kant bis Hegel, [2]1961; W. Lütgert: Die Religion des deutschen Idealismus und ihr Ende, 4 Teile, 1922-1930; A. Schlatter: Die philosophische Arbeit seit Cartesius, [5]1981.

R. Hille

Ideologie

I. (griech.: Wissenschaft von den Anschauungen) war von dem Schöpfer des Begriffs, A.L.C. Destutt de Tracy (1754-1836) als Wissenschaft gemeint, die alle Ideen auf die Wahrnehmung der äußeren Welt als einzig legitimer Erkenntnisquelle zurückführt. I. in diesem Sinne sollte die Grundlage für alle anderen Wissenschaften und das gesellschaftl. Handeln darstellen. Den geistigen Hintergrund bildeten → Aufklärung und Franz. Revolution.

Napoleon I. (1769-1821) gab dem Wort eine negative Bedeutung. Indem er seine Gegner als Ideologen bezeichnete, wollte er sie als praxisferne Schwätzer und mäkelnde Weltverbesserer brandmarken. In der Folge dieses Sprachgebrauchs wurde I. von der deutschen Publizistik des 19. Jh.s durch restaurative Kreise als Schlagwort insbesondere gegen liberale Bestrebungen verwendet.

Die moderne I.-diskussion begann mit K. → Marx (1818-1883). Unter Rückgriff auf die Religionskritik L. Feuerbachs (1804-1872) und in Anknüpfung an die Philosophie G.F.W. → Hegels (1770-1831) sprach Marx der Ideenwelt ihre Selbständigkeit ab und ließ sie nur als Widerschein der materiellen Verhältnisse gelten. Die I. des Bürgertums besteht nach Marx darin, daß sie den Geist als eigenständige Größe ansieht. Das Denken nimmt den Schein an, »etwas Anderes als das Bewußtsein der bestehenden Praxis zu sein« (so Marx/Engels, in: Deutsche Ideologie). Daß das Geistige nur ein Reflex der ökonomischen Bedingungen ist, gilt freilich allgemein. Zur I. wird die bürgerliche Anschauung dadurch, daß sie aufgrund ihrer Klassenbindung ihre eingeschränkte Wirklichkeitssicht nicht bemerkt. Im → Marxismus, z.B. bei W.I. Lenin (1870-1924), kann I. auch positiv verwendet werden zur Bezeichnung der Ideen und Vorstellungen der Arbeiterklasse. Der Unterschied zur bürgerlichen I. besteht darin, daß diese I. dem tatsächlichen Geschichtsverlauf entspricht, der auf die Abschaffung der Klassengesellschaft zielt. Darum bezeichnet sich diese I. im Unterschied zu anderen als »objektiv« und »wissenschaftlich«. Tatsächlich handelt es sich um einen Zirkelschluß und ein Paradigma für ideologische Selbstverabsolutierung!

In Kritik an dieser Auffassung hat Karl Mannheim (1893-1947) im Anschluß an den Philosophen Max Scheler (1874-1928) I. wissenssoziologisch zu fassen versucht: Die »objektive« Wahrnehmung der Wirklichkeit ist stets durch Denkmuster und Abhängigkeit vom sozialen Standort des Betrachters begrenzt. Die Aufgabe der Wissenssoziologie besteht deshalb darin, den Zusammenhang zwischen sozialer Seinslage und Sicht herauszuarbeiten. Der gegenwärtig noch andauernde Streit in der Soziologie zwischen »Kritischem Rationalismus« und »Kritischer Theorie« handelt um die Frage, ob der Soziologie eine solche Objektivierung der Erkenntnis möglich ist.

In der neueren Diskussion ist seitens der »Kritischen Theorie« (Habermas, Marcuse, Adorno u.a.) die These aufgestellt worden, daß die immanente Gesetzlichkeit des wissenschaftl.-technischen Fortschritts Sachzwänge produziert, die keineswegs wertfrei sind, aber von einer an funktionalen Bedürfnissen orientierten Soziologie und Politik als neutral, rein sachgemäß und damit als wertfrei ausgegeben werden. Wissenschaft, Technik und Politik sind daher der I.kritik zu unterwerfen.

I.en sind ein Phänomen der Neuzeit. Die evidente Allgemeinheit ging verloren und wird nun von Teilsystemen in Anspruch genommen. Deshalb gibt es auch keine Einigung in der I.diskussion. I. ist heute zu einer diffusen Bezeichnung für weltanschauliche Gebilde geworden, wobei der I.-Vorwurf von streitenden Seiten wechselseitig erhoben werden kann. Versucht man das Phänomen der I.en allg. zu erfassen, dann ist insbesondere auf das Erkenntnisproblem (subjektive Wahrnehmung im Verhältnis zu objektiver Wahrheit und Wirklichkeit) und den sozialen Kontext (Einzelinteresse im Verhältnis zum Gesamtwohl) zu verweisen. I.en wohnt die Tendenz inne, Partielles für das Gesamte auszugeben, Eigeninteressen zu verabsolutieren. Der Weg führt über Systematisierung und Dogmatisierung zum Glaubenssurrogat. Auch wenn eine I. illusionären Charakter annimmt, kann sie als Motivation und Handlungsorientierung kräftig wirksam sein. Auch Religionen können sich ideologisieren oder als I.en mißbraucht werden. Das bibl. Evangelium aber bildet ein starkes Widerlager gegen ideologische Verabsolutierungen. Die Unterscheidungen (nicht Trennungen!) von Schöpfer und Schöpfung, Evangelium und Gesetz, Kirche und Politik, In-Christus-Sein und In-der-Welt-Sein wehren jeden Totalanspruch weltimmanenter Wirklichkeiten und Instanzen ab. In diesem Sinne bildet der christl. Glaube eine wichtige Grundlage der I.kritik und damit der polit. Freiheit. Freilich sind die genannten bibl. Kriterien im Streit um den künftigen Weg der Kirche auch innertheol. anzuwenden.

Lit.: K. Bockmühl: Das Evangelium und die Ideologien, 1986; J. Habermas: Technik und Wissenschaft als »Ideologie«, 1968; G. Huntemann: Die ideologische Unterwanderung in Gemeinde, Theologie und Bekenntnis, 1985; K. Mannheim: Ideologie und Utopie, 1929; H. Thielicke: Theologische Ethik II/2, ²1966, 154ff; E. Topitsch: Sozialphilosophie zwischen Ideologie und Wissenschaft, ³1971.

R. Mayer

Ignatius von Loyola (1491-1556)

Inîgo Lopez de Loyola, baskischem Adel entstammend, geb. 1491 (der Tag ist unbekannt) auf dem Stammschloß Loyola, gest. am 31. 7. 1556 in Rom, genoß höfische Erziehung und war bis 1521 Offizier. Nach seiner Verwundung (Beinamputation) erfuhr er eine Bekehrung zu Gott unter dem Einfluß der Lektüre von Ludolf von Sachsen (imitatio Christi) und Jacobus de Voragine (legenda aurea), deren Intensivierung erfolgte 1522-23 in Manresa (Wallfahrt nach Palästina, Entschluß, fortan nur für die Kirche zu leben); dann Studium der Theologie und Philosophie in Alcalá und Salamanca (1526-27), in Paris (1528-1535, 1534 Gelübde zu Armut, Keuschheit, Missionsarbeit und Unterstellung unter den Papst), schließlich in Venedig (1536, dort 1537 Priesterweihe). Ab 1537 weilte er bis zum Lebensende in Rom; 1540 wurde der Jesuitenorden, dessen Statuten I. vorlegte, vom Papst gebilligt. Seine Ziele waren: Ausbreitung der Kirche durch Predigt, Exerzitien, Liebestätigkeit, Unterricht und Seelsorge, vor allem im Beichtstuhl. Die → Reformation in Deutschland war keinerlei Anlaß zur Ordensgründung, auch wenn die Jesuiten bald zu Trägern der → Gegenreformation wurden. Ab 1544 verfaßte I. die Konstitutionen des Ordens, schrieb die »Geistlichen Übungen« und befestigte in einer riesigen Korrespondenz das Wachstum seines Ordens. Am 12. 3. 1622 wurde er heilig gesprochen.

I. gilt als Reformator des Katholizismus im 16. Jh., als Vater des Jesuitenordens (→ Societas Jesu) und aller Exerzitienarbeit, als Begründer einer »Mystik des Dienstes und der Weltfreudigkeit«. Der Ruf Christi einerseits und die Einwilligung in Gottes Willen andererseits, die Vergegenwärtigung Christi und ihre intellektuelle Erfassung, die persönliche Freiheit (auch in der Beratung) und die kompromißlose Unterstellung unter Kirche und Papst machen ihn und seinen Orden zur anerkannten Leitfigur des frühneuzeitlichen → Katholizismus.

Lit.: H. Böhmer: Ignatius von Loyola, [2]1951; A. Falkner, P. Imhof (Hg.): Ignatius von Loyola und die Gesellschaft Jesu 1491-1556, 1990; H. Rahner: Ignatius von Loyola als Mensch und Theologe, 1964; A. Ravier: Ignatius von Loyola gründet die Gesellschaft Jesu, 1982; M. Sievernich, G. Switek: Ignatianisch, 1991; J.E. Vercruysse: »Ignatius von Loyola«, TRE 16, 1987, 45-55; F. Wulf (Hg.): Ignatius von Loyola, Seine Gestalt und sein Vermächtnis, 1956; M. Zechmeister: Mystik und Sendung: Ignatius von Loyola erfährt Gott, 1985.

G. Ruhbach

Ihloff, Gustav (1854-1938)

I., geb. am 3. 8. 1854 in Templin/Uckermark, gest. am 26. 6. 1938 in Neumünster, Buchhändler und Verleger, Inspektor und Vorsitzender des Gemeinschaftsvereins in Schleswig-Holstein. I. kam 25jährig durch J. v. → Oertzen als »Sendbote« (=Prediger) nach Schleswig-Holstein. Von einer Englandreise brachte er das Liederbuch »Sacred Songs and Soli« mit, das ihm und Pastor Joh. Röschmann (Hamburg) zum Vorbild für das »Reichsliederbuch« (1892) (→ Liedgut) wurde, das in der Folgezeit zum meistgebrauchten Gesangbuch der deutschsprachigen ev. Christenheit wurde. In Neumünster begründete I. die Buchhandlung des Gemeinschaftsvereins mit Verlag und Druckerei. Weite Verbreitung erlangte das Verteilblatt »Nimm und lies«. I. hatte die Gabe der erwecklichen ebenso wie der bibl.-lehrhaften Rede und wirkte als Seelsorger. Seit 1915 war er erblindet.

Lit.: A. Korthals (Hg.): 100 Jahre Gemeinschaftsverein in Schleswig-Holstein, 1957; K. Möbius, (Hg.): Der ev. Buchhandel, 1961.

H. Lindner

Ihmels, Ludwig (1858-1933)

Am 29. 6. 1858 in einem ostfriesischen Pfarrhaus geboren, studierte Ludwig I. von 1878-82 in Leipzig, Erlangen und Göttingen Theologie, wobei besonders F.H.R. → Frank auf ihn wirkte. Nach Diensten als Pfarrer in Ostfriesland und als Studiendirektor am Predigerseminar Loccum wurde er 1898 als o. Prof. nach Erlangen berufen. Seine Hauptwirksamkeit entfaltete er jedoch in Sachsen – ab 1902 als Professor in Leipzig und seit 1922 als erster sächsischer Landesbischof. Die weltweite Sammlung des Luthertums (Gründung des Lutherischen Weltkonvents 1923 in Eisenach) ließ er sich ebenso angelegen sein wie die Mitarbeit an der Ökumenischen Bewegung (Stockholmer Weltkirchenkonferenz 1925). Er starb am 7. 6. 1933.

Seine theol. Bedeutung liegt in der Korrektur, die er in der Frage der Wahrheitsgewißheit gegenüber seinem Lehrer Frank anbrachte: Erkenntnisprinzip der Dogmatik könne nicht das gläubige Bewußtsein, sondern nur die geschichtl. Gottesoffenbarung und das von ihr Zeugnis gebende Gotteswort sein (Tat- und Wortoffenbarung). Gewißheit entstehe allein durch das von der Offenbarung selbst uns abgenötigte Vertrauen auf die Offenbarung, ist also nicht im Subjektiven, sondern im Objektiven begründet.

Lit.: Hauptschrift: L. Ihmels: Die christliche Wahrheitsgewißheit, ihr letzter Grund und ihre Entstehung, 1901, [3]1914.

M. Keller-Hüschemenger: Das Problem der Heilsgewißheit in der Erlanger Theologie im 19. und 20. Jh., 1963, 76ff; H. Kerner: Luthertum und Ökumen. Bewegung für prakt. Christentum 1919-26, 1983; A. Leidhold: L. Ihmels, Ein Lebensbild, 1938; E. Sommerlath: Die theol. Bedeutung des ersten sächsischen Landesbischofs D.L. Ihmels, in: Verantwortung, FS für G. Noth, 1964, 238ff.

U. Swarat

Ikone

Der Aufnahme der bildenden Kunst durch die Christen – seit etwa 200 nachweisbar – stand von Anfang an eine Kritik am Bild gegenüber, die durch die pentateuchischen Bilderverbote, (vgl. 2Mo 20,4f.23), und durch phil., vor allem stoische Polemik genährt wurde. Der altapologet. Opposition gegen das verehrte Bild (Aristides, Justin), die nicht nur Gottesbilder, sondern jede porträtmäßige Darstellung Christi und der Apostel ausschloß, begegnete seit dem 4. Jh. eine positive Reaktion von Theologen, die den lehrhaften Zweck auch der bibl. Bilder herausstellten (Nilus, Basilius → Kappadozier). Diese Argumentation, verdichtet im Schlagwort von der »Armenbibel« (biblia pauperum, einer Bilderbibel für die, die nicht lesen können), sollte im Westen durch → Gregor den Großen (ep. 11,13) beherrschend werden und ins Kirchenrecht gelangen.

Der gerade in der Volksfrömmigkeit zunehmenden Bilderverehrung der Spätantike, die ihren Ausdruck in den großen Repräsentationsbildern der Kirchenausstattungen und vor allem in Tafelbildern (Ikonen) fand, begegnete schon früh (→ Eusebius, Epiphanios) eine Betrachtungsweise, die die theol. Undenkbarkeit des Christusbildes herausstellte und, da die Gottheit undarstellbar war, auch die Menschheit Christi in diese Doxa der Gottheit getaucht sah.

Unter der makedonischen Dynastie setzen sich aber schließlich 843 in Byzanz die Bilderfreunde durch. Das Fest der Orthodoxie am 1. Fastensonntag feiert das Ereignis in den byz. Ostkirchen heute noch und ist so ein »Fest der Bilder«. Dieser schließliche Sieg der Bilderfreunde nach einem zwei Jahrhunderte währenden Kampf, der den ganzen Osten in Atem hielt, wird nicht so sehr den dogmat. Entscheidungen von Nicäa II (786) verdankt als vielmehr dem Ereigniszusammenhang von Volksfrömmigkeit, Mönchtum, Theologie und Erstarken der byz. polit. Gewalt. Zum einen wird dabei der Grundsatz bestimmend, daß die Verehrung *(proskynesis)* nicht dem Bild, sondern der auf ihm dargestellten heiligen Person gelte und mit der Gott allein gebührenden Anbetung *(latreia)* nichts gemein habe. Dabei war praktisch auch eine Entscheidung für das Tafel- und Mosaikbild und das Flachrelief erfolgt. Das tiefe Mißtrauen gegen das »geschnitzte Bild« der Großplastik hatte auch eine Reduktion der Genera in der östl. Kunst zur Folge.

Zum anderen war die Verbindung bestimmend, die → Johannes Damascenus zwischen Bilderfrage und Heilslehre hergestellt hatte, bei dem »der Bilderkult zur kosmischen Liturgie von der verklärten Materie, zur Offenbarung der Verklärung der Welt überhaupt« (Beck) wurde. Weitere für die Folgezeit einflußreiche Vertreter einer ebenso neuplatonisch wie bibl. inspirierten Eikon-Theologie waren der Patriarch Nikephorus I., Theodor Studites und vor allem Dionysios Areopagita.

Neben diese Theologen tritt die legendarische Volksliteratur, in der nun zu älteren Motiven (Achiropoietos, Apostel und Magier als Maler) etwa das Abdruck-Motiv tritt: das Bild hat eine Ähnlichkeit, ein Beispiel, einen Abdruck von jemandem, der in sich selbst das Abgebildete zeigt (Johannes Damascenus Or. 3,16). Aber auch die alten päd. Argumente der Nachahmung und Erinnerung bleiben gültig und können mit den Höhepunkten byz. Bilderspekulation verbunden werden, die im Abbild auch die göttliche Energeia und Charis des Urbildes sieht, so daß die Bilder den Rang einer Stellvertretung des Heiligen erhalten, was sowohl Traditionen des spätantiken phil. Denkens entspricht als auch der von der Volksfrömmigkeit postulierten »Überschattung« des Bildes vom heiligen Geist (Johannes Damascenus Or. 2,14).

Das ist ebenso der Grund für die Wundermacht der Bilder, wie es auch manifest zeigt, daß durch das Bild eine Teilhabe *(metexis)* des Betrachters an der Heiligkeit des Urbildes vermittelt wird, was im orth. Kirchengebäude vor allem durch Ikonostasis (Bilderwand) und Festikone geschieht, aber auch durch die Hausikone im täglichen Lebensraum. Deren Maler (häufig Mönche) haben deshalb auch ein geistl. Amt inne, das der Approbation durch die Hierarchie bedarf. So ist die I. ein ganz eigentümliches Kultbild, »undenkbar ohne die Vorstellung, daß es Gnadenträger und quasi Evangelium ist, undenkbar auch ohne ... besondere Kultmystik ... ein Bild, das sich allein verstehen läßt aus einer umfassenden Bildertheologie, in der alles, aber auch alles Abbild und Abglanz wird und in steiler Stufenfolge wieder zurückführt zum einzigen Archetypos alles Seins« (Beck).

Lit.: H.G. Beck: Kirche und theologische Literatur im byzantinischen Reich, 1959; H.G. Gerhard: Die Welt der Ikonen, [3]1970, K. Onasch: Ikonen, 1961; Chr. Schönborn: Die Christusikone, 1984; H.G. Thümmel: Bilderlehre und Bilderstreit, 1991; K. Weitzmann et.al.: Frühe Ikonen, 1965.

W. Wischmeyer

Ikonologie – Ikonographie

Bilderlehre, Bilderbeschreibung: Zum antiken Gebrauch der Begriffe gehörte der rhetorische und christologische Zusammenhang, im Barock bezeichneten sie sowohl die Kenntnis von Porträt- als auch von Emblem-Sammlungen. In der Kunstwissenschaft des 19. Jh.s entwikkelte sich dann ein Ikonographiebegriff, der das Hauptgewicht auf die Identifizierung und Klassifizierung von Bildthemen legte und für den neben der Antike vor allem die frühchristl. und byz. Kunst Beispiele liefert. Der Kunsthistoriker E. Panofsky (1892-1968) stellte dem einen Ikonologiebegriff gegenüber, bei dem es um die geistesgeschichtl. Interpretation des Kunstwerkes geht. Zur Beschreibung und ikonographischen Analyse tritt hier die ikonologische Deutung. Heute werden die Begriffe wieder promiscue gebraucht.

Lit.: LCI 1-8, 1968-1976; G. Schiller: Ikonographie der christlichen Kunst 1-4,2, 1966-1980.

W. Wischmeyer

Illuminaten

Der aufklärerische Geheimbund der I. wurde im Jahre 1776 von dem Ingolstädter Universitätsprofessor Adam Weishaupt gegründet. Der Jesuitenorden (→ Societas Jesu) mit seiner straffen hierarchischen Organisation und das Freimaurertum (→ Freimaurer) mit seinem strikten Geheimnischarakter dienten Weishaupt als Vorbild. Er wollte mit dem I.orden ein Instrument schaffen, das seine Mitglieder zur persönlichen Vervollkommnung, zur Tugend und Moral anleiten und durch geheimes, aber weitverzweigtes Wirken innerhalb der verschiedenen Institutionen den Ideen der → Aufklärung zum Sieg verhelfen sollte. Durch diesen Gelehrtenstaat, der sich neben der allg. Staatenwelt bildete, sollte das Reich der Vernunft aufgerichtet werden.

Die ersten Mitglieder waren Ingolstädter Studenten. Beamte, Geistliche und Adelige der nächsten Residenzstädte München, Freising, Eichstätt und Salzburg stießen bald hinzu. Einen großen Aufschwung erlebte der Bund durch den Beitritt des Freiherrn Adolf Knigge, dem es gelang, ihn nach Nord- und Westdeutschland auszubreiten. Der spätere Erzkanzler Dalberg, Herzog Ernst VII. von Sachsen-Gotha-Altenburg, der Philosoph → Jacobi, der Publizist Chr. Fr. → Nicolai, der Pädagoge → Pestalozzi, → Herder und Wieland konnten gewonnen werden. 1783 erreichte der I.bund seine größte Ausweitung. »Fast in allen Staaten Europas gewinnt der Orden Anhänger, ihre Zahl wird auf 2.000 bis 4.000 geschätzt, realistischer wäre jedoch 1.000 bis 2.000« (E. Weis). Der Austritt Knigges 1784 nach Konflikten mit Weishaupt leitete den schnellen Verfall ein. Das Verbot des Ordens durch den bayerischen Kurfürsten Karl Theodor 1785 wegen angeblich subversiver Tätigkeit beschleunigte diesen Prozeß. Zu Beginn der Franz. Revolution kann von einem Funktionieren des Geheimbundes keine Rede mehr sein. Trotzdem wurde ihm von konservativ-restaurativer Seite die Mitverantwortung für deren Ausbruch zugeschoben. Es wurde die Verschwörungstheorie aufgestellt, die besagt, daß der I.orden die Revolution unauffällig und planmäßig vorbereitet hätte.

Lit.: R. van Dülmen: Der Geheimbund der Illuminaten, [2]1977; ders.: Die Gesellschaft der Aufklärer, 1986; E. Weis: Der Illuminatenorden (1776-1786), 1987.

W. Weiß

Illyricus → Flacius, Matthias Illyricus

Imago Dei → Mensch

Imitatio Christi → Nachfolge Christi

Immanenz/Transzendenz

Das Begriffspaar setzt einen abgegrenzten Bereich voraus; der Begriff der I. bezieht sich dann auf das, was innerhalb dieser Grenzen bleibt, während T. auf ein Übersteigen dieser Grenzen abhebt. Der Begriff der T. meint zunächst eine die Grenzen des Weltzusammenhangs übersteigende Wirklichkeit; damit verbindet sich der Gedanke, daß diese transzendente Wirklichkeit der Weltwirklichkeit überlegen ist (entweder als Gegensatz zur Welt oder als deren eigentlicher Seins- und Bestimmungsgrund) und daß der Mensch darum das Ziel und die Bestimmung seines Lebens nicht in den vordergründigen Zusammenhängen der Weltwirklichkeit findet, sondern in der Ausrichtung auf die Teilhabe an dieser überlegenen Wirklichkeit. Wo allerdings der Gedanke der T. so radikal gefaßt wird, daß jede faßbare Verklammerung mit der Weltwirklichkeit und jede Zugänglichkeit für den Menschen abgeschnitten erscheint, da kippt er in die gegenteilige Konsequenz: da dem Menschen jede Möglichkeit des Zugangs zur T. genommen scheint, bleibt ihm nur, sich ausschließlich im Rahmen der Weltwirklichkeit zu verstehen und einzurichten.

Im Gegenüber zum Begriff der T. meint der Begriff der I. entweder den innerweltlichen Wirklichkeitsbereich, oder er steht für die These, daß es keine transzendente Wirklichkeit gebe. Neben dieser sich in der phil. Tradition durchhaltenden ontologischen Verwendung des Begriffspaars steht – vor allem in der neuzeitlichen Erkenntnistheorie – eine erkenntnistheoretische: hier geht es darum, ob die Gegenstände des menschlichen Erkennens innerhalb (Bewußtseins-I.) oder außerhalb (Bewußtseins-T.) des Bewußtseins zu suchen seien.

Theol. wird das Begriffsschema I./T. immer wieder zur Bestimmung des Verhältnisses zwischen Gott und Welt (Gott ist nicht in pantheistischer Weise als der Welt immanent zu denken, sondern er steht ihr als der Transzendente gegenüber) sowie zu Aussagen über die Bestimmung des Menschen herangezogen (er soll bzw. kann nicht in der I. aufgehen, sondern ist dazu bestimmt, in der Beziehung zur T., d.h. zu Gott, zu leben). Bei genauerer Betrachtung zeigt sich jedoch, daß dieses Begriffsschema hier nur sehr begrenzt brauchbar und keineswegs unproblematisch ist: Das bibl. Zeugnis zeigt uns den Gott Israels und Vater Jesu Christi als den Schöpfer der Welt, der nicht nur jenseits der Welt und ihr überlegen ist, sondern zugleich in ihr wirkt und gegenwärtig ist; der den Menschen in konkreten Ereignissen in dieser Welt begegnet, an ihnen handelt und hier ihr Leben verändert, der sie also keineswegs nur über diese Welt hinauszieht. Man müßte hier also mindestens zugleich von Gottes T. und von seiner I. im Verhältnis zur Welt reden. Noch besser aber sollte man sich von der beherrschenden Macht dieses Denkschemas lösen, dessen Voraussetzung ja ist, daß ich zuerst eine fest abgegrenzte Welt habe, in bezug auf die ich dann sekundär und zusätzlich noch von Gott reden muß. Bibl. Sprache nimmt demgegenüber ihren Einsatz beim Reden von dem frei in und an der Welt handelnden Gott; die Welt ist so zunächst nicht ein ihm gegenüber abgegrenzter Bereich, sondern das Feld seines Handelns; alle notwendigen Qualitäts- und Bereichs-Abgrenzungen kommen unter dieser zusammenfassenden Voraussetzung zur Sprache: die Ewigkeit Gottes und die Hinfälligkeit der Kreatur, der Himmel Gottes und die Erde, die er den Menschen gegeben hat, die Heiligkeit Gottes und die Unreinheit des Menschen, die Wahrheit Gottes und die Welt der Sünde.

Lit.: H. Blumenberg: »Transzendenz«, RGG³ VI, 989-997; P.L. Berger: Auf den Spuren der Engel. Die moderne Gesellschaft und die Wiederentdeckung der Transzendenz, 1970; J. Moltmann: Gott in der Schöpfung. Ökologische Schöpfungslehre, 1985; L. Richter: Immanenz und Transzendenz im nachreformatorischen Gottesbild, 1955.

H. Hafner

Immersionstaufe → Taufe

Imperativ, kategorischer

Der k.I. ist die von I. → Kant aufgestellte Formel des Gesetzes für das sittliche Handeln (= Sittengesetz oder moralisches Gesetz): »Handle nur nach derjenigen Maxime, durch die du zugleich wollen kannst, daß sie ein allgemeines Gesetz werde«! Beispiel für den k.I. als Prüfungskriterium: Unter großem Druck kann ich Neigung haben, ein Versprechen zu brechen – doch niemals kann ich eine Welt wünschen, in der die Regel gilt: »Man braucht sein Versprechen nur dann zu halten, wenn es nichts kostet!« Folglich muß ich meines halten. Der k.I. gebietet in strenger Allgemeingültigkeit, d.h. unabhängig von den Umständen und ggf. unter »Abbruch« aller Neigungen, seine Pflicht zu erfüllen. Kant begründet die Ethik ganz unabhängig von Erfahrung, weil sonst das Gute – das nicht mit dem Angenehmen (Lebensgenuß) oder Nützlichen verwechselt werden darf – relativiert würde; der Grund der Verbindlichkeit für das zu vollbringende unbedingt Gute kann unmöglich in der Natur des Menschen oder den Weltfakten gefunden werden. Sollte es z.B. noch nie in der Welt einen redlichen treuen Freund gegeben haben, so bin ich dennoch verpflichtet, ein solcher Freund für andere selbst zu sein. Kein skeptischer Einwand in Berufung auf den üblichen Lauf der Welt kann mich von dem gesollten Guten entbinden. Der Mensch muß seine Handlungen (äußerer Vollzug) und die Art seines Wollens (innerste Gesinnung des Herzens) an einem absoluten Maßstab prüfen. Für Kant hat Jesus das moralische Gesetz in Vollkommenheit und Reinheit dargestellt (Bergpredigt), das zunächst allen menschlichen »Eigendünkel niederschlägt« und durch Selbsterkenntnis »Demut« lehrt. Bei ernster Selbstprüfung vermag das anerkannte moralische Gesetz die Schranke der Eigenliebe zu durchbrechen dadurch, daß es Achtung, ja Ehrfurcht erweckt, d.h. dadurch, daß wir uns durch ein Erhabenes, unbedingt Gültiges zugleich gedemütigt und emporgehoben fühlen. Daß dem Menschen das Gute wesenhaft als ein gebietender Imperativ, als ein Sollen entgegentritt, liegt nach Kant in der von Natur aus verkehrten Strebensrichtung (*perversio voluntatis*, s. → Augustin) des Willens, der dem Hang verfällt, alles nach seiner Selbstsucht einzurichten. Würde statt des k.I.s die Selbstliebe gesetzgebend, so lautete die Verkehrung des Gebotes aller Gebote: Liebe dich selbst über alles, Gott aber und deinen Nächsten um deiner selbst willen!

Bezogen auf die Würde des Menschen, freies Subjekt moralischer Handlungen sein zu können, bringt Kant die abgewandelte Formel des k.I.s: Handle so, daß du die Menschheit sowohl in deiner Person als auch in der Person eines jeden anderen jederzeit zugleich als Zweck an sich, niemals bloß als Mittel brauchst!

Die Vollendung sittlicher Gesinnung wäre, nicht bloß aus Achtung oder gar Furcht handeln oder sich selbst bloß zum legalen Vollzug nötigen, sondern vielmehr Liebe zum moralischen Gesetz hegen, das Gute um seiner selbst willen erstreben bzw. Gottes Gebote gern tun.

Einer der klassischen Sätze Kants lautet: »Zwei Dinge erfüllen das Gemüth mit immer neuer und zunehmender Bewunderung und Ehrfurcht, je öfter und anhaltender sich das Nachdenken damit beschäftigt: der bestirnte Himmel über mir und das moralische Gesetz in mir.« Das moralische Gesetz eröffnet mir den Wert meiner über die Tierheit erhabenen Persönlichkeit und »offenbart« mir ein von der ganzen sichtbaren Welt unabhängiges Leben, das nicht auf die Grenzen irdischer Existenz eingeschränkt ist, das vielmehr Ewigkeit erhofft.

→ Ethik ist für Kant nicht die Lehre, wie wir glücklich werden, sondern wie wir der Glückseligkeit überhaupt erst würdig werden können. Von sich aus vermag der Mensch niemals ganz dem k.I. gemäß zu sein; er verspürt in sich einen beständigen Hang zur Übertretung. Wegen des »radikalen Bösen« in seiner Natur bedarf es einer »Revolution der Denkungsart« und auf dieser Grundlage einer »Reform der Sinnesart«. Nach erfolgter Umkehr zur Liebe des Guten dürfe der Mensch auf eine »gnädige Ergänzung« des unaufhebbaren »Mangels der Heiligkeit« durch Gott hoffen.

Lit.: I. Kant: Kritik der praktischen Vernunft, 1788; Die Religion innerhalb der Grenzen der bloßen Vernunft, 1792/93; Metaphysik der Sitten, 1797.

F. Delekat: Immanuel Kant, 1963; K. Düsing: Das Problem des höchsten Gutes in Kants praktischer Philosphie, in: Kant-Studien 1971; M. Wundt: Kant als Metaphysiker, 1924.

E. Düsing

Imperialismus

I. (von lat.*imperium*) bezeichnet die Kolonialherrschaft (→ Kolonialismus) und den außenpolit. Ausdehnungsdrang technisch hochentwickelter Staaten. Die Historiker begrenzen das Wort auf das »Zeitalter des Imperialismus«. Der moderne I.begriff ist Bezeichnung einer polit.-ökonomischen und soziokulturellen Strömung der letzten beiden Jahrzehnte des 19. Jh.s bis zum Ende des Ersten Weltkrieges. Charakteristisch für diese Periode ist die überseeische Expansion der aufstrebenden Industriestaaten (Europ. Großmächte, USA und Japan) in sogenannte »herrenlose« Gebiete in Afrika, Asien und den pazifischen Raum. Die ältere I.theorie, die stärker polit., sozialökonomisch, analysierend und phänomenologisch ausgerichtet ist, beschreibt I. vornehmlich vom europ. Standpunkt der ökonomischen Expansionsdynamik aus. Neuerdings beherrschen die »peripherieorientierten« I.theorien, die den I. als »Reaktion auf unbefriedigende Verhältnisse an der Peripherie« sehen (W.-J. Mommsen und K.J. Bade) stärker die Debatte. Der kath. Missionswissenschaftler Joseph Schmidlin (1876-1944) und der ev. Missionsinspektor F. → Fabri (1824-1891) befürworten die Kolonialmission; Fabri gilt zu Recht als »Vater der deutschen Kolonialbewegung«. Es gab jedoch auch harte Kritik von seiten anderer führender Vertreter der Mission an dieser Kolonialmission (s. → Kolonialismus), vor allem durch Gustav → Warneck (1834-1910) in der Allgemeinen Missions-Zeitschrift.

Lit.: H. Friedjung: Das Zeitalter des Imperialismus 1884-1914, 3 Bde., 1919-1922; H. Gründer: Christliche Mission und deutscher Imperialismus 1884-1914, 1982; K.M. Panikar: Asia and Western Dominance, 1953; J. Schumpeter: Zur Soziologie der Imperialismen, 1919.

K.W. Rennstich

Imprimatur

I. (lat. »es werde gedruckt«) ist die am Anfang und am Ende eines Druckerzeugnisses abzudruckende Formel, mit der nach kath. Kirchenrecht die kirchl. Druckerlaubnis für alle der kirchl. Zensur unterliegenden Bücher, Zeitschriften und Bilder erteilt wird (CIC 1385-1394 und 2318, §2).

Alle Druckveröffentlichungen getaufter Verfasser, die Lehre und Leben der kath. Kirche betreffen, unterliegen der Überwachung und werden vom Bischof des Wohn-, Druck- oder Erscheinungsortes auf ihre Übereinstimmung mit der kirchl. Lehre hin zensiert.

V. Gäckle

Imputation → Rechtfertigung

In-vitro-Fertilisation → Bioethik; → Biotechnik/Biotechnologie; → Künstliche Befruchtung

Independenten → Kongregationalisten

Indeterminismus → Willensfreiheit, menschliche

Indianer Pionier Mission, Deutsche

Die Deutsche Indianer Pionier Mission e.V. wurde 1962 von James Rathlef (1896-1988) gegründet. 1965 reisten die ersten Missionare nach Brasilien in den Bundesstaat Mato Grosso do Sul aus; 1972 erfolgte eine Ausweitung der Arbeit nach Ost- und Südostparaquay, 1984 nach Nord-Brasilien.

Die Missionszentrale befindet sich in St. Johann-Lonsingen; außerdem gibt es Missionszentralen in Asuncion (mit Internat), Sao Paulo und Campo Grande (mit Internat). Missionsleiter von 1972-1992 war Karl-Ernst Widmann, seit November 1992 – nach über 25 Jahren Missionstätigkeit in Brasilien – ist es Reinhard Rathlef (Sohn des Gründers). Die DIPM ist ein als gemeinnützig anerkannter eingetragener Verein mit siebenköpfigem Vorstand. Zu ihr gehören etwa 70 Missionare, 12 haupt- und 34 ehrenamtliche Mitarbeiter in Deutschland. Sie ist Mitglied in der → Arbeitsgemeinschaft Evangelikaler Missionen (AEM).

Das Ziel der DIPM ist, unerreichten Indianerstämmen das Evangelium zu bringen, Evangelisten, Lehrer und Gemeindeleiter heranzubilden, nomadisierende Indianerstämme im Einvernehmen mit der Landesregierung seßhaft zu machen, Indianergemeinden nach ntl. Vorbild zusammenzuschließen und das Missionsinteresse im Heimatland zu wecken. Glaubensgrundlage der DIPM ist die Basis der Ev. → Allianz.

Lit.: ZS: »Werdet meine Zeugen« erscheint zweimonatlich.

DIPM/Red.

Indien, Indische Theologie

I. ist ein Subkontinent mit einer erstaunlich vielfältigen homogenen Kultur, Heimat großer und kleiner Religionen (→ Hinduismus, → Buddhismus, → Jainismus, → Sikhismus), die auch beachtlichen Minderheiten von Moslems (11 % – ca. 100 Mio.) und Christen (2,6 % – ca. 20 Mio.) Lebensraum wurde, die Wesentliches zur Kultur und zur Entwicklung beigetragen haben.

Waren die Moslems vor allem im Norden einflußreich und polit. dominant, so sind die Christen viel stärker im Süden vertreten. Nach der Tradition seit der Reise des Apostels Thomas, mit Verbindung zur syrischen Christenheit, haben die Thomaschristen einen geachteten Platz (wie eine höhere Kaste) in der Gesellschaft. Die kath. Mission knüpfte bei den Thomaschristen an und wirkte wie die zweihundert Jahre später beginnende prot. Mission in vielen Teilen I.s nicht ohne Erfolg. Der größere Teil der Christenheit stammt aus der Stammesbevölkerung, von Kastenlosen oder niedrigen Kasten; es gibt aber auch Christen aus höheren Kasten. Ein wichtiger Beitrag zur Modernisierung I.s wurde das höhere Schulwesen der Missionen im 19. Jh., das auch Hindu-Reformer geprägt hat. Christen sind durch fortschrittliche Bildung in Berufe des modernen Sektors aufgestiegen.

Die Christenheit I.s betreibt und entwickelt Theologie auf eigene Weise, wobei wichtige

Beiträge von Laien stammen. Auch im kirchl. Leben spielen Laien als Prediger, Charismatiker und auf andere Weise eine eigenständige Rolle.

Die Themen indischer Theologie sind vom Gegenüber zum Hinduismus geprägt. Wichtig war die Entdeckung, daß führende Personen des Reformhinduismus von der Gestalt und Lehre Christi beeindruckt waren (Samartha, Thomas). Wichtig ist ebenfalls der Versuch, Formen indischen rel. Lebens – die Ashrambewegung und die Bhakti-Frömmigkeit – mit dem Evangelium zu erfüllen (Appasamy, Chakkarai). Es gibt auch Versuche, indische Denkformen zur Erfassung und Vermittlung des Evangeliums zu verwenden (Panikkar, Chenchiah, M.M. Thomas).

So deutlich Dialog gefordert wurde, so deutlich war damit doch die Betonung eigener christl. Identität und eigener Ethik verbunden (Devanandan, Chandran).

In den letzten Jahren gewinnen sozialkritische Stimmen an Gewicht, die die Propheten des AT und die Verheißung für die Armen im NT betonen und zu kritischer Konfrontation bereit sind (Amirtham, Robinson, Jesudasan).

Lit.: P. Devanandan: Das Evangelium und der moderne Hinduismus, 1961; D.W. Jesudoss: What is man? Indian Christian anthropology, 1986; F. Melzer: Christliche Ashrams in Südindien, 1976; E. Pulsfort: Christliche Ashrams in Indien, 1989; M.M. Thomas: Christus im neuen Indien, 1989; H. Wagner: Erstgestalten einheimischer Theologie in Südindien, 1963.

N.-P. Moritzen

Indikativ/Imperativ → Gesetz/Gebot

Indische Theologie → Indien, Indische Theologie

Individualismus, Individualität → Mensch

Industriepfarrer → Sozialpfarrer

Infralapsarismus → Erwählung

Initiationsriten

I. sollen die Teilnehmer befähigen, einer neuen Gruppe oder einem neuen Stand als Vollmitglied anzugehören. Besonders verbreitet sind sie in nahezu allen Kulturen, die kein organisiertes Bildungswesen für den Weg zum Erwachsensein haben. Dort werden I. meist in der Pubertät abgehalten, um den Jungen zum Mann, das Mädchen zur Frau zu machen. Wie andere Riten des Übergangs (Geburt, Tod, Neujahr) enthält auch die Initiation eine Phase der Trennung von der bisherigen Lebensweise, eine Phase der Isolierung, und ein Stadium, in dem der neu erreichte Status als Krieger, als heiratsfähig, als Mitbewohner im Männerhaus gefeiert wird. Oft mit Mutproben verbunden, sind sie wichtig, weil die geheime Unterweisung sehr intensiv prägt. Sie umfaßt, was man für den Vollzug traditioneller Religion, aber auch für das Leben als Krieger, Mann (oder Frau) wissen und beachten muß.

Der christl. Mission galten sie meist als Kernstück heidnischer Religion, deshalb zu bekämpfen. Man hat aber gelernt, die heidnische Unterweisung durch christl. Unterricht und Gebet zu ersetzen, z.B. bei Beschneidungslagern.

Je komplexer eine Kultur, desto weniger ist es mit einer Initiation getan, und so entwickeln sich u.U. mehrere Stadien von Initiationen; manche führen in besondere, auch geheime Gruppen, und das Ritual bringt zum Ausdruck, daß der »Eingeweihte« einen neuen Zugang zum Wissen gewinnt – so in aller Regel in der Esoterik.

Lit.: M. Eliade: Das Mysterium der Wiedergeburt. Initiationsriten, ihre kulturelle und religiöse Bedeutung, 1961; M. Ntetem: Die negro-afrikanische Stammesinitiation, 1983.

N.-P. Moritzen

Inkarnation → Menschwerdung Gottes

Innere Mission

1. Begriff

Der Begriff I.M. ist verbunden mit dem Namen J.H. → Wichern. Wichern verstand I.M. als »Ausbreitung des Reiches Gottes (Mission) ... innerhalb der Christenheit« (innere Mission). Subjekt der I.M. sind dabei die Einzelpersonen, Gruppen und Einrichtungen, die selber fest im Reich Gottes verwurzelt sind, Objekt die getauften, aber im Glauben unsicheren Christen. Der Hebung ihrer innerlichen wie äußerlichen Notstände dient die I.M., denn es geht insgesamt um eine Rettung der ganzen Welt, die ihren Urgrund – Gott in Jesus Christus – verloren hat. So gilt für alle Arbeit der I.M.: »Christus ist überall ihr Grund und ihr Ziel. Sie steht allewege in dem Bekenntnis seines Namens.«

2. Bewegung
Nachdem sich unter Orientierung an Vorbildern wie J.D. → Falk, J.F. → Oberlin und A. → Sieveking bereits zu Beginn der 40er Jahre des 19. Jh.s zahlreiche Gruppen und Vereine unter dem Namen I.M. zusammengefunden hatten, forderte Wichern auf dem Kirchentag in Wittenberg 1848 die ev. Kirche auf, diese Anfänge zu ihrer eigenen Sache zu machen: »Es tut eines not, daß die evangelische Kirche in ihrer Gesamtheit anerkenne: ›die Arbeit der Innern Mission ist mein!‹, daß sie ein großes Siegel auf die Summe dieser Arbeit setze: die Liebe gehört mir wie der Glaube.« Im folgenden Jahr konstituierte sich daraufhin der »Central-Ausschuß für die Innere Mission der deutschen evangelischen Kirche«, der vor allem der Information der rasch wachsenden Zahl von Einrichtungen verschiedenster Art diente. Nach einer Geschichte, die gekennzeichnet ist durch aufopferungsvolle Arbeit vieler bekannter und unbekannt gebliebender »Genies der Liebe« (G. Brakelmann über Wichern) und durch Ausdehnung der Arbeitsfelder über das gesamte soziale und volksmission. Aufgabenfeld wurde die I.M. mit dem nach dem Kriege entstandenen Hilfswerk der Kirchen 1976 zum Diakonischen Werk der Ev. Kirche in Deutschland vereinigt.

3. Würdigung
Wichern hat gegenüber einer auf das Reden konzentrierten Kirche unter Verweis auf Bibel wie Kirchengeschichte betont, daß das Heilsangebot Gottes sich auf den ganzen Menschen bezieht und auch nach den Lebensumständen fragen läßt. Gegenüber einer auf das Amt fixierten Kirche hat er von neuem das Priestertum aller Glaubenden, die Berufung aller Christen zur Verkündigung in Wort und Tat betont.

Lit.: H.H. Ulrich: »Innere Mission«, ESL, 1980, 615ff; J.H. Wichern: »Mission, innere«, RE 9, 1858, 650ff.

K.H. Neukamm

Inneres Zeugnis des Heiligen Geistes

→ Testimonium Spiritus Sancti

Innozenz III → Papst, Papsttum

Inquisition

Ermittlung und Verfolgung von Häresie in der röm.-kath. Kirche des MA und der frühen Neuzeit, auch die speziell damit beauftragte Institution.

Das allg. Problem des Umgangs mit Irrtum und Lehrabweichung stellte sich auch im Christentum schon früh, wurde jedoch nicht umfassend geregelt; auch nicht, als nach der Anerkennung des Christentums als Staatsreligion jede Abweichung von der Glaubenseinheit zugleich Staatsinteressen antastete, und so das Zusammenwirken von Kirche und weltlicher Obrigkeit bei der Ketzerbekämpfung selbstverständlich erschien. Verschiedene kaiserliche Gesetze sahen unterschiedliche Strafen vor (Aberkennung bürgerlicher Rechte, Enteignung, Verbannung); Körperstrafen wurden auch kirchlicherseits gerechtfertigt, die Todesstrafe jedoch noch lange Zeit abgelehnt. Anfang des 11. Jh. brannten aber die ersten Scheiterhaufen. Spezieller Einrichtungen zur systematischen Verfolgung bedurfte es jedoch nicht. Erst die Ausbreitung der Katharer und Waldenser seit Ende des 12. Jh.s veranlaßte die Kirche zu gezielten Maßnahmen: Papst Lucius III. und Kaiser Friedrich I. verhängten 1184 ein Edikt »Zur Beseitigung der Verkehrtheit verschiedener Häresien«, das alle Bischöfe verpflichtete, an verdächtigen Orten regelmäßige Untersuchungen durchzuführen, und von den weltlichen Obrigkeiten den Eid verlangte, die Kirche dabei wirksam zu unterstützen und die für schuldig Befundenen entsprechend zu bestrafen. Papst Innozenz III. erweiterte 1199 die Gesetzgebung. Das IV. Laterankonzil übernahm diese Regelungen fast wörtlich, nun aber erweitert um ein Glaubensbekenntnis als Norm zur Unterscheidung zwischen Rechtgläubigkeit und Ketzerei. Kaiser Friedrich II., der bis 1232 die Ketzerverfolgung für das ganze Reich regelte, führte den Feuertod als gesetzliche Strafe für Ketzerei ein. Gleichzeitig schuf Papst Gregor IX. ein eigenes zentrales kirchl. I.swesen. Papst Innozenz IV. endlich sanktionierte 1252 auch die Anwendung der Folter. Damit war ein Instrumentarium geschaffen, das verbreitete Anwendung fand. Speziell beauftragte Inquisitoren, vorzüglich Dominikaner, dann auch Franziskaner, wurden bei Bedarf in bestimmte Regionen neben den ordentlichen bischöflichen und weltlichen Gerichten tätig. Die Durchführung der Verfahren, über die verschiedene Handbücher aus dem 14. Jh. ausführlich Auskunft geben, räumte den Beschuldigten kaum Rechte ein und ließ ihnen insofern auch kaum Chancen, ihre Unschuld zu beweisen. Die Verfolgung von eigenen Interessen seitens der Beschuldiger und Betreiber der I. sind vielfach nachweisbar. Freisprüche waren selten. Die häufigste Strafe war Gefängnishaft mit Einziehung des Vermögens. Die Rate der Todesurteile blieb allerdings unter 10 %. Besonders berüchtigt wurde die sog. spanische I., d.h. die systematische Verfolgung von eigentlich geschützten Minderheiten, der Judenchristen (»Marranen«) seit Ende des 14. Jh.s und seit Beginn des 16. Jh.s die der konvertierten Muslimen (»Morisken«), die man beschuldigte, unter dem Deckmantel des Getauftseins im Geheimen weiterhin ihrem alten Glauben anzuhängen. Die Zahl der Verfolgten und schon die der Getöteten geht in die Tausende. Prozeß, Urteilsspruch und -vollstreckung wurden regelrecht ritualisiert (Auto-da-fé).

Zu neuer Bedeutung gelangte die I., nachdem sie im übrigen Europa seit dem 14. Jh. zunehmend an Befugnissen und damit an Bedeutung verloren hatte, seit der Reformation. Schon 1522 wurde sie für die Niederlande erneuert. Die beiden Augustinermönche Voß und Esch, 1523 in Brüssel verbrannt, waren die ersten Blutzeugen der Reformation. Papst Paul III. installierte 1542 eine entsprechende Kommission von sechs Kardinälen als zentrale I.sinstanz für alle Länder. Aus ihr, die (unter Leitung von Kardinal Caraffa, dem späteren Papst Paul IV.) auch den leisesten Verdacht ohne Nachsicht verfolgte, so daß ihr auch eine Reihe verdienter Prälaten zum Opfer fiel, ging später das Sanctum Officium hervor. 1588 erteilte Papst Sixtus V. weitestgehende Vollmachten. Die Zerschlagung der reformatorischen Bewegung besonders im Mittelmeerraum geht auf ihr Wirken zurück. Ihr oblagen aber daneben eine Vielzahl weiterer Angelegenheiten bis hin zur allgemeinen Aufsicht über Sitte und Ordnung (Galilei!).

Die alte Form der I. wurde in Spanien erst 1834 offiziell aufgehoben, in Italien 1859, im Kirchenstaat bestand sie bis zu dessen Auflösung 1870. Das Sanctum Officium wurde 1965 im Zusammenhang mit dem 2. Vatikanischen Konzil aufgelöst. An seine Stelle trat die Kongregation für die Glaubenslehre.

Lit.: G. Grundmann: Ketzergeschichte des Mittelalters, 1963 (= KIG 2, Lfg. G); G. Hasenhüttl, J. Nolte: Formen kirchlicher Ketzerbewältigung, 1976; M. Hroch, A. Skýbova: Ecclesia militans, Inquisition im Zeitalter der Gegenreformation, 1985; H. Kamen: »Inquisition«, TRE 16, 1987, 189-196; H.C. Lea: Geschichte der Inquisition im Mittelalter, 3 Bde., 1987.

H. Kirchner

Inschriften → Epigraphik

Inspiration → Bibel

Inspirationsgemeinden → Spiritualismus

Institution

1. Allgemeine Begriffsbestimmung

Im wissenschaftl. Sprachgebrauch bezeichnet der Begriff I. gewöhnlich jene Beziehungsformen einer Gesellschaft, die auf Dauerhaftigkeit angelegt und in gewissem Grad verbindlich sind. In der Regel werden dazu Ehe und Familie, Recht, Staat, Wirtschaft, Bildung und Religion gerechnet. Die nähere inhaltliche Füllung des Begriffs unterscheidet sich jedoch, je nach dem man ihn in sozialwissenschaftl., anthropologischem, rechtsphil. oder theol. Zusammenhang aufsucht.

2. Außertheologische Bedeutung

a. Der sozialwissenschaftliche Ansatz B. Malinowskis versteht I. als gruppenhafte Organisation zur Befriedigung sozialer Bedürfnisse. Seine Feststellung, daß es dabei zunächst um vitale Grundbedürfnisse geht, deren Befriedigung dann allerdings neue, abgeleitete Bedürfnisse und damit auch neue Institutionen entstehen läßt, wurde von H. Schelsky mit der These aufgegriffen, daß in unserer Zeit das Bewußtseinsbedürfnis der kritischen Selbstreflexion institutionell neu befriedigt werden müsse.

b. Die anthropologische Theorie A. Gehlens hebt darauf ab, daß der Mensch im Unterschied zum Tier nicht durch Instinkte in seine Umwelt eingepaßt ist. Die dadurch entstehende Überflutung mit unspezifischen Reizen stellt eine lebensbedrohende Belastung dar, die der Mensch nur durch die Schaffung einer Kulturwelt (einschließlich der I.en) bewältigen kann. I.en dienen daher der Entlastung von ständig neuen Handlungsentscheidungen.

c. M. Hauriou als Begründer des rechtsphil. Begriffs versteht als I. eine »Leitidee« oder »Werkidee«, die in einem sozialen Milieu in rechtlicher Form verwirklicht wird. Zur Leitidee treten dabei sowohl organisierte Macht als auch Gemeinschaftsbekundungen der beteiligten Gruppen hinzu, so daß die I.en zur Quelle der Rechtsnormen werden.

3. Theologischer Sprachgebrauch

In die ev. Theologie wurde der Begriff der I. durch die rechtstheol. Grundlagengespräche der Jahre 1955-63 (s. die zwei Bände »Recht und Institution« und den Bericht von W.D. Marsch in Schelskys Sammelband) sowie durch die »Sozialethik« Ernst Wolfs eingeführt.

a. In den rechtstheol. Grundlagengesprächen verstand man I.en von ihrem Erscheinungsbild her als Ausdruck typischer Beziehungsformen, die weitgehend gestaltungsfähig, aber im Grundriß vorgegeben sind. Zu ihrer Verwirklichung bedarf es eines Aktes der Annahme, der Entscheidungscharakter hat und als solcher eine Hingabe ist. Durch seine freie Entscheidung zur Hingabe gelangt der Mensch in einen Status, der ohne fortdauernde Annahme nicht wirksam ist. I.en sind daher als Einheit von Zustand und Vorgang zu begreifen. Sie beziehen sich auf diejenigen Grundverhältnisse menschlichen Daseins, die den höchsten Grad der Existentialität besitzen. Zugleich wird aber auch festgehalten, daß der ontologische Wirklichkeitsgrund der I.en ihre Stiftung durch das Wort Gottes ist.

b. E. Wolf versteht unter I.en den von Gott dem Menschen angebotenen Ort seiner Bewährung in Verantwortung. Sie sind soziale Daseinsstrukturen als Einladung Gottes zu ordnender und gestaltender Tat in der Freiheit des Glaubensgehorsams gegen sein Gebot. Ihr Normcharakter ist anthropologisch begründet in der »Institutionalität« des Menschen, d.h. seiner mit der Instinktreduktion (s. Gehlen) gegebenen existentiellen Angewiesenheit auf I.en. Von der Gottebenbildlichkeit des Menschen her ist die Institutionalität zu umschreiben als das dreifache Gegenüber des Menschen zu Gott, Mitmensch und Erde, das dann auf die fundamentalen I.en des Bundes (Staat und Kirche), der Ehe und des Eigentums verweist.

4. Verhältnis zu Schöpfungsordnungen

Das Aufkommen des Begriffs der I.en in der ev. Sozialethik hat seinen Grund darin, daß man nach den Erfahrungen des Nationalsozialismus sowohl den Begriff als auch die Tendenz der herkömmlichen Lehre von den → Schöpfungsordnungen vermeiden wollte. Der Schöpfungsordnungstheologie warf man vor, geschichtl. gewordene Strukturen als Gesetz Gottes und damit als unveränderbar interpretiert zu haben. Im Begriff der I. sah man demgegenüber die Möglichkeit, die Verantwortung des Menschen für die gesellschaft. Wirklichkeit stärker zu betonen und – zugleich als Abgrenzung gegen reinen Aktualismus – die Einheit von Zustand und Vorgang, Stiftung und Annahme herauszustellen. Auf den geschichtl. Charakter der Ordnungen und das Zugleich ihrer Schicksalhaftigkeit und Gestaltungsfähigkeit hatte allerdings auch die Schöpfungsordnungstheologie Gewicht gelegt. Während sie in der Tat praktisch vielfach konservativ wirkte, verlagert die neuere I.enlehre das Gewicht stark auf die Gestaltungsaufgabe des Menschen, so daß die Vorgegebenheit von Ehe, Staat, Recht u.a. und ihr Verpflichtungscharakter in den Hintergrund treten. Wenn I.en als »engagierte Spontaneität« (Dombois) oder als »Einladung« Gottes an den Menschen zu tathafter Gestaltung (Wolf) bezeichnet werden, tritt das Moment der Freiheit stark hervor. Dennoch trug allein das Festhalten an der »Vorgegebenheit der Institutionen im Grundriß« der I.enlehre den Vorwurf ein, dem »Bedürfnis nach Sicherung in Ämtern und Ordnungen« zu viel Raum gegeben zu haben (Fahlbusch). Demgegenüber ist festzuhalten, daß Freiheit im christl. Sinn Gemeinschaft mit Gott und dem Nächsten meint und damit nur in und durch die Verbindlichkeit der I.en möglich ist.

5. Kirche als Institution?

Einen Sonderfall der I.enproblematik stellt das Verständnis der Kirche/Gemeinde als I. dar. Ausgehend von Luthers Lehre von der Unsichtbarkeit der Kirche als dem Ereignis des Glaubens und R. Sohms Entgegensetzung von Charisma und Recht definierten E. Brunner u.a. Kirche im Sinne der ntl. Ekklesia als reine Persongemeinschaft ohne allen institutionellen Charakter. Dem steht gegenüber das traditionelle kath. Verständnis der Kirche als einer auf hl. Recht gegründeten Heilsanstalt. J.L. Leuba versuchte beide Konzepte dadurch zu verbinden, daß er vom atl. Königtum bis zur ntl. Gemeinde das Doppelprinzip von »Institution und Ereignis« herausarbeitete. Das rechtstheol. I.enverständnis hatte allerdings das Ereignishafte nicht als Gegenüber zum Institutionellen, sondern als dessen integrierendes Moment angesehen. Von der ntl. Ekklesiologie her ist jedenfalls der Doppelcharakter der Gemeinde als zugleich eschatologischer und geschichtl. Größe festzuhalten. Das spontane Wirken des Heiligen Geistes geschieht in und mit stabilen Strukturen, die die Dauerhaftigkeit der Gemeinde gewährleisten: geordnete Verkündigung, Taufe, Abendmahl, Diakonie, Ämter, Lebensordnungen, Kirchenrecht. Diese notwendige geschichtl. Gestalt der Gemeinde hat ihren Sinn nicht in sich selbst, sondern soll dem eschatologischen Ereignis von Glaube, Hoffnung und Liebe dienen.

Lit.: E. Brunner: Das Mißverständnis der Kirche, (1951), ^{3}1988; H. Dombois (Hg.): Recht und Institution, 1. Folge 1956, 2. Folge 1969; H. Dubiel: »Institution«, HWP Bd. IV, 1976, 418ff; EvTh 49/1989, Heft 1: Charisma und Institution; L. Dullaart: Kirche und Ekklesiologie, Die Institutionenlehre A. Gehlens als Frage an den Kirchenbegriff, 1975; E. Fahlbusch: »Institution«, EKL^{2}, II. Bd., 1958/62, 343ff; J.L. Leuba: Institution und Ereignis, 1957; H. Schelsky (Hg.): Zur Theorie der Institution, 1970; E. Wolf: Sozialethik, 1975; M. Zentgraf: Die theologische Wahrnehmung von Institutionen, Diss. theol. Bonn, 1983.

U. Swarat

Institutum Judaicum

a. Delitzschianum

Das I.J. Delitzschianum wurde 1883 in Leipzig von Prof. Dr. Franz → Delitzsch als I.J. mit Hilfe des Evangelisch-lutherischen Centralvereins für Mission unter Israel (ELZ) zur Ausbildung von Judenmissionaren auf dem Gebiet der jüd. Traditionsliteratur gegründet. 1935 wurde es unter nationalsozialistischem Druck nach Wien verlegt, dort 1938 geschlossen und 1947 von Prof. D. Karl Heinrich Rengstorf und dem ELZ als Institut an der Westfälischen-Wilhelms Universität Münster (WWU) mit dem Ziel der wissenschaftl. Erforschung der antiken jüd. Literatur, der christlich-jüd. Beziehungen und der Germania Judaica wiederbegründet. Seit 1981 ist es Institut der WWU im Rahmen der Ev.-Theol. Fakultät. Neben judaistischer Forschung nimmt es Aufgaben in der Öffentlichkeit wahr und pflegt Kontakte zu wissenschaftl. Einrichtungen besonders in Israel und USA.

b. Tübingen

Das I.J. wurde 1957 von Prof. D. Otto Michel im Rahmen der Ev.-Theol. Fakultät gegründet. Die inhaltliche Zielsetzung war die wissenschaftl. Erarbeitung der jüd. Literatur der Antike für die ntl. Forschung und der modernen jüd. Philosophie, deren Fruchtbarmachen für Theologie und Kirche und der Dialog mit Juden in Deutschland und vor allem in Israel. Seit 1979 fand eine Aufteilung in ein »Institut für antikes Judentum und hellenistische Religionsgeschichte« und ein »Institutum Judaicum« statt.

Weitere nach dem Zweiten Weltkrieg gegründete Einrichtungen oder Forschungsschwerpunkte ähnlicher Zielrichtung gibt es an den Universitäten Erlangen, Duisburg, Göttingen, Kiel, Berlin, Leipzig und Mainz sowie an der Kirchl. Hochschule Neuendettelsau.

K. Lehnardt

Interim, Augsburger

Nachdem Kaiser Karl V. die Protestanten im Schmalkaldischen Krieg besiegt hatte, versuchte er sie auf dem »geharnischten Reichstag« in Augsburg 1548 zur altgläubigen Kirche zurückzuführen. Dies wäre an sich Sache des Trienter Konzils gewesen, das aber damals unterbrochen war. So mußte eine Zwischenlösung, lat. »interim«, gefunden werden. Sie wurde von einer kath. Theologenkommission erarbeitet, an der sich später auch der ev. Johann → Agricola beteiligte. Das I. suchte zwar die → Rechtfertigung durch Christus mit der (kath. verstandenen) Rechtfertigung durch die Liebe im Menschen zu kombinieren, vertrat aber sonst eine kath. Auffassung von der Kirche mit dem Papstamt und von den (sieben) Sakramenten. Den Protestanten wurden bis zu einem Konzil Priesterehe und Laienkelch zugestanden. Bei den süddeutschen Protestanten wurde das I. gewaltsam durchgesetzt, wobei sich aber die Theologen und Gemeinden sowie natürlich die kath. Seite weithin versagten. In Sachsen akzeptierte → Melanchthon das abgeschwächte »Leipziger Interim«, geriet deswegen aber unter heftigste Kritik. Nach dem ev. Fürstenaufstand 1552 erwies sich der Rekatholisierungsversuch als gescheitert, obgleich er noch Jahre nachwirkte. Als Alternative blieb nur noch die gegenseitige Anerkennung der Religionsparteien.

Lit.: Das Augsburger Interim von 1548, hg. von J. Mehlhausen, 1970.

M. Brecht

Internationale Konferenz Bekennender Gemeinschaften (IKBG)

Durch das weltweite Echo auf die → »Frankfurter Erklärung zur Grundlagenkrise der Mission« war der »Theologische Konvent« der → Konferenz bekennender Gemeinschaften seit 1970 in Verbindung mit zahlreichen »beunruhigten Christen« quer durch alle Kirchen in vielen Ländern der Erde gekommen. Diese

Kontakte bewährten sich bei der internationalen Erarbeitung der Berliner Ökumene-Erklärung 1974, an der evangelikale Theologen aus verschiedenen europäischen Ländern mitwirkten. Die Berliner-Ökumene-Erklärung dokumentiert die Ideologisierung, Politisierung und Synkretisierung des Ökumenischen Rates der Kirchen (→ Ökumenische Bewegung) und mahnt zu einer Änderung. Nach diesem 1. Europäischen Bekenntniskonvent in Berlin gründete sich am 13. März 1976 in Frankfurt die Europäische Konferenz Bekennender Gemeinschaften.

Vom 4.-6. Juli 1978 traf sich in London ein Initiativkreis von 20 verantwortlichen Vertretern Bekennender Gemeinschaften aus England, Nordirland, Holland, Deutschland, Amerika, Südafrika und Neuseeland. Die Versammlung faßte den Entschluß, ein »International Christian Network« zu bilden. Im Februar 1980 gab sich der Initiativkreis eine Grundordnung, als Vorsitzender wurde P. Beyerhaus bestätigt. Die Mitglieder verpflichten sich auf die gemeinsame Grundlage der Heiligen Schrift und der altkirchl. Bekenntnisse und machen sich die Grundanliegen neuerer Bekenntniserklärungen, wie insbesondere der Frankfurter Erklärung und der Berliner Ökumene-Erklärung zu eigen. Die Konferenz will eine lockere, wesentlich geistl. zusammengehaltene Vereinigung selbständiger nationaler Bewegungen bleiben. Als solche trat auch die deutsche → Konferenz Bekennender Gemeinschaften im Herbst 1978 korporativ als Mitglied der IKBG bei.

Die IKBG hat sich zur Aufgabe gesetzt, nach Erneuerung im christl. Glauben zu streben und unverfälschte bibl. Maßstäbe für Lehre und Ethik aufrecht zu erhalten gegenüber antichristl. Zeitströmungen. Sie unterstützt auch evangelist. und diakon. Dienste unter bedrängten Gemeinden in verschiedenen afrikanischen Ländern. In europ. und internationalen Kongressen erarbeitete die IKBG bibl. Orientierungshilfen u.a. zur New-Age-Religiosität (Zürich, 1987) und zur Theologie des Heiligen Geistes (Börkop, Dänemark, 1992).

Lit.: R. Bäumer, P. Beyerhaus, F. Grünzweig (Hg.): Weg und Zeugnis. Bekennende Gemeinschaften im gegenwärtigen Kirchenkampf 1956-1980, 1980; P. Beyerhaus, L.E. von Padberg (Hg): Eine Welt – eine Religion? Die synkretische Bedrohung unseres Glaubens im Zeichen von New Age, 1988; ZS Diakrisis, hg. vom Theol. Konvent der Konferenz Bekennender Gemeinschaften in den evangelischen Kirchen Deutschlands in Verbindung mit der IKBG seit 1979.

E. Berneburg

Internationale Vereinigung Christlicher Geschäftsleute (IVCG)

Die IVCG wurde mit ersten lokalen Gruppen in Zürich und Karlsruhe im Jahre 1957 gegründet. Hauptziel der überkonfessionellen Laienbewegung, die keine spezielle Kirche vertritt und keine Mitglieder wirbt, ist die Verkündigung des Evangeliums für Geschäftsleute und Führungskräfte sowie die Hinführung zu einer persönlichen Gemeinschaft mit Gott. Um dieses Hauptziel verwirklichen zu können, führt die IVCG regelmäßig Frühstückstreffen, Business-Lunches, Bankette und Gesprächsrunden in z.Zt. 70 Städten des deutschsprachigen Europas durch. Die Monatszeitschrift »Geschäftsmann und Christ« informiert über alle Veranstaltungen und enthält Erlebnisberichte und praktische Erfahrungen im christl. orientierten Manageralltag sowie Referate von kompetenten Persönlichkeiten, welche Jesus Christus erste Priorität in ihrem Leben eingeräumt haben. Die IVCG ist assoziiert mit dem CBMC, Christian Business Men's Committee.

M. Schaller

Internationaler Kongreß für Weltevangelisation

→ Lausanner Bewegung

Internationaler Missionsrat

Der IMR ist eine Frucht der ersten → Weltmissionskonferenz in Edinburgh 1910. Sie hatte beschlossen, einen Fortsetzungsausschuß ihrer Arbeit zu berufen. Als Dachorganisation freier Missionsgesellschaften, kontinentaler → Missionskonferenzen und → Nationaler Christenräte wird der International Missionary Council (IMC) 1921 in Lake Mohonk (N.Y.) gegründet. Vorsitzender ist bis 1942 John Mott, 1. Sekretär J.H. Oldham.

Die späteren »Weltmissionskonferenzen« waren eigentlich Sitzungen des IMR, auf denen die aktuelle Situation der → Mission innerhalb der Weltlage erhoben, konkrete Hilfsmaßnahmen beschlossen und an den Fragen von Kirche und Mission theol. weitergearbeitet wurde.

– Jerusalem (1928) steht im Zeichen der durch den Ersten Weltkrieg veränderten Welt und scharfer Kontroverse zwischen kontinentalen und angelsächsischen Theologen.

– In Tambaram (1938) sind die Jungen Kirchen stark vertreten und arbeiten über die christl. Botschaft in einer nichtchristl. Welt.

– In Whitby (1947) steht das Verhältnis von Jungen und Alten Kirchen im Vordergrund und wird als »Partnerschaft im Gehorsam« beschrieben.

– Willingen (1952) beschreibt von der missio Dei her Mission als Anteilnahme an Gottes Heilsplan.

– Die Zusammenkunft in Accra/Ghana (1958) demonstriert die Befreiung der Mission vom westl. → Kolonialismus und bereitet aus dem jetzt erreichten Verständnis von Kirche und Mission deren Zusammenschluß vor.

– Die Integration von IMR und Ökumenischem Rat der Kirche (ÖRK) wird auf der 3. Vollversammlung des ÖRK in New Delhi (1961) vollzogen. Die folgenden Weltmissionskonferenzen in Mexico City (1963), Bangkok (1973), Melbourne (1980) und San Antonio (1989) werden von der Abteilung für Weltmission und Evangelisation des ÖRK vorbereitet und einberufen. So ist der MR im 20. Jh. der Schrittmacher der → Ökumenischen Bewegung gewesen und hat die Umsetzung missionstheol. Einsichten in kirchl. Handeln gefördert.

Lit.: W. Günther: Von Edinburgh nach Mexico City. Die ekklesiologischen Bemühungen der Weltmissionskonferenzen (1910-1963), 1970; W.R. Hogg: Mission und Ökumene. Geschichte des Internationalen Missionsrates und seiner Vorläufer im 19. Jahrhundert, 1954; T. Shivute: The Theology of Mission and Evangelism in the International Missionary Council from Edinburgh to New Delhi, 1980.

R. Müller

Internationaler Rat Christlicher Kirchen

Der »International Council of Christian Churches« wurde auf seiner ersten Vollversammlung vom 11.-19. 8. 1948 in Amsterdam – wenige Tage vor Gründung des Ökumenischen Rats der Kirchen (ÖRK) am gleichen Ort – als Gegen-Ökumene ins Leben gerufen. Wortführer war und ist bis heute der militante Vertreter eines extremen amerikanischen Fundamentalismus, Carl McIntire (geb. 17. 5. 1906), der von seiner Denomination ausgeschlossen wurde und seit 1933 Pastor der separatistischen Bible Presbyterian Church in Collingswood, N.J., ist. Harte Polemik kennzeichnet die Verlautbarungen und Aktivitäten des ICCC. Der ÖRK wird beschuldigt, den Protestantismus und die Orthodoxie der römischen Kirche zuführen zu wollen, um eine einheitliche »Weltkirche« zu errichten, die den heiligen Rest verfolgt. Die Evangelikalen (z.B. Carl Henry oder Billy Graham) werden als »Kompromißler« beschimpft. Über 350 Kirchenkörper – oft kleinste Splittergruppen – gehören dem ICCC an. Elf »biblische Wahrheiten« und das Apostolikum dienen als Lehrgrundlage. Eine Reihe von Unterorganisationen (The Associated Missions, International Christian Relief, International Christian Youth) wurden geschaffen. Das Organ heißt »The Reformation Review«. Regionale, nationale Kongresse und auch Weltkongresse werden veranstaltet. Der Schwerpunkt der Arbeit liegt in Nordamerika und im Fernen Osten. In Deutschland hat der ICCC so gut wie kein Echo gefunden.

Lit.: J. Reich: Twentieth Century Reformation, 1969.

E. Geldbach

Intuition

I., von lat. *intueri*, »hinschauen, anschauen«, ist ein zentraler, freilich mehrdeutiger und in der Geistesgeschichte schillernder Begriff für den Anspruch eines nicht reflexiven, nicht abstrakt und nicht deduktiv gewonnenen, nicht diskursiven Wissens. I. ist die nicht nur Teile, sondern das Ganze des Erkenntnis-Gegenstandes erfassende, nicht bloß auf seine Erscheinung, sondern auf sein (inneres) Wesen gehende, vor-, nach-, überrationale und transkritische Wesensschau, die keinen Zweifeln unterliegt, sondern völlig gewiß ist. I. ist bei → Plato die geistige Schau der allem Seienden zugrundeliegenden ideellen Wirklichkeit; bei → Descartes ist die »klare und evidente Intuition« eine der allein zuverlässigen Quellen von »Wissenschaft« (Regel 3). Bei J. → Locke steht intuitive Erkenntnis für die Einsichtigkeit bestimmter Axiome, ein Sprachgebrauch, an den dann der intuitionistische Ansatz der Mathematik anknüpfen kann. Für die auf die Reinheit, Allgemeingültigkeit und Überprüfbarkeit der Erkenntnis ausgerichtete Transzendentalphilosophie I. → Kants vollzieht sich Erkenntnis dagegen notwendig als »Erkenntnis durch Begriffe« und d.h. »nicht intuitiv, sondern diskursiv« (A 68).

In der Gestaltpsychologie und in anderen geisteswissenschaftl. orientierten Disziplinen bezeichnet I. eine Weise des Verstehens, in dem Einsicht und Wissen gewonnen wird, ohne daß man »im Einzelnen die Operationen angeben oder nachvollziehen« kann, »die zu diesem Wissen hinführen oder ... es bestätigen« (Hofstätter, 317). Von der I., verstanden als bloßer Anmutung, wird hier dem Anspruch nach eine Wahrnehmung einer Ganzheit unterschieden, die zu gewinnen ist, ohne daß die den Gesamteindruck bestimmenden Einzelbeobachtungen als solche im Bewußtsein diskursiv unterschieden und benennbar wären.

Für die *Cognitive Science* bekommt I. im Zusammenhang der Diskussion um Künstliche Intelligenz und um die Ersetzbarkeit menschlicher durch künstliche (= Computer-)Intelligenz eine neue Bedeutung als Begriff für die prinzipielle Grenze einer rationalen Rekonstruktion menschlichen Erkennens (Irrgang, Klawitter, 44). Da »menschliches Wissen sich nicht auf Regelanwendung« reduzieren, »sondern sich nur als (ganzheitliche) Kompetenz beschreiben lasse«, »können sich Computer mit menschlichen Experten nicht messen, denn nicht Präzision ist die wesentliche Eigenschaft menschlicher Intelligenz, sondern Intuition«. (ebd., 45)

Vor dem Hintergrund der Grundlagenkrise von → Logik und Mathematik wird die fundamentale I. der natürlichen Zahlen für den Konstruktivismus von L.E.J. Brouwer zum Ausgangspunkt aller Mathematik.

I. ist bleibend wichtig als Schlüsselbegriff einer Erkenntnis, die sich nicht auf rationale, prädikative und abstrahierende Reflexion und logisch rekonstruierende Darstellung reduzieren läßt; sie ist zugleich aber auch bleibend gefährdet, weil sich ihr Erkenntnis-Anspruch in dem, was über kritische Rekonstruierbarkeit hinausgeht, weitgehend der Kontrolle entzieht.

Lit.: R. Descartes: Regeln zur Ausrichtung der Erkenntniskraft (1684); P. Hofstätter: Fischer-Lexikon Psychologie, [16]1970; B. Irrgang, J. Klawitter: Künstliche Intelligenz. Technologischer Traum oder gesellschaftliches Trauma, in: dies. (Hg.): Künstliche Intelligenz, 1990, 7-54; I. Kant: Kritik der reinen Vernunft A (1781); Th. Kobusch: »Intuition«, HWP Bd. 4, 1976, 524-540 (Lit.).

H. Hempelmann

Investiturstreit

Der I. bezeichnet die »Spätphase eines umfassenden Kampfes um die Ordnung der Welt« (Goez) mit weitreichenden Folgen auf allen Gebieten.

Voraussetzung war die Kirchenreform des 11. Jh.s: Nachdem zunächst der Kampf gegen die Simonie (Ämterkäuflichkeit) und das Verbot des Nikolaitismus (Priesterehe) geführt wurde, ist seit 1030 ein Höhepunkt der Kritik an den Zuständen im Klerus festzustellen. → Heinrich III. (1039-1056) griff mehrmals in die angeblich simonistische Besetzung des Papststuhls ein. Da das Königsamt geistl. Charakter hatte, war die Einsetzung von Bischöfen durch den Herrscher gängige Praxis. Neu war jedoch, daß die von ihm protegierten Päpste ihre bisherigen Bistümer behielten, wodurch als Aufgabe des Nachfolgers Petri die Leitung der Gesamtkirche vor der der röm. Diözese deutlich betont wurde. Die sog. »Reformpäpste« (Leo X. bis Gregor VII.) bauten diese Stellung aus. Anfangs hatte die Kirchenreform die Unterstützung des Kaisertums, aber langsam wuchs auch unter dem kaisertreuen Episkopat der Widerstand. V.a. Humbert a Silva Candida dehnte den Begriff der Simonie auf die Laieninvestitur aus und verstand das Königtum als Laienamt. Der eigentliche Konflikt entzündete sich an der Besetzung des Mailänder Bischofsstuhls, als Heinrich IV. (1056-1106) einen Gegenkandidaten einsetzte und auch ohne Rückfrage bei der Kurie diesen investierte. 1076 kündigte er dem Papst den Gehorsam auf und erklärte dessen Erhebung für nichtig. Daraufhin setzte Gregor den Kaiser ab und belegte ihn mit dem Kirchenbann. Da die Fürsten Heinrich deshalb mit der Absetzung drohten, kam es zu dem berühmten Gang nach Canossa 1077, wo er die Aufhebung der Exkommunikation erreichte. Zunächst bedeutete dies einen Sieg Heinrichs. In der Folgezeit wurde das Verbot der Laieninvestitur aber ausdrücklich auf den Herrscher ausgedehnt. 1080 wurde Heinrich erneut exkommuniziert. Dagegen kündigte dieser zum zweiten Mal den Gehorsam gegenüber dem Papst auf. Erzbischof Wibert von Ravenna wurde zum Gegenpapst (Clemens III.) gewählt, und es kam zu heftigen Auseinandersetzungen mit dem Ergebnis, daß Gregor VII. 1085 im Exil starb. Sah es zunächst so aus, als könne Heinrich sich durchsetzen, kam es jedoch zu einem Umschwung, als Urban II. 1088 Nachfolger Gregors wurde. Erst 1105, nachdem Clemens III. gestorben war und sein Nachfolger wenig Ansehen erlangte, war das Schisma praktisch beendet. Das Ende des I.s liegt in den verschiedenen Ländern unterschiedlich. In Deutschland wird es allgemein 1122 mit dem Wormser Konkordat gleichgesetzt, die Gesamtproblematik war aber bis ins 14. Jh. hinein noch nicht gelöst.

Lit.: W. Goez: »Investiturstreit«, TRE 16, 1987, 237-247; U.-R. Blumenthal: Der Investiturstreit, 1982.

D. Heller

Iona Community

Die Insel Iona vor der Westküste Schottlands war im 6. Jh. Ausgangspunkt der keltischen Mission. Hier wurde 1938 die Kommunität gegründet und das alte Benediktinerkloster wieder hergerichtet (1967 vollendet). Durch gemeinsame Gottesdienste und Erneuerung der Liturgie will die Kommunität angesichts vielfältiger sozialer Probleme der Moderne missionarbeiten, um Alltag und Gottesdienst, Glaube und Politik, Gemeinschaft und Individuum in Verbindung zu bringen. Die Kommunität von ledigen und verheirateten Männern und Frauen mit ihren Kindern aus der röm.-kath. Kirche und prot. Kirchen erfreut sich hoher Besucherzahlen aus aller Welt. Glieder der Kommunität sind inzwischen in vielen Ländern der Erde im Sinne der kommunitären Ziele Ionas aktiv. Die Gestaltung des Lebens erfolgt durch fünf feste Gebetszeiten, regelmäßige Zusammenkünfte und Gütergemeinschaft.

Lit.: G.F. MacLeod (Gründer): We Shall Rebuild, ^{2}1962; T.R. Morton: The Iona Community – Personal Impressions of the Early Years, 1977.

E. Geldbach

Irenäus von Lyon (gest. um 200)

I. ist vielleicht der bedeutendste und einflußreichste Bischof und Theologe des 2. Jh.s. Über sein Leben wissen wir wenig. Er stammte aus Kleinasien und hat in seiner Jugend noch den greisen Märtyrerbischof Polykarp von Smyrna (gest. ca. 156) gehört. Warum und wann I. nach Südfrankreich übersiedelte, ist nicht bekannt. Als Presbyter in Lyon erhielt er (177) den Auftrag, einen Brief der Märtyrer von Lyon und Vienne nach Rom zu überbringen, um u.a. den streitbaren Bischof Eleutherus (ca. 174-189) zum Frieden mit den → Montanisten zu bewegen, einer aus Phrygien (in Kleinasien) stammenden Bewegung, die sich selbst als »Neue Prophetie« verstand. Als er zurückkehrte, war Bischof Pothinus von Lyon als Märtyrer gestorben, und I. wurde sein Nachfolger. Im Osterstreit zwischen Viktor I. von Rom (ca. 189-199) und den kleinasiat. Quartadezimanern, der die Kirche zu spalten drohte, trat I. erneut als Vermittler auf und warb um Frieden nach dem Grundsatz: »Die Verschiedenheit des (Oster-)Fastens erweist die Einheit im Glauben« (Euseb h.e. V. 24,13). Auch zu Gemeinden bei den Kelten und in Germanien hatte I. Kontakt und bemühte sich selbst um die keltische Sprache.

Von seinen Werken sind nur zwei größere vollständig (in Übersetzung) erhalten: »Entlarvung und Widerlegung der fälschlich so genannten Gnosis« (vgl. 1Tim 6,20), auch »Adversus haereses« genannt, denn sie setzt sich nicht nur mit den Lehren der (valentinianischen) → Gnosis, sondern von dort aus mit allen → Häresien auseinander (um 180); und »Erweis der Apostolischen Verkündigung«, eine bemerkenswert unpolemische Entfaltung des orth. Glaubens auf der Grundlage von Schrift und Tradition.

Den Streit gegen die → Häresien (s. → Irrlehre; → Häretiker und Schismatiker) führt I. als Bischof und Anwalt der Kirche, dem es um die Wahrheit des christl. Glaubens und um das Heil der Menschen geht. Gegenüber der Vielfalt häretischer Anschauungen verweist I. auf die Schrift und die apostol. Überlieferung und nennt dabei – grundlegend für den weiteren Weg der Kirche – als Maßstäbe zur Orientierung:

– Die Wahrheitsregel, wie sie im (Tauf-)Bekenntnis formuliert ist,

– die im Bischofsamt auf dem Weg der apostolischen Sukzession garantierte apostol. Tradition,

– die Hl. Schrift aus AT (gegen → Marcion u.a.) und NT (gemeint ist das älteste apostol. Schrifttum mit den vier Evangelien; die Grenzen des Kanons werden sichtbar).

Da für I. Gottes Geist und Kirche untrennbar zusammengehören, kann er davon ausgehen, daß sich die christl. Wahrheit auch in der vernünftigen Argumentation behaupten wird. Zentrale Bedeutung gewinnt gegenüber der Gnosis die → Heilsgeschichte Gottes mit seiner Schöpfung. I. geht im Gegensatz zu Marcion und den Gnostikern davon aus, daß der Gott des AT und des NT, daß Schöpfer und Erlöser identisch sind. Dieser verfolgt mit seiner Schöpfung den in der Bibel bezeugten Heilsplan (Ökonomie) zur Erziehung und Vollendung (Vergottung) des Menschen. Am Ende steht die »Zusammenfassung« (Rekapitulation; vgl. Eph 1, 10) des ursprünglich nach dem Bild und Gleichnis Gottes geschaffenen Menschen (1Mo 1, 26f.) in Christus, dem »zweiten Adam«. In ihm kommt Gott selbst zu den Menschen und vereinigt sich mit ihnen, um auf diese Weise das vom ersten Adam verfehlte Ziel der Schöpfung zu erfüllen und zu vollenden.

Lit.: Irenäus von Lyon, Epideixis. Adversus haereses I, übers. und eingeleitet von N. Brox (Fontes Christiani 8/1), 1993.

A. Bengsch: Heilsgeschichte und Heilswissen, 1957; N.G. Bonwetsch: Die Theologie des Irenäus, 1925; N. Brox: Offenbarung, Gnosis und gnostischer Mythos bei Irenäus v. Lyon (SPS 1), 1966; H.-J. Jaschke: Der Heilige Geist im Bekenntnis der Kirche, 1976; ders.: »Irenäus von Lyon«: TRE 16, 1987, 258-268 (Lit.).

W. A. Bienert

Irenik → Konfessionskunde

Irland

Nach ersten zaghaften Missionierungsversuchen im 4. Jh. kam es durch das Wirken des Nationalheiligen → Patrick Mitte des 5. Jh.s zu einer verstärkten Ausbreitung des Christentums, das von Anfang an asketische Züge trug und der phil. Theologie wenig Nährboden bot. 1155 gab der engl. Papst Hadrian IV. seine Hoheitsansprüche auf I. an die engl. Krone ab. Die darauf folgenden Kriegswirren, durch die die Kirche stark in Mitleidenschaft gezogen wurde, endeten 1366 mit der Teilung des Landes in einen anglo-normannischen Herrschaftsbereich im Süden und Osten und einen gälischen im Norden und Westen. Die → Reformation wurde von England aus in ganz I. per Gesetz eingeführt, konnte sich aber gegen die von Bettelmönchen und aus dem Exil zurückkehrenden irischen Geistlichen getragene → Gegenreformation nicht behaupten. Lediglich aufgrund der Entstehung einer schottisch-presbyterianischen Enklave im Norden wuchs der Anteil der Protestanten im 17. Jh. auf nahezu ein Viertel der Bevölkerung. Ihre polit. und wirtschaftl. Privilegien verloren die Protestanten mit der Gewährung der bürgerlichen Freiheiten für die Katholiken (1829), der Trennung der Kirche von I. vom Staat (1869) und der Aufhebung der Realunion mit England (1920-22) mit Ausnahme der sechs nordöstlichen Ulster-Grafschaften, die bei England blieben. Den evangelist. Bemühungen der → Erweckungsbewegung unter der kath. Mehrheit war nur wenig Erfolg beschieden. Heute gehören 94 % der 3,5 Mio. Einwohner der Republik I. der kath. Kirche an, die immer noch starken Einfluß auf die Gesellschaft ausübt. 3,2 % der Bevölkerung sind Anglikaner, 0,5 % Presbyterianer und 0,17 % Methodisten. Im Gegensatz zur Republik I. ist das zu Großbritannien gehörende Nordirland überwiegend protestantisch (ca. 60% Protestanten; 38,5% Katholiken). Im kirchlichen Leben spielt dort auch die evangelikale Bewegung v.a. unter der jungen Generation eine wichtige Rolle. Allerdings herrscht in Nordi. seit dem Ausbruch religiös-sozialer Unruhen im Jahre 1969 ein bürgerkriegsartiger Zustand. Die kath. Minderheit kämpft für einen Anschluß an die Republik I. (u.a. die terroristische IRA), während der überwiegende Teil der Protestanten aus Furcht vor der erwartenden Dominanz der kath. Kirche in einem gesamtirischen Staat sich für den Verbleib bei Großbritannien ausspricht.

Lit.: K.S. Bottigheimer: Geschichte Irlands, 1985; B. Bradshaw: »Irland«, TRE 16, 1987, 273-287; W. Delius: Geschichte der irischen Kirche von ihren Anfängen bis zum 12. Jahrhundert, 1954; G.A. Ford: The Protestant Reformation in Ireland, 1590-1641, 1985.

J. Rieger

Iroschottische Mission

Unter I.M. versteht man die mission. Wirksamkeit der irischen Kirche in Schottland, England und auf dem Kontinent. Der dem 19. Jh. entstammende Begriff »iroschottisch« konstruiert einen Gegensatz zwischen dieser und der röm. Kirche und mißachtet außerdem, daß im MA *scotus* sowohl »Ire« wie auch »Schotte« bedeutete. Die neuere Forschung spricht deshalb treffender von der insularen und der kontinentalen irischen Mission.

Hist. sicher greifbar wird die I.M. im Jahre 563, als der aus einem irischen Königsgeschlecht stammende Mönch Colum Cille (Columba der Ältere, 521/522-597) sich mit zwölf Gefährten auf der der schottischen Westküste vorgelagerten Insel Iona (Hy) niederließ. Ziel dieser Übersiedlung war es, um Christi willen in die Fremde zu ziehen. Diese *peregrinatio* wurde zum hervorstechendsten Zug des irischen Mönchtums. Von Iona aus gründete Colum Cille zahlreiche Kirchen und Klöster in Nordirland und Schottland, deren Leitung er als Abt innehatte. Die Missionstätigkeit der Mönche von Iona förderte die rasche Christianisierung der Pikten (röm. Name für die keltischen Stämme in Nordschottland). Colum Cille hat darüber hinaus jene Gelehrsamkeit tradiert, die das irische Kirchentum in seiner Heimat wie in der Fremde in den folgenden Jahrhunderten kennzeichnen sollte.

Die weitere insulare irische Mission setzte nach 635 ein, als König Oswald von Northumbrien, der von irischen Mönchen erzogen worden war, Iona um Missionshilfe bat. Zuvor war die 596/597 von Papst Gregor dem Großen initiierte röm. Angelsachsenmission ins Stocken geraten. Aus Iona kam Bischof Aidan, der sich in Lindisfarne niederließ und energisch die Rechristianisierung Northumbriens betrieb. Durch die Arbeit der irischen Missionare konnte die Stellung des Christentums endgültig befestigt werden. Entgegen der einseitigen Überbewertung des röm. Missionserfolges durch den englischen Kirchenhistoriker → Beda Venerabilis (gest. 735) gilt das friedliche Neben- und Miteinander der irischen und der röm.-fränkischen Glaubensboten als erwiesen. Zu Auseinandersetzungen führte die Frage der Berechnung des Ostertermins, sie wurde 664 auf der berühmten Synode von Whitby, die den irischen Einfluß keineswegs beendete, zugunsten Roms entschieden. Die damit forcierte Romorientierung der angelsächsischen Landeskirche wurde im Prinzip von den Iren mitgetragen. Der Erfolg der I.M. in England gründete letztlich auf der Ähnlichkeit der Gesellschaftsstruktur in beiden Ländern.

Die kontinentale irische Mission begann mit Columban (dem Jüngeren, wohl 543-615). Als er 590/591 vom irischen Bangor aus mit zwölf Gefährten nach Gallien zog, begann damit eine neue Epoche der abendländischen Klostergeschichte mit zahlreichen Gründungen in den Vogesen (Luxeuil), der Schweiz (St. Gallen) und Oberitalien (Bobbio). Zu Auseinandersetzungen kam es gelegentlich, weil Columban nach irischem Modell Klöster ohne bischöfliche Genehmigung errichtete. Prägend wirkte Columbans asketische wie emotionale Frömmigkeit. Grundidee des Klosterlebens war für ihn die Konformität mit dem gehorsamen und erniedrigten Christus, auf den allein das Leben ausgerichtet sein sollte. Die betonte Entsagung von der Welt legte auf die innere Umkehr einen starken Akzent. Außerdem war Columban überzeugt von der einheitsstiftenden Wirkung des Glaubens an Christus auch über nationale Grenzen hinweg. Hinzu kam ein großes Vertrauen in die Macht des Papsttums als des Hauptes Europas. Es drückt sich auch in der Idee der Klosterfreiheit aus, denn deren Eigenständigkeit gegenüber den Bischöfen ging einher mit der direkten Unterstellung unter den Papst. Neben Columban wirkten viele andere Iren auf dem Kontinent, so etwa Fursa (gest. um 650), Amandus (der Apostel Belgiens genannt, gest. 675/680); Kilian (predigte in Würzburg, gest. ca. 689) und später Virgil von Salzburg (gest. 784), der wegen seiner Lehre von der Kugelgestalt der Erde in Konflikt mit → Bonifatius geriet. Die irischen Klöster übten im Frankenreich eine erstaunliche Faszinationskraft aus (im 7. Jh. wurden in Gallien 330 Klöster neu gegründet!), der sich trotz der asketischen Orientierung auch der Adel nicht zu entziehen vermochte. Adlige Abstammung, polit. Tätigkeit und Klosterexistenz konnten sich so zu einer Frömmigkeitsform mischen, die den Sakralstaat des Frühmittelalters prägte. Daneben förderten die irisch-fränkischen Klöster die Gelehrsamkeit ebenso wie den Landesausbau. Das neue christliche Arbeitsethos im Sinne des ora et labora stellt dabei eine der weltgeschichtlichen Leistungen des Mönchstums dar. Die von den Klöstern exemplarisch vorgelebte Arbeit wurde als Ausweis vertiefter Christlichkeit verstanden. So kam es langfristig nicht nur zur Herausbildung der Grundherrschaft, sondern auch zur Aufhebung der Sklaverei.

Der Einfluß des irischen Mönchtums ließ gegen Ende des 7. Jh.s nach; dessen Vorstellungen von Christlichkeit aber blieben in der westlichen Kirche erhalten. Zentral war vor allem das irische Exulantentum, das durch die Wanderung in die Fremde um Christi willen (mag dies auch um des eigenen Seelenheils geschehen sein) zu einem der Träger der frühmittelalterl. Mission wurde.

Lit.: A. Angenendt: Das Frühmittelalter, 1990, 213-223; P.N. Chatháin, M. Richter (Hg.): Irland und Europa, 1984; dies. (Hg.): Irland und die Christenheit, 1987; H. Löwe (Hg.): Die Iren und Europa im früheren Mittelalter, 1982; F. Prinz: Frühes

Mönchtum im Frankenreich, [2]1988; K. Schäferdiek: »Die Grundlegung der angelsächsischen Kirche im Spannungsfeld insular-keltischen und kontinental-römischen Christentums«, in: Kirchengeschichte als Missionsgeschichte, Band 2/1, 1978, 149-191.

L. E. v. Padberg

Irrationalismus/Irrationalität

Irrationalismus (= Im.) und Irrationalität (= It.) leiten sich ab vom lat. *irrationalis*, »unvernünftig« (*ratio*, »Vernunft«). Der Gebrauch und die Bedeutung der Begriffe schwankt in der Theologie- und Philosophiegeschichte, je nachdem, ob ein Erkenntnisanspruch als antirational (gegen-, unvernünftig), trans-rational (dem vernünftigen Denken nicht zugänglich, von diesem nicht erfaßbar) oder als intuitiv (→ Intuition) reklamiert wird.

Für die jeweilige Beurteilung von Im./It. ist entscheidend, wie und als jeweils was »Vernunft« gedacht wird. So ist z.B. der Im. des »Sturm und Drang« verständlich und legitim als Gegenbewegung gegen eine bestimmte Ausprägung eines sich phil. absolut setzenden und exklusiv gebenden Erkenntnis-Anspruches. Andererseits stand und steht in der Geschichte von Theologie und Kirche die Betonung von It. immer wieder im Dienste einer Flucht vor dem Anspruch auf Nachprüfbarkeit und Nachvollziehbarkeit theol.-bibl. Erkenntnisansprüche (vgl. etwa die Behauptung K. → Barths, die Maßstäbe von Wissenschaft könnten nicht die von Theologie als Wissenschaft sein, KD I, 1,6ff).

Wenn theol. Aussagen sich nicht bloß gegen einen absolut gesetzten und angemaßten Begriff »der Vernunft« wenden, sondern sich prinzipiell einem rationalen, sprich: an bestimmten Erkenntnisstandards orientierten Diskurs verweigern oder sich noch nicht einmal mehr auf eine Diskussion dessen einlassen, was denn legitime Kriterien von »Erkenntnis« sein können, dann geben sie (1) den Erkenntnisanspruch preis, lassen (2) Glaubensaussagen inhaltlich beliebig werden, genügen (3) weder der geschichtlichen noch der schöpfungsmäßigen Wirklichkeit Gottes und seiner biblisch bezeugten Erkennbarkeit und verweigern sich schließlich (4) der missionarisch gebotenen rationalen Rechenschaftsablegung (1Petr 3,15).

Im Kontext der neueren wissenschaftstheoretischen Diskussion über verschiedene, z.T. nicht kompatible Rationalitätsstrukturen ist die Frage sinnvoll, ob sich nicht auch die Theologie als ein »Paradigma« (Th.S. Kuhn) eigener Art mit einer für sie spezifischen Rationalität und Plausibilität konstituieren könnte (H. Hempelmann, 265-297; zur missionarischen Bedeutung: L. Newbigin, 61-85).

Daß die Wirklichkeit Gottes so überragend und wirklichkeitsmächtig ist, daß sie nicht in Formeln zu fassen ist und nicht in Sätzen aufgeht, darf nicht dazu führen, daß sich Aussagen über Gott in eine bloße Beliebigkeit verflüchtigen und der Eindruck der Unerkennbarkeit Gottes entsteht.

Das phil. Recht von Im. und It. besteht darin, daß es nicht »die« Vernunft gibt, daß vielmehr jeder individuelle Vernunftbegriff immer nur eine begrenzte, hist. bedingte und partielle, ja modellhafte → Erkenntnis von Welt gestattet. (So redet J.G. → Hamann polemisch über I. → Kants Unternehmen einer Reinigung »der Vernunft«, wenn er von der »Vernunft in Königsberg« spricht.) Insofern verhält sich schon jede Vernunft gegenüber einer anderen transrational, womöglich antirational, weil sie sich aus anderen Vernunftprinzipien aufbaut.

Der u.a. im logischen Positivismus gegen Theologie und Metaphysik geäußerte Vorwurf, deren Sätze seien unsinnig bzw. sinnlos, also irrational (vgl. A.J. Ayer), weil sie nicht dem Sinnkriterium der empirischen Nachprüfbarkeit genügten, ist selber – gemessen am vorausgesetzten Kriterium – sinnlos, da das Verdikt theol. und metaphysischer Sätze selbst auf einer metaphysischen (nicht mehr empirisch belegbaren) Entscheidung beruht (G. Patzig bei Carnap).

Lit.: A.J. Ayer: Sprache, Wahrheit, Logik, 1970; K. Barth: Kirchliche Dogmatik I, 1, [8]1964; R. Carnap: Scheinprobleme in der Philosophie, mit einem Nachwort von G. Patzig, 1976; H. Hempelmann: Kritischer Rationalismus und Theologie als Wissenschaft. Zur Frage nach dem Wirklichkeitsbezug des christlichen Glaubens, [2]1987; Th.S. Kuhn: Die Struktur wissenschaftlicher Revolutionen, 1973; L. Newbigin: »Den Griechen eine Torheit«. Das Evangelium und unsere westliche Kultur, 1989; S. Rücker: »Irrational, das Irrationale, Irrationalismus«, HWP Bd. 4, 1976, 583-588.

H. Hempelmann

Irrlehre

I., im geläufigen Fachbegriff als Häresie bezeichnet, wird nach geltendem röm.-kath. Recht verstanden als »die nach Empfang der Taufe erfolgte beharrliche Leugnung einer kraft göttlichen und kath. Glaubens zu glaubenden Wahrheit oder einen beharrlichen Zweifel an einer solchen Glaubenswahrheit;

Apostasie nennt man die Ablehnung des christl. Glaubens im ganzen; Schisma nennt man die Verweigerung der Unterordnung unter den Papst oder der Gemeinschaft mit den diesem untergebenen Gliedern der Kirche« (CIC 1983, Can. 751). Dieser sehr allgemeinen und eng an das kath. Verständnis geknüpften Definition steht auf prot. Seite etwa die idealisierende Schleiermachers gegenüber: »Die natürlichen Ketzereien am Christentum sind die doketische und nazoräische, die manichäische und die pelagianische« (Glaubenslehre § 22). Damit werden vier Hauptrichtungen häretischer Entwicklungen in der frühen Christenheit im Blick auf die Stellung in der Christologie und Soteriologie auf einen typisierenden Nenner gebracht. Der Unterschied ist deutlich: Die Maßstäbe zur Beurteilung von I. entstammen ganz verschiedenen Motiven und Hintergründen. Dies macht deutlich, daß die Abgrenzung von I. sehr viel schwerer ist, als es vielen im ersten Augenblick scheint.

1. Im NT finden sich zahlreiche Hinweise für Lehrauseinandersetzungen. So bestand zwischen Jesus und den Pharisäern ein Lehrdissens vor allem im Verständnis des Gesetzesgehorsams (Tora) und der Nächstenliebe (vgl. Mt 11,19; 21,31f; Mk 2,15f; Lk 7,36-50; 15,1f.30; 18,9-14). Nach dem Verhör vor dem Hohenrat (Mk 14,53ff) ist der Hauptgrund für seine Verurteilung und Hinrichtung der als Häresie angesehene Anspruch, der Messias und Gottessohn zu sein.

Ähnliches gilt für die Lehrauseinandersetzungen bei Paulus, der als ursprünglich orthodoxer (»rechtgläubiger«) Pharisäer durch seine Bekehrung zum Heidenmissionar wurde unter dem Vorzeichen einer völligen Umwertung des Gesetzes (Rechtfertigungslehre). Dies stand zu der judenchristlichen Auffassung der maßgebenden Jerusalemer Köpfe in Spannung und mußte zwangsläufig zu Streitigkeiten führen (Apg 15; Gal 2,1-10). In seinen Briefen muß Paulus immer wieder gegen solche I. kämpfen (vgl. 2Kor 2,14-6,13; 7,2-4; 10-13; Gal 2,11-14; 5,1ff).

Die sog. reine apostol. Lehre ist von Anfang an vielschichtig und mit Spannungen verbunden, die Mißverständnisse und Verzerrungen auslösen. Es gab von Anfang an, wie schon die Apg (z.B. Kap. 10; 15) erkennen läßt, eine Lehrpluralität, die im Glauben an Jesus als den Christus und Sohn Gottes ihr Zentrum hatte. Ganz in diesem Sinn geht Paulus auch auf die Parteiungen in Korinth ein, wenn er die Einheit in der Vielfalt der Glieder an einen Leib betont (1Kor 12; vgl. Eph 4,1-16). Nicht bestimmte (menschliche) Meinungen sind ausschlaggebend, sondern die von Gott vorgegebene, nur im Glauben faßbare Einheit. Ihr entspricht lehrmäßig das Bekenntnis zu Jesus Christus als dem Kyrios. Auch weitere Stellen des NT weisen Auseinandersetzungen mit I. auf, insbesondere 1/2/3 Joh, wo es gegen eine gnostische Verfälschung des Ev.s geht (vgl. 1Joh 2,18ff; 4,1ff; 2Joh 7; 3Joh 9). Mit der reinen Lehrfrage verbinden sich hier auch ethische Fragen (vgl. auch schon 1Tim 4,1ff; 2Tim 3,1ff; Tit 1,10ff u.a.).

2. In der Kirchengeschichte findet die Uneindeutigkeit der Lehrvorgaben eine zwangsläufige Fortsetzung in den Lehrstreitigkeiten der Alten Kirche und der Inquisition des Mittelalters. I. war danach eine z.B. in Fragen der Gotteslehre (Trinität) oder der Christologie (Zwei-Naturen-Lehre) von der offiziellen, »orthodoxen« Richtung abweichende Lehrmeinung. Ihre Vertreter spalteten sich ab oder wurden ausgeschlossen (Entscheidungsinstanzen waren die Konzilien) und bildeten fortan eigene Kirchen (»Schisma«), so z.B. zwischen dem 4. und 6. Jh. die Monophysiten (Kopten), Nestorianer, Jakobiten und Armenier. Während diese abgespaltenen Kirchen bis in die Gegenwart bestehen, haben andere sich nicht lange halten können (Marcion; Donatismus; Arianismus u.a.).

Dieses Erscheinungsbild von I. könnte in der Weise mißverstanden werden, daß die wahre Lehre immer von der Mehrheit vertreten wird. Spätestens mit der Reformation mußte dies hinterfragt werden, als im Papsttum selbst der Antichrist verkörpert gesehen wurde. Vollends hat die epochemachende »Unparteiische Kirchen- und Ketzer-Historie« von Gottfried Arnold (1699/1700) die Beurteilungskriterien relativiert. Für ihn ist nicht mehr die kirchl. Institution in ihrer Machtausübung maßgebend, sondern die wahre Frömmigkeit des inneren Menschen im Unterschied zur äußeren Scheinfrömmigkeit. Aus diesem Gegensatz ergibt sich die Verfolgung der wahren Frömmigkeit, womit diese zum Kennzeichen wahren Christseins wird. Das Verhältnis von Orthodoxie zu Häresie wurde damit genau umgekehrt. Humanismus und Aufklärung brachten jedenfalls eine wesentliche Verschiebung in der gängigen Beurteilung von I., insofern der Beurteilungsmaßstab von der reinen Lehr- und Wahrheitsfrage verschoben wird zu einer mehr historisierenden, psychologisierenden und an den Maßstäben der Vernunft, Toleranz und Moral orientierten Betrachtungsweise »sine ira et studio«. H. war damit kein ausreichender Grund mehr für die Verhängung der Todesstrafe. Der Ansatz Schleiermachers schließlich greift wieder auf dogmatische Kriterien zurück. Das Christentum wird von ihm nicht von der Offenbarung Gottes her verstanden, sondern vom menschlichen Selbstbewußtsein aus. Häresie ist von daher eine überwindbare und zu überwindende »Krankheit«. Für die weitere Beurteilung von Häresie auch in der Gegenwart bleibt das Werk von Walter Bauer (Rechtgläubigkeit und Ketzerei im ältesten Christentum, 1934) bedeutsam, wonach wir rein hist. immer wieder mit einer Vielzahl von Häresien und Orthodoxien zu tun haben, die alle für sich im Besitz der einen Wahrheit zu sein behaupten. Daran haben auch weder der Präzedenzfall der Barmer Erklärung (1934) mit ihren Verwerfungen der Irrtümer der dt.-christl. Theologie noch die Bemühungen der Ökumenischen Bewegung etwas ändern können. Besonders der Protestantismus tut sich von seinem Freiheitsverständnis und dem damit verbundenen Toleranzgedanken her schwer, den Lehrpluralismus nicht ausufern zu lassen.

3. Bewertung: Die Schwierigkeit in der inhaltlichen Bestimmung von I. hat mit der schon im NT erkennbaren Vielfalt an Lehrmeinungen und Ausprägungsformen zu tun, die durch die Geschichtlichkeit des biblischen Zeugnisses bedingt ist. Diese Vielfalt wird einerseits bejaht, solange ihre Einheit in Christus bzw. durch den Heiligen Geist gegeben ist. Andererseits werden auch Grenzen gezogen, wo das Zentrum des Glaubens, eben die Einheit von Gott, Christus, Geist, Gemeinde, Taufe usw. zerbrochen wird. Ganz scharfe Grenzen zieht Paulus insbesondere dort, wo das Heil in Christus bedroht ist. Für eine reformat. Theologie wird deshalb das Zentrum des Ev.s, die Rechtfertigung des Gottlosen aus Gnade allein durch den Glauben, ein entscheidender Maßstab zur Beurteilung von I. sein. Darüber hinaus muß jeder Versuch verworfen werden, die Grundlage des Heils in Christus zu relativieren oder aufzulösen (z.B. Auferstehung, Gottessohnschaft, Schuldfrage, Offenbarungsverständnis). Davon zu unterscheiden sind Lehrunterschiede bezüglich geschichtlich bedingter Ausprägungsformen, die das Heil nicht tangieren. Das ntl. Gemeindeverständnis sieht dafür die gegenseitige, in Liebe ertragene Respektierung vor. Ohne solche Liebe würde nach ntl. Wahrheitsverständnis jede Lehrentscheidung, auch wenn sie noch so richtig wäre, letztlich an der Wahrheit vorbeigehen. Als Modell solcher Einheit über die Grenzen oft tiefgreifender Lehrunterschiede hinweg (z.B. Tauffrage) könnte etwa die sich als »Bruderbund« verstehende Evangelische Allianz angesehen werden. Dem Lehrpluralismus in der Volkskirche, der vorläufig wohl weiter ungelöst bleibt, kann von daher nur in entschiedener und zugleich liebe- und verständnisvoller Klarheit begegnet werden in der Absicht, zu überzeugen und zu gewinnen. Eine Lösung durch neue Abspaltungen ist weder vom NT her noch durch die Erfahrungen der Kirchengeschichte zu rechtfertigen.

Lit.: W. Bauer: Rechtgläubigkeit und Ketzerei im ältesten Christentum, [2]1964 (BHTh 10); J. Baur: Lehre, Irrlehre, Lehrzucht, in: ders.: Einsicht und Glaube, 1978, 221-248; H.D. Betz, A. Schindler, W. Huber: »Häresie«, TRE 14, 1985, 313-348; J. Büchsel: Gottfried Arnold. Sein Verständnis von Kirche und Wiedergeburt, 1970 (AGP 8); H. Köster: Häretiker im Urchristentum, RGG[3] III, 1959, 17-21; W. von Loewenich: Häresie, Schisma, Konfession, in: ders.: Glaube, Kirche, Theologie, 1958, 181-193; Ph. Vielhauer: Geschichte der urchristlichen Literatur, 1975.

C.-D. Stoll

Irrtumslosigkeit → Bibel

Irrtumslosigkeit des Papstes → Papst, Papsttum

Irvingianer → Katholisch-apostolische Gemeinden

Isaak → Erzväter

Isidor von Sevilla (ca. 560-636)

I., geb. um 560 in Cartagena, gest. am 4. 4. 636 in Sevilla, entstammt einer vielleicht nordafrikan. Familie, die für die Kirchengeschichte des westgotischen Spaniens bedeutend wurde. Als Nachfolger seines Bruders Bischof von Sevilla (599/601) nahm er gegen Ende seines langen Pontifikats als rangältester Metropolit am span. Nationalkonzil Toledo IV 633 teil.

Dort lassen sich kirchenrechtliche Regeln finden, die ihre Entsprechung im kanonistischen Teil des literarischen Werks I.s haben und für die Entwicklung der span. Kirchenrechtssammlungen bedeutsam wurden. Wichtiger noch wurden aber I.s exeget. (Questiones in Vetus Testamentum, De ortu et obitu patrum,

In libros veteris ac novi testamenti prooemia, Liber numerorum, Allegoriae quaedam sacrae scripturae, De fide catholica), dogmat. (Sententiarum libri III, in Anlehnung an Gregors I. Moralia), enzyklopädische (De natura rerum, Etymologiae, Differentiae, Synonyma) und praktisch-theol. Schriften (De haeresibus, De ecclesiasticis officiis, Regula monachorum), weil durch sie das westl. Mittelalter in I.s systematisierter Aufarbeitung der Tradition einen großen Teil seiner lat. oder ins Lat. übersetzten (Origenes) Väter- und Antikenüberlieferung erhielt. Charakteristisch für I. ist nicht Originalität, sondern die etymologische Methode zur Definition aller wichtigen Begriffe.

Lit.: Ed. Migne PL 81-84.
H.J. Diesner: Isodor von Sevilla und das westgotische Spanien, 1977.

W. Wischmeyer

Islam

Islam ist der Name der von Mohammed in Arabien im 7. Jh. gestifteten Religion. Das Wort bedeutet vollständige »Unterwerfung« (unter die Macht Allāhs). Im Koran kommt das Wort I. nur achtmal vor, hat dort aber eine zentrale Bedeutung für das Selbstverständnis der Muslime. Koran 3,19: »Die wahre Religion vor Allāh ist der Islam«; 5,3: »Heute habe ich für euch euere Religion vollendet und meine Gnade an euch erfüllt, und es ist mein Wohlgefallen, daß der Islam eure Religion ist«; 6,125: »Und wenn Allāh einen rechtleiten will, weitet er ihm die Brust für den Islam«.

Die Aufnahme in den I. ist vor allem dem Willen Allāhs zuzuschreiben, der einen Menschen zum Muslim macht. Andererseits muß ein Mensch durch seine Bekehrung den I. annehmen. Koran 9,74 sagt: »Wenn sie sich nun bekehren, ist es besser für sie. Wenn sie sich aber abwenden, wird Allāh ihnen im Diesseits und Jenseits eine schmerzhafte Strafe zukommen lassen. Und sie haben auf Erden weder Freund noch Helfer.« Diese von Allāh gewollte und durch Bekehrung vollzogene Annahme des I. bestimmt über Heil oder Unheil in diesem Leben und in der Ewigkeit. Dabei ist die Entscheidung Allāhs das allerwichtigste. Darüber sagt der Koran 49,17: »Sag! Rechnet es euch mir gegenüber nicht als euer Verdienst an, den Islam angenommen zu haben. Nein, Allāh ist es, der es sich euch gegenüber als sein Verdienst anrechnen kann, daß er euch zum Glauben geführt hat.« Im Koran bedeutet die Annahme des I. hauptsächlich dreierlei:

– Der Glaubensakt der absoluten Unterwerfung unter Allāh, den einzigen Gott. Dies geschieht durch den ersten Satz des Glaubensbekenntnisses – *shahāda* – mit Mund und Herz: »Es gibt keinen Gott außer Allāh.«

– Alle Gesetzesvorschriften Allāhs zu befolgen.

– Die Zugehörigkeit zu der Gemeinde des Propheten Allāhs. Dies geschieht durch den zweiten Satz der *shahāda*: Mohammed ist der Apostel Allāhs. Laut Koran 33,40 ist er das Siegel aller Propheten.

Die spätere Tradition hat den I. auf fünf Pfeiler aufgebaut:
– die *shahāda*,
– das liturgische Gebet fünfmal am Tag (*salāt*),
– Almosensteuer (*zakāt*), Koran 9,60 nennt die Empfänger,
– Fasten während des Monats Ramadān, in dem der Koran hinuntergeschickt wurde (Koran 2,185),
– Pilgerfahrt zu der Ka'ba in Mekka, wenn möglich einmal im Leben.

Oft wird noch ein sechster Pfeiler hinzugefügt, *djihād*. Die Bedeutung reicht von Anstrengung für den I. bis hin zu dem heiligen Krieg mit Schwert und Koran.

Teil des I. ist der Glaube (īmān), der umschrieben wird als Glaube an Allāh, an seine Engel, an das kommende Leben, an die Propheten und an die Auferstehung. Der I. als die absolute monotheistische Religion versteht sich als die Urreligion, die seit Adam alle Propheten gepredigt haben, und den Menschen mit der Schöpfung mitgegeben ist. Vom Götzendienst, Fehlentwicklungen im Judentum und Christentum, ist sie durch Mohammed und den Koran gereinigt. Sie bringt das wesentlichste (Koran 32,3). Der I. versteht sich nicht als eine Religion neben anderen, sondern als die Vervollkommnung aller Religionen für alle Menschen. Deshalb wird die ganze Welt geteilt in »Haus des Islam« und »Haus des Krieges«, das noch für den I. gewonnen werden muß.

Lit.: R. Hartmann: Die Religion des Islam, (1944) 1987; F. Rahman: Islam, 1979; W. Montgomery Watt: Der Islam, 1980.

J. Bouman

Islammission

Die Reaktion der christl. Kirche auf den entstehenden Islam war in der Anfangsphase v.a. von Abwehr und Nichtbeachtung geprägt. Für Byzanz und den Westen war der Islam zunächst nur die Religion einer feindlichen Großmacht. Erst allmählich begriff man die mission. Herausforderung. Die ersten Versuche einer Auseinandersetzung waren v.a. literarischer Art (Johannes Damaszenus, Theodor Abu Qurra, um 740). Ins MA fällt der Aufbruch einer größer angelegten I. auf verschiedenen Ebenen. Neben päpstlichen Sendschreiben an muslimische Herrscher wurden einzelne Länder verschiedenen Orden zugewiesen, die teilweise auch mit gewissen Erfolgen wirken konnten. Hervorragend war R. → Lullus, der die wissenschaftl. Erforschung orientalischer Sprachen in Europa forderte (Institut auf Mallorca) und 1315 in Tripolis als Märtyer starb. In neuerer Zeit versuchten v.a. prot. Missionsgesellschaften (CMS, American Board, → Chrischona Pilgermission, → Basler Mission, → Evangeliumsgemeinschaft Mittlerer Osten, → Christoffel-Blindenmission, → Ev. Karmelmission, → Ev. Mission im Tschad, → Missionsmannschaft Rotes Meer) in kernislamischen Ländern zu wirken. Ihre I. geschah meist neben der direkten Verkündigung durch Errichtung von Schulen, Waisenhäusern, Krankenhäusern sowie Bibelübersetzung und Literaturverbreitung. Unter den vielen Missionaren des 19. Jh.s ragen v.a. H. Martyn, S. Zwemer und K.G. Pfander hervor. Heute finden sich neben der Fortführung alter Konzepte auch neuere, so wird z.B. versucht, die Mission und die neuentstandenen Gemeinden ganz in die islamische Kultur zu integrieren (kulturüberschreitende Mission; → Kontextualisierung). In manchen islamischen Ländern ist eine neue Offenheit für das Evangelium zu bemerken. Ehemalige Muslime sind oft aktiv an I. beteiligt. Allerdings haben auch die Muslime eine rege Missionstätigkeit im Westen entfaltet. In der westl. Kirche wird stellenweise I. zugunsten eines multirel. Dialogs aufgegeben.

Lit.: J. Christensen: Christuszeugnis für Muslime, 1983; P. Parshall: New paths in Muslim evangelism; E. Troeger: Islam im Aufbruch – Islam in der Krise?, 1981.

R. Werner

Israel

a) geschichtlich

I. Von den Anfängen bis zum Wiederaufbau des Tempels

Nach den Erzählungen der Genesis liegen die Wurzeln von I.s Geschichte bei den → Erzvätern, die Gott erwählte, und denen er Wachstum zu einem Volk, Besitz des Landes Kanaan und die Trägerschaft seines → Segens verhieß.

1. Israels Anfänge in Ägypten, der Exodus

Die Sippe Jakobs zog während einer Hungersnot von Kanaan nach Ägypten; als Hirten durften sie sich in Goschen (heute Wadi Tumilat) ansiedeln und erlebten in den folgenden Generationen ein starkes Bevölkerungswachstum. Von ägypt. Königen zur Zwangsarbeit rekrutiert, wären sie wie zahllose andere Sippenverbände assimliert worden, wenn nicht → Mose sie im Auftrag Gottes, der ihm mit seinem heiligen Namen Jahwe begegnet war, aus dem Land geführt hätte. Eine Frühdatierung des Exodus (15./14. Jh.) verbindet dieses Ereignis mit den letzten Königen der 18. Dynastie, die spätere (13. Jh.) setzt die der 19. Dynastie (Ramessiden) voraus. Die Erfahrung der »Erlösung«, der von göttlichen Machttaten begleiteten Befreiung aus Ägypten, bildete fortan die Grundlage für I.s Glauben und Geschichte. Am Berg Sinai verpflichteten sie sich zum Gehorsam gegenüber dem → Bund, den Gott dort mit ihnen durch die Mittlerfigur des Mose geschlossen hatte. Die »Zehn Gebote« bildeten den Inhalt und die Verpflichtung dieser neuen Beziehung: »Ich – euer Gott, ihr – mein Volk.« Glaube und Ethik werden darin unauflöslich verknüpft.

2. Die Eroberung Kanaans und die Richterzeit

Nach wechselvoller Wüstenzeit erreichte die Konföderation israelit. Stämme das Ostjordanland. Nach kriegerischen Auseinandersetzungen mit den amoritischen Königreichen des Sihon und Og wurden die Stämme Ruben, Gad und Ost-Manasse in deren Gebiet seßhaft. Nach Moses Tod überquerte I. unter Führung Josuas den Jordan und eroberte Jericho als erste kanaanäische Festung, wobei der bibl. Bericht deutlich ein unableitbares Wirken Gottes bezeugt (»die Mauern stürzten ein«). Weitere Vorstöße richteten sich gegen das zentrale Hügelland, eine Koalition von fünf Kanaanäerstädten im Süden und gegen Hazor im Norden. Die Israeliten konnten sich vorwiegend im Hügelland ansiedeln, da ihnen die Kanaanäer mit ihren Streitwagen in den Ebenen militärisch überlegen waren. Die Stämme in Galiläa waren durch eine Kette kanaanäischer Festungen, die von der Jesreel-Ebene bis zum Jordantal reichte, von denen des zentralen Hügellandes abgeschnitten. Zwischen diesen wiederum und dem

Stamm Juda im Süden lag trennend Jerusalem als jebusitische Enklave. I. hatte die Stadt nach anfänglicher Eroberung nicht halten können. Erst unter David gelangte sie dauerhaft in ihren Besitz.

Im Kulturland war I. stets gefährdet, sich der kanaanäischen Religiosität anzupassen. Man ging Mischehen ein, übernahm die Fruchtbarkeitsriten und die Verehrung Baals, der Gottheit für Regen und der Fruchtbarkeit für Mensch, Vieh und Felder. Das Buch der Richter bezeugt eine innere Kausalverbindung zwischen dem Verlust der Bundestreue zu seinem Gott einerseits und der Schwäche gegenüber äußeren Feinden andererseits. In dieser Epoche wurden immer wieder charismat. Persönlichkeiten berufen, die als Heerführer die Feinde für einige Zeit wegdrängten und das Volk zur Treue gegenüber Gott aufriefen. Die bekannteste (und letzte) unter ihnen ist Samuel gewesen. Zu seiner Zeit waren den Israeliten in den Philistern – Einwanderern aus der Ägäis – die sich der Mittelmeerküste entlang in einer Pentapolis formierten, die gefährlichsten Gegner erwachsen. Die Philister besaßen das Eisenmonopol, Israel stand kulturell in der Bronzezeit. Um 1050 v.Chr. zerstörten sie das israelit. Zentralheiligtum Silo, den Standort der Stiftshütte und der Bundeslade. Es war Samuel, der als Richter, Prophet und Priester sein Volk zu einer Bundeserneuerung bewegte. Gegen Ende seines Lebens wurde der Ruf nach einem König und damit nach einer militärischen Zentralinstanz laut. Er berief den Benjaminiten Saul zum ersten König. Es gelang Saul, den Einflußbereich der Philister aus dem zentralen Hochland zurückzudrängen. Doch infolge von Eigenmächtigkeit gegenüber der göttlichen Weisung, die ihm Samuel weitergab, verlor er sein Königsamt. Er starb (um 1010 v.Chr.) am Berg Gilboa im Kampf gegen die Philister.

3. Die staatliche Zeit: David und Salomo

Dem Judäer David, ehemals Heerführer unter Saul, gelang es, Israel endgültig von der Vorherrschaft der Philister zu befreien. Nach Sauls Tod zum König des Stammes Juda gewählt, residierte er zunächst in Hebron, wurde dann auch von den Nordstämmen als König anerkannt. Er eroberte sich Jerusalem und wählte sie als stammesfreie Königsstadt aus. Durch bedeutende militärische Operationen und geschickte Diplomatie gelang ihm der Aufbau eines groß-israelit. Reiches, das von der ägypt. Grenze bis an den Oberlauf des Euphrat reichte. Er ließ die Bundeslade nach Jerusalem bringen und errichtete ihr ein Zelt. David, in seiner Jugend Hirte, gilt in der prophetischen Bewertung als Typus des messianischen »Hirten-Königs«. Sein Sohn und Thronfolger Salomo machte sich durch den Ausbau des Ererbten einen Namen. Unter den umfangreichen Bauvorhaben ist besonders der Tempel in Jerusalem zu erwähnen. Doch überzog er mit seiner glanzvollen Hofhaltung, dem stehenden Heer und der Rekrutierung zur Zwangsarbeit die Grenze der für die Bevölkerung zuträglichen Belastung. Daran zerbrach nach seinem Tod (um 930) die Einheit Israels. Unter Jerobeam I. sammelten sich die nördlichen Stämme, während Juda und Benjamin unter Rehabeam mit Jerusalem als Hauptstadt die davidische Dynastie fortsetzten.

4. Das geteilte Reich: Israel und Juda

Jerobeam I. erklärte Bethel und Dan, zwei alte heilige Stätten, zu nationalen Heiligtümern, um die Wallfahrten nach Jerusalem und so den rel. Zusammenhalt mit dem Südreich zu unterbinden. Unter seinen häufig wechselnden Nachfolgern gelang es Omri, der mit Samaria eine neue Hauptstadt gegründet hatte, und seiner Dynastie, sich der Bedrohung durch das Aramäerreich von Damaskus vorübergehend zu erwehren. Unter Ahab, dessen Frau Isebel als phönikische Prinzessin den heimischen Baalskult machtvoll in Israel einzuführen wußte, traten Elia und nach ihm Elisa als Propheten auf, die das Volk zur Jahwe-Anbetung und zur alten Bundestreue zurückzurufen versuchten. Die Auseinandersetzungen mit den Aramäern zogen sich über 100 Jahre hin, bis die Assyrer unter Tiglath-Pileser III. 732 Damaskus und unter Sargon II. 722 dem Nordreich ein Ende bereiteten. Assyrische Quellen berichten von 27.290 israelit. Deportierten aus Samaria. Die letzten 40 Jahre des Nordreichs unter Jerobeam II. waren sowohl von wirtschaftl. Blüte als auch von wuchernden sozialen Sünden gekennzeichnet, die Hosea, Amos und andere Propheten geißelten.

Das Südreich Juda wurde durchgehend von Königen der davidischen Dynastie regiert. Als sich Ahas gegen Ende des 8. Jh.s den Assyrern unterwarf, verlor Juda einerseits die Selbständigkeit, wurde andererseits immer wieder in antiassyr. Koalitionen verwickelt, hinter denen u.a. Ägypten stand. Hiskia revoltierte gegen Sanherib. Dieser griff ihn an, legte 701 fast ganz Juda in Schutt und Asche und deportierte ansehnliche Teile der Bevölkerung, auch wenn ihm die Eroberung Jerusalems selbst nicht gelang. Unter den Propheten dieser Zeit sind Jesaja und Micha besonders hervorzuheben. Jesaja weissagte den messianischen König, der vom Geist Gottes erfüllt, im Land für Gerechtigkeit und Sicherheit sorgen wird (Jes 11). Josia führte rel. und polit. Reformen durch, stellte sich Ägypten entgegen, als Pharao Necho nach dem Sturz der Assyrer mit den Neubabyloniern um die Vorherrschaft im Vorderen Orient kämpfen wollte, und verlor dabei 609 sein Leben. Mit dem babylon. Sieg über die Ägypter bei Karkemisch 605 war Nebukadnezar über 40 Jahre der mächtigste Mann im Vorderen Orient. Dieser eroberte im Juli 587 Jerusalem und deportierte einen Teil der Bevölkerung in die Region Babylon. Damit endete die Epoche eines (halbwegs) unabhängigen jüd. Staates. Juda wurde der babylon. Provinz Samaria angegliedert.

5. Exil, Rückkehr und Wiederaufbau

Die Handwerker unter den Exulanten wurden bei den zahlreichen Bauvorhaben Nebukadnezars eingesetzt. Die restliche jüd. Bevölkerung genoß aber auch ohne das Recht des Wohnsitzwechsels relative Freiheit. Unter ihnen wirkte Hesekiel als Prophet. Daniel, ein schon 604 deportierter adliger Judäer, stieg unter babylon. und medopersischer Herrschaft sogar bis in höchste Regierungsämter auf. In prophetischen Visionen, die seitdem den Weg I.s und der christl. Gemeinde beleuchten, schaute er das Kommen und Gehen der Weltreiche und das endgültige Kommen des Reiches Gottes. Als der Perserkönig Kyrus mit der Eroberung Babylons 539 dem neubabylon. Reich ein Ende machte und im sog. »Kyrusedikt« u.a. auch den Judäern die Rückkehr ins Land der Väter erlaubte und den Wiederaufbau des Tempels befahl, setzte die Rückwanderung in mehreren Wellen ein. Nach Esra 2 kehrten mehr als 43.000 Personen zurück. Der Judäer Scheschbazar war wohl wie auch Serubabel ein Beauftragter des pers. Königs für die Überwachung des Tempelaufbaus. Der Tempel wurde 516 eingeweiht. Die folgenden Jahrzehnte waren durch äußere Unsicherheit und Mühen gekennzeichnet. In der zweiten Hälfte des 5. Jh.s versuchte Esra die Bevölkerung zur Treue gegenüber dem mosaischen Gesetz zu verpflichten und zu einer Gemeinde zu verbinden. Nehemia erreicht etwa gleichzeitig als Beauftragter des Artaxerxes den Wiederaufbau der Jerusalemer Stadtmauer. Bereits in dieser Zeit beginnt die Absonderung von den Samaritern, einer jüd. Mischbevölkerung des ehemaligen Nordreichs, an Schärfe zuzunehmen.

Lit.: J. Bright: A History of Israel, [3]1981; dt. Geschichte Israels, [2]1966; F.F. Bruce: »Israel«, GBL 2, [2]1990, 622-634; H. Donner: Geschichte des Volkes Israel und seiner Nachbarn in Grundzügen, I/1984, II/1986; H.L. Ellison: »Juda«, GBL 2, [2]1990, 730-735; M. Noth: Geschichte Israels, [9]1981.

M. Dreytza

II. In hellenistisch-römischer Zeit

1. Der Sieg Alexanders des Großen über die Perser (333 und 331 v.Chr.) und die Herrschaft seiner Nachfolger (Diadochen) bedeuteten das Ende des Alten Orients und den Beginn der Ära des → Hellenismus, in der sich griech. Geist und östl. Götterglaube verbanden und durchdrangen. Da im 3. Jh. v. Chr. Palästina von den Ptolemäern (in Ägypten) und im 2. Jh. von den Seleukiden (in Syrien) verwaltet wurde, waren die Einheit des jüd. Volkes und die Reinheit seines Gottesdienstes durch den hell. Synkretismus ernstlich gefährdet. Die samaritanische Kultgemeinde – mit dem Zentrum Sichem und einem Heiligtum auf dem Berg Garizim – sonderte sich ab; ferner wanderten immer mehr Juden in das Ausland (Mesopotamien, Ägypten, Kleinasien, später auch nach Griechenland und Rom). Die Gründung hell. Städte im Westen und Norden Palästinas, die Einrichtung eines Gymnasiums in Jerusalem sowie Machtkämpfe um das Amt des Hohenpriesters führten zu einer Krise, in die der syr. König Antiochus IV. eingriff: Er ließ die Torafrömmigkeit durch Verbote einschränken, im Jerusalemer Tempel den Kult des Zeus Olympios einführen und in der Stadt eine syr. Zwingburg (Akra) errichten; damit waren die Jerusalem von Antiochus III. gegebenen Privilegien praktisch aufgehoben. Diese Zwangsmaßnahmen führten zum bewaffneten Aufstand einer anfangs kleinen Schar von bundestreuen Juden unter dem Priester Mattathias und dessen Söhnen: Judas (Makkabäus) konnte die syr. Truppen mehrfach besiegen und den althergebrachten Tempelkult wiederherstellen (167-164 v. Chr.). Nach seinem Tod begründeten sein Bruder Jonathan (152-143) und nach ihm Simon (143-134) und Simons Sohn Johannes Hyrkanos (134-104) die Herrschaft der Hasmonäer, die jeweils das Amt eines Hohenpriesters innehatten. Dieses Amt wurde unter Aristobul I. (104-103) und Jonathan-Alexander Jannaios (103-76) auch mit der Königswürde verbunden; Königin war auch des Jannaios Gemahlin Salome Alexandra (76-67).

Der Verfall dieser Dynastie begann mit dem Bruderzwist der Söhne Salomes, Hyrkanos II. und Aristobul II., und dem dadurch ermöglichten Aufstieg des Idumäers Antipatros und dessen Sohn Herodes; schließlich wurde Jerusalem von röm. Truppen unter Pompejus erobert (63 v.Chr.).

2. Trotz der polit. Wirren und wirtschaftl. Nöte erlahmten die Kraft des geistl. Lebens und die Treue zum Gottesbund im frühen Judentum keineswegs. In einer ersten Reaktion auf die Gefahr einer hell. Verfremdung entstand die endgeschichtl. ausgerichtete Glaubensbewegung der Apokalyptik, die von den »Frommen« (*Chasidim/Asidaioi*) getragen wurde (Danielbuch, Jubiläen, äth. Henoch). Aus ihrem Kreis der Lehrer von Weisheit und Gerechtigkeit (vgl. Dan 12,3) gingen die Religionsparteien der → Pharisäer und der → Essener (vgl. die → Qumran-Schriften) hervor, denen die Heiligung des Gottesvolkes besonders am Herzen lag; neben den → Sadduzäern werden sie erstmals in der Zeit Jonathans (um 150 v.Chr.) erwähnt (Jos.ant. 13,171-173).

Nicht minder bedeutsam wurde das griech. sprechende Judentum in der Diaspora. Durch die im 3. Jh. v .Chr. in Alexandria begonnene Übersetzung der hebr.-aram. Bibel in die »Koine«, ein in der damaligen Welt weit verbreitetes Griechisch (→ Septuaginta), wurden die Geschichte und der Glaube Israels im hell.-röm. Raum bekannt und die Entstehung der großen, in Griech. abgefaßten Werke des jüd. Philosophen → Philo und des Historikers → Josephus ermöglicht.

3. Die Herrschaft der Herodianer und der röm. Präfekten

Nach der Eroberung Jerusalems 63 v.Chr. wurde der Herrschaftsbereich der Hasmonäer erheblich eingeschränkt. Cäsar gab den Juden das Privileg der freien Ausübung ihrer Religion, begünstigte aber auch den weiteren Aufstieg des Antipater und Herodes. Der letztere wurde mit Hilfe Roms König der Juden (31 v.Chr.). Er beherrschte fast ganz Palästina, das er mit prachtvollen Bauten schmückte; vor allem hat er den Jerusalemer Tempel beträchtlich erweitert. Nach dem Tod des Herodes (4 v. Chr.) wurde dessen durch Gewalt gewonnenes und zusammengehaltenes Großreich auf drei seiner Söhne verteilt. Während Galiläa und Peräa von dem Tetrarchen (»Vierfürsten«) Herodes Antipas, Ituräa und die Trachonitis von Philippus für längere Zeit regiert wurden (vgl. Lk 3,1), setzten die Römer den Haupterben und Ethnarchen Archelaos 6 n. Chr. ab und wandelten sein Herrschaftsgebiet Judäa in eine röm. Provinz um.

Die Last der röm. Verwaltung, der beginnende Kaiserkult und die Einführung einer Kopfsteuer (vgl. den Census Lk 2,1f) ließen eine vierte jüd. Religionspartei entstehen: die Zeloten, d.h. Eiferer um die Alleinherrschaft Gottes. Ferner traten Propheten und Messiasprätendenten auf, die nach dem Vorbild Moses oder Davids Israel mit der Hilfe Gottes zu befreien versprachen. Durch die provokative und ausbeuterische Politik der Prokuratoren und das gewaltsame, todesmutige Auftreten der Zeloten kam es zum Ausbruch des Jüdischen Krieges (66-70 n. Chr.), der mit der Eroberung Jerusalems und der Zerstörung des Tempels endete. Heroisch war der Aufstand des Bar Koseba = Bar Kochba (132-135 n. Chr.), bei dessen Ende Judäa fast völlig ausgeblutet war; aus Jerusalem wurde eine Art von heidnischer Stadt gemacht. Von den jüd. Religionsparteien überstanden diese Katastrophen nur die Pharisäer, die durch Lehrhaus und Synagoge, Mischna und Talmud, das Judentum trotz Zerstreuung und weiterer Verfolgung als solches zu bewahren halfen, und die Christen, die das Evangelium vom gekreuzigten Messias und die von Juden übersetzte griech. Bibel (Septuaginta) in der damaligen Welt ausbreiteten.

Lit.: M. Noth: Geschichte Israels, [2]1953.

O. Betz

b) biblisch

1. Im AT bezeichnet der Name I. (»Haus Israel«; »Kinder Israels«) mehrere Größen:

a. den Verband der zwölf Stämme (Jos 24,1), der die »Lade des Gottes Israels« als gemeinsames Heiligtum besaß (1Sam 5,7),

b. die nördlichen Stämme mit Ephraim als Mittelpunkt (2Sam 2,9),

c. das von Jerusalem und dem Haus David getrennte Nordreich (1Kön 14,9),

d. das Südreich (Jes 5,7; Micha 3,1).

Aber beherrschend und sowohl die Trennung als auch das polit. Ende der beiden Reiche überdauernd blieb die heilsgeschichtl.-sakrale Bedeutung, auf die schon die volksetymologische Erklärung des sprachlich schwierigen Namens I. hinweist: Jakob, der Ahnherr der zwölf Stämme, erhielt den Namen I. als einer, welcher »mit Gott gekämpft hat« (*scharah 'el*, 1Mo 32,29, vgl. Hos 12,4), bzw. als »Mann, der Gott gesehen hat« (*'îsch ra'ah 'el*, so Philo Legat. 4).

An solchen Deutungen ist theol. richtig, daß I. eigentlich Gott sein Dasein verdankt: Er hat es geliebt und aus allen Völkern erwählt (5Mo 7,6-10; Jes 42,1f; 43,1-10), er ist der Schöpfer und Retter von Jakob-Israel (Jes 43,1-4). I. ist Gottes erstgeborener Sohn (2Mo 4,22), das Volk, das er aus Ägypten erlöst und durch die Wüste in das gelobte Land geführt hat und mit dem er einen Bund schloß (Jos 24,1-18; 2Mo 19-24). Darum wurde der Gott I.s als der Einzige (5Mo 6,4; vgl. Mk 12,29), als Schöpfer und Herr der Welt bezeugt (Jes 41,1ff; 43,7-12). I. war eine Theokratie: Gott, der Retter, wurde schon am Schilfmeer als ewig regierender König gefeiert (2Mo 15,18); das Gleiche soll auch bei der endzeitlichen Erlösung geschehen (Jes 52,7-9).

2. Im NT wird – wie auch sonst in der griech. Literatur dieser Zeit – vielfach von den »Juden« gesprochen (vor allem bei Joh und in der Apg), im Unterschied zu den »Griechen« = Heiden (Apg 14,1; Röm 1,16, vgl. das »Volk der Juden«, Apg 10,22; 12,11). Dennoch bleibt I. (»Haus Israel«; »Kinder Israel«) die Selbstbezeichnung und der heilsgeschichtl. bedeutungsvolle Begriff. In der frühjüd. Zeit wurde I. zu dem Volk, das sich um das Studium und das Tun der Tora bemüht: Gott hat »sein Volk Israel mit ewiger Liebe geliebt«, indem er ihm »Tora, Gebote, Gesetze, Satzungen« gegeben hat (1. Benediktion zum Abendgebet). I. soll als das Volk Gottes vor allem in der Endzeit der Welt offenbart werden (Apg 1,6; Röm 11,26f); die Sammlung der Zerstreuten und die Wiederherstellung des Zwölf-Stämme-Verbandes wurde erwartet (Mt 19,28, vgl. Offb 7,4). Der davidische König der Endzeit wurde als »Messias Israels« bezeichnet (1QS 9,11). Diesen meint auch die Inschrift auf dem Kreuz Jesu; der Titel »König der Juden« (Mk 14,26) ist die röm. Version von »Messias Israels«.

Bei den radikalen, endzeitlich orientierten Religionsparteien wie etwa der Qumrangemeinde oder bei einem prophetischen Bußprediger wie Johannes dem Täufer herrschte die Überzeugung, den I.iten werde nicht etwa aufgrund ihrer Volkszugehörigkeit (Abrahamskindschaft) das endzeitliche Heil zuteil (1QS 5,11-13; Mt 3,9), vielmehr werde sich Gott seine endzeitliche Gemeinde aus einzelnen Erwählten, dem Bunde treu verbliebenen und bußfertigen Menschen, zum lebendigen Heiligtum in I. erbauen (1QS 3,13ff; 8,5-10); dieses neue und wahre Gottesvolk stehe im Gegensatz zum empirischen I. Solcher Auffassung widerspricht die (pharisäische) Mischna mit der zuversichtlichen, auf Jes 60,21 gestützten Erklärung: »Ganz Israel hat Anteil an der kommenden Welt!« (Sanhedrin 10,1).

Jesus wußte sich als Messias zum Dienst an I. gesandt (Mt 15,24, vgl. Röm 15,8). Er wollte es für die Gottesherrschaft bereitmachen und der Aufgabe zuführen, Salz der Erde, Licht der Welt und Stadt auf dem Berge zu sein (Mt 5,13-16, vgl. 2Mo 19,5f; Jes 2,2-4; 49,6). Dazu sind Buße, Vollzug der besseren Gerechtigkeit und der Glaube an den Messias unabdingbare Voraussetzung (Mt 5,20; 8,10-12). Ähnlich dachte der Apostel Paulus: I. besitzt vor den Heiden große und bleibende Vorzüge dank der Gaben, die ihm Gott geschenkt hat, z.B. Gesetz und Bund, die Väter und die Verheißungen, dazu die Tatsache, daß aus ihm der Messias als Sohn Davids hervorgeht (Röm 1,3; 9,4f; 3,1); darum ist I. auch der primäre Adressat des Evangeliums (Röm 1,16). Aber nicht alle, die von I. stammen, sind wirklich I. (Röm 9,6). Paulus unterscheidet das »Israel nach dem Fleisch« (1Kor 10,18) vom »Israel Gottes« (Gal 6,16), d.h. den Glaubenden. Der Unglaube so vieler Juden hebt jedoch die Treue Gottes und die endzeitliche Bewahrheitung der Väterverheißungen nicht auf (Röm 11,1f; 15,8). Denn I. ist der von Gott gepflanzte Ölbaum und ein Werkzeug des Heils für alle Völker (Röm 11,16-24), auch durch seinen Ungehorsam (Röm 11,11). Aufgrund seiner Berufung und der unverbrüchlichen Gnadengaben Gottes (Röm 11,29) wird ganz I. gerettet werden, und zwar bei der Parusie des Christus vom Zion her (Röm 11,26f). Wie Paulus als Pharisäer und Verfolger der Kirche durch die Erscheinung Christi vor Damaskus zum Glauben geführt und zum apostol. Dienst berufen wurde (vgl. Röm 11,1f; 1,1), so wird auch I. – trotz seiner von Gott gewirkten zeitweiligen Verstockung (Röm 11,8.25) – durch ein Damaskuserlebnis großen Stils für Christus gewonnen werden (Röm 11,26 nach Jes 59,20; Jer 31,34) und in einem neuen Leben für das Heil der Heiden tätig sein (Röm 11,15).

c) systematisch-theologisch

1. Christen sollten die Bedeutung I.s, seinen heilsgeschichtl. Vorzug und seine lebendige Gegenwart, ganz ernstnehmen: I. ist das Volk des alten Bundes, der Empfänger und Bewahrer des Gottesworts (Röm 3,1f). Aus I. ging Jesus Christus hervor, ihm hat er gedient. Dem I. gegebenen Gesetz und seinen Propheten entnahm Jesus den Willen Gottes und die Weisung für seinen messianischen Weg bis hin

zum Kreuz; die Bibel I.s war auch die der Apostel. Die geschichtl. Abfolge I.-Kirche hat Paulus als eine bleibende organische Beziehung verstanden: Die Kirche Christi lebt von der tragenden und nährenden Kraft des Ölbaums I. Der neue Bund steht auf dem Fundament des alten; das griech. abgefaßte Evangelium bleibt unverstanden, wenn es nicht mit Hilfe des AT ausgelegt wird, dessen Verheißungen es als erfüllt verkündigt. Die Absage an die Bibel I.s führt zur folgenschwersten Häresie (→ Gnostizismus, → Deutsche Christen der Hitlerzeit). Eine → Biblische Theologie, welche die beiden Testamente als organische Einheit versteht – so etwa bei den Vätern des Schwäbischen Pietismus im 18. Jh. – ist für die Kirche im besten Sinne erbaulich. Bei der endzeitlichen Sammlung aller Völker wird I. in der Mitte stehen: »Die Heiden sollen Gott loben mit seinem Volk« (Röm 15,10).

2. Aber auch die Unterschiede sind sorgsam zu beachten. Anders als die Kirche aus Juden und Heiden versteht sich I. als das Volk, das die Tora studiert und im Leben verwirklichen möchte. Es hat die heilige Sprache Moses, der Propheten und der Psalmen wieder zum Leben erweckt und für alle seine Lebensbereiche fruchtbar gemacht; vor allem gibt es seit 1948 im Heiligen Lande einen »Staat Israel«, der für die Juden in aller Welt die polit. und auch rel. Mitte darstellt. Das Wunder, daß I. trotz einer bald zweitausend Jahre währenden Zerstreuung unter den Völkern, trotz schwerer Verfolgungen und des Versuchs der Auslöschung seinem Gott die Treue hielt und von ihm als Volk erhalten wurde, darf als ein geschichtl. Beweis für die Wirklichkeit dieses Gottes angesehen werden. Das Bewußtsein, Gottes Volk zu sein, unterscheidet I. grundsätzlich von der Kirche aus allen Nationen; Jude wird man durch Geburt und nicht etwa durch die Taufe, die das Christ-Sein bestimmt. (→ Kirche und Judentum).

Lit.: O. Betz: Der Alte und der Neue Bund; Israels Mission an der Welt – unsere Mission an Israel, in: H. Kremers, E. Lubahn (Hg.): Mission an Israel in heilsgeschichtlicher Sicht, 1985, 24ff; O. Michel: Ein Bekenntnis zur Judaistik, ebenda; N.A. Dahl: Das Volk Gottes, 1941, ND 1962, 1963.

O. Betz

Italien

1. Allgemeines

Durch seine kulturellen Leistungen in der Antike und deren Wiederbelebung in der Renaissance gilt I. als Zentrallandschaft des Abendlandes. Es ist deshalb bis heute Zielpunkt romantisierender Sehnsucht geblieben. Demgegenüber fällt seine Rolle in der Entwicklung des polit. Europas ab. Bis zum Ende des weström. Reiches 476 beherrschte I. die antike Welt, geprägt zunächst durch die von Vergil und Horaz literarisch vorbereitete Romideologie und die Reformen des Kaisers Augustus. In der Prinzipatszeit (31 v.Chr. – 284 n.Chr.) wurden durch die ungeheuere Ausdehnung des Reiches die Grundlagen für die polit. wie kulturelle Ausstrahlung I.s gelegt, die Zunahme konkurrierender rel. Systeme machten es allerdings auch anfälliger. Konstantins Hinwendung zum Christentum seit 312 vermochte die divergierenden Kräfte nur zeitweise zu bündeln. Seine Verlagerung der Reichshauptstadt nach Byzanz (Konstantinopel) 330 und die Teilung des Reiches 395 nach dem Tode Theodosius' des Großen förderten die Schwäche I.s, das dem Ansturm der Germanenvölker schließlich erlag. Seit 476 war I. jahrhundertelang Spielball fremder Mächte. In unterschiedlicher Distanz zu den oström. Herrschern fungierten die Päpste faktisch als polit. Statthalter. Ihr Bündnis mit dem aufstrebenden fränkischen Großreich 754 führte zu einer Abwendung vom Osten und zu einer andauernden Westorientierung, die in der röm. Kaiserkrönung → Karls des Großen 800 ihren ersten Höhepunkt fand. In der Folgezeit blieb I., wenn auch in unterschiedlicher Intensität, bis 1250 unter deutscher Herrschaft. Von da an bis 1796 rangen selbständige Staaten in I. mit den europ. Mächten um die Vorherrschaft. Als Folge der franz. Hoheit seit 1796 bildeten sich zahlreiche Republiken. Im 19. Jh. nahmen die Einigungsbemühungen zu, die in der Gründung des Königsreiches I. (1870-1946) zum Ziel kamen. Nach der Überwindung des Faschismus (seit 1922) wurde 1946 die Republik I. gegründet.

2. Kirchlich

Wahrscheinlich haben Hörer der Pfingstpredigt des Petrus (Apg 2,10) kurz nach 30 den christl. Glauben brieflich oder persönlich nach Rom gebracht. Dort hat sich bald danach eine erste Gemeinde gebildet. Ihre weitere Konsolidierung geht wohl auf Petrus zurück. Trotz der Rückschläge durch verschiedene Christenverfolgungen wuchs die Zahl der Christen in I. beständig. Gegen Ende des 4. Jh.s wird es über 100 Bistümer in I. (einschließlich Sizilien, Sardinien und Korsika) gegeben haben.

Die germanischen Reichsbildungen auf dem Boden I.s und dessen folgende Integration in das Heilige Römische Reich deutscher Nation (bis 1803) zwangen die Kirche in polit. Funktionen, deren augenfälligstes Beispiel die weltliche Herrschaft der Päpste im → Kirchenstaat ist. Während sie etwa im sog. Investiturstreit und dann im Zeitalter kirchl. Weltherrschaftsideologie mit den Mächten Europas rangen, meldeten sich die geistl. Ansprüche des Volkes in immer neuen Reformbewegungen zu Wort (→ Mönchtum, Bußbewegung, neue Orden). Neuanfänge wie die der → Waldenser in Norditalien wurden allerdings zurückgedrängt.

Die Reformation konnte in I. kaum Verbreitung finden, vor allem wegen der unerbittlichen Aktivität der vom Papsttum unterhaltenen Inquisition. Der Gedanke der Erneuerung war gleichwohl vorhanden und führte nach dem Konzil von Trient (1545-63) zu mancherlei Förderungen der Gemeinden. Im 17. und 18. Jh. äußerte sich das vornehmlich in dem starken Anwachsen der Zahl der Kleriker, in der Entwicklung besonderer Formen der Andacht (Volksfrömmigkeit) und der Intensivierung der Predigttätigkeit sowie dem Übergewicht der Orden. Eine christl. Durchdringung des Volkes wurde damit kaum erreicht, höchstens eine Stabilisierung rel. Mischformen. Das zeigt auch die Anfälligkeit für den Säkularismus im 19. Jh., den die Päpste rigoros (Antimodernismusstreit) bekämpften. Diese starren Formen der röm.-kath. Kirche, die seit den Lateranverträgen von 1929 die »alleinige Staatsreligion« in I. ist, wurden erst durch das II. Vatikanische Konzil (1962-65) und die nach 450 Jahren erstmalige Wahl eines Nichtitalieners zum Papst (Johannes Paul II, 1978) aufgelockert. Der Protestantismus spielt in I. allerdings nach wie vor keine Rolle.

Lit.: G. Alberigo: »Italien«, TRE 16, 1987, 393-421; W. Goez: Grundzüge der Geschichte Italiens in Mittelalter und Renaissance, [3]1988; H. Kramer: Geschichte Italiens, 1968.

L.E. v. Padberg

Ius circa sacra/ius in sacris → Staat und Kirche

ius reformandi → Augsburger Religionsfrieden

Iwand, Hans Joachim (1899-1960)

I. geb. am 11. 7. 1899 in Schreibendorf (Kreis Strehlen/Schlesien), gest. am 2. 5. 1960 in Bonn. Theologiestudium von 1917-21 in Breslau und Halle, unterbrochen von Soldatenzeit 1918/19. Nach Hauslehrerzeit in Machnitz und kurzer Zeit am Predigerseminar in Wittenberg ab 1. 5. 1923 Studieninspektor des Königsberger Lutherheimes. Am 29. 11. 1924 von der theol. Fakultät der Universität Königsberg zum Lizentiaten promoviert mit einer Dissertation »Über die methodische Verwendung von Antinomien in der Religionsphilosophie. Dargestellt an Karl Heims ›Glaubensgewißheit‹«. Im Februar 1927 habilitiert mit »Rechtfertigung und Christusglaube. Eine Untersuchung zur Systematik der Rechtfertigungslehre Luthers in ihren Anfängen«. Seit März 1927 verheiratet mit Ilse Ehrhardt (deren Mutter eine zum christl. Glauben konvertierte Jüdin war). Am 28. 11. 1933 zusammen mit J. → Schniewind Gründung der »Kirchlichen Arbeitsgemeinschaft« als Vorläuferin der ostpreußischen Bekennenden Kirche. Ende 1934 Berufung auf den Lehrstuhl für Neues Testament am Herder-Institut in Riga; im März 1935 wurde I. wegen seiner jüd. Frau die Lehrbefugnis und der Lehrauftrag am Herder-Institut entzogen. Ab Sommer 1935-37 Aufbau des Predigerseminars der Ostpreußischen Bekennenden

Kirche in Bloestau und Übernahme der Leitung. Ende Mai 1937 zieht das Seminar nach der Ausweisung aus Ostpreußen um nach Paradies bei Jordan (Kreis Schwiebus) und dann ins Bodelschwingh-Haus in Dortmund. I. übernimmt die vakante Pfarrstelle St. Marien bis 1945. Die ganze Zeit ist immer wieder von kurzen Gestapohaftzeiten unterbrochen. 1945-52 Prof. für Systemat. Theologie in Göttingen, 1952-60 Prof. für Systemat. Theologie in Bonn.

I. kann als selbständiger Denker unter die Vertreter der → Dialektischen Theologie gerechnet werden. Bei aller Nähe zu K. → Barth bleibt er dennoch bewußter Lutheraner mit starker Nähe zur ostpreußischen → Gemeinschaftsbewegung. Von R. → Hermann vermittelt, mit dem ihn eine tiefe Freundschaft bis ans Lebensende verbindet, starke Beeinflussung durch → Kähler und Stange. Wie schon bei → Tholuck ist die Versöhnungslehre für ihn zentral, bei durchgehaltener Einheit von → Rechtfertigung und → Heiligung. Die Nähe zur Gemeinschaftsbewegung kommt auch durch den gemeinsamen Weg im ostpreußischen Kirchenkampf. Für I. ist das Auftreten der Deutschen Christen nicht nur eine plötzliche und vorübergehende Erscheinung (R. Hermann), sondern Ergebnis einer langen, vor allem prot. Entwicklung.

Seine Gemeindeethik und seine Versöhnungslehre wird praktisch gelebt, z.B. in der Flüchtlingshilfe (»Haus der helfenden Hände« in Beienrode – heute mit Sitz der Hans-Iwand-Stiftung), in seinem Vorentwurf zum Darmstädter Wort, in seinem konkreten Pazifismus. Dabei bleibt er ein Ausleger der Heiligen Schrift (Begründer und Mitherausgeber der Göttinger Predigtmeditationen). Als Lutheraner tritt er an gegen den Konfessionalismus.

Lit.: H.J. Iwand: NW 1-6 (1967ff); ders.: Um den rechten Glauben. Gesammelte Aufsätze, 1965; ders.: Glaubensgerechtigkeit. Lutherstudien, ^{2}1991; ders.: Frieden mit dem Osten. Texte 1933-1939, 1988;

M. Fischer, H.J. Iwand: Wie wir uns fanden! Ein Wort zur Begegnung von Kirche und Gemeinschaft, 1947; B. Klappert, U. Weidner (Hg.): Schritte zum Frieden, 128ff, 1983; R.-D. Krüger: Versöhnt mit Gott. Rechtfertigung und Heiligung bei Hans Joachim Iwand (Diss. Basel) 1991; P.P. Sänger, D. Pauly (Hg.): Hans Joachim Iwand – Theologie in der Zeit, Lebensabriß und Briefdokumentation, Bibliographie, 1992; Zur Vergegenwärtigung der Theologie Hans Joachim Iwands, EvTh 4/89.

R.-D. Krüger

Jacobi, Friedrich Heinrich (1743-1819)

J., geb. am 25. 1. 1743 in Düsseldorf, gest. am 10. 3. 1819 in München. Von reformierter Frömmigkeit berührt, übte er zunächst kaufmännische Tätigkeiten aus und wurde wohlhabend. Am geistigen Leben nahm er rege teil: in ausgedehnten Korrespondenzen (besonders bedeutend der dichte Briefwechsel mit J.G. → Hamann 1782-88) und als Gastgeber auf seinem Landsitz in Pempelfort, auch durch Förderung junger Talente. Mit → Goethe gab es 1774 eine empfindsame Freundesbegegnung, später Spannungen. Mit dem Münsterschen Kreis um A. von Gallitzin war er nahe verbunden, auch M. → Claudius. Vor der Franzosenherrschaft am Rhein floh er nach Holstein. 1807-12 war er Präsident der Bayerischen Akademie der Wissenschaften.

Sein phil. Interesse und seine Schriftstellertätigkeit sind gesteuert von einem stark empfundenen Bedürfnis zu glauben, unmittelbarer Erfahrung (dem »Gefühl«) zu trauen, das in Spannung erlebt wird mit rational überzeugender, letztlich atheistischer phil. Systematik. Er entfacht den Spinozismusstreit, in dem er mit M. → Mendelssohn über Lessings (angenommenes?) spinozistisches Glaubensbekenntnis aneinandergerät, und polemisiert gegen → Kant, → Fichte, → Schelling. J. nimmt in seiner zweifelnden Sensibilität Elemente moderner Existenzdeutungen voraus. (»Über die Lehre des Spinoza in Briefen an den Herrn Moses Mendelssohn« 1785, »David Hume. Über Glauben oder Idealismus und Realismus« 87, »Jacobi an Fichte« 99). In seinen Briefromanen: »Eduard Allwills Papiere« und »Woldemar«, von Goethe angeregt, aber kritisch gegen dessen Lebensgefühl, findet man empfindsame und feinsinnige psych. Beobachtungen zu Freundschaft und Liebe zwischen den Geschlechtern.

Lit.: F.H. Jacobi, Werke hg. von F. Roth (1812-25), Reprint 1976; Briefwechsel hg. von M. Brüggen, S. Sudhoff, 1981f;

G. Baum: »Jacobi, Friedrich Heinrich«, TRE 16, 1987, 434-438 (Lit.).

E. Büchsel

Jacoby, Ludwig Sigismund (1813-1874)

J., geb. am 21. 10. 1813 in Altstrelitz als Sohn jüd. Eltern, gest. am 20. 6. 1874 in St. Louis, USA. Nach Abschluß seiner kaufmännischen Lehre ließ er sich luth. taufen und wanderte 1839 nach Amerika aus. Er bekehrte sich bei den Methodisten und wurde als Prediger angestellt. 1849 sandte ihn seine Kirche als Missionar nach Bremen. Von dort breitete er die Bischöfliche Methodistenkirche (BMK) in Deutschland, in der Schweiz und im Elsaß aus. Er nahm ökumen. Kontakte wahr, u.a. an den Kirchentagen. In Bremen gab er Zeitschriften heraus (ab 1850), gründete einen Verlag (1853) mit eigener Druckerei (1860), erbaute das Traktathaus (1854) auch als Depot der Amerikanischen Bibelgesellschaft; er richtete ein Predigerseminar ein (1858) und erwirkte für die methodistische Kirche in Bremen einen öffentlichrechtlichen Status (1863). Von der liberalen Hansestadt aus sicherte Superintendent J. als Gründer des europ. Zweiges der BMK die Arbeit ab. 1871 kehrte er in die USA zurück.

Lit.: K.H. Voigt: »L.S. Jacoby«, Wort und Weg 1974, 329ff; ders.: »Jacoby, L.S.«, BBKL II, 1418ff (Lit.); F. Wunderlich: Brückenbauer Gottes, 1963.

K.H. Voigt

Jainismus

Wie der → Buddhismus als mönchische Reformbewegung des brahmanischen → Hinduismus entstanden, geht der J. auf eine einzelne Gründergestalt zurück, die 599 (oder 480 oder 370) v.Chr. in Vaisali/Bihar als Prinz geboren wurde. Mahavira (großer Held), der erste Jaina (Überwinder), wirkte als Wanderasket und Gründer einer Mönchsgemeinschaft.

Mahavira hatte 23 legendarische Vorläufer (Tirtan-Karas). Das Geschichtsbild des J. ist zyklisch-pessimistisch; selbst die Heilslehre verfällt in der jetzigen Phase.

Die Welt gilt als unerschaffen und ewig. Unbegrenzt viele Einzelseelen leiden in der veränderlichen Körperwelt auf Grund ihres Karmas, das feinstofflich gedacht wird und am sichersten durch → Askese getilgt werden kann.

Die Askese ist radikal. Eine Richtung des Mönchtums ist »nur mit Luft bekleidet« und darf nur im Stehen essen. Hungerfasten bis zum Tod gilt als Erlösungsweg. Ahimsa, das Verbot andere Wesen zu schädigen, gilt auch für Insekten und Mikroben. So sind Jainas nicht in der Landwirtschaft tätig, sondern im Handel und Bankwesen; sie stiften bisweilen Altersheime für Kühe.

Der Zusammenhalt zwischen Mönchen und Laien ist eng und hat seelsorgerl. Züge. Unter Kaiser Chandragupta (geb. 293 v.Chr.) wurden die Jainas gefördert und so waren sie zeitweise weit verbreitet. Seit der Zeitwende sind sie in zwei Gruppen gespalten. Ein Kanon heiliger Schriften wurde im 5. Jh. n.Chr. festgelegt. Der J. war zeitweise bilderfeindlich, hat aber eine reichhaltige rel. Kunst hinterlassen, wie auch eine umfangreiche Mythologie.

Die Alltagsfrömmigkeit ist der der Hindus ähnlich. Ohne Anerkennung der vedischen Schriften und der Brahmanen sind die Jainas vom Hinduismus grundsätzlich geschieden, erscheinen aber wie eine Sondergruppe darin. Jainas werben nicht für ihre Gemeinschaft, treten für interrel. Toleranz ein und vertreten bei Konferenzen vor allem Ahimsa, gewaltlosen Pazifismus und Vegetarismus. Es gibt 2,7 Mio. (0,7 % der Gesamtbevölkerung) Jainas in Indien, stärker vertreten in Gujarat und Rajastan.

Lit.: K. Fischer, J. Jain: Kunst und Religion in Indien: 2500 Jahre Jainismus, 1974; dies.: Jaina iconography, 1978; H.v. Glasenapp: Der Jainismus, 1964; W. Kirfel: Symbolik des Hinduismus und Jainismus, 1959; W. Schubring: Der Jainismus, in: Die Religionen Indiens III von A. Bareau u.a., 1964.

N.P. Moritzen

Jakob → Erzväter

Jakob Baradäus / Jakobiten → Monophysiten

Jakobus

J. ist die lat. Form des hebr. männlichen Eigennamens Jakob (hebr. *Ja'aqob*). In seiner griech. Form *Jákobos* kommt er im NT 42mal vor. Der im jüd. Volk sehr geläufige Eigenname geht auf den Erzvater → Jakob zurück, von dessen zwölf Söhnen sich die israelit. Stämme herleiten. Seine Bedeutung ist umstritten (vielleicht: »Überlister«).

Die Durchsicht der ntl. Stellen gibt vor allem aufgrund von Namensgleichheiten keinen sicheren Aufschluß darüber, wie viele ntl. Personen den Namen »Jakobus« trugen. Sehr wahrscheinlich sind es vier, und zwar der Zebedaide (21 Erwähnungen), der Herrenbruder (11), der Alphäussohn (8) und der Vater des Apostels Judas (2).

1. Der Zebedäussohn J., Bruder des → Johannes (Mt 4,21 par), stammte vermutlich aus Kapernaum am Nordufer des Sees Genezareth. Beide arbeiteten vor ihrer Berufung in Jesu Jüngerkreis im Fischereibetrieb ihres Vaters. Dieser handwerkliche Beruf schließt nicht aus, daß die Brüder eine gründliche Erziehung (in Jerusalem?) genossen haben (B. Schwank). Später gehörten sie zusammen mit Simon → Petrus zum engsten Kreis um Jesus (Mt 17,1 Verklärung; Mk 5,37 Auferweckung der Tochter des Jairus; Mt 26,37 Gethsemane). Diese beiden Umstände mögen das Selbstbewußtsein der beiden Zebedaiden gestärkt und in ihnen den Wunsch nach einer herausgehobenen Stellung in Jesu Umgebung geweckt haben (Mt 20,20ff par). Hierher paßt auch die kleine Szene Lk 9,54f, wo die Brüder sich in der Tradition des Propheten Elia (→ Propheten Israels) ein Strafwunder zutrauen, um Jesus in Samarien angemessenen Respekt zu verschaffen. Möglicherweise wegen dieses Gesamteindrucks gab Jesus ihnen den Beinamen (aram.?) »Boanerges« (Mk 3,17), was Markus mit »Söhne des Donners« übersetzt. Liegen die Dinge so, dann ist es umso erstaunlicher, daß J. im Evangelium seines Bruders Johannes (?) überhaupt nicht namentlich erwähnt wird. Jesu Wort über die Zebedaiden (Mk 10,39) hat sich mindestens im Blick auf J. erfüllt, den König Herodes Agrippa I. wohl im Jahr 43 (oder 44?) »mit dem Schwert«, also nach röm. Recht, hinrichten ließ (Apg 12,2). Daraus dürfte der Rückschluß auf eine herausragende Stellung innerhalb der Urgemeinde erlaubt sein.

2. Wichtiger noch ist der »Herrenbruder« J. (Gal 1,19), der – zu Jesu Erdenzeiten noch ab-

lehnend – schon bald nach der → Auferstehung vielleicht aufgrund einer besonderen Erscheinung Jesu (1Kor 15,7) zur Urgemeinde stieß (Apg 1,14) und nach der Flucht des → Petrus (Apg 12,17) zum theol. Leiter der Judenchristenheit wurde. Selbst von den Juden wegen seiner Gesetzestreue geachtet und mit dem Ehrentitel »der Gerechte« versehen (Euseb, h.e. II 1,2f u.ö.), wurde er zum entscheidenden Gesprächspartner des → Paulus schon in dessen früherer Orientierungsphase (Gal 1,19) und dann bei einer ersten, eher offiziösen Absprache hinsichtlich der Heidenmissen (Gal 2,9), erst recht aber später in den Auseinandersetzungen um den Weg der Heidenchristenheit (Apg 15), wo nach der Apg von ihm die schließlich von allen akzeptierten Konsensformulierungen kamen (Apg 15,13ff). Auch in den späten 50er Jahren (57/58?), als Paulus nach Jerusalem reiste, war der Herrenbruder noch in demselben Ansehen und vertrat auch hier eine eher ausgleichende Position (Apg 21,18ff). Vor diesem Hintergrund wird die unermüdlich vorgetragene Darstellung fragwürdig, J. sei das Haupt einer »antipaulinischen« Fraktion der Urgemeinde gewesen (Gal 2,12; 2Kor 11,5). Eher wird man annehmen müssen, judaistische Kreise hätten sich fern von Jerusalem zu Unrecht auf J. bezogen. Einem wohl zuverlässigen Bericht des Flavius → Josephus zufolge wurde J. um das Jahr 61/62 unter Ausnutzung eines Interregnums zwischen zwei röm. Prokuratoren auf Betreiben des Hohenpriesters Ananos II. gesteinigt (Jos. ant. XX 199f). In den Absenderangaben der ntl. Briefe des J. (1,1) und → Judas (1,1) taucht er nochmals auf. Kein durchschlagender Grund spricht gegen die Annahme, der J.-Brief stamme von dem Herrenbruder, der sich dann ganz parallel zu dem anderen Herrenbruder Judas als »Sklave Jesu Christi« bezeichnet hätte. Die Theologie des J.-Briefs paßt durchaus in das Bild, das uns die übrigen ntl. Schriften von J. zeichnen. Von einem wirklichen Gegensatz zur → Rechtfertigungslehre des Paulus kann keine Rede sein, sofern man die spezifische Intention des Briefes berücksichtigt und sich nicht davon verwirren läßt, daß J. das griech. Wort *'ergon* inhaltlich anders füllt und verwendet als etwa Paulus im Römerbrief.

3. Der Alphäussohn und Jesusjünger J. begegnet stereotyp nur in den Jüngerlisten (Mt 10,3 par; Apg 1,13) und in den Auferstehungsberichten, hier zusammen mit mehreren Jüngerinnen Jesu (Mt 27,56 par). Vermutlich ist er mit »Jakobus dem Kleinen« (Mk 15,40) identisch.

4. Noch weniger wissen wir über J. den Vater des Jüngers Judas, der nur in Jüngerlisten der lukanischen Schriften vorkommt (Lk 6,16; Apg 1,13), während sonst anstelle des Judas ein Thaddäus genannt wird. Dies könnte gut auf einen Doppelnamen hinweisen.

Lit.: M. Hengel: Jakobus der Herrenbruder – der erste »Papst«? in: Glaube und Eschatologie (FS W.G. Kümmel), 1985, 71-104; Th. Zahn: Brüder und Vettern Jesu, in: FGNK 6, 1900, 225-363.

H.-W. Neudorfer

Jakobusbrief → Katholische Briefe des NT

Jänicke, Johannes (1748-1827)

J., geb. am 6. 7. 1748 in Berlin, gest. am 21. 6. 1827 in Berlin, zunächst Handwerker (Weber), dann Lehrer, dabei Anschluß an die Herrnhuter → Brüdergemeine, 1779 deren Prediger in Berlin. 1800 gründete er die erste deutsche Missionsschule, deren Absolventen er ausländischen, in der Regel englischen Missionsgesellschaften zur Verfügung stellte. Bis zu seinem Tod wurden von ihm ca. 80 Missionare, darunter der Bahnbrecher der Chinamission, K. Gützlaff, ausgesandt. J. war einer der Vorväter der → Erweckungsbewegung, der diese nach ihren unterschiedlichen Anfängen in den deutschen Territorien förderte und prägte.

J. kann auch als einer der Vorväter der → Inneren Mission gelten: Er half den vielen verarmten nach Berlin Zugezogenen leiblich über »Volksküchen«, brachte ihnen das Evangelium über leicht verständliche Kleinschriften (Gründung eines Traktatvereines) nahe und rief zur Ausbreitung der Bibel zunächst eine »Biblische Gesellschaft« ins Leben, aus der später die »Preußische Hauptbibelgesellschaft« hervorging.

Lit.: E. Schick: Vorboten und Bahnbrecher, 1943.

G. Ruhbach

Jansen, Cornelius (1585-1638) Jansenismus

Das von Cornelius Jansenius verfaßte und nach dessen Tod veröffentlichte Werk über die Gnadenlehre des → Augustinus gab den Anlaß zu heftigen Auseinandersetzungen innerhalb der kath. Kirche. Schließlich wurden fünf Sätze daraus lehramtlich verurteilt. Aus den Befürwortern des Jansenius entwickelte sich in der Folge die Reformbewegung der Jansenisten.

Cornelius Jansenius, 1585 im nordniederländischen Leerdam geboren, wurde in einer calvinistischen Umgebung bewußt kath. erzogen. Er studierte ab 1602 Philosophie und ab 1604 Theologie an der Universität Löwen in den kath. spanischen Niederlanden. Nach dem Bakkalaureat (1609) ging er zum Studium nach Paris und wandte sich besonders der Exegese der Hl. Schrift und der Väterlektüre zu. Jansenius empfing 1614 die Priesterweihe und kehrte 1616 nach Löwen zurück, wo er das Rektorat des neuen Kollegs St. Pulcheria, das für die Priesterkandidaten aus den Generalstaaten gegründet worden war, übernahm. 1617 erhielt er Lizentiat und Doktorat der kath. Fakultät und 1618 einen theologischen Lehrstuhl. 1624 legte er das Rektorat von St. Pulcheria nieder. In den folgenden Jahren bemühte er sich in Gesprächen mit der spanischen Regierung mit Erfolg, die Gründung einer eigenen Jesuitenhochschule in Löwen und eine stärkere Beteiligung von Jesuitenprofessoren an der Universität zu verhindern. 1630 wurde er auf den angesehenen königlichen Lehrstuhl für die Hl. Schrift berufen. Der beliebte Lehrer setzte sich über die wissenschaftl. Bildung hinaus für die innere Erneuerung des kirchl. Lebens und der → Spiritualität ein. Aufgrund seiner Loyalität zur spanischen Regierung wurde er 1635 durch königliche Nomination Bischof von Ypern. Nach der Bischofsweihe 1636 starb er schon eineinhalb Jahre später am 6. Mai 1638 in der festen Überzeugung, stets ein treuer Sohn der kath. Kirche gewesen zu sein.

Bereits seit 1618 arbeitete Jansenius geheim an einem Werk über die Gnadenlehre des Augustinus. Er suchte bei Augustinus als dem »Lehrer der Gnade« die Antwort auf die im Gnadenstreit auch nach dem Konzil von Trient wieder aufgebrochene Frage nach dem freien Willen und der Rechtfertigung des Menschen. Kurz vor seinem Tode hatte er das Manuskript vollendet. Da die Gefahr bestand, daß besonders von jesuitischer Seite eine Veröffentlichung des »Augustinus« hintertrieben werden würde – Paul V. hatte 1611 verboten, über diese Frage ohne Erlaubnis des Hl. Stuhles zu publizieren –, wollte er den »Augustinus« geheim drucken lassen. Der plötzliche Tod vereitelte aber seine Absicht. Er beauftragte seine engsten Vertrauten, für den Druck zu sorgen. »Am Text selbst, so meinte der sterbende Bischof, brauchten keine Veränderungen vorgenommen werden, es sei denn, der Hl. Stuhl verlange sie« (M. Albert). 1640 konnte dann der »Augustinus« mit kaiserlichem und königlichem Druckprivileg und kirchl. Approbation des Erzbistums Mecheln erscheinen. Mit seiner scharfen Kritik am Molinismus (→ Molina) als Semipelagianismus provozierte der »Augustinus«, wie zu befürchten war, die Jesuiten. Die franz. Regierung, bei der Jansenius wegen seiner prohabsburgischen Haltung in Mißkredit geraten war, erreichte 1653 in Zusammenarbeit mit den Jesuiten die Verurteilung von fünf Sätzen aus dem »Augustinus« durch Papst Innozenz X. Die Befürworter des »Augustinus«, die Jansenisten, kritisierten dagegen die Jesuiten wegen deren kasuistischer Moraltheologie, die sie als Laxismus abqualifizierten. Blaise → Pascal, der nach mehreren Bekehrungserlebnissen den Weg zu den Jansenisten fand, verschärfte mit seinen »Lettres à un provincial« die Situation. Ludwig XIV. verstärkte den Kampf gegen die Jansenisten und fand die Unterstützung Alexanders VII. (Bulle »Regiminis apostolici« 1665). Alle Angehörigen des Klerus und die Religiosen mußten eine Erklärung mit der Verurteilung der fünf Sätze aus dem »Augustinus« unterschreiben. Es gelang aber nicht, den Jansenismus, der in weiten Kreisen mit Sympathie rechnen konnte, einzudämmen. Clemens IX. (1667-1669) lenkte ein, und in den folgenden 30 Jahren konnte der Jansenismus weiter an Zulauf gewinnen.

In eine neue Phase trat der Jansenismus mit den Aktivitäten Pasquier Quesnels (1634-1719). Aus seinem Werk »Réflexions morales sur le Nouveau Testament« wurden 1713 von Papst Clemens XI. 101 Sätze verdammt. Die Mehrheit der franz. Bischöfe akzeptierte das Urteil (Akzeptanten); eine große Minderheit lehnte es ab und appellierte an ein allg. Konzil (Appellanten). Die Jansenisten wurden dann in Frankreich offen bekämpft und in den Untergrund gedrängt. In den Niederlanden kam es zu einer Zusammenarbeit zwischen geflohenen franz. Jansenisten und Teilen des einheimischen Klerus, aus der sich die schismatische »Kirche von Utrecht« (→ Altkatholiken) entwickelte.

Jansenistisches Gedankengut mit seinem moralischen Rigorismus und kirchl. Reformstreben (Priesterbildung, geläuterte Volksfrömmigkeit, volkssprachliche Liturgie, kollegiale Kirchenstruktur, Toleranzgedanke) wirkte ab der Mitte des 18. Jh.s in den Bestrebungen der kath. Aufklärung besonders in den habsburgischen Ländern (→ Josephinismus) weiter.

Umstritten ist die Rolle jansenistischer Geistlicher im revolutionären Frankreich. Wie der Gesamtklerus Frankreichs spaltete sich auch der jansenistisch ausgerichtete Teil. Das Konkordat von 1801 brachte das Ende des Jansenismus in Frankreich.

Lit.: M. Albert: Nuntius Fabio Chigi und die Anfänge des Jansenismus, 1639-1651, Ein römischer Diplomat in theologischen Auseinandersetzungen, 1988; P. Hersche: Der Spätjansenismus in Österreich, 1977; Chr.H. O'Brien: »Jansen, Jansenismus«, TRE 16, 1987, 502-509.

W. Weiß

Janz Team e.V.

Das internationale, überkonfessionelle Missionswerk, 1954 von dem Kanadier Leo Janz gegründet, setzt sich aus einer Reihe von selbständigen, nationalen Werken zusammen – mit etwa 200 Mitarbeitern:

- Deutschland/Lörrach – Kandern
- Schweiz/Riehen – Adelboden
- Frankreich/Besançon
- Portugal/Viseu
- Brasilien/Gramado-RS
- Kanada/Winnipeg
- USA/Buffalo.

Das J.T. versteht sich als Glaubenswerk auf der Basis der Ev. Allianz (Mitgliedschaft in der AEM, AMD, Evangelistenkonferenz, Konferenz bibeltreuer Ausbildungsstätten und im RMJ); seine Finanzierung geschieht durch freiwillige Spenden.

Schwerpunkte des mission. Auftrags des J.T.s sind:

- Evangelistische Versammlungen und Konzerte
- Kurzbibelschule (zweimal je drei Monate jährlich)
- Französische Evangelisationsschule (dreimal drei Monate jährlich)
- Freizeiten
- Gemeindeaufbauseminare
- Zeitschrift »RUF«
- Rundfunkmission
- Produktion von Tonträgern
- »Black Forest Academy« – englischsprachige Internatsschule für Missionarskinder
- Theologisches Seminar und Bibeltrainingszentrum in Gramado/Brasilien.

Lit.: L. Janz: Die Janz Team Story, ^{3}1977.

E. Kraska

Japan, Japanische Theologie

1. Land, Leute, Religionen

Japan bildet einen ca. 5.000 km langen Inselbogen von der Südspitze Koreas im Süden bis zur Südspitze Sachalins im Norden. Die vier Hauptinseln (von Süden nach Norden) sind: Kyushu, Honshu, Shikoku, Hokkaido. Mit wieder ca. 500 Inseln und fast 5.000 Inselchen bilden sie das heutige japanische Reichsgebiet mit ca. 110 Mio. Einwohnern (1990) auf 369.662 qkm (etwa so groß wie Italien und Bayern zusammen). Von diesem Gebiet aber sind nur 13,6 % anbaufähiges Siedlungsland.

Vor dem zweiten Weltkrieg besaß Japan Kolonien, z.B. Korea, Formosa, Südsachalin und einige Südseeinseln. Diese Gebiete, auf die es im Friedensvertrag von 1952 verzichten mußte, umfaßten mehr als 312.000 qkm, d.h. ca. 46 % des damaligen Reichsgebietes.

Nach der japanischen Verfassung von 1947 hat der Kaiser (Tenno) keinerlei polit. Machtbefugnisse mehr. Er gilt nach der Verfassung Art. 1 als »Symbol der Einheit der Nation«. Nicht seine Person als Mensch oder seine polit. Funktion als Symbol, wohl aber die nationalistische Tenno-Ideologie ist heute umstritten. Denn durch die Verbindung von Shinto (= Weg der Götter) mit dem Kaiserhaus erfährt das Kaisersystem eine nebulöse rel. Verklärung. Die Ahnenverehrung im Shinto-Kult zeigt deutlich, wie in dieser Religion der Glaube der Japaner an sich selbst seinen Ausdruck gefunden hat. Neben dieser archaischen Naturreligion hat seit dem 6. Jh. in Japan der → Buddhismus Fuß gefaßt und das geistige Leben des Landes tief geprägt (Zen-Künste). Nach der Statistik von Barrett werden sich im Jahre 2000 50,9 % der Einwohner zum Buddhismus bekennen.

2. Japan-Mission

In drei Wellen gelangten christl. Missionare nach Japan:

a. Im 16. Jh. begann die röm.-kath. Mission mit dem Jesuitenpater Franz Xavier (1506-1552). Dieser landete am 13. August 1549 auf der südlichen Insel Kyushu. Nachdem er in Japan eine sehr freundliche Aufnahme gefunden und vier Gemeinden gegründet hatte, zog er selbst weiter nach China. Die Anzahl der getauften Christen wuchs schnell: 1551: 1200; 1570: 20.000; 1582: 150.000; 1612: über 500.000. Schließlich führten ein maßloses

Auftreten der Spanier und Portugiesen, die mit der Mission zugleich wirtschaftl. und polit. Ziele verbanden, sowie die Streitigkeiten der Missionsorden untereinander 1606 zu einem Verbot des Christentums und einer lange andauernden grausamen Christenverfolgung. Als nach 200 Jahren Abschließung des Landes das Verbot 1876 endgültig aufgehoben wurde, konnte die röm.-kath. Mission zwar Reste von früheren Gemeinden im Bezirk von Nagasaki entdecken, mußte jedoch mit ihrer Arbeit praktisch von vorne anfangen. 1990 umfaßt die röm.-kath. Kirche 412.023 Mitglieder.

b. Nachdem 1858/59 die Staatsverträge Japans mit den USA, Großbritannien und Frankreich das Land für Ausländer wieder geöffnet hatten, kamen mit einer zweiten Welle prot. Missionare vor allem aus Amerika auf die Insel. Als 1885 der Schweizer Pfarrer Wilfried Spinner (1845-1918) als erster deutschsprachiger Missionar Japan erreichte, arbeiteten dort bereits über 150 amerikanische Missionare 18 verschiedener Denominationen. 1872 bildete sich in Yokohama die erste japanische Christengemeinde, die zunächst aus neun mutigen jungen Männern bestand, die das noch bestehende Verbot des Christentums mißachteten. Da westliche Kultur und Christentum oft gleichgesetzt wurden, setzten sich sehr bald auch die Zeitungen öffentlich für das Christentum als Motor des Fortschritts ein. Die Regierung ließ sogar bei einem Berliner Juristen anfragen, ob dieses sich für Japan nicht als Staatsreligion eigne.

1888 gab es bereits 249 prot. Gemeinden, von denen sich 92 selbst unterhielten. Die meisten Gemeinden entstanden in den Städten, wo die Neigung der gebildeten Kreise, die nach den westlichen Kulturgütern verlangten, das Wachstum begünstigt hatte.

Doch sehr bald hatten die Japaner erkannt, daß die westliche Kultur neben großen Vorzügen auch schwere Mängel besitzt und den Westen vor blutigen Kriegen nicht zu schützen vermochte. Man besann sich in Japan auf die eigene alte Tradition und erklärte die Verehrung des Kaiserhauses zur bürgerlichen Pflicht. An allen Schulen, auch den Missionsschulen, wurde der Religionsunterricht abgeschafft.

Die Welle der nationalen Bewegung machte auch vor den Toren der Gemeinden nicht halt. Es wurde eine stärkere Japanisierung des Christentums gefordert. Die Gemeinden sollten sich der Zeit anpassen und den Gemütsbedürfnissen und Überzeugungen der japanischen Nation Rechnung tragen. Besondere Impulse für das Leben der Christenheit in Japan bis 1945 gingen einerseits von der Nicht-Kirche-Bewegung (Mukyokai) eines Uchimura Kanzo (1861-1930) aus, die sich besonders an die Gebildeten wendete und Kirche, Dogmen sowie Sakramente ablehnte. Dafür aber betonte sie besonders japanische Eigenart. Andererseits bildete sich unter der Führung von → Kagawa Toyohiko (1897-1961) eine besondere christl.-soziale Bewegung zum Dienst unter der Arbeiterbevölkerung aus. Im Zweiten Weltkrieg wurde die Verehrung des Kaisers auch für die Christen zur Pflicht erhoben. In jeder Kirche mußte ein Bild des Tenno hängen. Am Anfang eines jeden Gottesdienstes mußte jeder Teilnehmer dem Bild seine Ehrfurcht erweisen. Um die Christen besser kontrollieren zu können, zwang der Staat sie zur Vereinigung (Vereinigte Kirche Christi in Japan = Kyodan). Als schließlich 1945 gefordert wurde, daß der Artikel von der Auferstehung Jesu aus dem Glaubensbekenntnis gestrichen würde, weigerten sich viele Christen und wurden mit Gefängnis bestraft.

c. Die protestantische Mission nach 1945

Die Niederlage Japans bescherte den japanischen Christen die Garantie der Religionsfreiheit in ihrer neuen Verfassung und eine dritte Welle von Missionaren. Die Zahl der Kirchen, Denominationen und christl. Gruppen stieg um 58 auf über 92 und erreichte 1980 ca. 200 (Barrett 424/25).

Rund 320.000 der insgesamt 546.512 Protestanten gehören zu Kirchen und Missionen, die im Nationalen Kirchenrat zusammenarbeiten. Die übrigen haben sich den freikirchl., evangelikalen Kirchen, Verbänden oder Bewegungen angeschlossen. Um ihre Zusammenarbeit zu fördern und die evangelist. Aufgaben besser zu lösen, wurden Evangeliumskongresse in Japan organisiert (Kyoto 1974, 1982, Shioba 1991) und Evangelisationskampagnen veranstaltet (1967 und 1980 mit B. → Graham, 1990 mit L. Palau). Als gemeinsame Ausbildungsstätte wurden 1989 das Tokyo Christian Institute und 1990 die Tokyo Christian University eröffnet.

3. Japanische Christenheit

Die japanische Christenheit lebt in einer turbulenten Industriegesellschaft. Sie sieht sich einer Reihe von Problemen gegenübergestellt, die sie herausfordern, wie z.B. das Tenno-System und seine Ideologie, die Diskriminierung der »Outcasts«, die Friedensbewegung, der Heldenkult im Yasukuni-Schrein, die Kriegsschuld gegenüber den asiat. Nachbarvölkern. Sie hat sich in letzter Zeit zunehmend den Problemen gestellt und dabei bestimmte Aufgaben wahrgenommen, die ihr als Dienst der Nächstenliebe wichtig wurden, wie z.B. der soziale Dienst für Saisonarbeiter, die Telefonseelsorge, die Sterbehilfe und Behindertenfürsorge. Auf der anderen Seite ist das Wachsen einer eigenständigen Theologie zu beobachten, die bewußt eine Auseinandersetzung mit dem ostasiat. Denken einbezieht. Als Beispiel mögen dienen die »Theologie des Schmerzes Gottes« von Kitamori Kazoh, die »Immanuel-Theologie« von Takizawa Katsumi und die »Theologie Japans« von Furuya Yasuo und Ooki Hideo.

Lit.: D.B. Barrett: World Christian Encyclopedia, 1982; A. Dohi, T. Sato, S. Yagi, M Odagaki: Theologiegeschichte der Dritten Welt, 1971; Th. Immoos: Ein bunter Teppich. Die Religionen Japans, 1989; Y. Kumazawa, D.L. Swain (Hg.): Christianity in Japan. 1971-1990, 1991; Y. Terazono, H.E. Hamer (Hg.): Brennpunkte in Kirche und Theologie Japans. Beiträge und Dokumente, 1988 (Lit.).

H.E. Hamer

Jaspers, Karl Theodor (1883-1969)

J., geb. am 23. 2. 1883 in Oldenburg, gest. am 26. 2. 1969 in Basel. Studium zunächst der Jurisprudenz, dann der Medizin; zwischen 1909 und 1925 Volontärassistent an der Psychiatrischen Klinik in Heidelberg; 1913 Habilitation für Psychologie, Ordinarius für Philosophie 1921, 1937 Amtsenthebung. Nach dem Zweiten Weltkrieg erster Senator der Universität, 1948 nimmt J. einen Ruf nach Basel an, wo er bis zu seiner Emeritierung 1961 lehrt. J.' Biographie, äußerlich arm an spektakulären Ereignissen, prägten zwei persönliche Herausforderungen: eine schon früh diagnostizierte lebensbedrohliche Krankheit, die ihn bis ins Alter zu einem zurückgezogenen und asketischen Leben zwang, und die polit. Verfolgung, der ihn die NS-Diktatur aussetzte. Es war v.a. diese Erfahrung, die J. von der Notwendigkeit überzeugte, auch als Gelehrter polit. Position zu beziehen. Einschlägige Analysen (Die Schuldfrage, 1946; Die Atombombe und die Zukunft der Menschheit 1958; Freiheit und Wiedervereinigung, 1960; Wohin treibt die Bundesrepublik?, 1966) machten ihn über die Grenzen seines Faches hinaus bekannt; sein öffentliches Wirken blieb jedoch trotz zahlreicher Ehrungen (u.a. Friedenspreis des deutschen Buchhandels 1958) bis zuletzt umstritten.

J.' wissenschaftl. Oeuvre weist eine Vielzahl von Schwerpunkten auf – Psychologie, Systematik und Geschichte der Philosophie, Theologie, Pädagogik. Ihre Einheit finden sie in der Programmatik eines Denkens, das das Sein des Menschen und der Welt in Begriffen möglicher Existenz deutet: Philosophieren ist für J. kein meditativer Monolog, sondern der reflektierte Ausdruck des Existierens selbst, das aus der Kommunikation lebt und sich in der Kommunikation dem anderen appellativ mitteilt. Bereits in der »Allgemeinen Psychopathologie« (1913) drängt J. in diesem Sinne auf die Einführung des Verstehens in der Psychologie. Die Methode des »genetischen« oder »psychologischen« Verstehens arbeitet die »Psychologie der Weltanschauungen« (1919) zu einer allg. »Typik des Geistes« aus. Dabei will J. den Ursprung elementarer Weltbilder und Einstellungen aus der Konfrontation der Menschen mit den Grenzsituationen seiner Existenz ableiten: Leiden, Kampf, Tod, Zufall und Schuld motivieren Weltanschauungen, in deren Horizont der einzelne sein Dasein gestalten kann. Den existenzialistischen Grundtenor der »Psychopathologie« nimmt das 1932 erscheinende Hauptwerk J.', die »Philosophie« unter dem Stichpunkt der Existenzerhellung auf. »Existenz« bezeichnet dabei den nie vollständig objektivierbaren Lebensvollzug, worin sich der einzelne vor den unvertretbaren Anspruch gestellt sieht, sein Selbst zu realisieren. Dieses »Selbst« begreift J. im Anschluß an → Kierkegaard als eine Synthese von Antinomien (Zeit vs. Ewigkeit, Kontingenz vs. Notwendigkeit etc.), so daß seine Realisierung prinzipiell dem Scheitern ausgesetzt bleibt. Im Scheitern erfährt der Mensch die Angewiesenheit auf eine Transzendenz, die jede konkrete Realisierung des eigenen Selbst übersteigt, und noch die gelingende Existenz weiß intuitiv um das Maß, in welchem Selbstseinkönnen immer auch ein »Sichselbstgeschenktwerden« ist. Freiheit bedeutet dementsprechend die Aufgeschlossenheit des Lebens für mögliche Existenz im Bewußtsein der Unverfügbarkeit des eigenen Selbstseins. Dieser anti-autonomistische Freiheitsbegriff begründet die für J. (im Unterschied zu Heidegger) charakteristische Wendung der Existenzphilosophie zur Metaphysik. Über die Existenzerhellung hinaus thematisiert die Metaphysik das implizite Wissen des Menschen um die Transzendenz selbst, das sich in »Chiffren« und Symbolen artikuliert.

Mit der Wendung zur Metaphysik forciert sich zugleich die Grundlegung einer adäquaten Theorie der Rationalität. Stärker betont J. jetzt die Komplementarität von Vernunft und Existenz, indem er die Existenzerhellung die Idee einer umfassenden philosophischen »Logik« beiordnet. Das nur fragmentarisch ausgeführte Projekt (Bd. 1: »Von der Wahrheit«, 1947) führt zu neuen Akzenten v.a. im Blick auf das Verständnis der Transzendenz: Das »Sein, das wir selbst sind«, wird unter allen seinen Aspekten (Geist, Bewußtsein, Dasein) als Umgreifendes beschrieben und der Welt als dem Umgreifenden des »Seins an sich« gegenübergestellt. Im Rahmen dieser Periechontologie deutet J. die Transzendenz nicht mehr nur als den sich der Objektivierung entziehenden Ursprung des Selbstseins, sondern positiv als das »Umgreifende des Umgreifenden«. Die theol. Implikationen dieser Konzeption kommen in J.' religionsphil. Spätwerk »Der philosophische Glaube angesichts der Offenbarung« (1962) explizit zum Tragen. In z.T. scharfer Auseinandersetzung mit den Offenbarungsreligionen, deren Dogmen er als vorschnelle Verfestigungen der Transzendenz kritisiert, entwickelt J. die Prinzipien eines phil. Glaubens, dem sich die eine Transzendenz immer wieder neu in Chiffren erschließt und dadurch als die Möglichkeit erfüllter Existenz für alle Menschen offengehalten wird.

Lit.: Weitere Werke J.': Die geistige Situation der Zeit, 1931; M. Weber, 1932; Vernunft und Existenz, 1937; Nietzsche und das Christentum, 1947; Vom Ursprung und Ziel der Geschichte, 1947; Die Frage der Entmythologisierung (zusammen mit R. Bultmann), 1954; Die großen Philosophen, 1957;
H. Saner, J. M. Lochman, R. Wiehl: Karl Jaspers, Philosoph, Arzt, Politischer Denker, 1986; H. Saner: Karl Jaspers, 1970; A. Schilpp: Karl Jaspers, 1957.

D. Kaegi

Jeanne d'Arc (ca. 1412-1431)

J. geb. ca. 1412 in Domrémy (Lothringen), am 30. 5. 1431 in Rouen verbrannt. J.s Leben ist nur im Zusammenhang des 100jährigen Krieges zwischen Frankreich und England zu verstehen. Aus einer Bauernfamilie stammend hat sie nie Lesen und Schreiben gelernt. Als 13jährige erhielt J. von Engeln und Heiligen den Auftrag, den umstrittenen Dauphin Karl, zu dessen Herrschaftsgebiet ihr Heimatort gehörte, zum Sieg zu führen. Karl ließ sie einer kirchl. Prüfung unterziehen und gab ihr daraufhin die Erlaubnis, in Männerkleidern und bewaffnet mit in die Schlacht zu ziehen, wo sie sich an der Befreiung der Stadt Orléans beteiligte. Kurz nach der von ihr vorausgesagten Salbung Karls VII. 1428 fiel sie bei Compiègne in die Hände der Feinde, die sie der Hexerei anklagten. Zum Scheiterhaufen verurteilt widerrief sie angesichts der Vollstreckung und wurde 1431, nachdem sie den Widerruf zurückgenommen hatte, als rückfällige Ketzerin verbrannt.

Aufgrund ihrer Ungewöhnlichkeit (als Frau aus der unteren Schicht und ohne Legitimation außer ihrer persönlichen inneren Berufung) wurde ihr Bild immer wieder verzeichnet bis hin zu ihrer Hochstilisierung als Nationalheldin Frankreichs im 19./20. Jh. Aber sie ist nur zu verstehen, wie sie sich selbst verstanden hat: aus ihrem festen Vertrauen auf Gott und ihre Berufung.

Lit.: A. Kröning: Auf den Spuren der Jeanne d'Arc, 1979; W. Nigg: Der Engel Frankreichs. Jeanne d'Arc, in: ders.: Große Heilige, 1947, 96-143; W. Rost: Die männliche Jungfrau, 1983; W. H. Steinbach: Jeanne d'Arc, Wirklichkeit und Legende, 1973; ders.: »Johanna von Orléans«, TRE 17, 1988, 107-109.

D. Heller

Jehovas Zeugen → Zeugen Jehovas

Jellinghaus, Theodor (1841-1913)

J., geb. am 21. 6. 1841 in Schlüsselburg/Weser, gest. am 4. 10. 1913 in Berlin, entstammt einem alten westfälischen Pastorengeschlecht. Nach dem Theologiestudium wurde er Missionar der → Goßner-Mission in Indien 1866-1870. 1870-1873 ohne Anstellung, dann Pastor in Rädnitz bei Crossen und Gütergotz, 1874 wurde er auf einer Englandreise während der »Segenstage von Oxford« für die Anschauungen der angelsächsischen → Heiligungsbewegung gewonnen und verarbeitete seine neuen Erkenntnisse in der einzigen »Dogmatik« der deutschen Heiligungsbewegung, in der er (vergeblich) versuchte, reformat. Rechtfertigungslehre und angelsächsische »Stufen der Heiligung« sinnvoll miteinander zu verbinden. Auf Anregung von leitenden Brüdern des Reichsbrüderbundes gründete er 1885 in Gütergotz (später Lichtenrade bei Berlin) eine Bibelschule für Laien, die er in fünfmonatigen Kursen im Sinne seiner Heiligungslehre unterrichtete. Infolge schwerer Depressionen ließ er sich 1894 aus dem Pfarramt pensionieren. Nach Besserung seines Zustandes hielt er neben der Bibelschule mehrwöchige Bibelkurse in vielen deutschen Städten. Bis 1903 war er Mitglied des Blankenburger Allianzkomitees.

Als J. sich gegen das Vordringen des Darbysmus (→ Darby) und gegen die Heiligungslehre J. Pauls wandte, brachte akuter Schülermangel die Bibelschule in Gefahr. In dieser Zeit verfiel J. wieder in tiefe Depressionen. Sein Sohn führte die Schule weiter. Bis 1910 wurden ca. 3.000 Bibelschüler in den Anschauungen der Heiligungsbewegung unterrichtet. Die nervliche Krise 1905/06 war verbunden mit Ängsten J.s, daß seine vom reformat. Verständnis abweichenden Lehren (Stufenschema, oberflächliche Behandlung von Sünde etc.) zu Fehlentwicklungen in der → Gemeinschaftsbewegung geführt hätten, deren Auswirkungen er in der aufkommenden → Pfingstbewegung sah. 1911 widerrief er (»Erklärung über meine Lehrirrungen«, o.J.) die Irrtümer seines »Heilistischen Systems«.

Lit.: Th. Jellinghaus, Das völlige, gegenwärtige Heil durch Christum, (1880) 5 1903; Erklärung über meine Lehrirrungen, 1911;

E. Cremer: Das vollkommene gegenwärtige Heil in Christo, Eine Untersuchung zum Dogma der Gemeinschaftsbewegung, 1915; P. Jellinghaus: Zum 25jährigen Bestehen der Bibelschule, 1885-1910.

J. Ohlemacher

Jeremia → Propheten Israels

Jeremias, Joachim (1900-1979)

J., geb. am 20. 9. 1900 in Dresden, Dr. phil. und Lic. theol. in Leipzig; akad. Lehrer in Riga, Leipzig, Berlin, Greifswald und Göttingen, gest. am 6. 9. 1979 in Tübingen.

J. muß zu den eigenständigsten und bedeutendsten deutschsprachigen Neutestamentlern des 20. Jh.s gerechnet werden, obwohl er nicht den Einfluß gewann, wie ihn etwa R. Bultmann hatte. Vom Ansatz her gehört er in eine Reihe mit Vertretern einer »Biblischen Theologie« wie A. → Schlatter, O. → Michel, L. → Goppelt und O. → Cullmann. In J.' Biographie wurden entscheidende Weichen gestellt, als er 1910-1915 in Jerusalem lebte, wo sein Vater als Probst der luth. Gemeinde wirkte. Die Vertrautheit mit Geschichte, Kultur und Geographie Palästinas, die seine Forschungen bestimmte, mit Israels Sprache und seinen Traditionen hat hier ihre Wurzeln. Unbeirrt vom zeitbedingten Pendeln der Theologie blieb er seiner auf profundem Fachwissen in Theologie, Philologie, Geschichte und Archäologie gründenden behutsamen Arbeitsweise treu, ein Weg, der ihm im Ausland mehr noch als in Deutschland Anerkennung brachte, u.a. in mehreren Ehrendoktortiteln. Als Forscher und Lehrer, als jahrzehntelanger Mitherausgeber der ZNW, als Verfasser wichtiger Artikel des ThWNT und rund 300 eigener Werke von seiner (unter dem Einfluß G. Dalmans verfaßten) Dissertation »Jerusalem zur Zeit Jesu« (1923) bis zu seiner letzten, erst postum erschienenen großen Arbeit über »Die Sprache des Lukasevangeliums« hatte J. Anteil am Weg der ntl. Forschung. Obwohl hist.-kritisch arbeitend, ging er doch im Gegensatz zur Bultmann-Schule von dem Grundsatz aus: »Bei der synoptischen Überlieferung der Worte Jesu muß nicht die Echtheit, sondern die Unechtheit bewiesen werden« (Theologie 1,46).

Lag die Eigenart der Arbeit von J. in der ständigen Zusammenschau von Theologie, Philologie, Geschichte und Archäologie, so ist ihre theol. Bedeutung in dem doppelten Bemühen zu sehen, die Botschaft von Jesu Sühnetod bereits in Jesu ureigenen Worten (»ipsissima verba«) vor dem Hintergrund der (jüd.) Zeitgeschichte und nicht erst in ihrem Verständnis durch die frühe Gemeinde zu sehen und zugleich Kriterien für deren Erhebung zu entwickeln und zu erhärten. J. war bereit, im Vollzug dieser Arbeit mit als gesichert geltenden Hypothesen anderer Forscher zu brechen: so etwa in den »Abendmahlsworten Jesu« mit der Meinung, Jesu letztes Mahl sei nicht als Passamahl zu verstehen, oder in den »Gleichnissen Jesu« mit A. Jülichers Ansicht, alle allegorischen Bestandteile gingen nicht auf

Jesus selbst zurück. Dabei war J. aber kein Vertreter eines flachen Positivismus, sondern vertrat differenzierte und kritische Auffassungen über die Redaktionsgeschichte der Gleichnisse. Im Bereich der Paulus-Forschung war J. durch seinen Kommentar zu den Pastoralbriefen vorerst einer der letzten anerkannten Neutestamentler in Deutschland, die von der paulin. Verfasserschaft dieser Briefe in Gestalt einer Sekretärshypothese ausgingen. Neben der Vielzahl seiner streng wissenschaftl. Veröffentlichungen stehen Beiträge zu aktuellen kirchl. Fragen (vgl. seine Auseinandersetzung mit K. Aland über die Herkunft der Kindertaufpraxis) und zur lehrhaft-geistl. Erbauung der Gemeinde (vgl. seine Beiträge in den »Calwer Heften« über »Die Bergpredigt« u.a.). Leider unvollendet blieb seine »Neutestamentliche Theologie«.

Lit.: J. Jeremias: Jerusalem zur Zeit Jesu, 1923; (zugleich phil. Dissertationsschrift); Golgatha, 1925/6; (zugleich theol. Habilitationsschrift); Die Pastoralbriefe, NTD 9, (1934), [12]1981; Die Abendmahlsworte Jesu, 1935; Die Gleichnisse Jesu, 1947; Unbekannte Jesusworte, 1948; Die Kindertaufe in den ersten vier Jahrhunderten, 1958; Neutestamentliche Theologie 1, 1970 u.v.a.

M. Black: Joachim Jeremias, in: Judentum – Urchristentum – Kirche (FS Jeremias), [2]1964, IX-XVIII; E. Lohse: Joachim Jeremias in memoriam, ZNW 70, 1979, 139f; Würdigung und Kritik des Ansatzes bei P. Stuhlmacher: Biblische Theologie des NT 1, 21-23, 1992.

H.-W. Neudorfer

Jerusalem

Schon in ägypt. Ächtungstexten aus dem 19./18. Jh. v.Chr. sowie in den Amarna-Briefen um 1400 v.Chr. wird der Name der kanaan. Stadt erwähnt. Er ist am ehesten als »Gründung (*'ir*) des (Gottes) Schalem« zu deuten. Um die Erinnerung daran zu verwischen, vokalisierten die Rabbinen als Dualform Jeruschalajim. So lautet heute der offizielle israelische Name der Stadt. Die deutsche Bezeichnung schließt sich an die Umschrift *Ierousalem* in der LXX an.

J. liegt westl. der Wasserscheide zwischen Mittelmeer und Totem Meer. Von hier aus konnte der Weg über den Hauptkamm des Gebirges Juda, aber auch die Verbindung von der Küste nach Jericho im Jordan-Tal kontrolliert werden. Die erste kanaan. Stadt wurde am Beginn des 2. Jt. v.Chr. auf einem kleinen Hügelsporn oberhalb der einzigen, ständig fließenden Gihon-Quelle angelegt. Die einheimischen Jebusiter vermochten lange den eindringenden Israeliten zu widerstehen. Um 997 v.Chr. konnte David dann J. einnehmen und als unabhängiges Königsterritorium zur Hauptstadt seines neubegründeten Reiches machen. Salomo erweiterte durch Palast- und Tempelbau die Stadt auf den sich nördl. anschließenden Hügel. Noch vor dem Exil erfolgte die Ausweitung auf den Westhügel, wahrscheinlich um Flüchtlinge nach dem Fall des Nordreichs (722/21 v.Chr.) aufzunehmen. Die Bewahrung in der Assyrer-Not führte zum Glauben, J. könne von Gott nicht aufgegeben werden. Um so größer war das Entsetzen, als die Stadt 587 v.Chr. vom babylon. Großkönig Nebukadnezar erobert und zerstört wurde, wie es Propheten wie Jeremia vorausgesagt hatten.

In exil. und nachexil. Ps wird das Stichwort »Zion«, das erst den Ort der Jebusiter-Stadt und dann auch den Tempelberg bezeichnete, zum Inbegriff der Hoffnung auf Wiederherstellung Israels. Aufgrund eines Edikts des Perserkönigs Kyros (538 v.Chr.) konnte ein Teil der deportierten Oberschicht zurückkehren und den Tempel wiederaufbauen. Die Renovierung der Mauern von J., das Hauptstadt der pers. Provinz Jehud war, erfolgte in der 2. Hälfte des 5. Jh.s v.Chr. unter Nehemia. In der 1. Hälfte des 2. Jh.s v.Chr. wurde J. zum Mittelpunkt der Hellenisierungsbestrebungen der jüd. Oberschicht, die tatkräftig vom syr. König Antiochus IV. unterstützt wurde. Nach dem militärischen Sieg und der Wiedereinweihung des Tempels (164 v.Chr.) residierte die nichtdavidische Hasmonäer-Dynastie in J. Sie fand mit der Eroberung durch den röm. Feldherrn Pompejus 63 v.Chr. ihr Ende. Unter Herodes dem Großen (40-4 v.Chr.) nahm J. einen ungeheuren Aufschwung. Jesus wirkte und litt in einer hell. Großstadt (ca. 27-30 n.Chr.), deren Bewohner eher 50.000 überstiegen. Als Stadt des Tempels war J. rel. Bezugspunkt auch der großen jüd. Diaspora. Hier befanden sich die wichtigsten Lehrhäuser, und auch Paulus hat seine Ausbildung in J. erhalten.

Durch die Zerstörung 70 n.Chr. und endgültig aufgrund des 2. jüd. Aufstandes gegen Rom (132-135 n.Chr.) verlor J. seine polit. Bedeutung für das Judentum. Die geistig führenden Lehrhäuser wurden nach Galiläa und Mesopotamien verlagert. Allerdings erlosch die Hoffnung auf die Wiederherstelung der hl. Stadt nie. Auch im Christentum blieb J., wenn auch als himmlisches J., eschatologisches Hoffnungsbild. Mit kurzen Unterbrechungen gab es während der gesamten röm.-byz. und der arab. Zeit bis zur Ankunft der Kreuzfahrer (1099) eine jüd. Präsenz in J., bis mindestens ins 5. Jh. auch Judenchristen. Für die Byzantiner war J. vor allem als Ort des Wirkens Jesu von Bedeutung, was sich in der Errichtung einer Fülle prächtiger Wallfahrtskirchen äußerte, welche die Perser 614 n.Chr. zerstörten. Bald nach der arab. Eroberung (636 n.Chr.) wurde J. aufgrund einer Legende, die Mohammed einen nächtlichen Himmelsritt zum Tempelberg zuschreibt, zur drittheiligsten Stadt des Islam. Die Kreuzfahrer-Zeit brachte neben einem großzügigen Kirchbauprogramm auch die Ermordung und Vertreibung von Juden, die erst nach dem Sieg Saladins (1187) wieder zurückkehren durften. Nach einer Blütezeit unter den Mameluken und zuerst auch den Osmanen, von deren Sultan Soliman dem Prächtigen die heutigen Stadtmauern (um 1525) stammen, erlebte J. einen fortlaufenden Niedergang.

Als zu Beginn des 19. Jh.s die europ. Mächte, aber auch die Christen sich erneut für J. zu interessieren begannen, war es nur noch eine unbedeutende türkische Provinzstadt. In der 2. Hälfte des 19. Jh.s begann ein starker Zuzug von auswärtigen Juden, die dann bald die Mehrheit der Bevölkerung stellten. Durch die Unterstützung christl. und jüd. Institutionen setzten ausgedehnte Bau- und Sozialprogramme ein, die J. zur vielleicht fortschrittlichsten Stadt des osmanischen Reiches machten. An dieser Entwicklung waren auch Christen aus Deutschland führend beteiligt, so auf ev. Seite die württembergische Templer-Gemeinschaft, die Pilgermission St. Chrischona, die Kaiserswerther Diakonissen und das Syrische Waisenhaus, auf kath. u.a. der »Deutsche Verein vom Hl. Land«. C. Schick und G. Dalman wurden zu Pionieren der Archäologie und Landeskunde. Von dieser Zeit zeugt eine große Zahl von Bauten und Einrichtungen, so z.B. das ev. Auguste-Victoria-Hospiz (mit dem Deutschen Institut für Altertumswissenschaft des Hl. Landes), die ev. Erlöser-Kirche und die kath. Dormitio-Abtei. Das engl.-preuß. Bistum unter S. Gobat (1846-79) blieb Episode.

1917 eroberte General Allenby J., und ein englisches Völkerbundsmandat beendete die türkische Herrschaft. In den 30er Jahren wurde J. zunehmend zum Austragungsort blutiger Konflikte zwischen Juden und Arabern. Der UN-Teilungsplan von 1947 machte J. zur internationalen Zone, wurde aber von den Ereignissen des israelischen Unabhängigkeitskrieges überholt. Seit 1948 war der größere Westteil von J. die Hauptstadt des neugeschaffenen Judenstaates, während Ost-J. von Jordanien annektiert wurde. 1967 eroberte Israel während des Sechs-Tage-Krieges ganz J. und gliederte 1980 auch Ost-J. seinem Staatsgebiet ein, was auf Ablehnung fast aller anderen Staaten stieß. Gegenwärtig bildet der Status von J. wohl das größte Hindernis bei den internationalen Bemühungen um Frieden zwischen Israel und seinen arab. Nachbarn. Die rasch expandierende Stadt (mit 300.000 jüd. und über 100.000 arab. Einwohnern) ist nicht nur von nationalen, sondern auch von rel. Spannungen geprägt. Neben Juden und Moslems gibt es in J. eine bedeutende christl. Minderheit, die sich aus den verschiedensten Konfessionen zusammensetzt und zu der jetzt auch eine wachsende Zahl von Judenchristen gehört.

Lit.: N. Avigad: Discovering Jerusalem, 1983; D. Bahat: Jerusalem – 4000 Jahre Geschichte, 1985; M. Ben-Dov: Jerusalem – Man and Stone, 1990; L. Collins, D. Lapierre: O Jerusalem, 1972; K.H. Fleckenstein: Jerusalem (Bildband), 1990; H. Geva: Jerusalem Revealed, [2]1993; M. Gilbert: Jerusalem (Atlas), 1985; J. Jeremias: Jerusalem zur Zeit Jesu, [3]1962; B. Mazar: Der Berg des Herrn, 1979; E. Otto: Jerusalem – die Geschichte der heiligen Stadt, 1980; R. Riesner, O. Kohler: »Jerusalem«, GBL 2, [2]1990, 661-677; A. Strobel: Conrad Schick – ein Leben für Jerusalem, 1988.

R. Riesner

Jerusalemsverein

Der J. wurde 1852 auf Initiative des späteren Potsdamer Hofpredigers und Berliner a.o. Prof. der Theologie Friedrich Adolph Strauß (1817-1888) gegründet. Der aus erwecklich-pietist. Kreisen stammende Strauß reiste 1844-1846 in den Orient. Sein weit verbreiteter Reisebericht »Sinai und Golgatha« (1847) vermittelte zwei Erfahrungen an erweckte Kreise:
1) Wir stehen in einer großen Kontinuität zu der Geschichte Jesu Christi, die sich mit ihrer atl. Vorgeschichte und ihrer urkirchl. Nachgeschichte in der Stadt → Jerusalem verdichtet.
2) Das gegenwärtige Jerusalem mit seinen arab. und jüd. Bewohnern befindet sich geistl. und materiell in einem elenden Zustand und fordert die ev. Christenheit Deutschlands zum Engagement heraus. Beide Motive, die Liebe zum Land der Bibel und zu seinen Bewohnern, sind für die Arbeit des J.s bis heute bestimmend geblieben. Seine Blütezeit erreichte der Verein um die Jahrhundertwende mit beinahe 20.000 Mitgliedern. In dieser Zeit unterhielt der J. Gemeinden und Schulen in Jerusalem, Bethlehem, Beit Jala, Jaffa und Haifa. Nach der Gründung

des Staates Israel (1948) mußte sich die Tätigkeit auf Westjordanien beschränken. Die arab. ev. Gemeinden im Großraum Jerusalem und seit 1979 auch in Amman schlossen sich zur »Evangelisch-Lutherischen Kirche in Jordanien« zusammen. In Partnerschaft zu dieser kleinen Kirche (ca. 1.500 Gemeindeglieder) unterstützt der J. heute Gemeinden und Schulen (3.500 Schüler in 5 Schulen) im von Israel besetzten Westjordanland und in Amman/Jordanien, fördert das Verständnis für die Probleme palästinensischer Christen und versucht, die Liebe zum Land der Bibel wachzuhalten. Seit der Integration in das Berliner Missionwerk im Jahre 1974 wird die Arbeit im Zusammenwirken mit diesem wahrgenommen. Aber im Unterschied etwa zur → Berliner Missionsgesellschaft hat der J. nicht aufgehört zu existieren, sondern versucht, durch Vereinsarbeit, eine eigene Zeitschrift und Vertrauensleute in vielen Landeskirchen eine tiefere Verwurzelung seines Anliegens in den Gemeinden zu erreichen.

Lit.: F. Foerster: Mission im Heiligen Land. Der Jerusalems-Verein zu Berlin 1852-1945, 1991; M. Raheb: Das reformatorische Erbe unter den Palästinensern. Zur Entstehung der Evangelisch-Lutherischen Kirche in Jordanien, 1990.

ZS: Im Lande der Bibel, seit 1955.

H.-J. Abromeit

Jesaja → Propheten Israels

Jesuitenorden → Societas Jesu

Jesus Christus

a) biblisch

1. Die wenigen außerbibl. Quellen zur Geschichte J. stimmen mit den Evangelien als unseren Hauptzeugen darin überein, daß sie vom »Christus« (auch: »Chrestus«) sprechen, so Flavius Josephus (Ant 18,63f; 20,200); Sueton (Claudius 25,4) und Tacitus (Ann. XV,44). Dabei wird »Christus« – mehr noch als bei Paulus – wie ein Eigenname gebraucht. Wie der Apostel wußten die Evangelisten, daß dieses Wort eigentlich eine Würdebezeichnung J. war und den »Gesalbten« (Gottes), den »Messias« = König Israels meinte. Nach ihrem Zeugnis wurde J. von Pontius Pilatus deshalb gekreuzigt, weil er den nach röm. Recht hochverräterischen Anspruch erhoben hatte, der »König der Juden«, d.h. der Messias Israels und Christus Gottes zu sein (Mk 15,26 par; Joh 19,19-22; vgl. 19,14). Die Kreuzesinschrift ist ein unbestreitbares hist. Faktum, von dem her gesehen auch das Messiasbekenntnis J. vor dem Hohenpriester (Mk 14,62 par) und vor Pilatus (Mk 15,2 par), dazu auch das des Petrus (Mk 8,29 par), nicht etwa als nachösterliche Bildungen der Gemeinde, sondern als Schlüsselereignisse in der Geschichte des irdischen Jesus bewertet werden müssen.

2. Das bedeutet, daß Wirken und Weg J. durch sein messianisches Sendungsbewußtsein bestimmt waren. Dieses stand zwar im Widerspruch zu den auf eine polit., soziale und geistige Wende gerichteten Erwartungen des jüd. Volkes und auch der Jünger J. (vgl. Jes 11; 4Mo 24,17f), nicht aber zum Zeugnis der hl. Schrift und zu der für Gottes Reich erforderlichen Gerechtigkeit. J. hat sich nicht selbst als Messias verkündigt, weil dies nach Ps 2,7; 110,1 die Sache Gottes war. Seine Vollmacht wurde durch die zweideutige Selbstbezeichnung »der Menschensohn« und durch Schweigegebote eher verhüllt (»Messiasgeheimnis«). Aber für die Einsichtigen gab J. durch Wort und Tat doch zu erkennen, daß er sich als den von Gott gesandten, noch nicht inthronisierten »Messias Israels« = »Menschensohn« und als Gottesknecht von Jes 42 und 53 verstand.

Angesichts der bevorstehenden Endoffenbarung von Strafgericht und Heil wollte J. das Gottesvolk zur Umkehr rufen (Mk 1,14f par; → Bekehrung; → Buße) und die verlorenen Schafe Israels sammeln (Mt 15,24). Er hat dabei die Herrschaft Gottes (→ Reich Gottes) als messianischer Freudenbote verkündigt (Mk 1,15; Mt 11,5; vgl. Jes 52,7). Mit seinen rettenden Taten begann die Zeit des → Heils (Mt 12,28; Lk 4,18-21; vgl. Jes 61,1f). Der Menschensohn stand an Gottes Stelle, denn er hatte die Vollmacht, Sünden zu vergeben und Kranke zu heilen (Mk 2,10; vgl. Ps 103,3). Als »der Stärkere« brach er befreiend in das Reich des »Starken«, des Teufels, ein und offenbarte so die Kraft der Basileia (Königsherrschaft Gottes), den hl. Geist (Mt 12,28f). In seiner Gleichnispredigt (→ Gleichnis) wies J. nicht nur auf das Wunder der Schöpferkraft Gottes und seiner helfenden Gerechtigkeit hin (Mt 6,33), sondern indirekt auch auf das Geheimnis, daß der Sämann des heiligen Samens (Mk 4,1-12) und der Heiland der Sünder (Lk 15,1-7) bereits am Werk war. Ein messianischer Akt war auch die Berufung der zwölf → Jünger (vgl. Mt 19,28).

3. J. hat seine Sendung als davidischer Messias (vgl. 2Sam 7,12-14) mit dem Dienst des stellvertretend leidenden Gottesknechts von Jes 52,13-53,12 verbunden. Einhellig bezeugt

wird in den Evv. seine Bereitschaft, das Leben als ein Lösegeld für die Vielen dahinzugeben (Mk 10,45 par; vgl. Jes 53,12; 43,3f). Nicht nur in den klaren Ansagen Mk 8,31; 9,31; 10,33f, sondern auch in dunklen, sicher authentischen Bildworten wie Lk 12,49f; 13,32f; Mk 10,38 hat J. von der Notwendigkeit seines Leidens gesprochen. Vor allem deutete er diese in der Zeichenhandlung beim letzten Mahl: J. gab den Seinen mit der Verteilung von Brot und Wein im voraus Anteil an der Frucht seines Todes am Kreuz, an dem er als der Gerechte die Sünden der Vielen (leiblich) getragen und sein Blut als Sühne für sie vergossen hat (Mk 14,22-24 par, vgl. Jes 53,11f). In Jes 52,13-53,12 hatte Gott aber auch die Rechtfertigung seines Knechtes vorausverkündigt, nämlich dessen neues Leben (53,11) und Erhöhung (52,13, vgl. Mk 8,31; 9,31).

4. Die Christologie eines Paulus und Johannes sowie die messianischen Hoheitstitel stellen somit kein nachösterliches Novum dar. Vielmehr waren sie von den Propheten Gottes vorausverkündigt (vgl. Röm 1,2-4) und im Sendungsbewußtsein Jesu vorgegeben, so der »Davidssohn« und »Gottessohn« in 2Sam 7,12-14 und der »Herr« (Kyrios) in Ps 110,1.

Lit.: O. Betz: Was wissen wir von Jesus?, 1991; D. Flusser: Jesus, 1968; M. Hengel: Der Sohn Gottes, 1975; H. Marshall: Die Ursprünge der neutestamentlichen Christologie, 1985; A. Schlatter: Der Zweifel an der Messianität Jesu, BFchTh, 1907.

O. Betz

b) theologiegeschichtlich

Zwischen dem ntl. Christus-Bekenntnis und unserer heutigen Christus-Verkündigung liegt die Geschichte der christl. Theologie, in der die Erscheinung Jesu Christi das Zentrum bildet. Das erklärt die Energie dieses Denkens, das aus der sich selbst bezeugenden Gegenwart des Auferstandenen lebt, im Geist, in der Gemeinde und im Vollzug des christl. Lebens.

1. Die frühe Kirche

Die Frage nach der Person Jesu Christi beginnt im NT mit der Verwunderung derer, die sein Werk erleben: »Wer ist dieser, der auch die Sünden vergibt?« (Lk 7,49), und mit der Frage, in der Jesus seine Jünger vor die Entscheidung stellt (Mt 16,15). Die Antwort auf diese Frage »Du bist Christus, des lebendigen Gottes Sohn« läuft weiter über die Grenzen des NT.

Der erste Teil dieser Antwort ist in den Namen Jesu Christi eingegangen: er ist der Christus, der Messias Israels. Die Diskussion mit Israel um die Erwartung Israels, die im NT so zentral ist, kommt in der nachbibl. Theologie vorerst zum Stillstand. Um so mehr konzentriert sich aber die theol. Diskussion auf das Verständnis des zweiten Teiles dieses Bekenntnisses: der Sohn des lebendigen Gottes. Der Begriff »Sohn« bezeichnet sowohl das, was ihn mit Gott verbindet, als auch das, was ihn von Gott unterscheidet. Alle christologische Diskussionen sind Versuche, zu einer präziseren Bestimmung des Verhältnisses zwischen beiden Bestimmungen zu kommen. Das geschieht wesentlich mit Hilfe der Kategorien Substanz/Wesen/Natur und Ursprung: Inwiefern hat der Sohn Anteil am Wesen seines Vaters und wann ist diese Teilhabe zustandegekommen? In der Ewigkeit (Präexistenz), bei der Zeugung und Geburt, bei der in der Taufe Jesu vollzogenen Adoption und Geistverleihung oder bei seiner Auferstehung und Erhöhung zum Vater? Oder gehört Jesus, wie wir, als Mensch zu der von Gott geschaffenen Welt? Bei den direkt an die ntl. Schriften anschließenden → Apostolischen Vätern findet man hohe christologische Aussagen: daß man über Christus wie über Gott denken soll. Aber in der gleichen Zeit gibt es auch eine Gruppe Christen, die Jesus vor allem als Mensch sehen wollen und deren Namen Ebioniten eine allg. Bezeichnung für dieses Häresie geworden ist. Die um 250 auftretenden sog. → Adoptianer haben diese Auffassung weiter entwickelt, indem sie den Jesus bei seiner Taufe verliehenen Heiligen Geist als Grund für seine Annahme (Adoption) als Sohn Gottes betrachteten. Vertreter dieser Auffassung war vor allem Paulus von Samosata, der aus Sorge um die Einzigkeit Gottes und das wahre Menschsein Jesu zu dieser Auffassung kam. Daneben setzt bei den sog. Apologeten, die die christl. Botschaft auch vor dem Forum des zeitgenössischen Denkens auslegen wollten, eine andere Entwicklung ein, die für die spätere Christologie maßgeblich wurde. Sie verbanden die Joh 1,1 vorkommende Bezeichnung Jesu »als das Wort!« (griech. *logos*) mit dem Logos-Begriff der Griechen, die damit ein kosmisches Prinzip meinten. Dadurch wird das Wesen Jesu Christi als präexistent, im Wesen Gottes verankert, aufgefaßt. Aber von diesem Logos wurde zugleich bekannt, daß er Fleisch geworden sei (Joh 1,14): Das Mensch-sein des Logos war zu seinem Gott-sein hinzuzudenken. Der sog. Doketismus (→ Gnosis) leugnete, daß es sich dabei um ein wirkliches Menschsein gehandelt hat: es war nur ein Schein (griech. *dokein*).

Bald wurde deutlich, daß eine weitere Entwicklung des Bekenntnisses zur Göttlichkeit Christi nicht nur das Problem aufwarf, wie diese zusammen mit seinem wahren Menschsein zu denken sei, sondern auch, was das für die Lehre von Gott selbst bedeute. Wird Gottes Einzigkeit und Alleinherrschaft (*monarchia*; → Monarchianer) nicht gefährdet, wenn neben ihm ein zweiter Gott auftritt? Der Versuch, diese Bedrohung der Monarchie Gottes abzuwehren, konnte, wie oben gesehen, zum Adoptianismus führen, andererseits auf Gott hin gesehen, zum sog. Modalismus (→ Modalisten; oder nach seinem Hauptvertreter Sabellius, → Sabellianismus) führen. Er lehrte, daß Christus nur eine Seinsweise Gottes sei und keine selbständige Existenz besitze.

Diese und ähnliche Probleme erklären, wie diese erste Periode der Entwicklung der Christologie zu gleicher Zeit zur Ausbildung der Lehre von der → Trinität führen mußte. Die gesamte Entwicklung wurde beschleunigt durch das Auftreten des → Arius (320) mit der Lehre, daß der Logos-Christus nicht aus dem Vater geboren, sondern (vor allen andern Geschöpfen) geschaffen sei, von anderem Wesen und Rang als Gott selber. Er wurde von → Athanasius bekämpft: Unser Heil ist als Teilhabe an der göttlichen Unsterblichkeit nur möglich, wenn der Mensch gewordene Logos wahrhaft Gott ist. In diesem letzten Sinn hat dann die erste ökumenische Synode von → Nicäa entschieden: Christus ist wesenseins mit dem Vater, als sein Sohn geboren und nicht als Geschöpf geschaffen. Diese Formel ist dann auch in das spätere sog. nizänische Glaubensbekenntnis eingegangen. Diese Entscheidung hat den Streit nicht beendet, sondern wurde zum Anlaß für den sog. christologischen Streit. Wenn Christus sowohl Gott als auch konstatierbar Mensch ist, wie verbinden sich dann in ihm diese zwei Wesenheiten? → Apollinaris von Laodicea lehrte, daß zwei in sich vollkommene Wesenheiten nicht eins werden können. Um die Annahme von zwei Subjekten in Christus zu vermeiden, ersetzte er die menschliche Seele Christi durch den Logos. Er wurde verurteilt, weil so die menschliche Natur Christi nicht vollständig ist. Auf der Linie dieser Fragen lagen die nun folgenden Streitigkeiten zwischen → Nestorius und → Cyrillus von Alexandria. Nestorius bekämpfte jede Vermischung der beiden Naturen, die zu einer Vergöttlichung der menschlichen Natur Christi führen würde. Cyrillus dagegen lehrte, daß in Christus von Gott aus eine unpersönliche menschliche Natur so innig aufgenommen wurde, daß von einer einzigen Natur gesprochen werden konnte (→ Monophysiten). Auf dem Konzil von → Chalcedon wurde dann die Formel verabschiedet, daß Christus in zwei Naturen existiert, die unvermischt und unverändert, aber auch ungetrennt und unzerteilt sind, in der Einheit der Person.

2. Mittelalter und Reformation

a. Aus dem allen wird klar, daß die Entwicklung der Christologie in der ersten grundlegenden Phase vor allem an dem Persongeheimnis Christi orientiert war. Als solches sollte es auch implizit das Heilsanliegen zum Ausdruck bringen, wie es explizit dann besonders bei Athanasius sichtbar wurde. Eine Verbindung zwischen Persongeheimnis und Heilswerk wird dann im frühen MA durch die Satisfaktionslehre des → Anselm von Canterbury gelegt, nach der es nötig ist, daß einer, der zugleich Gott und Mensch ist, die Genugtuung leistet, die Gottes verletzte Ehre verlangt.

b. Die Verlagerung des Interesses vom Persongeheimnis auf das Heilswerk Christi wird dann vor allem in der → Reformation stark sichtbar. Melanchthon formuliert: Christus erkennen heißt, seine Wohltaten erkennen, nicht so sehr seine Naturen und die Weise seiner Menschwerdung. Aber die altkirchl. Entscheidungen bleiben in Kraft und werden gelegentlich aktualisiert. Luther sieht in der am Kreuz und in der Krippe erniedrigten Menschheit Christi die unter ihrem Gegensatz verborgene Offenbarung des hohen Gottes. In der Einheit der Person kommt das »ungeteilt« und »ungetrennt« von Chalcedon zum Tragen, sogar in dem Sinn, daß die Eigenschaften der einen Natur sich der anderen Natur mitteilen. Diese Lehre der Idiomen-Kommunikation soll z.B. in der Abendmahlslehre die Allgegenwart der menschlichen Natur Christi ermöglichen. Aber bleibt dabei die wahre Menschheit Christi bewahrt? Später lehrte Luther, daß Christus zwar allmächtig usw. war, aber diese göttlichen Eigenschaften freiwillig nicht gebrauchte. Daran knüpfte ein späterer Streit (1616-1624) zwischen Theologen aus Gießen und Tübingen an (→ Kenosislehre). Die Tübinger lehrten, mit der Konkordienformel VIII, daß Christus die Majestät seiner göttlichen Natur nicht allezeit, sondern, wenn es ihm gefallen hat, offenbart und sie in der Knechtsgestalt verborgen hat (griech. *krypto*, daher »Kryptiker«). Die Gießener dagegen lehrten, daß Christus sich dieser göttlichen Eigenschaften tatsächlich entledigt habe (griech. *kenosis*, daher »Kenotiker«). Calvin interpretierte die Person Christi aufgrund seines Werkes, d.h. vom Amt des Mittlers her, zu dem er berufen ist. Von hier aus hat dann Christus sein Werk in den drei aus dem AT stammenden Ämtern erfüllt, als König, Priester und Prophet. Auch in der Inkarnation fallen Gottheit und Menschheit nicht zusammen: es bleibt ein Überschuß an Gottheit im Himmel bewahrt (das sog. → Extra Calvinisticum). Die Konsequenzen davon sind in der Abendmahlslehre sichtbar: die Gegenwart Christi wird durch den Geist, nicht durch leibliche Allgegenwart garantiert.

3. Das 19. Jahrhundert

Jetzt kommt die Spannung zwischen dem christologischen Dogma und der sog. »Leben-Jesu-Forschung« unwiderruflich ans Licht. A. → Ritschl und der Dogmenhistoriker A. v. → Harnack beschreiben die christologische Tradition der frühen Kirche als metaphysisch bzw. physikalisch und ersetzen sie durch ethische und idealistische Kategorien: Jesus ist der Verkündiger der sittlichen Herrschaft Gottes. G. → Thomasius versuchte, der neuen Lage mit einer Neuinterpretation der klass. luth. → Kenosislehre beizukommen: In der Menschwerdung hat eine Selbstbeschränkung des Logos stattgefunden, in der sein göttliches Selbstbewußtsein vorläufig ruht. Nur so kann die Entwicklung Jesu als völlig frei und völlig menschlich gedacht werden. M. → Kähler wies mit seiner Unterscheidung vom hist. Jesus und bibl.-geschichtl. Christus der kirchl. Besinnung neue Wege, die Gegenwart des Auferstandenen auch angesichts der Herausforderungen der Modernität zu denken. Von ihm empfing die neue christologische Besinnung des 20. Jh.s starke Impulse.

Lit.: A. Adam: Lehrbuch der Dogmengeschichte, I, 1965, II, 1972; H. Dembowski: Einführung in die Christologie, 1976; A. Gilg: Weg und Bedeutung der altkirchlichen Christologie, 1966; A. Grillmeier: Jesus der Christus im Glauben der Kirche, 1979 ff; J. Pelikan: Jesus Christus, Erscheinungsbild und Wirkung in 2000 Jahren Kulturgeschichte, 1987; C.-H. Ratschow: Jesus Christus, HST, 1982; G. Thomasius: Christi Person und Werk, 4 Bde., 1856-63.

A. Geense

c) systematisch-theologisch

1. Die Aufgabe systematisch-theologischer Christologie

Aus dem Charakter der Theologie als wissenschaftl. Selbstbesinnung des christl. Glaubens ergibt sich für die syst.-theol. Lehre von Jesus Christus die Aufgabe, den Glauben an Jesus Christus zu begründen und seinen Sinn zu entfalten. Glaube an Jesus Christus meint dabei mehr und anderes als Verehrung Jesu, Glauben wie Jesus oder auch Glauben um Jesu willen – es meint ein Bekenntnis zur Gottheit Jesu. Hinter einem solchen Bekenntnis bleiben nicht nur außertheol. Jesusbilder zurück, die ihn als besonderen oder sogar einzigartigen Menschen würdigen, sondern auch jene dogmat. Christologien der Neuzeit, die die gottheitliche Würde Christi mit seinem vollkommenen Menschsein identifizieren. Jesu Göttlichkeit wird dabei nicht als das transzendente Gegenüber alles Menschlichen verstanden, sondern als Verwirklichung der höchsten Möglichkeiten des Menschen und damit als Ermöglichung wahren Menschseins bei seinen Nachfolgern. Eine so verstandene »Göttlichkeit« kann aber nicht mehr begründen, warum wir Jesus Glauben und Anbetung schulden.

Den Glauben an Jesus zu begründen, heißt nicht, seine Wahrheit theoretisch zu beweisen, sondern den Grund dieses Glaubens erkennbar zu machen. Dabei ist es weder die Autorität der Kirche noch die Autorität der Bibel, sondern allein die Überzeugungskraft der Person Jesu selber, die zum Glauben herausfordert und ermächtigt. Die geschichtl. Wirklichkeit Jesu ist der Grund des Glaubens.

Der Aufbau der Christologie muß deshalb »von unten nach oben« erfolgen: Sie beginnt nicht mit der Trinität und der ewigen Gottheit des Sohnes, um von da aus nach Notwendigkeit und Möglichkeit der Menschwerdung Gottes zu fragen, sondern sie setzt ein bei der Geschichte des Menschen Jesus von Nazareth und fragt, welche Züge dieser Geschichte es sind, um derenwillen wir an Jesus als Gott glauben.

Man hat diesem Verständnis (vor allem in der Schule R. → Bultmanns) entgegengehalten, daß wir vom hist. Jesus nichts wissen (weil wir keine verläßlichen Geschichtsquellen, sondern nur Glaubenszeugnisse über ihn haben) und daß wir von ihm auch gar nichts wissen müssen (weil für uns als Christen ausschließlich der erhöhte und gegenwärtige Christus von Bedeutung ist). In der Tat richtet sich der Glaube zunächst auf gegenwärtige Offenbarung, auf den im aktuellen Zeugnis der Gemeinde kraft des Hl. Geistes gegenwärtigen Christus. Das Wahrheitszeugnis der Gemeinde ist aber auch Tatsachenzeugnis, hat also vergangenes Geschehen zum Inhalt. Der Glaube gründet sich auf den Jesus der Vergangenheit, weil er mit dem gegenwärtigen Herrn identisch ist. Ein radikaler Skeptizismus, der an der hist. Verläßlichkeit des bibl. Jesusbildes grundsätzlich zweifelt, erweist sich als unbegründet, wenn man beachtet, daß schon im Jüngerkreis Jesu und in der Urgemeinde eine sorgfältige Lehrüberlieferung stattgefunden hat. Der irdische Jesus ist uns sehr wohl durch hist. Vernunft zugänglich (→ Historischer Jesus). Dabei bleibt die Erscheinung Jesu allerdings zweideutig, weil sich sein einzigartiger Vollmachtsanspruch hist. zwar erkennen, aber nicht verifizieren läßt. Zum Glauben an Jesus kommt es erst dann, wenn die offene Wahrnehmung der Geschichte durch eine Erleuchtung von Gott her begleitet wird.

2. Die Begründung des Glaubens an Jesu Gottheit

a. Jesu öffentliches Wirken

Jesus verkündete das Gottesreich – im Unterschied zu Johannes dem Täufer – nicht mehr ausschließlich als zukünftige Größe, sondern als bereits im voraus wirksam, nämlich in der Person Jesu selbst. Seine Tischgemeinschaft mit den Sündern verstand er als Vollzug ihrer Annahme durch Gott und sprach ihnen dementsprechend die Vergebung ihrer Sünden zu. Wo er vom kommenden Menschensohn (nach Dan 7,13f) redete, machte er sich selbst zum Maßstab im Jüngsten Gericht, und wo er sich als gegenwärtigen Menschensohn bezeugte, gab er sich in verschlüsselter Form als Offenbarungsgestalt Gottes zu erkennen. Dieses einzigartige Vollmachtsbewußtsein bekundete sich auch in seiner autoritativen Neuinterpretation des Mose-Gesetzes und in seinem Selbstzeugnis als »der Sohn« im Verhältnis zu Gott, dem »Vater«.

b. Das Sterben Jesu

Jesus ist ganz bewußt in den Tod gegangen, um durch seinen Tod Heil zu schaffen. Das belegen nicht allein seine ausdrücklichen Leidensweissagungen, das ergibt sich aus seinem ganzen Selbstverständnis. Das Wort vom Lösegeld (Mk 10,45) und das Kelchwort beim Abendmahl (Mk 14,24) zeigen überdies, wie Jesus sein Sterben verstanden hat, nämlich als universales Sühnopfer. Im bibl. Verständnis von → Sühne ist immer Gott der Handelnde. So hat Jesus seinen Tod am Kreuz als Werk Gottes angesehen, durch das Gott der Menschheit den Weg zurück zur Gemeinschaft mit sich eröffnet.

c. Jesu Auferstehung

Die ursprüngliche Bedeutung der → Auferstehung Jesu von den Toten wird deutlich, wenn man sie vor dem Hintergrund der jüd. Erwartung einer endzeitlichen Auferstehung der Gerechten zum ewigen Leben sieht. Daß Jesus von den Toten auferweckt wurde, bedeutet demnach, daß das Ende der Welt gekommen ist (sich jedenfalls an Jesus vorweg ereignet hat) und daß der von Juden verworfene, von Heiden hingerichtete Jesus von Gott selbst gerechtfertigt wurde: Gott hat nachträglich bestätigt, daß das Reich Gottes in Jesu Wirken bereits angebrochen war. Die urchristl. Zeugnisse von den Erscheinungen des Auferstandenen vor seinen entmutigten Jüngern sind ausreichend glaubwürdig und verbürgen deshalb – in Verbindung mit der Entdeckung des leeren Grabes – die hist. Tatsächlichkeit der Auferstehung. Der Sinngehalt der Auferstehung bringt es jedoch mit sich, daß man sie als Tatsache nur wahrnehmen kann, wenn man zugleich ihre existentielle Herausforderung annimmt: Die Anerkennung der Auferstehung ist gleichbedeutend mit dem an Jesus Gläubigwerden und insofern ein Wunder des Hl. Geistes.

3. Der Sinngehalt des Glaubens an Jesu Gottheit

a. Jesus Christus, der wahrhaftige Gott

– Jesu Offenbarungseinheit mit Gott

Aus dem Wahrnehmen des Wirkens, Sterbens und Auferstehens Jesu erwuchs bei den ersten Jüngern und erwächst bis heute die Erkenntnis: In Jesu Wort, Willen und Handeln redet, will und handelt Gott. Jesus ist in Person die Selbsterschließung Gottes zum Heil der Welt. Diese Erkenntnis der Offenbarungseinheit Jesu mit Gott drückt sich aus im Glauben an Jesus und im Gebet zu Jesus: Weil Gott in Jesus gegenwärtig ist, darum erweckt Jesus dasselbe absolute Vertrauen wie Gott, darum kann Jesus ebenso angerufen werden wie Gott. Die älteste Gemeinde hat diesen Glauben in verschiedene Hoheitstitel für Jesus gefaßt: Sie bekannte ihn als »Christus«, »Herrn«, »Gottessohn«, »Logos/Wort«, ja als »Gott« schlechthin (Joh 1,1; 20,28; Röm 9,5). Durch ihre Mehrzahl ergänzen und begrenzen sich diese Namen gegenseitig. Sie dienen nicht zur Erklärung, sondern zur Bezeichnung der Heilsgegenwart Gottes in Jesus.

– Jesu Wesenseinheit mit Gott

Die Erkenntnis der Offenbarungseinheit des geschichtl. Jesus mit Gott führt notwendigerweise weiter zum Gedanken der Wesenseinheit Jesu mit Gott. Selbsterschließung Gottes in Jesus besagt ja, daß Inhalt und Urheber dieser Erschließung identisch sind. Der geschichtl. Jesus hat demnach seinen Ursprung in der Ewigkeit Gottes; sein Erscheinen auf dieser Erde ist als → Menschwerdung Gottes zu verstehen. So bekannte sich schon die älteste Gemeinde zur Präexistenz Jesu und seinem Kommen in diese Welt (Phil 2,6; 1Kor 8,6; Gal 4,4; Röm 8,3).

Der Adoptianismus (→ Adoptianer), der Jesu Einheit mit Gott erst im Laufe seines Lebens (bei der Taufe oder der Auferweckung) entstehen läßt, wird der Wirklichkeit Jesu nicht gerecht, weil göttliche Vollmacht der Person Jesu als ganzer und d.h. von Anfang an zukommt. Auch die Zeugung Jesu aus dem Hl. Geist (→ Jungfrauengeburt) ist nicht als Ursprung seiner Gottessohnschaft zu verstehen, sondern als die geschichtl. Weise der Inkarnation des ewigen Sohnes. Umgekehrt ist es aber auch ebenso falsch, die Wesenseinheit Jesu mit Gott als unterschiedslose Identität zu fassen, das menschliche Ich Jesu also als Erscheinungsweise des ewigen Ich Gottes zu verstehen (→ Modalisten). Der Selbstunterscheidung des irdischen Jesus von Gott, seinem Vater, die sein gesamtes Personleben bestimmte, wird damit zu Unrecht der Offenbarungscharakter abgesprochen. Vielmehr ist das persönliche Verhältnis des Sohnes zum Vater untrennbar mit Jesu göttlicher Vollmacht uns gegenüber verbunden; die Beziehung von Vater und Sohn gehört also zum ewigen Wesen Gottes.

Der Arianismus (→ Arius) hatte zwar nicht die Präexistenz des Sohnes bestritten, wohl aber seine Ewigkeit. Das bedeutet, daß der Sohn seinem Wesen nach nicht zu Gott, sondern zur Schöpfung gehört. Hier spitzte sich das Grundproblem zu, das mit der Logoschristologie von Anfang an gegeben war: das Hervorgehen des Sohnes aus dem Vater wurde als Übergang des ewigen Gottes zu seinem Handeln in Schöpfung und Heilsgeschichte gedeutet. Die volle Gottheit des präexistenten Sohnes konnte theol. erst formuliert werden, als → Athanasius das Vatersein (und damit die Beziehung zum Sohn) als das Wesen Gottes auffaßte und als die drei großen → Kappadozier die ewige Wesenstrinität Gottes als dauernde Grundlage seiner Offenbarungstrinität erkannten (→ Trinität). So faßte schließlich das trinitarische Dogma des 4. Jh.s die Wesenseinheit Jesu mit Gott sachgemäß in die Worte: »wahrhaftiger Gott aus wahrhaftigem Gott, gezeugt, nicht geschaffen, eines Wesens mit dem Vater«.

b. Die Einheit von Gott und Mensch in Jesus Christus

Wenn die geschichtl. Gestalt Jesu von Nazareth als Inkarnation des ewigen Gottessohnes verstanden werden muß, dann ergibt sich daraus die Frage, wie sich Jesu göttliche »Natur« (verstanden als »Wesen« oder »Seinsart«) zu seiner menschlichen »Natur« verhält. Die Antwort muß ein doppeltes berücksichtigen: Einerseits den unaufhebbaren Wesensunterschied von Gott und Mensch und damit die Zweiheit der Naturen Christi, andererseits die volle Gegenwart der ganzen Gottheit im Menschen Jesus und damit die Einheit seiner Person. Beide Aspekte zur Synthese zu bringen, ist in der Geschichte der Christologie bisher noch nicht gelungen: Man hat immer wieder nur den einen Aspekt auf Kosten des anderen berücksichtigen können. Auch das Dogma von Chalcedon 451 n.Chr. stellt keine Lösung des Problems dar, sondern umschreibt lediglich das Persongeheimnis Christi und weist diejenigen Christologien zurück, die nicht sowohl die Zweiheit der Naturen als auch die Einheit der Person Christi festhalten.

Die christologische Lehrentwicklung ist zum Teil über Chalcedon hinausgegangen. So behauptete man etwa die Anhypostasie der menschlichen Natur Christi: die menschliche Natur Christi sei unpersönlich und werde zur Person erst durch die göttliche Natur. Dies wurde neuerdings so interpretiert, daß die gottmenschliche Einheit der Person Christi nur in der Bewegung ständigen göttlichen Gebens und menschlichen Empfangens ihren Bestand habe. Wenn das Empfangen jedoch nicht als rein passiv verstanden werden soll, erfordert es die Anerkennung der Personalität des Menschseins Christi. Noch weiter in der Einschränkung der vollen Menschheit Christi geht die luth. Lehre vom *genus maiestaticum* der *communicatio idiomatum*, d.h. von der Mitteilung der Majestätseigenschaften Gottes (wie Allgegenwart, Allmacht, Allwissenheit) an die menschliche Natur schon des irdischen Jesus. Damit wird der Wesensunterschied von Gott und Mensch aufgehoben und so das wahre Menschsein Jesu zerstört. Die luth. → Kenosislehre des 19. Jh.s hat diese Gefahr erkannt, ihr aber nur so abhelfen zu können gemeint, daß sie den ewigen Gottessohn nur mit einem Teil seiner Eigenschaften Mensch werden ließ. Damit wurde weder der ganzen Menschheit noch der ganzen Gottheit Christi Rechnung getragen.

Man kann daraus den Schluß ziehen, daß

sich das Persongeheimnis Christi nur in → Antinomien ausdrücken läßt, in der gleichzeitigen Gültigkeit von Aussagen, die sich widersprechen: Jesus Christus ist Schöpfer und Geschöpf, Objekt und Subjekt des Glaubens, Herr und Knecht zugleich; er vereint in seiner Person, was unaufhebbar wesensverschieden ist – wahres göttliches und wahres menschliches Sein. Über diese Antinomien hinaus läßt sich – wie es das Dogma von Chalcedon tut – nur in Negationen sprechen, der Abwehr einseitiger Auflösungen der Antinomie: Jesus Christus, eine Person in zwei Naturen unvermischt, unverwandelt, ungetrennt, unzerteilt.

c. Die Heilsbedeutung des Werkes Jesu Christi

Die Wirksamkeit Christi als Mittler des Heils wird vielfach in Form der Lehre vom »dreifachen Amt« Christi entfaltet: Jesus Christus wirkt als König, Priester und Prophet. Darin kommt zum Ausdruck, daß das Heilswerk Christi Vollzug eines göttlichen Auftrags ist, daß sich in ihm die Erfüllung des Bundes mit Israel ereignet und daß es neben dem Kreuzestod auch seine Wirksamkeit als irdischer Lehrer und als erhöhter Herr mit einschließt. Obwohl auch andere Gliederungsprinzipien möglich sind, empfiehlt sich doch das dreifache Amt, weil sich dadurch die Heilsbedeutung des Werkes Christi umfassend als Offenbarung, Versöhnung und Erlösung darstellen läßt:

– Offenbarung

Den Auftrag der Propheten Israels erfüllte Jesus Christus, indem er den Willen Gottes in Gericht und Gnade sowohl durch seine Worte als auch durch sein ganzes Leben als Aufruf zur Entscheidung bezeugte. Dabei ging sein Zeugnis über das eines Propheten noch hinaus, weil er sich mit seiner Botschaft so identifizierte, daß er Gottes Offenbarung in Person wurde. Als der zu Gott Erhöhte setzt er seinen prophetischen Dienst fort durch den Hl. Geist, der seine Gemeinde in alle Wahrheit leitet. Da Gottes Offenbarung es aber immer noch mit widersprechenden Wahrheiten und Tatbeständen zu tun hat, hofft die Gemeinde auf Christi Wiederkunft, die alle Schranken der Gotteserkenntnis fallen lassen wird.

– Versöhnung

Die Berufung des Hohenpriesters Israels führte Jesus zum Ziel, indem er die Welt mit Gott versöhnte. Grundlage dieses Friedensschlusses ist der Tod Jesu als Sühnemittel im Sinne eines stellvertretenden Strafleidens. Damit ist denen, die das für sich gelten lassen, ein für allemal Vergebung der Schuld und neues Leben gewährt. Auch nach seiner Erhöhung wirkt Christus als Versöhner weiter durch sein Eintreten für die Glaubenden vor Gott und durch die Glauben fordernde und weckende Versöhnungsbotschaft, die er seiner Gemeinde aufgetragen hat. Die als gegenwärtige Gabe empfangene → Versöhnung mit Gott vollendet sich schließlich in Tod und Auferstehung des Glaubenden und seinem Freispruch im Jüngsten Gericht.

– Erlösung

Das Amt des Königs trat Jesus Christus an in seiner Auferstehung von den Toten und Erhöhung zur Rechten des Vaters (→ Himmelfahrt). Gott erwies ihn darin als Sieger über Sünde, Tod und Teufel und gab ihm Teil an seiner Herrschaft. So regiert Jesus Christus jetzt (im »Reich der Gnade«), indem er Glauben schafft und erhält, sein Volk befreit nicht allein von der Schuld, sondern auch der Macht der Sünde und seine Gemeinde zu gehorsamem Dienst leitet. Im »Reich der Macht« regiert er, indem Natur und Geschichte – trotz ihrer oft rätselhaften Schicksalsgewalt über unser Leben – letztlich doch seinem Heilswerk dienen müssen. Im »Reich der Herrlichkeit« schließlich wird er dann regieren, wenn die Heilsgeschichte ihr Ziel erreicht hat und in dem Namen Jesu sich alle Knie beugen und alle Zungen bekennen, daß er der Herr ist (Phil 2,10f).

Lit.: H. Dembowski: Einführung in die Christologie, 1976; W. Künneth: Glauben an Jesus? [2]1963; J. Moltmann: Der Weg Jesu Christi, 1989; W. Pannenberg: Grundzüge der Christologie, [7]1990; C.H. Ratschow: Jesus Christus, Handbuch Systematischer Theologie 5, 1982; H. Ristow, K. Matthiae (Hg.): Der historische Jesus und der Kerygmatische Christus, [3]1964; sowie die einschlägigen dogmat. Gesamtdarstellungen (besonders P. Althaus: Die christl. Wahrheit, [7]1966; E. Brunner: Dogmatik II, [2]1960).

U. Swarat

Jesus-Bruderschaft (Kommunität Gnadenthal)

1961 schlossen sich zölibatäre Brüder zur J. zusammen, 1964 kamen Schwestern hinzu, 1968 bildete sich die Familiengemeinschaft. Äußeres und inneres Zentrum ist seit 1969 Gnadenthal, ein ehemaliges Zisterzienserinnen-Kloster. 1972 entstand eine Gruppierung alleinstehender, z.T. berufstätiger Frauen im benachbarten Bad Camberg. In Gnadenthal ist neben dem »Haus der Stille«, das mit seinen Einkehrzeiten und Bibelstudientagen den Akzent der persönlichen Gottesbegegnung betont, eine von Arbeit und Gebet geformte Dorfgemeinschaft entstanden: der »Nehemia-Hof« möchte in Verbindung mit landwirtschaftl. Betrieb, Schreinerei, Gartenbau, Ingenieurbüro, Galerie u.a. Menschen aller Berufssparten christl. Grundwerte vermitteln und Hilfen geben zu einem vom Evangelium geprägten Leben in unserer Gesellschaft. Jungen Menschen wird angeboten, für längere oder kürzere Zeit mitzuleben, um Orientierung für ihr Leben zu finden. Alle, die in Gnadenthal leben, bilden die »Kommunität Gnadenthal«, deren tragender Kern die J. ist.

Die Kommunität hat Außenstationen in Israel (Stille- und Begegnungszentrum in Latrun), in Kamerun, Ostdeutschland (Werk- und Studienzentrum Hennersdorf) und an anderen Orten.

Die Jesus-Bruderschaft e.V. ist Mitglied im Diakonischen Werk in Hessen und Nassau; ihre Glieder kommen aus unterschiedlichen Kirchen und Konfessionen, denen sie bleibend zugehören. Für die Einheit des Volkes Gottes (Joh 17) zu beten und zu leben und gesellschaftsdiakon. Dienste zu übernehmen, sieht die Kommunität als ihren Auftrag an.

F.Ch. Joest

Jesus People

Am Anfang der 70er Jahre, mit dem Höhepunkt in den Jahren 71/72, wurde Jesus plötzlich ein »Medienstar«. Superhits wie »My sweet Lord« des Beatle George Harrison oder die Rock-Oper »Jesus Christ Superstar«, Berichte über »Jesus-Hippies«, Erweckungen in der Drogenszene, Massentaufen im Meer erschienen in der säkularen Presse – auf einmal sprachen junge Leute in ihrer Szene über Jesus. Für das gesamte Phänomen, das nach wenigen Jahren wieder aus der Öffentlichkeit verschwunden war, bürgerte sich bald der Name J.P. ein.

Verschiedene gesellschaftl. Strömungen, vor allem in der jungen Generation, hatten sich in den späten 60er Jahren zu einem explosiven Gemisch verbunden: die »Studentenrevolte« der »Achtundsechziger« mit ihrer grundlegenden polit. Kritik; die Ausbreitung der Drogenabhängigkeit, die durch die »Sucht« eine ungestillte »Sehnsucht« nach Geborgenheit und Lebenssinn zum Ausdruck brachte, und die »Hippiebewegung«, die in schwärmerischer Weise die Grenzen des bürgerlichen Lebens überwinden wollte – wobei sich alle drei Strömungen gegenseitig überlappten. Diese gesellschaftl. Grundströmung in der Jugendszene der westlichen Industriegesellschaft, die von einer versteckten, aber starken rel. Grundierung geprägt war, traf nun auf verwandte christl. Prägungen wie die gesellschaftspolit. Reformbewegung in den Kirchen oder die stark im Wachstum begriffene charismat. Bewegung.

Ausdrucksform der kurzen, aber intensiven Zeit der J.P. war die »Popmusik«, die in einer bis dahin unbekannten Direktheit christl. Inhalt aufnahm; weiterhin eine Spiritualität, die eine unmittelbare Emotionalität zeigte, die in den christl. Kirchen, selbst der USA, selten geworden war; aber auch die – zwar meist kurzfristige – Bildung von christl. Zellen, oftmals mit einer radikalen Gemeinschaftsstruktur. Die Kurzlebigkeit der JP als weltweiter Strömung hängt vor allem mit zwei Entwicklungen zusammen: einmal führte der Medieneffekt, der mit den J.P. verbunden war, rasch zu einer Verflachung; andererseits wurden weite Teile der Bewegung nach kurzer Zeit von Führerpersönlichkeiten abhängig, die aus der spontanen rel. Strömung ebenso enge wie gut organisierte Gruppen machten. Ohne Zweifel haben viele junge Menschen, die aus einer unchristl. Umgebung kamen, durch die J.P. eine echte und auch dauerhafte Umkehr zu Christus erlebt. Viele andere sind nur auf einen »religiösen Trip« gegangen und später in der Enttäuschung oder auch in den Nachfolgebewegungen des »New Age« gelandet. Die → Spiritualität der J.P. hat manche traditionellen kirchl. Strukturen und Gruppen für eine jugendgemäße, der Lebenswirklichkeit des späten 20. Jh.s zugeordnete Spiritualität geöffnet, die auf einer echten Liebe zu Jesus und dem Wunsch nach konsequenter Nachfolge beruht. Andererseits hat die J.P.-Bewegung auch solche Gruppen unterstützt, die nicht mehr im Glauben an Christus, sondern in einer bestimmten Emotionalität die Mitte ihrer Spiritualität sehen.

So sind die J.P. »nur« zu einer kurzlebigen Bewegung mit »erwecklichen« Zügen, nicht aber zu der lange erwarteten weltweiten neuen Erweckung in der Christenheit geworden.

Lit.: S. Großmann (Hg.): Jesus People Report, 1972; W. Kroll (Hg.): Jesus-Generation – auch in Europa?, 1972; W.v. Lojewski: Jesus People oder Die Religion der Kinder, 1972.

S. Großmann

Jesus Sirach → Weisheitsliteratur, biblische

Joachim von Fiore (um 1135-1202)

J. wurde um 1135 in Kalabrien geboren, trat nach einer Palästinareise in den Zisterzienserorden ein und wurde 1177 Abt des kleinen Benediktinerklosters Corazzo. 1189 gründete er ein eigenes Kloster mit dem Ziel eines strengen klösterlichen Lebens. Für seine Zeitgenossen bedeutsam war J. jedoch nicht so sehr als Abt und Gründer eines neuen Ordens (der im 17. Jh. erlosch), sondern durch seine Schriften zur Eschatologie. 1191 erschien der Liber de Concordia Veteris ac Novi Testamenti, 1196 die Expositio super Apocalipsim. 1202 starb J. als angesehener Schriftausleger, der in seinem Leben von mehreren zeitgenössischen Päpsten und Kaisern seiner prophetischen Deutung der Geschichte wegen geschätzt worden war.

Nicht nur auf seine Zeitgenossen, auch auf seine Nachfahren übte J. eine große Wirkung aus. Er hat als erster in einer neuen Zuwendung zu eschatologischen Aussagen der Bibel ein Schema der Geschichte entworfen, an deren Ende er eine bessere Zukunft in Kirche und Welt erhoffte. Mit einem System von Entsprechungen zwischen atl. und ntl. Ereignissen und einer Deutung der Johannesapokalypse sieht er den Ablauf der Weltgeschichte in drei Schritten: In dem Reich des Vaters, dem des Sohnes und dem des Heiligen Geistes, wobei im dritten das völlige geistl. Verstehen erreicht sein wird. Danach beginnt die Ewigkeit.

Mit seiner Deutung der Apokalypse hat J. Elemente der frühkirchlichen Naherwartung wieder aufgenommen und einer bis in unsere Zeit reichenden Beschäftigung mit eschatologischen Fragen den Boden bereitet.

Lit.: Liber de Concordia Veteris ac Novi Testamenti: Libri I-IV. Hg. von E. Randolf Daniel, 1983 (TAPhS 73,I.8); Expositio magni Prophetie Abbatis Joachimi in Apocalypsim (1527) 1964.

R.E. Lerner: »Joachim von Fiore«, TRE 17, 1988, 84-88; G. Maier: Die Johannesoffenbarung und die Kirche, WUNT 25, 1981, 173-192.

G. Sautter

Jobeljahr

Der Name – alternierend mit »Jubeljahr« (EÜ, nach der Vulgata) und Halljahr (Luther) – ist vom hebr. *jôbēl*, »Widderhorn«, abgeleitet (vgl. Jos 6,4). Mit dem Blasen des Widderhorns wird – nach einer Periode von 7 mal 7 Jahren – am Versöhnungstag jedes 49. bzw. 50. Jahres (die hebr. Zählung kann die erste und letzte Zahl einer Reihe zusammenfassen) eine »Freilassung« ausgerufen. Die ursprünglichen Besitzverhältnisse des auf Freiheit, Gleichheit und Brüderlichkeit angelegten Jahwevolkes soll auf der ganzen Linie wiederhergestellt werden: Jeder soll seinen ererbten Landbesitz, sofern er ihn hatte mangels Zahlungsunfähigkeit verpfänden bzw. verkaufen müssen, nun zurückerhalten; ein aus gleichen Gründen in Schuldknechtschaft geratener Israelit soll zu seiner Sippe zurückkehren dürfen. Außerdem soll – wie im Sabbatjahr (vgl. 3Mo 25,2-7) – das Land nicht bearbeitet und abgeerntet werden. Es geht also um eine umfassende Befreiung sowohl der Schöpfung als auch der Gesellschaft (3Mo 25,8-12).

Die wahrscheinlich erst nachexilische Institution des J.es führt die Ansätze anderer »siebter Jahre« in Israel (2Mo 21,2-6; 23,10f; 5Mo 15,2ff: das → Erlaßjahr) zu einem imponierenden Abschluß. Die Praktikabilität ermöglichen detaillierte Ausführungs-, Ergänzungs- und Ausnahmebestimmungen (3Mo 25,14ff), von denen besonders 3Mo 25,14-17 bedeutsam erscheint. Wurde hier angeordnet, Grundstückspreise unter Berücksichtigung des J.es festzulegen? Oder geht es darum, »daß der Kreditgeber die Höhe der Schuld bzw. den Wert des dafür haftenden Grundstücks nicht ein für allemal festschreibt, sondern eine degressive Wert- und Schuldenminderung auf die ursprüngliche Summe zuläßt. Als Berechnungsgrundlage dient dabei die J.-Periode, d.h. eine Schuld, die z.B. Anfang dieser Periode 100 % ausgemacht hatte, würde sich jährlich um 2 % über die 50 Jahre bis auf null vermindern«? (R. Albertz, Der Mensch als Hüter seiner Welt, 1990, S. 53) Ob und wie lange die Institution des J.es funktioniert hat, darüber gehen die Meinungen der Forscher weit auseinander.

Wichtig sind die theol. Begründungen: Jahwe ist der eigentliche Eigentümer des ganzen Landes – den Israeliten ist es nur als den Erbpächtern anvertraut (3Mo 25,23-28). Mehr noch: Weil Jahwe die Israeliten aus der ägyptischen Sklaverei ein für allemal befreit hat, dürfen sie nun fernerhin unter keinen Umständen irgendwelcher Menschen Knechte werden, sondern stets und nur Eigentum ihres Herrn und Retters sein.

Der endzeitliche Geistgesalbte proklamiert in Jes 61,1ff den Beginn der Heilszeit in der Sprache von 3Mo 25,10, ruft also ein eschatologisches »Jobeljahr, ein »Gnadenjahr« mit »Freilassung« der »Gebundenen« aus, und Jesus identifiziert sich in seiner Antrittspredigt in Nazareth (Lk 4,16ff) mit dieser messianischen

Gestalt. Aber auch im Judentum wurde das J. und die dazugehörige Zeitgliederung wichtig für die eschatologische Hoffnung, vor allem im »Jubiläenbuch«.

Lit.: R. Albertz: Der Mensch als Hüter seiner Welt, 1990, 40-60.

W. Grimm

Joel → Propheten Israels

Johann I. von Sachsen (1468-1532)

Johann I. (der Beständige) von Sachsen, geb. am 30. 6. 1468 in Meißen, gest. am 16. 8. 1532 auf Schloß Schweinitz (Kreis Jessen), war der jüngere Bruder und Mitregent Kurfürst Friedrichs des Weisen. Schon vor seiner alleinigen Regierungsausübung 1525 stand er Luther nahe, der ihm z.B. die Schrift »Von weltlicher Obrigkeit« widmete. Die Bedeutung J.s für die Reformationsgeschichte liegt darin, daß unter seiner Regierung endlich die fällige ev. Neuordnung der kursächsischen Kirche in Angriff genommen werden konnte. Bei der Verwirklichung der notwendigen Visitation hat Luther dabei den aus finanziellen Bedenken zögernden Kurfürsten als »Notbischof« in Anspruch genommen, weil ohne Unterstützung der polit. Verwaltung die Besoldung der Pfarrer nicht sicherzustellen war. Der Etablierung des landesherrlichen Kirchenregiments wurde damit erheblich Vorschub geleistet. Auf keinen seiner Landesherren hatte Luther einen so starken Einfluß wie auf J. Dieser ließ sich z.B. durch ihn 1528 von dem von Philipp von Hessen geplanten Präventivkrieg gegen die kath. Fürsten abbringen. Das Bekenntnis der luth. Stände auf dem Augsburger Reichstag 1530 wurde in erster Linie vom sächsischen Kurfürsten polit. verantwortet. Verständlicherweise beklagte Luther den Tod J.s, fand aber dann doch bald auch zu dessen Sohn und Nachfolger, Johann Friedrich (1503-1554) ein positives Verhältnis.

Lit.: H. Junghans: »Johann von Sachsen«, TRE 17, 1988, 103-106.

M. Brecht

Johannes Chrysostomus → Chrysostomus, Johannes

Johannes Damascenus (*um 650)

J., geb. um 650 in Damaskus, Todesjahr und -ort sind unbekannt; er stammt aus vornehmem Geschlecht (Mansur), wurde in der Bildung der Zeit unterwiesen, nahm Vertrauensstellungen am Hof des toleranten Kalifen wahr und zog sich, als die späteren Kalifen ihre Einstellung gegenüber der Kirche änderten, aus der Öffentlichkeit nach Mar Saba zurück. Er lebte fortan als Asket, dem Studium der Bibel und der Väter hingegeben, war Verteidiger der kirchl. Orthodoxie und Verfasser zahlreicher rel. Schriften. Er setzte sich für die Verehrung der → Ikonen ein und wurde zunächst deshalb verurteilt, 787 aber rehabilitiert. Unter seinen zahlreichen Schriften hat vor allem seine »Quelle der Erkenntnis« große Wirkung gehabt. In Auseinandersetzung mit Heiden und Irrlehrern entfaltete er dort den »rechten Glauben« unter ständigem Bezug auf die Vätertheologie. Obwohl er mit keiner besonderen Originalität ausgestattet war, gilt er bis in die Gegenwart hinein als einer der großen Dogmatiker der griech. Kirche, als vielseitiger Schriftsteller, Prediger und Hymnendichter.

Lit.: B. Kotter: »Johannes von Damaskus«, TRE 17, 1988, 127-132 (Lit.).

G. Ruhbach

Johannes der Täufer

1. Das in den Evv. und in Apg enthaltene Zeugnis über J.d.T. wird von Flavius → Josephus ergänzt und im wesentlichen bestätigt; allerdings sind dort die johanneische Predigt von → Buße und Gericht der griech. Tugendlehre angeglichen (Jos. ant. 18,116-119). Nach Josephus war J.d.T. »ein guter Mann«, der die Juden zur Tugend, Gerechtigkeit und Frömmigkeit anhielt. Seine Taufe sei lediglich eine Waschung des Leibes, die mit der Reinigung der Seele notwendig zusammengehöre. J.d.T. habe in seinen Hörern so hohe Erwartungen geweckt, daß der Tetrarch Herodes Antipas einen Volksaufstand befürchtete und ihn umbringen ließ.

2. Die Evv. sprechen richtiger von einer Bußtaufe, einem Tauchbad im Jordan, »zur Vergebung der Sünden« (Mk 1,4 par; Apg 10,37; 13,24); diese war auf eine zukünftige Reinigung mit dem hl. Geist und mit Feuer ausgerichtet, die durch einen »Stärkeren« vollzogen werden soll (Mk 1,7f). Solch eine Verbindung zwischen einem gegenwärtigen Tauchbad als Zeichen der Buße und einer endzeitlichen Taufe mit dem hl. Geist wurde auch in der Ge-

meinde von → Qumran hergestellt (1 QS 3,4-12; 4,22-24), die von einem priesterlichen »Lehrer der Gerechtigkeit« geleitet wurde und auf die messianische Erlösung ausgerichtet war.

3. Vor diesem Hintergrund sind die Herkunft und das in den Evv. berichtete Wirken J.d.T.s neu zu verstehen; sie dürfen nicht einfach als eine kerygma-bedingte Gemeindebildung beurteilt werden. J.d.T. wurde als Sohn des Priesters Zacharias geboren (Lk 1,5-25.57-79) und wuchs als Kind in der Wüste auf (1,80). Nach Mt 21,32 »kam er auf dem Weg der Gerechtigkeit« (vgl. 3,15). Man darf deshalb vermuten, daß J.d.T. von den in der Wüste Juda lebenden Qumran-Essenern und im Geiste des »Lehrers der Gerechtigkeit« erzogen worden war. Das würde sein Auftreten in der Wüste, unweit von Qumran, als hist. Tatsache erklären (vgl. Mk 1,4 par; Mt 11,7), dazu auch seine asketische Lebensweise, seine Nahrung und Kleidung (Mk 1,6 par, vgl. Lk 1,15), aber auch die Sprache seiner Bußpredigt (Mt 3,7-10 par) und seine Aufsehen erregende Messiaserwartung begreiflich machen (Lk 3,15-17; Mt 11,2-5). Außerdem hat die Qumrangemeinde das Wort Jes 40,3 aktualisiert und durch ihr heiliges, toragemäßes Leben in der Wüste dem kommenden Herrn einen Weg bereitet (1 QS 8,13-16). Nach Joh 1,23 (vgl. Mk 1,2f par) hat sich auch J.d.T. nach diesem Schriftwort gerichtet: Er wollte sich als Stimme eines Rufenden in der Wüste verstanden wissen und dem Herrn ein gut gerüstetes Volk vorbereiten (vgl. Lk 1,17). Aber den von ihm getauften Büßern hat er freigelassen, das neue Leben im alten Stand und Beruf zu führen (Lk 3,10-14). In christl. Sicht war J.d.T. ein Vorläufer des Messias aus Nazareth (Mk 1,2; 9,11-13).

4. Jesus ließ sich im Jordan taufen und empfing dabei die Geisttaufe vom Himmel her und die Würde des Gottessohnes (Mk 1,9-11 par). Er sah in J.d.T. einen großen Propheten, ja den wiederkommenden Elia (Mt 11,9-14 par; Mk 9,11-13 par; Lk 1,17). Dieser steht an der Schwelle zur neuen Zeit (Mt 11,12 par); seine vollmächtige Botschaft verlangt den Glauben und entscheidet über Heil oder Unheil (Mt 21,25-27.32). Es fällt auf, daß von einer Berufung J. d. T.s zum Propheten nicht eigens berichtet wird. Aber Sendung und Auftrag werden gleichsam im voraus bezeugt, einmal durch den Engel Gabriel (Lk 1,13-17) und dann durch den Vater Zacharias (1,76-79); Jesus hat dieses Zeugnis bestätigt (Mt 11,9-14 par).

5. Auch nach seinem gewaltsamen Tod hörte die von J.d.T. gegründete Bewegung nicht auf. Von Täuferjüngern in Ephesus wird Apg 19,1-6 berichtet; nach Clem.Rec. I, 54,60 wurde J.d.T. als Messias verehrt; die mesopotamische Taufsekte der → Mandäer besaß ein »Johannesbuch«.

Lit.: O. Betz: Was wissen wir von Jesus?, 1991, 29-38; O. Michel: »Johannes der Täufer«, CBL 668-670; A. Schlatter: Johannes der Täufer, 1956; R. Schneider, C. P. Thiede: »Johannes der Täufer«, GBL Bd. 2, 698-700.

O. Betz

Johannes Scottus Eriugena (um 810 bis um 877)

J. ist der wohl bedeutendste Gelehrte im westfränkischen Reich und der karolingischen Renaissance überhaupt. Über das Leben des »in Irland geborenen« (= Eriugena) Theologen und Philosophen ist wenig bekannt. Hist. bezeugt wird er erstmals 845/46. Am Hofe Karls des Kahlen (840-877) war J. der führende Kopf von dessen Bildungspolitik und unterrichtete in der Königspfalz, ohne jedoch jemals ein kirchl. Amt zu bekleiden. Der Lehrer der freien Künste, Gutachter im Prädestinationsstreit, Übersetzer der griech. Theologie und wissenschaftl. Ausleger der Heiligen Schrift starb um 877.

Durch seinen Kommentar zu dem schwierigen Werk des Afrikaners Martinianus Capella aus dem 5. Jh. legte J. den Grund für den Unterricht der freien Künste (Quadrivium). Er betonte das wissenschaftl. Eigengewicht jeder Disziplin und war der erste karolingische Gelehrte, der das Bildungsgut nicht nur unverstanden weitergab, sondern selbst erschloß. Die Wissenschaftlichkeit einer Aussage definierte er so, daß nur solche Sätze wahr zu sein beanspruchen dürften, die sich logisch fehlerfrei aussagen lassen. Damit ist J. zum Vater der mittelalterl. Logik geworden. In dem Prädestinationsstreit um Gottschalk den Sachsen (gest. 866/870) ging es ihm darum, die Rechtgläubigkeit nicht im Zirkelschluß aus Kirchenväterzitaten abzuleiten, sondern sie wissenschaftl. zu erhärten. Seine so entstandene Lehre von der Willensfreiheit brachte ihm nur Ablehnung ein, Karl der Kahle spannte ihn dennoch weiter in seine Bildungspolitik ein.

In seinem 867 vollendeten Hauptwerk »Periphyseon« (Über die Einteilung der Wirklichkeit), einem Höhepunkt der mittelalterl. Philosophie, versuchte J. einen systematischen Entwurf zur wissenschaftl. Erfassung der gesamten Wirklichkeit. Ausgangspunkt ist eine »negative Theologie«, daß sich nämlich das Wesen

Gottes grundsätzlich jeder affirmativen Aussage entziehe. Gott ist der absolut Andere, aber der Mensch kann alles, was ihm entgegentritt, als Ausdruck Gottes erkennen (was J. oft den Vorwurf des Pantheismus eingetragen hat). Dadurch steht der menschliche Geist unmittelbar zu Gott und wächst in einem steten Reinigungsprozeß zur eigenen Vollkommenheit. Nach J. ist er nicht nur Bild der Gottheit, sondern repräsentiert die eigene und die göttliche Unendlichkeit und wird so zum »alter deus«, zum zweiten Gott. Mit diesem Werk, dem bedeutendsten zwischen den Entwürfen des → Augustinus und des → Thomas von Aquin, hat J. dem westlichen Mittelalter die eigentliche Form der neuplatonisch-mystischen Tradition vermittelt, die dann in der Scholastik wieder aufgegriffen wurde.

Werke: Auszüge in deutscher Übersetzung: K. Flasch (Hg.): Geschichte der Philosophie, 2: Mittelalter, 1982, 164-204.

Lit.: A. Angenendt: Das Frühmittelalter, 1990, 447f; W. Beierwaltes (Hg.): Eriugena Redivivus: Zur Wirkungsgeschichte seines Denkens im Mittelalter und im Übergang zur Neuzeit, 1987; K. Flasch: Das philosophische Denken im Mittelalter, 1986, 159-176; D. Moran: The Philosophy of Johannes Scottus Eriugena, 1989; G. Schrimpf: Das Werk des Johannes Scottus Eriugena im Rahmen des Wissenschaftsverständnisses seiner Zeit, 1982; ders.: »Johannes Scotus Eriugena«, TRE 17, 1988, 156-172.

L.E.v. Padberg

Johannes, Sohn des Zebedäus

1. Nach den synoptischen Evv. (Mk 1,16-20) beruft Jesus zu Anfang seiner öffentlichen Wirksamkeit zwei Brüderpaare. J. (mit seinem Bruder Jakobus, Söhne des Fischers Zebedäus) wird zuletzt genannt (vgl. Mt 10,2 par). Mit seinem Bruder und Simon Petrus gehört J. zu einer hervorgehobenen Gruppe im Zwölferkreis (Mk 5,37; Mk 9,2ff; Mk 14,32ff). Mit Petrus bereitet er (Lk 22,8) das Passamahl. Jesus bezeichnet J. und seinen Bruder als »Sturmgesellen« (Mk 3,17), wahrscheinlich weil sie ein samaritanisches Dorf im Stil des Propheten Elia durch Feuer vernichten wollten (Lk 9,54). Allein tritt J. nur durch die Anfrage über den fremden Exorzisten hervor, der den Namen Jesu benützt, sich aber nicht zum Jüngerkreis hält (Mk 9,38; vgl. Lk 9,49). Meinten er und sein Bruder, eine Sonderstellung im Jüngerkreis einnehmen zu können? Vgl. ihre Bitte, Ehrenplätze in der kommenden Gottesherrschaft zu erhalten (Mk 10, 35-45. Bei Mt 20,20ff bittet das die Mutter; gehört sie zum Jüngerkreis?).

2. Nach der Apg stand J. in der ersten Zeit der Jerusalemer Urgemeinde neben Petrus in hervorgehobener Position (Apg 1,13; 3,1-10.11; 4,13-22; 8,14-25). Paulus bezeichnet ihn als eine der drei »Säulen« (neben Petrus und dem Herrenbruder Jakobus), denen er in Jerusalem sein Evangelium vorlegte und von denen er die Bestätigung seines Dienstes erhielt (Gal 2,9).

3. Im JohEv. fällt auf, daß sein Name (außer in dem als Nachtrag zu bezeichnenden Schlußkapitel; 21,2) nicht erwähnt wird. Wie die synoptischen Evv. spricht das JohEv. von zwei »Jüngern«, die von Jesus in die Nachfolge berufen werden (1,35ff). Der erste wird beim Namen genannt (1,40f), während der zweite ungenannt bleibt. Die kirchl. Tradition hat den Apostel Johannes darin erkannt und in ihm den Verfasser des Ev.s gesehen. Erst die moderne Forschung hat das problematisiert, zum Teil unter Hinweis auf ernstzunehmende Spannungen in der Tradition.

4. Die altkirchl. Identifizierung von J. mit dem Verfasser des JohEv.s geht davon aus, daß jener »unbekannte Jünger« in 1,35ff identisch ist mit dem »Lieblingsjünger« (13,23; 19,26.35; 21,7.20) bzw. dem »anderen Jünger« (20,1ff), der in den johann. Abschiedsreden bzw. im johann. Passionsbericht (13-17; 18-20) erwähnt wird. Der von der Forschung erhobene Zweifel an dieser Gleichsetzung hat seinen Anhaltspunkt darin, daß J. namentlich (mit Ausnahme von 21,2) im JohEv. nicht erwähnt wird, daß andererseits jener »Jünger, den Jesus liebhatte« genannt ist, den die synoptischen Evv. so nicht kennen. Entweder muß man klären, warum J. mit diesem Lieblingsjünger identifiziert werden kann, oder sonst, warum das JohEv. von J. und dessen Bruder, die in den synoptischen Evv. eine hervorgehobene Rolle spielen, schweigt (die zweite Frage wird in der Forschung kaum berücksichtigt). Dazu kommt, daß der »Lieblingsjünger« mit dem »Augenzeugen« bzw. »Zeugen« identifiziert wird, auf den das JohEv. seine Tradition zurückführt (vgl. 19,35 mit 19,26). Vom »Lieblingsjünger«, der die Ehrenposition beim letzten Mahl einnimmt, erfahren wir, daß er mit dem Hohepriester bekannt ist und in dessen Haus Eintritt hat (18,16). Vom Kreuz her erhält er die Aufgabe, für die Mutter Jesu zu sorgen (19,26). Nach dem JohEv. tritt dieser »andere Jünger« in Konkurrenz zu Petrus, ist als erster beim Grab und glaubt – als einziger noch vor der Begegnung mit dem Auferstandenen – noch vor Pe-

trus (20, 1-10), obwohl er diesem den Vorrang läßt (das Verhältnis zu Petrus in Zuordnung und Rivalität ist das Schlußthema in 21, 20-23, scheint aber bereits am Anfang des Ev.s anzuklingen: 1,35.41; 2,11-12; 4,46.54: die ersten beiden Zeichen Jesu geschehen in Kana, nicht in Kapernaum, der Stadt des Petrus).

Aus der jüd. Überlieferung wissen wir, daß Priester des Jerusalemer Tempels zumindest später ihre Wohnorte auch in Galiläa (z.B. Nazareth bzw. Kana) hatten und neben ihrem Priesterdienst von einem »gewöhnlichen« Beruf leben mußten. Daß Fischer »ungebildet« sind, J. also darum nicht hinter dem Stil der johann. Literatur stehen kann, ist romantisierendes Vorurteil (»ungelehrt« in Apg 4,13 bedeutet nur: ohne schriftgelehrte Ausbildung). Priesterliche Herkunft könnte auch sowohl die Bekanntschaft mit der hohenpriesterlichen Familie wie Eigenheiten in Sprache und Vorstellungswelt des JohEv.s erklären, die in vielerlei Hinsicht der Sprache und Vorstellungswelt (Wissen um die himmliche Welt) der Qumrangemeinschaft nahesteht. Dazu treten Einzelzüge des johann. Passionsberichtes (Abendmahl im Essenerviertel, vielleicht im Gästehaus der Essener; nach J. als Passamahl nach dem essenischen Kalender?) und Einzelzüge in Sprache und Vorstellungswelt der johann. Literatur, hinter denen priesterliche Anschauung deutlich werden (vgl. auffallend Polykrates von Ephesus um 190: »Johannes, der an der Brust des Herrn ruhte, der das (priesterliche) Brustschild trug, Priester, Zeuge und Lehrer ...« bei Eus. h.e. III, 31,3). Die im JohEv. betonte Augenzeugenschaft wurde in der (deutschen) Forschung lange als theol. Darstellungsmittel ohne hist. Absicht interpretiert, erweist sich jedoch als zuverlässig. Kein hist. oder topographisches Detail des JohEv.s, ließ sich bisher falsifizieren bzw. als theol. Interpretament ohne hist. Wert erweisen.

5. Die altkirchl. Überlieferungen zeichnen etwa folgendes Bild: J., der »Herrenjünger«, der »an Jesu Brust gelegen hat«, hat in Ephesus gelebt, dort sein »Evangelium« herausgegeben, um dann im Kreis der Prebyter Kleinasiens bis in die Tage Kaiser Trajans (98-117) zu leben: Nach Irenäus von Lyon, der sich dafür auf Polykarp von Smyrna (gest. 156) beruft: Adv. Haer III, 1,1; III, 3,4; II, 22,5; Zitate daraus in Eus. h.e. V, 8,4 bzw. III, 23,3.

In seinem Osterfestbrief (vgl. Eus. h.e. III,31,2-3), schreibt Polykrates 190 von J., der diesen Brief überliefert, identifiziert ihn mit dem »Apostel und Evangelisten« und zugleich mit dem von Jesus »geliebten Jünger« (III,123,1). In diesem Brief wird J. als »Priester, der das Brustschild trug« bezeichnet. Für Polykrates war er wahrscheinlich Garant des besonderen Kalenders der Quartadecimaner.

Euseb verarbeitet auch einen Bericht von Clemens von Alexandrien, (Quis dives salvetur 42,1f; vgl. Eus. h.e. III,23.6), in dem dieser die (kleinasiatische?) Tradition weitergibt, J. sei nach dem Tod des Tyrannen (Domitian?) von der Insel Patmos nach Ephesus zurückgekehrt, habe die umliegenden Gebiete bereist, Bischöfe eingesetzt und alle Gemeinden fest zusammengefügt (vgl. h.e. III, 23,1; legendenhafte Erweiterungen h.e. III,23,7-19). Gehört auch der Bericht von der Begegnung mit Kerinth in den Bereich der Legende (Irenäus unter Verweis auf Polykarp in Eus., h.e. III,28,6)? Zur Verbannung J.' auf Patmos unter Domitian vgl. auch Eus. h.e. III,18,1ff (unter Berufung auf Irenäus).

Daraus läßt sich in großen Zügen folgendes Bild, das uns durch die altkirchl. Tradition vermittelt wird, rekonstruieren: Zunächst leitete J. zusammen mit Petrus (und Jakobus) die Jerusalemer Gemeinde. Unter welchen Umständen, wann, mit wem und wohin (Syrien; Batanäa?) er Jerusalem verließ, ist uns unbekannt. Irgendwann tauchte er (zusammen mit einem Schülerkreis, mit einer eigenen Gemeinde?) in Ephesus auf. Dort wurde er zur prägenden Mitte und zum Garant einer eigenen christl. Überlieferung, die immer noch in lebendigem Austausch mit den anderen christl. Überlieferungen (Petrus, Matthäus, auch Paulus) steht. Später (unter Domitian?) wurde er auf die Insel Patmos verbannt, kam unter dessen Nachfolger Nerva wieder frei und lebte bis in die Zeit Trajans.

Als widerlegt kann die Ansicht gelten, die auf einen frühen Märtyrertod des J. verweist und daran denkt, J. sei mit seinem Bruder Jakobus in der Verfolgung der Jerusalemer Gemeinde durch Herodes Agrippa I., also etwa 43/44 hingerichtet worden (vgl. Apg 12,2).

Umstritten (wichtig für die Frage nach der Verfasserschaft der johann. Literatur) sind die Fragmente des Papias von Hierapolis (um 130; Hörer des J. und Polykarps von Smyrna, gest. 156). Seit Euseb, der diesen Text überliefert (h.e. III,39,2-4), gibt es die Meinung, Papias unterscheide den Apostel J., den er in eine Reihe mit anderen des Zwölferkreises stellt, von einem Prebyter Johannes, den er neben Aristion nennt. Euseb sieht im Presbyter J. den Verfasser der Apokalypse (III,39,6 unter Berufung auf den viel späteren Dionys von Alexandrien; vgl. ebda. VII,25,14-16). Die Meinung des Euseb darf man jedoch nicht einfach mit derjenigen des Papias gleichsetzen. Ebenso zu unterscheiden ist auch die in der gegenwärtigen Forschung weit verbreitete These, jener kleinasiatische Presbyter sei der Verfasser des JohEv.s, wofür die altkirchl. Texte überhaupt keinen Anlaß bieten. Der Unterscheidung zwischen dem Apostel Johannes und einem Presbyter Johannes innerhalb dieses Papiasfragmentes steht im Wege, daß Papias selbst die Mitglieder des Zwölferkreises nicht Apostel, sondern Presbyter nennt, sie also vom (in der späteren Forschung sog.) »Presbyter Johannes« terminologisch nicht unterscheidet. Handelt es sich beim Presbyter Johannes wirklich um eine vom Apostel zu unterscheidende Person, so wüßten wir von ihr außer dem, was dieses umstrittene Papias-Fragment sagt, hist. überhaupt nichts. Ist es vorstellbar, daß es eine solch prägende Person in der Alten Kirche gab, von der die Tradition keine wirklich eigene Erinnerung aufbewahrte, sondern sie restlos mit J. identifizierte?

Bei der momentanen Quellenlage bleibt die Identifikation des Apostels Johannes mit dem galiläischen Fischer und dem Jerusalemer Lieblingsjünger zwar schwierig, aber insgesamt doch die wahrscheinlichste Vermutung.

Lit.: O. Betz: Das Gnadenamt des Apostels Paulus und des Jüngers Johannes, in: ders.: Jesus, Herr der Kirche (Ges. Aufsätze II), 1990; F.M. Braun: Jean le Théologien, 1959; F. F. Bruce: Men and Movements in the Primitive Church, 1979, 120-152; O. Cullmann: Der johanneische Kreis, 1975; M. Hengel: Die Johanneische Frage, 1993; G. Maier: Die Johannesoffenbarung und die Kirche, 1981, (1-69 über Papias); R. Riesner: Adolf Schlatter und die Geschichte der Judenchristen Jerusalems, in: K. Bockmühl (Hg.): Die Aktualität der Theologie Adolf Schlatters, 1988, (34-70, v.a. 50-60); J.A.T. Robinson: Wann entstand das Neue Testament, 1986, v.a. Kap IX und VIII; ders.: The Priority of John, 1985; E. Ruckstuhl: Der Jünger, den Jesus liebte, in: ders.: Jesus im Horizont der Evangelien, 1988; A. Schlatter: Die Kirche Jerusalems vom Jahr 70 bis 130, in: ders.: Synagoge und Kirche bis zum Barkochba-Aufstand, 1966, 99-173, v.a. 128-144; E. Schnabel: Das Johannesevangelium und die Frage der Historizität (umfassende Rezension von J.A.T. Robinson, The Priority of John), JET 2/1988,49-84.

W.J. Bittner

Johannes vom Kreuz (1542-1591)

J., geb. am 24. 6. 1542 in Fontivera, gest. am 14. 12. 1591 in Ubeda/Spanien, am 26. 12. 1726 heilig gesprochen und am 24. 8. 1926 zum Kirchenlehrer (doctor mysticus) erhoben. Er war Karmelit, studierte 1564-68 in Salamanca, danach Priesterweihe; als Schüler, Freund und Beichtvater der großen → Teresa von Avila setzte er die Reform des Karmels durch, gründete Klöster und das Ordenskolleg in Alcalá. Im Streit der nichtref. Karmeliter gegen Teresa und ihn wurde er im Kloster in Toledo und später in anderen Klöstern inhaftiert und gequält. Die Trennung zwischen den beschuhten und den strengeren (unbeschuhten) Karmeliten, die 1593 vom Papst bestätigt wurde, hat er vorbereitet, aber nicht mehr erlebt. 1579-1581 war er Rektor des Kollegs in Baëza, seit 1588 Prior des Hauptklosters in Segovia.

Er gilt als einer der großen Mystiker, der seine mystischen Gedichte z.T. selbst kommentierte. Seine Hauptwerke (Aufstieg zum Berg Karmel, Dunkle Nacht der Seele, Lebendige Liebesflamme) behandeln die aktive und passive Reinigung der Seele und schließlich ihre Vereinigung mit Gott. Als thomistischer Theologe mit mystischen Erfahrungen hat er nicht nur seinen Orden maßgeblich geprägt; er gehört zu den wenigen großen Seelenführern der Kirche und war selbst einer ihrer großen Mystiker und selbst Mystograph, der seine Grenzerfahrungen auch zu beschreiben vermochte.

Lit.: U. Dobhan, R. Körner: Johannes vom Kreuz. Die Biographie, 1992; R. Körner: Mein sind die Himmel und mein ist die Erde, Geistliches Leben nach Johannes vom Kreuz, 1989; E. Lorenz: Der nahe Gott im Wort der spanischen Mystik, 1986; dies.: Ins Dunkel geschrieben. Johannes vom Kreuz – Briefe geistlicher Führung, 1987; dies.: Licht der Nacht. Johannes vom Kreuz erzählt sein Leben, 1990; dies.: Auf der Jakobsleiter. Der mystische Weg des Johannes vom Kreuz, 1991; W. Repges: Johannes vom Kreuz, Der Sänger der Liebe, 1985; G. Ruhbach: »Johannes vom Kreuz«, TRE 17, 1988, 134-140.

G. Ruhbach

Johannes XI. Bekkos → Orthodoxe Kirchen des Ostens

Johannesbriefe → Katholische Briefe des NT

Johannesevangelium → Evangelien, neutestamentliche

Johannesoffenbarung → Offenbarung

Johannestaufe → Taufe

Johanneum

Die Evangelistenschule J. ist eine seminaristisch-theol. Ausbildungsstätte für den evangelist. Verkündigungsdienst in der ev. Kirche und der → Gemeinschaftsbewegung. Sie wurde 1886 in Bonn gegründet von den Vätern des Gnadauer Gemeinschaftsverbandes (→ Evangelischer Gnadauer Gemeinschaftsverband) D. Theodor Christlieb, Professor für Prakt. Theologie, und Elisas Schrenk, dem Bahnbrecher der Evangelisation in Deutschland. Das J. siedelte 1893 nach Wuppertal-Barmen über. Dort wurde es wesentlich geprägt von D. Theodor Haarbeck.

Als freies Werk wird das J. von einem Freundeskreis getragen. Für das Studium gilt die Heilige Schrift als die einzige Quelle des Glaubens und der Erkenntnis. »Allein von Jesus Christus her können wir die Wahrheit des Evangeliums, die im Wort vom Kreuz ihre Mitte hat, durch den Heiligen Geist erkennen und bezeugen.« Dazu gehört das Ziel, vom Geist Christi gestaltete Persönlichkeiten zu bilden. Dem dient das gemeinsame geistl. Leben von Dozenten und Studierenden in verbindlicher Bruderschaft. Zur vierjährigen Ausbildung werden aufgenommen: Männer, seit 1992 auch Frauen, im Alter von 21-27 Jahren mit mittlerer Reife und Berufsausbildung oder mit Hochschulreife und Praktikum. Für ehrenamtliche Mitarbeit wird ein Studienjahr angeboten. Als geistl. Voraussetzungen gelten: »Bekehrt-bewährt-berufen-begabt.« Bisher wurden etwa 1.400 Schüler ausgebildet. Sie sind tätig als CVJM-Sekretäre, Jugendreferenten, Gemeinschaftsprediger, Evangelisten, Volksmissionare und in Gemeindediensten.

Lit.: Johanneum 1886-1986.

J. Berewinkel

Johannistag

Der Tag der Geburt → Johannes des Täufers (24. Juni), des »Vorläufers« Jesu, ist in einem weiteren Sinne den Christusfesten zuzurechnen. Den bibl. Hintergrund bildet die Geschichte von der Geburt des Johannes, die Lukas mit der Ankündigung der Geburt Jesu verknüpft (Lk 1,5-80). Nach Lk 1,36a ist Elisabeth, die Mutter des Johannes, bereits im 6. Monat schwanger, als Maria von der Geburt ihres Kindes erfährt; so kam man auf den 24.6. als Tag der Geburt des Johannes. Daß man nicht – in Entsprechung zu Weihnachten – den 25.6. wählte, hängt vielleicht mit der röm. Kalenderzählung zusammen; beide Feste werden jeweils am 8. Tag vor dem Beginn des nächsten Monats gefeiert.

Die Volkstümlichkeit des J. ist wohl darauf zurückzuführen, daß er auf der Höhe des Naturjahres zugleich einer bedeutenden Figur der Heilsgeschichte gewidmet ist. Das Wort des Johannes »Er muß wachsen, ich aber muß abnehmen« (Joh 3,30) läßt das Geschehen in der Natur als Gleichnis für sein Verhältnis zu Christus erscheinen und nimmt zugleich die Vergänglichkeit irdischen Lebens überhaupt in den Blick: Auf der Höhe des Lebens kündigen sich Tod und Vergehen an; alle Hoffnung richtet sich auf Christus, in dem allein Heil ist. Ev. Gemeinden begehen den Tag vielfach mit Johannisandachten auf Friedhöfen; der Tag soll, wo er nicht am 24.6. selbst gefeiert wird, am vorhergehenden oder nachfolgenden Sonntag begangen werden. Zum Brauchtum des Tages gehören die Johannisfeuer, die nach Ursprung und Bedeutung wohl Sonnenwendfeuer darstellen.

K.-H. Bieritz

Johanniterorden

Um 1070 stifteten Kaufleute aus Amalfi in Jerusalem ein dem alexandrinischen Bischof Johannes dem Barmherzigen (später Johannes dem Täufer) geweihtes Hospital (genauere Einzelheiten sind ungeklärt). Durch Umgestaltung entstand eine freie rel. Bruderschaft mit der Verpflichtung zur Pilgerbetreuung und Krankenpflege, die 1155/60 durch Raymond von Puy eine stark an die Augustinerregel angelehnte Ordensregel erhielt. Tracht: schwarzer Mantel mit weißem Kreuz. Die Leitung liegt bei Großmeister und Generalkapitel. Aufbau: »Zungen«, Großpriorate, Balleien und Komtureien.

Um 1100 bildet sich auch ein weiblicher Zweig aus. Obwohl von Kriegsdienst nirgends die Rede ist, erhält der J. schon 1137 eine wichtige Burg zum Grenzschutz. Diese Aufgabe tritt im Lauf der Zeit in den Vordergrund, so daß bis zur Mitte des 13. Jh.s ein Ritterorden entsteht, der rasch sehr reich und dadurch zu einem Gegenspieler des Templerordens wird. In Deutschland erscheint der J. zuerst in Böhmen.

Nach dem Fall Akkos geht der Orden vorübergehend nach Zypern, schließlich nach Rhodos (1310) und erhält 1530 von Karl V. die Insel Malta (Malteser). Hauptaufgabe wird der Schutz von Schiffen gegen Piraten. 1798 muß Malta an Napoleon übergeben werden. Trotz der verfügten Wiederherstellung 1802 gewinnt der J. seine Stellung nicht zurück.

Zur Erinnerung an die im 16. Jh. ev. gewordene Ballei Brandenburg gründete → Friedrich Wilhelm IV. 1852 einen ev. J. mit der Aufgabe der Krankenpflege. Auf kath. Seite entstand 1859 die »Gemeinschaft rheinisch-westfälischer Malteser-Devotionsritter«. 1867 bildete sich der »Verein schlesischer Malteserritter«.

Lit.: G.B. Hafkemeier: Der Malteser-Ritterorden, 1956.

D. Heller

Jolberg, Julie Regine (1800-1870)

J., geb. am 30. 6. 1800 als Julie Zimmern in Heidelberg, Tochter jüdischer Eltern; sie ließ sich taufen und heiratete in zweiter Ehe ihren früheren Lehrer Jolberg. Durch Kontakte mit erweckten Christen in der Gegend von Heilbronn und gehörte und gelesene Predigten von L. → Hofacker und → Knapp kam sie zum Glauben und nahm sich hinfort, abermals jung Witwe geworden, der eigenen und vieler fremder Kinder intensiv an, um sie zum Evangelium zu führen. 1844 brachte sie in Leutesheim bei Kehl die Ausbildung von Kinderschwestern in Gang und setzte sich erfolgreich für Kinderschulen ein. 1851 kaufte sie für sich und ihre Schwestern einen kleineren Besitz in Nonnenweier, aus dem sich das Diakonissenmutterhaus Nonnenweier entwickelte; gest. 5. 3. 1870 Nonnenweier.

Lit.: F. Hauss, Väter der Christenheit, neu hg. von S. Spahr, 1991, 471.

G. Ruhbach

Jona → Propheten Israels

Jonas, Justus (1493-1555)

J. wurde am 5. 6. 1493 als Sohn des Ratsmeisters der Reichsstadt Nordhausen geboren. In Erfurt und Wittenberg studierte er Rechtswissenschaft, zugleich kam er unter den Einfluß des Humanismus und wenig später unter den Luthers. 1521 wurde er Professor für Kirchenrecht in Wittenberg, wandte sich aber bald immer stärker der Theologie zu.

Als eigenständiger theol. Autor ist er wenig hervorgetreten, trug aber als versierter Übersetzer reformat. Schriften zu deren Verbreitung bei. Wesentlich mitbeteiligt war der juristische Fachmann am Ausbau der Kirchenordnung in Kursachsen, Anhalt und im Herzogtum Sachsen. Aus dem Wittenberger Mitarbeiterkreis Luthers ist er nicht wegzudenken. Nicht zuletzt sein beachtlicher Briefwechsel gibt davon Zeugnis. Gelegentlich sind vom erasmischen Hintergrund her auch leichte Differenzen zu Luther und Parteinahmen für Melanchthon zu erkennen. 1544 fiel J. die Aufgabe zu, als Pfarrer und Stadtsuperintendent in Halle die Reformation vollends durchzusetzen und zu gestalten. Nach dem Schmalkaldischen Krieg mußte J. aus Halle weichen und konnte nicht mehr in sein Amt zurückkehren. Kurzfristig war er dann noch in Hildesheim, Coburg, Regensburg und Eisfeld tätig, wo er, früh gealtert, am 9. 10. 1555 starb.

Lit.: G. Kawerau (Hg.): Der Briefwechsel des Justus Jonas, 2 Bde., (1884/85) 1964; W. Delius: Justus Jonas, 1952.

M. Brecht

Josephinismus (Josef II.)

Unter J. versteht man das von der → Aufklärung geprägte Staatskirchentum in Österreich, das auf den Habsburger Josef II. (geb. am 13. 3. 1741, gest. am 20. 2. 1790) zurückgeht. Der J. ist ein kompliziertes hist. Phänomen; er hat eine längere Vor- und Nachgeschichte, so daß man vom Prä-, Früh-, Hoch-, Spät- und Postjosephinismus spricht. J. hat den gesamten Verkehr der österreichischen Kirche mit dem Vatikan staatlicher Aufsicht unterstellt, über 800 kontemplative Klöster als »den Nächsten ganz und gar unnütz« aufgehoben und die Ausbildung der Geistlichen wie auch die Ehegesetzgebung den Bischöfen entzogen. Der Staatskanzler Josefs II., W.A. Fürst von Kaunitz, war der eigentliche Verfechter und Durchführer dieser antikirchl. Reformen, die den österreichischen Katholizismus über Jahrhunderte beeinträchtigt und die allg. Einstellung gegenüber der Kirche bis in die Gegenwart hinein geprägt haben. Seit Josef II. erhielt der Protestantismus in Österreich gewisse Freiheiten, die nach und nach ausgebaut wurden.

Lit.: P.F. Barton: Im Zeichen der Toleranz, 2 Bde., 1981; ders.: »Josephinismus«, TRE 17, 1988, 249-255 (Lit.); F. Maaß (Hg.): Der Josephinismus (Quellen), 5 Bde., 1951-1961; H. Riser: Der Geist des Josephinismus und sein Fortleben, 1963; F. Valjavec: Der Josephinismus, [2]1945; E. Winter: Der Josephinismus, 1962.

G. Ruhbach

Josephus (37/38 bis Anfang 2. Jh.)

1. Der für die ntl. Zeitgeschichte ungemein wichtige, in der Forschung aber höchst umstrittene jüd. Historiker Flavius Josephus wurde 37/38 n.Chr. in Judäa geboren und starb am Anfang des 2. Jh.s in Rom. Die sein Leben kennzeichnende doppelte Verpflichtung einmal gegenüber dem jüd. Volk, zum anderen gegenüber dessen Feinden in Rom, kommt nicht nur im Lebenslauf und dem literarischen Schaffen zum Ausdruck, sondern auch im Namen »Flavius Josephus«: Seiner Abstammung nach war er »Joseph, der Sohn des Matthias«, doch wird er nach seinen Gönnern aus dem Kaiserhaus der Flavier, vor allem Vespasian und Titus, gewöhnlich »Flavius Josephus« genannt. Er wollte ein Kosmopolit sein und die Ökumene zum Wohnsitz haben (Jos. ant. 4, 116). In seinem autobiographischen Werk, der Vita, rühmt er seine adlige Herkunft und umfassende Erziehung: Der Priestersohn will alle drei jüd. Religionsparteien durchlaufen haben, ehe er sich für die Pharisäer entschied (Jos. vita 1-12). Eigentliches Thema der Vita ist die zweifelhafte Rolle des J. im Jüdischen Krieg: Im Auftrag Jerusalems sollte er in Galiläa die Aufständischen unterdrücken, stellte sich aber an deren Spitze und wurde in den unglücklichen Krieg gegen Rom hineingezogen. Von seiner Gefangennahme in Jotapata (67 n.Chr.) und der durch sie eingeleiteten Lebenswende erzählt er in seinem ersten Werk, dem »Jüdischen Krieg« (Jos. bell. 3,393-402). Sein Leben rettete er damals dadurch, daß er dem röm. Oberbefehlshaber Vespasian den baldigen Gewinn der Kaiserwürde prophetisch ansagte; als diese Weissagung eintraf, wurde J. freigelassen und diente seinen röm. Gönnern. Unter Titus erlebte er die Belagerung und Eroberung Jerusalems und ging dann mit diesem nach Rom, wo er ein Landgut erhielt und sich seiner literarischen Tätigkeit widmen konnte (Jos. vita 422-430).

2. Im »Jüdischen Krieg« (Jos. bell., 7 Bücher) gibt er eine Art von Vorgeschichte durch die Schilderung der Makkabäer und Hasmonäer, sowie der Herrschaft der Herodianer, ehe er ausführlich darstellt, wie es unter den röm. Präfekten in Judäa zum Aufstand der Juden gegen Rom kam (vgl. bell. 1,1-26); Urheber der Unruhen und Schuld an der Katastrophe des Jahres 70 n.Chr. seien die Zeloten-»Räuber« gewesen (bell. 1,27-30). In den »Jüdischen Altertümern« (Jos. ant., 20 Bücher, 93/94 n. Chr.) wird die Geschichte des jüd. Volkes von der Schöpfung bis zum Ausbruch des Aufstands gegen Rom dargestellt, wobei das AT (LXX) die Hauptquelle für den ersten Teil des Werkes bot. In der apologet. Schrift »Contra Apionem« (Jos. c. Ap., 2 Bücher) rühmt J. das hohe Alter des jüd. Volkes, seines Gesetzes und seiner Geschichtsschreibung und weist die anderslautenden Behauptungen in den Darstellungen der ägypt. Geschichte von Manetho und von Apion zurück.

3. Josephus wird wegen seiner Eitelkeit, Charakterlosigkeit und des Verrats von Freunden und Vaterland oft scharf verurteilt (H. Graetz, H. Willrich). Aber er ist der beste Informant über die Geschichte des Zweiten Tempels. Seine Werke sind apologet.: Im Bellum verteidigt und verherrlicht er die röm. Feldherrn, in der Vita sich selbst, aber in den Antiquitates und in Contra Apionem nimmt er das jüd. Volk und dessen Gesetz gegen den Antijudaismus seiner Zeit in Schutz. Seine mit Hilfe griech. gebildeter Literaten und nach dem Vorbild großer griech. Historiker abgefaßten Werke sind für uns von hohem Wert, nicht zuletzt wegen der darin verwerteten Quellen wie des Geschichtswerks des Nikolaus von Damaskus oder der Berichte über die jüd. Religionsparteien und Einzelpersonen wie Johannes den Täufer, Jesus oder den Herrenbruder Jakobus. Seine Darstel-

lung der Essener wird jetzt durch das Selbstzeugnis der Texte vom Toten Meer bestätigt. Die christl. Kirche hat seine Werke überliefert und auch ins Lat. übersetzt.

Lit.: Flavii Josephi Opera, ed. B. Niese, 1955; O. Michel, O. Bauernfeind: De Bello Judaico, zweisprachig, 4 Bde., 1959; H.St.J. Thackeray, R. Marcus, L.H. Feldman, A. Wikgren: Josephus, Werke in 9 Bänden mit engl. Übersetzung;
O. Betz et al (Hg.): Josephus-Studien, 1974; A. Schalit: Zur Josephus-Forschung, 1973.

O. Betz

Josia → Israel a) biblisch

Josua → Israel a) biblisch

Jubeljahr → Feste, Festtage

Judaisten

Die Bezeichnung J. kommt so im NT nicht vor. Man gebraucht sie heute für solche → Judenchristen, die im Eifer für ihren angestammten Glauben die Heidenchristen »zwingen« wollten, »jüdisch zu leben« (vgl. Gal 2,14), d.h. von ihnen die Beschneidung und den Gesetzesgehorsam verlangten (Apg 15,1; Gal 5,2f; 6,12f); nach Apg 15,5 waren sie ehemalige → Pharisäer. → Paulus selbst war vor seiner Berufung solch ein Eiferer, der es in der jüd. Denk- und Lebensart (*'ioudaismōs*) besonders weit gebracht und die Kirche sogar verfolgt hatte (Gal 1,13f). Wie er waren die J. nicht etwa von einer jüd. Gnosis beeinflußt (W. Schmithals), sondern »Eiferer für die väterlichen Überlieferungen« (Gal 1,14). Das Gesetz Moses sollte von allen Christen gehalten werden (Apg 15,1.5), und zwar einschließlich der Reinheitsgebote, die es besonders in der heiligen Stadt Jerusalem zu beachten galt. Von daher ist es zu verstehen, daß Petrus, Barnabas und andere Judenchristen sich nach der Ankunft von »Jakobusleuten« in Antiochien von der Tischgemeinschaft mit den Heidenchristen zurückzogen (Gal 2,11-13). Für Paulus widersprach solch ein Verhalten der Wahrheit des Evangeliums: Die Christen, die von Natur keine Juden sind (vgl. Gal 2,15), werden durch die Gnade Gottes und den Glauben an das Kreuz geheiligt (Gal 2,20f); das Opfer Christi braucht nicht durch ein »jüdisches«, d.h. gesetzliches Leben, gleichsam ergänzt werden. Auch gelten die dem Abraham gegebenen Verheißungen den glaubenden Heiden auch ohne deren Beschneidung, so wie das im Falle Abrahams selbst deutlich gezeigt worden war (1Mo 15,6).

Die J. waren deshalb im Urteil des Paulus »falsche Brüder, die sich eingeschlichen hatten« (Gal 2,4). Judaistische Tendenzen verfolgten wohl auch die in 2Kor 11,22; Phil 3,2 erwähnten Gegner des Apostels. Aber ihnen gegenüber konnte das gesetzesfreie Heidenchristentum erfolgreich verteidigt werden. Auf dem → Apostelkonzil in Jerusalem wurde das Ansinnen der J. abgelehnt, und zwar gerade auch von Petrus und Jakobus (Apg 15,6-21). Die letzteren dürfen deshalb – trotz des Zwischenfalls in Antiochien – nicht summarisch den J. zugeordnet werden, so als hätten sie im Gegensatz zum gesetzesfreien Heidenchristentum paulin. Prägung gestanden; gegen diese These spricht Gal 2,3-10.

Lit.: O. Michel: »Judaisten«, CBL, 691-693; G. v. Rad, K.G. Kuhn, W. Gutbrod: ThWNT III, 1938, 356-394.

O. Betz

Judaistik

1. Als J. bezeichnet man die von Juden und Christen betriebene wissenschaftl. Erforschung und Darstellung des → Judentums in allen seinen Lebensäußerungen: seiner Sprache und Geschichte im hl. Land und in der Diaspora, in Glauben und Gottesdienst, Literatur, Kunst, Philosophie, wie sie sich im Laufe mehrerer Jahrtausende unter schwierigsten Bedingungen in staunenswerter Fülle entfaltet haben. Ansätze zu einer wissenschaftl. Darstellung der hebr. Sprache und Literatur gab es zwar schon im ausgehenden MA und zu Beginn der Neuzeit, so etwa bei den Christen Johannes → Reuchlin (1455-1522) und Johann → Buxtorf Vater und Sohn, auch bei John Lightfoot (1602-75); auf jüd. Seite wären Baruch → Spinoza (1632-77) und der Gaon von Wilna, Elia ben Salomon Zalmon (1720-97) zu nennen. Aber erst mit der Emanzipation des Judentums am Ende des 18. Jh.s wurde die innerjüd., scharfsinnige aber spekulative Deutung der Tradition in den Talmudschulen (Jeschibot) durch die mit modernen, hist.-kritischen Methoden arbeitende und um ihrer selbst willen betriebene Wissenschaft des Judentums ergänzt. In Deutschland standen am Anfang der J. Leopold Zunz und Abraham Geiger. Der letztere machte den Vorschlag, einen Lehrstuhl für J. an einer deutschen Hochschule einzurichten (1836); auch für die Ausbil-

dung der Rabbiner sollte die Alternative einer akademischen »via moderna« geboten werden. Der Ruf nach einer Wissenschaft des Judentums verband sich mit dem Wunsch, die jüd. Orthodoxie zu reformieren, was bei den traditionellen Gemeinden begreiflicherweise auf erheblichen Widerstand stieß. Aber die J. entwickelte sich rasch und wurde, von der Liebe zur Sache getragen, zu einer konstruktiven, das Ansehen des Judentums fördernden Wissenschaft. Rabbiner-Seminare wurden in Breslau (1854), Berlin (1872), Budapest (1877) und Wien (1893), 1919 die Akademie für die Wissenschaft des Judentums in Berlin gegründet.

2. Diese wissenschaftl. orientierten Schulen brachten eine neue, auch für nicht-jüd. Kreise ungemein wichtige Literatur hervor. Von bleibender Bedeutung sind etwa »Die gottesdienstlichen Vorträge der Juden« von Leopold Zunz (1832, ^{2}1892), »Urschrift und Übersetzung der Bibel« von Abraham Geiger (1857), »Die Geschichte der Juden« (11 Bde.) des in Breslau lehrenden Heinrich Graetz, dazu die Werke von Wilhelm Bacher in Budapest, der in die exeget. Arbeit der rabbin. Weisen einführt; wichtig ist ferner die »Talmudische Archäologie« von Samuel Krauß (3 Bde. 1910-1912). In den USA, wo in New York und Cincinnati jüd. Hochschulen entstanden, wurde ab 1901 die Jewish Encyclopedia (12 Bde.) hervorgebracht.

3. Auch von christl. Hochschullehrern wurde die J. betrieben. Franz → Delitzsch gründete 1886 in Leipzig ein → Institutum Judaicum zur Schulung von Judenmissionaren; sein Nachfolger war Gustav Dalman (Grammatik des Paläst. Aramäisch 1894, Arbeit und Sitte in Palästina 7 Bde., 1928-1942). Von großer Bedeutung sind auch die Arbeiten von H.L. Strack, besonders seine Einleitung in Talmud und Midrasch, sowie der von ihm angeregte und von P. Billerbeck ausgearbeitete Kommentar zum Neuen Testament (aus Talmud und Midrasch). 1945 wurde das Leipziger Institut unter K.H. → Rengstorf nach Münster i.W. verlegt (Gießener Mischna, Übersetzung der Tosefta, Josephuskonkordanz) und 1958 in Tübingen ein weiteres Institutum Judaicum gegründet (Direktor: Otto → Michel, dann Martin Hengel; Forschungsschwerpunkt ist das Judentum im Rahmen des Hellenismus). Seit 1966 wurden Judaistische Institute in Köln, Wien, Frankfurt und Berlin gegründet. Im angelsächsischen Raum haben vor allem R.T. Herford, H. Danby und G.F. Moore bedeutende Beiträge zur Geschichte und Theologie des Judentums erbracht; ein neues Zentrum für J. ist an der Brown University in Providence – USA entstanden (J. Neusner). 1982 entstand die Schweizerische Gesellschaft für Judaistische Forschung (S. Lauer, C.Thoma, E. Starobinski).

Die Wiederbelebung der hebr. Sprache, die Einwanderung vieler Juden nach Palästina und die Gründung des Staates Israels haben zu einer neuen Epoche der J. geführt. Ihre Zentren sind die Hebräische Universität in Jerusalem, die Bar-Ilan-Universität in Tel Aviv, aber auch zahlreiche Institute, wie das Rab Kuk Institut. Hervorzuheben ist die wissenschaftl. Erforschung der Kabbala (G. Scholem) und das Studium der Schriftrollen vom Toten Meer, bei dem sich die Zusammenarbeit jüd. und christl. Forscher besonders bewährt hat.

Lit.: G. Stemberger: »Judaistik«, TRE 17, 1988, 290-296; (Lit.).

O. Betz

Judasbrief → Katholische Briefe des Neuen Testaments

Judenchristen

a) biblisch

1. J. sind solche Juden, die an Jesus von Nazareth als den Christus = Messias glauben. Paulus nannte sie »die aus der Beschneidung« (Gal 2,12), von ihren Volksgenossen wurden sie »Nazarener« (*nozrîm*) genannt (12. Bitte des Achtzehngebets). Aus dem NT ist uns zunächst die Urgemeinde der J. bekannt, die sich um die Apostel sammelten und unter der Leitung des Petrus und des Herrnbruders Jakobus standen (Apg 1-5). In der heiligen Stadt führten sie ein vom Gesetz und dem Gebet im Tempel geprägtes heiliges Leben (Apg 2,46; 10,14), verkündigten aber den Juden das Evangelium vom Tod und der Auferstehung des Christus (Apg 2-5, vgl. 1Kor 15,3f; Röm 4,25 nach Jes 53). Wie die Jüngergemeinschaft zur Zeit Jesu und wie die Essener praktizierten sie eine Gütergemeinschaft und hielten gemeinsame Mahle (Apg 2,42-47). Paulus nannte sie deshalb die »Armen«, »Besitzlosen«, *ptōchoi, 'ebjōnîm* (Röm 15,26, vgl. Gal 2,10), was auch eine Selbstbezeichnung gewesen sein mag; später gab es die judenchristl. Sekte der Ebioniten.

2. Von den hebr. und aram. sprechenden J. (*Hebraioi*) sind die hell. J. (*Hellenistai*) zu unterscheiden (Apg 6,1). Diese waren im griech.

Sprachraum der Diaspora aufgewachsen und hatten in Jerusalem eigene Synagogengemeinden (Apg 6,9, vgl. 24,12). Als Christen hielten sie ihre Mahlfeier unter der Leitung von sieben Diakonen (Apg 6,3).

3. Beide Gruppen betrieben – trotz des erheblichen Widerstandes von seiten der Jerusalemer Obrigkeit – mission. Verkündigung unter den Juden (Apg 2-5). Nach der Steinigung des Stephanus und der Vertreibung der Hellenisten aus Jerusalem (Apg 7,54-8,1) brachten diese das Evangelium nach Samarien (8,4-8), in das palästin. Küstengebiet (8,26-40) und nach Syrien (11,29-30). Dabei wurden auch Heiden bekehrt, vor allem in Antiochien (Apg 11,20; 13,1ff). Ausgeprägt war die starke Parusieerwartung (vgl. den Ruf »Maranatha«, 1Kor 16,22); wichtig war die Bewahrung der Jesusüberlieferung in Jerusalem (Apg 2,42; vgl. Gal 2,1f).

4. Der Eifer um die Reinheit und Rechtgläubigkeit Israels sowie der zunehmende jüd. Widerstand gegen die röm. Besatzungmacht brachte die pazifistisch gesinnten J. in große Bedrängnis. Das zeigt die Steinigung des Herrnbruders Jakobus im Jahre 62 n.Chr. (Jos. ant. 20,200), der Auszug der Jerusalemer J. nach Pella (Ostjordanland, ca. 68 n.Chr., vgl. Euseb h.e. III,5,2) und die Verfluchung der Nozrim im Synagogengottesdienst (12. Bitte des Achtzehn-Gebets, ca. 80 n.Chr.).

b) theologiegeschichtlich

1. J., die ein Leben nach dem Gesetz und dem jüd. Festkalender mit dem Glauben an Jesus als den Christus vereinigten, gab es im röm. Reich bis zur konstantinischen Wende. Die judenchristl. Gemeinde in Jerusalem, die kurz vor Beginn des jüd. Aufstands nach Pella (Ostjordanien) geflohen war (66 n.Chr.), kehrte z.T. zurück und blühte unter der Leitung der Verwandten des Herrn (*desposynoi*) wieder auf, erlosch aber nach der Niederschlagung des Zweiten Aufstands (135 n.Chr.), als die Stadt unter Hadrian in eine röm. Siedlung umgewandelt wurde. Als Elkesaiten erschienen J. in Transjordanien und im Zweistromland; ihnen hatte auch Mani eine Zeitlang angehört. Während die J. je länger je mehr von der Synagoge abgetrennt wurden (Steinigung des Herrnbruders Jakobus 62 n.Chr., Verwünschung der Nazarener im Achtzehn-Gebet), hat man sie vom 2. Jh. an auch von heidenchristl. Seite her bekämpft und als andersgläubig empfunden. Irenäus distanzierte sich von den Ebioniten (adv. haer. I,26,2; III,21,1), Epiphanius stellte die judenchristl. Gruppen der Nazaräer und Nazoräer, Ossäer und Sampsäer, Ebionäer und Elkesaiten (Panarion cap. 18f; 29f; 53) als häretisch dar. Anstatt eine Brücke zwischen Juden und Heidenchristen zu bilden, gerieten die J. immer stärker in die Isolation und reagierten darauf mit einer z.T. unheilvollen Polemik. So wird etwa in der judenchrstl. Schrift der Pseudoklementinen (*Kerygmata Petrou*) der Apostel Paulus als ein Irrlehrer und Opponent des Petrus dargestellt. Damit wurde nicht die Tradition der Jerusalemer Urgemeinde unter Petrus und Jakobus fortgesetzt, mit denen Paulus sich einigen konnte (Gal 2,9; Apg 15,6-17), sondern die extreme Position der → Judaisten gleichsam erneuert.

2. Weder die Zwangstaufen von Juden im MA, noch die im Geist des → Pietismus und der → Erweckungsbewegung in der Neuzeit begründeten Gesellschaften zur Beförderung des Christentums unter den Juden (so vor allem in England, Deutschland, Skandinavien, den USA), hatten den Aufbau eigenständiger judenchristl. Gemeinden zum Ziel, auch nicht die 1865 ins Leben gerufene judenchristl. Allianz. Das urchristl. Ideal einer Verbindung von Gesetzesobservanz und Christusglauben wird eher von den »messianischen Juden« aufgenommen, die heute im Staat Israel in kleinen Gemeinden existieren.

Lit.: L. Goppelt: Christentum und Judentum im 1. und 2. Jahrhundert, 1954; H.J. Schoeps: Das Judenchristentum, 1964; G. Strecker: »Judenchristentum«, TRE 17, 1988, 310-325 (Lit.); P. G. Asting: »Judenmission«, TRE 17, 1988, 325-330.

O. Betz

Judenmission

1. Begründung

Jesus verstand seinen Auftrag als Gottes Sendung (Missio Dei) für Israel (Mt 10,5.6). Seine Verkündigung vermittelte die Erkenntnis, daß Gottes Heilshandeln am jüd. Volk toragebunden bleibt (5Mo 18,5), doch wurde es vollendet durch das stellvertretende Opfer Jesu (Mt 5,17; Röm 10,4; 2Kor 5,21; Gal 3,24 u.a.). Damit geschah eine Vorwegnahme des für Israels Zukunft verheißenen messianischen Heils in die Gegenwart und wird zum Angebot für alle, die es annehmen wollen (Mt 12,28; Mk 1,15; Lk 17,21; 1Petr 1,10-12). Erst später galt das auch für die Heiden. Die Priorität des → Evangeliums für Israel (Röm 1,16) begründet die Notwendigkeit der Mission zu den Juden (Joh 20,21), s. Missionspraxis der Apostel Petrus und Paulus.

2. Geschichte

a. Nachdem der christl. Glaube im Röm. Reich Staatsreligion geworden war, mußten Juden in christl. Völkern leben. Dem dadurch entstandenen Druck zur Anpassung folgten Zwänge, die zu Verfolgungen der Juden durch die Kirche führten. Die damit verbundene Entfremdung führte zum Unverständnis und zur Ablehnung des jüd. Glaubens und zum christl. Antisemitismus mit der Lehre von der Verwerfung und der Ablösung (Substitution) Israels durch die Kirche in Gottes Erwählung.

b. ein neues Gewicht erhielt die Judenfrage in der Reformationszeit. Bedeutsam hierfür wurden u.a. positive Schriften Luthers (Daß Jesus ein geborener Jude sei, 1523). Doch wurden sie wieder in Frage gestellt durch haßerfüllte Äußerungen des Reformators im Alter (Wider die Jüden und ihre Lügen, 1543). Begegnungen mit dem Judentum unterlagen meist der Reglementierung durch die Obrigkeit.

c. In der Zeit des → Pietismus entstand eine neue Würdigung des Judentums und die Erkenntnis, daß das Evangelium auch den Juden gehört. Lehranstalten (Instituti Judaici) als Ausbildungsstätten für Judenmissionare wurden zu Zentren für Judentumskunde. Ihr Ertrag fand Eingang in die prot. Theologie (→ Delitzsch, Strack, Billerbeck u.a.). Es bildeten sich freie judenmission. Gesellschaften in Deutschland, Dänemark, Schweden, Norwegen, Niederlande, Schweiz, Großbritannien, Irland; auch kleinere (oft sektiererische) Vereine, die mit ihrer Liebe zu den Juden endzeitliche Erwartungen verbanden. Ihre Aufgabe wurde als Angebot des Evangeliums verstanden. Nötigung und Verführung durch materielle Angebote wurden abgelehnt. Daneben sah man einen Auftrag in den christl. Gemeinden, um hier Verständnis und Liebe für den jüd. Glauben und Menschen zu wecken. Das scheiterte meist an antijüd. Vorurteilen unter den Christen. 1935 wurden judenmission. Werke in Deutschland verboten.

3. Gegenwart

Nach 1945 wurde der Dienst unter Juden wieder aufgenommen durch den Ev. luth. Zentralverein, später durch den Evangeliumsdienst für Israel, in Kooperation mit Christian Witness to Israel, London, für eine weltweite Arbeit und, wie auch der Zentralverein, mit den skandinav. J.en. In Partnerschaft tragen diese Werke u.a. an der Existenz judenchristl. Gemeinden in Israel und deren Aufgaben in ihrem Volk.

4. Jüdische Reaktionen

Von Juden wird christl. J. abgelehnt. Sie gilt als Sammelbegriff für das gesamte antijüd. Verhalten der Christen (Taufzwang, Pogrome, Inquisition, Assimilationsdruck u.a.). Mission. Aktivitäten werden als Versuche zur Dezimierung des jüd. Volkes verstanden (»Fortsetzung des Holocaust mit anderen Mitteln«). Nach jüd. Meinung liegen die Wurzeln aller Judenfeindschaft im NT und dem dort ausgewiesenen universalen Autoritätsanspruch Jesu (Joh 14,6; Apg 4,12; Phil 2,9-11 u.a.). Christl.-jüd. Begegnungen oder Gespräche sind meist verbunden mit der jüd. Forderung nach einer Erklärung zum Verzicht auf J. In dem Bemühen um eine »Erneuerung des Verhältnisses zwischen Juden und Christen« wurde in weiten Kreisen der Kirchen dieser Forderung stattgegeben (»Ablehnung der Judenmission in jeder Form«) und ein eigenständiger Heilsweg der Juden – ohne Jesus – akzeptiert.

S. a. → Arbeitsgemeinschaft für das messianische Zeugnis an Israel (AmZI).

Lit.: P.G. Aring: Christliche Judenmission. Ihre Geschichte und Problematik dargestellt und untersucht am Beispiel des ev. Rheinlandes, 1980; A.H. Baumann: Christliches Zeugnis und Juden heute, 1981; A.H. Baumann, K. Mahn, M. Saebo (Hg.): Luthers Erben und die Juden. Das Verhältnis lutherischer Kirchen Europas zu den Juden; Burchartz: Jüdischer Glaube und christliche Botschaft, ERF-Kassette (Davidstern und Dornenkrone), 1983; R. Dobbert (Hg.): Zeugnis für Zion, FS zur 1000-Jahrfeier des Ev. Luth. Zentralvereins für Mission und Israel e.V., 1971; EKD-Studien: Christen und Juden, I 1975; II 1991; K. Kjaer-Hansen, O.Chr.M. Kvarme: Messianische Juden, Judenchristen in Israel, 1983; O. v. Harling: Um Zions Willen, 1952; Hederquist, in: Lexikon zur Weltmission, 250/51, 1975; Iocz: Christen oder Juden, 1968; H. Kremers: Judenmission heute? Von der Judenmission zur brüderlichen Solidarität und zum ökonomischen Dialog, 1979; B. Pornow: »Judenmission«, RGG III, 976-78, 1959; K.H. Rengstorf, S. v. Kortzfleisch (Hg.) Kirche und Synagoge. Handbuch zur Geschichte von Christen und Juden, Bd. I 1968, Bd. II 1970; J.F.A. de la Roi: Die evangelische Christenheit und die Juden unter dem Gesichtpunkt der Mission geschichtlich betrachtet, Bd. I 1864, Bd. II 1891.

A. Burchartz

Judentum (nachbiblisch)

1. Das antike Judentum

Die Zerstörung des Tempels im Jahre 70 n.Chr. erforderte eine völlige Neustrukturierung der sozialen und polit. Ordnung sowie des rel. Lebens im J. (für das J. vor 70 n.Chr. s. → Israel). Die Rabbinen, die aus den Pharisäern hervorgegangen waren, bildeten nun die neue Führungsschicht des Volkes. In Jabne (griech. Jamnia), einem Ort südl. des heutigen Tel-Aviv, gründete Rabbi Jochanan ben Zakkai mit Einwilligung der Römer ein Lehrhaus, in dem man zahlreiche Neuordnungen für eine Existenz ohne Opfer erließ. Das rel. Leben wurde auf die Tora, die als Bauplan und Prinzip der Welt verstanden wurde, gestellt: Die Tora ersetzt den Tempel; wer sie erfüllt, dem wird es angerechnet, als ob er den Opferdienst im Heiligtum verrichten würde. Die Gebote, zu denen auch die Beschneidung und die Speisevorschriften zählen, dienen der Heiligung des Lebens. Zu einem anderen Pfeiler des J.s wurde der Synagogengottesdienst, dessen Liturgie an Traditionen aus dem Tempel anknüpft. In den Lehrhäusern in Palästina entstanden in den folgenden Jahrhunderten die → Mischna als verbindliche Gesetzessammlung (Redaktion um 200; Jehuda ha-Nasi zugeschrieben), der Jerusalemer (= Palästinische) Talmud (Endredaktion Anfang 5. Jh.) als Kommentar zur Mischna, sowie die Werke der Midraschliteratur, die wie die anderen Werke sowohl → Halacha – gesetzliche Bestimmungen – als auch → Haggada – Erzählungen und weisheitliche Lehren – enthält. Ein weiteres kulturelles und geistiges Zentrum des J.s bildete sich in Babylonien, wohin nach dem Bar-Kochba-Aufstand (132-135) zahlreiche Juden geflohen waren. Abgesehen von einzelnen Ausbrüchen rel. Intoleranz konnte sich das babylonische J. wegen der großzügigeren Minderheitenpolitik der Parther freier entfalten als das in Palästina. Bedeutende Schulen entstanden in Sura und Pumbedita, aus deren Lehrbetrieb der Babylonische Talmud, der vermutlich im 5. Jh. n.Chr schriftlich fixiert wurde, hervorging.

2. Das jüdische Mittelalter

Babylonien mit seinen großen Lehrhäusern konnte seine dominante Rolle in den ersten Jahrhunderten der islamischen Herrschaft fortsetzen; erst mit dem Niedergang des abbasidischen Kalifates in Bagdad kam es zu einer Verlagerung des Zentrums nach Europa.

a. Der Aufstieg des sefardischen J.s, das bereits seit dem 4. Jh. auf der iberischen Halbinsel existierte, setzte mit der arabischen Eroberung Spaniens (711) ein. Die jüd. Gemeinden genossen unter den muslimischen Herrschern einen autonomen Status; jüd. Gelehrte wie Chasdaj ibn Shaprut (ca. 915-970) oder Samuel ha-Nagid (ca. 993-1055) spielten als Berater und Diplomaten der Herrscherhäuser eine bedeutende Rolle. Unter islamischem Einfluß entwickelte sich neben der hebr. Sprachwissenschaft die Dichtkunst, als deren bedeutendste Vertreter Salomo ben Jehuda ibn Gabirol (ca. 1020-1057/8) und Jehuda ben Samuel Hallevi (ca. 1075-1141) gelten. Maimonides (1135-1204), der aus Spanien stammte und die meiste Zeit seines Lebens in Alt-Kairo wirkte, kommt das Verdienst zu, unter aristotelischem Einfluß eine systematische Darstellung der Halacha und anderer zentraler theol. Themen wie der Schöpfungs- oder Gotteslehre verfaßt zu haben.

Diese kulturelle Hochblüte währte jedoch nur kurze Zeit; mit den fanatischen Almohaden, die im frühen 12. Jh. aus Nordafrika eindrangen, sowie der Reconquista, der christl. Rückeroberung Spaniens, verschlechterte sich die Lage. Isabella von Kastilien und Ferdinand II. von Aragonien wiesen die Juden im Jahre 1492 aus ihrem Reich; wer sich dem königlichen Edikt nicht beugte, wurde zwangsgetauft (die sog. Marranen) oder getötet. Hunderttausende flüchteten und ließen sich vor allem in Saloniki und Istanbul im Osmanischen Reich, aber auch in Nord-Afrika und in europ. Städten wie Venedig oder Amsterdam nieder, wo nun bedeutende Gemeinden entstanden.

b. In Aschkenas, d.h. in Nordfrankreich und Deutschland, spielten die Juden, die sich bereits seit dem 4. Jh. angesiedelt hatten, aufgrund ihrer internationalen Verbindungen im Fernhandel eine wichtige Rolle. Zentren jüd. Lebens, in denen gelehrte Halachisten wie Gerschom ben Jehuda (ca. 960-1028) oder der berühmte Bibel- und Talmud-Kommentator Raschi (ca. 1040-1105) wirkten, waren die Städte Mainz, Speyer und Worms. Mit dem Aufruf zum ersten Kreuzzug (1095) setzten Übergriffe ein, die sich über Jahrhunderte hinweg fortsetzten. Nach den Massakern, die der von der Kreuzzugsidee angestachelte Pöbel im rheinischen und lothringischen Raum veranstaltete, kam es im 13. Jh. wegen des Vorwurfes des Ritualmordes und der Hostienschändung zur grausamen Ausrottung vieler Gemeinden. Im

Gefolge der verheerenden Pestepidemien beschuldigte man die Juden, die Brunnen vergiftet zu haben; in den Jahren 1348/49 wurden Tausende getötet und abermals zahlreiche blühende Gemeinden vernichtet. Mit der Entstehung der Kaufmannsgilden und der Handwerkerzünfte, die keine Juden zuließen, sowie mit der Einführung eines christl. Zinsverbotes (1215), wurden Juden immer mehr in das Geldgeschäft, in den Hausier- und Trödelhandel gedrängt. Im 15./16. Jh. waren sie aus fast allen großen deutschen Städten vertrieben und lebten hauptsächlich auf dem Lande.

c. Aufgrund solch unsicherer Verhältnisse setzte bereits im 14. Jh. eine Wanderbewegung nach Polen und Litauen ein, wo das sog. Ostjudentum entstand. Der → Chasidismus, als dessen Begründer der Charismatiker und Wunderheiler Israel ben Eliezer, genannt Baal Schem Tov (ca. 1700-1760), gilt, stellte eine volkstümliche, verinnerlichte Frömmigkeit in Glauben und Gebet vor die Lehre und das Talmud-Studium. In Elia ben Salomon, genannt Gaon von Wilna (1720-1797), erwuchs unter Baal Schem Tovs Nachfolger Dov Bär von Mezeritsch (gest. 1772), der sich schnell ausbreitenden chasidischen Bewegung ein erbitterter Gegner, der deren Anhänger exkommunizierte; erst nach drei Generationen wurde diese Bewegung als Teil des orthodoxen J.s akzeptiert.

3. Die Neuzeit

Eine grundlegende Veränderung entstand mit der Durchsetzung der aufklärerischen Ideen. Durch die bürgerliche Gleichstellung, die den Juden in den einzelnen Staaten am Ende des 18. und im Verlauf des 19. Jh.s zugesprochen wurde, kam es zum Bruch mit den rel. Lebensformen; das J. spaltete sich in verschiedene Gruppierungen: Während die Orthodoxen an den Vorschriften der Tora festhielten, lösten sich die Reformjuden, die der Aufklärung zugeneigt waren, von den traditionellen Geboten und betonten vor allem den ethischen Aspekt des J.s. Trotz der jüd. Gleichberechtigung zeigten sich Ende des 19. Jh.s wieder judenfeindliche Tendenzen. Nach den russischen Pogromen (1882) und der Verurteilung des französischen Offiziers A. Dreyfus, die durch antisemitische Vorurteile bestimmt war (1895; Rehabilitierung 1906), fanden zionistische Ideen, nach denen lediglich in der Gründung eines jüd. Nationalstaates die Zukunft des J.s liege, viele Anhänger. Die bedeutendste Gestalt dieser Bewegung, die auf heftige Kritik bei Toratreuen stieß, war Theodor Herzl (1860-1904), der mit dem Ersten Zionistischen Weltkongreß in Basel (1897) die Zionistische Weltorganisation gründete. Palästina wurde seit dem Ende des 19. Jh.s in mehreren Einwanderungswellen von europäischen Juden besiedelt und landwirtschaftl. erschlossen; man gründete Dörfer und Städte und entwickelte eine Infrastruktur; besondere Bedeutung kam der Erneuerung der hebr. Sprache durch Eliezer ben Jehuda (1858-1922) zu. Der → Holocaust, die furchtbare Ausrottung des europ. J.s durch das nationalsozialistische Regime, führte dazu, daß die zionistische Idee neue Antriebskraft und Aktualität gewann; die Notwendigkeit eines jüd. Staates wurde nun so evident wie nie zuvor. Am 14. 5. 1948, nach Ablauf des britischen Mandates über Palästina, rief David Ben-Gurion aufgrund des UNO-Teilungsplans vom November 1947 den Staat Israel aus; unmittelbar darauf kam es zu einem Angriff der arabischen Nachbarn auf Israel, der eine halbe Million palästinensischer Flüchtlinge zur Folge hatte. Dieser Konflikt, der mehrere weitere Kriege (1967 Sechs-Tage-Krieg; 1973 Yom-Kippur-Krieg) auslöste, bestimmt bis heute die polit. Lage im Nahen Osten. Ein innergesellschaftl. Problem bildet der Ausgleich zwischen orthodoxen und säkularen Kräften sowie zwischen Einwanderern aus westlichen und orientalischen Ländern, die nach der Staatengründung in das Land gekommen waren. Neben Israel existieren heute vor allem in den USA, in der ehemaligen Sowjetunion sowie in Süd-Amerika, Süd-Afrika und in Frankreich wichtige Zentren des J.s.

Lit.: H.H. Ben-Sasson (Hg.): Geschichte des jüdischen Volkes Bd. 1: Von den Anfängen bis zum 7. Jh., 1978; Bd. 2: Vom 7.-17. Jh. Das Mittelalter, 1979; S. Ettinger (Hg.): Geschichte des jüdischen Volkes, Bd. 3: Vom 17. Jh. bis zur Gegenwart. Die Neuzeit, 1980; G. Stemberger: Geschichte der jüdischen Literatur. Eine Einführung, 1977; G. Fohrer: Glaube und Leben im Judentum, 1979; J. Maier: Geschichte der jüdischen Religion. Von der Zeit Alexander des Großen bis zur Aufklärung mit einem Ausblick auf das 19./20. Jhdt., neubearbeitete Auflage 1992; P. Maier, P. Schäfer: Kleines Lexikon des Judentums (Bibel – Kirche – Gemeinde, Band 16), [2]1987.

B. Ego

Jugend

1. Jugend als Begriff

Der Begriff J. umfaßt vielfältige Bedeutungsfelder: Altersangabe, Kultur- und Modestile, Erziehungsfeld, gruppentypische Verhaltensweisen, Reifestadium, gesellschafts- und konsumrelevante Gruppierungen, Lebensgefühl, Rechtsbereiche, Wertbegriff u.a.m.

2. Jugend als Lebensphase

Im allg. umfaßt das J.-alter den Zeitraum vom Einsetzen der Pubertät (ab ca. 11/12 Jahren) bis zur eigenständigen Verantwortungsreife des Erwachsenen (ab ca. 25 Jahren). Im Alter zwischen 14 und 25 Jahren lebten 1961 in Westdeutschland 9,133 Mio., 1987 10,163 Mio. junge Menschen. Im wiedervereinten Deutschland waren es 1991 11,098 Mio. junge Menschen im Alter zwischen 14 und 24 Jahren. Für das Jahr 2000 schätzt man die Zahl auf 5,2 Mio.

Auslöser des J.alters sind biologische, intellektuelle und kulturbedingte Reifungsvorgänge. Das schnelle körperliche Wachstum, die Geschlechtsreifung sowie die einsetzende Fähigkeit zu formalem, abstraktem Denken zwingen Jugendliche, sich mit sich selbst, mit ihren Beziehungen zu den Mitmenschen, im besonderen zu den Eltern und zu Menschen des anderen Geschlechts, und mit weltanschaulichen Themen auseinanderzusetzen. Aufgabe des J.alters ist dabei die Ausbildung der »Ich-Identität in Gemeinschaft« (E.H. Erikson). In der Phase der Pubertät und Adoleszenz geht es nach Erikson um die Entwicklung eines stimmigen Selbstbildes im Gegensatz zu einer verwirrenden Rollenkonfusion. Identität als Übereinstimmung von Denken, Handeln und Fühlen ist gerade das, was Jugendliche schmerzhaft als Defizit bei sich selbst empfinden. Im einzelnen erfordert Ich-Identität vom jungen Menschen die Lösung von spezifischen Entwicklungsaufgaben:

– das Annehmen der eigenen körperlichen Erscheinung;

– die Gewinnung emotionaler und wirtschaftl. Unabhängigkeit von Eltern und anderen Erwachsenen;

– das Einüben von menschlichem Miteinander und sozial verantwortlichem Verhalten;

– den Erwerb von Kenntnissen zur Vorbereitung auf das Leben in Beruf, Ehe, Familie und Gesellschaft;

– das Erlernen des Umgangs mit Sexual- und Intimleben und der eigenen männlichen oder weiblichen Rolle;

– den Aufbau eines Wertsystems mit Zukunftsperspektive.

Die positive Lösung dieser Entwicklungsaufgaben gelingt nur in der Begegnung mit Erwachsenen, Gleichaltrigen und der Gesellschaft sowie im ständigen Wechsel von Ablehnung und Übernahme. Hier kommt der begleitenden Erziehungsarbeit mit jungen Menschen eine überragende Bedeutung zu (→ Jugendarbeit). Die aus Ablehnung und Übernahme resultierenden neuen Verhaltensweisen haben der J.-phase den Impetus von Innovation und Weltverbesserung beigelegt. Insgesamt ist das J.-alter sowohl ein von selbst ablaufender, natürlicher Reifeprozeß als auch ein bewußt kulturell und gesellschaftl. zu gestaltendes Lern- und Erziehungsfeld.

3. Jugend als gesellschaftliche Größe

Archaische Stammesgesellschaften kennen J. nicht als eigenständig ausgeprägte Gruppierung. Der Übergang vom Kind zum Erwachsenen geschieht hier oft abrupt bzw. nach entsprechenden Übergangsriten (→ Zivilreligion) durch Geschlechtsreifung und die formale Übernahme von Erwachsenenverhalten und -verantwortung.

Erst durch einen Jahrhunderte dauernden Differenzierungs- und Individualisierungsprozeß hat sich J. in den westl. Industrie-, Dienstleistungs- und Informationsgesellschaften zu einem bedeutenden Sozialfaktor ausgebildet. J. wird heute weitgehend als Freiraum von, Übungsfeld für und Übergangsphase zur Erwachsenenverantwortung verstanden. Zugunsten von Selbstfindung und Ausbildung werden Jugendliche von bestimmten wirtschaftl., polit. oder sexuellen Rechten und Pflichten ausgenommen.

Nach »Protest-» und »Null-Bock-»J. ist die J. der achtziger und neunziger Jahre durch ein Höchstmaß an individuell-pluralistischen Lebensgestaltungsmöglichkeiten bei gleichzeitig hoher Orientierungsunsicherheit gekennzeichnet. J. als homogene Gruppe gibt es nicht. Eigene J.kulturen und Lebensstile (Yuppies, Skins, Ökos, Alternative u.a.) haben sich ausgebildet. Auf der Suche nach Bedeutsamkeit und Einzigartigkeit wählen viele den Weg der Selbstdefinition durch Selbstdarstellung: auffallendes Outfit, außergewöhnliches Verhalten oder besondere Erlebnisse. »Erleben wird zur Lebensaufgabe« (G. Schulze). Viele junge Menschen sind in ihrer Beziehungs-, Gemeinschafts- und Konfliktfähigkeit beeinträchtigt. Die meisten Jugendlichen und jungen Erwachsenen finden sich auf privater Ebene zusammen in kleinen, informellen, oft spontanen Gruppen mit stark differenzierten Interessen- und Milieu-Merkmalen. Vielfach werden kommerziell betriebene, ebenfalls hoch spezifizierte Kultur-, Vergnügungs-, und Sportangebote genutzt. Ein allg.-gültiges Normgefüge ist, wie auch sonst in der Gesellschaft, nicht vorhanden. Religion, Weltanschauungen und Wertorientierungen haben nur als Auswahlmöglichkeit für den einzelnen Bedeutung. Aufgrund des allg., von der J. aber nicht selbst erwirtschafteten Wohlstandes stellt J. mit ihren Präferenzen einen wichtigen Wirtschaftsfaktor dar. Gerade durch die Kommerzialisierung allerdings, durch verkehrstechnische Mobilität, durch Massenmedien, Mode-, Freizeit- und Unterhaltungsindustrie haben sich die Arbeits- und Lebensbedingungen, Konsum- und Freizeitverhalten, Wertsysteme und rel. Anschauungen junger Menschen auf nationaler, z.T. auch internationaler Ebene angeglichen. Dieser Angleichungsprozeß setzt sich in die Erwachsenenwelt durch deren Übernahme von ursprünglich typisch jugendlichen Auffassungen und Lebensstilen fort. Umgekehrt sorgen Massenmedien, Mode-, Freizeit- und Unterhaltungsindustrie dafür, daß Jugendliche und bereits Kinder sich wie Erwachsene verhalten. Der Angleichung und Verschränkung von J.- und Erwachsenenwelt entspricht die Beobachtung, daß junge Menschen früher in polit., kultureller und sexueller Eigenständigkeit wie Erwachsene leben, gleichzeitig aber durch lange Ausbildungszeiten ökonomisch länger vom Elternhaus abhängig bleiben und, wenn überhaupt, erst spät Familien gründen (8. Jugendbericht).

Parallel zu den Möglichkeiten der Selbstverwirklichung und den Angleichungsprozessen sehen sich junge Menschen als Mitglieder der Informationsgesellschaft von Kind auf mit allg.-gesellschaftl. Gefährdungen größten Ausmaßes bedroht:

- Atomkatastrophen,
- globale Zerstörung des ökologischen Gleichgewichts,
- mögliche Ausweitung militärischer Konflikte,
- weltweite Verteilungskämpfe und
- Wanderungsbewegungen.

Dazu kommen die westlichen Risiko- und Belastungsfaktoren:

- Arbeitslosigkeit,
- Umweltvergiftung,
- Ost-West-Integration,
- Leistungsideologie,
- Verwissenschaftlichung und Technokratisierung des Alltagslebens,
- zerbrochene Familien und Sozialsysteme,
- Vereinzelung, Entwurzelung z.B. durch mehrfach notwendigen Arbeitsplatzwechsel.

Die daraus resultierenden gesellschaftl. Probleme treffen junge Menschen am stärksten. Die J. der neunziger Jahre scheint eine J. der Selbstbehauptung und der Interessenkämpfe zu werden. Gruppenegoismus, Sprachlosigkeit zwischen den Generationen, allg. Gleichgültigkeit bei gleichzeitiger Unduldsamkeit, massive Ohnmachtserfahrungen und wachsende Gewaltbereitschaft weisen in diese Richtung. Verständlich, daß auf diesem Hintergrund materielle und soziale Sicherheit, emotionale und soziale Geborgenheit und berufsorientierte Ziele in der Werteskala junger Menschen vorneanstehen (8. Jugendbericht).

4. Jugend als geistliche Herausforderung

Die bibl. Botschaft mißt der J. ihre eigene Bedeutung zu. Alterstypische Ermahnungen kommen zur Sprache: Ermutigung bei Verunsicherung (Jer 1,6; 1Tim 4,12); Bejahung von Leistungskraft und Lebensfreude (Pred 11,9; 1Joh 2,14); Warnung vor eigensinnigem Überschwang (Ps 25,7; Joh 21,18; 2Tim 2,22); Aufforderung zum Lernen von der älteren Generation (Spr 1,4; 1Petr 5,5).

J. wird jedoch immer unter das Gesamtzeugnis des bibl. Menschenbildes gestellt: der Mensch, und damit auch der junge Mensch, ist als Beziehungswesen und als Seele definiert. Als Beziehungswesen findet er seine Identität nur in der intakten Gemeinschaft mit Gott, dem Mitmenschen und der Schöpfung. »Gott schuf den Menschen ihm zum Bilde und schuf sie als Mann und Frau ... Seid fruchtbar ... und macht euch die Erde untertan« (1Mo 1,27f). Als Seele – über 750 mal im AT, hebr.: *näfäsch*, »Kehle, Schlund« – ist der junge Mensch immer ein Hungriger, Bedürftiger.

Christen werden also junge Menschen vorrangig in ihrem Angewiesensein auf Gemeinschaft und personale Begegnung sehen und verstehen; wie ja auch Christsein sich als gelebte Beziehung mit Jesus Christus, dem Nächsten und der Schöpfung gestaltet und sich nicht in reiner Lehre oder in Moralkatalogen erschöpft. So gesehen verweisen uns die pluralistischen Individualisierungs- und Anpassungsprozesse in J. und Gesellschaft auf die bibl. Grundbefindlichkeit des Menschen als Gemeinschaft zerstörendes und dabei selbst bedrohtes Schöpfungswesen = Sünder (1Mo 3; 4). Der bibl. Gott aber nimmt im stellvertretenden Opfertod Jesu Christi die Nicht-Gemeinschaftsfähigen an. Die Verlorenen sind ihm lieb. Gerade die klare Anerkenntnis seiner immerzu währenden Vergebungsbedürftigkeit gibt dem Menschen vor Gott seine eigentliche Würde zurück und befähigt ihn, befreit von dem Anspruch der Selbsterlösung, zu positiver Beziehungs- und Weltgestaltung.

Dementsprechend wird die christl. Gemeinde in der gegenwärtigen Individualisierungs- und Wertesystem-Krise den Weg zur J. nur in der personalen Begegnung als einzelne mit einzelnen finden. Die millionenfache Ausdifferenzierung von Angeboten im Freizeitbereich schafft dazu hervorragende Möglichkeiten der Kontaktaufnahme. Angesichts der äußeren Bedrohtheit und der gesteigerten inneren Entwicklungskonflikte junger Menschen heute bietet die Erfahrung der Geborgenheit in der Liebe Christi und die Beheimatung in der christl. Gemeinde entscheidende Voraussetzungen zu einer gelingenden Identitätsentwicklung. Ziel aller Bemühungen um junge Menschen ist die in der Bindung an Jesus Christus zur eigenständigen Gemeinschaftsfähigkeit befreite Persönlichkeit. Dabei kommt es darauf an, daß J. die christl. Gemeinde als Schutz- und auch als Freiraum erfährt. Alle formalen Überlegenheits- und Befehlsstrukturen Älterer gegenüber Jüngeren werden ebenso auf Ablehnung stoßen wie billiges Anpassungsgehabe. Bei christl. Gemeinde als Freiraum und Schutzraum geht es im einzelnen um:

– Raum zum Mitmachen und Nachmachen (Identifikation). Junge Menschen lernen und identifizieren sich weniger über Theoriediskussionen als vielmehr über vertrauenswürdige Lebensvollzüge.

– Raum zur Selbsterprobung und Verantwortungsübernahme (Experiment und Aktion). Junge Menschen finden nur über selbstgemachte Erfahrungen (Internalisierung) den Weg zur verantwortlichen Weltgestaltung.

– Raum zum Übernehmen und Widersprechen (Tradition und Reflektion). Junge Menschen brauchen die geistig-geistl. Auseinandersetzung und die eigenständig errungene Orientierung (Internalisierung) an zeitlos feststehenden wie auch kulturbedingten Werten und Normen. Verbale Verkündigung ist deshalb im Umgang mit J. unabdingbar. In einer Vielfalt von Formen müssen die elementaren Inhalte des christl. Glaubens lebensnah und seelsorgerlich-zusprechend dargelegt werden.

– Raum für Gemeinschaft und Feier (Kommunikation und Sakrament). Junge Menschen brauchen den Umgang mit Menschen anderer Altersstufen. In der Erfahrung der Gegenwart Jesu Christi im überindividuellen Ganzen der Gemeinde in Gottesdienst und gemeindlichen Arbeitsfeldern lernen sie, sich selbst zuzuordnen und sich ihrer eigenen Bedeutung zu freuen.

Lit.: D. Ausubel: Das Jugendalter, 1968; L. Böhnisch, H. Gängler, Th. Rauschenbach (Hg.): Handbuch Jugendverbände, 1991; M. Dieterich: Handbuch Psychologie und Seelsorge, 1989; E.H. Erikson: Identität und Lebenszyklus, 1966; ders.: Jugend und Krise, 1970; W. Helsper (Hg.): Jugend zwischen Moderne und Postmoderne, 1991; W. Jentsch: Handbuch der Jugendseelsorge I-III, 1963 ff; Sachverständigenkommision: 8. Jugenbericht, Bd. 1-4, 1990.

P.-L. Böcking

Jugend für Christus Deutschland e.V. (JfC)

JfC in Deutschland hat seine Anfänge im Wuppertaler Raum in der Nachkriegszeit. Zielgruppe waren die Jugendlichen, die heimatlos und ohne Perspektive in den Trümmern lebten. Es galt, diese jungen Menschen auf jede erdenkliche Art mit Gottes Wort in Verbindung zu bringen. 1947 wurde JfC offiziell in Deutschland gegründet. Von Anfang an sollte das Anliegen, junge Menschen zu erreichen, nicht konfessionell begrenzt werden. Gemäß seinem Motto »Verzahnt mit der Zeit, verankert im Felsen« veränderten sich die mission. Methoden des Werkes ständig. In der Nachkriegszeit waren es die Missionszelte, gefolgt von den ersten mission. Radiosendungen. Der JUGEND FÜR CHRISTUS CHOR war für viele Jugendchöre prägend. Es folgten die ersten evangelist. Filme in deutscher Sprache. Heute werden durch umgebaute Busse, sog. TEE-MOBILE, Tausende von Jugendlichen erreicht, die der Kirche fernstehen. Das Werk hat außerdem einen Zweig für Gemeindeevangelisation, Schulung, Musik sowie einen Verlag. Die Zentrale liegt in Mühltal bei Darmstadt. JfC Deutschland versteht sich gleichzeitig als Teil der weltweiten Bewegung von Youth for Christ International.

A. Hildebrandt

Jugend mit einer Mission e.V. (JMEM)

JMEM ist der deutsche Zweig der weltweit arbeitenden interkonfessionellen Missionsgesellschaft Youth With A Mission, die mit über 7400 vollzeitigen Mitarbeitern (Juli 1993) an insgesamt 450 Orten in 120 Ländern tätig ist und ca. 100 Ausbildungszentren unterhält. JMEM wurde 1960 von dem amerikan. Jugendpastor Loren Cunningham gegründet (erstes

Schulungszentrum: 1969 Lausanne; erstes deutsches Zentrum: 1972 Schloß Hurlach, Oberbayern). JMEM wendet sich v.a. an jüngere Leute und setzt das kreative Potential der Jugend für neue Wege in der Verkündigung ein; Kurzeinsätze im Ausland ermöglichen eine realistische Orientierung über Missionsarbeit. Die drei Arbeitsschwerpunkte sind Evangelisation (z.B. Stadtmission; Straßentheater; Pioniermission; Missionsschiffe), Schulung (z.B. Seminare in Gemeinden; Jüngerschaftsschulen; Zeitschrift DER AUFTRAG; Erzieher-Ausbildung; University of the Nations) und caritative Dienste (z.B. Flüchtlings- und Katastrophenhilfe). In Deutschland gibt es Dienstgemeinschaften in mehreren Orten (z.B. Hamburg). Die der → Charismatischen Bewegung nahestehende JMEM arbeitet mit Gemeinden und freien Werken aller christl. Konfessionen zusammen, denen Evangelisation und Erneuerung des geistl. Lebens ein Anliegen ist. Die Arbeit von JMEM wird durch eigene Leistungen (z.B. Musik- und Vortragskassetten, Bücher, Kurse) und durch Spenden finanziert.

Lit.: L. Cunningham: Bist du es, Herr?, 1984; F. McClung, K. Moala: Die ganze Welt gewinnen, 1988.

R.-D. Braun

Jugendarbeit

1. Der Begriff

Allg. ist J. der zielgerichtete Umgang von jungen Menschen oder Erwachsenen mit jungen Menschen im Alter zwischen 9 und 25 Jahren (→ Jugend 2.). J. soll der Entfaltung junger Menschen zu einer selbständigen und gesellschaftl. verantwortlichen Persönlichkeit dienen. J. unterscheidet sich von Jugendfürsorge und Jugendsozialarbeit durch die Freiwilligkeit ihrer Angebote. Die Darlegungen dieses Artikels beschränken sich auf J. im Protestantismus.

2. Der Aufbau der evangelischen Jugendarbeit in Deutschland

In der 1949 gegründeten Arbeitsgemeinschaft der Ev. Jugend in der Bundesrepublik Deutschland (aej) haben sich die Jugendwerke (Arbeitsgemeinschaft Ev.Schülerarbeit – AES, Jugend der Brüder-Unität, CVJM, EC, MBK, Verband Christl. Pfadfinder – VCP und Ring Mission. Jugendbewegungen), die Jugendarbeiten der Landeskirchen und die freikirchl. Jugendwerke zusammengefunden. Die aej ihrerseits ist Mitglied im Deutschen Bundesjugendring (gegr. 1949), dem Zusammenschluß aller nicht im »Ring Politischer Jugend« vertretenen Jugendorganisationen in Deutschland. Die aej vertritt 1993 nach eigenen Angaben ca. 1,2 Mio. Kinder und Jugendliche.

3. Der Auftrag

Ev. J. gründet im Auftrag Jesu Christi. Sie hat das Ziel, junge Menschen in die Lebensgemeinschaft mit Jesus Christus zu bringen und darin zu erhalten (Mt 28,18f). Darin eingeschlossen ist die Erziehung und »Aus-Bildung« (K.E. Nipkow; 5Mo 6; Eph 6,4; Tit 2,6; → Jugend 2.) zu einer Lebensgestaltung, die sich, ausgehend vom Hören auf die Botschaft des Evangeliums, als Dienst für Jesus Christus versteht. Oder anders: In der persönlichen Erfahrung der unverdienten Zuwendung Gottes sollen junge Menschen freiwerden zu eigenständigem Leben für Gott und den Nächsten.

4. Die Geschichte

Die Industriealisierung des 18. und 19. Jh.s und das autozentrische Denken lösen große Teile der Jugend aus den herkömmlichen Sozialinstanzen von Familie, Kirche und Gemeinde. Von Pietismus und Erweckungsbewegung geprägte Erwachsene und junge Erwachsene erkennen ihre Verantwortung. Sie gründen erstmals nur für junge Menschen bestimmte Bibelkreise (erster 1815 in Stuttgart), Missionsjünglingsvereine (erster 1923 in Wuppertal) oder »Vereine für Sonntagssäle, Arbeiter, Lehrlinge und Knaben« (erster 1832 in Basel). Die Bibelkreise und Jünglingsvereine dienen mehr der geistl. Auferbauung, die Sonntagssäle mehr der sozialen Begleitung. Neben weiteren Jünglingsvereinen gründen sich auch viele Frauen- und Mädchenvereine. Ebenso entstehen in den Freikirchen Jünglings- und Jungfrauenvereine und später dann deren eigene Jugendwerke. Nach einer Phase der Stagnation und des Rückgangs beginnt ab 1882 eine Phase der Ausweitung und Differenzierung Ev. J. Durch Anregungen aus den USA entstehen neben den Jünglingsvereinen in den Großstädten evangelist.-mission. ausgerichtete → »Christliche Vereine Junger Männer« (CVJM, 1883). Mission.-evangelist. Ziele verfolgen auch die »Schülerbibelkreise« (BK, 1883) und die ebenfalls amerikanisch inspirierten → »Jugendbünde für Entschiedenes Christentum« (EC, 1894). Jünglingsbünde und CVJM schließen sich 1900 zum Reichsverband der Ev. Jungmännerbünde zusammen, die Frauen- und Mädchenvereine 1893 zum Vorständeverband der Ev. Jungfrauenvereine. Die »Jugendbewegung«/«Wandervogel« (1913) gibt neue Impulse, ebenso die Pfadfinder-Bewegung. 1919 bilden sich die Mädchenbibelkreise (→ MBK), 1921 die Christl. Pfadfinderschaft (CP). Erst ab 1917, aufgrund einer Denkschrift des Preußischen Oberkirchenrats, beginnen die Landeskirchen mit gemeindlicher Jugendarbeit; ab 1920 erfolgt die Berufung von Landesjugendpfarrern. Im Juli 1933 gründet sich das Ev. Jugendwerk Deutschlands als Zusammenschluß prot. Jugendverbände und der Gruppen im landeskirchl. Bereich. Im Dezember 1933 wird das Ev. Jugendwerk ohne seine Zustimmung durch einen Vertrag zwischen Reichsbischof und Reichsjugendführer in die Hitlerjugend eingegliedert. Die Jugendverbände werden zwangsweise aufgelöst. Alle ev. J. ist nur noch landeskirchl. Gemeindejugendarbeit an über 18jährigen und lediglich als Wortverkündigung erlaubt. Nach dem Zusammenbruch 1945 knüpft man zunächst an die mehr bündische und von den Verbänden geprägte Zeit vor 1933 an. Im Bereich der DDR bleiben die eigenständigen ev. Jugendverbände weiterhin verboten. Sie bestehen unter dem Dach der Landeskirchen ohne feste Mitgliedschaften und Vereinsstrukturen fort. Durch intensive Ost-West-Arbeit werden Kontakte zu westdeutscher ev. J. gepflegt. Aufgrund des zahlenmäßigen Rückgangs Ende der fünfziger Jahre wird ev. J. breiter angelegt. Formen moderner Jugendunterhaltungskultur und gesellschaftspolit.-problemorientierte Bildungsarbeit werden verstärkt angeboten (»außerschulische Pädagogik«). Die siebziger Jahre bringen durch geburtenstarke Jahrgänge eine zahlenmäßige Konsolidierung. Zusätzlich haben sich freie, teilweise aus den USA stammende Jugendmissionswerke in Deutschland etabliert: → Jugend für Christus, → Fackelträger, → Campus für Christus, → Jugend mit einer Mission, → Studentenmission in Deutschland (SMD) mit angeschlossener Schülerarbeit u.a. Im Gefolge des Krisenjahres 1968 bricht die Polarisierungsdebatte über die Bedeutung Jesu, der Bibel und des gesellschaftskritischen bzw. polit. Engagements von ev. J. zwischen den mission. Jugendverbänden und der Gemeindejugend auf. Eine Professionalisierung der J. setzt ein. Nach der Wiedervereinigung 1991 gründen sich in Ostdeutschland die Jugendverbände CVJM und EC neu. Ende der achtziger Jahre kommt es zu einem rapiden Rückgang ev. J. (→ Jugend 3.). Der weitaus größte Teil der Jugendlichen wird nicht mehr von der ev. J., geschweige denn mit dem bibl. Evangelium erreicht. Insgesamt zeigt die Geschichte der ev. J. das Ringen um den Weg aller christl. Gemeindearbeit. Nach außen: Kein profilloses Mitschwimmen im Strom der jeweils gängigen Ideologien und Lebensstile, vielmehr Solidarität und Distanz, die sich konsequent an der Liebe zu Gott und dem Nächsten orientiert. Nach innen: Keinen Rückzug auf selbstgenügsame Erbauung, sondern weitausgreifende Einladung zum Leben mit Jesus Christus.

5. Die Praxis

a. Inhalte

Lebensgemeinschaft mit Jesus Christus ist in dreifacher Weise einzigartig. Jesus Christus befriedigt wie niemand sonst unseren Hunger nach voraussetzungsloser Liebe und vergebender Annahme. Dafür steht seine Lebenshingabe am Kreuz. Jesus Christus stillt unsere Sehnsucht nach bleibend sinnvollem Lebenseinsatz. Dafür steht der Ruf in seine Nachfolge. Jesus Christus beschenkt mit unvergleichlicher Hoffnung: Durch den Tod hindurch führt er in die ewige Gemeinschaft mit sich. Dafür steht seine Auferstehung. Diese fundamentalen Elemente bibl.-christl. Botschaft sind jungen Menschen auf vielfältige Weise im Vollzug gemeinsamen Lebens und in ständigem Dialog mit ihren jeweiligen Lebensumständen nahezubringen. Ev. J. kann deshalb nur J. mit der Bibel sein, unter Einbeziehung und Prüfung der gesellschaftl. und individuellen Anliegen junger Menschen.

b. Formen

Die individualisiert-pluralistische Informations- und Erlebnisgesellschaft (→ Jugend 3.) eröffnet für ev. J. einen grandiosen Freiraum von Begegnungs- und Experimentiermöglichkeiten. Alle Formen menschlicher Gesellschaft sind dabei denkbar, soweit sie der Begegnung mit Jesus Christus und wirklicher Vertrauensbildung mit jungen Menschen nicht entgegenwirken: Altersspezifische Gruppentreffs, → Bibelarbeit, → Sport, Jugendchor- und Band-Arbeit, diakon. Projekte, Seminare, Fachtage, → Hauskreise, Minigruppen, Jugendevangelisationen, »Offene Tür«, Geselligkeit, Freizeiten, Aktionsgruppen, kreatives Gestalten ... Zusätzliche Arbeitsfelder tun sich im Bereich von Jugendcafés, Konzerten und Kleinkunst, bei geschlechtsspezifischer Mädchen- und Jungenarbeit, bei erlebnispädagogischen Projekten und im Bereich Schule und J. auf. Entscheidend ist, daß all diese Arbeitsformen von personalen und verläßlichen Beziehungen von einzelnen Christen mit einzelnen jungen Menschen offensiv durchdrungen sind. Die zunehmende Gewaltbereitschaft bei Kindern und Jugendlichen erfordert besondere Wege personaler Zuwendung, die Erfahrung von Geborgenheit bei Gott und Bewegungsraum für intensive Erlebnisse. Dasselbe gilt für die seelsorgerliche Beratung und Langzeitbegleitung der ansteigenden Zahl seelisch geschädigter Jugendlicher.

c. Strukturen

Für den Aufbau örtlicher ev. J. ist eine Trägerkreis-Struktur unerläßlich; d.h. ein Mitarbeiterkeis von berufenen Ehrenamtlichen, denen eigenständige Verantwortung übertragen wird, trägt die J. (→ Mitarbeiterschaft). Geistl. Mittelpunkt ist die Bibelarbeitsgruppe (oder mehrere Bibelarbeitsgruppen) von Jugendlichen und jungen Erwachsenen, an der Christen und Nichtchristen teilnehmen und in deren Vor- und Nachprogramm Gemeinschaft und Geselligkeit gepflegt wird. Ausgehend von Mitarbeiterkreis und Bibelarbeitsgruppe(n) können die unterschiedlichsten Dienstgruppen, Projekte und Aktionen durchgeführt werden. Voraussetzung ist, daß sich entsprechend mitarbeitswillige und überzeugte junge Christen zur Verfügung stellen und daß diese geistl. und zahlenmäßig in der Lage sind, ein Gruppenklima zu schaffen, das den Geist Jesu Christi ausstrahlt und seinen Geboten entspricht.

Lit.: M. Affolderbach (Hg.): Grundsatztexte zur ev. Jugendarbeit, 1982; L. Böhnisch, H. Gängler, Th. Rauschenbach (Hg.): Handbuch Jugendverbände, 1991; H. Giesecke: Die Jugendarbeit, 1981; J. Jürgensen: Vom Jünglingsverein zur Aktionsgruppe, 1980; M. Liedholz: Unterwegs mit jungen Menschen, 1980.

P.-L. Böcking

Jugendarbeit in Österreich

1. Historisches – einige markante Daten für Österreich

– 19. Jh. »Jugendfürsorge«: Dienstmädchen-Kränzchen (1909 Verein zur Förderung für die weibliche Jugend), 1893: Ev. Jünglingsverein, 1896: CVJM.

– Anfang 20. Jh.: bündische J.: ab 1918 Mittelschülerbibelkreise, 1923: Jugendring gegründet (Zusammenschluß aller bündischen Gruppen); 1928: »Kreuzfahrer«.

– Spannung zwischen kirchl. J. und freier bündischer J.: 1934 Gründung des Ev. Jugendwerkes (EJW), 1938: Landesjugendpfarramt.

– Drittes Reich: Beschränkung auf rein geistl. Angebote, Einstellung der Druckwerke.

– Nach 1945: Hilfswerk vom Landesjugendpfarramt gegründet, daneben: »Junge Gemeinde«; wesentlich ist die bewußt kirchl. Haltung und Führung des EJW, sowie die Mitverantwortung der Jugend selbst.

2. Organisatorisches:

Rechtliche Grundlage bildet die Ordnung des EJW von 1988; die Gliederung entspricht der der Ev. Kirche in Österreich – drei Ebenen in der Ev. Kirche Augsburgischen Bekenntnisses, zwei Ebenen in der Ev. Kirche Helvetischen Bekenntnisses: Jugendausschüsse und Jugendräte, Jugendwarte und Jugendpfarrer sind vorgesehen.

3.Die Praxis der Jugendarbeit:

Nach der Ordnung beauftragt die Ev. Kirche Augsburgischen und Helvetischen Bekenntnisses in Österreich das EJW, die außerschulische J. zu fördern, die Jugend durch das Evangelium zuzurüsten zu evangelischer Lebensgestaltung, diakon. und mission. Dienst. Die J. geschieht in altersgemäß strukturierten Gruppen in den Gemeinden, Arbeitskreisen und Fortbildungen (auch überregional), Freizeiten und Lagern, sowie durch die Kindergottesdienstarbeit. Neben der J., die vom EJW begleitet wird, gibt es J. des CVJM in enger Zusammenarbeit mit einzelnen Gemeinden, J. der Volksmission (1912 in Wien gegründet, seither sehr intensive J. in Gruppen vor Ort und Freizeiten), J. der Missionsgemeinschaft der Fackelträger (Beginn 1963 auf Schloß Klaus in Oberösterreich, 1964 im Tauernhof, Schladming, vor allem Freizeiten für Konfirmanden und Konfirmierte). Der ursprüngliche Gegensatz von Jugendfürsorge und erwecklicher J. hat sich zwar im Laufe der Jahre erübrigt, dennoch bleibt eine Spannung zwischen einer mehr mission. Ausrichtung und einer mehr therapeutisch-seelsorgerlichen J. bestehen.

I. Vogel

c) Jugendarbeit in der Schweiz

1. Organisation

Dachverband der meisten polit., sozialen, gewerkschaftlichen und rel. Jugendverbände ist die Schweizerische Arbeitsgemeinschaft der Jugendverbände (SAJV). Sie vertritt die Anliegen der Jugendverbände gegenüber den Bundesbehörden.

Ca. 60 Jahre arbeiteten die Verbände der ev. Kirchen (Junge Kirche und Zwinglibund) eng mit freikirchl. Verbänden zusammen. Das gemeinsame Dach, die deutschschweizerische ev. Jugendkonferenz (JUKO) wurde 1990 aufgelöst. Auf kirchl. Seite entstand der Reformierte Jugenddienst (RJD). Die Vertreter der freikirchl. Verbände taten sich als eine Art Bruderschaft unter der Obhut der Evangelischen Allianz zusammen.

2. Formen

Nach wie vor geschieht die J. vor allem als Gruppenarbeit. Zwar wird immer wieder mit neuen Formen experimentiert wie Jugendcafés, »Teestuben«, Clubs und Jugendhäusern. Diese sind jedoch selten von langer Dauer. Bewährt hat sich jedoch die Aufteilung von größeren Gruppen in sog. kleinere Zellgruppen.

3. Inhalt

In der freikirchl. Jugendszene sind Akzentverschiebungen zu beobachten. Vermehrt wird auf einen glaubwürdigen Lebensstil geachtet. Man beteiligt sich am gesellschaftl. Leben, stellt sich der Gemeinschaft zur Verfügung, engagiert sich in Umweltbereichen. Und nicht zuletzt setzen sich in den Gottesdiensten Zeiten der Anbetung durch.

P. Schulthess

Jugendbewegung

Die J. ist eine um die Wende vom 19. zum 20. Jh. entstandene kulturkritische Bewegung. Teile der bürgerlichen Jugend in den Großstädten wandten sich gegen die als erstarrt und sinnentleert empfundenen Formen bürgerlichen Lebens und traten für die neoromantischen Ideale eines neuen Lebens in »Einfachheit«, »Wahrhaftigkeit« und radikalem Individualismus ein. Über den antibürgerlichen Protest hinaus entwickelte man eigene Formen sozialer Gesinnung und autoritativer Strukturen. 1901 wurde der aus den gymnasialen Wandergruppen in Steglitz hervorgegangene »Wandervogel« von Karl Fischer gegründet. Als Gegenbewegung zu den Studentenverbindungen entstand 1913 auf dem Hohen Meißner die »Freideutsche Jugend«, deren Programm folgendermaßen lautete: »Die Freideutsche Jugend will nach eigener Bestimmung, vor eigener Verantwortung, mit innerer Wahrhaftigkeit ihr Leben gestalten; für diese Freiheit tritt sie unter allen Umständen geschlossen ein.« Nach dem Ersten Weltkrieg setzten sich in der Bewegung die »Führer-Gefolgschafts-Strukturen« mehr und mehr durch und verdrängten die »Wandervogel-Romantik«. Diese Tendenzen begünstigten die Vereinnahmung und innere Zersetzung der J. durch den Nationalsozialismus.

Aus der J. gingen einige, hauptsächlich nach 1918 gegründete ev. Jugendverbände hervor, der »Bund deutscher Jugendvereine«, der »Christdeutsche Bund«, der »Bund der Köngener« und die »Neuwerk-Bewegung«, in der sich Freideutsche, Sozialisten und Mitglieder von Bibelkreisen der → Deutschen Christlichen Studenten-Vereinigung (DCSV) zusammenschlossen. Die J. leistete einen bedeutenden Beitrag zur Entstehung des Volksbildungswesens, der Sing-, Liturgie- und Laienspielbewegung und vermittelte damit dem kirchl. Neuaufbau nach 1945 wichtige Impulse, auch wenn die Bewegung selbst die Naziherrschaft nicht überdauerte.

Lit.: H. Giesecke: Vom Wandervogel bis zur Hitlerjugend, 1981; W. Kindt (Hg.): Dokumentation der Jugendbewegung, 3 Bde., 1963-74; U. Smidt (Hg.): Dokumente ev. Jugendbünde, 1975; W. Uhsadel: Jugendbewegung I und II, RGG^3, III, 1013-1020.

J. Rieger

Jugendbund »Entschieden für Christus« (EC)

Der Jugendbund »Entschieden für Christus« (EC) wurde 1881 in Amerika gegründet. Innerhalb kurzer Zeit weltweiter Ausbreitung gab es 1894 auch in Deutschland den ersten Jugendbund in Bad Salzuflen; durch intensive evangelist. Arbeit verantwortlicher Mitarbeiter folgten innerhalb weniger Jahre Neugründungen überall in Deutschland. Vor allem die Jugendkreise der pietist. Landeskirchlichen Gemeinschaften, aber auch einiger ev. Landeskirchen übernahmen Wesensmerkmale und Arbeitsformen des EC. Zu den Wesensmerkmalen gehören die Orientierung an der Autorität der Heiligen Schrift, die verbindliche Mitgliedschaft im Jugendbund, der Wille zu gemeindlicher Einbindung und zu diakon. und sozialem Engagement.

Ferner bildet die Arbeit mit Laienmitarbeitern ein zentrales Anliegen des EC. Die Arbeitsformen sind vielfältig, aber systematisch verbunden: über Kinder-, zur Jungschar- und Jugendarbeit, in neuerer Zeit auch unter jungen Erwachsenen. Die Mitarbeiterzurüstung und Fortbildung wird durch Mitarbeiterzeitschriften und Arbeitshilfen garantiert, auch durch Seminare und Schulungswochenenden.

Die mission. Arbeit des EC durch Zeltmission, durch Jugendevangelisationen und -musikarbeit, kennzeichnen das Hauptanliegen des EC als mission. Bewegung. – Seit drei Jahrzehnten betreibt der EC eine sozial-mission. Arbeit in Indien in Form von Patenschaften für Familien und Einzelpersonen, für Studentenheime und Ausbildungsstätten für indische ECler.

In Kassel unterhält der EC eine Rehabilitationseinrichtung mit acht Therapieplätzen für psychisch labile und geschädigte Jugendliche.

Ferner werden in einer ausgedehnten Freizeitarbeit im In- und Ausland viele junge Menschen mit dem Evangelium erreicht.

Seit der Vereinigung von Ost- und Westdeutschland zählt der EC mehr als 1.000 Jugendbünde, die in 16 Landesverbände aufgegliedert, im Dt. EC-Verband (Bundeszentrale bis zum Zweiten Weltkrieg in Woltersdorf, jetzt in Kassel) zusammengefaßt sind. Die ehemalige Bundeszentrale Woltersdorf wurde in ein Begegnungs- und Bildungszentrum umgewandelt; eine EC-Buchhandlung sowie ein Fachkrankenhaus sind angegliedert. Seit 1993 trägt der Jugendverband den Namen: Deutscher Jugendverband »Entschieden für Christus«. Der EC ist Glied des Worlds Christian Endeaver Union, zu dem mehr als 70 Nationen gehören; ferner Mitglied im → Evangelischen Gnadauer Gemeinschaftsverband sowie im Diakonischen Werk der Ev. Kirche in Deutschland und in der → Arbeitsgemeinschaft der Ev. Jugend (aej).

Ch. Pfeiffer

Jugendfürsorge → Fürsorge

Jugendpflege/-hilfe

Bis 1990 war es in der Bundesrepublik Deutschland die Aufgabe der Jugendämter, Jugendfürsorge bzw. -hilfe und Jugendpflege (ab 1953) nach dem Jugendwohlfahrtsgesetz wahrzunehmen. Gesellschaftspolit. und sozialgeschichtl. gesehen wurde aber J. von den Jugendverbänden (»freien Trägern«) praktiziert und als ihre Aufgabe angesehen. Hier wurden die ideologischen Gesichtspunkte der → Jugendbewegung (u.a. jugendliches Streben nach Eigenständigkeit), welche um die Jahrhundertwende ihren Ursprung hatte, die Belange der Jugend, des jugendlichen Lebens nicht einer Verwaltung unterzuordnen, von Jugendverbänden aufgegriffen. Da Jugendhilfe und -pflege in der Praxis einem ständigen hist. Wandel unterworfen sind, wurde in der Bundesrepublik mit dem Kinder- und Jugendhilfegesetz (KJHG) vom 1. 1. 1991 eine neue begriffliche und inhaltliche Klärung vollzogen.

J.hilfe geht von dem Grundsatz aus: »Jeder junge Mensch hat ein Recht auf Förderung seiner Entwicklung und auf Erziehung zu einer eigenverantwortlichen und gemeinschaftsfähigen Persönlichkeit« (§ 1 Abs. 1 KJHG). Deshalb wird unter J.hilfe im weitesten Sinn die Gesamtheit aller Tätigkeiten, Maßnahmen und Veranstaltungen bezeichnet, die sich mit Kindern und Jugendlichen befassen. Schwerpunkte liegen im Bereich des Elternhauses (z.B. Familienbildung, -beratung und -erholung, Partnerschafts- und Trennungsberatung, Beratung Alleinerziehender usw.), in der Förderung von Tageseinrichtungen und Tagespflege (z.B. Kindergärten, Horte, Krippen, Tagespflege usw.), in der Hilfe zur Erziehung (z.B. Erziehungsberatung, Heimerziehung, intensive sozialpäd. Einzelbetreuung usw.), der Jugend- bzw. Jugendverbandsarbeit (z.B. Ev. Jugend, Sportjugend, Stadt- und Kreisjugendringe usw.), und Jugendsozialarbeit (z.B. Jugendhaus, Streetwork usw.), und sonstigen Aufgaben (z.B. Vormundschaft, Jugendgerichtshilfe usw.). J.hilfe soll sich an alle jungen Menschen (Altersspektrum 0-27 Jahre) richten. Deshalb wurde dies in der begrifflichen Definition entsprechend als »Kinder- und Jugendhilfe« (Jugendpflege) bezeichnet. Da J.hilfe in der Praxis immer einem gesellschaftspolit. Wandel unterliegt und sich in ihren Ausprägungen institutioneller, fachlicher und finanzieller Art auch zu einem gegebenen Zeitpunkt von Bundesland zu Bundesland, sogar von Kommune zu Kommune stark unterscheiden kann, muß jedes Bundesland eigene Ausführungsgesetze im Rahmen des KJHG erlassen.

In den Aufgaben der J.hilfe wird unterschieden zwischen Leistungen der J.hilfe (unterteilt in Jugendarbeit, Jugendsozialarbeit, Kinder- und Jugendschutz, Erziehungsförderung in der Familie, Förderung in Tageseinrichtungen und Tagespflege, Hilfe zur Erziehung und Hilfe für junge Volljährige) und anderen Aufgaben der J.hilfe (vor allem Schutzmaßnahmen, Mitwirkung im gerichtlichen Verfahren und die Durchführung von Pflegschaften und Vormundschaften).

»Die Jugendhilfe ist gekennzeichnet durch die Vielfalt von Trägern unterschiedlicher Wertorientierungen und die Vielfalt von Inhalten, Methoden und Arbeitsformen« (§ 3 Abs. 1 KJHG). Wir haben es deshalb mit den öffentlichen Trägern der J.hilfe (z.B. Jugendämter) und freien Trägern der J.hilfe (z.B.

Wohlfahrtsverbände; Jugendringe, Jugendverbände) zu tun. Die »öffentliche Jugendhilfe« hat dabei die Selbständigkeit der Träger der »freien Jugendhilfe« in Zielsetzung und Durchführung ihrer Aufgaben sowie in der Gestaltung ihrer Organisationsstruktur zu achten bzw. von »... eigenen Maßnahmen« (§ 4 Abs. 2 KJHG) abzusehen, wenn die »freie Jugendhilfe« diese wahrnehmen kann.

Träger der J.hilfe sind auf örtlicher Ebene die Landkreise und kreisfreien Städte (in der Regel Jugendämter); die überörtlichen Träger werden durch Landesrecht bestimmt (in der Regel Landesjugendamt). Die Landes- und Jugendämter bestehen aus der Verwaltung und deren Vertretungskörperschaft, dem Landesjugendhilfeausschuß und den J.hilfeausschüssen. Letzteren gehören neben den Mitgliedern der Vertretungskörperschaften (Jugendamt, Gemeinderatsmitglieder, Kreistag etc.) vor allem Frauen und Männer mit Sitz und Stimme an, die von den Trägern der freien J.hilfe vorgeschlagen sind. Deshalb ist die Ev. Jugendarbeit entweder selbst oder über die Stadt- und Kreisjugendringe in diesen Gremien mit vertreten. In den nächsten Jahren ist eine der Hauptaufgaben dieser Ausschüsse, eine sogenannte J.hilfeplanung durchzuführen. Hier geht es u.a. neben einer Bestandsaufnahme darum, »... den Bedarf unter Berücksichtigung der Wünsche, Bedürfnisse und Interessen der jungen Menschen und der Personensorgeberechtigten für einen mittelfristigen Zeitraum zu ermitteln ...« (§ 80 Abs. 1 Nr. 2). Als öffentlich anerkannter Träger der Jugendarbeit (nach § 75 KJHG auch die Kirchen und Religionsgemeinschaften des öffentlichen Rechts) hat die Ev. Jugendarbeit ein Mitspracherecht. Deshalb sind die Ev. Jugendarbeit, die kirchl. Gruppen und Gruppierungen (z.B. Kindergarten, Diakonie, Behindertenarbeit, EC, VCP, CVJM usw.) »... in allen Phasen ihrer Planung frühzeitig zu beteiligen« (§ 80 Abs. 3 KJHG).

Die Ev. → Jugendarbeit kann sich deshalb mit ihren Ideen und ihrem Anliegen aktiv in diese Planungen einbringen. Es gilt nicht nur, Bestehendes (z.B. Offene Treffs, Freizeit- und Gruppenarbeit) festzuschreiben, sondern mittel- bis langfristig jetzt schon erkennbare gesellschaftl. Defizite in die Entscheidungsgremien einzubringen und in der J.hilfe umzusetzen. Ev. Jugendarbeit hat dadurch die Möglichkeit, bibl. Werte und (sozial-)ethische Gesichtspunkte ihren Möglichkeiten entsprechend einzubringen. Dadurch können christl. »Werte und Normen« in der Erziehung und im Umgang mit den jungen Menschen vermittelt werden. Diese Mitgestaltung der Sozialplanung trägt mit zur Lösung sozial- und gesellschaftspolit. Probleme bei. Es werden in Zukunft nur noch J.hilfeangebote von der öffentlichen J.hilfe gefördert werden (auch finanziell), deren Träger auf die gestellten Problemlagen angemessen reagieren und konzeptionelle Lösungen anbieten und umsetzen können. Dabei spielt die Bildung von »Arbeitsgemeinschaften« eine wichtige Rolle. Die in der J.hilfe tätigen Gruppen und Gruppierungen dürfen ihre Arbeit deshalb nicht mehr isoliert sehen, sondern sind gezwungen, die Kommunikation und Kooperation mit anderen Trägern der öffentlichen und freien J.hilfe zu suchen und zu verwirklichen.

Lit.: W. Schellhorn, M. Wienand: Kommentar zum Kinder- und Jugendhilfegesetz, 1991; K.W. Jans, G. Happe, H. Saurbier: Kinder- und Jugendhilferecht, 1991/1993 (Loseblatt-Ausgabe); J. Münder et al.: Frankfurter Kommentar zum KJHG, 1991; R. Bauer: Lexikon des Sozial- und Gesundheitswesens, 1992; E. Jordan, D. Sengling: Jugendhilfe, [2]1992.

G. Berner/W. Wilka

Jugendreligionen

1. Allgemeines.

Ende der 60er und Anfang der 70er Jahre traten in Europa (in den USA schon früher) neue rel. Gruppierungen auf, die sich in Struktur, Lehre und Aktivitäten von schon bestehenden Religionen bzw. Sekten unterschieden. Da sie, mit einem gewissen Erfolg, zunächst unter jungen Menschen zwischen 20 und 30 Jahren um Anhänger warben, wurde zur Bezeichnung dieser Gemeinschaften der Begriff »Jugendreligionen« geprägt (zum erstenmal bei Fr.-W. Haack), obwohl es bei der Zielgruppe im juristischen Sinne nicht um Jugendliche (14-18jährige) ging. In den USA und Großbritannien hat sich der Terminus »destructive cults« (zerstörerische Kulte) durchgesetzt, um die fast ausschließlich negativen Auswirkungen einer Mitgliedschaft in diesen Organisationen zum Ausdruck zu bringen. Der bisweilen verwandte Begriff »→ Neue Religiöse Bewegungen« ist aus christl. Sicht abzulehnen, da die J. nicht mit (positiven) »neuen religiösen Aufbrüchen« in Kirchen und Freikirchen auf eine Stufe gestellt werden sollten.

Im Verlauf von zwei Jahrzehnten hat sich die »Szene« erkennbar gewandelt: Um einige Gruppen ist es stiller geworden, andere haben Positionen und Strategien geändert, neue Gemeinschaften sind dazugekommen, usw. Die starke Gefährdung junger Menschen durch J. ist jedoch bis heute geblieben.

2. Die Gruppen und ihre Ausrichtung.

Es lassen sich grob drei Kategorien von J. unterscheiden:

a. J. mit einem »christlichem« Anspruch, der jedoch aufgrund der von den einzelnen Sektengründern entwickelten und mit der bibl. Botschaft unvereinbaren »neuen Wahrheiten« nicht bestehen kann. Zu dieser Kategorie zählen etwa die »Kinder Gottes« (Children of God), die sich auch »Familie der Liebe« bzw. »Missionare für die Welt« nennen; die synkretistische »Vereinigungskirche« des Koreaners San Myung Mun, der als »neuer Messias« auftritt; The Way International und verschiedene kleinere Gemeinschaften.

b. Aus Indien stammende Meditations- und Guru-Bewegungen, die »spirituelle Erfahrung und Vervollkommnung« sowie einen Weg zur Selbsterlösung anbieten. Dabei spielen hinduistische Religiosität, verschiedene Yoga- bzw. Meditationstechniken und die vollständige Hingabe an den jeweiligen Guru eine entscheidende Rolle. Zu nennen wären hier: Ananda Marga, Radha Soami Satsang, Transzendentale Meditation, Hare Krishna (ISKCON), Brahma Kumaris, Sahaja Yoga sowie Anhängergruppen von Sri Chinmoy, Sathya Sai Baba, Babaji von Haidakhan und andere.

c. Als »Psycho-Kulte« zu bezeichnende Gemeinschaften, die Psycho-Techniken (meist aus der »Humanistischen Psychologie« stammend) mit rel.-weltanschaulichen Elementen verbinden, um so einen »neuen Menschen« schaffen zu können, der mit seinen geistig-seelischen und physischen Qualitäten der übrigen Menschheit weit überlegen ist. In diesen Zusammenhang gehören Scientology, Eckankar, EST/FORUM, Neo-Sannyas (Bhagwan Shree Rajneesh/Osho) u.a.

3. Charakteristische Kennzeichen.

Die J. unterscheiden sich zwar im Hinblick auf Herkunft, Mitgliederzahl, Werbemethoden oder lehrmäßige Inhalte voneinander, weisen aber auch eine Reihe von Gemeinsamkeiten auf. An der Spitze der Organisation steht eine autoritäre Gestalt, deren individuelle Erlebnisse, wie Offenbarungen, Erleuchtungen oder »Erkenntnisse«, zuvor zur Gründung der Gemeinschaft geführt haben. Fast alle J. stimmen in dem Anspruch überein, den Menschen die »Erlösung« und der Welt das »Heil« bringen zu wollen. Mit der Überzeugung, durch den jeweiligen Sektenführer die einzig wirksame Methode zum Erreichen dieses Zieles in die Hand bekommen zu haben, ist eine starke emotionale Bindung des einzelnen Anhängers an seinen »Heiligen Meister«, »Guru«, »Messias« oder »Propheten« gegeben. Die Einweihungs- und Aufnahmeriten mit ihren Gelübden sind deshalb auch fast durchweg auf die zentrale Kultfigur bezogen.

Durch die als »absolute Wahrheit« akzeptierte Sektenideologie wird nicht nur ein unüberwindlicher Dualismus zwischen der eigenen »wahren Heilsgemeinde« und der »satanischen Außenwelt« geschaffen, sondern auch die Kritikfähigkeit und -willigkeit der Mitglieder ausgeschaltet.

Ein besonderes Kennzeichen der meisten Gemeinschaften ist ein starkes Gefälle zwischen »Drinnen« und »Draußen«, d.h. zwischen dem, was nach außen propagiert, und dem, was nach innen wirklich geglaubt und getan wird. Für diese Struktur ist im Englischen der Begriff *esoteric gap*, »esoterische Kluft«, geprägt worden. Eine länger dauernde Mitgliedschaft in der Innenwelt der J. führt sehr oft zu Persönlichkeitsveränderungen und Realitätsverlust. Am Ende steht eine »neue Identität« – häufig ein neuer Name, neue Kleidung, neues »soziales Handeln«, eine besondere Art des Sprechens (und der Sprache), des Denkens und des Essens; mit einem Wort: ein »anderer Mensch«, geschaffen »nach dem Bilde« des jeweiligen Sektenführers.

Lit.: F.-W. Haack: Jugendreligionen, [2]1980; R. Hauth: Die nach der Seele greifen, 1985.

R. Hauth

Jugendverbände → Jugendarbeit

Jugoslawien

Das am 1. 12. 1918 gegründete »Königreich der Serben, Kroaten und Slowenen« (seit 1929 offiziell »Jugoslawien«) war ein künstlich konstruiertes Staatsgebilde, von dem größere Teile vorher zu Österreich-Ungarn gehört hatten oder nach jahrhundertelanger osmanischer Herrschaft im Laufe des 19. Jh.s zu selbständigen Nationalstaaten geworden waren. Von Anfang an stand der neue Staat unter schwerwiegenden Belastungen, die vor allem durch starke Gegensätze zwischen Serben und Kroaten bedingt waren. Die Spannungen entluden sich im

Mordanschlag auf den populären kroatischen Politiker Stepan Radić in Belgrad (1928) und in der Ermordung König Alexanders I. durch fanatische Nationalisten (1934). Nach dem deutschen Angriff 1941 zerfiel J. in einen »Unabhängigen Staat Kroatien«, dem auch Bosnien-Herzegowina zugeschlagen wurde, und in die Staaten Serbien und Montenegro. Unter dem dominierenden Einfluß der Ustaschas wurden die Serben, Juden und Zigeuner in Kroatien zu Umtaufen gezwungen, in Konzentrationslager gesperrt und umgebracht oder des Landes vertrieben, da ein »ethnisch reines Gebiet« hergestellt werden sollte. In Serbien führten die paramilitärischen »Tschetniks« einen erbitterten Krieg gegen die deutsche Besatzungsmacht und die kommunistischen Partisanen des Kroaten Tito.

Nach dem zweiten Weltkrieg wurde ein neues J. als »Föderative Volksrepublik« unter Führung von Tito gegründet; es bestand aus sechs Republiken (Slowenien, Kroatien, Bosnien-Herzegowina, Serbien, Montenegro und Mazedonien) und den beiden autonomen Gebieten Kosovo und Wojwodina. Bereits 1948, und dann erneut 1956 kam es zu Spannungen mit Moskau, in deren Gefolge J. eigene polit. Wege einschlug und engere Bindungen zu den »blockfreien Staaten« einging. Nach dem Tod Titos 1980 verschärften sich die Nationalitätenspannungen (Unruhen im Kosovo), und es setzte ein Desintegrationsprozeß ein. 1991 explodierte das in kommunistischer Zeit lange aufgestaute nationalistische Konfliktpotential und führte zu einem mit großer Grausamkeit geführten Krieg, unbeschreiblichem menschlichem Leid und gewaltigen Zerstörungen, dessen Ende gegenwärtig nicht abzusehen ist. Der Staat J. brach auseinander; das heutige »Restjugoslawien« besteht nur noch aus Serbien und Montenegro.

J. war ein konfessionell gemischter Staat mit einer röm.-kath. Mehrheit in Slowenien und Kroatien und einer orthodoxen Mehrheit in Serbien, Montenegro und Mazedonien, während in Bosnien-Herzegowina Orthodoxe, Katholiken und Muslims zusammenleben. Der Protestantismus ist mit Minderheitskirchen vertreten. Die Regierung der »Föderativen Volksrepublik« führte von 1945 an eine religionsfeindliche Politik: Staat und Kirche wurden getrennt. Atheismus wurde offiziell propagiert, das kirchl. Leben auf das Zelebrieren von Gottesdiensten beschränkt und Mission, Religionsunterricht, Diakonie, kirchl. Publizistik stark behindert oder ganz verboten. Im Laufe eines mehrjährigen Kirchenkampfes verhafteten die Behörden zahlreiche Hierarchen und Kleriker, von denen ein Teil umgebracht wurde. In den 50er Jahren trat eine gewisse Entspannung ein. Nach dem Zusammenbruch des Einheitsstaates wurde in den neuen Republiken die Religionsfreiheit gewährt und ein kirchl. Aufbau ermöglicht. Der gegenwärtige Krieg ist kein Religions-, sondern ein Nationalitätenkrieg, bei dem rel. Motive (Verbindung zwischen Religion und übersteigertem Nationalismus) allerdings einen erheblichen Einfluß ausüben. Den kirchl. Friedensappellen, -gebeten und -bemühungen war bis jetzt (Juli 1993) kein Erfolg beschieden.

Vgl. → Bosnien-Herzegowina, → Kroatien, → Mazedonien, → Serbien und → Slowenien.

Lit.: Z. Frid (Hg.): Religions in Yogoslavia, 1971; J. Furkes, K.-H. Schlarp (Hg.): Jugoslawien: Ein Staat zerfällt. Der Balkan – Europas Pulverfaß, 1991; K.-D. Grothusen: Südosteuropa-Handbuch, Bd. 1, Jugoslawien, 1975; F. Heyer: »Jugoslawien«, TRE 17, 1988, 432-441; D. Knall: Reformatorische Kirche in der SFR Jugoslawien, 1979; H. Sundhausen: Geschichte Jugoslawiens 1918-1980, 1982; ZS Glaube in der 2. Welt, 1973, ff. insbes. 1989, 7/8; 1991, 9; 1992, 6 u. 11, 1993, 4.

E. Bryner

Julius II. → Papst, Papsttum

Jung-Stilling, Johann Heinrich (1740-1817)

J.-St. (eigentlich Jung), geb. am 12. 9. 1740 in Grund (Dorf im Siegerland), gest. am 2. 4. 1817 in Karlsruhe; Arzt, Prof. für Kameralistik (Staatswirtschaftslehre) und rel. Schriftsteller. Nach pietist. geprägter Kindheit in Grund und Lateinschulbesuch 1750-55 in Hilchenbach wird J.-St. Dorfschullehrer und Schneider (wie sein Vater), dann Hauslehrer im Siegerland und Bergischen Land mit engen Kontakten zum niederrheinischen Pietismus (den »Stillen im Lande«, daher sein Pseudonym Stilling). 1770-72 Medizinstudium in Straßburg (anregender Umgang mit → Goethe und → Herder) und Promotion über ein ökonomisches (!) Thema. Als Arzt in Elberfeld wird er v.a. durch Staroperationen nach einer damals neuen Methode bekannt. Dennoch mittellos und angefeindet, läßt er sich 1778 zum Prof. für Kameralistik nach Kaiserslautern (ab 1784 Heidelberg), 1787 nach Marburg berufen, bleibt aber uneigennützig, häufig reisend, als Staroperateur tätig. J.-St. hat wachsenden Erfolg als erzählender Autor, seine Marburger Lehrtätigkeit wird immer fruchtloser. 1803 ermöglicht ihm Kurfürst Karl Friedrich v. Baden, als geistl. Schriftsteller und persönl. Berater zunächst in Heidelberg, ab 1806 bis zum Lebensende in Karlsruhe zu wirken.

J.-St. ist dreimal verheiratet (zweimal verwitwet) und hat mehrere Kinder. Engere, auch konfessionenübergreifende Verbindungen bestehen u.a. zu Lavater, Oberlin, Sailer, de la Motte-Fouqué, Schenkendorf, zur russ. Zarenfamilie und seit 1789 zur → Brüdergemeine (Neuwied, Herrnhut).

Mit einem Erweckungserlebnis am 11. 7. 1762 in Solingen unterstellt J.-St. sein Leben in jeder Beziehung der göttlichen Vorsehung (Hauptmotiv der »Lebensgeschichte«). Seine ärztlichen, staatswissenschaftl. und schriftstellerisch-seelsorgerl. Tätigkeiten sieht er als ein Ganzes christl. Praxis. Er verfaßt medizinische und kameralistische Fachbücher, ungewöhnlich erfolgreich sind jedoch (nur) seine literarischen und volksmission., z.T. in viele Sprachen übersetzten Werke. Am bedeutsamsten bis heute ist seine auch sozialgeschichtl. interessante »Lebensgeschichte«, in sechs Teilen 1777-1817 (der erste Teil durch Goethe ohne J.-St.s Wissen) publiziert, Muster pietist. Selbstreflexion und quietistischer (gleichwohl willensstarker und immer wieder angefochtener) Gottergebenheit. Ferner verfaßt J.-St. mehrere Romane mit staatsutopischen und apokalyptischen Elementen (weit verbreitet: »Das Heimweh«, 1794-96) sowie belehrend und unterhaltend erbauliche Zeitschriften und Almanache (u.a. »Der Graue Mann«, 1795-1816, gegen Vernunftglauben und Revolutionsgeist der Zeit). Seine »Theorie der Geister-Kunde« (1808), die Geistererscheinungen verstandes- und bibelgemäß zu erklären sucht, erfährt neuerdings wieder Interesse. Bei J.-St. gehen – bei zeitweiliger Suche des »Mittelwegs« einer »frommen Aufklärung« (Hahn) – Erkenntniskritik (Kant-Lektüre), Empfindsamkeit (Rolle der »Erfahrung«) und radikaler → Pietismus eine eigentümliche Verbindung ein, die ihn zu einem Wegbereiter der → Erweckungsbewegung werden läßt.

Der Sitz der Jung-Stilling-Gesellschaft e.V. ist in Siegen.

Lit.: J.H. Jung-Stilling: Sämtliche Schriften. 13 Bde. u. 1 Erg.-Bd., 1835-1838, Reprint 1979; Lebensgeschichte. Vollständige Ausgabe mit Anmerkungen hg. von G.A. Benrath, ^{3}1992; Theorie der Geisterkunde, NA 1987; Tägliche Bibelübungen, hg. von G.A. Benrath, 1989;

M. Geiger: Aufklärung und Erweckung. Beiträge zur Erforschung J.H. Jung-Stillings und der Erwekkungstheologie, 1963; O.W. Hahn: Jung-Stilling zwischen Pietismus und Aufklärung. Sein Leben und sein literarisches Werk 1778-1787, 1988; ders.: J.H. Jung-Stilling, 1990; H.-G. Krüsselberg, W. Lück (Hg.): Jung-Stillings Welt. Das Lebenswerk eines Universalgelehrten in interdisziplinären Perspektiven, 1992; G. Merk: Jung-Stilling-Lexikon Religion, 1988.

R. Görisch

Junge Kirchen

Unter J.K. versteht man allg. solche Kirchen in Asien, Afrika und z.T. auch in Lateinamerika, die erst in jüngerer Zeit aus der Missionsarbeit älterer, meist westl. Kirchen hervorgegangen und rechtlich selbständig geworden sind. Viele von ihnen unterhalten weiterhin partnerschaftliche Beziehungen zu ihren früheren Missionen und Kirchen, weswegen sie auch Partnerkirchen (in wechselseitiger Beziehung) genannt werden. Von den so beschriebenen J.K. sind die Unabhängigen Kirchen Afrikas und anderswo zu unterscheiden, die sich bewußt von den »Missionskirchen«, wie sie sie nennen, in ihren Ländern absetzen. Jene Kirchen sind betont eigenständig-einheimisch. Sie unterhalten keinerlei Partnerbeziehungen zu Kirchen der westl. Welt. Umso stärker ist ihre Aufnahme von Elementen der jeweiligen einheimischen Kultur. Sie sind zum größten Teil Heilungskirchen.

Die Bezeichnung J.K. wurde in der Vorbereitung der II. Weltmissionskonferenz in Jerusalem (1928) geprägt und hat sich seitdem (wenn auch mit Fragezeichen) eingebürgert. Schon die ersten ev. Missionare in Südindien (Ziegenbalg, Trankebar-Mission) hatten eine Ahnung, daß die Neugetauften sich in eigenen Gemeinden und Kirchen zusammenfinden müßten und daß ihre Kirchen- und Gottesdienstformen sich von denen ihrer Missionen in Europa unterscheiden würden. Doch bis zur geistl. und theol. Eigenständigkeit solcher Kirchen war es ein langer Weg. Propheten der Selbständigkeit waren um die Mitte des 19. Jh.s gleichzeitig aber unabhängig voneinander der Amerikaner R. Anderson (gest. 1880) und der Engländer H. Venn (gest. 1873). Auf sie geht die Formel von den »Drei Selbst« (Selbstverwaltung, Selbsterhaltung und Selbstausbreitung) zurück. Programmatisch setzten als erste die Presbyterianer in Korea diese Grundprinzipien in die Praxis um. Das rasche und anhaltende Wachstum ihrer Gemeinden sollte die Praktikabilität des sog. Nevius-Plans bestätigen. Im allgemeinen dauerte es aber bis in die Zeit nach dem Zweiten Weltkrieg, bis die sog. Missionsgebiete in Afrika und Asien sich zu eigenständigen Kirchen formierten, dann aber in raschem Tempo.

Während die rechtlich-organisatorische Selbständigkeit der J.K. heute allg. als abgeschlossen gelten darf, steht die theol. Eigenständigkeit dieser Kirchen noch am Anfang. In vielen Ländern bemühen sich jüngere Theologen um eine eigenständige kontextuelle Theologie, in welcher ihre soziale, polit. und rel. Umwelt in das christl. Denken miteinbezogen wird (EATWOT). Große Unterstützung finden diese Bestrebungen beim Ökumenischen Rat der Kirchen und bei den konfessionellen Weltbünden.

Lit.: P. Beyerhaus: Die Selbständigkeit junger Kirchen als missionarisches Problem, [2]1959; J. Freytag, H. J. Margull (Hg.), Junge Kirchen auf eigenen Wegen, 1972; S. G. Mackie: Die Entdeckung der jüngeren Kirchen, 1970; H. Wagner: Erstgestalten einer einheimischen Theologie in Südindien, 1963; L. Wiedenmann (Hg.), Herausgefordert durch die Armen. Dokumente der Ökumenischen Vereinigung von Dritte-Welt-Theologen (EATWOT) 1976-1986, 1990.

H. Wagner

Jünger Jesu

1. Anders als die Schüler der Rabbinen (vgl. Mt 22,16) und die Jünger → Johannes des Täufers (Mk 2,18; Mt 11,2), die sich dem Meister aus eigenem Antrieb anschlossen, wurden die zwölf J.J. in die Nachfolge berufen (Mk 1,16-20 par). Das bedeutete das Verlassen von Familie und Beruf (Mk 1,18; 2,13f; Lk 9,59-62; Mt 19,27) und das Sich-Einlassen auf Weg und Schicksal dessen, der auch das Kreuztragen und den Verlust des Lebens als endzeitlich notwendig ansagen konnte (Mk 8,34f). Der Ruf in die Nachfolge ist ebenso wie die Zwölfzahl der Jünger ein indirekter Beweis für das messianische Sendungsbewußtsein Jesu, der die Jünger als künftige Mitregenten für das endzeitliche Israel der zwölf Stämme brauchen würde (Mt 19,28). Bis dahin halfen sie bei der Sammlung und Vorbereitung Israels auf das Gottesreich und die Messiasherrschaft: Aus Fischern sollten Menschenfischer werden (Mk 1,16f). Die Beinamen, die Jesus manchen Jüngern gab: »Kephas« = Fels für Simon und »Boanerges« = Donnersöhne, Sturmgesellen für die Zebedaiden (Mk 3,16f), deuteten die neue Rolle und Haltung an.

2. Die Jünger blieben bei Jesus und wurden so Zeugen seiner Lehre und Heilandstätigkeit (vgl. Apg 1,21f). Aber sie wurden auch paarweise ausgesandt: Jesus gab diesen »Aposteln« die Vollmacht, Kranke zu heilen und das Kommen der Basileia als frohe Botschaft zu verkündigen (Mt 10,1-8), d.h. sie taten stellvertretend sein eigenes Werk. Mit diesem Dienst der Jünger an Israel wurde die ökumen. Mission der Apostel, die nach der nochmaligen Berufung durch den Auferstandenen einsetzte (vgl. 1Kor 15,5; Joh 20,19-22; Apg 1,8) vorbereitet. Auch das gemeinschaftliche Leben der Jünger mit dem Herrn hatte weiterwirkende Bedeutung: Der Zwölferkreis hatte alles gemein; er lebte von einer Kasse, aus der man das gemeinsame Mahl bestritt und den Armen gab (vgl. Joh 12,4f; 13,29). Die Urgemeinde praktizierte → Gütergemeinschaft und das tägliche »Brotbrechen« (Apg 2,42.45f).

Die Bezeichnung »Jünger« wird im NT auch in einem weiteren Sinne für sonstige Anhänger Jesu gebraucht (Mk 6,38; Lk 6,17; 19,37; Joh 6,66). Lukas nennt auch die Judenchristen in Jerusalem J. (Apg 6,1f-21,6), während dieses Wort in den Briefen des NT fehlt, ebenso wie auch das Nachfolgen; sie passen weniger für das Verhältnis zum erhöhten Herrn.

Lit.: M. Hengel: Nachfolge und Charisma, BZNW 34, 1968; I. H. Marshall: »Jünger«, GBL Bd. 2, 742f; R. Riesner: Jesus als Lehrer, [3]1988; ders.: Formen gemeinsamen Lebens im NT und heute, [2]1984, 9-33.

O. Betz

Jüngerschaft → Nachfolge Christi

Jungfrauengeburt

»Geboren von der Jungfrau Maria« ist einer der Bekenntnissätze im zweiten, also christologischen Artikel, der in allen drei altkirchl. Symbolen als Teil der christl. Glaubenswahrheit formuliert ist. Dieser Satz gründet sich auf entsprechende Aussagen in Mt 1,18ff sowie Lk 1,26ff; 2,1ff. Er beschreibt den Modus des Geheimnisses der Menschwerdung des ewigen Gottessohnes (vgl. Joh 1,1ff. 14; Röm 1,3f; Gal 4,4-5): Jesus Christus wurde ohne Mitwirkung eines menschlichen Vaters, also nicht auf natürlichem Wege, durch den Heiligen Geist gezeugt. Dabei werden alle Redewendungen aus dem geschlechtlichen Bereich vermieden. Jesu Empfängnis trägt den Charakter der Einwohnung Gottes durch den Geist in Maria.

Der Ausschluß der Zeugung durch einen Mann sichert allerdings keineswegs eine Sündlosigkeit Jesu Christi in dem Sinne, daß er frei sei von der allen Menschen anhaftenden Erbsünde. Maria ist als Mutter ja ein Teil der Menschheit. Um die Sündlosigkeit Jesu trotz dieses Einwandes zu bewahren, hat die kath. Theologie das Dogma von der »unbefleckten Empfängnis Mariens« entwickelt. Dies besagt, daß Maria von ihrer Zeugung an durch einen göttlichen Gnadenakt von Erbsünde freigewesen und geblieben sei.

Der Bekenntnissatz »Geboren von der Jungfrau Maria« ist seit Beginn der Aufklärung zunehmend umstritten gewesen. Die Argumente für die Bestreitung liegen im wesentlichen darin, daß außer Mt und Lk keiner der Autoren des NT davon spreche, die Jungfrauengeburt also nur eine Marginalie sei; eine Mythologie zudem, die dem Menschen der Gegenwart unzugänglich und unzumutbar sei. Außerdem weise das rel. Umfeld des NT ähnliche Geschichten von Göttern und Heilsbringern auf, die man auf Jesus übertragen habe, um seine Bedeutung bildhaft darzustellen. Eine Prüfung dieser Argumente läßt sie als nicht stichhaltig erscheinen. Die religionsgeschichtl. Parallelen tragen nicht, weil sich keine zwingende hist. Beziehung zum Jesusgeschehen nachweisen läßt. Und während das ntl. Schrifttum sonst am »Daß« des Gekommenseins des Gottessohnes orientiert ist, beschreiben Mt und Lk auch noch das ja nicht unwichtige »Wie«. Will man darauf verzichten, muß man auf andere Erklärungen des »Wie« aus sein, die aber kaum mehr darstellen würden als gewagte Hypothesen und immer darin enden werden, daß sich die Menschheit in ihrem edelsten Sproß – gewiß durch Gottes Gnade – den Erlöser gab. Das aber widerspricht dem Offenbarungssatz, daß Gott in Christus Mensch wurde. J. ist also nicht das Zeichen, unter dem das Wunder und Mysterium der Menschwerdung Gottes geschieht, sondern der von Gott in seiner Weisheit gewählte Weg.

U. Betz

Jungschararbeit

Die J. wurde im CVJM erfunden und ist heute in allen Kirchen, Freikirchen und Jugendverbänden bekannt.

1. Geschichte

Die Anfänge der »Knabenarbeit« des CVJM fallen in die Zeit um das Jahr 1880. Weil zu den Gruppen der Älteren immer mehr gerade konfirmierte Jungen kamen, sah man sich geradezu gezwungen, die Jüngeren in besonderen Abteilungen zu sammeln. So entstanden Jugendabteilungen und später auch Knabengruppen. Man sprach z.Zt. der Gründung noch nicht so viel von Jugendpsychologie, aber man handelte um des inneren Auftrags willen jugendgemäß. Über die Anfänge der J. steht uns nur wenig Material zur Verfügung. Das hat z.T. seinen Grund darin, daß bestimmte Vereine die Arbeit zwar aufgenommen hatten, sie aber in Jahresberichten nicht erwähnten, um dem Einspruch derjenigen zu entgehen, die die Jungmänner-Mission als die einzige Aufgabe des CVJM sahen und die Jugendarbeit als eine Verzettelung der Kräfte betrachteten. Schon im Jahre 1901 hatte ein Zweigverein des CVJM in Stuttgart eine selbständige »Knabenabteilung«. Dieser Name taucht allerdings erst in einem Bericht aus dem Jahre 1909 auf, in dem es heißt, daß sich der Verein »nach reiflicher Überlegung der Vor- und Nachteile entschlossen habe, eine jüngere Abteilung für Knaben von 12-14 Jahren abzuzweigen«. Aufs Ganze gesehen wollte man aber von der neuartigen Arbeit nichts wissen und wies ihr eine untergeordnete Bedeutung zu.

Diese Tendenz änderte sich in den Jahren vor dem Ersten Weltkrieg. Durch die entstehende Pfadfinderbewegung empfing auch die CVJM-Arbeit kräftige Impulse und erfuhr ein starkes Wachstum der Jugendarbeit. Naturgemäß führte dies zu besonderer Gruppenbildung und damit zu neuen Arbeitsformen, die dem Knabenalter entsprachen, wenn auch die

Mitgliedschaft in den Knabenabteilungen noch auf 12-14jährige Jungen beschränkt blieb.

Um 1920 entstand auch der Name Jungschar. Anlaß dazu wurde der Geburtstag des württembergischen Königs, dem die Jugend durch einen Vorbeimarsch ein besonderes Treuebekenntnis darbringen wollte. So wurden die vereinigten Knabenabteilungen des Stuttgarter CVJM dem König bei der Parade als »Jungscharregiment« vorgestellt. Ein Name war geboren, der sich bald in ganz Deutschland verbreitete und durchsetzte: Jungschar. Auch nach Nazi- und DDR-Regime, nach fünfzig Jahren Zwangspause, bilden sich heute zahlreiche Jungscharen in den neuen Bundesländern.

2. Das Symbol

Das Zeichen der Jungschar ist das Ankerkreuz. Schon die ersten Christen hatten eine Art Geheimzeichen. In einer Katakombe aus dem 3. Jh. fand man ein in die Wand geritztes Zeichen, das genau dem Ankerkreuz entspricht: Die Kreuzesbalken mit den Ankerhaken am unteren Ende.

Das Zeichen will bezeugen: Wir gehören zu Jesus Christus! Der Ring ist Sinnbild von Bindung, Gemeinschaft, Zusammengehörigkeit. Für eine christl. Jungschar erinnert es an den Ring der Bruderschaft in der ganzen Welt.

3. Konzeption

Die J. versteht sich weithin als altersmäßig unterste Stufe im Gesamtrahmen der Jugendarbeit für (8-12jährige) Mädchen und Jungen. Zur Zeit werden jedoch zahlreiche Überlegungen angestellt, ob nicht Kinderarbeit als notwendige Vorstufe der Jungschararbeit überall aufgenommen werden sollte. An vielen Orten wird diese Arbeit an 6-8jährigen und noch jüngeren bereits mit gutem Erfolg praktiziert.

Die J. ist im besten Sinne Umgang mit der jungen Generation, die mit erstem Selbständigsein die eigene Lebenswirklichkeit erobert. Helfend, beratend, ja auch impulsgebend an der Seite der Mädchen und Jungen zu sein, ist die Aufgabe der Mitarbeiterinnen und Mitarbeiter.

Allein im CVJM in Deutschland sind ca. 55.000 Jungen und Mädchen »ordentliche Mitglieder« ihrer Jungscharen und mindestens dreimal so viele sammeln sich wöchentlich in den nach hunderten zählenden Gruppen. Eine eigene Zeitschrift »die junge schar« ist das Bindeglied zwischen den Gruppen. Das Ziel aller J. ist begründet im bibl. Gebot »Lasset die Kinder zu mir kommen« (Mk 10,14), nämlich die Begleitung der Kinder auf dem Weg zur eigenständigen Persönlichkeit, um ihnen den Weg in der modernen Welt zu erleichtern.

Lit.: Jungschararbeit – Wie macht man das? Handbuch zur Praxis. Sonderausgabe des CVJM-Gesamtverbandes in Deutschland e.V., 1977.

R. Weiß

Jüngstes Gericht → Gericht Gottes

Justin der Märtyrer → Apologeten, altkirchliche

Justinian, Kaiser (482-565)

Flavius Petrus Sabbatius, geb. 482, war ein Bauernsohn aus dem Grenzland zwischen Thrakien und Illyrien. Seit der Kaiserwahl seines Onkels und Adoptivvaters Justin (daher J.) 518 leitete er die Regierungsgeschäfte in Konstantinopel und wurde 527 sein Nachfolger. Vor 525 hatte er die Schauspielerin Theodora geheiratet, die ihn bis zu ihrem Tod 548 in seinen Plänen und Aufgaben unterstützte. J.s Ziel war es, ein geeintes Reich und – als unabdingbare Voraussetzung dazu – eine geeinte Kirche wiederherzustellen. Symbol dieses Großreichs ist die 537 wieder errichtete Hagia Sophia.

Die Ostgrenzen mußten ständig verteidigt werden; doch fand der Perserkrieg (526-532) ein vorübergehendes (bis 540) Ende, so daß sich J. dem Westen zuwenden konnte. 533/34 besiegte sein Feldherr Belisar die arianischen Vandalen und eroberte Nordafrika zurück. Die Ostgoten leisteten so heftigen Widerstand, daß Italien erst nach siegreichen Feldzügen Belisars und Narses' 553 ganz besetzt werden konnte. Den Westgoten wurde die Südküste Spaniens genommen.

J. bekämpfte nicht nur rigoros die Reste des Heidentums (Schließung der Philosophenschulen in Athen 529), sondern betrieb konstruktiv die Einigung der Kirche. Es ging darum, an der durch das Konzil von → Chalkedon (451) verkündeten Zweinaturenlehre festzuhalten, ohne die Monophysiten auszugrenzen. An der theol. Diskussion nahm J. mit eigenen dogmat. Schriften teil. Das fünfte Konzil von Konstantinopel 533 bestätigte seine Bemühungen um eine orthodoxe und zugleich vermittelnde Formel. Aber zur Einigung mit den Monophysiten war es zu spät, da sich in Ägypten bereits die koptische, in Syrien die jakobitische Kirche abgespalten hatten.

Symbol und zugleich Instrument der Einungspläne J.s ist sein immenses Gesetzeswerk: 528 wurde eine zehnköpfige Kommission unter Leitung des Tribonianus beauftragt, aus den älteren Codices, Novellen und Kaisergesetzen ein einheitliches Lehrbuch zu erstellen. Bereits 529 erhielt der (nicht erhaltene) »Codex Iustinianus« Gesetzeskraft. Zwei Jahre später wurde ein zweiter (ebenfalls nicht erhaltener) Codex in Kraft gesetzt. Ende 530 wurde Tribonian und eine Kommission aus Rechtsgelehrten und Anwälten beauftragt, aus den Schriften der Juristen das Brauchbare zu exzerpieren und in 50 Büchern anzuordnen. Genau drei Jahre später traten die »Digesta« oder »Pandekta« in Kraft. Neben der Arbeit daran entstanden und noch vorher vollendet sind die »Institutiones«, ein Einführungslehrbuch in das Rechtsstudium, das die Institutiones des Gaius ersetzen sollte. 534 wurde dann der erste Codex revidiert und als »Codex Iustinianus zweiter Fassung« verkündet. Er war tatsächlich das maßgebliche Gesetzeswerk, ist aber schlechter überliefert als die Digesten.

Lit.: Drei dogmatische Schriften Justinians, hg. von E. Schwartz, [2]1973;

Corpus Iuris Civilis I-III. hg. von P. Krüger, 1908-1912; P. Gray: »Justinian«, TRE 17, 1988, 478-486;

L. Wenger: Die Quellen des römischen Rechts, 1953, 564-679.

H. Scheible

Kabbala

1. Das hebr. Wort Kabbala (von *qibbel*, »empfangen«) bedeutet generell »Tradition«, die Lehre, die man empfangen hat und weitergibt. Ab dem MA wird es in einem spezielleren Sinne für die jüd. Theosophie (»Mystik«) gebraucht, die wie die rabbin. Gesetzeslehre – in mündlicher Form – letztlich auf → Mose zurückgehen soll. Die Hauptwerke der Kabbalisten entstanden freilich erst gegen Ende des 13. Jh.s n.Chr. in Spanien: Das »Buch des Glanzes« (*Sephär ha-Zohar*, 1280-86) von Moses de Leon (aram. und hebr.) und die »Tore des Lichtes« (*Sha 'are 'Orah*) des Josef Gikatilla (hebr.). Bedeutsam für die jüd. und dann auch christl. Theosophen wurden die Lehre des Isaak Luria, der ab 1569 in Safed im nördl. Galiläa wirkte; sie ist von seinem Schüler Chajjim Vital (1542-1620) im Buch »Baum des Lebens« (*Es Chajjim*) beschrieben.

Die Kabbalisten wollten – ähnlich wie die dualistisch denkenden Gnostiker des 2. und 3. Jh.s und wie die eher monistische neuplatonische Philosophie – die »Tiefen der Gottheit« erforschen, in denen auch das Geheimnis der Schöpfung und der Sinn menschlicher Existenz beschlossen liegen. Vorläufer dieser Theosophie sind die rabbin. Lehren über die präexistente Weisheit = Tora und über die beiden Eigenschaften Gottes: richtende Strenge und freies Erbarmen, sowie über die »Werke der Schöpfung« (nach 1Mo 1) und über die »Werke des Thronwagens« (nach Hes 1), dazu die Hekhaloth-Literatur, das »Buch der Schöpfung« (3.-6. Jh.) und das »Buch des hellen Glanzes« (12. Jh.).

Die K. des Hochmittelalters ist eine Alternative zur phil.-aristotelischen Darstellung der jüd. Gotteslehre, wie wir sie etwa bei Maimonides finden. Sie meditiert den in der Schrift geoffenbarten Schöpfer der unsichtbaren und sichtbaren Welt(en), dessen Wesen aus der Schrift, den Namen Gottes und aus seinem Wirken in der Natur erschlossen werden kann. → Theosophie und Kosmosgonie wurden verbunden: Gott ist einerseits der Unendliche (*'En Sôph*) und Transzendente, andererseits der in seinen Kräften sich Offenbarende und in der Schöpfung Gegenwärtige. Alle Welten gingen aus ihm hervor, nachdem er durch eine Bewegung der Selbst-Konzentration (Tzim-Tzum, so I. Luria) um sich herum einen freien, Gott-losen Raum geschaffen hatte. In diesen hinein emanierten die geistigen Kräfte und Welten; durch ein Erschaffen, Bilden und Machen wurden sie formiert (vgl. Jes 43,7; 45,7). Das Zentrum der kabbalistischen Lehre bildet das System der Zehn Sephiroth (»Abglänze, Kräfte«), die durch spekulative Exegese auch in der hl. Schrift entdeckt wurden. Der Mensch ist dazu aufgerufen, sich kraft des in ihm ruhenden Seelenfunkens durch Meditation, Gebet und Gesetzesgehorsam in den Kreislauf der göttlichen Kräfte einzuschalten und so an der Bändigung des Bösen und der Restauration der ursprünglichen Harmonie dieser Kräfte teilzunehmen.

2. Auch christl. Theologen, vor allem in der Zeit des → Humanismus und des deutschen → Pietismus, nahmen kabbalistische Ideen in ihre Gotteslehre und Christologie auf. Zu ihnen gehören Pico della Mirandola (1463-1494) mit seinen kabbalistischen Thesen, Johannes → Reuchlin mit den Werken De Verbo mirifico (1494) und De Arte Cabalistica (1517), Guillaume Postel (De orbis terrae concordia, 1510-1581) und der Theosoph J. Böhme (1575-1624), dann die pietistischen Theologen im Kreis der Prinzessin Antonia von Württemberg (Lehrtafel in Bad Teinach, 1673), Chr. Knorr von Rosenroth (Cabbala denudata, 1674, 1678) und Fr. Chr. → Oetinger (Lehrtafel, 1763; Wörterbuch, 1776). Im Interesse einer »Heiligen Philosophie« benutzten sie die K., wobei sie die obersten drei Sephiroth auf die Trinität bezogen und in der zehnten (= Königtum) Christus als den Mittler der göttlichen Segenskräfte und Wiederhersteller des Falles geweissagt fanden.

Lit.: R. Goetschel, O. Betz: »Kabbala I, II«, TRE 17, 1988, 487-509; G. Scholem: Kabbalah, 1974, (Lit.).

O. Betz

Kaftan, Julius Wilhelm Martin (1848-1926)

K., geb. am 30. 9. 1848 in Loit bei Apenrade (Nordschleswig), gest. am 27. 8. 1926 in Berlin-Steglitz, Bruder von → K., Theodor.

K. war zunächst als Privatdozent in Leipzig und Basel tätig (1873), ehe er hier 1874 ao. Prof., 1881 o. Prof. wurde. 1883 übernahm er den Lehrstuhl → Schleiermachers in Berlin; zugleich war er von 1904 bis 1925 Mitglied des Ev. Oberkirchenrats der altpreußischen Landeskirche und seit 1921 dessen geistl. Vizepräsident. Als solcher wirkte er beim Entstehen der neuen Kirchenverfassung der altpreußischen Union (1922) mit und führte – seiner Theologie entsprechend um die soziale Arbeit der

Kirche besorgt – den Vorsitz im sozialen Ausschuß des Deutschen Ev. Kirchenbundes; beteiligt war er auch an der Gründung des → Ev.-sozialen Kongresses und zählte anfangs zur »Vereinigung der Freunde der Christlichen Welt«.

Als »inkonsequenter Ritschlianer« dem konservativen Flügel der Schule → Ritschls angehörend und von der geschichtl. Offenbarung Gottes in Christus ausgehend, bemühte sich K.s mit einem mystischen und universalen Akzent versehene Theologie um ein »neues Dogma«: Unter Einbeziehung der Religionsgeschichte versuchte er den ev. Glauben in das geistige Leben einzuordnen und seine Allgemeingültigkeit wie auch seine autonome Erkenntnis zu erweisen. In Anlehnung an → Kant (Primat der praktischen Vernunft) und die Badische Schule des Neukantianismus (Wertphilosophie) die Religion als »praktische Angelegenheit des menschlichen Geistes« bestimmend, sah er im Christentum das »höchste Gut« verwirklicht: das Reich Gottes, das in »innerweltlichen« (sittlich-soziale Entwicklung) und – damit korrelierenden – »überweltlichen Gütern« (Teilhabe am Leben Gottes) besteht.

K.s »Dogmatik« (1897, [8]1920) war zu Beginn des 20. Jh.s ein Standardwerk der theol. Ausbildung.

Lit.: J. Kaftan: Das Wesen der christlichen Religion, 1881 ([2]1888); Die Wahrheit der christlichen Religion, 1888; Philosophie des Protestantismus, 1917.

Kirche, Recht und Theologie in vier Jahrzehnten. Der Briefwechsel der Brüder Theodor und Julius Kaftan, hg. von W. Göbell, 2 Bde., 1967, 962-973 (Bibliogr.).

Die Religionswissenschaft der Gegenwart in Selbstdarstellungen, hg. von E. Stange, Bd. 4, 201-232 (Autobiographie).

W. Göbell: »Kaftan, Julius Wilhelm Martin«, TRE 17, 1988, 518-521 (Lit.); A. Heger: Julius Kaftans theologische Grundposition im Verhältnis zu Schleiermachers Prinzipienlehre, 1930; A. Titius: Julius Kaftan, ZThK NF 8 (1927), 1-20.

W. Raupp

Kaftan, Theodor Christian Heinrich (1847-1932)

K, geb. am 18. 3. 1847 in Loit bei Apenrade, gest. am 26. 11. 1932 in Baden-Baden, Bruder von → K., Julius. Ebenso wie sein Bruder studierte K. Theologie in Erlangen, Berlin und Kiel. Als Diakonus amtierte er in der dänischen Gemeinde Apenrade (1873-1880), schließlich als Regierungs- und Schulrat in Schleswig (1880-1884) und als Propst in Tondern, bevor er 1886 zum Generalsuperintendenten für Schleswig ernannt wurde; nach seiner Emeritierung 1917 übernahm er die Pfarrei der luth. Gemeinde in Baden-Baden.

Seit Claus → Harms hat kein Kirchenführer so nachhaltig auf Schleswig-Holstein eingewirkt wie K. Bestrebt, das Christentum als »Volkssache« einzubürgern und die Kirche vom Staat zu trennen, leitete er Reformen ein (»Gottesdienstordnung«, 1892; »Liturgisches Handbuch«, 1897; Neuordnung der Visitation und Ausbildung; Einrichtung »geistlicher Synoden«), die für die Ev.-Luth. Landeskirche nach dem Wegfall des landesherrlichen Kirchenregiments (1918) wegweisend wurden. Darüber hinaus zeitigte K.s Mitarbeit in verschiedenen luth. Gremien, besonders in der Allg. Ev.-Luth. Konferenz, weitreichende Wirkungen; seine kirchenpolit. und kirchenrechtlichen Konzeptionen (»Bischöfliche Kirchenverwaltung«, 1928) wurde beim Aufbau der VELKD und im Weltluthertum herangezogen; nachhaltig förderte er auch die ökumen. Bewegung.

Motiviert war sein (auch von seinem Bruder beeinflußtes) Denken, das sich von orth. wie auch von liberalen Positionen absetzte, von konfessionellem, luth.-reformat. Gedankengut; die Fragestellungen seiner Zeit aufnehmend, versuchte er dieses als »Moderne Theologie des alten Glaubens« (1905) darzustellen.

Lit.: Th. Kaftan: Der christliche Glaube im geistigen Leben der Gegenwart, [3]1903; Vier Kapitel von der Landeskirche, [2]1907; Der Mensch Jesus Christus, der einige Mittler zwischen Gott und den Menschen, 1908; Zur Verständigung über moderne Theologie des alten Glaubens, 1909;

Kirche, Recht und Theologie in vier Jahrzehnten. Der Briefwechsel der Brüder Theodor und Julius Kaftan, hg. von W. Göbell, 2 Bde., 1967, 939-957 (Bibliographie);

Erlebnisse und Beobachtungen 1924 ([2]1931) (Autobiographie).

W. Göbell: Theodor Kaftan, in: Schriften des Vereins für schlesw.-holst. Kirchengeschichte, R. 2, 10 (1949/50), 7-26; ders.: »Kaftan, Theodor Christian Heinrich«, TRE 17, 1988, 521-523 (Lit.).

W. Raupp

Kagawa, Toyohiko (1888-1960)

K., Theologe, Evangelist, Sozialreformer, Verfasser von mehr als 130 volkswirtschaftl., soziologischen und theol. Büchern sowie Gedichten und Romanen, geb. am 10. 7. 1888 in der Hafen- und Handelsstadt Kobe (Japan) als Sohn eines japanischen Samurai und einer Geisha, starb am 23. 4. 1960 in Tokio. K. lebte in seiner Jugend »inmitten von Reichtum, aber in Tränen«. Als Schüler ließ sich K. taufen und wurde deswegen enterbt und aus der Familie ausgestoßen. 1905 begann K. mit dem Studium der Theologie und lebte als Student und Pfarrer von 1909 bis 1923 im Elendsviertel Shinkawa in Kobe, um »Jesu Geist unter den Armen auszubreiten«. Mit den Einnahmen seiner in der ganzen Welt verbreiteten Bücher finanzierte er seine Evangelisationen und sozialen Hilfswerke. 1913 heiratet K. Shiba Haruko, die bis zum Ende seines Lebens seine treueste Mitarbeiterin wurde. Shinkawa wurde zu einem »Laboratorium des Lebens und der menschlichen Gesellschaft«. 1914-16 studierte K. in Princeton (USA) Soziologie und Wirtschaftswissenschaft und gründete 1921 die »Arbeiter- und Bauern-Union«. Die japanische Regierung berief ihn 1923 nach dem schrecklichen Erdbeben in die »Kaiserliche Wirtschaftskommission«. Auf K.s Initiative wurde die Sozialgesetzgebung Japans wesentlich reformiert, vor allem durch die Einbeziehung genossenschaftlicher Elemente in die Sozialgesetzgebung. Auf Drängen der Stadtverwaltung übernahm K. 1930 die Leitung des Wohlfahrtsamtes unter der Bedingung, kein Gehalt annehmen zu müssen, dafür aber freie Hand für die Verwirklichung seiner Reformpläne zu erhalten; außerdem setzte er die Arbeitslosenversicherung für Arbeiter durch. Dem Völkerfrieden dienten seine Reisen in den 30er und 40er Jahren nach Australien, Neuseeland, Indonesien, USA und Europa. K. gründete 1928 die »Liga gegen den Krieg«. 1930 begann er seine Evangelisation als »Reich-Gottes-Bewegung«, in der Laien gleichzeitig für die Evangelisation und Organisation von Arbeiter- und Bauerngenossenschaften ausgebildet wurden, denn »Liebe als Lebensgesetz« bedeutet, daß »echte Religion ... in die Schlafzimmer, in die Studierzimmer, auf die Straßen, in die Fabriken, in alle Erfindungen dringt ... ja selbst in unseren Schlaf«. Während des Zweiten Weltkrieges wurde K. vom japanischen Geheimdienst streng überwacht und öfters eingesperrt. Nach 1945 widmete sich K. ganz dem Wiederaufbau des zerstörten Landes und der Evangelisation.

Lit.: T. Kagawa: Auflehnung und Opfer, 1929; Ein Stück Granatapfel, 1933; Weg im Zwielicht (Zeitwende 14, 1937/38, 661-672 und 15, 1938-1939); Ein Weizenkorn, 1954.

C. Barth: Taten in Gottes Kraft, 1936, [4]1953; C. v. Drey: Toyohiko Kagawa – ein Samurai Jesu Christi, 1951; L. Hennig: Zur Theologie Kagawas (EMZ 10, 1953, 129-137.167.175); Ch.M. Simon: Kagawa. Die Geschichte eines Lebens, 1959; G. Rosenkranz: Flammendes Herz in Gottes Hand (1948) [2]1954.

K.W. Rennstich

Kähler, Martin (1835-1912)

K. wurde am 6. 1. 1835 in Neuhausen bei Königsberg geboren. Er studierte Theologie bei R. Rothe in Heidelberg und bei A. → Tholuck und Julius Müller in Halle. Dort wirkte er selber seit 1879 bis zu seinem Tod am 7. 9. 1912 als Professor für Systematische Theologie und NT. Beeinflußt war K. auch von J.T. → Beck und befreundet u.a. mit H. → Cremer.

K. wollte Bibeltheologe sein und die Bibel den Theologen und den Laien lieb und der lebendigen Erfahrung des Glaubens zugänglich machen. Dem Glauben geht das voraus, was bleibend seinen Grund bildet: die Versöhnung der Welt mit Gott im Kreuz Jesu. Sie ist Gottes Tat und ermächtigt dazu, alle Menschen aus der Gegnerschaft gegen Gott heraus- und in den Freiraum der Versöhnung und der Rechtfertigung hineinzurufen. Wer die Botschaft annimmt, der gibt Gott und seinem Gewissen Recht, indem er die Sünde verurteilt. Er empfängt Gewißheit des Heils, aber auch »Unheilsgewißheit«, nämlich die Erkenntnis, daß wir ohne Christus verloren sind (Zur Lehre von der Versöhnung, Neudruck 1937).

In seinem Hauptwerk: Die Wissenschaft der christlichen Lehre (Neudruck 1966) fragt K. vom Standort des Rechtfertigungsglaubens aus nach dessen Grund im Heilsgeschehen, von dem die ntl. Predigt verläßliche Kunde gibt. An diesem Zeugnis vorbei gibt es keinen Glauben, keine Kirche und keine Mission. Allein durch die Bibel kommen wir zu dem lebendigen irdischen und erhöhten und durch seinen Geist gegenwärtig wirksamen Christus. So entsteht lebendige Wechselwirkung zwischen dem geschichtlichen und auferstandenen Christus, dem bibl. Zeugnis von ihm und dem Glauben der Gemeinde an ihn. Damit gibt K. der Glaubenserfahrung den Vorrang vor der hist. Forschung. (Der sogenannte historische Jesus und der geschichtliche, biblische Christus, ^{3}1961).

Lit.: J.H. Schmid: Erkenntnis des geschichtlichen Christus bei Martin Kähler und bei Adolf Schlatter, 1978; U. Wimmer: Geistestheologie. Zur Theologie Martin Kählers, 1978; H.-P. Göll: Versöhnung und Rechtfertigung, 1991; J. Schniewind: Der lebendige Gott in Martin Kählers theologischer Arbeit und biblischer Verkündigung, 1937.

J.H. Schmid

Kahnis, Karl Friedrich August (1814-1888)

K., geb. am 22. 12. 1814 in Greiz (Vogtland), studierte ab 1835 in Halle Theologie. Dort prägte ihn die Erweckungstheologie → Tholucks, ab 1840 in Berlin v.a. → Hengstenberg. 1842 habilitiert, 1844 Ruf als ao. Professor nach Breslau. Ab 1850 Professor für Dogmatik und Kirchengeschichte in Leipzig. K. sympathisierte mit den altluth. Gegnern der durch die Revolution von 1848 mit herbeigeführten preuß. Union. Besondere Freundschaft verband ihn mit dem 1867 nach Leipzig berufenen

Franz → Delitzsch. Eine dreibändige Dogmatik veröffentlichte er zwischen 1861 und 1868. 1885 zog sich K. vom Studienbetrieb wegen Krankheit zurück und verstarb am 20. 6. 1888 in Leipzig.

K. suchte in seiner Person Konfessionalismus und Vermittlungstheologie zu vereinbaren. Dies war sein Weg, konfessionelle Starrheit zu bekämpfen. Er selbst sah darin nie ein Antasten des für ihn bindenden luth. Bekenntnisses. So bleibt K. eine Anfrage an alle vorschnelle Rechtgläubigkeit, läßt aber auch die Unsicherheit erahnen, in die hinein Theologie sich manövriert, wenn sie sich auf subjektiv angenommene Grundwahrheiten zurückzieht.

Lit.: J. Kunze: »Kahnis, K.F.A.«, RE^{3} 9, 692-698; Mulert: »Kahnis, K.F.A.«, RGG^{2} III, 584.

R. Albrecht

Kaiserkult → Herrscherkult

Kaiserswerther Generalkonferenz/ Kaiserswerther Verband

1836 hatte Th. → Fliedner die Diakonissenanstalt Kaiserswerth gegründet; 1861 – nach Kaiserswerther Vorbild waren inzwischen 26 Mutterhäuser in Europa entstanden – trafen sich erstmals Abgesandte von 12 dieser Einrichtungen zur »Conferenz der Deputierten« in Kaiserswerth. Man suchte Erfahrungsaustausch, gegenseitige Stärkung und das geistl. Band einer Dienstgemeinschaft und traf sich seitdem alle drei Jahre zur K. G. Enger sollte die bindende Struktur nicht werden, die Mutterhäuser legten auf Selbständigkeit Wert. Vorbild und Anspruch von Kaiserswerth blieben dennoch maßgebend für die Konferenz und fanden Ausdruck in den Grundordnungen, die 1901, vierzig Jahre nach der ersten Zusammenkunft, als für die angeschlossenen Mutterhäuser bindend beschlossen wurden. Sie ordnen die Leitung der Mutterhäuser durch die Oberin und einen Pfarrer, behandeln die Aufgaben der Diakonissen in Kranken-, Gemeinde- und Kinderpflege, regeln die berufliche und geistl. Zurüstung sowie die Tracht. 1916 bildeten die deutschen Mutterhäuser, entgegen der für die Generalkonferenz maßgeblichen Linie, innerhalb der Konferenz einen eigenen Zusammenschluß, den K. V. Er half den sonst auf sich gestellten Häusern nicht nur durch die Bedrängnisse des Ersten Weltkrieges, er ermöglichte es der → Mutterhausdiakonie auch, eine ausgedehnte Rolle im Wohlfahrtsstaat der Weimarer Republik zu spielen. Das Bestreben, die Arbeit zu sichern, brachte den K. V. während der NS-Zeit in bedenkliche Abhängigkeiten vom Regime, die um der Kranken willen in Kauf genommen wurden. Gegenüber dem nationalsozialistischen Eugenikprogramm fehlte die klare Abgrenzung, sie war dem Mut einzelner Schwestern und Pfarrer überlassen. Bitterkeit und Kritik aus der Ökumene erforderten nach dem Krieg eine geistl. Neubesinnung. Schwieriger als der materielle Wiederaufbau gestaltete sich der notwendige innere Umbau der Mutterhausgemeinschaften, für den es außerhalb der deutschen Grenzen ökumen. Modelle gab, während der Nachwuchsmangel die Deutschen von der »sterbenden Mutterhausdiakonie« reden ließ. Neue und freiere Rahmenordnungen, die die Generalkonferenz 1971 an die Stelle der bisherigen, 1951 überarbeiteten Grundordnungen setzte, gaben den Weg frei zum »kommunitären und diakonischen Leben in einer Vielfalt der Glaubens-, Lebens- und Dienstformen«. Dem K. V. gehören heute ca. 80 Mutterhäuser und Diakoniewerke an. Innerhalb des Verbandes ist die aus Nichtdiakonissen rekrutierte Diakonische Schwesternschaft eine unverzichtbare Ergänzung der Mutterhausdiakonie.

Lit.: R. Felgentreff: Profil eines Verbandes. 75 Jahre Kaiserwerther Verband, 1991; H. Lauterer-Pirner: Liebestätigkeit für die Volksgemeinschaft. Der Kaiserswerther Verband zwischen institutioneller Selbstsicherung und Resistenz in den ersten Jahren des NS-Regimes, 1990.

R. Boeckler

Kaisertum und Papsttum

Beide Stichworte bezeichnen in der mittelalterl. Kirchengeschichte ein spannungsvolles Mit- und Gegeneinander im Kampf um die Vorherrschaft im Abendland. In der Regierungszeit Konstantins des Großen, der als erster röm. Kaiser das Christentum offiziell toleriert, werden Ansätze einer Reichstheologie sichtbar (Euseb von Caesarea). Mit dem Übergang der kaiserlichen Residenz von Rom nach Konstantinopel (330) und dem Erlöschen des weström. K.s (476) verändert sich jedoch die Situation grundlegend. Während in Byzanz das theokratische Denken (Caesaropapismus) fortbesteht (bis 1453), entwickelt sich im Abendland die Vorstellung von K. und P. als den zwei Schwertern, mit denen Gott die Christenheit regiert (nach Lk 22,38). Anknüpfend an → Augustins »Gottesstaat« formuliert Papst Gelasius I. (492-496) die Zwei-Gewalten-Lehre.

Entscheidend für die weitere Entwicklung sind die Ereignisse Mitte des 8. Jh.s. Das P. wendet sich, als es im Süden von den Langobarden bedroht wird, von seiner bisherigen Schutzmacht Byzanz ab und sucht Hilfe beim Frankenreich. Aus diesem Grund läßt Papst Stephan II. den fränkischen Herrscher Pippin III. zum König salben, ernennt ihn zum »Schutzherrn der Römer« (754) und errichtet im Zusammenwirken mit ihm den Kirchenstaat. Die erst jetzt geschriebene sog. »→ Konstantinische Schenkung«, die den päpstlichen Anspruch auf Führung des Abendlandes belegen soll, datiert die Rechtsgrundlage dieses Vorganges in das 4. Jh. zurück.

Die Krönung → Karls des Großen in Rom (800) bringt das gewandelte Verhältnis von K. und P. öffentlich zum Ausdruck: Papst Leo III. überträgt als Rechtsnachfolger des röm. Reichs dem Frankenkönig die Kaiserwürde (*translatio imperii*) und begründet damit das röm. K. im Westen neu. Nach mehreren Reichsteilungen, in denen die fränkische Herrschaft zerfällt, erneuert Otto der Große das karolingische K. (962), das fortan ausschließlich mit dem deutschen Königtum verbunden ist. Wichtigste Säule seiner Herrschaft ist die auf dem → Eigenkirchenwesen basierende Reichskirche, durch die der Klerus zu einem festen Bestandteil der Reichsadministration wird. Der große Einfluß des Kaisers auf Papst- und Bischofswahlen (Synode von Sutri 1046) wird jedoch von der cluniazensischen Reformbewegung, die die »Freiheit der Kirche« zu ihrem Programm gemacht hat, scharf kritisiert.

Im »→ Investiturstreit« führt dies zu schweren Auseinandersetzungen zwischen K. und P. Ihren ersten Höhepunkt erreichen sie unter Papst Gregor VII., der nicht nur die laikale Mitwirkung bei Bischofswahlen (Laieninvestitur) zurückdrängt, sondern mit dem Anspruch, als oberster Richter auch Kaiser absetzen zu können (»Dictatus Papae« 1075), sich direkt in die Reichspolitik einschaltet. Heinrich IV. muß sich ihm in Canossa (1077) beugen, doch führt das Wormser Konkordat (1122) zu einem, wenn auch nur vorübergehenden, Ausgleich der Interessen.

Unter den Stauferkönigen spitzt sich der Konflikt zwischen K. und P. zu. Friedrich I. Barbarossa reklamiert mit dem Anspruch, daß das K. allein von Gott eingesetzt sei, als Regent des »imperium sacrum« den Vorrang für sich, vermag sich aber gegen Papst Alexander III. nicht durchzusetzen (Friede von Venedig 1177). Wenig später ist es Innozenz III., der mit dem Anspruch, »Stellvertreter Christi« zu sein, über den deutschen Thron bestimmt und das K. zu einem päpstlichen Lehen degradiert. Das P. steht unter seinem Pontifikat auf dem Höhepunkt der Macht (4. Laterankonzil 1215). Charakteristisch ist dafür die von ihm formulierte Zwei-Lichter-Theorie, nach der sich P. und K. zueinander verhalten wie Sonne und Mond. Tatsächlich trägt das P. in den Auseinandersetzungen des 13. Jh.s über das staufische K. den Sieg davon, gerät dafür jedoch zunehmend in französische Abhängigkeit.

Den papalen Hegemonieansprüchen, die Bonifaz VIII. gegenüber dem K. erhebt (Bulle »Unam Sanctam« 1302), fehlt bereits die Grundlage. Sie münden darum ein in die »babylonische Gefangenschaft« des P.s im Exil von Avignon (1309-1377). Vergeblich macht Johannes XXII. Anfang des 14. Jh.s von dort aus gegenüber Ludwig dem Bayern die päpstlichen Rechte bei dessen Kaiserkrönung (1328) geltend. Ihm wird nunmehr die naturrechtliche Überzeugung entgegengehalten, daß die staatl. Gewalt nicht nur von der kirchl. unabhängig, sondern ihr auch übergeordnet ist (→ Marsilius von Padua, Defensor pacis, 1324). Die mittelalterl. Vorstellung, daß die eine Christenheit in K. und P. zwei gleichrangige Häupter hat, wird damit erstmals prinzipiell in Frage gestellt. Gleichzeitig führt das Papstschisma (1378-1415), das erst auf Initiative König Sigismunds überwunden wird, zu einer weiteren Aushöhlung der päpstlichen und zu einer Aufwertung der kaiserlichen Autorität, was mit den Konzilien zu Konstanz (1414-1418) und zu Basel (1431-1449) eine Phase des Konziliarismus einleitet.

In der Reformationszeit kommt es ein letztes Mal zum Zusammenwirken von K. und P. Zur Durchsetzung des Ketzerrechts gegen → Luther stellt sich → Karl V. auf die Seite des P.s (Reichstag zu Worms 1521), überwirft sich mit ihm aber in der Frage eines Reformkonzils. Faktisch sind K. und P. zu diesem Zeitpunkt bereits voneinander unabhängig, was sich auch im → Augsburger Religionsfrieden (1555) zeigt, der die konfessionelle Spaltung des deutschen Reichs besiegelt. Der Reichsdeputationshauptschluß (1803) beendet mit der Auflösung des »Heiligen röm. Reichs dt. Nation« die Geschichte des mit ihm verbundenen K.s. An seine Stelle treten die europ. Nationalstaaten. Auch das P. gibt im ersten Vatikanischen Konzil (1871) seinen Anspruch auf Führung des Abendlandes auf und beschränkt sich auf den Primat innerhalb der röm.-kath. Kirche (Unfehlbarkeitsdogma).

Lit.: A. Angenendt: Das Frühmittelalter, 1990; M. Greschat (Hg.): Das Papsttum, Bd. 1-2, 1985; J. Miethke, A. Bühler: Kaiser und Papst im Konflikt, 1988; R. W. Southern: Kirche und Gesellschaft im Abendland des MA, 1976; R. Staats: Die Reichskrone, 1991; H. Zimmermann: »Kaiser und Papsttum«, TRE 17, 1988, 525-535.

H. Holze

Kaleb e.V.

Die Lebensrechtsbewegung hat ihren Namen nach der bibl. Gestalt aus 4Mo 13,30 (der im Vertrauen auf Gott die Bewohner des Landes Kanaan nicht fürchtete) und bedeutet »Kooperative Arbeit Leben ehrfürchtig bewahren«. Entstanden ist K. aus christl. Einzelinitiativen zum Schutz ungeborener Kinder; gegründet am 27. 1. 1990 in Leipzig als bundesweiter, eingetragener, gemeinnütziger Verein mit Sitz in Berlin. K. ist erste Lebensrechtsbewegung in den neuen Bundesländern, mit ca. 600 Mitglieder in 46 Regionalgruppen (1993); sie hat einige Kontakt-Beratungsstellen für Schwangere und Familien.

Grundlage ist das bibl. Menschenbild, das 5. Gebot, Gebet. Als Grundsätze gelten: Mit dem Augenblick der Befruchtung der Eizelle beginnt ein neues Menschenleben. Recht auf Leben als Menschenrecht schließt Ehrfurcht vor dem Leben und Schutz des Lebens in jeder Lebensphase und bei Behinderung ein. Gott bestimmt über Anfang und Ende des Lebens.

K. lehnt daher vorgeburtliche Kindestötung ebenso ab wie die Ausstellung von »Beratungsscheinen«, die Grundlage der → Abtreibung bilden. Vorgeburtliche Untersuchung muß häufig als Vorentscheid über Lebenswert eingeschätzt werden.

Information und Aufklärung über Sexualethik, verantwortliche Empfängnisregelung, vorgeburtliches Kind, Schwangerschaftsabbruch, Hilfe im Konflikt geschehen durch vielfältige Aktionen; Einsatz in Schulen, Stellungnahmen insbesondere zu § 218 StGB; Gesprächs-, Beratungs-, Hilfsangebot für Schwangere sowie für Frauen nach Abtreibung.

U. Toaspern

Kalender → Erbauung/Erbauungsschrifttum; → Kirchenjahr

Kanada → Nordamerika

Kanon der Bibel → Bibel

Kanoniker → Ämter, kirchliche

Kanonisches Alter → Klerus und Laien

Kanonistik → Kirchenrecht

Kant, Immanuel (1724-1804)

K. wurde am 22. 4. 1724 als viertes von zwölf Kindern eines Sattlers in Königsberg (Ostpreußen) geboren und von seiner Mutter und im Gymnasium in pietist. Frömmigkeit erzogen. Nach dem Studium der Philosophie, Mathematik und Physik und mehrjähriger Hauslehrerzeit lehrte er seit 1755 als Privatdozent an der Universität Königsberg; erst 1770 wurde er dort zum ordentlichen Professor der → Logik und → Metaphysik berufen. Sein 1781 erschienenes Hauptwerk, die »Kritik der reinen Vernunft«, machte ihn weit über die Grenzen Ostpreußens hinaus berühmt, die er selbst zeitlebens nie überschritten hat. K. blieb unverheiratet, pflegte aber in seinem Haus einen lebhaften geselligen Verkehr. Aufgrund seiner peniblen Lebensweise blieb er bis ins hohe Alter gesund und geistig wach; nach kurzer Krankheit starb er am 17. 2. 1804.

Nach einer vorkritischen Periode, die stärker um kosmologische und metaphysische Themen kreiste, beginnt 1781 mit der Vernunftkritik K.s kritische Philosophie, die zunächst nach der Möglichkeit von Metaphysik als Wissenschaft fragt. Da es in der Metaphysik speziell um die »drei Ideen: Gott, Freiheit, Unsterblichkeit« geht, wird hier schon das eminent theol. Interesse K.s deutlich. Es gehört zur Natur des Menschen, nach diesen Ideen zu fragen, doch sind sie »nur Ideen« der Vernunft, denen kein sinnlich wahrnehmbares Datum entspricht. Sie gehören einer intelligiblen Welt an, die jenseits der Möglichkeit exakter Erkenntnis zwar zu postulieren, aber niemals zu beweisen ist. So führt die Frage nach der Möglichkeit metaphysischer Erkenntnis unvermeidbar zur Frage nach den Grenzen menschlicher Erkenntnis überhaupt. In seiner Antwort auf diese Frage gelingt es K., die beiden Hauptströme der neuzeitlichen Philosophie, → Empirismus und → Rationalismus, auf einer höheren, nämlich der »transzendentalen« Ebene zu verbinden. Denn wenn auch kein Zweifel daran besteht, »daß alle unsere Erkenntnis mit der Erfahrung anfange, ... so entspringt sie darum doch nicht eben alle aus der Erfahrung« (B 1), d.h. wenn auch ohne sinnliche Wahrnehmung gar keine Erkenntnis möglich ist, so liegen doch der jeweiligen Wahrnehmung Anschauungsformen und Verstandeskategorien zugrunde, die völlig unabhängig von jeder Erfahrung (d.i. »a priori«) im Erkenntnisvermögen gegeben sind. Darum erkennen wir auch niemals die »Dinge an sich«, sondern – vermittelt durch die apriorischen Erkenntniskonstitutiven der Sinne und des Verstandes – immer nur ihre »Erscheinungen«. Die transzendentale Fragestellung untersucht eben diese apriorischen Bedingungen der Möglichkeit von Erkenntnis, weil davon die Allgemeinheit und Notwendigkeit, d.h. die Wissenschaftlichkeit von Erkenntnisaussagen abhängt.

Weil K. in der »Kritik der reinen Vernunft« menschliches Wissen auf den Bereich möglicher Erfahrung eingegrenzt und die metaphysischen Ideen als reine Gedankengebilde jenseits dieses Bereiches angesiedelt hatte, mußte er sich nach einer neuen Begründung der Metaphysik und des Gottesglaubens umsehen. Dies versuchte er in seinen Schriften »Grundlegung zur Metaphysik der Sitten« (1785) und »Kritik der praktischen Vernunft« (1788). Auch hier geht es ihm um die a priori, also vor aller Erfahrung allgemein und notwendig geltende Bedingung und Norm, die das sittliche Handeln konstituiert, und er findet sie in dem mit und von der Vernunft a priori gegebenen Sittengesetz, das den einzelnen Menschen in der Form des kategorischen → Imperativs in die Pflicht nimmt: »Handle nur nach derjenigen Maxime, durch die du zugleich wollen kannst, daß sie ein allgemeines Gesetz werde!« Moralisch ist allein jene Handlung, die aus Achtung vor dem Sittengesetz und aus purer Pflicht geschieht. Solches Handeln setzt dreierlei voraus: die Freiheit des Willens, die Unsterblichkeit der Seele zur Erlangung der sittlichen Vollkommenheit und die Existenz Gottes als des Garanten der schließlich zu erreichenden Glückseligkeit als Lohn sittlichen Handelns. So kehren hier die Ideen der reinen theoretischen Vernunft als »Postulate der praktischen Vernunft« wieder, ohne die alles sittliche Streben und Handeln sinnlos wäre. Von daher ist Metaphysik nun praktisch begründet, und ihre Aussagen sind zwar nicht Sache des Wissens, wohl aber eines moralisch vernünftigen Glaubens.

Dies hat nun folgenreiche Auswirkungen für die Religion, die nichts anderes ist als die nachträgliche subjektive »Erkenntnis aller unserer Pflichten als göttlicher Gebote«. Religion ist damit wesentlich Moral, und alle rel. Statuten, kultischen Ordnungen und kirchl. Dogmen, die über das Moralische hinausgehen oder ihm gar widersprechen, lehnt K. in seiner Schrift »Die Religion innerhalb der Grenzen der bloßen Vernunft« (1793) als »Religionswahn« und »Afterdienst Gottes« ab. Darum ist auch die Hl. Schrift streng nach den Maßstäben der praktischen Vernunft auszulegen, die K. im »Streit der Fakultäten« (1798) näher ausführt. Die Geschichtsaussagen der Bibel in ihrer theol. Bedeutung sowie deren Aussagen über Inkarnation, Auferstehung und Trinität usw. fallen natürlich als unannehmbar durch K.s hermeneutisches Raster. Was allein zählt, ist ihr moralischer Gehalt.

K.s Leistung in der Philosophie, z.B. im Blick auf eine wissenschaftstheoretische Grundlegung der modernen Naturwissenschaften, ist unbestreitbar. Auch K.s Wirkung in der ev. Theologie und Kirche war beträchtlich. F.E.D. → Schleiermacher, W. → Herrmann, R. → Bultmann und viele andere gehen bis heute wie selbstverständlich von dem theol. Ergebnis der »Kritik der reinen Vernunft« aus, daß Gott und sein Handeln in Natur und Geschichte unerkennbar sei, und suchen entsprechend eine andere Basis der bibl. Gotteslehre. Daß Glauben und Wissen im Gegensatz zueinander stünden, ist sogar zur Populärmeinung geworden. Diese Auswirkungen K.s sind von der Theologie noch wenig kritisch aufgearbeitet worden.

Lit.: F. Kaulbach: Immanuel Kant, 1969; K.-H. Michel: Kant und die Frage der Erkennbarkeit Gottes, 1987; E.R. Sandvoss: Immanuel Kant. Leben, Werk, Wirkung, 1983.

K.-H. Michel

Kantate

Die K. (ital.: Singstück) ist Anfang des 18. Jh.s in Italien ein begleitetes Sololied mit einem lyrisch-dramatischen Text aus der Liebespoesie, Allegorie oder Mythologie (Rossi, Carissimi, Stradella, Cesti).

Heute wird die K. v.a. mit dem Namen J.S. → Bach verbunden. Voraussetzung für die Spätform seiner K.n war die Ausformung des Rezitativs und der Arie. Das Rezitativ ist ein Sprechgesang, z.B. um eine Handlung zu erzählen.

In der Arie wird der Text »betrachtet«. Durch die neue Kunst des Affekts, der Symbolik und der Tonmalerei wird der Text in der Musik ausgedeutet.

Im Instrumentalen wird der Basso continuo (Tasteninstrument mit Baßfundament, z.B. Violoncello) obligat (Carissimi). Weitere Instrumente treten hinzu und erhalten immer selbständigere Aufgaben als Vor- Zwischen- und Nachspiele (Ritornell).

Die Blütezeit der italienischen Solok. liegt zwischen 1650 und 1750 (Scarlatti, Pergolesi, Lotti, Caldara, Händel, Telemann).

Durch Luther stehen in der ev. Kirchenmusik Bibelwort und Kirchenlied im Mittelpunkt kompositorischen Schaffens. Es entstehen Bibeltext- und Choralk.n für Soli und einzelne Instrumente wie auch für Chor und kleines Orchester. Mit zunehmendem Einfluß des → Pietismus und ausgehend von der italienischen K.ndichtung entstehen geistl. Oden, erbauliche Gedichte (Olearius 1664, Agricola, S. Franck), die, als reine Odenk.n oder mit Bibelversen und Chorälen kombiniert, vielfältige Mischformen ermöglichen (Ahle, Briegel, Buxtehude, Hammerschmidt, Krieger).

1700 erscheint Erdmann Neumeisters Textsammlung »Geistliche Cantaten statt einer Kirchen-Music«, Betrachtungen zu den Lesungen des Kirchenjahrs. Die so entstandene madrigalistische K. besteht aus dem Rezitativ und der Da-capo-Arie (Form: A B A). Bei weiteren K.njahrgängen nimmt Neumeister

1708 (Bibel-)Texte für den Chor und 1711/14 Choräle hinzu, die die Gemeinde mitsingen soll.

Bach bezieht seine K.ntexte von Salomo Franck, Neumeister, Chr.Fr. Henrici (Deckname: Picander) und anderen. Er schreibt Solo- und Chork.n in unterschiedlichster instrumentaler Besetzung (Streicher, Quer-, Blockflöten, Oboen, Hörner, Trompeten, Pauken) und mit dem obligaten Basso continuo.

Einige Chork.n beginnen nach einem Vorspiel des vollständigen Orchesters mit einem polyphonen Chorstück, z.T. mit Choralbezug. Es wechseln dann Rezitative und Arien für Solisten und Instrumentalgruppen ab. Den Schluß bildet ein homophoner Choralsatz. In ähnlicher Weise werden bei Choralk.n die Liedstrophen mit oder ohne Cantus-firmus-Verwendung als Arien, Chorstücke oder Choralsätze durchkomponiert.

Die aufkommende K. war regelmäßiger Teil des Gottesdienstes und wurde unmittelbar vor der Predigt musiziert.

Die Kritik richtete sich vor allem gegen die formale und musikalische Nähe zur immer wichtiger werdenden Oper. Nach Bach (1750) hat diese Gattung erst im 20. Jh. mit der Belebung der kirchl. Gebrauchsmusik wieder Beachtung gefunden.

Lit.: Blume: Geschichte der evangelischen Kirchenmusik, 1965; Dürr: Die Kantaten von Johann Sebastian Bach, 1971; ders.: Musik in Geschichte und Gegenwart: Kantate; Ph. Spitta: Johann Sebastian Bach, 1949; Schweitzer: Johann Sebastian Bach, 1963.

H. Krüger

Kantor

Im NT wird das Amt des Vorsängers, wie er im jüd. Tempel- und Synagogengottesdienst üblich war, nicht erwähnt. Die Alte Kirche kennt jedoch den Psaltes oder Psalmista als den Vorsänger. Seine Bedeutung wuchs in dem Maße, in dem sich die Gesänge musikalisch entfalteten. Die Bezeichnung K. läßt sich im kirchl. Bereich erstmals am Ende des 5. Jh. in Marseille nachweisen. Während der Psaltes in der Ostkirche zu den Klerikern gerechnet wurde, gehörte er im Westen in der Regel zu den Laien. Nur an den Kathedralen wurden seit dem 10. Jh. die Kantorenämter mehr und mehr mit Klerikern besetzt. Im MA hatte der K. die immer kunstvoller werdenden Gesänge nicht nur zu leiten, sondern sie auch aufzuzeichnen und zu überliefern. Die Hochschätzung der Kirchenmusik in der luth. Kirche bedingte auch das hohe Ansehen des K., wovon viele Visitationsberichte des 16. Jh.s zeugen. Im 16./17. Jh. hatte der K. meist ein abgeschlossenes Universitätsstudium. Ein eigentliches Musikstudium gab es nicht, nur den Einzelunterricht beim »Meister«. An Orten mit Lateinschulen wurde die aus dem MA stammende Verbindung von Kirchen- und Schulamt vertieft. Der Kirch-Schul-K. wurde zum städtischen Musikdirektor, zumal seit der Einbeziehung der Stadtpfeifereien in die gottesdienstl. Musik im 17. Jh. Nach dem Verfall des K.enberufs in der Aufklärung kam es vereinzelt im 19. Jh., geregelt im 20. Jh. zur seminaristischen K.enausbildung, die erst jetzt mit dem Organistenberuf verbunden wurde.

Lit.: W. Blankenburg: »Kantor«, MGG 16, 904ff, 1979; K.F. Müller: Der Kantor. Sein Amt und seine Dienste, 1964; A. Werner: Vier Jahrhunderte im Dienste der Kirchenmusik. Geschichte des Amtes und Standes der evangelischen Kantoren..., 1933.

Chr. Albrecht

Kantorei

Kirchl. Chöre werden schon in der Alten Kirche erwähnt. Schul- und stilbildend wurde die auf Gregor den Großen (gest. 604) zurückgehende röm. Schola Cantorum. Seit etwa 1200 kam es in Deutschland zur Gründung von Schulen, deren Chöre meist einer Pfarrkirche zugeordnet waren. Im 14./15. Jh. bildeten sich in vielen Städten Kalandsbruderschaften mit einer vorrangig sozialen Zielstellung, aber auch als Chorgemeinschaft mit gottesdienstl. Aufgaben. Zahlenmäßig sehr kleine Berufschöre gab es an Kathedralen und Höfen. Die → Reformation förderte nicht nur den Gemeindegesang, sondern auch das Chorwesen. Als 1526 die Torgauer Schloßkapelle aufgelöst wurde, gründete Johann Walter, Luthers Freund und musikalischer Berater, dort eine erste bürgerliche K., die Vorbild wurde für viele Neugründungen. Die Kalandsgesellschaften wurden im 16. Jh. häufig in K.gesellschaften mit festen Statuten umgewandelt. Die Blütezeit ev. K.en ist zu Beginn des 17. Jh.s anzusetzen. Nach dem Dreißigjährigen Krieg haben sie sich nur bedingt wieder erholen können. Das 19. Jh. ist vor allem durch ein säkulares Chorwesen (Singakademien, Liedertafeln) geprägt. Erst im 20. Jh. kam es als Frucht der liturg. und der Singbewegung zu einer erneuten Intensivierung der in einer Kirchgemeinde beheimateten K.en.

Lit.: K.F. Müller, R. Schaal: »Kantorei«, MGG, Bd. 7, 635ff, 1958; W. Blankenburg (Hg.): Leiturgia Bd. IV. Die Musik des evangelischen Gottesdienstes, 1961.

Chr. Albrecht

Kanzel

Die K. (lat. *cancelli*, »Schranken« (des Altarbereiches)) ist der Ort der → Predigt. Ältester Predigtort ist die Kathedra, der hinter dem Abendmahlstisch stehende Sitz des Bischofs, der im Sitzen den Gottesdienst leitete und predigte. Um das Ende des 4. Jh. begann man vom Ambo (griech. *anabaino*, »Aufstieg«) aus zu predigen, dem seitlich vor dem Abendmahlstisch stehenden, beidseits mit Stufen ausgestatteten Pult für die bibl. Lesung. Ab dem 12. Jh. wurde für die Predigt auch der Lettner (lat. *lectorium*, »Lesepult«) benutzt, der zunächst Ort der Lesung, aber auch Trennung der Kleriker im Chor und der Laien im Schiff war. Die Bettel-(Prediger-)orden verlegten im 13. Jh. die Predigt vor die Kirche und benützten dafür bewegliche Tritte. Als sie eigene Kirchen bauten, richteten sie diese auf die K. aus, die meist in der Mitte einer Langseite stand oder an ihr angebracht war. Seit dem 14. Jh. erhielt die Predigt auch in Pfarrkirchen größere Bedeutung. Dies führte zum – auch nachträglichen – Einbau von K.n, die dann im 15. Jh. für die vermehrt gestifteten Prädikantenstellen wichtig wurden. Als nach der → Reformation in den ev. Kirchen festes Gestühl eingeführt wurde, ergaben sich Schwierigkeiten für eine gleichzeitige Ausrichtung auf K. und Abendmahlstisch. Dies führte zu querorientierten Einrichtungen – so mehr in ref. Kirchen – oder zur Verlagerung der K. näher zum Chor und schließlich an die Chorbogenwand – so mehr in luth. Kirchen. Luther nannte die K. meist »Predigtstuhl«. Als Emporen eingebaut wurden, manchmal auch zwei übereinander, mußte der Standort der K. erhöht werden, damit der Prediger auch von den auf den Emporen Sitzenden gesehen und gehört werden konnte. Eine Sonderform ist ab Ende des 17. Jh. der K.altar, bei dem die K. hinter oder über dem Altar angebracht ist, oft in Verbindung mit diesem und seltener zusammen mit Orgel oder Orgelempore.

Die K. – meist aus Stein oder Holz – besteht aus dem K.korb oder Korpus, der auf dem K.fuß (Pfeiler, Säule oder auch Statue) oder auf Wandkonsolen ruht. Über der K. kann ein Schalldeckel angeordnet sein. Der Korpus hat oft einen polygonalen, vielfach sechs- oder achteckigen Grundriß. Die Füllungen seiner Brüstung können figürlichen oder ornamentalen Schmuck tragen. In der Alten Kirche wurden oft die vier Kirchenväter dargestellt, dann auch – vermehrt an ev. K.n – die vier Evangelisten oder ihre Symbole.

In modernen ev. Kirchen, die in der Regel keine Emporen aufweisen, wird meist von nur wenig erhöhten, amboartig gestalteten K.n gepredigt. In älteren Kirchen wird oft ein »Ambo« zusätzlich am Übergang vom Altarbereich zum Schiff aufgestellt und die hohe K. gar nicht mehr oder nur bei vollbesetzter Kirche an hohen Feiertagen benutzt. Kein Prediger will heute »über die Köpfe« oder »von oben herab« predigen. In ref. Gemeinden wird heute meist hinter dem ein Lesepult tragenden Abendmahlstisch stehend gepredigt. In luth. Gemeinden werden K. und Ambo – wie auch der Altar – häufig mit textilem Behang geschmückt (→ Paramente).

Lit.: M. Meurer: Die Kanzel, in: Christl. Kunstblatt für Kirche, Schule und Haus, 1873; P. Poscharsky: Die Kanzel. Erscheinungsform im Protestantismus bis zum Ende des Barocks, 1963.

G. Memmert

Kanzelparagraph

Der K., ein während des → Kulturkampfes am 10. 12. 1871 auf Antrag des bayerischen Ministers Lutz als § 130a in das StGB eingefügtes Reichsgesetz gegen den polit. Mißbrauch der Kanzel, verbot unter Androhung von Gefängnis oder Festungshaft von bis zu zwei Jahren, in Ausübung des Berufs öffentlich Staatsangelegenheiten in einer den öffentlichen Frieden gefährdenden Weise zum Gegenstand der Verkündigung oder Erörterung zu machen. Am 26. 2. 1876 wurde der K. durch einen Zusatz auf die Verbreitung staatsgefährdender Schriften ausgeweitet. Der K. kam nur selten zur Anwendung, so daß sein Präventivziel vollständig erreicht wurde. Lediglich während des → Kirchenkampfes bot er eine Handhabe gegen Vertreter der Bekennenden Kirche. Am 4. 8. 1953 wurde das Gesetz aufgehoben. Heute können entsprechende Straftatbestände nur nach den allg. Gesetzen (z.B. Beleidigung, Volksverhetzung) verfolgt werden.

Lit.: O. Elble: Der Kanzelparagraph, Diss. Heidelberg, 1908; E.R. Huber, W. Huber (Hg.): Staat und Kirche im 19. und 20. Jahrhundert, Bd. II, 1976, 527f.

J. Rieger

Kapelle

1. Allgemein

K., spätlat. *cappa*, »Mantel« (mit Kapuze). Im Frühchristentum war K. auch Bezeichnung für Baldachine über Altären, dann bes. für den Raum am merowingischen, später fränkischen Königshof, in dem die *cappa* des hl. Martin aufbewahrt und verehrt wurde. Der Name ging später über auf kleine Räume und Gebäude, die für Andachten (*oratorium*) oder allg. für gottesdienstl. Handlungen bestimmt waren: Taufk., Grabk. Freistehende K.n wurden auf Kirchhöfen, an Wegen oder Wallfahrtsorten errichtet, an- oder eingebaute als Burg-, Schloß- oder Palastk.n. Beim Bau großer Kirchen wurden Seiten- und Nebenk.n, um den Chor ein K.enkranz vorgesehen und mit Seiten- und Nebenaltären ausgestattet. So konnte bei mehreren Priestern jeder, in Klosterkirchen jeder Priestermönch seine Messe an einem ihm zugeteilten Altar lesen. Nach kath. Kirchenrecht (c. 1223 CIC) versteht man unter K. einen Gottesdienstort für einen engeren Kreis von Gläubigen, während Kirchen zur öffentl. Ausübung von Gottesdiensten bestimmt sind (c. 1214 CIC). Im heutigen Sprachgebrauch wird der Begriff K. unscharf zur Bezeichnung einer kleinen Kirche verwendet.

Lit.: M. Buchberger: »Kapellen«, LThK, 1960; H. Merz: »Kapellen«, RE[1] 7, 1857, 367-369.

G. Memmert

2. Freikirchlich

K. als Bezeichnung für kleinere Kirchenräume ist bis in die jüngste Zeit der vorherrschende, oft in Abgrenzung gegenüber »Kirche« betont unterscheidende Ausdruck für eine freikirchl. Versammlungsstätte gewesen. Ein schmuckloser Saalbau ohne Glockenturm, ausgestattet mit Kanzel, Bänken, oft einer Empore für den Sängerchor, nur in größeren Gemeinden mit einer Orgel, sonst einem Harmonium, nur durch eine Beschriftung und ein Kreuz von anderen Gebäuden unterscheidbar, war die K. durch das darin pulsierende Gemeindeleben geradezu Inbegriff einer besonderen K.nfrömmigkeit geworden. Von E. → Gebhardt wurde die K. überschwenglich als »Vorhof des Himmels« (»Ich weiß eine liebe Kapelle«, Evangeliums-Lieder 1880, 25) besungen. Während frühere Ansätze, die abendländische Kirchenbautradition vorsichtig aufzunehmen, häufig durch strenge, gegen die → Freikirchen gerichtete Bauvorschriften eingeengt wurden (Hinterhof!), zeichnet sich seit dem Zweiten Weltkrieg ein Wandel ab. Die Gestaltung eines freikirchl. »→ Gemeindezentrums« unterscheidet sich nur noch in wenigen Details von der eines ev. Kirchenneubaus (Abendmahlstisch statt Altar; ggf. offenes Baptisterium). Lassen sich frühere K.nnamen unter dem Leitmotiv »Erlebnisgemeinschaft des Volkes Gottes« zusammenfassen (mit einer Vorliebe für Alttestamentliches: Bethel, Eben-Ezer, Immanuel, Zion u.ä.), so werden heute Bezeichnungen aus dem Bereich der Christusverkündigung bevorzugt (Christus-, Kreuz-, Auferstehungs-, Friedenskapelle oder – heute in der Regel – -kirche).

G. Balders

Kapitalismus

Christen finden weder im AT noch im NT eine eindeutige Option für eine bestimmte Wirtschaftsordnung. Die bibl. Botschaft ist bestimmt von der Gottesliebe, die sich in der Liebe zu den Mitmenschen konkretisiert, und von Gottes Gerechtigkeit, nach der wir trachten sollen (Mt 6,33). Die Entscheidung für oder gegen eine bestimmte Gesellschaftsform ist Sache der weltlichen, polit. Vernunft. Der K. als Wirtschafts- und Gesellschaftsform wird oft von Vertretern der Kirchen (z.B. auf der sog. »Weltkonvokation für Frieden, Gerechtigkeit und Bewahrung der Schöpfung in Seoul 1990 u. auf der 7. Vollversammlung des ÖRK in Canberra 1991) aus Unkenntnis oder aufgrund ideologischer Mißverständnisse seiner hist., ökonomischen und sozialen Zusammenhänge zu Unrecht für ökonomische Fehlentwicklungen und ökologische Katastrophen in der Welt verantwortlich gemacht. Die Entstehungs- und frühe Wirkungsgeschichte des K., besonders im 19. Jh., ist zwar durch die Herkunft eines Teils der Kapitalien aus Krieg, Inflation und Spekulation, durch die Rekrutierung der Arbeitskräfte aus benachteiligten Gruppen, durch unmenschliche Arbeitsbedingungen und durch mancherlei Mißbrauch von Herrschaft überschattet. Auf der anderen Seite wurde aber bereits von der älteren theol. Kritik die allg. Anhebung des Wohlstandes für die große Mehrzahl der Menschen in seinem Wirkungsbereich durch den sonst als »düstere Größe« und »de-humanisierende, entpersönlichende Institution« diskreditierten K. anerkannt (so z.B. E. Heimann, RGG[2], III, 619 und RGG[3], III, 1138f). Selbstsucht, Habsucht,

Lieblosigkeit als Formen der Sünde in der gefallenen Welt sind jedoch keine Eigentümlichkeiten des K. Vielmehr garantiert das Wirtschaftssystem der sozialen Marktwirtschaft in Verbindung mit der freiheitlichen und demokratischen Staats- und Gesellschaftsform sowohl die Rechte als auch die Lebensqualität der Menschen besser als andere Wirtschafts- und Gesellschaftsformen in Geschichte und Gegenwart. Darüber hinaus ist die in den westl. Industrienationen entwickelte Marktwirtschaft als einzige Wirtschaftsform in der Lage, die sich in dem West-Ost- und Nord-Südgefälle manifestierenden Weltprobleme wie Welthunger, Zerstörung von Natur und Umwelt, polit. und soziale Instabilitäten wirksam zu bekämpfen.

Die Problemgeschichte des K. begegnet seit etwa 150 Jahren nicht nur in der sozial-ökonomischen Wirklichkeit, sondern auch in den von dieser mitunter weit abgehobenen Theoriegebäuden (A. Smith; J.St. Mill; D. Ricardo; K. → Marx; M. → Weber). Ist auch die früher allfällige ausgiebige Auseinandersetzung mit den marxistischen K.-Theorien nach dem Zusammenbruch des Sozialismus eher von hist. Interesse, so scheint die These Max Webers, daß das prot. Arbeitsethos und die prot., speziell puritanische Askese für die Entstehung des K. eine wesentliche Bedeutung gehabt haben und auch nach dem Wegfall der Glaubensbindungen in Form einer rationalen Lebensführung und Wirtschaftsweise weiterwirken, nach wie vor die soziologische Forschung und Lehre zu beschäftigen. Als Merkmale der Marktwirtschaft gelten: Privateigentum, freies Vertragswesen, privates Gewinnstreben, Kapitalansammlung und Investitionen, extensives Kreditsystem, freier Arbeitsmarkt, Lohnsystem, Preismechanismus aufgrund von Angebot und Nachfrage und Wettbewerb. In Ergänzung durch marktkonforme sozialpolit. und ökologische Maßnahmen leisten die Elemente der Marktwirtschaft sowohl gegenüber den drängenden Problemen der Integration der osteuropäischen Staaten in die freiheitliche Wirtschaftsordnung als auch zur Überwindung und Linderung der Not in der sog. »Dritten Welt« im Unterschied zu allen planwirtschaftl. Experimenten wirksame Hilfestellungen. Anstelle gutgemeinter, aber ineffektiver Teilungs-Euphorien und kurzsichtiger Aktionen sollte auch die ev. Ethik für die Verwirklichung des Prinzips der Subsidiarität als Hilfe zur Selbsthilfe und Selbstverantwortlichkeit eintreten.

Lit.: EKD (Hg.): Gemeinwohl und Eigennutz. Wirtschaftliches Handeln in Verantwortung für die Zukunft. Eine Denkschrift der Evangelischen Kirche in Deutschland, 1991; W. Lachmann: Wirtschaft und Ethik. Maßstäbe wirtschaftlichen Handelns, [2]1989; ders., R. Haupt (Hg.): Wirtschaftsethik in einer pluralistischen Welt, 1991; A. Rich: Wirtschaftethik, Bd. 2, 1990.

J. Kniffka

Kapitel → Dom, Domkirche, Domkapitel

Kappadozier, die drei großen

So bezeichnet man in der Alten Kirche drei bedeutende Bischöfe und Theologen aus der zweiten Hälfte des 4. Jh.s: Basilius von Caesarea (329/30 – 379), seinen Freund und Studienkollegen Gregor von Nazianz (ca. 326-390), der in den Orthodoxen Kirchen »Gregor der Theologe« genannt wird, und seinen jüngeren Bruder Gregor von Nyssa (ca. 334 – ca. 395). Alle drei zeichnen sich aus durch eine herausragende klass. Bildung, durch ihre Nähe zum → Mönchtum und durch ihr Bemühen, das antike Erbe mit dem christl. Glauben zu verbinden. Ihnen verdankt die Kirche wesentliche Impulse bei der Ausbildung und Interpretation des trinitarischen, christologischen und pneumatologischen Dogmas, d.h. der grundlegenden Dogmen der Kirche.

Basilius, der auch den Beinamen »der Große« erhalten hat, hielt in der Tradition des → Athanasius von Alexandrien am Bekenntnis des Konzils von → Nicäa (325) fest, unterstrich zwar stärker als dieser die göttliche Dreiheit – Vater, Sohn und Geist – unter Berufung auf den Taufbefehl Jesu (Mt 28,19), betonte aber wie dieser die göttliche Überlegenheit des Hl. Geistes gegenüber asketisch-charismat. Gruppen, die den Geist als göttliches Werkzeug innerhalb der geschöpflichen Welt betrachteten. Die Lehre vom Hl. Geist, wie sie das 2. Ökumenische Konzil in Konstantinopel (381) formulierte, geht letztlich auf Basilius zurück, auch wenn dieser das Konzil nicht mehr erlebte.

Um so wichtiger waren deshalb die Beiträge der beiden Gregore auf diesem Konzil, auch wenn Gregor von Nazianz nur kurze Zeit die Leitung des Konzils innehatte und vor dessen Abschluß sich in seine Heimat zurückzog. Seine Interpretation des trinitarischen Dogmas, die er vor allem in seinen berühmten theol. Reden in Konstantinopel vortrug, wurde zur Grundlage orth. Theologie.

Anders als Basilius, der als tatkräftiger Bischof in Kappadozien sowie als Organisator, aber auch als spiritueller Kopf des koinobitischen (= in Gemeinschaft lebenden) Mönchtums im Sinne eines überzeugend gelebten Modells von Kirche in die Geschichte einging, war sein jüngerer Bruder Gregor von Nyssa ein Theologe, der die geistige Auseinandersetzung mit der Philosophie seiner Zeit suchte, insbesondere mit dem Platonismus. Durch sein Denken hat er die Theologie der Orthodoxen Kirchen entscheidend mitgeprägt.

Lit.: H. v. Campenhausen. Griechische Kirchenväter, [7]1986, 86-124; H. Dörries: De Spiritu sancto. Der Beitrag des Basilius zum Abschluß des trinitarischen Dogmas, 1956; P.J. Fedwick (Hg.): Basil of Caesarea. Christian, Humanist, Ascetic, 2 Bde., 1981; H. Fries, G. Kretschmar (Hg.): Klassiker der Theologie I, 1981, 76-103. 425f; K. Koschorke: Spuren der alten Liebe. Studien zum Kirchenbegriff des Basilius von Caesarea, 1991; E. Mühlenberg: Die Unendlichkeit Gottes bei Gregor von Nyssa, 1966; R. Staats: Die Basilianische Verherrlichung des Heiligen Geistes auf dem Konzil zu Konstantinopel 381, KuD 25 (1979) 232-253.

W. A. Bienert

Kapuziner → Orden und Kongregationen

Kardinal → Ämter, kirchliche

Kardinaltugenden, sieben → Tugend, Tugenden

Karfreitag → Kirchenjahr, → Karwoche

Karl der Große (747-814)

K., König der Franken seit 768, König der Langobarden seit 774, erster mittelalterl. Kaiser seit 800, ist die herausragende Herrschergestalt des Frühmittelalters. Seine Erfolge bei der Bildung des fränkischen Großreiches profitierten von der besonderen weltgeschichtl. Konstellation, in der durch das Aufkommen der arabischen Weltmacht das oströmische Kaisertum geschwächt wurde und sich das Papsttum daher veranlaßt sah, ein Schutzbündnis mit der neuen europ. Vormacht im Westen einzugehen. Damit begründete der Papst das Gottesgnadentum der neuen fränkischen Dynastie der Karolinger. »Das Jahrhundert Karls kennzeichnete also die neue priestergleiche Herrscherweihe der Frankenkönige und die neue Staatsmacht der Päpste in Mittelitalien« (Hauck).

Seit 771 Alleinherrscher, unterwarf K. sich das Langobardenreich und institutionalisierte damit auch seine Schutzherrenrolle über den Kirchenstaat und Rom. K. handelte in dem Bewußtsein, für die Verteidigung der Kirche und die Ausbreitung des Glaubens verantwortlich zu sein. Auf dieser Basis sind nicht nur die Feldzüge gegen das islamische Omayyadenreich in Spanien und die Verständigung mit dem Kalifen Hārūn ar-Rāšīd in Bagdad zu sehen, sondern auch die sich über 33 Jahre (772-804) hinziehenden Sachsenkriege. Ihr Kriegsziel war die Überwindung des Heidentums, nach wiederholten Aufständen der Sachsen gesteigert zu der furchtbaren Losung, ihnen entweder den Tod oder die Taufe bringen zu wollen. Nachdem sich der Sachsenherzog Widukind 785 hatte taufen lassen, schritt trotz einiger Teilempörungen die Christianisierung durch den Aufbau einer kirchl. Organisation rasch voran. Auch die Politik gegenüber Bayern, Avaren und Dänen war von dem Doppelziel Sicherung der Grenzgebiete und Schaffung neuer Missionsmöglichkeiten bestimmt.

Die Kaiserkrönung am Weihnachtstage 800 in Rom, von Papst Leo III. als fränkische Erneuerung der augusteischen Friedensepoche stilisiert, verstand K. daher als Entsprechung zu seiner Position als Führer der abendländischen Christenheit. Diesen Anspruch konkretisierte er auch in der Kirchenpolitik, etwa durch das bewußte Eingreifen in dogmat. Streitigkeiten (Frage der Bilderverehrung, des Adoptianismus und der Formulierung des Glaubensbekenntnisses). Die Sorge um den rechten Glauben prägte weiterhin K.s Bildungsreform (u.a. der neue Schrifttyp der karolingischen Minuskel). Auf den vielfältigen Leistungen der Hofgelehrten gründete die künftige Bildung Europas. Diese theol. Begründung der Herrscherpflichten konnte nur von einer so außerordentlichen Persönlichkeit wie K. erfüllt werden, bereits sein Nachfolger, Ludwig der Fromme, vermochte dem nicht zu entsprechen. Um so mehr blieb K. im Bewußtsein der Nachwelt das, was er schon für seine Zeitgenossen war: der Vater Europas.

Lit.: P. Classen: Karl der Große, das Papsttum und Byzanz, 1985; J. Fleckenstein: Karl der Große, 1990; ders.: »Karl der Große«, LexMA 5, 1991, 956-961; K. Hauck: Karl der Große in seinem Jahrhundert, in: Frühmittelalterliche Studien 9, 1975, 202-214; Karl der Große: Lebenswerk und Nachleben, hg. von W. Braunfels, 5 Bände, 1965-1968.

L. E. v. Padberg

Karl V. (1500-1558)

Der 1500 geborene Sohn des Herzogs von Burgund und der Tochter des spanischen Königs, Enkel Kaiser Maximilians I., war mit 19 Jahren Herrscher über Spanien und erwählter deutscher Kaiser. Er stimmte zwar zu, daß der gebannte → Luther vor den Reichstag in Worms 1521 geladen wurde, nahm aber in der Tradition seiner Dynastie sofort für die hergebrachte Kirche Partei und sprach Luther mit dem Wormser Edikt in die Reichsacht. Wegen Wirren in Spanien sowie Auseinandersetzungen mit Frankreich, dem Papst und den Türken war K. lange Jahre von Deutschland abwesend, wo sich die → Reformation ausbreiten konnte. Erst auf dem Augsburger Reichstag 1530 suchte er eine Schlichtung des Religionsstreites zu erreichen, scheiterte dann aber an der Unvereinbarkeit der Standpunkte. In der Folgezeit bemühte er sich vergeblich, durch ein Konzil oder durch Religionsgespräche (Regensburg 1541) zu einer Lösung zu gelangen. Nach dem Frieden mit Frankreich und den Türken hatte Karl 1546 die Hände frei zum Krieg gegen den Schmalkaldischen Bund. Die besiegten Protestanten wurden bis zu einem Konzil auf das katholisierende Interim verpflichtet. Der Aufstand der protestantischen Fürsten brachte den Kaiser 1552 um den Sieg. Resigniert überließ er die nunmehr fällige polit. Anerkennung der Evangelischen im → Augsburger Religionsfrieden 1555 seinem Bruder Ferdinand. Drei Jahre später ist der eigentliche polit. Gegenspieler Luthers gestorben.

Lit.: H. Rabe: »Karl V.«, TRE 17, 1988, 635-644 (Lit.).

M. Brecht

Karl-Heim-Gesellschaft

Die nach dem Tübinger Systematiker Karl → Heim (1874-1958) benannte Karl-Heim-Gesellschaft (KHG) e.V. wurde im Anschluß an ein wissenschaftl. Symposion anläßlich des hundertsten Geburtstags von Heim 1974 gegründet. Die Gesellschaft fördert durch Archivierung und Neuauflagen der Schriften Heims die wissenschaftl. Forschung über Karl Heim und sorgt für die weitere Publikation seines theol. Werkes. Sie bemüht sich, interdisziplinäre Fragestellungen im Sinne der grundlegend apologet.-mission. Ausrichtung des Heimschen Ansatzes in der Gegenwart aufzunehmen und in aktuelle Problemfelder hinein weiterzuführen. Vor allem soll das Gespräch zwischen Theologie und Philosophie sowie zwischen Theologie und den empirischen Wissenschaften gefördert werden. Die »Theologischen Grundlagen« der KHG sind dem bibl.-heilsgeschichtl. Erbe des württembergischen Pietismus verpflichtet, der die Forschung und Lehre Heims nachhaltig prägte.

Die KHG arbeitet durch wissenschaftl. Austausch bei interdisziplinär angelegten Fachtagungen, durch das seit 1988 erscheinende Jahrbuch der KHG unter dem Titel »Glaube und Denken« und die Zeitschrift »Evangelium und Wissenschaft«. Der Forschung über Karl Heim dient das Karl-Heim-Archiv mit Sitz in Tübingen. Durch Initiative der KHG konnten inzwischen das sechsbändige Hauptwerk Heims »Der evangelische Glaube und das Denken der Gegenwart«, das Frühwerk »Das Weltbild der Zukunft« sowie drei Bände mit Aufsätzen Heims wieder aufgelegt werden. In den vergangenen Jahren sind zudem in Verbindung mit der KHG einige wissenschaftl. Monographien zum Werk Heims vorgelegt worden.

Geleitet wird die KHG durch ein Kuratorium. Vorsitzender ist zur Zeit Wolfgang Doerk, Pforzheim. Die Geschäftsstelle befindet sich in Marburg. Die Mitgliederversammlung tritt jährlich zusammen und wird durch regelmäßig erscheinende Rundbriefe über die wissenschaftl. Tätigkeit der Gesellschaft unterrichtet.

R. Hille

Karlstadt, Andreas Bodenstein von (1486-1541)

Andreas von Bodenstein wurde 1486 in Karlstadt am Main geboren und später nach seinem Geburtsort genannt. In Wittenberg studierte er Theologie sowie Kirchenrecht und erhielt dort 1511 eine theol. Professur. 1517 vermochte → Luther den zunächst Widerstrebenden für seine Theologie zu gewinnen, die beide 1519 auf der Leipziger Disputation gegenüber J. → Eck verteidigten. Mit seinem gesetzlichen Bibel- und Ordnungsverständnis sowie einer spiritualisierenden → Mystik setzte sich K. schon bald wieder teilweise von Luther ab. Praktisch kam dies zum Vorschein in dem während Luthers Abwesenheit 1521/22 unternommenen Versuch der Wittenberger Gemeindereformation und der Ablehnung der Bilder. Luther machte diese Reformen rückgängig und isolierte K., der sich daraufhin 1523 auf die Pfarrei Orlamünde zurückzog. Wegen seiner spiritualistisch begründeten Ablehnung der Kindertaufe und der wirklichen Gegenwart von Leib und Blut Christi im → Abendmahl wurde K. 1524 aus Kursachsen ausgewiesen. Seine Vorstellungen fanden jedoch Resonanz bei den Täufern und im beginnenden Abendmahlsstreit. Im Bauernkrieg geriet er zwischen die Fronten. 1529 fand er bei → Zwingli in Zürich eine neue Tätigkeit. 1534 kehrte K. als Prof. für AT in Basel in das akademische Amt zurück. Dort wurde er 1541 ein Opfer der Pest. Seine stärkste Wirkung hatte er als theol. Schriftsteller der frühen Reformation.

Lit.: U. Bubenheimer: »Karlstadt«, TRE 17, 1988, 649-657; E. Hertzsch (Hg.): Karlstadts Schriften aus den Jahren 1523-25, 2 Bde., 1956-1957.

M. Brecht

Karmeliter → Orden und Kongregationen

Karmelmission → Evangelische Karmelmission

Karneval → Fastnacht

Karolinische Bücher → Bilder, Bilderverehrung

Kartäuser → Orden und Kongregationen

Karwoche

Die K. (von althochdt. *kara*, »Trauer, Klage«; auch Heilige Woche) beginnt am Sonntag vor Ostern, dem Palmsonntag (6. Sonntag der Passionszeit), mit dem Gedächtnis des Einzugs Jesu in Jerusalem (Evangelium: Joh 12,12-19).

Schon früh ist der Brauch bezeugt, sich fastend auf den Gottesdienst in der Osternacht vorzubereiten. Dieses Passafasten dauerte – unterschiedlich in den einzelnen Kirchen – einen bis sechs Tage. Es begann vielfach mit einem »Halbfasten« am Montag, das am Freitag und Samstag als Vollfasten weitergeführt und erst mit der Mahlfeier, die den nächtlichen Gottesdienst abschloß, beendet wurde. Das Bemühen, in der Osterfeier die Christusgeschichte gleichsam hist. nachzubilden, führte vom 4. Jh. an zur Ausgliederung der Heiligen Drei Tage (Triduum sacrum): Karfreitag (Verurteilung und Kreuzestod Jesu), Karsamstag (Gedächtnis der Grablegung und der Grabesruhe, Mt 27,57-66) und Ostersonntag (Tag der Auferstehung). Da der Vorabend zum folgenden Tag zählte, begann die Dreitagefeier bereits mit dem Gründonnerstagabend (Einsetzung des Abendmahls, Fußwaschung, Gefangennahme); der Gottesdienst in der Osternacht eröffnete den dritten Tag. Bald wurde die ganze Woche vor Ostern gottesdienstl. ausgestaltet; dabei spielte das liturg. Brauchtum der Jerusalemer Gemeinde (Prozessionen zur Erinnerung an den Einzug Jesu und an seine Gefangennahme; Kreuzverehrung auf Golgatha) eine wichtige Rolle. Der Montag in der K. erinnert heute an die Salbung Jesu in Betanien (Joh 12,1-11), der Dienstag an die Ankündigung der Verleugnung des Petrus (Joh 13,21-33.36-38), der Mittwoch an den Verrat des Judas (Mt 26,14-25).

Lit.: A. Adam, R. Berger: Pastoralliturgisches Handlexikon, 1980; H. Auf der Maur: Feiern im Rhythmus der Zeit I (Gottesdienst der Kirche 5), 1983.

K.-H. Bieritz

Kasualien → Amtshandlungen

Kasuistik

1. K. nennt man die Methode, eine auf rechtlichem, kultischem oder ethischem Gebiet vorgegebene Norm auf den Einzelfall anzuwenden (lat. *casus*, »Fall«). Die ethische K.

hat es vor allem mit den »Gewissensfällen« (*casus conscientiae*) zu tun, die sich aus einer »Kollision von Pflichten« ergeben. Auf theol. Gebiet setzt K. die Überzeugung voraus, daß Gottes Gebot in Naturrecht, Bibel und Tradition objektiv vorgegeben ist, so daß der Ethiker es in der jeweiligen Situation nur auszulegen und anzuwenden hat.

2. K. begegnet im Zusammenhang von Fragen nach rein oder unrein, Sünde und Vergebung in sehr vielen Religionen. Das rabbinisch geprägte Judentum entwickelte K. aus dem Eifer heraus, den Alltag bis ins Kleinste hinein zu heiligen, schuf sich damit zugleich aber auch Möglichkeiten, die Gebote in bestimmten Fällen zu umgehen (s. schon Mk 7,11-13; Mt 12,10f). Die ntl. Ethik kennt keine K. Ihr Auftauchen in der Kirche wurde vorbereitet einerseits durch die schon im 2. Jh. verbreitete Umdeutung des Evangeliums in ein »neues Gesetz«, andererseits durch die Einführung der Einzelbeichte ins kirchl. Bußwesen seit dem 6. Jh. Um die den jeweiligen Sünden entsprechenden Bußleistungen festlegen zu können, verwendeten die Beichtväter zunächst (sachlich oder gar alphabetisch geordnete) → Bußbücher, dann seit dem 12. Jh. umfangreiche »Summen der Gewissensfälle«. Im nachtridentischen Katholizismus wurde schließlich die gesamte Moraltheologie von der K. dominiert (Hauptvertreter A. von Liguori; → Probabilismus). Dabei herrschte nicht selten die Tendenz vor, nur ein ethisches Minimum verbindlich zu machen. Trotz der seit B. → Pascal geübten inner-kath. Kritik an der K. behauptet sie bis heute ihren Platz in der Moraltheologie. Auch in der ev. Ethik hat es (in der altref. Orthodoxie und im Puritanismus) K. gegeben, obwohl sie dem reformat. Ansatz widerspricht.

3. Eine aus dem Evangelium erwachsende Ethik versteht Gottes → Gebot nicht als allg. Regel, die richtig oder falsch angewandt werden kann, sondern als sein konkretes Gebieten, das sich in jeder Situation neu im Gewissen bekundet und auf freien, im Glauben gewagten Gehorsam zielt. K. ist demnach (als eine Form von → Gesetzlichkeit) die der Gesinnungs- und der → Situationsethik entgegengesetzte Gefahr für die Ethik. Sie raubt dem Gebieten Gottes seine lebenspraktische Konkretheit, setzt an die Stelle der Leitung durch den Hl. Geist die menschliche Auslegungskunst und zerstört die Freiheit des Gehorsams, die allein der personalen Beziehung von Gott und Mensch entspricht.

Lit.: K. Barth: KD III/4, 1951, 5ff; K. Goldammer, E.L. Dietrich, J. Klein: »Kasuistik«, RGG[3] III, 1166ff; H. Thielicke: Theologische Ethik II/2, [4]1987, 823ff.

U. Swarat

Katakomben

Ursprüngliche Flurbezeichnung mit nicht eindeutiger Bedeutung (Tal, Schiffschnabel, Humpen) an der Via Appia vor Rom.: die geologischen Gegebenheiten des Tuffes nutzend, entwickelte man ein systematisch angelegtes unterirdisches Gräbersystem, das zudem horizontal im Rost- oder Zweigsystem und vertikal durch Vertiefung und andere Stockwerke erweiterbar war. Dort war das *koimeterion* der röm. Kirche, ursprünglich Armen- und Klerikerfriedhof, das von Kallistos vor 217 neu organisiert wurde. Die für die römische Gesellschaft und ihre Mentalität wichtige »Sorge für die Toten« konnte damit vom diakonischen Amt der Kirche auf eine neue ökonomische Basis gestellt und so attraktiv und missionarisch genutzt werden.

An Grabtypen kann man einfache Loculi-Gräber oder – oft in besonderen Kammern – aufwendige Arkosol-Gräber unterscheiden. Letzterer Grabtypus wurde häufiger, als in der Friedenszeit der Charakter eines Armenfriedhofs verlorenging und sich immer stärker der Wunsch wohlhabender Gemeindeglieder zeigte, in einem unter kirchl. Verwaltung stehenden Friedhof *ad sanctos* (Märtyrer der Verfolgungszeit) bestattet zu sein.

Von Anfang an läßt sich bei vielen Gräbern eine Ausstattung mit Malerei beobachten, die gerade in den Kammern des 4. und 5. Jh.s bisweilen zu aufwendigen Gesamtprogrammen geführt hat (Themen: neutrale bukolisch-maritime Sujets neben bibl. und allg. rel. Darstellungen).

Die Bezeichnung »Katakomben« umfaßte bald nicht nur die ähnlich angelegten Friedhöfe an den anderen röm. Ausfallstraßen und die hypogäenartigen Anlagen in Rom, sondern löste sich gänzlich vom Bezug auf diese Stadt und die Christen und meint heute im allg. Sprachgebrauch unterirdische Grabanlagen oder auch nur einfach Gänge.

Die Wiederentdeckung der röm. Katakomben im 16. Jh. führte zur Entstehung der Christlichen Archäologie.

Lit.: A. Nestori: Repertorio topografico delle pitture

delle catacombe romane, 1975; J. Wilpert: Die Malereien der Katakomben Roms, 1903.

W. Wischmeyer

Katechese/Katechetik

1. Wort und Begriff

Katechese ist die Funktion der Gemeinde, mit der sie das Glaubenlernen des einzelnen unterstützt. Katechetik ist die praktisch-theol. Theorie dieses Vorgangs. Der bibl. Hauptbegriff für das päd. Feld ist das »Lernen«. Das NT gibt damit zum einen einer Grundbefindlichkeit des Menschseins Ausdruck. Menschliches Leben bedarf der immer wieder neuen Aneignung von Erkenntnissen und Fähigkeiten, die helfen, das Leben zu meistern. Zum anderen gehört zum jüd.-christl. Denken die Weitergabe und Fortschreibung der Überlieferung, die auch jeweils aufs neue gelernt werden muß. Dementsprechend zeigen uns die Evv. »Jesus als Lehrer« (R. Riesner; vgl. Mt 4,23; Mk 1,21f; Lk 11,1; 13,26; 23,5; Joh 18,19f u.ö.) und die, die sich ihm anschließen als Lernende, als Jünger (*mathaetaes*). Ntl. Lernen bedeutet, von Jesus zu lernen. Auf dieser Art von persönlicher Bildung liegt der ganze Akzent. Das kommt sehr deutlich in dem Jesuswort Mt 11,28-30 zum Ausdruck: »Lernt von mir!« (V. 29). Folglich lautet der sog. Missionsbefehl des Auferstandenen: »Macht zu Schülern (Jüngern) alle Völker!« (vgl. Mt 28,19f) Alle Menschen sollen ausdrücklich der Herrschaft des dreieinigen Gottes unterstellt (Taufe, V. 19b) und angeleitet werden, durch die Praktizierung der Lehre Jesu in seinem Herrschaftsbereich zu verbleiben (V. 20a). Lernen und Lehren, Bilden und Unterweisen sind also Teil der Sendung Jesu und des Lebens der Glaubenden. → Bildung in diesem Sinne hat somit neben Gottesdienst, Verkündigung, Seelsorge und Diakonie ihren unverzichtbaren Ort in Kirche und Gemeinde.

Paulus greift mit dem Begriff *kataecheō* ein im profanen Griech. seltenes und in der rel. Sprache des Judentums nicht gebräuchliches Wort auf, um einen »terminus technicus für die christliche Unterweisung zu schaffen, wohl um die Besonderheit des Lehrens auf Grund des Evangeliums herauszuheben« (H.W. Beyer). K. ist Glaubensunterweisung, bei Paulus eingeschränkt für die inhaltliche Unterweisung gebraucht. Sie hat in seiner Vorstellung von Gemeindeaufbau einen sehr hohen Rang (vgl. 1Kor 14,19) und steht der Prophetie nahe (V. 26). Die geistbegabte Gemeinde kann sich aus dem Wort Christi heraus selbst lehren (Kol 3,16). Es gibt aber auch besonders begabte Lehrer (1Kor 12,28; Eph 4,11; Apg 13,1), die die Aufgabe der Glaubensunterweisung wahrnehmen. Immer gilt, daß geistl. K. gegenseitige Mitteilung und Rollen übergreifendes Lernen ist (Gal 6,6 – in der Auslegung A. Oepkes). In der Nachfolge Christi darf es keinen Amtsdünkel geben (Mt 23,10f).

Ntl. Lernziel ist »Christus lernen« (Eph 4,21). Er ist der »neue Mensch« (V. 24), an dem die neuen Lernziele abzulesen sind: Versöhnung, Liebe, Gerechtigkeit, Wahrhaftigkeit. Von Christus ergriffene Menschen beginnen gemeinsam einen ganzheitlichen Lernprozeß, der lebenslang nicht aufhört. Der explizite Unterricht ist nur ein – allerdings unverzichtbares – Element dieses Prozesses. Diesen Unterricht anzubieten und den umfassenden Lernprozeß anzuregen, bleibt Aufgabe der Kirche.

2. Geschichte

So wenig die Aufgabe der K. grundsätzlich infragegestellt werden kann, so sehr hat sich ihre Gestalt in der Geschichte der Kirche verändert. Im Rückblick lassen sich fünf Phasen unterscheiden.

a. Stufenweise Einführung in den Glauben (Alte Kirche)

Noch in ntl. Zeit entwickelte sich einerseits eine Anfangsunterweisung, die der Taufe vorausging (vgl. Hebr 6,1f), andererseits eine weiterführende Lehre, mit deren Hilfe die Getauften ihr Leben führten (vgl. Apg 2,42). Entsprechend gestaltete sich die K. Die Taufk. scheint – nach allem, was wir wissen – privat vorgenommen worden zu sein. Über persönliche Kontakte lernte ein Interessierter den Glauben kennen und erfuhr den christl. Anfangsunterricht. Die Gemeindeleitung oder besondere Lehrer übernahmen die Unterweisung der Getauften, die Schriftauslegung, Pflege der Jesusüberlieferung und ethische Reflexion einschloß. Aufgrund der Missionssituation setzten sich anfangs die Gemeinden überwiegend aus Glaubenden der ersten Generation zusammen. Also wendet sich die K. zuerst nur an die Erwachsenen (vgl. aber schon Eph 6,1-3; Kol 3,20). Doch bereits am Ende des 1. Jh.s spricht 1 Clem 21,8 von der Notwendigkeit christl. Erziehung (paidẹia en Christọ̄) und nennt als Erziehungsziele Demut, Liebe und Gottesfurcht. Eine christl. → Erziehung, die die gesamte Ausbildung des Kindes einschließlich einer Schulbildung mit christl. Vorstellungen durchdrang, war aber nicht möglich. Für die Grundbildung begnügten sich die Christen mit der klass. Schule, auch wenn deren Lerninhalte – und man war sich dessen bewußt – dem christl. Glauben teilweise entgegenstanden. K. der Kirche und Erziehung in der Familie sollten als »Gegengift« (H.-I. Marrou, 466) dagegen wirksam werden. Auch als man in späterer Zeit – ab dem 4. Jh. – dazu in der Lage gewesen wäre, eigene christl. Schulen zu gründen, hat man es nicht getan. Nur dort, wo bisher keine Schulen existierten, hat das Christentum zu Schulgründungen – so in Syrien und Mesopotamien – geführt und eine neue nationale Literatur und Bildung hervorgerufen. Im griech.-röm. Kulturkreis ist es dagegen – trotz mancher Opposition gegen die klass. Bildung – auf lange Sicht zu einer Kulturosmose zwischen klass. und christl.-jüd. Bildung gekommen.

Schon aus dieser Zeit rührt her, daß K. im strengen Sinne als Unterricht im Glauben und somit als Teildisziplin einer christl. Bildungslehre verstanden wird. Im Vergleich zu den ntl. Ursprüngen hatte sich damit eine gewisse Verengung vollzogen. Die K. blieb aber auf den Gottesdienst und das Leben der Gemeinde bezogen. So wurde sie vor Intellektualisierung bewahrt. Die eine Aufgabe der K., der christl. Anfangsunterricht, vollzog sich in einer Verschränkung von liturg. begangenen, immer neuen Willenserklärungen, auf dem einmal eingeschlagenen Weg der Nachfolge Christi voranzuschreiten, mit darauf jeweils aufbauenden einführenden Unterweisungen. Daraus entwikkelte sich das altkirchl. → Katechumenat und die ihm entsprechende Praxis, Stufen des Glaubens zu unterscheiden und Menschen, die sich zwar bereits dem Glauben in Christus angeschlossen hatten und auch schon Christen genannt wurden, noch nicht die ganze Tiefe des Glaubens zuzumuten (→ Arkandisziplin). Das Katechumenat schloß mit Taufe und Vollmitgliedschaft in der Gemeinde.

Die andere Aufgabe der K., die Weiterführung im Glauben, wurde in dem mit der wöchentlichen Gemeindeversammlung verbundenen Gottesdienst versehen. Es läßt sich heute oft schwer entscheiden, ob ein mit dem Titel »Katechese« überlieferter Text eher für die Anfangsunterweisung oder für den Weiterführungsunterricht der ganzen Gemeinde gedacht war. Erhalten sind Reden u.a. von den Bischöfen Gregor von Nyssa (gest. nach 394, s. → Kappadozier), Cyrill von Jerusalem (348, gest. 386), Theodor von Mopsuestia (gest. 428) und → Augustin von Hippo (gest. 430). Augustin verfaßte (um 405) die erste Kk., die sich aber auch schon auf die Anfangsunterweisung beschränkt, unter dem Titel: »de catechizandis rudibus« (= wie man die Unkundigen unterrichten soll). Manchmal wurde die Unterweisung auch besonderen Katecheten übertragen.

b. Katechetische Vernachlässigung (Mittelalter)

Schon das starke Hineindrängen der Volksmassen in die christl. Kirche im Anschluß an die sog. Konstantinische Wende im 4. Jh. erschwerte eine geregelte K. Aber die Kirche bemühte sich, das Heil nicht zu verschleudern. Das 4. Jh. war die Blütezeit der Arkandisziplin. Im 5. Jh. starb sie langsam ab, weil sie unnötig erschien, wenn fast alle Christen waren. Die Taufe der nachwachsenden Generation wurde die Regel. Man versäumte aber, eine ernsthafte Kinderk. zu etablieren.

Dazu kommt ein Zweites. Die Gesellschaft des röm. Reiches, bes. des spätröm., war – in gewissen Grenzen – durchaus pluralistisch gewesen. Bei geforderter Staatsloyalität wurden Abweichler toleriert. Das wurde in der Begegnung mit den germanischen Völkern anders. Die Stammesstruktur der Germanen erlaubte dem einzelnen Stammesangehörigen in der Regel nicht, von der Religion des Stammes abzuweichen. Die Germanen konnten deswegen nicht über Einzelbekehrungen dem Christentum zugeführt werden. Die Anführer der Stämme mußten gewonnen werden, dann folgte der ganze Stamm nach. Auf diesem Hintergrund war K. des einzelnen Gläubigen unmöglich.

Die Folge war, daß die K. ausfiel und an ihrer Stelle sich langsam eine Bußerziehung entwickelte. In der Vorbereitung zur Beichte wurden Glaubensbekenntnis und Vaterunser, später auch das Ave Maria abgefragt. In der Beichte selbst wurden seit dem 8. Jh. die sieben Todsünden und seit dem 13. Jh. der Dekalog vom Priester behandelt. Daneben halfen sog. Beichtbüchlein, das eigene Gewissen zu erforschen. Eine eigentliche Glaubensunterweisung für den normalen Christen fand nicht statt. Das, was gelehrt bzw. auch nur memoriert wurde, stand im Zusammenhang mit Beichte und Kommunion. Diese katechetische Vernachlässigung währte beinahe ein Jahrtausend.

c. Katechetischer Aufbruch (Reformation und Pietismus)

Auch auf dem Feld der K. brachte erst die → Reformation einen Aufbruch. Luther legte seit 1516 in Wittenberg – ebenfalls zur Vorbereitung von Beichte und Kommunion – vor allem in der Fastenzeit in Predigten die Zehn Gebote, das Glaubensbekenntnis und das Vaterunser aus und gab eine Einführung in das Verständnis der Sakramente. Aus den Katechismuspredigten des Jahres 1528 entstanden im folgenden Jahr die beiden Katechismen. Diese Entwicklung des → Katechismus aus der Predigttätigkeit ist für Luthers K.verständnis wichtig. K. ist belehrende Verkündigung. Auch der Katechismus ist in erster Linie kein Buch, sondern ein mündlicher »Unterricht, damit man die Heiden, so Christen werden wollen, lehret und weiset, wo sie glauben, tun, lassen und wissen sollen im Christentum«. Dieser Unterricht muß »auf der Kanzel« und »daheim in Häusern« geschehen. Dabei komme es nicht nur darauf an, »daß sie die Wort auswendig lernen ... wie bisher geschehen ist«, sondern vor allem darauf, zu verstehen. Einsicht stellt sich aber nur im Gespräch ein. Luther gibt Beispiele für solche katechetischen Gespräche einschließlich ihrer methodischen Veranschaulichung. Dafür »laß sich hie niemand zu klug dünken und verachte solch Kinderspiel«. Dialogische K. und spielerische Methode sind Luther so wichtig, daß er sie inkarnatorisch begründet: »Christus, da er Menschen ziehen wollte, mußte er Mensch werden. Sollen wir Kinder ziehen, so müssen wir auch Kinder mit ihnen werden.« Damit gibt Luther ein christologisch begründetes Paradigma für K. und christl. Erziehung, hinter das eine ev. Kk. nicht zurückfallen darf. Ziel der so verstandenen K. ist, einen »großen Schatz von christlichen Leuten« zu haben, die reich »in der Schrift und Erkenntnis Gottes« sind. Luther weiß, daß dieses Ziel durch Predigt allein nicht zu erreichen ist, sondern es der dialogischen K. bedarf, damit es »in die Herzen getrieben« wird (Vorrede zur Deutschen Messe).

So hilfreich sich die von Luther betriebene Elementarisierung christl. Glaubensinhalte (vor allem in den Katechismen, vgl. dazu Kaufmann, 1989) erwiesen hat und so wegweisend seine Erkenntnis der Gemeindeorientierung der K. hätte sein können, so verhängnisvoll war auf Dauer allerdings seine Ansicht, der Katechismusstoff müsse zuerst nur auswendig gelernt und dann in einem zweiten Durchgang verstanden werden (Vorrede zum Kleinen Katechismus). Er leistete dadurch ungewollt der Reduktion der ev. K. zu einer reinen Memorierveranstaltung Vorschub. Positiv ist gewiß zu werten, daß es als Weiterentwicklung der von Luther geforderten Katechismusexamen zu einem regelrechten Unterricht kam, der sich mit den vor allem von M. → Bucer (gest. 1551) und M. → Chemnitz (gest. 1586) geforderten Bestrebungen zur Einrichtung der → Konfirmation verband und so zur Konfirmandenunterweisung wurde. Diese übernahm die Aufgabe eines nachgeholten christl. Anfangsunterrichts und setzte sich in den nächsten Jahrhunderten in allen ev. Landeskirchen durch. Der Beschränkung der K. auf die Anfangsunterweisung und das reine Memorieren versuchte der → Pietismus entgegenzusteuern. Ph.J. → Spener (gest. 1705) schlägt in seinen »Pia desideria« (1676) vor, Kirchenversammlungen »der alten, apostolischen Art« einzurichten, in denen die Bibel geschwisterlich »auf schlichte Weise« »zu unserer Erbauung« gelesen würde. »Es könnte dann auch jeder, der die Sache nicht genug versteht, sein Dubia (Zweifel) vortragen und ihre Erläuterung erbitten.« Als Losung gibt Spener aus: »Der Kopf soll ins Herz kommen!« Nicht wortwörtliches Auswendiglernen und damit dogmat. Korrektheit ist das Wichtigste bei der K., sondern Verständnis und inneres Nachvollziehen des Glaubens. Die Katechismusexamen werden zum Jugendunterricht ausgeweitet. Der von Spener beeinflußte A.H. → Francke (gest. 1727) stellte in seiner Schrift »Kurzer und einfältiger Unterricht wie die Kinder zur wahren Gottseligkeit und christlichen Klugheit anzuführen sind« (1702) neben die Unterweisung als Mittel der K. die Erziehung. Folgerichtig gründete Francke in Halle ein großes Erziehungswerk mit Schulen und Internaten. Insgesamt zeichnet sich Franckes Kk.verständnis durch eine gewisse Ambivalenz aus. Mit einem großen Engagement für das Kind verbindet sich eine Welt- und Menschenverachtung, die eigentlich nicht seiner Betonung der Schöpfung Gottes entspricht.

Didaktisch ist Francke von J.A. → Comenius (gest. 1670) abhängig, der schon in seiner »Großen Didaktik« (1628-32, lat. 1657) gefordert hatte: »Wir müssen schon vom ersten Moment an praktische, nicht theoretische Christen formen.« Auch die Wertschätzung der Elementarerziehung ist beiden gemeinsam. Frankkes Bemühungen um die Ausbildung der Katecheten setzte sein Schüler Johann Jacob → Rambach (gest. 1735) fort mit der Schrift »Der wohl-unterrichtete Catechet« (1722). Daneben entwickelt sich als Umschreibung für eine Elementartheologie der Ausdruck »katechetische Theologie«, die die Anfangsgründe des Glaubens darstellt und Sache der Praktiker, nicht der Dogmatiker ist. Wichtigster Vertreter ist der Reformorthodoxe J.F. → Buddeus (gest. 1729, vgl. dazu C. Bizer 1988, 689f).

Aufs Ganze gesehen bleibt aber auch nach Reformation und Pietismus die Katechese auf Kinder und Jugendliche beschränkt.

d. Verschulung (Neuzeit)

Die Reduktion der K. auf Anfängerunterricht als Kinderunterweisung und das – ebenfalls durch Reformation und Pietismus angeregte – Aufblühen des Schulwesens führte zu einer doppelten Verschulung, einmal im Hinblick auf die bestimmende Unterweisungsmethode und Organisationsform des Unterrichts, zum anderen sogar als vollständige Delegation der K. an die Schule.

Ein wichtiger Faktor dieser Entwicklung lag in der Neuentdeckung der »sokratischen Methode« durch den Kirchenhistoriker J.L. → Mosheim (gest. 1755). Durch geschickte, impulsgebende Fragen soll der Schüler in die Lage versetzt werden, Begriffe und Vorstellungen selbstätig zu bilden. Das Wesen der K. besteht in einem Rollentausch zwischen Lehrer und Schüler. In der genauen Reflexion dieser Unterichtsmethode lagen bis dahin noch nicht wahrgenommene Möglichkeiten. Indem ev. Theologen diese Analyse vollzogen, leisteten sie einen Beitrag zur Unterrichtspraxis überhaupt. Die nun als eigene Disziplin aufblühende Kk. will dementsprechend die Unterrichtsfähigkeit im allg. stärken. Der Religionsunterricht stand nur deswegen im Vordergrund, weil er nach damaliger Meinung das vornehmste Schulfach war. Kk. aber ist allg. Unterrichtslehre. An den theol. Fakultäten bringt sie in diesem Sinne der Göttinger Professor J.F.Chr. Graeffe an der Wende vom 18. zum 19. Jh. zum Durchbruch. Im gleichen Verständnis wurde Kk. an den nun allerorts gegründeten Schullehrerseminaren gelehrt.

Am Ende des 18. Jh.s, mit Einführung der allg. Schulpflicht verlagerte sich das katechetische Handeln von der Gemeinde in die Schule. Der Staat war zur Aufrechterhaltung der bürgerlichen Ordnung an Religion interessiert und räumte Pfarrern und Kirche viele Wirkungsmöglichkeiten in der Schule – bis hin zur Schulaufsicht – ein. Die Kirche sah ihren katechetischen Auftrag durch ihr Mitwirken in der Schule als erfüllt an und verzichtete auf eine Unterweisung in eigener Verantwortung. Selbst der Konfirmandenunterricht wurde weitgehend in der Schule und vom Lehrer erteilt. Auch dadurch wurde das katechetische Handeln auf die schulpflichtigen Kinder eingeschränkt.

Auch die im 19. Jh. sich entwickelnde kirchl. Kk. vermochte diese Schranke nicht zu durchstoßen. C.I. → Nitzsch (gest. 1868) stellte die Kk. ausführlich in seiner Praktischen Theologie dar. Der Tübinger Professor Chr. → Palmer (gest. 1875) verfaßte eine eigene umfängliche Kk. Der Lutheraner C.A.G. v. → Zezschwitz (gest. 1886) bildete mit seinem vierbändigen, 2112 S. starken »System der christlich kirchlichen Katechetik« den Höhepunkt dieser gelehrten Entwicklung. E. Sachsse gibt 1901 eine für jene Zeit typische Definition, wenn er schreibt: »Katechese ist die Erziehung, welche die christliche Kirche ihren unmündigen Gliedern durch berufene Diener zuteil werden läßt.« Damit ist K. als nachgeholte Tauferziehung verstanden und zugleich professionalisiert. Sie hat einen deutlich fixierbaren Schluß – die kirchl. Mündigkeitserklärung in der Konfirmation. Diese nährt das Mißverständnis, Glaubensunterweisung gehöre allein ins Kindestalter.

e. Gemeindeorientierung (Gegenwart)

Während der Begriff »Katechetik« im 20. Jh. zurücktritt, weil er als zu klerikal erscheint, bekommt die Sache des Glaubenlernens selbst verschiedene Impulse, die helfen, Katechese wieder von der Gemeinde her zu begreifen und zu betreiben. Solche Anstöße waren im wesentlichen:

Das durch die Erweckung (→ Erweckungsbewegung) vorbereitete, in der → Gemeinschaftsbewegung ausgeprägte, neue Selbstbewußtsein der Laien förderte in der Form von → Bibelstunden und Rüstzeiten Ansätze der Erwachsenenk. als Weiterführung im Glauben. Die Bekennende Kirche erinnert sich der K. der Alten Kirche, weil diese – wie in der eigenen Situation – in Auseinandersetzung mit dem Staat und anderen rel. Ansprüchen ohne irgendwelche Privilegien geschehen mußte. In Anknüpfung an die kirchl. Kk. des 19. Jh.s wird K. als ureigene, nicht zu delegierende Aufgabe der Kirche erkannt. Die Grenze zwischen Kirche und Welt wird wieder wahrgenommen. So betonte D. → Bonhoeffer als Grundvoraussetzung der K. ihre enge Beziehung zum Gemeindeleben und die in einer lebendigen Gemeinde mögliche Erfahrung einer »neuen Existenzform« des Menschseins. Mündigkeit ist nicht Ergebnis der K., sondern ihre Voraussetzung. Der verantwortliche und mündige Mensch bekommt durch die K. die Chance, Glauben zu lernen. Nach dem Zweiten Weltkrieg wurden Anregungen Bonhoeffers und der Bekennenden Kirche z.B. aufgenommen von W. Rott und O. Hammelsbeck. Die stärkste Wirkung auf die Entwicklung der K.

hatte aber die Konsolidierung einer sich vom schulischen Bildungsauftrag begründenden Religionspädagogik. Einerseits absorbierte die Auseinandersetzung um den Religionsunterricht – bes. in den 60er und 70er Jahren – das katechetische Interesse in hohem Maße. Andererseits eröffnete sich dadurch ein Freiraum für die Reflexion und den Ausbau der päd. Handlungsfelder der Kirche.

Christl. Erziehung in der Familie, Kindergartenarbeit (→ Kindergarten), → Kindergottesdienst, Konfirmandenunterricht (→ Konfirmation), Jugendarbeit und → Erwachsenenbildung gerieten stärker in das Blickfeld der → Praktischen Theologie. So entwickelte sich neben der etablierten → Religionspädagogik eine eigene → Gemeindepädagogik (E. Rosenboom 1974, dann G. Adam 1978, K.E. Nipkow 1982). Dabei sind Anregungen vor allem aus der früheren DDR (J. Henkys 1987) und aus der kath. Kirche (W. Bartholomäus 1987) aufgenommen worden. Erst 1990 legte K.E. Nipkow im Zusammenhang seiner umfassenden theol. Bildungstheorie einen einheitlichen Entwurf vor, der Religions- und Gemeindepädagogik integriert. Damit hat sich der Horizont enorm geweitet. Es wird aber darauf zu achten sein, ob die klass. Aufgabe der K., das Glaubenlernen sowohl als Einführung in den Glauben als auch als Weiterführung zu fördern, dabei zum Zuge kommt.

Mit dem Aufkommen der Gemeindepädagogik scheint die klass. K. an ihr Ende gekommen zu sein. In den letzten Jahren hat lediglich J. Henkys (1978, unter den Bedingungen der DDR) einen katechetischen Neuentwurf gewagt. C. Bizer (zuletzt 1988) fordert immer wieder, die eigentliche Aufgabe der K. nicht zu vernachlässigen. Ansonsten redet heute überwiegend die kath. Kirche von K. Johannes Paul II. betont, daß »im Kern der Katechese … eine Person« steht, »nämlich Jesus von Nazareth«, und daß »das Endziel der Katechese« darin besteht, »jemanden nicht nur in Kontakt, sondern in Gemeinschaft, in Lebenseinheit mit Jesus Christus zu bringen« (Catechesi Tradendae, 1979). Man wird im ev. Raum lange suchen müssen, bis man eine Formulierung findet, die den Sinn von Mt 28,19-20 besser wiedergibt.

3. Gegenwärtige Probleme und Aufgaben

Der Glaube läßt sich nicht so lernen, wie man seine Muttersprache oder Mathematik lernt, weil zu Verstehen, Übung und Gewöhnung die Bereitschaft und die Fähigkeit kommen müssen, sein Leben auf die Liebe Gottes zu gründen, wie sie sich in Jesus Christus gezeigt hat. Aber zweifellos läßt sich auf diesem Weg vorbereitend und vertiefend vieles lernen – bestimmte Kenntnisse und Verhaltensweisen, Verständnis und Fähigkeiten. Neben den spezifischen Möglichkeiten der Familie und den allg. der Schule hat hier die Gemeinde als erlebte Kirche ihre besondere Aufgabe. Mindestens als Kriterium für die Gemeindepädagogik behält die Kk. ihren Rang: Hilft die Gemeinde auf den verschiedenen Arbeitsfeldern vom Kindergarten bis zur Seniorenarbeit das Glaubenlernen zu unterstützen, oder schieben sich andere Ziele in den Vordergrund?

a. Zielproblematik und Kirchenverständnis

Die klass. kirchl. Kk. des 19. Jh.s geht von der Illusion aus, als sei die Kirche eine mehr oder weniger über die Jahrhunderte konstante Institution und die K. habe lediglich die Aufgabe, die noch unmündigen Glieder durch Belehrung und Erziehung zur Mündigkeit zu bringen und auf diese Weise in die Kirche zu integrieren. Aus heutiger Sicht liegen darin zwei Fehleinschätzungen. Weder ist die Kirche als Institution ewig, noch läßt sich der Mensch des 20. Jh.s als unmündig behandeln. Seine von ihm in Anspruch genommene Mündigkeit ist vielmehr zu respektieren. Außerdem hat heute die Erkenntnis Platz gegriffen, nach der die Kirche unbeschadet ihrer ewigen Verheißung (Mt 16,18) als menschliche Institution einem dauernden Wandel unterworfen ist (ecclesia semper reformanda) und dieser nur unter Beteiligung aller ihrer Glieder gelingen kann (»Kirche als Lerngemeinschaft«, 1981). K. aus der Haltung des Besitzens, als Unterweisung von oben nach unten, kann nicht nur vor Mt 23,8; Gal 6,6 nicht bestehen, sondern wird auch den heutigen Menschen nicht gerecht.

Die K. muß sich darum heute daran erinnern, daß Jesus Christus der eigentliche Lehrer ist und daß darum das Ziel des Glaubenlernens nur lauten kann: In der Lebensgemeinschaft mit Jesus Christus das Leben im Vertrauen auf Gott lernen. Dieses Ziel anzustreben setzt voraus, den Glauben an Jesus Christus zu bejahen. Nach → Mission und → Evangelisation führt darum die K. zu einer Zustimmung zum Glauben, die sich im freien Bekenntnis äußert. Das ist das bleibende Ziel einer Anfangsunterweisung im christl. Glauben. Daran schließt sich ein lebenslanger Prozeß, den Glauben als mündig zu bewähren, an, in dem der Glaubende bestrebt ist, das, was er glaubt, auf neue Lebenssituationen zu beziehen und gleichzeitig die

Alltagsebene der Glaubensinhalte neu zu entdecken. Diese wechselseitige Durchdringung von Glauben und Leben wird von einer Weiterführungsk. begleitet.

Subjekt der K. kann auch heute nur der lebendige Christus sein. Da nach 1Kor 12,12ff; Röm 12,4f die Gemeinde eine nicht übergehbare Form des lebendigen Christus ist, nimmt sie diese Aufgabe sowohl durch besonders begabte Männer und Frauen wahr, als auch durch den Dienst aller aneinander (Kol 3,16). Aufgrund des allg. Priestertums aller Gläubigen läßt sich die Wahrnehmung der katechetischen Verantwortung nicht auf die professionellen Mitarbeiter delegieren, sondern erfordert die weitest mögliche Beteiligung von Nichtprofessionellen als Mütter und Väter in der christl. Erziehung in der Familie, im Kindergarten und in der Schule, als ehrenamtliche Mitarbeiter in Kindergottesdienst und Jugendarbeit, als Mitunterweisende im Konfirmandenunterricht usw. Darüber hinaus gewinnt durch die Gemeindeorientierung der K. die Unterscheidung von expliziter und impliziter Kk. (vgl. schon G. Otto 1968) eine neue Zuspitzung. Außer den ausdrücklich unterweisenden Veranstaltungen wohnt auch allen übrigen gemeindlichen Aktivitäten (wie Predigt, Liturgie, Seelsorge, Diakonie) eine bildende Struktur inne. Die intensivste K. ist das Mitleben in einer lebendigen Gemeinde.

b. Verhältnis zur Religionspädagogik

Die Verhältnisbestimmung von Kk. und → Religionspädagogik muß Voraussetzungen und Bedingungen von beiden Seiten berücksichtigen. Von der Seite der Kk. ist zu bedenken: Weil Bildung eine Vollzugsform des Glaubens und K. wesensmäßige Aufgabe von Gemeinde und Kirche ist, kann die Kirche diese ihre ureigene Funktion nicht auf andere Sozialisationssyteme wie z.B. die Schule übertragen, sondern höchstens in begrenztem Maße mit ihnen kooperieren. Wenn darüber hinaus das Erlernen von Glaubensinhalten an ihre Praktizierung gebunden ist, weil sich in der theoretischen Abstraktion vieles nicht verstehen läßt (z.B. Gebet, Gemeinschaft, Einzigartigkeit Christi), dann ist der erste Ort des Glaubenlernens die Gemeinde und selbst der schulische Religionsunterricht kann auf Glaubensleben und damit Kooperation mit der Kirche nicht verzichten.

Der Religionsunterricht seinerseits findet seine Legitimation von der Schule und ihrem Bildungsauftrag her. Unter Zugrundelegung der → Curriculumtheorie und ihren drei Determinanten Fachwissenschaft, Schüler und Gesellschaft als Kriterien für die Lehrplanentwicklung können nur solche Inhalte, Ziele und Verfahrensweisen Einzug in den Religionsunterricht finden, die allgemeinbildenden Charakter haben. Spezifisch bibl.-kirchl. Ziele – wie z.B. Annahme des Glaubens – können in der öffentlichen Schule nicht verbindlich gemacht werden. Zusammengefaßt kann aber gesagt werden, daß Kk. und Religionspädagogik je ihre eigene Begründung und Aufgabe haben, auf dem Hintergrund der christl.-abendländischen Geschichte und Kultur sich aber mannigfache Möglichkeiten und Notwendigkeiten gegenseitiger Kooperation ergeben. Ohne selbst Schaden zu nehmen, kann keine von beiden auf die Zusammenarbeit verzichten.

c. Entwicklung einer elementarisierten Theologie

Unterweisung der Gemeinde durch die Gemeinde setzt eine lebensnahe, von Laien nachvollziehbare Theologie voraus. Eine derartige Theologie fehlt heute weitgehend. Aufgabe der Kk. ist es darum auch, eine katechetische Theologie zu entwickeln, die, nachdem sie die theol. Reflexionsebene durchschritten hat, sich in aller Schlichtheit wieder auf das Leben beziehen kann. Die → Didaktik ermittelt dabei Kriterien für diesen Vorgang (H.B. Kaufmann 1972). Elementarisierung zielt auf eine einfache, aber sachgemäße und durch Erfahrung nachzuvollziehende Struktur der darzustellenden Aussage. Nach K.E. Nipkow (1982, 191-223) sind elementare Aussagen zugleich wahr, sachgemäß, erfahrbar und Ausgangspunkt lebensgeschichtl. Lernvorgänge. Beispiele für eine elementarisierte Theologie haben etwa K. Vollmer (1972) und F. Gutsche/H.B. Kaufmann (1988) vorgelegt. Aufs ganze gesehen sind die ev. Gemeinden aus dem katechetischen Abseits noch nicht herausgekommen. Auch wenn es bis zu einer katechetischen Erneuerung in Kirche, Religionspädagogik und Theologie noch ein langer Weg ist, sind aber eine Reihe von verheißungsvollen Ansätzen nicht mehr zu übersehen.

Lit.: Grundsätzliches:

G. Adam, R. Lachmann (Hg.): Gemeindepädagogisches Kompendium, 1987; C. Bizer: »Katechetik«, TRE 17, 1988, 686-710; D. Emeis: »Katechese«, Handbuch religionspädagogischer Grundbegriffe, Bd. 1, hg. von G. Bitter, G. Miller, 1986, 175-183; J. Henkys: Die pädagogischen Dienste der Kirche im Rahmen ihres Gesamtauftrages, in: Handbuch der praktischen Theologie, Bd. 3, 1978, 12-65; E. Sachsse: »Katechese, Katechetik«: RE[2], Bd. 10, 1901, 121-129; H. Schroer: Grundlagen evangelischer Erziehungslehre, in: JRP Bd. 2 (1985), 1986, 3-40; M. Stallmann: »Katechetik«, Pädagogisches Lexikon, hg. von H.-H. Groothoff, M. Stallmann, 1961, 641-645.

Zu 1: H.W. Beyer: ThWNT Bd. 3, 1938, 638-640; A. Oepke: Der Brief des Paulus an die Galater, ThHK Bd. 9, 1964; K.H. Rengstorf: ThWNT Bd. 4, 1942, 392-465; R. Riesner: Jesus als Lehrer, 1981; A.F. Zimmermann: Die urchristlichen Lehrer. Studien zum Tradentenkreis der *didáskaloi* im frühen Urchristentum, 1984.

Zu 2: H.-J. Abromeit: Das Geheimnis Christi. Dietrich Bonhoeffers erfahrungsbezogene Christologie, 1991; W. Bartolomäus: Das katechetische Handeln der Kirche – Katholische Entwicklungen und Spezifika, in: G. Adam, R. Lachmann (Hg.): s.o., 87-112; G. Bohne: Grundlagen der Erziehung, 1951/1960; A. Exeler: Wesen und Aufgabe der Katechese, 1966; O. Hammelsbeck: Evangelische Lehre von der Erziehung, 1958; J. Henkys: Gemeindepädagogik in der DDR, in: G. Adam/R. Lachmann (Hg.): s.o., 55-86; Johannes Paul II., Apostolisches Schreiben Catechesi Tradendae. Über die Katechese in unserer Zeit (Verlautbarungen des apostolischen Stuhls 12), 1979; H.B. Kaufmann: Martin Luther, in: Klassiker der Religionspädagogik (FS K. Wegenast), hg. von H. Schröer, D. Zilleßen, 1989, 7-23; H.-I. Marrou: Geschichte der Erziehung im klassischen Altertum, 1957; K.E. Nipkow: Grundfragen der Religionspädagogik, Bd. 3: Gemeinsam leben und glauben lernen, 1982; ders.: Bildung als Lebensbegleitung und Erneuerung. Kirchliche Bildungsverantwortung in Gemeinde, Schule und Gesellschaft, 1990; E. Rosenboom: Gemeindepädagogik, EvErz 26 (1974), 25-47; W. Rott: »Konfirmandenunterweisung und Konfirmation«, RGG [3] 3, 1757-1769; Zusammenhang von Leben, Glauben und Lernen. Empfehlungen zur Gemeindepädagogik, vorgelegt von der Kammer der EKD für Bildung und Erziehung, 1982.

Zu 3.: H. Burkhardt: Religionsunterricht und kirchlicher Unterricht, ThBeitr 2 (1971), 38-40.142f; F. Gutsche, H.B. Kaufmann: Durchblicken. Nicht nur ein Jugendkatechismus, 1988; H.B. Kaufmann: Didaktische Kriterien als Anfrage an die Dogmatik, in: Mutuum Colloquium (FS H. Kittel), hg. von P.C. Bloth u.a., 1972, 167-178; Kirche als Lerngemeinschaft. Dokumente aus der Arbeit des Bundes der Evangelischen Kirchen in der DDR (FS A. Schönherr), 1981; G. Otto: Implizite und explizite Katechetik, in: ders.: Schule – Religionsunterricht – Kirche, [3]1968; H. Schmidt: Vertrauen und Verlernen. Glaubensdidaktik angesichts der Krise der Moderne, in: EvTheol 50 (1990), 90-103; K. Vollmer: Nachdenken – Umdenken – Neudenken, 1972.

H.-J. Abromeit

Katecheten, Katechetinnen

1. Begriff

Lehren und Lernen als Grundfunktionen der christl. Gemeinde erforderten von Beginn an ein entsprechendes Amt. Um aber evangeliumsgemäß (Mt 23,8) falsche Hierarchien in der geistbegabten Gemeinde zu vermeiden, verzichtete die frühe Christenheit weitgehend auf die Bezeichnung »Lehrer« (die im Judentum eine ehrenvolle Stellung kennzeichnete) und entwickelte im Anschluß an Paulus das Wort K. (→ Katechese, Katechetik). »Die *katachūntes* von Gal 6,6 sind mit den *didaskaloi* von 1Kor 12,28 und Eph 4,11 gleichzusetzen« (H.W. Beyer, 639). Aufgabe der K. ist das kirchl. Unterrichten und Erziehen im Unterschied zu aller sonstigen Menschenbildung. Auch Frauen haben als Lehrende nach dem NT ihre spezifische Aufgabe (Tit 2,3f).

2. Geschichtliche Grundprobleme und Aufgaben

In ntl. Zeit bildeten Lehrer und Propheten in Antiochien, dem zweiten Zentrum des Urchristentums neben Jerusalem, eine kollegial-charismat. Gemeindeleitung (vgl. Apg 13,1-3). In den Gottesdiensten paulin. Ortsgemeinden hat die Lehre ihren unbestrittenen Ort (1Kor 14,26). Erst in späterer Zeit, als sich der monarchische Episkopat (Gemeindeleitung in einer Hand, nämlich der des Bischofs), durchgesetzt hatte, wurde das Amt des K. von der Mitte der Gemeinde an den Rand gedrängt. Der Katechet war nun zuständig für die Durchführung der christl. Anfängerunterweisung. Prinzipiell war er damit dem Bischof untergeordnet. Machte er aber seine Sache gut, gewann er durch die Kraft seiner Lehre Einfluß auf die Gemeindeglieder. So war etwa die Wirkung des Origenes als Lehrer an der Katechetenschule in Alexandrien so stark, daß er für lange Zeit die Theologie des ganzen Ostens bestimmte. Das führte zum Konflikt mit seinem Ortsbischof Demetrius, so daß Origenes Alexandrien verlassen mußte. Diese Grundspannung zwischen dem Vertreter kirchl. Bildung und der kirchl. Administration kehrt häufig wieder. Sie konnte vermieden werden, wo Bischofsamt und Katechetentätigkeit in einer Hand lagen (wie etwa bei Augustin). Mit der Katechese und dem → Katechumenat verfiel auch das Amt des K. Selbst die Reformation, die ansonsten zu einer katechetischen Erneuerung führte, brachte hier keine Änderung. Katechese war Aufgabe des Pfarramtes. Der Pfarrer ließ sich darin vom Küster und vom Lehrer (oft dieselbe Person) unterstützen. Weil die Kirche alle Bildungsaufgaben in Kooperation mit dem Staat wahrnahm, konnte es zur Entwicklung eines eigenen kirchl. katechetischen Amtes nicht kommen. Erst als diese Voraussetzung wegfiel (wie in der Bekennenden Kirche und in der DDR), wurde das Amt des K. neu gebildet. Aber auch hier trat sofort wieder die alte Grundspannung hervor: In welcher Beziehung sollte dieses Amt zum Pfarramt stehen? Faktisch blieb es dem Pfarramt untergeordnet. In der DDR gingen aber einige Landeskirchen zur Ordination von Gemeindepädagogen, wie man die K. jetzt nannte, über, weil man wegen der Wichtigkeit von Bildungsvorgängen für den Gemeindeaufbau eine Unterordnung unter das Pfarramt verwarf. Die kirchl. Vereinigung der ev. Kirchen überholte diese Neuansätze. Es wird wahrscheinlich dabei bleiben, daß kirchl. Hilfskräfte, die Bedarfslücken kirchl. Lehrtätigkeit (wie in der Berufsschule) ausfüllen, K. genannt werden. Zu einer Neuordnung der kirchl. Ämter und einer Belebung des Amtes der K. wird es erst im Zuge einer Neufindung der Kirche als Lerngemeinschaft kommen können.

Lit.: s. → Katechese, Katechetik; K. Foitzik: Die Mitarbeiter in den gemeindepädagogischen Handlungsfeldern, in: G. Adam, R. Lachmann (Hg.), Gemeindepädagogisches Kompendium, 1987, 162-196; H. Lutze: »Katecheten«, EKL^2, Bd. II, 1958, 554f.

H.-J. Abromeit

Katechismus

1. Begriff

Es gibt zwei Grundsituationen, die ein klärendes Gespräch über den Glauben und über aus ihm hervorgehende Einstellungen und Verhaltensweisen erfordern. Die eine ist die Frage der nachwachsenden Generation nach dem Sinn eines im Glauben begründeten Handelns, die sog. Kinderfrage (vgl. 2Mo 12,26; 13,14; 5Mo 6,20; Jos 4,6.21). Die andere Situation ergibt sich durch die Frage Außenstehender, die eine Begründung des Glaubens suchen (vgl. 1Petr 3,15). In beiden Situationen geht es um einen Zugang zu einem vom Glauben bestimmten Leben.Hier hat der K. seinen Sitz im Leben.

Ein K. hat also nicht in erster Linie dogmat. Vollständigkeit anzustreben, sondern einen Zugang zum christl. Leben zu eröffnen. Dazu helfen zentrale Inhalte, die für die christl. Identität exemplarisch sind. Das Wort selbst ist eine aus dem Griech. (→ Katechese/Katechetik) gebildete Nominalform und stammt aus dem nordafrikanischen Kirchenlatein. Es hat vier zu unterscheidende Verwendungen gefunden. → Augustin gebraucht K. als Bezeichnung für die mündliche Unterweisung, für den Taufunterricht. Noch M. → Luther verwendet das Wort in diesem Sinn: »Katechismus aber heißt ein Unterricht, damit man die Heiden, die Christen werden wollen, lehret und weiset, was sie glauben, tun, lassen und wissen sollen im Christentum« (Vorrede zur Deutschen Messe). Eine zweite Verwendung des Begriffs ergibt sich aus dem o.g. Sitz im Leben. Ein K. antwortet auf Fragen. Später kann auch die Befragung des Täuflings bei der Taufe, bzw. bei der Kindertaufe der Paten anstelle des Täuflings K. genannt werden. Daraus bildete sich ein Verständnis des K. als ein spezifisches Unterrichtsverfahren in Frage und Antwort. Dieses ist im Laufe der Zeit zu einem stereotypen und uneigentlichen Fragen verkommen. Neben die Belehrungsfrage (der Katechumene fragt und der Lehrer antwortet) und die echte Dialogfrage (zwischen zwei Gleichrangigen) sowie die Bekenntnisfrage (aus der Taufliturgie) trat die »Verhörfrage«, die nur noch auswendig gelerntes Wissen abfragte. Aber schon Luther wollte den Dialog im Unterricht wiederbeleben. »Nicht allein also, daß sie die Worte auswendig lernen noch reden, wie bisher geschehen ist, sondern von Stück zu Stück frage und sie antworten lasse, was ein jegliches bedeute und wie sie es verstehen« (ebd.).

Der dritte Gebrauch bezieht sich auf die Unterrichtsinhalte. Hier schloß sich Luther an die Tradition an. Der K. als christl. Anfangsunterricht umfaßte wohl von Anbeginn das Herrengebet und ethische Weisungen. Ebenso war er von Anfang an als Taufunterricht auf das trinitarische Bekenntnis bezogen (vgl. schon Mt 28,19), das sich schon bald entfaltete und spätestens seit der Mitte des 2. Jh.s als artikuliertes Taufbekenntnis vorlag (→ Irenäus' Darstellung der Glaubensregel). Dieses bildete den Kern des im 5. Jh. festgelegten → Apostolischen Glaubensbekenntnisses. Während die frühe Kirche die christl. Ethik an Worten Jesu und der Apostel exemplifizierte und etwa Augustin dafür Jesu Doppelgebot der Liebe zugrundelegte (Mt 22,37-39 par), trat im MA im Zuge der Beichtpraxis der → Dekalog an diese Stelle (vgl. auch → Katechese/Katechetik 2. a. und b.). Luther nahm Dekalog, Credo und Vaterunser als Inhalt und Stoff des K. auf und ergänzte als weitere »Hauptstücke« Taufe und Abendmahl.

Erst durch die → Reformation bürgerte sich die vierte, heute fast ausschließliche Verwendung des Begriffs K. für das Buch ein, das den Stoff der christl. Anfangsunterweisung in elementarer Form darbietet. Die ersten Bücher unter diesem Titel wurden 1528 von J. → Brenz und von Andreas Althamer herausgebracht. Mit Luthers beiden Katechismen von 1529 setzte sich der Name für ein Einführungswerk in den christl. Glauben so durch, daß eine wahre Flut von weiteren zunächst ev., später auch kath. K.men entstand. Ab dem 18. Jh. wurde der Titel K. auch allg. für Einführungswerke gebraucht und fand als Buchtitel ganz profane Verwendung (z.B.: »Katechismus des Hopfenanbaus«).

2. Luthers Katechismen

Nach den ebenfalls schon reformat. ausgerichteten »Kinderfragen« der Böhmischen Brüder von 1502 (»Eyn Christliche underwyßung der klynen kynder ym glauben«) und einigen in Luthers Wirkungskreis von ihm selbst angeregten Versuchen (z.B. das »Bökeschen vor de leyen unde kinder« von 1525, wohl von Bugenhagen) veröffentlichte Luther 1529 seine beiden K.men. Diese sind dreifach in seinem Wirken verwurzelt. Die erste Wurzel bildet seine über den Inhalt des Glaubens aufklärende Predigttätigkeit. Luther wollte durch seine Predigt nicht nur ermahnen, erbauen und trösten, sondern vor allem auch belehren. Seit 1516 predigte er K.-Stoff. 1523 führte er in Wittenberg regelmäßige K.-Predigten ein. In Vertretung des Stadtpfarrers → Bugenhagen predigte Luther zuletzt 1528 den gesamten K. (WA 30/I, 1-122). Hieraus erwuchsen zahlreiche K.-Formulierungen. Die zweite Wurzel liegt in Luthers Seelsorge, besonders im Zusammenhang einer Reformation der → Beichte. An die Stelle mittelalterl. Sündenspiegel soll der theol. interpretierte Dekalog treten, der als Ursache jeder einzelnen Sünde das verlorene Gottvertrauen namhaft macht. Eine dritte Wurzel stellt Luthers Bemühen um einen geordneten Gemeindeaufbau dar. Bei seiner Teilnahme an der → Visitation des Kurkreises um Wittenberg (1528) war er erschrocken über die desolaten kirchl. Zustände und die Unmündigkeit der Gemeinden. »Die Bauern lernten nichts, wußten nichts, beteten nicht ..., sie beichteten und kommunizierten nicht« (M. Brecht, 256). Luther sah die Ursache in fehlender Glaubensbildung.

Er erkannte, daß die Kirche und ihre Pfarrer allein zu schwach waren, um dem entgegenzuwirken. Darum versuchte er, den Unterricht durch die Hausväter zu stärken und die Obrigkeit dazu zu bewegen, Schulen einzurichten und Jungen und Mädchen zu unterrichten. In allen drei Bildungsinstitutionen (Haus, Schule und Kirche) haben Luthers K.men eine reiche Wirkung entfaltet.

Der »Deudsch Catechismus« (von uns Großer K. genannt; erschienen im April 1529) wendet sich an die Pfarrer und Prediger, damit diese den K. »fest treiben ..., weil wir sehen, daß leider viel Prediger und Pfarrer hierin sehr säumig sind, und verachten beides, ihr Amt und diese Lehre«. Luther bietet mit dem Gr. K. nicht nur eine Art Lehrerhandbuch für den Unterricht über den Kleinen K., sondern vor allem ein Meditationsbuch für das geistl. Leben des Pfarrers. Mit Hilfe des K. verdichtet Luther die Schrift auf das Fundamentale. Wenn er den K. als »Laienbibel« (WA 30/I,27) bezeichnet, so meint er damit keine umfassende Laiendogmatik, sondern die Reduktion auf die tragenden dogmat. Fundamente. Diese werden auf die Existenz und auf das tägliche Leben bezogen und auf diese Weise elementarisiert.

Der »Zirkel zwischen Leben und Lehre« (H.B. Kaufmann, 1964,20) wird sehr schön am Kleinen K. (erste Tafeldrucke ab Januar 1529, in Buchform im Mai) deutlich. Dieser ist als Brevier für den Alltag des christl. Hauses (vgl. Grünberg, 1981) entworfen worden. Er gibt an, wie der Christ morgens und abends, vor und nach den Mahlzeiten beten soll, und wie der Hausvater seinem Haus Ethik (Zehn Gebote), Glauben (Credo) und das rechte Verständnis der Sakramente (Taufe und Abendmahl) und das Herrengebet lehren soll. Der eigentliche Ort für Unterricht über den K. ist das christl. Haus. Die Kirche tritt dem Haus stützend zur Seite. Faktisch ist der K. vermehrt um das ABC, die Ziffern von 1-100 und einige andere Beigaben zum prot. Elementarschulbuch schlechthin geworden und hat so für lange Zeit den Schulunterricht bestimmt. Bis zum Ende des 16. Jh.s ist er in ca. 500 Ausgaben in 600.000-700.000 Exemplaren verbreitet worden und hat so wesentlich zur Senkung der Analphabetenquote in prot. Gebieten beigetragen, die Anfang des 16. Jh.s noch über 90 % betragen hatte (Grünberg, Weyrauch 1984). Auf diese Weise ist Luthers K. zum Klassiker unter den K.men geworden.

3. Die weitere protestantische Katechismus-Entwicklung

Obwohl Luther lediglich ein Beispiel geben wollte, hat er mit seinen beiden K.men die Entwicklung in den luth. Gebieten weitgehend kanalisiert. Daneben kann sich auf Dauer nur das überraschend kurze »Fragstück des christlichen Glaubens für die Jugend« (1535) von J. Brenz halten. Es wird 1536 in die Württembergische Kirchenordnung aufgenommen und 1696 mit Luthers Kleinem K. zum »Württembergischen Katechismus« vereinigt. Dieser ist bis 1965 häufig nachgedruckt und über die Mission weltweit verbreitet worden.

Seit A. → Osianders und Sleupners Nürnberger Kinderpredigten von 1533 wurde Luthers Kleiner K. immer wieder ausgelegt. Aus diesen Erklärungen des K. entstanden z.T. sehr ausführliche, sog. »exponierte Katechismen«, die durch Systematisierungen, dogmat. Ergänzungen und weitere Beigaben Luthers Text zu verbessern meinten. Die Aufnahme in die Bekenntnisschriften (→ Konkordienbuch/-formel) veränderte die religionspäd. Rolle der K.men nicht unwesentlich. Aus einem beispielhaften Bekenntnistext und einer Hilfe zu persönlich gelebtem Christsein wurde ein normativer kirchenrechtlicher Text ohne Alltagsrelevanz. K.lernen beschränkte sich immer mehr auf Auswendiglernen.

Im ref. Bereich nahm die Entwicklung einen eigenen Verlauf. In der ersten Hälfte des 16. Jh.s war sie regional bestimmt. In Zürich wurden die K.men von Leo Jud (1525) und H. → Bullinger (1561) verwendet, in Straßburg u.a. M. → Bucers »Kurtze schrifftliche erklärung« (1534) und sein »Kürtzer Catechismus« (1537), in Genf die beiden K.men → Calvins (1537 und 1541/42), in Ostfriesland der K. von J. → Laski (1545/46) und der »Emdener Katechismus« (1554). Schließlich gewinnt der → Heidelberger K. (1563) überregionale Bedeutung, ja Weltgeltung für die ref. Christenheit. Nach Luthers K. wird er der verbreitetste K. überhaupt. Trotz gelungener Elementarisierung in einzelnen Formulierungen (z.B. klassisch die 1. Frage) und im Gesamtaufbau (3 Teile: Des Menschen Elend, Erlösung, Dankbarkeit) ist der Heidelberger K. teilweise der Versuchung zur dogmat. Vollständigkeit und zur konfessionellen Polemik verfallen, statt sich auf das Fundamentale zu beschränken.

Im 18. Jh. kommen im Protestantismus vermehrt Landesk.men auf, die nur für eine Landeskirche Gültigkeit beanspruchen konnten. Dazu treten – vor allem im 19. Jh. – auf dem Hintergrund von Bestrebungen zur → Union der ev. Kirchen Bemühungen um einen Unionsk.

4. Andere christliche Katechismen

Der ungeheure Erfolg von Luthers K. nötigte die röm.-kath. Kirche zu ähnlichen katechetischen Bemühungen. Als Buchtitel verwandte erstmals der zeitweise luth. gesonnene (1525-1531), dann scharf antiprot. Georg Witzel 1534 den Begriff K. (später noch mehrere K.-Versuche). Es kam auch zu einer reichen kath. K.-Produktion im 16. Jh., von denen als wichtigste die drei K.men des Jesuiten Peter Canisius, die schon zu dessen Lebzeiten 233 Auflagen erlebten und in Deutschland über 200 Jahre maßgeblich blieben, und der Catechismus Romanus zu nennen sind, der durch einen Beschluß des Konzils von Trient (1545-63) veranlaßt wurde. Mitte des 19. Jh.s schuf der Jesuit Joseph Deharbe (1800-71) drei K.men, die viele Auflagen, Übersetzungen und Überarbeitungen erlebten und fast 100 Jahre Weltgeltung erlangten. Da sie aber unter dem Zwang zur Vollständigkeit und dogmat. Korrektheit leiden, haben sie die Aufgabe der Elementarisierung der christl. Lehre nur sehr unvollständig leisten können. Das gilt für die meisten kath. K.men, die ihre Verbreitung der Durchsetzungskraft der straffen kirchl. Hierarchie und nicht ihre Aufnahme durch die kirchl. Basis verdanken.

Eine Ausnahme bildete erst der im Auftrag der holländischen Bischöfe erarbeitete »De nieuwe Katechismus« (sog. »Holländischer Erwachsenen-Katechismus«, 1966). Er setzt bei der gegenwärtigen Situation des Menschen an, geht induktiv vor und weist in der irdischen Wirklichkeit christologische Dimensionen auf. Der K. hat eine größere Diskussion und Interesse unter gebildeten kath. Gemeindegliedern ausgelöst. Andere neuere K.-Versuche haben kein vergleichbares Echo gehabt. Die Wirkung des von Papst Johannes Paul II. bei einer »Katechismuskommission« unter dem Vorsitz von Joseph Kardinal Ratzinger 1986 in Auftrag gegebenen, 1992 in Italien und 1993 in Deutschland veröffentlichten Weltkatechismus muß abgewartet werden. K. bedeutet hier eher ein authentisches Nachschlagewerk als einen erfahrungsbezogenen Erschließungsunterricht.

Die Orthodoxie wurde in der Begegnung mit K.men besitzenden Konfessionen (Katholiken in der Ukraine und Weißrußland, Calvinisten in Siebenbürgen) zur Selbstbehauptung genötigt, über den eigenen Glauben in einem K.

Rechenschaft abzulegen. So entstanden die ersten K.men, angestoßen durch die abendländische Christenheit in der russ. Orthodoxie (Confessio Orthodoxa und Kleiner K. des Kiewer Metropoliten Petrus Mogilas 1596-1646). Sie wurden später von der Gesamtorthodoxie übernommen. Die beiden klassischen orthodoxen K.men schuf der Moskauer Metropolit Filaret (1782-1867). Sie fanden weite Verbreitung und Anerkennung in der ganzen orthodoxen Welt, aber nur in der russ. Orthodoxie erlangten sie beinahe den Rang von Bekenntnisschriften.

Auch die → Anglikanische Kirche besitzt als Teil des → Book of Common Prayer einen kurzen K., der Apostolikum, Dekalog, Vaterunser und Sakramente behandelt.

5. Aufgabe eines Katechismus heute

In der Gegenwart wird der Begriff K. nur noch als Buchtitel, und zwar für zwei durchaus verschiedene Buchtypen gebraucht. Die einen – meistens sind es kirchl. Gremien – bezeichnen so ihr zwar relativ einfach geschriebenes, aber doch enzyklopädisch angelegtes Werk. Neben dem kath. Weltkatechismus sind hier etwa zu nennen der »Evangelische Erwachsenenkatechismus« (1975) und der »Evangelische Gemeindekatechismus« (1979), beide herausgegeben im Auftrag der Vereinigten Evangelisch-Lutherischen Kirche Deutschlands. Im Grunde stellen diese Werke eher Laiendogmatiken dar. Die anderen setzen Theologie eher voraus, als sie selbst vorzuführen. Sie suchen die Naht- und Bruchstelle zum Leben der Menschen, um eine Hinführung zum Glauben zu erreichen. Hier wird das Theol.-Fundamentale elementarisiert. Einen guten Ansatz in dieser Richtung haben D. Bonhoeffer, F. Hildebrandt 1931 vorgelegt. Aber auch neuere Entwürfe (z.B. W. Armbrüster; F. Gutsche, H.B. Kaufmann) versuchen theol. Aussagen und gegenwärtige christl. Praxis in der Perspektive persönlichen Suchens und Hineinwachsens in den christl. Glauben zu verbinden. Es ist bezeichnend für unsere Situation in Kirche und Gesellschaft, daß dies nur noch in Form von Privatk.men zu gelingen scheint. In einer zunehmend pluralistisch werdenden Welt ist der Zirkel zwischen Glauben und Leben von einer größeren Gruppe oder gar einer Kirche kaum noch zu schlagen. Das wäre aber die Voraussetzung für das Gelingen der K.-Aufgabe heute. Um der nachwachsenden Generation und um am Glauben Interessierter willen darf die Kirche nicht in der Bemühung nachlassen, wieder katechismusfähig zu werden. Ohne einen elementaren Grundkonsens über den christl. Glauben wird dieser nicht mehr vermittelbar sein.

Lit.: S. unter → Katechese/Katechetik

H.-J. Fraas, W. Grünberg, G.J. Bellinger, P. Hauptmann: »Katechismus«, TRE 17, 1988, 710-744; E. Lohse, H.W. Surkau: »Katechismus« RGG^3 III, 1178-1188.

W. Armbrüster: Dein Glaube ist wie ein Baum. Ein Jugendkatechismus, 1984; D. Bonhoeffer, F. Hildebrandt: Glaubst Du, so hast Du. Versuch eines lutherischen Katechismus (1931), in: ders.: Gesammelte Schriften Bd. 3, 1960, 248-257; M. Brecht: Martin Luther, Bd. 2, 1921-1932, 1986; Denk mal nach ... mit Luther: Der Kleine Katechismus – heute gesagt. Im Auftrag des Rates der Ev. Kirche der Union, hg. von der Kirchenkanzlei der EKU, 1989; Erzähl mir vom Glauben. Ein Katechismus für Kinder, hg. im Auftrag der Vereinigten Evangelisch-Lutherischen Kirche Deutschlands 1984; Evangelischer Erwachsenenkatechismus. Kursbuch des Glaubens, hg. von W. Jentsch, H. Jetter, M. Kießig, H. Reller, 1975; Evangelischer Gemeindekatechismus, hg. v. H. Reller, H. Müller, M. Voigt, 1979;

W. Grünberg: Lernen im Rhythmus des Alltags. Pastoraltheologie 70, 1981, 258-274; ders.: Bildung und Frömmigkeit: Pastoraltheologie 73, 1984, 354-367; H.B. Kaufmann, Didaktische Überlegungen zur Neufassung des Katechismustextes: Ev. Unterweisung 19 (1964), 18-26; G. Miller: »Katechismusunterricht«: Handbuch religionspädagogischer Grundbegriffe Bd. 1, hg. von G. Bitter, G. Miller, 1986, 284-290; A. Peters: Kommentar zu Luthers Katechismen, Bde. 1-4, 1990-1993; C. Weismann: Eine kleine Biblia. Die Katechismen von Luther und Brenz, 1985; E. Weyrauch: Luthers Kleiner Katechismus als öffentliche Handelsware: Pastoraltheologie 73 (1984), 368-379.

H.-J. Abromeit

Katechumenat

Der Begriff K. (→ Katechese/Katechetik) bezeichnet eine Bildungseinrichtung der Kirche, mit der sie Interessenten in den christl. Glauben und zur vollen Mitgliedschaft führt. Er faßt verschiedene päd. Maßnahmen zusammen. Auf keinen Fall darf man ihn auf Unterricht beschränken, sondern neben die Anfangsunterweisung treten andere Verfahren, die das Glaubenswachstum und die Einübung ins Christsein unterstützen sollen. Darum ist das K. Teil des Gemeindelebens.

Das K. hat seine klassische Ausprägung in der Alten Kirche gefunden. Voraussetzung des altkirchl. K.s ist die scharfe Unterscheidung von Kirche und Welt als alternative Gesellschaften und ein ganzheitliches Glaubensverständnis. Christen fielen durch einen anderen Lebensstil auf. Seit dem Ausgang des 2. Jh.s ist ein Stufenkatechumenat nachweisbar. Nach → Hippolyts Kirchenordnung (40-46) werden diejenigen, die sich zum K. anmelden wollen, nach den Motiven gefragt, »weshalb sie sich dem Glauben zugewandt haben«, es werden Erkundigungen über ihren Lebensstil eingezogen und Anweisungen zu ihrer Berufsausübung gegeben. Diejenigen, die sie zum Glauben geführt haben, sollen für sie bürgen (Ursprung des → Patenamtes). Das K. dauerte drei Jahre. Der Katechumene gilt bereits als Glaubender. Er hat das Recht, an der christl. Unterweisung und Teilen des Gottesdienstes teilzunehmen. Gegen Ende des K.s wurde der Lebenswandel der Taufbewerber im Blick auf ihr diakon. Engagement nochmals geprüft. Die zur Taufe Zugelassenen werden besonders im Evangelium unterwiesen und nach Fasten, Beten, → Exorzismus und nochmaligem Befragen getauft. Sicher gab es regionale Unterschiede in der Gestaltung des K.s. Überall wurde jedoch die Einführung in den Glauben stufenweise vorgenommen. Der christl. Glaube wurde als so neu, umfassend und herausfordernd verstanden, daß man die Katechumenen nicht überfordern und den Glauben nicht entheiligen wollte. Mit dem K. hatte die Kirche ein Instrument entwickelt, mit dem sie auf den Massenansturm im 4. Jh. (→ Konstantin der Große) reagieren konnte. In der Folge wurde das K. lehrhaft und rituell vertieft. Es verschwand aber, als die Kindertaufe zur fast ausschließlich geübten Taufpraxis wurde.

Der Begriff begegnet erst wieder in der Neuzeit. Aber während die Alte Kirche das K. zur Taufvorbereitung nutzte, bezeichnet 1830 Claus → Harms in seiner Pastoraltheologie den Unterricht nach der Taufe als K. C.A.G. v. → Zezschwitz entwirft eine monumentale Lehre vom K. und fordert seine Erneuerung für die ev. Kirche. Während des → Kirchenkampfes wächst in der Bekennenden Kirche das Bewußtsein, daß die Kirche die Bildung ihres Nachwuchses wieder in eigene Regie übernehmen müßte. Es kommt zu ersten Ansätzen einer neuen K.-Idee als »Gesamtkatechumenat«. Ausgehend von einem Konzept lebenslangen Lernens soll die Kirche für alle Altersstufen katechetische Angebote machen, die aufeinander abgestimmt sind und ineinandergreifen. Abgesehen von der Undurchführbarkeit dieses Konzepts geht in ihm der spezifische Sinn des K. als Einführungsveranstaltung in Glauben und Kirche verloren. In der ev. Kirche der DDR hat diese Vorstellung von K. noch nachgewirkt.

Im Zusammenhang einer päd. reflektierten christl. Bildungstheorie wäre für eine Kirche in einer nachchristl. Gesellschaft der Sinn eines geregelten K.s ganz neu zu entdecken. Es wäre auf jeden Fall hilfreich, wenn Aktivitäten und Maßnahmen, die den Prozeß des Christwerdens begleiten, in einer Kirche aufeinander abgestimmt, bekanntgemacht und in allen Gemeinden angeboten würden. Man könnte dabei auf die z.T. positiven Erfahrungen mit → Glaubenskursen zurückgreifen.

Lit.: s. → Katechese/Katechetik

K. Janssen: »Katechumenat«: RGG[3] III, 1189f; G. Kretschmar, K. Hauschildt: »Katechumenat, Katechumene«: TRE 18, 1989, 5-14.

H.-J. Abromeit

Katharer → Albigenser

Katharina von Siena (1347-1380)

K., geb. in Siena, Geburtstag und -jahr sind umstritten, gest. am 29. 4. 1380 in Rom, am 29. 6. 1461 heilig gesprochen. 1365 schloß sie sich den Dominikanertertiarierinnen an, lebte in Askese und Meditation und erwarb eine für ihre Zeit hochstehende Bildung, wobei sie immer ein besonderes Interesse für Reformaufgaben in Klöstern, Kirche und Gesellschaft an den Tag legte.

Um sie herum bildete sich eine geistl. Familie mit einer eigenen, unangepaßten Spiritualität. Ab 1370 ging K. in die Öffentlichkeit und nahm durch Briefe und Besuche Einfluß auf Ordensobere und weltliche Herrscher, Bischöfe, sogar Päpste, um sie zur Umkehr und Erneuerung der Kirche zu rufen. Sie setzte sich für einen Kreuzzug ein, gründete einen Frauenkonvent in der Nähe Sienas, hatte selbst mystische Erfahrungen (Stigmata) und als ganz und gar ungewöhnliche Zeiterscheinung beträchtlichen Einfluß auf ihr Jahrhundert.

Lit.: G. Albarigo: »Katharina von Siena«, TRE 18, 1989, 30-34; A. Levasti: Katharina von Siena, 1952.

G. Ruhbach

Katholikentage → Katholizismus

Katholisch-Apostolische Gemeinde

Angesichts der Entchristlichung des »Christlichen Abendlandes«, der polit. Wirren und der Französischen Revolution wurde 1826 von einem Freundeskreis in London eine Vereinigung zur Erforschung der prophetischen Schriften der Bibel gegründet. Kurz darauf schloß man sich mit den auch 1826 beginnenden Konferenzen in Albury (südl. von London) zusammen. An diesen »Albury-Konferenzen« im Hause des Bankiers Henry Drummond im Albury-Park nahmen 28 Geistliche und 16 Nichtgeistliche aus unterschiedlichen Konfessionen teil. Schon 1828 kam man u.a. zu dem Schluß, daß die im NT bezeugten geistl. Gaben nicht deshalb aufgehört hätten, weil sie nicht mehr notwendig wären, sondern daß die Ursache dieses Aufhörens in einem Mangel an Glauben und Gehorsam zu suchen war, und man begann, um eine solche Erweckung zu beten.

Bücher über die Ergebnisse solcher Konferenzen entstanden, so die »Gespräche über Weissagung« (1827/28), zwei Bände von Edward Irving, mehrere Jahrgänge der Vierteljahresschrift »The Morning Watch«, die Tudor über die Albury-Konferenzen 1829 bis 1833 herausgab. u.a.

Seit 1826 gab es durch Predigten über die »Erlösung in Christus für alle Menschen« viele Bekehrungen und Erweckungen, besonders in der presbyterianischen schottischen Kirche bei Edward Irving in London (1829 in Annan etwa 10.000 Zuhörer und in Edinburgh 13.000) und bei Pfr. John Campbell zu Port-Glasgow. Gleichzeitig gab es eine kleine Erweckung in der röm.-kath. Kirche in Karlshuld im Donaumoos/Bayern bei dem Priester Johann Evangelist Georg Lutz. Glaubensheilungen Kranker geschahen und andere Gnadengaben wie Weissagung und das Sprachengebet wurden erfahren. Außergewöhnlich bei diesen Weissagungen war, daß darin vielfach auf ein bevorstehendes Werk Gottes hingewiesen wurde, auf die Ordnungen des Hauses Gottes und die göttliche Sendung von Aposteln, Propheten, Evangelisten, Hirten und Lehrern, bis dann auch Menschen zu solchen Diensten prophetisch berufen bzw. bestätigt wurden. Apostel waren in den Jahren 1832-1835 im ganzen zwölf. Zu ihnen gehörten Henry Drummond und die Juristen John Bate Cardale und Thomas Carlyle (nicht der Dichter gleichen Namens, sondern ein Schotte).

Die Zwölf zogen sich nach ihrer »Aussonderung« (Apg 12,1-4) durch die sieben Gemeinden in London am 14. 7. 1835 auf prophetische Weisung für zwei Jahre in die Stille nach Albury zurück, um, unterstützt von sieben Propheten, die Bibel zu studieren. Ende 1837 verfaßten sie eine Denkschrift: »An die Patriarchen, Erzbischöfe, Bischöfe und anderen Vorsteher der Kirche Christi in allen Landen und an die Kaiser, Könige, Fürsten und anderen Regenten der getauften Nationen« in Englisch, Lateinisch, Deutsch und Französisch.

Danach wurden sie durch Weissagung 1838-1840 in einer ersten Aussendung zu Christen geschickt, jeder einzelne in ein bestimmtes Land bzw. Stammgebiet, analog zu den zwölf Stämmen Israels. Dort sollten sie ihre Denkschrift den Verantwortlichen in der Christenheit persönlich überbringen und so zur wahren Katholizität der Kirche führen. Berichte darüber liegen noch vor. Allmählich entstanden Gemeinden aus solchen, die aus ihren Kirchen hinausgedrängt und ausgeschlossen worden waren. Man sprach nicht von »Kirche«, sondern nur von kath.-apostol. »Gemeinden« (innerhalb der einen Gesamtkirche). 1840-1842 wurden eine Liturgie und andere Rituale verfaßt. Seit 1847 gab es eine »Versiegelung« durch die Apostel.

In vielen Ländern in aller Welt entstanden nun Gemeinden. Evangelisten des »Werkes« kamen auch nach Deutschland, wo sich u.a. der Marburger Theologieprofessor Thiersch für ihr Anliegen gewinnen ließ.

1901, beim Tod des letzten Apostels, gab es weltweit etwa 1.000 Gemeinden mit etwa 200.000 Mitgliedern. Nun konnten keine Versiegelungen oder Amtseinsetzungen mehr erfolgen, und das »Werk« ging in die Stille.

Lit.: L. Albrecht: Das apostolische Werk des Endes, 1924; K. Born: Das Werk des Herrn unter Aposteln, 1974; R.-F. Edel: Auf dem Weg zur Vollendung der Kirche Jesu Christi. Die oekumenische Sendung der katholisch-apostolischen Gemeinden an die Gesamtkirche Jesu Christi, [2]1971; K. Hutten: Seher, Grübler, Enthusiasten, [12]1982, 22-31; G. Frhr. von Richthofen: Die Apostolischen Gemeinden, ihre Entstehung, Verfassung und Gottesdienste. Ein Zeugnis, 1884.

R.-F. Edel

Katholische Briefe des Neuen Testaments

Der Begriff »katholische Briefe« ist vom etymologischen Wortsinn katholisch = allgemein herzuleiten und bezeichnet sieben Schreiben des NT, die nach ihren Verfassern benannt sind, jedoch keinen genau gekennzeichneten Empfängerkreis nennen:

- Jakobus,
- 1. und 2. Petrus,
- 1., 2. und 3. Johannes,
- Judas.

Erst Apollonius von Ephesus (ca. 197 n.Chr.) benutzt den Ausdruck *katholikē epistole* in der frühchristl. Literatur; er setzt ihn verteidigend gegen den Montanisten Themison ein, dem er vorwirft, »in Nachahmung des Apostels« einen »katholischen Brief« verfaßt zu haben (Eus, h.e. 5,18,5). Gerade dieser Wortgebrauch ist vor dem Hintergrund des heutigen Disputs über die apostol. Authentizität der K. B. aufschlußreich: Obwohl ungeklärt ist, welchen Brief bzw. welchen NT-Autor Themison nachgeahmt haben soll (meist wird der 2. Petrusbrief vermutet), ist doch offensichtlich, daß spätestens gegen Ende des 2. Jh.s lokal die kanonische Geschlossenheit eines gesamt-apostol. Briefkorpus bewahrt und gegen Fremdeinflüsse geschützt wurde.

Davon unabhängig war noch bis ins 4. Jh. die heutige Siebenzahl der Katholischen Briefe nicht festgelegt. Da man am Wortsinn »allgemein« – und zwar zielgruppenspezifisch – festhielt, konnte noch Clemens von Alexandrien um 200 n.Chr. den Brief des Jerusalemer Apostelkonzils (Apg 15,23-29) als »katholikē« bezeichnen (Stromateis 6,97,3). Ebenso war es für Origenes, der die heute so bezeichneten sieben K. B. kannte und als apostol. akzeptierte, durchaus möglich, den Barnabas-Brief (den er nicht für einen Bestandteil des kanonischen NT hielt) als »katholikē epistolē« zu bezeichnen (Gegen Kelsos, 1,63). Der Kirchenhistoriker Euseb von Caesarea benutzte den Begriff in seiner zwischen 296 und 326 anzusiedelnden Kirchengeschichte dann definitiv im heutigen Sinn (h.e. 2,23,35; 6,14,1) und klärte in diesem Zusammenhang auch die Frage der Authentizität: »Allgemein« sind die Briefe nicht mehr nur wegen ihrer Zielgruppen, sondern eben auch, weil sie allg. anerkannt sind. Dementsprechend urteilte er, daß die Petrusakten, das Petrusevangelium, die Petruspredigt (Kerygmata Petrou) und die Petrusapokalypse »soviel wir wissen nie zu den katholischen Schriften gezählt wurden« – darin unterscheiden sie sich gerade auch vom 1. und 2. Petrusbrief (h.e. 3,3,2).

Während innerhalb des einem bestimmten Verfasser zugeschriebenen Korpus auf diese Weise Klarheit geschaffen wurde, war sogar noch für Euseb der Begriff »katholisch« nicht allein auf das NT begrenzt: An anderer Stelle bezeichnet er die Briefe des Dionysius von Korinth (gest. um 170 n.Chr.) als »katholische Briefe an die Kirchen« (h.e. 4,23,1).

In der heutigen Forschung sind die sieben K. B. des NT durch den Mehrheitskonsens der Ablehnung ihrer apostol. Authentizität verbunden. Erst in letzter Zeit sind frühere Forschungsansätze wieder aufgenommen worden, nach denen zumindest der 1. Petrusbrief und der 1. Johannesbrief doch von Trägern dieser Namen stammen, die mit den gleichnamigen Gestalten des apostol. Kreises identisch sind. Die Problematik des johanneischen Korpus stellt dabei besondere, weithin noch ungelöste Aufgaben. Allerdings mehren sich vor allem in der angelsächsischen Forschung Stimmen, die auch Jakobus, Judas und sogar 2. Petrus wieder als authentische Apostelbriefe gelten lassen wollen. Dies ist vor allem für Jakobus und Judas folgenreich, da es hier dann um »Herrenbruder«-Briefe ginge, die zugleich die ältesten Briefe des NT wären (R. Bauckham). In neuerer Zeit hat auch die Archäologie ein Indiz geliefert: Funde von Synagogen aus der Zeit bis 70 n.Chr. bestätigen, daß Jakobus 2, 2-3 keine allgemeine Versammlungssituation meint, sondern die konkrete Sitzordnung einer judenchristlichen Synagoge vor 70 n.Chr.

Im heutigen Sprachgebrauch müßte terminologisch präziser formuliert werden: Die sieben »Katholischen« Briefe sind keineswegs alle an eine allgemeine Leserschaft oder allgemeine Kirche gerichtet. Der 2. und 3. Johannesbrief nennen Einzelempfänger (beim 3. Johannesbrief sogar namentlich), der 1. Petrusbrief kennzeichnet einen klar umrissenen Rezipientenkreis, und der 2. Petrusbrief dürfte an die gleichen Leser gerichtet sein. Von daher läßt sich die Zusammenstellung auch anders definieren: Mit Ausnahme des Hebräerbriefs – der in der alten Kirche lange als paulin. galt – umfassen die sieben K. B. alle Schreiben des NT, die nicht Paulus zugeschrieben werden. Augustinus brachte dafür eine Formel ins Spiel: Die katholischen Briefe sähen den Glauben nur in Verbindung mit Werken, während Paulus ihn vorwiegend ohne Werke betone (De fide et operibus 14,21). Tatsächlich steht meist gerade der als werkbetont geltende Jakobusbrief an erster Stelle der Katholischen Briefe. Diese Anordnung der griech. und lat. NT wurde u.a. vom Konzil von Karthago (397 n.Chr.) und vom Decretum Gelasianum (5./6. Jh.) zugunsten der beiden Petrusbriefe verändert; selten wurden früher auch die drei Johannesbriefe an den Anfang der Sammlung gesetzt. In der handschriftlichen Überlieferung ist die Einordnung der K. B. unter dieser Bezeichnung erst sehr spät belegt: Die seltenen Bezeugungen finden sich im Kodex P (9. Jh.) für den Jakobusbrief und in vereinzelten Minuskeln.

Lit.: R. Bauckham: Jude and the Relatives of Jesus in the Early Church, 1990; F.F. Bruce: The Canon of Scripture, 1988; D. Guthrie: New Testament Introduction, [4]1990, 722-928, 1011-1028; W. Kümmel: Einleitung in das Neue Tetament, [21]1983, 341-419; G. Maier (Hg.): Der Kanon der Bibel, 1990; B.M. Metzger: The Canon of the New Testament. Its Origin, Development and Significance, 1987; Th. Zahn: Grundriß der Geschichte des Neutestamentlichen Kanons, [3]1985.

C.P. Thiede

Katholizismus

1. Begriffsbestimmung

Versteht man das erstmals in der Mitte des 2. Jh.s auftauchende Wort von der »katholischen Kirche« (→ Ignatius von Antiochien) im ursprünglichen Sinn, so bezeichnet es die in der Universalität des Evangeliums begründete Universalität der Kirche (griech. *kath holän gän*, »über die ganze Welt«). »Katholizität« ist also ein Wesensmerkmal der christl. Kirche und jeder Christengemeinde zu eigen: Ohne Einschränkung und Schranken gilt in ihr, über alle Generationen, Länder und sozialen Grenzen hinweg, was allen Christen an allen Orten zu allen Zeiten galt: das → Evangelium (vgl. Mt 28,18ff). Im allg. Sprachgebrauch wird »katholisch« seit dem 17. Jh. meist im konfessionell verengten Sinn verstanden und zur Bezeichnung der röm.-kath. Kirche gebraucht, deren Lehre und Eigenart aufs engste mit der Geschichte des röm. Bischofssitzes und dem Anspruch des → Papsttums zusammenhängt.

2. Geschichte und Lehre der röm.-kath. Kirche

a. Schon vor der → Konstantinischen Wende beanspruchten einzelne röm. Bischöfe in Fragen der kirchl. Lehre und Sitte das entscheidende Wort, stießen aber immer wieder auf den Widerspruch gerade jener Bischöfe (z.B. → Irenaeus von Lyon und → Cyprian von Karthago), die Verfechter der »katholischen Idee« waren und damit einer durch die Bischöfe (und Konzilien) repräsentierten allg. christl. Kirche. Erst mit der Herausbildung kirchl. Oberzentren (»Metropolen«, »Patriarchate«) gewann Rom als Hauptort des Westens, ausgezeichnet durch die Märtyrergräber des Petrus und Paulus, neben Alexandria, Antiochien und später Konstantinopel hervorragende Bedeutung (4./5. Jh.). Polit. und kirchenpolit. Konstellationen, nicht zuletzt die Germanenmission des → Bonifatius, der die neu missionierten Gebiete als Tochterkirchen der Jurisdiktion des Papstes unterstellte, die Verbindung der röm. Päpste mit den Frankenkönigen, die Auseinandersetzungen mit den deutschen Kaisern im → Investiturstreit, aber auch führende Theologen der → Scholastik förderten das Ansehen und den Anspruch der Päpste, als »Nachfolger Petri« auch »Stellvertreter Christi« zu sein (Mt 16), in mittelalterl. Eindrücklichkeit.

Die Machtfülle und der Machtanspruch der röm.-kath. Kirche konnte freilich weder über das Leid, das im Namen dieser »katholischen« Kirche über andere Kirchen, Christen und Menschen gebracht wurde (→ Inquisition; → Ketzerverfolgung; → Kreuzzüge), hinwegtäuschen noch auf die Länge der Zeit den Niedergang des Papsttums aufhalten, noch verhindern, daß sich auch im Westen Protestbewegungen bildeten (→ Hussiten; → Waldenser; → Wyklif). Am bedeutsamsten wurde die Trennung zwischen Rom und der orthodoxen Kirche (→ Schisma von 1054) einerseits und die Stärkung eines romkritischen und nationalkirchl. Bewußtseins in England, Gallien, Spanien und auch in Deutschland andererseits. Dazu kam ein Erstarken des → Konziliarismus, der die oberste Leitung und Lehrbefugnis bei der konziliaren Versammlung der Bischöfe und nicht beim Papstamt sah.

b. Die Reformation hat sich nie als Neugründung einer Kirche verstanden, sondern als

Rückkehr zu den Verheißungen und Aufgaben, die Christus den Christen und seiner Kirche gegeben hat. Deshalb bekennt sich das → Augsburger Bekenntnis ausdrücklich zur wahren Katholizität der Kirche: »Daß alle Zeit müsse eine heilige christliche Kirche sein und bleiben, welche ist die Versammlung aller Gläubigen … Es ist genug zur wahren Einigkeit der christlichen Kirchen, daß da einträchtiglich nach reinem Verstande das Evangelium gepredigt und die Sakramente dem göttlichen Wort gemäß gereicht werden …« (Art 7). Ausführlicher als andere Bekenntnisse der Reformation thematisiert die auf dem → Tridentinischen Konzil übergebene Confessio Virtembergica (1552) die Frage nach der Katholizität der Kirche: »Wir glauben und bekennen, daß eine heilige, katholische und apostolische Kirche sei gemäß dem Apostolischen und Nicänischen Bekenntnis …«, und »daß die recht katholische und apostolische Kirche an keinen besonderen Ort noch Volk, auch an keinen besonderen (ergänze: Priester-) Stand der Menschen gebunden sei, sondern sie sei an dem Ort und bei dem Volk, da das Evangelium rein gepredigt und die Sakramente nach der Stiftung recht gehandelt werden« (Art. 19).

Die Antwort des → Tridentinum auf die Reformation war Ablehnung: Ein Nein zum reformat. Schriftprinzip (→ Bibel) zugunsten eines röm.-kath. Traditionsprinzips (→ Tradition) und Bibelauslegungsmonopols; ein Nein zur reformat. Rechtfertigungslehre, ein Nein zur reformat. Wiederentdeckung der → Taufe und des → Abendmahls als den Sakramenten, in denen Christus sich selbst schenkt und verspricht – zugunsten der röm.-kath. Messeopfertheologie und der Siebenzahl der Sakramente. Scharf war die Abgrenzung gegen das ev. Amtsverständnis und klar die Betonung des hierarchisch-priesterlichen, sakramentalen Amtsverständnisses der röm.-kath. Kirche formuliert. Weniger scharf – wohl um der innerkonziliaren Spannungen zwischen episkopalistischen und papalistischen Tendenzen willen – wurde das päpstliche Lehramt hervorgehoben. Gleichwohl setzte die sog. Professio Tridentina (1564) die »heilige, katholische und apostolische Kirche« mit der »römischen Kirche, die Mutter und Lehrerin aller Kirchen ist«, in eins und verlangt »wahren Gehorsam gegenüber dem römischen Papst, der Nachfolger des seligen Apostelfürsten Petrus und Stellvertreter Jesu Christi ist«. So wurden der Absolutheitsanspruch der röm. Kirche und die – wie auch immer nuancierte – Anerkennung des Papstamtes zum konfessionsidentifizierenden Wesensmerkmal jener röm.-kath. Kirche, die sich erstmals auf dem Konzil von Trient in ihrer Lehre und zugleich als Ablehnung der Reformation formiert und formuliert hat.

c. Die Geschichte der röm.-kath. Kirche darf nicht nur als Geschichte ihrer Lehrentwicklung gesehen werden. Auch andere Faktoren sind zu bedenken: Vorab die Selbstreform dieser Kirche, wie sie etwa im Catechismus Romanus (Handbuch für Priester 1566; → Katechismus) und in zahlreichen Ordensgründungen (→ Jesuiten; → Kapuziner u.a.) zum Ausdruck kommt; aber auch die streng gegenreformat. Politik der Päpste und Ortskirchen (z.B. Hugenottenverfolgungen im Frankreich Ludwigs XIV.; Vertreibung der Salzburger Evangelischen 1731); die Unterwerfung der südamerikanischen Völker unter die päpstliche Kirche und Jurisdiktion; doch auch innere Auseinandersetzungen, erst recht die Auseinandersetzung mit der → Aufklärung und mit der Französischen Revolution; das erzwungene Arrangement mit Napoleon und die Säkularisation der geistlichen Fürstentümer (→ Reichsdeputationshauptschluß 1803), schließlich das Ende des Kirchenstaats 1870 – und dessen Wiederherstellung durch Mussolini und Papst Pius XI. (Lateranverträge 1929). Außerdem haben sich seit dem 17. Jh. ev. und kath. Frömmigkeitsstile auseinander entwikkelt und die Entfremdung gefördert.

d. Das I. Vatikanische Konzil (1869/70) führte die auf dem Tridentinum unvollendet gebliebene Lehre von der Kirche weiter und ergänzte sie um das Dogma von der Unfehlbarkeit des Papstes. »Der römische Papst besitzt – wenn er von seinem bischöflichen Lehrstuhl aus (*ex cathedra*) spricht, d.h.: seines Amtes als Hirte und Lehrer aller Christen waltet (und) in oberster apostolischer Autorität entscheidet, daß eine den Glauben oder die Sitten betreffende Lehre von der ganzen Kirche zu halten sei – aufgrund des göttlichen und in dem seligen Petrus ihm verheißenen Beistands jene Unfehlbarkeit (*infallibilitas*), mit der der göttliche Erlöser seine Kirche bei der Definition einer Lehre, die den Glauben oder die Sitten betrifft, ausgestattet haben wollte. Deshalb sind auch solche Definitionen des römischen Papstes aus sich selbst, und nicht erst aufgrund der Zustimmung der Kirche, unveränderlich (*irreformabiles*)«.

Mit dieser durch das Unfehlbarkeitsdogma vollendeten Lehre vom Papstamt war man weitergegangen, als das Konzil von Trient gehen konnte, hatte den Konziliarismus innerhalb der röm.-kath. Kirche endgültig, wie es schien, besiegt und zugleich mit der Lehre vom kirchl. Amt, zugespitzt in der Lehre vom päpstlichen Lehramt, einen Grundunterschied zu anderen Kirchen der Weltchristenheit aufgebaut. Die Theologie des → Thomas v. Aquin hatte sich gewissermaßen als Normtheologie durchgesetzt, vor allem seine Lehre vom päpstlichen Lehramt, so wie Kardinal → Cajetan sie seiner Kirche am Vorabend der Reformation mitgegeben und in Auseinandersetzung mit Luther selbst vertreten hatte. Freilich haben die Päpste von solchem Unfehlbarkeitsanspruch selten Gebrauch gemacht. Streng genommen eigentlich nur bei der Definition zweier Mariendogmen: dem von der sog. unbefleckten Empfängnis Marias (Pius IX. 1854, also bereits vor der Verkündigung des Unfehlbarkeitsdogmas) und dem von der leiblichen Himmelfahrt Marias (Pius XII. 1950). Folgenreicher wurde vielleicht, daß alle Verlautbarungen von dem Anspruch und Schein bestimmt schienen, letztverbindlich für jeden röm.-kath. Christen zu sein. »Auch wenn er nicht kraft höchster Lehrautorität spricht«, soll man »sein oberstes Lehramt ehrfürchtig anerkennen ...« (II. Vaticanum, »Lumen gentium«, 3,25)!

e. Das 2. Vatikanische Konzil (1963-65) ist mit dem Namen Papst Johannes XXIII. verbunden. Der von ihm vertretene geistl. Wille zur Öffnung und sein das Konzil prägendes Charisma weckten und ermutigten Kräfte in der röm.-kath. Kirche und Hoffnungen in der gesamten Weltchristenheit wie wohl nie zuvor. Die durch das Konzil erreichte Öffnung und möglich gewordene tiefere Gemeinschaft der Christen nicht zu gefährden, ist die nachkonziliare Aufgabe kath. und ev. Christen.

Von besonderer Bedeutung wurden die Konzilsbeschlüsse, die die Bibelbewegung förderten, Reformen der Liturgie (Volkssprache), des Ordenslebens und des Priesterdienstes betrafen, und die den Gedanken des allgemeinen Priestertums aller Getauften betonten und in die Tat umsetzten, ferner Beschlüsse zur mission. Aufgabe der Kirche, zum Verhältnis zu anderen Religionen und zu den ökumen. Kirchen der Weltchristenheit.

Mit der Konstitution »Lumen gentium« (1964) haben Papst (Paul VI., der Nachfolger Johannes' XXIII.) und Konzil die ihnen mögliche ökumen. Öffnung mit einer nicht zur Disposition stehenden röm.-kath. Identität glaubhaft verbunden: Die wahre Kirche Christi verwirklicht sich (*subsistit*) im Vollsinn nur in der röm.-kath. Konfession. »Das schließt aber nicht aus, daß außerhalb ihres Gefüges vielfältige Elemente der Heiligung und der Wahrheit zu finden sind – die freilich als der Kirche Christi eigene Gaben eigentlich auf die kath. Einheit hindrängen«, d.h. auf die röm.-kath. Kirche (Kap. 1,7).

Die Leitung der Kirche findet durch die Gemeinschaft der Bischöfe zusammen mit dem Papst statt. Das Konkurrenzproblem → Episkopalismus (→ Konziliarismus) – Papalismus ist zugunsten des letzteren gelöst: Ohne die Grundautorität der Bischöfe (Binde- und Lösegewalt; Leitung der Ortskirchen) einzuschränken, wird diese jedoch als Teilhabe an und als Ableitung aus der päpstlichen Vollmacht definiert. Die »Lehre über die Stiftung, Dauerhaftigkeit, Gewalt und Sinn des heiligen Primats des römischen Papstes sowie die Lehre von seinem unfehlbaren Lehramt« des 1. Vatikanischen Konzils wird ausdrücklich wiederholt und den Gläubigen eingeschärft (3,18).

Das allgemeine Priesteramt der Getauften wird wie nie zuvor betont. Aber »allgemeines Priestertum und das Amtspriestertum ... unterscheiden sich durchaus in ihrem Wesen (*essentia*) und nicht bloß der Abstufung nach (*gradu*)« (Cap. 2,41). Dieser essentielle Unterschied bezieht sich auf die eucharistische Vollmacht der Priester und erst recht auf die den Bischöfen vorbehaltene Weihegewalt. Die Mariendogmen werden bestätigt, allerdings der Lehre und der Kirche zugeordnet: Maria ist Typus der Kirche, so wie auch die Kirche Mutter und Jungfrau für ihre »aus Gott geborenen Kinder« sei.

3. Gestalt der röm.-kath. Kirche

Die Gestalt der kath. Kirche ist weitgehend auch Gegenstand des Glaubens selbst, vor allem in der Lehre vom priesterlichen Amt, vom bischöflichen Amt und vom päpstlichen Amt. Die daraus folgenden Regeln und Ordnungen der röm.-kath. Kirche sind im → Codex Juris Canonici festgehalten. Dabei wird aber durchaus zwischen dem unterschieden, was göttlichen Rechtes ist, und dem, was kirchl. gesetzes Recht (und also auch veränderlich) ist. Eine dem Geist des 2. Vatikanischen Konzils entsprechende neue Ausgabe des Canonischen Rechtes erfolgte 1983. Enttäuschend für viele fiel der sog. Weltkatechismus, der »Katechismus der kath. Kirche« aus (1993), weil er die röm.-kath. Verrechtlichung und hierarchische Bevormundung des Glaubens nicht eigentlich überwindet. Sein Bemühen, im Rahmen des 1993 Möglichen Respekt vor nicht röm.-kath. Kirchen und Christen zu bezeugen und ökumen. zu entwickeln, bleibt jedoch anzuerkennen (z.B. § 1636 zur Mischehe: »... Entfaltung dessen fördern, was dem Glauben der Partner gemeinsam ist und die Achtung vor dem, was sie trennt«).

Die röm.-kath. Kirche ist in ca. 2.500 Diözesen (Bistümer) gegliedert. In den einzelnen Ländern bestehen Bischofskonferenzen. Zur Zeit umfaßt die röm.-kath. Kirche etwas mehr als 900 Mio. Mitglieder.

Lit.: Codex Iuris Canonici/Codex des Kanonischen Rechts, Zweisprachige Ausgabe, 1983; H. Fries: »Katholizität/Katholizismus«, Neues Handbuch theologischer Grundbegriffe, II, 1991, 285ff; J. Neuner, H. Roos: Der Glaube der Kirche in den Urkunden der Verkündigung, [12]1986; K. Rahner, H. Vorgrimler: Kleines Konzilskompendium (Texte des Vaticanuum II, deutsch), 1966.

G. Hennig

Kaufleute, Verband christlicher → Berufsmissionen

Kausalität

Der Begriff Kausalität (= K.) ist zurückzuführen auf lat. *causa*, (= c.), »Ursache«. Im Gegensatz zum modernen, mathematisch-naturwissenschaftl. bestimmten und enggeführten Bewußtsein kennt die theol. und phil. Tradition neben der heute allein als C. betrachteten Wirkursache (*c. efficiens*) noch drei weitere Gattungen (vgl. Specht; Bunge): *c. finalis* (Zweckursache: das, um dessentwillen etwas gemacht wird), *c. formalis* (gestaltende Ursache, die der Materie ihre Form gibt und ihre Konkretheit mitkonstituiert) sowie schließlich *c. materialis* (die im Stoff wirkende Ursache, die das Substrat (die Grundlage) der c. formalis bedeutet). Die der K. zugrundeliegende Annahme eines K.s-Gesetzes lautet nach → Aristoteles: »Alles, was entsteht, entsteht durch etwas, aus etwas und als ein gewisses Etwas« (Met VII, 7, 1032a), oder: »Alles, was geschieht (anhebt zu sein), setzt etwas voraus, worauf es nach einer Regel folgt« (Kant, KrV, A 189). Die Frage nach der K. hat in mehrfacher Hinsicht eine theol. Dimension:

1. Die Annahme einer durchgehenden K., d.h. Gesetzmäßigkeit hinter und in den Dingen/der Welt versteht sich nicht von selbst, sondern bedeutet eine »Welt-Anschauung«, die in direkter Konsequenz hinleitet zu unserem wissenschaftl.-technischen Weltbezug. Nur wer das Prinzip des zureichenden Grundes voraussetzt, »kraft dessen wir annehmen, daß sich keine Tatsache als wahr oder existierend, keine Aussage als richtig erweisen kann, ohne daß es einen zureichenden Grund dafür gäbe, weshalb es eben so und nicht anders ist« (→ Leibniz, § 32), wird sich auch an das Unternehmen einer planvollen, weil eben einen solchen Plan (*logos*) voraussetzenden Erkundung und Gestaltung unserer Welt machen.

2. Die hier vorausgesetzte Logos-haftigkeit unserer Welt muß in Beziehung gesetzt werden zur jüd.-christl. Überzeugung von einer ebenfalls planvoll gestalteten Schöpfung. Im MA hat → Thomas v. Aquin mit Hilfe der Denkform der *c. finalis* die gesamte Welt als einen durchgängig teleologisch bestimmten Ursache-Wirkungs-Zusammenhang begriffen, der auf Gott als das alles bestimmende Ziel ausgerichtet ist. Sein ist gleichbedeutend mit Hingeordnet-Sein (vgl. Ratschow). Die Annahme der K. spielt als Voraussetzung der Frage nach den letzten Ursachen dann auch eine zentrale Rolle in den verschiedenen Wegen der → Gottesbeweise.

3. I. → Kant hat für die Versuche eines kosmologischen Gottesbeweises (Gott als erste Ursache hinter den Gegenständen der Erfahrung) zu zeigen versucht, daß ein Gebrauch der Kategorie »Kausalität« über den Erfahrungsbereich hinaus die Vernunft in Widersprüche führt und darum unzulässig ist.

4. Für die altprot. Theologie ist der Rückgriff auf die c.-Terminologie des Rationalismus von größter Bedeutung, um ein Zusammenwirken (→ Vorsehung) von göttlichen und menschlichen Wirkursachen (als Miteinander von *c. prima* – Gottes – und *c. secundae* – der Menschen) begreifen und aussagen zu können. Wie man auch an K. → Barths Rückgriff auf diese Verwendung der c.-Begrifflichkeit zeigen kann, führt dieser Versuch in große theol. und phil. Schwierigkeiten hinein, weil er letztlich eine → Analogie menschlichen und göttlichen Handelns voraussetzen muß (Hempelmann).

5. Der Siegeszug der klassischen, v.a. an der Mechanik I. → Newtons ausgerichteten Naturwissenschaft hat zu der Annahme eines universal herrschenden Determinismus allen Geschehens geführt. Diese These universaler Determination steht in Widerspruch zum bibl. Zeugnis von Gott als Erhalter und führt durch ihre Bestreitung der Freiheit des Handelns in Probleme der Ethikbegründung.

Es sind ausgerechnet Entwicklungen der modernen Physik, die einer solchen weltanschaulichen Überhöhung des K.-Gedankens den Boden entziehen (Heisenberg; v. Weizsäcker).

6. Phil. ist bis heute nicht geklärt, ob K. lediglich eine erfahrungsunabhängige Denkform darstellt, die wir notwendig aller Wahrnehmung als Struktur überstülpen (so Kants Antwort auf den Skeptizismus D. Humes), oder ob K. einen Realzusammenhang »in den Dingen« selbst darstellt (so die realistische Position).

Lit.: M. Bunge: Kausalität. Geschichte und Probleme, 1987; W. Heisenberg: Quantentheorie und Philosophie, Vorlesungen und Aufsätze, 1979; H. Hempelmann: »Unaufhebbare Subjektivität Gottes«? Probleme einer Lehre vom concursus divinus dargestellt an Hand von Karl Barths Kirchlicher Dogmatik, 1992; C.H. Ratschow: Das Heilshandeln und das Welthandeln Gottes. Gedanken zur Lehrgestaltung des Providentia-Glaubens in der evangelischen Dogmatik, in: ders.: Von den Wandlungen Gottes. Beiträge zur Systematischen Theologie, 1986, 182-243; E. Scheibe: »Kausalgesetz«, HWP Bd. 4, 1976, 789-798; ders., R. Specht: »Kausalität«, ebd., 798-801; R. Specht: Commercium mentis et corporis. Über Kausalvorstellungen im Cartesianismus, 1966; Hans Sachsse: Kausalität – Gesetzlichkeit – Wahrscheinlichkeit. Die Geschichte von Grundkategorien zur Auseinandersetzung des Menschen mit der Welt, 1979; C.F.v. Weizsäcker: Die Tragweite der Wissenschaft, [6]1990.

H. Hempelmann

Keil, Johann Carl Friedrich (1807-1888)

K., geb. am 26. 2. 1807 bei Ölsnitz, gest. am 5. 5. 1888 in Leipzig. Als Schüler von E.W. → Hengstenberg neben H.A.C. Hävernick (1811-1845) beharrlichster Vertreter neuluth. Theologie in der atl. Wissenschaft des 19. Jh.s.

Als Sohn eines vogtländischen Kleinbauern strebte K. das Tischlerhandwerk an, bekam jedoch auf Grund seiner Begabung nach seiner Auswanderung in St. Petersburg eine höhere Schulbildung. Nach dem Dorpater Studium der ev. Theologie und seiner Berliner Promotion bei Hengstenberg lehrte er als Privatdozent, dann als Ordinarius 1839-1858 an der theol. Fakultät der »Kaiserlichen Universität Dorpat« Exegese und semitische Sprachen. Seit 1859 lebte K. pensioniert in Deutschland und schuf (unter der Mitarbeit von Franz → Delitzsch) den bedeutenden »Biblischen Commentar über das Alte Testament« (BC), der zur vielgelesenen englischen Übersetzung kam. In seiner Dorpater Studienzeit schloß sich K. Vertretern der → Erweckungsbewegung an und fand dabei zu einem lebendigen Christusglauben. Unter dem Einfluß von E.W. Sartorius (1797-1859) wandte er sich vom zeitgenössischen Rationalismus ab und bewußt den Lehren seiner lutherischen Kirche zu. In der Linie Hengstenbergs versuchte K. den theol. Rationalismus durch weitgehende Wiederaufnahme der altkirchlichen und traditionell-lutherischen Bibelauslegung zu überwinden, was ihn der Repristination verdächtigt machte. Den Angriffen auf die Authentizität atl. Schriften, besonders des mosaischen Pentateuchs und des Daniel-Buches, begegnete K. fundiert argumentierend, mitunter aber auch Differenzen zu oft ausgleichend.

Mit seiner Einleitung ins AT, dem Handbuch der Biblischen Archäologie sowie dem BC hat K. einflußreiche wissenschaftl. Standardwerke seiner Zeit geschaffen. Die mit der Rezeption J. Wellhausens verbundene »Wende« in der atl. Wissenschaft ließ ihn nach seinem Tod in Deutschland – anders als im angelsächsischen Raum – in Vergessenheit geraten.

Lit.: H. Gunkel: »Keil, C.Fr.«, RGG[1], Bd. 3, 1054; P. Siemens: C.Fr. Keil zum 100. Todestag, in: Jahrbuch für evangelikale Theologie, Wuppertal 1990, 97-114.

P. Siemens

Keller, Samuel (1856-1924)

K., geb. am 15. 3. 1856 in Petersburg, gest. am 14. 11. 1924 in Freiburg i.Br., Pfarrer und Evangelist. 1880 wurde K. Pastor in Grunau (bei Jekaterinoslaw). Dort kam es nach inneren Kämpfen zur → Bekehrung. Ab 1884 war K. Pastor in Neusatz (Krim). In dieser weitverzweigten Gemeinde entstanden durch seine Predigt Erweckungen (→ Erweckungsbewegung). 1891 kam er nach Deutschland, wurde Pfarrer in Düsseldorf. 1898 legte er sein Pfarramt nieder, verzichtete auf Pensionsberechtigung und evangelisierte in Sälen und Zirkuszelten sowie in Kirchenräumen als freier Evangelist. K. bezeugte in einer Zeit, da »das Lied der Kirche heiser klang«, theol. verantwortet und unter Benutzung eindrücklicher Vergleiche das bibl. Evangelium in der Sprache seiner Zeit. Als Seelsorger litt er darunter, daß »ungebildete und schlecht vorbereitete Evangelisten über jedes Thema und jeden Text so ziemlich dasselbe sagen und den Mangel an Gedanken mit Pathos und Treiberei verdecken wollen«. K. arbeitete mit bei der Eisenacher Konferenz. Als Generalsekretär des Dt. Vereins zur Förderung der Sittlichkeit und der Rettungsarbeit sprach er offen über sexuelle Fragen – damals etwas unerhört Neues. Auch durch sein umfangreiches schriftstellerisches Wirken wurde er vielen ein Helfer zum Glauben.

Lit.: S. Keller: Mein Abendsegen, [14]1977; In der Furche, [5]1927; Auferstehung des Fleisches, 1913; Aus meinem Leben I und II, 1917/22; Meine Minuten, 1918; Sonnige Seelsorge, 1918; Monatsblatt »Auf dein Wort«.

R. Scheffbuch

Kellner-Mission → Berufsmissionen

Kelten, keltische Kirchen

Die K. sind Stämme des westlichen Zweiges der Indogermanen, die sich, ausgehend von Siedlungsgebieten in Bayern und Mähren, im 3. Jh. v.Chr. ein weites Verbreitungsgebiet geschaffen hatten, das von den britischen Inseln über ganz Gallien und Teile der iberischen Halbinsel bis nach Oberitalien und Rom reichte. Im Osten waren sie über die Donauländer und Griechenland bis nach Kleinasien vorgestoßen, wo sie unter der Bezeichnung »Galater« der Landschaft Galatien den Namen gaben. Das festländische Keltentum ging aufgrund des Mangels an staatlicher Organisation 52 v.Chr. unter, allein in Irland, das von den Römern nicht erobert worden war und daher von der antiken Welt weitgehend unberührt blieb, konnten sie sich halten. Die keltische Religion, deren hervorragendstes Zeugnis der Silberkessel von Gundestrüp ist, wurde von einer Vielzahl von Göttern bestimmt (nahezu 400 überlieferte Götternamen). Die Druiden (Priester) waren die Mittler zwischen dem Volk und seinen Göttern und standen noch über dem sakral legitimierten Königtum. In der Abgesondertheit Irlands lebte manches von den archaischen Formen dieses Keltentums fort.

Die Kirchen im keltischen Sprachraum (Bretagne, Wales, Cornwall, Nordbritannien, Schottland, Irland) entwickelten sich nach dem Rückzug der röm. Herrschaft. Erste Kontakte schufen wohl Handelsbeziehungen. Zu den bekehrten Iren sandte Papst Coelestin I. 432 Palladius als Bischof; dies ist das einzig sichere Datum der irischen Missionsgeschichte. Über sein Wirken ist nichts Näheres auszumachen. Als im 5. Jh. der aus Britannien stammende Patrick, der als Apostel Irlands gilt, auf die Insel kam, war die Bevölkerung noch größtenteils heidnisch. Sein Wirken hat wohl die Christianisierung Irlands vorangebracht, exakte Zeugnisse gibt es indes nicht. Palladius und Patrick arbeiteten nach dem röm. Modell der Bischofskirche, das sich allerdings wegen des Fehlens eines röm. Erbes in Irland und wegen mangelnder Kontaktmöglichkeiten infolge der angelsächsischen Eroberung Britanniens als ungeeignet erwies. Von der Entwicklung auf dem Kontinent abgeschnitten, kam es in der keltischen Kirche zu Sonderbräuchen (Ostertermin, Formen des Mönchslebens und der Buße), die später zu heftigen Auseinandersetzungen im Kontakt mit der röm. orientierten Kirche führten.

Zur Quelle der Erneuerung wurde im 6. Jh. das Mönchtum, entstanden doch in dieser Phase eine Reihe hochberühmter Klöster (Brigida gründete Kildare; Ciarán: Clonmacnoise; Comgall: Bangor; Colum Cille: Durrow und Iona), in denen man sich härtester Askese befleißigte. So gehörten zum täglichen Gebetspensum nicht selten alle 150 Psalmen und Übungen wie strenges Fasten, lange Nachtwachen und Stehen in eiskaltem Wasser. In diesem übersteigerten Moralismus wurden die Gebete apotropäisch aufgefaßt als Beschwörungen gegen den Teufel und jedwedes Unheil, weshalb sie auch *lorica* (»Schutzpanzer«) genannt wurden. Die Klöster waren die Zentren des kirchl. Lebens, geleitet von den Äbten, denen jeweils ein Bischof unterstand. Trotz der Unterschiede in der kirchl. Ordnungsgestalt orientierten sich die irischen Kirchen bald zunehmend an Rom. Diese Epoche nennt man auch das »Zeitalter der Heiligen«, lebte doch das irische Mönchtum nach dem Bild des bei Gott verdienten und daher mit Wunderkräften ausgestatteten Gottesmannes. Gerade wegen ihrer Askese wurden die Mönche als die besseren Heilsmittler und Fürbitter angesehen. Neben der ausgedehnten seelsorgerl. Tätigkeit auch in kleinen Ortskirchen ist die sich in Buchkunst und Pflege der Exegese ausdrückende Bildung der Iren beachtlich. Zu den bekanntesten Denkmälern der keltische Kirche gehören eine Reihe von kostbaren Evangeliaren, so das Book of Durrow (2. Hälfte des 7. Jh.s) und das Book of Kells aus Iona (8. Jh.).

Die in den irischen Klöstern praktizierte Buße wurde für das gesamte Abendland zur allg. kirchl. Bußform. Entscheidend dafür wurde die neue Gattung der Bußbücher (*Libri poenitentiales*), die geradezu nach Tarif jeder Sünde eine bestimmte Bußleistung beimaßen. Die Tat wiegt dabei schwerer als die Intention, weshalb es bei der Strafzuteilung auch zuerst darauf ankam, die gestörte Ordnung wiederherzustellen. Aus dem Blick geriet dabei die erforderliche Heilung und Besserung des Sünders. Dieses Verständnis der Bußtarife ließ deren bessernden Aspekt zurücktreten und führte sogar dazu, daß man gegen Bezahlung die Buße durch einen Stellvertreter ableisten lassen konnte. Damit rückte wieder die aus der Antike bekannte Tathaftung in den Vordergrund, während es doch Christus auf den Vorsatz und dessen Bekämpfung ankam. Damit begann das Überwiegen der äußeren Werke und der zählbaren Leistung, eine Entwicklung, die die gesamte Religiosität des MAs bis in die Neuzeit hinein prägen sollte. Wurde damit auch durch die keltische Kirche folgenreich das → Evangelium verfälscht, so darf als ihre Leistung doch die sich aus dem Bußgedanken entwickelnde (freiwilliges Verlassen der Heimat nach dem Vorbild Abrahams) insulare und kontinentale Mission der Iren nicht vergessen werden.

Lit.: A. Angenendt: Das Frühmittelalter, 1990, 203-213; R. McNally: Die keltische Kirche in Irland, in: Kirchengeschichte als Missionsgeschichte, Bd. 2/1, 1978, 91-115; M. Richter: Irland im Mittelalter: Kultur und Geschichte, 1983; R. Sharpe: »Keltische Kirchen«, TRE 18, 1989, 85-92.

L. E. v. Padberg

Kenosislehre

1. Die K. ist eine besondere luth. Gestalt der Zwei-Naturen-Christologie (→ Jesus Christus), die den »Stand der Erniedrigung« Christi (*status exinanitionis*) gemäß Phil 2,6f entfalten will (griech. *kenôsis*, »Entleerung, Entäußerung«). Ihre ältere Fassung stammt aus dem 16. und 17. Jh., die jüngere aus dem 19. Jh. Ausgangspunkt ist die nur im Luthertum vertretene Lehre von der realen Mitteilung der göttlichen Majestätseigenschaften des ewigen Gottessohnes (wie Allmacht, Allwissenheit, Allgegenwart) an die menschliche Natur Jesu vom Moment seiner Zeugung an (*genus maiestaticum* der *communicatio idiomatum*). Damit konnte zwar die volle Heilsgegenwart Gottes auf Erden formuliert werden, die wirkliche Menschlichkeit des irdischen Jesus kam jedoch nicht zur Geltung. Daher suchte man das Verhältnis von göttlicher und menschlicher Natur Jesu durch die Vorstellung von der Entäußerung (Kenosis) zu beschreiben.

2. Die ältere K. bezog die Selbstentäußerung, von der Phil 2,6f redet, nicht auf den präexistenten, sondern auf den menschgewordenen Gottessohn. Sie lehrte, daß seine menschliche Natur sich der Majestätseigenschaften entäußert habe, die ihr durch die Einung mit der göttlichen Natur mitgeteilt worden waren. Die Entäußerung wurde verstanden als eine Beschränkung im Gebrauch der göttlichen Eigenschaften, wobei im näheren Verständnis zwei Richtungen auseinander gingen. Die Tübinger Theologen des 17. Jh.s lehrten im Anschluß an J. → Brenz, daß Jesus Christus die göttlichen Eigenschaften der Allmacht, Allwissenheit und Allgegenwart auch seiner Menschheit nach gebraucht habe, allerdings nicht öffentlich, sondern im Verborgenen. Die Gießener Theologen vertraten dagegen im Anschluß an M. → Chemnitz die Ansicht, Christus habe während seines Erdenwandels auf den Gebrauch der göttlichen Eigenschaften ganz verzichtet. Beide Positionen ließen aber – entgegen ihrer Intention – für wirkliches Menschsein Jesu keinen Raum, so daß die Lehrentwicklung über sie hinaus ging.

3. Im 19. Jh. wurde eine Neufassung der K. vorgelegt (vor allem durch G. → Thomasius, F.H.R. → Frank und W.F. → Geß). Als Subjekt der Entäußerung von Phil 2,6f hat man hier den präexistenten Gottessohn angesehen, der sich im Akt der Inkarnation selber beschränkt. Nach Thomasius verzichtet der Sohn auf die relativen, weltbezogenen Eigenschaften Gottes wie Allmacht, Allwissenheit und Allgegenwart, behält aber die immanenten Eigenschaften, die das Wesen Gottes ausmachen, bei, nämlich Macht, Wahrheit, Heiligkeit und Liebe. Nach Frank depotenziert er sein Sohnesbewußtsein in die Form sich entwickelnden Menschenbewußtseins, so daß er als Mensch seiner selbst als Gott bewußt wird. Geß versteht die Kenosis sogar als Umsetzung des ewigen Sohnes in eine menschliche Seele, so daß der Sohn vorübergehend aus der Trinität ausscheidet. Alle diese Theorien leiden darunter, daß sie, um die gottmenschliche Einheit in Jesus verständlich zu machen, sowohl die volle Gottheit als auch die volle Menschlichkeit Jesu einschränken.

4. Gültig an der jüngeren K. bleibt ihr Anliegen, den Stand der Entäußerung des Gottessohnes im Unterschied zu dem der Erhöhung, d.h. das wirkliche Eingehen Gottes in ein irdisches Dasein ernst zu nehmen. H. → Bezzel hat dies später – im Anschluß an J.G. → Hamann – in seinen Predigten von der »Kondeszendenz Gottes« besonders eindrücklich umgesetzt: Gott läßt sich in Jesus als Gehorchender und Diener zu uns herunter, so daß wir im Menschen Jesus Gottes Art erkennen können. Diese Selbsterniedrigung des Gottessohnes gestaltet das ganze Leben Jesu von der Krippe bis zum Kreuz und ist Gottes Weg zur Durchsetzung seiner endzeitlichen Königsherrschaft. Als solcher wird sie offenbar in

der Erhöhung des Gekreuzigten zum Weltenherrn durch seine Auferweckung von den Toten. Der urchristl. Hymnus Phil 2,5-11 spricht entsprechend in drei Strophen zunächst vom präexistenten, dann vom irdischen, schließlich vom erhöhten Christus (ähnlich Joh 17,5; 2Kor 8,9; vgl. Mt 23,12). Daß in der Niedrigkeit dieses am Kreuz endenden Menschenlebens Gott begegnet, ist das Geheimnis Christi. Die K. will das aber nicht nur bezeugen, sondern will erklären, wie es möglich sein kann. Daran muß sie scheitern, denn die personale Einheit von Gott und Mensch ist eine theoretische Unmöglichkeit, die in Jesus Wirklichkeit geworden ist. An Jesus Christus hat sich der paradoxe Satz bewahrheitet, daß »Kraft in Schwachheit zur Vollendung kommt« (1Kor 12,9). Der ewige Sohn betätigt seine Gottheit gerade darin, daß er sich ihrer entäußert. Das läßt sich zwar in keine christologische Theorie fassen, aber doch im Akt des Glaubens annehmen.

Lit.: P. Althaus: Die christl. Wahrheit, [7]1966, 451ff; K. Barth: KD IV/1, 1953, 171ff; W. Elert: Der christliche Glaube, [5]1960, 311ff; F. Loofs: »Kenosis«, RE[3], Bd. X (1901), 246ff; Bd. XXIII (1913), 752f; O. Hofius: Der Christushymnis Phil 2,6-11, 1976; O. Michel: Zur Exegese von Phil 2,5-11 (1954), in ders.: Dienst am Wort, 1986, 123ff; W. Pannenberg: Grundzüge der Christologie, [5]1976, 317ff; M. Seitz: Hermann Bezzel, [2]1987, 66ff.

U. Swarat

Kepler, Johann (1571-1630)

K., geb. am 27. 12. 1571 in Weil der Stadt, gest. am 15. 11. 1630 in Regensburg, zunächst Theologiestudent und Magister am Tübinger Stift, dann Gymnasiallehrer für Mathematik und Moral in Graz, seit 1601 Hofastronom am kaiserlichen Hof in Prag.

Mit → Kopernikus, → Galilei und → Newton zählt er zu den bedeutendsten Naturwissenschaftlern der frühen Neuzeit (Keplersche Gesetze 1609-1618). Obwohl evangelisch, lehnte er Ubiquitätslehre und → Konkordienformel ab und vertrat die Allversöhnung; deshalb wurde er von seiner eigenen Kirche abgelehnt, auch von der kath. Seite wurde er heftig bekämpft. K. selbst verstand sich als überkonfessioneller Christ und »Priester Gottes am Buch der Natur«, trotz aller Anfeindungen hielt er dem Glauben lebenslang die Treue und versuchte, die Übereinstimmung von Schöpfung und Natur nachzuweisen. Die → Physikotheologie im besonderen und die stets rel. geprägte → Aufklärung in Deutschland sah in

ihm einen ihrer Väter. Im Kepler-Bund (1907 gegründet) versammeln sich noch heute christl. Naturforscher.

Lit.: M. Caspar: J. Kepler. Biographie, [3]1958; J. Hoppe: J. Kepler, [4]1982; J. Hübner: Die Theologie Keplers zwischen Orthodoxie und Naturwissenschaften, 1975; Kepler-Festschrift, 1971; F. Krafft: »Kepler, Johann« TRE 18, 1989, 97-109 (Lit.).

G. Ruhbach

Kerinth → Häretiker und Schismatiker der alten Kirche

Kernenergie

Es gibt zwei Möglichkeiten atomare Bindungsenergie freizusetzen: die Spaltung sehr schwerer und die Fusion sehr leichter Atomkerne. Militärisch werden beide Verfahren herangezogen. Nukleare Sprengkörper nutzen die Kernspaltung, thermonukleare Sprengkörper die Kernfusion; die dazu nötigen hohen Temperaturen werden durch einen nuklearen Sprengkörper erzeugt.

Die friedliche Nutzung der K. erfolgt bisher ausschließlich durch Kernspaltung. Trotz weltweiter Forschungsprogramme ist nicht vor Mitte des nächsten Jh.s damit zu rechnen, daß die kontrollierte Kernfusion wesentlich zur Energieversorgung beitragen kann. Gelingt sie aber, so ist durch die bekannten Vorräte an Deuterium und Lithium die Energieversorgung praktisch unbegrenzt möglich. Ihre Sicherheit wird als günstig eingeschätzt, auch die durch sie entstehende radioaktive Belastung verspricht gering zu sein.

Durch Kernkraftwerke werden (Stand 1992) 5 % des Weltprimär- und 17 % des elektrischen Energiebedarfs gedeckt. Die wirtschaftl. nutzbaren Vorkommen an Uran entsprechen mit ihrem Energiegehalt bei Einsatz in Leichtwasserreaktoren ca. 10 % dem der Kohlevorhaben, bei Einsatz in Schnellen Brutreaktoren wird durch die Konversion (Erzeugung von Spaltstoff) die Ausnutzung etwa 60mal, in Hochtemperatur- und fortschrittlichen Leichtwasserreaktoren bis 8mal größer. Ein Gramm spaltbares Uran liefert eine Energie von ca. 23.000 kWh, das entspricht als Äquivalent ca. drei Tonnen Steinkohle.

Das Problem der K. liegt in der Betriebssicherheit der Kernkraftwerke zusammen mit den für die Ver- und Entsorgung notwendigen Anlagen. Durch die Kernspaltung entstehen eine Vielzahl meist radioaktiver Spaltprodukte und durch Konversion Plutonium und andere radioaktive Transurane. Auch durch den Abbau uranhaltigen Gesteins bis zur Brennelementfertigung und -wiederaufbereitung gelangen radioaktive Stoffe in die Umwelt, dazu ist die sichere Endlagerung der radioaktiven Abfälle langfristig zu gewährleisten. Ist auch die Strahlenbelastung der Bevölkerung durch die K. äußerst gering und liegt sie innerhalb der Schwankungsbreite der natürlichen Belastung, so stellt doch das radioaktive Inventar eine potentielle Gefahrenquelle dar.

Neben ihrer Wirtschaftlichkeit hat die K. den Vorteil, daß keine CO_2-, SO_2- oder NO_X-Emission erfolgt. Die radioaktiven Abfälle sind dazu, bezogen auf die gewonnene Energie, mengenmäßig sehr klein; sie können entsprechend leichter behandelt und endgelagert werden.

Jede Art der Energieausnutzung hat ihre Risiken und Rückwirkungen auf die Umwelt. Über Akzeptanz oder Ablehnung der K. muß deshalb unter einer ethisch verantworteten Güter- und Risikoabschätzung gemeinsam mit der Natur- und Ingenieurwissenschaft und der Wirtschaft entschieden werden.

Lit.: M. Volkmer: Basiswissen zum Thema Kernenergie, 1990; W. Korff: Die Energiefrage, Entdeckung ihrer ethischen Dimension, 1992.

W.-E. Büttner

Kerygma, Kerygmatheologie

1. Kerygma im Neuen Testament

K. ist der griech. Ausdruck für Kunde, Botschaft, wie sie ursprünglich vom Herold ausgerufen wird. Im NT ist es die Botschaft, die verkündet wird. Das ntl. K. folgt den heilsgeschichtl. Ereignissen der ntl. Zeit. Johannes der Täufer predigt die Bußtaufe, das Gericht und das Kommen dessen, der mit Geist und Feuer taufen wird. Das K. Jesu ist (vgl. Mk 1,15) die Nähe der »Königsherrschaft Gottes«, die Aufforderung zur Buße und zum Glauben. Neben der Heilsverheißung steht in der Predigt Jesu, wie im AT, die Gerichtsdrohung. Wer ihn ablehnt, wird nicht in das Reich eingehen (Mk 8 34-38 par.; Mt 10,32-33; 25,1-13.31ff). Jesu K. ist also nicht eindimensionale Weissagung des Reiches für Israel, sondern auch Gerichtspredigt und deshalb Ruf zur Entscheidung. An ihm entscheidet sich, wer gerettet wird.

Nach Jesu Tod und Erhöhung ist er nicht mehr der Verkündiger, sondern der Verkündigte. Die Identität des Auferstandenen mit dem gekreuzigten Jesus ist grundlegende Voraussetzung des apostol. K. Die Rechtfertigung aus Glauben, zentrale Botschaft des Paulus, gründet auf dem Tod des irdischen Jesus, der auf Grund der Auferstehung als Gottessohn in Macht eingesetzt ist (Röm 1,4). Schon früh wurde das K. in bekenntnishaften Formulierungen festgehalten, wie 1Kor 15,3f, das Paulus schon übernommen hat und als erstes verkündet: »Daß Christus für unsere Sünden gestorben ist nach der Schrift, daß er begraben und am dritten Tag auferweckt worden ist nach der Schrift, und daß er dem Kephas erschien, dann den Zwölfen …«.

Für die Apostel wird das irdische Wirken Jesu ins K. aufgenommen. Aber sie können, von Karfreitag und Ostern her, Jesus nicht mehr einfach so sehen, wie sie ihn vorher gekannt haben. Das → Messiasgeheimnis der irdischen Zeit Jesu wird zwar nicht aufgehoben. Es erklärt, warum die Juden ihn nicht erkannt haben (Apg 3,17; 13,27). Aber sie bezeugen die »Machttaten, Wunder und Zeichen«, die Gott durch ihn getan hat (Apg 2,22). Ein sehr altes Jesusk. findet sich in der Petruspredigt im Haus des Cornelius (Apg 10,37-43). Anders ist es im vierten Ev.: Johannes zeichnet das Leben

Jesu so, wie er es nach der Auferstehung sieht. Das Messiasgeheimnis ist gelüftet. Für die nachösterliche Gemeinde ist das JohEv. eine in geistl. Vollmacht geschehene kerygmatische Auslegung der Jesusüberlieferung, und als solche Auslegung ist es wie alle Predigt Zeugnis, nicht bloße Historie, und als Zeugnis wie alle Rede von Gott der Einschränkung von 1Kor 13,12 unterstellt.

Das K. folgt weiter dem Heilsgeschehen. Nachdem Gott durch die Auferweckung Jesu offenbar gemacht hat, daß dieser der Messias ist, rufen die Jünger-Apostel das Volk zur Buße auf, s.o. (Apg 1,4-6; 2,8ff; 2,39.40; 3,19-26). Auch Paulus teilte zunächst diese Erwartung (1Thess 4,15). Aber das Kommen des Herrn ist für ihn nicht mehr der Einzug in Jerusalem, sondern himmlische Offenbarung. Das Reich des auferstandenen Christus ist das himmlische Reich, das »obere Jerusalem« (Gal 4,26), das »ewige Haus in den Himmeln« (2Kor 5,1). Gerettet werden jene, die das Heil durch Christus erlangt haben, jene, die glauben, daß Jesus gestorben und auferstanden ist (1Thess 4,13ff). Als Folge des Sühnetodes Jesu und wirksam geworden im Auftrag der Völkermission, kommt eine neue Zeit der Gnade: Paulus spricht von dem Mysterium Christi, das bis dahin den Menschen nicht kundgetan war, jetzt aber geoffenbart wurde, daß die Heiden nämlich Miterben der Verheißung werden (Eph 3,4-6, vgl. Röm 16,25-26). Jetzt ist eine neue Zeit der Erbarmung Gottes, in der das → Evangelium allen Völkern verkündet wird. Wenn die »Vollzahl der Heiden« eingegangen sein wird, dann wird auch Israel sich bekehren und gerettet werden (Röm 11,25-32).

2. Kerygmatheologie

Die Bezeichnung K.-Theologie ist im Rahmen der Diskussion um die neue Hermeneutik insbesondere in der Schule R. → Bultmanns aufgekommen, doch in der Sache vertrat schon Martin → Kähler das Anliegen dieser Theologie mit seinem Vortrag »Der sogenannte historische Jesus und der geschichtliche, biblische Christus« (1892). Der Vortrag setzt sich mit der »Leben Jesu Forschung« (D.F. → Strauss, E. → Renan u.a.) auseinander (→ Historischer Jesus). Er sieht in den »Leben Jesu«-Darstellungen Phantasiegebilde, die aus hist. Analogien und sittlich-rel. Idealen der Darsteller konstruiert sind und unter sich sehr abweichen. Das NT kennt keinen andern Jesus als den, welchen es verkündet, den Jesus des Glaubens, also den gekreuzigten, auferstandenen, den lebendigen Christus (Kähler, a.a.O., [4]1956, 40ff). Und nur die Verkündigung dieses Jesus Christus weckte den Glauben und war kirchengründende Predigt (das, was wir heute K. nennen).

Kählers These wurde aus neuer Sicht aufgenommen von der »→ dialektischen Theologie«, die sich als Theologie des »Wortes« verstand, wobei »Wort« die bibl. Botschaft wie die aktuelle Predigt bedeutet. »Dort die Schrift am Anfang, der heutige Prediger des Evangeliums am Ende ein und derselben Reihe« (K. Barth, KD I,1, S. 104). Karl → Barth geht ganz vom Christus-K. aus, wobei nicht nur die hist. Fragestellung zurücktritt, sondern auch die in der bibl. Botschaft selbst verkündete prophetische Sicht der → Heilsgeschichte. Das Christusgeschehen konzentriert sich mehr und mehr auf das im Bundesgedanken gründende Versöhnungsgeschehen. Was der Glaubende jetzt schon erkennt, gilt für alle Menschen: Christus ist die Versöhnung, der Gnadenbund für alle Menschen. Er ist es schon als Grund der Schöpfung, daher auch der Vollendung. Durch diese Interpretation des ntl. K.s, das Barth eigentlich nur auslegen will, fallen Gericht und Scheidung weg.

Auch Bultmanns Theologie ist K.-Theologie. Stärker noch als Kähler betont er, daß der »historische Jesus« hinter dem »Kultbild«des verkündeten Jesus nicht mehr erkennbar sei. »Der Christus, der verkündet wird, ist nicht der historische Jesus, sondern der Christus des Glaubens und des Kultus ... Das Christuskerygma ist also Kultuslegende, und die Evangelien sind erweiterte Kultuslegenden« (Geschichte der synoptischen Tradition, [9]1979, 396). Geschaffen worden sei diese Kultlegende durch die hell. Gemeinde, die den gnostischen Erlösermythos mit der palästinischen Tradition verbunden habe. Die Identität Jesu mit dem Auferstandenen bestehe nur in der Legende. Das K. von dem für uns gestorbenen, auferstandenen und erhöhten Christus ist für Bultmann Mythologie. Der Mythos sei aber nicht einfach abzulehnen, er müsse interpretiert werden. Die Wahrheit des K. bestehe nicht in den Vorstellungen von Gott, die objektivierend in der bibl. Verkündigung ausgesagt sind, sondern in dem, was diese Verkündigung in mir bewirkt. Sie bewirkt die Befreiung aus der Weltabhängigkeit und Ichbezogenheit, sie schenkt mir ein neues Leben, d.h. ein neues Verständnis meiner selbst, das Selbstverständnis des Glaubens an die Liebe Gottes. »Das in Christus sich ereignende Geschehen ist also die Offenbarung der Liebe Gottes, das den Menschen von sich selbst befreit zu sich selbst, indem sie ihn zu einem Leben der Hingabe im Glauben und in der Liebe befreit« (NT und Mythologie, 51). Wo dieser Glaube verkündet wird, auch ohne Berufung auf die objektivierenden Vorstellungen des NTs, und diese Verkündigung denselben Glauben wecke, da ereigne sich das Christusgeschehen, von Glaube zu Glauben.

Lit.: O. Betz: Wie verstehen wir das Neue Testament; 1981; R. Bultmann: Jesus, 1926; ders.: Glauben und Verstehen, I, ²1954; ders.: Die Geschichte der synoptischen Tradition, ⁹1979; ders.: Neues Testament und Mythologie, (1941) 1985; G. Ebeling: Theologie und Verkündigung, ²1963; E. Fuchs: Zur Frage nach dem historischen Jesus, ²1965; ders: Zum hermeneutischen Problem in der Theologie, ²1965; J. Roloff: Das Kerygma und der irdische Jesus, 1970.

F. Flückiger

Keswick

K. ist ein Konferenzort und eine Bewegung. Die K.-Konferenz findet seit 1875 mit mehreren tausend Besuchern jährlich in der Ortschaft Keswick im englischen Lake District statt. Zahlreiche Konferenzen in Großbritannien, Nordamerika und Asien werden unter der Bezeichnung K. durchgeführt. Die Ursprünge der K.-Konferenz liegen in der amerikanischen Heiligungsbewegung des späten 19. Jh.s, vermittelt durch William E. Boardman und das Ehepaar Robert und Hannah Pearsall → Smith und beeinflußt durch die Erweckungsprediger Charles G. → Finney und Dwight L. → Moody. Die Konferenzen wollen nicht nur bibl. Unterweisung vermitteln, sondern niedergeschlagenen und fruchtlosen Christen zu geistl. Gesundheit verhelfen. Die Durchführung der Konferenzen folgt deshalb meist einem bestimmten Schema: am ersten Tag behandeln die Redner Wesen und Wirkung der Sünde; am zweiten Tag denkt man über Gottes Lösung des Problems der Sünde durch Christi Heilstat nach (oft anhand von Röm 6-8); am dritten Tag geht es um die Hingabe des Gläubigen an die Herrschaft Jesu; die Redner des vierten Tages sprechen über das vom Geist Gottes bestimmte Leben; am Freitag geht es um den Dienst für das Reich Gottes als Resultat des geistlichen Lebens.

Die mit K. identifizierte Bewegung hat im angelsächsischen Bereich und auch darüber hinaus eine breite Wirkung ausgeübt. Durch die Vermittlung Moodys wurden in Nordamerika zahlreiche Bibelschulen und Missionsgesellschaften beeinflußt. Hudson → Taylor, Gründer der China-Inland-Mission war oft Konferenzredner, wie später Andrew Murray und John Stott. A.B. Simpson, Gründer der Christian and Missionary Alliance, übernahm die Betonungen von K. Die Erweckung in Wales von 1905 hat ihre Wurzeln in K. Durch T. Monod, O. → Stockmayer, T. → Jellinghaus, E. → Modersohn und J. → Paul erreichte der Einfluß von K. den europ. Kontinent: die pietistische → Gemeinschaftsbewegung und die deutsche → Pfingstbewegung haben wichtige Impulse von K. empfangen.

K. steht für die Vertiefung des geistl. Lebens durch das Studium von Gottes Wort und durch die Betonung einer gehorsamen Befolgung der geoffenbarten Wahrheiten. Seit 1875 haben sich manche Betonungen von K. verschoben, aber folgende Elemente sind charakteristisch:

– Durch völliges Vertrauen auf Jesus den Sieger ist eine sofortige Befreiung von der Macht der Sünde möglich. Die Wesleyanische Sicht von der Ausrottung der sündigen Natur des Gläubigen wird ebenso abgelehnt wie die traditionelle Sicht, daß die sündige Natur durch die Gerechtigkeit Jesu Christi nur unterdrückt wird. Nicht nur die → Rechtfertigung, auch die → Heiligung muß im Glauben empfangen werden. Kampf und Krampf werden durch »Ruhen« in Christus überwunden. Sünde wird durch die innere Passivität (als bewußtes Nichthandeln) des Schauens auf Christus überwunden: »Let go and let God«.

– Das »siegreiche Leben« wird durch das Wirken des Heiligen Geistes ermöglicht, durch seine Kraft kann man der Sünde widerstehen. Gottes reiche Verheißungen werden betont, ungebrochene Freude und Friede ist das Ziel.

– Das »höhere Leben« darf nie selbstbezogen sein, sondern führt zu mission. Einsatz.

– Gegenüber trennendem Konfessionalismus betont man die Einheit der Gläubigen in Jesus Christus.

Lit.: S. Barabas: So Great Salvation: The History and Message of the Keswick Convention, 1952; J.I. Pakker: Auf den Spuren des Heiligen Geistes, 1989; J.C. Pollock: The Keswick Story: The Authorized History of the Keswick Convention, 1964.

E.J. Schnabel

Ketteler, Wilhelm Emmanuel von (1811-1877)

K. wurde am 25. 12. 1811 in Münster geboren. Seine Familie gehörte dem kath. westfälischen

Adel an. Wichtige Jahre verbrachte er im Internat der Jesuiten in Brig (Schweiz). 1829 legte er in Münster das Abitur ab. Bis 1833 studierte er an den Universitäten Göttingen, Berlin, Heidelberg und München Jura; nach Beendigung seiner Studien trat er in den preußischen Staatsdienst ein; 1835 wurde er Regierungsreferendar. Der juristische Dienst befriedigte K. nicht, so daß es ihm leicht fiel, diesen Dienst 1837 zu quittieren; der eigentliche Grund war aber die Verhaftung des Kölner Erzbischofs Clemens August Freiherr von Droste-Vischering. Dieser hatte die preußische Kabinettsorder über die Mischehen abgelehnt und an den päpstlichen Weisungen über die kirchl. Eheschließung festgehalten. K.s Kommentar zu diesem sog. »Kölner Ereignis« lautete: »Einem Staat, der die Aufopferung meines Gewissens fordert, kann ich nicht dienen.«

Nach schweren inneren Kämpfen rang sich K. zum Theologiestudium durch; er verbrachte die Jahre von 1841-1843 in München. 1844 wurde er in Münster zum Priester geweiht. Nach einer Kaplanstätigkeit in Beckum wurde er 1848 in Hopsten bei Rheine Pastor. Hier bemühte er sich besonders darum, notleidenden Menschen zu helfen. 1848 wurde er in die Frankfurter Nationalversammlung gewählt. »Die Freiheit und die Lösung der sozialen Frage sind für ihn 1848 die vordringlichsten Aufgaben der Zeit« (E. Iserloh). Ein besonderer Beleg hierfür sind seine sechs Predigten über die brennenden sozialen Probleme im Advent 1848 im Dom zu Mainz.

Nach kurzer Zwischenstation in Berlin als Propst an der Hedwigskirche, wurde K. von Papst Pius IX. zum Bischof von Mainz ernannt. Am 28. Juli 1850 empfing er im Mainzer Dom die Bischofsweihe. K.s besonderer Einsatz galt den Fabrikarbeitern, er erhielt deshalb die Ehrenbezeichnung »Arbeiterbischof«. Er kämpfte gegen Sozialismus und Liberalismus. Auch hatte er erkannt, »daß pastoralcaritative Arbeit allein die Proletarisierung und das Massenelend der Arbeiterschaft nicht zu wenden vermochte, weil es sich eben nicht um individuelle Not, sondern um strukturelle Mängel handelte. So wurde er jetzt zum entschiedenen Verfechter sozialpolitischer Interventionen des Staates« (KAB, Arbeitsgruppe). Auch als Kirchen- und Staatspolitiker hat sich K. hervorgetan. Seine Forderungen bezogen sich auf »Grundrechte« wie Meinungs- und Pressefreiheit, Versammlungs- und Koalitionsfreiheit, Lehr- und Lernfreiheit, Religionsfreiheit, Freiheit für die Kirche.

Nachdem K. 1871 in den Reichstag gewählt worden war, legte er bereits am 14. 3. 1872 sein Mandat wieder nieder. Die Motivation wird deutlich, wenn er schreibt: »Der Liberalismus hat völlig gesiegt«; dennoch resignierte er nicht und wehrte sich entschieden gegen die Kulturkampfgesetze.

Das bedeutendste innerkirchl. Ereignis im Leben K.s war wohl das I. Vatikanische Konzil (1869/79). K. war ein führendes Mitglied der Minorität, d.h. derjenigen, die sich gegen das Dogma von der päpstlichen Unfehlbarkeit wandten. Er hielt die Zeit für eine Dogmatisierung des Unfehlbarkeitsprimates noch nicht für reif. Am 13. Juli 1877 – K. befand sich gerade auf der Heimreise von Rom – starb er im Kapuzinerkloster von Burghausen.

»Seine überragende Bedeutung liegt darin, daß er wie kein anderer das soziale Gewissen der deutschen Katholiken wachgerüttelt hat« (J. Höffner).

Lit.: Wilhelm Emmanuel Freiherr von Ketteler. Schriftwechsel und Briefe, Abt. I, Bde. 1-5, 1977-1985; Abt. II, Bde. 1ff, Briefwechsel und öffentliche Erklärungen, 1984ff; E. Iserloh, Chr. Stoll (Hg.): Bischof Ketteler in seinen Schriften, 1977.

E. Iserloh: Die soziale Aktivität der Katholiken im Übergang von caritativer Fürsorge zu Sozialreform und Sozialpolitik, dargestellt an den Schriften W.E.v. Kettelers, 1975; L. Lenhart: Bischof Ketteler, 3 Bde., 1966-1968; P. Meinhold: Wichern und Ketteler. Ev. und kath. Prinzipien kirchlichen Sozialhandelns, 1978; K. Schatz: Kirchenbild und päpstliche Unfehlbarkeit bei den deutschsprachigen Minoritätsbischöfen auf dem 1. Vatikanum (Rom), 1975; F. Vigener: Ketteler. Ein deutsches Bischofsleben des 19. Jahrhunderts, 1924.

K. Wittstadt

Ketzerei → Irrlehre

Ketzertaufstreit

1. Das Problem

Für alle christl. Konfessionen beginnt die Mitgliedschaft in Kirche und Gemeinde mit der → Taufe. Daher ergibt sich fast zwangsläufig die Frage, ob bei einem Konfessionswechsel die frühere Taufe anerkannt werden soll oder eine erneute Taufe notwendig ist. Die kirchengeschichtl. entscheidende Diskussion zu diesem Problem wurde im 3. Jh. im sog. K. zwischen den Bischöfen Stephan I. von Rom und → Cyprian von Karthago geführt.

2. Der Streit um die Ketzertaufe

Am Beginn des 3. Jh.s stand zunächst nur das Problem, ob eine von → Häretikern gespendete Taufe anerkannt werden sollte. → Tertullian lehnte dies vehement ab, und mehrere Synoden der nächsten Jahrzehnte entschieden ebenso.

Nach der ersten allgemeinen → Christenverfolgung unter Decius (250/1) kam es zum innerkirchl. Streit um die Wiederaufnahme derer, die unter dem Druck der Verfolung ihren Glauben verleugnet hatten. Dieser Streit endete 251 mit der Exkommunikation der Novatianer und einer Spaltung der christl. Kirche (→ Novatian, Novatianisches Schisma). Anlaß für den K. wurde wenige Jahre später die unterschiedliche Praxis bei der Wiederaufnahme rückkehrwilliger → Novatianer und von Novatianern Getaufter in der Kirche.

Die nordafrikanischen Gemeinden unter ihrem Bischof Cyprian erkannten die von den Novatianern gespendete Taufe nicht an und tauften Konvertiten erneut, während es in Rom unter Stephan üblich war, getaufte Konvertiten durch Handauflegen in die Gemeinde aufzunehmen. Cyprian machte für die Taufverpflichtung geltend, daß es außerhalb der kath. Kirche keine gültige Taufe geben könne. Die Taufe der Novatianer sei daher so zu bewerten wie die der Häretiker, denn außerhalb der Kirche gebe es kein Heil. Stephan stellte dem entgegen, daß eine im Namen Christi vollzogene Taufe unabhängig von der Person des Täufers Anteil am Heil vermittele, so daß eine Wiedertaufe abzulehnen sei.

Cyprian ließ sich seine Position von drei karthagischen Synoden (255/6) bestätigen, von denen die dritte eine Abordnung zu Verhandlungen nach Rom sandte, die jedoch von Stephan nicht empfangen wurde. Stephan drohte den nordafrikanischen wie auch den kleinasiat. Gemeinden, die sich auf Cyprians Seite stellten, mit dem Abbruch der Kirchengemeinschaft. Durch den Tod Stephans (257) kam es jedoch nicht zum Bruch, denn Sixtus II. duldete als Nachfolger Stephans die nordafrikanische Praxis der Wiedertaufe von Konvertiten. Auf der Synode von Arles (314) wurde schließlich die röm. Tradition gesamtkirchl. angenommen. Wer einmal auf den Namen des Vaters, des Sohnes und des Hl. Geistes getauft war, sollte nicht erneut getauft werden.

3. Die Wirkungsgeschichte

Die Entscheidung von Arles, Konvertiten nicht erneut zu taufen, hat sich auch angesichts der konfessionellen Aufspaltung der Christenheit durchgesetzt. Bei den meisten Konfessionen ist eine Taufe beim Konfessionswechsel unüblich. Anders verfahren einige orthodoxe Kirchen sowie die Gemeinschaften, die eine Taufe nur an Glaubenden vollziehen und daher die Säuglingstaufe anderer Konfessionen nicht anerkennen (→ Taufe).

Lit.: H. Kirchner: Der Ketzertaufstreit zwischen Karthago und Rom und seine Konsequenzen für die Frage nach den Grenzen der Kirche, ZKG 81 (1970), 290-307; C. Mirbt, K. Aland: Quellen zur Geschichte des Papsttums und des römischen Katholizismus I, ^{6}1967, 86-100; H. v. Soden: Der Streit zwischen Rom und Karthago über die Ketzertaufe, QFIAB 12 (1909), 1-42.

R. Dziewas

Kierkegaard, Sören Aabye (1813-1855)

K. wurde am 5. 5. 1813 in Kopenhagen geboren, wo er, abgesehen von drei kurzen Aufenthalten in Berlin, zeitlebens wohnte. Von 1830-40 studiert er Theologie. In seiner Jugend steht er ganz unter dem Einfluß seines schwermütigen, aber tief gläubigen Vaters. Von der Romantik beeinflußt, kann K. doch nicht in ihr aufgehen. Befreiung von eigener Schwermut sucht er 1840 in der Verlobung mit Regine Olsen. Er fürchtet aber, sie unglücklich zu machen und löst darum nach einem Jahr die Verlobung wieder auf. Später sagt er: »Hätte ich Glauben gehabt, wäre ich bei Regine geblieben.« Er erkennt nun seine Berufung als Ausnahmeexistenz und Korrektiv zum Bestehenden und schafft in 14 Jahren ein umfangreiches literarisches Werk, dessen Bedeutung erst im 20. Jh. voll erkannt wird. K. durchleuchtet darin bis in letzte Tiefen die Bedingungen und Möglichkeiten menschlicher Existenz. Dabei ist es seine eigentliche Absicht, Menschen aus der Verlorenheit im irdisch zeitlichen Leben in die Nachfolge und zum Glauben an Jesus Christus zu rufen. Enttäuscht von der lauen Christenheit seiner Tage wendet er sich schließlich öffentlich gegen die Kirche (vgl. die Schrift »Der Augenblick«). Auf offener Straße bricht er, nachdem er sein Lebenswerk vollendet hat, zusammen und stirbt wenige Tage darauf am 11. 11. 1855.

K. gehört mit seiner Philosophie in den Umkreis des modernen Denkens. Dieses geht nicht mehr vom objektiven Gegebensein der Wirklichkeit aus, sondern vom menschlichen Subjekt und seinen Fragen. Grundlegend ist dabei für K. die Tatsache, daß ich existiere und

als denkender Mensch auch darum weiß. Gegen → Hegel wendet er ein, er befasse sich mit allem, nur nicht mit der konkreten zeitlichen Existenz des einzelnen. In seiner Existenz erfährt sich jeder einerseits als endlich und abhängig, anderseits als unendlich und frei. Mit dieser Spannung ist auch die Angst als Grundbefindlichkeit der Existenz gegeben (vgl. dazu die Schrift »Der Begriff Angst«). Der Existenzangst soll man standhalten und sie im Glauben überwinden. Jeder steht nämlich in der Gefahr, statt dessen zu fliehen. Der eine sucht Zuflucht in der reinen Endlichkeit mit ihrem unmittelbaren Lebensgenuß. Der andere wird phantastisch im unendlichen Schweifen der Phantasie und will schließlich sogar über Gott verfügen. Beides ist verzweifelte Flucht aus der Existenz, und beides ist Sünde. In der Schrift »Die Krankheit zum Tode« will K. dem Menschen sein verzweifeltes Verhalten bewußt machen und ihn zum Glauben führen, den er so definiert: »Indem es sich zu sich selbst verhält, und indem es es selbst sein will, gründet sich das Selbst durchsichtig in der Macht, welche es gesetzt hat.« Aus eigener Kraft kann der Mensch den Sprung in den Glauben nicht schaffen. Er ist unendlich der Gnade bedürftig. K. hat aber leidenschaftlich gegen die billige Gnade des damaligen dänischen Luthertums gekämpft. Er vermißt da den Ernst der → Nachfolge Jesu und ruft in seiner Schrift: »Einübung im Christentum« und in den »Erbaulichen Reden« energisch dazu auf, dem erniedrigten Gottmenschen in sein Leiden nachzufolgen, um so ihm gleichzeitig zu werden. Damit gibt man der Spekulation endgültig den Abschied und konzentriert sich konsequent auf das konkrete Existieren als Nachfolger. K. läßt nur ethisch rel. Denken, das unmittelbar zum Tun führt, gelten. In »Stadien auf des Lebens Weg« zeigt er, wie jeder ernstlich ringende Mensch unweigerlich vom ethischen zum rel. Stadium gelangt, weil er erkennt, daß er die Schuldfrage allein nicht lösen kann. Es liegt in der Konsequenz von K.s Existenzdenken, daß in der Wahrheitsfrage das »Wie« in den Vordergrund tritt. Der Mensch soll nicht nur fragen: Was ist wahr, sondern ebenso energisch: Wie werde ich wahr? In den beiden phil. Hauptschriften: »Philosophische Brocken« und »Abschließende unwissenschaftliche Nachschrift« zeigt K., daß die Wissenschaft das Paradox des Gottmenschen Jesus Christus nicht fassen kann. Umso leidenschaftlicher soll der Glaube werden, der sich in die Nachfolge gerufen weiß. Wenn darum K. sagen kann: »Die Subjektivität ist die Wahrheit«, so hat er damit die objektive Geltung des bibl. Wortes keineswegs angetastet, wohl aber eingeschärft, daß die bibl. Wahrheit nicht nur angenommen, sondern auch verwirklicht werden will.

Lit.: P. Fonk: Zwischen Sünde und Erlösung, 1990; H. Gerdes: Sören Kierkegaard, 1966; J. H. Schmid: Kritik der Existenz, 1966; K. Wolf: Das Problem der Gleichzeitigkeit des Menschen mit Jesus Christus, 1991.

J. H. Schmid

Kießling, Johann Tobias (1742-1824)

K., geb. am 3. 11. 1742 in Nürnberg, gest. am 27. 2. 1824 ebenda; Kaufmann, Diasporaarbeiter. K. zählt zu den führenden Gestalten der frühen fränkischen → Erweckungsbewegung. An der Entstehung des Nürnberger Zweigvereins der Dt. → Christentumsgesellschaft 1781 war er ebenso beteiligt wie an der Gründung der Nürnberger Bibelgesellschaft 1804, aus der 1823 der Bayerische Zentralbibelverein hervorging.

Darüber hinaus wirkte K. als unermüdlicher Förderer der ev. Diaspora in Österreich: Fünf Jahrzehnte lang (1763-1813) handelte er hier auf 106 Reisen nicht nur mit Gewürzen und Arznei, sondern verbreitete auch als »Bischof im Kaufmannsgewand« unter beträchtlichen finanziellen Opfern und Bedrängnissen durch die kath. Kirche das Wort Gottes in Form von Bibeln und evangelistischen Gesprächen. Den nach 1781 entstehenden Toleranzgemeinden in Oberösterreich, Kärnten, Steiermark und Westungarn (heute Burgenland) vermittelte er Pfarrer sowie materielle Hilfe und Geldspenden zum Bau von Kirchen und Schulen. Unterstützt wurde er dabei von Freundeskreisen der Christentumsgesellschaft. Obgleich K. infolge des österreichischen Staatsbankrotts 1811 fast sein gesamtes Vermögen verlor, sorgte er bis an sein Lebensende für sein »Österreich-Zion«.

Lit.: G. Mecenseffy: Der Nürnberger Kaufmann J.T. Kießling und die österreichischen Toleranzgemeinden, in: JGPrÖ 74 (1958), 29-70; Dies.: Kießling, Johann Tobias, Kaufmann und Pietist, in: Lebensläufe aus Franken VI, 1960, 293-302; W. Raupp: »Kießling, Johann Tobias«, BBKL III, 1992, 1470-1473 (Quell., Lit.); G.H. Schubert: J.T. Kießling und einige seiner Freunde, in: Altes und Neues II, 1824, 1-340 (³1849; Nachdruck).

W. Raupp

Kilian → Iroschottische Mission

Kimbanguismus

K. ist die Lehre einer Kirche in Zaire, die auf Simon Kimbangu (24. 9. 1889 – 12. 10. 1951) aus N'Kamba/Bezirk Ngombe zurückgeht. Er besuchte eine baptistische → Missionsschule und ließ sich anschließend zum Prediger und Katecheten ausbilden. Von Christus erhielt er 1918/19 den Ruf zur Krankenheilung, dem er am 6. 4. 1921 erstmals öffentlich folgte. An einer kranken Frau führte er durch Handauflegung eine Glaubensheilung aus. Danach wurde sein Dorf als »Neues Jerusalem« bekannt, wo sich Tausende von Pilgern in kurzer Zeit um ihn scharten. Die belgische Kolonialverwaltung wurde mißtrauisch und ließ ihn wegen Ruhestörung, Aufruhr und feindlicher Haltung gegen die Obrigkeit zum Tode verurteilen. Da das Urteil in lebenslängliche Haft umgewandelt wurde, starb er als Gefangener. – Die kimbanguistische Kirche gehört zu den Afrikanischen Unabhängigen Kirchen (AUK), die es in verschiedenen Teilen Schwarzafrikas gibt. Die ganzheitlich afrikanisch verstandene Rolle des rel. Führers mußte diese junge Kirche in Konflikt mit dem Staat bringen, bis sie sich 1959 zur Anerkennung der staatlichen Obrigkeit verpflichtete und am 24. 12. 1959 offiziell als dritte Konfession neben der kath. und ev. Kirche in Zaire anerkannt wurde. Seit 1969 ist sie Mitglied des Ökumen. Rats der Kirchen (WCC), seit 1974 Mitglied der Gesamtafrikanischen Kirchenkonferenz. In Zaire (ca. 30 Mio. Einwohner, davon 94 % Christen) führt sie mit über 5 Mio. Gläubigen den Namen Eglise de Jesus Christ sur la Terre par le Prophète Simon Kimbangu.

Der K. umfaßt ein Bündel von Lehren, die von dieser Kirche vertreten werden, aber teilweise auch außerhalb von ihr unter Sympathisanten lebendig sind; er ist die Lehre einer charismat. Bewegung, in der ein intensives afrikanisches Gemeinschaftsleben gepflegt wird. Getragen und weitergetragen wird der K. vor allem von Kopftücher tragenden Frauen, die in der Kirche die Schuhe ausziehen und beim Gebet ihren Schmuck ablegen. Nach baptistischer Tradition werden Erwachsene getauft und die Kinder gesegnet. Das → Abendmahl wird als Gemeinschaftsmahl nur am 6. April, 12. Oktober und 25. Dezember gefeiert »mit aufgelöstem Honig und Kuchen aus afrikanischen Erzeugnissen« (Asch 1034). Der K. verbietet seinen Anhängern, nackt zu baden, nackt zu schlafen, zu tanzen, zu streiten und Fetische zu benutzen. Er betont den Zusammenhang von Gottes Kraft und menschlicher Schwäche (2Kor 12), Vergebung der Sünden und Gesundwerden, innerer Heilung und körperlicher Heilung im Namen Jesu.

Lit.: S. Asch: »Kimbanguistische Kirche«, EKL³, Bd. 2, 1032-1035; K. Diangienda: Histoire du Kimbanguisme, 1984; M.-L. Martin: Kirche ohne Weiße, 1971; W. Ustorf: Die kimbanguistische Bewegung in Belgisch-Kongo und Zaire (1921-1977), in: R. Hanisch (Hg.): Soziale Bewegungen in Entwicklungsländern, 1983, 119-155.

H. Hamer

Kinderarbeit, missionarische

Ein speziell an Kinder gerichtetes Evangelium mit dem Charakter der Herausforderung zu einer Glaubensentscheidung ist dem NT fremd. Verkündigung und Ruf zur Umkehr sind in der Apg stets an Zuhörer gerichtet, die zu einer eigenständigen Glaubensentscheitung (→ Bekehrung) in der Lage sind. Kinder (Apg 21,5) bzw. junge Leute (Apg 20,9) werden lediglich am Rande erwähnt. Sie sind von der Bekehrung ihrer Eltern mitbetroffen und selbstverständlich im Gottesdienst anwesend. Sie altersspezifisch gesondert zu Adressaten des Evangeliums zu machen, entspricht der seit Beginn der Neuzeit üblichen differenzierten Altersstufeneinteilung in Kinder, Jugendliche und Erwachsene. Andererseits begründen auch die Worte Jesu über die Kinder (Mt 19,13-15 par.) eine besondere an sie gerichtete elementare Evangeliumsverkündigung.

So hatte die Ende des 18. Jh.s erstmals in England und 1825 in Hamburg durch J.G. → Oncken und J.H. → Wichern entstandene → «Sonntagsschule« (→ Kindergottesdienst) außer ihrer diakon.-elementarpäd. Funktion auch die mission. Dimension, »die Schüler zur Erkenntnis des Heils zu bringen« (J.G. Lehmann, Leitfaden für Sonntagsschulhelfer).

Die heutige Sonntagsschul- und Kindergottesdienstarbeit versteht sich weithin als Vor-Katechumenat für künftige mündige Gemeindeglieder, zumal sie fast ausschließlich Kinder gemeindezugehöriger Eltern erreicht. In der Woche stattfindende Kinderstunden erreichen darüber hinaus Kinder ohne christl. Elternhaus, sind also im engeren Sinne als »missionarisch« zu verstehen.

Verschiedene Missionswerke – vor allem die nach Ende des Zweiten Weltkrieges in Europa aktiv gewordene »→ Kinder-Evangelisations-Bewegung« (KEB) – haben die Zielsetzung, Kinder schon im frühen Alter zu einer »Bekehrung« zu führen, um sie vor der ewigen Verdammnis zu bewahren. Dabei wird die in Mt 18,14 getroffene Aussage vom möglichen Verlorengehen der »Kleinen« fälschlicherweise auf das kleine Kind übertragen. (»Die Kleinen« sind bei Mt »Jünger« bzw. »Anfänger im Glauben«).

Bleibt bei mission. K. der Entwicklungsstand des Kindes unberücksichtigt, besteht zudem die Gefahr einer frühkindlichen Immunisierung durch kognitiv-emotionale Überfrachtung des kindlichen Gewissens und Verstehenshorizontes, insbesondere wenn Christus nicht als Helfer, Freund und Herr des Lebens vermittelt wird, sondern als Rechenschaft fordernder Richter. Das Jesuswort in Mt 19,14 ist durchaus im Sinne einer für Kinder bereits vorgegebenen Gottesbeziehung zu verstehen, nicht aufgrund ontologischer Voraussetzungen, aber bedingt durch Gottes erwählende Gnade (→ Kindheit), bevor sie in der Situation sind, »für sich selbst vor Gott Rechenschaft geben zu müssen« (Röm 14,12). Auf ntl. Spur gilt Kindern so lange die voraussetzungslose Heilszusage, bis sie zu einer eigenverantwortlichen Entscheidung in Antwort auf den Ruf zur Buße in der Lage sind.

Mission. K. unterscheidet sich – bis auf die o.g. soziologische Komponente – insofern nicht wesentlich von gemeindlicher bzw. kirchl. → Kindergruppenarbeit. Sie soll durch bibl. und päd. verantwortete Inhalte und Methoden die bewußte Aneignung des Heils durch den Heranwachsenden vorbereiten. Das durch Wort und Erfahrung im Rahmen mission. K. erlebte Evangelium hat den Charakter familienergänzender oder heute vielfach auch familienersetzender Verkündigung. Das in der Kindheit vermittelte Gottesbild hat prägenden Einfluß auf den Glauben des Erwachsenen. Ein schon in der Kindheit als Hilfe und Antwort positiv erlebtes Evangelium (2Tim 3,15) erleichtert dem Heranwachsenden und Erwachsenen die bereitwillige Glaubensannahme und den Weg zu einer gereiften Gottesbeziehung. Die Verkündigung der mission. K. erfordert sowohl eine Reduzierung auf die zentralen, von Kindern altersentsprechend nachvollziehbaren Glaubensinhalte als auch eine verantwortete Vielfalt der Methoden. Kindliche Vertrauensäußerungen (z.B. Beten, erlebte Vergebung, versöhnende Erfahrung) müssen als »Entscheidungen« ernstgenommen werden. Darin wird für das Kind, wie für jeden Lebensbereich gültig, auch Glaube »eingeübt« als Grundlage für eigenverantwortetes Christsein.

Lit.: H.-J. Fraas: Religiöse Erziehung und Sozialisation im Kindesalter, 1973; W. Hendricks: Theologie für Kinder, 1985; H.-R. Weber: Jesus und die Kinder, 1980; Themaheft »Kinderbekehrung«: ThGespr Heft 1-2/1980.

H. Priebe

Kinderbekehrung → Kinderarbeit, missionarische; → Kinderseelsorge; → Kindheit

Kinderbibelwoche

Das Interesse der christl. Gemeinde hat sich schon immer auch auf die Kinder gerichtet. Mit der päd. Neubesinnung, die in den siebziger Jahren einsetzte, wurde dabei klar, daß das sonntägliche Kindergottesdienstangebot und die wöchentlich angebotenen Kinderstunden, Jungscharkreise oder ähnliches viele Familien der Volkskirche nicht mehr erreichten. Der Traditionsabbruch vor allem in städtischen Gebieten und die Schwierigkeiten mit der traditionellen Kirchlichkeit, die in vielen Gemeinden zu beobachten waren, machten es notwendig, daß die Kirchen nach neuen Formen der Kinderarbeit suchten. In vielen Gemeinden war zu beobachten, daß ein kurzfristiges, aber kontinuierliches Angebot einen beträchtlich größeren Teil der Kinder einer Gemeinde erreichen kann. So entstanden die K.n. An mehreren aufeinanderfolgenden Tagen lädt die Kirchengemeinde zu nachmittäglichen Veranstaltungen für Kinder ein. Dabei wird die Arbeit der K.n vor allem von ehrenamtlichen Mitarbeiterinnen in Zusammenarbeit mit der Gemeindeleitung getragen. Ein großer Vorteil der K. gegenüber anderen Veranstaltungen für Kinder besteht in dem beträchtlichen Mehr an Zeit, die zum Hören und Behandeln des Themas gegeben ist.

Die K. wird von einem Thema geprägt, das an den einzelnen Tagen unter verschiedenen Gesichtspunkten vor- und dargestellt wird. Dabei kann dieses Thema sich

– mit einem Arbeitsfeld kirchl. Handelns beschäftigten (wie etwa Taufe, Gemeinde, Diakonie),

– mit bibl. Themengeschichten (wie etwa »Berggeschichten«, »Wassergeschichten«),

– mit bibl. Personen (etwa Petrus, Maria, Abraham, Noah)

– oder mit zusammenhängenden Berichten der Bibel (etwa »Die Reisen des Paulus«, »Schöpfung«, »Gleichnisse Jesu«).

Dazu gehört ein kreatives Bearbeiten des Themas. Die Kinder werden zum Malen von Bildern angeleitet, zum Verkleiden im Stil der Zeit, in der die behandelte Geschichte spielt, zum Basteln. Wichtiger Bestandteil der K. ist das gemeinsame Lernen und Singen von christl. Liedern.

K.n sind wichtige katechetische Bausteine der Gemeindearbeit. Ziel der K.n wird darum immer auch sein, den beteiligten Kindern das → Evangelium von Jesus Christus zu verkündigen. Wo dieser verkündigende Aspekt ausgelassen wird, verfehlt die K. ihre Berechtigung als Angebot christl. Gemeinde. Die K. bietet dabei jedoch eine große Vielfalt an Gestaltungsmöglichkeiten und Freiheit der Formen, die freundliche Gnade Gottes spielerisch, lehrend und auch informativ zu vermitteln.

K.n werden auch zu kirchenjahreszeitlichen Festen angeboten. Sie schließen oft mit einem Familiengottesdienst der ganzen Gemeinde, in dem die Ergebnisse einer intensiven Beschäftigung mit einem Thema geteilt werden mit der Gemeinde.

Lit.: Berliner Kinderbibelwochen-Mappen

H.G. Hentschel

Kinder-Evangelisations-Bewegung in Deutschland e.V. (KEB)

Der Auftrag der KEB liegt in Mt 18,14 begründet. Die KEB möchte Kindern die Möglichkeit des Glaubens an Jesus Christus durch bibl. Unterweisung anbieten. Sie sucht die Zusammenarbeit mit örtlichen Gemeinden. Die KEB bekennt sich zur Autorität und Unfehlbarkeit der Heiligen Schrift. Sie arbeitet übergemeindlich, in Deutschland als Mitglied der → Arbeitsgemeinschaft evangelikaler Missionen (AEM). Gegründet wurde sie 1937 in den USA durch J.I. Overholtzer. Der Satz von Spurgeon: »Wenn ein fünfjähriges Kind richtig unterwiesen wird, kann es genauso wiedergeboren werden wie ein Erwachsener« veränderte sein Denken bezüglich der Kinder. Die KEB breitete sich rasch auf andere Kontinente aus. Heute arbeitet sie mit ca. 1.800 Hauptamtlichen in 100 Ländern. Die dt. KEB wurde 1948 von Pfr. James und V. Kiefer gegründet. Sie ist selbständiges Mitglied der internationalen KEB (Child Evangelism Fellowship of Nations). Missionare der deutschen KEB sind in europäischen Ländern sowie in Paraguay tätig. Aufgaben der KEB: Kinderwochen, Freizeiten, Mitarbeiterschulungen, Gründung von Hauskreisen für Kinder, Herausgabe von Arbeitsmaterial. Die Arbeit der KEB wird durch Spenden getragen.

Lit.: N. Rohrer: The Indomitable Mr. O. The Story of J. Irvin Overholtzer Founder of the Child Evangelism Fellowship, 1970; R.E. Turnwall: Harvest Comes in Spring. The Story of Child Evangelism Fellowship's Ministries in Europe, 1990.

A. Pracht

Kindergarten

1. Begriff und Geschichte

Der Kindergarten (K.) ist eine familienergänzende Einrichtung für drei- bis sechsjährige Kinder, die in altersgemischten Gruppen von sozialpäd. ausgebildeten Fachkräften (Erzieherinnen, selten Erzieher) betreut und erzogen werden. K.n haben einen eigenständigen Bildungsauftrag als »Elementarbereich« des Bildungswesens (Strukturplan 1970). Ursprünglich standen diakon. und sozialpol. Motive im Vordergrund (J.F. Oberlin 1740-1826, R. Owen 1771-1858). Bei F. → Fröbel (1782-1852), der den Namen K. prägte, gewinnt der Erziehungsauftrag an Gewicht (Spiel, Spielgaben). Aus christl. Sicht wird der diakon. Auftrag heute wieder wichtig (Wandel der Familie, Zerfall familiärer Beziehungen; negative gesellschaftliche Einflüsse).

2. Staat – Träger – Eltern

In Deutschland werden in den alten Bundesländern ca. ein Drittel der K.n von öffentlichen (Städte, Kommunen) und zwei Drittel von freien Trägern (Kirchengemeinden, Wohlfahrtsverbände, Vereine/Elterninitiativen, Betriebe) angeboten; in den neuen Ländern ist die Situation (1992) noch nicht überschaubar. Gegenwärtig fehlen allein 500.000 bis 600.000 K.plätze. Ab 1996 soll ein Rechtsanspruch auf einen Kindergartenplatz für Kinder ab drei Jahren gelten.Die Rahmenzuständigkeit für Kindertageseinrichtungen (Krippen, K.n, Horte) ist Sache der Länder (K.gesetze), die freien Träger (Arbeitsgemeinschaft Jugendhilfe AGJ, → Kindertagesstättenverbände) entscheiden über Grundrichtung und Wertorientierung der Erziehung, die Eltern haben das Recht, entsprechend zu wählen (vgl. Kinder- und Jugendhilfegesetz 1990). Die Finanzierung des K.s (in den Ländern unterschiedlich) teilen sich Staat, Träger und Eltern. Zwei Fachkräfte pro Gruppe (25 Kinder) sollten nicht unterschritten werden.

3. Christliche Erziehung

Für kirchl./christl. K.n ist entscheidend, daß Erzieher/innen ihren Auftrag als Christen wahrnehmen. Jedes Kind ist ein von Gott geliebtes Geschöpf, das unsere Hilfe braucht, um Gott vertrauen zu lernen, um seine Gaben und Fähigkeiten entfalten zu können und in die Gemeinschaft (der Christen) hineinzuwachsen. Das Erzählen bibl. Geschichten, Lieder und Gebete, Feste und (Familien-)Gottesdienste werden von Kindern gern angenommen. Geschwister, Eltern, Großeltern sind in der Regel bereit, daran teilzunehmen. Es ist hilfreich, Lebenssituationen im Glauben zu deuten: z.B. Geburt/Taufe/Leid/Krankheit/Tod; Angst und Freude/Mut und Vertrauen/Liebe und Ablehnung/Streit und Versöhnung/Schuld und Vergebung/Gerechtigkeit und Ungerechtigkeit; Essen und Trinken/Helfen und Hilfe annehmen/Lernen und Wachsen/Bewahrung und Zerstörung des Lebens, der Schöpfung/Friede und Friedlosigkeit, Krieg. Anlässe bieten sich täglich. Bilderbücher, Erzählungen, Gespräche, Spiele und Projekte helfen, Erfahrungen und Konflikte zu verarbeiten.

Eine Erziehung im Glauben und zum Glauben schließt die Zusammenarbeit des K.s mit der Familie und in der Gemeinde ein, die in Zukunft vielseitiger und intensiver werden sollte. Eine entsprechende Ausbildung, Fortbildung und Begleitung der Erzieher/innen ist dafür Voraussetzung.

Lit.: Chr. Dusza: Mit Herzen und Händen. Lieder zum Mitmachen und Spielen, 1993; dies.: Bei Gott ist es wie in einem Nest. Leise und laute Gebete, 1993; H.B. Kaufmann (Hg.): Kindergarten – wohin? Erfahrungen – Denkanstöße – Orientierungshilfen, 1992; H. Mörsberger, E. Moskal, E. Pflug (Hg.): Der Kindergarten. Handbuch für die Praxis, 3 Bde., 1978; K.E. Nipkow: Bildung als Lebensbegleitung und Erneuerung, 1990, 301-332; I. Weth: Wenn euch Kinder fragen ... Biblisches Erzählen heute, 1992; J. Zimmer (Hg.): Erziehung in früher Kindheit (Enzyklopädie Erziehungswissenschaft, Band VI), 1985.

H.B. Kaufmann

Kindergottesdienst

1. Geschichte

Um verwahrloste Kinder zu retten, begann 1780 in Gloucester (England) der Buchdrucker und Zeitungsredakteur Robert Raikes mit einer → Sonntagsschule. Durch Vermittlung des späteren Baptisten Johann Gerhard → Oncken richtete der Erweckungsprediger Pastor Johannes Wilhelm Rautenberg nach dem englischen Vorbild am 9. Januar 1825 in Hamburg eine Sonntagsschule ein, um Armut und den »tiefen Verfall des Erziehungswesens« zu bekämpfen. Kinder aus den Elendsvierteln der Stadt, die keine Schule besuchten, wurden in Lesen und Schreiben unterrichtet und bibl. und katechetisch unterwiesen. 1832 trat Johann Hinrich → Wichern in diese Arbeit. Unabhängig davon entstanden ab 1863 durch Initiative der Kaufleute Woodruff (New York) und Wilhelm Bröckelmann (Heidelberg, früher Bremen) stark mission. und erwecklich geprägte Sonntagsschulen allein mit christl. Unterweisung. Auch in Amerika war die rasch sich ausbreitende Bewegung von Anfang an auf bibl. Unterricht beschränkt. 1850 begannen die Methodisten von Bremen aus diesen Typ systematisch in Deutschland und der Schweiz zu verbreiten.

Die Landeskirchen begegneten anfangs der Arbeit mit Feindschaft, obwohl doch Kinderpredigten schon zur Reformationszeit bei Veit Dietrich zu beobachten sind, und die Kinderlehre in der Orthodoxie ihren festen Platz hatte. Auch in der Brüdergemeine oder bei → Oberlin im Steintal wurden schon vor dem Entstehen der Sonntagsschule K.e abgehalten. Während die Freikirchen bis heute die Sonntagsschularbeit als Bibelunterricht weiterführen, haben die Landeskirchen die gottesdienstl. geprägte Form mehr und mehr bevorzugt und schon seit 1869 die Bezeichnung »Kindergottesdienst als Sonntagsschule« gewählt und 1882 »Sonntagsschule« durch »Kindergottesdienst« ersetzt.

2. Zielsetzung

Der K. möchte anders als der Religions- oder Konfirmandenunterricht Kinder als Gemeinde zum Hören, Beten, Loben und Danken zusammenführen. Kindliche Wesensart fordert eine besondere seelsorgerl., päd. Form.

3. Methodik

Während in den Landeskirchen die Verbände für K. stärker die liturg. Ordnung herausstellen, hat sich dennoch eine große Vielfalt in dem Freiraum der Gestaltung erhalten. So werden auch heute weiter K.e nicht vom Pfarrer, sondern von Gemeindegliedern gehalten. Die Gruppenunterweisung nach dem Alter durch ehrenamtliche Helfer hat ihre Bedeutung behalten, wobei Gemeinderäume mit Tischen anstelle von Gottesdiensträumen ebenso benützt werden. Trotz vieler Versuche mit themenorientierter Gestaltung bleibt die bibl. Erzählung das Kernstück. Es gibt dreierlei Textpläne:

– Fortlaufende biblische Geschichte,
– Bibeltexte nach der Perikope,
– Heilsgeschichtlicher Plan ohne Rücksicht auf das Kirchenjahr

Eine Fülle von Anschauungsmaterial in Wandbildern, Dias, Schneidebogen, Flanell oder Folie hat die Form des K.es beeinflußt. Neben den Kernliedern erfreuen sich neue Lieder, besonders auch aus dem erwecklichen Liedgut, großer Beliebtheit.

Lit.: Biblische Geschichten für Kinder, hg. von der Ludwig-Hofacker-Vereinigung, 1981ff; Er gebe uns ein fröhlich Herz. Überlegungen, Vorschläge, Texte für Liturgie im Kindergottesdienst, hg. vom Württ. Ev. Landesverband für Kindergottesdienst, [2]1986; Gnadauer Vierjahresplan für Kinderstunden, hg. vom EC-Verband; Kindergottesdienst-Helferhandbuch, hg. von J. Koerver, [3]1985; Kindergottesdienst heute, hg. vom Comenius-Institut, 10 Bde., 1972-78; Plan für Kindergottesdienst, hg. vom Gesamtverband für Kindergottesdienst in der EKD, 1992.

B. Cratzius: Kinder im Kirchenjahr, [2]1985; E. Jakobi: Werkbuch Kinderstunden,[4]1990.

ZS: Evangelische Kinderkirche; Der Kindergottesdienst; Kinderstunden im Vorschulalter.

W. Scheffbuch

Kindergruppenarbeit

Bei der K. sind folgende Gruppenarbeitsformen zu unterscheiden:

Für die Altersstufe von 0-3 Jahren werden Gottesdienste mit Kleinkindern, sogenannte »Krabbelgottesdienste« angeboten, eine Gottesdienstform, die mit jungen Familien gestaltet und speziell auch für diese Zielgruppe durchgeführt wird. Solche Gottesdienste von etwa 30 Minuten Dauer finden einmal pro Monat oder an den Kirchenjahresfesten im Kirchenraum oder Gemeindesaal statt.

Von ihrem Inhalt her versuchen sie, Rituale aufzunehmen, die in den Familien weitergepflegt werden können:

Einfache geistl. Lieder, Tischgebete, Morgen- und Abendgebet. Die bibl. Verkündigung besteht in ausgewählten Geschichten, die gespielt, erzählt und mit Bildern veranschaulicht werden.

Mitarbeiter sind hier v.a. engagierte Eltern neben hauptamtlichen. Weitere Angebote für Kleinkinder sind z.B. Mutter-Kind-Gruppen, »Miniclub« etc.

Für die Altersstufe von 4-8 Jahren gibt es Kindergruppen wie Kinderhauskreis, -spielkreis als Begegnungsort für Vorschul- und Grundschulkinder. Der zeitliche Rahmen beläuft sich auf einmal pro Woche 90 Minuten.

Den Inhalt bilden elementare Verkündigung in spielerischen Formen (Rollenspiel, Malen, Bewegungslieder), Sozialerfahrung mit anderen Kindern, Vertiefung von Liedgut, Geschichten und Gebeten, Feste und Feiern.

Die (vielfach ehrenamtlichen) Mitarbeiter rekrutieren sich aus erfahrenen Eltern und Erzieher/innen.

Die Alterstufe von 9-13 Jahren versucht die → Jungschararbeit mit erlebnisorientierter Verkündigung sowie Schwerpunkten in kreativen und sportlichen Bereich anzusprechen.

Als altersübergreifendes Angebot für Kinder zwischen 6 und 12 Jahren gibt es einmal jährlich (drei bis fünf Nachmittage in einer Ferienwoche) die → Kinderbibelwoche: Erlebnisprogramm mit ausgewählten Bibelgeschichten (fortlaufende Erzählungen, Lebensbild wie Mose, Rut, Petrus) und besonderen Angeboten im kreativen Bereich. Die Kinderbibelwoche findet ihren Abschluß häufig mit einem gemeinsam gestalteten Familiengottesdienst. Weitere altersübergreifende Angebote sind: Kinderchorarbeit, → Kindergottesdienst und Kinderfreizeiten.

S.a. → Kinderarbeit, missionarische; → Kinderseelsorge; → Kindheit

Lit.: E. Dieterich, A. Weidle (Hg.): Wie viele Farben hat das Jahr?, Feste im Sommer ...; A. Grüßhaber (Hg.): Vom Mitmachen und Mutmachen. Kindergottesdienst mit 4-7jährigen, 1992; A. Weidle (Hg.): Komm, wir suchen Bethlehem. Advent, Weihnachten und Epiphanias.

A. Grüßhaber

Kinderheil, Diakonissen-Mutterhaus

Im Mai 1850 besuchte Theodor → Fliedner Stettin und beriet Kirche und Stadt im Blick auf die medizinische Versorgung kranker Kinder. 1851 erfolgte die Gründung der »Kinderheilanstalt« nach Kaiserswerther Vorbild, 1907. Um 1900 erwarb die wachsende Schwesternschaft in Finkenwalde ein größeres Anwesen und gab sich den Namen »Diakonissen-Mutterhaus KINDERHEIL«. Später schloß sie sich, getragen von der Welle der Erwekkungsbewegung, mit anderen Schwesternschaften im »Bund Deutscher Gemeinschafts-Diakonissen-Mutterhäuser« zusammen. Die Arbeit blieb konzentriert auf kranke und gefährdete Kinder. Mit Kriegsende 1945 mußte das Werk in Pommern aufgegeben werden. Die Schwestern gingen mit ca. 300 Kindern auf eine dramatische Flucht, die im Bergischen Land endete. Im ehemaligen Erholungsheim in Bad Harzburg formierte sich die Schwesternschaft wieder. Neben dem Ausbau der neuen Mutterhauszentrale begann die Mitarbeit in Krankenhäusern und Heimen, dann in Einrichtungen in eigener Trägerschaft: Norderney, Bad Sachsa (Kinderkrankenhäuser für Akut- und Langzeitmedizin); Lehre, Plettenberg (Alten- und Pflegeheime). Seit 1962 arbeiten zwei Diakonissen im Rahmen der Hildesheimer Blindenmission in Hongkong.

Die Schwesternschaft weiß sich dem Auftrag verpflichtet, das Evangelium durch Bibelmission (→ Taschenbibelbund in Deutschland) und die Tat weiterzugeben.

Lit.: G. Winner: Gottes Ackerwerk, o.J.

H. Flake

Kindernothilfe e.V.

K. ist ein eingetragener Verein und Mitglied im Diakonischen Werk der Ev. Kirche im Rheinland. Begonnen wurde diese Arbeit im Jahre 1959. Ihren jetzigen Namen trägt K. seit 1961.

Die K. nimmt satzungsgemäß zwei Aufgabenbereiche wahr:

– Im Ausland: K. will durch unterschiedliche Hilfsprogramme notleidenden Kindern und Jugendlichen zu einem guten Start ins Leben verhelfen. Dazu gehören u.a.: Schulische Grundbildung, Ernährung, Kleidung, medizinische Versorgung und Rehabilitationsmaßnahmen für Behinderte. Wo möglich, schließen die Programme mit der Vermittlung eines Arbeitsplatzes ab. Darüber hinaus werden die Eltern der unterstützten Kinder durch gemeinwesenorientierte Arbeit mit gefördert. Die Unterstützung erfolgt unabhängig von Religionszugehörigkeit, Rasse und Geschlecht; alleiniges Kriterium für die Hilfe ist die Bedürftigkeit der Menschen.

– Im Inland: Entwicklungsbezogene Informations- und Bildungsarbeit in Deutschland. Da Transfer von Hilfsmitteln in die Entwicklungsländer keine dauerhafte Lösung ist, bemüht sich K. deshalb, durch Publikationen, Seminare, Vorträge und Ausstellungen zu informieren sowie Verständnis dafür zu wecken, daß langfristig nur ein Ausgleich zwischen Nord und Süd zu einem gesicherten Leben aller Menschen in unserer gemeinsamen Welt führen kann.

K. unterstützt derzeit rund 112.000 Kinder und Jugendliche in 27 Ländern. Schwerpunkte sind Indien, Philippinen, Brasilien, Chile, Äthiopien, Südafrika. Finanziert wird die Arbeit zu über 95 Prozent durch Spenden (1992: rund 73 Mio. DM).

Lit.: ZS Kindernothilfe (Hauptpublikation), vierteljährl.; ZS (für Kinder): ... Kinder, Kinder, halbjährl.; ZS (für Jugendliche): WAOW – WE ARE ONE WORLD, halbjährl.; Informationen für Pfarrerinnen und Pfarrer, halbjährl.

K. Günther

Kinderpflege/ -verbände → Kindertageseinrichtungen

Kinderseelsorge

1. Ausgangslage

Daß Kinder der → Seelsorge bedürfen, ist kein selbstverständlicher Gedanke. »Seelsorge ist Beistehen in den Grundsituationen des Lebens vom Evangelium her. ... Ihr Adressat ist der ganze Mensch in seiner von Gott entfremdeten Geschöpflichkeit. ... Ihr Ziel ist sein Heilwerden durch das helfende Gespräch im Bekenntnis des Glaubens« (M. Seitz, Praxis des Glaubens, 1978, 73). Ein Beistehen in Grundsituationen vom Evangelium her braucht auch das → Kind. Doch der Übersetzungsprozeß in der Seelsorgelehre, die sich so gerne dem »ganzen Menschen« verpflichtet sieht, auf die Ebene der Kinder hat bisher höchstens in Ansätzen stattgefunden (Mt 25,43). Die Seelsorge hat die Bedürfnisse und Möglichkeiten der Kinder kaum wahrgenommen, die Seelsorgeliteratur erschöpft sich noch in Beschreibungen des Defizits (z.B. Scharfenberg, EKL). Dahinter stehen große Defizite auch der systemat. Theologie und der theol. Anthropologie, die den Menschen immerzu nur als Menschen schlechthin wahrnimmt, nicht aber als Menschen mit einem bestimmten Lebenslauf und darum auch nicht als jungen oder alten Menschen, als gesunden, aber auch kranken und behinderten Menschen.

Die K. kann auf eine hilfreiche alte Unterscheidung zurückgreifen. Seelsorge geschieht demnach als cura animarum generalis et specialis. Die »generelle«, also allgemeine »Sorge um die Seelen« geschieht nicht ausdrücklich, sondern gleichsam unter der Hand, im Vollzug von gemeinsamem Leben, Unterricht, Familie usw. Die »spezielle Sorge um die Seelen« hingegen ist ausdrückliche, intentional seelsorgerl. Begegnung.

2. Cura animarum generalis

Seelsorge will den bedürftigen, so oft übersehenen Menschen wahrnehmen, ihn trotz und mit aller Schwäche, Fragwürdigkeit und Schuldverhaftung annehmen, ihn ein Stück seines Lebensweges begleiten und ihm – wo Gott Zeit und Gnade schenkt – das Gutsein Gottes in Jesus Christus bezeugen. Dies geschieht auch nichtintentional, wo Menschen mit Kindern aufmerksam und liebevoll umgehen. So bekommt das Zusammenleben in Familie, → Kindergarten oder Schule, aber auch das Leben mit Kindern in der Gemeinde eine seelsorgerl. Dimension, und wenn es gut geht, eine seelsorgerl. Qualität. Dabei geht es im Umgang mit Kindern vor allem darum, ihr Grundvertrauen zu stärken. Es geht um das Grundvertrauen zum himmlischen Vater, aber darum auch zum eigenen Leben und der das Kind umgebenden Lebenswelt. Damit dieses Grundvertrauen bewahrt und trotz aller Beschädigung immer wiederhergestellt werden kann, bedarf es besonders in der Familie eines Klimas der Wärme und Geborgenheit, der Offenheit für die kleinen und großen Nöte von Kindern, der Gesprächsbereitschaft und Gesprächsfähigkeit, der klar definierten Grenzen und der herausfordernden Freiräume, des Schuldigwerdens und wieder neu Anfangens, der Weltoffenheit und Glaubensklarheit, der Gebetserziehung und Vermittlung bibl. Geschichten als Grundmuster des Vertrauens zu Gott sowie der Geborgenheit stiftenden familiären Rituale (Nachtgebet, familiäre Sabbatfeier, Abendrunde). Ein solches Gesamtklima (und nicht bloß die Phrase, daß man doch über alles reden könne) ist seelsorgerl. und ermöglicht auch Seelsorge im Sinne der cura animarum specialis.

Ein seelsorgerl. Klima in diesem Sinn brauchen auch die Institutionen, die die Erziehung der Kinder unterstützen und fördern, je länger desto mehr aber auch teilweise oder ganz ersetzen müssen. Dies gilt für Kindergärten, Schulen, Vereine und besonders für die christl. Gemeinde. Gerade eine Kirche, die Säuglinge tauft, übernimmt Verantwortung für deren Kindheit, d.h. für die Lebensphase bis zur mündigen Übernahme des Glaubens in eigener Verantwortung. Sie wird den von Jesus als vollwertig und vorbildlich qualifizierten Glauben der Kinder (Mk 10, 13-16) ernstnehmen und fördern, ihm Räume bereitstellen, in dem er wachsen, sich ausdrücken und seinen Beitrag in der Gemeinde der Kleinen und Großen einbringen kann (→ Kindergottesdienst, → Kindergruppen, → Jungschararbeit). Dabei wird sie versuchen, dem Kind zu helfen, in seiner Entwicklung zu wachsen und zu einer im Glauben gegründeten, seine Gaben und Grenzen bejahenden, vertrauensvollen und lebenstüchtigen Persönlichkeit heranzureifen.

3. Cura animarum specialis

Besonders in Krisensituationen reicht ein seelsorgerl. Klima nicht mehr aus; es bedarf dann der Gesprächsangebote für Kinder in ihren spezifischen Bedrängnissen. Manches wird in der Familie aufgefangen, manches wird von nichtinstitutionellen Seelsorge-Angeboten abgedeckt werden können. Der Gruppenleiter in der Kindergruppe, der Klassenlehrer, der Taufpate, der Kinderarzt, der Pfarrer – diese Menschen aus dem Umfeld der Kinder können Vertrauensträger und darum Seelsorger werden, wenn sie die oft versteckten Signale der Kinder wahrnehmen und behutsam darauf eingehen, Zeit haben, zuhören können, sich in das Kind hineinversetzen (Empathie) und seine Fähigkeiten stärken, mit dem Konflikt, auch durch das Grundvertrauen zu Gott, fertigzuwerden. Manches aber wird auch der professionellen Hilfe bedürfen, sei es durch Anlaufstellen wie das Sorgentelefon für Kinder beim Kinderschutzbund (z.B. nach der Zeugnisvergabe in der Schule), sei es durch Kinderpsychotherapeuten und Mitarbeiter von Beratungsstellen (z.B. nach bedrängenden Erlebnissen, Gewalt- oder Todeserfahrungen).

Seelsorge in diesem Sinn wird durch spezifische kindliche Krisenerfahrungen notwendig: z.B. durch Belastungen im familiären Umfeld, Ehekrisen der Eltern, bleibende Geschwisterkonflikte, aber auch Erfahrungen der Benachteiligung, der negativen Positionierung in einer Gruppe wie z.B. der Schulklasse, der Einsamkeit, der schulischen Überforderung, des Konflikts mit Normen, als verletzend empfundener Ungerechtigkeiten, des Schmerzes an der Welt, wie sie ist. Wie die cura animarum specialis aussehen kann, soll nun an einem Beispiel gezeigt werden, das bislang in der Theologie kaum wahrgenommen wurde.

4. Ein Ernstfall der Kinderseelsorge: Seelsorge im Kinderkrankenhaus

Während die Seelsorge fast schon zum Standard auf den Stationen für erwachsene Patienten gerechnet werden kann, sind Kinderstationen und Kinderkrankenhäuser oft ohne seelsorgerl. Betreuung. Auch in der Literatur wird dieser Bereich meistens übersehen (z.B. bei Doyé, Kinderseelsorge).

Pro Jahr werden in Deutschland ca. 1 Mio. Kinder in Krankenhäuser eingewiesen. O. Stange, einer der Pioniere der Seelsorge in Kinderkrankenhäusern, stellt fest, »daß alle Fragen über den Sinn des Lebens, über Leben und Tod und über unsere Beziehung zu Gott auch auf der Kinderabteilung vorkommen, häufig kaum erkennbar und verborgen im täglichen, gewöhnlichen Lauf der Dinge, aber manchmal auch – am meisten natürlich bei sehr schwer kranken und sterbenden Kindern – so unausweichlich und zwingend, daß es eigentlich erstaunlich ist, daß die Pastoren hier nicht schon lange an der Arbeit sind« (O. Stange, Zu den Kindern gehen, 1992, 12).

Beginnt ein Seelsorger seinen Dienst im Kinderkrankenhaus, muß er zunächst mit einer mehrfachen Verunsicherung fertig werden: die medizinischen Fachkräfte im Krankenhaus wissen zunächst wenig mit ihm anzufangen. Der Seelsorger ist nicht durch eine klare Kompetenz ausgewiesen, und er hat keinen deutlich definierten Platz in der Hierarchie des Krankenhauses. Er selbst muß seinen Platz erst finden und wird oft das Gefühl haben, überflüssig, inkompetent und ratlos zu sein. Der Seelsorger wird auch abgewiesen werden. Die Kinder haben oft noch keine Begegnung mit Kirche gehabt und wissen nicht, warum ein Seelsorger sie besucht. Eltern mit ebenfalls eher distanzierter Einstellung zur Kirche können mit dem Besuch des Seelsorgers auch nicht viel anfangen; in manchen Fällen kommt es auch zu einer Schockreaktion, weil mit dem Besuch des Pfarrers die Assoziation verbunden ist, daß es um das kranke Kind schlecht steht und »der Priester« nun »die letzte Ölung« vornimmt.

Wesentlich ist, daß der Seelsorger im Ensemble der Gaben und Berufe im Kinderkrankenhaus seine Rolle annimmt. Er muß zu der Armut und Vollmacht seines Dienstes stehen. Gut, wenn er medizinische Grundkenntnisse erwirbt, aber er kann nicht Arzt oder Pfleger sein. Gut, wenn er auch psych. Kompetenz hat, aber er ist nicht ein halbprofessioneller Therapeut. Versucht er das zu sein, verschärfte er seine Berufskrise, weil er nicht die Kompetenz der professionellen Therapeuten erlangt und zugleich seine Möglichkeiten als Seelsorger gering achtet und nicht selten verspielt. Was er kann, wird übrigens auch von ihm erwartet: er sei ein Seelsorger, der vom christl. Glauben überzeugt ist und diesen Glauben auch einfühlsam bezeugt.

Aus diesen Gründen braucht der Seelsorger im Kinderkrankenhaus viel Geduld und den Mut, durch regelmäßige Präsenz und viel schlichte Kontaktarbeit das Vertrauen der Menschen im Kinderkrankenhaus zu erwerben. Wesentlich ist sein Bemühen, zu den Mitarbeitern und Mitarbeiterinnen des Pflegeteams gute Beziehungen aufzubauen: er muß ihre Kompetenz achten und seinen Weg zu den kleinen Patienten nicht an ihnen vorbei suchen. Gelingt es ihm, hier Vertrauen zu erwerben, wird er auf Dauer ein freies Mitglied des Stationsteams; dann wird er auch gerufen werden, wenn sein Dienst erforderlich wird.

Der Seelsorger trifft im Kinderkrankenhaus auf sehr verschiedene Gruppierungen von Menschen, denen sein Dienst gilt:

Er trifft zunächst auf akut kranke Kinder. Sie werden mit mehr oder weniger schwerwiegenden Befunden ins Krankenhaus eingeliefert und erleben dies als ernsthafte Krise, auch wenn ihre Erkrankung nicht bedrohlich ist. Sie werden von ihren nächsten Bezugspersonen getrennt und in ein fremdes und durch die medizinische Technik in ihren Augen auch bedrohliches Umfeld versetzt. Eine gewisse Abhilfe gegen den psychischen Hospitalismus bieten weitgehend offene Besuchszeiten und die Möglichkeit des »rooming-in«, d.h. des Mitwohnens eines Elternteils im Krankenhaus. Schwestern und Ärzte be-handeln sie und müssen ihnen dabei Schmerzen zufügen oder unangenehme Prozeduren zumuten. Neben dem Trennungsschmerz steht oft das diffuse Gefühl, durch die Krankheit für irgendein Fehlverhalten bestraft zu werden. Ihnen als einer beizustehen, der nicht be-handelt, sondern besucht, vorliest, spielt, malt, singt, bastelt und u.U. auch mit ihnen betet, ist in der Tat ein »Beistehen« in einer der »Grundsituationen des Lebens« und darum Seelsorge.

Der Seelsorger trifft aber auch auf chronisch kranke und lebensbedrohlich kranke Kinder. Deren Zahl steigt, da die Medizin heute Kinder relativ erfolgreich zu behandeln weiß, die noch vor einer Generation schnell gestorben wären. Sie haben heute recht gute Überlebenschancen. Aber der Fortschritt kostet seinen Preis: langsam, unsicher und schleichend ist der Krankheitsverlauf, aggressiv und belastend sind die Therapiemethoden. Diese Kinder sind oft sehr lang oder häufig im Krankenhaus. Sie müssen mit ihrem Zustand zwischen schwerer Krankheit und labiler Gesundheit leben, mit den oft stark belastenden Therapien und ihren Nebenfolgen (z.B. dem Haarausfall in der Leukämie-Therapie oder dem verminderten Selbstwertgefühl besonders bei chronischen Darmerkrankungen), auch mit den Einschränkungen, die ihnen der Kampf um das Überleben oder das Leben mit einer chronischen Erkrankung abverlangen. Sie reifen oft »voraus« und beschäftigen sich mit tiefen Lebensfragen. »In dieser Lage öffnen sich die kranken Kinder am wenigsten denen gegenüber, die sie am meisten lieben und brauchen, nämlich den Eltern, aber auch den Schwestern und Ärzten, wohl aus der Furcht heraus, daß sie sie verlieren würden, wenn sie sie zu sehr mit ihren seelischen Problemen belasten« (O. Braun, Kann ich im Himmel Fußball spielen? DIE ZEIT, 15. 3. 1985, S. 73).

Der Seelsorger trifft auch auf Kinder, die sterben werden. Sind es nicht Früh- oder Neugeborene bzw. Säuglinge, so haben Kinder oft ein verborgenes Wissen um die Schwere ihrer Erkrankung und den nahenden Tod. Es sind die Erwachsenen mit ihrer Angst, die dieses Thema nicht zulassen möchten und darum das offene Gespräch und die helfende Begleitung unterlassen, letztlich aber das sterbende Kind in seiner Not einsam zurücklassen. Kinder können ihr Wissen um den Tod verarbeiten. Es gibt (Diane Komp) auch Erfahrungen mit sterbenden Kindern, denen Jesus in besonderer Weise nahekam, um sie zu trösten und auf den Weg hin zu ihm vorzubereiten.

Der Seelsorger stößt auch auf sich selbst: Das Erleben im Kinderkrankenhaus verfolgt ihn bis in die Gedanken und Träume. Er braucht Menschen, mit denen er darüber sprechen kann, am besten auch Supervision, in der seine Erfahrungen fachkundig aufgearbeitet werden. Er bleibt nicht ungerührt vom Leid der fremden Kinder. Auch für ihn steht die Weltordnung in Frage, wenn Kinder leiden und sterben müssen. Er muß Nähe zeigen, aber auch eine gewisse Distanz wahren, um noch ein stabiler Gesprächspartner sein zu können. Dennoch: er wird auch einmal nur noch mitweinen! Hat er selbst Kinder, wird er neu deren Gesundsein schätzen und deren Krankwerden fürchten. Auch ihm bleibt die Warum-Frage nicht erspart. Schnelle Lehrbuchweisheiten werden sich ihm im Angesicht des realen Leides verbieten. Er wird aber mehr und mehr ein Mensch des Gebetes werden, der Zuflucht und Hilfe bei Jesus sucht, dem Heiland der Kinder und der Kranken, auch im Ringen um kräftigen und nicht billigen Trost, um das rechte Wort zur rechten Zeit, um den Mut zum Reden und zum Schweigen. Und er wird angesichts der tiefen Verborgenheit Gottes im Leid der Kinder Zuflucht nehmen bei dem (mit-)leidenden offenbaren Gott, dem gekreuzigten Jesus Christus. Nicht selten zeigt sich hier, wie wahr die Einschätzung der Kinder durch Jesus ist: sie werden im wechselseitigen Geschehen der Seelsorge zu Tröstern und Helfern ihrer Umgebung. Sie beweisen eine erstaunliche Leidensfähigkeit und Anpassungsbereitschaft, kämpfen um ihre Chance und nehmen im Vertrauen die Hilfe Jesu an.

Der Seelsorger trifft auf die Geschwister von kranken Kindern, die nicht selten unter dieser Situation besonders zu leiden haben. Ihre Eltern haben kaum noch Zeit für sie; alle Aufmerksamkeit gilt dem kranken Kind. Zwischen Aggression und Schuldgefühl ist das gesunde Geschwisterkind oft alleingelassen und bedarf dringend der Aufmerksamkeit.

Der Seelsorger trifft auf Eltern. Sie sitzen z.B. bei ihren frühgeborenen Kindern und fürchten um deren zerbrechliches Leben, enttäuscht in ihren Hoffnungen, ein gesundes Kind ein paar Tage nach der Geburt mit sich nach Hause zu nehmen. Sie müssen ihr Leben umstellen, ihren Haushalt neu organisieren und Geschwister versorgen, während sie um ein Kind bangen, das z.B. operiert wird oder sich von einem Unfall erholt. Latente Ehekrisen werden manifest. Sie kämpfen mit dem Gefühl, das eigene Kind im Stich zu lassen oder aber Mitschuld zu tragen an der momentanen Verfassung der kleinen Patienten. Sie beginnen in ihrer Not die Frage nach dem Sinn zu stellen, hadern mit Gott oder suchen neu nach seiner Nähe und Hilfe, beginnen zu beten und nehmen das Gespräch mit einem Seelsorger oft gerne wahr, auch Angebote der Fürbitte oder der Krankensegnung. Sie brauchen einen, der Zeit hat, mit ihnen während einer Operation zu warten, bei ihnen am Bett eines sterbenden Kindes zu wachen oder einfach eine Tasse Kaffee mit ihnen zu trinken.

Und der Seelsorger trifft auf Mitarbeiterinnen und Mitarbeiter im Kinderkrankenhaus, auf die Ärzte und Ärztinnen, die Schwestern und Pfleger, aber auch die Sozialarbeiter, Psychologen, Beschäftigungstherapeuten, die Verwaltungsfachleute und Mitarbeiter der Hauswirtschaft. Den engsten Kontakt wird er in der Regel zu den Pflegeteams haben. Deren Belastung, nicht zuletzt durch das nahe Erleben kindlichen Leides wird er immer deutlicher ermessen und sich behutsam als Gesprächspartner anbieten, der gerade nach dem Tod eines Kindes auch für das Pflegeteam Zeit hat.

Seelsorge im Kinderkrankenhaus bedarf einer Reihe von Haltungen (neben der Grundvoraussetzung, Kinder zu mögen und unverkrampft mit Kindern umgehen zu können): Der Seelsorger muß seine relativ schwache, dafür aber freie Rolle in der Hierarchie annehmen: er hat keine institutionelle Autorität, aber er kann viel Vertrauen erwerben. Er muß Verläßlichkeit beweisen. Um Vertrauen bei den Kindern zu fördern, bedürfen sie in einer für sie oft bedrohlichen Umgebung verläßlicher Verabredungen. Dann braucht der Seelsorger Bescheidenheit: es darf nicht unter seiner Würde sein, viele kurze Kontaktgespräche zu führen, mit Kindern einfach nur zu plaudern, zu spielen, sie zu füttern. So wird der Boden bereitet für tiefergehende Kontakte. Er braucht Beständigkeit, regelmäßig da zu sein. Er braucht Zurückhaltung, nicht zu schnell in fromme Worte und Gebete zu fliehen, und wachen Mut, an der richtigen Stelle auf Jesus hinzuweisen und Gebet, Segen u.a. anzubieten. Er muß sprachfähig werden und lernen, die »Chiffren« der Kinder zu verstehen, die eben nicht direkt ansteuern, was sie beschäftigt, sondern in Bildern, gemalten wie gesprochenen, preisgeben, was in ihnen vorgeht und zugleich auf diese Weise um Hilfe rufen.

Der Seelsorger im Kinderkrankenhaus hat verschiedene Mittel der Seelsorge zur Verfügung: Gewiß auch das Gespräch, nicht nur mit Eltern, sondern auch mit Kindern, wenn er weiß, daß Kinder nicht nur chiffrierte, sondern obendrein oft extrem kurze Gespräche führen. Daneben kann er durch bibl. und andere Geschichten Identifikationsmöglichkeiten anbieten: Die Kinder finden sich dann wieder in Petrus oder Thomas, im Gichtbrüchigen oder im blinden Bettler Bartimäus, in der Tochter des Jairus oder in dem verlorenen Schaf, das der gute Hirte sucht. Bilderbücher helfen nicht nur den Kleinen bei dieser Identifikation: Bin ich so einer wie Petrus, dann ist Jesus zu mir auch so wie damals zu Petrus. Dieser Transfer durch Rollenübernahme und Rollenaufnahme (H. Sundén) ist Kindern möglich. Im übrigen sind der Methodik kaum Grenzen gesetzt. Der Seelsorger kann Handpuppen einsetzen; er kann Lieder singen, mit Kindern malen oder spielen. Er ist auch da, um die schönen Tage im Krankenhaus mitzufeiern, die Geburtstage, die Freudentage nach einer erfolgreichen Operation, den Sektempfang, wenn ein Frühgeborenes nach Monaten nach Hause entlassen wird. Im Ernstfall wird er vielleicht nur noch da sein, nicht weglaufen und die Hand halten. Alles Nötige ist gesagt.

Zur Seelsorge im Kinderkrankenhaus können auch hilfreiche Veranstaltungen treten: Hausandachten und Bibelkreise für Mitarbeiter des Krankenhauses, Gesprächskreise für Eltern (z.B. von Frühgeborenen oder Tumorpatienten), Kreise für verwaiste Eltern, Kinderstunden, Vorlesestunden und Kindergottesdienste. Hier ist auch ein weites Feld zur Betätigung für ehrenamtliche Mitarbeiter.

Lit.: D. Bobzin: »Seelsorge im Kinderkrankenhaus – Versuch eines Konzeptes«, WzM 39 (1987), 403-411 (Lit.); ders.: Das behalt ich mir. Begegnungen mit Kindern im Krankenhaus, 1993; O. Braun: Seelsorge am kranken Kind, [2]1983; G. Doyé: Kinderseelsorge, in: Handbuch der Seelsorge, [3]1986, 241-251; R. Fuchs: Stationen der Hoffnung. Seelsorge an krebskranken Kindern, 1984; E.A. Grollman: Mit Kindern über den Tod sprechen. Ein Ratgeber für Eltern, 1991; M. Herbst: Seelsorge im Kinderkrankenhaus, in: R. Landau, G. Schmidt (Hg.): Die Sorge um den Menschen, 1993; N. Herrmann: Ich habe nicht umsonst geweint, [4]1987; K. Keding: Gehe hin – dein Sohn lebt!, 1988; D. Komp: Fenster in den Himmel, 1990; E. Kübler-Ross: Kinder und Tod, [4]1990; M. Leist: Kinder begegnen dem Tod, [3]1982; J. Scharfenberg: »Kinderseelsorge«, EKL[2], Bd. 2, Sp. 1045f; H. Schiff: Verwaiste Eltern, 1986; O. Stange: Zu den Kindern gehen, 1992 (Lit.).

M. Herbst

Kindersegnung

1. Freikirchlich

Die K. wird vornehmlich, wenn auch nicht überall, in Gemeinden praktiziert, die die Gläubigentaufe üben. Aber auch da, wo den Eltern das Recht der Entscheidung über die → Taufe ihres neugeborenen Kindes zugestanden wird, ist die K. oftmals Bestandteil der gottesdienstl. Ordnung geworden (z.B. → Methodisten). In beiden Fällen wird streng darauf geachtet, daß die K. nicht als »Taufersatz« mißverstanden wird. Biblisch knüpft die K. v.a. an Mk 10,13.16 an. Theol. werden dabei von der Segnung her zwei Aspekte besonders betont:

– Der Gedanke des Dankes und der Fürbitte für das Neugeborene. Oftmals auch ergänzt durch Dank für die glückliche Geburt und Fürbitte für die Mutter und die Familie.

– Der Gedanke der Weihe, im Sinne einer Darbringung. Das Kind, das als Gabe Gottes von den Eltern empfangen worden ist, soll nun dem Herrn in der Gemeinde anbefohlen werden.

Beide Aspekte wollen deutlich machen, daß auch die Gemeinde ein Stück Mitverantwortung für die christl. Erziehung dieses Kindes übernimmt. Aus diesem Grunde soll die K., wo immer möglich, im Rahmen des sonntäglichen Gottesdienstes vollzogen werden. Die liturg. Form wird meistens frei gestaltet. Die → Agende des Ev.-methodist. Kirche enthält auch einen schlichten liturg. Vorschlag für die Segnung der Kinder. Seelsorgerl. bietet die K. die gute Möglichkeit zu einem Vorgespräch mit den Eltern, das in größeren Gemeinden oft auch mit einer ganzen Elterngruppe abgehalten wird.

Lit. Agende der ev.-methodistischen Kirche, 1973, 42f.

L. Rott

2. Landeskirchlich

In der Ev. Kirche gibt es die Möglichkeit des Taufaufschubs. So heißt es z.B. in der Kirchenordnung der Ev. Kirche von Westfalen: »Begehren christliche Eltern die Taufe ihrer Kinder für einen späteren Zeitpunkt, so teilen sie dies dem zuständigen Pfarrer in den ersten Wochen nach der Geburt des Kindes mit. Diesem Begehren der Eltern ist zu entsprechen« (Artikel 177.1). De facto tritt durch den Taufaufschub die Erwachsenentaufe neben die Kindertaufe (→ Taufe).

Unterschiedlich beurteilt wird, ob an Stelle der Taufe nun eine K. stattfinden soll. Manche Theologen lehnen dies mit dem Hinweis ab, es könne der Eindruck einer Ersatz-Taufe entstehen; außerdem habe die Reformation schon alle → Sakramentalien, also einem Sakrament ähnlichen Handlungen abgewiesen. Nur eine namentliche Fürbitte im Gottesdienst oder eine häusliche Segnung etwa durch den Familienvater seien denkbar (Sorg, 103; Möller, 172).

Andere Theologen befürworten eine K. im Gottesdienst. Manche Gemeinden üben sie. Formulare dafür sind im Entstehen. Begründet wird die K. hier mit dem Hinweis auf Mk 10,13-16. Während die Taufe den Eintritt in die Nachfolge Jesu markiere, sei die K. ein Akt im Bereich des 1. Glaubensartikels: der Dank für das neue Leben, die Bitte um Bewahrung, die Fürsorge im Bereich von Familie und Gemeinde, die Verpflichtung zur christl. Erziehung auf die Taufe hin. Eine so verstandene K. ist keine Konkurrenz für die Taufe und auch nicht als Pseudotaufe zu verwechseln. Sie kommt zum einen Eltern entgegen, die aus Glaubensüberzeugung die Kindertaufe ablehnen; sie hilft aber auch im Gespräch mit Eltern weiter, die die Taufe als Ritual zur Begrüßung eines neuen Erdenbürgers verstehen, und denen Pfarrer bzw. Gemeinden u.U. die K. aus Respekt vor dem Taufsakrament nahelegen können, ohne sofort mit der Taufverweigerung disziplinarische Maßnahmen ergreifen zu müssen. So achtet die Gemeinde sowohl das Sakrament als auch das Bedürfnis der kirchl. oft sehr fernstehenden Eltern und nutzt den Kontakt fruchtbar.

Wie diese Auseinandersetzung um die K. ausgehen wird, ist nicht abzusehen. Tatsache ist, daß sich auch die Landeskirchen mit der Frage der K. beschäftigen.

Lit.: T. Sorg: Christus vertrauen – Gemeinde erneuern, 1987, 84-106; C. Möller: Gottesdienst als Gemeindeaufbau, 1988, 148-174.

M. Herbst

Kindertagesstättenverbände/Kinderpflegeverbände

In den einzelnen Landeskirchen entstanden etwa von 1920 an »Landesverbände für ev. Kinderpflege e.V.« Mitglieder waren die Kirchengemeinden, vertreten durch den Kirchenvorstand oder ev. Frauenvereine. Diese nahmen seinerzeit die zunehmende Verwahrlosung der Kinder im beginnenden Industriezeitalter wahr und sammelten Kinder unter sechs Jahren in ihren Gemeindehäusern. Sie nahmen den arbeitenden Müttern die Sorge um ihre Kinder ab. Die Einrichtungen trugen die Bezeichnung »Warteschulen« oder »Kinderpflegeanstalten«. Eine als Kindergärtnerin ausgebildete Diakonisse war häufig Leiterin der Einrichtung. Die »Warteschulen« umfaßten sowohl Krippen (1-3jährige Kinder) als auch Kindergärten (3-6jährige Kinder). In der Satzung der »Kinderpflegeverbände« waren die Aufgaben des Verbandes gegenüber den Mitgliedern beschrieben: z.B. die Träger der Einrichtungen zu beraten und zu unterstützen, die Mitarbeiter/innen in den Einrichtungen durch entsprechende Angebote fortzubilden, unterstützende Maßnahmen für Träger und Mitarbeiter/innen für die ev. Ausrichtung der Arbeit anzubieten.

Der Zusammenschluß der Träger von »Kindergärten« (→ Kindergarten), wie sie ab 1930 fast nur noch im allg. Sprachgebrauch genannt wurden, zu »Landesverbänden« hat sich bis heute bewährt. Ab 1970 etwa wurden die meisten »Kinderpflegeverbände« umbenannt in »Landesverbände für ev. Kindertagesstätten e.V.«. Die Landesverbände sind in der Regel Mitglied der Diakonischen Werke ihrer Landeskirche. Die Kindertagesstätte hat ihren festen Standort in der Kirchengemeinde. Für den Kirchenvorstand als Träger der Einrichtung ist die Kindertagesstätte neben der Erziehung und Betreuung der Kinder auch eine Begegnungsstätte für Erwachsene, d.h. die Eltern der Kinder. In der christl. → Erziehung werden Erwachsenen- bzw. Kinderverhalten und Lernangebote an der Botschaft Jesu Christi orientiert. So können Kinder und Erwachsene Gemeinschaft, Vergebung, Versöhnung, Abbau von Angst und Aufbau von Vertrauen in alltäglichem Zusammenleben erfahren. Die Identifizierung mit den Zielen christl. Erziehungsarbeit ist nicht beschränkt auf die Gruppe der Mitarbeiter/innen in der Kindertagesstätte, sondern betrifft auch den Kirchenvorstand als Träger der Einrichtung.

Lit.: K. Foitzik, E. Goßmann: Gemeinde leben, [2]1987; dies.: Arbeitplatz Gemeinde, 1989.

A. Schulte

Kindertaufe → Taufe

Kinderwerk Lima e.V.

Eine erweckte, dienstbereite ev. Kirchengemeinde bekam 1968 den Ruf zu einer konkreten Missionsaufgabe an Kindern in den Elendsgebieten von Lima/Peru. In zwei Kindertagesstätten werden 1.600 Kinder betreut, unterrichtet, ernährt und medizinisch versorgt. Für die Eltern wurde eine umfangreiche Elternarbeit aufgebaut, um ihnen in den großen Nöten zu helfen. Enge Zusammenarbeit besteht mit der peruanischen Alianza-Kirche. Außerdem erhalten (Stand 1993) 10.000 Kinder von Montag bis Freitag eine Kinderspeisung. Durch die »Tat der Liebe« und durch das »Wort der Liebe« soll Kindern und Erwachsenen ganzheitlich geholfen werden.

Seit 1988 ist das K. auch in Asuncion/Paraguay tätig. In Kooperation mit den mennonitischen Brüdergemeinden werden im »Colegio Politecnico Johannes Gutenberg« 1.150 Kinder und Jugendliche aus den Armenvierteln der Stadt betreut. Unter ihnen sind 100 Jugendliche, die eine dreijährige Berufsausbildung in verschiedenen Berufen erhalten. Ihre Zahl soll in einigen Jahren bis auf 300 Jungen und Mädchen erhöht werden.

Das K. arbeitet innerhalb der Evangelischen Landeskirche von Württemberg, hat aber auch viele Freunde in Freikirchen und Gemeinschaften. Das Werk ist Mitglied der AEM (Arbeitsgemeinschaft Evangelikaler Missionen) und der WAW (Württ. Arbeitsgemeinschaft für Weltmission).

E. Loder

Kindheit

1. Definition

K. ist der erste Abschnitt in der menschlichen Biographie von der Geburt an bis zum Eintritt in die Pubertät (»Kind« vom altengl. *cennan*, »erzeugen«). Man kann eine grobe Einteilung vornehmen und unterscheiden: Neugeborenes (1.-10. Lebenstag), Säugling (extra-uterines Frühjahr = erstes Lebensjahr), frühe K. (2. und 3. Lebensjahr), Vorschulalter (4.-6. Lebensjahr) und Schulalter (ab 7. Lebensjahr). An die K. schließt sich die → Jugend bzw. Adoleszenz an (→ Jugendarbeit).

Zahlreiche Wissenschaften begegnen sich in ihrem Interesse am Kind, so z.B. die Entwicklungspsychologie, die Kinderpsychologie, die Pädagogik, die Medizin und auch die Theologie, hier insbesondere die Religions- und Gemeindepädagogik.

2. Betrachtungsweisen

Verschiedene Kriterien bringen auch verschiedene Modelle der K. hervor: biologische Phasenmodelle betonen die Veränderungen des Körpers, z.B. die Zeiten der Streckung, die Entwicklung des Gehirns oder der Organe. Andere beachten eher die Entwicklung der sozialen oder der intellektuellen Fähigkeiten. Piaget und Kohlberg versuchen, diese verschiedenen Kriterien zu verbinden als Teile der kognitiven Entwicklung des Kindes. Anders wiederum geht die Psychoanalyse vor, die K. von der Verarbeitung der Vater-Mutter-Kind-Beziehungen her interpretiert und besonderes Augenmerk auf die sexuell-affektiven Aspekte legt (orale, anale und ödipale bzw. Latenz-Phase). Weit verbreitet ist der Ansatz von Erik H. Erikson, der K. unter dem Gesichtspunkt zunehmender Ich-Identität betrachtet. Auch die Lebenslaufforschung beschäftigt sich intensiv mit der K. und ihrer Funktion in der menschlichen Biographie. Bei der Beurteilung dieser Funktion der K. spielen weltanschauliche Prämissen sog. anthropologischer Konstanten eine entscheidende Rolle.

3. Geschichte der Kindheit

Philippe Ariès hat 1960 die These aufgestellt, K. als eigene, von der Lebenswelt der Erwachsenen isolierte menschliche Existenzweise und Lebensphase habe es keineswegs zu allen Zeiten gegeben. War das Kind »aus den Windeln« herausgewachsen, wurde es früher übergangslos der Welt der Erwachsenen zugerechnet, spielte die Spiele der Erwachsenen, trug deren Kleidung und lernte, was es lernen mußte, in unmittelbarem Kontakt zu den Erwachsenen. Dabei spielte nicht etwa die Familie die wichtigste Rolle; vielmehr lösten sich die meisten Kinder früh aus der engen Bindung an die Eltern und lebten im größeren Sozialverband des Milieus. Erst zwischen dem 16. und 18. Jh. hat sich diese Konstellation erheblich verändert: hin zu einer starken familiären Bindung, hin zu einer Isolierung, wenn nicht gar Ghettoisierung der Kinder in einer schulisch bestimmten Sonderwelt mit eigener Kleidung, eigenen Liedern und Spielen (vgl. Ariès, 46-49).

Die Thesen von Ariès sind vielfältig rezipiert, auch korrigiert und kritisiert worden, setzten jedenfalls eine Fülle von Forschungen über die Geschichte der K. frei. Sicher ist die These von Ariès in ihrer Einseitigkeit unhaltbar: auch das MA hatte durchaus einen Begriff von der K. Ariès hat aber gezeigt, wie stark die Vorstellungen von der K. dem historischen Wandel unterliegen. Dazu gehört auch die Einsicht, daß die Respektierung der K. als einer eigenständigen und in sich vollwertigen Weise des Menschseins keineswegs durchgängig vorauszusetzen ist.

Die verschiedenen Modelle in der K.s-Forschung hat D. Lenzen dargestellt: K.s-Geschichte kann dargestellt werden als Geschichte des Verfalls (so bei Ariès) oder des Aufstiegs (so bei L. de Mause, der den zunehmenden Lebensschutz, die wachsende Pflege und Fürsorge für Kinder herausstellt). Sie kann auch als Klassengeschichte dargestellt werden, die den Einfluß sozialer Zustände auf die Gestalt der K. herausarbeitet. K.s-Geschichte kann die Erziehungsgeschichte dokumentieren oder auch das Plädoyer für eine Anti-Pädagogik, also den Verzicht auf Erziehung propagieren. Neil Postman spricht vom Verschwinden der K., weil die Erwachsenenwelt, vor allem durch die Medienüberflutung, die Kinderwelt entzaubere und die Kinder immer stärker zu kleinen Erwachsenen mache, womit die von Ariès beschriebene Entwicklung wieder umgekehrt würde. Lenzen kritisiert wiederum die einseitige Parteinahme für das Kind in diesen Konzeptionen der K.s-Geschichte. Die Glorifizierung der K. gefährde einen wesentlichen Aspekt der → Aufklärung, nämlich die Theorie von der Menschwerdung durch → Bildung, also die notwendige Einsicht in die Bildungsbedürftigkeit von Kindern. Lenzen beobachtet – im Gegensatz zu Postman – ein Ausufern der K. zuungunsten des verschwindenden Erwachsenenalters. Eine postmoderne Erosion der Lebensalter äußert sich in einer Ausdehnung der K. (z.B. durch immer längere Ausbildungszeiten und eine lebenslange päd. Betreuung) und in einer zunehmenden Verkindlichung des Erwachsenen (z.B. durch die Abnahme von Verantwortlichkeit durch den modernen Sozialstaat). Postman und Lenzen treffen sich jedenfalls in einem Punkt: Die Sicherheit bestimmter biographischer Phasen mit eigenen Verhaltensmustern, Sitten und Gebräuchen löst sich immer mehr auf: Aus der Sicht der K. kann dies als Verschwinden der K. beschrieben werden; aus der Sicht des Erwachsenenalters scheinbar paradox als Ausdehnung der K. Es bleibt: Eine verbindliche Abfolge menschlicher Lebensphasen mit klaren Übergängen, die rituell begangen wurden, existiert nur noch rudimentär. Das hat zur Folge, daß immer mehr Menschen mental in der K. verharren und die notwendigen Schritte zum Erwachsensein verweigern.

4. Jesu Stellung zu den Kindern

Auch im NT ist K. eher ein marginales Thema. Gleichwohl sind die Äußerungen Jesu nach dem Zeugnis der Evv. im Kontext der Kindvergessenheit seiner Umwelt beachtlich.

Die bekannteste Perikope zu diesem Thema ist wohl die Geschichte von der Segnung der Kinder durch Jesus (Mk 10,13-16). Jesus nimmt sich der Kinder an, während seine Jünger die normale Einstellung der Zeitgenossen Jesu vertreten: Kinder sind bis zum 12. Lebensjahr religionsunmündig. Mit Frauen, Ausländern, Kranken und Alten gehören sie an den Rand der jüd. Gesellschaft. An manchen Stellen im NT spiegelt sich diese Auffassung wider, wenn z.B. in Mt 15,58 die Zahl der von Jesus gespeisten Menschen mit 4.000 angegeben wird. Gemeint sind 4.000 Männer; Frauen und Kinder werden summarisch hinzugefügt. Ihre Anwesenheit war nicht statistisch relevant. Ganz anders Jesus. Seine Einstellung zum Kind wird an vier Aspekten deutlich:

a. Jesus wendet sich demonstrativ Kindern zu. Der strengen Zurückweisung durch die Jünger steht die um so herzlichere Zuwendung Jesu gegenüber. Zweimal heißt es, Jesus habe Kinder geherzt (Mk 10,16 und 9,36). Diese Zuwendung setzt sich fort in den Berichten über Jesu Umgang mit kranken und sterbenden Kindern. Das Kind des königlichen Beamten (Joh 4,45-54), die Tochter des Jairus (Mk 5,21-43) und der Jüngling von Nain (Lk 7,11-17) sind sprechende Beispiele dafür, wie sich Jesus um Leib und Seele der Kinder müht. Seine Zuwendung ist auch Zuweisung von vollem Menschsein für bis dato nicht für voll genommene Menschenkinder. Mehr noch: Den Kindern darf nicht der Zutritt zu Jesus und den Seinen verwehrt werden, weil diese Menschenkinder Kinder des Reiches Gottes sind: »denn solchen«, sagt Jesus, »gehört das Reich Gottes« (Mk 10,14b).

b. Jesus stellt ein Kind in die Mitte. Kinder rücken damit vom Rand in die Mitte, und die Zuwendung zu Kindern bleibt nicht auf Jesus beschränkt. Vielmehr verpflichtet Jesus seine Jünger dazu, Kinder aufzunehmen: »Wer ein solches Kind aufnimmt in meinem Namen, der nimmt mich auf« (Mk 9,37a). Den Kindern zu wehren, ist fortan den Jüngern Jesu verwehrt, Kinder aufzunehmen und sich ihrer anzunehmen, ist hingegen praktizierte Jüngerschaft. Es ist ein Zeichen der die Schöpfung auch nach dem Fall erhaltenden Güte Gottes, daß Menschen fürsorglich zu den Kindern sein können und ihnen tatsächlich gute Gaben geben (Lk 11,13).

c. Schließlich erklärt Jesus das Kind zum Vorbild: »Wahrlich, ich sage euch: Wer das Reich Gottes nicht empfängt wie ein Kind, der wird nicht hineinkommen« (Mk 10,15). Damit erklärt Jesus das Kind zum Vorbild der Umkehr, und Kindlichkeit zu der Haltung, die dem Reich Gottes gemäß ist. Damit aber rückt das Kind nicht nur vom Rand in die Mitte, sondern auch aus der Objekt- in eine Subjektstellung. Das Kind wird als Glaubender ernstgenommen. Sein Glaube ist nach dem Urteil Jesu nicht etwa ein defizienter Glaube, demgegenüber erst der reflektierte und darum vollständige Glaube des Erwachsenen stünde. Vielmehr ist der Glaube des Kindes vollständiger und vollwertiger Glaube. Das Kind wird also in bezug auf seinen Glauben nicht als unfertiges Wesen betrachtet, als Noch-Nicht-Erwachsener. Im Gegenteil: Es wird dem Erwachsenen als Vorbild und Lehrer des Glaubens vor Augen gestellt. Damit wird seine Subjektstellung noch weiter verstärkt. Der Erwachsene braucht also das Kind, um lernen zu können, wie rechter Glaube aussieht. Das Nicht-Mehr-Kind braucht das Kind. Der Erwachsene wird zwar nicht zur Regression in die Kindlichkeit aufgerufen, aber zu einer erwachsenen, »zweiten Naivität«, die sich die Vorbildlichkeit des Kindes in Sachen »Glaube« gefallen läßt.

Worin aber besteht diese Vorbildlichkeit? Die Wirkungsgeschichte von Mk 10,14 und 15 bietet eine Fülle von Antworten an: Die Unschuld, Reinheit, Einfalt und Sündlosigkeit des Kindes werden da als Grund der Vorbildlichkeit benannt. Jesus lag es jedoch fern, die Kinder zu idealisieren und hinter das Urteil der hebr. Bibel zurückzufallen, daß des Menschen Dichten und Trachten böse ist von Jugend auf (1Mo 8,21; vgl. Mt 11,16f). Es sind nicht besondere Tugenden oder Eigenschaften, die das Kind zum Vorbild machen, sondern sein totales Angewiesensein auf die Zuwendung Gottes. Wie die Armen, Kranken und Schuldigen stehen auch die Kinder mit leeren Händen vor Gott und werden gerade so exemplarisch für den Glauben, der sich ganz auf die Zuwendung Gottes verläßt. So wird das Kind gleichnisfähig für das Reich Gottes, mehr noch für den Erwachsenen zum Modellfall des Glaubens.

d. In diesen Zusammenhang gehört nun aber schließlich auch das synoptische Zeugnis über

Jesus als Kind. Lukas z.B. erzählt die K.sgeschichte Jesu mit allen charakteristischen Wegmarken einer jüd. Kindheit: geboren und in Windeln gewickelt, am achten Tag beschnitten, einige Zeit später im Tempel dargestellt, mit 12 Jahren zum Passafest in Jerusalem zugelassen (vgl. Gal 4,4). Das Heil kommt eben so zu uns, daß Gott nicht nur Mensch wird, sondern Kind. »Ein Kind ist uns geboren« (Jes 9,5a). Das Wort wird Fleisch und wohnt unter uns: Das heißt nicht nur, daß Gottes Sohn die Menschheit angenommen hat; das heißt nicht weniger, als daß Gottes Sohn die Kindheit angenommen hat.

Aus diesem Zusammenhang wird verständlich, daß in den Schriften des NT, besonders bei Paulus das Interesse am Kind zwar wieder zurücktritt, aber die Beziehung zu Gott als durch den kindgeborenen Sohn Gottes vermittelte Gotteskindschaft verstanden wird (vgl. z.B. Gal 3,26).

Gleichzeitig wird die K. nicht glorifiziert und keine Rechtfertigung für ein Verharren im kindlichen Lebensalter geboten. Reifeverweigerung kann sich nicht auf das NT berufen (1. Kor 13,11).

5. Kindheit in unserer Gesellschaft

Auch wenn oft das Fehlen einer »Lobby« für Kinder beklagt wird und sich Organisationen wie der Kinderschutzbund um die Interessenvertretung der Kinder in unserer Gesellschaft verdient machen, ist das Kind ein wesentlicher gesellschaftl. Faktor. Es besteht ein massives Ungleichgewicht zwischen der faktischen gesellschaftl. Bedeutung und der Wahrnehmung kindlicher Belange, Interessen, Wünsche und Nöte. Dies gilt auch im »Jahrhundert des Kindes« (Ellen Key, 1903) und nach dem Jahr des Kindes (1979).

Kinder machen aus der Ehe eine → Familie. Die umfassende → Erziehung der Kinder wird zu einer der großen Lebensaufgaben von Menschen in der Lebensform der Familie und darüber hinaus zum Beruf für zahlreiche päd., soziale oder medizinische Berufsgruppen. Diese unterstützen, ergänzen oder (immer mehr) ersetzen die elterliche Erziehung.

Kinder sind ein Wirtschaftsfaktor ersten Ranges. Eine ganze Industrie lebt von den Bedürfnissen der Kinder: Kleidung, Spielzeug, Bücher, Medien für Kinder. Selbst das Taschengeld der Kinder stellt in der Summe eine erhebliche Kaufkraft dar, die dem Handel kräftige Gewinne beschert.

Kinder sind aber auch ein »Kulturfaktor«: Wir können mit Recht von einer Kinderkultur sprechen, die aber – im Unterschied zur Jugendkultur – wesentlich eine Kultur für Kinder ist und nur in geringem Ausmaß eine eigene Kultur der Kinder.

Der Kinderkultur gehören wesentliche gesellschaftl. Institutionen an: Ausbildungsstätten (z.B. Schulen, aber auch die gesamte Lehrer- oder Erzieherausbildung), Gesundheitsfürsorge (Kinderärzte, Kinderkrankenhäuser), Sozialfürsorge (z.B. Kinderheime), Rechtspflege (z.B. Familien- und Vormundschaftsgerichte).

Zur Kinderkultur gehört eine eigene Kinder-Kunst (vom Kinderbuch über die Kinderlyrik, Kinderzeitschriften und die Kinderbilder zur Kindermusik).

Und schließlich gibt es gesellschaftl. bedeutsame Ereignisse, die zur Kinderkultur gehören: Riten wie die Kindertaufe, die Einschulung, die Erstkommunion, die Konfirmation u.a., aber auch Feste und Feiern wie Kindergeburtstage oder Schulfeste (vgl. zu diesem Komplex D. Lenzen, Kinderkultur, S. 824f).

Kinder werden Opfer. Dies gilt besonders, wenn wir über unseren Kulturkreis hinausblikken und die Lage der Kinder weltweit in den Blick bekommen. Sie sind die ersten und schwächsten Opfer des Hungers, der Krankheit, der mangelnden Ausbildung, der Katastrophen und Kriege weltweit. 40.000 Kinder sterben an jedem Tag an den Folgen dieser menschenverachtenden Lebensbedingungen.

Kinder geraten aber auch bei uns in Schwierigkeiten: sie sind Opfer der veränderten sozialen Rahmenbedingungen, der Individualisierung und Pluralisierung der Lebensformen. Sie wachsen in immer größerem Ausmaß in Ein-Eltern-Familien auf. Sie werden Opfer von Kindesmißhandlungen, sei es durch Verwahrlosung, sei es durch Gewalt, sei es durch sexuellen Mißbrauch. Kinder werden von Fremden angesprochen und mißbraucht, häufiger aber noch werden sie das Opfer sexueller Gewalt im allernächsten Umfeld z.B. der Familie. »Die Mißhandlung von Kindern umfaßt ... die Gesamtheit der Lebensbedingungen, der Handlungen und Unterlassungen, die dazu führen, daß das Recht der Kinder auf Leben, Erziehung und wirkliche Förderung beschnitten wird« (de Haen, Kindesmißhandlung, 842). Zwischen 30.000 und 80.000 Kinder wurden 1989 in der alten Bundesrepublik mißhandelt. 600 bis 1.000 Kinder pro Jahr werden von ihren Eltern getötet. Ca. 18.000 Kinder und Jugendliche versuchen jährlich, sich das Leben zu nehmen. Die Dunkelziffern sind gewaltig. Die Opfer reagieren selten aggressiv, zumeist aber überangepaßt, ängstlich, zurückgezogen. Ihr Selbstwertgefühl nimmt Schaden. Prophylaxe ist nur schwer möglich, wenn die Bedrohung aus dem eigenen Umfeld kommt; wichtig ist es, Kindern zu einem gesunden Selbstbewußtsein zu verhelfen, so daß sie sich zurückziehen bzw. wehren, wenn ihnen das Verhalten auch nächster Bezugspersonen unangenehm bzw. unheimlich wird. Die Täter sind nicht nur der Strafe zuzuführen; vielmehr bedürfen sie auch der therapeutischen Hilfe und des Neuanfangs durch tatsächliche Vergebung. Hier zeigt sich z.B. in der Begründung von Kinderschutzzentren mit familientherapeutischen und seelsorgerl. Arbeitsformen eine wichtige diakon. Aufgabe für die Gemeinde.

Kinder werden auch zu Tätern. Kinderdelinquenz umfaßt strafbare und auch nicht strafrechtlich sanktionierte, aber sozial unerwünschte Verhaltensweisen von Kindern. Etwa 1 % aller Kinder eines Jahrgangs (mehr Jungen als Mädchen) werden irgendwann einmal tatverdächtig. Zumeist handelt es sich um Ladendiebstähle, Zweiraddiebstähle, Sachbeschädigung u.a. Es bleibt zumeist bei einer Straftat. Dabei kommt oft ein geringes Bewußtsein der sozialen Bedeutung ihres Handelns bei den kindlichen Tätern hinzu. Die Allgemeinverbindlichkeit erlernter Normen und die Strafbarkeit abweichenden Verhaltens sind noch nicht vollständig begriffen. Eine Stigmatisierung der Täter als junge »Kriminelle« fördert eher die kriminelle Karriere. Eine Untersuchung der psycho-sozialen Hintergründe und eine entsprechende sozialpäd. Unterstützung der Erziehung durch die Jugendhilfe sind vonnöten (vgl. Gipser, Kinder-/Jugendkriminalität, 819-823).

6. Kinder und Kirche

In dieser ganzen Bandbreite bekommt es die Gemeinde mit Kindern zu tun. Sie steht unter dem Auftrag Jesu, die Kinder zu ihm kommen zu lassen und ihnen nicht den Zugang zum Reich Gottes zu verwehren, ihnen vielmehr obendrein gute Gaben zu geben.

Dazu bedarf es kinder- und jugendfreundlicher Strukturen des → Gemeindeaufbaus. Kinder sind allen Bekundungen zum Trotz nach wie vor in der Gemeinde eher Anhängsel. Das Gemeindeleben bedarf einer kritischen Durchsicht, ob der Gemeindeaufbau nun tatsächlich familien- und kinderfreundlich ist oder nicht: Wie steht es um die Ausstattung unserer Gemeindezentren (z.B. mit Spielgeräten und Spielzeug, mit Wickeltischen und kinderwagentauglichen Eingangsbereichen)? Gibt es einen frischen und kindgemäßen → Kindergottesdienst und eine Kinderbetreuung für die Kleinsten, und kommen diese Kinder miteinander auch einmal im sog. Hauptgottesdienst vor? Wird über die Teilnahme von getauften und unterwiesenen Kindern am → Abendmahl theol. verantwortlich reflektiert? Bieten wir jungen Familien ihnen gemäße Treffen an, z.B. Mutter-Kind-Gruppen, Vater-Sohn-Wochenenden, Jungscharen und andere → Kindergruppen? Ist der → Kindergarten in die Gemeindeaufbau-Gedanken integriert oder fristet er sein Dasein neben der Gemeinde? Ist → Kinderseelsorge überhaupt schon einmal ein Thema in der Gemeinde gewesen? Wir besuchen die Alten und Kranken, aber wer kümmert sich um Familien mit kranken oder gar sterbenden Kindern? Macht sich die Gemeinde stark für die Lebensbedingungen von Kindern im sozialen Nahbereich (Kinderspielplätze, Verkehrsführung, Schulsituation), oder fühlt sie sich dazu nicht berufen? Der Kampf um das Lebensrecht ungeborener Kinder (→ Abtreibung) setzt sich fort im Einsatz der Gemeinde Jesu für geborene Kinder.

Lit.: H.J. Abromeit: Was bieten wir unseren Kindern? in: RPI Loccum (Hg.): Kinder lernen glauben in Gemeinde und Schule, 1992, 13-32; P. Ariès: Geschichte der Kindheit, 1978; I. de Haen: »Kindesmißhandlung«, in: D. Lenzen (Hg.): Pädagogische Grundbegriffe, Bd. 2, 841-845, 1989; L. de Mause (Hg.): Hört ihr die Kinder weinen? 1977; E.H. Erikson: Identität und Lebenszyklus, 1966; D. Gipser: »Kinder-/Jugendkriminalität«, in: D. Lenzen (Hg.): Pädagogische Grundbegriffe, Bd. 2, 819-823, 1989; R. Lachmann: »Kind«, TRE 18, 1989, 156-176 (Lit.!); D. Lenzen: »Kinderkultur«, in: D. Lenzen (Hg.): Pädagogische Grundbegriffe, Bd. 2, 823-829, 1989; ders.: »Kindheit«, ibid., 845-859 (Lit.); ders.: Mythologie der Kindheit, 1985; P. Müller: In der Mitte der Gemeinde, 1992; J. Piaget, B. Inhelder: Die Psychologie des Kindes, 2 Bde., 1972; N. Postman: Das Verschwinden der Kindheit, 1983; K. Rahner: Gedanken zu einer Theologie der Kindheit, in: Schriften zur Theologie, Bd. VII, 313-329, 1966; H.-R. Weber: Jesus und die Kinder, 1980.

M. Herbst

King, Martin Luther (1929-1968)

K., geb. am 15. 1. 1929 in Atlanta, Georgia, ermordet am 4. 4. 1968 in Memphis, Tennessee, schwarzer Baptistenprediger und Bürgerrechtler. Die tiefe, bibl. begründete und vor allem in der Exodus-Tradition wurzelnde Frömmigkeit der schwarzen Gemeinden verband er während des Studiums am Crozer Theological Seminary und an der Boston University mit der ebenfalls aus tiefer Frömmigkeit erwachsenen Erkenntnis der sozialen Dimension des Evangeliums (social gospel) des Baptisten Walter Rauschenbusch (1861-1918). Dazu kam die Praxis gewaltloser Aktionen (ziviler Ungehorsam) gegen strukturelle Gewalt bzw. zur Erreichung gesellschaftl.-polit. Befreiung, wie sie Mahatma → Gandhi vorgelebt hatte.

Aus Protest gegen Rassendiskriminierung entstanden nach dem Busstreik in Montgomery zahlreiche andere Formen des gewaltlosen Widerstands, an deren Spitze K. trat. 1957 wurde er Präsident der Bürgerrechtsorganisation Southern Christian Leadership Conference. Sein Ziel war es, daß »die Söhne früherer Sklaven und die Söhne früherer Sklavenhalter miteinander am Tisch der Brüderlichkeit sitzen können«. Dieses Integrationsmodell wurde von radikalen Schwarzen wie Malcolm X verworfen, weil es angesichts des herrschenden weißen Rassismus nicht durchführbar sei. K. hielt unbeirrt daran fest und forderte Buße auf Seiten der Weißen. Sein Brief aus dem Gefängnis in Birmingham und seine Rede beim Marsch auf Washington (»I have a dream«) von 1963 sind literarische und rhetorische Glanzpunkte der amerikanischen Kirchengeschichte des 20. Jh.s. Erst 35jährig erhielt K. 1964 den Friedensnobelpreis.

Um sein Erbe bemüht sich das nach seinem Tod in Atlanta gegründete M.L.K.-Center for Nonviolent Social Change. Seit 1986 ist K.s Geburtstag Nationalfeiertag in den USA.

Lit.: M.L. King: Testament der Hoffnung. Letzte Reden, Aufsätze und Predigten, [5]1983; ders.: Schöpferischer Widerstand. Reden, Aufsätze, Predigten, 1980; ders.: Freiheit. Von der Praxis gewaltlosen Widerstandes, [2]1993 (Vorwort von E. Geldbach).

H.-E. Bahr: Seht, da kommt der Träumer, 1990; C.S. King: Mein Leben mit Martin Luther King, 1970; A. Malessa: M.L.King, 1989; G. Presler: M.L.King, 1984.

E. Geldbach

Kirche → Gemeinde

Kirche des Nazareners

Die KdN ist die größte Heiligungskirche mit weltweit über 1 Mio. Mitgliedern, entstanden aus der Erweckung um die Jahrhundertwende in den USA, in Kanada und Großbritannien als Protestbewegung gegen die Liberalisierung der Kirchen unter Rückbesinnung auf die → Heiligung. Sie trat für ein bewußteres Glaubensleben ein, betonte → Evangelisation und → Mission. Dabei entstanden selbständige Gemeinden, die sich 1908 in Pilot Point, Texas, USA, unter der Leitung von Dr. Phineas Bresee zur KdN zusammenschlossen. Weitere unabhängige Kirchengemeinschaften und Missionen kamen mit der Zeit dazu, so in Südamerika, Afrika, Indien und im Nahen Osten.

Seit 1960 gibt es diese ev. Freikirche auch in Deutschland. Sie betont Hingabe und Heiligung als Voraussetzung für einen wirkungsvollen Dienst in der und durch die Gemeinde. Damit greift sie das wesleyanische Erbe mit seinem konsequenten christl. Lebensstil auf, ohne gesetzlich zu werden. Zur Mitgliedschaft in der KdN sind persönliche Glaubenserfahrung und Zustimmung zur vereinbarten Glaubensgrundlage und Lebensregel erforderlich. Taufe und Abendmahl werden als ntl. → Sakramente unabhängig von einer Kirchenmitgliedschaft praktiziert. Gemeindegliedern werden als besondere Richtlinien gewisse Hilfen und Normen christl. Sozialethik gegeben. Dazu gehören neben der Empfehlung, auf Alkohol und Nikotin zu verzichten, eine verbindliche Sexualethik, kritischer Umgang mit den Massenmedien sowie bewußter Konsumverzicht.

Verwaltet wird die KdN nach dem Repräsentationssystem. Sie ist weltweit in Bezirken organisiert, die durch den Vorstand der Generalsuperintendenten geleitet werden. Als Kirche ist die KdN der Vereinigung ev. Freikirchen angeschlossen und arbeitet in der Ev. → Allianz mit.

Lit.: T.L. Smith: Called unto Holiness. The Story of the Formative Years, 1962; Handbuch Religiöse Gemeinschaften, [3]1985, 93-101.

A. Schaar

Kirche im Sozialismus

Häufig gebrauchte Kurzformel zur gesellschaftl. Standortbestimmung des → Bundes der Evangelischen Kirchen in der DDR.

Die Bildung zweier deutscher Staaten nach dem Zweiten Weltkrieg, in denen sich gegensätzlich orientierte Gesellschaftsordnungen gegenüberstanden, vollends die Schließung der Grenzen 1961 und die innere Konsolidierung der DDR (»Sozialistische Verfassung« 1968) stellten die Einheit der Ev. Kirche in Deutschland zunehmend in Frage. Dies bedeutete vor allem für die östl. Gliedkirchen die Herausforderung, in Weiterführung von Erfahrungen und Erkenntnissen der Bekennenden Kirche ihre eigene gesellschaftl. Position neu zu definieren. In diesen Zusammenhängen erfolgte im Juni 1969 die Gründung des Bundes der Evangelischen Kirche in der DDR, um auch hier eine intensivere kirchl. Zusammenarbeit zu gewährleisten. Anläßlich der ersten offiziellen Kontakte zwischen dem Bund und der zuständigen staatlichen Instanz, dem Staatssekretär für Kirchenfragen, erst 20 Monate nach der Bundesgründung im Februar 1971, umschrieb der Vorsitzende der Konferenz der Evangelischen Kirchenleitungen, Bischof Schönherr, die gesellschaftl. Position des Bundes so: »Die acht Landeskirchen haben sich im Bund der Evangelischen Kirchen zusammengeschlossen. Sie nehmen diese Aussage ernst. Für sie ist die DDR der Staat, in dem sie Zeugnis und Dienst, zu dem ihr Herr sie berufen hat, auszuüben haben.« (Kirche als Lerngemeinschaft, 1981, 166). Wenig später hieß es im Bericht der Konferenz der Evangelischen Kirchenleitungen vor der Synode des Bundes in Eisenach (Juli 1971): »Eine Zeugnis- und Dienstgemeinschaft von Kirchen in der DDR wird ihren Ort genau zu bedenken haben: in dieser so geprägten Gesellschaft, nicht neben ihr, nicht gegen sie. Sie wird die Freiheit ihres Zeugnisses und Dienstes bewahren müssen. Denn sie ist durch ihren Auftrag allein an den gebunden, der als der menschgewordene Wille Gottes zur Rettung seiner Kreatur zu uns kam« (Ebd. 172f). Die Formulierung K.i.S. ist eine Kurzfassung dieser Standortbestimmung. Sie hat als solche allerdings nie kirchenamtliche Geltung erlangt und war auch von Anfang an als eine allzu knappe Wendung innerkirchl. umstritten. Sie war eine Ortsbestimmung, aber nicht einfach nur im räumlichen Sinne, sondern als Situationsbeschreibung in Annahme der Realität der Teilung Deutschlands und der Respektierung des DDR-Staates mit seiner als »Sozialismus« beschriebenen Gesellschaftsposition. Sie war, wie spätere Interpretationen unterstrichen, eine Offensivformel im Sinne der Einwanderung der Kirche in diese Gesellschaft, auch im Versuch einer neuen Begegnung von Kirche und sozialistischer Bewegung und Gesellschaftsgestaltung, bestimmt von »kritischer Solidarität« zwischen totaler Anpassung und totaler Verweigerung. Damit wurde sie jedoch zugleich, wie sich sehr rasch herausstellte, auch zu einer Konfliktformel, insofern unter ihr Raum war für eine »engagierte Hoffnung des verbesserlichen Sozialismus« da, »wo die sozialistische Gesellschaft enttäuscht und das sozialistische Ziel entstellt oder unkenntlich wird« (H. Falcke vor der Synode des Bundes 1972; ders., Mit Gott Schritt halten, 1986, 24).

Sie war nicht eine Anpassungsformel, wie von staatlicher Seite zuweilen reklamiert, und schon gar nicht eine Wesensbeschreibung der Kirche, wie theol. Kritiker polemisch unterstellten. Derartige Mißverständnisse und Mißdeutungen zeigen jedoch die Gefahr der allzu knappen Formulierung, deren man sich freilich auch von Anfang an bewußt war. Die Bundessynoden unterstrichen deshalb immer wieder (Schwerin 1973, Züssow 1976, Görlitz 1977) die ständige Aufgabe einer aktuellen inhaltlichen Füllung: »Das Wort ›K.i.S.‹ droht zur Leerformel zu werden, wenn nicht das Gegenüber zu einem falschen ›Gegen‹ oder ›Neben‹ … im Blick bleibt und wenn es nicht immer mehr mit konkretem Inhalt gefüllt wird. Dazu Züssow 1976: ›Das Nachdenken über die Frage, wie wir Kirche im Sozialismus sein können, muß intensiver werden. Unser Auftrag ist ständig neu zu bedenken, mit Inhalt zu füllen und in der Nachfolge zu bewähren. Er muß immer wieder in der Freiheit und Bindung, die aus dem Evangelium kommt, durchgehalten werden.‹« (Görlitzer Konferenzbericht, Kirche als Lerngemeinschaft, 1981, 206) Das größte Defizit der Formel lag darin, daß sie »gedankenlos die entscheidende Unterscheidung zwischen der Realität des DDR-Staates und seinem ideologischen Selbstverständnis und Anspruch« nivellierte (H. Falcke, Die unvollendete Befreiung der Kirchen, die Umwälzung in der DDR und die Vereinigung Deutschlands, 1991, 18). Falcke sprach im nachhinein deshalb sogar von einem »Formulierungsunglück« (ebd.). In dem Maße jedoch, wie jene Unterscheidungsnotwendigkeit erkannt und die Verbesserungsunfähigkeit des staatlichen Systems durchschaut wurde – spätestens in den 80er Jahren – wurde auch immer offener die Brauchbarkeit der Formel K.i.S. angefragt.

Lit.: Zum Gebrauch des Begriffes K.i.S. Informationen und Texte der Theol. Studienabt. beim Bund der Evang. Kirchen in der DDR, Nr. 15, 1988; E. Jüngel: Kirche im Sozialismus – Kirche im Pluralismus, EK 26 (1993), 6-13.

H. Kirchner

Kirche Jesu Christi der Heiligen der Letzten Tage – Die Mormonen

Die M.-»Kirche« wurde 1830 von dem amerikanischen Farmgehilfen Joseph Smith (1805-1844) gegründet. Dieser hatte behauptet, 1823 von einem »Engel« namens Moroni besucht worden zu sein, der ihm 1827 »Goldene Platten« aushändigte, die angeblich die von frühen amerikanischen »Propheten« verfaßte Geschichte der Völker des Alten Amerika enthielten. Die »Übersetzung« dieser Platten wurde als »Das Buch Mormon« veröffentlicht und gilt den M. neben der Bibel als »heilige Schrift«. Nach der Kirchengründung wanderten die M. in mehreren Etappen immer weiter nach Westen, bis sie sich unter Smiths Nachfolger Brigham Young (1801-1877) im Großen Salzseetal der Rocky Mountains (mit dem späteren Zentrum Salt Lake City) endgültig niederließen. Durch eine rührige Mission verbreitete sich der Mormonismus über die ganze Welt und zählte 1992 etwa 8,5 Mio. Anhänger, davon in Deutschland rund 36.000. Die M. glauben, daß ihre Gemeinschaft »die einzig wahre christliche Kirche auf Erden« sei, da sie durch »neue Offenbarungen« in der ursprünglichen Form, wie sie vor einem angeblichen »Glaubensabfall« der Urkirche bestanden habe, »wiederhergestellt« worden sei. Gemäß einem von Gott entwickelten »Plan der Erlösung« können die M. nach der Auferstehung »erhöht«, d.h. selbst »Gott« werden.

Ein besonderes Merkmal des Mormonismus ist ein geheimgehaltener Tempelkult, bei dem Rituale zur »Erlösung der Toten« (Totentaufe), Eheschließungen für die Ewigkeit und freimaurerische Riten vollzogen werden.

Die M.-»Kirche« wird von einem »lebenden Propheten« geleitet, der den Titel »Seher, Prophet und Offenbarer« trägt.

Lit.: R. Hauth: Tempelkult und Totentaufe – Die geheimen Rituale der Mormonen, 1985; K. Hutten: Seher Grübler Enthusiasten, 1982, 433-470.

R. Hauth

Kirche und Judentum

1. Anfänge

K. u. J. stehen sich nicht von Anfang an als zwei selbständige Größen gegenüber. Die »Urgemeinde« der an den auferstandenen Jesus Christus Glaubenden stellt sich nach den ersten Kapiteln der Apg als eine innerhalb des jüd. Volkes bestehende Gemeinschaft dar, die regelmäßig im Tempel zusammenkommt und zusätzlich besondere Zusammenkünfte hat (Apg 2,46). Konflikte mit der Tempelpriesterschaft und der sie unterstützenden Richtung der → Sadduzäer betreffen den griech.-sprechenden Teil der Gemeinde, in dem sich deutliche Kritik am Tempelkult regt (Stephanus; Apg 7), während die Gemeinde sonst unbehelligt bleibt.

Die Dynamik der jungen Bewegung drängt aber bald über den Bereich des jüd. Volkes hinaus. Die Frage, ob Nichtjuden zugleich mit der → Taufe durch Beschneidung ins jüd. Volk aufgenommen werden müssen, wird nach Apg 15 so entschieden, daß nur die Taufe notwendig ist. Damit ist die Zugehörigkeit zur christl. Gemeinde nicht mehr an die Zugehörigkeit zum jüd. Volk gebunden. Auch der »Heidenapostel« Paulus nimmt jedoch nach der Apg möglichst seinen Ausgangspunkt bei der Synagoge und spricht insbesondere die mit dem jüd. Glauben sympathisierenden Heiden an.

Mit dem Verzicht auf Beschneidung aller (männlichen) Christen beginnt das »Auseinandergehen der Wege« von Christen und Juden, das durch äußere Umstände (Nichtbeteiligung der Christen an den jüd. Aufständen gegen die Römer 66 bzw. 132 n.Chr.; Auseinandersetzungen mit der nach der Tempelzerstörung 70 n.Chr. tonangebenden Richtung der → Pharisäer) verstärkt wird. Es entwickelt sich eine Polemik zwischen K. u. J., die sich in nachntl. Zeit schnell verschärft.

2. Das »konstantinische Zeitalter«

Eine völlig veränderte Situation ergibt sich als Folge der Hinwendung Kaiser → Konstantins zum Christentum (313). Aus einer als staatsfeindlich verfolgten Religion wird das Christentum nach und nach zur Staatsreligion, neben der der christl. Staat – mit alleiniger Ausnahme der jüd. – keine andere Religion duldet. Die altkirchl. antijüd. Polemik (→ Antijudaismus) gewinnt seit dem frühen MA immer stärkeren Einfluß auf das Rechtswesen, was zu Beschränkungen der jüd. Gemeinden wie der einzelnen Juden führt (Verlust des Bürgerrechts, Ausschluß aus den meisten Berufen). Juden sind als Minderheit der Willkür der christl. Mehrheit ausgeliefert. Gleichzeitig werden sie von Vertretern der Kirche als warnendes Beispiel für Gottes Strafhandeln hingestellt, was zu Judenverfolgungen (Pogromen) führt. Das Verhältnis von K. u. J. in dieser Periode findet symbolhaften Ausdruck in den Gestalten der »Ecclesia« (Kirche) und »Synagoga« am Straßburger Münster: Während die eine stolz die Siegesfahne erhebt, schaut die andere gedemütigt zu Boden.

In der Reformationszeit veränderte sich diese Situation kaum. Zwar wandte sich M. Luther zunächst in neuartiger Weise den Juden zu, überschüttete sie in seinen späteren Jahren aber mit schlimmen Vorwürfen. Die rechtliche Stellung der Juden veränderte sich auch in den ev. gewordenen Ländern kaum. Leitbild blieb die christl. Gesellschaft, in der Juden zur Rolle von Außenseitern und Gegnern verurteilt waren.

3. Pietismus und Aufklärung

Innerhalb der ev. Christenheit entwickelte sich im Zeitalter des Pietismus ein neuer Ansatz: Ein Schüler A.H. → Franckes, J.H. Callenberg, begründete 1728 in Halle ein Institutum Judaicum, von dem junge Theologen ausgesandt wurden, die auf gleicher Ebene das rel. Gespräch mit Juden suchten, um sie für die christl. Botschaft zu gewinnen, aber auch eine tiefere Kenntnis des jüd. Glaubens erwarben: Aus solchen Anfängen entwickelte sich die spätere → Judenmission, die allerdings oft aus einem Überlegenheitsgefühl der Christen heraus geschah. Das Interesse galt dem einzelnen Juden. Am Gesamtverhältnis zwischen K. u. J. änderte sich dadurch wenig.

Erst die → Aufklärung brachte eine neue Sicht: Jetzt wurden Juden nicht so sehr als Anhänger einer Religion außerhalb der christl. Gesellschaft verstanden, sondern als Menschen mit gleichen Rechten wie andere. Ausgehend von der franz. Revolution breitete sich die Emanzipation (Aufnahme ins Bürgerrecht, Gleichberechtigung) nach und nach in den verschiedenen Ländern aus. Von den Kirchen wurde diese Entwicklung meist als Gefährdung der Christlichkeit der Gesellschaft bekämpft. Viele Juden gingen im 19. Jh. den Weg der Assimilation, um sich auch rel. der Mehrheit anzugleichen. Für sie wurde die Taufe zum »Entreebillet zur europäischen Kultur« (H. Heine).

Doch gerade als die Judenemanzipation abgeschlossen erschien, entwickelte sich Ende des 19. Jh.s der »Antisemitismus«, der zwar auf dem rel. Gegensatz zwischen K. u. J. aufbaute, aber den »rassisch«-biologischen Gegensatz betonte. Während der rel. Gegensatz durch Übertritt zu überwinden war, wurde der sich auf scheinbar naturgegebene Faktoren berufende Antisemitismus zur unausweichlichen Festlegung. Er lieferte die Begründung für die Ausgrenzungs- und Vernichtungspolitik Hitlers gegen die Juden.

4. Neue Sicht seit 1945

Das Bekanntwerden der Greueltaten gegen die Juden löste nach 1945 auch bei Christen großes Erschrecken aus. Zaghafte Ansätze eines Gespräches zwischen K. u. J. aus früherer Zeit wurden zunächst von kleinen engagierten Gruppen aufgegriffen, später von den Kirchen insgesamt (2. Vatikan. Konzil 1965, EKD-Studien »Christen und Juden« I 1975 und II 1991). Dabei spielte die Einsicht eine große Rolle, daß die seit der Zeit der Alten Kirche herausgebildete negative Grundeinstellung der Christen zu den Juden wesentliche Vorbedingungen für die Katastrophe des → Holocaust geschaffen hat (→ Antijudaismus). Die Herausbildung einer neuen Grundeinstellung zum Judentum, die noch im Gange ist, geht aus von der engen Verbindung zwischen K. u. J. von ihren gemeinsamen Wurzeln her, obwohl sie sich auf getrennten Wegen entwickelt haben. Ein Konsens zeichnet sich ab, der jetzt im allg. Bewußtsein der Christenheit befestigt werden muß.

Lit.: EKD-Studien »Christen und Juden« 1975 bzw. »Christen und Juden II. Zur Theologischen Neuorientierung im Verhältnis zum Judentum« 1991; A. Baumann: Was jeder vom Judentum wissen muß, [7]1993; R. Rendtorff: Arbeitsbuch Christen und Juden, 1979; U. Schwemer: Christen und Juden. Dokumente der Annäherung, 1991.

A.H. Baumann

Kirche und Staat → Staat und Kirche

Kirchenaustritt

Der K. ist eine Rechtsform des staatlichen Rechts. Er ist durch staatliches Gesetz (meist Kirchensteuergesetz) geregelt und entfaltet zunächst lediglich »bürgerliche«, d.h. auf den staatlichen Rechtskreis bezogene Wirkung. Der rel. neutrale Staat muß den K. gewährleisten, solange er den Kirchen die Regelung ihrer Mitgliedschaftsfragen überläßt, andererseits aber an die Kirchenmitgliedschaft öffentlich-rechtliche Folgen knüpft (insbesondere die Kirchensteuerpflicht). Vollzogen wird der K. daher auch in der Regel vor staatlichen Behörden (Amtsgericht, Standesamt) durch persönliche Erklärung zur Niederschrift oder Abgabe in öffentlich beglaubigter Form. Nach dem Gesetz über die rel. Kindererziehung ist er nach Vollendung des 14. Lebensjahrs ohne Mitwirkung der Erziehungsberechtigten möglich. Der erklärte Austritt wird sofort wirksam. Die in früheren Austrittsbestimmungen enthaltene »Überlegungsfrist« hat das Bundesverfassungsgericht 1970 für unwirksam erklärt.

Obwohl der durch staatliches Recht geregelte K. nicht darauf gerichtet ist, Wirkungen im innerkirchl. Bereich herbeizuführen, und dies auch gar nicht könnte, da das kanonische Recht der kath. Kirche den K. nicht zuläßt, sehen die Ordnungen im ev. Bereich vor, daß auch von der Kirche nicht mehr als ihr zugehörig betrachtet wird, wer nach staatlicher Vorschrift den Austritt aus der Kirche vollzogen hat. Diese Regelung entbindet nicht von der Verpflichtung zu nachgehender Seelsorge und stellt die Kirche im Bereich des Amtshandlungsrechts gelegentlich vor schwierige seelsorgerl. Fragen.

Lit.: A. v. Campenhausen: »Der Austritt aus den Kirchen und Religionsgemeinschaften«, Handbuch des Staatskirchenrechts, 1974, 657ff; H. Engelhardt: Der Austritt aus der Kirche, 1972; G. Robbers: »Kirchenrechtliche und staatskirchenrechtliche Fragen des Kirchenübertritts«, ZevKR 32 (1987), 19ff.

M. Daur

Kirchenbau

Kirche als Gebäude, griech. *kyriaké (oikía)*, »dem Herrn gehörendes (Haus)«. Die christl. Urgemeinde besuchte zunächst noch den Tempel in Jerusalem, versammelte sich aber auch – nach der Zerstreuung ausschließlich – »in den Häusern« (Apg 2,46). Aus den Zusammenkünften in Privathäusern entstanden allmählich Hauskirchen (z.B. in Dura-Europos am Euphrat um 250) und mit zunehmender Duldung auch erste Kirchen (z.B. in Syrien: Hauran; S. Theodoro in Ravenna um 206).

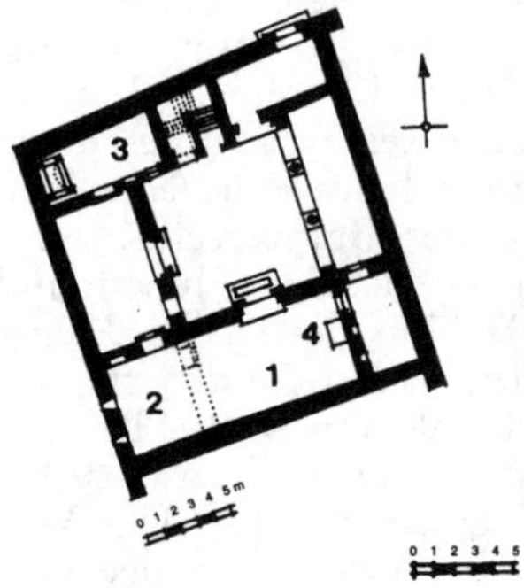

Dura-Europos, „Hauskirche" um 250

1 Gemeinderaum ca. 65 qm
2 Vergrößerung ca. 20 qm
3 Sakraler Raum, vermutlich Taufkapelle
4 Lehmpodest, vermutlich für die „Kathedra"

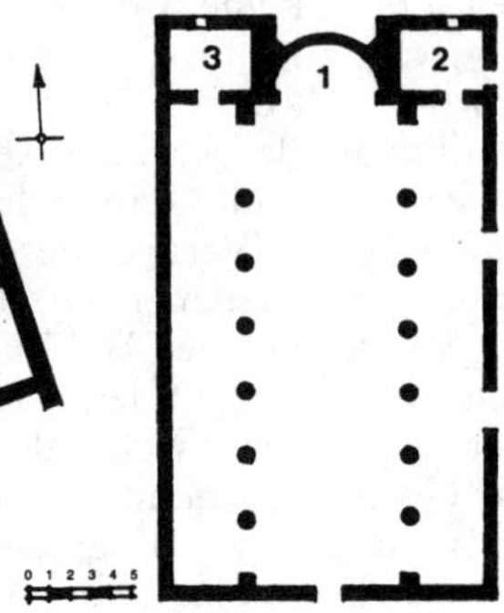

Fafirtin/Nordsyrien datiert 372

1 Apsis
2 Prothesis (Sakristei) ca. 12 qm
3 Diakonikon ca. 11 qm

Dreischiffiger Kirchenraum ca. 345 qm

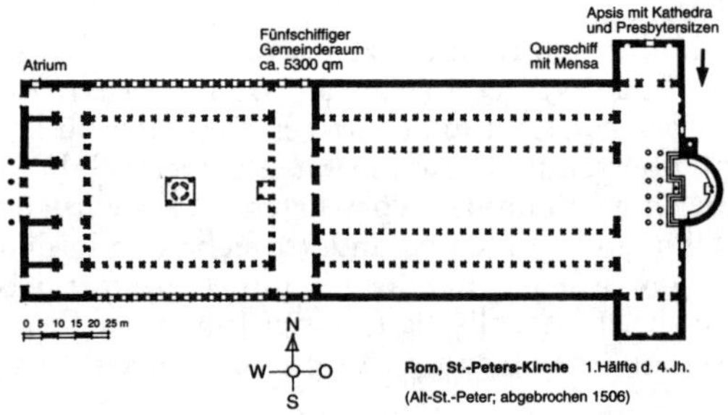

Rom, St.-Peters-Kirche 1.Hälfte d. 4.Jh.

(Alt-St.-Peter; abgebrochen 1506)

Als Kaiser Konstantin das Christentum nach seinem Sieg 313 förderte, stiftete er mit der fünfschiffigen Lateransbasilika in Rom sein erstes Kirchengebäude.

Als Vorbild diente für es und die späteren Bauten die röm. Marktbasilika, eine oft dreischiffige Versammlungsstätte mit erhöhtem Mittelschiff. Dadurch hielt im K. das Prinzip der Repräsentation Einzug. Später entstanden parallel zu längsgerichteten Basiliken auch polygonale und runde Zentralbauten, die sich aber schließlich nur im Osten (Byzanz) durchsetzten. Vor der altchristl. Basilika, die nach Jerusalem, nach der aufgehenden Sonne – in Europa also nach Osten – ausgerichtet ist, kann ein Narthex (Vorhalle) und/oder ein Atrium (Vorhof) liegen. Auf das bei kleinen Kirchen einschiffige, sonst meist dreischiffige Langhaus folgt nach Osten ein Querhaus (Querschiff) oder unmittelbar der Altarbereich in Form einer halbrunden Apside – auch Seitenschiffe können mit Apsiden schließen. Neben dem Altarbereich liegen oft zwei Pastophorien (Nebenräume), Prothesis (Sakristei) und Diakonikon (zur Aufbewahrung der Gaben für die Armen). In späterer Zeit kann ein freistehender (Glocken-)Turm (Campanile) seitlich hinzutreten. Im Äußeren waren die Basiliken meist schlicht und ohne Schmuck gestaltet. Im Inneren ergaben die oft aus Marmor gestalteten Säulenreihen und gemusterte Böden aus Marmorplatten oder Mosaikfeldern ein reicheres Bild, das durch gemalten Wanddekor oder durch Mosaikbilder gesteigert sein konnte. Zur Ausstattung gehörte in oder vor der Mittelschiffapsis ein Tisch (→ Altar), der zunächst aus Holz, etwa ab dem 5. Jh. aus Stein gebildet war. In der Apsis stand der Bischofsessel mit den Priesterbänken. Der Altarbereich oder auch der vordere Bereich des Mittelschiffes gegenüber den Seitenschiffen war abgeschrankt – Vorläufer des späteren Lettners. Im abgeschrankten Bereich standen Lesepulte oder auch ein Ambo (→ Kanzel). An die Basilika angebaut oder vermehrt freistehend fanden sich Baptisterien (Taufkapellen), die meist als Zentralbauten gestaltet wurden.

Im MA ergab sich ein immer größerer Bedarf an Kirchenbauten für eine größere oder mehrere Ansiedlungen, als Eigenkirchen für Grundherren oder als Bischofskirchen und Klosterkirchen. Nördlich der Alpen entstanden Bischofskirchen bereits in röm. Zeit (Dom zu Trier, 4. Jh.). In merowingischer, vor allem aber dann in karolingischer Zeit entstanden nicht nur neue Bischofssitze (→ Bonifatius), sondern auch viele Kirchenbauten. Wo ein Kirchengebäude mehreren Ansiedlungen dienen mußte, wurde es oft auf freiem Feld zwischen den Orten errichtet (Urkirche). Beim Größerwerden der Orte und mit der Entstehung von Städten wurden die Kirchengebäude dann in den Siedlungskern oder in den Befestigungsring »hereingeholt« und bekamen als zumeist einzige Steinbauten in Kriegsfällen auch eigene Bedeutung unabhängig von der kultischen Nutzung. Anfänglich als Holzbauten errichtet, setzt sich seit der karolingischen Zeit der Steinbau durch. Der Bau von Holzkirchen wurde nur noch in Nord- und Osteuropa weitergeführt (Stabkirchen). Die Ausrichtung erfolgte meist nach Osten (Ostung).

Mit Entwicklung der kunstgeschichtl. Disziplin wurden Stilformen unterschieden und für die frühe Zeit die Benennung Romanik gefunden. Dabei kann die auf die karolingische Baukunst (Pfalzkapelle zu Aachen, Stiftskirche Corvey) folgende ottonische Epoche als frühromanisch (St. Michael in Hildesheim, Stiftskirche Gernrode, Stiftskirche Hersfeld), die salische als hochromanisch (Dome zu Speyer, Worms, Mainz) und die staufische als spätromanisch (Stiftskirche Ellwangen, Stiftskirche Faurndau, Johanneskirche in Schwäbisch Gmünd, St. Gallus in Brenz) bezeichnet werden.

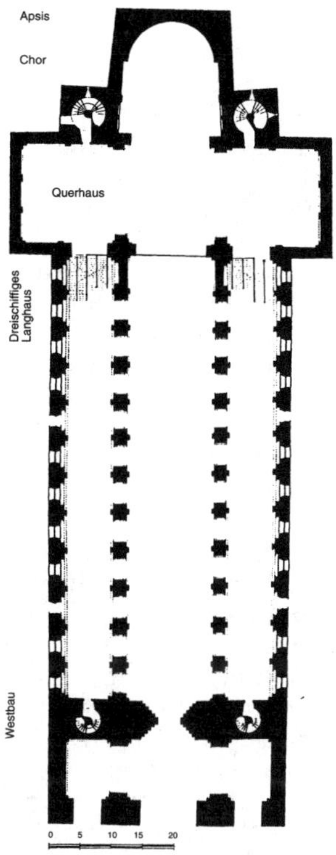

Speyer, Dom beg. 1030
(sog. Bau 1, teilw. rekonstruiert)

Bei den dreischiffigen Kirchenbauten wird der basilikale Querschnitt mit erhöhtem und durch eigene Fenster in der Hochschiffwand (im Obergaden) belichtetem Mittelschiff beibehalten. Nach Osten schließt, wenn kein Querhaus dazwischengeschaltet ist, der Chor an, der vor allem bei Kloster- und Stiftskirchen aus einem Presbyterium (Vorchor) und einem Sanktuarium (Heiligtum) bestehen und gegen das Schiff durch einen Lettner (Trennwand) abgeschlossen sein kann. Wenn zwischen Schiff und Chor ein Querhaus liegt, spricht man auch von Kreuzarmen. Die Kreuzung zwischen Mittelschiff und Querhaus bildet die Vierung, die nach oben durch eine Kuppel oder einen Vierungsturm abgeschlossen sein kann. Die

Schiffsteilung erfolgt durch Säulen oder Pfeiler. Zur Gliederung des Langhauses bildet sich seit dem Ende des 10. Jh.s der sogenannte Stützenwechsel aus (Wechsel von Pfeiler und Säule). Die Säulen erhalten Basen (Basis = Sockel, Fußpunkt), die häufig der attischen Basis aus dem Altertum nachgebildet sind. Auch die Säulenkapitelle werden zunächst der klassischen Tradition nachempfunden. Ein eigener Beitrag wird dann durch die »Erfindung« des Würfelkapitells erzielt. Mittelschiff und Seitenschiffe, die anfänglich offene Dachstühle trugen, erhalten bald flache Holzdecken, die in den Seitenschiffen manchmal mit der Dachneigung ansteigen. Mit der Entwicklung der Handwerkstechnik und mit steigendem Wohlstand werden die Schiffe mit Stein eingewölbt.

Für die Raumform bestimmend bleibt die Längstendenz, die beim Voranschreiten ihren Höhepunkt im Heiligtum im Osten findet und so auch bei gottesdienstl. Umzügen ihren liturg. Dienst erfüllt. Im frühen MA wurde oft mit dem Bau einer Krypta zur Aufnahme eines Heiligengrabes oder von Herrschergräbern begonnen. Über der Unterkirche wurde dann der Chor errichtet. Vielfach waren solche Krypten über Treppenanlagen aus dem Kirchenschiff zu betreten.

Türme werden erst seit dem hohen MA zu einem wesentlichen Bestandteil. Seit karolingischer Zeit können – auch nachträglich – freistehende Türme neben den Kirchenbau treten. Dann entwickelt sich aus dem oft dem Westgiebel vorgelagerten Westwerk mit Eingangshalle und darüberliegender Kapelle (Empore) ein Westturm oder eine Zweiturmfassade. Ein Westturm kann aber auch in den Baukörper des Langhauses einbezogen sein. Einem Turmpaar im Westen kann ein Ostturmpaar zu beiden Seiten des Chores zugeordnet sein, einem Vierungsturm im Osten ein Vierungsturm im Westen (Dom zu Mainz). Eine weitere Bereicherung kann durch Turmpaare an den Querhausarmen erfolgen (Dom zu Limburg an der Lahn). Durch einen ausdrücklichen Verzicht auf Türme drücken die Zisterzienser und die Bettelorden ihre Kritik am kirchl. Wohlstand aus.

Aus der Weiterführung der im Gewölbebereich begonnenen Trennung von Tragen und Raumabschließen in den Wandbereich durch das Bilden von tragenden Pfeilern und abschließenden Wandscheiben, aus der Bildung von Strebewerken aus Rippen und Diensten, aus Strebebogen und Strebepfeilern mit Fialen (Spitztürmchen) und aus der »Erfindung« des Spitzbogens und daraus des spitzbogigen Gewölbes, mit dem auch nichtquadratische Räume überspannt werden können, entwickelte sich in einem Übergangsstil die Baukunst der Gotik. In Westeuropa beginnend – die Kathedralen in Chartres, Reims und Amiens sind dabei wichtige Stationen der Früh-, Hoch- und Spätgotik – über Paris und Straßburg folgen wie in einem Siegeszug die Kirchenbauten in Marburg, Magdeburg, Freiburg, Schwäbisch Gmünd, Prag, Ulm, Regensburg, um nur einige der wichtigsten Dome und Münster zu nennen, die Höhepunkte der gotischen Baukunst bezeichnen.

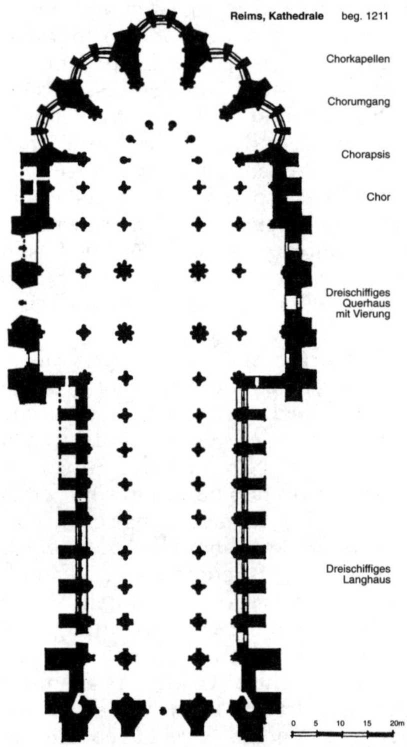

Ein eigener Beitrag sind dabei die Entwicklungen der deutschen Sondergotik, die zu breiteren Seitenschiffen und zur Hallenkirche führen, bei der die Seitenschiffe so hoch oder nahezu so hoch wie das Mittelschiff errichtet werden, damit in Verbindung mit dem alle Schiffe überspannenden Stern- oder Netzrippengewölbe die Halle des Schiffes als ein Raum erlebt werden kann. Das Mittelschiff kann so keine eigenen Fenster erhalten und muß über die Seitenschiff-Fenster belichtet werden. Diese und die Fenster des Chores – mit immer kunstvollerem Maßwerk geschmückt – werden immer größer und machen damit die Außenwände immer filigraner und transparenter. Dies ist auch die hohe Zeit der Glasmalerei. Die begleitende Steingliederung wird außen und innen durch reiche Bauplastik geschmückt. An der schier überquellenden Ausstattung arbeiten neben Steinmetzen vor allem Bildschnitzer und Maler. Kunstvolle Flügelaltäre, holzgeschnitzte Chorgestühle, Steinmetzkunst an Sakramentshäusern, an → Taufsteinen, an → Kanzeln und an den die Bauglieder begleitenden plastischen Figuren vollenden vor allem in den wohlhabenden freien Reichsstädten den Eindruck zu Räumen, die bereits die Herrlichkeit des Himmels erahnen lassen.

Neue Gedanken, denen in Mitteleuropa der → Humanismus den Weg bereitete, schlugen sich auch in der Baukunst nieder. Nördlich der Alpen kam es nur zu einer zögerlichen Aufnahme im Profanbau, kaum im Sakralbau. Der Sturm der → Reformation fegte auch durch die alten Kirchengebäude. Wo bilderstürmerische Gedanken Platz griffen, wurden die Kirchenräume ausgeleert, wo besonnener vorgegangen wurde, da entfernte man nur die »ärgerlichen Götzenbilder«. Die Gemeinden, die zur neuen Lehre übergingen, richteten sich in ihren alten Kirchengebäuden neu ein. Kanzel und Gestühl bekamen neue Bedeutung. Im weiteren Fortgang mußten Emporen eingebaut werden, um allen Kirchenbesuchern Platz bieten zu können. Während in ref. Gemeinden die vorhandenen Räume umorientiert und quer eingerichtet wurden, behielten luth. Gemeinden die Längsrichtung meist bei und holten nur den Altar, der wieder zum Abendmahlstisch wurde, näher zum Kirchenvolk. Die Kanzel wurde zum »Lehrstuhl« (Predigtstuhl) für die Schulung der Gemeinde. Ref. Gemeinden verzichteten auf Kanzel und Taufstein und benutzten den Abendmahlstisch auch für die Predigt und mit einem aufgesetzten Becken für die Taufe.

Die ersten ev. Kirchen als Neubauten waren Schloßkapellen für Fürsten, die zur neuen Lehre übergetreten waren und nun ihre Gottesdienste in ev. Räumen feiern wollten (Schloßkapelle zu Torgau 1544, Schloßkapelle zu Stuttgart 1558-1562). Da es sich um kleinere Räume handelte, war die Vorbildfunktion für größere Gemeindekirchen gering.

Die → Gegenreformation bediente sich gezielt der Möglichkeiten, die ihr die barocke Baukunst bot. In einschiffigen Hallen konnte die Einheit der Kirche und in einem Raum mit überwältigendem, mit reichen Vergoldungen überhöhtem Schmuck konnte die »ecclesia triumphans« gefeiert werden. Wo ev. Gemeinden neu bauen mußten, blieb es – nicht nur wegen Fehlens ausreichender finanzieller Mittel – meist bei bescheidenen, längsgerichteten Predigtkirchen mit zurückhaltendem Schmuck. Neu war die Aufgabenstellung, die sich durch die Orgel als neues Ausstattungsstück ergab. Quereingerichtete Neubauten blieben selten (Sophienkirche in Berlin 1712-1713, Stadtkirche in Großenhain/Sachsen 1744-1748, Ludwigskirche in Saarbrücken 1762-1775, Stadtkirche in Aalen 1765-1766). Die Frauenkirche in Dresden 1726-1734 von Georg Bähr erbaut – im Zweiten Weltkrieg leider nahezu vollständig zerstört – war der absolute, aber einsame Höhepunkt für eine ev. Kirche. Folgerichtig war sie als Zentralbau konzipiert.

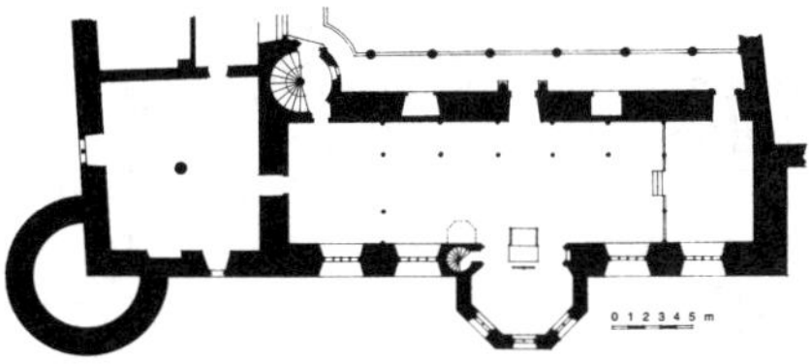

Stuttgart, Schloßkirche

1560/62 Aberlin Tretsch

Dresden,Frauenkirche

1726-1738 Georg Bähr

Das zu Beginn des 19. Jh.s erwachende Nationalgefühl, die Besinnung auf die »teutsche« Vergangenheit und die Begeisterung für die Baukunst des MAs führte in Romantik und Historismus zu neuromanischen und neugotischen Kirchenbauten. Die Längsrichtung wurde beibehalten, für die Prinzipalstücke wurden geeignete Standorte gesucht und neue Emporengedanken kunstvoll in die traditionelle Baugestalt eingefügt. Im Eisenacher Regulativ von 1861 wurde das ev. Kirchenbauprogramm ganz im Sinne der Zeit festgeschrieben. Bereits 1891 wurden mit dem Wiesbadener Programm erste Zweifel angemeldet.

Auch im K. brachte erst der Jugendstil kurz nach der Jahrhundertwende einen neuen Aufbruch, unterstützt durch die neuen Möglichkeiten, die der Stahlbeton- und der Stahlbau eröffneten. Die Garnisonskirche in Ulm, 1908 von Theodor Fischer erbaut, ist ein herausragendes Beispiel des neuen Bauens.

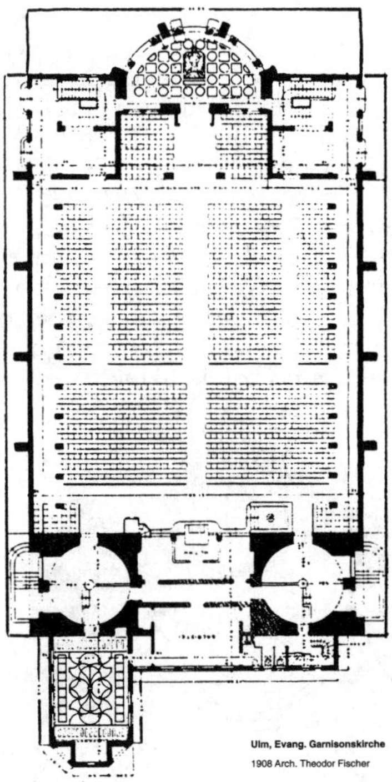

Ulm, Evang. Garnisonskirche
1908 Arch. Theodor Fischer

Die Architekten Martin Elsässer (Südkirche in Esslingen 1926), Otto Bartning (Ev. Kirche auf der »Pressa«-Ausstellung in Köln 1928) führten den eingeschlagenen Weg planmäßig fort, nachdem Cornelius Gurlitt 1906 bereits gefordert hatte, die Liturgie zur Bauherrin zu machen.

Nach dem Zweiten Weltkrieg mußten zunächst viele zerstörte Kirchen wiederaufgebaut werden. Dies geschah nicht immer nach dem ursprünglichen Bestand, sondern auch mit neuen Gedanken, die allerdings oft auf Zwang zur Sparsamkeit beruhten. Mit den beginnenden 50er Jahren wurden aber auch Kirchenneubauten für neue Wohngebiete erforderlich. Eine Fülle von neuen Raumformen entstand, doch wurden nicht immer die neuen Möglichkeiten zu Räumen für die ihre Gottesdienste feiernde Gemeinschaft der Gläubigen ausgeschöpft, oft blieb es bei neuen Formen, die den Baukörper zwischen einförmiger Wohnbebauung interessant machten. Der Ev. Kirchenbautag formulierte seine Gedanken zu den Erfordernissen im zeitgemäßen K. in seinem Rummelsberger Programm 1951. Ende der 60er und zu Beginn der 70er Jahre wurde vermehrt Sichtbeton eingesetzt, doch weniger mit seinen Möglichkeiten, »Zelte« für das wandernde Gottesvolk zu schaffen, sondern eher zum Bau von festen »Burgen«. Neue diakon. und mission. Aufgaben brachten ev. Gemeinden zur Besinnung auf das prot. Prinzip, daß Gottesdienst auch unter einem »Strohdach« (Luther; in einer »Scheune«, so Gustav Werner) gehalten werden kann. Der Gedanke des Mehrzweckraumes, der für Gottesdienste ebenso genutzt werden kann wie für Veranstaltungen im Alltag der Kirchengemeinde, wurde an vielen Orten in oft schlichte und strenge Formen umgesetzt (→ Gemeindezentrum). Später zeigte sich, daß dabei oft das Gefühl des Menschen, das die Einstimmung durch die Würde des Raumes verlangt, unterschätzt wurde. Vielerorts beweisen nachträgliche Ergänzungsbauten den Wunsch der Gemeinde nach dem geprägten Gottesdienstraum.

Neue ev. Gottesdiensträume werden heute nicht in freistehenden Kirchenbauten errichtet, sondern innerhalb von Gemeindezentren im Verband mit anderen Räumen für vielgestaltiges Gemeindeleben. Wichtig ist die Stellung der »Prinzipalstücke«, die von der Gemeinschaft der Gläubigen »umschart« werden sollen: der Tisch zur Gemeinschaft stiftenden Feier des Herrenmahles, die Kanzel in niedriger Form eines Ambo als Ort des Wortes und die Taufe im Angesicht der Gemeinde zum Zeichen der Aufnahme in die Gemeinschaft der Gotteskinder. Für die Kirchenmusik wird Platz im Altarbereich gesucht, um nicht im Rücken der Gemeinde agieren zu müssen. Wo Glocken gewünscht werden, hängen sie nicht mehr in himmelragenden Türmen, sondern nach musikalisch-akustischen Erfordernissen und zur Vermeidung störenden »Lärmes« umschlossen von einer als Resonanzraum gestalteten Glockenstube in bescheidenen Glockenträgern, die aber mithelfen, Zeugnis zu geben von der zahlenmäßig kleiner werdenden Kirche Gottes in einer mehr und mehr säkularisierten Umwelt. Der Arbeitsausschuß des Ev. Kirchbautages gab im Anschluß an den 20. Ev. Kirchbautag 1989 in seinen Wolfenbütteler Empfehlungen 1991 neue Grundsätze zur Gestaltung des gottesdienstl. Raumes der ev. Kir-

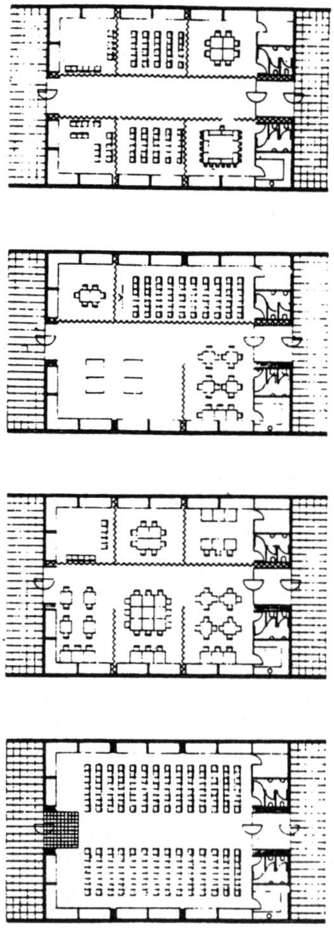

Modernes Gemeindezentrum

Durch bewegliche Wände und bewegliches Mobiliar (Stühle statt Bänke) ist vielfältige Nutzung möglich:

Gottesdienst, Vortrag

Gruppenarbeit in jeder Form (Seniorenarbeit, Mutter-und-Kind-Gruppen, Kinder- und Jugendgruppen, Hobbygruppen)

chen heraus. Zum freikirchl. Kirchenbau s. unter → Kapelle und → Gemeindezentrum.

Lit.: H.W. Beyer: Der syrische Kirchenbau, 1925; H. Brandenburg: Roms frühchristliche Basiliken des 4. Jahrhunderts, 1979; G. Dehio, G. v. Bezold: Die kirchliche Baukunst des Abendlandes, 1884-1901, Neudruck 1969; H. Sedlmayr: Die Entstehung der Kathedrale, 1950; K.E.O. Fritsch (Hg.): Der Kirchenbau des Protestantismus von der Reformation bis zur Gegenwart, 1893; G. Langmaack: Evangelischer Kirchenbau im 19. und 20. Jahrhundert, 1971; G. Kunze: Lehre, Gottesdienst, Kirchenbau in ihren gegenseitigen Beziehungen, 1949.

G. Memmert

Kirchenbezirk, Kirchenkreis, Kirchengemeinde → Kirchenverfassung

Kirchendiener → Küster

Kirchengebet, Allgemeines

Im Allg. K., das nach der Predigt und vor dem Vaterunser seinen Platz und in ihm seinen Maßstab hat, findet sich die Gemeinde mit ihren »allgemeinen«, also die Gemeinschaft der Kirche und der Menschen betreffenden Fürbitten vor Gott ein. Sie bittet zum einen für die Kirche, ihre Diener und Dienerinnen, für die Ausbreitung des Evangeliums; zum anderen für alle, die im polit. Bereich Verantwortung tragen, für Gerechtigkeit, um »Gesundheit der Luft, Fruchtbarkeit der Erde und friedliche Zeiten«; zum dritten für alle, die sich selbst nicht zu helfen vermögen: Verfolgte, Kranke, Sterbende.

Die Reformation hat dem auf die ntl. Anweisungen (Kol 4,2f; Hebr 13,3.7; 1Tim 2,1f) und auf die Praxis der Alten Kirche zurückgehenden, in der kath. Messe des MAs aber verlorengegangenen Allg. K. wieder einen zentralen Platz im Gottesdienst zurückgegeben. Als »Schlußgebet« mag es seine Anliegen auch an der Predigt artikulieren. Es ist aber keinesfalls deren Nachlese oder gar eine Information der Gemeinde auf dem Gebetswege.

Formen des Allg. K.s:

– Prosphonese (»anreden«): Der Liturg spricht das Gebet, die Gemeinde antwortet mit Amen (Augustin: »Amen sagen heißt: unterschreiben«);

– Ektenie: Der Liturg breitet die Gebetsanliegen aus (griech.: *ektenein*), die Gemeinde antwortet jeweils mit »Herr erbarme dich/Kyrie eleison« (Daraus entwickelt sich die Sonderform der »Litanei«; vgl. M. Luthers Kyrie eleison, EKG 138);

– Diakonisches Gebet: Ein Diakon/Gemeindeglied nennt die Gebetsanliegen, der Liturg/Pfarrer spricht das entsprechende Gebet, die Gemeinde antwortet jeweils mit Amen.

Das Allg. K. hält in der Sache geistl. Erinnerungen und Gebetsaufträge fest, die in einem christl. Gottesdienst nicht fehlen dürfen. Es gibt mit seinen ebenso festen wie flexiblen Formen der Gemeinde die Möglichkeit, mit diesen Formen vertraut und durch sie auch im Gottesdienst daheim und mitsprachefähig zu werden.

Lit.: G. Hennig: Beten im Gottesdienst (Studien Diak. Werk, A 15, 1984); F. Schulz: »Gebet VII«, TRE 12, 1984, 71-84.

G. Hennig

Kirchengeschichtsschreibung, Geschichte der

Die → Geschichtsschreibung des AT und NT wird von der Kirchengeschichte als theol. Disziplin fortgesetzt. Dabei ist die jüd.-christl. Auffassung von der Geschichte im Gegensatz zu der ewigen Wiederkehr des Gleichen in den Naturreligionen durch einen zielgerichteten Verlauf von der Schöpfung bis zum Weltende bestimmt.

1. Alte Kirche

→ Euseb von Caesarea (ca. 263-339) hat als erster eine zusammenhängende Kirchengeschichte geschrieben, die das Verblassen der Naherwartung Christi in der nachapost. Zeit zur Voraussetzung hat. Der präexistente Christus als Sohn Gottes und seine Inkarnation im Menschen Jesus binden AT und NT zu einer christl. → Heilsgeschichte zusammen, aus der das jüd. Volk durch die Kreuzigung des Messias ausgeschieden ist. Die Auseinandersetzung zwischen Gott und Satan, auf den die Verfolgung der Christen und das Aufkommen ketzerischer Neuerungen zurückzuführen sind, bestimmt die Weltgeschichte, die in der Verbindung der Kirche mit dem weltlichen Imperium Kaiser Konstantins als Schutzmacht für die Christen ihr Ziel findet. Die Geschichtsschreibung im röm. Westen ist vor allem durch → Augustins (354-430) »Gottesstaat« geprägt worden. Die Schöpfung hat das ganze Menschengeschlecht mit dem Band des Friedens in Einheit und Eintracht zusammengebunden. Der Sündenfall führte zu einem Leben entweder nach dem Geist dieser Welt oder nach dem Geist Gottes. Die irdische civitas (Bürgerschaft) hat die Aufgabe, dem Bösen zu wehren, steht aber selbst in Gefahr, zur diabolischen Herrschaft zu entarten; demgegenüber verbürgt die göttliche civitas den ewigen Frieden. Durch die Rettungstat des Gottessohnes wird die Zielgerichtetheit des Geschichtsprozesses von der Schöpfung bis zum Weltende erstmalig theol. reflektiert. Dieser Rahmen wurde von Orosius (gest. nach 418) durch die erste Universalgeschichte des Christentums mit der Periodisierung nach den vier Weltreichen (Dan 7) ausgefüllt: »Geschichtsbücher gegen die Heiden«.

2. Mittelalter

Nach dem Zerfall des weström. Kaisertums wurde die Kirchengeschichte zur Darstellung der Missionierung partikularer germanischer Reiche, z.B. → Gregors v. Tours (538/39-594/95) »Zehn Bücher Geschichte« über die Christianisierung Galliens und das Aufkommen des fränkischen Reiches; → Bedas (ca. 672-735) »Kirchengeschichte des englischen Volkes«. Gegenüber der gewaltlosen angelsächsischen Mission (→ Bonifatius) setzte sich die fränkische Schwertmission durch. Sie erreichte ihren Höhepunkt in der imperialen Politik → Karls des Großen, dessen Vita der Ostfranke Einhard schrieb. In Brunos »Sachsenkrieg« (Investiturstreit 1075-1122) wurde der Kampf zwischen Kaiser und Papst, der erstmals als *vicarius S. Petri* (»Stellvertreter des hl. Petrus«) bezeichnet wurde, aus den Quellen dargestellt. Ein Höhepunkt der mittelalterl. Geschichtsschreibung ist Otto v. Freisings »Chronik oder die Geschichte der zwei Civitates« (1147). Von der Schöpfung ausgehend unter Anknüpfung an Augustin proklamierte er die Versöhnung von *imperium* (»Weltreich«) und *sacerdotium* (»Priestertum; Papsttum«) durch die Staufer mit einem Ausblick auf das vom Himmel kommende Neue Jersualem. Die kirchl. Reformbewegung stellte mit der Wiederaufnahme des Begriffs »Kirchengeschichte« kirchl. Themen in den Vordergrund, z.B. in Johannes von Salisbury's »Papstgeschichte« (ca. 1165). Die östl. Nachbarn des Reiches kommen in Helmold v. Bosaus »Slavenchronik« (2. Hälfte des 12. Jh.s) in den Blick. Dabei stand nicht der ethnische Unterschied zwischen Germanen und östl. Völkerschaften, sondern die christl. Aufgabe der Slavenmission im Vordergrund.

3. Reformation

Die Konzeption von den beiden civitates übernimmt → Luther und verändert sie zur Lehre von Gottes weltlichem und geistl. Regiment. Dieses besteht in der Rechtfertigung des Gottlosen, in jenem ist der Mensch freier Mitarbeiter Gottes mit seiner Vernunft. Die Verborgenheit Gottes führt zum Verzicht auf ein Totalwissen von der Geschichte als Gottes Werk und zur Entsakralisierung des polit. und sozialen Handelns (Verwerfung des Kreuzzugsgedankens und der rel. legitimierten Revolution). Begründer der Geschichtswissenschaft als akademischer Disziplin ist im Protestantismus → Melanchthon gewesen. In der Überarbeitung der Chronik seines Schülers Carion (1532 u.ö.) hat er das erste prot. Lehrbuch der Weltgeschichte verfaßt, das bis ins 18. Jh. in Gebrauch blieb. Die erste bedeutende Kirchengeschichte des Protestantismus ist an den Namen → Flacius Illyricus (1520-1575) gebunden, der die Rechtfertigung zum Maßstab für die Rechtgläubigkeit erhob: In den »Katalog der Zeugen der Wahrheit« (1556) nahm er nicht nur altkirchl. Theologen, sondern auch die zu Ketzern erklärten Waldenser, Wyclifiten und Hussiten auf. Als Gemeinschaftsarbeit entstanden nach seinen Intentionen und unter seiner Leitung die »Magdeburger Zenturien« (1559-1574), eine nach Jahrhunderten gegliederte, von Christi Geburt bis ins 13. Jh. reichende Kirchen- und Dogmengeschichte. Dieser prot. Kirchengeschichte wurden die kath. »Kirchlichen Annalen« (1588-1607) Cäsar Baronius' gegenübergestellt. Der »linke Flügel« der Reformation kommt mit dem Spiritualisten und Friedenstheologen S. → Franck (1499-1542) zu Wort, der in seiner »Chronika, Zeitbuch und Geschichtsbibel« (1531) die Geschichte der Kirche als Abfall von dem Ursprung der apostol. Zeit beschreibt.

4. Pietismus

Mit dem »Historischen und apologetischen Kommentar vom Luthertum« (1688-1692 u.ö.) unternahm es L. v. → Seckendorf, die »Geschichte des Luthertums« des Jesuiten L. Maimbourg zu widerlegen. In seinem Spätwerk »Der Christenstaat« (1686) schloß er sich der westeurop. Freiheitstradition (Milton) an und trat für Toleranz ein. Die polit. Philosophie und theol. Sozialethik in Deutschland aber verliefen in anderer Richtung.

Der Historiker des Pietismus G. → Arnold (1666-1714) entwarf ein Idealbild der Urgemeinde: »Die erste Liebe der Gemein(d)en Jesu Christi«. Berühmt, aber auch umstritten wurde er durch die »Unparteiische Kirchen- und Ketzerhistorie« (2 Bde. 1699/1700), in der die Wiedergeburt des einzelnen Christen zum Maßstab für das rechte Christsein erklärt wurde. Die durch die parteiische (= konfessionelle) Geschichtsschreibung zu Ketzern erklärten Wiedergeborenen sollen ohne Rücksicht auf Kirchengrenzen zur Geltung gebracht werden. Die wahre Kirche ist nicht an die in der Staatsbzw. Volkskirche juridisch geltenden Bekenntnisse gebunden. Die Kirchengeschichte seit Kaiser Konstantin wird als Verfallsgeschichte dargestellt. Trotz der Distanz zur Universitätswissenschaft bedeutet Arnolds Werk einen methodischen Fortschritt: gegenüber kirchenamtlichen Vorgaben Rückgriff auf die Quellen; Gebrauch der dt. Sprache um der Urteilsfähigkeit der Laien willen; über die bekenntnisgebundene Territorialkirche hinaus zur ökumen. Gemeinschaft der wahren Christen.

5. Aufklärung

In Westeuropa wurde die Kontinuität von der humanistischen Kirchenkritik des 15. und 16. Jh.s bis zur Aufklärung des 18. Jh.s bestimmend. In der Geschichtsschreibung kam es durch J. → Bodin (gest. 1596) zur Auflösung der christl. Universalgeschichte mit Christus als Mittelpunkt bis zu → Voltaires (gest. 1778) geschichtsphil. Konzeption, nach der nicht das AT, sondern das konfuzianische China als Wiege der Kultur zu gelten hat. Im Gegensatz dazu kam es in Deutschland zur Rechristianisierung der Gesellschaft durch Reformation und Pietismus sowie durch die phil. Synthese von Vernunft und Glaube (→ Leibniz, gest. 1716; Chr. → Wolf, gest. 1754). Im Übergang zur Aufklärung hielt J.L.v. → Mosheim (1693-1755) gegen westeurop. »Freidenkertum« in der Helmstedter Tradition G. → Calixts an den Fundamentalwahrheiten der Bibel und an den Normen der christl. Frömmigkeit fest. Mit seinem »Unterricht in der Kirchengeschichte« (1726-1755) wurde er zum »Vater der neueren Kirchengeschichtsschreibung«, die er als autonome Fachwissenschaft vom Urteilsspruch der Dogmatik befreite und nicht mehr von Gott als dem »Herrn der Geschichte«, sondern von den Motiven und Triebfedern der Menschen her verstand (»pragmatische« K.).

Aufklärungstheologe dem Begriff nach ist J.S. → Semler (1725-1791) gewesen, der die hist.-kritische Methode auf die Bibelexegese übertrug. Damit hat er auch der K. besonders der ersten Jahrhunderte zu einer »freieren Denkungsart« verholfen: keine Vollendung nach den Normen des Anfangs wie bei Arnold, sondern Fortschritt im Blick auf die Zukunft; das Recht jedes mündigen Individuums auf rel. Autonomie gegenüber unwandelbaren kirchl. sanktionierten Lehren; Kritik des gläubigen Fanatismus z.B. der Märtyrer zugunsten einer vernünftigen, sittlichen (moralischen) Religionsübung.

6. Romantik und Idealismus

Gegen den Fortschrittsglauben der Aufklärung wandten sich → Herder und → Schleiermacher, die den Eigenwert des Individuellen sowohl im Personalen als auch im Transpersonalen (Volk, Nation, Staat) betonten. Das klass. historische Werk dieser Auffassung im kirchengeschichtl. Kontext schuf L.v. → Ranke (1795-1886): »Deutsche Geschichte im Zeitalter der Reformation« (1839-1847) und »Die römischen Päpste« (1834-1836). Im Rankeschen Geiste, doch durch den Einfluß der Erlanger Theologie stärker an genuin kirchl. Themen interessiert, schrieb A. Hauck (1845-1918) seine »Kirchengeschichte Deutschlands« (5 Bde. 1887-1920). Die neuen Tendenzen aufnehmend, wurde A. → Neander (1789-1850) zum Kirchenhistoriker der → Erweckungsbewegung (→ Neupietismus): »Allgemeine Geschichte der Christlichen Religion und Kirche« (als Erbauungsbuch!).

Der Individualitätsgedanke setzt sich durch, das menschliche Herz wird durch die göttliche Kraft ergriffen, die als Sauerteig in der allg. Geschichte wirkt (Mt 13,31-33). Die Kirche dagegen ist unsichtbar und kann nicht als Leitfaden der Darstellung dienen. Bestimmender genetischer Begriff wird das »Reich Gottes«, das in seiner Offenheit die Fülle des durch den Hl. Geist gewirkten Lebens in sich schließt. Diesen Rahmen mit dem Reichtum geschichtl. Lebens auszufüllen, unternahm der liberale Theologe K.v. → Hase (1800-1890) durch das »Lehrbuch der Kirchengeschichte« (1834) und besonders die »Kirchengeschichte auf der Grundlage akademischer Vorlesungen« (posthum 1890/92). Der Verzicht Neanders und v. Hases auf eine klare Strukturierung der Geschichte rief die Kritik F.Chr. → Baurs (1792-1860) hervor, für den als konsequenten Hegelianer Personen und Zeitumstände nur Vehikel im dialektischen Prozeß der Weltgeschichte sind, die sich mit innerer Notwendigkeit vollzieht. Mit seinen »Epochen der kirchlichen Geschichtsschreibung« (1852) hat er diese als erster zum Gegenstand der Forschung erhoben.

7. Historische Schule, dialektische Theologie und Luther-Renaissance

In der zweiten Hälfte des 19. Jh.s setzte sich die Historische Schule mit der Historisierung der gesamten Kultur durch, in die auch das kirchl. Dogma einbezogen wurde. Dieses führte zu bedeutenden Darstellungen der Dogmengeschichte durch Kirchenhistoriker und Systematiker: A. → Ritschl, A.v. → Harnack, R. → Seeberg u.a. Die wissenschaftstheoretische Rechtfertigung und Kritik des sog. → Historismus erfolgte durch E. → Troeltsch (1865-1923), der die Absolutheit des Christentums sowie die Vielfalt der Religionen und Kulturen unter Verzicht auf dogmat. Vorgaben in ein fruchtbares Spannungsverhältnis brachte.

Nach dem Ersten Weltkrieg wurde die Synthese von Christentum und bürgerlicher Kultur von der → Dialektischen Theologie (K. → Barth, F. → Gogarten) in Frage gestellt, die ihrerseits die Historie als Hilfswissenschaft in die Systematische Theologie integrierte. Auch die zeitgleiche Luther-Renaissance setzte systemat. Akzente: K. Holl »Gesammelte Aufsätze zur Kirchengeschichte I, Luther« (1921 u.ö.); E. Hirsch »Geschichte der neueren ev. Theologie« (5 Bde. 1949-1954 u.ö.). Der → »Kirchenkampf« im Hitler-Staat führte nach 1945 zu einer intensiven hist. Arbeit im Sinne einer Bewältigung der »Deutschen Katastrophe«.

8. Neue Tendenzen nach 1945

Nachdem die Dialektische Theologie ihre Aktualität und Faszination eingebüßt hatte, setzten sich neue Tendenzen durch. Die nach 1918 zurückgedrängten Human- und Sozialwissenschaften wurden bes. unter jüngeren Theologen reaktiviert. In der Kirchengeschichte dominierte nach der geisteswissenschaftl. orientierten Theologiegeschichte die Sozialgeschichte, welche die Abhängigkeit der Kirche von Staat, Gesellschaft und Wirtschaft in den Vordergrund stellte. Nicht mehr individuelle Schicksale und daraus resultierende Konzeptionen des Weltverständnisses und Gottesglaubens, sondern der Aufweis gesellschaftl. Strukturen wurde als Forschungsziel proklamiert. Allerdings gewann die hist. Biographie gegenüber den immer namenloser werdenden Gesellschaftswissenschaften wieder eine eigene Qualität (z.B. »Gestalten der Kirchengeschichte« hg. von M. Greschat, 12 Bde., 1981-86; »Klassiker der Theologie« hg. von H. Fries und G. Kretschmar, 2 Bde., 1981/83 etc.).

Als eine weitere Tendenz ist die globale Vernetzung der polit. und sozialen Verhältnisse zu nennen, die in die Theologie als Interkonfessionalität, Ökumene und Mission eingebracht worden ist. Nachdem die Utopien einer besseren Zukunft durch die Gleichschaltung von Religionen, Rassen, Nationen und sozialen Klassen sich als Illusion erwiesen hat, wächst die Einsicht, daß nur durch eine dialogische Beziehung zwischen dem Eigenen und Fremden, dem Nahen und Fernen im Verbund mit der Geltung von Menschenwürde und Menschenrechten Frieden, Gerechtigkeit und Freiheit verbürgt werden können.

Gegenüber der Bestreitung eines Propriums des christl. Glaubens mehren sich inzwischen wieder die Anzeichen, daß die Gottesebenbildlichkeit des Menschen und im Zusammenhang damit seine wahre Identität in der Person Jesu Christi in den Kosmos der Wissenschaften ohne fundamentalistische Engführung eingebracht werden kann. Nicht eine kirchl.-institutionell abgesicherte Konsensfähigkeit, sondern eine der Wahrheit (Glaube) und Wirklichkeit (Vernunft) verpflichtete Streitkultur kann den Rahmen für Innovationen auch auf dem Gebiet der K. schaffen.

Die gegenwärtig weit gefächerte Thematik der hist. Wissenschaften und ihre differenzierte Methodik hat zu Arbeitsteilung und Team-Forschung geführt. Auch in der K. dominieren Lexika, Enzyklopädien, Kompendien, Handbücher, themenzentrierte Sammelbände etc. Das hebt jedoch die Aufgabe nicht auf, Epochen und Kirchen, rel. Bewegungen und charismat. Gestalten konturenscharf von eindeutigen theol. Positionen aus darzustellen.

Lit.: G. Ebeling: Kirchengeschichte als Geschichte der Auslegung der Hl. Schrift, SGV 189, 1947; P. Meinhold: Geschichte der kirchlichen Historiographie, 2 Bde., 1967; W. Nigg: Die Kirchengeschichtsschreibung, 1934; E. Stöve: »Kirchengeschichtsschreibung«, TRE 18, 1989, 535-560 (Lit.); K. Wetzel: Theologische Kirchengeschichte im deutschen Protestantismus 1660/1760, 1983.

H.W. Krumwiede

Kirchengut → Kirchenvermögen

Kirchenhoheit → Staat und Kirche

Kircheninventar → Kirchenvermögen

Kirchenjahr

1. Das K. (als Begriff zuerst belegt bei Johannes Pomarius 1589) kann – darin christl. Kunst, Architektur, Dichtung vergleichbar – als Versuch verstanden werden, dem Evangelium eine kulturelle Gestalt zu geben: So wie die Christenheit im Laufe ihrer Geschichte Kirchen und Klöster in die Landschaft gesetzt hat, so hat sie das K. gleichsam als »Haus in der Zeit« gebaut. Es hat damit teil an der Würde, aber auch an der Vorläufigkeit aller kulturellen Hervorbringungen des christl. Glaubens, die als wandlungsfähige und -bedürftige Zeichen des Heils auf die in Christus erschienene Heilswirklichkeit verweisen. Wie andere kulturelle Hervorbringungen hat auch das K. sein spezifisches Medium, mit dem es gestaltend und sinnstiftend umgeht: die kosmisch-vegetativen Zyklen (der Wechsel von Tag und Nacht, der Wechsel der Mondphasen, der Jahreszeiten und Jahre), auf denen alle menschliche Zeiterfahrung beruht. Es gründet damit in Gottes Schöpfung selbst, der es deutend folgt. Damit steht es neben anderen Versuchen, Zeiterleben und -erfahrung zu kultivieren, ihnen eine Struktur und darin einen Sinn zu geben. Dabei lassen sich drei grundlegende Ebenen unterscheiden:

a. der natürliche, kosmisch-vegetative Wechsel, der in Kalendern kodifiziert werden kann;

b. die kultisch-rel. Deutung und Begehung dieses Wechsels, die den genannten Phänomenen einen bestimmten Sinn zuweist, der in Mythen und Riten Gestalt gewinnt;

c. die Verbindung der so gewonnenen Festpunkte und Festzeiten mit geschichtlichen Ereignissen, wie sie insbesondere für den israelit.-jüd. Festkalender – mit seiner Vergeschichtlichung ursprünglicher Natur- und Erntefeste – kennzeichnend ist.

Während die unter b. genannten kultisch-rel. Deutungen – gebunden an die Vorstellung stetiger Wiederkehr des ewig Gleichen – zyklischen, kreisförmigen Mustern folgen (Zeit als »Kreis«), eignet den unter c. angesprochenen Deutungen ein lineares, nicht-zyklisches Moment (Zeit als »Pfeil«); (Heils-)Geschichte erscheint hier als ein zielgerichtetes Geschehen, das einen Anfang und ein – definitives – Ende kennt. Es ist deutlich, daß sowohl die jüd. wie die christl. Vorstellung von der Geschichte Gottes mit der Welt dieser linearen Vorstellung verpflichtet ist; das K. stellt demnach den Versuch dar, den »Zeitpfeil« der → Heilsgeschichte auf dem »Zeitkreis« des Jahres abzubilden und sie mit zyklischen Mitteln zur Darstellung zu bringen. Andererseits beruht jedes Gedenken auf Wiederholung: Indem das K. dazu anleitet, die »großen Taten Gottes« (Apg 2,11) im Jahreskreis zu begehen, hält es die lebenswichtigen, rettenden Erfahrungen des Glaubens – und mit ihnen die Hoffnung auf die Vollendung der Gottesgeschichte – lebendig.

2. Im Gefüge liturg. geprägter und gestalteter Zeit verkörpert das K. nur eine unter (besser: über) mehreren Ebenen:

a. Schon für Israel ist jeder Tag ein Abbild der Geschichte Gottes mit seinem Volk, deren

Gedächtnis im Zusammenhang fester Opfer- und Gebetszeiten in Tempel, Synagoge und Haus begangen wird. Ähnlich verbindet sich im frühen christl. Denken der Tageslauf – als eine Art K. im kleinen – mit bestimmten Ereignissen der Heilsgeschichte, insbesondere der Passion Jesu; seinen geformten Ausdruck findet dies im Tagzeitengebet (→ Stundengebet) der Christen.

b. Als eine zweite Zeitebene wird auch die Woche im Sinne eines Durchgangs durch die Heilsgeschichte gedeutet und gestaltet (Mittwoch: Tag des Verrats; Donnerstag: Abendmahl, Ölbergleiden Jesu; Freitag: Kreuzestod; Sonnabend: Grabesruhe, Trauer; Sonntag: Auferstehung, Schöpfung und Neuschöpfung, Vollendung).

c. Als eine dritte Zeitebene begegnet der Monat, der freilich erst in jüngerer Zeit eine stärkere liturg. Ausgestaltung erfährt (z.B. durch den Brauch, bestimmte Sonntage im Monatslauf mit Abendmahls-, Tauf-, Familiengottesdiensten zu begehen).

d. Der vierten Zeitebene – der des Jahres – ist das K. zugeordnet; es setzt in seiner Vollgestalt im Grunde die heilsgeschichtl.-liturg. Prägung und Durchdringung der anderen Zeitebenen, insbesondere von Tag und Woche, voraus. Geht diese gänzlich verloren, wird dem K. gleichsam der Boden entzogen, auf dem es errichtet ist.

3. Das K., das auf der Zeitebene des Jahres Gestalt gewinnt, erweist sich als ein höchst komplexes Gefüge von Daten, Begehungen, Festen und Festzeiten, in dem unterschiedliche Zeitkreise, den konkurrierenden Kalendern und ihren Zyklen verpflichtet, sich überlagern und schneiden:

a. Einen ersten, alles übergreifenden Kreis bilden die im Rhythmus der Siebentagewoche wiederkehrenden → Sonntage; sie liefern dem K. die Grundbausteine und bestimmen seine Grundgestalt. Da sie sich weder in den Sonnen- noch in den Mondzyklus fügen – sie sprengen den Jahreskreis, schreiten zielgerichtet über die Wende der Jahre fort –, tragen sie ein nicht-zyklisches, lineares Moment in das K. ein.

b. Der zweite Kreis geht von → Ostern aus, dem ältesten christl. Jahresfest. Der Osterfestkreis reicht von der vorösterlichen Bußzeit bis → Pfingsten und darüber hinaus; nach dem ev. Kalender hängen auch Zahl und Datum der Trinitatissonntage bis hin zum → Ewigkeitssonntag vom Osterdatum ab. Das jüd. Passa – in der Vollmondnacht des Frühlingsmonats Nisan – wie das frühchristl. Passa orientieren sich am lunaren Zyklus; doch gliedern die Christen ihr Fest zugleich in die Kette der Sonntage ein. Gefeiert wird Ostern – endgültig seit dem Konzil von Nicäa 325 – immer am Sonntag nach dem ersten Vollmond im Frühling (im Streit um den Ostertermin im 2. Jh. halten die kleinasiat. Gemeinden zunächst am jüd. Termin, dem 14. Nisan, fest).

c. einen dritten Kreis bilden → Weihnachten (25.12.) und → Epiphanias (6.1.) mit ihren Vorbereitungs- und Folgezeiten; durch ihre Bindung an den solaren Kalender mit seinen festen Daten sprengen sie den Wochenrhythmus und kollidieren immer wieder mit dem Osterfestkreis (liegt Ostern früh, verkürzt sich die Zeit nach Epiphanias, und umgekehrt).

d. Um diesen Schwierigkeiten zu entgehen, hat die kath. Kirche in ihrem neuen röm. Kalender den Zyklus der Sonntage im Jahreskreis geschaffen, der die Sonntage nach Epiphanias und nach Pfingsten – also die außerhalb des Weihnachts- und Osterkreises – gleichsam zu einem eigenen Kreis verbindet.

e. Einem weiteren Kreis vergleichbar, überlagert das Jahr der Heiligen die anderen Kreise, dabei ebenfalls an den solaren Kalender und seine festen Daten gebunden. Kollisionen – mit der Kette der Sonntage, mit der Osterfeier z.B. – sind auch hier programmiert; Meßbücher und Agenden sehen komplizierte Regelungen für solche Fälle vor. In einem weiteren Sinne können auch kirchengeschichtliche Gedenktage (Tag der Augsburgischen Konfession 25.6.; Reformationsgedenken 31.10.; kath.: Kreuzerhöhung 14.9; → Rosenkranzfest 7.10.; überregionale Kirchweihfeste u.a.) diesem Kreis zugerechnet werden.

f. Ansätze eines sechsten Kreises lassen sich in jenen Tagen und Zeiten erkennen, die in einem unmittelbaren Bezug zu den kosmisch-vegetativen Zyklen stehen; so die Erntebitt- und -danktage, aber auch die Quatembertage des röm. Kalenders (lat. *quattuor tempora*, »vier Zeiten«), die in der ersten Fastenwoche, in der Woche vor Pfingsten, in der ersten Oktoberwoche und im Advent begangen werden; sie verweisen auf den Beginn der vier Jahreszeiten und damit ursprünglich verbundene heidnisch-röm. Aussaat- und Erntetage. Ev. (Frühjahrs- und Herbst-)Bußtage knüpfen in mancher Hinsicht daran an. Zudem können christl. Feste, die bedeutende Ereignisse der Heilsgeschichte vergegenwärtigen, immer wieder Verbindungen mit dem Naturjahr eingehen; ein Beispiel ist Ostern, das – insbesondere im germanischen Raum – Züge eines

Frühlingsfestes annimmt und mit entsprechendem Brauchtum ausgestattet wird; ein weiteres die Advents- und Weihnachtszeit, die auf der nördl. Halbkugel in die lichtarme Zeit um die Wintersonnenwende fällt und in der darum die Lichtsymbolik eine große Rolle spielt (vgl. auch das Pfingstfest, den → Johannistag zur Sommersonnenwende, den »Marienmonat« Mai in der kath. Kirche). Dabei werden zum Teil Gehalte reaktiviert, die den betreffenden Festen von ihrem Ursprung her anhaften.

g. Nicht erfaßt werden hierdurch die Ideenfeste, die bestimmte Themen der christl. Lehre und Frömmigkeit darzustellen versuchen (Dreifaltigkeitsfest am Sonntag nach Pfingsten; kath.: → Fronleichnam, Herz Jesu u.a.). Im ev. Bereich entspricht dem die Thematisierung bestimmter Sonntage (z.B. Kantate als »Sonntag der Kirchenmusik«), die im Ergebnis zur Ausbildung eines weiteren, siebten Kreises führen könnte.

4. Bei der Ausbildung des Kirchenjahres werden unterschiedliche Formkräfte wirksam:

a. Da ist zunächst der Einfluß des jüd. Festkalenders, von dem die Christenheit sowohl die Siebentagewoche – freilich spezifisch akzentuiert und verändert durch die Hervorhebung des Sonntags – wie das Passafest übernimmt. Ostern – bis in das 3./4. Jh. hinein das einzige christl. Jahresfest – wird zur eigentlichen »Achse« des K.es. Der nächtliche Ostergottesdienst begeht den Durchgang Jesu durch Leiden und Tod in das Leben als einheitliches, zusammengehöriges Geschehen; er dauert bis zum frühen Morgen und endet mit der Feier des Herrenmahls. Ihm geht ein ein- bis sechstägiges Fasten voraus, aus dem sich schließlich – unter dem Einfluß der Tauf- und Bußpraxis der alten Kirche – eine mehrwöchige Vorbereitungszeit entwickelt (Fastenzeit, österliche Bußzeit, Passionszeit). Sie beginnt im Abendland mit dem Aschermittwoch und umfaßt vierzig Fastentage (lat. *Quadragesima*; die Sonntage sind ausgenommen). Die Osterfeier setzt sich fort in der Zeit der fünfzig Tage, der österlichen Freudenzeit; bei ihrer Ausbildung mag der Termin des jüd. Wochenfestes (*Schabuoth*) sieben Wochen nach dem Passafest eine Rolle gespielt haben.

b. Vom 4. Jh. an wird die Tendenz spürbar, in der Osterfeier die Christusgeschichte gleichsam historisierend nachzubilden. Besondere Bedeutung kommt dabei dem Vorbild der Jerusalemer Gemeinde zu: Dort wird es üblich, an den Tagen, zu den Zeiten und an den Orten, an denen die Ereignisse der Christusgeschichte der Überlieferung nach stattgefunden haben, Gedenkfeiern zu begehen. In einem ersten Schritt kommt es zur Ausgliederung der Heiligen Drei Tage (*Triduum Sacrum*): Karfreitag (der, wie üblich, mit dem Vorabend beginnt), Karsamstag und Ostersonntag, wodurch sich die ursprüngliche Einheit der Osterfeier auflokkert. Bald wird die ganze Woche vor Ostern als Heilige Woche (→ Karwoche von althochdt. *kara*, »Trauer, Klage«) begangen und am Palmsonntag mit der Feier des Einzugs Jesu in Jerusalem eröffnet. Eine entsprechende Ausgestaltung erfährt auch die österliche Freudenzeit: Gemäß der lukanischen Chronologie wird jetzt am 40. Tag nach Ostern die → Himmelfahrt Christi begangen; der 50. Tag (griech. *Pentekoste*, eingedeutscht → «Pfingsten«) steht seit dem Ende des 4. Jh.s ganz im Zeichen der Ausgießung des Heiligen Geistes als Erfüllung und Besiegelung der österlichen Ereignisse.

c. Nicht auf Einflüsse aus dem jüd., sondern aus dem hell.-röm. Raum geht das → Weihnachtsfest zurück. Man vermutet, daß seine Entstehung mit dem von Kaiser Aurelian im Jahre 275 verfügten Geburtsfest des unbesiegbaren Sonnengottes (lat. *natale solis invicti*) am 25.12. zusammenhängt; die Christen Roms, so nimmt man an, hätten dieses Fest verchristlicht, indem sie am gleichen Tag die Geburt Christi feierten. Etwa zur gleichen Zeit beginnt man in Ägypten, am 6.1. das Fest der Erscheinung Christi (*Epiphanie*; Genitiv *Epiphanias*) zu begehen; auch hier mag die Konkurrenz zum Geburtsfest eines heidnischen Gottes – dem des Sonnengottes Aion aus der Jungfrau Kore – eine Rolle gespielt haben. Beide Geburtsfeste Christi haben die hell.-höfische Praxis zum Hintergrund, die Geburt bzw. den Regierungsantritt des »gottgleichen« Herrschers (auch seine »Ankunft« – lat. *adventus* – in einer ihm unterworfenen Stadt) als Gotteserscheinung (griech. *theophaneia* bzw. *epiphaneia*) zu interpretieren und feiern zu lassen. Wenn jetzt Christen sowohl am 25.12. wie am 6.1. die Erscheinung Christi begehen, wenden sie sich damit zugleich gegen jede Vergöttlichung irdischer Herrschaft. In diesen Zusammenhang gehören auch die Feste, die Stationen aus dem Leben Jesu und dem Leben seiner Mutter festzuhalten versuchen; sie sind zugleich Ausdruck der unter b. genannten Historisierungstendenzen.

d. Wieder andere Wurzeln hat der oben unter 3. e. genannte Festkreis der Heiligen. Schon das Judentum kennt die Hochschätzung und Verehrung der Märtyrer; doch sind auch Bezüge zum antiken Totenkult erkennbar, bei dem die Familie am Geburtstag des Verstorbenen an seinem Grab zu einem Mahl zusammenkommt: Christen versammeln sich am Sterbetag des Märtyrers (der zugleich als sein »Geburtstag« zum ewigen Leben gilt) an seinem Grab, lesen den in der Gemeinde überlieferten Bericht über sein Leiden und Sterben und feiern die Eucharistie. Der Austausch von Märtyrerakten unter den Gemeinden schafft die Voraussetzung dafür, daß auch Märtyrer fremder Gemeinden in den eigenen Festkalender aufgenommen werden können. Bald schon werden andere Vorbilder des Glaubens – die von Christus berufenen Apostel, die Bekenner, die zwar nicht den Tod, aber doch Verfolgung erlitten haben, bedeutende Bischöfe und Kirchenlehrer, Asketen und Jungfrauen – in solche Verehrung einbezogen; auch Maria, die Mutter Jesu, wird ihnen seit dem 4. Jh. beigesellt.

e. Zu den Formkräften, die das K. zumal in der Gegenwart mehr und mehr mitgestalten, gehört das bürgerliche Jahr. Gelingt es in der Frühzeit, heidnische bzw. weltliche Begehungen und Feste dadurch in das K. zu integrieren, daß man sie auf die Christusgeschichte bezieht, ihnen von Christus her einen neuen Sinn abgewinnt, so läßt sich gegenwärtig eher ein Prozeß in umgekehrter Richtung beobachten: Christl. Feste (z.B. Weihnachten) ziehen – bei weitgehend ungebrochener kultureller Geltung – andere Bedeutungen (Fest des Friedens, der Familie) an sich, die die Art ihrer Gestaltung stark beeinflussen. Kirchen und Gemeinden begegnen dem, wenn sie neuartige Zeiterfahrungen und Zeitmuster (z.B. das gewandelte Verhältnis von Arbeits- und Freizeit; die Rolle des Wochenendes, des Jahresurlaubs usw.) in ihrer gottesdienstl. Praxis nicht ignorieren, sondern sie wiederum in Dienst nehmen, um die Geschichte Gottes mit der Welt erinnernd, vergegenwärtigend, feiernd zu verkündigen.

Lit.: A. Adam: Das Kirchenjahr mitfeiern, 1979; H. Auf der Maur: Feiern im Rhythmus der Zeit I (Gottesdienst der Kirche 5), 1983; K.-H. Bieritz: Das Kirchenjahr, [3]1991; ders.: Ein Haus in der Zeit, in: ZGP 9 (1991) 2, 26-32; P. Cornehl: Der Sinn der Feste und Feiertage, in: WPKG 74 (1985) 410-425; G.v. Gynz-Rekowski: Der Festkreis des Jahres, [2]1985; K.-P. Jörns, K.-H. Bieritz: »Kirchenjahr«, TRE 18, 1989, 575-599; G. Kunze: Die gottesdienstliche Zeit, in: Leiturgia I, 1954, 437-534; ders.: Das Kirchenjahr als Lebensordnung, [2]1960; F. Schulz: Die Ordnung der liturgischen Zeit in den Kirchen der Reformation, in: LJ 32 (1982) 1-24; ders.: »Kirchenjahr«, EKL[3], Bd. 2, 1989, 1115-1126; H.J. Schulz: Liturgie, Tagzeiten und Kirchenjahr des byzantinischen Ritus, in: HOK 1971, 332-385.

K.-H. Bieritz

Kirchenkampf

I. Begriff

Unter K. wird die Auseinandersetzung der ev. und kath. Kirche mit dem NS-Staat von 1933-45 verstanden. Die gegenwärtige ökumenische, geographische und systematische Entschränkung des K.-Begriffes trägt nicht zur terminologischen Klarheit bei, sondern droht das Proprium des K.es zu verschleiern. Im folgenden soll der K. im Sinne seiner ursprünglichen Bedeutung als »Bekenntnis- und Rechtskampf« der ev. Landeskirchen in Auseinandersetzung mit dem Totalitätsanspruch des NS-Regimes von 1933-1945 verstanden werden.

II. Vorgeschichte in der Weimarer Republik

Nach dem Zusammenbruch des Kaiserreichs und dem mit der demokratischen Staatsform verbundenen Ende des landesherrlichen Kirchenregiments 1918 mußten die ev. Kirchen ihre rechtliche Stellung sowie ihr kirchl. Selbstverständnis neu bestimmen. Die allmählich positiv verstandene Autonomie der Kirche, die nach dem endgültigen Scheitern des Bündnisses von »Thron und Altar« durch den polit. Umsturz erzwungen wurde, förderte ihre theol. Neubesinnung (O. Dibelius). Parlamentarische Grundformen wie Kirchenparteien, Wahlen etc. hielten Einzug in die Kirche, da sich die kirchl. Verfassungen an der demokratischen Ordnung des Staates orientierten.

Der Erste Weltkrieg und seine Folgen führten zu theol. Neuansätzen (»Dialektische Theologie« – K. Barth; »Lutherrenaissance« – K. Holl; »politische Theologie« – P. Althaus, E. Hirsch), nachdem sich die vorherrschende liberale Theologie durch ihre Unterstützung der Kriegspolitik desavouiert hatte. Von diesen diametral entgegengesetzten theol. Neuansätzen wurden die kirchenpolit. Auseinandersetzungen im »Dritten Reich« entscheidend geprägt. Dem polit. Programm der NSDAP bes. verpflichtet waren verschiedene deutsch-nationale Kreise, die sich 1932 als Glauensbewegung Deutscher Christen (DC) konstituierten. Am Vorabend der »Machtergreifung« gab es in bezug auf den NS ein breites Meinungsspektrum in den ev. Kirchen.

III. Die NS-Kirchenpolitik

Die neuere Forschung hat die wechselvolle, pluralistische Einstellung der verschiedenen Gruppierungen innerhalb der NSDAP zu den Kirchen herausgearbeitet, die sich in unterschiedlichen kirchenpolit. Strategien und Maßnahmen niederschlug. A. Hitler sah die Kirchen nur als Faktoren zur Förderung oder Behinderung der von ihm vorangetriebenen universalen Revolution an. Aus taktischem Interesse wurde im Parteiprogramm der NSDAP (§ 24) von 1920 ein mehrdeutiges Bekenntnis zum »positiven Christentum« aufgenommen, das vielen Christen als Legitimation ihrer Zustimmung zum NS diente.

Nach der Machtergreifung zielte Hitler auf die totale Gleichschaltung der beiden großen Kirchen mit dem NS-Staat. Während die kath. Kirche durch den Abschluß des Reichskonkordats (Juli 1933) und der damit verbundenen Zerschlagung des polit. Katholizismus in den revolutionären Staat scheinbar positiv integriert worden war, sollten die ev. Landeskirchen durch »Eroberung von innen« zu einer einheitlichen Reichskirche zusammengefaßt werden. Um die Totalherrschaft des NS zu festigen, war Hitler zunächst bereit, taktische Annäherungen an die christl. Kirchen zu vollziehen.

Nach dem Scheitern der Gleichschaltungspolitik in den ev. Landeskirchen überließ Hitler die kirchenpolit. Initiative den zuständigen Parteiorganen. Innerhalb der Partei standen sich die Gruppe derer, die eine Synthese von Christentum und NS für möglich hielten und die Schaffung einer staatlich kontrollierten, loyalen Staatskirche forcierten (u.a. H. Kerrl) und die dezidiert antikirchl. Fraktion, die auf die gesellschaftl. Isolation und die letztliche Liquidierung der Kirchen zielten (M. Bormann, A. Rosenberg, R. Heydrich), unversöhnlich gegenüber. Die Machtkämpfe innerhalb der Partei provozierten die widersprüchlichen Tendenzen der NS-Kirchenpolitik. Hitler wies das antikirchliche Vorgehen seiner Gefolgsleute nur dann zurück, wenn außenpolit. Notwendigkeiten eine Deeskalation erforderlich machten. Auch der von Hitler verordnete »Scheinfrieden« mit den Kirchen während des Zweiten Weltkriegs verhinderte keineswegs die ständig anwachsenden Repressionen. Die »Mehrgesichtigkeit« (Scholder) der NS-Kirchenpolitik, die zudem durch das Kompetenzchaos innerhalb des Parteiapparates geprägt wurde, forderte die Kirchen zu ständiger Reaktion und Neuorientierung heraus. Dadurch wurde eine einheitliche Stellungnahme gegen den NS-Staat erschwert, der sich bis zur letzten Phase des Krieges zeitweise kirchenfreundlich, dann wieder antikirchlich gebärdete.

IV. Der Beginn des Kirchenkampfes 1933/34 und die Entstehung der Bekennenden Kirche

1. Die Kirchenreform als Antwort auf die NS-Revolution.

Hitlers Zusicherungen an die Kirchen in seiner Regierungserklärung (23. 3. 1933) förderte zunächst deren positive Einstellung zum NS-Regime. Zur Bestimmung des Verhältnisses zwischen dem diktatorischen Staat und den Kirchen bot sich die Konzeption einer einheitlichen, zentralistisch geleiteten Reichskirche an, die alle 28 Landeskirchen umfaßte. Die Idee einer Reichskirche wurde von den DC als unabdingbare Konsequenz der nationalen Revolution gedeutet und propagiert. Eine diesbezügliche Kirchenreform wurde auch vom Präsidenten des Ev. Kirchenbundes, H. Kapler, befürwortet, der im Entscheidungsdruck der polit. Situation ein Dreierkollegium zur Entwicklung einer neuen Kirchenverfassung berief. Die Leitungen der Landeskirchen erklärten sich zu einem Zusammenschluß bereit, der aus dem landeskirchl. gegliederten Kirchenbund eine einheitliche Kirche unter der Führung eines Bischofs machen sollte.

Um direkten Einfluß auf die kirchl. Reform nehmen zu können, ernannte Hitler am 25. 4. 1933 den Wehrkreispfarrer L. Müller zu seinem Bevollmächtigten, der aktiv in die Verhandlungen eingriff und sie mit Unterstützung der Partei dominierte. Die neue Verfassung (Loccumer Manifest vom 20. 5. 1933) sah die ev. Kirche weiterhin als föderalistischen Bund bei Wahrung der Bekenntnisse, der jedoch durch einen Reichsbischof geleitet werden sollte, dessen amtliche Befugnisse nicht klar definiert und dessen Kontrolle durch ein zu berufendes Geistliches Ministerium und die Nationalsynode nicht eindeutig waren. Das Amt des Reichsbischofs war die eigentliche Neuerung und Konzession an die Zeitsituation, dessen personelle Besetzung den K. auslöste.

2. Der Streit um die Reichsbischofs-Wahl.

Die von Partei und Staat protgierte DC sowie ein Kreis von Universitätstheologen sprachen sich für L. Müller aus. Dagegen entschieden sich die Landeskirchenleitungen auf Vorschlag der Jungreformatorischen Bewegung (u.a. W. Künneth, H. Lilje, K. Heim, M. Niemöller) am 27. 5. 1933 für den Leiter der Betheler Anstalten, F. v. Bodelschwingh. Die Wahl v. Bodelschwinghs, die trotz der loyalen Einstellung seiner Befürworter zur nationalen Erhebung als Brüskierung des NS-Staates aufgefaßt wurde, führte zu einer Massenagitation der DC gegen den designierten Reichsbischof, die zur Polarisierung der verschiedenen kirchenpolit. und theol. Lager beitrug. Die polit. Isolierung v. Bodelschwinghs durch die Staatsführung sowie seine teilweise innerkirchl. Ablehnung aus konfessionellen und kirchenpolit. Motivationen erzwangen seinen Rücktritt (24. 6. 1933).

Zuvor hatte das Ausscheiden Kaplers als Präsident des Kirchenbundes und des altpreußischen EOK die Einsetzung A. Jägers als Staatskommissar in der altpreußischen Landeskirche ermöglicht. Jäger begann sofort mit der rücksichtslosen Gleichschaltung, indem er alle kirchl. Körperschaften auflöste, die Generalsuperintendenten suspendierte und an ihre Stelle Kommissare einsetzte. Angesichts dieses »kirchlichen Notstandes« gelang es L. Müller, die Leitung des Kirchenbundes zu übernehmen und mit Einverständnis der luth. Bischöfe einen neuen Verfassungsausschuß zu berufen. Reichspräsident P. v. Hindenburg und Hitler selbst plädierten für einen raschen Verfassungsbeschluß verbunden mit der Zusage, daß in diesem Fall ein Rückzug der Staatskommissare erfolgen würde. Unter diesem äußeren Druck wurde die neue Verfassung der DEK in großer Eile erarbeitet, bereits am 11. 7. 1933 einstimmig von den Landeskirchenleitungen angenommen und am 14. 7. als Reichsgesetz verkündigt.

Die für den 23. 7. ausgeschriebenen Kirchenwahlen führten nach der Parteinahme Hitlers am Vorabend der Wahl zu einem erdrutschartigen Sieg der DC, die zwei Drittel aller Stimmen auf sich vereinigen konnten. Als Folge der durch DC-Mehrheiten dominierten Synoden wurden fast überall die alten konsistorialen Kirchenleitungen abgelöst und durch DC-Bischöfe ersetzt. Ebenso erfolgte auch der radikale Umbau der kirchl. Verwaltungen im Sinne der DC, wobei der staatliche Gedanke des Führerprinzips und die Einführung des Arierparagraphen maßgeblich waren. Im September 1933 existierten in Deutschland einerseits sog. zerstörte, d.h. unter einem DC-Kirchenregiment stehende, andererseits intakte Landeskirchen nebeneinander. Intakt blieben nach dieser Definition nur die hannoversche (Bischof A. Marahrens), die württembergische (Bischof Th. Wurm) und die bayerische Kirche (Bischof H. Meiser). Am 27. 9. 1933 wählte die Nationalsynode in Wittenberg Müller zum Reichsbischof, der zuvor bereits Landesbischof der altpreußischen Landeskirche geworden war. Die Gleichschaltung der ev. Kirche mit dem NS-Staat schien abgeschlossen zu sein.

3. Die Sammlung der kirchlichen Opposition.

Die kirchl. Opposition gegen die DC, die sich im Streit um den Reichsbischof u.a. als Jungreformatorische Bewegung unter dem Motto »Kirche muß Kirche bleiben« gesammelt hatte, verlagerte ihre Tätigkeit nach dem Wahlsieg der DC vom kirchenpolit. Kampf auf die gemeindliche Ebene. Pfarrer und Gemeindeglieder, die trotz der Niederlage an der kirchl. Opposition festhielen, begannen sich im Sommer 1933 durch zunächst spontane Zusammenkünfte zu sammeln. Der Verlauf und die Ergebnisse der preußischen Generalsynode (5. 9. 1933), zu denen die Einführung des Arierparagraphen im kirchl. Bereich gehörte, provozierte die rasche organisatorische Formierung der Opposition in dem von M. Niemöller gegründeten Pfarrernotbund, dem Zusammenschluß bekenntnistreuer Pfarrer (Mitgliederhöchststand Januar 1934: 7.000). Dessen Mitglieder verpflichteten sich zur alleinigen Bindung an die Heilige Schrift und die Autorität der reformatorischen Bekenntnisse. Die Einführung des Arierparagraphen wurde als Verletzung des Bekenntnisstandes verurteilt. Gleichzeitig zu der sich ausweitenden Opposition gegen das DC-Kirchenregiment vollzog sich im Herbst 1933 der Niedergang der DC. Infolge der skandalösen Selbstdemaskierung auf einer Kundgebung im Berliner Sportpalast am 13. 11. 1933, in deren Verlauf ein Redner die radikalen antisemitischen und völkischen Grundsätze der Bewegung offenlegte und zur Ablehnung des Alten Testaments wie zur »Arisierung« der ntl. Botschaft aufrief, kam es zu einer Austrittswelle und schließlich zur völligen Destabiliserung der Organisation, obgleich ihre Herrschaft im kirchl. Verwaltungsbereich bestehen blieb. Am 24. 11. 1933 trafen sich erstmalig die Verantwortlichen der sog. »Bekenntnisfront«, zu denen neben Vertretern des Pfarrernotbundes auch die Bischöfe der intakten Kirchen sowie der Präses der westfälischen Provinzialsynode, K. Koch, gehörten. Auf Druck der innerkirchl. Opposition und der mangelnden Unterstützung durch Partei und Staatsführung sah sich Müller zur Auflösung der umstrittenen Reichskirchenregierung genötigt. Um seine Position als Reichsbischof zu festigen, distanzierte er sich im Dezember 1933 von der Glaubensbewegung Deutscher Christen, lieferte jedoch – ebenfalls als taktisches Manöver – die gesamte ev. Jugendarbeit mittels Vertrag an die Hitlerjugend (HJ) aus. Ohne auf die Ultimaten und Forderungen der Bekenntnisfront einzugehen, berief er ein Reichskirchenregiment, erließ kirchl. Gesetze, die die landeskirchl. Kompetenzen erheblich einschränkten, und unterdrückte durch den sog. »Maulkorberlaß« (4. 1. 1934) unter Androhung der Amtsenthebung jegliche Kritik. Die ständige Überschreitung seiner rechtlichen Kompetenzen ließen die Forderungen nach seinem Rücktritt, denen sich im Januar 1934 auch verschiedene Reichsminister und der Reichspräsident anschlossen, immer lauter werden.

Die Entscheidung für einen Verbleib Müllers im Amt fiel anläßlich einer Audienz der BK-Front bei Hitler, bei der auch Müller und Vertreter der DC anwesend waren. Aufgrund eines abgehörten Telefongesprächs Niemöllers, das dessen angebliche »Staatsfeindlichkeit« belegen sollte, endete die Begegnung mit einer vollständigen Niederlage der Opposition. In der Erklärung vom 27. 1. 1934 bekannten sich die beteiligten Kirchenführer zur Loyalität gegenüber dem NS-Staat sowie zur Solidarität mit Müller. Diese »Unterwerfung« führte zu einer schwerwiegenden Krise der Oppositionsparteien, d.h. zwischen den luth. Bischöfen und dem Pfarrernotbund, die sich gegenseitig die Schuld an der Niederlage vorwarfen. Bereits zu diesem Zeitpunkt trat der Gegensatz von intakten und zerstörten Kirchen deutlich zutage. Die unterschiedliche rechtliche Situation, aber auch die divergierenden theol. Überzeugungen erschwerten das Miteinander. Der Reichsbischof und sein »Rechtswalter« Jäger vollzogen im Lauf des Jahres 1934 unter Zustimmung der durch DC-Mehrheiten besetzten Synoden die Eingliederung der meisten Landeskirchen in die Reichskirche. Die Entrechtung der Landeskirchen, die Disziplinierungsmaßnahmen gegen oppositionelle Pfarrer in den zerstörten Kirchen sowie die strategisch ausgebaute Willkürherrschaft des Reichsbischofs führten zur erneuten Formierung der Opposition und schließlich zur Bildung der Bekennenden Kirche.

4. Die erste Bekenntnissynode in Barmen.

Im Protest gegen das DC-Kirchenregiment erklärten sich innerhalb der zerstörten Kirchen einzelne Gemeinden mit ihren Pfarrern zu »bekennenden Gemeinden«. Als neue organisatorische Form der Opposition bildeten sich freie Synoden, die unter starker Beteiligung von Laien Erklärungen zur Situation nach Maßgabe der Bekenntnisse abgaben. Am 20. 2. 1934 solidarisierte sich der Pfarrernotbund mit der freien Synode im Rheinland. Im Kampf gegen das »Regime« Müllers und Jägers engagierten sich auch die luth. Bischöfe der intakten Kirchen, die mit ihrer Gesprächsdiplomatie bei staatlichen Stellen jedoch nicht die Absetzung des Reichsbischofs erreichten. Die westfälische freie Synode, die sich nach polizeilicher Auflösung der legalen Synode am 16.3.1934 konstituierte, und der darauffolgende Gemeindetag unter dem Wort (20.000 Teilnehmer) verdeutlichen die große Zustimmung der gemeindlichen Basis zur Opposition.

In Konsequenz der gescheiterten Verhandlungen mit dem Reichskirchenregiment sowie den verantwortlichen staatlichen Stellen und angesichts der gefährdeten Eigenständigkeit der intakten Kirchen nahmen die Bischöfe Kontakt zu den freien Synoden auf. So entwickelte sich im Frühjahr 1934 eine Kampfgemeinschaft aus dem Pfarrernotbund, dem Aufbruch von Pfarrern und Gemeinden, die sich in den freien Synoden organisierten, und den Bischöfen der intakten Landeskirchen. Ihr gemeinsames Anliegen war nicht der Kampf gegen den NS-Staat, dem sie i.d.R. loyal gegenüberstanden, sondern die Bekämpfung der »DC-Unkirche« auf der Grundlage der Heiligen Schrift und der reformat. Bekenntnisse.

Als Reaktion auf einen Eingriff des Reichsbischofs in die Befugnisse der württembergischen und bayerischen Landeskirchen versammelte sich die pluriforme Opposition in einem Gottesdienst in Ulm (22. 4. 1934). Dort sagte sie sich zum ersten Mal vom Reichskirchenregiment los und bezeichnete sich als rechtmäßige Deutsche Evangelische Kirche (DEK). Als Begründung dieses Anspruchs, der den zuvor diskutierten Weg einer freikirchl. Konzeption verwarf, wurde die Bekenntniskonformität herausgestellt. Nur eine Kirche, die dem Bekenntnis treu sei, könne die wahre Kirche sein. Demgegenüber habe sich die Reichskirchenleitung durch ihre Politik und die synkretistische DC-Ideologie als illegitime Kirche erwiesen. Die Ulmer Erklärung gilt damit zurecht als Geburtsstunde der BK.

Auf der ersten Bekenntnissynode in Barmen (29.-31. 5. 1934) wurde sowohl das theol. als auch das rechtliche Fundament der BK festgelegt. Ein theol. Ausschuß (K. Barth, A. Asmussen, Th. Breit, H. Sasse) hatte unter der Federführung Barths eine »Theologische Erklärung« ausgearbeitet, die nach intensiver Diskussion als synodales Dokument von den Vertretern der ref., luth. und unierten Kirchen einstimmig angenommen wurde. Seit der Reformationszeit wurde erstmalig im dt. Protestantismus eine gemeinsame Stellungnahme zu Wesen und Auftrag der Kirche abgegeben. Mit sechs Thesen und Verwerfungen grenzte sich die Synode nicht nur von der Häresie der DC und dem Totalanspruch des NS-Staates ab, sondern sie bekannte sich auch eindeutig zu Jesus Christus als alleiniger Quelle der Offenbarung. Gerade die Exklusivität der Christusoffenbarung trug im Kern die Zurückweisung des Herrschaftsanspruchs des NS und seiner Repräsentanten in sich.

Parallel zur → Barmer Theologischen Erklärung wurde auch eine Stellungnahme zur Rechtslage der Bekenntnissynode angenommen, in der man der Reichskirchenleitung den Anspruch aberkannte, die rechtmäßige Kirchenleitung zu sein. Der folgenreiche Grundsatz, daß die äußere Ordnung der Kirche nicht vom Bekenntnis zu trennen sei, wurde festgelegt, ohne daß schon eine endgültige organisatorische Scheidung von der Reichskirchenleitung durch den Aufbau eigener kirchl. Strukturen eingeleitet wurde.

Polit. Erklärungen sowie Stellungnahmen zur Verfolgung der jüd. Mitbürger wurden in Barmen unterlassen, was später immer wieder kritisch vermerkt wurde. »Barmen« war kein genuin polit. Votum, sondern eine theol. Verständigung über die Grundlage der Lehre, des Wesens und der Verkündigung der Kirche und wirkte sich gerade dadurch regimekritisch aus und konnte so für den christl. Widerstand fruchtbar gemacht werden. In der Folgezeit blieb der Rang der Theologischen Erklärung innerhalb der BK umstritten. Während sie einerseits als verbindliche Lehrgrundlage angesehen wurde, galt sie anderen nur als gemeinsames Wort zur aktuellen Situation der Kirche, die von einer Häresie bedroht war.

5. Die zweite Bekenntnissynode in Berlin-Dahlem.

Der Gewaltstreich Jägers gegen die bayerische und württembergische Kirche, in dessen Verlauf es zur zeitweiligen Absetzung und Arrestierung der Bischöfe Meiser und Wurm kam, provozierte eine Protestbewegung der BK, der Ökumene und des Kirchenvolks, die schließlich, nach Intervention des Staates aufgrund der innenpolit. Krise, zum Scheitern der gesamten Eingliederungspolitik führte. Die Eskalation der Gewaltmaßnahmen bot den Anlaß zur Einberufung der zweiten Bekenntnissynode in Berlin-Dahlem (19.-20. 10. 1934). Angesichts der Ereignisse in den süddeutschen Landeskirchen erklärte die Synode die Reichskirchenregierung sowie alle DC-Kirchenleitungen für illegitim, installierte ein kirchl. Notrecht und erhob, entgegen der realen Situation in den zerstörten Kirchen, in denen die BK in der Minderheit war, den Anspruch, selbst die Kirchenleitung durch die Schaffung eigener Organe zu übernehmen. Als oberste Kirchenleitung wurde ein konfessionell paritätisch besetzter Reichsbruderrat gewählt, der unter der Leitung K. Kochs einen geschäftsführenden Rat berief. Die Ergebnisse von Dahlem, die zur radikalen Scheidung von den DC und allen, die sich nicht der BK anschlossen, verpflichteten, blieben nicht zuletzt wegen der wenig repräsentativen Zusammensetzung der Synode sowie aus konfessionellen, kirchenpolit. und verfahrenstechnischen Gründen ständig umstritten. Am 20./21. 11. 1934 wurde die erste Vorläufige Kirchenleitung der DEK unter Vorsitz von Bischof → Marahrens gebildet. Dieser BK-Kirchenleitung gelang es jedoch trotz der Desavouierung Müllers nicht, die staatliche Unterstützung zu erhalten.

V. Der Weltanschauungskampf und die Spaltung der Bekennenden Kirche (1935-1939)

1. Die Ausschußpolitik des Reichskirchenministeriums

Das Scheitern der DC-Nationalkirchenpläne beendete nicht die schismatische Situation innerhalb der DEK. Die »intakten« standen den »zerstörten« Landeskirchen gegenüber, die zwei Kirchenleitungen hatten: ein offizielles DC-Bischofsregiment und eine freie bruderrätliche Kirchenleitung. In diesen Kirchen lag es an der persönlichen Entscheidung von Pfarrern und Gemeinden, welcher Kirchenleitung sie sich unterstellten. Die unterschiedliche Rechtslage führte abgesehen von konfessionellen und theol. Motiven zu fortgesetzten Spannungen in der BK. Während die intakten Kirchen auf die Positionssicherung ihrer Kirchen und den Erhalt ihrer relativen institutionellen Freiheit bedacht waren, drängten die oft im

Minderheitsstatus existierenden und zum ständigen Bekennen genötigten bruderrätlichen Leitungen auf eine radikale Trennung von den DC und einen klaren staatsunabhängigen Kurs der BK auf der Grundlage von Barmen und Dahlem.

Dieser schwelende Konflikt verschärfte sich in der neuen Phase der NS-Kirchenpolitik, die durch die Schaffung eines Reichskirchenministeriums (RKM) unter Reichskirchenminister H. Kerrl eröffnet wurde. Dieser sollte die Genehmigung Hitlers zur Befriedung und Einigung der DEK beitragen. Dazu berief er am 3. 10. 1935 einen Reichskirchenausschuß (RKA) ein, der die Leitung der DEK übernehmen sollte. In den zerstörten Landeskirchen bewirkte er die Einrichtung von Kirchenausschüssen, die durch ministeriellen Erlaß vom 20. 10. 1935 die kirchenleitenden Funktionen sowohl des DC-Regiments als auch der BK-Bruderräte übernahmen. Die Frage der Zusammenarbeit mit Kerrl und den von ihm initiierten Ausschüssen führte zur Spaltung der BK. Während die intakten Kirchen und einige Landesbruderräte zur Kooperation neigten, lehnte der Reichsbruderrat am 3. 1. 1936 jegliche Zusammenarbeit ab. Die Spaltung der BK konnte auf der letzten Bekenntnissynode in Bad Oeynhausen (17.-22. 2. 1936) nicht verhindert werden, so daß sich fortan zwei Flügel der BK gegenüberstanden: die intakten Landeskirchen und einige Landesbruderräte, die sich wenig später durch Bildung des Rates der Ev. Lutherischen Kirche in Deutschland am 18. 3. 1936 eine eigene Leitung gaben, sowie die restlichen Bruderräte, die eine sog. Zweite Vorläufige Kirchenleitung (2. VKL) wählten.

Man bezeichnet diese Fraktionen zumeist als »gemäßigt« bzw. »radikal«. Es ist fraglich ob diese Charakterisierung bei der weitreichenden theol. Diskrepanz angebracht ist. Der »gemäßigte« Teil der BK stand in der Gefahr, durch seine Teilnahme an den Ausschüssen die Selbstdefinition der BK als der einzig legitimen DEK zu relativieren und damit die Linie von Barmen und Dahlem zu verlassen. Der bruderrätliche Flügel insistierte auf der orth. Auslegung der Dahlemer Beschlüsse, wobei die Frage der »Kirchengemeinschaft« im Zentrum der Auseinandersetzung stand. Zwei ekklesiologische Konzeptionen der BK standen sich gegenüber. Die staatliche Strategie der Kirchenausschüsse endete im Februar 1937 mit dem Rücktritt des RKA. Eine Folge war die verstärkte Einflußnahme des RKM, das seine Befugnisse unter Kerrl sukzessiv ausdehnte. Der Staat bemächtigte sich durch den in Vertretung Kerrls agierenden Staatssekretär Muhs zunehmend des kirchl. Verwaltungsapparates, insbesondere der kirchl. Vermögensverwaltung. Die desolate innerkirchl. Situation, in der vier Kirchenleitungen – die 2. VKL, der Lutherrat, die neugegründete Kirchenführerkonferenz und der zur Geschäftsführung berufene Präsident der Ev. Kirchenkanzlei und des Berliner Oberkirchenrates, Dr. Werner – um ihre Anerkennung kämpften, wurde ab 1935 durch die zunehmende Einflußnahme der antikirchl. Richtung der Partei verstärkt, die, durch taktische Kompromisse immer wieder gebremst, zur Bekämpfung der Kirchen bes. der BK in den zerstörten Kirchen überging.

2. Der Weltanschauungskampf

Die staatlich geförderte Propagandawelle der deutsch-völkischen Gruppierungen stellte die Kirchen vor neue Herausforderungen. Engagiert bekämpfte man die antichristl. und antikirchl. Ideologie, ohne deren Verflechtung mit einflußreichen Kreisen der Partei zu erfassen. Dabei konnte die kirchl. Kritik der »neuheidnischen Lehre« (vgl. A. Rosenbergs »Mythus«) als Angriff auf die Weltanschauung des NS interpretiert werden und staatliche Gegenreaktionen auslösen. Der konsequente Ausbau des »Dritten Reiches« zum »Weltanschauungsstaat« mit totalem Herrschaftsanspruch wandelte den ideologischen Abwehrkampf der Kirchen – gegen ihren Willen – in einen polit. um. Dabei war die BK überzeugt, bei aller Resistenz gegenüber der NS-Ideologie weiterhin loyal zum Staat stehen zu können.

Die Denkschrift der 2. VKL vom 28. 5. 1936 an Hitler repräsentiert ein klares Wort des Widerspruchs gegenüber der völkischen Ideologie, aber gleichzeitig auch eine dezidierte Kritik an den Unrechtsmaßnahmen des Staates wie Wahlfälschungen, Mißbrauch des Eides, Erziehung zum Antisemitismus, Gestapovollmachten und Existenz von Konzentrationslagern. Teile der BK distanzierten sich jedoch von der Kanzelabkündigung der Denkschrift, deren Wortlaut ohne Absicht seitens der 2. VKL in der ausländischen Presse veröffentlicht wurde.

Die Kirchen sahen sich in der letzten Phase vor dem Ausbruch des Zweiten Weltkriegs im wachsenden Maße einer auf »Entkonfessionalisierung« der Gesellschaft zielenden antikirchl. Politik der Partei ausgesetzt, die sich in vielfältigen Übergriffen und Repressionsmaßnahmen niederschluß. Als Fanal des eskalierenden Kampfes der Partei gegen die BK kann der

Prozeß gegen Niemöller gedeutet werden, der trotz eines richterlichen Freispruchs vom 2. 3. 1938 bis zum Kriegsende in KZ-Haft blieb. Die antikirchl. Fraktion der NSDAP setzte sich gegen den noch immer um eine loyale Staatskirche bemühten Kerrl durch, wie die Kirchenpolitik im angeschlossenen Österreich und im Warthegau zeigte. Die völlige staatliche Kontrolle und Entrechtung der Kirchen, die im Warthegau paradigmatisch für eine zukünftige reichseinheitliche Regelung realisiert wurde, verdeutlichte das Ziel einer schrittweisen Liquidierung der Kirchen.

Als Reaktion auf die sich verschärfende Kirchenpolitik des Staates versuchten die Gruppierungen der BK noch einmal zu einer Einigung unter einer gemeinsamen Leitung zu kommen. Das sog. Kasseler Gremium konnte die grundlegenden Differenzen nicht überbrükken, so daß bis kurz vor Kriegsende die Spaltung der BK bestehen blieb. Besonders deutlich wurde der Zwiespalt in der Reaktion auf eine anläßlich der »Sudetenkrise« Ende September 1938 verfaßte Gebetsliturgie der 2. VKL, die von der NS-Presse als staatsfeindliche Agitation gebrandmarkt wurde. Auf Drängen Kerrls distanzierten sich die luth. Landesbischöfe öffentlich von der 2. VKL.

VI. Der Kirchenkampf während des Zweiten Weltkriegs 1939-1945

Der Kriegsausbruch stellte die BK vor neue Herausforderungen, da die Loyalität gegenüber dem Vaterland als unbedingte Pflicht erschien, wenngleich sie die Unterstützung des als antichristl. erkannten Regimes implizierte. Da eine ordentliche Kirchenleitung der DEK nicht mehr existierte, wurde ein Geistlicher Vertrauensrat unter Leitung von Marahrens gebildet, der den mit der Geschäftsführung beauftragten Präsidenten Werner unterstützte und zur moralischen Solidarität gegenüber der NS-Politik aufrief. Die Kriegserfolge und -ziele Hitlers, bes. der Feldzug gegen die UdSSR, wurden von den Kirchen mitgetragen und begrüßt. Die Kriegszeit offenbarte jedoch endgültig den verbrecherischen Charakter des NS-Staates (Kriegsführung und Okkupationspolitik, planmäßige Vernichtung der jüd. Bevölkerung, Euthanasieprogramm).

Auch in dieser Krisenzeit entwickelte sich die BK aufgrund ihres kirchl. Selbstverständnisses nicht geschlossen zu einer polit. Widerstandsbewegung. Aber Pfarrer, Gemeindeglieder und Persönlichkeiten wie D. Bonhoeffer und, auf kath. Seite, A. Delp nahmen aus christl. Verantwortung aktiv an der Planung des polit. Umsturzes teil. Angesichts des Euthanasieprogramms, das den Massenmord an geistig und körperlich Behinderten bedeutete, kam es seit 1940 zu mutigen Protestschreiben Bischof Wurms an Staats- und Regierungsstellen.

Die BK unterhielt seit 1935 das sog. Büro Grüber, das unter der Leitung von H. Grüber vielen Juden die Flucht ermöglichte. Wenn auch die engagierte Hilfe im Einzelfall nicht vergessen werden darf, muß doch im Blick auf das ungeheure Ausmaß des Verbrechens die offizielle Reaktion der Kirchen als ein großes schuldhaftes Schweigen bezeichnet werden. Viele Landeskirchen hoben im Dezember 1941 nach der Einführung des Judensterns selbst die kirchl. Gemeinschaft mit den Judenchristen auf. Im selben Jahr versuchte Wurm, die in viele Gruppierungen gespaltene DEK zu einigen. Das Jahr 1941, das als kriegsentscheidend angesehen wurde, gab den Anlaß für die kirchl. Planungen für die Nachkriegszeit. Das Einigungswerk sollte der Bildung einer legitimen Kirchenleitung der DEK dienen. Dieses Ziel wurde aufgrund des Widerstands des RKM, der DC, etlicher Vertreter der kirchl. »Mitte« aber auch des radikalen Flügels der BK nicht erreicht. Dennoch konnten die ev. Kirchen bei der Neuordnung der DEK nach Kriegsende an die Vorarbeiten des Einigungswerkes anknüpfen.

VII. Beurteilung

Der K. war von Beginn an ein Kampf um die Kirche. Angesichts des totalen Herrschaftsanspruchs des NS-Staates, der mittels der DC die Kirche gleichzuschalten versuchte, ereignete sich die entschlossene Neubesinnung der ev. Kirche auf ihr Wesen und ihren Auftrag. Ihre exklusive Bindung an Jesus Christus, wie ihn die Heilige Schrift bezeugt, führte in den Konflikt mit dem NS-Weltanschauungsstaat. Das aktuelle Bekennen, worin das Wesen der Kirche Jesu Christi besteht und welchem Herrn sie gehört, das die BK als Gemeinschaft vieler Christen und Gemeinden in konsequenter Nachfolge praktiziert und bewährt hat, ist eine bleibende Herausforderung für die christl. Gemeinde in den geistlichen Verführungen ihrer Zeit. Die Geschichte der Kirchen im »Dritten Reich«, mit seiner Pervertierung der staatlichen Macht, die im Inferno des Massenmordes an Juden und des verheerenden Weltkriegs endete, hat aber auch gezeigt, daß die Kirche in Analogie zum Weg des Gekreuzigten ein

Recht, mehr noch eine Pflicht zum Widerspruch hat.

Lit.: J.S. Conway: Die nationalsozialistische Kirchenpolitik 1933-1945, 1969; K. Meier: Der evangelische Kirchenkampf, Gesamtdarstellung in drei Bänden, Bd. 1-3 1976-1984; C. Nicolaisen: Der Weg nach Barmen, 1985; K. Scholder: Die Kirchen und das Dritte Reich, 2 Bde., 1986-1988; L. Siegele-Wenschkewitz: Nationalsozialismus und Kirchen. Religionspolitik von Partei und Staat bis 1935, 1974.

A. Strübind

Kirchenkreis → Kirchenverfassung

Kirchenkunde → Konfessionskunde

Kirchenlehen → Beneficium

Kirchenlehrer (doctores ecclesiae)

K. sind herausragende Persönlichkeiten der Kirche, die aufgrund ihres Lebenswandels, ihrer (rechtgläubigen) Lehre sowie ihrer hervorragenden Gelehrsamkeit von der röm.-kath. Kirche ausdrücklich zu K.n erklärt worden sind. Sie sind zu unterscheiden von den auf altchristl. Zeit beschränkten → Kirchenvätern.

Zunächst sind die vier großen Theologen des lat. Altertums zu nennen: → Ambrosius (gest. 397), K.: 397; → Hieronymus (gest. 419/420), K.: 419/420; → Augustinus (gest. 430), K.: 430; Gregor der Große (gest. 604), K.: 604 (→ Papst, Papsttum).

Die K. der östl. Theologie waren: → Athanasius (gest. 373), K.: 373; Basilius der Große (gest. 379), K.: 379 (→ Kappadozier); Gregor von Nazianz (gest. 390), K.: 390 (→ Kappadozier); Johannes → Chrysostomus (gest. 407), K.: 407.

Um 800 sprach man von den vier abendländischen K.n als »den vier Paradiesströmen«. Diese Bezeichnung war ursprünglich nur den vier Evangelisten vorbehalten.

Seit dem 16. Jh. wurden auch führende Theologen des MAs und der Neuzeit »doctores ecclesiae« genannt. Die beiden großen K. des MAs sind → Thomas v. Aquin (gest. 1274), K.: 1567; er erhielt die Bezeichnung »doctor angelicus«, und → Bonaventura (gest. 1274), K.: 1588, er ist als »doctor seraphicus« bekannt geworden.

Andere Theologen des MAs, die die Würde eines K.s erhielten, sind: → Isidor von Sevilla (gest.: 636), K.: 1722; → Beda Venerabilis (gest. 735), K.: 1899; → Johannes Damascenus (gest. 749), K.: 1890; → Petrus Damiani (gest. 1072), K.: 1829; → Anselm von Canterbury (gest. 1109), K.: 1720; er ist als »doctor marianus« in die Geschichte eingegangen.

Ferner → Bernhard von Clairvaux (gest. 1153), K.: 1830, »doctor mellifluus«; Antonius von Padua (gest. 1231), K.: 1946 »doctor evangelicus« und → Albertus Magnus (gest. 1280), K.: 1931, »doctor universalis«.

Aus der Neuzeit stammende Theologen wurden K.:

→ Johannes vom Kreuz (gest. 1591), K.: 1926; Petrus Canisius (gest. 1597), K.: 1925, Robert → Bellarmin (gest. 1621), K.: 1931; → Franz von Sales (gest. 1622), K.: 1877 und Alfons von Liguori (gest. 1787), K.: 1871.

Ferner gehören zu den K.n: Hilarius von Poitiérs (gest. 367), K.: 1851; Ephraim der Syrer (gest. 378), K.: 1920; Kyrill von Jerusalem (gest. 386), K.: 1882; Kyrill (→ Cyrillus) von Alexandrien (gest. 444), K.: 1882; → Leo der Große (gest. 461), K.: 1754; Petrus Crysologus (gest. ca. 650), K.: 1729; Laurentius von Brindisi (geb. 1619), K.: 1959.

1970 erhob Papst Paul VI. die ersten Frauen zu K.innen: → Katharina von Siena (gest. 1380) und → Teresa von Avila (gest. 1582).

Bis heute gibt es 30 K. und zwei K.innen.

Lit.: Enciclopedia Cattolica 4 (1950), 1901ff.

K. Wittstadt

Kirchenleitung

Jesus Christus ist der Herr der Kirche. Er leitet sie durch seinen Geist. Dies ist der Ausgangspunkt und Richtpunkt alles kirchenleitenden Handelns in der Kirche. Dadurch ist dasselbe wesenhaft von allen sonst vielleicht vergleichbaren Leitungsvorgängen im gesellschaftl. Leben unterschieden.

Indem die Ausrichtung des Wortes der christl. Gemeinde anvertraut und anbefohlen ist, ist sie gewürdigt, am Leitungsamt ihres Herrn in seinem Namen und Auftrag teilzunehmen. Von diesem eigentlichen Dienst kirchenleitenden Handelns in Verkündigung und Lehre ist zu unterscheiden, was zur praktischen Ermöglichung dieses Dienstes von der Gemeinde geordnet und gestaltet werden muß. Während das erstere göttliches Mandat (*ius divinum*) ist, geschieht das letztere in der Freiheit verantwortlichen Ermessens (*ius humanum*) unter den Gegebenheiten wechselnder Umstände und Verhältnisse.

In der röm.-kath. Tradition war die Leitung der Kirche bis über die Reformationszeit hinaus fast ausschließlich den verschiedenen Stufen des geweihten Priesterstandes vorbehalten. Erst das 2. Vatikanum und im Anschluß daran das Kanonische Recht (1983) haben hinzugefügt, daß das ganze Volk Gottes am priesterlichen, prophetischen und königlichen Amt Jesu Christi aktiven Anteil hat, und daß dementsprechend auch Laien am kirchenleitenden Dienst Mitwirkungsrechte besitzen. Aber nach wie vor ist die Weihevollmacht ausschließlich den Klerikern vorbehalten.

Die → Reformation hat demgegenüber dem »Allgemeinen Priestertum aller Gläubigen« Recht und Vollmacht alles kirchenleitenden Handelns zuerkannt. Zwar begründet der Dienst an Wort und Sakrament in der Gemeinde das besondere Predigtamt. Aber dieses steht nicht über der Gemeinde, sondern in der Gemeinde und ist bei aller Freiheit der bibl. Verkündigung auf ein einvernehmliches Miteinander verwiesen. Das in der Reformationszeit unter dem Druck der Verhältnisse eingerichtete landesherrliche Kirchenregiment hat das kirchenleitende Handeln weitgehend den regierenden Fürsten in ihrer Eigenschaft als *praecipua membra ecclesiae* (»besondere Glieder der Gemeinde«) ausgeliefert und die Ausprägung eigener kirchenregimentlicher Regelungen in den Kirchen verzögert. Doch sind mit dessen Ende 1918 die Ansätze der Reformationszeit neu zum Zuge gekommen.

Die Freikirchen haben ihrem theol. Selbstverständnis folgend von Anfang an auch in Deutschland und der Schweiz ihre kirchenleitenden Funktionen staatsunabhängig ausgeübt. Dazu haben sie entsprechende kirchl. Ordnungen erlassen, für die ausschließlich geistl. Kriterien zugrunde gelegt wurden.

Bei aller Verschiedenheit im einzelnen ist das kirchenleitende Handeln in den Landeskirchen auf dem Miteinander und Zueinander von allgemeinem Priestertum und besonderem Predigtamt, von Gemeinde und Amt, Synode und Bischofsamt (in welcher Amtsbezeichnung auch immer) gegründet, wobei als dritter Mandatsträger die kirchl. Verwaltung hinzutritt, die, selbst wo sie mehr mit den äußeren Dingen befaßt ist, auch dadurch am kirchenleitenden Handeln beteiligt ist. Insbesondere die Herausforderungen des → Kirchenkampfes im Dritten Reich haben dazu geführt, den unlöslichen Verbund von Bekenntnis und Ordnung herauszustellen und festzuhalten.

Das Verhältnis dieser drei besonderen Träger kirchenleitender Verantwortung wird je nach den vorgegebenen Besonderheiten der Tradition und Konfession verschieden gewichtet, hier mehr synodal, da mehr episkopal. Übereinstimmung aber besteht in der Anerkennung arbeitsteiliger und einvernehmlicher Kooperation. Es geht um gemeinsame Verantwortung vor dem Herrn der Kirche als dem eigentlichen Träger alles kirchenleitenden Handelns sowie um die Ausrichtung alles kirchl. Dienstes unter Wort und Sakrament an die Gemeinden und an alle Welt.

S.a. → Gemeindeleitung.

Lit.: H. Dombois: Das Reich der Gnade, 1969 ; Martin Fisher zum 65. Geburtstag: Theologie und Kirchenleitung, 1981; G. Holstein: Die Grundlagen des evangelischen Kirchenrechts, 1928; W. Maurer: Die Kirche und ihr Recht, 1976.

H. Thimme

Kirchenlied → Liedgut/Liederbücher

Kirchenmitgliedschaft

K. bezeichnet in der ev. Kirche die Zugehörigkeit zu einer Landes- oder Freikirche. Sie ist ihrem Wesen nach nicht so sehr Teilhabe oder Inanspruchnahme kirchl. Einrichtungen und Dienstleistungen als Zurechnung zur Gemeinschaft der Glaubenden und Teilnahme an der Erfüllung des Auftrags der Kirche Jesu Christi in dieser Welt. Aus ihr ergeben sich Pflichten (Bekenntnis zu Wort und Sakrament, Beteiligung am kirchl. Leben und an der Aufbringung der erforderlichen finanziellen Mittel, Bereitschaft zur Überlassung der erforderlichen persönlichen Daten) und Rechte (Zugang zu Sakrament und kirchl. Amtshandlungen, aktives und passives Wahlrecht).

Die K. wird bei Nichtgetauften durch Taufe, bei Getauften durch Aufnahme oder Wiederaufnahme begründet. In der Taufe erfährt der Getaufte die Zusage der Gnade Gottes und die Eingliederung in den Leib Christi. Glied einer Landes- oder Freikirche wird er dadurch, daß die Taufe innerhalb der Kirche stattfindet, zu der die Mitgliedschaft begründet werden soll. Bei den Methodisten ist allerdings zusätzlich eine förmliche Bewerbung um volle K. nötig.

Im Falle des Wegzugs aus dem Bereich einer Landeskirche setzt sich die K. zur Kirchengemeinde und zur Landeskirche am Ort der neuen Hauptwohnung fort, es sei denn, daß der Zuziehende innerhalb eines Jahres nachweist, daß er sich einer anderen ev. Kirche im Bereich der Landeskirche seines neuen Wohnsitzes angeschlossen hat (sog. *votum negativum*). Dagegen ist die Beibehaltung der bisherigen Kirchenzugehörigkeit auch dann nicht möglich, wenn sich durch den Umzug der Bekenntnisstand (luth., ref., uniert) ändert. Die zwischen den ref. Bekenntnissen inzwischen erreichte Lehrübereinstimmung (→ Leuenberger Konkordie) rechtfertigt es, die deutschen ev. Landeskirchen als Teil einer Bekenntnisfamilie zu betrachten, innerhalb welcher volle Kirchengemeinschaft besteht. Vereinzelt existieren zwischen den Kirchen Vereinbarungen, wonach namentlich in Grenzorten kirchl. Mitgliedschaftsrechte in einer anderen Kirchengemeinde und Kirche als der Kirche des Wohnorts ausgeübt werden können (sog. Umgemeindung).

Die K. endet durch Tod, endgültigen Wegzug ins Ausland, Übertritt zu einer anderen Glaubensgemeinschaft, Ausschluß oder → Kirchenaustritt.

Lit.: A. v. Campenhausen: »Kirchenmitgliedschaft«, Handbuch des Staatskirchenrechts II 1974, 635ff; K.-W. Dahm: »Kirchenmitgliedschaft«, TRE 18, 1989, 643-649; C. Link: »Kirchengliedschaft«, EStL 1987; A. Stein: »Kirchengliedschaft als rechtstheologisches Problem«, ZevKR 29 (1924), 47-62; VELKD: Zur Entwicklung von Kirchenmitgliedschaft. Aspekte einer missionarischen Doppelstrategie, 1983.

M. Daur

Kirchenmusik

Eine einheitliche Begriffsbestimmung ist nicht möglich, auch wenn man sich auf die ev. K. beschränkt. Hist. Zusammenhänge, theol. und liturg. Gesichtspunkte sowie musikalische Entwicklungen beeinflussen wesentlich das jeweilige Verständnis.

1. Geschichtliche Entwicklung

Christl. K. ist von Anfang an untrennbar mit dem → Gottesdienst verbunden. Die wenigen Aufforderungen (Eph 5,19; Kol 3,16), die Cantica (Lk 1,46; 2,29ff), die neugeschaffenen Christuslieder (Phil 2,5ff), die Visionen der Offb als Überhöhung eigener Erfahrung zeigen dies deutlich. Die Gemeinde singt Psalmen wie im Tempel oder in der Synagoge; sie formt Hymnen und Oden, vor allem dort, wo hell. Einflüsse wirken; sie vermeidet Instrumente, die im heidnischen Herrscherkult Verwendung finden; sie singt responsorisch, d.h. sie antwortet singend einem Vorsänger, oder später antiphonisch, also in zwei Gruppen. Rufe wie Amen und Halleluja werden seit der Urchristenheit im Gottesdienst gesungen; das »Kyrie eleison« hat besonderen Bekenntnischarakter: Wer dem Herrn = *kyrios* im Gottesdienst das Lob singt, verweigert es dem Kaiser. Die Bildung der Reichskirche nach der staatlichen Anerkennung des Christentums öffnet anderen Einflüssen die Tür: Das kaiserliche Hofzeremoniell mit seinen Instrumenten und professionellen Sängerchören findet wenigstens in den kirchl. Zentren Nachahmer. Mit der Herausbildung der Meßliturgie und dem Erstarken des Priesterstandes wird die Mitwirkung der Gemeinde im Gottesdienst zurückgedrängt. Im Westen bildet sich der »Gregorianische Choral« (den Gregor der Große höchstens sammelnd und sichtend beeinflußt hat) und erreicht in Zentren wie Metz und St. Gallen eine großartige Blüte: diese differenzierte Einstimmigkeit kann nicht von Laien bewältigt werden. Heute bemüht sich ein besonderer Forschungszweig, die »Semiologie«, um Erklärung und praktische Anwendung der Neumen, einer ersten Aufzeichnung musikalischer Interpretation.

Mehrstimmige Musik hat ihren Ursprung ebenfalls im Hofzeremoniell in Byzanz, wahrscheinlich auch in englischer Volksmusik; sie ergibt sich wie von selbst aus dem Obertonspektrum der verwendeten Blasinstrumente. Sie begegnet uns in ersten schriftlichen Zeugnissen der Pariser Nôtre-Dame-Schule. Leoninus und Perotinus im 12. Jh. sind die ersten namentlich bekannten Komponisten. Es handelt sich großenteils um festliche Introituskompositionen. In der auf diese »Ars antiqua« folgenden »Ars nova« entwickelt sich die Motette, oft unter Verwendung mehrerer Texte. Im 14. Jh. komponiert Guillaume de Machaut das Meßordinarium. In den folgenden Jahrhunderten sind es flämisch-niederländische Komponisten, die Messen und Motetten in differenziertem polyphonen Stil mit vielen Kanonbildungen schreiben. Hier werden auch Liedsätze entwickelt (Heinrich Isaac), die Vorbild für die ersten Kompositionen der reformat. Kirche werden.

Ev. Kirchenmusik entsteht durch die Einführung und Pflege des deutschsprachigen Gemeindeliedes durch Martin Luther. Erste Quellen für die Lieder sind Chorgesangbücher (Wittenberger Gesangbuch 1524): die Tenorstimme übernimmt die Melodie, die im Wechselgesang der Gemeinde vor-, vielleicht auch von ihr mitgesungen wird. Als Chöre bilden sich nun Kantoreien aus Knaben- und Männerstimmen mit Instrumenten, unter der Leitung eines Schulmeisters oder Kantors: Damit wird eine enge Verbindung zwischen K. und Schule begründet, die bis in unsere Zeit wesentlich für die Pflege ev. K. war. Von Italien her gewinnt die Monodie Einfluß: Textdeklamation, gefühlsgeladene Textinterpretation aufgrund der musikalischen Rhetorik ermöglichen Bibelwortkompositionen, die im Gottesdienst in enger Verbindung mit Schriftlesung und Predigt erklingen. Melchior Franck u.a. komponieren ganze Jahrgänge von Kernsprüchen der Evangelienlesungen. Heinrich → Schütz, Joh. Hermann Schein schaffen hoch-expressive Werke, die den Text musikalisch »auslegen«. Unter Einsatz von Instrumenten werden neue Formen gebildet, die schließlich zur → Kantate führen. Auch hier entstehen wieder ganze Jahrgänge; den Höhepunkt der Gattung bilden Joh. Seb. → Bachs Kantaten.

Hat diese Kirchenmusik im luth. Gottesdienst ihren festen, auch theol. legitimierten Platz, so verzichtet H. → Zwingli für seinen Gottesdienst auf alle Musik; Joh. → Calvin läßt nur den reinen Psalmengesang der Gemeinde, ohne Instrumente, zu. Doch finden wir sehr bald mehrstimmige Kompositionen der Psalmen, als »geistliche Musik« für den Hausgebrauch geschaffen, die nach und nach auch im Gottesdienst Eingang finden. Ähnliches gilt für die → Orgel: Im luth. Raum geduldet, mit Chor und andern Instrumenten eingesetzt, oder diese mit eigenständiger Musik vertretend, übernimmt sie erst im 17./18. Jh. die Begleitung des Gemeindegesangs. Im ref. Gottesdienst singt die Gemeinde ohne Orgel, aber vielerorts vierstimmig, allenfalls von Blechblasinstrumenten gestützt. Soweit Orgeln in ref. Kirchen erhalten sind – vor allem in Holland – erhalten sie eine neue Funktion: In Amsterdam spielt der geniale J.P. Sweelinck nach dem Gottesdienst für die gebildeten Bürger seine virtuosen Orgelwerke, zu denen bald solistische Vokalkompositionen treten.

In Lübeck begründet Dietrich → Buxtehude eine Generation später mit seinen »Geistlichen Abendmusiken« das kirchl. Musizieren außerhalb des Gemeindegottesdienstes. Als nach Bachs Tod K. und säkulare Musik stilistisch auseinanderklaffen (und die Entwicklung in der weltlichen Musik stürmisch vorangeht), wird die Ausübung der K. im 19. Jh. stärker durch das Bürgertum übernommen. Entdekkung und Pflege des Volksliedes, Gründung von Singakademien und Gesangvereinen, konzertante Wiedergabe der vom Gottesdienst unabhängigen Oratorien führen schließlich zu Entstehung und Aufbau von Kirchenchören, vornehmlich unter der Leitung von Schulmeistern. K. wird zum wesentlichen Ausbildungsinhalt der nun entstehenden Lehrerseminare. In den Gemeinschaften und Freikirchen des 19. Jh.s gehört Laien-Chorgesang mit einfacher, am Volkslied orientierter Musik wie selbstverständlich zum Gottesdienst. Hier spielen bis heute anglo-amerikanische Einflüsse eine wesentliche Rolle. Im Zusammenhang mit liturg. Erneuerungsversuchen und infolge der Wiederentdeckung und -veröffentlichung alter Musik kommt es durch Anregung von Arnold Mendelssohn u.a. zur stärkeren Einbindung der Chormusik in die Liturgie und zu dem Versuch, die Gemeinde erneut an der K. aktiv zu beteiligen. Nach dem Ersten Weltkrieg erfährt die »Singbewegung« innerhalb der ev. Kirchen eine spezielle Ausprägung. Der nun in den Vordergrund gestellte gemeinschaftsbildende Charakter des Musizierens läßt Sing- und Instrumentalkreise entstehen; das gregorianische Singen in deutscher Sprache wird in den Berneuchener und Alpirsbacher Kreisen gepflegt. Eine ganze Komponistengeneration, angeregt vor allem durch P. Hindemiths und I. Strawinskys Werke in alten Formen, die teilweise bewußt für Laien komponiert waren, schafft neue Musik für den Gottesdienst, die zwar abseits der allg. Musikentwicklung geschieht (und von dort her eher geringschätzig beurteilt), aber in vielen Gemeinden eine wesentliche Belebung des Gottesdienstes mit sich bringt. In Kirchenmusikschulen werden nun, unabhängig von den Staatlichen Musikhochschulen, hauptberufliche Kantoren und Organisten ausgebildet.

Schon seit Mitte des 19. Jh.s gibt es, ausgehend vom Ravensberger Land (J. → Kuhlo), die sog. Posaunenchöre, die mit Blechblasinstrumenten vor allem unter jungen Menschen mission. arbeiten: Bis heute werden die Posaunenchöre weitgehend von Laien betreut und geleitet. Seit den 60er Jahren, angeregt durch die Tutzinger Wettbewerbe, werden neue Lieder geschaffen, die in Jugendgottesdiensten und bei Kirchentagen Verwendung finden und schließlich auch in die offiziellen Gesangbücher gelangen. Vorher gemiedene Instrumente (Gitarre, Band-Instrumente, Schlagzeug) erklingen in Gottesdiensten. Neue K., die die Verbindung mit moderner weltlicher Musik zu halten versucht, wird seltener aufgeführt; die Pflege historischer Werke des Barock und der Romantik nimmt immer breiteren Raum ein.

Die kath. K. nach der Reformationszeit wird durch die strikten Verordnungen des Tridentiner Konzils eingeengt. Das Singen »a cappella«, ohne Instrumente, mit sorgfältig eingeführten Dissonanzen und größtmöglicher Textverständlichkeit, streng dem Meßritus und seiner Feierlichkeit verpflichtet, wird zum Ideal erhoben. Die Erfindung der Monodie, durch die Freiheit und Genialität der »seconda pratica« eines Claudio Monteverdi weiterentwickelt, bringt eine neue Blüte; der Einsatz von Instrumenten ist trotz aller Verordnungen selbstverständlich. Leistete die Wiener Klassik auch auf dem Gebiet der Meßkomposition Großartiges (J. Haydn, W.A. Mozart), so verlief auch hier die weitere Entwicklung abseits der gottesdienstlichen Musik: Eine Beethovensche Missa solemnis wie die Schubertschen Messen oder die Requiemskompositionen italienischer Opernkomponisten (Rossini, Verdi) waren allenfalls Zeugnisse glühender subjektiver Frömmigkeit, aber für den Konzertsaal geschaffen, weil sie die Grenzen einer Meßfeier liturg. und oft auch dogmat. sprengten. Wieweit die Freiheiten, die das 2. Vatikanische Konzil eröffnete, zu wirklich neuer K. führen, läßt sich nicht absehen: vorläufig entstehen auch in der kath. Kirche vor allem neue geistl. Lieder, die als Sing-, Beat- oder Jazz-Messen unmittelbar die Liturgie zu bereichern suchen.

2. Liturgische Gesichtspunkte

Martin Luther integriert die Musik als essentiellen Bestandteil in den Gottesdienst, vor allem den Antwortcharakter auf die Verkündigung des Gotteswortes betonend und damit notwendig die ganze Gemeinde in die musikalische Ausgestaltung einbeziehend, bejaht andererseits die Künste generell als Lebens- und Glaubensausdruck des Christen, wobei er dem musikalischen Ausdruck des Gotteslobs im Gottesdienst vor den anderen Künsten einen besonderen Platz einräumt. Liturgik und Theologie orientieren sich weithin an diesem Ansatz. Die pietist. Frömmigkeit belebt das subjektive Lied als Gebet, Bekenntnis, Zeugnis und Dank. Das 19. Jh. sieht die Funktion der rel. Musik in der Vertiefung der Andacht. Die Musik ist Wegbereiter und Medium rel. Gefühle und Stimmungen. Die spontanen evangelist. Bewegungen setzen das geistl. Lied fast unreflektiert als Zeugnis, Mittel der Verkündigung, Bußruf und emotional besetzte Entscheidungshilfe ein. Hier existieren keine liturg. Vorschriften und Regeln. Nach den restaurativen Bemühungen des beginnenden 20. Jh.s erfolgt nicht nur eine umfassende liturg. Besinnung auf Wesen und Ziel der K. innerhalb der luth. Kirchen, die ihren umfassenden literarischen Niederschlag in dem mehrbändigen Werk Leiturgia (s. Lit.) findet, sondern die Diskussion zweier Themenkreise versucht weitere Klärung: An W. Blankenburgs Artikel »Kann Singen Verkündigung sein« (Musik und Kirche Heft 5/1953, S. 177ff) und Wolfgang Fortners Vortrag »Geistliche Musik heute« (Musik und Kirche Heft 1/1957, S. 9ff) wird der Versuch der Abgrenzung von K. deutlich.

Die bewußte Bejahung des Menschen als Geschöpf Gottes, der Versuch, alle Gottesdienste als Fest zu erleben, die Legitimierung eines subjektiven und individuellen Glaubenszeugnisses – auch im Gottesdienst der Gemeinde – dazu die Ausweitung der gottesdienstl. Formen und Anlässe lassen heute nur noch sehr pluralistische, weitmaschige Aussagen über das Wesen von K. zu. Einerseits wird »Verkündigung« als nicht nur auf die Kanzelrede beschränkt verstanden, andererseits umfaßt der Begriff »Rühmung« die ganze Palette von Lob und Dank Gott gegenüber. Darüber hinaus hat das Geschöpf Gottes das Recht, seinen Glauben und seinen Zweifel in der Musik im Gottesdienst laut werden zu lassen: Lob und Klage, Anfechtung und Gewißheit werden zum legitimen Inhalt kirchl. Musik. Solches Verständnis von Geschöpf und Schöpfung läßt auch nichtwortgebundene instrumentale Musik (auch ohne Bindung an eine Melodie, die der Gemeinde bekannt ist) im Gottesdienst zu. Das macht eine sonst krampfhafte Legitimierung, vor allem der Orgelmusik, mit psychologischen und musikhist. Argumenten, unnötig. Allerdings stellt sich damit mit erhöhter Dringlichkeit die Frage nach Angemessenheit und Qualität von K.

Primäres Charakteristikum der K. ist die Bindung an einen Text der Bibel, an das von der Gemeinde akzeptierte Kirchenlied, an poetische Glaubenszeugnisse des einzelnen, mit denen sich die Gemeinschaft identifizieren kann. Hat die Theologie immer wieder dort eingegriffen, wo der Text akustisch unverständlich, die Zeugnisse dogmatisch unscharf, die Aussagen allzu subjektiv geworden sind, so haben die Künstler musikalische Angemessenheit gefordert: Für das Evangelium sei nur das Beste gut genug; nur dort entstehe echte K., wo der rechten Botschaft auch die künstlerisch adäquate Musik sich beigeselle. Wie solche Musik beschaffen sein muß, kann allerdings niemand genau sagen. Die Kunst ist Stilwandel und Geschmack unterworfen. Die Versuche (in verschiedenen Kirchen), bestimmte Stile als besonders geeignet zu legitimieren oder gar zu monopolisieren, haben sich verheerend für die weitere Entwicklung ausgewirkt. Besinnt man sich auf Luthers Forderung, die ganze Gemeinde in das Gotteslob einzubeziehen, so wird dort echte K. erklingen, wo eine – wenn auch noch so kleine oder oft exklusive – Gemeinde sich mit dieser Musik identifiziert. Ohne Frage werden Pluralismus und Individualismus weithin einen Konsens verhindern. Andererseits muß die K. weiterhin den Mut finden, sich auch von der säkularen Musikentwicklung abzukoppeln, wo diese ohne Rücksicht auf einen Hörer oder Mitvollziehenden das Neue, Nie-Dagewesene als hervorstechendes Merkmal wirklich neuer Musik herausstellt. Kunst wird weiterhin mit der Tradition und muß mit dem Zuhörer verbunden bleiben.

Eine sicher nicht eindeutig zu beantwortende, aber immer wieder gestellte Frage ist die nach der inneren Haltung des Singenden und Musizierenden: Hängt die (wie auch immer verstandene) »Wirkung« von K. von der Glaubenshaltung des Komponierenden oder Ausführenden ab?

3. Abgrenzung und Zusammenfassung

Großwerke des 18. und 19. Jh.s, die nicht für den Gemeindegottesdienst bestimmt waren, wie auch die musikalischen Glaubenszeugnisse eines einzelnen, hat man gerne als »Geistliche Musik« bezeichnet. Sie wurde nicht im Gottesdienst aufgeführt, weil sie – oft den liturg. Rahmen sprengend – nicht von allen Gliedern der Gemeinde geistl. oder musikalisch mit zu vollziehen war. W. Fortner hat in dem o.g. Vortrag die Unmöglichkeit aufzuzeigen versucht, Stilmittel der zeitgenössischen Musik in die K. zu integrieren, etwa Zwölftontechnik in Verbindung zu Melodien von Gemeindeliedern einzusetzen. Er forderte Veranstaltungen, wo solche moderne Musik mit geistl. Thematik im Raum der Kirche erklingen könne. Ausweitung und Aufweichung gottesdienstl. Formen, nicht zuletzt die vielfältigen gottesdienstl. Angebote der Kirchentage, legitimieren die Anerkennung vieler Werke als K., die bisher aus dem Gottesdienst ausgeklammert waren. Dies rechtfertigt allerdings auch die Gleichstellung evangelist. Liedgutes, der Musik der Posaunenchöre, des sacro-pop und anderer zur Unterhaltungsmusik tendierenden Formen als K. Diese Herausforderung an die traditionelle etablierte K. wird im 21. Jh. das Verständnis dessen bestimmen, was K. ist, vielleicht aber auch die Entscheidung bringen, ob und wie K. weiterhin lebendiger und unaufgebbarer Bestandteil des Gottesdienstes bleibt. Stilistische Fragen und ästhetische Wertmaßstäbe werden dabei eine untergeordnete Rolle spielen. Ob eine geistl. Erweckung auch wieder ein Lob wie aus einem Munde mit sich bringen könnte (auch musikalisch-stilistisch) und wie solche K. aussähe, läßt sich bei der herrschenden pluralistischen Vielfalt nicht voraussehen.

Lit.: C. Bernsdorff-Engelbrecht: Geschichte der evangelischen Kirchenmusik, 2 Bde., 1980; F. Blume: Geschichte der evangelischen Kirchenmusik, [2]1965; A. Brunner: Musik im Gottesdienst, [2]1968; K.G. Fellerer (Hg.): Geschichte der katholischen Kirchenmusik, 2 Bde., 1972 und 1976; »Kirchenmusik«, MGG, Bd. 16, 1979; »Die Musik des evangelischen Gottesdienstes«, in: Leiturgia, Bd. 4, 1961; A. Scharnagel: Einführung in die katholische Kirchenmusik, 1980.

W. Schrade

Kirchenmusikschule

K.n sind Einrichtungen zur Ausbildung hauptberuflicher Kirchenmusiker mit A- und B-Examen in der Trägerschaft einzelner Landeskirchen, in Lehre und Verwaltung vom Staat unabhängig. (Den K.n entsprechende Einrichtungen finden sich z.B. in Zürich, Oberschützen/Österreich; kath. K.n gibt es, teilweise seit über 100 Jahren, in Regensburg, Aachen, Rottenburg usw.)

1. Entstehung

Zwischen 1926 und 1931 entstanden K.n in Halle (ursprünglich in Aschersleben), Berlin-Spandau und Heidelberg. Es galt, die Erkenntnisse und Erfahrungen der kirchl. Singbewegung in der Ausbildung auszuwerten und zu unterstützen. Von 1945 bis 1950 wurden weitere K.n gegründet (u.a. in Esslingen, Greifswald, Görlitz, Frankfurt/M., Herford, Dresden, Eisenach). Die K.n übernahmen die früher in den Lehrerseminaren getätigte Organistenausbildung und integrierten »kirchliche Orgelschulen« und ähnliche Institute. Obwohl staatl. Musikhochschulen ebenfalls Kirchenmusiker ausbildeten, wurden K.n entsprechend den »Kirchlichen Hochschulen« gegründet, um Lehre und Ausbildung vom Staat unabhängig gestalten zu können. Gleichzeitig wurden vermehrt Stellen für hauptberuflich tätige Kirchenmusiker eingerichtet, die ihrerseits nebenberuflich Tätige ausbilden sollten.

2. Ziele

Bei nahezu identischen Ausbildungszielen der »künstlerischen« Fächer (Chorleitung, Singen, Orgel und Klavier, Tonsatz usw.) betonen die K.n gegenüber den staatl. Hochschulen verstärkten Praxisbezug, Einbindung in das kirchl., besonders das gottesdienstl. Leben, die Lebensgemeinschaft der Studierenden (Internatsbetrieb, Chorarbeit, Singfahrten), Erweiterung des Fächerkatalogs (Posaunen- und Kinderchorarbeit, Gitarre und Band, kirchl. Fächer).

3. Entwicklung

In der Direktorenkonferenz der kirchenmusikalischen Ausbildungsstätten, 1949 gegründet, der auch die Ausbildungsleiter staatl. Institute angehören, wurden seit 1978 Rahmenpläne für Studienordnungen entwickelt. Dies führte zu einer weitgehenden Vereinheitlichung der Ausbildung in den westdeutschen K.n. Der Versuch, eine Ausbildung als Katechet zu integrieren, wurde nur in einigen K.n der ehemaligen DDR realisiert, fand aber nicht überall Zustimmung. Die Ausklammerung der K.n durch die Kunsthochschulgesetze der Länder veranlaßte einzelne Landeskirchen, ihre K.n an entsprechende Hochschulen anzugliedern (z.B. Düsseldorf, Hannover). In Bayern gelang die Integration der K. Bayreuth als Fachakademie. Nach Anhebung der Eingangsvoraussetzungen (z.B. Abitur) und Studienziele wurden 1988 die K. Esslingen und das Kirchenmusikalische Institut Heidelberg zu Hochschulen für Kirchenmusik mit staatl. Billigung umbenannt und Verfassungen und Studienpläne entsprechend gestaltet; 1991 folgte Herford, 1993 Halle. Es bleiben die kirchl. Trägerschaft und die praxisnahe Ausbildung. Die anfänglich ebenfalls in den K.n durchgeführte Ausbildung zum nebenberuflichen Kirchenmusiker mit C-Prüfung erfolgt nun in besonderen Instituten (z.B. der ehemaligen K. Schlüchtern) oder durch die Bezirkskantoren.

W. Schrade

Kirchenordnungen, evangelische → Kirchenverfassung

Kirchenpolitik

Der Begriff K. hat verschiedene Bedeutungen:

1. Er meint das Verhältnis von Kirche und Staat (→ Staat und Kirche) bzw. zu den verschiedenen gesellschaftl. Gruppen und Institutionen.

2. Die Willenskundgebungen der Kirche gegenüber Staat und Gesellschaft (z.B. in Denkschriften und Erklärungen).

3. Innerkirchl. K. in Leitungspositionen, Synoden und gesamtkirchl. Zusammenschlüssen (Luth. und Ref. Weltbund, Ökumen. Rat der Kirchen), Bildung von kirchenpolit. Gruppen unterschiedlicher theol., gesellschaftspolit. und ethischer Auffassungen und in Personalentscheidungen. Die Majorisierung einer Meinung und gleichzeitige Unterdrückung der theol. begründeten Überzeugung einer Minderheit ist ein offensichtlicher Machtmißbrauch der K. In jedem Fall gilt hier der reformat. Grundsatz: *sine vi humana, sed verbo*, »ohne menschliche Gewalt, allein durch das Wort Gottes« (CA Art. 28, BSLK 124,9).

Lit.: A. von Campenhausen: Staatskirchenrecht, [2]1983; R. Herzog: »Kirchenrecht«, EStL[3] I, 1987, 1649-1654; J. Mehlhausen: »Erwägungen zu einem undeutlichen Wort«, ZThK 85 (1988), 275-302 (Lit.!); ders.: »Kirchenpolitik«, EKL[3], Bd. 2, 1158-1163.

J. Heubach

Kirchenprovinz Sachsen → Sachsen, Ev. Kirche der Kirchenprovinz

Kirchenrecht

1. Begriffserklärungen

a. Als K. werden sämtliche Arten rechtlicher Regelungen bezeichnet, die vom Gewohnheitsrecht bis zur Normierung in Gesetzesform reichen, welche von den einzelnen christl. Kirchen zur Ordnung ihres eigenen Lebensbereichs erlassen werden. Kirchl. verantwortetes K. bedarf einer (rechts-)theol. Grundlegung; deshalb spiegelt jedes K. seine konfessionsbedingten Besonderheiten wider. K. ist vom Staat unabhängiges und damit eigenständiges Recht. Durch seine bekenntnisgeprägte Bindung ist K. zugleich eigengeartetes Recht, das auch bei der Übernahme von Formen des weltlichen Rechts seine geistl. Grundlagen erkennen lassen muß.

b. Die Rechtsordnung der Bundesrepublik Deutschland garantiert in Art. 140 GG in Verbindung mit Art. 137 III WRV (Weimarer Reichsverfassung) das kirchl. Selbstbestimmungsrecht. Unter Verwendung des Wortlauts dieser Verfassungsbestimmung können die Kirchen durch ihr K. ihre Angelegenheiten selbständig innerhalb der Schranken des für alle geltenden Gesetzes ordnen und verwalten. Neben dieses eigenständige K. tritt das sog. autonome K. Diejenigen Kirchen, die den Status einer → Körperschaft des öffentlichen Rechts besitzen (Art. 137 V WRV) können kraft staatlicher Verleihung Teilbereiche ihrer Rechtsordnung mit hoheitlicher Gewalt regeln. Dazu zählen insbesondere das Kirchensteuerrecht (Art. 137 VI WRV) das kirchl. Friedhofsrecht und das Recht der öffentlich-rechtlich ausgestalteten kirchl. Dienstverhältnisse.

c. Von diesen beiden Teilbereichen des eigenständigen und des autonomen K.s ist das sog. Staatsk. abzugrenzen. Beim Staatsk. handelt es sich um weltliches Recht, das der rel.-weltanschaulich neutrale Staat für alle Kirchen und Religionsgemeinschaften in seinem Gemeinwesen erläßt. Als drittes Rechtsgebiet tritt neben das K. und das Staatsk. das sog. Vertragsstaatsk., das alle vertraglichen Abmachungen zwischen dem Staat (Bund bzw. Länder) und den einzelnen Kirchen etc. umfaßt. Neben Abkommen auf Verwaltungsebene sind insbesondere die Verträge im staatsrechtlichen Bereich zu nennen. Derartige Vereinbarungen mit der ev. Kirche heißen Kirchenverträge, mit der röm.-kath. Kirche → Konkordate.

2. Katholisches Kirchenrecht

Das K. der röm.-kath. Kirche wird kanonisches Recht genannt, die wissenschaftl. Fachdisziplin heißt Kanonistik. Grundlegend für dieses K. ist die Unterscheidung zwischen göttlichem Recht (*ius divinum*) und menschlichem Recht (*ius humanum*) in der Gestalt des rein kirchl. Rechts (*ius mere ecclesiasticum*). Während das göttliche Recht alle Menschen verpflichtet, gilt das rein kirchl. Recht nur für die Glieder der röm.-kath. Kirche. Das göttliche Recht ist in seiner Ausformung in bestimmten Rechtssätzen zwar der jeweiligen Zeit verpflichtet, in seinem Wesensgehalt aber für den kirchl. Gesetzgeber verbindlich. Auf göttlichem Recht beruht u.a. die Unterscheidung von → Klerus und Laien, die hierarchische Gliederung des Klerus (die drei Weihestufen Episkopat, Presbyterat und Diakonat), die Stellung des Papstes als Stellvertreter Christi, Nachfolger Petri und Haupt des Bischofskollegiums und die Siebenzahl der Sakramente. Die röm.-kath. Kirche gliedert sich als Gesamtkirche in Teilkirchenverbände (Lateinische Kirche sowie die kath. orientalischen Rituskirchen) und die einzelnen Teilkirchen (insbesondere die Diözesen). In der Lat. Kirche gilt als Rechtsbuch der Codex Juris Canonici (CIC) von 1983, in den 21 kath. Ostkirchen der Codex Canonum Ecclesiarum Orientalium (CCEO) von 1991.

3. Evangelisches Kirchenrecht

Jedes ev. K. muß sich mit der These von R. Sohm (1892) auseinandersetzen, daß das K. mit dem Wesen der Kirche im Widerspruch steht. Dieser Behauptung wurde bereits unter der Geltung des landesherrlichen Kirchenregiments widersprochen (A. v. → Harnack). Nach der Trennung von Staat und Kirche und damit dem Ende der Einheit von Thron und Altar (1919) stand die ev. Landeskirchen vor der Notwendigkeit, ihr Kirchenwesen selbständig zu ordnen (→ Kirchenverfassung). Erst der → Kirchenkampf nach 1933 führte in den Landeskirchen zu der Erkenntnis, daß die Kirche die Gestalt ihrer Botschaft und ihrer Ordnung nicht ihrem Belieben oder dem Wechsel der jeweils herrschenden weltanschaulichen und polit. Überzeugung überlassen darf (Art. 3 der → Barmer Theologischen Erklärung). Die nach 1945 verstärkt einsetzende rechtstheol. Grundlagendiskussion hat zu dem Ergebnis geführt, daß ev. K. bekennendes K. ist. Unbeschadet der unterschiedlichen theol. Ausgangspositionen (J. Heckel, E. Wolf, H. Dombois und S. Grundmann) ist die nur dienende Funktion des ev. K.s deutlich hervorgetreten. Dieses hat in einzelnen Landeskirchen zu einer neuen Gewichtung der Aufgaben von Bischof, Synode und Kirchenverwaltung geführt. Trotz einer gewissen rechtstheol. »Grundlagenmüdigkeit« hat sich die Erkenntnis durchgesetzt, daß die einzelnen kirchenrechtlichen Normierungen in unterschiedlicher Nähe zum Verkündigungsauftrag der Kirche stehen. Dabei ergibt sich ein Gefälle von den Kirchenverfassungen samt Agendenrecht und Lebensordnungen über das Recht der kirchl. Dienst- und Arbeitsverhältnisse (z.B. Pfarrer, Kirchenbeamte, Personal im diakon., erzieherischen und religionspäd. Einsatz) bis hin zu Vorschriften über das kirchl. Finanz- und Vermögensrecht.

Die Freikirchen haben von Anfang an ihre Rechtsordnung entsprechend ihrem theol. Selbstverständnis ausgestaltet. (vgl. Glaubensbekenntnis und Verfassung der Gemeinden getaufter Christen, gewöhnlich Baptisten genannt, 1847; Kirchenordnung der Bischöflichen Methodistenkirche von 1876)

4. Geltung des Kirchenrechts im weltlichen Bereich

Das K. entfaltet auch für den weltlichen Rechtsbereich Wirkungen. Innerhalb der Schranken des für alle geltenden Gesetzes (Art. 140 GG i.V.m. Art. 137 III WRV) sind kirchl. Normierungen Rechtsnorm i.S.d. Art. 2 EGBGB (Einführungsgesetz zum Bürgerlichen Gesetzbuch). Beispiel für das eigenständige K. ist das kirchl. Mitgliedschaftsrecht, für das autonome K. das Kirchensteuerrecht. Bei der Anwendung des K.s durch weltliche Instanzen ist es dem Staat versagt, kirchl. Rechtsnormen selber zu interpretieren. Der Staat hat vielmehr das K. nach kirchl. Selbstverständnis zu berücksichtigen (z.B. die Auslegung von Loyalitätsobliegenheiten im kirchl. Arbeitsrecht). Einige ausdrückliche oder stillschweigende deklaratorische Freistellungen im weltlichen Recht (u.a. § 118 II Betriebsverfassungsgesetz) zeigen, daß die Kirche z.B. eigenständiges Mitarbeitervertretungsrecht und Datenschutzrecht für ihren Bereich erlassen kann. Diese Normen des K.s gelten auch für die diakon., mission. und publizistischen Werke und Einrichtungen der Kirche unbeschadet deren Rechtsform, wenn diese der verfaßten Kirche eindeutig zugeordnet sind und die Geltung der Normen ausdrücklich festgelegt worden ist, vgl. die sog. Goch-Entscheidung des Bundesverfassungsgerichts, Bd. 46, S. 73ff.

Lit.: A.v. Campenhausen: Staatskirchenrecht, ²1983; Lehre, Verfassung und Ordnung der Evangelisch-methodistischen Kirche, 1993; J. Listl, H. Müller, H. Schmitz (Hg.): Handbuch des katholischen Kirchenrechts, 1983; J. Listl (Hg.): Die Konkordate und Kirchenverträge in der Bundesrepublik Deutschland, 2. Bde., 1987; A. Stein: Evangelisches Kirchenrecht. Ein Lernbuch, ³1992.

J.E. Christoph

Kirchenregiment → Kirchenleitung

Kirchenregister

In den modernen Kirchenbüchern sind die vollzogenen kirchl. Amtshandlungen (Taufe, Konfirmation, Trauung, Bestattung) nachgewiesen in ihrer Bedeutung für Gliedschaft und Rechte innerhalb der Kirche (→ Taufe – Aufnahme in die Kirche; → Konfirmation – Befähigung für das Patenamt). Dazu kommen andere Verzeichnisse (Liste der Teilnehmer am Abendmahl, Gemeindegliederkartei). Die Kirchenbücher werden von den Pfarrämtern, zunehmend von besonderen Kirchenbuchämtern geführt. Vorläufer der heutigen Kirchenbücher sind Märtyrer- und Bischofslisten, Verzeichnisse des Klerus, der Klöster und kirchl. Bruderschaften. Seit dem 16. Jh. entstehen an einzelnen Orten die ersten eigentlichen Kirchenbücher in Deutschland. Sie spiegeln die unterschiedslose Einheit der kirchl. und bürgerlichen Gemeinde wider; der Pfarrer erfüllt die Aufgabe des Standesbeamten. Wegen der Bedeutung dieser Personenverzeichnisse für staatliche Belange enthalten neben den Kirchenordnungen seit dem 18. Jh. auch staatliche Gesetze einschlägige Vorschriften. Im Zug der Trennung von Staat und Kirche im 19. Jh. ist seit 1. 1. 1876 in Deutschland der Standesbeamte für die Führung der Personenstandsregister zuständig. Die Kath. Kirche hat die Führung der Matrikel im Codex Iuris Canonici geregelt. Die alten Kirchenbücher behalten ihre große Bedeutung für familienkundliche und soziologische Forschungen. Sie werden oft in zentralen kirchl. Archiven verwahrt. Für die einzelnen Landeskirchen und Diözesen bestehen in der Regel Verzeichnisse der vorhandenen Kirchenbücher.

Lit.: H.Beier: »Kirchenbücher«, TRE 18, 1989, 528-530; W. Lampe: »Kirchenbücher«, RGG³, III, 1959, 1413-1415.

G. Schäfer

Kirchenschiff → Kirchenbau

Kirchensoziologie → Religionssoziologie

Kirchenspaltung → Schisma

Kirchenstaat

Bezeichnung für das seit dem Frühmittelalter bis 1870 bestehende Staatsgebilde in Italien, dessen Herrscher der Papst war.

Entstehung: Die röm. Kirche hatte durch zahlreiche Schenkungen der Kaiser und des Adels seit dem 4. Jh. reichen Grundbesitz in Italien erhalten, der seit dem 6. Jh. »Patrimonium Petri« genannt wurde. Besonders infolge der verbesserten Verwaltung durch Gregor I. (590-604) erzielte man reiche Erträg, wodurch auch eine ausgedehnte soziale Fürsorge des Papstes ermöglicht wurde. Infolge des Niedergangs der byz. Herrschaft wurde der Papst allmählich verantwortlich für die Ordnung Roms und seiner Umgebung, auch für die militärische Verteidigung. Papst Stephan II. wandte sich an den Frankenherrscher Pippin III., der ihm Hilfe und Schutz gegen die Langobarden zusagte und im Vertrag von Quierzy (754) große Ländereien in Italien nach der Zerschlagung des Langobardenreiches garantierte. Durch die Schenkungen Pippins 756 und deren Erweiterung durch → Karl den Großen 787 entstand der K., der außer dem Herrschaftsgebiet des Papstes in der Umgebung von Rom (bis Perugia reichend) auch Ravenna, die Pentapolis und die Emilia umfaßte.

Die Geschichte des K.s war sehr wechselvoll und häufig von äußeren und inneren Auseinandersetzungen geprägt. Zeitweise war er nur zu halten durch den Rückhalt an den deutschen Herrschern, besonders von Otto I. bis Heinrich III., oder durch die Verbindung mit ital. Fürsten und Städten beim Kampf gegen die deutschen Könige oder Kaiser, z.B. im Investiturstreit mit Heinrich IV. oder gegen Friedrich Barbarossa. Daher war der K. notwendige Voraussetzung für die Unabhängigkeit des Papsttums, zugleich aber auch eine Belastung, besonders im 14. Jh. Ab dem Ende des 15. Jh.s wurde der K. allmählich einer zentralistischen, rein geistl. Verwaltung unterstellt und die Lehen an Laien, die zeitweise zum Verlust mancher Gebiete geführt hatten, nicht mehr vergeben. Speziell im 17. und 18. Jh. war der K. eine absolutistische Monarchie. Nach dem vorübergehenden Verlust des K.s im Gefolge der franz. Revolution konnte sich der 1815 fast völlig wiederhergestellte Staat gegenüber der beginnenden ital. Einigungsbewegung nur durch die Anwesenheit fremder Truppen halten, weshalb mit deren Abzug 1870 auch der K. Italien einverleibt wurde. Die dadurch entstandene, ungelöste »römische Frage« wurde erst 1929 durch die Lateranverträge mit dem ital. Staat geklärt. Der durch sie entstandene symbolische K. der Vatikanstadt mit 44 ha Fläche gewährt dem Papst eine von anderer weltlicher Herrschaft freie, auch weltliche Souveränität, die seine Unabhängigkeit schützt und ihn problemloser als im alten K. auf seine Weise als Haupt der kath. Kirche am internationalen Leben teilnehmen läßt.

Lit.: Handbücher der Kirchengeschichte; H.F. Köck: Die völkerrechtliche Stellung des Hl. Stuhls, 1975; N. Miko: Das Ende des Kirchenstaates, 4 Bde., 1962-70; W. Ullmann: Die Machtstellung des Papsttums im Mittelalter, 1960.

R. Weigand

Kirchensteuer

Das K.wesen wurde im 19. Jh. mit der Aufhebung/Ablösung von Zehnten und Reallasten begründet. Der Einzug des K.gutes durch den Staat nahm den Kirchen die bisherige Finanzierungsgrundlage. Die Kirchengemeinden wurden rechtlich selbständig. In den Ländern entstehen K.gesetze mit einer K.pflicht im Anschluß an staatliche Abgaben. Das Ende der Staatskirchensteuer (1918) führte zum weiteren Ausbau der K. Art. 137 VI WRV vom 11. 8. 1919 garantierte den Kirchen das Recht, »nach Maßgabe der landesrechtl. Bestimmungen Steuern zu erheben«. Art. 140 GG vom 23. 5. 1949 nahm die K.Artikel der WRV (136-139, 141) in das GG auf. Als wichtigste K. erheben die Kirchen Zuschläge zwischen 8 und 10 v.H. zur Einkommen(Lohn)steuer (KiESt/KiLSt). Bei Gemeindegliedern, die keine KiESt/KiLSt zu zahlen haben, wird z.T. eine Mindestk. und/oder ein Kirchgeld erhoben. K.pflichtig ist nur, wer den besteuernden Kirchen angehört; die K.pflicht beginnt und endet mit der → Kirchenmitgliedschaft. Gehören nicht beide Ehegatten der gleichen Kirche an (konfessionsverschiedene Ehe), so wird für jede Kirche die K. nach dem halben Hebesatz erhoben (Halbteilungsgrundsatz). Bei getrennter EStVeranlagung konfessionsverschiedener Ehegatten wird die KiESt für jeden mit dem vollen Hebesatz berechnet (Individualbesteuerung). Gehört nur ein Ehegatte der Kirche an (glaubensverschiedene Ehe), wird die K. aus dessen eigener ESt/LSt errechnet. Die Kirchen haben die Erhebung der KiESt/KiLSt gegen Entgelt (im allg. 3 % des KiStAufkommens) den staatl. Finanzbehörden übertragen. Die KiESt wird zusammen mit der ESt, die KiLSt mit der LSt durch Abzug vom Arbeitslohn erhoben. Gezahlte K. ist bei der Berechnung der ESt/LSt voll abzugsfähig. Vorteile des K.systems: K.pflichtige zahlen ihre K. ratenweise als Teil der Lebenshaltungskosten. Rascher und sicherer Eingang der K. für die Kirchen; eine teuere kirchl. K.verwaltung wird erspart; Selbständigkeit und Unabhängigkeit der Kirchen bleiben gewahrt. Nachteile: Abhängigkeit der K. von der staatl. ESt/LSt, deren Konjunkturempfindlichkeit, sowie von der staatl. Steuer- und Wirtschaftspolitik, auf welche die Kirchen keinen Einfluß haben.

Lit.: J. Giloy, W. König: KiStRecht und KiStPraxis in den Bundesländern, [2]1988; P. Kirchhof: DStZ 1986, 25ff; Chr. Link: »Kirchensteuer« EStL, [3]1887,

1695ff; H. Marré: Die Kirchenfinanzierung in Kirche und Staat der Gegenwart, ^{2}1982.

K. Dummler

Kirchenstrafen → Gemeindezucht

Kirchentag

Das Phänomen K. führt ins 19. und 20. Jh. Kirchengeschichte und hat verschiedene Ausprägungen gefunden.

1. Die Kirchentage von 1848-1872

Schon im Frühjahr 1848, also unabhängig von der März-Revolution, lud Moritz August von Bethmann Hollweg (Jurist, preuß. Staatsrat, von 1858-1862 preuß. Kultusminister) ihm befreundete Persönlichkeiten zu einer »evangelischen Kirchenversammlung« ein. Sie sollte den gesamten deutschen Protestantismus repräsentieren und drei Ziele verfolgen:

– die Kirche zur Buße rufen,
– sich neu zu Jesus Christus zu bekennen,
– den Segen der Katholizität bewahren und den Zusammenhang der allg. ev. Kirche Deutschlands fördern.

Der K. war eine freie, von keiner kirchl. und staatlichen Institution einberufene und geförderte Versammlung einzelner ev. Christen, die den liberalen Flügel ausschlossen und innerhalb der Unionsbewegung bestenfalls Vertreter der »Positiven Union« einluden. Dadurch, daß sich das Luthertum ab 1860 von den K.en zurückzog, wurde deren Bedeutung deutlich eingeschränkt. Der K. war ein Diskussions- und Empfehlungsgremium ohne Beschlußkompetenz, in der Regel von 1.000 bis 2.000 Teilnehmern besucht.

Die 1852 begründeten Eisenacher Konferenzen, von Vertretern der offiziellen Kirchen beschickt, haben die Ergebnisse der K.e in der Regel aufgenommen und zu Entscheidungen weitergeführt. So kommt den K.en als theol.-geistl. Anregern doch beträchtliche Bedeutung zu. Die → Innere Mission und die Gründung des Centralausschusses der Inneren Mission ins Leben gerufen und ins Bewußtsein der Öffentlichkeit gebracht zu haben, ist Verdienst der K.e, die dieses Thema mit J.H. → Wicherns berühmter Stegreifrede schon 1848 und seitdem immer wieder behandelten. 16 K.e fanden statt: Wittenberg 1848, Wittenberg 1849, Stuttgart 1850, Elberfeld 1851, Bremen 1852, Berlin 1853, Frankfurt 1854, Lübeck 1856, Stuttgart 1857, Hamburg 1858, Barmen 1860, Brandenburg 1862, Altenburg 1864, Kiel 1867, Stuttgart 1869, Halle 1872. Die »Oktoberversammlung« 1871 in Berlin war ein »verkappter K.«, die nach dem dt.-franz. Krieg die Überwindung des kirchl. Parteienkampfes erreichen und eine gemeinsame ev. Position gegenüber Materialismus und Katholizismus finden wollte. Dies gelang nicht, weil verschiedene Richtungen keine Delegierten entsandt hatten. Damit kam die K.s-Bewegung an ihr Ende, und Halle 1872 war ihr Schwanengesang. U.a. haben die K.e folgende Themen behandelt: Neue Katechismen, Religionsunterricht, Kirchenverfassung (immer wieder), Sonntagsheiligung, Hauptgottesdienst, Mischehen, Sekten, gemeinsames Gesangbuch, Bibel in der Kirche, Schule und Haus, Ehescheidung, Kindertaufe, Kirchenzucht, Seelsorge, Bedeutung des AT u.a.

2. Kirchentage von 1919-1930

Der erste K. trat nach dem Ende des Ersten Weltkrieges und des landesherrlichen Kirchenregimentes 1919 in Dresden zusammen. Er war eine Zusammenkunft offizieller Kirchenvertreter aus Kirchenleitungen, Synoden, Fakultäten und Verbänden, zunächst mit reiner Beratungskompetenz. Immerhin führten die dort angestoßenen Überlegungen am 25. 5. 1922 zur Gründung des »Deutschen Evangelischen Kirchenbundes« mit 28 angeschlossenen Landeskirchen. Der K. 1921 in Stuttgart hatte die Verfassung des Kirchenbundes zum Abschluß gebracht. Innerhalb dieser Verfassung gehört der K. zu den offiziellen Organen des Kirchenbundes; er sollte in die Öffentlichkeit treten und den Protestantismus nach außen hin darstellen (1924 Bethel, 1927 Königsberg, 1930 Nürnberg). Prägende Wirkungen gingen von diesen K.en nicht aus.

3. Kirchentage von 1949 bis in die Gegenwart

Nach dem Zweiten Weltkrieg markierten die K.e einen Neuanfang; sie sind, ähnlich wie der K. im Jahr 1848, eine Laienbewegung, von R. von Thadden-Trieglaff (1891-1976) ins Leben gerufen und als Instrument der »Erneuerung von Kirche und Gemeinde« gedacht. Die Ev. Wochen (seit 1935) und die seit 1945 neu begründeten Ev. Akademien haben Thadden-Trieglaff mitgeprägt und zugleich weitere Mitarbeiter in die K.e geholt. Der K. ist ein »rechtlich, organisatorisch und finanziell unabhängiger Verein«, von der offiziellen Kirche allerdings finanziell und personell ständig unterstützt.

Zunächst fanden die K.e jährlich, ab 1954 alle zwei Jahre statt. Sie dienten auch der intensiven Verbindung zwischen Christen aus der Bundesrepublik und der DDR, bis die Regierung der DDR 1961 gesamtdeutsche K.e verbot. Zwischen 1949 und 1993 fanden 23 K.e statt (zu Orten und Themen vgl. TRE 19, 105f). Die Besucherzahl schwankte zwischen 7.400 und 155.000 Dauerteilnehmern und 9.000 und 650.000 Besuchern an der Schlußversammlung. Die Zahl der ehrenamtlichen Mitarbeiter ist ständig gestiegen und liegt gegenwärtig bei ca. 30.000 Christen. Die K.e haben sich in drei Phasen entwickelt:

a. 1945-1961: Aufbruchstimmung nach dem Krieg, Neubesinnung auf die Bibel, auf Gottesdienst, auf Beichte (1956!), auf Gemeindeerneuerung, Zusammengehörigkeit von Christen in Ost und West.

b. 1963-1971: Öffnung für gesellschaftl., kirchenreformerische und ökumen. Themen. Das Ökumen. Pfingsttreffen 1971 in Augsburg wurde allerdings nachträglich eher als Rückschlag denn als Fortschritt erlebt. Seitdem gibt es immerhin regelmäßige Konsultationen zwischen den Präsidien des K.s (DEKT) und des Zentralkomitees der deutschen Katholiken, das den Katholikentag ausrichtet.

c. Seit 1969 erhalten die K.e eine neue Zielsetzung: Markt der Möglichkeiten (seit 1975), Feierabendmahl (seit 1979), viele Veranstaltungen der Rock- und Jugendkultur, gesellschaftl.-polit. Themen wie: mehr Demokratie, Lebensqualität, Ökologie, Konziliarität u.a. Damit haben sich die Schwerpunkte der K.e seit 1949 bemerkenswert gewandelt.

Die → «Gemeindetage unter dem Wort«, seit 1973 in zweijährigem Abstand stattfindend, sind als Alternative zu den K.en ins Leben gerufen worden und haben viele Christen aufgrund zunehmender Vereinseitigungen der K.s-Bewegung zur Distanz, ja zum Verzicht auf den Besuch der K.e gebracht. In der DDR fanden seit 1964 ebenfalls K.e statt; der Ruhrgebiets-K. 1991 war die erste gesamtdeutsche Tagung.

Die K.s-Bewegung ist eine ständige Suchbewegung geblieben, sie hat sich auf Anfragen der Zeit eingelassen und den Abstand zur verfaßten Kirche gehütet. Sie ist Ventil für mancherlei Enttäuschungen, Ausdruck der Sehnsucht nach einer neuen Kirche, in vieler Hinsicht Utopie und Traum, allerdings auch Werkstatt für Neues und Festfeier, abgehoben vom Alltag der Welt. Ob es den K.en gelingen kann, zum Evangelium, zur Kirche Jesu Christi, zum Missionsauftrag an alle Welt in ihrer Grundausrichtung zurückzufinden und nicht länger einem profillosen, schwärmerischen, unbibl. Pluralismus zu verfallen, ist abzuwarten.

Lit.: A. Feige, I. Lukatis (Hg.): Kirchentage zwischen Kirche und Welt, 1987; W. Kreft: Die Kirchentage von 1848-1872, Diss. Bethel, 1993; P. Steinacker: »Kirchentag«, TRE 19, 1990, 101-110; C. Wolf: Zwanzig Jahre Kirchentag, 1969; C. Wolf, H.H. Walz (Hg.): Hören – Handeln – Hoffen. Dreißig Jahre Kirchentag, 1979.

Von allen drei Phasen der Kirchentage gibt es »Dokumente«, »Verhandlungen« oder »Berichtsbände«.

G. Ruhbach

Kirchenunion

Trennungen (Schismen) gibt es unter Kirchen und Christen immer wieder, glücklicherweise auch Zusammenführungen (Unionen). Im MA gab es nach der Trennung zwischen Ost- und Westkirche 1054 mancherlei Unionsversuche zwischen beiden Kirchen, allerdings ohne Erfolg. Eine spezielle Bedeutung haben Wiedervereinigungen gefunden bei den »Unierten Kirchen des Ostens«, die den Papst-Primat und die Dogmatik, nicht aber den Kultus und die Hierarchie der röm.-kath. Kirche anerkannt haben. Im 19. Jh. kam es – in der Konsequenz des dogmat. Liberalismus der → Aufklärung wie des → Neuprotestantismus, aber auch durch die Verfügungsgewalt der Landesherren – zu Unionen unter den ev. Konfessionen, bei denen »das Außerwesentliche beseitigt und die Hauptsache im Christentum, worin beide Confessionen eins sind, gefördert und möglichst alle Christen zu einer ev.-christl. Gemeinde« vereinigt werden sollten. So kam es zu K.en in Nassau, Preußen, in der Pfalz, Anhalt-Berneburg, Baden, Rheinhessen und in verschiedenen kleinen Territorien.

Die offenste Form der Union ist die Verwaltungsunion, in der luth. und ref. Gemeinden in je ihrer Konfessionalität bestehen bleiben, aber in der Landeskirche zusammengebunden sind. Die Kirchen in Lippe und Bremen sind noch in der Gegenwart Verwaltungsunionen. Eine engere Form der K. ist die föderative Union, die Pfarrer und Gemeinden in Synoden und Abendmahlsgemeinschaft verbindet. Hierzu gehören die meisten Unionen, auch der Gegenwart. Die Konsensusunion mit eigenen Unionsurkunden und dogmat. Regelungen, vor allem in der Abendmahlsfrage und in der Schriftauslegung, gibt es in Baden und in der

Pfalz. Die ökumen. Bewegung mit ihren Lehrgesprächen (bis zu Lima und Vancouver) haben neue Formen von Unionen auf Weltebene ermöglicht. Eine Frucht der Ökumene sind neuere K.en in den USA (z.B. United Lutheran Church, United Church of Christ u.a.) und in den Missionskirchen; hier bes. die (United) → Church of South India.

Dogmat. bedeutet K. meist die Durchsetzung der liberalen gegenüber der bekenntnisgebundenen Position. Darin bestehen die theol. Probleme der K., und Zurückhaltung gegenüber allzu schnellen Kirchenvereinigungen erscheint geboten.

Lit.: P. Brunner: Das lutherische Bekenntnis in der Union, 1952; W. Elliger: Die evangelische Kirche der Union, ihre Vorgeschichte und Geschichte, 1967; E. Foerster: Die Entstehung der preußischen Landeskirche I/II, 1905, 1907; W.J.F. Goeters, J. Rogge (Hg.): Die Geschichte der Evangelischen Kirche der Union, Bd. I 1817-1850, 1992; G. Ruhbach (Hg.): Kirchenunionen im 19. Jh., ²1968.

G. Ruhbach

Kirchenväter

Der Begriff taucht im 8. Jh. in der Ostkirche auf und meint Theologen, die innerhalb der ersten sieben Jahrhunderte (bis 787) gelebt haben und deren Lehre und Lebenswandel von der Gesamtkirche als rechtgläubig anerkannt wurden. Diese Beurteilung erhebt sie förmlich zu »Lehrern der Kirche«. Im Osten zählen → Johannes von Damaskus, im Westen → Isidor von Sevilla als die letzten K. Mit dem 7. Konzil (Nicaea II, 787) endet das Zeitalter der K.

Lit.: H. von Campenhausen: Die griechischen Kirchenväter, ⁷1986; ders.: Lateinische Kirchenväter, ⁶1987; R.M. Grant: »Kirchenväter«, EKL 3, ³1989, 1186-1192.

G. Ruhbach

Kirchenverfassung

1. Begriff

Der Begriff K. wird in einem formalen und in einem materialen Sinn verwandt. In materialer Hinsicht ist K. eine gemeinkirchenrechtliche Bezeichnung für die von (rechts-)theol. Grundsatzentscheidungen geprägten rechtlichen Ordnungsstrukturen einer christl. Kirche. Regelmäßig gehören dazu Bestimmungen über kirchenleitende Organe, das kirchl. Ämterwesen, die territoriale und personale Aufgliederung der Einzelkirchen und die Kirchenmitgliedschaft, häufig auch Bestimmungen über die Träger gesetzgebender, verwaltender und rechtsprechender Funktionen. In formaler Hinsicht wird mit K. eine besondere rechtliche Normierung (z.B. in Gesetzesform) oder eine besondere Urkunde bezeichnet, die meist nur unter erschwerten Bedingungen abgeändert werden kann, in der die grundlegenden Ordnungsstrukturen der Kirche festgelegt sind.

2. Katholische Kirchenverfassung

Die röm.-kath. Kirche besitzt keine K. im formellen Sinn. Der 1965 entstandene Plan, in einem grundlegenden Gesetzbuch (*Lex Ecclesiae Fundamentalis*) die für alle Teilkirchenverbände geltenden Regelungen zusammenzufassen, dürfte auf absehbare Zeit gescheitert sein. Die materiell-rechtlichen Bestimmungen der K. finden sich deshalb verstreut im Rechtsbuch der Lateinischen Kirche, dem Codex Iuris Canonici von 1983 (CIC) und in dem der kath. Ostkirchen, Codex Canonum Ecclesiarum Orientalium von 1991 (CCEO). Zur K. gehören insbesondere die auf göttlichem Recht(s. → Kirchenrecht 2.) beruhende Unterscheidung von → Klerus und Laien, die hierarchische Gliederung des Klerus (die drei Weihestufen Episkopat, Presbyterat und Diakonat), die Stellung des Papstes als Stellvertreter Christi, Nachfolger Petri und Haupt des Bischofskollegiums, die Siebenzahl der Sakramente und die Gliederung der Gesamtkirche in Teilkirchen (insbesondere die Diözesen).

3. Evangelische Kirchenverfassung

Die einzelnen deutschen Landesk.en spiegeln wie jedes kirchl. Recht die Bindung an Schrift und den jeweiligen landeskirchl. Bekenntnisstand deutlich wider. Auf Grund der unterschiedlichen hist. Entwicklungen in den einzelnen Territorien seit der Reformationszeit haben sich, gefördert durch theol. Verschiedenheiten, mehrere Typen ev. K. herausgebildet. Dabei werden in unterschiedlicher Gewichtung das bischöfliche, das presbyterial-synodale und das konsistoriale Element (Kirchenverwaltung) stärker betont.

Im Zuge der Reformation entstand nach der Suspension der Jurisdiktion der röm.-kath. Bischöfe eine Fülle ev. K.en, die Kirchenordnungen des 16. Jh.s. An diesen hat z.T. Luther mitgewirkt (z.B. Leisniger Kastenordnung). Einsetzend mit Visitationsordnungen entstanden dann Regelungen über das Superintendentenamt und die Konsistorien, die zunächst nur kirchl. Ehegerichte waren und erst später die Funktion kirchl. Verwaltungsbehörden erhielten. Die in der Folgezeit entwickelten Theorien des Episkopalsystems, des Territorialsystems und des Kollegialsystems können nicht als ev. K.en bezeichnet werden. Sie hatten vielmehr die Aufgabe, als staatsrechliche Theorien im Zeichen des landesherrlichen Kirchenregiments die Stellung des Landesfürsten als *summus episcopus* (höchster Bischof) in der ev. Kirche zu legitimieren und teilweise auch zu limitieren. Im Zeichen des sog. »kirchlichen Konstitutionalismus« kam es im 19. Jh. zu neuen Formen ev. K., für die die Rheinisch-Westfälische Kirchenordnung von 1835 Vorbild wurde. Mit der Trennung von Staat und Kirche (1919) entstand die Notwendigkeit, für die ev. Landeskirchen eigene K.en zu erlassen, die sich jedoch häufig am Vorbild weltlicher Verfassungen orientierten. Auf Grund der Erfahrungen des → Kirchenkampfes wurden nach 1945 fast alle K.en neugefaßt (s. → Kirchenrecht 3.). Neben der unterschiedlichen Neugewichtung und Zuordnung von leitendem geistl. Amt, Kirchenleitungsgremium, Synode und Kirchenverwaltung beschränken sich einige K.en weithin auf ein Organisationsstatut, so insbesondere bei den gliedkirchl. Zusammenschlüssen (EKD, VELKD und EKU). Andere K.en haben auch die sog. → Lebensordnung in die K. integriert, so die Kirchenordnungen von Rheinland und Westfalen.

Bei den Freikirchen gestalteten die kongregationalistisch orientierten ihre Grundordnungen entsprechend. Eine Besonderheit im ev. Kirchenrecht bildet die Verfassung der Ev.-methodistischen Kirche (engl.: United Methodist Church) insofern sie innerhalb dieser Kirche weltweit verpflichtend ist. Ihre Änderung oder Ergänzung kann nur durch schriftliche Abstimmung erfolgen, in der weltweit alle Pastoren und eine gleiche Anzahl von den Gemeinden oder anderen Organen der Kirche gewählte Laien zusammenwirken.

Lit.: Ev.-meth. Kirche: Lehre, Verfassung und Ordnung, 1993; engl.: Book of Disciplin, erscheint alle vier Jahre neu; H. Frost: Strukturprobleme evangelischer Kirchenverfassung, 1972; J. Listl, H. Müller, H. Schmitz (Hg.): Handbuch des katholischen Kirchenrechts, 1983; A. Stein: Evangelisches Kirchenrecht. Ein Lernbuch, [3]1992.

J.E. Christoph

Kirchenvermögen

Schon in den Zeiten Konstantins wurden die kirchl. Einkünfte zu je einem Viertel auf den Bischof, die Armen, den Kirchenbaufonds und die Kleriker aufgeteilt. Im frühen MA fielen die ersten beiden Viertel weg und anstelle seines Viertels erhielt der Pfarrer die Nutzung bestimmter Grundstücke und bestimmte Abgaben (→ Beneficium). Dies hatte zur Folge, daß das K. nunmehr in zwei Vermögensteile aufgegliedert wurde, die *fabrica ecclesiae* zur Dekkung der sachlichen Ausgaben, insbesondere für Kirchenbauzwecke, und die *bona beneficalia* als Pfründevermögen. Dieses Pfründevermögen wurde im Laufe der Zeit in vielen Gebieten Deutschlands, auch in der ev. Kirche, rechtsfähiges Sondervermögen.

Das allg. K., das vor allem ortskirchl. Zwekken dient, begegnet uns heute vor allem in Liegenschaften der örtlichen Kirchengemeinden wie Kirchengebäude, Pfarrhaus und Gemeindehaus. Wertermittlungen über die Höhe des allg. K.s liegen nicht vor, da es keine Verkehrswerte für die vielen, meist denkmalgeschützten Objekte gibt. So hoch der ideelle Wert dieser Gebäude ist, so gering ist in den meisten Fällen der wirtschaftl. Wert.

Demgegenüber spielt das Pfründen- bzw. Pfarreivermögen in den einzelnen Landeskirchen eine höchst unterschiedliche Rolle. Bis zur Mitte des 19. Jh.s mußte die jeweilige örtliche Pfründe dem Inhaber eines geistl. Amtes das Gesamteinkommen des Amtsträgers abwerfen. Das Vermögen der Pfründen war unterschiedlich, sowohl hinsichtlich der Art und Zusammensetzung der Vermögensrechte (z.B. Grundbesitz, Barbesoldung, Naturverzeichnis, Kapitalbesitz usw.) als auch der Höhe nach. Es gab je nach Dotation magere und fette Pfründe.

Noch größere Unterschiede gibt es bis heute zwischen einzelnen Landeskirchen. Die Ev.-Luth. Landeskirche Hannover beziffert ihren Grundbesitz auf 42.000 ha (meist land- und forstwirtschaftl.) Grund und Boden zuzüglich einem weiteren Grundbesitz von 40.000 ha bei der Klosterkammer in Hannover. Das landeskirchl. Dotationsvermögen warf 1950 einen Ertrag in Höhe von rund 30 %, 1965 von knapp 17 % und zuletzt von 8 % des Pfarrbesoldungsaufwandes ab. Demgegenüber ist das Pfründenvermögen im Bereich der Württembergischen Landeskirche von höchst untergeordneter Bedeutung (weniger als 1 % des Pfarrbesoldungsaufwands), da zu Beginn des

19. Jh.s mit der napoleonischen Säkularisierung fast das gesamte allg. Pfründenvermögen auf den Fiskus überging. Gleichzeitig mußte sich das Königreich Württemberg verpflichten, in entsprechendem Umfang durch Staatsleistungen für die Pfarrbesoldung aufzukommen.

Neben den klass. Formen des K.s einerseits und des Pfarrei- bzw. Pfründenvermögens andererseits spielt bei den Landeskirchen das Geld- und Kapitalvermögen vor allem als zweckgebundene Liquiditätsreserve eine Rolle. Diese Betriebsmittel- und Ausgleichsrücklagen schwanken bei den einzelnen Landeskirchen zwischen dem Aufwand für ungefähr zwei bis sechs Monate an Besoldungs- und Versorgungsleistungen.

D. Bauer

Kirchenverwaltung → Kirchenverfassung

Kirchenwahl

K.en haben in der EKD die Aufgabe, geeignete Frauen und Männer zu bestimmen, die als Vertreter der Gemeinde Leitungsaufgaben in der Kirche wahrnehmen sollen (→ Presbyter, Synodale, → Synode). Solche Leitungsaufgaben finden sich auf allen Ebenen (Gemeinde, Kirchenkreis, Landeskirche, EKD), jedoch bezeichnet K. nur diejenige Wahl, die unmittelbar durch die Gemeindeglieder erfolgt. Die Synodalen des Kirchenkreises werden durch mittelbare Wahl (Stufenwahl, Siebwahl) gewählt. Urwahlen zur Synode gab es nach 1918 in mehreren Landeskirchen. Heute sind unmittelbare Wahlen nur noch auf Gemeindeebene die Regel (Ausnahme Württemberg). Der Grund liegt vor allem in den Erfahrungen des → Kirchenkampfs, der die Gefahr einer Überfremdung kirchl. Synoden durch gezielte Beeinflussung von außen deutlich werden ließ. Diese Gefahr ist um so größer, je geringer die Wahlbeteiligung bei K. ist (1989 in Württemberg 29 %).

Zur Wahl berufen sind alle Kirchenmitglieder (→ Kirchenmitgliedschaft), die ein bestimmtes Mindestalter erreicht haben und nicht von der Wahl ausgeschlossen sind (→ Gemeindezucht). Das geforderte Mindestalter hat sich in neuerer Zeit vielerorts ermäßigt. Mehrere Landeskirchen lassen inzwischen für die Wählbarkeit das 18., für das aktive Wahlrecht das 16. Lebensjahr ausreichen. Dagegen stößt die gelegentlich erhobene Forderung, das Wahlrecht an die Konfirmation anzuknüpfen, auch auf organisatorische Schwierigkeiten, da die Wählerlisten in den Landeskirchen in der Regel auf der Grundlage der kommunalen Meldedaten erstellt werden. Die im Dritten Reich praktizierte persönliche Anmeldung zur Wählerliste, die das Wahlrecht im Ergebnis auf die gottesdienstl. versammelte Gemeinde begrenzen sollte, wird heute nicht mehr geübt.

Lit.: M. Daur: »Kirchliches Wahlrecht«, EStL II³, 1987, 3938ff; H. Frost: Strukturprobleme evangelischer Kirchenverfassungen, 1972; G. Hoffmann: Wahlen und Ämterbesetzung in der Kirche, in: FS für E. Ruppel 1968, 164ff.

M. Daur

Kirchenzucht → Gemeindezucht

Kirchliche Ämter

In der ev., röm.-kath., orth. und anglik. Kirche haben wir zahlreiche verschiedene Ä.-bezeichnungen, z.T. mit unterschiedlichen Amtsfunktionen.

In der röm.-kath. Kirche gibt es außer den dreigestuften Ä.n: → Bischof (→ Papst als summus episcopus), → Priester und → Diakon folgende Ä.-bezeichnungen: Kardinal, vom Papst als Mitglied des Kardinalskollegiums ernannter Bischof, zur unmittelbaren Beratung des Papstes und Mitwirkung bei der Papstwahl (CIC. can. 349-359). Das Kardinalskollegium besteht heute aus 120 Kardinälen.

Patriarch ist in der westl. und östl. Kirche der oberste Bischof (Erzbischof) einer größeren Kirchenprovinz und besonderer Städte (Alexandria, Rom, Antiochia, Jerusalem, Konstantinopel, Moskau u.a.).

Metropolit (auch in der orth. Kirche) ist wie der Erzbischof der leitende Bischof einer Kirchenprovinz mit dem besonderen Recht der Weihe von Diözesanbischöfen und Berufungsinstanz in Kirchenrechtsentscheidungen.

Ein Weihbischof steht dem Diözesanbischof als Helfer besonders für Weihehandlungen und Visitationen zur Seite.

Titularbischof ist ein geweihter Bischof ohne Diözesanverpflichtungen, der nur den Namen einer nicht mehr bestehenden Diözese trägt. Mit diesem reinen Titel können apostolische Vikare, Administratoren, Legaten u.a. vom Papst ausgestattet werden.

Apostolischer Vikar ist der Kardinalsvikar als Stellvertreter des Papstes als Bischof von Rom.

Prälaten sind Welt- und Ordensgeistliche mit bischöflicher Amtsgewalt neben den regulären Bischöfen.

Ein Generalvikar ist der Vertreter des Bischofs in Verwaltungsangelegenheiten.

Kanoniker (auch in der anglik. Kirche) sind Mitglieder eines zur Feier des Gottesdienstes an Dom- und Stiftskirchen bestehenden Kapitels, auch Chorherren genannt.

In den ev.-luth. Kirchen trägt der leitende Geistliche einer Landeskirche die Amtsbezeichnung Landesbischof bzw. Bischof, als Regionalbischöfe die Ä.-bezeichnungen Landessuperintendent (Hannover und Mecklenburg), Kreisdekan (Bayern), Prälat (Württemberg, Baden und Kurhessen); in ref. Landeskirchen Moderator (Ref. Bund) oder Landessuperintendent (Lippe und Ref. Nordwest); in unierten Landeskirchen Präses (Rheinland und Westfalen) oder Kirchenpräsident (Hessen-Nassau, Pfalz und Anhalt).

In den nordischen und baltischen luth. Kirchen gibt es das Amt des Erzbischofs (Schweden, Finnland, Estland und Lettland), in Norwegen und Dänemark den Bischof primarius (Leiter des Bischofskollegiums), in der Slowakei das Amt des Generalbischofs (mit Senioren als Sprengelbischöfe).

Die Amtsbezeichnungen für die Aufsichtsämter der Mittelinstanzen sind Superintendent, Dekan, Dechant oder Propst (in Berlin-Brandenburg und Hessen-Nassau eine besondere Amtsbezeichnung).

Oberlandeskirchenrat und Landeskirchenrat sind Amtsbezeichnungen für Mitglieder der kirchl. Behörde (Landeskirchenamt oder Konsistorium).

Kirchenrat ist in einigen Landeskirchen ein Ehrentitel (Bayern, Württemberg und Schaumburg-Lippe).

Der Inhaber einer Pfarrstelle ist → Pfarrer oder Pastor; daneben gibt es ordinierte Hilfsprediger und Pfarrvikare mit eingeschränkten Rechten. Vikare sind in ev. Kirchen gewöhnlich nichtordinierte Kandidaten des Predigtamtes vor dem zweiten theol. Examen.

Lit.: Codex Juris Canonic auctoritate Joannis Pauli Pp.II promulgatus » AAS 75 (1983).S.S. Hartman, D. Michel, C. Thoma, J. Roloff, K. Schäferdiek, H. Fagerberg, C.H. Ratschow: »Amt, Ämter, Amtsverständnis«, TRE 2, 500-622; U. Kühn: »Kirchliche Ämter«, EKL[3] Bd. 2, 1217-1224; Chr. Link: »Kirchenregiment«, EKL[3] Bd. 2, 1176-1181; P. Landau: »Kirchenverfassung« TRE 19, 110-165; H.D. Altendorf, A. Adam, St. Zankow (H. Schaeder), E.E. Stengel, H. Barion, S. Grundmann, R. Smend: »Kirchenverfassung«, RGG[3], Bd. III, 1531-1591. Taufe, Eucharistie und Amt, Konvergenzerklärung der Kommission für Glaube und Kirchenverfassung des ökumenischen Rates der Kirchen (Lima-Text), 1982, 29-49.

J. Heubach

Kirchliche Hochschulen

In der Ev. Kirche in Deutschland werden Pfarrer und Religionspädagogen sowohl an staatl. wie an kirchl. Hochschuleinrichtungen ausgebildet. Dabei erfährt der überwiegende Teil der Studenten seine Ausbildung an den 18 ev.-theol. → Fakultäten der staatlichen Universitäten. Neben den Fakultäten bilden auch die vier den Landeskirchen zugeordneten Hochschulen in Bethel, Wuppertal, Berlin und Neuendettelsau und an der von der Selbständigen Ev.-Luth. Kirche in Deutschland getragenen Lutherischen Theologischen Hochschule in Oberursel Pfarrer und Religionspädagogen aus (im Wintersemester 1992/93: 1393 Studenten).

Die Doppelgleisigkeit der Ausbildung an staatl. und kirchl. Einrichtungen entstand Ende des 19. Jh.s in einer Zeit, in der die ev. Landeskirchen begannen, sich aus der engen Verklammerung mit dem Staat durch das landesherrliche Kirchenregiment zu befreien, und in der sich Alternativen zur überkommenen Fakultätsausbildung an den Staatsuniversitäten als erforderlich erwiesen. Dies gilt zunächst für die Hochschule in Bethel, die 1905 in engem funktionellem und räumlichem Zusammenhang mit den Betheler Anstalten gegründet wurde und einen Gegenpol zu den Staatsfakultäten und der an ihnen vorherrschenden Theologie bilden sollte, aber auch für die Hochschulen in Wuppertal und Berlin, die ihren Ursprung in 1935 von den Kirchen gegründeten Ausbildungsstätten haben. Engpässe in der Pfarrerausbildung führten 1947 zur Gründung der Augustana-Hochschule Neuendettelsau.

Die vier von den Landeskirchen getragenen Hochschulen sind staatlich anerkannt. Sie bieten ein theol., wissenschaftl. Vollstudium sowie ein religionspäd. Studium für das Lehramt an, das der Ausbildung an einer ev.-theol. Fakultät vergleichbar ist. Darüber hinaus kann an der Augustana-Hochschule in der Abteilung in München in einem Fachhochschulstudiengang Religionspädagogik und Kirchliche Bildungsarbeit studiert werden. Ergänzt wird das Ausbildungsangebot der Kirchl. Hochschule durch Magister-, Aufbau- und Kontaktstudiengänge. Die von der Selbständigen Ev.-Luth. Kirche in Deutschland getragene Lutherische Theologische Hochschule Oberursel bildet die Pfarrer für ihre Kirche aus. Die vier von den Landeskirchen getragenen Hochschulen verfügen über das Promotions-, die K.H. Berlin und Neuendettelsau darüber hinaus auch über das Habilitationsrecht.

Von ihrem Selbstverständnis her wollen die K.H. nicht mit staatl. Fakultäten konkurrieren und rivalisieren, sondern eine Alternative zum Universitätsstudium anbieten, das sich durch eine stärkere Bekenntnisorientierung und eine Ausrichtung am kirchl. Amt oder auch durch einen Bezug zur diakon. Arbeit der Kirche (Bethel) auszeichnet. Eine Sonderstellung nimmt dabei die Kirchl. Hochschule Berlin ein, die die Funktion einer Ev.-Theol. Fakultät wahrnimmt, die es bis zur Wiedervereinigung im Westen Berlins nicht gegeben hat.

Grundlage für das Recht der Kirchen, eine eigene Hochschule zu unterhalten, bildet die Kirchenfreiheitsgarantie des Grundgesetzes, die es den Kirchen gestattet, ihre eigenen Angelegenheiten selbständig zu ordnen und zu verwalten. Weiter nehmen die Kirchen an der Freiheit des staatl. Hochschulrechts teil, wissenschaftl. Hochschulen in nichtstaatlicher Trägerschaft zu unterhalten. Für ihre Einbeziehung in das staatliche Hochschulwesen und die Teilhabe am staatlichen Berechtigungswesen sind sie auf die hochschulrechtliche Anerkennung angewiesen. Ihr staatskirchenrechtlicher Sonderstatus gestattet ihnen jedoch die Entfaltung einer eigenen Konzeption, die die Eigenart des ev. Freiheitsverständnisses mit seiner Orientierung an Schrift und Bekenntnis respektiert.

Die Freiheit der Kirchen, ihre Theologen an eigenen Hochschulen auszubilden, wird begrenzt durch die ihnen vertraglich zugesicherten theol. Fakultäten. Deren Existenz dürfen sie durch einen Rückzug auf eigene Ausbildungsstätten nicht gefährden. Dem entspricht die Verpflichtung der Landeskirchen, nur solchen Theologen ein geistl. Amt zu übertragen, die ein mindestens dreijähriges Studium an einer staatlichen Fakultät absolviert haben (sog. Triennium). Die Staatskirchenverträge lassen allerdings in einem weiten Umfang Ausnahmen zu.

In der ehemaligen DDR gab es neben den sechs Fakultäten drei Einrichtungen für die Theologenausbildung in kirchl. Trägerschaft, keine dieser Einrichtungen hat die Wiedervereinigung überlebt. Das ehemalige Sprachenkonvikt in Berlin wurde nach seiner Anerkennung als wissenschaftl. Hochschule in die Humboldt-Universität übernommen. Die Kirchl. Hochschule Leipzig (früher Theol. Seminar) wurde mit der Leipziger theol. Fakultät zusammengelegt, und die Kirchl. Hochschule Naumburg wurde aufgelöst.

E.-L. Solte

Kirchliche Sammlung um Bibel und Bekenntnis

In den 60er Jahren bildeten sich als Antwort auf Verirrungen und Verwirrungen in Theologie und Kirche die luth. K. S.en um Bibel und Bekenntnis, zeitlich parallel zur → Bekenntnisbewegung »Kein anderes Evangelium« und in Verbindung mit ähnlichen skandinavischen Gruppen. Eine Disputation zwischen W. → Künneth und E. Fuchs über die Auferstehung in Sittensen 1964 markiert den Anfang. Deutsch-skandinavische Theologentagungen folgten später in Ratzeburg unter J. Heubach. Als Hilfe für bibeltreue Christen und in Abwehr modernistischer Trends erfolgten Zusammenschlüsse in den Landeskirchen mit theol. Erklärungen: Braunschweiger Thesen 1966, Rummelsberger Erklärung 1967, Sittenser Wort an die Gemeinden 1968, Schleswig-Holstein 1968. Es ging um die Autorität der Heiligen Schrift, lebendigen Glauben an Jesus Christus als Herrn und Heiland und den Auftrag der Kirche. Neben der Hannoverschen K. S. wurden entsprechende Ev. Sammlungen in Berlin, Westfalen, Rheinland und Württemberg gegründet.

Fragwürdige Anpassungen an Säkularismus, Zeitgeist und Pluralismus (→ Gott-ist-tot-Theologie), sowie polit. Theologien fordern vom Bekenntnis der Väter her das aktuelle Bekennen und Unterscheiden der Geister. Bis zur Gegenwart führen die Sammlungen eigene landeskirchl. Tagungen durch und geben regionale Blätter heraus.

In die Verfassungsverhandlungen für die 1977 neugebildete Nordelbische Kirche hinein gab die schleswig-holsteinische Sammlung 1972 einen Aufruf zur Wahrung des Bekenntnisstandes. Gegen die Leuenberger Konkordie 1971/73 (zur Kirchengemeinschaft reformat. Kirchen) erhoben die Sammlungen 1972 Bedenken. Ab 1975 mündeten die deutsch-skandinavischen Theologentagungen in die wissenschaftl. Arbeit der Luther-Akademie Ratzeburg.

Lit.: U. Asendorf, F.W. Künneth (Hg.): Von der wahren Einheit der Kirche, 1973; dies. (Hg.): Leuenberg, Konkordie oder Diskordie? 1974; U. Asendorf, J.

Heubach (Hg.): Kirche-Sakrament-Amt, 1976; R. Bäumer, P. Beyerhaus, F. Grünzweig (Hg.): Weg und Zeugnis, Bekennende Gemeinschaften im Kirchenkampf, 1965-1980; E. Fuchs, W. Künneth: Die Auferstehung Jesu Christi von den Toten. Die Disputation von Sittensen, 1973; P. Hartig (Hg.): Offenbarung, Schrift, Kirche, 1968; Veröffentlichungen der Luther-Akademie Ratzeburg, bisher 19 Bände.

K. Hauschildt

Kirchlicher Verein für Evangelisation

Der Verein geht wie auch die Breklumer Mission (1876) auf die Glaubensinitiative Chr. Jensens (1839-1900) in → Breklum zurück. Es trieb ihn unermüdlich, seine Heimatkirche zum Dienst freier → Evangelisation zu erwekken. 1896 beginnt der Verein seine Arbeit. Jensens Brüderanstalt wird Ausbildungszentrum, Pastor Karl Jungclaussen (1850-1924) ihr Leiter. Die Verbindung von Anstaltsleitung und Reisepredigt ist nicht zu halten. 1900 löst sich der Verein von Breklum. Kräftig vertritt nun Pastor Sönke Friedrichsen seine Sache mit einigen Landesmissionaren. Die Schriftenmission liegt in der Hand von Propst Langlo und Pastor H. Asmussen. 1933 verliert man den Mut. Die Breklumer Mission trägt die Arbeit weiter in Volksmissionswochen, Studentenfahrten und ausgedehnter Schriftenmission. Jahre hindurch verantwortete P. Otto v. Stockhausen die Arbeit der → Volksmission. Heute geschieht sie innerhalb des Gemeindedienstes der Nordelbischen Ev.-Luth. Kirche.

E. Henschen

Kirchspiel → Kirchenverfassung

Kirchweihe/Kirmes

K. meint die feierliche Übergabe einer neu oder wieder errichteten bzw. restaurierten Kirche zum gottesdienstl. Gebrauch. Sie wird in der Ostkirche und der röm.-kath. Kirche durch Weihen der Altäre, der hl. Geräte, durch wenigstens drei Prozessionen und allerlei andere Riten in der Regel vom Bischof vollzogen. Dabei werden die Reliquien des Kirchenpatrons dem Altar eingefügt. Der liturg. Weg der K. ist seit der konstantinischen Wende im Zusammenhang mit der Entwicklung des Märtyrerkultes nachweisbar, er wird in der Karolingerzeit ausgestaltet und seit dem 12. Jh. durch das Kirchenrecht immer ausführlicher fixiert, zuletzt 1977 in Ausführung der Beschlüsse des 2. Vatikanischen Konzils. Erst dann gilt die Kirche als ihrer Bestimmung übergeben, wenn der Altar konsekriert und die Kirche vom Bischof symbolisch in Besitz genommen wurde. Die mancherlei Gebräuche gehen auf den Volksglauben, der oft bis in die vorchristl. Zeit reicht, zurück; sie sind deshalb schwer festzulegen. Trotz der reformat. Kritik an der K. hat sich diese in den ev. Kirchen gehalten (Prozession zum neuen Gotteshaus, Schlüsselübergabe, Weihe des Altars und des Kruzifixes, der Abendmahlsgeräte, der Kanzel, des Taufsteins, der Orgel und der Glocken). Nur im ref. Bereich hat sich die K. nicht eingebürgert.

Alljährlich wird der Tag der K. durch Volksfeste mit Jahrmärkten und vielen anderen Festformen gefeiert. Oft haben sich diese ganz vom kirchl. Sinn gelöst und nehmen vorchristl. Überlieferungen (Maskenumzüge, Hahnenschlagen etc.) auf. Die Bezeichnungen sind vielfältig: Kirmes, Kerms, kirmasz (polnisch), alles aus »Kirchmesse«, im Süddeutschen auch Kilbe, Kirre, Kirta.

Lit.: L. Eisenhofer: Handbuch der katholischen Liturgik, 1932/1933; E.J. Lengeling: Bild der Kirche – Zeichen für Christus, Gottesdienst 11, 1977, 150ff.

G. Ruhbach

Kittel, Gerhard (1888-1948)

K., geb. am 23. 9. 1888 in Breslau als Sohn des Herausgebers der Biblia Hebraica Rudolf Kittel; Studium der Theologie und Orientalistik in Leipzig, Tübingen und Berlin; Promotion und Habilitation 1913 in Kiel; akademische Lehrtätigkeit in Leipzig, Greifswald und Tübingen (gleichzeitig teilweise in Wien); 1938 Mitbegründer der Studiorum Novi Testamenti Societas (SNTS); bei Kriegsende wegen seiner NSDAP-Mitgliedschaft (seit 1933) amtsenthoben und interniert; 1948 Rückkehr nach Tübingen; dort gest. am 11. 7. 1948. Geistl. und theol. geprägt wurde K. zunächst vom mitteldeutschen → Luthertum und vom → Pietismus. Die Verbundenheit mit Kirche und Pfarrerschaft prägte seine Arbeit.

Mit K.s Namen verbindet sich in erster Linie die Herausgeberschaft des »Theologischen Wörterbuchs zum Neuen Testament« (Bd. I-IV 1932-1948; Bd. V-X/2 1954-1979 von G. Friedrich herausgegeben), die ihm weltweite Anerkennung eintrug. Seit 1928 arbeitete er an diesem Projekt, das das bewährte und bis heute hilfreiche »Wörterbuch der ntl. Grācität« von H. Cremer ablösen sollte. Mehr als dort wollte

man im ThWNT über die bibl. Texte hinaus auch auf Dokumente der Zeit- und Religionsgeschichte achten, sofern sie zum Verständnis des ntl. Griechisch einen Beitrag leisten. Diese Einstellung erwuchs auch aus intensiver wissenschaftl. Beschäftigung mit dem → Judentum.

Wie ein dunkler Schatten liegt über dem Gedenken an K. sein Verhältnis zum jüd. Volk während des sog. »Dritten Reichs«, das aber durchaus differenziert zu sehen ist. Seine Arbeit mit alten jüd. Quellen, die seine Sicht des Unterschiedes zwischen der Verkündigung Jesu und dem Glauben Israels auf wenige Punkte zusammenschmelzen ließ (ethischer Ernst, Selbstbewußtsein Jesu und Akzentuierung dessen, worauf es ankommt), brachte zunächst eine sehr projüd. Haltung mit sich, die sich in einzelnen Protest- und Schutzmaßnahmen für die Judenschaft äußerte. Andererseits deutete sein Tübinger Vortrag über »Die Judenfrage« (1933) eine Wandlung an, indem K. nun scharf die Unterschiede hervorhob. Unter dem Einfluß pro-nationalsozialistischer Kräfte unterschied er nun das Gottesvolk Israel des AT von dem nach seiner Ansicht viel zu stark assimilierten Judentum seiner Zeit und betonte aus theol. Gründen eine Unterschiedenheit der Juden von den Christen, die aber mit staatlichem Schutz für die ersteren und deren Religion verbunden sein sollte. Durch diese Haltung meinte er, die Juden schützen zu können, eine Einstellung, die sich im Rückblick als unrealistisch erwiesen hat. Nach seiner Ansicht konnte ein Jude vollgültig Christ werden (Bildung judenchristl. Gemeinden!), aber nicht Deutscher. Auch »Mischehen« lehnte K. ab. Er hat seine Sicht in verschiedenen Schriften niedergelegt und dadurch ganz unterschiedliche Reaktionen von Seiten der Juden wie seiner Kollegen hervorgerufen. Das Bild bleibt zwiespältig, auch wenn man versucht, K.s Verhalten und Einstellungen unter den Voraussetzungen seiner Zeit zu verstehen.

Lit.: G. Kittel: »Die Bergpredigt und die Ethik des Judentums«, ZSTh 2 (1925), 555-594; ders.: Die Religionsgeschichte und das Urchristentum, 1932; ders.: Meine Verteidigung. Neue erweiterte Niederschrift, 1946 (Uni-Archiv Tübingen).

G. Friedrich, J. Friedrichs: »Kittel, Gerhard«, TRE 19, 1990, 221-225; O. Michel: »Kittel, Gerhard«, RGG^3 III, 1926.

H.W. Neudorfer

Klagelieder Jeremias → Megilloth (biblisch)

Kleidung, geistliche

1. »Geistliche Kleidung« kann meinen die außergottesdienstl. Kleidung eines oder einer »Geistlichen«, etwa Pfarrer, Bischof, Diakonisse, auch Uniform eines Heilsarmeesoldaten/-offiziers. Es ist dann die »zivile Amtstracht«, durch die er/sie z.B. als Pfarrer kenntlich ist. »Die Geistlichen haben in ihrem ganzen Auftreten, ... in ihrer Kleidung und derlei äußeren Dingen« sich so zu geben, daß ihr Auftrag nicht gehindert wird, heißt es in einer Dienstanweisung (Württemberg 1912).

Solches »decorum pastorale« sollte eigentlich eine Selbstverständlichkeit sein: Beim Besuch im Trauerhaus (anders als auf einer Jugendfreizeit) trägt man dunklen Anzug. Zu jedem Anzug kann etwa ein Kreuz am Revers getragen werden. Diakonissen zeigen ihre Zugehörigkeit zum Verband. Sie unterscheiden Alltags- und Sonntagskleidung. Der alte »Ekkenkragen« des Pfarrers als Relikt aus bürgerlicher Zeit kommt wieder neu in Mode, so kann der Lutherrock (dem Gehrock und der Soutane verwandt) bei besonderen Anlässen sinnvoll sein, erst recht das einfache »clergyshirt« mit dem Collar-Kragen, üblich schwarz oder grau, für Bischöfe rot, auch in anderen Farben ohne tiefere Bedeutung, allein aus Freude an der Abwechslung.

Solche besondere Kleidung kann Hilfe bei Haus- oder Krankenbesuchen sein, auch Schutz in sozial schwierigem Umfeld, wie jede Diakonisse und jeder Salutist bestätigen kann. Ob die Kleidung »steif« oder »distanzierend« wirkt, hängt von der Art ab, wie sie getragen wird. Besonders im angelsächsischen Raum wirkt sie höchst ungezwungen und natürlich.

2. »Geistliche Kleidung« im anderen Sinn des Wortes ist die gottesdienstl. Gewandung, bei Predigt-, Sakraments- und Kasual-Gottesdiensten.

a. Die → Reformation verwandte, besonders bei der Predigt, den schwarzen Gelehrtenrock des Lehrers oder Professors, also die Standeskleidung dessen, der damit die theol. (ja wissenschaftl.) Bedeutung des Predigtdienstes hervorhob. Zu den Sakramentsgottesdiensten trug z.B. Martin Luther darüber die weiße »Schaube«, ein Chorhemd, das sich z.T. (z.B. in württembergischen Gemeinden) bis heute erhalten hat. Das 18. Jh. brachte, Hand in Hand mit einem Verlust kirchl. Sitte überhaupt, die weitgehende Abschaffung gottesdienstl. Gewandung: Freiheit verkehrte sich in Willkür und Geschmacklosigkeit. Parallel dazu vollzog sich in der kath. Kirche eine Erstarrung und Sinnentleerung: Die Meßgewänder der Barockzeit entarteten zu steifem Prunk.

Um der völligen Regellosigkeit zu wehren, bestimmte der preußische König Friedrich Wilhelm III. durch eine Kabinettsordre 1811 den bis heute üblichen »Talar« (feierlich lang, bis zu den Knöcheln = *tales* reichend) als Gewandung für Richter, Rabbiner und königlich-preußische Pfarrer. Man kann ihm eine eigentümliche Schönheit des Stils nicht absprechen, doch ist er ein Kind seiner Zeit: Schwarz war Modefarbe des 19. Jh.s und wirkte feierlich-erhebend. Das weiße »Beffchen«, Relikt eines Kragens, ist in der luth. Tradition zweigeteilt, in der ref. geschlossen; Besonderheiten wie die weiße Halskrause z.B. in Hamburg oder der violette Schalkragen in Kurhessen setzen feine Akzente.

In den Freikirchen trägt der Pastor sowohl außerhalb wie innerhalb des Gottesdienstes kein Kleidungsstück, das nicht grundsätzlich auch von jedem anderen Gemeindeglied getragen werden könnte. Es soll dadurch das allgemeine Priestertum aller Gläubigen veranschaulicht werden. Ein Talar wird nur ausnahmsweise und dann aus praktischen Gründen (etwa bei der Immersionstaufe oder bei Beerdigungen) getragen.

b. Bemühungen um eine in ökumen. Gemeinsamkeit vorangebrachte Erneuerung setzen bei einem neuen Gemeindeverständnis ein: Durch die Taufe kommen alle zur gottesdienstl. Versammlung. Das weiße Taufkleid ist Zeichen der Gemeinde (z.B. Gal 3,27 und Offb 7,13). Wenn schon nicht die ganze Gemeinde ein eigenes gottesdienstl. »hochzeitliches Gewand« (Mt 22,11) tragen kann, so können es die Träger besonderer Dienste tun: Chor, Küster, Lektor, Diakon, Helfer bei der Austeilung des Abendmahls usw. Die Kleidung des Pfarrers soll ihn von der Gemeinde nicht unterscheiden, nur seine Rolle verdeutlichen.

Die derzeitige Neugestaltung in vielen Kirchen, evangelischerseits vor allem in Skandinavien, USA und den »Jungen Kirchen«, greift auf die Kleidung zur Zeit des NT zurück, die aus dem Untergewand (griech. *chiton*) und dem Obergewand (griech. *imation*) bestand (vgl. Mt 5,40; Joh 19,23). Das Festtagsgewand der griech-röm. Antike wurde im 3.-5. Jh. zum gottesdienstl. Gewand stilisiert – zu sehen etwa in den Mosaiken von Ravenna. Das Untergewand (Albe, Toga oder Tunika) wurde von allen an der Liturgie Beteiligten getragen, für den Altardienst kam das Übergewand, der (wertvollere!) Mantel (erst Paemula, dann Planeta, schließlich Casel = Zelt genannt) dazu. Die Stola, ein über die Schultern gelegter langer Stoffstreifen, bezeichnet – je nach der Form – den Leiter der Abendmahlsfeier und den mitwirkenden Diakon. Sie symbolisiert nach Mt 11,29 das sanfte Joch, das der Nachfolger Jesu auf sich nehmen soll. Die Stola, manchmal auch die Casel, ist in den Kirchenjahresfarben gehalten.

Das gottesdienstl. Gewand dient nicht der Zierde oder gar der Eitelkeit eines Menschen oder seiner Überhöhung. Es wird vielmehr von der Gemeinde einem ihrer Glieder, der Sünder ist wie alle, bei seiner Investitur (»Einkleidung«) übergelegt, um ihn in seinem Amt zu entlasten. Die Verkündigung des Wortes Gottes und die Feier der Sakramente ist sein Amt, das ihn auch in Zeiten der Glaubensanfechtung tragen kann. Das Gewand »verhüllt« ihn auch und ist Symbol für den Auftrag, der größer ist als menschliche Vernunft.

In der Erneuerung gottesdienstl. Gewandung ist nicht die Abschaffung des schwarzen Talars anzustreben, wohl aber die Überwindung seines Monopolcharakters. Ist er für die Predigt durchaus angemessen und funktionsgerecht, könnte er doch durch eine Stola ergänzt und für Taufe und Abendmahl ersetzt werden durch ein weißes Gewand, am besten in der modernen Form einer meist »Tunika« genannten »Mantelalbe«, ohne Casel, aber mit Stola.

Lit.: A. Flüeler: Das sakrale Gewand, 1964; A.C. Piepkorn: Die liturgischen Gewänder der lutherischen Kirche seit 1555, 1965.

H. Mayr

Klepper, Jochen (1903-1942)

K., geb. am 22. 3. 1903 in Beuthen (Kreis Glogau), war Sohn eines ev. Pfarrers, das mittlere Kind zwischen zwei älteren Schwestern und zwei jüngeren Brüdern. Nach dem Studium der Theologie in Erlangen und Breslau (wo er durch Rudolf → Hermann zu Martin Luther hingeführt wird), entscheidet er sich gegen einen Abschluß mit dem Lizentiat und wird freier Journalist und Schriftsteller. Beim ev. Presseverband in Breslau entsteht der wichtige Kontakt zu seinem künftigen Verleger Kurt Ihlenfeld; Rundfunkbeiträge finden weiten Anklang. Am 30. Januar hält K. für den erkrankten Vater seine einzige Predigt. 1931 übersiedelt er in die Hauptstadt Berlin.

Zu diesem Zeitpunkt ist er bereits mit der verwitweten Jüdin Hanni Stein verheiratet (28. März 1931). Im Juni 1933 wird K. unter nationalsozialistischem Druck als Mitarbeiter der »Funkstunde« entlassen; im Herbst erscheint sein erster Erfolgsroman, »Der Kahn der fröhlichen Leute«, der im Handel bleibt, obwohl ihn die NS-»Reichsschrifttumskammer« noch 1937 als »zersetzend« und »unerwünscht« eingestuft. K. lernt den in Potsdam wohnenden Reinhold → Schneider kennen, auch er ein zunehmend bewußter Gegner des Nationalsozialismus. Schneiders deutlich gegen die NS-Ideologie gerichtete Geschichtsstudie »Die Hohenzollern« (1933), die kurz nach Veröffentlichung verboten wurde, regt K. zu seinem Hauptwerk an, dem Roman »Der Vater. Der Roman des Soldatenkönigs« (1937). Das Buch, dem umfassende und teils erstmalige Quellenstudien zugrunde liegen, wird ein großer und zugleich umstrittener Erfolg – während ihn das NS-Blatt »Völkischer Beobachter« noch kurz nach K.s Ausschluß aus der Reichsschrifttumskammer zustimmend besprechen kann, wird er in der Bevölkerung weitgehend als ermutigendes und zugleich tröstendes Zeugnis gegen das Staats- und »Führer«-Bild des Nationalsozialismus verstanden.

In der folgenden Zeit werden K.s Veröffentlichungen immer deutlicher von christl. Aussagen und Bedürfnissen der Gemeinde geprägt: »In tormentis pinxit«, »Der König und die Stillen im Lande« und die Liedersammlung »Kyrie« alle 1938; »Der christliche Roman«, 1940. Es ist die Zeit der entscheidenden Weichenstellung: Der Druck der Judenverfolgungen erreicht auch K. und seine Frau mit den beiden Töchtern Brigitte und Renate. 1939 kann Brigitte über Schweden nach England emigrieren; Versuche, auch Renate ausreisen zu lassen, verzögern sich. Im Dezember 1940 wird K. zur Wehrmacht einberufen. Reden und Gedichte aus dieser Zeit sprechen für eine Bejahung des Soldatentums; K. gehört zu denen, die Wehr- bzw. Kriegsdienst zumindest prinzipiell nicht für unvereinbar mit gelebtem Christentum halten. Im Oktober 1941 wird K. wegen seiner jüd. Familie aus der Wehrmacht entlassen; verzweifelte Demarchen für eine Auswanderung der Tochter Renate führen trotz eines persönlichen Gesprächs K.s mit Eichmann nicht zum Erfolg. Vor dem unmittelbar drohenden Abtransport ins KZ gehen K., seine Frau und Tochter in der Nacht vom 10. auf den 11. Dezember 1942 in den Freitod. Das posthum von Reinhold Schneider herausgegebene Tagebuch »Unter dem Schatten deiner Flügel« verrät den Glaubenskampf, unter dem dieser Schritt stand: »Über uns steht in den letzten Stunden das Bild des segnenden Christus, der um uns ringt. In dessen Anblick endet unser Leben.«

K.s Nachwirken ist nicht zuletzt durch seine Gemeindelieder bestimmt, die auch von der Literaturwissenschaft zu den großen Texten christl. Lyrik gezählt werden. Nach wie vor gilt »Der Vater« zu recht als einer der herausragenden Geschichtsromane der deutschen Literatur. Und wichtig bleibt K. auch als gerade in seiner Zerrissenheit glaubwürdiger Zeitzeuge, mit dem Tagebuch (Erstausgabe 1956), aber auch mit den »Olympischen Sonetten« von 1936, in denen beispielhaft deutlich wird, wie das nach außen triumphierende Repräsentationshandeln eines Regimes literarisch durchschaut und entlarvt werden kann.

Lit.: J. Klepper: Der Kahn der fröhlichen Leute, (1933), NA u.a. 1984, Verfilmung 1949; Der Vater. Roman des Soldatenkönigs, (1937), NA u.a. 1974; In tormentis pinxit. Briefe und Bilder des Soldatenkönigs, (1938), NA 1956; Der König und die Stillen im Lande. Begegnungen Friedrich Wilhelms I. mit August Hermann Francke, Gotthilf August Francke, Johannes Anastasius Freylinghausen, Nikolaus Ludwig Graf von Zinzendorf, (1938), NA 1962; Olympische Sonette, (1936), jetzt in: Ziel der Zeit. Die gesammelten Gedichte, [2]1967; Der christliche Roman, (1940); Unter dem Schatten deiner Flügel. Aus den Tagebüchern 1932-1942, (1956), NA 1976; Das ewige Haus. Geschichte der Katharina von Bora und ihres Besitzes. Romanfragment, (1951).

H.J. Baden: Extreme Existenzen – Jochen Klepper und Reinhold Schneider, in: C.P. Thiede (Hg.): Über Reinhold Schneider, 1980, 182-201; K. Ihlenfeld: Freundschaft mit Jochen Klepper, [2]1979; O. Kohler (Hg.): In deines Herzens offene Wunde. In Erinnerung an Jochen Klepper, 1992; R. Thalmann: Jochen Klepper. Ein Leben zwischen Idylle und Katastrophe, 1977.

C.P. Thiede

Klerus und Laien

Im NT bildet das griech. Wort *laikos* (»zum Volk gehörig«) das wiederum auf *laos* (»Volk«) als Bezeichnung der Gemeinde als des Gottesvolkes des neuen Bundes zurückgeht, die etymologische Wurzel für den Begriff L. (Lk 1,17; 1Petr 2,10; Hebr 4,9). Den eigentlichen griech. Begriff für L. im NT bildet *idiotes* (Apg 4,13; 1Kor 14,16.23f; 2Kor 11,6) als Bezeichnung für die literarisch ungebildeten Privatpersonen ohne Fachkenntnisse. Dagegen ist in diesem Zusammenhang unter dem griech. Begriff *kleros* (wörtl. »Los«) das der Gemeinde mit den Gnadengaben von Gott geschenkte, besondere Amt zu verstehen (Apg 1,17; vgl. 1,26).

Die sich bereits in der Mitte des 1. Jh.s n.Chr. vollziehende Stabilisierung bestimmter Ämter und entsprechender Amtsträger dürfte weniger mit einer Unterdrückung des in freien Charismen wirkenden Geistes zusammenhängen, als vielmehr mit der Notwendigkeit, eine normative Instanz für die Tradierung des apostol. Zeugnisses zu schaffen. Freilich ging damit auch eine verstärkte Unterscheidung von Amtsträgern und L. einher. Die kirchenrechtliche Trennung von K. und L. in ein geistl. und ein weltliches »Volk« innerhalb der Kirche wurde im Decretum Gratiani 1142 festgeschrieben.

Nach röm.-kath. Verständnis sind die Kleriker aufgrund des – nur an einem Mann gültig vollziehbaren – dreifach gestuften Sakraments der Weihe zum → Diakon, → Priester oder → Bischof »dem Wesen und nicht bloß dem Grade nach« vom L. zu unterscheiden (Vaticanum II; Lumen Gentium 10,2). Bestimmung der L. ist es, in »zeitlichen Dingen das Reich Gottes zu suchen« (Lumen Gentium 31,2).

Mit dem Grundsatz des → Priestertums aller Gläubigen hob Luther die Trennung von K. und L. auf. Obwohl jeder Christ vor Gott als Priester gilt, sollte nur derjenige das konkrete Amt ausüben, der von allen durch eine öffentliche Berufung dazu bestimmt wird. Luther schlägt als eine dritte Weise des Gottesdienstes neben der klerikal dominierten latein. und deutschen Messe einen von Laien gestalteten Gottesdienst vor. »Die mit Ernst Christen sein wollen« sollen sich in Hausgemeinden zur Bibellese und wechselseitigem Gespräch versammeln (→ Deutsche Messe, 1528). Leider konnten diese Ansätze im Luthertum eine erneute Konzentration des kirchl. Lebens auf die Theologenschaft nicht abwenden, wogegen sich der zum Schisma führende Protest von Laienbewegungen wie Täufern und Schwärmern erhob.

Im ref. Raum wurden die »ordonnances ecclesiastiques« (1541) von Calvin mit ihrer Unterscheidung von vier Ämtern (Lehrer, Pastoren, → Älteste, Diakone) bestimmend, wobei die beiden letzteren Ämter für Laien vorbehalten waren, die als Älteste auch die Kontrollfunktion über Lehrer und Pastoren ausübten.

Zur größten bis dahin bekannten kirchl. Laienbewegung kam es im → Pietismus in Folge des Reformprogramms von → Spener (Pia Desideria, 1675), der das persönliche Bibelstudium von L. im Rahmen von Hauskreisen anregte. Zu einer breiten Neubelebung der urchristl. Ämter und deren Ausübung durch L. kam es in den von → Zinzendorf gegründeten Brüdergemeinen.

Die methodistische Kirche war am Anfang sowohl in England wie in Amerika und in Deutschland eine überwiegend durch Laienprediger verbreitete und von ihnen mitgeleitete Bewegung, der nur wenige ausgebildete Theologen die Impulse gaben (John und Charles

Wesley). Keiner der »Gründer« und Leiter der Freikirchen in Deutschland hatte ein Theologiestudium absolviert. Die Predigt durch Laien stand unverzichtbar neben der Predigt von Theologen.

Im 19. Jh. wurde das Engagement von L. im wesentlichen von der → Erweckungsbewegung und der → Inneren Mission → Wicherns und den daraus hervorgehenden Missionsvereinen bestimmt. In der Diskussion der Gegenwart ist das Thema K. und L. vor allem durch die anhaltende Pfarrer- bzw. Theologenzentriertheit vieler Kirchen und Gemeinden sowie der Frage nach der Mitarbeit der Frau im kirchl. Amt bestimmt. Der verstärkte Wunsch nach Mitarbeit und Mitsprache von L. im kirchl. Leben findet seinen Ausdruck in vielfältigen kirchl. Bildungsangeboten, Gemeinde- und Kirchentagen.

Lit.: Evangelisch-methodistische Kirche: Dienstauftrag-Amt-Allgemeines Priestertum, 1981; S.S. Hartmann, D. Michel, C. Thoma, J. Roloff, K. Schäferdick, H. Fagerberg, C.H. Ratschow: »Amt/Ämter/Amtsverständnis, I-VIII«, TRE 2, 1978, 500-622; A.M. Ritter: »Laie, I«, TRE 20, 1990, 378-385; A. Stein: »Klerus und Laien«, EKL[3], Bd. 2, 1306-1310.

V. Gäckle

Kliefoth, Theodor (1810-1895)

K., geb. am 16. 1. 1810 in Körchow/Mecklenburg, gest. am 26. 1. 1895 in Schwerin, Studium in Berlin und Rostock, 1840 Pastor in Ludwigslust, 1844 Superintendent und Dompropst in Schwerin, 1849 Oberkirchenrat, 1886 Oberkirchenratspräsident, gilt als Erneuerer der mecklenburgischen Kirche, als führende Gestalt des → Neuluthertums (»Das Luthertum ist nicht eine bloße Doktrin oder eine dogmatische Richtung, sondern eine Kirchengestalt«).

Er galt als der beste Kenner der reformat. Kirchenordnungen und der ev. Liturgiegeschichte im 19. Jh. und publizierte, viel beachtet, über das Kirchen- und Gottesdienstverständnis, aber auch über die Eschatologie.

Lit.: Th. Kliefoth: Theorie des Kultus der ev. Kirche, 1844; Acht Bücher von der Kirche I, 1854; Liturgische Abhandlungen, 8 Bde., [2]1858-1869; Christliche Eschatologie, 1886.

E. Haack: Theodor Kliefoth, 1910; F.W. Kantzenbach: »Kliefoth, Theodor«, TRE 19, 1990, 268-271 (Lit.); G. Kehnscherper: Das Wesen der Kirche nach Theodor Kliefoth, Diss. 1955 (Lit.); A. Stoll: Theodor Kliefoth als Kirchenführer, 1936.

G. Ruhbach

Klopstock, Friedrich Gottlieb (1724-1803)

K., geb. am 2. 7. 1724 in Quedlinburg, gest. am 14. 3. 1803 in Hamburg, Schüler von Schulpforta, Studium der Theologie in Jena und Leipzig, 1750 Aufenthalt in Zürich bei Bodmer, seit 1751 in Kopenhagen als Titular-Legationsrat und damit in finanzieller Freiheit, seit 1771 in Hamburg, gilt als Vater der neueren deutschen Dichtersprache und des Hexameters im Deutschen.

An seinem berühmtesten Werk, dem »Messias« arbeitete er fast drei Jahrzehnte (1748-1772); 1758 erschien »Der Tod Adams«, 1758 die »Geistlichen Lieder«, 1764 »Salomo«, 1771 seine »Oden« und 1772 »David«, außerdem verfaßte er Dramen und literaturwissenschaftl. Abhandlungen. Seine erhabene Sprache, seine Briefe, Tagebücher und Konfessionen sind Zeugnisse einer frühpietist. Erlebnisfrömmigkeit, die weithin die Bibel »poetisieren«.

Lit.: K. Hurlebusch: »Klopstock, Friedrich Gottlieb« TRE 19, 1990, 271-275 (Lit.); G. Kaiser: Klopstock. Religion und Dichtung, [2]1975.

G. Ruhbach

Kloster

1. Begriff

K. bedeutet zunächst einen von der übrigen Gesellschaft abgesonderten Wohnbereich einer rel. Gemeinschaft, dann auch die Lebensform der Gemeinschaft mit ihrer Geschichte. Verengt ist die Bedeutung in architekturgeschichtl. Arbeiten, wenn diese vom K. als Wohn- und Wirtschaftsgebäude im Gegensatz zum Kirchengebäude sprechen. K., abgeleitet von lat. *claustrum*, bedeutet soviel wie abgeschlossener Bereich. Außer dem Wort K. bezeichnen die Worte Laura, Priorat, Konvent, Zelle, Einsiedelei, Abtei, Stift besondere Formen des K.s.

2. Religionsgeschichte

Klöster sind nicht auf den christl. Bereich beschränkt. Es gibt sie auch im Bereich anderer Religionen. So hat z.B. die Gemeinde von → Qumran zur neutestamentlichen Zeit in einer klösterlichen Gemeinschaft zusammengelebt. Im Buddhismus gibt es bereits seit dem 4. Jh. v.Chr. eine vielfältige Klosterarchitektur. Dabei sind Kulthalle (meist mit einer Buddha-Statue) und Einzelzellentrakte für die Mönche konstitutiv. Auch innerhalb des Islam gibt es Klöster. Eine gegenseitige direkte Beeinflussung zwischen den einzelnen Religionen scheint nicht zu bestehen. Die Ähnlichkeiten lassen sich leicht auf die gleichen Erfordernisse gemeinsamen Lebens aus rel. Motiven zurückführen.

3. Geschichte der christlichen Klöster

Innerhalb des Christentums haben die einzelnen Konfessionen ihre je besondere Form des Klosters entwickelt. → Pachomius (um 290-346), der um 318 das erste christl. K. in Ägypten errichtete, und Basilius der Große (um 330-379; → Kappadozier) haben die Klöster der Ostkirche geprägt. → Benedikt (um 480-547) hat durch die Errichtung seines Maßstab setzenden K.s auf dem Monte Cassino im Jahr 529 den abendländischen Klöstern die Grundlage gegeben. In der Folge der → Reformation hat sich im Protestantismus eine antimonastische Einstellung durchgesetzt. Während sich Luther in seiner Schrift »De votis monasticis« von 1521 gegen die Mönchsgelübde ausgesprochen hat, gibt es doch andere Zeugnisse aus dem Leben des Reformators, in denen er wesentlich positivere Gedanken über das K. äußert (z.B. im Brief an die Brüder vom Gemeinsamen Leben in Herford aus dem Jahre 1532 und in den sog. Wittenberger Artikeln von 1536). Luther war gegen die mit dem mittelalterl. K.wesen verbundene Vorstellung der Werkheiligkeit und des Mönchsweges als christl. Hochweg. Erst im 18. Jh. kam es im Zusammenhang mit dem Barock-Pietismus zu einer neuen Hochschätzung monastischer Gedanken. Die Brüdergemeine stellt in ihren einzelnen Ortsgemeinen so etwas wie eine prot. Ordensbewegung dar. Verstärkt haben sich diese Gedanken im 19. Jh. Kierkegaard sagte: »Es ist kein Zweifel, daß unsere Zeit, daß überhaupt der Protestantismus wieder das Kloster nötig hätte… .« So kam es in der anglik. Kirche im 19. Jh. zu neuen Klostergründungen. Ähnliches gilt verstärkt nach dem Ende des Ersten und Zweiten Weltkrieges auch für die ev. Kirchen des Festlands (→ Bruder- und Schwesternschaft).

4. Architektur

Das Raumprogramm der K.anlagen spiegelt die Idee des K.s. wider. Richtungsweisend für das abendländische K. wurde der Idealplan von St. Gallen, geschaffen um 820. Dieser Plan gliedert die Anlage in vier Hauptbereiche: Der erste Bereich besteht aus Kirche und Kreuzgang, dem Schlafsaal, dem Speisesaal und den Vorratshäusern. Der zweite Bereich ist dem Abt und der äußeren Schule vorbehalten. Der dritte Bereich umfaßt die Anlagen für Kranke und Novizen. Zum vierten Bereich schließlich gehören die für die Versorgung der K.stadt notwendigen Betriebe, ebenso Herbergen für Pilger und einfache Leute. Die Klöster der später entstandenen Bettelorden liegen in den Städten meist in unmittelbarer Nähe der Stadtmauern, weil dort Land zur Bebauung frei war. Durch den Verzicht auf die wirtschaftliche Selbstversorgung fallen die Wirtschaftsgebäude weg. In der Neuzeit entwickeln sich die K.anlagen immer mehr zu palastähnlichen Gebäuden. Das gilt zuerst für die Gebäude des Jesuitenordens.

5. Bedeutung

Die Bedeutung des K.s für die Geschichte der christl. Kirche wie auch für die Geschichte Europas kann kaum überschätzt werden. So ist die Christianisierung der → Germanen beispielsweise ohne die irische K.kirche nicht denkbar. Aus ihren K.städten stammten die iro-schottischen Missionare. Auch die Christianisierung → Rußlands nach der Taufe Vladimirs ist wesentlich durch die Mönche des Kiewer Höhlenk.s mit seinen Tochtergründungen erfolgt. Immer wieder bildete das K. den Nährboden für umstürzende neue Erkenntnisse im Lauf der Theologiegeschichte: Basilius, Augustinus und Luther sind ohne ihre Verbindung zur klösterlichen Lebensgemeinschaft nicht denkbar.

Das Werden des Abendlandes ist für alle Zeit untrennbar mit dem benediktinischen K. verknüpft. Im Prolog seiner Regel schreibt Benedikt: »Wir wollen also eine Schule, in der man dem Herrn dient, gründen.« Das Ziel des benediktinischen K.s besteht somit in der Einübung seiner Bewohner in einen gottesdienstl. Lebensstil, in dem asketische Momente eingebunden werden. Er wurde konkret in der benediktinischen Grundregel »ora et labora«. Über die Klostermauern hinaus wurde das K. grundlegend für die Bildung des abendländischen Menschen und seiner Kultur. In ihm wird die menschliche Existenz im Horizont der Ewigkeit beispielhaft gelebt und dadurch ein neues menschliches Selbstverständnis mitgeteilt. Grundlegend für diese Funktion wurde seine Eigenwelt, die klare Norm der klösterlichen Gemeinschaft und die Verbindlichkeit des gemeinsamen Lebens. In dreierlei Hinsicht läßt sich die Wirkung des K.s beschreiben. Kirche, Staat und Kultur sind im K. in einzigartiger Weise an einem Punkt verbunden.

a. Auf geistlich-spirituellem Gebiet ermöglichen Gebet, Meditation und Seelsorge eine Intensivform christl. Nachfolge. Die Gliederung des Tagesablaufes durch die Tagzeitengebete erlaubt eine Konzentration des ganzen Lebens auf Gott. Die Meditation und die klösterliche Stille geben den Freiraum zum Hören auf Gott. In der Seelsorge werden die Gewissen geschärft.

b. Kulturell-päd. stellt das K. eine einzigartige Schule dar. Aufgrund des intensiven Zusammenlebens wird Zuverlässigkeit in der Arbeit eingeübt. Die Gemeinschaft macht für die Gesamtgesellschaft wegweisende Organisationsformen möglich. Indem Benedikt der Arbeit konstitutionelle Bedeutung für die klösterliche Gemeinschaft gibt, wird die Berufsarbeit als Teil der Nachfolge Jesu anerkannt. Von hier aus lassen sich die Auswirkungen des K.s auf Schule und Universität, Landwirtschaft und Handwerk erklären. Insofern ist die kulturfördernde Arbeit des K.s nur ein Ausfluß seiner eigentlichen Bedeutung, der Erziehung eines neuen abendländischen Menschentyps.

c. Schließlich ist das Wesen des K.s in brüderlich-rechtlicher Hinsicht zu bestimmen. Die K.gemeinschaft stellt die Familie Gottes mit dem Abt als geistl. Vater dar. Die Gemeinschaft wählt den Abt, dem sie dann gehorcht. So herrscht eine patriarchalische Grundstruktur vor, die allerdings genossenschaftlich-brüderlich ausgerichtet ist. Im gegenseitigen Treueverhältnis unter Gott wird in den Wirren der Völkerwanderung ein ganz neues Rechtsempfinden eingeübt. Das Kloster wird zur Keimzelle einer neuen, Europas Zukunft prägenden Ordnung.

Vor Entartung und Verfall ist auch das K. nicht verschont geblieben. Es gab Streitigkeiten, sittliche Verwahrlosung und massive Verweltlichung. Trotzdem ist zu bedenken, daß von den Lebensformen des MAs nur das K. dem Wandel der Geschichte standhalten konnte. Obwohl wir in einem Zeitalter der K.vergessenheit leben, scheint ein neues Interesse an klösterlichen Lebensformen die Gegenwart erfaßt zu haben. Der Zeitgeist steht der Lebensordnung des K.s diametral entgegen: Statt Armut prägt der Konsum unsere Gesellschaft; statt Keuschheit herrscht sexuelle Verwirrung; statt Christonomie kennzeichnet den modernen Menschen seine Autonomie. Ziel der kommenden Generation muß es darum sein, von der Bibel geprägte Lebensformen zu finden, für die die klösterlichen Traditionen eine Fülle von Beispielen bereithalten.

Lit.: R. Fischer: »Kloster/Klosteranlage«, TRE 19, 1990, 275-281; G. Krüger: Lebensformen christlicher Gemeinschaften, 1969.

P. Zimmerling

Kloth, Marion von (1897-1919)

M. v. Kloth, geb. am 30. 3. 1897 in Duikeln/Livland, gest. am 22. 5. 1919 in Riga. Als baltische Gutstochter half sie nach fröhlicher Jugend im Ersten Weltkrieg bei der Pflege deutscher Soldaten. Beim Einmarsch der Bolschewisten floh sie nicht, sondern blieb zum Schutz ihrer 84jährigen Großmutter in der Heimat, wurde aber im April 1919 zusammen mit ihrer Mutter eingekerkert. In den sechs schweren Wochen ihrer Gefangenschaft wurde das NT ihr Trost. Sie sang täglich den Mitgefangenen Hedwig v. Rederns Lied »Weiß ich den Weg auch nicht, Du weißt ihn wohl«. Kurz vor der Befreiung wurde sie mit 36 Gefangenen erschossen.

Lit.: F. Hauß: Väter der Christenheit, 1991, 567.

Käte Brandt

Knak, Gustav → Erweckungsbewegung

Knapp, Albert → Liedgut/Liederbücher

Kniebeugungsordre und -streit

Am 14. August 1838 erging an die Militärbehörden des Königreiches Bayern die Kriegsministerialordre, daß in den kath. Militärgottesdiensten während der Wandlung und beim Segen niederzuknien sei; ebenso habe das Militär beim Spalierbilden während der Fronleichnamsprozession sowie auf Wache, wenn das Allerheiligste vorübergetragen würde, eine kniende Haltung einzunehmen. Damit wurde eine Krise im Verhältnis des Staates zur ev. Kirche ausgelöst, denn diese Ordre verpflichtete auch die ev. Militärangehörigen. Sofortige Proteste bewirkten nur geringe Milderungen (Befreiung ev. Landwehrangehöriger vom kath. Gottesdienst). Während die kath. Publizistik (→ Döllinger) die Position des Vertreters der Ordre, Innenministers Abel, unterstützte und versuchte, der ev. Empfindlichkeit dadurch zu begegnen, daß man die Bedeutung des verordneten Gestus herunterspielte, wurden prominente Kritiker (A. v. Harleß) gemaßregelt; sogar Haftstrafen wurden verhängt; Regierungspräsident v. Giech trat zurück. Das ev. Oberkonsistorium entschloß sich erst spät zu entschiedenem Protest gegen die offensichtliche Verletzung der Verfassungsgrundsätze. Erst 1845 wurden unter dem Druck der sich ausweitenden Opposition die schwerwiegendsten Punkte beseitigt. Zwei Jahre später mußte Innenminister Abel zurücktreten.

Lit.: E. Dorn: »Kniebeugungsstreit in Bayern«, PRE 10, 1901, 590-594 (Lit.).

H. Kirchner

Knobelsdorff, Curt von (1839-1903)

Der preußische Oberstleutnant, geb. am 31. 1. 1839 in Berlin, gest. am 24. 1. 1903 in Berlin, bekehrte sich aus einem Leben militärischer Tüchtigkeit, bürgerlich-kirchl. Wohlanständigkeit und gesellschaftl. Pflichten, bei denen der Alkoholgenuß eine große Rolle spielte, radikal zu Jesus. Er gab die militärische Laufbahn auf und wurde als Mann von 48 Jahren Gastschüler am Predigerseminar St. → Chrischona.

Seine Lebensaufgabe fand er im Auf- und Ausbau der Blaukreuzarbeit in Deutschland (→ Blaues Kreuz). Als sich 1892 in Barmen die einzelnen Vereine zum »Deutschen Bund vom Blauen Kreuz« zusammenschlossen, wurde v. K. der erste Vorsitzende. Er entfaltete eine ausgedehnte Evangelisationstätigkeit und betonte mit großem Nachdruck, daß Jesus, der Retter, und nicht die Enthaltsamkeit an erster Stelle steht. Als überzeugter Vertreter der Ev. → Allianz leitete K. eine Reihe von Jahren hindurch die → Blankenburger Allianzkonferenzen.

Lit.: E. Bunke: C.v. Knobelsdorff, der Herold des Blauen Kreuzes, ²1951.

A. Pagel

Knox, John (ca. 1514-1572)

K., geb. ca. 1514 in Haddington, gest. am 24. 11. 1572 in Edinburgh, Reformator Schottlands. Studium in St. Andrews, 1539(?) Priesterweihe, Kontakte zu Förderern der ev. Reformation, Leibwächter des 1546 als luth. Ketzer hingerichteten George Wishart. K. wurde als reformat. gesinnter Prediger von französ. Truppen festgenommen, zu 19 Monaten Galeere verurteilt, kehrte 1549 nach England zurück, wo er als Prediger wirkte. Als Maria Stuart den Thron bestieg und der Katholizismus Staatsreligion wurde, floh K. nach Genf, wurde treuer Schüler → Calvins und pastorierte die engl. Flüchtlingsgemeinde. 1559 kehrte K. endgültig nach Schottland zurück und übernahm die Pfarrei an St. Giles in Edinburgh.

Er kämpfte unnachgiebig für die calvinische Reformation, für die er den Adel gegen die reformunwillige, dem »Götzendienst« der Messe verfallene kath. Kirche gewinnen wollte mit der schon 1558 edierten »Appellation an Adel und Stände…«. Ohne polit. Kalkül und ohne als großer theol. Lehrer gelten zu können, war er doch wesentlich an den schottischen Bekenntnisgrundlagen beteiligt (u.a. »The Scots Confession« 1560). K. war ein Kämpfer, Seelsorger und Organisator, der den schottischen Protestantismus tief prägte.

Lit.: The Works of John Knox, 6 Bde., hg. von D. Laing, 1846.64.

P.H. Brown: John Knox. A Biography, 2 Bde., 1895; J.K. Cameron: »Knox, John«, TRE 19, 1990, 281-287; I.B. Cowan: The Scottish Reformation. Church and Society in Sixteenth Century Scotland, 1982.

Chr. Windhorst

Köberle, Adolf (1898-1990)

K., geb. am 3. 7. 1898 in Berneck (Oberfranken), gest. am 22. 3. 1990 in München, stammte aus einer bayerischen Pfarrersfamilie, studierte, geprägt von Kriegserfahrungen, in München, Erlangen und Tübingen Philosophie und Theologie und trat 1922 in den Dienst der Ev.-Luth. Kirche in Bayern. 1926 wurde er Leiter des Ev.-luth. Missionsseminars in Leipzig, 1930 Professor für systemat. Theologie in Basel und 1939 in Tübingen als Nachfolger seines Lehrers Karl → Heim. Nach seiner Emeritierung lebte er in München.

Mit seinem 1929 erstmals erschienenen Buch »Rechtfertigung und Heiligung« (⁴1987) hat sich K. als ein Theologe ausgewiesen, der aus der Fülle der kirchl. Tradition lebte und zugleich von den Problemen seiner Zeit bewegt war. Auf der Grundlage der Bibel und der reformat. Theologie zeigte K. den Zusammenhang von Rechtfertigung und Heiligung, wobei die Dankbarkeit gegenüber Gott und die Christusliebe Beweggrund des Handelns sein und gegenüber dem Gehorsam und der Furcht den Vorrang haben sollten. Der Kampf zwischen dem Sünder und dem Gerechtfertigten spielt sich im Menschen ab, und der Christ kann ihn nur bestehen, indem er sich im Blick auf Christus versöhnen und in die Nachfolge rufen läßt. Die Gottesliebe als Fundament der christl. Existenz angesichts der Schönheit und der Not des Lebens war von nun an das Thema der Theologie K.s.

Er befaßte sich aber nicht nur mit der theol. Anthropologie, sondern er war ein universaler Denker. Viele Bereiche der Schöpfung, der Geschichte, der Wissenschaft, der Kultur, der Kunst, der Musik, des Sportes und der Psychotherapie durchdachte er im Lichte des Glau-

bens an die Erlösung in Christus. Das Erbe des schwäbischen Pietismus fand in ihm einen verständnisvollen Interpreten.

Lit.: G. Müller (Hg.): Rechtfertigung, Realismus, Universalismus in biblischer Sicht. FS für Adolf Köberle zum 80. Geburtstag, 1978, 365-385 (Bibliographie).

B. Maurer

Köbner, Julius → Baptismus, Baptisten

Koedukation → Jugendarbeit

Kohlbrügge, Hermann Friedrich (1803-1875)

K., geb. am 15. 8. 1803 in Amsterdam, gest. am 5. 3. 1875 in Elberfeld, ursprünglich luth., dann ref. Theologe. Abgewiesen von seinen niederländischen Heimatkirchen, kam er in Kontakt mit der Wuppertaler Erweckung um G.D. und F.W. → Krummacher und war dann von 1845 bis zu seinem Tod Pfarrer in der selbständigen niederländisch-ref. Gemeinde in Elberfeld. Als ein Einzelgänger unter den Theologen seiner Zeit hat er, ein wahrer Lehrer der Schrift, fast nur Predigtsammlungen hinterlassen. 1826 erlebte er eine Bekehrung, im Blick auf die er sagte: »Vor der Wiedergeburt ist der Mensch tot in Sünden, nach derselben tot für die Sünde.«

1833 widerfuhr ihm »eine zweite Bekehrung« (H.K. Hesse) unter der Entdeckung des Kommas in Röm 7,14 (»Ich bin fleischlich, unter die Sünde verkauft.«) Dabei ging ihm die reformat. Botschaft von der freien Gnade Gottes neu auf, die er fortan in erleuchteter Einseitigkeit predigte: Alle, auch die Gläubigen und Bekehrten, sind ganz und gar »Fleisch« und bleiben so stets ganz auf Christus angewiesen. In ihm, dem radikal in unsere Sünde Hinabgegebenen, ist uns immer schon das volle Heil, Vergebung und Heiligung gegeben. Auch die Gebote Gottes sind darum dankbar zur Kenntnis zu nehmende Perfekte (Habt eure Glieder getötet!). Schon einsichtsvolle Zeitgenossen sahen in diesem radikalen Rechtfertigungsglauben einen Mangel an Erkenntnis der uns gewiesenen Heiligung.

Lit.: K. Barth: Die protestantische Theologie im 19. Jahrhundert, 1946, 579-587; H.K. Hesse: Hermann Friedrich Kohlbrügge, 1935; W. Kreck: Kohlbrügges Lehre von der Heiligung, 1936; E. Moltmann-Wendel: Theologie und Kirche bei Hermann Friedrich Kohlbrügge, 1957.

E. Busch

Koinonia → Gemeinschaft

Kollegial-System → Staat und Kirche

Kollektengebet

Eines der K.e, das die »Erneuerte Agende« (Entwurf 1990) für den Sonntag »Kantate« vorschlägt, lautet: »Lieber Herr und Gott, du erfüllst die Herzen deiner Gläubigen mit einerlei Sinn. Gib, daß wir lieben, was du gebietest, und begehren, was du verheißt, damit unsere Herzen in aller Unruhe dieser vergänglichen Welt dort geborgen bleiben, wo wirkliche Freude ist. Durch unseren Herrn Jesus Christus, deinen Sohn, der mit dir und dem Heiligen Geiste lebt und regiert von Ewigkeit zu Ewigkeit. Amen.«

K.e haben also nichts mit dem Einsammeln von Geld zu tun; sie sind vielmehr selbst einsammelnde Gebete. Das K. folgt der Salutatio und faßt den anrufenden und anbetenden Teil des Gottesdienstes (Introitus – Kyrie – Gloria) durch ein sehr knappes Gebet zusammen (so schon verstanden von Wallafried Strabo von Reichenau im 9. Jh.).

Der Aufforderung des Liturgen »Laßt uns beten« konnte in frühester Zeit schon eine Zeit stillen (oder auch lauten) Gebetes der Gemeinde folgen. Der Liturg schließt die Gebetszeit dann mit dem K. ab. Die Anrede gilt in urchristl. Tradition Gott, dem Vater (»Lieber Herr und Gott«). Ihr folgt zunächst die Prädikation, die eine Eigenschaft oder ein heilsgeschichtl. Handeln Gottes rühmt (»du erfüllst die Herzen deiner Gläubigen ...«). Eine einzige Bitte schließt sich an, deren Inhalt oft schon vom Evangelium des Sonntags bestimmt wird (daher heißt das K. auch Tagesgebet). Diese Bitte wird kurz und knapp formuliert (»Gib, daß wir begehren ...«) und durch eine Zielbestimmung erläutert (»damit unsere Herzen ... geborgen bleiben ...«).

Die Conclusio als Berufung auf Jesus (»Durch unsern Herrn Jesus Christus ...«) und ein trinitarischer Lobpreis (»der mit dir und dem Heiligen Geiste lebt und regiert ...«) schließen dieses Modellgebet ab. Durch ihr »Amen« macht sich die Gemeinde das K. zueigen. Der Liturg wendet sich als Beter unter Betern zum Altar.

Lit.: Chr. Albrecht: Einführung in die Liturgik, [3]1983, 46f: F. Kalb: Grundriß der Liturgik, [2]125-127; Kollektengebete finden sich in Bd. 2 und 3 (Kollektengebete 1 u. 2, hg. Otto Dietz) der »reihe gottesdienst«, hg. von Chr. Mahrenholz, H. von Schade, F. Schulz, 1969ff.

M. Herbst

Kollektenwesen

Kollekten sind Sammlungen freiwilliger Gaben (Opfer) bei Gottesdiensten und anderen kirchl. Veranstaltungen für bestimmte, der Gemeinde bekanntgemachte Zwecke. Die Kollekten sind heute in aller Regel Geldgaben, die während (Klingelbeutel) und/oder am Schluß des Gottesdienstes (Opferbüchsen, Opferstökke) gesammelt werden.

Schon aus der urchristl. Gemeinde sind Kollekten und Gemeindeopfer bekannt (vgl. Apg 4,34f; 1Kor 16,1; 2Kor 9,1; 2Kor 9,11f). Sie dienten der Armenpflege, der unmittelbaren Unterstützung der Gemeinde und der Hilfe für andere Gemeinden. Auch wenn die altkirchl. Tradition des Zehnten (3Mo 27,30f) heute noch bei einigen Freikirchen und christl. Bewegungen praktiziert wird, ist bei den Volkskirchen die Kollekte nicht mehr Fundament des Finanzwesens.

Im Bereich der Ev. Kirche in Deutschland werden in der Regel jährlich drei Kollekten (z.B. für die Stätten des kirchl.-diakon. Wiederaufbaus) ausgeschrieben. Im übrigen erlassen die Landeskirchen jährlich einen Kollektenplan für gemeinsame Aufgaben der Landeskirche (kirchl. Notstände und Unterweisung, Diakonie, Bibelwerk, Israel). Darüber hinaus haben die Kirchengemeinden das Recht, an den übrigen Sonntagen den Opferzweck für die Kollekte selbst zu bestimmen.

Von den Kollekten unterschieden werden müssen einerseits Spenden und andererseits Sammlungen. Spenden erbringen Gemeindeglieder und Bürger für kirchl., gemeinnützige, mildtätige und wissenschaftl. Zwecke, die durch Spendenbescheinigung als Sonderausgaben bei der Einkommenssteuer steuermindernd geltend gemacht werden können. Sammlungen für einen bestimmten Zweck (z.B. Diakonie, Müttergenesungswerk) erheben die Kirchen als Haussammlungen bei allen Gemeindegliedern oder als öffentliche Haus- und Straßensammlungen nach staatlicher Genehmigung.

Eine Statistik über den Ertrag der Kollekten besteht nicht. Im Bereich der Ev. Landeskirche in Württemberg erbrachten 1990 alle kirchl. Kollekten zusammengenommen einen Ertrag von rund 29,-- DM je Gemeindeglied oder fast 10 % des Kirchensteueraufkommens. Nicht berücksichtigt sind hierbei alle Spendenerträge (z.B. für Baumaßnahmen oder Notstände, Spenden für Missionsgesellschaften und freie Werke oder Sammlungen).

Lit.: W. Lienemann (Hg.): Die Finanzen der Kirche, 1989; G. Kehnscherper: »Kollektenwesen«, TRE 19, 1990, 359-363.

D. Bauer

Kollektivismus

K., (vom lat. *colligere*, »sammeln«), ist eine Weltanschauung, in der der einzelne im Ganzen (Kollektiv) aufgeht und seine unverwechselbare Eigenart und Eigenständigkeit als Individuum verliert. Der K. hängt eng zusammen mit der Vermassung der industriellen Gesellschaft. Er hat viele ideologische Spielarten: Der Rassismus, Nationalsozialismus und Faschismus mit seiner Parole »Du bist nichts, Dein Volk ist alles«, der Marxismus, wo der Mensch nur ein »Ensemble gesellschaftlicher Verhältnisse« (K. Marx), nichts Ureigenes ist, der Konformismus unserer Massengesellschaft, der von der Maxime ausgeht: Gut ist, was *man* sagt und tut oder was die Mehrheit meint und macht. Das reformat. Christentum geht demgegenüber von einem Menschenbild aus, das sich von der Eigenverantwortlichkeit und Entscheidung des einzelnen (Luther: fides specialis) her definiert. Der Freispruch des Sünders in der Rechtfertigung ruft den einzelnen heraus aus der Masse: »Ich habe Dich bei Deinem Namen gerufen, Du bist mein!« (Jes 43,1) Dieser Freispruch Gottes um Christi willen gibt dem Menschen wieder seine Unverwechselbarkeit zurück. Die Kirche ist kein Kollektiv oder eine Masse, sondern ein »Leib«, in dem jedes »Glied« seine unverwechselbare Eigenart bewahrt (1Kor 12,12ff).

Lit.: Th. Aich: Massenmensch und Massenwahn: zur Psychologie des Kollektivismus, 1947; L. von Mises: Im Namen des Staates oder Die Gefahren des Kollektivismus, 1978.

H.G. Pöhlmann

Kolonialismus

Die Bezeichnung Kolonie (von lat. *colonia*) meint ursprünglich Siedlungen, die außerhalb des eigenen Heimatlandes gegründet wurden. In der Neuzeit versteht man darunter jedoch ein überseeisches Schutzgebiet eines Staates. Der Begriff K. löste nach dem Zweiten Weltkrieg den früher gebräuchlichen Begriff → Imperialismus ab, jedoch fehlt eine klare Unterscheidung.

Wir verstehen unter K. die Phase der Ausdehnung europ. Seemächte vom 15. Jh. bis 1880. Der iberische K. war eine Fortsetzung der → Kreuzzüge und ist deshalb eng verbunden mit dem Prozeß der Ausdehnung des Christentums (corpus Christianum) seit 1415 von Cleuta über Afrika bis nach Asien und Amerika. 1622 übernahm die → Congregatio de Propaganda Fide die kath. Missionsarbeit. Der niederländische und franz. K. löste den iberischen ab, befolgte jedoch im wesentlichen die iberische Regierungspolitik. Die prot. Missionsarbeit übernahmen Missionsgesellschaften. Eine neue Form des K. entwickelte sich in den USA durch Siedler, die als Folge einer heilsgeschichtl. Theologie Amerika eine besondere Stellung in Gottes Heilsplan einräumten. Daraus erwuchs später die wichtigste prot. Missionsbewegung. Evangelikale bekämpften den Sklavenhandel (→ Wilberforce) und begründeten um 1850 die wirtschaftl. Entwicklungshilfe. Ein zweiter Zyklus des K. begann mit der englisch-franz. Rivalität in Indien im 18. Jh. Die East India Company lehnte jegliche Missionstätigkeit unter Hindus und Muslimen ab. Die K.politik der meisten europ. Kolonialregierungen diskriminierte das Christentum, das sich erst nach dem Ende des K. frei entfalten konnte.

Lit.: K. Bade (Hg.): Imperialismus und Kolonialmission: kaiserliches Deutschland und koloniales Imperium, 1982; R. Daus: Die Erfindung des Kolonialismus, 1983; K. Hammer: Weltmission und Kolonialismus dtv wissenschaft 4368, 1978; J. Höffner: Kolonialismus und Evangelium. Spanische Kolonialethik im Goldenen Zeitalter, [3]1972; K.M. Panikar: Asia and Western Dominance, 1953; W. Raupp (Hg.): Mission in Quellentexten. Von der Reformation bis zur Weltmissionskonferenz 1910, 1990; K. Rennstich: Mission und wirtschaftliche Entwicklung, 1978.

K.W. Rennstich

Kolosserbrief → Paulus (Apostel)

Kolping, Adolf (1813-1865)

K. wurde am 8. 12. 1813 in Kerpen bei Köln geboren. Nach einer Schuhmacherlehre beschloß er mit 23 Jahren, sich auf den Besuch des Kölner Marzellengymnasiums vorzubereiten. 1841 nahm er in München das Theologiestudium auf, 1842 wechselte er von München nach Bonn; 1845 wurde er in Köln zum Priester geweiht. Seine erste Anstellung erhielt er als Kaplan an der St. Laurentiuskirche in Elberfeld. Hier lernte er einen vom Lehrer Johann Gregor Breuer gegründeten »Gesellenverein« (Jünglingsverein) kennen, in dem Handwerksgesellen und junge Arbeiter sich zu Vorträgen und geselligem Beisammensein trafen.

1849 erhielt K. ein Domvikariat in Köln. Eine seiner Hauptaufgaben sah er darin, einen Kath. Gesellenverein aufzubauen. Am

1. 5. 1850 riefen die drei Präsides von Köln, Elberfeld und Düsseldorf und eine Laiendelegation den »Rheinischen Gesellenbund« mit Sitz in Köln ins Leben (seit 1851 Katholischer Gesellenverein).

K. war ein erfolgreicher Volksschriftsteller, er redigierte verschiedene Blätter, z.B. das Rheinische Kirchenblatt. Anläßlich einer Romreise 1862 wurde er von Pius IX. empfangen. K. starb am 4. 12. 1865 in Köln.

Am 27. 10. 1991 wurde K. von Papst Johannes Paul II. in Rom seliggesprochen. Anläßlich der Seligsprechung sagte der Papst: »Kolping setzte in erster Linie auf den Menschen. Nicht die Strukturen müsse man zuerst ändern, sondern die Menschen.«

Im Mittelpunkt von K.s Arbeit standen Beruf und Familie. »Die Rettung des Menschengeschlechts fängt« nach K. »bei der Familie an«.

In den 50er Jahren wurden die Kolping-Gesellenvereine zum Kolpingwerk umgewandelt, damit war eine Öffnung auf neue Berufsgruppen und 1966 auch auf Frauen verbunden.

Das Kolpingwerk versteht sich heute als familienhafte Lebens-, Bildungs- und Aktionsgemeinschaft, die das Gemeinwohl im christl. Sinne fördern und an der ständigen Humanisierung der Gesellschaft mitwirken will. Dem Kolpingwerk »Deutscher Zentralverband« (Köln) gehören rund 266.000 Mitglieder in 2.645 Kolpingsfamilien an. Das Internationale Kolpingwerk ist in 36 Ländern mit etwa 350.000 Mitgliedern vertreten.

Lit.: Chr. Feldmann: Adolf Kolping. Für ein soziales Christentum, 1991.

K. Wittstadt

Kolportage → Literaturarbeit

Kommentare → Bibelwissenschaft, moderne; → Biblische Nachschlagewerke

Kommunikation

1. Allgemein

a. K. (lat. *communicatio*, »Mitteilung«) steht in der modernen Wissenschaft als Oberbegriff für den Austausch von Informationen. Dieser kann verbal oder non-verbal, direkt (von Mensch zu Mensch) oder indirekt über technische Mittler (z. B. Zeitung, Telefon, Fernsehen) geschehen. Die neuere Wissenschaft definiert Kommunikation nicht als einfachen Vorgang des Informationsaustausches, sondern als ein Beziehungsfeld zwischen dem Sender (Kommunikator) und dem Empfänger (Rezipient) einer Botschaft. Entscheidend für das Zustandekommen von K. ist also nicht nur, daß Informationen fließen, sondern daß sie auch ihr Ziel erreichen. Ob ein K.svorgang gelingt, hängt davon ab, ob der Rezipient in der Lage ist, die ausgesendeten Signale zu deuten und in der vom Kommunikator beabsichtigten Weise zu verstehen. Das geschieht dann, wenn der Kommunikator einen Code benutzt, der vom Empfänger decodiert werden kann. Solche Codes sind z. B. Sprache und Tonfall, aber auch Mimik, Gestik, Körpersignale und kulturelle Verhaltensmuster. Gelungen ist K. dann, wenn sie beim Empfänger das hervorruft, was sie bewirken sollte.

b. Die wissenschaftl. Erforschung von K.svorgängen begann relativ unkoordiniert Mitte des 19. Jh.s als Spezialgebiet verschiedener Wissenschaften (Soziologie, Psychologie, Geschichte, Ökonomie). Ansätze zu einer eigenen K.swissenschaft entstanden Anfang des 20. Jh.s in Deutschland durch Institute für Zeitungskunde, Zeitungswissenschaft und Publizistik. Aber erst nach dem Zweiten Weltkrieg konnte sich – zunächst in den USA – K.sforschung als eigenständiger Wissenschaftszweig durchsetzen. Die Hauptuntersuchungsgebiete sind Kommunikatoren- und Rezipientenforschung, aber auch die Analyse von K.swegen und Auswirkungen von K.: »Wer sagt was über welchen Kanal wem mit welchem Effekt?« (»Lasswell-Formel«; nach dem amerikanischen K.swissenschafter H. D. Lasswell). Im ingenieurwissenschaftl. Bereich hat sich parallel zur K.swissenschaft – ausgehend von der Informations- und Elektrotechnik – die Nachrichten- bzw. K.stechnik als eigenes Studienfach etabliert. Hier geht es vor allem um die Erforschung neuer und die Weiterentwicklung bewährter K.smedien.

2. Massenkommunikation

Die modernen elektronischen K.smedien Hörfunk und Fernsehen haben dazu geführt, daß direkte K. immer mehr durch indirekte K. abgelöst wurde. Damit hat K. in den letzten Jahrzehnten ein neues Gesicht erhalten. Die Gefahr der Massenkommunikation liegt darin, daß K. immer stärker zu einer einseitigen Beziehung wird. Während bei direkter K., z. B. einem Gespräch, die Rollen des Kommunikators und des Rezipienten ständig wechseln, sind sie bei der Massenkommunikation unveränderlich festgelegt. Langfristig könnte das dazu führen, daß die meisten Menschen immer weniger in der Lage sind, selbst zu kommunizieren und daß sie dementsprechend leicht zu manipulieren sind. Diesen Fragen geht als Spezialgebiet der K.swissenschaft die Wirkungsforschung nach. Ihre Ergebnisse zeigen, daß Massenmedien Menschen in ihrem Denken und Verhalten beeinflussen und prägen können. Kurzfristige Beeinflussungen sind allerdings eher unwahrscheinlich. Dagegen finden Werte und Moralvorstellungen, die über einen langen Zeitraum von Massenmedien transportiert werden, ihren Widerhall in der Gesellschaft.

3. Kommunikation des Evangeliums

Das → Evangelium hat Öffentlichkeitscharakter (Mt 10,27). Die Geschichte der → Evangelisation ist deshalb gleichzeitig auch eine Geschichte von K.swegen und -methoden. Immer haben sich Christen zur Verkündigung des Evangeliums auch der ihnen zur Verfügung stehenden K.smittel bedient: Paulus schrieb z. B. Briefe. Die Erfindung des Buchdrucks begünstigte die Verbreitung der Reformation und der Bibel. Nach der Entdeckung der Funkwellen entstanden schnell auch die ersten Missionssender. Gleichzeitig hat aber immer auch die direkte Weitergabe des Evangeliums von Mensch zu Mensch eine entscheidende Rolle gespielt. Sie wird auch durch christl. Rundfunk- und Fernsehsendungen nicht überflüssig. In den modernen westlichen Gesellschaften ist Evangelisation da am erfolgversprechendsten, wo direkte und indirekte K. zusammentreffen, d. h. wo es zu einem Miteinander von persönlicher Evangelisation und Massenmedien kommt.

Lit.: H. Beth, H. Pross: Einführung in die Kommunikationswissenschaft, 1976; J. Engel: Zeitgemäße christliche Kommunikation, 1989; L. Grüber, E. Meier, E. Griffin: Kommunikation – Kultur – Kontakte, 1989; M. Haase, W. Schulz (Hg): Massenkommunikation, 1989; K. Merten: Kommunikation, 1977; E. Noelle-Neumann, W. Schulz, J. Wilke (Hg.): Publizistik/Massenkommunikation, 1990.

P. Fischer

Kommunion → Abendmahl

Kommunismus → Sozialismus

Kommunität Gnadenthal → Jesus Bruderschaft

Kommunitäten → Bruder- und Schwesternschaft/-en

Komplet → Stundengebet

Kompromiß, ethischer

(lat.: *compromittere*, »übereinkommen, eine Angelegenheit einem Schiedsmann zu übertragen«). Ein e.K. kann sowohl ein »fruchtbarer« wie ein »fauler« K. sein. Wo Standpunkte von Einzelpersonen oder Interessengruppen aufeinander stoßen, wird sich in der Regel ein K. als fruchtbar erweisen (s. → Akademien, Evangelische). Wo es sich hingegen um das göttliche Gebot handelt, wird die Einschränkung der Gültigkeit des Gebots in der Regel als »fauler« K. zu werten sein. Freilich bleibt stets die Zweck-Mittel-Relation zu beachten.

In der Tradition sind unterschiedliche Modelle für den e.K. entwickelt worden. Im Naturrechtsdenken wird unter K. die Wahl des kleineren Übels in einer Konfliktsituation verstanden. Wird diese Wahl getroffen, gilt die Tat als »richtig« und zumindest als relativ »gut«.

Nach H. → Thielicke bedeutet K. die Realisierung des göttlichen Gebots unter Berücksichtigung der konkreten Weltsituation. Aufgrund der geschichtl. Gegebenheiten kann die Intention eines Gebotes oft nicht direkt, sondern nur auf Umwegen erfüllt werden. Durch diesen Realismus wird dem Gebot nach Thielikke nicht Abbruch getan, vielmehr wird es als verbindliches ernstgenommen; denn es geht ja nicht um eine Theorie, sondern um die Lebenspraxis.

Hendrik van Oyen weist ebenfalls auf die Spannung zwischen der absoluten Forderung des göttlichen Liebesgebotes einerseits und der geschichtl., sozialbedingten Lage andererseits hin. Im Unterschied zu Thielicke sieht v. Oyen den Kompromiß aber nur als eine Notlösung an. Menschliche Ordnungen und menschliches Recht bleiben stets hinter der göttlichen Gerechtigkeit zurück. Deshalb ist der e.K. Ausdruck für die Offenheit christl. Ethik, für ihr Angewiesensein auf die Vollendung durch die kommende Gerechtigkeit Gottes.

D. → Bonhoeffer spricht im Blick auf Konfliktsituationen, in denen ein Christ so oder so gegen das göttliche Gebot verstößt und auch durch Nichthandeln schuldig werden würde, bewußt nicht von einem zu schließenden e.K. Vielmehr verweist er auf die Notwendigkeit der entschiedenen Tat als Wagnis nach Abwägung der Umstände und im Blick auf den Gotteswillen. Bonhoeffer unterscheidet aber verschiedene Ebenen der Rechtfertigung. Wenn man so will, kann man darin indirekt einen e.K. erblicken: »Vor den anderen Menschen rechtfertigt den Mann der freien Verantwortung die Not, vor sich selbst spricht ihn sein Gewissen frei, aber vor Gott hofft er allein auf Gnade« (Ethik, 263).

Lit.: D. Bonhoeffer: Ethik, [6]1963; H.v. Oyen: Ev. Ethik I, 1951; H. Thielicke: Theologische Ethik II/1 und II/2, [4]1973 und [2]1966; H. Weber (Hg.): Der ethische Kompromiß, 1985.

R. Mayer

Kondeszendenz

K., zu deutsch »Herabsteigen, Herunterlassung (Gottes)« ist eine wohl von Irenäus (Seitz, 183) vorgenommene Übersetzung des griech. *synkatabasis; synkatabainein* meint schon in der Profanliteratur der Antike das Herabsteigen zu und das Sich-Einlassen auf jemanden.

Der Gedanke der K. wird für die phil. gleichermaßen bestimmte wie herausgeforderte Theologie der Kirchenväter wie die der Aufklärung zu einem Hilfsmittel, das phil. Axiom der Unerkennbarkeit Gottes mit dessen bibl. bezeugter → Offenbarung in Wort und Tat zu verbinden, ohne daß doch eine wirkliche Vermittlung zwischen phil.-rationalem Gottesgedanken und bibl. Erkenntnis Gottes in der Geschichte gelänge. K. gerät vielmehr zu einer mehr zufälligen, dem Wesen Gottes also eher fremden als eigentümlichen Veranstaltung in päd. Absicht, oder sie wird bei G.E. → Lessing, J.S. → Semler u.a. als → Akkomodation, als Anpassung an die Adressaten verstanden: Es gilt zu trennen zwischen dem Inhalt als dem Wesentlichen, Überzeitlichen und Eigentlichen und der Form als dem Zufälligen, Historischen, Uneigentlichen. Kriterium für das, was bloß Form und was dagegen essentieller Inhalt sind, sind die ewigen, in der Philosophie vorgegebenen oder in der Vernunft begründeten Wahrheiten. Da der Mensch diese Wahrheiten in sich findet, ein Vor-Wissen um Gott ja schon hat, wird die bibl. bezeugte Geschichte der Offenbarung des sich herunterlassenden Gottes im Prinzip überflüssig (Lessing). K. wird als theol. wesentliche Denkform verkannt, weil sie nicht als zu Gottes Wesen als Liebe gehörig erkannt wird (vgl. 1Joh 4,8.16; Phil 2,5ff).

Im Gegensatz dazu hat J.G. → Hamann – orientiert an der Gestalt bibl. Redens von Gott und im Rückgriff auf die K. als Kernpunkt der Theologie M. Luthers – im kritischen Gegenüber zur deutschen Aufklärungstheologie und ihrem Verständnis von K. als bloßer Akkomodation die Herablassung Gottes als Kern christl. Gotteslehre aufgewiesen. Hamann öffnet neue Perspektiven auf Gottes Handeln in der Schöpfung wie auch auf die Inspiration der → Bibel: »Gott – ein Schriftsteller! – Die Eingebung dieses Buches ist eine eben so große Erniedrigung und Herunterlassung Gottes als die Schöpfung des Vaters und die Menschwerdung des Sohnes.« (Hamann, 5) Über H. → Bezzel beeinflußt Hamann eine bis in die Gegenwart reichende Tradition luth. K.-Theologie.

Die altprot. Orthodoxie gebraucht den Begriff nicht, verhandelt aber die in ihm angesprochene Sache im Lehrstück vom *status exinanitionis Christi* (Stand der Entäußerung) und im Streit um die → Kenosis (Entleerung). Im 20. Jh. ist es v.a. K. → Barth, der in Kombination traditioneller Lehrstücke von Jesus Christus als dem »Herrn als Knecht« reden kann (KD IV,1, § 59).

Die Bedeutung einer der trinitarischen K. nach-denkenden Theologie gilt es heute neu zu entdecken hinsichtlich (a) der Profilierung des christl. Glaubens in der Begegnung mit den Religionen, z.B. mit dem Islam, für den ein Leiden oder gar Sterben Gottes unvorstellbar ist, (b) des Gespräches mit der Religionsphilosophie, deren weithin bestimmende Opposition von → Immanenz und Transzendenz durch die Realität der K. unterlaufen und so gesprengt wird, (c) der Hermeneutik der Bibel, die in ihrer Niedrigkeitsgestalt – analog zur Knechtsgestalt Christi – Wort Gottes ist, (d) des Gespräches mit den Naturwissenschaften, denen gegenüber der Anredecharakter des »Buches der Natur« wiederzugewinnen und zu formulieren ist, und (e) einer Theologie und Praxis mission. Verkündigung, die mit Widerstand rechnen muß, wie das Wort Gottes selbst »Widerworte erdulden« mußte (Hebr 12,3), ja als leises, sich nicht aufdrängendes Wort der Liebe Gottes am Kreuz »mund-tot« gemacht worden ist.

Lit.: K. Barth: KD, IV/1, 1953; K. Gründer: Figur und Geschichte, 1958, 21-82; J.G. Hamann: Biblische Betrachtungen eines Christen, in: ders.: Sämtliche Werke. Historisch-kritische Ausgabe von J. Nadler, 1949, 5f; H. Hempelmann: »Gott ein Schriftsteller!« Johann Georg Hamann über die End-Äußerung Gottes ins Wort der Heiligen Schrift und ihre hermeneutischen Konsequenzen, 1988; »Kondeszendenz«, HWP Bd. 4, 1976, 942-946 (Red.); M. Seitz: Hermann Bezzel. Theologie, Darstellung, Form seiner Verkündigung, [2]1987.

H. Hempelmann

Konferenz

1. Als Zusammenkunft

Seit dem 19. Jh. mehren sich die Zusammenkünfte einzelner Christen verschiedener Konfessionen aus verschiedenen Orten oder Ländern, von Gruppen oder auch von Kirchenvertretern auf Initiative solcher, die ein bestimmtes Anliegen mit Gleichgesinnten erörtern und fördern wollen, z.B. → Erweckung, → Evangelisation, → Mission, → Heiligung, → Ausbildung, → Diakonie, → Theologie. Durch Vorträge und Beratungen sucht man eine gemeinsame Zielsetzung zu finden oder zu festigen. Einige K.en sind dadurch geschichtl. bedeutsam geworden, daß sie den Beginn besonderer Bewegungen markieren und – durch meist jährliche Wiederholung – Zentrum und Höhepunkt im Leben der sie tragenden Kreise wurden (Trieglaffer K.en: → Erweckungsbewegung; → Allianz, Evangelische; → Keswick-Bewegung; → Blankenburger Allianzk.; → Hofacker-K.; → Tersteegen-K.; Eisenacher K.: → Eisenacher Bund; vgl. neuerdings die K.en der → Charismatischen Bewegung).

Die meist mehrtägigen sog. Erbauungs-, Heiligungs- oder Glaubensk.en dienen traditionell der geistl. Zurüstung der Teilnehmer. Gemeinsam ist ihnen allen die zentrale Bedeutung der Schriftauslegung in den Andachten (→ Bibelstunde) und in den Vorträgen, deren Themenstellungen über die Jahrzehnte hin zugleich ein getreues Spiegelbild der jeweiligen frömmigkeits- und theologiegeschichtl. Entwicklung bieten. Das Hören besonderer Redner, die – gottesdienstl. Zusammenkünfte daheim übersteigende – Teilnehmerzahl und nicht zuletzt das gemeinsame Singen und Beten geben diesem K.typ einen besonderen, häufig die Frömmigkeit mobilisierenden Charakter, dessen spezielle Gefährdungen aber nicht unerkannt geblieben sind (E. von → Pückler 1902: »Mit etwas Konferenz- und Schönwetterchristentum führt der Herr seine Sache nicht durch«).

Daneben stehen solche K.en, die zugleich oder speziell organisatorischer Arbeit gewidmet sind, etwa durch Gründung und Beaufsichtigung verschiedener kirchl. Vereine oder Einrichtungen; ähnliches gilt von den K.en der Landeskirchlichen Gemeinschaften und der → Freikirchen, deren Jahrestagungen durch eine Mischform von Glaubensk. und Synode gekennzeichnet sind. Solche K.en sollen wie die Jahresfeste von Missionsgesellschaften (→ Missionsfest; → Missionsgeschichte; → Licht im Osten) und Diakoniewerken (→ Diakonie) die Verbundenheit der sie tragenden Personen und Gemeinden mit der Unternehmung stärken und z.B. durch den Kontakt mit deren Mitarbeitern, etwa Missionaren im Heimaturlaub oder Gästen aus den Partnerkirchen in Übersee, neue Mitwirkende und Freunde zu gewinnen helfen.

2. Als Zusammenschluß

»Mit dem Aufkommen des christlichen Vereinswesens« ist die K. »ein Instrument der stärker demokratisch strukturierten kirchlichen Organisationen geworden« (Ohlemacher, 40 A 103). Aus einigen K.en, die der gemeinsamen Beratung und gegenseitigen Absprache dienten, sind K.en im Sinne mehr oder weniger fest organisierter Zusammenschlüsse hervorgegangen. Teilweise handelt es sich hierbei um inzwischen Geschichte gewordene strukturelle Übergangslösungen. Genannt seien aus der Vorgeschichte der Evangelischen Kirche in Deutschland die Evangelisch-kirchliche K. (seit Eisenach 1852; → Evangelische Kirche in Deutschland); aus der neueren Missionsbewegung die europäische Kontinentale Missionsk. (Bremen 1866; vgl. ähnliche K.en in Nordamerika und Großbritannien; → Weltmissionskonferenz; vgl. auch → Lausanner Bewegung); aus der Bewegung Praktisches Christentum (Life and Work) die Conference on Christian Politics, Economies and Citizenship (Birmingham 1924; → Ökumenische Bewegung). Aber auch für einige ständige Organisationen wird der Begriff K. verwendet, z.B. im regionalen Sinn in der Ev.-methodistischen Kirche (→ Methodisten), überregional → Deutsche Evangelistenk., → K. bekennender Gemeinschaften, → K. bibeltreuer Ausbildungsstätten, → K. evangelikaler Publizisten; übernational K. Europäischer Kirchen.

Lit.: s. Angaben zu den Verweisen. Eine spezielle Untersuchung fehlt. – J. Ohlemacher: Das Reich Gottes in Deutschland bauen. Ein Beitrag zur Vorgeschichte und Theologie der deutschen Gemeinschaftsbewegung, AGP 23, 1986.

G. Balders

Konferenz Bekennender Gemeinschaften

Die 1970 gegründete K. B. G. in den Ev. Kirchen Deutschlands ist ein loser Zusammenschluß bibel- und bekenntnistreuer Gruppen, um »nach ihren Möglichkeiten der Entstellung der Botschaft zu widerstehen mit dem Ziel der inneren Erweckung und Erneuerung ihrer Kirchen«. Zur K. gehören die → Bekenntnisbewegung »Kein anderes Evangelium« mit ihren Landesgruppen, die → Kirchl. Sammlungen um Bibel und Bekenntnis aus den verschiedenen Landeskirchen, die württembergische Ludwig-Hofacker-Vereinigung, die Ev. Notgemeinschaft, die Ev. Sammlung Berlin und die über Nordelbien hinausgreifende Bekennende Gemeinschaft (Graf Rantzau, J. Motschmann). Mit Gaststatus gehören zum Leiterkreis die Selbständige Ev.-Luth. Kirche, die Ev. Sammlungen Rheinlands und Württembergs, sowie die Sammlung Bekennender Ev. Frauen. Konferenzvorsitzende waren R. Bäumer, R. George, F. Grünzweig, z.Zt. H.G. Meerwein, K. Hauschildt.

Der theol. Konvent der Bekennenden Gemeinschaften, gegründet 1969, unter Vorsitz von P. Beyerhaus, trat 1970 hervor mit der → Frankfurter Erklärung zur Grundlagenkrise der Mission, danach mit der Berliner Ökumene-Erklärung 1974 (1. Europ. Bekenntniskonvent). Die Konventszeitschrift erscheint unter dem Titel »Diakrisis«. Eine Fülle von Verlautbarungen zu vielfältigen Bedrohungen des Evangeliums und Stellungnahmen zu kirchl. Zeitfragen wurden durch den Konvent erarbeitet und veröffentlicht. Genannt seien: Der Wächterruf zur Bedrohung unserer sittlichen Ordnung »Rettet das Leben« 1979; Orientierungshilfe zur feministischen Theologie 1983; Das Lutherjahr ein Bußjahr 1983; Barmen 1934/1984; Der Brief an kirchlich verunsicherte Gemeindeglieder 1985; Gewalt in Jesu Namen? 1987; Eine Welt – eine Religion? Die synkretistische Bedrohung unseres Glaubens im Zeichen von New Age 1988; Der konziliare Prozeß – Utopie und Realität 1990.

Gerade durch den Weltkirchenrat wurden Türen für den Einbruch unbibl. Ideologien geöffnet. Als Professor für Missionswissenschaft und Ökumenische Theologie war P. Beyerhaus für begleitende Kritik berufen und befähigt, die Arbeit auszuweiten auf Europ. Bekenntniskonvente und Internationale Bekenntniskongresse. Neomarxistische Strömungen machten Auseinandersetzungen mit schnell wechselnden polit. Theologien wie Theologie der Revolution, der Armut, der Befreiung und feministische Theologie nötig. Die Bekennenden Gemeinschaften distanzierten sich vom Pluralismus des Deutschen Ev. Kirchentags. Bedrückender noch als Irrlehren sind grassierender Unglaube, wildwuchernde Religiosität und breite bibl. Urteilslosigkeit. Das veranlaßte die Bekennenden Gemeinschaften u.a. zu neuem Einsatz für Evangelisation, eigene Predigthilfen, für die Gemeindetage unter dem Wort und für Theologenausbildung (Albrecht-Bengel-Haus, Studienstiftung »Kein anderes Evangelium«).

Lit.: U. Asendorf, F.W. Künneth (Hg.): Christuszeugnis im Nebel des Zeitgeistes, W. Künneth, gewidmet, 1979; R. Bäumer, P. Beyerhaus, F. Grünzweig (Hg.): Weg und Zeugnis, 1980; P. Beyerhaus (Hg.): Ideologien-Herausforderung an den Glauben, Otto Michel zum 75. Geburtstag, 1979; F. Grünzweig: Zu rühmen seinen Ruhm, 1988, 306ff; H. Stratmann: Kein anderes Evangelium, 1970.

K. Hauschildt

Konferenz Bibeltreuer Ausbildungsstätten

Die K. ist ein loser Zusammenschluß von Ausbildungsstätten, die der bibl.-theol. Aus- und Fortbildung dienen. Dazu gehören: Kurzbibelschulen, Bibelschulen, theol. Seminare und Akademien.

1963 kamen zehn Leiter und Lehrer neugegründeter Bibelschulen zu einem inoffiziellen Treffen im Bibelseminar Wuppertal zusammen. Initiator und Leiter war Pfr. Heinrich Jochums, Direktor der Evangelischen Gesellschaft für Deutschland. Bei der ersten offiziellen Konferenz 1964 waren bereits elf Ausbildungsstätten vertreten. 1965 erhielt die Arbeitsgemeinschaft den Namen »Konferenz bibelgläubiger Seminare und Lehrer« (bis 1976). Im selben Jahr wurde die Glaubensgrundlage des Evangeliums-Runfunks als Voraussetzung für die Mitgliedschaft (Ausbildungsstätten, auch Einzelpersonen) festgelegt. Die Konferenz wuchs schnell. Heute gehören 28 Mitgliedsschulen zur Konferenz, wie z.B. die Bibelschule Adelhofen, die Bibelschule Brake, das Predigerseminar St. Chrischona, Die Freie Theologische Akademie Gießen und das Seminar der Liebenzeller Mission.

1989 wurde eine Satzung verabschiedet, die der K. eine feste Ordnung gibt. Ein Vorsitzender leitet den Vorstand, der die Konferenzen vorbereitet und die Geschäfte führt. Leiter waren 1963-1983 Pfr. H. Jochums, 1984-1989 Dr. Cleon Rogers, ab 1990 M. Liedholz.

Die jährliche Tagung soll die Gemeinschaft stärken und wichtige Themen der Ausbildung bearbeiten: theol. und andere fachliche Fragen, Unterrichtshilfen, Ausbildungsziele und seelsorgerl. Inhalte.

M. Liedholz

Konferenz Evangelikaler Publizisten (KEP)

1975 trafen sich Repräsentanten wichtiger Organisationen und Verbände, die auf dem Boden der Deutschen Evangelischen → Allianz arbeiten, und begründeten zur Koordinierung der evangelikalen Öffentlichkeitsarbeit die KEP. Den in der KEP zusammengeschlossenen Journalisten, Publizisten, Verlegern und Vertretern von Medienorganisationen geht es um:

– klare Weitergabe der Botschaft von Jesus Christus in den Massenmedien,

– begleitende Seelsorge und Angebot von Lebenshilfe für Hörer, Zuschauer und Leser,

– Vermittlung von Gedanken- und Erfahrungsaustausch zwischen christlichen Journalisten, Produzenten und Verlegern,

– Ausbildung junger Christen mit Interesse und Begabung für publizistische Aufgaben.

In der KEP sind folgende Werke und Organisationen zusammengeschlossen:

1. Arbeitsgemeinschaft Buch, zu der 15 Verlage gehören, die ca. 60 % des ev. Buchmarktes abdecken: Aussaat- u. Schriftenmissionsverlag, Neukirchen-Vluyn, Blaukreuz-Verlag, Wuppertal; Born-Verlag, Kassel; Brendow-Verlag, Moers; R. Brockhaus-Verlag, Wuppertal; Bundes-Verlag, Witten; Christliches Verlagshaus GmbH, Stuttgart; Edition Trobisch, Kehl; Hänssler-Verlag, Neuhausen-Stuttgart; Verlag des Bibellesebundes, Marienheide; Verlag der Evangelischen Gesellschaft für Deutschland, Wuppertal; Verlag der Francke-Buchhandlungen, Marburg; Verlag der Liebenzeller Mission, Bad Liebenzell; Verlag der St. Johannis-Druckerei, Lahr-Dinglingen.

2. Die Arbeitsgemeinschaft Elektronische Medien mit folgenden Organisationen: → Evangeliums-Rundfunk (ERF), Wetzlar; Christus für Alle – Filmverleih (CfA), Neuhausen-Stuttgart; Christliche Medien-Cooperation (CMC), Asslar; Arbeitsgemeinschaft Bildschirmtext »Christ aktuell«, in der sieben Organisationen über Btx ein gemeinsames Informations- und Unterhaltungsprogramm anbieten; → idea »Evangelische Nachrichtenagentur«, Wetzlar.

3. Christliche Medien-Akademie (CMA), Wetzlar, seit 1987. Die CMA bietet für junge Christen, die als Berufsziel Journalismus planen, und für hauptamtliche wie freie Mitarbeiter in der Öffentlichkeitsarbeit der Kirchen, Gemeinden, christl. Werke und Institutionen Einführungs- und Fortbildungskurse an. Ziel der cma ist es, die jeweiligen Kursteilnehmer mit den Mechanismen der → Medien vertraut zu machen und ihnen einen Einblick in die Gesetzmäßigkeiten der Print- und elektronischen Medien zu vermitteln.

Die KEP führt medienspezifische Veranstaltungen durch, bei denen Vertreter von Medien, Politik und Kirchen mitwirken. Sie vertritt die medienpolit. Interessen der Deutschen Evangelischen Allianz.

Lit.: Medienzeitschrift »Pro«, vierteljährlich.

W. Baake

Konferenz missionarischer Ausbildungsstätten (KMA)

Zur KMA haben sich 1971 sieben Ausbildungsstätten zusammengeschlossen. Dabei geht es vor allem um gegenseitigen Austausch und um Informationen über Grundsatzfragen der Ausbildung. Außerdem werden bildungspolit. Entwicklungen und Veränderungen in den Berufsfeldern beobachtet und diskutiert. Die Konferenz berät und vertritt auch die gemeinsamen Fragen bei der Ev. Kirche in Deutschland und den Landeskirchen. Die Konferenz arbeitet in Verbindung mit der → «Arbeitsgemeinschaft Missionarische Dienste« in Deutschland.

Zur Konferenz gehören z.Zt.:

– CVJM-Sekretärschule und private Fachschule für Sozialpädagogik, Kassel

– Evangelische Missionsschule der → Bahnauer Bruderschaft Unterweissach, Weissach im Tal

– Evangelistenschule → Johanneum, Wuppertal Barmen

– Marburger Bibelseminar des Deutschen Gemeinschafts-Diakonieverbandes, Marburg

– Missionarisch-diakonische Ausbildungsstätte Malche, Porta Westfalica

– Missionsseminar der Missionsanstalt Hermannsburg

– Prediger- und Missionsseminar und Bibelschule für Frauen der Pilgermission, St. → Chrischona, Bettingen/Basel

– Seminar für evangelischen Gemeindedienst – Bibelschule (MBK), Bad Salzuflen

Diese Ausbildungsstätten arbeiten in freier Trägerschaft und sind finanziell ganz oder zu einem großen Teil unabhängig. Sie sind der mission. Verkündigung und dem mission. Gemeindeaufbau verpflichtet, gleichgültig, ob die Absolventinnen und Absolventen in Kirchengemeinden oder freien Werken angestellt sind. Gegründet wurden diese Seminare, weil man erkannt hat, daß Verkündigung nicht auf den pastoralen Dienst eingegrenzt sein darf und weil von der Kirche viele Menschen gar nicht mehr erreicht werden.

Die mission. Ausbildungsstätten sind bestrebt, die Studiengänge in der meist vierjährigen Ausbildungszeit so zu konzipieren, daß sie mit den im staatlichen Bereich geltenden Standards vergleichbar sind. Vgl. → Ausbildung, theologische b)

F. Gaiser

Konfessionalismus

K. ist eine kirchl.-theol. Haltung, die eine besondere konfessionelle Weltsicht aufgrund eines Bekenntnisstandes hervorhebt und kämpferisch verteidigt. Vorausgesetzt ist also die Möglichkeit, eine andere Weltsicht zu vertreten. Die dadurch entstehende Konflikt- oder Konkurrenzsituation wird für das eigene Bekenntnis als bedrohend erfahren und durch den Nachweis eigener Rechtgläubigkeit abgewehrt. So wirkt der K. durch Abwehr falscher Meinungen identitätsstiftend, weil das, was wahr und allgemeingültig, ja auch »objektiv« ist, durch (polemische) Abgrenzung oder sogar Verwerfung (Lehrverurteilung) erwiesen wird. Das setzt voraus, daß der K. ein in sich zusammenhängendes System schafft, das eine Absolutsetzung beinhaltet und das deshalb trotz geschichtl. Wandlungsprozesse durchzuhalten ist. Damit wird eine ökumen. Begegnung schwer möglich.

Lit.: A. Ahlbrecht: »Die Überwindung des Konfessionalismus in Theologie und kirchlichem Leben«, in: Una Sancta, 20, 1965, 209-215.

E. Geldbach

Konfessionskunde

Disziplin der theol. Forschung und Lehre, nach ihrer Methode sowohl der hist. wie der systemat. Theologie verpflichtet, hinsichtlich ihrer Zielrichtung in neuerer Zeit deutlich ökumen. bestimmt: Insofern die K. die für die Einheit der Kirche, den theol. Dialog oder eine mögliche Kooperation der Kirchen notwendigen Einsichten und Kenntnisse vermittelt, ist sie gleichsam als eine ökumen. Hilfswissenschaft zu begreifen. Damit ist zugleich der Aufgabenbereich beschrieben: die vorfindlichen christl. Kirchen und Gemeinschaften als unterschiedliche Realisierungen des einen Evangeliums in Lehre und Leben, Glauben, Frömmigkeit, Gottesdienst, rechtlicher Struktur und sozialem Handeln zu erfassen und verstehen zu helfen.

Der Begriff K. (gebräuchlich seit dem »Lehrbuch der vergleichenden Confessionskunde« von F. Kattenbusch, 1902, zuletzt bei Heyer, 1977), der von Anfang an einen erweiterten Konfessionsbegriff im Sinne von »Religionspartei« voraussetzte, beschreibt den Sachverhalt insofern nur uneigentlich und wird deshalb neuerdings durch »Kirchenkunde« oder direkt »Ökumenische Kirchenkunde« ersetzt (Meinhold 1962, Fahlbusch 1979). Fahlbusch plädiert für eine »Phänomenologie der universalen Christenheit«. Doch sollten, in welchem Rahmen auch immer, die Anliegen auch der alten »vergleichenden Symbolik« und selbst der »Polemik«, deren Wurzeln bis ins Reformationsjahrhundert zurückreichen, sowohl aufgenommen wie weitergeführt werden. Gegenstand der K. sind dementsprechend die verschiedenen christl. Kirchen und Gemeinschaften (also nicht die Konfessionen im engeren Sinne), teilweise sogar unter Einschluß der Gruppierungen, in denen nach reformat. Einsicht die Grenzen des Christl. gefährlich berührt oder bereits überschritten werden, wofür jedoch zumeist der Begriff »Sektenkunde« angewendet wird, die ihrerseits zunehmend auch einen eigenen Forschungsbereich darstellt.

Lit.: K. Algermissen: Konfessionskunde, [8]1969; E. Fahlbusch: Kirchenkunde der Gegenwart, 1979; ders.: Abschied von der Konfessionskunde? Überlegungen zu einer Phänomenologie der universalen Christenheit, in: Evangelisch und Ökumenisch, hg. v. G. Maron, 1986, 456-493; P. Hauptmann: »Konfessionskunde«, TRE 18, 1989, 431-436 (Lit.); F. Heyer: Konfessionskunde, 1977.

H. Kirchner

Konfessionswechsel

K. kann durch eine Fülle von Motiven ausgelöst werden, die zumindest subjektiv empfundene Rückschlüsse auf die bisherige Kirche zulassen. So können Katholiken wegen der »Gesetzlichkeit«, Kasuistik, Beichtpraxis oder Kritik an der Morallehre, Autoritätsstruktur oder auch theol. Lehren wie etwa der Mariologie zu der als »offener« empfundenen ev. Kirche übertreten. Umgekehrt empfinden ev. erzogene Christen die Gewißheit vermittelnde Autorität, das rel. Erlebnis der Liturgie, das Alter und die Einheit und Fülle der röm.-kath. Kirche als anziehend. Es zeigt sich jedoch auch, daß gegenseitig bestehende »Idealbilder« den K. veranlassen können, weil sowohl die anziehenden als auch abstoßenden Faktoren in der jeweils anderen Kirche vorhanden sind. Vermutlich sind sehr pragmatische Gründe wie die Verhinderung einer Mischehe vielfach bei K. ausschlaggebend. Persönliche Erwekkung oder Bekehrung und/oder Enttäuschung über kirchl. Unverbindlichkeit in den »Großkirchen« können Motive zum K. in eine → Freikirche bilden. In Lateinamerika und Afrika finden Menschen in großer Zahl zu den Pfingstkirchen oder Unabhängigen Kirchen, weil dort ein ausgeprägtes Gemeinschaftsbewußtsein und die durchgehaltene geistl. Dimension über die sozialen und wirtschaftl. Probleme hinweghilft.

Die Kirchen lehnen einen auf K. abzielenden Proselytismus ab. Allerdings sind damit die Kirchen nicht der Verpflichtung entbunden, die von ihnen erkannte Wahrheit zu bezeugen. Bei einem K. verlangen die meisten Kirchen zu Recht eine ausführliche Unterweisung in ihren Glaubenslehren, bevor die Aufnahme im Gottesdienst erfolgen kann. Der ökumen. Verantwortung der Kirchen füreinander wird man wohl nur so angemessen entsprechen können, wenn man das Bewußtsein dafür stärkt, daß K. »ein Wechsel der Gemeinschaft innerhalb der Kirche Christi« ist (Frieling).

Lit.: K. Aland: Über den Glaubenswechsel in der Geschichte des Christentums, 1961; R. Frieling: Konfessionswechsel heute, 1979.

E. Geldbach

Konfirmation und Konfirmandenunterricht

1. Begriff und Problem

Die Konfirmation (von lat. *confirmare*, »befestigen, bestätigen, bestärken, ermutigen«) und der auf sie vorbereitende Konfirmandenunterricht (KU.), früher → Katechismus genannt, sind eine freie Schöpfung der reformat. Kirchen des 16. Jh.s. Sie setzen sich damit gegen eine von der röm.-kath. Kirche als Sakrament verstandene Firmung (als Vollendung der Taufe unter Handauflegung durch den Bischof vollzogene Geistverleihung) ab und versuchen, auf diese Weise die gemeinchristl. Aufgabe der → Katechese wahrzunehmen. Heute scheint weder eine eindeutige Wesensbestimmung noch ein allg. akzeptiertes K.s-Verständnis möglich. Vielmehr stecken wir in einer seit Jahrzehnten andauernden Krise von K. und KU. Die beiden EKD-Umfragen zur Kirchenmitgliedschaft von 1974 und 1984 stellen zum KU. übereinstimmend fest: »Das Ziel des Unterrichts, die uneingeschränkte, verstehende und persönlich übernommene Zugehörigkeit zur Kirche wird nur sehr bedingt erreicht.« (Was wird aus der Kirche? ^{2}1984, 180). Die Krise könnte nur überwunden werden, wenn Unterrichtende, Gemeinden und kirchenleitende Gremien auf der Basis einer sachgerechten theol. und päd. Reflexion zu einem Konsens über gebotene Reformen kämen.

2. Bedeutsame Faktoren

Theol. und nichttheol. Momente stehen in einer wechselseitigen Abhängigkeit voneinander, so daß sie nicht isoliert werden können.

a. Eine Kirche, die Kinder tauft, übernimmt damit die Verantwortung, diese über den von Menschen erbetenen und von Gott geschenkten Glauben aufzuklären und zum eigenen Bekenntnis des Glaubens zu führen. Ohne diese Aufklärung und persönliche Glaubensaneignung würde die Taufe zu einem magischen Ritus entwertet und die Subjektivität der Getauften mißachtet. In den meisten Kirchen ist darum der Auftrag für K. und KU. in ihren Rahmenordnungen oder Leitlinien auf die Taufe bezogen.

b. Gemeindeglieder erwarten durch die K. helfende Begleitung an einer Schwellensituation des Lebens. Früher fiel die K. mit dem Ende der (achtjährigen) Schulzeit zusammen. So beging man ein Fest, das zugleich mit der Zusprechung der kirchl. Mündigkeit auch mit dem Eintritt ins Berufsleben die bürgerliche Mündigkeit feierte. Heute markiert die K. den Abschluß der Kindheit und ist damit vor allem den Eltern eine Hilfe, die ihren Einfluß auf die Jugendlichen als im Rückgang begriffen erfahren und angesichts vielfacher Gefährdungen die Zukunft ihrer Kinder mit Sorge betrachten. Das Fest der K. gibt die Möglichkeit, die den eigenen Händen entwachsenen Kinder unter den Segen Gottes zu stellen. So liegt das Interesse vieler – vor allem kirchenferner – Eltern weniger bei dem KU. als bei der K. als einer Amtshandlung. Religionsphänomenologisch betrachtet ist die K. ein Passage-Ritus. In der Praxis der Volkskirche ist die K. darum eher Teil einer gesellschaftl. Bedürfnissen entsprechenden Civil Religion (→ Zivilreligion) als Bestärkung im bibl.-reformat. Glauben.

c. Die Situation des Jugendlichen selbst kann als »gebremste Autonomie« bezeichnet werden. Sie möchten ihr Leben allein bestimmen, können es aber – nicht zuletzt aufgrund der ökonomischen Abhängigkeit von ihren Eltern – noch nicht. Die mit der K. heute in der Regel verbundenen reichlichen Geschenke (oft auch Geldgeschenke bis zu mehreren tausend Mark) werden als ein der Erwachsenenwelt zugehöriges, punktuelles, materielles Befreiungserlebnis empfunden. Nun kann man sich einmal etwas leisten wie ein Erwachsener. Andererseits stoßen sich viele Jugendliche an der ihnen zugemuteten rel. Verbindlichkeit (regelmäßiger Unterricht und Gottesdienstbesuch), während offensichtlich die Erwachsenen in ihrer überwiegenden Mehrheit ein ganz anderes, abstinentes Teilnahmeverhalten praktizieren. Den Jugendlichen drängt sich eine Analogie zwischen Kirche und Schule auf. Die K. entspricht dann dem Schulabschluß. Hat man diesen Abschluß erreicht, ist man damit auch von der Teilnahme an der Kirche befreit. Was aus der Sicht der Kerngemeinde aussieht wie ein »aus der Kirche herauskonfirmiert werden«, ist in der Perspektive der volkskirchl.-distanzierten Gemeindeglieder ihre Weise, das ihnen mit der K. zugesprochene mündige Christsein wahrzunehmen.

d. Versteht man K. und KU. als Einführung in die Gemeinde, so muß man zugeben, daß die Konfirmanden in die real-existierende Gemeinde eingeführt werden. Es ist nicht möglich, sie verbal in eine andere als die für sie erfahrbare Gemeinde einzuführen. Probleme des KU. sind weithin »Probleme der versäumten Gemeindereform« (C. Bizer 1987, 396).

e. Dieselbe Überlegung gilt für den Gottesdienstbezug des KU.s. Eine Gemeinde praktiziert ihren gemeinsamen Glauben im Gottesdienst. Da man auch die Konfirmanden dazu anleiten möchte, macht man ihnen den Gottesdienstbesuch zur Pflicht. Sollten sie hier aber entweder keine Gemeinde antreffen, weil diese ihren als Mittelpunkt der Gemeindearbeit proklamierten Gottesdienst verlassen hat oder auf Dauer einen Gottesdienst erfahren, der sie entweder sprachlich verfehlt oder ihre Lebenswelt nicht berührt, dann werden sie daraus schließen, daß der in diesem Gottesdienst gefeierte Glaube der ihre weder ist noch werden kann.

f. Waren die Inhalte traditionell noch durch den → Katechismus vorgegeben, so hat sich heute auch im KU. eine Lernzielorientierung durchgesetzt. Als eine Art Konsensformel hat sich Weert Flemmings Formulierung »erfahren und erkennen, was es heißt, in unserer Zeit als Christ zu leben« (1984, 279) erwiesen. Aber wenn der Konfirmand nicht auf der Suche nach einem persönlichen Glauben ist, wird ihn auch dieses Ziel nicht ansprechen und das auf dem Weg zum Ziel Gebotene irrelevant erscheinen.

g. Die weiteren, mit der K. verbundenen Motive wie die Zulassung zum Abendmahl (Admissio, diese ist wiederum Voraussetzung für das aktive und passive Wahlrecht) oder die Verleihung von kirchl. Rechten (Patenrecht, in einigen Landeskirchen Möglichkeit der kirchl. Trauung) treten in ihrer Bedeutung heute mehr und mehr zurück.

3. Notwendige Entscheidungen

a. Die theol. Grundentscheidung zielt auf das Taufverständnis und auf die Relevanz des persönlichen Bekenntnisses. Wer wie W. Neidhart die K. von jedem Bekenntnis freihalten und als reine Abschlußfeier des KU.s begehen will, nimmt »dem getauften Glied der Kirche die einzige bestehende institutionelle Möglichkeit einer Entscheidung für oder gegen die Mitgliedschaft zur Kirche und zum christlichen Glauben« (R. Leuenberger [2]1977, 158). Die Kirche lebt aber nicht ohne das freie Bekenntnis derer, die zu ihr gehören wollen, weil sie vom Herrn der Kirche ergriffen sind. Ist man der Ansicht, an diesem Lebensabschnitt kein jahrgangsmäßiges Bekenntnis von der der Kirche nachwachsenden Generation verlangen zu dürfen, muß man entsprechende andere Gelegenheiten anbieten.

b. Gerade pietist. geprägte Christen empfinden häufig die Beteiligung an einem Passage-Ritus als Teil einer neuheidnischen Volksreligiosität. Offensichtlich verlangt aber der Übergang zwischen Kindheit und Jugend nach einem eigenen Ritus (vgl. das Fortleben der Jugendweihe in den neuen Bundesländern). Soll die Kirche die sich hier äußernde Volksreligiosität frei vagabundieren lassen und unabhängig davon das Evangelium möglichst rein verkündigen, oder soll sie als Diakonie an der Gesellschaft versuchen, denjenigen, die das von ihr (noch) erbitten, eine Begleitung in einem wichtigen Lebensabschnitt vom Evangelium her anzubieten und dabei der freien Religiosität eine verbindliche Form zu geben? Die entscheidende theol. Frage lautet, ob die Kirche allein den Auftrag zur Reichsgottespredigt hat oder auch eine Beauftragung zum Heilen und Segnen (vgl. Mt 10,7 u. 12f). Nach C. Westermann wäre »Der Segen in der Bibel und im Handeln der Kirche« (1981) ganz neu zu bedenken. Danach erscheint der Segen als eigenständige Aufgabe der Kirche, muß aber immer auf die Erlösungsbotschaft bezogen werden.

c. Die bes. auf den KU. bezogenen Motive (vgl. 2.c-f) können nur gemeinsam bearbeitet werden. Grundlegend ist die Entscheidung zwischen einem traditionellen, versorgungskirchl. und schulanalogen Unterricht und einer »Konfirmandenarbeit in gemeindepädagogischer Verantwortung« (H.B. Kaufmann 1984). Die → Gemeindepädagogik versucht die pfarrerzentrierte Kirche zugunsten einer Kirche als Lerngemeinschaft hinter sich zu lassen. Sie entwickelt auf den Lebenslauf und den Gottesdienst bezogene Modelle gemeinsamen Lernens. An die Stelle einer fälschlich aus dem Katechismus abgeleiteten »Stoffhuberei« tritt ein zugleich sach- und erfahrungsbezogenes, elementarisiertes Lernen. Neben den Unterricht treten andere Weisen ganzheitlicher Bildung wie Meditation, Spiel, Feier, Projekte und Praktika, Freizeiten, Aktionen und Dienste.

4. Modelle

Trotz aller Neuansätze wird der KU. noch überwiegend traditionell als ca. eineinhalbjähriger Kurs mit wochenweisem Unterricht, ergänzt durch ein bis zwei Konfirmandenwochenenden gehalten. Als → Katechumenat der Kirche taugt er so nicht. Schon im 19. Jh. hat C.A.v. → Zezschwitz dafür eine »pädagogische Stufenleitung« gefordert. Heute ist es evident, daß eine den Lebensstufen (frühe und späte Kindheit, Jugend, Adoleszenz etc.) angemessene Einführung und Fortführung im Glauben zu geschehen hat. Die Perspektive weitet sich über die Altersstufe der 13-14jährigen hinaus. Einige Modelle und Überlegungen dieser Art liegen vor.

a. Didaktisch am anspruchsvollsten ist der »Rahmenplan für die kirchliche Arbeit mit Kindern und Jugendlichen/Konfirmanden in der Deutschen Demokratischen Republik« von 1977. KU. und K. werden in den kirchl. Gesamtauftrag einbezogen und im Zuge des gemeindepäd. Konzepts des »konfirmierenden Handelns« auf den Lebenslauf bezogen. So geht der Konfirmandenarbeit eine ausführliche Kinderarbeit voraus.

b. Etwas Ähnliches, nur im Blick auf »West«-Verhältnisse, versuchen die von H.B. Kaufmann u.a. vorgelegten Modelle. Auch sie wollen die lebensgeschichtl. und gemeindepäd. Dimension der Konfirmandenarbeit stärken, indem sie diese zeitlich strecken (mindestens vom 11. bis 15. Lebensjahr), Eltern, Paten und Gemeindemitarbeiter als Unterrichtende einführen und die kleine Gruppe mit ihrer familienähnlichen Struktur als eine Sozialform auf Zeit favorisieren. Die erste weiträumige Einführung dieses Modells steht möglicherweise in der ev. Kirche des Kantons Bern bevor.

c. Auf dem Hintergrund von Erfahrungen aus der Hannoverschen Landeskirche hat M. Meyer-Blanck ein Modell des »konfirmierenden Handelns der Gemeinde als lebensbegleitende Erschließung von Wort und Antwort« entwickelt. Tragend ist hierbei der Grundgedanke, daß Gottes Wort nicht nur einmal, sondern immer wieder im menschlichen Leben auf eine Antwort wartet. Gelegenheit dazu soll bereits im Kindergarten, bei der Einschulung, bei der Abendmahlszulassung am Ende des vorgezogenen Konfirmandenjahres im 4. Schuljahr und schließlich bei der K. gegeben werden. (Es handelt sich bei c. um eine stärker volkskirchl. Variante von b.).

Lit.: G. Adam: Der Unterricht der Kirche. Studien zur Konfirmandenarbeit, [3]1984; ders.:«Konfirmation, Konfirmandenunterricht«, EKL[3], Bd. 2, 1989, 1370-1377; C. Bäumler, H. Luther (Hg.): Konfirmandenunterricht und Konfirmation, Texte zu einer Praxistheorie im 20. Jh., 1982 (Bibliographie!); C. Bizer: »KU«, Handbuch religiöser Erziehung Bd. 2, hg. von W. Boecker u.a., 1987, 391-402; J. Bode, W. Flemming, H.G. Kaufmann: Konfirmandenzeit von 11 bis 15? Praxisberichte – Modelle – Perspektiven, 1985; Comenius-Institut (Hg): Handbuch für die Konfirmandenarbeit, 1984; K. Dienst: »Konfirmation I. Historisch«, TRE 19, 1990, 437-445; W. Flemming: Zur Aufgabe des KU – Ziele und Inhalte, in: Handbuch für die Konfirmandenarbeit (s.o.), 270-286; H.B. Kaufmann: Konfirmandenarbeit in gemeindepädagogischer Verantwortung, in: Handbuch für die Konfirmandenarbeit (s.o.), 407-424; Konfirmandenunterricht für die neunziger Jahre, Themenheft des Ev.Erz. 42, 1990, Heft 5/6; R. Leuenberger: »Konfirmation und Konfirmandenunterricht«, in: Handbuch der Religionspädagogik Bd. 3, hg. von E. Feifel u.a., [2]1977, 153-159; M. Meyer-Blanck: Wort und Anwort. Geschichte und Gestaltung der Konfirmation am Beispiel der Ev.-Luth. Landeskirche Hannovers (Arbeiten zur Praktischen Theologie II), 1992; W. Neidhart: »Konfirmation II. Praktisch-theologisch«, TRE 19, 1990, 445-451; K.E. Nipkow: Bildung als Lebensbegleitung und Erneuerung.

Kirchliche Bildungsverantwortung in Gemeinde, Schule und Gesellschaft, 1990, 398-431; F. Schmidthenner (Hg.): Neue Rahmenordnungen, Leitlinien und Rahmenpläne zum Konfirmandenunterricht, Bd. 1: Dokumentation, Bd. 2: Kommentar, Comenius-Institut 1977/78; L. Vischer: Die Geschichte der Konfirmation. Ein Beitrag zur Diskussion über das Konfirmationsproblem, 1958; C. Westermann: Der Segen in der Bibel und im Handeln der Kirche, 1981.

ZS: KU-Praxis, hg. von K. Dienst, K. Goßmann, W. Flemming, W. Neidhart, 1973ff.

H.-J. Abromeit

Konfuzianismus

Der K. geht auf Konfuzius, chinesisch Kung-fu-tse, Meister Kung, zurück, der ca. 551-479 v.Chr. in der späteren Provinz Shantung lebte. Kurze Zeit hat er den Beruf eines Polizeivorstehers ausgeübt. Die vermutlich älteste Quelle »Lun Yü« gibt Gespräche mit Freunden und Schülern wieder. Kundig in den überlieferten Bräuchen des Volkes, bedachte er die Aufgaben des Menschen in der Gesellschaft. Der Nachwelt gilt er als strenger Morallehrer, und seine Sozialethik hat ihre große Wirkung dadurch gewonnen, daß sie von der Han-Dynastie (206 v.Chr. bis 220 n.Chr.) zur Lehre des chinesischen Reiches gemacht wurde, in der alle Staatsbeamten gründlich ausgebildet sein mußten.

Es gibt kaum Aussagen von ihm über Gott; vielmehr beschäftigt ihn die Rechtschaffenheit, die in den verschiedenen geordneten Beziehungen jedes Menschen bestimmend sein muß; aber seine Lebensweisheit bezieht sich doch auf den Herrn in der Höhe, den Herrn des Himmels: »Der Himmel ist der Urheber der Tugend, die in mir ist.«

Der chinesische Ausdruck »Die Lehren der Gelehrten« umfaßt mehr als nur die Lehren des Konfuzius; aber im Westen hat sich die Bezeichnung »Konfuzianismus« seit den Berichten der Jesuiten-Missionare eingebürgert. Die Lehren der Gelehrten umfassen die fünf Klassiker: das Buch der Wandlungen (I Ging), das Buch der Urkunden, das Buch der Oden, das Buch der Riten und »Frühling und Herbst«. Diese fünf Bücher waren die Basis der Prüfungen für den Staatsdienst, wodurch seit der Han-Zeit ein Bildungsadel an die Stelle eines reinen Geburtsadels trat.

Die fünf Klassiker enthalten älteres Gut und sind immer wieder kommentiert worden. Aber man darf ihren Grundgehalt auf Konfuzius zurückführen. Die fünf Beziehungen Herrscher – Diener, Vater – Sohn, Ehemann – Ehefrau, ältere Bruder und jüngerer Bruder sowie Freund und Freund sind das Gerüst der Gesellschaft, sie sind unsymmetrisch, teilen aber beiden Seiten Rechte und Pflichten zu. Die Gesellschaft wird als einer großen Familie ähnlich angesehen, und sie ist ihrerseits bestimmt, in Harmonie mit dem Kosmos zu leben. Der Herrscher regiert im Auftrag des Himmels und kann sein Mandat verlieren, notfalls durch eine Rebellion. Dem Menschen ist das Verständnis von Gut und Böse eigen, und er ist zur Vollkommenheit bestimmt.

Typisch für den K. ist die Einbettung der Sozialethik in ein rituelles Gewand des »guten Verhaltens«. Li heißt das Ritual und die gute Sitte. Der edle Mensch muß die Tugend (*te*), der Menschlichkeit (*jen*), der Rechtlichkeit (*li*) und der Pietät (*hsiao*) verwirklichen, und das erfolgt auch durch die pflichtgemäße Erfüllung der rituellen Vorschriften und die Innehaltung der Höflichkeitsformen. Fragen des Fortlebens nach dem Tode und nach dem Jenseits werden nicht formuliert und nicht beantwortet.

So spielt neben dem K. die Tradition des Taoismus, teilweise in einer Synthese, zu anderen Zeiten in Opposition zum K. eine große Rolle, und der Buddhismus konnte sich mit staatlicher Billigung vom 1. Jh. in China ausbreiten. Aber die Sung-Epoche (960-1279) und die Ming-Epoche (1368-1644) führten zu einer erneuten Belebung des K., dem Neokonfuzianismus. In der langen Zeit seiner Geltung haben sich verschiedene Schulen und eine umfangreiche Literatur gebildet.

Die christl. Mission hat sich unter den Jesuiten vor allem am K. orientiert und ihn als eine Weisheitslehre akzeptiert, die Raum für eine eigentliche Gotteslehre freilasse; sie war zur Anpassung an etliche Bräuche des K. bereit. Im 19. Jh. hat die Mission auch den K. als nichtchristl. Religion angesehen, zumal er zahlreiche kultische Formen entwickelt hatte.

Lit.: J. Ching: Confucianism and Christianity, 1977; W. Eichhorn: Die Religionen Chinas, 1955.

N.-P. Moritzen

Kongregationalismus

Im Gegensatz zu einer bischöflichen (episkopalen) oder presbyterial-synodalen Verfassung oder einer Mischform aus beiden kann der Begriff einen Verfassungstyp der Kirche bezeichnen, bei dem die Einzelgemeinde (*congregatio*) alle Gewalt besitzt (Autonomie der Ortsgemeinde), während überörtlichen (regionalen, nationalen oder Welt-)Versammlungen lediglich beratende Funktionen zustehen. Viele → Freikirchen sind kongregationalistisch verfaßt, wenngleich sich auch zeigt, daß überörtliche Strukturen (z.B. für theol. Ausbildung und sonstige Schulung, Jugendarbeit, Diakonie, Mission und Evangelisation) unverzichtbar sind.

Das kongregationalistische Verfassungsmodell wurde 1582 zuerst von Robert Browne (ca. 1550-1633) dargestellt. Die von Gott berufenen Gläubigen bilden die versammelte Gemeinde (gathered church), deren Glieder durch den Bund (covenant) mit Gott und untereinander verbunden sind und die sich unabhängig von der bürgerlichen Ordnung selbst regiert. Nach Lage der Dinge galten sie als »Separatisten«, später als »Independente« (→ Dissidenten) und waren zum Teil brutalen Verfolgungen ausgesetzt, weshalb einige nach Holland auswichen. In der Savoy Declaration (1658) erklärten sich 120 Gemeinden auf der Grundlage der Westminster Confession (1643) für kongregationalistisch.

Viele Independente wanderten im 17. Jh. in die Neue Welt aus. In Neu-England bildete der K. eine durch Gesetz etablierte Kirche. Diese Situation änderte sich erst zögerlich durch die Große Erweckung (J. → Edwards), wurde dann aber im Verlauf des 19. Jh.s gänzlich abgeschafft und durch Religionsfreiheit ersetzt. In der Cambridge Platform (1648) waren die kongregationalistischen Grundsätze festgeschrieben. Zu Beginn des 19. Jh.s gingen viele kongregationalistische Gemeinden in und um Boston sowie die Harvard Universität für den K. verloren und fielen dem liberalen Unitariertum zu. Der K. war mission. sehr aktiv (London Missonary Society 1795; American Board of Commissioners for Foreign Missions 1810) und in China, Afrika, Südostasien und dem pazifischen Raum tätig. 1891 trat der International Congregational Council zusammen; seit 1970 ist er mit den presbyterianischen und ref. Kirchen zusammengeschlossen. Wo es im 20. Jh. zu Kirchenunionen kam, waren die Kongregationalisten beteiligt, z.B. Church of South India, 1908 bzw. 1947; United Church of Canada 1925; United Church of Christ in the USA 1957, seit 1981 volle Kirchengemeinschaft mit der Evangelischen Kirche der Union; Uniting Church in Australia 1970; United Reformed Church 1972 in → Großbritannien. Weltweit rechnen sich ca. 3 Mio. Christen dem K. zu.

Lit.: N. Goodall: Der Kongregationalismus, 1973.

E. Geldbach

König, Johann Friedrich → Orthodoxie, protestantische

Königsbücher → Geschichtsschreibung c) Israel

Königtum in Israel → Israel a) biblisch

Konkordanz → Biblische Nachschlagewerke

Konkordat

K. ist die Bezeichnung für einen völkerrechtlich bindenden Vertrag zwischen der kath. Kirche (Papst, Apostol. Stuhl) und einem Staat zur Regelung gemeinsamer Angelegenheiten.

Geschichtlich gesehen gilt das Wormser K. von 1122 zwischen dem Papst und Heinrich V. zur Beendigung des Investiturstreites als erstes K. Zur Neuordnung der kirchl. Verhältnisse nach der Säkularisation (1803) diente für Bayern das Bayerische K. von 1817, dem für andere Länder als Staatsgesetz verkündete päpstliche Bullen entsprachen. Nach dem Ersten Weltkrieg wurden folgende, jetzt noch in Deutschland geltende K.e geschlossen: das Bayerische K. 1924 (1968, 1974, 1978 und 1988 geändert), das Preußische K. 1929 und das Badische K. 1932. Das nach vielen früheren Verhandlungen am 20. 7. 1933 geschlossene Reichsk. gilt ebenfalls weiter, wie das Bundesverfassungsgericht 1956 bestätigt hat. 1965 wurde mit dem Land Niedersachsen ein eigenes K. geschlossen, das in etwa dem mit der ev. Kirche dieses Landes 1955 geschlossenen Loccumer Vertrag entspricht.

Aufgrund der in Deutschland herrschenden grundsätzlichen Parität der (großen) Kirchen wurden parallel zu den Länderk.en auch entsprechende Kirchenverträge mit den ev. Kirchen geschlossen: 1924 der Bayerische (wie das K. später geändert) und Pfälzer Kirchenvertrag, 1931 Preußischer und 1932 Badischer Kirchenvertrag. Seit Mitte der 50er Jahre wurden mehrere Kirchenverträge geschlossen, denen nur manchmal Verträge mit den entspechenden kath. Bistümern folgten, die keine K.e sind.

Lit.: A. Hollerbach: Verträge zwischen Staat und Kirche in der Bundesrepublik Deutschland, 1965; E.R. Huber, W. Huber: Staat und Kirche im 19. und 20. Jahrhundert, I-IV, 1973-88; J. Listl: Konkordate und

Kirchenverträge der Gegenwart in der Bundesrepublik Deutschland, 2 Bde., 1987.

R. Weigand

Konkordienbuch/-formel

Im K. faßte die Kirche der luth. Reformation die zehn in ihr verpflichtenden Bekenntnisse in einem Band zusammen: die drei altkirchl. Bekenntnisse (das Apostolische und Nizänische Glaubensbekenntnis sowie das Athanasianum), das Augsburger Bekenntnis (1530), die Apologie (1531), Luthers Schmalkaldische Artikel (1537), Melanchthons Traktat über die Macht und den Primat des Papstes (1537), Luthers Kleinen und Großen Katechismus (1529) und die Konkordienformel (1577). Das K. erschien am 25. Juni 1589 zum Gedenken der Übergabe des Augsburger Bekenntnisses genau 50 Jahre vorher. Es wurde von 86 Reichsständen sowie ca. 9.000 Theologen unterschrieben. Seine Entstehung hängt ursächlich zusammen mit der Konkordienformel von 1577.

Die K.formel besteht aus 12 Artikeln, die u.a. von dem Wort Gottes, der Schrift als Norm des Glaubens (Summarischer Begriff), von der Doppelgestalt des Wortes Gottes: Gesetz und Evangelium, von der Erbsünde, vom freien Willen, von der Rechtfertigung des Glaubens und den guten Werken, von der Prädestination oder Vorherbestimmung handeln. Die K.formel hat zwei Teile, eine ausführliche Darlegung, die Solida Declaratio, und eine zusammenfassende Kurzform, die Epitomé.

Wie entstand die K.formel? Die theol. Lehrstreitigkeiten innerhalb des Luthertums nach dem Tode Luthers (1546), die z.T. in seine Lebzeiten zurückreichen, bedrohten die Einheit der Kirche der luth. Reformation. Es bildeten sich zwei innerluth. Parteien, die sog. → Gnesiolutheraner, die die ursprüngliche Lehre Luthers gegen alle Abweichungen verfechten wollten, und die Anhänger Philipp → Melanchthons oder Philippisten, die zu Kompromissen mit dem Katholizismus und Calvinismus bereit waren. Die Differenzen waren verursacht durch das Eindringen des Calvinismus in deutsche luth. Territorien, sowie durch die Frontstellung gegen den wiedererstarkten Katholizismus, der sich durch das Konzil von Trient (1545-1563) konsolidierte und in der → Gegenreformation die verlorenen Territorien zurückzugewinnen suchte. Seit dem → Augsburger Religionsfrieden (1555) bemühten sich luth. Fürsten und Theologen, die innerluth. Differenzen zu überwinden und die Einheit im eigenen Lager wiederherzustellen. Unter den Theologen engagierten sich bei diesen Einigungsgesprächen vor allem J. → Andreä, M. → Chemnitz, N. → Selnecker und D. Chyträus. Die Einigungsverhandlungen dauerten zwei Jahrzehnte, bis aus ihnen endlich im Jahr 1577 die »Formel der Einheit«, die »Formula concordiae« oder K.formel hervorging. Sie stellte die Einheit im Luthertum wieder her und verurteilte die Extrempositionen der beiden theol. Parteien.

Die K.formel wurde von den meisten deutschen Territorien unterschrieben, so u.a. von den drei Kurfürstentümern Sachsen, Brandenburg und der Kurpfalz, von den sächsischen Herzogtümern und den Herzögen von Braunschweig und Lüneburg, Mecklenburg, Württemberg, den Markgrafschaften Ansbach-Bayreuth und Baden, der Grafschaft Oldenburg sowie von vielen Städten. Nicht alle luth. Territorien schlossen sich der K.formel an, die ja auch heute nicht in allen luth. Kirchen als Bekenntnisschrift anerkannt wird.

Lit.: »Konkordienbuch« bzw. »Konkordienformel«, TRE 19, 1990, 472-476 bzw. 476-483 (Lit.).

H.G. Pöhlmann

Konkubinat

Das K. (lat. »zusammenliegen«) als nichteheliches Zusammenleben von Mann und Frau ist kulturgeschichtl. in vielen Epochen nachweisbar. Rechtsgeschichtl. hat es im christl. geprägten abendländischen Kulturkreis zwar öffentlich-staatliche Duldung, aber bis heute nicht die Rechte der Ehe erlangt. Die Kultur- und Geistesgeschichte nach dem Zweiten Weltkrieg ist von einem tiefgreifenden Einflußverlust christl. geprägter Werte auf die Gesellschaft gekennzeichnet. Die fortschreitende Verbreitung, noch mehr aber die zunehmende gesellschaftl. Akzeptanz des K.s. markiert diese Entwicklung deutlich.

Dies wird an folgenden Beobachtungen deutlich: Während noch 1954 der Bundesgerichtshof verlangte, die Duldung gemeinsamer Übernachtungen von Verlobten als Kuppelei zu bestrafen, behält nach einem Urteil des Bundesverfassungsgerichtes von 1990 der Hinterbliebene eines K.s, dessen Partner verstorben ist, in bestimmten Fällen den Anspruch auf Fortsetzung eines Mietverhältnisses. Über ein Drittel der Bevölkerung der Bundesrepublik Deutschland bejaht die im BGB festgelegte Vorstellung von der Ehe als lebenslanger Gemeinschaft nicht mehr (Bayer 1988). Statistische Erhebungen des Bundesministeriums für Jugend, Familie und Gesundheit besagen, daß die Zahl der K.e in der Zeit von 1972-1982 um das Vierfache gestiegen ist (1985).

Soziologisch gesehen, hat man diesen Werteumbruch als Ausdruck eines umfassenden Individualisierungsprozesses beschrieben, der seit der Aufklärungszeit die Auffassungen von der Ehe und vom Verhältnis der Geschlechter verändert. Das Paar »löste sich nun mit Unterstützung des Staates aus der Vormundschaft der Kirche und hat inzwischen auch begonnen, die Kontrolle des Staates über seine Intimbeziehung zurückzuweisen« (H. Schenk). Die Schnelligkeit dieses Prozesses ist selbst für Soziologen überraschend.

»Das Problem der nichtehelichen Lebensgemeinschaften ist ja nicht nur das, daß Jüngere sie praktizieren und für sich in Anspruch nehmen; das Problem ist ebenso, daß die gesellschaftliche Umwelt sie zulassen muß« (H. Tyrell in einer Studie des Bundesministeriums für Jugend, Familie und Gesundheit, 1985). In den derzeitigen theol. und religionssoziologischen Deutungen des K.s sind ein breites Meinungsspektrum und eine große Unsicherheit feststellbar. K.E. Nipkow sieht durch die neuzeitliche Auffassung der Ehe als individuelle Liebesgemeinschaft die luth. Lehre von der Ehe als »transpersonale vorgegebene Ordnung«, als »Institution« und »Rechtsakt« in der Krise. »Es ist für viele Menschen heute befremdlich, das Recht von etwas anerkennen zu sollen, das darum im Recht zu sein beansprucht, weil es sich um eine unbeeinflußbare und unverfügbare Vorgegebenheit handele. Die Begründung der Ehe in der personalen Liebe ist eine Begründung in personaler Freiheit. Diese Freiheit wird neuzeitlich als persönliche Wahlfreiheit verstanden; für das darin sich ausdrückende Freiheitsbewußtsein ist die Unterordnung unter eine Ordnung, die ihren Wahrheitsgehalt nur durch eine autoritativ behauptete Setzung empfängt, schwer nachzuvollziehen.« Nipkow mahnt deswegen für die kirchl. Verkündigung »plausible Argumente in einer allgemein überzeugenden nichttheologischen Sprache« an, welche mehr »die Stärken der Ehe geltend machen« als »die Schwächen der neuen Lebensform festmachen«. T. Rendtorff sieht in der zunehmenden Verbreitung des K.s einen Ausdruck neuzeitlicher Individualisierung und Verweigerungshaltung gegenüber der »überindividuellen Sozialität des Lebens«. Im K. sei »ein privatistisches und im pejorativen Sinne individualistisches Konzept leitend, das zumeist mit Verweigerungen anderer Art in Politik und Gesellschaft Hand in Hand geht... Wenn es etwa die Möglichkeit gäbe, nur ›staatsbürgerähnliche‹ Verhältnisse einzugehen oder ›arbeitsähnliche‹ Tätigkeiten auszuüben, würde diese Möglichkeit ebenso ergriffen werden«.

Ein Beispiel für eine theol. positive Bewertung des K.s bietet u.a. der Bericht des Kirchenrates des Kantons Zürich aus dem Jahr 1985. Hier wird die Ansicht vertreten, daß die ethischen Werte, die für die Geschlechterbeziehung nötig sind, sowohl in der Ehe als auch im K. »gesucht und gelebt werden«. H. Ringeling hält K.e für ethisch legitim, »wenn sie... den Inbegriff der Institution vermitteln« und fordert für sie rechtlichen Schutz.

Eine an der bibl. Offenbarung und an der seelsorgerl. Verpflichtung der Gemeinde orientierte Stellungnahme zum K. muß vor allem die Liebe als eigentliche Grundnorm christl. Ethik bezeugen. Die Liebe Gottes, zu welcher der Glaube befreit, sucht die Ehre Gottes und das Beste für den Nächsten.

Auf das Verhältnis von Mann und Frau angewendet, bedeutet diese Einsicht, daß die Liebe dem anderen ein Höchstmaß an Geborgenheit schenken will. Das Zusammenleben im K., das dem anderen die verbindliche, öffentliche Treueerklärung nicht zu geben bereit ist, bleibt notgedrungen hinter diesem Selbstanspruch der Liebe zurück und kann deswegen für Christen keine Möglichkeit sein, die Gemeinschaft von Mann und Frau zu gestalten.

Die Gemeinde steht heute in der immer bedrängenderen Verantwortung, in Verkündigung, Seelsorge und persönlichem Vorbild das Evangelium als alleinige Quelle der lebenserneuernden Liebe Gottes zu bezeugen und mit gelingenden Ehen ihrem Zeugnis Glaubwürdigkeit zu verleihen.

»So könnte sie deutlich machen, daß dem notwendigen Wagnis menschlicher Zweisamkeit durch Verzicht auf die Rechtsform nicht ausgewichen werden kann, dagegen die reiche Frucht ehelicher Gemeinschaft nur schwerlich außerhalb einer, auch die freigewählte Bindung aneinander nicht scheuenden und also auch öffentlich rechtsverbindlich eingegangenen Ehe zu erhoffen ist« (A. Stein).

Lit.: O. Bayer (Hg.): Ehe, Zeit zur Antwort, 1988; K.E. Nipkow: »Ehe und nichteheliche Lebensgemeinschaften«, Pastoraltheologie 80 (1991), Heft 7; T. Rendtorff: Ethik Bd. 2, 1981; H. Ringeling: »Freie Lebensgemeinschaften in der Sicht evangelischer Sozialethik«, ZEE 1980; H. Schenk: Freie Liebe – wilde Ehe, Über die allmähliche Auflösung der Ehe durch die Liebe, 1987; A. Stein: »Ehe/Eherecht/Ehescheidung, IX. Praktisch-Theologisch«, TRE 9, 1982, 355-362; H. Tyrell: Eine Literaturstudie als Bestandsaufnahme, in: Nichteheliche Lebensgemeinschaften ... s.u. 1985.

»Ehe und nichteheliche Lebensgemeinschaften«. Positionen und Überlegungen aus der Evangelischen Kirche in Deutschland, hg. vom Kirchenamt der EKiD, 1985; »Ja zur Ehe«. Erklärung der Deutschen Bischofskonferenz und des Rates der Evangelischen Kirche in Deutschland, 1981; Nichteheliche Lebensgemeinschaften in der Bundesrepublik Deutschland, hg. vom Bundesminister für Jugend, Familie und Gesundheit, 1985.

J. Cochlovius

Konkurrenz

Das Wort K., das sich vom lat. *concurrere*, »zusammenlaufen, zusammentreffen« ableitet, wird heute weitgehend synonym für »Wettbewerb« in verschiedenen Wissenschaftsbereichen allerdings mit unterschiedlicher Wertung, verwendet. Auf der einen Seite kann K. negativ verstanden werden, als zerstörend und unterdrückend (Hobbes), auf der anderen Seite als Wettkampf bei vorgegebenen Regeln, der auch gesellschaftl. positiv zu werten ist. So hat Proudhon das K.-prinzip als eine Vereinbarung der höchsten Befriedigung des Egoismus und der sozialen Notwendigkeit bezeichnet. Darwin betont den »struggle for life«.

K. ist eines der wichtigsten konstitutiven Elemente der Marktwirtschaft. Ihr Ziel ist die Erreichung von K.-preisen, die zum Vorteil der Konsumenten ausschlagen. Das Regulativ der K. entscheidet über die Effizienz der Marktwirtschaftsordnung. Der Begriff des K. ist jedoch in der Wirtschaftswissenschaft nicht unumstritten und nicht eindeutig definiert.

In der älteren Wirtschaftstheorie herrscht eine statische Sicht des Wettbewerbs vor. Viele kleine (machtlose) Anbieter und Nachfrager treffen sich auf dem Markt von homogenen Gütern, es gibt keine Markteintrittsbarrieren, und bei vollständiger Information werden Produktionsprozeß und Distribution optimal durchgeführt. Kritisch wird angemerkt, daß es hierbei nicht zu einem Wettbewerb im eigentlichen Sinne kommt. Man spricht von einer Schlafmützen-K. Deshalb sieht die modernere Wirtschaftstheorie den Wettbewerb bei einem weiten Oligopol eher gewährleistet, wenn größere Firmen mit anderen in K. treten, geringe Marktmacht vorhanden ist, mit Reaktionen anderer Marktteilnehmer gerechnet werden muß. Dies ist die dynamische Sicht des Wettbewerbs.

K. wird in der Wirtschaftswissenschaft positiv bewertet. Sie hat eine Kostenkontrollfunktion, weil sie die Produktionskosten in Schach hält, wegen des unternehmerischen Eigeninteresses zum sparsamen Einsatz knapper Ressourcen beiträgt. Der Wettbewerb wird oft als »Entdeckungsverfahren« bezeichnet, da er eine Fortschrittsfunktion ausübt. Staatlich geschützte Firmen und Monopole haben kaum eine Veranlassung, sich um Innovationen zu bemühen. Fortschritt gibt es nur bei K. Außerdem hat K. eine Entmachtungsfunktion, sie sorgt dafür, daß hohe Gewinne nicht weiter anwachsen; durch besondere Leistung muß der Wettbewerbsvorteil immer wieder neu erarbeitet werden.

Der Wettbewerb ist jedoch kein »Naturgewächs«, sondern eine »Kulturpflanze«. Der Staat muß mit Hilfe einer Wettbewerbspolitik faire K. ermöglichen. Vorschriften des Gesetzes gegen unlauteren Wettbewerb und das Gesetz gegen Wettbewerbsbeschränkungen sollen, mit Hilfe des Kartellamtes, die Funktionsweise der K. sichern. Die Wirtschaftsteilnehmer sind immer bemüht, K. zu reduzieren, zu kooperieren. Wann immer sich Anbieter solidarisieren, hat die Gesellschaft die Kosten zu bezahlen. Daher ist K. im Sinne der → Sozialen Marktwirtschaft kein laissez faire, kein Liberalismus, sondern eine »staatliche Veranstaltung«.

K. kann nicht das einzige Prinzip der Nutzung knapper Ressourcen sein, darf nicht über Tod und Leben entscheiden. Sie birgt auch Gefahren. Im Wettkampf mag sich einer als besonders erfolgreich herausstellen, der diese Position dann verteidigen möchte. Demzufolge muß die Rechtsordnung dafür sorgen, daß der Wettbewerb immer wieder neu initiiert wird und erhalten bleibt. Es kann zu einer Einkommensverteilung kommen, bei der die im Wettbewerb nicht Bestehenden keine ausreichenden Mittel zum Überleben haben. Damit die Menschen in Würde leben können, sind Ausgleichsmechanismen (Sozialpolitik) notwendig. Außerdem muß der Wettbewerb überwacht werden. Er darf nicht unlauter sein.

K. führt zu leistungsgerechter Entlohnung, was in Widerspruch zu gesellschaftl. Zielen stehen kann. Würde beispielsweise ein familiengerechter Lohn in einer Wettbewerbsgesellschaft gezahlt, würde dies negative Nebenwirkungen haben, wenn Kinderreiche arbeitslos werden würden. In den Wettbewerb darf aus sozialpolit. Gründen dieser Art nicht eingegriffen werden. Die Sozialpolitik muß gesellschaftl. nicht vertretbare Ungleichgewichte korrigieren, dabei aber marktkonform sein.

Der ökonomische Wettbewerb wird häufig als unmoralisch gekennzeichnet. Seine Bewertung ist in der Kirche umstritten. Die Denkschrift der EKD (1982) unterstreicht die Ambivalenz des Wettbewerbs. K. kann lebensweckend und lebenszerstörend wirken. Gollwitzer lehnt den K.-kampf der Mangelgesellschaft für die Bruderschaft der Christusgemeinde ab. Nach der kath. Soziallehre (Quadragesimo Anno, 1931) kann der Wettbewerb nicht das regulative Prinzip der Wirtschaft sein (Tz 88).

Hier wäre aus ethischer Sicht einzuwenden, daß K. um ein höheres Einkommen positive Auswirkungen auf die Gesellschaft hat, Bedürfnisse befriedigen hilft und besser ist als K. um polit. Macht. Außerdem ist allg. bekannt, daß für einen Menschen nichts besser ist als der Wettbewerb mit seinesgleichen, der zur Leistungssteigerung führt. Eine wettbewerbslose Gesellschaft würde einen niedrigeren Lebensstandard haben. Durch K. werden die eigenen Fähigkeiten zum Wohl der Gesellschaft gefördert.

Lit.: H. Burkhardt: »Konkurrenz – muß das sein?«, ThBeitr 23 (1992), 43-47; H. Gollwitzer: Forderungen der Umkehr. Beiträge zur Theologie der Gesellschaft, 1976; W. Kerber: Wettbewerb und Wirtschaftsordnung in sozialethischer Sicht, in: Jahrbuch für christliche Sozialwissenschaften 11 (1970), 21-43; W. Lachmann: Wirtschaft und Ethik. Maßstäbe wirtschaftlichen Handelns, [2]1989, 54ff; ders.: Ethik und Soziale Marktwirtschaft – einige wirtschaftswissenschaftliche und biblisch-theologische Überlegungen, in: Helmut Hesse (Hg.): Wirtschaftswissenschaften und Ethik, [2]1989, 277-304; ders: Volkswirtschaftslehre I, Grundlagen, Berlin et al. [2]1993, 63ff; B. Molitor: Wirtschaftsethik, 1989, 73ff; M. Novak: The Spirit of Democratic Capitalism, 1982, 344ff; EKD: Sozialethische Überlegungen zur Frage des Leistungsprinzips und der Wettbewerbsgesellschaft. Eine Denkschrift der Kammer der Evangelischen Kirche in Deutschland für soziale Ordnung, 1987; Quadragesimo Anno, in: Bundesverband der katholischen Arbeitnehmerbewegung, Texte zur katholischen Soziallehre, [6]1985, 91-152;

W. Lachmann

Konsekration

K. (lat. »Weihe, Heiligung«) ist Teil der Abendmahlsfeier. Es geht dabei um »den Akt der Segnung (vgl. 1Kor 10,16), durch den Brot und Wein ausgesondert und zu Trägern der leiblichen Gegenwart Christi werden« (Kalb, 157). Von frühester Zeit an wurden dabei die Einsetzungsworte als unverzichtbarer Bestandteil gelesen (Mt 26,26-28; Mk 14,22-24; Lk 22,19f; 1Kor 11,23-25).

Höchst verschieden aber ist das Verständnis der K.: In der röm.-kath. Theologie ist die K. die Wandlung von Brot und Wein in Leib und Blut Jesu Christi durch das Tun des geweihten Priesters.

Luther hat jedes Opferverständnis beim → Abendmahl abgelehnt und versteht die K. als Lesung des Evangeliums, das als Wort zum Zeichen von Brot und Wein hinzutritt. So werden für die Kommunikanten »in usu« (nur während des Gebrauchs) Brot und Wein zur sakramentalen Gabe der Gegenwart des Herrn. In der Praxis haben die reformat. Kirchen auf die Elevation (Hochhebung der Elemente), das Niederknien bei den Einsetzungsworten und den Gebrauch eines Glöckchens verzichtet. Dagegen findet sich in der luth. Tradition das segnende Kreuzeszeichen über den Elementen.

Die Abendmahlsworte können gesungen oder gesprochen werden. Werden sie gesprochen, so kann es als Verkündigung der Gemeinde zugewandt oder als Gebet (Teil des eucharistischen Hochgebets) dem Altar zugewandt geschehen. Sinnvoll ist auch der aus der ref. Tradition stammende Brauch, die → Hostie beim Brotwort (»...und dankte und brach's«) in vier Teile zu zerbrechen. Zur K. können Gebete hinzutreten: die → Epiklese mit der Bitte um den Heiligen Geist, die → Anamnese mit ihrer Erinnerung an Jesu Leiden und Auferstehen und dem Ausblick auf seine Wiederkunft und der Lobpreis der Gemeinde: »Geheimnis des Glaubens: Deinen Tod, o Herr, verkündigen wir und deine Auferstehung preisen wir, bis du kommst in Herrlichkeit.«

Lit.: F. Kalb: Grundriß der Liturgik, [2]1982, 157-159.

M. Herbst

Konservativismus

Der K. ist eine Erscheinung, die in zahlreichen Lebensbereichen zu beobachten ist. Das Wort geht zurück auf das lat. Verbum *conservare* »bewahren«. Das Festhalten an bestehenden Strukturen und Normen, allg. gesagt am »status quo«, entspringt dem Bedürfnis nach Sicherheit und Ordnung. Insofern ist der K. ein Kennzeichen des Menschseins: Bei jedem Menschen lassen sich Formen des K. feststellen, da niemand ohne ein Minimum an sozialen Strukturen und Normen, die ihm seine Entfaltung ermöglichen, leben kann.

K. erhält eine negative Bedeutung, wenn etwas bewahrt werden soll, was einer positiven sozialen Entwicklung im Weg steht. K. wird dann zur Verteidigung der Eigeninteressen, durchweg auf Kosten der finanzschwachen Gruppen. Der Widerstand gegen die Abschaffung der Sklaverei, gegen die Einführung demokratischer Regierungsformen und gegen gerechtere Güterverteilung sind Beispiele des K.

Es ist verständlich, daß K. vor allem ein polit. Terminus ist. K. muß nicht immer negativ bewertet werden, da er auch die Reaktion auf eine Progressivität sein kann, die für die Gesellschaft nicht heilsam, sondern schädlich ist. Vom christl. Standpunkt aus müssen sowohl eine »bewahrende« als auch eine »eschatologische« Ethik berücksichtigt werden (Trillhaas).

Als K. wird auch die Lebenshaltung jener Christen bezeichnet, die an der Vertrauenswürdigkeit der Bibel, der Reinheit der Lehre und der Notwendigkeit bestimmter kirchl. Strukturen festhalten wollen. K. kann in diesem Sinne nahezu synonym mit → Biblizismus und → Fundamentalismus verwendet werden.

Lit.: D.M. Kelly: Why Conservative Churches are Growing, 1972; K. Mannheim: Das konservative Denken, in: Archiv für Sozialwissenschaft und Sozialpolitik, 1927; W. Trillhaas: Ethik, ³1970, 4-10.

J. Douma

Konsistorialverfassung → Kirchenverfassung

Konstantin der Große (ca. 272-337)

Flavius Valerius Constantinus wurde geb. am 27. 2. 272 (?) in Naissus/Serbien, gest. nach Ostern 337 in Nikomedien, in Konstantinopel beigesetzt unter den 12 Aposteln (Wandgemälde im Mausoleum) und als »apostelgleich« von der Ostkirche verehrt. K. wurde von Diokletian als Geisel am Kaiserhof festgehalten und machte mit ihm mehrere Reisen, 305 ging er zu seinem Vater Constantius Chlorus nach Gallien zurück. Nach dessen Tod 306 rief ihn das Heer zum Augustus aus. 312 besiegte er – nach einer berühmten Nachtvision, die ihn veranlaßte, ein Kreuzsymbol in die Schilde seines Heeres – den Usurpator Maxentius und war seitdem Anhänger des Christengottes. Ob er zunächst den Sonnengott verehrt hatte, ist ungewiß. 313 erließ er zusammen mit seinem Schwager Licinius das Mailänder Toleranzedikt, mit dem die Christenverfolgungen überall im Röm. Reich beendet wurden und die Kirche in den Stand einer »anerkannten«, d.h. mit den übrigen anerkannten Religionen gleichberechtigten Religion versetzt wurde. Nach dem Sieg über Licinius 324 war K. Alleinherrscher im Röm. Reich. Die Förderung der Kirche wurde auf verschiedenen Ebenen sichtbar: Finanzielle Unterstützung der Gemeinden und der Kleriker, Wiederaufbau der zerstörten Kirchen, Neubau anderer Kirchen (z.B. Grabeskirche in Jerusalem, Lateranbasilika in Rom), Befreiung des Klerus von Steuern und öffentlichen Lasten, Besetzung der Beamten- und Militärstellen mit Christen u.a.

Da K. auch aus polit. Gründen an der Einheit der Kirche gelegen war, schritt er gegen Häretiker ein (→ Donatismus), berief Reichssynoden (Nicäa 325) und Provinzialsynoden zur Beendigung theol. Meinungsverschiedenheiten und verbannte in seinen Augen starrsinnige Bischöfe (→ Athanasius, → Marcell von Ankyra u.a.). Schon zu seiner Zeit wurde K. als der von Gott Berufene, der neue Mose bzw. David, angesehen, und er hat sich selbst offenbar auch so betrachtet. Glauben an Gott und Gestaltung der Welt gehören für ihn zusammen. In seinen Gottesanreden (Vorsehung, das höchste Wesen, Vater der Welt u.a) blieb er zunächst noch rel. bedeckt; die Kirche galt ihm gleichwohl als Träger des Gottes- und Weltdienstes, und die Bischöfe betrachtete er als seine Brüder mit gemeinsamem Auftrag und sich selbst als »Bischof für die Außenstehenden«. An Theologie im speziellen Sinn war er begreiflicherweise weniger interessiert.

K. hat eine Religionswende größten Ausmaßes im Römischen Reich ausgelöst und auch die menschliche und polit. Kraft gehabt, den neuen Weg zu gehen und durchzuhalten. Obwohl er sich, damaliger Sitte entsprechend, erst auf dem Totenbett taufen ließ, sollte an seiner Entscheidung für den christl. Glauben kein Zweifel bestehen.

Lit.: H. Dörries: Konstantin der Große, 1958; St.G. Hall: »Konstantin I«, TRE 19, 1990, 489-500 (Lit.); H. Kraft: Kaiser Konstantins religiöse Entwicklung, 1955; G. Ruhbach (Hg.): Die Kirche angesichts der konstantinischen Wende, 1976; E. Schwartz: Kaiser Konstantin und die christliche Kirche, [2]1936; J. Vogt: »Constantin der Große«, RAC 3, 1956, 306-379 (Lit.).

G. Ruhbach

Konstantinische Schenkung

Die K.S. (Constitutum Constantini) ist eine zwischen dem 7. und 9. Jh. entstandene Fälschung, wahrscheinlich aus Rom. Sie beschreibt, wie → Konstantin der Große aus Dank für seine Heilung vom Aussatz Christ wurde und dem röm. Papst Silvester I. (314-335) die Herrschaft über den gesamten Westen übertrug (mit kaiserlichem Palast und kaiserlichen Insignien). In den pseudoisidorischen Dekretalen um 850 berief sich der röm. Stuhl zum ersten Mal für seine Ansprüche auf dieses Dokument; es wurde in Zukunft immer wieder zur Stärkung der päpstlichen Machtansprüche herbeigezogen und im hohen MA auch im kanonischen Recht verankert. → Nikolaus von Kues (1401-1464), Reginald Pecock (1393-1461) und endgültig Laurentius → Valla (1407-1457) wiesen die Fälschung des Dokumentes nach. U. von Hutten und dann M. Luther verwarfen die K.S. als »rechte päpstliche Lüge« (1537, WA 50, 70). Auch die kath. Kirche hat die Berufung auf die K.S. längst aufgegeben.

Lit.: H. Fuhrmann (Hg.): Das Constitutum Constantini, 1968; ders.: »Constitutum Constantini«, TRE 8, 1981, 196-202 (Lit.).

G. Ruhbach

Konstantinisches Zeitalter

Der Begriff wandelt sich vom engen Verständnis der Regierungszeit Konstantins (306-337) bis zum weiten Verständnis einer hist. Epoche, in der zunächst das Christentum Staatskirche war, danach jedenfalls immer in einer engen Beziehung zum Staat stand. Damit ist das K.Z. – in einem offenen Sinne – von 380 (das Christentum wird Staatsreligion) bis 1918 bzw. 1945 zu datieren (Frankreich 1905). Nach den Weltkriegen 1918 und 1945 wurde – u.a. unter dem Einfluß der dialektischen Theologie K. Barths – immer stärker das »Ende des Konstantinischen Zeitalters« und die Rückkehr zur Märtyrerkirche der ersten drei Jahrhunderte verkündet.

Lit.: W. Schneemelcher: »Konstantinisches Zeitalter«, TRE 19, 1990, 501-503 (Lit.).

G. Ruhbach

Konstanzer Konzil

Das 16. und größte Konzil des MAs (5. 11. 1414 – 2. 4. 1418), ermöglicht durch den dt. König Sigismund, befaßte sich vor allem mit

– der Einheit der Kirche (Beendigung des Schismas zwischen den Päpsten Johannes XXIII., Gregor XII. und Benedikt XIII.) durch Neuwahl Martins V. (1417-1431),

– der Reinheit der Lehre (Verurteilung der Lehre J. → Wyclifs, in deren Folge Verbrennung von Johannes → Hus, 1415 und Hieronymus von Prag, 1416 trotz kaiserlichen Geleitversprechens; Verbot des Laienkelchs; Diskussion über Tyrannenmord).

Bei der Frage der Kirchenreform kam es – trotz richtungsweisender Bestandsaufnahmen und Diskussionen – nicht zu positiven Antworten.

Die Bewertung der sogenannten Konstanzer Dekrete für das Verhältnis von Papst und Konzil bleibt hist. und dogmat. strittig. Der unter dem Eindruck aktueller Probleme (Papstschisma, Häresie und Kirchenreform) postulierte Anspruch eines Vorrangs des Konzils als Repräsentanten der Kirche über den Papst wurde auf dem 1. Vatikanischen Konzil (1869-1870) verurteilt, ohne die Auseinandersetzung zwischen → Konziliarismus und Papalismus wirklich zu beenden. Auch der Versuch, durch Festsetzung von Fristen zu regelmäßiger Abhaltung allgemeiner Konzilien als bestem Mittel der Kirchenreform zu kommen, hatte auf Dauer keinen Erfolg. Schon Papst Martin V.

schloß einzelne Reformkonkordate vor allem über Verwaltungsfragen ab mit den einzelnen Konzilsnationen. Diese hatten sich neben dem Kardinalskollegium als Abstimmungsgruppen nach Vorbildern aus dem Universitätsleben im Geiste des Humanismus konstituiert (deutsche, englische, französische, italienische, dann spanische Nation) und prägten auch publizistisch die Konzilsdiskussionen.

Lit.: J. Alberigo u.a.: Conciliorum Oecumenicorum Decreta: [3]1973; R. Bäumer (Hg.): Concilium Constanciense (1414-1418), 1977; W. Brandmüller: »Konzil von Konstanz«, TRE 19, 1990, 529-535; ders.: Das Konzil von Konstanz, I, 1991; H. Finke: Acta concilii Constanciensis, 1896-1928; A. Franzen, W. Müller: Das Konzil von Konstanz, 1964; J. Gill: Konstanz und Basel-Florenz, 1967.

G. Knetsch

Konsubstantiation → Abendmahl

Kontextualisierung der Theologie

Hinter diesem Stichwort verbirgt sich die alte Frage nach dem Verhältnis von Evangelium und Kultur. Früher sprach man vom Einheimisch-Machen (Akkommodation) oder Einheimisch-Werden (Indigenisation) des Evangeliums in anderen Kulturen und unterschied zwischen Inhalt und Form, dem unwandelbaren, sich selbst gleichbleibenden Evangelium und seiner veränderlichen, anpassungsfähigen Ausdrucksform. Dem gegenüber muß die kulturelle Bedingtheit der bibl. Botschaft selbst beachtet werden. Das Ev. begegnet nie kulturell neutral, sondern eingebunden in Sprache und Denkmodelle der bibl. Verfasser. Damit ist Kontextualisierung von Anfang an mitgegeben. In der mission. Verkündigung setzt sich dieser Prozeß fort. Das Evangelium muß in jedem kulturellen Kontext neu Gestalt gewinnen durch Inkulturation, Verleiblichung (in Analogie zur Inkarnation) und Verwurzelung im Boden der jeweiligen Kultur. Alle Kirchen müssen das Evangelium in ihre Umwelt hineinstellen (= kontextualisieren), damit sie es wirklich in ihrer eigenen Kultur weitergeben können.

K. führt auch zum Entstehen von Dritte-Welt-Theologien (z.B. Befreiungstheologie, Schwarze Theologie, allg. »kontextuelle Theologie«). Folgende Elemente sind dabei bestimmend: eine Situationsanalyse nimmt das sozio-polit. Umfeld in den Blick, um Unrechtsstrukturen zu erkennen. Solidarität mit den Armen, Entrechteten und Unterdrückten, ein Eintreten für ihre Rechte und Unterstützung ihrer Bemühungen um Gerechtigkeit ermöglichen den Zugang zu diesen Menschen und lassen erkennen, wie das Evangelium als befreiende Macht erfahren wird. Aus der Perspektive der Armen eröffnen sich neue Zugänge zum Verständnis des Evangeliums. Kontextuelle Theologie lebt vom Primat der Praxis und äußert sich in Liedern, Predigten und Handlungen. Auf das »Doing Theology« folgt eine kritische Reflexion der Praxis im Lichte des Evangeliums.

Kontextuelle Theologie unterstreicht, daß jede theol. Aussage kontextbezogen und kontextgebunden ist. So entsteht eine Vielzahl lokaler Theologien. Zwei Gefahren müssen gesehen werden: Zum einen: Der Kontext kann leicht zum Text werden, wenn die Situationsanalyse Offenbarungscharakter erhält und das Evangelium relativiert. Zum andern: Das Partikulare, die kontextbezogene Ausprägung, verdrängt das Universale des Evangeliums. Die weltweite Kirche gerät aus dem Blick. Um dem entgegenzuwirken, braucht jede kontextuelle Theologie das Gespräch und die Korrektur der weltweiten (nicht nur westlichen!) Christenheit. Gerade auch die europ. Theologie hat dieses Gespräch nötig, um ihre eigene Kontextbezogenheit zu realisieren und zu relativieren.

Lit.: H. Dembowski, W. Greive (Hg.): Der andere Christus. Christologie in Zeugnissen aus aller Welt, 1991; H.-W. Gensichen: Mission und Kultur, 1985; V. Samuel, C. Sudgen (Hg.): Der ganze Christus für eine geteilte Welt. Evangelikale Christologie in der Zwei-Drittel-Welt, 1987; H. Wagner (Hg.): Kairos? – Perspektiven für eine evangelische Ethik, 1989, 121-138; Der Willowbank-Report. Bericht einer Konsultation über Evangelium und Kultur, in: Lausanne geht weiter, 1980, 33-112.

J. Triebel

Kontingenz

Zum Begriff der K. bemerkt noch die Brockhaus-Enzyklopädie von 1970: »Die Zufälligkeit im Gegensatz zur Notwendigkeit.« Diese Begriffsbestimmung hat sich jedoch inzwischen als zu eng erwiesen. Sie entsprang der Denkweise der klassischen Naturwissenschaften, die weithin in der Alternative »determiniert kausal« oder »indeterminiert zufällig« dachte. In neuester Zeit hat man sich jedoch darauf besonnen, daß das lat. Verbum *contingere* nicht nur etwas Ereignishaftes bezeichnet, sondern in der Bedeutung von »erfassen«, »ergreifen« und etwas »erreichen« auch darauf hinweisen kann, daß Dinge im Zusammenhang miteinander stehen, voneinander abhängen oder auf etwas hingerichtet sind. Tatsächlich gibt es Geschehnisse, die nicht notwendig, jedoch auch keineswegs zufällig sind. Das zeigt sich unübersehbar in der personalen Sphäre: Wenn z.B. ein junger Mann einem Mädchen eine Rose schenkt, so ist das nicht im Sinne einer → Notwendigkeit determiniert, aber auch keineswegs zufällig (→ Zufall). Wie die moderne Verhaltensforschung zeigt, gibt es analoge Strukturen auch im Bereich des Lebendigen, und die heutige Physik legt den Gedanken nahe, daß wir auch im physikalischen Bereich auf einer anderen Ebene der Analogie Entsprechendes vorfinden. In diesem Sinne wird neuerdings der Begriff der K. auch zur Kennzeichnung des Schöpfungsgeschehens und der Eigenart der → Schöpfung gebraucht: Die Schöpfung ist einerseits Gottes freie Tat und entspringt keiner Notwendigkeit, andererseits ist es jedoch eine Tat, die seinem Wesen entspricht, da in der Schöpfung die innertrinitarische Liebe nach außen überströmt. Auch die Erwiderung der → Liebe Gottes durch den Menschen wird durch K. gekennzeichnet: Sie vollzieht sich einerseits in → Freiheit, entspricht jedoch andererseits dem Wesen des Menschen, der auf Gott hin geschaffen ist. So steht der Begriff der K. in diesem Sprachgebrauch nicht nur im Gegensatz zur Notwendigkeit, sondern auch zur reinen Zufälligkeit. Er enthält eine Komponente, die in etwa als Angemessenheit gekennzeichnet werden kann.

Lit.: A. Becker-Freyseng: Die Vorgeschichte des philosophischen Terminus Kontingenz, 1968.

Zum neuen Kontingenz-Begriff: H. Staudinger, J. Schlüter: Die Glaubwürdigkeit der Offenbarung und die Krise der modernen Welt, 1987, 98ff; Th.F. Torrance: Reality and Scientific Theology, 1985.

H. Staudinger

Kontroverstheologie

Während der ganzen Geschichte der Kirche ist es immer wieder zu theol. Auseinandersetzungen um die rechte Lehre gekommen. In nachreformat. Zeit diente die K. der eigenen konfessionellen Selbstbehauptung und Verteidigung gegenüber anderen Konfessionen. Der → Konfessionskunde fällt die Aufgabe zu, die konfessionellen Lehrunterschiede zu benennen und kritisch zu prüfen. Ziel ist dann, Wege zu möglicher Überwindung der Unterschiede zu finden. Insofern würde sich K. bei Erreichung des Ziels selbst überflüssig machen. Die polemische Überspitzung früherer K. ist heute in den zwischenkirchl. Dialogen einem konzilianten Ton gewichen.

Lit.: R. Kösters: »Zur Theorie der Kontroverstheologie«, Zeitschrift für kath. Theologie 88, (1966), 121-162; K. Lehmann, W. Pannenberg (Hg.): Lehrverurteilungen – kirchentrennend?, 1986.

E. Geldbach

Konventikel → Stunde

Konversion, Konvertiten → Konfessionswechsel

Konvokation

K. ist ein kirchenrechtl. Begriff. Dem Ursprung nach (lat. *convocare*, »zusammenrufen«) bezeichnet er die Versammlung von Klerikern (→ Klerus und Laien) zu Beratungen. K. meinte im Deutschen Reich 1356 bis 1806 die Einberufung der Reichsstände zur Kaiserwahl durch den Erzbischof von Mainz.

In der englischen Kirche berät eine »convocation« des Klerus die kirchl. Angelegenheiten (z.B. Fragen der Kirchensteuer oder des Disziplinarrechts), bevor diese dem Parlament vorgelegt werden. Diese »convocation« ruft der König bzw. die Königin auf Landes- oder Bezirksebene ein; sie tagt in einem Ober- und einem Unterhaus. Ihre Beschlüsse werden vom König bzw. von der Königin bestätigt.

M. Herbst

Konzil

K.ien (Synoden) sind, allg. bestimmt, Versammlungen der verantwortlichen Leiter von Einzelkirchen mit dem Ziel gemeinsamer Regelung anstehender Fragen. Die Geschichte bezeugt nicht nur eine große Vielfalt konkreter Verwirklichungsformen der K. selber (1), sondern auch der sie betreffenden Vorstellungen (K.sidee) (2).

1. Geschichte der Konzilien

Eine adäquate Erfassung des Phänomens K. in der Alten Kirche muß sich vor allem vor einer Überschätzung der sog. Ökumenischen K.ien hüten; dieselben kamen nämlich erst im 4. Jh. auf, als es auf den anderen Ebenen längst ein blühendes K.swesen gab, und blieben im Vergleich zum normalen K.sleben der Kirche immer die Ausnahme. So gesehen stellen sie nur einen schmalen Ausschnitt aus der Gesamtwirklichkeit dar, auch wenn einige von ihnen, so vor allem das erste ökumenische K. eine nicht zu überschätzende Bedeutung für die Kirche hatten.

Die Abhaltung von regionalen Bischofsversammlungen ist für Kleinasien schon für das Ende des 2. Jh.s bezeugt (Osterfeststreit und Abwehr des Montanismus). Auch in Nordafrika herrschte schon im 3. Jh. ein reges K.swesen (→ Ketzertaufstreit). Speziell für Rom sind K.ien für 193, 231, 250, 251, 256, 260 belegt. Bald nach 300 versammelten sich spanische Bischöfe in Elvira, um Fragen der Kirchendisziplin zu regeln. Kanon V des K.s von Nicaea schreibt zwei Provinzialk.ien, eines im Frühjahr und eines im Herbst, für die gesamte Kirche vor. Weitere Synoden, vor allem die von Antiochien (328), geben dem kirchl. K.swesen auf den verschiedenen Ebenen (Patriarchalsynoden, Provinzialsynoden, gesamtafrikanische »Plenarkonzilien«, später auch National- und Diözesansynoden) eine rechtliche Ordnung.

Eine entscheidende und folgenschwere Neuerung in der Geschichte der K.ien stellt der Versuch Kaiser Konstantins dar, das kirchl. K.swesen in den Dienst der Reichspolitik zu stellen. Dem von ihm selbst einberufenen »ökumenischen«, d.h. von Bischöfen aus dem gesamten röm. Reich beschickten K. von Nicaea (325) war die Aufgabe gestellt, für das gesamte Reichsgebiet nicht nur den Streit um die wahre Gottheit Jesu Christi zu beenden, sondern auch Fragen der Disziplin zu entscheiden (Ostertermin). Von den weiteren von den byzantinischen Kaisern einberufenen, vom Westen nur mit wenigen Bischöfen beschickten Reichsk.ien, gelangten nach dem K. von Nicaea, das Arius verurteilte und den Sohn als »gleichwesentlich« mit dem Vater lehrte, nur sechs zu allg. kirchl. Anerkennung:

– das 1. K. von Konstantinopel (381), das die Göttlichkeit des Heiligen Geistes definierte,

– das K. von Ephesus (431), das gegen Nestorius die Niedrigkeitsaussagen der Heiligen Schrift auf den Logos selbst bezog und Maria ausdrücklich als »Gottesgebärerin« bezeichnete,

– das K. von Chalkedon (451), das gegen Eutyches Christi wahre Gottheit und wahre Menschheit bekannte,

– das 2. K. von Konstantinopel (553), das zur Rückgewinnung der seit Chalkedon von der Reichskirche getrennten sog. Monophysiten eine Kompromißformel durchzusetzen suchte und posthum eine Reihe von Theologen, unter ihnen Origenes, als Häretiker verurteilte,

– das 3. K. von Konstantinopel (681), das die Lehre vom einen Willen und der einen Tätigkeit in Christus, mit der ebenfalls die Monophysiten wieder zur Reichskirche zurückgeführt werden sollten, verwarf,

– und schließlich das 2. K. von Nicaea (787), das die Verehrung der Bilder nach dem Verbot durch die bilderfeindlichen Kaiser wieder erlaubte. Ein sog. 4. K. von Konstantinopel (869/70), das den Patriarchen Photius verurteilte, gilt nur in der westl., nicht in der östl. Kirche als ökumen.

Von den zahlreichen, nach der Jahrtausendwende im Westen durchgeführten, vom Papst einberufenen und von ihm geleiteten »allgemeinen« K.ien gelangten elf auf die hauptsächlich von dem Kontroverstheologen Bellarmin erst Ende des 16. Jh.s verbreitete Liste der ökumen. K.ien: Die vier Laterank.ien von 1123, 1139, 1179 und 1215, von denen das letzte ausdrücklich an die altkirchl. Tradition der ökumen. K.ien anknüpfte, befaßten sich nur selten mit Glaubensfragen, meist standen die Kirchendisziplin und überhaupt Probleme des sozialen Lebens (Verhältnis zwischen geistl. und weltlicher Gewalt, Gottesfriede, Kreuzzüge usw.) auf der Tagesordnung.

Das 1. K. von Lyon (1245) setzte Kaiser Friedrich II. ab und erklärte ihn zum Häretiker.

Das 2. K. von Lyon (1274) brachte kurzfristig eine Union mit den Griechen zustande. Das K. von Vienne (1311-1312) hob den Templerorden auf.

Das sehr wichtige K. von Konstanz (1414-1418) beendete das große abendländische Schisma, verurteilte Wyclif und Hus und stellte das Dekret Haec sancta von der Oberhoheit des K.s über den Papst auf.

Das K. von Basel/Ferrara/Florenz (1431-1445) scheiterte mit der geplanten Reform »an Haupt und Gliedern« und führte zu einem neuen Schisma (1437 kam es zum Bruch zwischen dem K.spapst Eugen IV. und dem K.; das K. setzte Eugen IV. ab und wählte einen neuen Papst; Eugen IV. löste das K. auf bzw. verlegte es zunächst nach Ferrara, dann nach Florenz, wo wiederum eine kurzfristige Union mit der griech. Kirche gelang).

Das 5. Laterank. (1512-1517) hatte durch sein totales Scheitern die Reformation und die Spaltung der Christenheit mit zur Folge.

Das K. von Trient (1545-1563) setzte eine Reihe von Reformen durch und gab in Fragen der Lehre dem Katholizismus der folgenden Jahrhunderte sein spezifisch antireformatorisches Gepräge.

Als 20. und 21. ökumen. K. gelten das 1. Vatikanum, das den Jurisdiktionsprimat und die Unfehlbarkeit des Papstes definierte und sich zum Verhältnis zwischen Glauben und Vernunft äußerte, und schließlich das 2. Vatikanum, dem Johannes XXIII. das aggiornamento, die Vermittlung der christl. Botschaft an die moderne Welt zur Aufgabe gemacht hat.

Die vorstehende Liste der sog. ökumen. K.ien darf nicht vergessen machen, daß einerseits eine große Zahl von nicht-ökumen. K.ien eine für die Glaubensgeschichte der Christenheit sehr bedeutende Rolle gespielt hat, so z.B. die Synoden von Arles (314) über die Häretikertaufe, von Alexandrien (362) über die Anerkennung der semiarianischen Glaubensformel, von Rom (382) über den trinitarischen und christologischen Glauben, von Karthago (397) über den Kanon der Heiligen Schrift, von Karthago (418) und Orange (529) über die Augustinische Gnadenlehre, die Lateransynode (649) gegen den Monotheletismus usw., um nur einige wenige aus der Alten Kirche zu nennen, daß es andererseits neben diesen gewissermaßen außerordentlichen eine sehr große Zahl von »ordentlichen« Synoden gab, die nichts anderes waren als der normale Vollzug kollegialer Kirchenleitung, wie sie in Kanon 34 der Canones Apostolorum angemahnt wurde (FCCO 1,2; 24). Der vor allem im Westen im 2. Jt. zu beobachtende Rückgang des K.slebens hängt wesentlich mit dem Ausbau des päpstlichen Zentralismus zusammen.

2. Geschichte der Konzilienidee

Unsere heutige Vorstellung von K. ist hist. geworden. Das folgende weist auf einige ausgewählte Aspekte dieses Werdens hin. Ausdrücklich haben zwar erst die Konziliaristen im 15. Jh. das Wesen des K.s als Konsens (vgl. Nikolaus von Kues, De concordantia catholica) bestimmt, greifbar ist dieses Selbstverständnis aber schon vom 3. Jh. an (vgl. Cyprian, Ep. 25). Durch die Jahrhunderte tradiert wird es vor allem durch einen in das Kirchenrecht eingegangenen Passus Gregors des Großen: Die Konzilsdekrete sind mit universaler Übereinstimmung (*consensus*) beschlossen worden (Decretum Gratiani 15.2).

Mit dem Konsens als Grundlage der Beschlüsse hängt auch die besondere den K.ien zugeschriebene Autorität zusammen. Die Vorstellung, daß Konsens Autorität verleiht und ein Kriterium der Wahrheit darstellt, ist dabei noch nicht spezifisch christl., sondern allg. phil., sie wurde in der damaligen Zeit auch auf vergleichbare weltliche Einrichtungen angewendet (Senat). Das spezifische Selbstverständnis der K.ien besteht darin, diesen Konsens auf den Heiligen Geist zurückzuführen (Inspiration der K.ien), und damit tendentiell für alle K.ien, auch die lokalen, den Anspruch zu erheben, daß sie die Wahrheit nicht verfehlen.

Das Neue, das dann das erste ökumen. K. brachte, ist darin zu sehen, daß der tendentielle Anspruch, geistgeschenkte Wahrheit zu lehren, jetzt zu einem prinzipiellen wird. Anerkannt wurde dieser Anspruch freilich noch nicht gegenüber dem ersten ökumen. K., sondern erst nach einem längeren Prozeß, in dem sich die Erkenntnis durchsetzte, daß es in der Kirche höchstinstanzliche Entscheidungen geben muß, die nicht mehr zurückgenommen werden dürfen (Leo des Großen, Ep. 144). Die ökumen. K.ien haben dabei näherhin die Aufgabe, den alten überlieferten Glauben gerade durch Einführung neuer Formulierungen und Begriffe (vgl. Homousios) vor Verfälschung zu schützen.

Spätestens seit der zweiten Hälfte des 4. Jh.s sieht man im sog. Apostelk. (Apg 15) die bibl. Grundlage dieser Institution, seit dem 8./9. Jh. greift man zusätzlich auf 5Mo 17,8-15 zurück, womit auf die möglicherweise schon in Apg 15 greifbaren atl. Wurzeln der K.sinstitution hingewiesen wird.

Von Anfang an gehört die richtige Auslegung der Hl. Schrift zu den Aufgaben der Synode (vgl. in diesem Zusammenhang die von den K.ien geübte Praxis, ein geöffnetes Evangelienbuch in die Mitte zu stellen). Die Schriftgemäßheit eines K.s ist auch eines der Kriterien für seine Rezeption. Im Laufe der Zeit kamen weitere, inhaltliche und formale Kriterien hinzu. Papst Gelasius (Ende des 5. Jh.s) nennt als Eigenschaften eines »guten« K.s:

- Schriftgemäßheit,
- Übereinstimmung mit der Tradition,
- Beachtung des Kirchenrechts,
- Annahme durch die Gesamtkirche,
- »vor allem« Bestätigung durch den röm. Stuhl (Ep. 26,6).

Im Osten werden im 8. Jh. als Kriterien aufgeführt:

- »Mitwirkung« des Papstes und »Zustimmung« der übrigen vier Patriarchen (Pentarchie),
- inhaltliche Übereinstimmung mit den vor-

ausgehenden ökumen. K.ien, was natürlich die Schriftgemäßheit mit einschließt.

Der Konflikt Papst Viktors I. (Ende des 2. Jh.s) mit dem K. des Polykrates von Ephesus, das nicht auf die röm. Linie im Osterfeststreit einschwenkte, wirkt wie ein frühes Präludium zu der grundsätzlich auf Spannungen angelegten Geschichte des Verhältnisses zwischen beiden Institutionen. Eine erste direkte rechtliche Verknüpfung bringt das K. von Sardica (342), das dem Papst eine Art Oberaufsicht über die K.ien einräumt (Appellation). Zu ersten deutlichen Spannungen zwischen beiden Leitungsämtern kommt es schon auf den ökumen. K.ien von Ephesus, Chalkedon und Konstantinopel II. Aber solange die Päpste im Machtbereich des griech. Kaisers sind, geben sie sich gemäß der regula ecclesiastica (»non oport(et) praeter sententiam Romani pontificis concilia celebrari«, hist.trip. 4,9,4) im Grunde mit dem Anspruch auf die notwendige Mitwirkung auf den ökumen. K.ien zufrieden.

Der fortschreitende Ausbau des Primats zusammen mit der polit. Emanzipation aus dem Machtbereich des griech. Kaisers hatte dann vom 9. Jh. an zur Folge, daß die Päpste immer deutlicher den Anspruch auf die Oberleitung aller K.ien, auch der »allgemeinen«, erhoben. Ihren geschichtswirksamsten Ausdruck findet dieser Anspruch in Bestimmungen der → Pseudoisidorischen Dekretalen, die dem Papst das Einberufungsrecht und damit die Oberhoheit über die K.ien einräumen, und die praktisch in alle Kirchenrechtssammlungen aufgenommen wurden (vgl. Decretum Gratiani dist. 17.1). Die Gegenthese, die Oberherrschaft des K.s über den Papst, der sog. → Konziliarismus, wird theoretisch seit dem 14. Jh. propagiert und findet ihrerseits ihren geschichtsmächtigsten Ausdruck im Dekret Haec sancta des K.s von Konstanz (1414).

Eine wichtige Weiterentwicklung der K.sidee brachte die Anwendung des Repräsentationsbegriffs auf das K. durch Kanonisten und »Politologen« wie Marsilius von Padua (gest. 1342/3). Der eigentliche Souverän ist nicht der Papst, sondern die universitas fidelium, das Kirchenvolk. Als Vertretung dieses Kirchenvolkes ist das K. dem Papst notwendig überlegen. Konziliaristisches Gedankengut blieb, vor allem in der franz. Kirche (Gallikanismus, Regalismus), noch über das Ancien Régime hinaus bis zum ersten Vatikanischen K. lebendig.

Vom Anfang des 13. Jh.s an galt das K. in der Ostkirche als Mittel zur Wiederherstellung der Kircheneinheit; Rufe nach einem Unionsk. fanden im Westen aber erst nach den günstigen Erfahrungen mit der via concilii in Konstanz ein positives Echo. Eine enge Verbindung ging die K.sidee im 15. und beginnenden 16. Jh. mit dem Reformgedanken ein, aber die in die K.ien gesetzten Erwartungen einer Reform der Kirche an Haupt und Gliedern wurde bitter enttäuscht.

Zwar schrieben die Papstgegener schon im 14. Jh. dem allgemeinen K. ausdrücklich Unfehlbarkeit zu, um es dem »fehlbaren« Papst als überlegen zu erweisen, zu einem festen Bestandteil der kath. Lehre wurde die konziliare Unfehlbarkeit aber erst nach deren formeller Leugnung durch Martin Luther auf dem Reichstag zu Worms (1521). Leider wurde nur dessen Satz, daß es »am Tage ist, daß dieselben (nämlich Papst und K.ien) zu mehrmalen geirrt und wider sich selbst gesprochen haben« (WA 7, 838) geschichtswirksam, nicht aber seine theol. tiefe Unterscheidung zwischen Haupt- und Nebensache eines K.s. »Hauptsache« des K.s ist nach dem Reformator der je unverändert gültig bleibende Glaubensartikel, »Nebensache« sind die nach den Erfordernissen der Liebe je wechselnden konkreten Gebote (WA 15, 578-602).

Da Trient gegenüber den Reformatoren die Verbindlichkeit der Tradition und damit auch der von den K.ien definierten gelehrt hatte, andererseits aber nur die ökumen. K.ien als irrtumsfrei galten, stellte sich die Frage nach der genauen Zahl der ökumen. K.ien. Die von dem Jesuiten Bellarmin zusammengestellte Liste erreichte die weiteste Verbreitung und so etwas wie offizielle Geltung. Der mit Hilfe dieser Liste geschaffene univoke Begriff von ökumen. K. hält jedoch einer hist. Kritik nicht stand, und so werden denn seit einiger Zeit wieder verschiedene Kategorien von ökumen. K.ien unterschieden: den mittelalterl. päpstlichen Generalk.ien wird nicht das gleiche theol. Gewicht wie den K.ien der ungeteilten Christenheit zugeschrieben.

Nach dem ersten Vatikanischen K. und seiner Definition der päpstlichen Unfehlbarkeit non ex consensu ecclesiae entstand der Eindruck, daß K.ien praktisch fortan überflüssig sind. Theoretisch lebte der K.sgedanke jedoch in der in den Handbüchern geführten Diskussion über die Anzahl der Subjekte der Höchstgewalt in der Kirche weiter, also in der Frage, ob es letztlich nur eines, nämlich den Papst, oder zwei, den Papst und das K. gibt. Das zweite Vatikanische K. versuchte die Einseitigkeit des ersten dadurch zu überwinden, daß es das K. neben dem Papst in aller Ausdrücklichkeit zum Träger der Höchstgewalt in der Kirche erklärte, freilich in eindeutiger Unterordnung unter den Papst als seinem Haupt. »Ein ökumenisches Konzil gibt es nur, wenn es vom Nachfolger Petri als solches bestätigt oder wenigstens angenommen wird« (Lumen gentium 22). Einen Beitrag zur Geschichte der K.sidee stellen auch die vom zweiten Vatikanum geschaffenen bzw. geförderten synodalen Gebilde der Bischofssynode (Beratungsgremium des Papstes) und der Bischofskonferenz (teilkirchl. Verwirklichung von Kollegialität) dar (Christus Dominus 5 u. 36-38).

Die K.sidee des zweiten Vatikanischen K.s, vorläufiger Endpunkt einer fast 2000jährigen Entwicklung, findet gewissermaßen ihre praktische Anwendung in den die K.ien betreffenden Bestimmungen des Codex Iuris Canonici von 1983 über das ökumen. K. (Can. 337-341), die Bischofssynode (Can. 342-348), die Partikulark.ien (Can. 439-446), die Bischofskonferenzen (Can. 447-459) und die Diözesansynode (Can. 460-468).

Im ökumen. Dialog wirbt die kath. Seite bei den aus der Reformation hervorgegangenen Kirchen um Verständnis für den traditionellen K.sgedanken.

Lit.: zu 1.: Geschichte der ökumenischen Konzilien, hg. von G. Dumeige, H. Bacht, 1964ff; Ch. Hefele, H. Leclercq: Histoire des conciles, 1907ff; H. Jedin: Kleine Konziliengeschichte. Die zwanzig ökumenischen Konzilien im Rahmen der Kirchengeschichte, 1959, [6]1991; Konziliengeschichte, hg. von W. Brandmüller, 1980ff;

zu 2.: H. Fuhrmann: Das ökumenische Konzil und seine historischen Grundlagen: GWU 12 (1961), 672-695; A.Hauck: Rezeption und Umbildung der allgemeinen Synode im Mittelalter: HV 10 (1907), 465-482; Das Konzil und die Konzile. Ein Beitrag zur Geschichte des Konzilslebens in der Kirche, hg. von B. Botte, 1962; H.J. Sieben: Die Konzilsidee der Alten Kirche, 1979; ders.: Traktate und Theorien zum Konzil. Vom Beginn des großen Schismas bis zum Vorabend der Reformation, 1983; ders.: Die Konzilsidee des lateinischen Mittelalters, 1984; ders.: Die katholische Konzilsidee von der Reformation bis zur Aufklärung, 1988; ders.: Die Partikularsynode. Studien zur Geschichte der Konzilsidee, 1990; ders.: Katholische Konzilsidee im 19. und 20. Jahrhundert, 1993; Ch. Tecklenburg-Johns: Luthers Konzilsidee in ihrer historischen Bedingtheit und ihrem reformatorischen Neuansatz, 1966; M. Wojtowytsch: Papsttum und Konzile von den Anfängen bis zu Leo I. (440-461). Studien zur Entstehung der Überordnung des Papstes über Konzile, 1981.

H.J. Sieben

Konzil von Konstantinopel

Drei der sieben von allen Großkirchen anerkannten Reichskonzilien haben in Konstantinopel, der – seit → Konstantin I. – neuen Reichshauptstadt, stattgefunden:

1. Das 2. ökumen. Konzil 381 mit einer Sitzungsperiode von Mai bis Juni 381. Dieses Konzil hat den arianischen Streit (ein Gott in drei Personen) beendet und die Gottheit des Heiligen Geistes festgestellt. Das → Nicaeno-Constantinopolitanum (Nicaenisches Glaubensbekenntnis) enthält die nun geltende Theologie im Bekenntnis der Christen und wurde bald zum allg. Glaubensbekenntnis im sonntäglichen Meßgottesdienst.

2. Das 5. ökumen. Konzil, 553 von Kaiser Justinian I. einberufen, (8 Sitzungen vom 5. 5. – 2. 6. 553) verurteilte erneut die → Nestorianer und ihre drei Kapitel und erklärte → Origenes zum Häretiker.

3. Das 6. ökumen. Konzil (7. 11. 680 – 16. 9. 681) verurteilte in der Konsequenz des Bekenntnisses zu den zwei Naturen Christi den → Monotheletismus als nicht akzeptabel. Es ging dabei um den Versuch, Christus zwar zwei Naturen, aber nur einen Willen zuzusprechen.

Schließlich fand noch ein 4. Konzil in Konstantinopel statt, und zwar vom 5. 10. 869-28. 2. 870, welches das Schisma des Patriarchen Photios mit Rom als beendet erkärte. Es wurde jedoch von der Ostkirche nicht mehr als ökumen. Konzil anerkannt.

G. Ruhbach

Konziliarismus

Als K. wird in der Geschichte der kath. Kirchenverfassung die Lehre bezeichnet, daß das allg. Konzil die höchst kirchl. Instanz ist – auch dem Papst übergeordnet. Vorbereitet wurde sie im 12. und 13. Jh. durch kanonistische Erörterungen über die Absetzbarkeit eines häretischen Papstes und durch die scholastische Korporationstheorie, derzufolge das Haupt der Kirche nur im organischen Zusammenwirken mit den Gliedern Autorität ausüben kann. Die stärkste Beachtung fand der K. im 14. und 15. Jh.

Der Dominikaner Johannes Quidort von Paris lehrte 1302/03, daß, wo der Papst versagt, das allg. Konzil oder das Kardinalskollegium die Gesamtkirche repräsentiert. → Marsilius von Padua (gest. 1342/43) vertrat die Idee der

Volkssouveränität auch innerhalb der Kirche und bestritt grundsätzlich deren hierarchische Struktur. Allein das Generalkonzil – das als Repräsentant aller Gläubigen auch Laien als Delegierte enthalten müsse – habe das Recht, über strittige Glaubenssätze zu entscheiden. Während des Großen abendländischen (Papst-) Schismas (1378-1418) stellten die Pariser Professoren Konrad von Gelnhausen (gest. 1390) und Heinrich von Langenstein (gest. 1397) die Autorität eines Bischofskonzils zur Beseitigung der Spaltung und zur Reformation der Kirche heraus. Weitere bedeutende Vertreter des K. waren Wilhelm von → Ockham (gest. 1349), Petrus von Ailly (gest. 1420) und Johannes → Gerson (gest. 1429). Das → Konzil von Konstanz (1414-1418) verkündete in seinem Dekret »Haec Sancta«, daß jedes ordnungsgemäß berufene Generalkonzil als Repräsentant der kath. Kirche seine Vollmacht unmittelbar von Christus habe. Jeder Christ – mit Einschluß des Papstes – sei ihm in Dingen, die den Glauben, die Überwindung eines Schismas und die Reform der Kirche an Haupt (!) und Gliedern betreffen, Gehorsam schuldig. Das → Basler Konzil (1431-49) schließlich erklärte dieses Dekret dadurch zum Dogma, daß es jeden Verstoß gegen die Überordnung des Konzils über den Papst als Häresie bezeichnete.

In der Folgezeit erstarkte das Papsttum jedoch wieder und konnte die konziliare Theorie immer weiter zurückdrängen. Nur in den nationalkirchl. Bewegungen des → Gallikanismus, Febronianismus (→ Febronius) und → Josephinismus vermochte sie längere Zeit weiterzuwirken, bis sie schließlich im I. Vatikanischen Konzil (1870) durch die Dogmatisierung von Unfehlbarkeit und Jurisdiktionsprimat des Papstes endgültig als kath. Möglichkeit verworfen wurde.

Lit.: R. Bäumer (Hg.): Die Entwicklung des Konziliarismus, 1976; A. Franzen, W. Müller (Hg.): Das Konzil von Konstanz, 1964; W. Krämer: Konsens und Rezeption, Verfassungsprinzipien der Kirche im Basler Konziliarismus, 1980; H. Schneider: Der Konziliarismus als Problem der neueren katholischen Theologie, 1976.

U. Swarat

Konziliarität

Die ökumen. Bewegung sucht der Einheit der Christenheit zu sichtbarem Glauben zu verhelfen, damit das Zeugnis des Evangeliums Glauben finde. Die Vollversammlung des ÖRK in Uppsala 1968 verpflichtete die Mitgliedskirchen: »...auf die Zeit hin(zu)arbeiten, wenn ein wirklich universales Konzil wieder für alle Christen sprechen und den Weg in die Zukunft weisen kann.« (Uppsala, S. 14) Seit der Vollversammlung des ÖRK in Nairobi 1975, vorbereitet von der Kommission für »Glauben und Kirchenverfassung« in Löwen 1971, wurde der Begriff K., bzw. »konziliare Gemeinschaft« eingeführt. Dabei ist wichtig festzuhalten, daß K. kein entfaltetes Konzept von Ekklesiologie ist, aber ekklesiologische Elemente einschließt.

K. erwartet von den Kirchen, daß sie eine Veränderung des Umgangs miteinander üben, so daß das gemeinsame Streben auf ein gemeinsames Ziel zum Ausdruck kommt, und zwar sowohl im Leben der jeweiligen Kirche selbst, wie im Umgang der Kirchen miteinander. »Der Begriff dient dazu, einen Aspekt des Lebens der einen ungeteilten Kirche auf allen ihren Ebenen zu beschreiben. Er bringt in erster Linie die Einheit von Kirchen zum Ausdruck, die durch Raum, Kultur und Zeit voneinander getrennt sind, eine Einheit, die öffentlich dargestellt wird, wenn die Vertreter dieser Einzelkirchen zu einer gemeinsamen Versammlung zusammenkommen. Er bezeichnet ferner eine Qualität des Lebens innerhalb jeder Einzelkirche. Und er unterstreicht die Tatsache, daß wahre Einheit nicht monolithisch ist, sich nicht über die besonderen Gaben, die jedem Gemeindeglied und jeder Gemeinde gegeben sind, hinwegsetzt, sondern diese vielmehr hegt und pflegt.« (Nairobi, 26f).

K. setzt die von Gott vorgegebene Einheit voraus und anerkennt, daß es eine Vielfalt von Glaubensausprägungen gibt. »Wahre Konziliarität ist das Spiegelbild des dreieinigen Gottes im Leben der Kirche.« (Nairobi, 27) »In dieser konziliaren Gemeinschaft hat jede der Gemeinden zusammen mit den andern volle Katholizität.« (Nairobi, 26). Darum sind sie eins im Bekenntnis des apostol. Glaubens, der gegenseitigen Anerkennung von Taufe, Abendmahl und kirchl. Amt.

K. übersieht nicht die Spannungen und unterschiedlichen Erscheinungsformen von Kirchen und Konfessionen. Unterschiede der Kirchen und Konfessionen, die nicht theol. Natur sind, sondern bestimmt werden durch ethnische, nationale, polit. und gesellschaftl. Bedingungen, in denen Christen leben, werden wahrgenommen, sie werden aber nicht als kirchentrennend erachtet.

Unterschiede, die im Bibel- oder Glaubensverständnis begründet werden, werden ernstgenommen. K. aber sucht und betont die Einheit und führt die vorhandenen Konflikte in sachlicher Auseinandersetzung um die Wahrheit von Glaube und Lehre. Vorausgesetzt ist immer die grundsätzliche Gleichberechtigung unterschiedlicher Formen und Ausprägungen kirchl. Verständnisses und Lebens. K. erfordert deswegen, daß ernstgenommen wird, was in der je eigenen Kirche geglaubt und gelebt wird. Die eigene Glaubensausprägung wird eingebracht in die Gemeinschaft. Aber man läßt sie auch befragen und korrigieren durch Mitchristen anderer Glaubensausprägungen.

K. fordert auch die Kirchen auf, gemeinsam in ihrer Umwelt den Willen Gottes zu bezeugen und an der Gestaltung der Welt mitzuarbeiten in der Förderung des konziliaren Prozesses »Gerechtigkeit, Frieden, Bewahrung der Schöpfung«.

Der Begriff K. ist auf Bedenken und Mißverständnisse gestoßen, vor allem aus den orth. Kirchen. Darum wird betont: »Unsere derzeitigen interkonfessionellen Versammlungen sind keine Konzile in diesem vollen Sinne, weil sie nicht durch ein gemeinsames Verständnis des apostolischen Glaubens, durch ein gemeinsames Amt und eine gemeinsame Eucharistie(feier) geeint sind.« (Nairobi, S. 27) In Canberra 1991 hat die Vollversammlung des ÖRK einen anderen Begriff eingeführt, um die Einheit der Kirche zu beschreiben: Koinonia, Communio, Gemeinschaft (s.d.).

Lit.: Bericht aus Uppsala, hg. von N. Goodall, 1968; Bericht aus Nairobi, hg. von H. Krüger, W. Müller-Römheld, 1975; Ökumenisches Lernen, hg. vom Kirchenamt der EKD (1985); R. Slenczka: 4. Sichtbare Einheit und Konziliarität der Kirche, in: Ökumene im Spiegel von Nairobi ›75, hg. von P. Beyerhaus, U. Betz, (1976); Die Einheit der Kirche als Koinonia: Gabe und Aufgabe, Erklärung der Vollversammlung von Canberra 1991, in: Ökumenische Rundschau, Heft 2/91, 1991.

N. Beer

Kooperation Evangelischer Kirchen und Missionen (KEM)

Zur 1968 gegründeten Kooperation Evangelischer Kirchen und Missionen der deutschsprachigen Schweiz mit Sitz in Basel gehören heute sechs Missionen (Basler Mission, Mission der Brüdergemeine, Südafrika Mission, Schweizerische Ostasienmission, Schweizerische Ev. Nilmission, Ev. Mission im Kwango), die aus der Pariser Mission entstandene internationale Kirchengemeinschaft CEVAA und 16 ref. Kantonalkirchen der deutschen, italienischen und rätoromanischen Schweiz. Die KEM versteht sich zum einen als Dienstleistungsunternehmen für die Missionen (Buchhaltung, Mittelbeschaffung, Kandidatenwerbung), zum anderen sieht sie ihre Aufgabe darin, in der Schweiz das Bewußtsein für Mission, ganzheitliche Entwicklung und weltweite Partnerschaft zu fördern. Ziel der KEM ist die Einheit von Kirche und Mission. Eine ähnliche Einrichtung ist das Département Missionaire des Églises Protestants de la Suisse romande für die französische Schweiz. Zu unterscheiden ist die KEM vom Schweizer Evangelischen Missions rat, dessen Mitgliedschaft umfassender und dessen Zusammenarbeit weniger eng ist.

Lit.: W. Bachmann: 10 Jahre KEM, 1978; KEM: Leitlinien für entwicklungspolitisches Denken und Handeln, 1983.

K. Fiedler

Kopernikus, Nikolaus (1473-1543)

K., geb. am 19. 2. 1473 in Thorn, gest. am 24. 5. 1543 in Frauenburg (Ostpreußen). Seit 1491 humanistische, mathematische und astronomische Studien an der Universität Krakau. 1496-1500 juristisches Studium in Bologna, 1497 Domherr in Frauenburg, ab 1501 Medizinstudium in Padua, 1503 Dr. iur. utr. in Ferrara. Ab 1504/06 Sekretär seines Onkels in Heilsberg; ab 1512 Kanzler, 1516-21 Statthalter des Domkapitels in Allenstein; Schriften zum preußischen Münzwesen. Dann vor allem wissenschaftl. Arbeit als Astronom, auch in Auseinandersetzung mit anderen Gelehrten.

K.' wissenschaftl. Leistung ist die Neubegründung des heliozentrischen Weltbildes: die Sonne im Mittelpunkt, die Erde als einer ihrer Planeten gesehen. In der Antike gab es bereits ähnliche Versuche (Aristarch), aber mit Ptolemaeus hatte sich das geozentrische Weltbild (Erde im Mittelpunkt) durchgesetzt. K. war durch antike Ansätze zwar angeregt, entwickelte aber sein System selbständig. Ungenauigkeiten der Berechnung konnte erst Kepler beseitigen, der Beweis gelang erst im 18. und 19. Jh. Daß K. mit der Kirche, die im heliozentrischen Weltbild später (→ Galilei, → Bruno) einen Widerspruch zu Jos 10,12f sah, nicht in Konflikt kam, liegt wohl an seiner Zurückhaltung. Sein Hauptwerk »De revolutionibus orbium caelestium« erschien erst in seinem Todesjahr und der bereits vor 1514 verfaßte »commentariolus« zum selben Thema war nur handschriftlich verbreitet.

Lit.: Gesamtausgabe hg. von der Kopernikus-Kommission, 1944ff; C.F.v. Weizsäcker RGG[3] »Kopernikus«, IV, 3; J. Kirchhoff: Kopernikus, 1985 (Lit.).

H. Scheible

Koptische Kirche

Die K.K. meint die alte und noch gegenwärtig vorhandene christl. Kirche in Ägypten (nicht in Äthiopien). Sie ist angeblich vom Evangelisten Markus gegründet und hat bes. in der Alten Kirche Bedeutung durch Theologen wie → Clemens Alexandrinus, → Origenes, → Athanasius, Cyrill u.a., die die Entwicklung von Kirche und Theologie maßgeblich geprägt haben; sie ist Heimat des älteren → Mönchtums (→ Pachomius) und ist erst durch das Konzil von → Chalcedon 451 häretisch geworden wegen der Betonung der einen (göttlichen) Natur Christi (→ Monophysitismus).

Die Eroberung Ägyptens durch den Islam führte teilweise zur Existenzbedrohung der K.K. Sie hat diese aber erfolgreich bestanden. Heute gibt es zwischen 5 und 9 Mio. Anhänger, 60 Bischöfe, 1800 Priester, 9 Männer- und 7 Frauenklöster, seit 1953 eine theol. Fakultät in Kairo. Die K.K. missioniert in Afrika und gehört seit 1954 zum Weltrat der Kirchen. Viele koptische Christen leben gegenwärtig in aller Welt mit mehreren Metropolien und Diözesen. Ihr Oberhaupt trägt (vor dem Bischof von Rom) den Titel Papst und ist heute Schenuda III. (seit 1971). Die Beziehungen zum Islam sind seit eh und je schwierig und bringen die K.K. oft in Bedrängnis, manchmal in den Untergrund.

Lit.: E. Brunner-Traut: Die Kopten, [2]1984; M. Cramer: Das christliche koptische Ägypten einst und heute, 1955; T. Orlandi: »Koptische Kirche«, TRE 19, 1990, 595-607; P. Verghese (Hg.): Koptisches Christentum, 1973.

G. Ruhbach

Koran

K., arab. *Qur'an*, bedeutet die feierlich rezitierte heilige Schrift. Der K. wurde Mohammed während seiner prophetischen Laufbahn bis 622 in Mekka, von 622 bis zu seinem Tod 632 in Medina geoffenbart. Er umfaßt 114 Suren – Kapitel – und versteht sich als das ewige präexistente Gotteswort, im Himmel auf einer wohlverwahrten Tafel (85,22). Neben mehreren Gesetzesvorschriften beinhaltet er drei Hauptthemen:

1. Die Verkündigung eines einzigen Gottes (Allāh – 2,163), Schöpfers von Himmel und Erde (u.a. 35,3), der Macht hat über alles (u.a. 1,4), der sowohl barmherzig ist (6,147) als auch strenger Richter (u.a. 74,36).

2. Allāh hat seine Propheten geschickt. Die meisten kommen aus den fünf Büchern Mose, wie Adam, Noah, Abraham, Mose, aus dem NT Zacharias, Johannes der Täufer und Jesus. Ihr Auftrag ist das Dienen dem einzigen Gott. Deswegen ist Abraham der erste Muslim (6,163). Jesus ist zwar Allāhs Wort und Geist (4,171), ist aber nicht der Sohn Gottes, sondern nur ein menschlicher Diener (4,172) und nicht Gott (5,116-118). Er wurde nicht gekreuzigt als Sühnetod für die Sünden (4,157-158).

3. Das letzte Gericht. Die durch den Willen und die Allmacht Allāhs bestimmten Gläubigen kommen in das Paradies, die Ungläubigen in das Feuer der Hölle (5,65 und 67,7-8).

Im islamischen Glauben hat der K. als Gottes ewiges, präexistentes Wort eine absolute Autorität, die durch keine andere ersetzt werden kann. Er kann nur an bestimmte rechtliche Situationen durch Auslegung angepaßt werden (fiqh). Als Wort Gottes, in »deutlicher arabischer Sprache« offenbart (u.a. 12,2), kann er in keine andere Sprache übersetzt werden – er muß arabisch memoriert werden. Dieses Dogma bestimmt auch die Hermeneutik (tafsir). Sie beinhaltet eine Tradition, die die Umstände, in denen die Offenbarung stattgefunden hat, legendarisch, juristisch oder allegorisch erklären will.

Lit.: J. Bouman: Gott und Mensch im Koran, 1989; I. Goldziher: Die Richtungen der islamischen Koranauslegung, 1920; R. Paret: Mohammed und der Koran, 1957; ders.: Der Koran, WdF, 1957.

J. Bouman

Korea

1. K. wurde 1948 in die Republik K. (Südkorea) und die Demokratische Volksrepublik K. (Nordkorea) geteilt. In Nordkorea leben auf 122.300 km^2 ca. 21 Mio. Menschen (1988) in einer der abgeschlossensten Gesellschaften der Welt, über die es kaum zuverlässige Angaben gibt. In Südkorea kommen auf nur ca. 99.200 km^2 rund 42 Mio. Einwohner (1988), von denen 62,7 % unter 30 Jahre alt sind. Durch die Landflucht bedingt leben rund 70 % in städtischen Ballungszentren. Die einzige Minorität bilden 30.000 Chinesen in Seoul.

Seit dem 15. Jh. gibt es für die gemeinsame Sprache des ethnisch homogenen Volkes eine einheitliche Schrift (Hangul). Zusammen mit einem hohen Bildungsstand hat sie das »Wirtschaftswunder Korea« begünstigt.

Auf rel. Gebiet gibt es einen Pluralismus. Der → Buddhismus mit seinen rund 20 verschiedenen Sekten hat zusammen mit → Schamanismus und → Konfuzianismus das Denken und rel. Leben der Koreaner bis hin zu den neueren Volksreligionen (ca. 240 Gruppen) nachhaltig geprägt. Christl. Leben äußert sich in rund 70 Denominationen und Konfessionen.

2. 1784 gründete Lee Sung-hung die erste christl. Gemeinde in K., nachdem er aus Peking zurückgekehrt war, wo er sich hatte taufen lassen. Es bildete sich eine kleine koreanische Kirche, die jedoch ab 1794 blutigen Verfolgungen ausgesetzt war. 1984 feierte die kath. Kirche in K. ihr 200jähriges Bestehen mit der Heiligsprechung von 93 koreanischen und 10 franz. Märtyrern.

Karl Gützlaff (1803-1851), gebürtig aus einer pommerschen pietist. Handwerkerfamilie, konnte zwar 1832 als Dolmetscher der englischen Ostindien Compagnie einen Monat K. besuchen, Einzeldrucke von Evangelien verteilen und dem König vor der Abreise zwei chinesische Bibeln schenken. Bleiben durfte er nicht. Erst 1884 begann die eigentliche prot. K.-Mission mit der Ankunft des amerikanischen Missionsarztes Dr. Horace Allen von der Presbyterianischen Kirche. Er konnte bleiben, da die koreanische Regierung kurz zuvor ihre Isolationspolitik aufgegeben und 1882 einen Vertrag mit den USA geschlossen hatte. Für die positive Entwicklung der prot. K.-Mission sind dann folgende Faktoren kennzeichnend geworden:

a. Der Märtyrertod des britischen Missionars R.J. Thomas 1866. Sein Tod lehrte die Koreaner, daß Missionsarbeit zum Martyrium führt und dieses für die leidende Kirche in K. bedeutsam ist.

b. Die Übersetzung des gesamten NT auf Koreanisch (Hangul) wurde 1887 vollendet, so daß alle Missionare sich seitdem darauf stützen können.

c. Da Hangul fast ausschließlich von den unteren Schichten des Volkes (Minjung) benutzt wurde (die Oberschicht benutzte Chinesisch und verachtete Hangul), konnte der christl. Glaube in K. unter denen Fuß fassen, die sich als Unterdrückte (z.B. Bauern, Arbeiter, Frauen) nach Unabhängigkeit sehnten.

d. 1893 wurde von den prot. Missionaren die »Nevius-Methode« als verbindliches Missionsprinzip anerkannt; sie besagt:

– Die Bibel bildet die Grundlage des Christenlebens.

– Die »Drei Selbst« gelten für jede Gemeinde (Selbstverwaltung, Selbstausbreitung, Selbsterhaltung).

– Der Missionar bleibt Wanderprediger und wird nicht Pastor.

e. Im Zusammenhang mit der K.-Mission entstanden zahlreiche soziale und kulturelle Institutionen (z.B. Krankenhäuser, Schulen und Waisenhäuser), die bewußt gefördert wurden.

f. Eine Erweckungs- und Bußbewegung ergriff 1907 weite Kreise der Christenheit in K. Sie trug entscheidend zur inneren Stärkung und zum Wachsen der Gemeinden bei.

g. Durch die K.-Mission wurden westliche Ideen eingeführt und verbreitet, die zur Stärkung moderner Anschauungen (z.B. neues Lernen, Mädchenausbildung, patriotische Ablehnung des japanischen Imperialismus) beitrugen und ab 1910 patriotische Aktionen gegen die Kolonialmacht stützten.

3. Die Kirche in K. ist wie ein bunter Teppich und besteht aus vielen lebendigen Gemeinden und Gruppen, die ca. 25 % der Gesamtbevölkerung in Südkorea umfassen (1988). Hauptmerkmal dieser Kirche ist, daß sie zum großen Teil von einer enthusiastischen rel. Geistbewegung durchzogen wird, die bis in die Gegenwart erneuernde und lebenschaffende Kräfte entfaltet. Merkmale des kirchl. Lebens sind u.a. frühmorgendliche Gebetsversammlungen in den Kirchen, Abgabe des Zehnten, aufrüttelnde Evangelisationsveranstaltungen,

Hausbesuchsdienste und große, wachsende Mitgliedschaften der Gemeinden.

Zur Zeit der Öffnung für die Außenwelt nahm K. 1882 Yin und Yang als Nationalflagge »Taeguk« an. Dieses Symbol weist darauf hin, daß in der »Einen Wirklichkeit« widersprüchliche Teile ineinandergreifen, zusammengehalten werden und nur gemeinsam ein Ganzes ergeben.

Der Nationale Kirchenrat von Südkorea ließ 1988 für seine Internationale Konsultation zur Wiedervereinigung daraus ein Emblem entwerfen. Die auseinandergerissenen Hälften K.s werden durch einen schwachen Zweig überbrückt. Zwei Tauben halten ihn, weil sie den Frieden symbolisieren und den Friedensbund Gottes seit den Zeiten der Sintflut.

Zur Erinnerung an die Befreiung 1945 ist für 1995 ein bibl. »Jubeljahr« ausgerufen worden. Der »große Marsch zum Jubelfest« wird mit Gebeten um Frieden und Wiedervereinigung verbunden sowie von der Hoffnung auf innere Erneuerung der Kirchen getragen.

4. Mit Ahn B.-M. lassen sich im gegenwärtigen K. drei Typen von Theologie neben der sog. Minjung-Theologie unterscheiden:

a. Eine Kultur- und Religionstheologie

Sie geht zurück auf Choe B.-H. (1858-1927) und betont den Unterschied zwischen dem absoluten Evangelium von Jesus und den relativen Religionen. Dieser Ansatz führte zur Wiederentdeckung der einheimischen Traditionen und Aufnahme von Gesprächen mit Schamanismus, Konfuzianismus und Buddhismus. Der Begriff »Bekehrung« wird als »theologisch-imperialistisch« disqualifiziert und ihm gegenüber der Begriff des »interreligiösen Dialogs« bevorzugt.

b. Eine evangelikale Theologie

Diese gilt in 30 % aller christl. Kirchen oder Denominationen in K. als vorherrschend. Sie spricht im Verhältnis zu den anderen Religionen nicht von einem Dialog, sondern von Siegen im Glaubenskampf. Merkmale dieser theol. Richtung sind die Betonung der rel. Exklusivität, das Festhalten an der Lehre der Verbalinspiration, an einer puritanischen Frömmigkeit und der Konzentration auf die Erlösung der Einzelseele.

c. Eine politische Theologie

Diese geht zurück auf Yum Chi-Ho (1864-1945), der sich für eine praktische Verwirklichung des christl. Liebesgebotes in der Politik eingesetzt hat. Er kritisiert den Dualismus der Evangelikalen, die den Gegensatz von Diesseits und Jenseits betonen, und möchte im Sinne der atl. Propheten mehr ganzheitlich denkend den Christen in K. ihre geschichtl. Aufgabe ans Herz legen. Im sozialen und polit. Engagement soll der Gläubige das Erlösungswerk Christi zur Geltung bringen.

d. Die Minjung-Theologie

Ausgehend von der Bibel (2 Mo und Mk.Ev.) hat Ahn B.-M. diese Theologie entwickelt, die die Befreiung des koreanischen Volkes zum Thema hat und in der Jesus selber als Glied des Volkes (griech. *ochlos*) gesehen und als der, der sich für das Volk (Minjung) einsetzt, herausgestellt wird. Ahn sieht in der Minjung-Theologie die beiden oben unter a. und b. genannten Typen aufgehoben. Er versucht, Bibel, koreanische Geschichte und Lebenswirklichkeit »von unten« her, d.h. vom Minjung (Volk) her, zu verstehen. Das bedrückte, leidende Volk wird zum Subjekt seiner eigenen Geschichte mit Gott und seinem Messias Jesus. Denn Gottes Handeln geschieht zuerst und zwar in Ereignissen, die als grundlegend anzusehen sind. Die theol. Reflexion ist immer erst ein zweiter Schritt. Sie führt nach Ahn zur tatkräftigen Verwirklichung einer »Kirche des Volkes«, d.h. des Reiches Gottes auf Erden in einem neuen, befreiten Lebensstil der Gläubigen.

Lit.: Ahn B.-M.: Draußen vor dem Tor. Kirche und Minjung in Korea, 1986; Arbeitsgruppe der Missionspädagogischen Arbeitsgemeinschaft (Hg): Korea – Die Kirche wächst, 1990; R. Hruschka, H. Gajsar (Hg): Deutschsprachige Literatur zu Korea, 1991; Song Ch.-S.: Theologie des dritten Auges, 1989.

H. Hamer

Korintherbriefe

→ Paulus (Apostel)

Korntal

Kern der heutigen brüderlichen Gemeinde Korntal(-Münchingen) bei Stuttgart. Entstanden 1818 als freie Ev. Brüdergemeinde. Der Gründer Gottlieb Wilhelm Hoffmann wollte in ihr nach Herrnhuter Vorbild exemplarisch eine am Leitbild des NT ausgerichtete Gemeinde schaffen. Sie sollte solche württembergischen Christen von der Auswanderung abhalten, die gewissensmäßig nicht mehr in der von der Aufklärung angekränkelten württembergischen Kirche bleiben wollten. Die vom württembergischen König genehmigte Sondergemeinde entfaltete von den Anfängen an breitgespannte diakon. (heute noch ein Altenzentrum, zwei Kindergärten, drei Kinderheime, eine Krankenpflegestation) und weltmission. Aktivitäten und wurde de facto zum Mittelpunkt des altwürttembergischen Pietismus. Geistliche Vorsteher wie Sixt Carl Kapff (1833-1843), der spätere württ. Prälat, und D. Fritz Grünzweig (1952-1979), langjähriger Vorsitzender der → Konferenz Bekennender Gemeinschaften und der → Ludwig-Hofacker-Vereinigung, haben die Mitverantwortung K.s für die württembergische Landeskirche bekräftigt. 1824 war von K. aus die oberschwäbische Zweigkolonie Wilhelmsdorf gegründet worden. Seit 1955 sind die in K. wohnhaften Glieder der Landeskirche in der Ev. Christuskirchengemeinde zusammengefaßt.

Lit.: F. Grünzweig: Die Evangelische Brüdergemeinde, Korntal, Weg-Wesen-Werk, 1958.

R. Scheffbuch

Körperschaft des öffentlichen Rechts (KdöR)

KdöR ist eine juristische Person, die ihre Rechtsfähigkeit nicht durch Eintragung in ein Register (z.B. Vereinsregister, Handelsregister) erlangt, sondern durch Hoheitsakt, in der Regel durch ein Gesetz. Zu ihrem Wesen gehört, daß sie im Bereich der Staatsgewalt staatliche und/oder öffentliche Aufgaben wahrnimmt, wie z.B. Bund, Land, Stadt, Kammern (Ärzte-, Apotheker-, Rechtsanwalt-, Handwerkskammer), Verbände (Landschafts-, Siedlungsverband) usw. Entscheidend ist die Befugnis, ihre Aufgaben mit hoheitlichen Mitteln durchzuführen. Sie sind in die Verwaltungsorganisation des Staates eingegliedert und unterliegen einer erhöhten Staatsaufsicht. Kirchen und Religionsgemeinschaften fallen in diesem engeren Sinne nicht unter den Begriff der KdöR, obwohl sie diese Bezeichnung tragen. Die Stellung der Kirchen und Religionsgemeinschaften ist in den Art. 136-139, 141 Weimarer Verfassung, die gemäß Art. 140 GG fortgelten, dahin geregelt, daß ihre Einbeziehung in die mittelbare Staatsverwaltung ausgeschlossen ist, selbst wenn sie in ganz eng begrenztem Umfang staatliche Aufgaben wahrnehmen können (z.B. im Friedhofs- und Personenstandswesen). Die Körperschaftsrechte sind ihnen nicht für staatliche Funktionen verliehen, sondern zum Erhalt ihrer Privilegien, vor allem dem Recht zur Besteuerung. Die Unterschiede von öffentlich-rechtlichen Religionsgemeinschaften zu den privatrechlich organisierten, z.B. Vereinen, sind nicht mehr sehr groß und liegen vor allem in folgendem: Kirchensteuerrecht, Dienstherrenfähigkeit und die damit verbundene Disziplinargewalt, einige aus der Staatsgewalt abgeleitete Befugnisse zur Wahrnehmung eigener, nichtstaatlicher Aufgaben und die Fähigkeit, im Auftrage des Staates für ihn einige hoheitliche Funktionen wahrzunehmen.

Die Verleihung (durch Gesetz) ist Landessache; jedoch wird in der Regel die Verleihung durch ein Land auch in den anderen anerkannt. Außer den kath. und ev. Kirchen, die wegen ihrer Größe und Bedeutung eine gewisse Sonderstellung genießen, haben u.a. folgende Religionsgemeinschaften den Status einer KdöR: Adventisten, Bund Evangelisch-freikirchlicher Gemeinden, Bund Freier evangelischer Gemeinden, Bund der freien Pfingstgemeinden, die Evangelisch-methodistische Kirche, die Neuapostolische Kirche, die Zeugen Jehovas, die jüdische Kultusgemeinde, sowie auch einzelne Gemeinden und örtliche und überörtliche Gemeindezusammenschlüsse.

H.G. Langenbach

Korporationsakte → Großbritannien

Korrelation

K. von lat. *con* und *referre*: wörtlich: »zusammenführen« – nämlich in einer Beziehung; davon K. als wechselseitige Beziehung.

In der Religionsphilosophie des Neukantianers H. Cohen (1842-1918) stellt K. einen zentralen methodischen Begriff dar zur Bestimmung Gottes im Gegenüber und in Wechselbeziehung zum Menschen. Für P. → Tillich bezeichnet K. die zentrale Methode seiner Systematischen Theologie. K. bedeutet: »Es besteht eine gegenseitige Abhängigkeit von Frage und Antwort. Inhaltlich hängen die christl. Antworten von dem Offenbarungsgeschehen ab, in dem sie sichtbar werden; formal hängen sie von der Struktur der Fragen ab, auf die sie Antwort sein sollen. Gott ist die Antwort auf die in der menschlichen Endlichkeit beschlossene Frage.« (Tillich, 78f)

Angesichts der inhaltlich normativen Bedeutung schon einer Fragestellung besteht für die K.s-Methode die Gefahr, daß schon die Frage, auf die die Theologie sich bezieht, die Antwort vorher- bzw. mitbestimmt, zentrale Inhalte der Offenbarung also deshalb nicht zum Tragen kommen können, weil sie kein Korrelat in den

Fragen der Menschen finden. Es ist zu fragen, ob die Offenbarung nur die Antworten, oder nicht auch schon die Fragen des Menschen in Frage stellt.

Für Ernst → Troeltsch gehört K. neben → Kritik und → Analogie zum methodischen Begriff hist. Arbeit und Theologie. Als »dritter historischer Grundbegriff« meint K. »die Wechselwirkung aller Erscheinungen des geistig-geschichtl. Lebens, wo keine Veränderung an einem Punkte eintreten kann ohne vorausgegangene und folgende Änderung an einem anderen, so daß alles Geschehen in einem beständigen korrelativen Zusammenhange steht und notwendig einen Fluß bilden muß, in dem Alles und Jedes zusammenhängt und jeder Vorgang in Relation zu anderen steht.« (Troeltsch, 108f).

K. ist wie auch Kritik und Analogie eine erlaubte methodische Arbeitsweise, wenn sie heuristisch gebraucht wird: als Anweisung, einen bestimmten Gegenstand in seinem Zusammenhang wahrzunehmen und ihn (auch) im Rahmen von Wechselbeziehungen zu verstehen. K. ist aber abzulehnen als ontologisches Prinzip, das eine nicht mehr wissenschaftl., sondern weltanschauliche Aussage macht über die Wirklichkeit an sich: Die Theorie eines lückenlosen K.s-Zusammenhanges widerspricht nicht nur der physikalischen und phil. Einsicht in die Wirklichkeit als offenes, nicht determiniertes System. Sie bedeutet auch eine Vorentscheidung über die Un-Möglichkeit von Wundern als per se nicht ableitbaren, kontingenten Wirkungen Gottes (Hempelmann, 45-49).

Lit.: E. Amelung: »Korrelation«, HWP Bd. 4, 1976, 1139-1141; H. Hempelmann: Die Auferstehung Jesu Christi – eine historische Tatsache? Eine engagierte Analyse, 1982; P. Tillich: Systematische Theologie Bd. 1, [3]1956; E. Troeltsch: Über historische und dogmatische Methode in der Theologie (1898), in: G. Sauter (Hg.): Theologie als Wissenschaft. Aufsätze und Thesen, 1971, 105-127.

H. Hempelmann

Kosmogonie → Schöpfung

Kottwitz, Hans Ernst Freiherr von (1757-1843)

K., geb. am 1. 9. 1757 in Tschepplau (Kreis Glogau), gest. am 13. 5. 1843 in Berlin, der »Patriarch« der Erweckungsbewegung in Schlesien und Berlin, entstammte einem schlesischen uradligen Geschlecht. Nach einem Jurastudium in Frankfurt/O. widmete sich K. vorwiegend der Verwaltung seiner großen Güter in Schlesien, wo er unter dem Einfluß aufgeklärter Armenfürsorge erste Hilfsprogramme für die wirtschaftl. verelendeten Weber seiner Heimat ins Werk setzte. Diese sozialen Aktivitäten, die K. als »Berathung der Armuth« verstand, gewannen eine überregionale Bedeutung durch die Gründung einer »Freiwilligen Beschäftigungs-Anstalt« 1808 in Berlin, in der mit wechselndem Erfolg Arbeitsbeschaffung für zeitweise mehr als tausend Personen organisiert wurde. Auch auf dem Gebiet der Gefängnisreform, in der Frage der Kinderarbeit und bei der kirchl. Organisation der proletarischen Berliner Vorstadtgemeinden ergriff K. die Initiative.

Lebenslang stand K. unter dem Einfluß der Frömmigkeit der → Brüdergemeine. In ihr erlebte er seine Bekehrung zu einem lebendigen Glauben, der von dem Bewußtsein getragen war, in einer Entscheidungszeit (»Sichtungszeit«) zu leben. Als begabter Seelsorger rief K. in einer Weise zur »aufrichtigen Rückkehr zu Gott« auf, die insbesondere die studentische Jugend, die in ihm ihren »Vater Abraham« verehrte, zutiefst und dauerhaft beeindruckte. Sein Einfluß auf das preußische Königshaus, den erweckten Adel und Theologen wie F.A.G. → Tholuck, A. → Neander, R. → Rothe, H. → Wichern, A. Zahn, C. → Harms, J.E. → Goßner und die Kreise, aus denen die Altlutheraner hervorgingen, kann kaum überschätzt werden. Das kirchl. Vereinsleben Berlins im 19. Jh. ist ohne das oft verborgene Wirken von K. kaum vorstellbar. Äußere und Innere Mission, Bibelverbreitung und auch die Judenmission erfuhren durch ihn maßgebliche Anregungen. Wenn sich die → Erweckungsbewegung in Preußen trotz aller in ihren Kreisen vorhandenen Kirchenkritik nicht in Konventikeln und im Separatismus verlief, sondern kraftvoll an der Erneuerung und Neuorientierung der Kirche mitwirkte, so ist das in entscheidender Weise als ein Verdienst des »frommen Barons« zu bezeichnen, der es seiner Zeit vorlebte, daß eine Existenz aus dem Glauben heraus möglich ist.

Lit.: P. Maser: H.E. von Kottwitz. Studien zur Erweckungsbewegung des frühen 19. Jahrhunderts in Schlesien und Berlin, 1990; ders.: »Berathung der Armuth«. Das soziale Wirken des Barons H.E. von Kottwitz zwischen Aufklärung und Erweckungsbewegung in Berlin und Schlesien, 1991.

P. Maser

Krafft, Johann Christian Gottlob Ludwig (1784-1845)

K., geb. am 12. 12. 1784 in Duisburg, gest. am 15. 5. 1845 in Erlangen, ref. Prediger, zuerst in Cleve, seit 1817 in Erlangen, 1818 Prof. für ref. Dogmatik ebenda. Selbst beeinflußt von dem Hauptvertreter der Erweckung am Niederrhein, dem Arzt Samuel → Collenbusch (gest. 1803), vermittelte er dessen Biblizismus und Reichs-Gottes-Anschauung, verbunden mit den Grundeinsichten der luth. Rechtfertigungslehre (»De servo et libero arbitrio«, 1818) dem sich nach seiner Bekehrung (1821) um ihn bildenden Kreis. Unter seinem Einfluß standen zumindest zeitweise u.a. W. → Löhe, J.Chr.K. → Hofmann, K. v. Raumer, A. v. → Harleß.

Auf den Reformierten K. geht somit der Ursprung der Erweckungsbewegung im luth. Bayern zurück, wie K. auch zu den geistigen Vätern der dann sich bildenden theol. »Erlanger Schule« zählt. F.J. Stahl rühmte ihn in einem Nachruf als den, der in seinem Vaterland »die Kirche auferbaute«. Neben der Dogmatik las K. vor allem Schrifttheologie und war der erste, der ein Kolleg über Missionsgeschichte hielt. Schon 1819 gründete K. einen Missionsverein, 1824 einen Bibelverein.

Lit.: F.W. Kantzenbach: Die Erlanger Theologie, 1960; G. Pickel: Chr. Krafft. Professor der reformierten Theologie und Pfarrer in Erlangen, 1925 (EKGB 2); NDB 12, 643.

H. Kirchner

Krankenhaus, konfessionelles

Die Völker der Antike kannten keine K.er. Für die christl. Gemeinden wurde Jesu Doppelgebot der Liebe (Mt 22,37ff) zum Motiv aller diakon. Arbeit. Als die Unterdrückung der Gemeinden im röm. Reich durch Konstantin den Großen beendet wurde und zugleich mit dem Zerfall des Reiches die sozialen Nöte anwuchsen, gründete Basilius der Große (330-379 → Kappadozier) in Cäsarea (Kappadozien) das erste K. In der Verantwortung der Gemeinden und ihres Bischofs entstand eine »Stadt der Barmherzigkeit«. Um das K. gruppierten sich Häuser für Fremde, Arme und Aussätzige, Waisenhäuser, Findlingsheime, eine Entbindungsanstalt und Altenheime. Basilius bestellte Ärzte, Pfleger und Pflegerinnen. Durch dieses Beispiel angestoßen, entstanden im ganzen röm. Reich zahlreiche Hospitäler. Als in der Völkerwanderung viele christl. Gemeinden zugrunde gingen (und deren diakon. Tätigkeit), ordnete Gregor der Große von Rom (540-604) für das Abendland an, daß die Hospitäler nur noch von Mönchen und Nonnen geleitet werden durften.

Damit wurde die Zusammengehörigkeit des K.es mit der Gemeinde aufgelöst und die Verbindung von Kloster und Hospital für die nächsten 500 Jahre richtunggebend. Im frühen MA wurden im heutigen Frankreich Hospitäler in Klosteranlagen eingerichtet, zunächst die Krankenstube für Mönche, das »infirmarium«, später das »hospitale pauperum« für Arme und Pilger. Es blieb bei schwachen Ansätzen, die erst im 10. Jh. nach Deutschland übergriffen. Nach der cluniazensischen Klosterreform im 11. Jh. ging der Dienst an den Hilfsbedürftigen mehr und mehr auf die neu entstehenden Hospitalbruderschaften über. Während der Kreuzzüge entstanden die ritterlichen Spitalorden, bei denen aber die diakon. Aufgabe gegenüber dem Waffendienst in den Hintergrund trat. Bedeutung für das MA gewann das Franziskushospital der Landgräfin → Elisabeth von Thüringen in Marburg. Durch ihren persönlichen Einsatz hat sie dazu beigetragen, daß der Pflegedienst der Frau in der Öffentlichkeit anerkannt wurde. In ihrem Hospital ließ sie unmittelbar an die Krankenhalle eine Kapelle bauen, um den Kranken die direkte Teilnahme an den Gottesdiensten zu ermöglichen. Nach dem Vorbild des Franziskushospitals entstanden im 13. Jh. in zahlreichen Städten Bürgerhospitäler »Zum Heiligen Geist«, bei denen z.T. Krankenhalle und Kapelle miteinander verbunden waren. Mit der Entstehung der Bürgerhospitäler begann die Kommunalisierung des K.wesens. Im 14. Jh. wurden die Hospitalbruderschaften allmählich aus der Verantwortung ausgeschaltet. Zu bestimmen hatten nur noch die vom Rat bestellten Spitalverwalter. Die Hospitäler dienten nicht mehr der vorübergehenden Versorgung der Kranken, sondern wurden zu Versorgungseinrichtungen für Arbeitsunfähige, »Stadtarme«, für Alte und Pfründner, für die die städtischen Organe Wärter und Wärterinnen bestellten. Mit der Reformation wurde die »christliche Obrigkeit« zunehmend verantwortlich für die soziale Wohlfahrtspflege. Durch die Kriege im 16.-18. Jh. verarmten Fürstentümer und Städte so sehr, daß für Hospitäler kaum Mittel zur Verfügung standen. In der »Säkularisation« wurde durch den Reichsdeputationshauptschluß 1803 die Einziehung allen Kirchen- und Klostergutes verfügt. Das bedeutete das Ende auch der letzten Überreste christl. Hospitalarbeit. Anfang des 19. Jh.s herrschten unglaubliche Zustände in den deutschen K.ern, in denen unterwegs erkrankte, umherziehende Handwerksgesellen, arme Sieche und Kranke ohne Angehörige lagen. Die K.er waren mangelhaft eingerichtet, total verschmutzt, Brutstätten für Infektionskrankheiten. Oft mußten zwei Patienten ein Bett miteinander teilen. Die Wärter und Wärterinnen standen in schlechtem Ruf und waren auf die Trinkgelder der Patienten angewiesen. Jeder normale Bürger weigerte sich, in solch ein verwahrlostes Haus verlegt zu werden.

Um diese Situation zu ändern, bildete Theodor → Fliedner (1800-1864) junge Frauen als ev. Pflegerinnen aus, gab ihnen ab 1836 im ersten Diakonissenmutterhaus in Kaiserswerth (→ Diakonie; → Mutterhausdiakonie) eine Heimat und sandte sie als Diakonissen aus, um in kommunalen K.ern als Pflegedienstleitung tätig zu werden. Einmal wollte er den ntl. Dienst der Diakonisse (Röm 16,1) neu beleben, zum andern sah er in Anlehnung an das Wort Jesu Mt 25,36 in der Krankenpflege in besonderer Weise ein Werk der barmherzigen Liebe. Nach 1848 entstanden zahlreiche Diakonissenmutterhäuser. Sie entsandten ihre Schwestern in kommunale K.er oder bauten eigene. 1886 gehörten 57 Mutterhäuser zur Kaiserswerther Generalkonferenz. Die Mehrzahl der 6.366 Diakonissen war in 579 K.ern tätig. Sozialgeschichtl. ist festzustellen, daß die Krankenanstalten im 19. Jh. erst durch den Dienst der Diakonissen und der kath. pflegenden Schwesternschaften eine menschenwürdige, patientenfreundliche Atmosphäre erhielten, die die konfessionellen Einrichtungen bis in die Gegenwart ausgezeichnet hat. 1926 wurde der »Deutsche Evangelische Krankenhausverband« gegründet, dessen Aufgaben vornehmlich darin bestanden, den ev. Charakter der K.er und ihre Verbindung zur Kirche zu pflegen, → Krankenhausseelsorge und soziale Fürsorge für die Kranken und ihre Angehörigen zu fördern und die Häuser in Fragen der inneren Organisation und Wirtschaftsführung zu beraten.

Parallel zur Entstehung ev. K.er verlief die Entwicklung im Bereich der kath. Kirche. Am 1. 11. 1808 gründete Marie Alberti in Münster mit vier jungen kath. Frauen nach dem franz. Vorbild der »Barmherzigen Schwestern« des Vincent von Paul eine Genossenschaft zum Zweck der → Krankenpflege. 1820 übernahmen diese Schwestern das Clemenshospital (Clemensschwestern), das früher einmal von »Barmherzigen Brüdern« versorgt worden war. Anders verlief die Entwicklung in Trier (1811) und Koblenz (1825): Hier rief der Magistrat der Stadt franz. »Schwestern von St. Charles« (Boromäerinnen) aus Nancy in das städtische Hospital. Nach 1840 bildeten sich zahlreiche Ordensgenossenschaften. 1844 nahm die »Krankenanstalt von der Hl. Elisabeth« in Essen ihren Betrieb auf. Die Essener »Elisabetherinnen« fanden im Rheinland rasche Verbreitung. Eigenständige kath. K.er entstanden vor allem in Westfalen und im Rheinland. Trotz der scharfen Restriktionen gegenüber den kath. Orden und Kongregationen während des »Kulturkampfes« in Preußen lag gegen Ende des 19. Jh.s die Zahl der Ordensschwestern im pflegerischen Dienst weit über der Zahl der Diakonissen. 1910 wurde der »Katholische Krankenhausverband Deutschlands« gegründet.

Nach 1945 fand eine spürbare Umschichtung in der Mitarbeiterschaft der konfessinellen K.er statt. Durch den Mangel an Nachwuchs in den Diakonissenhäusern und Ordensgenossenschaften waren die konfessionellen K.er gezwungen, zunehmend freie Mitarbeiter einzustellen. Deshalb wurde von den K.verbänden immer wieder nachdrücklich auf das proprium des konfessionellen K.er hingewiesen. So schrieb H. Spaemann 1937: »Krankenhaus und Gotteshaus gehören nach christlicher Auffassung unzertrennlich zusammen... Alles kommt darauf an, daß die Gemeinschaft der Pflegenden immer wieder mit dem Geist Christi erfüllt und ihrer Sendung bewußt werde.« 1966 erklärten der Deutsche Evangelische Krankenhausverband und die Synode der EKD übereinstimmend: »Der Dienst am kranken Menschen auch in den Krankenhäusern bleibt eine diakonische Arbeit unserer Kirche.«

Seit den Jahren des Wiederaufbaus nach dem Zweiten Weltkrieg arbeiten der Deutsche Evangelische Krankenhausverband und der Katholische Krankenhausverband Deutschlands zunehmend mit der Deutschen Krankenhausgesellschaft zusammen, um von Regierung und Parlament die wirtschaftl. Sicherung der konfessionellen K.er zu erreichen, zumal diese Einrichtungen einen wichtigen Bestandteil in der Gesundheitsfürsorge für die Gesamtbevölkerung darstellen. Nach der Wiedervereinigung Deutschlands gehören 1992 zur Caritas 610 K.er mit 132.363 Betten und zum Diakonischen Werk 292 K.er mit 64.800 Betten.

Das konfessionelle K. ist arbeitsrechlich ein »Tendenzbetrieb«. Es geht dem Träger nicht nur um eine optimale ärztliche und pflegerische Versorgung der Patienten, die von Grundsätzen christl. Ethik getragen wird. Es wird auch eine dem Evangelium gemäße Begleitung zum Heil und Wohl der Kranken angestrebt. In den Bemühungen um ein patientenfreundliches Klima im Hause haben die Verkündigung des Wortes Gottes und die Seelsorge ihren besonderen Stellenwert.

Der Auftrag des konfessionellen K.er gilt für alle Mitarbeiter, deren Solidarisierung untereinander und mit den Kranken erst das im K. erforderliche gemeinschaftliche Handeln ermöglicht. Darum wird von den Mitarbeitern eine positive Einstellung zum christl. Glauben erwartet, aus der heraus sie sich als »Dienstgemeinschaft« verstehen. Diakonissen und Ordensschwestern brachten für dieses Selbstverständnis wesentliche Voraussetzungen mit. Die freien Mitarbeiter werden aus dem christl. Glauben ihre Dienstgemeinschaft im Krankenhaus immer wieder neu verwirklichen müssen. Von dem Maß, wie das geschieht, wird die Christlichkeit im K. kirchl. Träger weitgehend abhängen. Die wirtschaftl. und personellen Sachzwänge, mitbedingt durch die K.gesetzgebung und die sog. »Kostendämpfung«, setzten diesem Bemühen oft enge Grenzen. Ziel bleibt aber immer der helfende und heilende Dienst aus christl. Glaubenszuversicht.

Lit.: J. Kessels, F. Klein, W. Lauer (Hg.): Die Gestalt des katholischen Krankenhauses, 1981; H. Krimm: Das diakonische Amt der Kirche, ^{2}1965; W. Lauer: 75 Jahre Katholischer Krankenhausverband Deutschlands, 1985; ders. (Hg.): Das therapeutische Team im Krankenhaus, ^{3}1988; K.H. Neukamm: Der Auftrag des evangelischen Krankenhauses, in: Diakonie 1989, 1990, 254ff; W. Schenk (Red.): Helfen und Heilen – Auftrag und Angebot. Berichte zum Evangelischen Krankenhaus-Kongreß 1983, 1984.

F. Laubach

Krankenhausseelsorge

In der K. geht es um die Ausrichtung des Evangeliums an den einzelnen in seiner persönlichen Situation der Krankheit, die eine stationäre Behandlung notwendig macht. Sie geschieht unter der Voraussetzung, daß das Krankenhaus nicht als »Gesundheitsfabrik« zu verstehen ist, in der die Krankheit vom Kranken abstrahiert wird und er nur so rasch wie möglich von den Symptomen seiner Leiden befreit werden soll. Vielmehr ist das Krankenhaus ein »Haus für Kranke« (Neubauer), in dem der Patient als Mensch in seiner Ganzheit ernstgenommen wird. Von den Anfängen des christl. Krankenhauswesens an hatte die Seelsorge am Patienten Bedeutung. Das Krankenhaus des MAs, uns noch in Frankreich überliefert, hatte an der Pforte den Beichtstuhl und traf eine Anordnung der Betten um den Altar. Der Priester war hier wichtiger als der Arzt. In der Regel des Johanniterordens (gegründet 1099) wurde angeordnet: »Wenn ein Kranker in das Hospital kommt, soll er zuerst seine Sünden dem Priester beichten und fromm kommunizieren.« Ein möglicher Zusammenhang zwischen Krankheit und Schuld wurde anerkannt, auch wenn das NT eindeutige Hinweise gibt, daß es nicht immer so zu sein braucht. Krankheit war in jedem Fall Grund zur Besinnung. Man reagierte auf Krankheiten und Verletzungen weniger mit schnell wirkenden Medikamenten als mit einer Körper und Seele umfassenden Betreuung.

Als im 19. Jh. die konfessionellen Krankenhäuser entstanden, geschah die Seelsorge an den Patienten weithin durch den Dienst der Diakonissen und Ordensschwestern, durch Gespräch und Gebet mit den Patienten, durch Fürbitte für die Kranken und in der Begleitung Sterbender. Das Angebot von Andachten und Gottesdiensten im Krankenhaus erfolgte unter seelsorgerl. Aspekt. In dem Maße, wie die Zahl der Diakonissen und Ordensschwestern rückläufig war und eine Vielzahl kommunaler und staatlicher Krankenhäuser entstand, wurde das seelsorgerl. Engagement der bewußt christl. Mitarbeiter im Pflegedienst und der Dienst der Krankenhausseelsorger/innen dringlich.

Eine wichtige Voraussetzung für die K. sind eine patientenfreundliche Atmosphäre, eine vertrauensvolle Zusammenarbeit von Ärzten und Pflegepersonal und die (oft, aber nicht nur) nonverbale Seelsorge in der Zuwendung der christl. Schwestern und Ärzte zum Patienten. Anknüpfungspunkt und eine Hilfe für die K. sind: ein Bibelwort im Krankenzimmer, ein christl. Kalender, Das NT im Nachttisch des Patienten (Gideon-Bibel), das regelmäßige Singen christl. Gruppen (u.U. Mitarbeiter aus dem Krankenhaus) abends oder am Sonntag auf den Stationen. Alles das ist in der Regel nur in konfessionellen Krankenhäusern möglich. Die Übertragung von Andachten und Gottesdiensten mit Hilfe von Hörkissen wird erfahrungsgemäß nur von einem geringen Teil der Patienten genutzt.

Der Krankenhausseelsorger wird bemüht sein, dem Patienten das Bewußtsein zu vermitteln, daß er Zeit für ihn hat. Er wird bereit sein, die Fragen des Kranken geduldig anzuhören und im Gespräch die besondere Situation des Patienten zu erfassen. Er wird keine Ratschläge erteilen, aber im Gespräch mit der notwendigen Behutsamkeit und Distanz versuchen, Vertrauen zu Gott und seinem Wort bei dem Kranken zu wecken bzw. zu vertiefen. Der Patient im Krankenhaus ist aus seiner Welt herausgerissen und durch den völlig veränderten Tagesablauf verunsichert. Viele Patienten haben Angst vor einem ärztlichen Eingriff oder vor einer hoffnungslosen Diagnose ihrer Krankheit. Besonders wichtig ist das Gespräch mit Patienten, die wissen, daß ihnen nicht mehr geholfen werden kann oder sie für immer behindert bleiben. Die kurze Verweildauer der Patienten in einem Krankenhaus der Akutversorgung läßt oft nur ein Kontaktgespräch mit dem Patienten zu. Erschwerend kommt hinzu, daß seelsorgerl. Gespräche nicht immer ungestört durchgeführt werden können, und daß sich oft das Gespräch um so schwieriger führen läßt, je mehr Patienten in einem Zimmer liegen und dem Gespräch zuhören.

Bei der zunehmenden Zahl psychosomatischer Erkrankungen gewinnt die K. an therapeutischer Bedeutung. Darum ist die Kommunikation zwischen Ärzten, Pflegepersonal und Krankenhausseelsorger nötig. Diese Kommunikation wird manchmal behindert durch eine einseitig an der Naturwissenschaft orientierte medizinisch-technische Behandlung, durch den häufigen Wechsel der Mitarbeiter auf der Station, Schichtdienst, kürzere Arbeitszeit und Arbeitsüberlastung wie auch durch die Veränderung und Vielfalt der Motivation für die Berufsausübung.

Lit.: H. Bräumer: Auf dem letzten Weg, 1988; U. Eibach: Der leidende Mensch vor Gott, 1991; H.-G. Klatt: Besuch im Krankenhaus, 1979; H.-Chr. Piper: Kranksein – Erleben und Lernen, 1980; E. Thurneysen: Praktische Seelsorge, 1979.

F. Laubach

Krankenheilung → Heilung

Krankenpflege

K. ist nach dem Gleichnis vom Barmherzigen Samariter (Lk 10) praktizierte Nächstenliebe. Sie ist barmherzige Zuwendung zum Menschen und gibt ihm die fachliche, gründliche Hilfe so, wie sie in der augenblicklichen Situation »notwendend« ist. K. bedeutet nach diesem Gleichnis, dem anderen Nächster zu sein ohne Ansehen der Person, der Herkunft, des Standes und der Religion.

K. umfaßt die psychosomatischen und die psychosozialen Aspekte des Lebens mit ihren Auswirkungen auf Gesundheit, Krankheit und Sterben, sowie die individuelle Verantwortung für die Begleitung, Betreuung, Beratung und Versorgung von kranken, behinderten, hilfsbedürftigen und sterbenden Menschen aller Altersstufen und ihrer Angehörigen. Sie bezieht die Gesundheitsvor- und -fürsorge, sowie die Betreuung gesunder Hilfsbedürftiger und die individuelle Begleitung Sterbender (→ Sterbebegleitung) mit ein.

K. befaßt sich nicht nur mit erkrankten Organen, sondern mit dem Menschen in seiner Ganzheit nach Leib, Seele und Geist. In der Praxis ist K. maßgeblich durch das dem Ausübenden zugrundeliegende Menschenbild gestaltet: »Ich pflege als der, der ich bin bzw. geworden bin.« (Juchli, 101)

K.leistungen werden für den einzelnen, die Familie und die Gesellschaft erbracht. K. bedeutet Förderung, Erhaltung und Wiederherstellung der Gesundheit, Verhütung von Krankheiten, Feststellung der Bedürfnisse von Einzelpersonen und Gruppen, sowie die Bereitstellung angemessener Hilfeleistung unter Berücksichtigung pflegerischer, psych., sozialer, ethischer und seelsorgerl. Aspekte im stationären und im außerstationären Bereich.

K. erfordert die Anwendung der für diese Disziplin spezifischen Einsichten, Kenntnisse, Fähigkeiten und Fertigkeiten. Pflege ist sowohl Kunst als auch Wissenschaft. In der Forschung will sie sich auf ihre eigene wissenschaftl. Basis stützen und nützt dabei Kenntnisse und Methoden aus Natur-, Geistes- und Sozialwissenschaften.

K. ist ein eigenständiger Beruf des Gesundheitswesens. Ihr obliegt die Feststellung der Pflegebedürftigkeit, sie ist zielorientiert und systematisch planbar, durchführbar und im Ergebnis überprüfbar. K. ist für ihre eigene Aus-, Fort- und Weiterbildung verantwortlich. Sie organisiert sich in unterschiedlichen Verbänden.

Lit.: Deutscher Berufsverband für Krankenpflege e.V.: Berufsbild Krankenschwester/ -pfleger ..., 1990; V. Henderson: Grundregeln der Krankenpflege, Weltbund der Krankenpflege ICN, 1969; D:C: Hall: Ein Positionspapier zur Krankenpflege, Euro Nurs/ 75, 1. Rev. 1), WHO, Regionalbüro Europa, 1980; L. Juchli: Krankenpflege, [6]1991.

I. Pungs

Krankensalbung → Heilung, → Sakramente, kath.

Krankenversicherung → Soziale Frage, → Sozialpolitik

Krankheit → Gesundheit und Krankheit

Krapf, Johann Ludwig (1810-1881)

K., geb. am 11. 1. 1810 in Tübingen-Derendingen, gest. am 26. 11. 1881 in Korntal bei Stuttgart, entstammt einer wohlhabenden Bauernfamilie. Er besuchte zunächst das Seminar der → Basler Mission und studierte Theologie in Tübingen (1827-1834). 1837 sandte ihn die Church Missionary Society nach Äthiopien zu den Galla, wo er nicht Fuß fassen konnte. 1844 zog er nach Mombasa und gründete zwei Jahre später zusammen mit Johannes Rebmann (1820-1867) unter den Wanika eine Missionsstation in Rabbai Mpia. Von hier aus unternahmen beide Reisen ins Landesinnere, wobei Rebmann 1848 als erster Europäer den Kilimandscharo und K. ein Jahr später den Mount Kenya erblickte. Seinen kühnen Plan, eine Kette von Missionsstationen quer durch das äquatoriale Afrika anzulegen, konnte K. allerdings nicht verwirklichen. 1855 kehrte er krank nach Europa zurück und ließ sich in Korntal nieder. Für kurze Zeit übernahm er das Inspektorat von St. → Chrischona (1859) und weilte nochmals in Ostafrika (1861/62 u. 1867).

K.s unmittelbarer Erfolg als Missionar war sehr gering. Bleibende Verdienste hat er sich hingegen – ähnlich wie Livingstone – als Forschungsreisender erworben, besonders auf dem Gebiet der Linguistik (Wörterbücher u.a. in Suaheli), womit er der Mission in Ostafrika Bahn brach. Für seine wissenschaftl. Arbeiten wurden ihm mehrere Ehrungen zuteil (u.a. Dr. phil. h.c., Tübingen 1842).

Lit.: J.L. Krapf: Reisen in Ostafrika, 1858 (Nachdr. 1964, hg. von H. Beck; 2. Nachdr. hg. von W. Raupp; engl. 1860 u.ö.; suah. 1963).

H. Beck: Große Reisende, 1971, 209-226; W. Claus: Dr. Ludwig Krapf, 1882; D. Henze: Enzyklopädie der Entdecker und Erforscher der Erde, Bd. 3, 1986, 70-74 (Lit.); W. Raupp (Hg.): Gelebter Glaube, 1993, 278-287; H. Vortisch: Ein Marschall Vorwärts in der Mission, 1927 ([2]1954 unter dem Titel: Bahnbrecher in Afrika).

W. Raupp

Krawielitzki, Theophil (1866-1942)

K., geb. am 22. 6. 1866 in Rauden/Westpreußen, gest. 22. 3. 1942 in Marburg, übernahm als Pfarrer in Vandsburg 1900 das von Pfarrer Blazejewski gegründete Gemeinschaftsmutterhaus und gründete in seiner eigenen Gemeinde ein weiteres. 1908 kam das Mutterhaus Hebron in Wehrda bei Marburg, 1909 das Brüderhaus Tabor/Marburg, 1909 das Mutterhaus Hensoltshöhe in Gunzenhausen/Franken dazu. 1906 gab K. das Pfarramt auf und trat in den Dienst des Vandsburger Werkes, 1921 wurde – durch die territoriale Neuordnung nach 1918 – das Mutterhaus Neu-Vandsburg in Elbingerode/Harz gegründet, 1925 das Mutterhaus → «Ländli« in der Schweiz und 1933 das Mutterhaus Hebron in Liberty-Corner in den USA, 1933 Speyerdorf in der Pfalz, 1935 Amerongen in Holland.

Neben die diakon. Arbeit trat für K. die evangelist. (auch über Blättermission und Verlagsgründungen) und die Auslandsmission in Brasilien und China. Er wurde und blieb ein einsatzbereiter und überaus wirkungsvoll arbeitender Christ als Direktor des → Deutschen Gemeinschafts-Diakonieverbandes (DGD). Zu Beginn seines Dienstes war K. mit J. → Paul verbunden und der durch ihn vertretenen Heiligungsbewegung. Die Trennung von Paul fiel ihm schwer, war jedoch nach der → Berliner Erklärung 1909 unabdingbar. Bis 1934 gehörte der DGD zum Gnadauer Verband (→ Evangelischer Gnadauer Verband). Als sich dieser – unter W. → Michaelis – schon im Winter 1933/34 gegen die Glaubensbewegung → Deutsche Christen stellte, trennte sich K. vom Gnadauer Verband und führte

sein Werk selbständig, aber durchaus in Distanz zur Bekennenden Kirche weiter. Immer vertrat er den Standpunkt einer tief reichenden persönlichen Heiligung, gegenüber dem Nationalsozialismus blieb er aber in der Beurteilung der »Zeichen der Zeit« unkritisch. Trotzdem steht K.s Bedeutung für die Geschichte der Diakonie und Evangelisation in der ersten Hälfte des 20. Jh.s wie für ein engagiertes, ernsthaftes und fröhliches Christentum ohne Kompromisse außer Frage.

Lit.: F. Mund: Th. Krawielitzki, [2]1955; G. Ruhbach: Der Weg der Gemeinschaftsbewegung im Dritten Reich (1933-1945), in: K. Heimbucher (Hg.): Dem Auftrag verpflichtet, 1988, 26-46.

G. Ruhbach

Kreatianismus → Seele

Kreationismus

K., von amerikanisch *creationism*, wird im Deutschen besser mit Schöpfungslehre/-forschung wiedergegeben. K. bezeichnet eine weltweite Bewegung unter Christen, welche die bibl.-heilsgeschichtl. Schöpfungslehre gegenüber der Entwicklungsanschauung wieder zur Geltung bringen will. Seit dem Aufkommen einer naturalistischen Kosmologie im 18. und in deren Gefolge des Darwinismus im 19. Jh. gab es vor allem unter Christen im englischsprachigen Einflußbereich Widerstand gegen diese Lehren. In der deutschsprachigen Christenheit und Theologie setzten sich durch das fast generell akzeptierte hist.-kritische Bibelverständnis mit der Entwicklungslehre harmonisierende Auffassungen durch. Eine an Gewicht zunehmende Gegenbewegung hat zwei sich stützende Ursachen: Die Rückbesinnung auf ein hist.-faktisches Bibelverständnis unter evangelist.-mission. Christen und der Plausibilitätsschwund der Entwicklungsanschauung durch die neuere Forschung. Dadurch entsteht die Notwendigkeit einer wissenschaftl. verantworteten bibl. orientierten Schöpfungslehre mit Einfluß auf das Wissenschaftsverständnis und damit auf die Bildungsorientierung überhaupt. Initiativen für Schöpfungsforschung und -lehre gibt es u.a. in den USA, in Canada, Australien, Korea, Großbritannien, Mitteleuropa, Israel und in der GUS.

Lit.: Schöpfung und Wissenschaft, hg. von der Studiengemeinschaft Wort und Wissen, [2]1990; H.W. Beck: Christlicher Schöpfungsglaube im Kontext heutiger Wissenschaft, 1993; studium integrale, Berlin 1989ff; ZS factum (monatlich) Heerbrugg-CH, 1979ff.

H.W. Beck

Kreuz

1. Die Kreuzigung, bei der man den Delinquenten an ein K. bzw. an einen Pfahl anband oder annagelte und ihn langsam sterben ließ, galt als eine der grausamsten und schändlichsten Arten der Hinrichtung. Nach Herodot wurde sie von den Assyrern, Skythen, Phöniziern und Persern verhängt und auch als Pfählung durchgeführt; Alexander der Große und die Diadochen übernahmen sie. Die Römer wandten sie bei den *latrones*, d.h. in Fällen von bewaffnetem Straßenraub mit Todesfolge, an, jedoch blieb sie in der Regel auf Sklaven und Fremde beschränkt; ein röm. Bürger wurde nur im Falle des Hochverrats dazu verurteilt. In den röm. Provinzen diente die K.igung dazu, Unruhen vorzubeugen; bewaffnete Aufständische und Guerillakämpfer wurden juristisch als »Räuber« eingestuft. Unter den röm. Präfekten starben nach Josephus viele aufständische Juden am K.; ein Wald von K.en umgab das eroberte Jerusalem. Der Verurteilte wurde vor der K.igung gegeißelt (Mk 15,15; Jos.bell 5, 449-451); er hatte dann den Querbalken (*patibulum*) des K.es zum Richtplatz zu tragen (Joh 19,17). Die in Lk 24,39; Joh 20,25 vorausgesetzte Annagelung an das K. wird neuerdings durch einen Grabfund in Jerusalem bezeugt; der Leib des am K. Aufgehängten wurde durch eine Fußstütze gehalten.

2. Obwohl die K.igung nicht zu den in der Mischna vorgeschriebenen jüd. Hinrichtungsarten zählt (Sanh 7,1), konnte sie doch von der Stelle 5Mo 21,22f her begründet werden. Nach ihr soll ein zum Tod Verurteilter am Holz aufgehängt, aber am gleichen Tag abgenommen und bestattet werden; ein am Holz Hängender ist »ein Fluch Gottes«. Diese Bestimmung ließ sich so deuten, daß der Leichnam eines wegen Blasphemie oder Götzendienstes durch Steinigung Hingerichteten für kurze Zeit aufgehängt werden soll, zur Abschreckung vor solch einem Vergehen (m Sanh 6,4). Dagegen wird in der Tempelrolle von → Qumran die Aufhängung in 5Mo 21,22 als Hinrichtung des noch Lebenden, d.h. als K.igung, verstanden; sie soll im Fall von Hochverrat oder Blasphemie angewandt werden (64,7-13). Mit dieser Auslegung von 5Mo 21,22f wurde wohl die K.igung von 800 abtrünnigen Pharisäern durch Alexander Jannai juristisch gerechtfertigt (Jos.bell 1,92-97; 4 Qp Nah). Jesu Ansage, er werde den Heiden übergeben und gekreuzigt werden (Mt 20,19; 26,2), kann deshalb durchaus authentisch sein, ebenso wie das Wort vom Kreuztragen (Mk 8,34 par). Die sicher hist. Kreuzesinschrift Mk 15,26 par gab als Grund für die Kreuzigung Jesu dessen Anspruch an, er wolle der »König der Juden«, d.h. der Messias Israels und der Sohn Gottes sein. Diesen Anspruch hat Jesus im Verhör vor dem Hohenpriester und vor Pilatus bejaht (Mk 14,62; 15,2). Er wurde juristisch als Gotteslästerer (Mk 14,63f) verurteilt; die jüd. Richter und das Volk hatten die Weisung 5Mo 21,22f ähnlich wie die Tempelrolle ausgelegt. Auch das Vergehen des Hochverrats war gegeben; denn ein falscher Messias liefert das Volk Gottes und den Tempel an die Heiden aus (Joh 11,48-50). Deshalb wurde Jesus an Pilatus überstellt und gekreuzigt, und zwar zusammen mit zwei »Räubern«, d.h. wohl Rebellen wie Barabbas (Mk 15,6-11.27). Noch am Tag der Hinrichtung wurde er bestattet (Mk 15,42-46; vgl. Joh 19,31 und 5Mo 21,23).

3. In Gal 3,13; Apg 5,30; 10,39 wird das K. Jesu deutlich zu 5Mo 21,22f in Beziehung gesetzt. Weil der ans Holz Gehängte von Gott verflucht ist, war die Botschaft vom K. des

Messias den Juden ein Ärgernis (1Kor 1,23), und so hatte sie auch der Pharisäer und Christenverfolger → Paulus verstanden. Aber aufgrund des Damaskusgeschehens erkannte der zum Apostel Berufene, daß Christus am K. um unserer Sünden willen gestorben war (1Kor 15,3), daß er als der gerechte Knecht Gottes (Jes 53,4f.11f) den uns geltenden Fluch auf sich genommen hat (Gal 3,13; vgl. 2Kor 5,21). Das Wort vom K. ist deshalb für den an Christus Glaubenden ein Heilsereignis (1Kor 1,18); mit ihm wurde die Botschaft vom stellvertretend leidenden und erhöhten Gottesknecht erfüllt (Röm 4,25, vgl. Jes 53,4ff.10-12).

Die Kreuzestheologie eines Paulus und Johannes hat deshalb ihren festen Grund bei Jesus, der als der noch verborgene Messias (»der Menschensohn«) den Weg des Gottesknechtes ging und sein Leben für die Vielen in den Tod gab (Mk 10,45; 14,22-24).

Lit.: O. Betz: Was wissen wir von Jesus?, 1991; ders.: »Probleme des Prozesses Jesu«, ANRW 25,2, 1982, 566-644.

O. Betz

Kreuzestheologie → Theologia Crucis / Theologia Gloriae

Kreuzgang → Kloster

Kreuzgewölbe → Kirchenbau

Kreuzschiff → Kirchenbau

Kreuzschlagen

Das Schlagen des Kreuzes (lat. *obsignatio crucis*, »Bezeichnung mit dem Kreuz«) als leibliche Geste ist bereits in der frühen christl. Kirche nachweisbar. Neben seinem ursprünglich mehr exorzistischen Charakter (d.h. der Bekreuzigte stellt sich unter den Schutz des Kreuzes, das die Macht der Dämonen bricht) ist sein eigentlicher Sinn die Segnung, entweder für sich selbst oder für andere. Im Rahmen der Taufhandlung ist das K. zeichenhafter Ausdruck der Übereignung des Täuflings an den Herrn und seine Unterstellung unter die Herrschaft des Gekreuzigten. Die mit dem K. verbundene Anrufung der Dreieinigkeit (»im Namen des Vaters und des Sohnes und des Heiligen Geistes«) macht den Bezug zur → Taufe besonders deutlich.

Die ev. Frömmigkeit verhält sich dem K. gegenüber unterschiedlich. Martin → Luther hat das K. für den privaten Gebrauch beim Morgen- und Abendsegen empfohlen. Er behielt es auch bei der → Ordination und bei der Taufe bei, hingegen nicht im Gemeindegottesdienst. In den ref. Kirchen wurde das K. abgeschafft, ebenso in den Gebieten der oberdeutschen Reformation, wo es als spezifischer Ausdruck kath. Frömmigkeit angesehen wurde.

Die innerkirchl. Liturgiereformen (z.B. durch die → Michaelsbruderschaft) und die zunehmenden ökumen. Kontakte haben dazu geführt, daß das K. im ev. Gottesdienst und in der ev. Frömmigkeit wieder an Bedeutung gewonnen hat.

Lit.: LITURGIA, Bd. V. Der Taufgottesdienst 1970; Pastoralliturgisches Handlexikon, 1980, R. Klauser: »Kreuzzeichen«, RGG[3] IV, 52f.

H. Jetter

Kreuzzüge

1. Allgemeines

Unter K. verstand die mittelalterl. Christenheit einen heiligen Krieg, der zur Rückeroberung christl. Besitzes (insbesondere des durch das Leben und den Kreuzestod Christi geheiligten, ehemals zum röm. Reich gehörenden Palästina) oder zur Verteidigung der Kirche gegen tatsächliche oder vermeintliche Glaubensfeinde geführt wurde. Nach Auffassung der Zeitgenossen wurde ein solcher Krieg unmittelbar von Christus selbst durch den Papst als dessen Sprachrohr befohlen. K.e galten als Sache der gesamten Christenheit, weshalb sie trotz nationaler Heere als international angesehen wurden. Sowohl Bußübung als auch Kriegszug, wurden mit liturg. Handlungen begleitet und mit Begriffen der Pilgerfahrt und des Wallfahrtswesens umschrieben. Die nur schwach ausgebildete Kritik an den K.en zeigt, wie populär die K.teilnahme in der gesellschaftl. Umbruchssituation des 11.-13. Jh.s war. Die Kreuzfahrer legten meist ein Gelübde ab, als dessen äußeres Zeichen sie ein Kreuz auf ihr Gewand hefteten (sog. Kreuznahme). Dies sicherte ihnen rechtsverbindliche Privilegien (etwa Rechtsschutz des Besitzes, Moratorium für Schuldenrückerstattung und Zinszahlungen) und gewährte ihnen vor allem den päpstlichen Plenarablaß. Theol. Grundlage der von den Päpsten geschickt forcierten K.sidee waren die

Vorstellungen → Augustins über das Wesen des gerechten → Krieges. Danach galt Gewalt nicht als an sich schlecht, sondern moralisch neutral. Gerecht war ein Krieg, wenn er auf Anordnung einer legitimen Autorität wie der des Papstes oder Kaisers geführt wurde, einen gerechten Kriegsgrund infolge der Unrechtshandlung des Gegners hatte und ihm gute Absichten zugrundelagen. In der K.sepoche wurde die Vorstellung göttlicher Bevollmächtigung entwickelt, dabei geschickt den Gedanken der Verdienstlichkeit für die K.spropaganda ausnutzend (gesteigert bis zu der Idee, der K. sei ein Heilsmittel). Ein beständiger Anreiz zur Teilnahme lag darin, daß die K.e für Laien als frommes Werk der Liebe definiert wurden. In der Realität ergab sich rasch eine tiefe Kluft zwischen den abstrakten Theorien der Theologen und der emotionalen Haltung der Kreuzfahrer. Deren Rachedurst, der sich nicht zuletzt in den manchen K.en vorausgehenden Judenpogromen (die Juden als »Mörder Christi«) entlud, entsetzte selbst die Kirchenführer, ohne daß sie etwas dagegen zu unternehmen vermochten. Insgesamt spiegeln die K.e die ambivalente Stimmung des Hochmittelalters wider, mischen sich hier doch schrankenlose Erwerbssucht und Abenteuerlust mit tiefer Selbstverleugnung und Todesbereitschaft. Zur Erreichung der gesteckten Ziele wurden ungeheure Mittel und Kräfte freigesetzt, in mörderischen Kämpfen kamen aber auch Abertausende von Menschen um. Die Idee, den Ungläubigen den Glauben an Christus zu verkündigen, verfocht in der aufgeheizten Atmosphäre der K.epoche fast niemand (→ Franz von Assisi).

2. Die Kreuzzüge im Osten

a. Beginn

Der unmittelbare Anlaß für den 1. K. war die Wanderung beduinischer Turkvölker nach Westen, die zu einem Einfall von Seldschuken in arab. und byz. Gebiete führte, wodurch das relativ gute Einvernehmen zwischen dem östlichen Christentum und dem Islam ins Wanken geriet. Der byz. Kaiser Alexios I. Komnenos hatte daraufhin einen Hilfsappell an den Westen gerichtet, dem Papst Urban II. Folge leisten wollte. Im Grunde genommen stand also am Anfang der K.sbewegung ein Mißverständnis: Der oströmische Kaiser benötigte Hilfe gegen die türkische Eroberung, während der Papst die Befreiung Jerusalems im Auge hatte. Auf dem Konzil von Clermont begann Urban II. am 27. 11. 1095 eine Serie großer K.spredigten, in denen er demagogisch zum Befreiungskrieg aufrief, um die heilige Stadt aus der Hand der Ungläubigen zu retten. Der geplante Zug wurde als Bußwallfahrt dargestellt, somit wurden die monastischen Vorstellungen der Zeit auf die Aktivitäten der Laien übertragen. Der Aufruf, der die Kreuzfahrer wohl auch als »Ritter Christi« bezeichnete, fand in allen Gesellschaftsschichten Spaniens, Englands, Deutschlands und Italiens einen so starken Widerhall, daß selbst der Papst davon überrascht war. Diese Reaktion begründete eine Tradition von K.en, die über zwei Jh.e hinweg immer wieder aufbrach.

b. Verlauf

Die wechselvolle Geschichte der einzelnen K.e, deren Zählung in der Forschung differiert, muß nicht im Detail nachgezeichnet werden, so daß hier die Grundzüge genügen. Den 1., in drei großen Wellen aufbrechenden K. (1096-1101) bestritten ca. 120.000 Personen. Die erste (1096) und dritte Welle (1101) wurde von den Türken in Kleinasien vernichtet, lediglich die zweite erreichte in einer der größten militärischen Leistungen des MAs das Heilige Land und eroberte am 15. 7. 1099 Jerusalem, dort ein fürchterliches Blutbad anrichtend. Gottfried von Bouillon wurde zum Vogt vom Hl. Grab, nach seinem Tode 1100 sein Bruder Balduin I. König von Jerusalem. Gerade wegen der Entbehrungen des Kriegszuges muß dieser Erfolg den Kreuzfahrern wie ein Wunder Gottes vorgekommen sein. In Syrien und Palästina wurden abendländische christl. Niederlassungen eingerichtet, die über fast zwei Jh.e hinweg Bestand haben sollten, besonders gefördert durch die neugegründeten → Ritterorden.

Der 2. K. (1147-1150), ein durch die K.spredigten → Bernhards von Clairvaux forciertes Unternehmen des franz. und des deutschen Königs, scheiterte total und führte erstmals zu intensiver Kritik.

Die Eroberung Jerusalems und großer Teile Palästinas 1187 durch Saladin belebte die K.sbewegung erneut. Zu dem 3. K. (1189-1192) brach ein großes deutsches Heer unter Kaiser Friedrich Barbarossa auf, zerfiel aber, nachdem dieser am 10. 6. 1190 im Saleph ertrunken war. Die nachfolgende franz. Streitmacht und die englische unter Richard Löwenherz vermochten zwar einige Erfolge zu erringen, Jerusalem aber nicht zu erobern. Immerhin wurden durch einen Waffenstillstand Pilgerzüge ermöglicht.

Der 4. K. (1202-1204) ließ sich von Papst Innozenz III. in seine Pläne zur Unterstellung des Patriarchen von Konstantinopel unter röm. Oberhoheit einspannen und führte 1203 und 1204 zur Einnahme und Plünderung von Konstantinopel. Errichtet wurde das lat. Kaiserreich in Griechenland, das die lat.-griech. Beziehungen bis in die Gegenwart trüben sollte.

Der 5. K. (1217-1221 und 1228-1229), in dessen Vorfeld sich der Papst das Recht sicherte, den Klerus zum Zwecke des K.s besteuern zu können, scheiterte in Ägypten. In seiner zweiten Phase gelang es 1229 Friedrich II., der bereits 1215 den K. gelobt hatte und wegen ständiger Verzögerung von Papst Gregor IX. gebannt worden war, auf dem Verhandlungswege, die Rückgabe Jerusalems zu erreichen. 1244 fiel Jerusalem endgültig an die Muslime.

Der 6. (1248-1254) und 7. K. (1270) des franz. Königs Ludwig IX. scheiterte.

c. Folgen

In mancherlei Beziehung stellte die K.sbewegung eine Horizonterweiterung dar. Das Scheitern der K.e ließ die Skepsis gegenüber dem Machtanspruch der Papstkirche wachsen und stärkte letztlich sowohl den nationalen wie auch den laikalen Gedanken. Das aufblühende Wirtschaftsleben mit der Schwerpunktverlagerung vom Land in die Städte wurde zum internationalen Vermittler auch des Toleranzgedankens. Eine von dem Monopol der Kirche losgelöste Gesellschaft wurde nicht nur denkbar, sondern in Grundzügen bereits erkennbar. Das Heilige Land ging mit dem Fall Akkos 1291 endgültig verloren, das Papsttum hatte Ansehen und Macht eingebüßt, und Europa wurde durch die gescheiterten K. in einen großen Umwälzungsprozeß gestürzt.

3. Die Kreuzzüge außerhalb des Orients

Knapp erwähnt seien die K.e außerhalb des Orients, so auf der iberischen Halbinsel gegen die Muslime vom 12. Jh. an (als letztes muslimisches Reich fiel Granada am 2. 1. 1492), im östlichen Deutschland und auf dem Baltikum (Wendenkreuzzug im 12. Jh. unter der Idee des Missionskrieges; Ostkolonisation des Deutschen Ordens gegen die heidnischen Preußen im 13. und 14.Jh.) und gegen die Mongolen im 13. und 14. Jh. Besonders folgenreich für das Ansehen der Kirche waren die K.e gegen Christen, die in ihrer Zeit freilich leicht theol. zu begründen waren, galt doch Gewalt gegen Häretiker schon seit ca. 400 als kirchl. Norm. Unter dieser Voraussetzung gab es K.e gegen polit. Gegner des Papsttums (gegen süditalische Normannen 1135; gegen die Staufer Manfred und Konradin 1266 und 1268 durch Karl von Anjou; gegen die Ghibellinen im 14. Jh. in Italien), gegen Häretiker (gegen die Albigenser 1209-1229; gegen die Hussiten im 15. Jh.) und gegen Schismatiker (gegen das orthodoxe Bulgarien 1239 und Novgorod im 14. Jh.).

Die K.sbewegung hat sogar das MA überlebt, war doch die Armada Philipps II. von Spanien 1588 als K.sliga gegen die Reformation und das abtrünnige England gerichtet. Insgesamt gesehen charakterisiert die K.sidee eine Epoche, die weniger nach dem Zweck des Glaubens oder gar der Mission fragte, sondern, irregeleitet durch päpstlichen wie polit. Mißbrauch, das Seelenheil unter der Losung »Gott will es« durch Kampf zu erreichen versuchte.

Lit.: C. Erdmann: Die Entstehung des Kreuzzugsgedankens, (1935) 1955; E.-D. Hehl: Kirche und Krieg im 12. Jh., 1980; H.E. Mayer: Geschichte der Kreuzzüge, [9]1985; J. Riley-Smith: »Kreuzzüge«, LexMA 5, 1991, 1508-1519.

L.E. v. Padberg

Krieg

1. Allgemein

Nicht K., sondern der → Friede ist zentrales Thema der Bibel und sollte es auch in der Kirche unter Christen sein. Da jedoch K.e zur gefallenen Welt gehören, werden auch Christen in die Problematik verstrickt.

Die weltanschauliche These von einer friedlich lebenden Urgesellschaft, ebenso wie die von einer fortschreitenden Entwicklung der Menschheit hin zu einer Welt ohne K.e, läßt sich hist. nicht belegen. Es handelt sich um in Vergangenheit oder Zukunft projizierte Wunschträume.

Die Stellungnahme der Kulturen und Religionen zum K. war in der Geschichte überwiegend positiv. K.e wurden als notwendig oder berechtigt angesehen. Konsequent friedliche Positionen blieben in der Regel auf Minderheiten beschränkt. Der Religionsgeschichtler J. Wach (1898-1955) stellte die These auf, daß Religionen und Weltanschauungen, die eine Verbesserung der Welt durch Verbreitung ihrer Ideen auf ihre Fahnen geschrieben haben, mehr kriegerisch gesonnen sind. Mystische Anschauungen bedeuten eher eine Hemmung, Verbindungen mit feudalen Strukturen und bürokratischen Systemen eine Förderung kriegerischer Einstellung.

2. Biblisch

Im AT steht »Schalom«, der Friede Gottes, im Vordergrund. Aus manchen Stellen des AT läßt sich die altisraelit. Institution des »Heiligen Kriegs« erschließen. Dieser in der späteren Völker- und Religionsgeschichte vielfach mißbrauchte Begriff darf aber nicht von seinem Mißbrauch her auf das AT zurückprojiziert werden. Es geht um den K. Israels bei der Landnahme des von Gott verheißenen Gebietes nach dem Exodus aus der ägypt. Sklaverei (2Mo 15,21). Diese Institution galt also nicht imperialer Eroberungspolitik, der K. wurde auch nicht um der Bereicherung willen durchgeführt (vgl. den Bann: 4Mo 21,3; 5Mo 2,34; 20,13-15; Jos 6,18f; 1Sam 15,9-11). Es war vielmehr Gottes eigener Kampf (vgl. »Buch der Kriege Jahwes«, 4Mo 21,14); ja, Gott selbst entschied den K., nicht die Menge und Qualität der Krieger Israels (vgl. Ri 7); Gottesschrecken überfiel die Feinde (2Mo 23,27; Jos 10,10; Ri 4,15 u.ö.).

Die K.e der staatlichen Zeit unter den Königen galten folglich nicht mehr als »Heilige Kriege«. In der Not der Abwehrkämpfe gegen äußere Feinde, die das Land bedrängten, lebten am Ende der Königszeit in der prophetischen Tradition Elemente des »Hl. K.es« wieder auf. Maßgeblich ist nicht menschlicher Kampf, sondern Gottes Eingreifen zur Rettung seines Volkes (vgl. Jes 36; 37). Dieses rettende Handeln Gottes wird schließlich prophetisch auf die Endzeit der Welt ausgeweitet. Am »Tag Jahwes« bricht die Macht Gottes über die Gottlosen herein. In der endzeitlichen Schlacht rotten sich die Völker der Erde und ihre Könige zusammen, doch Gott setzt dem »Hochmut der Stolzen und dem Übermut der Tyrannen« ein Ende (Jes 13,11; vgl. Jes 34; Hes 30; Zef 1).

Das NT bietet keine Lehre vom K. In der Welt werden K.e vorausgesetzt (Lk 3,14; 14,31; 1Kor 9,7; 2Tim 2,4). Sie sind damit freilich nicht gerechtfertigt. Den bewaffneten Widerstandskampf gegen die röm. Besatzung hat Jesus abgelehnt. Mitten in dieser Welt leben die Christen als Friedensstifter (Mt 5,9). Der eigentliche Kampf, der mit dem Kommen Jesu begonnen hat, spielt sich als wahrhaft heiliger K. auf geistlicher Ebene ab (vgl. Mk 3,24-27 par). Wie Jesus die widergöttlichen Gewalten bekämpft und besiegt hat (Lk 10,18; Kol 2,15; Eph 1,20-23), so stehen auch die Christen der Nachfolge im Kampf, in dem ihnen der Sieg verheißen ist (Röm 8,37ff; 1Thess 5,8ff; Eph 6,10ff). Bezüglich der Weltgeschichte weiß das NT – bis auf die Zwischenzeit eines 1000jährigen Friedensreiches (Offb 20,2) – nichts von einer fortschreitenden Entwicklung zum Guten. Vielmehr kennzeichnen K.e und K.sgeschrei (Mk 13,7ff; Offb 6,1ff) die messianischen Wehen der Endzeit. Hier werden atl.-prophetische Traditionen aufgenommen und weitergeführt. Nach dem endzeitlichen K. errichtet Gott selbst ein Königreich des ewigen Friedens.

3. Kirchengeschichtliche Entwicklungen

Für die frühe Christenheit bedeutete die Frage nach K. und K.sdienst vor allem, welchem Herrn man sich unterstellt. Oberster Herr ist Christus, nicht der Cäsar. Bis um die Mitte des 2. Jh.s war die Zahl christl. Soldaten im röm. Heer gering. Danach wuchs sie zusehends; ebenso aber auch die Zahl der Märtyrer unter ihnen. Keine der damals zahlreichen Synoden verwarf den K.sdienst grundsätzlich. Die Kirchenordnung des Hippolyt (Ende des 2. Jh.s) regelte die Frage so: Freiwillig meldet sich ein Christ nicht zum K.sdienst; doch ein Soldat, der Christ werden will, mag in seinem Beruf bleiben, so lange er sich jeder heidnisch-kultischen Handlung enthält, die mit dem damaligen Militärwesen verbunden war.

Als Kaiser Konstantin 313 das Christentum zur zunächst gleichberechtigten, später zur alleinigen Staatsreglion erhob, wurde es bald zur selbstverständlichen Überzeugung, daß ein Christ K.sdienst leisten kann. Die Synode von Arles (314) verfügte für den Fall der Fahnenflucht sogar die Exkommunikation. Seit Theodosius II. (416) wurden keine Heiden mehr in die röm. Legionen aufgenommen. Hintergrund bildete die Idee vom christl. Reich, das eine gerechte Sache vertritt. So erlangte über Ambrosius und Augustinus die auf Cicero zurückgehende Lehre vom »gerechten Krieg« Geltung. Diese Lehre bestimmte auch in großen Zügen die Auffassung im mittelalterl. Hl. Röm. Reich. Mit ihrer Hilfe wurde versucht, die Kampfeslust der jungen Völker zu dämpfen und K.e zu bändigen. Im Laufe der Jh.e entwickelten die Theologen folgende Kriterien:

a. Gerecht ist nur der Verteidigungsk. Schweres moralisches (nicht nur materielles) Unrecht muß auf der gegnerischen Seite vorliegen. Friedliche Verständigungsversuche haben den Kämpfen voranzugehen. Der K. muß durch eine (göttlich) dazu autorisierte Obrigkeit erklärt werden (*causa iusta*).

b. Wiederherstellung des gerechten Friedens soll das Ziel sein (*intentio recta*).

c. Durch die Art der K.sführung ist die Verhältnismäßigkeit der Mittel zu wahren; Verletzung unbeteiligter Dritter ist zu vermeiden; das Maß der Strafe darf das der Schuld nicht überschreiten (*debitus modus*).

d. Das nach dem K. zu erwartende Wohl muß das den K. veranlassende Übel übersteigen (Güterabwägung).

4. Neuzeit und gegenwärtige Fragen

Spätestens seit den Religionsk.en im 16. und 17. Jh. erwies sich das wichtige Definitionsmoment der *causa iusta* als inpraktikabel, denn beide Seiten meinten stets, das Recht auf ihrer Seite zu haben. → Aufklärung und → Idealismus erhoben die Unterscheidung zwischen Verteidigungsk. als gerechtem K. und Angriffsk. als ungerechtem K. zum maßgeblichen Kriterium. Der → Humanismus glaubte an die Kraft der moralischen Belehrung zur Überwindung des K.es.

Anders die »realpolitischen« Positionen: Schon → Platon erachtete den K. (gegen Barbaren) als unvermeidliches Mittel zur Vergrößerung des Staates bei vermehrtem Raumbedarf. N. → Machiavelli (1469-1527) stellte als gleichberechtigte Formen fürstlichen Machterwerbs Erbschaft und Eroberung nebeneinander. C.v. Clausewitz (1780-1831) betonte die Unabänderlichkeit des K.es. Der → Marxismus befürwortet Befreiungsk.e und K.e zur Sicherung sozialistischer Errungenschaften.

Die neuzeitlichen Entwicklungen haben jedoch den Argumenten zur Rechtfertigung eines K.es die Plausibilität genommen. Massenvernichtungsmittel und Eigengesetzlichkeit eines entfesselten K.es machen Güterabwägungen unmöglich. Mit der Lehre vom gerechten K. kann heute gezeigt werden, daß kein K. mehr gerecht ist; mit anderen Worten: Diese Lehre ist überholt. Ihr unverzichtbarer Kern sagt jedoch »subjektiv, daß jeder seine Teilnahme am Waffengang in jedem Fall vor seinem göttlichen Herrn verantworten muß. Objektiv..., daß Krieg und Kriegsdienst christlich nur als Handlung im Dienste der Erhaltung oder Wiederherstellung der lebensnotwendigen Rechtsordnung vertreten werden kann!« (H. Gollwitzer). Nach dem Jakobusbrief sind die Gelüste und Leidenschaften der Menschen die eigentliche Ursache der Kämpfe und K.e (4,1ff).

»Krieg soll nach Gottes Willen nicht sein«, lautet ein viel zitierter Satz der 1. Vollversammlung des Ökumen. Rates der Kirchen 1948 in Amsterdam. In derselben Erklärung wird aber auch gesagt, daß über die Frage, ob der K. noch ein Akt der Gerechtigkeit sein könne, unter Christen verschiedene Meinungen herrschen und daß noch kein wirksames System gefunden ist, um polit. Veränderungen auf ausschließlich friedlichem Wege durchzuführen.

K. steht in dieser Welt unter Gottes Zulassung. Deshalb bleiben Versuche zur Abschaffung des K.es ambivalent. Trotz des Gewaltverbots der UN-Charta gibt es immer wieder Aggressoren (Staaten, Regierungen), die ihm zuwiderhandeln. Solange nicht in jedem Fall wirksame Sanktionen gegen solche Rechts- und Friedensbrecher erfolgen können – ohne gleichzeitig unschuldiger Zivilbevölkerung zu schaden –, bleibt der Angegriffene auf sich selbst angewiesen, oder er kapituliert vor einem übermächtigen Gegner und verzichtet auf Wiederherstellung seiner Integrität. Ein fortschreitendes Zusammenwachsen der Staaten zu einer weltweiten K.spolizei wäre einerseits zu wünschen, beschwört andererseits die Gefahr einer Weltdiktatur, die selbst den endzeitlichen totalen K. führt.

Darum werden Meinungen der Christen zu der einen oder anderen K.shandlung divergieren. Zwei Haltungen aber sollten grundsätzlich ausgeschlossen sein: das fatalistische Hinnehmen des K.es als eines apokalyptischen Verhängnisses und die Glorifizierung des K.es als eines Befreiungsvorgangs zur Heraufführung des Reiches Gottes. Vertreter beider Positionen berufen sich gern auf bibl. Texte (Offb). Sie mißdeuten diese, indem sie Gottes souveränes Handeln für schuldhaftes menschliches Tun in Anspruch nehmen.

Lit.: W. Bienert: Krieg, Kriegsdienst und Kriegsdienstverweigerung nach der Botschaft des Neuen Testaments, 1985; R. Clouse (Hg.): Der Christ und der Krieg. Vier Standpunkte, 1982; H. Gollwitzer: Die Christen und die Atomwaffen, [6]1981; E.J. Nagel (Hg.): Dem Krieg zuvorkommen, 1984; M. Kroeger: Theologische Klärung unseres Friedensverhaltens, 1984; R. Riesner: Militia Christi und Militia Caesaris, in: Bockmühl, Burkhardt: Gott lieben und seine Gebote halten, 1991; U. Weidner: Noch Zeit zum Frieden stiften, 1985.

R. Mayer

Kriegsdienstverweigerung → Wehrdienstverweigerung

Kriminalität

1. Soziologisch

Mit K. wird ein vom Strafgesetzbuch mit → Strafe bedrohtes Handeln oder Unterlassen strafmündiger Personen bezeichnet (normativer K.sbegriff). Sie ist Gegenstand der Kriminologie, die einen interdisziplinären Forschungsbereich umfaßt, in welchem auf erfahrungswissenschaftl. Wege die Erscheinungsformen und Ursachen der K., die Beziehungen zwischen Täter und Opfer (Viktimologie) sowie die Wirkungsweisen der sozialen Kontrolle und der Sanktionstätigkeit formeller (Polizei, Staatsanwaltschaft, Gerichte, Strafvollzug) und informeller Instanzen (Familie, Nachbarschaft, Gemeinde, »Öffentlichkeit«, Medien) untersucht werden. Anstelle von »Kriminalität« wird in der strafrechtlichen Literatur auch das Wort »Verbrechen« gebraucht. K. leitet sich von dem lat. Wort *crimen*, »Anklage, Vorwurf«, ab, das in seiner ursprünglichen Bedeutung das vorwerfbare Fehlverhalten einer einzelnen Person meint. In der neueren Kriminologie bezeichnet man mit K. auch das Gesamtaufkommen aller Verbrechen und Verbrechensarten während eines bestimmten Zeitabschnitts innerhalb eines bestimmten Gebiets (Bund, Land, Stadt oder Kreis), über das die Polizeilichen Kriminalstatistiken der Bundesländer Auskunft geben. Von den USA ausgehend hat sich in der einschlägigen Literatur der Begriff »Delinquenz« zur Bezeichnung kriminellen Verhaltens von strafunmündigen Kindern und Jugendlichen zur (vermeintlichen) Verhinderung von »Stigmatisierung« oder »Etikettierung« etabliert. Die Gesamtheit aller menschlichen Handlungen, die rechtliche oder außerrechtliche Normen verletzen, wird »abweichendes Verhalten« (deviant behavior) genannt.

Die Geschichte der wissenschaftl. Erforschung der Ursachen und Erscheinungsformen der K. beginnt in Europa im Zeitalter der → Aufklärung und der industriellen Revolution: es wurden Zusammenhänge zwischen den Arbeits- und Lebensbedingungen der Bevölkerung und K. einerseits (A. Quetelet, N.H. Julius) sowie zwischen psycho-physischer Konstitution (F.J. Gall, C. Lombroso) und K. andererseits untersucht. Die Frage, ob K. stärker von den multiplen Faktoren »Anlage« oder »Umwelt« verursacht wird, ist nicht entschieden und wird auch wissenschaftl. wegen der Unberechenbarkeit menschlichen Verhaltens in ständig wechselnden Lebenslagen unentscheidbar bleiben.

In neuerer Zeit wurden deskriptive Forschungsansätze entwickelt, die K. als Ausdruck des gesellschaftl. Zustands der Regellosigkeit (Anomietheorie) oder als Ergebnis von Lernprozessen (Lerntheorie: kriminelles Verhalten ist erlerntes, aber nicht durch Erbanlage bedingtes Verhalten) oder als Resultat von interaktiven Zuschreibungsprozessen (Labeling Approach: ein Mensch wird kriminell, wenn er von seiner Umwelt als kriminell definiert wird) auffassen, ohne das »Rätsel Kriminalität« (R. Lange) lösen zu können.

Lit.: R. Lange: Das Rätsel Kriminalität, 1970; H.J. Schneider: Kriminologie, 1987; H.-D. Schwind: Kriminologie. Eine praxisorientierte Einführung mit Beispielen, ^{2}1988.

G. Deimling

2. Theologisch

K. bzw. Verbrechen ist eine manifeste Gestalt des → Bösen und der Gesetzlosigkeit (griech. *anomia*: nach Mt 24,12 und 2Thess 2,3.7 Kennzeichen des → Antichristen).

In der Entstehung der K. wirken immer auch umweltbedingte Faktoren mit (z.B. Erziehungsmängel, vgl. 1Sam 2,12.29). Diese heben aber nach bibl. Verständnis des → Menschen nie die persönliche → Verantwortlichkeit auf. K. ist deshalb immer Folge menschlicher Sünde.

So sehr im Einzelfall der Christ für sich selbst auf Widerstand gegen das Böse verzichten kann (Mt 5,29), so gebietet doch die Liebe zum Nächsten, auf das Verbrechen nicht nur mit der Feindesliebe und dem Zeugnis des Evangeliums zu antworten (vgl. auch → Gefängnisseelsorge), sondern ihm auch in Vorbeugung und ggf. Notwehr bzw. Einschaltung staatlicher Gewalt zu begegnen und so die menschliche Ordnung zu schützen (Röm 13,1-5). Während früher auch sog. Religionsvergehen unter Strafe standen und damit unter K. im weiteren Sinn fielen, ist in modernen pluralistischen Staaten das Verständnis der K. auf den zwischenmenschlichen Bereich bzw. das Verhältnis zur Natur (→ Umweltschutz) beschränkt.

Lit.:s. → Strafe

H. Burkhardt

Kritische Theorie → Frankfurter Schule

Kritik/Kritizismus

K. hat ihren Wortursprung im griech. *krinein*, »unterscheiden, sichten, beobachten, trennen«.

1. Jede K. lebt von Kriterien. Eine K. als »Unterscheidung« benötigt Maßstäbe, an Hand derer sie unterscheiden kann. I. Kants »Kritik der reinen Vernunft«, d.h. sein Unternehmen der Reinigung »der« Vernunft, basiert auf bestimmten Voraussetzungen. Diese wirken sich aus als Kriterien zur Unterscheidung von reiner, allg. und notwendig gültiger, eben »der« Vernunft von anderen Erkenntnisbemühungen, die eben bloß geschichtl., kontingent, bedingt sind.

K. ist Motor der Neuzeit, Aufklärung und Moderne, insofern sie – selbst motiviert von dem Wunsch nach Veränderung und getrieben durch den Optimismus einer Veränderbarkeit der Verhältnisse – alles kritisiert und schließlich destruiert, was ihrer K. nicht standhält. Zentrales, selber nicht mehr hinterfragtes Kriterium der K., dieser Emanzipations- und Umgestaltungsbewegungen ist »die Vernunft«. Die Machtansprüche des Adels wie die Wahrheitsansprüche des Klerus werden an diesem Kriterium gemessen, hinterfragt und schließlich in ihrer Existenzberechtigung bestritten. Sie können vor dem Gerichtshof der Vernunft ihre Legitimität nicht ausweisen.

Das vom Kritischen Rationalismus (K.R.) propagierte Prinzip der kritischen Prüfung; (vgl. Popper; Albert) wendet sich nicht nur gegen weltanschauliche und rel. Ansprüche, sondern besitzt für die Wissenschaft selbst eine konstitutive Bedeutung.

Der K.R. zeigt, daß alle Versuche der Begründung von Erkenntnisansprüchen in eine von drei möglichen Formen von Aporien hineinführen: logischer Zirkel (was zu beweisen war, wird im Lauf der Argumentation als Argument präsentiert), infiniter Regreß (ein endliches Wesen kann nicht endlos zurückfragen) oder dogmatischer Abbruch des Begründungsverfahrens (an einem beliebigen Punkt wird eine weitere kritische Rückfrage verweigert und die Argumentation abgebrochen). Wenn aber grundsätzlich eine Begründung von – vermeintlichem – Wissen über Wahrheit nicht möglich ist, dann müssen solche Versuche der Begründung und Absicherung von Erkenntnis immer erneut ideologie- und wissenschaftskritisch entlarvt werden. Da all unser Wissen fehlbar und nur endlich ist, muß im Interesse des Strebens nach Wahrheit alles Streben nach Sicherheit und d.h. nach Absicherung doch immer nur vorläufiger Annäherung an die Wahrheit kritisiert werden, ist die Annäherung an die Wahrheit nur möglich auf dem Weg über immer neue – sich via K. vollziehende – conjectures and refutations (Popper, 1972).

Wenn Streben nach Sicherheit (von Erkenntnisansprüchen) und Streben nach Wahrheit als Gegensätze zu begreifen sind, dann ist die institutionalisierte K. notwendiger Motor wissenschaftl. Fortschritts.

Nur eine solche kritische Prüfung kann ja alle bloß vorgeschobene Sicherheit destruieren, Strategien der Immunisierung gegen infragestellende Instanzen und widerlegende Einsichten aufdecken und die vom Kritischen Rationalismus mit Recht verurteilte »Verschlossenheit« für neue, Korrektur und Umdenken erfordernde Erkenntnisse indizieren.

Nach der Destruktion aller anderen Autoritäten wendet sich in der postmodernen Philosophie die K. nun auch konsequent meta-kritisch gegen sich selbst und die eigenen Ansprüche. Entgegen der Hoffnung der Kritischen Theorie wie des K.R. rettet K. »die Vernunft nicht vor ihrer Auflösung, ... sondern verursacht sie« vielmehr (Rehfus, 7). Die Voraussetzung »der« Vernunft, an der jedes vernünftige Individuum argumentierend »teilhat«, kann vor dem auf sich selbst zurückgewendeten Prinzip kritscher Prüfung nicht bestehen.

Das Subjekt des modernen kritischen Diskurses begreift sich ja als Teilhaber »der« Vernunft. Allein aus dem Pathos dieser Teilhabe an einer quasi göttlichen, ewigen Vernunft bezieht es seine Macht, im Namen der Vernunft gegen alles Unvernünftige und d.h. gegen alles, was sich nicht – gemessen am eigenen Vernunftsbegriff – rechtfertigen kann, ins Feld zu ziehen.

Postmoderne Vernunft-K. entlarvt diesen Anspruch als grandiose Selbsttäuschung und Anmaßung (Derrida).

Von einer (Re-)Konstruktion und Teilhabe an der – allen Bedingtheiten, Irrtümern und Begrenztheiten entzogenen, allgemeinen und notwendigen – Vernunft kann – so erkennt man jetzt – keine Rede sein. Vielmehr stehen wir in jedem Fall vor bloß individuellen, geschichtl. bedingten Vorstellungen »der Vernunft« eines Individuums. Dessen Vorstellungen von Vernunft als Voraussetzungen und Kriterien von K. sind aber genauso bedingt und kontingent: genauso kritisierenswert wie die Vorstellungen, »über« die zu richten es sich im Namen der Vernunft anmaßt.

Schon J.G. Hamann vermochte nicht an »die

Vernunft« der Kritik der reinen Vernunft Kants zu glauben; er sprach vielmehr dekonstruierend von der »Vernunft in Königsberg«. Er verortete damit die Vernunft als Vernunft des Individuums Kant. Er deckte damit ihre Individualität und die bloße Anmaßung einer Allgemeingültigkeit auf.

Die in der Tradition der Aufklärung gegen sich selbst gewendete K. hält den eigenen Maßstäben nicht stand. Denn das Kriterium der K., das allein sie zu rechtfertigen mochte: das Reden im Namen »der Vernunft« erweist sich sprachphilosophischer, »die Vernunft« auf ihre geschichtl. Entstehungsbedingung zurückführender Meta-K. als nicht einholbarer Anspruch.

2. Aus der Sicht christl. Glaubens ist kritische Prüfung unabdingbar, freilich akzeptabel nur als eine durch das Feuer der Selbst-K. hindurchgegangene und geläuterte, weil um ihre eigene Bedingtheit wissende und ihre eigenen Kriterien meta-kritisch bedenkende K.! Nur so wird ja »radikal«, an die Kriterien als Wurzeln der K. gehend, ernstgemacht mit der bibl. Einsicht in die Endlichkeit und Gebrochenheit aller menschliche Erkenntnis (vgl. 1Kor 13,9.12). Christl. Theologie bedarf des ideologie- und weltanschauungskritischen Instrumentariums, um die Voraussetzungen des Pseudo-Wissens zu zerstören, mit dem der Mensch zuviel weiß und in seiner angemaßten Weisheit an der Torheit Gottes vorübergeht und das Wort vom Kreuz verwirft (vgl. 1Kor 1,18-25).

Nur durch meta-kritische Überprüfung hist. Arbeit läßt sich schließlich auch unterscheiden:

– zwischen einer hist. Arbeit (»Kritik«) einerseits, die allein dem Grundsatz der möglichst unverstellten, voraussetzungslosen, »offenen« Wahrnehmung verpflichtet ist und die darin »demütig« ist, daß sie nicht bei ihrem eigenen Wissen, ihren hergekommenen Vorstellungen verharrt, sich vielmehr vom Gegenstand ihrer Wahrnehmung selbst belehren und kritisch in Frage stellen läßt, und

– einem ideologisierten, weltanschaulich aufgeladenen Begriff »historischer Kritik« andererseits, durch dessen Kriterien im Vorhinein darüber entschieden ist, was Wirklichkeit, Geschichte und was Wirklichkeit Gottes in menschlicher Geschichte gewesen sein kann (vgl. Troeltsch).

Für letztere Form von K. gilt das Diktum von G. Maier: Kritik ist nicht die angemessene Antwort auf Offenbarung! (1990, 213ff). Es ist schon wissenschaftstheoretisch ein Verstoß gegen das Prinzip offener und d.h. selbstkritischer Wahrnehmung, wenn der Gegenstand, der reden soll, durch die mitgebrachten Kriterien bevormundet wird. Umgekehrt gilt: K. ist die einzig angemessene Antwort auf (einen) Offenbarung(sanspruch). Wenn sich der dreieinige Gott ins Fleisch herabgelassen hat (→ Kondeszendenz), dann sind die Spuren dieses alle unsere Vernünfte in Frage stellenden Ereignisses kritisch, d.h. unterscheidend und prüfend, dieses Ereignis bzw. die Kunde davon in seinem Anspruch ernstnehmend wahrzunehmen.

Dem phil. und prinzipiellen Kritizismus (vgl. Gollwitzer, Weischedel) kann christl. Glaube nicht durch den Rückzug auf ein gegen K. geschütztes, darum freilich auch erkenntnismäßig belangloses Gebiet oder aber durch den Rückzug auf eine selbst hergestellte Erkenntnis-Sicherheit begegnen. Letztere ließe sich nicht nur erkenntnistheoretisch destruieren. Sie bedeutete theol. zudem eine Form von Selbst-Erlösung. Im Rückgang auf die reformat. Unterscheidung von *securitas* (»Sicherheit«) und *certitudo* (»Gewißheit«) weiß christl. Glaube, daß ihm, so sehr er auch zu Gotteserkenntnis aufgefordert ist, eine ausreichende *securitas* nie erreichbar ist, daß er vielmehr lebt aus einer von ihm nicht zu schaffenden, ihm vielmehr immer neu gewährten Gewißheit dessen, den »ihr erkannt habt, – vielmehr (!) von dem ihr erkannt worden seid«! (Gal 4,9).

Lit.: H. Albert: Traktat über kritsche Vernunft, [3]1975; J. Derrida: Apokalypse. Von einem neuerdings erhobenen apokalyptischen Ton in der Philosophie, hg. von P. Engelmann, 1985, 9-90; H. Gollwitzer, W. Weischedel: Denken und Glauben. Ein Streitgespräch, [2]1965; J.G. Hamann: Metakritik über den Purismum der Vernunft (1784), in: ders.: Schriften zur Sprache, hg. von J. Simon, 1967, 219-227; H. Hempelmann: »Erkennen/Erkenntnis«, GBL 1, [2]1990, 325-332; ders.: Kritischer Rationalismus und Theologie als Wissenschaft. Zur Frage nach dem Wirklichkeitsbezug des christlichen Glaubens, [2]1987; I. Kant: Kritik der reinen Vernunft [2]1787; G. Maier: Biblische Hermeneutik, 1990; K.-H. Michel: Sehen und Glauben, Schriftauslegung in der Auseinandersetzung mit Kerygmatheologie und historisch-kritischer Forschung, 1982; K.R. Popper: Conjectures and Refutations. The Growth of Scientific Knowledge, [4]1972: ders: Logik der Forschung, [5]1973; W.D. Rehfus (Hg.): Der Taumel der Moderne, 1992; E. Troeltsch: Über historische und dogmatische Methode in der Theologie (1898), in: G. Sauter (Hg.): Theologie als Wissenschaft, 1971, 105-127.

H. Hempelmann

Kroatien

K., im Altertum zur Hauptsache von Illyrern bewohnt und im 1. Jh. v.Chr. von den Römern erobert, fiel nach dem Zusammenbruch des Röm. Reiches unter ostgotische, langobardische, byz. und awarische Herrschaft und wurde anfangs des 7. Jh.s von den südslawischen Kroaten in Besitz genommen. Die Christianisierung des auf der damaligen Kulturgrenze zwischen Ost und West gelegenen Landes ging sowohl von der lat. Kirche (Patriarchat Aquileja) als auch von Byzanz aus. Das zu Beginn des 10. Jh.s entstandene Königreich K. fiel gegen Ende des 11. Jh.s an Ungarn. 1526 kam K. an Habsburg und verblieb bis zum Ende des Ersten Weltkriegs bei der Habsburger Monarchie. 1918 wurde es Bestandteil des »Vereinigten Königreiches der Serben, Kroaten und Slowenen« (ab 1929 »Königreich Jugoslawien«). 1941-1945 war K. ein unabhängiger Staat unter deutscher und italienischer Schirmherrschaft. In der Nachkriegszeit wurde es eine der sechs Volksrepubliken des sozialistischen → Jugoslawien. Nachdem 1990 ein Demokratisierungsprozeß eingesetzt hatte, erklärte das kroatische Parlament am 25. 6. 1991 die polit. Unabhängigkeit K.s, die zu Beginn 1992 weitgehende internationale diplomatische Anerkennung fand. Der kroatische und der serbische Nationalismus, sowie zum Teil alte, hist.bedingte, polit., siedlungsbedingte, rel. und kulturelle Rivalitäten führten von der zweiten Hälfte 1991 an zu heftigen kriegerischen Auseinandersetzungen zwischen Kroaten und Serben im zerfallenen Jugoslawien, die dem Land unermeßliche Schäden und viel menschliches Leid brachten.

Von den rund 4,7 Mio. Einwohnern des 56.538 km² umfassenden Landes bilden die Kroaten mit 85 % die größte ethnische Gruppe, gefolgt von 11,5 % Serben, die in einigen Gebieten im Osten des Landes (Krajina, Petrinja, Slawonien) allerdings die Mehrheit der Bevölkerung bilden. Der Rest sind Muslime, Slowenen, Tschechen, Slowaken und andere. Der größte Teil der Kroaten gehört der röm.-kath. Kirche an. Die Diözesangliederung deckt sich nicht mit den Landesgrenzen und ist sehr kompliziert. Im Zuge der Demokratisierung erhielten die Kirchen 1990 viele neue Freiheiten. Die vakanten Bischofsitze wurden besetzt, die theol. Hochschule Zagreb wieder in die Universität eingegliedert, ein fakultativer Religionsunterricht in den Schulen eingeführt und kirchl. Medienarbeit ermöglicht. Die Serben sind orthodox und dem Patriarchat Belgrad unterstellt. Außerdem gibt es prot. (bapt., meth., luth. und ref.) Minderheitskirchen, sowie eine sehr kleine altkath. Kirche. Das ökumen. Verhältnis zwischen Katholiken und Protestanten ist gut, das zu den Orthodoxen durch die Nationalitätenkonflikte belastet.

Lit.: s. → Jugoslawien.

E. Bryner

Kroeker, Jakob (1872-1948)

K., geb. am 31. 10. 1872 in Gnadenthal/Südrußland, gest. am 12. 12. 1948 bei Stuttgart; Mennonitenprediger und Missionsdirektor. Nach Studium am baptistischen Predigerseminar Hamburg war K. Lehrer in seiner Heimat, bald Reisesekretär der → Mennoniten. Durch F.W. → Baedeker kam er in Verbindung mit den Erweckungskreisen in Petersburg, wo er alljährlich wirkte. 1910 zog K. nach Wernigerode und wirkte zusammen mit dem ref. Pastor W. Jack unter russ. Kriegsgefangenen. Die beiden aus Rußland stammenden Theologen gründeten den Missionsbund → Licht im Osten, der zunächst die heimkehrenden russ. Kriegsgefangenen mit Bibeln versorgte. Durch seine Vorträge und atl. Bibelauslegungen fand K. ein reiches Tätigkeitsfeld in Kirchen und Freikirchen.

Lit.: J. Kroeker: Das lebendige Wort, 8 Bde., Auslegungen atl. Bücher; Der Römerbrief.
M. Kroeker: Ein reiches Leben, 1949.

H. Brandenburg†

Krüdener, Juliane Freifrau von (1764-1824)

K., geborene von Vietinghoff, geb. am 11. 11. 1764 in Riga, gest. am 25. 12. 1824 in Karasu/Bazar (Krim), wurde mit 18 Jahren einem 20 Jahre älteren Diplomaten angetraut, der bereits zweimal geschieden war. In ihrem Roman »Valerie« (1803) schildert sie ihr Leben in der Gesellschaft Westeuropas. In Riga durch einen herrnhuterischen Schuhmacher erweckt, übergab sie ihr Leben und Vermögen Gott. Ihre Religiosität war stark mystisch-ekstatisch geprägt. Bis zu ihrem Tode suchte sie evangelistisch zu wirken, hatte Einfluß auf Königin Luise von Preußen und besonders auf Zar Alexander I. von Rußland. Der Gedanke der »Heiligen Allianz« christl. Staaten stammt wohl von ihr. K. wirkte lange in Südbaden und in der Schweiz unter Armen und Elenden, wurde wegen ihrer offenen Kritik am Versagen der Regierenden in der Hungerzeit überall ausgewiesen. Ehe sie auf der Krim eine christl. Armensiedlung gründen konnte, starb sie nach schweren Leiden.

Lit.: M. Geiger: Aufklärung und Erweckung, 1963, 253-282; H.v. Redern: Zwei Welten, 1927.

H. Brandenburg†

Krummacher, Friedrich Adolf (1767-1845)

K., geb. am 13. 7. 1767 in Tecklenburg, gest. am 4. 4. 1845 in Bremen, ab 1786 Theologiestudium in Holland und Halle, 1790 Konrektor am Gymnasium in Hamm, 1793 Rektor in Moers, 1800 als Professor der Theologie und Eloquenz nach Duisburg berufen. Ab 1807 wird K. wegen der Wirren der napoleonischen Herrschaft Pfarrer in Kettwig, 1812 Generalsuperintendent in Bernburg, seit 1824 Pfarrer in Bremen.

K. verband ref. Theologie und – beeinflußt von Herder – klass. Bildung. Daß er diese ungewöhnliche Zusammensetzung überzeugend durchhielt, zeigen nicht zuletzt die literarischen Zeugnisse. Neben den »Parabeln« (1805) schrieb er Katechismen, geistl. Lieder u.v.m. Diese Ausrichtung ließ ihn positives Profil gegenüber dem mächtig aufkommenden kritischen Rationalismus gewinnen.

Seine Verwurzelung in den Anfängen der Erweckungsbewegung, verbunden mit seiner Offenheit für den Wert von Bildung und Kultur, bleibt beispielhaft.

Lit.: H. Mallet: »Krummacher, F.A.«, RE[3] XI, 150-152; A.W. Möller: F.A. Krummacher und seine Freunde, 1849; D. Rössler, »Krummacher, F.A.«, RGG[3] IV, 83.

R. Albrecht

Krummacher, Friedrich Wilhelm (1796-1868)

K., geb. am 28. 1. 1796 in Moers, gest. am 10. 12. 1868 in Potsdam. K. war Sohn des Parabeldichters Friedrich Adolf → K. (gest. 1845) und Neffe Gottfried Daniel → K.s (gest. 1837).

Als Hilfsprediger in Frankfurt/Main erlebte K. seine Bekehrung. 1824 wurde er Pfarrer in Ruhrort, 1925 in Barmen-Gemarke, 1834 in Elberfeld; 1933 hörte Friedrich Wilhelm VI. K. predigen und berief ihn 1847 an die Dreifaltigkeitskirche in Berlin, 1853 als Hofprediger nach Potsdam. K.s Predigten wurden vielfach gedruckt (»Elias, der Thisbiter«, »Salomon und Sulamith«). Er war ein feuriger Erwekkungsprediger, der seiner darstellenden Phantasie in drastischen Schilderungen freien Lauf ließ: »Mein Geschmack ist das biblisch Massive.«

Lit.: J.F. Diehl: »Krummacher, F.W.«, BBKL IV, 715f (Lit.).

H. Brandenburg†/Red.

Krummacher, Gottfried Daniel (1774-1837)

K., geb. am 1. 4. 1774 in Tecklenburg, gest. am 30. 1. 1837 in Elberfeld, Haupt der → Erweckungsbewegung am Niederrhein, ref. Pfarrer in Baerl (1798), Wülfrath (1801) und (1816) Elberfeld.

K. stand von Jugend auf unter ref.-pietist. Einfluß tersteegenscher Prägung, doch lehnte er sich im Lauf seiner Entwicklung an die altref. orth. Tradition an, insbesondere in seiner Predigt von der freien Gnade Gottes, die er in Gottes Vorherbestimmung (→ Prädestination) am Werk sah. Von früh auf zum Sonderling neigend, unverheiratet, rief er in Wuppertal eine Erweckung hervor, gewann eine nicht sehr große, aber treue Anhängerschaft, die zum Teil später zu → Kohlbrügge überging. Die von K. besonders geliebte Predigt über das AT ist von großer Willkürlichkeit. Mit seiner Auslegung wollte er weniger das Gefühl als Verstand und Willen ansprechen. Die ev. Union 1817 begrüßte er anfänglich, lehnte sie aber später ebenso wie das landesherrliche Kirchenregiment schroff ab.

Lit.: F.W. Krummacher: G.D. Krummacher und die niederrheinische Erweckungsbewegung, 1935; U. Leu: »Krummacher, G.D.«, BBKL IV, 716-720; E. Mülhaupt: Rheinische Kirchengeschichte, 1970, 288-290.

E. Mülhaupt/Red.

Krust, Christian Hugo (1886-1973)

K., geb. am 1. 12. 1886 Karlsruhe, gest. am 14. 12. 1973 in Darmstadt, erlebte 1910 → Wiedergeburt, → Geistestaufe, Geistesgaben. Nach einer Ausbildung in der Diakonie trat K. ab 1920 in die Gemeinschaftsarbeit als Prediger der »Christlichen Gemeinschaft Darmstadt« ein. Prägenden theol. Einfluß übten J. → Paul und P.C.O. Voget auf ihn aus. 1957 wurde K. Geschäftsführer des → Christlichen Gemeinschaftsverbandes GmbH Mülheim-Ruhr und Vorsitzender des Hauptbrüdertages. In einer Rede vor der Vollversammlung des Ökumen. Rates der Kirchen in Uppsala 1968 setzt sich K. für eine Annäherung von Pfingstbewegung und Ökumene ein. 1969 hatte er entscheidenden Anteil am Aufbau eines verbandseigenen Brüderseminars in Darmstadt.

Lit.: C. Krust: 50 Jahre deutsche Pfingstbewegung, 1958; ders.: Was wir glauben, lehren und bekennen, [2]1980.

Red.

Kruzifix → Kreuz

Krypta → Kirchenbau

Kryptocalvinismus

Als K. bezeichnet man eine Bewegung innerhalb der Kirchen Augsburgischer Konfession im 16. Jh. Der Begriff entstammt dem gegnerischen Angriff auf diese »heimlichen Calvinisten«.

Man berief sich auf den älteren → Melanchthon, der 1540 in der Variata des Augsburger Bekenntnisses den Abendmahlsartikel so formuliert hatte, daß eine Verständigung mit den Oberdeutschen möglich werden sollte. Deshalb mußte die Betonung der Realpräsenz entfallen. Auch die »manducatio indignorum«, die Lehre, daß die leibhafte Gegenwart Christi im Mahl nicht vom persönlichen Glauben der Empfänger abhänge, wurde von den Kryptocalvinisten nicht mehr vertreten. Wegen ihrer Berufung auf Philipp Melanchthon nannte man sie auch »Philippisten«.

Der Gegensatz zwischen beiden streitenden Gruppen hatte sich seit 1548 an verschiedenen dogmat. Fragen genährt. Das Wormser Religionsgespräch von 1557 hatte den Konflikt öffentlich in Erscheinung treten lassen. In der Angelegenheit von Albert Hardenberg in Bremen war auch Melanchthons Haltung zum Abendmahl in voller Deutlichkeit zutage getreten. Auf dem Naumburger Fürstentag (1561) zeigte sich, daß eine bedingungslose erneute Einigung auf der Basis des Bekenntnisses von Augsburg nicht mehr möglich war. Auf dem Augsburger Reichstag von 1566 war es dem pfälzischen Kurfürsten gelungen, sich den nötigen reichsrechtlichen Schutz zu sichern, da er den Vorwurf, sein Land gehöre einer Sekte an, abwenden und sich als »Augsburgischer Konfessionsverwandter« darstellen konnte.

Während die Pfalz sich danach offen zum Calvinismus bekannte und ihr geistiges Zentrum in Neustadt an der Haardt (Weinstraße) ausbaute, vollzog sich die Hinwendung zur Abendmahlslehre des Genfer Reformators in Kursachsen unbemerkt, bis 1574 die entschiedenen Lutheraner den Sachverhalt polemisch anprangerten. Man darf nicht alle Schüler Melanchthons als Kryptocalvinisten einstufen. Führend waren neben Theologen die Mediziner Caspar Peucer in Wittenberg, Joachim Curaeus in Freistadt, Jacob Monau in Breslau und der Jurist Christof Hardesheim (Herdesianus) aus Nürnberg (Pseudonym Ambrosius Wolf). Im Frühjahr 1574 ließ Kurfürst August von Sachsen die Vertreter des K. in seinem Land verhaften, wodurch ihrem Gedankengut ein Ende bereitet werden sollte. Eine zweite Blüte erlebte der K. in Sachsen noch einmal für kurze Zeit unter Christian I. (1586-91).

Die kryptocalvinistischen Streitigkeiten wie die anderen umstrittenen theol. Fragen fanden eine Klärung durch die Konkordienformel (1577) und das Konkordienbuch (1580). Auch über die offizielle Beilegung hinaus lebte der Streit an einigen Orten weiter, und der Begriff wurde in späteren Problemfällen polemisch wiederbelebt.

Lit.: H. Junghans: »Kryptocalvinisten«, TRE 20, 1990, 123-129 (Lit.!); R. Keller: Der Beitrag von David Chytraeus zur Einigung des Luthertums, in: David und Nathan Chytraeus. Humanismus im konfessionellen Zeitalter, hg. von K.-H. Glaser u.a., 1993, 117-128.213-217; E. Koch: Ausbau, Gefährdung und Festigung der lutherischen Landeskirche von 1553 bis 1601, in: Das Jahrhundert der Reformation in Sachsen, hg. von H. Junghans, 1989, 195-223; E. Koch: Der kursächsische Philippismus und seine Krise in den 1560er und 1570er Jahren, in: Die reformierte Konfessionalisierung in Deutschland – Das Problem der »Zweiten Reformation«, hg. von H. Schilling, 1986, 60-77; ders.: »Konkordienbuch/Konkordienformel«, TRE 19, 1990, 472-483 (Lit.!); I. Mager: Die Konkordienformel im Fürstentum Braunschweig-Wolfenbüttel, 1993, 126-141.

R. Keller

Kuhlo, Johannes → Posaunenarbeit

Kühn, Bernhard → Blankenburger Allianzkonferenz

Kullen, Kullenstunde

Die K. sind Stammgeschlecht einer reich verzweigten, bis heute im Reich Gottes wirkenden Familie (Barner, Busch, Eißler, Lipps, Schäfer, Scheffbuch, Stöffler, Wanderer, Währisch). Mehr als 200 Jahre lang folgte jeweils Sohn auf Vater als Schulmeister in Hülben bei Bad Urach; bis heute wird die seit 1765 eingerichtete »Stunde« von einem direkten Nachfahren der K. gehalten; von mehreren Tausenden besuchte Treffen sind Kirchweihmontagsstunde und Silvesterkonferenz.

Die Besonderheit der K.schen Frömmigkeit ist gekennzeichnet durch die Stichworte: Fröhliches Christsein; nichts »Gemachtes« (auch nicht »Bekehrung« und »Erweckung«); Demut; Gastfreundschaft; vor allem aber Ehrfurcht vor Gottes Wort. Die geistl. Erweckung war 1763 ins Hülbener Schulhaus gekommen durch Pfarrer Fricker; er empfahl der Ehefrau des Wilhelm K., den Römerbrief zu lesen. Das entband bei der Lehrersfrau die Erkenntnis der Erlösungsbedürftigkeit und die Freude am Heiland Jesus. Durch Johannes K. d.Ä. (1787-1842), Institutsvorsteher in Korntal, wurden die Brücken geschlagen zu vielen freien Werken im Bereich von Weltmission, Diakonie und christl. Pädagogik.

Lit.: K. Knauß: »Kullen, Christian Friedrich«, »Kullen, Johannes d.Ä.«, »Kullen, Johannes«, BBKL IV, 804-808 (Lit.).

R. Scheffbuch

Kultur

1. Begriff und Überblick

K. kommt von lat. *colere*, »anbauen, pflegen« (vgl. *cultura agri*, »Ackerbau«). Mit diesem Begriff werden sowohl die Weise wie das Ergebnis dessen bezeichnet, wie sich Menschen zur Welt, in der sie leben, verhalten, sich die Dinge der Welt (der Natur) aneignen, sie umgestalten und sich damit ihre Umwelt als ihre Heimat einrichten, damit sie sich darin zurechtfinden können. »Kultur« bezeichnet also den Vorgang, durch den Menschen diese Welt zur Heimat gestalten, das Ergebnis dieser Weltgestaltung, aber auch die Auswirkungen, die dieser Vorgang auf die Menschen selbst hat. K. prägt also sowohl den einzelnen Menschen wie die Weise, wie er und die Menschen seiner Zeit und seines Lebensraumes die äußere Welt wahrnehmen. Darum unterscheidet man sinnvollerweise eine subjektive K. (innere Reifung, → Bildung, Gesinnung) von einer objektiven K. (äußere kulturelle Werke, Institutionen, Kunstrichtungen usw.). Beide aber sind gegenseitig aufeinander verwiesen: Äußere Einrichtungen werden hohl, wenn sie nicht vom Inneren der Menschen mitgetragen werden; innere Werte drohen zu scheitern, wenn ihnen die Institutionen der Gesellschaft permanent entgegenstehen.

2. Grundelemente

a. Jede eigenständige K. lebt aus einer Verwurzelung in Transzendenz, d.h. K. erwächst aus der rel. Orientierung (→ Mythos, Religion) ihrer Träger. Damit ist die Erfahrung gemeint, daß sowohl die eigene Existenz wie die Existenz einer ganzen Gemeinschaft ihren tiefsten Grund nicht in sich selbst trägt, sondern in einem Jenseits, das die eigene Existenz wie den Bestand der Gemeinschaft, in der der einzelne lebt, begründet und zugleich begrenzt.

b. Echte rel. Verwurzelung bedeutet Verpflichtung für den einzelnen und stellt ihn in eine Gemeinschaft mit denjenigen, die in derselben Verpflichtung stehen (Modell der Umkehr-Religion). Man kann auch umgekehrt formulieren: Der einzelne findet die rel. Verwurzelung in der Gemeinschaft, in die er hineingeboren wird, als verpflichtende Bindung bereits vor und gliedert sich in diese auch ihn verpflichtende Beziehung ein (Modell der Volks-Religion). Aber immer verpflichtet die Verwurzelung in Transzendenz sowohl den einzelnen als auch die Gemeinschaft, in der dieser einzelne steht.

c. Die rel. Verwurzelung, die die Kraft zur Verpflichtung hat, bindet die Verpflichteten zu einer soziologisch genau zu bestimmenden Gemeinschaft. Die Grenzen sind weder individuell noch fließend. Es ist klar, wer dazu gehört und wer nicht. Kulturtragend ist eine fest umrissene und genau bestimmbare Gruppe.

d. Gemeinsame geschichtl. Erfahrungen binden zusammen und verpflichten immer wieder neu. Selbst eine Gemeinschaft, die den lebendigen und verpflichtenden Halt in einer gemeinsamen rel. Verwurzelung gelockert oder gar verloren hat, wird noch lange durch die gemeinsame Geschichte zusammengehalten. Gemeinsame Geschichte hat bewahrende Kraft, auch wenn sie nicht die Kraft hat, neue Lebendigkeit zu schenken.

Aus diesen Wurzeln (a.-d.) wachsen drei kräftige Triebe (e.-g.), die eine K.gemeinschaft bestimmen:

e. Rel. Bindung, persönliche Verpflichtung, Gemeinschaft und gemeinsam erfahrene Geschichte vermitteln klare Ziele, auf die das Leben des einzelnen wie das Leben der Gemeinschaft hin gelebt werden können.

f. Ziele aber vermitteln gleichzeitig → Werte und verleihen so dem Leben des einzelnen wie der Gemeinschaft einen konkreten Sinn. Dadurch ergeben sich auch klare Grenzen. Die Unterscheidung zwischen wahr und falsch, gut und böse usw. wird möglich.

Ohne rel. Verwurzelung, die als Verpflichtung erfahren wird und Gemeinschaft stiftet, sind weder Ziele noch Grenzen möglich. Diese aber sind notwendig, um den Bereich der vielfältigen Lebensmöglichkeiten zu strukturieren. Ohne solche Voraussetzungen wird sich keine Gemeinschaft bilden, kein einzelner sich orientieren können. Was neuzeitlich unter der Perspektive des einzelnen als Sinnfrage thematisiert wird, meint vor allem die Klarheit und die Festigkeit der Ziele, auf die hin eine ganze K.gemeinschaft und insofern auch der einzelne, der in ihr steht, ausgerichtet ist. Zerbrechen aber die Ziele einer K., dann ist plötzlich auch die Sinnfrage für den einzelnen nicht mehr beantwortbar.

g. Eine lebendige rel. Verwurzelung wird wie eine lebendige Liebe nicht als Gesetz erfahren, sondern als Kraftquelle, die es selbstverständlich und leicht macht, die vermittelten Ziele anzustreben und die erkannten Grenzen einzuhalten. Dennoch haben Grenzen, auch wenn die Lebendigkeit zu fehlen scheint, zunächst noch bewahrende Kraft. Die Freigabe der Grenzen mit dem Argument, Lebendigkeit nicht erzwingen zu können, gibt auch die äußeren Formen preis, in denen Leben und damit K. erneuert werden könnte. Äußere (bewahrende) Form und innere (erneuernde) Kraft stehen in unauflösbarem Verhältnis zueinander.

h. Jede Gemeinschaft wirkt auf ihre Umwelt anziehend oder abstoßend, vermittelt aber auf jeden Fall einen Eindruck von der Art der rel. Wurzel, aus der sie lebt. Die Wirkung jeder kulturellen Gemeinschaft beruht nicht auf der Botschaft, die sie ausdrücklich vermitteln will, sondern auf der Geschlossenheit und Klarheit ihrer Existenz und damit auf der Übereinstimmung zwischen ihrem Sein und ihrem Handeln.

3. Kultur in ihrer Geschichte

Die Ausgestaltung menschlicher K. in Geschichte und Gegenwart muß in ihrer Vielgestaltigkeit zur Kenntnis genommen werden. K. ist lebendig, hängt von der jeweiligen Zeit und ihrer rel. Orientierung, den jeweiligen Menschen und ihrem Charakter, der jeweiligen Umgebung und Dynamik gesellschaftl. Entwicklung ab.

Daß sich K. wandeln kann, hängt zutiefst mit der Rückbindung an den rel., den transzendenten Grund der K. zusammen. Verfall bzw. Erneuerung von K. sind Spiegelbild transzendenter Bindung bzw. Verlust von Transzendenz durch den einzelnen wie der Gemeinschaft. Der heute oft beklagte Werteverlust unserer K. hat seinen tiefsten Grund im Transzendenzverlust des einzelnen wie der Gemeinschaft.

K.en kennen sowohl Aufbrüche wie Niedergänge. Dabei handelt es sich nicht um naturgesetzliche Vorgänge. Je mehr eine K. sich von Gott entfernt und das Verhältnis zu Gott als Privatsache erklärt, desto mehr verliert sie ihre verbindende Mitte. Niedergang einer K. hat seinen Grund im Verlust der Mitte, die die Glieder der Gesellschaft verpflichtend verbindet.

Mit K. als Epochenbegriff bezeichnet man in der Regel eine relativ geschlossene geographische sowie eine zeitliche und oftmals auch sprachliche Einheit (z.B. italienische Renaissance; deutsche Gotik; franz. Impressionismus usw.). Verwies der Ursprung des Abendlandes noch auf die gemeinsame Verwurzelung im Christentum als Grund einer alle verbindenden K., so differenzierte sich in der Geschichte die K. zunehmend in einzelne sprachliche und insofern kulturelle Räume. An die Stelle des gemeinsamen Grundes treten Notwendigkeit und Verpflichtung des Gespräches über die K.grenzen hinweg. Damit offenbaren sich gleichzeitig die Grenzen solchen kulturellen Gespräches.

Heute stehen wir vor dem widersprüchlichen Phänomen: Einerseits träumen wir von einer universalen Weltverflechtung im polit. und wirtschaftl. Sinn (One World). Andererseits erfahren wir die zunehmende Differenzierung in einzelne Sprach- und K.bereiche (Nationalisierung). Was bedeutet das? Werden sich die K.en neu bilden und durch ihren Rückzug auf ihren Ursprung neu befruchten (Phänomen der Nationalisierung), oder werden sie sich gegenseitig derart angleichen, daß man von einem Zug zur kulturellen Nivellierung (Internationalisierung) sprechen muß? Die Antwort auf diese Frage hängt davon ab, für wie grundlegend man die verpflichtende Bindung einer Gemeinschaft an die »Transzendenz« hält.

4. Gibt es »christliche« Kultur?

Die Vorstellung von einer »christlichen« K. ist problematisch, insofern sie zwei verschiedene Grundelemente verbindet. Das »christliche« Element einer K. ist gegeben, insofern sie aus der Bindung an den christl. Glauben gestaltet wird und immer wieder erneuert werden kann. Um K. handelt es sich insofern, als sie von einer sprachlichen, soziologischen und geschichtl. Gemeinschaft, die sich aus denselben Wurzeln heraus versteht und differenziert, getragen wird. Insofern kann man zwar von menschlichen Grundanliegen (Menschenrechte; Tötungsverbot; Nächstenliebe über alle kulturellen und soziologischen Grenzen hinweg usw.) in allen K.en sprechen, die durch das Christentum vermittelt und bewahrt werden, nicht aber von einer christl. K. selbst. Diese menschlichen Grundwerte werden sich in den verschiedenen (sprachlichen, geschichtl. usw.) Kontexten auch je verschieden ausgestalten.

Gerade darum sind Christen aufgefordert, die von Gott durch sein Wort erfahrenen menschlichen Werte in die K. ihres Sprachraumes, ihrer Umgebung einzubringen und je neu zu übersetzen. Sowenig es eine wirklich »christliche« K. gibt, so sehr müssen (und können!) unsere K.en von den Werten des Christentums durchdrungen und gestaltet und von ihnen aus auch erneuert werden. Die Kraft zur Erneuerung kommt aus der rel. Verpflichtung (Glauben), aus der der einzelne Mensch und eine ganze Gesellschaft lebt und in der insofern eine K. wurzelt! Mit dem Verlust an Transzendenz, die alle verbindet, verliert K. auch die Kraft zur eigenen Erneuerung.

Lit.: F. Rodi, F.W. Graf, K. Tanner: »Kultur«, TRE 20, 1990, 176-209 (Lit.).

W.J. Bittner

Kulturkampf

Der Begriff wurde erstmals in einer Rede des Abgeordneten Rudolf Virchow (1821-1902) vor dem Preuß. Abgeordnetenhaus verwandt und hat sich allg. durchgesetzt. Er bezeichnet den Konflikt zwischen dem 1871 neu gegründeten Deutschen Reich und der röm.-kath. Kirche. Nicht nur in Deutschland sondern in unterschiedlicher Heftigkeit auch in Österreich und der Schweiz, Spanien und Belgien, vor allem auch, wenngleich zeitversetzt, in Frankreich, ist er nachweisbar; er war ein europäisches Phänomen. Dahinter steht die Reaktion Roms auf die weit verbreitete Bewegung des → Liberalismus (Entkonfessionalisierung des öffentlichen Lebens seit 1848, Heimat – und Kirchenlosigkeit der Bevölkerung im Zuge der Industrialisierung u.a.). Vorspiel war der Kölner Kirchenstreit 1837-1840, der badische Mischehenkonflikt und die Einführung der fakultativen Zivilehe 1846, die Gründung des Zentrums 1859 (→ Parteien, christliche), der → Syllabus (Katalog der Irrtümer und der verbotenen Schriften) 1864 und nicht zuletzt die Unfehlbarkeitserklärung des Papstes durch das 1. Vatikanische → Konzil 1870. Ausgelöst wurde der K. durch die Maßnahmen deutscher Bischöfe gegen Theologieprofessoren und Religionslehrer, die den Konzilsentscheidungen den Gehorsam verweigerten.

Daraufhin reagierte der Staat ebenfalls rigoros; er verfügte das »Schulaufsichtsgesetz« (11. 3. 1872), den Ausschluß von Ordensangehörigen aus dem preußischen Schuldienst (19. 6. 1872), das Verbot des Jesuitenordens im Deutschen Reich (4. 7. 1872), den Erlaß des »Kanzelparagraphen« gegen Mißbrauch des geistl. Amtes (10. 12. 1872). Die Maigesetze 1873 führten zum Höhepunkt der Auseinandersetzung (Gesetz über die »Vorbildung und Anstellung der Geistlichen«: Studium nur an staatlichen Fakultäten; Gesetz über die »Einrichtung des königlichen Gerichtshofes für kirchliche Angelegenheiten«, Gesetz über den »Austritt aus der Kirche«, Verfügungen über die Vakanz von Bischofssitzen, Einstellung der Staatszuschüsse an die kath. Kirche, Gesetz über die Einführung der obligatorischen Zivilehe – 1875 für das ganze Reich – u.a.).

Nur Sachsen und Württemberg blieben vom K. verschont, auf den sich Pius IX. und das Zentrum mit äußerster Schärfe einließen. Beigelegt wurde der K. erst nach dem Tod des Konzilpapstes mit einer flexibleren Haltung Leos XIII., auf die auch Bismarck einging. So kam es zwischen 1880 und 1882 zu »Milderungsgesetzen« und ab 1886 zu »Friedensgesetzen«, die einen einvernehmlichen Kompromiß brachten. Das Schulaufsichtsgesetz, die Zivilstandsgesetze und die Anzeigepflicht der Geistlichen bei Ämterbesetzung blieben allerdings bestehen. Die Säkularisierung der Welt wurde durch diesen Konflikt offenkundig, die Trennung von Kirche und Staat durch den K. vorangetrieben und die Distanz vieler Katholiken zum Deutschen Reich befördert.

Lit.: G. Besier: »Kulturkampf«, TRE 20, 1990, 209-230 (Lit.); A. Constable: Die Vorgeschichte des Kulturkampfes, 1956; E. Schmidt-Volkmar: Der Kulturkampf in Deutschland 1871-1890, 1962.

G. Ruhbach

Kulturprotestantismus

Ein meist polemisch gebrauchter Begriff, der eine gewisse Unschärfe besitzt: Er kann allgemein die Haltung eines modern sein wollenden Protestantismus oder den gesamten »→ Neuprotestantismus« seit dem 18. Jh. oder den neuzeitlichen Liberalismus bezeichnen. In der Regel meint der Begriff speziell das typisch bürgerlich-prot. Christentum in den Jahrzehnten bis zum Ersten Weltkrieg, mit gewissen Fortsetzungen noch in der Folgezeit. Er meint ein Christentum, dessen Selbstverständnis sich namentlich im »Deutschen Protestantenverein« (seit 1863) artikulierte. Diesem Verein ging es um »eine Erneuerung der protestantischen Kirche im Geiste evangelischer Freiheit und im Einklang mit der gesamten Kulturentwicklung unserer Zeit«. Kurz, die »Versöhnung von Religion und Kultur« stand auf seiner Fahne, wie es der Gründungsvater des Vereins, R. → Rothe, sagte. Nach seiner These – das Gleichnis vom Sauerteig hielt dafür her – habe sich das Christentum heute überhaupt in das Ganze moralisch bestimmter, menschlicher Kultur und Gesellschaft aufzulösen. Ausdruck des K. war ebenso das Verständnis des Gottesreichs bei A. Ritschl, das Christen in rel. Weltbeherrschung und sittlicher Berufstreue befördern. Von da aus konnte W. Schubring, Generalsekretär des Protestantenvereins, 1925 das Bauen des Gottesreichs einfach ineinssetzen mit unserem »Kulturfortschritt«. Obwohl es auch einen entsprechenden Kulturkatholizismus gab, war der K. zumeist antikatholisch bestimmt, und von der Reformation wollte er vor allem eine von allem »Lehrzwang« entledigte »Gewissensfreiheit« übernehmen, – eine Einstellung, die namentlich A. von → Harnack, bezeichnend für das kaiserliche Vorkriegszeitalter, vertrat. Von der Parole der »Gewissensfreiheit« her konnten sich im K. manche Prominente (M. Rade) Forderungen des polit. Liberalismus zueigen machen. Andererseits erstrebte der K. über eine in allen Schichten verankerte Volkskirche, über die Ausbildung eines eigenen »deutschen Christentums« den Aufbau eines deutschen Nationalstaates. In dem aus der Theologie in die Politik übergegangenen F. → Naumann verband sich das polit. liberale und deutsch-nationale Interesse in markanter Weise. Wiederum ermöglichte die deutsch-nationale Ausrichtung des K. nicht wenigen der von ihm Beeinflußten 1933 den Übergang zu den Deutschen Christen, die den Protestantismus an die völkischen Ideen des neuen Staates anpassen wollten. Zuvor schon hatten sog. »Krisentheologen« nach dem Ersten Weltkrieg einen Zusammenbruch des »Kulturfortschritt«-Glaubens ausgerufen und damit das Selbstbewußtsein des K. erschüttert. Dabei machte die dialektische Theologie die Erkenntnis geltend, daß das von Jesus verkündete Reich Gottes eschatologisch und keine weltliche Größe sei, daß es darum mit keinem Menschenreich zu verwechseln noch von Menschen zu erbauen sei. »Gott fängt da an, wo Welt und Kultur aufhören« (W. Elert). Doch wies K. Barth schon 1926 darauf hin, daß Kultur, verstanden als menschliche Bemühung um »Humanität«, Gleichnis des Gottesreiches sein könne.

Lit.: F.W. Graf: »Kulturprotestantismus«, TRE 20, 230-243 (Lit.).

E. Busch

Kultus → Gottesdienst

Künneth, Walter (1901-1997)

1. Zur Biographie

K., am 1. 1. 1901 als Pfarrersohn in Etzelwang (Bayern) geb., studiert ab 1920 ev. Theologie in Erlangen und dann v.a. in Tübingen als Schüler von Karl → Heim; 1924 Promotion zum Doktor der Philosophie bei F. Brunstäd in Erlangen, 1927 theol. Licentiat. Nach Abschluß des Universitätsstudiums ist er drei Jahre als Dozent am Predigerseminar in der Vikarsausbildung der bayerischen Landeskirche in München tätig. 1926 erfolgt die Berufung an die »Apologetische Centrale« in Berlin Spandau. 1930 theol. Habilitation an der Friedrich-Wilhelm-Universität, Berlin. 1933 veröffentlicht K. sein inzwischen in sechster Auflage erschienenes erstes großes Werk »Theologie der Auferstehung«. Mitwirkung bei der Gründung der »Jungreformatorischen Bewegung« gegen die Gleichschaltung der ev. Kirche im NS-Staat und Mitwirkung bei der Bekennenden Kirche. Zu einer der herausragenden theol. Persönlichkeiten des → Kirchenkampfes wird K. 1935 durch die Veröffentlichung seiner Kritik an der Rassenlehre des nationalsozialistischen Chefideologen Alfred Rosenberg: »Antwort auf den Mythos. Die Entscheidung zwischen dem nordischen Mythos und dem biblischen Christus«. Danach folgen schrittweise Einschüchterung und Verfolgung durch die Hitlerdiktatur. So wird K. 1937 mit Rede- u. Schreibverbot belegt. Er versieht von 1938 an im Rahmen der Bekennenden Kirche die Pfarrstelle einer kleinen Diasporagemeinde in Starnberg bis er 1944 als Dekan des Kirchenbezirks Erlangen eingesetzt wird. Seit 1946 bis zu seiner Emeritierung wirkt W. K. als Professor für systemat. Theologie in Erlangen. In Auseinandersetzung mit der Schule Rudolf → Bultmanns tritt er öffentlich von 1966 an in den Kampf der entstehenden → Bekenntnisbewegung »Kein anderes Evangelium« ein und wird als Präsident des Theol. Konvents der → Konferenz Bekennender Gemeinschaften zum herausragenden theol. Wortführer der bekennden Gruppierungen.

2. Würdigung des theologischen Werkes

K.s Lebenswerk ist ganz der geistigen Auseinandersetzung bibl.-reformat. Theologie mit den ideologischen Mächten des 20. Jh.s gewidmet. Seine apologet. (→ Apologetik) Diskurse umfassen in erstaunlicher Breite das gesamte Feld umstrittener Fragestellung: vom naturwissenschaftl. begründeten → Materialismus über den Nationalsozialismus hin zum theol. → Existentialismus. Themen der Staats- u. Wirtschaftsethik bestimmen sein literarisches Schaffen ebenso wie aktuelle Diskussionen um den Weg des Ökumenischen Rates der Kirchen und die Entwicklung des Deutschen Evangelischen → Kirchentages. Dabei verliert sich K. nie in tagespolit. Details, sondern arbeitet in grundlegenden Linienführungen solide bibl. Positionen heraus, die an seinem von der luth. Reformation bestimmten Bekenntnis orientiert sind; so z.B. in einer zeitgemäßen Fassung der → Zwei-Reiche-Lehre. Sein theol. eigenständigster und tiefster Beitrag besteht in der lehrmäßigen Entfaltung der Auferstehungsbotschaft, die als Anbruch der neuen Schöpfung Gottes bis in ihre ontologischen Konsequenzen hinein durchdacht wird. Seine apologetische Auseinandersetzung ist in allen ihren Aspekten vom Gedanken der Herrschaft des auferstandenen Christus bestimmt.

Lit.: W. Künneth: Der Christ als Staatsbürger. Eine ethische Orientierung, 1984; ders.: Fundamente des Glaubens. Biblische Lehre im Horizont des Zeitgeistes, 1975; ders.: Lebensführungen. Der Wahrheit verpflichtet, 1979; ders.: Politik zwischen Dämon und Gott. Eine christliche Ethik des politischen, 1954; ders.: Theologie der Auferstehung, [6]1982.

R. Hille

Kunst

1. Das Wesen der Kunst

Kunst ist eine Darstellung der Wirklichkeit durch das Empfinden des Darstellenden in einer Weise, die auch andere anspricht. Sie umfaßt verschiedene Gebiete wie Malerei, Plastik, Architektur, Musik, Literatur, Drama und Tanz. Sie strebt nicht reine Nachbildung oder Imitation des Vorfindbaren an, sondern Neugestaltung nach den Gefühlen und Vorstellungen des Künstlers, dem neben der Vision das handwerkliche Geschick eignen muß. Der impressive und expressive Aspekt können in jeweils unterschiedlicher Relation zueinander stehen. Während sie am Vorfindbaren anknüpft, begnügt sie sich nicht damit, sondern weist immer darüber hinaus. Als Verlangen nach Schönerem, Besserem, Nichtvorhandenem ist sie Zeugnis dafür, daß der Mensch die Erlösungsbedürftigkeit seiner selbst und seiner Welt verspürt und in ihm das Ahnen von einem Besseren wohnt. So schafft sich die K. eine eigene Welt, die an die jetzige anknüpft, aber über sie hinausweist – im Guten wie im Schlechten. Wo die K. einem absoluten Realismus verfällt, wird sie oft auch von einem absoluten Materialismus getragen.

Die K. ist älter als alle Wissenschaftsgebiete. Schon primitivste Werkzeuge und Waffen tragen eine funktionell nicht zu rechtfertigende Verzierung. Seit frühester Zeit gibt der Mensch seinem Empfinden als Persönlichkeit durch Schmuck und entsprechender Kleidung Ausdruck. Neben Hunger, Durst und Schlaf tritt das ästhetische Verlangen als ein Grundbedürfnis des Menschen. Zwischen Religion und K. besteht hist. gesehen eine enge Verbindung. Säkularisierung der Kunst ist Folge nachchristlicher Aufklärung. Die Religion benutzte die K. als Ausdrucksmittel, und die K. fand ihre Stoffe im Religiösen. Darüber hinaus ist sie Quelle der Freude und zielt auf den Lobpreis. Sie hat im allg. eine öffentliche Funktion. Kunstwerke wollen den Blick lenken, sehen lehren, aussagen und aufrufen. Der Künstler interpretiert Wirklichkeit in seinem Sinn. Oft will er zu Veränderungen motivieren. Kunst ist weltanschaulich nicht neutral. Stand sie früher im Dienst der Religion, so heute oft im Dienst von Weltanschauung, Politik oder Ideologie. Der Künstler identifiziert sich mit seiner Darstellung des Gegenstandes und macht sich zum Propheten oder Prediger. Seine Kraft liegt nicht im Bereich der argumentativen, klaren Logik, sondern des Suggestiven, Imaginären, Intuitiven, Unterschwelligen. Damit eignet der K. wie allem in der Schöpfung eine Ambivalenz; sie appelliert an das im Menschen Vorfindbare und wird in diesem Rahmen interpretiert und rezipiert.

2. Die Kunst in der Bibel

Von der Schöpfung Gottes heißt es, daß sie gut war. Dieses »Gut« schließt nicht nur das Element des Zweckmäßigen ein, sondern auch das Ästhetische des Schönen (C. Westermann). In Gottes ursprünglicher Welt fiel das Gute und das Schöne zusammen. In einer von der → Sünde zerrissenen Welt ist das nicht notwendigerweise der Fall. Nicht nur kann gerade die schöne Frau zur Verführerin werden (Spr 6,25), sondern der allein Gute und Gott am nächsten Stehende hatte keine »Gestalt noch Schöne« (Jes 53,1ff). Trotz dieses Konflikts besaß Israel eine hoch entwickelte darstellende und musikalische K. für den gottesdienstl. Bereich (Stiftshütte und Tempel) und eine breit gefächerte literarische K. zur Beschreibung von Gottes Offenbarung in Geschichte und Schöpfung und zu seinem Lobpreis (Geschichtswerke, Psalmen, Weisheit). Ja, die Kunstschaffenden sind erfüllt mit dem »Geist Gottes, mit Weisheit und Verstand und Erkenntnis und mit aller Geschicklichkeit« (2Mo 28,3; 31,3). »Aber das Schöne war für Israel nie etwas Absolutes, für sich Seiendes, sondern der Welt von Gott her unablässig Zugewandtes, der Ausfluß von Gottes Handeln.« Deshalb war das Schöne etwas Geglaubtes, dessen letzte Offenbarwerdung in den Theophanien geahnt und für die eschatologische Vollendung erwartet wurde (v.Rad, Theol. d.AT, I, 379).

Im NT findet sich seltsamerweise keine Auseinandersetzung mit dem griech. K.ideal. Jesus erfreut sich der Schönheit der Schöpfung (Mt 6,28ff); das NT bedient sich der poetischen Sprache (Phil 2,5ff), und die Gemeinde bezieht von Anfang an die K. in ihre Gottesdienste ein (s. die gottesdienstl. Szenen in der Offb). Die Pflege des ästhetischen Empfindens gehört mit zur → Heiligung (Phil 4,8f). Während aber in dieser Zeit die göttliche Herrlichkeit nur unter der Verhüllung des Kreuzes erscheint, verbindet sich der Inbegriff der offenbarten Schönheit mit der Vollendung (Off 21;22). Das paulin. »Alles ist euer« (1Kor 3,21.23) gilt auch bezüglich des Schönen und der K., in ihrem Schaffen und in ihrem Gebrauch, solange wir Christi sind.

3. Die Kunst und der christliche Glaube

Soweit die K. einen Offenbarungs- oder Erlösungsanspruch erhebt, steht sie in Spannung mit dem → Glauben. Der Offenbarungsanspruch findet sich bei Plato, für den das Gute schön und das Schöne gut ist und die Schönheit den Weg zur ewigen Welt bereitet. Auch für Beethoven kann nur die K. auf die Ebene Gottes erheben, denn »die Musik ist höhere Offenbarung als alle Religionen und Philosophie«. Die Moderne erklärt gar: »Alle wahre Kunst ist göttlich.« Bei Schiller wird der künstlerische Genuß zum Gottesdienst, der tüchtig macht, in dieser unvollkommenen Welt für die Verwirklichung der hohen Ideale zu kämpfen. Auch nach Schopenhauer schenkt die Musik Augenblicke der Erlösung. Hier erhebt die K. den Anspruch des Ewigen und Wahren und wird somit in Form des Ästhetizismus zur widergöttlichen Ersatzreligion. Eine weitere Gefahr ist, daß die K. dem realen Leben entrückt und in eine heile Scheinwelt versetzt, wo man das Häßliche, Böse und Leid der Realwelt ignoriert. Das trifft vor allem beim Ästhetizismus der Klassik und der Romantik zu. Auch für → Nietzsche versöhnt die K. mit dem Leben, indem sie Leiden verklärt und vergöttlicht, so daß es eine Form der Verzückung wird. Damit führt die K.religion des Ästhetizismus zu einer ethischen Lähmung und Neutralität. Demgegenüber nimmt der Glaube von der Erlösung und der Vollendung her die Welt in ihrem Gefallensein mit allem Häßlichen, Bösen und Leid ernst und läßt sich zu ethischem Einsatz rufen.

Obwohl der Glaube dem Ästhetizismus feind ist, darf nicht der Eindruck entstehen, als ob zwischen ihm und der K. nur Gegensätze bestünden. Der Mensch, geschaffen im Ebenbild des Schöpfers, hat Teil an dessen Kreativität und betätigt sie nirgends mehr als in seinem künstlerischen Schaffen, wo er seine Welt neu gestaltet. Die K. kann das Gemüt mit selbstloser Freude füllen, Erquickung und Entspannung geben. Sie entdeckt in der Welt etwas von der Schönheit und Herrlichkeit Gottes und leitet den Christen zu Gottesanbetung und Lobpreis. Sie kann das Gemüt aufschließen für das Evangelium und den Sinn zu Edlem, Reinem und Wahrem hinlenken. Sie kann und soll auch den Blick hinlenken zu dem Elend einer gottlosen Welt, ja vermag sogar Erlösungssehnsucht zu schaffen – freilich keine Erlösung!

So hat die K. auch in der Kirche immer ihren Platz gehabt. Während der Katholizismus vom naturalistischen Ansatz der Scholastik her besonders kunstfreudig ist, blieb auch der Protestantismus für die K. nicht unfruchtbar. Im ref. Bereich entwickelte sich vor allem die Malerei (Niederlande), die sich bibl. Motive wählte, im luth. die Tonkunst (→ Bach u.a.), im anglik. die Literatur (Milton u.a.). Abgesehen von der Biographie hat der → Pietismus in seinen verschiedenen Phasen direkt keine K. hervorgebracht. Während die letzten theol. Motive noch zu erforschen sind, haben das soziale Milieu, die erkannte Ambivalenz der K., die einer klaren Entscheidung des Glaubens hinderlich sein kann, sowie der gezielte Einsatz aller Kräfte auf dem Gebiet der sozialen Tat, der → Evangelisation und der → Mission sicherlich mitgespielt. Doch K.feindlichkeit darf man zumindest dem Pietismus des Barock und der → Erweckungsbewegung, aber auch der ostelbischen → Gemeinschaftsbewegung nicht unterstellen.

Die evangelikale Bewegung anerkennt vermehrt die Bedeutung der Kunst für den Glauben. Sie sieht in Drama, Pantomime und Konzert Möglichkeiten der Weitergabe des Evangeliums und brachte auch ausdruckstiefe graphische und plastische Interpreten der biblischen Botschaft hervor (z.B. Felger und Steigerwald). Das hängt vermutlich auch mit gehobenem Bildungsniveau und Wohlstand zusammen. Im jüdischen Bereich wurde Chagall zum ausdruchstiefen Interpreten biblischer Botschaft – vor allem in Kirchen.

In den Kirchen der Dritten Welt entstand in den letzten Jahrzehnten eine Künstlergeneration, die mit literarischen und darstellenden Mitteln dem Evangelium in ihrem kulturellen Milieu starken Ausdruck verleiht. Hier ist Kunst Zeichen dafür, daß das Envangelium in die Tiefenschichten der Kultur und der Seele Zugang fand. Der künstlerische Ausdruck ist Zeichen des empfangenen Eindrucks.

Im christl. → Gottesdienst hat die K. ihren angestammten Platz. In den Kirchen des weitgehend analphabetischen Mittelalters war die Kunst in Gestalt der »Armenbibeln« Mittel der Gemeindeunterweisung. Hat die röm.-kath. Kirche – doch auch die Kirche des Ostens – Musik, Zeremonien, Gewändern und Malerei als suggestiven Mitteln weiten Raum gewährt, so stellte die → Reformation Wort und Sakrament in den Mittelpunkt. Im ref. Gottesdienst wollte man alle K. ausschließen. Im Luthertum zählt die K. im Gottesdienst zu den Mitteldingen, solange sie das Evangelium nicht verdunkelt. Wo freilich die K. den Gottesdienst dominiert, kommt es zur Religion des Pantheismus und der Mystik. Wer meint, die Bachsche Musik erübrige die Predigt, da Gott hier absolut wirke und das sonst von Gott Unsagbare hörbar werde, vergißt, daß das von Gott Unsagbare soweit nötig im Wort und in der Person Christi sowie im Zeugnis der Apostel gesagt, die K. als Symbol immer mißdeutbar ist, das Schöne für sich der Schleier des Bösen, sogar des Antichristlichen sein kann und daß die Feierlichkeit der Liturgie, des Oratoriums und der Messe in eine schöne, symbolhafte, aber neutrale Situation führt, wo man, ohne einer Aufdringlichkeit ausgesetzt zu sein, verweilen kann. Die Sündenerkenntnis kann nicht vom Ästhetischen geweckt, der ethische Imperativ nicht im Schönen vernommen, der Glaube nicht im Musenhaften gewiß werden. So ist im Gottesdienst gemäß dem ausdrücklichen Befehl Christi dem Wort der herrschende Platz einzuräumen. Die K. soll dienen, es unterstreichen, die Herzen aufschließen, damit das Wort kräftig herrsche. Als Mittel der Offenbarung und des Rufs zum Heil sind K. und Wort nicht gleichwertig, wenngleich der Gottesdienst feierlich und schön sein darf.

4. Auffallende Züge der Kunst der Gegenwart

In der K. der Gegenwart gibt es weite Bereiche, die sich den herkömmlichen ästhetischen Kategorien nicht länger verpflichtet fühlen. Grundsätzlich gilt auch hier: K. ist Wirklichkeit durch die Persönlichkeit des Künstlers. So reflektiert dieser Status der zeitgenössischen Künste den Zustand des Künstlers und seiner Welt. Wo Gott nicht mehr gilt und der Mensch als Produkt des Zufalls verstanden wird, gibt es keine verbindlichen Normen und Ordnungen mehr, dominiert Ausweglosigkeit, Angst, Schuld – ja Verzweiflung. In einer total anthropozentrischen und innerweltlich gefangenen K. können das Häßliche, Grauenhafte und die Orientierungslosigkeit zur Norm werden. Damit werden gerade diese sog. modernen K.werke z.T. treffende Darstellungen dessen, was der Mensch in einer Welt ohne Gott empfindet; sie werden Anklage und Kampfschrei, sozialer und polit. Protest. Auch diese K. hat ihre Bedeutung für den Christen. Bietet sie schon keine Hilfe, so beleuchtet sie ihm doch die menschliche Situation der Zeit.

Wo aber der Künstler Unsittlichkeit, Verbrechen und Gottlosigkeit glorifiziert und propagandiert, mißbraucht er seine Gabe, handelt zerstörerisch und unethisch.

So kann die K. Lobpreis des Schöpfers, Hinweis auf Gott, Ruf nach Erlösung, Falschgott oder auch Schrei des Protestes und der Verzweiflung sein.

Lit.: E. Brunner: Das Gebot und die Ordnungen, [4]1978; W. Lütgert: Die Ethik der Liebe, 1938; E. Schlink: Das ethische Problem der Musik, 1945; N.H. Soe: Christliche Ethik, [3]1957; H. Vogel: Der Christ und das Schöne, 1955; F. Schaeffer: Gott ist keine Illusion, 1971.

H. Egelkraut

Kunst, christliche

Der Ausdruck C. K. meint in verkürzender und deshalb nicht selten mißverständlicher Weise Kunst im Zusammenhang mit christl., bes. bibl. Bildthemen oder in christl. Funktionszusammenhängen (z.B. → Kirchen- und Klosterbau). Solche Beziehungen zwischen Christentum und K. lassen sich zuerst bei Grabdenkmälern am Ende des 2. Jh.s fassen (→ Archäologie, christl.). Dabei zeigt sich seit Beginn ein deutlicher Zusammenhang mit dem allg. kunsthist. Kontext und seiner Entwicklung, bes. der Stilgeschichte. Er ist aber im einzelnen nicht einfach zu bestimmen. Was sich auf den ersten Blick als eine thematische Beschreibung der Kunst zeigt, etwa in der bibl. → Ikonographie, enthüllt sich dem näheren Blick im allg. als eine textorientierte Neuformierung bekannter Darstellungsschemata (Mehrdimensionalität). Wie weit diese Orientierung an christl. Bildinhalten stilbildend gewirkt hat, ist eine offene und wohl negativ zu beantwortende Frage. Hierbei werden oft die Möglichkeiten des Zeitstils außer acht gelassen und künstlerische Unvollkommenheiten und Verlust von handwerklichen Techniken fälschlich als bewußte geistes- und theologiegeschichtl. motivierte Stilmittel interpretiert.

Hier ist nun nicht der Ort, eine Stilgeschichte der christl. K zu resümieren, die ihren Platz in den Handbüchern der Kunstgeschichte hat. Dabei dürfen aber nicht allein die abendländischen Kunstlandschaften und ihre Traditionen betrachtet werden, vielmehr hat das ökumen. Bewußtsein der Gegenwart auch die außereurop. Kunst der alten und jungen Kirchen der Weltchristenheit entdeckt und zum Teil bei uns heimisch werden lassen, seien es Ikonen der Orthodoxie oder äthiopische Stoffe, japanische Holzschnitte oder afrikanische Schnitzwerke. Dabei ersetzt oft ein gefühlsmäßiger Zugang den Versuch, das Kunstwerk zu verstehen.

In den drei Hauptbereichen christl. K im europ. Kontext, der Andacht Erinnerung an die bibl. Schriften und Lehre bestimmter theol. Sachverhalte und Ideen, dominieren stets Wort oder Begriff. Ja selbst wenn nach Luther die Artikulierung des Glaubens in unserer Kreatürlichkeit nur immer als Bild vorstellbar ist, so werden die Bilder zum anschaulichen Bedeutungsträger des Wortes und als eine Form von Sprache aufgefaßt, eine anthropologische Grundgegebenheit, die gleichzeitig auf das Gotteswort zurückweist. So brachte die Reformation luth. Prägung, obwohl sie das Bild- und Kunstverständnis von bestimmten Formen mittelalterl. Frömmigkeit im Sinne einer Entmagisierung gereinigt hat, nicht zuletzt durch die Wittenberger → Cranach-Familie, eine neue Betrachtung und zu einen neuen Aufschwung christl. K. Er führte mit der Sicht vom Merkbild des Herzens zu einer neuen Betrachtung, die nicht nur einen Neuansatz in der alten Diskussion über die Bilderfrage bot, sondern geriet mit seiner radikalen Freiheit zum Bild in schroffsten Gegensatz zur rigoristischen Volkspädagogik Zwinglis und Calvins, für die Gott seine Christenheit allein durch die lebendige Predigt seines Wortes unterwiesen haben wolle (Heidelberger Kat. Fr. 98). Da so in der ref. Tradition der Bildersturm eine naheliegende Folge war, wurden die konfessionellen Divergenzen nachreformat. sichtbar in der Ausstattung des ev. Kirchenraumes.

Wie die tridentinische Kunstauffassung der röm. Kirche in einer Nähe zur wittenbergischen zu sehen ist (erst recht gilt das für das Vaticanum II), so haben auch die röm. und die luth. Reform die Bilder in der Kirche beibehalten. Doch haben die deutschen und die Schweizer Reformatoren mit ihrem unkultischen Bildgebrauch und dem gleichzeitigen Verweisen der Bilder in die Neutralität der Nichtanbetung, wobei auch Calvin Bilder profanen Inhalts zum Vergnügen des Betrachters duldet, die Entwicklung vorangetrieben, das Kunstwerk in eine neutrale Wirkungssphäre zu rücken, die wenig früher durch die Renaissance in großem Stile begonnen hatte.

So wurde Kunst zunehmend zur Privatangelegenheit und dient ebenso der Verinnerlichung wie dem bloßen Genuß, ist Statussymbol und Bürgerschreck, vor allen Dingen wurde so immer stärker der Weg zur Emanzipation des Kunstwerkes geebnet, das als Ware den äußersten Konsequenzen der Versetzbarkeit und Verfügbarkeit ausgesetzt ist. So wird der Umgang mit Kunstwerken zur Gewissensentscheidung einer Innerlichkeit und das Museum die »ästhetische Kirche« einer privaten Ersatzreligion. Das damit erreichte Ende der ikonographischen Tradition ist nicht nur Indiz einer Säkularisierung christl. K., sondern muß positiv gesehen werden als Eröffnung von realer Welterfassung wie von Abstraktion in der Kunst, die einen Zugang zur Überwindung der durch die traditionelle Bild-Wort-Problematik vorgegebenen Phantasieabstinenz und zur Autonomie der mehrdimensionalen Aussagekraft des Bildes zu gewinnen sucht. Auch hier liegen verheißungsvolle Ansätze einer neuen christl. K. (→ Rad, das).

Lit.: W. Hofmann (Hg.): Luther und die Folgen für die Kunst, 1983.

W. Wischmeyer

Künstliche Befruchtung

1. Medizinisch: K.B. nennt man die Verfahren, durch die eine bei normalem Geschlechtsverkehr bestehende Unfruchtbarkeit von Mann oder Frau überbrückt werden kann, durch Einspritzung des aufbereiteten Samens in die Gebärmutter (Insemination) oder Entnahme von Eiern aus den Eierstöcken, ihre Befruchtung im Reagenzglas und Übertragung in die Gebärmutter (In-Vitro-Fertilisation = IVF). Soweit eigener Samen bzw. eigene Eier verwendet werden, spricht man von homologer, soweit fremde Keimzellen verwendet werden, von heterologer Insemination bzw. k.B. Bei der k.B. greifen Dritte (Ärzte) aktiv handelnd in das Zeugungsgeschehen ein und ersetzen die bei normalem Sexualverkehr nicht gezielt herbeiführbare Zeugung durch ein gezieltes technisches Handeln. Das ist bei der IVF am deutlichsten. Die grundlegende ethische Neuheit dieser Methode besteht darin, daß Ärzte durch sie erstmals menschliche Embryonen als Objekte so in die Hand bekommen, daß sie über sie als »Mittel zum Zweck« verfügen können, sie z.B. vernichten, tiefgefrieren, zu Experimenten verbrauchen können.

2. Standesethisch und rechtlich sind als Methode der Behandlung der Kinderlosigkeit die homologen Formen der k.B. akzeptiert. In bezug auf die IVF hat die Bundesärztekammer der Bundesrepublik Deutschland 1985 Richtlinien erlassen, nach denen die IVF nur unter Ehepartnern durchgeführt werden darf. Die Richtlinien wurden in einem staatlichen »Embryonenschutzgesetz« dahingehend verschärft, daß von der Befruchtung an jegliches Experimentieren mit Embryonen untersagt ist, daß alle entstandenen Embryonen in die Gebärmutter der Frau überführt werden müssen. Alle anderen Länder haben weniger restriktive Bestimmungen.

3. Theologisch-ethisch: Die kath. Kirche lehnt (zuletzt 1987) alle Formen der k.B. mit dem Argument ab, sie seien gegen die Natur des ehelichen Aktes gerichtet (Geburtenregelung), denn sie würden die Einheit von Liebe bzw. Sexualität und Zeugung auseinanderreißen. Indem die Zeugung von planenden technischen Eingriffen freigehalten werde, werde die Ehrfurcht vor dem Entstehen und Werden des Lebens wachgehalten und der theol. Aussage Geltung verschafft, daß Leben nicht »gemacht«, sondern »empfangen« wird als Gabe Gottes. Das schließt nicht jede Mitwirkung des Menschen, aber doch die aus, die den Charakter des »Machens« von und des »Herrseins« und der totalen Verfügung über Leben an sich trägt. Die Tendenz dazu wohnt der IVF inne. Sie öffnet das Tor zu einer Vielzahl manipulativer Eingriffe ins Leben (z.B. genetische u.a. Experimente). Vor allem wegen dieser unüberschaubaren Folgen und weniger wegen der »unnatürlichen« Form der Zeugung hat die EKD-Synode 1987 von der IVF »abgeraten«, ohne zu bestreiten, daß Kinderlosigkeit seelisches Leiden bedingen kann. Doch sind bei einer ethischen Beurteilung nicht nur die individuellen Leiden, sondern auch die übergreifenden moralischen Folgen zu bedenken, die die IVF ethisch äußerst bedenklich erscheinen lassen. Unklar bleiben bisher auch die Auswirkungen auf das seelische Empfinden des derart gezeugten Kindes.

Lit.: Instruktion über die Achtung vor dem beginnenden menschlichen Leben und die Würde der Fortpflanzung, Verlautbarungen des Apostolischen Stuhls Nr. 74, in: St. Wehowsky (Hg.): Lebensbeginn und menschliche Würde, 1987, 3-31; EKD Texte Nr. 20: Zur Achtung vor dem Leben. Maßstäbe für Gentechnik und Fortpflanzungsmedizin, in: U. Eibach, Gentechnik – der Griff nach dem Leben, ^{2}1988, 241-254; H.v. Schubert: Evangelische Ethik und Biotechnologie, 1991 (Lit.); J. Hübner, H.v. Schubert (Hg.): Biotechnologie und evangelische Ethik. Die internationale Diskussion, 1992.

U. Eibach

Kurhessen-Waldeck, Ev. Kirche von

Die Ev. Kirche von Kurhessen-Waldeck (EKKW), seit 1967 Landeskirche, wurde am 12. 6. 1934 durch die Vereinigung der Ev. Landeskirche von Waldeck-Pyrmont mit der Ev. Kirche von Hessen-Kassel gebildet; der Name entsprach dem damaligen NSDAP-Gau Kurhessen-Waldeck. Die Kirchenkreise Pyrmont und Grafschaft Schaumburg fielen 1934 an die Ev.-Luth. Landeskirche Hannovers. Nach 1945 blieben die Zusammenlegung und der Name bestehen. Der in der DDR gelegene Kirchenkreis Schmalkalden fiel an die Ev.-Luth. Kirche in Thüringen, kehrte nach der Wiedervereinigung aber wieder in die EKKW zurück.

Die EKKW hat vier Sprengel (Kassel, Hersfeld, Marburg-Waldeck, Hanau), 27 Dekanate und 949 selbständige Kirchengemeinden (mit 495 Pfarrstellen). Zur EKKW gehören ca. 1 Mio ev. Christen. Die Kirche ist Mitglied der EKD und der → Arnoldshainer Konferenz.

Die Landgrafschaft Hessen-Kassel (seit 1803 Kurfürstentum) ist vorwiegend ref. geprägt,

Oberhessen und Schmalkalden luth. und Hanau seit 1818 uniert. 1873 wurde von Berlin der Zusammenschluß der drei Konsistorien zu einem Gesamtkonsistorium angeordnet, was zur Lösung verschiedener Gemeinden von der Landeskirche (hessische → Renitenz) führte. 1884 wurde die Presbyterial- und Synodalordnung eingeführt, 1923 die Kirchenverfassung, die durch verschiedene Gesetze nach 1945 ergänzt wurde. Bei den Kirchenwahlen im Juli 1933 erhielten die → Deutschen Christen eine Mehrheit von ca. 60%.

Die EKKW ist – trotz unterschiedlicher Konfessionalitäten und Frömmigkeitsstile – inzwischen zu einer lebendigen Einheit zusammengewachsen. Die → Erweckungsbewegung hat sich nur in Oberhessen ausgewirkt. 1931 wurde in Marburg die Ev. → Michaelsbruderschaft, 1950 die Kommunität Imshausen bei Bebra gegründet.

Lit.: W. Dettmar: Auf dem Weg zu der einen Kirche. Eine Kirchenkunde für die EKKW, 1966; W. Maurer: Bekenntnisstand und Bekenntnisentwicklung in Hessen, 1955; H. Slenczka: Die EKKW in den Jahren 1933 bis 1945, 1977; H. Schneider: »Kurhessen-Waldeck«, TRE 20, 1990, 337-342 (Lit.); D. Waßmann: Waldeck, Geschichte einer Landeskirche, 1984.

G. Ruhbach

Kurie, römische

Die röm. K., auch »Apostolischer Stuhl« oder »Heiliger Stuhl« genannt, ist das höchste Leitungsorgan der röm.-kath. Kirche mit und unter dem Papst; die päpstliche Verwaltung dieser Gesamtkirche mit ihren (1989) 2.463 Diözesen und 3.970 Bischöfen.

»Bei der Ausübung der höchsten, vollen und unmittelbaren Gewalt über die Gesamtkirche bedient sich der Papst der Behörden der röm. K. Diese versehen folglich ihr Amt in seinem Namen und mit seiner Vollmacht zum Wohle der Kirchen und als Dienst, den sie den geweihten Hirten leisten« (2. Vatikan. Konzil, Dekret über die Hirtenaufgabe der Bischöfe in der Kirche, Nr. 9). Die Behörden der K. arbeiten dem Papst zu und führen seine Anordnungen aus. Die K. ist somit der verlängerte Arm des Papstes, sein Instrument zur Leitung der Gesamtkirche in Gesetzgebung, Gerichtsbarkeit und ausübender Gewalt zugleich. »Die Kurie muß die Aufträge des Papstes ausführen und seine Wünsche interpretieren, sie ist ein Organ unverzüglicher Gefolgschaftstreue und unbedingten Gehorsams, dessen sich der röm. Papst bedient, um seinem weltweiten Sendungsauftrag nachzukommen« (so Papst Paul VI, s. Dorn, 32f).

Aufgegliedert ist die K. in sechs Arten von Einrichtungen. Die einzelnen Zentralbehörden der ersten vier und teilweise der fünften Art werden »Dikasterien« genannt. Diese werden meistens von einem Kardinal (Präfekt oder Präsident) geleitet, dem ein Sekretär (oft ein Erzbischof) und ein Untersekretär beigegeben ist:

1. Staatssekretariat (zentrales Büro des Papstes), mit den beiden Sektionen »für die allgemeinen Angelegenheiten« und »für die Beziehungen mit den Staaten«.

2. Neun »Kongregationen«, die der Funktion nach den Ministerien einer Staatsregierung entsprechen: Glaubenslehre (das oberste Wächteramt in Glaubens- und Sittenlehren, früher »Sanctum Officium«); Orientalische Kirchen (für die mit Rom unierten Ostkirchen); Gottesdienst und Sakramentenordnung; Selig- und Heiligsprechungsprozesse; Bischöfe; Evangelisierung der Völker (früher »Congregatio de propaganda fide«); Klerus; die Institute des gottgeweihten Lebens und die Gemeinschaften des apostolischen Lebens; Katholisches Bildungswesen. Angeschlossen sind vier (päpstliche) »Kommissionen«.

3. Drei »Gerichtshöfe«, darunter die für Ehefragen zuständige »Römischen Rota«.

4. Zwölf »Päpstliche Räte«, darunter »zur Förderung der Einheit der Christen« (interkonfessioneller Dialog); »für den interreligiösen Dialog«; »für den Dialog mit den Nichtglaubenden«; »für Gerechtigkeit und Frieden«, »Cor Unum« (Entwicklungshilfe).

5. Verschiedene Büros, vor allem für die Finanzen.

6. Mit dem Heiligen Stuhl verbundene Institutionen, darunter »Radio Vatikan«, die Zeitung »L'Osservatore Romano«, das Vatikanische Geheimarchiv.

Als »Curia Romana« ist seit 1089 zunächst der päpstliche Hofstaat bezeichnet worden, in Anlehnung an die Senatsversammlungen der römischen Kaiser. 1588 schuf Papst Sixtus V. die neuzeitliche K. 1908 erfolgte eine erste, 1967 nach dem 2. Vatikanischen Konzil (1962-1965) eine zweite, 1988/89 nach dem Codex Iuris Canonici von 1983 (can. 360-361) eine dritte K.nreform.

Als solche hat die K. keine eigene geistl. Qualität. Doch wirkt sich der Nimbus der päpstlichen »Unfehlbarkeit« auf sie aus. Dadurch werden ihre Entscheidungen nicht durchsichtiger.

Lit.: L.A. Dorn: Der Papst und die Kurie. Wie eine Weltkirche regiert wird, 1989.

A. Rössler

Kurrende

K. (vom mittellat. *corradere* »zusammenscharren, betteln«; später mit dem lat. *currere* »umherlaufen«, in Verbindung gebracht). Vom MA bis ins frühe 19. Jh. Bezeichnung für zumeist einstimmig singende Chöre bedürftiger Knaben vornehmlich der unteren Klassen von Lateinschulen, die sich unter Führung eines Präfekten durch Mitwirkung bei Hochzeiten und Beerdigungen, aber auch durch Singen auf öffentlichen Plätzen oder von Haus zu Haus Sachleistungen und Geld verdienten.

Wohl durch entsprechende Äußerungen Martin Luthers, der selber Kurrendaner gewesen war, gewannen die mit eigener Tracht versehenen Knaben in altprot. Zeit insbesondere in Mitteldeutschland große Bedeutung »Eine Predigt, das man Kinder zur Schulen halten solle«, Wittenberg 1530, 2/1541. Manchen Knaben wurde durch die Mitwirkung in einer K. der Besuch einer Lateinschule ermöglicht.

Mit dem allg. Niedergang der Kirchenmusik im Zuge der Aufklärung verschwanden seit dem späteren 18. Jh. weithin auch die K.n; jedoch blieben gewisse Gepflogenheiten mancherorts bis ins 20. Jh. erhalten (z.B. das Silvestersingen der Schulkinder auf den Straßen oder das Sternsingen an Epiphanias).

Der Berliner Schulrektor J.F. Marquardt bemühte sich ab der Mitte des 19. Jh.s um eine Erneuerung des K.nwesens. Um 1900 traten zu den volksmission. und katechetischen Leitideen des K.singens diejenigen einer allg. künstlerischen Volksbildung. 1917 gab das Reformationsgedenkjahr neue Anstöße. Vor allem aber führte nach 1920 die Singebewegung zur Gründung von K.n vornehmlich in Musikantengilden, ev. Jugendverbänden und, nach dem Zweiten Weltkrieg, in den ev. → Studentengemeinden.

Lit.: F. Krautwurst: »Kurrende«, MGG, Bd. 16, 1979; K.W. Niemöller: Untersuchungen zu Musikpflege und Musikunterricht an den deutschen Lateinschulen vom ausgehenden Mittelalter bis um 1600, 1969; J. Rautenstrauch: Luther und die Pflege der kirchlichen Musik in Sachsen, 1907.

H. Völkl

Kurzbibelschulen

K.n werden seit manchen Jahren in Bibelschulen und Seminaren, aber auch in Diakonissen-Mutterhäusern und in Häusern freier Werke durchgeführt. Hier wurde die bibl. Zurüstung wieder aufgenommen, die in St. → Chrischona bereits um 1900 für Männer und Frauen angeboten worden ist, die nicht in einen vollzeitlichen Dienst gehen konnten (→ Ausbildung, theologische b)).

Heute werden von verschiedenen Trägern in Kurzkursen (1 bis 3 Wochen) bis zu mehrmonatigen Lehrgängen umfangreiche Schulungsprogramme gestaltet. Zielgruppe sind junge und ältere Menschen, die im Berufsleben stehen oder ihre Ausbildung durch bibl. Zurüstung ergänzen wollen.

Die Ausbildung in K.n zielt auf die Förderung des geistl. Lebens durch Vermittlung von Grundkenntnissen in Bibel- und Glaubensfragen und auf die Zurüstung für die Mitarbeit im gemeindlichen Dienst (Kinder- und Jugendarbeit, Hausbibelkreise, Verkündigung, Seelsorge) und für mission. Wirken in der Öffentlichkeit. In manchen K.n wird die Ausbildung durch Kurzpraktika oder Einsätze in Gemeinden ergänzt. Diese Zurüstung in K.n nimmt das bibl.-reformat. Anliegen des → Priestertums aller Gläubigen auf und leitet die einzelnen Mitarbeiter zum Einsatz ihrer Gaben in der Gemeinde an.

K. Haag

Kuß, heiliger

1. Der h.K. wird im NT als gottesdienstl. Ritus der apostol. Gemeinden bezeugt; Paulus schreibt am Ende seiner Briefe: »Grüßt einander mit dem heiligen Kuß!« (*philēmati hagiō*, Röm 16,16; 1Kor 16,20; 2Kor 13,12; 1Thess 5,26, vgl. 1Petr 5,14). Dieser K. war ein Zeichen der Verbundenheit der Glieder am Leibe Christi; als heilig galt er, weil diese Glieder in der Kraft des hl. Geistes leben und durch die Liebe Christi geheiligt sind. Wie Gebet und Gruß des Apostels den Frieden Christi und die Segenskraft des Geistes für die Gemeinden erbitten und weitergeben, so auch der gegenseitig gewährte h.K., der zunächst wohl nach dem Verlesen eines Paulusbriefes und später vor dem Empfang des Herrenmahls ausgetauscht wurde (Justin Apol. I, 65). Er besiegelte nach → Tertullian (de or. 18) als *signaculum orationis* das Gebet am Ende des Katechumenengot-

tesdienstes und sollte die dem Bruder gewährte und von ihm empfangene Vergebung zum Ausdruck bringen.

2. Die atl. Bedeutung des Kusses und die Weisung Christi sind zu bedenken. Der K. war im AT kein kultischer Gestus, hatte aber auch nicht primär erotische Bedeutung. Er war vielmehr ein Akt der Begrüßung (1Mo 29,11.13), bekundete die Liebe zwischen den Angehörigen der Familie (1Mo 27,26f; 31,28; 50,1) und die vollzogene Versöhnung (1Mo 33,4; 45,15); aber auch der Lebensodem und Geist Gottes wurden durch ihn eingehaucht (1Mo 2,7; vgl. 2Kön 4,34 LXX). Man hat beim h.K. ferner an die Weisung Jesu erinnert, sich vor der Darbringung der Opfergabe mit dem Bruder zu versöhnen (Mt 5,23f), und deshalb vor der Eucharistie, die ja schon früh als Opfer verstanden wurde, ein Sündenbekenntnis und die Versöhnung mit dem Feind gefordert (Did 14). Ebenso wurde der Bezug zum Vaterunser (5. Bitte !) hergestellt, so auch bei M. Luther, der den h.K. auf Beichte und Absolution vor der Kommunion gedeutet hat (WA 12,213).

3. Obwohl man den h.K., vor allem in den östl. und reformat. Kirchen als Ritus nicht mehr ausgeführt bzw. nur angedeutet hat, wird er heute in der kath. Kirche vor der Kommunion in der Form des Friedensgrußes (*pax Christi*) einander zugesprochen; das geschieht immer häufiger auch im Gottesdienst der ev. Gemeinden.

Lit.: H.Chr. Schmidt-Lauber: »Gesten, Gebärden, Liturgische«, TRE 13, 1988, 151-155; G. Stählin: ThWNT IX, bes. S. 136.

O. Betz

Küster

Die Amtsbezeichnung K. umfaßt eine Vielzahl praktischer Tätigkeiten in der Kirche. Die unterschiedlichen Amtsbezeichnungen bringen dies zum Ausdruck: »Küster«, von lat. *custos*, »Wächter, Aufseher«, »Mesner«, von lat. *mansionarius*, »Haushüter, Hausverwalter«; »Sigrist« oder »Sakristan« (der für die Pflege der heiligen Räume und Geräte Verantwortliche) oder auch schlicht »Kirchendiener«.

Bibl. Hinweise auf diese Dienste sind das atl. Amt der Leviten, aber auch die Frage der Jünger: »Wo willst du, daß wir dir das Passalamm zum Essen bereiten?« (Mt 26,17). Daraus hat sich im Laufe der Geschichte des christl. Gottesdienstes eine Vielfalt von liturg. Aufgaben herausgebildet, zu denen heute auch noch Hausmeisterfunktionen in Gemeindehäusern hinzukommen. Der K. ist verantwortlich u.a. für das Glockenläuten, für den Altar- und Kirchenschmuck, für die liturg. Geräte und Paramente, für die Pflege von Kunstgegenständen, für Reinigung und Heizung der kirchl. Räume und Instandhaltung der Außenanlagen.

K. sind überwiegend nebenamtlich angestellt; an größeren Kirchen sowie in Gemeinden mit Kirche und Gemeindehaus ist die hauptamtliche Anstellung die Regel. Durch die sich ständig erweiternden Aufgabengebiete und die zunehmende technische Ausstattung kommt der Aus- und Weiterbildung der K. heute eine große Bedeutung zu; sie erfolgt durch die Berufsverbände in Zusammenarbeit mit den Kirchenleitungen.

Lit.: Handbuch für den Mesnerdienst, [2]1984; H. Greifenberg, A. Müller (Hg.): Küster-Mesner-Sakristan, Kath. Handbuch für den kirchlichen Dienst, 1982.

H. Jetter

Kutter, Hermann (1863-1931)

K., geb. am 12. 9. 1863 in Bern, gest. am 22. 3. 1931 in Zürich, Pfarrer in Zürich-Neumünster. Bestimmt durch die Reich-Gottes-Botschaft Chr. → Blumhardts, war seine Grunderkenntnis die des »lebendigen Gottes«. So wie er ihn in der Urchristenheit im Aufbruch unter den Heiden wirken sah, so sah er in prophetischer Schau zu seiner Zeit Gott aufs neue wirken: bei den ungläubigen Sozialisten, in ihrem Aufstand gegen Elend und Ungerechtigkeit und in ihrer Hoffnung auf eine radikale Erneuerung. In ihrem Atheismus sei »der lebendige Gott« damit mehr begriffen als in der in sich selbst verkrusteten, nur privaten Frömmigkeit der Kirche, die bloß die bestehenden, ungerechten Verhältnisse zu segnen verstehe. Die Konsequenz aus dieser Erkenntnis besteht nach K. für die Kirche in ihrer Umkehr aus ihrer frommen Selbstbezogenheit zu Gott und aus ihrem eigenmächtigen Aktivismus zur Bereitschaft, »Gott machen zu lassen«. Dabei galt ihm die Kanzel als »die Arena des Reiches Gottes«.

So war K. neben L. → Ragaz, der aber aus jener Erkenntnis die Konsequenz polit. Aktion zog, Anfang des 20. Jh.s die führende Gestalt des Schweizer Religiösen Sozialismus. Als solcher wirkte er befruchtend auf die → dialektische Theologie.

Lit.: Sie müssen!, 1903; Gerechtigkeit, 1905; Wir Pfarrer, 1907; Die Revolution des Christentums, 1908; Das Bilderbuch Gottes, 1917.

H. Kutter jr.: Hermann Kutters Lebenswerk, 1965; A. Lindt: GdKG Bd. 10, 139ff; W. Nigg: H. Kutters Vermächtnis, 1941.

E. Busch

Kuyper, Abraham (1837-1920)

K. war niederländischer Theologe, Publizist, Politiker und Universitätsgründer von großem Einfluß vor und nach 1900. Geb. am 29. 10. 1837 in Maassluis (ref. Pfarrersohn), studierte er in Leiden Theologie (1862 Dr. theol., Arbeit über a Lasco und Calvin), wurde 1863 Pfarrer in Beesd, 1867 in Utrecht, 1870 in Amsterdam. Er lernte die → «Volkskirche« (»liberal« bzw. »nachrevolutionär« – 1789! – geprägt) kennen, verachten und bekämpfen und trat für einen strengen Calvinismus als »höchste Ausprägung des Christentums« ein (Bekenntnisschriften, Inspiration der Hl. Schrift, Betonung der Wiedergeburt).

1871 übernahm er die Herausgabe der Wochenzeitung »De Heraut« und gründete 1872 die Tageszeitung »De Standaard«, kämpfte für eine (wirklich) christl. Schule, wurde 1874 Abgeordneter der 2. Kammer des Parlaments. Nach Überwindung einer gesundheitlichen Krise (1876/77) gründete er 1880 die Freie Universität (frei von Staat und Kirche, auf der Grundlage ref. Prinzipien) und lehrte dort (1908 emeritiert). Die ursprünglich von ihm als Protestbewegung innerhalb der »Hervormde Kerk« gedachte »Doleantie« von 1886 verselbständigte sich und vereinigte sich 1892 mit Teilen der Leute der »Afscheiding« von 1834 zu den »Gereformeerde Kerken«. 1894 wurde K. wieder Abgeordneter, 1901-1905 Innenminister. Am 8. 11. 1920 ist er in Den Haag gestorben.

K. verband einen strengen Calvinismus (einschl. Prädestination) mit einem weiten abendländischen Kulturoptimismus, wobei der Gedanke der »allgemeinen Gnade« ein Bindeglied war. Als wortgewaltiger Redner hatte er viele angezogen, als scharfer Polemiker ebenso Ablehnung erfahren.

Lit.: in deutscher Übersetzung: Abraham Kuyper: Reformation wider Revolution. Sechs Vorlesungen über den Calvinismus, 1904.

C. Augustijn: »Abraham Kuyper«, GdKG 9.2, 1985, 289-307; W. Kolfhaus: Dr. Abraham Kuyper, 1837-1920. Ein Lebensbericht, [2]1925.

B. Steinseifer

Kyrie

Im MtEv. hören wir von zwei Blinden, denen Jesus auf dem Weg von Jericho nach Jerusalem begegnet. Als Jesus vorübergeht, rufen sie: »Ach, Herr, du Sohn Davids, erbarme dich unser« (Mt 20,30). Im Griech.: *Kyrie eleison!*

Das K. entspricht dem hebr. Hosianna. Mit dem Hosianna-Ruf wurde Jesus beim Einzug in Jerusalem als Messias geehrt. Auch der röm. Kaiser wurde mit dem K.-Ruf geehrt. Wird nun Jesus in den Evv. als Kyrios angerufen und um Hilfe gebeten, so ist dies zugleich eine polemische Absage an die Verehrung irdischer Herren. Das K. in unseren Gottesdiensten ist somit beides: Ruf um Hilfe und Anbetung des Herrn als des Helfers schlechthin. Eines ist es jedenfalls nicht, auch wenn dies die Stellung am Anfang des Gottesdienstes nahezulegen scheint: es ist kein Sündenbekenntnis.

In den landeskirchl. Agenden ist das K. vielmehr der Rest eines Fürbittengebetes in der Form der Litanei, das einst an dieser Stelle stand. Mehrere Jh.e lang wurden im christl. Gottesdienst die Gebetsanliegen vom Vorbeter vorgetragen, während die Gemeinde mit dem K.-Ruf einstimmte und Jesus als den Herrn um Hilfe bat. Doch allmählich wurden die Fürbitten weggelassen und die Zahl der K.-Rufe erst auf neun und dann auf drei gekürzt. Die → Reformation behielt das K. als dreifachen Wechselgesang zwischen Chor und Gemeinde bei, wobei der Chor die griech. Worte (*Kyrie eleison, Christe eleison, Kyrie eleison*) und die Gemeinde die deutsche Übersetzung (Herr, erbarme dich bzw. Christe, erbarme dich) sang.

Wenn moderne K.-Gesänge (z.B. der des kath. Sakropop-Komponisten Peter Janssens) das Fürbittengebet im Gottesdienst unterstützen, wird die ursprüngliche Funktion des K. durchaus sachgemäß wiederentdeckt.

Lit.: Chr. Albrecht: Einführung in die Liturgik, [3]1983, 42-44.

M. Herbst

Kyrios → Jesus Christus

L'Abri

L'Abri ist eine 1955 von Francis (1912-1984) und Edith Schaeffer in Huémoz/Schweiz begonnene Missionsarbeit unter Menschen, die sich mit dem intellektuellen und geistl. Wahrheitsanspruch des sich in der Bibel offenbarenden Gottes im Verhältnis zu gegenwärtigen Fragen redlich auseinandersetzen wollen. Die in englischer Sprache durchgeführte Arbeit besteht in Vorträgen, Diskussionen und praktischem Zusammenleben von Christen und Nichtchristen verschiedener Nationalität mit dem Ziel, die Wirklichkeit des bibl. Gottes zu erkennen und zu erfahren. Weitere L'Abri-Gemeinschaften gibt es in Holland, England, Schweden, USA, Australien.

Lit.: F. Schaeffer, L'Abri, 1972; ders.: Gott ist keine Illusion, [4]1968; ders.: ... und er schweigt nicht, 1976; ders.: Wie können wir denn leben?, 1977; ders.: Jeder kann es wissen, 1974; U. Middelmann, Pro Existenz, 1975.

U. Middelmann/Red.

Labadie, Jean de (1610-1674)

L., geb. am 13. 2. 1610 in Bourg/Aquitanien, gest. am 12. 2. 1674 in Altona, war zunächst Novize im Jesuitenorden, den er jedoch 1639 verließ; danach wirkte er als Weltpriester (Einrichtung von Gemeindekreisen zum Bibelstudium), wurde durch den Jansenismus beeinflußt und die Lektüre → Calvins. 1652 trat er in die ref. Kirche über und wurde Pfarrer in Montauban, Orange und Genf, 1666 in Middelburg/Friesland. Wegen seiner Bibelauslegung und seines → Chiliasmus wurde er 1669 von der Synode in → Dordrecht verurteilt; damit begannen seine Separation, zahlreiche Reisen, ständige Konflikte mit den lokalen Obrigkeiten (Tätigkeitsverbot) und viele Kontakte mit kirchl. und separierten Pietisten.

Dogmat. war er zeitlebens rechtgläubig und dem ref. Bekenntnis verbunden. Seine existentielle Frömmigkeit ließ ihn immer wieder »jenseits der Grenze« leben und verkündigen. In der Literatur ist durchweg von der mystischen Umprägung seiner rechtgläubigen Theologie die Rede, allerdings wird nirgends deutlich, was das meint. L. ist zweifellos mit dem Quietismus und der neuen Erbauungsbewegung verbunden. Sein Bibel- und Kirchenverständnis ist nicht festgelegt, aber offenbar eher gegen die verfaßten Kirchen gerichtet. Sein subjektivistisches Erwählungsbewußtsein, das ihn und andere Erwählte im Tausendjährigen Reich triumphieren lassen wird, hat ihn ständig in Konflikt mit Staat und Kirche gebracht. Seine Wirkungen auf → Spener, → Francke und vor allem → Tersteegen sind allerdings unübersehbar. Sein Schrifttum (franz.) ist durchweg noch nicht übersetzt worden, auch eine umfassende Untersuchung zu seiner Biographie und Theologie steht noch aus, so daß über ihn nur lükkenhafte Kenntnisse bestehen.

Lit.: G.A. Krieg: »Labadie«, TRE 20, 1990, 362-365 (Lit.).

G. Ruhbach

Lactantius (ca. 250-325)

L. Caecilius Firmianus L., afrikan. Rhetor, Schüler des Arnobius, wurde von Kaiser → Diokletian (284-305) als Lehrer der lat. Beredsamkeit nach Nikomedia in Bithynien berufen. Bei Beginn der großen → Christenverfolgung 303 legte er sein Amt nieder und lebte in dürftigen Verhältnissen, aber als fruchtbarer Schriftsteller in und bei Nikomedia, bis ihn ca. 314/15 Kaiser → Konstantin als Erzieher seines ältesten Sohnes Crispus nach Trier berief. Seiner sprachlichen Vollkommenheit wegen bezeichneten ihn die Humanisten als christl. Cicero.

L.' Hauptwerk »Divinae institutiones«, eine Apologie des Christentums und Einführung in seine Hauptlehren in sieben Büchern, ist ca. 304-11 geschrieben. Nach 315 faßte er es in einer »Epitome« (Kurzfassung) von eigenständigem Wert zusammen.

Seine früheste Schrift (ca. 303/4) handelt vom Menschen als »Gotteswerk«. In derselben Zeit dürfte auch das Gedicht über den »Vogel Phoenix« entstanden sein, dessen Echtheit umstritten ist.

In »De ira dei« (nach 315) wird aufgezeigt, daß Gottes Wesen nicht nur Güte, sondern auch gerecht strafender Zorn ist.

»De mortibus persecutorum« (über den Tod der Verfolger), unmittelbar nach dem Ende der Verfolgung 313 begonnen, berichtet erregt und tendenziös vom schlimmen Ende der Christenverfolger, ist aber eine wichtige Quelle.

Mehrere Schriften und Briefsammlungen sind verloren.

Lit.: A. Wlosok: »Lactantius«, TRE 20, 1990, 370-374 (Lit.).

H. Scheible

Lagarde, Paul de (1827-1891)

Paul Anton de L., als Paul Bötticher am 2. 11. 1827 in Berlin geboren, von einer Tante namens Lagarde adoptiert, gest. am 22. 12. 1891 in Göttingen. Studium der Theologie und Orientalistik, 1851 Habilitation in Halle, 1854 bis 1866 Gymnasiallehrer, seit 1869 Prof. für Orientalistik in Göttingen. Als genialem Geist standen ihm viele wissenschaftl. und polit. Aufgaben vor Augen, hingegen blieb das meiste unausgeführt.

In vielen seiner Arbeiten edierte er kopt., arab. und weitere Übersetzungen bibl. Bücher und gab Schriften der Kirchenväter und G. → Brunos heraus. Die Theologie war für ihn eine »ausschließlich historische Disciplin«, er bestritt den Wert des bibl. Kanons und leugnete die Offenbarung Gottes in Christus. Er forderte eine »nationale Religion«, die, auf der reinen Botschaft Jesu gründend, die Volksmoral erneuern sollte. Paulus und die Rechtfertigungslehre der Reformatoren lehnte L. ab. Er betrieb eine radikale Trennung von Kirche und Staat und die Abschaffung theol. Fakultäten. Mit seinen Vorstellungen eckte er überall an und isolierte sich mehr und mehr. Auch den modernen Zeitgeist (Industrialisierung, Merkantilismus) lehnte er schroff ab; er setzte sich entweder für die Assimilierung oder für die Auswanderung der Juden ein und war auch in anderen Fragen Wegbereiter des → Antisemitismus und Nationalsozialismus.

Lit.: R. Breitling: Lagarde und der großdeutsche Gedanke, 1972; H. Karpp: »Lagardes Kritik an Kirche und Theologie«, ZThK 49, 1952, 367-385; J. Schriewer: »Lagarde«, NDB 13, 1982, 409-412; H.W. Schütte: Lagarde und Fichte, 1965.

G. Ruhbach

Laien → Klerus und Laien

Laienkommunion → Klerus und Laien

Laienpredigt

Alle Angehörigen des Volkes Gottes sind zur Verkündigung berufen (1Petr 2,9). Dazu hat der Herr seiner Gemeinde verschiedene Gaben verliehen (Eph 4,7.11). Im urchristl. → Gottesdienst bringen deshalb verschiedene Gemeindeglieder Beiträge ein (1Kor 14,26). Zugunsten der Amtsträger wurde die Laienverkündigung aber immer mehr eingeschränkt.

Da einige Reformbewegungen (z.B. → Waldenser) das Recht zur Laienpredigt betonen, wird sie im 13. Jh. schließlich untersagt. Anstößen Luthers zur Verwirklichung des Priestertums aller Gläubigen und vorübergehender Ordinierung von Laien zum Predigtdienst ist keine bleibende Wirkung beschieden.

Neu belebt wurde der Gedanke der L. durch den → Pietismus insbesondere im Bereich der Herrnhuter Brüdergemeine. »Des Wortes mächtige Brüder« legen die Schrift aus. Kräftige Impulse gaben im Zuge der → Erwekkungsbewegung Spittler und Wichern, zu dessen Programm der Inneren Mission »wandernde oder Reise- und Straßenprediger« gehören. Insbesondere in den → Gemeinschaften und den → Freikirchen ist das Predigen durch theol. Laien grundsätzlich anerkannt und weit verbreitet.

Heute kann man von L. unter verschiedenen Gesichtspunkten reden. L. im weiteren Sinne ist das jedem Christen aufgetragene persönliche Zeugnis an Menschen in seiner Umgebung. Zu dieser Laienverkündigung sind auch die unzähligen von Gemeindegliedern wahrgenommenen Dienste in Kinderkirche, Jugendarbeit, Gemeinschaftsstunden, Gruppen und Kreisen zu zählen. L. im engeren Sinne ist die Verkündigung der → Lektoren und Prädikanten, die durch die Notsituation des Kirchenkampfes wieder entdeckt worden ist. Missionare, Diakone, Jugendreferenten u.ä. sind meist theol. ausgebildet und hauptamtlich angestellt und insofern keine Laien mehr.

In einer Zeit, in der die Institutionen an Autorität und Wirksamkeit verlieren, gewinnt das Zeugnis der Laien immer größere Bedeutung. Eine vorrangige Aufgabe der Kirchen wird deshalb die Qualifizierung ihrer Glieder zur Verkündigung sein. Dazu haben die meisten Landeskirchen Ausbildungsgänge entwikkelt, die der geordneten theol. und homiletisch-liturg. Vorbereitung der Laienprediger auf ihren Dienst dienen. Sie werden aber auch darauf achten müssen, daß Laien, die öffentliche Verkündigung wahrnehmen, dazu öffentlich beauftragt und auf Schrift und Bekenntnis verpflichtet sind.

Lit.: A. Stein: Evangelische Laienpredigt, 1972 (Lit.); O. Stoffel: Die Verkündigung in Predigt und Katechese, in: J. Listl et al.: Handbuch des katholischen Kirchenrechts, 1983; K.H. Voigt: Die Predigt durch Laien in der Ev.-methodistischen Kirche damals und heute, 1987.

H. Kiedaisch

Laisierung → Klerus und Laien

Lamaismus

L., auch Vajrayana, »Diamantfahrzeug«, oder tibetischer Buddhismus genannt, war die Staatsreligion Tibets bis zur Invasion Chinas 1950 und nach dem Kublai Khan (ca. 1250) auch Staatsreligion der Mongolen. Der L. ist eine Synthese des ritualistischen → Buddhismus mit Elementen der einheimischen Bon-Religion. Der Inder Padmasambhava gilt als Pionier in Gründung von Klöstern (775) und Übersetzung buddhistischer Schriften ins Tibetische (eigener tibetischer Kanon). Ihm wird auch die Bekehrung lokaler Gottheiten zum Buddhismus zugeschrieben. Deren Kult lebte mit Trance-Medien und Exorzismen im Rahmen des L. fort.

Prägend wurde die Stellung der landbesitzenden Klöster, die unter der Führung von Lamas stehen, die in einer Succession eingeweiht werden. Von verschiedenen Schulen ist wohl die reformierte Schule Tsonkhapas (gest. 1419) (Gelbmützen) führend, im Lande der Dalai Lama und der Panchen-Lama, die als Inkarnationen eines Bodhisatva (himmlischer Halb-Buddha) gelten. Bis zu einem Viertel der Bevölkerung lebten zeitweise in den Klöstern, darunter auch verheiratete Mönche.

Seit der Flucht des Dalai Lama 1959 in das Exil in Indien hat sich der L. dem Westen zugewandt und findet dort ein wachsendes Interesse, auch durch seine besondere Meditationsform.

Lit.: W. Anderson: Der tibetische Buddhismus als Religion und Psychologie, [3]1986; R. u. M. von Brück: Ein Universum voller Gnade. Die Geisteswelt des tibetischen Buddhismus, 1987; G.L. Söpa, J. Hopkins: Der tibetische Buddhismus, 1977; G. Tucci, W. Heissig: Die Religionen Tibets und der Mongolai, 1970.

N.-P. Moritzen

Lambeth-Konferenzen → Anglikaner/Anglikanismus

Lamennais (de la Mennais), Hugues Félicité Robert (1782-1854)

L., geb. am 19. 6. 1782 in Saint Malo, gest. am 27. 2. 1854 in Paris, wurde 1816 als Autodidakt Priester, dann einflußreicher Schriftsteller und neuzeitlicher Apologet des Christentums. Er trat für eine bessere Ausbildung des Klerus (vor allem in Natur- und Gesellschaftswissenschaften) ein, ebenso für die Stärkung der päpstlichen Autorität. Er forderte die Trennung von Kirche und Staat, Religions- und Gewissensfreiheit und kämpfte, fast wie ein Prophet, gegen alle liberalen Tendenzen in Kirche und Welt. Weil der Papst die kath. Polen 1831 gegen die russischen Übergriffe nicht genügend unterstützte, löste L. sich von Rom, aber nicht vom Christentum.

In seinen Spätschriften trat er zunehmend für die Gewissensfreiheit ein. 1848 wurde er Parlamentsabgeordneter, immer aber blieb er Schriftsteller und Journalist, allerdings mehr und mehr auch von seinen Freunden verlassen. Obwohl er als »neuer Kirchenvater« und »Papst der französischen Romantik« galt, irritierte L. seine Freunde immer wieder durch sein kompromißloses Leben und Schreiben. Seine Bedeutung liegt darin, daß er den durch die Französische Revolution gestörten Dialog zwischen Kirche und Welt wieder in Gang brachte. Er selbst ist ihm allerdings zum Opfer gefallen.

Lit.: L' Actualité de Lamennais, 1981; A. von Campenhausen: Staat und Kirche in Frankreich, 1962; L. Le Guillou: »Lamennais«, TRE 20, 1990, 424-427 (Lit.); K. Jürgensen: Lamennais und die Gestaltung des belgischen Staates, 1963; G. Valerius: Deutscher Katholizismus und Lamennais, 1983 (Lit.).

G. Ruhbach

Landeskirche, Landeskirchentum

a) geschichtlich

Die Kirche in ihrer irdischen Leiblichkeit lebt gegenüber der polit. Welt nicht in einer aseptischen Existenz. Im Altertum lehnte sie sich an die Administration des röm. Reiches an. Im frühen MA entstanden germanische Stammeskirchen, von denen die fränkische die röm. Reichstradition aufnahm; Kaiser und Papst wurden zu Gegenspielern im Kampf um die Weltherrschaft. Im Spätmittelalter traten die Nationen immer stärker in den Vordergrund, auch durch das Streben nach größerer Unabhängigkeit von Rom, im sog. → Gallikanismus, → Anglikanismus. Für die deutsche Kirchengeschichte wurde das Reichskirchensystem bestimmend: die Bischöfe wurden als Regenten über die geistl. Territorien Reichsfürsten. Die weithin bereits in der Missionsepoche gebildeten Diözesen und Kirchenprovinzen (kirchl. Aufsichtsbezirke) dagegen verloren immer mehr an Bedeutung.

Die reformat. Verfassungskonzeption Luthers war zunächst auf eine deutsche Nationalkirche gerichtet. Solche Pläne mußten scheitern, da der frühneuzeitliche Staat in Deutschland nicht auf dem »Heiligen römischen Reich deutscher Nation«, sondern auf den Territorien und Städten basierte. Als Ergebnis des Zerfalls der kirchl. Einheit im 16. Jh. standen den kath. Bischöfen die ev. Landesherrn mit ihren Territorien gegenüber, in denen sie durch das landesherrliche Kirchenregiment mit Hilfe von Kirchenordnungen und Bekenntnisbüchern die Glaubenseinheit ihres Landes zu sichern unternahmen.

Der Augsburger (1555) und der Westfälische (1648) Frieden stellten ein rechtlich geregeltes Nebeneinander der ev. und kath. Territorien her, das bis zum Ende des Reiches unter napoleonischer Herrschaft andauerte (1803 Aufhebung der geistl. Territorien). Kämpfe um kirchl. Freiheit und Mitbestimmung hatten sich seit der Reformation im Rahmen der Territorialkirche abgespielt, für die keine Alternative geduldet wurde. Erst im 19. Jh. kam es durch Nationalismus, Liberalismus und Sozialismus zur Erschütterung der Territorialkirchen, für die sich nun der Begriff »Landeskirche« durchsetzte: Nationale Einheit auch in der Kirche gegen föderalistisches Landeskirchentum, Glaubens- und Gewissensfreiheit als Erbe der Aufklärung gegen die Wahrheitsnormen des Bekenntnisses, Lehr- und Forschungsfreiheit an den theol. Fakultäten gegen kirchl. Mitspracherecht, synodale Verfassungsautonomie gegenüber staatskirchl. Behörden; außerdem Allianzchristentum auf Grund persönlicher Entscheidung und Freikirchentum ohne Abhängigkeit von weltlicher Herrschaft.

Das Ende des Staatskirchentums und des landesherrlichen Kirchenregimentes durch die Weimarer Verfassung 1919 führte zum Ende der Staatskirche und damit zu selbständigen Landeskirchen, die als Körperschaften des öffentlichen Rechtes ihre Existenz als Volkskirchen vom Staat zugesichert erhielten und diese auch ihm gegenüber zu wahren imstande waren. Im Hitler-Reich erwiesen sich die bekenntnistreuen Landeskirchen, bes. Württemberg und Bayern, als Bollwerke gegen die Gleichschaltungstendenzen des Staates, ohne alle verhängnisvollen Erblasten der deutschen Geschichte abstoßen zu können. Nach 1945 gerieten die deutschen Landeskirchen im Kirchenvolk, noch stärker in der Geistlichkeit selbst, in den Ruf nicht mehr zeitgemäßer Institutionen. Die polit. Wende 1989/90 bedeutet auch eine Anfrage an die Kirche; das Problem des kirchl. Föderalismus im sich einigenden Europa ist neu gestellt. Es ist in der Gegenwart noch nicht entschieden, ob das Ende des traditionellen ev. Landeskirchentums unabänderlich ist und damit der Öffentlichkeitsanspruch allein von der etwa gleich starken kath. Kirche wahrgenommen werden müßte, oder ob die

Landeskirchen mit ihren flächendeckenden parochialen Gemeinden Wesentliches zur Erneuerung des Christentums beizutragen imstande sind.

Lit.: M. Ahme: Der Reformversuch der EKD 1970-1976; Vorgeschichte, Verlauf, Ergebnisse, 1990; K. Dumrath, H.-W. Krumwiede (Hg.): Die territoriale Bindung der ev. Kirche in Geschichte und Gegenwart. Ein Beitrag zur Strukturreform der EKD, 1972; H.-W. Krumwiede: Zur Entstehung des landesherrlichen Kirchenregimentes in Kursachsen und Braunschweig-Wolfenbüttel, 1967; ders.: »Kirchenregiment, landesherrliches«, TRE 19, 1990; 59-68; J. Mehlhausen: »Landeskirche«, TRE 20, 1990, 427-434.

H.W. Krumwiede

b) praktisch-theologisch

Das Landeskirchentum ist heute die im dt. und schweizerischen Rechtsraum vorherrschende Erscheinungsform verfaßter Kirche. Die deutschen Landeskirchen haben ihre aus der Zeit der Reformation erwachsene Gestalt als die ihnen zugewiesene angenommen, auch wenn nur eine Minderheit dieser Kirchen sich selbst als L. bezeichnet. Im Unterschied zu dem seit der Weimarer Verfassung abgeschafften Staatskirchentum bezeichnet das L.ntum ein System freier, als → Körperschaften des öffentlichen Rechts selbständig verfaßter Kirchen in einem freien Gemeinwesen. Kennzeichnend für die L.n ist, daß sie ihre unmittelbare kirchl. Wirksamkeit auf ein bestimmtes Gebiet beschränken (eine Ausnahme bildet das Verhältnis der ev.-ref. Kirche zu den Landeskirchen Hannovers und in Bayern), umgekehrt aber alle getauften Evangelischen dieses Gebietes als ihre Mitglieder betrachten, soweit sie nicht einen entgegenstehenden Willen erkennen lassen. Die Beschränkung auf das eigene Kirchengebiet bedeutet keinen Verzicht auf die Wahrnehmung des mission. Auftrags der Kirche, wohl aber den Verzicht auf Mitgliederwerbung und kirchl. Arbeit über den Bereich des eigenen Kirchengebietes hinaus. Die → Kirchenmitgliedschaft ist an den Wohnsitz geknüpft und setzt sich beim Umzug in eine andere L. fort. Nach ihrem Selbstverständnis bieten die L.n geistl. Heimat und kirchl. Organisation für alle ev. Christen. Gleichzeitig wissen sich die Landeskirchen in ökumen. Verbundenheit mit den anderen Kirchen ihres Bereichs an alle Menschen dieses Bereichs gewiesen und für sie verantwortlich. Daher besteht eine enge Verbindung zwischen dem Begriff der Landeskirche und dem der → Volkskirche. Die Ungleichartigkeit ihres Mitgliederbestandes verwehrt es den L.n, sich auf einen bestimmten Frömmigkeitsstil festzulegen. Sie sind vielmehr darauf angewiesen, daß die verschiedenen in der Kirche vorhandenen Strömungen und Richtungen in ihnen selbst wirksam werden. Die wichtigste Aufgabe der L. nach innen ist es daher, diesen Kräften den notwendigen Freiraum der Entfaltung zu gewähren, gleichzeitig aber dafür Sorge zu tragen, daß ein Prozeß des Austauschs, der gegenseitigen Anregung und Kritik lebendig bleibt, der die Einheit im Glauben fördert. Es geht darum, die Mitte ev. → Bekenntnisses aus der Vielheit geistl. Strömungen immer wieder neu zu bestimmen, die kirchl. Gemeinschaft im ev. Bekenntnis sowohl als organisatorische wie auch als gottesdienstl. Gemeinschaft zu erhalten und die Gemeindeglieder vor dem Abgleiten in die subjektivistische Abgeschlossenheit der Gleichgesinnten zu bewahren. Umgekehrt muß die L. von ihren Gliedern erwarten, daß sie sich an diesem Prozeß des Ringens um die Mitte des Bekenntnisses um der Einheit der Kirche willen aktiv beteiligen. Die größte Gefährdung für das L.tum geht von der Versuchung aus, sich als kirchl. Entsprechung staatlicher Gebietskörperschaften zu verstehen, darüber die Besonderheit des kirchl. Auftrags zu übersehen und die Verpflichtung zu geistl. Erneuerung zu vernachlässigen. Die Bindung an ein bestimmtes reformat. Bekenntnis prägt den Charakter der L.n auch heute noch. Jedoch hat die allseitige Zustimmung zur → Leuenberger Konkordie noch bestehende Hindernisse für eine engere Gemeinschaft beseitigt. Zwischen den deutschen Landeskirchen besteht inzwischen volle Kanzel- und Abendmahlsgemeinschaft. Nach außen bilden die L.n ein Gegenüber zu den in Staat und Gesellschaft wirksamen polit. Kräften. Ihnen gegenüber haben sie den Auftrag, den Anspruch des Wortes Gottes im Bereich des Politischen geltend zu machen. Auch in den Verfassungen und Rechtsordnungen der einzelnen L.n wirken die territorialen Sonderentwicklungen der nachreformat. Zeit fort. Um größere Gemeinsamkeit in Zeugnis und Dienst zu ermöglichen, schlossen sich die L.n 1948 in der → Evangelischen Kirche in Deutschland zusammen. In einem zusammenwachsenden Europa gewinnt diese Gemeinschaft bekenntnisverwandter L.n als Stimme des Protestantismus zunehmend an Bedeutung.

Lit.: W. Maurer: Die Entstehung des Landeskirchentums in der Reformation, 1966; J. Mehlhausen: »Landeskirche«, TRE 20, 1990, 427-434; K. Müller: Staatsgrenzen und evangelische Kirchengrenzen, Ius ecclesiasticum Bd. 35, 1988; D. Pirson: »Landeskirche, Landeskirchentum«, EvStL Bd. 2, 1987, 1955ff.

M. Daur

Landeskirchliche Gemeinschaften → Gemeinschaftsbewegung

Landeskirchlicher Gemeinschaftsverband in Bayern

Der LKG ist 1925 aus dem Zusammenschluß der Gemeinschaftsverbände Ansbach-Nürnberg-Hof entstanden. In diesen trafen sich um die Jahrhundertwende Menschen aus allen Bevölkerungsschichten zum Bibellesen, Gebet und Austausch. Die Prägung empfing der LKG in der Anfangszeit vor allem durch den ersten Vorsitzenden, Pfr. C. Eichhorn in Ansbach. Ein weiterer Pionier war Diakon K. Wekkerle in Hof. Der LKG umfaßt ca. 300 örtliche Gemeinschaftskreise, vor allem im Raum Franken mit z.Zt. 40 hauptamtlich angestellten Predigern und Diakonissen, die in 21 Bezirken arbeiten von Hof bis nach Mühldorf/Inn. Der LKG wird von einem Vorstand geleitet, der aus Vertretern aller Bezirke, der Jugendarbeit und berufenen Mitgliedern besteht. Der LKG ist ein freies, mission.-diakon. Werk innerhalb der ev. Kirche in Bayern. Großer Wert wird auf die Verantwortung und Mitarbeit der Ehrenamtlichen gelegt. Dies gilt in besonderer Weise für die Verbandsjugendarbeit (Christlicher Jugendbund in Bayern), in der ca. 90 Jugend- und 125 Kinderkreise zusammengefaßt sind. Finanziert wird der LKG vorwiegend durch freiwillige Beiträge.

Lit.: M. Kappler: Pfarrer C. Eichborn, 1934; K. Thauer (Hg.): Taten Gottes in unseren Tagen, o.J.

G. Brendel

Ländli, Diakonieverband (DVL)

»Ländli« heißt der Diakonieverband wegen seiner geographischen Lage. Am Aegerisee (Kanton Zug, Schweiz) befindet sich im Ländli ein Kurhaus und ein Diakonissen-Mutterhaus. Zwei Linien führten zum Diakonieverband L.: 1911 eröffnete die begabte deutsche Ärztin Minna Popken das Kurhaus Ländli. 1923 gründeten zwei Schweizer Diakonissen des → Deutschen Gemeinschaftsdiakonieverbandes (DGD) in Zürich einen »Schweizerischen Gemeinschaftsdiakonieverband«. Dieser Verband erwarb ein Jahr später das Hotel Wartburg am Bodensee und 1926 von Minna Popken das Kurhaus L. Eine breite Eintrittswelle von jungen Diakonissen ermöglichte in den Folgejahren die Eröffnung verschiedenster Dienstzweige, vor allem in den Bereichen Krankenpflege und Pädagogik. Eine phantasievolle Diakonie mit Kinder-, Alters- und Ferienheimen, einer Krankenpflege- und mehreren Haushaltungsschulen gaben dem aufstrebenden Werk Einflußmöglichkeiten in die Gesellschaft hinein. Rückgrat blieb über all die Jahre das Kurhaus im Ländli.

Auch der DVL wurde von der Krise der → Mutterhausdiakonie nicht verschont. Gehörten 1950 257 Diakonissen zum DVL, so waren es 1991 nur noch 174. Mit neuen Projekten versucht der DVL seit einigen Jahren, in der jungen Generation wieder Fuß zu fassen. So entstand 1986 z.B. in einer ehemaligen Haushaltungsschule eine Jüngerschaftsschule mit diakon. Ausrichtung. Weitere Projekte sind in Vorbereitung.

K. Albietz

Lanfrank (1010-1089)

L., geb. ca. 1010 in Pavia, gest. am 28. 5. 1089 in Canterbury, wirkte zunächst als bedeutender Rechtsgelehrter, verließ Italien 1030, lebte fortan in Frankreich. 1042 trat er in das Benediktinerkloster in Bec, Bistum Rouen, ein und wurde 1045 Prior. Er begründete dort eine bald sehr bekannte Schule; seine Schüler waren u.a. → Anselm von Canterbury, Ivo von Chartres, Anselm von Lucca. In der Auseinandersetzung des röm. Stuhles mit → Berengar um die Wandlung der eucharistischen Elemente nahm L. eindeutig gegen diesen Stellung. Seine Schrift de corpore et sanguine domini, eine Aufzählung von Väterzitaten, hat am meisten gewirkt. 1063 wurde L. Abt des Benediktinerklosters St. Stephan in Caen und Vertrauter Herzog Wilhelms, der 1066 von der Normandie aus in England einfiel und dieses eroberte. L. folgte ihm, wurde Erzbischof von Canterbury und Abt des dortigen Domklosters Christ Church. Zeitlebens war er treu ergebener Ratgeber seines Königs und Organisator der englischen Kirche. Von seinen Schriften sind nur der Pauluskommentar und seine Abendmahlsschrift, außerdem seine monastischen Konstitutionen erhalten, die das liturg. und sonstige Leben im Kloster festlegen. Er gilt als bedeutende Gestalt der frühmittelalterl. Kirche.

Lit.: M. Gibson: »Lanfrank von Bec«, TRE 20, 1990, 434-436.

G. Ruhbach

Lange, Joachim (1670-1744)

L., geb. am 26. 10. 1670 in Gardelegen, gest. am 7. 5. 1744 in Halle, war einer der schreibfreudigsten pietist. Autoren und bedeutender Wortführer des hallischen Pietismus gegen Spätorthodoxie und Aufklärung.

L. studierte ab 1689 in Leipzig Theologie, wo er durch A.H. → Francke maßgeblich geprägt wurde. Diesem folgte er nach Erfurt, Hamburg und Halle. 1693 gewann L. als Hauslehrer in Berlin engen Kontakt mit Ph.J. → Spener. 1696 wurde er Rektor des Cösliner Gymnasiums, ab 1698 durch Speners Vermittlung Rektor des Friedrichwerderschen Gymnasiums und Pfarrer in Berlin. Ab 1709 bis zu seinem Tod wirkte er als Professor für Dogmatik und Exegese in Halle. In dieser Zeit kämpfte er literarisch gegen drei Fronten. Er verteidigte die hallische Prägung des Pietismus gegen den orthodoxen Superintendenten V.E. → Löscher. Im Kampf gegen die Aufklärung richtete er sich gegen seinen Kollegen Chr. → Wolff, dessen vorübergehende Vertreibung (1723-1740) er erwirkte. Schließlich trat L. als Kritiker eines schwärmerischen → Pietismus auf. Als Angehöriger der zweiten pietist. Generation wollte er in seinen polemischen und exeget. Werken (Bibelwerk: »Biblisches Licht und Recht«, 8 Bde., 1726-38) dem Pietismus die »Richtige Mittelstraße« (4 Bde., 1712-14) aufzeigen.

Lit.: R. Dannenbaum: Joachim Lange als Wortführer des Halleschen Pietismus gegen die Orthodoxie, Diss. 1951; H.-M. Rotermund: Orthodoxie und Pietismus, 1959; Chr. Schmitt: »Lange, Joachim«, BBKL 4, 1992, 1097-1104 (Lit.).

B. Weber

Lange, Johann Peter (1802-1884)

L, geb. am 10. 4. 1802 in Sonnborn bei Elberfeld, gest. am 8. 7. 1884 in Bonn; der ref. Theologe wurde in seinem Studium in Bonn besonders von C.I. Nitzsch und F. Lücke geprägt. Nach Pfarrämtern in Wald, Langenberg und Duisburg wurde er 1841 Prof. für Dogmatik und Kirchengeschichte in Zürich, ab 1854 bis 1884 Prof. für Systematik in Bonn. Als Repräsentant der Vermittlungstheologie mit stark positiv ref. Einschlag stand er in Bonn seinem Kollegen der Praktischen Theologie → Th. Christlieb besonders nahe.

Lit.: J.P. Lange: Über den geschichtlichen Charakter der kanonischen Evangelien, insbesondere der Kindheitsgeschichte Jesu, 1836 (gegen D.F. Strauß); Das Leben Jesu, 3 Bde., 1844-47; Christliche Dogmatik, 3 Bde., 1849-53 ([2]1870); Theologisch-homiletisches Bibelwerk, 1856-1876 (mit anderen; auch englisch von Schaff).

W. Krafft: »Lange, Johann Peter«, RE[3] XI, 264-268, ADB 51, 588ff; A. Lomberg: Bergische Männer, [2]1927, 291ff; Worte der Erinnerung an J.P.Lange, 1884.

J. Ohlemacher

Langensteinbacherhöhe – Bibelkonferenzstätte und Haustöchterschule e.V.

Im Jahr 1959 wurde die L. von sieben Brüdern gegründet. Eine Lehrevangelisationsbewegung während und nach dem Zweiten Weltkrieg verlangte eine bibl. Weiterführung und Sammlung der Gläubigen aus allen Kreisen und Denominationen. Der Verkündigungsauftrag hat drei Aspekte:

– Die heilsgeschichtl. Auslegung der Hl. Schrift;

– Auslegung und Aktualisierung des bibl.-prophetischen Wortes, Israel und die Gemeinde betreffend

– Die Liebe zu allen Heiligen als Voraussetzung zu einer tieferen Christus- und Schrifterkenntnis.

Bibelorientierte Vorträge und Referate werden das ganze Jahr über in meist 7-14tägigen Rüstzeiten gehalten. Theologen und Laien aus allen Kreisen der Ev. Allianz verkündigen das Evangelium von der umfassenden Gnade Gottes in Christus Jesus, wie es vor allem dem Apostel Paulus anvertraut wurde. Der jetzige Hausvater und geistl. Leiter ist Manfred Mössinger von der Ev.-methodistischen Kirche.

Die Konferenzstätte hat 140 Betten, wird ständig modernisiert, liegt in einem großen Waldpark am Fuße des Nordschwarzwaldes zwischen Karlsruhe und Pforzheim. Medizinische Beratung und Behandlung sowie eine Bäderabteilung können von den Gästen kostenlos in Anspruch genommen werden. Der Vorsitzende des Vereins, Dr. H. Maier-Gerber, ist Arzt im Hause. Die Haustöchterschule der L. bietet Mädchen, die sich bewußt in eine christl.

Gemeinschaft begeben wollen, ein einjähriges Praktikum. Sie werden berufsschuläquivalent in den Fächern der Haushaltskunde und der Allgemeinbildung unterrichtet.

M. Mössinger

Langobarden → Germanen, Christianisierung der

Las Casas, Bartolomé Fray de (ca. 1484-1566)

L.C. wurde geb. um 1484 als Sohn des Sevillaer Kaufmanns aus altem Adelsgeschlecht, Pedro de las Casas, der Kolumbus 1493 in die Neue Welt begleitete. 1502 fuhr L., der alte Sprachen, Geschichte und Philosophie studiert hatte, mit seinem Onkel auf einem der 32 Schiffe nach Westindien. Inzwischen waren die kolonialen Handelsniederlassungen dem Encomienda System gewichen, das Indios zu Leibeigenen und Sklaven machte.

Der Großgrundbesitzer und Sklavenhalter L.C. brachte Schweine und andere Haustiere aus Europa in die Neue Welt. Von 1507-09 studierte L.C. Theologie in Rom und feierte 1510 als erster kath. Priester die erste Primiz in der Neuen Welt, ohne »einen Tropfen Wein, da es auf der ganzen Insel keinen gab«. Im gleichen Jahr kamen auch drei Dominikaner nach Espanola. Als Kaplan nahm L.C. an der Eroberung Kubas teil, die er in seiner »Historia des las Indias« ausführlich beschreibt. Nach seiner Bekehrung Pfingsten 1514 gibt er allen Besitz an die Indios zurück und widmet sein Leben dem Schutz der mißhandelten und unterdrückten Indios.

1516 veranlaßt L.C. den Kardinalregenten Cisneros zu einem Reformplan für Westindien und wird zum »universalen Prokurator aller Indios in Westindien« eingesetzt. L.C. scheitert 1521 mit seiner Missionssiedlung in Paria und wird 1523 Dominikaner im Kloster Santo Domingo; er gründete das kleine Kloster Puerto de la Plata. In der Zeit der »Eroberungen« durch Cortes und Pizzaro, schrieb L.C. »De Unico Vocationis modo omnium Gentium ad Veram Religionem«, die erste Missionstheologie im Geiste der spanischen Spätscholastik und entwickelte seine Theorien über die Rechtsgrundlagen und Methoden der Kolonisation in Amerika.

1542 erhob L.C. auf der von Karl V. einberufenen Junta von Valladolid Anklage gegen das spanische Kolonialsystem. Das führte zum Erlaß der »Neuen Gesetze«. Als Bischof von Chiapa konnte L.C. 1545 seine Pläne nicht durchsetzen und verzichtete bald wegen des Widerstandes der spanischen Siedler auf sein Bischofsamt. Von 1547 bis 1566 kämpfte L.C. in Spanien weiter für die Rechte der unterdrückten Indios und gegen die Mißstände in Amerika. L.C. war der erste, der den Sklavenhandel als Verbrechen und Sünde bezeichnete, auch wenn er selber noch als Sechzigjähriger 1544 »vier Negersklaven, durch königliche Gunst ihm zugesandt« als Bischof von Chiapa bei sich hatte. 1552 erkannte er bei seiner zweiten Bekehrung seine Mitverantwortung für den Sklavenhandel auf Grund von Spr 24,11-12. Von nun an kämpfte er auch für die Befreiung der Sklaven in aller Welt wie ein Exkurs in der »Historia« zeigt.

70 Jahre nach der Eroberung Haitis durch Kolumbus, als alle Konquistadoren gestorben waren, legte der »Prokurator und Anwalt aller Indios« 1564 vor Kaiser, Prinz und Indienrat, angesichts des nahenden Todes »im Namen der Dreifaltigkeit« Zeugnis ab von sich selbst: »Ich lasse in Westindien Jesus Christus, unseren Gott zurück: gegeißelt, gequält, geohrfeigt und gekreuzigt, und zwar nicht nur einmal, sondern tausendfach.« L.C. wurde als Missionar zum Politiker, Anthropologen, Theologen, Juristen, Historiker und Naturwissenschaftler.

Werke: Obras escogidas de Las Casas, 5 Bde., 1957-58; »Kurzgefaßter Bericht«, neu hg. von H.M. Enzensberger, 1966, Brevísima (1665), deutsch 1970.

Lit.: G. Gutierrez: Gott oder das Gold. Der befreiende Weg des B. de Las Casas, 1990; L. Hanke: B.D. Las Casas La Habana, 1949; ders. B.d. Las Casas Historian, 1952; J. Höffner: Christentum und Menschenwürde, 1947; G. Kahle: Bartolomé de las Casas, 1968; M. Neumann: Las Casas, 1990; R. Schneider: Las Casas vor Karl V., 1938.

K.W. Rennstich

Laski, Johannes (1499-1560)

L., Jan/Johannes a Lasco, geb. 1499 in Lask (Polen), gest. am 8. 1. 1560 in Pinczwo (Polen), stammte aus einflußreicher adliger Familie, erhielt eine juristische und humanistische Bildung in Wien und Rom (?), Bologna und Padua bis 1519, 1524/25 in Paris und Basel, wo er mit → Erasmus zusammen lebte; studierte bei Pellikan Griechisch und Hebräisch, hatte Kontakt zu den Schweizer Reformatoren → Oekolampad, → Zwingli und → Farel, konnte sich wohl für Reformen, aber noch nicht für die Reformation entscheiden. Schon 1521 zum Priester geweiht, wurde er 1526 Probst von Leczye und Gnesen, Domherr von Krakau, 1538 Archidiakon von Warschau. Der Versuch einer polit. Karriere schlug fehl.

Unter Einfluß der → Reformation und der → Devotio moderna (in Löwen) kam es 1542 zum Bruch mit der altgläubigen Kirche und zum Verzicht auf alle Ämter. L. wirkte nun vielfältig kirchenorganisatorisch: als Superintendent von Ostfriesland (1542-49), auf Bitten von Erzbischof Cranmer in London, war dort Superintendent der Flüchtlingsgemeinde, wirkte in Emden, Frankfurt, Kassel, Breslau an der Erneuerung und Ordnung der ev. Kirche mit. In Pinczow versuchte er, die verschiedenen prot. Gruppen Polens mit einer calvinistisch geprägten Kirchenordnung zu einen, ohne jedoch die Lutheraner dazu gewinnen zu können.

Lit.: Joannis a Lasco opera, ed. A. Kuyper, 1866.

O. Bartel: Jan Laski, 1981; M. Smid: Ostfriesische Kirchengeschichte, 1974; ders.: »Laski, Jan«, TRE 20, 1990, 448-451.

Chr. Windhorst

Laster, Lasterkataloge

L. meint im Deutschen ursprünglich allg. Fehler, Übel, Mangel jeder Art. In der kath. Ethik wird L. verstanden als »freiwillige Dauersünde, dauernde, eingewurzelte Anlage des menschlichen Willens zu einer bestimmten Sünde« (Hilgenreiner, 399). Die freiwillige Wiederholung kann zur Bildung eines psych. ja sogar physiologischen Hangs zur Sünde führen (Hilgenreiner, 399). Heute wird der Begriff L. eingeschränkt auf »die durch häufiges, schuldhaftes Handeln eingefahrene Verfestigung im Bösen« (Hauser, 35) verwendet.

Die ntl. L.kataloge (z.B. Mt 15,19; Röm 1,29-31; 1Kor 5,10f; 6,10f; 2Kor 12,20f; Gal 5,19-21; Eph 4,31; 5,3-5; 1Petr 2,1; 4,3.5) »... sind in erster Linie durch die Tradition der Qumrantexte bestimmt« (Wibbing, 1051). Sie übernehmen dabei zwar Begriffe aus der griech. Philosophie, die ähnliche L.kataloge kennt, prägen sie aber entscheidend um. In der Verbindung von Tugend- und L.katalog entsprechen sie dem Zwei-Wege-Schema des Frühjudentums und benennen die »zweifache Möglichkeit menschlicher Existenz, wie sie sich im Handeln des Menschen manifestiert ...« (Wibbing, 110). Sie »... kennzeichnen ... das menschliche Handeln in seiner diametralen Gegensätzlichkeit unter den sich ausschließenden, feindlich gegenüberstehenden Mächten der sarx (Fleisch) und des pneuma (Geist)« (Wibbing, 110). Das Handeln des Menschen zeigt, ob er unter der Herrschaft des Geistes oder des Fleisches steht (Gal 5,19-21; Eph 5,3-5.9). Eine Unterscheidung zwischen Tat und Gesinnung ist von den L.katalogen her nicht zutreffend (Schrage, 126). Tugend- und L.kataloge wollen also nicht die Norm einer christl. Gesinnung abgeben oder ein neues Gesetz aufrichten. Die → Tugenden und L. bei Paulus unterscheiden sich von der jüd. Leistungsmoral dadurch, daß Paulus den Kampf zwischen den bestimmenden Mächten Licht und Finsternis, Geist und Fleisch in Christus als schon entschieden sieht, und von der in der Taufe geschenkten neuen Existenzweise des Christen ausgeht. Deshalb steht oft der Tugendkatalog als Beschreibung des neuen Lebens in Christus den L.n als überwundener heidnischer Lebensweise gegenüber (1Kor 6,11; Kol 3,7f). Die Aufnahme der L.kataloge in die Paränese zeigt, daß die Christen nicht automatisch ihre neue Existenz leben, sondern der Ermahnung dazu bedürfen.

Im deutlichen Unterschied zur griech. Auffassung beschreiben die ntl. Tugend- und L.kataloge »... eine Existenzweise des Menschen, die sich in Taten konkretisiert, für die der Mensch Gott Verantwortung schuldet, und über die er in Gottes Gericht wird Rechenschaft ablegen müssen« (Wibbing, 115; vgl. 1Kor 6,9; Gal 5,21; Eph 5,5). Dabei geht es nicht nur um die aufgezählten besonders schweren Sünden, sondern wie Gal 5,21 zeigt, »... um eine sich in diesen oder ähnlichen Taten vollziehende Existenzweise des Menschen« (Wibbing, 115). Die Menschen, die durch ihre in den L.katalogen aufgezählten Taten erweisen, daß sie unter der Herrschaft des Fleisches oder der Finsternis stehen, werden im Endgericht Gottes nicht bestehen.

Lit.: R. Hauser: »Laster«, HWP Bd. 5, 1980, 35-37; ders.: »Lasterkatalog«, ebda 37-38; K. Hilgenreiner: »Laster«, LThK Bd. 6, 1934, 299; E. Kamlah: Die Form der katalogischen Paränese im NT, 1964; W. Schrage: Ethik des Neuen Testaments (Grundrisse zum NT Bd. 4), 1982, 125-130; S. Wibbing: Die Tugend- und Lasterkataloge im Neuen Testament und ihre Traditionsgeschichte unter besonderer Berücksichtigung der Qumran-Texte, BZNW 25, 1959.

M. Hirschmüller

Lateinamerika

L. ist eine zwar ungenaue, aber gebräuchliche Bezeichnung für das vorwiegend spanisch- und portugiesischsprachige Amerika, das sich von Mexiko bis Feuerland und von den Andenländern bis zu den Antillen erstreckt. Seine Geschichte verläuft in drei Etappen.

1. Alt-Amerika

Der amerikanische Doppelkontinent ist zunächst von Einwanderern besiedelt worden, die über die damalige Landbrücke, die heutige Beringstraße, aus Zentralasien kamen. Im Norden und Süden des Doppelkontinents sind sie bis zur Eroberung durch die Europäer Sammler und Jäger geblieben, in Mexiko, Guatemala und Peru haben sie die großen Kulturen der Azteken, Maya und Inka (und deren Vorläufer) hervorgebracht und differenzierte Staatswesen, die allesamt rel. begründet waren, geschaffen.

2. Kolonialreich und Kolonialkirche

Die Entdeckung Amerikas durch Christoph Kolumbus am 12. 10. 1492 leitete die Eroberung und Unterwerfung L.s durch Spanier und Portugiesen ein, bei der Alt-Amerika unterging. Der beispielhafte Einsatz der Missionsorden (vor allem der Franziskaner, Dominikaner und Jesuiten) bei der Evangelisierung der »Indianer«, ihr Eintreten für Menschenrechte und gegen koloniale Gewalt bleibt ein Ruhmesblatt in der Missionsgeschichte. Er kann die physische Vernichtung und rechtliche Diskriminierung der Bewohner nicht verhindern, wohl aber bewußt machen. Der Versuch der Gründung eigenständiger Indianerkirchen gelingt weder in Mexiko noch in den Niederlassungen der Jesuiten am La Plata. 300 Jahre lang herrscht unangefochten die Kolonialkirche als Stütze der Vizekönigreiche, deren Interesse in der Mehrung des eigenen Reichtums und des der Mutterländer liegt, nicht in der Entwicklung lebensfähiger Regionen. Bis in die Gegenwart trägt die röm.-kath. Kirche in L. an dem Erbe, Stütze des Staates und Komplize der Ausbeutung gewesen zu sein, während die Evangelisierung der Bevölkerung aufs Ganze gesehen oberflächlich blieb.

3. Unabhängigkeitsbewegung

Die Unabhängigkeitsbewegung des frühen 19. Jh.s hatte in L. drei Ziele: die polit. Freiheit von den »Mutterländern«, die eigenständige wirtschaftl. Entwicklung und die Befreiung vom weltanschaulichen Zwang, polit. Druck und Bildungsmonopol der röm.-kath. Kirche. Nicht wenige meinen, daß allenfalls das dritte Ziel erreicht worden sei, während der alte Wirtschaftskolonialismus durch neue Abhängigkeiten von den USA und den westl. Weltwirtschaftsordnungen abgelöst und der polit. Handlungsspielraum durch staatliche Armut und Unterentwicklung eingeschränkt wurde.

Die Kirche hat sich schwer getan, von Macht und Privilegien Abschied zu nehmen, auch wenn es nur in Mexiko aufgrund einer antiklerikalen Verfassung zum offenen Kirchenkampf (1927-32) gekommen ist. Die »Agonie der kolonialen Christenheit« (Dussel) geht erst mit der II. L.-Bischofskonferenz in Medellin (CELAM II, 1968) zu Ende.

4. Evangelische Kirchen in Lateinamerika

Die Glaubensfreiheit ist in L. nicht als Ergebnis einer Auseinandersetzung über Glauben und Religion eingezogen, sondern als Gefährtin des Liberalismus und Freidenkertums. Darum sind die seit Mitte des 19. Jh.s vorwiegend aus dem Norden einströmenden Protestanten mit dem Makel behaftet, Elemente der Unruhe und Verunsicherung zu sein, die die alte Ordnung bedrohen. Die Protestanten sind in L. eine Minderheit geblieben, zur röm.-kath. Kirche zählen sich nur in Argentinien, Brasilien und Chile weniger als 90 % der Bevölkerung, doch sind gerade hier Statistiken wenig aussagekräftig. Der größte Nachteil des Protestantismus ist seine Zersplitterung in unzählige Kirchen, Gruppen und Sekten und deren oft geringe Kooperationsbereitschaft. Positive Kennzeichen sind neben dem evangelist. Eifer oft eine vorbildliche Lebensführung, ein starkes Laienengagement und – besonders bei den Pfingstlern – ansteckende Freude.

Die luth. Kirche besteht vorwiegend aus Nachkommen von Einwanderern des 19. Jh.s, die in den Haupt- und Handelsstädten Auslandsgemeinden bildeten und sich in Brasilien, Chile und den La-Plata-Ländern zu bodenständigen Kirchen entwickelten. Die Ev. Kirche luth. Bekenntnisses in Brasilien (IECLB) ist mit fast 1 Mio. Gliedern die größte dieser Kirchen und eine starke eigenständige Stimme im Lande wie im → Lutherischen Weltbund und im Ökumen. Rat der Kirchen.

5. Post-konziliarer Katholizismus

Das zweite Vatikanische Konzil gab den Anstoß zu einer ehrlichen und kritischen Bestandsaufnahme der röm.-kath. Kirche in L., die im Basisdokument von Medellin (CELAM II, 1968) und den Entschließungen von CELAM III (Puebla, Mexiko, 1979) ihren Niederschlag fanden. Wichtiger noch als die Texte ist der Aufbruch der Kirche, der sich in den Basisgemeinden manifestiert und in der L.-Theologie der Befreiung artikuliert. Hier hat mit der Entdeckung der Armen (in L. und in der Bibel), mit der Wiederentdeckung des Evangeliums als einer befreienden Botschaft, die zum radikalen Wandel aufruft und ermächtigt, etwas Neues begonnen. In der Parteinahme der Kirche für die Benachteiligten und Unterdrückten, in ihrem Einsatz für Lebensrecht und Lebensraum der Indianer und in der Praxis eines Laienapostolats, das im Kampf gegen Sünde und Gewalt auch das Martyrium nicht scheut, hat eine umfassende Erneuerung der Kirche begonnen, die sich allerdings unter starken innerkirchl. Spannungen vollzieht. Sie fordert die Alte Welt und auch Kirche und Theologie in Deutschland heraus zu Kenntnisnahme und Begleitung.

Die Weltkirche steht am Ende des 2. Jahrtausends vor tiefgreifenden Veränderungen. Die Zentren ihres numerischen, dynamischen und spirituellen Wachstums wandern von Europa und dem industriellen Norden in den Süden. In diesem Prozeß der Transformation kann L. als mehrheitlich von Christen bewohnter und geprägter Kontinent des Südens die wichtige Aufgabe des sprachlichen und kulturellen Brükkenschlags zwischen den älteren und den jüngeren Kirchen zufallen.

Lit.: M. Delgado (Hg.): Gott in Lateinamerika. Texte aus fünf Jahrhunderten, 1991; E.D. Dussel: Die Geschichte der Kirche in Lateinamerika, 1988; R. Müller: »Wegsehen-Mitfeiern-Mittrauern? Vor 500 Jahren wurde Lateinamerika entdeckt«, in: Die evangelische Diaspora, 1992, 54ff; H.-J. Prien: Die Geschichte des Christentums in Lateinamerika, 1978; ders.: »Lateinamerika«, TRE 20, 1990, 451-480.

R. Müller

Lateranverträge → Kirchenstaat

Latin American Theological Fraternity (FTL)

Der 1966 in Berlin veranstaltete Weltevangelisationskongreß führte 1969 zum 1. Lateinamerikanischen Evangelisationskongreß (CLADE I) in Bogotá. Dort wurde die »Fraternidad Teologica Latinoamericana« (FTL) als Zusammenschluß lateinamerikanischer evangelikaler Theologen gegründet. In ihr begegnet »die visionäre Kraft einer Gruppe von evangelischen Denkern, die der biblischen Botschaft treu sein und mit ihr die Bedürfnisse des Kontinents in den Blick nehmen wollen« (Cortéz, 58). Die theol. Arbeit manifestiert sich vor allem in nationalen bzw. kontinentalen Konsultationen und Kongressen (CLADE II, 1979 in Huampani, Peru, CLADE III, 1992 in Quito, Equador, sowie die Konsultation »Theologie und Leben in Lateinamerika« 1990 in Quito aus Anlaß des 20jährigen Bestehens der FTL), wie auch in Publikationen, die u.a. den Ertrag dieser Tagungen zum Inhalt haben. Thematisch sind die Bereiche Bibl. Theologie (Hermeneutik; Schöpfung; Christologie), Ethik (Umgang mit polit. Macht; Armut), Geschichte und Struktur der Kirche, Glaube und Kultur, theol. Ausbildung, Pastoraltheologie, Mission und Evangelisation (z.B. der Großstadt) besonders akzentuiert. Ziel der FTL ist die Erarbeitung einer »evangelischen«, »kontextuellen« und »der Kirche verpflichteten Theologie« (Cortéz 65).

Lit.: R.G. Cortéz, »A proposta teológica da FTL« (Der theologische Ansatz der FTL), in: Boletim Teológico 9, São Leopoldo 1989, 57-66; E. Hahn: »Der brasilianische Arbeitskreis für evangelikale Theologie«, JET 6, 1992, 40-82.

E. Hahn

Latitudinarismus

L. wurde zuerst um 1650 im abschätzigen Sinne von den Gegnern gebraucht. Das Wort »latitude«, das Breite bedeutet, will die Dehnung des eigenen Gewissens um persönlicher Vorteile willen bezeichnen. L. bezeichnete eine Richtung innerhalb der Anglikanischen Kirche, die sich für eine Beschränkung der verpflichtenden Glaubenslehre auf einige Grundartikel und für einen breiten Raum gottesdienstl. Formen einsetzte. Der Charakter des L. läßt sich schwer genau bestimmen, da er wesensmäßig viel Raum für individuelle Ausgestaltung ließ und unter den kirchl. Richtungen die Mittelpartei prägte. L. hatte seine Wurzeln im 17. Jh., seinen Höhepunkt im 18. Jh. und fand seine Fortsetzung in der »Broad Church Party« des 19. Jh.s. Im ausgehenden 17. Jh. und im 18. Jh. waren die meisten führenden Theologen in England Latitudinarier. Sie waren sich einig in der Ablehnung der puritanischen Gnadenlehre mit deren seelsorgerl. Konsequenzen, der röm.-kath. Kirche und des Atheismus. Sie verteidigten das Bischofsamt und eine grundlegende liturg. Einheitlichkeit, aber betonten ein praktisch-ethisches Christentum der Toleranz. Einige der ersten Latitudinarier waren in die Schule der Platoniker von Cambridge gegangen und von daher überzeugt, daß Glaube und Vernunft harmonieren. Aus dieser Überzeugung entsprang ihr Interesse an der Newtonschen Wissenschaft, die sie in den Boyle Lectures (1692-1714) zur Bekämpfung des Atheismus und → Deismus verbreiteten. Bei dem Versuch, die Trinitätslehre rational zu begründen, fanden verschiedene führende anglikan. Theologen zu unterschiedlichen Formen der Verwerfung dieser Lehre. Auf diesem Hintergrund setzte sich Erzdiakon Francis Blackburne (1705-1787) zusammen mit anderen Latitudinariern dafür ein, daß die Vorschriften für die Zustimmung zum Common Prayer Book und den 39 Artikeln gemildert werden sollten. Der L. fand durch volkstümliche Predigten – insbesondere durch die Predigten Erzbischof Tillotsons (1630-1694) – und durch allgemeinverständliche Werke – wie die Arbeiten von William Paley (1743-1805) – große Verbreitung.

Lit.: N. Sykes: From Sheldon to Secker. Aspects of English Church History 1660-1768, 1959; J. Spurr: »Latitudinarismus«, TRE 20, 1990, 493-495.

U. Krolzik

Laudes → Stundengebet

Lausanner Bewegung

Die L. B. ist ein weltweites Beziehungssystem von einzelnen Christen und von Repräsentanten freier mission. Werke, die mit dem Ziel der Welt-Evangelisation zusammenarbeiten. Ihre gemeinsame Basis ist die »Lausanner Verpflichtung« von 1974, die neben der Sozialen Verantwortung der Christen vor allem die Verpflichtung der Gemeinde Jesu Christi in aller Welt herausstellt, angesichts der »unvollendeten Aufgabe der Weltmission« mehr als bisher zusammenzuarbeiten.

Der »Lausanner Kongreß für Weltevangelisation« 1974 mit seinen 2.700 Teilnehmern aus aller Welt bündelte ihm vorausgehende Impulse und Erfahrungen: Der Internationale Missionsrat war seit seiner Verschmelzung mit dem Weltrat der Kirchen im Jahr 1961 verschwunden; die vielen evangelikalen Kirchen, Werke und Aktionen taten ohne Absprache nebeneinander und auch gegeneinander ihren Dienst; aufgrund ermutigender Erfahrungen mit den von Billy → Graham zusammengerufenen Kongressen für Evangelisation in Berlin (1966), Singapore (1968), Minneapolis (1969), Bogota (1969) und Amsterdam (1971) wurde für 1974 der »Internationale Kongreß für Weltevangelisation« zusammengerufen, der den weltweiten »evangelikalen Aufbruch« unter Indienstnahme moderner Medien und Arbeitsweisen für die weltweite Evangelisation nutzbar machen sollte.

Besondere Aufmerksamkeit wurde darauf gelegt, daß Milliarden von Menschen noch nie die Einladung Jesu Christi vernommen haben und daß solche Menschen sich vor allem in unerreichten Volksgruppen (»unreached peoples«) finden. Wo in einer Volks- und Sprachengruppe die Christen zahlenmäßig zu klein sind, um wirklich zielstrebig Evangelisation treiben zu können, da bedarf es nach wie vor der »kulturüberschreitenden« Mission. Diese Schwerpunktaufgaben wurden 1980 bei der Konsultation für Weltevangelisation in Pattaya sowie beim II. Internationalen Kongreß (Juli 1989 in Manila) bestätigt (Manila-Manifest). Die L. B. will mehr »Bewegung« als Organisation sein. Ihr Kern ist das »Lausanner Komitee für Weltevangelisation«; sein Vorsitzender ist der anglikanische Bischof John Reid, Sydney. Die Anstöße der L. B. führten seit 1974 zu einer Vielzahl von regionalen Evangelisationskongressen in aller Welt. Für die Studien- und Forschungsarbeit bedient sich die L. B. des »Missions Advanced Research and Communication Center (MARC)«, Monrovia, USA (Veröffentlichungen: »Unreached Peoples«-Jahrbücher und »World Christianity«). Der Lausanner Informationsdienst (»World Evangelization«) erscheint vierteljährlich.

Lit.: »Alle Welt soll sein Wort hören«, Lausanne-Dokumente, 2 Bände, 1974; H. Burkhardt: »Lausanne '74. Ein Bericht«, ThBeitr. 5 (1974), 273-293; »Lausanne geht weiter«, 1980; Lausanne Occasional Papers (inzw. 26 Veröffentlichungen); H. Marquardt, U. Parzany (Hg.): Evangelisation mit Leidenschaft, 1990.

R. Scheffbuch

Lavater, Johann Kaspar (1741-1801)

L., geb. am 15. 11. 1741 in Zürich, gest. am 2. 1. 1801 ebenda, studierte Theologie in Zürich, ging auf Bildungsreise zu dem Spätaufklärer J. → Spalding in Barth/Pommern und war seit 1764 Diakon und dann Pfarrer in Zürich; als Verfasser vieler Zeitschriftenbeiträge und rel. und patriotischer Lieder trat er hervor. 1768 ist eine deutliche Wende (Bekehrung?) festzustellen: Christus wurde zum Mittelpunkt seines Denkens und Lebens, an dessen Fortwirken bis in die Gegenwart hinein er glaubte und daher Kontakte zu Medien und Wunderheilern aufnahm.

Ab 1785 interessiert er sich für den Magnetismus als »wohltätigen Strahl der Gottheit«.

Als Vertreter des Sturm und Drang war er befreundet mit → Gellert und → Klopstock, → Herder und → Goethe, → Basedow und → Jung-Stilling. Seine Kritik an → Neologie und → Rationalismus wurde von deren Vertretern mit heftigen Angriffen beantwortet. Seine mancherlei Kontakte zum → Pietismus im ausgehenden 18. Jh. wurden von dessen Vertretern nur zögernd aufgenommen – wegen L.s Freiheit gegenüber der kirchl. Lehre und Bibelauslegung und wegen seiner Weltoffenheit und seines polit. Engagements. Seine theol. Äußerungen sind unsystematisch und eher assoziativ; sein Eintreten für die Christusähnlichkeit des Glaubenden und für die Wiederbringung aller Dinge (→ Allversöhnung) hat ihm nicht nur Freunde gebracht.

Seine Hauptwirkung hat er einerseits auf die Literatur seiner Zeit durch seine »Aussichten in die Ewigkeit« (1768-1778), durch sein »Geheimes Tagesbuch« (1778) und seine große Korrespondenz, andererseits auf Kunst und Literatur durch seine »Physiognomischen Fragmente« (4 Bände 1775-1778) und v. a. durch seine offenbar faszinierende Persönlichkeit.

Lit.: W. Bodemann: J.C. Lavater, nach seinem Leben, Lehren und Wirken dargestellt, [2]1877; K.M. Sauer: Die Predigttätigkeit J.K. Lavaters, 1988; H. Weigelt: Lavater und die Stillen im Lande – Distanz und Nähe, 1988; ders.: »Lavater, Johann Kaspar«, TRE 20, 1990, 506-511.

G. Ruhbach

Läßliche Sünde → Sünde/Erbsünde

Leben nach dem Tode → Leben, Ewiges

Leben, Ewiges

a) biblisch

1. Im AT taucht das Begriffspaar e.L., anders als die Einzelbegriffe, nur an wenigen Stellen auf. Zum einen wird durch die Verneinung die kreatürliche Unmöglichkeit des Menschen, ewig zu leben, benannt (Hiob 7,16), mit der er seit der Urverfehlung des ersten Menschen gezeichnet ist (1Mo 3,22): Der Mensch hat von sich aus nicht Anteil an der nicht endenden unmittelbaren Gottesgemeinschaft, wie sie am Anfang der Schöpfung gegeben war.

Daraus ergibt sich zum anderen, daß, wenn im AT von e.L. die Rede ist, dies immer in Zusammenhang mit Gottes Verheißungen (Ps 133,3) und seinem souveränem Handeln geschieht. Er allein vermag einem Menschen e.L. im Sinne von bleibender Lebenserfüllung zu geben. Dies gilt ebenso für die individuelle Hoffnung auf ein Leben nach dem Tod (hierfür stehen z.B. Ps 16,10; 73, 23-26; ohne daß dabei der Begriff e.L. ausdrücklich aufgenommen wäre) wie auch für die kollektive Auferstehungserwartung mit doppeltem Ausgang (zum e.L. bzw. zum Gericht, vgl. Dan 12,2).

2. Im NT werden diese Linien konsequent aufgenommen (Joh 5,39) und vom Evangelium der Rettung durch Jesus Christus in dessen

Tod (Joh 3,16) und Auferstehung (Joh 11,25) her fortgeführt.

E.L. ist dem Menschen der Trennung von Gott wegen entrissen (Röm 6,23). Es kann nicht durch den Weg der Eigenanstrengung und Erfüllung des Gesetzes zurückgewonnen werden. So kommt der reiche Jüngling auf seine Frage an Jesus hin »was soll ich tun, damit ich das ewige Leben ererbe« (Mk 10,17) an die Grenzen seines Gesetzeseifers und wird zum Beispiel der allein durch Gott aufzuhebenden Unmöglichkeit, das ewige Leben zu erlangen (Mk 10, 26.27). Allein in dem Gnadenhandeln Gottes (Apg 13, 48) wird e.L. geschenkt. Sein Sohn Jesus Christus ist das e.L. in Person (1Joh 1,2; 5,20). Er, dessen Botschaft »Worte ewigen Lebens« (Joh 6,68) darstellt, gibt denen e.L., die im Glauben Zugang zu ihm finden (Joh 3,15.36; 6,47).

Den Gläubigen entfaltet e.L. sich in dreifacher Hinsicht: als schon jetzt zugeeignete Christusverbindung und Lebenserfüllung (Joh 5,24), als lebendige Hoffnung auf Gemeinschaft mit Jesus Christus über das Sterben hinaus (Mk 10,30; Röm 6,22; Gal 6,8; Tit 3,7) sowie als kollektive Auferstehungserwartung der ganzen Christus im Glauben zugehörigen Gemeinde (Joh 5,29; 6,54).

b) systematisch-theologisch

1. E.L. ist immer an die Person Jesu Christi gebunden. Das ist der entscheidende Unterschied zur weit verbreiteten griech. Anschauung von der Unsterblichkeit der Seele. Nie ist es nach bibl. Zeugnis so, als läge in dem menschlichen Wesen selbst die Kraft und Anlage zur Unsterblichkeit. Leben als dem Tod nicht mehr unterworfenes ewiges Verbundensein mit Gott läßt es nicht zu, vom Menschen so zu reden, als trage er in sich eine seelische Unsterblichkeit. Er lebt allein durch die Auferstehungskraft Christi.

2. E.L. zu haben, bedeutet eine völlige Umorientierung des gegenwärtigen Lebens. Es ist die personale Gottesbeziehung, die sich auch in einem dieser Beziehung entsprechenden Verhalten äußert. So wenig dieses Verhalten Voraussetzung für das e.L. ist, so wenig wird es bei denen ausbleiben, die das e.L. haben. So entsteht bereits in der Gegenwart Leben, das von einer neuen Qualität, Sinnerfüllung und Beglückung geprägt ist.

3. So sehr der Glaubende e.L. hat, so sehr erwartet er es auch noch: als die geoffenbarte Vollendung aller Heilswege Gottes. Er erwartet die endgültige sichtbare Gottesgemeinschaft, die persönliche leibliche Verwandlung, die universale Aufrichtung der Gottesherrschaft durch Gericht und Gnade und die endgültige Neuschöpfung jenseits unseres jetzigen Raumes und unserer jetzigen ablaufenden Zeit.

4. Daß das e.L. in Kreuz und Auferstehung Jesu Christi zugleich begründet liegt, macht offenbar, daß es sich um eine die Gegenwart und die Zukunft in gleichem Maße durchdringende Größe handelt. E.L. beginnt jetzt und heute, so wie das Kreuz Jesu Christi seine Rettungskraft jetzt und heute zeitigt. Aber es erschöpft sich nicht in der Gegenwart, sondern hat, bewirkt durch die Auferstehung Christi, Auswirkungen bis in die fernste Zukunft. Die »Vereinigung beider« Aspekte »in einer einheitlichen Anschauung« für »nicht möglich« (Bultmann, 872) zu halten oder eine solche Eschatologie als nicht konsequent genug zu deuten, geht an der Ausgewogenheit der bibl. Überlieferung vorbei. Und eine solche These birgt die Gefahr in sich, e.L. auf eine gegenwärtige Bewußtseinserfahrung zu reduzieren, die damit ihres eigentlichen Hoffnungsgehalts beraubt wird.

5. E.L. besitzt jetzt volle Gültigkeit. E.L. wird zukünftig vollendet. Diese Spannung gilt es auszuhalten. Sie wird besonders drängend in der Frage nach dem, was dem Glaubenden durch Sterben und Auferstehung hindurch als Persönlichkeit bleibt. Wer das e.L. hat, kann ja nicht mehr dem Tod, dem letzten Feind Gottes, in die Hand fallen. Daß es nicht die unsterbliche Seele im griech. Sinn sein kann, liegt auf der Hand. Was im Leben Bestand hat, über den Tod hinaus bleibt und sich in der Ewigkeit vollendet, ist die unmittelbare Gemeinschaft mit Christus; heute im Glauben, dann in der fröhlichen Hoffnung und schließlich im vollendeten, geistleiblichen Schauen. Diese unauflösliche Christusgemeinschaft ist die innerste Mitte des e. L.s.

Lit.: P. Althaus: »Ewiges Leben IV. Dogmatisch«, RGG³ II, 805-809; R. Bultmann et al.: ThWNT II 1935, bes. 862-874; H. Schwarz: Jenseits von Utopie und Resignation. Einführung in die christliche Eschatologie, 1990; Th.C. Vriezen: »Ewiges Leben I. Im AT«, ³RGG II, 799-801.

R. Albrecht

Leben-Jesu-Forschung → Historischer Jesus; → Jesus Christus; → Kerygmatheologie

Lebensethik → Bioethik

Lebensordnung, kirchliche

Eine typische L. ist die »Ordnung des kirchlichen Lebens« der EKU vom 6. Mai 1955. Sie basiert auf den Erfahrungen des → Kirchenkampfes und müht sich um Gestaltungshilfen für das Leben und Zusammenleben der Christen in der Familie, in der Ortsgemeinde, in der Kirche als ganzer und in der Gesellschaft. Die EKU-L. gliedert sich in folgende Teilbereiche:

I. Taufe;
II. Evangelische Erziehung und Konfirmation;
III. Junge Gemeinde;
IV. Gottesdienst;
V. Abendmahl;
VI. Seelsorge, Beichte und Kirchenzucht;
VII. Leben und Dienst unter dem Wort Gottes;
VIII. Trauung;
IX. Bestattung;
X. Aufnahme in die Kirche und Folgen des Kirchenaustritts.

L.en wie die EKU-Ordnung werden fortlaufend weitergeschrieben, damit sie den jeweiligen Lebensbedingungen und Konfliktbereichen gerecht werden können.

Hist. sind L.en Nachfolger der Gottesdienst- und Zuchtordnungen, mithin der → Kirchenordnungen der Reformationszeit. Nach Auflösung des landesherrlichen → Kirchenregiments (1918) wurden verstärkt Versuche unternommen, das kirchl. Leben durch L.en zu gestalten und zu ordnen und auch die Grenzen kirchl. Ordnung zu markieren (→ Kirchenzucht). So entstanden vor allem im Kirchenkampf L.en wie das »Kirchbüchlein« der APU (1940) und nach dem Zweiten Weltkrieg die VELKD-L. (1955), die bereits erwähnte EKU-L., einzelne landeskirchl. L.en (z.B. Lippe 1954, Bayern 1966) und im Bereich der ehemaligen DDR eine L. unter dem Titel »Mit der Kirche leben« (1985).

Theol. gehören L.en erstens in den Zusammenhang von → Rechtfertigung und → Heiligung. Sie sind nicht notwendige Gesetze, die den Christen vor Gott rechtfertigen, aber sie helfen dem aus Gnade gerechtfertigten Christen, sein Leben in Familie, Kirche und Gesellschaft zu gestalten.

Zweitens gehören L.en in den Zusammenhang des → Gemeindeaufbaus. Sie helfen, das Leben der Gemeinde besonders im Bereich von → Gottesdienst und → Amtshandlungen zu ordnen und auch die Grenzen kirchl. Handelns zu bestimmen sowie »durch heilende Kräfte lebendiger Zucht die Gemeinden vor innerem Zerfall« zu bewahren (VELKD-L., zitiert nach Plathow, TRE, 576). Sie stellen für den Gemeindeaufbau notwendige Liebes- und Friedensordnungen dar. Und drittens gehören L. in den Bereich von → Seelsorge und Kirchenzucht. Sie beschreiben z.B. die Bedingungen der Zulassung zur → Taufe oder → Konfirmation oder die Folgen eines Kirchenaustritts bzw. die Bedingungen einer erneuten Aufnahme in die ev. Kirche. In der Hand des Pfarrers sind sie Hilfe zur Entscheidung. Die L.en sind aber so angelegt, daß sie dem Pfarrer bzw. der Gemeindeleitung Spielräume seelsorgerl. Ermessens lassen. L.en sind also nicht legalistisch zu benutzen, sondern im Gehorsam gegen die Heilige Schrift und in der Liebe gegen den betroffenen Menschen anzuwenden. Dabei können sie Anlaß zur Verweigerung von Amtshandlungen geben, um gerade so den betroffenen Menschen zu dienen und sie in Liebe zur Umkehr einzuladen. Sie sollen dazu beitragen, aus willkürlicher Rigorosität oder privater Freigiebigkeit des Pfarrers zu befreien und statt dessen allg., kirchl. und darum auch nachprüfbare Kriterien zu schaffen. Zur Nachprüfbarkeit gehört auch die in der Regel vorgesehene Beratung mit der Leitung der Gemeinde und die mögliche Beschwerde bei der nächstvorgeordneten kirchl. Leitung.

Der Traditionsabbruch in der Volkskirche hat einen erheblichen Anpassungsdruck auf kirchl. L.en ausgelöst: z.B. durch Kirchenaustritte, Zunahme der Zahl ungetaufter Kinder, Verzicht vieler Paare auf die kirchl. Trauung, konfessionsverschiedene Ehen, Probleme bei der Bestattung von Ausgetretenen usw.

In ihrer kirchenrechtl. Verbindlichkeit sind L.en sehr verschieden: manche haben eher »Angebotscharakter« (z.B. die DDR-L. oder das »Kirchbüchlein« als Handreichung mit katechetischem Charakter), andere haben den verbindlichen Rechtscharakter von Kirchenordnungsartikeln (so z.B. die Bestimmungen zu den Amtshandlungen in der Ev. Kirche von Westfalen). In der Regel stehen L.en als verbindliche Richtlinien in der Mitte zwischen der bloßen Handreichung oder Empfehlung und dem Kirchengesetz.

Lit.: M. Plathow: Lehre und Ordnung im Leben der Kirche heute, 1982; ders.: »Lebensordnungen«, TRE 20, 575-580; F. Winter: »Die Problematik einer kirchlichen Lebensordnung«, ThLZ 97 (1972), 641-652.

M. Herbst

Lebensphilosophie

Die L. (W. → Dilthey, G. Simmel, H. → Bergson, M. → Blondel, L. Klages) betont gegenüber der mechanisch-rationalistischen Welt des technischen Zeitalters das unmittelbare Erleben, das Irrationale, Gefühlsmäßige, Innerliche, Seelische und Einmalige. Sie geht auf Anstöße → Herders, → Hamanns, → Goethes, → Schellings und der Romantik, vor allem aber auf → Nietzsches Kampf gegen die »Vernunft-Spinne« und sein Plädoyer für das »Leben« als den Grundwert schlechthin zurück. So kämpft Wilhelm Dilthey (1833-1911) in der Psychologie, Philosophie und Pädagogik gegen das kalt sezierende »Erklären« und für das liebende und einfühlende »Verstehen«. Wahr ist nur, was nacherlebt werden kann und einen Lebenswert hat. Das Statisch-Allgemeinverbindliche wird abgelöst durch das Dynamische und Einmalige. Dilthey hat stark auf → Bultmann, aber auch → Bonhoeffer gewirkt.

Georg Simmel geht über Dilthey hinaus mit seinem Kampf für absolute Werte im Relativen – ähnlich wie E. Troeltsch. Er redet von einer »religiösen Logik« im Gegensatz zur »wissenschaftlichen Logik«, die sich auf einer anderen Ebene befindet. Glaube ist kein Verstandesakt, sondern ein Erleben und Fühlen und etwas »jenseits der Frage von Beweis und Widerlegung«, ein Sehnen des Menschen »nach Ergänzung des fragmentarischen Daseins, nach der Versöhnung der Widersprüche, nach einem festen Punkt in allem Schwankenden«. Er wendet sich gegen ein »Leben«, das »formlos« ist. Leben muß »mehr als Leben« sein, es braucht Formen und Normen.

Die L. Henri Bergsons (1859-1941) ist Philosophie des »Lebensschwungs« (»elan vital«). Die Wirklichkeit »ist« nicht, sie »wird« erst. Gott ist nichts anderes als der Lebensschwung, der alles vorantreibt, die Energie der Liebe, die die Welt beseelt. Ähnlich Maurice Blondel (1861-1949) mit seinem Stichwort »action«, dem unstillbaren Vorwärtsdrängen der Welt zum Besseren hin, zu Gott hin. Alles zielt ab auf die Heimholung der Welt zu Gott.

Ludwig Klages (1872-1956) hat die Scheidung von Leben (Seele) und Geist zur Grundlage seiner Psychologie gemacht. »Der Geist« ist der »Widersacher der Seele«. Der Verstand tötet das Leben, seine begrifflichen Unterscheidungen zerstören die organische Ganzheit des Lebens, nehmen ihm Fülle und Farbe und pressen es in Schemata. Es gilt, in unserer seelenlosen Technokratie die »Seele« zu retten. Das Leben der »Seele« ist »unbewußt« wie das spontane Leben der Pflanzen, Tiere und Kinder.

Aus christl. Sicht können viele Motive der L. – zumal angesichts der neuesten Entwicklung – bejaht werden, so einseitig auch immer ihr Irrationalismus und Subjektivismus sein mag.

Lit.: K. Albert: »Lebensphilosophie«, TRE 20, 1990, 580-594 (Lit.).

H. G. Pöhlmann

Lebensrechtsbewegung

Die L., international auch als Pro-Life-Bewegung bezeichnet, hat sich in der Bundesrepublik Deutschland besonders stark seit dem Ende der 60er Jahre entwickelt, also parallel zur fortschreitenden gesetzlichen Liberalisierung des Abtreibungsstrafrechts.

Schwerpunkte der Bemühungen zum Schutz des ungeborenen Lebens und praktischer Hilfen für betroffene Frauen sind Öffentlichkeitsarbeit, polit. Aktivitäten, soziale und psychosoziale Hilfsangebote.

Waren es zu Beginn vorwiegend kath. und auch humanistisch geprägte Gruppierungen, so entstanden ab ca. 1980 zunehmend Gruppen im Bereich der Evangelischen → Allianz, der charismat. und Pfingstbewegung. Dazu zählen z.B. die → Initiative Pro Vita aus dem ev.-freikirchl. Bereich und die Bewegung »Helfen statt Töten«, die in Verbindung mit dem → Weißen Kreuz bundesweit arbeitet.

1986 erkannten ihre Vertreter die Notwendigkeit zu gemeinsamer Zusammenarbeit. Es entstand das Treffen Christlicher Lebensrechtgruppen (TCLG), zu dem sich 1993 150 Gruppierungen zugehörig fühlen.

Das TCLG ist ein gemeinnütziger Verein, der sich zur Aufgabe gemacht hat, den konfessionell unterschiedlichen Gruppen durch regelmäßige Foren Gelegenheit zum Austausch und zur Erarbeitung gemeinsamer Strategien und Projekte zu bieten.

Basis und Grundlage für die Zusammenarbeit sind:

– Gegenseitige Annahme und Respektanz in der Liebe Gottes, die Bereitschaft, einander zu dienen und zu fördern;

– Wahrnehmung des Auftrages Jesu, den Menschen die frohe Botschaft des Evangeliums weiterzugeben.

Das TCLG tritt ein für:

– einen deutlichen gesetzlichen Schutz für

das ungeborene Kind, Mutter, Vater und sonstige im Umfeld Betroffene,

– den Ausbau von Fördermöglichkeiten und Hilfen für Familien, Alleinerziehende und Kinder,

– den konsequenten praktischen Einsatz und deutliche Stellungnahmen der christl. Kirchen und Gemeinden für den Schutz des Lebens in allen seinen Phasen,

– den Ausbau von Schulungs- und Beratungsangeboten in den Bereichen Familie, Ehe, Partnerschaft und Sexualität,

– einen Bewußtseinswandel in der Bevölkerung.

Beim Deutschen Ev. Kirchentag ist das TCLG vertreten mit einer eigenen Standarbeit.

R. Gersdorf

Lebensstil → Askese; → Nachfolge Christi

Legaten, apostolische → Ämter, kirchliche

Legende

L. ist in der Grundbedeutung die Bezeichnung für das, was zu lesen ist (*legenda*), z.B. während der Mahlzeiten im Kloster. Als L. gilt sodann eine Literaturgattung, die (1.) in der ntl. Exegese und (2.) in der Hagiographie vorkommt.

1. Die ntl. Exegese, vor allem Martin Dibelius und Rudolf Bultmann, hat die Bezeichnung L. innerhalb der Formgeschichte auf literarische Gattungen im NT selbst und in den ntl. Apokryphen und Pseudepigraphen angewendet. Es handelt sich dabei um formale, literarkritische, aber keine inhaltlichen Festlegungen: Der Evangelist erzählt wie einer, der in volkstümlicher Sprache unter Beachtung der geltenden Erzählkriterien berichtet. Wäre L. inhaltlich aufgefaßt (legendarisch = nicht wirklich passiert), wäre dies ein Mißverständnis; also z.B. die Auferstehung Christi ist in der Form einer L. berichtet, aber nicht: die Auferstehung sei eine L.

2. L.n finden sich ab der späten Alten Kirche in Apostel- und Märtyrergeschichten, Heiligenerzählungen, um den Leser zu erbauen, zur Nachahmung aufzurufen und im Glauben zu stärken, aber auch um Namen (z.B. Marienkäfer), bildliche Darstellungen, Ursachen einer Wallfahrt, die Echtheit von Reliquien zu erklären. Im späten MA werden auch Prosaromane (z.B. die Gralssage), Verchristlichungen fremder Stoffe (Barlaam und Joasaph) und neue, frei erfundene Spiele (Marienspiele) in legendarischer Form erzählt. Reformation und Aufklärung lehnten mit der Heiligenverehrung auch die L.n überhaupt ab; die deutsche Klassik und Romantik war an L.n vor allem literarisch-ästhetisch interessiert. Neuere Christus- und Heiligenlegenden sind relativ selten (N. Leskow, S. Lagerlöf, P. Claudel, M. Mell, W. Bergengruen, G.v. le Fort).

Lit.: M. Dibelius: Formgeschichte des Evangeliums, ^{3}1959; P. Lucius, G. Anrich: Die Anfänge des Heiligenkultes in der christlichen Kirche, 1904; H. Rahner: Griechische Mythen in christlicher Deutung, ^{3}1961; J. de Voragine: Die Legenda aurea (viele Ausgaben und Auflagen).

G. Ruhbach

Lehmann, Gottfried Wilhelm → Baptismus, Baptisten

Lehramt, Lehrgewalt

a) biblisch

1. Anlaß und Maßstab für jeglichen Anspruch auf christl. Lehrgewalt kann nur Jesus selbst sein, wie ihn das NT bezeugt. Er allein darf im Kreis seiner Jünger als »Rabbi« oder »Lehrer« gelten (Mt 23,8-10). Denn er »lehrte mit Vollmacht und nicht so wie die Schriftgelehrten« (Mk 1,22). Wenn er daher mit »Rabbi« (= »Meister«) angeredet wurde (z.B. Mk 9,5; vgl. Joh 1,38), so erschöpfte sich sein Lehrersein doch nicht darin, wie die pharisäischen Schriftgelehrten seiner Zeit das Gesetz zu lehren (Mt 23,2). Vielmehr war Jesus prophetischer Lehrer mit messianischem Anspruch (R. Riesner, s. Lit.).

2. Schon im AT war sich Israel immer bewußt, daß sein Gott allein der wahre Lehrer ist. Auf ihn geht die Lehre eines Mose (2Mo 4,12.15) wie auch jene der »Priester und Leviten« (5Mo 24,8; 2Chr 17,7-9) zurück. In den Psalmen wird Gott direkt als Lehrer angerufen (Ps 27,11; 86,11; 143,10). Und erst recht kündigen die Propheten an, daß am »Tag des Herrn« weder Israel noch die Völker weiterhin menschlicher Lehrer bedürfen werden (Jes 2,3; Mi 4,2; Jer 31,33-34).

3. Diese prophetische Linie des AT, deren Zielpunkt Jesu Person und Werk darstellt, wird in den Schriften des NT konsequent wei-

tergeführt. Gewiß »lehren« die Apostel (Apg 2,42; 5,21.25; 11,26; 1Kor 4,17) wie auch ihre Schüler (1Tim 4,11; 6,2). Es gibt in Antiochia (Apg 13,1), in den paulin. Gemeinden (1Kor 12,28ff; Eph 4,11) und nach Jak 3,1ff »Lehrer«. Aber es wäre verfehlt, für die Zeit der ntl. Gemeinden bereits L.er im kirchenrechtlichen Sinn sehen zu wollen (vgl. 1Thess 4,9: »Ihr seid von Gott selbst gelehrt...«).

Lit.: R. Riesner: Jesus als Lehrer, [3]1988; H. Schürmann, Lehrende in den ntl. Schriften, FS J. Ratzinger, 1987, 419-440; A. Zimmermann: Die urchristlichen Lehrer, [2]1988.

A.F. Zimmermann

b) kirchengeschichtlich

Am Anfang des christl. L.s stehen die Prägung von Bekenntnisrufen, weitreichende Übereinkünfte zu gottesdienstl. Handlungen und Gemeindefürsorge und die Herausbildung des Kanons der ntl. Schriften (→ Bibel *a)* III). In diesen sozial-ekklesialen Vorgängen beginnen sich personelle und institutionelle Träger abzuzeichnen, sobald ganze (Tauf-)→ Bekenntnisse (Symbola) verbindlich gemacht werden sollen oder wo immer es den ntl. Kanon zu verteidigen gilt. Als sich vom 2. Jh. an der monarchische Episkopat durchsetzte (→ Bischof/ Bischofsamt *b)*), fiel ihm auch die Lehrkompetenz zu. Doch blieb es in Erinnerung an Apg 15 Grundsatz, daß das Erkunden, das Bestimmen und das Ausführen von Lehrentscheidungen, die alle Gläubigen betreffen, sowohl am Einzelort als auch länder- und völkerübergreifend ein Um-sich-Hören voraussetzt und kollegial zu gestalten sei. Sodann wird am L. einmal die episkopale und einmal die synodale Trägerschaft stärker betont. Verschieden wirksam und gewürdigt werden auch bestimmte Qualifikationen zum L.: die (tatsächliche oder behauptete) apostol. (als Amtsnachfolge sowohl wie auch dem Lehrinhalt nach, → Sukzession), die didaskale (Gelehrsamkeit), die charismat. (Erleuchtung bis zur Gabe des gewinnenden knappen Ausdrucks) und die martyrale (Zeugenschaft im Leiden bis zum Tod).

Die Patriarchate von Rom, Konstantinopel, Alexandrien, Antiochien und Jerusalem bilden sich zu Kirchenverbänden primärer Kommunikation aus, in denen die Lehrentwicklung verschieden akzentuiert verlaufen kann, was als Treue zur apostol. Überlieferung in der Ausprägung eines Gründungsapostels gedeutet wird. Die altkirchl. → Konzilien werden einberufen, um lehramtliche Ausgleiche zu erarbeiten und wo nötig mit kaiserlichem Machtwort durchzusetzen. Die Kanones der Konzilien treten in Kraft wie Reichsgesetze. Außerhalb des (Ost-)Römischen Reiches kommt es zu eigengeprägter Lehrbewahrung und -ausbildung bei den fünf orientalischen Nationalkirchen und bei der supranationalen assyrischen Kirche des Ostens, die bis China reicht. Der ganze Osten sieht zunehmend nur noch in synodaler Trägerschaft die Gewähr für Rechtgläubigkeit. Die Tatsache, daß der Osten seit 787 keinem Konzil mehr den Rang eines ökumen. zuerkennen kann, wird mitunter sogar als Lehrstillstand gewertet.

Im Westen, wo zahlreiche regionale Synoden stattfinden, wird es seit dem 5. Jh. Brauch, deren Ergebnisse zur erwarteten Bestätigung nach Rom mitzuteilen. Im 6. Jh. wünscht Rom klarzustellen, daß der → Papst (und nicht etwa eine regionale Synode) Konzilsdekrete interpretiere. Vom 9. Jh. an liegt die Kompetenz, wer neu als Heiliger verehrt werden darf, bei Rom. Spätestens von 1199 an besteht Rom darauf, *Mater et Magistra* (Mutter und Lehrerin) zu sein. Die episkopale Lehramtsträgerschaft erhält solchermaßen eine papale Oberinstanz. Die parallel zu dieser Entwicklung abgehaltenen Laterankonzilien bedeuten nicht eigentlich eine synodale Trägerschaft. Doch sind sie wie auch die Ausbildung der Röm. Kurie Indizien dafür, daß der Primat des »Apostolischen Stuhls« auf kollegiale Zuarbeit weder verzichten kann noch will. Die großen Orden des Westens (und in ihnen einzelne Theologen wie → Thomas von Aquin) wirken beim Erkunden von Entscheidungen mit. Wiederholt werden sie zu Trägern differenter Lehrmeinungen, bis das höchste L. eine bestimmte Lehrweise für verbindlich erklärt. Erkundungsvorgänge und didaskale L.squalifikation können auch bei Universitäten angesiedelt sein. Das Doktorenkollegium der Sorbonne in Paris wurde sogar bis hin zur Entscheidungsbestimmung tätig. Die außerröm. Zuarbeit (samt Lehrwürde und Eigenmacht) verlor an Bedeutung, seit 1542 in Rom ein besonderes Organ zur lehramtlichen Nachforschung (*Inquisitio*) eingerichtet wurde.

Die röm.-kath. Kirche stellt heute den Unterschied zwischen ordentlichem und außerordentlichem L. heraus. Ersteres haben die Bischöfe für ihren jeweiligen Bereich inne. Sie sollen bei Ausübung ihres L.s kollegial wie hierarchisch Gemeinschaft wahren und gegebenenfalls achtungsvoll weiterreichen, was Rom zu bestimmen sich veranlaßt sieht. Das außerordentliche L. liegt beim gesamten

Bischofskollegium mit dem Papst als seinem Haupt. Seit dem Ersten Vatikanischen Konzil (1870) ist es offiziele, bislang erst einmal (1950) angewandte Lehre, daß der Papst auch allein als Träger des außerordentlichen L.s letztverbindlich tätig wird. Eine Lehre, für die Unfehlbarkeit beansprucht wird, muß entweder als solche bekannt oder feierlichst (*ex cathedra*) verkündet sein.

Die orth. Kirchen des Ostens sind seit Jahrzehnten auf Zusammenkünften bemüht, das Verhältnis ihrer Tradition zu modernen Anfragen und Notwendigkeiten lehrmäßig zu erkunden und zu bestimmen. Nach Abklärung im einzelnen soll eine Panorthodoxe Synode die Ergebnisse feierlich feststellen und die gemeinsame verbindliche Ausführung einleiten.

Die Reformation ist unter anderem aus der Überzeugung erwachsen, daß ein wahrhaftiges L. wiederzugewinnen sei. Es geschieht dies in dem Bewußtsein, daß jeglicher L.sträger – gleich ob episkopal oder synodal – irren kann. Neu erkannt wurde auch die Möglichkeit der Lehrfindung in sozial-ekklesialen Vorgängen. Innerhalb weniger Jahre bildete sich – ganz verschiedene Kirchengebiete übergreifend – ein *magnus consensus* (weitreichende Übereinstimmung) heraus. Ein neues Liedgut, Katechismen und (Bekenntnis-)Schriften (die zunächst zur Entkräftung von Irrlehrevorwürfen vorgelegt werden) wirken mitsamt der zur Verbreitung gelangenden Heiligen Schrift als nachlesbares, ja singbares und jedenfalls weitergebbares L. Auch nehmen die Gemeindeseelsorger in einem zuvor nicht gekannten Ausmaß durch Predigt und Unterweisung ein presbyterales L. wahr.

Die Regelung *cuius regio eius religio* (wer in einem Land die Regierungsgewalt innehat, dessen Konfession gilt dort auch) ist nie als lehramtliche Kompetenz betrachtet worden. Der landesherrliche Summepiskopat hat in das Erkunden von Lehrentscheidungen erneut die universitäre Theologie einbezogen. Das Bestimmen von Lehrentscheidungen hat er qualifizierten Kollegien (Konsistorien) überlassen bzw. aufgetragen. Zum Ausführen freilich wurden landesherrliche Machtmittel eingesetzt. Die meisten ev. Kirchen von heute kennzeichnet, zumindest idealtypisch, ein In- und Miteinander von theol. L. (Sachverstand), synodalem L. (Gemeindeerfahrung) und episkopalem L. (Kirchenleitung), wobei auch letzteres überwiegend kollegial wahrgenommen wird. Wegweisend sind mitunter charismat. Beiträge und martyrales Zeugnis. Eine Verbindung von theol. und presbyteralem L. hat sich in Zeiten der Bedrängnis oder Angepaßtheit für ev. Kirchen schon wiederholt als lebenswichtig und als Ehrenrettung erwiesen. Wenn freilich behauptetes presbyterales L. die Rückfrage nach seiner kollegialen Dimension scheut, ist es von bloßer Anmaßung nicht mehr fern.

Die jüngste Christentumsgeschichte hat zu L.svorgängen geführt, die als ökumen. firmieren. Es werden dabei von differenten Partnern einstige Lehräußerungen als richtig, falsch oder nicht-mehr-richtig erkundet, und es werden vorhandene Gemeinsamkeiten bestimmt. Wird das zumeist rein theoretisch erarbeitete Ergebnis als tragfähig erachtet, ergeht an die zuständigen L.sträger die Bitte, es in die Praxis zu überführen. Auf diese Weise wurde schon in zahlreichen Fällen Kirchengemeinschaft erreicht. Mitunter aber zeigt sich nur, welch breiter Graben zwischen Erkunden und Bestimmen einerseits und Ausführen andererseits liegen kann. Auch ergeben sich Blockaden derart, daß L.sträger sozial-ekklesiale Vorgänge (die womöglich ökumen.-lehrträchtig sind) mißachten oder daß Gemeinden ökumen. Lehrbeschlüsse nicht rezipieren, weil sie in ihnen ihr tatsächliches Leben nicht wiederzuerkennen vermögen.

Lit.: M. Jacobs: Die Entwicklung von Lehramt und Lehrzuchtverfahren, MdKI 32, 1981, Beiheft 3-15; D. Ritschl: »Lehre«, TRE 20, 1990, 608-621 (Lit.).

H. Grote

c) *systematisch-theologisch*

Christl. L. gründet in der Verheißung, daß die Gemeinde nach Jesu Abschied nicht verlassen bleibt, sondern getröstet wird, Weisung erhält, weiterleben kann und als Kirche wachsen darf (vgl. u.a. Joh 16). Auch im weitestgehenden Verständnis sind Äußerungen des L.s nie als → Offenbarung bezeichnet worden. Die Offenbarung ist in Jesus Christus erfolgt und gegeben. Das L. fügt ihr nichts hinzu; es übersetzt sie nur in die jeweiligen Verhältnisse; es dient ihrer Vergegenwärtigung. Nach altkirchl. Überzeugung übt der Hl. Geist selbst das L. aus in einer Gemeinde, die sich in ihren Lebensvollzügen ganz vom ntl. Kanon leiten läßt. Die Äußerungen von L.strägern gelten lediglich als Hinweise hierauf. Die Scholastik des Westens hat weitergehen zu müssen gemeint und eine Theorie vom *depositum fidei* (Glaubenshinterlage) entwickelt. Das L. bewahre einen zwiefachen Schatz von Schrift und Tradition und schöpfe aus ihm nach Bedarf.

Reformat. Theologie hat diese Theorie als irreführend bezeichnet und ihr gegenüber das *sola scriptura* betont: Lehrgrundlage sei die Hl. Schrift (→ Bibel *c)*) allein. Dem, der sich ihr geduldig zuwendet, erschließt sie sich klar und gibt sich als *norma normans* (maßgebenden Maßstab) zu erkennen. Glaubensbekenntnisse (Symbola) als dichteste Lehraussage wie als Zeugnis der Bereitschaft, sich auf sie behaften zu lassen, sowie jegliche ausgereifte Lehrentwicklung (Dogmen) sind für die fortdauernde Tätigkeit des L.s wichtig und hilfreich, aber stets nur als *normae normatae* (abgeleitete Maßstäbe), die der Rücküberprüfung an der Hl. Schrift nicht entzogen werden dürfen. Die sich ergänzenden und wechselseitig erklärenden vier Grundsätze *solus Christus, sola scriptura, sola fide, sola gratia* (Christus allein, allein die Schrift, allein im Glauben, allein aus Gnaden) bilden einen Rahmen, innerhalb dessen das L. über beträchtliche Freiheit verfügt sowohl hinsichtlich des Reichtums der Überlieferung als auch im Blick auf notwendig werdende Weisung.

L. wird tätig zur Standortbestimmung, bei drohender Ratlosigkeit, gegen anscheinende Beliebigkeit, zur Schlichtung von Streit, Wahrung des Zusammenhalts und Erkundung nächster Schritte. Sein Spruch wird konkret *in assertiones* und *damnationes* (Zusicherungen und Verurteilungen), doch ist das L. selber auf einem Abweg, wo es nur noch über → Schisma und Häresie (→ Irrlehre) befindet. Seine erste und wichtigste Aufgabe ist es, Fragen zu hören, die noch kaum ausgesprochen sind. Deshalb übt jeder Christ, der solche Fragen vernimmt sowie Antwort zu finden und bescheidenen Rat zu geben sich verpflichtet sieht, ein L. aus – etwa das der Eltern, treuer Freunde und guter Nachbarn. Episkopale, synodale und presbyteriale L.sträger haben nicht zuletzt dafür zu sorgen, daß die allg. Befähigung zu christl. Besinnung, Auskunft und Lebensweise gefördert wird. Auf allen Ebenen aber ist reformat. verstandenes L. wesentlich Lernamt.

Lit.: Vgl. Lit. zu *a)* und *b)*.
H. Graß: Systematische Erwägungen zu Lehramt und Lehrbeanstandung, MdKI 40, 1981, Beiheft 20-28.

H. Grote

d) praktisch-theologisch

Nach röm.-kath. Verständnis ist das L. Träger der Lehrgewalt. Nach ausdrücklicher Feststellung des II. Vatikanischen Konzils nehmen zwar alle Gläubigen am prophetischen Amt Christi teil, das sog. »hoheitliche Lehramt« jedoch ist dem Papst und dem Bischofskollegium vorbehalten. Das L., dessen oberstes Organ die röm. Glaubenskongregation ist, beansprucht seine Lehrgewalt hauptsächlich in den Bereichen Verkündigung, Mission, Erziehungswesen und soziale Kommunikation (v.a. Bücher). Mittel zur Geltendmachung der Lehrgewalt sind ex cathedra gesprochene Lehrentscheidungen des Papstes, Konzilsbeschlüsse, Personalentscheidungen, die Bücherzensur (Index 1966 abgeschafft, aber weiterhin Bestimmungen über die Herausgabe von kirchl. zugelassenen Büchern), die Überwachung des Bildungswesens und des Religionsunterrichts und die Verpflichtung der Kleriker auf die kirchl. Lehre. Die hierarchische und autoritative Struktur des röm.-kath. L.s stand in jüngster Zeit immer wieder im Zentrum innerkirchl. Kritik.

Nach ev. Verständnis übt die Hl. Schrift selbst die Lehrgewalt aus, das kirchl. L. beansprucht lediglich Verwalterfunktion. Letzte Instanz des L.s ist der Hl. Geist, der den Christen die Gabe zur Prüfung und Unterscheidung der Geister verleiht. Das → Priestertum aller Gläubigen berechtigt jeden Christen zur Wahrnehmung des L.s, z.B. durch Inanspruchnahme des Einspruchsrechts bei Pfarrstellenbesetzungen. Kirchenälteste/Kirchengemeinderäte und Synodale sind ausdrücklich zum Wächteramt über die Lehre verpflichtet. Bei der Ordination werden die Geistlichen auf Schrift und Bekenntnis und die Reinhaltung der Lehre verpflichtet.

Die Ausübung des L.s geschieht in der Verkündigung, der theol. Lehre und der kirchenleitenden Tätigkeit. Auch Synoden nehmen in letzter Zeit vermehrt lehramtliche Aufgaben wahr, was im freikirchl. Bereich schon lange die Regel ist. Die Untergrabung der Autorität der Bibel durch weitverbreitete Formen hist.-kritischer Theologie hat die Ausübung des L.s in der ev. Kirche nahezu unmöglich gemacht, da eine Behaftung auf Schrift und Bekenntnis wegen der Zulassung großer Interpretationsspielräume kaum mehr möglich scheint. Außerdem hat sich die ev. Kirche aufgrund ihrer Betonung ev. Freiheit mit der Anwendung restriktiver Maßnahmen zur Wahrung der Lehridentität immer sehr schwer getan, was die verschwindend geringe Zahl von Lehrzuchtverfahren im 20. Jh. erklärt.

Lit.: W. Härle, H. Leipold (Hg.): Lehrfreiheit und Lehrbeanstandung, 2 Bde., 1985; G. Hoffmann:

»Lehramt I. Evangelisch«, EStL[3], 1, 1987, 1992-1996; K. Walf: »Lehramt II. Katholisch«, EStL[3], 1, 1987, 1996-1998.

J. Rieger

Lehre

1. Zum Gebrauch des Begriffs

Die Redetätigkeit Jesu wird in den Evv. sowohl mit dem Begriff »Verkündigen« (griech. *keryssein*) als auch mit »Lehren« (griech. *didaskein*) beschrieben (vgl. u.a. Mt 4,17.23; 9,35; 11,1; Mk 1,14.38f; Lk 4,18; 8,1; bzw. Mt 4,23; 5,2; 9,35; 11,1; 13,54; Mk 2,13; 6,2; Lk 4,15.31; Joh 6,59; 7,14; 18,20). In der Apg finden sich an zwei Stellen »predigen« (griech. *euangelizein*) und »Lehren« nebeneinander (5,42; 15; 35; vgl. ebs. Lk 20,1). Bei den frühen lat. Kirchenvätern wird mit *doctrina*, »Lehre«, die Predigt bezeichnet. So ist Augustins Schrift »De doctrina christiana« (Über die christliche L./Predigt) eine Hermeneutik und Predigtlehre. In den reformat. Bekenntnisschriften wird z.B. in CA VII *doctrina/docere* ebenfalls mit »predigen« übersetzt. Dadurch wird deutlich, daß christl. L. eng auf die Verkündigung bezogen ist.

2. Evangelium – Bekenntnis – Lehre

Die Kirche Jesu Christi entsteht und besteht dadurch, daß das apostol. → Evangelium rein verkündigt wird. Dies geschah zunächst durch die von Jesus Christus beauftragten Apostel selbst. Inmitten der Fülle der apostol. Überlieferung (mit Worten Jesu, Wundergeschichten, Passions- und Ostergeschichten, ethischen Anweisungen, Gemeindeordnungen usw.) begegnen auch Zusammenfassungen des Evangeliums in Form von festgeprägten Bekenntnissen (vgl. 1Kor 15,3ff). Diese Stücke bilden im Falle von Konflikten den kritischen Maßstab, an dem zu überprüfen ist, ob ein bestimmter Verkündigungsinhalt dem apostol. Evangelium entspricht oder nicht. Das Bekenntnis zu Jesus Christus hat daher insofern »Lehrcharakter«, als in ihm die Grundlage des Glaubens zusammengefaßt und zugleich in solcher Weise bezeugt wird, daß eine dem entgegenstehende L. aufgedeckt wird. So umschreibt Paulus die Existenz des Glaubenden: Ihr seid »von Herzen gehorsam geworden der Gestalt der Lehre, der ihr ergeben seid« (Röm 6,17). In 1Tim 4,6 werden die »Worte des Glaubens« und »die gute Lehre« parallelisiert und den »verführerischen Geistern und teuflischen Lehren« (V. 1) entgegengesetzt.

Ist die christl. L. in diesem Sinne Teil der apostol. Verkündigung, so ist sie andererseits auch Antwort des Menschen auf Gottes Anrede im Evangelium. Als solche hat sie ursprünglich ihren Ort in der Unterweisung der Taufbewerber. Daneben nötigte die Auseinandersetzung mit phil. und rel. Strömungen zur lehrhaften Unterrichtung der gesamten Gemeinde. Im weiteren Verlauf der Kirchengeschichte waren die vorausgegangenen Lehrentscheidungen ebenfalls einzubeziehen und kritisch an der Schrift zu prüfen. Außerdem erforderten die Irrlehren, die zu gewissen Zeiten und Orten auftraten, eine sachgemäße Antwort christl. L., deren Umfang damit stets breitere Formen annahm.

3. Einwände gegen die christliche Lehre

Gegen die Notwendigkeit christl. L. werden prinzipielle Einsprüche erhoben:

a. Die L. reduziert das Christsein zur Theorie; entscheidend aber ist die Lebenspraxis, die sich an dem orientiert, was Jesus verkündigt und verwirklicht hat (praktischer Einwand).

b. Frömmigkeit ist etwas Persönliches, Innerliches, das nicht in abstrakte Lehrsätze gefaßt werden darf, da es dadurch zerstört wird (mystischer Einwand).

c. Christen sind ausschließlich an die Hl. Schrift gewiesen und dürfen die direkte Bibelbindung nicht durch Dogmen oder rationalistische Erwägungen beeinträchtigen lassen (biblizistischer Einwand).

4. Die Aufgaben der christliche Lehre

Die christl. L. ist dem Kanon der Hl. Schrift (→ Bibel) untergeordnet und wird an diesem gemessen; zugleich ist sie der aktuellen kirchl. Verkündigung vorgeordnet und hat diese an der Hl. Schrift zu messen. »Daß die Verkündigung der Kirche zu allen Zeiten und an allen Orten substantiell mit dem apostolischen Evangelium identisch ist, ist eine unaufgebbare Grundlage unseres Heils.« (P. Brunner, 32) So wird sie den unverzichtbaren personalen Bezug zu Jesus Christus deutlich machen, der beim »praktischen Christentum« zugunsten einer unpersönlichen und geschichtslosen Lebensauffassung verlorengeht. Sie wird die Worthaftigkeit des christl. Glaubens betonen, die einem »mystischen Christentum« zugunsten einer Verschmelzung mit dem Unendlichen unwesentlich wird. Sie wird Jesus Christus als Zentrum des christl. Glaubens hervorheben, von dem aus alle Teile der Hl. Schrift ihre Zu- und Einordnung erfahren; andernfalls würde Gottes Wort in eine verwirrende Vielzahl von Wörtern zerfallen, die alle gleiche Autorität für sich beanspruchen müßten.

Angesichts von Subjektivismus und Aktualismus weist die L. in die Geschichtlichkeit des Glaubens an Jesus Christus, wie auch in die Geschichte des Leibes Jesu Christi ein, klärt am entsprechenden Fall den Gegensatz von L. und Irrlehre. Gegenüber dem Rückzug in ein christl. Ghetto leitet sie zur Auseinandersetzung mit den jeweiligen geistigen Strömungen an und trägt so zum konkreten Zeugnis in der Gegenwart bei.

Lit.: K. Bockmühl: »Der Dienst der Theologie«, in: ders.: Theologie und Lebensführung, 1982; P. Brunner: »Schrift und Tradition«, in: ders.: Pro Ecclesia I, [3]1990, 23-39; H. Hafner: »Lehre«, GBL Bd.2, 1988, 877f; E. Schlink: Ökumenische Dogmatik, [2]1985, bes. 33ff; R. Slenczka: »Die Lehre trennt – aber verbindet das Dienen? Zum Thema: Dogmatische und ethische Häresie«, KuD 19 (1973), 125-149; K.G. Steck: Lehre und Kirche bei Luther, 1963; O. Weber: Grundlagen der Dogmatik I, [4]1972, 8ff.

E. Hahn

Lehrerbildung (Religionslehrer)

Wie sich Auftrag und Gestalt der Schulen mit den jeweils herrschenden weltanschaulich-ideologischen, polit., gesellschaftl. und wirtschaftl. Strömungen änderten und entwickelten, so auch die L. Dabei erfordert die zunehmend wissenschaftl. Durchdringung der Welt und des modernen Lebens die wissenschaftsorientierte Schule und eine wissenschaftl. Lehrerbildung. Dies betrifft nicht nur die Fachwissenschaften, sondern vor allem die Pädagogik in der Theoriebildung und als Handlungswissenschaft. Die steigende Spezialisierung der Forschung verlangt für das Lehramt an den höheren Schulen neben der fachwissenschaftl. eine fachdidaktische Kompetenz. Gegenstand aller Lehrerausbildung ist die wissenschaftl. Überprüfung der Praxis unter Berücksichtigung psychologischer, politologischer und soziologischer Aspekte sowie die Verzahnung von Theorie und Praxis. So führte der Weg der »Volksschullehrerausbildung« von den Lehrerseminaren über die Pädagogischen Akademien bzw. Institute zu den wissenschaftl. Hochschulen und z.T. zur Universität. Erhalten haben sich bei allen Bemühungen um Verflechtung die Phasen der Ausbildung: Hochschule bzw. Universität, schulpraktische Ausbildung (Referendariat) und die Fortbildung zur Erhaltung der aktuellen Kompetenz. Hinzu tritt die Weiterbildung für eine zusätzliche Qualifikation. Die Vorstellungen des Deutschen Bildungsrats zur Reform des Schulwesens und der L. konnten nur teilweise realisiert werden.

Da der Religionsunterricht unbeschadet seiner Bekenntnisbindung ordentliches Lehrfach an den öffentlichen Schulen ist, erfolgt die Ausbildung der Religionslehrer im Rahmen der staatlichen L. für die jeweilige Schulart und -stufe. Der herkömmliche neben- oder hauptamtliche Einsatz von Pfarrern im Religionsunterricht ist in den deutschen Bundesländern unterschiedlich geregelt. Dem als »Volltheologen« fachwissenschaftl. gediegen ausgebildeten Pfarrer fehlt meist die fachdidaktische und schulpraktische Ausbildung des Lehrers. Institute der Kirchen bieten ergänzende Kurse an. Zu bedenken ist auch, daß der Pfarrer bei seiner Berufswahl in der Regel ein anderes Berufsbild im Auge hatte als das des Lehrers. In den Schulgesetzen der Länder oder durch Vereinbarungen zwischen den Kirchen und den Ländern ist auch der Einsatz kirchl. ausgebildeter katechetischer Lehrkräfte für den Religionsunterricht geordnet. Der Beruf des Katecheten entstand für die außerschulische »christliche Unterweisung«, als der Religionsunterricht in den öffentlichen Schulen unter der nationalsozialistischen Herrschaft deformiert wurde. Ferner gab es in der DDR keinen Religionsunterricht in den öffentlichen Schulen. Die Übernahme der für die »christliche Unterweisung« bzw. »Christenlehre« hoch motivierten Katecheten in den Schulunterricht ist mental und von der Ausbildung gesehen nicht problemlos. Das Zusammenwirken von Lehrern, Pfarrern und Katecheten im Religionsunterricht erwies sich durchaus als fruchtbar.

Lit.: H.-K. Beckmann: Lehrerseminar-Akademie-Hochschule, 1968; H.G. Homfeldt (Hg.): Ausbilden und Fortbilden, Krisen und Perspektiven der Lehrerbildung, 1991; W. Naumann: »Die Lehrerausbildung im Umbruch in den neuen Bundesländern«, in: Recht der Jugend und des Bildungswesens, ZS für Schule, Berufsbildung und Jugenderziehung RdJB, hg. von H. Becker u.a., Heft 2/1991; E. Schwerin: »Die Einrichtung des RU in den neuen Bundesländern, in: ebd., Heft 3/1992; Veröffentlichungen des Deutschen Bildungsrates 1965-75, insbesondere Strukturplan für das Bildungswesen, 1970, 215ff.

O. Basse

Lehrergemeinschaft, christliche → Berufsmissionen

Lehrfreiheit → Lehramt; → Lehrzucht

Lehrverpflichtung, Lehrfreiheit
→ Lehramt

Lehrzucht

Um die Funktion von L. überhaupt verstehen zu können, ist zunächst an das Wesen der → Lehre innerhalb der christl. Kirche zu erinnern: Da sie die bibl. Grundlage zusammenfaßt, von der die Kirche getragen wird, ist sie der Kirche vorgegeben und somit nicht frei verfügbar. L. kann daher niemals als ein Durchsetzen von individuellen Überzeugungen, theol. Positionen o.ä. geübt werden. Vielmehr ist die konkrete Verkündigung am Maßstab bibl. Lehre zu messen und zu beurteilen.

a) biblisch

1. Im Alten Testament

Zwar hatten die Priester im AT auch die Aufgabe zu lehren (5Mo 33,10; Mal 2,6f), doch finden wir keine Anleitung, an einem Priester L. zu üben. Berichtet ist vielmehr die Warnung durch einen »Mann Gottes« (1Sam 2,27-36). Aber Gott selbst vollzieht das dabei angekündigte Gericht.

Im Falle des Propheten hat sich die Gültigkeit des Wortes daran zu erweisen, daß das Vorhergesagte auch eintrifft. Vermag der Prophet gar mit einem Wunderzeichen eine Weisung zu begründen, die zum Götzendienst verführt, so hat ihm das Volk zu widerstehen. In diesem Fall müssen Propheten gesteinigt werden (5Mo 13,7ff).

2. Im Neuen Testament

In Apg 15,22ff findet sich der Beschluß des → Apostelkonzils in Jerusalem, der den Heidenchristen zu Hilfe kommt, die durch falsche Lehren irre gemacht und verwirrt wurden. In Apg 20,29ff warnt Paulus eindringlich vor der heraufziehenden Gefahr von Lehrern, die – reißenden Wölfen gleich – die Gemeinde verwirren (vgl. 1Tim 4,1; 2Tim 4,3). In Offb 2,2 wird die Gemeinde gelobt, da sie diejenigen geprüft hat, die sich als Apostel ausgegeben hatten. Warum der Verfälschung der Lehre entschieden zu wehren ist, macht Gal 1,6-9 deutlich: Allein das Evangelium Christi rettet aus dem Fluch Gottes; wer daher dieses Evangelium in ein »anderes« verkehrt, steht damit selbst unter Gottes Fluch und bringt diejenigen in das ewige Verderben, die sich dieser falschen Lehre anvertrauen.

b) kirchengeschichtlich

Die Wachsamkeit über die Lehre findet sich wie in der Bibel so auch in der Alten Kirche: Sie lehnt die Irrlehrer ab, schließt sie aus der Abendmahlsgemeinschaft aus (→ Exkommunikation) und verbietet ihnen zu lehren. Der bekannteste Fall, in dem in dieser Weise L. geübt wurde, ist das Verfahren gegen → Marcion. In den kommenden Jahrhunderten entschieden zunächst Synoden über die rechte Lehre, im MA (in der Zeit nach → Karl dem Großen) mehr und mehr die Bischöfe. Besonders nennenswert ist die Anwendung von L. um 170 gegen Montanus (→ Montanismus), 325 Nicäa und 381 Konstantinopel gegen → Arius, 1179 III. Lateransynode gegen Petrus Waldus (→ Waldenser) und 1414 Konstanz gegen Johannes → Hus (Hussiten). Dabei ist jedoch daran zu erinnern, daß in den beiden letzten Fällen auch Lehren, die dem Evangelium entsprachen, als häretisch verurteilt wurden.

Mit der → Reformation kommt das L.-Verfahren im eigentlichen Sinn im Zusammenhang mit der Visitation, der Überprüfung der rechten Lehre, auf. Das Augsburger Bekenntnis (1530), Art. 28 lehrt: »Nach göttlichem Recht besteht das bischöfliche Amt darin, das Evangelium zu predigen, Sünden zu vergeben, Lehrfragen zu entscheiden, Lehre, die gegen das Evangelium ist, zu verwerfen und die Gottlosen, deren gottloses Wesen offen zutage liegt, von der kirchliche Gemeinschaft auszuschließen – nicht mit menschlicher Gewalt, sondern allein durch Gottes Wort« (*non vi, sed verbo*).

Ebenso lehrt der Heidelberger Katechismus in der Frage 85: »Wer trotz wiederholter brüderlicher Ermahnung von seinen Irrtümern ... nicht läßt, wird der Kirche oder den dazu Verordneten angezeigt ... vom Genuß des Heiligen Sakramentes ausgeschlossen ... von Gott selbst aus dem Reich Christi ausgestoßen.« Mit dem Westfälischen Frieden bricht sich der Gedanke der Toleranz Bahn. Im 20. Jh. finden sich nur gelegentlich L.-Verfahren: Apostolikumsstreit: Jatho 1911; Petrusamt: Baumann 1953; Atheismus: Paul Schultz 1979; feministische Blutmythologie: Voß 1993.

c) systematisch-theologisch

Notwendigkeit: Wesentlich sind in der Kirche die Verkündigung des Wortes Gottes und die Verwaltung der Sakramente. Darum hat die Kirche darauf zu achten, daß »das Wort rein verkündigt und die Sakramente stiftungsgemäß verwaltet« werden (vgl. CA VII). Dies soll durch eine an der Bibel orientierte → Ausbildung, durch das Ordinationsgelübde und notfalls durch das L.-Verfahren gewährleistet werden.

Grenzen: Das Wort Gottes ist in sich selbst mächtig, zum Glauben zu berufen und zu verstocken. Letztlich wirkt und entscheidet Gott selbst über und durch sein Wort. Dabei besteht die Gefahr, daß notwendige Entscheidungen durch menschliche Aspekte (z.B. Sympathie, Anerkennung, oder auch Versorgungsansprüche) verhindert werden.

Wer ein kirchl. Amt übernimmt, verzichtet in seinem Ordinationsgelübde (Lehrverpflichtung) auf die uneingeschränkte individuelle Freiheit der Lehre. Ebenso kann die Gemeinde nicht aus persönlicher Rücksichtsnahme jede Lehre unbesehen bejahen. Weder Amtsträger noch Gemeinde haben die Aufgabe, Lehre eigenmächtig zu bestimmen; vielmehr haben alle Christen ihr Leben von der bibl. Lehre bestimmen und korrigieren zu lassen. Nach 1Tim 1,10 u.ö. wird sie »heilsame Lehre« genannt, da sie gesund macht. Aus diesem Grund ist die gesamte Kirche der Zucht dieser Lehre unterworfen.

Lit.: W. Härle, H. Leipold (Hg.): Lehrfreiheit und Lehrbeanstandung, Bd. 1: Theologische Texte, Bd. 2: Kirchenrechtliche Dokumente, 1985.

M. Holland

d) Recht und Praxis heute

Der Ausbau rechtsförmiger Verfahrensordnungen im Falle der Lehrbeanstandung von Geistlichen gehört zur neueren Entwicklung des ev. Kirchenrechts. Bis zum Beginn des 20. Jh.s wurden Verstöße gegen die kirchl. Lehrordnung in der Regel disziplinarrechtlich geahndet. Die erste eigenständige Regelung – mitveranlaßt durch einen konkreten Fall (Fall »Jatho«) – stellt das »Kirchengesetz betr. das Verfahren bei Beanstandungen der Lehre von Geistlichen« vom 16. 3. 1910 in Preußen dar (PrKGVBl. 1910, S. 7). Nach 1945 erfolgte in fast allen Gliedkirchen der EKD eine eigene Gestaltung des Lehrbeanstandungsrechts. Maßstäbe setzten dabei das »Kirchengesetz der VELKD über das Verfahren bei Lehrbeanstandungen« vom 16. 6. 1956 (ABl. VELKD 1956, S. 55) und die »Ordnung des Verfahrens bei der Beanstandung ordinierter Diener am Wort (Lehrbeanstandungsordnung)« der EKU vom 27. 6./10. 7. 1963 (ABl. EKD 1963, S. 476). Die → Arnoldshainer Konferenz entwickelte 1975 ein »Muster einer Ordnung für Lehrverfahren« (ABl. EKD 1976, S. 85), das in mehreren Landeskirchen zum Vorbild einer eigenen Regelung wurde.

Die Voraussetzungen für die Einleitung eines Lehrbeanstandungsverfahrens sind in allen Landeskirchen vergleichbar. »Ein Lehrbeanstandungsverfahren setzt voraus, daß Tatsachen vorliegen, welche die Annahme rechtfertigen, daß ein ordinierter Diener am Wort durch seine Verkündigung und Lehre oder sonst öffentlich durch Wort oder Schrift in Widerspruch zum entscheidenden Inhalt der Heiligen Schrift getreten ist, wie er in den Bekenntnissen der Reformation bezeugt und in den Grundartikeln der EKU und ihrer Gliedkirchen bekannt worden ist« (§ 1 Abs. 1 Lehrbeanstandungsordnung EKU).

Das Verfahren gliedert sich regelmäßig in zwei Abschnitte: In einem theol. Lehrgespräch soll der Sachverhalt geklärt und der Betroffene ggf. von der Schriftwidrigkeit seiner Verkündigung und Lehre überzeugt werden. Soweit erforderlich schließt sich daran ein Verfahren vor einer Spruchkammer an. Stellt diese ein erhebliche Lehrabweichung fest, verliert der Betroffene die Ordinationsrechte und scheidet aus dem Dienst aus.

Ein Lehrbeanstandungsverfahren ist das äußerste Mittel kirchl. Bemühens um rechte Lehre. Es kann sich als Notmaßnahme erst dann als erforderlich erweisen, wenn alle anderen Wege wie z.B. Beratung und Visitation gescheitert sind (vgl. Lehrbeanstandungsordnung EKU, Grundlegung IV). Die praktische Bedeutung der gesetzlichen Regelungen im Rechtsalltag ist nicht zuletzt aus diesem Grunde gering. In über 70 Jahren wurden nur vier Verfahren zum Abschluß gebracht, davon zwei nach 1945 (R. Baumann, 1953, P. Schulz, 1977/79). Gleichwohl haben die Lehrbeanstandungsordnungen ihre Berechtigung. Kennzeichnet es nach ev. Verständnis das Wesen der Kirche, daß das Evangelium rein gepredigt und die Sakramente recht verwaltet werden (CA VII), entspricht es der Sache, Verfahren zu entwickeln, wie dies auf menschenmögliche Weise auch sichergestellt werden kann.

Lit.: Was gilt in der Kirche? Die Verantwortung für

Verkündigung und verbindliche Lehre in der Evangelischen Kirche. Ein Votum des Theologischen Ausschusses der Arnoldshainer Konferenz, 1985; W. Härle: Lehre und Lehrbeanstandung, ZevKR Bd. 30 (1985), 283ff; A. Stein: Evangelische Lehrordnung als Frage kirchenrechtlicher Verfahrensordnung, ZevKR Bd. 19 (1974).

K. Winterhoff

Leib Christi → Abendmahl; → Gemeinde

Leib, geistlicher → Auferstehung der Toten

Leib, Seele, Geist → Mensch

Leib und Seele → Mensch

Leibliche Gegenwart → Abendmahl

Leiblichkeit

1. Im Alten Testament

Gottes Handeln an, mit und in dieser Welt hat immer auch die Form der L. und geschieht nie allein in reiner Geistigkeit.

Wie alle Geschöpfe Gottes ist auch der Mensch zunächst Leib. Sein Name *adam* deutet auf seine Verwandtschaft mit der Erde (*adama*) hin (1Mo 2,7; vgl. 3,19) und stellt den Menschen in die Solidarität der L. mit allen anderen Kreaturen, die ihm als Nahrung dienen und für deren Erhaltung er verantwortlich ist (1Mo 1,28f). Sein besonderer Vorzug, der ihn von der übrigen Kreatur unterscheidet, ist seine Geistigkeit.

Eine gegenständliche Unterscheidung zwischen Leib, Seele und Geist ist dem atl. Denken fremd. Diese Begriffe bezeichnen jeder für sich immer den ganzen Menschen unter einem bestimmten Blickwinkel seiner Existenz. So definiert im AT der Begriff »Fleisch« als das hebr. Äquivalent für »Leib« den Menschen weniger hinsichtlich seiner Materialität als vielmehr in bezug auf seine Vergänglichkeit und Todverfallenheit (Jes 40,6), die eine Folge des Sündenfalls darstellt. Schließlich kennt auch das AT bereits die Hoffnung einer leiblichen Auferstehung, wie sie in der Vision von der Belebung der Totengebeine beim Propheten Hesekiel zum Ausdruck kommt (Hes 37).

Auch die Kommunikation Gottes mit seinem Volk entbehrt im AT niemals der Form der L., sofern mit dem Begriff L. jegliche Form des äußerlich Wahrnehmbaren gemeint ist. Gott erwählt sich Propheten, die ihm als menschliches Sprachrohr dienen, Könige, die seine Gebote und Ordnungen bewahren sollen, und Priester, die dem Volk ein Leben vor Gott ermöglichen, indem sie den Kult vollziehen. Auch der Tempel als konkreter Ort der Begegnung zwischen Gott und seinem Volk ist ebenso wie die Schriftwerdung des göttlichen Wortes im entstehenden Bibelbuch ein Ausdruck für die L. der Zuwendung Gottes.

2. Im Neuen Testament

Seinen Höhepunkt erreicht dieser Weg Gottes in die L. der Welt in der Menschwerdung Jesu Christi. Gott selbst wird Mensch und offenbart sich dem Menschen im leiblichen Wandel Jesu auf Erden in letzter Konkretion. Ziel des erlösenden Handelns Jesu ist auch die L. des Menschen, für die er durch Heilung und Speisung Sorge trägt.

Für Paulus ist der Leib zunächst die konkrete Erscheinungsform des Menschen in Raum und Zeit. Im Unterschied zum theol. Begriff »Fleisch«, der den gegen Gott rebellierenden Willen des Menschen beschreibt, ist der Begriff »Leib« zunächst neutral und bekommt seine Qualifikation erst durch Glauben bzw. Unglauben und durch das ethische Verhalten. Während der Leib durch die Wiedergeburt zum Glied Christi und zu einem Tempel des Heiligen Geistes wird (1Kor 6,15.20), der in der Heiligung zu einem gottesdienstl. Opfer dargebracht werden soll (Röm 12,1f), kann er durch die Unzucht zum »Hurenglied« werden (1Kor 6,15).

Grundsätzlich widerspricht die bibl. Bejahung des Leibes mitsamt seiner Sexualität (vgl. 1Kor 7) sowohl einer asketischen Leibfeindlichkeit, die den Leib als das sündige Element des Menschen betrachtet, als auch einer libertinistischen Gleichgültigkeit, die dem äußeren Lebensstil keine Bedeutung mehr beimißt. Demgegenüber wird der in den Dienst Gottes gestellte Leib geradezu geadelt: So wie der Leib des einzelnen Christen durch einen heiligen Lebensstil zum Sprachrohr Gottes in seiner Umwelt wird, so ist die Gemeinde als Ganze der Leib Christi (Röm 12; 1 Kor 12) und als solche das Kommunikationsinstrument Gottes mit dieser Welt (→ Gemeinde).

Die Bedeutung der L. für den christl. Glauben wird im NT nicht zuletzt durch die Erwartung einer leiblichen Auferstehung zum Ausdruck gebracht (1Kor 15,35ff).

3. Systematisch-theologisch

In den theol. Auseinandersetzungen der Kirchengeschichte mußte sich die Kirche mit der bibl. Betonung der L. der göttlichen Offenbarung gegen zwei häretische Konzepte abgrenzen:

Einmal wandte sie sich gegen eine orphisch-platonische Leibfeindlichkeit, die den Leib als Kerker und Grab der Seele versteht, den Glauben an Gott auf die Geistigkeit des Menschen beschränkt und somit die Geschichtlichkeit des Glaubens in Frage stellt (so bereits in der Auseinandersetzung des 1Kor, in der → Gnosis, im → Neuplatonismus und im → Manichäismus). Zum anderen mußte sie (z.B. im Zuge der Germanenmission) einem magischen Sakramentalismus wehren, der durch eine Verdinglichung des Glaubens den Glauben entleert.

Martin Luther betonte gegenüber beiden Frontstellungen, daß sich das Geistliche immer leiblich (d.h. konkret wahrnehmbar) mitteilt, das Leibliche aber stets auch geistlich (d.h. im Glauben) wahrgenommen werden muß. Luther verstand das göttliche Wort als »leibliches und äußerliches Wort«, da es dem Menschen von außen her durch das geschriebene Wort im Bibelbuch oder durch die hörbare Stimme bzw. die konkrete Person des Predigers erreicht. Insofern sind für Luther auch → Taufe und → Abendmahl »leibliches Wort«, da der Glaube gerade in den sichtbaren Elementen des Wassers, des Brotes und Weines die Gnade Gottes erkennt (»Schmecket und sehet, wie freundlich der Herr ist!«).

Eine besondere Betonung fand die L. in der Theosophie des schwäbischen Pietisten F.Chr. → Oetinger (1702-1782). Ausgehend von der vielfältigen L. der Schöpfung Gottes, über die »Verleiblichung Gottes in Christus« kommt Oetinger zu der mystischen Auffassung von der Einbildung des Christen in die L. Christi durch Taufe und Abendmahl. Die eschatologische Erwartung eines Tausendjährigen Reiches von seinem Lehrer J.A. → Bengel aufnehmend, betont er die Kontinuität der L. auch in der himmlischen Welt: »Leiblichkeit ist das Ende der Werke Gottes.« Von daher versteht er die pneumatische Form der L. (1Kor 15,44) nicht als luftleere Vergeistigung, sondern als erweiterte L.

In der Neuzeit wurde häufig das Verdikt der Leibfeindlichkeit des christl. Glaubens erhoben, vor allem von seiten eines modernen Materialismus und Vitalismus. Demgegenüber bleibt festzuhalten, daß der christl. Glaube zu einem schenkenden und geheiligten Einsatz der L. (Röm 12,1f; 1Kor 6,20) – inklusive der Sexualität (1Kor 7,2-5) – ermutigt und den Christen zu einem gepflegten Umgang mit seiner Gesundheit ermahnt (z.B. → Sport). Gleichzeitig lehnt die Bibel aber die Vergötzung der Sexualität, Vitalität und des biologischen Lebens als letztem Wert ab und erinnert den Menschen an seine Vergänglichkeit (Ps 90,12).

Lit.: O. Bayer: »Leibliches Wort«, KuD 27 (1981), 82-95; F.Chr. Oetinger: Biblisches und Emblematisches Wörterbuch (1776), 1969, 407: »Leib-Soma«; H.-H. Schrey: »Leib/Leiblichkeit«, TRE 20, 638-643 (Lit.!); E. Schweitzer: Art., ThWNT 7, 1964, 1024-1091; J. Seifert: Das Leib-Seele-Problem und die gegenwärtige philosophische Diskussion, [2]1989; H.-W. Wolff: Anthropologie des AT, [4]1984.

V. Gäckle

Leibnitz, Gottfried Wilhelm (1646-1716)

G.W. L. (auch Leibniz, was neuerlich vorgezogen wird) wurde am 21. 6. bzw. 1. 7. 1646 in Leipzig geboren. Sein Vater, Professor der Universität und ihr Syndikus, starb schon im September 1652. Seine Mutter verstarb 1664. L. wuchs ohne Stütze des Vaters auf, wandte sich früh den Wissenschaften zu. Er arbeitete viel autodidaktisch. L. hielt über seine erste akademische Schrift »De principio individuo« im Mai 1663 unter seinem Lehrer Thomasius die Disputation. Anfang 1664 machte L. den Magister und studierte danach Jura. 1666 promovierte er in Nürnberg zum Dr. iuris utriusque. Er hat danach in Nürnberg als Sekretär der Rosenkreuzer gearbeitet. In Frankfurt lernte er den Kurmainzischen Minister Johann Christian Freiherrn von Boineburg kennen, der ihn nach Mainz zog, wo er am Ober-Appellationsgericht eine Anstellung gewann. In der Mainzer Zeit arbeitete L. aber nicht nur juristisch. Er war mit physikalischen wie mit theol. Fragen (Trinität) beschäftigt und gab ein Gutachten zur polnischen Königswahl. Er war schon zu dieser Zeit mit der Wiedervereinigung der christl. Konfessionen befaßt.

1672 wurde L. nach Paris geschickt. Er sollte seinen Plan, Frankreich an einem Krieg gegen England in Ägypten zu interessieren, vorlegen. Daneben ging es um die franz. Rente für Boineburg sowie um die Leitung der Erziehung des Sohnes desselben. Der Minister Boineburg wie der Kurfürst starben 1673, so daß L.s Beziehungen zu Mainz abrissen. L. blieb in Paris bis 1676, wurde in dieser Zeit als Mitglied der eng-

lischen Royal Society of Sciences berufen, konstruierte eine Rechenmaschine, die auch multiplizieren und dividieren konnte und arbeitete an theol., phil. wie mathematischen Problemen.

1676 folgt L. einem Angebot des Herzogs Johann Friedrich von Hannover. Er begann hier als Bibliothekar, wurde bald Hofrat. Der Herzog Johann Friedrich förderte ihn vielfältig. Sein Nachfolger Ernst August tat dies nicht. L. blieb in Hannover trotz vieler Versuche, in Wien z.B. oder beim Zaren angestellt zu werden. Er wurde auf Grund seiner Entdekkung, daß die Welfen-Fürsten mit dem italienischen Hause Este verwandt seien, beauftragt, die Geschichte der Welfen in Italien zu verfolgen, was L. auf einer langen Italien-Reise denn auch tat. L. hat mit diesen Arbeiten die moderne Geschichtswissenschaft methodisch mitbegründet. L. starb am 17. November 1716 in Hannover. Er hat die wenigsten seiner Schriften veröffentlicht. So war seine Wirkung gering. Lessing und Herder haben sein Genie erkannt. Erst heute wird L. angemessen gewürdigt.

L. hat seine phil. Überlegungen im Gegenzug zu → Descartes entworfen. Er baut dabei sehr selbständig auf → Aristoteles auf. Im Ansatz der Aufklärung entzieht er der Aufklärung ihre Fundamente. Die Seichtheit seiner phil. Zeitgenossen und Nachfolger – zumal Christian → Wolffs – ließ die Saat seines Denkens nicht aufgehen. Sein ungeheures Lebenswerk, das alle Bereiche des Denkens einbezieht, ist noch nicht in seiner ganzen Weite und Tiefe neu lebendig gemacht. Sein wissenschaftl. Nachlaß – zumal in seinen Briefwechseln – liegt noch nicht vor. Die hist.-kritische Ausgabe der »sämtlichen Schriften und Briefe« ist zwar zu Teilen erschienen. Ihr Abschluß dauert aber noch lange. Was vorliegt, genügt aber, um sehen zu lassen, daß L.s Welt- und Denk-Bild von überlegener Tiefe und Klarheit ist. Einerseits sein unbeirrbares Festhalten an dem einzelnen, das individuiert »für sich« ist, zusammen mit der alles umfassenden Harmonie des »Ganzen« läßt ihn sowohl theol.-phil. wie mathematisch-naturwissenschaftl. weit über alles aufklärerische Gerede hinaus den Kern und Grund alles Geschehens erfassen. L. erweist sich als einer der umfassendsten und folgereichsten Denker, dessen System heute am Ende der Aufklärung berufen ist, die ins Oberflächliche geratene theol.-phil. Forschung mit neuem Tiefgang zu begaben.

Lit.: T.O. Enge: Der Ort der Freiheit im Leibnizschen System, 1979; E. Hochstetter: Von der Wahren Wirklichkeit bei Leibniz, 1966; H. Hoffmann: Die Leibnizsche Religionsphilosophie in ihrer geschichtlichen Stellung, 1903; E. Holze: Gott als Grund der Welt im Denken des G.W. Leibniz, 1991; K. Huber: Leibniz 1951; O. Saame: Der Satz vom Grund bei Leibniz, 1991; W. Schneiders: Harmonia universalis, 1984.

C.H. Ratschow

Leid/Leiden

1. Lebensbehinderung, -bedrohung, -verletzung erfahren wir als Leid (L.), als Leiden (L.en) in umfassender Breite und Tiefe: L.en an Körper (Schmerzen) und Seele (innere Verwundungen), L.en auch im Geistigen (etwa die »Denknot« ernsten Zweifels), L.en angesichts eigener Schuld (Luther sprach von den Schrekken, dem »Terror« des Gewissens), L.en angesichts der Gestalt unserer Welt (Tod, Bosheit, Ungerechtigkeit), hier in notvoller Spannung zum Glauben an den einen gerechten, allmächtigen und all-liebenden Gott (sog. → «Theodizeefrage«). Angesichts der universalen Breite und existentiellen Tiefe des L.ens greifen alle gedanklichen Lösungsversuche daneben: die juristische Logik (»Womit habe ich das verdient?« – L. als Strafe), die pädagogische Betrachtung (»Wer weiß, wozu das gut ist?« – L. als Erziehungsmaßnahme), die dualistische

Aufteilung der Welt (»Das müßte doch mit dem Teufel zugehen!« – L.en als Wirkung eines bösen Gegengottes). Aber auch die aktiven »Erlösungsversuche« versagen, die Bemühungen (technologisch, medizinisch, ökologisch, polit., revolutionär oder evolutionär), die L.frage damit zu erledigen, daß man alle Ursachen des L.s innerweltlich abzuschaffen sucht.

2. Das Thema L./L.en kann zur zentralen Frage für Religion und Philosophie überhaupt werden, so im → Buddhismus. Dort wird der Kern des Lebens selbst als L.en erfaßt (»Leben ist nichts als Leiden«), und die Lösung der L.frage wird darin gesucht, daß sowohl das Ich, das L. erfährt, als auch die Welt ringsum, die L. bringt, miteinander als Schein, als Illusion (»Maya«) durchschaut werden sollen und dann alles im ewigen Frieden des Nirvana (»Nichts« = Seligkeit!) versinkt.

Diesen Weg kann der christl. Glaube nicht betreten. Hier steht in der Mitte nicht die L.-, sondern die Schuldfrage: Werde ich von dem richtenden Wort Gottes meiner Schuld überführt, dann wird mir unausweichlich meine letzte Verantwortlichkeit deutlich. Ich kann dann weder mir noch der Welt, an der ich schuldig wurde, dadurch entfliehen, daß ich beides für unwirklich erkläre. Auch der bibl. Schöpfungsglaube hält mich fest bei der Realität meiner selbst und dieser Welt.

3. Auch in dem bibl. Zeugnis ist die L.frage von hohem Gewicht. Dafür steht im AT besonders das Hiobbuch (→ Weisheitsliteratur). Während die Freunde Hiobs sein L.en ursächlich aus einer Verschuldung Hiobs herleiten wollen (»Vergeltungsdogma«), verneint Gott scharf diese Verrechnung von Schuld und Geschick. Hiobs Warumfrage wird freilich nicht mit einer gedanklich plausiblen Lösung beantwortet, er lernt es, sich vor Gottes Souveränität und Unergründlichkeit zu beugen. Gott so recht zu geben und ihn darin als den Gerechten zu loben, ist der atl. Gipfel im glaubenden Umgang mit der L.frage (vgl. Hiob 1,21; 42,1-6; Ps 51,6f).

4. Für das NT ist kennzeichnend, daß die im AT (Hiob, Psalmen) so häufige Warumfrage nur ein einziges Mal positiv aufgenommen wird, und zwar von Jesus selbst (»Mein Gott, warum hast du mich verlassen?«, Mt 27,46, vgl. Ps 22,2). Ausschließlich hier wird die Frage gültig gestellt und zugleich zurechtgerückt (»aufgehoben« im Doppelsinn). Gott hat die L.frage zur »Chefsache« erklärt, sie im Sterben seines Sohnes in sich hereingenommen und so überwunden. Die Evv. reservieren das Wort »leiden« (griech. *pathein*) für Jesus: Einzig er »leidet« wahrhaft. Wichtig ist, wie die beiden Nöte, die immer wieder die Theodizeefrage (»Wie kann Gott das zulassen?«) provozieren, in die Passion Jesu aktiv hineingestellt, im L.en Jesu neu gefaßt und auf gänzlich neuer Ebene beantwortet werden: Einmal die Frage nach dem L.en des Unschuldigen auf Erden: Jesus übernimmt sie, trägt sie sterbend aus – als der einzig unschuldig Leidende. Dann die Frage, wieso der Gottlose leben darf. Von Jesu Sühnetod her ist zu sagen: Gott will es: Der Gottlose soll leben! Gott schenkt ihm das Leben um Jesu willen; Gott »macht den Gottlosen gerecht« (Röm 4,5).

5. So sammelt sich im bibl. Zeugnis alles Licht in Karfreitag und Ostern, im Sühnetod Jesu und im Ja Gottes dazu. Von daher empfängt der Glaubende Perspektiven für den Umgang mit dem L.:

a. Ich muß nicht mehr fragen: »Womit habe ich das verdient?« Die Schuldfrage hat Jesus ein-für-allemal bewältigt!

b. Wie Gott der Vater Jesu Sterben in Sieg verwandelte, so darf auch ich glauben: In der Hand dieses Vaters muß auch mir alles Leiden »zum Besten dienen« (Röm 8,28.32).

c. Von Ostern her darf ich wissen: Die einzige Lösung der L.frage liegt in der von Gott geschaffenen Erlösung von ihr! Gottes »Endlösung« der Leidfrage liegt in der Vollendung und Neuschöpfung der Welt (vgl. Offb 21,3-5).

d. In dieser Hoffnungsperspektive darf ich heute zeichenhaft und ganz vorläufig (das Ganze tut allein Gott selbst!) mithelfen, im Namen Jesu L. zu mindern, zu lindern, zu verhindern, Menschen in L. zu trösten.

Mit all dem ist uns eine gedanklich einleuchtende Lösung der L.frage nicht gegeben. Sie will im Licht der Erlösungshoffnung ausgehalten, durchstanden, durchglaubt und durchbetet sein.

Lit.: W. Bittner: Gott – wo bist du?, 1993; E. Brunner: Dogmatik II, [2]1972, 192ff; M. Keller-Hüschemenger: Die Kirche und das Leiden, 1954; S. Kettling: Du gibst mich nicht dem Tode preis, [2]1990.

S. Kettling

Leidensunfähigkeit Gottes → Gott, Eigenschaften

Leipziger Disputation → Luther

Leipziger Mission

Die L.M. wurde am 17. 8. 1836 als ev.-luth. Missionsgesellschaft in Dresden gegründet. Rasch gewann die – im Unterschied zu Basel (1815) und Berlin (1824) – dem luth. Bekenntnis und der luth. Kirche verpflichtete Mission Freunde weit über Sachsen hinaus bis ins Elsaß, bei den freikirchl. Lutheranern in Breslau, im Baltikum und in Skandinavien. Nach dem Wunsch Karl → Grauls, der die L.M. von 1842-1860 leitete und wesentlich prägte, sollte sie die Mission der luth. Kirche werden. Dieser kühne Plan gelang nicht. Aber regionale luth. Missionsgesellschaften entstanden: → Hermannsburg 1849, → Neuendettelsau 1853, → Breklum 1876 und → Bleckmar 1892. 1848 zieht die L.M. nach Leipzig um. Ihre zukünftigen Missionare werden in der Regel an der Universität ausgebildet, erst von 1879 an auch im Missionsseminar, das sich zusammen mit der Leitung im 1856 eingeweihten Missionshaus befindet.

In Südindien nimmt die L.M. die von der → Dänisch-Halleschen Mission 1706 begonnene Arbeit (B. Ziegenbalg und H. Plütschau) in und um Tranquebar wieder auf und legt zusammen mit der Schwedischen Kirchenmission den Grund für die Ev.-luth. Tamilkirche (TELC, gegr. 1919) und deren umfangreiche Schularbeit.

1892 beginnt die L.M. ihre Arbeit in Ostafrika, deren Schwerpunkt das Gebiet am Kilimandscharo wird. Ärztlicher Dienst und Schularbeit ergänzen die auf Volkskirche zielende Mission unter den Djagga, die Bruno Gutmann missionstheol. begründet. Carl Ihmels (1923-60) führt die durch den Ersten Weltkrieg verkleinerte Arbeit in Indien und Ostafrika unter schwierigen Bedingungen fort, legt dabei besonderes Gewicht auf die Ausbildung einheimischer Pastoren. Nach dem Zweiten Weltkrieg kann die L.M. zunächst personell helfen und dann formell Beziehungen zur 1976 konstituierten Ev.-luth. Kirche von Tansania wieder aufnehmen.

Am 1. 4. 1946 wurde das Seminar wiedereröffnet, bildete in der Folgezeit aber hauptsächlich Pfarrer für die DDR-Kirchen aus. Als die Spannungen zwischen Kirche und Staat zunahmen, erkannte die VELKD die L.M. 1950 als ihr Werk an. Durch die Teilung Deutschlands wurde es nötig, Zentralstellen der L.M. in Erlangen (1965) und Hildesheim (1969) einzurichten. An beiden Orten hatte der westdeutsche Trägerverein seinen Sitz.

Auf Bitten von Neuendettelsau sandte die L.M. seit 1955 Missionare nach Papua-Neuguinea, seit 1954 auch über das Kirchl. Außenamt der EKD nach Brasilien.

Im Zuge der Regionalisierung der Mission in der Bundesrepublik übernahm das Nordelbische Zentrum für Weltmission und kirchlichen Weltdienst (NMZ) 1971 die Verantwortung für die Leipziger Arbeit in Papua-Neuguinea, das Missionswerk der Ev.-Luth. Kirche in Bayern (MWB) 1972 in Tansania. Die Indienarbeit wurde dem 1977 gegründeten Ev.-luth. Missionswerk in Niedersachsen (ELM) übertragen, ebenso der Verlag der Ev.-Luth. Mission in Erlangen. Nach der Vereinigung der ev. Kirchen in Ost und West ist vorgesehen, die L.M. als regionales Missionswerk der luth. Landeskirchen in Sachsen, Thüringen und Mecklenburg weiterzuführen, das seine überseeischen Beziehungen als Mitpartner des NMZ, des MWB und des ELM wahrnimmt.

Lit.: P. Fleisch: Hundert Jahre lutherischer Mission, 1936; N.P. Moritzen: Werkzeug Gottes in der Welt. Leipziger Mission, 1836-1986, 1986.

R. Müller

Leise → Hymnologie

Leitungsgabe → Gemeindeleitung

Lektor

L., lat. »Leser«. L.en gibt es in der christl. Gemeinde von Anfang an (vgl. 1Thess 5,27). Die Alte Kirche setzte geeignete und geachtete Gemeindeglieder im Gottesdienst zu Lesungen (Hl. Schrift, Märtyrerakten usw.) ein. Im 6. Jh. sank das L.enamt ab zu einer Vorstufe des Priesteramtes.

In vielen ev. Kirchen wurde dieser L.endienst in den letzten Jahrzehnten neu belebt. Gemeindegliedern werden wieder vermehrt gottesdienstl. Lesungen übertragen.

Daneben entstand in den Notzeiten des Dritten Reiches (Pfarrer in Haft und an der Front) und danach (Pfarrermangel) ein besonderer L.endienst: Laien wurden gebeten, den ganzen Gottesdienst zu leiten und in ihm eine Predigt zu verlesen.

Heute werden in den meisten ev. Kirchen Frauen und Männer zu diesem Dienst zugerüstet und beauftragt. Manche Kirchen unterscheiden zwischen L.en, die eine »Lektorenpredigt« vorlesen, und Prädikanten, die nach besonderer Ausbildung Predigten selber verfassen können. In anderen Kirchen machen sich die L.en die Predigtvorlagen durch Bearbeitung zu eigen. Dabei können sie Beispiele und Gesichtspunkte aus dem eigenen Lebens- und Erfahrungsbereich einbringen. So ergänzen sie die Verkündigung der Theologen.

Trotz der Entstehung in Notzeiten ist der L.endienst mehr als eine Notlösung. Er ist eine besondere Form des → Priestertums aller Gläubigen und Ausdruck des Reichtums der Gaben, die der Herr seiner Gemeinde gibt.

Lit.: G. Fuhrmann: Grenzgänger: Lektoren im Dienst der Verkündigung, 1987.

H. Kiedaisch

Leo I. der Große (gest. 461)

Über seine Geburt ist wenig bekannt, er stammt aus der Toskana und wurde 440 Nachfolger des röm. Bischofs Sixtus III. L. gehört zu den menschlich und theol. großen Gestalten der Alten Kirche und wird durchweg als der erste Papst anerkannt. Er wirkte als überzeugender Vertreter der röm. Kultur, als entschlossener Verfechter der päpstlichen Rechte (Jurisdiktionsprimat des röm. Bischofs) wie der dogmat. Rechtgläubigkeit (Eintreten für die Zwei-Naturen-Lehre beim Konzil in → Chalcedon 451 gegen die → Monophysiten, Kampf gegen die → Pelagianer, → Manichäer und → Priscillianer. Seine Predigten zeigen, wie intensiv er die soteriologische Seite der Christologie betont hatte. Wahrscheinlich hat sich L. auch Verdienste um die Entwicklung des Gottesdienstes erworben; dafür spricht das nicht von ihm stammende, aber ihm zugeschriebene sacramentarium Leonianum. Erfolgreich trat er 452 Attila entgegen und bewirkte dessen Umkehr über die Alpen; vom Vandalenkönig Geiserich erreichte er 455 immerhin die Schonung Roms – trotz erfolgter Plünderung; vom byzantinischen Kaiser erwartete er staatlichen Schutz gegenüber Häretikern und Verständnis für seinen eigenen Standpunkt, in Glaubensfragen allein zu entscheiden. Bekannt sind sein Lehrbrief an Flavian 451 und seine zahlreich erhaltenen Briefe und Predigten. Er starb am 11. 11. 461 und wurde 1754 zum Kirchenlehrer erhoben.

Lit.: P. Stockmeier: Leo I. des Großen Beurteilung der kaiserlichen Religionspolitik, 1959; B. Studer: »Leo I.«, TRE 20, 1990, 737-741 (Lit.).

G. Ruhbach

Leo II.-XIII. → Papst, Papsttum

Leontios von Byzanz (Ende 5.Jh. – ca.543/44)

Theol. Schriftsteller der Justinianischen Zeit, wohl Ende 5. Jh.s in Konstantinopel geb., † ca. 543/44. Als Mönch des neuen Klosters in Palästina hatte er Anteil an den Intrigen der Origenisten um den Abt Nonnos. L. (zu unterscheiden von Leontios von Jerusalem) gewann von einem strengen antiochenischen Dyophysitismus her den Übergang zur chalcedonischen Orthodoxie und nahm so in seinen drei erhaltenen Werken (drei Bücher gegen die Nestorianer und Eutychianer; Auflösung der von Severus von Antiochien vorgetragenen Argumente; dreißig Hauptsätze gegen Severus) den Chalcedonismus der mittelbyz. Periode vorweg. Dabei griff L. auf die zeitgenössische Synthese aristotelischer und neuplatonischer Philosophie zurück und wandte besonders die anthropologische Einsicht des Enhypostaton (daß nämlich bei dem Prozeß einer Vereinigung zweier Hypostasen, wie Seele und Geist im Menschen, die eine ihre Substanz sehr wohl in der anderen behalten könne, ohne zur bloßen Akzidenz zu werden) auf die Christologie an. Mit dem Begriff der Enhypostasie hat L. eine prägnante Formel zur Deutung der chalcedonensischen Personeneinheit gefunden. Daneben muß sein Beitrag zu einer Metaphysik der personalen Existenz und deren Beschreibung in den Begriffen Geist und Willensfreiheit hervorgehoben werden. Einfluß und Berühmtheit dieses spekulativen Origenisten, in dem die Nachwelt einen strengen Altchalcedonenser sah, bezeugen viele Schriften, die ihm später – zu Unrecht – zugeschrieben wurden.

Lit.: Migne, Ph. 86,1 und 2.

C. Andresen: Die Kirchen der alten Christenheit, 1971, 649ff; J. Meyendorff: Le Christ dans la théologie byzantine, 1969; S. Otto: Person und Subsistenz, 1968.

W. Wischmeyer

Lepsius, Johannes (1858-1926)

L., geb. am 15. 12. 1858 in Berlin, Sohn des Begründers der Ägyptologie Richard L. (1810-1884), gest. am 3. 2. 1926 in Meran, war nach Theologiestudium 1884 Hilfsprediger in Jerusalem, ab 1887 Pfarrer in Friesdorf a. Harz, bis er von 1897-1926 Direktor der von ihm (1895) gegründeten Deutschen Orientmission wurde. Mehrere Reisen führten ihn in die Türkei und den Vorderen Orient, wo er entscheidende Eindrücke aus den Christenverfolgungen in Armenien gewann und versuchte, in Deutschland und der westlichen Christenheit ein Engagement für die verfolgten Armenier zu bewirken.

Seit 1890 wirkte L. als einflußreicher Redner für die aufkommende → Gemeinschaftsbewegung und die Allianzbewegung und gehörte zum Initiativkreis zur Gründung des »Deutschen Verbandes für evangelische Gemeinschaftspflege und Evangelisation« (1897) (→ Evangelischer Gnadauer Gemeinschaftverband). Im Streit um das rechte Verständnis von Wiedergeburt (1901) und Verbalinspiration (1903) kühlte sein Verhältnis zur Gemeinschaftsbewegung ab. 1902 gründete er mit S. → Keller, S. → Zeller und mit Unterstützung der Universitätslehrer H. → Cremer, M. → Kähler und A. → Schlatter die → Eisenacher Konferenz, die sich zum Ziel gesetzt hatte, eine Annäherung zwischen wissenschaftl. Theologie und Gemeinschaftsbewegung herbeizuführen.

Lit.: J. Lepsius: J.H. Lambert: Darstellung seiner kosmologischen und philosophischen Leistungen, 1881; Armenien und Europa, eine Anklageschrift, 1896 (auch engl. u. franz.); Reden und Abhandlungen, 1902ff; ders. (Hg.): Das Reich Christi (seit 1898); Der Christliche Orient (1900-1917); Der Orient (seit 1919); Exoriente lux, Jahrbuch der Orientmission (seit 1903).

W.-V. Deetjen: »Ein deutscher Theologe im Kampf gegen Völkermord«, ThBeitr 23/93, 26-44 (Lit.).

J. Ohlemacher

Lessing, Gotthold Ephraim (1729-1781)

L., geb. am 22. 1. 1729 in Kamenz (Sachsen), Sohn des Pastors Johann Gottfried L., gest. am 13. 2. 1781 während eines Besuchsaufenthaltes in Braunschweig. Besuch der Fürstenschule St. Afra in Meissen, ab 1741 Studium der Theologie und Medizin (ohne Abschluß) in Leipzig und Wittenberg. 1748 freier Schriftsteller, 1749-55 Berlin, Mitarbeit an der »Berliner Privilegierten Zeitung« und erste literarische Werke. Freundschaft mit Moses → Mendelssohn, Ewald von Kleist, Friedrich → Nicolai. 1755-58 in Leipzig, 1758-60 in Berlin, mehrere größere Reisen, 1760-65 Sekretär des Generals von Tauenzien in Breslau, dann wieder in Berlin, 1767 Dramaturg (Theaterrezensent) in Hamburg, 1770-81 Bibliothekar in Wolfenbüttel (Braunschweig).

L. ist der bedeutendste literarische Vertreter der bürgerlichen Aufklärung in Deutschland, ein genialer Schriftsteller und scharfer Kritiker, zugleich Anreger von großer Wirkung. Sein Wunsch, Theaterleiter zu werden, blieb unerfüllt, aber er gab dem deutschem Theater bedeutende Impulse durch seine Bühnenstücke wie »Miss Sara Sampson« 1755, »Minna von Barnhelm« 1767, »Emilia Galotti« 1772, »Nathan der Weise« 1779. Wichtige Schriften zur Ästhetik und zur Literatur- und Theaterkritik sind: »Laokoon« 1766 und »Hamburgische Dramaturgie« 1/2 1767-69.

Mit der Theologie setzte er sich oft auseinander. Er wandte sich schon früh der rel. Aufklärung zu, beeinflußt von den englischen Deisten (→ Deismus), von → Voltaire, Diderot sowie → Rousseau und → Spinoza. Seine Ansichten formulierte er prägnant und meist polemisch in Auseinandersetzungen. Er akzeptierte »Religion« als allg. menschliche Anlage, lehnte aber die geschichtl. entstandenen (positiven) Religionen ab. So stellte er auch die »Religion Christi« der »christlichen« (kirchl.) Religion, d.h. dem Dogma, als unvereinbar gegenüber (→ Historischer Jesus). Allerdings sah er in den geschichtl. Religionen Stufen der »Erziehung«, d.h. der Höherentwicklung der Menschheit (»Die Erziehung des Menschengeschlechts« 1780): Die mosaische Religion brachte die Moral, das Gesetz, den Monotheismus; Jesus war der erste, praktische Lehrer der Unsterblichkeit der Seele. Doch es sei zu erwarten, daß der Neue Bund Jesu »ebensowohl antiquiert werden müsse, als es der Alte geworden ist«. Die Zeit eines neuen, »ewigen Evangeliums« werde gewiß kommen.

In Hamburg hatte L. von der Tochter und dem Sohn des 1768 verstorbenen Gymnasialprofessors Hermann Samuel → Reimarus ein radikal bibelkritisches Manuskript ihres Vaters erhalten, die »Apologie oder Schutzschrift für die vernünftigen Verehrer Gottes«. In Wolfenbüttel erhielt L. die obrigkeitliche Erlaubnis, Texte aus den Beständen der Bibliothek zensurfrei zu veröffentlichen. In den »Wolfenbütteler Beiträgen« publizierte er dann Texte aus der Bibliothek, und von 1777 an mehrere Fragmente aus dem Manuskript des Reimarus, wobei er fälschlich vorgab, diese »Fragmente eines Ungenannten« hätte er in der Bibliothek gefunden. Die Fragmente weckten Beifall, aber auch Widerspruch, letzteren vor allem das fünfte Fragment »Über die Auferstehungsgeschichte«, in dem das leere Grab und die Auferstehung Jesu als Jüngerbetrug ausgegeben wurden. L. reagierte heftig auf die Proteste. Er identifizierte sich zwar nicht einfach mit dem »Ungenannten«, aber er akzeptierte dessen Ablehnung der heilsgeschichtl. Grundlagen des Glaubens. Seine ersten Schriften im Fragmentenstreit (»Eine Duplik«, 1778, »Axiomata« 1778, »Eine Parabel« 1778) enthalten neben aller Polemik doch noch viel zum Verständnis sowohl der Fragmente wie seiner eigenen Überzeugung. Aber in den folgenden Streitschriften (»Anti-Goeze« genannt) gegen den Hamburger Hauptpastor J. M. Goeze geht beidseits die Dialogbereitschaft verloren. Goeze sieht in den Fragmenten einen Angriff auf das Christentum und schreibt aus sturer Abwehrposition, außerdem bringt er mit drängenden Fragen nach der Herkunft und dem Autor der Fragmente Lessing in eine recht schwierige Lage. Man entzog diesem denn auch von Braunschweig aus die Zensurfreiheit und verbot ihm weitere Publikationen in dieser Sache. Die zuvor erschienenen elf »Anti-Goeze« richten sich fast nur noch gegen die Person seines Kontrahenten.

Die größte, andauernde Wirkung ging von dem Schauspiel »Nathan der Weise« aus. Das Stück spielt in Jerusalem in der Zeit der Kreuzzüge. In Wirklichkeit aber entspricht die Thematik ganz dem ausgehenden 18. Jh., den geistigen, ökonomischen und polit. Zuständen vor der franz. Revolution. Noch lag die Herrschaft in den Händen absolutistischer Fürsten und Könige. Das wirtschaftl. aufgestiegene Bürgertum drängte nach Macht und öffnete sich den revolutionären Ideen eines Rousseau oder der Enzyklopädisten. Hohe Staatsverschuldung und die Bemühung, das Bürgertum zur Finanzierung heranzuziehen, weckten nicht nur in Frankreich Unruhe. Auf diesem Hintergrund ist der »Nathan« zu verstehen: Saladin ist der typische absolutistische Herrscher, Nathan ist Repräsentant des reich gewordenen Bürgertums und Künder der Ideen der Aufklärung, für die er auch Saladin gewinnt. Saladin lädt den reichen Kaufmann ein, um ihn um ein Darlehen anzugehen, und Nathan sucht Saladin auf, um ihm Geld anzubieten. Das Geschäft kommt zustande, Saladin und Nathan werden Partner. Das ist der polit.-ökonomische Vorgang, der den Handlungsablauf bestimmt. In diesen Ablauf schiebt sich die rel.-theol. Diskussion ein, deren Höhepunkt in Akt III,7 die »Ringparabel« ist. In der Lehr-Erzählung geht es um die Frage, welche der drei Religionen – Judentum, Christentum, Islam – die wahre Religion sei. Symbolisch sind die Religionen dargestellt durch drei Ringe, die der Vater auf seine Söhne vererbt hat. Die Parabel ist alt, L. hat sie übernommen. Vorausgesetzt wird zunächst, daß ein Ring der echte, eine Religion die wahre ist. Aber das Urteil des Richters ändert diese Voraussetzung: »O, so seid ihr alle drei betrogene Betrüger/Eure Ringe sind alle drei nicht echt. Der echte Ring vermutlich ging verloren.« Das entspricht L.s Einstellung gegenüber allen positiven Religionen. Eigenartig ist auch die Annahme, alle drei Ringe seien einander »vollkommen gleich«, weil alle drei auf »Geschichte gründen«. – Aber sie gründen doch nicht auf derselben Geschichte! Es ist gerade der besondere geschichtliche Ursprung, der den Unterschied dieser Religionen begründet. – Was jedoch als allen drei Religionen gemeinsam und in diesem Sinn als wahre Religion angenommen wird, ist die christl. Ethik: »Es eifre jeder seiner unbestochnen von Vorurteilen freien Liebe nach! ... Mit herzlicher Verträglichkeit, mit Wohltun, mit innigster Ergebenheit in Gott.«

Aber wie ernst ist das hohe Pathos gemeint? Das Gespräch über die Religion endet damit, daß Nathan dem Sultan Geld offeriert, der damit einen Religionskrieg finanzieren will.

Am Schluß des Schauspiels erkennen jene, die sich mit Nathan geistig verbrüdert haben, daß sie untereinander auch blutsverwandt sind – was symbolisch wohl die Menschheitsverbrüderung darstellen soll. Nur stimmt dieses Symbol nicht, denn diejenigen, die ideologisch nicht mit Nathan verbunden sind, sind von der Verbrüderung ausgeschlossen. Das gilt besonders für den repräsentativen Vertreter des Christentums, den Patriarchen, der im Ganzen ohnehin nur eine Randfigur ist. Verkündet wird nur die Ansicht Nathans, der Islam kommt gar nicht zu Wort und das Christentum nur in abschätziger Beurteilung und Darstellung.

L.s »Nathan« hat einen großen Einfluß ausgeübt, vor allem auf das gebildete Bürgertum. In Verhältnissen, die in Frankreich zur Revolution geführt haben, zeigte L. seinem Volk einen andern Weg: Den Zusammenschluß des aufgestiegenen, gebildeten Bürgertums mit dem regierenden Adel, das Bündnis des Geldes mit der Macht. Zu seiner Ehre muß gesagt werden, daß bei ihm das nationalistische Pathos, das im 19. Jh. aufkam, noch fehlt. Deutlich ist die gesellschaftliche Marginalisierung von Kirche und Christentum angezeigt.

Werke: G.E. Lessing: Sämtliche Schriften, 23 Bde., hg. von: K. Lachmann, F. Muncker: (1886-1924), 1968, 1979; Werke, Vollständige Ausg., 25 Teile, 5 Erg.-bände, hg. von J. Petersen, W. von Olshausen (1925-1935), 1970.

Bibliographie: S. Seifert: Lessing-Bibliographie, 1973; D. Kuhle, E. von Wilamowitz-Moellendorff: Lessing Bibliographie 1971-1985, 1988.

W. Drews: Lessing (Lit.); W. Ritzel: Gotthold Ephraim Lessing, (1966), 1978.

F. Flückiger

Lettland → Baltikum

Lettner → Kirchenbau

Letzte Ölung → Sakramente, kath.

Letzten Dinge, die → Eschatologie

Letzten Tage, die → Eschatologie

Leuenberger Konkordie

L.K. ist die Abkürzung für »Konkordie reformatorischer Kirchen in Europa«. Sie ist eine theol. Erklärung, die auf dem Leuenberg bei Basel von Vertretern der verschiedenen europ. Konfessionskirchen erarbeitet, dort 1973 verabschiedet und bis 1990 von 81 europ. Kirchen, darunter sämtlichen Gliedkirchen der EKD, unterschrieben wurde. Die L.K. begründet aus »Übereinstimmung im Verständnis des Evangeliums« volle Kirchengemeinschaft in Wort und Sakrament und eine »möglichst große Gemeinsamkeit in Zeugnis und Dienst vor der Welt«. Damit ist die L.K. eine so noch nie dagewesene Frucht ökumen. Begegnens und Arbeitens. Sie versteht sich nicht statisch als abgeschlossenen Konsens, sondern dynamisch als Beginn eines gemeinsamen Weges und kontinuierlicher Lehrgespräche der beteiligten Kirchen.

Voraussetzung dafür war ein langer komplizierter Dialog unter den reformat. Kirchen, der trotz der Kirchenunionen und des → Kirchenkampfes zunächst wenig Ergebnisse zeitigte. Seit 1963 wurden, von der Kommission für Glaube und Kirchenverfassung des Ökumenischen Rates der Kirchen inspiriert, bilaterale Gespräche vornehmlich zwischen Lutheranern und Reformierten in Schauenburg geführt. Das Ende war 1973 die L.K. Sie hat vier Teile:

1. Die Situation der gegenwärtigen Kirchen und die Voraussetzungen für eine tiefer gehende Kirchengemeinschaft wird beschrieben.
2. Die Rechtfertigung als Botschaft von der freien Gnade Gottes wird in den Gestalten von Verkündigung, Taufe und Abendmahl gemeinsam bezeugt.
3. Die gegenseitigen Verwerfungen (in Abendmahl, Christologie, Prädestination der Reformationszeit) betreffen den Glaubens- und Lehrstand der gegenwärtigen Kirchen nicht mehr.
4. Daher werden konkrete Schritte zu einer vertieften → Kirchengemeinschaft vorgeschlagen.

Die Vollversammlungen in Sigtuna 1976, Driebergen 1981 und Straßburg 1987 haben die Resultate der weitergegangenen Lehrgespräche erörtert, rezipiert und weitere Aufgaben gestellt. Trotz mancher kritischer Anfragen an die L.K., vor allem aus dem skandinavischen Luthertum, hat sich die Kirchengemeinschaft inzwischen bewährt und vertieft.

Lit.: U. Asendorf, F.W. Künneth (Hg.): Von der wahren Einheit der Kirche. Lutherische Stimmen zum Leuenberger Konkordienentwurf, 1973; M. Lienhard: Luth.-ref. Kirchengemeinschaft heute. Der Leuenberger Konkordienentwurf im Kontext der bisherigen luth.-ref. Dialoge, 1972; W. Lohff: Die Konkordie reformatorischer Kirchen in Europa: L.K. Eine Einführung mit dem vollen Text, 1985; T. Mannermaa: Von Preußen nach Leuenberg. Hintergrund und Entwicklung der theologischen Methode in der Leuenberger Konkordie 1981; E. Schiefer: Von Schauenburg nach Leuenberg, 1983.

G. Ruhbach

Leviten → Stämme Israels

Leviticus → Pentateuch

Lewis, Clive Staples (1889-1963)

L., geb. 1898 in Belfast, war Dozent für altenglische Literatur in Oxford und Cambridge. 1931 wurde er Christ. Neben wissenschaftl. Werken wie »The allegory of love« schrieb er zahlreiche Bücher über den christl. Glauben. Berühmt wurde er durch Rundfunkreden, die in Deutsch unter dem Titel »Christentum schlechthin« (später »Pardon ich bin Christ«) erschienen sind. Er starb am 22. 11. 1963 – am gleichen Tage wie John F. Kennedy und Aldous Huxley. Die erste Biographie über C.S. Lewis zeigt bereits im Titel die Zielsetzung seiner Bücher an: »Apostel für die Skeptiker«.

In den USA erscheinen seine Werke bis heute in Millionenauflage. In Deutschland wurden seine Bücher erst Ende der 70er Jahre zum Verkaufserfolg. Sein bekanntestes Buch hier: »Dienstanweisung für einen Unterteufel« – eine psych. Studie über die Verführbarkeit des Menschen. Inzwischen sind fast alle Bücher des Anglikaners auch in deutscher Sprache erhältlich. Über sein Leben ist wenig Aufregendes zu sagen, sein Werk ist umso spannender. Er schrieb vor allem apologetische Bücher – u.a. über die Themen »Wunder« bzw. »Leid«. Darüber hinaus verfaßte er Science-fiction-Romane (z.B. »Perelandra – der Sündenfall findet nicht statt«, »Die böse Macht«) und sieben Kinderbücher (»Narnia«), die Traumerzählung »Die große Scheidung« und ungezählte Aufsätze über Theologie, Kunst und brisante ethische Fragestellungen (z.B. »Leben im Atomzeitalter«). L. gelingt es, durch einfache und klare Bilder und Beispiele auch komplizierte Fragen auf humorvolle Art gut darzustellen.

In Oxford gründete L. einen Club von Intellektuellen (die »Inklings«), der sich einmal in der Woche traf, und dessen Mitglieder sich gegenseitig ihre Werke vorlasen. Berühmtestes Mitglied war neben C.S. Lewis J.R.R. Tolkien.

Lit.: C. Rendel: C.S. Lewis, 1991; J. Spieß: Nach der Wahrheit fragen, [2]1986.

J. Spieß

Liberale Theologie

Die Bezeichnung L.Th. geht zurück auf → Semlers Werk »Institutio ad doctrinam Christianam liberaliter discendam« und wurde um die Mitte des 19. Jh.s gebräuchlich. Aber einzelne ihrer Positionen traten schon in der Aufklärungszeit hervor: Im engl. → Deismus, in → Rousseaus »Glaubensbekenntnis eines savoyischen Vikars« (»Emile«, 1762), in den theol. Schriften → Lessings, in dessen »Nathan der Weise« (1779) und in den von Lessing veröffentlichen »Fragmenten« des → Reimarus, dann in → Schleiermachers »Reden über die Religion« 1799, in → Kants Kritik an der Metaphysik und in → Fichtes Philosophie des (absoluten) Selbstbewußtseins.

Eine einheitliche L.Th. gab es nicht, was z.T. bedingt war durch den Einfluß unterschiedlicher phil. Standpunkte. Aber es gab doch typische Aspekte: die Kritik am altkirchl. Dogma, zumeist auch der theol. Ansatz bei der hist. Person Jesu (Jesu Gottesbewußtsein, Jesu Lehre oder Botschaft). »Der Freie Protestantismus setzt an die Stelle des Mythos vom Gottmenschen Christus die geschichtliche Persönlichkeit Jesu, in dessen Leben, Wesen und Werk er die höchste Gottesoffenbarung erblickt« (K.

Guggisberg, Der Freie Protestantismus, 1942, 114). Deshalb wurde die »Leben-Jesu-Forschung« ein wichtiges Thema dieser Theologie. Diese suchte einen natürlich-hist. Menschen Jesus hinter dem verkündigten Gottmenschen → Jesus Christus. »Die geschichtliche Erforschung des Lebens Jesu ging nicht von dem rein geschichtlichen Interesse aus, sondern sie suchte den Jesus der Geschichte als Helfer im Befreiungskampf vom Dogma« (A. Schweitzer, Geschichte der Leben-Jesu-Forschung, [4]1926, 4). Aber ein solcher hist. Jesus ist aus den Texten nicht rekonstruierbar, denn die Evv. geben das Jesusbild wieder, wie es die nachösterliche Gemeinde gekannt und gepredigt hat (vgl. Apg 2,22; → Historischer Jesus). Und diese Verkündigung setzt die Identität des Gekreuzigten mit dem Auferstandenen voraus.

David Friedrich → Strauss hat dies in seinem Buch »Das Leben Jesu kritisch beleuchtet« (1835/36) erkannt. Weil er von seinem naturalistischen Standpunkt aus nichts »Übernatürliches« anerkennt, bezeichnet er den »Jesus« der Evv. als → Mythos. Auch andere, wie William Wrede (1859-1960), Franz → Overbeck (1837-1905) bis zu Rudolf → Bultmann (»Jesus«, 1926) erkennen, daß ein »historischer Jesus« im Sinn moderner Geschichtsschreibung aus den Texten nicht zu erschließen ist. Der Jesus der Evv. ist der Jesus des Glaubens der nachösterlichen Gemeinde. Neue Versuche, doch wieder ein Jesusbild vom liberalen Standpunkt aus zu entwerfen, beschränken sich zur Hauptsache auf ethische Aspekte der Predigt Jesu (so Herbert Braun, Jesus, [2]1969).

Einen großen Einfluß auf die L.Th. übte Albrecht → Ritschl (1822-1889) aus. Der Ansatz seiner Theologie ist der »Beruf« bzw. die Berufung Jesu, die in seinem rel.-sittl. Selbstbewußtsein gesetzt ist und zum »Zweck« bzw. Ziel die Gründung des Reiches Gottes hat. Das Reich Gottes ist diesseitig verstanden, als Endziel der Geschichte. Insofern besteht eine gewisse Analogie zum Fortschrittsglauben des 19. Jh.s, vielleicht mehr noch zur Geschichtstheologie von F.C. → Baur, für den die Geschichte auf die Versöhnung mit Gott und im Eins-Sein mit Gott auch auf den Frieden der Welt hinzielt.

Das Anliegen einer rel.-sittlichen Gesellschaft führte über den primären Aspekt der sittlichen Persönlichkeit hinaus zu Fragen einer vom sittlichen Geist geprägten Gesellschaft, und in diesem Zusammenhang zeigte sich auch ein wachsendes Interesse für soziale Probleme.

Wilhelm → Herrmann (1846-1922) knüpft an Ritschl an, setzt aber neue Akzente. Nicht das objektive, hist. Wissen um Jesus bewirkt den Glauben, sondern die subjektive Begegnung mit Jesus. In den Evv. tritt er uns entgegen, und sein inneres Leben, seine Beziehung zu Gott wird uns zur Offenbarung, die den Glauben bewirkt und uns zur Erneuerung, zur inneren, sittlichen Freiheit in der Verbindung mit Gott führt.

Von diesem Ansatz her hat R. Bultmann, Schüler Herrmanns, seine Kerygma-Theologie begründet: Nicht der »historische Jesus«, sondern die Verkündigung Jesu wird zur Begegnung mit Gott, die uns ein neues Selbstverständnis, das Selbstverständnis des Glaubens, schenkt, durch das wir, im Vertrauen auf Gott, frei werden von der Welt-Abhängigkeit (»Jesus Christus und die Mythologie« 1964, 93ff).

Zu den Schülern Ritschls gehört auch Adolf → Harnack (1851-1930), Historiker von hohem Rang, dessen akademische Vortragsreihe »Das Wesen des Christentums« (1900) weiteste Verbreitung erlangte. Das »Reich Gottes« ist auch für ihn der innere Zustand des rel. Bewußtseins, die Religion, die sich in der Verkündigung ausdrückt als Vertrauen zu Gott, dem Vater, und als die Überzeugung vom unendlichen Wert der Menschenseele. Beides zusammen ergibt die Gotteskindschaft (4. Vorlesung 2). Als Kinder des einen Vaters ist es ihre Aufgabe, den Willen Gottes zu tun, in sittlichen Reinheit und in Brüderlichkeit. Das führt zur christl. Kultur und auch zur sozialen Gestalt der christl. Gemeinschaft (6. Vorl. 3,7).

Auch bei Ernst → Troeltsch (1865-1923) treten die charakteristischen Positionen der L.Th. hervor: Die aus der Liebesethik und der diesseitig verstandenen Reich-Gottes-Predigt hervorgegangene Bezugnahme auf Kultur, Gesellschaft, soziale Probleme, und andererseits die Betonung der Subjektivität des Glaubens und der rel.-sittlichen Persönlichkeit. Der sittliche Zweck kann »geradezu als der Zweck der Persönlichkeitsbildung in der Doppelrichtung auf die soziale und auf die individuelle Persönlichkeit bezeichnet werden« (Grundprobleme der Ethik, Ges. Schriften II, 1913). Troeltsch ordnet aber beides ein in die kulturgeschichtl. Entwicklung. Andererseits wurde Troeltsch immer pessimistischer in bezug auf die Möglichkeiten christl. Ehtik, auf die gegenwärtige Geschichte einzuwirken. Deren Entwicklung wird durch innerweltliche Zweckbestimmungen geleitet, die sich vom christl. Einfluß gelöst haben (Ges. Schriften II, 654ff). Und es bleibt als Konsequenz eines subjektiven Christentums die christl. Persönlichkeit. »Es bleibt dabei – und das ist das alles zusammenfassende

Ergebnis – das Reich Gottes ist inwendig in uns«.

Zu einem ähnlichen Ergebnis – allerdings vom Ort einer spekulativen Identitätsphilosophie her – kommt A.E. → Biedermann. Er sieht einen Widerspruch darin, daß mit der Person Jesu verbunden wird, was das unabhängig von ihm in uns wirkende »christliche Prinzip« sei, nämlich das Einswerden des endlichen mit dem unendlichen Geist, die Gotteskindschaft, deshalb müsse die Identifikation des christl. Prinzips mit der Person Jesu aufgegeben werden (Christliche Dogmatik, 1869, § 602ff, § 788ff).

Lit.: A. Baumgartner: Vom Liberalismus zum Sozialismus, 1967; F. Courth: Das Wesen des Christentums in der liberalen Theologie, 1977; K. Guggisberg: Der Freie Protestantismus, 1942; G. Hummel: Die Begegnungen zwischen Philosophie und evangelischer Theologie im 20. Jahrhundert, 1989; U. Neuenschwander: Die neue liberale Theologie, 1953; U. Neuenschwander: Die neue liberale Theologie, 1953; W. Nigg: Geschichte des religiösen Liberalismus, 1937.

F. Flückiger

Liberalismus

Der L. ist gekennzeichnet durch die Ablehnung all jener Begrenzungen, die das Individuum daran hindern, sich so frei wie möglich zu entfalten. Der L. geht zurück auf die → Aufklärung, die starken Nachdruck auf die rationale Fähigkeit des Individuums, sein eigenes Leben zu bestimmen, legte. Um Freiheit zur individuellen Entfaltung zu erlangen, wandte der L. sich gegen die Allmacht des Staates sowie gegen kirchl. Bevormundung. Er wollte sich von veralteten Formen des Glaubens und Denkens befreien. Auf ökonomischem Gebiet wollte er durch den Freihandel, die unternehmerische Freiheit und die uneingeschränkte Konkurrenz die persönliche Freiheit gewährleisten. Der ökonomische L. wird vor allem auf Adam Smith (1723-1790) zurückgeführt. Bei dieser Form des L. darf der Staat nicht in die Ökonomie eingreifen. Dem Staat werden lediglich die zur Aufrechterhaltung der öffentlichen Ordnung und Vermeidung der Anarchie erforderlichen Befugnisse zugestanden. Der → Kapitalismus kann als Frucht des L. betrachtet werden.

Der L. zieht die Grenze der persönlichen Freiheit da, wo die Freiheitserfahrung des einen die Entfaltung des anderen behindert. Die Freiheit der Allgemeinheit wird am besten durch eine demokratisch gewählte Regierung garantiert.

Der L. ist in vielfacher Hinsicht modifiziert worden, vor allem, weil bei der Begrenztheit des ihr vom L. zugewiesenen Aufgabenbereiches keine Obrigkeit in der Lage ist, in ausreichendem Maße soziale Ungerechtigkeit zu bekämpfen. Einige Liberale erklären daher anstelle der individuellen Freiheit die Gleichheit aller Menschen zum zentralen Prinzip.

Anders als der L., der von der persönlichen Freiheit ausgeht und diese nur durch die Freiheit des anderen begrenzt, erfordert die christl. → Freiheit die Zuwendung zum anderen. Durch die Liebe zu Gott und zum Nächsten gelangt die persönl. Freiheit zur Entfaltung.

Lit.: J. Stuart Mill: On Liberty, 1859; T. Schiller: Liberalisierung in Europa, 1978; R. Rorty: The contingency of a liberal community, in: Contingency, irony and solidarity, 1989, 44-69.

J. Douma

Libertinismus

Der Begriff L. bezeichnet zunächst allg. ein Abweichen von anerkannter Norm, Lehre oder Moral. In hist. Sinn umfaßt er verschiedene Bewegungen von sog. »Libertinern«, vor allen nämlich

a. die in Apg 6,9 erwähnten Mitglieder einer Synagoge, die auswärts Sklaven gewesen und freigelassen worden waren. Sie forderten zur Verfolgung des Stephanus auf;

b. die Gruppe jener Genfer Patrioten, die für die polit. Unabhängigkeit der Stadt gekämpft hatten: zunächst unterstützten sie → Calvin als Freunde, verloren aber später gegen ihn, als sie die strenge Kirchenzucht sowie den Zustrom von Franzosen ablehnten;

c. eine Bewegung von Spiritualisten in Antwerpen, vor denen Luther 1525 brieflich warnte, weil dort dem inneren Glaubenserlebnis mehr Bedeutung als der Bindung an die Schrift zugemessen wurde;

d. die evtl. mit ihnen zusammenhängenden, von Calvin 1545 bekämpften Anhänger des Niederländers Coppin bzw. des Quintin (Quintin wurde 1546 wegen Unsittlichkeit und Irrlehre in Tournay hingerichtet) in Frankreich. Sie waren quietistische, pantheistische Mystiker.

Der Begriff bezeichnet darüber hinaus in ntl. Zusammenhang einen Mißbrauch der von Gott in Christus geschenkten Freiheit. Das Dogma von Kreuz und Auferstehung wird im L. verkürzt als Dogma der Entbindung von jeglicher Norm und jeglichem Ethos mißverstanden. Diese Auffassung steht in deutlichem Widerspruch zu Kernaussagen des NTs: Sowohl Jesus (Mt 5,17) als auch Paulus (Röm 10,4) halten an der bleibenden Bedeutung des Gesetzes fest, freilich eines Gesetzes, das nicht mehr – wie im AT – von außen her unerbittlich fordernd und verurteilend an den Glaubenden herantritt, sondern ins Herz geschrieben ist (Jer 31) und in der Kraft des Geistes erfüllt werden kann (Röm 8,4).

U. Scheffbuch

Licht im Osten

L.i.O., Missionsbund zur Ausbreitung des Evangeliums e.V., entstand 1920 in Wernigerode im Harz. Die Gründer des Werkes, das Missionskreise der Freikirchen, Landeskirchen und Gemeinschaften aus Schweden, Holland, der Schweiz und Deutschland vereinte, waren der ref. Pastor Walter Jack und der rußlanddeutsche mennonitische Prediger Jakob Kroeker. Zunächst betreute man russische Kriegsgefangene, die noch nicht in ihre Heimat zurückkehren konnten, u.a. durch eine Bibelschulausbildung. Bis 1929 wurden über 50.000 bibl. Bücher u.a. russ. und ukrainischer Sprache sowie große Mengen an christl. Literatur in die Sowjetunion gesandt. Zwischen 1929 und 1989 war die Arbeit wegen des Verbots der Einfuhr von rel. Schrifttum in die UdSSR und den übrigen Ostblock stark eingeschränkt. Seit der Perestroika kann L.i.O., seit 1956 in Korntal bei Stuttgart ansässig, ungehindert arbeiten. 1992 wurden rund 4,5 Mio. Schriften (Bibeln, Bücher, Traktate, Zeitschriften) in über 20 Sprachen in den Osten, hauptsächlich in die GUS, gebracht. Weitere Aufgabengebiete: Aufbauhilfe für einheimische Missionswerke in der GUS und im Baltikum, Missionsarbeit unter den Minderheitenvölkern der GUS, gezielte technische und humanitäre Hilfe, mission. Sommereinsätze in Rumänien und Bulgarien. L.i.O. ist Mitglied der AEM (→ Arbeitsgemeinschaft evangelikaler Missionen) und der AMD (→ Arbeitsgemeinschaft missionarischer Dienste). Von den heute 23 vollzeitlichen Mitarbeitern sind ca. die Hälfte Rußland deutsche.

Lit.: »Licht im Osten« (1920-93: »Dein Reich komme«), Informationsheft vom Missionsbund »Licht im Osten«, Sondernummer »Dein Reich komme« zur Geschichte von Licht im Osten, 1977.

V. Wunderlich: Das Gebot der Stunde in Osteuropa: Der Missionsbund »Licht im Osten in Korntal«, in: Bibeln für Rußlanddeutsche, hg. von Ute Richter-Eberl und dem Missionsbund »Licht im Osten«, 1992, 29-35.

V. Wunderlich

Lichtfreunde

Mit dieser Bezeichnung hat der Volksmund eine Bewegung bezeichnet, die sich selbst »Protestantische Freunde« nannte und auf den Magdeburger Pfarrer W.F. Sintenis zurückgeht. 1840 hatte dieser das »Gebet zu Christus als Aberglauben« bezeichnet. Der Pfarrer L. Uhlich lud 1841 zu einer Sympathietagung für Sintenis nach Gnadau ein, der mehrere andere Konferenzen folgten, die schließlich zu einer kleinen Volksbewegung wurde. Der Hallenser Pfarrer G.A. Wislicenus bezeichnete auf einer Tagung in Köthen 1844 den dem Menschen innewohnenden Geist »als Norm des protest. religiösen Bewußtseins« gegenüber der Hl. Schrift. Auf Grund wachsender Erregung in der Bevölkerung griffen kirchl. und staatliche Behörden ein und dispensierten Wislicenus und Rupp vom Amt. Uhlich schied freiwillig aus dem Dienst der Kirche aus. Die Folge war die Begründung freiprot. und später freirel. Gemeinden, die sich mit den deutsch-kath. Gemeinden 1859 zum »Bund freier religiöser Gemeinden« zusammenschlossen, der die Basis für alle künftigen Freidenkerrichtungen wurde. Die inhaltliche Dürftigkeit der extrem liberalen Bewegung ließ diese bald wieder abebben und ganz zurückgehen. Immerhin hat es um 1855 ca. 150.000 Mitglieder in 100 Gemeinden mit ca. 30 Predigern gegeben.

Lit.: C. Mirbt: Lichtfreunde, RE^3 – Hauck 11, 1902, 465-474; H. Obst: Lichtfreunde, Deutschkatholiken und Katholisch-Apostolische Gemeinden, in: J.F.E. Goeters, R. Mau: Die Geschichte der Ev. Kirche der Union I, 1992, 317-331.

G. Ruhbach

Liebe

a) biblisch

1. Im AT hat der Begriff L. (*ahab, ahaba*) seinen ursprünglichen Ort im zwischenmenschlichen Bereich. Er umfaßt die L. zwischen Mann und Frau (1Mo 24,67), Eltern und Kindern (1Mo 22,2) und Freundschaftsbeziehungen

(1Sam 18,1.3). Das Staunen über Schönheit und Tiefe solcher Zuneigung erhält bleibenden Ausdruck in 2Sam 1,25.26 und in Hld. Dennoch sieht das AT L. als besondere Zuwendung eines Menschen zum Mitmenschen nüchtern als gefährdet. Wenn sich die L. von der Gerechtigkeit löst und L. zur Bevorzugung wird, führt sie zu Familienkonflikten (1Mo 25,28; 29,30). L. kann zum Fehlverhalten werden, wenn sie das egoistische Verlangen über das Wohl des Geliebten stellt (1Mo 34,3).

Aber auch das Verhältnis zwischen Gott und Mensch, Mensch und Gott wird mit dem Begriff L. bezeichnet. Im Blick auf eine einzelne Person wird nur selten von Gottes L. gesprochen (2Sam 12,24 Salomo; Jes 48,14 Kyros; vgl. 5Mo 10,18 den Fremdling; Ps 97,10 die das Arge hassen; 146,8 die Gerechten; vgl. Spr 3,12; 15,9; 22,11).

Die L. Gottes zum Menschen wird im AT vielmehr zunächst dort erfaßt, wo »nach dem Grund der göttlichen Erwählung Israels gefragt wird« (Jenni 69). Im 5Mo wird deutlich: Gottes L. ist nicht in menschlicher Liebens-Würdigkeit begründet (5Mo 4,37; 7,7f, 10,15; vgl. Hos 14,5; Jer 31,3). Bildlich veranschaulicht wird Gottes L. eher durch die Elternschaft (5Mo 1,31; 8,5; 32,19; auch Hos 11,1.4) als durch die Ehe (Jer 2,2; Hos 2-3). Wenn Jer und Hos die durch Ungehorsam bzw. Treulosigkeit gefährdete L. beschreiben, zeigen sie, daß Gottes L. in ihrer göttlichen Wesensart durch das menschliche Liebesverhalten nicht angemessen veranschaulicht werden kann. Dennoch fordert Gott die L. des Menschen. Als geforderte L. liegt deren Mitte grundsätzlich nicht im Gefühl, sondern im Wollen und Handeln (5Mo 10,12; 11,1.13.22; 19,9; 30, 16.20; Jos 22,5; 23,11; vgl. negativ feststellend Hos 6,4; positiv 2Mo 20,6; Ri 5,31; 1Kön 3,3; 2Chr 20,7; Neh 1,5; Ps 18,2; 116,1; Jes 41,8; 56,6; Jer 2,2; Dan 9.4), obwohl sie auf den ganzen Menschen zielt (5Mo 6,5; 13,4; 30,6).

2. Schon durch die Wahl des außerbibl. kaum verwendeten griech. Begriffs *agape, agapan* knüpft das NT an den im AT kennzeichnenden Umgang mit dem Begriff L. an. Gottes unvergleichliche und unergründliche L. ist es, die nun über die Erwählung Israels hinaus die gesamte Welt sucht (Joh 3,16). Diese L. ist keine Idee, sondern eine Wesenseigenschaft Gottes (1Joh 4,16), die für den Menschen zur erfahrbaren Wirklichkeit wird in Jesus Christus (Joh 13,1), dem geliebten Sohn (Mk 1,11). Das Geheimnis der L. Gottes liegt damit zum einen außerhalb der geschaffenen Welt, sie wird zum anderen aber ganz in die Welt hineingestellt. Als selbstlose, erlösende L. ist sie sogar zum stellvertretenden Leiden und Sterben für die todeswürdige (1Mo 3,3; Röm 5,12.23), in feindseliger Auflehnung gegen Gott begriffene (Röm 5,8-10) Menschheit bereit (Phil 2,5-8). Dadurch wird sie zur sieghaften Kraft, die auch über alles Leiden und Sterben der Menschen zu triumphieren vermag, indem sie die Glaubenden zu Kindern Gottes und Erben ewigen Lebens macht und sie durch alle Nöte des irdischen Lebens und Sterbens hindurch zur ewigen Vollendung führt (Röm 8,31-39). Gottes Liebeshandeln fordert die Antwort des Menschen heraus, die im Doppelgebot der Gottes- und Nächsten-L. gut atl. formuliert werden kann (Mt 22,37ff) und doch ntl. eine ungeahnte Entfaltung erfährt. Die L. zu Gott (Röm 8,28; 1Kor 2,9; 8,3; 1Joh 4,19; 5,2f; Jak 1,12; 2,5) bzw. zu Jesus (Joh 14,15.21.23.28; 21,15ff; 1Kor 16,22; Eph 6,24; 1Petr 1,8) rückt so ins Zentrum ntl. Frömmigkeit. Mit innerer Konsequenz mit ihr verbunden ist die Nächstenliebe (1Joh 4,20f; 5,1), die sich vorbehaltlos jedem zuwendet, der ihrer bedarf (Lk10,25ff; Gal 5,13f; 6,10). Die L. Gottes kommt dabei nicht nur von außen auf den Menschen zu, sie erneuert ihn von innen (Röm 5,5) und wird damit zum Kennzeichen der Familie Gottes (Joh 13,34f), das sich in der engsten Beziehung, in der ehelichen L. (Eph 5,25.28), ebenso wie in der gestörtesten zwischenmenschlichen Beziehung (Mt 5,44) auswirken soll. Die ntl. Ethik ist daher als prinzipielle Liebesethik zu verstehen, insofern das Evangelium den Menschen nicht nur zur L. aufruft, sondern auch zur Gottes- und Menschenliebe befreit und ihren letzten Maßstab in Gottes L. als der vollkommensten Gestalt der L. besitzt.

Wie die L. Gottes der Ausgangspunkt seines gesamten Schöpfungs- und Heilshandelns war (Eph 1,4-6), so ist ein Mensch in der L. dem Ziel der Ewigkeit am nächsten (1Kor 13,8.13).

Lit.: E. Jenni: THAT I, 60-73, [4]1984; G. Quell, E. Stauffer: ThWNT I, 1933, 20-55; W. Lütgert: Die Liebe im NT, 1905, [2]1986; V. Warnach: Agape. Die Liebe als Grundmotiv der neutestamentlichen Theologie, 1951.

M. Wacker

b) theologiegeschichtlich

Die christl. Kirche hat die ntl. Konzentration der → Ethik auf den Gedanken der in der L. Gottes wurzelnden L. zu Gott und zum Mitmenschen von Anfang an aufgenommen. Insbesondere die christl. Bruderliebe galt, neben der Bereitschaft zum → Martyrium (als Ausdruck der L. zu Gott), auch im Urteil der Heiden als auffallendstes Merkmal der Christen (Tert Apol 39,7: »Seht, wie sie sich gegenseitig lieben«).

Dabei muß → Augustins Wort »liebe – und dann tu, was du willst« (*dilige et quodvis fac*, In ep. Joh. 78) als die → Gebote strukturierende Konzentration aufgefaßt werden, nicht (wie in der modernen → Situationsethik) als Aufhebung des → Gesetzes. Da die L. ihrem Wesen nach auf die Erfüllung menschlicher Existenz in der Glückseligkeit ausgerichtet ist (*pondus meum amor meus*, Conf XIII,9), steht sie auch nicht im Gegensatz zur Selbstliebe (*amor sui*), sondern diese wird durch die erlösende L. Gottes zur L. zu Gott (*amor Dei*) vollendet.

Als Ja zur eigenen Existenz und der des anderen als von Gott geschaffener ist bei → Thomas von Aquin die L. (als *amor naturalis*) »das Aufbauprinzip der gesamten Schöpfung« (Kuhn 301). Mit → Dionysius Areopagita definiert Thomas sie als »vereinigende Kraft« (*vis unitiva*).

→ Luther, dessen Theologie eine »Theologie der L.« genannt werden konnte (Mannermaa 152), betont den schöpferischen Charakter der L. Gottes im Gegensatz zum passiven der menschlichen L. (Heidelberger These 28). Bestimmt durch den Widerspruch zu einer (nach Luther) in selbstgewählten frommen Werken wie → Wallfahrten etc. sich ausdrückenden vorreformat. Religiosität tritt in Luthers Ethik der Gedanke der L. zu Gott zurück hinter den der Nächstenl. (Schlatter 54ff; Bockmühl 55ff). Obwohl Luther durch seine Betonung von Familie und Beruf als primären Betätigungsfeldern des Christen die hohe Bedeutung des geschöpflichen Lebens für die christl. Ethik wiederentdeckte, gelang es ihm nicht, der kreatürlichen Dimension der L. voll gerecht zu werden: Seine einseitige Konzentration auf die gnadenhafte Dimension der dem Glaubenden geschenkten christusförmigen L. (Agape) ließ keinen Raum für das Recht der auf Selbstbejahung und -erhaltung zielenden kreatürlichen »Selbstliebe« (vgl. Luthers These: »*Est enim diligere seipsum odisse*«) und vermochte daher auch nicht die erotische L. vorbehaltlos als gottgewollte Gestalt der L. anzuerkennen.

Einen Fortschritt über Luther hinaus brachte in dieser Hinsicht der → Pietismus. Für den frühen Pietismus führt der in der → Wiedergeburt geschenkte lebendige Glaube unmittelbar zu dankbarer L. So gliedert → Spener seine Ethik in: (1.) L. zu Gott, (2.) L. gegen sich selbst und (3.) L. gegen den Nächsten. Dabei unterscheidet er zwischen einer »sündigen Eigenliebe« und einer »ordentlichen Selbstliebe« (Haizmann, 96f). Entsprechend sind Weltenthaltung (liebende Hinwendung zu Gott und Abwendung von der Sünde) und Weltgestaltung aus der L. heraus keine Gegensätze (ebd., 98).

Der aufgeklärte Rationalismus → Kants lehnt jede L. aus Neigung als eudämonistisch und damit unethisch ab. L. zu Gott als Neigung ist gar unmöglich, »denn er ist kein Gegenstand der Sinne« (KdpV, 148). Nach dem Neukantianer → Ritschl hat deshalb die L. zu Gott »keinen Spielraum des Handelns außerhalb der Liebe zu den Brüdern« (Unterricht § 6).

Im Zusammenhang mit der Lutherrenaissance und dem Aufbruch der → dialektischen Theologie kam es bei A. → Nygren in seinem Werk »Eros und Agape« (1930/37) und ähnlich bei E. → Brunner und K. → Barth zu einer scharfen Entgegensetzung von Eros als eigensüchtiger menschlicher und Agape als selbstloser göttlicher L.

Auf dem Hintergrund seiner von A. → Schlatter angeregten Neubesinnung auf die bibl. Schöpfungstheologie erhielt dagegen bei W. → Lütgert die kreatürliche Selbstl. wieder einen positiven Stellenwert. Sie ist allerdings nicht als natürliche Grundlage der Gottesl. schon vorgegeben, sondern entsteht erst in der Überwindung der als Folge der Sünde zur Selbstsucht entarteten Selbsterhaltung durch die im Glauben empfangene L. Gottes. Durch diese öffnet sich die Selbstliebe auch zur L. zu Gott, in der wiederum die L. zum Nächsten wurzelt.

Lit.: K. Bockmühl: Christliche Lebensführung, 1993; A. Haizmann: Eine Ethik der Liebe? Zur Bedeutung des Liebesgebots für die Ethik Ph. J. Speners, in: H. Burkhardt, M. Bockmühl: Gott lieben und seine Gebote halten, 1991,87-106; I. Kant: Kritik der praktischen Vernunft, 1788; H. Kuhn: »Liebe I-III«, HWP Bd. 5, 1980, 290-318; W. Lütgert: Ethik der Liebe, 1938; M. Luther: Heidelberger Disputation 1518 (Clemen Bd. 5, 377ff); P. Maraval, T. Mannermaa, G. Meckenstock: »Liebe V-VII«, TRE 21, 1991, 146-170 A. Nygren: Eros und Agape, 2 Bde. 1930/37; J. Pieper: Über die Liebe, 1972; A. Schlatter: Der Dienst des Christen, (1897) ND 1991; A. Ritschl: Unterricht in der christlichen Religion, (1875) ND 1966.

H. Burkhardt/W. Neuer

c) systematisch-theologisch

1. Das Wesen der Liebe

Das Wort L. wird überall dort gebraucht, wo

ein Optimum an personaler Zuwendung in den zwischenmenschlichen Beziehungen ausgesagt werden soll: von der L. in familiären Bezügen (L. der Eltern zum Kind und umgekehrt, L. zwischen Geschwistern, zwischen Ehegatten) über individuelle freundschaftliche Beziehungen (→ Freundschaft) bis zur allg. Menschenliebe, sogar zur Feindesliebe. Was sich in den verschiedenen Gestalten der L. abspielt, kann auf die Grundformel gebracht werden: jemanden lieben heißt, (aus innerer Überzeugung) sagen können: »Gut, daß du da bist« (Pieper 47 u.ö.), und dieser Überzeugung im Wollen und Handeln Rechnung tragen. Sie ist also Wohlwollen und Wohltun gegenüber anderen: Wollen, daß der andere da ist, und daß es ihm gut geht, und das Handeln entsprechend ausrichten. Über dieses Wohlwollen hinaus ist L. aber auch eine Gemeinschaft (geschlechtlich bis zur Vereinigung, vgl. 1Mo 2,24) mit dem anderen suchendes Wollen (*vis unitiva*).

2. Natürliche Liebe

L. entzündet sich spontan am geschöpflichen Sosein des anderen: seiner Schönheit, seiner Gutheit etc. Sie kann dabei zunächst das Begehren sein, an den Vorzügen des anderen Anteil zu bekommen, sie zu »genießen«. Sie kann aber auch schlicht die Freude am Sosein des anderen sein. Echte menschliche, d.h. personal bestimmte L. wird allerdings nicht bei den Vorzügen des anderen stehen bleiben, sondern letztlich ihm selbst gelten, unabhängig von den uns zunächst anziehenden Eigenschaften. Solches vorbehaltlose Annehmen des anderen wird möglich im Wissen um das Wohlwollen dessen, der alles geschaffen hat: der aus seiner freien Güte heraus wollte, daß die Welt, daß dieser andere sei. L. ist so Jasagen zum schöpferischen Handeln Gottes und gewissermaßen sein (willentlicher) Nachvollzug (Pieper 48).

3. Christliche Liebe

Solche natürliche L. kommt spätestens dann an ihre Grenzen, wenn der Gegenstand der L. mir nicht nur nicht liebenswert, sondern sogar feindlich entgegentritt. Die Nächstenl. hat ihr (Mindest-)Maß in der Selbstl. (»wie dich selbst«, 3Mo 19,18). Sie ruht auf dem Prinzip der ausgleichenden Gerechtigkeit (→ Goldene Regel). Die Aufforderung Jesu, auch den Feind zu lieben(Mt 5,38ff) gerät aber vordergründig in Konflikt mit der Selbstl., sofern sie ggf. meine eigene Existenz gefährdet, wogegen mein natürlicher Selbsterhaltungstrieb sich sträubt. Trotzdem wird man auch bei der Feindesl. nicht von selbstloser L. im strengen Sinn sprechen dürfen. Denn alle echte L. ist immer personal und insofern nie selbst-los: ich bin es, der seinen Feind lieben soll, nicht nur Gott, der mich (so Nygren) sozusagen nur als Kanal benutzt (dagegen mit Recht Pieper 103). Über der Aufforderung Jesu, sich selbst zu verleugnen, steht die Verheißung, das Leben zu gewinnen (Mt 16,24ff). Aus der im Glauben empfangenen Feindesl. Gottes gegen den Sünder (Röm 5,5ff) entsteht in diesem die Bereitschaft, dem ihm als Feind begegnenden, aber ebenso wie er selbst von Gott geliebten Menschen in L. zu begegnen. Die christl. L. ist so »eine Wirkung des Todes und der Auferstehung Jesu Christi, denn sie ist selbst ein Sterben und Auferstehen, eine Wiedergeburt, eine Bekehrung« (Lütgert, Ethik, 17).

Die von F. → Nietzsche und der → Tiefenpsychologie S. Freuds gegen die christl. L. erhobenen grundsätzlichen Einwände setzen eine im Sinne falscher »Selbstlosigkeit« (Ichschwäche) mißverstandene L. voraus. Christl. L. steht aber nicht im Gegensatz gegen die recht verstandene natürliche Selbstl., sondern gegen einen zur Selbstsucht entarteten Selbsterhaltungstrieb (Lütgert, Ethik, 3ff).

4. Liebe zu Gott

Bereits die Erfahrung des Geschaffenseins durch Gott ist Erfahrung seiner uns zugewandten Güte (Apg 14,17) und als solche Motiv zur L. zu Gott. Umso mehr ist die in Jesus Christus offenbarte L. Gottes Grund, ihn wieder zu lieben. Die L. zu Gott ist das letzte Ziel aller L. Der Verlust der L. zu Gott im neueren Protestantismus ist weithin zugleich ein Verlust wirklichen Gottesglaubens. Ein Gott, der sich der menschlichen Erkenntnis radikal entzieht (→ Kant) und deshalb kein möglicher Gegenstand der liebenden Zuneigung des Menschen ist, kann nur blind geglaubt werden. Ein blinder Glaube aber ist auf die Dauer nicht lebensfähig. Zwar ist mit allem Nachdruck festzuhalten, daß eine L. zu Gott ohne L. zum Nächsten eine existentielle Lüge ist (1Joh 4,20). Umgekehrt aber kann die L. zu Gott nicht nur zum Grund, sondern auch zum Kriterium echter Nächstenliebe werden (1Joh 5,2). So hat die L. zu Gott durchaus (gegen Ritschl) ihre eigenen Betätigungsfelder außerhalb der L. zum Nächsten: in der unmittelbaren Hinwendung zu Gott, im Fragen nach seinem Willen (K. → Bockmühl, Hören; vgl. M. Bockmühl), im

Gebet, im Lobpreis, im Bekenntnis und im Opfer um des Reiches Gottes willen (Schlatter, Dogma § 54-56).

5. Gottes Liebe

In der Tradition christl. Theologie gilt das bibl. Zeugnis von der L. Gottes (»Gott ist Liebe«, 1Joh 4,8) als letzte und tiefste Wesensaussage über Gott. Sie verwirklicht sich nicht erst in der L. zur Kreatur, sondern schon in der ewigen und vollkommenen innertrinitarischen Liebesbeziehung zwischen Vater, Sohn und Hl. Geist. Als Verwirklichung der keinen Notwendigkeiten unterworfenen Personhaftigkeit des allmächtigen Gottes ist sie Ausdruck höchster Freiheit. Als absolut freie L. erweist sie sich sowohl in der Schöpfung aus dem Nichts als auch in der auf gänzlich freier Gnadenzuwendung beruhenden Erlösung: Am Kreuz Jesu ergeht einerseits das (Gottes gerechtem Zorn entspringende) Todesurteil über den sündigen Menschen. Gleichzeitig aber bringt das Kreuz aufgrund des stellvertretenden Sühnetodes Jesu Gottes liebendes Ja zum verlorenen Sünder so triumphal zum Ausdruck, daß der Mensch aus der verdienten und daher eigentlich »notwendigen« ewigen Verlorenheit befreit wird und durch den Glauben – gänzlich unverdient – ewiges Leben erlangen kann. Am Kreuz offenbart sich zugleich die Universalität göttlicher L.: Sie schließt niemanden aus (Joh 3,16), ist aber auch darin wirkliche L., daß sie den, der sich ihr im Unglauben verschließt, nicht zur Gegenliebe zwingt.

6. Liebe und Gesetz

L. ist der Grundwille Gottes für das Leben des Menschen (Doppelgebot der L., Mt 22,34ff). Dieser Wille Gottes entfaltet sich in den göttlichen Geboten in die verschiedenen Lebensbereiche des Menschen hinein. Es ist gut für den Menschen, in den von Gott gegebenen Ordnungen zu leben, und Ausdruck der L., anderen dazu zu helfen. Gott lieben heißt zugleich, seine Gebote halten (1Joh 5,2b). Die Behauptung eines grundsätzlichen Gegensatzes von L. und göttlichem → Gesetz widerspricht dem bibl. Verständnis beider. Die stets neue Rückbindung des Verständnisses der Gebote an den Grundwillen der L. hilft zu einer dem Willen des Gebers der Gebote entsprechenden Anwendung.

Das Grundgebot der L. kann zwar nie in Gegensatz zu den im (Sitten-)Gesetz enthaltenen göttlichen Geboten geraten, da sich in diesen Gottes Liebeswille manifestiert. Es befreit aber zugleich von einer gesetzlichen Ethik, indem es der (im voraus nicht berechenbaren) Kreativität, Spontaneität und Hingabe des Liebenden keine Grenzen setzt, solange er die Gebote Gottes nicht verletzt. Die christl. L. versetzt den Menschen in die pneumatische Freiheit der Kinder Gottes (2Kor 3,17). In inhaltlicher Hinsicht überschreitet sie die Schranken einer bloß humanen Liebesethik, indem sie sich nicht nur am kreatürlichen Wohl, sondern auch am ewigen Heil des Menschen orientiert und ihren letzten Maßstab am Vorbild Christi und der in ihm offenbar gewordenen göttlichen L. gewinnt (vgl. Phil 2,5-8; Eph 5,2f).

Lit.: K. Bockmühl: Gesetz und Geist, 1987; ders.: Hören auf den Gott, der redet, 1990; ders.: Christliche Lebensführung, 1993; M. Bockmühl: To Love God is to Wait for Him, in: M. Bockmühl, H. Burkhardt (Hg.): Gott lieben und seine Gebote halten, 1991, 39-48; H. Cremer: Die christliche Lehre von den Eigenschaften Gottes, (1897) ND 1983; ders.: Über den Einfluß des christlichen Prinzips der Liebe auf die Rechtsbildung und Gesetzgebung, in: ders.: Arbeit und Eigentum in christlicher Sicht, hg. von H. Burkhardt, 1984, 23-34; E. Jüngel: Gott als Geheimnis der Welt, 1977, 430-470; C.S. Lewis: Was man Liebe nennt, 1979; W. Lütgert: Schöpfung und Offenbarung, 1934; ders.: Ethik der Liebe, 1938; J. Pieper: Über die Liebe, [7]1992; H. Ringeling: »Liebe VIII-IX«, TRE 21, 1991, 170-186; A. Schlatter: Das christliche Dogma, [3]1977.

H. Burkhardt/W. Neuer

Liebenzeller Mission

1899 in Hamburg als deutscher Zweig der China-Inland-Mission durch Pfarrer Heinrich Coerper gegründet, zog sie im April 1902 nach Bad Liebenzell um, wo sie den heutigen Namen annahm. Von dort wurden regelmäßig Missionare nach China ausgesandt. 1906 übernahm die L.M. vom »Jugendverband für EC« die Arbeit auf den Südseeinseln von Truk und 1914 auf Wunsch des »Bundes Gläubiger Offiziere« (G. v. Viebahn) die Missionsarbeit auf Manus/Papua-Neuguinea. 1927 konnte die Arbeit in Japan, später auf weiteren Inseln in der Südsee und nach dem Zweiten Weltkrieg in Taiwan und Papua-Neuguinea begonnen und trotz Kriegswirren weitergeführt werden. 1952 mußten die letzten Missionare China verlassen. 1987 wurde die »Liebenzeller Mission International« gegründet, um die gemeinsame Missionsarbeit der L.M.-Deutschland, L.M.-USA, L.M.-Canada, L.M.-Schweiz, L.M.-Österreich und L.M.-Japan zu koordinieren.

Heute arbeiten im Rahmen der L.M.-International ca. 230 Mitarbeiter aus 9 Nationen in 16 verschiedenen Ländern: Äthiopien, Burundi, Ghana, Liberia, Malawi, Sambia; Bangladesh, Japan, Taiwan; Frankreich, Österreich; Mikronesien; Canada, USA; Ecuador; Papua-Neuguinea.

Zur Äußeren Mission kam 1910 die Heimatmission hinzu: Die Sammlung neupietist. Gemeinschaften in Württemberg in der »Süddeutschen Vereinigung für Evangelisation und Gemeinschaftspflege« und seit 1932 der Zusammenschluß von Missionsfreunden in Gemeinschaften in Baden, Bayern und Hessen im »Liebenzeller Gemeinschaftsverband«, der bis 1991 ein Teil der L.M. war, aber seit 1992 ein eigenständiger Verband ist.

Das »Rüstzentrum« der L.M. hat ein vielfältiges Kursangebot; die Freizeitabteilung bietet eine große Zahl von Freizeiten an, die Kinder- und Jugendzentrale steht für Kinderwochen, Mitarbeiterschulungen etc. zur Verfügung.

Der dritte Arbeitszweig der L.M. ist seit 1934 die Diakonie: Pflegedienst in verschiedenen Krankenhäusern, Altersheimen und Gemeindestationen.

Die L.M. bietet folgende Ausbildungsmöglichkeiten an: Bibelschule, Missionsseminar, Bibelkolleg und Hauswirtschaft.

Zum Werk der L.M. gehören einschließlich Ruheständlern ca. 1.000 Personen.

Die L.M. will als Glied der deutschen Gemeinschaftsbewegung besonders diesen Kreisen dienen und den Missionsgedanken wecken und pflegen.

Die Leitung des Werkes setzt sich aus dem Vorstand, dem Komitee und der jährlichen Mitglieder-Versammlung zusammen. Dem Direktor der L.M. (H. Coerper, E. Buddeberg, P.-G. Möller, A. Achenbach, W. Grünewald, L. Pflaum, seit 1992 H. Wolfsberger) stehen die Bereichsleiter der Äußeren Mission (einschl. Heimatmission) des Seminars und der Ausbildung, der Verwaltung und die Oberin der Schwesternschaft zur Seite.

A. Rechkemmer

Liebesmahl

a) frühchristlich

1. L., (griech. *agapē*, Jud 12, vgl. 2Petr 2,13 Lesarten) ist einer der Namen für die gemeinsame, reihum in den Häusern gehaltene Mahlfeier der frühchristl. Gemeinden, die für deren gottesdienstl. Zusammenkünfte besonders charakteristisch war (vgl. den Brief des Plinius an Kaiser Trajan X. 97, 111-112 n.Chr.). Diese Mahlfeier trug verschiedene Namen, die jeweils eine ihrer Wesensseiten hervorhoben: Wegen des »Brechens« = Verteilens des Brotes (vgl. 1Kor 10,16) wurde sie als »Brotbrechen« bezeichnet (Apg 2,42.46; 20,11); weil sie vom Herrn Jesus eingesetzt worden war, hat man sie »Herrenmahl« genannt (1Kor 11,20); »Eucharistie« war sie aufgrund der Danksagung über Brot und Wein (Did 9,1-3; 10,17; Ign Smyrn 7,1). Ignatius (vgl. Smyrn 6,2 mit 7,1; Röm 7,3) und Clemens Alexandrinus (Paed II,2,33) setzen L. und Herrenmahl gleich.

2. Im Unterschied zu diesen christl. Namen wurde die Bezeichnung L. (*Agape*) sehr wahrscheinlich von Außenstehenden gegeben, vgl. Tertullian: »Unser Mahl ist ›Liebe‹ von den Griechen genannt« (Apol. 39,16). Da das L. vor allem in den Briefen des Bischofs Ignatius von Antiochien mehrfach erwähnt wird (Smyrn 6,2; 8,2; Röm 7,3), könnte sein Name – wie die Bezeichnung »Christen« (Apg 11,26) – in Antiochien entstanden sein. Mit ihr wurde die gerade auch Heiden beeindruckende Tatsache hervorgehoben, daß das L. aus mitgebrachten Gaben (vgl. 1Kor 11,21f.33), in der Jerusalemer Urgemeinde vom gemeinsamen Vermögen bestritten wurde (vgl. Apg 2,42.44f; 6,1).

3. In dieser Hinsicht stellt das L. die Fortsetzung der Mahlgemeinschaft Jesu mit seinen Jüngern dar (Mk 2,15; 8,17-21; vgl. Lk 24,30,42f; Joh 13). Wegen seines Gemeinschaftscharakters ist es auch mit dem sakralen Mahl der Qumrangemeinde = Essener verwandt (1QS 6,5.20), das wie bei den Christen auf die Tischgemeinschaft mit dem Messias ausgerichtet war (vgl. 1QSa 2,17-20 mit 1Kor 11,26; 16,22). Die im L. zum Ausdruck kommende Gemeinschaft und Fürsorge ist bei den Christen als Antwort auf die Liebe zu verstehen, mit der Christus die Seinen bis zum Ende geliebt, sich für sie in den Tod gegeben hat (Joh 13,1; vgl. auch Mk 14,22-24; 1Kor 11,26). Deshalb hat Paulus die in Korinth aufgetretenen Mißstände (1Kor 11,21f) als schweren Verstoß und als Mißachtung des für uns geopferten Leibes und Blutes des Herrn bezeichnet (1Kor 11,27f).

4. Die Mißstände in Korinth verraten, daß man das L. = Herrenmahl ursprünglich als sättigende Mahlzeit gehalten hat. Ab Mitte des 2. Jh.s n.Chr. wurde das L. von der symbolischen Kultfeier der Eucharistie (→ Abendmahl) getrennt.

Lit.: W.-D. Hauschild: »Agape« TRE 1, 1977, 748-753; H. Lietzmann: Messe und Herrnmahl, AKG 8, 1926; B. Reicke: Festfreude und Zelos in Verbindung mit der altchristlichen Agapefeier, UUA 5 (1951).

O. Betz

b) neuzeitlich

1. Die Tradition der frühchristlichen Agapen wurde in der Neuzeit von pietistischen Gruppen wiederaufgenommen, die dem Ideal des urchristlichen Lebens nacheiferten, so seit 1723 von den deutschstämmigen »Dunkers« in Neu-England, der heutigen Church of the Brethren. Auch Nikolaus Ludwig von → Zinzendorf führte – vermutlich angeregt durch Gottfried → Arnolds »Die erste Liebe. Das ist wahre Abbildung Der Ersten Christen« – das L. in das liturgisch vielfältige Gemeinschaftsleben der Herrnhuter → Brüder-Unität ein, wo es seit 1772 zur Pflege christl. Geselligkeit gefeiert wird. Die eigentliche Mahlzeit, meist ein schlichter Imbiß(»Liebesmahlbrötchen« und Tee) wird von Reden, Gesang, Vorlesen von Nachrichten und erbaulichen Gesprächen begleitet. Seit John → Wesley, der vom Herrnhutischen L. beeindruckt war, wurde es auch bei den → Methodisten weltweit heimisch, ebenso – durch Vermittlung des herrnhutisch geprägten Gottfried Wilhelm Lehmann (1799-1882) – bei den deutschen und osteuropäischen → Baptisten, in beiden Fällen bis zur Mitte des 20. Jh.s.

2. Vom Geist der Ökumen. Bewegung beflügelt, wurde das L. seit dem Zweiten Weltkrieg und verstärkt seit 1960 als Möglichkeit, die Gemeinschaft von Christen unterschiedlicher Herkunft in einem symbolischen Mahl zu feiern, in vielen Ländern wiederentdeckt, in gewisser Hinsicht als Ersatz für die versagte Interkommunion. Impulse dieser Art haben auch auf die neue Abendmahlsfrömmigkeit eingewirkt, die – ausgehend von den Deutschen Evangelischen → Kirchentagen – sich in Gestalt des sog. »Feierabendmahls« (Herrenabendmahl und Agape) eine (nicht unumstrittene) Ausdrucksform schuf.

Lit.: F. Baker: »Love Feast«, A New Westminster Dictionary of Liturgy and Worship, 1986, 341-345; D.F. Durnbaugh (Hg.): Die Kirche der Brüder, in: Die Kirchen der Welt, IX, 1971, 75-79 u.ö.; H.Chr. Hahn, H. Reichel: Zinzendorf und die Herrnhuter Brüder. Quellen zur Geschichte der Brüder-Unität von 1722 bis 1760, 1977, 2356-239; H. Renkewitz (Hg.): Die Brüder-Unität, in: Die Kirchen in der Welt. V, 1967, 137f; H.-J. Wollstadt: Geordnetes Dienen in der christlichen Gemeinde, dargestellt an den Lebensformen der Herrnhuter Brüdergemeine in ihren Anfängen. APTh 4, 1966, 73-75.

G. Balders

Liebestätigkeit, christliche

L. gründet im Tun und Lehren Jesu, der die atl. Gebote der Gottes- und Nächstenliebe als »das höchste Gebot« verband (Mk 12,28-34). Sein ganzes Leben war L. zur Erlösung der Menschen (Mk 10,45). Er beauftragt die Jünger zur Verkündigung des Reiches Gottes und zum heilenden Handeln (Mt 10,7f; Lk 9,1f; 10,9). Er identifiziert sich so mit den Leidenden, daß die ihnen gebrachte oder verweigerte Hilfe zum Kriterium im Gericht wird (Mt 25,31-46). Die Frage, wer der Nächste ist, den ich lieben soll, kehrt Jesus um: Wem habe ich Nächster zu sein? (Lk 10,25-37).

Falsch ist es, daraus abzuleiten, L. sei von → Mission zu trennen und habe »absichtslos« zu geschehen. → Diakonie unterscheidet sich von Mission durch den primären Anlaß: Menschen sind in Not. Sie sind keine »Missionsobjekte«, deren Not ausgenutzt wird. L. teilt aber das Evangelium in der Einheit von Wort und Tat mit. Apg 3; 5,12-16 bezeugen diese Einheit in der Urgemeinde. Außerdem verbindet Diakonie die Gemeinden und ihre Glieder (Röm 15,26; 2Kor 8,4; 9,13). Christen sind aufgerufen, Gutes zu tun »an jedermann, allermeist aber an des Glaubens Genossen« (Gal 6,10, Losung des → Gustav-Adolf-Werkes). Darin drückt sich die Verbundenheit der Glieder am Leib Christi aus (1Kor 12,26).

Apg 6,1-6 zeigt, daß schon in ntl. Zeit eine Ordnung der L. notwendig wurde. Um 150 bezeugt Justin, daß die Gemeinde im Gottesdienst für die Hilfsbedürftigen sammelte. Die »→ Apostolischen Konstitutionen« fordern im 4. Jh. den Zehnten für Waisen, Arme, Witwen und Fremdlinge. Das Bewußtsein, L. zu schulden, verband sich zunehmend mit dem Gedanken, Gott belohne gute Werke. Die Reformatoren betonten dagegen, daß echter Glaube notwendig die L. als Frucht bringt. Waren im MA die → Klöster Zentren der L., sollten die weltlichen Regenten jetzt die Organisation übernehmen, was weithin nicht gelang. Der → Pietismus schuf neue Strukturen der L., besonders in der Herrnhuter → Brüdergemeine, wo die Gemeindediakonie aufblühte, und in Halle, wo A.H. → Francke 1695 mit dem Waisenhaus die ev. Anstaltsdiakonie begründete. Pietist. Impulse trugen im 19. Jh. zum Aufschwung der L. bei, weil die Erweckungsbewegung den Glauben belebte, der durch die Liebe tätig ist (Gal 5,6). 1833 gründete J.H. → Wichern mit dem Rauhen Haus bei Hamburg die Brüderhausdiakonie, 1836 Th. → Fliedner in Kaiserswerth die Mutterhausdiakonie. Förderung der L. geschah aber auch durch Vertreter der → Aufklärung und später des → Liberalismus.

L. geschieht in allen Kirchen und ist Bewährungsprobe für lebendigen Glauben. In Deutschland verfügen die Caritas der kath. Kirche und das ev. Diakonische Werk über eine kostenaufwendige Anstaltsdiakonie, die nur durch hohe staatliche Zuschüsse zu erhalten ist. Da es um Dienste für die ganze Gesellschaft geht, ist das legitim, doch wird die Ökonomisierung der L. zunehmend problematisch. Das Proprium der L. muß erfahrbar bleiben. Dazu ist eine stärkere Verbindung von Diakonie und → Gemeindeaufbau, L. und Mission notwendig.

Lit.: K.-F. Daiber: Diakonie und kirchliche Identität, 1988; P. Philippi: Diaconica, 1984; H. Seibert: Diakonie – Hilfehandeln Jesu und soziale Arbeit des Diakonischen Werkes, 1983; R. Turre: Diakonik, 1990.

E. Winkler

Liedgut/Liederbücher

(Gb. = Gesangbuch; K. = Kirchenlied; L. = Lieder; Lb. = Liederbücher)

1. Alte Kirche und Mittelalter

Wie Jesus und seine Jünger (Mt 26,30) konnte auch die frühchristl. Gemeinde für ihre gottesdienstl. Feiern auf das Liedgut Israels, den Psalter, zurückgreifen. Daneben enthält das NT selbst Lobgesänge von den Heilstaten Gottes (die *Cantica* Lk 1,46-55; 1,68-79; 2,29-32), Spuren von Gottes- und Christushymnen (z.B. Röm 11,33-36; Phil 2,6-11; 1Tim 3,16) und Hinweise auf verschiedene Ausprägungen gemeindlichen Singens (z.B. Kol 3,16 Psalmen, Hymnen, Oden; vgl. 1Kor 14,26).

Als Wegbereiter des K.es gilt → Ambrosius. Er führte den ostkirchl. Wechselgesang der Psalmen im Westen ein und schuf eigene Hymnen (→ Hymnus). Die Beteiligung aller am gottesdienstl. Singen trat infolge des Auseinanderfallens der Gemeinden in Klerus und Laien mehr und mehr zurück. Die mittelalterl. – lat., aber auch volkssprachigen – Hymnen sind wie die übrigen liturg. Gesänge (Gregorianischer Choral; vgl. → Ambrosianischer Lobgesang; → Antiphon; → Sequenz) in aller Regel Klerikergesänge. Die Mitwirkung der Gemeinde beim Meßgottesdienst beschränkte sich auf wenige Elemente (u.a. → Kyrie, → Amen), fand aber vom 10. Jh. an in den Leisen (mit Kyrie-Weisen unterlegten freien Texten), die auch bei anderen Anlässen (Prozessionen; Wallfahrten) gesungen wurden, und in bei Mysterienspielen (Ostern; Weihnachten) sowie den bei reinen Predigtgottesdiensten angestimmten L.n eine nicht zu unterschätzende Fortsetzung.

2. Reformationszeit

Erst mit der Reformation Martin → Luthers tritt das Gemeindelied als festes liturg. Element jedes Gottesdienstes in Erscheinung. So werden wohl erstmalig zu Ostern 1523 in Braunschweig die Gesänge des → Ordinariums in der niederdeutschen Übertragung von Nicolaus Decius (um 1485 – nach 1546) gesungen, → Gloria (*Allein Gott in der Höh sei Ehr*), → Sanctus und → Agnus Dei (*o Lamm Gottes, unschuldig*). Im gleichen Jahr wünscht sich Luther in seiner Schrift zur Gottesdienstreform *Formula missae* »möglichst viele deutsche Lieder, die das Volk in der Messe singt«. Den entscheidenden Anstoß für sein eigenes Liedschaffen scheint er durch die ihm theol. bedenklich erscheinenden deutschen Allstedter Hymnenbearbeitungen Thomas → Müntzers empfangen zu haben. Luther übertrug nicht nur weitere liturg. Gesänge in eine für die → «deutsche Messe« geeignete Form (so den Adventshymnus des Ambrosius *Nun komm, der Heiden Heiland*; Das Sanctus: *Jesaja dem Propheten das geschah*; die Sequenz *Christ lag in Todesbanden*; das Credo *Wir glauben all an einen Gott* u.a.); er rief darüber hinaus dazu auf, »nach dem Beispiel der Propheten und der alten Kirchenväter für die Menge deutsche Psalmen zu dichten, geistliche Gesänge, damit Gottes Wort auch gesungen im Volke lebe« (an Spalatin). Konkret bat er darum, »einen Psalm in ein Lied umzudichten«. Das volkssprachige Psalmlied hat demnach als seine Erfindung zu gelten; unter seinen 27 eigenen L.n – außer den genannten Gattungen noch Katechismus- und Festlieder – finden sich sieben Psalmbearbeitungen (u.a. *Aus tiefer Not schrei ich zu dir; Ach Gott, vom Himmel sieh darein; Ein feste Burg ist unser Gott*). Luthers Lieder haben sich aufgrund ihrer theol. und künstlerischen Qualität durchgesetzt; sie sind, ohnehin zum unaufgebbaren Bestand des ev. Kirchengesangs gehörend, seit neuestem in größerer Zahl auch von kath. Seite rezipiert worden. Sie bezeugen auf der Grundlage des reformat. »allein aus Gnaden«, »was Gott an uns gewendet hat« (aus *Nun freut euch, lieben Christen gmein. – Gelobet seist du, Jesus Christ; Nun bitten wir den heiligen Geist; Verleih uns Frieden gnädiglich; Erhalt uns, Herr, bei deinem Wort; Vater unser im Himmelreich* u.a.).

Luthers Anregung wurde von zahlreichen Dichtern und Sängern seiner Zeit aufgegriffen. Genannt seien für Mitteldeutschland Paul Speratus (1484-1551) mit dem für die Reformationsgeschichte höchst bedeutsamen *Es ist das Heil uns kommen her*; Elisabeth Creutziger (1505-1535), die erste ev. Dichterin (*Herr Christ, der einig Gotts Sohn*); in Ostpreußen (wie ab 1524 Speratus) Johann Gramann (1487-1541) *Nun lob, mein Seel, den Herren* sowie Herzog Albrecht von Preußen (1490-1568) *Was mein Gott will, das gscheh allzeit*; in Oberdeutschland die erst in jüngerer Zeit als bedeutende Liederdichter wiederentdeckten Konstanzer Reformatoren Ambrosius → Blarer (*Jauchz, Erd, und Himmel, juble hell*) und Johannes Zwick (1496-1542. – *All Morgen ist ganz frisch und neu*). Nikolaus Herman (1500-1561 – *Lobt Gott, ihr Christen alle gleich*) tritt mit – nach Art von Balladen gestalteten – Erzählliedern über Geschichten und andere Texte der Bibel hervor (z.B. dem heute stark gekürzten *Erschienen ist der herrlich Tag*), eine von ihm auch als Alternative zu den beliebten Heiligenliedern gedachte katechetische Liedform. Sie wurde damals und später noch von anderen verwendet und findet sich z.B. auch bei den Böhmischen Brüdern (→ Brüder-Unität), deren eigenständiges Liedgut Michael Weiße (um 1483-1534) herausgab (Erzähllied, ebenfalls stark gekürzt: *Gelobt sei Gott im höchsten Thron*). Als einer der ersten hat N. Herman auch Texte aus Luthers → Katechismus in Verse gefaßt, darunter das meisterhafte Liedpaar zum Morgen- und Abendsegen *Die helle Sonn geht jetzt herfür / Hinunter ist der Sonnen Schein*, Jahrzehnte später kongenial vertont durch Melchior Vulpius (um 1570-1615).

Die Melodien der ersten Epoche ev. K.er bedienen sich, soweit sie nicht aus dem kirchl. Bereich (Hymnen; Leisen) übernommen sind, z.T. der Gestaltungselemente des Meistersangs (Barform), auch der Form höfischer Weisen, z.T. sind sie zeitgenössischen Volksliedweisen ähnlich oder nehmen als Kontrafaktur solche für die Anliegen der Reformation in Anspruch (so dichtete Luther sein Kinderlied zu Weihnachten *Vom Himmel hoch, da komm ich her* ursprünglich auf den Ringeltanz *Aus fremden Landen komm ich her*). Angestimmt wurden die liturg. Stücke und neuen K.er im ev. Gottesdienst von einem Schulchor, einstimmig oder in einfachem vierstimmigem (oft instrumental gestützten) Singsatz (Kantionalsatz). Das erste Chorgesangbuch (mit einer Vorrede Luthers) erschien bereits 1524, bearbeitet von Johann Walter (1496-1570). Die Gemeinde sang die Melodien ohne Instrumentalbegleitung; sie lernte sie durch den *cantus firmus* kennen, die melodieführende Hauptstimme des mehrstimmigen Chorsatzes, seit Lucas Osiander (1534-1604) die Oberstimme, damit »eine ganze christliche Gemeine durchaus mitsingen kann« (1586).

Den L.n Luthers und der anderen Dichtersänger kommt ein wesentlicher Anteil an der Ausbreitung der Reformation zu. Sie wurden mündlich und durch Einblattdrucke verbreitet, bald auch in privaten Gb.ern gesammelt vorgelegt, u.a. durch das Achtliederbuch Nürnberg 1524; die Erfurter Enchiridien 1524; Klugsches Gb. Wittenberg 1529/1533, von Luther autorisiert, erstes Gb. mit Abb.; Konstanz 1533/34 (?)/1540 (mit 151 L.n); Straßburg 1541; Babstsches Gb. Leipzig 1545 mit 127 L.n und einer Vorrede Luthers, gewissermaßen seinem Testament in Sachen K. (»Gott hat unser Herz und Mund fröhlich gemacht durch seinen lieben Sohn, welchen er für uns gegeben hat zur Erlösung von Sünden, Tod und Teufel. Wer solchs mit Ernst glaubet, der kanns nicht lassen, er muß fröhlich und mit Lust davon singen und sagen, daß es andere auch hören und herzukommen.«). Das Gb. blieb im luth. Raum – neben Bibel und Katechismus – fortan jahrhundertelang bedeutsames »Fundament und Instrument der Frömmigkeit« (Rößler).

In den ref. Kirchen wurde die radikale Ablehnung jeglicher Musik im Gottesdienst von seiten → Zwinglis durch die von → Calvin geförderte (alleinige) Zulassung der Psalmen (und der ntl. *Cantica*) gemildert. Erste Versuche in Richtung auf einen vollständigen Liedpsalter hatte es bereits in Straßburg und Nürnberg und dann (vollendet) bei den Augsburger → Täufern gegeben (1537/38). Geschichtlich bedeutsam geworden ist der franz. Genfer Psalter (Gesamtausgabe 1562), für die ref. Kirchen in aller Welt (22 Übersetzungen) und durch seinen Melodienreichtum auch in anderen Konfessionen. Die deutschen Reformierten haben über 200 Jahre lang an der eigenständigen Übertragung durch Ambrosius Lobwasser (1515-1585; er selbst war Lutheraner) festgehalten.

Ein Teil des Liedgutes der hart verfolgten Täufergruppen ist im »Ausbund« enthalten (1564/84; meist Märtyrerlieder; noch heute in Gebrauch bei den Amischen in Nordamerika; s. → Amish).

3. Zeit der Gegenreformation

Die Lieder Luthers und seiner Freunde gelangten in den luth. Kirchen früh zu fast kanonischem Ansehen. Die folgende Zeit der altprot. → Orthodoxie und → Gegenreformation steuerte Glaubenslieder bei, in denen die rechte Lehre und das verteidigende Element betont hervortreten, daneben Kreuz- und Trostlieder, geprägt vom persönlichen Geschick der Dichter, aber nicht subjektivistisch in ihrer Aussage (Nikolaus Selnecker (1530-1592) *Laß mich dein sein und bleiben*; Ludwig Helmbold (1532-1598) *Von Gott will ich nicht lassen; Nun laßt uns Gott dem Herren danksagen*). Unter den ebenfalls neu auftretenden Ewigkeitsliedern sind diejenigen von Philipp → Nicolai (*Wie schön leuchtet der Morgenstern; Wachet auf, ruft uns die Stimme*) frühe Beispiele einer wiederentdeckten (mystisch beeinflußten) Jesusliebe. Neben dem bisher üblichen Rückgriff auf Bibel und Liturgie werden von jetzt an häufig Texte des Erbauungsschrifttums zugrundegelegt, z.B. Luthers Morgen- und Abendsegen; Johann → Arndts Paradiesgärtlein, Martin → Mollers Meditationen. Bedeutende Melodien schuf Melchior Vulpius (s.o. und *Lobt Gott, den Herrn, ihr Heiden all; Christus, der ist mein Leben*).

4. Zeit des Dreißigjährigen Krieges

Ihr besonderer Beitrag ist das Vertrauenslied. Die persönliche Glaubenserfahrung tritt stärker hervor, das »Ich« des Sängers bleibt aber überindividuell: Paul Fleming (1609-1640) *In allen meinen Taten*; Johann Franck (1618-1677) *Jesu, meine Freude*; Georg Neumark (1621-1681) *Wer nur den lieben Gott läßt walten*. Die Wirren des Krieges haben in Leben und Werk vieler Dichter Spuren hinterlassen, so bei dem bedeutenden Johann Heermann (1585-1647), denn »schwer ist das Joch, doch lebet noch, der sein Volk nie verlassen« (aus: *Ach traure nicht, du frommer Christ): Herzliebster Jesu; Herr, unser Gott, laß nicht zuschanden werden; O Gott, du frommer Gott*.

Mit Paul → Gerhardt erreicht das Lied der ev. Christenheit seinen unbestrittenen Höhepunkt nach der Anfangsleistung Luthers. Verglichen mit anderen K.ern des → Barock sind Gerhardts Lieder von besonderer Glaubenstiefe, thematisch breit gestreut – ein Gesangbuch im Gesangbuch –, sprachlich und inhaltlich ausgewogen und schlicht. Die dauerhafte Aneignung vieler seiner Lieder ist in der Frömmigkeitsgeschichte einzigartig: *Wie soll ich dich empfangen; Fröhlich soll mein Herze springen; Ich steh an deiner Krippen hier; Kommt und laßt uns Christum ehren; Nun laßt uns gehn und treten; Ein Lämmlein geht und trägt die Schuld; O Haupt, voll Blut und Wunden* (nach einer lat. Passionssequenz); *Auf, auf, mein Herz, mit Freuden; Zeuch ein zu deinen Toren; Du meine Seele, singe; Ich singe dir mit Herz und Mund; Sollt ich meinem Gott nicht singen; Ist Gott für mich, so trete gleich alles wider mich; Befiehl du deine Wege; Warum sollt ich mich denn grämen; Die güldne Sonne; Nun ruhen alle Wälder; Geh aus, mein Herz, und suche Freud; Ich weiß, mein Gott, daß all mein Tun* u.a.

Seit Martin Opitz' »Buch von der Deutschen Poeterey« 1625 setzen sich die Gesetze der Kunstdichtung (Beachtung der Wortakzente, sauberer Reim) allg. durch. Die dem Barockzeitalter typischen Spannungen zwischen spielerischer Diesseitsfreude und z.T. schwärmerischer Jenseitssehnsucht finden sich im allg. auch in den K.ern wieder, beispielsweise bei dem wortreichen Johann Rist (1607-1667. – *O Ewigkeit, du Donnerwort; Werde munter, mein Gemüte*; viele Festlieder).

Bedeutende Komponisten bereichern den Liederschatz der ev. Kirche, allen voran Johann Crüger (1598-1676), Herausgeber des richtungweisenden Gb.s *Praxis pietatis melica*, Berlin 1647/1736, insbesondere durch seine adäquaten Melodien zu den L.n Paul Gerhardts, auch zu Martin Rinckarts (1568-1649) *Nun danket alle Gott*; ebenfalls durch Gerhardt-Vertonungen Johann Georg Ebeling (1637-1676); indirekt Heinrich → Schütz durch die Gesamtvertonung des Liedpsalters von Kornelius Becker (1561-1604).

Zur Bezeichnung des strophischen ev. Kirchenliedes setzt sich zunehmend die Bezeichnung Choral durch: es hat in der Tat weithin die Funktion der liturgischen Gesänge, des gregorianischen »Chorals« übernommen.

Einzelne Gb.er, zunächst noch Privatausgaben von Verlegern oder Herausgebern, erlangen – mit obrigkeitlichen Privilegien versehen – territoriale Gültigkeit. Ihr Aufbau liegt im wesentlichen fest: L. für den Gottesdienst, Festlieder, Katechismus-L., Lob und Dank, Abend und Morgen, Tod und ewiges Leben. Seit Beginn des 17. Jh.s wird der bisher vorherrschende Kantionalsatz durch instrumentale Begleitsätze im Generalbaßstil abgelöst. Mehr und mehr bestimmt in der folgenden Zeit des Hoch- und Spätbarock der lebhaftere Einzelgesang (*Aria*) die Melodik neuer Lieder.

5. Pietismus

Die L. des → Pietismus sind von der geistesgeschichtl. Entwicklung beeinflußt, daß Glaube und Welt nicht mehr als Einheit gesehen werden. Ein Zug zur Weltflucht findet sich schon bei dem ehemals luth. kath. Mystiker Johann → Scheffler (*Ich will dich lieben, meine Stärke; Mir nach, spricht Christus, unser Held*).

Die eigenen L. des Pietismus handeln von Buße, Bekehrung, Heiligung, Liebe zu Jesus, Gemeinschaft und Pilgerschaft der Gläubigen und stehen teilweise in betontem Gegensatz zur zeitgleichen Frühaufklärung (»Das Vernunftlicht kann das Leben mir nicht geben«, so in *Hüter, wird die Nacht der Sünden nicht verschwinden?* der Hallesche Pietist Christian Friedrich Richter (1676-1711. – *Es glänzet der Christen inwendiges Leben*). Die Kirche und ihr Gottesdienst treten in den Hintergrund. Der »Seelen Seligkeit« steht im Mittelpunkt und wird anbetend oder erwecklich besungen. Sie bestimmt auch den Aufbau des Gb.s: »nach der Ordnung des Heils« (Berliner Gb. des Johann Porst (1668-1728) von 1708, zuletzt 1905!), »wie es die Oeconomie unserer Seligkeit«, erfordert, so das bedeutendste Gb. des Pietismus (→ Freylinghausens »Geistreiches Gb.«, Halle 1704 und 1714). Die konfessionellen Schranken werden nicht mehr betont: *Eins ist not, ach Herr, dies eine lehre mich erkennen doch*, singt Johann Heinrich Schröder (1667-1699), und zwar »Jesus gewinnen«, den *(O) Durchbrecher aller Banden* (Gottfried → Arnold).

In den nicht vom Pietismus beeinflußten Gebieten stieß dessen Liedgut auf z.T. heftigen Widerspruch von orthodoxer Seite. Doch selbst theol. den Pietismus ablehnende Dichter wie der – auch als Kantatendichter Johann Sebastian → Bachs hervorgetretene – Erdmann Neumeister (1671-1756. – *Jesus nimmt die Sünder an*) und Benjamin Schmolck (1672-1737. – *Jesus soll die Losung sein; Tut mir auf die schöne Pforte; Weicht ihr Berge, fallt ihr Hügel*) sind von seiner Erlebnisfrömmigkeit und Sprache beeinflußt.

Zum erstenmal treten auch im ref. Bereich bei Joachim → Neander nicht psalmabhängige L. auf (*Lobe den Herren, den mächtigen König; Wunderbarer König*). Mystisches Erbe findet sich besonders echt ausgeprägt bei Gerhard → Tersteegen (*Gott ist gegenwärtig; Ich bete an die Macht der Liebe; Kommt, Kinder, laßt uns gehen; Brunn alles Heils, dich ehren wir; Nun schläfet man*, seine reifste Dichtung).

Nikolaus Ludwig von → Zinzendorf (*Jesu, geh voran*) besingt in immer neuen, teilweise improvisierten L.n die Liebe zum gekreuzigten Jesus und den Seinen und die Notwendigkeit der Arbeit für den Heiland (*Wir wolln uns gerne wagen*). In der seiner Herrnhuter Brüdergemeine typischen Singstunde reiht sich als gesungene Predigt Liedstrophe an Liedstrophe. Christian Gregor (1723-1801. – *Ach mein Herr Jesu, dein Nahesein*) suchte 1778 mit seiner Neubearbeitung des älteren Herrnhutischen Gb.s von 1735 behutsam die totale Aufsplitterung der L. aufzuhalten und reinigte zugleich viele Texte Zinzendorfs von sprachlichen und inhaltlichen Entgleisungen (z.B. *Herz und Herz vereint zusammen*).

Im übrigen entdeckt der Pietismus auch für das Liedgut den (darin bis heute immer noch spärlich vertretenen) Sendungsauftrag der Kirchen, z.B. mit Karl Heinrich von Bogatzkys (1690-1774) *Wach auf, du Geist der ersten Zeugen*.

Erst im Pietismus mit seiner Liederfülle wurde es erforderlich, aber auch durch drucktechnischen Fortschritt möglich, das Gb. über den häuslichen Gebrauch hinaus auch im Gottesdienst jedermann zugänglich zu machen. Das Auswendigsingen der (wenigen) gottesdienstl. Hauptlieder (Gradual-L., *De-tempore*-L. des Kirchenjahres) trat zurück; wegen der Liederfülle (Gb.er mit über 2.000 L.n sind keine Seltenheit) werden in den Kirchengebäuden Nummertafeln angebracht.

6. Aufklärung

Lagen dem pietist. Lied bei aller Betonung auf dem Verhältnis der Seele zu Jesus und den Seinen immer die Heilstaten Gottes in Christus zugrunde, so kommt es in der → Aufklärung zu einer radikalen Engführung. Die gläubige Betrachtung des Christusgeschehens weicht einer auf moralische Belehrung ausgerichteten allg. Weltbetrachtung. Den Gehalt bibl. Aussagen und das überlieferte Bekenntnis der Kirche nach Form und Inhalt geringschätzend, wird das bisherige Liedgut (auch Paul Gerhardt!) rigoros ausgemerzt, durch neue Texte voller Pathos (Oden) ersetzt oder aus dogmat. und ästhetischen Gründen bis zur Unkenntlichkeit umgedichtet (Friedrich Gottlieb → Klopstock; Samuel Diterich u.a.). Selbst in den wenigen noch heute gesungenen L.n dieser Epoche ist der »pädagogische Zeigefinger« nicht zu übersehen, z.B. in Johann Cramers (1723-1788) *Das sollt ihr, Jesu Jünger, nie vergessen*.

Die von der Obrigkeit verordneten neuen, nach dogmat. und ethischem Lehrschema aufgebauten Gb.er riefen vielerorts heftigen Widerstand der Gemeinden hervor. Die Auswahl der L. für den Gottesdienst lag nun in den Händen der Pastoren und nicht mehr der Kantoren. So viele L. wie möglich wurden auf eine Melodie gesungen, nichtrhythmische und in langsamstem Tempo.

Immerhin treten bei Christian Fürchtegott → Gellert, der sich – wie nach ihm Matthias → Claudius und Johann Gottfried → Herder – entschieden gegen die Verdrängung des alten Liedgutes wandte, die Grundlagen des Heils und die persönliche Aneignung deutlich hervor (*Jesus lebt, mit ihm auch ich*, parallel zu Otto von Schwerins (1616-1679) *Jesus, meine Zuversicht* gestaltet; *Dies ist der Tag, den Gott gemacht*). Er weiß um die christologische Begründung christlicher Nächstenliebe (*So jemand spricht: Ich liebe Gott*), auch wenn der erste Glaubensartikel (→ Apostolisches Glaubensbekenntnis) meist im Vordergrund steht (*Die Himmel rühmen des Ewigen Ehre; Wenn ich, o Schöpfer, deine Macht ... anbetend überlege* (!)) und der dritte ganz fehlt. Claudius, dessen Sprache und Frömmigkeit tief in (Luther-) Bibel und Gesangbuch verwurzelt sind, hat keine K.er verfaßt; sein *Der Mond ist aufgegangen* singt aber gleichsam Paul Gerhardts *Nun ruhen alle Wälder* weiter. *Wir pflügen und wir streuen* ist ein aus einem seiner Texte herausgefiltertes Lied, das ihm – auf dem Weg über die englische Übersetzung – einen Platz in den Gb.ern vieler Länder beschert hat.

Der ref. Psalter wurde durch Matthias Jorissen (1739-1823) neu »bereimt« und verdrängte endgültig den »Lobwasser«.

7. 19. Jahrhundert

a. Die Dichter der deutschen Klassik nach Klopstock haben keine K.er hervorgebracht; das Religiöse war ein Feld neben anderen geworden. (Die Aufnahme von Gedichten → Goethes in rationalistische Gb.er bleibt eine wunderliche Episode der Gesangbuchgeschichte). Die → Romantik hat insofern einen Beitrag zum K. geleistet, als sie wieder den Anschluß an die Tradition suchte und auf Wiederherstellung des Ursprünglichen als des Echten auch in diesem Bereich drang. Angesichts der heiß diskutierten »Gesangbuchnot« erschienen mehrere Reformgesangbücher und zahlreiche K.-Anthologien (hg. von Karl von → Raumer, Samuel Elsner, Christian Carl Josias von → Bunsen; Gerhard Stip: »Unverfälschter Liedersegen« 1851; Albert Knapp: »Evangelischer Liederschatz« [1]1837 u.a.). Die Restauration des K.es wurde durch die dank der aufblühenden Geschichtswissenschaft (→ Historismus) erscheinenden hymnologischen Standardwerke gefördert. Ernst Moritz → Arndt (*Ich weiß, woran ich glaube*) forderte – auf dem Hintergrund der Freiheitskriege zu verstehen – Einheit des Liedgutes über Konfessionsgrenzen hinweg, und zwar durch Sammlung des Altbewährten (»Von dem Wort und dem Kirchenliede« 1819). 1854 verabschiedete die Eisenacher Kirchenkonferenz einen Stamm von 150 Kernliedern, der sich aber nur zögernd in den neuen Territorial-Gb.ern durchsetzte. Jedoch war ein erster Schritt getan, bis das »Evangelische Gesangbuch für die Schutzgebiete und das Ausland« (1915) als Deutsches Evangelisches Gesangbuch (DEG) – jeweils durch einen regionalen Anhang vermehrt – in vielen Landeskirchen (bis 1931) eingeführt wurde.

b. Die → Erweckungsbewegung brachte einerseits schlichte, bewußt bibl. ausgerichtete, andererseits auch stärker von Erlebnisfrömmigkeit geprägte L. hervor – Philipp → Spitta: *O komm, du Geist der Wahrheit; Bei dir, Jesu, will ich bleiben; Ich steh in meines Herren Hand*; Gustav Knak (1806-1878): *Laßt mich gehn; Keiner wird zuschanden*; Albert Knapp (1798-1864): *Einer ist's, an dem wir hangen; Eines wünsch ich mir vor allem andern; Der du zum Heil erschienen* – und außerdem viele Missions-L.: George Friedrich Fickert (1758-1815): *O daß doch bald dein Feuer brennte*; Samuel Preiswerk (1799-1871): *Die Sach ist dein, Herr Jesu Christ*; vgl. Johann Heinrich → Volkenings »Kleine Missionsharfe« 1853. Auch das entsprechende Liedgut der angelsächsischen Kirchen und Freikirchen (Work-Hymns, z.B. *Auf, denn die Nacht wird kommen*) dringt nach Deutschland vor. Die »Notgemeinden« (Beyreuther) des 19. Jh.s, die kirchl. Vereine, und die deutschen → Freikirchen dieser Zeit schufen sich eigene L. und Lb., die deren besonderen Anliegen Rechnung tragen. Hier wird auch, teilweise zunächst zögernd, dem angloamerikanischen »Heilslied« methodistischer Prägung Raum gegeben, das aus den Gospelsongs der Sonntagsschulen und den Erweckungsliedern (Revival-Hymns, meist mit einem eingängigen Refrain versehen) der Evangelilsationskampagnen hervorgegangen ist. Hauptvermittler war Ernst → Gebhardt (*Welch ein Freund ist unser Jesus*). Liederbücher dieser Richtung erreichten sehr hohe Auflagen und sind z.T. noch heute lieferbar, allen voran Gebhardts »Frohe Botschaft in Liedern« [1]1875; Reichslieder (aus der → Gemeinschaftsbewegung, [1]1892), Evangeliumssänger [1]1890, Rettungsjubel (aus der → Heiligungsbewegung, [1]1906/1912). Die durch die Missionsbewegung des 19. Jh.s weltweit verbreiteten »Heilslieder« wirken in ihrer sprachlichen, zumal der übersetzten Form wie in musikalischer Hinsicht gelegentlich dilettantisch; sie erreichten aber breite Volksschichten und haben ihre geistl. Bedeutung in Evangelisation und Seelsorge vielfach bewiesen. Wegen ihres nicht immer zuchtvollen Zuges zur Sentimentalität und der in ihnen vorausgesetzten scharfen Unterscheidung von Gläubigen und Ungläubigen fanden diese L. in den deutschen Landeskirchen keine Resonanz, wohl aber in den auslandsdeutschen Gemeinden Osteuropas, auch den lutherischen. Sie teilen das Schicksal der sog. »geistlichen Volkslieder« (Julie Hausmann/Friedrich Silcher: *So nimm denn meine Hände*; Friedrich Raeder/César Malan: *Harre, meine Seele*; Joseph Mohr/Franz Gruber: *Stille Nacht, heilige Nacht*; Johannes Daniel → Falk: *O du fröhliche*), die – in Anhänge verbannt – nur für das häusliche Singen zugestanden wurden.

8. 20. Jahrhundert

a. Durch Impulse der kirchenmusikalischen Erneuerung (Schütz-Renaissance) und der Jugend- und Singbewegung kam es zu einer Neubesinnung auf das alte Lied, speziell der Reformationszeit, mit seiner Betonung der objektiven Heilstaten Gottes. Schrittmacherdienste für die sich daraus ergebende Gesangbuchreform taten u.a. die von Otto → Riethmüller initiierten Jugend-Gb.er »Ein neues Lied / Der helle Ton« 1932. Riethmüller (*Herr wir stehen Hand in Hand*; Bearbeiter von *Sonne der Gerechtigkeit*) ist auch die Wiederbelebung der L. der Böhmischen Brüder mitzuverdanken. In der Zeit des → Kirchenkampfes bestanden die L. von der Herrschaft Gottes, der die Geschichte der Welt und die Geschicke seiner Kirche lenkt, ihre Bewährungsprobe. Unter den Neuschöpfungen des 20. Jh.s ragen die L. Jochen → Kleppers mit ihrer bibl. Mitte und ihrer schlichten, gemeindegemäßen Sprache hervor (*Die Nacht ist vorgedrungen*, Melodie von Johannes Petzold; *Er weckt mich alle Morgen*, Melodie von Rudolf Zöbeley).

1950 erreichte die Erneuerung des kirchl. Singens ihren vorläufigen Abschluß im – von zugestandenermaßen restaurativer Tendenz geprägten – Evangelischen Kirchengesangbuch (EKG) mit seinen 394 L. im Stammteil, 40 % Liedgut aus der Reformationszeit und der unmittelbar folgenden Epoche enthaltend, aufgebaut nach liturg. Gesichtspunkten (I Das Kirchenjahr, II der Gottesdienst, III Psalmen, Bitt- und Lobgesänge für jede Zeit, IV L. für besondere Zeiten und Anlässe). Die regionalen Anhänge bieten Sondergut der verschiedenen Landeskirchen. Hier wurde dem im Stammteil nur schwach vertretenen pietist. Liedgut z.T. erheblich mehr Raum gewährt (Württemberg 1953). In der zuletzt erschienenen Ausgabe Rheinland/Westfalen/Lippe/Ev. ref. Nordwest (1969) traten vermehrt zeitgenössische L. und in einer (mehrsprachigen) Sonderrubrik solche »aus der Ökumene« auf.

b. Alle ev. → Freikirchen haben in den letzten Jahrzehnten neue Gb.er erhalten, in denen – bei allem Eigengut und häufig höherem Anteil neuer Lieder – der textliche und musikalische Ausgleich mit dem EKG unverkennbar ist: 1967 die Evangelische Brüdergemeinde (→ Brüder-Unität, mit sämtlichen L.n des EKG-Stammteils); 1969 die Evangelisch-methodist. Kirche (→ Methodisten, Beiheft »Leben und Loben«, 1987), 1972 die → Mennoniten (Süddeutsche Konferenz); 1978 (»Gemeindelieder«) und 1993 (Ergänzungs-Lb. »Neue Gemeindelieder«) der Bund Evangelisch-Freikirchlicher Gemeinden (→ Baptisten) und der → Bund Freier evangelischer Gemeinden (Parallel-Gb. »Ich will dir danken«, 1991), 1982 (»Wir loben Gott«) die Gemeinschaft der Siebten-Tags → Adventisten. Anders verlief die Entwicklung in den Brüdergemeinden (Christliche → Versammlung), deren »Kleine Sammlung geistlicher Lieder« (1853) in den »exklusiven Versammlungen« fast kanonischen Rang hat, während andere Zweige der Bewegung erweiterte Ausgaben oder Umarbeitungen benutzen.

c. Seit 1962 zeigt sich, beginnend in der Jugendarbeit, zunehmend die Tendenz, K.er in sprachlicher und musikalischer Hinsicht vielfältiger zu gestalten. Eine Springflut von L.n und Songs im Stil der Unterhaltungsmusik ergoß sich über die zwischen Skepsis und Begeisterung schwankende kirchl. und nichtkirchl. Öffentlichkeit. Inhaltlich sind viele dieser »modernen Lieder« auf die anthropologische Frage nach dem »Sinn des Lebens« eingeengt, mit z.T. sehr klischeehaften Antworten. Andere haben aber auch die Sendung der Kirche und das Engagement für die Welt neu für das Singen entdeckt. Die theol. gewissenhaft formulierten und musikalisch gemeindegemäßen, nicht zu avantgardistischen Versuche blieben insgesamt selten; unter ihnen überzeugen am ehesten nichtliedmäßige Bibeltextbearbeitungen.

Eine vergleichbare Welle neuen Liedguts, begleitet von einer oft undifferenzierten Wiederverwendung der alten »Heilslieder« bzw. gleichartiger neuer L. erlebte der → evangelikale Raum. Als Songs von »Liedermachern« oder als Gruppen-L. insbesondere von den zahlreichen Jugendchören und -bands gesungen oder vorgetragen, sind die meisten von ihnen von vornherein nicht genug für das Gemeindesingen bestimmt, doch sind die Grenzen fließend, wie neueste Lb. privater Verlage belegen, die von einigen Gemeinden und Gemeinschaften benutzt werden.

Erwähnt werden müssen noch die im Gefolge der → charismatischen Bewegung auftretenden, meist international verbreiteten schlichten (und vielfach austauschbaren), allg. »Anbetungslieder« genannten Gesänge mit häufig »monarchischer« Theologie. Sie sind zumeist ursprünglich in mission. Initiativgruppen (→ Jugend mit einer Mission u.a.) oder in Kommunitäten (z.B. Gnadenthal) beheimatet. In neopfingstlichen Gemeinschaften werden (derzeit noch) ausschließlich Gesänge dieser Art verwendet, die auch in einigen landeskirchl. und mehr noch freikirchl. Räumen ihr – nicht unumstrittenes – Echo finden.

d. Die Landeskirchen boten ab 1969 Gb.-Beihefte zur Erprobung an, doch wurde – nicht zuletzt durch die → Kirchentage – eine unüberschaubare Menge neuer L. ins Spiel gebracht. – Im Gefolge der Vorarbeiten für ein Einheits.-Gb. der deutschsprachigen röm.-kath. Diözesen konstituierte sich 1969 aus Delegierten der ev., röm.-kath. und altkath. Kirche (→ Altkatholiken) und der → Vereinigung Evangelischer Freikirchen die »Arbeitsgemeinschaft für Ökumenisches Liedgut im deutschen Sprachraum« (AÖL), die sich seither darum bemüht, christl. Liedgut in gemeinsamen Fassungen für Text und Melodie vorzulegen. Von den 1973 zunächst vorgestellten 102 »Gemeinsamen Kirchenliedern« sind 90 – als ö(kumenische)-Lieder gekennzeichnet – in das kath. Einheits-Gb. »Gotteslob« übernommen worden, eine Tatsache von kirchenhist. Rang. Aus beiden Bereichen – der Erprobung neuer L. und Singformen durch Beihefte als auch der Erarbeitung ökumen. Liedfassungen – flossen wesentliche Impulse in die Vorarbeiten für das neue Evangelische Gesangbuch 1993 (wiederum in Stamm- und Regionalteil gegliedert). In ihm sind überlieferte und zeitgenössische K.er klass. Typs enthalten, darunter manche, die bisher eher als »Apokryphen und Pseudepigraphen des offiziellen Kirchenlieder-Kanons« (Jenny) galten, aber auch – wie bereits in freikirchl. Gb. – etliche L. aus der weltweiten Christenheit sowie nichtliedmäßige Gesänge (u.a. aus → Taizé) und Kanons. Ein umfangreicher Textteil mit Betpsalter, Gottesdienstordnungen, Bekenntnis- und Katechismustexten und Gebeten läßt das Evangelische Gesangbuch zu einem Gottesdienst- und Hausbuch werden.

Auch die ev.-ref. Kirchen der deutschsprachigen Schweiz gehen auf ein neues Gb. zu. Der Kriterienkatalog ihrer Gb.-Kommission kann als exemplarisch für eine verantwortliche Gb.erarbeitung gelten: »Text: 1. verständliche Sprache; 2. dichterische Sprache; 3. dem biblischen Zeugnis entsprechend; 4. allgemeingültige Grunderfahrung. Melodie: 5. innere Stimmigkeit; 6. Singbarkeit; 7. Wort-Ton-Verhältnis. Allgemeines: 8. Funktionswert; 9. Gewicht im abendländischen Kulturraum; 10. Tradition, Erprobungszeit« (Marti).

(Vgl. → Gottesdienst; → Hymnologie; → Kirchenmusik)

Lit.: Auf dem Weg zum neuen Evangelischen Gesangbuch. Beiträge aus der Gesangbucharbeit, EKD-Texte 36, 1990; Chr. Albrecht: Einführung in die Hymnologie, [2]1984; G. Balders: Freikirchliche Hymnologie – eine unerledigte Aufgabe, ThGespr 1990, Heft 2, 4-24; H. Bernewitz: Der Sendungsauftrag der Kirche in den Gesangbüchern der Brüdergemeine von 1927 und 1967 und im EKG von 1950, Diss. theol. Halle-Wittenberg, 1968; W. Blankenburg: Der gottesdienstliche Liedgesang der Gemeinde, Leit. IV, 1961, 559-661; O. Brodde: Ev. Choralkunde, Leit. IV, 1961, 343-557; R. Deichgräber: Gotteshymnus und Christushymnus in der frühen Christenheit, 1967; H. Eskew, H.T. McElrath: Singing with Understanding, An Introduction to Christian Hymnology, 1980; Handbuch zum EKG, 7 Bde., 1953-1990; Jahrbuch für Liturgik und Hymnologie, 1955ff (mit Lit.berichten); P. Gabriel: Das deutsche evangelische Kirchenlied, [3]1956; M. Jenny: Ein besseres Gesangbuch steht vor der Tür, ZThK 87, 1990, 245-270; M. Jenny, J. Henkys: »Kirchenlied«, TRE 18, 1989, 602-643; M. Jenny: Luther, Zwingli und Calvin in ihren Liedern, 1983; E.E. Koch: Geschichte des Kirchenlieds, [3]1866 (ND 1973); A. Marti: Einem neuen Gesangbuch entgegen. Angewandte Kriterien, Kirchenblatt für die reformierte Schweiz 142, 1986, 318-320; G. Rosenkranz: Das Lied der Kirche in der Welt. Eine missionshymnologische Studie, 1951; M. Rößler: Das Gesangbuch – Fundament und Instrument der Frömmigkeit, ZThK 79, 1982, 107-126; ders.: Liedermacher im Gesangbuch 1-3, 1990/91; W.-I. Sauer-Geppert: »Kirchenlied«, RDL² 1, 1958, 819-852; dies.: Sprache und Frömmigkeit im deutschen Kirchenlied, 1984; K.C. Thust: Das Kirchenlied der Gegenwart. Kritische Bestandsaufnahme, Würdigung und Situationsbestimmung, 1976; P. Veit: Das Gesangbuch als Quelle lutherischer Frömmigkeit, ARG 79, 1988, 206-229; A. Völker: »Gesangbuch«, TRE 12, 1984, 547-565.

G. Balders

Lietzmann, Hans Karl Alexander (1875-1942)

L. wurde am 3. 3. 1875 in Düsseldorf geboren. Seine entscheidende wissenschaftl. Prägung erhielt er beim Studium in Bonn – einerseits durch den Theologen E. Grafe (der die von F.Chr. → Baur entwickelte hist.-kritische Methode pflegte), andererseits durch den klassischen Philologen H. Usener (der die religionsgeschichtl. Methode begründete). Nach der Habilitation in Kirchengeschichte im Jahr 1900 wurde L. 1905 als a.o. Prof. nach Jena berufen und dort 1908 zum Ordinarius ernannt. 1924 wechselte er als Nachfolger A. → Harnacks nach Berlin, wurde außer in vielen anderen Gremien auch Mitglied der dortigen Akademie und leitete deren Kirchenväterkommission. Seine Teilnahme an der Berliner Mittwochsgesellschaft (einem Gesprächskreis von 16 Gelehrten und hohen Beamten), hat ihn den Nationalsozialismus früh ablehnen lassen, so daß er sich vorübergehend (1934-35) der Bekennenden Kirche anschloß. Am 25. 6. 1942 starb er 67jährig in Locarno.

L. war Historiker und Philologe in der für das späte 19. Jh. typischen Art des hist. Positivismus (→ Historismus). Besonders kennzeichnend für ihn wurde die Integration verschiedener Spezialdisziplinen wie Archäologie, Kirchenrecht und Liturgiegeschichte in die Arbeit an der antiken Kirchengeschichte. Das von ihm 1906 begründete und zu Röm, 1Kor, 2Kor, Gal selbst bearbeitete »Handbuch zum Neuen Testament« verstand er vor allem als religionsgeschichtl. Materialsammlung; es enthielt sich bewußt einer theol. Auslegung. Sein bedeutendstes Werk ist die vierbändige »Geschichte der Alten Kirche« (1932-1944; 4./5. Aufl. 1975), die in glänzender Stilistik seine Forschungen zusammenfaßt.

Lit.: Bibliographie: ZNW 41/1942, S. 12ff.
W. Eltester: Der Beitrag der Geschichte zur Theologie, H. Lietzmanns Lebenswerk, ThLZ 68/1943, 1ff; Glanz und Niedergang der deutschen Universität, hg. von K. Aland, 1979; Kl. Scholder (Hg.): Die Mittwochs-Gesellschaft, Protokolle aus dem geistigen Deutschland 1932 bis 1944, 1982; D. Wyrwa: Hans Lietzmanns theol. Verständnis der Kirchengeschichte, in: G. Besier, Chr. Gestrich (Hg.): 450 Jahre Evangelische Theologie in Berlin 1989, 387ff.

U. Swarat

Lightfoot, Joseph Barber (1828-1889)

Mit seinen Freunden F.J.A. Hort und B.F. Westcott zusammen – und beide noch an Bedeutung überragend – arbeitete L. auf dem Feld des NT und der Alten Kirche; dabei wurde er zum wichtigsten englischen Theologen in der zweiten Hälfte des 19. Jh.s. Geb. am 13. 4. 1828 in Liverpool, studierte er Altertumswissenschaften und Mathematik in Cambridge, wurde 1858 Priester der Anglikanischen Kirche und 1861 Prof. der Theologie in Cambridge. Neben seinem Lehramt wirkte er als Prediger in Whitehall und Domherr der St. Paul's Cathedral in London sowie als Mitglied im Ausschuß zur Revision des englischen NT. Von 1879 bis zu seinem Tod am 21. 12. 1889 war er Bischof von Durham.

Sein wissenschaftl. Hauptanliegen war die Vergewisserung der hist. Zuverlässigkeit des NT und die Entwicklung einer Alternative zur Geschichtsschreibung der Schule F. Chr. → Baurs. Er suchte darzulegen, daß das bibelkritische Vorurteil der Baur-Schule zu einem unwissenschaftl. hist. Skeptizismus führt, wogegen nüchterne, an den schlichten Tatsachen orientierte hist. Kritik die Zugehörigkeit der ntl. Schriften zur apostol. Generation bestätigen kann. Dabei bekam die Untersuchung der Quellen aus dem 2.Jh. n.Chr., vor allem die Datierung der sieben Ignatiusbriefe um 110 n.Chr., eine Schlüsselstellung zur Widerlegung der Baur'schen Spätdatierungen ntl. Schriften. L. hat hier Vorarbeiten von Th. → Zahn weiterentwickelt, mit dessen Arbeitszielen und Methoden eine weitgehende Übereinstimmung besteht.

Lit.: Hauptschriften: Kommentare zum ntl. Galaterbrief (1865), Philipperbrief (1868), Kolosser- und Philemonbrief (1875); kommentierte fünfbändige Textausgabe zum 1. Clemensbrief, Ignatius und Polykarp: The Apostolic Fathers (1865/69) ^{2}1889/90; ND 1973; Essays on the Work entitled Supernatural Religion (1889) ^{2}1893.

C.K. Barrett: Quomodo historia conscribenda sit, NTS 28/1982, 303ff; M. Hengel: Bischof Lightfoot und die Tübinger Schule, ThBeitr 23, 1992, 5ff; B.N. Kaye: Lightfoot and Baur on Early Christianity, NT 26, 1984, 193ff.

U. Swarat

Liguorianer (= Redemptoristen) → Orden und Kongregationen

Lilje, Hanns (1899-1977)

Johannes Ernst Richard L. wurde am 20. 8. 1899 in Hannover als Sohn eines Diakons geboren. 1917 zum Kriegsdienst eingezogen und verwundet, begann er nach dem Krieg sein Theologiestudium. Ab 1924 war er zunächst Jugend-, dann Studentenpfarrer und wurde 1927 Generalsekretär der → Deutschen Christlichen Studenten-Vereinigung und 1932 Vizepräsident des Studentenweltbundes. Im gleichen Jahr promovierte er in Zürich über Luthers Geschichtsanschauung zum Dr. theol. Von 1935-45 war L. Generalsekretär des Luth. Weltkonvents und Mitglied im Rat der Ev. luth. Kirche Deutschlands. 1944 wurde er wegen seiner Kontakte zu Beteiligten des Hitlerattentats vom 20. Juli verhaftet und vom Volksgerichtshof zu vier Jahren Haft verurteilt, aus der er nach Kriegsende befreit wurde.

Nach dem Zweiten Weltkrieg gehörte L. zu den Unterzeichnern der Stuttgarter Schulderklärung. 1947 einstimmig zum Landesbischof der Landeskirche Hannovers gewählt, wurde L. auch Mitglied des Luth. Weltbundes, dem er

von 1952-57 als Präsident vorstand. Von 1968-75 war er einer der Präsidenten des Ökumenischen Rates der Kirchen. In Deutschland leitete L. zudem von 1955-69 die VELKD und von 1950 an als Abt das Kloster Loccum. Er gründete die Ev. Akademie Loccum und das Deutsche Allgemeine Sonntagsblatt, dessen Herausgeber er viele Jahre blieb. Von Anfang an förderte er aktiv die Kirchentagsbewegung. Sein gesamtes kirchl. und literarisches Wirken war stets ökumen. geprägt und darauf ausgerichtet, die Botschaft des Evangeliums in Auseinandersetzung mit den Fragen der Zeit auch außerhalb der Kirche zur Sprache zu bringen. L. starb am 6. 1. 1977 in Hannover.

Werke: Atheismus, Humanismus, Christentum, 1962; Das letzte Buch der Bibel, ^{8}1980; Kirche und Welt, 1956; Martin Luther, 1964; Memorabilia, 1973; Im finstern Tal (1947), 1985; Wanderer auf dem Wege, ^{2}1977; Welt unter Gott, 1956.

Lit.: U. Gröger: Bibliographie H. Lilje, 1979; S. Hermle: »Lilje, Hanns«, TRE 21, 1991, 202-205 (Lit.).

R. Dziewas

Lima-Texte

L. nennt man die von der Kommission für Glaube und Kirchenverfassung, einer Untergruppierung des Ökumenischen Rates der Kirchen, unter Mitwirkung von Vertretern der röm.-kath. Kirche in Lima/Peru am 12. Januar 1982 verabschiedete Konvergenzerklärungen zu Taufe, Eucharistie und Amt, sowie die im Anschluß dazu erarbeitete und veröffentlichte Lima-Liturgie. Die L. sind Ergebnis eines insgesamt fünfzigjährigen Studienprozesses. 1974 wurde eine erste Fassung der Konvergenzerklärungen den Mitgliedskirchen zur Stellungnahme übergeben, 1978 und 1982 noch einmal revidiert (vgl. Müller-Fahrenholz) und schließlich in der vorliegenden Form wiederum den Kirchen zur Beratung und Rezeption vorgelegt. Inzwischen wurden die Dokumente in 31 Sprachen übersetzt und in mehr als 400.000 Exemplaren verbreitet.

Die Erklärung ist kein Dokument des Konsenses, sondern versucht, Annäherungen der verschiedenen Kirchen zu den Themen Taufe, Eucharistie und Amt zu formulieren. Aufgrund dieser Konvergenzen soll die Einheit gottesdienstl. erlebbar werden, damit dann von der Erfahrung der Einheit aus auch am inhaltlichen Konsens weitergearbeitet werden kann. In diesem Sinne wurden die L. den Kirchen zur Rezeption übergeben. D.h. über Stellungnahmen zum Inhalt der Texte hinaus soll die erreichte Konvergenz in das Leben der Gemeinden und die Ordnungen der verschiedenen Kirchen umgesetzt werden. (Zur Beurteilung dieses Konvergenzmodells vgl. die Kontroverse zwischen Slenczka, Konvergenzerklärungen und ders., Ökumenische Erklärungen, mit Pannenberg, Grundsatzentscheidungen).

Stellungnahmen aus luth. Perspektive kritisieren die in dem Dokument behauptete Gleichrangigkeit von Säuglings- und Erwachsenentaufe, die Auffassung des Amtes als Gnadenmittel neben Abendmahl und Taufe sowie das Verständnis der Eucharistie als ein Handeln der Kirche. Zusammenfassend: »Ein Urteil, dem die in der Reformation wiederentdeckte Wahrheit Verpflichtung ist, wird darum die Lima-Texte nur mit Enttäuschung zur Kenntnis nehmen« (Rittner, 7).

Evangelikale Stimmen bemängelten eine Überbetonung des Vollzugs der Sakramente gegenüber dem Glauben als wirksames Empfangen der Sakramente. Das Abendmahl werde ihrer Meinung nach zu sehr als Lobopfer und damit Handeln der Kirche gesehen und die Bestimmungen zu Realpräsenz Christi in den Elementen Brot und Wein steht ihnen zu nahe an der kath. Transsubstantiationslehre. Schließlich kritisieren sie die konstitutive Rolle des Klerus nach den Erklärungen, wonach ein Teil des Dienstes nur ordinierten Priestern anvertraut wird, sowie das sakramentale Verständnis der Ordination. Sie fordern als Weg zur Einheit der Kirchen nicht ein Vermitteln zwischen den Traditionen der verschiedenen Kirchen, sondern gemeinsames Hören auf die bibl. Vorgaben.

Lit.: Taufe, Eucharistie und Amt. Konvergenzerklärungen der Kommission für Glauben und Kirchenverfassung des Ökumenischen Rates der Kirchen, [10]1985; F. Schulz: Die Lima-Liturgie. Die ökumenische Gottesdienstordnung zu den Lima-Texten. Ein Beitrag zum Verständnis und zur Urteilsbildung, 1983 (Text der und Einführung in die revidierte Lima-Liturgie); M. Thurian (Hg.): Churches Respond to BEM – official responses to the »Baptism, Eucharist and Ministry« text, Bd. 1-6, 1986-1988 (dokumentiert die Stellungnahmen der Mitgliedskirchen des ÖRK zu den Lima-Erklärungen).

Taufe, Eucharistie und Amt, Verlautbarungen des Apostolischen Stuhles 79, 1987 (auch in Herder-Korrespondenz 42/1988, 27-43 mit eigener Übersetzung); An Evangelical Response to Baptism, Eucharist and Ministry, hg. v. Paul Schrotenboer, prepared by the World Evangelical Fellowship, Juni 1989, Evangelical Review of Theology 13/1989, 291-313; Evangelikale Positionen zum Lima-Papier (Stellungnahmen der Deutschen Evangelischen Allianz sowie ein Gutachten des Arbeitskreises für Evangelikale Theologie; Stellungnahmen von der Ludwig-Hofacker-Konferenz, aus Freikirchen sowie ein Gutachten des Trierer Superintendenten Ernst Volk), idea-Dokumentationen 25/1984 und 26/1984; R. Rittner: Lima und das reformatorische Proprium, Fuldaer Hefte 28, 1984 (mit Beiträgen von G. Voigt; A. Peters; Fr. Beißer); R. Slenczka: Konvergenzerklärungen zu Taufe, Eucharistie und Amt und ihre Konsequenzen für Lehre und Gottesdienst, KuD 31/1985, 2-19; ders.: Ökumenische Erklärungen und dogmatische Klärung, KuD 32/1986, 207-231.

M. Hirschmüller

Linker Flügel der Reformation → Täufer

Lippische Landeskirche

Seit 1123 sind Edelherren von Lippe nachweisbar, die sich 1528 den Grafentitel zulegten und seit 1789 Fürst hießen. Obwohl Lippe seit 1532 (Lemgo) zunehmend reformat. eingestellt war, blieb die Jurisdiktion und damit der Einfluß des Paderborner Bischofs zunächst bestehen. 1571 hat die lippische Kirchenordnung die Reformation endgültig bestätigt. 1605 ging der Graf zum Reformiertentum über (1646 Einführung der kurpfälzischen Kirchenordnung). Die luth. Gemeinden, auch außerhalb Lemgos, erhielten 1684 Sonderrechte garantiert. Die → Erweckungsbewegung hat von Minden-Ravensberg aus und durch Herrnhuter Sendboten die Grafschaft mitgeprägt, im wesentlichen allerdings nur in einigen Gemeinden mit erweckten Pfarrern. 1877 wurde die Landessynode (mit einer luth. und sechs ref. Klassen) eingeführt. Lippe ist eine klare Verwaltungsunion. In der Zeit des Nationalsozialismus blieb die lippische Kirche »intakt«, also ohne → Kirchenkampf. Die L. L. hat ihren Sitz in Detmold und ca. 230.000 Mitglieder, 59 ref. und 11 luth. Gemeinden mit 132 Pfarrstellen.

Lit.: W. Butterweck: Die Geschichte der Lippischen Landeskirche, 1926; W.H. Neuser: »Lippe«, TRE 21, 1991, 206-210 (Lit.); V. Wehrmann (Hg.): Die Lippische Landeskirche 1684 bis 1984, 1984.

G. Ruhbach

Litanei

Unter einer L. (griech.: Flehen, Bittgebet) versteht man ein längeres Fürbittengebet, bei dem ein Chor (notfalls auch der Liturg) die Anliegen nennt und die Gemeinde refrainartig mit verschiedenen Bittrufen (z.B. mit dem → Kyrie) antwortet. Im EKG findet sich eine L. von Martin Luther (EKG 138).

Die L. ist in der Ostkirche entstanden (und hat sich dort auch bis heute erhalten). Nach dem 5. Jh. findet sie sich auch im Westen, vor allem in der volkstümlichen Allerheiligenl. Luther übernahm die L. als wichtige Form gemeindlichen Gebetes, reinigte sie von der Heiligenanbetung, fertigte eine deutsche Übersetzung an und bearbeitete auch die musikalische Form (1529). Motiviert wurde Luther durch die Türkengefahr, seiner Gemeinde die L. als Gebet neu ans Herz zu legen. In der → Messe wie im → Stundengebet wurde die L. als Fürbitten- oder auch als Bußgebet gebraucht und findet sich so in zahlreichen reformat. Agenden und Gesangbüchern. In der → Aufklärung verfiel auch die L. als liturg. Form. Erst das 19. Jh. hat sie wiederentdeckt und auch in Agenden (z.B. Preußen 1829 und 1895, Bayern 1856, W. Löhe 1853) abgedruckt. Man ordnete die L. gerne dem Buß- und Bettag oder dem Karfreitag als Bußgebet zu. Heute findet sie sich hier und dort noch in Agenden, allerdings ohne im Gottesdienst noch weiterverbreiteten Gebrauch zu finden.

Lit.: O. Brodde: »Litanei«, EKL[3] Bd. 2, 1122f; K.B. Ritter: »Das Litaneigebet«, in: MuK 1930; F. Schulz: »Gebet VII«, TRE 12, 1984, 72-81.

M. Herbst

Litauen → Baltikum

Literatur der Gegenwart → Moderne Literatur und Christentum

Literaturarbeit

1. Das Christentum ist eine Religion des Buches, wenngleich es Geist und Leben erwekken will und »immer wieder aufhören möchte, ein Buch zu sein« (H.-J. Iwand). Das Christentum gründet sich von Anfang auf die atl. Bücher; seine Entstehung ist mit den Schriften des NT verbunden, die seither mit denen des AT als die → Bibel für Leben und Denken der Christenheit von grundlegender Bedeutung sind.

2. Wirkungen der Literatur in der Kirchengeschichte

Literatur ist von den frühen Anfängen an ein wesentliches Medium zur mission. Verbreitung des Christentums.

Bis zur Reformation:

→ Augustin wurde durch den Ruf eines Kindes (»Nimm und lies!«) zur Lektüre von Röm 13,13 und so zur Bekehrung geführt; seine »Bekenntnisse« gelten als die erste exemplarische Biographie des Abendlandes. Im MA zirkulierten die kopierten Schriften des → Bernhard von Clairvaux und Johannes → Tauler. → Thomas von Kempen faßte die Spiritualität der Erweckungsbewegung → «Devotio moderna« in seiner »Nachfolge Christi«, dem am weitesten verbreiteten Hausbuch der Kirchengeschichte, zusammen.

Reformation:

Durch die geniale Erfindung Gutenbergs konnte → Luther mit einer Folge von Broschüren seine Auseinandersetzung mit der zeitgenössischen Theologie und Kirche durchfechten. Mitte 1520 erschien als erstes »An den christlichen Adel deutscher Nation«, und bereits fünf Tage danach waren 4.000 Exemplare verkauft; 14 weitere Auflagen erschienen noch im selben Jahr. Die Übersetzung »Biblia deutsch« von 1534, die dank ihrer sprachlichen Kraft und Schönheit zu einer einigenden deutschen Sprache führte, fand reißenden Absatz und war sogleich der Prototyp niederländischer (1532), schwedischer (1540), dänischer (1550), isländischer (1540) und englischer Ausgaben. 1611 übersetzten in England Theologen

The Holy Bible, die von der anglikanischen Staatskirche autorisierte Fassung.

Pietismus:

Ein Auslöser dieser kirchengeschichtl. Bewegung war das »Pia desideria« betitelte Vorwort von Ph. J. → Spener zu einem Nachdruck des Hausbuchs »Die sechs Bücher vom wahren Christentum« von → J.A. Arndt. Hier sind auch zu nennen: A. H. → Francke (seine Predigten wurden als Pfennigartikel in ca. 500.000 Exemplaren verbreitet) und → v. Canstein, dessen Lebenswerk die Gründung der ersten Bibelgesellschaft (→ Bibelverbreitung) war. Graf von → Zinzendorf schuf 1731 mit seinen → Losungen ein weltweit verbreitetes Andachtenbuch. Nach angelsächsischem Vorbild (die Schriftstellerin Hanna More verbreitete zur Abwehr des Rationalismus 2 Mio. Exemplare Kleinschriften) wurde im 19. Jh. durch die → Christentumsgesellschaft wirkungsvoll der buchmission. Verkündigungsdienst wahrgenommen. Auch → Löhe, → Fliedner und → Bodelschwingh sahen die Notwendigkeit, volksmission. Schrifttum zu verbreiten. → Wichern gründete 1842 in Hamburg die »Agentur des Rauen Hauses« und gab seit 1844 die »Fliegenden Blätter« heraus. Einen »frischen Zweig der Inneren Mission« nannte → Stoecker die Arbeit seiner sonntäglich verteilten »Pfennigpredigten«, deren Auflage in den Jahren 1881 bis 1892 auf nahezu 130.000 Exemplare stieg. Die Zahl der in ganz Deutschland nach diesem Beispiel wöchentlich verteilten Pfennigpredigten betrug 1914 ca. 250.000.

Wirkungen aus England:

»Preach and Print« war das Motto von John → Wesley, der durch das schriftliche Zeugnis der Vorrede Luthers zum Römerbrief zur Bekehrung fand. Wöchentlich soll Wesley ein Predigtmanuskript druckfertig gemacht haben; er schuf eine Standardbibliothek von 50 Titeln, die auch belletristische und naturwissenschaftl. Titel enthielt. Der Verkauf christl. Bücher gehörte zu den Hauptaufgaben methodistischer Prediger. – Eines der am weitesten verbreiteten christl. Hausbücher der Literaturgeschichte ist die 1678 erschienene und in 200 Sprachen übersetzte »Pilgerreise« von J. → Bunyan. Von den ersten 10.000 gedruckten Exemplaren waren bereits 4.000 ein Raubdruck.

Äußere Mission:

→ Francke veranlaßte bereits 1712 den Druck des Glaubensbekenntnisses in Tamul. Es folgten ein Traktat und Luthers Katechismus, die erste Übersetzung in eine asiat. Sprache. W. → Carey schuf in Verbindung mit seinen Bibelübersetzungen ein Wörterbuch mit 80.000 indischen Vokabeln. Heute arbeiten die → Wycliff-Bibelübersetzer weltweit an der Übersetzung von Bibelteilen (→ Bibelübersetzung).

3. Definition und Inhalt christlicher Literatur

»Christliche Literatur ist Schrifttum, gleich welcher Gattung und welcher Thematik, das aus christlichem Verständnis von Gott, Mensch und Welt entstanden ist und ohne Berücksichtigung dieses christlichen Verständnisses nicht adäquat interpretiert werden kann« (Gisbert Kranz). Im wesentlichen handelt es sich dabei um:

– Erbauungsliteratur und Andachtenbücher (früher »Postille«, »Hauskanzel« und »Tröster« genannt), Bibellesen und Auslegungen;

– Apologetik und Theologie zur argumentativen und gedanklichen Beschäftigung mit den Grundwahrheiten der bibl. Heilsbotschaft;

– Belletristik, Biographien und Lyrik z.B. → Chesterton, M. → Hausmann, J. → Klepper, C.S. → Lewis, R.A. → Schröder;

– mission. Literatur wie Kalender, Kleinschriften, Spruchkarten, Traktate und Taschenbücher;

– Bibliotherapie für die Alltagsbewältigung in Ehe, Familie, Gemeinde und Gesellschaft.

4. Christliche Literaturarbeit heute

– Büchertisch und Buchdepot als individuelle Mittel, Gemeindekreise und Bekannte ständig mit einem gezielten Literaturangebot durch Verschenken oder Verkauf zu erreichen.

– Gemeindebüchertisch mit regelmäßigem Angebot. Mindestens zwei Personen sollten für die inhaltliche und wirtschaftl. Durchführung verantwortlich sein. Da der Büchertisch das gesprochene Wort der Predigt stützt und vertieft, sollten wöchentlich gezielt Titel (Buch der Woche o.ä.) herausgestellt werden.

– Kolportage durch gezielte Aktionen: Bibelverbreitung in Hotels, Schulen, Justizvollzugsanstalten u.a. durch den → Gideonbund; Aktionen in Aulen, Fußgängerzonen, auf Messen, Jahrmärkten und Volksfesten durch gut sortierte Büchertische; Verteilaktionen in Krankenhäusern, → Materialstellen u.a. stehen zur Verfügung: »→ Aktion: In jedes Haus«, Marburger Blättermission, Taschenbibelbund usw. Die internationale Missionsgruppe → Operation Mobilisation vertreibt durch vielfältige Aktionen (z.B. Missionsschiff »Logos«) im Aus- und Inland Literatur.

– Bibliotheken können durch Empfehlung oder Bereitstellung von Leseexemplaren mit wichtigen christl. Titeln versorgt werden.

– Buchparties in Wohnungen und Buchvorstellungen in Kindergärten, Schulen, Gemeindehäusern bringen z.B. in der Vorweihnachtszeit gute christl. Literatur ins Gespräch.

5. Zeitschriften

Zeitschriften erreichen regelmäßig und zeitnah ihre Leserkreise. Abgesehen von den traditionellen Kirchen-, Gemeinde-, Diakonie-, Missions-, Sonntagsschul- und Kindergottesdienst-Blättern steht für besondere Leserkreise ein spezielles Zeitschriftenangebot zur Verfügung, vom Nachrichtenmagagzin (→ Medien) bis zu wissenschaftl. Zeitschriften und Jahrbüchern.

6. Organisationen

– → Vereinigung ev. Buchhändler (VEB) wurde 1925 gegründet, um ihre aus Buchhändlern und Verlegern bestehende Mitgliederschaft durch eine in wechselnden Orten stattfindende Jahrestagung »Tage der Besinnung« und die nachfolgende Hauptversammlung mit einem ansprechenden Programm für die berufsständischen Aufgaben zu motivieren und gleichzeitig die Arbeit durch die Herausgabe von Werbemitteln zu fördern.

– Die Verlagskooperationen ABCteam (Aussaat, R. Brockhaus, Brunnen, Christliches Verlagshaus, Oncken) sowie TELOS (Blaukreuz, Brendow, Hänssler, Verlag der ev. Gesellschaft, Verlag der Francke-Buchhandlung, Verlag der Liebenzeller Mission, St. Johannis Druckerei) wurden 1971 gegründet, um durch gemeinsame Werbe-, Produktions- und Vertriebsaufgaben gemeindenahes Schrifttum zu fördern. Die Zusammenschlüsse sind jeweils auf konkrete Aufgaben bezogen, um den Mitgliedsverlagen eigene verlegerische Spielräume im Hinblick auf ihre jeweiligen Programmschwerpunkte und speziellen Zielgruppen zu ermöglichen.

– Evangelische Buchhilfe (EBH), gegr. 1960 durch Oskar Schnetter (von ihm stammt die Idee des »Gelben Monatsspruchs«, der bis zu seinem Verbot im Zweiten Weltkrieg eine Auflage von 500.000 Exemplaren hatte), hat in der aktiven Zeit ihres Bestehens nicht nur den Gemeinden wichtige buchmission. Impulse gegeben, sondern auch durch ihre Ost-Buchhilfe in großem Umfang christl. Literatur in das Gebiet der ehemaligen DDR gebracht. Gegenwärtig wird die EBH als Verein weitergeführt.

7. Zukunft und Ziele

Trotz der starken Bedrohung durch die elektronischen Medien und das daraus folgende allg. Schwinden der Lesekultur ist das Interesse an christl. Literatur nach wie vor ungebrochen. Eine seit Jahren ins Gespräch gebrachte »Theologie des Lesens« ist angesichts der gegenwärtigen Medienschwemme unverzichtbar. Wie kann ein Mensch für den Glauben gewonnen und darin gegründet werden, wenn er z.B. unfähig bleibt, bibl. Bücher für sich persönlich zu erschließen? In diesem Zusammenhang bleibt nach wie vor die unbestreitbare Zielsetzung, durch angemessene Literatur in einer säkularen Gesellschaft das Evangelium zu propagieren, den Glauben des einzelnen zu stärken und die Bibel als das geschriebene Wort Gottes schlechthin in der bestmöglichen Weise zu verbreiten.

Lit.: K. Bockmühl: Bücher wozu? Möglichkeiten christlicher Literaturarbeit, 1976; P. Helbich (Hg.): Jedes Wort kann ein Anfang sein – Von den Wirkungen des gedruckten Wortes, 1982; H. Steinacker: Rose und Dynamit – Über die Bedeutung und Verbreitung christlicher Literatur, 1993.

H. Steinacker

Liturgie/Liturgik

1. Die Begrifflichkeit

»Liturgie ist die Gestalt der gottesdienstlichen Versammlung der Gemeinde. Sie ist frei und vielfältig, aber nicht beliebig und willkürlich, denn die Gemeinde soll mit ihr und in ihr leben: Liturgie soll ihr zum Haus der Gnade werden« (Schmidt-Lauber, 12).

Mit dem Begriff Liturgik, besser: Liturgiewissenschaft, ist die theol. Disziplin gemeint, die sich mit den Herausforderungen aus der liturg. Tradition der Kirchen und der Gegenwart an die Gestaltung des → Gottesdienstes befaßt. Sie ist in der ev. Theologie Teil der Praktischen Theologie. In der röm.-kath. Kirche hat das II. Vatikanische Konzil mit seinen Impulsen für die Erneuerung des Gottesdienstes zugleich einen Anstoß zur Gründung liturgiewissenschaftl. Lehrstühle und Institute gegeben.

L., griech. *leitourgia*, bezeichnet ursprünglich einen öffentlichen Dienst für Einrichtungen und Ereignisse, die der Funktion und dem

Zusammenhalt des Gemeinwesens zugute kommen. Dazu gehört auch der öffentlich praktizierte rel. Kultus. Dieser Akzent im Verständnis der L. hat zur Folge, daß der Begriff in der LXX gebraucht wird, um den atl. Kult und die mit dem Gottesdienst im Tempel beauftragten Priester und Leviten zu bezeichnen.

2. Neues Testament und Alte Kirche

Im NT bleibt die Bedeutung im Sinn der LXX erhalten, wo der Begriff in Beziehung zum atl. Kult gesetzt wird oder diesen selbst betrifft (Hebr, Lk 1,23). Mit dem einmaligen und für alle Male gültigen Opfer Jesu, mit dem er sich am Kreuz selbst darbringt, erhält der Gottesdienst der christl. Gemeinde einen neuen Charakter. Er umschließt die vielfältigen Lebensäußerungen der von Christus berufenen und durch ihn gesammelten Gemeinschaft der Gläubigen (Apg 13,2; 2Kor 9,12, auch Röm 15,27). In diesem Sinn – und nicht mehr im traditionell kultischen – wird auch der Begriff der L. gebraucht.

Die Alte Kirche nennt den gefeierten Gottesdienst »Versammlung«; sie meint auch den gesamten Gottesdienst, wenn sie vom Brotbrechen, von der Eucharistie, vom Herrenmahl spricht. Dazu kommen die Gemeinden in den Häusern zusammen. Die Gemeinschaft mit Christus im gehörten und ausgelegten Wort von seinen Heilstaten, das Gebet, der Lobpreis und die Feier des heiligen Mahles bestimmen die Zusammenkünfte und normieren die Elemente, auf die es in der noch offenen Gestaltung ankommt. Der Wortteil läßt Einflüsse der Synagoge erkennen. Die Feier des Gottesdienstes ist Sache der ganzen Gemeinde; allerdings beginnt mit Clem (96 n.Chr.) bereits die Bindung der L. an die bischöflichen Amtsträger.

In dem Maße, in dem im 4. Jh. die Gottesdienste öffentlich werden, werden sie in öffentlicher Verantwortung geordnet und geleitet. Zumeist werden die in den Großstädten entwickelten L.n von den Synoden für die jeweilige Region beschlossen; die Priester garantieren ihre Einhaltung und übernehmen damit die Leitung der Zeremonie. Die Masse der Gemeindeglieder wird zunehmend in die passive Teilnahme gedrängt.

3. Die ostkirchliche Tradition

Ost- und Westkirche gehen unterschiedliche Wege. Im Osten wird die L. als vergegenwärtigende Darstellung der Heilsgeschichte gefeiert. Im Vollzug haben die Gläubigen an dem Mysterium Anteil. Die L. bestimmt die Theologie. Die bedeutendste L. wird die des → Chrysostomos. Sie findet über das ursprüngliche Gebiet hinaus Verbreitung und Geltung, als sie im 9. Jh. mit der Missionierung Rußlands im gesamten ostslawischen Raum eingeführt wird, wo sie bis heute die Norm darstellt. Das Drama der »göttlichen Liturgie« prägt auch die Gestalt des Kirchenraumes und der Musik (ohne Instrumente!). Die Fülle der Symbole in der Handlung und der Ikonen im Raum sind Ausdruck der sich den Menschen zuwendenden Gegenwart des dreieinigen Gottes und öffnen den Zugang zu den Geheimnissen des Glaubens. Die den Kirchenraum dominierende Bilderwand (Ikonostas) trennt zwar das Heiligtum mit dem Altar vom Schiff, macht jedoch zugleich den Glaubenden die Gegenwart Gottes in der Geschichte der Menschen transparent. Die Ikonen erwachsen aus der L., und sie werden ein Teil von ihr. Gleiches gilt für den Chorgesang. Was auch geschieht, ereignet sich in der umfassenden Gemeinschaft der Kirche an allen Orten und zu allen Zeiten und umfangen vom himmlischen Lobpreis. In der L. manifestiert der Heilige Geist das Göttliche mitten in dieser Welt bis zu dem Tag der Vollendung.

4. Die Römisch-katholische Tradition

Die Westkirche konzentriert sich auf das Meßopfer. Der Begriff der L. entfällt mit der Einführung des Lateinischen als allg. Kirchensprache. An seine Stelle treten Bezeichnungen wie *sacrificium* (»Opfer, Meßopfer«), *oblatio* (»das Dargebrachte«; → Hostie), *sacrum* (»das Heilige«), *dominicum* (»Herren(mahl)«), und schließlich seit dem 5. Jh. *missa* (→ Messe). Vorrang erhält die aus der röm. Stadtliturgie hervorgegangene Meßform. Sie verdrängt die gallische L., die in den Proprien und hinsichtlich der Sprache reicher ist, wird aber von dieser auch beeinflußt. Daneben bleibt die Mailänder L. des → Ambrosius erhalten. Im 5. Jh. werden dem Wortteil der Messe Introitus und eine → Litanei vorangestellt. Die Litanei wird von der Gemeinde durch das → Kyrie mitvollzogen und vom Priester in einer → Kollekte abgeschlossen. Außerdem entwickelt sich zwischen → Sanctus und Vaterunser eine Reihe von Gebeten, der sog. Canon missae; er wird seit dem 8. Jh. vom Priester still gebetet. Die Messe wird noch stärker Sache der Priester und gerät damit auch vermehrt in deren subjektives Ermessen. Dagegen regen sich Reformbewegungen. Sie kommen vor allem aus den Reformklöstern und führen dazu, daß die Messe einheitlich geregelt und mit päpstlicher Gewalt auch durchgesetzt wird. Luthers Kritik geht über diese Reformen hinaus. Sie ist inhaltlicher Art und betrifft die Mitte der Messe selbst: die Gestalt gewordene satisfaktorische Meßopfertheologie Roms. Das Konzil von Trient nimmt die Reformbewegung auf, verfestigt aber gegen Luther die Messe im Sinne des Opfers der Kirche, wenn auch als Wiederholung des Opfers Jesu. Die Entscheidung führt 1570 zum Missale Romanum ex decreto SS Concilii Tridentini restituum, das für die gesamte röm. Kirche verbindlich eingeführt wird und über Jahrhunderte unverändert gültig bleibt.

Im 19. Jh. gehen – wieder von den Reformklöstern in Frankreich und Deutschland (u.a. Maria Laach) – liturg. Reformbewegungen aus. Sie sind verbunden mit den Namen Odo Casel, Romano → Guardini, Josef A. Jungmann. Gefördert von Pius X., systematisiert unter Pius XII. (Mediator Dei), führen sie zur gewaltigen L.reform des II. → Vaticanum. Der Begriff der Messe wird durch den der L. ersetzt. Inhalt der L. ist der »Vollzug des Priesteramtes Jesu Christi« (Liturgiekonstitution: LK). Anstelle der juristischen Regelung wird die Gottesdienstgestaltung zur Aufgabe. Ihre Kriterien sieht das Konzil in der Berücksichtigung der kulturellen und anthropologischen Bedingungen der Gegenwart, in der Vereinfachung zum Mitvollzug durch die ganze Gemeinde (LK 14,34), in der neuen Wertschätzung der Verkündigung des Wortes Gottes (LK 33). Die Ausbildung der Priester wird auf diese Ziele hin geordnet; die L.wissenschaft wird zum Hauptfach. Diese Neugestaltung der L. zeigt überraschend weitreichende ökumen. Annäherungen an die ev. Kirchen.

5. Liturgie in der Reformation

Wie in der röm.-kath. Kirche bestimmt auch in den ev. Kirchen, die aus der Reformation hervorgegangen sind, die Theologie die liturg. Praxis. Luther übernimmt die überkommenen Begriffe für die L. aus der Westkirche, vermeidet nur radikale Bezeichnungen wie Opfer oder Meßopfer. Vorzugsweise gebraucht er die Bezeichnung »Gottesdienst«, die er aber sogleich in einem weiteren, das ganze Leben der Gläubigen umfassenden Sinn handhabt. Sein vordringliches Interesse gilt dem gepredigten Wort von der Rechtfertigung des Sünders allein aus Gnade um Christi willen (CA IV). Auch für das Verständnis des Sakraments hat das Wort konstitutive Bedeutung.

Im Wort und in den Sakramenten handelt der Herr selbst in seiner Gemeinde. Alle Gestaltung des Gottesdienstes hat gegenüber dieser Mitte nur von ihr abgeleitete Bedeutung für den Empfang, als Hinweis oder Antwort in dienender Funktion. Insofern steht die Gestaltungsaufgabe in der »Freiheit eines Christenmenschen«, d.h. in der Spannung zwischen unverfügbarer Bindung und freier Entfaltung. Die liturg. Hauptschriften Luthers geben dafür recht differenzierte Maßstäbe: »Von Ordnung Gottesdiensts in der Gemeinde« (1523), »Formula Missae et Communionis« und »Deutsche Messe und Ordnung des Gottesdiensts« (1526). Neben den geordneten öffentlichen Gottesdiensten kann er sich auch den vorstellen, der von Gläubigen, »die mit Ernst Christen sein«, in ihren Häusern gefeiert wird und nicht der Regel bedarf, sondern aus der Liebe zu Christus und dem Gehorsam des Glaubens in den Gaben des Heiligen Geistes lebt.

Auch seine Ordnungen des Gottesdienstes sollen stets daran geprüft werden, ob sie dem Evangelium nicht im Wege sind (WA 19,113,5). In der ev. Liturgiegeschichte hat dies dazu geführt, daß die dienende Funktion der L. über lange Zeiträume verwechselt worden ist mit einer zu vernachlässigenden Funktion. Die Confessio Augustana nimmt die Grundbestimmungen Luthers auf (CA VII, XV und XXIV), zielt dabei aber immer auf einen inhaltlich gereinigten Gottesdienst im Zusammenhang der bisherigen Tradition.

In der Folge werden die liturg. Ordnungen Teil der regionalen Kirchenordnungen. Während Bugenhagen im Norden stärker nach der »Deutschen Messe« gestaltet und die Ordnung von Brandenburg-Nürnberg (1533) mehr der Formula missae entspricht, entwickelt sich im oberdeutschen Raum die schlichte Form des Predigtgottesdienstes, in dem auch in sehr einfacher Gestaltung das Abendmahl gefeiert wird (Württemberg; heute als Grundform II bezeichnet). In den ref. Kirchengebieten erhält die Predigt ein noch stärkeres Gewicht in der Gestalt des Gottesdienstes. Hier hat Zwingli spürbar mehr Einfluß als Calvin.

6. Der Protestantismus im 17. und 18. Jahrhundert

Im 17. und 18. Jh. sind die landesherrlich verfügten Agenden im Gebrauch. In ihrem Rahmen werden die liturg. Fragen behandelt im Sinn einer vertieften Aneignung der Tradition, allerdings unter deutlicher Zurücksetzung des Abendmahls. → Pietismus und → Aufklärung beeinträchtigen die L. aus sehr unterschiedlichen Gründen. Die Aufklärung thematisiert zwar vielfach liturg. Fragen, beraubt sie aber ihres geistl. Inhaltes, was nicht ohne Folgen für die Praxis bleibt.

7. Die Entwicklungen im 19. und 20. Jahrhundert

Die Überwindung der Aufklärung durch → Schleiermacher setzt neue Akzente im Gottesdienstverständnis wie im Bemühen um seine Gestalt. Unter L. versteht er jedoch mehr als zuvor nur den Rahmen der Predigt, die an Schrift und Bekenntnis gebunden ist. Daneben setzen Lutheraner wie → Höfling, von → Harleß, Theodosius → Harnack in Erlangen neue konfessionelle Impulse, die z.B. zur Bayerischen Agende von 1856 führen. In Mecklenburg wirkt → Kliefoth in gleicher Weise. Nachhaltige Wirkungen haben die Agende → Friedrich Wilhelms III. für die Hof- und Domkirche Berlin (1822/25), die die Union in der Liturgie festigen soll, sowie die 1844 von Wilhelm → Löhe verfaßte Agende, die das Erleben der Gemeinde stark im Blick hat. In dieser Zeit wird die L.wissenschaft Teil der Praktischen Theologie.

Eine tiefgreifende Erneuerung der L. kommt im 20. Jh. aus der Alpirsbacher und → Berneuchener Bewegung. Sie knüpfen an die Tradition der Alten Kirche an (Alpirsbach) oder machen Impulse aus der Jugendbewegung fruchtbar (→ Michaelsbruderschaft, bes. W. → Stählin, K.B. Ritter). Die ev. Messe gewinnt an Bedeutung, ebenso Tagzeitengebete, Vigilien u.a. Die Lutherische Liturgische Konferenz (LLK) als Arbeitsgemeinschaft von Fachliturgen hat schließlich eine Arbeit begonnen (1941), die zum Agendenwerk der VELKD (1950-1963) und der EKU führt. Von großer Bedeutung ist P. → Brunners Gottesdienstlehre (Leiturgia I, 1954, neu hg. 1993) für diese Arbeit. Die Praxis wird bereichert durch die Jugendarbeit und den Kirchentag. In der Wissenschaft leisten V. Vajta, E. → Schlink, W. Nagel, K.H. Bieritz, P. Cornehl wegweisende Beiträge. Dem klassischen Lehrbuch von Rietschel/Graff folgen neue von F. Kalb, R. Volp. Auch die ökumen. Begegnungen wirken sich aus. Die LIMA-Liturgie von 1982 ist ein Beispiel für einen möglichen Konsens in der L. (s. F. Schulz). Die LLK erarbeitet seit den 60er Jahren ein Konzept, das in der Agendengestaltung einen neuen Weg geht: Auf der Grundlage einer bleibenden Struktur wird die L. mit Gestaltungsvarianten geformt. Ausgangspunkt sind die beiden Grundformen im deutschen Protestantismus. 1980 beginnen die gemeinsamen Arbeiten von VELKD und EKU zu einer erneuerten Agende. Das Ergebnis liegt als Vorentwurf seit 1990 vor und wird seitdem in den Gemeinden erprobt. Die Erneuerte Agende gliedert sich in Eröffnung und Anrufung, Verkündigung und Bekenntnis, Abendmahl sowie Sendung. Zu diesen Grundstrukturen gibt es Blockvarianten, die einzelne Elemente besonders entfalten, und Vorschläge für die Gestaltung in freier Form. Sowohl im Propriumsteil als auch in den Texten zur Auswahl sind Tradition, Ökumene und Neuschöpfungen reich vertreten. Zur Umsetzung der liturg. Erkenntnisse gründet die VELKD 1993 ein Liturgiewissenschaftl. Institut an der Universität Leipzig. Es soll die Zusammenarbeit mit den anderen theol. Disziplinen fördern, den Ertrag der humanwissenschaftl. Fächer nutzbar machen und liturgiedidaktische Konzepte erarbeiten, damit sich die Kirchen dem Anspruch der L. stellen können: daß die Gnade im Gottesdienst Gestalt annimmt und die Gemeinde mit ihr und in ihr lebt.

Lit.: P. Brunner: Zur Lehre vom Gottesdienst der im Namen Jesu versammelten Gemeinde in : Leiturgia I, neu hg. von J. Stalmann, Leiturgia NF, Bd. 2, 1993; F. Kalb: Grundriß der Liturgik, [2]1992; H.-Chr. Schmidt-Lauber: Die Zukunft des Gottesdienstes – Von der Notwendigkeit lebendiger Liturgie, 1990; ders.: »Liturgiewissenschaft/Liturgik«, TRE 21, 1991, 383-401; F. Schulz: Die Lima-Liturgie, 1983; R. Volp: Liturgik I/II, 1992/93; Erneuerte Agende, Vorentwurf, 1990.

H. Krech

Liturgische Bücher → Liturgie, Liturgik

Liturgische Farben → Paramente, Paramentik

Liturgische Kleidung → Kleidung, geistliche

Livingstone, David (1813-1873)

L., geb. am 19. 3. 1813 in Blantyre/Schottland, gest. am 1. 5. 1873 in Ilala/Afrika. Aufgewachsen unter strenger Frömmigkeit seines armen Elternhauses, studierte er als Autodidakt Medizin, dann Theologie. Er arbeitete seit 1844 im Dienst der Londoner Mission und blieb sein Leben lang, auch nach der Lösung von Missionsgesellschaften, überzeugter Christ, dem der Missionsauftrag die Hauptsache war. Allerdings machten ihm seine neuartigen Missionsvorstellungen (Afrikaner sollen Afrikaner missionieren, deshalb sollen weiße Missionare nicht zu lange an einem Ort bleiben) nicht nur Freunde.

Sein zweiter Ehrentitel auf seinem Grabmal in der Westminster Abbey in London lautet: »Reisender«. In drei großen Expeditionen (1851-1856, 1858-1864, 1866-1873) erforschte er den Flußlauf des Sambesi, entdeckte die Victoria-Fälle, das Schire-Hochland und erforschte Ostafrika und die Nilquellen. Die beiden letzten Reisen unternahm er als Konsul der britischen Regierung, die ihm für seine erfolgreiche Pioniertätigkeit viele Ehrungen zuteil werden ließ. Seinen dritten Ehrentitel »Menschenfreund« erhielt er wegen seiner unermüdlichen Bemühungen, den Sklavenhandel abzuschaffen, die Verkehrswege und die wirtschaftl. Verhältnisse in Afrika zu verbessern und außerdem der geographischen Wissenschaft zu dienen. Nachdem er längere Zeit verschollen war, wurde er 1871 im Gebiet der Nilquellen wieder aufgefunden, starb dann aber 1873 an den Folgen von Krankheit und Entkräftung. Die Universities Missions und die Livingstonia Mission gehen auf ihn zurück.

Lit.: W.W. Blaikie: The personal Life of David Livingstone, 1881 (dt. 1881); I. Eaton: David Livingstone, 1954; G. Seaver: David Livingstone, His Life und letters, 1957; H. Wotte: David Livingstone. Das Leben eines Afrikaforschers, ^{4}1988.

G. Ruhbach

Lobetalarbeit

Die L. ist ein Glaubenswerk piet. Prägung und hat seit 1947 die Rechtsform des e.V. Die Anfänge gehen zurück auf die von Erna Biedermann gegründete Schwesternschaft Lobetal in Lübtheen/Mecklenburg. Das nationalsozialistische Euthanasie-Programm machte vor Lübtheen nicht halt. 53 Behinderte fielen ihm zum Opfer. Ein am 2. 11. 1941 ausgestellter Räumungsbefehl führte zur Umsiedlung einiger Schwestern nach Hetendorf bei Hermannsburg. Hier wurde Pastor Hermann Reske Seelsorger und Hausvater und von 1947-1977 Vorsteher der Lobetalarbeit. Heute hat die L. mit Sitz in Celle und Stübeckshorn/Soltau 876 Plätze und 773 Personalstellen. Die L. gliedert sich in folgende Bereiche: Heilpädagogik, Schwer- und Mehrfachbehinderte, Altenpflege, Ausbildungsstätten und Tagesbildungsstätten. Zentrum der Arbeit ist die Gemeinde »Zum Guten Hirten« mit ihrer Kirche und ihren Kapellen. Die »Kapelle zum ewigen Trost« steht für die Sterbebegleitung, und die Gedächtniskapelle für die Euthanasieopfer mahnt jeden Besucher, die Unantastbarkeit des Lebens und die Würde des Menschen zu achten.

H. Bräumer

Loccum

1163 wurde in L. ein Zisterzienserkloster gegründet, das 1252 reichsfrei wurde. 1591 wurde in L. die Reformation eingeführt, allerdings blieb L. ev. Kloster, und bis 1878 war unter den Konventualen der Zölibat üblich. Für die Durchführung der Stundengebete benötigte der Konvent Hilfe und nahm dafür Kandidaten der Theologie auf. 1677 hat Abt Molanus dort das erste deutsche Predigerseminar für sie eingerichtet. Erst 1918 wurde das Kloster der Ev.-Luth. Landeskirche Hannovers angeschlossen, ab 1928 ist der Landesbischof in der Regel auch Abt des Klosters (→ Marahrens, → Lilje, E. Lohse). Der Konvent besteht aus Abt, Prior, vier geistl. und einem rechtskundigen Mitglied. Das Predigerseminar L. ist inzwischen eines der Predigerseminare der Landeskirche; darüber hinaus ist L. ein kirchl. Zentrum; es beherbergt eine der ältesten Ev. → Akademien, das Religionspädadogische Institut und andere Dienststellen der Landeskirche.

Lit.: H. Lilje: Loccum, 1952; H. Hirschler, E. Berneburg: Geschichten aus dem Kloster Loccum, Studien, Berichte, Dokumente, [3]1992 (Lit.).

G. Ruhbach

Locke, John (1632-1704)

L., geb. am 29. 8. 1632 in Wrington bei Bristol, gest. am 28. 10. 1704 in Oates (Essex), studiert nach glänzender und breiter Ausbildung an der Westminster School in Oxford. Dort widmet er sich naturwissenschaftl. Studien (Chemie, Medizin). Er lernt die scholastische Philosophie (und Theologie) kennen, aber nicht schätzen. Seinen Lebensunterhalt verdient er als Erzieher in adeligen Häusern. Es folgen mehrere Aufenthalte auf dem europäischen Festland; von 1675-1679 lebt L. ganz in Frankreich. Er tritt in Kontakt mit den Hauptvertretern der franz. Gelehrtenrepublik. Während er in seiner Frühzeit zunächst eine staatsautoritäre Position bezog und noch 1660 die Rückkehr des Königshauses der Stuarts begrüßte, vertritt er schon 1667 eine liberale, »aufgeklärte« Haltung, wegen der er 1683 nach Holland emigrieren muß. Als 1689 Wilhelm von Oranien den Thron besteigt, kehrt L. nach England zurück. V.a. die in den letzten 15 Lebensjahren veröffentlichten Schriften demonstrieren seine enzyklopädische Gelehrsamkeit. Sie bilden eine Grundlage der Aufklärung im 18. Jh.

In seinem wohl bedeutendsten Werk »An Essay Concerning Human Understanding« (1690; »Abhandlung über den menschlichen Verstand«) entwirft L. eine konsequent empiristische Position. Die Frage R. → Descartes' nach Klarheit und Gewißheit der Erkenntnis wird zwar aufgenommen, die rationalistische Lösung aber verworfen. Suchte Descartes die Sicherheit der Erkenntnis durch ein Absehen von allem Sinnlichen, aller Erfahrung und durch die ausschließliche Konzentration auf den Geist und das, was in diesem erfahrungsunabhängig vorzufinden ist, so antwortet L.: Der Geist (bzw. das Bewußtsein) ist »ein weißes Blatt Papier, frei von irgendwelchen Schriftzügen« (II,1,2). Diese tabula rasa (unbeschriebene Tafel) wird nur beschrieben durch Erfahrung und zwar im doppelten Sinne von *sensation* (Sinnesempfindung) und *reflection* (Wahrnehmung). Alle Inhalte des Geistes, so die Kernthese, stammen aus Erfahrung.

L.s Essay hat provoziert und befruchtend gewirkt auf die führenden Köpfe europäischer Aufklärung. G.W.F. → Leibniz antwortet 1704 mit seinen »Neuen (!) Abhandlungen über den menschlichen Verstand«; G. → Berkeley führt 1709 die Diskussion fort mit seinem »Treatise Concerning the Principles of Human Knowledge«, und 1749 schließlich erscheint D. → Humes »Enquiry Concerning Human Understanding«. Auf die Herausforderung dieses Essays wiederum antwortet → Kant mit seinem Entwurf eines transzendentalen → Empirismus wie → Rationalismus überwindenden → Idealismus.

Weitere Werke L.s sind die für seine polit. Philosophie wichtigen Essays über das Naturrecht (1660; Essays on the Law of Nature), der Brief über Toleranz (1689; Epistola de tolerantia), Zwei Abhandlungen über die Regierungskunst (1690, Two Treatises of Government) sowie die »Gedanken über Erziehung (1693, some Thoughts Concerning Education).

Im Anschluß an die Epistola versucht L. in der von Orthodoxen wie Deisten gleichermaßen beanspruchten Abhandlung »The Reasonableness of Christianity« (1695) die Vernunft- wie Zweckmäßigkeit der christl., in der Offenbarung grundgelegten Religion zu zeigen. Das in der Offenbarung offenbarte, von L. freilich radikal reduzierte »göttliche Gesetz« ist identisch mit den durch die Vernunft erkennbaren natürlichen Gesetzen (vgl. den bezeichnenden deutschen Titel: Gründlicher Beweiß, daß die christliche Religion, so wie sie uns in der Heiligen Schrift vorgestellt wird, höchst billig, vernünftig und raisonale sey, 1733).

Lit.: R. Brandt: John Locke (1632-1704), in: Klassiker der Philosophie, Bd. 1: Von den Vorsokratikern bis David Hume, hg. von O. Höffe, [2]1985, 361-377; 503-505 (Lit.!); J. Hirschberger: Geschichte der Philosophie, Bd. 2, Neuzeit und Gegenwart, [12]1991, 200-223.

H. Hempelmann

Logik

1. In der Geschichte der L. ist die Sache der L. mit verschiedenen Begriffen bezeichnet worden (Aristoteles etwa spricht von Analytik, das MA von → Dialektik); zudem hat sich das, was man unter L. zu verstehen hat, fundamental gewandelt. Kann es nach dem Selbstverständnis der klassischen L. nur eine L. geben, so ist für die nicht-klassische L. und die ausdifferenzierte L.-Wissenschaft des 20. Jh.s gerade kennzeichnend, daß es nicht die normativen Regeln für alles »richtige« Denken geben kann. Es existiert vielmehr eine Vielzahl von möglichen Regelsystemen, von denen keines für sich beanspruchen kann, es allein beschreibe die Weise korrekter Vernunftschlüsse.

2. Als »Vater« der L. gilt → Aristoteles. Seine Schriften zur L. sind bereits im Altertum als Organon (»Instrument«, nämlich zum korrekten Herleiten und Ableiten von Aussagen) zusammengefaßt worden.

Gegenstände der L. als Lehre von den Formen und Methoden (*methodos*, griech. »Weg«) des richtigen Denkens sind bei Aristoteles:

a. der Begriff, d.h. v.a. die Frage rechter Definition durch Bestimmung dessen, was einen Gegenstand vom anderen unterscheidet und was ihn mit anderen verbindet;

b. die Kategorien als fundamentale »Gesichtspunkte, unter denen sich ein Ding betrachten läßt« (Störig, 178): Substanz, Quantität (Menge), Qualität (Beschaffenheit), Relation (Beziehung) usw.;

c. Urteil: als Verbindung (»Verknüpfung«) zweier Begriffe zu einem Satz oder Urteil. Es gibt verschiedene Formen von Urteilen: bejahende, verneinende, allgemeine, besondere, einzelne, solche über das Sein wie auch über das Möglich- oder Notwendig-Sein von etwas.

d. Ein Schluß verbindet Urteile in der Weise miteinander, daß er aus verschiedenen Voraussetzungen (Prämissen: A/B) eine Schlußfolgerung (Konklusion: C) zieht.

e. Ein Beweis verbindet verschiedene Schlüsse, mit Hilfe derer man einen Satz aus anderen zwingend herleiten kann.

f. Zu erwähnen ist schließlich noch die Induktion, die im Gegensatz zum Beweis nicht logisch zwingend ist, weil sie nicht aus einem allg. Obersatz herleitet, was in diesem als Implikat enthalten ist (wenn alle Schwäne weiß sind, ist es zwingend, daß auch dieser eine Schwan da weiß ist), sondern umgekehrt von Einzelbeobachtungen oder präziser: Einzelaussagen zu allg. Schlußfolgerungen kommen will. Diese besitzen aber keine Sicherheit, da noch soviele Es-gibt-Aussagen keine allg. Aussage der Art »Alle x sind y« beweisen (die Beobachtung noch sovieler weißer Schwäne beweist nicht, daß alle Schwäne aller Zeiten an allen Orten weiß sind).

Von konstitutiver Bedeutung für die L. sind die von Aristoteles als schlechthin grundlegend und wahr aufgefaßten Grundsätze der L.:

– der Satz vom Widerspruch (Dasselbe kann demselben in derselben Hinsicht nicht zugleich zukommen und nicht zukommen),
– (später) der Satz der Identität (1=1);
– der Satz vom ausgeschlossenen Dritten (zwischen Sein und Nicht-Sein desselben Sachverhaltes gibt es kein Drittes) und
– der Satz vom zureichenden Grund.

3. Abgesehen von → Leibniz (1646-1716), der in genialer Weise Grundanliegen der modernen L. (»Logistik, symbolischen oder formalen L.«) vorwegnimmt, gibt es in der Geschichte der L. bis zum Ende des 19. Jh.s kaum gravierende Entdeckungen. Der zu seiner Zeit revolutionäre Gedanke Leibniz', Denkverfahren zu formulieren, bei denen es überhaupt nicht auf die (inhaltliche) Bedeutung der einzelnen in einem Syllogismus auftretenden Elemente ankommt, sondern allein auf das formale Schema, in dem sie auftreten, wird von G. Frege, neben Ch.S. Peirce und G. Boole einer der Begründer der modernen, formalen L., in seiner »Begriffsschrift – eine der arithmeti-

schen nachgebildete Formelsprache des reinen Denkens« (1879) realisiert.

Kennzeichen dieser modernen im Gegensatz zur traditionellen L. sind: – die völlige Formalisierung:

es wird nur noch mit Variablen gearbeitet, die inhaltlich gleich-gültig sind und eine völlige Abstraktion vom Inhalt erlauben (sollen);

– das Ideal einer gereinigten logischen Kunstsprache, in der die Zweideutigkeiten der Alltagssprache (Beispiel: ist »ein« in »ein Haus« unbestimmter Artikel oder Zahlwort?) vermieden werden (sollen);

– eine Mathematisierung der L. (vgl. den bezeichnenden Titel der Schrift Freges!), die ein mechanistisches, im Prinzip auch von Maschinen (Computern) zu handhabendes Verfahren erlauben soll (vgl. dagegen A. Church).

4. Ausgerechnet der Versuch, nach einer Umwandlung der traditionellen L. zur mathematischen L. nun auch eine lange vernachlässigte logische Begründung der Mathematik, genauer: der Arithmetik zu liefern (für die Geometrie schien bereits Euklid mit Hilfe der Aristotelischen L. ein sicheres Fundament geschaffen zu haben), führt die moderne Mathematik und L. in eine Grundlagenkrise, die bis heute nicht bewältigt ist (Davis/Hersh; Guillen). In seinen »Grundgesetzen der Arithmetik, begriffsschriftlich abgeleitet« (1893; 1903), also mit Hilfe der symbolischen L. als sicher deduziert, versucht Frege (und im Anschluß an ihn B. Russell/A.N. Whitehead), auf der Basis der von G. Cantor entwickelten Mengenlehre die L. der Mengenlehre als Grundlage für die gesamte Mathematik zu verwenden. Freges Werk war noch im Druck, als Russell auf mögliche, das Ganze bedrohende Widersprüche hinwies (→ Antinomie). Russell wollte diese für jedes Aussagensystem tödlichen Widersprüche ausschließen, indem er bestimmte Formen von Aussagen verbot, etwa solche, die sich bei der Definition der ihr angehörenden Elemente auf sich selbst zurückbeziehen. Es war der Mathematiker K. Gödel, der dann 1931 alle Anstrengungen zunichte machte, L. und Mathematik auf ein neues, sicheres Fundament zu stellen. Er konnte nicht nur zeigen, »daß kein logisches System die Wahrheit aller mathematischer Aussagen beweisen kann, sondern auch, daß kein logisches System seine eigene logische Stimmigkeit nachweisen kann« (Guillen, 148).

Mit den Mitteln der formalen L. formulierte Gödel Aussagen, die zwar wahr, aber unbeweisbar sind, wie z.B. die Aussage: »Diese Behauptung hat keinen Beweis«. Ist diese Aussage wahr, so kann sie nicht bewiesen werden; ist sie falsch, so gibt es für sie also doch einen Beweis, und das bedeutet, daß sie wahr sein muß. Wenn widerspruchsfrei gedacht werden soll, kommt es hier mit Notwendigkeit zu Widersprüchen.

Gödels »Unvollständigkeitsgesetz« regte die Bildung von nicht-klass., mehrwertigen u.a. L.en an. Diese sehen vor, daß eine Aussage noch etwas anderes sein kann als wahr oder falsch, etwa: wahr, falsch oder nur möglich (trivalente L.). Es zeigt sich, daß sich eine Fülle möglicher, nicht-aristotelischer L.en ergeben, wenn bestimmte Grundsätze (etwa der vom ausgeschlossenen Dritten) in Frage gestellt oder verändert werden. Die Herausforderungen und die gefundene neue Flexibilität hat die L. in die Lage versetzt, für die ganz neuen ontologischen Postulate der Quantentheorie ein entsprechendes erkenntnistheoretisches Werkzeug, die Quanten-L., zu entwickeln.

5. Theologisch sind folgende Ergebnisse von Interesse:

– »Die Logik« als zeitlose und absolut sichere, alles weitere Wissen des Menschen auch unabhängig vom Gottesgedanken fundierende Erkenntnis gibt es nicht. Entgegen allen phil. und mathematischen Utopien gilt: Unser Erkennen ist Stückwerk. Wir können noch nicht einmal im Bereich von L. und Mathematik damit rechnen, uns nicht in Widersprüche zu verwickeln.

– Die Vielzahl möglicher L.en und der gerade in der mathematischen Grundlagenkrise neu aufbrechende Streit zwischen Platonikern, Formalisten und Konstruktivisten um die Realität logischer und mathematischer Entitäten (»finden« oder »erfinden« Logiker ihren Gegenstand?) hat den u.a. von Russell, G.E. Moore und dem Wiener Kreis propagierten antimetaphysischen (und antitheol.) Impuls ad absurdum geführt und die Hoffnung zerstört, metaphysische Fragen ließen sich hinwegdefinieren.

– Die weitere wissenschaftstheoretische Diskussion hat gezeigt, daß das Vorhaben einer Reinigung der Erkenntnis mit Hilfe logischer Mittel bis heute nicht gelungen ist. Probleme ergeben sich vielmehr auf der Ebene a) der Begriffe, b) der Sprache (jede »reine« Idealsprache als Objekt-Sprache ist letztlich zu definieren nur in einer »unreinen« Umgangssprache als Meta-Sprache), c) der als evident geglaubten, in Wahrheit sehr wohl sinnvoll in Frage zu stellenden Axiome der L., d) der Ausgangssätze: so trivial das Verfahren der formalen L. zu sein scheint, so bedeutungsvoll sind die Voraussetzungen im Vorfeld, in denen ein(e) Mathematiker(gemeinschaft) darüber entscheidet, welche klassischen Gegenstände denn eingesetzt werden dürfen. Hier fallen ontologische Vorentscheidungen (Härle/Herms, 59ff) von größtem inhaltlichen Gewicht.

Lit.: Ph.J. Davis, R. Hersh: Erfahrung Mathematik, 1985; M. Guillen: Brücken ins Unendliche. Die menschliche Seite der Mathematik, 1984; W. Hägele: »Ich kann das nicht glauben«. Ein kritisches Gespräch über den christlichen Glauben und die Axiomatik in der Mathematik, [2]1987 (Veröffentl. der Karl-Heim-Gesellschaft); W. Härle, E. Herms: Rechtfertigung. Das Wirklichkeitsverständnis des christlichen Glaubens, 1979; G. Patzig: »Logik. Logistik«, Fischer Lexikon Philosophie, hg. von A. Diemer, I. Frenzel, 4. Aufl. der Neuausgabe, 130-144; 144-156; W. Stegmüller: »Wissenschaftstheorie«, ebd., 334-360; H.J. Störig: Kleine Weltgeschichte der Philosophie, Bd. 1/2, [2]1971; »Logik, Logik, algebraische etc.« in: Enzyklopädie Philosophie und Wissenschaftstheorie, hg. von J. Mittelstraß, 1984, und in: Historisches Wörterbuch der Philosophie, Bd. 5, hg. von J. Ritter, K. Gründer, 1980.

H. Hempelmann

Logischer Positivismus → Positivismus

Logos → Jesus Christus

Löhe, Johann Konrad Wilhelm (1808-1872)

L., geb. am 21. 2. 1808 in Fürth/Bayern, gest. am 2. 1. 1872 in Neuendettelsau. Studium in Erlangen und Berlin, besonders geprägt durch Chr. Krafft bzw. G.F.A. Strauß. In verschiedenen Vikariaten bewirkten seine Treue im Amt und seine Predigterfolge die Ablehnung seiner Amtsbrüder und das Mißtrauen der weltlichen und kirchl. Obrigkeiten.

Am 1. 8. 1837 wurde er – unfreiwillig – Pfarrer im mittelfränkischen → Neuendettelsau, wo er bis zu seinem Lebensende blieb. Er wirkte als theol. Schriftsteller durch verschiedene Veröffentlichungen (Der evangelische Geistliche 1-2, 1852-1858, GW 3,2. Drei Bücher von der Kirche 1845, GW 5. Predigtpostillen, GW 6, 2-3 und rel. Kleinliteratur, GW 3,1), durch intensive Seelsorge (in Briefen, Sterbegleitung, auch über die Einzelbeichte), durch pastorale Betreuung der in die USA ausgewanderten deutschen Lutheraner sowie im Bereich der Inneren und Äußeren Mission (1854 Gründung der Diakonissenanstalt, GW 4). L. vertrat ein geistl.-sakramentales, den Gottesdienst verlebendigendes Luthertum und prägte nicht nur die bayrische Kirche maßgeblich. Seine ökumen. Wirkungen treten gegenwärtig stärker zutage als zu seiner Lebenszeit.

Lit.: W. Löhe: Gesammelte Werke 1-7 (12 Bde.) und Ergänzungsreihe, 1953-1986, 1991ff.

K. Beyschlag: Die Erlanger Theologie, 1993; J. Deinzer: Wilhelm Löhes Leben I, [4]1935, II, 1880, III, 1892; W. Schlichting: »Löhe«, TRE 22, 1992, 410-414 (Lit.).

D. Blaufuß/Red.

Lohmann, Ernst (1860-1936)

L. wurde am 21. 12. 1860 als Pfarrerssohn in Glowitz/Pommern geboren. Nach dem Studium war er zunächst Realschullehrer, ging dann ins Pfarramt im Rheinland und wurde von dort in die geistl. rege Laurentiusgemeinde nach Halle/S. berufen. Hier wandte er sich in der vornehmlich von Gebildeten geprägten Gemeinde besonders den unteren Schichten zu. Enger Kontakt bestand zu Martin Kähler. Von 1889 bis 1891 war er Inspektor der Ev. Gesellschaft in Wuppertal, von 1891-1896 Pfarrer in einer von wohlhabenden Bürgern errichteten unabhängigen Personalgemeinde in Frankfurt, wo er unter den Elenden und Vergessenen arbeitete und u.a. eine Trinkerrettungsanstalt (»Brückenhof«) errichtete.

In anfänglich parallelem Miteinander mit J.

→ Lepsius gründete er 1896 den »Deutschen Hülfsbund für christliches Liebeswerk im Orient« und gab für diese Missionsarbeit sein Pfarramt auf. 1899 regte er nach schwedischem Vorbild die Gründung des »Deutschen Frauenmissionsgebetsbundes (DFGBM)« an und war mehrfach auf Missionsreisen in der Türkei. Er begründete – mit anderen – die Tersteegensruh-Konferenz, 1898 das »Bibelhaus Malche« in Bad Freienwalde für Missionsschwestern und später auch -lehrerinnen, wo er seit 1910 auch als Lehrer für die bibl. Fächer wirkte. 1911 errichtete er ein Brüderhaus in Uchtenhagen (später Erholungsheim und Altenheim, 1991 von der Bibelschule → Falkenberg übernommen).

Von der → Erweckungsbewegung geprägt, nahm er an der ersten Gnadauer Konferenz 1888 teil und war dort noch mehrfach als Referent tätig. 1892 und 1893 fanden in seiner Frankfurter Gemeinde große Studentenkonferenzen statt, aus denen später die »→ DCSV« hervorging. 1913 war L. an der Gründung der → Pfarrergebetsbruderschaft (PGB) in Halle/S. beteiligt, in der er bis zum Ende seines Lebens mitarbeitete. Neben seiner evangelist. Tätigkeit war er auch literarisch tätig (mit über 70 Schriften) und gründete das erste wöchentlich erscheinende Verteilblatt »Für Alle« (Auflage 150.000), das Wochenblatt »Licht und Leben« und die Monatszeitschrift »Auf der Warte«. L. starb am 18. 4. 1936 in Brücken a.d. Helme.

Lit.: E. Lohmann: Nur ein Leben, 1933 (Autobiogr.); ders.: Die Kirche der Armen, [2]1928; ders.: Und die Kirche?, 1928.

Th. Brandt: Ernst Lohmann. Ein Pionier im Dienst Jesu, 1962; K.H. Voigt: »Lohmann, Ernst«, BBKL V, 1993, 182-186.

J. Eichler

Lohn

a) biblisch-theologisch

Der bibl. Begriff L. hebt, abgesehen von profan verwendeten Belegen, im AT theol. die unaufkündbare Beziehung des Menschen zu Gott hervor: Gott vergilt dem Menschen sein Tun (L. – Strafe). Geschichtstheol. dient er zur Deutung der verborgen wirkenden Gerechtigkeit Gottes gegenüber einer vermuteten Zufälligkeit (Segen – Fluch) und paränetisch zur Gestaltung des Lebens (Tun-Ergehen-Zusammenhang). Im Frühjudentum wird der L.gedanke z.T. als Verdienst im Sinne einer vom Menschen zu erbringenden, die Stellung vor Gott ordnenden Leistung mißverstanden.

Jesus knüpft in seiner Reich-Gottes-Verkündigung an die atl. Vorstellungen vom L. an und versteht ihn von Gottes endzeitlicher Verheißung und Erfüllung her. Weil allein Gott gut ist (Mt 19,17 par) und weil er seine Güte in überfließender Liebe als unverdient geschenkte Gnade den Menschen in Jesus zuwendet (Mt 20,15), verliert der Mensch jeden Anspruch darauf. Für ein Verdienstdenken bleibt so kein Raum mehr, aber die Glaubenden dürfen Lohn erwarten. Diese Botschaft befreit den Menschen von allem leistungsorientierten Rechnen vor Gott und Menschen (Mt 6,2.5.15) und bindet ihn zugleich in völligem Gehorsam an Gottes Willen (Lk 17,7-10). Für Jesus ist der Inhalt des verheißenen L. die Gottesherrschaft, die Gemeinschaft mit dem lebendigen Gott (Mt 25,21.34). Sie kann in der Jetztzeit wegen des Bekenntnisses zu Jesus in Anfechtung und Leid führen (Mt 5,11f). Dieses Bekenntnis schließt die Bruderliebe in der Gemeinde ein (Mt 10,40-42). Paulus nimmt die atl. Vergeltungslehre in seinen die Paränese begründenden Aussagen vom Gericht nach den Werken auf (Röm 2,1-11; 1Kor 3,8-15; 2Kor 5,10). Damit stehen seine Aussagen über die → Rechtfertigung in Spannung (Röm 4,4f). Die Gabe der Rechtfertigung empfängt der Glaubende geschenkweise als Gnade, nicht als Verdienst

(Röm 3,24). Ewiges Leben ist nicht L., sondern Charisma (Röm 6,23). Die Gabe des Hl. Geistes (Röm 5,5) leitet Gottes Kinder, läßt sie verantwortlich handeln und bewahrt darin vor Enthusiasmus, sittlicher Passivität oder Laxheit (Röm 12,1f). Aus der ihm von Gott gegebenen Stellung des Gerechtfertigten (Röm 5,1) gewinnt Paulus Heilsgewißheit, Hoffnung und Zuversicht im Blick auf das Endgericht (Röm 5,9; 8,33f; Phil 1,6.20). Das Bildwort vom L. verwendet Paulus auch zur Kennzeichnung seines Auftrags (1Kor 9,16-18). Weil er »schon« gerechtfertigt ist, kann er L.verzicht üben. In der Spannung zum »Noch nicht« gelten auch Recht und L. (1Kor 9,4-14). Der ntl. Lohngedanke trennt L. und Verdienst. Die allein von Gott in Christus gewährte Gnade zur Errettung schließt alles Verdienst- und Leistungsdenken seitens des Menschen total und endgültig aus. Weil der Glaubende im Endgericht auf L. hoffen darf, ist er zu verantwortlichem Handeln aufgerufen, obwohl »Gott das Wollen und Vollbringen zu seinem Wohlgefallen wirkt« (Phil 2,12f).

Lit.: P.C. Böttger: TBLNT[5], II, 1979, 912-916; G. Bornkamm: Der Lohngedanke im NT; ders.: Studien zu Antike und Urchristentum. Ges. Aufsätze II, [3]1970, 69-92; H. Merklein: Die Gottesherrschaft als Handlungsprinzip. Untersuchungen zur Ethik Jesu, 1978; O. Michel: Der Lohngedanke in der Verkündigung Jesu; ders.: Dienst am Wort. Ges. Aufsätze, hg. v. K. Haacker, 1986, 45-49; W. Pesch: EWNT II, 1981, 1063-1065; H. Preisker, E. Würthwein: ThWNT IV, 1942, 699-736; A. Schlatter: Das christliche Dogma, [2]1923, 181-186; 549-552; W. Schrage: Ethik des NT, [2]1989; E. Synofzik: Die Gerichts- und Vergeltungsaussagen bei Paulus. Eine traditionsgeschichtliche Untersuchung, 1977; M. Winter: »Lohn, I. NT«: TRE 21, 1991, 447-449.

H.Plötner

b) ökonomisch

Jedes als Vergütung von Arbeitsleistung angesehene Entgelt wird als L. bezeichnet, wobei nicht nur Arbeitnehmer L.empfänger sind, sondern auch andere Wirtschaftssubjekte einen L. erwirtschaften (Beamte, Angestellte, Künstler, Unternehmer). In der Wirtschaftswissenschaft werden L.fragen in drei Bereichen abgehandelt:

1. Die L.theorie befaßt sich mit den Bestimmungsgrößen der L.höhe und ihrer Veränderungen.

2. In der Makrotheorie werden die Auswirkungen von L.niveau und L.höhe auf ökonomische Aggregate (Preisniveau, Arbeitslosigkeit) hergeleitet.

3. In der Wirtschaftsethik wird die Frage des »gerechten Lohns« behandelt.

Bei den Löhnen wird zwischen verschiedenen Arten und L.formen unterschieden. Es gibt Geld- und Naturallöhne sowie Real- und Nominallöhne. Auch Provisionen, Prämien, Tantiemen und Gratifikationen gelten als L. Die L.höhe kann durch Einzelvertrag (auf Effektiv-L.) oder Kollektivvertrag (Tarif-L.) festgelegt werden.

Bei den L.formen unterscheidet man Zeitlöhne, in welchen ohne Rücksicht auf die tatsächliche Leistung ein Stundenl. festgelegt wird, und Leistungsl. (Akkord), der von der Leistung des einzelnen abhängt, wobei meistens ein Zeitakkord festgelegt wird.

Heute ist umstritten, ob die Festlegung des L.s über den Marktmechanismus erfolgen soll. Da die Arbeitnehmer in der modernen Welt zu einem großen Teil von ihrem L.einkommen abhängig sind, ergibt sich eine inverse Angebotsreaktion: Bei niedrigen Löhnen wird mehr Arbeitszeit angeboten, so daß es im 19. Jh. zu Auswüchsen der Kinderarbeit kam, um ein Familienexistenzminimum zu erwirtschaften. Die Gewerkschaften haben über den Kollektivarbeitsvertrag das Problem sinkender Löhne gelöst. Kritisch können sich hohe Tariflöhne erweisen, wenn dadurch Arbeitslosigkeit hervorgerufen wird.

Die Wirtschaftstheorie hat als ideale L.höhe das Niveau der Arbeitsproduktivität festgelegt. Wird dem Arbeitnehmer entsprechend seinem Wertgrenzprodukt der Arbeit ein L. bezahlt, dann wird er beschäftigt, übersteigt der Tarifl. seine Produktivität, lohnt es sich für den Arbeitgeber nicht, den Arbeitnehmer einzustellen. Ein großer Teil der Arbeitslosigkeit kann durch überhöhte Tariflöhne erklärt werden, obgleich es im Einzelfall schwierig ist, das Wertgrenzprodukt der Arbeit zu ermitteln.

In der Scholastik wurde der gerechte L. als standesgemäßer L. verstanden. In der Moderne wird ein leistungsbezogener L. gezahlt.

Ziel des Lohnschutzes ist die Sicherung pünktlicher und korrekter Auszahlung der Arbeitsentgelte. Zum Lohnschutz gehören das Truck-Verbot (§ 115 Gewerbeordnung), das Verbot der Lohnauszahlung in Gastwirtschaften (§ 116), die Sicherung von Teilen des Arbeitsl.s bei Pfändungen (§ 850 Zivilprozeßordnung), sowie der besondere Schutz von Lohnforderungen im Konkursfall durch § 61 der Konkursordnung.

Lit.: K. Emmrich, H.-D. Harders, D. Sadowski, E. Spitznagel (Hg.): Einzel- und gesamtwirtschaftliche

Aspekte des Lohnes; IAB Beitr. AB 128, 1989; B. Külp: »Lohntheorie«, HdSW Bd. 5, 1980, 73-99.

W. Lachmann

Loisy, Alfred (1857-1940)

Der Theologe und Religionsphilosoph Alfred L. wird als »Vater des kath. Modernismus« bezeichnet. Mit seiner Vorstellung der Geschichtlichkeit von Kirche und Glaubensdogma geriet er in Konflikt mit Rom und dem Lehramt. Nach der Exkommunikation 1908 brach L. auch persönlich mit der Kirche.

L. wurde am 28. 2. 1857 in Ambrières geb. Er stammte aus einfachen Verhältnissen, durchlief die typische Seminarausbildung und wurde 1879 zum Priester geweiht. Nach kurzer Seelsorgetätigkeit kam L. zum Weiterstudium an das Institut Catholique in Paris, wurde hier Dozent und Professor für Bibelwissenschaft (1885). Sein Gebrauch der hist.-kritischen Methode und seine Vorstellung von der hist. Bedingtheit der Bibel erregten die Kritik der Kirchenleitung. 1893 mußte L. seinen Lehrstuhl aufgeben und erhielt die Stelle eines Hausgeistlichen und Religionslehrers an dem Internat der Dominikanerinnen in Neuilly. 1898 zwang ihn sein schlechter Gesundheitszustand, sich ins Privatleben zurückzuziehen, wo er sich intensiv theol. Studien widmete. Es festigte sich dabei seine Ablehnung des traditionellen Offenbarungsbegriffs und eines objektivistischen Dogmenbegriffs.

Aufsehen erregte L. mit seiner Entgegnung der Schrift → Harnacks »Das Wesen des Christentums«. Während Harnack den Glauben als rein individuellen Akt begriff und die Kirche in ihrer geschichtl. Ausformung als rein äußeres und sekundäres Element abwertete, betonte L. mit der Schrift »L'Evangile et l'Eglise« (1902), daß Jesu apokalyptische Reich-Gottes-Verkündigung stets eine heilsgeschichtl., kollektive Perspektive besaß, die in der Kirche weitergetragen werde: »Jesus hatte das Reich Gottes angekündigt, und dafür ist die Kirche gekommen. Sie kam und erweiterte die Form des Evangeliums, die unmöglich erhalten werden konnte, wie sie war ...« (Evangelium und Kirche, 1904, 112f). Gegen die liberale Theologie verteidigte L. damit den → Katholizismus, sah ihn aber gleichzeitig einem Prozeß von »Interpretationen und Anpassungen« unterworfen: »Die Tradition der Kirche bewahrt sie [die Reich-Gottes-Botschaft], indem sie sie erläutert und den wechselnden Lebensverhältnissen der Menschheit anpaßt« (ebd., 113).

1903 wurde »l'Evangile et l'Eglise« mit vier weiteren Werken auf den röm. Index gesetzt. L. unterwarf sich zwar, löste sich aber langsam von der Kirche. 1907 wurden Sätze L.s durch das Heilige Offizium und von Pius X. als »modernistisch« verurteilt. 1908 wurde L. exkommuniziert. Ab 1909 bekleidete L. den Lehrstuhl für Religionsgeschichte am Collège de France, von 1924-1927 war er an der Ecole des Hautes Etudes tätig. Er vertrat nunmehr eine vom positiven Christentum losgelöste Menschheitsreligion, hielt dabei aber an einem transzendenten Gott fest. Unversöhnt mit der Kirche starb er am 1. 6. 1940.

Lit.: E. Goichot: Alfred Loisy, GdKG Bd. 10, 1985, 101-112; P. Neuner: »Loisy, Alfred«, TRE 21, 1991, 453-456 (Lit.).

W. Weiß

Lombardus, Petrus (ca. 1095/1100-1160)

L. (genaues Geburtsjahr unbekannt) stammte aus Lumellogno bei Novara (Italien), studierte nach Vorstudien in Italien kurz in Reims und kam 1134/35 nach Paris, lebte in St. Viktor, studierte Theologie, wurde Priester und theol. Lehrer an der Kathedralschule (Notre Dame), später Archidiakon, 1159 Bischof von Paris; dort starb er am 20. 7. 1160.

L. hat zwei exeget. Werke hinterlassen, die »Glossa in Psalmos« (Psalmenkommentar) sowie die »Glossa in epistolas b. Pauli« (Kommentar zu den Paulusbriefen); weiteres ist zumindest nicht erhalten. Außerdem sind Predigten von ihm überliefert.

Seinen eigentlichen Ruhm begründet hat jedoch sein »systematisches« Hauptwerk, die vier Bücher Sentenzen: »Sententiae in IV Libris distinctae«, verfaßt 1155 bis 1158. Es ist eine Gesamtdarstellung der Theologie der Zeit, wobei die »Sentenzen« (= Lehrmeinungen) der Kirchenväter, vor allem → Augustins, den Kern bilden, die theol. Diskussion der Zeit jedoch berücksichtigt und eingearbeitet wird; dabei findet die »heilsgeschichtliche« Theologie (Hugo v. St. Viktor) vor allem Berücksichtigung, aber auch die dialektische Spekulation (P. → Abaelard); im eigenen Urteil war L. eher zurückhaltend. Die vier Bücher sind ursprünglich in Kapitel gegliedert, später (→ Alexander v. Hales) in Distinktionen (d.). Buch I behandelt die Gotteslehre, vor allem die Trinität (d. 2-33), Buch II Schöpfung und Sünde, Buch III die Inkarnation (d. 1-22) und die »Tugenden« (d. 23-36: Glaube, Hoffnung, Liebe, Kardinaltugenden, Geistesgaben) sowie den Dekalog (d. 37-40), also Christologie und Ethik, Buch IV enthält die Lehre von den (7) Sakramenten (d. 1-42; besonders ausführlich die Ehe, d. 26-42) und die Eschatologie (d. 43-50). Das Buch hatte einen ungeheuren Erfolg: es wurde bald glossiert und kommentiert und (seit Alexander v. Hales) dem akademischen Unterricht zugrunde gelegt. Die Hauptwerke vieler mittelalterl. Theologen waren ebenfalls Sentenzenkommentare (z.B. Bonaventura, Johannes Duns Scotus). So ist L. zum »Schulmeister der Theologie des Mittelalters« geworden (Hödl).

Lit.: P.L. 191-192: Maßgebliche Ausgabe der Sentenzen: Mag. Petri Lombardi ... Sententiae in IV Libris distinctae. Ed. Tertia, Band I (= Buch I u. II), 1971; Band II (= Buch III u. IV), 1981.

L. Hödl: »P. Lombardus«, GdKG 3, 1983, 205-223; (lat.) »Prolegomena« der Ausgabe der Sent. (Band I: 171 S.; Band II: 100 S.).

B. Steinseifer

Lorber-Gesellschaft

Die L.-G. geht auf Jakob Lorber, einen Musiker aus Graz (1800-1864), zurück, der eine innere Stimme (von Christus, z.T. von Engeln) hörte und die empfangenen Neuoffenbarungen in 25 Bänden aufschrieb. 10 Bände machen das »Große Evangelium Johannis« aus. Der Lorber-Verlag (seit 1921) und die L.G. (auch Neu-Salem-Gesellschaft, auch Neu-Lichtfreunde genannt, seit 1949), beide in Bietigheim bei Stuttgart ansässig, vertreiben Schriften und Gedankengut Lorbers. Die Anhänger bilden eine offene Gemeinschaft; → Kirchenaustritt ist nicht erforderlich. Gottfried Mayerhofer (gest. 1877) und Johannes Widmann (gest.. 1940) setzen Lorbers Offenbarungen bis in die Gegenwart fort. Die L.-G. arbeitet auch in geringer Verbreitung außerhalb Deutschlands (Österreich, Ungarn, Schweiz, Italien, England, USA u.a.).

Das Gedankengut Lorbers konzentriert sich auf Gott und die Welt; seine Offenbarungen sind durchweg nicht an der Bibel orientiert, sondern entstammen einer eigenartigen esoterischen Weltanschauung: Gott gilt als unendlicher Geist, dessen Schöpfung unendlich weitergeht und in der Liebe ihr Zentrum hat. Auf der Erde ist der Kampf zwischen Gott und Luzifer entbrannt und von allen Christen zu führen. Christus ist für Lorber nicht mehr als Vorbild und Lehrer. Trinitäts- und Rechtfertigungslehre werden abgelehnt. Gelegentlich wird auf Swedenborg als Ziehvater Lorbers verwiesen, aber diese Beziehung ist unwahrscheinlich. Die L.-G. gehört zu den typischen Offenbarungs-Sekten der Neuzeit und ist mit dem bibl. Evangelium unvereinbar.

Lit.: J. Lorber: Das Große Evangelium Johannis, [5]1981-1986.

K. Hutten: Seher, Grübler, Enthusiasten, [17]1982, 583ff (Lit.); H. Reller, M. Kießig (Hg.): Handbuch Religiöse Gemeinschaften, [3]1985, 197-209 (Lit.).

G. Ruhbach

Lörcher, Richard (1907-1970)

L., geb. am 15. 3. 1907 in Cleebronn/Württemberg, gest. am 13. 7. 1970 in Spangenberg/Hessen, Jugendseelsorger, Dichter, Posaunenwart. Der Pfarrerssohn wirkte seit 1932 als Diakon in Steinhagen/Westfalen. Von der Liebe zu Christus beseelt, versuchte er auf immer neue Weise, jungen Menschen das → Evangelium zu erschließen. Aus seinen Bibelstunden erwuchsen kurze, liedhafte Texte, zu denen er oft selbst die Weisen ersann. »Das Aufgebot« (Berlin, 1938) veröffentlichte seine ersten Lieder, von denen vor allem das Bekenntnislied »Jesus Christus, König und Herr« beliebt wurde. 1946 wurde L. Posaunenwart des Westdeutschen Jungmännerbundes (→ Christlicher Verein junger Menschen). Das Blasen war ihm ein Evangeliumsdienst. Dem »Betheler Kreis«, einem Vorläufer der → Bekenntnisbewegung, gehörte L. aktiv an.

F.S. Rothenberg

Los-von-Rom-Bewegung

Unter der L. versteht man die Abfallsbewegung von der kath. Kirche bzw. die Übertrittsbewegung zur ev. und altkath. Kirche unter der deutschsprachigen Bevölkerung in der Spätphase Österreich-Ungarns.

Direkter Auslöser war die Sprachenverordnung von 1897, welche die tschechische Sprache der deutschen in Böhmen weitgehend gleichstellte. Dadurch fühlten sich diejenigen Deutschen bestätigt, welche ihre Vorrangstellung im habsburgischen Vielvölkerstaat, die sie der Rasse und der kulturellen Überlegenheit nach für gerechtfertigt glaubten, gefährdet sahen. Die kath. Kirche mit ihrer internationalen Ausrichtung betrachtete diese Kreise mit Argwohn und blickte mit Bewunderung auf das prot. geprägte Deutsche Reich.

Auf dem Deutschen Volkstag in Wien 1897 wurde daher die Losung »Los-von-Rom« erhoben. Hier verschmolzen liberal-antiklerikale und antiultramontane Tendenzen mit rassistischem Gedankengut und deutschrel. Vorstellungen.

Der → Evangelische Bund wurde auf die Entwicklung aufmerksam und war bereit, die Bewegung zu unterstützen. Er sah es aber als notwendig an, von der negativen Formel »Los-von-Rom« mit der überbetont nationalen Färbung auf das positive Anliegen »Hinein in das Evangelium« hinzulenken. Der Evangelische Bund schickte Vikare und half beim Aufbau ev. Gemeinden. Der Gustav-Adolf-Verein förderte den Bau von Gemeindehäusern und Kirchen. Die Zahl der Übertritte belief sich auf ca. 75.000.

Eine Bewegung »Los-von-Rom« fand sich mit völlig anderen Motiven auch unter der tschechischen Bevölkerung (nationaltschechische Anknüpfung an die Hussiten und die »Böhmischen Brüder«).

Lit.: H. Grote: »Los-von-Rom-Bewegung«, TRE 21, 1991, 469-471 (Lit.); K.R. Trauner: Die studentische Los-von-Rom-Bewegung, in: Jahrbuch für die Geschichte des Protestantismus in Österreich 107/108 (1991/1992), 137-166.

W. Weiß

Löscher, Valentin Ernst (1674-1749)

Als Sohn des ab 1687 in Wittenberg lehrenden Professors der Theologie und Generalsuperintendenten Kaspar L. wurde L. am 8. 1. 1674 in Sondershausen geboren. 1690 Studium in Wittenberg, Interesse für Kirchengeschichte, 1698 Superintendent in Jüterbog, 1701 in Delitzsch, 1707 Professor der Theologie in Wittenberg, wurde L. 1709 als Pfarrer der Kreuzkirche, als Superintendent und Mitglied im Oberkonsistorium nach Dresden berufen, wo er für Jahrzehnte eine intensive pastorale und kirchenpolit. Tätigkeit entfaltete und am 12. 2. 1749 verstarb.

L. war der letzte bedeutende, universal gebildete Vertreter der luth. Orthodoxie in Deutschland. Letztlich ohne Verständnis für die Tendenzen und Motive der neueren europ. Geistesgeschichte kämpfte er gegen alle Neuerungen: gegen den kurfürstlichen Absolutismus, gegen den Katholizismus am Hofe Augusts des Starken, gegen die Unionsbestrebungen in Brandenburg (Außführliche Historia Motuum zwischen den Evangelisch-Lutherischen und Reformirten, 1707-1724), vor allem aber gegen die Philosophie der beginnenden → Aufklärung und den → Pietismus (Praenotiones Theologicae contra Naturalistarum et Fanaticorum omne genus, 1708). Trotz umfänglicher Zustimmung zu Speners praktischer Kirchenreform und einer mystisch inspirierten Frömmigkeit konnte L. der Fundamentalthese der Halleschen Pietisten, nur auf der Basis der Bekehrung sei wahre Theologie möglich, nicht zustimmen (Merseburger Konferenz mit A.H. Francke 1719). L.s antipietist. Polemik findet sich im »Vollständigen Timotheus Verinus« (I 1718, II 1721). L. gründete die erste theol. Zeitschrift (Unschuldige Nachrichten von alten und neuen theologischen Sachen, 1701-1746), als Kirchenlieddichter wirkt er bis in die Gegenwart (Ich grüße dich am Kreuzesstamm).

Lit.: M. Greschat: Zwischen Tradition und neuem Anfang. V.E. Löscher und der Ausgang der lutherischen Orthodoxie, 1971.

J.O. Rüttgardt

Lösegeld → Sühne

Losungen

Die »Täglichen Losungen und Lehrtexte« entstammen der Herrnhuter Brüdergemeine und gehen zurück auf deren Gründer Nikolaus Ludwig Graf von → Zinzendorf. Am 3. 5. 1728 gab er der versammelten Gemeinde eine kurze Liedstrophe als Parole für den nächsten Tag: »Liebe hat ihn hergetrieben, Liebe riß ihn von dem Thron, und ich sollte ihn nicht lieben?« Diese Losung, für jeden Tag neu bestimmt, wurde fortan durch die Ältesten als Leitwort für den Tag in die Häuser der Siedlung Herrnhut getragen. 1731 erschien das erste gedruckte Losungsbuch mit dem Titelblatt »Ein guter Muth, als das tägliche Wohl-Leben der Creutz-Gemeine Christi zu Herrnhut ..., durch die Erinnerung ewiger Wahrheiten, alle Morgen neu.« Seitdem erscheint das Losungsbuch Jahr für Jahr in zunehmender Auflagenzahl. Seit 1812 werden die Tagesl. aus einer Spruchsammlung atl. Bibelworte ausgelost. Diesen L. werden ntl. »Lehrtexte« als Ergänzung, Erläuterung oder Kontrasttexte zur Seite gestellt. Dazu kommen zwei tägliche Bibellesen: eine am → Kirchenjahr orientierte und eine fortlaufende Bibellese. Liedstrophen oder kurze Gebete vervollständigen die L. für jeden Tag. Kaum ein anderes Andachtsbuch hat in den letzten zwei Jahrhunderten die Frömmigkeitsgeschichte des Protestantismus so nachhaltig beeinflußt und geprägt wie die Herrnhuter Losungen, die tagtäglich Millionen von Lesern und Hörern in allen Teilen der Welt miteinander verbinden. Im Jahr 1993 erschien die 263. Ausgabe der Losungen in einer deutschsprachigen Gesamtauflage von über 1 Mio. Exemplaren. Die L. werden heute in 40 Sprachen übersetzt.

Lit.: H. Renkewitz: Die Losungen. Entstehung und Geschichte eines Andachtsbuches, [2]1967.

Th. Sorg

Lourdes

Die in den franz. Pyrenäen gelegene Kleinstadt gehört zu den größten Wallfahrtsorten der kath. Christenheit. Die Marienwallfahrt geht zurück auf Ereignisse des Jahres 1858. Die vierzehnjährige Bernadette Soubirous (1844-1879) berichtete von 18 Visionen der »schönen Dame« in der Grotte Masabielle zwischen dem 11. Februar und dem 16. Juli 1858. Bernadette schilderte sie mit einem weißen Kleid, einem Schleier und einem blauen Gürtel bekleidet, mit zwei gelben Rosen an den Füßen und einem Rosenkranz in der rechten Hand (»Lourdesmadonna«). Nach der Erzählung Bernadettes gab sie sich ihr mit den Worten »Ich bin die Unbefleckte Empfängnis« zu erkennen. Bernadette ist die einzige Zeugin der Erscheinungen. Weitere Anwesende konnten die »schöne Dame« weder hören noch sehen. Die Erscheinungen sind in Verhörprotokollen und in Berichten Bernadettes niedergelegt. Beweisbares Faktum ist, daß Bernadette am 25. Februar 1858 in Anwesenheit von 350 Menschen eine bis dahin unbekannte Quelle entdeckt hat, die bis heute fließt. Die Erscheinungen von L. fanden die amtliche Anerkennung durch die kath. Kirche.

Besonders die Nachricht von Heilungen in der Quelle von L. ließ den Ort schnell zu einem internationalen Wallfahrtsort werden. Es gibt bis in die Gegenwart hinein in L. medizinisch nicht erklärbare Heilungen. Erst wenn eine Heilung von einem internationalen Ärzteteam überprüft und bestätigt ist, wird eine kirchl.-kanonische Kommission eingesetzt, die entscheidet, ob von einem Wunder gesprochen werden kann.

Die Anziehungskraft von L. speist sich aber aus mehr als Wundersucht und Wunderglaube. »Lourdes ist zu einem neuen und eindringlichen Pfingstereignis geworden: Maria, die Mutter Jesu, betet inmitten des Gottesvolkes, umbrandet von der Vielfalt der Sprachen, der Rassen, der Völker« (A. Läpple). 1899, 1914 und 1981 haben hier Eucharistische Weltkongresse stattgefunden. 1983 besuchte Papst Johannes Paul II. L. als Pilger.

Lit.: A. Läpple: Lourdes, 1983; W. Radspieler: Lourdes. Gebet- und Erinnerungsbüchlein für die Pilger zur Gnadenstätte, [2]1985.

W. Weiß

Low Church → Anglikaner/Anglikanismus

Lubac, Henri Kardinal de, S.J. (1896-1991)

geb. am 20. 2. 1896 in Cambrai/Fr., gest. am 4. 9. 1991 in Paris, Professor für Apologetik, später für Dogmatik, Fundamentaltheologie und Religionsgeschichte.

1913 Eintritt in den Jesuitenorden, Studium in Canterbury, Jersey, Hastings und Lyon. 1927 Priesterweihe, 1929 Professor für Apologetik an der Theol. Fakultät von Lyon. Als Vertreter der »→ Nouvelle Theologie« verlor er im Zusammenhang mit der Enzyklika → Humani Generis Pius' XII. 1950 seinen Lehrstuhl. Papst Johannes XXIII. rehabilitierte ihn und ernannte ihn 1960 zum Konsultor der theol. Vorbereitungskommission des Konzils und dann zum Peritus (theol. Berater) des II. Vatikanums, das L. theol. entscheidend mitprägte. Wichtig war seine Mitarbeit vor allem für die Entstehung der dogmat. Konstitution über die göttliche Offenbarung »Dei Verbum«. 1983 erhielt er die Kardinalswürde.

Das denkerische Werk L.s ist von großer Weite. Vom Studium der Kirchenväter (Origenes bis tief ins MA) hin zu eindringenden Analysen des modernen humanistischen Atheismus (Marxismus), von den großen Scholastikern hin zu neuzeitlichen Denkern wie → Nietzsche und Comte (→ Positivismus) kommt er zu wichtigen Studien über asiatische Religionen, in denen er den Spuren eines vom Abendland so verschiedenen Atheismus nachgeht. All diesen Studien liegt eine einheitliche Mitte zugrunde: Überall, wo von Gott gesprochen wird – auch da, wo man ihn bestreitet – leuchtet das Geheimnis Gottes und seiner Gegenwart auf. Das wahrzunehmen und es vom Licht der Offenbarung her weiter zu deuten, war das zentrale Anliegen L.s. Das zeigt sich beispielhaft bereits in seinem ersten größeren Werk »Catholicisme« (1938; dt. »Glauben aus der Liebe«), vor allem in »Surnaturel« (1946; die erweiterte Ausgabe dt. »Die Freiheit der Gnade«), in der er der Beziehung zwischen »Natur« und »Übernatur« in hist. Studien eindringend nachgeht. Dahinter steht für ihn die brennende Frage, wie Erkenntnis Gottes möglich ist (»De la conaissance de Dieu«, 1945; erweitert »Sur les chemins de Dieu«, 1959; dt. »Auf den Wegen Gottes«, 1992). Anregend wurden seine Studien zur altkirchl. Exegese, vor allem über Origenes (»Histoire et Esprit«, 1950; dt. »Geist aus der Geschichte«, 1968).

Lit.: H. de Lubac: »Die Kirche«, 1968; Corpus Mysticum. Eucharistie und Kirche im Mittelalter, 1969; Quellen kirchlicher Einheit, 1974; Credo, 1975; Über Gott hinaus. Die Tragödie des atheistischen Humanismus, 1984; Geheimnis, aus dem wir leben ²1990; u.a.

K. Neufeld, M. Sales: Bibliographie 1925-1974, 1975; H.U. von Balthasar: Henri de Lubac. Sein organisches Lebenswerk, 1976.

W.J. Bittner

Ludwig-Hofacker-Vereinigung

Evangelische Arbeitsgemeinschaft für Bibel und Bekenntnis in Württemberg. Gegründet 1951 in der Auseinandersetzung um die rechte Auslegung der Bibel (»Bultmann«-Debatte), wurde sie immer mehr zu einer württembergischen Plattform von pietist. Gemeinschaftsverbänden, mission. Aktionen und evangelist. Jugendbewegungen. Ihr Ziel ist die Weckung und Stärkung des bibl. Glaubens; dem dienen die jährlich durchgeführte Ludwig-Hofacker-Konferenz (ca. 20.000 Teilnehmer) und die regional veranstalteten Abendbibelschul- und Vortragsreihen. Weitere Ziele sind die Verbundenheit mit der evangelikalen Weltchristenheit (Jugendmissionskonferenzen und Süddeutsche Missionswochen), die Mitverantwortung für den theol. Nachwuchs der Kirche (Unterstützung des Tübinger → Albrecht-Bengel-Hauses und Durchführung von Vikarstagungen) und Mitverantwortung für das kirchenleitende Handeln (über die Wahlarbeits- und Synodalgesprächsgruppe »Lebendige Gemeinde«). 50 Schlüsselpersonen bilden den Ludwig-Hofacker-Kreis; der Vorstand besteht aus fünf Mitgliedern des Kreises. Neben der Quartalzeitschrift (Auflage: 20.000) »Lebendige Gemeinde« werden eine Lektorenpredigtreihe sowie die Predigthilfe »Zuversicht und Stärke« regelmäßig herausgegeben. Die Vereinigung ist Mitglied in der → Konferenz Bekennender Gemeinschaften.

R. Scheffbuch

Lüge

Das Bedeutungsspektrum der einschlägigen atl. Begriffe reicht von der unzutreffenden Aussage und der nicht eingehaltenen Zusage über das Verhehlen oder Bestreiten eines Tatbestandes bis hin zum Treubruch, der dem Nächsten vorsätzlich Schaden zufügt. Was so zunächst Einzeltatbestände bezeichnet, kann zugleich ins Grundsätzliche gezogen werden: »Gott ist nicht ein Mensch, daß er lüge« (4Mo 23,19): bei Gott ist reine Wahrhaftigkeit und Zuverlässigkeit, während der Mensch immer wieder der Täuschung und dem Trug ausgeliefert ist oder sich gar willentlich zu ihrem Werkzeug macht. Darum kann Gottlosigkeit, Götzendienst und Vertrauen auf anderes als den Gott Israels synonym mit L. werden (Am 2,4; Hos 10,13; Jes 28,15-18; 59,12-15). Entsprechend erscheint in den johanneischen Schriften des NT der Gegensatz zwischen Gott und dem Teufel als der Gegensatz zwischen Wahrheit und L. (Joh 8, 37-45; 1Joh 1,6-10; 2,21-23; Offb 21,27; 22,15; vgl. auch Röm 3,4; Kol 3,8-10; Eph 4,25).

Für die ethischen Anschauungen in der kirchl. Lehrtradition sind neben den praktischen Fragen vor allem drei Faktoren bestimmend:

- die strikte bibl. Ablehnung der L.;
- die Tatsache, daß in manchen bibl. Geschichten ohne Kritik von L.n. z.B. der Erzväter erzählt wird;
- der Einfluß griech.-phil. Lehrtraditionen, die auf dem Hintergrund spezifischer Fragehorizonte und der sprachlichen Gegebenheiten

(*pseudos* meint gleichermaßen Irrtum wie L. und hat vor allem die objektive Falschheit der Aussage im Blick, weniger den Willen des Redenden) die »Lüge« nicht so strikt und durchgängig ablehnen.

Die Schwierigkeiten beginnen schon bei der Definition der L.: die objektive (materiale) Falschheit der Aussage als solche kann ja kein hinreichendes Kriterium für die Verwerflichkeit der L. sein, denn sie gilt auch für den Irrtum. Ist es der subjektive Wille, etwas Falsches zu sagen (formale Falschheit), der die L. ausmacht? Oder die Absicht, den angeredeten Menschen zu täuschen? Oder erst der Wille, ihm durch die Täuschung Schaden zuzufügen? Von Augustin an (De mendacio, ca. 395; Contra mendacium, ca. 420) setzt sich durch: jede willentliche Falschaussage ist L. und gilt als verwerflich; lediglich der Grad der Verwerflichkeit kann je nach Umständen unterschiedlich sein. Üblich wird eine dreifache Einteilung in Scherzlüge (*mendacium iocosum*), Nutzlüge (*mendacium officiosum* – zugunsten eines schutzwürdigen Gutes der Allgemeinheit, des Nächsten oder auch des Redenden selbst) und Schadenlüge (*mendacium perniciosum* – eine L., die anderen Schaden zufügen will).

Die kath. Tradition hielt im wesentlichen an der grundsätzlichen Verwerflichkeit jeder willentlichen Falschaussage fest und bildete daneben zu Beginn der Neuzeit für die Fälle, in denen die Täuschung eines anderen ethisch notwendig erscheint, die Lehre von der → Mentalreservation aus. Die prot. Tradition neigt statt dessen eher dazu, eine Nutzlüge unter bestimmten Bedingungen als erlaubt anzusehen (»Notlüge«). Bereits bei Luther finden sich einzelne Aussagen in dieser Richtung. Von Hugo → Grotius nimmt eine Tradition ihren Ausgang, die zwischen (erlaubter) Falschaussage und L. unterscheidet und als Kriterium die Frage einführt, ob der Angeredete ein Recht darauf hat, in der fraglichen Sache die Wahrheit zu erfahren. Der deutsche Idealismus (→ Kant, → Fichte) trat für einen kompromißlose Wahrhaftigkeitspflicht ein.

Die Konfliktfälle, um die es hier geht, sind wohl kaum durch Regeln der einen oder anderen Art zu lösen; es kann weder gerechtfertigt werden, daß man um der Wahrhaftigkeit willen das Leben eines zu Unrecht verfolgten Menschen preisgibt, noch kann man die grundsätzliche Bindung an die Wahrhaftigkeit des Redens durchhalten, wenn man für solche Fälle sich und anderen die L. für erlaubt erklärt. → Bonhoeffers Hinweis auf die »in Christus begründete Verantwortung, um des Nächsten willen Schuld zu tragen« (Ethik, 260) ist vielleicht die gemäßeste Form, die Bindung an die beiden Verantwortlichkeiten, die hier in Konflikt miteinander geraten, auch in diesem Konflikt gemeinsam anzuerkennen und zur Geltung zu bringen.

S.a. → Wahrhaftigkeit, → Wahrheit, → Wahrheitsethos

Lit.: G. Bien, R. Denker: »Lüge«, HWP 5, 533-545; D. Bonhoeffer: Ethik, [8]1975, 255-263.385-395; M.A. Klopfenstein: Die Lüge im Alten Testament, 1964; W. Köhler: Luther und die Lüge, 1912; W. Molinski: »Wahrheitsethos«, Sacramentum Mundi 4, 1969, 1232-1243; G. Müller O.S.B.: Die Wahrheitspflicht und die Problematik der Lüge, 1962 (hist. Darstellung – Bibliographie); A. Schlatter: Das christliche Dogma, [3]1922 (§ 32 Die Zerstörungen des Denkens); H. Thielicke: Theologische Ethik Bd. II/1, [4]1973, 110-189.

H. Hafner

Lukas

Nach dem Phlm-Brief trug ein Mitarbeiter des Paulus den Namen L. (Phlm 24), was wahrscheinlich eine Kurzform von Loukios darstellt. Dennoch ist eine Identifizierung mit dem Judenchristen Lucius (Röm 16,21) und erst recht mit Lucius von Kyrene (Apg 13,1) unwahrscheinlich. Die wertvolle Personalnotiz in Kol 4,14 nennt L. von Beruf Arzt und von Herkunft einen Heidenchristen. Schon Irenäus, der sich dabei auf alte röm. Überlieferung stützen dürfte, betrachtete ihn als Autor des LkEv.s und der Apg (Adv Haer III 1,1). Trotz mehrheitlicher Bestreitung in der Gegenwart darf man daran festhalten. Die Wir-Berichte der Apg (16,10ff; 20,5ff; 21,1ff; 27-28), die durch besonders detaillierte chronologische und geographische Kenntnisse auffallen, sind gerade im Licht antiker Geschichtsschreibung viel eher als eigene Aufzeichnungen des Verfassers anzusehen denn als Wiedergabe einer Quelle oder reine Fiktion. Wenn das Paulus-Bild der Apg mit dem Selbstzeugnis der unumstrittenen Briefe des Apostels für unvereinbar gehalten wird, so ist daran zu erinnern, daß L. nicht einfach ein Paulus-Schüler, sondern ein sehr selbständiger Mitarbeiter war. Seine theol. Prägung hat er wahrscheinlich schon in sehr früher Zeit in Antiochien, nach alter Tradition seine Heimat, durch Jerusalemer Hellenisten erhalten (vgl. Apg 11,19ff; 13,1ff). Aufbau und Stil erweisen L. als Gebildeten, der seine Werke an Angehörige der oberen Schichten richtete, um das Christentum zu verteidigen und für den neuen

Glauben mission. zu werben (Lk 1,1-4). Von einigen wird die Ansicht vertreten, daß L. der Sekretär bzw. Verfasser der Pastoralbriefe (vgl. 2Tim 4,11) oder auch der Sammler der Paulus-Briefe war. Legendär sind Berichte über eine Zugehörigkeit zum Kreis der 70 (Lk 10,1) oder gar als Maler von Maria mit dem Jesus-Kind. Ernster zu nehmen ist eine Nachricht des Hieronymus, L. sei Proselyt gewesen. Allerdings könnte damit kein Vollproselyt, sondern nur einer der sog. »Gottesfürchtigen« gemeint sein, die im lukanischem Doppelwerk eine hervorgehobene Rolle spielen.

Lit.: J.A. Fitzmyer: The Gospel According to Luke I, 1981, 35-62; M. Hengel: Zur urchristlichen Geschichtsschreibung, [2]1984; R. Riesner: Jesus als Lehrer, [3]1988; ders.: Die Frühzeit des Apostels Paulus, 1993; C.J. Thornton: Der Zeuge des Zeugen. Lukas als Historiker der Paulusreisen, 1991.

R. Riesner

Lukasevangelium

→ Evangelien, 1. ntl.

Lullus, Raymundus (ca.1232/33-ca.1316)

Der ca. 1232/33 in Palma de Mallorca geborene L. war ein genialer christl. Laienphilosoph, der als kosmopolit. Gelehrter nach einer umfassenden Erneuerung des Denkens strebte. Seine Anhänger rühmen ihn als Theologen, Philosophen und Logiker von ökumen. Weitblick sowie als Meister der katalanischen Wissenschaftsprosa und Poesie, während ihn seine Kritiker als Querkopf und utopischen Phantasten einschätzen. Die Vielfalt seines ca. 265 Titel umfassendes Werkes erschwert eine gerechte Beurteilung. Fest steht, daß er seit seiner »Bekehrung« um 1263 bis zu seinem Tode ca. 1316 durch Vorlesungen, Predigten und Schriften danach strebte, mit mission. Perspektive den Dialog zwischen den Weltreligionen zu fördern. L. nutzte dazu ein neues Methodenkonzept, dessen Fundamentalphilosophie auf der Vereinigung von → Logik und → Metaphysik basiert. Eigentliches Ziel war der Religionsfriede, wozu er die zentralen Lehren des Christentums als Vernunftwahrheiten einsichtig machen wollte. Gewissermaßen in Vorwegnahme von → Hegels → Idealismus war L. der Ansicht, die christl. Glaubenslehre stimme mit der Gotteserkenntnis der natürlichen menschlichen Vernunft überein, weshalb jeder denkende Mensch zur Vereinigung mit Gott gelangen könne.

Quellen: E.W. Platzeck: Das Leben des seligen R. Lull, 1964 (Übersetzung seiner Autobiographie von 1311); R. Lull: Die Kunst, sich in Gott zu verlieben, hg. von E. Lorenz, 1985.
Lit.: K. Flasch: Das philosophische Denken im Mittelalter, 1986, 381-394; H. Riedlinger: »Lullus«, TRE 21, 1991, 500-506.

L.E. v. Padberg

Lust

Der Begriff L. ist semantisch und in seiner ethischen Wertung unterschiedlich besetzt. Ähnlich wie beim griech. Äquivalent *hedoné* erfährt er im Deutschen eine ethische Entwertung, wo seine Bedeutung verengt wird – vom Synonym für »Freude« hin zur »Lüsternheit«. Auch vom bibl. Verständnis her ist die menschliche Gefühlsregung der L. zunächst positiv als Schöpfungsgabe zu verstehen, allerdings sind dabei der jeweilige Gegenstand der L. und ihr Stellenwert innerhalb des Lebensvollzugs zu bedenken. Richtet sich der Mensch in erster Linie auf die Gemeinschaft mit Gott aus, in der er Freude erfährt (Phil 4,4), und erst von daher auf das ihm Gegebene, so drohen weder Hedonismus (mit dem ihm innewohnenden Gefälle zur Begehrlichkeit und zur Sucht hin) noch der Umschlag in Asketismus. Augustin sagt: »Dieses ist das glückselige Leben: sich Deiner freuen, über Dich, wegen Dir; dieses ist es, und ein anderes gibt es nicht«. Was → Nietzsche Zarathustra in den Mund legt: »Denn alle Lust will Ewigkeit, will tiefe, tiefe Ewigkeit«, berührt sich so mit der christl. Auffassung und mit der Beobachtung, daß eine auf die Immanenz fixierte L. sich nicht befriedigen läßt. Die von der Lebensgemeinschaft mit Christus losgelöste L. hat in ntl. Sicht jedoch widergöttlichen, d.h. das Gottesverhältnis, die menschliche Persönlichkeit sowie das gemeindliche Zusammenleben aufs höchste gefährdenden Charakter (s. Jak 4,1ff). Die mittelalterl.Theologie knüpft daran an, indem sie sich gegen die verselbständigte *concupiscentia* wendet. Die kath. Theologie leitet daraus ihre in mancher Hinsicht bibl.-konsequente Sexuallehre ab, die die L. aber allzu einseitig an den ehelichen Zeugungswillen bindet. Die reformat. Theologie behandelt die L. konsequent unter dem Aspekt menschlicher Sündhaftigkeit. Aus Luthers Worten »Der Gehorsam des Fleisches dem Geist gegenüber – das hieße das Paradies selbst« spricht dieselbe theol. Nüchternheit wie später aus den Versen → Gellerts: »Auch die bekämpfte böse lust/ stirbt niemals ganz in unserer brust«. Der Vorwurf der L.-Feindlichkeit geht aber ebenso an → Luther und der

→ Reformation vorbei wie an den Exponenten des → Pietismus und der heutigen evangelikalen Theologie. Im Blick auf manche Gemeindebewegungen ist er allerdings berechtigt.

Jesus (Mk 4,19) befindet, daß es unter anderem die »Begierden« seien, die die Aufnahme des Wortes Gottes unmöglich machten. In der heutigen, zunehmend hedonistisch geprägten Zeit, die sich »zu Tode amüsiert« (N. Postman), und in der sich der Mensch (nach Freud) als von der »Libido« gesteuert versteht und erfährt, bekommen diese Worte besonderes Gewicht: Die christl. Gemeinde muß sich neu auf Formen und inhaltliche Gewichtung der Verkündigung und des ganzen Gemeindelebens besinnen – mit dem Ziel, den inneren Reichtum des Glaubens sichtbar zu machen und dessen ganzheitliche, auch freudvolle Erfahrbarkeit zu fördern. Dies im Bewußtsein, daß nicht die Verwirklichung des L.-Prinzips, sondern der Worte Jesu: »Wer das Leben verliert um meinetwillen, der wird es finden« (Mt 10,39) über diesen inneren Reichtum entscheidet.

Lit.: Lieberg, Hauser, Stempel: »Lust«, HWP, Bd. 6, 552-564; G. Stählin: ThWNT II, 1935, 911-928.

B. Rink

Lütgert, Wilhelm (1867-1938)

L., geb. am 9. 4. 1867 in Heiligengrabe (Ostpriegnitz), gest. am 21. 2. 1938 in Berlin. Als Sohn eines Pfarrers studierte L. ev. Theologie in Greifswald und Berlin. Unmittelbar nach der (in Greifswald erfolgten) Promotion in systemat. Theologie habilitierte er sich in ntl. Exegese (1892) und wurde 1895 a.o. Prof. für NT in Greifswald. Von 1901-1912 lehrte er zunächst als o. Prof. für NT, ab 1912 (auf dem Lehrstuhl Martin → Kählers) als o. Prof. für systemat. Theologie in Halle und ab 1929 (als Nachfolger Reinhold → Seebergs) in Berlin. Nach der Machtergreifung der Nationalsozialisten wurde er wegen seiner (kirchl. und polit.) kritischen Haltung 1935 zwangsemeritiert. Die letzten Jahre seines Lebens waren neben der wissenschaftl. Arbeit dem Einsatz für die Bekennende Kirche (→ Kirchenkampf) und der Abwehr der Theologie der → Deutschen Christen bzw. der neuheidnischen Deutschen Glaubensbewegung gewidmet.

L.s Werk zeichnet sich durch eine bewußt intendierte, aber auch zu seiner Zeit ungewöhnliche Breite von exeget., hist. und systemat. Studien aus. Inhaltlich ist L.s Schaffen unverkennbar von seinen beiden Greifswalder Lehrern Hermann → Cremer und Adolf → Schlatter geprägt. Während er dem Lutheraner Cremer die Einsicht in die zentrale Stellung der Rechtfertigungslehre und die dienende Hinordnung der Theologie auf Kirche und Evangeliumsverkündigung verdankte, öffnete ihm Schlatter die Augen für die im zeitgenössischen Luthertum (und in der Theologie des 19. Jh.s überhaupt) verbreitete soteriologische Engführung, welche weder Gottes Schöpfungswerk noch die → Liebe als Frucht des Glaubens hinreichend zur Geltung gelangen ließ. L.s Lebensarbeit galt der Überwindung dieser doppelten soteriologischen Verkürzung.

Durch die von Schlatter angeregte, 1905 veröffentlichte Abhandlung »Die Liebe im Neuen Testament« (die erste und in der ev. Theologie bis heute einzige deutschsprachige Gesamtdarstellung des Liebesgedankens im NT!) und durch sein posthum erschienenes systematisches Alterswerk »Ethik der Liebe« leistete er einen bemerkenswerten, leider aber bis heute kaum beachteten Beitrag zur Überwindung einer verkürzten Theologie der Liebe im deutschen Protestantismus. Seine »Ethik der Liebe« blieb im 20. Jh. die einzige ev. Ethik deutscher Sprache, die den Inhalt des christl. Ethos systematisch durchgehend und konsequent aus dem Liebesgedanken heraus entfaltet. Abgesehen von dieser formalen Eigenart zeichnet sich das Werk v.a. durch zwei inhaltliche Besonderheiten aus: L. gelang es einerseits, die Entgegensetzung von Nächstenliebe und Selbstliebe, selbstloser und begehrender Liebe,

Agape und Eros zu überwinden, die den Protestantismus von Luther an (»Est enim diligere seipsum odisse«) bis ins 20. Jh. hinein (A. → Nygren, E. → Brunner, K.→ Barth u.a.) bestimmt hatte. Andererseits vermochte L. die im Protestantismus weithin herrschende (schon bei Luther zu beobachtende) Tendenz zur Identifikation von Gottesliebe und Nächstenliebe zu überwinden und die Eigenständigkeit, Notwendigkeit und das Recht der auf Gott gerichteten Liebe zu sichern.

Nicht minder beachtlich als seine Theologie der Liebe war L.s Beitrag zur Wiedergewinnung einer Schöpfungs- und Naturtheologie, welche das bibl. Zeugnis unverkürzt zur Entfaltung bringt: In seiner 1934 publizierten Monographie »Schöpfung und Offenbarung« begründete er ausführlich die bibl. und religionsphil. Berechtigung der kirchl. Lehre von der Selbstbezeugung Gottes in der Schöpfung (*revelatio generalis*) und plädierte in Zurückweisung des Kantschen Vernunftbegriffs und Erkenntnisskeptizismus' nachdrücklich für die Erkennbarkeit von Gottes → Schöpfungsoffenbarung durch die menschliche Vernunft, sofern diese ihre kreatürliche Empfänglichkeit nicht durch eigenmächtige Setzungen verleugnet. L.s Studie ist ein nicht nur bibeltheol. und reformat. begründeter, sondern auch phil. reflektierter Protest gegen die im neueren Protestantismus verbreitete, durch den Einfluß → Kants bedingte Ausschaltung Gottes aus der Weltwirklichkeit und die daraus sich ergebende Zurückdrängung des Glaubens in die menschliche Innerlichkeit. Sie ist zugleich ein Beitrag zur geistigen Überwindung der idealistischen Philosophie, deren umfassender kritischer Darstellung L. sein vierbändiges, brillant geschriebenes Werk »Die Religion des deutschen Idealismus und ihr Ende« widmete.

L.s gesamtes Schaffen galt – wie das seines Lehrers und Freundes Adolf Schlatter – der Wiedergewinnung eines bibl. Realismus in Dogmatik und Ethik, Theologie und Kirche durch Überwindung all jener Engführungen, welche die Wirklichkeit Gottes, des Menschen und der Welt verkürzen und verneinen. (vgl. → Empirische Theologie)

Lit.: W. Lütgert: Das Reich Gottes nach den synoptischen Evangelien, 1895; Die johanneische Christologie, (1899), [2]1916; Die Liebe im NT, 1905, [2]1987; Gottes Sohn und Gottes Geist, 1905; Im Dienste Gottes, (1906), [3]1990; Natur und Geist Gottes, 1910; Die Religion des deutschen Idealismus und ihr Ende, 4 Bde., 1923-1930; Reich Gottes und Weltgeschichte, 1928; Der Erlösungsgedanke in der neueren Theologie, 1928; Adolf Schlatter als Theologe innerhalb des geistigen Lebens seiner Zeit, BFChTh 37, 1932; Schöpfung und Offenbarung, (1934), [2]1984; Die theologische Krisis der Gegenwart und ihr geistesgeschichtlicher Ursprung, 1936; Ethik der Liebe, 1938.

W. Neuer: Wilhelm Lütgert. Eine kleine Einführung in Leben und Werk eines vergessenen Theologen, JET 1987, 108-124.

W. Neuer

Luthardt, Christoph Ernst (1823-1902)

L., geb. am 22. 3. 1823 in Maroldsweisach in Unterfranken, gest. am 21. 9. 1902, studierte ab Herbst 1841 Theologie in Erlangen (J.v. → Hofmann), und in Berlin; 1852 Lic.theol. mit der Schrift: De compositione evangelii Ioannis, und Habilitation; 1854 Ordinarius für Dogmatik und Exegese in Marburg, Dr. phil. h.c. in Erlangen, 1856 Dr. theol. von Erlangen und Marburg, Prof. für systemat. Theologie in Leipzig; in der Folgezeit neben → Kahnis und → Delitzsch einflußreichster Prof. der ev.-theol. Fakultät; 1895 infolge eines Schlaganfalls Beendigung seiner Lehrtätigkeit.

Schwerpunkte der wissenschaftl.-theol. Arbeit L.s waren → Apologetik, → Dogmatik, → Ethik und Neues Testament. Bekannt wurde er vor allem durch seine apologet. Vorträge in Leipzig 1864-1867 zu Fragen der Weltanschauung, der Lehre und des christl. Lebens angesichts der Bedrohung durch den Rationalismus. Weite Verbreitung und Wirksamkeit bis ins 20. Jh. hinein war auch seinem Kompendium der Dogmatik (1865), das zahlreiche Neuauflagen erlebte, beschieden (^{14}1937). Von Hofmann geprägt, wollte L. die alte Wahrheit der Kirche in einer neuen Situation apologet. vertreten. L.s kleine Abhandlung »Die Synoden und die Kirchenlehre« (1871), in der er sich gegen synodale Mehrheitsentscheidungen ausspricht, die den Bekenntnisstand der Kirche mißachten, verdient besondere Erwähnung. Auf dem Gebiet der Ethik hat L. seine umfangreichsten Monographien veröffentlicht. Die folgenden Werke sind besonders hervorzuheben: Die antike Ethik (1887); die Geschichte der christlichen Ethik (1888; 1893), Die Ethik Luthers in ihren Grundzügen (^{2}1875) und das Kompendium der theologischen Ethik (1898). Im Fach Neues Testament publizierte L. vor allem eine große Auslegung des Johannes-Evangeliums (1875/1876), eine Auslegung der vier Evangelien für Nichttheologen (1899) und Aufsätze zur Leben-Jesu-Forschung.

Als Kirchenmann hat sich L. vornehmlich um die Einheit der luth. Kirche verdient gemacht: er leitete die Allgemeine Lutherische Konferenz, gründete die Allgemeine Ev.-Lutherische Kirchenzeitung und war 30 Jahre ihr Schriftleiter. Seit 1857 arbeitete er für 44 Jahre in der → Leipziger Mission mit – wie sein soziales Engagement in der Inneren Mission Ausdruck seines theol. Einsatzes für ein »Tatchristentum«. Verschiedene kleine Veröffentlichungen belegen L.s Interesse an Kunst und Kultur.

L.s theologiegeschichtl. Bedeutung wird bis heute noch nicht ausreichend gewürdigt.

Lit.: Veröffentlichungen L.s in Auswahl (die oben genannten Titel ausgenommen): Erinnerungen aus vergangenen Tagen, ^{2}1891; Gesammelte Vorträge verschiedenen Inhalts, 1876; Zur Einführung in das akademische Leben und Studium des Theologen, 1892; Die christliche Glaubenslehre gemeinverständlich dargestellt, ^{2}1906; Die Lehre von den letzten Dingen, ^{3}1885.

Predigten: Zehn Predigten, 1855; Weitere 12 Bde. 1861ff.

J. Kunze: D. Christoph Ernst Luthardt: Ein Lebens- und Charakterbild, 1903; ders.: »Luthardt« RE^{3}, Bd. 24, 39-45; A.C. Luthardt: Mein Werden und Wirken im öffentlichen Leben, 1901.

J. Eber

Luther, Martin (1483-1546)

L., am 10. 11. 1483 in Eisleben geboren und dort während einer Reise am 18. 2. 1546 gestorben, war der Sohn eines mansfeldischen Hüttenmeisters. Die Prägung durch eine spätmittelalterl. Frömmigkeit erfuhr er wohl am stärksten während seiner Schulzeit in Magdeburg und vor allem in Eisenach. Das Studium in Erfurt (1501-1505 bzw. 1511) war durch den dortigen strengen Nominalismus bestimmt. 1505 gelobte er in Lebensgefahr, ausgelöst durch ein Gewitter, Mönch zu werden, und trat bei den Erfurter Augustinereremiten ein. Aber auch das strenge Leben als Mönch und Priester brachte ihm nicht die Gewißheit, der Forderung Gottes zu entsprechen. Eine Eigentümlichkeit seines im Kloster begonnenen Theologiestudiums war bereits sein besonderes Interesse für die Bibel. 1511 versetzte ihn sein Ordensoberer Johann von Staupitz nach Wittenberg. Als dessen Nachfolger sollte L. die Bibelprofessur an der dortigen Universität übernehmen und wurde deshalb 1512 zum Doktor der Theologie promoviert. Wenig später erhielt er auch seinen zweiten Lebensauftrag als Wittenberger Stadtprediger. Die ersten Vorlesungen zeigen bereits ein eindringendes Bemühen um die Auslegung der Bibel. Zugleich lassen sie seine Einsicht erkennen, daß der Mensch sich gegenüber Gott als Sünder anzunehmen hat. Zur umstürzenden reformat. Erkenntnis, daß Gott den Menschen allein aus Gnaden rechtfertigt und dies allein durch den Glauben anzunehmen ist, gelangte L. nach seinen eigenen Angaben erst 1518 aufgrund eines neuen Verständnisses von Röm 1,17, das sich freilich schon länger angebahnt hatte. Dies brachte ihn in schroffen Gegensatz zur herrschenden scholastischen Theologie.

Bereits 1517 hatte L. in seinen 95 Thesen die gängige kirchl. Praxis, die Straffolgen für die Sünden durch Geld abzulösen, scharf kritisiert, weil sie den Bußernst gefährdete. Infolgedessen eröffnete man in Rom gegen ihn den Prozeß wegen Ketzerei. Beim Verhör durch den päpstlichen Legaten → Cajetan in Augsburg zeichnete sich bereits ab, daß der Konflikt mit der vergesetzlichten Amtskirche unheilbar war. Bei der Leipziger Disputation mit Johann → Eck kam L. zu der schockierenden Erkenntnis, daß sowohl Papst als auch Konzilien irren können. Die Norm für die Kirche kann nur die Bibel sein. In zahlreichen Schriften entwickelte L. nunmehr seine reformat. Erkenntnis. Bei Taufe, Abendmahl und Buße wird die göttliche Zusage hervorgehoben, die übrigen Sakramente werden nicht mehr als Sakramente anerkannt. Die guten Werke werden als Folge des Glaubens verstanden. Der weltliche Beruf bekommt eine neue Wür-

de als »Gottesdienst«. Den Adel forderte L. aufgrund des allgemeinen Priestertums zur fälligen Reform der Kirche auf. Aus polit. Rücksichten hatte Rom den Bann gegen L. bis 1520/1521 verzögert. Zu dieser Zeit erkannte L. jedoch die päpstliche Entscheidungsgewalt samt dem ganzen kirchl. Rechtssystem nicht mehr an. Infolgedessen verweigerte er auch 1521, vorgeladen vor den Reichstag zu Worms, den Widerruf und wurde deshalb geächtet.

Aber L.s Anhängerschaft war bereits zu groß, als daß diese Maßnahme hätte wirken können. Geschützt von seinem Landesherrn begann er auf der Wartburg die Großtat seiner Übersetzung der Bibel ins Deutsche. Nunmehr stellte er auch die Institution des Mönchtums in Frage. Seine Bejahung der Ehe bekräftigte er 1525 durch seine Heirat mit der ehemaligen Nonne Katharina von Bora. Wegen der Unruhen in Wittenberg kehrte er im März 1522 von der Wartburg zurück und nahm in den folgenden Jahren die Neuordnung der Kirche selbst in die Hand. So entstanden die deutschen Gottesdienstordnungen, die Lieder und die Katechismen.

Neue Konflikte hatte L. seit 1525 durchzustehen. Gegen den Humanisten → Erasmus von Rotterdam lehnte er die Mitwirkung des menschlichen Willens am Heil ab. Den Freiheitsforderungen der Bauern versagte er sich wegen des gottgebotenen Gehorsams gegen die Obrigkeit und weil das Evangelium nicht mit innerweltlichen Interessen verquickt werden dürfe. Im Abendmahlsstreit beharrte er gegen → Zwingli und seine Freunde auf der wahren Gegenwart von Leib und Blut Christi.

Mit seiner Rechtfertigungslehre und seinem Schriftprinzip hat L. die → Reformation entscheidend, wenn auch nicht ausschließlich, geprägt und dadurch die westl. Kirche insgesamt tiefgehend verändert. Dennoch hielt er sich selbst bis zuletzt für den auf den barmherzigen Gott angewiesenen Bettler.

Lit.: Kritische Gesamtausgabe in mehreren Abteilungen, 1883ff; M. Luther: Studienausgabe, 1979ff.

M. Brecht: Martin Luther, 3 Bde., [3]1986-1987; G. Ebeling: Luther. Einführung in sein Denken, 1964; B. Lohse: Martin Luther. Eine Einführung in sein Leben und sein Werk, [2]1982; R. Schwarz: Luther, Die Kirche in ihrer Geschichte, Bd. 3, 1986.

M. Brecht

Luther-Akademie

Die L.A. wurde 1932 gegründet. Zu den Vorläufern zählt das apologet. Seminar Wernigerode (seit 1909). Die L.A. bemüht sich um die Einheit von theol. Wissenschaft und geistl. Leben im Rahmen luth. Ökumenizität. Bis 1942 fanden 13 Studientagungen auf Schloß Sondershausen/Thüringen statt. Nach 1950 teilte sich die Arbeit in einen ost- und westdeutschen Zweig.

Die Luther-Akademie e.V. Ratzeburg wurde 1975 mit dem Ziel ins Leben gerufen, das Erbe der Reformation im Gespräch der Konfessionen und in den weltanschaulichen Auseinandersetzungen der Gegenwart zu Gehör zu bringen. Sie will im Rahmen theol.-wissenschaftl. Arbeit insbesondere den Reichtum des luth. Bekenntnisses neu für die Verkündigung des Evangeliums erschließen. Sie pflegt Kontakte mit Forschern verschiedener Disziplinen im In- und Ausland, wobei der Blick vor allem auf Skandinavien gerichtet ist. Seit der deutschen Wiedervereinigung gibt es Neuansätze zur Zusammenarbeit mit der L.A. Sondershausen.

Lit.: Studien der Luther-Akademie, 1932ff, 1953ff; EKL[2], 1958, 1175

L. Hein

Luther-Gesellschaft

Die L.G. wurde am 26. 9. 1918 in Wittenberg als Nachwirkung des Lutherjubiläums von 1917 mit dem Ziel gegründet, »den Gemeinden die Kräfte der Reformation Luthers bewußt zu machen und sie bei der Einübung evangelischen Christseins zu unterstützen«. Die Arbeit geschieht durch Vorträge, Jahrestagungen und Veröffentlichungen. Das »Lutherjahrbuch« ist Organ der internationalen Lutherforschung und hat seinen besonderen Wert in der umfassenden jährlichen Bibliographie zur Reformationsgeschichte. Die Geschäftsstelle der L.G. befindet sich in Hamburg.

Lit.: Lutherjahrbuch, 1919-1941, 1957ff, 60 (1993), hg. von H. Junghans; Luther. ZS der Luthergesellschaft, 64 (1993); G. Müller: 60 Jahre Luther-Gesellschaft, in: Luther 49 (1978), 99-109.

L. Hein

Lutherbibel → Bibelübersetzungen

Lutherische Freikirche → Selbständige Ev.-Luth. Kirche

Lutherische Kirchenmission (Bleckmarer Mission) e.V.

Die heutige LKM entstand aus der Hermannsburger Mission heraus, da die sie tragende Hannoversche Evangelisch-Lutherische Freikirche in ihr nicht mehr ihren kirchl. und konfessionellen Standort gewährleistet sah. Die Synodalversammlung am 14. 6. 1892 beschloß ihre Gründung. Das angestammte Arbeitsfeld blieb Südafrika und später Botswana. 1967 entstand aus dieser Arbeit eine einheimische Kirche unter den Zulu und Tswana, die Lutheran Church in Southern Africa (LCSA). Ihren Theologennachwuchs erhielt sie durch ein eigenes Seminar auf Enhlanhleni in Natal. Missionare der LKM arbeiten unter den Indern in Südafrika, in der Freien Evangelisch-Lutherischen Synode in Südafrika (FELSISA) , in der Igreja Evangélica Luterana Do Brasil (ELKB), seit 1991 auch in der Eglise Luthérienne Confessionelle du Zaire (E.L.C.ZA) und mit der Eglise Evangélique Luthérienne du Congo (E.E.L.C.). Die LKM wird allein von Kollekten und Spenden der mit ihr verbundenen Kirchen getragen, vorwiegend aus den Gemeinden der → Selbständigen Evangelisch-Lutherischen Kirche (SELK). Vom Missionsdirektor wird monatlich ein Missionsblatt herausgegeben, eine Reihe »Bleckmarer Missionsschriften« und verschiedene Kleinschriften.

J. Junker

Lutherische Stunde → Radiomission

Lutherischer Weltbund (LWB)

Der LWB wurde 1947 in Lund (Schweden) gegründet und umfaßt gegenwärtig (1993) 116 luth. Kirchen. Er ist das letzte Ergebnis der Einigungsbewegungen des Weltluthertums (Lund 1901; Eisenach 1923; Kopenhagen 1929). Vorläufer war der luth. Weltkonvent (Eisenach 1923). Der LWB bekennt die Heilige Schrift Alten und Neuen Testaments als »alleinige Quelle und unfehlbare Norm alles Lehrens und Handelns« und »betrachtet die Bekenntnisse der lutherischen Kirche, insbesondere die ungeänderte Augsburger Konfession und Luthers Katechismen als unverfälschte Auslegung des Wortes Gottes«. Auf der Vollversammlung in Curitiba wurde 1990 in die Verfassung geschrieben: »Der Lutherische Weltbund ist eine Gemeinschaft von Kirchen, die sich zu dem dreieinigen Gott bekennen, in der Verkündigung des Wortes Gottes übereinstimmen und in Kanzel- und Abendmahlsgemeinschaft verbunden sind. Der Lutherische Weltbund bekennt die eine, heilige, katholische und apostolische Kirche und will der Einheit der Christenheit in der Welt dienen«. In der Regel wird alle sechs Jahre vom Präsidenten die Vollversammlung einberufen, die den Präsidenten und die anderen Mitglieder des Rats wählt. Die Zentrale bemüht sich im kritischen Dialog um ein gutes Verhältnis zum Weltrat der Kirchen, dem die meisten Gliedkirchen angehören. Das vom LWB unterhaltene Institut für ökumenische Forschung in Straßburg fördert vor allem Gespräche mit der röm.-kath. Kirche. Die Vollversammlung 1957 stellte für den ökumen. Dialog die Formel »Freiheit und Einheit in Christo« auf.

Da die kirchenrechtliche Struktur der einzelnen Gliedkirchen sehr unterschiedlich ist (Staatskirchen, Volkskirchen, Freiwilligkeitskirchen), kommt den Nationalkomitees in den jeweiligen Ländern besondere Bedeutung zu. Kommissionen und Abteilungen für Weltmission und Weltdienst wurden 1952 eingerichtet. 1984 hatte der LWB in Budapest aus Protest gegen Rassendiskriminierung die Mitgliedschaft zweier weißer luth. Kirchen in Südafrika suspendiert, auf seiner Sitzung in Chicago (Juli 1991) diese Entscheidung aber wieder rückgängig gemacht. Der LWB übt im Blick auf das Zusammenwachsen von »weißen« und »schwarzen« Kirchen in Südafrika nicht geringen Einfluß aus und fördert gemeinsame mission. und sozialdiakon. Projekte. Das deutsche Nationalkomitee (Hauptausschuß für kirchliche Zusammenarbeit und

Weltdienst) hat seinen Sitz in Stuttgart. Die ersten Präsidenten des LWB waren Bischof Anders → Nygren/Schweden (1947-1952) und der deutsche Bischof Hanns → Lilje (1952-1957).

Lit.: Von Budapest nach Curitiba, 1985-1989, Bericht über die Arbeit des LWB, 1989 (LWB-Report 27); Selbstverständnis und ökumenische Rolle des LWB, LWB-Studien, 1984; Lutherischer Ökumenismus auf dem Weg, LWB Dokumentation 32, 1993; G. Gaßmann: »Lutherischer Weltbund«, TRE 21, 1991, 616-620.

L. Hein

Lutherisches Einigungswerk → Lutherischer Weltbund

Lutherrenaissance → Luthertum

Luthertum

Der Begriff L. findet sich bereits im frühen 16. Jh., meist in der lat. Form (Lutheranismus, Lutherana secta, Lutherani), entsprechend der seit der frühen Kirche gängigen Sitte, Irrlehrer nach dem Namen ihres »Gründers« zu bezeichnen. Unter L. versteht man in der Regel (1.) die auf → Luther zurückgehende Theologie, (2.) die nach dem Namen Luthers sich nenende Kirche und (3.) bestimmte Charakteristica, die das Profil in der Abgrenzung und den Grundkonsens des luth. Erbes in der Reformation ausmachen.

1. Luth. Theologie ist weder identisch mit reformat. Theologie noch mit der Theologie Luthers. Ist Luther der große Urheber und Anreger der europ. Reformation, auf den sich Anglikaner und Lutheraner ebenso wie Reformierte und Freikirchler aller Art berufen, so ist luth. Theologie seit der zweiten nachreformat. Generation anzutreffen, in sich durchaus different und auf den polit. Weg des Territoriums wie die Ausprägung seiner Reformation bezogen. Sie findet sich seit den Lehrstreitigkeiten um 1560, die auf M. Luther und seine Nachfolger in Wittenberg unmittelbar bezogen sind und als Kennzeichen die → Rechtferigungslehre, die Lehre von → Gesetz und Evangelium sowie die → Zwei-Reiche-Lehre haben. Neben die eigentlich theol. Denkform ist auch sehr früh die humanistisch-phil., repräsentiert durch → Melanchthon, getreten.

Im Konkordienbuch als der Zusammenfassung der luth. → Bekenntnisschriften 1580 erhält das L. seine verbindende Mitte. Allerdings haben sich nicht alle luth. Kirchen dem Konkordienbuch angeschlossen. Die seit 1580 anzutreffende und bis in 18. Jh. reichende altprot. Orthodoxie hat in der Herausstellung des Schriftprinzips, der Christologie und des kirchl. Amtes das speziell luth. Profil der Orthodoxie herausgestellt. Aber auch hierin war sich das L. keineswegs kongruent, sondern eher vielgestaltig und unterschieden in ein strenges (Wittenberg), gemäßigtes (Jena) und mildes (Helmstedt) L. Diese theol. Vielgestalt hielt sich auch in der luth. Ausprägung des Frühpietismus (→ Spener, → Francke, → Zinzendorf) und der Aufklärung durch. Im 19. Jh. wurde das L. durch die Unionsbewegung zu neuer Profilierung im Neukonfessionalismus und Neuluthertum gewungen. Die Herausgabe der Bekenntnisschriften als symbolischer Bücher belegt das ebenso deutlich wie die Rückbesinnung bzw. Neuorientierung der gottesdienstl. Liturgie (Th. → Kliefoth, W. → Löhe u.a.). Auch im 19. und 20. Jh. unterscheidet sich das L. in einen konservativen Flügel (Betonung der Bekenntnisautorität und des Bischofsamtes), in eine mittlere Gruppierung (Unterscheidungslehren gegenüber der relativierenden Union) und in eine eher offene Richtung, die das Gespräch mit Vertretern der Positiven Union wie des Liberalismus nicht verweigert. Jetzt werden ausdrücklich Werke zur Theologie M. Luthers herausgebracht, z.B. von Th. → Harnack. Die sich um Karl → Holl gruppierende Lutherrenaissance um 1920 kommt v.a. aus dem letztgenannten Lager und erweist sich als offen sowohl für Positionen der dialektischen Theologie (H.J. → Iwand, H. → Gollwitzer, G. Merz u.a.) als auch der → Deutschen Christen. So bedeutet die theol. Pluriformität des Luthertums einerseits Chance im Gespräch mit der röm.-kath. Kirche, der östl. Orthodoxie und der Ökumene als ganzer, andererseits die Gefahr, daß sich Positionen auflösen oder gar nicht erst bilden. Die Konferenzen des → Luth. Weltbundes in Thematik und Ergebnis bestätigen diese Einschätzung.

2. Unter dem Sammelbegriff L. vereinigen sich gegenwärtig ca. 220 Kirchen und Freie luth. Einzel-Gemeinden, die sich direkt oder indirekt auf Luther als ihren Vater beziehen. Diese Differenzierung begann schon im 16. Jh. durch die Verbreitung der Reformation in sehr unterschiedlich gearteten Territorien. CA VII wurde zum grundlegenden Dokument der Ein-

heit, in dem die Predigt des Wortes Gottes und die evangeliumsgemäße Austeilung der Sakramente als Bindeglied markiert, aber schon die Gestalt des luth. Gottesdienstes freigegeben wurde. Auch den weiteren Weg eines bekenntnisgebundenen L.s sind die verschiedenen luth. Kirchen unterschiedlich mitgegangen. Das Konkordienbuch haben z.B. Schleswig-Holstein und Pommern, auch Dänemark und Schweden abgelehnt, und die Landeskirchen von Oldenburg, Pommern und Württemberg, neuerdings auch Mecklenburg, gehören zwar zum Luth. Weltbund, aber nicht zur → VELKD. Die Gründung luth. Freikirchen in Europa, besonders aber in den USA, ausgelöst durch den Streit um die Kirchenunionen und später durch den polit. Gegensatz zu Preußen macht Kirchen- und Abendmahlsgemeinschaft selbst unter Lutheranern nicht möglich. Besonders auf dem Missionsgebiet zeigt sich die Vielfalt der luth. Kirchen und des L.s deutlich und belastend. Das »Lutherische Einigungswerk«, 1868 als Allgemeine ev. luth. Konferenz gegründet, 1945 als »Vereinigte Evangelisch-lutherische Kirche in Deutschland« wieder aufgebaut, sowie der Lutherische Weltbund, 1947 in Schweden von 49 Kirchen ins Leben gerufen, versuchen die Einheit des L.s im kirchl. Sinn mit unterschiedlichem Erfolg zu befestigen. Weltweit scheint die Zahl (gegenwärtig ca. 60 Mio. Mitglieder) und Bedeutung des L.s eher zurückzugehen als zu wachsen.

3. Fragt man nach den das L. leitenden Gesichtspunkten, so lassen sich – bei aller vorhanden Vielfalt – in der Reihenfolge der Bedeutung folgende Charakteristica benennen:

– der sich an die Messe anlehnende reich ausgestaltete Gottesdienst, möglichst mit sonntäglich gefeiertem Heiligen Abendmahl;

– die Predigt von der Rechtfertigung des Sünders allein aus Gnaden durch den Mensch gewordenen Gott Jesus Christus. Die Rechtfertigung ist dabei Konsequenz des Heilshandelns Gottes in Christus;

– die Heilige Schrift als normierende und das Konkordienbuch (1580) als an der Bibel normierte Norm für Theologie und Kirche;

– die Kirche in ihrer verborgenen und geglaubten wie in ihrer in Ortsgemeinde und Gesamtkirche sichtbar gewordenen Gestalt;

– das lebendige Gegenüber von Amt und Gemeinde, wobei das Amt, unabhängig von seinen Vertretern und seinen Konkretionen, als von Christus selbst eingesetzt gilt (CA V). Das Pfarramt wird in der Kirchenordnung als von der Gemeinde unabhängig betrachtet und die Kirche bischöflich-synodal geleitet;

– Ethik und äußere Ordnung orientieren sich an der Zwei-Reiche-Lehre, wobei Ermessensfragen keine Bekenntnisfragen werden dürfen. Daher gilt das L. gelegentlich, doch zu Unrecht, als konservativ im restaurativen Sinn des Wortes.

Die Verkündigung des Evangeliums und die Weltgestaltung werden als wensentlicher Auftrag angesehen, wobei beides voneinander deutlich zu unterscheiden, aber nicht zu trennen ist.

Lit.: W. Elert: Die Lehre des Luthertums im Abriß, [3]1978; G. Gassmann: »Lutherische Kirchen«, TRE 21, 1991, 599-616; F.W. Kantzenbach: Gestalten und Typen des Neuluthertums, 1968; W. Köhler: Luther und das Luthertum in der weltgeschichtlichen Auswirkung, 1933; C.H. Ratschow: Lutherische Dogmatik zwischen Reformation und Aufklärung, 2 Bde., 1964-66; H. Sasse: Was heißt lutherisch?, [2]1936; H. Schmid: Die Dogmatik der ev.-luth. Kirche, [10]1983; V. Vajta (Hg.): Die ev.-luth. Kirche, 1977.

G. Ruhbach

Luxemburg

Die Christianisierung im Gebiet des heutigen Großherzogtums L. wurde seit dem 4. Jh. von den Bistümern Trier und Lüttich vorangetrieben und fand im 7. Jh. ihren Abschluß. Die kirchl. Zugehörigkeit zu verschiedenen Bistümern, v.a. Trier und Lüttich, erwies sich als nicht unproblematisch für das immer wieder um seine territoriale Eigenständigkeit kämpfende Herzogtum. Nachdem bereits frühere Versuche einer kirchl. Zusammenlegung gescheitert waren, erhielt L. schließlich 1801 einen eigenen »Generalvikar und Archidiakon«; es wurde dem Bistum Metz angegliedert, von 1823 bis 1840 dem Bistum Namur. 1870 entsprach man dann dem Wunsch L.s und rief ein eigenes Bistum L. ins Leben. Aufgrund der Bedeutung L.s für die europ. Integration erhob der Papst am 23. 4. 1988 die Diözese L. in den Rang eines Erzbistums. Das rel. Leben L.s war in den letzten Jahrhunderten stark von der Marienfrömmigkeit und dem Wirken der Jesuiten bestimmt. 1845 bekam L. ein eigenes Priesterseminar. Die 1848 gegründete kath. Zeitung »Luxemburger Wort« ist heute die einflußreichste Tageszeitung des Landes. Jedoch machte sich die Säkularisierungswelle der letzten Jahre in der röm.-kath. Kirche L.s, der noch ca. 95 % der Bevölkerung angehören, stark bemerkbar. So ist z.B. der sonntägliche Gottesdienstbesuch um über 50 % zurückgegangen. Das Priesterseminar bildet seit 1970 keine Theologen mehr aus.

L. blieb von der → Reformation weitgehend unberührt. Erst 1815 entstand im Zuge der preußischen Besatzung eine prot. Gemeinde. Die nach 1870 einsetzende Industrialisierung führte durch den Zuzug von Arbeitern zur Entstehung von protestantischen Diasporagemeinden. Knapp 2 % der Bevölkerung sind heute ev. Etwa die Hälfte davon gehört der ref. Landeskirche an, die wie die röm.-kath. Kirche den Rang einer Staatskirche hat. Daneben existieren auch eine luth. Gemeinde und mehrere aktive evangelikal geprägte Freikirchen (Mennoniten, Baptisten, Assemblies of God, Pfingstgemeinden), die teilweise breiten Zulauf haben. Zu den verschiedenen ausländischen »Europagemeinden« (Ausländeranteil in L. über 35 %) gehört auch eine ev. Gemeinde deutscher Sprache bei der EG.

Lit.: G. Brubacher: »Luxemburg«, EKL^3 Bd. 3, 1992, 231-234; E. Donckel: Die Kirche in Luxemburg von den Anfängen bis zur Gegenwart, 1950 (Lit.); P. Majerus: Das Staatswesen im Großherzogtum Luxenburg, 1986; J. Schoos: »Luxemburg«, TRE 21, 1991, 626-630.

J. Rieger

Luxus

Das lat. Wort *luxus/luxuri* bedeutet im Grundsinn »üppige Fruchtbarkeit« der Erde und übertragen: Ausgelassenheit, Schlemmerei, Prachtentwicklung, übermäßiger Aufwand, Verschwendung. Wie die Armut dem Reichtum entspricht, so die Ärmlichkeit dem L. L. meint das zum täglichen Leben nicht unbedingt Erforderliche und ist damit in der inhaltlichen Beschreibung nach Region, Stand und Anspruchseinstellung relativ und so unterschiedlich zu bestimmen (gutes Essen und Trinken, Garderobe, Wohnung, Schmuck, Museums- und Konzertbesuche, Bibliothek etc.). Was in der einen Kultur zum Status und Konsumverhalten gehört, kann in anderen Ländern, z.B. der Zweidrittelwelt längst L. sein. Immer wieder wurde z.B. über eine Luxussteuer-Gesetzgebung versucht, in einer Gesellschaft vorhandene Gegensätze zu mindern.

L. kann sicher pathologische Formen annehmen. Wird auf Kosten von anderen gelebt, in gedankenloser Verschwendung und sinnlosem Aufbrauchen der vorhandenen Ressourcen, dann gilt es im Namen mitmenschlicher Verantwortung und christl. Bruderliebe dagegen anzugehen. L. kann aber auch Rückbesinnung und Vollzug der Muße, Rückkehr zur freien Zeit und Rückgewinn des absichtslosen Lebens, also neuer Freiheit bedeuten. In diesem Sinn verstanden, bedeutet L. die Zuwendung zu den inneren und eigentlichen Werten oder – christl. gesprochen – Bejahung der Distanz zur Welt, der Askese und der Nachfolge Christi, die Bejahung des Dienstes gegenüber anderen Geschöpfen aus der Freiheit des Glaubens heraus.

Lit.: Graf von Krockow: Die Heimkehr zum Luxus; H.-H. Schrey: »Luxus«, ESL ^{7}1980, 854f.

G. Ruhbach

Luzifer → Teufel

Machiavelli, Niccolo (1469-1527)

M., geb. am 3. 5. 1469 in Florenz, gest. ebenda am 22. 6. 1527, war Schriftsteller und Staatstheoretiker. 1498 erlebte er in seiner Heimatstadt den Sturz der theokratischen Herrschaft des von ethisch-rel. Rigorismus geprägten Bußpredigers Girolamo → Savonarola. Dieses Erlebnis war ausschlaggebend für das pessimistische Menschenbild, das sein polit. Denken prägte. M. trat als Sekretär in die Dienste der florentinischen Republik. Als Beauftragter für die Kriegsangelegenheiten seines Stadtstaates zeichnete M. verantwortlich für die militärische Niederlage in der Schlacht bei Prato (1512), die seine Amtsenthebung zur Folge hatte. In der Verbannung auf dem Landgut Albergaccio in der Toskana entstanden im folgenden Jahrzehnt seine bedeutendsten staatstheoretischen und belletristischen Schriften.

Die persönlichen Erfahrungen als Staatsmann in der unregierbar gewordenen Republik Florenz und im zerrissenen Italien des 15./16. Jh.s prägten sein staatstheoretisches Denken, das seinen wesentlichen Ausdruck in M.s Hauptwerk »Il principe« (»Der Fürst«, 1513) fand, entscheidend mit.

Seine rein empirisch-systematische Untersuchung der Geschichte läßt ihn an der polit. Brauchbarkeit christl. Tugenden zweifeln. Entscheidend ist nach M. vielmehr die Tugend (*virtus*) eines Fürsten, die Fähigkeit und Durchsetzungskraft, polit. Macht zu erwerben und zu erhalten. Zu diesem Zwecke ist der Herrscher in Zeiten des Staatsnotstandes von ethischen Normen entbunden, ja, es ist seine Pflicht, die ihm verfügbaren Mittel der Manipulation einzusetzen, um sein polit. Ziel zu erreichen. M. distanziert sich damit nicht nur von der bis dahin herrschenden christl.-metaphysischen Staatstheorie, sondern gibt auch das christl. Menschenbild preis. Sein Pessimismus vermag im Menschen lediglich einen Träger von Naturkräften zu erkennen, die es, mittels rel., wirtschaftl. oder gewaltsamer Manipulation, in die gewünschte Richtung zu lenken gilt.

M.s Thesen blieben nicht ohne Widerspruch (z.B. im »Antimachiavell« Friedrichs des Großen, 1739). Freilich mußte nicht nur Friedrich eingestehen, daß in der polit. Praxis M. allzuoft Recht behalten hatte.

Lit.: N. Machiavelli: Ges. Werke in 5 Bdn., hg. von H. Floerke, 1925.

F. Deppe: Niccolo Machiavelli. Zur Kritik der reinen Politik, 1987; H.-J. Diesner: Nicollo Machiavelli. Mensch, Macht, Politik und Staat im 16. Jh., 1988; H. Fink: Machiavelli, 1988; A. Fuhr: Machiavelli und Savonarola. Politische Rationalität und politische Prophetie, 1985; K. Mittermaier: Machiavelli. Moral und Politik zu Beginn der Neuzeit, 1990 (Lit.); A.A. Strnad: »Machiavelli/Machiavellismus I«, TRE 21, 1991, 642-645 (Lit.).

V. Gäckle

Macht

M. ist in allgemeinem Sinne die Möglichkeit, seinen Willen zur Realisierung von Zielen anderen aufzuerlegen. M. ist nicht nur ein polit. oder ökonomisches Phänomen. Jedes Verhältnis zwischen Menschen ist ein M.verhältnis. Auch Organisationen und Institutionen sind durch M. geprägt (vgl. die anonymen Mächte, Technik, Wissenschaft, Werbung).

Wird Kraft angewendet, um Widerstand zu brechen, so sprechen wir von Gewalt. M. ist nicht nur die Möglichkeit zum Handeln, sondern auch die Vollmacht und das Recht.

Die Kirche bekennt im 1. Glaubensartikel die unbegrenzte M. Gottes. Die Allmacht des Schöpfers ist keine Tyrannei oder Willkür, sondern unlöslich mit seiner Liebe und seinem Heilswillen verbunden. Gottes M. und Wille sind als einheitlicher gerechter Wille zu denken.

In der Ausübung der M. sind Menschen Gott Verantwortung schuldig. Er verleiht ihnen M., damit sie das Leben und das Wohl der andern fördern und schützen (s. → Vollmacht).

M. ist in einer sündigen Welt ein ambivalenter Begriff. Es gibt viele Beispiele von M.mißbrauch wie Absolutismus, Usurpation und Diktatur. Auch das Denken über M. hat sich unter Einfluß der Säkularisation entwickelt. M. wird dann in der eigenen Person (Autonomie) oder im Volkswillen fundiert. Die christl. → Ethik wird der Säkularisierung gegenüber zu betonen haben, daß nur im Gehorsam gegen Gott und in dem Dienst der Nächstenliebe, in der Begrenzung durch Recht und Gesetz M. segensreich wirken kann und die Freiheit fördert. Für den polit. Bereich bedeutet das, daß die M.träger der Rechtsprechung untergeordnet sind, um deretwillen ihnen die M. übertragen worden ist.

Lit.: K. Barth: KD IV, 3, 445ff; N. Söderblom (C.-M. Edsman), D. Georgi, K.E. Logstrup, R. Dahrendorf: »Macht I.-IV.«, RGG^3 IV, 564-572; H. Thielicke: Menschsein – Mensch werden, ^{3}1976, 242ff; O. Weber: Grundlagen der Dogmatik I, 1959, 486-493.

A. Noordegraaf

Madonna → Kunst; → Kunst, christliche; → Maria

Magdeburger Centurien → Centurien, Magdeburger

Magie

M. ist willentliches Einwirken von Menschen auf andere Menschen, Mächte und die Umwelt durch Methoden, die nicht empirisch-kausal wirken. Sie ist universal verbreitet und ihre Praxis kann Wechsel der Religion oder Weltanschauung lange Zeit überdauern. In einem magischen Weltbild ist die magische Handlung verständlich; sie beruht auf der Vorstellung von Kräften (bzw. Geistern), die man zu beherrschen lernen kann; die durch Kontakt vermittelt, durch Imitation mobilisiert werden. Dazu sind Gegenstände (»Medizinen«), Laute, Worte und Sprüche (»Zauberformeln«), bestimmte Vollzüge unter bestimmten Bedingungen geeignet. M. kann privat, oft geheim, angewandt werden, und wird meist von Spezialisten ausgeübt. Magische Handlungen sind oft expressiv und bestärken die Erwartung der Teilnehmer auf das Eintreten des erhofften Effekts.

Es ist nahezu umöglich, M. und Religion begrifflich klar zu trennen. Magische Formeln und Handlungen sind oft rel. geprägt, rel. Vollzüge sind oft in ein magische Weltbild eingeordnet. M. ist aber deutlicher anthropozentrisch – der Mensch steht im Mittelpunkt und setzt seine Fähigkeiten nach seinem Ermessen ein. Dabei ist seine eigene innere Haltung oft unerheblich. Religion ist demgegenüber Verehrung der Gottheit. Es ist auch schwierig, M. und Ethik zuzuordnen: M. ist neutral (wie die Technik); man unterscheidet weiße von schwarzer M., d.h. soziale von antisozialer M. Aber da M. auch Furcht auslöst, die zum Gegenzauber greifen läßt, wird dieser Unterschied von der jeweiligen Gruppenzugehörigkeit bestimmt: Was für den einen weiße M., ist für den anderen schwarze M. Wo M. verbreitet ist, wirkt sie gesellschaftl. hauptsächlich als eine Quelle der Furcht und eine Ausdrucksform für soziale Spannungen und Ängste. Sie wird durch die Aufklärung als unwirksam bestritten. Für bibl. Glauben ist sie unzulässig, weil mit dem ersten Gebot nicht vereinbar (5Mo 18). Christl. Mission gewinnt nicht selten ihre Überzeugungskraft durch Befreiung von der Furcht vor M.

Lit.:L. Petzold (Hg.): Magie und Religion, 1978.

N.-P. Moritzen

Magnificat → Gottesdienst

Maimonides, Moses (1135-1204)

M., geb. am 30. 3. 1135 in Cordoba, gest. am 13. 12. 1204 in Alt-Kairo, begraben in Tiberias/Palästina. Er wirkte im Hauptberuf zeitlebens als Rabbiner und gilt als der bedeutendste jüd. Philosoph im MA. 1168 hat er die jüd. Tradition in seinem Mischna-Kommentar geordnet und meisterhaft dargestellt, allerdings auch in eine bestimmte dogmat. Ausrichtung gebracht, die sich bald als Erstarrung erwiesen hat. Sein phil. Hauptwerk »Führer der Unschlüssigen« hat auf → Albertus Magnus, → Thomas von Aquin und andere Scholastiker gewirkt: Über Gott läßt sich nur sagen, wer und was er nicht ist. Auch sonst ist seine Wirkung über die Jahrhunderte hinaus gegangen und immer wieder nachweisbar.

Lit.: W. Bacher et al.: M. Maimonides – sein Leben, seine Werke, sein Einfluß I und II, 1908, 1914; I. Elbogen: Das Leben des Rabbi Maimonides, 1935; J. Guttmann: Die Philosophie des Judentums, 1933, 174-200; H. Weyl (Hg): Maimonides – Ein Gedenkbuch, 1956.

G. Ruhbach

Major, Georg (1502-1574)

M., geb. am 25. 4. 1502 in Nürnberg, gest. am 28. 11. 1574 in Wittenberg, studierte unter Luther und Melanchthon in Wittenberg. Seit 1529 leitete er erfolgreich die Schule in Magdeburg, 1537 kehrte er als Schloßprediger nach Wittenberg zurück und wurde dort 1542 Mitglied des Konsistoriums und 1545 Theologieprofessor. Beim Regensburger Religionsgespräch von 1546 verteidigte er entschieden die ev. Rechtfertigungslehre. Infolge des Schmalkaldischen Krieges mußte er Wittenberg verlassen, konnte aber seit 1548 seine Professur wieder versehen. Wie → Melanchthon und → Bugenhagen paßte er sich der kaiserfreundlichen Religionspolitik des neuen Kurfürsten → Moritz v. Sachsen an und zog sich deshalb die Kritik der sog. → Gnesiolutheraner zu, was dann in den »→ Majoristischen Streit« einmündete. Der alte M., seit 1558 ständig Dekan der theol. Fakultät, war einer der letzten Vertreter der melanchthonisch geprägten Theologie in Wittenberg und mußte kurz vor seinem Tod noch deren Beseitigung erleben. Literarisch ist er zunächst als Autor von Schulbüchern hervorgetreten; u.a. stammt von ihm die niederdeutsche Übersetzung von Luthers Kleinem Katechismus. Für die »Dorfpfarrherren und Hausväter« veröffentlichte er zahlreiche Predigten. Aus seiner Lehrtätigkeit entstanden seine Auslegungen, hauptsächlich zu den Paulusbriefen. Das Werk dieses Theologen aus der dritten Wittenberger Reihe verdient eine neue Untersuchung.

Lit.: H. Scheible: »Major, Georg«, TRE 21, 1991, 725-730.

M. Brecht

Majoristischer Streit

Der sog. M.S. hat seinen Namen nach dem Wittenberger Theologen Georg → Major, dem Nikolaus von → Amsdorff 1551 eine Verfälschung der Rechtfertigungslehre vorgeworfen hatte. Major hatte im Gefolge des an einer Intensivierung der Sittlichkeit interessierten Melanchthon den Satz vertreten: Gute Werke sind nötig zur Seligkeit; ohne sie könne niemand selig werden. Daß die guten Werke aus dem Glauben folgen, war immer luth. Lehre gewesen. Major kam jedoch mit seinem problematischen »nötig« in die Nähe zu kath. Formeln. Zwar wollte auch er an der Rechtfertigung allein aus dem Glauben festhalten, aber zugleich das Soll der Früchte des Glaubens absichern. Deshalb setzten ihm und seinen Anhängern die sog. → Gnesiolutheraner unerbittlich zu. Amsdorff verstieg sich dabei sogar zu dem gleichfalls schiefen Satz: Gute Werke sind schädlich zur Seligkeit. Major nahm 1558 seine These zurück, was ihn jedoch nicht aus der Schußlinie brachte. Die Bewältigung dieses nachluth. Streites wurde in der Konkordienformel (IV) gesucht. Sie bezeichnet die guten Werke für nötig als Folge der Rechtfertigung, aber nicht als Bedingung der Seligkeit. Das von Major angerührte eigentliche Problem der → Heiligung des Gerechtfertigten beschäftigte die Orthodoxie weiterhin und wurde u.a. im Pietismus erneut virulent.

Lit.: H. Scheible: »Major, Georg«, TRE 21, 1991, 727-730.

M. Brecht

Malche, Bibelhaus → Frauenmission Malche e.V.

Maleachi → Propheten Israels

Malerei → Ikone; → Kunst; → Kunst, christliche

Malteser

M.-Orden vom Hospital des hl. Johannes zu Jerusalem (Hospitaliter, Johanniter).

Nach der Eroberung Jerusalems im 1. Kreuzzug 1099 entstand an einem kurz vor 1080 gegründeten Hospital eine Kreuzfahrerbruderschaft, die im Geiste der Kirchenreform des 11. Jh.s zu einer Ordensgemeinschaft wurde. Ihre Aufgaben waren zunächst Krankenpflege und Pilgerbetreuung, ihr Abzeichen der schwarze Mantel mit dem weißen Malteserkreuz. Der sich ab etwa 1120 überregional organisierende Orden errichtete europaweit vorbildhafte Hospitäler und Niederlassungen dank reicher Stiftungen, eigener Grundherrschaft und Geldgeschäften, dann durch Übernahme von Besitz des konkurrierenden, 1312 aufgehobenen Templerordens. 1113 von Papst Paschalis II. als unabhängige Institution anerkannt, erhielt der Orden eine erste Regel um 1130, eine neue 1155/60 in Anlehnung an die der Regularkanoniker. Der weibliche Zweig lebte ohne Krankenpflegeaufgaben nach der Augustinerregel in Klausur. Wohl schon vor 1137 übernahmen die Johanniter Festungen im Heiligen Land und wurden zu einem → Ritterorden (1206) im Kampf gegen die Moslems. An der Spitze des Ordens stand ein Meister (1267) bzw. Großmeister (1489) und der Konvent der acht Großwürdenträger als Vorsteher der Ordensprovinzen (»Zungen«). Der Ordensbesitz war wirtschaftl.-administrativ organisiert in Kommenden (Diözese, Grafschaft o.ä.), dann in Prioraten und Balleien, sowie zeitweise in Großprioraten. Sitze des Ordens waren bis 1187 Jerusalem, Akkon 1191-1291, Limassol auf Zypern, Rhodos (Sitz 1309-1522), bis 1798 Malta, 1798 Triest, bis 1826 Catania, dann Ferrara und seit 1834 Rom. Das revolutionäre Frankreich hob den Orden 1792 auf und eroberte 1798 Malta, das 1800 auf Dauer an England kam. Das deutsche Großpriorat (1251ff, seit 1297 in Heitersheim/Baden) erlosch 1806, auch sein Besitz wurde säkularisiert. Bestand hatte im deutschen Sprachraum nur das Großpriorat Böhmen (und Österreich). Versuche, den Orden auf nationaler Ebene (Zar Paul I. 1798-1810) oder auf dem Wiener Kongreß neu zu formen, hatten keinen Erfolg.

→ Friedrich Wilhelm IV. von Preußen setzte die Tradition der Johanniter im Rückgriff auf die im 16. Jh. ev. gewordene und dann dem Hause Hohenzollern eng verbundene Ballei Brandenburg (Besitz 1810/11 säkularisiert) 1852 im Geist der Romantik fort mit der Gründung des ev. Preußischen Johanniterordens, der sich der Krankenpflege (auch Johanniter-Schwesternschaft 1885) widmete und nach 1949 neu aufgebaut worden ist (Johanniter-Unfallhilfe 1952, Johanniter-Hilfsgemeinschaft 1952 u.a., eigene Krankenhäuser). Auf kath. Seite folgten 1859 die Genossenschaft rheinisch-westfälischer M.-Devotionsritter (August von Haxthausen) und 1867 der Verein schlesischer M.ritter. Die deutschen Assoziationen des Johanniter-Ordens und der Deutsche Caritasverband gründeten 1953 den Malteser-Hilfsdienst e.V. als kath. Sanitäts- und Katastrophenschutz-Organisation.

Mit der Ballei Brandenburg verbunden waren bis 1945/46 die niederländischen (eigene Kommende 1909) und die schwedischen Johanniter (seit 12. Jh., bis 1530 säkularisiert, 1920 neu errichtet). Diese stellten sich dann unter die Schirmherrschaft ihrer Staatsoberhäupter. Die englischen Johanniter bildeten schon 1888 einen nationalen Orden, der ins Empire ausstrahlte. Seit 1960 gibt es einen selbständigen Orden in den USA. Heute bestehen fünf Großpriorate (Rom, Lombardei und Venetien, Neapel und Sizilien, Böhmen, Österreich), drei Subpriorate (Deutschland, England, Irland) und 39 nationale Assoziationen mit insgesamt über 10 000 Mitgliedern.

Lit.: C.-É. Engel: Histoire de L'Ordre de Malte, 1968; E.J. King: The Rule, Statutes et Customs of the Hospitallers 1099-1310, 1934; S. Klimek: Im Zeichen des Kreuzes, 1986; H.E. Mayer: Bibliographie zur Geschichte der Kreuzzüge, 1960, 3478-3560; W.v. Osternitz: Die Balley Brandenburg des Ritterl. Ordens St. Johannis vom Spital zu Jerusalem, 1929.

G. Knetsch

Mammon

1. Mammon (hebr. *mamōn*, aram. *mamōnā'*, davon griech. *mamōnas*) bedeutet Besitz, angesammeltes Vermögen, Reichtum. Die etymologische Herkunft des Wortes ist unklar; man mag an das Wort *hamōn*, »Menge« (Jastrow) oder an die Wurzel *'aman* gedacht haben, »das, worauf man traut« (J. Buxtorf). Eine erbauliche Erklärung wird in Midr.Tanch. 1c.6 geboten: »Mamon ist das, was man zählt (*monäh*) und was doch nichts ist.«

2. Während das Wort M. im AT noch fehlt, begegnet es in den Schriften von Qumran in gleicher Bedeutung wie das bibl. *hōn* (1QS 6,2;19.24f, vgl. 1QS 1,11f; 1 Q 27, II, 5f; CD 14,20). Wie die Arbeit des Gemeindemitglieds soll auch sein Vermögen nicht dessen Privatsache sein, sondern gemeinschaftlicher Beratung und Verwaltung anvertraut werden (1QS 6,2f). Im Targum kann M. neutral den Besitz (*rekūsch*) wiedergeben (1Mo 14,12), aber auch für unlauteren Gewinn (*bäsa'*) stehen (1Mo 37,26; Jes 33,15; Hiob 27,8).

3. Auch für Jesus ist M. Geld und Gut, das aber für seinen Besitzer zu einer versklavenden, von Gott und seiner Herrschaft trennenden Macht werden kann: »Ihr könnt nicht Gott und (zugleich auch) dem Mammon dienen!« (Mt 6,24; vgl. Lk 16,13) Die in 5Mo 6,4 gebotene Liebe zu Gott ist unteilbar; die Rabbinen konnten das Wort *me'umah* in 5Mo 6,5 (»irgend etwas«) auf den irdischen Besitz beziehen: Man soll Gott lieben, selbst wenn es das Vermögen kostet. Auch das Gebot der Nächstenliebe erfordert die Distanziertheit zum Besitz. Jesus bezeichnet ihn als »ungerechten Mammon« (Lk 16,11); semitischer ist der Ausdruck »Mammon der Ungerechtigkeit« (Lk 16,9, vgl. Tg. Hiob 27,8 *mamōnā' dī sheqar*). Deshalb soll man sich mit ihm Freunde als Fürsprecher vor Gottes Gericht verschaffen (Lk 16,9), bzw. sein Vermögen den Armen geben, um sich einen Schatz im Himmel zu erwerben (Lk 18,22). Grundsätzlich hat man sein Vermögen nicht als Eigenbesitz, sondern als anvertrautes, fremdes Gut zu betrachten (Lk 16,12). Der treue, verantwortungsbewußte Umgang mit dem ungerechten M. ist Bewährungsprobe für den Dienst am wahren, von Gott übereigneten Erbe (Lk 16,11, vgl. 19,11-27).

Lit.: F. Hauck: ThWNT, IV, 1942, 390-392; S. Krauß: Talmudische Archäologie Bd. II, 1911.

O. Betz

Mana

Polynesisches Wort, das eine unpersönliche, übernatürliche Kraft bezeichnet und seit der ersten Darstellung durch Codrington über die Melanesier von den Begründern der Religionsethnologie im Deutschen, Englischen und Französischen als Fachausdruck für ähnliche Phänomene in allen Naturvölkern verwendet wurde. M. entspricht keinem Gott, keiner Person und keinem Geist, sondern ist eine Kraft, die an den verschiedensten Orten gleichzeitig wirkt und Gutes und Böses gleichermaßen bewirkt. Geister und Verstorbene können ebenso M. besitzen wie erfolgreiche Jäger, Medizin, das Wetter und die Ernte. Zum Verständnis könnte man die elektrische Energie heranziehen, nur daß M. durch rel. Handlungen, meist durch Männer, die selbst M. besitzen, zum Guten und Bösen beeinflußt werden kann. Die indianische Bezeichnung »Manitou« beschreibt ein ähnliches Phänomen, weshalb die Übersetzung »Großer Geist« irreführend ist. Der Begriff wird in der Literatur wegen seiner engen Verbindung zur evolutionistischen Schule der Religionsethnologie, in der er die Urform aller Religionsentwicklung beschreibt, immer weniger verwandt. Seit Widengrens umfassender Kritik 1945 wird sogar ganz in Frage gestellt, ob das M.konzept die rel. Vorstellungen der entsprechenden Völker überhaupt zutreffend beschreibt.

Lit.: R.H. Codrington: The Melanesians, 1891; G. Widengren: Ethnos 10 (1945), 57-96.

Th. Schirrmacher

Manasse → Stämme Israels

Mandäer

1. Der Name M. (*mandajjā'*) bezeichnet die Angehörigen dieser Sekte als »Gnostiker« (von *manda'* »Gnosis«), obwohl diese sich selbst als *nasorajjā'*, »Observanten«, verstanden. Die M. existieren noch heute in einigen Städten des Irak und Iran als eine Religionsgemeinschaft von insgesamt 15.000 Mitgliedern und werden von ihren arab. Landsleuten *subba*, »Täufer«, genannt; kennzeichnend für sie sind Taufen, Waschungen in fließendem Wasser. Ihre im ostaramäischen Dialekt des Mandäischen und in einer eigenen Schrift abgefaßten rel. Texte wurden vor allem durch H.J. Petermann (1867), M. Lidzbarski (1905-1925) und Lady E.St. Drower (1950-1963) der westlichen Welt zugänglich gemacht. H. Jonas (1934) hat sie als wichtige Quelle für den Geist und das Existenzverständnis der spätantiken Gnosis ausgewertet, und W. Bauer und R. Bultmann haben ihre Bedeutung für die Sprache und Herkunft des JohEv.s herausgestellt (1925).

2. Wie die gnostischen Codices aus Nag Hammadi verraten die Schriften der M. die Kenntnis des AT und der Jesusüberlieferung. Zu den bedeutendsten zählen:

– »Der Schatz« (*Ginza*), in dem die dualistische Kosmologie der M. sowie deren Sakramente (sakramentale Speise und Trank), dazu das Sterbesakrament (*masiqtā*, »Aufstieg der Seele«) sichtbar werden;

– das »Buch des Johannes«, mit dem Johannes der Täufer gemeint ist; von ihm soll die Taufe (*masbūtā'*) in fließendem Wasser (*jardnā'* von Jordan abgeleitet) stammen, die noch immer von den M. vollzogen wird;

– das *Qolasta*, eine Sammlung von Hymnen für rel. Zermemonien. Ähnlich wie in den Qumrantexten erscheint in den mandischen Schriften der Dualismus zwischen Licht und Finsternis, Wahrheit und Lüge; darüber hinaus werden vor allem die Gestirne, die sieben Planeten und zwölf Tierkreisbilder, als böse Mächte gefürchtet.

3. Der Bericht von der Erschaffung der Welt und der Bildung des ersten Menschen durch den Demiurgen Ptahil und dessen Helfer beruht auf der bibl. Schöpfungsgeschichte; das zeigen schon die Namen Adam, Hawa (Eva), Hibil (Abel), Sitil (Set) und Anosch. Aber wie im gnostischen »Apokryphon des Johannes« von Nag Hammadi wird der Hergang von 1Mo 2 und 3 auf den Kopf gestellt. Wie dort stammt die menschliche Seele aus der Lichtwelt und wird im Gefängnis des Leibes festgehalten. Ihre Erlösung (*purqānā'*) erfolgt durch den Ruf der Gnosis und die Sakramente; der Erlöser ist der himmlische Gesandte *Manda' d'Hajjē'* (»Erkenntnis des Lebens«). Die Seele wird aus ihrem Gefängnis befreit und steigt in das Lichtreich auf.

4. Auffallend ist nicht nur die Polemik gegen die Juden und das Judentum, den Geist (*rūhā'*) und die Engel, sowie die Umdeutung der Schöpfungsgeschichte, sondern auch die Feindschaft gegenüber dem Christentum, gegen Jesus und Maria; der Christus (*meschīchā'*) ist ein Lügenprophet. Umstritten ist die Frage der Herkunft und Entstehung der mandäischen Religionsgemeinschaft und damit die Datierung ihrer Literatur. Die uns bekannten Handschriften stammen aus dem MA, bieten aber sehr viel ältere Traditionen. Die Verwandtschaft ihrer Aussagen mit den Ansichten der antiken → Gnosis, mit dem → Manichäismus, den Oden Salomos und den Texten von Nag Hammadi, ja sogar mit dem Dualismus des JohEv.s und der Qumrangemeinde, ist unverkennbar. Aber eine vorchristl. Entstehung dieser Sekte und eine direkte Beziehung zu Johannes dem Täufer sind unwahrscheinlich; die antichristl. Polemik setzt eher die Herrschaft der Kirche im Oström. Reich voraus.

Lit.: H. Jonas: Gnosis und spätantiker Geist, 1934;

M. Lidzbarski: Ginza, der Schatz, 1925; ders.: Das Johannesbuch der Mandäer, 1915; K. Rudolph: »Mandäer«, TRE Bd. 22, 1993, 19-25.

O. Betz

Mani/Manichäismus

Der Manichäismus (M.) ist eine ausdrücklich so gemeinte Gegenreligion zum Christentum auf synkretistischer Grundlage. Er wollte – wahrscheinlich an die Adresse des Großkönigs gerichtet – dem Sassanidenreich eine neue Einheitsreligion anbieten, die aus dem → Buddhismus, dem Christentum, dessen gnostischer Randform (→ Gnostizismus) und dem → Zoroastrismus gemeinsame, aber auch neue Aspekte zusammentrug. Der M. geht auf Mani (Manichaeus) zurück, der am 14. 4. 216 im pers. Reich (bei Babylon?) geboren wurde und wahrscheinlich im Gefängnis am 26. 2. 277 starb. Seine Religion verbreitete sich im ganzen Röm. Reich bis Nordafrika und Spanien und im Osten bis zu den Uiguren und Chinesen, bei denen er sich offenbar als Variante des → Taoismus tarnte. Ob sich die → Bogumilen in Bulgarien und die → Katharer in Frankreich mit dem M. zusammenbringen lassen, ist eher fraglich. Jedenfalls war die manichäische Mission neben der christl. intensiv und wirkungsvoll. → Augustin hat ca. zehn Jahre seines Lebens zum M. gehört.

Über Leben und Lehre Manis war zunächst nur aus den Schriften seiner Gegner (Christen und Moslems) Weniges bekannt. Erst im 20. Jh. wurden manichäische Originaltexte in uigurischer, chinesischer, griech. und vor allem koptischer Sprache (1930 von C. Schmidt) gefunden.

Die Lehre Manis entspringt einem groß angelegten Mythos, der das Gute und das Böse als einander gegenüberstehende Grundprinzipien annimmt, von denen aus sich einzelne Emanationen (der Große Geist, der Geist des Christus, die Lichtvernunft) und schließlich die Menschen herleiten. Durch einen Offenbarungsruf wird der von Gott abgefallene Mensch zur Rückkehr an seinen Ursprung erinnert, die der König der Finsternis zu verhindern sucht. Die manichäische Kirche hat einen Kultus mit fünf täglichen Gebetszeiten und dem Bema-Fest als der Wiederkehr des Todes und seiner Überwindung eingeführt. Die Anhänger teilen sich zwischen den Erwählten und den Hörern auf. Der M. hat eine mehrfach gegliederte Hierarchie: Einen Archegos (Führer), 12 Lehrer, 72 Bischöfe bzw. Diakone, viele Presbyter bzw. Priester und schließlich die Vollmächtigen, alle Erwählten. Die Beeinflussungen aus dem christl. Gnostizismus sind unübersehbar. Auf welche Weise und warum der M., der von 763-814 sogar Staatsreligion der Uiguren war, untergegangen ist oder ob er den vorhandenen Religionen schließlich integriert wurde, ist unbekannt. Jedenfalls war der M., wie die Auseinandersetzung vieler Theologen mit ihm bis hin zu → Thomas von Aquin, → Flacius Illyricus und Gottfried → Arnold zeigt, immer als bedrohliche Konkurrenz zum Christentum empfunden worden.

Lit.: J.P. Asmussen: Bibliographia Manichaeica, 1965; ders.: Der Manichäismus, in: J.P. Asmussen, J. Laesse: Handbuch der Religionsgeschichte III, 1975, 337-350; A. Böhlig: Gnosis und Synkretismus, 1989; ders.: »Manichäismus«, TRE 22, 1992, 25-45 (Lit.); H.J. Polotsky: »Manichäismus«, PRE, Supp. 6, 1935, 240-271; G. Widengren: Mani und der Manichäismus, 1961; ders.: Der Manichäismus, 1977.

G. Ruhbach

Männedorf → Trudel, Dorothea

Männerarbeit (der EKD)

Die Ev. Arbeitervereine und die Ev. Volksvereine (im 19. Jh.) können als Wegbereiter der M. angesehen werden. 1933 wurde durch Zusammenschluß der verschiedenen Gruppierungen in Berlin das »Deutsche Evangelische Männerwerk« gegründet. Ziel war vor allem der Aufbau von Männerkreisen in den Gemeinden. Die so gefundene Gemeinschaft zerbrach allerdings schon 1934, als sich im Rahmen der Bekennenden Kirche der »Evangelisch-kirchliche Männerdienst« gründete.

Als Datum des Neuanfangs nach dem Zweiten Weltkrieg gilt eine Tagung im oberhessischen Echzell (Mai 1946), auf der die »Echzeller Richtlinien« als Grundlage künftiger kirchl. M. beschlossen wurden. Mit »Echzell« entstand die »Männerarbeit der EKD« als kirchl. Werk im Sinne einer Laienbewegung; ihr Ziel bestand in der Gewinnung und Zurüstung der Männer zum Dienst in der Gemeinde. Später entwickelten sich besondere Zweige der Berufsgruppen- bzw. Zielgruppenarbeit.

Die Vertiefung der deutschen Teilung führte zum Aufbau einer eigenen Struktur in der DDR (»Männerarbeit des Bundes der Evangelischen Kirchen in der DDR«). Im Mai 1991 kam es im Rahmen einer Haupttagung in

Schwerte/Westfalen zu einem partnerschaftlichen Neuanfang.

Rechtsträger ist der »Verein zur Förderung der Männerarbeit der EKD e.V.«. Das Laienelement wird weiterhin stark betont. Die Hauptgeschäftsstelle der M. der EKD (in Kassel) hat vor allem die Aufgabe, die Arbeit zu koordinieren, zu qualifizieren und weiterzuentwickeln. Kontinuierliche Tagungsarbeit, besonders zum jeweiligen Jahresthema der M., ist charakteristisch. Der dritte Sonntag im Oktober wird als »Männersonntag« begangen.

Im Jahre 1952 wurde – durch Initiative der M. der EKD – die »Europakonferenz für Kirchliche Männerarbeit« ins Leben gerufen, die bis 1991 eine wichtige Brückenfunktion im geteilten Europa wahrnahm. Als Nachfolgeeinrichtung wurde 1991 in Prag das »Europäische Forum Christlicher Männer (EFCM)« gegründet, das 1993 den Status einer »assoziierten Organisation« der »Konferenz Europäischer Kirchen« erlangte; es wird administrativ von der M. der EKD betreut.

M. in der EKD will heute den Mann befähigen, sein Mannsein in selbstkritischer Auseinandersetzung mit einer durch die Folgen patriarchalen Denkens und Handelns belasteten Vergangenheit zu reflektieren – in Verantwortung für die Entwicklung gerechter, sozial- und schöpfungsverträglicher Lebensformen aus christl. Verantwortung. So stehen Fragen der Identität des Mannes und einer männlichen Spiritualität im Mittelpunkt des Interesses (auch in Kooperation mit der Ev. Frauenarbeit).

Während in den »Echzeller Richtlinien« noch ein männerzentriertes Kirchenverständnis vertreten wurde, ist inzwischen die männliche Dominanz obsolet geworden. Die M. stellt sich dieser Herausforderung, indem sie sich intensiv an der Schaffung einer erneuerten Gemeinschaft von Frauen und Männern beteiligt.

Publizistik war von Anfang an – neben der Arbeit in Gruppen – ein zweites Standbein der M. Durch nahezu vier Jahrzehnte (bis 1986) wurde dieser Dienst durch den Verlag »Kirche und Mann« wahrgenommen. Die publizistische Arbeit liegt jetzt bei der Hauptgeschäftsstelle. Seit 1989 erscheint als neues Periodikum das »Männerforum« (zweimal jährlich).

Lit.: O. Hammelsbeck, F. Linz (Hg.): Evangelisch-kirchliche Männerarbeit heute, 1946; P.-G. Hoerschelmann: »Männerarbeit«, TRE 21, 1992, 659-668; W. Hollstein, G.M. Martin: »Mann«, EKL[3], Bd. 3, 1992, 267-273; H. Johnsen (Hg.): Die Männerarbeit der Kirche, 1941; H.G. Lubkoll: Männerarbeit, aber wie? [2]1959; E. zur Nieden: Die Gemeinde nach dem Gottesdienst, 1955.

G. Apsel

Mantik → Prophetie

Marahrens, August (1875-1950)

M., geb. am 11. 10. 1875 in Hannover, gest. am 3. 5. 1950 in Hannover, 1903-1909 Pfarrer in Hannover, danach Studiendirektor des Predigerseminars Erichsburg, 1922 Generalsuperintendent in Stade, 1925 Landesbischof der Ev.-Luth. Kirche Hannovers, 1928 Abt zu → Loccum. Neben Bischof → Ihmels war er die zentrale Leitungsfigur in der Luth. Bischofskonferenz und von April bis Juli 1933 luth. Bevollmächtigter des Deutschen Evangelischen Kirchenbundes im Kapler-Ausschuß, 1933 wurde er Vizepräsident des Luth. Weltkonventes und 1935 dessen Präsident. 1933 nahm er an der Nationalsynode der DEK in Wittenberg, 1934 an der Bekenntnissynode in Barmen (hier als Gast) teil, ebenso 1935 in Augsburg und 1936 in Bad Oeynhausen. Von 1934 bis 1936 war er Vorsitzender der Ersten Vorläufigen Kirchenleitung der Bekennenden Kirche, 1934 Mitglied des luth. Rates und 1936 des Rates der Ev.-Luth. Kirche Deutschlands, 1939 Mitglied des Geistlichen Vertrauensrates der DEK.

Sowohl im Kirchenkampf als auch in der Distanz zur Bekennenden Kirche hat er als ehrlicher Makler gewirkt; als zurückhaltend urteilender, pragmatisch handelnder und das Recht wie das Bekenntnis der Kirche schätzender Kirchenführer hat er sich bei allen Parteien einen guten Namen gemacht. Im Kirchenkampf seiner eigenen Kirche hat er in schwierigen Situationen ein Meisterstück hinhaltender Taktik geboten und seine Landeskirche von tieferer Beschlagnahme durch den NS-Staat freihalten können. Deshalb war er auch nicht unumstritten in seiner Zeit, vor allem nicht nach Kriegsende. 1947 legte er auf Grund mannigfacher Verdächtigungen sein Bischofsamt nieder, nachdem er dem Wiederaufbau seiner Landeskirche wie der Ev. Kirche in Deutschland wertvolle Impulse vermittelt hatte.

Lit.: G. Besier: »Selbstreinigung« unter britischer Besatzungsherrschaft. Die ev.-luth. Landeskirche Hannovers und ihr Landesbischof Marahrens 1945-1947, 1986; E. Koegel: Die luth. Landeskirche Hannovers und ihr Bischof 1933-1945, 2 Bde., 1964, 1965.

G. Ruhbach

Marburger Kreis e.V.

Der M.K. ist entstanden nach dem Zweiten Weltkrieg, als die Gruppenbewegung (Oxford bewegung) F. → Buchmans sich zur → Moralischen Aufrüstung veränderte und ihre christl. Grundorientierung zurückzutreten schien. Gemeinsam ist beiden die Überkonfessionalität und das Engagement ihrer Mitglieder im Alltag.

Der M.K. geht auf Arthur Richter (1908-1993) zurück, der über Jahrzehnte hin sein »Geschäftsführer« war. Er sammelte verbindlich lebende Christen, die in ihren angestammten Großkirchen weithin keine geistl. Heimat fanden. Der M.K. organisiert sich als Mitarbeitergruppierung, wobei jeder einzelne in Familie und Beruf sein Christsein leben, in örtlichen »Mannschaften« (bis zu 15 Mitgliedern) wöchentlich in Wohnungen zusammen sprechen, die Bibel lesen, Alltagsfragen am Evangelium klären und persönliche Seelsorge aneinander üben sollte. In Gäste-Tagungen wird die Mitgliedschaft erworben und – zumeist über Einzelgespräche – der Missionsauftrag an Suchenden wahrgenommen. Der M.K. gehört zur → Arbeitsgemeinschaft Missionarischer Dienste (AMD); er trägt sich ausschließlich durch Spenden der Mitglieder. Der mehrmals im Jahr erscheinende »Rundbrief« verbindet die einzelnen miteinander.

Die Freundesbriefe A. Richters sind in Büchern erschienen, z.B. »Auf der Suche nach Freiheit«; »Die des Weges sind«, »Christen sind anders«, jeweils auch als Taschenbuchausgabe.

G. Ruhbach

Marburger Mission

Die M.M. ist als Arbeitszweig des → Deutschen Gemeinschafts-Diakonieverbandes (DGD) in Marburg Mitglied der → Arbeitsgemeinschaft Evangelikaler Missionen (AEM). Die Anregung zu ihrer Gründung geht auf den China-Missionar Friedrich Traub (1873-1906) zurück. Diakonisse Elisabeth Gramenz wurde 1909 als erste Missionarin über den deutschen Zweig der China-Inland-Mission (CIM) nach China gesandt. Ihr folgten bald weitere Diakonissen und, nachdem die CIM dem DGD in der Provinz Yünnan ein eigenes Missionsgebiet übergeben hatte, ab 1929 auch Missionare. Es entstand die »Yünnan-Mission im Verband der China-Inland-Mission«. Insgesamt wurden 14 Ehepaare und 31 Diakonissen ausgesandt. Mit der Ausweisung der Missionare aus China öffneten sich neue Missionsgebiete in Japan, Taiwan und Thailand. Die Marburger Mission (MM) entstand. 1970 kam Ostafrika, 1988 Spanien und 1993 Rußland hinzu.

1932 antwortete der Leiter des DGD, Pfr. Theophil → Krawielitzki auf eine Anfrage aus Brasilien mit der Aussendung von zwei Missionaren, denen 27 Diakonissen und 18 Ehepaare folgten. Die Arbeit begann als Marburger Brasilienmission (MBM) unter Deutschen, weitete sich aber schon in den ersten Jahren aus und führte 1947 zur Gründung einer einheimischen Kirche, der Associacao das Igrejas de Cristianismo Decidido. 1989 wurden beide Missionen zur M. M. miteinander verbunden. Zur Zeit arbeiten rund 100 Mitarbeiter in acht Missionsländern.

Lit.: H.R. Flachsmeier: Geschichte der evangelischen Weltmission, 1963; F. Mund: Theophil Krawielitzki. Ein Zeuge aus der neueren Erweckungs- und Diakoniegeschichte, 1954, 86ff; N. Schmidt: Von der Evangelisation zur Kirchengründung, 1991.

K. Brandt

Marburger Religionsgespräch

Das M.R. ist der Höhe- und zugleich auch der vorläufige Endpunkt des großen Abendmahlsstreites in der Reformationszeit. Nach mehrjähriger literarischer Auseinandersetzung (1525-1528) kommen auf Initiative → Philipps von Hessen, der den Bruch des Protestantismus zu verhindern und ein antihabsburgisches Bündnis zu erreichen sucht, vom 1.- 4. 10. 1529 mit → Luther, → Jonas, → Melanchthon, → Osiander, → Agricola, → Brenz, → Oekolampad, → Zwingli, → Bucer und Hedio die führenden Reformationstheologen der ersten Generation zu einem Religionsgespräch zusammen, um u.a. über das rechte Verständnis der Einsetzungsworte zu beraten. Die Meinungsverschiedenheiten hinsichtlich der leiblichen Gegenwart Christi im Abendmahl werden dabei nicht überwunden und Unionsofferten von den Wittenberger wie von den Schweizer Theologen zurückgewiesen. Dennoch wird ein gemeinsames Ergebnis erzielt, wie die von Luther verfaßten und von allen Teilnehmern unterschriebenen Marburger Artikel zeigen. In ihnen wird nach Feststellung weitgehender Übereinstimmung in grundlegenden Lehrfragen (Gott, Christus, Sünde, Erlösung, Glaube, Wort, Taufe, gute Werke, Beichte und Obrigkeit) erst im 15. Artikel vermerkt, daß über den Modus der Anwesenheit von Leib und Blut Christi im Abendmahl keine Einigung erzielt werden konnte. An diesem Dissens scheitert das polit. Bündnis der Evangelischen. Gleichwohl tritt die Auseinandersetzung über das Abendmahl mit dem M.R. in eine neue Phase, die unter Vermittlung Bucers und Melanchthons wenige Jahre später zu einer Einigung zwischen den luth. und den oberdeutschen Theologen führte (Wittenberger Konkordie 1536).

Lit.: W. Köhler: Das Marburger Religionsgespräch 1529, 1929; ders.: Zwingli und Luther Bd. 2, 1953, 1-164; S. Hausamman: »Die Marburger Artikel – eine echte Konkordie?«, ZKG 77 (1966), 288-321; G. Hoffmann: Marburg 1529 – eine verpaßte Gelegenheit?, 1974; G.W. Locher: Die Zwinglische Reformation im Rahmen der europäischen Kirchengeschichte, 1979, 319-343; G. May: Das Marburger Religionsgespräch, [2]1979, Handbuch der Dogmen- und Theologiegeschichte Bd. 2, 1980, 46-64.

H. Holze

Marcell von Ancyra (ca. 280-374)

Die Lebensdaten mit Geburts- und Todestagen und -orten sind unbekannt; M. war ein streng antiarianischer, auf seiten des → Athanasius streitender Theologe und Bischof von Ancyra in Kleinasien. Mit den meisten Zeitgenossen hat er sich kritisch auseinandergesetzt, so daß er wenig Freunde hatte und nur in Rom volle und in Ägypten teilweise Anerkennung fand. In Konstantinopel wurde er 381 endgültig als heterodox verurteilt. Seine Schriften sind nur auszugsweise durch seine Gegner wie → Euseb von Caesarea oder unter anderem Namen (z.B. Athanasius) erhalten und in der Echtheit umstritten. Ob er (so Euseb) eine sabellianische oder (so Loofs) eine altertümlich-kleinasiat. oder (so Holl, Berkkhof, Daniélou) eine innovative oder (so Seibt) eine differenzierte Reichstheologie vertreten hat, muß offen bleiben. Jedenfalls hat er keine dreipersönliche Trinitätslehre vertreten und darin auf → Schleiermacher gewirkt. Aufgrund der schlechten Quellenlage muß aber auch hinsichtlich seiner Wirksamkeit viel mehr offenbleiben als viele Forscher vermuten.

Lit.: L. Barnard: Marcel of Ancyra and the Eusebians, GOTR 25, 1980, 63-76; F. Loofs: Die Trinitätslehre Marcells von Ancyra und ihr Verhältnis zur älteren Tradition, Sonderband der preussischen Akademie der Wissenschaften 1902, 764-781; K. Seibt: Marcel von Ancyra als Reichstheologe, Diss. theol. Tübigen 1990; K. Seibt: »Marcell von Ancyra«, TRE 22, 1992, 83-89 (Lit.); M. Tetz: Zur Theologie des Marcell von Ancyra I – III, ZKG 75, 1964, 217-270; 79, 1968, 3-42; 83, 1972, 145-194; Th. Zahn: Marcellus von Ancyra, 1867.

G. Ruhbach

Märchen

Die Literaturform M. wird in Volksm. und Kunstm. unterteilt. Einer der besten Kenner der Materie, Max Lüthi, hat beide Formen zu definieren versucht: »Zum Begriff des Volksmärchens gehört, daß es längere Zeit in mündlicher Tradition gelebt hat und durch sie mitgeformt worden ist, während man das Kunstmärchen zur Individualliteratur rechnet, geschaffen von einzelnen Dichtern und genau fixiert, heute meist schriftlich, in früheren Kulturen durch Auswendiglernen überliefert.« Vor allem für die Anfänge wird sich das nicht immer klar unterscheiden lassen. Die Verbindung von wunderbaren, phantastisch-unglaublichen Ereignissen und Erscheinungen mit Phantasiegestalten wie Riesen und Zwergen, Hexen und Zauberern in der Begegnung mit wirklichen Menschen – häufig Kinder oder junge, unerfahrene, »unschuldige« Personen – hatte bis in die jüngste Vergangenheit unabhängig von ihrer Einordnung als Volks- oder Kunstm. zugleich eine moralisch-ethische Ausrichtung: Das Böse wurde bestraft, das Gute siegte. Schon die älteste literarische Überlieferung kennt M. – so etwa Homers Kirke in der Odyssee, oder die Geschichte von Amor und Psyche bei Apuleius (Metamorphosen). Auch Daniels Begegnung mit dem Drachen in der apokryph dem Buch Daniel angeschlossenen Geschichte vom Bel zu Babel entspricht den Bedingungen eines M.s. Selbst Platon schrieb ein M. auf: Gyges und sein unsichtbar machender Ring (Staat 359 d – 360 b).

Die ersten europ. M.sammlungen stammen aus dem Italien des 16. Jh.s. Als 1704 die bereits im 9. Jh. entstandene arabische Sammlung der M. aus »Tausendundeiner Nacht« auf franz. erschien, begann eine Sammlertätigkeit, die den Reichtum der morgen- und abendländischen Tradition sichern half. Die erste deutsche Sammlung (Musäus, Volksmärchen, 1782) leitete dabei zugleich den Prozeß der Überarbeitung und Stilisierung ein. Einer der großen M.kenner der Romantik, Clemens → Brentano, regte die Brüder Grimm zur Herausgabe der »Kinder- und Hausmärchen« an (I, 1812; II, 1815), mit denen die Popularität des deutschen M.s bis in die heutige Zeit begründet wurde. Ähnliche Volkstümlichkeit erreichten nur noch Bechsteins Sammlungen »Deutsches Märchenbuch« (1845) und »Neues deutsches Märchenbuch« (1856). Kaum einer der deutschen Klassiker und Romantiker hat darauf verzichtet, selbst M. zu schreiben (Tieck, Hauff, Chamisso, → Goethe, → Novalis, Hoffmann, Mörike; später dann Ebner-Eschenbach, Hoffmansthal, u.a.m.). Außerhalb des deutschen Sprachraums haben vor allem Andersen (zwei Sammlungen, 1847 und 1876) sowie St. Exupéry neue Wege beschritten. Die Infragestellung des herkömmlichen Gut-Böse-Schemas ist neueren Datums und bleibt, wie z.B. beim Engländer R. Dahl, nicht ohne moralische Quintessenz. Man hat M. auch tiefenpsych. deuten wollen. Selten aber ist der Bezug zur bibl. Ethik untersucht worden. Ansätze sind in letzter Zeit an den Schnittstellen von Märchen und Science Fiction vor allem in Kommentaren zu den beiden britischen Autoren G. MacDonald und C.S. → Lewis gemacht worden.

Lit.: H.E. Giehrl: Volksmärchen und Tiefenpsychologie, 1970; V. Klotz: Das europäische Kunstmärchen, 1985; G. Kranz: E.T.A. Hoffmanns Einfluß auf George MacDonald, in: ders.: Kafkas Lachen, 1991; M. Lüthi: Märchen, [3]1974; ders.: Das europäische Volksmärchen, [5]1976; D. Petzold: Das englische Kunstmärchen, 1981; M. Thalmann: Das Märchen und die Moderne, [2]1967.

C.P. Thiede

Marcion (ca. 85-160)

M. war reicher Reeder und Kaufmann, aus dem Pontus stammend, Mitglied der christl. Gemeinde zu Rom, die sich aus dogmat. Gründen 144 von ihm trennte. Er gründete darauf eine eigene Kirche, die sich weit über Rom hinaus ausbreitete. 154 kam es womöglich in Rom zum Lehrgespräch mit Polykarp. Von M.s Leben ist wenig bekannt; immerhin muß er eine große Bedrohung und Herausforderung für die Kirche dargestellt haben. Er ist jedenfalls der einzige Häretiker, der eine eigene Kirche gründete, die sich bis ins 6. Jh. gehalten hat und erst dem Islam zum Opfer fiel.

M. hat als erster einen fest begrenzten bibl. Kanon (zehn Paulusbriefe ohne Pastoralbriefe, Hebr und Lk; s.→ Bibel *a)* III) gebildet. Diese Schriften wurden allerdings von sämtlichen judaistischen Zusätzen gereinigt. In seinen »Antithesen«, dem einzigen seiner Werke, das durch die Widerlegung des → Tertullian bekannt geblieben ist, spricht er von der Welt, dem Schöpfergott (Demiurg), und dem fremden Gott, dem Erlöser, erstmals auch betont von → Gesetz und Evangelium. Christus ist ihm nicht der atl. Messias, sondern ein neuer, unerwarteter und fremder Heilsbringer. M.s Eschatologie erwartet die Ankunft des Reiches Gottes, seine Ethik ist schroff asketisch. Ein Gnostiker ist er – trotz mancherlei Verbindung zu Gnostikern – offenbar nicht gewesen. Die Konzentration der Kirche auf Kanon, Bischofsamt und Glaubensregel ist hauptsächlich durch die Ablehnung marcionitischer Positionen entstanden. Hierin hat M. der Kirche geholfen, sich auf das Wesentliche des Christentums zu besinnen.

Lit.: B. Aland: »Marcion, Marcioniten«, TRE 22, 1992, 89-101 (Lit.); K. Beyschlag: Marcion von Sinope, GdKG 1984, 69ff; A. v. Harnack: Das Evangelium vom Fremden Gott, 1960 (Nachdruck); G. May: Ein neues Marcionbild?, TR 51, 1986, 404-413.

G. Ruhbach

Marheineke, Philipp Conrad (1780-1846)

M., geb. am 1. 5. 1780 in Hildesheim, gest. am 31. 5. 1846 in Berlin, Schule und Gymnasium in Hildesheim, Theologiestudium in Göttingen, 1802 Hauslehrer in Dewitz bei Neu--Strelitz, nach Abfassung einer Dissertation Dr. phil. in Erlangen, im gleichen Jahr Repetent in

Göttingen, 1807 a.o. Prof. für Philosophie in Erlangen, 1807 in Heidelberg, 1811 o. Prof. der Theologie in Berlin, zweimal Rektor der Universität und Mitglied des akademischen Senats. Neben ihm wirkten → Schleiermacher, → de Wette und → Neander. Bis zum Amtsantritt des letzteren lehrte M. Kirchengeschichte, dann Dogmengeschichte, Symbolik, Praktische Theologie, Homiletik und Kirchenrecht. Er veröffentlichte mehrmals Predigten, 1817 eine »Geschichte der teutschen Reformation« (erw. Neuaufl. 1831/34), »Christliche Symbolik« (unvollendet Bd. 1-3 1910-13). »Die Grundlehren der christlichen Dogmatik« 1819, Neubearbeitung 1827, »Lehrbuch des christlichen Glaubens und Lebens« 1823. Posthum erschienen: »System der theologischen Moral« und »System der christlichen Dogmatik« (hg. von S. Matthies und W. Vatke, 1847).

M. ist, insbesondere in den späteren Werken, stark von Hegel beeinflußt. Theologie versteht er als Wissenschaft vom Glauben, also nicht als Autoritätsglaube, sondern als »speculative« Entfaltung des im Glauben selbst angelegten Wissens. Die Voraussetzung ist trinitarisch. Gott, der absolute Geist, offenbart sich ebenbildlich im Sohn, und durch den Sohn im Glauben. Es ist der Geist Gottes selber, der die Vernunft der Idee Gottes fähig macht. »Es ist Gott selbst, der sich denkt in der Idee von ihm«. In Christus, dem Gottmenschen, ist das göttliche und menschliche Bewußtsein identisch, in allen andern hebt dieses Wissen im Glauben an. – Es ist eine Theologie nicht des heiligen Geistes, sondern, im Sinne Hegels, der Identifikation des absoluten Geistes mit dem menschlichen Geist. Christus als der Sohn, der wesenseins ist mit Gott, und unterschieden von Gott als Mensch, wird zum Prinzip dieser Identität.

Lit.: K. Barth: Die protestantische Theologie im 19. Jahrhundert, 442ff.

F. Flückiger

Maria

Die bibl. Basis der Mariologie (Marien-Lehre) ist schmal; im NT wird die Mutter Jesu nur am Rande erwähnt. In der Geschichte der Kirche dagegen spielte sie eine herausragende Rolle. Die prot. Kritik schließt daraus, daß die kirchl. Tradition sich von der Bibel entfernt hat. Nach kath. Auffassung hat sich dagegen aus bescheidenen bibl. Anfängen die Vollgestalt der kirchl. Lehre entfaltet. Im MkEv. erscheint die Mutter Jesu eher als ein Beispiel des Unglaubens (3,20f.31ff). Aber die Vor- und Kindheitsgeschichte Jesu im LkEv. stellt Maria als Beispiel des Glaubens dar (Lk 1,38). Der Jungfrau Maria wurde zugemutet, ihre eigene Existenz dazu herzugeben, Mutter des Sohnes Gottes zu werden. Sie willigte ein. Dadurch wurde sie in eine einzigartige und unwiederholbare heilsgeschichtl. Funktion eingesetzt. Sie wurde zur Mutter Gottes. Als Beispiel des Glaubens bevorzugte Paulus den Abraham (Röm 4), und die Ableitung der Behauptung, M. diene als Mittlerin zwischen Jesus und den Gläubigen, aus Joh 2 (Hochzeit zu Kana), sowie der Meinung, sie sei als Mutter der Kirche zu verstehen, aus Joh 19,27, überfordert die Texte.

Frühzeitig begann ein andächtiges Erzählen und Weiterspinnen der Geschichte M.s, bes. in dem apokryphen »Protevangelium des Jakobus« (ca. 150). Analog zur paulin. Adam-Christus-Typologie (1Kor 15,21f. Röm 5,12ff), meinten die Kirchenväter Justin (ca. 110-165) und Irenäus (ca. 140-190) eine Entsprechung zwischen Eva und M. feststellen zu können. Die Nennung M.s im Glaubensbekenntnis sollte (nach Gal 4,4) die wirkliche Menschlichkeit Jesu unterstreichen. Das Konzil von Ephesus (431) betonte, daß M. nicht nur einen Menschen geboren hat, der sich später als geeignet erwies, in unvergleichlichem Maße als Tempel des Heiligen Geistes zur Verfügung zu stehen (so Nestorius), sondern den Gottessohn, der von Natur aus Heiland sein konnte (*Theotokos*, »Gottesgebärerin«). Während die Reformatoren an den altkirchl. mariologischen Hilfsaussagen zur Klarstellung der Christologie festhielten, verwarfen sie den Muttergottes-Kult, der gleichzeitig mit der Muttergottes-Lehre entstand, jedoch aus anderen, vorwiegend heidnischen, Quellen schöpfte. Synkretistische (religionsvermischende) Tendenzen der Volksfrömmigkeit wurden von den Reformatoren unerbittlich abgelehnt, von der kath. Lehrentwicklung dagegen dogmat. eingeholt und gerechtfertigt. Am 8. 12. 1854 wurde eine seit Jahrhunderten umstrittene Lehrmeinung zum verbindlichen Dogma erhoben, daß nämlich M. nicht erst durch den Glauben an Christus vor Gott gerecht wurde, sondern von vornherein, durch »unbefleckte Empfängnis« von der Erbsünde frei geblieben sei. 1950 wurde die Lehre von der »Leiblichen Aufnahme Mariens in den Himmel« zum Dogma der Röm. Kirche. Nach ev. Verständnis wird M. – wie alle Heiligen – sachgemäß dadurch verehrt, daß man Gott für die ihr erwiesene Gnade dankt, im Blick auf ihre Geschichte den eigenen Glauben stärken läßt und sich an ihr ein Beispiel nimmt (Apol. der CA 21).

Lit.: G. Dautzenberg, H. Merklern, K. Müller (Hg.): Die Frau im Urchristentum, 1983; G. Miegge: Die Jungfrau Maria, 1962; W. Schlichting: Maria. Die Mutter Jesu in Bibel, Tradition und Feminismus, 1989; W. Tappolet (Hg.): Das Marienlob der Reformatoren, 1983.

W. Schlichting

Mariae Empfängnis → Marienfeste/Marienverehrung

Mariaviten → Maria; → Marienfeste/Marienverehrung

Marienfeste/Marienverehrung

Die Geschichte der Kirchen ist auch eine Geschichte der Auseinandersetzung um → Maria. Kath. hypermarianischer Leidenschaft korrespondiert oft prot. anti-marianischer Eifer.

So wie Maria durch das NT und durch das Glaubensbekenntnis (»geboren von der Jungfrau Maria«) zum christl. Glauben gehört, so ist auch bei den Erscheinungen der Marienfrömmigkeit und der M.feste jeweils neu zu prüfen, was dem Maßstab bibl.-reformat. Theologie standhält, wovon wir u.U. gar zu lernen haben, wo schlichte Toleranz angesagt ist, und wo unser Widerspruch im ökumen. Gespräch laut werden muß.

M.verehrung ist weltweit eines der beherrschenden Merkmale kath. Volksfrömmigkeit. Sie äußert sich in der Anrufung und Verehrung Mariens als schmerzensreiche Mutter, Himmelskönigin oder »Schutzmantelmadonna«. Dabei ist gegen platte Polemik zu unterscheiden: Maria wird verehrt und um Fürbitte angerufen, aber nicht selbst angebetet. Ein Marienaltar gehört zu diesem Zweck in jede kath. Kirche. Das Gebet des → Rosenkranzes ist ein marianisches Gebet mit der Wiederholung des Ave Maria und der Betrachtung der Geheimnisse des Lebens Jesu und seiner Mutter. Marienkapellen und Orte der Erscheinung Marias gelten als Gnadenorte für die, die zeitliches Wohl und Gesundheit wie ewiges Heil erstreben (Marienwallfahrten). Es sind oft nationale Heiligtümer wie die schwarze Muttergottes von Tschenstochau für die Polen. Marienkongregationen widmen ihr Leben dem Dienst der Muttergottes. Unter dem Panier der Marie konnte gegen die Türken, gegen die Moslems und Juden in Spanien und gegen die Urbevölkerung Lateinamerikas gekämpft werden: wo man sich durchsetze, setzte sich auch die M.verehrung durch.

M.verehrung kulminiert in den zahlreichen M.festen. Die folgenden M.feste verdanken sich einer oft komplizierten Entstehungsgeschichte und stehen in einer wechselseitigen Beeinflussung von liturg. und dogmat. Faktoren auch im Kontext der Marien-Dogmatik.

M.feste sind ihrem Ursprung nach jünger als die frühen Märtyrer- und Apostelfeste. Manche reichen bis ins 4. Jh. zurück. Einen großen Aufschwung nahmen sie nach dem Konzil von Ephesus (Theotokos-Maria als »Gottesgebärerin«) 431, zunächst im Osten, dann aber auch im Westen.

Vor allem im MA waren die bedeutendsten Theologen auch glühende Mariologen, allen voran → Duns Scotus (zurückhaltend dagegen → Thomas von Aquin), die sich am Streit um Mariendogmen und M.feste eifrig beteiligten.

Martin Luther hat einige Zeit lang M.feste mitgefeiert, sie auch nicht pauschal verurteilt. Aus seiner Feder stammt ein berühmtes Marienbuch: Das »Magnificat«. Ihm ist es darum zu tun, daß nicht Christus durch Maria verkleinert wird. Er wandte sich dagegen, »daß man sie (Maria) höher hält, denn man soll …, daß Christus dadurch verkleinert wird, indem daß man mehr hat die Herzen auf Maria gestellt denn auf Christum selbst« (Predigt am 8. 9.

1522, Mariä Geburt, zitiert nach Bieritz, 233). Im übrigen sind die Reformatoren als Kronzeugen einer antimarianischen Haltung nicht zu gebrauchen.

Wir verfolgen die M.feste im Zuge des Kirchenjahres:

1. 8. Dezember: Maria Erwählung. Dieses Fest ist ein kath. Hochfest der ohne Erbsünde empfangenen Jungfrau und Gottesmutter Maria. Es hat seinen Ursprung im 7. Jh. zunächst als Fest der Empfängnis der heiligen Anna (9.12.). Durch die Verkündigung des Dogmas von der unbefleckten Empfängnis Marias durch Pius IX. 1854 stieg es in seiner Bedeutung. Festinhalt ist der Glaube, »daß Maria durch ein einzigartiges Gnadenprivileg des allmächtigen Gottes ... von jedem Makel der Erbschuld bewahrt worden ist« (Pius IX., zitiert nach Bieritz, 186). Die Spekulation einer Bewahrung vor der Sünde durch eine Vorauswirkung des Heilstodes Jesu hat keinen Anhalt im NT und widerspricht auch den Hinweisen der Synoptiker über die Lebensgeschichte Marias.

2. 1. Januar: Hochfest der Gottesmutter Maria. Dieses Fest ist einer von zahlreichen Versuchen, den Neujahrstag mit christl. Inhalten zu versehen. Es geht einher mit dem Fest der Namensgebung Jesu bzw. der Beschneidung des Herrn und wird durch diese Inhalte christologisch bestimmt.

3. 2. Februar: Mariä Lichtmeß. Auch hinter diesem Fest verbirgt sich ein Christusfest, nämlich der Tag der Darstellung des Herrn im Tempel nach 40 Tagen (vgl. Lk 2,22-39), verbunden mit der kultischen Reinigung Mariens (vgl. 3Mo 12,1-8). Die traditionelle Lichterprozession und Kerzenweihe geben dem Tag seinen Namen: Lichtmeß.

4. 25. März: Maria Verkündigung: Wiederum handelt es sich um ein (durchaus allg. christl.) Christusfest, das im neuen Meßbuch auch »Verkündigung des Herrn« heißt. Es geht um die Botschaft des Engels an Maria nach Lk 1,26-38. Dieses Fest wird im Osten seit dem 6. Jh., im Westen seit dem 7. Jh. begangen. Daß Maria als Jungfrau erwählt wurde und so zur Gottesgebärerin wurde, daß sie im Glauben auf diese Berufung gehorsam eingegangen ist, das hebt Maria unter den Menschen durchaus hervor und macht sie zum Vorbild des Glaubens und der Gemeinde Jesu. Dabei steht die Mariologie im Dienst der Christologie und verselbständigt sich nicht etwa zu einem eigenständigen Glaubensartikel.

5. Maiandachten verbinden die Freude am Wiederaufleben der Natur und die Feier der Maria.

6. 2. Juli: Mariä Heimsuchung. Bibl. Hintergrund dieses Festes ist der Besuch Marias bei Elisabeth nach Lk 1,39-45. In der Begegnung der beiden Frauen wird die Begegnung des Täufers Johannes mit Jesus vorweggenommen. In diesem Kontext steht das Magnificat der Maria (Lk 1,46-55). Seit dem 16. Jh. gehört es zum allg. kath. Festkalender, ist aber auf wechselnde Termine in der Jahresfolge verlegt worden.

7. 15. August: Maria Himmelfahrt. Ähnlich wie Mariä Erwählung ist Mariä Himmelfahrt kein bibl. verankertes Fest. Den Inhalt dieses Hochfestes, der mit dem Dogma der leibhaftigen Aufnahme Mariens in den Himmel (1950) zusammenhängt, verdeutlicht das Tagesgebet: »Allmächtiger ewiger Gott, du hast die selige Jungfrau Maria, die uns Christus geboren hat, vor aller Sünde bewahrt und sie mit Leib und Seele zur Herrlichkeit des Himmels erhoben.« Das Fest geht gleichwohl als Fest des Heimgangs Marias auf früheste Zeiten zurück (5. Jh.). Bald aber hat es die Spekulation an sich gezogen, Maria solle die Verwesung nicht schauen, sondern als erste schon jetzt nach Leib und Seele vollendet werden. Damit rückt Maria noch stärker von der Seite des glaubenden Menschen auf die Seite der Heil mitvermittelnden, für die Anrufung im Himmel präsenten Königin und Gottesmutter. Der »gebotene Gedenktag« Maria Königin am 22. August verstärkt eben diese Tendenz.

8. 8. September: Mariä Geburt – dieses Fest korrespondiert mit dem Hochfest Mariä Erwählung am 8. Dezember. Es könnte zurückgehen auf das Weihefest der Kirche der Hl. Anna in Jerusalem im 5. Jh. Das Evangelium für dieses Fest ist Mt 1. Das Gabengebet dieses Tages hebt die bleibende, auch durch die Geburt Jesu unverletzte Jungfräulichkeit Mariens spekulativ heraus. Am 12. September wird dann Mariä Namengebung gefeiert.

9. Kleinere M.feste sind z.B. »Unsere Liebe Frau in Lourdes« (11. Februar) zum Gedenken an die Marienerscheinungen vor Bernadette Soubirous im Jahre 1858, »Schmerzen Mariens« (15. September) zur Verehrung der Mater dolorosa oder »Unsere Liebe Frau vom Rosenkranz« am 7. Oktober, ursprünglich ein Dankfest nach dem Sieg gegen die Türken bei Lepanto 1571, später das Rosenkranz-Fest der kath. Kirche. Zahlreiche kleinere, auch lokale M.feste können hier nicht erwähnt werden.

Lit.: K.H. Bieritz: Das Kirchenjahr, [2]1988; A. Grün, E. Reitz: Marienfeste – Wegweiser zum Leben, 1987; H. Merkel: »Feste und Feiertage IV«, TRE 11, 115-132; K. Nitzschke: »Maria, Marienverehrung«,

EKL 1958, 2, 1245-1250; H. Räisänen u.a.: »Maria, Marienfrömmigkeit«, TRE 22, 115-161.

M. Herbst

Marienschwesternschaft, Evangelische

Gegründet 1947 in Darmstadt von Dr. Klara Schlink (Mutter Basilea) und Erika Madauss (Mutter Martyria). Nach der Zerstörung der Stadt 1944 begann in ihren Mädchenbibelkreisen eine Erweckung: Buße über laues Christsein und die deutsche Schuld an Israel – dadurch »erste Liebe« zu Jesus und das Verlangen nach kompromißloser Nachfolge. Leben und Auftrag sind davon bis heute geprägt. Mutterhaus und Kapelle wurden aus den Ruinen der Stadt auf Glaubenswegen in Selbsthilfe erbaut, ab 1955 entstand das kleine Land »Kanaan« zur Verherrlichung Gottes. Die rund 200 Schwestern und 15 Brüder (1967 Gründung der Kanaan-Franziskus-Bruderschaft) stammen aus 18 Nationen. Sie arbeiten im Rahmen der Ev. Landeskirche und sind, wie auch der internationale Kreis der »Kanaanfreunde«, verbunden mit Jesusliebenden verschiedener Denominationen in aller Welt. Zum Auftrag gehört neben Gebet und Anbetung die Verbreitung bibl. Botschaft, um Menschen zu Gott zu rufen, retten zu helfen und zu trösten. Dies geschieht durch eigenes Schrifttum in über 60 Sprachen, Filme, Videoprogramme, Rundfunksendungen, durch persönliches Zeugnis usw. Heute bestehen Niederlassungen in 16 Ländern auf allen Kontinenten, die »Licht und Salz« in unserer Zeit sein sollen.

Lit.: M.B. Schlink: Realitäten, Gottes Wirken heute erlebt, [14]1989; dies.: Wie ich Gott erlebte, [3]1980.

Mariologie → Maria; → Marienfeste/Marienverehrung

Maritain, Jacques (1882-1973)

M. wurde am 18. 11. 1882 in Paris geboren. Seine Eltern waren liberale Protestanten. An der Sorbonne studierte er Naturwissenschaften. Der Dichter und Sozialkritiker Charles Péguy machte M. auf Henri → Bergson's Vorlesungen über Metaphysik am Collège de France aufmerksam. Diese Vorlesungen spielten für M.s geistl. Entwicklung eine bedeutende Rolle. Er fand hierdurch die Befreiung vom phil. Positivismus. 1905 heiratete er Raïssa Oumançoff, eine russische Jüdin. Ein Jahr später trat M. zusammen mit seiner Frau unter dem Einfluß des Schriftstellers Léon Bloy zur röm.-kath. Kirche über. Von 1906-1908 studierte M. Biologie in Heidelberg.

Nach Paris zurückgekehrt, machte ihn der Dominikaner Humbert Clérissac mit → Thomas von Aquin vertraut. 1912 lehrte M. Philosophie in Paris. Gemeinsam mit dem Dominikaner Garrigou-Lagrange veranstaltete er in seinem Haus thomistische Studientagungen. Von 1914-1933 war M. Professor am Institut Catholique in Paris. 1933 übernahm er eine Professur am Toronto Institut for Mediaeval Studies. Er lehrte an der Universität von Princeton und an der Columbia University. 1943 hielt er in Yale vier Vorträge über Erziehung und Studiengestaltung, die unter dem Titel »Education at the Crossroad« (1943) erschienen. Auf Bitten von General de Gaulle wurde M. 1946 Botschafter Frankreichs beim Vatikan; doch bereits 1948 kehrte er nach Amerika zurück.

Der Tod seiner Frau Raïssa im November 1960 traf M. hart. Endgültig nach Frankreich zurückgekehrt, zog er sich im Frühjahr 1961 zu den »Kleinen Brüdern Jesu« des Charles de → Foucauld zurück, »um mich dort auf das Sterben vorzubereiten«, wie er bemerkt. 1970 wurde er Mitglied dieser Gemeinschaft. Er starb in Toulouse am 28. 4. 1973.

Besondere Schwerpunkte M.s waren die Ästhetik, die polit. Ethik und die → Mystik. Seine 1945 erschienene Abhandlung »Christianisme et démocratie« hatte besonderen Einfluß auf die demokratischen Grundsatzprogramme der kath. Bewegung nach dem Krieg. Auch stand M. in der Diskussion um die Interpretation des 2. Vatikanums; Zeugnis davon legt sein Buch: »Le Paysan de la Garonne« (1969) ab. Er bekannte sich zum Geist des Konzils, wandte sich aber gegen progressistische Tendenzen. M. ist ein von Thomas inspirierter Philosoph, »der auf die wichtigsten Probleme der Philosophie einerseits und auf die kulturellen, politischen und kirchlichen Situationen bzw. Ereignisse, deren Zeuge und Protagonist er war, andererseits antwortete« (A. Rigobello). M. kann als eine Zentralfigur in der geistigen Welt des 20. Jh.s gelten.

Lit.: A. Nichols: »Maritain, Jacques«, TRE 22, 1992, 162-164 (Lit.); P. Nickl: Jacques Maritain. Eine Einführung in Leben und Werk, Bd. 10, 1992; A. Rigobello: Jacques Maritain, in: E. Coreth et al. (Hg.): Christliche Philosophie im katholischen Denken des 19. und 20. Jahrhunderts, Bd. 2: Rückgriff auf scholastisches Erbe, 1988, 493-518.

K. Wittstadt

Markt

M. (lat. *mercatus*, »Handel, Markt, Messe«) bezeichnet im allg. den Ort, an dem seit geschichtl. Zeiten Erzeuger und Verbraucher von Gütern sich als Käufer und Verkäufer zu Tauschzwecken treffen. In der antiken Stadtkultur war der M.platz ein öffentlicher Aufenthaltsort, Zentrum wichtiger Veranstaltungen des öffentlichen Lebens (agora, forum). An Schnittpunkten wichtiger Straßen, an Flußübergängen, in polit. und rel. Zentren entstanden M.plätze, die oft den Mittelpunkt einer Stadt bildeten.

In der Ökonomik (Preistheorie) gilt der M. als abstrakte Zusammenfassung aller Angebots- und Nachfragebeziehungen bzgl. eines eindeutig bestimmten Gutes, das sich weder räumlich, persönlich, qualitativ oder zeitlich unterscheiden läßt (Gesetz der Unterschiedslosigkeit). Dem Ideal des ökonomischen Begriffes M. kommt die Börse am nächsten, wo Anbieter und Nachfrager in engem räumlichen Zusammenhang stehen. Bei Voraussetzung der Homogenität gibt es auf jedem M. für jedes Gut nur einen Preis. Meist wird vollständige Information der M.teilnehmer (M.transparenz) sowie kostenloser Zu- und Abtritt unterstellt (vollkommener Markt).

Sind die Bedingungen des M.es nicht erfüllt, spricht man vom unvollkommenen M., auf welchem Güter zu unterschiedlichen Preisen gehandelt werden können. Ein offener M. hat keine Zugangsbeschränkungen. Es gibt Finanzm.e, M.e für Waren usw. Der M. ist eine Idealkonstruktion der Ökonomik, deren Voraussetzungen in der Realität nicht vorliegen.

In der Wirtschaftspolitik ist der M. ein wesentlicher Bestandteil der dezentralen marktwirtschaftl. Ordnung. Durch den M.prozeß wird eine optimale Allokation knapper Güter erreicht. In einer M.wirtschaft entscheiden Verbraucher durch den M.prozeß über die gesellschaftl. Produktion: Wer was, wann, wie, wo, für wen, womit produziert. In der Sozialen M.wirtschaft wird betont, daß der M. sich nicht spontan entwickelt, sondern das Produkt der staatlichen Ordnung ist. Unregulierte Märkte führen zu Anarchie und Machtballung. Zur Aufrechterhaltung des M.prozesses ist eine erfolgreiche staatliche Wettbewerbspolitik erforderlich.

M.ungleichgewichte werden durch rasche Reaktion der M.teilnehmer überwunden. Knappheiten führen zu Preisanpassungen, die eine Erhöhung des Angebots bewirken, die Nachfrage senken – und umgekehrt. M.versagen kann zu schwierigen gesellschaft. Folgen führen (z.B. Umweltverschmutzung). Die Bibel kennt das M.geschehen. Kritisiert wird die M.ballung durch den Handel der Großkaufleute (Jes 23; Offb 18). Im NT wird M. nur als öffentlicher Platz gebraucht, auf welchem Arbeitslose warten (Mt 20,3), Kinder spielen (Mt 11,16) oder auf den Kranke gebracht werden (Mk 6,56).

Lit.: W. Lachmann: Volkswirtschaftslehre I: Grundlagen, [2]1993.

W. Lachmann

Markus

Die Gestalt des M. erscheint im NT in den Namensvarianten M. und Johannes M. Es gilt aus dem Kontext als gesichert, daß auch der Johannes aus Apg 13,5-13 mit (Johannes) M. identisch ist. Die ntl. Quelle betont, daß M. ein Beiname ist (Apg 12,12.25 u.a.m.). Allerdings ist Marcus im Rahmen der Namensgebung des röm. Reiches in engerem Sinne kein Familien- oder Beiname, sondern ein Vorname. Wie der ntl. Johannes M. zu seinem »Beinamen« kam, ist ungeklärt. Unter den keineswegs ungebildeten Männern und Frauen des Apostel- und Anhängerkreises könnte die später in seinem Ev. dokumentierte Affinität zur lat. Sprache Anlaß für einen – vielleicht liebevoll-spöttischen – Spitznamen in Anspielung auf Marcus Tullius Cicero gewesen sein. Doch dies bleibt ebenso wie die Annahme, der Vater des M. sei ein Römer gewesen, auf dem heutigen Kenntnisstand Spekulation.

Plausibel ist, daß M., über dessen Alter wir nur insofern Vermutungen anstellen können, als seine Mutter noch lebte und in Jerusalem ein Haus führte, in dem sich die Urgemeinde versammelte (Apg 12,12), kein Jünger Jesu war – auch wenn vermutet wurde, daß der »junge Mann« aus Mk 14,51 mit M. identisch sein könnte. Als eigenständige Person erscheint M. erst als einer der Teilnehmer an der Missionsreise nach Zypern und Pisidien (Apg 12,25ff). Einer separaten Information über Josef Barnabas, den Leiter der Reise, läßt sich entnehmen, daß M. dessen Vetter und wohl wie dieser von levitischer Herkunft war (vgl. Apg 4,36; Kol 4,10). Zu dieser Zeit (ca. 46 n.Chr.) dürfte er allerdings bereits als Begleiter des Petrus an dessen erster Rom-Reise (42-44 n.Chr.) teilgenommen und die Erstfassung seines Evangeliums geschrieben haben (Dockx, u.a.). Lukas bezeichnet ihn ausdrücklich als »hyperetes« (Apg 13,5), was »Katechet« heißen kann, im Sinne von Lk 1,2 aber auch als »Diener des Wortes«, d.h. als Verfasser einer dem Lukas bekannten Quellenschrift, gedeutet worden ist (Taylor, u.a.). Die Möglichkeit, den mittlerweile wieder in Jerusalem eingetroffenen Petrus zu sehen und ihm die Erstfassung des Ev.s zur Kontrolle vorzulegen, wäre dann ein denkbarer Anlaß für das Verlassen der Reisegruppe in Perge (vgl. auch Clemens von Alexandrien bei Euseb h.e. 6,14, 5-7 mit h.e. 2,15, 1-2) und die Rückkehr nach Jerusalem (Apg 13,13) gewesen.

Den ansonsten nur von den antiken Kirchenhistorikern für diese Frühzeit belegten engen Kontakt zwischen M. und Petrus bestätigt 1Petr 5,13: Hier grüßen Petrus und der als enger Vertrauter (»Sohn«) gekennzeichnete M. gemeinsam aus Babylon (= Rom). Alle Quellen sind sich darin einig, daß M. in der Jerusalemer Urgemeinde eine bekannte Größe gewesen sein muß, die Vertrauen genoß und (mit-)verantwortliche Aufgaben erhielt. Trotz des Streits über die Trennung in Perge dürfte auch Paulus ihn später wieder für Reiseaufträge herangezogen haben (Kol 4,10; vgl. Phlm 24; 2Tim 4,11).

Daß M. in Anlehnung an die Predigttätigkeit des Petrus ein Ev. verfaßte, ist gesicherter Forschungsstand. Wenige Abweichungen gibt es von der Annahme, Rom sei der Entstehungsort gewesen (Cäsarea ?). Schwieriger ist der Zeitpunkt zu bestimmen (vgl. → Evangelien, neutestamentliche), obwohl sich auch hier in neuerer Zeit ein Konsens für die Zeit vor 70 n.Chr. herausgebildet hat.

Der spätere Lebensweg des M. ist aus bruchstückhaften Angaben der nachntl. Zeit nur schwer zu bestimmen. Daß der im anti-markionitischen Prolog als »stummelfingrig« bezeichnete M. »hermeneutes« des Petrus war (so Papias), läßt offen, ob damit »Übersetzer« oder wohl eher »(weiterführender) Interpret« gemeint war. Da Petrus selbst das Griech. beherrschte, kämen (in Rom, für nicht griech.-sprachige Bewohner) auch Übersetzungen in das dem M. offensichtlich vertraute Lat. in Frage. Nach Abschluß der Endfassung des Ev.s und noch zu Lebzeiten des Petrus könnte M. Gründer und erster »Bischof« der Kirche/Gemeinde von Alexandria geworden sein (so Euseb, h.e. 2,16; 2,24). Sein Todesjahr ist unbekannt; Euseb erwähnt das Ende seines alexandrinischen Bischofsamtes im Jahre 62 n.Chr., doch kann daraus nicht auf einen Märtyrertod im gleichen Jahr geschlossen werden (vgl. Hieronymus, De vir.ill. 8; Hippolyt, Refutatio 7,30).

Lit.: M.A. Beavis: Mark's Audience, 1989; S. Dockx: Chronologie zum Leben des heiligen Petrus, in: C.P. Thiede (Hg.): Das Petrusbild in der neueren Forschung, 1987, 85-108; E.E. Ellis: Entstehungszeit und Herkunft des Markus-Evangeliums, in: B. Mayer (Hg.): Christen und Christliches in Qumran?, 1992, 195-212; M. Hengel: Probleme des Markusevangeliums, in: P. Stuhlmacher (Hg.): Das Evangelium und die Evangelien, 1983, 221-265; R.O.P. Taylor: The Groundwork of the Gospels, 1946; C.P. Thiede: Simon Peter – From Galilee to Rome, 1986, [2]1988; ders.: Jesus – Life or Legend? 1990.

C.P. Thiede

Markusevangelium → Evangelien, 1. ntl.

Maroniten

Bezeichnung von syr. Christen seit dem 7.Jh., die sich der kirchl. verurteilten monotheletischen Christologie (Jesus habe zwei Naturen, aber nur einen, den göttlichen Willen gehabt; → Monotheletismus) anschlossen. Das Kloster Marons (gest. ca. 420) war ihr Zentrum, daher nannten sie sich auch M. Sie behaupteten sich erfolgreich gegen den Islam, schlossen aber im Zusammenhang mit den Kreuzzügen 1181 eine Union mit Rom und haben auch am vierten Laterankonzil 1215 teilgenommen. Seit 1584 gibt es ein maronitisches Kolleg in Rom. Liturgie und Kirchenordnung sind eine Mischung syr. und röm. Überlieferungen. Das Haupt der Kirche heißt »Petrus, Patriarch von Antiochien und des ganzen Ostens«, er wird von den Bischöfen gewählt und vom Papst bestätigt. Die Kirche hat derzeit neun Erzbischöfe und Bischöfe und ca. 800.000 Gemeindeglieder, von denen die eine Hälfte im Libanon lebt und die andere überall in die Welt zerstreut ist, vor allem in die USA.

Lit.: M. Breydy: »Maroniten«, TRE 22, 1992, 169-174; B. Spuler: Die Maroniten – Handbuch der Orientalistik VIII, [2]1961, 217-225.

G. Ruhbach

Marranen → Judentum (nachbiblisch)

Marsilius von Padua (1275/90-1342/43)

M. gilt als der wohl bedeutendste Sozialtheoretiker des scholastischen → Aristotelismus des Spätmittelalters. Die genauen Lebensdaten des aus einer Paduaner Notarsfamilie stammenden M. sind nicht bekannt. Zeitweise Rektor der Pariser Universität, geriet er durch sein 1324 abgeschlossenes Hauptwerk »Defensor Pacis« (= DP) in Gegensatz zur Kirche. Der Vorladung durch den bischöflichen Inquisitor entzog M. sich durch Flucht an den Hof des deutschen Herrschers Ludwig IV., d. Bayern (1281/86-1347). Während sein Werk durch die Kurie in Avignon als häretisch verurteilt wurde, wirkte M. in München als Berater Ludwigs, dem er auch als Leibarzt diente.

M. ist durch den DP bis heute bekannt. Mit den neuesten Mitteln der theoretischen Wissenschaft seiner Zeit und im Rückgriff auf → Aristoteles versuchte er darin, das Instrumentarium der Scholastik für die Lösung aktueller polit. Fragen nutzbar zu machen. Den eigentlichen Schaden seiner Zeit sieht M. in der Usurpation polit. Entscheidungsbefugnis durch die Kirche. Sie müsse überwunden werden, um zu vernünftigen Entscheidungen kommen zu können. Vor diesem Zeithintergrund weisen manche Thesen des DP in die Zukunft. Die Vertragstheorien der frühen Neuzeit deuten sich an, wenn M. als Zweck des menschlichen Zusammenlebens die Not der gemeinsamen Existenzsicherung herausstellt. Das Leben in der Gesellschaft dient der Lebensfristung, es entsteht demzufolge nicht natürlich, sondern willentlich. Gesetze sind nicht die Formulierung von Wahrheiten, sie enthalten ihre normative Kraft durch kompetente Organe. »Allein die Gesamtheit der Bürger oder ihr wichtigerer Teil« (DP I, 12,5) stellt sie letztlich dar. Bei diesem Monopol staatlicher Zwangsgewalt geht es weder um Freiheit noch um Demokratie, sondern um die Erhaltung des Friedens. Dennoch weist M.' Plan zur Gesetzgebungskompetenz auf die Theorie der Volkssouveränität. Für die von Bonifatius VIII. (Papst 1294-1303) postulierten Weltherrschaftsansprüche der Kirche bleibt darin kein Platz. Sie hat keinen Zugriff auf die polit. Ordnung, ihre Sanktionen gelten nur im Jenseits. Damit wird nicht nur der → Konziliarismus, sondern auch die moderne Trennung von Staat und Kirche vorbereitet. Der DP hat M. zu einem Klassiker des polit. Denkens gemacht.

Lit.: Marsilius von Padua: Der Verteidiger des Friedens. Auswahl und Nachwort von H. Rausch, 1971.

J. Miethke: »Marsilius von Padua«, TRE 22, 1992, 183-190; H. Segall: Der Defensor Pacis des Marsilius von Padua, Grundfragen der Interpretation, 1959.

L.E.v. Padberg

Martensen, Hans Lassen (1808-1884)

M., geb. am 19. 8. 1808 in Flensburg, gest. am 3. 2. 1884 in Kopenhagen. Nach dem Studium in Kopenhagen weilte er mehrere Jahre in Berlin und München und wurde hier von → Schleiermacher und → Hegel, dort von F. → Baader entscheidend geprägt. Von 1840-1854 wirkte M. als systematischer Theologe an der Universität Kopenhagen, von 1854-1884 als Bischof und Primas der dänischen Kirche in Kopenhagen. Mit Meister → Eckhart und der deutschen Mystik war er ebenso vertraut wie mit dem Theosophen J. → Böhme, aber auch offen für → Grundtvig und dessen Kreis, auch für Impulse von seiten des → Sozialismus. Die Vermittlung von Glauben und Wissen war Hauptthema seiner Wirksamkeit als Theologe und Kirchenführer, und nicht von ungefähr gilt er als der bedeutendste dänische Theologe des 19. Jh.s. S. → Kierkegaard hatte seinen letzten Angriff auf die Kirche gegen M. als den Nachfolger Bischof Mynsters gerichtet. M.s Autobiographie ([2]1891) und einige seiner Werke (M. Eckhart, J. Böhme, Dogmatik, Die Christliche Taufe und zahlreiche Predigten) sind ins Deutsche übersetzt worden.

Hauptwerke: Die Christliche Dogmatik, (1856) [4]1897; Die christliche Ethik, 2 Bde., (1878/79) [5]1894; Briefwechsel Martensen – I.A. Dorner, 2 Bde., 1888.

Lit.: P. Madsen: H.L.Martensen, PRE[3] Bd. 12, 373-379.

G. Ruhbach

Martin-Luther-Bund (MLB)

Der MLB, der seit 1932 diese Bezeichnung führt, hat etliche Vorläufer. Der älteste ist der 1840 in Dresden gegründete »Verein zur Unterstützung der lutherischen Kirche in Nordamerika«. Als Diasporawerk ist der MLB bestrebt, ev. Gemeinden in Bedrängnis materielle, vor allem aber geistige und geistl. Hilfe zu erweisen und geschwisterliche Verbundenheit zu bezeugen. Gegenwärtig nimmt die Unterstützung lutherischer Gemeinden im → Baltikum und anderen Staaten des ehemaligen »Ostblocks« einen breiten Raum ein. Der MLB arbeitet in selbständigen Gliedvereinen je nach Bundesland. Zu den Bundeswerken gehören u.a. das »Collegium Oecumenicum« (Sitz: München, 1985 gegründet als verbindliche ökum. Lebens- und Lerngemeinschaft) und das Brasilienwerk (Geschäftsstelle: Neuendettelsau). Gegenwärtiger Präsident des MLB ist Landesbischof em. Prof. D. Dr. Joachim Heubach. Das Generalsekretariat befindet sich in Erlangen.

Lit.: Jahrbuch des MBL, 1946ff, bes. 30, 1983, 139-156; EKL[3] 3, 1992. 299f.

L. Hein

Märtyrer

Im ursprünglichen Sinn, im frühen Judentum und im Urchristentum, meint M. den Zeugen des Lebens Jesu wie es (in Wort und Tat) von der Geburt bis zur Himmelfahrt verlief. Besonders die Auferstehung von den Toten ist für den M. zentraler Inhalt des Zeugnisses, das er ggf. auch mit Leiden und Tod bezeugt. Der Hl. Geist gibt und bestätigt das Zeugnis, und Jesus selbst wird der erste »treue und wahrhaftige Zeuge« (Offb 1,5; 3,14) genannt. Die profane Bedeutung des Martyriums als eines öffentlichen und verbindlichen Zeugnisses vor Gericht klingt im bibl. Sprachgebrauch ebenfalls durch.

In der nachapostol. Zeit verengte sich der Begriff M. und bezog sich nur auf die Christen, die ihr Zeugnis mit dem Tode besiegelten. Inhaftierte, aber freigekommene Christen trugen die Bezeichnung Confessor (»Bekenner«). Die M. galten als die wahrhaftigen Christen, als die eigentlichen Nachfolger Jesu und als dessen Beisitzer im Jüngsten Gericht. Sie genossen hohes Ansehen in der Kirche, bald auch besondere Verehrung, z.B. in der Feier ihres Todestages. Bald wurde ihnen auch besondere Fürbittqualität zugesprochen, so daß sie als Mittler und Nothelfer angerufen werden konnten. Aspekte des Totenkultes und des Volksglaubens wurden offensichtlich im Laufe der Zeit auf den M. übertragen; das gilt auch für seine Titulatur (der selige, allerseligste, hochgepriesene u.a.), mit der man den M. ehrte und von anderen Christen abhob. Früh schon entstand eine ausdrückliche Theologie des Martyriums und dann der → Heiligenverehrung. Seit dem 4. Jh. wurden auch die Grabstätten der M. besonders ausgeschmückt und z.T. mit prächtigen Gebäuden überbaut. Über die Zahl der M. in den ersten drei Jh.en ist wenig bekannt, aber wahrscheinlich war sie sehr hoch. → Christenverfolgungen und Martyrien von Christen gab es in jedem Jh., besonders zahlreich und hoch waren die Blutopfer im 20. Jh.

Lit.: Th. Baumeister: Die Anfänge der Theologie des Martyriums, 1980; ders.: Genese und Entfaltung der altkirchlichen Theologie des Martyriums (Quellentexte in Ursprache und Übersetzung), 1991; N. Brox: Zeuge und Märtyrer, 1961; H. v. Campenhausen: Die Idee des Martyriums in der Alten Kirche, [2]1964; W.H.C. Frend: Martyrdom and Persecution in the early Church, 1965; P. Gerlitz, E. Kanarfogel, M. Slusser, E. Christen: »Martyrium«, TRE 22, 1992, 196-220 (Lit.); O. Michel: Prophet und Märtyrer, 1932; H.-W. Surkau: Martyrien in jüdischer und frühchristlicher Zeit, 1938.

G. Ruhbach

Märtyrerakten

M. sind Berichte über Prozesse gegen christl. → Märtyrer, die in der Regel mit der Verhaftung beginnen und bis zum Tod gehen. Sie sind erhalten als Gerichtsprotokolle in Frage- und Antwortform, z.B. in den Akten der Märtyrer von Scili. Bei den Protokollen ist die hist. Nähe und Aussagekraft am stärksten. Im übertragenen Sinn heißen M. auch – in der Regel von Christen berichtetete – Passionsdarstellungen, die z.T. mehrfach überarbeitet wurden, z.B. das Polykarpmartyrium. Schließlich rechnen zu den M. gelegentlich auch Märtyrerlegenden, die meist sehr viel später als das Ereignis selbst zur Erbauung der Gemeinde niedergeschrieben wurden und mit hist. Romanen in Kurzform vergleichbar sind. Solche Erzählungen wurden am Sterbetag des Märtyrers in der Liturgie oder an anderer geeigneter Stelle verlesen; hierzu zählt z.B. das Martyrium des Georg. Die Bedeutung der M. liegt weniger in der hist. Qualität der Berichte als im Hinweis darauf, wie früh die Verehrung von Märtyrern und Heiligen begann. M. sind auch Zeugnisse des in kurze Aussagen gebrachten frühchristl. Glaubensbekenntnisses und insofern auch für die Geschichte der frühkirchl. Theologie von Belang.

Lit.: G. Krüger, G. Ruhbach: Ausgewählte Märtyrerakten, [3]1965 (Lit.).

A. Harnack: Das ursprüngliche Motiv der Abfassung von M.- und Heiligenakten in der Alten Kirche, 1910, 106-125.

G. Ruhbach

Marx, Karl (1818-1883)

M. wurde als Sohn eines ev. gewordenen jüd. Rechtsanwalts in Trier geboren. In Bonn und Berlin studierte er Rechtswissenschaften und Philosophie und schloß sich den Junghegelianern an. Diese bildeten Hegels Philosophie zu einer radikalen Kritik an Religion, Gesellschaft und allen Werten um. Ihr Einfluß zeigt sich in M.' Promotionsschrift (»Differenz der demokritischen und epikureischen Naturphilosophie«). 1842/43 wurde er Mitarbeiter, dann Chefredakteur der radikal-oppositionellen »Rheinischen Zeitung«. Als sie 1843 verboten wurde, setzte sich M. mit Hegels Rechtsauffassung auseinander und vollzog unter dem Einfluß von L. Feuerbach den Übergang zu materialistischen Positionen.

Gedanken franz. utopischer Sozialisten, die M. weiterbildete, machten ihn zum revolutionären Sozialisten (»Deutsch-Französische Jahrbücher«, 1844). 1843 heiratete er Jenny von Westphalen und zog nach Paris. In »Die Heilige Familie« rechnete er mit den Junghegelianern ab und entwickelte die materialistische Lehre von der revolutionären Rolle der Volksmassen in der Geschichte, einer konsequent materialistischen Geschichtsauffassung. Mit F. Engels verband ihn seit 1845 eine lebenslange Freundschaft; von ihm wurde M. auf die Wichtigkeit der Ökonomie hingewiesen. M. blieb als Historiker und Ökonom Autodidakt. Von 1845-48 lebte M. in Brüssel. In »Das Elend der Philosophe« bekämpfte er kleinbürgerliche Auffassungen und beschrieb Programm und Taktik des ökonomischen Kampfes der Arbeiterklasse.

M. und Engels traten dem »Bund der Kommunisten« bei (1847) und verfaßten die Programmschrift »Das Kommunistische Manifest« (1848): Die proletarische Revolution ist das Ergebnis eines gesetzmäßig verlaufenden Geschichtsprozesses. 1848/49 redigierte M. die »Neue Rheinische Zeitung« und bezog eindeutig einen sozialistischen Standpunkt. M. übernahm die Leitung des Kölner Arbeitervereins. 1849 emigrierte er nach London und lebte hier bis zu seinem Tod. Er beriet und organisierte von da aus die revolut. Arbeiterbewegung. M. trieb ökonomische Studien und war journalistisch tätig. Er veröffentlichte 1859 sein Hauptwerk »Zur Kritik der politischen Ökonomie«, das er ab 1867 umarbeitete: »Das Kapital« (3 Bände, letzter von Engels hg.). Er lebte in dürftiger Bürgerlichkeit und wurde von Engels finanziell unterstützt. In seiner Polemik war M. maßlos; er ertrug nicht die Spannung zwischen den Lebensumständen und seinem Selbstbewußtsein als Wissenschaftler. 1864 war M. wieder polit. tätig und mitbeteiligt an der Gründung der Internationalen Arbeiterassoziation. Er verfaßte für sie das Programm. Mit seiner »Kritik am Gothaer Programm« (1875) beeinflußte M. die deutsche Sozialdemokratie. Durch den → Marxismus gewann M. einen großen Einfluß auf die sozialistische Bewegung und die Politik des 20. Jh.s.

Lit.: Marx/Engels: Werke (= MEW), 1958ff.

K. Bockmühl: Leiblichkeit und Gesellschaft. Studien zur Religionskritik und Anthropologie im Frühwerk von L. Feuerbach und K. Marx, [2]1980; G. Brakelmann: Die soziale Frage des 19. Jahrhunderts, [7]1981, 56-84; O.K. Flechtheim (Hg.): Marx heute. Pro und Contra, 1983; B. Nicolaersky, O. Maenchen-Helfen: Karl Marx: Eine Biographie, 1963.

K.-H. Kandler

Marxismus

1. Zum M. gehören: Dialektischer Materialismus, Historischer Materialismus, Politökonomie und Wissenschaftlicher Sozialismus. Der M. will die gesamte Gesellschaft bestimmen. Eine systematische Darstellung durch die »Klassiker« des M. (Marx, Engels, Lenin) fehlt.

Der Dialektische Materialismus geht von Hegels Dialektik aus, kehrt sie aber um; nicht die Ideen sind autonom und die wirklichen Vorgänge nur Reflex, sondern die materiellen, sozial-ökonomischen Verhältnisse spiegeln sich in den Ideen wider. Nicht das Bewußtsein prägt menschliches Sein, sondern umgekehrt. Zum Bewußtsein rechnet der M. auch Religion, Recht, Kunst, zum Sein die sozial-ökonomischen Verhältnisse. Produktionsweise und Arbeitsinstrumente (Produktionsmittel) bestimmen das gesellschaftl. Sein. Die Veränderung der Produktionsverhältnisse, der Eigentumsverhältnisse, unter denen die Produktion stattfindet, zieht gesetzmäßig die der gesellschaftl. Verhältnisse nach sich.

Der Historische Materialismus unterscheidet »materiellen Unterbau« und »ideologischen Überbau«. Da Menschen materielle Interessen verfolgen, schaffen sie sich zweckentsprechende Ideologien. Alle Ideen wurzeln in materiellen Verhältnissen. Ändern sie sich, so ändern sich die Ideen. Die Geschichte wird als »Geschichte von Klassenkämpfen« verstanden. Der Geschichtsverlauf wird durch wechselnde Eigentumsverhältnisse bestimmt: Urgesellschaft / Sklavenhaltergesellschaft / Feudalismus / Kapitalismus / Sozialismus / Kommunismus. In der klassenlosen Urgesellschaft entsteht durch fortschreitende Arbeitsteilung ein Mehrwert; eine Oberklasse trennt sich von einer Unterklasse. Die Oberklasse eignet sich an, was die Unterklasse erarbeitet und nicht zur Existenz braucht; sie kommt in den Produktionsmittelbesitz. Gesetzmäßig wird sie von der Unterklasse gestürzt, wenn sie sich deren Besitz erkämpft. Wenn die Produktivkräfte in Widerspruch zu bestehenden Produktionsverhältnissen geraten, kommt es zur Revolution.

Das verdeutlicht Marx an den »Widersprüchen« des Kapitalismus, dem Thema der Politökonomie. Ihr Grundwiderspruch ist »der Widerspruch zwischen der gesellschaftl. Produktion und der individuellen Aneignung« der Güter. Da der Mensch ein Gattungswesen ist und nur gesellschaftl. existiert, soll das Produzierte der Gesellschaft gehören (Sozialismus). In Wirklichkeit gehört es der Oberklasse. Im → Kapitalismus zahlt sie den Arbeitern geringen Lohn. Da diese aber die Produkte kaufen sollen, muß ihr Lohn höher werden. Folgen sind Überproduktion – Verelendung des Proletariats – zyklische Wirtschaftskrisen.

Nach dem Wissenschaftlichen Sozialismus liegt allein im Proletariat als Klasse Hoffnung auf einen Sozialismus. Da Kapitalisten nicht gegen ihre Klasseninteressen handeln, werden sie durch Klassenkampf dazu gezwungen. Dafür muß das Klassenbewußtsein des Proletariats geweckt werden (Absage an einen utopischen Sozialismus).

Der M. begreift seine Ideologie nicht als Ethik, sondern als Erkenntnis gesellschaftl. Entwicklungsgesetze. Obwohl der M. weder eine Anthropologie noch eine Soziologie ausformuliert, behauptet er, daß der Mensch rational handelt, ökonomisch denkt und sich aus Egoismus zusammenschließt, um seine Interessen durchzusetzen. Dazu errichtet die Arbeiterklasse durch ihre Partei die Diktatur des Proletariats zum Aufbau des Sozialismus. In einem Volksstaat werden die Klassengegensätze überwunden. Der Staat stirbt ab, die kommunistische Gesellschaft wird errichtet, jeder lebt bedürfnisgemäß.

2. Von seinen Grundgedanken aus ist der M. antireligiös. Religion wird verstanden als Entfremdung des Menschen von seinem wahren Wesen, als tröstende Illusion, als »Opium des Volkes«. Da sich in ihr gesellschaftl. Verhältnisse widerspiegeln, werden »religiöse Bedürfnisse« mit ihren Voraussetzungen fallen. Religion und Kirche gelten dem M. als Machtinstrument der Ausbeuterklasse. Da sie mit dem Aufbau des Sozialismus nicht abstarben, führte Lenin einen antirel. Kampf. Der M. ist selbst Heilslehre, Quasi-Religion. Heilbringer ist das Proletariat, organisiert in der Partei, die immer recht hat. Nach Lenin ist der M. »allmächtig, weil er wahr ist«. Die »Klassiker« werden rel. verehrt, Kulthandlungen eingeführt. Wohl bestreitet der M. das rel. Bedürfnis des Menschen, ist aber selbst eine Bestätigung dafür. Als atheistische Religion strahlt er aus auf viele Intellektuelle; nach R. Aron ist er »Opium der Intellektuellen«. Bei Versuchen, M. und Christentum zu harmonisieren (Religiöse Sozialisten, Befreiungstheologie), wird verkannt, daß Atheismus integraler Bestandteil des M. ist. Für eine Ethik hat der M. kein Verständnis. Marx verlacht die »Liebessabbelei« der Christen. Menschliche Grundfragen (Krankheit, Behinderung, Tod) bleiben ausgeblendet.

3. Der M. hat weltweite Bedeutung erlangt durch seine Verbindung mit der sozialistischen Bewegung. Im M. sind deren Fehler (Terror, Intoleranz) angelegt. Da Voraussagen nicht eintrafen (zunehmende Verelendung des Proletariats, gesetzmäßiger Ausbruch von Revolutionen) wurde der M. vielfach umgedeutet. Neomarxisten meinen, erst einen echten M. herstellen zu müssen. Das konnte nur außerhalb des sozialistischen Machtblocks gelehrt werden und blieb auf Kreise Intellektueller beschränkt. Der M. lebte vor allem in der »→ Frankfurter Schule« weiter (Adorno, Horkheimer, Marcuse) und hatte Bedeutung für die Bewegung von 1968. Nach Bloch ist der M. »Einheit von Vernunft und Hoffnung« und lehrt ein »tröstendes Weltverständnis«. Am verbreitetsten ist der Neom. unter franz. Philosophen und Historikern.

Lit.: K. Bockmühl: Herausforderung des Marxismus, 1978; K.-H. Kandler: »Utopie und Sozialismus in theologischer Sicht«, KuD 38 (1992), Heft 2, 82-104; W. Theimer: Der Marxismus, [8]1985.

K.-H. Kandler

Masora, Masoreten

M., von hebr. *masar*, »überliefern«, bedeutet gewöhnlich »Überlieferung«, bezeichnet aber auch speziell das ganze Corpus der die Überlieferung des hebr. Bibeltextes schützenden und vor allem im MA von den »Masoreten« (*baʿalē masôrät*) erdachten und am Rande angebrachten Anmerkungen zum autorisierten Wortlaut des AT. Aus ihnen wird die Sorge um die Bewahrung der überlieferten Textgestalt, aber auch die Gelehrsamkeit dieser Wächter der Bibel deutlich. Da die Schriften des AT als inspiriert galten, boten die Masoreten den Schreibern technische Hilfen, die Fehler vermeiden bzw. korrigieren ließen; auch das Studium und das Vorlesen der Schriftabschnitte im Gottesdienst wurde erleichtert.

Diese Arbeit wurde recht früh begonnen, wie man jetzt etwa aus der großen Jesajarolle von Qumran erkennen kann. Von da an wurde die Quadratschrift maßgebend; außerdem hat man den ursprünglich wohl zusammenhängend geschriebenen Text der hebr. Bibel nach Wörtern und Sätzen getrennt und auch Sinnabschnitte gekennzeichnet; durch sog. »matres lectionis« wurde das richtige Aussprechen und Verstehen erleichtert. Fortgeführt wurde diese Arbeit von den *Sōpherīm*, den gelehrten Schreibern und Vorläufern der Masoreten.

Diese begannen im 7. und 8. Jh. n.Chr. mit der Vokalisierung und Akzentuierung des hebr.-aram. Konsonantentextes und fügten die Vokalzeichen entweder unterhalb (sublinear, so die tiberiensische Punktation) oder aber oberhalb (supralinear, so die einfachere babylon. Punktation) ein. Eine einheitliche Orthographie wurde angestrebt. Auf ungewöhnliche Schreibung (defektiv bzw. plene) hat man aufmerksam gemacht und einen Hinweis für das richtige Aussprechen des Gottesnamens (*Ketīb, Qerē*) gegeben. Buchstaben, Wörter und Verse wurden gezählt und gelegentlich Buchstaben durch besondere Schreibung hervorgehoben. Für das Verstehen schwieriger Wörter, unverständlicher oder auch theol. mißverständlicher (anthropomorpher) Aussagen wurden Verbesserungsvorschläge gemacht (*Sebīrīn*) oder auch durchgeführt (*Tiqqūnē Sōpherīm*); allerdings blieb der Wortlaut im wesentlichen unberüht.

Man unterscheidet zwischen einer M. parva (Bemerkungen über die äußere Gestalt des Textes an den Seitenrändern) und einer sie ergänzenden M. magna, die am oberen und unteren Rand der Seite steht. Der Arbeit der Masoreten, die hebr. *masōrät* genannt wird, verdanken wir den »masoretischen Text«, der die für uns maßgebende Gestalt der hebr. Bibel darstellt. Die Notwendigkeit, aber auch den Erfolg dieser Bemühungen offenbart ein Vergleich des masoretischen Textes mit der 1947 in Qumran entdeckten großen Jesajarolle, die rund 1000 Jahre älter ist. Die Jesajarolle bestätigt die Treue der Überlieferung und die Sorgfalt der Schreiber, aber sie bietet doch auch eine große Anzahl (1375) von Varianten und orthographischen Abweichungen; diese sprechen für die Notwendigkeit des Wächteramtes von Sōpherīm und Masoreten.

Lit.: P. Kahle: Die Masoreten des Westens I/II, 1927.1930; ders.: Genizah ([2]1959), deutsch 1963; E. Würthwein: Der Text des Alten Testaments, 1952.

O. Betz

Masse, Massenbewegung → Kollektivismus

Mäßigkeit → Tugend, Tugenden

Materialismus

1. Der Begriff M. taucht zuerst um 1700 auf. J.G. Walch definiert ihn als Ideologie, die eine geistige Substanz leugnet und keine andere als die körperliche zulassen will. Materielles gilt im M. als allein wirklich. Alles Nichtmaterielle (Seele, Geist, Bewußtsein) wird nur als dessen Eigenschaft oder Funktion verstanden. Im Gegensatz zum Materialismus stehen → Idealismus und → Spiritualismus, Ideologien, die die Ursprünglichkeit des Geistes verteidigen und atheistische Konsequenzen des M. bekämpfen. Davon ist ein vulgärer M. zu unterscheiden (→ Engels: »Der Philister versteht unter M. Fressen, Saufen, Augenlust, Fleischeslust und hoffärtiges Wesen, Geldgier, Geiz, Habsucht, Profitmacherei und Börsenschwindel, kurz, alle die schmierigen Laster, denen er selbst im stillen frönt.«)

2. Eine materialistische Ideologie gab es bereits in der Antike (Demokrit, Epikur, Lukrez). Im MA haben u.a. Siger von Brabant, Boethius von Dacien und David v. Dinant materialistische Gedanken unter Berufung auf die averroistische Deutung des → Aristoteles

vertreten (Ewigkeit der Welt, Sterblichkeit der Seele). Franz. Denker der Aufklärung greifen materialistische Gedanken ebenso auf wie mechanistische Konzepte von → Descartes und → Hobbes (Lamettrie, Helvetius, Diderot, Holbach). → Kant lehnt den M. als untauglich ab, das Dasein zu erklären. → Hegel würdigt seine aufklärerische Tendenz und anerkennt die Überwindung eines Dualismus durch konsequentes Denken vom Einheitlichen her. Nach → Fichte leugnet der M. die Frage nach dem Grund der Welt: er erkläre nichts, sondern bleibe beim bloßen Erfahren stehen. → Feuerbach lehnt den M. ebenso ab wie den Idealismus, er will nur eine Anthropologie gelten lassen. → Marx sieht einen notwendigen Zusammenhang zwischen M., → Sozialismus und Kommunismus: Das Bewußtsein des Menschen sei durch hist.-gesellschaftl. Gesetzmäßigkeiten bestimmt, das Sein gehe dem Bewußtsein voraus. Nach Engels faßt der M. die Natur als das einzig Wirkliche auf, alles Denken und Wissen rühre aus sinnlicher Erfahrung. Haeckel wollte seinen → Monismus nicht als M. verstanden wissen. Materie und Geist seien vielmehr Grundeigenschaften eines allumfassenden göttlichen Weltwesens, der universalen Substanz. Lenin (Materialismus und Empiriokritizismus, 1909) bestimmt den M. erkenntnistheoretisch und nimmt in ihn den Evolutionsgedanken hinein. Der M. anerkenne die unabhängige Existenz der objektiven Realität. Marxisten versuchen, jeden M. als Vorlauf des Marxismus zu verstehen. H. Ley: Der M. habe den Weg zu den Erkenntnissen moderner Naturwissenschaften freigelegt. Er deutet auch den Pantheismus materalistisch, ja selbst Luther (sein Satz »Woran du dein Herz hängst, das ist dein Gott« im Großen Katechismus) sei nur materialistisch zu verstehen. Kryptomaterialistische Züge sucht auch Bloch bei »idealistischen« Philosophen. W. Post, A. Schmidt sind gar überzeugt vom »Kryptomaterialismus in der Theologie« und von der zivilisatorischen Rolle des M.

3. Heute wird M. meist als Dialektischer und Historischer M. (Marxismus) verstanden. Zuerst hat diese Gleichung Plechanow gezogen: Die Geschichte vollziehe sich dialektisch-materialistisch, die Natur sei materialistisch aufzufassen. Kautsky bezeichnet den dialektischen M. als »Philosophie der Tat«. Stalin bezeichnet ihn als die »Weltanschauung der marxistisch-leninistischen Partei. Diese Weltanschauung heißt darum dialektischer Materialismus, weil ihr Herangehen an die Naturerscheinungen, ihre Methode der Erforschung der Naturerscheinungen, ihre Methode der Erkenntnis dieser Erscheinungen die dialektische ist, und weil ihre Deutung der Naturerscheinungen, ihre Auffassung der Naturerscheinungen, ihre Theorie materialistisch ist.« Der hist. M. dehnt die Leitsätze des dialektischen M. auf die Erforschung des gesellschaftl. Lebens aus. Stalin betont die »Rückwirkung des politischen und ideologischen Überbaus auf die Basis«. Andere materialistische, vor allem neomarxistische Denker lehnen sich stärker an Hegel an und betonen den Vorrang einer materiellen, gesellschaftl. Bestimmtheit des Geistes (Lukács, Bloch, Adorno, Sartre). Hier liegt ein Ansatz der »Kritischen Theorie« der → «Frankfurter Schule«. Der M. begreift jede andere Ideologie als »Idealismus«, auch die Religion, nur der M. beantworte die Grundfrage der Philosophie dahingehend, daß die Materie dem Bewußtsein gegenüber in letzter Instanz das Primäre und Bestimmende sei.

4. M. muß nicht unbedingt als Gegensatz zur Religion verstanden werden. Die antiken Materialisten leugneten die Götter nicht, verstanden sie aber materiell. Manche Religionen haben materialistische Elemente, z.B. der Buddhismus. Er lehnt jede theol.-metaphysische Spekulation ab. Auch Richtungen des Konfuzianismus können materialistische Züge aufweisen (Ablehnung einer »unsterblichen Seele«, der Himmel ist von feiner Stofflichkeit). Wo (vor allem in primitiveren Religionen) Materie und Geist bzw. Seele noch nicht unterschieden werden, kann man materialistische Gedanken finden (»→ Mana« ist bei den Melanesiern ein Seelenstoff: Die Materie ist »mana«-haltig), zumindest fehlt jede Ablehnung materialistischer Gedanken. In anderen Religionen werden das Heilsziel oder die Verdammnis mat. legitimiert (Koran über die Freuden des Paradieses, Ausschmückung von Höllenqualen). Hier kann ein falsch verstandenes Christentum materialistische Züge tragen (Sekten wie Zeugen Jehovas). In der heutigen Theologie gibt es Strömungen, die von einer »materialistischen Bibellektüre« (→ Schriftauslegung) sprechen (z.B. Befreiungstheologie): Aus der Bibel will man direkte Anweisungen zur Veränderung der Gesellschaft ableiten. Andererseits weist der M. oftmals, vor allem im Marxismus, selbst rel. Züge auf, vor allem dort, wo er sich als die einzig wissenschaftl. Weltanschauung begreift (Lenin: »Der Marxismus ist allmächtig, weil er wahr ist.«). Obwohl Marxisten den vulgären M. ablehnen, ist jeder M., besonders der Marxismus selbst, einer Ethik abgeneigt. Grundfragen menschlichen

Lebens (Behinderung, Krankheit, Tod) steht der M. zumeist hilflos gegenüber. Das Christentum sollte nicht in einen phil. Gegensatz M.-Idealismus hineingezogen werden.

Lit.: H. Ley: Geschichte der Aufklärung und des Atheismus, Bd. I-V, 1966ff, Phil. Wörterbuch, hg. v. G. Klaus, M. Buhr, [10]1974; G.A. Wetter: Der dialektische Materialismus. Seine Geschichte und sein System in der Sowjetunion, [4]1959HWP, Bd. 5.

K.H. Kandler

Matthäus

Üblicherweise und ohne überzeugende Gegenargumente gelten die Jesusjünger M. und Levi als identisch (vgl. Mt 9,9; Mk 2,14; Lk 5,27). Er war einer der ersten Jünger, von Beruf Zollpächter/Großsteuerpächter (Herrenbrück), beherrschte neben Hebr. und Aram. auch Griech. und verfügte wahrscheinlich über Tachygraphie (= Stenographie)-Kenntnisse (Goodspeed, Gundry, Thiede). Obwohl er einem von strenggläubigen Juden verachteten Berufsstand angehörte und als Kollaborateur mit der röm. Besatzungsmacht bzw. deren Platzhaltern hätte angesehen werden können, waren seine Lebenserfahrung und seine beruflich-praktischen Kenntnisse für Jesus und den Jünger-Kreis wertvoll. Die Tradition, diesen M. als Autor des MtEv.s zu sehen, stößt zwar auf ernstzunehmende Gegenargumente, doch wäre er aufgrund seiner Fähigkeiten zweifellos in der Lage gewesen, einen Text zu verfassen, wie ihn die Eigenarten und Ausprägungen dieses Ev.s kennzeichnen (→ Evangelien, ntl.).

Die beiden Namen Levi und M. verweisen – im Gegensatz etwa zu den ebenfalls am See Genezaret in den Jüngerkeis aufgenommenen Simon (Petrus) und Andreas, die auf einen griech. geprägten Hintergrund schließen lassen – auf ein ausgeprägt jüd. Umfeld: Levi kennzeichnet seinen Träger als Leviten; M. bzw. griech. Matthaios ist ein rein hebr. Name: *Mattya* (»Geschenk Gottes«), der in den Evv. nur gräzisiert ist. Es wird gelegentlich vermutet, daß Levi den Namen M. erhielt oder annahm, nachdem er durch die Aufnahme in den Jüngerkreis eine Abkehr von seinem bisherigen Lebenswandel vollzogen hatte. Über M. ist ansonsten noch bekannt, daß sein Vater Alphäus hieß (Mk 2,14); es kann nicht nachgewiesen werden, daß dieser Alphäus mit dem Vater des Apostels Jakobus (Mk 3,18) identisch ist. Eher M. selbst (aufgrund seines Berufes) als seine Familie war vergleichsweise wohlhabend (vgl. Lk 5,29).

Der Weg des M. nach Gründung der Urgemeinde ist unklar; in Apg 1,13 wird M. innerhalb des NT zum letzten Mal erwähnt. Spätere Berichte kennen ihn als Missionar unter hebr. sprechenden Juden (s. Eus. h.e., 3,24,6). Seit frühester Zeit (Papias u.a.m.) herrschte in der Kirchengeschichte Einigkeit über die Identität des M. mit dem Verfasser des Ev.s – eine Zuschreibung, die spätestens um 80 n.Chr. erfolgt sein muß, d.h. zu Lebzeiten von zuverlässigen Informanten (vgl. Hengel). Die teilweise weitreichenden Zweifel an seiner Verfasserschaft sind jüngeren Ursprungs (→ Evangelien, ntl.). In der späteren Tradition ist M. gelegentlich mit dem M. aus Apg 1,23.26 verwechselt worden; Berichte über sein Martyrium sind daher schwer zu verifizieren. Möglicherweise hat Herakleon recht, der Clemens von Alexandrien zufolge (Stromateis, 4,9) von einem natürlichen Tod des M. wußte.

Lit.: R.T. France: Matthew – Evangelist and Teacher, 1989; E.J. Goodspeed: Matthew. Apostle and Evangelist, 1959; R.H. Gundry: The Use of the Old Testament in St. Matthew's Gospel, 1967; M. Hengel: Die Evangelienüberschriften, 1984; F. Herrenbrück: Jesus und die Zöllner, 1990; C.P. Thiede: Jesus – Life or Legend?, 1990; ders.:«Schrift VII (Tachygraphie)«, GBL Bd. 3, [2]1990, 1401-1403.

C.P. Thiede

Matthäusevangelium → Evangelien, 1. ntl.

Matutin → Stundengebet

Mauriner → Benedektiner

Maximus Confessor (ca. 580-662)

Byzantinischer Theologe des 7. Jh.s, dessen Schriften (Exegetica; Kommentare zu den Kirchenvätern; dogmat.-polemische Schriften; Zenturien: Asketisch-mystische Spruchreihen von je 100 Sentenzen; Liber asceticus; Mystagogie; Briefe) einen bedeutenden Theologen und universalen Geist zeigen. Der kaiserliche Sekretär M. wurde ca. 613 Mönch in Skutari und zog über Kleinasien nach Afrika. Dort war er aktiv im Kampf gegen die Monotheleten (→ Byzanz; Christologie); 649 nahm er in Rom an einer Lateran-Synode teil, die den → Monotheletismus verurteilte. Er wurde 653 verhaftet und wegen Hochverrats verbannt, 662 zusätzlich verstümmelt; gest. am 13. 8. 662 in Lazika.

Sein synthetisches theol. Denken ist ebenso von → Aristoteles wie von → Pseudo-Dionysios Areopagita bestimmt. Gegen den Monotheletismus verteidigte M. die perfekte menschliche Natur Christi. Das hat Bedeutung für M.s Anthropologie: Bei ihm ist die Disposition des Willens zum Guten nicht allein intellektuelle Aktivität, sondern das Fundament der von der Liebe getragenen Ekstase. Dabei wird durch diese Liebe der absolute Vorrang Gottes und der innere Abstand zu allen Dingen bestimmt als Askese und Nächstenliebe.

Lit.: PG 90 und 92.

H.U. v. Balthasar: Kosmische Liturgie, [2]1961; P. Sherwood: An Annotated Date-List of the Works of Maximus the Confessor, 1952.

W. Wischmeyer

Mazdaznan-Bewegung

Gegründet 1917 in Kalifornien durch Dr. Otoman Z.A. Ha'nish (1844-1936), beruft sich die M. auf zarathustrisches Gedankengut, das dem Gründer in seiner Jugend in Teheran bekannt geworden war. Sein Vater war russischer Diplomat, seine Mutter Deutsche. Ab 1907 wurde die Lehre auch in Europa, zuerst in der Schweiz verbreitet. In Deutschland gibt es z.Zt. ca. 15 logenartige Gruppen, das europ. Zentrum liegt in Bringhausen am Edersee.

Mazdaznan heißt: Meister des Gottesgedankens; der Gründer wird wie Zarathustra und Jesus verehrt. Die Lehre zielt auf Selbstverwirklichung durch Veredelung, die Praxis umfaßt Waschungen, vegetarische Ernährung, Atemmeditation. Sie versteht sich als Erneuerung einer arischen Urlehre; Jesus »Yesu« sei lebend vom Kreuz genommen und durch einen Geheimgang aus dem Grab gerettet worden; er habe durch die Essener eine Zarathustra ähnliche Lehre verbreitet, die von Paulus verdorben worden sei.

N.-P. Moritzen

Mazedonien

Die ersten christl. Gemeinden in M. (Philippi, Thessalonich) gehen auf die Missionstätigkeit des Apostels Paulus zurück (Apg 16,9ff). Die in den folgenden Jahrhunderten entstandene, blühende Kirche wurde durch die Einwanderung slawischer Stämme im 6./7. Jh. teilweise vernichtet, dann wieder aufgebaut; entscheidende Impulse gingen von Kliment und Naum, zwei Schülern der Slawenlehrer → Cyrillus und Methodius, im 9. Jh. aus. Kirchl. Mittelpunkt wurde das Patriarchat, bzw. Erzbistum Ochrid, das um 1000 gegründet worden war. M. gehörte im MA zum Byzantinischen, zum 1. und 2. Bulgarischen und dann zum Serbischen Reich; von 1371 an stand es über ein halbes Jahrtausend unter türkischer Herrschaft. Nach den beiden Balkankriegen (1912/13) wurde M. zwischen Griechenland, Bulgarien und Serbien aufgeteilt. Der serbische Teil wurde nach dem Zweiten Weltkrieg zu einer der sechs Teilrepubliken → Jugoslawiens und mit Autonomierechten ausgestattet. Am 19. 11. 1991 konstituierte sich diese Teilrepublik zu einem unabhängigen Staat (2,11 Mio. Einwohner, Fläche 25 713 km^2, Hauptstadt Skopje). Da Griechenland gegen M. als Name dieses Nachbarstaates Widerspruch einlegt, wurde er 1993 als »Ehemalige jugoslawische Republik Mazedonien« in die UNO aufgenommen.

Die orth. Kirche zählt rund 800.000 Glieder. Sie gehört der serbisch-orth. Kirche an, kann aber seit 1959 ihre inneren Angelegenheiten selber regeln (Autonomie). 1967 löste sich die Orthodoxe Kirche M.s aus der Jurisdiktion Belgrads und erklärte sich für autokephal, was von der Gesamtorthodoxie bis zum heutigen Tag nicht anerkannt wird. Oberhaupt ist der Erzbischof von Skopje. Die Kirche ist in acht Eparchien (zwei davon in Übersee) gegliedert. Seit 1967 besitzt sie ein eigenes Priesterseminar, seit 1977 eine Theol. Fakultät in Skopje. Die Klöster (viele von ihnen mit langer Tradition) spielen im geistigen Leben der Kirche eine wichtige Rolle.

Unter den rel. Minderheiten sind die Muslim die größte, gefolgt von der röm.-kath. Kirche und mehreren kleinen prot. Freikirchen (Methodisten, Baptisten, Siebenten-Tags-Adventisten).

E. Bryner

Mechithar/Mechitharisten → Armenien

Mecklenburg, Ev.-Luth. Landeskirche

Die Christianisierung M.s begann nach dem Sieg Heinrichs des Löwen 1160 über die Obotriten. Die → Reformation wurde »von unten« durch reformat. Prediger ausgelöst, z.B. 1523 in Rostock durch J. Slüter, endgültig aber erst 1549 mit Zustimmung der Stände eingeführt. Die 1552 eingeführte Kirchenordnung blieb bis 1918 in Geltung. Der → Pietismus hinterließ in M. ebenso wenig Spuren wie die → Aufklärung, die um 1800 in einer starken Entkirchlichung des Gemeindelebens endete. Die → Erweckungsbewegung im 19. Jh. wirkte allerdings nachhaltig auf M. ein, bes. durch H.L. Ohl und Th. → Kliefoth; sie beförderte auch den luth. Konfessionalismus. 1850 wurde in Schwerin der »Oberkirchenrat« als oberste Kirchenbehörde eingerichtet, in Neustrelitz bestand schon seit 1702 ein eigenes Konsistorium.

In den beiden Landeskirchen M.s (M.-Schwerin, M.-Strelitz, seit 1701) traten nach 1918 Synoden zusammen und verabschiedeten Kirchenverfassungen. An die Spitze der Landeskirche traten Landesbischöfe. 1933 übernahmen die → Deutschen Christen (DC) die Kirchenleitung, am 13. 10. 1933 beschlossen beide Landessynoden den Zusammenschluß zur »Ev.-Luth. Landeskirche Mecklenburgs«. Gegen die DC formierte sich starker Widerstand in der »Bekennenden Ev.-Luth. Kirche Mecklenburgs«, der bald etwa die Hälfte der Gemeinden und Pastoren angehörte. Im Juni 1945 übernahm der Landesbruderrat der Bekennenden Kirche die Kirchenleitung. Eine neue Kirchenverfassung scheiterte 1958 am Einspruch des Rates des Bezirkes Schwerin, so daß die Landessynode für die einzelnen Leitungsebenen mehrere Einzelgesetze beschloß.

1946 wurde Niklot Beste, 1971 Heinrich Rathke und 1984 Christoph Stier Landesbischof. Die Landeskirche ist in acht Kirchenkreise eingeteilt. Jeder Kirchenkreis, an dessen Spitze ein Landessuperintendent steht, ist in drei bis sechs Propsteien untergliedert (insgesamt 38). Zu jeder Propstei gehören zwischen fünf und neunzehn Kirchgemeinden. Die Zahl der Gemeindepfarrstellen betrug am 1. 5. 1992 358, von denen am 31. 12. 1992 292 besetzt waren. Die Gemeindegliederzahl belief sich am 31. 12. 1992 auf 285.179.

Lit.: N. Beste: Der Kirchenkampf in Mecklenburg von 1933-1945, 1975; G. Krüger-Haye: Kirchengeschichte von Mecklenburg – Strelitz 1701-1934, 1941; K. Schmaltz: Kirchengeschichte Mecklenburgs, 3 Bde., 1935-1952.

E. Piersig

Medien, Medienarbeit

Medien (hier: Massenmedien) sind technische Verbreitungsmittel, mit denen ein weitgestreutes Publikum erreicht wird. Man unterscheidet elektronische Massenm. und Druck-M. Zu den elektronischen M. zählen insbesondere Film, Fernsehen und Hörfunk, aber auch Video- und Audiocassetten, Schallplatten, Bildschirm- und Videotext. Zu den Druck-M. werden Bücher, Zeitungen und Zeitschriften gerechnet. In industrialisierten Ländern erreichen Massenm. praktisch die gesamte Bevölkerung. Massenm. üben eine Informations-, Unterhaltungs- und Erziehungsfunktion aus. Ihre Wirkung auf das soziale, kulturelle und polit. Verhalten geschieht in industrialisierten Ländern eher langfristig und beiläufig. So ist zum Beispiel nicht erwiesen, ob und inwieweit Massenm. Einfluß auf das Ergebnis einer Wahl haben. Unbestritten aber ist ihre Einwirkung auf das Wertesystem einer Gesellschaft.

Medien und Mission

Seit der Erfindung der Buchdruckkunst durch Johannes Gutenberg (um 1440) spielen Massenm. auch bei der Verbreitung des Evangeliums eine wichtige Rolle. Ohne diese Erfindung hätten die Gedanken der → Reformation kaum eine so schnelle und wirkungsvolle Verbreitung erfahren. Nicht zuletzt wurde so die Bibel zu einem Buch für viele. Durch die neuen Massenkommunikationsmittel konnten Menschen zudem ohne persönliche Kontakte angesprochen werden. Auch andere geistl. Erneuerungsbewegungen wurden so angestoßen: Der → Pietismus durch das Buch »Pia Desideria« von Philipp Jakob → Spener (1675) und der → Methodismus, dessen Gründer John → Wesley den Verkauf christl. Schriften für seine Prediger obligatorisch machte. Auch in der äußeren Mission gewannen Druckerzeugnisse eine immer größere Bedeutung.

Elektronische Medien

Im 20. Jh. kamen dazu die elektronischen M. 1931 wurde in Quito, Ecuador, die erste christl. Radiomissionsgesellschaft gegründet: Radio HCJB (»Heralding Christ Jesus' Blessings«). Andere kamen hinzu. Nicht zuletzt die mittlerweile größte Organisation, → Trans World Radio, internationaler Partner des 1959 in Wetzlar gegründeten → Evangeliums-Rundfunks. Zusammengenommen senden die verschiedenen Radiomissionsgesellschaften in über 200 verschiedenen Sprachen. In einem gemeinsamen Projekt wollen sie versuchen, bis zum Jahr 2000 in allen Sprachen zu senden, die von mindestens einer Million Menschen gesprochen werden. Dann hätten 94 Prozent aller Menschen auf der Erde die Gelegenheit, das Evangelium in ihrer eigenen Sprache zu hören. Angesichts der Bevölkerungsexplosion in vielen Ländern der sog. Zweidrittelwelt und der schwierigen Bedingungen, unter denen herkömmliche Missionsarbeit in vielen Ländern leidet, gewinnt die Radiomission so eine immer größere weltmission. Bedeutung. In den letzten Jahren kommen zu den Hörfunkprogrammen zunehmend auch Fernsehsendungen und Videoproduktionen. Diese übernehmen weitgehend die Funktion der Filme, die vor allem im Bereich der Jugendarbeit über Jahrzehnte eine wichtige Unterhaltungs-, Informations- und Verkündigungsrolle gespielt haben. Hier sind vor allem Produktionen aus den USA zu nennen, u.a. von der → Billy Graham Gesellschaft und vom → Moody Bible Institute. Weltweite Resonnanz fand auch der Jesus-Film von → Campus Crusade for Christ.

Druck-Medien

Doch auch im Bereich der Druck-M. ist die Entwickung nicht stehengeblieben. Christl. Zeitschriften erreichen einen nahezu unüberschaubaren Markt. Allein die der Deutschen Evangelischen → Allianz verbundenen Verbände und Organisationen geben rund 100 Zeitschriften mit einer Jahres-Gesamtauflage von 60 Mio. Exemplaren heraus (Stand: Juli 1991). Die Verlage, die eine bewußt glaubensweckende und glaubensvertiefende Zielsetzung haben (zum Beispiel die Verlagsgruppen Telos und ABCteam), machen mittlerweile weit mehr als die Hälfte des gesamten ev. Büchermarktes aus (→ Literaturarbeit).

Auch wenn gesamtgesellschaftl. gesehen die Zahl der Buchleser abnimmt (1991 gaben in der Schweiz bei einer Befragung rund 50 Prozent an, sie würden nie ein Buch lesen), wird das Buch ein wesentlicher Vermittler geistl. Wahrheiten bleiben. Allerdings muß die immer stärkere Visualisierung von Informationen Auswirkungen auf die Auswahl und Gestaltung von Druck-M. haben. Bücher und Zeitschriften wenden sich zunehmend an ein Publikum, das den größten Teil seiner Informationen durch das Fernsehen bezieht. Viele werden, wenn überhaupt, nur noch bebilderte Bücher im Stil von Illustrierten zur Hand nehmen. Eine weitere Möglichkeit ist die Kombination verschiedenartiger Medien: das Buch zum Film, die Sendung zum Buch, die Videocassette mit Arbeitsheft, die Audiocassette mit Malbuch.

Medien und Gemeinde

Massenm. können ohne persönliche Kontakte zum Glauben rufen oder den Glauben stärken. In der Hand der Gemeinde aber entfalten sie in der Regel größere Möglichkeiten. Gerade in einer zunehmend von Isolation und Individualismus geprägten Zeit brauchen Massenm. persönliche Kontakte als wichtige Ergänzung. Ein persönlich überreichtes Buch, die gemeinsam gehörte Radiosendung, der in Schule oder Gemeinde diskutierte Film erweitern sowohl die Wirkung des Mediums als auch die des persönlichen Kontakts. Hier muß künftig sowohl von den Medienunternehmen als auch von den Gemeinden vermehrt Fantasie entwikkelt werden.

Lit.: Alle Welt soll sein Wort hören, Lausanne-Dokumente 1, 715-791 (Evangelisation und die Medien. Die Zuhörerschaft für christliche Kommunikation. Koordination christlicher Medien. Kommunikationsforschung. Radio und Evangelisation. Evangelisation durch Filme); J.F. Engel: Zeitgemäße christliche Kommunikation, 1989; D. Prokop (Hg.): Medienforschung, 1985; G. Rumler: Die beste Nachricht der Welt, 1977.

J. Werth

Meditation

Das lat. *meditari* hat drei Wortbedeutungen: »überdenken, sich vorbereiten auf, sich einüben«; es hat seine Wurzeln im Griech. und findet sich im Gotischen und Althochdeutschen in ähnlicher Bedeutung wieder. In der lat. Bibelübersetzung begegnet M. z.B. Ps 1, 2 und meint dort die leise gemurmelte oder im Schweigen bedachte, unablässige Betrachtung des Gesetzes. In der Alten Kirche ist das Wort M. nicht sehr häufig, aber regelmäßig anzutreffen, und zwar im gleichen Sinn. Im MA meint M. eine Weise des Betens (inneres Gebet) und findet sich in der Reihung »Gebet – Meditation – Kontemplation« (Hugo von St. Victor) bzw. als »Lesung – Meditation – Gebet« (benediktinische Tradition). In der Reformations- und Neuzeit bekommt M. einen noch offeneren Sinn und meint Betrachtung, existentielle Einübung in die Heilswahrheiten. M. ist also immer Brücke und Mittel, niemals Selbstzweck, also wiederholendes »Wiederkäuen« des Wortes Gottes, ständige, liebende Aufmerksamkeit im Hinhören auf Gott. In der Ostkirche hat sich das »Herzensgebet« (Jesus Christus, Sohn Gottes, erbarme dich meiner) als Grundform der M. entfaltet. Martin Luther hat M. als Bußm., Passionsm. und als Katechismusm. praktiziert, alles in allem aber als M. der Heiligen Schrift verstanden. Darin sind ihm Theologen wie J. → Gerhard und J. → Arndt, A.H. → Francke und D. → Bonhoeffer gefolgt. So meint M. für den Alltag den geduldigen, hörenden und liebevollen Umgang mit der Heiligen Schrift und dem, der durch sie spricht. In der Praktischen Theologie, dort speziell in der Predigtlehre, ist M. in der Regel der Zwischenschritt zwischen Exegese und Predigt. Literarische Hilfen zur Predigtvorbereitung heißen daher auch »Predigtmeditationen«.

M. begegnet im Vollzug in mancherlei Formen als Bildm., als Symbolm., als Metapherm., als Musikm., als Existenzm., als Gedichtm., als Gesprächsm., und in dem weiten Feld der naturalen M. (Baum, Blume, Berg u.a.). Die Unterscheidung zwischen gegenständlicher und ungegenständlicher bzw. übergegenständlicher M. erscheint problematisch, weil es im christl. Verständnis von M. immer um vertiefte Begegnung mit Gott und seinen Geschöpfen gehen sollte. M. wird auch in der Philosophie und in der Psychologie verwandt (z.B. bei → Déscartes, C.G. Jung, Graf Dürckheim), und kommt in der → Transzendentalen M. (TM) als Neureligion aus dem Fernen Osten auf rel. gesättigte oder unzufriedene Europäer zu. Christen vermag M. zu helfen, sich der Fundamente des Glaubens zu vergewissern, die Begegnung mit Christus zu vertiefen, sich zu sammeln, ruhig zu werden und ins Schweigen vor Gott zu kommen. Viele Zeitgenossen benutzen M. lediglich als Kreativitätstraining, zur Sensibilisierung ihres Lebens, zur inneren Sammlung bzw. zur Tiefenbeziehung mit der eigenen Person. Hierin liegen oft genug Gefahren für unerfahrene Menschen, aber auch Gefahren einer synkretistischen Überfremdung bzw. Vermischung für rel. Ungeübte. Seit gut 20 Jahren gibt es eine förmliche M.bewegung mit entsprechend zahlreicher Literatur.

Lit.: W. Bitter (Hg.): Meditation in Religion und Psychotherapie. Ein Tagungsbericht, 1958; Ph. Dessauer: Die naturale Meditation, 1961; C. Happich: Anleitung zur Meditation [3]1948; U. von Mangoldt: Östliche und westliche Meditation Einführung und Abgrenzung, 1977; F. Melzer: Meditation in Ost und West, 1957; ders.: Konzentration. Meditation. Kontemplation, 1974; M. Nicol: Meditation bei Luther, [2]1991; H. Reller, M. Seitz (Hg.): Herausforderung: religiöse Erfahrung. Vom Verhältnis evangelischer Frömmigkeit zu Meditation und Mystik, 1980; G. Ruhbach (Hg.): Meditation. Versuche, Wege, Erfahrungen, 1975; J. Sudbrack: Meditation: Theorie und Praxis, [2]1971; K. Thomas: Meditation in Forschung und Erfahrung, in weltweiter Beobachtung und praktische Anleitung, 1973; K. Tilmann: Die Führung zur Meditation, 2 Bde., 1971/1978.

G. Ruhbach

Megilloth, Megillah

Megillōth (M.) ist die Pluralform von *megillāh* (vgl. Jer 36,28f; Hes 3,1-3); sie bezeichnet die (Schrift-)Rollen, deren Text auf dünnes Leder oder Pergament mit Tinte in Kolumnen aufgeschrieben wurde. Diese Rollen boten bis zur Einführung des Codex, eines Buches mit gebundenen Blättern (so etwa die gnostischen Papyruscodices aus Nag Hammadi oder die auf Pergament geschriebenen griech. Bibelhandschriften der christl. Kirche aus dem 4. Jh. n.Chr.), die bei den Juden gebräuchliche Gestalt vor allem der heiligen Schriften. Noch heute wird die Tora mit den fünf Büchern Mose in Form von Schriftrollen, die an ihren Enden je zwei Stäbe besitzen, in einem Schrein in der Synagoge aufbewahrt und bei der Schriftlesung benützt.

Freilich hat man die Torarolle kaum als Megillah bezeichnet. Dieser Ausdruck galt zunächst der Rolle des Esterbuches und dann speziell den »Fünf Megilloth«. Gemeint sind mit diesen M. die an besonderen Festtagen verlesenen Bücher aus der dritten Abteilung *Ketūbīm*, »Schriften« (Hagiographen), d.h. der nicht für die gottesdienstl. Sabbatperikopen verwendeten und rezitierten bibl. Bücher. Von den »Fünf Megilloth« wurde die Rolle des Hohenliedes für den Sabbat der Passawoche bestimmt, die Rolle Rut für Pfingsten (*Schabū'ōth*), die Klagelieder für den Trauertag der Tempelzerstörung (9. Ab), Prediger für den Sabbat in der Woche des Laubhüttenfestes; das Esterbuch wurde am Morgen (später am Vorabend) des Purimfestes laut gelesen. Diese Sitte begann erst in der nachtalmudischen Zeit; jedoch wird das Rezitieren der Ester-Rolle schon in Megillah, dem 10. Traktat der Mischna, beschrieben.

Die ältesten unter den bis heute erhaltenen M. sind die in den Höhlen 1 und 11 von Qumran entdeckten, im 2. und 1. Jh. v.Chr. geschriebenen und in Tonkrügen aufbewahrten »Schriftrollen aus der Wüste Juda« (*megillōth midbar jehūdāh*), bei uns bekannt als »Schriftrollen vom Toten Meer«. Unter den bibl. Handschriften aus Höhle 1 ist die große, 6 m lange Rolle, die den ganzen Propheten Jesaja bietet (1 QJes a), besonders wichtig, da sie die Genauigkeit des Abschreibens der hebr. Bibeltexte bis zur Erfindung der Buchdruckerkunst nachprüfen läßt (→ Masora). Unvollständig ist eine zweite Jesajarolle (1Q Jes b). Aber auch nichtbibl., das Leben der Qumrangemeinde regelnde und illustrierende Schriften sind in der Form von Lederrollen in den Höhlen gefunden worden, so etwa die Gemeinderegel (1 QS), die Kriegsrolle (1QM), die beiden Rollen der Loblieder (1QH) und der Habakukpescher (1 QpHab). Stark beschädigt sind das sogenannte Genesisapokryphon (1Q Gen ap), sowie die Tempelrolle (11 Q Miqd) und die Psalmenrolle aus Höhle 11. In Höhle 3 wurde ein auf zusammengerollte Kupferblätter aufgetragenes Verzeichnis versteckter Schätze entdeckt (Kupferrolle).

Anschaulich schildert Lukas, wie Jesus beim sabbatlichen Gottesdienst in der Synagoge seiner Heimatstadt Nazareth aus der ihm gereichten Rolle (*biblion*) des Propheten Jesaja vorlas und die Stelle Jes 61,1f auf sein eigenes messianisches Wirken bezog (Lk 4,18-21).

Alt ist die »Fastenrolle« (*Megillath Ta'anīth*), in der das Fasten und öffentliches Trauern an 35 Gedenktagen erfreulicher Ereignisse und nationaler Erfolge, bes. der Hasmonäerzeit, verboten wird (*lā' mispad*).

Lit.: A.M. Habermann: Megilloth Midbar Yehudah (Die Rollen aus der Wüste Judaea), 1959; B.-Z. Lurka: Megillath Ta'anīth (Die Fastenrolle), 1964; H.L. Strack: Einleitung in Talmud und Midrasch, [6]1976 (erg. G. Stemberger).

O. Betz

Megilloth (biblisch)

Von den fünf M.: Hoheslied, Rut, Klagelieder, Prediger, Ester waren Prediger und Hoheslied eine Zeitlang umstritten; ihre Aufnahme in den Kanon der hebr. Bibel wurde nach Mischna Jadajim 3,5 auf der Synode in Jamnia entschieden.

1. Im Hohenlied (hebr. *Schir ha-Schirim*) wird der König Salomo als Verfasser genannt (vgl. 1,5; 3,7-11; 8,11; 1Kön 5,12-4,32); der Name seiner Geliebten läßt sich zu ihm in Beziehung setzen (»Sulamith« 7,1 = »Salomonin«). Schließlich passen die poetisch gestalteten Gespräche der zwei Liebenden im Hld zum Glanz und humanistischen Geist der salomonischen Zeit; sie sind wohl auch von jüd. Hochzeitsbräuchen beeinflußt. Da das Verhältnis Gottes zum Volk Israel mit der Liebe von Mann und Frau verglichen werden konnte (Jer 2; Hes 16; Hos 2-3), wurde auch das Hld in diesem Sinne ausgelegt und so für den Kanon gewonnen (R. Aqiba, vgl. den Midrasch zu Schir ha-Schirim). Aufgrund sprachlicher Merkmale ist mit einer nachexilischen Redaktion für Hld zu rechnen.

2. Auch für den Prediger (hebr. *Qohälät*, griech. *Ekklēsiastēs*) wird Salomo als Verfasser angegeben (1,1.12.16). Die in diesem Buch vorherrschende Skepsis gegenüber der herkömmlichen Weisheit und deren sicherem Urteil über Gut und Böse (1,17; 2,12-17; vgl. 1Mo 2,17; 3,5), dazu die eher pessimistische Stimmung – die Mühsal und Vergänglichkeit des Lebens, das »Haschen nach Wind« (1,2f.14; 2,10-24) und die Distanz des Menschen zu Gott (5,1) werden betont, das dankbare Genießen der Freuden des Lebens empfohlen (5,17-19) – gelten gewöhnlich als unvereinbar mit der älteren Weisheit Israels. Aber sie bringen die ständig gemachten Erfahrungen des unter dem Fluch Gottes stehenden Menschen zum Ausdruck (vgl. 2,20-24 mit 1Mo 3,19). Die Sprache des Pred und gewisse Anklänge an griech. Weisheit und Wendungen weisen auf eine Redaktion in späterer Zeit hin.

3. Das heilsgeschichtlich ausgerichtete Buch Rut ist sicherlich schon in der Königszeit entstanden. Es erzählt, wie die Moabiterin Rut dank der Vorsehung Gottes, ihrer Treue zur jüd. Schwiegermutter Naomi (1,16-18) und ihrer Ehe mit dem Bethlehemiten Boas das Geschlecht des Königs David begründen und so eine Heilszeit für Israel heraufführen half; ihr Sohn Obed war der Großvater Davids (4,17-22; vgl. den Stammbaum Jesu, Mt 1,5).

4. Die Klagelieder (hebr. *Ekhā*, vom Klageruf »Ach wie!«, 1,1; 2,1; LXX: *Thrēnoi*) werden in der Vulgata dem Propheten Jeremia (»Lamentationes Jeremiae«) zugeschrieben. In den kunstvoll gegliederten, in Kap. 1-4 akrostichisch gebauten und inhaltlich ergreifenden Liedern wird die Zerstörung Jerusalems und des Tempels beklagt (vgl. 5,15-18) und mit der Sünde des Volkes begründet (5,7). Die Klgl werden wohl bald nach der Katastrophe der Jahre 596 und 587 v.Chr. entstanden sein.

5. Das Buch Ester berichtet die in der pers. Stadt Susa spielende Geschichte der Jüdin Ester, die durch ihren Vetter und Vormund Mardochai im Jahre 483 v.Chr. (vgl. 1,3) an den Hof des Königs Ahasveros = Artaxerxes I. gebracht und von diesem zur Königin gemacht wurde. Auf Veranlassung des Ministers Haman wurden die Juden im pers. Weltreich wegen ihres »anderen Gesetzes« (3,8) vom Völkermord bedroht; aber die Intervention Esters beim König führte zu ihrer wunderbaren Rettung und zur Bestrafung der Feinde. Auf dieser Erzählung beruht die erstmals in 2Makk 15,36 erwähnte Feier des Purim-Festes am 14. und 15. Adar. Dort wird es noch »Mardochai-Fest« genannt (vgl. auch Est 9,28.31: »die Tage des Purim«, *jemē ha-pūrīm*, vom Wort *pūr* = »Los« in 3,7, vielleicht aus dem akkad. *puru*).

Der griech. Text zu Est enthält zahlreiche Zusätze, z.B. Gebete; sie bilden in der Vulgata die Kap. 11-16 des Esterbuches, während M. Luther sie als »Stücke zu Esther« unter die Apokryphen einreihte.

Lit.: W.S. La Sor, D.A. Hubbard, F.W. Bush (hg. von H. Egelkraut): Das Alte Testament. Entstehung – Geschichte – Botschaft, ²1990, 688-737.

O. Betz

Meister Eckhart → Eckhart, Meister

Melanchthon, Philipp (1497-1560)

M., geb. am 16. 2. 1497 in Bretten (Pfalz), gest. am 15. 4. 1560 in Wittenberg. Der eigentliche Familienname Schwarzert wurde von M.s Großonkel Johannes → Reuchlin gräzisiert. Unter seinem Einfluß erhielt M. in Heidelberg und Tübingen eine ganz vom Humanismus bestimmte Ausbildung und war bald als einer von dessen aussichtsreichsten Nachwuchskräften anerkannt. 1518 erhielt er den Ruf auf die Professur für griech. Sprache in Wittenberg. Dort wurde es sein Geschick, der große Zweite neben einem größeren Ersten, → Luther, zu sein. Er schaltete sich sofort in die dort begonnene Universitätsreform ein, in der die drei alten Sprachen den Vorrang haben sollten. Der Humanist geriet alsbald in den Bannkreis der neuen Theologie Luthers, dem er seinerseits bei deren klarer Ausformulierung und Verteidigung half. Basierend auf seiner Paulusexegese legte M. 1521 mit seinen »Loci theologici« (Hauptkapitel der Theologie) eine erste, in manchem noch nicht ganz ausgereifte ev. Dogmatik vor.

Die Führung der Wittenberger Reformation während Luthers Abwesenheit auf der Wartburg überforderte den jungen Gelehrten. Der 1521/22 erfolgende reformat. Umbruch und das Auftreten der angeblich geistbegabten → Zwickauer Propheten verunsicherten ihn. Konservativ trat er nunmehr für die Erhaltung der äußeren Ordnung und den Ausbau eines guten Bildungswesens ein. Am stärksten wird dies in seiner Ablehnung der Reformforderungen der Bauern 1525 bemerkbar. Den von Luther geforderten Wechsel aus der phil. in die theol. Fakultät vollzog er bewußt nicht.

Beim Ausbau der kursächsischen Reformationskirche mittels der Visitation betonte M. die Notwendigkeit gesetzlich-sittlicher Normen. Luthers Verwerfung des freien Willens gegenüber → Erasmus machte er aus ethischem Interesse nur bedingt mit. In der Abendmahlslehre schloß er sich ihm gleichfalls nicht voll an.

1530 mußte M. die Lutheraner auf dem Augsburger Reichstag theol. führen, weil Luther nicht teilnehmen durfte. Er war der Hauptautor des → Augsburger Bekenntnisses, das stark die Gemeinsamkeit mit der kath. Seite hervorhob, den ev. Standpunkt dabei jedoch eindrucksvoll wahrte. Wegen seiner weitergehenden Kompromißbereitschaft zog er sich jedoch die Kritik Luthers und der Protestanten zu. Immerhin verteidigte M. in der »Apologie« das Bekenntnis, wobei er die Lehre von der zugerechneten Gerechtigkeit klar herausarbeitete. Daneben betonte er die Fortgeltung des Gesetzes für den Glaubenden. Aus dieser Zwiespältigkeit entstanden vor allem nach Luthers Tod schwere Streitigkeiten im Luthertum. Zusätzlich litt M.s Ruf durch seine weiche Haltung gegenüber dem → Interim. Dennoch hat er wie kein anderer neben Luther die luth. Theologie im Guten wie im Problematischen geprägt. Dabei ist noch besonders der Einfluß des »Praeceptor Germaniae« auf das prot. Schulwesen hervorzuheben.

Lit.: Melanchthons Werke in Auswahl, hg. von R. Stupperich, Bd. 1-7, 1951-1975; H. Scheible (Hg.): Melanchthons Briefwechsel, Bd. 1ff, 1977ff.

W. Maurer: Der junge Melanchthon, 2 Bde., 1967 und 1969; R. Stupperich: Philipp Melanchthon, 1960.

M. Brecht

Melchioriten → Hoffman, Melchior

Melchiten

M., eigentlich Melkiten (syr. »Die Kaiserlichen«) wurde zur Bezeichnung der Christen im 5. Jh., die in den Patriarchaten Alexandrien, Antiochien und Jerusalem der Entscheidung des Konzils von Chalcedon 451 und damit der Position des Kaisers folgten. Nur in Ägypten bildeten sie eine kleine Minderheit. Die Bezeichnung selbst stammt von ihren monophysitischen Gegnern. Unter den Moslems hatten die M. zahlreiche Schikanen zu ertragen, weil sie als Byzantiner galten. Die → Maroniten stellten eine spätere Abspaltung (im 7./8. Jh.) von den M. dar. In Liturgie und Kirchenrecht entwickelten sich die M. griech.-byz., während sie den röm. Papst als ihr Oberhaupt anerkannten. Seit dem späten MA galten sie allerdings als schismatisch. Die Geschichte der kleinen Kirche (gegenwärtig leben im Patriarchat Antiochien in Syrien und Libanon ca. 250.000 Gläubige, im Exil ca. 150.000) ist in der Anerkennung durch Rom bis in die Gegenwart hinein wechselhaft verlaufen. Aufs Ganze gesehen zählen sie aber eher zu den orth. als zu den röm.-kath. Kirchen.

Lit.: W. de Vries: »Melchiten«, LThK 7, [2]1962, 253-256.

G. Ruhbach

Melitianisches Schisma → Häretiker u. Schismatiker

Melito von Sardes → Apologeten, altkirchliche

Mendelsohn, Arnold → Kirchenmusik

Mendelssohn, Moses (1729-1786)

M. wurde am 6. 9. 1729 in Dessau als Sohn eines armen Toraschreibers geboren und folgte schon mit 14 Jahren seinem Lehrer Fränkel nach Berlin, wo er weiter Talmud, aber auch die Schriften des → Maimonides studierte. Er wurde Hauslehrer bei dem privilegierten Juden und Seidenfabrikanten Bernhard, später Prokurist der Firma und Mitglied der Geschäftsleitung.

Für M.s Teilnahme an der deutschen und europ. Literatur und Philosophie – lesend und schreibend – war seine Freundschaft mit G.E. → Lessing (ab 1754) entscheidend. Mit bewundernswerter Energie lernte er Sprachen und wurde gründlich vertraut mit den damals die Aufklärungsphilosophie dominierenden Werken von Shaftesbury, → Leibnitz, C. → Wolff u.a.m. Diese Denker blieben für ihn bis zuletzt bestimmend, zumal er wegen eines Leidens in der zweiten Lebenshälfte strenge geistige Arbeit vermeiden sollte. Nach einer Reihe von kleineren Beiträgen, besonders zu den von F. Nicolai herausgegebenen Literaturzeitschriften, wurde er bekannt durch den »Phaedon«, eine modernisierte Fassung des platonischen Dialogs, in den er zeitgenössische Argumente für die Unsterblichkeit der Seele einfügte. Dieses Werk war ein europ. Bestseller.

M. wurde zum besonnenen Helfer und Fürsprecher seines bedrängten Volkes. Er veranlaßte den preußischen Beamten F.W. Dohm zu einer »die bürgerliche Verbesserung der Juden« propagierenden Schrift. Er übersetzte Teile des AT ins Deutsche – mit hebr. Buchstaben geschrieben – um die Juden zur Teilnahme an der deutschen Kultur zu befähigen. Er mußte sich deshalb gegen streng orth. Rabbiner verteidigen. Seine Schrift »Jerusalem oder über religiöse Macht und Judentum« (1783) ist ein Plädoyer für Toleranz auf beiden Seiten: des Rabbinats und des christl. Staates. Er interpretierte darin das Judentum als Vernunftreligion verbunden mit dem für sein Volk offenbarten Gesetz. J.G. → Hamann schrieb dagegen sein »Golgatha und Scheblimini«.

M. war hochangesehen bei deutschen Schriftstellern, mußte sich aber gegen einen Bekehrungsversuch J.K. → Lavaters und später gegen F.H. → Jacobi verteidigen, als dieser von seinem Freund → Lessing erklärt hatte, er sei Spinozist gewesen (Atheismusverdacht!): Dies kränkte M., und dieser Streit verdüsterte seine letzte Lebenszeit. Die »Morgenstunden oder Vorlesungen über das Dasein Gottes« (1785) fußen noch auf der von Kant inzwischen kritisch destruierten metaphysischen Argumentation.

M. starb am 4. 1. 1786 in Berlin. In der Gestalt des weisen Nathan hat Lessing ihm in seinem Drama ein bleibendes Denkmal gesetzt. M. hat für die Juden in Deutschland eine neue Zeit eingeleitet.

Lit.: Gesammelte Schriften (incl. Briefe) Jubliäumsausgabe, hg. von I. Elbogen, J. Gutmann 1929-38; neugedruckt und fortgesetzt hg. von A. Altmann 1971-85; Schriften über Religion und Aufklärung, hg. von M. Thom, 1989.

A. Altmann: Moses Mendelssohn, A biographical Study, 1973; C. Lowenthal-Hensel, R. Elvers: Mendelssohn-Studien Bd. 4 zum 250. Geburtstag von Moses Mendelssohn, 1979.

E. Büchsel

Mendelssohn-Bartholdy, Felix (1809-1847)

1. Der Künstler

M., geb. am 3. 2. 1809 in Hamburg, gest. am 4. 11. 1847 in Leipzig, war Enkel des jüd. Philosophen Moses Mendelssohn. Schon in frühester Jugend zeigte sich seine Genialität. Er

schrieb sechs Symphonien, etliche Solokonzerte, Klavier- und Kammermusik, Lieder, geistliche Musik. Hauptwirkungsstätte war Leipzig. Dort seit 1835 Gewandhauskapellmeister, der außer J.S. Bach (s.u.) F. Schubert (Symphonien) und R. Schumann zum Durchbruch verhilft. Sein Schaffen weckt weites Echo, besonders in England.

2. Der Christ

M. wurde 1816 getauft. Schon den jugendlichen Komponisten drängt es zu Werken »in gloriam Dei«. Überschriften wie »L.e.g.« (Laß es gelingen, Gott) oder »H.d.m.« (Hilf du mir) zeigen dies. Als »Assistent« Zelters kommt er der Matthäuspassion Bachs (seit Bachs Tod nicht mehr aufgeführt) auf die Spur. Auf Drängen des 20jährigen M. kommt es am 11. 3. 1829 zur Wiederaufführung der Matthäus-Passion in Berlin unter M.s Leitung. Die Oratorien »Paulus« (1835) und »Elias« (1845) bekunden in Auswahl der Bibelworte tiefes christl. Verständnis. Die zweite Symphonie »Lobgesang« bringt, vergleichbar dem Schlußsatz »Freude schöner Götterfunke« in Beethovens neunter Symphonie, als Höhepunkt den Choral »Nun danket alle Gott« in sechsstimmigem Chorsatz.

3. Der Jude

Sein Jude-Sein begleitet M. durch sein Leben. Antisemit. Vorurteile überschatten ihn. R. Wagner, bei Lebzeiten von M. dessen Bewunderer, gibt 1850 mit seiner Schrift »Das Judentum in der Musik« einer Entwicklung Lauf, die endlich zur Verfemung M.s im »Dritten Reich« führte. Neu- und Wiederbeachtung M.s nach 1945 hatten starke Wirkung auf innere Verarbeitung des »Dritten Reiches«.

Lit.: E. Kleßmann: Die Mendelssohns, 1990; W. Stresemann: Eine Lanze für Felix Mendelssohn, 1984.

O. Rodenberg

Menge, Hermann → Bibelübersetzungen

Menken, Gottfried (1768-1831)

M., geb. am 29. 5. 1768, gest. am 1. 6. 1831, gilt als theol. origineller, polit. konservativer Außenseiter in seiner Zeit, der als ev. Pastor in Bremen (seit 1802) durch seine Predigt erwecklich wirkte und dabei durch den niederrheinischen → Pietismus (S. → Collenbusch, F.A. Hasenkamp) geprägt war.

In seinem zähen »Zweifrontenkrieg gegen Aufklärung und Orthodoxie« (K. Barth) verfocht er einen → Biblizismus, in dem er die Bibel nicht als ein Lehr- und Spruchbuch, sondern als »ein geschichtlich harmonisches Ganzes«, als einen lebendigen, eschatologisch ausgerichteten Organismus verstand und besonders das AT betonte; »ist doch das Neue Testament ohne das Alte wie ein Gebäude ohne Fundament«. Dementsprechend hob er hervor: »Das Heil kommt von den Juden.« So unwichtig wie »Lehre« war ihm die Kirche, geschweige Konfessionalismus. Inhalt der Bibel ist nach ihm vielmehr das → Reich Gottes, d.h. die »An-

stalt« Gottes zum Heil der Menschen, die als eine über das Universum sich erstreckende Theokratie fortschreitet und hindrängt auf eine leibhafte Erneuerung der Erde. Unter Kritik der orthodoxen Prädestinationslehre, der Rede vom → Zorn Gottes, vom Strafleiden Christi und von der »forensischen« → Rechtfertigung richtet sich das Denken M.s auf die → Heiligung des Ganzen und der Einzelnen, ermöglicht durch die Realität des Königs Jesus Christus, der die reale Hoffnung der Menschen verkörpert. »Alle Anrufung Jesu ist Unsinn und Abgötterei, wenn Christus nicht buchstäblich herrscht, nicht politischen und physischen Einfluß hat.«

Lit.: G. Menken, Schriften, 7 Bde., 1858, Erg.Bde. 1868, 1879.

C.H. Gildemeister: Leben und Wirken des Dr. Menken, 2 Bde., 1861; K. Barth: Die Protestantische Theologie im 19. Jahrhundert, 1947, 469-483.

E. Busch

Menno Simons (ca. 1496-1561)

M., geb. ca. 1496 in Witmarsum, Friesland, gest. am 31. 1. 1561 in Wüstenfelde, Holstein; bedeutender Führer, jedoch nicht Gründer, der später nach ihm benannten → Mennoniten. Wahrscheinlich ohne Universitätsausbildung wurde er 1524 in Utrecht zum Priester geweiht, versah dies Amt in Pingjum, dann in Witmarsum.

Das allg. laizistisch-antiklerikale Klima der Zeit, die Lektüre reformat. Schriften (Luther), Zweifel an der Lehre von der Messe und der Taufe führten zum Bibelstudium und entfremdeten ihn der altgläubigen Kirche. Kontakte zu den Täufern in den Niederlanden und in Münster förderten diese Entwicklung. 1536 trat er (wohl schon ein zweites Mal getauft) zu den Täufern über; 1537 übertrug Obbe Philips ihm das Ältestenamt. Seine Theologie beschreibt M. in einer seiner bedeutendsten Schriften »Dat Fundament des Christelyken Leers« (oder: Fundamentbuch, 1539/40). Sie ist orientiert an der Wiedergeburt zu neuem Sein in Christus, das einen völligen Wandel der Lebensweise, Abkehr von der Welt unter den Gehorsam gegen Gottes Gebot, vom breiten Weg »op den smallen weg«, einschließt. M. lebte unstet in Verfolgung und Anfechtung in Oldersum, Emden (Disputation mit Johannes → Laski, 1544), Köln, im Holsteinischen, in Wismar, – auf Reisen predigend, taufend, disputierend bis nach Ostpreußen und Livland. In zahlreichen Schriften stellte er seine Lehre dar. Seine letzten Jahre waren überschattet von heftigem Streit über den Bann und damit über das richtige Verständnis einer reinen Christengemeinde, das er rigoros vertrat. Von Krankheit und Depression gekennzeichnet, starb er in Wüstenfelde, wo man ihn im Garten seines Hauses bestattete.

Lit.: Die vollständigen Werke Menno Simons', 2 Bde., 1876-1881.

Ch. Bornhäuser: Leben und Lehre Menno Simons', 1973. (Lit.).

Chr. Windhorst

Mennoniten

Nach → Menno Simons, früher Mennisten, dann auch »Doopsgezinde« genannte Gruppe von (sog. Wieder-)Täufern und Taufgesinnten, die ihre Wurzeln in der Täuferbewegung der Reformationszeit in der Schweiz, in Süddeutschland, in den Niederlanden und in Nordwestdeutschland hat. Das niederdeutsche Täufertum sammelte sich nach der Katastrophe des Wiedertäuferreiches von Münster 1535 um Menno Simons als seiner bedeutendsten prägenden Gestalt neben Obbe und Dirk Philips, Adam Pastor, Leenart Bouwens. Bald setzte sich – auch für die oberdt. Täufer – die Bezeichnung »Mennoniten« durch. Unter dem Druck anhaltender, heftiger Verfolgung im 16. Jh. wichen die niederländischen M. nach Holstein, Hamburg, West- und Ostpreußen, ins Weichsel- und Memelgebiet aus, wo sie als fleißige und kenntnisreiche Kolonisatoren und Landwirte siedelten.

Gegen Ende des 18. und zu Beginn des 19. Jh.s wanderten viele ost- und westpreußische M. nach Rußland, besonders in die Ukraine aus, um, mit großen Privilegien ausgestattet, das Land erschließen zu helfen. Als aber Ende des 19. Jh.s ihr Grundsatz der Wehrlosigkeit nicht mehr respektiert wurde und sie dann mit beginnender Sowjetherrschaft (1915 gab es in Rußland über 100.000 M.) und unter Stalin zunehmend unter Druck gerieten und in die südlichen und östlichen Teile des Landes und nach Sibirien verschleppt wurden, strömten viele M. nach Westeuropa zurück oder gingen nach USA, Kanada und Südamerika (vor allem Paraguay). Vielen aber gelang erst nach dem Zweiten Weltkrieg und dann wieder nach dem Zerfall des Sowjetreiches 1990 die Rückkehr in den Westen. Nach Deutschland kamen seit Mitte der 70er Jahre ca. 80.000 Umsiedler mennonitischer Abstammung, von denen nicht alle in den bestehenden M.gemeinden Anschluß finden. Es gibt Neugründungen, bes. in Ostwestfalen-Lippe (größte Gemeinde der Bundesrepublik in Bielefeld mit 1.700 Getauften); manche schließen sich den Baptisten an.

Die M. leben in selbständig existierenden Gemeinden, die auf nationaler Ebene in verschiedenen Zusammenschlüssen verbunden sind. 1990 waren es weltweit 171 Gruppierungen, denen 856.000 Getaufe angehörten. In Deutschland gibt es 1993 etwa 35.000 M. (1990 BRD: 18.348, DDR: 168), die den unterschiedlichsten Gruppierungen angehören. Die »Arbeitsgemeinschaft mennonitischer Gemeinden« (AMG) in Deutschland ist Mitglied der → Arbeitsgemeinschaft christlicher Kirchen« (ACK). Ihr gehören drei regionale Verbände mit insgesamt ca. 7.500 Gemeindegliedern an. Die »Vereinigung der Deutschen Mennonitengemeinden« gehört zum Ökumenischen Rat der Kirche. Fast alle M. gehören der 1925 in Basel gegründeten »Mennonite World Conference« an. Mit dem Gründungsdatum gedachte man der ersten Glaubenstaufe in Zürich.

1920 wurde in den USA das »Mennonite Central Commitee« (MCC) gegründet. In diesem Hilfswerk arbeiten bis heute die meisten mennonitischen Gruppierungen aktiv zusammen, um überall in der Welt soziale und wirtschaftl. Not zu lindern und ein praktisches Zeugnis für den Frieden zu geben. So leisten beispielsweise deutsche Wehrdienstverweigerer ihre Zivildienstpflicht beim MCC ab.

Zur Lehre: Auf der Basis eines in der Reformation verankerten Christentums gehören zu den wesentlichen Glaubensinhalten der M.: die Freiwilligkeit der Gemeindezugehörigkeit, die in der Taufe auf das Bekenntnis des Glaubens ihren Ausdruck findet, das Abendmahl als Gedächtnis- und Gemeinschaftsmahl, die Betonung der Früchte des Glaubens in der tätig geübten Nachfolge Jesu, Wehrlosigkeit (Wehrdienstverweigerung, Friedensdienste), Eidesverweigerung, Trennung von Kirche und Staat. Das frühere Prinzip der »Absonderung« von der Welt ist eher in eine aufmerksame Beteiligung an den Problemen der Welt übergegangen, indem M. sich je nach ihren Möglichkeiten an der wirtschaftl. Entwicklung, am sozialen, kulturellen und päd. Leben – auch mission. – beteiligen.

Lit.: Quellen zur Geschichte der Täufer in der Schweiz, Bd. 1ff, 1952ff; Mennonitisches Lexikon, 4 Bde., 1913-1967; The Mennonite Encyclopedia, Bd. 1ff, 1955, [3]1976ff, Bd. V 1990.

H.-J. Goertz (Hg.): Die Mennoniten, 1971; G.F. Hershberger (Hg.): Das Täufertum. Erbe und Verpflichtung, 1957; D.G. Lichdi (Hg.): Mennonite World Handbook, 1990; ders.: Über Zürich und Wittmarsum nach Addis Abeba – Die Mennoniten in Geschichte und Gegenwart, 1983; J.D. Weaver: Becoming Anabaptist, 1987.

Chr. Windhorst

Mensch

a) erfahrungswissenschaftlich

Ist der M. Ebenbild Gottes oder nur ein Tippfehler der Evolution, wie viele Naturwissenschaftler meinen? Ist er Krone der Schöpfung oder ein Zigeuner am Rande des Universums, wie viele Biologen meinen? Er war seit der → Aufklärung fälschlich zur Mitte des Universums geworden, die alleine Gott ist, der das Herz der Welt ist, das in Christus »alles in allem erfüllt« (Eph 1,23). Ist es nicht angesichts der Ausbeutung und Zerstörung der Schöpfung höchste Zeit, daß er sich bescheidet und sich wieder als Partner der Natur, nicht als Despot der Natur versteht? Wurde durch die Unterscheidung des Philosophen → Descartes (1596-1650) zwischen »res cogitans« und »res extensa«, zwischen »denkender« und »ausgedehnter Sache« nicht in verhängnisvoller Weise M. und Natur voneinander getrennt und beide einander entfremdet? Nach den Erfahrungswissenschaften drohen neben der ökologischen noch andere Zukunftskatastrophen wie Atomkrieg, Bevölkerungsexplosion, Ausschöpfung der Rohstoffreserven, Rückgang der Industrie und Nahrungsmittelproduktion, so daß vom »Ende der Vorsehung« (C. Amery) gesprochen wurde.

Aber nicht nur der M. bedroht die Schöpfung, er ist selbst bedroht. Die Frankfurter »kritische Theorie« spricht von der Rückläufigkeit der Aufklärung (Th.W. Adorno, M. Horkheimer). Steht der M. nicht mehr und mehr in Gefahr, das, was ihn vom Tier unterscheidet, zu verlieren: seine Personalität, sein Humanum, das die Biologen J. Illies und A. Portmann in seiner Kulturfähigkeit und Sprache, der Philosoph E. Bloch in seiner Offenheit nach vorn, in seiner Freiheit erblickt? Die Faktoren der modernen Depersonalisierung und Entmündigung des Menschen sind nach Philosophen, Psychologen und Soziologen ganz verschieden:

– der Rollenzwang, unter dem der einzelne im Rollenpluralismus unserer Überzivilisation lebt und der ihn oft zum bloßen Rollenspieler, zum »homo sociologicus« (R. Dahrendorf) erniedrigt,

– die Vermassung und graue Uniformierung des Menschen, »der sich nicht mehr von den anderen abhebt«; »Anderssein ist unanständig« (Ortega y Gasset),

– die Apathie und Affektarmut, Unfähigkeit zu trauern oder sich zu begeistern, Unfähigkeit zuzuhören, Sprachlosigkeit, Antwortlosigkeit, Berührungsangst (A. Mitscherlich, K. Lorenz u.a.),

– die Diktatur der massenmedialen Bewußtseinsindustrie, die den »außen-geleiteten« (D. Riesman) modernen Menschen mehr und mehr entmündigt und ihm seine Kreativität nimmt. Das »Opium Fernsehen«, das ihn verleitet, von Ersatzerlebnissen zu leben, statt selber zu leben,

– der Konsumzwang und der »eindimensionale Mensch« (H. Marcuse), die Reduzierung des Menschen auf die eine Dimension des bloßen Konsumierens, der Verlust seiner zweiten, geistigen Dimension,

– die »Tauschgesellschaft«, in der alles, auch der Mensch, austauschbar ist, und die ihm seine unverwechselbare Einmaligkeit wegnimmt, die »Vereinheitlichung der Verhaltensformen in unserer nivellierten Mittelstandsgesellschaft« (H. Schelsky),

– der Leistungs- und Erfolgszwang, der den Wert des Menschen nach seiner Leistung, Gesundheit und nach seinem Nutzwert bemißt,

– die in der Zukunft drohende gentechnische Menschenzüchtung, die Züchtung eines »Untermenschen« als »gefügiges Arbeitstier« (E. Buddecke).

Die christl. Anthropologie müßte demgegenüber darauf insistieren, daß der Mensch als Ebenbild Gottes einen Wert hat, unabhängig von Leistung und Versagen, Gesundheit und Krankheit. Die drohende Depersonalisierung des gegenwärtigen Menschen und die Zukunftsvision vom totalen Ichzerfall des M.en müßte die Theologie provozieren, gemeinsam mit dem Humanismus unserer Zeit um das Humanum des Menschen zu kämpfen. Eine Theologie, die das Divinum (das Göttliche) gegen das Humanum ausspielte und den M.en klein macht, um Gott groß zu machen, wird diesen Dienst nicht leisten können.

H.G. Pöhlmann

b) biblisch

I. Israels Sicht des Menschen vor aller Verschiedenheit der Religionen und Kulturen

1. Der Mensch in der biblischen Urgeschichte

Aus Ackererde erschaffen (1Mo 2,7), soll der M. die Ackererde bearbeiten (1Mo 3,23) und wird in seinem Tod zur Ackererde zurückkehren (1Mo 3,19). Adama (=Erdboden) ist der Stoff, aus dem Adam – insofern den Tieren gleich (1Mo 2,19) – besteht. Sein Leben, seine Lebendigkeit verdankt er der »Beatmung« des Schöpfers. Organ dieser Vitalität ist die »Seele«, hebr. *näpäsch*.

Der M. als *näpäsch*, ist ein allezeit bedürftiges und verletzliches Wesen, das eine vitale Sehnsucht nach Leben in sich trägt, ein Wesen, das einen täglichen »Bedarf« hat, auf Lebensmittel angewiesen ist. Über diese verfügt es nicht, sondern kann sie im letzten nur empfangen.

Zum elementaren M.sein gehört ein »Ort« und Lebensraum (der »Garten«, 1Mo 2), die Lebensmittel (die »Früchte« des »Gartens«, 1Mo 2), (mühselige) → Arbeit und Kultur (1Mo 2,15 und 4), → Sprache (1Mo 2,19-23; 11,1-9), Gemeinschaft von Mann und Frau (1Mo 2,18-25), die Begrenzung durch → Tod (1Mo 3,19) und Fehlbarkeit (1Mo 3; 4,1-16; 6; 9,20-27; 11,1-9).

Zur Grundausstattung des M.en zählt seine Kommunikations- und Gemeinschaftsfähigkeit. Gott hat mit der Erschaffung des M.en zugleich Ur-Beziehungen gestiftet. Die erste und wichtigste ist Gottes dem M.en zugewandtes »Angesicht« (*pānîm*; vgl. besonders Ps 13,1; 4Mo 6,24-26) und seine »Anrede«, die den M.en dem Tier gegenüber bevorzugt (vgl. 1Mo 2,16f). Als elementarste zwischenmenschliche Beziehung hat Gott die Partnerschaft von Mann und »Männin« (1Mo 2,18.23; vgl. 1Mo 1,27 → Frau) gesetzt. Dabei sind folgende Aspekte wichtig:

– die Zusammengehörigkeit von Mann und Frau. Erst »in Ergänzung« stellen sie den ganzen M.en dar. »Ein einzig Fleisch« (1Mo 2,24) bezieht sich auf eine Leibliches und Seelisches umfassende Intim- und Lebensgemeinschaft (→ Sexualethik). Im Allein-Stehen entbehrte der M. der »Hilfe, die ihm entspricht« (1Mo 2,18).

– Wo Sprache nur zur Benennung oder Benamung, also zu einem Herrschaftsakt gebraucht wird wie im Verhältnis Adams zu den Tieren, bleibt der M. einsam. Erst im Zusammenhang mit der »Entdeckung der Frau« kommt es zum »Ausbruch« der Sprache, zu einem echten »Sich-Aussprechen« (1Mo 2,23), zu Kommunikation.

– Der »Bräutigamsjubel« (1Mo 2,23) und seine Konsequenz (1Mo 2,24) bejahen die Kraft des Eros, die Liebe als die stärkste Triebkraft im Leben eines M.en.

– »Scham« ist Ausdruck gestörter Beziehung, verletzten Vertrauens (1Mo 2,25b; 3,7-11).

– → Arbeit hat einen Auftrag Gottes hinter sich (1Mo 2,15). Die Formulierung der bäuerlichen Arbeit, »bebauen und bewahren«, enthält in nuce die Forderung einer → Ökologie, eines schonenden Umgangs mit der Erde.

1Mo 3-11 erzählen urtypisch die Grundkategorien der Versündigung an Gott und den Mitmenschen: den Ungehorsam gegen Gott (1Mo 3), die Tötung als die Klimax von Neid, Mißgunst und Eifersucht (1Mo 4,1-16), Maßlosigkeit im Genuß und Begehren (1Mo 3; 6,1-4), Grenzüberschreitungen des homo faber, durch Arbeit sich verwirklichenden Menschen (1Mo 11,1-9), die Verachtung der älteren Generation (1Mo 9,20-27).

Die Sünde zieht Gottes Ahndung nach sich. Aber die Urgeschichte weiß auch um eine erstaunliche Selbstbegrenzung des Richters. 1Mo 8,21 ist angedeutet, daß Gott die Spezies M. trotz ihres Hangs zum Bösen geduldig ertragen will. Faktisch gehört das Sündigen zum M.sein jedes M.en, aber die konkrete Verfehlung geschieht doch in keinem Fall »zwangsläufig«, sondern immer im Ungehorsam gegen Gott, für den Adam zur Verantwortung gezogen wird.

3. Der Mensch: Bild Gottes und Weltverwalter

1Mo 1,26-28 – in der sog. priesterschriftlichen Schöpfungserzählung – beleuchten die Würde, die Gott der »Krone der Schöpfung« beimißt, indem er den M.en »nach seinem Bild« erschafft.

Von jeher umstritten ist die genaue Bedeutung der Gottesebenbildlichkeit. Das explikative *w^{e}jirdû*, »und sie sollen herrschen« (V. 26b), stellt klar, daß sie sich tatsächlich auf eine Herrscherfunktion in der Schöpfung bezieht.

»Im Alten Orient bedeutet die Errichtung eines Standbildes des Königs die Bekundung seiner Herrschaft im Bereich der Errichtung (vgl. Dan 3,1.5f). Dementsprechend wird der M. als Standbild Gottes in die Schöpfung eingesetzt. Er dokumentiert, daß Gott der Herr der Schöpfung ist; er praktiziert aber auch die Herrschaft Gottes als sein Verwalter. Nicht in selbstherrlicher Willkür, sondern als verantwortlicher Geschäftsträger nimmt er die Aufgabe wahr« (H.W. Wolff, 235).

II. Menschsein als Glied des Bundesvolkes Israel

Israel hat im Rahmen des von Jahwe eröffneten Bundesverhältnisses tiefgehende »anthropologische« Einsichten gewonnen.

1. Das Zeit-Erleben

a. Ein schlichter Erfahrungswert ist für den M.en der Bibel, daß seine Lebenszeit eng begrenzt ist (Symbolwort: *häbäl*, »Hauch«, Ps 39,6 u.a.), als solche »in Gottes Hand« steht (Ps 31,16). Sein Wissen um die Vergänglichkeit (vgl. etwa Ps 39,5ff; 103,14-16) muß der Israelit in der ganzen Härte aushalten, da ihm keine Flucht in den (griech.) Gedanken einer unsterblichen Seele offen steht. Eine leise Hoffnung erwächst ihm zunächst lediglich aus dem Bewußtsein seiner Verbundenheit mit Jahwe (Ps 63,4). Die → Apokalyptik wird diesbezüglich deutlicher (Dan 12,1ff; Jes 25,8) und bereitet die Osterbotschaft vor.

b. Konstitutiv für das Zeiterleben des bibl. M.en ist die Gottesgabe des → Sabbat (5Mo 5,12-15; 2Mo 20,8-11 u.a). Gott hat nach genuin israelit. Erkenntnis den M.en in einen 6+1-Rhythmus (6 Tage Arbeit, 1 Ruhe- und Feiertag für Regeneration, Kontemplation, Kommunikation und Gottesdienst) gestellt, ein lebensbekömmlicher Biorhythmus, den die Christenheit beibehalten hat (→ Sonntag).

2. Der »Gehorsam« Israels

Hören und Antworten ist nach israelit. Einsicht die wichtigste Weise der Kommunikation (vgl. Ps 38,14f), aber nicht nur unter M.en, sondern auch zwischen Jahwe und Israel. Das »Höre Israel«, Israels »Glaubensbekenntnis« (5Mo 6,4ff), ist der klassische Ausdruck dafür, daß menschliches Leben vom Anruf Gottes begründet und erneuert wird (5Mo 8,3).

Vor allem im Deuteronomium wird diese Erkenntnis dargestellt. Im Kern der in Israel immer wieder zu hörenden (vgl. Ps 81,9ff) Tora steht der → Dekalog. Seine Präambel »Ich bin der Herr, dein Gott, der dich aus Ägyptenland geführt hat, aus der Knechtschaft« (5Mo 5,6) spiegelt einen wichtigen Aspekt israelit. Selbstverständnisses.

3. Die Sozialität des Menschen

Individualität begegnet in Israel, streng genommen, nur an der äußeren Peripherie des Lebens, und dort als Leiderfahrung (vgl. Ps 102,7f; Jer 15,17). M. ist man als Glied seiner Familie, seiner Sippe, seines Stammes, seines Volkes. Das Deuteronomium leitet Israel an, sich als eine Bruderschaft, als familia Dei (Gottesfamilie) zu verstehen (vgl. Jes 43,1-7). Der Volksgenosse wird in den einzelnen Geboten und Ermahnungen immer wieder zum »Bruder« erklärt, eine Sprachregelung, die Jesus beibehält (Mt 5,22-24) und radikalisiert (Mk 3,35; vgl. Lk 10,29-37).

4. Herrschaftskritik

Mose, Propheten und Lehrer in Israel haben der Tendenz zu Hierarchien und Tyranneien im Namen JHWHs, der Israel aus dem Sklavenhaus in die Freiheit führte (2Mo 20,2), widersprochen. Der M. ist nicht zur Herrschaft über M.en bestimmt. Von daher entsteht fundamentale Kritik am Königtum (z.B. Ri 9,8-15; 1Kön 12,7; 21; 5Mo 17,14-20), aber auch Korrektur des überkommenen altorientalischen Sklavenrechts (vgl. 2Mo 21; 5Mo 15,12-18; 23,16f).

III. Anthropologische Implikationen der Christusverkündigung

Eine einheitliche ntl. Anthropologie läßt sich nicht feststellen. Nur in wenigen Passagen erscheinen explizite anthropologische Reflexionen, am ehesten in Röm 5-7; 2Kor 5,16ff. Die »Anthropologie« des AT bleibt selbstverständliche Basis vieler ntl. Aussagen über den Menschen. Insbesondere trifft das für die Verkündigung Jesu und die Erzählungen der Evv. zu.

Aber auch Paulus bleibt in seinem M.enverständnis v.a. der Urgeschichte der hebr. Bibel verpflichtet (O. Betz). So hat z.B. die sehr pessimistische Sicht des M.en mit seiner Unfähigkeit, den Willen Gottes zu tun, eine ihrer wichtigsten Wurzeln in 1Mo 6,3-17; sie entspricht dem Sinn der Urgeschichte im ganzen besser, als es die rabbinische Auslegung tut.

Zu einer Vertiefung des M.enbildes führt die Erkenntnis, daß die Gläubigen mit der Gestalt des Todes und der Auferstehung Christi verbunden sind (Röm 6,5). Das M.sein der Christen ist nicht mehr nur durch die Kategorien des »alten Adam« (Röm 5,12ff) – nach Röm 6,6 ist dieser sogar (mit)gekreuzigt! – bestimmt, sondern durch »die in der Gnade bestehende Gabe durch den einen Adam Jesus Christus« (Röm 5,15ff; 2Kor 5,17f).

Aber das durch den eschatologischen Adam, seinen Heilstod eröffnete neue Sein ist nicht nur ein Versöhntsein, sondern auch ein Kandidat-der-Auferstehungs-Sein (1Kor 15,20-22).

Doch erscheint der Christ damit nicht schon automatisch vom alten Adam frei. Was Gott im stellvertretenden Sühnetod Jesu und in seiner Auferweckung *extra nos* (ohne unser Dazutun) *pro nobis* (für uns) getan hat, will im Glauben angenommen werden. »So sind wir (sc. die

Apostel) nun Botschafter an Christi Statt, denn Gott ermahnt durch uns; so bitten wir nun an Christi Statt: Laßt euch versöhnen mit Gott« (2Kor 5,20). Die Zwiespältigkeit des adamitischen M.en (vgl. Mk 14,38) ist im Glaubenden nicht ein für allemal aufgehoben. In Röm 7 beschreibt Paulus nach begründeter Meinung der meisten Ausleger nicht einfach überwundene Vergangenheit, sondern eine notvolle Spannung gerade auch der christl. Existenz: Solange er irdisch lebt, lebt auch der Glaubende noch im »Todesleib«, in der fleischlichen Existenz, unter der todwirkenden Herrschaft der Sünde. Diese ist im Licht der Christusoffenbarung deutlicher als je zuvor als versklavende, geradezu dämonische Macht erkannt (vgl. noch Röm 5,12.21; 6,6.17-23; 7,14). Insofern erscheint die Not des innerlich zerrissenen Menschen noch gesteigert. Doch übt die Sünde keine absolute, nur noch eine »gebrochene« Macht auf den Glaubenden aus, ist er sich doch des – keiner Ergänzung bedürftigen, abgeschlossenen – Heilswerks Christi und damit seiner selbst als »begnadigter Sünder« bewußt, der in gespannter Erwartung der »Rettung« bzw. »Erlösung« lebt – diese ist schon »in Sicht« (vgl. Röm 7,24f; 8,24). Unter diesen Voraussetzungen hat der Christ »die Möglichkeit, 1Mo 4,7 zu befolgen. Er kann kraft des ihm geschenkten Geistes die Glieder seines Fleischesleibes entmachten, ihrer Eigengesetzlichkeit (Röm 7,23) berauben und sie als Waffen im Kampf für die Gerechtigkeit Gott zur Verfügung stellen« (O. Betz, 145f).

Lit.: O. Betz: Der fleischliche Mensch und das geistliche Gesetz, in: Jesus. Der Herr der Kirche, WUNT 52, 1990, 129-196; W. Grimm: Die Motive Jesu. Das Vaterunser, kommentiert und ausgelegt, Bd. 3 der »Biblisch-theologischen Grundlagen«, 1992; W.G. Kümmel: Römer 7 und das Bild des Menschen im Neuen Testament, 1974, 161-214; J. Moltmann: Mensch, Christliche Anthropologie in den Konflikten der Gegenwart, [2]1983; C. Westermann: Theologie des Alten Testaments in Grundzügen, ATD Ergänzungsreihe 6, 1978, 21ff., 81ff., 192ff; H.W. Wolff: Anthropologie des Alten Testaments, [3]1977.

W. Grimm

c) *theologiegeschichtlich*

1. Alte Kirche

Die altkirchl. Anthropologie ist gekennzeichnet durch den Versuch, bibl. Fragestellungen mit Hilfe von antik-phil. Denkvoraussetzungen zu lösen. Das Dilemma, das sich aus der Identifikation bibl. Begriffe (wie Leib, Seele, Geist, Vernunft usw.) mit den entsprechenden Begriffen der phil. Anthropologie ergeben mußte, zieht sich durch die ganze Väterzeit bis ins MA hinein. Denn während die Bibel mit Begriffen wie Leib, Seele und Geist den ganzen M.en in seinen verschiedenen Lebensbezügen verstand, gelten diese Begriffe nun als Bereiche im M.en, der somit als aus verschiedenen Teilen bestehend gedacht wird.

Die Anthropologie der Alten Kirche konzentrierte sich stark auf die Frage nach der → Seele. Sie galt als das Ebenbild Gottes (*imago Dei*). Nach → Irenäus ging durch die Sünde zwar die Ähnlichkeit mit Gott (lat. *similitudo*, griech. *homoiosis*) verloren, jedoch nicht die Ebenbildlichkeit (lat. *imago*, griech. *eikon*).

Unumstritten war der höhere Wert der Seele als dem belebenden Element gegenüber dem → Leib. Gleichwohl wurde letzterer zumeist nicht im platonischen oder gnostischen Sinne verworfen. Leib und Seele sind nach → Tertullian aufeinander angewiesen und bilden eine Einheit.

Ein platonischer bzw. gnostischer Einfluß (»Leib als Gefängnis der Seele«) ist dagegen bei → Origenes zu beobachten. Für ihn ist die Leiblichkeit des Menschen eine Bestrafung für den Abfall der präexistenten Vernunftseele von Gott. Entsprechend wird die Seele in der Auferstehung körperlos sein.

Die Alte Kirche stellte den M.en entweder dichotomisch (aus Leib und Seele bestehend) vor (so z.B. Origenes, → Apollinaris von Laodicea und → Cyrill von Alexandrien) oder trichotomisch (M. bestehend aus Leib, Seele und Geist; Tatian, teilweise Origenes). Auf dem Konzil von Konstantinopel (869-870) errang allerdings nur die Dichotomie kirchl. Geltung.

Ein Musterbeispiel, welche Schwierigkeiten entstehen, wenn das ontologische Denkschema antiker Philosophie auf die bibl. – vom hebr. Denken geprägte – Begrifflichkeit angewandt wird, ist die Frage nach der Entstehung der menschlichen → Seele. Tertullian vertrat einen sog. Traduzianismus; d.h. er war der Auffassung, daß die Seele bei der Zeugung durch einen »seelischen Samen« gleichzeitig mit dem Leib entsteht.

Origenes und seine Schüler entwickelten das Konzept des Präexistentianismus. Danach kühlten die präexistenten (vor Erschaffung der Welt bei Gott existierenden) Geistwesen nach ihrem Abfall von Gott zu Seelen ab und wurden als Strafe in einen Leib verbannt. Die größte Zustimmung erhielt der sog. Kreatianismus (→ Clemens von Alexandrien, → Lactantius,

Arnobius u.a.): Die Seele wird erst im Augenblick der Geburt von Gott geschaffen.

Einen entscheidenden Fortschritt erfuhr die altkirchl. Anthropologie durch die Erbsündenlehre des → Augustinus. Nach Augustin ist der Mensch von Anfang an unfähig, nicht zu sündigen (*non posse non peccare*).

Im Vordergrund standen nun nicht mehr in erster Linie die Auswirkungen der Sünde auf Leib und Seele usw., sondern die zerbrochene Gottesbeziehung des M.en. Der M. hat durch den Sündenfall seine Gottähnlichkeit und damit seine geschöpfliche Gerechtigkeit und Freiheit vor Gott verloren.

Ein Problem bei Augustin stellt sein Verständnis der → Sünde dar. Sie besteht für ihn in der *superbia* (Hochmut), *cupiditas* (Gier, Leidenschaft) und *concupiscentia* (Begierde), wobei er vor allem letztere geschlechtlich versteht. Damit entsteht die Gefahr, daß der Geschlechtstrieb des M.en an sich zur Sünde erklärt wird.

2. Mittelalter

Auch die mittelalterl. Anthropologie blieb bestimmt von den antiken phil. Denkvoraussetzungen, die vor allem im → Aristotelismus eine Renaissance erlebten. Daß der M. gemäß der Definition des Aristoteles ein »animal rationale« (ein vernunftbegabtes Lebewesen) sei, galt ebenso als Grundlage wie die bibl. Aussage vom »Ebenbild Gottes« (lat. *imago Dei*, 1Mo 1,26).

Eine Vielzahl von Interpretationen bemühte sich um die Lehre von der »Gottebenbildlichkeit«. Nach → Thomas von Aquin besteht sie in der Vernunftbegabtheit des M.en, die ihn befähigt, Gottes Sein nachzuvollziehen. Dagegen sah → Bernhard von Clairveaux die Gottebenbildlichkeit in der Willensfreiheit des M.en begründet. Überhaupt galt die Willensfreiheit im ganzen MA als konstitutives Element des M.seins, da diese erst eine verantwortliche, ethische Tat ermöglichte. Besonders Wilhelm von Ockham entwickelte eine äußerst optimistische Lehre von der Willensfreiheit.

Aus der Alten Kirche übernahm das MA auch das Problem der Verhältnisbestimmung von Seele und Leib. An der Lösung dieses Problems hingen so zentrale Fragen wie die der Einheit und der Unsterblichkeit der Seele. So konnte nach → Bonaventura die Unsterblichkeit nur behauptet werden, wenn der Leib im Sinne des platonischen Dualismus als die sterbliche Hülle der unsterblichen Seele verstanden wird. Die Seele muß folglich eine eigene Substanz besitzen.

Demgegenüber betonte Thomas von Aquin die Einheit des M.en und ging vom aristotelischen Stoff-Form-Schema aus. Die Seele ist die Form des Leibes. Thomas begründet diese enge Zuordnung von Leib und Seele durch die wechselseitige Angewiesenheit von Seele (als Sitz des erkennenden Geistes) und Leib (als Sitz der wahrnehmenden Sinnesorgane) beim Erkenntnisvorgang. Auch er schreibt aber der Seele eine eigene Substanz zu, die sie letztlich unabhängig vom Leib macht.

In dem Maße, in dem im Übergang zur → Renaissance der M. zur geistigen Mitte der Welt wurde, entdeckte man auch die soziale und polit. Seite des M.seins neu. Die Bürgerschaft wurde als wesentliches Moment menschlicher Existenz erkannt. Die Willensfreiheit und Vernunftbegabtheit begründeten für den → Humanismus auch die Würde des Menschen, die unverlierbar ist. Gerade in der konsequenten Ausbildung seiner Humanität wird der M. zum Bild Gottes (→ Nikolaus von Kues). Im Zentrum der Frage nach dem M.en stehen nunmehr verstärkt auch seine Eigenschaften. Welche Fähigkeiten und Möglichkeiten besitzt er? Diese Frage wurde brennend angesichts der epochalen naturwissenschaftl. Entdeckungen. Umgekehrt konnte dieses neue Interesse an den menschlichen Eigenschaften auch umschlagen in die Frage nach ihrer Brauchbarkeit und Beherrschbarkeit. So ist für → Machiavelli der M. lediglich ein Träger von Natur- bzw. Triebkräften, die es vom jeweiligen polit. Führer zu manipulieren und in die gewünschte Richtung zu lenken gilt.

3. Reformation und Reformkatholizismus

Bei Luther werden Gotteserkenntnis und Selbsterkenntnis des M.en unmittelbar aufeinander bezogen. Der menschliche Wille ist, obwohl erfahrungsgemäß ungezwungen, dennoch völlig unfähig, Gott zu lieben und zu vertrauen. Damit wird die Sünde von einem reinen Erfahrungsgegenstand zu einem Glaubensgegenstand. Das gleiche gilt umgekehrt nun auch für die Rechtfertigung. Diese kann der M. nicht auf dem ethischen Wege über seine Leistung erreichen, sondern muß sie sich von außen her zusprechen lassen. Die Selbsterfahrung wird bei Luther aber nicht ausgeschaltet, sondern vielmehr vertieft. Im Gewissen erfährt der Sünder unter der Anklage des Gesetzes seine Unzulänglichkeit. Unter dem Zuspruch der Sündenvergebung wird das Gewissen getröstet (nicht »gut«; der M. bleibt nach wie vor Sünder!). Damit verlagert sich das Schwergewicht seiner Person auf etwas außerhalb seiner selbst (*extra se*), nämlich auf Christus. Der Glaubende erfährt ihn als Fundament seines Lebens.

Das ist wiederum der Grund dafür, daß Luther den M.en nicht mehr substanzontologisch begreift (d.h. indem nach der Beschaffenheit, dem Zustand oder der Ursprung der Seele bzw. des Leibes fragt), sondern relationsontologisch in seiner Beziehung zu Gott und Welt. Eine theol. Definition des »Menschen an sich« gibt es für Luther nicht, lediglich die Beschreibung seiner Geschichte: Der sündige M. wird durch den Glauben gerechtfertigt. Folglich kann der M. auch nur in seiner Zeitlichkeit richtig beschrieben werden, nämlich als zuerst »sehr gut« geschaffenes, dann zerstörtes, wiederhergestelltes und endzeitlich vollendetes Ebenbild Gottes (Luther unterscheidet nicht zwischen *imago* und *similitudo*). Der M. kann also nicht »definiert« werden, sondern es muß von ihm anhand seiner Heilsgeschichte erzählt werden. Das bedeutet auch, daß die Philosophie den M.en nur im Rahmen seiner irdischen Bedingtheit und Sterblichkeit beschreiben kann. Sobald sie etwas über seinen Ursprung und sein Ziel aussagen will, übertritt sie die ihr gesteckten Grenzen und kommt zu falschen Aussagen. Was das Verhältnis der theol. Anthropologie zur Philosophie angeht, schlägt Ph. → Melanchthon einen anderen Weg als Luther ein. Er versucht Luthers heilsgeschichtl. Sicht des M.en mit der aristotelischen Tradition zu versöhnen. Dies führt, insbesondere hinsichtlich der Lehre von der Willensfreiheit und was den Verlust der Gottebenbildlichkeit durch den Sündenfall angeht, zu einer Abkehr von Luther. Überhaupt hat Melanchthon ein stark päd. Interesse am M.en. Gerade der menschliche Wille und seine Vernunft spielen dabei ein wesentliches Moment in der Ausbildung seiner *humanitas*.

Auch J. → Calvin übernimmt bewußt (neu)platonische Elemente in seine grundsätzlich an der bibl. Heilsgeschichte orientierte Anthropologie. Auch er spricht in Bezug auf den gefallenen M.en von einem verbliebenen Rest der Gottebenbildlichkeit, der aber anders als bei Melanchthon nichts an der Unfreiheit seines Willens ändert.

Der tridentinische Reformkatholizismus verwarf die reformat. Lehre von der Radikalität der Sünde und der vollständigen Zerstörung der menschlichen imago Dei ebenso wie die Lehre von der Unfreiheit des menschlichen Willens. Demgegenüber wurde die scholastische Anthropologie nunmehr dogmat. festgeschrieben: Durch den Sündenfall ist die imago-Gestalt des M.en zwar beschädigt, aber nicht zerstört. Die dem M.en verbliebenen Fähigkeiten, wie Vernunft und Willenskraft, ermöglichen es ihm, im Zusammenwirken mit der göttlichen Gnade durch verdienstvolle Werke die Erlösung durch die Gnade Gottes zu erlangen.

4. Orthodoxie und Aufklärung

Im konfessionellen Zeitalter des späten 16. und ganzen 17. Jh.s stand die dogmat. Festschreibung der reformat. Lehren im Vordergrund. In der Anthropologie wurden entsprechend der für Luther konstitutiven Zeitlichkeit des M.en, als Wesen mit einer Geschichte, verschiedene Zustände der Gottebenbildlichkeit unterschieden:

- die geschöpfliche Unversehrtheit (*status integritatis*),
- die Verderbnis nach dem Sündenfall (*status corruptionis*),
- die Wiederherstellung durch die gnädige Rechtfertigung (*status gratiae*) und
- die Herrlichkeit bzw. Verdammnis nach dem Tod (*status gloriae vel damnationis*).

Was den Verlust der imago Dei durch den Fall angeht, so billigt → Quenstedt dem M.en den Erhalt einer »Struktur-imago« zu, da er nach wie vor eine Seele mitsamt Verstand und Willen besitzt.

Entscheidenden Einfluß auf das aufklärerische M.enbild nahmen die Naturwissenschaften, die sich mehr und mehr von den überkommenen metaphysischen Prämissen emanzipierten. Die mathematisch-naturwissenschaftl. Erforschung der Natur – inklusive der des M.en – trat als ebenbürtige Erkenntnisgrundlage neben das geoffenbarte Bibelwort, ja lief diesem schließlich den Rang ab. Entsprechend wurde die kirchl. und reformat. Erbsünden- und Gnadenlehre durch das Bild des zum Guten grundsätzlich offenen und (erziehungs-)fähigen M.en ersetzt. Seine Vernunft und sein Wille sind zwar getrübt bzw. geschwächt, doch im gleichen Maße wie die Vernunft in der Lage ist, in der (Selbst-)Erkenntnis fortzuschreiten, kann auch der Wille auf dem Weg der moralischen Besserung gestärkt werden.

Für Thomas Hobbes ist der M. in allen seinen Äußerungen lediglich das Ergebnis eines natürlichen Kausalmechanismus. Sein gesamtes Wollen, Handeln und Denken geht auf bestimmte Ursachen zurück, als deren letzte Ursache er Gott versteht. In dieser Verdinglichung des M.en ist bereits das Fundament für die moderne Reduktion des M.en auf ein reines Triebwesen angelegt.

Der Höhepunkt der neuzeitlichen Infragestellung der bibl. Anthropologie wurde im 19. Jh. durch die Untersuchungen Ch. → Darwins über den »Ursprung der Arten« erreicht. Damit war der M. endgültig das zufällige Produkt einer kausalmechanischen Entwicklung.

Im Bereich der Philosophie wurde dieser Prozeß von R. → Descartes eingeleitet. Die Seele ist für ihn reines Denken. Er unterscheidet nun zwischen dem körperlosen, denkenden Subjekt (*res cogitans*) und der »ausgedehnten«, gegenständlichen Welt (*res extensa*). Damit ist der auf das Denken reduzierte M. nicht nur von der übrigen Schöpfung, sondern auch von seinem Schöpfer isoliert und auf sich selbst gestellt. Denn Descartes kann einen Schöpfer erst in dem Moment anerkennen, in dem die menschliche Vernunft seine Existenz mittels des ontologischen → Gottesbeweises »denkend« bewiesen hat.

Gegen den von Descartes geschaffenen Dualismus zwischen M. und Gott bzw. Welt wandte sich B. → Spinoza: Gott, Mensch und Welt bestehen letztlich aus derselben Substanz. Der M. ist damit in letzter Konsequenz lediglich eine Existenzweise Gottes.

5. Neuere Zeit

I. → Kant lehrte mit der Unmöglichkeit objektiver metaphysischer Erkenntnisse auch die Unmöglichkeit substanzmetaphysischer Aussagen über den »Menschen an sich«. Der M. ist nur unter den Bedingungen der eigenen, subjektiven Wahrnehmung zu beschreiben. Nun mußte die Frage nach dem urständlichen Sein des Menschen vor dem Sündenfall bzw. nach dem Wesen des Menschen abgesehen von der Sünde verstummen. Trotz dieser rein immanenten Behandlung des M.en erkannte Kant im M.en den allgemein erfahrbaren Zustand des »radikal Bösen«, zu dessen Überwindung der M. der – letztlich moralisch verstandenen – »Erlösung« bedarf. Offen blieb nun aber notwendigerweise das konkrete »Wie« und »Wozu« der Erlösung, weil Kant ja auch von einem status integrationis (Zustand der Unversehrtheit) nichts mehr auszusagen wußte.

Kants Verzicht auf die Wesensfrage des M.en wurde von F.D.E. → Schleiermacher aufgenommen. Schleiermacher unterscheidet im Selbstbewußtsein des Menschen ein sinnlich-empirisches, das sich durch äußerlich wahrnehmbare Erfahrungen bildet, und ein »unmittelbares«. In diesem unmittelbaren Selbstbewußtsein findet er ein allgemeines Wissen darum, daß der M. nicht sein eigener Urheber ist. Schleiermacher nennt es das »Gefühl der schlechthinnigen Abhängigkeit«. Schleiermacher findet nun in diesem Gefühl ein Gottesbewußtsein des M.en, das seine ursprüngliche Gottebenbildlichkeit erkennen läßt.

Im sinnlich-empirischen Selbstbewußtsein des Menschen nimmt Schleiermacher den ständigen Gegensatz der Gefühle von Lust und Unlust wahr. Diese wirken sich auch fördernd bzw. hemmend auf das Gottesbewußtsein aus. Die Hemmung des Gottesbewußtseins bezeichnet Schleiermacher als Sünde. Umgekehrt kann durch die Wahrnehmung des Vorbildes Jesu Christi das Gottesbewußtsein gestärkt und gefördert werden, was er »Gnade« nennt.

Als bewußte Abwendung vom neuprot. Anthropozentrismus unternahm Karl → Barth den Versuch, seine Anthropologie streng aus der Christologie zu entwickeln. In Jesus ist der einzig wahre und wirkliche M. erschienen. Wie Christus nun aber im innertrinitarischen Verhältnis Partner und Gegenüber des Vaters ist, so ist der M. Partner und Gegenüber Gottes. Die Aussage der Gottebenbildlichkeit gründet sich nicht auf irgendeine Qualität des M.en, sondern allein auf die Anrede Gottes. Somit kann diese Gottebenbildlichkeit niemals zum verfügbaren Eigentum des M.en werden, sondern bleibt immer Gottes freies Geschenk. Das M.-Sein des M.en besteht somit nicht in seiner geschöpflichen Substanz (z.B. Leib, Seele, Geist usw.), sondern in seiner Begegnung mit Gott in Wort und Antwort.

Für Emil → Brunner stand mit der Geschöpflichkeit auch die Verantwortlichkeit des M.en auf dem Spiel. So unterscheidet Brunner die durch den Sündenfall verlorene materiale von einer beim Sünder nach wie vor vorhandenen formalen Gottebenbildlichkeit (Personalität, Vernunft, moralische Wahlfreiheit usw.).

Für Rudolf → Bultmann heißt M.Sein, sich immer neu zu entscheiden. Sünde ist demnach die Verfehlung des M.-Seins aufgrund einer falschen Entscheidung: der M. wählt sich selbst, will aus eigener Kraft und Leistung leben und dieses Leben mit dem irdisch Gegebenen absichern anstatt sich für Gott zu entscheiden und auf seinen Anspruch zu hören. Der Glaube ist dagegen das Leben aus der Gnade Gottes. Hier versteht sich der M. nicht mehr aus sich selbst, sondern er vertraut auf das »Unsichtbare«, »Unverfügbare« und »Unendliche«. Er verzichtet auf die Absicherung seines Lebens und wird dadurch gerade frei von sich selbst.

Paul → Tillich sieht in der dem M.en wesenhaft innewohnenden Frage nach Gott und der in der Offenbarung Gottes gegebenen Antwort eine reale Korrelation zwischen Gott und M. Beide sind unabänderlich und wesentlich aufeinander bezogen. D.h. daß der M. gemäß seinem Wesen zu Gott gehört ebenso wie Gott immer beim M.en ist. Ja nach seinem »wahren Sein« (= Essenz) befindet sich der M. in der Einheit mit Gott. Jedoch ist in der realen Existenz des M.en diese Einheit zwischen Gott und M. gestört. Der M. ist von Gott und damit auch von seinem eigentlichen Wesen, seiner Essenz, entfremdet. »Entfremdung« ist dadurch gegeben, daß der M. in endlicher Freiheit existiert und damit selbständig gegenüber Gott ist. Eigenartig an Tillichs Sündenlehre ist, daß der M. sich durch die Realisierung seiner geschöpflichen Freiheit von seinem Schöpfer entfremdet. Die Entfremdung vom wahren Sein ist aufgrund ihrer Unvermeidbarkeit das Schicksal des M.en. Der M. gehört essentiell zu Gott , ist aber gleichzeitig von ihm entfremdet. Wie man sich die Einheit des M.en mit der Essenz (Gott bzw. das wahre Sein) vorzustellen hat, bleibt bei Tillich unklar. Für Tillich verkörpert Christus als das neue Sein die essentielle Einheit des M.en mit Gott unter den Bedingungen der Existenz. In Christus ist also die Entfremdung überwunden.

Lit.: E. Brunner: Der Mensch im Widerspruch. Die christliche Lehre vom wahren und wirklichen Menschen, [3]1941; ders.: »Der ›neue‹ Barth. Bemerkungen zu Karl Barths Lehre vom Menschen«, ZThK 48 (1951), 89-100; K. Bernath: Anima forma corporis. Eine Untersuchung über die ontologischen Grundlagen der Anthropologie des Thomas von Aquin, 1969 (APPP 57); E. Dinkler: Die Anthropologie Augustins, 1934; G. Ebeling: Lutherstudien, 3 Bde., 1971-89; Ch. Frey: Arbeitsbuch Anthropologie, 1979 (FKGG 4); F.R. Gahbauer, Ch. Flüeler, R. Imbach, W. Sparn, T. Koch: »Mensch V.-IX.«, TRE 22, 1992, 493-567; W. Joest: Ontologie der Person bei Luther, 1967; H. Karpp: Probleme altchristlicher Anthropologie, biblischer Anthropologie und philosophischer Psychologie bei den Kirchenvätern des dritten Jahrhunderts, 1950 (BFChTh 44,3); S. Kierkegaard: Die Krankheit zum Tode, (GTB 620) 1978; H. Leipold: Missionarische Theologie. Emil Brunners Weg zur theologischen Anthropologie, 1974; A. Peters: Der Mensch (Hb. syst. Theol. 8), 1979; R. Prenter: »Die Lehre vom Menschen bei Karl Barth«, ThZ 6 (1950), 211-222; A. Sand, L. Hödl: »Ebenbild Gottes«, LexMA 3,7, 1985, 1508-1511.

V. Gäckle

d) systematisch-theologisch

1. Die grundlegende bibl. Aussage über den M.en ist die seiner Ebenbildlichkeit zu Gott (1Mo 1,26f). Diese ist mit der altprot. Orthodoxie zu unterscheiden in die »uneigentliche bzw. allgemeine« (*imago Dei generaliter*) und die »eigentliche Gottesbildlichkeit« (*imago Dei specialiter*). Während die letztere dem M.en durch den Sündenfall verlorenging und erst im Glauben an Christus als der »imago Dei par excellence« (2Kor 4,4) wiedergeschenkt wird (2Kor 3,18), eignet die erstere jedem M.en unabhängig von seiner Gottesbeziehung.

a. Diese »allgemeine Gottebenbildichkeit des Menschen« besteht zum einen in seiner Fähigkeit zum »Wort«, zur »Antwort« und damit auch zur »Verantwortung« sowohl gegenüber dem Mitmenschen als auch gegen Gott. Nach E. → Brunner findet diese Verantwortlichkeit ihren schöpfungsgemäßen Ausdruck in der Liebe: »Der Mensch ist gerade so viel Mensch, als er in der Liebe ist.« Aber auch seine Verantwortung vor Gott macht das M.sein des M.en aus: »Wir sind gerade so viel Mensch, als wir Gottes Wort in unserem Herzen widerhallen lassen. Wir sind nicht einfach Menschen, so wie der Fuchs ein Fuchs ist. Sondern wir sind Menschen dann, wenn Gottes Wort Widerhall findet. In dem Maß, als das nicht geschieht, sind wir: Un-Menschen.«

Im AT wird der gleiche Sachverhalt am Lieben und Loben des M.en deutlich. Wer seinen Nächsten nicht mehr liebt (3Mo 19,17f), verkehrt sein M.sein ebenso, wie jener, der Gott nicht mehr lobt. Loben und leben sind hier auf das engste verbunden. Wer Gott nicht mehr lobt, lebt eigentlich auch nicht mehr (Jes 38,18f; Ps 6,6; vgl. Lk 15,24).

b. Ein weiteres Merkmal der Gottebenbildlichkeit des M.en ist seine Fähigkeit zur Selbstreflektion. Nach F. → Gogarten ist der M. wesensmäßig »der nach sich selbst Fragende«, oder um es mit S. → Kierkegaard zu sagen, er »ist ein Verhältnis, das sich zu sich selbst verhält«.

c. Schließlich gehört auch noch der Herrschaftsauftrag Gottes an den M.en zum M.sein dazu (*dominium terrae*). Der M. wird dadurch aus der übrigen Schöpfung herausgehoben; er ist nicht nur ein Teil von ihr, sondern steht ihr gleichzeitig gegenüber. Der M. ist nicht einfach nur ein Spitzentier, sondern etwas Ureigenes und Unverwechselbares.

2. Nicht nur der begnadete, auch der natürliche M., jeder M. bildet Gott ab. Seine *imago generaliter* ist in seiner Personstruktur, also in seinem Humanum zu sehen, wobei die Grenzen zwischen formalem und materialem Humanum fließen. Auch der natürliche M. ist ein Spiegel Gottes, wenn auch ein angelaufener, trüber, undeutlicher Spiegel. Er spiegelt Gott wider in seiner Dialoghaftigkeit, in seiner Fähigkeit, mit seinem Mitmenschen und mit Gott zu reden. Auch der natürliche M. begegnet Gott, wenn auch nur dem *deus absconditus* (dem »verborgenen Gott«) der *notitia Dei naturalis* (»natürliche Gotteserkenntnis«) (Röm 1,19ff). Er bleibt nicht mit Gott verbunden, aber an ihn rückgebunden.

Diese unverlorene *imago generaliter* des gefallenen M.en, will aber nun die Sünde nicht – wie behauptet wurde – verharmlosen, sondern sie ermöglicht erst die Sünde. An diesem Wort-Antwort-Verhältnis der *imago generaliter* zwischen Gott und M. entsteht ja erst die Sünde, die *Parakoä* (»Ungehorsam«, Röm 5,19). Denn *Parakoä* setzt *Akoa* (ein »Hören«) voraus. Das Neinsagen des M.en zu Gott in der Sünde setzt ein Sagen voraus. Man kann zu Gott nur Nein sagen, wenn man etwas zu ihm sagen kann, man kann Gott nur beleidigen, wenn man mit ihm reden kann.

Diese ausgebrannte Imagostruktur des natürlichen M.en wird nur in Christus, der *Imago Dei par excellence*, erfüllt. In ihm, der das einzig wahre Nach- und Abbild Gottes (2Kor 4,4) und zugleich das Ur- und Vorbild (1Petr 2,21; Joh 13,15) des M.en ist, ist der M. erst eigentlich *imago Dei* (*imago Dei specialiter et proprie accepta*, »Gottes Ebenbild im speziellen und eigentlichen Sinn«. Das ist aber nicht moralisch zu verstehen, als sei Christus ein Vorbild, das man erreichen soll und nie erreicht, sondern seine Imago erreicht uns, nicht wir sie, sie ist Geschenk der Gnade. Imago heißt auch nicht, daß der Mensch Christus oder Gott kopieren soll oder eine Art Abziehbild Christi oder Gottes sein soll.

3. Der M. ist das auf Gott und den Mitmenschen offene geistleibliche Lebewesen. Nicht sein Humanum, nur sein Animale entstammt dem Tierreich. Als der wesenhafte Offene, Unfertige ist der M. auch in seiner Definition und Definierbarkeit offen und unfertig. Er ist als etwas Einmaliges letztlich indefinabel, sein Wesen kann nicht beschrieben, nur umschrieben werden. Der M. kommt zwar von seinem formalen Humanum immer schon her, er ist aber zugleich in der Suche nach seinem inhaltlichen Humanum immer unterwegs, je sich selbst überholend und doch nie einholend. Er geht von sich aus und ist zu sich unterwegs, insofern er eine Personstruktur hat, deren Erfüllung aber noch aussteht. Sein Humanum ist also kein neutraler Punkt in ihm, sondern je neues Du- und Dasein, nicht *res cogitans* (Descartes), sondern *un roseau pensant* (Pascal), hin und her bewegt vom Sturmwind der Welt, des Schicksals und des Bösen.

Weil sich das Wesen des M.en gerade in seiner Offenheit zu Gott und dem Mitmenschen zeigt, müssen die herkömmlichen (meta-)physischen Definitionsversuche der Philosophie- und Theologiegeschichte ungenügend blieben. Wir können uns dem Verständnis des Menschen nur nähern, indem wir seine bibl. Heils- und Unheilsgeschichte nacherzählen. In dieser Geschichte erscheint der M. am Ende als *homo peccator* (sündiger M.), der aber von Christus unendlich geliebt wird und dem im Kreuz von Golgatha die Erlösung von Sünde und Tod angeboten wird. In der Bibel bekommt gerade der vom Ichzerfall und Identitätsverlust bedrohte M. die Antwort: Du bist unverlierbar Gottes Ebenbild! Diese Gottebenbildlichkeit fällt nie von ihm ab, auch wenn er von ihr abfällt. Was könnte ihm wieder seine Identität geben, wenn nicht dieser Ruf heraus aus der grauen Masse: »Ich habe dich bei deinem Namen gerufen. Du bist mein!« (Jes 43,1)?

H.-G. Pöhlmann

Menschenrechte

1. Grundsätzliches

Begriff und Idee der M. gründen auf der Menschenwürde. Während Menschenwürde einen nicht weiter ableitbaren Grundwert bezeichnet, der von Natur mit jedem Individuum verknüpft ist (Naturrecht) oder der ihm zugesprochen wird (Offenbarung), wird mit Begriff und Idee der M. versucht, diesen Grundwert als Recht zu erfassen, zu beschreiben und auch durchzusetzen. Die Berufung auf die Menschenwürde dient vor allem zur Abwehr gegen staatliche und gesellschaftl. Übergriffe auf die Einzelperson. Die M. hingegen intendieren ein einklagbares Gut. Die Rede von der Menschenwürde betont also das Individuelle, während der Terminus M. einen rechtlich-polit. Rahmen voraussetzt. Dieser Zusammenhang wird sichtbar z.B. an den ersten Artikeln des deutschen Grundgesetzes. Im fundamentalen

Art. 1, Abs. 1 heißt es: »Die Würde des Menschen ist unantastbar ...« Daraus folgt Art. 1, Abs. 2: »Das Deutsche Volk bekennt sich darum zu unverletzlichen und unveräußerlichen Menschenrechten als Grundlage jeder menschlichen Gemeinschaft ...« Daraus wiederum leiten sich die Grundrechte ab, auf die in Art. 1, Abs. 3 hingewiesen wird und die in den folgenden Artikeln entfaltet werden. Unter den Grundrechten werden die persönliche Freiheit und die Gleichheit der Menschen an erster Stelle genannt. Diese sind mithin auch grundlegender Inhalt der M. – Es gibt also einen fließenden Übergang von der Menschenwürde über die M. hin zu den Grundrechten und von da weiter zum positiven Recht, das sich an diesen Grundsätzen messen lassen muß.

2. Zur Geschichte

Die Idee der M. reicht in ihren ersten Wurzeln bis auf die griech. Philosophenschule der Stoa zurück, die die Gleichheit aller Menschen lehrte. Diese Lehre wirkte im Abendland zusammen mit der christl. Lehre von der Gottebenbildlichkeit des Menschen. Als Individualrechte traten die M. aber erst mit der Auflösung der ständischen Gesellschaft und der neuzeitlichen Individualisierung der Lebensverhältnisse seit der → Aufklärung mehr und mehr ins Bewußtsein. Die reformat. Freisetzung des einzelnen in die unmittelbare Beziehung zu Gott (→ Rechtfertigung) kann ebenfalls als eine Voraussetzung dazu angesehen werden. In England verband sich der Gedanke überlieferter Freiheiten ständischer Art (Petition of Rights 1628; Bill of Rights 1689) unter dem Einfluß des rationalen Naturrechts (vgl. vor allem John → Locke 1632-1704) mit einer Umwandlung christl. in polit. Freiheit. Von dort wirkte sie auf die amerikanischen Kolonien. Besonders bedeutsam war die »Virginia Bill of Rights« vom 12. Juni 1776, Vorläuferin der amerikanischen Unabhängigkeitserklärung desselben Jahres, weil mit ihr eine M.serklärung erstmals Verfassungsrang erhielt. Diese wirkte nach Europa zurück. Beraten von Thomas Jefferson, dem Schöpfer der amerikanischen Unabhängigkeitserklärung, der damals Gesandter der Vereinigten Staaten in Paris war, legte General Lafayette den Entwurf zur »Erklärung der Menschen- und Bürgerrechte« vor, die im Zuge der Französischen Revolution am 26. August 1789 von der Nationalversammlung verkündet wurde. Diese Erklärung hob sich von ihren Vorbildern insofern ab, als sie sich erstmals auf alle Menschen in sämtlichen Ländern und Staatsformen bezog. Die Schlagwörter der Französischen Revolution »Freiheit, Gleichheit, Brüderlichkeit« gingen trotz der Schreckensherrschaft 1793/94 in das Bewußtsein der europ. Völker ein. Von der Frankfurter Nationalversammlung 1848 ausgehend, fanden die Forderungen der M. im Laufe des 19. Jh.s weitgehend Eingang auch in die Gesetzgebung in Deutschland.

Unter dem Eindruck der Greuel des Totalitarismus verabschiedete die Generalversammlung der Vereinten Nationen am 10. 12. 1948 die »Allgemeine Erklärung der Menschenrechte«. Im Rahmen des Europarates wurde am 4. 11. 1950 eine Konvention zum Schutz der M. und Grundfreiheiten abgeschlossen. Jeder einzelne, der seine M. verletzt sieht, kann der Rechtsweg bis hin zum Europäischen Gerichtshof für M. in Straßburg beschreiten. Auch die Anerkennung der M. durch die Unterzeichner der KSZE-Schlußakte von Helsinki am 1. 8. 1975 ist, obwohl es sich nicht um ein rechtsverbindliches Dokument handelte, wegen ihrer Wirkungsgeschichte als bedeutsam hervorzuheben.

Neben diesen Beschlüssen, die auf staatlicher Ebene gefaßt wurden, setzen sich heute zahlreiche private Initiativen für die Verwirklung der M. ein.

3. Aktuelle Bedeutung

Die Aufnahme von M.serklärungen oder Grundrechten in die Verfassungen moderner Staaten hat sich nahezu allg. durchgesetzt. Doch reicht dies zur Wahrung der M. keineswegs aus. Verfassungstext und Verfassungswirklichkeit weichen oft erheblich voneinander ab. Gerade Neuzeit und Gegenwart sind von massenhafter Mißachtung der M. gekennzeichnet.

Es gibt keine abschließende Definition der M. Alle Versuche, M. naturrechtlich oder rationalistisch absolut zu definieren, spiegeln nur den jeweiligen Bewußtseinsstand oder bestimmte Interessen wider. Die liberale Begründung faßt die M. vor allem als Freiheitsrechte auf. Sie bleibt damit nahe bei der grundsätzlichen Idee von der Menschenwürde als eines Abwehrrechts. Insbesondere die Vordenker des Sozialismus haben neben diesen individuellen M.n auch soziale M. eingefordert, so z.B. das Recht auf entlohnte → Arbeit oder auf → Bildung. Neuere Forderungen dieser Art gehen bis hin zu einem garantierten Lebensstandard. Es wird heute allg. anerkannt, daß soziale Komponenten bei der Konkretisierung von M.n beachtet werden sollten, daß diese jedoch nicht in gleicher Weise einklagbar sind wie die individuellen Rechte. Die Forderung sozialer M. spielt heutzutage eine besondere Rolle im Verhältnis der Industriestaaten zu armen Entwicklungsländern. Zunehmend treten im Zusammenhang der M.sdiskussion auch Überlegungen in den Vordergrund, die die Rechte künftiger Generationen betreffen. Schließlich wird kritisiert, die Vorstellung von den M.n leide unter anthropozentrischer Engführung, deshalb seien die Rechte aller Lebewesen und der Natur anzuerkennen. In solcher Ausweitung allerdings verliert die Rede von M.n ihr Profil und löst sich letztlich auf. Außerdem kann die Rede von den M.n auch mißbraucht werden, wie dies z.B. bei der Befürwortung der Fristenlösung (→ Abtreibung) geschah.

Die Kirchen haben nach anfänglicher Zurückhaltung – begründet vor allem durch ihre Ablehnung des liberalen Individualismus und der rationalistisch-atheistischen Züge der Französischen Revolution – den Gedanken der M. voll aufgegriffen. Geht die Durchsetzung der M.sforderung geschichtl. nicht auf die Kirchen zurück, so ist doch deutlich, daß Gedankengut aus christl. Wurzeln dabei eine große Rolle spielte. Heutzutage ist ersichtlich, daß die M. weltweit am ehesten in demokratischen Staaten christl. Tradition geschützt werden. In vielen Verlautbarungen seit 1948 nahmen die Kirchen, v. a. auf ökumen. Ebene, zu Fragen der M. Stellung. Freilich ergaben sich dabei immer wieder Verstrickungen in polit. Auseinandersetzungen und auch Einseitigkeiten. Wichtig ist, daß deutlich bleibt, auf welcher geistl. Grundlage die Kirche redet. Da es, wie oben gezeigt, keine abschließende Definition der M. gibt und eine solche auch problematisch wäre, kommt es darauf an, daß die transzendenten Wurzeln der M.sforderung lebendig bleiben, die mit der Gottebenbildlichkeit des Menschen und seiner Gottesbeziehung gesetzt sind. An dieser Stelle liegt v. a. die Aufgabe der Kirche heute und in Zukunft.

Lit.: E.-W. Böckenförde, R. Spaemann (Hg.): Menschenrecht und Menschenwürde, 1987; M. Honekker: Das Recht des Menschen. Einführung in die ev. Sozialethik, 1978; W. Huber, H.E. Tödt: Menschenrechte, [3]1988; Die Kirche und die Menschenrechte. Ein Arbeitspapier der päpstlichen Kommission Justitia et Pax, [2]1977; Die Menschenrechte im ökumenischen Gespräch. Beiträge der Kammer der EKD für öffentl. Verantwortung, 1979.

R. Mayer

Menschheit Christi → Jesus Christus

Menschwerdung Gottes

Die Lehre von der M. (griech. *ensarkōsis*, lat. *incarnatio*) ist das Hauptdogma der klassischen Christologie (→ Jesus Christus), wonach der Sohn Gottes, die zweite Person der → Trinität, »Fleisch« (= Mensch) geworden ist. Die M.sidee findet sich an manchen Stellen des NT, z.B. Joh 1,14: »Und das Wort ward Fleisch ...« und Kol 2,9: »... denn in ihm wohnt die ganze Fülle der Gottheit leibhaftig«, und ist im Altertum von vielen Kirchenvätern entwickelt worden. Schon Tertullian (ca. 200) hat ein Buch darüber geschrieben (De carne Christi), und später hat Athanasius von Alexandrien (ca. 296-373) sein Meisterwerk, De incarnatione, herausgegeben. Beide Kirchenväter fingen mit einer sog. »Christologie von oben« an; das bedeutet, daß ihrer Meinung nach der ewige Sohn Gottes der hist. Mann Jesus von Nazareth geworden ist. Beide glaubten auch, daß »Fleisch« den ganzen Menschen (nach Leib und Seele) bezeichnet, aber dieses Verständnis von Fleisch ist nur mit großer Schwierigkeit in die Lehre der Kirche eingeführt worden.

Apollinarius (gest. ca. 390), ein Schüler des → Athanasius, hat das Wort »Fleisch« im engen Sinn interpretiert und gepredigt, daß der Sohn Gottes nur menschliches Fleisch, aber keine menschliche Seele angenommen hat. An die Stelle der menschlichen Seele tritt bei Christus der ewige Gottessohn. In der antiken Anthropologie war aber die Seele der Kern des Menschseins, und deshalb hat Apollinarius damit gesagt, daß Christus kein wahrer Mensch war. Seine Lehre ist auf dem zweiten Ökumenischen Konzil (Konstantinopel I, 381) als Häresie verdammt worden. Der Inhalt des M.sdogmas ist nur 70 Jahre später, auf dem vierten Ökumenischen Konzil (Chalkedon, 451), endgültig definiert worden. Nach der Formel dieses Konzils ist die einzige, göttliche Person (Hypostase) des Gottessohnes unter zwei Naturen, einer göttlichen und einer menschlichen, uns bekannt geworden. Die menschliche Natur ist vollkommen, d.h. Christus war ein vollkommener Mensch nach Leib und Seele. Die persönliche oder hypostatische Vereinigung dieser Menschheit mit der Gottheit ist jetzt ewig geworden, denn der auferstandene Christus bleibt ein Mensch.

Nach der klassischen M.slehre konnte Jesus auch göttliche Wunder durch seine Menschheit tun. Die Lehre der sog. *communicatio idiomatum* (Austausch der Eigenschaften der göttlichen und der menschlichen Natur) beschreibt, wie er die Macht hatte, seine Gottheit zu benützen, wenn er wollte, ohne seine Menschheit aufzugeben. In diesen Fällen ist die göttliche Macht des Gottessohnes zur Menschheit Jesu »übergegangen«, ohne diese Menschheit zu verwandeln. Trotz allem aber ist die Menschheit Jesu sterblich geblieben, und am Kreuz ist die Person des ewigen Sohnes in seiner menschlichen Natur gestorben. Diese Natur ist auch auferstanden und in den Himmel gefahren, wo der umgestaltete Mensch Jesus Christus jetzt »zur rechten Hand Gottes« sitzt.

Die Notwendigkeit der M. Jesu ist zum erstenmal im MA eine wichtige theol. Frage geworden. → Anselm von Canterbury (ca. 1033-1109) hat in seiner berühmten Schrift Cur Deus Homo die Theorie dargelegt, daß der Gottessohn Mensch geworden ist, um die Schuld der Menschensünde zu bezahlen. Adam hat durch die Erbsünde das ewige Leben verloren, und nur der sündelose Gott hat jetzt die Macht, den Menschen zu rechtfertigen. Um das jedoch zu tun, mußte Gott die Schuld der Menschensünde bezahlen, und deshalb ist er durch den Sohn Mensch geworden.

In der klassischen kath. Theologie ist die M. Jesu in der Ekklesiologie und mit der Sakrementenlehre eng verbunden, denn die Kirche ist der »geheimnisvolle Leib Christi« und Brot und Wein der Eucharistie werden das wahre Fleisch und Blut Christi. Die Reformatoren haben diese Ideen nur in einem geistl. Sinn übernommen; nach ihnen ist der Leib Christi jetzt unsichtbar, und die Beziehung zwischen dem Brot und Wein der Eucharistie und dem Fleisch und Blut Christi ist verborgen, nur dem Glauben erkennbar oder auch nur symbolisch. Trotzdem haben alle Reformatoren das klassische, altkirchl. M.sdogma beibehalten.

Im 19. Jh. ist dieses Dogma das Grundprinzip der sog. »anglokatholischen« Bewegung geworden. Durch die theol. Arbeit mancher anglik. Theologen ist die M. Christi als der wirkliche Anfang der Soteriologie anerkannt worden. Als Mensch hat Christus das ganze menschliche Leben geheiligt und gerettet, was bedeutet, daß die Kirche ein Zeugnis und ein Zeichen des göttlichen Heils innerhalb der Schöpfung werden muß. Bei manchen Theologen dieser Schule ist es zur Pflicht geworden, den Sozialismus als »evangelische Politik« zu bekennen. In den 1930er Jahren haben viele Vertreter dieser Schule die sogenannten Neo-Orthodoxie Karl → Barths kritisiert, denn ihrer Meinung nach hatte Barth keine Soteriologie der Schöpfung.

In den 1970er Jahren haben manche liberale Erben dieser Tradition die Entmythologisierungstheologie Rudolf → Bultmanns übernommen, mit dem Resultat, daß sie die M. Christi als reine Mythologie verdammten. Im Kontext des deutschen Liberalismus war das sicher keine neue Idee, denn schon im 19. Jh. hat die Mehrheit der deutschen Liberalen eine solche Theorie ausgedrückt. Aber in der Soteriologie des deutschen Liberalismus spielte die M. keine wesentliche Rolle, während sie im Anglikanismus seit langem die Hauptsache der Soteriologie geworden war. Das Erscheinen des Buches »The Myth of God Incarnate« (1977) hat eine neue Trennung innerhalb der anglikanischen Kirche zwischen »Liberalen« und »Konservativen« geschaffen, die über die traditionellen Kirchenparteien hinausgriff. Auf der Seite der Konservativen haben Anglo-Katholiken und Evangelikale zusammengearbeitet, um die klassische Orthodoxie zu schützen. Seit ungefähr 1985 ist dieser Streit praktisch ausgestorben, aber die Allianz zwischen diversen Konservativen bleibt lebendig in der anglikanischen Theologie und Kirchenpolitik.

Lit.: J. Hick (Hg.): Wurde Gott Mensch? Der Mythos vom fleischgewordenen Gott, dt. 1979.

G. Bray

Mentalreservation

M. (»geistiger Vorbehalt«) oder Mentalrestriktion (*reservatio mentalis, restrictio mentalis*) bezeichnet eine bestimmte Strategie zur Verheimlichung der Wahrheit unter Vermeidung einer direkten Lüge. Man unterscheidet M. im strengen (*reservatio pure mentalis* oder *reservatio interna*) und im weiten Sinne (*reservatio non pure mentalis* oder *reservatio externa*); erstere geschieht durch reines Hinzudenken bestimmter ergänzender Gedanken, von denen der Angeredete nichts wissen kann, zu den ausgesprochenen Sätzen; letztere durch mißverständliche Rede, die vom Angeredeten möglichst im falschen Sinn verstanden werden soll, oder durch eine begleitende Gestik, die entweder dem Hörenden das Mißverständnis nahelegt oder auf die umgekehrt der Redende seine Worte insgeheim bezieht, ohne daß der Hörende das merken soll.

Ebenso wie die Lehre von der Notlüge (→ Lüge) soll die Lehre von der M. dazu dienen, jenen Situationen ethisch gerecht zu werden, in denen das offene Aussprechen der Wahrheit in Konflikt mit anderen ethischen Werten gerät (Wahrheit am Krankenbett, Schutz verfolgter Menschen etc.), ohne daß dabei die grundsätzliche Pflicht zur → Wahrhaftigkeit aufgehoben oder relativiert wird.

Die Lehre von der M. hat ihren Ursprung in der Barockscholastik des 16./17. Jh.s. Grob kann man sagen, daß sie vor allem auf kath. Seite vertreten wurde, während prot. Ethiker eher dazu neigten, bestimmte Grenzen der Wahrheitspflicht und damit ein gewisses Recht der Notlüge geltend zu machen. Unter den Vertretern der M. gab es zwar auch solche, die die M. im engen Sinne vertraten (der Zweck heiligt die Mittel ...); im allg. führte die kath. Lehrentwicklung jedoch dahin, daß nur die M. im weiten Sinne und unter Anlegung strenger Maßstäbe akzeptiert wird.

Soweit der Gedanke der M. im weiten Sinn dazu dient, auch in ethischen Konfliktsituationen die unaufgebbare Wahrheitsbindung des eigenen Redens konkret festzuhalten und der Lüge keinen Freiraum zuzuerkennen, und nicht ins Gegenteil – in einen Freibrief für gekonntes Täuschen – gewendet wird, ist dieses Anliegen als solches zu achten. Gleichwohl wird man auch dann diesem Gedanken den Charakter einer sehr problematischen Künstlichkeit und Gebrochenheit nicht nehmen können, da er die Täuschungsabsicht des Redenden voraussetzt, die Schuld für das »Mißverständnis« aber dem Hörenden zuzuspielen und anzulasten versucht.

S.a. → Wahrhaftigkeit

Lit.: G. Bien: »Mentalreservation«, HWP 5, 1980, 1138-1145; G. Müller O.S.B.: Die Wahrhaftigkeitspflicht und die Problematik der Lüge, 1962 (Lit.).

H. Hafner

Mentzer, Balthasar → Orthodoxie, protestantische

Messalianer → Euchiten

Messe

M. ist die im Abendland vorherrschende Bezeichnung für die aus Wortgottesdienst und → Abendmahl (Eucharistie) bestehende wichtigste Gottesdienstform der christl. Gemeinde. In den Ostkirchen wird sie → Liturgie genannt. M. wird seit dem 6. Jh. während des ganzen MAs zur allg. Bezeichnung der Eucharistie. Immer ist im Bewußtsein der Gläubigen geblieben, daß die Meßfeier zwei Hauptvorgänge und damit zwei Hauptteile umfaßt: den Wortgottesdienst und die Eucharistie. Wortverkündigung und Abendmahl treten zu einem einzigen gottesdienstl. Akt zusammen.

Die Gottesdienste der frühen Christenheit zeichnen sich bei aller Ordnung (1Kor 14,33.40) durch große Freiheit der Gestaltung aus. Das NT selbst bietet kein Formular (Agende) für die → Gottesdienstordnung an, überliefert aber Worte und Handlungen Jesu beim letzten Mahl mit den Jüngern. Die Wende zur fixierten Agende findet sich schon bei Justin dem Märtyrer um 150 und vollends in der Kirchenordnung des → Hippolyt um 215, die dann die liturg. Überlieferung weitgehend beeinflußt. Das → Kirchenjahr bestimmt in Lesungen, Gebeten und Gesängen weit mehr als in der Ostkirche den Charakter der röm. M.

Die Vielfalt an Gottesdienstordnungen, die sich von der altkirchl. M. ausgehend in Geschichte und Gegenwart herausgebildet haben, sind bedingt durch unterschiedliche theol. Traditionen, Bekenntnisse und Situationen. So lassen die anglik. Meßordnung (Common Prayer Book, rev. 1561), der schwedische Hauptgottesdienst (Högmessa) bis heute und auch schon M. Luthers → Deutsche Messe von 1526 die altkirchl. Zusammenhänge erkennen. Mit dem Missale Romanum von 1570 als einem Ergebnis des Tridentinum wurde unter Rückgriff auf röm. Traditionen ein einheitliches Meßbuch geschaffen, das 400 Jahre lang für die röm.-kath. Kirche wegweisend sein sollte. Erst das 2. Vatikanum brachte ein neues Missale Romanum (in drei Teilen), das stärker der M. als Feier der Gemeinde gerecht wird und seelsorgerl. Belange berücksichtigt. Der Aufbau der M. gliedert sich heute ganz allg. in folgende Teile:

– Eröffnung (Versammlung der Gemeinde, Einzug derer, die einen Dienst versehen, Begrüßung, allg. Schuldbekenntnis, Gloria und Tagesgebet);

– Wortgottesdienst (Lesungen und Antwortpsalmen, Evangelium, Predigt, Glaubensbekenntnis, Fürbitten);

– Eucharistiefeier (Gabenbereitung, Eucharistiegebet mit Präfation, Sanctus und Einsetzungsworten als Kern des sakramentalen Teils der M., Vaterunser, Friedensgruß, Brechen des Brotes, Kommunionsempfang, Andachtsstille, Kommunionsgebet);

– Schluß (Mitteilungen, Segen, Entlassung, Auszug).

Durch eine neue Leseordnung mit drei Jahreszyklen, die nicht mehr der altkirchl. Perikopenordnung entsprechen, wird der Gemeinde »der Tisch des Gotteswortes reicher bereitet« (Liturgiekonstitution 51). Ganz allg. wird jetzt die Landessprache gebraucht.

Lit.: P. Brunner: »Zur Lehre vom Gottesdienst der im Namen Jesu versammelten Gemeinde«, LEITURGIA I, 1952, 84-361; Chr. Grethlein: Abriß der Liturgik, [2]1991 (11-17 Lit.!); J.A. Jungmann, J.H. Emminghaus: Die Messe, Wesen-Gestalt-Vollzug, [5]1992; A. Kirchgässner (Hg.): Unser Gottesdienst, [3]1961; H. Lietzmann: Messe und Herrenmahl, [3]1955; H.B. Meyer, I. Pohl: Eucharistie. Geschichte, Theologie, Pastoral, 1989.

G. Kehnscherper

Messias, Messiaserwartung

1. Als M. (hebr. *maschīach*, »Gesalbter«) kann im AT jede von Gott eingesetzte geistl. Person von Bedeutung bezeichnet werden, z.B. ein Fürst oder König (1Sam 2,10; 26,9.11.23; Jes 45,1; Ps 2,2; 89,39.52; 132,10), der Hohepriester (3Mo 4,3.5.16; 6,15), die Patriarchen (Ps 105,15; 1Chr 16,22), die inspirierten Propheten (Jes 61,1; CD 6,1, vgl. 1 QS 8,16). Im AT wird zwar für die Endzeit ein idealer König erwartet, wobei vor allem die Weissagung Nathans an David als Ausgangspunkt dient (2Sam 7,12-15, vgl. 23,3f; 1Chr 17; Ps 89; 132; Mi 5,1ff; Jes 11; Jer 23,5; 33,15; Ez 34,23f; 37,24f, vgl. 1Mo 49,10, 4Mo 24,17), aber er wird dort nicht mit dem Titel »der Messias« bezeichnet (*ha-maschīach*, aram. *meschīchā'*, davon griech. *ho Messias, ho christos*). Aber im frühen Judentum und im NT gilt M. vor allem dem erhofften König aus Davids Geschlecht, dem »Gesalbten des Herrn« (Ps Sal 17,32; 18,5; 4Q 521), dem *malkā' meschīchā'* (»König Messias«, so der Targum), dem »Davidssproß« (4Q 252 V,3f; 4 Q 285,7,3; äth Hen 48,10; 52,4), dem »Sohn Davids« (*bän dawīd*), wie der M. vor allem von den Weisen bezeichnet wird: Er soll Israel aus polit. und geistl. Not erlösen und die Völker mit Gerechtigkeit regieren.

2. Die M.erwartung im Judentum war freilich nicht einheitlich. In der Qumrangemeinde und den ihr nahestehenden Testamenten der Zwölf Patriarchen hat man zwei M.se erwartet (vgl. Sach 4,11): einen priesterlichen Gesalbten aus dem Haus Aaron und den M. Israels aus Davids Geschlecht (1QS 9,11; 4 Q Flor; 4 Q Test, vgl. 1QSa 2,11-20; T Juda 24; T Levi 18). Der erstere galt als geistl. Führer, als endzeitlicher Erforscher und Ausleger der Tora (4 Q Flor I,11; CD 7,18); der letztere wurde als »Fürst der Gemeinde« bezeichnet (1QM 5,1; 1 QSb 5,20; 4Q 285,5,4) und als Retter Israels erwartet (4Q Flor I,12f). Nach der Katastrophe des Zweiten Aufstands der Juden unter Bar-Kochba, den Rabbi Aqiba als »Sternensohn« bezeichnete und somit als M. betrachtete (vgl. 4Mo 24,17, j Ta'an 68a), rechnete man mit einem »Messias ben Ephraim«, der im Kampfe fallen wird, ehe der siegreiche M. aus Davids Haus das Regiment übernimmt. Aber auf diesen letzteren hat sich die Hoffnung des Volkes konzentriert, wie die vierzehnte Bitte im Achtzehn-Gebet zeigt, ferner die messianische Deutung von Stellen wie 1Mo 3,15; 49,10; 4Mo 24,17; Jes 9,5; 11; 28,16; 42,1; 52,13ff; Sach 9,11 in den Targumim. Auch Herodes der Große stellte sich als Erfüller der Weissagung 2Sam 7,12-14 dar; den Beweis dafür wollte er mit dem Ausbau des Tempels liefern (Jos. ant. 15,380-402, vgl. 2Sam 7,13 und Mk 14,58-62).

3. Neben David diente → Mose als Vorbild für den erwarteten endzeitlichen Retter. Die Verheißung vom kommenden Propheten wie Mose (5Mo 18,15-22) gewann wie bei den Samaritanern (Erwartung eines *ta'eb*, »Wiederkehrenden«) auch in Judäa zur Zeit Jesu aktuelle Bedeutung: Der M. wurde als ein Erlöser wie Mose erhofft, und die Wunder des Exodus sollten als beglaubigende »Zeichen der Freiheit« dienen (Jos. bell. 2,258-260. ant. 20,167f; vgl. Apg 2,22; 3,15). Wichtig für die M.erwartung waren die vorausweisenden »Spuren« (*'iqebōt*) der messianischen Zeit (m Sota 9,15), d.h. die Drangsalsperiode (»Wehen«), die dem Kommen des Messias voraufging (*chäblō schäl maschīach*, vgl. Mk 13; Lk 17). Nach Josephus traten unter der die Juden bedrückenden Verwaltung durch röm. Prokuratoren »falsche Propheten« auf, welche die M.erwartung des Volkes analog zur Mosetradition erfüllen wollten, so etwa Theudas (Jos.ant. 18,85-87, vgl. Apg 5,36) oder der Jude aus Ägypten (Jos.ant. 20,169-172, vgl. Apg 21,38). Bei ihnen waren prophetische und messianische Züge verbunden, wie auch bei der Warnung Jesu vor falschen Propheten und M.sen (vgl. Mt 24,11.24).

4. Diese Verbindung wurde auch beim Dienst des irdischen Jesus vollzogen. Denn dieser Dienst ist vom Sendungsbewußtsein des M. geprägt, weist aber auch prophetische Züge auf (→ Jesus Christus). Jesus hat den jesajanischen Gottesknecht messianisch interpretiert und vor allem auch dessen stellvertretendes Leiden auf sich genommen (Mk 10,45; 14,24); so hat er die »Wehen« der messianischen Zeit selbst

durchlitten. Die christologischen Titel im NT sind vom AT abgeleitet: der »Davidssohn« und »Gottessohn« von 2Sam 7,12-14 (vgl. Ps 2,7), der »Herr« (*Kyrios*) von Ps 110,1 (vgl. Röm 1,3f; Lk 1,32-34; Apg 2; 13); hinzu kam der Glaube an die → Jungfrauengeburt Jesu (Mt 1,18-25; Lk 1,32-35, vgl. Jes 7,14).

Lit.: R.R. Berkey, S.A. Edwards (eds.): Christology in Dialogue, 1993; O. Betz: Was wissen wir von Jesus? [2]1991; V. Hampel: Menschensohn und historischer Jesus, 1990; R. Riesner: Jesus als Lehrer, [3]1988.

O. Betz

Messiasgeheimnis

Als »Messiasgeheimnis« bezeichnet man gewöhnlich nach W. Wrede das angeblich von → Markus nachträglich in die Jesustradition eingeführte Motiv, der Meister habe seine messianische Würde durch Schweigegebote geheimgehalten; auf solche Weise sollte der Zwiespalt zwischen dem (nachösterlichen) Messiasbekenntnis der christl. Gemeinde und der angeblich unmessianischen Jesusüberlieferung überwunden werden. Aber diese These W. Wredes, die von R. → Bultmann und dessen Schule übernommen und durch die formgeschichtl. Untersuchung der synoptischen Evv. weiter ausgebaut wurde, ist recht fragwürdig. Denn es gibt eigentlich keine »unmessianische« Jesusüberlieferung, die zum christologischen Glauben der ntl. Gemeinden im Widerspruch stünde. Das ganze Wirken Jesu und vor allem dessen Tod am Kreuz (Verurteilung und Hinrichtung durch den röm. Präfekten, Kreuzesinschrift) lassen sich nur dann hist. verstehen, wenn Jesus selbst sich seit seiner Taufe als Messias eingesetzt wußte. Aber weil er noch nicht inthronisiert war, mußte er diese Tatsache geheim halten; dies tat er durch die rätselhafte Selbstbezeichnung »der Menschensohn« sowie durch die Schweigegebote. Bedingt war das M. ferner durch den Argwohn eines Herodes Antipas (vgl. Lk 13,31-33), die Befürchtungen der Jerusalemer Priesterschaft (vgl. Joh 11,47-50) und die Präsenz der die kaiserliche Alleinherrschaft verteidigenden röm. Besatzungsmacht (Joh 19,12). Jesus, dessen Königsherrschaft nicht von dieser Welt, sondern allein von Gott gegeben ist (Joh 18,36), wollte der Obrigkeit keinen Anlaß bieten, gegen ihn und seine Bewegung mit Gewalt vorzugehen. Das M. war deshalb geschichtl. Notwendigkeit und nicht eine nachträgliche literarische Konstruktion.

Lit.: O. Betz: Was wissen wir von Jesus? [2]1991; V. Hampel: Menschensohn und historischer Jesus, 1990; J. Schniewind: Messiasgeheimnis und Eschatologie, In: Nachgelassene Reden und Aufsätze, 1952; W. Wrede: Das Messiasgeheimnis in den Evangelien, 1901.

O. Betz

Metaphysik

In der traditionellen Bedeutung ist M. die grundlegende phil. Disziplin, die auf die ersten Seinsursachen der Dinge, der Natur und des Menschen, zurückgeht. Ausgehend vom »Seienden als solchem« (*to 'on ē 'ón*), das alle Erfahrungsdinge umfaßt, insofern sie sind und gewisse Merkmale (Transzendentalien) aufweisen, die das Sein begleiten: so das Eines-, Etwas-(Reales-), Wahr- und Gutsein, fragt sie nach den Ursachen, wodurch sie sind, und kommt zunächst zu immanenten Seinsursachen in den Dingen, nämlich der Materie einerseits und den Form-Bewegungs-Zweckursachen andererseits, in denen die Wesenheit der Dinge liegt. Von ihnen aus gelangt sie in einem weiteren Rückschluß zu einer ersten Ursache jener immanenten, zweiten Ursachen, die den Dingen nicht wiederum immanent, sondern transzendent ist. Zur traditionellen M. gehört die Lehre von den Seinseigenschaften, den sog. Transzendentalien, die wie das Sein die obersten kategorialen Gattungen der Dinge »übersteigen« (*transcendunt genera*), sowie die Lehre von der Seinsanalogie, wonach das Sein und die es begleitenden Eigenschaften analog von den Dingen ausgesagt werden, d.h. als real Gemeinsames zwischen wesentlich Verschiedenem. Sie findet sich zwischen Verursachtem und Ursachen, letztlich der ersten Ursache als oberstem Analogat. Ihre Wesenheit fällt mit ihrem Seinsakt (in seiner ursächlichen Fülle) in eins zusammen. → Aristoteles bestimmt sie, anschließend an Anaxagoras' Nuslehre, als göttliches, vollkommenstes Leben, als reinen Vernunftakt, der alles Seiende erkennt, weil erste Ursache von allem. In seiner Selbsterkenntnis fallen Subjekt und Objekt in eins zusammen. Seine »Erkenntnis ist Erkenntnis der Erkenntnis«: *nóēsís éstin noéseōs nóēsis*, (Metaphysica XII 9).

Hist. gesehen, reflektierte Parmenides erstmals auf das Sein der Dinge und erkannte es als das ihnen allen gemeinsame Intelligible, vom Intellekt, der Vernunft, Erfaßbare, das sie im »ist« der Aussagen ausdrückt. Dadurch fiel ihm die Vielheit der Dinge im »Einen Seienden« zusammen. → Platon anerkannte demgegenüber eine Vielheit des Seienden und sah es in den Wesenheiten der Dinge, welche die Vernunft definitorisch in allg. Begriffen erfaßte, trennte sie aber von den Dingen der Sinneswelt ab und setzte sie als »Ideen« in einer übersinnlichen Welt an, als Form-, Zweckursachen. Aristoteles hielt mit Platon an immateriellen Formursachen fest, kritisierte aber ihre Abtrennung (Chorismos) von den Dingen und setzte sie in ihnen an. Im übrigen führte er die M. erstmals als eigene Disziplin, als »erste Philosophie«, ein, geleitet von epistemologischen Reflexionen, die das »Seiende als solches« als Gegenstand dieser neuen Disziplin aufweisen. (Er betrifft das, was alle anderen Wissenschaften voraussetzen: Daß- und Wassein ihrer Gegenstände.) Die spätere, dem Peripatetiker Andronicus von Rhodus (1. Jh. v.Chr.) zugeschriebene Benennung »Metaphysik« bezeichnet die »nach der Physik« zu behandelnde Disziplin, die zugleich auch über sie hinausgeht zu einer ersten Ursache, von der die ganze Natur abhängt. In der hell. Zeit ging der → Stoa die metaphysische, transzendente Stellung der ersten Ursache, des göttlichen Logos, verloren, wegen einer zu materiellen Vorstellung (des Logos als Feuer), was zu einem pantheistischen Monismus führte (ähnlich später bei Spinoza). Vermittelt durch mittel- und neuplatonische Lehren haben die Kirchenväter, wie → Augustinus, die aristotelischen Wesenheiten in den Dingen verbunden mit den platonischen, als Ideen im Geiste Gottes. Die mittelalterl. Theologen der Hochscholastik, wie → Thomas v. Aquin, übernahmen die aristotelische M., arbeiteten einzelne Lehren aus, so die der Transzendentalien und der Seinsanalogie, und reflektierten weiter die erkenntnistheoretischen Voraussetzungen, vor allem daß »das Seiende das erste Bekannte ist« (*ens est primum notum*), d.h. unmittelbar, unreflektiert bewußt ist. Doch ist diese Feststellung selbst das Ergebnis jener Reflexion.

→ Kants M.-Kritik (Kritik der reinen Vernunft) beruht auf einer empiristischen Voraussetzung, daß die menschliche Vernunft keine intuitive Funktion habe – dadurch können uns die Dinge nicht in ihrem Ansichsein gegeben und von unserer Vernunft rezeptiv erfaßt werden –, sowie auf einem subjektivistischen Ansatz, der die realen Formursachen in den Dingen durch subjektive Erkenntnisformen ersetzt. Die Objekte verkürzen sich zu Phänomenen, die das Subjekt konstituiert. Im → Idealismus, wie er sich dann bei → Hegel (Phänomenologie des Geistes; Wissenschaft der Logik) darstellt, wird das Reale monistisch zum Prozeß einer Weltvernunft, in welchem Subjekt und Objekt, Geist und Materie bzw. Natur als dialektisch gegensätzliche Momente auftreten. Hegel mißversteht dabei gänzlich die aristotelische *nóēsis noéseōs* als ebensolchen Prozeß (Enzyklopädie der Wissenschaften). In konsequenter Umkehrung behauptet dann der → Materialismus, daß das Reale der Prozeß der Materie ist. In der Phänomenologie E. Husserls (1859-1938) (Ideen zu einer reinen Phänomenologie) wird das uns unmittelbar bewußte Reale als »Ansichtssache« eingeklammert und nur nach der Seite seiner Bewußtseinsphänomene, im Erlebnisstrom des Subjekts, betrachtet, in dem sie sich als Objekte, d.h. als intentionale Sinneinheiten, konstituieren. → Heideggers M.-Kritik (Sein und Zeit) erfolgt von existentiellen Grundstimmungen aus (so der Angst und des geschichtl. Schicksals), in denen uns Welt ersteht, um von hier aus das Sein zu bedenken. Die traditionelle Lehre vom Seienden als Erstbekanntem erscheint ihm als »oberflächliche Seinsmeinung«. Traditionell entspricht jedoch das Sein dem unmittelbaren Realitätsbewußtsein und ist intelligible (transzendentale) Voraussetzung auch für alles Meinen und existentiell stimmungsmäßig Erfahrbare. Auf der Ebene der subjektiven, existentiellen (praktischen) Interessen vollzieht sich noch gar nicht die interesselose (theoretische) Betrachtung alles Seienden als solchen.

Lit.: Aristoteles' Metaphysik I-VI, mit Einleitung und Kommentar, hg. von H. Seidl, 1978, [2]1982, [3]1989; Aristoteles' Metaphysik VII-XIV, hg. von H. Seidl, 1980, [2]1984, [3]1991.

E. Coreth: Metaphysik, [2]1964; H. Meyer: Systematische Philosophie, II: Grundprobleme der Metaphysik, 1958; H. Seidl: Beiträge zu Aristoteles' Erkenntnislehre und Metaphysik, 1984; ders.: »Zur Seinsfrage bei Aristoteles und Heidegger«, in: Zeitschrift für philosophische Forschung 30 (1976), 203-226.

H. Seidl

Methodismus/Methodisten

Der Begriff »Methodisten« wurde von Gegnern dieser Erweckungsbewegung im 18. Jh. gebraucht, wie John Wesley, der Führer der Bewegung, in seiner Abhandlung »Die Kennzeichen eines Methodisten« feststellt. Über das Selbstverständnis der Methodisten schreibt er dort weiter:

»Was einen Methodisten kennzeichnet, besteht nicht in irgendwelchen Meinungen ... Wir glauben, daß die ganze Heilige Schrift von Gott eingegeben ist ... Wir glauben, daß das geschriebene Wort Gottes die alleinige und hinreichende Richtschnur des christlichen Glaubens und Lebens ist ... Wir glauben, daß Christus ewiger und wahrhaftiger Gott ist ... Aber in allen Fragen, die nicht die Wurzel des Christentums treffen, halten wir es mit der Regel: Denken und denken lassen.«

1. Die Anfänge

In den 30er Jahren des 18. Jh.s fanden sich einige Studenten in Oxford, unter ihnen die Brüder John (1703-1791) und Charles → Wesley (1707-1788) und ihr Freund George → Whitefield (1714-1770), zu regelmäßigem Bibelstudium und Pflege praktischen Christentums zusammen. Ihr »methodisches« Vorgehen sollte ihnen helfen, den Weg zur → Heilsgewißheit zu finden. Von besonderer Bedeutung wurde für John Wesley die Begegnung mit einer Gruppe von Herrnhuter Auswanderern, die ihn durch ihren überzeugenden Glauben beeindruckten.

Am 24. 6. 1738 suchte er eine rel. Gemeinschaft in London auf. Beim Lesen von Luthers Vorrede zum Römerbrief traf ihn die Beschreibung der Veränderung, »welche Gott durch den Glauben an Christus im Herzen wirkt, da wurde es mir seltsam warm ums Herz. Ich wurde inne, daß ich für das Heil meiner Seele wirklich auf Christus vertraute, auf Christus allein.« (Aus dem Tagebuch). Mit seinem Bruder und einigen Freunden zusammen begann er die neugeschenkte Erkenntnis von der Rechtfertigung des Menschen durch Christus zu predigen, vor allem auch unter den bisher von der Kirche vernachläßigten Industriearbeitern, und löste so eine große Erweckung aus.

Wesley verstand sich aber zeitlebens als Pfarrer der Kirche von England, um deren Wiederbelebung auf Grund der Bibel es ihm ging. Wegen zunehmender Ablehnung durch die Kirchenführer wurde er zu einem »Kirchengründer wider Willen« (Martin Schmidt).

Durch ausgewanderte Laien begann die methodistische Bewegung auch in den amerikanischen Kolonien sich auszubreiten. Nach dem Unabhängigkeitskrieg war es nötig, der Bewegung in Amerika feste Formen zu geben.

2. Von der Bewegung zur Kirche

Weihnachten 1784 wurden die methodistischen »Circuit Riders«, die reitenden Evangelisten, nach Baltimore zu einer Konferenz eingeladen. Dort wurden die von Wesley mit dem Aufbau des Werkes in Amerika bestimmten Thomas Coke und Francis Asbury zu aufsichtsführenden Ältesten gewählt und ordiniert, sowie die von Wesley bearbeiteten 39 anglik. Religionsartikel als Grundlage der Lehre angenommen.

Coke und Asbury nannten sich fortan Bischöfe. Von da datiert die bischöfliche Verfassung der Ev.-methodistischen Kirche. Das Werk fand durch beispiellosen und selbstverleugnenden Einsatz vieler Reiseprediger eine große Verbreitung. Auch in Großbritannien wurde 1784 ein Schritt auf die Selbständigwerdung als Kirche getan, indem in der »Deed of Declaration« das bisher auf den Namen Wesleys eingetragene Kirchengut auf eine Auswahl von hundert Predigern, die »Legal Hundred«, übertragen wurde. Zur eigentlichen Organisation als Kirche kam es in Großbritannien allerdings erst nach dem Tode John Wesleys.

3. Der Beginn einer deutschsprachigen Arbeit

Wegen der vielen deutsch-sprechenden Auswanderer in Amerika begann der junge methodistische Laienprediger Jacob → Albrecht 1796 mit der Predigt in deutscher Sprache. Da die damalige Leitung der methodistischen Kirche die Notwendigkeit einer förmlichen Organisation der deutsch-sprachigen Arbeit nicht einsehen wollte, kam es zu einer eigenständigen Arbeit der Albrechtsbrüder oder Evangelischen Gemeinschaft. Eine weitere deutschsprachige Arbeit ist mit den Namen Wilhelm Otterbein (1726-1813) und Martin Böhm (1725-1812) verbunden, die sich unter dem Namen »Vereinigte Brüder in Christo« als Kirche konstituierten. 1946 erfolgte die Vereinigung der Evangelischen Gemeinschaft und der Vereinigten Brüder zu einer Kirche, welche in Europa den Namen »Evangelische Gemeinschaft« beibehielt.

1835 begann Wilhelm Nast (1807-1899), ein in Tübingen ausgebildeter Theologe, auch im Namen der methodistischen Kirche mit einer deutsch-sprachigen Arbeit, zunächst in Amerika. Bald aber wurde auch eine Missionsarbeit auf dem europ. Kontinent von Bremen aus begonnen.

1968 kam es nach mehrjährigen Vorbereitungen zu einem weltweiten Zusammenschluß der Methodistenkirche und der Evangelischen Gemeinschaft zur Evangelisch-methodistischen Kirche (EmK; United Methodist Church).

4. Schwerpunkte der Lehre

Die Methodistische Kirche ist eine »Bekenntniskirche ohne eigenes Bekenntnis«. Als Lehrgrundlagen werden neben der Bibel die altkirchl. Bekenntnisse angesehen. Von Beginn an galten auch die Lehrpredigten Wesleys, seine »Erklärenden Anmerkungen zum Neuen Testament« und die »Allgemeinen Regeln« als Lehrnormen. Es lassen sich aber doch einige Schwerpunkte methodistischen Lehrens und Lebens herausarbeiten.

Das hauptsächliche Anliegen Wesleys war die Verkündigung der → Heiligung oder christl. Vollkommenheit. Damit richtete er sich gegen ein untätiges Christentum, das in einem falschen Gottvertrauen eingeschlafen war. Wesley ging es um einen lebendigen in der Liebe tätigen Glauben. Aus seiner Heiligungsvorstellung heraus war er auch in sozialen und päd. Bereichen rastlos tätig. Die EmK kennt deshalb als integrierenden Bestandteil ihrer Kirchenordnung ein immer wieder neu überdachtes und formuliertes »Soziales Bekenntnis«.

In einer Predigt über »ökumenische Gesinnung« machte Wesley zudem auch klar, daß ihm das gemeinsame Zeugnis aller Nachfolger Christi wichtig war. Er wollte nicht durch nebensächliche dogmat. Fragen das gemeinsame Christuszeugnis beeinträchtigen lassen. Zu ihrem besonderen theol. Erbgut gehört daher das Interesse am Überwinden denominationeller Trennungen.

Von Anfang an verstand sich der Methodismus auch als eine mission. Erweckungsbewegung innerhalb der sich noch als christl. bezeichnenden, aber nicht mehr nach dem Willen Christi lebenden Menschen. So entstand innerhalb und außerhalb der anglik. Kirche eine Erweckungsbewegung, für die man lange als bedeutungsgleich entweder den Begriff »evangelical« oder »methodist« verwendete.

5. Organisation

Die methodistische Kirche ist in einem Verbundsystem von Konferenzen (»Connexio«) aufgebaut, von der Bezirkskonferenz der einzelnen Gemeinden über die Zentralkonferenz (in Amerika Jurisdiktionalkonferenz) bis hin zur alle vier Jahre tagenden Generalkonferenz als der obersten gesetzgebenden Behörde der weltweiten EmK (United Methodist Church).

Die Träger der methodistischen Erweckung waren von Anfang an vor allem Laienmitarbeiter. So spielt die Arbeit der Laien, aber auch deren Ausbildung, seit jeher im Methodismus eine große Rolle.

Die Frauen sind den Männern in allen Belangen, auch im Blick auf das vollzeitliche und ordinierte Predigtamt, gleichgestellt. So sind zur Zeit in den USA verschiedene Frauen auch in einem Bischofsamt tätig.

Die EmK ist eine Freikirche. Miglied wird man durch freien Entschluß. In einer Aufnahmefeier wird der Glaube an Christus und der Wille zur Nachfolge Christi öffentlich vor der ganzen Gemeinde bekannt. Diese Aufnahmefeier ist bei Ungetauften mit dem Vollzug der Taufe verbunden. Die EmK vollzieht die Taufe aber auch an Kindern, wenn sie von gläubigen Eltern gewünscht wird.

Die Trennung von Kirche und Staat ist in der EmK schon lange praktisch verwirklicht. Die finanziellen Mittel für den Dienst der Kirche werden durch freiwillige Beiträge aufgebracht.

Neben der Evangelisch-methodistischen, der größten Kirche innerhalb der methodistischen Familie, gibt es weltweit eine ganze Reihe von andern methodistischen Kirchen, die zum Teil, wie etwa die britische, keine bischöfliche Verfassung haben. 1881 fanden sich ihre Vertreter zum ersten Mal in der »ökumenischen methodistischen Konferenz« zusammen, die seit 1951 als methodistische Welt-Konferenz alle fünf Jahre tagt, zuletzt 1991 in Singapore. Im methodistischen Weltrat sind über 60 verschiedene methodistische Kirchen vertreten.

6. Die Situation in Europa

Der Methodismus kam durch mission. Arbeit zunächst ab 1830 von Großbritannien, 1849 von Amerika her nach Deutschland und der Schweiz. Weitere mission. Tätigkeiten der bischöflichen Methodisten erfolgten vor allem in Frankreich und in Osteuropa, während die methodistischen Kirchen in Italien, Spanien und Portugal auf die Arbeit britischer Missionare zurückgeht. Nach der polit. Wende erfolgte in Deutschland 1992 die formelle Wiedervereinigung der beiden Zentral-Konferenzen in Ost- und Westdeutschland. Heute sind auf dem europäischen Kontinent in der EmK vier Bischöfe im Amt: in Stockholm für Skandinavien und Estland, in Frankfurt für Deutschland, in Zürich für Mittel- und Südeuropa und in Moskau für den Aufbau und die Koordination der wachsenden Arbeit auf dem Gebiet der ehemaligen Sowjetunion. Mit den britischen Methodisten wird im Europäischen

Rat der EmK auf vielen Gebieten in zunehmendem Maße zusammengearbeitet.

Lit.: The Encyclopedia of World Methodism, 2 Bde., 1974; A.C. Outler: Das theologische Denken John Wesleys, kommentiert für unsere Zeit, 1991; M. Schmidt: John Wesley, 3 Bde., [2]1987; C.E. Sommer: Der Methodismus, Die Kirchen der Welt VI., 1968; K. Steckel, C.E. Sommer: Geschichte der Evangelisch-methodistischen Kirche, 1982.

H. Hauzenberger

Methodistische Missionsgesellschaften

Der → Methodismus war von Anfang an eine mission. Bewegung. Festere Struktur und eine bewußte weltweite Ausrichtung erhielt die methodistische Missionstätigkeit aber vor allem durch Thomas Coke (1747-1814), der mit Francis Asbury zusammen die Arbeit in Nordamerika organisierte, aber auch in Westindien missionierte. 1813 erfolgte die Gründung der wesleyanischen methodistischen Missionsgesellschaft. 1820 wurde in Amerika die »Methodist Missionary Society« gegründet, welche sich zunächst einmal vor allem der Mission unter den Indianern annahm, bald aber in alle Welt Missionare aussandte. 1870 erfolgte die offizielle Gründung der »Woman's Foreign Missionary Society«. Frauen spielen in der methodistischen Weltmission bis heute eine große Rolle. Methodistische Missionsarbeit ist immer verbunden mit der Gründung sozialer Institutionen wie Schulen und Krankenhäuser. Die Kirchen in der Dritten Welt sind heute selbständig. Mission. Dienst geschieht partnerschaftlich in beiden Richtungen. Missionsgesellschaften existieren heute in vielen Ländern.

Lit.: C. Davey: Missionar aus Leidenschaft. Das bewegte Leben des Thomas Coke, 1988; The Encyclopedia of World Methodism, 2 Bde., 1974.

H. Hauzenberger

Methodius → Cyrillus und Methodius

Methodius von Olympos

Seine Lebensdaten sind weithin unbekannt; wahrscheinlich ist er in der diokletianischen Verfolgung (→ Christenverfolgung, 2) den Märtyrertod gestorben. Hieronymus ist der erste, der M. als Bischof von Olympos in Lykien erwähnt. Auch andere Städte (z.B. Tyros, Patara, Myra) werden als Orte seiner bischöflichen Wirksamkeit genannt. Wahrscheinlicher ist jedoch, daß M. als Wanderlehrer und einer der letzten freien charismat. Propheten gewirkt hat. Seine Schrift »Das Gastmahl« behandelt die jungfräuliche Keuschheit. Auch die übrigen Schriften (z.B. über die Auferstehung, über die Willensfreiheit etc.) sind asketischen Inhalts und nur slawisch erhalten. Kommentare hat er über das 1. Buch Mose und über das Hohe Lied verfaßt. Unter den ihm zugeschriebenen Fälschungen hat die Johannesoffenbarung im MA besondere Wirkung gehabt.

M. legt wie → Origenes die Bibel grundsätzlich übertragen aus und vertritt auch sonst vieles von dem, was Origenes gelehrt hat. Nur in der Schöpfungslehre weicht er von ihm ab. Die Vorgeschichte des arianischen Streites wird aus seinen Texten verständlich; ebenso kann er wegen seiner grundsätzlichen Askese als einer der Väter des → Mönchtums gelten. Vieles, was über ihn bekannt ist, wird allerdings spekulativ erschlossen.

Lit.: R. Williams: »Methodios von Olympos«, TRE 22, 1992, 680-684 (Lit.).

G. Ruhbach

Metropolit → Ämter, kirchliche

Mette → Stundengebet

Mez, Carl (1808-1877)

M., geb. am 20. 4. 1808 in Kandern, gest. am 28. 5. 1877 in Freiburg/Br., Seidenindustrieller, oppositioneller Politiker in Baden und der Nationalversammlung 1848 in der Paulskirche von Frankfurt. Der Not des wirtschaftl. armen Schwarzwalds begegnet M. mit der Errichtung von Filialfabriken. So können die (meist weiblichen) jungen Arbeiter in der Familie wohnen bleiben (1. Filiale 1838 in Villingen). 1835 Errichtung eines Wohnheimes für die in seinen Werken in Freiburg arbeitenden Frauen (kostenlose Unterkunft, eine Art Familienersatz, Möglichkeit der Weiterbildung).

Schon im Vormärz realisierte er die Forderungen des modernen Sozialstaates (Pflichtkrankenversicherung mit Arbeitgeberanteil; Arbeitsschutz; Kündigungsfrist; keine Sonntagsarbeit und Kinderarbeit; Betriebssparkasse mit hoher Rendite usw.). 1848 stellte er im badischen Landtag die genossenschaftliche Form der Industrie als Ideal dar. 1871 gründete er als eine Antwort auf die sozialen Probleme seiner Zeit zusammen mit Vertretern von St. → Chri-

schona die »Bundesfabrik« Hasel, in der die Arbeiter an Leitung und Gewinn beteiligt wurden. Ein bestimmter Gewinnanteil floß in die Mission. Diese Bemühungen in der Industrie flankierte er durch seinen polit. Kampf zur Umsetzung der Menschenrechte an der Seite der badischen Revolutionäre. Von Beginn an (1843) begründete er seine Aufgabe christl., zunächst im Sinn einer moderaten Aufklärungsfrömmigkeit, seit 1845/46 traten durch den Kontakt zur Brüdergemeine und den Führern der badischen Erweckten (W. Stern; A. → Henhöfer) die Motive der Erweckungsfrömmigkeit stärker hervor. Nach 1850 wirkte er aktiv in der badischen Landeskirche mit; in St. Chrischona bemühte er sich v.a. um die Missionsarbeit in Jerusalem und Ägypten. In Freiburg gründete er das Ev. Stift.

Lit.: J. Kober: Mez, 1892; K. vom Orde: Mez, in: G. Schwinge (Hg.): Erweckung in Baden, 1990; ders.: Mez, 1992 (Lit.), [2]1994; ders.: »Mez« BBKL V, 1993.

K. vom Orde

Micha → Propheten Israels

Michaelis, Walter (1866-1953)

M., geb. am 4. 3. 1866 in Frankfurt/Oder, gest. am 9. 10. 1953 in Göttingen, Studium der Theologie in Halle, Leipzig, Berlin und Greifswald, 1892-1901 Pfarrer in Bielefeld mit großer Wirksamkeit, 1901-1906 Missionsinspektor der Bethel-Mission, 1906-1908 freier Evangelist, 1908-1919 wieder Pfarrer in Bielefeld; von 1906-1911 ehrenamtlich und von 1919-1953 hauptamtlich Vorsitzender des Gnadauer Verbandes (→ Ev. Gnadauer Verband). Von 1919-1930 hatte er einen Lehrauftrag für Missionswissenschaft und Praktische Theologe an der Theol. Schule in Bethel inne; gerne hätte F. von → Bodelschwingh (Vater) ihn schon bei der Begründung der Theol. Schule 1905 als hauptamtlichen Dozenten gewonnen.

M.' lange Tätigkeit im Vorsitz des Gnadauer Verbandes hatte ihre großen Wirkungen: Er hielt die junge Gemeinschaftsbewegung als einer der Mitverantwortlichen der → Berliner Erklärung 1909 von der → Pfingstbewegung fern; er sorgte dafür, daß Gnadau – trotz mancher freikirchl. Neigungen nach 1918 – eine der Landeskirche verbundene Bewegung blieb, und er hat schon im Spätjahr 1933 eindeutig gegen die Glaubensbewegung → Deutsche Christen Stellung bezogen, so daß der Gnadauer Verband, von wenigen Ausnahmen abgesehen, klar und eindeutig durch die Zeit des

Nationalsozialismus hindurchkam, damit allerdings auch mancherlei Behinderungen zu bestehen hatte. Nach 1945 stärkte M. die Eigenständigkeit der Gemeinschaftsbewegung gegenüber Eingliederungsbestrebungen in die Landeskirche und hat die geistl. und öffentliche Konsolidierung der Gemeinschaftsbewegung durch sein klares, bibl. begründetes Urteil wesentlich gefördert. M. hat die → Pfarrergebetsbruderschaft (PGB) mit begründet und war von 1934-1946 ihr Vorsitzender.

Lit.: W. Michaelis, Erkenntnisse und Erfahrungen aus 50jährigem Dienst am Evangelium, 1949.
G. Ruhbach: Der Weg der Gemeinschaftsbewegung im Dritten Reich, in: K. Heimbucher (Hg.): Dem Auftrag verpflichtet, 1988, 26-46.

G. Ruhbach

Michaelistag

Nach der Überlieferung zählen Michael (»Wer ist wie Gott«, Dan 10,13; Jud 9, Offb 12,7), Gabriel (Lk 1,19.26) und Rafael (Tob 12,15) zu den Erzengeln, einer hervorgehobenen Gruppe unter den himmlischen Boten Gottes. Ev. Christen begehen am 29. September den Tag des Erzengels Michael und aller Engel (»Erneuerte Agende«, S. 348). Die liturg. Farbe ist weiß; das Ev. Lk 10,17-20 berichtet von der Macht, die die Jünger Jesu in seinem Namen über die bösen Geister ausüben (»Ich sah den Satan vom Himmel fallen wie einen Blitz«), die Epistel Offb 12,7-12a [12b] vom Kampf Michaels und seiner Engel mit dem Drachen. Der M. wird in vielen Gemeinden gottesdienstl. begangen, entweder am 29.9. selbst oder am Sonntag zuvor. Die kath. Kirche feiert den M. als Fest der Erzengel Michael, Gabriel und Rafael; bei der Neuordnung des Kirchenjahres wurden die Feste der Erzengel Gabriel (24.3.) und Rafael (24.10.) mit dem M. vereint. Auch hier steht der Kampf der Engel gegen die Macht des Bösen im Mittelpunkt, ergänzt durch den Gedanken des Schutzes, den sie gewähren (ein eigenes Schutzengelfest wird am 2.10. begangen).

Bereits zu Beginn des 5. Jh.s wurden dem Erzengel Michael in Italien Kirchen gewidmet; nach einer Erscheinung Michaels auf dem Berg Gargano in Süditalien am 8. 5. 492 breitete sich seine Verehrung rasch aus. Er galt als Schutzpatron Roms und des Heiligen Römischen Reiches Deutscher Nation (deshalb die Bezeichnung »deutscher Michel«). Das Datum des M.s hängt vermutlich mit der Weihe der Michaelskirche an der Via Salaria in Rom am 29. oder 30. 9. zusammen; zu seiner Popularität mag aber auch seine Stellung im Jahreslauf (Abschluß der Ernte; Herbstbeginn; wichtiger Markt-, Dienst- und Zinstermin) beigetragen haben.

Lit.: A. Adam: Das Kirchenjahr mitfeiern, 1979; G.v. Gynz-Rekowski: Der Festkreis des Jahres, [2]1985; Erneuerte Agende, Vorentwurf, 1990.

K.-H. Bieritz

Michaelsbruderschaft → Evangelische Michaelsbruderschaft

Michel, Otto (1903-1993)

Ev. Theologe, geb. am 28. 8. 1903 in Wuppertal; 1922-26 Theologiestudium in Tübingen bei A. → Schlatter und K. → Heim, in Halle bei J. → Schniewind und W. → Lütgert. 1928 Promotion über »Paulus und seine Bibel« bei E.v. Dobschütz, anschließend Habilitation; 1927-30 Inspektor des Tholuck-Konvikts in Halle, danach bis 1933 Studentenpfarrer ebenda. Im → Kirchenkampf Mitglied der Bekennenden Kirche. 1934/35 Pfarrer in Lüdenscheid, danach Assistent wieder in Halle; 1940 Vertretung des Lehrstuhls von G. → Kittel in Tübingen; 1943-45 Soldat; 1946 o. Prof. für NT in Tübingen. 1952 Verweigerung der Zustimmung zum (vermittelnden) Gutachten der Fakultät »Für und wider die Theologie Rudolf Bultmanns«. Seit 1955 Aufbau des Tübinger → Institutum Judaicum. 1957-69 zusammen mit O. Bauernfeind kommentierte zweisprachige Edition des Bellum Judaicum von → Josephus. Vielfältige Mitarbeit im kirchl. Bereich, insbesonders in der → Studentenmission und bei den von der → Pfarrer-Gebets-Bruderschaft veranstalteten Ferienseminaren für Theologiestudenten (seit 1961) sowie als Mitherausgeber der »Theologischen Beiträge« (seit 1970). 1969 Mitbegründer des → Albrecht-Bengel-Hauses in Tübingen; Gründungsmitglied des Theologischen Konvents der → Konferenz Bekennender Gemeinschaften; 1971 Emeritierung.

M. steht bewußt in der Tradition der durch Namen wie → Tholuck, → Kähler und → Schniewind gekennzeichneten hallischen Erweckungstheologie und ist als Neutestamentler und Judaist Vertreter einer hermeneutisch reflektierten → Biblischen Theologie, die auf einer Verwurzelung christl. Theologie im atl. hebr. Denken insistiert. In der Auseinandersetzung um die → Entmythologisierung des NT

betonte M. die Unablösbarkeit des Evangeliums von der konkreten Geschichte (»Heilsereignis und Wortgeschehen im NT« 1962). Bereits 1955 verwies er in einem Aufsatz auf die theol. Notwendigkeit der Rückfrage nach dem historischen Jesus (»Der historische Jesus und das Gewißheitsproblem«). Seine wissenschaftl. Kommentare zum Hebräer- und Römerbrief (1936 bzw. 1955) gelten seit Jahrzehnten als Standardwerke.

Lit.: O. Michel: Paulus und seine Bibel, [2]1972; Prophet und Märtyrer, 1932; Der Brief an die Hebräer, [7]1975; Das Zeugnis des Neuen Testaments von der Gemeinde, [3]1986; Der Brief an die Römer, [5]1978; Aufsehen auf Jesus. Biblische Auslegungen für Christen heute, [4]1981; Dienst am Wort. Gesammelte Aufsätze, hg. von K. Haacker, 1986; Anpassung oder Widerstand. Eine Autobiographie, 1989.

H. Burkhardt

Midrasch

M. (vom hebr. Verbum *darasch*, »suchen, forschen«) bedeutet schon 2Chr 13,22 (»Midrasch des Propheten Iddo«) und 2Chr 24,27 (»Midrasch des Buchs der Könige«) das Studium heiliger Schriften und dessen Ergebnis (vgl. Esr 7,10f; Dan 9,24-27). In den Qumranschriften ist der Begriff M. noch selten (vgl. 4 Q Flor I,14: »Midrasch« zu Ps 1,1 mit pescher-artiger Auslegung), erlangt dann aber seine eigentliche technische Bedeutung im rabbin. Schrifttum, wo er beides bezeichnet: (a) das Erforschen der tieferen Bedeutung einer Aussage der hl. Schrift, (b) das Resultat solchen Forschens, die gelehrte, schriftlich niedergelegte Auslegung. Im Blick auf den Inhalt wird zwischen zwei Arten von M.im unterschieden: (a) der den rechten »Wandel« regelnden Auslegung der Gebote (= M. → Halacha), (b) dem nicht-halachischen M.→ Haggada, der erzählen, predigen und theol. erbauen will.

Der M. begann damit, daß man im Synagogengottesdienst die Schriftabschnitte für die Sabbate und Feste auslegte (b Ber 28a); auch in dem Targum, der Übertragung des hebr. Textes in das Aram., gab es midraschartige Exegese. Man war allerdings der Meinung, daß es von Anfang an einen erläuternden Kommentar zur schriftlichen Tora gegeben haben müsse, da in dieser die Angaben zur Ausführung der Gebote manchmal nicht exakt genug sind.

Für die Auslegung wurden hermeneutische Regeln aufgestellt (Middoth): zuerst 7, dann 13 und schließlich 32. Die Art dieser Exegese, vor allem die des haggadischen M., ist nicht im modernen Sinne analytisch oder hist.-kritisch, sondern synthetisch-konstruktiv. Unterschiede und Gegensätze werden zwar gesehen, aber theol. überwunden, wobei die hist. differenzierende Sicht gegenüber der Auffassung von der Einheitlichkeit des Gotteswortes zurücktritt. Wichtig sind die Tiefe und Weite des Schriftworts, die Beachtung des Details, die Möglichkeit der Verknüpfung der einzelnen Aussagen aufgrund sprachlicher oder inhaltlicher Ähnlichkeiten.

Lit.: W. Bacher: Die Aggada der Tannaiten I/II, 1884-1890; ders.: Die exegetische Terminologie der jüdischen Traditionsliteratur, I/II 1899, 1905; H.L. Strack: Einleitung in Talmud und Midrasch, [6]1976 (ergänzt von G. Stemberger).

O. Betz

Militärseelsorge

M. ist seit Jahrhunderten der »Dienst der Kirche unter den Soldaten«. Er geschieht als auch vom → Evangelium her gebotene berufsbezogene Verkündigung und gruppenspezifische

Seelsorge. So ist die M. die Ausrichtung des kirchl. Auftrags am jeweiligen Einsatzort des Soldaten in Friedens- und Kriegszeiten. Zugleich ermöglicht sie die im Grundgesetz garantierte eigene, freie Religionsausübung in den besonderen Strukturen einer Armee.

Grundlage der M. ist ein Vertrag mit der Bundesrepublik Deutschland. Für die kath. Kirche gelten die Regelungen des Konkordates von 1933, so daß es im gesamten Bundesgebiet eine einheitlich eingerichtete M. gibt. Im ev. Bereich gibt es unterschiedliche Strukturen. Hier gilt im Westteil der 1957 zwischen der EKD und der BRD abgeschlossene »Militärseelsorgevertrag«. So werden die hauptamtlichen Militärpfarrer (Standortpfarrer) als zivile Bundesbeamte auf Zeit (6-12 Jahre), die leitenden Geistlichen (sechs Wehrbereichsdekane und ein Dekan beim Flottenkommando) auf Lebenszeit berufen. Übergeordnet ist das Ev. Kirchenamt für die Bundeswehr, das vom Militärgeneraldekan geleitet wird (auf kath. Seite: Kath. Militärbischofsamt mit Militärgeneralvikar). Dieser untersteht bei Verwaltungsaufgaben dem Bundesminister für Verteidigung, in allen geistl. Fragen dem nebenamtlich tätigen Militärbischof. Dabei gewährt dieses Modell partnerschaftlicher Zusammenarbeit zwischen Staat und Kirche der M. die völlige Eigenständigkeit, ohne Militärkirche zu sein. Militärpfarrer tragen keine Uniform. Für die fünf neuen Bundesländer findet der M.vertrag z.Zt. keine Anwendung. Die Seelsorge an Soldaten nimmt in der Regel ein Gemeindepfarrer nebenamtlich wahr, der als »Beauftragter für Soldatenseelsorge« berufen wird. Die endgültige Form einer einheitlichen Regelung für die gesamte EKD steht noch aus.

Die Hauptaufgabe des Militärpfarrers liegt in der intensiven Seelsorgetätigkeit. Er ist der Ansprechpartner in allen Fragen der Lebensgestaltung, auch für die Familienangehörigen. Sein Dienst beschränkt sich damit nicht allein auf die Verkündigung des Evangeliums im Gottesdienst, sondern er hält auch den »Lebenskundlichen Unterricht« (getrennt nach Dienstgraden); beides in der Regel einmal monatlich. »Rüstzeiten« der M. sind ein besonderes kirchl. Angebot, sich außerhalb des militärischen Bereichs für mehrere Tage mit Glaubens- und Lebensfragen zu beschäftigen. Sie werden als Soldaten- und Familienrüstzeiten, sowie verbandsbezogen (CoV, CVJM, EC) angeboten.

In der Schweiz ist die M. prot. oder kath. Gemeindepfarrern übertragen. Sie erhalten eine kurze militärische Ausbildung, tragen bei ihren dem Milizsystem entsprechend kurzzeitigen seelsorgerl. Diensten als Offiziere Uniform. Es gibt keine Hauptamtlichen. Die geistl. Leitung liegt jeweils bei einem prot. oder kath. Feldpredigerdienstchef.

Dagegen wird in Österreich die ev./kath. M. durch hauptamtl. Militärpfarrer mit zeitlich unbefristetem Auftrag und Militärpfarrer im Nebenamt wahrgenommen. Die Militärpfarrer sind als Uniformträger den entsprechenden militärischen Ebenen erkennbar zugeordnet, haben aber keinen militärischen Dienstgrad, sondern kirchliche Amtstitel. Die Leitung hat katholischerseits ein hauptamtlicher. Militärbischof und evangelischerseits der Militärsuperintendent.

In beiden Ländern unterscheidet sich der kirchl. Dienst inhaltlich nicht von den Aufgaben der deutschen M.

Lit.: ags – Arbeitsgemeinschaft Soldatenseelsorge (mitteljährl.); Beiträge aus der Ev. Militärseelsorge (zweimal jährl.), Europäisches-Militärseelsorge-Jahrbuch, hg. von Ev. Kirchenamt für die Bundeswehr, (jährl.); NL Neue Lage. Rundbrief für Soldatenbibelkreise, hg. von AG Soldatenseelsorge (ags), (vierteljährl.); Sternbrief der Cornelius-Vereinigung (CoV), hg. von Cornelius-Vereinigung, (dreimal jährl.)

K.-D. Zunke

Millennium → Tausendjähriges Reich

Miller, William → Adventisten

Milton, John (1608-1674)

M., geb. am 9. 12. 1608 in London, gest. ebenda am 8. 11. 1674, war der Sohn eines wohlhabenden Notars. Er besuchte St. Paul's School und das Christ's College, Cambridge (1624/25-1632), welches das Zentrum des Puritanismus an der Universität war. Die Neigung zum radikalen Puritanismus wuchs in ihm, während er seine europäische »Grand Tour« machte. Während der Tagung des »langen Parlaments« (1640) begann M. Pamphlete gegen das episkopale Establishment zu schreiben (The Reasons of Church Government Urged Against Prelacy, usw.). Er hat auch gegen die Ausübung der Zensur für Bücher (Areopatica) protestiert. Da er Schwierigkeiten in seiner ersten Ehe (1643) mit Mary Powell von Forest Hall, Oxfordshire, hatte, begann er, die Ehescheidung zu verteidigen. Für die Öffentlichkeit offenbar verborgen wurde M. Antitrinitarier. Seine Werke Paradise Lost (1665), Paradise Regained (1671) und Samson Agonistes (1671) machten M. zu einem der größten Dichter. M. schrieb diese Werke nach seiner Erblindung und der Wiederherstellung von Monarchie (1660) und Staatskirche, die seine Laufbahn bei der englischen Regierung als Lateinsekretär beendete.

Lit.: Ch. Hill: Milton and the English Revolution, 1977; ders.: The World Turned Upside Down. Radical Ideas During the English Revolution, 1972; R. Luckett: »Milton, John«, TRE 22, 1992, 753-759.

R.C. Walton

Minderheitenrecht, kirchliches

Schon vor 1918 gab es ein kirchl. M., z.B. in Württemberg (»Konventikelerlaß« vom 10. 10. 1743) und bezüglich der sogenannten Kapellengemeinden in Hamburg (Anfänge 1862), Bremerhaven und Heidelberg (eigenes Pfarrwahlrecht). Nach 1918 durften Minderheitengemeinden in Baden, Nassau und Thüringen gegründet werden. Ohne Gemeindegründungen konnte einem anderen als dem für die Parochie zuständigen Pfarrer die geistl. Versorgung einer bekenntnis- oder volkstumsmäßigen Minderheit gestattet werden in Anhalt, Braunschweig, Hannover, Schleswig-Holstein, Waldeck, Pyrmont. In der Altpreußischen Union gab es Regeln für Gottesdienste auswärtiger Pfarrer in den Gemeinden, Verf.-Urk. vom 29. 9. 1922, Art. 52, ähnlich Rheinland und Westfalen, KO i.d.F. vom 6. 11. 1923, § 78. Nach kirchl. Recht kann ein Gemeindeglied aus besonderen Gründen für einzelne Amtshandlungen oder dauernd einen anderen als den zuständigen Pfarrer in Anspruch nehmen (Einzel- bzw. Generaldimissoriale). Neuerdings gibt es weitere Lockerungen des Parochialzwangs durch Regelungen für die Gemeindezugehörigkeit in besonderen Fällen (z.B. bei Wohnsitzwechsel von Presbytern, kirchl. Mitarbeitern und Gemeindegliedern mit erkennbarer kirchl. Bindung an eine Gemeinde, die nicht ihre Wohnsitzgemeinde ist).

Im ökumen. Kirchenrecht, z.B. der Verfassung des ÖRK, gibt es im Hinblick auf die Zusammensetzung der Delegationen von Mitgliedskirchen für Vollversammlungen Empfehlungen, auch Laien, Frauen und junge Menschen angemessen zu berücksichtigen. In den Gliedkirchen der EKD werden zunehmend Frauenreferate gegründet bzw. Frauenbeauftragte berufen.

In Kirchenverfassungen ist garantiert, daß in Fragen des Bekenntnisses, der → Gottesdienstordnungen, Agenden, Lehr- und Gesangbücher den Angehörigen des jeweiligen Bekenntnisses im Entscheidungsprozeß der Vorrang eingeräumt wird (*itio in partes*). In Unionskirchen sind ref. Gemeinden Sonderrechte sogar bis zur Bildung eigener Strukturen zugebilligt worden.

In der EKD gibt es insofern kein Minderheitenproblem, als die → Leuenberger Konkordie durch Übernahme in die Grundordnung rechtlich rezipiert ist und alle Landeskirchen entsprechend ihrer Größe gleiche Rechte und Pflichten haben. Das Staatskirchenrecht inner- und außerhalb Deutschlands enthält wichtige Schutzvorschriften für rel. Minderheiten (z.B. Registrierung als Religionsgemeinschaft, Verleihung des Status als → Körperschaft öffentlichen Rechts oder einer anderen besonderen Rechtsstellung).

Leben rel. Minderheiten in einem konfessionell überwiegend anders gebundenen Raum, wird von → Diaspora gesprochen.

Lit.: P. Fleisch: »Minderheitenrecht, kirchliches«, EKL^2, 1958, 1332ff (Lit.); F. Lau: »Minderheiten«, RGG^3, IV., 1960, 957ff (Lit.).

H. Ehnes

Minucius Felix → Apologeten, altkirchliche

Mischehe → Ehe, -bruch, -scheidung

Mischna

Die M. (von hebr. *schanah*, »wiederholen«), die (wiederholt gesprochene) »Lehre«, bietet die am Ende des 2. Jh.s nach Chr. schriftlich niedergelegte, bis dahin vor allem mündlich überlieferte, Gesetzesauslegung der rabbin. Weisen (*Tanna'īm*, »Lehrer«). Sie wurde von Rabbi Jehudah ha-Nasī' gesammelt, systematisch geordnet und aufgezeichnet. In der M. enthalten sind die erläuternden und ergänzenden Ausführungsbestimmungen zu den Geboten der mosaischen Tora (→ Halacha), die nach der Auffassung der Weisen – ebenso wie das schriftliche Gesetz – die am Sinai gegebene und dann mündlich tradierte Offenbarung Gottes sein soll (Aboth 1,1). Die M., eine Art von Gesetzbuch zum rel. und bürgerlichen Recht, umfaßt sechs Ordnungen (*Sedarīm*) mit insgesamt 63 Traktaten (Massekhtōt), und zwar für die Gebiete: *Zerā'īm*, »Saaten« (Ackerbau); *Mō'ed*, »bestimmte Zeit« (Sabbate, Festtage); *Naschīm*, »Frauen« (Eherecht, Gelübde);

Neziqīn, »Schäden« (Zivil- und Strafrecht); *Qodaschīm*, »heilige Dinge« (Tempelopfer; Abgaben); *Tohorōth*, »reine Dinge« (Bestimmungen zur kultischen Reinheit).

Die Sprache der M. ist gegenüber dem Hebr. der Bibel und der Qumranschriften weiter entwickelt; auch fehlt es nicht an griech. und lat. Fremdwörtern. Die M. wurde durch die ähnlich angeordnete Tosefta ergänzt und in den beiden Talmudim von den »Amoräern«, den in Palästina und Babylonien während des 3.-5. Jh.s wirkenden Lehrern, kommentiert.

Bemerkenswert ist es, daß die durchaus verschiedenen Meinungen der vielfach beim Namen genannten Lehrer gleichberechtigt nebeneinander stehen; manchmal wird auch das Urteil der (Mehrheit der) Weisen angeführt. So spiegelt die M. den Schulbetrieb der Rabbinen während der ersten beiden Jahrhunderte der Zeitrechnung. Die in ihr enthaltenen Lehrmeinungen reichen zum Teil bis in die Zeit Jesu zurück; sie entsprechen dem Geist der Pharisäer, wie er uns aus den Evv. und den Schriften des Flavius Josephus bekannt ist.

Lit.: Ch. Albeck: Schischschah Sidre Mischnah (Die sechs Ordnungen der Mischna), 1959; Die Mischna, Text, Übersetzung und ausführliche Erklärung, hg. von A. Sammter, B. Hoffmann, O. Holtzmann, S. Krauß et al., 1912ff.

O. Betz

Missiologie → Missionswissenschaft

Mission

In der Mission (wörtl. Sendung) setzt die Gemeinde Christi auftragsgemäß und in der Kraft des Hl. Geistes fort, was Jesus als der Gesandte des Vaters zum Heil der Menschen vollbracht und er selbst unter den Menschen seiner Zeit predigend und heilend angefangen hat. Wie Jesus geht die Gemeinde über die eigenen Grenzen hinaus und ruft Menschen zu Umkehr und Glauben an ihren Herrn. Darin folgt sie Jesus nach und lädt zu solcher Nachfolge ein. M. gehört zum Wesen der Gemeinde Jesu Christi in der Welt.

1. Mission in der Bibel

M. ist in der Bibel keineswegs auf den sog. M.sbefehl beschränkt. Schon das AT kennt die Verheißung Gottes an Abraham (1Mo 12,3), daß in ihm »sollen gesegnet werden alle Geschlechter auf Erden« (Universalismus). Nach prophetischer Botschaft (Jes 2,3; Mi 4,2) werden am Ende der Tage die Völker zum Berg Zion kommen und dort die Weisung Gottes empfangen (eschatologische Völkerwallfahrt). Der Knecht Gottes ist gemacht »zum Licht der Heiden« und ist »das Heil bis an die Enden der Erde« (Jes 49,6). Auch wenn das AT keine ausdrückliche Mission als »Sendung zu den Heiden« kennt, werden »die anderen Völker« keineswegs vom Heil ausgeschlossen. Jesus wußte sich zwar vornehmlich zu Israel gesandt (Mt 15,24), und doch überschritt er die Grenzen seines Volkes und vollbrachte Heilungswunder als Zeichen der kommenden Gottesherrschaft auch an Nichtjuden (Mt 8,5f; 15,21f). Hier steht Jesus ganz in der prophetischen Tradition des AT. Ebenso sind die Jüngeraussendungen zu seinen Lebzeiten (Mt 10,7f; Lk 10,1f) Hinweise auf den alle nationalen und geographischen Schranken überschreitenden M.sauftrag des Auferstandenen an seine Jünger (Mt 28; Mk 16; Lk 24; Joh 20; Apg 1). Er gilt bis zu seiner Wiederkunft. Die Apostelgeschichte und die Briefliteratur des NT zeigen, daß die Geschichte der Christenheit von Anfang an eine Geschichte des Empfangens und Weitergebens der rettenden Botschaft von Jesus Christus gewesen ist. So ist Kirchengeschichte an jedem Ort zuerst M.sgeschichte.

2. Der bleibende Missionsauftrag

Im Verlauf von fast 2000 Jahren Kirchen- und Missionsgeschichte hat das Evangelium – grob gesehen – alle Länder der Erde erreicht: Es gibt heute kaum noch ein Land ohne Christen, auch wenn es manchmal nur kleine und verfolgte Gemeinden sind. Doch kann M.sgeschichte nicht als Erfolgsgeschichte geschrieben werden. Daneben steht die Geschichte des Abfalls und des Verlustes weiter Gebiete (Mittlerer Osten und Nordafrika im 7./8. Jh., Rußland im 20. Jh., die Säkularismus- und Entkirchlichungsbewegung in der Gegenwart). Der Gedanke einer Welt-Christianisierung ist weder realitätsnah noch bibl. zu begründen. Doch der Auftrag, das Evangelium an jeden Ort der Erde und in alle Bereiche des Lebens zu bringen, ist der gleiche geblieben. Er gilt jeder Christengeneration neu. Wenn es Christengemeinden in jedem Land und in allen Regionen der Welt gibt, muß M. jeweils von den Christen vor Ort und in weltweiter Partnerschaft miteinander getrieben werden. Dieser gemeinsame Auftrag von sog. alten und jungen Kirchen zusammen bestimmt heute die Weltmission.

3. Missionstheologische Diskussion

In der missionstheol. Reflexion besteht weitgehende Einigkeit hinsichtlich der Begründung der M. Sie ist nicht im Selbstausbreitungsinteresse der Kirchen oder im Tätigkeitsdrang frommer Christen zu suchen. Grund für die christl. M. ist allein der Heilswille Gottes für alle Menschen und seine Barmherzigkeit mit denen, die ihn nicht kennen. »Gott will, daß allen Menschen geholfen werde und sie zur Erkenntnis der Wahrheit kommen« (1Tim 2,4). So spricht man betont von der »Mission Gottes« (missio Dei), an der Christen bzw. Kirchen jeweils teilhaben.

Ein großes Maß an Übereinstimmung herrscht auch in der kommunikativen Weise der Verkündigung: Wie Paulus in seiner M. »den Juden wie ein Jude und denen, die ohne Gesetz sind, wie einer ohne Gesetz geworden ist« (1Kor 9,21), ja wie in Jesus Christus »das Wort Fleisch wurde« (Joh 1,14), so setzt sich dieser Vorgang der »Fleischwerdung« in der Kommunikation des Evangeliums in anderen Kulturzusammenhängen und Denkweisen fort, ohne dabei aufzuhören, das rettende Wort vom Kreuz zu sein. Es geht dabei um die schöpferische und neumachende Kraft des Wortes Gottes in jeweils anderen Sprachen und Kulturen. Kontrovers bleibt dabei, wie weit das kulturelle und rel. Umfeld den Inhalt von Verkündigung und Theologie bestimmen darf (kontextuelle Theologie), ohne die Botschaft selbst preiszugeben.

Wesentlich größer sind die Unterschiede im Verständnis dessen, was als »Dialog der Religionen« angesprochen wird. Man ist sich einig darin, daß der in der Verkündigung angesprochene Mensch in seinem Selbstverständnis ernst genommen werden muß. Insofern geschieht alle mission. Verkündigung dialogisch, d.h. in wechselseitigem Reden, Hören und Antworten. Die bibl. Einladung zur Umkehr kann nie mit Gewalt oder mit simpler Überredung erfolgen, sondern setzt eine echte Antwort des Herzens voraus. Kann mit solcher Absicht ein echter → Dialog zwischen Andersgläubigen geführt werden? Oder bedeutet Dialog von vorneherein, daß M. im Sinne von Einladung zur Umkehr aufgegeben wird? Wer M. als Zeugnis geben in der Kraft des Hl. Geistes versteht, wird einem rein zwischenmenschlichen, »absichtslosen« Dialog als Weise der M. nicht zustimmen können.

Weithin abgeklungen ist heute der in den 60er und 70er Jahren entbrannte Streit über das Verhältnis von Zeugnis und Dienst in der M., bzw. über Heil und Wohl der Menschen. Es ist unbestritten, daß die christl. Gemeinde in ihrer M. sowohl den Auftrag zur Verkündigung der Rettung in Jesus Christus wie auch zur Hilfe an Notleidenden und Ausgestoßenen hat. So wurde M. in der Geschichte auch jeweils praktiziert. Die Gemeinde folgt darin der Weise und dem Befehl Jesu. Fast alle mission. tätigen Gemeinschaften und Gruppen bekennen sich heute zu einer ganzheitlichen Mission in Zeugnis und Dienst. Über das Maß einer christl. motivierten Beteiligung am Kampf für polit. Befreiung und wirtschaftl. Gerechtigkeit als mission. Engagement bestehen jedoch nach wie vor erhebliche Unterschiede, vor allem zwischen dem Ökumenischen Rat der Kirchen und den mehr evangelikal geprägten Gruppen und Gemeinden. Das seither intensiv geführte theol. Gespräch ist nicht ohne Korrekturen auf beiden Seiten geblieben.

4. Kritik an der Mission

Die Tätigkeit von Missionaren und M. generell ist nicht ohne Kritik geblieben. Das gilt schon im 19. Jh. Die kritischen Einwände gegen die M. haben sich nach dem Zweiten Weltkrieg noch verstärkt. Den Missionaren wurde insgesamt vorgeworfen, sich mit den jeweiligen polit. Mächten, ihrem Kolonialismus und ihren wirtschaftl. Interessen gegen die Völker der Dritten Welt verbündet zu haben. Zudem hätten sich Missonare aus frommer Blindheit daran beteiligt, die angestammten kulturellen Werte der Völker zu zerstören und ihnen sog. christl. Verhaltensnormen aufzuzwingen (europ. Kleidung, Einehe, amerikan. Choräle usw.). Sosehr an manchen dieser Kritikpunkte Korrekturen in der M.sarbeit nötig waren, haben diese geschichtl. und kulturellen Begrenzungen das Wachsen von einheimischen Kirchen in Afrika, Asien und Ozeanien nicht aufgehalten. Die schöpferische Kraft des Evangeliums hat sich selbst durchgesetzt gegen alle menschlichen Fehler und theol. Kurzsichtigkeiten.

Schwerer wiegt die grundsätzliche Kritik seitens einer Religionstheologie, die die Einzigartigkeit Christi und die Bedeutung seines Heilswerkes für alle Menschen in Frage stellt. Hand in Hand damit geht eine grundsätzliche Aufwertung der anderen Religionen als mögliche weitere Heilswege Gottes für den Menschen. Aus dieser Sicht ist M. als Einladung zur Umkehr und zum Glauben an Jesus Christus unnötig, ja unstatthaft. Eine solche »plurale« Religionstheologie kommt zwar einer Grundstimmung unserer Zeit entgegen, widerspricht aber den klaren Aussagen der Schrift: »In keinem andern ist das Heil« (Apg 4,12). Insofern wird wirklich in der M. die Frage nach dem Herzstück des christl. Glaubens gestellt, und es bestätigt sich der theol. Fundamentalsatz: Mission gehört zum Wesen der Gemeinde Jesu Christi in der Welt.

Lit.: B. Beyerhaus: Allen Völkern zum Zeugnis. Biblisch-theologische Besinnung zum Wesen der Mission, 1972; K. Bockmühl: Was heißt heute Mission? Entscheidungsfragen der neueren Missionstheologie, 1974; H. Bürkle: Missionstheologie, 1979; G. Collet: Das Missionsverständnis der Kirche in der gegenwärtigen Diskussion, 1984; Frankfurter Erklärung zur Grundlagenkrise der Mission, 1970, ebenfalls abgedruckt in: EMZ 27 (1970), 98-104; H.W. Gensichen: Glaube für die Welt. Theologische Aspekte der Mission, 1971; Gottes Mission als gemeinsame Aufgabe. Ein Beitrag des Luth. Weltbundes zum Verständnis der Mission, in: LWB-Dokumente Nr. 20, 1989; F. Hahn: Das Verständnis der Mission im NT, [2]1962; M. Hengel: Die Ursprünge der christlichen Mission, NTS 18, 1971/72; Lexikon missionstheologischer Grundbegriffe, hg. von K. Müller und Th. Sundermeier, 1987; Missionstheologie. Eine Einführung von K. Müller, mit Beiträgen von H.W. Gensichen und H. Rzepkowski, 1985; Mission und Evangelisation. Eine ökumenische Erklärung, ÖRK 1982; G.W. Peters: Missionarisches Handeln und biblischer Auftrag. Eine Theologie der Mission, [2]1985; J.R.W. Stott: Gesandt wie Christus. Grundfragen christlicher Mission und Evangelisation, 1967; G.F. Vicedom: Missio Dei. Eine Einführung in eine Theologie der Mission, [2]1960; Warum Mission? Theologische Motive in der Missionsgeschichte der Neuzeit, 2 Bde., hg. von F. Wolfinger, 1984.

H. Wagner

Mission de France → Arbeiterpriester

Mission Ev.-luth. Freikirchen → Lutherische Kirchenmission

Mission für Süd-Ost-Europa (MSOE)

Die M. wurde 1903 in Breslau gegründet. 1905 eröffnete sie eine theol. Ausbildungsstätte in Kattowitz. Diese wurde bis 1943, zuletzt in Bukowine/Trannhübel bei Bad Kudowa, weitergeführt. 1946 wurden die Mitarbeiter der Mission aus Schlesien ausgewiesen; sie kamen als Flüchtlinge nach Siegen/Westfalen. Hier fand schon sehr bald der Neuaufbau des Missionswerkes statt. Gott gab der M. sechs neue Aufgabengebiete:

– Mission unter Sinti und Roma an mehr als 50 Orten in Deutschland;

– Missions- und Gemeindearbeit unter ausländischen Mitbürgern, verbunden mit einem Literatur- und Kassettenangebot in ca. 270 Sprachen;

– Missions- und Gemeindearbeit in Kärnten/Österreich;

– Missions- und Gemeindearbeit in Griechenland innerhalb des Bundes Freier ev. Gemeinden von Griechenland;

– Schriftenverlage in Griechisch, Kroatisch, Polnisch, Tigrinia, Türkisch, Ungarisch;

– Soziale und wirtschaftl. Hilfe in osteurop. Ländern.

»Gottes Wort den Völkern« und »Wir informieren« mit Berichten und Informationen aus dem Missionswerk erscheinen im monatlichen Wechsel.

Die MSOE ist Mitglied des → Evangelischen Gnadauer Verbandes und der → Arbeitsgemeinschaft evangelikaler Missionen (AEM) Deutschland. Zum Missionsrat, dem Mitarbeiter- und Freundeskreis gehören Männer und Frauen verschiedener Kirchen und Gemeinden aus dem Raum der → Ev. Allianz.

E. Fehler

Missionarisch-biblische Dienste unter Jugendlichen und Berufstätigen e.V. (MBK)

Der Name bedeutete ursprünglich: Mädchen--Bibel-Kreise. Im Jahre 1919 kam es in Leipzig zum Zusammenschluß vieler solcher Kreise, die zuvor in ganz Deutschland entstanden waren. Mädchen und Frauen nahmen für sich in Anspruch, was für Jungen und Männer längst galt: selbständig die Bibel zu lesen. Theol. geprägt war und ist diese Bibelbewegung durch das Erbe der → Reformation und des → Pietismus.

Bereits 1923 wurde der MBK-Verlag begründet, der bis heute besteht. U.a. hat auch D. → Bonhoeffer dort (im Jahre 1941) eines seiner Bücher verlegt (»Die Psalmen – das Gebetbuch der Bibel«, heute in 14. Auflage). Dem Verlag zugeordnet waren immer auch die beiden Zeitschriften, die heute »Arbeit und Stille« (für die ältere Generation) und »contrapunkt«

(für die Jugend) heißen. Im Jahre 1924 begann die Bibelschule in Leipzig (jetzt: Seminar für Evangelischen Gemeindedienst in Bad Salzuflen) ihren Dienst; bisher haben 67 Kurse die (inzwischen) dreijährige Berufsausbildung durchlaufen. Aus der Bibelschularbeit erwuchs auch eine breitgefächerte Tagungs- und Studienarbeit. Das Jahr 1925 wurde für die MBK-Arbeit zum Gründungsjahr der MBK-Mission. Bis 1951 arbeitete sie durchgehend in China; danach eröffneten sich Möglichkeiten in Indien (zeitweise), in Japan und Hongkong (bis heute).

Die ganzen Jahre hindurch bestand eine recht rege Schülerinnen- und Berufstätigenarbeit, bei der insbesondere die alleinstehende berufstätige Frau im Blick war. Der Nationalsozialismus konnte die der Bekennenden Kirche (→ Kirchenkampf) nahestehende Arbeit wohl behindern, aber nicht zerstören. Ende der 60er Jahre ließ sich die Schülerinnenarbeit bundesweit so nicht mehr durchhalten (von Ausnahmen wie in Westfalen abgesehen). Statt dessen entstand eine gemischte MBK-Jugendarbeit. Ihren Begegnungsort hat sie im Jugendfreizeitheim Berghof, einem im Jahre 1980 angemieteten umgebauten Bauernhof bei Detmold. Die MBK-Jugend- und Berufstätigenarbeit hat in verschiedenen Bundesländern ihre selbständigen Landesarbeiten.

Die Zentrale der MBK-Arbeit ist in Bad Salzuflen. Der Name MBK wurde (für die Arbeitsgemeinschaft) im Jahre 1971 in »Missionarisch-biblische-Dienste unter Jugendlichen und Berufstätigen e.V.« umgewandelt. Die MBK-Arbeit ist in wesentlichen Fach- und Dachgremien der EKD (aej, AMD, EFD, DW) vertreten.

Die Präambel der MBK-Arbeit lautet: »Die Arbeitsgemeinschaft MBK sieht ihren Auftrag darin, Jugendlichen und Berufstätigen das Evangelium von Jesus Christus, dem gekreuzigten, auferstandenen und wiederkommenden Herrn zu bezeugen, damit sie zur lebendigen Gemeinschaft mit ihm kommen und durch ihn Vergebung der Sünde und die Gabe eines neuen Lebens im Glauben empfangen. Sie weiß, daß solches Leben im Glauben vor allem in der Gemeinschaft der um Gottes Wort und Sakrament sich sammelnden Gemeinde, in Gebet und missionarischem und diakonischem Dienst sich auswirkt. Darum sucht sie die einzelnen hinzuführen zum selbständigen Umgang mit der ganzen Heiligen Schrift und zum Dienst in ihrer Umwelt und in der Gemeinde.«

H. Bärend

Missionarischer Dienst im Hotel- und Gaststättengewerbe

In der Bundesrepublik Deutschland arbeiten mehr als eine Mio. Menschen in Hotels, Gaststätten und ähnlichen Betrieben, mehr als z.B. in der Automobil-Industrie. Durch ihre besondere Arbeitszeit, v.a. abends und an Wochenenden, sind sie sowohl in ihren privaten und gesellschaftl. Kontakten begrenzt und auch daran gehindert, am Leben der Gemeinden und deren Gottesdiensten regelmäßig teilzunehmen. Daraus ergibt sich die Notwendigkeit eines besonderen mission. Auftrags in Seelsorge und Diakonie.

Der MDHG ist die Nachfolgeorganisation des aus einer Erweckungsbewegung unter deutschen Kellnern hervorgegangenen und 1906 in Berlin gegründeten »Internationalen Christlichen Kellnerbundes« und der späteren »Christlichen Gasthausmission«. Er sieht seine Aufgabe darin, den im Hotel- und Gaststättengewerbe tätigen Menschen das Evangelium von Jesus Christus zu vermitteln, ihnen bei der Bewältigung ihrer Lebens- und Berufsprobleme behilflich zu sein, sie als Teil der Gemeinde Jesus Christi in das Leben der Gemeinde einzubeziehen und bei Kirchen und Gemeinden die Verantwortung für Menschen in diesen Berufsfeldern zu wecken.

Zur Erfüllung dieser Aufgabe gibt der MDHG eine internationale mission. Zeitung »Der Bote« heraus, die vor allem in Deutschland, der Schweiz und Österreich verteilt bzw. bezogen wird. Ein ökumen. besetzter Redaktionskreis ermöglicht die Verwendung des »Boten« auch in der kath. Hotel- und Gaststättenseelsorge. »Der Bote« erfüllt für Kirchengemeinden eine Brückenfunktion zum regelmäßigen Besuchsdienst in den gastronomischen Betrieben ihres Ortes.

In einigen Großstädten sind hauptamtliche Mitarbeiter speziell für Aufgaben der Hotel- und Gaststättenseelsorge eingesetzt, so in Berlin, Frankfurt/M., Hamburg, München, Nürnberg, Stuttgart. In Frankfurt und Stuttgart ist jeweils ein Christliches Kellnerheim ein Teil dieser Arbeit. Schwerpunkte der hauptamtlichen Mitarbeiter sind Einzelseelsorge, Gottesdienste für Berufsangehörige des Gaststättengewerbes, Freizeitangebote für Auszubildende, Ferien- und Wochenendfreizeiten, Besuche in Betrieben, in Fachschulen und Schulinternaten, Zusammenarbeit mit Berufsverbänden wie dem Verband der Köche, dem Verband der Serviermeister und Hotelfachkräfte, sowie die

Verbindung mit Kirchengemeinden und ehrenamtlichen Mitarbeitern.

Im deutschsprachigen europ. Bereich treffen sich hauptamtl. und nebenamtl. tätige ev. und kath. Seelsorger aus Deutschland, Österreich, Südtirol und der Schweiz jährlich zum Erfahrungsaustausch in der »Arbeitsgemeinschaft für Internationale Hotel- und Gaststättenseelsorge«. Darüber hinaus bestehen enge Verbindungen zur schweizerischen »Evangelischen Arbeitsgemeinschaft Gaststättenseelsorge (EAG)«, in der sich die Arbeiten von Basel, Bern, Lausanne, Genf und Zürich zusammengeschlossen haben.

Lit.: Glaube und Beruf im Hotel- und Gaststättengewerbe. Internationale Arbeitstagung der (evangelischen und katholischen) Hotel- und Gaststättenseelsorge; W. Meng: Die Verantwortung der Kirche für Beschäftigte im Hotel- und Gaststättengewerbe; hg. vom MDHG.

W. Meng

Missions-Tag, Deutscher Evangelischer

→ Evangelisches Missionswerk

Missionsbefehl → Mission

Missionsfest

M.e erinnern daran, daß das Heil in Jesus Christus allen Menschen und Völkern gilt und das → Evangelium in aller Welt verkündigt wird. Drei Aspekte bestimmen das M.: Freude, Öffentlichkeit und Gemeinschaft (W. Ruf). Die Freude über die erfahrene Erlösung führt zum Dank für das Werk der → Mission. Öffentlich wird der Herrschaftsanspruch Jesu Christi verkündigt, verbunden mit Informationen über den Fortgang der Arbeit in anderen Ländern. Es ist ein Fest der Gemeinde, das alle ihre Glieder und die ganze Kirche aufruft, u.a. durch Fürbitte und Missionsgaben am Werk der Mission teilzuhaben.

M.e haben ihre Wurzel in der Erweckungsbewegung und sehen darum neben der »Völkermission« (Weltmission) auch die »Volksmission« (→ Evangelisation) als Aufgabe. Träger der M.e waren Freunde der Missionsgesellschaften, die in die Kirche als ganze hineinwirken wollten. Als jährliche Veranstaltung begannen M.e u.a. 1821 in Basel, 1824 in Barmen, 1854 in Hermannsburg, 1870 in Gunzenhausen/Mfr. Ebenso begehen einzelne Gemeinden und Kirchenkreise ihre M.e. Heute ist die traditionelle Form der M.e (Festgottesdienst und Festversammlung mit Missionsberichten) in die Krise geraten. Neue Formen müssen gesucht werden, um das Anliegen der Mission in den Gemeinden und Kirchen zu wecken, zu verankern und lebendig zu erhalten.

Lit.: P. Beyerhaus: Die Predigt als Ruf zur Mission, in: ders.: Allen Völkern zum Zeugnis, 1972, 105-123; W. Ruf: Das Missionsfest, in: Luth. Missionsjahrbuch 1957, 64-71; H. Rzepkowski: »Missionsfest«, Lexikon missionstheologischer Grundbegriffe, 1987, 283-287.

J. Triebel

Missionskirchen → Junge Kirchen

Missionskonferenzen

Vier Arten von M. sind zu unterscheiden:

1. Missionare verschiedener Missionsgesellschaften trafen sich in ihren Arbeitsgebieten in Übersee (erstmals 1855 im Norden Indiens), um gemeinsame Belange der Arbeit wie z.B. Gebietsabsprachen, Sprachenfragen, Bibelübersetzungen, Literaturarbeit zu besprechen.

2. In Europa (z.B. Kontinentale M. in Bremen, seit 1866) und Nordamerika (z.B. Foreign Missions Conference of North America, seit 1873) kamen Vertreter von Missionsgesellschaften zu Erfahrungsaustausch und Planung der überseeischen Arbeit zusammen.

3. Beide Bewegungen führten zur ersten → Weltmissionskonferenz 1910 in Edinburgh (die zehnte fand 1989 in San Antonio, Texas statt) und Gründung des Internationalen → Missionsrates 1921.

4. Eine deutsche Besonderheit sind die ev. M., die sich aufgrund einer Anregung von Gustav Warneck seit 1879 (zuerst in Halle) als Zusammenschlüsse von Pfarrern und kirchl. Mitarbeitern in den Landeskirchen bildeten und 1906 zum Verband der Evangelischen Missionskonferenzen zusammenschlossen. In Studientagungen und Veröffentlichungen wird die missionstheol. Diskussion aufgenommen, weitergeführt und für den Dienst in den Gemeinden fruchtbar gemacht. Ebenso werden Fragen der Begegnung mit anderen Religionen und der Theologie in Asien, Afrika und Lateinamerika (→ Kontextualisierung der Theologie) theol. reflektiert. In einigen Bereichen führen heute landeskirchl. Ämter die Arbeit der M. fort. Dem Verband der M. gehören z.Zt. 13 re-

gionale Zusammenschlüsse an. Er gibt ein Jahrbuch heraus. Auf evangelikaler Seite wirkt der »Arbeitskreis für Evangelikale Missiologie« wie eine Missionskonferenz.

Lit.: Lutherisches Missionsjahrbuch 1888-1968; Jahrbuch evangelischer Missionskonferenzen (mit wechselndem Titel) 1913-1968; beide 1969 vereint zum Jahrbuch »Evangelische Mission«, seit 1986 »Jahrbuch Mission«.

ZS: Evangelikale Missiologie (Korntal), seit 1985.

J. Triebel

Missionsmannschaft Rotes Meer

Das Missionswerk ist international und interdenominationell. Die über 75 Mitarbeiter kommen aus 19 verschiedenen Ländern. Das deutsche/Schweizer Komitee betreut 24 Missionare aus Deutschland, der Schweiz und Österreich. Die Missionsmannschaft wurde 1951 von Dr. Lionel Gurney gegründet, nachdem er bereits 17 Jahre Missionsarbeit im Mittleren Osten getan hatte. Die Arbeit unter Moslems begann in Aden und Südjemen und wurde bis 1972 dort fortgesetzt.

Von 1956-1978 arbeitete das Team bei den Tigre- und Afar-Stämmen in Äthiopien, 1969-1981 in Nord-Jemen, 1978-1989 unter den Bejas im Sudan.

Seit 1975 führt die Mission eine umfassende Missionsarbeit in Djibouti durch: Buchladen, Sprachkurs-Zentrum, landwirtschaftl. Projekt, Mutter-Kind-Betreuungsprogramm sowie Übersetzungs- und Radioarbeit in der Afar-Sprache.

1977 begann in England eine Arbeit unter Moslems, in Birmingham, London und Coventry.

Seit 1978 werden in Pakistan durch medizinische Arbeit Baluchis, Pathanen und afghanische Flüchtlinge mit dem Evangelium erreicht.

1981 folgten einer Evangelisation in Mali Gemeindeaufbau in Zusammenarbeit mit der einheimischen Gemeinde, Jugendlager, persönliche Kontakte und Betreuung der aus dem Islam übergetretenen Christen, Soninke-Spracharbeit, Kontakte an der mauretanischen Grenze. 1981 begann auch eine Arbeit in Toronto unter den zahlreichen Immigranten. 1992 wurde in Tansania, Sansibar eine landwirtschaftl. Arbeit aufgenommen, und im Jemen soll eine medzinische Arbeit in Angriff genommen werden.

Ch. Moore

Missionsrat, Internationaler → Internationaler Missionsrat

Missionsschulwesen

Die Missionsschule (M.) bildete einen wichtigen Zweig der Missionsarbeit in Afrika und Asien. Sie stand bewußt allen Bevölkerungsschichten, Jungen und Mädchen offen. Ihr Ziel war nicht die europ. Bildung einer Elite, obwohl dies oft behauptet wird, sondern die M. hatte teil an der »Volkschristianisierung« (Warneck) und der Gründung einheimischer Kirchen. Drei Modelle lassen sich idealtypisch unterscheiden:

1. Die M. wandte sich an die Jugend, um sie mit dem Evangelium bekannt zu machen und zum Glauben zu führen. Über die Jugend wollte man die übrige Bevölkerung erreichen.

2. Die M. war Instrument des Gemeindeaufbaus. Taufbewerber und Kinder der Christen wurden im Glauben unterwiesen. Die M. bildete zugleich Evangelisten und Lehrer aus.

3. Einigen M.n ging es vorrangig um Vermittlung eines christl. Bildungsideals, besonders in Asien. Die M. stand nicht mehr ausschließlich im Dienst der Mission und der Verkündigung.

Neben Glaubensinhalten vermittelte die M. immer Elementarbildung. Sie lehrte Lesen und Schreiben, um mit der Bibel umgehen zu können. Deshalb erscheint das Christentum vielfach als »Religion der Schulstube«. Lesen können und Christ sein wurde oft in eins gesetzt. M.n pflegten die einheimischen Sprachen (und nicht Englisch oder Deutsch) und schenkten der eigenständigen Kultur Beachtung. Deshalb gerieten sie häufig in Konflikt mit den Kolonialregierungen, die von den M.n Unterstützung ihrer Anliegen erwarteten.

Höhere Schulen wurden errichtet, um geeignete Mitarbeiter für Führungsaufgaben in der Kirche zu haben und um Christen den Anschluß an Bildung und sozialen Aufstieg zu ermöglichen. Hier mußte mit den Regierungen kooperiert werden (Lehrpläne), und die ursprüngliche mission. Intention verflüchtigte sich zugunsten eines allg. Bildungsideals.

»Gemeindebildung und Integration in afrikanische Volkskirchen war die manifeste Funktion der M. gewesen.« Eine nicht antizipierte latente Funktion schob sich bald in den Vordergrund: die Bereitstellung von Arbeitskräften für den wirtschaftl. und polit. Bereich, also außerhalb der Kirche (Eggert). Damit hat die M.

aber einen wesentlichen Beitrag zum Aufbau gerade auch der unabhängigen Staaten geleistet.

Heute werden die M.n, soweit nicht verstaatlicht, als Kirchenschulen fortgeführt.

Lit.: J. Eggert: Missionsschule und sozialer Wandel in Ostafrika, 1970; H.E. Hamer, K.Müller: »Missionsschule«, Lexikon missionstheologischer Grundbegriffe, 1987, 302-312 (Lit.)

J. Triebel

Missionswerk → Evangelisches Missionswerk

Missionswerk Frohe Botschaft e.V.

Das MFB wurde am 13. 10. 1961 als »Missionstrupp Frohe Botschaft e.V.« in Wissen an der Sieg während einer Mannschaftsevangelisation gegründet. Evangelist Wolfgang Heiner nahm die Einladung der Kirchengemeinde Großalmerode an, die der Kirchenälteste und pensionierte Volksmissionar Albert Möpps vermittelte. In seiner Privatwohnung wurde das erste MFB-Büro eingerichtet. Einige Jahre leitete Möpps diese Hauptstelle ehrenamtlich. Seit April 1962 ist W. Heiner mit einer Jahresmannschaft unterwegs. Zum »Missionarischen Jahr« bekam das MFB die Erlaubnis, jungen Männern die Möglichkeit zu geben, ihren Zivildienst in diesem Missionswerk abzuleisten. Später wurde es möglich, auch junge Leute des »Freiwilligen Sozialen Jahres« aufzunehmen.

Das MFB ist Mitglied des »Diakonischen Werkes in Kurhessen-Waldeck«, der »→ Arbeitsgemeinschaft Missionarische Dienste«, der »→ Arbeitsgemeinschaft Evangelikaler Missionen e.V.« und Gründungsmitglied des »→ Rings Missionarischer Jugendbewegungen e.V.«.

Der »Missionstrupp Frohe Botschaft e.V.« wurde 1984 in »Missionswerk Frohe Botschaft e.V.« umbenannt, weil er in der Zwischenzeit auf fünf Abteilungen angewachsen war; drei davon sind gemeinnützig: die Abteilung Missionarische Dienste in Deutschland, die Seminarabteilung (Missionarisches Jahr) und die Abteilung Missionarische, soziale und pädagogische Entwicklungsdienste (Mission im Ausland). Außerdem hat das MFB zwei Zweckbetriebe: Die Phono- und Schriftenmission, die hauptsächlich Material für Gemeinde-, Kinder- und Jugendarbeit im Ausland sucht und sie in die Verhältnisse der deutschen Gemeinden übersetzt und kommerziell anbietet, und die Freizeit- und Tagungshäuser in Großalmerode mit 60 Übernachtungsmöglichkeiten in drei Häusern.

Das MFB-Team informiert bei den Gemeinde- und Evangelisationswochen mit seiner internationalen Mannschaft vormittags Schüler in den Schulklassen, hält nachmittags Kinder- und abends Gemeindeveranstaltungen.

Im Bereich der Mission im Ausland konzentriert sich die Arbeit des MFB hauptsächlich auf die Länder am Nil, also Ägypten, Sudan, Kenia, Tansania und Uganda. Das MFB unterstützt dort Kinderpatenschaften, Schulspeisungs-, Krankenhaus-, Landwirtschafts- und Druckereiprojekte, sowie ein Baumpflanzungsprojekt in Brasilien und vereinzelt auch Projekte in Asien.

Lit.: W. Heiner: Laß dich nicht betrügen!, 1990

W. Heiner

Missionswerk Neues Leben → Neues Leben Gruppe

Missionswissenschaft

1. Geschichte und Organisation

Der 1831 von dem Jenaer Kirchengeschichtler J.T.L. Danz geprägte Begriff M. bezeichnet das Bestreben, die seit der Wende vom 18. zum 19. Jh. mit neuer Kraft aufgebrochene Weltmission (→ Mission) der Christenheit nicht einer spontanen Entwicklung zu überlassen, sondern sie in ihrer Praxis durch eine ihr angemessene theoretische Reflexion zu begleiten und anzuleiten (→ Praktische Theologie). Es ging z.B. dem Direktor der Leipziger Missionsgesellschaft Karl → Graul (1814-1864) darum, die Mission »aus dem Halbdunkel sentimentaler Gläubigkeit zur Mittagshelle gläubiger Wissenschaft« zu erheben.

Bemühungen um eine missiologische Grundsatzbesinnung hatte es schon seit der mittelalterl. apologet. Begegnung mit dem Islam gegeben z.B. Petrus Venerabilis (1092-1156) und Raimundus → Lullus (1235-1316) u.a. Letzterer veröffentlichte schon 1272 im Rahmen seiner Ars generalis eine eigene Missionstheologie. Seit dem 17. Jh. wurde die röm. → Congregatio de Propaganda Fidei genötigt, sich mit den in Indien und China aufbrechenden Problemen der → Akkomodation des Christentums an die einheimischen rel. Kulturen in prinzipiellen Instruktionen zu befassen.

Auf ev. Seite stammt die erste Missionslehre von dem Leydener Gisbert → Voetius (1589-1676), der – herausgefordert durch die holländische Kolonialmission in Indonesien – einen Teil seiner Politica Ecclesiastica dieser Thematik widmete und darin das Ziel der Mission dreifach bestimmte als Bekehrung der Heiden, Pflanzung der Kirche und Verherrlichung der göttlichen Gnade. In Deutschland gab D.F. → Schleiermacher neue Impulse zur Berücksichtigung der Mission im Ganzen der Universitäts-Theologie, wobei er – wie nach ihm F.A. Ehrenfeuchter (1814-1878) und andere – deren Ort im Rahmen der Praktischen Theologie erblickte.

Schon damals brach die bis heute umstrittene Frage auf, ob die M. eine eigene Disziplin an der Theol. Fakultät oder aber einen integralen Aspekt aller klass. Hauptfächer bilden solle, ein nie aufgegebenes Ideal, was sich aber angesichts der mangelnden Spezialkenntnis ihrer Vertreter nur in einigen Fällen ansatzweise (z.B. bei Karl → Heim) verwirklichen ließ. Der rasch enorme Ausmaße annehmende Wissensstoff aus den heimatlichen und überseeischen Arbeitsgebieten der Mission machte eine fachspezifische Konzentration unverzichtbar und führte dazu, daß seit 1801 – J.F. Flatt (1759-1821) in Tübingen – besondere missionswissenschaftl. Lehraufträge erteilt wurden und seit den 60er Jahren des 19. Jh.s erste Versuche zur Einrichtung eigener Lehrstühle: 1864 für Karl → Graul in Erlangen; 1867 für Alexander Duff in Edinburgh, unternommen wurden, die aber erst seit der Berufung von Gustav → Warneck (1834-1910) im Jahre 1897 in ein für ihn geschaffenes Professorat in Halle bleibenden Bestand gewannen.

G. Warneck gilt zurecht als der eigentliche Begründer der M., der sich durch seine extensiven Studien der Entwicklung der Weltmission, durch die Einberufung regelmäßiger missiologischer Studienkonferenzen, durch die Herausgabe eines wissenschaftl. Organs, der Allgemeinen Missions-Zeitschrift (seit 1874) sowie durch die Veröffentlichung einer fünfteiligen Ev. Missionslehre 1892 und die Bildung einer ihm folgenden Gelehrtenschule bleibende Verdienste um die M. erwarb. Zur Einrichtung missionswissenschaftl. Lehrstühle an Theol. Fakultäten und Hochschulen in Deutschland kam es erst seit den 50er Jahren. In den USA ist »Missiology« Lehrfach an vielen theol. Seminaren, v.a. evangelikaler Prägung wie z.B. Fuller, Wheaton und Trinity. Außerdem gibt es – neben den Seminaren einzelner Missionsgesellschaften – das Bestreben, Spezialhochschulen für weiterführende Studien in M. ins Leben zu rufen, so die 1954 gegründete Missionsakademie in Hamburg und die 1985 eingerichtete Freie Hochschule für Mission in Korntal.

2. Aufgaben

Zu den wichtigsten Aufgabenbereichen der M. in Forschung und Lehre gehören seit je die Fächer Missionstheologie, Geschichte; Theorie (Methodik), Ökum. Kirchenkunde (Studium des Entstehens und Wachsens einheimischer Kirchen), Ev. Religionskunde (Theologie der Religionen) sowie Interkulturelle Kommunikation. Dieser weite Radius zwingt die einzelnen Fachvertreter zur Spezialisierung und zur Zusammenarbeit, die sich fachübergreifend auch auf andere Gebiete wie Linguistik, → Religionswissenschaft und → Soziologie erstreckt.

3. Selbstverständnis

Die Anfang der 60er Jahre des 20. Jh.s einsetzende Polarisation in der internationalen Missionsbewegung, die sich aus der Erschütterung ihrer traditionellen bibeltheol. Grundlagen, aus dem geopolit. Wandel ihrer Arbeitsbedingungen sowie aus dem Neuerwachen der nichtchristl. Religionen und der darauf reagierenden ökumen. Neukonzeption der Mission im Sinne einer allg. Weltverantwortung der Kirche ergab, hat tiefgreifende Wirkungen auch für die M. sowohl evangelischer- als auch katholischerseits gehabt. Es besteht trotz einer eindrucksvollen literarischen Produktivität sowie einer wachsenden Zusammenarbeit der Missiologen gegenwärtig kein Konsensus über das Proprium ihrer Aufgabe. Nach David Bosch (gest. 1992) befindet sich die M. gegenwärtig auf der Suche nach einem »ökumenischen Paradigma«, welches einerseits der behaupteten Pluralität mission. Konzeptionen schon in den ntl. Schriften Rechnung trägt, andererseits mannigfaltige zeitgenössische Anliegen der M. wie ökumen. Zusammenarbeit, sozial-polit. Verantwortung, mission. Berufung des ganzen Gottesvolkes sowie die Herausforderung durch »lebendige Glaubensweisen« (nichtchristl. Religionen) zum Dialog umschließt. In Extremfällen kann es dabei zur Umwidmung eines missionswissenschaftl. Lehrstuhles zu Gunsten des Studiums interreligiöser Begegnung führen oder zur Forderung, die M. zu ersetzen durch eine die verschiedenen kontextuellen Entwürfe in der Dritten Welt »vergleichende Theologie«

(Th. Kramm). Auch die Gefahr des Zerfalls der M. in eine Vielfalt wesentlich phänomenologisch-deskriptiver Forschungseinrichtungen muß erkannt werden. Hinter dieser Entwicklung steckt zutiefst eine Identitätskrise von → Mission und Kirche (→ Gemeinde) überhaupt. Dieser Entwicklung kann langfristig nur dadurch begegnet werden, daß die M. sich nicht länger als ein beschreibendes Sonderfach versteht, sondern als eine sich um die Integration und Bereicherung aller theol. Disziplinen bemühende Wissenschaft, welche im Blick auf ihr ureigenstes Objekt: die Verbreitung des Evangeliums von Jesus Christus über die vorläufigen Grenzen der Kirche hinaus, die mission. Begegnung der christl. Botschaft mit der nicht-christl. Welt (H. Kraemer 1938) beobachtet und ihr von der bibl. Offenbarung her normative Maßstäbe setzt.

Lit.: D. Bosch: Transforming Mission: Paradigm Shifts in Theology of Mission, 1991; H.-W. Gensichen: Glaube für die Welt: Theologische Aspekte der Mission, 1971; H. Kasdorf, K.W. Müller (Hg.): Reflection and Protection: Missiology at the Threshold of 2001, 1988; T.H. Kramm: »Vergleichende Theologie statt Missionswissenschaft«, ZMR 70 (1986), 101-11; O.G. Myklebust: The Study of Missions in Theological Education 2 Bde., 1955; G. Rosenkranz: Die christliche Mission, 1977; J. Verkuyl: Contemporary Missiology: an Introduction, 1978.

P. Beyerhaus

Mitarbeiterschaft

1. Das Wort M. hat in unserer Zeit einen soziologischen Klang:

a. ein Mitarbeiten,

b. eine bestimmte Größe von Arbeitnehmern, deren Rechte und Pflichten dem Arbeitgeber gegenüber und untereinander vertraglich geregelt sind. Die Privatsphäre bleibt unberührt.

2. Die Bibel spricht von M. nicht soziologisch, sondern theol. M. meint den ganzen Menschen, weil Gott immer, auch im privaten Bereich, Herr ist (Eph 1,6). M. begründet auch keinen Verdienst- oder Rechtsanspruch, weil Mitarbeit für Gott schon Gnade ist (2Kor 3,5). M. ist Dienst. Jesus, der wirkliche Mitarbeiter des Vaters, war zu allererst Diener (Lk 22,27). Luther übersetzte deshalb für die Jünger Jesu das griech. Wort *synergos* zutreffend mit »Gehilfe«. Nur 1Kor 3,9 gebraucht er das Wort Mitarbeiter, als es um die Mitarbeit für Gott geht. Aber auch da bleiben Mitarbeiter Diener (1Kor 3,5).

3. M. hat Anteil an der Arbeit Jesu (Jes 43,24) und an seinem Leiden (2Kor 1,5). M. mit dem Gottesknecht (Jes 42,1ff) macht selbst zum Knecht. Paulus drückt es noch drastischer aus: zum Gebundenen, zum Sklaven (Röm 1,1).

4. Zum Anteil am Leiden Christi gehört auch der Anteil an der Vollmacht Christi. Genauso wie der Vater Jesus gesandt hat, sendet Jesus seine Mitarbeiter (Joh 20,21). Seine Autorisation ist unmißverständlich: »wer euch hört, hört mich« (Lk 10,16). Schon das AT kennt dieses Prinzip des Gesandten: *shaliach*. Ein Gesandter durfte im Namen seines Herrn sogar Ehen schließen (1Mo 24). Die Vollmacht reicht so weit, daß sich der Herr an den Geschmack seines Knechtes bindet!

5. M. hat Voraussetzungen: 1Chr 13 zeigt exemplarisch, daß Idealismus und guter Wille nicht tragfähig sind. Die Regeln für M. legt Gott in seinem Wort fest. 1Chr 15 zeigt schattenhaft auf, was heute noch gilt:

a. Wer Mitarbeiter sein will, muß zum priesterlichen Geschlecht gehören, also wiedergeboren sein (1Petr 2,9).

b. Er muß sich heiligen lassen (1Thess 4,3).

c. Er muß nach Gottes Regeln fragen und handeln (Mt 6,10).

6. M. gibt es nicht für sich allein (2Kor 1,24). Der Leib Christi (1Kor 12,12ff) ist der Ort, wo M. konkret wird, wo Christen nach Gottes Platzanweisung fragen und sich ihren Gaben entsprechend einsetzen lassen.

7. Der Leib Christi ist zunächst eine geistl., die institutionell er- und verfaßte hauptamtliche M. eine irdische Größe. Beide können, müssen aber nicht in Spannung zueinander stehen. Denn auch M. ist in, aber nicht von der Welt.

Lit.: J. Busch: Stille Gespräche. Eine Handreichung für Mitarbeiter im evangelischen Jungmännerwerk, 1957.

B. Bierbaum

Mitglied → Kirchenmitgliedschaft

Mithras → Mysterienreligionen

Mitleid

Der Begriff hat in der Bibel die Bedeutung, »Teilhabe am Leiden eines anderen« (Mit-Leiden, griech. *sympaschein*), bei Paulus vor allem am Leiden Christi, und Mitempfinden

(Mitgefühl) mit dem Leidenden (griech. *sympathein*). Hebr 4,15 spricht davon, daß Christus »Mitgefühl« mit unserer Schwachheit hat. Der gemeinte Sachverhalt wird christologisch und ethisch häufiger durch den Begriff Barmherzigkeit ausgesagt, die im Unterschied zum M. nie nur ein passives Gefühl bleibt, sondern zur aktiven Hilfe schreitet. Als bloßes Gefühl kann M. auch nur → Leiden an sich selbst sein oder das Leiden des anderen verstärken, statt ihm Kraft mitzuteilen, es zu überwinden oder zu tragen. Dennoch bleibt das innerliche Bewegtwerden durch das Leiden anderer und das Einfühlen in ihr Leiden (vgl. Mt 7,12) wesentliche Voraussetzung tätiger Nächstenliebe. »Dadurch, daß die Not ein Herz findet, das sie bewegt, schafft die Not gute Werke, durch die sie sich begrenzt« (H.J. Iwand). In der prot. Tradition – insbesondere nach I. → Kant – ist das M. – wie die Gefühle überhaupt – zu Unrecht abgewertet worden. Schon → Augustin hat gegen die stoische Lehre von der inneren Gelassenheit gegenüber leidvollen äußeren Umständen betont: »Denn was ist M. anders als herzliches Mitgefühl mit fremdem Elend, das uns treibt, ihm, wenn irgend möglich, abzuhelfen« (Vom Gottesstaat IX,5). Eine grundlegende positive Bedeutung erhielt das M. bei den Philosophen A. Schopenhauer und M. Scheler und in der Ethik A. → Schweitzers, wobei er wie Schopenhauer das M. auf alles Lebendige ausweitet. Im Mitleiden wird die Wesensidentität alles Lebendigen erkannt und beachtet. M. entsteht beim Anschauen des Leidens eines anderen, indem ich mich von seinen Leiden innerlich so betreffen lasse, daß ich mich nicht mehr teilnahmslos von ihm zurückziehen kann. Sein Gegenteil ist nach Schopenhauer die Grausamkeit. Für den Philosophen F. → Nietzsche ist M. ein aus dem »Instinkt der Schwäche« kommender moralischer Unwert, eine »lebensfeindliche Tendenz«, weil es Leben erhält, das eigentlich von Natur aus dem Untergang geweiht ist oder das man aktiv ausrotten sollte. »Was ist schädlicher als irgendein Laster? – Das Mitleiden der Tat mit allen Mißratenen und Schwachen – das Christentum …«. »An seinem Mitleiden mit den Menschen ist Gott gestorben« (Also sprach Zarathustra). M. wird auch als problematisches Motiv für die Tötung schwer leidenden oder behinderten Menschenlebens angegeben.

Lit.: U. Eibach: Medizin und Menschenwürde, [4]1993, 199ff, 270ff; L. Samson: »Mitleid« HWP, Bd. 5, 1980, 1410ff; W. Schulz: Philosophie in der veränderten Welt, 1972, 399ff, 749ff.

U. Eibach

Mittelalter

1. Eingrenzung

Die Vorstellung einer mittleren Epoche, die die Antike von der Neuzeit oder Gegenwart trennt, entstand als histor. Ordnungsbegriff, als der Leidener Historiker Georg Horn 1666 die Kirchengeschichte und der Hallenser Christoph Cellarius 1688 die Geschichte insgesamt in die Perioden Altertum – Mittelalter – Neuzeit gliederten. Dieses Periodisierungsschema verdankt seinen Erfolg der → Aufklärung, die bewußt an die als klassisch verklärte Antike anknüpfen und sich von dem als finster diffamierten christl. MA absetzen wollte. Trotz dieser dem MA kaum gerecht werdenden Tendenz hält man zur Verständigung an dieser Einteilung fest.

Da die Periodisierung eine geschichtl. Abfolge postuliert, beschränkt sich der Raum des MAs auf das kath. Abendland, dessen Völker durch den nie erloschenen Gebrauch des Lateinischen als Kultursprache Zugang zur Antike besaßen. Die chronologischen Grenzen der Epoche sind in der Forschung umstritten. Gegenüber der oft genannten Periodenscheide 476 (Ende des weström. Reiches) spricht man heute eher von einer längeren Übergangsphase zwischen Spätantike und FrühMA. Als Enddatum wird bei ebenfalls fließenden Veränderungen (SpätMA – frühe Neuzeit) meist 1517 angenommen.

Das frühe MA (5.-11. Jh.) ist gekennzeichnet durch die nach der Völkerwanderungszeit einsetzende Konsolidierung der germanischen Stämme. Das HochMA (12./13. Jh.) ist eine Zeit des Aufbruchs durch wirtschaftl. und soziale Innovationen sowie durch die Horizonterweiterung infolge der Kreuzzüge. In dem großen Streit (verkürzt »Investiturstreit« genannt) zwischen Königtum und Papsttum um die Vorherrschaft zerbricht die Einheit, zugleich beginnt das Ringen der einzelnen Nationen um ein stabiles europäisches Machtsystem. Im SpätMA (14./15. Jh.) nimmt der Prozeß der Differenzierung und Dynamisierung dramatisch zu. Der Kampf zwischen Dynastien, Fürsten und Ständen führt zu neuen Verfassungsformen. Die Distanz des Papsttums zu dem sich nach → Heilsgewißheit sehnenden Volk vergrößert sich. Am Ende der Krise stehen die Nationen auf dem Weg zum absolutistischen Staat der Neuzeit und die in das Zeitalter der Konfessionen mündende → Reformation.

2. Eigenart

»Kirche« hatte im MA einen so umfassenden Geltungsanspruch, daß sie sich jedem Definitionsversuch entzieht. Sie bestimmte alle Aspekte des geistigen und gesellschaftl. Lebens sowie die Alltagsrealität der Menschen, die ihr durch die Taufe angehörten. Als Trägerin des Bildungsmonopols vermittelte sie die Vorstellung, Gott habe in seinem Wort alle Regeln des geistl. wie des weltlichen Lebens festgelegt. Trotz unterschiedlicher Entwicklungen läßt sich deshalb die heilsgeschichtl. Perspektive als die beherrschende Konstante mittelalterl. Wirklichkeitswahrnehmung namhaft machen. Dies ist auch der Grund für die Zugangsschwierigkeiten des modernen Menschen dem MA gegenüber. Deshalb ist es nötig, in bestimmten Konstanten das Mittelalterliche am MA zu beschreiben:

a. Raum und Zeit

Der Mensch des MAs dachte sich die Erde meist als flache Scheibe. Eine Trennung der Kontinente durch Meere war nicht vorstellbar, weil sich ja sonst mit den damaligen Mitteln das Wort Gottes nicht bis an die Enden der Erde hätte ausbreiten können. Die Kartographie diente bis ins 13. Jh. nicht praktischen Zwecken, sondern der Aufzeichnung des entfalteten Heilsgeschehens. Die Natur hatte etwas Bedrohliches an sich, mühsam mußte man ihr den Ertrag abtrotzen. Ihre Entwicklung wurde sorgsam aufgezeichnet, und in Dürre oder Überschwemmungen sah man Gottes Gerichtshandeln. Der Naturablauf und das Kirchenjahr bestimmten das Zeitmaß, hinter allem vermutete man einen harmonischen göttlichen Plan.

b. Mensch und Umwelt

Die Lebensbedingungen im MA waren hart. Die hohe Säuglingssterblichkeit hielt die Größe der Durchschnittsfamilie klein. Wichtig war es, das Neugeborene so rasch wie möglich zu taufen, um es dem Einfluß des Teufels zu entziehen. Die normale Lebenserwartung lag bei ca. 30 Jahren. Harte Arbeit, Krankheiten, Naturkatastrophen und Kriege bedrängten die Menschen ständig, vor allem aber die peinigende Sorge um ihr Seelenheil. Wertvoll war das Leben gleichwohl, denn jeder wußte sich in der nicht zu durchbrechenden Hierarchie der Stände (Geistliche, Ritter, Bauern) von Gott an seinen Platz gestellt. Angriffe auf das Leben wurden deshalb bestraft, wobei immer die Tat, nicht das Motiv gesühnt wurde, und Selbstmorde sind aus dem MA kaum bekannt. So wichtig es war, das Leben gottgefällig zu bewältigen, so bedeutend war auch das richtige Sterben. Ein plötzlicher Tod galt als schlimm, konnte man sich doch nicht genügend darauf vorbereiten. Der Tod gehörte zum Leben, und zur Lebensqualität die Sterbequalität.

Um 1000 betrug die Bevölkerung Europas ca. 42 Mio. Für das auf 700.000 km^2 geschätzte Gebiet des deutschen Reiches nimmt man Ende des 12. Jh.s 6 Mio. Einwohner an, die zu 90 % auf dem Lande lebten. Man wohnte in Holzhütten; Steinbauten (zunächst nur Kirchen, Klöster und Burgen) wurden erst vom 12. Jh. an häufiger. Die sich allmählich entwikkelnden Städte hatten meist unter 1.000 Einwohner, noch zu Beginn des 15. Jh.s überschritten in Deutschland nur 15 die 10.000-Grenze (Köln als größte mit 30.000, gefolgt von Lübeck mit 25.000 Einwohnern). Die großen Pestepidemien des 14. Jh.s (besonders 1347/48) dezimierten die Bevölkerung Europas um fast ein Drittel. Übrigens sah man in ihnen eine Strafe Gottes für die Abwesenheit des Papstes von Rom während der sog. babylonischen Gefangenschaft in Avignon. Neben Krankheiten war für die niederen Schichten der Hunger das größte Problem, denn man lebte von der Selbstversorgung und kannte bis weit in das MA hinein keine Vorratswirtschaft. Die Armenfürsorge war daher eine große Aufgabe, gerade hier hat die Kirche sich Verdienste erworben.

c. Herrschaft und Reich

Das Heilige röm. Reich deutscher Nation (erst 1806 aufgelöst) verstand sich in heilsgeschichtl. Abfolge nach Dan 7 als das letzte vor der Wiederkunft Christi. Daraus und aus dem theokratischen Amtsgedanken (aus der sakralen Legitimierung des Herrschers entwickelte sich der Gedanke des Gottesgnadentums) folgte, daß sich der Herrscher als Verteidiger der Kirche mit ganz bestimmten Aufgaben in der Christenheit, vornehmlich der Mission, verstand. Das Zusammenspiel von Kaiser und Papst funktionierte bis in das HochMA hinein erstaunlich reibungslos, erst vom 11. Jh. an entwickelten sie sich zu konkurrierenden Mächten, woraus dann der von Laien errichtete Staat einerseits und die von Geistlichen bestimmte Kirche andererseits wurde.

d. Kirche und Theologie

Nach mittelalterl. Verständnis ist der Mensch zwar Ebenbild Gottes, durch die Erbsünde aber mit Begierden behaftet, die ihn an einem gottgefälligen Leben hinderten. Das Elend des menschlichen Daseins und das drohende Gericht (vor allem die im MA allmählich aufkommende Vorstellung vom Fegefeuer) wurden deshalb vielstimmig beschworen. Abhilfe vermochte allein die Teilhabe am Gnadenschatz der Heiligen zu schaffen, die sich als Fürsprecherinstanz zwischen den Menschen und Christus geschoben hatten. Dieser Schatz aber wurde allein von der Kirche verwaltet, weshalb das Heil nur in ihr zu erlangen war.

Mitverantwortlich für diese Entwicklung war im FrühMA der Verlust nüchterner Theologie und der massive Einbruch von heidnischer Religiosität. Das → Numinose beherrschte die Welt, veränderte die Gottesvorstellung und auch das Bild vom Menschen. Er wurde schlicht als Haus guter oder böser Geister gesehen. Aufgrund der gepredigten und erlebten Sündhaftigkeit lastete das Übergewicht des Teufels schwer auf den Menschen. Ihre Sünde störte die Ordnung Gottes, diese mußte deshalb durch Bußleistungen wiederhergestellt werden. Das frühmittelalterl. Bußverständnis, das in besonderer Weise die Menschen prägte, zielte daher nicht auf innere Erneuerung, sondern auf gleichsam tarifliche Wiedergutmachung. Erst vor diesem Hintergrund ist die Bedeutung der → Askese und der Heiligen im MA zu verstehen. Der Asket verschaffte sich durch seine Leistungen einen göttlichen Gnadenschatz, über den der Heilige (der zudem durch seine Reliquien auf Erden präsent war) im Himmel verfügte. Entscheidend für das mittelalterl. Frömmigkeitsverständnis ist nun, daß solche Verdienste zur Abdeckung der Sündenschuld nicht unbedingt persönlich erworben werden mußten. Es genügte, an dem Gnadenschatz eines Heiligen partizipieren zu können. Aus dieser Vorstellung entstand im HochMA der Ablaß, der dann vom 14. Jh. an zu einem Finanzierungsprogramm des Papsttums entartete.

Zu den Eigenarten der mittelalterl. Religiosität gehört ferner das Sakramentsverständnis, in dem sich das Gewicht der liturg. Handlung ganz auf die Konsekration der Elemente verlagerte und den Gläubigen zum passiven Empfänger degradierte. In der Taufe wurden heiliges Wasser, in der Firmung heiliges Öl und in der Eucharistie heiliger Leib und heiliges Blut ausgeteilt, wichtig war vor allem der richtige Vollzug der Handlung. Damit hängt zusammen, daß dem Laien der Kelch entzogen wurde (festgelegt seit 1215), fürchtete man doch, er könne das heilige Blut verschütten. All diese Phänomene machten den Menschen des MAs von der Kirche als Heilsinstitution abhängig, woran auch die verschiedenen Reformbewegungen nichts zu ändern vermochten.

Die Wiedergewinnung theol. Reflexion gelang erst in der Scholastik, als → Anselm von Canterbury (1033-1109) versuchte, die Menschwerdung Gottes mit der Vernunft zu erklären. → Thomas von Aquin (1225-1274) bemühte sich unter Wiederaufnahme der aristotelischen Philosophie, die Summe der Theologie in einem Glauben und Vernunft kombinierenden System zu fassen. Die neuzeitliche Entwicklung deutete sich in der Spätscholastik an. → Marsilius von Padua (1275/90-1342/43) entwarf das Bild eines laizistischen Staates, während Wilhelm von → Ockham (1285/90-1348) die Lehre von der doppelten Wahrheit einführte. Mehr und mehr gewannen die Menschen an Eigenständigkeit, was in der Renaissance zur Freisetzung innovativer Energien führte. Die im FrühMA entstandene Religiosität hielt sich gleichwohl und machte für die Menschen die Frage nach dem Heil immer drängender.

Für die institutionelle Struktur der Kirche ist zentral, daß sie trotz der Stürme der Völkerwanderungszeit weithin an das provinzialröm. Christentum auf dem Boden des mittelalterl. Reiches anknüpfen konnte. Aus dieser Zeit übernahm man als Organisationsform das Bistum mit festem Bischofssitz, das in seiner Sprengeleinteilung dem Vorbild der Zivilverwaltung folgte. Die Bistümer wurden in Kirchenprovinzen (Metropolitanverband) unter einem Erzbischof zusammengefaßt (Trier, Mainz, Köln, Salzburg, Hamburg-Bremen, Magdeburg); ihre Grenzen haben z.T. das MA überdauert. Aufgrund der sakralen Stellung des Königs, der durch seine Salbung zwischen Priesterschaft und Volk stand, wirkte er v.a. in ottonischer und frühsalischer Zeit bei der Vergabe von Bischofsstühlen mit und dotierte Bistümer aus Reichsgut. Im Gegenzug mußten die Bischöfe auch rechtlich-polit. Aufgaben übernehmen. Dieses sog. Reichskirchensystem wurde nach dem Konflikt mit dem Reformpapsttum im Wormser Konkordat von 1122 verändert. In der Territorialisierung des SpätMA ging das Besetzungsrecht der Bistümer an die Domkapitel über, und im Rahmen der Feudalisierung konnten Bischöfe zu Reichsfürsten aufsteigen. Neben diese geistl. Fürstentümer trat das landesherrliche Kirchenregiment. Auf der unteren Ebene stand der Klerus, von dem übrigens schon im 5. Jh. hier und da der volle → Zölibat verlangt wurde. Er versorgte auf lokaler Ebene die Pfarreien, die

Kernzellen des rel. Lebens. Das Netz der geistl. Institutionen war dicht, so gab es etwa in Köln um 1350 neben den 19 Pfarreien 11 Stifte, 20 Ordenshäuser sowie zahlreiche selbständige Kapellen und Konvente. Die Trennung zwischen Geistlichen und Laien ist dabei trotz zunehmender Kritik an der Kirche niemals ernsthaft in Frage gestellt worden, erst nach der Reformation wurde aus der Sakralgemeinschaft die Bürgergemeinde vor Gott.

3. Entwicklung

Die Entwicklung der Kirche im MA ist überaus komplex und vielschichtig. Von weitreichender Bedeutung für die Geschichte Europas war die Entscheidung der Franken für das Christentum. Als ihr König Chlodwig (481/482-511) sich Weihnachten 498 oder 499 durch den kath. Bischof Remigius taufen ließ, war dies gleichsam die Geburtsstunde des christl. Abendlandes nördl. der Alpen. Das folgende halbe Jahrtausend stand im Zeichen der inneren Christianisierung, der Missionierung der Randvölker, teilweise verbunden mit deren Integration in das fränkische Großreich, und des Ausbaus, der Reform und der Konsolidierung der kirchl. Struktur im Bündnis mit dem Papsttum.

Der Prozeß der Christianisierung der Franken zog sich lange hin, wobei im Gegensatz zu den äußeren Formen eine innere Einstellungs- und Verhaltenserneuerung bei den Königen wie beim Volk nur zögernd einsetzte. Sie erhielt neue Impulse nicht nur durch die kontinentale irische Mission (Columban der Jüngere, 543-615), sondern vor allem durch angelsächsiche Missionare wie Willibrord (658-739) und → Bonifatius (672/75-754), die mit ihren zahlreichen Gefährten das Evangelium auf dem Festland verkündigten, nachdem ihre Heimat auf Initiative von Papst Gregor dem Großen (590-604) seit 597 für die Kirche gewonnen worden war. Im Bündnis mit den Frankenherrschern und dem Papst dehnten sie die Kirche auf Bayern, Friesland, Hessen, Thüringen und Sachsen aus. In den folgenden Jh.en wurden dann die slawischen Völker sowie der weite Raum des Nordens und Ostens christianisiert.

Das Erscheinungsbild der mittelalterl. Kirche wurde nachhaltig von dem Vorgehen dieser Glaubensboten bestimmt, es unterscheidet sich grundlegend von der Mission der frühen Kirche. Entsprechend der Sozialstruktur der Germanenvölker vollzog sich die Mission nämlich meist als ein gelenkter Prozeß, der zunächst den Stammesherrscher zu bekehren suchte. War dieser erst gewonnen, folgte das Volk seinem Vorbild. Im Vordergrund stand dadurch nicht die → Bekehrung des von der Heilsnotwendigkeit Jesu und von der eigenen Sündhaftigkeit überzeugten einzelnen Menschen, sondern die Gewinnung ganzer Völker für die christl. Kirche. Aufgabe der Missionare war es, die Zuständigkeit des Christengottes auch für die Germanenstämme unter Beweis zu stellen. Sie taten dies durch Predigt und Tatmission wie die Zerstörung heidnischer Kultstätten, aber ebenso durch die Umwandlung von Götzentempeln in Kirchen. Der Glaubenswechsel war daher nicht eine Bekehrung im eigentlichen Sinne, sondern die empirische Überzeugung, daß sich Christus als der Stärkere erwiesen habe. Entscheidend war der Akt der Taufe als Zielpunkt der mission. Arbeit, man hat sie treffend mit der Formel »zum Christen machen« umschrieben. Durch diesen Wechsel der rel. Vorstellungen entstand vielfach das Namenschristentum eines kultisch-institutionellen Frömmigkeitstypus, das die eigentliche Bekehrung auf die innerkirchl. Nacharbeit verlegte.

Eine weitere zentrale Strategie der Missionare waren die Klostergründungen, die das Land als Pflanzstätten der Bildung, der Frömmigkeit und der Erhöhung der Lebensqualität der Bevölkerung überziehen sollten. Hinsichtlich der planvollen Christianisierung des Volkes und der Reform der Kirche kam diesen Klöstern die höchste Bedeutung zu, von ihnen gingen auch im Verlauf der mittelalterl. Kirchengeschichte immer wieder Reformimpulse aus.

Als weiterer geschichtswirksamer Aspekt kommt die Verbundenheit der Missionare mit dem Papsttum, das für sie die letzte irdische Autorität darstellte, hinzu. Das fränkische Herrschergeschlecht der Karolinger folgte ihnen in dieser Orientierung, indem es 751/754 ein Bündnis mit Rom schloß. Vor allem unter → Karl dem Großen (768-814) wurde es ausgebaut, konkretisiert durch dessen Kaiserkrönung durch Papst Leo III. (795-816) in Rom am Weihnachtstage 800. Die Folgen waren weitreichend: das Papsttum löste sich von Ost-Rom; das 1054 vollzogene Schisma zwischen der Kirche des Westens und der des Ostens war eine späte Konsequenz dieser Entwicklung. Die deutsche Politik orientierte sich nach Italien; Kirche und »Staat« waren fortan nicht mehr zu trennen. Unter den ottonischen und frühsalischen Herrschern kam dieser Prozeß zum Abschluß, er bestimmte das Bild der Kirche auch in der zweiten Hälfte des MAs.

Das HochMA ist gekennzeichnet durch das Zerbrechen der Einheit von weltlicher und geistl. Gewalt. Angeregt durch die von den Klöstern → Cluny und Gorze ausgehende Reformbewegung nahm Papst Gregor VII. (1073-1085) den Kampf um die Freiheit der Kirche von polit. Einflußnahme auf und begründete ihn theoretisch – im Ringen mit Heinrich IV. (1056-1106) – mit dem Anspruch auf die absolute Weltherrschaft (Dictatus papae von 1075). Die dadurch in die Bevölkerung gekommene Unruhe wurde durch die Kreuzzugsbewegung im 12./13. Jh. – 1095 Aufruf durch Papst Urban II. (1088-1099) auf der Synode von Clermont – noch verstärkt. Den Vertrauensverlust versuchte Rom durch energische Führung und äußeren Glanz aufzufangen, vor allem unter Papst Innocenz III. (1198-1216) und durch das IV. Laterankonzil 1215 (Transsubstantiationslehre, jährliche Beichtpflicht, Reformpläne). Die verschiedenen Formen der monastischen Renaissance (Mönchs-, Ritter-, Spital- und Bettelorden), die von der offiziellen Kirche als Ketzer verfolgten Reformbewegungen (→ Albigenser bzw. Katharer, → Waldenser, John → Wyclif, Jan → Hus) und die Entfaltung der Mystik (Meister → Eckhart) konkretisieren, daß das Bewußtsein für notwendige Veränderungen und Neuorientierungen in der Christenheit auch im Hoch- und SpätMA durchaus lebendig war. Indes ging Rom inhaltlich kaum darauf ein, sondern vereinnahmte manche Ansätze für die eigene Politik (so wurde dem Dominikanerorden die Inquisition übertragen). Man hielt im Gegenteil an den von der Entwicklung längst überholten Weltherrschaftsplänen fest und führte dadurch die Kirche in ihre größte Krise. Die hochfliegenden Pläne von Papst Bonifatius VIII. (1294-1303) blieben ein Stück Papier (Bulle Unam sanctam) und zogen die babylon. Gefangenschaft der Kirche in Avignon (1309-1377) nach sich. Von dem sich anschließenden Papstschisma (1378-1415) mit zeitweise drei konkurrierenden Päpsten, das aufzuheben der → Konziliarismus (Konzil von Konstanz 1414-1418, Konzil von Basel 1431-1449) bemüht war, konnte sich die Kirche lange nicht erholen. Das Renaissancepapsttum (ab 1447) hatte künstlerische und polit. Interessen, zur geistl. Führung Europas war es nicht fähig. Der Ruf nach Reform der Kirche an Haupt und Gliedern wurde unüberhörbar.

Die Leidtragenden dieser Entwicklung waren die einfachen Christen in Stadt und Land, die weder die scholastischen Spitzfindigkeiten der Universitätstheologen noch die polit. Auseinandersetzungen zwischen *regnum* (Reich) und *sacerdotium* (kirchl. Gewalt) verstehen konnten. Hier liegt die eigentliche Tragik des MAs als Epoche: Das Abendland galt als christl., es hat auch in Kultur und Gesellschaft beachtliche Zeugnisse geistl. Gesinnung hervorgebracht, aber es vermochte dennoch dem einzelnen Menschen nicht die Freude über die Erlösung in Christus zu vermitteln. Eine monokausale Erklärung für diese Fehlentwicklung ist kaum möglich, ein entscheidender Grund dürfte indes darin liegen, daß den Laien die Bibel gezielt vorenthalten wurde. Wenn sie mit ihr lebten, führte dies meist zu Leben und Gemeinden verändernden Wandlungen. Das zeigt nicht nur das Beispiel des Lyoner Kaufmanns → Waldes (gest. um 1206), sondern vor allem das des Augustiner-Eremiten → Luther, dessen Reformation das MA beendete.

Lit.: G. Althoff: Verwandte, Freunde und Getreue: Zum politischen Stellenwert der Gruppenbindungen im früheren Mittelalter, 1990; A. Angenendt: Das Frühmittelalter, 1990; R. Bäumer (Hg.): Die Entwicklung des Konziliarismus, 1976; E. Benz: Ecclesia spiritualis. Kirchenidee und Geschichtstheologie der franziskanischen Reformation, ²1969; M. Borgolte: Die mittelalterliche Kirche, 1992; A. Borst: Die Katharer, ²1991; ders.: Lebensformen im Mittelalter, 1973; ders.: Barbaren, Ketzer und Artisten: Welten des Mittelalters, 1988; P. Dinzelbacher, D.R. Bauer (Hg.): Volksreligion im hohen und späten Mittelalter, 1990; K. Flasch: Das philosophische Denken im Mittelalter, 1986; H. Fuhrmann: Einladung ins Mittelalter, ⁴1989; H.-W. Goetz: Leben im Mittelalter vom 7. bis zum 13. Jh., 1986; H. Grundmann: Religiöse Bewegungen im Mittelalter, ⁴1977; W. Hartmann: Der Investiturstreit, 1993; A. Hauck: Kirchengeschichte Deutschlands, 6 Bde., ⁹1954; J. Laudage: Gregorianische Reform und Investiturstreit, 1993; J. Le Goff: Die Geburt des Fegefeuers: Vom Wandel des Weltbildes im Mittelalter, 1990; LexMA 1ff, 1980ff; H.E. Mayer: Geschichte der Kreuzzüge, ⁴1976; L.E.v. Padberg: Wynfreth-Bonifatius, 1989; ders.: »Mediävistik und evangelikale Kirchengeschichtsschreibung«, in: JET 5, 1991, 100-121; F. Prinz: Askese und Kultur, 1980; ders.: Frühes Mönchtum im Frankenreich, 1988; R. Schieffer: Die Karolinger, 1992: J.-C. Schmitt: Heidenspaß und Höllenangst: Aberglaube im Mittelalter, 1993; F. Seibt: Glanz und Elend des Mittelalters, 1987; K.-V. Selge: Die ersten Waldenser, 2 Bde., 1967; R.W. Southern: Kirche und Gesellschaft im Abendland des Mittelalters, 1976; S. Weinfurter (Hg.): Die Salier und das Reich, 3 Bde., 1991.

L.E.v. Padberg

Mitteldinge → Adiaphora

Mitternachtsmission

M. ist eine mission., seelsorgerl. und diakon. Arbeit unter Prostituierten und deren Umfeld. Mitarbeiterinnen und Mitarbeiter der M. wollen Hoffnung bringen, wo Resignation herrscht und wo viele sich abwenden.

M. tritt für die Prostituierten und gegen die → Prostitution ein, denn in der Prostitution werden Menschen gekauft, benutzt und mißbraucht. Besonders wird dies deutlich bei der Beschaffungsprostitution Süchtiger. Es bestätigt sich immer wieder: Prostitution ist nicht ein Zeichen von sexueller Freiheit, sondern eine Form extremer Abhängigkeit. Es gibt nach den Erfahrungen der M. keine Frau, die auf Dauer diese Existenzform als angenehm empfindet. Zu äußerer Unfreiheit, Gewalt, Erniedrigung und Abhängigkeit von anderen Menschen (Zuhälterproblem) kommen Alkohol, Drogen, Depressionen, Existenzängste.

M. tritt der Diskriminierung der Prostituierten entgegen. Sie versucht, zu Menschen in der Prostitution ein Vertrauensverhältnis aufzubauen und ihnen zu helfen durch Seelsorge und Beratung, durch Schutz vor Ausbeutung, beim Ausstieg aus der Prostitution und beim Aufbau einer neuen Existenz.

Die Arbeit der M. muß über die Hilfe für den einzelnen hinaus die Ursachen der Prostitution und somit gesamtgesellschaftl. Entwicklungen beobachten und auf die öffentliche Meinung einwirken, z.B. in der Frage des zunehmenden internationalen Handels mit Frauen und Kindern zu deren sexueller Ausbeutung, die Versklavung von Mädchen und Jungen in der Drogenszene, die bewußt und systematisch in die Abhängigkeit geführt und darin gehalten werden.

Im Verband der M. arbeiten 12 Einrichtungen in verschiedenen Großstädten zusammen mit unterschiedlichen Ansätzen und Schwerpunkten, von der Kontaktstelle in der Straßenszene bis zur Therapie-Einrichtung für Drogenabhängige und Strafentlassene. Die M. arbeitet mit ähnlichen Organisationen auch auf internationaler Ebene zusammen, so mit Einrichtungen der Mitternachtsmission in der Schweiz (Basel, Bern, Zürich).

Lit.: Verband der Mitternachtsmission Stuttgart (Hg.): Prostitution. Ein weltweites Problem – eine Bedrohung der Menschlichkeit, 23. internationaler Kongreß der IAF.

W. Meng

Mittler → Jesus Christus

Modalismus/Modalisten

Der Begriff M.mus begegnet zuerst bei Kirchenhistorikern im 19.Jh. und ist frühestens von → Spinoza geprägt worden. M.mus meint eine im 2. und 3. Jh. aufgetretene Form der altkirchl. Christologie (→ Jesus Christus) und ist eine Variante des → Monarchianismus, der den atl. und den ntl. Monotheismus aufnimmt und die Gottheit Christi mit diesem zu verbinden sucht. Was die → Apologeten über ihren Logos-Begriff in subordinierter/adoptianischer Form darzustellen versuchen, variieren die M.ten, indem sie von einer Person Gottes ausgehen, die in drei heilsgeschichtl. Erscheinungsweisen (modi) zeitlich nacheinander auftreten. Weil die M.ten in der Regel extrem spekulations- und theologiefeindlich waren, haben sie das sich aus ihrer Position ergebende theol. Problem, daß Gott selbst menschlich-veränderliche Züge annahm, nicht durchschaut und daher nicht gelöst. Zu den Vertretern des M.mus gehören Noët in Smyrna (und dessen Schüler Epigonus und Kleomenus), → Sabellius und Praxeas in Rom, → Paul von Samosata und später → Marcell von Ancyra, in der Neuzeit M. → Servet und die Brüder → Sozzini in Polen und die von den USA ausgehenden Unitarier, vielleicht auch → Schelling und → Hegel in ihrer Trinitätslehre. Die Kirche hat vom 2. Jh. an um der Drei-Persönlichkeit Gottes willen den M.mus verworfen.

Lit.: C. Andresen (Hg.): Handbuch der Dogmen- und Theologiegeschichte I, 1982, 130-143; K. Beyschlag: Grundriß der Dogmengeschichte, Bd. I, [2]1987, 237ff; K. Wölfl: Das Heilswirken Gottes durch den Sohn bei Tertullian, 1960.

G. Ruhbach

Mode

1. Zum Begriff

M., vom lat. *modus* »Art und Weise«; das franz. Wort bezeichnet seit dem 15. Jh. die wechselnde Art sich zu kleiden; seit dem 17. Jh. wird es im Deutschen als Fremdwort zur Beschreibung des neuen Geschmacks und später auch des allg. Betragens aufgenommen.

2. Kulturgeschichtliche und soziologische Aspekte

M. beschreibt den sich rasch wandelnden Geschmack innerhalb einer Zivilisation und Lebensweise. M. entsteht unvorhersehbar und kurzfristig, wird aber oft von einzelnen produziert und gesteuert, die sich auf Grund ihrer innovativen Impulse als gesellschaftl. Elite verstehen. M. lebt entscheidend vom menschlichen Nachahmungstrieb und dem Verlangen nach Neuem. Durch den ständigen Wandel unterscheidet sich die M. deutlich von Stil, Sitte, Gewohnheit, Brauchtum etc. W. Benjamin hat den fortlaufendend Wechsel als die »ewige Wiederkehr des Neuen« beschrieben. Für die Entstehung von je neuen M.n sind in der Industriegesellschaft wesentlich marktwirtschaftl. Mechanismen der Bedarfsweckung von Bedeutung. Da M. ein Medium sozialer Anpassung und individueller Selbstdarstellung repräsentiert, wird sie von der Wirtschaft instrumentell zur Steigerung der Nachfrage eingesetzt. Mit der M. zu gehen, fördert das soziale Ansehen des einzelnen und steigert zugleich den gesamtgesellschaftl. Verwertungsprozeß von Waren.

Obwohl die meisten Lebensbereiche der Industriegesellschaft modischen Trends unterworfen sind (Wohnung, Eßkultur, Medien, Freizeitverhalten bis hin zu Modephilosophien und -theologien), tritt der Wechsel von M.entwicklung am deutlichsten im Zusammenhang mit der Bekleidung zutage, so besonders seit dem Entstehen der »Haute Couture« um die Mitte des 19. Jh.s. Bei der Bekleidung spielen neben Zweckmäßigkeitsgesichtspunkten (z.B. Kälteschutz) auch erotische Gesichtspunkte eine Rolle. Der Mann bzw. vor allem die Frau setzt sich durch modische Bekleidung in Szene.

3. Theologische und ethische Aspekte

Sowohl Israel als auch die ntl. Gemeinde sind in den kulturgeschichtl. Wandel von M.n einbezogen, sei es, daß diese angenommen, abgelehnt oder modifiziert, d.h. verwandelt werden. Soweit die christl. Gemeinde v.a. von der atl. Bejahung des Lebens und des Leibes geprägt wird, findet sie ein positives Verhältnis zum Ästhetischen als einer kulturschöpferischen Gestaltung des natürlich Schönen. So unterzieht sich beispielsweise die Jüdin Ester ein halbes Jahr lang spezifischen Schönheitsprozeduren, bevor sie zur Gattin des Perserkönigs Ahasveros (griech. Xerxes) erkoren wird. In dieser Position erhält sie den nötigen Einfluß, um später das jüd. Volk vor der Ausrottung zu retten. Eine umfangreiche Garderobe gehört nach Spr 31,21f sogar zum Stolz der lobenswerten Frau. Festkleidung aus kostbaren Stoffen spielt sowohl bei Amtseinsetzungen wie auch bei öffentlichen Ehrungen eine herausragende Rolle (vgl. 1Mo 41,42; 3Mo 8,6-9; Jes 22,21; Mt 22,12; Lk 15,22 etc.).

Gleichzeitig weiß die Bibel durchgängig um die Gefährdung des Menschen durch den bloßen Schein äußerer Schönheit, der zur Eitelkeit verführt: »Euer Schmuck soll nicht äußerlich sein wie Haarflechten, goldene Ketten oder prächtige Kleider, sondern der verborgene Mensch des Herzens im unvergänglichen Schmuck des sanften und stillen Geistes: das ist köstlich vor Gott« (1Petr 3,3f). Dabei geht es nicht um Uniformierung des Lebensstils, sondern um die der Persönlichkeit angemessene Harmonie innerer und äußerer Schönheit. Denn Fragen der M. sind jenem Bereich der Freiheit zuzuordnen, in dem jeder seinem Herrn steht und fällt. Indem die Starken auf die Schwachen in der Liebe Rücksicht nehmen und andererseits die Freiheit des einzelnen in der Bindung an Christus gewahrt wird, werden die Darlegungen des Apostels Paulus in Röm 14 bezüglich der Speise- und Festtagsgebote etc. sachgemäß auf das Phänomen M. übertragen.

Eine grundlegend kritische Haltung findet sich in der Bibel gegen den spezifisch erotischen Gebrauch der M., soweit diese bewußt zur sexuellen Verführung mißbraucht wird. So beispielsweise gegen die Frauen, die sich als Prostituierte verkleiden und mit modischem Ambiente Freier an sich locken (Spr 7,10-19) oder gegen Transvestiten, die Männer- bzw. Frauenkleidung bewußt so vertauschen, daß sie sich in die Rolle des jeweils anderen Geschlechts begeben (5Mo 22,5).

Auffällig ist, daß das Ausziehen des alten befleckten Gewandes und das Anziehen des neuen »hochzeitlichen Kleides« als endzeitliches Bild für die Erneuerung und schließliche Vollendung des Menschen, der Christus angehört, gebraucht wird. Das Kleid des Heils und der Gerechtigkeit Gottes, das auf Grund der Vergebung und inneren Umgestaltung durch den Geist Gottes dem sündigen Menschen geschenkt wird, ist so Vorzeichen und Vorgeschmack des Himmels. So findet im gottesdienstl. Festkleid die tiefe Sehnsucht nach dem neuen, reinen Gewand seinen sichtbaren leiblichen Ausdruck.

Lit.: F. Apel: Angezogen-Ausgezogen-Bilder und

Texte zum inszenierten Leben, 1984; M. Kawohl: Verhüllte Offenheit – Zur Bedeutung der Mode, Christliches ABC, Heft 3/1986. Lebendiges Zeugnis: Von Kleidung, Mode und Sittlichkeit, ein Werkheft von der Akademischen Bonifatius-Einigung, Heft 2/1956.

R. Hille

Moderator → Ämter, kirchliche

Moderne Literatur und Christentum

Die neuere Literatur ist nicht religiöser als die Gesellschaft, aus der heraus sie entsteht; doch während die → Säkularisierung und Profanisierung der Gesellschaft und ihre Entkirchlichung zunehmen, lassen sich in der Literatur Kennzeichen einer »Wiederkehr des Religiösen« (Bleicher) feststellen. Diese Wiederkehr des Religiösen ist zu trennen von einer ungebrochenen Kontinuität, die – mitunter außerhalb christl. Leserkreise kaum bemerkt – wirksam geblieben ist. Dafür stehen im 20. Jh. Namen wie Paul Claudel, Julien Green, T.S. Eliot, C.S. → Lewis, Dorothy L. Sayers, Ernst → Barlach, Gertrud von Le Fort, Rudolf Alexander → Schröder, Franz Werfel, Werner Bergengruen, Jochen → Klepper, Reinhold → Schneider, Alfred Döblin, Gertrud Fussenegger, Rudolf Otto Wiemer, Willy Kramp, Albrecht Goes, Eva Zeller, Bernt v. Heiseler, Manfred → Hausmann und andere mehr. Wie »modern« auch diese Autoren wirken können, zeigt sich an der ungebrochenen Popularität der christl. geprägten Science-Fiction-Romane eines C.S. Lewis und seiner ebenso unverhohlen christl. »Narnia«-Bücher in zahlreichen Sprachen; es zeigt sich auch an Verfilmungen wie etwa 1992 bei Reinhold Schneiders »Las Casas vor Karl V.« (ORF). Diese Modernität hat nicht selten auch tagespolit. Bezüge, so etwa in der Hervorhebung Reinhold Schneiders als eines für das Zusammenwachsen der alten und neuen Bundesländer wichtigen »Christen und Europäers« (Vogel).

Die Literatur der unmittelbaren Gegenwart profitiert auf der einen Seite von dieser Kontinuität und ihren aktuellen Ausprägungen, und sie tut dies nicht zuletzt, weil es Autoren gibt, die in ihrer eigenen Person den literarischen Gang des Jahrhunderts verkörpern: Namentlich Albrecht Goes, der 1993 zu seinem 85. Geburtstag den Band »Vierfalt« vorlegte. Auf der anderen Seite ist eine junge Generation an die Öffentlichkeit getreten, deren Werk fern von aller Epigonalität neue Perspektiven erkennen läßt. Es ist wohl kein Zufall, daß unter ihnen der Goes-Schüler Oliver Kohler als Lyriker und Erzähler besonders auffällt (»Glut«, 1991; »Aus einem Frühling«, 1989; »erzählt von dir«, 1987; »Knospen im Frühwind«, 1991 u.a.m.).

Charakteristisch für die Verbindung von Kontinuität und Wiederkehr im öffentlichen Bewußtsein ist das Oeuvre Gertrud Fusseneggers, das einen Zeitraum von rund sechzig Jahren umspannt und 1993 durch den von Gymnasiasten in eigener Verantwortung verliehenen – und damit in der deutschen Auszeichnungslandschaft einzigartigen – Weilheimer Literaturpreis gewürdigt wurde. Daneben stehen die Werke von »Außenseitern«, die mit einem Einzelwerk große Aufmerksamkeit erfahren und vorerst noch keine weiterführenden Entwicklungen erkennen lassen; das wohl bekannteste Beispiel dafür ist Patrick Roths »Riverside – Christusnovelle« (^{2}1992).

Eine besondere Funktion bei der Breitenwirksamkeit christl. Autoren in der modernen Literatur haben nach wie vor die Sujets. Das in fast allen ihren Romanen wiederkehrende Grundmuster der psychischen Irrwege ihrer Protagonisten, des Zerrissenseins an Umwelt, Familie, eigener Person, haben die Britin Susan Howatch zu einer weltweiten Bestseller-Autorin werden lassen. Aus ihren Millionentantiemen richtete sie 1993 eine Stiftungsprofessur in Cambridge ein, durch die das Verhältnis von christl. Theologie und Naturwissenschaften erforscht werden soll. In den letzten Jahren hat sich – nicht zum ersten Mal in der Nähe eines Jahrhundertendes – die »Enderwartung«, die Apokalypse, als wirksames rel. Motiv erwiesen. Hier haben sich auch Autoren, die nicht eigentlich als christl. bezeichnet werden können, christl. Denkweisen bedient: Stellvertretend seien Günter Grass (»Die Rättin«, 1986) und Carl Amery (»Die Wallfahrer«, 1986) genannt. Wie schwierig es ist, hier Kategorien einzurichten, zeigt anderseits die Aussage des Dramatikers Franz Xaver Kroetz (»Bauern sterben«, 1985, u.a.m.): »Ich glaube, daß ich eigentlich ein christlicher Autor bin« (Hage/Fink).

Die im engeren Sinne mission. Komponente ist in der Literatur der Gegenwart kaum zu spüren. Eine Ausnahme auf belletristisch vielversprechendem Niveau stellt der erste Roman des jungen Autors Axel Graser dar (»Lockruf der Freiheit«, 1991). Der Vermittlung zentraler christl. Glaubensaussagen dient auch die hist. Erzählung Hans-Joachim Hahns, »Umkehr in Babylon« (1991). Ob solche Werke eine Renaissance dieser vor allem im kath. Raum vor der vergangenen Jahrhundertwende blühenden Literaturform (Sienkiewicz u.a.m.) nach sich ziehen, bleibt abzuwarten.

Lit.: J.K. Bleicher: Literatur und Religiosität. Untersuchungen zu deutschsprachiger Gegenwartsliteratur, 1993 (Bibliographie!); V. Hage, A. Fink: Deutsche Literatur 1985, 1986, 141; K.-J. Kuschel: Vielleicht hält Gott sich einige Dichter ... Literarisch-theologische Porträts, 1991; C.P. Thiede (Hg.): Christlicher Glaube und Literatur, Bde. 1-6, 1987-1993; B. Vogel: Reinhold Schneider: Ein christlicher Denker für Europa. Seine Botschaft heute, idea dokumentation 12/93.

C.P. Thiede

Modernismus

1. Das Wort modern wird von lat. *modo*, »jetzt, eben erst«, abgeleitet und bedeutet neu, neuzeitlich. In der Zeit des Übergangs von der Antike zur christl. Kultur verstehen sich christl. Schriftsteller als modern im Sinne von gegenüber der Antike fortschrittlich. Im späten MA gibt es in Abgrenzung zur scholastischen Theologie eine via moderna (via antiqua), die lehrt, die Erkenntnis aus der Erfahrung zu gewinnen. Entsprechend gibt es eine → devotio moderna genannte Erlebnisfrömmigkeit (Mystik). Im 18. Jh. wird der Begriff im Zusammenhang mit der Aufklärung gebraucht. Seit dem Ende des 19. Jh.s wird er auch auf Kunst, Literatur, Architektur (vgl. auch: »modisch«) und Wissenschaft bezogen; er ist mit dem Gedanken an gegenüber der Vergangenheit neue Entwicklungen, in zunehmendem Maß aber auch mit dem Bewußtsein einer Krise verbunden. Das Schlagwort »postmodern« weist auf die Frage hin, ob die Epoche der Moderne zu Ende gehe. Der Fortschrittsglaube, die wissenschaftl.-technische Zivilisation, die Entfremdung des Subjekts durch das Prinzip der ökonomischen Rationalität und die Instrumentalisierung der Vernunft, die Zerstörung der Natur und die totale Vermarktung des Lebens werden kritisiert. Die Postmoderne ist durch radikalen Pluralismus und die Vielfalt der Weltverständnisse und Sprachspiele gekennzeichnet. Konsequenz ist die Verunsicherung des Denkens: »Der Wandel ist das Beständige.« Andererseits kommen neue Entwürfe holistischen Denkens (→ New Age) und die Sehnsucht nach Überwindung der Ambivalenz der Moderne und einfachen Orientierungs- und Handlungsmustern auf; denn Beliebigkeit behindert ebenso die Identitätsbildung wie moderne Systemzwänge.

2. In der röm.-kath. Kirche bezeichnet man als M. den Versuch, Theologie und Kirche für die Aufklärung und die Erkenntnisse der modernen wissenschaftl. Forschung zu öffnen, die hist.-kritische Bibelexegese zuzulassen, die theol. Ausbildung zu verbessern und den Gegensatz zwischen Kirche und moderner Welt abzubauen. Einer der führenden Modernisten in Deutschland war der Würzburger Religionswissenschaftler Hermann Schell (1850-1906). In Frankreich ging der M. von der Philosophie und der Bibelkritik aus. Maurice → Blondel (1861-1949) deutete die rel. Wahrheiten als Ausdruck subjektiver Daseinsgestaltung (»Immanentismus«). Alfred → Loisy (1857-1930) lehrte am Pariser Institut Catholique; er unterschied zwischen den Ergebnissen der hist. Exegese und dem Dogma der Kirche. Seine Hauptwerke wurden vom Heiligen Offizium verurteilt; er unterwarf sich zunächst, trennte sich dann aber von der Kirche und wurde 1908 exkommuniziert, nachdem 50 Sätze seiner Lehre verworfen worden waren. Ebenso wurde der Sillonismus (franz. *le sillon*, »die Furche«), eine Laienbewegung, verurteilt, deren Ziel die Stärkung der demokratischen Bildung und die Annäherung von Kirche und Republik war. Auch in anderen europ. Ländern und in den USA gab es kath. Reformbewegungen, z.T. auch verbunden mit nationalkirchl. Strömungen. Rom befürchtete die Reduktion der Offenbarung auf die Vernunft und bekämpfte die Ideen der modernen Kultur entschieden. Pius IX. verurteilte 1864 im Syllabus (»Verzeichnis«) 80 »Irrtümer« bezüglich Religion, Wissenschaft, Politik und Wirtschaft. Im Sinne der konservativen Ordnungsvorstellung jener Zeit betrieb das Papsttum die Stärkung der hierarchischen Verfassung der Kirche. 1870 dogmatisierte das I. → Vatikanische Konzil die Unfehlbarkeit und die unmittelbare Jurisdiktionsgewalt des Papstes. Leo XIII. erhob 1879 die neuthomistische Theologie zur Normaltheologie. Pius X. verdammte 1907 den M. als Ergebnis aller Glaubensirrtümer und ordnete dessen Ausrottung an. 1910 wurde der Antimodernisteneid für alle röm.-kath. Geistlichen verpflichtend eingeführt; er wurde bis 1967 verlangt. Zahlreiche Modernisten waren treue Katholiken und haben sich unterworfen. Die Kirche geriet in Gegensatz zur kulturellen Welt. Der Reformkatholizismus war jedoch nicht völlig überwunden. Das II. → Vatikanische Konzil hat wesentliche Forderungen der Modernisten aufgenommen.

3. Das Verhältnis des Protestantismus zur Moderne war wesentlich positiver. Die → liberale Theologie und die hist.-kritische Forschung befanden sich in Übereinstimmung mit dem jeweiligen Wissenschaftsverständnis. Die Ergebnisse der Luther-Forschung führten aber zu einer Korrektur des modernen Luther-Bildes, und die → Dialektische Theologie ging in kritische Distanz zum modernen Denken, wenngleich ihre eigenen Voraussetzungen stark im 19. Jh. wurzeln. Weithin wird heute die Aufgabe erkannt, die Probleme der Säkularisation und der Stellung des Menschen in der modernen Welt in das theol. Denken aufzunehmen. Kritisch gegenüber dieser Einstellung ist der Ende des 19. Jh.s in den USA entstandene und von dort sich ausbreitende → Fundamentalismus. Auch in der röm.-kath. und in der anglik. Kirche gibt es konservative Bewegungen, die die Einflüsse des modernen Denkens bekämpfen. Insofern sind auch manche gegenwärtigen theol. Auseinandersetzungen als Streit um das M.problem und um das Verhältnis von Glaube und Vernunft zu verstehen.

Lit.: R. Aubert: Die modernistische Krise, in: H. Jedin (Hg.): Handbuch der Kirchengeschichte, Bd. VI/2. 1973/1985; V. Berning: Das Denken Hermann Schells, 1964; J.-F. Lyotard: Das postmoderne Wissen, 1982; J. Moltmann (Hg.): Religion der Freiheit. Protestantismus in der Moderne, 1990; T. Rendtorff: Theorie des Christentums. Historisch-theologische Studien zu seiner neuzeitlichen Verfassung, 1972; H. Thielicke: Glauben und Denken in der Neuzeit, 1983; E. Weinzierl (Hg.): Der Modernismus. Beiträge zu seiner Erforschung, 1974.

B. Maurer

Modersohn, Ernst (1870-1948)

M., geb. am 14. 2. 1870 in Soest/Westfalen, gest. am 2. 2. 1948 in Bad Blankenburg; studierte ev. Theologie in Tübingen, Berlin, Halle und Bonn, ohne eine besondere theol. Prägung zu erfahren. Während seiner Vikariatszeit im Siegerland erlebte er eine Bekehrung. 1894-1899 war er Pfarrer in Weidenau und ab 1900 (mit P.M. Girkon) Pfarrer in Mülheim/Ruhr. Im gleichen Jahr übernahm er die Herausgabe der »Sabbathklänge« des (1859 von P. Stursberg gegründeten) Organs des rheinischen Altpietismus.

Für die Anschauungen der → Heiligungsbewegung gewonnen, erlebte M. (1905/06) in Mülheim eine Erweckung, die zugleich einer der Ausgangspunkte der → Pfingstbewegung in Deutschland wurde. Seit der 7. Gnadauer Konferenz wirkte er als beliebter Konferenzredner in Kreisen der Gemeinschaftsbewegung, stand lange J. → Paul und der aufkommenden Pfingstbewegung nahe und vertrat ein Christentum mit stark individualistischen Zügen. 1906 wurde er Leiter des Erholungsheimes der Ev. → Allianz in Bad Blankenburg, zugleich Leiter des Thüringischen Gemeinschaftsbundes und gründete die Wochen-Zeitschrift »Heilig dem Herrn« (1940: Auflage 42.000); nach seinen Distanzierung von der Pfingstbewegung wirkte er ab 1910 bis zu seinem Lebensende als Erbauungsschriftsteller und Evangelist und war 1913 maßgeblich beteiligt an der Gründung des → Pfarrergebetsbundes (seit 1945 Pfarrer-Gebets-Bruderschaft). Als Vorsitzender des Thüringer Gemeinschaftsbundes versuchte M., in der Zeit des Nationalsozialismus eine neutrale Haltung zwischen der Glaubensbewegung Deutscher Christen und der Bekennenden Kirche zu wahren. Diese Haltung führte zu einer Entfremdung gegenüber dem Gnadauer Verband. Ein Teil seiner Erbauungsschriften wird bis heute aufgelegt.

Lit.: Sechs Jahre in der Stadt Tersteegens, 1906; In der Schule des Lebens. Bilder und Geschichten von Ernst Modersohn [2]1931; Er führe mich auf rechter Straße. Lebenserinnerungen von Ernst Modersohn

[5]1948; Menschen, durch die ich gesegnet wurde, [2]1967.

A. Modersohn: Ernst Modersohn – Ein Werkzeug Gottes, 1963.

J. Ohlemacher

Mohammed (ca. 570-632)

M. ist der Stifter des Islam. Er wurde um 570-580 in Mekka geboren. Etwa im Jahre 610 erhielt er eine visionäre Offenbarung, die mit höchster Wahrscheinlichkeit im Koran in der Sure 96,1-8 niedergelegt wurde. Diese Verse umfassen den Inhalt der ersten Periode der Offenbarungen in Mekka: den Glauben an einen allmächtigen Schöpfer, der die Menschen erschaffen hat und die Menschen durch das Schreibrohr – geoffenbarte Heilige Schrift – gelehrt hat, was sie zuvor nicht wußten. Zu diesem Herrn kehrt der Mensch einst zurück.

In Mekka wurde M. nur Unglaube und Spott zuteil. Damit er seine Botschaft glaubwürdiger machen konnte, brachte der Koran nun die Geschichten früherer Propheten aus dem AT. Es sind hauptsächlich Adam, Noah, Abraham und Mose. Ihre Botschaft ist die des M.: »es gibt keinen Gott außer Gott«, die wichtigste Aussage im islamischen Glaubensbekenntnis. Dies führte zu der zweiten Aussage des islamischen Glaubensbekenntnisses: M. ist der Apostel Gottes.

Wegen der Feindschaft der Mekkaner wurde die Lage so schwierig, daß M. 622 nach Medina auswandern mußte. Dort lebte eine wichtige jüd. Gemeinde, von der er Hilfe erwartete. So machte er ihnen Vorschläge, den Islam an den Glauben der Juden anzupassen. Die Juden aber waren mißtrauisch. Sie fanden bei M. vieles, was er über das Judentum nicht genau wußte, und fürchteten seine Machtansprüche. Dieser Zustand der Unsicherheit dauerte bis 624. In diesem Jahr griffen die Mekkaner mit einem großen Heer Medina an. Und das Überraschende geschah: Eine kleine Gruppe gläubiger Muslime trieb dieses Heer in die Flucht. Dieser Sieg bei Badr wurde von größter Bedeutung für die Geschichte des Islam, denn M. fand in dem Sieg eine Bestätigung seines Glaubens an Allahs Überlegenheit. In Sure 8 heißt es: »Nicht ihr habt sie getötet, sondern Gott.« Von nun an brauchte M. die Hilfe von Juden (und Christen) nicht mehr. Weil die Juden den Islam nicht annahmen, wurden sie von Kronzeugen zu Feinden Gottes und des Islams. Durch diese Abwendung wurde nun Abraham der Hauptprophet des Koran nach M., das Siegel aller Propheten (33,40). Abraham und sein Sohn Ismael, der Stammvater der Araber, haben das mekkanische Heiligtum und den dortigen, jetzt von den Heiden verunreinigten Kultus gestiftet. Darum ist es göttliche Aufgabe, Mekka zu erobern, was M. 631 gelang. Damit hat Gott im Islam die Religion vollendet und in seiner Gnade den Islam zur wahren Religion erklärt (5,4). M. starb am 8. Juni 632.

Lit.: R. Blachère: Le problème de Mahomet, 1952; J. Bouman: Der Koran und die Juden, 1990; F. Buhl: Das Leben Muhammeds, 1961; W. Montgomery Watt: Muhammed Prophet and Statesman, 1961; R. Paret: Mohammed und der Koran, 1957.

J. Bouman

Möhler, Johann Adam (1796-1838)

Am 6. 5. 1796 wurde M. in Igersheim an der Tauber geboren. Nach dem Besuch des Lyzeums in Ellwangen begann er 1815 an der dortigen Friedrichs-Universität sein Theologiestudium; 1817 wird diese Universität der Landesuniversität Tübingen eingegliedert. 1818 tritt M. in das Rottenburger Priesterseminar ein und wurde 1819 zum Priester geweiht. Seelsorgerl. Aufgaben und Tätigkeiten in der Theologenausbildung nahm er bis 1822 wahr; in diesem Jahr wurde er Privatdozent; er unternahm eine Studienreise, die für ihn persönlich wie wissenschaftl. große Bedeutung erhielt. In Berlin begegnete er → Schleiermacher. An diesem »faszinierte Möhler dessen Offenheit für das Personale und Soziale der menschlichen und christlichen Existenz« (P.-W. Scheele). 1826 wurde M. a.o. und 1828 o. Prof. für Kirchengeschichte in Tübingen. Nach Ablehnung von Rufen nach Freiburg, Breslau und Münster ging er 1835 nach München. Hier starb er am 12. 4. 1838.

M.s Hauptwerke sind: »Die Einheit der Kirche oder das Prinzip des Katholizismus, dargestellt im Geiste der Kirchenväter der drei ersten Jahrhunderte« (1825) und die »Symbolik« (1832). Hier finden sich Ansatzpunkte zu einer ökumen. Theologie. Dies ist vor allem darauf zurückzuführen, daß für M. die Geschichtlichkeit eine besondere Rolle spielt. Er schreibt: Jesus Christus ist »der Anhaltspunkt und der Endpunkt und eben darum auch der Mittelpunkt der Geschichte«. M.s Ansatz eines vom Geist der Hl. Schrift und der Urkirche geprägten Kirchenbildes wurde »nicht mehr im 19. Jh. in die kirchliche Praxis umgesetzt. So kann Möhler heute noch Anreger der Theo-

logie, vor allem der ökumenischen Theologie sein, wenn wir in ihm den Historiker und Exegeten neu entdecken« (J. Köhler).

Lit.: P.-W. Scheele: Johann Adam Möhler, in: Kath. Theologen Deutschlands im 19. Jahrhundert, Bd. II, 1975, 70-98; J. Köhler: »Johann Adam Möhler«, GdKG, Bd. 9,1, 1985, 139-159; R. Rieger (Hg.): Johann Adam Möhler. Vorlesungen über die Kirchengeschichte, Bde. 1-2, 1992.

K. Wittstadt

Molanus, Gerard Wolter (1633-1722)

Geb. am 1. 11. 1633 in Hameln/Weser, 1651 Studium in Helmstedt bei Calixt, geprägt vom irenischen Humanismus der dortigen Fakultät, lehrte M. ab 1659 an der Universität Rinteln als Prof. der Mathematik, 1664 Prof. der Theologie. Als Nachfolger von J. Gesenius 1673 zum Direktor des Konsistoriums in Hannover berufen, wählte der Konvent des Klosters Loccum ihn 1677 zum Abt (M. lebte aus Überzeugung zölibatär, war seit 1671 Konventual).

Da M. gegen den Willen des Klosterkonvents sein konsistoriales Amt nicht niederlegte, verband er ab 1677 die geistl. Leitung der Landeskirche Hannovers mit den polit. Rechten und Pflichten des Abtes zu Loccum (Vertreter der Prälatur im Landtag, Vorsitzender des großen Ausschusses, Schatzrat). Dies begründete eine Tradition, die sich bis zur Gegenwart in Hannover erhalten hat. Mit seiner im deutschen Protestantismus einzigartigen Macht und Unabhängigkeit verwirklichte er in Hannover die ersten Ansätze kirchl. Emanzipation von staatlicher Bevormundung. M. gelang nach den Wirren des Dreißigjährigen Krieges die Reorganisation Loccums als eines ev. Zisterzienserklosters (Neuanfertigung von Krummstab und Mitra), mit den Leges hospitii von 1677 legte er die Grundlage für das spätere Predigerseminar. Neben Unionsverhandlungen mit den Reformierten (Hannover-Berlin) unternahm er im Auftrag seines Landesherren gemeinsam mit → Leibniz den seit der Reformationszeit bedeutendsten Versuch einer Wiedervereinigung mit der kath. Kirche. Die 1679 mit Spinola begonnenen, nach 1691 mit Bossuet u.a. fortgeführten Bemühungen, auf der gemeinsamen Grundlage der Bibel sowie der altkirchl. Glaubensbekenntnisse und Konzilien eine Kirchenunion zu verwirklichen, blieben jedoch ohne Ergebnis.

Lit.: H. Weidemann: G.W. Molanus. Eine Biographie, 1925/29; Geschichten aus dem Kloster Loccum, 1980, 160-163.

J.O. Rüttgardt

Molina, Luis de, S.J. (1535-1600)

M., geb. im September 1535 in Cuenca, gest. am 12. 10. 1600 in Madrid, trat 1553 zu Alcalá in den Jesuitenorden ein. Er war Schüler des Petrus de Fonseca S.J. (gest. 1599), der sich durch einen klassischen Kommentar zur aristotelischen Metaphysik den Namen des portugiesischen Artistoteles verdient hat. Nach dem Studium der Jurisprudenz, der Philosophie und Theologie lehrte M. in Coimbra von 1563-1567 Philosophie; von 1568-1583 dozierte er in Evora Theologie; 1600 wurde er Prof. für Moraltheologie in Madrid.

M. hatte große Schwierigkeiten innerhalb der Gesellschaft Jesu. Er wird als ein sehr selbstbewußter Mensch geschildert. Seine Überlegenheit und Unabhängigkeit des Urteils ließen ihn die Wahrheit auch dann sagen, wenn andere geschwiegen hätten. Er war ein ausgezeichneter Kenner des profanen Rechts sowie ein guter Psychologe. M. begnügte sich nicht damit, eine menschliche Handlung nur an der starren Norm des Gesetzes zu messen, sondern er ging auch ihren psych. Wurzeln nach.

Aufgrund seiner Hauptschrift »Liberi arbitrii cum gratiae donis ... concordia« (1588) kam es zum sog. Gnadenstreit. Das Hauptanliegen M.s in diesem Werk ist die Verteidigung der menschlichen Willensfreiheit gegen die Schwierigkeiten, die sie von seiten des Wissens, des Wollens und des Wirkens Gottes zu bedrohen scheinen. Im letzten Teil seiner »concordia« entwickelt M. seine Prädestinationslehre. Sie ist gleichsam eine Zusammenfassung seiner gesamten Heilslehre. Prädestination ist der Heilsplan Gottes, nach dem er die vernunftbegabten Geschöpfe zur Seligkeit hinführen will mit dem Willen, diesen Plan zu verwirklichen und mit der Voraussicht, welche Menschen nach diesem Plan zur Seligkeit gelangen werden. Seine Grundideen sind: Steigerung der menschlichen Freiheit, Reduktion der göttlichen Mitwirkung und der wirksamen Gnade; Statuierung der *»scientia media»* und daraus resultierend eine neue Auffassung der Prädestination und der *concordia* von Freiheit und Gnade.

Lit.: F. Stegmüller (Hg.): Geschichte des Molinismus, 1: Neue Molinaschriften, 1935; W. Weber: Wirtschaftsethik am Vorabend des Liberalismus. Höhepunkt und Abschluß der scholastischen Wirtschaftsbetrachtung durch Ludwig Molina S.J. (1535-1600), 1959, 62-93.

K. Wittstadt

Molinos, Miguel de (1628-1696)

M. wurde 1628 in Muniesa (Spanien) geb.; 1652 erhielt er in Valencia die Priesterweihe und lebte dort von einem Benefizium an S. Andrés. 1664 kam er nach Rom, um für die Seligsprechung des Priesters Simon von Valencia zu arbeiten. Als Seelsorger genoß er in Rom großes Ansehen.

1675 erschien sein »Guía espiritual«. 1680 wurde der Vorwurf des Quietismus gegen ihn erhoben. 1685 erfolgte seine Verhaftung; ein Inquisitionsprozeß wurde gegen ihn eröffnet, der am 3.9.1687 mit seiner Abschwörung und Verurteilung zu lebenslänglicher Haft endete: 69 aus seinen Briefen und Vorträgen exzerpierte Sätze wurden als häretisch, laxistisch und unmoralisch verurteilt. M. starb 1696 in einem röm. Kloster, in das er verbannt worden war.

M. wurde des → Quietismus bezichtigt. Er war nicht Initiator dieser Strömung, wohl aber einer ihrer Hauptvertreter. Die röm.-kath. Kirche verurteilte diese Bewegung, die eine Verinnerlichung der Spiritualität zum Ziel hatte. Geistesgeschichtl. ist der Quietismus als Reaktion gegen die → voluntaristische Frömmigkeit des Ignatius und der Jesuiten zu sehen.

In seinem »Guía espiritual« betont M. die passive Haltung und die Techniken, die zur *contemplatio acquisita* führen. Der Quietismus des M. kam in Verruf, da falsche Folgerungen aus seinem Ansatz gezogen wurden: »Ein radikaler Spiritualismus, der jeden sichtbaren Ausdruck der Frömmigkeit, sogar die sakramentale Praxis ablehnte« (V. Conzemius). Die Verurteilung des M. führte zu einer intensiven Auseinandersetzung um den Quietismus in Frankreich.

Lit.: J.I. Tellechea Idigoras: Miguel de Molinos: Guía espiritual, 1976.

K. Wittstadt

Monarchianer

Bezeichnung für eine theol. Richtung im frühen Christentum, die die Einheit Gottes so stark betonte, daß Christus als Sohn Gottes von Ewigkeit her nicht als eigenständiges Wesen verstanden wurde, sondern entweder als eine Ausdrucksform (modus) des einen Gottes (modalistischer M.) oder als eine von Gott ausgehende Kraft (dynamis), die Jesus bei der Taufe zum Sohn Gottes erhob. Hier spricht man entweder vom dynamistischen M. oder vom Adoptianismus, weil Christus erst bei der

Taufe zum Sohn Gottes erklärt wurde. Die Betonung der Einheit und Einzigkeit Gottes (strenger Monotheismus) entspricht dabei atl. bzw. jüd. Tradition, gehört aber auch zum Kern des christl. Bekenntnisses. Im 2. Jh. richtet sich diese Betonung vor allem gegen den gnostischen Dualismus, gerät dann aber in Konflikt mit der Logos-Christologie der → Apologeten (→ Justin), die als Lehre von zwei Göttern (Ditheismus, vgl. → Hippolyt) von den M.n verworfen wurde. Die frühesten Vertreter des modalistischen Monarchianismus begegnen in Kleinasien. Am bekanntesten sind Noet von Smyrna (2. Jh.), → Sabellius, der wegen seiner Lehre von Gott als »Sohn-Vater« in Rom von Bischof Kallist (um 220) verurteilt wurde, und Praxeas, den Tertullian als »Patripassianer« bekämpft (um 212), weil bei der Identität von Vater und Sohn auch der Vater gelitten haben müsse. Im 4. Jh. wird »Sabellius« zum Ketzernamen für Marcell von Ankyra (gest. 374), einen Freund des → Athanasius und Anhänger des Nicänums. Die nicänische Lehre von der Homousie des Sohnes mit dem Vater wurde von Gegnern gelegentlich als »Sabellianismus« bezeichnet. Als bibl. Begründung verwiesen die »Modalisten« vor allem auf das JohEv. (Joh 10,30; 14,8ff).

Als Hauptvertreter des Adoptianismus, der erstmals in Rom von Bischof Victor (um 190) verurteilt wurde, gilt der Gerber Theodot aus Byzanz mit seinen Schülern, Theodot dem »Wechsler« und Artemon. In der Mitte des 3. Jh.s wird Paul von Samosata u.a. wegen dieser Lehre verurteilt (268). Sein Name wird im 4. Jh. zum Ketzernamen für Photin von Sirmium, einen Schüler Marcells von Ankyra. Der Hauptvorwurf lautete, daß Christus für sie bloß ein Mensch, aber nicht Gott sei.

Das Stichwort M. bezeichnet also ein Gegensatzpaar, bei dem Christus entweder in seiner Gottheit oder in seiner Menschheit überbetont wird. Geeignete Bibelstellen lassen sich für beide Seiten finden. Daraus erklärt sich der anhaltende Konflikt, der zur Ausbildung der altkirchl. Dogmen führte.

Lit.: W.A. Bienert: »Sabellius und Sabellianismus als historisches Problem«, in: Logos, FS L. Abramowski, BZNW 67, 1993, 124-139; M. Decker: Die Monarchianer. Frühchristliche Theologie im Spannungsfeld zwischen Rom und Kleinasien, Diss.theol. Hamburg 1987 (Lit.); R.M. Hübner: Melito von Sardes und Noët von Smyrna: Oecumenica et Patristica, FS W. Schneemelcher, hg. v. D. Papandreou, W.A. Bienert, K. Schäferdiek, 1989, 219-240; ders.: Die antignostische Glaubensregel des Noët von Smyrna: MThZ 40 (1989) 279-311.

W. A. Bienert

Mönchtum

1. Begriff

M. ist vom griech. *monachos* hergeleitet, wobei die Bedeutung des »für sich allein lebend« entscheidend ist. Der Begriff wurde nicht nur für den Alleinlebenden (Eremit, Einsiedler) gebraucht, sondern auch für die in Gemeinschaft Lebenden (Zönobiten). Sie sind Mönche, weil sie getrennt von Nichtmönchen für sich in der Einsamkeit leben. Der griech. Begriff wurde als *monachus* ins Lat. übernommen und auch in die modernen Sprachen franz.: *moine*, spanisch: *monje* englisch: *monk*. Die Wohnung des Mönchs ist das *monasterium* (»Kloster«).

Der entsprechende weibliche Begriff *monacha* ist selten gebraucht. An seine Stelle tritt *nonna*, »Nonne«. Die innermonastische Fachsprache ist in der männlichen Form ausgebildet, für die Frauenklöster werden davon weibliche Formen nachgebildet: Abt/Äbtissin, Prior/Priorin u.a. Die bevorzugte Selbstbezeichnung ist Bruder/Schwester, Vater/Mutter.

Sachlich: Christl. M. will nichts anderes sein als Leben nach dem → Evangelium unter den einschränkenden Bedingungen des Alleinlebens (Eremiten) oder des gemeinsamen Lebens. Voraussetzungen sind die Ehelosigkeit, Armut (bzw. persönliche Besitzlosigkeit), Unterordnung unter eine geistl. Autorität und Einordnung in die Gemeinschaft (Gehorsam). Die Lebensweise bleibt von asketischen Haltungen bestimmt: Fasten, Wachen, Arbeiten und anderen Formen geistiger und körperlicher Entsagung. Der Tagesrhythmus ist ausgewogen, abgemessen durch Gebet, Arbeit und Lesung. Eine solche Ordnung bestimmt auch das Eremitenleben. Sie will das kontemplative Klima ermöglichen, das für das Ziel des Mönchslebens unerläßlich ist: »Wahrhaft Gott zu suchen« (Benediktusregel 58,7). – »In Eintracht beisammen zu wohnen und ›eine Seele und ein Herz‹ (Apg 4,32a) für Gott zu haben« (Augustinus).

2. Geschichte

a. Anfänge

Das christl. M. hat seine Vorgeschichte in jenen Frauen und Männern, die innerhalb der christl. Gemeinden die Nachfolgeworte Jesu (Mt 10,9-10; 37-38; 19,10-12; 16-22; 27-29) in asketischer Lebensweise verwirklichten und damit christl. Weltdistanz und Weltüberlegenheit praktizierten. Vom späten 3. Jh. an verließen Asketen ihre Gemeinden, um außerhalb derselben zu leben. Dieser »Aufbruch in die Wüste«, der im Laufe des 4. Jh.s zu einer gesamtkirchl. Bewegung wurde, ist bis heute nicht eindeutig erklärt. Wirtschaftl., soziale, psych. und kirchenkritische Motive werden genannt; auf die im spätantiken Menschen tief verwurzelte Religiosität wird verwiesen, die nach neuer Ausdrucksform suchte. Diese Erklärungsversuche dürfen nicht vereinzelt gesehen werden. Außerdem sind die geographischen Unterschiede und nicht weniger die gesellschaftl. zu beachten. Dem Auszug in die Wüste folgten nicht nur kleine, arme Leute, sondern ebenso reiche und hochgebildete. Und sie alle begründeten ihre neue Lebensform mit dem persönlich vernommenen Ruf in die Nachfolge Christi: »Denn Antonius kam es vor, als ob die Worte (der hl. Schrift) gerade um seinetwillen vorgelesen wurden« (Athanasius). Dieses rel. Anliegen wurde seit dem 4. Jh. in den Kirchen des Ostens wie des Westens in reichem Maße verwirklicht. Den geographischen Ursprung kann Ägypten für sich beanspruchen. Hier lebte Antonius (gest. um 356). Sein Leben wurde durch den Bischof → Athanasius (gest. 373) bekannt gemacht, das wie ein zündender Funke in der asketisch-monastischen Bewegung weiterwirkte. Dort lebte auch → Pachomius (gest. 346), der das gemeinsame Leben der Mönche im Kloster organisierte und eine erste Klosterregel schrieb. Neben Ägypten entstanden in anderen Kirchengebieten eigenständige Mönchslandschaften. In Kleinasien wurde → Basilius der Große (gest. 379) zum Reformer und Lehrer des M.s. Der rege Austausch zwischen Ost und West förderte die monastische Bewegung in der lat. Kirche, wo sich in Italien, Nordafrika und in Gallien Schwerpunkte des M.s bildeten. → Ambrosius von Mailand (gest. 397), → Hieronymus (gest. 419/20), → Augustinus (gest. 430), Johannes → Cassian (gest. 420/35) zählten zu den engagierten Propagatoren und Verteidigern des M.s. »Kirchen und Klöster« bestimmten nach Sulpicius Severus die christl. Präsenz in dieser Welt. Eine anonyme Klosterregel des 6. Jh.s sah die Kirche Christi aufgeteilt in die städtischen Christengemeinden und in die Schulen Christi der Klöster (Magisterregel 11,8). Mehr als im Osten neigte das westl. M. zu Ordnung und Reglementierung. Eine Vielzahl von Regeln wurde geschrieben; die bekannteste ist jene mit dem Namen → Benedikts von Nursia und seinem Kloster Monte Cassino verbundene (6. Jh.).

b. Mittelalterliche Entfaltung

Das M. zog mit der Ausbreitung des Christentums zu den germanischen und slawischen Völkern und blieb in den neu entstehenden Kirchen selbstverständliche und anerkannte Weise christl. Lebens. Mit dem Auseinanderleben der westl. (lat.-röm.) und der östl. (byz.-orth.) Kirchen ging auch das M. getrennte Wege. Das östl. M. blieb weithin an die geistl. Unterweisungen des Basilius und anderer asketisch-monastischer Lehrer gebunden (besonders Theodor Studites), ohne sich in die abendländische Form eines Ordens zwingen zu lassen. Der im 10. Jh. von Mönchen besiedelte Athos wurde für die weitere Entwicklung des M. innerhalb und außerhalb des byz. Reiches bestimmend. Im russ. M. spielte das um 1050 gegründete »Höhlenkloster« eine entscheidende Rolle.

Das abendländische M. nahm eine etwas andere Entwicklung. In karolingischer Zeit wurde eine Vereinheitlichung des monastischen Lebens angestrebt und die Benediktusregel als allein verbindliche Klosterordnung dekretiert. Gleichzeitig wurde das Kloster in den Dienst von Kirche und Gesellschaft genommen. Die Benediktusregel nannte das »Kloster eine Schule im Dienst Gottes« (Prolog 45), jetzt wurde das Kloster auch zu einer Einrichtung im Dienst des Reiches: Eine geheiligte Stätte stellvertretenden Gebetes, ein Ort geistig-kultureller Leistung, umgeben von einem herrschaftlichen Territorium, das in die Organismen des Reiches eingebaut wurde. Solche Platzanweisung bestimmte die Geschichte des abendländischen M.s bis in die Zeit der Franz. Revolution und der Säkularisation. Aus ihr können die vielen monastischen Reformen erklärt werden: Versuche, aus dieser Zuweisung auszubrechen und sich als unabhängige geistl. Gemeinschaft zu behaupten. Aus ihr kann auch die Formung der nichtmonastischen Orden erklärt werden; das waren im 13. Jh. die sog. Bettelorden (Dominikaner, Franziskaner u.a.), die in ihrem Wirken auf die städtische Bevölkerung zugeschnitten waren und in denen das alte monastische Ideal städtisch interpretiert wurde. Die Restauration des M.s setzte im Laufe des 19. Jh.s langsam ein und führte im 20. Jh. erneut zu einer starken monastischen Präsenz weit über Europa hinaus. Hinzu kam die Wiederentdeckung des M.s in den Kirchen der Reformation, wofür das 1940/49 gegründete Taizé als einflußreiches Zentrum steht (→ Bruder- und Schwesternschaften).

3. Gegenwart

Das gegenwärtige M. lebt im wesentlichen von dieser Erneuerungsphase, die im kath. Raum jedoch nicht von der innerkirchl. Krise unberührt geblieben ist. Hier ist das M. organisiert in den großen monastischen Orden: Benediktiner/Benediktinerinnen (ca. 9.000 Männer; ca. 8.000 Frauen); Zisterzienser/Zisterzienserinnen (ca. 1.300 Männer; ca. 1.600 Frauen) und ihr Reformzweig der Trappisten/Trappistinnen (ca. 2.600 Männer; 1.700 Frauen). Dazu zählen auch die Kartäuser/Kartäuserinnen (ca. 350 Männer; ca. 60 Frauen) und einige kleinere Gemeinschaften. In diesen monastischen Orden spielen die Klöster in der Dritten Welt inzwischen eine beachtliche Rolle, die auf eine Enteuropäisierung des M.s drängen und mit Nachdruck auf autochthone Formen des monastischen Lebens Wert legen. Gemeinsam ist allen Klöstern die Besinnung auf die Ursprünge. Daraus folgt der Vorzug für ein kontemplatives Leben unter Verzicht auf äußere Aktivitäten und die Besinnung auf die laikalen Ursprünge des M.s. Dazu gehört die Neuentdekkung des eremitischen Lebens und die Wertschätzung der kleinen überschaubaren Gruppe, die monastische Gemeinschaft unmittelbarer erfahren läßt. Gemeinsam ist den Klöstern die Suche nach einem einfachen Lebensstil, einer überzeugenden Solidarität mit den Armen und Unterdrückten. Dieses M. möchte sich nicht primär legitimieren durch seine kirchl. und kulturellen Leistungen, sondern durch das Dasein als christl. Lebensgemeinschaft und die Bereitschaft, dieses Leben mit Suchenden zu teilen. Dabei werden die Grenzen zwischen den einzelnen monastischen Orden weithin verwischt und auch konfessionelle Eingrenzungen vielfach aufgebrochen. Während die alten monastischen Orden zwischen Tradition und Neuorientierung ihren Standort suchen und viele Klöster in bedrohliche Existenzkrisen geraten, entstehen neue Gemeinschaften, die auf ihre Weise das alte monastische Erbe weitertragen.

Quellen aus dem frühen Mönchtum: H. Bacht: Das Vermächtnis des Ursprungs, 2 Bde., 1972/1983; K.S. Frank: Basilius von Caesarea, die Mönchsregeln, 1981; ders.: Die Magisterregel (St. Ottilien 1989); Die Benediktusregel (Beuron 1992); B. Miller: Weisung der Väter, 1965.

Lit.: K.S. Frank: Grundzüge der Geschichte des christlichen Mönchtums, [4]1993; K. Heussi: Der Ursprung des Mönchtums, 1936; P. Nagel: Die Motivierung der Askese in der Alten Kirche und der Ursprung des Mönchtums, 1960; G. Schwaiger (Hg.): Mönchtum, Orden, Klöster, 1993; A. Zumkeller: Das Mönchtum des heiligen Augustinus, [2]1968.

K.S. Frank

Monismus

1. Der Begriff Monismus und seine Differenzierungen

Beim M. handelt es sich um phil. Weltanschauungen, die die gesamte Weltwirklichkeit aus nur einem Prinzip zu erklären suchen.

M. kann grundsätzlich zwischen einem absoluten M., der von einer einzigen, in sich selbst notwendigen Substanz ausgeht und der deshalb in letzter Konsequenz zum → Pantheismus führt, und einem lediglich relativen M. unterschieden werden. Letzterer läßt die Vorstellung sowohl der Vielheit selbständiger Wesen wie auch eine letzte Differenzierung zwischen Weltsubstanz und Gott zu; der relative M. muß deshalb nicht zwingend zum Atheismus bzw. Pantheismus führen.

Von den ontologischen Ansätzen des M. ist die erkenntnistheoretische Diskussion zu unterscheiden, die den Begriff M. im Zusammenhang der materialistischen und szientistischen Popularphilosophie mit der Emanzipation der Naturwissenschaften um 1900 verknüpft. Hier erfährt der M. einen grundlegenden Funktions- und Bedeutungswandel. In Gestalt des materialistischen bzw. naturalistischen M. wird alles Lebendige auf die anorganische Materie zurückgeführt. Dies führt erkenntnistheoretisch zum Wissenschaftspositivismus, der nur solche Aussagen zuläßt, die sich empirisch verifizieren lassen. Demgegenüber betrachtet der spiritualistische M. die psychischen Akte des Subjekts als letzten Grund aller Wirklichkeit.

2. Zur Geschichte des Monismus

Monistisches Denken begegnet zunächst in ausgeprägter Gestalt in den indischen Hochreligionen des → Hinduismus und → Buddhismus. Große Teile der Upanischaden und besonders der Vedanta sind mit der Lehre von der Advaita, d.h. Nichtzweiheit, betont monistisch. Im Mahayana-Buddhismus vertritt das Vijnanavada einen spiritualistischen M.

In der abendländischen Geistesgeschichte wird das Problem, ob man eines, zwei oder mehrere Grundprinzipien annehmen solle, bereits von den ionischen Naturphilosophen erörtert. Parmenides und sein Schüler Zenon vertraten die Auffassung, Denken und Sein sei ein und dasselbe und dieses Absolute könne nur als Eines begriffen werden, während → Platon im Dialog »Parmenides« nachzuweisen sucht, daß man Eines und Vieles dialektisch aufeinander beziehen müsse. Insgesamt vertraten die Eleaten einen extrem metaphysischen Seinsm., während die antiken Atomisten einen relativen materialistischen M. annahmen.

Da der christl. Gottes- und Schöpfungsglaube mit dem M. unverträglich ist, spielte letzterer in der mittelalterl. Philosophie kaum eine Rolle. Erst in der Neuzeit lehrte Giordano → Bruno einen absoluten und naturalistischen M.. Die franz. Aufklärung und der → Marxismus orientierten sich am mechanistischen → Materialismus, d.h. dem radikal materialistischen M., während die deutschen Idealisten die Tradition des erkenntnistheoretischen M. weiterentwickelten; bei Arthur → Schopenhauer in voluntaristischer Ausprägung.

3. Der deutsche Monistenbund

Eine stark gesellschafts- und kulturpolit. Ausrichtung erhielt der phil. M. durch den 1906 in Jena von Ernst Haeckel gegründeten Monistenbund. Dieser vertrat unter radikaler Ablehung des Theismus und jeder → Metaphysik eine exklusiv an der Geltung der Naturgesetze orientierte sog. »wissenschaftliche Welterklärung«. Als Wilhelm Ostwald 1911 die Leitung übernahm, verfolgte man kulturpolit. eine auf rel. Moral aufbauende naturethisch bestimmte Pädagogik. Nach dem Ersten Weltkrieg kamen in den zwanziger Jahren stark pazifistische und sozialistische Ideen hinzu. 1922 schloß man sich mit den proletarischen Freidenkern zusammen und trat u.a. gegen den Antisemitismus auf. 1933 erfolgte die Selbstauflösung, 1946 die Neugründung des Deutschen Monistenbundes.

4. Zur theologischen Beurteilung des Monismus

Die Tatsache, daß in unterschiedlichen Kulturen differente Systeme des M. entwickelt wurden, weist darauf hin, daß dem menschlichen Erkenntnisstreben ein tiefes Verlangen nach einer letzten absoluten Einheit innewohnt. Diese soll es ermöglichen, die verwirrende Vielfalt der Phänomene verstehend zu erfassen und zu werten. Solange diese Einheit jedoch nur innerweltlich gesucht und begründet wird, ergeben sich phil. immer neue Aporien.

Eine umfassende letzte Einheit des Seins kann nur durch die absolute Transzendenz Gottes gegenüber der Welt als Schöpfung gewahrt werden. Nur indem Gott nicht durch die Vielheit der Welt bedingt ist, die Pluralität jedoch auf das souveräne Schöpfungshandeln des einen Gottes zurückgeführt wird, läßt sich die Einheit in der Vielheit der Welt fassen. Der säkulare M. idealistischer bzw. materialistischer Provenienz führt demgegenüber im ersten Fall zum Pantheismus und im zweiten zum Atheismus; beide Weltanschauungen sind mit dem christl. Glauben unvereinbar.

Lit.: A. Drews (Hg.): Der Monismus, dargestellt in Beiträgen seiner Vertreter, 2 Bde., 1908; L. Frei: Katechismus der monistischen Weltanschauung, 1908; K. Gley: Einheit und Mannigfaltigkeit, 1981; R. Grützenmacher: Monistische und christliche Ethik im Kampf, ²1921; H. Lübbe: Politische Philosophie in Deutschland, 1963; A. Schneider: Philosophische Grundlagen der monistischen Weltanschauung, 1911; H. Siegel: Religion im Monismus, 1950.

R. Hille

Monod, Adolphe (1802-1856)

Bedeutendster Prediger der franz. Erweckungsbewegung (Réveil), geb. am 21. 1. 1802 als sechstes von zwölf Kindern des schweizerischen Pfarrers Jean M. (1765-1836) in Kopenhagen, gest. am 6. 4. 1856 in Paris. Schulzeit in Paris, Theologiestudium in Genf, Bekanntschaft mit dem schweizerischen Réveil (Louis Gaussen, Ami Bost, Robert Haldane, Merle d'Aubigné u.a). 1826 Begründer der ev. Gemeinde in Neapel, 1827 Pfarrer in Lyon, im selben Jahr Bekehrung unter Einfluß des schottischen Methodisten Thomas Erskine; wegen seiner antirationalistischen Predigt und strengen Abendmahlsauffassung 1832 Amtsenthebung; seit 1829 verheiratet mit der Schottin Hanna Honyman; 1832 zusammen mit Methodisten Gründung der »Eglise Evangélique Libre« Lyon und deren erster Pfarrer.

Seit 1836 Professor für Praktische Theologie und Ethik in Montauban, ab 1847 Pfarrer der ref. Hauptkirche in Paris. M., Mitbegründer der internationalen Allianzbewegung (1846 London), gilt aufgrund seiner ausgedehnten Tätigkeit als Erweckungsprediger, -schriftsteller, seines weiten seelsorgl. Briefwechsels und seiner internationalen Beziehungen als einflußreichster franz.-ref. Prediger des 19. Jh.s. Neben den Grundanliegen reformat. Theologie betonte er die Mitarbeit der Laien und den so-

zialen Auftrag der Christen. In seinem Sinne wirkten auch die älteren Brüder Frederic (1794-1863), Horace und Guillaume, während M's Neffe Theodore in der späteren Heiligungsbewegung eine Rolle spielte. H.H. Grafe erhielt durch die von M. in Lyon gegründete Gemeinde den Anstoß zur Gründung der ersten Freien evangelischen Gemeinde in Deutschland (Elberfeld-Barmen, heute Wuppertal). M.s Schrifttum war in Sammelbänden und Einzelausgaben in dt. und engl. Übersetzungen weit verbreitet.

Lit.: Souvenirs et lettres d'Adolphe Monod, 2 Bde., 1885; Sermons I-IV, 1857ff; Les adieux, (1856) [16]1956; Adolphe Monods ausgewählte Schriften (Der Apostel Paulus, Das Weib, Abschiedsworte), (1885) [3]1895.

M. Boegner: A. Monod, Prédicateur de l'Eglise reformée, 1956; Ch.-H. Dubois: Étude sur Adolphe Monod, 1886; U. Gäbler: Auferstehungszeit, 1991, 55-85; M. Reichard (Bearb.): Adolphe Monod. Lebenserinnerungen und Briefe, 1887; A. Roth: Adolphe Monod, ein Prediger des Wortes und der Tat, 1930.

J. Ohlemacher

Monophysiten

Monophysitische Kirche (MK), Monophysitische Theologie (MT)

1. Begriff und historischer Überblick

Neben dem Sonderfall der apostol. (gregorianischen) Kirche Armeniens zählen unter den nichtchalcedonensischen Kirchen zu den M. die koptisch-orth. Kirche, die äthiopische Kirche, die syrisch-orth. Kirche, die orth. Kirche Indiens. Die bei fast allen von ihnen schon im Namen vorliegende Nennung der Orthodoxie betont hist. den Anspruch der Rechtgläubigkeit sowohl gegenüber der diophysitischen nestorianischen Kirche wie gegenüber der im westl. Sprachgebrauch meist Orthodoxie genannten byz. Reichskirche und ihren Erben im Orient und Ost- bzw. Südosteuropa, die den genannten Kirchen gegenüber den Vorwurf des Monophysitismus erhoben haben.

Dabei ist der Aufstieg der M.-Bewegung im Zusammenhang von Reaktionen auf die byz. Reichskirchenpolitik zu sehen. Die Benennung der Chalcedonenser als → Melchiten (Königliche) zeigt die Verbindung von glaubensmäßig-konfessioneller und polit., nationaler und sprachlicher Opposition. Getragen wurde dieser Aufstieg vielfach vom Mönchtum. Inhaltlich ist er als Fortschreibung bestimmter Positionen alexandrinischer Theologie und Frömmigkeit zu sehen.

Der Name M. begegnet zuerst in der byz. Polemik unter → Justinian (527-565) nach der Errichtung einer selbständigen antichalcedonensischen Hierarchie, für die vor allem Severus von Antiochia (gest. 538) und Jakob Baradai, Metropolit von Edessa (gest. 578), verantwortlich waren. Nach letzterem wurde die westsyrische M.K. Jakobiten genannt. Angebrachter als der Ketzername M. ist die Bezeichnung Diplophysiten, die zudem nicht nur das Selbstverständnis aus der Tradition → Cyrills von Alexandrien, sondern auch die elementaren rel. und theol. Motive des M.en-Trends und seiner emphatischen Christologie ernst nimmt: »Aus zwei Naturen ein Einziger.« Von größter Bedeutung wurde 1964 das Aarhuser Gespräch zwischen Vertretern der griech. Orthodoxie und orth. Orientalen im Weltkirchenrat über → Chalcedon, das unter Verwerfung extremer monophysitischer und diophysitischer Positionen zur gemeinsamen Annahme der cyrillischen Formel kam: die eine fleischgewordene Natur des Logos Gottes. Seit 1965 gibt es die Konferenz der orth. orientalischen Kirchen, welcher Kopten, Syrer, Armenier, Äthiopier und indische Kirchen angehören.

2. Einzelne Kirchen

(vgl. die Länderartikel)

a. → Armenien

b. Koptisch-orthodoxe Kirche (→ Ägypten); mit Auslandsbistümern in Nairobi, Jerusalem, Paris, Khartum.

c. Äthiopische Kirche (→ Äthiopien).

Die seit 1959 autokephale Kirche (vorher sandte der koptisch-orth. Patriarch von Alexandrien einen ägypt. Mönch, meist aus dem Antonius-Kloster, als Metropoliten = Abun) umfaßt etwa 26 Mio. Gläubige und hat im Ausland zusätzlich in Jerusalem, Nairobi, Trinidad und den USA Bistümer. Seit dem 4. Jh. lassen sich Christen in Äthiopien nachweisen (Inschrift eines Königs Ezana). Dabei lassen sich fortan der polit. Bereich und der kirchl. schwer trennen. Das hat durch die Reichslegende der Solomoniden-Dynastie seit dem 13. Jh. die bis zur Abdankung von Kaiser Haile Selassi I. 1974 gültige sakrale Auffassung des Kaisertums begründet. Sie fand ihren Ausdruck in der Verehrung des Tabot, der Lade mit den Gesetzestafeln vom Sinai, der in jeder geweihten Kirche repräsentiert sein muß, damit auf ihm die Eucharistie gefeiert werden kann. Die monophysitische Prägung der äthiopischen Kirche erfolgt auf verschiedenen Wegen: Durch die Verbindung mit den koptischen Patriarchen, mit der westsyrischen Südarabien-Mission und durch die »Neun Heiligen aus Syrien« im 6. Jh., monophysitische Mönche, die das syrische Mönchtum in Äthiopien einführten. Besonderheit ist, daß seit dem 16. Jh. das monophysitische Bekenntnis gegenüber der Jesuitenmission betont wurde. Im 17. Jh. kam es in der äthiopischen Theologie zu einem großen Streit über die Salbung Christi (Apg 4,27; 10,38), die nach einigen Theologen erst die volle Einigung von Gottheit und Menschheit herbeigeführt habe. Über die Position der »Unctionisten« noch hinaus gingen die Adoptianisten mit der Lehre von den drei Geburten (vom Vater vor aller Zeit – in Folge der Inkarnation – durch die spätere Aktion des heiligen Geistes, eventuell in der Jordantaufe). Dagegen setzte sich besonders in Tigre ein strenger Monophysitismus durch, bei den Karraoc: Christus selbst ist der Salbende, die Salbung und der Gesalbte.

d. Die syrisch-orthodoxe Kirche (westsyrische Kirche, Jakobiten)

Zum Namensgeber der Kirche wurde der um 500 am oberen Euphrat geborene Jakob Baradai (»der Filzene«), Mönch im Kloster Phasiltha bei Tella, 527-542, Studium in Nisibis, 542 in Konstantinopel zum Metropoliten von Edessa geweiht. Als solcher baute er in unermüdlicher Reisetätigkeit einen »Untergrundepiskopat« (Ritter) neben der chalcedonensischen Hierarchie auf und festigte so die strukturelle Basis seiner Kirche, die im Zusammenhang der islamischen Eroberungen für die griech. Orthodoxie wie für die Nestorianer zur großen Konkurrentin wurde. Dabei wurden die M. von den Kalifen aus polit. Gründen lieber gesehen als die mit Byzanz verbundenen Chalcedonenser.

Doppelwahlen kamen oft vor, ihnen folgten Schismen. Dies führte zu einem häufigen Wechsel der Residenz des syr.-orth. Patriarchen von Antiochia (seit 1030 im islamischen Machtbereich, besonders Klöster bei Mardin). Der Patriarch war jahrhundertelang zur Wanderschaft gezwungen. Der Ostbereich der westsyr. Kirche untersteht bis heute dem Maphrian (Erzbischof des Ostens, erst in Takrit, dann Mosul), der selbständig die Bischöfe für Persien und den Osten weiht. Dort besaß die westsyr. Kirche in den Fußstapfen der Nestorianer einen riesigen Ausdehnungsbereich.

Anerkannt wurden nur die drei ersten Konzilien. Bar Hebräus, der größte westsyr. Theologe (1226-1286), zählt fünf Sakramente: Handauflegung, Myronweihe, Taufe, Eucharistie, Begräbnisritus. Bar Hebräus war seit 1264 Maphrian und damit das Oberhaupt aller monophysitischen Christen im mongolischen Reich der Ilkhane. Trotz der großen Belastungen in seinem kirchenleitenden Amt war er auch der letzte wahrhaft enzyklopädische Geist der syr. Literaturgeschichte, der nicht nur zur Theologie, sondern auch zur Philosophie, Ethik, Historie, Grammatik, Medizin, Astronomie, Geographie und Dichtkunst geschrieben hat. Unter seinen theol. Schriften ist der Höhepunkt und Abschluß der alexandrinisch-monophysitischen Theologie zu nennen: »Kandelaber des Allerheiligsten«, die um 1260 entstandene Gesamtdarstellung der Dogmatik, in der die Wahrheit der heiligen Schriften von ihren zwölf Fundamenten (dogmat. Komplexen) her dargestellt wird. Dieser Höhepunkt der M.T. am Ende der sog. syr. Renaissance, wo eine vom Platonismus geprägte Theologie im formalen Gewand der aristotelischen Philosophie auftritt, ähnelt auffällig der scholastischen Theologie des abendländisch-lat. MAs. Auch für die Westsyrer führten die Raubzüge Timurs (1360-1405) zur Katastrophe. Ihr Bekenntnis war jetzt das einer Minderheit geworden, deren Literatur abbrach. 1583 wurde die Größe der Kirche noch auf 50.000 Familien geschätzt.

Eine Union der Westsyrer mit Rom begann 1169. Durch die röm. Forderung der Latinisierung der Kirche kam es immer wieder zum Ende der Vereinigung oder zu Schismen. Die heutige Unionskirche geht auf 1760 zurück.

Die nichtunierte Kirche steht unter dem in Syrien residierenden Patriarchen, einem Metropoliten in der Türkei und dem Maphrian in Mossul. Heutiger Hauptsiedlungsraum ist der Tur Abdin in der Südosttürkei. Die dort gesprochene neuaram. Mundart ist das Torani. Infolge der polit. Situation ist die Auswanderungsrate nach Europa und USA sehr hoch.

e. Indische Kirchen

Die Frühgeschichte der indischen Thomas-Christenheit bleibt im Dunkeln, wenn auch allg. damit zu rechnen ist, daß eine südindische ägypt. Bartholomäus-Tradition durch die ostsyr. Thomas-Tradition (auch von Muslimen verehrtes Thomasgrab in Mylapore) infolge des polit. Einflusses des Sassanidenreiches in Indien ersetzt worden ist. Westsyr. Einflüsse gelangten im Gefolge und in Konkurrenz mit den Nestorianern schon früh nach Indien. Doch wurden sie erst im Zusammenhang der portugiesischen Kolonialkirchengeschichte, später der englischen Herrschaft im Wechselspiel von Unionen und Schismen und dem Wunsch nach Autokephalie zu einem dominierenden Faktor.

Im 17. Jh. spalteten sich die ehemals einheitliche indische Thomas-Christenheit auf, und der diplophysitische Teil der heutigen Thomas-Christenheit wandte sich dem westsyr.-jakobitischen Patriarchat von Antiochia zu. Dieses Streben nach Selbständigkeit der Kirche zeigt sich auch darin, daß nach dem zeitweisen Erlöschen des Amtes der Maphrianer im vorderen Orient (1860) die Kirche mit Rückgriff auf die Thomas-Tradition immer stärker den Titel eines »Katholikos-Patriarchen« für ihr Oberhaupt beanspruchte. Dabei spielen seit langer Zeit der Gedanke einer ursprünglichen Indisierung (mit Integration in das Kastensystem), aber seit 1700 auch der Einfluß der europ. prot. Missionen eine Rolle.

So bietet sich heute ein vielfältiges Bild der indischen Thomas-Christenheit dar: neben den beiden ostsyr. Traditionen der unierten syro-malabarischen Kirche (2 Mio.) und der Kirche des Ostens (25.000, s. → Nestorianer) gehören fünf Kirchen der westsyr. Tradition an, und zwar die Orthodoxe Syrische Kirche (900.000) seit 1975 unter einem autokephalen Katholikos, die Jakobitisch Syrische Orthodoxe Kirche unter dem Patriarchen von Antiochia (800.000), die mit Rom unierte Syro-Malankarische Kirche (220.000), die unabhängige Syrische Kirche von Malabar (5.000) sowie die Syrische Mar-Thoma-Kirche (550.000), die seit 1889 westsyr. und zugleich abendländisch reformat. Einflüsse vereint, östl.-orth. in ihrem äußeren Erscheinungsbild, ihrer hierarchischen Gliederung und Liturgie, abendländisch-reformat. in ihrer Theologie. Ganz ins prot. Lager übergegangen ist ihre Abspaltung St. Thomas Evangelical Church of India.

Lit.: zu 2.b.: C. Cannuyer, Les coptes, 1990; zu 2.c.: F. Heyer: Konfessionskunde 233ff; ders.: Die Kirche Äthiopiens, 1971; F.A. Dombrowski, OC 68, 1964, 114-169; G. Lanczkowski: RAC Suppl. Lf. 1/2, 1985, 94-134; zu 2.d.: B. Spuler: Die morgenländischen Kirchen, 170ff; W. Hage: Die westsyrisch-jakobitische Kirche in frühislamischer Zeit nach orientalischen Quellen, 1965; ders. in: F. Heyer: Konfessionskunde 248ff; W.H.C. Frend: The Rise of the Monophysite Movement, 1972; P. Kawerau: Das Christentum des Ostens, 1972, 63ff; ders.: Ostkirchengeschichte I, 1983; zu 2.e.: A. Dihle: Neues zur Thomas-Tradition, JbAC 6, 1963, 54-70; W. Hage: Literatur zur Geschichte und gegenwärtigen Situation der Thomas christenheit Indiens, ThR 54, 1989, 169-189; D. Müller, in: F. Heyer: Konfessionskunde, 1977, 261ff; P.J. Podipara: Die Thomas-Christen. Das östliche Christentum NF 18, 1966; B. Spuler: Die morgenländischen Kirchen, 1966, 266ff.

W. Wischmeyer

Monotheismus

M. ist der Glaube an einen einzigen, transzendenten Gott, der die Verehrung anderer Götter kategorisch ausschließt. Konsequent monotheistische Religionen sind Judentum, Christentum und Islam. Die Grundlage des bibl. M. ist 5Mo 6,4: »Höre Israel, der Herr ist unser Gott, der Herr allein.« Die spätere jüd. Tradition hat diesen Vers so ausgelegt: »Der Heilige, gesegnet sei Er, sagte zu Israel: Meine Kinder, alles habe ich im Universum in Paaren erschaffen: Himmel und Erde, Sonne und Mond, Adam und Eva, diese Welt und die kommende. Ich aber bin einer und einzig in der ganzen Welt« (Deut. R. II,31). Auch Jesus hatte diesen Glauben. Er zitiert 5Mo 6,4 und nennt dies das höchste Gebot (Mk 12,29). Paulus sagt im gleichen Sinne: »So haben wir doch nur einen Gott, den Vater, von dem alle Dinge sind und wir zu ihm« (1Kor 8,4-6).

Der Islam hat den M. zum Hauptdogma gemacht. Der erste Satz seines Glaubensbekenntnisses lautet: »Es gibt keinen Gott außer Allah.« Im Freitagsgottesdienst wird aus dem Koran die Sure 112 feierlich rezitiert: »Er ist Gott, ein Einziger, Gott, der in sich selbst ruht.« Aus diesem Grunde bekämpft der Islam den christl. Glauben der Trinität, die er falsch versteht als bestehend aus Vater, Mutter und Sohn (Koran 5,116-118).

Der christl. M. glaubt an den einen Gott in drei Personen: Gott Vater, Gott Sohn und Gott Heiliger Geist. Johannes und Paulus formulieren ihn in trinitarischen Gebets- und Glaubensformeln z.B. 1Kor 12,4-6: »Es sind verschiedene Gaben, aber es ist ein Geist. Und es sind verschiedene Ämter, aber es ist ein Herr. Und es sind verschiedene Kräfte, aber es ist ein Gott, der da wirkt alles in allen.« (Vgl. auch 2Kor 13,13; Joh 14,17.21.23.26; 15,26; 16,7.13.17).

Der M. im AT, NT und Koran ist eine Kampfansage an Polytheismus, der als Götzendienst verstanden wird. Im AT bedeutet der Dienst an Gott, den Bundesgott Israels, die Auseinandersetzung mit den Natur- und Fruchtbarkeitsgottheiten. Hier geht es um eine grundverschiedene Ethik und Kultur. Im Frühchristentum hat Augustinus in seinem »Gottesstaat« diese Auseinandersetzung mit dem Polytheismus am tiefsten durchschaut. Auch der Koran führt einen kompromißlosen Streit. Die Götzendiener (Kafirern) haben nie eine Daseinsberechtigung (Koran 4, 168; 47, 1,8; 5, 10, 86).

Aus ganz anderen Gründen hat die Entwicklung der griech. Philosophie zu der Ausnahme eines einzigen göttlichen Prinzips geführt. Diese Strömung ist in Plotin zur Vollendung gekommen. Alles in Natur, Geschichte und Menschheit geht zurück auf das Eine, Einzige, das Gute, Wahre und Schöne.

Lit.: J. Bouman: Der Glaube an den einen Gott im Christentum und Islam, 1983; O. Keil (Hg.): Monotheismus im Alten Israel und seiner Umwelt, 1980.

J. Bouman

Monotheletismus

Gegen den Versuch des Konstantinopolitaner Patriarchen Sergius I. (610-638), → monophysitische Sondergruppen mit der byz. Orthodoxie zu vereinen, der unter Kaiser Heraklius (610-641) zu der Formel von dem »einen Willen« im fleischgewordenen Christus der zwei Naturen führte, erhob sich starker Protest, der von Sophronius von Jerusalem, besonders aber von → Maximus Confessor angeführt wurde: Aus der in → Chalcedon definierten Zweiheit der beiden unversehrten Naturen des Menschgewordenen sei die Zweiheit eines physischen Willens natürlicher Veranlagung und eines der Logosnatur des Inkarnierten zugehörigen Willens vorhanden, der durch Einsicht auf sein Ziel gelenkt wird.

Trotz des Todes von Maximus 662 und des röm. Bischofs Martin 655 in der Verbannung sah sich Kaiser Konstantin IV. Pogonatus (668-685) zum Ausgleich genötigt, den das 6. Ökumenische Konzil in Konstantinopel (Trullanum) brachte. Seine Glaubensauslegung ließ die 451 begonnene Entwicklung der Christologie zu einem Abschluß kommen, die in ihrem zum Teil wörtlichen Zurückgehen auf Chalcedon zeigt, wie der konfessionelle Konformismus innerhalb der byz. Reichskirche dominiert und wie für diese das Fortwirken des Heiligen Geistes in der Kirche dank der Glaubenszeugnisse der heiligen Väter zum Grundsatz geworden ist. Dieser Ausgleich war noch fähig, den konfessionellen und kirchenpolitischen Streit beizulegen, der sich durch das ungeschickte Verhalten des röm. Bischofs Honorius I. (625-638) und durch Maximus auch zu einem Streit zwischen Ost und West entwikkelt hatte.

Lit.: C. Andresen: Die Kirche in der alten Christenheit, 1971, 622ff; H.G. Beck: Kirche und theologische Literatur im byzantinischen Reich, 1959, 292ff. 430ff.

W. Wischmeyer

Montanismus

Der M. ist die letzte größere prophetische Bewegung in der Alten Kirche; sie geht auf den gerade Christ gewordenen Montanus zurück, der um 170 die Erscheinung des himmlischen Jerusalems in Pepuza (Phrygien) voraussagte. Dort haben sich seine Anhänger versammelt und mit Fasten auf die Wiederkunft Christi gewartet. Nur wenige seiner prophetischen Sprüche sind erhalten: sie sprechen in letzter Autorität und mit höchst rigoristischem Anspruch. Zwei Prophetinnen (Priscilla/Prisca und Maximilla) zogen mit Montanus durch Kleinasien, beriefen sich auf die Töchter des Philippus (Apg 21,9) und sprachen selbst in apokalyptischen Botschaften. Die Theologie des M. war unauffällig und orthodox, nur in seinem ethischen Rigorismus war der M. unerbittlich. Die Öffentlichkeitswirkung, die diese Bewegung erhielt, bedrohte die Toleranz der Kirche durch den röm. Staat und die Autorität der Bischöfe, mit denen der M. in Konkurrenz trat. Mehrere Streitgespräche fanden – mit offenbar offenem Ausgang – zwischen Vertretern des M. und der Großkirche statt, und verschiedene Synoden wurden gegen sie abgehalten. Aber erst im Ausgang des 4. Jh.s wurde die Mitgliedschaft bei ihnen unter Strafe gestellt. Immerhin hat sich der M. bis ins 5. Jh. – offenbar wegen seines urchristl. Anspruches, daß die Wiederkunft Christi vor der Tür stünde – gehalten. Der M. wurde zum Grund aller eschatologischen Sekten bis in die Gegenwart hinein.

Lit.: K. Aland: Bemerkungen zum Montanismus und zur frühchristlichen Eschatologie, in: Kirchengeschichtliche Entwürfe, 1960, 105-148; H. Kraft: Die altkirchliche Prophetie und die Entstehung des Montanismus, ThZ 11, 1955, 249-271; W. Schepelern: Der Montanismus und die phrygischen Kulte, 1929.

G. Ruhbach

Moody, Dwight Lyman (1837-1899)

M, geb. am 5. 2. 1837 in Northfield/Mass., gest. am 22. 12. 1899 ebenda, stammt aus einer unitarischen Familie und besuchte die Landschule, ehe er sich in Boston (1854) und Chicago (1856) als Schuhverkäufer und Geschäftsmann betätigte. Nach seiner Bekehrung (1855) entfaltete er eine – ab 1860 vollzeitliche – rührige evangelist. Arbeit: als Straßenprediger, Militärseelsorger im Bürgerkrieg und Vorsitzender des CVJM sowie als Gründer einer → Sonntagsschule (mit 1.500 Kindern und 60 Lehrern) und einer kongregationalistischen Gemeinde. Unterstützt von Geschäftsleuten, bereiste M. von 1873 an zusammen mit dem Musiker Ira D. Sankey (1840-1908) als Erweckungsprediger die USA und Großbritannien. Daneben gründete er christl. Schulen (u.a. »Moody Bible Institute«, 1886) und rief die »Northfield Conference« ins Leben, die zahlreiche führende kirchl. Mitarbeiter prägte (u.a. John → Mott) und 1886 zur Gründung der Student Volunteer Movement führte.

Neben Ch.G. → Finney ist M. der bedeutendste Evangelist des nordamerikanischen Evangelikalismus im 19. Jh., der auch die Gemeinschaftsbewegung beeinflußte. Die von ihm entwickelte Form der Evangelisation durch Massenveranstaltungen wirkte bis in die Gegenwart hinein beispielgebend (Billy → Graham). Motiviert war sein Wirken von interkonfessionell-biblizistischem Gedankengut; entsprechend konzentrierte er seine sich durch Warmherzigkeit auszeichnende Verkündigung auf bibl. »Kernwahrheiten«.

Lit.: W.M. Smith: An Annotated Bibliography of D.L. Moody, 1948.

J.F. Findlay, Jr.: D.L. Moody, American Evangelist, 1969; U. Gäbler: »Auferstehungszeit«. Erweckungsprediger des 19. Jahrhunderts, 1991, 136-159.197 (Lit.); W.R. Moody: D.L. Moody, 1900 (Nachdr. 1988 von 1930[2]); W.R. Ward: »D.L. Moody«, in: GdKG, Bd. 9,2, 308-318.

W. Raupp

Moon, Sun Myung → Vereinigungskirche

Moral → Ethik

Moralgesetz → Gesetz/Gebot

Moralische Aufrüstung (MRA – Moral Re-Armament)

Die MRA wurde von den luth. Pfarrer Dr. Frank N.D. → Buchman (1878-1961) gegründet. Kontakte mit Frömmigkeitsbewegungen (internationale Studentenbewegung – John → Mott), die die Notwendigkeit einer persönl. Bekehrung betonten, und Erfahrungen aus der christl. Sozialarbeit, die ihm die gesellschaftl. Komponente christl. Handelns deutlich machten, führten bei Buchman zu der Einsicht, daß Frieden dort beginnt, wo Menschen sich grundlegend ändern. Diese Erkenntnis löste eine weltweite Erweckungsbewegung aus (ab 1921), deren Kennzeichen das tägliche Hören auf Gottes Wort (»Stille Zeit«) und das Leben nach den Maßstäben Christi (vier »Absolute« in Anlehnung an die Bergpredigt: Ehrlichkeit, Reinheit, Selbstlosigkeit, Liebe) waren. »Wenn der Mensch horcht, spricht Gott; wenn der Mensch gehorcht, handelt Gott.«

Von England aus (Oxford-Gruppe) konnte diese Bewegung in zahlreichen Ländern Fuß fassen, in Deutschland Anfang der 30er Jahre (»Gruppenbewegung«). Infolge der polit. Verhältnisse nahm sie hier jedoch eine eigene Entwicklung, die 1957 zur Entstehung des → Marburger Kreises führte, dessen Zielsetzung evangelist.-seelsorgerl. geprägt ist.

Das Programm der MRA wurde ab 1938 formuliert: Als christl. Alternative zum militärischen Wettrüsten verbindet es persönliche Christus-Nachfolge mit der Weltverantwortung des Menschen.

Nach dem Zweiten Weltkrieg entstand 1946 das Zentrum der MRA in Caux über dem Genfer See, weitere Zentren gibt es in Großbritannien, USA, Indien, Australien, Südamerika, Fernost, Afrika. Der Schwerpunkt der Arbeit hat sich mehr in Länder der sog. Dritten Welt verlagert. In sozialen, wirtschaftl. und polit. Auseinandersetzungen konnte die MRA zu einem friedlichen Wandel beitragen (deutsch-französische Aussöhnung).

Lit.: K. Bockmühl: F. Buchmans Botschaft und ihre Bedeutung für die protestantischen Kirchen, 1963; F.N.D. Buchman: Für eine neue Welt (Gesammelte Reden), dt., [3]1961; G. Lean: Der vergessene Faktor, 1991; Th. Spoerri: Dynamik aus der Stille, 1971.

I. Reimer/Red.

Moralismus

M. bezeichnet erstens im philosophiegeschichtl. Sinn eine Haltung, die die Normen des Guten und Bösen allein aus der Vernunft, losgelöst von Gott und göttlicher Offenbarung, autonom bestimmen will. F. → Nietzsche (1844-1900) zeigte, daß dieser Ansatz, wenn er konsequent durchdacht wird, im → Nihilismus endet.

M. bezeichnet zweitens im literaturgeschichtl. Sinn eine Literaturgattung, die menschliches Verhalten scharfsinnig und kritisch analysiert, dabei besonders auch die oft unlauteren Motive der Handelnden aufdeckt. »Moralisten« in diesem Sinn sind Dichter und Schriftsteller wie z.B. Seneca, Plutarch, Lessing oder Wilhelm Busch. Ihre vielfach anregenden und geistreichen Werke sind für die ethische Reflexion hilfreich.

Mit M. wird drittens im allg. Sprachgebrauch eine verkehrte Einstellung zur Moral überhaupt bezeichnet. Gemeint ist eine Haltung, die das ganze Leben unter die Priorität moralischer Maßstäbe rückt. Gegenstände, die keineswegs an erster Stelle moralisch zu bewerten sind, wie z.B. Kunstwerke, werden ausschließlich unter diesem Gesichtspunkt betrachtet. Solcher M., der auch Ethik der → Gesetzlichkeit genannt werden kann, verbindet sich oft einerseits mit kleinlicher und verklemmter Lebensführung, andererseits mit überheblicher intellektueller Haltung, die andere aburteilt.

Christl. → Ethik hingegen weiß bei aller Bindung an das Gebot Gottes um den weiten Spielraum der Freiheit einer Ethik, die von der Dankbarkeit und Freude des Glaubens her motiviert ist.

Lit.: H. Hofmeister: »Moralismus«, EKL[3], Bd. 3, 543; R. Mayer: Moral und christliche Ethik, 1976; W. Trillhaas: Ethik, 1959.

R. Mayer

Moraltheologie, katholische → Ethik

Morgengebet → Stundengebet

Moritz von Sachsen (1521-1553)

M., geb. am 21. 3. 1521 in Freiberg, gest. am 11. 7. 1553 bei Hannover, war die entscheidende Gestalt der Reformationsgeschichte in den Jahren zwischen dem Schmalkaldischen Krieg (1546/47) und dem Augsburger Religionsfrieden (1555). In der Grundspannung zwischen dem offiziellen Katholizismus und der heimlichen Neigung seiner Eltern zur → Reformation wurde M. erzogen: Während er 1532-34 in Halle bei Erzbischof Albrecht und 1534-37 bei seinem Onkel Herzog Georg eine kath. Erziehung genoß, wurde er danach am Hofe des Kurfürsten Johann Friedrich v. Sachsen betont ev. erzogen. Diese Spannung führte bei Moritz zu rel. Gleichgültigkeit. Zeit seines Lebens trennte er strikt zwischen Politik und Religion. Letztere interessierte ihn nur insofern, als sie eine Sache polit. Zweckmäßigkeit war. Allein aus diesem Grund bemühte er sich nach dem Tod seines Vaters und seiner Regierungsübernahme 1541 um die rasche und vollständige Reformation seines Herzogtums. Den jugendlichen M. verband ein enges und vertrauensvolles Verhältnis zu Landgraf Philipp von Hessen, der durch die Heirat mit Agnes von Hessen (1541) sein Schwiegervater wurde. Zunächst aber war M.' Politik von einem ständigen Schwanken zwischen dem Kaiser und dem Schmalkaldischen Bund gekennzeichnet.

Als es 1546 zur kriegerischen Entscheidung zwischen dem Kaiser und dem Schmalkaldischen Bund kam, mußte sich M. entscheiden. Er tat dies nur zögerlich, und zwar für den Kaiser, der ihm dafür die sächsische Kurwürde und die Schutzherrschaft über Magdeburg und Halberstadt versprach, als Gegenleistung aber die Rückkehr zum Katholizismus forderte. Den endgültigen Sieg konnte das kaiserliche Heer erst in der Schlacht bei Mühlberg erringen (24. 4. 1547). Als Strafe für sein Zögern mußte M. nicht nur auf Magdeburg verzichten, sondern auch mit ansehen, wie der Kaiser seinen Schwiegervater Philipp von Hessen und seinen Vetter Johann Friedrich, den sächsischen Kurfürsten, entgegen der Absprache in Haft legen ließ. Auch die Kurfürstenwürde erhielt M. erst 1548 zusammen mit nur einem Teil des ernestinischen Sachsens. Bei der prot. Bevölkerung war er wegen seines Waffengangs an der Seite des Kaisers als »Judas von Meißen« verrufen.

Im März 1552 zog M. gegen den geld-, truppen- und damit schutzlosen Kaiser. Mit knapper Not konnte dieser nach Kärnten entkommen, nachdem M. in Innsbruck eingezogen war. Im Passauer Vertrag mit König Ferdinand, dem Sohn und Nachfolger Karls, wurde die Freilassung von Landgraf Philipp und Kurfürst Johann Friedrich geregelt sowie M. endgültig die sächsische Kurwürde zugesprochen. Als Gegenleistung sagte M. Ferdinand Hilfe für die Türkenkriege zu.

M. starb 1553 an den Verwundungen, die er bei der Schlacht von Sievershausen gegen den Landfriedensbrecher Albrecht Alcibiades von Kulmbach erhalten hatte.

Lit.: K. Blaschke: »Moritz von Sachsen«, GdKG 6, 1981, 295-314; H. Jung: Kurfürst Moritz von Sachsen. Aufgabe und Hingabe. 32 Jahre deutscher Geschichte 1521-1553, 1966.

V. Gäckle

Mormonen → Kirche Jesu Christi der Heiligen der letzten Tage

Mornay, Philipp → Hugenotten

Morus, Thomas (1477/78?-1535)

M., geb. am 7. 2. 1477 oder 1478 in London, ab 1494 Rechtsstudium, lebte vier Jahre bei den Londoner Kartäusern. Ausgiebige humanistische Studien führten zu enger Freundschaft u.a. mit → Erasmus. Unter Heinrich VIII. trat M. in die Politik ein, wurde 1517 königlicher

Berater, 1520 geadelt und Unterschatzmeister, 1523 Sprecher des Unterhauses, 1529 Lordkanzler. Aus Protest gegen die caesaro-papistischen Bestrebungen des Königs trat er 1532 zurück. Da er 1534 den Sukzessionseid nur soweit zu leisten bereit war, als er die Nachkommenschaft der Anna Boleyn betraf, die Oberhoheit des Königs über die englische Kirche aber ablehnte, wurde er in den Tower geworfen, wegen Hochverrats verurteilt und am 6. 7. 1535 enthauptet. Obwohl er bis zum Tod die Interessen der kath. Kirche vertrat und sein untadeliges Leben über jeden Zweifel erhaben war, wurde er erst 400 Jahre später heiliggesprochen.

M. war ein vielseitiger Schriftsteller. Neben anderen Streitschriften half er dem König bei seiner »Verteidigung der sieben Sakramente« gegen Luthers De captivitate Babylonica und schrieb unter dem Pseudonym W. Ross gegen Luthers Erwiderung. Die Humanisten schätzten M. u.a. als Epigrammatiker. Beeindruckend sind die Briefe und Meditationen aus der Zeit seiner Gefangenschaft. M.' bekanntestes Werk aber ist sein zeitkritisch-satirischer Entwurf eines christl.-kommunistischen Idealstaats, die 1516 erschienene, von Erasmus so benannte »Utopia«.

Lit.: Th. Morus Werke [dt.], hg. von H. Schulte Herbrüggen, bisher 5 Bde., 1983-1985.

Thomas Morus, 1477/78-1535, Humanist – Staatsmann – Märtyrer. Ausstellungs-Katalog Nürnberg 1987 = Pirckheimer-Jahrbuch 3 (Editionen und Lit. S. 140ff).

H. Scheible

Moschee → Islam

Mose

1. Das Urteil der Forschung

Quellen für M. sind 2Mo – 5Mo; daneben wird er 53mal in Jos, 8mal in Ps, 31mal im Chronistischen Geschichtswerk und verschiedentlich in den Propheten erwähnt. Kaum eine andere Gestalt des AT ist so reich bezeugt, kaum eine andere so grundlegend, und doch ist sie hist. umstrittener als jede andere. Der Historiker Eduard Meyer hat schon 1906 gemeint, M. sei keine geschichtl. Persönlichkeit (zitiert bei Buber, 9). M. Noth orientiert sich an dem kritischen Kanon H. Greßmanns: Wo ist M. für den Handlungsverlauf so notwendig, daß er nicht hinweggedacht werden kann? Sein Ergebnis: Nur bei der Tradition des an einer bestimmten Stelle gelegenen M.grabes. Mit Auszug und Sinaigeschehen hatte er ursprünglich nichts zu tun. Baumgärtel folgert: »Wir wissen nicht einmal, ob dieser Religionsstifter überhaupt gelebt hat, und wenn, ob er ein solcher gewesen ist« (vgl. R. Rendtorff S. 153). Weiter läßt sich der kritische Zweifel nicht mehr treiben. Die M.kritik ist engstens mit der Pentateuchkritik verbunden. Geht man davon aus, daß der bibl. Text aus lauter Quellenschriften mit unterschiedlichen M.bildern zusammengeflossen ist (so Cazelles), wird man auch kein M.bild gewinnen. Dabei vergißt man leicht: »Über die Tradenten, ..., die jeweils ihr spezifisches M.bild ... in einer der großen Quellenschriften durchgetragen haben, wissen wir fast nichts« (v. Rad 302). Deshalb sah Buber bewußt von der Meinung ab, »der bibl. Text sei überwiegend aus ›Quellenschriften‹ zusammengeflossen«. Doch auch in der kritischen Forschung kam es zu einer Trendwende. A. Alt sah in M. einen charismat. Führer, dessen entscheidende Tat die Herausführung Israels aus Ägypten war. H. Gese hält die Offenbarungsfunktion am Sinai für ursprünglich. G. Fohrer, S. Herrmann u.a. plädieren jetzt dafür, M. entgegen allen verständlichen Bedenken in allen Themen des Pentateuch zu belassen. Damit hat sich eigentlich N. Söderbloms Ansicht von 1916 wieder durchgesetzt: »Mose müßte erfunden werden, wenn die Tradition nichts von ihm meldete« (Das Werden des Gottesglaubens, 310, zitiert bei R. Rendtorff, 154).

2. Die Person

Trotz der knappen biographischen Angaben läßt sich M.s Lebenslinie von der Geburt bis zum Grab verfolgen. »Der Name *mosaeh* ... läßt sich innerhebr. nicht herleiten, trotz der volksetymologischen Verbindung mit *msh* ›herausziehen‹. Wahrscheinlich ist eine Herleitung von dem ägypt. *msj*, »gebären«. (Cazelles 35) Vgl. Verbindung wie Thutmoses, d.h. der Gott »Thot hat geboren«. Das deutet auf ägypt. Herkunft. Von hebr. Eltern geboren und in der hebr. Familie erzogen (vgl. 2Mo 2,10: Als das Kind groß war ...), lernte er hier wohl hebr. Sprache und Glaubenstraditionen. Aufgewachsen am Hof des Pharao werden ihm als Adoptivsohn einer Haremsdame Kenntnisse und Fähigkeiten für seinen späteren Dienst zuteil (vgl. Apg 7,22). Als ein eigenmächtiger Befreiungsversuch für sein Volk von seinen Volksgenossen nicht akzeptiert wird, rettet er sich durch Flucht nach Midian (2Mo 2,11ff), wo er die Tochter eines Priesters heiratet, die ihm zwei Söhne gebiert. Die entscheidende Lebenswende geschieht mit der Berufung im Rahmen einer Gottesoffenbarung am Horeb (2Mo 3), die ihn zum Gesandten Gottes und Befreier seines Volkes werden läßt. Die Befreiung Israels aus Ägypten, der vierzigjährige Aufenthalt in der Wüste, Bundesschluß, Vermittlung der Tora und Zug bis an die Grenzen des Verheißenen Landes mit Unterweisung der nachgeborenen Generation (5Mo) und Bundeserneuerung sind mit dem Leben M.s verflochten. Mit einem Lebensrückblick (Lied des M., 5Mo 32) und einem Segen über jedem Stamm (5Mo 33) nimmt er Abschied von seinem Volk und stirbt im Alter von 120 Jahren auf dem Berg Nebo in Moab. Seine Grabstätte wurde nicht bekannt. Vor Abschluß seines Werkes wird er abgerufen. Der sendende Gott wahrt seine Souveränität, indem er den Diener entläßt, wo er nach menschlicher Einschätzung am unentbehrlichsten gewesen wäre. Das Werk M.s ging von Gott aus und ist weiter auf Gott gestellt, der vollendet (vgl. Eichrodt).

3. Amt und Bedeutung

In M. sind alle späteren Ämter in Israel angelegt. Doch wenn man ihn in die Kategorien Volksführer, Stammeshäuptling, Priester, Seher, Medizinmann, Religionsstifter (Eichrodt 190), Organisator, Bauherr, Geschichtsschreiber o.ä. fassen will, wird man dem Geheimnis seiner Person nicht gerecht, das in seinem Erwähltsein von Gott und in seiner Gemeinschaft mit Gott liegt. Daß er in keines der späteren Ämter paßt, spricht für seine Ursprünglichkeit und die Authentizität der Überlieferung. Am Ende des Deuteronomiums wird er als der Prophet par excellence dargestellt (5Mo 34,10, vgl. 18,15). Auch seine Berufung ist Prophetenberufung. Das »geh nun hin«, »ich sende dich«, »ich will mit dir sein« wie die Theophanie (2Mo 3) findet sich so oder abgewandelt in späteren Prophetenberufungen. Wie die späteren Propheten weigert er sich zu folgen, erfährt er Jahwe bei hellwachem Bewußtsein, wird er in große Einsamkeit geholt, wird ihm die nötige Legitimation zuteil. Wie sie benutzt er die Botenformel: »So spricht der Herr« (2Mo 5,1 u.ö.). Und doch ist die in die Vereinzelung führende Berufung, die nur durch die Gemeinschaft mit Aaron und Josua gemildert wird, ein ihm individuell entsprechendes Geschehen. Und wenn die Propheten »die ersten Gerichtsinstrumente Jahwes (sind), die das unerhört Neue in der Geschichte Israels heraufführen«, so trifft das auch auf Mose zu (vgl. H.W. Wolff, Studien zur Prophetie – Probleme und Erträge, ThB 76 (1987), 12-15). Wie sie wird M. »Mann Gottes« bzw. »Knecht Gottes« genannt. Doch ist sein Wort nicht wie das der späteren Propheten vorrangig und chrakteristisch Zukunftswort (ebd), sondern fundamentierendes Weisungswort für Israel. Das macht bei aller Analogie zu den Propheten seine Einmaligkeit aus. Was M. zum Propheten macht, ist, daß ihm Gottes Wort in einmaliger Weise (4Mo 12,7f) zuteil wird. Er konnte zwar Gott nicht sehen (2Mo 33,20), und doch hat Jahwe ihn von Angesicht zu Angesicht gekannt (5Mo 34,10). Dieses enge, unmittelbare Vertrauensverhältnis, das die Gottverbundenheit der Propheten übersteigt (4Mo 12,6ff, vgl. 5Mo 18,18), wird durch das Ohr, nicht durch das Auge gewährt: »Jahwe redete zu Mose von Angesicht zu Angesicht, wie jemand zu seinem Freund redet« (2Mo 33,11; vgl. W.H. Schmidt, 129f). So spricht durch ihn Gott zum Volk, ist er Mund Gottes, Künder des Gotteswillens im sozialen, polit. und kultischen Leben.

Der Glaube Israels beginnt nicht mit M.; der sich ihm offenbarende Gott ist der Gott der Väter (2Mo 3). M. ist auch nicht Gottsucher oder -finder, noch weniger -erfinder. Gott allein ist Subjekt (2Mo 3,6-11). Der von M. verkündigte Gotteswille ist Frucht der Selbstmitteilung Gottes. Daß Gott sich dabei des Mittlers M. bedient, weist auf die bleibende Distanz zwischen Gott und Mensch hin. Der personhafte Gotteswille, der alle Verhältnisse des Volkes ordnen will, ist Ausdruck der Herrschaft Gottes über dieses Volk. M. soll dieses von Gott erwählte Volk realiter im Lebensvollzug zum Volke Gottes machen (2Mo 19,6f).

Als Prophet ist M. auch Fürbitter, der mit Gott um verwirktes Leben ringt (2Mo 18,19; 32,32; 4Mo 12,13; 14,13ff; 16,22 u.ö.). Er bietet Gott stellvertretend sein eigenes Leben an (2Mo 32,32, vgl. Röm 9,3) und liegt 40 Tage und 40 Nächte vor Gott, ohne Nahrung zu sich zu nehmen (5Mo 9,9.18). Es ist dieser M., dem als leidendem Mittler die schwere Last des Volkes aufgelegt ist (4Mo 11,11-17), durch den nicht nur Gott spricht, sondern gegen den sich das Volk wie gegen Gott auflehnt (4Mo 21,5), für das er dann doch wieder bittet, um des willen er sich in Schuld verstrickt (4Mo 20,7ff; 27,12ff; vgl. 5Mo 3,23ff), weshalb er vom Lande ausgeschlossen wird. So gerät M. in die Nähe des Gottesknechtes, von dem dann ein späterer sagt, daß er sein Leben stellvertretend für die Sünde dahingab (Jes 53). Es ist dieser M., von dem es heißt, daß er niedriger war (LÜ »demütiger«) als alle Menschen, die auf Erden sind. So ist der Auftrag M.s nur von Gott und von der souveränen Offenbarung Gottes her zu verstehen.

4. Mose in der Geschichte und im Neuen Testament

Das Judentum hat die Geschichte M.s z.T. romanhaft und apokalyptisch ausgeschmückt (→ Philo, Vita Mosis I und II, → Josephus, AntiquitatesII 201-IV 351, Jubiläenbuch, Himmelfahrt M.s u.a.). Es erwartet eine Wiederkehr M.s aufgrund von 5Mo 18,15. So wird M. zu einem Typus des Messias, (vgl. Jeremias, ThWNT VI, 854ff). Für das NT ist M. Mittler des Gesetzes (Apg 7,36 u.ö.), Prophet (Lk 24,27.44 u.ö.), leidender Gottesbote (Apg 7,17-44) und Glaubensvorbild (Hebr 11,23-29). Die ausschmückende Phantasie der jüd. M.literatur ist ihm fremd. Es kennt M. allein aus der Schrift des AT. Zugleich weiß es um die Vorläufigkeit und Begrenztheit seines Werkes: »Das Gesetz ist durch Mose gegeben, die Gnade und die Wahrheit ist durch Jesus Christus geworden« (Joh 1,17). Und während M. den Weg zum Leben weisen kann (Lk 16,31), gilt doch, daß Christus des Gesetzes Ende ist (Röm 10,4). Und während M. in Gottes ganzem Hause als Knecht treu war, ist Christus als Sohn über das ganze Haus gesetzt (Hebr. 3,1-6). Diese begrenzte Auswahl zeigt, daß das NT M. in seinem göttlichen Auftrag anerkennt, zugleich aber weiß, daß der Sohn über dem Knecht steht, weshalb gerade M. Jesus mit auf sein Leiden und die Vollendung seines Werkes vorbereitete (Mk 9,4). So dient M. dem Messias, denn sein Ziel war: »Der Herr wird König sein, immer und ewig« (2Mo 15,18) und »Alle Welt soll der Herrlichkeit des Herrn voll werden« (4Mo 14,21).

Lit.: M. Buber: Moses, [3]1966; H. Cazelles: »Mose«, ThWAT V, 1986, 28-46 (Lit.); W. Eichrodt: Theologie des AT I, 190-195, [8]1966; J. Jeremias: »Moyseos«, ThWNT VI, 1959, 852-878; K.A. Kitchen, H. Pehlke: »Mose«, GBL 2, 1988, 992-996 (Lit.); K.A. Kitchen, H. Pehlke, G.v. Rad: Theologie des AT I, 302-308, [7]1987; R. Rendtorff: »Moses als Religionsstifter?«, Gesammelte Studien zum AT, ThB 57, 152-171, 1975; H. Schmid: Die Gestalt des Mose, 1987; W.H. Schmidt: Exodus, Sinai und Mose, 1985.

H. Egelkraut

Mosebücher → Pentateuch

Mosheim, Johann Lorenz von (1694/95-1755)

Geb. am 9. 10. 1694 oder 1695 in Lübeck, von besonderer stilistischer Begabung (Deutsch und Latein), vermochte M. erst 1716 in Kiel mit dem Studium der Theologie zu beginnen. 1723 wurde er als Theologieprofessor nach Helmstedt berufen, wo er als der letzte große

Theologe der Braunschweiger Universität und Erbe des → Calixt wirkte. Als einer der Hauptberater beim Aufbau der Universität Göttingen entwarf er 1737 die Statuten der Theol. Fakultät. 1747 übernahm er das Amt des Universitätskanzlers in Göttingen, wo er am 9. 9. 1755 verstarb.

M. ist der Begründer der neueren → Kirchengeschichtsschreibung. Bewußt verließ er die Enge konfessioneller Polemik. Seine pragmatische Methode hatte das Ziel, eine »unparteiische« Darstellung und »objektive« Beschreibung der Kirchengeschichte zu erarbeiten (Institutiones historiae ecclesiasticae 1726/1755). Sein umfangreichstes theol. Werk ist die christl. Ethik (Sittenlehre der heiligen Schrift, 1735-1753). Besonders berühmt war M. als Prediger (Heilige Reden über wichtige Wahrheiten der Lehre Jesu Christi, Bde. 1-6, 1725ff). Weil M. auf Erkenntnis und Willen der Hörer einwirken, also »erbaulich« predigen wollte, griff er auf Traditionen klass. Rhetorik zurück, verstand und gestaltete die Predigt als Kunstwerk, als ein Produkt geschulter Beredsamkeit und wurde damit richtungsweisend für die prot. Kanzelrede des 18. und 19. Jh.s.

Lit.: N. Bonwetsch: »Mosheim, Johann Lorenz von«, PRE 13, 1903, 502-506.

J.O. Rüttgardt

Motette

Zentrale Gattung mehrstimmiger unbegleiteter Vokalmusik. Der Begriff M. leitet sich ab von motetus, das vom altfranz. mot (= Vers, Strophe) herkommt und ursprünglich eine zweite textierte Stimme zu einem vorgegebenen Cantus bezeichnete, meist einem Ausschnitt aus dem Gregorianischen Choral. Der dieser zweiten Stimme unterlegte Text kommentierte den Text des Cantus. Die so entwickelte Form von Mehrstimmigkeit ist seit dem 13. Jh. in Musiktheorie und -praxis bekannt. Einen ersten Höhepunkt stellten die Kompositionen Palestrinas (ca. 1525-1594) dar; die klass. Vokalpolyphonie seiner M. blieb bis zum 19. Jh. Maßstab für M.nkomposition v.a. in der kath. Kirchenmusik. In Deutschland entwickelte sich nach der Reformation neben der liturg. M. die nichtliturg. Choral- und Spruchm. Bedeutende Komponisten dieser Gattung sind M. Prätorius (1572-1621), Demantius (1567-1643), Schein (1586-1630), Scheidt (1587-1654) und → Schütz. Die sechs Motetten J.S. → Bachs stellen einen Höhepunkt dar, in ihnen sind Choralbearbeitungen und freie Spruchvertonungen miteinander verknüpft. Im 20. Jh. fand im Zusammenhang mit der Erneuerung von Liturgie und Gottesdienst im Protestantismus auch eine Neubelebung der M.nkomposition statt. H. Distler (1908-1942), E. Pepping (1901-1981), J.N. David (1895-1977) sind hier wichtige Vertreter.

Lit.: »Motette«, MGG, 1951ff; »Motette«, Riemann Musiklexikon, 1967.

U. Zintarra

Mott, John Raleigh (1865-1955)

M., geb. am 25. 5. 1865 in Livingstone Manor, New York, gest. am 31. 1. 1955 in Orlando/Florida, wurde als Laie (Methodist) 1888 Sekretär des amerik. YMCA (→ Christlicher Verein Junger Menschen), von 1915-1928 dessen Generalsekretär. 1895 gründete er den Christlichen Studentenweltbund, dessen Generalsekretär und später Vorsitzender er über Jahrzehnte blieb.

Unermüdlich beförderte er die Ausbreitung des Evangeliums in der ganzen Welt und die Zusammenlegung der Missionsgesellschaften. So wurde er einer der Väter der ökumen. Bewegung; als Vorsitzender leitete er die Weltmissionskonferenzen in Edinburgh (1910), Jerusalem (1918) und Tambaram (1938), außerdem die 2. Weltkonferenz für Praktisches Christentum in Oxford 1937. Während des Ersten Weltkrieges gründete M. das Studentenhilfswerk des YMCA, war nach dem Krieg tätig in der Versöhnungsarbeit und setzte sich 1921 über eine ausdrücklich abgegebene Ehrenerklärung für die Rückkehr der deutschen Missionen in ihre alten Arbeitsfelder ein. Als begabter Evangelist (Evangelisation of the World in this generation, 1900, dt. 1900), als kundiger Reisender durch die ganze Welt und hervorragender Organisator und Vermittler förderte er die weltweite Kooperation und Friedensarbeit unter Christen in der Verantwortung für die ganze Welt; 1946 erhielt er den Friedens-Nobelpreis.

Lit.: H.R. Flachsmeier: J.R. Mott. Baumeister der Ökumene, 1962; B. Mathews: Ein Christ auf den Straßen der Welt, 1935; S. Spahr: »John Mott«, in: F. Hauss: Väter der Christenheit, neu hg. von S. Spahr, 1991, 537.

G. Ruhbach

Möttlinger Gemeinschaft

Möttlingen liegt im Nordschwarzwald auf der östl. Nagoldhochfläche zwischen Bad Liebenzell und Weil der Stadt. Es war geprägt von der Erweckung und der Verkündigung J.C. → Blumhardts und dessen Vorgängern Pfr. Machtolf und C.G. Barth. Der aus Möttlingen stammende Gründer der M.G., Friedrich Stanger (1855-1934), den Blumhardt als kleines Kind mit einer Verheißung gesegnet hatte, wurde nach dem Besuch einer Gemeinschaftsstunde durch den Glauben von Trunksucht geheilt. Er hatte die besondere Gabe der Seelsorge, übersiedelte 1907 wieder nach Möttlingen und baute 1909 die Rettungsarche, ein Gäste- und Seelsorgeheim, wo bis heute neben der Wortverkündigung Seelsorgesprechstunden mit persönl. Gebet und Handauflegung durchgeführt werden in der Gewißheit, daß die Heilung von Seele und Leib zusammengehören (→ Krankenheilung).

Die Rettungsarche ist ein pietist. Laien- und Glaubenswerk innerhalb der Landeskirche und hat Freunde aus allen Bevölkerungsschichten, die sich in »Möttlinger Versammlungen« treffen, die in Süddeutschland und Westfalen, der Schweiz, den Niederlanden und dem Elsaß zu finden sind. Es gibt keine hauptamtlichen Prediger in der M.G. Geschäftsführer sind Paul Krieg und Eberhard Krüger.

Lit.: Monatsblatt: »Der Bote aus der Rettungsarche – Jesus ist Sieger«.

K. Witt: Im Anbruch einer neuen Zeit, ^{2}1932; N.N.: Ist dieser nicht ein Brand, der aus dem Feuer gerettet ist, o.J. (Lebensbeschreibung F.Stanger); Das Rettungsbuch, Predigten von F. Stanger.

H. Egelkraut

Mowinckel, Sigmund → Altes Testament – Geschichte der Erforschung

Mühlenberg, Heinrich Melchior (1711-1787)

M., geb. am 11. 9. 1711 in Einbeck, gest. am 7. 10. 1787 in New Providence, Pa., studierte in Göttingen Theologie (1735-1738). Durch Vermittlung des jüngeren Francke (Gotthilf August, 1696-1769) wurde er 1742 nach Pennsylvanien entsandt, wo er die luth. Gemeinden Philadelphia, New Providence und New Hanover betreute. Ausgestattet mit Tatkraft und Organisationstalent, ordnete M. deren inneres und äußeres Leben und sammelte auch in benachbarten Staaten die Lutheraner. Dazu veranlaßte er 1748 die Gründung der ersten luth. Synode, das »Ministerium von Pennsylvanien und angrenzenden Staaten«. 1762 entwarf er für Philadelphia eine Kirchenordnung, die vielen Gemeinden als Muster diente. Ihr folgte 1786 schließlich das »Mühlenbergsche Gesangbuch« und die überarbeitete edierte Fassung der ersten amerikan. luth. Agende von 1748.

M.s Theologie war fest im luth. Bekenntnis verwurzelt, bereichert mit leicht hallesch-pietist. Prägung. Zu Recht hat man ihm den Ehrentitel »Patriarch der luth. Kirche in Nordamerika« beigelegt.

Werke: Th.G. Tappert, J.W. Doberstein (Hg.): The Journals of H.M. Mühlenberg, 3 vols, 1942-1958 (ND 1982); K. Aland (Hg.): Die Korrespondenz H.M. Mühlenbergs aus der Anfangszeit des deutschen Luthertums in Nordamerika, 3 Bde., 1986-1990.

Bibliographie: F. Reichmann: The Muhlenberg Family, 1943.

Lit.: W.J. Mann: Life and Times of H.M. Mühlenberg, 1887 (ND 1981); ders.: H.M. Mühlenbergs Leben und Wirken, 1891; L.R. Riforgiato: Missionary of Moderation. H.M. Mühlenberg and the Lutheran Church in English America, 1980. *W. Raupp*

Müller, Georg(e) (1805-1898)

M., geb. am 27. 9. 1805 in Kroppenstedt bei Halberstadt, gest. am 10. 3. 1898 in Bristol, schloß sich während des Theologiestudiums der Erweckungsbewegung an und ging 1829 durch → Tholucks Vermittlung als Judenmissionar nach England. In Teignmouth (1830) und Bristol (1832) wurde er Prediger der → Christlichen Versammlung, der er auch nach deren Spaltung von 1848 als führender Kopf der »Open Brethren« angehörte.

1834 gründete er das »Scriptural Knowledge Institution for Home and Abroad«, das in seinem Todesjahr 75 Schulen unterhielt und bis dahin über zwei Mio. Bibelteile verbreitet und fünf Mio. Mark für die Mission aufgebracht hatte. Nach dem Vorbild A.H. → Frankkes entstand 1836 M.s berühmt gewordenes »Glaubenswerk«, das Waisenhaus in Bristol, das (nach dem Umzug 1849 in den Vorort Ashley Down) 2.000 Kinder beherbergte und ein Vorbild abgab für Neugründungen in Europa und Amerika. Seit 1875 schließlich bereiste M. als Evangelist über 40 Länder aller Kontinente. Sein Einfluß wurde auch in Deutschland (→ Gemeinschaftsbewegung) spürbar, vor allem bei Ludwig Doll (»Waisen- und Missionsanstalt Neukirchen«, 1882).

Werke: Autobiographie, hg. von G.F. Bergin, A.T. Pierson, 1905 (deutsch in Auszügen: Und der himmlische Vater ernährt sie doch, 1985); Admiring God. The best of G. Müller, hg. von R. Steer, 1986.

Lit.: N. Garton: G. Müller, 1963; A.T. Pierson: G. Müller of Bristol, 1899 (^{2}1949 u.ö.); deutsch: G. Müller. Sein Leben und Werk. »Niemals enttäuscht«, ^{20}1992.

W. Raupp

Müller, Julius (1801-1878)

Evangelischer Theologe, geb. am 10. 4. 1801 in Brieg/Schlesien, gest. am 27. 9. 1878 in Halle, lehrte in Göttingen, Marburg und Halle. In seiner Studienzeit von der Erweckung geprägt (Freundschaft mit → Tholuck, Studium bei A. → Neander), gelangte M. zu der Einsicht, »daß es unmöglich ist, das eigentliche Wesen des Christentums, die Erlösung, wahrhaft zu verstehen, so lange man die Sünde nicht gründlich erkannt hat«. Darum widmete M. (ähnlich wie → Kierkegaard) der Sündenlehre eine großangelegte Monographie, in der er den phil. und theol. Monismus seiner Zeit (→ Hegel, → Schleiermacher) durch eine Besinnung auf die »Tatsache des Bösen« bekämpft.

Ausgehend von dem im Gewissen erfahrenen Zwiespalt von sittlicher Norm und eigenem Tun bestimmt M. das Wesen der Sünde als Übertretung des Gesetzes, als Ungehorsam gegen Gott und letztlich als Selbstsucht. Bei der Analyse des Schuldbegriffs legt M. großes Gewicht auf den Gedanken, daß im Menschen (und nicht in Gott) der Grund der Sünde zu suchen ist. Auch wenn M. die theol. unausweichliche Frage nach der Möglichkeit der Sünde im Rahmen einer Theorie der menschlichen Freiheit zu beantworten sucht und im Anschluß an → Kant und → Schelling die Hypothese einer »intelligiblen Urentscheidung« entwickelt, so bleibt ihm doch der Übergang von der Möglichkeit zur Wirklichkeit der Sünde wegen der Willkürlichkeit der menschlichen Entscheidung gegen Gott »wesentlich unbegreiflich«. Das Faktum des Bösen ist »das größte Rätsel der Welt«; eine rein theoretische Lösung ist unmöglich. Die Erlösung geschieht nur durch die »Praxis« des göttlichen Versöhnungshandelns und durch den Glauben, den M. als die »innerste Tat des Geistes« beschreibt. Religion besteht in der Gemeinschaft mit Gott und in der Liebe zu ihm; alle wahre Sittlichkeit geht daraus hervor.

Gemeinsam mit A. → Neander und K.I. → Nitzsch begründete M. 1850 die »Deutsche Zeitschrift für christliche Wissenschaft und christliches Leben«. Kirchenpolit. setzte er sich für die Union ein.

Lit.: J. Müller: Die christliche Lehre von der Sünde, 2 Bde., [1]1839 (nur Bd. 1), [2]1844 (neue Ausarbeitung von Bd. 1 und Bd. 2), [6]1877, engl. Übersetzung 1852; Die evangelische Union, ihr Wesen und göttliches Recht (1854); Dogmatische Abhandlungen (1870); Untersuchung der Frage: Ob der Sohn Gottes Mensch geworden sein würde, wenn das menschliche Geschlecht ohne Sünde geblieben wäre, in: Texte zur Kirchen- und Theologiegeschichte (hg. von G. Ruhbach), Heft 8: Christologische Texte aus der Vermittlungstheologie des 19. Jahrhunderts (hg. von J. Wirsching), 1968, 39-80; Briefe von Müller an Tholuck, in: Aus A. Tholucks Anfängen (Hg. Bonwetsch), 1922, 59-71.

K. Barth: Die protestantische Theologie im 19. Jahrhundert [4]1981, §22; F.W. Graf: Theonomie, 1987, 77-127; M. Kähler: Geschichte der protestantischen Dogmatik im 19. Jahrhundert, [2]1989, 129-139; H. Nitschke: Die Beurteilung des natürlichen Menschen in der Theologie Müllers, Diss. Halle 1951, (Lit.); J. Ringleben: Hegels Theorie der Sünde, 1977, 261-281; E. Schneider: Die Theologie und Feuerbachs Religionskritik, 1972, 27-106; G. Wenz: »Vom Unwesen der Sünde«, KuD 30 (1984), 298-329.

H.-P. Willi

Münster → Dom/Domkirche/Domkapitel

Müntzer, Thomas (ca. 1489-1525)

M., geb. um 1489, hingerichtet am 27. 5. 1525, aus Stolberg am Harz, studierte in Leipzig, Frankfurt/O. und 1517/1518 in Wittenberg. 1519 fiel er als »Martinianer« in Jüterbog auf. Geprägt war er hauptsächlich durch die deutsche → Mystik. Luther empfahl ihn als Prediger nach Zwickau, das er wegen seines scharfen Auftretens 1521 verlassen mußte. Vergeblich suchte er darauf in Böhmen Anhänger.

Im »Prager Manifest« kommen sein scharfer Antiklerikalismus und sein Sendungsbewußtsein als Vollzieher des endzeitlichen Gerichts über die Gottlosen zum Vorschein. 1523/24 war er Pfarrer in Allstedt, wo er eine deutsche Gottesdienstordnung einführte und einen konspirativen »Bund« sammelte. In der »Fürstenpredigt« forderte er die kursächsischen Fürsten zum Vollzug des göttlichen Gerichts auf, andernfalls werde Gott die Gewalt dem gemeinen Volk geben. Gegen Luther betonte er die Notwendigkeit der Selbstabtötung als Voraussetzung für den Geistempfang. Auf dessen Betreiben aus Allstedt vertrieben, fand M. in der Reichsstadt Mühlhausen einen neuen Wirkungskreis. Von dort organisierte er den Thüringer Bauernkrieg. Nach der katastrophalen Niederlage der Bauern bei Frankenhausen wurde M. gefangen und hingerichtet. Hauptsächlich die marxistische Geschichtsschreibung hat M. zum Sozialrevolutionär stilisiert. Dies war er jedoch allenfalls beiläufig. Der »Prophet mit dem Hammer« war theol. ein radikaler, gesetzlicher Spiritualist, der faktisch mit der luth. → Reformation nur wenig gemeinsam hatte.

Lit.: S. Bräuer, H. Junghans (Hg.): Der Theologe Thomas Müntzer, 1989; U. Bubenheimer: Thomas Müntzer. Herkunft und Bildung, 1989; E. Wolgast: Thomas Müntzer, 1988.

M. Brecht

Musäus, Johannes (1613-1681)

Als Sohn eines luth. Pfarrers am 7. 2. 1613 in Langewiesen/Thüringen geb., studierte M. intensiv Philosophie in Erfurt und Jena, später auch Theologie. 1643 Prof. für Geschichte in Jena, 1646 Prof. für Theologie, ein Amt, das M. 38 Jahre versah, bis er am 3. 5. 1681 in Jena verstarb. Als Vertreter der luth. Orthodoxie verfaßte er zahlreiche Werke (gegen H. von Cherbury, verschiedene Jesuiten, die Reformierten, den Synkretismus des → Calixt), vermied jedoch alle unsachgemäße Polemik und Diffamierung. Um die Lehrsätze der luth. Theologie zu begründen, intensivierte er das phil. Denken, gab der Scholastik breiten Raum und legte Wert auf die Entfaltung einer natürlichen Gotteserkenntnis. Andererseits war er von der Einsicht durchdrungen, daß die theol. Erkenntnis nicht mit der Glaubensgesinnung und deren Einsicht gleichzusetzen sei. Er vermochte darum, Lehrdifferenzen gelassener zu beurteilen, selbst innerhalb der luth. Konfession rechnete er auf Grund der Offenheit wissenschaftl. Nachdenkens mit Lehrunterschieden.

Durch M. wurde die Jenaer Fakultät zum Ort eines milden, offeneren Luthertums, das stets den Lebensbezug der Lehre betonte. Dem späteren → Pietismus standen die Mitglieder der theol. Fakultät (Buddeus, Walch) darum wohlwollend gegenüber. Dem in Wittenberg von → Calov (Consensus repetitus fidei vere Lutheranae) betriebenen Bemühen, die luth. Lehrtradition durch stets neue Abgrenzungen und Fixierungen einzuengen (Synkretistischer Streit), hat sich M. mit seinen Kollegen in Jena widersetzt. Erst spät gab er eine zusammenfassende Darstellung seiner theol. Prinzipienlehre (Introductio in theologiam, 1679). Die Ansichten des M. sind wesentlich verbreitet worden durch das aus seinen Schriften von seinem Schwiegersohn J.W. Baier zusammengestellte Compendium theologiae positivae ^{3}1694.

Lit.: J. Kunze: »Musäus«, PRE 13, 1903, 572-576; K. Heussi: Geschichte der Theol. Fakultät zu Jena, 1954.

J.O. Rüttgardt

Musik, moderne christliche

Unter moderner christl. M. wird allg. M. verstanden, die im Bereich von Kirchen und Freikirchen mit populären M.stilen die traditionellen Aufgaben der Kirchenmusik zu erfüllen und darüber hinaus mission. zu verkündigen versucht.

Die Vielfalt der modernen geistl. M. ist stilistisch fast ebenso breit wie die der säkularen Popmusik und inhaltlich so aufgefächert wie die Theologie und das Gemeindeleben des ausgehenden 20. Jh.s. Zur genaueren Gegenstandsbestimmung haben sich eine Reihe von Kategorien eingebürgert, die zum einen Entstehungs- und Verwendungszusammenhänge, zum anderen stilistische Merkmale berücksichtigen:

– Neues geistliches Lied (von seiten der Kirchenmusik geschaffene neue Gemeindelieder)

Der Wettbewerb für neue rel. Lieder, den 1960 die Evangelische Akademie Tutzing ausschrieb, war ein Meilenstein sowohl der Suche nach neuen musikalischen Ausdrucksformen als auch der Auseinandersetzung um die Angemessenheit solcher Bemühungen. Eine Reihe von Liedern dieses Wettbewerbs fanden und behielten einen Platz im Singen von Gemeinden und Jugendgruppen.

– Unter Sacropop versteht man meist im Raum der kath. Kirche und der ev. Kirchentage entstehende, an die liturg. Funktionen der Kirchenmusik angelehnte Lieder und Oratorien.

– Gospelrock (oder christl. Popmusik – vor allem im evangelikalen Bereich beheimatete Vortragsmusik mit evangelistisch verkündigender Zielsetzung): Die Anfänge Mitte der 60er Jahre sind geprägt von Bands, die ihrerseits durch Musikgruppen aus Großbritannien und den USA (z.T. aus der → Jesus People-Bewegung entstanden) befruchtet wurden. Seit den 70er Jahren nahm die Zahl internationaler Bands und Solisten auf Europatourneen weiter zu. Abgesehen von vielen lokalen Bands, die in den folgenden Jahrzehnten entstanden, arbeiteten verschiedene Gruppen überregional.

– Die Jugendchorbewegung (vor allem im prot. und hier speziell im evangelikalen Bereich) begann Ende der 50er Jahre, ging zunächst vom angelsächsischen Erweckungslied und teilweise auch von barocker und romantischer Chormusik aus und brachte außer Hunderten von Gemeindejugendchören auch überregionale Chöre hervor. Anfänglich wies die Chorliteratur einen starken Anteil von ins Deutsche übersetzten amerikanischen Kompositionen auf, doch es entstand im Laufe der Zeit immer stärker neues eigenes Liedgut. Befruchtend wirkten auch hier ausländische Chöre.

– Liedermacher/innen (textbezogenes und sparsam instrumentiertes Liedgut mit verschiedener – evangelistischer oder auch sozialkritischer – Funktion): Viele der seit den 70er Jahren aktiven Gesangssolisten und Duos sind auch Verfasser der Texte und Melodien ihrer Lieder.

– Anbetungslieder (vor allem aus Amerika kommende Lieder der charismat. Bewegung, die aber auch in traditionell geprägten Gemeinden Eingang gefunden haben), fanden seit den achtziger Jahren durch »→ Jugend mit einer Mission« Eingang in Deutschland, zeichnen sich durch leicht nachvollziehbare Melodien und kurze Texte im Anbetungscharakter (oft unverändert übernommene Bibelworte) aus.

– Ergänzt wird dieses Spektrum durch die Lieder der Kommunität → Taizé und anderer Kommunitäten wie Jesus-Bruderschaft (→ Kommunität Gnadenthal) und Kreuz-Bruderschaft sowie durch eine Fülle von neuen Kinderliedern und Kindermusicals.

Als musikalische Wurzeln der modernen christl. M. gelten u.a. die Negro Spirituals (geistl. Lieder der Afroamerikaner), der Jazz, die Folklorebewegung der sechziger Jahre und schließlich der Rock'n Roll und die aus ihm abgeleiteten Stile der Popmusik. Mit diesen Elementen experimentierend, aber sie auch bewußt mit traditionellen Formen kombinierend (z.B. beim chorischen Liedgut), hat die moderne christl. M. durchaus eigene Stile, Veranstaltungsformen und Gattungen (z.B. seit den siebziger Jahren christl. Musicals und Pop-Oratorien) entwickelt.

Entscheidende Hilfestellung erhielt die moderne christl. M. von Medien wie dem → Evangeliums-Rundfunk in Wetzlar, der sie schon früh in den Sendungen seiner Jungen Welle einsetzte, von ganz oder teilweise auf die Produktion von Schallplatten spezialisierten Verlagen, von Jugendzeitschriften mit Konzertterminspalten und Plattenbesprechungen und von Konferenzen oder Festivals, die sie ganz oder teilweise thematisierten (z.B. »Jubila« 1975, 1981, 1986 und »Christival« 1976 und 1988). In vielen Liederbüchern ist das neue Liedgut in Jugendgruppen und Gemeinden verbreitet.

Im gemeindlichen Leben und in der Evangelisation hat die moderne christl. M. inzwischen einen selbstverständlichen Platz. Ihre Verwendung beschränkt sich nicht auf den Gottesdienst oder andere kirchl. Veranstaltungen, sondern schließt Konzerte und mission. Einsätze in Jugendzentren, öffentlichen Sälen, Schulen und Gefängnissen sowie überörtliche Ereignisse wie Musikfestivals, Kirchentage, Jugendtage und Kongresse ein und findet bisweilen auch ihren Niederschlag in den öffentlichen elektronischen Medien. Das Bemühen, nicht hinter dem Können und dem technischen Standard der säkularen Musik zurückzubleiben, hat dabei zu einer immer stärkeren Professionalisierung in der Darbietung geführt.

Kritisiert wurde die moderne christl. M. bereits in ihrer Frühzeit wegen ihrer Beeinflussung durch die säkulare Rockmusik, der man Nähe zum Okkultismus nachsagte, wegen der oft anzutreffenden Lautstärke der Darbietung und ganz allg. wegen einer vermuteten Anbiederung an den Publikumsgeschmack auf Kosten von theol. Tiefgang und stilistischer Angemessenheit. Die Vertreter moderner christl. M. beziehen sich dagegen auf die bibl. Forderung, dem Herrn immer wieder »ein neues Lied« zu singen, betrachten die populären Stile als natürliche Ausdrucksmittel jüngerer Generationen von Christen und versuchen, mit ihren Idiomen bewußt mission. Kontakte zu kirchl. Entfremdeten zu knüpfen. Bei aller stilistischen Veränderung die Kernaussagen des → Evangeliums zu bewahren und neuen Generationen neu in den Mund zu legen, muß innerstes Anliegen der modernen christl. M. bleiben.

Lit.: P. Bubmann: Sound zwischen Himmel und Erde: Populäre christliche Musik, 1990; A. Malessa: Der neue Sound: Christliche Popmusik – Geschichte und Geschichten, 1980; M. Siebald: »Evangelistische Musik zwischen Kitsch und Kunst«, Musik und Kirche 52, 1982, 81-88; ders.: »... daß man es eine Liederpredigt hätte nennen mögen: Möglichkeiten des evangelistischen Konzertes«, in: Die Botschaft von der freien Gnade. Evangelisation in unserer Zeit, hg. von K. Teschner, 1990, 124-36; K.Chr. Thust: Das Kirchen-Lied der Gegenwart: Kritische Bestandsaufnahme, Würdigung und Situationsbestimmung, 1976; St. Volke: Background. Musikerleben, 1988; ders.: Live: Musikerleben, 1989.

M. Siebald

Mut zur Gemeinde

MzG ist eine überdenominationelle Bewegung zur geistl. Erneuerung christl. Gemeinden, die 1970 in der Schweiz entstand. Sie wird von dem früheren CVJM-Jugendsekretär H. Bürgi geleitet. Durch evangelistische Gemeinde-Wochenend-Veranstaltungen mit Gruppengesprächen unter Leitung einer Mannschaft auswärtiger Gemeindeglieder sollen örtliche Landes- oder freikirchl. Gemeinden gestärkt werden. Gleichzeitig werden Schulungskurse für → Hausbibelkreise und Gemeindeaufbau angeboten. Jährlich werden ca. 30 Einsätze von ca. 30 freiwilligen Tagungsleitern und über 600 Gemeindegliedern, die zu gelegentlichen Team-Einsätzen bereit sind, durchgeführt.

H. Bürgi

Mutter Gottes → Maria

Mütter-Genesungswerk, Deutsches

Das Deutsche M. wurde 1950 von Elly Heuß-Knapp, der Frau des damaligen Bundespräsidenten Theodor Heuß, als gemeinnützige Stiftung gegründet mit dem Sitz in Stein bei Nürnberg. Das M. unterhält zahlreiche gut eingerichtete Häuser zur Betreuung und Rehabilitation erschöpfter und kranker Frauen. Träger der Arbeit sind die Frauenarbeit der ev. und kath. Kirche, die Müttergenesungsfürsorge des Deutschen Roten Kreuzes, der Arbeiterwohlfahrt und des Deutschen Paritätischen Wohlfahrtsverbandes. Die Kirchen erfüllen in dieser Arbeit ein Stück ihres diakon. Auftrages.

G. Ruhbach

Muttergottheit

Die Verehrung von M.en reicht zurück bis in älteste Zeiten der Menschheitsgeschichte, wie es der ethnologische Befund nahelegt und es vielleicht schon Frauendarstellungen aus der Altsteinzeit bekunden. Im Vorderen Orient begegnet in zahlreichen Variationen der Kult einer M., die mit der Fruchtbarkeit der Erde verbunden und einem männlichen Geliebten zugeordnet wird. Sie ist mythisches Zeichen des ewigen Werdens und Vergehens.

Das monotheistische Gottesbild der Bibel setzt sich kritisch von den M.en seiner heidnischen Umwelt ab. Jahwe übersteigt die Polarität des Geschlechtlichen. Symbolhaft wird sein Wirken in der Geschichte eher mit »männlichen« Zügen geschildert, während die Antwort Israels bzw. der Kirche auf das Handeln Gottes eher mit weiblichen Symbolen umschrieben wird (insbesondere seit dem Vergleich mit dem Ehebund in Hos 2f). Das Bild der »Mutter« betont eine gewisse Mitwirkung im Heilsgeschehen (z.B. Jes 66,11-13; Gal 4,26f). Als Urbild der Kirche sieht die Väterzeit dabei → Maria, die auf dem Konzil von Ephesus (431) als »Gottesgebärerin« proklamiert wird. Die Verehrung Mariens kann in der Folgezeit menschliche Sehnsüchte an sich binden und verwandeln, die zuvor den heidnischen M.en gegolten haben. Die Verehrung (nicht »Anbetung«) Mariens gilt hierbei nicht einer mythischen, sondern einer geschichtl. Person. Im Unterschied zu den M.en verweist Maria nicht auf sich selbst (bzw. auf den Naturkreislauf), sondern auf Jesus Christus und den dreifaltigen Gott, dem sie sich mit ihrem Jawort öffnet und dessen Wirken sie in der Kraft der Gnade den Weg bereitet. Die weibliche rel. Symbolik bezieht sich im Christentum nicht vorrangig auf das Gottesbild (wo sie v.a. für die göttliche Immanenz steht, die Nähe zur Schöpfung), sondern auf den menschlichen Faktor in Ekklesiologie und Mariologie. Diese typische Akzentuierung wird verkannt von der → Feministischen Theologie, die z.T. einer erneuten Verehrung von M.en das Wort redet.

Lit.: M. Hauke: Die Problematik um das Frauenpriestertum vor dem Hintergrund der Schöpfungs- und Erlösungsordnung, [3]1991, 117-192, 209-321, 500-503; D.R. Kinsley (Hg.): The Goddesses' Mirror, 1989; J.J. Preston u.a.: Goddess Worship, in: M. Eliade (Hg.): The Encyclopedia of Religion 6, 1987, 35-59; H. Schein: Muttergottheiten, in: R. Bäumer, L. Scheffczyk (Hg.): Marienlexikon 4, 1992, 557-559; U. Winter: Frau und Göttin. Exegetische und ikonographische Studien zum weiblichen Gottesbild im Alten Israel und in dessen Umwelt, [2]1987.

M. Hauke

Mutterhausdiakonie

»Die christliche Liebestat darf nicht den vorübergehenden Herzensbewegungen und der Initiative einzelner ausgeliefert sein: Um durchgreifend, andauernd und stets christlich zu wirken, muß sie geplant und einer Gemeinschaft anvertraut werden« (Meisner). Diese Erkenntnis führte in der Mitte des 19. Jh.s zur Gründung einer Form von Diakonie, die in wenigen Jahrzehnten innerhalb der ev. Kirche große Bedeutung erlangte. Eine Gruppe junger Frauen sammelte sich als Diakonissen in einem »Mutterhaus« zu einer Glaubens-, Lebens- und Dienstgemeinschaft. Dabei war ihnen die ganzheitliche Zuwendung Jesu zum beschädigten Menschen Modell und Ansporn für ihr eigenes Handeln. Neben den bibl. Vorlagen fanden auch drei Regeln der Frauenorden der alten Kirche Eingang ins gemeinsame Leben dieser Frauen: die Bereitschaft zur Ehelosigkeit (»Keuschheit«), zu einem einfachen Lebensstil (»Armut«) und zum Gehorsam Gott und Menschen gegenüber. Diese Grundsätze gaben einer Schwesternschaft Stabilität und Beweglichkeit zugleich. Diakonissen waren schneller an aktuellen Brennpunkten der Not einsetzbar. Ihre Anspruchslosigkeit ermöglichte den Einsatz ohne hohe Folgekosten. Dadurch konnten auch unrentable Projekte verwirklicht werden. Diakonissen rechneten in der Regel mit einer lebenslangen Verpflichtung im gleichen Mutterhaus und erleichterten so eine weitsichtige Planung.

Wegbereiter für diese neue Art des gemeinsamen Dienstes waren der deutsche Pfarrer Theodor → Fliedner (1800-1864) und seine Frau Friederike in Kaiserswerth sowie Wilhelm → Löhe (1808-1872), Pfarrer in Neuendettelsau. 1836 traten in Kaiserswerth die erste »Krankendiakonisse« und eine »Kinderdiakonisse« ein. 1836 gilt deshalb als eigentliches Gründungsjahr der M., obwohl in der Schweiz schon zwei Jahre früher ein erstes Mutterhaus entstanden war (1834 in St. Loup). Interessant ist die Begründung Fliedners für diese neuartige Form des Dienstes: Diakonissen sind »1. Dienerinnen des Herrn Jesus, 2. Dienerinnen der Armen, Kranken und Kinder um Jesu willen und 3. Dienerinnen untereinander«.

In der → Kaiserswerther Generalkonferenz schlossen sich seit 1861 viele der »alten« Diakonissen-Mutterhäuser zusammen. 1899 wurde in Ostpreußen der → Deutsche Gemeinschafts-Diakonieverband (DGD) gegründet, mit einer bewußt mission. Stoßrichtung. Mehr und mehr entdeckten auch die Gemeinschaftsverbände und Freikirchen die Notwendigkeit der organisierten Diakonie. So entstanden noch zwischen 1920 und 1930 eine ganze Reihe weiterer Mutterhäuser, die sich zum Europäischen Verband freikirchlicher Diakoniewerke und zum »→ Bund Deutscher Gemeinschafts-Diakonissen-Mutterhäuser« zusammenschlossen. Die elf Schweizer Mutterhäuser bilden zusammen die Konferenz Schweizerischer Diakonissenhäuser.

Es sind vor allem strategische Merkmale, die der Mutterhausdiakonie ihre durchschlagende Wirkung gaben: (1.) Rekrutierung von jungen Frauen in großer Zahl, (2.) bibl. und fachliche Ausbildung auf ein gemeinsames Ziel hin, (3.) Sendung mehrerer Diakonissen in eine gemeinsame Aufgabe und (4.) die »Uniform« (Tracht). Diese vier Kennzeichen vermittelten den Schwestern nicht nur Geborgenheit, sondern auch Ansehen und einen neuen sozialen Status in der Gesellschaft, die sie als einzelne nie erreicht hätten. Endlich hatten die Christen ein Konzept anzubieten, mit dem die vielfältigen sozialen, physischen und psychischen Probleme auf breitester Front angegangen werden konnten. Die Wirkung auf Kirche und Welt blieb nicht aus. Zu Tausenden ließen sich junge Frauen in eine solch attraktive Form praktischer Nächstenliebe rufen. Unzählige Werke der inneren und äußeren Mission wurden gegründet. Viele Notleidende erlebten Gottes Barmherzigkeit handgreiflich und fanden dadurch zum Glauben an Jesus Christus.

Es ist unverkennbar, daß die Idee der M. von der jungen Generation heute nicht mehr ernstgenommen wird. Alle Diakonissen- Mutterhäuser kämpfen mit massiven Nachwuchsproblemen. Die Verantwortlichen der einzelnen Werke haben es versäumt, Form und Inhalt der Diakonie voneinander zu trennen. Der Inhalt läßt sich mühelos aus dem NT ableiten. Jesus Christus selbst, wie auch den Aposteln war die Diakonie ureigenstes Anliegen. Die Form, d.h. die Art, wie die Diakonie bei den Menschen Fuß faßt, muß beweglich bleiben. Jesus selber hat sich in Formfragen nicht festgelegt. Sein Geist aber versetzte seine Nachfolger in die Lage, auf neue Herausforderungen angemessen zu reagieren. So sind heute nicht die Verteidiger alter Formen gefragt, sondern Pioniere, die die alten Grundsätze in neue Strategien umsetzen. Denn die Probleme in unserer Welt und Gottes Liebe sind nicht kleiner geworden.

Lit.: E. Beyreuther: Geschichte der Diakonie und der Inneren Mission in der Neuzeit, 1962; P. Philippi: Christozentrische Diakonie, 1975; ders.: Diaconia, 1984; Liebe hat Hände und Füße – Diakonie in der Schweiz, 1991; K.-H. Neukamm: Wer mir dienen will, 1985.

K. Albietz

Mysterien → Mysterienreligionen

Mysterienreligionen

1. Allgemein

Bei den antiken »Mysterien« handelt es sich in klass. Zeit zunächst um halboffizielle Lokalkulte in Eleusis, Samothrake u.a., in welche die Mitglieder (*mystai*) durch streng geheime Zeremonien initiiert wurden. Im hell. und frühchristl. Zeitalter waren es dann neben diesen Kulten der traditionellen Götter (besonders Demeter/Kore, Dionysos, Kybele) die geheimnisumwobenen orientalischen Erlöserreligionen der Isis (ursprünglich ägypt.) sowie des Mithras (pers.), welche im gesamten röm. Reich v.a. in den ersten drei Jahrhunderten n.Chr. zu großer Popularität gelangten.

Einzelheiten über die eigentlichen Kultzeremonien der M. sind uns kaum erhalten; auch gab es zwischen den einzelnen Erscheinungen trotz sekundärer Angleichungen durchaus keine einheitliche Theologie. Inhaltlich ging es dabei jedoch hauptsächlich um die Schau der esoterischen, mittels gewisser Symbolhandlungen und -gegenstände dramatisch inszenierten Kulthandlung, sowie um deren narrative Interpretation als Deklamation der unaussprechlichen Gotteserkenntnis. In diesem Rahmen intensiv mystischer Erlebnisse konnte der einzelne am Geschick der vermittelnden Erlösergottheit (z.B. Tod und Wiedergeburt des Osiris) persönlich teilhaben. Die stufenweise Initiation umfaßte eine Neubekleidung der Novizen und rituelle Mahlfeiern. Mit ihrem Dualismus von Gut und Böse, der Verheißung ewigen Lebens und einem ausgeprägten Zugehörigkeitsethos mit Schweigepflicht und z.T. ethisch-asketischen Erfordernissen boten diese Gruppen rel. und sozialen Halt in einer Zeit der zunehmenden kulturellen Pluralität.

Neben ihrer schlechthin rel. Rolle übte die Gedankenwelt der M. auch wachsenden Einfluß im Bereich der Philosophie und Literatur aus. Seit Plato findet sich die weitgehend metaphorische Anwendung der Mysterienbegriffe auf phil. Gedankenführung, die Uneingeweihten nicht ohne weiteres zugänglich ist. Paradebeispiel dafür ist die v.a. bei Neuplatonikern und Neupythagoräern weit verbreitete allegorische Auslegung Homers; diese Methode, die in bezug auf die heilige Schrift auch bei → Philo Alexandrinus und alexandrinischen Kirchenvätern wie Origenes und Clemens vorliegt, wird von ihren Anhängern als die »großen Mysterien« verstanden, in die man zum wahren Verständnis der Texte eingeweiht werden muß. Darüber hinaus jedoch wurden die Mysterien mit zunehmender Verbreitung auch im weiteren Sinne zu einem fast alltäglichen Sprachbild der Intellektuellen.

2. Im frühen Christentum

Unter dem Einfluß der sog. religionsgeschichtl. Schule (R. Reitzenstein, F. Cumont, A. → Loisy, usw.) war es in der ntl. Wissenschaft des 20. Jh.s längere Zeit üblich, aufgrund vermeintlicher Parallelen rel. und terminologischer Art ein Abhängigkeitsverhältnis der M. zum NT zu postulieren. So wurde v.a. das paulin. Tauf- und Abendmahlsverständnis unter diesem Gesichtspunkt eingehend verhandelt.

In der Tat trifft es zunächst einmal zu, daß im NT durchaus gewisse sprachliche und gedankliche Ähnlichkeiten mit den M. vorliegen. So spricht Jesus vom »Geheimnis« (*mysterion*) des Reiches Gottes, das den Jüngern gegeben ist, Außenseitern jedoch verborgen bleibt (Mk 4,11). Paulus versteht sich als »Haushalter über Gottes Geheimnisse (*mysteria*)« (1Kor 4,1) und beschreibt wiederholt auch das → Evangelium als den Gläubigen in Heilsgeschehen und Verkündigung offenbartes Geheimnis Gottes (1Kor 2,1.6-10; vgl. Kol 1,26f; Eph 3,3ff; 1Tim 3,9.16). Geheimnisse und deren (teilweise) Enthüllung liegen in der Johannesapokalypse ebenfalls vor. Vielerorts könnte man also meinen, die urchristl. Schriften seien tatsächlich von der rel. Gesinnung der antiken Mysterien direkt abhängig.

Mit wenigen Ausnahmen hat sich jedoch dieser Ansatz der neueren Forschung als unhaltbar erwiesen: zum einen war der bildliche Gebrauch der Mysterienterminologie im hell. Sprachraum so sehr zum Allgemeingut geworden, daß dessen kultische Herkunft dabei kaum noch wesentlich von Bedeutung blieb; darüber hinaus ist es ohnehin wahrscheinlich, daß die eigentliche internationale Ausweitung und Blütezeit der Mysterienkulte erst etwa mit der zweiten Hälfte des 1. Jh.s begann. Zum anderen hat v.a. die sich seit Jahrzehnten hinziehende Veröffentlichung der Schriftrollen vom Toten Meer zu einer energischen Wiederbelebung der Wissenschaft vom antiken Judentum geführt; dabei zeigt sich, daß für alle angeführten Parallelen (Initiation, Mahlfeier, Teilnahme am Heilsgeschehen, usw.) wesentlich engere Beziehungen zum zeitgenössischen Judentum bestehen. Aus Qumran, der Apokalyptik und gewissen Schriften des hell. Judentums lassen sich hinreichend Belege dafür anführen, daß den M. vergleichbares, theol. aber unabhängiges Gedankengut durchaus auch in strenggläubig jüd. Kreisen üblich war.

Andererseits erklären solche gedanklichen Parallelen, weshalb diese heidnischen Kulte (besonders Mithras) im 2. und 3. Jh. neben gnostischen Sekten mit zur erfolgreichsten Konkurrenz der Kirche gehörten. Die antiken Mysterien (vgl. heutige neuheidnische Erscheinungen) verstanden es, dem Menschen ihrer Zeit eine attraktive, persönlich relevante Antwort auf die Fragen ihres Lebens anzubieten. Darin bestand (und besteht) ihre Herausforderung.

Lit.: U. Bianchi: The Greek Mysteries, 1976; M. Bockmuehl: Revelation and Mystery, 1990; G. Bornkamm: ThWNT IV, 1943, 809-34; W. Burkert: Ancient Mystery Cults, 1987; K. Kerényi: Die Mysterien von Eleusis, 1962; R. Merkelbach: Mithras, 1984; R. Reitzenstein: Die hellenistischen Mysterienreligionen, [3]1927; C. Riedweg: Mysterienterminologie bei Platon, Philon und Klemens von Alexandrien, 1987; M.J. Vermaseren: Die orientalischen Religionen im Römerreich, 1981; A.J.M. Wedderburn: Baptism and Resurrection, 1987.

M. Bockmuehl

Mystik/Mystizismus

1. Zum Begriff

M. leitet sich vom griech. Begriff *mysterion/ mystikos*, »Geheimnis, geheimnisvoll« ab. Das Verbum *myo* bedeutet: die Augen bzw. den Mund schließen, myeo meint: in die Mysterien einweihen. Beide Verben begegnen im Kontext der Einweihungsriten der antiken Mysterienreligionen und tauchen im christl. Sprachgebrauch nicht auf. 1Tim 3,16 (»Das Geheimnis ist groß« vgl. Eph 5,32) ist, sprachlich gesehen, der bibl. Grundtext für jede christl. M. Gott als »Geheimnis der Welt« ist in Christus sowohl offenbar geworden wie verborgen geblieben. Unter Geheimnis wurde über Jahrhunderte hin das Christusgeheimnis, das sich dem Glaubenden zur Erfahrung bringt, verstanden, im weiteren dann auch die Heilsmittel, unter denen sich Christus offenbart: Die Heilige Schrift in ihrem geistl.-mystischen Sinn und das Altarsakrament, in dem sich Christus vergegenwärtigt und in dessen Zusammenhang vom »mystischen Tisch« bzw. vom »mystischen Kelch« gesprochen wurde. Pseudo-→ Dionysios Areopagita (ca. 500) spricht sogar von der »mystischen Theologie« und meint damit die dem Denken erfaßbare Erfahrung der göttlichen Welt, zu der Schrift, Liturgie und Eucharistiefeier den Zugang vermitteln. Immer wieder begegnet in diesem Zusammenhang das – der Mose-Tradition entnommene – Bild vom »mystischen Dunkel der Wolke des Nichtwissens«. M. wäre somit die Erfahrung des Glaubens auf der Seite des Menschen, der auf der Seite Gottes die Offenbarung entspricht. Kontemplation, → Ekstase, Erweiterung des Herzens u.a. sind unterschiedliche Worte für das gleiche Phänomen. Von den ägypt. Wüstenvätern über die Mönche der Ostkirche und im Abendland ist die Beziehung zu Gott einerseits als rational-scholastische andererseits als experimental-mystische Theologie bedacht worden, oft genug, wie bei → Bernhard von Clairvaux oder Meister → Eckhart, in der gleichen Person. Erst zu Beginn der Neuzeit, im 17. Jh., bildet sich ein terminologisches Verständnis von M. heraus. Der franz. Theologe Sandaeus spricht 1640 von »natürlicher Mystik«, der Bischof → Bossuet von »neuer Mystik«, unter der er den Quietismus → Fénélons und der Madame de → Guyon versteht, und G. → Tersteegen bezeichnet mit M. die bibl. »Herzensgottseligkeit« (vgl. 1Tim 2,2; 4,7; 2Petr 1,3 u.a.) bzw. das »inwendige Christentum«. Wird bei Tersteegen, offenbar im Anschluß an → Labadie, das altkirchl.-mittelalterl. Frömmigkeitsverständnis auf den Begriff M. gebracht, ähnlich auch im franz. Katholizismus seiner Zeit, so deutet sich z.B. bei Sandaeus der Anfang einer Naturmystik an, die später, etwa bei Spinoza und in der Romantik, eine weithin unchristl. Naturschwärmerei an den Tag bringt, die v.a. von den Begleiterscheinungen der sog. M. fasziniert ist. Im 19. Jh. erneuert sich das Interesse am Geheimnisvoll-Numinosen und tritt unter die Einschätzung einer mystisch-mystizistischen Erlebnisfrömmigkeit, die v.a. im Gefühl ihren Ausdruck fand. Wer dieser Auffassung zustimmte, war meist von M. begeistert, wer skeptisch blieb, wie die meisten Protestanten, setzte M. unter Ablehnung und Verdacht. Weil die Romantik mittelalter- und katholizismusfreundlich war, verhielt sich der Protestantismus, zumal seit dem Unfehlbarkeitsdogma von 1870, entsprechend polemisch. A. von → Harnack formulierte 1894: »Die Mystik ist die katholische Frömmigkeit überhaupt.« E. → Brunners Veröffentlichung »Die Mystik und das Wort« hat zwar entschieden gegen alle liberale Theologie Stellung bezogen, aber den Gegensatz zwischen reformat. Theologie und einer in der natürlichen Theologie wurzelnden M. klar festgestellt. H. Forsthoff hat verbissene Anstrengungen gemacht, um Gerhard Tersteegen vom Verdacht eines Mystikers zu reinigen. Inzwischen hat sich allerdings in der Forschung gezeigt, daß M. eine viel zu komplizierte Erscheinung ist, als daß man undifferenziert darüber reden kann. Selbst die 1937 von E. Vogelsang getroffene Unterscheidung zwischen areopagitischer, romanischer und deutscher M. bleibt zu offen, als daß sie befriedigen könnte.

2. Zum Inhalt von Mystik sind folgende Einschätzungen zu machen:

a. M. ist ein Phänomen, das in jeder Religion begegnet (z.B. im Judentum: → Kabbala, → Chassidismus; im Islam: Sufismus; im Buddhismus: Amida Buddhismus., Zen-Buddhismus).

b. M. meint eine Intensivform und -erfahrung in jeder Religion, im Christentum also die Intensivierung von Glauben, Liebe und Hoffnung. Christl. M. ist Begegnungsm., oder sie ist nicht mehr christl. Deswegen hat sie personalen, sozialen und ekklesialen Charakter.

c. M. bezeichnet immer auch den Weg zur Intensivierung der Frömmigkeit, im Christentum z.B. den mehrfach variierten dreifachen Weg, etwa: Reinigung, Erleuchtung und Vereinung, oder: Konzentration, Meditation, Kontemplation, oder: Gebet, Meditation, Anfechtung etc.

d. Niemals hat M. ihr Zentrum und Interesse in den sog. Begleiterscheinungen wie → Ekstase, Enstase, Levitation, → Glossalie u.a. gehabt. Diese begegnen auch in Bewegungen, die gänzlich außerhalb jeder M. stehen.

e. Innerhalb der M.-Beschreibungen gibt es fast unübersehbar viele Bestimmungen, die wenig klären und oft neue Mißverständnisse hervorrufen, z.B. Seinsm., Denkm., Willensm., Gefühlsm., Erlebnism., Naturm. u.a. Im Christentum finden sich folgende Typisierungen: – Anbetungsm. (ostkirchl.), Sakramentsm. (kath.), Wortm. (ev.), aber auch Dialogm., Liebesm. und Kreuzesm., wobei die Konfessionalität keine Rolle mehr spielt und M. deutlich als vor- und überkonfessionelles Phänomen verstanden wird. Kein Wunder, daß die Grenzen zwischen M. und Esoterik (→ Geheimwissen) oft genug fließend erscheinen. Die christl. Kirchen der Gegenwart bejahen zwar – wie beim Begriff → Spiritualität – die vorkonfessionelle Dimension christl. M. –, aber sie grenzen sich deutlich von der Esoterik ab, z.B. durch die Gründung der »Gesellschaft der Freunde christlicher Mystik« (seit 1989).

f. Christl. M. versucht, das Geheimnis Gottes ebenso ernst zu nehmen wie seine Offenbarung, Gott Gott sein und sich seine Zuwendung zum Menschen gleichwohl gefallen zu lassen, die geheimnisvolle Spannung auszuhalten, daß der richtende Gott der gnädige Gott ist und umgekehrt als der gnädige Gott immer auch der richtende Gott bleibt. Wie kann das anders verstanden werden als in »schweigender Anbetung«? Wer davon nichts weiß, findet keinen Zugang zum Geheimnis der Trinität Gottes, der als der eine der dreieine sein und bleiben will. Auch das Geheimnis des Sakramentes im Grundsätzlichen und der einzelnen Sakramente im Besonderen kann nur der begreifen, der sich der M. öffnet.

Christl. M. versucht, den Weg des Glaubens zu erschließen, so daß der Christ mit »Herzen, Mund und Händen«, also mit seiner ganzen Existenz von Gott berührt und angesprochen wird, daß er ihn wirklich, ganz und gerne, empfängt. So ist christl. M. Advents- und Karfreitags-, Oster- und Pfingstfrömmigkeit. M. wehrt sich gegen den alleinigen Zugriff des Denkens, das alles begreifen, verrechnen und definieren möchte, aber M. wehrt sich ebenso gegen den Überschwang des Gefühlsmäßig-Emotionalen, also gegen alle tiefe oder flache Erlebnisfrömmigkeit. M. zielt vielmehr auf Erfahrung des Glaubens, die alle Schichten des Menschen, des Verstandes und des Willens ebenso wie den affektiven Bereich durchdringt und den Menschen in der Begegnung mit Gott »ganz und heil« macht.

Christl. M. zielt damit niemals nur auf bloße Identitätsfindung des Menschen oder gar Preisgabe seiner Identität an das sog. All- Eine, wie es der → Hinduismus nahelegt, wie es in der Religionsverschmelzung der Gegenwart anklingt und von der Tiefenpsychologie als Identitätsfindung gedeutet wird. Christl. M. zielt vielmehr auf intensive Beziehung und Begegnung mit Gott. Der Mensch nach dem Sündenfall erfährt sich selbst in der Gefangenschaft, in der Icheinsamkeit und ist daher zu dem Ereignis tiefer Liebe in der Regel nicht mehr fähig. Christl. M. weist darauf hin, daß der Mensch, wenn Gott »du bist mein« sagt, erst wahrhaft zum Ich findet und in aller Freiheit und Freude Gott als seinem Du begegnen kann. Glauben können meint: offen werden für den unbegreiflich liebenden und auf den Menschen zukommenden Gott. Das Evangelium hören, zu Herzen nehmen und Gott wieder lieben können, ist nicht Sache des sezierenden Verstandes, sondern ganzheitlicher Aufgeschlossenheit zu einem tiefen, die ganze Person erfassenden Glauben.

M. meint also Lebensorientierung mit Tiefenimprägnierung, dann allerdings sehr verschiedene Erscheinungsformen nach außen. Den Mystiker gibt es nicht. Wer mystische Erfahrung hat, wird in der Regel davon entweder nichts sagen können oder bezeugen, daß dies keine besonderen Erfahrungen sind. Jedenfalls bleibt der Mystiker er selbst. Er integriert seine Glaubensvertiefung in seine normale Existenz im Zusammenhang seiner Lebenswelt. M. ist daher eine Suchbewegung im Ergriffensein. Sie erfährt das Aufbrechen der Liebe Gottes auf seine Geschöpfe hin und zielt auf zunehmende Öffnung des Menschen für das Geheimnis der Liebe Gottes zu ihm. Dies ist niemals ein abgeschlossener Prozeß, sondern zielt auf Vertiefung des Glaubens hin. So ist die Taufe immer neu als »mystische Wiedergeburt«, die Eucharistie als »mystische Speise« der Nähe in der Abwesenheit, die Beichte als »mystisch begangene Feier der Versöhnung« und des neuen Anfangs einzuüben. M. ruft in Verantwortung und ins Leben hinein, auf den »Marktplatz der Welt« (M. → Eckhart).

In der Geschichte der Kirche gibt es eine breite mystische Tradition, die bereits im AT beginnt, bei Paulus greifbar ist und bis in die Gegenwart führt. Manche Christen sind Mystiker und nur Mystiker gewesen, z.B. viele der berühmten Nonnen des MAs wie → Hildegard von Bingen und Mechthild von Magdeburg. Andere Christen waren Mystiker und vieles andere mehr, eingebunden in ihre Umwelt mit vielerlei Verklammerungen und Verantwortungen für die Welt, so etwa Paulus und → Augustin, → Bernhard von Clairvaux und → Katharina von Siena, Meister → Eckhart und Martin Luther, Gerhard Tersteegen und Paul → Gerhardt, Charles de → Foucauld und Dag Hammarskjöld.

Quellen: B. Jaspert (Hg.): Heinrich Seuse, Johannes Tauler, Mystische Schriften, 1988; J. Quint (Hg.): Meister Eckehart, Deutsche Predigten und Traktate, 1979; G. Ruhbach, J. Sudbrack: Christliche Mystik. Texte aus zwei Jahrtausenden, 1989.

Lit.: W. Beierwaltes et al.: Grundfragen der Mystik, 1974; W. Böhme, J. Sudbrack (Hg.): Der Christ von morgen – ein Mystiker? Grundformen mystischer Existenz, 1989; W. Böhme (Hg.): Zu dir hin. Über mystische Lebenserfahrung von Meister Eckhart bis Paul Celan, 1990; P. Dinzelbacher (Hg.): Wörterbuch der Mystik, 1989; P. Mommaers: Was ist Mystik?, 1979; K. Ruh: Geschichte der abendländischen Mystik, I, 1990, 99; 1993; G. Ruhbach, J. Sudbrack (Hg.): Große Mystiker. Leben und Wirken, 1984; J. Sudbrack (Hg.): Das Mysterium und die Mystik, 1974; ders.: Mystik, 1988; D. Steindl-Rast: Fülle und Nichts. Die Wiedergeburt christlicher Mystik, 1985.

G. Ruhbach

Mythos, Mythologie

Der Ausdruck M. hat ursprünglich den Sinn von »Gedanke«, »Wort«, »Erzählung«. Kulturgeschichtl. ist der M. Aussage über das Wirken höherer Mächte und dessen Einfluß auf die Menschen. Im Unterschied zur Sage oder Legende, die sich auf einen hist. Hintergrund beziehen, spielen Mythen in einer vor- oder übergeschichtl. Dimension, von der her sie aber eine bleibend gültige Wahrheit anzeigen, die den Kult prägt und gesellschaftl. Strukturen, z.B. hl. Recht, legitimiert.

Im M. drückt sich ein bildhaft-symbolisches Denken aus, das sich vom logisch-wissenschaftl. Denken unterscheidet. Man spricht auch von einem »mythischen« Zeitalter, d.h. von einer Frühzeit der Kultur, die vom mythischen Denken geprägt war. Der Übergang zum wissenschaftl. Denken erfolgte in Griechenland im 1. vorchristl. Jt. (vgl. W. Nestle, »Vom Mythos zum Logos«, 1940), in anderen Kulturen erst später. Die griech. Mythologie bei Homer, Hesiod, Aischylos und Sophokles ist bereits literarisch reflektiert. Bildhaft.-symbolisches Denken ist eine Bewußtseinsstruktur, die durch das wissenschaftl. Denken nur stark verdrängt, aber nicht aufgehoben wurde, sondern weiterbesteht und in Kunst und Dichtung starken Ausdruck findet.

Auffällig ist an den Mythen die Analogie zum menschlichen Dasein. Die Götter sind Mann bzw. Frau, sie haben menschliche Eigenschaften wie Zorn und Liebe, Neid und Zuneigung, sie führen Krieg, sie beschenken und üben Rache. Unter ihnen gibt es eine soziale Rangordnung. Jede Gottheit hat ihre besondere Funktion, es gibt Götter des Rechts, des Krieges, der Künste, der Fruchtbarkeit und des Todes. Leben und Tod spiegeln sich ebenso wider wie das Werden und Vergehen der Welt. Götter haben einen bestimmten Charakter, d.h. Schicksal und Charakter gehören zusammen. Die moderne → Tiefenpsychologie (S. Freud, C.G. Jung) erkannte Ähnlichkeiten zwischen Mythen und Traum-Erlebnissen. Mythen werden verstanden als psychische Projektionen: Im Unterbewußtsein aufbewahrte Erinnerungsbilder tauchen auf, analog der Traumbildung, um menschliche Lebenssituationen im Kosmos und in der Gesellschaft zu erklären und zu legitimieren. C.G. Jung spricht von kollektiven Urbildern, Archetypen, die aus immer wiederkehrenden Erinnerungsbildern entstehen. Mythen sind nicht Historie, sie erklären das, was ist, die Welt und das menschliche Dasein, woher es ist und warum es so ist.

Auffallend ist auch die Betonung der Polaritäten: Geburt und Tod, männlich und weiblich, Krieg und Frieden, Glück und Angst.

Die Bibel denkt nicht mythologisch, obschon bildhafte und symbolische Formulierungen zur bibl. Sprache gehören. Schon der Begriff »Mythos« fehlt im AT, und im NT findet er sich in strikt ablehnendem Sinn an vier Stellen (1Tim 1,4; 4,7; Tit 1,14; 2Petr 1,16), wo gnostische Mythen gemeint sein könnten. Die Gründe für die negative Haltung sind

- der bibl. Monotheismus, der »Göttergeschichten« sowie Vergötterung von Naturmächten ausschließt,
- das bibl. Bilderverbot,
- die hist. Denkweise der Bibel.

Das Handeln Gottes wird nicht in eine mythische Übergeschichte verlegt, sondern in die Geschichte des Volkes Israel und im NT in die Geschichte Jesu und seiner Gemeinde. »Wir folgten nicht ausgeklügelten Mythen ... sondern sind Augenzeugen seiner Macht gewesen« (1Petr 1,16). An die Stelle des M. tritt in der Bibel die Prophetie, die nicht mehr menschliche Selbstprojektion ist, sondern empfangenes Wort, das ausgerichtet wird und Gottes Handeln gegenwärtig ankündet, zeichenhaft auch in prophetischen Visionen. In poetischen Stücken, insbesondere in den Psalmen, finden sich noch Reminiszenzen aus mythischer Überlieferung, die aber zu poetischen Bildern geworden sind. Die einzige Stelle, in der ein alter M. fragmentarisch erhalten ist, steht in 1Mo 6, 1-4, wo die Rede ist von »Göttersöhnen«, die Gefallen fanden an der Schönheit der Menschentöchter und sie nahmen und mit ihnen Kinder zeugten. Zugrunde liegen könnte ein M., der den Frauenraub rechtfertigte, weil die, welche den Raub begingen, sich auf göttliche Abstammung berufen. Nicht nur in der Mythologie stammten Menschen von Göttern ab, es gab auch hist. Königsgeschlechter, die sich auf göttlichen Ursprung zurückführten, in Ägypten etwa, wo der Pharao »Sohn des Re« genannt wurde. Und daß »Gottkönige« sich ihre Frauenhäuser hielten, ist auch überliefert. Es ist also möglich, daß in 1Mo 6 als Frevel vorsintflutlicher Zeit angeklagt wird, was auch in der Gegenwart als Frevel bekannt war. Der Anspruch eines Menschen, göttlich zu sein, wird in der Bibel stets als besondere Lästerung empfunden (Hes 28; Apg 12,22f). Gerade weil das, was besonders frevelhaft ist, im Tun der Riesen und Helden der Urzeit offenbar als Regel galt, wird diese mythische Überlieferung als Einleitung zur Sintflutgeschichte zitiert.

Unzutreffend wird oft die Schöpfungsgeschichte 1Mo 1 als M. bezeichnet. Zugrunde liegt dieser Geschichte die prophetische Vision der sechs Schöpfungstage, die kein hist. Bericht ist, sondern Bildrede, analog den prophetischen Endzeitvisionen. Aber die Erkenntnis, daß die Welt in einer Folge von Zeitperioden entstanden ist, am Anfang mit der Erschaffung des Lichts (der Energie) und am Ende mit der Erschaffung des Menschen, ist tatsächlich prophetisch, wenn auch in der Form visionärer Bildrede vorgetragen. Unzutreffend ist auch die Rede vom mythischen Weltbild der Bibel. Das Weltbild von 1Mo 1 ist das Bild der Welt, wie es sich dem menschlichen Auge darbietet und wie es in der Formel »Himmel und Erde« gekennzeichnet wird: Oben, zu Häupten der gestirnte Himmel, unten, zu Füßen, die Erde, auf welcher der Betrachter steht. Es ist die wirkliche, nicht eine mythische Welt, die so gesehen wird. Durch das vom wissenschaftl. Standpunkt aus entworfene Weltbild wird es nicht aufgehoben, sondern nur relativiert. Im Altertum war das AT mit seiner Aussage, daß der ganze Kosmos, Gestirne und Erde, von Gott »gemacht« ist, eine Entmythologisierung von höchster Wirkung. Die Gestirne verloren ihre Göttlichkeit, die Naturkräfte ebenfalls.

Lit.: E. Cassirer: Philosophie der symbolischen Formen II: Das mythische Denken, 1925; R. Cavendish (Hg.): Mythologie der Weltreligionen, 1985; P. Ehrenreich: Die allgemeine Mythologie und ihre ethnologischen Grundlagen, 1910; M. Eliade: Mythen, Träume und Mysterien, 1961; P. Grimal (Hg.): Mythen und Völker, 3 Bde., 1977; C.G. Jung, K. Kerényi: Einführung in das Wesen der Mythologie, 1941; C.G. Stählin: ThWNT IV, 769-803.

F. Flückiger

Nachahmung Christi → Nachfolge Christi

Nacharbeit

N. will nach einer → Evangelisation Angesprochene in das volle Leben der Kirche einführen und zum mündigen Christsein anleiten, weil N. im NT ein Lernmodell (→ Katechumenat) ist (Mt 28,20; Lk 22,32; Joh 21,15-17; 1Kor 12 u.ö.). N. ist vor Ort praktizierter → Gemeindeaufbau. In der → Alten Kirche und seit der → Reformation sollten die Katechismen lebendiges Christsein einüben (→ Katechismus). Vorbildliche N. leistete J. → Wesley mit den Regeln von 1738. Sein Ausgangspunkt waren Herrnhuter Erfahrungen. → Moody erneuerte 1875 die planmäßige N. Nach 1950 entdeckte die »Tell-Scotland«-Bewegung, daß die N. mehr Schwierigkeiten bereitet als Vorbereitung und Durchführung einer Evangelisation. Heute gilt als Faustregel für den Kräfteeinsatz bei einer Evangelisation: 45 % aller Kräfte für die Vorbereitung, 10 % für die Durchführung und 45 % für die N. Billy → Graham bat beim Weltmissionskongreß der Lausanner Bewegung in Manila 1989 um 95 % aller Kräfte zur Einübung Gewonnener in die Nachfolge. N. ist langfrisig angelegte Arbeit in kleinen Kreisen mit katechismusartigen Arbeitshilfen. Nachversammlungen – seit 1865 als »heiße Gebetsversammlungen« bekannt – sind kein Ersatz für N. »Die Evangelisation bleibt ein Schlag ins Wasser, wenn es an der entsprechenden Nacharbeit fehlt« (H. Gilbert, 1916). Die gegenwärtige Literatur zur Evangelisation erwähnt N. nur am Rande.

Lit.: Alle Welt soll sein Wort hören, Lausanne-Dokumente I, 857-874; K. Lorenz, H. Reller: Alternative: Glauben, 1985; C. Möller: Lehre vom Gemeindeaufbau, Bd. 1, 1987, Bd. 2, 1990; M. Schmidt: John Wesley, Bd. II, 1966, 98ff; H.J. Wollstadt: Geordnetes Dienen in der christl. Gemeinde, 1966.

J. Hasselhorn

Nachfolge Christi

1. Definition

Nachfolge Christi (N.C.) ist bildhafte Beschreibung christl. Existenz, die in dieser Welt die Herrschaft Jesu Christi in Wort und Tat bezeugt und trotz des auftretenden Widerspruchs das kommende Reich Gottes konsequent erwartet. Diese Definition faßt den Gehalt ntl. Aussagen zusammen, die auf unterschiedliche Weise beschreiben, welche Konsequenzen sich aus der Einzigartigkeit der Verkündigung und des Werkes Jesu ergeben. Dabei sehen wir, daß das Substantiv N. im NT nicht vorkommt, das Wesen der N. sich also recht verstanden im Vollzug der persönlichen Gemeinschaft mit Jesus Christus ereignet. N. meint »hinter Jesus hergehen«, den Weg Jesu zu seinem eigenen Weg machen. Angesichts eines verengten Verständnisses von N.C. aufgrund frömmigkeitsgeschichtl. Entwicklungen, die N.C. völlig individualisieren oder in mystischem Sinn als Nachahmung deuten oder als ethischen Rigorismus interpretieren, ist N.C. neu als die konkrete Gestaltwerdung des Glaubens der christl. Gemeinde zu entdecken, die in dieser Welt den Zuspruch und Anspruch des Evangeliums Jesu Christi bezeugt.

2. Nachfolge Christi im Horizont des Reiches Gottes

a. Die N.C. ist analogielos und läßt sich weder aus dem AT noch aus dem jüd. Rabbinat – trotz äußerer Parallelen – erklären. (Allenfalls wäre an die Berufung der Propheten durch Gott selbst zu denken.) Das Proprium der N.C. liegt in Person und Werk Jesu beschlossen und kann nur von seiner Sendung her verstanden werden.

b. Mit dem programmatischen Satz: »Die Zeit ist erfüllt, das Reich Gottes ist angebrochen. Kehrt um und glaubt an das Evangelium!« (Mk 1,15 par) wird die Botschaft Jesu prägnant zusammengefaßt. Anschaulich entfalten die Evv., wie in der Person Jesu, in seiner Verkündigung wie in seinem Verhalten der Anbruch der Gottesherrschaft sichtbar wird. Zugleich wird deutlich: Es gibt nur eine Weise, angemessen auf diese Botschaft zu reagieren, und das ist Nachfolge. Darum ist in den Evv. im Kontext der Reich-Gottes-Verkündigung Jesu von N. die Rede, die exklusiv an seine Person gebunden ist (Mk 1,15-20 par). Wie der Zugang zum Reich Gottes an die Person Jesu gebunden ist, verwirklicht sich in der N.C. das Leben unter der Gottesherrschaft. Nur aus dieser Zuordnung von Nachfolge und Reich Gottes ergibt sich die Exklusivität wie die Radikalität der Nachfolgeworte Jesu.

c. Weil die Herrschaft Gottes den Menschen ganz beansprucht, befreit der Ruf in die Nachfolge aus allen bestehenden Bindungen. In dieser Freiheit für Gott und sein Reich findet der Nachfolger seine Identität, seine Lebensbestimmung, seine Erfüllung. Er wird Jünger, Schüler Jesu und erhält als solcher Anteil am Sendungsauftrag seines Herrn (Mk 1,17f; 20; 2,13-17; Mt 10,35ff; Lk 9,59-62; 14,26-33; 10,1-16; Joh 8,12; 12,26).

d. Weil die heilvolle Gottesherrschaft ausschließlich Gabe Gottes ist, geht der Ruf in die N. aller Initiative des Menschen voraus. Zur N. wird man durch den Sohn Gottes berufen, wie Gott selber zum Leben in seiner Gemeinschaft einlädt (Joh 1,39.43; 15,16; 17,6.9). (Darin liegt ein wesentlicher Unterschied zum jüd. Rabbinat: Hier sucht sich der Schüler seinen Lehrer und bewirbt sich bei ihm um Aufnahme in das Lehrer-Schüler-Verhältnis; vgl. dagegen Lk 9,57f).

e. Weil die Gottesherrschaft im Glauben angenommen werden will, ist der Ruf in die Nachfolge immer persönlich an einzelne gerichtet, die mit einer persönlichen Entscheidung darauf reagieren. Niemand wird gegen seinen Willen Nachfolger (Joh 6,66ff). Mit der persönlichen Berufung in die N.C. wird ein individueller Weg eröffnet, der unter der Wegweisung und Zielsetzung des Herrn steht (Joh 21,18).

f. Weil der gnädige Gott alle Menschen unter seine Herrschaft ruft, beruft Jesus Menschen aus allen gesellschaftl. Kreisen und Schichten in seine N. Jesusnachfolger bilden keine elitäre Gesellschaft (Mt 9,9-13; 11,25.28; bei der Bewerbung, Schüler eines bekannten Rabbi werden zu dürfen, wurde durchaus nach entsprechenden Qualifikationen gefragt).

g. Weil die Gottesherrschaft kein innerweltliches Geschehen ist, das auf Raum und Zeit beschränkt und nach den Kategorien von Macht und Erfolg zu messen wäre, gehört zum Ruf in die N.C. auch die Bereitschaft zum Leiden. Gegen den Widerspruch des Jüngers Petrus hat Jesus eindringlich von der Kreuzesnachfolge gesprochen (Mt 16,21-25 par). Gerade in der Kreuzesnachfolge zeigt sich die Anteilhabe am Reich Gottes, dem Ziel der Nachfolge überhaupt (Mk 8,34ff. par; 10,29f. par; Lk 9,60.62; Joh 12,25f; 1Petr 2,21).

h. Weil es für den Glaubenden zum Leben unter der Gottesherrschaft keine Alternative gibt, begründet der Ruf in die N.C. eine Gemeinschaft mit Jesus, die als unumkehrbares Verhältnis von Meister und Jünger bestehen beleibt (Mt 23,8-10). Während es im Rabbinat Ziel des Schülers war, selber einmal Rabbi zu werden und das Jünger-Lehrer-Verhältnis hinter sich zu lassen, wird N.C. gerade durch das bleibende Herr- und Meister-Sein Jesu konsitituiert.

i. Weil zum Leben unter der Gottesherrschaft ein neues Miteinander der Menschen gehört, das der jedem Menschen von Gott verliehenen Würde entspricht, schafft der Ruf in die N.C. die alternative Gemeinschaft der Jünger, die sie zu Schwestern und Brüdern, zu Freunden Jesu verbindet, die in ihrem Verhalten den neuen Maßstäben des Reiches Gottes entsprechen und seine Wirklichkeit in ihrer Gemeinschaft widerspiegeln (Mk 3,31-35; 10,42-45; Joh 15,14f; Mt 20,25-28 par; Joh 13,15).

k. Die inhaltliche Zuordnung von N. und Reich Gottes erklärt, weshalb N.C. mit dem Tod Jesu von Nazareth nicht abbricht. Sowie Gott mit der Auferweckung des Gekreuzigten seine Botschaft vom Anbruch der Gottesherrschaft beglaubigt, kommt es zu neuer Sammlung der Jünger durch den Auferstandenen, zu ihrer erneuten Beauftragung und Sendung (Mk 16,7; Mt 28,7.10.16-20; Lk 24,36ff; Joh 20,19-23; 21,5-22; Apg 1,1-8).

l. N.C. bleibt die Antwort der Glaubenden, auch wenn der Begriff in der ntl. Briefliteratur im Vergleich zu dem häufigen Gebrauch in den Evv. so nicht auftaucht (vgl. 1Petr 2,21; Offb 14,4; vgl. dafür den Gedanken der Nachahmung Gottes: Eph 5,1, bzw. Christi: 1Kor 11,1; 1Thess 1,6). Die Christen sind die Jünger, die auch nach seiner Erhöhung dem Wort und Weg Jesu verpflichtet bleiben und im neuen Leben nach dem Bild Christi umgestaltet werden (2Kor 3,18 u.ö.). Die christl. Gemeinde, die Jesus als »Herrn« (griech. *Kyrios*) verehrt und anruft, bekennt sich damit zur Nachfolge des Gekreuzigten und Auferstandenen, von dem sie zugleich die sichtbare Vollendung der Gottesherrschaft erwartet. Darum bleibt sein Wort gültig. Darum hat sein Leben in Demut und Hingabe prägende Bedeutung. Wenn Paulus von »Nachahmung Christi« spricht, sind eben der Gehorsam, die Demut, die Liebe und die Vergebungsbereitschaft gemeint, die dem Leben in der neuen Schöpfung, dem Wandel im Geist, dem In-Christus-Sein, dem Wandel im neuen Leben entsprechen (1Kor 11,1; 1Thess 1,6; Röm 6,4; Phil 1,27; Gal 5,25; Röm 8,4; Gal 6,14; Eph 5,1; 1Petr 2,21ff; 3,17ff). Aus der N. in der Gemeinschaft mit dem irdischen Jesus ist das Leben unter der Herrschaft des Kyrios geworden, der in der Gemeinschaft seiner Jünger Zeichen der angebrochenen Gottesherrschaft aufrichtet und damit an die sichtbare Vollendung des Reiches Gottes weist (Hebr 12,1-3). So ist bis zur Wiederkunft Jesu Christi N. die angemessene Antwort derer, die dem Ruf zum »Gehorsam des Glaubens« (Röm 1,5;

15,18) gefolgt sind und sich als Boten dieses Reiches von ihrem Herrn senden lassen.

3. Nachfolge als Sonderfall

Ist nach ntl. Verständnis N.C. angemessene Beschreibung des Glaubens der Jünger Jesu, die sich durch Wort und Geist Christi auf seinen Weg gewiesen wußten, also der Christen insgesamt, wurde N.C. erstaunlich bald zur Sonderform vorbildlicher christl. Existenz. Anfang des 2. Jh.s zeichnet sich die Entwicklung ab, den Märtyrer als wahren Nachfolger Christi zu bezeichnen (Ignatius von Antiochien). Asketen und Wandermissionare meinten in ihrer »Fremdlingschaft um des Evangeliums willen« die N.C. zu verwirklichen (Mt 19,27-29 par). Für Antonius (356 gest.), den Vater des Mönchtums, war der Text von der gescheiterten Nachfolge des reichen Jünglings die Initialzündung dafür, sich von seinem Reichtum zu trennen und auf dem Weg der Armut N.C. zu verwirklichen (Mt 19,21A; vgl. Vita Antonii des Athanasius). In der darauf entstehenden Mönchsbewegung ging es darum, mit N.C. ernst zu machen, und das schien in und mit der weltlicher werdenden Kirche nicht möglich. Daneben wurden zum »Stand der Vollkommenen« die gerechnet, die den »evangelischen Räten« (Armut, Keuschheit, Gehorsam) gemäß lebten, was das Verständnis von N.C. im Katholizismus bis zum II. Vatikanum bestimmt hat. (Dekret über die zeitgemäße Erneuerung des Ordenslebens, 1965; Dekret über das Laien-Apostolat, Pastorale Konstitution über die Kirche in der Welt von heute, Gaudium et spes, 1965, Kap. 43).

In völlig anderem Zusammenhang notiert J. Moltmann in seiner Ekklesiologie die N.C. als »Sonderform«: »Die Christenheit hat immer in beiden Lebensformen existiert: als Weltkirche und in konsequenter Nachfolge Jesu. Das Jüngervorbild – ›wir haben alles verlassen und sind dir nachgefolgt‹ (Mt 19,27) – wirkte dabei als ein kritisches Ferment in der Großkirche.« (Kirche in der Kraft des Geistes, 1975, 348f). Das Bemühen der Volkskirchen, die parakirchl. Bewegungen mit ihrem Anspruch, N.C. in ihren alternativen Gemeinschaftsformen zu verwirklichen, positiv ihrem ekklesiologischen Selbstverständnis zuzuordnen, kann letztlich nicht darüber hinwegtäuschen, daß N.C. hier offensichtlich nicht als Normalfall des Christen angesehen wird (vgl. das Verständnis von N.C. in Bruderschaften und Kommunitäten und deren ekklesiologische Zuordnung).

4. Nachfolge als Imitatio

Frömmigkeitsgeschichtlich hat das Verständnis von N.C. als Nachahmung einen breiten Strom an Erbauungsliteratur hervorgerufen, der sich vielfach aus den Quellen der Mystik speiste und zu intensiver Versenkung in das Leben Jesu, vor allem in sein Leiden, anleitete (bis hin zu den legendenhaften Erzählungen von Stigmatisierungen in Anlehnung an 2Kor 4,10; Gal 6,17).

Beherrschendes Thema dieser Imitatio war die Selbstverleugnung des Christen, die es einzuüben galt durch Demut, durch Aufgabe des der Hingabe widerstrebenden Willens und durch Leidensbereitschaft um konsequenter N. willen. Nachhaltig haben hier die »Vier Bücher der Nachfolge Christi« (De imitatione Christi et contemptu omnium vanitatum mundi) des Thomas von Kempen (1380-1471) gewirkt.

In ganz anderem theologiegeschichtl. Kontext verstärkt Johann → Arndt (1555-1621) mit seinem »Wahren Christentum« und dem »Paradiesgärtlein aller christlichen Tugenden« diesen Zug, in Nachahmung der Tugenden Jesu wahrhaftiger Jünger Jesu zu sein und den lebendigen, wahren Glauben zu leben. Eine breite Wirkungsgeschichte entfaltet diese von bibl. Sprache gefüllte Frömmigkeit, die über den → Pietismus und die Heiligungsbewegung bis in unser kirchl. Liedgut ihren Niederschlag gefunden hat (»Mir nach, spricht Christus unser Held, ...« Johann Scheffler, 1668). Daß die Imitatio-Frömmigkeit vielfach zum Rückzug auf die Innerlichkeit und damit zum Verlust der Welt als Bewährungsfeld der N.C. geführt hat, kann nicht übersehen werden.

5. Nachfolge als Kritik an der Kirche

Wie in der bereits erwähnten Mönchsbewegung zeigen sich in den unterschiedlichen Erneuerungs- und Reformbewegungen das ganze MA hindurch unterschiedliche Ansatzpunkte, das Erscheinungsbild der verfaßten Kirche am Evangelium zu messen und zu kritisieren. Dabei sind es vor allem der Reichtum der Kirche, ihre weltliche Erscheinungsform, ihre aktive Einflußnahme auf polit. Machtverhältnisse, die als Widerspruch zu den Weisungen Jesu über den Weg und Auftrag seiner Gemeinde angeprangert werden. Die Kirche hat unterschiedlich auf diese kritischen Anfragen reagiert: Teilweise wurden die kritischen Stimmen dadurch entschärft, daß sie ihren Platz in der Kirche bzw. am Rand der Kirche zugewiesen bekamen, teils wurden die Vertreter dieser Reformbewegungen verfolgt und getötet. Doch die N.C. blieb ein Stachel, dessen sich die Kirche nicht entledigen konnte; die »Vorreformatoren« haben ihre Kritikpunkte an der verfaßten Kirche theol. auch mit dem Hinweis auf die N.C. begründet und nachhaltig wirksam gemacht.

In der Gegenwart sind es etwa die »Basisgemeinden« in Lateinamerika, die der verfaßten Kirche vorwerfen, die polit. Dimensionen und konkreten sozialen Komponenten der N.C. zu verleugnen. In bewußter Aufnahme der Nachfolgeworte Jesu in den Evv., vor allem der → Bergpredigt, versuchen sie, eine Antwort auf die Herausforderungen in ihrem gesellschaftl. Umfeld zu finden. (»Kirche der Armen«; vgl. auch die Minjung-Theologie in Korea).

6. Nachfolge als evangelische Herausforderung zur Verbindlichkeit

a. Angesichts eines Bildes von N.C., das diese als eine Steigerungsform des Glaubens, als Beitrag des Menschen zur Erlangung des Heils, als Vervollkommnung christl. Existenz erscheinen ließ, tritt der Begriff N.C. bei den Reformatoren auffallend zurück. Die Neuentdeckung des Evangeliums: Der Mensch wird allein durch den Glauben gerechtfertigt ohne seine Werke, führte zur exklusiven Betonung des Glaubens. Allerdings schloß dieser Glaubensbegriff das Geschenk der Neuschöpfung durch den Heiligen Geist, die Dynamik der Liebe, des Dienstes, der Hingabe durchaus ein (vgl. dazu Luthers Vorrede zum Römerbrief). In dem Maße jedoch, in dem dieses umfassende Verständnis des Glaubens verlorenging, kam es später im Protestantismus zum Mißverständnis einer »billigen Gnade ohne Nachfolge« (Bonhoeffer).

Im Duktus der Theologie → Calvins lag es, ausführlicher die Heiligung des Gerechtfertigten zu entfalten. »Der Christenmensch muß wahrlich so beschaffen und so zubereitet sein, daß er bedenkt: Ich habe es in meinem ganzen Leben mit Gott zu tun.« (Institutio III, 7,2) Aus der Betonung der Christusgemeinschaft bei Calvin konnte sich im ref. Protestantismus sehr viel organischer eine »Ethik der Dankbarkeit« entwickeln mit ihrem Interesse an der konkreten Füllung der N.C. des Christen.

b. Konsequenter als den volkskirchl. Reformatoren ging es den → Täufern um die konkrete Lebensgestaltung der Glaubenden, für die sie aufgrund ihres Schriftverständnisses selbstverständlich die Ethik des Evangeliums als Maßstab annahmen. N.C. wurde für die Täufer zum Schlüsselbegriff überhaupt, der das Profil ihrer Soteriologie sowie ihrer Ekklesiologie und Ethik zutreffend kennzeichnete. »Christum vermag niemand wahrlich zu erkennen, es sei denn, daß er ihm nachfolge mit dem Leben« (Hans Denck). Daraus ergab sich für die Täufer die Trennung von Kirche und Staat, die intensive Befolgung des Missionsbefehls, die Leidensbereitschaft – häufig verbunden mit Wehrlosigkeit –, das Leben in Absonderung und Heiligkeit. Es ist unverkennbar, daß neuere Nachfolgekonzepte in der ökumen. Diskussion Impulse der täuferischen Tradition aufgenommen haben (J. Wallis, Bekehrung zum Leben. Nachfolge im Atomzeitalter; H. Yoder, Die Politik Jesu. Der Weg des Kreuzes; u.a.).

c. Für den Puritanismus (→ Puritaner), den → Pietismus sowie für die Verkündigung und Seelsorge der Freikirchen ist N.C. deswegen ein zentraler Begriff, weil er geeignet ist, den Herrschaftswechsel, der in Umkehr und Glaube erfahren wird, zu beschreiben und die → Heiligung als Wirkungsgeschichte der → Rechtfertigung im Blick zu behalten. Die Herrschaft Jesu Christi gilt für alle Lebensbereiche, darum kommt der »praxis pietatis« (der »gelebten Frömmigkeit«) als sichtbarem Ausdruck der N.C. eine entscheidende Bedeutung zu. Daß damit auch die gesellschaftl. Bezüge gemeint sein müßten, in denen die Christen leben, ist häufig nur defizitär verwirklicht worden.

d. Das Erscheinen der »Nachfolge« von Dietrich → Bonhoeffer (1937) markiert einen Einschnitt in der Frömmigkeits- und Theologiegeschichte insofern, als hier in unerbittlicher Schärfe die Entwicklung im Protestantismus kritisiert wird, aufgrund deren die Christen »mit der billigen Gnade die Nachfolge Christi verloren haben«. »Darin sollte also das rechte Erbe Luthers erkennbar werden, daß man die Gnade so billig wie möglich machte. Das sollte lutherisch heißen, daß man die Nachfolge Jesu den Gesetzlichen, den Reformierten oder den Schwärmern überließ, alles um der Gnade willen; daß man die Welt rechtfertigte und die Christen in der Nachfolge zu Ketzern machte. Ein Volk war christlich, war lutherisch geworden, aber auf Kosten der Nachfolge, zu einem allzu billigen Preis.« (10) Dabei stellt Bonhoeffer selber die Frage: »Wohin wird der Ruf in die Nachfolge diejenigen führen, die ihm folgen? Welche Entscheidungen und Scheidungen wird er mit sich bringen? Wir müssen mit dieser Frage zu dem gehen, der allein die Antwort weiß. Jesus Christus, der Nachfolge gebietet, weiß allein, wo der Weg hingeht.« (VI) Daß N. Kreuzesnachfolge heißen kann, ist durch Bonhoeffer selbst eindringlich der christl. Gemeinde in Erinnerung gerufen. Dabei ging es ihm darum, Nachfolge und Glaube untrennbar zusammenzuhalten und N.C. als Lebensweise der christl. Gemeinde wiederzugewinnen.

e. Sowohl gegen eine Privatisierung des Glaubens sowie gegen die Leugnung seiner Relevanz für die gesellschaftl. Strukturen und polit. Verhältnisse, in denen die Christen leben, haben sich in jüngster Zeit wiederholt ökumen. Gruppierungen gewandt. Sie sehen in der N.C. die Herausforderung zur Verbindlichkeit des christl. Glaubens und suchen ihr in ihrer Verkündigung, in ihrem Lebensstil und in alternativen Gemeinschaftsformen zu entsprechen (»Frieden in Gerechtigkeit für die ganze Schöpfung«, Text der europäischen ökumenischen Versammlung Frieden in Gerechtigkeit, Basel 1989; Die Madras-Erklärung der evangelikalen sozialen Aktion, Madras 1979; Eine evangelikale Verpflichtung zu einem einfachen Lebensstil, 1980).

Diese neuen Anstöße sind der Theologie der N.C. so zuzuordnen, daß sie sich vor dem Horizont des Reiches Gottes zu verantworten haben. Damit ist ein bloßer Aktivismus wie ein ethischer Rigorismus ebenso zurückzuweisen wie eine individualisierende Privatisierung der N.C. Vielmehr hat die Gemeinde, die die unteilbare Herrschaft Jesu Christi bezeugt und von ihm die Vollendung des Reiches Gottes erwartet, ihre N.C. als glaubwürdiges Zeugnis aller Christen in den Strukturen dieser Welt in Widerspruch und Hingabe, in Verzicht und Opfer zu bewähren.

Lit.: K. Barth: KD IV, 2, § 66.3: Der Ruf in die Nachfolge; H.D. Betz: Nachfolge und Nachahmung Jesu Christi im Neuen Testament, 1967; D. Bonhoeffer: Nachfolge, 1937 u.ö.; J.L. Burkholder: Nachfolge in täuferischer Sicht, in: G.F. Hershberger: Das Täufertum, Erbe und Verpflichtung, 1963; R. Foster: Nachfolge feiern, 1982; M. Hengel: Nachfolge und Charisma, 1968; I. Reimer (Hg.): Alternativ leben in verbindlicher Gemeinschaft. Evangelische Kommunitäten, Lebensgemeinschaften, junge Bewegungen, 1979, [3]1986; Ch. Sugden: Radikale Nachfolge, 1983; R. Strunk: Nachfolge Christi. Erinnerungen an eine evangelische Provokation, 1981.

E. Brandt

Nächstenliebe → Liebe

Nagel, Gustav Friedrich (1868-1944)

N., geb. am 19. 3. 1868 in Wengern, gest. am 6. 3. 1944 in Hartenrod. N. absolvierte das Studium an der Ev. Predigerschule in Basel und war von 1898-1919 erster Prediger der Freien ev. Gemeinde Siegen. Er übernahm 1918 die Redaktion des Ev. Allianzblattes und avancierte 1924 zum stellvertretenden und 1926 zum Vorsitzenden der Ev. → Allianz in Deutschland. Diese Aufgaben betreute er bis in die Kriegsjahre hinein. Nicht nur in seinem unmittelbaren Wirkungsbereich, sondern ebenso durch seine umfangreiche literarische Tätigkeit hat N. Gemeinschaften und Freikirchen den Blick für Wert und Notwendigkeit independenter, am ntl. Vorbild orientierter Gemeinden geschärft. Er hat neben Konrad Bussemer (1874-1944) und Otto → Schopf (1870-1913) die Ekklesiologie in der zweiten Generation der → Freien ev. Gemeinden maßgeblich formuliert und innerhalb der Ev. Allianz die Einheit der Christen über Gemeinschafts- und Kirchengrenzen hinweg mit Nachdruck betont. Insbesondere warnt er vor der Gefahr des judaisierenden Fehlschlusses, der die Freiheit in Christus durch bindende äußerliche Formen oder theol. Rigorismus bedroht und zu Formalismus und Separatismus unter Christen führt.

Lit.: G.F. Nagel: Der große Kampf. Ein Beitrag zur Beleuchtung der Frage: »Kirche oder Gemeinde der Gläubigen?«, 1896, [2]1912 (erw.); ders.: Eine heilige christliche Kirche. Mitteilungen aus der Geschichte der Evangelischen Allianz, 1931.

Th. Habighorst: »Nagel, Gustav Friedrich«, BBKL VI, 1993.

Th. Habighorst

Naherwartung → Wiederkunft Christi

Nahum → Propheten Israels

Name

Werden in den modernen Gesellschaften Gegenstände oft ganz zufällig z.B. durch eine Nummer in einem Katalog bezeichnet, so sehen die schriftlosen Kulturen einen engen Zusammenhang zwischen einer Sache oder einem Wesen und seinem N. Der N. definiert, prägt den Träger. Wer den N.n kennt, der kennt auch die Person und kann sie nicht nur ansprechen, sondern auch Einfluß auf sie ausüben. So werden N.n auch im Schadenszauber, im Fluch oder im Spottlied mißbraucht. – Zu einem neuen Lebensabschnitt oder einem Amt, auch zur Taufe kann ein neuer Name gegeben werden.

Ähnlich ist es mit den Geistern und Göttern. Wenn sie ihren N.n bekannt werden lassen, kann man sie anrufen, ihnen opfern, sie vielleicht beeinflussen. Deshalb muß dem Mißbrauch gewehrt werden, der wieder in der Magie besonders deutlich wird. Die Größe des wahren Gottes läßt sich mit einem N.n nicht erfassen, deshalb gibt es lange Listen z.B. die 99 schönen N.n Allahs. Wo das Göttliche als unpersönlich gilt, da sind N.n nur vorläufig, aber sie können doch Anteil am Geheimnis und der Kraft des Absoluten haben z.B. das Om im → Hinduismus. In der bibl. Religion ist das → Gebet der rechte Ort, den N.n Gottes anzurufen; dazu hat er seinen N.n kundgetan. Die Anrufung Gottes mit seinen N.n unterscheidet das Gebet von einer Sammlung von Bitten oder Gedanken, in der man bei sich bleibt.

Lit.: B. Casper: Gott nennen, 1981; W. Schmidt: Die Bedeutung der Namen im Kult und im Aberglauben, 1912.

N.-P. Moritzen

Narrative Theologie

Der größte Teil der Bibel besteht aus Berichten und Belehrungen, die im Erzählstil verfaßt sind. Es handelt sich dabei u.a. um Berichte aus dem Leben einzelner Personen oder bestimmter Gruppen von Menschen, um Schilderungen wichtiger Ereignisse sowie um Belehrungen in der Form des Gleichnisses oder des prophetischen Wortes. N.Th. nimmt den Erzählcharakter all dieser Texte zum Ausgangspunkt eines grundlegenden Umdenkens in Exegese, Systematik und praktischer Theologie. Die neuen Kategorien, die sie dabei verwendet, ersetzen Grundbegriffe der griech. Substanzmetaphysik, welche christl. Theologie in der westlichen Welt bis in unsere Zeit hinein maßgeblich bestimmt haben. So wird beispielsweise der Glaube an Gott nicht mehr unter Rückgriff auf Kategorien des beharrenden Seins, sondern im Ausgang von den Grundbegriffen des Geschehens und sich Ereignens vor der heutigen Welt verantwortet (so z.B. E. Jüngel). Im Zusammenhang mit analogen Entwicklungen in den Grundlagen der modernen Wissenschaften eröffnen sich der Kirche, in deren Dienst Theologie steht, so neue Möglichkeiten der Verkündigung und des Verstehens ihrer eigenen Botschaft.

Lit.: P. Bühler et al. (Hg.): La narration. Quand le récit devient communication, (Labor et Fides) 1988, mit Bibliographie; E. Jüngel: Gott als Geheimnis der Welt. Zur Begründung der Theologie des Gekreuzigten im Streit zwischen Theismus und Atheismus, 1977, bes. § 19.

Chr. Wassermann

Nation, Nationalismus

N. ist eine franz., aus dem Latein. stammende Bezeichnung für eine nach Abstammung, Sprache, Kultur, Religion zusammengehörige polit. Gemeinschaft, und zwar für den Staat an sich oder die in ihm lebenden Menschen, oder beides. Eine allg. gültige Definition von N. ist schwierig, weil die gemeinsamen Kennzeichen in den einzelnen N.en unterschiedlich vorhanden und ausgeprägt sind. Im MA waren die Teilnehmer der Reformkonzilien nach N.en organisiert, die als solche getrennt berieten und im Plenum als N.en-Gruppe abstimmungsberechtigt waren.

N. und N.alismus sind das Ergebnis hist. Prozesse. Seit etwa 1750 erforderten gravierende gesellschaftl. Entwicklungen in Europa wie das Bevölkerungswachstum, die Expansion von Technik und Wirtschaft, die organisierte Militarisierung und die Fundamentalpolitisierung ein neues Bezugssystem, das sich in Begriff und Konzept der N. anbot. Sowohl in den alten Nationalstaaten, z.B. Frankreich, Großbritannien, Spanien, Portugal, Schweden wie in den sog. »verspäteten Nationen«, z.B. Italien, Deutschland, Polen erstrebten sie durch Nationalisierung nationale Identität und polit. Legitimität. Der Kampf der Völker in Asien und Afrika um Freiheit und Unabhängigkeit von den einstigen Kolonialmächten wurde ebenfalls im Zeichen der N. geführt.

N.alismus bedeutet umgangssprachlich ein übersteigertes Nationalbewußtsein oder Nationalgefühl. Die Gefahren des N.alismus begegnen auf der Ebene der Beziehungen der N.en in aggressiven bis militanten Abgrenzungsstrategien, im Verhältnis von Mensch und N. in dem Totalitätsanspruch der Hingabe des einzelnen an die N. (»Du bist nichts, dein Volk ist alles«). Die Beziehung der N. zu Gott kann zu einer Verabsolutierung der N. als Pseudo-Religion entarten. Ihre ungeheure Pervertierung erfuhren die verwandten und hist. zusammengehörigen Begriffe N., Volk, Vaterland, Ehre, Treue, Freiheit in der abstoßenden nationalsozialistischen Phraseologie zur ideologischen Legitimierung der grauenvollen Verbrechen des Hitler-Regimes.

Trotz der schweren Belastung des Begriffs der N. durch den N.alsozialismus ist eine einfache Identifizierung von Nationalbewußtsein und N.alismus unzulässig. Gegenwärtig hat ein übersteigerter N.alismus in Deutschland keine Chance. Die Preisgabe des Zusammenhangs von N., Volk, Vaterland und ihren geschichtl. Zusammenhängen aufgrund mangelhafter Information in Schulen und Hochschulen, polit. Parteien und Organisationen hat vielmehr hierzulande zu einem nationalen Identitätsverlust ohnegleichen geführt. Die Symptome des nationalen Identitätsverlusts in Deutschland verschaffen sich bei einzelnen an den Rändern der polit. Skala in Minderwertigkeitsgefühlen oder anstößigen Überheblichkeiten, bei anderen als Politik-Verdrossenheit, Resignation und Ohne-mich-Haltung Ausdruck. Mit einer polit. defizitär sozialisierten Jugend ist jedoch »kein Staat zu machen«, weder in Deutschland noch in Europa noch in der Welt. N.en sind unverzichtbare Bausteine größerer polit. Einheiten und Organisationen.

Theol. wird es darauf ankommen, die Frage der »Nation vor Gott« neu zu beantworten. Von den theol. Denkern des 20 Jh.s hat sich wie kein anderer Walter Künneth (geb. 1901) zeitlebens um ein bibl.-christl. Verständnis der N. bemüht. Die Kirche Jesu Christi ist eine Gemeinschaft von Menschen aus verschiedenen N.n mit dem Auftrag, alle Völker zu missionieren (Mt 28,19f).

Lit.: P. Alter: Nationalismus, 1985; W. Künneth: Der Christ als Staatsbürger. Eine ethische Orientierung, 1984; ders.: Wider den Strom. »Christsein« in der Begegnung mit dem Zeitgeist. Eine bibl.-theol. Studie, 1989; Th. Schieder: »Typologie und Erscheinungsformen des Nationalstaats in Europa«, in: Historische Zeitschrift, Nr. 202, 1966, 58-81.

J. Kniffka

Nationale Christenräte

N.C., zu denen sich in den ehemaligen Missionsländern prot. und anglik. Missionsgesellschaften mit jungen Kirchen zusammenschlossen, haben die moderne Missionsbewegung bis über die Mitte des 20. Jh.s geprägt. Während die westl. Welt weithin das christl. Gewand abstreifte, halfen N.C. bzw. regionale Missionskonferenzen zur Besinnung auf den Missionsauftrag: »Unsere Botschaft ist Jesus Christus – wir dürfen nicht weniger geben und wir können nicht mehr geben.« Konsequent aufgebaut wurden sie seit der Weltmissionskonferenz von Edinburgh (1910); im Internationalen Missionsrat schufen sie sich 1921, gemeinsam mit den Missionsräten der westl. Länder, ihr weltweites Organ. Indem man Kontroversen um die kirchl. Einheit hintanstellte, wuchs das Bewußtsein der einen Mission Jesu. Als der Internationale Missionsrat 1961 mit dem Weltkirchenrat fusionierte, gliederten sich die meisten N.C. der ÖRK-Kommission für Weltmission und Evangelisation an. Das evangelikale Anliegen sammelte sich in der Weltweiten Evangelischen → Allianz und seit 1974 in der Lausanner Bewegung. Viele N.C. sind in Nationalen Kirchenräten aufgegangen.

R. Boeckler

Nationale Kirchenräte

N.K. sind Beratungsorgane der Kirchen, die zu Einheit, zu gemeinsamem Zeugnis und Dienst verhelfen wollen. Kein ökumen. Überbau, kein Forum für Unionsverhandlungen, eher ein Provisorium, das sich zu gegebener Zeit in Kircheneinheit auflöst. Die Gestalt dieser Einheit ist bisher nirgends gefunden worden, ebenso wenig die volle gottesdienstl. Gemeinschaft. Bewährt haben sich N.K. dagegen als Forum für polit. Stellungnahmen, als Impulsgeber für soziale Initiativen und, in der Dritten Welt, als Partner ökumen. Entwicklungshilfe. Neben anglik., prot. und orth. Kirchen gehören in mehreren Ländern die röm.-kath. Bischofskonferenzen zum N.K., bisweilen auch Pfingstgemeinschaften. Das mission. Engagement steht allerdings hinter dem der früheren → Nationalen Christenräte zurück. Ging mit größerer kirchl. Verbindlichkeit die Kraft echter Bewegung verloren? Bekannte N.K. sind: der Britische Rat der Kirchen, der Nationalrat der Kirchen Christi in den USA, die Arbeitsgemeinschaft christlicher Kirchen in Deutschland. Ein übernationaler Zusammenschluß ist die Konferenz Europäischer Kirchen. Viele Nationale Kirchenräte arbeiten als angeschlossene Räte im Weltkirchenrat mit.

R. Boeckler

Nationalsozialismus → Antijudaismus; → Kirchenkampf

Natur

1. Zum Begriff

Der abendländische N.-begriff hat seine Wurzeln in dem griech. Wort *physis* (lat. mit *natura* wiedergegeben), das sich alltagssprachlich zunächst nur auf die Pflanzenwelt bezog und Wuchs, Werden, Abstammung, Beschaffenheit, schließlich auch das Gewächs meint. Von den Anfängen der griech. Philosophie an wird es zu einem zentralen phil. Begriff, der einerseits den Vorgang des Werdens der Dinge, andererseits deren Beschaffenheit und Wesen im Auge hat und schließlich auch die Gesamtheit der Wirklichkeit samt dem Wesen, den Werdegesetzen und der gegenseitigen Verflochtenheit alles Seienden bezeichnen kann. Im Horizont des menschlichen Handelns und der Grundlagen des Rechts meint N. das dem Menschen Vorgegebene im Gegensatz zur menschlichen Kunstfertigkeit (→ Technik) bzw. zu dem von Menschen gesetzten Recht (→ Naturrecht).

2. Der Naturbegriff in der kirchlichen Lehre

In der kirchl. Lehrtradition spielt der Begriff der N. zunächst in der Christologie (→ Jesus Christus) und in der Trinitätslehre (→ Trinität) eine Rolle und steht hier dem Begriff der Person gegenüber: die göttliche und die menschliche N. (= reale Wesensart) sind in der Person Christi vereinigt; die eine göttliche N. hat ihre Wirklichkeit in den drei Personen der Gottheit. In der kath. Gnadenlehre stehen sich N. und → Gnade, N. und Übernatur gegenüber und müssen in ihrem Verhältnis so verstanden werden, daß sich die Gnade zwar positiv auf die N. des Menschen beziehen kann, dabei aber dennoch Gottes freie und ungeschuldete Gabe bleibt; hier meint N. die geschaffene Wirklichkeit in ihrem eigenen, zwar von Gott verliehenen, aber doch Gott gegenüber selbständigen Sein.

3. Naturverständnis im Wandel der Zeit

Für die Aufnahme des N.begriffs im Sinne der Weltbetrachtung in die christl. Tradition wurde → Augustin bestimmend. Auch Gott wird bei ihm als eine N. bezeichnet: nicht als eine erschaffene, sondern als die erschaffende. Der Grund der N. wird so im Willen des Schöpfers gesehen, und sie wird als ein von Gott geschriebenes Buch betrachtet, durch das er sich – wie durch die Bibel – den Menschen offenbart. So ist sie nicht als ein geschlossener und eigengewichtiger Seinszusammenhang gesehen, dessen konstituierende Kräfte oder Gesetze man zu erforschen versucht, sondern die N.phänomene erscheinen als eine Sammlung von »exempla« (Beispielen) des Willens und Handelns Gottes, die man in einem bibl.-heilsgeschichtl. Horizont geistl. (allegorisch: → Schriftauslegung) interpretiert. Eine Spannung zwischen N.betrachtung und dem Glauben an Gottes Wirken ist auf diese Weise ausgeschlossen. Dies freilich deshalb, weil man am Kern des N.begriffs der griech. Philosophie vorbeigeht und an ihm nicht interessiert ist: an der grundlegenden inneren Gesetzmäßigkeit der N.

Hier setzt im 12. Jh. eine Gegenbewegung ein, die die allegorische N.betrachtung ablehnt und statt dessen die eigenen inneren Seinszusammenhänge der N. erfassen will. Die großen Systeme der Hochscholastik sind bemüht, diese Selbstbestimmtheit der N. mit ihrem Bestimmtsein durch Gottes Wirken zusammenzudenken, N. und Übernatur voneinander abzugrenzen und doch einander zuzuordnen.

Durch Humanismus und Renaissance hindurch wandelt sich das Grundkonzept der N.betrachtung: das mittelalterl. Bild einer Ordnung des Seienden gemäß der Wesensart der einzelnen Kreaturen und Dinge wird abgelöst durch das neuzeitliche Bild der Welt als eines Mechanismus, der durch funktionale mathematische Gesetzmäßigkeiten bestimmt ist, deren Erforschung und Ausnutzung sich die neue N.wissenschaft zur Aufgabe gemacht hat. Der damit gegebene Gedanke einer durchgehenden Gesetzmäßigkeit des gesamten N.geschehens entwickelt eine gewisse Tendenz, dieses neue N.bild gegen ein übernatürliches Handeln Gottes und gegen die Einbettung in einen bibl.-heilsgeschichtlichen Horizont abzuschließen: das N.geschehen wird allein aus seiner innewohnenden Gesetzmäßigkeit verstanden, nicht mehr von einem übergeordneten Seinszusammenhang her. Auch wenn viele Vertreter der neuen Wissenschaft diese Entgegensetzung nicht vollziehen, sondern die Gesetzmäßigkeiten als Ausdruck der Herrlichkeit und Macht des Schöpfers bewundern und im übrigen mehr oder weniger in einem bibl. Denkrahmen bleiben, gewinnt diese Eigentendenz doch zunehmend an Boden. Vom Ende des 17. Jh. an bietet die → Physikotheologie für einige Zeit eine neue Möglichkeit, die N. in Beziehung zu Gott zu sehen, indem sie die Zweckmäßigkeit der gesetzmäßigen Einrichtung der N. als ein Zeugnis der Weisheit und Güte des Schöpfers wahrnimmt.

Abseits dieser Linie wird die Spannung zwischen dem mechanistischen Weltbild und dem bibl. Glauben an das persönl. Handeln Gottes zunehmend wirksam; in rel. Hinsicht läßt sich das neue Weltbild am ehesten entweder mit deistischen oder mit pantheistischen Vorstellungen verbinden. Im Laufe des 19. Jh.s führt die Entwicklung, z.T. durch die Verbindung von Wissenschaftsglaube und Materialismus, zur weitgehenden Durchsetzung einer völlig säkularen Betrachtung der N. Theologie und Glaube verlieren weitgehend jeden eigenen Zugang zur Realität der N.; wo man doch theol. Aussagen über die N. macht, können diese nur als subjektive fromme Betrachtung verstanden werden, die ihre Wurzeln lediglich im »Glauben« des Betrachters, nicht in der Realität der N. hat (analog zum romantischen N.erleben). Theologie beschränkt sich somit auf die geschichtl. Offenbarung Gottes und auf das persönliche und soziale Leben des Menschen.

Die → Dialektische Theologie (insbesondere Karl → Barth) lehnt diesen Subjektivismus und Anthropozentrismus des 19. Jh.s scharf ab, zumindest soweit es das Verhältnis des Menschen zur Offenbarung Gottes angeht. Trotz des vorhandenen Gegensatzes erscheint aber ihre grundsätzliche Ablehnung aller natürlichen Theologie doch zugleich auch als eine zugespitzte Fortsetzung des Auseinandertretens von Theologie und N.wirklichkeit im 19. Jh. Freilich hat diese Entkoppelung bei Barth nicht den Sinn, die N. auszuklammern, sondern die Bindung der christl. Gotteserkenntnis an ein von der Offenbarung Gottes unberührtes und nicht von ihr erleuchtetes N.bild zu vermeiden und zu bekämpfen; dennoch besiegelt sie in ihrer Wirkung weitgehend den Eindruck, zu dem die Geschichte des 19. Jh.s geführt hatte: Der »normale« und wissenschaftl. »richtige« Umgang mit der N. zeige uns eine Realität, die an sich mit Gott nichts zu tun hat, und die Theologie müsse sich abseits der Beziehung des Menschen zur natürlichen Wirklichkeit ansiedeln (für die gegenteilige Zielrichtung Barths s. KD I/1, 2-6, III/1, 3-6).

Gegenwärtig gewinnt in der Theologie sowohl im Grundsätzlichen wie besonders unter den drängenden ethischen Herausforderungen im Verhältnis zu N. und N.wissenschaft die Frage nach einem Verständnis der N. wieder an Boden, das theol. angemessen ist, das sich aber nicht nur theol. begründen, sondern auch an der Realität der N. festmachen läßt und das sich ernsthaft auf die naturwissenschaftl. Perspektiven und Erkenntnisse zu beziehen vermag (→ Naturwissenschaft und Theologie).

4. Grundlagen und Aufgabe

Die bibl. Zeugnisse zeigen uns den Gott Israels als den Schöpfer, Geber und Herrn der N. und des Geschehens in ihr. Dabei ist ein innerer Zusammenhang zwischen dem Wirken Gottes in seiner Schöpfung und seinem Handeln in der Geschichte mitgegeben und vorausgesetzt; und es ist – mit wechselnden Akzenten – sowohl die Souveränität Gottes wie auch die feste und verläßliche Ordnung in den Vorgängen im Blick. Souveränität des Handelns Gottes und gesetzmäßige Ordnung des Geschehens gehören also untrennbar zusammen. In diesem Sinne sind die N.gleichnisse Jesu schlüssige Argumente, die aufgrund der Einheit des Wirkens Gottes aus der Art seines Wirkens in den N.vorgängen etwas über die Art seines Wirkens beim Herbeiführen seines Reiches ableiten, wenn auch dieses Abgeleitete meist nicht eigens formuliert wird, sondern nur im Bild des N.vorganges selbst angedeutet bleibt.

Von da aus betrachtet, erscheint es durchaus sinnvoll, die bibl. Perspektive mit dem neuzeitl. Gedanken der N.gesetzlichkeit zu verbinden (zumal eine solche Verbindung für dessen Entstehung mit von Bedeutung war). Dabei wird es freilich darauf ankommen, daß die christl. Gemeinde der Tendenz zum abgeschlossenen Weltsystem, die sowohl im N.begriff wie im Konzept der N.gesetzlichkeit angelegt ist und immer wieder zum Druchbruch kommt, kraftvoll und deutlich widersteht und die Unterordnung des N.geschehens unter den Willen Gottes im Bewußtsein behält und bezeugt. Dieses gilt – in derselben Doppelheit von Anknüpfung und Widerspruch – auch gegenüber den neueren Strömungen eines sich von der wissenschaftl. Tradition lösenden N.verständnisses mit ihren andersartigen Tendenzen zu einer Verabsolutierung der N.

Für beide Konfrontationen ist es wesentlich, daß wir wieder neu lernen, die bibl. Perspektive auf die N. nicht als eine subjektive Zutat zu einer eigentlich davon unabhängigen Realität zu betrachten, sondern so, daß sie uns die wesentlichen Grundlagen der N.wirklichkeit zeigt und erschließt. Wir sind hier zu einer Arbeit an unserem N.verständnis herausgefordert, die einerseits von einem ständigen Lernen von der Bibel im Angesicht unserer Erfahrungen und Erkenntnisse durchzogen ist, und die andererseits die Erträge wissenschaftl. Erkenntnisarbeit kritisch aufzunehmen und in eine offene und realitätsbezogene Auseinandersetzung mit den Weltbildern einzutreten vermag, die uns im Raum der Wissenschaft wie von anderen geistigen Strömungen her begegnen.

Lit.: J. Alfaro: »Natur«, Sacramentum Mundi 3, 675-683; ders.: »Natur und Gnade«, ebd. 719-729; F.P. Hager, T. Gregory, A. Maierù, G. Stabile, F. Kaulbach: »Natur«, HWP 6, 421-478; U. Krolzik: Säkularisierung der Natur. Providentia-Dei-Lehre und Naturverständnis der Frühaufklärung, 1988; Chr. Link: Schöpfung (Handbuch Syst. Theologie), 2 Bde., 1991; A.M.K. Müller, W. Pannenberg: Erwägungen zu einer Theologie der Natur, 1970; G. Picht: Der Begriff der Natur und seine Geschichte, 1989; G. Rau, A.M. Ritter, H. Timm (Hg.): Frieden in der Schöpfung. Das Naturverständnis protestantischer Theologie, 1987; W. Schoberth: »Natur«, EKL[3] 3, 627-631; O.H. Steck: Welt und Umwelt, 1978.

H. Hafner

Natur und Gnade

Der Begriff »Natur« ist vieldeutig. Im Kontext des Wortes → Gnade meint er die einer natürlichen Erkenntnis zugängliche Wirklichkeit der → Schöpfung, die von der durch die besondere Gnade erschlossenen Offenbarung des Dreieinigen Gottes unterschieden wird. In der Tradition der mittelalterl. scholastischen Theologie wird dementsprechend von einer natürlichen Erkenntnis der Vernunft und einer übernatürlichen Offenbarung gesprochen, wobei allerdings auch der natürlichen Erkenntnis schon die »zuvorkommende« Gnade vorausgeht. Die altprot. Dogmatik kennt eine natürliche Offenbarung Gottes, wie ihn auch die Heiden erkennen können (Röm 1,19f), und eine spezielle, »übernatürliche« Offenbarung Gottes durch die Heilige Schrift. Dieses »Zweistockwerk-Denken« ist für das heutige Wirklichkeitsverständnis problematisch, hält aber die für die theol. Erkenntnistheorie wichtige Erfahrung fest, daß es eine der Selbstmächtigkeit menschlichen Denkens und Handelns nicht verfügbare Dimension der Erfüllung des Lebens und der Erleuchtung der menschlichen Erkenntnis gibt. Der Glaube spricht von → Gnade.

Unter dem Einfluß des → Pietismus einerseits und des skeptischen neuzeitlichen Denkens andererseits, aber auch der → dialektischen Theologie (Karl → Barth) wurde die Möglichkeit der Gotteserkenntnis in der Natur und in der Geschichte – mit Ausnahme des Christusgeschehens – bestritten, und in frommen Kreisen kam vielfach der Irrtum auf, daß nach dem Sündenfall alles Natürliche gottlos und sündhaft sei. Unter dem Einfluß des kritischen Denkens seit → Kant, aber auch der geschichtl. Katastrophen des 20. Jh.s geriet die sog. natürliche Theologie in Mißkredit. Gegen die scholastische wie die aufklärerisch-rationalistische Naturtheologie wird vorgebracht, daß der natürliche Mensch das Handeln Gottes in der Schöpfung unmöglich erkennen könne, weil seine Anschauung subjektiv ist und die Realität der Sünde zwischen seiner Vernunft und Gott steht.

Anfang der dreißiger Jahre fand die Diskussion um Natur und Gnade im Streit zwischen Emil → Brunner und Karl Barth einen Höhepunkt. Während Barth Natur und Gnade einander ausschließlich gegenüberstellte, hielt Brunner eine »christliche Naturtheologie« für dringend notwendig; er lehrte aufgrund der Bibel und im Anschluß an die Reformatoren eine → Schöpfungsoffenbarung Gottes in der Natur, die in der Gottebenbildlichkeit des Menschen »formal« zum Ausdruck kommt, und der Gottes Versöhnungsoffenbarung in Christus folgt. Die Sünde stört, aber zerstört nicht das Humanum des Menschen, nämlich dessen Verantwortlichkeit. Es gibt also einen »Anknüpfungspunkt« für die göttliche Gnade in der Natur des Menschen: Die »Wortmächtigkeit« des Menschen ist die Voraussetzung für die Fähigkeit, das Wort der Offenbarung zu hören. Barth hielt Brunner sein zorniges »Nein« entgegen. In der luth. Tradition hat Paul → Althaus mit seiner Lehre von der »Ur-Offenbarung« darauf hingewiesen, daß der Mensch als Gottes Geschöpf auch »vor der Begegnung mit Jesus Christus und ohne das bibl. Zeugnis in einem unentrinnbaren Gottesverhältnis« stehe (Grundriß der Dogmatik I,13).

Die Vernachlässigung einer Theologie der Natur und der Frage nach dem Anknüpfungspunkt menschlicher Gotteserfahrung hat in Theologie und Kirche schwerwiegende Folgen gehabt. Angesichts der ökologischen Probleme der Weltgesellschaft, der Wandlungen des naturwissenschaftl. Denkens, der neuen rel. Bewegungen und des Rufes nach einer Theologie der Religionen ist die Neubesinnung auf den Zusammenhang von Natur und Gnade eine dringende Aufgabe der Theologie der Gegenwart. Dabei ist die exeget. Erkenntnis wichtig, daß den bibl. Schöpfungserzählungen die geschichtl. Heilserfahrungen Israels, aber auch weisheitliche Traditionen im Vorderen Orient vorangegangen sind. Christian Link fordert, die Welt im Horizont der Trinitätslehre zu sehen und die Trennung zwischen Welterfahrung und Glauben zu überwinden. Für Jürgen Moltmann ist Schöpfung ein »offenes System«, das der Glaube nur eschatologisch, also vom Ende der Geschichte des Reiches Gottes her verstehen kann.

Lit.: P. Althaus: Grundriß der Dogmatik, I. Teil, 1936; K. Barth: Nein! Antwort an Emil Brunner, 1934; E. Brunner: Natur und Gnade. Zum Gespräch mit Karl Barth (1934), [2]1935; ders.: Die christliche Lehre von Gott. Dogmatik I, 1946; ders.: Offenbarung und Vernunft. Die Lehre von der christlichen Glaubenserkenntnis, 1941; Ch. Link: Die Welt als Gleichnis. Studien zum Problem der natürlichen Theologie, [2]1982; W. Lütgert: Schöpfung und Offenbarung, 1934; J. Moltmann: Zukunft der Schöpfung. Gesammelte Aufsätze, 1977; ders.: Gott in der Schöpfung. Ökologische Schöpfungslehre, [3]1987; P. Tillich: Systematische Theologie I, 1956.

B. Maurer

Naturalismus

N. beschreibt im allg. Sinne ein Verständnis der Wirklichkeit, das die vorfindliche Natur in allen Bereichen der Erkenntnis normativ zu Grunde legt. Von daher kann der N. erkenntnistheoretisch, ontologisch, metaphysisch, ethisch und ästhetisch gefaßt werden.

1. Der erkenntnistheoretische und ontologische Naturalismus

Im bewußten Gegensatz zum sog. → Supranaturalismus der christl.-mittelalterl. Tradition knüpft die frühe Neuzeit an Vorstellungen der antiken Physislehre und Kosmologie an. Damit erhält der N. eine deutlich religionskritische Ausrichtung im Widerspruch zum christl. Wirklichkeitsverständnis, das sich auf die transzendente Realität Gottes, seine Offenbarung in der Welt und sein heilsgeschichtl. Handeln bezieht.

Indem der empirische Charakter aller Erkenntnis vorausgesetzt wird, macht man im N. die naturwissenschaftl. Betrachtungsweise zur Norm aller wissenschaftl. Methodik. Dies führt im 17. und 18. Jh. zum → Materialismus. Die Welt wird als gigantisches Uhrwerk natürlicher Abläufe begriffen, dessen gesetzmäßige Struktur durchschaut und damit auch für jeden beliebigen Zeitpunkt der Geschichte berechnet werden kann. Theol. kann im äußersten Fall noch von einem Schöpfergott geredet werden, der am Anfang der Welt die Rahmenbedingungen der Natur vorgegeben hat, sich dann aber konsequent aus dem Weltgeschehen heraushält (→ Deismus). Im Zuge der religionskritischen und atheistischen Überzeugungen des 19. und 20. Jh.s entwickelte sich der N. zum radikalen → Positivismus: Allein der in der Natur vorgefundenen sinnlich wahrnehmbaren Realität komme wahre Erkenntnis zu. Man versucht die gesamte Weltwirklichkeit monistisch als puren materialen Naturzusammenhang zu verstehen. Der Natur werden dann allerdings klass. theol. Qualitäten wie Ewigkeit, Unendlichkeit etc. zugeschrieben. Damit kommt der positivistische N. zwar dem rel. Bedürfnis des Menschen durch metaphysische Spekulationen entgegen, gerät aber zu seinem eigenen Selbstverständnis in Widerspruch. Soziologisch und ökonomisch entfaltet Karl → Marx (1818-1883) den N. als umfassende materialistische Geschichtsphilosophie.

Durch die von Charles → Darwin (1809-1882) konzipierte Evolutionstheorie bekommt der N. biologische Züge. Der Mensch geht völlig in der Natur auf und wird lediglich als Produkt des Zusammenwirkens von Zufall und Selektion verstanden.

2. Ethischer Naturalismus

Aus den Ansätzen des erkenntnistheoretischen und ontologischen N. ergeben sich Ende des 19. Jh.s als Gegenposition zum phil. → Idealismus und der theol. → Ethik normative ethische Theorien, die die Entfaltung der sog. natürlichen Anlagen der Menschen zum bestimmenden moralischen Prinzip machen. Die Identifikation von natürlichen und sittlichen Eigenschaften des Menschen führt dazu, daß aus der Ethik ein Teilbereich der empirischen oder positiven Wissenschaften wird. Nach John Stuart Mill (1806-1873) und Herbert Spencer (1820-1903) bedeutet Gutsein das, was begehrt wird bzw. einen höheren Stand in der natürlichen Entwicklung erreicht hat. Das Sollen wird also aus dem natürlichen Sein des Menschen abgeleitet. Damit sind aber die sittlichen Werte ihres handlungsleitenden Charakters notwendig beraubt, denn aus einer bloß deskriptiven Analyse biologischer Fakten lassen sich keine verbindlichen ethischen Normen ableiten.

3. Ästhetischer Naturalismus

Der N. hat seit dem späten 19. Jh. immer neu die Dichtung und bildende Kunst beeinflußt. In der Literatur radikalisiert der N. die realistische Wirklichkeitsbeschreibung, indem er bevorzugt das Niedrige, Häßliche und Triebhafte in seinen alltäglichen und trivialen Zusammenhängen schonungslos darstellt. In positivistischer Manier wird der Mensch als Produkt seines soziokulturellen Milieus geschildert; besonders die Lage des Proletariats in industriellen Ballungszentren wird beispielsweise in den Gesellschaftsromanen des Franzosen Emil Zola (1840-1902) beschrieben. Wesentliche Impulse für den psych. Roman gingen von den russ. Dichtern Fjodor M. → Dostojewski (1821-1881) und Leo → Tolstoi (1828-1910) aus. Für das Drama wurden die Skandinavier Henrik Ibsen (1828-1906), August Strindberg (1849-1912) bedeutsam. Gerhard Hauptmanns Bühnenstück »Vor Sonnenaufgang« (1889) war das erste naturalistische Drama auf deutscher Bühne.

Auch in der Malerei dienten naturalistische Darstellungen aus dem sozialen Alltag, der kleinbürgerlichen Idylle und dem proletarischen Milieu sozialkritischen Absichten gegen alle ästhetisierenden, heroisierenden und idealisierenden Kunstrichtungen (z.B. M. Liebermann, L. Corinth und K. Kollwitz).

4. Zur theologischen Beurteilung

Der N. führt phil. durch seinen materialistischen und strikt empiristischen Ansatz notwendig zum → Atheismus. Er macht durch seine ethischen und ästhetischen Implikationen die innere Krise moderner säkularer Weltanschauungen virulent. Weder das → Gute noch das Schöne lassen sich in ihrer Werthaftigkeit unter Absehung der Transzendenz letztlich begründen. Vielmehr wird die gefallene Natur in ihrer sündhaften Eigendynamik zum bestimmenden, die Würde des Menschen in Frage stellenden Moment. Theol. ist gegen den N. die souveräne Wirklichkeit des Schöpfers gegenüber seiner Schöpfung festzuhalten. Die Natur gewinnt ihre Kontinuität und Zuverlässigkeit nur aus dem fortgesetzten Erhaltungswillen Gottes. Die Würde und Einzigartigkeit des Menschen besteht in der Tatsache seiner Gott--Ebenbildlichkeit (1Mo 1,27). In einer gefallenen Welt lassen sich ethische und ästhetische Werte nicht aus dem bloßen Naturzusammenhang erheben, sondern bedürfen der durch Offenbarung vorgegebenen Normen und Begründungen. Die Natur führt nicht zu ihrer evolutiven Selbstvollendung, sondern bedarf durch das Gericht hindurch der Neuschöpfung Gottes.

Lit.: H. Blumberg: Nachahmung der Natur, in: Studium Generale 10, 1957; R. Otto: Religiöse und naturalistische Weltsicht 1904; W. Stammler: Deutsche Literatur vom Naturalismus bis zur Gegenwart, 1924.

R. Hille

Naturheilkunde

Heilkunde, die eine möglichst natürliche Lebensführung und Behandlung anstrebt, die in ihrer Wirkung milde und ohne Nebenwirkung ist. Dies geschieht durch Diäten, äußere Anwendungen (z.B. Wasser, Wickel), pflanzliche und mineralische Heilmittel. In ihrer heutigen Ausprägung ist die N. sehr vielschichtig und keineswegs nur auf natürliche Methoden begrenzt, weshalb häufig der Begriff »Alternativ-Medizin« gebraucht wird. Ausgeübt wird die N. durch Heilpraktiker, aber auch durch Ärzte. Sie versteht sich als Ergänzung der Schulmedizin und hat ihr hauptsächliches Anwendungsgebiet bei leichteren, funktionellen Störungen und bei chronischen Erkrankungen. Zu den bekanntesten Methoden der N. gehören: diagnostisch: Irisdiagnose, Pendeldiagnose; therapeutisch: Phytotherapie, Homöopathie, Wasseranwendungen (nach Kneipp), Chiropraktik und Akupunktur. In manchen Kreisen ist die N. umstritten, weil sich Abgrenzungsprobleme zu okkult-magischen Praktiken (z.B. Pendeln, Übertragen geistiger Wirkkräfte, östliche Meditationsformen) und zu Lehren ergeben, die durch die New-Age-Bewegung geprägt sind. Der Patient sollte daher vor einer Behandlung nach den Grundlagen fragen, auf die sein Heilpraktiker oder Arzt sich stützt.

Lit.: I. Oepen (Hg.): An den Grenzen der Schulmedizin: Eine Analyse umstrittener Methoden, 1985; D.A. Oesch: Chancen und Grenzen der Naturheilkunde, 1987; S. Pfeifer: Gesundheit um jeden Preis? Alternative Medizin und christlicher Glaube, 1987; O. Prokop (Hg.): Medizinischer Okkultismus, 1977.

S. Pfeifer

Natürliche Religion

N. R. ist nicht Bezeichnung für die Religion(en) der sog. Naturvölker. Der Begriff bezeichnet die ursprüngliche phil., dann von der Theologie übernommene Ansicht einer allg., aus der Natur abzuleitenden Religion, die für alle Menschen gelten soll. Die N. R. steht also außerhalb der sog. »Offenbarungsreligionen« und aller Kultreligionen der Geschichte.

Ansätze zu einer Lehre von der N. R. finden sich in der Logos-Theologie der altkirchl.

Apologeten (Justin), ausgebildet wurde der Begriff der N. R. dann in der Theologie des MAs, mit Rückgriff allerdings auf die antike Philosophie (Aristoteles, Stoa). Die N. R. wird verstanden als Religion der Vernunft. Das in der Vernunft angelegte Ziel des menschlichen Handelns ist nach Aristoteles die Glückseligkeit, und dieses Ziel erreicht es durch den Willen, das Gute zu tun, zu dem die Vernunft ihn anleite. Diesen Grundgedanken übernimmt die scholastische Theologie, wobei für sie das Ziel nun aber die ewige Seligkeit ist. Die Vernunft kann von sich aus nur das Gute in bezug auf natürliche Bedürfnisse erreichen, in bezug auf die Seligkeit bedarf sie der Mitwirkung durch die Gnade. Aber das Gute ist als Anlage und Zielorientierung in ihr von Natur vorhanden. Dies ist das Prinzip der N. R. Zur N. R. gehört die Gewißheit, daß Gott ist (nicht auch ein näheres Wissen über Gott), ferner die schon in der Antike bekannten Kardinaltugenden (→ Tugenden), die Lebensklugheit (*prudentia*), die Gerechtigkeit (*iustitia*), die Tapferkeit (*fortitudo*) und die Tugend des Maßhaltens (*temperantia*). Weiter gehört dazu das, was die Scholastiker die *synderesis* nannten, nämlich das (trotz des sündlichen Begehrens) im Menschen angelegte Wollen des Guten, sowie die *conscientia*, das → Gewissen, eigentlich das »Mitwissen« (bis zu einem gewissen Grade) des Menschen um das Gesetz Gottes, was ebenfalls als Anlage der menschlichen Natur verstanden wird. Diese Lehre blieb, mit unterschiedlichen Akzenten, die Lehre der röm.-kath. Kirche. Durch → Melanchthon wurde sie auch Lehre der prot. Orthodoxie.

Eine tiefgreifende Wandlung geschah dann im Zeitalter der → Aufklärung. Die N. R. blieb zwar Vernunftreligion. Aber die Vernunft wurde autonom. Und die Vernunftreligion wurde nun, zuerst von den englischen Deisten, nicht bloß als die »natürliche Religion«, sondern auch als die allein wahre Religion erklärt, gewissermaßen der wahre Kern in allen Religionen. Die Deisten (John → Toland, Matthews → Tindal) wandten sich folgerichtig gegen das Christentum und alle nicht-christl. Religionen. Jesus sei ein Lehrer der Vernunftreligion gewesen, und alles Wunderhafte und Übernatürliche sei abzulehnen.

Auch für J.J. → Rousseau tritt die N. R. als Vernunftreligion an die Stelle der Offenbarung. »Du findest in meinen Darlegungen nur die natürliche Religion, und es ist seltsam, daß auch noch eine andere notwendig sein soll« (Emile, Glaubensbekenntnisse des savoyischen Vikars), trotzdem lehnen sich die Aussagen über Gott stark an das überlieferte Gottesbild an. Aber er will dieses »auf Grund von zwingenden Folgerungen und vom richtigen Gebrauch meiner Vernunft« selbst erstellt haben (a.a.O.). Wenn aber die Gotteserkenntnis von der Vernunft ausgeht, dann muß auch das Sittengesetz vom Menschen selbst ausgehen. »Ich brauche nur mich selbst zu befragen, was ich machen will. Alles, was ich als gut empfinde, ist gut; alles, was ich als schlecht empfinde, ist schlecht. Der beste Anwalt ist das Gewissen« (a.a.O.); »alle Sittlichkeit unserer Handlungen beruht auf dem Urteil, das wir selbst darüber fällen« (a.a.O.). Die transzendente Norm ist weggefallen. Mit dieser Wendung erfolgt die Verlegung der N. R. in die Subjektivität. Was ermöglicht, Vernunft und Subjektivität noch als »Religion« zu verstehen, ist das Gewissen. Weil der Mensch das göttliche Prinzip in sich hat, ist er im Wesen gut, trotz der Leidenschaften, durch die er sich selbst Schaden zufügt. Am Schluß seines »Contrat Social« fordert Rousseau die Einführung einer → Zivilreligion, die seiner Auffassung von N. R. entspricht, mit dem Ziel der Abschaffung des Christentums, denn dieses verpflichtet die Christen zum Gehorsam gegenüber einem himmlischen Herrn und einem himmlischen Reich – und aus diesem Grund seien sie unzuverlässige Bürger des irdischen Staates. Der während der franz. Revolution unternommene Versuch, die Vernunftreligion zur Staatsreligion zu machen, war der einzige, gescheiterte Versuch, die N. R. in die Praxis umzusetzen.

In Deutschland gab es vereinzelt Anhänger der N. R. im Sinne des Deismus, wie H.S. → Reimarus und Moses → Mendelssohn. Auch G.E. → Lessing stand deren Ideen nahe, erwartete aber die reine Vernunftreligion erst als Ergebnis der geschichtl. Entwicklung, auf deren Weg auch Judentum und Christentum als Stufen der Annäherung verstanden werden (Die Erziehung des Menschengeschlechts, 1780). Sonst kommt die N. R., wie in der Scholastik und Orthodoxie, nur in Verbindung mit der christl. Theologie auf, wahrscheinlich deshalb, weil N. R. keine Erlösung kennt, nur die Vernunft als moralisches Gesetz. Diese Verbindung zeigt sich im theol. Rationalismus (J.A.L. → Wegscheider 1771-1849, J.F. Röhr 1777-1848), auch in der liberalen Theologie (Kritik am Dogma, Kritik am Sündenbegriff) und in der subjektiven Gewissensethik (D. Schenkel 1813-1885).

Lit.: K. Barth: KD I/2 S. 304ff; E. Brunner: Natur und Gnade, 1934; ders.: Offenbarung und Vernunft,

1941; F. Brunstäd: Allgemeine Offenbarung, 1935; K. Leese: Natürliche Religion und christlicher Glaube, 1936; H. Steubing: Naturrecht und natürliche Theologie im Protestantismus.

F. Flückiger

Naturoffenbarung → Schöpfungsoffenbarung

Naturphilosophie

Ausgehend von der Frage, was Wirklichkeit ist und wie sie zu verstehen sei, ist N. (Natur, von lat. *nasci* »geboren werden, entstehen, wachsen«) die systematische Bemühung um Erkenntnis des Wesens, der Prinzipien der Geschichte und der Erscheinungsformen der Natur; ihre Wurzeln liegen in der mythischen Weltdeutung der Religionen.

1. In der Antike

Im Abendland begann sie mit dem staunenden Bedenken der Welt durch die frühen griech. Philosophen des 6. vorchristl. Jh.s, die jonischen Naturphilosophen, die eine Anschauung des Urstoffes des Kosmos suchten: Thales von Milet im Wasser, Anaximenes im unendlichen, aller Erfahrung vorausgehenden Unbegrenzten (das »Apeiron«) und Anaximander in der Luft (»Wie unsere Seele Luft ist, die uns zusammenhält, so umspannt Odem und Luft die ganze Welt«); Anaximander lehrte, daß die Elemente und die Dinge der Welt durch Verdichtung der Urkraft entstehen (»Hylozoismus«). Pythagoras (6./5. Jh. v.Chr.) sah die Ordnung und Harmonie des Kosmos in Zahlenverhältnissen zum Ausdruck kommen (»Weltharmonie«). Nach Heraklit ist alles Seiende aus dem Feuer hervorgegangen, und Veränderung ist das Gesetz aller Dinge (»Alles fließt«). Der Begründer der eleatischen Schule, Parmenides, erklärte dagegen, daß das wahrhaft Seiende keine sinnliche Qualität habe und in ewiger Ruhe in sich selbst verharre. Für Empedokles (5. Jh. v.Chr.) entstanden alle Einzeldinge der Natur aus bestimmten Mischungen der vier Elemente Wasser, Feuer, Erde und Luft. Demokrit nannte die kleinsten, unteilbaren Bestandteile der materiellen Welt Atome; er ist der Begründer des → Materialismus (lat. *materia*, »das Mütterliche«). Von besonderer Bedeutung ist seit der klass. Zeit → Platons (426-347 v.Chr.) Ideenlehre, wonach die wahre Wirklichkeit nur gedanklich in der Welt der Ideen (Urbilder) faßbar ist, durch die die unwirkliche Materie zum Sein kommt. Die sinnlich wahrgenommene Welt der Erscheinungen ist also nicht die wahre Wirklichkeit, sondern nur deren Schatten. Sein Schüler → Aristoteles (384-312 v.Chr.) jedoch sah die Formen als die Dinge bewegende und ordnende Kraft, also die Ideen, in der Materie (Stoff) eines Gegenstandes enthalten; sie sind das Wesen der Dinge, aber nicht diese selbst, denn ohne Materie gibt es kein Ding. Mit dieser Theoria (=Anschauung), deren Niederschrift Aristoteles »Metaphysik« betitelte, vertiefte er seine Naturlehre (Physik): Stoff, Form, Ursache und Zweck sind die Prinzipien einer jeden Naturgegebenheit. In der hell. Schule Alexandrias entstanden aus konkreten Beobachtungen und Berechnungen von Gegenständen frühe Anfänge eines naturwissenschaftl. Denkens (Astronomie, Medizin, Geographie).

2. Im Mittelalter

Bis in das christl. MA war der auf → Plotin (gest. 269 n.Chr.) zurückgehende → Neuplatonismus einflußreich, der alles Konkrete und Individuelle, auch die Seele, als Ausstrahlung (Emanation) der ewigen Ideen ansah. Die scholastische Philosophie griff Aristoteles auf und begründete eine theol. Metaphysik (→ Gottesbeweise); sie lehrte eine großartige Synthese von Geist und Stoff (Form und Inhalt), Seele und Leib, Natur und Gnade in einem umfassenden System von Schöpfergott und Seinswirklichkeit. Im späten MA wurde der Grund für die empirische Forschung gelegt. Averroes (→ Scholastik), → Duns Scotus und Wilhelm von → Ockham unterschieden zwischen geoffenbartem Glaubenswissen der Erkenntnis der natürlichen Vernunft, die die Dinge benennt (Nominalismus). Schon der Franziskaner Roger → Bacon (13. Jh.) hatte die scholastische Lehrmethode jedoch kritisiert und Beobachtung und Befragung der Natur im Experiment, d.h. durch Erfahrung, gefordert.

3. In der frühen Neuzeit

Renaissance und Humanismus veränderten die Naturphilosophie wenig. Im Vordergrund stand das Interesse an der Freiheit des Individuums und am individuellen Leben. Der Mensch wurde als Mikrokosmos gesehen, der die Kräfte der Natur und des Makrokosmos widerspiegelt. Im 16. Jh. setzte mit → Kopernikus und → Galilei eine auf mathematischen Berechnungen und empirischen Beobachtungen beruhende Naturauffassung ein. Johannes → Kepler (1571-1639), sah in den Grundgesetzen der Natur, nach denen er forschte, noch Gesetze des transzendenten Gottes, der die Welt von außen regiert. René → Descartes (1596-1650) unterschied zwischen der ungeschaffenen Substanz Gottes und den geschaffenen Substanzen der räumlichen Ausdehnung (der Materie) und der nicht ausgedehnten Substanz der Seele und des Bewußtseins. Der Mensch ist das Subjekt, das die räumliche Welt als Objekt erkennt. Thomas → Hobbes (1588-1679), der auf der Grundlage des exakten Denkens der Mathematik und der Physik eine Anthropologie und eine Staatslehre aufbaute, und Isaak → Newton (1643-1727), der Entdecker der Gravitation, begründeten das moderne, säkulare naturwissenschaftl. Denken. Im engl. Empirismus wurden seit Francis → Bacon (1561-1626) die spekulative Naturphilosophie und die auf Tatsachenforschung beruhende empirische Naturwissenschaft unterschieden. An die Stelle des platonischen oder aristotelischen Naturverständnisses trat das Prinzip des mechanischen Ursachenablaufs. John → Locke (1632-1704) führte die menschliche Erkenntnis auf die durch äußere und innere Sinneswahrnehmung vermittelte Erfahrung zurück. David → Hume (1711-1776) bezweifelte in seinem Skeptizismus die Realität des Ursachenzusammenhangs und verstand ihn als eine Konstruktion des menschlichen Bewußtseins. Immanuel → Kant (1724-1804) betrachtete in seinen Kritiken die Dinge mit der Frage nach den subjektiven Bedingungen, unter denen etwas zur Erfahrung werden kann. Das »Ding an sich« entzieht sich der menschlichen Erkenntnis. Die Möglichkeit der Erfahrung läßt aber den Schluß auf die ontologische Realität der Gegenstände zu.

4. Im 19. und 20. Jahrhundert

Zwar gibt es auch eine z.T. aus der → Mystik kommende monistisch-naturphil. Tradition, in der der Wahrheitsgrund nicht in der denkenden Subjektivität gesucht wurde: → Hildegard von Bingens kosmische Visionen, → Franz von Assisis Liebe zu Natur und Tieren, → Nikolaus von Kues (»Gott ist größer als das Größte und kleiner als das Kleinste«), Martin Luthers Theologie der Schöpfung (vgl. seine Auslegung des ersten Glaubensartikels), die Naturheilkunde des → Paracelsus, Jakob → Böhmes Theosophie, → Spinozas Pantheismus, die Monadologie von → Leibniz, → Goethes Naturstudien, → Schellings Naturphilosophie (Natur als unbewußter Geist; »Über die Weltseele«), der Gedanke des Organischen in der Romantik und schließlich im 20. Jh. Edmund Husserl (1859-1938), der in seiner Phänomenologie die Welt der Erfahrung als Sinn- und Seinzusammenhang zu interpretieren suchte. Aber das Subjekt-Objekt-Schema und der ontologische Dualismus von Descartes, Newtons deterministische Mechanik und Kants Kritizismus setzten sich im Aufschwung der Naturwissenschaften und der Medizin in der zweiten Hälfte des 19. Jh.s durch und führten zur Verdrängung der naturphil. Fragen. Darüber hinaus wurden das modernere naturwissenschaftl. Denken, aber auch die Sozialphilosophie und die Nationalökonomie bis nach dem Zweiten Weltkrieg durch einseitige Auslegung des Denkens Charles → Darwins (1809-1882) entscheidend geprägt, indem in der Selektion, die mit dem Kampf innerhalb der Arten verbunden ist, die Evolution des Lebens begründet wurde (→ Sozialdarwinismus). Für die materialistisch-marxistische Philosophie ist die Natur das Ursprüngliche und identisch mit Materie. Der Mensch ist als biologisches Wesen aus der Natur hervorgegangen, unterscheidet sich jedoch von ihr durch sein Bewußtsein und verwirklicht seine Zwecke durch die Arbeit; er benutzt seine Kenntnisse der »Naturgesetze« zu deren Humanisierung. Die Theologie beschränkte sich angesichts dieser Positionen und des »wissenschaftlichen« wie des praktischen Materialismus mit wenigen Ausnahmen (A. Titius, K. → Heim, P. → Teilhard de Chardin) auf Apologetik. In den USA kam eine radikale Kritik am Darwinismus auf, die auf den bibl. Aussagen über die Schöpfung im wörtlichen Sinn besteht (→ Kreationismus).

Unter dem Einfluß der Entwicklung in der Physik (Relativitäts- und Quantentheorie: A. Einstein, M. Planck, N. Bohr, W. Heisenberg, P. Jordan, C.F. v. Weizsäcker u.a.) kam es seit dem Beginn des 20. Jh.s zur Überwindung des deterministischen Materieverständnisses der klass. Physik. Das Subjekt ist in den Erkenntnisvorgang einbezogen. Die Objektivität wird nicht nur erkenntnistheoretisch, sondern auch empirisch zum Problem. Elementare physikalische Vorgänge können nur statistisch erfaßt werden und sind nur beschränkt vorauszubestimmen (W. Heisenbergs Unschärferelation). Damit war auch die Auflösung des klass. Substanzbegriffes (»Die Natur ist nicht, die Natur geschieht«: H. Weyl) und der Engführungen des statisch-mechanistischen Weltbildes verbunden. Die theoretische Physik relativierte das anthropozentrische Subjekt-Objekt-Denken – die Natur der Naturwissenschaften kann nicht von der Natur unserer Sinneswahrnehmung abgekoppelt werden (A.N. Whitehead) – und führte zur Erkenntnis der dynamischen »Grundstruktur« des Naturgeschehens und der Einheit der Wirklichkeit. Die Natur hat eine Geschichte. Das deterministische Materieverständis der klass. Physik ist überwunden.

In der Molekularbiologie wurde mit der DNS-Struktur der »Schlüssel zum Verständnis des molekularen Mechanismus der Vererbung« (M. Eigen), also der nicht linearen Vernetzungs- und Rückkoppelungsprozesse, und damit der Weg zum Verständnis des Übergangs von der Chemie zur Biologie gefunden. An die Stelle einer »naiven« Evolutionslehre ist die Theorie von der Entwicklung des Lebens im offenen System (Chaos-Theorie) getreten, wobei umstritten ist, ob diese immanent zu erklären, vom Zufall geprägt (J. Monod), von einem noch nicht entdeckten teleologischen Code gesteuert oder von einem jenseits von Raum und Zeit Umgreifenden gehalten ist. Ein komplexes Organisationsprinzip höherer Ebene ist möglich, jedoch nicht beweisbar. Damit ist jedoch der naturwissenschaftl. begründete Atheismus überholt. Die Gottesfrage kann wieder gestellt werden.

5. Die gegenwärtige Lage und die Aufgabe der Theologie

Der Physiker F. Capra verbindet sein naturmystisches Erleben mit den Erkenntnissen der theoretischen Physik und will ein postmodernes »ganzheitliches« (holistisches) Denken begründen (»Der kosmische Reigen«). Im Anschluß an die Philosophie östlicher Religionen spricht er von einem göttlichen Prinzip, das alles durchdringt und von innen steuert. Er fordert ein neues Denken und die Überwindung des isolierten, individuellen Subjekts. Angesichts der folgenschweren Ausbeutung der versachlichten Natur durch die Industriegesellschaften und andererseits der von zahlreichen Naturwissenschaftlern wieder aufgeworfenen rel. Frage und des pantheistischen Holismus der New-Age-Bewegung stehen die christl. Naturphilosophie und Theologie vor einer großen Herausforderung. Die bisherigen Versäumnisse werden offenkundig; es geht im christl. Glauben nicht nur um »Gott und die Seele« im Sinne Augustins, sondern auch um Gott und die »Seele« der Schöpfung (magischer Weltaspekt, Vitalismus). Die empirische Forschung und die rationale Unterscheidung von erkennendem Subjekt und zu erkennendem Objekt sind unaufgebbar. Aber zugleich muß die Frage nach Gottes Wirklichkeit in der Natur neu gestellt werden. Albert Schweitzers Begriff der »Ehrfurcht vor dem Leben« ist wieder aktuell. P. Teilhard de Chardin sieht alles im »göttlichen Milieu«. Diese Erkenntnis ist jedoch kein Ergebnis des nach Transformation strebenden menschlichen Bewußtseins, sondern ein Geschenk der Gnade. Darum dürfen die mikrophysikalischen Modelle nicht rel. mystifiziert und zur Grundlage eines umfassenden gnostischen Wirklichkeitsverständnisses gemacht werden! Es gibt Erfahrungen der Innenwelt und der Umwelt (oder besser: Mitwelt). Die Wirklichkeit zeigt sich in verschiedenen Dimensionen, nämlich der personalen, der sozialen und der kosmischen, durch die sich die Dimension der transzendenten und zugleich immanenten Gotteswirklichkeit zieht. K. Heim sprach deshalb vom dimensionalen Denken. J. Moltmann schlägt in seiner ökologischen Schöpfungslehre eine trinitarische Gotteslehre als Lösung vor. Gott ist der Schöpfer der Welt und in seiner Schöpfung gegenwärtig. Er hat sich in seiner Menschwerdung in Jesus Christus geoffenbart und erhält und vollendet die Welt im Wirken des Hl. Geistes. Gott ist aber immer auch der andere. Gott teilt sich selbst mit in seiner Gabe, aber er bleibt dennoch der Geber. Die ostkirchl. Theologie unterscheidet deshalb zwischen geschaffener und ungeschaffener Energie.

Lit.: W. Böhme (Hg.): Was ist das: die Natur? Über einen schwierigen Begriff, 1987; M. Drischer: Einführung in die Naturphilosophie, [2]1991; H.-P. Dürr, W. Zimmerli (Hg.): Geist und Natur. Über den Widerspruch zwischen naturwissenschaftlicher Erkenntnis und philosophischer Welterfahrung, [2]1989; K. Gloy, P. Burger (Hg.): Die Naturphilosophie im Deutschen Idealismus, 1993; K. Heim: Der christliche Glaube und die Naturwissenschaft, 1949; ders.: Die Wandlung im naturwissenschaftlichen Weltbild, 1951; J. Moltmann: Gott in der Schöpfung. Ökologische Schöpfungslehre, [3]1987; H.A. Müller (Hg.): Naturwissenschaft und Glaube, 1988; E. Rudolph (Hg.): Naturphilosophische Studien II. Positionen der Descartes-Kritik, 1986; C.F.v. Weizsäcker: Zeit und Wissen, 1992.

B. Maurer

Naturrecht

Die traditionelle Lehre vom sog. N., sowie dem (ihm verwandten, häufig auch identischen) natürlichen Sittengesetz bezieht sich auf allg. sittliche Prinzipien des gerechten und guten Handelns überhaupt, die natürlich genannt werden, weil sie in der Natur des Menschen gründen. Es steht dem sog. konventionellen oder positiven Recht gegenüber, das in verschiedenen Weisen »gesetzt« werden kann, weil es nicht von allgemeiner, sondern von spezieller Art ist, angepaßt an bestimmte konkrete Verhältnisse. Gleichwohl ist aber das konventionelle dem N. oder Naturgesetz nicht entgegengesetzt; denn wenn es auch eine gewisse Beliebigkeit hat, so doch nur innerhalb des Rahmens des allg. N.s oder Naturgesetzes, gegen das es nicht verstoßen darf.

Die Lehre vom N. wird heute in der Diskussion häufig als naturalistisch abgelehnt, die der geistigen, freien Autonomie des Menschen widerstreite. Traditionell hat man jedoch beim Bezug des N.s auf die Natur des Menschen diese so verstanden, daß sie den Geist nicht aus- sondern einschließt, sich also gerade auf seine Geistnatur bezieht.

Hist. gesehen, vollzogen erstmals die Sophisten die Unterscheidung zwischen dem nur gesetzten, konventionellen Recht und dem natürlichen Recht. Nach ihnen war das traditionelle Gerechte nur ein solches nach Gesetz und Herkommen, das die Schwachen gegen die Starken schützen wolle, während das von Natur Gerechte im Vorteil der Stärkeren liege. Das Unrechtleiden ist ihnen unnatürlich, unschön und eigentlich ungerecht, das (traditionell so genannte) Unrechttun zum Vorteil der Stärkeren hingegen schön, natürlich und eigentlich gerecht (Platon, Gorgias, 482c/d ff). → Platon widerlegte diese Triebmoral dadurch, daß im ungerechten Menschen der unbeherrschte Trieb, also Unordnung herrscht, und daß ein in sich unbeherrschter Mensch nicht über andere herrschen darf, während im gerechten Menschen, wie auch im Staat Ordnung und Anstand herrschen, mit Tugenden, für die zusammenfassend »Gerechtigkeit und Besonnenheit« stehen (503d ff). Das vom Trieb erstrebte sinnliche Gute (Lustvolle) ist immer nur das egoistische, zum Vorteile einzelner oder einer Gruppe, während das von der Vernunft und dem Willen erstrebte, sittliche Gute ein allen Menschen gemeinsames ist (Politeia I). Der Gerechtigkeit als Ordnung im Staat entspricht eine als Ordnung in der Seele, nämlich aus der Unterordnung des Triebes unter die Vernunft, welche die Aufgabe hat, ihn zu beherrschen (ibid. IV). Bei der Begründung der Triebmoral aus der Menschennatur betrachten die Sophisten den Menschen, wie auch seine Seele (vorsokratisch) bloß als aus materiellen Elementen zusammengesetzt, die mit Triebkräften begabt sind. Platon dagegen weist die Seele als immateriell auf, deren Vernunft ebenso zur Natur des Menschen gehört, und begründet aus ihr das sittliche Gute sowie das N.

→ Aristoteles bestimmte in der »Nikomachischen Ethik«, (Buch V über die Gerechtigkeit), auch das »von Natur Gerechte« (V 10), das er vom »politischen Recht« unterschied, und erörterte das Problem, wie es ein natürliches Recht geben könne; denn es müßte »überall (d.h. bei allen Menschen) dieselbe Kraft haben« und »unbeweglich«, d.h. unveränderlich sein, während wir doch tatsächlich »das Recht in Bewegung (Veränderung) sehen«. Aristoteles löste das Problem so auf, daß das natürliche Recht nicht schlechthin veränderlich ist (wie das bloß gesetzliche), sondern nur in gewisser Hinsicht, in einer anderen aber unveränderlich. »Veränderlich« ist das natürliche Recht, sofern die Verwirklichung der seelisch-geistigen Vermögen beim Menschen nicht mit Notwendigkeit verläuft (wie bei Naturvorgängen), ferner auch nicht schon als notwendige Wirklichkeit vorliegt (wie »bei den Göttern«), sondern in Form freier Selbstverwirklichung (vom einzelnen wie von der staatlichen Gemeinschaft) vollzogen werden soll und dabei entweder erfüllt oder auf vielerlei Weise verfehlt werden kann. Und doch hat das Vermögen in der menschlichen Natur, die verwirklicht werden soll, etwas Unveränderliches, Notwendiges, so daß die dem folgende Verwirklichung »gemäß der Natur« ist, dagegen die dem zuwiderlaufende Verwirklichung »gegen die Natur«. Die unveränderliche Natur des Menschen, ihrem Vermögen nach, wird zum natürlichen Gesetz ihrer Verwirklichung. So werden auch alle positiv-gesetzlichen Staatsverfassungen, sofern sie gut sind, der formalen Bedingung der »von Natur besten Verfassung« entsprechen und von ihr etwas in sich haben, d.h. sie werden bei aller Verschiedenheit ihrer Verwirklichung doch immer Formen einer menschlichen Gesellschaft sein, die auf das Gemeinwohl der Bürger gerichtet ist, gemäß ihrer Wesensnatur. Eine gewisse N.slehre, die sich auf den (pantheistisch) alles durchwaltenden göttlichen Logos gründet, boten dann erstmals die → Stoiker (Stoic. vet. fr. I 42,35ff u.ö.; wichtige Zeugnisse bei Cicero). Sie ist zusammen mit (neu)platonischen und aristotelischen Quellen in die Kirchenväter und mittelalterl. Scholastiker (so → Thomas von Aquin, Summatheol. I-II, 90ff) eingegangen.

Zu Beginn der Neuzeit vertraten ein unveränderliches N. Francisco de Vitoria und Domingo de Scoto (mit dem Blick auf die Eingeborenen des neuentdeckten Amerika), sowie Fr. → Suárez und Hugo → Grotius, mit Betonung eines Völkerrechtes. Th. → Hobbes, J.-J. → Rousseau u.a. versuchten ein N. aus dem Willen und der Einsicht des einzelnen zu begründen, wobei seine normative Geltung verlorenging. D. → Hume verwendete noch den Begriff des N.s, nahm ihm aber seine Unveränderlichkeit. S. → Pufendorf, Chr. → Thomasius und Chr. → Wolff fanden dann zu einem tieferen, zugleich wieder traditionelleren N.sbegriff zurück (gründend auch auf den Prinzipien der Selbsterhaltung und Geselligkeit) und übten mit ihren Werken großen Einfluß bis ins 19. Jh. aus. Bei → Kant betraf das Recht die äußere Gesetzmäßigkeit des Handelns. Es zeigt sich als natürliches Recht im vorbürgerlichen Naturzustand der Menschen, das dann in den bürgerlichen Gesellschaften als Bedingung für das positive Recht fortbesteht. Auch im Idealismus → Fichtes und → Hegels blieb das N., wie das Recht überhaupt, eine äußere Bedingung, im Unterschied zur inneren der Sittlichkeit im Menschen. In der N.sdiskussion des 20. Jh.s bleibt eine ungelöste Kontroverse zwischen für und gegen die Annahme unveränderlicher Rechtsgrundsätze, zwischen (neu)scholastisch orientierten (Cathrein u.a.), neukantianischen (Radbruch u.a.) und positivistischen Vertretern (Kaufmann u.a.). Dabei wird das Natürliche des N.s von den einen im Schöpfergott begründet, von den anderen naturalistisch im Menschen selbst. Unannehmbar erscheint den anderen, daß material inhaltliche Rechtsgrundsätze unveränderliche Geltung haben sollen. Ist sie hingegen auf eine rein formale, innere Bedingung der Sittlichkeit im Menschen beschränkt, dann erscheint sie ihnen nicht mehr als natürliche, sondern als Leistung autonom setzender Vernunft.

Im Zusammenhang mit dem natürlichen Sittengesetz bzw. N. sind die allg. → Menschenrechte wenigstens zu erwähnen. Sie setzen das N. voraus mit dem allg. Zweck des guten, glücklichen Zusammenlebens aller in einer staatlichen Gemeinschaft, woraus dem einzelnen gewisse Grundpflichten erwachsen wie auch ihnen entsprechende Grundrechte (Unantastbarkeit der Person, Achtung der personalen Würde, gegen jede Diskriminierung wegen der Rasse, des Geschlechtes usw., Rede-, Religions-, Versammlungsfreiheit u.a). Sicherlich erhalten diese Garantien ihre volle Kraft erst, wenn ein allg. Sittengesetz, ein unveränderliches Wesen des Menschen und seiner personalen Würde anerkannt werden. Doch ist es nicht mehr Aufgabe des Gesetzgebers, diese Voraussetzungen näher zu bestimmen, sondern vielmehr Aufgabe der Gesellschaft, ihr Wesen zu klären sowie mit Sinn und Leben zu erfüllen.

Das N. bzw. Naturgesetz steht auf der Stufe einer natürlichen Sittlichkeit des Menschen, auf der sich die höhere Stufe der durch Erziehung erst zu erwerbenden, voll qualifizierten, personalen Sittlichkeit ausbildet, mit der also das N. nicht konkurriert, da es vielmehr deren natürliche Grundlage ist. Zur Rezeption des N.s in der christl. Theologie: → Ethik.

Lit.: H. Burkhardt (Hg.): Begründung ethischer Normen, 1988; Ph. Delahaye: Permanence du droit naturel, [2]1967; F. Flückiger: Geschichte des Naturrechts, 1954; W. Maihofer (Hg.): Naturrecht oder Rechtspositivismus, 1972; J. Meßner: Das Naturrecht, [7]1984; H. Seidl: Platons Lehre vom Natürlichen Recht des Menschen in Konfrontation mit den Sophisten, in: Verabschiedung oder naturphilosophische Weiterführung der Metaphysik? (hg. von Bäumer, v. Stockhausen), 1990, 165-174; ders.: Zur Grundlage des Natürlichen Sittengesetzes in der Wesensnatur des Menschen, in: L'uomo via della Chiesa (Studi in onore di Giovanni Paolo II), 1991, 377-389.

H. Seidl

Naturwissenschaft und Theologie

1. Grundsätzliches

Das Verhältnis zwischen neuzeitlicher N. und christl. Glauben ist von beiden Seiten her ambivalent:

Es gab und gibt stets N.ler, die den christl. Glauben und ihre Wissenschaft eng miteinander verbinden; ihre naturwissenschaftl. Erkenntnisse stehen für sie im Rahmenhorizont bibl. Gotteserkenntnis und münden unmittelbar in das Lob des Schöpfers. Für andere war und ist eine solche Verbindung undenkbar, weil ihnen angesichts der vorausgesetzten Objektivität und Sicherheit ihrer Wissenschaft und angesichts der vorausgesetzten Unbedingtheit und unverbrüchlichen Geltung der Naturgesetze jeder Glaube an einen handelnden Gott als ein willkürlicher und unbegründeter Fremdkörper erscheint. Es entscheidet sich hier offensichtlich alles am Verständnis der N. und ihrer Erkenntnisse: wer N. als Erforschung eines (auch im Sinne statistischer Gesetzmäßigkeiten) absolut gesetzmäßigen und in sich abgeschlossenen Weltmechanismus versteht, dem bleiben – neben einer rein immanenten materialistischen oder idealistischen Weltsicht –

nur der → Deismus oder der → Pantheismus als rel. Optionen; wer N. als einzig sichere Erkenntnisgewinnung versteht, außerhalb derer alles ungewiß bleiben muß, dem bleibt nur der → Agnostizismus; wer aber im christl. Glauben lebt, versteht N. so, daß stets Gottes Wille und Wirken über der erkannten Wirklichkeit und Gesetzmäßigkeit steht und sie durchdringt. Letztlich mündet die Frage nach dem gegenseitigen Verhältnis also in die Frage nach der Wahrheit des christl. Glaubens und wird mit dieser zusammen entschieden.

Der christl. Glaube seinerseits kann sich naturwissenschaftl. Erkenntnis im Lob des Schöpfers unmittelbar zu eigen machen und in ihr etwas von der Herrlichkeit Gottes wahrnehmen. Andererseits ist ihm das theoretische Interesse der Wissenschaft, die Zusammenhänge der Welt als solche und ganz um ihrer selbst willen zu erforschen, zunächst von seinen Wurzeln her fremd, und es kann eine Konkurrenz und Spannung entstehen zwischen der Ausrichtung des Glaubens auf die Erneuerung des Lebens aus dem Wort Gottes und der Ausrichtung der N. auf die theoretische Erkenntnis der Welt; dies erst recht dann, wenn Diskrepanzen zwischen bibl. und naturwissenschaftl. Aussagen entstehen und den Zugang zur Bibel erschweren.

Da die beschriebenen gegensätzlichen Tendenzen sowohl in der N. wie in der Christenheit stets nebeneinander vorhanden sind, kann man das Verhältnis zwischen N. und christl. Glauben nicht in einer einheitlichen abschließenden Formel zusammenfassen. Hier ist grundsätzlich ein fortgesetzter Dialog und eine fortgesetzte Auseinandersetzung mit den jeweils anstehenden Fragen vonnöten.

Diese Unabschließbarkeit hängt mit den verschiedenen Wurzeln von N. und christl. Glauben zusammen: Mit dem Gedanken der → Wissenschaft verbindet sich von seinen griech. Wurzeln her – trotz und neben aller kritischen wissenschaftstheoretischen Reflexion unaustilgbar – immer wieder der Anspruch und die Hoffnung einer umfassenden rationalen Lebensorientierung, die keine anderen Orientierungsinstanzen neben oder gar über sich dulden kann. Umgekehrt bedeutet auch der christl. Glaube eine umfassende Ausrichtung des Lebens, ohne daß jedoch von seinem Ursprung her in der Ordnung der Gemeinde oder des persönlichen Lebens ein Platz für eine maßgebliche Institution »Wissenschaft« im griech. oder neuzeitlichen Sinn vorgesehen wäre.

So müssen alle Versuche einer positiven Verbindung zwischen N. und christl. Glauben stets labil bleiben in Abhängigkeit von den im wissenschaftl. Raum gerade vorherrschenden geistigen Strömungen, aber auch in Abhängigkeit von der Stellung des einzelnen Christen im Raum der Wissenschaft oder im Gespräch mit dem wissenschaftl. Denken. Unter Umständen kann eine solche positive Verbindung nur zusammen mit einer deutlichen Absage an ein vorherrschendes Wissenschaftsverständnis sinnvoll durchgehalten werden. Oder anders formuliert: Ein Christ oder eine christl. Gemeinde, die N. positiv mit dem christl. Glauben verknüpfen, interpretieren sie – auch bei gleichen Einzelinhalten – grundsätzlich anders als ein Atheist, und es ist die Frage, ob sie das in ihrem Verantwortungsbereich deutlich machen und zur Geltung bringen können oder ob die positive Verknüpfung nur als unkritische Blankozustimmung zu dem, »was die Wissenschaft sagt«, wirksam wird.

Dabei haben andererseits wahre Erkenntnisse, auch wenn sie in einem atheistischen Kontext formuliert wurden, durch ihre Wahrheit auch für den Christen bindende Kraft. Das gilt auch da, wo sich daraus Schwierigkeiten für den Glauben ergeben. Aus diesem Grunde und insoweit kann es für die Christenheit nie eine grundsätzliche Absage oder Gleichgültigkeit gegenüber einer Wissenschaft geben, die der Wahrheit verpflichtet ist.

2. Historisches

In manchen ihrer Voraussetzungen ist die aufkommende neuzeitliche N. deutlich dem christl. Schöpfungsglauben verpflichtet. Andererseits zog der Umbruch des Weltbildes, der damit verbunden war (→ Kopernikus, → Galilei), über längere Zeit z.T. heftige Auseinandersetzungen nach sich, bis er auch von Kirche und Theologie (Th.) durchgehend akzeptiert wurde.

Wie in diesem Fall sind es auch weiterhin vor allem vermeintliche oder wirkliche Gegensätze zwischen bibl. Aussagen oder kirchl. Lehrsätzen einerseits und neuen naturwissenschaftl. Erkenntnissen (oder den Folgerungen, die man aus ihnen zieht) andererseits, die immer wieder zur Aufarbeitung zwingen und zu Auseinandersetzungen führen: Fragen etwa um Erdalter, Schöpfungstage, Sintflut, Fossilien, das Werden der geologischen Formationen oder die → Evolution der Lebewesen; Naturgesetz/menschliche Freiheit/Handeln Gottes, → Wunder, Materie und Geist, naturwissenschaftl. → Weltbild und bibl. → Heilsgeschichte und → Eschatologie.

Andererseits birgt das Verhältnis zwischen theol. Lehrbildung und naturwissenschaftl. Forschung auch grundsätzliche Probleme in sich. Beide haben ihre eigenen Grundlagen, Prinzipien und Denkformen; die Th. bleibt notwendig (auch in ihren aufklärerischen und modernen Formen) der kirchl. Lehrtradition verhaftet, damit aber auch traditionellen Denkformen, die dem naturwissenschaftl. Denken fremd sind; die N. andererseits sucht abseits der phil. Schul- und der theol. Konfessionsstreitigkeiten auf der Grundlage nachprüfbarer Experimente und Messungen nach mathematischen Gesetzen des Naturgeschehens; metaphysische und theol. Fragen werden darum in den Institutionen, die N. betreiben (z.B. die Royal Society in England), bewußt ausgeklammert. Dieses unverbundene Nebeneinander und die damit verbundene Entfremdung der beiderseitigen Denkformen begünstigen das Wirksamwerden grundsätzlicher Spannungen und Fronten (wie sie z.T. ähnlich auch im MA schon gegeben waren): Freiheit der Forschung gegen die Autoritätsbindung der Th., autonom erkennende → Vernunft gegen die Verpflichtung auf Traditionen, Wissenschaft gegen Glauben, Fortschritt gegen Beharrung. Seit der → Aufklärung sucht die Th. teilweise diesen Bewußtseinslagen Rechnung zu tragen, stellt aber letztlich keinen entscheidenden Faktor im Fortgang des Geschehens mehr dar. Man darf hier freilich nicht einfach an zwei getrennte Lager denken: unter denen, die aktiv und interessiert N. betreiben und zu weiterführenden Erkenntnissen beitragen, sind über lange Zeit hin immer wieder auch Geistliche. Aber die Gedanken von N. und Th. leben sich auseinander.

Das 19. Jh. ist wesentlich durch drei Aspekte gekennzeichnet:

– Die Th. besinnt sich auf die Eigenart des Glaubens gegenüber dem Wissen (→ Schleiermacher) und begibt sich damit auf eine Ebene, auf der sie der Konkurrenz zur Wissenschaft enthoben zu sein glaubt: Th. handelt vom Glauben und nicht von einer objektiven Erkenntnis feststellbarer Wirklichkeit; dieser Ansatz wird auch noch weitgehend das 20. Jh. bestimmen.

– Vor allem auf konservativer Seite verteidigt eine rege theol. → Apologetik die bibl. Glaubenswahrheiten nicht nur durch prinzipielle Zuordnungen von N. und Th. und ihrer Zuständigkeiten, sondern auch durch naturwissenschaftl. Argumentationen; daß man mit alledem nicht durchzudringen vermochte, wirkt ermüdend und läßt am Anfang des 20. Jh.s nach neuen Wegen Ausschau halten.

– Um die Mitte des 19. Jh.s wird auf breiter Front eine Verbindung von Wissenschaftsglaube und materialistischer Weltsicht (deterministisches Weltbild) wirksam, die z.T. zu heftigen Kämpfen gegen den Glauben im Namen der Wissenschaft führt. Das Ergebnis ist die allg. Verbreitung und Durchsetzung eines säkularisierten Verständnisses von Wirklichkeit und Wissenschaft, für das der Glaube allenfalls eine subjektive Zutat oder Deutung zu der allein von der Wissenschaft festzustellenden objektiven Wirklichkeit sein kann, in der Gott nicht vorkommt.

Einige geistige und wissenschaftstheoretische Strömungen im Umkreis der N. am Ende des 19. Jh.s, die den Begriff der Energie gegenüber dem der Materie in den Vordergrund rückten und die Aufmerksamkeit verstärkt auf den Anteil des Menschen am Zustandekommen naturwissenschaftl. Erkenntnis lenkten (Ernst Mach, Wilhelm Ostwald u.a.), lockerten den Druck des materialistisch-deterministischen Weltbildes und seiner rel. Variante, des → «Monismus« (Ernst Haeckel), auf und ließen neue Hoffnungen und Perspektiven aufkommen (aus dieser Konstellation empfängt Karl → Heim die ersten und grundlegenden Impulse für seine Bemühungen um das Gespräch zwischen Theologie und Naturwissenschaft). Die hier angeschlagenen Linien setzten sich fort und kamen verändert weiter zum Durchbruch in den Umbrüchen der Physik am Beginn des 20. Jh.s in Albert Einsteins Relativitätstheorie und in der Entwicklung der Quantentheorie und ihrer sog. Kopenhagener Deutung (Niels Bohr, Werner Heisenberg, Carl Friedrich von Weizsäcker u.a.): N.ler wußten nun neu um die Grenzen ihrer Erkenntnis und zeigten sich offen für rel. und phil. Fragen. Das Verhältnis zwischen N. und christl. Glauben konnte sich entspannen und ein sinnvolles Gespräch zwischen N. und Th. wurde möglich. Ausgerechnet in dieser Zeit etwa zwischen 1930 und 1965 gab es an den theol. Fakultäten und in der theol. Öffentlichkeit wenig Interesse und – abgesehen vom Spätwerk Karl Heims – kaum intensivere Bemühungen um ein solches Gespräch.

Freilich blieb die Offenheit von N.lern für das Gespräch über rel. Fragen in unmittelbarem Bezug zu ihrer Wissenschaft und erst recht das Bekenntnis von N.lern zum christl. Glauben und zu einer positiven Beziehung zwischen N. und Glaube stets ein partielles Phänomen, das nur im Blickfeld der interessierten Christen eine Zeitlang im Vordergrund stand. In der zweiten Hälfte des 20. Jh.s machte sich in der allg. Bewußtseinslage wieder stärker eine Einstellung von Wissenschaftlern bemerkbar, der rel. Denken als durch die Wissenschaft überholt gilt und die die Wissenschaft daher gegen jede positive Verbindung zu einer gegebenen Religion abzuschirmen versucht (z.B. Jacques Monod). Daneben blüht freilich auch eine rel. oder quasirel. Überhöhung der N. wieder auf (z.B. Carsten Bresch), z.T. in Verbindung mit der → New-Age-Bewegung und ihrer Neigung zur Assimilation von Elementen fernöstlicher Religiosität (Fritjof Capra u.a.). Und hinsichtlich der ethischen Fragen, die im Zusammenhang der N. immer drängender werden, richten sich immer wieder Hoffnungen und Erwartungen auch auf die Kirchen und die Th. So hat unter sehr verschiedenen Motivationen und Erwartungen das Thema »Naturwissenschaft und Theologie« wieder neues Interesse gewonnen, und seit den siebziger Jahren ist international eine stark zunehmende Aktivität von Gesprächskreisen, Institutionen und Tagungen zu verzeichnen, die sich dieser Thematik widmen.

Seit den sechziger Jahren lebt der Widerstand mancher christl. Kreise gegen den Evolutionsgedanken (→ Evolution) verstärkt wieder auf, und unter der Bezeichnung → «Kreationismus« wird hier von verschiedenen Gruppen und Institutionen in unterschiedlicher Qualität versucht, eine Auseinandersetzung über die wissenschaftl. Grundlagen der Evolutionstheorie und mögliche Alternativen zu führen.

3. Aktivitäten im 20. Jahrhundert

Als Autoren, die in der ersten Hälfte des 20. Jh.s im deutschsprachigen Raum als einzelne intensiver an dieser Thematik gearbeitet haben, sind vor allem zu nennen die Theologen Karl Beth (1872-1959; einschlägige Publikationen etwa 1905-1918), Arthur Titius (1864-1936; 1904-1930) und Karl Heim (1874-1958; 1902-1952) sowie der Naturwissenschaftler und Naturphilosoph Bernhard Bavink (1879-1947; Gymnasiallehrer in Bielefeld, 1914-1947).

An Institutionen, die im deutschsprachigen Raum zum Gespräch zwischen christl. Glauben und N. beigetragen haben, sind vor allem zu nennen: die 1876 gegründete kath. Görres-Gesellschaft mit ihrem 1957 gegründeten internationalen »Institut zur Begegung von Naturwissenschaft und Glauben«; der Keplerbund (1907-1941; Eberhard Dennert, Bernhard Bavink); ab 1909 Tagungen des Apologetischen Seminars in Wernigerode (August Wilhelm Hunzinger, Carl Stange; 1932 in Gründung der Luther-Akademie eingemündet); die Apologetische Centrale für ev. Weltanschauung und soziale Arbeit in Berlin (1921-1935; Carl G. Schweitzer); das Kirchliche Forschungsheim in Wittenberg (seit 1927 bis zur Gegenwart); nach dem Zweiten Weltkrieg die Evangelischen und Katholischen Akademien; die von dem Mathematiker und Naturwissenschaftler Günter Howe initiierten Göttinger Physiker-Theologen-Gespräche (1949-1961), deren Arbeit und Tradition dann mit in die Arbeit der Forschungsstätte der Evangelischen → Studiengemeinschaft (FESt) in Heidelberg einging und internationale Beachtung fand; die → Evangelische Zentralstelle für Weltanschauungsfragen (EZW) in Stuttgart (seit 1960); das Institut für wissenschaftstheoretische Grundlagenforschung des Deutschen Instituts für Bildung und Wissen (seit 1958); die Fachgruppe Naturwissenschaftler innerhalb der Akademikerarbeit der → Studentenmission in Deutschland (SMD; seit 1972); die → Karl-Heim-Gesellschaft (seit 1974); das Internationale Wissenschaftsforum der Universität Heidelberg (seit 1986); als kreationistisch ausgerichtete Gruppe die → Studiengemeinschaft Wort und Wissen (seit 1978).

Im englischsprachigen Raum arbeitet das Victoria Institute in London seit 1865 in diesem Themenbereich; im evangelikalen Bereich seit den vierziger Jahren des 20. Jh.s in Großbritannien die Research Scientist's Christian Fellowship – seit 1989 unter dem neuen Namen »Christians in Science« – innerhalb der Universities and Colleges Christian Fellowship, und in den USA die American Scientific Affiliation. Seit 1954 arbeitet das Institute on Religion in an Age of Science (IRAS) in den USA. Etwa seit Beginn der siebziger Jahre kam eine Reihe weiterer Institutionen unterschiedlicher Prägung hinzu. An bedeutenden Autoren der letzten Jahrzehnte sind vor allem zu nennen: Ian G. Barbour, Stanley L. Jaki, Donald M. MacKay, Harold P. Nebelsick, Arthur R. Peacocke, John Polkinghorne, Bernard Ramm, Thomas F. Torrance.

Seit 1986 findet alle zwei Jahre eine »European Conference on Science and Theology« statt, seit 1988 getragen von der »European Society for the Study of Science and Theology« (ESSSAT). Diese bildet eine allg. Plattform für das internationale Gespräch zwischen Wissenschaft und Theologie.

Lit.: H. Aichelin, G. Liedke (Hg.): Naturwissenschaft und Theologie. Texte und Kommentare, [2]1974; R. Bergold: Der Glaube vor dem Anspruch der Wissenschaft, 1991; W. Elert: Der Kampf um das Christentum seit Schleiermacher und Hegel, 1921; H. Hafner: Das christliche Zeugnis vom Schöpferwirken Gottes und die Weltbilder neuzeitlicher Wissenschaft, in: E. Gutsche, P.C. Hägele, H. Hafner (Hg.): Zur Diskussion um Schöpfung und Evolution. (Porta-Studien 6, Studentenmission in Deutschland, Marburg), [3]1987, 395-485 (Lit.); K. Heim: Der christliche Gottesglaube und die Naturwissenschaft. Grundlegung des Gesprächs zwischen Christentum und Naturwissenschaft, (1949) [3]1976; ders.: Die Wandlung im naturwissenschaftlichen Weltbild, (1951) [4]1975; J. Hübner (Hg.): Der Dialog zwischen Theologie und Naturwissenschaft. Ein bibliographischer Bericht, 1987; ders.: »Naturwissenschaft und Theologie«, EKL[3] Bd. 3, 1992, 648-656; J.M. Mangum (Ed.): The New Faith-Science Debate. Probing Cosmology, Technology and Theology, 1989; A.M.K. Müller: Wende der Wahrnehmung. Erwägungen zur Grundlagenkrise in Physik, Medizin, Pädagogik und Theologie, 1978, S. 157-269; ders., W. Pannenberg: Erwägungen zu einer Theologie der Natur, 1970; C.F. von Weizsäcker: Die Tragweite der Wissenschaft, [6]1990; Who's Who in Theology and Science. An International Biographical and Bibliographical Guide to Individuals and Organizations Interested in the Interaction of Theology and Science, 1992; N.M. Wildiers: Weltbild und Theologie. Vom Mittelalter bis heute, 1974.

H. Hafner

Naumann, Friedrich (1860-1919)

N., geb. am 25. 3. 1860 in Störmthal (bei Leipzig), gest. am 24. 8. 1919 in Travemünde, Theologe und Politiker, stammt aus einem konservativ-luth. Pfarrhaus. Zunächst war er als Oberhelfer im Rauhen Haus in Hamburg tätig (seit 1883), anschließend im Pfarramt in Langenburg im Erzgebirge (1886) und als Vereinsgeistlicher der Inneren Mission in Frankfurt a.M. (1890), wobei er mit den sozialen Problemen der industriellen Arbeiterschaft konfrontiert wurde. Seit diesem Jahr engagierte er sich auch im neugegründeten → Ev.-sozialen Kongreß, wo er Führer eines liberalen Kreises (die »Jungen«) wurde, der sich dem polit. Konservatismus Adolf → Stoeckers entgegenstellte. Ausgehend von einer Verwandtschaft zwischen Sozialismus und Innerer Mission, sah er deren Aufgabe im sozial-polit. Bereich: in der Bildung eines christl. Sozialstaates.

Unter dem Einfluß Max → Webers und Rudolf → Sohms vollzog N. allerdings eine entschiedene Wendung vom christl.-sozialen Ansatz zum national-sozialen, die sich in der Gründung des »National-sozialen Vereins« (1896) und im Übertritt vom Pfarramt in die Politik (1897) kundgab. Dieser Verein suchte die Arbeiterschaft als Basis einer imperialen Machtpolitik zu gewinnen, die von nationaler Demokratie und »sozialem Kaisertum« getragen werden sollte. 1903 löste N. den Verein auf und schloß sich dem Links-Liberalismus an, den er im Reichstag (1907-18) und im Verfassungsausschuß der Weimarer Nationalversammlung (1919) vertrat: in der »Freisinnigen Vereinigung«, der »Fortschrittlichen Volkspartei« (1910) und – als Mitbegründer und 1. Vorsitzender – in der Deutschen Demokratischen Partei (1918-19). Dabei legte er einen Plan für eine mitteleurop.-föderalistische Wirtschaftsunion vor (»Mitteleuropa«, 1915) und setzte sich für Parlamentarisierung und sozialliberale Reformen ein; letzteres machte ihn zum Wegbereiter eines modernen Sozialliberalismus.

Lit.: F. Naumann: Werke, 6 Bde., (hg. von W. Uhsadel u.a), 1964-69; A. Milatz: Friedrich-Naumann-Bibliographie, 1957.

I. Engel: Gottesverständnis und sozialpolitisches Handeln. Eine Untersuchung zu Friedrich Naumann, 1972; Th. Heuss: Friedrich Naumann. Der Mann, das Werk, die Zeit, [3]1968; B. Loew: Friedrich Naumann, 1860-1919, 1985; W. Stephan: Friedrich Naumann. Persönlichkeit und Werk, [2]1975; P. Theiner: Sozialer Liberalismus und dt. Weltpolitik. Friedrich Naumann im wilhelminischen Deutschland (1860-1919), 1983.

W. Raupp

Navigatoren

Internationales christl. Missionswerk; in der Bundesrepublik seit 1951, in der DDR seit etwa 1975, dort vor der Wiedervereinigung als »Timotheusarbeit«, Arbeitsgemeinschaft der Evang.-Luth. Kirche in Thüringen. Begründet wurden die N. in den Jahren vor dem Zweiten Weltkrieg in den USA durch Dawson Trotman (1906-1956), der als der »Apostel der Nacharbeit« bezeichnet worden ist. Im amerikanischen Erweckungschristentum wurde man damals nach weitverbreiteter Ansicht durch einmalige, oft folgenlose »Entscheidung« ein für allemal Christ. Trotman wollte Menschen nicht nur zur Entscheidung rufen, sondern sie auch zur Nachfolge und Mitarbeit anleiten (»evangelize, establish, equip«), wobei er u.a. auf auswendiggelernte Bibelverse Wert legte. Statt auf Großveranstaltungen und Gruppenarbeit setzte er auf die persönliche Begleitung einzelner und sah in sich multiplizierenden Betreuungsketten nach 2Tim 2,2 den Schlüssel für die Ausbreitung des Reiches Gottes. Die heutige Arbeit betont das Eingehen auf den einzelnen in seiner individuellen und kulturellen Situation.

Lit.: B.L. Skinner: The Story of Dawson Trotman, Founder of the Navigators, 1974; J. Petersen: Der lebende Beweis, Evangelisation als Lebensstil, 1991.

W.C. Jaeschke

Nazarener → Kunst, christliche

Nazarener-Gemeinde → Kirche des Nazareners

Nazoräer, Nazarener

1. Nazoräer (griech. *Nazōraios*) und Nazarener (griech. *Nazarēnos*) sind ntl. Bezeichnungen für Jesus. Häufiger ist der schwierigere Name Nazoräer (Mt 2,23; 26,71; Lk 18,37; Apg 2,22; 3,6 u.ö.; Joh 18,5.7; 19,19); im Plural wird er Apg 24,5 für die Christen gebraucht. Dagegen verwendet Markus »Nazarener« (1,24; 10,47; 14,67; 16,6), während Lukas beide Begriffe ohne Unterschied gebraucht (*Nazarēnos* 4,34; 24,19). Mit dem Namen *Nazōraios* soll Jesus nicht etwa als »Observant (von hebr. *nasar* s.u.) und auch nicht als ein für Gott »geweihter« Nasiräer (Hebr. *nazīr*, griech. *naziraios*, vgl. Ri 13,5.7) ausgezeichnet werden. Vielmehr hat man ihn so – wie auch mit dem Beinamen *Nazarenos* – als Mann aus Nazaret (hebr. *Naserath*, griech. *Nazaret*) ausgegeben, so wie er bei den Juden als *Jeschū' ha-Nosrī*, »Jesus, der Nazarener« galt (b Ab z 17a; b Ber 17b).

2. Matthäus (2,23) macht jedoch deutlich, daß die Christen *Nazōraios* nicht etwa als despektierlich, sondern als heilsgeschichtl. bedeutungsvoll bewerteten: Das Aufwachsen Jesu in Nazaret und seine Benennung »*Nazōraios*» offenbaren, daß sich gerade dadurch eine prophetische Verheißung erfüllt (Mt 2,23). Zwar ist Nazaret nicht etwa wie Bethlehem (Mi 5,1) in der Schrift erwähnt; es hat deshalb scheinbar keine Heilsbedeutung, wie Nathanael zunächst urteilt (Joh 1,46). Aber dieser Ort ließ sich von den einsichtigen Glaubenden mit der messianischen Weissagung Jes 11,1 verbinden: Jesus, der Mann aus Nazaret, ist der »Sproß« (*nēser*) aus den Wurzeln Jesses und als solcher der »Nazoräer«, der in der Kraft und Weisheit des Gottesgeistes Großes lehrt und Wunder tut (Mk 6,2; vgl. Jes 11,2); außerdem besitzt er die Fähigkeit, den Menschen ins Herz zu sehen und sie so richtig zu beurteilen (Mk 1,16-20; Joh 1,47-49; vgl. Jes 11,3; anders Bar-Kochba nach b Sanh 93 b).

3. Die Verheißung Jes 49,6, nach welcher der Gottesknecht die Stämme Jakobs und die »Bewahrten (*nesīrē* = *nesūrē*) Israels« zurückbringen wird, hat wohl dazu geführt, daß der Name N. (im Plural) auf jüd. Sekten wie die *Nazōraioi* bzw. die *Nazaraioi* (Epiphanius Pan. 29 bzw. 18), ferner auf die Judenchristen in Transjordanien, die syrischen Christen (*nasrajja'*) und die Mandäer (*nasorajja'*) angewandt werden konnte, vgl. auch das Nazoräerevangelium. Dabei hat dann die Beziehung zum hebr. Verbum *nasar*, »bewahren«, eine wichtige Rolle gespielt: Die N. sind »Observanten«, d.h. Wahrer des Gesetzes und der Tradition; das glaubten besonders die Mandäer.

Lit.: O. Betz: »Kann denn aus Nazareth etwas Gutes kommen?« in: Jesus, der Messias Israels, 1987, 387-397; B. Gärtner: Die rätselhaften Termini Nazoräer und Iskarioth. Horae Soederblomianae IV, 1957, 5-36; M. Lidsbarski: Ginza, der Schatz, 1925.

O. Betz

Neander, August (1789-1850)

N., geb. am 17. 1. 1789 (als David Mendel) in Göttingen, gest. am 14. 7. 1850 in Berlin, trat 1806 vom Judentum zur ev. Kirche über.

Unter D.F. → Schleiermachers und G.J. Plancks Einfluß studierte er Theologie, habilitierte sich 1806 in Heidelberg für Kirchengeschichte und war seit 1813 Professor in Berlin.

Er gilt als einer der Väter der neueren ev. Kirchengeschichte und als Begründer der Frömmigkeitsgeschichte wie auch der kirchenhist. Monographie (über Themen: Die Gnosis, 1848; Das apostolische Zeitalter, 1832; Das Leben Jesu, 1837 – über Personen: Julian Apostata, 1812; Bernhard von Clairvaux, 1813; J. Chrysostomus, 1822; Tertullian, 1824; Pascal 1847 u.a.). Persönlich war er ein tieffrommer Mann und gehörte mit → Tholuck zu den Vertretern der → Erweckungsbewegung und der »Pektoral-Theologie« (»Das Herz macht den Theologen«). Kirchenpolit. rechnete er sich zunächst zur Partei → Hengstenbergs, von dem er sich jedoch später – wie viele andere – distanzierte.

Lit.: A. Harnack: Rede auf August Neander, in: Reden und Aufsätze I, 1904, 192-218; H. Hüttmann: August Neander in seiner Jugendentwicklung, Diss. Heidelberg, 1936; O. Krabbe: August Neander, 1852; Ph. Schaff: August Neander. Erinnerungen, 1886.

G. Ruhbach

Neander, Joachim (1650-1680)

N., geb. 1650 in Bremen, studierte ab 1666 am dortigen Gymnasium illustre ref. Theologie. Durch Predigten Untereycks an der Martinikirche wurde N. 1670 für den ref. Pietismus gewonnen; es folgte auch eine Begegnung mit Spener in Frankfurt/M. 1674 wurde N. Rektor der ref. Lateinschule in Düsseldorf, 1679 Frühprediger an der Bremer Martinikirche, wo er am 31. 5. 1680 nach kurzer Krankheit verstarb.

N. ist als ref. Kirchenlieddichter bekannt geworden. 1680 veröffentlichte er »Einfältige Bundeslieder und Dankpsalmen«, 57 geistl. Gedichte mit ca. 30 von N. geschaffenen Melodien. Ursprünglich für die Hausandacht bestimmt, wurden viele Lieder bald auch im Gottesdienst gesungen. Einige der herrlichen Loblieder gehören bis zur Gegenwart zum Kernbestand ev. Kirchengesangs: »Lobe den Herren« (EKG 234); »Wunderbarer König« (EKG 235); »Der Tag ist hin« (EKG 365).

Lit.: E. Simons: »Neander, Joachim«, RE 13, 1903, 687-690; Handbuch zum EKG II/1, 1957, 251ff.

J.O. Rüttgardt

Nee, Watchman (1903-1972)

N.,geb. am 4. 11. 1903 in Foochow/China, gest. am 1. 6. 1972 in der Provinz Anhwei/China. Schon die Großeltern und Eltern N.s waren von amerik. Missionaren für Christus gewonnen worden; 1920 erlebte N. selbst während des Studiums eine Hinwendung zum persönlichen Glauben, gab sein Studium auf und wurde Evangelist und Pastor (in methodist. Ausprägung, beeinflußt durch die Lektüre von A. Murray, Ch. → Finney, O. → Stockmayer u.a.). Er wirkte zunächst in Singapore, reiste dann als Evangelist durch ganz China, heiratete 1934 und war 1939 in England. Er gründete nach urchristl. Vorbild viele Gemeinden, denen er tief gegründete Schriftauslegungen hielt und zu Papier brachte. Nach dem Sieg Mao Tse Tungs 1949 über die Kuomintang-Truppen Tschang Kai-Tscheks wurde N. 1952 in der Mandschurei verhaftet und 1956 wegen konterrevolutionärer Umtriebe zu 15 Jahren Haft verurteilt. Seine Kirchenbewegung, die »Kleine Herde«, erlitt ebenfalls heftige Verfolgungen. N. selbst starb nach 20jähriger Haft, gegründet im Glauben und als leuchtendes Vorbild für die chinesische Kirche und die Weltchristenheit. Viele der unter seinem Namen publizierten Bücher stammen allerdings nicht von ihm; authentisch sind: Das normale Christenleben, ^{17}1976 (1962 in Englisch) und The Spiritual Man, 1968.

Lit.: A.I. Kinear: Ein Leben gegen den Strom, ^{2}1976.

G. Ruhbach

Neid → Laster, Lasterkataloge

Neo-Evangelikalismus → Evangelikal

Neo-Orthodoxie → Barth, Karl; → Brunner, Emil

Neologie

1. Zum Begriff

Die deutsche prot. Aufklärungstheologie wird schon im 18. Jh. als »Neologie«, d.h. »neue Lehre«, bezeichnet, so bei Johann Jakob Griesbach 1779 in seiner Vorrede zur »Anleitung zum Studium der populären Dogmatik«, und Johann Salomo → Semler 1779 in der Vorrede zu seiner »Beantwortung der Frage eines Ungenannten insbesondere vom Zweck Jesu und seiner Jünger«. In der preußischen Reaktion gegen die Aufklärung unter Friedrich Wilhelm II. hat sich dieser Begriff für die deutsche prot. Aufklärungstheologie fest eingebürgert.

Umfang und Inhalt der N. sind nicht eindeutig zu bestimmen. Im allg. wird als N. die deutsche prot. Aufklärungstheologie zwischen 1740 und 1786 bezeichnet. Sie war in erster Linie eine positive und praktische Reformbestrebung mit dem Willen, in die Welt hinein zu wirken (Ansätze einer Sozialethik, Ablehnung der Sklaverei, des Krieges, des Nationalismus). Im Kampf gegen eine radikale Infragestellung des Christentums waren die Neologen davon überzeugt, daß der Beweis für Sinn und Notwendigkeit der christl. Religion nicht durch die Lehre erbracht werden kann, sondern nur durch das Leben, nicht durch die theol. Reflexion, sondern durch die *praxis pietatis* (praktische Frömmigkeit). Indem die N. das praktische Christentum betonte, wandte sie sich gegen die Lehre, insofern diese unverständlich und damit uneinsichtig und nicht praktikabel war. So gewann die Vernunft nicht nur Einfluß auf die Dogmatik, sondern auch auf die praxis pietatis.

2. Zur Geschichte

Der → Pietismus hat die N. unmittelbar vorbereitet, indem er die praxis pietatis gegenüber der Lehre betonte und den Prozeß der → Heiligung in den Mittelpunkt stellte. Auf diesem Hintergrund ist es verständlich, daß der hallische Pietismus – trotz anfänglichen Widerstandes – fast unbemerkt in die N. überging (Sigmund Jakob → Baumgarten) und Halle ein Zentrum der N. wurde (Johann Salomo Semler).

Die → Physikotheologie hat die N. vorbereitet, indem sie gegen eine naturwissenschaftl. Kritik des bibl. Weltbildes die Übereinstimmung von naturwissenschaftl. Erkenntnissen und offenbarten Wahrheiten aufzeigte. Naturwissenschaftl. Erkenntnisse und geoffenbarte Wahrheiten verweisen den Menschen auf die Fürsorge Gottes, wie sie in Schöpfung und Erhaltung zum Ausdruck kommt, und führen ihn so zum Lobpreis des Schöpfers. Pietismus und Physikotheologie haben gemeinsam den Konfessionalismus überwunden, die Bildungsfähigkeit des Menschen betont und entsprechend erzieherisch auf die Besserung und Vervollkommnung der Menschen eingewirkt.

Diese erzieherische Aufgabe wurde zum Zentrum der N. So wollte Johann Salomo Semler (1725-1791), einer der Begründer der sog. hist.-kritischen Schriftforschung, das reine Wort Gottes, das er als Belehrung des Menschen über den Weg zum Heil verstand, wieder zur Geltung bringen. Dabei kann das Wort

Gottes nicht mit der Bibel gleichgesetzt werden. So unterschied Semler in seiner »Abhandlung von freier Untersuchung des Kanons« (1771-1775) zwischen Bibel und Wort Gottes und gab damit die Bibel für die hist.-kritische Forschung frei. Dennoch hielt Semler an der der Vernunft vorgängigen Offenbarung und an Jesus als dem Lehrer der wahren Religion fest, der, zwischen Gott und Mensch vermittelnd, als Vorbild absoluter Glaubenserfüllung diente.

Diese Auffassung teilten im wesentlichen die anderen führenden Neologen: August Friedrich Wilhelm Sack (1703-1786), Johann Friedrich Wilhelm Jerusalem (1709-1789), Johann Joachim → Spalding (1714-1804), Johann Gottlieb Toellner (1724-1774) und Wilhelm Abraham Teller (1734-1804).

3. Zur Wirkung

Die Kritik der N. an der Zeitgebundenheit bibl. Rede wurde zum Ursprung nicht nur des theol., sondern auch des polit. → Liberalismus. Aus diesem Grunde wurde die N. in der preußischen Reaktion unter Friedrich Wilhelm II. bekämpft. Die Bestimmung des Wortes Gottes als die geistig-moralische Belehrung des Menschen über den Weg zum Heil und die Vorstellung von der Perfektibilität des Christentums haben in Verbindung mit Kants moralischer Religion den durchgängigen Ethizismus in der Theologie des 19. Jh.s vorbereitet.

Lit.: K. Barth: Die protestantische Theologie im 19. Jahrhundert, 1947, 16-152; E. Hirsch: Geschichte der neueren evangelischen Theologie, Bd. 4, 1952, 3-119; W. Sparn: »Neologie«, EKL^3, Bd. 3, 1992, 662-664.

U. Krolzik

Nestle, Eberhard (1851-1913)

N., geb. am 1. 5. 1851 in Stuttgart, gest. am 9. 3. 1913 in Maulbronn; 1877 Repetent in Tübingen, 1883 Professor in Ulm, ab 1898 Professor und Ephorus am theol. Seminar in Maulbronn.

Als bedeutender Orientalist bemühte er sich zunächst um einen gesicherten Septuagintatext, bevor er sich dann ausschließlich der Textgestalt des NTs zuwandte. 1898 erschien in der Württembergischen Bibelanstalt seine erste Ausgabe des griech. NTs, die 1904 von anderen Bibelgesellschaften übernommen wurde. Regelmäßige Revisionen führten zu ständigen Verbesserungen der Textgestalt des NTs. Erwin N. setzte die Arbeit seines Vaters fort, später Kurt und Barbara Aland.

Lit.: Holzinger: Eberhard Nestle, in: Württ. Nekrolog 1913, 1916, 50-79 (Biographie und Bibliographie).

G. Ruhbach

Nestorianer (auch Ostsyrer, Assyrer, Chaldäer)

Die heute etwa 150.000 Mitglieder im Nahen Osten, in den USA und in Indien zählende, zum ökumen. Rat der Kirche gehörende »Apostolische Kirche des Ostens« mit Patriarchatskirchen in Chicago, Teheran und Bagdad, heute die kleinste der morgenländischen Sonderkirchen, hat eine große Geschichte, die sie zur bedeutendsten Missionskirche vor der Neuzeit gemacht hat. So sehr man die einzelnen Angaben zur Frühgeschichte des Christentums im Zweistromland und dem angrenzenden Persien mit vorsichtiger Zurückhaltung betrachten muß (Chroniken von Arbela und von Seert), so besitzen wir doch auch eine Reihe von Anhaltspunkten, die besonders die Rolle von Edessa und der aram. Bevölkerungsgruppe sowie von asketischen (z.T. ehefeindlichen) Vereinigungen hervortreten lassen wie auch eine permanente Verfolgungssituation durch die sassanidische Staatsreligion des Neuzoroastrismus.

Ca. 340 können wir den ältesten syr. Schriftsteller datieren, Afrahat, den »persischen Weisen« (23 Abhandlungen, die vor allem die Wahrheit des Christentums gegenüber dem Judentum beweisen wollen). Die verstärkte Ausbildung einer Hierarchie im 4. und 5. Jh. führte in dem Moment zur Bildung einer eigenen Kirche außerhalb des röm. Reiches, als diese bis heute bestehende Kirche zur Trägerin einer der ältesten dogmat. Trennungen innerhalb der Gesamtchristenheit wurde. Auf den Synoden von Bet Lapad und Seleukia-Ktesiphon 484 und 486 finden wir die Elemente ausgebildet, die dieser Kirche ein eigenes Gesicht gegeben haben: Selbständige Organisation unter dem Katholikos (allg. Bischof) mit vollständiger Unabhängigkeit, Anschluß an die ältere gesamtkirchl. theol. Tradition durch Annahme des Konzils von → Nicäa 325, Verpflichtung gegenüber der antiochenischen Theologenschule im Rahmen der 457 gegründeten, außerhalb des röm. Reiches gelegenen Schule von Nisibis.

Dabei war prägend und entfernte sowohl von der Orthodoxie der Reichskirche wie von den gleichzeitig sich ausbildenden monophysitischen Sonderkirchen der bewußte Anschluß an die Theologie des Nestorius und seines Lehrers Theodor von Mopsuestia, die nach dem Konzil von → Ephesus 431 im röm. Reich als Häretiker galten. Theodor (352-428) galt für die Ostsyrer als »der Schriftausleger«. Der Ehrentitel zeigt ihn in der Position des Bibelkommentators schlechthin. So bestätigten ihn spätere Synoden als den Normaltheologen und Kirchenvater. Diese aristotelisch bestimmte antiochenische Theologie bildete die Voraussetzung für die spätere christl.-islamische Aristoteles-Renaissance im abassidischen Bagdad und damit indirekt für die Pariser Aristoteles-Rezeption im Zeitalter des → Thomas von Aquin.

Der als polemischer Fremdname üblich gewordene Ausdruck N. weist darauf hin, daß sich die wesentlichen dogmat. Auffassungen Theodors durch seinen Schüler Nestorius in der persischen Kirche verbreiteten, daß ihre Anhänger die kirchenleitenden Ämter innehatten und die erwähnten Synoden 484 und 486 die Christologie des Nestorius zur offiziellen Lehre dieser extremen dyophysitisch geprägten Kirche machten. Anhänger des Nestorius (ca. 382-451; Ausbildung in Antiochia, Priestermönch; 428-31 Patriarch von Konstantinopel, gest. in der Verbannung in Ägypten) konnten nur außerhalb der Reichsgrenzen in der ostsyrischen Kirche leben. Ihr Übergewicht hier geht vor allem zurück auf Bar Sauma (seit 435), der auch die älteren asketischen Strömungen zurückdrängte und die Kirche neu ordnete.

Dabei war der als ökumen. Skandal empfundene und als solcher vom alexandrinischen Patriarchen verbreitete Angriff des Nestorius auf die Anschauung von einer Gottesmutterschaft Mariens zwar vielleicht in einer unüberlegt und unpastoral scharfen Form vorgebracht; seine Position, von der »Christusgebärerin« zu reden, entsprach jedoch genau dem antiochenischen Christusbild: Christus »gemeinsamer Name der beiden Naturen muß das Subjekt aller christologischen Aussagen sein«. Verstanden als Person-Union führte das im 7. Jh. zur Formel: zwei Naturen, zwei Hypostasen, eine Person.

Auch für die Sakramentstheologie wurden Gedanken des Theodor von Mopsuestia bestimmend: Die Wirkung der Sakramente beruht auf priesterlich vermittelter Kraft des Heiligen Geistes. Dabei blieb die Zahl der Sakramente lange ebenso unklar wie die der zugehörigen Handlungen. Timotheos II. (1318-1357) kannte eine Siebenzahl: (1.) Priesterweihe, (2.) Altarweihe, (3.) Taufe bzw. Märtyrertod, (4.) Abendmahl (gesäuertes Brot, Wein), (5.) Mönchsweihe, (6.) Begräbnis, (7.) Ehe. Seit dem 16. Jh. werden fünf Sakramente genannt, unter denen Taufe und Abendmahl (nicht allsonntäglich) und Priesterweihe als Sakramente erster Ordnung hervorgehoben werden. Unter den verschiedenen Liturgien hat die Thaddäus- und Mari-Liturgie die höchste Bedeutung. Das Mönchtum (Zentrum Tur Abdin) wurde im Laufe der Zeit »nach Pachomios« koinobitisch reglementiert.

Was die Wissenschaften angeht, so wurden besonders Philosophie und Medizin gepflegt (reiche Übersetzungsliteratur aus dem Griech. ins Arab.). Aber dies verhinderte nicht, daß es seit der islamischen Eroberung im 7. Jh. zu einer auf die Dauer katastrophalen Abfallbewegung kam, obwohl die Nestorianischen Katholikoi im 7. und 8. Jh. unter den Abassiden Vertreter der gesamten Christenheit des Kalifenreiches waren und einzelne Christen hohe Beamtenstellungen innehatten. Gründe gibt es viele (islamische Einmischungen in kirchl. Wahlen; Steuerpflicht; Erbrecht). Damit war auch die Basis der Missionskirche angegriffen. Die Kirche des Ostens hatte sich wohl vor allem durch Laien- (Kaufleute-)Mission ein riesiges Gebiet erschlossen, das die »Metropoliten des Äußeren« verwalteten. Dazu zählte neben den Bistümern an beiden Seiten des Persischen Golfes bis nach Indien weiter das iranische Mittelasien (Merw, Buchara) bis nach China (Monument von Schianfu 781 mit einem Abriß der christl. Lehre und Darstellung der Mission in China seit 635; Hinweis auf frühmittelalterl. syr.-chinesische Übersetzungen und eine christl. Sanskrit-Literatur), Sibirien und die Mongolei.

Besonders wichtig wurde in Ostturkestan das Tarimbecken mit Turfan, 850-1250 Mittelpunkt des türkischen Uigurenreiches Chotscho, wo christl. Texte, besonders in sogdischer, mittelpersischer und alttürkischer Sprache, und ein Kloster mit christl. Fresken entdeckt wurden. Weiter im Osten saßen die christl. Turkvölker der Öngut und der Keraiten, die von den Mongolen aufgesogen wurden. Dabei wurde christl. Einfluß in der Familie Dschingis Khans (1167-1227) wirksam.

Dies wurde wichtig für eine zweite Periode der Mission in China (Mongolenzeit 1225-1368), die zum Höhepunkt der ostsyr. Kirche in China und ganz Asien wurde. Dem Patriarchen von Seleukia-Ktesiphon unterstanden 27 Metropolitansitze und 230 über ganz Asien verstreute Bischofssitze zwischen dem Roten und dem Gelben Meer, zwischen Süd indien, wo die Kirche des Ostens die mit der Südindien-Mission der ägypt. Kirche zusammenhängende Bartholomäus-Legende verdrängt und durch die Thomas-Legende ersetzt hat, und Sibirien.

Der Höhepunkt und Abstieg dieser Kirche ist mit den Mongolen verbunden. Hatte das Christentum in den ersten Jahrhunderten mongolischer Herrschaft bis in die höchsten Kreise hinein Anhänger und bekehrten sich ganze Stämme, so trat 1295 Ilkhan Ghazan zum sunnitischen Islam über. Damit erlebte der Öngut-Mönch Markus als Katholikos Jaballaha (= Theodor) III. (1287-1317) den Umbruch der kirchenpolit. Verhältnisse im Vorderen Orient. Der endgültige Niedergang kam unter Timur (1360-1405), der zum Totengräber der Nestorianischen Kirche und der islamischen Kultur Innerasiens und Irans wurde.

Die N. des Zweistromlandes wanderten zu einem großen Teil in die Hakkariberge ab und bildeten fortan, abgesehen von Südindien, nur noch dort und in entlegenen Gebieten Kurdistans und am Urmia-See geschlossene Gemeinden. Dem äußeren Zusammenbruch der Kirche entspricht die Umwandlung in eine Stammeskirche mit einem seit 1450 erblichen Patriarchat, wobei das Amt jeweils vom Onkel auf den Neffen übergeht. Ein wesentlicher Grund des Niederganges waren Wahlstreitigkeiten, die häufig zu Schismen und zu Kirchenunionen mit Rom (Chaldäer) und den Jakobiten (→ Monophysiten), später auch mit prot. Kirchen und der russ. Orthodoxie führten. Dazu kamen äußere Katastrophen im Zusammenhang mit dem Niedergang des osmanischen Reiches und der Errichtung der Nachfolgestaaten.

Im 20. Jh. bestimmend für das Gesicht der Kirche des Ostens ist das fortwährende Schisma, das 1920 mit dem Protest gegen die Weihe des zwölfjährigen Mar Eshai Shimon durch Mar Abemelek Timotheus begann, der später im Namen des Patriarchen die zerrüttete Kirche zu reorganisieren suchte. Sein Nachfolger Mar Thoma Darno stritt mit demselben Patriarchen und ließ sich nach seiner Absetzung 1968 in Bagdad zum Patriarchen weihen. Gegenwärtig überwiegt das Bemühen, den Streit zwischen Mar Denkha IV. in Teheran und Mar Adhai II. in Bagdad beizulegen.

Lit.: A.S. Atiya: A History of Eastern Christinity, 1968, 237ff; W. Hage, in: F. Heyer: Konfessionskunde, 1977, 202ff; P. Kawerau: Ostkirchengeschichte I, 1983; B. Spuler: Die morgenländischen Kirchen, 1966, 120ff.

W. Wischmeyer

Neu-England-Theologie

Die sogenannte New England Theology meint die Theologie, die nach der Beendigung der Great Awakening (1734-1738, 1740-1743) und dem Tode des Theologen und Pfarrers Jonathan → Edwards in 1758 entstanden ist. Die große Erweckung hat die Staatskirchen des Kongregationalen Establishments in drei Parteien gespalten:

1. Die Altcalvinisten oder Moderatenpartei wollten bei der traditionellen Theologie und Kirchenverfassung des Establishments bleiben.

2. Die zweite Partei war die Partei der → Arminianer, die weniger Anhänger der arminianischen Lehre des freien Willens waren, aber eigentlich die Theologie der »broad and catholic« Gedanken vertreten haben. Sie formten im Kern die spätere unitarische Partei, besonders in Massachusetts.

3. Die Mitglieder der dritten Partei, die sogenannte Neues Licht Partei oder New Divinity waren die Vertreter der New England Theology. Fast ausnahmslos besuchten die Anhänger der New England Theology das Yale College und hatten besonders häufig Pfarrämter im Tal des Connecticut River. Diese Theologen waren nicht selten miteinander versippt oder durch Heirat miteinander verbunden. Sie waren die echten Anhänger Jonathan Edwards', überzeugt, daß die Erweckung notwendig gewesen war, damit eine Kirche der Bekehrten aufgebaut werden konnte. Ihr großes Interesse war aber die Fortsetzung und Vertie-

fung der Theologie Edwards'. Sie haben diese Arbeit mit großer Akribie und Kampfbereitschaft durchgeführt. Ihre Beschäftigung mit der rechten Lehre und Metaphysik führte oft zu Schwierigkeiten und Spaltung in ihren Gemeinden.

Die von ihnen geschaffene Theologie hat sich für anderthalb Jahrhunderte behauptet und wird von Kirchenhistorikern heute beschrieben als »... the single most brilliant and continious indegenous theological tradition that America has produced.« (»... die einzige überaus brillante und anhaltende einheimische theol. Tradition, die in Amerika entstanden ist.«)

Die Männer, die Edwards' Theologie weiter entwickelt haben, waren seine Studenten und Freunde Samuel Hopkins (1721-1803) und Joseph Bellamy (1719-1790), aber diese Jünger haben die Theologie ihres Meisters radikal geändert und den Gottesbegriff Edwards' modifiziert. Bellamys neue Gottes- und Sündenlehre wurde von Hopkins in seinem System of Doctrines (1793) weiter vertieft. Beide haben die Lehre von der Erbsünde abgelehnt. Jonathan Edwards jr. (1754-1801) hat eine liberale Lehre vom Sühnetod Jesu gelehrt (Governmental Theory of the Atonement) und die Tradition der New England Theology verteidigt, wie auch der brillante Nathaniel Emmons (1745-1840). Ihre Arbeit hat die puritanische Weltanschauung in der schnell sich ändernden Welt des 19. Jh.s. am Leben gehalten.

Lit.: S.E. Ahlstrom: A Religious History of the American People, 1972; S.E. Mead: Das Christentum in Nordamerika. Glaube und Religionsfreiheit in vier Jahrhunderten, 1987; P. Miller: Jonathan Edwards, 1949.

R.C. Walton

Neu-Salems-Gesellschaft → Lorber-Gesellschaft

Neuapostolische Kirche

1. Entstehung und Geschichte

Die NapK ist in den 60er Jahren des 19. Jh.s aus der → Kath.-apost. Gemeinde (KapG) hervorgegangen. In dieser 30 Jahre zuvor in England entstandenen Gemeinschaft amtierten zwölf »Apostel der Neuzeit«, die die Wiederkunft Christi zu ihren Lebzeiten erwarteten. Nach dem Tod dreier Apostel (1855) entschieden die übrigen neun, deren Plätze nicht wieder zu besetzen. Als der »Prophet« der Berliner Gemeinde, Heinrich Geyer, dennoch eigenmächtig »Apostel« berief, wurde er aus der KapG ausgeschlossen. Mit anderen Ausgeschlossenen gründete er 1863 die »Allg. Christliche Apostolische Mission«, die 1907 in »Neuapostolische Gemeinde« umbenannt wurde; seit etwa 1930 wird die Bezeichnung »Neuapostolische Kirche« verwendet.

1896 führte einer der Apostel der »neuen Ordnung«, der Bahnmeister Fritz Krebs (1832-1905), das Stammapostelamt und damit ein höchstes Leitungsorgan ein. Seitdem ist die Geschichte der NapK im wesentlichen identisch mit der Geschichte ihrer Stammapostel. Auf Fritz Krebs folgten Hermann Niehaus (1848-1932) und Johann Gottfried Bischoff (1871-1960). Dieser hatte Weihnachten 1951 in einem Gottesdienst in Gießen behauptet, er werde vor der Wiederkunft Christi nicht sterben, sondern die »Brautgemeinde« (= NapK) dem Herrn entgegenführen. Bis zu seinem Tod am 6. Juli 1960 war diese sog. »Botschaft« Anlaß zu zahlreichen Kontroversen und Intrigen innerhalb der Sekte sowie daraus folgenden Abspaltungen. Bischoffs Nachfolger, Walter Schmidt (1891-1981), war der vorläufig letzte deutsche Stammapostel. 1975 wurde der Hauptsitz der NapK von Dortmund nach Zürich verlegt. Die Leitung wird seitdem von Schweizern wahrgenommen: Ernst Streckeisen (1905-1978), Hans Urwyler (geb. 1925) und Richard Fehr (geb. 1939), Stammapostel seit 1988.

2. Lehre

Die NapK versteht sich als das »göttliche Gnaden- und Erlösungswerk Christi« auf Erden; in ihr soll »das von Jesus begonnene Erlösungswerk durch die von ihm gegebenen Apostel vollendet werden«. Das Apostelamt stellt in der NapK das zentrale Element der Lehre und des Glaubens dar. Die Apostel nehmen nicht nur Leitungsfunktionen wahr, sondern sind am »Erlösungswerk« beteiligt. Ihre wichtigste Aufgabe ist das »Spenden des Heiligen Geistes«, die sog. »Versiegelung«. Damit kennt die NapK neben Taufe und Abendmahl ein (von Jesus nicht gestiftetes) »Drittes Sakrament«. Das Wirken des Hl. Geistes ist exklusiv an die NapK gebunden. Über allem steht der Stammapostel; »er wird von den Mitgliedern der Neuapostolischen Kirche als Repräsentant des Herrn auf der Erde angesehen«. Die Neuapostolischen glauben, daß er ihnen den Zugang zum Reiche Gottes »vermitteln« könne.

Auch die Bibel wird durch das Apostelamt relativiert: »... das Wort der Bibel ist nützlich. Jedoch kann die Bibel die Wirksamkeit der Gottesboten [= Apostel] in der Verkündigung der Lehre und der Spendung der Gnadenhandlungen nicht ersetzen«. (Alle Zitate aus: »Fragen und Antworten über den neuapostolischen Glauben«, 1971).

3. Organisation

Die NapK ist hierarchisch geordnet und von der Struktur ihrer Ämter her geprägt. In aufsteigender Linie gehören dazu: Diakon, Priester, Evangelist, Hirte, Bezirksältester, Bischof, Apostel, Bezirksapostel, Stammapostel. Z.Zt. (1993) wird die Mitgliederzahl in Deutschland mit etwa 445.000 angegeben; weltweit sollen es einige Millionen sein.

Lit.: R. Hauth: Kleiner Sektenkatechismus, [3]1993, 59-73; K. Hutten: Seher Grübler Enthusiasten, 1982, 470-512.

R. Hauth

Neue Geburt → Wiedergeburt

Neue Kirche → Swedenborg, Emanuel

Neue Moral → Situationsethik

Neue religiöse Bewegungen

1. Begriff und Geschichte

Unter N.r.B. versteht man die institutionalisierten, teilweise zu Sekten gewordenen Formen der sog. »neuen Religiosität«, die sich etwa seit den 60er Jahren des 20. Jh.s in den hochsäkularisierten Gesellschaften des Westens unabhängig von den traditionellen kirchl. und rel. Institutionen herausgebildet hat. Die Begegnung mit im Westen missionierenden rel. Traditionen Asiens (seit 1893) und die Hinwendung zu den Quellen des abendländischen → Okkultismus und → Spiritismus (seit 1848) sind die beiden wichtigsten Wurzelstränge der »neuen Religiosität«.

Viele N.r.B. haben ihren Ursprung zwar in Ländern der sog. Dritten Welt. Seitdem aber infolge der Krise des → Säkularismus auch im Westen Interesse an neuen, alternativen Formen der Religiosität geweckt wurde, sind deren Ausläufer meist über die USA auch dorthin »übergeschwappt« (R. Hummel) und beeinflussen das rel. Klima im ehemals »christlichen Abendland«. Insoweit sich diese Strömungen und Gruppen unabhängig von den traditionellen Kirchen und Sekten herausbildeten, werden sie mit dem neutralen Begriff als N.r.B. bezeichnet. Zwischen »Religion« und »Religiosität«, »Religionen« und »(neuen) religiösen Bewegungen« ist nach der VELKD/Akf-Studie von 1991 zu unterscheiden, da für letztere nicht die Offenbarung eines Gottes, sondern die Selbstverwirklichung des Menschen zentral ist. »Es läßt sich gut begründen, daß dem gesamten Bereich der heutigen neuen religiösen Bewegungen eine okkulte Religion zugrundeliegt.« (J. Aagaard) Durch »profane Magie« (Bewußtseinstechniken, Gedankenkonzentration usw.) soll das Göttliche verfügbar gemacht werden. Daher spielt auch der Gelderwerb eine wichtige Rolle im Leben vieler N.r.B. (»freies religiöses Unternehmertum«) und läßt sie als »audience« bzw. »client cults« (Stark/Bainbridge) auf dem expandierenden »Markt« rel. Angebote (»Esoterik-Messen«; astrologische Beraterszene; Geistheilungsangebote u.a.m.) Fuß fassen. Die zeitweise für einige N.r.B. verwendeten Begriffe »Jugendsekten« oder »Jugendreligionen« sind sowohl im Blick auf den Sektenbegriff als auch hinsichtlich der Rekrutierung vieler Mitglieder aus der »mittleren Generation« nicht ganz sachgemäß, auch wenn sie sich von den übrigen N.r.B. vor allem durch ein ausgeprägtes gesellschaftl. Konfliktpotential unterscheiden (daher auch: »destruktive Kulte«). Die N.r.B. sind zu unterscheiden von innerchristl. rel. Erneuerungsbewegungen.

2. Wichtige Organisationen

Hinduistische und buddhistische (besonders lamaistische) Gruppen sowie japanische Neureligionen (Mahikari; Tenrikyo u.a.) im Westen; esoterische Weltanschauungsgemeinschaften (spiritistische, theosophische, rosenkreuzerische, okkult-magische, ufologische, esoterisch-neuheidnische Gruppen und Neureligionen); Psychogruppen und Selbstverwirklichungsorganisationen (»Erhard Seminar Training«; »Zentrum für experimentelle Gesellschaftsgestaltung« u.v.a.m.). Prototyp der freischwebenden, vagabundierenden »neuen Religiosität« ist die sich aus einem »Netzwerk« vieler Einzelpersonen, Veranstalter und Gruppen zusammensetzende New Age-Bewegung. Als straffer organisierte »Jugendreligionen« traten besonders hervor: »Die Familie«/«The Family« (bis

1978: → Children of God; später auch: »Familie der Liebe«/«Heaven's Love«); → Transzendentale Meditation; Hare-Krishna-Bewegung; → «Vereinigungskirche« Muns; Osho/ Bhagwan-Bewegung; → Scientology.

3. Beurteilung

Soziologisch werden N.r.B. vor allem als Manifestationen des »Entmodernisierungsimpulses« (P.L. Berger) sowie der zunehmenden rel. Pluralisierung in der Gesellschaft beurteilt. Es handelt sich weithin um »Versektungen« säkularer Werte (z.B. der Ideale der modernen Psychokultur in der Bhagwan-Bewegung oder des nordamerikanischen Puritanismus in der »Vereinigungskirche« Muns), u.a. ablesbar an der jeweiligen Klientel und deren Persönlichkeitstypus. Freiflottierende gesellschaftl. Religiosität abseits der Großkirchen findet in den N.r.B. eine neue Behausung. In ihr erweist sich die Säkularisierung der Gesellschaft als ein »sich selbst begrenzender Prozeß« (Stark/ Bainbridge).

Theol. sind die N.r.B. vor allem als Infragestellung des christl. Absolutheitsanspruchs, wie er im Prinzip der Abgeschlossenheit und Unüberbietbarkeit der bibl. Christus-Offenbarung (»Schriftprinzip«) zum Ausdruck kommt, zu beurteilen. Einige stellen sich sogar bewußt als Neuoffenbarungen dar (besonders Muns »Vereinigungskirche«). Der nachchristl. → Synkretismus der N.r.B. erhebt den universalen Anspruch einer »größeren Ökumene« und präsentiert sich weithin als interrel. Bewegung. Von daher kommt es auch zu Vereinnahmungs- und Umdeutungsversuchen christl. Glaubenswahrheiten, die diese relativieren und der eigenen Lehre eingliedern (als »esoterisches Christentum«, »christlicher Buddhismus« usw.). Jesus Christus wird dann zu einer rel. Gestalt neben anderen.

Wichtige Forschungs- und Dialog-Einrichtungen sind u.a.: »Dialog Centre« in Aarhus/ Dänemark (J. Aagaard); »Centre for New Religious Movements« am King's College London (P. Clarke); »Institute for the Study of American Religions« (ISAR) in Santa Barbara/Kalifornien (J.G. Melton); »Centre d'Information sur les Nouvelles Religions« (C.I.N.R.) in Montreal/Kanada (R. Bergeron); »Centre d'Etudes sur les Nouvelles Religions« (CESNUR) in Turin (M. Introvigne), in Deutschland: »Ev. Zentralstelle für Weltanschauungsfragen« (EZW) der EKD in Stuttgart (R. Hummel).

An kirchl. Stellungnahmen zu den N.r.B. sind zu nennen: Vatikanischer Bericht »Sekten und neue religiöse Bewegungen. Eine Herausforderung für die Seelsorge« (1986); VELKD/ Akf-Studie »Religionen, Religiosität und christlicher Glaube« (1991). D. Barrett schätzt in der »World Christian Encyclopedia«, daß in einigen Jahren 138 Mio. Menschen Mitglieder einer N.r.B. sein werden.

Lit.: P.L. Berger: Der Zwang zur Häresie 1992; A.R. Brockway, J.P. Rajashekar: New Religious Movements and the Churches, 1987; Concilium 19 (1983) H. 1 (»Die neuen religiösen Bewegungen«); R. Hummel: Wie religiös sind die Neuen Religiösen Bewegungen?, in: P.M. Zulehner (Hg.): Neue Religiosität, neues Bewußtsein, neuer Lebensstil, 1984, 35 ff; ders.: Neue religiöse Bewegungen, in: Verkündigung und Forschung 32 (1987), 78ff; R. Stark, W.S. Bainbridge: The Future of Religion (1985).

H.-J. Ruppert

Neue Theologie → Nouvelle Theologie

Neuendettelsau

Mission.-diakon. Zentrum der Ev.-Luth. Kirche in Bayern, in Mittelfranken zwischen Nürnberg und Ansbach gelegen, ca. 7.000 Einwohner (1993). Die kleine Dorfgemeinde entwickelte sich durch die Tätigkeit von Wilhelm → Löhe (1837-1872 Pfarrer von N.) zu einem Zentrum der Mission (Gesellschaft für Innere und Äußere Mission, gegründet 1849) und der Diakonie (Diakonissenmutterhaus, gegründet 1854, mit angeschlossener Brüderschaft in Bruckberg). Da N. im Zweiten Weltkrieg unzerstört geblieben war, siedelte die Bayer. Landeskirche nach 1946 eine Reihe von Einrichtungen auf dem Gebiet der theol. Aus- und Fortbildung in N. an: Pastoralkolleg 1946, Augustana-Hochschule (Kirchliche Hochschule) 1947, 1968-1984 Pfarrverwalterseminar, 1972 Missionswerk (in Nachfolge der früheren Missionsanstalt), 1981 Missionskolleg (im Missionswerk, in Nachfolge des 1985 geschlossenen Missions- und Diasporaseminars), 1981 Predigerseminar. In Planung ist die Errichtung einer Kirchlichen Fachhochschule für Religionspädagogik (jetzt Sitz in München) sowie für Pflegewissenschaft (in Zusammenarbeit von Kirchlicher Hochschule und Diakoniewerk). Durch das ausgebaute Schulwesen des Diakoniewerks (Gymnasium, Realschule, Fachoberschule für Sozialwesen, Fachakademie für Sozialpädagogik, Fachschulen für Alten- und Krankenpflege, Schulen für Behinderte) und durch zwei Tagungsstätten ist N. heute ein ausgesprochenes evang. Zentrum in Franken.

Seit der Gründung des Missionsseminars (1843/53) gingen von N. aus an die 1.000 Mitarbeiter/innen (Pfarrer, Missionare, ärztliches Personal, Entwicklungshelfer etc.) nach Übersee: 1842 Nordamerika; 1875 Australien; 1886 Neuguinea; 1897 Brasilien; 1930 Ukraine; 1951 Jordanien; 1972 Tanzania. Mit den luth. Kirchen dieser Länder steht die Evang.-Luth. Kirche in Bayern heute in regulären Partnerschaftsbeziehungen. N. wurde auf diese Weise zur »ökumenischen Gästestube« der Landeskirche. Theol. wußten sich die in N. angesiedelten Einrichtungen einer betont luth.-kirchl. Tradition verpflichtet. Dafür steht auch heute der Name N., vor allem in seinen ökumen. Beziehungen.

Lit.: F.-W. Kantzenbach (Hg.): Wilhelm Löhe – Anstöße für die Zeit. ^{2}1972; ders.: Georg Merz und die kirchliche Hochschule des 20. Jh.s, in: ZBKG 42/43 (1973/74), 451-468; ders.: Wilhelm Löhe, in: Klassiker der Theologie II, 1983; H. Lauerer: 100 Jahre Diakonissenanstalt Neuendettelsau, 1954; G. Merz: Das bayerische Luthertum, 1955; G. Pilhofer: Geschichte der Neuendettelsauer Mission, 3. Bde., 1961-63; H. Rößler: Unter Stroh- und Ziegeldächern, 1982; D. Voll (Hg.): Damit auch Pfarrer zu sich kommen. Das Pastoralkolleg Neuendettelsau, 1982.

H. Wagner

Neues Leben Gruppe

Entstanden ist die NLG aus der Arbeit des Evangelisten Anton Schulte, der 1954 das Missionswerk Neues Leben gründete. Die Arbeit von Neues Leben geschieht interkonfessionell auf der Glaubensgrundlage der Ev. → Allianz und ist wirtschaftl. von kirchl. und staatlichen Institutionen unabhängig. Die Kosten werden durch Spenden und Kollekten gedeckt.

Zielsetzung: Das → Evangelium von Jesus Christus unter Nutzung technischer Möglichkeiten so vielen Menschen wie möglich nahezubringen. Menschen, die Christen geworden sind, werden an örtliche Gemeinden vermittelt; Mitarbeiter werden geschult, um die Ortsgemeinde zu stärken. Das Neues Leben Seminar, gegründet 1985, ist eine staatlich anerkannte Höhere Fachschule für → Evangelisation, → Mission und → Gemeindeaufbau.

Zur NLG gehören heute das Missionswerk Neues Leben, Neues Leben Verlag und Reisen GmbH, Sportler ruft Sportler e.V., Neues Leben Medien e.V., Neues Leben Süd-Amerika e.V., daneben gibt es noch selbständige Werke in Indonesien, Kanada und den USA, Österreich und der Schweiz.

Lit.: ZS Neues Leben (monatlich)

W. Schulte

Neues Testament – Geschichte der Erforschung

1. Der Anfang der Erforschung des Neuen Testaments

»Von einer wissenschaftlichen Betrachtung des Neuen Testaments kann man erst von dem Augenblick an reden, als das Neue Testament als vom Alten Testament zu trennende selbständige Größe mit geschichtlichem Interesse und ohne eine bestimmte dogmatische oder konfessionelle Bindung zum Gegenstand der Forschung wurde. Da eine solche Betrachtung sich erst im Laufe des achtzehnten Jahrhunderts durchzusetzen begann, kann vor diesem Zeitpunkt nur von einer Vorgeschichte der neutestamentlichen Wissenschaft gesprochen werden« (Kümmel, 3). So hat W.G. Kümmel das methodische Vorgehen in seinem Standardwerk begründet. Dieser Ansatz greift aber zu kurz, weil zum einen hist. Bewußtsein und Interesse nicht unabdingbare Voraussetzungen für die wissenschaftl. »Erforschung« sind, zum andern die einzelnen ntl. Schriften auch schon vor der Kanonisierung im 4. Jh. im Sinne besseren Verstehens »erforscht« wurden und schließlich ein neutralistischer und objektivistischer wissenschaftstheoretischer Ansatz heute kaum noch zu vertreten ist, zumal, wenn theol. Forschung tatsächlich eine »Funktion der Kirche« (K. Barth) ist.

2. Die Alte Kirche

Bereits die Kirchenväter des 2./3. Jh.s zogen Texte, die heute zum NT gehören, erklärend für ihre aktuellen Fragen heran. In der Zeit vor deren Zusammenfassung im ntl. → Kanon galt das Interesse – angeregt durch häretische Entwicklungen (→ Marcion) – vor allem der Entstehung (Verfasserfragen: → Origenes; → Dionysius von Alexandria) und der Erklärung dieser Schriften, die schon früh ein besonderes Ansehen genossen (Entstehung früher »Kommentare« in formaler Anlehnung an die Auslegung antiker Schriftsteller in Scholien und Katenen); das sind Problemkreise, die schon im NT sichtbar werden (2Thess 2,2; 2Petr 3,15f). Systematisch betrieben wurde die Auslegung ntl. Schriften spätestens seit → Irenäus, → Hippolyt, → Clemens v. Alexandria und besonders → Origenes, der von dem jüd. AT-Exegeten → Philo die Allegorese (→ Schriftauslegung) übernahm und von einem »dreifachen Schriftsinn« sprach. Kirchl. Fragestellungen (→ Christologie, → Trinitätslehre) bildeten dabei ebenso den Hintergrund wie die Auseinandersetzung mit Irrlehrern (→ Gnosis u.a.). Die Übernahme phil. Kategorien (→ Neuplatonismus, alexandrinische Philosophie) in die Exegese machte sich bereits hier bemerkbar.

3. Mittelalterliche Schriftauslegung

Mit der Entstehung und Ausbreitung der Klöster und ihrer Entwicklung zu Zentren der Bildung und Mission in Deutschland unter → Karl dem Großen waren auch Stätten theol. Bildung und Wissenschaft vorhanden, an denen intensive Schriftforschung betrieben wurde (Aland, 1,256ff) und wertvolle Kommentare entstanden. Jedoch wurde die Auslegung bibl. Texte im Laufe der Zeit durch die Auslegung von Texten der → Kirchenväter und durch die Dominanz der lat. Sprache so weit in den Hintergrund gedrängt, daß in der Reformationszeit die unmittelbare Arbeit mit dem ntl. Text die Ausnahme war. Erst mit dem Aufkommen des → Humanismus (→ Erasmus von Rotterdam) ging man – durch Textfunde ermutigt – wieder zu den Originalquellen zurück (Erstveröffentlichung des griech. NT-Urtextes 1514 in Alcala/Spanien). Von nun an wurde kontinuierlich an der Verbesserung des ntl. Urtextes gearbeitet (R. Simon, J.A. → Bengel, J.J. Wettstein, C.v. → Tischendorf, B.F. Westcott/F.J.A. Hort, E. Nestle, K. Aland).

4. Die Reformationszeit

Waren schon im Spätmittelalter die Weichen in Richtung auf eine neue Beachtung der Bibel gestellt worden, so vollzogen die Reformatoren (M. → Luther, J. → Calvin u.a.) diesen Schritt theoret. und prakt. nach. Luther verstand sich selbst zunächst als Schriftausleger und rückte die paulin. Theologie ins Zentrum. Er nahm Abstand vom sog. »vierfachen Schriftsinn« und der Allegorese und wollte im Gegensatz zu röm. Kirche und den → Humanisten nur noch den »Buchstabensinn« (*sensus literalis*) anerkennen. Den ntl. Kanon ließ er unverändert und nahm in ihm nur Umstellungen vor. Seine teils sehr kritischen Urteile über verschiedene Schriften (Jak, Jud, Offb) sind bekannt, doch wird zu wenig beachtet, daß Luther sich in den reiferen Jahren vorsichtiger äußerte.

5. Orthodoxie und Pietismus

Die → Orthodoxie des 16./17. Jh.s benutzte das NT weitgehend als Sammlung von Belegstellen für den Ausbau ihres Lehrsystems, erschöpfte sich aber nicht darin (Clavis scripturae des → Flacius als erstes bibl.-theol. Wörterbuch). Führende Vertreter des → Pietismus, einer Bibelbewegung, stellten sich der wissenschaftl. Herausforderung und trugen textkritisch, hermeneutisch und exegetisch (Bengel) zum Fortgang bei, nicht ohne Sonderinteressen (→ Eschatologie) zu berücksichtigen.

6. Die Anfänge kritischer Exegese im 17./18. Jahrhundert

War bis in die frühe Neuzeit hinein der theozentrische Denkansatz vorherrschend, so ersetzte ihn die frühe (v. a. franz.) → Aufklärung (R. → Descartes) durch den anthropozentrischen. Damit war prinzipiell auch das NT menschlicher Prüfung und Kritik unterworfen (theol. begründet von J.S. → Semler). Rasch näherte sich die Erforschung des NTs der antiker Schriften an, wobei dieselben Methoden wie dort benutzt wurden. Hatte man bis dahin gesamtbibl. Exegese betrieben, so ebnete J.G. Eichhorn einer Trennung von atl. und ntl. Forschung den Weg. Dem korrespondiert die Loslösung der Exegese aus der Umklammerung durch die kirchl. → Dogmatik (J.P. Gabler), eine – wie sich bald zeigte – »hermeneutisch verhängnisvolle Entwicklung« (P. Stuhlmacher, Biblische Theologie 1,31). Angestoßen wurde nun die Erforschung der sog. »synoptischen Frage« (→ Evangelien; J.J. Griesbach, G.E. → Lessing, Eichhorn, J.G. → Herder) und insgesamt der Einleitungsfragen, aber auch der hist. Umstände des NTs (W.M.L. → de Wette u.a.).

7. Die »konsequent geschichtliche« Forschung

All diese Entwicklungen wurden in der 1. Hälfte des 19. Jh.s in der »konsequent geschichtlichen Betrachtung« (Kümmel) des NTs zusammengefaßt, die (angestoßen durch den Philosophen G.W.F. → Hegel und den Theologen F. → Schleiermacher) besonders von dem Tübinger Gelehrten F.Chr. → Baur und seinen Schülern betrieben wurde und seither vorherrscht. Baur nahm geschichtsphil. Vorstellungen und Methoden auf und bediente sich der sog. »Tendenzkritik«, mit deren Hilfe er das hist. Urgestein der ntl. Berichte von späterer tendenziöser Übertünchung reinigen zu können hoffte. Ergebnis war eine völlig neue Sicht der urchristl. Geschichte als eines verbissenen, rein menschlichen, vom Verfasser der Apg harmonisierten Ringens zwischen Juden- (These) und Heidenchristen (Antithese), das nach dem Hegelschen dialektischen Schema zum »Frühkatholizismus« (Synthese) führte. Theol. verbarg sich nach Baur dahinter der Gegensatz von »Fleisch« und »Geist«, die urchristl. Geschichte wurde zur Geschichte der Entfaltung des Geistes (→ Idealismus). Baur verwandte die »Tendenzkritik« auch zur Datierung ntl. Schriften und zur Klärung der Verfasserfrage. Am Ende blieben nur vier »echte« Paulusbriefe übrig (Röm, 1/2Kor, Gal). Was Baur für das Urchristentum erarbeitete, leistete sein Schüler D.F. → Strauß für die Jesusforschung. Er meinte, etwa in der Verklärungsgeschichte mit Hilfe seiner »mythischen Auffassung« »zwar keine wirkliche Begebenheit« im hist. Sinn entdecken zu können, dafür aber ihre »Bedeutung«, »die ideale Wahrheit« (zit. nach Kümmel, 151f). Die radikale Baur-Schule führte diese Linien ins Extrem fort, während gemäßigte Schüler (C. Weizsäcker) die Einseitigkeiten zurechtrückten. Auf konservativer Seite machte man sich an die Klärung inhaltlicher Fragen. H. → Cremer untersuchte in seinem »Biblisch-theologischen Wörterbuch der ntl. Gräcität« (1867) die sprachgeschichtl. Hintergründe, Th. → Zahn erwies die hist. Zuverlässigkeit der ntl. und altkirchl. Quellen, A. → Schlatter legte das NT unter Heranziehung rabbin. und jüd.-hell. Literatur aus. Die hist. Frage bildet bis heute den Kern ntl. Wissenschaft, obwohl es ganz unterschiedliche Versuche gab und gibt, sie zu überwinden (M. → Kähler; E. Drewermann u.a.).

8. Differenzierung und Spezialisierung im 19./20. Jahrhundert

Im Zusammenwirken von Philosophie, Philologie, Literaturwissenschaft, Profangeschichte und Theologie entstanden im Laufe des 19. Jh.s die meisten auch heute noch benutzten Einzelmethoden exegetischer Arbeit am NT. Neben die Textkritik trat (vom AT herkommend) die Literar- und Quellenkritik, dazu die Erforschung der Überlieferungen im schriftlichen und mündlichen Stadium. Die Entdeckung neuer antiker Quellen mit teilweise erstaunlichen Parallelen zum NT machte die Frage virulent, ob das NT (wie bisher üblich) wirklich zunächst vor dem Hintergrund des AT zu verstehen sei, oder ob vor allem Paulus nicht vielmehr im Griechentum oder → Hellenismus verwurzelt sei. Die »religionsgeschichtliche Schule« bildete sich (W. Wrede u.a.). Für sie wurde nach dem AT auch das NT unter der Hand zum Dokument einer sekundären, synkretistischen Religion (H. → Gunkel; R. Reitzenstein; anders E. Schürer, A. → Schweitzer). Gleichzeitig zeigte Schweitzer in seiner »Geschichte der Leben-Jesu-Forschung« ([2]1913), daß und wie theol. Darstellungen stets von der sie leitenden Philosophie bestimmt sind. Insgesamt führte die »konsequent historische« ebenso wie die »religionsgeschichtliche« Betrachtung des NTs zu einer inhaltlichen Verunsicherung und Entleerung der Theologie, die das entstandene Vakuum auf andere Weise füllen mußte. Dies geschah einmal im Gefolge von K. → Barths Römerbriefkommentar ([2]1921) durch die → «Dialektische Theologie«, eine Rückbesinnung auf theol. Inhalte unter Zurückstellung hist. Fragen (»Theologie des Wortes Gottes«), und dann im Gefolge R. → Bultmanns, der sich (mit dem Erbe der »religionsgeschichtlichen Schule« (→ Gnosis) belastet) von M. → Heideggers Existenzialphilosophie anregen und leiten ließ und auf seine Weise die Geschichte theol. ausblendete (→ Entmythologisierung). Beide haben den Fortgang der Forschung mit ihren an sich unvereinbaren Programmen bis in die Gegenwart hinein tiefgehend bestimmt, indem sie beide (Barth für die Systematik, Bultmann für die Exegese) die hist. Krise der ntl. Forschung auf ihre Weise überwanden. Wirkliche Alternativen entstanden im deutsch-sprachigen Raum erst sehr mühsam (J. → Jeremias; O. → Michel; L. → Goppelt, O. → Cullmann). Für die Erforschung des NTs im 20. Jh. kennzeichnend ist eine zunehmende Spezialisierung auf Teilbereiche (Jesus, Johannes, Paulus, Umwelt usw.) und -aspekte (Linguistik, Soziologie, Psychologie, Dialog mit Judentum usw.). Ein kompetenter Überblick über das Ganze ist kaum noch möglich.

9. Hermeneutik

War die Auslegungsmethode über Jahrhunderte von der kirchl. Lehre bestimmt, so entwikkelte sich die Hermeneutik im Anschluß an die Ablösung der Exegese von der (kirchl.) Dogmatik (s.o.) immer stärker zu einem eigenen, grundlegenden Arbeitsbereich der exeget. Theologie. Auf den Punkt gebracht wurde diese Entwicklung um die Jahrhundertwende von E. → Troeltsch, der der inzwischen entstandenen »historisch-kritischen« Forschung ein hermeneutisches Programm gab, indem er als Kriterien hist. (und also allein wissenschaftl.) Textauslegung die drei Prinzipien »Kritik«, »Analogie« und »Korrelation« formulierte. Von Bultmann weitergeführt, von G. Ebeling zum »Teil der Rechtfertigungslehre« erklärt, bildete diese Hermeneutik jahrzehntelang ein unantastbares Fundament ntl. Exegese. Erst in den 60er und 70er Jahren unseres Jh.s kam es, von mehreren Seiten her angestoßen, zu einer intensiven hermeneutischen Grundsatzdiskussion (Ferdinand Hahn, M. Hengel, P. Stuhlmacher, G. Maier u.a.), die faktisch zu einer Relativierung der »historisch-kritischen Methode« führte. Seither drängen vermehrt alternative, interessegeleitete Ansätze herein (»historisch-biblische Methode«, »empirisch-kritische«, »materialistische«, »gruppendynamische«, »tiefenpsychologische«, »feministische« Exegese). Keine konnte aber bisher die Vorherrschaft der historisch-kritischen Methode im akademischen Bereich beenden.

10. Blick über die Grenzen

Verglichen mit der deutsch-sprachigen ntl. Exegese sind die angelsächsische und die skandinavische Forschung eigene Wege gegangen. Erstere war und ist durch ein weitaus größeres Spektrum gekennzeichnet und hat sich vor allem den hist. und archäologischen Fragen weit intensiver zugewandt (W.M. Ramsay, F.F. Bruce, J.H. Marshall, E.E. Ellis u.a.), was in Deutschland z.T. als Apologetik angesehen wurde (Kümmel, Anm. 272). Sie hat wesentlich zur Erhärtung der hist. Zuverlässigkeit ntl. Berichte beigetragen. Die skandinavische Forschung (vor allem die schwedische mit H. Riesenfeld, B. Gerhardsson; bei uns aufgenommen durch O. Betz, R. Riesner) befaßte sich dagegen schwerpunktmäßig mit der Volkstumskunde (Überlieferungstraditionen) und konnte die Zuverlässigkeit etwa der echten Jesus-Tradition erhärten und deren tiefgreifende Umgestaltung und Erweiterung im Sinn der form- oder redaktionsgeschichtl. Schule in Frage stellen.

Die röm.-kath. NT-Exegese stand weit länger als die prot. im Schatten der kirchl. Dogmatik und wurde deshalb bis auf wenige Dissidenten (A. → Loisy) von dieser kaum ernstgenommen. In den vergangenen Jahrzehnten hat sie sich aber im Bereich der bibl. Archäologie und darüber hinaus (für die Jesus-Forschung z.B. H. Schürmann, für Theologie und Ethik des NT Schelkle und Schnackenburg und durch das ev.-kath. Kommentarwerk EKK) einen Namen gemacht.

11. Bilanz und Ausblick

Ein Blick in die Gegenwart zeigt zunächst den Verlust eines durchgehenden gemeinsamen Konsenses in der ntl. Exegese, der das weiterführende, Schulgrenzen überschreitende Gespräch erschwert. Zu unterscheiden sind die radikal-kritische Anwendung der historisch-kritischen Methode (G. Schille, G. Lüdemann u.a.) und deren gemäßigt-kritischen Gebrauch (P. Stuhlmacher, K. Haacker u.a.). Daneben versuchen seit Mitte der 70er Jahre auch evangelikale NTler, sich zu etablieren (international: J.H. Marshall, C. Caragounis, S. Kim; national: G. Maier, E. Schnabel, R. Riesner) und sich ihre Organe zu schaffen (→ Gemeinschaft Europäischer Evangelikaler Theologen (GEET); → Arbeitskreis für evangelikale Theologie (AfeT seit 1977); Jahrbuch für evangelikale Theologie (JET). So ist neben extremen Erscheinungen z.Zt. eine Relativierung der »konsequent hist. Betrachtung« des NT auf ein vernünftiges Maß und – damit verbunden – ein Aufschwung der von Tübingen ausgehenden »Biblischen Theologie« zu beobachten. Die lukanischen Schriften werden, was ihre hist. Zuverlässigkeit angeht, teilweise wieder ernster genommen (M. Hengel, C. Hemer, E.R. Richards, D. Thornton, R. Riesner), teilweise aber auch immer mehr angezweifelt (G. Lüdemann, J. Wehnert). Die Paulus-Forschung ist weiter denn je von einem Konsens entfernt (P. Stuhlmacher, O. Hofius, H. Hübner, J. Dunn, H. Räisänen, E.P. Sanders u.a.). Mehr denn je tragen manche Richtungen ntl. Exegese ganz bewußt zur Auflösung überkommener christl. Glaubensinhalte und Lebensorientierungen bei. In das Vakuum dringen vermehrt alternative Konzeptionen ein (E. Drewermanns »tiefenpsychologische Exegese«, »feministische Exegese«, »pluralistische Theologie« u.a.).

Einiges scheint darauf hinzudeuten, daß wir am Ende einer forschungsgeschichtl. Epoche stehen; die Umwertung von Arbeitshypothesen zu Arbeitsgrundlagen (»Zwei-Quellen-Theorie«) bei deren gleichzeitiger Infragestellung von anderer Seite, der Verlust einer gemeinsamen hermeneut. Ausgangsposition, das Entstehen alternativer theol. Ansätze, die Veröffentlichung resümierender Lehrbücher und Lehrbuchsammlungen u.a. Gibt es einen überzeugenden exeget.-theol. Neuansatz, der die Forschung der Zukunft bestimmen könnte?

Lit.: K. Aland: Geschichte der Christenheit 1+2; H.J. Genthe: Kleine Geschichte der ntl. Wissenschaft,

1977; L. Goppelt: Theologie des NTs 1, [1]1975, 19-51; W.G. Kümmel: Das Neue Testament. Geschichte der Erforschung seiner Probleme, OA 3/3, [2]1970.

Zu einzelnen Themenkreisen vgl. die Überblicke in ThR und ANRW, II, 25, 3+4 (1985/1987).

H.-W. Neudorfer

Neufville, Carl de → Personalgemeinde

Neujahrsfest → Feste; → Kirchenjahr

Neukirchener Erziehungsverein

Andreas Bräm (1797-1882), seit 1835 Pfarrer im ref. Neukirchen in der Grafschaft Moers, gründete, von → Pestalozzi und Chr.H. → Zeller in Beuggen geprägt, am 18. 12. 1845 den »Verein zur Erziehung armer, verlassener und verwahrloster Kinder in Familien« (abgekürzt Neukirchener Erziehungsverein). Die Industrialisierung im Ruhrgebiet und in Wuppertal hatte vor allem Kinder in z.T. entsetzliches Elend gebracht; Bräm wollte sie in christl. Familien versorgen und aufziehen, meist auf dem Land in bäuerlichen Betrieben. Bis 1896 waren ca. 900 Pflegekinder im Hunsrück, im Oberbergischen, im Westerwald u.a. betreut. Als die Familienerziehung zurücktrat, gründete Bräm Kinderheime (Sonneck, Zuversicht), Häuser für gefährdete Mädchen nach der Schulentlassung (z.B. Haus Elim 1880, mit einer Haushaltungsschule verbunden seit 1956), sowie für ledige Mütter und ihre Kinder entsprechende Aufnahmeheime. Zur Ausbildung von »Erziehungsschwestern« wurde 1930 ein Diakonissenhaus errichtet, außerdem eine Buchhandlung und später ein wissenschaftl.-theol. Verlag. Der »Neukirchener Abreißkalender« (in hoher Auflage), der Neukirchener »Jugendfreund« (seit 1928) und viele bibl.-erbauende Kleinschriften haben mission. Charakter. Das Neukirchener Kinderdorf (1966 für ca. 100 Kinder gegründet), die »Ausbildungsstätte für Heimerzieherinnen« (1960) und die Fachschule für Sozialpädagogik gehören ebenfalls zum Erziehungsverein. Die Waisen- und Missionsanstalt (1878 gegründet) steht, in offener Verbindung, mit dem N.E. in Austausch und Zusammenarbeit.

G. Ruhbach

Neukirchener Mission → Evangelische Gesellschaft für Deutschland

Neuluthertum → Luthertum

Neununddreißig Artikel → Anglikaner, Anglikanismus; → Bekenntnisschriften c) reformierte

Neupfingstlertum → Charismatische Bewegung

Neupietismus

N. ist ein Oberbegriff für eine größere Zahl von Gruppierungen, die sich dem Frühpietismus (in Württemberg dem Altpietismus) des 17. und 18. Jh. verbunden fühlen und dessen Erbe weitertragen wollen. Zwischen dem Frühpietismus (1650-1750) und dem N. (Beginn mit der → Erweckungsbewegung um 1820) liegen weniger geprägte Jahre, in denen vor allem der Einfluß der → Christentumsgesellschaft wirksam wurde.

Zum N. gehört die Erweckungsbewegung in Europa und den USA, danach die von Oxford und → Keswick ausstrahlende → Heiligungsbewegung, aus der in Deutschland die → Gemeinschafts- und → Pfingstbewegung hervorgingen. Zahlreiche Missionsanstalten und diakon. Werke verdanken sich ebenfalls dem N., z.B. die von Bodelschwingh'schen Anstalten → Bethel. Der N. ist aus der Landeskirche hervorgegangen und zunächst auf die Landeskirche bezogen. Hinsichtlich der großen Differenziertheit der europ. Kirchen hat auch der N. eine sehr unterschiedliche Prägung.

Allerdings hat sich der N. – darin unterscheidet er sich wesentlich vom Frühpietismus – immer mit den Freikirchen, wie z.B. den → Methodisten, den → Baptisten, Darbysten u.a., verbunden gefühlt und sich 1846 in der Ev. → Allianz auch locker mit allen an Jesus glaubenden Christen aus sämtlichen Lagern zusammengeschlossen. Trotzdem blieb die Unterscheidung zwischen landeskirchl. Pietismus und freikirchl. Evangelikalismus, die Evangelicals in der → Anglikanischen Kirche ausgenommen, bewußt und betont.

Erst ab ca. 1970 kam es zum »Aufbruch der Evangelikalen«, und evangelikal wurde zu einer zusammenfassenden Bezeichnung für alle in der Ev. Allianz vereinten Christen und Gruppierungen. Wie weit es gelingen wird, in diesem mehr angelsächsisch-freikirchl. Trend den N. lebendig zu erhalten, bleibt abzuwarten. Wünschenswert wäre dies allerdings, um den ev. Landeskirchen eine wirksame und prägende Kraft, wie sie der N. in der Gemeinschaftsbewegung des Gnadauer Verbandes (→ Evangelischer Gnadauer Verband) immer gewesen war, auch weiterhin Geltung und Einfluß zu bewahren.

Zu den Kennzeichen des N. gehören: die persönliche Entscheidung für Christus, die Bereitschaft, im Glauben innerhalb eines praktizierten Heiligungsweges zu wachsen, eine ganzheitlich gelebte → Spiritualität (geistliches Leben) in Schriftbetrachtung, Gebet und Weltverantwortung (Mitarbeit in der Diakonie, in Synoden, Presbyterien u.a.), die Bejahung der Autorität der Heiligen Schrift, aber auch der von Gott gewollten Welt in ihren Gütern, die Bejahung des allg. Priestertums der Glaubenden und der Evangelisation des eigenen Volkes wie die Verantwortung für Weltmission. Gelegentlich stellten sich biblizistische, individualistische, bzw. im ethischen Bereich gesetzliche Verengungen ein, die jedoch immer wieder überwunden werden konnten. Zu den theol. Vertretern des N. gehören A. → Neander und A. → Tholuck, Th. → Christlieb und J.T. Beck, A. → Schlatter und K. → Heim, A. → Köberle, O. Schmitz und viele andere.

Lit.: H. Asmussen (Hg.): Rechtgläubigkeit und Frömmigkeit, 3 Bde., 1938-1939; O. Schmitz, H. Kirchhoff: Theologie und Pietismus I und II, 1957, 1961.

G. Ruhbach

Neuplatonismus

In der Mitte des 1. nachchristl. Jh.s begann eine Platonrenaissance, die in der Beschäftigung mit → Platon und subjektiv in seiner Nachfolge Naturerklärung, enzyklopädische Bildung und Religion zur Einheit verschmolz. Ihre erste, vorbereitende Phase bezeichnet man als Mittelplatonismus. Seine herausragende Vertreter waren Plutarch von Chaironeia (kurz nach 45 bis nach 120), Biograph und popularphilosophischer Schriftsteller, und → Celsos von Alexandria, der in seiner Schrift über den »wahren Logos« (178) die griech. Philosophie und Bildung gegenüber dem Christentum verteidigte.

In der Mitte des 3. Jh.s begründete → Plotin (ca. 205-270), der echteste und zugleich originellste aller Platoniker, den eigentlichen N. Plotins phil. System ist ein genial einfaches: Urgrund und zugleich höchste Seinsstufe ist das jenseits von Raum und Zeit stehende, über Gut und Böse erhabene, qualitätslose Eine. Da es aber zugleich die Fülle alles Seins ist, strömt es gewissermaßen über, und als nächste Stufe entsteht der → Geist. Er ist noch völlige Einheit, trägt aber bereits die Ideen in sich und ist daher zugleich potentielle Vielheit. Diese verwirklicht als dritte Wesenheit die → Seele. Sie ist sowohl Allseele und als solche mit dem Geist in Verbindung und eine, als auch Einzelseelen; als solche aber ist sie viele und nur über die Allseele, an der jede Einzelseele teilhat, mit dem Geist und über ihn mit ihrem Urgrund in Verbindung. Die Seele ist aber nicht nur ihrem Ursprung zugewandt; sie hat auch eine Neigung zur Materie, die ohne die gestaltende Kraft der Seele am Sein keinen Anteil hat. Das Eingehen in die Materie ist also einerseits Irrweg und Fall der Seele, andererseits können nur so aus dem leblosen Stoff Einzelwesen und Einzeldinge, d.h. Abbilder der Ideen, werden. Aufstieg und Rückkehr der menschlichen Seele zu ihrem Urgrund ist, nach vorbereitender Askese, nur auf dem Erkenntnisweg möglich. Ziel ist die Erkenntnis der Ideen. In seltenen Fällen und bei entsprechender Begabung (Plotin hatte sie) kann es darüber hinaus zur mystischen Vereinigung der Seele mit dem rational nicht mehr erkennbaren letzten Urgrund kommen. Aber bewußt herbeiführen läßt sie sich nicht.

Porphyrios (234 bis gegen 305) aus Tyros war nach Studium in Athen und Rom Schüler Plotins (263-268) und gab seine Werke heraus. Er hielt sich selbst für einen Plotinerklärer, brachte aber viel Eigenes herein. Im Mittelpunkt seines Denkens steht die Rettung der Seele aus der Bindung an die Materie und ihre Rückwendung zum Ursprung. Hier läßt er außer dem Tugend- und Erkenntnisweg auch Theurgie (→ Magie) und Mantik (→ Prophetie) zu. Porphyrios war ein erklärter Feind des Christentums. Die Leugnung aller bisherigen Manifestationen des Logos und der Absolutheitsanspruch erschienen ihm absurd. Dennoch wirkt seine Begrifflichkeit in den christologischen und trinitarischen Definitionen nach.

Erlaubte Porphyrios die Einbeziehung okkulter Phänomene in die Philosophie, so machte sie sein Schüler Iamblichos (ca. 280-325), der sich später von ihm trennte und die syrische Schule des N. begründete, zur Pflicht. Der Philosoph wird zum Kenner mantischer und theurgischer Praktiken. Diese setzt er im Umgang mit den Dämonen ein, so daß ihre Macht beherrschbar und nutzbar wird und die Seele mit ihrer Hilfe zur phil. Erkenntnis aufsteigen kann.

Im 5. Jh. erreichte der N. mit Proklos

(412-485) seinen letzten Höhepunkt, ehe 529 Kaiser → Justinian die Schule von Athen für immer schloß. Proklos' phil. System hat sich von Plotin weit entfernt: Die drei Seinsstufen sind jetzt vielfach in Triaden aufgegliedert. Wegen der Konsequenz der Durchführung galt er als der eigentliche Systematiker des N. Seine Ontologie stellten MA und Renaissance über die des → Aristoteles, den er jedoch nur erläutern, nicht korrigieren wollte. Erkenntnis ist nach seiner Lehre nur beschränkt diskursiv möglich; deshalb müssen sowohl die gnostische Offenbarungs-Literatur als auch Mathematik und Astrologie hinzukommen.

Lit.: W. Beierwaltes: Selbsterkenntnis und Erfahrung der Einheit. Plotins Enneade V 3, 1991 (Bibliographie); H. Dörrie: »Neuplatoniker«, KlP Bd. 4, 84f; C. Zintzen (Hg.): Die Philosphie des Neuplatonismus, 1977.

H. Scheible

Neuprotestantismus

E. Troeltsch hat die Begriffe Altprotestantismus und N. geprägt und damit auf die tiefgreifenden Wandlungen hingewiesen, die ev. Theologie seit der Aufklärung durchlaufen hat. Nicht so sehr Einzelheiten in der theol. Grundeinstellung, sondern das Lebensgefühl, die Weltanschauung, das Kulturbewußtsein haben sich geändert. Das Autonomiestreben und die grundsätzlich kritische Einstellung gegenüber allem hist. Gewordenen bestimmen ev. Theologie seit ca. 1750, und die Bezeichnungen »→ Neologie« oder später »systematische Theologie« für die bislang so genannte Dogmatik sind Indiz für den eingetretenen Wandel. Als Kennzeichen für den N. können gelten: die Privatisierung bisher geltender Glaubensautoritäten, die hist.-kritische Bibelauslegung, ein neuer Humanismus in Kultur und Bildung, die grundsätzliche Bejahung des Diesseits gegenüber aller Metaphysik (gelegentlich allerdings auch ein neuer Mystizismus), v. a. aber die Lösung der Kirche von Staat und anderen äußeren Autoritäten. Das Christentum wird zur Gewissens- und Humanitätsreligion, die Theologie zur liberalen Theologie, zum Kulturprotestantismus.

Natürlich gibt es auch weiter bestehende Verbindungen zum Altprotestantismus der Reformationszeit: vor allem den Protest gegen Rom, die Berufung auf die Gewissensfreiheit und das Schriftprinzip, die Entsakralisierung der Welt in allen Bereichen u.a., aber in allem Verbindenden sind gleichwohl die neuen Akzentuierungen spürbar, die den N. nicht nur plural, sondern pluralistisch erscheinen lassen. Deshalb muß von einer erheblichen Umformung, ja Ausdünnung des Christlichen im N. gegenüber seinen Wurzeln gesprochen werden. Besonders in der Ethik und ihrem Wertprivatismus wird das deutlich. Die Unionsmentalität im 19. Jh., die Ökumenebegeisterung und die Befreiungstheologie in all ihren Varianten im 20. Jh. sind symptomatisch für diese Entwicklung.

Immer wieder haben sich allerdings auch Gegenkräfte gegen den N. geregt: in der → Erwekkungsbewegung, im Neukonfessionalismus, in der → dialektischen Theologie, in neuer geistl. und fundamentaltheol. Besinnung auf die Grundlagen des Christentums, wie sie von den ev. Kommunitäten in der Praxis und z.B. von M. Seitz und Chr. Möller, von G. Ebeling und O. Bayer und vielen anderen vertreten werden. Wieweit der N. seine Distanz zur Kirche und seine Fremdheit gegenüber den Sakramenten überstehen kann, bleibt abzuwarten.

Lit.: R.H. Grützmacher: Alt- und Neuprotestantismus, 1920; R. Prenter: Der Protestantismus in unserer Zeit, 1959; P. Tillich: Der Protestantismus, Prinzip und Wirklichkeit, 1950; E. Troeltsch: Protestantisches Christentum und Kirche in der Neuzeit, [2]1909, 431-792; M. Werner: Der protestantische Weg des Glaubens I, 1955.

G. Ruhbach

Neuscholastik

Die N. ist eine Bewegung innerhalb der kath. Theologie, die Mitte des 19. Jh.s einsetzt. Sie erklärte sich zum Ziel, Tendenzen einer rationalistisch, aber auch romantisch und idealistisch bestimmten Theologie zu überwinden. Sie entwickelte sich parallel zu den → ultramontanen Bestrebungen im kirchenpolit. Bereich. Träger der Bewegung waren v. a. die Jesuiten. Der Begriff stammt aus der zweiten Hälfte des 19. Jh.s. Die deutschen Zentren der N. befanden sich in Mainz und Würzburg.

Die N. knüpft vor allem an die Theologie und Philosophie des 13. Jh.s an. Die Philosophie betrachtet sie als *ancilla theologiae* (»Magd der Theologie«). Dies geht so weit, »daß sie sogar die Philosophie dem kirchl. Lehramt unterordnet und dadurch eine Art philosophischer Tradition oder eine Form von philosophia perennis erhofft« (H.M. Schmidinger).

Ein wichtiges Charakteristikum der N. ist, daß sie die neuzeitliche Philosophie sowie das moderne Geistesleben als Irrlehren ablehnt. Die kirchl. Wissenschaft hat diese Entwicklung zu ignorieren. Ferner betrachtet die N. die menschliche Natur fast ausschließlich im Lichte ihrer Errettung durch die Gnade.

Von besonderer Bedeutung für die Gewichtung der N. ist die Enzyklika »Aeterni Patris« Leos XIII. vom 4. 8. 1879. Sie stellt die Vervollkommnung des Alten durch das Neue heraus; v. a. das Zurückgreifen auf → Thomas von Aquin wurde gefordert. So wurde in »Aeterni Patris« Thomas zum Patron der kirchl. Hochschulen erhoben. Es heißt in der Enzyklika: »Es war daher ein sehr guter Gedanke, daß nicht wenige unter denen, welche die philosophischen Wissenschaften pflegen, und in jüngster Zeit auf eine zweckmäßige Erneuerung der Philosophie bedacht waren, dahin strebten und streben, die kirchliche Lehre des hl. Thomas von Aquin wieder in Aufnahme zu bringen und ihr den früheren Ruhm wieder zu verschaffen.« Seit »Aeterni Patris« wurde die Identifizierung des kirchl.-theol. Denkens mit der N. geradezu selbstverständlich.

Es erfolgte ein großer Aufschwung der N., wobei der → Neuthomismus ein grundlegendes Element bildete. Das Ziel war, durch die Wiederbelebung eines universalen metaphysischen Weltsystems alle irrigen Auffassungen jener Zeit zu überwinden. Daß eine solche Hoffnung unrealistisch war, unterstrichen die kath. Gegner der N. von Anfang an. »In Wirklichkeit blieb aber der Neuthomismus ein rein innerkatholisches Phänomen« (Chr. Weber).

Auch die Päpste Pius X., Benedikt XV. und Pius XI. haben sich in zahlreichen Verlautbarungen für das Studium der thomistischen Philosophie und Theologie ausgesprochen. Noch auf dem Zweiten Vatikanischen Konzil rang ein Denken, das eher neuscholastisch bestimmt war, mit einer Ausrichtung, die sich mehr vom bibl.-patristischen Geist bestimmen ließ. Die endgültigen Konzilsdokumente wurden allerdings von der letzten Richtung bestimmt.

Lit.: H.M. Schmidinger: »Scholastik« und »Neuscholastik« – Geschichte zweier Begriffe, in: E. Coreth (Hg): Christliche Philosophie im katholischen Denken des 19. und 20. Jahrhunderts, 1988, 23-53.

K. Wittstadt

Neuthomismus

Gegenüber dem → Empirismus unserer Zeit, dem die metaphysische Dimension des Realen auf theoretischem und praktischem Gebiet verlorengegangen ist, bemüht sich die sog. neuthomistische Richtung der aristotelisch-thomasischen Tradition, die Hauptthemen der traditionellen → Metaphysik neu zu erörtern, meist von aktuellen phil. Problemen der Gegenwart aus. Wichtige Gesichtspunkte, die alles Reale betreffen, werden wiedergewonnen: Der Vorrang des Seins vor dem Werden, das substantielle Sein und Wesen der veränderlichen Dinge dieser Erfahrungswelt, der Rückgang von den Phänomenen zu den Ursachen, die keine Phänomene mehr sind, sondern intelligibel Gegebenes, die Anerkennung nicht-materieller Ursachen in den Dingen, vor allem der Form-, Bewegungs- und Zweckursache im Lebendigen, als deren Seele, insbesondere die Geistseele im Menschen. Sie müssen nicht im Gegensatz stehen zu den Errungenschaften der modernen Philosophie-Richtungen, sofern diese erfahrungswissenschaftl. orientiert, aber nicht empiristisch verengt sind; denn sie gehören offensichtlich verschiedenen Betrachtungsebenen an.

Eine Hauptaufgabe ist die weitere Erforschung der Quellentexte der großen Theologen des Dominikanerordens: Meister → Eckhart, → Albertus Magnus, → Thomas von Aquin. Die Hauptvertreter kommen aus dem Orden. Sie lehrten und lehren an dessen Studienzentren (z.B. Universität Fribourg, Dominican House in Washington D.C., Angelicum in Rom). Von den vielen hervorragenden Theologen und Philosophen können hier nur einige angeführt werden:

R. Garrigou-Lagrange O.P. (1877-1964) geht von dem wichtigen »Primat des Seins vor dem Werden« aus und legt die Finalität als reale Ursächlichkeit an den Naturdingen und am Menschen dar, und an diesem im ontologischen und moralischen Sinne. Sie findet sich hier sowohl in den Akten der Vernunft als auch des Willens.

F.M. Cordovani O.P. (1883-1950) handelt von den theologalen Tugenden und Geistesgaben im Anschluß an Thomas von Aquin, → Katharina v. Siena, → Thomas von Kempen u.a. Die göttlichen Gesetze setzen die natürlichen voraus, die unserem Gewissen eingeschrieben sind. Sie gründen sich auf der → Liebe zu Gott und zum Nächsten und führen zur Vollkommenheit des Individuums, der menschlichen Person. Daraus erwächst uns die wahre Freiheit. Die beseligende Schau, als Gabe des Geistes, macht uns frei, da sie uns eine Erkenntnis von Gott und Seiner Gutheit gewährt, die in uns die Liebe zu ihm erweckt. Diese wissende Liebe macht uns frei zum Tun des Guten; denn was aus Liebe getan wird, tun wir in Freiheit.

Zu erwähnen sind ferner J. Woroniecki O.P. (1879-1949) mit seinen Studien für pädagogische Ethik, M.A. Krapiec O.P. für Metaphysik, beide von der Kath. Universität Lublin/Polen; R. Spiazzi O.P. für Sozialethik, F.A. Bednarski O.P., A. Lobato O.P. für Anthropologie, E. Kaczynski O.P. für Moraltheologie vom Angelicum in Rom.

Auch E. Gilson (1884-1979) und J. → Maritain (1882-1972) werden gewöhnlich dem N. zugerechnet, da sie im Anschluß an Thomas von Aquin die Metaphysik wiederzugewinnen suchen. Doch bilden sie, jeder in seiner Art, einen christl. Existentialismus aus, der sich mit Thomas in vieler Hinsicht nicht mehr deckt. So geht z.B. bei Gilson unter dem Aspekt der Existenz Thomas' Seinsanalogie zwischen den Geschöpfen und Gott verloren. Bei Maritain fallen unter existentiellem Aspekt Moraltheologie und phil. Ethik in einer einzigen Disziplin zusammen. Thomas hat jedoch klar zwischen beiden Zwecken unterschieden und gelehrt, daß die gnadenhafte Vollkommenheit die natürlich menschliche voraussetzt.

Lit.: »Neuthomismus« HWP, Bd. 6, 1984, 779-780; L. Oeing-Hanhoff: Thomas v. Aquin und die Situation des Thomismus heute, in: Philosophisches Jahrbuch 70 (1962/63), 17-33.

H. Seidl

Neuwerk-Bewegung → Jugendbewegung

Neuzeit

1. Begriff

Die aus dem Geschichtsdenken christl. Sekten (Montanismus; Joachim von Fiore u.a.) stammende und von der Renaissance (»Tod – Leben – Wiedergeburt der klassischen Antike«) übernommene Dreiteilung in Altertum, MA und N. wurde von dem kath. Theologen Johann Adam → Möhler (gest. 1838) und dem ev. Theologen Karl August von → Hase (gest. 1890) auf die Kirchengeschichte übertragen. Schon in der Aufklärung verband sich der Gebrauch des Ausdrucks »Neue Zeit« mit der Vorstellung, im Gegensatz zum MA jetzt in einem ständig fortschreitenden Zeitalter zu leben. Erst seit 1870 sind der aus »Neue Zeit« zusammengesetzte Begriff »Neuzeit« und das davon abgeleitete Adjektiv »neuzeitlich« belegt. Damit bekam »Neuzeit« den programmatischen Klang einer stetig aufsteigenden Entwicklungslinie, die das moderne Europa vom Ausgang des MAs bis zum 20. Jh. kennzeichnen sollte. Erst der durch zwei Weltkriege erschütterte Glaube an einen ständigen Fortschritt der Menschheit und der dadurch geweckte Zweifel am Weiterbestehen einer europ. Gesamtkultur hat zu kritischen Fragen gegenüber dem Begriff N. und der damit verbundenen Ideologie geführt (Romano → Guardini: Das Ende der Neuzeit). Im engl. Sprachraum wurde »Neuzeit« zumeist mit »modern times« wiedergegeben. Der seit etwa 1980 aufgekommene popularphil. Begriff »→ New Age« kennzeichnet die zeitgenössische Sehnsucht nach Innerlichkeit, Ganzheitlichkeit, anthropologischer Neuorientierung und Universalität und ist insofern mit dem Begriff »Neuzeit« verwandt. Die Offenheit des Begriffs zeigt sich daran, daß inzwischen auch von neuerer und neuester N. gesprochen wird.

2. Chronologie

N. bezeichnet in der Profangeschichtsschreibung und der Philosophiegeschichte die sich an das MA anschließende Epoche. Für die ev. Kirchengeschichtsschreibung war mit dem Begriff N. von jeher die Frage der Abgrenzung zu MA und Reformation verbunden. Der Beginn der N. wird teils mit → Humanismus, → Renaissance, der Entdeckung Amerikas und der Reformation, teils erst mit der → Aufklärung (E. → Troeltsch) markiert. Aus Karl Heussis grundlegender Kritik an der Dreiteilung der Kirchengeschichte haben sich verschiedene Gliederungsversuche und Epochenabgrenzungen ergeben. Weithin eingebürgert hat sich in der ev. Historiographie und v.a. im akademischen Lehrbetrieb, nach Alter Kirche und MA die Reformation als eigene Zeiteinheit zu behandeln und die Darstellung der N. mit dem konfessionellen Zeitalter im 17. Jh. beginnen zu lassen. Häufig wird auch zwischen früherer (bis 1648) und jüngerer N. unterschieden. Die Problematik des hist. Begriffes N. wird auch darin deutlich, daß öfter zusätzlich von weiteren Epochen nach der N. gesprochen wird. So haben sich teils die Bezeichnungen »neueste Zeit« (ab der Französischen Revolution 1789 bzw. dem Wiener Kongreß 1814/15) und »Kirchliche Zeitgeschichte« (ab 1918 bzw. 1945) durchgesetzt. Insgesamt läßt sich sagen: »Die Neuzeit ist in der Kirchengeschichte noch mehr als in der allgemeinen Geschichte ein Verlegenheitsbegriff..., sie ist schwer als Einheit zu fassen und noch schwerer zu gliedern« (Heinrich Bornkamm, 66f).

3. Charakterisierung

Neuzeitliches Bewußtsein und Lebensgefühl haben sich über Jahrhunderte entwickelt. Nach ersten Auflösungserscheinungen des mittelalterl. Weltbildes im 14. Jh. hat sich der Prozeß der Veränderung im 15. und 16. Jh. fortgesetzt und sich im 17. Jh. zu einem bestimmbaren Bild verdichtet. Als dessen Hauptkennzeichen kann gelten, daß Gott nicht nur in Bezug auf sein Wesen: »Wie kriege ich einen gnädigen Gott?«, sondern in Bezug auf seine Existenz fraglich geworden ist. Eines der eindrücklichsten Beispiele dafür ist der 1690/91 abgefaßte Bericht August Hermann → Franckes über seine Bekehrung (1687), der mit dem Zugeständnis des bibelkritschen Problems (»Wer weiß, ob auch die Heilige Schrift Gottes Wort ist, die Türken geben ihren Koran und die Juden ihren Talmud auch dafür aus, wer will nun sagen, wer Recht hat.«) und der atheistischen Anfechtung (»Denn ich glaubte auch keinen Gott im Himmel mehr, und damit war alles aus ...«) typisch neuzeitliche Fragestellungen anspricht. Zwar formulierte Francke diese Fragen im Licht der kurz darauf erlebten Bekehrung; dennoch zeigen sie, daß das vernunftbetonte Denken der Aufklärung und die pietist. Herzensfrömmigkeit zwar vom Ergebnis her diametral entgegengesetze Pole darstellen, aber vom Ursprung her viele Gemeinsamkeiten und Berührungspunkte aufweisen. → Pietismus und Aufklärung sind vom Freiheitsdrang beseelt, sich aus den eingefahrenen Gleisen und verfestigten Strukturen des Konfessionalismus des 17. Jh.s zu lösen. Beide sind vom neuzeitlichen Individualismus bestimmt, beide betonen die Praxis, beide legen Wert auf persönliche Religionsfreiheit, beide fördern die empirischen Wissenschaften. Immanuel → Kant hat 1784 die Aufklärung als »Ausgang des Menschen aus seiner selbst verschuldeten Unmündigkeit« bezeichnet: »Habe Mut, dich deines eigenen Verstandes zu bedienen! ist also der Wahlspruch der Aufklärung.« Der Verlust der Kategorie »Gott« hat sich seit dem 17. Jh. nicht nur auf den kirchl. Bereich, sondern auch auf das kulturelle, polit. und soziale Leben Europas ausgewirkt. Der Mensch versteht sich nicht mehr unter der durch Kirche und Theologie geprägten Gesellschaft, sondern als autonomes Persönlichkeitssubjekt (Individualismus). Er hat das Recht und die Pflicht, durch Engagement und Kreativität das Ziel seiner eigenen Selbstbestimmung zu verfolgen (Emanzipation). Die Kultur speist sich nicht mehr primär aus bibl. oder zumindest durch die Kirche legitimiertem Traditionsgut, sondern aus eigenen Normen (Säkularisation). Die Natur wird nicht mehr allein als Schöpfung Gottes verstanden, sondern als in sich ruhend und ihre eigenen Gesetzmäßigkeiten prägend. An die Stelle Gottes des Vaters tritt die Mutter Natur (→ Naturalismus). Insbesondere im ev. Raum ist die N. das Zeitalter der Gruppenbildungen und konfessionellen Richtungen (→ Pluralismus). Die Zukunft von Kirche und Welt wird weithin als vom Menschen zu gestaltende und zu sichernde verstanden. An die Stelle einer Jenseitshoffnung tritt eine diesseitige, vom Menschen zu gestaltende Weltvollendung (Chiliasmus).

4. Kritik

Die genannten Charakteristika der N. werden in der ev. Theologie diametral entgegengesetzt beurteilt. Teils gelten sie als Inbegriff des Abfalls vom bibl. Offenbarungsglauben, teils werden sie als legitime Folgen insbesondere des reformat. Freiheitsgedankens gepriesen. Beide Extrempositionen werden dem Sachverhalt nicht gerecht. Zum einen haben → Autonomie, Kreativität, Fortschritt usw. auch theol. Wurzeln, wie insbesondere die Reformation Martin Luthers zeigt. Auch die seit dem Pietismus aufgekommene Zergliederung des Protestantismus in Denominationen und Gruppierungen ist ohne den Geist der N. undenkbar. Zum anderen aber ist die Hybris neuzeitlichen Bewußtseins zu beachten, die aus Pluralität Pluralismus, aus Säkularisierung → Säkularismus, aus anthropologischer Neubesinnung Anthropozentrismus werden ließ. Die theol. tiefgründigste Kriktik gegen die anthropologische Selbstüberschätzung des 17./19. Jh.s ist von Karl → Barth vorgebracht worden, demzufolge der am bibl. Offenbarungsglauben orientierte Christ nur im »Ungehorsam gegen die Geschichte der Neuzeit« und der sie prägenden vermeintlich modernen Kultur verharren könne. Der kath. Theologe Romano → Guardini hat den eschatologischen Charakter des »Endes der Neuzeit« hervorgehoben. Angesichts des Gefangenseins in der Schrankenlosigkeit der N. hat die Christenheit wieder zu fragen nach dem »einen, das nottut«, und Widerstand zu leisten gegenüber der in weiten Teilen selbstverursachten Gottesfinsternis (H. Berkhof). Auf dem II. Lausanner Kongreß für Weltevangelisation in Manila 1989 hat der engl. Theologe Os Guinness die N. als zugleich einzigartige Chance und Bedrohung für die Ausbreitung des Evangeliums bezeichnet. Dieser doppelten Herausforderung hat sich nach Guiness die ev. Christenheit noch nicht hinreichend gestellt.

Lit.: H. Berkhof: »Widerstand in der Gottesfinsternis«, ThBeitr. 19 (1988), 169-174; H. Blumenberg: Die Legitimität der Neuzeit, 1966; H. Bornkamm: Grundriß zum Studium der Kirchengeschichte, 1949; R. v. Dülmen: Religion und Gesellschaft. Beiträge zu einer Religionsgeschichte der Neuzeit, 1989; F. Gogarten: Verhängnis und Hoffnung der Neuzeit. Die Säkularisierung als theologisches Problem, [2]1958; R. Guardini: Das Ende der Neuzeit, 1950; O. Guinness: Mission angesichts der modernen Welt, in: H. Marquardt, U. Parzany (Hg.): Evangelisation mit Leidenschaft. Berichte und Impulse vom II. Lausanner Kongreß für Weltevangelisation in Manila, 1990, 156-167; K. Heussi: Altertum, Mittelalter und Neuzeit in der Kirchengeschichte, 1921; L. v. Padberg: »Säkularisierung – das Paradigma der Neuzeit?«, ThBeitr 22 (1991) 230-248; M. Schmidt: »Die Interpretation der neuzeitlichen Kirchengeschichte« ZThK 54 (1957) 174-212; St. Skalweit: Der Beginn der Neuzeit (EdF 178); K.G. Steck, D. Schellong: Karl Barth und die Neuzeit (TEH 173) 1973; H. Thielicke: Glauben und Denken in der Neuzeit. Die großen Systeme der Theologie und Religionsphilosophie, 1983; C.F. v. Weizsäcker: Wahrnehmung der Neuzeit, [2]1985.

B. Weber

New Age

Neues Zeitalter, das nach der Vorstellung der zugehörigen neugnostischen Bewegung ein vorausgegangenes Weltzeitalter ablösen soll. Die Bewegung geht aus älteren rel. Quellen hervor, hat aber typisch neuzeitliche Elemente aufgenommen; synonym die astralrel. Bezeichnung »Wassermann-Zeitalter«. Die Erscheinungsformen können mystisch-spirtueller, aber auch stark rationalistischer Natur sein.

Die New-Age-Bewegung (N.A.B.) wird von ihren Anhängern im allg. als eine Zusammenfassung der verschiedenen alternativen Bewegungen (Ökologie-, Frauen-, Friedens-, Anti-Atomkraftwerk-Bewegung...) zu einer Gesamtströmung beschrieben, z.B. von M. Ferguson (Die sanfte Verschwörung). Vom N.A. sprach man allerdings bereits um die letzte Jahrhundertwende. Im Unterschied zu den schon vorher bestehenden esoterischen Gruppen arbeitet die N.A.B. nicht nur konspirativ, sondern mit öffentlichen Aktionen und versucht, die bestimmende gesellschaftl. Kraft zu werden. Es gehört zu den typischen Merkmalen, daß sie sich in mehr oder weniger lockeren Interessen-Verbänden betätigt, die u.U. nur sehr partiell die Ziele der Bewegung verfolgen. Eine einheitliche Organisationsform ist weder international noch in einzelnen Ländern erkennbar, obwohl es eindeutige N.A.-Zentren gibt. Es handelt sich um eine neuheidnische Religion, in deren Zentrum eine Bruderschaft der aufgestiegenen Meister steht, d.h. eine Hierarchie körperloser Geister oder lebender Menschen, die in Austausch mit den irdischen Meistern stehen und ihnen auf spiritistischem oder telepathischem Weg ihre Weisungen geben. Ziel der Bewegung ist es, die einzelnen Menschen und schließlich die ganze Weltgemeinschaft unter den Einfluß dieser Hierarchie zu bringen und durch den absoluten Gehorsam ihr gegenüber die Welt in einen Heilszustand zu bringen, der sowohl die Menschen als auch die ganze Natur umfaßt. Nach der Lehre der Bewegung ist Gott eine unpersönliche Kraft, die der Mensch durch entsprechendes Verhalten empfangen kann, bis er selbst zu dem Göttlichen emporgekommen ist. Ein wichtiges Werkzeug zur Veränderung des Bewußtseins ist eine esoterische Psychologie. Diese »Transpersonale Psychologie« will durch ihre Selbstbezeichnung andeuten, daß das Selbst, womit sich die Psychologie befaßt, im Transpersonalen aufgeht bzw. aufgehen soll. Das entspricht in psych. Terminologie der hinduistisch-buddhistischen Lehre von der Identität von Atman und Brahman. Nicht durch Denken, sondern durch Meditation werde die Einheit hergestellt. Das ist der rel. Hintergrund für die vielen Psychotechniken im Umkreis der N.A.B.

Viele Wissenschaften werden mit einer spirituell veränderten Wissenschaftstheorie in den Dienst des N.A. gestellt. Am bekanntesten wurde wohl der Physiker Fritjof Capra, dessen »Wendezeit« zu einem Kultbuch wurde, in dem er im Anschluß an sein Buch »Das Tao der Physik« mit bereits veränderten wissenschaftl. Grundlagen (in einem Zirkelschluß-Verfahren) die Übereinstimmung der fernöstlichen Religionen mit den westlichen Wissenschaften nachweisen will und daraus weitreichende Folgerungen zieht.

Als Begründerin der N.A.B. kann man Alice Bailey (1880-1949) betrachten, die im Auftrag und nach Diktat ihres Meisters Djwahl Khul eine Reihe von Büchern schrieb, sie über einen Verlag vertrieb, eine Arkanschule mit einer großen Absolventenzahl und einflußreiche öffentliche Organisationen gründete. Es gibt auch gute Gründe, bereits mit Helena P. Blavatski (1831-1891) den Beginn der N.A.B. anzusetzen.

Trotz ihrer äußeren Ähnlichkeit mit christl. Formen und teilweise sogar Inhalten muß man die N.A.B. als antichristl. bezeichnen.

Lit.: K. Knauß: idea-Dokumentation 10/88; R. König: Geheime Gehirnwäsche, [2]1986; W. Schmidt, E. Flöther, C. Matrisciana: New Age, die Macht von Morgen, 1987; H. Wagner: »New Age Faszination und Versuchung«, ThBeitr 20 (1989) 62-78.

K. Knauß

Newman, John Henry (1801-1890)

Der am 21. 2. 1801 in London geborene N. begann 1817 sein Studium am Trinity College in Oxford. Nach einer Fellow-Tätigkeit am Oriel-College wurde er 1824 zum »deacon« ordiniert. Tätigkeiten als Seelsorger in der anglik. Oxforder Pfarrei St. Clement, als Tutor am Oriel College sowie als Pfarrer der Universitätskirche folgten; für das akademische Jahr 1831/32 wurde ihm die Aufgabe des »University Select Preacher« übertragen. Nach gewissenhafter Selbstprüfung konvertiert N. am 9. 10. 1845 zur röm.-kath. Kirche über. Am 30. 5. 1847 erfolgte die Priesterweihe; anschließend ging er in das Noviziat der Oratorianer in Rom; bereits 1848 eröffnete er das erste Oratorium in England. Am 15. 5. 1879 wurde N. in das Kardinalskollegium aufgenommen. Am 11. 8. 1890 starb er in Birmingham.

N. war eine christl. Persönlichkeit von großer ökumen. Bedeutung. Charakteristisch für ihn ist sein Wahlspruch: »Das Herz spricht zum Herzen.« Er engagierte sich in der → Oxford-Bewegung, die eine Reinigung der Hochkirche vom theol. Liberalismus der Zeit, ihre Befreiung aus dem Einflußbereich des Staates und ihre innere Erneuerung aus dem Geist der Urkirche anstrebte. Sie kann als ein Protest gegen einen »secularising rationalism« bezeichnet werden.

Daß N. heute noch große Aktualität besitzt, liegt in seinem heilsgeschichtl. Denken begründet. »Newman nimmt einen mit auf einen Weg, der durch Leiden und Tod zur Herrlichkeit der Auferstehung führt: aus Schatten und Bildern in die Wahrheit.« (G. Biemer)

Überliefert sind von N. 31 Bände mit Briefen und Tagebüchern und ca. 40 Bände theol. und spiritueller Schriften.

Seit 1974 besteht in Rom ein »Internationales Zentrum der Newman-Freunde«.

Lit.: G. Biemer: John Henry Newman 1801-1890. Leben und Werk, 1989; W. Klausnitzer: Päpstliche Unfehlbarkeit bei Newman und Döllinger. Ein historisch-systematischer Vergleich, 1980.

K. Wittstadt

Newton, Isaak (1643-1727)

N. wurde am 4. 1. 1643 in Woolsthorpe (Lincolnshire) geboren und starb am 31. 3. 1727 in Kensington. An der Universität Cambridge begann er 1661 ein naturphil. Studium und entwickelte schon als Student theoretische Ansätze über die Natur des Lichts, über die Gravitation und die Planetenbewegung. Als Nachfolger seines Lehrers Barrow wurde N. 1669 Mathematikprofessor in Cambridge und 1672 Mitglied der Royal Society. Ab 1689 gehörte N. zeitweise dem englischen Parlament an und wurde 1705 in den Adelsstand erhoben. Er entwickelte 1669 das erste Spiegelteleskop und entdeckte 1672 die spektrale Zusammensetzung des natürlichen Lichts.

In den 1687 erschienenen »Philosophiae naturalis principia mathematica« formulierte N. u.a. die drei Grundgesetze der Mechanik (Trägheits-, Kraft- und Reaktionsgesetz) und stellte die nach ihm benannte Bewegungsgleichung der Körper auf. Mit ihr schloß er von den kosmischen und irdischen Bewegungen auf Kräfte, deren maßgeblichste die Gravitation zwischen den Körpern ist. N. betonte die Notwen-

digkeit einer streng mechanischen, kausalen und mathematischen Naturerklärung. Umgekehrt führte er die Gravitation auf das beständige Wirken eines unkörperlichen göttlichen Wesens zurück. Bis heute gelten die Arbeiten N.s als Grundlage der klassischen theoretischen Physik. Sie haben allerdings im 20. Jh. durch die Relativitätstheorie und die Quantenphysik einen neuen Rahmen bekommen.

Lit.: F. Dessauer: Weltfahrt der Erkenntnis. Leben und Werk I. Newtons, 1945; J. Wickert: I. Newton, 1983 (Lit.).

M. Freudenberg

Nicaea, Konzil von (325)

Im Herbst 324 hatte Kaiser → Konstantin (306-337) seinen Schwager Licinius (im Zeichen des Kreuzes) besiegt und herrschte nun auch über den Osten des Röm. Reiches. Dort aber stieß er auf einen Konflikt, der die Kirche tief erschütterte, den Streit um die Lehren des Presbyters → Arius. Um die Einzigkeit Gottes zu bewahren, bezeichnete dieser Christus als Geschöpf und berief sich dafür auch auf die Bibel (Spr 8,22ff). Der Streit hatte um 318 in Alexandrien begonnen, sich aber dann – über Ägypten und Libyen hinaus – auf Palästina, Syrien und Kleinasien ausgedehnt. Konstantin hielt ihn für unnötig und überflüssig, mehr noch: für schädlich, weil er die Einheit der Gottesverehrung und damit (nach altrömischer Vorstellung) das Wohl des Staates gefährdete.

Als andere Versuche, den Konflikt beizulegen, gescheitert waren, berief er – wie zuvor im Streit mit den → Donatisten (Arles 314) – eine Reichssynode ein, nach N. (heute Iznik), nicht weit von der Hauptstadt Nikomedien entfernt. Konstantin nahm an den Verhandlungen (vom 20. Mai bis 19. Juni 325) selbst teil und erreichte, daß fast alle Teilnehmer der Synode (von 318 Vätern ist die Rede) eine Glaubensformel unterzeichneten, in der die Lehre des Arius von der Zeitlichkeit und Geschöpflichkeit des Gottessohnes verworfen wurde. Anschließend wurde sie von Konstantin zum Reichsgesetz erhoben.

Zentrales und zeitweise heftig umstrittenes Stichwort nicänischer Orthodoxie war das Bekenntnis zur »Homousie« des Sohnes mit dem Vater, d.h. zur Wesenseinheit bzw. Wesensgleichheit von Vater und Sohn. Es heißt, daß der Kaiser das Stichwort »homousios« selbst in die Debatte eingeführt habe. Die Anerkennung als Ausdruck orthodoxen Glaubens erlangte es allerdings erst durch den leidenschaftlichen Einsatz des → Athanasius von Alexandrien und die Entscheidung des Konzils von Konstantinopel (381). Dadurch wurde N. (325) schließlich zum 1. Ökumenischen Konzil, dessen Entscheidungen sich als wegweisend für den Weg der Gesamtkirche erwiesen hatten.

Neben der Glaubensformel wurden auf dem Konzil auch Regelungen (Canones) über Struktur und Leben der Kirche beschlossen, z.B. über die Ordnung der kirchlichen Ämter und die Einteilung der Diözesen (im Anschluß an die polit. Strukturen, can. 4-5), die Wiederaufnahme von Häretikern und Schismatikern (can. 8 und 19) und schließlich über Fragen des Gottesdienstes und der Liturgie (can. 20).

Lit.: F. Dinsen: Homoousios. Die Geschichte des Begriffs bis zum Konzil von Konstantinopel (381), Diss.theol. Kiel 1976; C. Luibhéid: The Council of Nicaea, 1982; I. Ortiz de Urbina: Nicäa und Konstantinopel, 1964; F. Ricken: Nikaia als Krisis des altchristlichen Platonismus: ThPh 44 (1969) 312-341; A.M. Ritter, in: C. Andresen (Hg.): Handbuch der Dogmen- und Theologiegeschichte I, 1982, 163ff; Chr. Stead: Divine Substance, 1977, 190-266.

W.A. Bienert

Nicaeno-Konstantinopolitanum

Das N., abgekürzt auch das Nicaenische Glaubensbekenntnis oder Symbol genannt, wurde 381 auf dem 2. ökumen. Konzil in Konstantinopel als Erweiterung des Nicaenischen Glaubensbekenntnisses von 325 beschlossen. Es beendete einerseits die altkirchl. Auseinandersetzung um die Verhältnisbestimmung zwischen Vater und Sohn zueinander und bedeutete andererseits den Abschluß des trinitarischen Dogmas dadurch, daß es auch die Homousie (Wesensgleichheit) des Heiligen Geistes, der dritten Person Gottes, feststellte.

Ob sich das N. auf das altröm. Glaubensbekenntnis bezieht oder auf das von → Euseb von Caesarea 325 dem Konzil vorgelegte, ist immer noch umstritten. Das N. hat 381 die Verwerfungsaussagen in einen eigenen Kanon aufgenommen und diese aus dem Glaubensbekenntnis selbst herausgeholt. Dadurch wurde das N. »gottesdienstfähig« und seit 511 für die gesamte Ostkirche, in Spanien seit 589 und in der ganzen Westkirche seit 1014 zum Glaubensbekenntnis der eucharistischen Liturgie. Der Zusatz des »Filioque« (der Geist geht aus dem Vater und dem Sohn hervor) ist 796 von Paulinus von Aquileja in den Text des N.s eingefügt und von der Synode zu Aachen 809 und schließlich 1014 vom röm. Papst bestätigt worden. Dieser Zusatz trennt Ostkirche und Westkirche bis zum heutigen Tage, da die orth. Kirchen das »Filioque« ablehnen. Ökumen. Gespräche haben allerdings dazu geführt, auf diesen Zusatz in absehbarer Zeit womöglich wieder zu verzichten.

Lit.: J. Kunze: Das nicänisch-konstantinopolitanische Symbol, 1898; J.M. Ritter: Das Konzil von Konstantinopel und sein Symbol, 1965; ders.: in: C. Andresen (Hg.): Handbuch der Theologie – und Dogmengeschichte, I, 1982, 99-283; L. Vischer (Hg.): Geist Gottes – Geist Christi, 1981.

G. Ruhbach

Nicaenum → Nicaea, Konzil von

Nichtseßhaftenhilfe

Die frühere »Nichtseßhaftenhilfe« mit ihrer über 100-jährigen, auf J.H. → Wichern zurückgehenden Geschichte gibt es so nicht mehr. Aber auch heute noch können aus Arbeits-, Wohnungs- und Mittellosigkeit soziale Probleme entstehen. »Nichtseßhaftigkeit« muß als ein Problem von Armut und Unterversorgung alleinstehender Männer und Frauen in besonderen sozialen Schwierigkeiten gesehen werden. Viele Nichtseßhafte sind durch persönliche Lebenskrisen (Arbeitslosigkeit, Ehescheidung, Alkoholismus), allerdings auch durch z.T. frühkindliche Hirnschäden, in die Nichtseßhaftigkeit abgeglitten. Diese Randgruppe hat in der Öffentlichkeit mit tief sitzenden Vorurteilen (»Penner«, »Asoziale«) und Schuldzuschreibungen einen fragwürdigen Bekanntheitsgrad. Aber auch in Fachkreisen haben sich erst seit den 70er Jahren die Sichtweisen und Erklärungsmuster von »pathologischer Veranlagung« geändert – ausgelöst durch Forschungsprojekte medizinisch-soziolog. Art und die Weiterentwicklung der Hilfe für Gefährdete im Rahmen der Sozialhilfe. »Hilfe zur Überwindung besonderer sozialer Schwierigkeiten« (§72 BSHG Bundessozialhilfegesetz) meint in einem Hilfsplan die Verknüpfung von Betreuung und Beratung (»persönliche Hilfe«) mit wirtschaftl. und anderen Hilfen im ambulanten wie im stationären Bereich. Arme und Wohnungslose haben keine ausreichende Lobby. Sozialarbeit muß die Probleme darum auch sozialpolit. aufgreifen, um den betroffenen Menschen zu ihrem Recht zu verhelfen: »Ein Leben, das der Würde des Menschen entspricht.« (BSHG § 1). Obdachlosigkeit läßt sich nicht ohne ausreichende Wohnraumversorgung beheben.

Lit.: »Grundsatzprogramm« der Bundarbeitsgemeinschaft Nichtseßhaftenhilfe e.V. (heute BAG – Wohnungslosenhilfe e.V.) Bielefeld – Bethel

W. Marx

Nicolai, Christoph Friedrich (1733-1811)

N., geb. am 18. 3. 1733 in Berlin, gest. am 8. 1. 1811 ebenda, stand als Buchhändler und Schriftsteller in lebhaftem Kontakt mit vielen bedeutenden Zeitgenossen aus Literatur und Theologie und galt weithin als Sprecher der populären Aufklärung in Berlin, ja in Preußen. Den Sturm und Drang und die Romantik bekämpfte er ebenso unerbittlich wie Orthodoxie und Pietismus. Ab 1765 gab er die »Allgemeine Deutsche Bibliothek«, vor allem ein Rezensionsjournal, mit 268 Bänden bis 1806 heraus, an dem sich viele prominente Theologen, Literaten und Naturwissenschaftler beteiligten. Dieses Werk ist ein Spiegel deutscher Aufklärung im 18. Jh. unter den verschiedensten Zeitperspektiven, als deren Vermittler und Promotor N. mit Fug und Recht gelten darf. In

Reisebeschreibungen, Biographien und Romanen (z.B. Das Leben und die Meinungen des Herrn Magisters Sebaldus Nothanker, 3 Bde., 1773-1776, ND 1986) und in vielen Briefen weit über Deutschland hinaus wird seine Stellung deutlich. Gegenüber → Kant und dem deutschen → Idealismus wie gegenüber der deutschen Klassik hat er sich allerdings merkwürdig zurückhaltend, ja ablehnend verhalten. Damit erfuhr er auch viel Feindschaft, so daß ihm der eigentlich verdiente Nachruhm versagt blieb.

Lit.: K. Aner: Der Aufklärer F. Nicolai, 1912; G. Ost: F. Nicolais Allgemeine deutsche Bibliothek, 1928; W. Strauß: F. Nicolai und die kritische Philosophie, 1927.

G. Ruhbach

Nicolai, Philipp (1556-1608)

N., geb. am 10. 8. 1556 in Mengeringhausen (Waldeck), gest. am 26. 10. 1608 in Hamburg, 1583 Pfarrer in Herdecke (Ruhr), 1587 Hofprediger in Wildungen, 1596 Pfarrer in Unna, 1601 Hauptpastor in Hamburg. Als orth. Lutheraner kämpfte er gegen Calvinismus und Katholizismus. Während der Pestzeit 1597 in Unna entstand sein zentrales eschatologisch bestimmtes Werk »Freudenspiegel des ewigen Lebens«, ein Trost- und Erbauungsbuch; im Anhang sind u.a. seine Lieder »Wachet auf, ruft uns die Stimme« und »Wie schön leuchtet der Morgenstern« abgedruckt. Chr. Palmer hat sie als »König und Königin der Choräle« bezeichnet; sie sind in ihrer Bildhaftigkeit vor allem bibl. geprägt und von einer besonderen Jesusliebe durchzogen.

Lit.: Ph. Nicolai: Schriften in 6 Bdn. hg. v. G. Dedeken, 1617; Freudenspiegel des ewigen Lebens, 1599 (seitdem viele Auflagen; Faks.-Neudruck mit Vorwort v. R. Mumm, 1963).

M. Lindström: Philipp Nicolais Verständnis des Christentums, 1939; G. Freytag: D. Ph. Nicolai in der Welt seiner Frömmigkeit und seiner Lieder, in: Soester Zeitschrift 69, 1956, 70-83; M. Brecht: Ph. Nicolai. Lutherische Orthodoxie und neue Frömmigkeit, in: JWKG 84, 1990, 159-183; M. Rößler: »Ph. Nicolai«, in: Liedermacher im Gesangbuch, Bd. 1, 1990, 117-143.

K.-F. Wiggermann

Niebuhr, Helmut Richard (1894-1962)

Die Brüder Reinhold (1892-1971) und Helmut Richard N. (geb. am 3. 9. 1894 in Wright City, Miss., gest. am 5. 7. 1962) waren die Führer eines neuen »Christlichen Realismus«, der ein amerikanisches Gegenüber zur europ. Neo-Orthodoxie darstellte. H.R. N. wurde in der Evangelical and Reformed Church ordiniert, nachdem er zuvor die beiden theol. Schulen dieser Kirche, Elmhurst College und Eden Theological Seminary, besucht hatte. Drei Jahre wirkte er als Pastor in St. Louis (1916-18), lehrte Theologie am Eden Seminary, widmete sich Doktoralstudien an der Yale University, wurde Präsident von Elmhurst und wiederum theol. Professor in Eden. 1931 wechselte er zur Yale Divinity School und blieb dort bis zu seinem Tod.

N. suchte eine Mittelstellung zwischen F.D. → Schleiermacher und K. → Barth und nahm auch Aspekte der klassischen Orthodoxie auf. Vom älteren → Liberalismus nach der Art Schleiermachers übernahm er die Bindung an den wesenhaft erfahrungsbezogenen Charakter der Religion und die Überzeugung, daß die Menschheit, weil sie in Geschichte eingebunden ist, Wahrheit niemals unvoreingenommen und ganz erfassen kann. Zusammen mit den europ. neo-orthodoxen Theologen kritisierte er scharf den liberalen Optimismus hinsichtlich der menschlichen Fähigkeiten. Von → Augustin, den Reformatoren und J. → Edwards übernahm er die Hochschätzung der göttlichen Souveränität und den festen Glauben an die völlige Abhängigkeit allen Daseins von Gott.

N.s Interessengebiete waren weit gestreut. Eine Gruppe seiner Schriften befaßt sich mit der Kirche in der Gesellschaft. The Social Sources of Denominationalism (1929) stellt dar, wie vollständig christl. Institutionen mit der westl. Kultur verquickt sind. The Kingdom of God in America (1937) stellt dar, wie der Gedanke des Gottesreichs sich in der amerikanischen Geschichte verändert hat – vom Motiv der Souveränität Gottes in der Zeit J. Edwards' bis zum Gedanken des kommenden Reiches bei den Liberalen des 20. Jh.s. N. sympathisiert stark mit der frühesten Zeit. Christ and Culture (1951) bietet eine klassische Aufgliederung der verschiedenen Haltungen, die Gläubige durch die Jahrhunderte zu der sie umgebenden Welt eingenommen haben: Christus gegen Kultur, der Christus der Kultur, Christus über der Kultur, Christus und Kultur im Paradox, Christus der Verwandler der Kultur.

Die unmittelbaren theol. und ethischen Schriften N.s haben immer noch eine breite Wirkung. The Meaning of Revelation (1941) behauptet, daß, wenn Gott sich offenbart, alle anderen Ereignisse und Fragen relativ werden.

In Radical Monotheism and Western Culture (1960) spricht N. von Gott als der Quelle allen Seins, als Sein-selbst, und weist alles zurück, was an Gottes Allgenugsamkeit Abstriche machen könnte.

Lit.: J.W. Fowler: To see the Kingdom: The Theological Vision of H. Richard Niebuhr; D.B. Meyer: The Protestant Search for Political Realism, 1919-1941; P. Ramsey (ed.): Faith and Ethics: The Theology of H. Richard Niebuhr.

M.A. Noll

Niebuhr, Reinhold (1892-1971)

N., geb. am 21. 6. 1892 in Wright City, Miss., gest. am 9. 6. 1971 in Stechbridge, Mass., galt seit den dreißiger Jahren bis zu seinem Tode als der bedeutendste Vertreter des amerikanischen »Christlichen Realismus«. Obwohl N.s Haltung in ihrem Mißtrauen gegenüber dem Liberalismus der europ. Neoorthodoxie (→ K. Barth, E. → Brunner) ähnelte, war er doch mehr an Ethik als an klassischer systematischer Theologie interessiert.

N. war Sohn eines Pastors der »Evangelical and Reformed Church«. Wie sein Bruder H. Richard → Niebuhr, der ebenfalls ein einflußreicher Theologe und Ethiker wurde, absolvierte er zunächst das College und das Seminar seiner Kirche (Elmhurst und Eden), bevor er in Yale graduierte. 1915 wurde er für dreizehn Jahre Pastor an der Bethel Evangelical Church in Detroit. In dieser Großstadtgemeinde fand er zu theol. Reife, weil sein Liberalismus mit den harten Realitäten des industriellen Amerika konfrontiert wurde. Besonders bewegt wurde er von den demoralisierenden Auswirkungen der Industriegesellschaft auf die Arbeiterschaft. In Detroit trat N. daher für Sozialismus und Pazifismus in der Gesellschaft und einen neuen »christl. Realismus« in der Theologie ein.

1928 kam N. an das Union Theological Seminary nach New York. Der Zweite Weltkrieg ließ ihn dem Sozialismus und Pazifismus abschwören; gleichwohl blieb er ein überzeugter sozialer Aktivist. So half er, die Organisation »Americans for Democratic Action« und die Liberale Partei New Yorks aufzubauen, arbeitete als Herausgeber von »Christianity and Crisis« und schrieb zahlreiche Artikel für Zeitungen und Magazine.

Die Entwicklung seiner theol. Ethik fand ihren Niederschlag in einer langen Liste bedeutender Bücher, von denen die wichtigsten »Moral Man and Immoral Society« (1932) und »The Nature and Destiny of Man« (1941, 1943) sind. Ersteres lehnt den liberalen Optimismus hinsichtlich der Humanität ab. Es führt aus, daß soziale Gruppen schon aufgrund ihres Selbstverständnisses eigennützig sind und daß Menschen weder als Individuen vervollkommnet werden können noch in Gruppen natürlicherweise gut sind. »Nature and Destiny of Man« bietet eine systematische Diskussion der Frage, die N. das »ärgerlichste Problem« der Menschheit nannte: Wie soll der Mensch von sich selbst denken? Hier und in weiteren Veröffentlichungen beantwortet N. diese Frage dialektisch: Der Mensch ist beides: »frei und gebunden, sowohl begrenzt als auch grenzenlos«, sündig und heilig, abhängig von Geschichte und gesellschaftl. Zwängen, aber auch Gestalter von Geschichte und Gesellschaft, Geschöpf des Schöpfers, aber zugleich möglicher Herr der Schöpfung, egoistisch, und dennoch fähig, für andere zu leben. N. bezog sich auf die Bibel, um diese Paradoxien zu erläutern. Auch die Schrift bezeugt die menschlichen Möglichkeiten, denn die Menschheit wurde nach dem Bilde Gottes geschaffen, zum Guten und zum Bösen. In der Person Christi fand N. das einzigartige Beispiel von Macht, die nur für das Gute und nicht, wie bei allen anderen Menschen, für das Böse eingesetzt wurde. Das Kreuz Christi offenbarte laut N. das große Paradox einer Machtlosigkeit, die zur Macht wurde, einer Liebe in Gerechtigkeit, die die sündige Welt überwand.

N. zeigte wenig Interesse für traditionelle theol. Themen, es sei denn, sie unterstützten seine Studien zur Anthropologie. Er wurde kritisiert, weil er sich mehr den Widersprüchlichkeiten menschlichen Lebens zuwandte, als der Erlösung, wie sie durch Christus angeboten wird. Eine ähnliche Kritik bezieht sich auf seinen Umgang mit der Schrift. Die Bibel schien ihm in erster Linie deshalb wichtig zu sein, weil sie für die Bedingungen modernen menschlichen Lebens relevant ist, nicht aber als Gottes geschriebenes Wort. Ungeachtet solcher Kritik bleibt N.s Werk das am meisten beachtete unter allen amerikanischen theol. Entwürfen der beiden ersten Drittel des 20. Jh.s.

Lit.: R. Niebuhr: Auferstehung und geschichtliches Denken, 1960; Christian realism and political problems (Reprint), 1977; deutsch: Christlicher Realismus und politische Probleme, 1956; Glaube und Geschichte. Eine Auseinandersetzung zwischen christlichen und modernen Geschichtsanschauungen, 1951.

J.C. Bennett: Reinhold Niebuhr, in: G. Gloede (Hg.): Ökumenische Profile Bd. 2, 1963, 146-154. J. Bingham: Courage to Change: An Introduction to the Life and Thought of Reinhold Niebuhr; E.J. Carnell: The Theology of Reinhold Niebuhr; C.W. Kegley, R.W. Bretall (eds.): Reinhold Niebuhr: His Religious, Social, and Political Thought; D.B. Meyer: The Protestant Search for Political Realism, 1919-1941.

M.A. Noll

Niedere Weihen → Weihen

Niederlande

Die Anfänge des Christentums in den Niederlanden werden gewöhnlich bei der Missionstätigkeit der angelsächsischen Missionare Willibrord und Bonifaz im 8. Jh. angesetzt. Als Teil des Heiligen Römischen Reiches bekommt die Kirche vor der Reformation kein eigenes Gesicht, abgesehen von spätmittelalterl. Frömmigkeitsbewegungen wie der → devotio moderna. Das gelegentlich konstruierte Bild der N. als prot. oder gar calvinistisch geprägter Nation konnte erst aus der Verbindung des gegen das kath.-habsburgische Spanien geführten Kampfes für rel. Freiheit mit der allmählichen Nationwerdung entstehen. Die mit Luther angefangene Reformation trifft auf einen durch den christl. Humanismus (W. Gansfort, R. Agricola und vor allem D. → Erasmus) vorbereiteten Boden, der noch nicht den radikalen Bruch sichtbar werden ließ. In den Anfangsdezennien der Reformation spielten Einflüsse von Zwingli, den Täufern und Mennoniten eine Rolle. Erst die von Spanien durchgeführte Unterdrückung der neuen Bewegungen stärkte den geistlichen Widerstand in dem vom Calvinismus inspirierten Bewußtsein.

Am Ende des 80jährigen Krieges (1568-1648) wird die Reformierte Kirche die offiziell begünstigte Religion der neuen Republik. Inzwischen hatte die Reformierte Kirche ihre erste Nationale Synode in → Dordrecht (→ Dordrechter Synode) abgehalten (1618/19), wo die Frage der Prädestination und des freien Willens mit dem Sieg der orthodox-calvinistischen Position über die sog. → Remonstranten (Arminianer) beantwortet war. Die Vorherrschaft des Calvinismus stand aber nicht in Gegensatz zu einem Klima der Toleranz, von dem auch Philosophen wie → Descartes und → Spinoza profitierten. Das geistige, wissenschaftl. und künstlerische Leben (Malerei, → Rembrandt) kam im 17. Jh. (das sog. »Goldene Jahrhundert«) zu einer ungekannten Blüte. Zugleich entwickelten sich die N. zur in Europa vorherrschenden Seemacht und legten damit die Fundamente des späteren Kolonialreiches in Asien (Indonesien) und der Karibik.

Nach einer kurzen franz. Besatzung (1795-1815) wurde das Königreich der N. gegründet (bis 1831 einschließlich des heutigen Belgien). → Aufklärung und → Liberalismus standen Pate bei der Neuorganisation der Nationalen ref. Kirche, weiterhin ohne Bindung an ein Bekenntnis. Das wiederum provozierte im 19. Jh. Abtrennungen von der Staatskirche durch die bekennenden Christlich-Reformierten (1834) und die Neucalvinisten unter Abraham → Kuyper (1886). Neben der so geschwächten ref. Kirche konnte – begünstigt durch die neue (1848) in der Verfassung verankerte rel. Freiheit – die kath. Kirche sich emanzipieren und ihre Hierarchie wieder einsetzen. Das 20. Jh. erlebte neben einer rasch zunehmenden Säkularisierung nach der deutschen Besatzung (1940-1945) die Wiederherstellung der ref. Kirche als bekennenden Kirche. Das wiederum schuf eine neue ökumen. Chance der Annäherung zu der von Kuyper organisierten ref. Kirche (»Gereformeerde Kerk«). Beide Kirchen befinden sich in einem weit fortgeschrittenen Prozeß der Wiedervereinigung.

Inzwischen hat die kath. Kirche mit 35-40% der Bevölkerung die Zahl der Protestanten (25-30%) übertroffen. Innerhalb dieser Kirche gibt es aber erhebliche Spannungen zwischen solchen, die die progressiven Ergebnisse des II. Vatikanischen Konzils ausbauen möchten und dem von Rom aus zunehmend auf konservativen Kurs verpflichteten Episkopat. Das alte Diktum: »Ein Holländer ein Theologe, zwei Holländer eine Kirche, drei Holländer eine Kirchenspaltung, und vier Holländer eine ökumenische Bewegung«, spiegelt sich in der Rolle, die im letzten halben Jahrhundert vier Holländer in der Weltökumene gespielt haben, wider: Der erste Generalsekretär der Ökumenischen Bewegung W.A. Visser't Hooft, die Missionstheologen H. Kraemer und J. Hoekendijk und Kardinal J. Willebrands, der zweite Präsident des Vatikanischen Sekretariats zur Förderung der Einheit der Christen.

Lit.: D.B. Barrett: World Christian Encyclopedia, Artikel: Netherlands, 1985; H. Schaeffer (Hg.): Handboek Godsdienst in Nederland, 1992; O.E. Strasser-Bertrand, O. J. deJong: Geschichte des Protestantismus in Frankreich und den Niederlanden, in: B. Moeller (Hg.): Die Kirche in ihrer Geschichte, 1975.

A. Geense

Niederländische Missionsgesellschaften

→ Niederlande

Niemöller, Martin (1892-1984)

N., geb. am 14. 1. 1892 in Lippstadt, gest. am 6. 3. 1984 in Wiesbaden, gehört zu den bedeutendsten Kirchenführern des 20. Jh.s.

N. stammt aus einem nationalprot. geprägten Pfarrhaus. Im Ersten Weltkrieg war N. U-Boot-Kommandant, 1924 wurde er Geschäftsführer der Inneren Mission in Westfalen und 1931 Pfarrer in Berlin-Dahlem. Der Jungreformat. Bewegung angehörend, initiierte er anläßlich des von den → Deutschen Christen auch für den Bereich der Kirche propagierten »Arierparagraphen« im September 1933 den Pfarrernotbund, aus dem die → Bekennende Kirche erwuchs. Im → Kirchenkampf war N. an deren Leitung maßgeblich beteiligt und trat als entschiedener Gegner des Nationalsozialismus auf, wodurch er zur Symbolfigur des kirchl. Widerstandes avancierte. Im Juli 1937 wurde er verhaftet und als persönlicher Gefangener Hitlers in den Konzentrationslagern Sachsenhausen und Dachau inhaftiert (1938-45).

Nach Kriegsende war N. am Zustandekommen des Stuttgarter Schuldbekenntnisses beteiligt, wobei er die Mitverantwortung der Kirche an der polit. Fehlentwicklung betonte; er übernahm kirchl. Ämter als stellvertretender Vorsitzender des Rates der (neugebildeten) EKD (1945-49), als Leiter des Kirchl. Außenamtes (1945-56) und Kirchenpräsident von Hessen und Nassau (1947-64). Daneben engagierte er sich in Friedensorganisationen und in der ökumen. Bewegung: als Vorsitzender der Arbeitsgemeinschaft christl. Kirchen in Deutschland (1948-61) und als einer der sechs Präsidenten des Ökumenischen Rates der Kirchen ÖKR; 1961-68). Weltweit bekannt und geschätzt, bereiste er in diesen Jahren alle Kontinente.

Nachdem sich N. während der Haft der christl. Glaube neu erschlossen hatte, war sein Wirken von einer konsequenten Realisierung der Nachfolge Jesu motiviert, die polit. Verantwortung einschließt. So wurde er konsequenter Pazifist und trat für die Versöhnung zwischen den Machtblöcken ein; vehement verwarf er die Wiederbewaffnung der Bundesrepublik. Wenngleich von mehreren Seiten (v.a. luth.-konfessioneller) heftig kritisiert, fand seine Botschaft bes. unter der jungen Generation Gehör.

Lit.: J. Bentley: Martin Niemöller, 1984; (dt. 1985); FS der Martin-Niemöller-Schule aus Anlaß der Namensgebung am 14. Januar 1987, 1987 (Bibliographie); H.J. Oeffler u.a.: Martin Niemöller – Ein Lesebuch, 1987; D. Schmidt: Martin Niemöller. Eine Biographie, 1959 (erweiterte Neuausgabe 1983); J. Schmidt: Martin Niemöller im Kirchenkampf, 1971.

W. Raupp

Nietzsche, Friedrich Wilhelm (1844-1900)

1. Zur Biographie

Am 15. 10. 1844 wird Friedrich Wilhelm N. in Röcken (bei Leipzig) in der preußischen Provinz Sachsen als erster Sohn des Pfarrers Karl Ludwig N. und seiner Ehefrau Franziska, geb. Oehler, geboren. Die beiden Großväter N.s waren ihrerseits Pfarrer. Nach dem Tod des Vaters 1849 siedelt die Mutter mit Friedrich und seiner 1846 geborenen Schwester Elisabeth nach Naumburg um. Friedrich besucht das berühmte Gymnasium Schulpforta. Er schreibt Gedichte und komponiert Musikstücke. Nach einem Semester Theologie in Bonn (1864) wechselt er nach Leipzig, wo er sich ganz der klassischen Philologie zuwendet. Krankheitssymptome, die schon während seiner Schulzeit aufgetreten sind, wie Katarrhe und Rheumatismen verbunden mit starken Kopfschmerzen und Übelkeit, werden häufiger und schlimmer. In Leipzig wird er von zwei Ärzten wegen Syphilis behandelt. 1869 erhält er dank der Unterstützung von Ritschl den Lehrstuhl für griech. Sprache und Literatur in Basel. Dort unterhält er intensive Kontakte zu dem Historiker Jacob Burckhardt und hat Begegnungen mit dem radikal liberalen Theologen Franz Overbeck. Noch wichtiger sind seine Beziehungen zu Richard Wagner, den er tief verehrt, und dessen Frau Cosima. Freiwillig meldet sich N. als Krankenpfleger zum Dienst im deutsch-franz. Krieg 1870/71. In Folge einer Erkrankung an Ruhr und Diphtherie wird er jedoch zurückgeschickt.

1872 erscheint sein Werk »Die Geburt der Tragödie aus dem Geiste der Musik«, das von Wagner enthusiastisch gelobt wird. 1878 kommt es jedoch zum Bruch mit Wagner. Wegen seines zunehmend schlechten Gesundheitszustands muß der 33jährige N. 1877 in Pension gehen und führt seit dieser Zeit ein unstetes Wanderleben zwischen Sils Maria, Naumburg, Nizza, Marienbad, Venedig, Rapallo, Rom, Genua und Turin.

In seinen Schriften »Jenseits von Gut und Böse« sowie »Genealogie der Moral« rechnet er in scharfer Kritik mit der Tradition der abendländischen und besonders der christl. Ethik ab. Wie aus seinen autobiographischen Notizen »Ecce homo« deutlich wird, sieht N. in »Also sprach Zarathustra« (1887) das wichtigste Werk seines literarischen Schaffens. In ihm werden die zentralen Themen »Wille zur Macht«, »der Übermensch« und die Lehre von der »ewigen Wiederkehr« in dichterischer Form entfaltet.

Im Januar 1889 bricht N. in Turin zusammen und fällt in geistige Umnachtung. Zunächst pflegt ihn die Mutter in Naumburg und später in Weimar. Nach dem Tod der Mutter übernimmt die Schwester Elisabeth Förster-N. bis zu seinem Tod am 25. 8. 1900 die Betreuung des Schwerkranken. Sie bestimmt auch sehr eigenwillig über den literarischen Nachlaß ihres Bruders.

2. Nietzsches philosophisches Werk

N. ist kein Systematiker, der eine in sich geschlossene Konzeption vorgelegt hätte, sondern ein stark aphoristischer Denker, der sich vielfach einer verschlüsselten poetischen Sprache bedient. Aber gerade seine geniale Sprachkraft hat wesentlich zu seiner Wirksamkeit beigetragen. Von Arthur → Schopenhauer und Richard Wagner inspiriert, unterscheidet er im Frühwerk »Die Geburt der Tragödie aus dem Geiste der Musik« zwischen dem Dionysischen und Apollinischen Moment in der Ästhetik. Der rauschhafte und erschreckende Kampfcharakter des Daseins steht der intellektuellen Weltbewältigung in Gestalt des schönen Scheins und der klassischen Form gegenüber. N. fordert leidenschaftlich, zum nächtlich dunklen »Untergrund« dionysischer Sinnlichkeit und Lebensweise zurückzukehren.

N. versteht sich als Prophet angesichts der Dekadenz abendländischer Kultur mit ihrer »großen Mündigkeit« und ihrem »Willen zum Ende«. Er sagt das Ende der bestehenden Moral an und wirft dem Christentum vor, mit seiner Verkündigung des Kreuzes und des Mitleids lediglich Ressentiments der Schwachen gegen die Starken und Edlen zu hegen und alles wahre überlegene Menschentum durch seine restriktive Moral zu zerstören. Der dekadenten Mitleidsmoral stellt er in »Also sprach Zarathustra« das Ideal des ungehemmt starken »Übermenschen« entgegen, der dem untergründigen Trieb des »Willens zur Macht« entspricht. In einer Diktion, die vielfach an die Sprachgestalt der Lutherbibel erinnert, beschreibt N. den Gedanken der »ewigen Wiederkehr«, d.h. ein zyklisches Verständnis der Zeit, die alles Vergangene in endlosen Perioden wieder heraufführt. Die ewige Wiederkehr des Gleichen stürzt jeden schwachen Menschen in nihilistische Verzweiflung, während sie im Starken einen grenzenlosen Lebenshunger weckt.

N. war von dem Selbstbewußtsein durchdrungen, eine neue Epoche der Kultur heraufzuführen, indem er den Tod Gottes und nihilistisch das Ende aller tradierten Moral ankündigte. Sein Werk »Die fröhliche Wissenschaft« (1882) beschreibt die Ungeheuerlichkeit des »Gottesmordes« für die künftig nihilistische Gesellschaft, deren Folgen bisher weder wahrgenommen noch abzusehen sind.

3. Theologische Kritik

»Es wird sich einmal an meinen Namen die Erinnerung an etwas Ungeheueres anknüpfen, – an eine Krisis, wie es keine auf Erden gab, an die tiefste Gewissens-Collision, an eine Entscheidung heraufbeschworen gegen Alles, was bis dahin geglaubt, gefordert, geheiligt worden war ... Umwerthung aller Werthe: das ist meine Formel für einen Akt höchster Selbstbesinnung der Menschheit, der in mir Fleisch und Genie geworden ist« bekennt der späte N. in »Ecce homo«.

Gewiß bietet die oberflächliche Sattheit eines verbürgerlichten Christentums sowie die vom → Neuplatonismus herrührende Abwertung des Leibes und die rationalistische Plattheit der liberalen Theologie vielfachen Anlaß zur Kritik an den etablierten Kirchen. Darin ist der vehemente Angriff N.s ernst zu nehmen. Dennoch stellten sein radikaler Atheismus und seine entschlossene antichristl. Haltung einen unüberwindlichen Gegensatz zur Botschaft der Bibel dar, an die nicht mehr angeknüpft und die keinesfalls mehr theol. vermittelt werden kann. N. hat die Stärke Jesu, nämlich seinen Verzicht und seine hingebende Liebe überhaupt nicht wahrgenommen, geschweige denn gewürdigt. Von seinem phil. Vorurteil her richtet er vielmehr zwischen Jesus und Paulus Widersprüche auf, die sich anhand des NTs nicht halten lassen.

N.s Proklamation des Übermenschen und der Umwertung aller Werte ist nicht zuletzt von der nationalsozialistischen Ideologie in furchtbarer Weise mißbraucht worden. Die tiefe Entwurzelung und prinzipielle Verunsicherung des modernen Menschen in einer Welt ohne Metaphysik, ohne Gott und ohne ethische Orientierung wirkt bis in die Gegenwart verhängnisvoll und selbstzerstörerisch. Seine Prophezeiung von der »Heraufkunft des Nihilismus« beschreibt einen Weg in den Abgrund, vor dem die westliche Zivilisation insgesamt steht. N. verstand sich als »der Mensch des Verhängnisses«. Dieses Verhängnis kann nur durch bewußten Glauben an Christus und gelebte Nachfolge überwunden werden.

Lit.: F. Nietzsche: Sämtliche Werke. Kritische Studienausgabe in 15 Einzelbänden, hg. v. G. Colli und M. Moutinari, 1988.

H. Lamparter: Prüfet die Geister, 1961; K. Löwith: Sämtliche Schriften 6. Nietzsche, 1987; J. Salaquarda (Hg.): Nietzsche, 1980; A. Schlatter: Die philosophische Arbeit seit Cartesius, [5]1981; Gianni Vattimo: Friedrich Nietzsche, 1992.

R. Hille

Nightingale, Florence (1820-1910)

N., geb. am 12. 5. 1820 in Florenz, gest. am 13. 8. 1910 in London. N. wurde 1850/51 in Kaiserswerth unter Theodor → Fliedner zur Krankenschwester ausgebildet. Besonders während des Krim-Krieges 1845 hat sie in britischen Militärkrankenhäusern hervorragenden Dienst getan. Eine zu ihren Ehren veranstaltete Sammlung von ca. 50.000 Pfd. Sterling nutzte sie dazu, um 1860 eine Krankenpflegeschule für Frauen am St. Thomas-Krankenhaus in London einzurichten.

N. wurde damit zur Bahnbrecherin des Einsatzes von Frauen als Krankenpflegerinnen sowie der modernen ganzheitlichen Krankenpflege überhaupt. Die deutsche Mutterhausdiakonie hat sie in ihre Pflegeschulen aufgenommen und ausgebaut. N.s Überlegungen und Verwirklichungen haben sich in der ganzen Welt durchgesetzt und die Krankenpflege zu einem anerkannten Frauenberuf werden lassen.

Lit.: F. Nightingale, Notes of Nursing, 1858 (dt. 1861); dies.: The Institution of Kaiserswerth in the Rhine for the practical training of Deaconesses, ND 1956; J. Friz: F. Nightingale, Eine Heldin des Dienstes, 1932; A. Sticker: F. Nightingale, 1957.

G. Ruhbach

Nihilismus

1. Zum Begriff

Der Begriff N. wird 1733 erstmals von F.L. Goetzing zur Charakterisierung spezifischer Fragestellungen vorrangig in der Theologie und Philosophie, aber auch im Blick auf andere Wissenschaften wie z.B. die Rechtswissenschaft verwendet. In dem Sendschreiben von F.H. → Jacobi an J.G. → Fichte im Jahr 1799 begegnet der Terminus streng phil. Jacobi bezeichnet die radikale Ich-Philosophie Fichtes insofern als nihilistisch als durch die Selbstsetzung des Ich alles von ihm Unabhängige als Nichts erwiesen wird. Denn dem Menschen löse sich alles »allmählich auf in sein eigenes Nichts«, wenn er sich selbst vergotte. 1824 spricht F.v. → Baader von einem »destruktiven, szientistischen Nihilismus«, der die Substanz des Christentums auflöst.

2. Zur Geschichte

a. Ein ontologisch und erkenntnistheoretisch orientierter N. begegnet in der Sache bereits bei dem griech. Sophisten Gorgias (ca. 483-375 v.Chr.), wenn er behauptet: »Es ist nichts; wenn etwas wäre, könnten wir es doch nicht erkennen; könnten wir es erkennen, so doch nicht mitteilen.« Hier werden grundlegende Positionen des europ. N. vorweggenommen. Sowohl hinsichtlich des Seins an sich wie auch bezüglich der Erkennbarkeit und Kommunizierbarkeit der vorfindlichen Welt, d.h. dem ontologischen N. entspricht erkenntnistheoretisch ein skeptizistischer → Agnostizismus, der von der prinzipiellen Unerkennbarkeit der → Wahrheit ausgeht.

b. Die Auseinandersetzung um die Krise der idealistischen Philosophie des 19. Jh.s wurde intensiv von jenen Denkern aufgenommen, die gegenüber dem deutschen → Idealismus realistische und theistische Überzeuungen vertraten. Die im Kontext der Begriffsgeschichte (s. 1) bei F.H. Jacobi dargestellte Diskussion mit J.G. Fichte ist hierfür bezeichnend. Für G.W.F. → Hegel besteht »die noch ungelöste Aufgabe des Nihilimus« darin, »das absolute Nichts zu erkennen«. Dieses bezieht Hegel dialektisch auf das universal und pantheistisch gedeutete Sein Gottes. Die Erhebung der logischen Idee zum letzten Absolutum und deren Identifikation mit dem Begriff Gottes, führt notwendig zur Leugnung des personalen christl. Verständnisses Gottes. Der Berliner Antipode Hegels, A. → Schopenhauer, kommt in seiner Willensmetaphysik, beeinflußt durch die buddhistische Nirwana-Konzeption, ebenfalls zu nihilistischen Vorstellungen, denen ein pantheistischer Gottesbegriff korrespondiert.

c. In der Frühromantik wird der N. zur bloß ästhetischen Kategorie, indem das absolute Ich bei Fichte für die grenzenlose Selbstverwirklichung des kreativ tätigen individuellen Ich in Anspruch genommen wird. In der neueren Literatur stellt die anonyme Publikation »Die Nachtwachen des Bonaventura« (1804) den Höhepunkt des romantischen N. dar.

d. Bestimmend für den russ. N. wurde I. Turgenevs Roman »Väter und Söhne« (1861). Der russ. N., der ideengeschichtlich auf franz. und deutsche Vorbilder zurückgreift, gewinnt rasch umfassend polit. Züge. Diese münden in radikal herrschaftskritische und anarchische Ideologien, die zum Terrorismus führen. Die Weltanschauung der russ. Nihilisten ist individualistisch, naturalistisch und pessimistisch geprägt. Einig sind sie sich in der Ablehnung gesellschaftl. Normen und des polit. Zwangs. Im fünften Kapitel seines Romans »Väter und Söhne« schreibt Turgenev: »Ein Nihilist ist ein Mensch, der sich vor keiner Autorität beugt, der kein Prinzip auf Treu und Glauben hinnimmt, mag dieses Prinzip noch viel Achtung und Ehrfurcht genießen.«

e. Herausragendster Repräsentant des modernen N. ist Friedrich → Nietzsche (1844-1900) geworden. Eine umfassende und zusammenhängende Darstellung seines N. findet sich in dem von seiner Schwester Elisabeth Förster-Nietzsche redigierten nachgelassenen Werk »Der Wille zur Macht« (1908). Das erste Kapitel des Buches trägt die Überschrift »Der europäische Nihilismus«. Mit prophetischem Anspruch erklärt Nietzsche »Was ich erzähle, ist die Geschichte der nächsten zwei Jahrhunderte. Ich beschreibe, was nicht mehr anders kommen kann: Die Heraufkunft des Nihilismus«. Die Leugnung gesellschaftl. Ordnungen, rel. Überzeugungen und ethischer Werte wird von Nietzsche radikal durchgeführt. Der Glaube an Gott und eine essentielle moralische Ordnung seien nicht zu halten, da es sich dabei lediglich um Projektionen der Mißratenen und Schwachen handle, die das Leben verneinen. In der Umwertung der Werte, setzt Nietzsche der abendländischen Tradition den Willen zur Macht als unermeßliche Steigerung aller vitalen Bedürfnisse und Kräfte entgegen. Seine Philosophie gipfelt im Gedanken der »ewigen Wiederkehr«, die »ohne Sinn und Ziel« ist. Nietzsche führt die extrem egoistische und vitalistische Position Max Stirners (1806-1856) zum radikalen N.

f. Im 20. Jh. nimmt vor allem Martin → Heidegger das Erbe Nietzsches auf und versucht diesen umfassend von seinem existenzphil. Hintergrund her zu interpretieren. Die franz. Existentialisten Jean-Paul Sartre (1905-1980) und Albert Camus (1913-1960) greifen ebenfalls auf den N. des 19. Jh.s zurück; Sartre z.B. in seinem Hauptwerk »L'être et le néan« (1943; »Das Sein und das Nichts«) und Camus in »Le mythe de Sisyphe, essai sur l'absurde (1942; »Mythos von Sysiphos. Ein Versuch über die Absurdität«).

3. Zur theologischen Kritik

Der N. stellt nicht nur eine inhaltlich radikale Gegenposition zum christl. Glauben dar, sondern zeigt gleichzeitig, zu welchen geistigen und moralischen Abgründen die moderne Leugnung Gottes führt. Denn obwohl nihilistische Weltanschauungen wie z.B. der deutsche Idealismus und der franz. Humanismus eines Camus von hohen ethischen Standards ausgehen, so läßt sich diese Ethik letztlich nicht mehr evident begründen, sondern wird selbst in die Absurdität des Seins hineingezogen.

Sowohl die polit. Geschichte der Anarchisten in Rußland als auch die Wirkungsgeschichte Nietzsches im nationalsozialistischen Deutschland belegen diesen Zusammenhang selbst dann, wenn die jeweiligen Ideologien die ihnen vorliegenden phil. Entwürfe nur selektiv aufgenommen und dadurch korrumpiert haben. Der moderne N. hat in kultureller Hinsicht wesentlich zur geistigen Entwurzelung der westlichen Gesellschaft beigetragen. Die Absurdität des Nichts durchzuhalten und dennoch wertorientiert zu leben, ist auf Dauer von einer Mehrheit der Menschen nicht zu verwirklichen. So birgt der N. immer neu das gefährliche Abgleiten in radikale Ideologien in sich, die das geistige Vakuum seiner Sinnleere auszufüllen vorgeben. Die Wirkung des theoretischen → Atheismus wird somit in seiner praktischen Tragweite erst in den Folgen polit., gesellschaftl. und individueller Desorientierung durch den N. erkennbar. Die Feststellung in Ps 53,2-4 findet in diesem Kontext eine weithin erschütternde Bestätigung: »Die Toren sprechen in ihrem Herzen ›Es ist kein Gott‹. Sie taugen nichts; ihr Freveln ist ein Greuel; da ist keiner, der Gutes tut. Gott schaut vom Himmel auf die Menschenkinder, daß er sehe, ob jemand klug sei und nach Gott frage. Aber sie sind alle abgefallen und allesamt verdorben; da ist keiner, der Gutes tut, auch nicht einer.«

Lit.: D. Arndt (Hg.): Der Nihilismus als Phänomen der Geistesgeschichte in der wissenschaftlichen Diskussion unseres Jahrhunderts, 1974; G. Benn: Nach dem Nihilismus, 1932, in: Ges. Werke I, 1959; K. Jaspers: Psychologie der Weltanschauungen, 1919; W. Weiler: Brennpunkte der Gegenwartsphilosophie. Zentralthemen und Tendenzen im Zeitalter des Nihilismus, 1991.

R. Hille

Nikolaus, Bischof von Methone

→ Orthodoxe Kirchen des Ostens

Nikolaus von der Flüe (1417-1487)

N., geb. am 21. 3. oder am 25. 9. 1417 auf der Flüeli-Alm (Kanton Obwalden/Schweiz), gest. am 21. 3. 1487 in Ranft. Bergbauer, Vater von zehn Kindern, der 1447 Hof und Familie verließ, um als Einsiedler für Gott zu leben. Er hatte Kontakt zu den Gottesfreunden vom Engelberg und von Straßburg, war vielleicht selbst Mystiker.

Als geistl. und polit. Berater wirkte er zum Frieden und zur Einheit der Eidgenossenschaft und gilt als »Landesvater« und »Friedensstifter«. 1947 wurde er als Bruder Klaus heiliggesprochen.

Lit.: F. Blanke: Bruder Klaus von Flüe, 1948; F.B. Durner: Bruder Klaus, die ältesten Quellen, 2 Bde., 1917-1921; L. von Matt: Der heilige Bruder Klaus, 1948.

G. Ruhbach

Nikolaus von Kues (1401-1464)

N. (eigentlich N. Krebs) ist ca. 1400 in Kues (Mosel) geboren. Ab 1416 studierte er in Heidelberg die »artes« (Grundstudium), 1417-1423 in Padua Kirchenrecht (1423 Dr. decretorum), wurde 1425 Pfarrer zu Altrich, später Dekan von St. Florin in Koblenz und Propst von Münstermaifeld. Seit 1430 mit Rechtsfragen seiner Heimatdiözese Trier befaßt, nahm er seit 1432 am Konzil in Basel teil (später Ferrara-Florenz), wurde bekannt und mit gesamtkirchl. Aufgaben betraut. Eine Universitätslaufbahn lehnte er ab, arbeitete jedoch wissenschaftl. und praktisch für Reform und Einheit der Kirche und gab der Theologie wichtige eigenständige Impulse; 1450 wurde er Kardinal und Bischof von Brixen, ordnete und reformierte die Diözese, mußte sie jedoch im Streit mit Herzog Sigismund von Tirol später verlassen (1458/60); seitdem war er ganz an der Kurie in Rom tätig (enger Vertrauter von Papst Pius II.). Am 11. August 1464 starb N. in Todi (Umbrien) und wurde in Rom begraben (das Herz in Kues).

Das von ihm 1458 in Kues gestiftete St.-Nikolaus-Hospital besteht noch heute (Pflegeheim für Bedürftige; Bibliothek des N.).

N. war einer der wichtigsten Kirchenmänner und originellsten Theologen des 15. Jh.s. Neben Predigten hat er eine Fülle von theol.-phil. Schriften hinterlassen, u.a. De concordantia catholica, »Die allgemeine Eintracht«, 1433/34; De docta ignorantia, »Die gelehrte Unwissenheit«, 1440; De pace fidei, »Der Friede im Glauben«, 1453 – darin der ökumen.

und interrel. Gedanke: »eine Religion in der Verschiedenheit der Riten«.

Quellen: Maßgebliche Gesamtausgabe der Werke: Nicolai de Cusa Opera omnia, hg. von der Heidelberger Akademie der Wissenschaften, 1932ff (22 Bde. geplant, noch nicht vollständig.)

Philosophisch-theologische Schriften, hg. von L. Gabriel, 3 Bde., 1964-1967 (lat.-dt.).

Quellen zum Leben des N.: Acta Cusana, 1976ff.

Lit.: Jahrbuch (mit Bibliographie): Mitteilungen und Forschungsbeiträge der Cusanus-Gesellschaft, 1. 1961ff; G. Heinz-Mohr, W.P. Eckert: Das Werk des N. Cusanus, [3]1981; R. Haubst: Streifzüge in die cusanische Theologie, 1991; W. Lentzen-Deis: Den Glauben Christi teilen. Theol. und Verkündigung bei Nikolaus von Kues, 1991; E. Meuthen: Nikolaus von Kues – Skizze einer Biographie, [7]1992.

B. Steinseifer

Nitzsch, Karl Immanuel (1787-1868)

N., geb. am 21. 9. 1787 als Sohn des Karl Ludwig N. in Berna bei Leipzig, gest. am 21. 8. 1868 in Berlin. Er besuchte die Fürstenschule Pforta und studierte in Wittenberg Theologie. 1810 Habilitation, 1817 Prof. am neuen Predigerseminar, 1820 Probst und Superintendent in Kemberg, 1820 erfolgte seine Berufung als Prof. für systemat. und prakt. Theologie nach Bonn, wo er als akadem. Lehrer und als Prediger hohes Ansehen genoß. 1829 erschien sein »System der christlichen Lehre« ([6]1852, auch englische Übersetzung), lange die »klassische« Dogmatik der Vermittlungstheologie. Er war Mitarbeiter der seit 1828 erschienenen »Theologischen Studien und Kritiken«, dem Organ der Vermittlungstheologie. Er war auch kirchenpolit. aktiv: Mitglied der Provinzialsynode und des Konsistoriums, setzte sich für größere Selbstverwaltung der rheinisch-westfälische Kirche ein, er war ein Befürworter der Union.

1847 wurde N. als Nachfolger → Marheinekes nach Berlin berufen. Auch hier war er zugleich Universitätsprediger und Mitglied des Oberkonsistoriums, bereits 1848/49 Rektor der Universität. Kirchenpolit. vertrat er gegen die sich verstärkende konfessionelle Reaktion die Anliegen der Union. 1852 wurde er in den Oberkirchenrat gewählt, und 1854 wählte ihn der Berliner Magistrat gegen den Widerstand der Konfessionalisten zum Probst von St. Nicolai, dem ersten Geistlichen der Stadt.

In seiner Theologie geht N., wie Schleiermacher, von einem anthropologischen Ansatz aus, von der »Religion« als einer allg. menschlichen Anlage. Aber während Schleiermacher in der Entfaltung seiner Glaubenslehre nicht vom Wort ausging, sondern vom christl. frommen Selbstbewußtsein, das für ihn Offenbarung war, sagt N., daß das rel. Gefühl den Glauben an Christus nicht selber erzeugen kann; es bedarf des Wortes, das von den hist. Tatsachen kommt, die den Glauben begründen. Die innere Erfahrung muß in der äußeren gründen, d.h. Gott selber muß ihr Subjekt sein. Von hier aus kann N. die Glaubenslehre in ihrer trinitarischen Tiefe entfalten, aber zugleich vom christl. Bewußtsein her auch das christl. Leben, die Ethik, in die Dogmatik einbeziehen.

Lit.: W. Beyschlag: Karl Immanuel Nitzsch, 1872.

F. Flückiger

Noah → Sintflut

Nominalelenchus → Gemeindezucht

Nominalismus → Universalienstreit

Nonkonformisten → Dissenters

Nordamerika

Unter dem Gesichtspunkt der Besonderheiten des Christentums in N. fallen mehrere Faktoren auf:

1. Die Vielzahl der Denominationen

Das Christentum ist in eine Fülle von Denominationen gespalten. Zu den orth. Kirchen, der röm.-kath. Kirche, den reformat. und nachreformat. Kirchen, einschließlich der anglik. Episkopalkirche, gesellen sich neue, auf nordamerikanischem Boden entstandene Bewegungen, wie die Siebenten-Tags-→ Adventisten, Heiligungs- und → Pfingstgemeinden oder die → Mormonen. Auch die klassischen prot. Denominationen sind vielfach in sich aufgeteilt (z.B. → Baptisten), doch hat es immer wieder, und in den letzten Jahren vermehrt, Zusammenschlüsse gegeben (Presbyterianer, United Church of Canada, Lutheraner, United Church of Christ, United Methodist Church). Der verwirrenden Vielfalt steht die Tatsache gegenüber, daß 90 % der Kirchenglieder zu den zehn größten Denominationen gehören.

2. Die ethnische Vielfalt

Die nationale oder ethnische Herkunft der Einwanderer ist zum Teil für die Vielfalt verantwortlich: Schwedische oder deutsche Lutheraner, russische oder griech. Orthodoxe, schottische Presbyterianer oder andere Reformierte etc. bildeten je eigene Kirchen. Auch die Entstehung der »schwarzen (afro-amerikanischen) Denominationen« läßt sich hier eingruppieren, obwohl der Rassismus der Weißen auslösend war. Die röm.-kath. Kirche hat als einzige die ethnische Herkunft überbrücken könne, doch gibt es, seitdem die Muttersprache das Lateinische in der Liturgie abgelöst hat, mehrsprachige Gottesdienste, vor allem durch die starke Einwanderung der Latino-Amerikaner in den letzten Jahrzehnten.

3. Zwischenkirchliche Zusammenarbeit

Die Vielfalt hat schon früh den Gedanken einer Zusammenarbeit aufkommen lassen. Die ökumen. Bewegung wurde daher anfangs entscheidend von Amerikanern mitbestimmt, allen voran John R. → Mott (1865-1955). Bereits 1908 entstand das Federal Council of Churches, seit 1950 umbenannt in National Council of the Churches of Christ in the USA. Zwischen zehn großen Denominationen laufen seit den 60er Jahren Gespräche zu ihrer Vereinigung: Consultation on Church Union (COCU).

4. Religionsfreiheit

Das europ. Modell einer Staatskirche wurde anfänglich auch in der Neuen Welt errichtet: in Virginia war es die anglik. Kirche, in Neu-England der Puritanismus mit seinem Versuch, ein »heiliges Gemeinwesen« aufzubauen. Die → Pilgerväter waren keine Freiheitshelden. Mit Zwang und Strang wurden Abweichler bestraft.

Zwei Dissenter, der Baptist Roger → Williams (1603-1683) und der Quäker William → Penn (1644-1718), führten in ihren Kolonien Rhode Island und Pennsylvania die Glaubens- und Gewissensfreiheit ein. Damit war ein Wendepunkt in der Religionsgeschichte und Staatsphilosophie eingeleitet. Denn nach langen Debatten wurde der Katalog der Menschenrechte in der amerikanischen Verfassung durch den Satz eingeleitet, daß der Kongreß kein Gesetz erlassen darf, das die Etablierung einer Religion vorsieht oder die freie Religionsausübung verhindert. Aufgrund des unveräußerlichen Rechts auf Religionsfreiheit führte dies zur Trennung von Staat und Religion. Der Staat kann das Recht auf Religionsfreiheit nur beschützen; es wird, anders als die → Toleranz, nicht »gewährt«.

5. Evangelisation und Erweckung

Der Wegfall einer etablierten Kirche führte zum Prinzip der Freiwilligkeit – voluntaryism – der Kirchenmitgliedschaft. Die Kehrseite der Religionsfreiheit ist der mission.-evangelistische Versuch der Gewinnung neuer Mitglieder. Man schätzt, daß um die Zeit der Unabhängigkeit (1776) nur 5-6 % der Bevölkerung kirchl. organisiert waren; bis Mitte des 19. Jh.s waren es 15 %. Erst 1925 gaben 50 % an, zu einer Religionsgemeinschaft zu gehören. Heute rechnet man mit ca. 65 %. Die Zahlen muß man ins Verhältnis zu der Bevölkerungsexplosion von ca. 5 Mio. 1776 auf etwa 250 Mio. heute setzen, um zu ermessen, welche Erfolge die evangelistischen Bemühungen hatten.

Immer wieder sind »Erweckungen« über das Land gegangen. Die »Große Erweckung« war durch Jonathan → Edwards (1703-1758) ausgelöst und wird »groß« genannt, weil sie weite Gebiete umfaßte. Gilbert Tennant und George → Whitefield gehörten zu ihren bekannten Predigern. Schon hier zeigte sich, daß denominationelle und koloniale Grenzen wenig galten. Die Erweckung trug wesentlich zur Einheit der Kolonien bei und bereitete so den Weg für den gemeinsamen Unabhängigkeitskampf vor.

Die »Zweite Erweckung« ist mit dem Namen des Präsidenten der Yale-Universität, Timothy Dwight, verknüpft. Sie ergriff gebildete Schichten, setzte sich aber, vor allem durch camp meetings, westwärts fort und umschloß viele Abenteurer, die die Grenze immer weiter nach Westen vorschoben. Flexible Kirchen wie → Baptisten, → Methodisten und Disciples of Christ konnten viele neue Mitglieder gewinnen.

Erweckungsprediger wie Charles → Finney (1792-1875), Dwight L. → Moody (1837-1899), Billy Sunday und Billy → Graham haben entscheidende Impulse vermittelt. Dazu kommen Organisationen für Jugendarbeit (Young Men's/Women's Christian Association, Christian Endeavor, Studenten), Sonntagsschulen, Bibel- und Traktatverbreitung. Die American Home Missionary Society wurde 1826 gegründet, das American Board of Commissioners for Foreign Missions arbeitete seit 1812 auf interdenominationeller Grundlage. Ähnliches gilt für die Student Volunteer Movement for Foreign Missions (1886) und Laymen's Missionary Movement (1906).

6. Kirche und Politik

Die Entwicklung führte zu einer erstaunlichen Laienaktivierung. Weder Klerikalismus noch Antiklerikalismus lassen sich in der Politik beobachten. Nach den großen Einwanderungswellen der kath. Iren und Deutschen wurde jedoch viel Energie darauf verwandt, die puritanische Sabbatheiligung und den Alkoholkonsum (Women's Christian Temperance Union, 1874) zu kontrollieren. Die Prohibition war das Ergebnis, erwies sich aber als undurchführbar.

Als der Kampf zwischen Arbeitgebern und -nehmern nach 1880 immer heftiger und die sozialen Bedingungen für viele Menschen vor allem in den Großstädten immer desolater wurden, entwickelte sich ein sozialer Aktivismus. Theoretisch wurde die praktische Hilfe durch soziologische Studien der Bibel an der University of Chicago und durch den Versuch einer »Christianisierung der Sozialordnung« (Walter → Rauschenbusch, → social gospel) begleitet. Der Sozialaktivismus ist durch die vielfältigen Probleme des 20. Jh.s ausgelöst: Armut, Hunger, zwei Weltkriege, der Vietnamkrieg und die Nachwirkungen der nicht gelungenen Emanzipation der Schwarzen. Dazu kommt die neue Rolle der Frau. In Krisensituationen und nach den Kriegen erwiesen sich auch kleine Gruppen wie die Quäker, Brethren, Mennoniten (Friedenskirchen) neben den großen Kirchen als höchst aktiv, ja als impulsgebend (Quäkerspeisung, Jugendaustausch, Entwicklungshilfe). Die schwarzen Kirchen erfuhren bei ihrem Kampf um soziale Gleichstellung, Wahlrecht, Arbeitsmöglichkeiten, kurz: im Kampf gegen den Rassismus Hilfen von weißen Kirchen. Martin Luther → King stand an der Spitze der Southern Christian Leadership Conference und des Protests gegen den Vietnamkrieg. Die meisten Kirchen haben die Gleichstellung der Frau in der Gesellschaft unterstützt und ihrerseits die Zulassung der Frau zum ordinierten Amt ermöglicht. Der Kampf der Schwarzen und der Frauen führte zur Entwicklung einer → Schwarzen und einer → Feministischen Theologie mit beachtlichen Auswirkungen.

7. Geistliche Erneuerung

Die geistl. Erneuerung nahm verschiedene Formen an. Zu Beginn des Jh.s war der Kampf gegen den → «Modernismus« kennzeichnend. Konservative Gruppen in den prot. Denominationen versuchten durch die Herausgabe der Schriftenreihe »The Fundamentals« (1910ff), auf die Irrtumslosigkeit und Unfehlbarkeit der → Bibel und die bevorstehende Wiederkunft Christi aufmerksam zu machen. Der Kampf ging in den meisten Fällen zuungunsten der Fundamentalisten aus, die jedoch eigene Kirchen, Schulen und Colleges gründeten. In den 70er Jahren kam es zu einer überraschenden Neuauflage des → Fundamentalismus, diesmal jedoch noch militanter als zu Beginn. Vor allem die Southern Baptist Convention, die größte prot. Denomination, ist seither in schwere innere Auseinandersetzungen verwickelt.

In den Pfingst- und Heiligungsgruppen wurde der Fundamentalismus mit Emotionalismus, geistl. und körperlichen Heilungen sowie → Glossolalie verknüpft. Seit den 60er und 70er Jahren spricht man von einem Neo-Pentecostalismus, der Eingang in traditionell liturg. Kirchen wie die Episkopalkirche und sogar die röm.-kath. Kirche fand. Die → Jesus people-Bewegung war ein Ableger unter der Hippie-Jugend. Eine Erneuerungsbewegung stellen auch die → Evangelikalen dar, die sich seit den 40er Jahren von dem Extremismus der Fundamentalisten absetzten. Ihre Ziele sind vor allem die Bekehrung des einzelnen und dessen geistl. Erbauung, doch gibt es auch »Evangelikale für Sozialaktionen« (Ron Sider).

Zu der geistl. Erneuerung müssen auch litug. Experimente, interdenominationelle Gottesdienste und vor allem die Verbreitung der Bibel unter röm. Katholiken gerechnet werden. Sowohl die Protestanten als auch die Katholiken schufen neue Bibelübersetzungen (Revised Standard Version, 1946; New Revised Standard Version, 1991, Jerusalem Bible, 1966; New American Bible, 1970) als Grundlage einer neuen Beschäftigung mit der Bibel in Bibelgesprächskreisen (house churches) oder Bibelstunden.

Trotz einer um sich greifenden Säkularisierung ist der Zulauf zu den Kirchen ungebrochen. Keine hochindustrielle Gesellschaft weist einen so hohen Gottesdienstbesuch auf wie die USA. Die großen prot. Denominationen und die röm.-kath. Kirche mußten in den 60er und 70er Jahren einige Einbußen hinnehmen, doch wurden diese Verluste durch pfingstliche, evangelikale und fundamentalistische Gruppen wieder wettgemacht.

8. Schul- und Hochschulwesen

Das Schul- und Hochschulwesen war und ist eng mit christl. Kirchen verknüpft. Bereits 1636 wurde von den Puritanern das Harvard College gegründet. In Virginia entstand 1693 das William and Mary College. Im Gefolge der Großen Erweckung wurden das College of New Jersey (heute: Princeton) 1746, das College of Rhode Island (heute: Brown) 1764 und das Dartmouth College 1769 errichtet. Das Oberlin College spielte im 19. Jh. unter der Präsidentschaft des Erweckungspredigers Finney eine große Rolle, als man Frauen und Schwarze gleichberechtigt aufnahm. Die erste ordinierte Frau, Antoinette Brown, hatte dort studiert. Die Mormonen unterhalten die Brigham Young University, die Adventisten die Andrews University, die → Mennoniten das Goshen College. Die Oral Roberts University entstand aus der Arbeit des Charismatikers und TV-Evangelisten Oral Roberts. Auch andere TV-Prediger, vor allem Fundamentalisten wie Jerry Falwell und Pat Robertson, haben Universitäten gegründet. Die Denominationen betreiben zur Ausbildung ihrer hauptamtlichen Mitarbeiter Theologische Seminare in großer Zahl. Zu den bekanntesten zählt das Fuller Seminary.

Die röm.-kath. Kirche unterhält das bestausgebaute Privatschulwesen, das vom Kindergarten bis zum tertiären Bildungssektor reicht. Viele Privatschulen werden auch von den Adventisten unterhalten. Konservative Gruppen haben in den letzten Jahren Schulen gegründet, um ihre Kinder nicht auf die als verderblich eingestuften öffentlichen Schulen schicken zu müssen. Sie sind mit der kath. Hierarchie neuerdings eine Koalition eingangen im Kampf um öffentliche Gelder für das Privatschulwesen.

9. Die besondere kanadische Situation

Der Norden des Kontinents war ursprünglich von Frankreich kolonisiert worden, doch mußten die Gebiete 1763 an England abgetreten werden. Die kath. Siedler kamen so unter engl. Herrschaft, jedoch verzichteten die Engländer in Quebec auf eine Anglikanisierung. Die kath. Kirche erfreute sich größerer Bewegungsfreiheit als unter der franz. Krone. Als ca. 6.000 Royalisten nach dem Unabhängigkeitskrieg nach Kanada kamen, versuchten die Engländer, einen Eklat zwischen ihnen und den kath. Franzosen zu verhindern und teilten das Land in Lower Canada (= Quebec) und Upper Canada (später: Ontario).

1867 bildeten die Provinzen eine Konföderation. Keine Kirche hatte den Rang einer etablierten Kirche, obgleich die Anglikaner Privilegien genossen, die aber bald wegfielen. Auch in Kanada ist also das Freiwilligkeitsideal maßgebend geworden. Allerdings waren die Kirchen hier weniger experimentierfreudig als im Nachbarland. Dies gilt auch für die kath. Kirche. Kirchl. Bildungseinrichtungen können in Kanada öffentliche Gelder in Anspruch nehmen. Die kleinen Denominationen pflegen einen regen Austausch mit den entsprechenden Gruppen in den USA, die dort meist größer sind. Die großen Kirchen wachen über ihre kanadische Identität und wehren sich gegen einen US-amerikanischen kirchl. »Imperialismus«. Die Spannungen zwischen Franko-Kanadiern und Anglo-Kanadiern haben in den letzten Jahren wieder zugenommen, doch lassen sich keine rel.-kirchl. Motive erkennen.

10. Der Friedensdienst der Kirchen

Der Beitrag der Kirchen zu einem geregelten Miteinander von Menschen unterschiedlicher Herkunft, Sprache und Kultur ist in N. hoch zu veranschlagen. Dazu muß man auch die Bemühungen der unterschiedlichen christl. Kirchen zählen, mit dem → Judentum freundschaftliche Beziehungen auf der Grundlage eines gleichberechtigten Dialogs zu unterhalten.

Lit.: S.E. Ahlstrom: A Religious History of the American People, 1972; E.S. Gaustad: A Religious History of America, 1974; R.T. Handy: A History of the Churches in the United States and Canada, 1977; W.S. Hudson: Religion in Amerika, 1981; Yearbook of American and Canadian Churches 1993, hg. von K.B. Bedell, 1993; F. Laubach: Aufbruch der Evangelikalen, 1972; F.H. Littell: From State Church to Pluralism, 1971; M.E. Marty: Pilgrims in Their Own Land: 500 Years of American Religion, 1984; R.E. Osborn: Der Geist des amerikanischen Christentums, 1960; W.W. Sweet: Der Weg des Glaubens in den USA, o.J.

E. Geldbach

Nordamerikanische Missionen → Nordamerika

Norddeutsche Missionsgesellschaft

Der 1783 in Bremen gegründete Freundeskreis der Deutschen → Christentumsgesellschaft in Basel schloß sich am 9. 4. 1836 in Hamburg mit anderen Missionsvereinen aus Lehe-Bremerhaven und Lauenburg zur NMG in Hamburg zusammen und gründete 1837 eine Missionsschule mit vier Schülern. Die ersten Missionare wurden 1842 nach Neuseeland (Maori) und Indien ausgesandt. 1847 folgte die Arbeit in Westafrika (Ewe). Die konfessionelle Frage hemmte die Zusammenarbeit der Mitgliedsvereine so sehr, daß 1848 die NMG ins ref. Bremen übersiedelte und sich eine neue, die Weiterführung der Arbeit ermöglichende Verfassung gab. Der Lutheraner Ludwig Harms führte die Arbeit der NMG mit zwei »Zöglingen« als »Hermannsburger Mission« weiter. Unter der Leitung von F.M. Zahn (1862-1900), A.W. Schreiber (1900-10), M. Schlunk (1908-28) und G. Stoevesandt (1927-33) konzentrierte sich die NMG ganz auf die Arbeit unter den Ewe in Afrika. Von den 110 Missionsarbeitern bis 1882 wurden 94 Opfer des afrikanischen Klimas. 1957 zählte die seit 1922 selbständige »Evangelical Presbyterian Church« 75.000 Glieder. Unter der Leitung von E. Ramsauer (seit 1937) entwickelte sich 1953 ein neues Arbeitsfeld in Japan. Als Folge der Integration von »Kirche« und »Mission« seit 1961 wird heute die NMG vor allem von der Oldenburgischen, Bremischen und Lippischen Landeskirche unterstützt.

Lit.: G. Müller: Geschichte der Ewe-Mission, 1904; M. Schlunk: Die NMG in Togo, I.II., 1910/12; A.W. Schreiber: Bausteine, 1911; W. Ustorf: Die Missionsmethode Franz Michael Zahns und der Aufbau kirchlicher Strukturen in Westafrika 1862-1900, 1989.

K.W. Rennstich

Nordelbische Kirche (NEK)

Die NEK ist der 1953 zuerst geplante und seit dem 1. Januar 1977 verwirklichte Zusammenschluß der ev.-luth. Landeskirchen von Schleswig-Holstein, Hamburg, Lübeck und Eutin. Der seit 1937 zu Hamburg gehörende Stadtteil Harburg, vorher Kirchenkreis der Ev.-Luth. Landeskirche Hannovers, gehört nun zur NEK. Der Kirchenkreis Cuxhaven, Teil der Kirche im Hamburgischen Staate, ging mit der Bildung der NEK auf die Landeskirche Hannover über. Die NEK ist ein Kompromißwerk. Die vertragschließenden Kirchen haben versucht, ihr spezifisches, durch → Bugenhagen geprägtes reformat. Erbe in die größere Einheit einzubringen. Die NEK übernimmt Rechte und Pflichten, die sich aus dem Staatskirchenvertrag ergeben, der am 23. April 1957 zwischen dem Land Schleswig-Holstein und der damaligen Schleswig-Holsteinischen Landeskirche geschlossen worden ist.

Die Kirchenleitung der in drei Bischofssprengel (Hamburg, Holstein-Lübeck, Schleswig) gegliederten NEK besteht aus den Bischöfen und zehn von der Synode aus ihrer Mitte gewählten Mitgliedern, darunter drei Pastoren oder hauptamtlichen Mitarbeitern (Art. 84,1). Änderungen der Verfassung bedürfen in der zweiten Lesung der Anwesenheit von drei Vierteln der Mitglieder der Synode (die Synode besteht aus 140 Mitgliedern, Art. 71) und der Zustimmung von zwei Dritteln der Anwesenden (Art. 69,3). Glied der NEK »ist jeder getaufte evangelische Christ, der in ihrem Gebiet seinen Wohnsitz oder gewöhnlichen Aufenthalt hat, es sei denn, daß er einer anderen Kirche oder Religionsgemeinschaft angehört« (Art. 5,1). Der Mangel, daß nicht ausdrücklich vom persönlichen Glauben an Jesus Christus als dem gekreuzigten und auferstandenen Herrn der Kirche gesprochen wird, wird gemildert durch Art. 6,2: »Alle Glieder sind für die Erfüllung des Auftrags der Kirche mitverantwortlich. Sie sollen nach ihren Gaben und Kräften Aufgaben übernehmen und die Lasten der Kirche mittragen«.

Lit.: Kirchliches Gesetz- und Verordnungsblatt der Ev.-Luth. Landeskirche Schleswig-Holsteins, 1976, Stück 19, 159-178.

30 Jahre Staatskirchenvertrag – 10 Jahre Ev.-Luth. Nordelbische Kirche. Eine Dokumentation; hg. von K. Blaschke und H.-J. Ramm, 1992.

L. Hein

Norwegen → Skandinavien

Norwegische Missionsgesellschaften → Skandinavien

Noth, Martin → Altes Testament, Geschichte der Erforschung

Nothelfer → Heilige/Heiligenverehrung

Nottaufe → Taufe

Notwendigkeit

Das deutsche Wort N. gehört primär dem menschlichen Lebens- und Erfahrungsbereich zu und kennzeichnet etwas, was Not wendet. In diesem Sinne findet es sich auch im NT. So sagt Jesus Christus zu Martha, die sich um vieles gekümmert hat, nur eines sei »notwendig« (Lk 10,42).

Der Begriff der N. wird jedoch auch in der Bedeutung der griech. *ananke* für Geschehnisse gebraucht, die sich zwangsläufig in einer bestimmten Weise ereignen. In diesem Sinne steht er im Gegensatz zur bloßen »Möglichkeit«, zur »Zufälligkeit« (→ Zufall) und auch zur → «Kontingenz«. Er bezeichnet also insbesondere all das, was als gesetzmäßig determiniert interpretiert werden kann. Strenggenommen gibt es allerdings nach dem heutigen Stand wissenschaftl. Erkenntnis keine absolut deterministische Gesetzmäßigkeit, sondern jeweils nur eine mehr oder weniger große Wahrscheinlichkeit.

Von diesem »Naturnotwendigen« muß das »Denknotwendige« unterschieden werden. Das Denknotwendige setzt allerdings jeweils ein bestimmtes Denksystem voraus und gilt demzufolge immer nur für Aussagen innerhalb dieses Denksystems. So gilt z.B. die Aussage, daß die Winkelsumme in jedem Dreieck 180 Grad beträgt, nicht für die sphärische Trigonometrie und die Wahrscheinlichkeitsrechnung nicht für Gesamterscheinungen.

Lit.: W. Heisenberg: Wandlungen in den Grundlagen der Naturwissenschaft, [11]1980; H. Staudinger, W. Behler: Grundprobleme menschlichen Nachdenkens – Eine Einführung in modernes Philosophieren, 1984.

H. Staudinger

Nouvelle Théologie

Der Begriff N. Th. taucht erstmals 1942 in einem Artikel von P. Parente (Rom) auf. Er hatte ihn auf die Schriften der Patres M.D. Chenu und Charlier angewandt. 1946 übernahm die Bezeichnung N. Th. R. Garrigou-Lagrange OP. Er wandte sich kritisch gegen die Arbeiten von H. Bouillard (Conversion et grace) und H. de → Lubac (Surnaturel) sowie auch gegen den Evolutionismus von → Teilhard de Chardin oder die Philosophie der Tat von M. → Blondel.

Schon 1946 gebrauchte Pius XII. den Begriff N. Th. – sicher nicht zufällig – in einer Ansprache an die Generalkongregation der Jesuiten und anschließend vor dem Generalkapitel der Dominikaner. Der Papst fürchtete die Auflösung der unveränderlichen Wahrheit des kath. Glaubens durch eine Theologie, die sich auf ihre Quellen besann: die Bibel, die Kirchenväter, die Liturgie. »Einen noch stärkeren Dämpfer für die Neuorientierung der französischen Theologie bedeutete die Enzyklika ›Humani generis‹ von 1950.« (J. Bunnenberg). Ihre Veröffentlichung stellte einen Sieg der konservativen röm. Theologie über die Vertreter der N. Th. dar. Diese wird zur Bezeichnung für Autoren, die eine methodische und inhaltliche Erneuerung der Theologie anstreben und die deshalb angeklagt werden, dem → Modernismus zum Durchbruch zu verhelfen.

Besonders die Jesuiten von Fourvière (Lyon) und die Dominikaner von Le Saulchois wurden verdächtigt; es handelte sich vor allem um folgende Namen: de → Lubac, Daniélou, Bouillard, → Teilhard de Chardin, Chenu und Congar.

Diese Theologen versuchten deutlich zu machen, daß eine in der Tiefe begründete Theologie die geistl. und geschichtl. Erfahrung zu berücksichtigen habe. So stand z.B. für Chenu fest, daß die Theologie nicht zuerst Wissenschaft logischer Schlüsse, spekulative Theologie ist, sondern ihr Leben den bibl. Quellen, der Frömmigkeit und dem Glauben verdankt.

De Lubacs Werk »Surnaturel« wollte eine formale Metaphysik zweier in sich geschlossener Sphären von Natur und Übernatur mit Argumenten aus der Tradition überwinden.

Congars Aussagen »zu Reform, Geschichte und Freiheit entspringen nicht realitätsferner Spekulation, sondern sind Überlegungen eines Betroffenen und Engagierten, der an der Starrheit der Kirchenleitung, an der statischen Denkweise der Neuscholastik und am kirchlichen Gehorsam leidet«. (J. Bunnenberg) Nach Congar ist das Ziel der Rückbesinnung Christus und sein Ostergeheimnis. Er nennt als Kennzeichen der Zeit: »Biblische Bewegung, liturgische Bewegung, seelsorglich, nicht ritualistisch verstanden; Erneuerung der christlichen Gemeinschaft; Mission, sogar Priester als Arbeiter; Suche im Klerus nach einer Theologie, die die echten Anforderungen des Apostolats erfüllt«.

Die Theologen der N. Th. setzten an den Beginn ihrer theol. Arbeit das Studium der Quellen des Glaubens. Sie wußten, daß das Christentum aus der Geschichte und nicht aus der Metaphysik stammt.

Lit.:J. Bunnenberg: Lebendige Treue zum Ursprung. Das Traditionsverständnis Yves Congars, 1989; C. Geffré: »Nouvelle Théologie«, EKL 3, [3]1992, 797-800; J. Hoffmann: »Französische Theologie heute. Glaube-Kultur-Politik«, ThQS 153 (1973), 54-67; K.H. Neufeld: Christliche Erfahrung und theologische Reflexion, Entwicklungen der Theologie in Frankreich, in: Stimmen der Zeit 193, 1975, 269-278; ders.: »Fundamentaltheologie in gewandelter Welt. H. Bouillards theologischer Beitrag«, ZKTh 100 (1978), 417-437.

K. Wittstadt

Novalis (1772-1801)

Novalis – eigentlich: Georg Philipp Friedrich Freiherr von Hardenberg –, geb. am 25. 5. 1772 auf Gut Oberwiederstedt bei Mansfeld, gest. am 25. 3. 1801 in Weißenfels, Sohn eines Gutsbesitzers aus sächsischem Adel, verdankte rel. Einflüsse schon in frühester Kindheit seiner pietist. geprägten Mutter. Mit den geistesgeschichtl. Strömungen seiner Zeit kam er während des Studiums der Philosophie ab Oktober 1790 in Jena in Berührung, wo er unter anderen → Schiller und → Fichte begegnete. Im Laufe des anschließenden Jurastudiums entstand ein wichtiger Kontakt zu Friedrich Schlegel. Nach Studienende trat er in den Verwaltungsdienst ein und verlobte sich mit der erst dreizehnjährigen Sophie von Kühn (1795), die zwei Jahre später an Schwindsucht starb. Dieses Erlebnis prägte seine dichterische Entwicklung ebenso nachhaltig wie der Austausch mit den Romantikerkreisen in Jena. Nach einer Zeit der Tätigkeit in der von seinem Vater geleiteten Saline wurde er 1800 zum Amtshauptmann im Thüringischen Bergkreis ernannt. Der seit 1798 mit Julie von Charpentier Verlobte war zu diesem Zeitpunkt bereits an der Schwindsucht erkrankt, an der er 1801 starb.

Der erfolgreiche Berufsweg des pflichtbewußten sächsisch-thüringischen Beamten ließ Zeit für das originellste und zugleich schwerste Oeuvre der deutschen Romantik. Der Tod seiner ersten Verlobten führte zu den »Hymnen an die Nacht« (1797), die in ihrer hochgespannten, mystischen Erotik das Erbe der großen mittelalterl. Mystiker (→ Johannes vom Kreuz u.a.) antreten. Seine geistl. Lieder (»Wenn alle untreu werden«, »Was wär ich ohne dich gewesen?« , u.a.m.) stehen für eine tiefe, nie naive Gläubigkeit. Den größten Einfluß hatte N. jedoch mit seinem Roman »Heinrich von Ofterdingen« und der Erzählung »Die Lehrlinge zu Sais« sowie mit seinem emphatischen, das christl.-geeinte Europa fordernden Essay »Die Christenheit oder Europa« (1799), dessen Veröffentlichung Goethe zu verhindern versucht hatte.

N., der seine Werke zu Lebzeiten nur unter großen Schwierigkeiten veröffentlichen konnte, war auf Freunde wie Friedrich Schlegel und Tieck angewiesen, die sie in Anthologien, Almanache und Zeitschriften aufnahmen. So erwies sich sein Künstlername Novalis (lat. »Brachfeld«; etwas, das gepflügt werden muß) in mehrfacher Hinsicht als Programm. Er selbst war bereit als Feld für Gott; sein Werk muß immer noch in seiner ganzen Tiefe erfaßt und breiteren Leserkreisen zugänglich gemacht werden. Im Rahmen christl. Literaturwissenschaft bleibt N. darüber hinaus als einer der größten Stilisten und Sprachgestalter nicht nur der christl. Literatur der romantischen Epoche zu entdecken.

Lit.: G.Schulz (Hg.): Novalis Werke (Studienausgabe) [3]1987; H.J. Mähl, R. Samuel: Novalis Werke, 3 Bde., 1978-1987; P. Kluckhohn, R. Samuel (Hg.): Schriften, 4 Bde, 1977-1988.

W. Lütgert: Die Religion des deutschen Idealismus und ihr Ende, Teil 2, 1923, 98-107.158; M. Seidel: Novalis – Eine Biographie, 1988; F. Strack: Im Schatten der Neugier. Christliche Tradition und kritische Philosophie im Werk Friedrich von Hardenbergs, 1982; H. Uerlings: Friedrich von Hardenberg, genannt Novalis. Werk und Forschung, 1991.

C.P. Thiede

Novatian/Novatianisches Schisma

Von den Lebensdaten N.s ist wenig bekannt; um 250 wirkte er in Rom als von der Gemeinde anerkannter Presbyter, der über eine gute Bildung verfügte und als erster westlicher Theologe auch in Latein schrieb. Zunächst urteilte er in der Frage, wie man sich gegenüber in der Verfolgung Abgefallenen verhalten solle, ähnlich maßvoll wie → Cyprian. Als sein röm. Gegner Cornelius 251 Bischof wurde und die Abtrünnigen zu schnell in die Gemeinde aufnahm, nahm N. einen strengen Standpunkt ein (Wiederaufnahme nur nach langer Bußzeit) und ließ sich von vielen rigoros eingestellten Gemeindegliedern zum Gegenbischof weihen. Eine schismatische Gemeinde entstand. Sein Schisma breitete sich aus in Italien, Gallien, Spanien und Nordafrika (obwohl die dortigen Bischöfe gegen N. Stellung bezogen), ja sogar im Osten. Die novatianischen Sondergemeinden sind noch im 6. Jh. nachweisbar.

Von den vielen Schriften N.s sind nur vier (und zwar unter dem Namen → Tertullian und → Cyprian) und einige Briefe erhalten. In »de trinitate« verteidigt er den (altröm.) → Modalismus; ansonsten sind seine Schriften asketisch-ethischer Art.

Lit.: M. Kriebel: Stand und ält. Entwicklung der abendl. Trinitätslehre bei Tertullian und Novatian, Diss. Marburg, 1932.

G. Ruhbach

Numeri → Pentateuch

Numinose, Das

Das N. von lat. *numen*, eigentlich das »Kopfnicken«, die »Entscheidung« (*numen deorum*) oder die Gottheit, stammt aus der Praxis, durch Orakel, Vorzeichen oder Los den Willen der Götter zu erkunden. In der Religionswissenschaft gebräuchlich seit Rudolf → Otto (1869-1937), der damit die primäre elementare Erfahrung des Heiligen bezeichnet. Diese Erfahrung kann sich bei sehr verschiedenen Objekten und Anlässen aufdrängen, in denen übermenschliche Macht »erscheint«, und sie ist nicht notwendig personal ausgerichtet oder mit sittlichen Geboten verbunden. Der Begriff kennzeichnet die Bemühung der Religionsphänomenologie, einen objektiven Grund und Gehalt für die vielen rel. Vorstellungen der Völker zu benennen. Im N.n ist beides, das anziehende wie das erschreckende (*fascinosum et tremendum*) einer primären elementaren rel. Erfahrung enthalten.

Lit.: Numen: ZS der Internationalen Vereinigung für Religionsgeschichte, NL-Leiden; R. Otto: Das Heilige.

N.-P. Moritzen

Nunc dimittis → Gottesdienst

Nygren, Anders (1890-1978)

N., geb. am 15. 11. 1890 in Göteborg, gest. am 20. 10. 1978 in Lund, kam aus einem von luth. Frömmigkeit geprägten Milieu in West-Schweden. Nach mehrjährigem Pfarrdienst publizierte er einige religionsphil. und syst.-theol. Arbeiten, worin er in Anlehnung an Kant und Schleiermacher die Grundlagen einer kritisch-wissenschaftl., nicht-metaphysischen Religionsphilosophie entwickelte. 1924 wurde er Professor für theol. Ethik an der theol. Fakultät in Lund. International bekannt wurde er vor allem durch seine Arbeit »Eros und Agape 1-2« (deutsch 1930-37; [2]1955). Paradigmatisch entwickelt er hier seine sog. motivgeschichtl. Methode. Strukturanalytisch zeigt er, wie in der Ideengeschichte die Auseinandersetzung z.B. zwischen Christentum und Hellenismus sich als ein Kampf – oder eine Synthese – von verschiedenen Grundmotiven gestaltet. »Grundmotiv« bezeichnet die innere Struktur, die tragende Mitte einer Religion oder Anschauung.

N. informierte sehr früh über den deutschen Kirchenkampf (Den tyska kyrkostriden, 1934), was ihm ein vierjähriges Reise- und Redeverbot im Dritten Reich verschaffte. Zu den größeren Arbeiten N.s gehört ein Kommentar über den Römerbrief 1944 (deutsch: Der Römerbrief. Erklärt, 1951, [2]1954). N. wurde 1947 der erste Präsident des neugebildeten → Lutherischen Weltbundes; er war auch sonst in der ökumen. Bewegung tätig. 1948 wurde er zum Bischof des Lunder Bistums gewählt. (Sein Hirtenbrief auf deutsch: Das lebendige Wort Gottes, 1952). Nach seiner Emeritierung als Bischof setzte N. seine wissenschaftl. Arbeit fort und publizierte eine weiterführende Zusammenfassung seiner Religionsphilosophie und seiner Prolegomena zur Theologie (Meaning and Method 1972; Sinn und Methode, 1979).

Lit.: Handbuch der Dogmen- und Theologiegeschichte III, 226ff (G. Hornig); Ch.W. Kegley (ed.): The Philosophy and Theology of Anders Nygren, 1970.

B. Hägglund

Obadja → Propheten Israels

Obdachlosigkeit → Nichtseßhaftenhilfe

Oberlausitz, Schlesische (Ev. Kirche) → Schlesische Oberlausitz

Oberlin, Johann Friedrich (1740–1826)

O. wurde am 31. 8. 1740 in Straßburg geboren und starb am 2. 6. 1826 im Steintal/Vogesen. Seit 1767 war er im Steintal luth. Pfarrer von acht Dörfern. Seit Ende des Dreißigjährigen Krieges war das Steintal von verwilderten Bevölkerungsgruppen besiedelt und staatlich wie kirchl. vernachlässigt. Ab 1750 bemühte sich sein Vorgänger, der Straßburger Pastor Studer, und ab 1776 O. erfolgreich, den Glaubens- und Lebensstand der Bevölkerung zu heben. Eine Kleinkinderschule, eine Volksschule und ein landwirtschaftlicher Betrieb zur Erzeugung von Saatgut wurden errichtet, Brücken und Straßen gebaut, eine ländliche Genossenschaft und eine Darlehenskasse zur Förderung der Kleinindustrie eingerichtet. So entstand im Steintal nach und nach ein blühendes, vorbildliches Gemeinwesen.

Der Impuls für O.s Tätigkeit war sein tätiger Glaube, der ihn auch zu intensiver Gemeindearbeit (Bibelverbreitung und Evangelisation, Heidenmission und Missionsbibelstunden, Chorarbeit u.a.) führte. Mit seiner früh verstorbenen Frau lebte er über neun Jahre in einer »Geisterehe«, beschäftigte sich mit Traumdeutung und im Anschluß an Swedenborg mit allerlei apokalypt. Theorien. J. A. →Urlsperger, J. H. →Jung-Stilling, J. K. →Lavater und viele andere bekannte Zeitgenossen zählten zu seinen Freunden. In manchem war er Vertreter einer bewegten Übergangszeit, in anderem bleibendes Vorbild über seine Zeit hinaus (Mission, Diakonie, Christsein im Alltag). 1819 wurde er Ritter der franz. Ehrenlegion. Das Oberlin-College in Ohio/USA trägt die Erinnerung an ihn auch in der neuen Welt weiter.

Lit.: C. Leonhardt: La Vie de J. F. Oberlin, 1911; A. Rosenberg: Der Christ und seine Erde, Oberlin und der Aufbau zur Gemeinschaft der Liebe, 1953; H. Strohl: Études sur Oberlin, 1925.

G. Ruhbach

Obrigkeit → Staat

Ockham, Wilhelm von (ca. 1285 – ca.1349)

O., spätscholastischer Philosoph, Theologe und kirchenpolit. Schriftsteller, geb. um 1285 in Ockham (Grafschaft Surrey), gest. um 1349 in München, trat in den Franziskanerorden ein, begann 1309 sein Studium in Oxford und war dort ab 1317

Dozent. Wegen Häresieverdachts wurde er nicht zur Promotion zugelassen. Papst Johannes XXII. führte in Avignon (1324–1328) einen Prozeß gegen ihn. O. floh 1328 aus Avignon. Er begab sich 1330 in den Schutz Kaiser Ludwigs des Bayern nach München und blieb dort bis zu seinem Tode.

»Ockham formulierte einen Rationalitätsstandard, eine Wirklichkeitskonzeption, eine Individualitäts- und Freiheitserfahrung, wie sie einer entscheidenden Tendenz der gesamtgeschichtlichen Entwicklung um 1320 entsprachen« (K. Flasch).

O.s Stärke lag in der Kritik. Er dachte die Begriffe als Zeichen, nicht mehr als Bild. Auch in der rel. Erfahrung war ihm der einzelne die eigentliche Wirklichkeit. Er stellte den Primat des Individuums heraus.

O. befürwortete uneingeschränkt die »Freiheit des evangelischen Gesetzes«. Er war gegen jede Art von Autoritarismus. O. hat den spätmittelalterl. Nominalismus begründet (→Universalienstreit). Luther bezeichnete sich gelegentlich als »Occamista«. Er war durch sein Studium in Erfurt ein Kenner der ockhamistischen Theologie.

Lit.: F. Danksagmüller: »Ockham«, BBKL VI, 1993, 1090–1093 (Bibliographie); K. Flasch: Das philosophische Denken im Mittelalter. Von Augustin zu Machiavelli, 1986, 441–459; J. Miethke: »Ockham, Wilhelm von«, GdKG 4, 1983, 155–175.

K. Wittstadt

Oekolampad, Johannes (1482–1531)

Geb. in Weinsberg, 1499 Studium in Heidelberg, wo O. auch mit dem Humanismus in Berührung kommt. Jurastudium in Bologna, 1506–1508 Erzieher junger Pfalzgrafen in Mainz. 1510 Priester; Prediger in Weinsberg. 1513/14 Griechisch- und Hebräischstudium in Tübingen und bei →Reuchlin in Stuttgart. 1515 geht O. mit →Capito nach Basel und hilft →Erasmus bei der Drucklegung des griech. NT. 1516 Lic. theol.; Rückkehr nach Weinsberg. 1518 Pönitentiar und Dr. theol. in Basel, Domprediger in Augsburg. Hier gerät O. mitten in die Auseinandersetzungen um Luther hinein und tritt, um Klarheit zu gewinnen, 1520 in das Brigittenkloster Altomünster ein. Nach Veröffentlichung des »Paradoxon« zum Thema Beichte (1521) verläßt er Anfang 1522 heimlich das Kloster und wird Schloßkaplan Sickingens auf der Ebernburg. Im November 1522 kehrt er endgültig nach Basel zurück. Hier ist die reformat. Erneuerungsbewegung bereits im Gange, und O. wächst allmählich in die Rolle ihres Führers hinein: 1523 hält er lat. und dt. Vorlesungen über Jesaja und wird Professor der Theologie; 1525 wird er Leutpriester zu St. Martin, 1529 Münsterpfarrer. Er äußert sich zweimal gegen Luthers Abendmahlslehre (1525/26) sowie

gegen →Brenz, unterstützt 1526 und 1529 →Zwingli in Religionsgesprächen und verfaßt die Basler Kirchen- und Gottesdienstordnung. Zur Handhabung der Kirchenzucht führt er das Amt der Laienpresbyter ein. O. starb kurz nach der Schlacht bei Kappel.

Lit.: H. R. Guggisberg: »Johannes Oekolampad«, GdKG 5, 1981, 117-128; E. Staehelin: Briefe und Akten zum Leben Oekolampads, 2 Bde., 1927–1934 (Nachdr. 1971); ders.: Das theologische Lebenswerk Joh. Oekolampads, 1939 (Nachdr. 1971); ders.: Oekolampad-Bibliographie, [2]1963.

H. Scheible

Oertzen, Jasper von (1833–1893)

V. O., geb. am 10. 8. 1833 in Rostock, gest. am 14. 11. 1893 in Hamburg, war das dritte Kind des damaligen Rates an der Justizkanzlei und späteren Ministerpräsidenten von Schwerin, Jasper v. O., der als Träger der →Erweckungsbewegung in Mecklenburg gilt. Die Mutter entstammte der Hamburger Kaufmannsfamilie Schuback und war mit Amalie →Sieveking verbunden. Nach nicht sehr erfolgreich verlaufenen Laufbahnen als Offizier und Landwirt wurden für v. O. Begegnungen mit Minister von Bethmann-Hollweg und Johann Hinrich →Wichern entscheidend. Seit 1868 mit Wichern

verbunden, übernahm er 1870 die Leitung des Pensionates im »Rauhen Haus« bei Hamburg, anschließend daran leitete er von 1875–1884 die neugegründete Hamburger →Stadtmission. 1873 übernahm er zudem den Vorsitz des schleswig-holsteinischen Vereins für Innere Mission und war seit 1880 Präses des Norddeutschen Männer- und Jünglings-Bundes. V. O. gehörte mit Eduard von →Pückler und Andreas Graf von →Bernstorff zum norddeutschen Kreis der Begründer der »modernen Gemeinschaftsbewegung in Deutschland« (P. Fleisch) und war Vorsitzender der drei ersten Gnadauer Konferenzen (1888, 1890, 1892; →Evangelischer Gnadauer Gemeinschaftsverband). Bei kritischer Sicht des Landeskirchentums hielt er doch aus innerer Überzeugung am innerkirchl. Standpunkt der Gemeinschaftsbewegung zeitlebens fest.

Lit.: D. von Oertzen: Jasper von Oertzen, ein Arbeiter im Reiche Gottes, 3. Auflage o.J.; J. Ohlemacher: Das Reich Gottes in Deutschland bauen. Ein Beitrag zur Vorgeschichte und Theologie der Deutschen Gemeinschaftsbewegung (AGP 23), 1986.

J. Ohlemacher

Oetinger, Friedrich Christoph (1702–1782)

O., geb. am 2. 5. 1702 in Göppingen, gest. am 10. 2. 1782 in Murrhardt; luth. Prälat, Theosoph, nach →Bengel bedeutendster Repräsentant des württembergischen Pietismus.

Rel. empfindsam, studierte O. nach einem pietistischen Bekehrungserlebnis Theologie in Tübingen (1722-27). Danach (1729-38) unterrichtete er als Repetent am dortigen ev. Stift und unternahm mehrere Studienreisen (u.a. nach Frankfurt/M. zum Kabbalisten Koppel Hecht, nach Berleburg, zu den Franckeschen Stiftungen in Halle, zu →Zinzendorf nach Herrnhut und nach Holland). Trotz fortwährender Spannungen mit dem Konsistorium amtierte er seit 1728 als Pfarrer in Hirsau, Schnaitheim (1743) und Walddorf bei Tübingen (1746), seit 1752 als Dekan in Weinsberg und 1759 in Herrenberg, ehe er 1766 zum Prälaten in Murrhardt avancierte und damit auch Mitglied des Landtags wurde.

Eine faustische Natur, widmete sich O. auf der Suche nach »Etwas Ganzem vom Evangelium« nahezu allen Wissenschaften und entfaltete eine fruchtbare literarische Tätigkeit. Zu seinen bekanntesten Werken zählen: die Interpretation der christl.-kabbalistischen »Lehrtafel der Prinzessin Antonia« in Bad Teinach (1763); das dogmat. Kompendium »Theologia ex idea vitae deducta« (1765);

die (mit J. →Böhme vergleichende) »Darstellung Swedenborgs und anderer irdischer und himmlischer Philosophie« (1765), schließlich das gegen die →Neologie gerichtete »Biblische und Emblematische Wörterbuch« (1776).

Auf Bengels →Biblizismus und »biblischem Realismus« fußend und sich von Leibnitz-Wolffscher Philosophie abgrenzend, versucht O., Theologie und Philosophie mit den anderen Wissenschaften zu vereinen, um zu einem aus der Bibel erhobenen »System« einer »philosophia sacra« zu gelangen: zu einem (theoretisches und praktisches, »irdisches« und »himmlisches« Wissen organisch verbindenden) theosophischen Gesamtsystem »aller« Wahrheit, einer Ganzheitsschau der Wirklichkeit. Dazu schöpft er mannigfaltige Anregungen: hauptsächlich aus Böhme (und dessen »Zentralschau«), daneben aus der →Kabbala, aus →Swedenborg, der romanischen Mystik, der Philosophie des Altertums und der →Patristik wie auch aus der Rechtswissenschaft, der Musik und den Naturwissenschaften (bes. der Physik Newtons); selbst mittels alchimistischer Experimente versucht er, theol. Wahrheiten zu erschließen: den sich stufenförmig vollziehenden »Prozeß« der Selbstoffenbarung Gottes in der Natur, die er als eigenständige Quelle der Gotteserkenntnis und als »Emblem« der unsichtbaren Welt versteht.

Leitmotiv von O.s phantasievollem System ist die »Idee des Lebens (Gottes)«, das durch den *sensus communis* wahrgenommen wird, dem (jedem Menschen innewohnenden) intuitiven allg. Erkenntnisorgan. Als »ureigenstes Leben« *(vita ipsissima)* wie auch als »ewig gebärende Kraft« und »reinste Wirkung« *(actus purissimus)* ist Gott die ursprünglichste Einheit einander widerstrebender Lebenskräfte, die am Ende der Zeit als Ziel der göttlichen Heilsgeschichte und damit als Vollendung der Selbstoffenbarung Gottes in Natur- und Weltgeschichte offenbar wird: in der auf zwei Millennien und Jüngstes Gericht folgenden kosmischen →Allversöhnung durch Christus, dem »Heil der Natur«, d.h. in der »Zurückholung« allen Lebens zu Gott, in der »Wiederbringung aller Dinge« *(apokatastasis panton,* Apg 3,21). Sodann wird in der Gestalt der (als Synthese von Geist und Materie verstandenen) unzerstörbaren »Geistleiblichkeit« (»Leiblichkeit ist das Ende der Werke Gottes«) der neue Mensch auf der neuen Erde wohnen, zusammen mit Christus und Gott, der (nun ebenfalls in »geistleiblicher« Gestalt) »alles in allem« sein wird (1Kor 15,28).

Obwohl sich O.s – dem panentheistischen Vitalismus nahekommendes – »System einer theol. Universalwissenschaft« nicht durchsetzen konnte, hat er doch als »Magus des Südens« mittelbar beträchtliche Wirkungen ausgeübt: auf den deutschen →Idealismus (→Schelling, Hölderlin, →Hegel), die Literatur (→Goethe, Hesse), die Theologie (R. →Rothe, K. →Heim) wie auch auf das schwäbische Geistesleben, die →Rosenkreuzer und die →Anthroposophie. Besonders aber hat er, wenngleich von der konservativen Richtung der Bengel-Schule (»Bengelsche Orthodoxie«) beargwöhnt, als »Schwabenvater« den württembergischen Pietismus nachhaltig geprägt (v.a. J. L. Fricker, Ph. M. →Hahn und bes. M. →Hahn) und ihm die Aura des »Geheimnisvollen« einverleibt. Noch heute werden seine Predigten in den Gemeinschaften (v.a. in der →Hahn'schen Gemeinschaft) viel gelesen.

Lit.: Zeugnisse der Schwabenväter, Bd. 1-3, 1962-65; F. C. Oetinger, Werke, hg. von G. Schäfer, M. Schmid (TGP, Abt. 7), 1977ff; Etwas Ganzes vom Evangelium. Ein Brevier (bearbeitet von G. Spindler), 1982;

H. F. Fullenwider: F. C. Oetingers Wirkungen auf Literatur und Philosophie seiner Zeit, 1975; S. Großmann: F. C. Oetingers Gottesvorstellung, 1979; F. Groth: Die »Wiederbringung aller Dinge« im württembergischen Pietismus, 1984; R. Heinze: Bengel und Oetinger als Vorläufer des deutschen Idealismus, 1971; M. Weyer-Menkhoff: Christus, das Heil der Natur, 1990; ders.: F. C. Oetinger, 1990; ders: Chronologisch-systematische Bibliographie der Werke F. C. Oetingers (erscheint voraussichtlich 1995).

W. Raupp

Oettingen, Alexander von (1827–1906)

V. O., geb. 1827 in Wissust (Estland), luth. Theologe, seit 1856 Professor für systemat. Theologie in Dorpat. Er beschäftigte sich überraschend »modern« für die damaligen Verhältnisse mit statistischen Untersuchungen der Gesellschaft. Dadurch wollte er nachweisen, daß alles von Gott durchwaltet und gestaltet wird. Die vorfindliche Wirklichkeit – auch in ihren negativen Ausprägungen etwa der Kriminalität, Selbstmorde etc. – weist nach ihm eindeutig auf Gott, als den Herrn der Geschichte hin. V. O. steht damit in der denkerischen Linie des →Deismus. Seine Untersuchungen legte er in seinem Hauptwerk vor: »Moralstatistik. Versuch einer Sozialethik auf empirischer Grundlage« (1868). In akribisch genauen, statistisch erhobenen Einzeluntersuchungen führt v. O. immer wieder den Nachweis, daß Gott alles durchgestaltet und bestimmt. Der Titel der dritten Auflage, 1882, »Die Moralstatistik in ihrer Bedeutung für eine Sozialethik« drückt dann sein weiteres theol. Interesse aus: Gott hat den Menschen als Gemeinschaftswesen geschaffen, und deshalb gelangt der Mensch erst durch die Eingliederung in die Gemeinschaft zu sich selbst. So gibt es keine Privatmoral, sondern

christl. Ethik ist immer nur als Gemeinschaftsethik zu verstehen. Das aber führt bei v. O. zu einer Überbetonung von »Gemeinschaft« und damit zwangsläufig zu einer Abwertung des Individuums. Wichtig war und bleibt seine entschlossene Hinwendung zur vorfindlichen Wirklichkeit: Die Theologie hat es mit dieser Welt zu tun, spielt sich nicht in einem Ghetto ab, und ist darin Erheller und Gestalter dieser Zeit und Welt. Sie hat dieser Welt das entscheidende »fremde« Wort, das Wort Gottes zu sagen.

Lit.: H. Krimmer: Empirie und Normativität. Die Ethik Alexander von Oettingens, Diss. Hamburg 1973.

H. Krimmer

Offenbarung

a) biblisch

1. Altes Testament

Gott ist seinem Wesen nach verborgen (Jes 45,15). »Niemand hat Gott je gesehen« (Joh 1,18; vgl. 2Mo 33,20); soll er also dem Menschen erkennbar werden, so muß er sich bzw. seinen Willen offenbaren.

Heidnische Götter sind aus atl. Sicht taubstumm; sie können weder die Zukunft offenbaren (Jes 44,6ff u.ö.) noch kraftvoll eingreifen, wo es vonnöten wäre (1Kön 18,24ff; Jes 46,7). Gottes Wille zum persönlichen Bund aber bedeutet, daß er sich den von ihm erwählten Menschen (Noah, Abraham, Mose, Israel am Sinai) in zunehmendem Maße als der offenbart, der er ist. Sein Heilswille sowie seine Macht über Schöpfung und Geschichte kommen in der O. verbindlich zum Ausdruck, v.a. in der Gesetzgebung am Sinai und weiterhin im Wort der Propheten.

O. kann durch eine Vielfalt visueller oder auditiver Erlebnisse geschehen (Träume, Visionen, Erscheinungen) oder auch durch alltägliche Erlebnisse angeregt werden (vgl. 2Sam 5,24; Jer 18). Häufig ist O. durch das Zusammentreffen von einem geschichtl. Ereignis und dessen normativer Interpretation konstituiert; stets ist das deutende oder weisende Wort Teil jeder O. Abgesehen von den an das ganze Volk gerichteten Zehn Geboten wendet sich Gott in der Regel durch stellvertretende Sprecher (Mose, Samuel, Jesaja etc.) an die Menschen. Schlechthin private O.en sind so gut wie unbekannt; fast immer geht es im Kontext um Gottes Willen oder Heilsplan für sein Volk.

Tora, d.h. verbindliche O., wird oft beim Priester gesucht (5Mo 31,9; 33,8.10 u.ö.), z.B. durch Urim und Tummim, die heiligen Lose »Licht und Recht« (4Mo 27,21; 3Mo 16,8-10 etc.). Außerdem ergeht das Wort Gottes regelmäßig an die Propheten, deren Äußerungen ihrerseits auch fast immer (selbst in kultkritischen Kontexten) einen dem Kultus verwandten Sitz im Leben haben. Wo O. ausbleibt, kann das entweder allg. auf Gottes (z.T. strafende) Verborgenheit zurückzuführen sein oder auch auf einen periodischen O.smangel, wie manche Schriften ihn z.B. nach dem Exil voraussetzen (z.B. Esra 2,63; Neh 7,65; Hes 7,26; vgl. 1Sam 3,1).

Neben der ständigen Auseinandersetzung mit der Falschprophetie finden sich nach dem Exil zunehmend anonyme Propheten (Mal, Sach 9-14, Jes 40-66) sowie schließlich die Mutmaßung eines Endes der Prophetie (z.B. Ps 74,9; Sach 13,3; Klgl 2,9). Wichtigster theol. Bestandteil der nachexilischen Neuorientierung ist jedoch die Konzentration des O.sverständnisses auf das schriftlich fixierte »Buch der Tora« (Neh 8; vgl. Ps 1; 119 usw.); Gottes Wille wird zunehmend indirekt offenbar, aus der Interpretation dessen, »wie es geschrieben steht« (2Chr 35,12; Dan 9,13; vgl. v.a. Ps 119,18, 27, 129f usw.). Darüber hinaus entsteht neben der erlöschenden klass. Prophetie die durch himmlische Visionen und deren Deutung auf heilsgeschichtl. bzw. kosmologische Geheimnisse gekennzeichnete Apokalyptik (Dan 7-12; Sach 1-6; vgl. 1Mo 28; Jes 6; 24-27; Hes 1). Sowohl Apokalyptik (im weiteren

Sinne einschließlich Engel und Himmelsstimmen) als auch O. durch Schriftinterpretation sind im frühjüd. Schrifttum weit verbreitet und haben das NT merklich beeinflußt.

2. Neues Testament

Im NT ist O. hauptsächlich christologisch fundiert: wie Exodus und Sinai für das AT konstitutiv waren, so sind es nunmehr Kreuz und Auferstehung Jesu. Jesus selbst setzt die Schrift als normativ voraus, stellt aber der pharisäischen Interpretation und Tradition seine eigene Reich-Gottes-Lehre autoritativ entgegen (z.B. Mk 2,23ff; 3,1ff; 7,1ff; Mt 5,17ff; 19,3ff), deren O. Jüngern bzw. »Unmündigen« (Mk 4,11par; Mt 11,25par) vorbehalten ist.

Die schon in den Auferstehungserscheinungen der synoptischen Evv. vorhandene Konzentration des →Evangeliums auf Person, Werk und Lehre Christi wird im Rest des NT weiter ausgebaut. Das zeigt sich deutlich in den Reden des Petrus und Paulus in der Apg, wo außerdem charismat. Manifestationen und konkrete Weisungen des Hl. Geistes besonders häufig sind. Für das JohEv. konstituieren Jesu Inkarnation und Zeichen die normative Manifestation der Herrlichkeit Gottes (1,14.17f; 2,11; 8,38; 9,3; 12,49f; 14,7 u.ö.; vgl. 1Joh 1,2); O. ist gegenwärtig denen verheißen, die Christus lieben und seinen Geist empfangen (14,21.26) und wird in der Zukunft bei Christi Erscheinung vollendet werden (1Joh 3,2f). Im Geschichtsverständnis der Offb zeigt sich O. v.a. in der Entfaltung der »gerechten Gerichte« Gottes (15,4) sowie schließlich im Herabkommen des himmlischen Jerusalem (21,1ff).

Ein ebenfalls dreidimensionales O.sverständnis liegt auch bei Paulus vor: Vergangenheit (Kreuz und Auferstehung, O. des göttlichen Geheimnisses; z.B. Röm 3,21; 1Kor 2,6-10; Gal 1,12.16; vgl. Kol 1,26f; Eph 1,9f; 3,3ff; Christus ist auch die Erfüllung und normative Deutung der Schriftoffenbarung, Röm 10,4; 1Kor 10,11; 2Kor 1,20 usw.), Gegenwart (in der apostol. Verkündigung des Evangeliums, Röm 1,17; 2Kor 2,14f; 5,20; 1Thess 2,13 etc.; sowie in der einwohnenden und prophetischen Anwesenheit des Hl. Geistes, Röm 8,15f.26f; 1Kor 12,8; 14,26ff; vgl. 2Kor 12,1ff) und Zukunft (Parusie Christi als Richter und Erlöser, 1Kor 1,7; Phil 3,20f; 1Thess 1,9f etc.).

Der Rest des NT folgt in etwa dem gleichen Muster. Auch im Hebräerbrief ist die höchste O. in Christus selbst (2,2-4; 9,26), der als himmlischer Hoherpriester statt des Schattens des Alten nun die Wirklichkeit des Neuen Bundes eingeleitet hat. Ähnlich wie bei Paulus besteht O. in 1Petr in dem bislang verborgenen, nun aber erschienenen Evangelium Christi (1,12.20) sowie in der freudenbringenden Wiederkunft des Erzhirten in Herrlichkeit (1,7f; 4,13; 5,4). In 2Petr findet sich neben persönlicher Weisung (1,14) die bei Jesu Verklärung ertönende Himmelsstimme als Mitgarant des prophetischen Schriftwortes (1,16ff; vgl. 3,2), sowie ein mittlerweile auf ntl. Briefe ausgeweitetes Schriftverständnis (3,15f).

Lit.: M. Bockmühl: Revelation and Mystery, 1990; R. Bultmann: Der Begriff der Offenbarung im Neuen Testament, 1929; W. Eichrodt: »Offenbarung: II. Im AT«, RGG³ IV, 1960, 1599–1601; M. Fishbane: Biblical Interpretation in Ancient Israel, 1985; H. Haag: «Révélation: I. AT«, Suppl. au Dict. de la Bible 56, 1982, 586-600; F.E. König: Der Offenbarungsbegriff des Alten Testaments, 2 Bde, 1882; J. Lindblom: Gesichte und Offenbarungen, 1968; D. Lührmann: Das Offenbarungsverständnis bei Paulus, 1965; A. Oepke: ThWNT III,1938, 558-597; W. Pannenberg (Hg.): Offenbarung als Geschichte, ²1963; H.-J. Zobel: ThWAT I, 1973, 1018–1031.

M. Bockmühl

b) theologiegeschichtlich

Ein allgemeiner Begriff der O. ist aus den bibl. Schriften noch nicht zu erheben. Auch spielte in der →Alten Kirche die Frage nach Möglichkeit und Notwendigkeit von O. zunächst keine Rolle, da beides vorausgesetzt werden konnte. Überhaupt ist darauf zu achten, daß die grundsätzliche Bedeutung und die Füllung, die der Begriff heute hat, seinem früheren Gebrauch nicht untergeschoben werden darf. Der bibl. Gebrauch, nach dem »Offenbaren« und »Offenbarung« einzelne Akte des Handelns und Redens Gottes meinten, ist anfangs noch lebendig. O. wird daher weder gegenständlich verstanden noch ausschließlich auf die Vergangenheit beschränkt.

Schon im 1Clem wird (der →Stoa folgend) die Harmonie des Kosmos als O. gewertet, ebenso die Geschichte. Die Heilsgeschichte wird gesehen als Erziehung (zum Heil) der Menschheit durch Gott, in die Christus eingeordnet ist (weiterentwickelt durch Clemens v. Alexandrien und Irenäus). Erst bei den →Apologeten führte die Auseinandersetzung mit dem Denken ihrer Umwelt dazu, daß O. an sich zum Thema wurde. Im Bemühen, sich dem Denken ihrer Zeit verständlich zu machen, erklärten sie Christus als den Logos – in Anknüpfung an die Philosophie, in der sie eine Vorbereitung auf Christus hin sahen (Justin: *logos spermatikos*). Im Gegensatz zu diesem weiteren (inklusiven) Verständnis verstand →Tertullian O. exklusiv, lehnte also die Anknüpfung an Philosophie und Religion ab.

Während die vom griech. Denken geprägte Sicht der O. bei den Apologeten eher ungeschichtlich war, dachte Irenäus mehr bibl.-heilsgeschichtl. Gott offenbart sich in den einzelnen Stadien der Heilsgeschichte immer deutlicher (Gedanke der Erziehung: der → Kappadozier Gregor v. Nazianz sieht diesen Vorgang mit Christus noch nicht abgeschlossen). Irenäus bedenkt auch das Verhältnis von Bibel und Offenbarung, die eng zusammengehören, aber nicht einfach identisch sind. → Origenes vergleicht die Menschwerdung des Logos mit dem Buchwerden der O. (vgl. die spätere Verengung der O. auf die Inspiration der bibl. Schriften). Er hält fest, daß O. eine neue Lebensbeziehung zwischen Gott und Mensch schafft. Augustinus betont beim Empfang der O. sowohl die Rolle der menschlichen Vernunft als auch die Notwendigkeit einer Erleuchtung durch die Gnade, wobei die Anwesenheit Christi im Glaubenden entscheidend ist.

Im Großen und Ganzen setzen sich die verschiedenen altkirchl. Ansätze auch im MA fort. Anders als in der Alten Kirche, die O. vor allem und zuerst auf Christus bezog, wird der Begriff jetzt jedoch stärker auf die Inspiration der bibl. Schriften verengt und O. mehr als etwas Vorliegendes, Gegenständliches verstanden. Entsprechend ist Glaube in erster Linie Anerkennung von Glaubenssätzen. Die Vergegenständlichung der O. ist nicht durchgängig, so steht etwa in der monastischen Theologie (z.B. →Bernhard von Clairvaux) auch in Hinblick auf die O. die persönliche geistl. Erfahrung im Vordergrund.

Der Begriff O. wird nun (anders als in der Alten Kirche) Grundlage der ganzen christl. Lehre. Stark im Vordergrund stand weiter das Verhältnis von Vernunft und O. (z.B. →Thomas von Aquin). →Joachim von Fiore machte die geschichtl. Perspektive zur Grundlage und ordnete die O. zeitlich nacheinander den drei Personen der Trinität zu. Er erwartete in naher Zukunft den Wechsel vom Zeitalter des Sohnes zu dem des Geistes, in dem die O. dann unvermittelt erfolgen sollte und löste damit eine starke Endzeiterwartung in weiten Kreisen aus.

Bei →Luther steht der Begriff O. eher im Hintergrund, er spricht lieber von »Wort Gottes«. Dieses Wort ist vor allem Christus selbst. Es gibt zwar eine allgemeine Erkenntnis Gottes, aber diese endet bei dem verborgenen Gott *(deus absconditus)*. Gott begegnet uns als offenbarer Gott *(deus revelatus)* nur in Christus (»Wer außerhalb Jesu Gott sucht, findet den Teufel«). Das eine Wort Gottes trifft den Menschen als →Gesetz und Evangelium, zielt also auf seine ganze Existenz. O. ist nun nicht mehr vor allem Übermittlung von Wahrheiten, sondern der Akzent liegt wieder auf der personalen Anrede des Menschen durch Gott. Glaube ist nicht mehr in erster Linie Zustimmung zu Glaubenssätzen, sondern Vertrauen. Die Verengung der O. auf die Bibel ist überwunden, die Autorität der Bibel wird von ihrer Mitte, Christus, her begründet. Der Vernunft ist Gott unzugänglich, daher lehnt Luther die Bindung der Theologie an die Philosophie als eigenmächtigen Versuch, Gott zu erkennen und ihm zu begegnen, ab.

Auch J. →Calvin betont: »Gott hat sich den Menschen niemals anders offenbart als durch den Sohn« (was er auch auf die atl. O. bezieht), aber »nicht allezeit auf eine und dieselbe Weise«. Gott ist auch sichtbar in äußeren Dingen, aber »uns fehlen die Augen ... wenn wir nicht durch Gottes innere Offenbarung erleuchtet werden«.

Das O.sverständnis der altprot. →Orthodoxie geht in vieler Hinsicht den Weg zurück. »O.« wird wieder als deckungsgleich mit »Bibel« gesehen und in dieser Form, als vergegenständlichte Offenbartheit in der inspirierten Schrift, zum Thema der Prolegomena, also zur Begründung des Glaubens. Ihr personaler und existenzieller Charakter und die Konzentration auf Christus treten wieder in den Hintergrund, und der Glaube bekommt wieder einen Zug zum Fürwahrhalten.

Es wird unterschieden die allgemeine, auch ohne das Wort an alle ergehende O. *(revelatio generalis)* und die durch das Wort ergehende besondere O. *(revelatio specialis)*, die wiederum unmittelbar (durch die Inspiration der bibl. Schreiber) bzw. mittelbar (durch die Schrift) empfangen wird.

In der →Aufklärung, deren Ideal die autonome und mündige →Vernunft war, wurde die Begründung des Glaubens auf eine der Vernunft vorgeordnete äußere O.sautorität abgelehnt. Zum Problem wurde die Zuverlässigkeit der Überlieferung und eine Begründung des Glaubens auf vergangene Ereignisse überhaupt. Nach G. E. →Lessing können »zufällige Geschichtswahrheiten« nicht »notwendige Vernunftwahrheiten« begründen. O. ist jedoch trotzdem sinnvoll im Sinne einer »Erziehung des Menschengeschlechts« hin zur wahren Vernunftreligion. Die O. hilft, früher zu erkennen, wohin die Vernunft später auch allein hingelangen wird, ist also nur vorläufige Stufe, deren Ziel es ist, überflüssig zu werden.

Hinter dieser Ablehnung steht noch die (durch die Orthodoxie wieder eingeführte) Auffassung von O. als inspirierter Mitteilung, die auch J.S. →Semler teilte, der zwischen Schrift und Wort Gottes unterschied. Von dieser Voraussetzung löste sich

J. G. →Fichte, der die Unterscheidung zwischen Wort- und Tatoffenbarung einführte, gefolgt von Carl Ludwig →Nitzsch, der die »äußerliche und öffentliche« O. (die Geschichtstaten Gottes) von der »inneren und privaten« O. (Inspiration) unterschied. Die »äußere« O. (später von A. D. Chr. →Twesten »Manifestation« genannt) konnte so auch bei Mängeln der »inneren« gültig bleiben.

Im →Idealismus (→Schelling, →Hegel) wird Gott als *der* Inhalt der O. herausgestellt, O. also als Selbsto. Gottes verstanden, was von der neueren prot. Theologie allg. aufgenommen wurde. F. D. →Schleiermacher versuchte, die Reduzierung auf die rel. Vernunft zu überwinden und definierte O. als »die Ursprünglichkeit der einer religiösen Gemeinschaft zum Grunde liegenden Thatsache ...« Der Ort ihrer Vergewisserung ist jetzt nicht mehr die Vernunft, sondern das Gefühl (das »fromme Selbstbewußtsein«). Entscheidend ist das innere Geschehen, nicht die Bindung an äußere Tatsachen. Das »von außen« der O. gerät damit an den Rand und wird später von E. →Troeltsch ganz aufgegeben.

J. Chr. K. v. →Hofmann verstand O. heilsgeschichtl. und M. →Kähler faßte Wort- und Tatoffenbarung wieder als Einheit unter dem Begriff Wort Gottes.

W. →Lütgert, angeregt von A. →Schlatter, versuchte, im Gegensatz gegen den die Natur theol. vergleichgültigenden Neukantianismus, den paulinischen Gedanken der O. in der Schöpfung wiederzugewinnen.

K. →Barth hat alle Versuche, O. von Vernunft, Bewußtsein, Gefühl, Religion oder anderen innerweltlichen Instanzen her zu verstehen oder zu beurteilen, abgelehnt und ihr exklusives Gegenüber zu allen diesen Kategorien betont. Er hat das »von außen« der O. entschieden festgehalten und auch auf ihre Aneignung (»Anknüpfung«) bezogen, die keine natürliche Fähigkeit des Menschen ist, sondern ebenfalls jeweils von Gott gewirkt wird (anders E. →Brunner). Weil O. nicht von einem Ort außerhalb ihrer selbst zugänglich ist, d.h. weil Gott nur durch Gott erkannt werden kann, entfaltet Barth seine O.slehre als Gottes-, genauer als Trinitätslehre (Gott als Offenbarer, Offenbarung und Offenbarsein). O. als unmittelbare Selbstkundgebung Gottes geschieht primär in Jesus Christus (offenbartes Wort), wird bezeugt von den Aposteln und Propheten (geschriebenes Wort) und ergeht in der Verkündigung der Kirche (verkündigtes Wort). Im →Kirchenkampf war Barths exklusiv christologische O.sauffassung (Christus als das eine Wort Gottes – 1. Barmer These) entscheidende theol. Grundlage für den Widerstand der Bekennenden Kirche.

E. Brunner betonte den geschichtl. und personalen Charakter der O. und versucht mit dem Begriff »Wahrheit als Begegnung« den Subjekt-Objekt-Gegensatz in der O.slehre zu überwinden.

Nach P. →Althaus gibt es vor der Heilso. in Christus eine Ur-O. (»Ur« nicht im hist., sondern im prinzipiellen Sinn von »Grund«), eine Selbstbezeugung Gottes in der Existenz jedes Menschen sowie in Geschichte und Natur.

R. →Bultmann bezieht die O.sbedeutung Jesu nur auf das durch ihn entbundene Kerygma, nicht aber auf seine Geschichte, worin ihm einige seiner Schüler nicht folgten.

W. →Pannenberg versteht O. gerade umgekehrt nicht als Wort, sondern »als Geschichte«. Geschichte sieht er aber nicht mehr, wie seit der Aufklärung, als zufällige Abfolge menschlicher Taten, sondern als sinnvollen, zielgerichteten Prozeß mit einheitlichem Ziel. Diese Geschichte hat universalen Charakter und ist »selbstevident«, d.h. sie müßte sich ohne besondere Deutung oder Inspiration auch dem Profanhistoriker als Gottesgeschichte erschließen. Solche zielgerichtete Geschichte ist eine Einheit, was sich allerdings erst von ihrem Ende her deutlich machen läßt. Dieses Ziel und Ende ist in Christus, bes. in seiner Auferweckung, schon vorweg ereignet und enthüllt, so daß dieses Ereignis, eingebettet in die Gesamtgeschichte, der weitestgehende Selbsterweis Gottes ist.

J. →Moltmann hat eine ähnliche Sicht der Geschichte, versteht aber das Christusereignis nicht schon als Vorwegereignung des Geschichtszieles, sondern erst als Verheißung und Ansage dieses Ziels, von der die gegenwärtige Wirklichkeit massiv unter Kritik gestellt wird.

P. →Tillich denkt O. wieder von unten, vom Menschen her. O. ist »Manifestation dessen, was uns unbedingt angeht«. Sie wird vermittelt durch Natur, Geschichte, Gruppen, Individuen und durch das Wort. Die O. in Jesus ist Ausgangspunkt, aber nicht alleiniger Inhalt, die außerchristl. Religionsgeschichte ist mit einbezogen. Die O. in Jesus ist nicht die einzige, aber die letztgültige, entscheidende und normgebende. Sie ist »Mitte« der O.sgeschichte und teilt diese in eine universale »Periode der Vorbereitung« vor ihr und eine »Periode der Aufnahme« nach ihr.

Lit. s. unter c).

W. Glatz

c) systematisch-theologisch

1. O. begründet den Glauben und ist daher auch gegebene Voraussetzung, Ausgangspunkt und Kriterium der →Theologie, d. h., O. kann nicht vorher erwiesen, sondern nur im Nachhinein verdeutlicht werden.

2. In der Bibel taucht »offenbaren« (vor allem Verben!) mit wechselnden Ausdrücken zur Bezeichnung einzelner Akte des Handelns und Redens Gottes auf – nicht als allgemeiner, formaler Begriff. Die Verwendung als abstrakter Begriff (zuerst bei den Apologeten) ist also Ergebnis nachträglicher Reflexion. Als solches ist der Begriff einerseits ein legitimes und folgerichtiges Weiterdenken des bibl. Gebrauchs, andererseits ist er der Gefahr der Verzerrung (etwa zum statisch vorliegenden Prinzip oder Gegenstand) ausgesetzt.

O. »Gottes« ist nicht die Überhöhung oder Ergänzung einer menschlichen Möglichkeit, sondern kommt dem Menschen von außen entgegen, als Gegenüber.

Der Begriff O. meint einerseits ein Geschehen, andererseits einen Inhalt. Ihr Inhalt ist nicht losgelöst vom Geschehen der O. (als Gegebenheit) zu haben oder zu betrachten – es gibt keine Offenbartheit als ständig offenstehende Möglichkeit. Auf der anderen Seite ist es verfehlt, O. formal zu begründen mit einer bestimmten – etwa übernatürlichen – Weise ihres Zustandekommens. Inhalt und Geschehen gehören untrennbar zusammen, weil O. wesensmäßig ein personaler Vorgang ist – Gott teilt nicht »etwas« mit, sondern »sich«.

O. ist nicht Übermittlung von Wissen, das anders nicht zugänglich wäre, sondern eine personale Anrede Gottes an Menschen. Die Antwort darauf (der Glaube) ist demnach zunächst nicht Anerkennung übermittelter Glaubenssätze, sondern ebenfalls personal eine Beziehung zwischen Gott und Mensch, die das ganze Leben – nicht nur den Intellekt – prägt. Glaube ist zuerst Grundvertrauen, erst dann und in zweiter Linie wird auch »etwas« mitgeteilt, ist Glaube auch Zustimmung.

Unmittelbare Selbstmitteilung Gottes, die den Glauben begründet, geschieht in Person, Werk und Geschick Jesu Christi. O. ist nicht nur die nackte Tatsache des Christusgeschehens für sich oder nur der Entscheidungsruf, der davon ausgeht, sondern beides zusammen, sie ergeht als Tatwort und als Redewort. Die Christuso. ist kein isoliertes Ereignis. Sie gehört in eine Geschichte Gottes mit den Menschen. Sie läßt sich andererseits aber nicht aus dieser Geschichte ableiten, sondern ist trotzdem freie Tat Gottes.

Nur im Christusereignis ist Gottes O. mit Gott selbst identisch, auf Wirkungen Gottes trifft dies nicht zu, es bleibt ein Unterschied zwischem dem, was Gott ist, und dem, was er tut. Gottes O. ergeht auch in Wundern, Taten und in menschlichem Wort, ist aber mit diesen Gestalten nicht identisch.

So sind auch O. und →Bibel nicht deckungsgleich, andererseits aber auch nicht zu scheiden. O. ist die Bibel nicht formal durch die Art und Weise ihrer Entstehung, sondern inhaltlich, weil in ihr die grundlegende O. in Christus bezeugt wird. In diesem Inhalt liegt ihr Bezug zur O. und insofern ist sie selbst eine Gestalt der O. Der Inhalt – Christus – begründet die Geltung der Bibel als O., nicht umgekehrt, sonst wäre Glaube nicht Vertrauensakt, sondern verstandesmäßige Unterwerfung. Die Schrift ist nicht selbst der Grund des Glaubens, sondern vermittelt uns diesen Grund und ist daher maßgebliche Quelle des Glaubens und der Theologie.

Auch die Verkündigung der Gemeinde ist als Zeugnis von der O. in Christus selbst eine Gestalt der O., ohne mit dieser identisch zu sein.

Jeder Versuch, O. zu sichern oder zu be- und erweisen durch von außen herangetragene Kriterien (etwa Lehramt, Vernunft, Bibel, Wunder...), widerspricht dem Wesen der O. und macht sie zu einem Stück Welt, das in unserer Verfügung steht. Die O. kann sich nur selbst erweisen. Daher hat die Gemeinde O. nie in der Hand, sondern lebt in Erinnerung und vertrauender Erwartung.

3. Auch Gottes Wirkungen in Natur und Geschichte weisen auf ihn hin. Diese Hinweise sind aber zweideutig, Gott ist in ihnen eher verhüllt, nicht offenbar. Solche Wirkungen O., Selbstmitteilung, zu nennen, nimmt dem Begriff seine Klarheit. Die Hinweise auf Gott können eine wichtige Rolle spielen bei dem Weg eines Menschen zu Gott. Trotzdem ist es immer ein unableitbares, unvorhersehbares Wunder, wenn Gottes O. einem Menschen widerfährt, nicht ein Wiedererkennen von andeutungsweise schon Bekanntem, sondern etwas ganz Neues, sonst wäre Christus nur eine folgerichtige Ergänzung. Nur im Rückblick des Glaubens, mit der Christusoffenbarung zusammen, ist diese Vorgeschichte als Wirken Gottes zu erkennen und zu bedenken, nie (etwa als eine Gestalt der O.) allein für sich. Damit ist nicht bestritten, daß die O. in Christus in Beziehung steht zu menschlicher Selbst- und Wirklichkeitserfahrung und von dieser her verstanden und verdeutlicht werden kann – aber nie begründet solche Erfahrung Glauben und sollte daher nicht O. genannt werden.

Lit.: P. Althaus: Die Theologie Martin Luthers, 1963, 25-34; K. Barth: KD I/1, 1955, 47-320; H.Benckert: »Offenbarung«, EKL², II, 1958, 1655-59; E. Brunner: Offenbarung und Vernunft, 1941; ders.: Wahrheit als Begegnung, 1938, ders.: Dogmatik I, 1960, 24-44; G. Gloege: »Offenbarung VI.«, RGG³ IV, 1960, 1609-13; W. Joest: Fundamentaltheologie, 1974, 28-59.72-101; W. Pannenberg: Offenbarung als Geschichte, 1961, 91-114; ders.: Systematische Theologie 1, 1988, 207–281; M. Seybold, H. Waldenfels et al.: »Die Offenbarung«, HDG I,1a/1b, 1971/1977; H.Thielicke: Der evangelische Glaube II, 1973, 5-29.149-154.

W. Glatz

Offenbarung, allgemeine

→ Schöpfungsoffenbarung

Offenbarung des Johannes

Die ntl. Gemeinde lebte in einer fast unerträglichen Spannung: »Die Welt sollte Christus untertan werden. Aber die Welt hatte bereits einen Eigentümer, der nicht auf sie zu verzichten willig war.« Der röm. Kaiser forderte von jedermann Anbetung, aber die ntl. Gemeinde lebte in der Gewißheit, daß die »heidnische Weltherrschaft vor (Christus) dahinfalle. Um diese Gewißheit zu erhalten, zu reinigen und zu stärken, damit sie eine reiche Quelle der Kraft, Tat und Geduld für die Christenheit sei, dazu schrieb Johannes sein prophetisches Buch« (A. Schlatter).

Kaum ein anderes ntl. Buch ist so mißverstanden und so mißbraucht worden wie das letzte Buch des ntl. Kanons, die Offb des → Johannes. Die Auslegung dieses Buches bedarf besonderer Zurückhaltung; das Eingeständnis, manche Aussagen blieben verschlossen, ist jeder spekulativen Deutung vorzuziehen.

Die Offb ist ein echter Rundbrief an sieben Gemeinden in Kleinasien im ausgehenden 1. Jh. und zugleich ein prophetisches Buch an die ganze Kirche Jesu Christi. Es trägt das Gewand jüd. Apokalyptik, einer damals ziemlich verbreiteten Literaturgattung (äthHen, Dan, 4Esra usw.) und ist doch wesentlich davon unterschieden.

Zum Beispiel kennt 4Esra ausschließlich das Gericht nach den Werken; in der Offb wird diese Vorstellung zwar aufgenommen, aber eben auch vom →Evangelium überboten: in Offb 20,13.15 fällt die letzte Entscheidung nicht vom Werk, sondern von der Christuszugehörigkeit (= Buch des Lebens; vgl. Phil 4,3; Offb 3,5) her.

Zum apokalyptischen Gewand gehört die Symbolsprache der Offb. In ihren Visionen und Auditionen spielen Zahlen, tier- und menschenähnliche Wesen und merkwürdige Gegenstände eine große Rolle. Ihr Sinn ist ohne Deutungsschlüssel kaum zu verstehen.

Anders als die meisten Gleichnisse Jesu, die ihren Sinn dem zeigen, der sich auf ihre Bilder und Geschichten einläßt, gleicht die Symbolsprache der Offb einer Geheimsprache. Nur »Eingeweihte« können sie verstehen. Solche Geheimsprachen entstehen in Verfolgungssituationen von Gruppen und Völkern. Sie ermöglichen Kommunikation, ohne den Verfolgern Hinweise zu geben.

Das berühmteste Beispiel mag die Zahl »666« (Offb 13,18) sein: Für die ursprünglichen Empfänger wird sofort klar gewesen sein, auf welchen der röm. Herrscher diese Zahl des »Antichristen« zu beziehen gewesen ist; für spätere Ausleger bleibt sie rätselvoll, wie die große Zahl der Deutungen belegt. Doch die Mehrzahl der Symbole der Offb ist der atl. Überlieferung und der urchristl. Prophetie entnommen, und ein Vergleich der Belegstellen ergibt hinreichend Klarheit über ihre Deutung.

Grundsätzlich geht es dabei nicht um die Bilder als solche, sondern um deren Bedeutung. Wenn z.B. in der Thronsaalvision die Herrlichkeit Gottes und die »Umgebung« seines Thrones mit vier Gestalten beschrieben wird, die »voller Augen vorn und hinten, einem Löwen, einem Stier, einem Menschen und einem Adler« gleichen (4,7), dann soll der Leser keine bildhafte Vorstellung entwickeln (der Versuch, die Symoble zu malen, wird deshalb leicht zum rel. Kitsch!), sondern verstehen, daß Gottes Wesen etwa die Macht eines Löwen, die Stärke eines Stiers, die Weisheit eines Menschen und die Himmelsherrschaft eines Adlers vereinigt.

Der Autor der Offb erhebt den Anspruch, er habe die Bilder, Szenen und Worte in direkter »himmlischer Offenbarung« empfangen. Bei genauer Analyse seines Buches zeigt sich ein kunstvoll angelegtes Gesamtwerk.

Der Aufbau des ganzen Buches, die Untergliederung der Teile des Buches, eine Fülle von Querverbindungen zwischen den Teilen (z.B. zwischen der Christus-Beschreibung in der Eingangsvision (1,12-20), den Selbstvorstellungen Christi in den sieben Sendschreiben (Kap. 2 und 3) und dem Weissagungsteil (ab Kap. 6) und schließlich eine Reihe von Zitaten aus atl. Textvorlagen (z.B. Hes 1.3 in Offb 4) und liturg. Stücken des urchristl. Gottesdienstes (z.B. Offb 4,8b; 5,9-10) weisen auf eine am »Schreibtisch« konzipierte und formulierte Arbeit. Das ist nur für solche Ausleger ein Widerspruch, die sich einerseits Offenbarungsempfang nur als »übersinnliche Ekstase« und andererseits Schreibtischarbeit nur als unbeseelte Kleinkariertheit vorstellen können. Inspiration des Geistes und literarische Arbeit schließen sich aber nicht aus.

Fragen wir nach dem wesentlichen Inhalt der Offb, so ergibt sich folgendes Bild:

1. Der Autor empfängt in der Form urchristl. Prophetie Durchblick, Einsicht und Weitsicht in die Geschichte Gottes mit seinem Volk von der Gegenwart an bis zu ihrer Vollendung.

Er »sieht«, was die Christen glauben, aber angesichts der röm. Herrschaft gerade nicht sehen können: Christus, der gekreuzigte und auferstandene Herr, hat die Herrschaft über Gottes Welt und die Geschichte seiner Menschen bereits angetreten (das Lamm auf dem Thron in Kap. 5), und er wird bald Gottes neue Welt mit einem Leben ohne Leid und Tod in der unmittelbaren Gegenwart Gottes herbeiführen (Kap. 21). Alle dem scheinbar entgegenwirkenden Gewalten werden in dieser Schau ihrer Macht entkleidet: Der Kampf gegen Christus und seine Gemeinde ist ebenso heftig wie aussichtslos.

2. Sieben Gemeinden in Kleinasien werden konkret angeschrieben (Kap. 2.3), ihre Situation ist so geschildert, wie sie in Wahrheit aus der Perspektive des erhöhten Christus aussieht, sie werden getröstet, ermahnt und zurechtgewiesen.

In ihrer Gesamtheit repräsentieren diese Gemeinden die ganze Kirche Jesu. So sind die Sendschreiben zu Recht so etwas wie ein »Beichtspiegel« für Gemeinden Jesu aller Zeiten geworden.

3. Die theol. Mitte der Offb bilden die Kap. 4 und 5 mit ihrer doppelten Schilderung des immerwährenden himmlischen Gottesdienstes: Wird in Kap. 4 zunächst die ewige Anbetung Gottes durch den himmlischen »Hofstaat« beschrieben, so tritt in Kap. 5 das »Lamm« – also der gekreuzigte und auferweckte, erhöhte Christus als sehnsüchtig erwarteter Held auf, der Würde und Recht empfängt, die Geschichte zu vollenden (= Öffnen des siebenfach versiegelten Buches, 5,5).

Dann erfährt das »Lamm« dieselbe Anbetung wie der auf dem Thron; in der Symbolsprache des Johannes ist dies Ausdruck für die Einheit des Sohnes mit dem Vater.

Von nun an bietet die Offb eine 3 x 7fache Entfaltung (= 7 Siegel, Kap. 6-8; 7 Posaunen Kap. 8-11; 7 »Zornesschalen«, Kap. 15-16) dieser einen Aussage.

Christus tritt die Weltherrschaft an, setzt das Gericht Gottes über alle Welt in Gang und tritt am Ende als Sieger über Unrecht, Tod und Teufel und Retter seiner Gemeinde vor aller Augen. Dabei darf die Entfaltung der Siebener-Reihen nicht als chronologischer Fahrplan der Endzeit verstanden werden. Der Versuchung, die Weltzeit zu berechnen, sind zu allen Zeiten Ausleger erlegen und zugleich daran gescheitert.

Nicht Fahrplan, sondern Buch der Ermahnung und des Trostes für verfolgte Gemeinden will die Offb sein. Sie hilft den Christen zur realistischen Wahrnehmung der Wirklichkeit. Was auch immer sie als schrecklich, widergöttlich oder satanisch erfahren, wie unermeßlich groß die Macht des Bösen sich auch gebärden mag, sie darf dem allen ins Auge schauen und glauben und bekennen: Das letzte Wort hat der Herr Jesus Christus, und dann wird alles gut.

Lit.: O. Böcker: Die Johannesapokalypse, 1975; H. Burkhardt: Ausharren bei Jesus. Überlegung zum theologischen Verständnis der Johannesoffenbarung, ThBeitr 17/1986, 234–247; F. Busch: Die Zukunft beginnt heute. Wege zum Verständnis der Offenbarung Johannes, 1977; J. Cochlovius: »Offenbarung des Johannes«, GBL 2, 1988, 1080–1083; J. Ellul: Apokalypse. Die Offenbarung des Johannes – Enthüllung der Wirklichkeit (ins Dt. übertragen von J. Meuth), 1981; G. Maier: Die Johannesoffenbarung und die Kirche, 1981; J. Roloff: Die Offenbarung des Johannes (Zürcher Bibelkommentare: NT; 18), 1984.

F. Becker

Offene Brüder

→ Versammlung, Christliche

Offener Abend Stuttgart

Der O.A. ist eine Laienbewegung, die innerhalb der Ev. Kirche in ökumen. Weite weltzugewandt arbeitet. Er wurde 1955 von Helmut Wenzelmann gegründet.

Die derzeit etwa 200 Mitarbeiter wollen möglichst viele Menschen ihres Umfeldes mit dem →Evangelium erreichen und ihnen Anregungen und Hilfen geben, damit sie jetzt oder später als Christen gesellschaftl. Verantwortung übernehmen können. Darüber hinaus gilt die besondere Zuwendung des O.A.s interessierten jungen Leuten, gerade wenn sie noch fremd in Stuttgart sind. Vielfältige Veranstaltungen in der City (Gottesdienste, Vorträge, Seminare, Kulturelles, Kreatives und Sport) sollen zu sinnerfülltem Leben anregen. In etwa 30 Hauskreisen und Kleingruppen, zu denen Singles und Familien in ihre Privatwohnungen einladen, kann vertiefende Gemeinschaft erlebt und ganzheitlicher Lebensstil erprobt werden. Gemeinsame Einsätze, Urlaube und Studienreisen fördern dabei das freundschaftliche Miteinander; Projekte in der »Dritten Welt« und eigene Missionare werden durch den »Zehnten« finanziert.

Der O.A. versteht sich als eine Gruppe, die ihre pietist. Wurzeln nicht verleugnet, ohne deshalb Berührungsängste mit der »Geistlichen Gemeindeerneuerung« zu kultivieren.

K. H. Schlaudraff

Offensive Junger Christen (OJC)

Die Großfamilie der OJC gehört zu den kommunitären Erneuerungsbewegungen innerhalb der ev. Kirche in Deutschland. Seit dem Anfang des 20. Jh.s hat es drei Konkretionswellen bruderschaftlichen Lebens gegeben: Es entstanden ev. Orden in der Traditionslinie vorreformat. Regeln; es bildeten sich Bruderschaften im Geist erwecklich-pietist. Lebens mit Impulsen aus der Bruderschaft vom Gemeinsamen Leben in der Nachfolge des →Thomas von Kempen und der →Gruppenbewegung; schließlich entstanden familiäre geistl. Lebensformen als »Erneuerungs-Nischen« in einer Zeit gesellschaftl. Auflösung. Nach dem erwecklichen Aufbruch 1968 kam es unter der Leiterschaft von Horst-Klaus und Irmela Hofmann zum päd. Experiment der »Großfamilie« in Bensheim. Im Rahmen uneigennütziger Dienste und im Horizont der Verantwortung für die Süd-Welt üben in Jahreskursen junge Erwachsene einen geistl. Lebensstil ein. Damit gehört die OJC zum dritten Aufbruch gemeinsamen Christenlebens »etwas außerhalb des Gewohnten« in der ev. Kirche.

Die Zurüstung für die geistl. Auseinandersetzung mit Zeitfragen in apologet. Christozentrik stammte aus den Erfahrungen des Leiterehepaares in der Arbeit eines mission. Großstadt-CVJM, der sozialerwecklichen Weltverantwortung in der Tradition von Frank Buchman und der kommunitären Frömmigkeit der ev. →Marienschwesternschaft in Darmstadt.

Sitz und Zentrum der Arbeit ist heute Reichelsheim im Odenwald. In drei Zweigen hat die Lebensgemeinschaft auf Zeit ihre besonderen Arbeitsformen auf dem Gebiet der Pädagogik, der Seelsorge und der Ökologie entwickelt. Es entstanden das Deutsche Institut für Jugend und Gesellschaft (1969), das Seminar für Biblische Seelsorge (1979), die Internationale Ökologische Akademie (1984) und eine pädagogisch-therapeutische Familienfarm (1991). Im Reichelsheimer Ortskern schafft die OJC ein Europäisches Jugendzentrum, dessen erste Bereiche 1994 eröffnet wurden. Die Gründung einer alternativen universitären Studien- und Forschungsgemeinschaft, das Jan-Amos-Comenius-College, steht vor dem Abschluß.

Zentrale Tagungsstätte wurde Schloß Reichenberg oberhalb von Reichelsheim im Odenwald. Neben intensiver Seelsorge- und Tagungsarbeit kennzeichnet die OJC eine vielfältige Vortrags- und Literaturarbeit.

Aller Dienst der OJC wird ausschließlich von Spenden getragen. Die kostenfreie Zwei-Monatszeitschrift »OJC, Anstiftung zum gemeinsamen Christenleben«, erscheint in einer Auflage von 18.500 Exemplaren (Stand Sommer 1994).

Lit.: H.-K. und I. Hofmann (Hg.): Anstiftungen. Chronik aus 20 Jahren OJC, 1988; H.-K. Hofmann, M. Kaißling (Hg.): Baustellen der Hoffnung. Architektur – Spiritualität - Pädagogik in der Offensive, 1990; im Bereich »Christsein in einer nachchristlichen Gesellschaft« veröffentlicht die OJC jährlich 16 Titel aus ihren Fachrichtungen.

H.-K. Hofmann

Öffentlichkeit, Öffentlichkeitsarbeit

Ö. gehört zum Wesen der Kirche. Das →Evangelium verpflichtet die Kirche, immer wieder aus der Rolle einer gesellschaftl. Sondergruppe herauszutreten und mit ihrer Botschaft und ihrem Dienst für die Menschen die Ö. zu suchen. Es gibt ihr zugleich die Kraft, auch den Widerspruch auszuhalten, dem eine gesellschaftl. Gruppe begegnen wird, die in vielen Dingen quer zu den allg. Wertvorstellungen und Erwartungen steht.

Ö.arbeit in der Kirche und für die Kirche muß darum nicht versuchen, in dem geistigen Klima der Gegenwart eine permanente Schönwetterlage für die Kirche zu schaffen. Wer dergleichen von der Ö.arbeit erwartet, überfordert sie und sucht den Widerspruch zu vermeiden, dem die Christen und die Kirche um der Wahrheit des Evangeliums willen immer wieder ausgesetzt sein werden. Die Kirche muß freilich darauf achten, daß sie wirklich nur um des Evangeliums willen Widerspruch erfährt. So wenig sie sich einfach in den Schmollwinkel einer idyllischen Kleinkirchlichkeit zurückziehen darf, so wenig darf sie jeden Widerspruch und jedes Unverständnis in der Ö. als Folge ihrer Treue zum Evangelium ausgeben. Wo sie einfach nur träge, altmodisch oder selbstgefällig agiert hat, darf sie sich über entsprechende öffentliche Reaktionen nicht wundern. Kirchl. Ö.arbeit hat hier eine zweifache Aufgabe. Nach außen wird sie die Wahrheit des Evangeliums und daraus abgeleitete Besonderheiten kirchl. Strukturen offensiv erklären, nach innen wird sie Schwachstellen kirchl. Arbeit und Selbstdarstellung aufzeigen. In diesem Sinne ist ein gutes Verhältnis zur Lokalpresse für jede Gemeinde unerläßlich. Das ist am ehesten durch eine offene Pressearbeit zu erreichen, die auch die Interessen des jeweiligen Presseorgans berücksichtigt. Eine Tageszeitung ist kein kirchl. Verlautbarungsblatt, sondern muß das Interesse der Leser wecken. Gelingt dies, so kann man dafür auch geringfügige Ungenauigkeiten in Kauf nehmen. Darüber hinaus sind auch Leserbriefe geeignete Mittel der örtlichen Pressearbeit (s.a. →Publizistik, christliche). Der überörtlichen Ö.arbeit dienen Presseagenturen, die ein eigenes Profil entwickeln. Neben den offiziellen landeskirchl. Agenturen (→Evangelischer Pressedienst - epd, KNA) besteht seit 1970 auch ein evangelikaler Pressedienst (→idea).

Eine eigene Rundfunkarbeit wird die Ortsgemeinde in der Regel überfordern. Hier sind Zusammenschlüsse unerläßlich (→Evangeliums-Rundfunk – ERF; →Radiomission); lediglich für den Lokalfunk sind Ausnahmen vorstellbar.

J. Goetzmann

Okkultismus

Sammelbezeichnung für Vorgänge und Praktiken, hinter denen unbekannte (lat. *occultum,* »verborgen, geheim«) Kräfte oder Ursachen stehen, die naturwissenschaftl. nicht erklärt werden können. Im O. wird dennoch versucht, ein geschlossenes Weltbild zu zeichnen. Die Natur wird als komplexes lebendiges Wesen betrachtet, das mittels Sympathie mit dem Menschen in Wechselwirkung steht. Zum O. gehören u.a. der ganze Bereich der Zauberei, Wahrsagerei und Hellseherei, Astrologie, ebenso wird im allg. der →Spiritismus dazugerechnet. Es empfiehlt sich, neben O. auch von übersinnlichen oder von transrationalen Phänomenen zu sprechen. Dabei bezeichnet O. über die phänomenologische Beschreibung hinaus auch den weltanschaulichen Hintergrund entsprechend der obigen Definition. Die Telepathie kann durchaus eine neutrale, in der Schöpfung angelegte Naturgabe sein, auch wenn die Kräfte noch nicht bekannt sind und bis jetzt mit keiner schlüssigen Theorie beschrieben werden können. Man sollte deshalb im jeweiligen Einzelfall differenzieren und ein Phänomen mit unbekannten Kräften nicht generell als okkult bezeichnen, sondern sich eine neutrale Möglichkeit offenhalten und ebenso auch mit Wirkungen des Heiligen Geistes rechnen. Zu einer notwendigen Unterscheidung ist eine phänomenologische Betrachtungsweise unzureichend. Statt dessen sind geistl. und seelsorgerl. Kriterien erforderlich.

In den Religionen der Naturvölker treten regelmäßig okkulte Elemente auf. Dies trifft auch für prähist. Kulturen zu. Hist. gewinnt der O. frühe Gestalt vor allem im alten Ägypten, in Mesopotamien, im taoistischen China, Indien, Tibet, im Mexiko der Mayas und Azteken. Die ägyptische »Totenliteratur« ist im wesentlichen magisch bestimmt. Sie hat ihre Bezeichnung durch ihre Bezogenheit auf einen Verstorbenen und sein Schicksal im Jenseits. Darin wird dem gesprochenen Wort, seit der 5./6. Dynastie (um 2400 v. Chr.) auch dem mit einer rituellen Weihung bedachten geschriebenen Wort, eine magische Kraft zugeschrieben. Diese Literatur wurde schon im Alten Reich gesammelt, in großer Menge dann im Mittleren Reich. Die magische Wirkung wurde allerdings nicht nur auf das Schicksal im Jenseits beschränkt, sondern entfaltete sich auch in der irdischen Lebenswelt.

Im Zweistromland dominierte neben der Magie die Astrologie, deren Anfänge man in Assyrien und Babylon sieht. Allerdings sind astrologische Anschauungen in vielen Kulturen und Religionen vorhanden. Doch sind wir über Assyrien und Babylonien am besten informiert, und die gegenwärtige Astrologie hat dort ihre hist. Wurzeln.

Okkulte Lehren wurden im Abendland insbesondere seit Augustin stark unterdrückt, erleben aber seit dem 19. Jh. eine neue Blüte, offensichtlich als komplementäre Bewegung zu rationalist. Lehren in Theologie und Gesellschaft.

Es gibt eine unüberschaubare Fülle an populärer astrologischer und magischer Literatur, über die klassischen Zauberbücher (z.B. sog. 6. und 7. Buch Mose) hinaus. Andererseits wird durch theoretische Beschreibungen der Hintergrund zu erhellen und wissenschaftl. denkenden Menschen nahezubringen versucht. Selbst parapsych. Experimente sind oft nicht frei von okkulten Einflüssen, die im allg. unter Zuhilfenahme von Medien vorgenommen werden.

Die in der Bibel und in der christl. Gemeinde vorkommenden Heilungen sind grundlegend verschieden von dem Gesundheitszauber der Magie, ebenso Weissagungen und Prophetie von der Wahrsagerei. Wirkungen des Heiligen Geistes werden auch in der Bibel deutlich unterschieden von okkulten Wirkungen. Explizit wird diese Unterscheidung hinsichtlich der Präkognition in 5Mo 18 durchgeführt, verschiedene Formen der Wahrsagerei werden verboten (V. 10) und von dem Reden des Propheten (V. 18) unterschieden. Offenbar gibt es für die Unterscheidung formale und inhaltliche Kriterien.

Im Gefolge der →Aufklärung wurden die Formen des O. als Täuschung oder als rein psychogen betrachtet. So bekämpfte z.B. Chr. Thomasius in seiner Dissertation »De crimine magiae« (1701) den Hexenglauben. Die rationalistische Illusionshypothese wird jedoch einem bibl. Befund nicht gerecht und ist auch durch die sorgfältigen Arbeiten der Parapsychologie widerlegt. Christl. Glaube rechnet mit der transpsychischen Realität der okkulten Kräfte, lehnt aber nach dem bibl. Zeugnis ihre Anwendung ab. Dies klarzumachen ist eine der unverzichtbaren Aufgaben christl. Theologie und Seelsorge. Anders ist den Herausforderungen des O. als eines populären Ersatzglaubens nicht zu begegnen.

Oftmals wirkt sich passive oder aktive okkulte Betätigung in einer psychischen und geistl. Belastung aus, die man dann okkulte Belastung nennt. Eine vollmächtige →Seelsorge kann davon Befreiung schaffen. Sie ist mit einer Absage von den Werken des Teufels und einer Lossprechung im Namen Jesu verbunden. Vgl. →Aberglauben; →Astrologie; →Astralreligion.

Lit.: A. Köberle: »Okkultismus«, RGG³, IV, 1960, 1614–1619; K. Koch: Seelsorge und Okkultismus, ²⁶1985; K. Sethe: Die Totenliteratur der alten Ägypter, in: Sitzungsberichte der Berliner Akademie, 1931.

K. Knauß

Ökologie

Ö. ist die Lehre vom Naturhaushalt, die Wissenschaft von den Beziehungen und Wechselwirkungen zwischen den Lebewesen und zu ihrer Umwelt. Der Begriff Lebewesen oder Organismen umschließt Mikroorganismen (wie Bakterien), Pflanzen, Tiere und den Menschen. Ö. handelt demnach einmal von den Beziehungen der Lebewesen zu den anderen Lebewesen einer Lebensgemeinschaft oder Biozönose. Ö. handelt aber auch von den Beziehungen der Lebewesen zu ihrer Lebensstätte, ihrem Biotop, ihrer abiotischen Umwelt: d.h. den Umweltfaktoren des Klimas, des Bodens, chemischer Faktoren wie Schadstoffen, physikalischen Faktoren wie Licht und Schwerkraft. Einheiten aus Lebensgemeinschaft und Lebensstätte werden Ökosysteme genannt. Beispiele solcher Ökosysteme sind: Wälder, Moore, Heiden, Bäche, Seen usw., aber auch die urban-industriellen Ökosysteme unserer Städte und Industriegebiete. Bei den Ökosystemen wird auf Gleichgewichte geachtet, die sich herausgebildet haben, und auf die darin liegende Harmonie. Besonders bewußt wird diese Harmonie, wenn sie gestört wird und dadurch Turbulenzen und Gefährdungen auftreten. Die Ö. untersucht auch durch den Menschen verursachte Umweltveränderungen und deren Rückwirkungen auf Mensch und Natur. Insgesamt verweist das ökologische Denken darauf, daß die Natur nicht nur Material für das menschliche Handeln und seine Produkte ist, sondern einen Eigenwert besitzt. Damit gewinnt Ö. eine polit. Dimension, die sich in der Betonung von Wertbegriffen wie Gerechtigkeit, Unversehrtheit und sogar Frieden ausdrückt und damit eine →Umweltethik fordert.

Lit.: G. Altner (Hg.): Ökologische Theologie, 1989; E. Knöpfel: Werkbuch Umwelt, 1984; K.H. Kreeb: Ökologie und menschliche Umwelt, 1979; U. Krolzik: Umweltethik, erscheint voraussichtlich 1995.

U. Krolzik

Ökumenische Bewegung

1. Begriffserklärung

Das Wort »Ökumene« bedeutete ursprünglich die »bewohnte Erde«. Im christl. Sprachgebrauch verengte sich die Bedeutung auf »die Kirche als ganze betreffend«. Daher werden die ersten sieben Konzile auch »ökumenische Konzile« genannt. Voraussetzung für die moderne Ö.B. war der zunehmende Zerfall der Christenheit in verschiedene Kirchen und Denominationen im Gefolge der →Reformation. Die Zerrissenheit ließ die Frage nach der Einheit der Kirche wegen ihrer Sendung in die Welt und der damit verbundenen Glaubwürdigkeit entstehen. Die Ö.B. ist Rückbesinnung auf die christl. Einheit als Ziel jenseits aller konfessionellen und nicht-theol., d.h. sprachlichen, nationalen, rassischen, kulturellen und geographischen Verschiedenheiten. Daß Einheit nicht Uniformität bedeutet und daß man auf vielfältige Weise »auf dem Weg« ist, soll mit dem Wort »Bewegung« umschrieben werden.

2. Die drei Stränge der Ökumenischen Bewegung

Mit dem allmählichen Erwachen des Willens zur →Mission stellt sich für den Protestantismus die Frage, ob die theol., verfassungsmäßige und liturg. Vielfalt Europas auf die Missionsfelder übertragen werden soll und darf. Als erster hat im →Pietismus N. L. Graf von →Zinzendorf diese Problematik erkannt und in Pennsylvanien versucht, unter den verschiedenen deutschsprachigen Gruppen eine Einheit »im Geist« herzustellen. Nachdem im 19. Jh. die prot. Mission stürmisch vorangeschritten war, stellte sich die Frage nach dem einheitlichen christl. Zeugnis, auch angesichts wachsender Entkirchlichung, neu. So ist es nicht verwunderlich, daß die Missionsgesellschaften, die zuweilen schon überkonfessionell arbeiteten, die ersten waren, die 1860 (Liverpool), 1878 und 1888 (London) Konferenzen abhielten und 1900 in New York zur »Ökumenischen Missionskonferenz« zusammentraten. Die Konferenz, die in der Folgezeit den größten Einfluß auf die Entwicklung der Ö.B. hatte, war die von dem Laien John → Mott geleitete I. Weltmissionskonferenz in Edinburgh 1910. Daraus entstand 1921 der Internationale Missionsrat, der erste große durchlaufende Strang der Ö.B.

Ethische Fragestellungen, wie sie in Edinburgh angesprochen wurden, führten zur Gründung des »Weltbundes für Freundschaftsarbeit der Kirchen« und des →»Internationalen Versöhnungsbundes« (1914) durch F. →Siegmund-Schultze. Der schwedische Erzbischof Nathan →Söderblom vertrat ähnliche Anliegen, und so kam es nach den schmerzlichen Erfahrungen des Ersten Weltkrieges zu einer vorbereitenden Konferenz in Genf 1920, der dann 1925 die »Allgemeine Konferenz der Kirche Christi für praktisches Christentum« (Life and Work) in Stockholm folgte. Unter Umgehung trennender Lehrfragen wollte man in zwischenkirchl. brüderlicher Zusammenarbeit »die gemeinsame Stimme des christlichen Gewissens« in den brennenden wirtschaftlichen, sozialen und polit. Tagesfragen erheben, damit »Gottes Wille auf Erden ebenso geschehen möge wie im Himmel«. Diese Bewegung ist der zweite Strang der Ö.B.

Im Anschluß an die Konferenz in Edinburgh mobilisierte der amerik. anglik. Bischof Charles Brent Kräfte, die sich mit den Lehrgrundlagen der zwischenkirchl. Zusammenarbeit befassen sollten, also mit Fragen, die man bisher bewußt ausgeklammert hatte. Hieraus entstand der dritte Strang der Ö.B., die Weltkonferenz für Glaube und Kirchenverfassung (Faith and Order), die 1927 in Lausanne erstmals zusammentrat.

3. Andere Ökumenische Bewegungen

Die frühe Entwicklung der Ö.B. ist dadurch gekennzeichnet, daß viele Impulse für eine ökumen. Zusammenarbeit aus den kirchenunabhängigen Jugend- und Studentenorganisationen kamen. 1855 wurde der Weltbund der →Christlichen Vereine Junger Männer, 1894 der Weltbund Christlicher Verbände Junger Frauen, 1895 der Christliche Studentenweltbund gegründet. Der Wille zur Mission und →Evangelisation vereinte sich hier mit einer Geschwisterlichkeit, die nicht nur nationale Grenzen sprengte, sondern auch den Kontakt mit außerprot., d.h. orth. und röm.-kath. Christen suchte. John Mott war nicht nur die führende Gestalt der Missionsbewegung (s.o.), sondern auch Begründer der Studentenorganisation und Vorsitzender des CVJM. Viele Vertreter der Ö.B. gingen aus diesen Organisationen hervor. Ökumen. Ideen wurden auch durch die internationalen Zusammenschlüsse der Konfessionsfamilien gefördert. So kennt die anglik. Kirchengemeinschaft seit 1867 die Lambethkonferenzen; 1875 folgten die Reformierten mit der Gründung eines Weltbundes, 1881 die →Methodisten, 1889 die →Altkatholiken, 1891 die Kongregationalisten, 1905 die →Baptisten und 1927 bzw. 1947 die Lutheraner. In zahlreichen Ländern und Regionen bildeten sich außerdem nationale oder regionale Christenräte, so schon 1908 in den USA und 1942 in Großbritannien. In Deutschland ist nach dem Zweiten Weltkrieg die →Arbeitsgemeinschaft christl. Kirchen (ACK) tätig geworden. Viel Beachtung fanden organisatorische Zusammenschlüsse von Kirchen zu einer Kirche wie der Kirche von Südindien und der United Church of Canada. Im Zuge der Verselbständigung ehemaliger Missionskirchen bildeten sich in Asien (1959) und Afrika (1963) Kirchenkonferenzen. In Europa kam es 1959 zur Gründung der »Konferenz europäischer Kirchen« (KEK). In den letzten Jahren wurden zahlreiche ökumen. Gespräche zwischen zwei Kirchen oder zwei konfessionellen Weltbünden durchgeführt, z.B. Lutherischer Weltbund – Anglikanische Kirchengemeinschaft; Russisch-orthodoxe Kirche – EKD; Lutherischer Weltbund – Reformierter Weltbund; Methodistische Kirchen – Anglikanische Kirche, usw. Zu diesen offiziellen ökumen. Kontakten gesellt sich eine große Zahl ökumen. Bewegungen, die besonderen Situationen entspringen, z.B. Evangelisation, →Radiomission, Gebetswochen, diakon. Maßnahmen, zwischenkirchl. Hilfen, charismat. Erneuerung, →Bruder- und Schwesternschaften u.ä. Weil sie nicht eine Gemeinschaft von Kirchen, sondern die einzelnen Gläubigen sucht, wird man auch die schon 1846 gegründete Ev. →Allianz hier einreihen müssen, aus deren Reihen die »offizielle« Ö.B. kritisch begleitet wurde und wird.

4. Der Ökumenische Rat der Kirchen (ÖRK)

Die beiden 1937 abgehaltenen Weltkonferenzen in Oxford und Edinburgh kamen überein, einen Ausschuß zu bilden, der sich mit der Frage der Gründung eines ökumen. Rates der Kirchen befassen sollte. Der Zweite Weltkrieg unterbrach die Arbeit, doch engagierten sich die Kirchen in der Flüchtlings- und Kriegsgefangenenhilfe. 1946 trat der Ausschuß zusammen, um die konstituierende Vollversammlung zu planen. Im gleichen Jahr wurde das Ökumenische Institut in Bossey/Genf gegründet. Vom 22. 8. bis 4. 9. 1948 fand in Amsterdam die erste Vollversammlung des ÖRK statt, zu der 147 Kirchen ihre Abgesandten geschickt hatten. (Die extrem fundamentalistischen Kreise hatten wenige Tage zuvor am gleichen Ort eine »Gegenökumene« gegründet, den →International Council of Christian Churches, ICCC.)

Zwischen der zweiten und dritten Vollversammlung war es zu Kontaktaufnahmen zwischen dem ÖRK und der russ.-orth. Kirche gekommen, außerdem hatte der Internationale Missionsrat (IMR) für einen Zusammenschluß mit dem ÖRK gestimmt. Daher wurde auf der Vollversammlung in Neu-Delhi 1961 die Integration des IMR als Abteilung für Weltmission und Evangelisation vollzogen und viele orth. Kirchen sowie Kirchen der Dritten Welt neu aufgenommen. Da die Orthodoxie in der bisherigen, auf die »Pariser Basis« des CVJM zurückgehenden Basis jeden Bezug auf den Hl. →Geist vermißte, wurde die Basisformel neu gefaßt: »Der ÖRK ist eine Gemeinschaft von Kirchen, die den Herrn Jesus Christus gemäß der Hl. Schrift als Gott und Heiland bekennen und darum gemeinsam zu erfüllen trachten, wozu sie berufen sind, zur Ehre Gottes, des Vaters, des Sohnes und des Hl. Geistes.« Weitere Vollversammlungen des ÖRK fanden statt: Uppsala 1968, Nairobi 1975, Vancouver 1983 (Lima-Dokument), Canberra 1991.

Oberstes Beschlußorgan ist die Vollversammlung, in die die Kirchen ihre Delegierten entsenden; die Laien sollen mit mindestens einem Drittel der Sitze vertreten sein. Der Zentralausschuß führt zwischen den Vollversammlungen die Geschäfte. Während die Vollversammlung den Zentralausschuß und das Präsidium wählt sowie praktisch die Richtlinien bestimmt, muß der Zentralausschuß die Durchführung überwachen, Gelder zuweisen, den Generalsekretär wählen und die Vollversammlung vorbereiten. Der Generalsekretär und der Genfer Stab von etwa 200 Mitarbeitern sorgen in den Programmeinheiten (1) Glaube und Zeugnis, (2) Gerechtigkeit und Dienst und (3) Bildung und Erneuerung für die Durchführung der Arbeit. Der ÖRK hat keine Möglichkeiten oder Rechte, einzelne Mitgliedskirchen zu bestimmten Handlungen oder Verlautbarungen zu zwingen.

Die bisherigen Generalsekretäre des ÖRK waren seit Gründung bis 1966 der ref. Holländer Willem →Visser't Hooft, von 1966–1972 der amerik. Presbyterianer Eugene Carson Blake, dann nacheinander die Methodisten Philip Potter (1972–1981) und Emilio Castro (1981–1991), ab 1992 der Lutheraner Konrad Raiser. Zur Zeit gehören 311 Kirchen aus ca. 90 Ländern dem ÖRK an; ferner genießen 25 Kirchen den Status von Gästen.

5. Kritik am Ökumenischen Rat der Kirchen

Geschah in Neu-Delhi ein entscheidender organisatorischer Schritt mit der Aufnahme großer orth. Kirchen und Kirchen der Dritten Welt, so setzte seitdem eine sich zunehmend verschärfende Kritik am Kurs des ÖRK ein. Bereits in Neu-Delhi provozierte das Referat von J. Sittler (»Der kosmische Christus«) Unbehagen, das sich seit Khodres Formel vom »in den Religionen schlafenden Christus« (Addis Abeba 1971) zum Vorwurf des →Synkretismus verdichtete. Bes. das von dem indischen Theologen Samartha geleitete Programm »Dialog mit Menschen lebendiger Religionen und Ideologien« ist diesem Vorwurf ausgesetzt. Heftig umstritten ist auch die Art, wie der ÖRK sich der drängenden sozialen Fragen der Welt annimmt. Die polit. Theologie, die sich als »schwarze Theologie«, als »Theologie der Befreiung« oder, vor allem in Lateinamerika, als »Theologie der →Revolution« zu Wort meldet, geriet in das Kreuzfeuer der Kritik, als der ÖRK das »Programm zur Bekämpfung des Rassismus« und somit die finanzielle Unterstützung von Befreiungsorganisationen in Afrika beschloß. Kritisch vermerkt wurde auch, daß der ÖRK Menschenrechtsverletzungen in West und Ost mit zweierlei Maß zugunsten der damals sozialistischen Länder gemessen habe. Alle Kritik gipfelt in dem Vorwurf, daß die Ö.B. unter Verzicht auf →Mission eine »Säkularökumene«, eine Humanisierung der Welt und Einheit der ganzen Menschheit ohne Gott in Christus anstrebe. Gegen theol. →Pluralismus und Synkretismus, gegen die Verwechslung von Revolution und →Reich Gottes und gegen eine Verkürzung des Evangeliums in sozialethisch-polit. Programme wenden sich vor allem die →Evangelikalen (Berliner Ökumene-Erklärung, Lausanner Verpflichtung, →Lausanner Bewegung), aber auch orth. Kirchen.

Gelegentlich wird der ÖRK, insbesondere in der erwarteten Verbindung mit der röm.-kath. Kirche, als endzeitliche Gegenkirche – die »Weltkirche« – interpretiert. Gegenüber dem letzten Vorwurf wird man Kritiker und ÖRK an die Toronto-Erklärung (1950) erinnern müssen, in der festgehalten wurde, daß der ÖRK keine »Über-Kirche« sein will und werden darf. Den übrigen Kritikpunkten scheint man vom ÖRK selbst bisher zu wenig Beachtung geschenkt zu haben. Die Heftigkeit der Kritik sollte jedenfalls zu Gesprächen Anlaß geben, damit das bisher in der Ö.B. Erreichte nicht aufs Spiel gesetzt wird.

6. Die römisch-katholische Kirche

Die röm.-kath. Kirche stand anfänglich der Ö.B. radikal ablehnend gegenüber. Sie ist dem ÖRK nie beigetreten. Das II. Vatikanische Konzil hat jedoch eine starke Annäherung an die Ö.B. gebracht, die nicht nur durch den Besuch des Papstes in Genf, sondern auch durch die Mitarbeit bedeutender kath. Theologen in Sektionen und Programmen des ÖRK, insbes. durch den gemeinsamen Ausschuß SODEPAX (Gesellschaft, Entwicklung, Frieden) zum Ausdruck kommt. Außerdem ist Rom mit verschiedenen Kirchen (Anglikanische Kirche, Lutherischer Weltbund, Methodistischer Weltrat etc.) in bilaterale Gespräche eingetreten. Gegenwärtig ist allerdings eine größere Zurückhaltung des Vatikans gegenüber dem ÖRK zu beobachten.

Lit.: H. Fey: Geschichte der Ökumenischen Bewegung, 1974; H. Krüger et al. (Hg.): Ökumene-Lexikon, ²1987; P. Leungsfeld (Hg.): Ökumenische Theologie, 1980; H. Littell, H. H. Walz (Hg.): Weltkirchenrat Lexikon, 1960; M. Lossky et al. (Hg.): Dictionary of the Ecumenical Movement, 1991; H. Meyer et al. (Hg.): Dokumente wachsender Übereinstimmung 1931–1990, 2 Bde., 1983, 1992; H. M. Moderow, M. Sens: Orientierung Ökumene, ²1989; St. Neill: Männer der Einheit, 1964; K. Raiser: Ökumene im Übergang, 1989; I. R. Rouse, St. Neill: Geschichte der Ökumenischen Bewegung 1517–1948, 2 Bde., 1957/58; E. Schlink: Ökumenische Dogmatik, ²1993; H. J. Urban, J. Wagner (Hg.): Handbuch der Ökumenik, 4 Bde., 1985–1987.

E. Geldbach/G. Ruhbach

Ökumenische Konzile

→ Konzil

Ökumenische Symbole

→ Bekenntnis; → Bekenntnisschriften

Ökumenischer Rat der Kirchen

→ Ökumenische Bewegung

Ökumenisches Patriarchat von Konstantinopel

Der Überlieferung nach wurde die Orthodoxe Kirche von Konstantinopel vom Apostel Andreas gegründet. Sie tritt in der Geschichte zunächst als Bischofssitz im Verwaltungsbereich von Herakleia (Thrakien) hervor. Im Laufe der Zeit wurde sie jedoch zu einem großen kirchl. Zentrum entwickelt, insbesondere im 4. und 5. Jh. aufgrund der besonderen Stellung von Konstantinopel als Hauptstadt des byz. Reiches. Seit dem 6. Jh. wird der Erzbischof von Konstantinopel »Ökumenischer Patriarch« genannt. Der 3. Kanon des II. Ökumen. Konzils (Konstantinopel, 381): »Der Bischof von Konstantinopel hat den Ehrenprimat nach dem Bischof von Rom. Denn Konstantinopel ist das neue Rom«, und der 28. Kanon des IV. Ökumen. Konzils (Chalkedon, 451) legten endgültig die Position (Patriarchatsrang) dieser Kirche in der Reihenfolge der übrigen Kirchen fest: Rom, Konstantinopel, Alexandria, Antiochia, Jerusalem. Nach dem Schisma zwischen der Ost- und der Westkirche (1054) wurde dem Ö.P. der erste Platz, »der Vorsitz in der Liebe«, innerhalb der Gesamtorthodoxie, d.h. ein Ehrenprimat, zuerkannt. Dieses Ehrenprimat des Ö.P.s sowie das Recht, in gesamtkirchl., panorth. Angelegenheiten initiativ zu werden, wird auch heute von allen orth. Kirchen anerkannt. Seinen Sitz hat heute das Ö.P. im Stadtteil von Istanbul Phanar. Seiner Rechtshoheit (Jurisdiktion) unterstehen zahlreiche Exarchien (Auslandskirchen) in allen Kontinenten, also auch die Griechisch-Orthodoxe Metropolie von Deutschland. Die Zahl der Gläubigen in der Türkei ist aufgrund polit. Ereignisse im 20. Jh. (kleinasiatische Katastrophe, Zypernkrise) sehr stark zurückgegangen und beläuft sich heute auf etwa 3000. Der verstorbene Patriarch Athenagoras I. gehört zu den bekanntesten kirchl. Persönlichkeiten des 20. Jh.s; in die Geschichte ist seine Begegnung mit Papst Paul VI. in Jerusalem (1964) eingegangen. Derzeitiger Patriarch ist seit 1991 Seine Allheiligkeit Bartholomaios I., der im Oktober 1993 die Kirchen in Deutschland offiziell besuchte. Das Ö.P. von Konstantinopel gehört zu den Initiatoren der Ökumen. Bewegung und zu den Gründungsmitgliedskirchen des Ökumenischen Rates der Kirchen (Amsterdam 1948).

Lit.: A. Grillmeier, H. Bacht: Das Konzil von Chalkedon, 3 Bde., 1954; Maximos (Metropolit) von Sardes: Das Ökumenische Patriarchat in der orthodoxen Kirche. Auftrag zur Einigung, 1980.

A. Basdekis

Oldenburg, Ev.-Luth. Kirche

Im 16. Jh. kämpften Lutheraner, Calvinisten und Wiedertäufer in den O.er Landen um die Vorherrschaft, bis H. Bonnus und 1573 H. Hamelmann mit der ersten Kirchen- (und Gottesdienst-) Ordnung einem gemäßigten Luthertum in O. zum Durchbruch verhalfen. 1599 wurde Luthers Katechismus eingeführt, doch dann setzte sich zunächst in der Pfarrerschaft die Aufklärung durch. Friedrich IV. von Dänemark, zu dem der größte Teil des Landes 1667–1773 gehörte, versuchte zwar 1725, eine vom Geist des Frühpietismus geprägte Kirchenordnung durchzusetzen, aber dies blieb Episode. Erst 1853 erfolgte die Rückkehr zum luth. Bekenntnis, zu dem sich auch die Kirchenverfassung von 1920 stellte. Im →Kirchenkampf wurde das Bekenntnis allerdings wieder heftig umkämpft. Die Kirchenordnung von 1950 schrieb im offenen Sinn den luth. Bekenntnisstand fest.

Eine besondere Beziehung besteht seit eh und je zur württembergischen Landeskirche. Der VELKD gehört die Ev.-Luth. Kirche in O. nicht an, wohl aber dem →Lutherischen Weltbund (seit 1957) und der →Arnoldshainer Konferenz. 1955 schloß sie mit den anderen Landeskirchen in Niedersachsen den Loccumer Staatskirchenvertrag mit dem Land Niedersachsen.

Die Ev.-Luth. Kirche in O. sammelt ca. 65% der Einwohner des Landes im luth. Bekenntnis; 26% der Bevölkerung sind Katholiken. 14 Kirchenkreise, von Kreispfarrern geleitet, 124 Kirchengemeinden und 241 Pfarrstellen gehören zur ev.-luth. Kirche. Das 1889 gegründete Diakonissenmutterhaus, die Ev. Akademie in Rastede und mancherlei Anstalten der Inneren Mission beleben eine Kirche, die aufs ganze gesehen keine Erweckung erlebt hat. Die Bischöfe seit 1949: W. Stählin, G. Jacobi, H.H. Harms und W. Sievers.

Lit.: H. Lübbing: Oldenburg. Landesgeschichte, 1953; Ev. Oberkirchenrat (Hg.): Die Hand am Pfluge, Berichte und Besinnungen über Arbeit und Lehre in der ev.-luth. Kirche i.O., 1949; E. Rolffs: Ev. Kirchenkunde Niedersachsens, [2]1938; L. Schauenburg: 100 Jahre Oldenburg. Kirchengeschichte (1573–1667), 1894–1908.

G. Ruhbach

Olevian, Caspar (1536–1587)

O., ref. Theologe, geb. am 10. 8. 1536 in Trier, gest. am 15. 3. 1587 in Herborn. Seit 1550 studiert er in Paris, Orléans und Bourges die Rechte (1557 Dr. iur.) und kommt mit ref. Gesinnten in Berührung. 1558 geht er nach Genf, Zürich und Lausanne zum Studium der Theologie. 1559 tritt er eine Schulstelle in seiner Heimatstadt Trier an und unternimmt einen Reformationsversuch; dieser findet anfangs unter den Bürgern Widerhall, wird jedoch durch den Erzbischof niedergeschlagen. O. muß Trier verlassen und geht nach Heidelberg (1560), wird Dr. theol. (1561), Leiter des Sapienzkollegs (Predigerseminar), kurzzeitig Prof. der Dogmatik, dann Pfarrer und Mitglied des Kirchenrats. Als solcher ist er maßgeblich an der Einführung der Pfälzischen Kirchenordnung von 1563 einschließlich des Heidelberger Katechismus beteiligt (Text und Übersetzung des Katechismus stammen allerdings nicht von ihm, nur die Frage 80) sowie an der Kirchenzuchtordnung der Pfalz von 1570 (Kirchenzucht ist Sache der Kirche, wie bei Calvin, nicht des Staates). Nach dem Tod Kurfürst Friedrichs III. muß er die Pfalz verlassen, wird 1577 Pfarrer und Hofprediger in Berleburg (Wittgenstein), organisiert Synoden und Presbyterien, wird 1584 Pfarrer in Herborn (Nassau) und Wegbereiter und erster Prof. der im selben Jahr dort gegründeten nassauischen Landeshochschule Johannea. 1586 leitet er die Herborner Generalsynode, die für die Festigung des ref. Bekenntnisses in Nassau und Umgebung bedeutend ist.

O. hat durch zahlreiche (Gelegenheits-)Schriften in die theol. Diskussionen der Zeit eingegriffen

(Abendmahl, Christologie) und insbesondere die Bundestheologie (Zwingli, Bullinger) weiter entfaltet (Hauptwerk: »De substantia foederis gratuiti«, Vom Wesen des Gnadenbundes, 1585), wobei er eine »christozentrische Bundestheologie« (Goeters) vertritt. Als Mensch bisweilen schroff und verletzend, als Theologe polemisch, ist er vor allem als Organisator für die Konsolidierung der »zweiten« (= reformierten) Reformation in Deutschland (Pfalz, Wittgenstein, Nassau) von großer Bedeutung.

Lit.: H. Erlenbach, D. Meyer, R. Mohr (Hg.): Caspar Olevian (1536 bis 1587), ein evangelisch-reformierter Theologe aus Trier, 1989.

B. Steinseifer

Ölung, letzte →Sakramente, Katholische

Oncken, Johann Gerhard (1800–1884)

O., geb. am 26. 1. 1800 in Varel, verließ seine Heimatstadt nach der Konfirmation 1814 als Gehilfe eines schottischen Kaufmanns. Ein fünfjähriger Aufenthalt unter Presbyterianern in Schottland und Independentisten in England, seine Bekehrung in einer Londoner Kirche der Methodisten (→Methodismus/Methodisten) 1820 und Kontakte zur kongregationalistischen →Erweckungsbewegung Schottlands (Robert Haldane, 1764–1842; →Kongregationalismus) prägten ihn zeitlebens. Seit 1823 wirkte O. von Hamburg aus – nun Mitglied der englisch-ref. Gemeinde – als Missionsarbeiter (Agent) der britischen »Continental Society for the Diffusion of Religious Knowledge over the Continent of Europe«. Schwerpunkte waren die Bibel- und Schriftenverbreitung (ab 1828 eigener Verlag und Agentur der Edinburger Bibelgesellschaft), Hafenmission und die von O. angeregte Arbeit der ersten dt. →Sonntagsschule (1825). Die Suche nach einem geistl. Zuhause für die in O.s Erweckungsversammlungen Bekehrten lenkte ihn zu der Frage nach dem Verhältnis von →Taufe und Gemeinde der Gläubigen. Sie fand ihre Antwort in der Gründung der ersten dt. Baptistengemeinde (→Baptismus/Baptisten) und O.s Ordination als deren Ältester am 23. 4. 1834 nach der Taufe O.s und sechs weiterer Personen am Tage zuvor durch den studienhalber in Deutschland weilenden Theologieprofessor Barnas Sears, durch den O. in einen fortan engen Kontakt zu den nordamerikanischen Baptisten kam, die neben britischen Freunden die Arbeit O.s ideell und finanziell förderten. Auf vielen Missionsreisen sammelte O. erweckte und neu für den Glauben gewonnene Menschen in Gemeinden, die er nach bibl. Modell zu ordnen suchte.

Durch O.s eigene Tätigkeit sowie die seiner wichtigsten Mitarbeiter Gottfried Wilhelm Lehmann (1799–1882) und Julius Köbner (1806–1884) und zahlreicher Missionsarbeiter, vielfach reisende Handwerker, breiteten sich die Baptistengemeinden in Deutschland und seinen Nachbarländern, insbesondere aber auch in Ost- und Südosteuropa aus. Als Ältester der Muttergemeinde Hamburg stand O. zeitlebens in hohem Ansehen. Die zweite Generation setzte nach einer zeitweilig die Arbeit belastenden Auseinandersetzung mit ihm die Unabhängigkeit der einzelnen Ortsgemeinden durch, die einer engen Zusammenarbeit im schon 1849 gegründeten Bund der Baptistengemeinden jedoch keinen Abbruch tat. Bei O.s Tod umfaßte der Bund in 165 Gemeinden über 30.000 Mitglieder in mehr als einem Dutzend europ. Länder. O.s theol. Positionen sind im baptistischen Glaubensbekenntnis von 1847 zusammengefaßt; außer in den Artikeln über Taufe und Gemeinde, in denen das baptistische Profil deutlich hervortritt, stellt sich der Text als durchweg gemeinreformat. oder calvinistisch dar. Jesusfrömmigkeit und Bekehrungseifer kennzeichnen O. und die von ihm geprägten kontinentaleurop. Baptistengemeinden als Kinder der angelsächsischen Erweckungsbewegung (nicht von ungefähr nahm O. als einziger nicht-landeskirchl. Teilnehmer aus Deutschland an der Londoner Gründungsversammlung der Evangelischen →Allianz 1846 teil); Taufpraxis, Gemeindeverständnis

(Gemeinden sind »die rechten, vom Wort Gottes eingesetzten Missionsgesellschaften«), Gemeindeordnung und Bundesstruktur sind O.s besonderer Beitrag, während pietist. Anteile in der persönlichen Frömmigkeit und der Praxis des Gemeindelebens der herrnhutisch beeinflußte G. W. Lehmann beisteuerte. O. starb am 2. 1. 1884 in Zürich.

Lit.: G. Balders: Theurer Bruder Oncken, [2]1984; ders.: Zur Frömmigkeitsgeschichte des deutschen Baptismus, Theologisches Gespräch 1994, Heft 2, 16-28 (Lit.); ders.: Die deutschen Baptisten und der Herrnhuter Pietismus, Freikirchenforschung 3, 1993, 26-39; R. Bohl: Die Sonntagsschule in der Hamburger Vorstadt St. Georg, Zeitschrift des Vereins für Hamburgische Geschichte 67, 1981, 133–175; W.A. Detzler: British and American Contributions to the »Erweckung« in Germany, 1815–1848, Diss. phil. Manchester 1974, Kap. XI; W. Gundert: Geschichte der deutschen Bibelgesellschaften im 19. Jahrhundert, 1987 (s. Reg.); H. Luckey: J.G. Oncken und die Anfänge des deutschen Baptismus, 1934 ([3]1958).

G. Balders

Ontologie

O., von griech. *to on,* »das Sein«, ist die Wissenschaft vom Seienden als solchem. →Aristoteles (384–322 v.Chr.) fragt in seiner »ersten Philosophie« nach dem, was das Seiende als Seiendes auszeichnet: was sein Wesen ist und was die Bestimmungen sind, die ihm zukommen, rein insofern es ist. In diesem Sinne ist bis heute die Definition der O. durch Chr. →Wolff (1679–1754) als eine der vier Grunddisziplinen (neben O.: Kosmologie, rationale Psychologie und rationale Theologie) gängig: »Die Ontologie oder erste Philosophie ist die Wissenschaft vom Seienden im allgemeinen bzw. sofern es Seiendes ist« (1731, §1). Im Gegensatz zu jeder fachwissenschaftl., auf eine spezielle Erscheinungsweise des materiell Seienden ausgehenden Betrachtungsweise fragt die O. als Teil der →Metaphysik nach dem, was das hinter diesem – stetem Wandel ausgesetzten – Seienden Bleibende und was das grundsätzliche Charakteristikum alles Wirklichen ist. O. ist Wissenschaft vom Seienden, indem sie nach dem Sein dieses Seienden über das konkret Seiende zurück- bzw. hinausfragt. O. wird als Onto-Theologie begriffen, wo sie sich – wie bei →Platon – auf das *ontos on* als das göttlich Seiende (»Gott«) richtet. Ein entscheidender Umbruch im Begriff der O. vollzieht sich in der Neuzeit. Wo nicht mehr Gott, sondern der Mensch das erste Seiende ist, wird »Wirklichkeit« (re-)konstruiert durch das Denken in zunächst noch für ewig gehaltenen, dann als bedingt und nur zeitlich gültig durchschauten Verstandesbegriffen. O. wird überführt in Erkenntnistheorie. V.a. I. →Kant (1724–1804) kritisiert das Modell einer spekulativen O. mit ihrem Anspruch einer synthetischen Erkenntnis a priori als »anmaßend« und fordert: Der »stolze Name einer Ontologie [. . .] muß dem bescheidenen, einer bloßen Analytik des reinen Verstandes, Platz machen« (1787, B 303). O. wird reduziert zu einem bloßen »System aller Verstandesbegriffe und Grundsätze« (Kant: Akad.-Ausgabe Bd. 20, 260).

Eine erneute Wende im Verständnis von O. findet im 20. Jh. bei den Denkern statt, die sich mit der transzendentalphil. Reduktion von O. auf eine bloße Erkenntnistheorie nicht zufriedengeben wollen. E. Husserl (1859–1938) entwirft seine Phänomenologie als reine Wesenswissenschaft. N. Hartmann (1882–1950) präsentiert eine Lehre vom Schichtenbau der realen Welt. M. →Heidegger (1889–1976) bezeichnet seine »existenziale Analytik des Daseins« als Fundamental-O. ([14]1977, 13).

Wenn in Theologie und →(Religions-)Philosophie Gott und Sein ähnliche, z. T. identische Eigenschaften zugesprochen werden (z.B. Urgrund, Wesensgrund, Ursprung), dann muß sich christl. Glaube entscheiden: entweder im Sinne einer Antike, MA und noch heutige kath. Theologie weithin bestimmenden Identifikation, die voraussetzt, daß sich beide Aussagensysteme letztlich mit demselben Gegenstand beschäftigen (nur dann haben →Gottesbeweise einen Sinn), oder im Sinne einer Abwehr und Kritik von phil., letztlich heidnischen, einen anderen »Gott« hypostasierenden Denkweisen (vgl. etwa die radikale Kritik der →Dialektischen Theologie K. →Barths an aller sog. »natürlichen Theologie«).

Christl. Glaube wird einerseits die ontologische Frage nicht einfach abweisen können, wenn er a) das Gespräch mit den verschiedenen wissenschaftl. Disziplinen und d.h. auch mit ihrem Wirklichkeitsverständnis suchen will, wenn er b) auf phil. Aussagen stößt, die in Konkurrenz stehen zu theol. Aussagen über Gott (wie verhält sich etwa die Annahme von Naturgesetzlichkeiten zum Bekenntnis zu Gott als Schöpfer und Begleiter des Menschen?), wenn es denn c) der christl. Glaube überhaupt mit Wirklichkeit zu tun hat und sich nicht auf eine bloße Interpretation von Wirklichkeit reduzieren lassen kann.

Christl. Theologie wird andererseits darauf achten müssen, daß »Wirklichkeit« kein bibl. Begriff ist und daß sich die bibl. Schriften einer ontologischen Reflexion auf das Sein des Seienden als solchen gerade verweigern. Die bibl. Semantik verzichtet nicht nur auf ein Äquivalent für »Wirklichkeit«; es fehlen ihr auch alle anderen Worte, die abstrakte Wirklichkeitszusammenhänge ansprechen, also die Vorstellung eines an sich existierenden, unabhängig von Gott zu denkenden Seinszusammenhanges begründen und nahelegen könnten. Dieser auffällige sprachliche Befund hat seinen Grund nicht in einer Unfähigkeit des hebr. Menschen zu systematischem Denken, sondern in einer spezifischen Gotteserfahrung und nachfolgend Theologie, die nicht anders kann, als alles Wirkliche von Gott her und auf ihn hin zu begreifen, und die sich darum Abstraktionen (von Gott) gerade versperrt.

Nur wenige Vertreter der neueren ev. Theologie haben die ontologische Fragestellung aufgenommen. Nachdem D. →Bonhoeffer die Frage nach der angemessenen dogmat. Denkform gestellt hatte, greift heute v.a. W. Pannenberg ebenso bewußt wie kritisch auf die metaphysische Tradition zurück, (1) weil diese bleibende Sachfragen artikuliert und (2) um spezifisch theol. Fragen schärfer fassen zu können. I. U. Dalferth rehabilitiert die ontologische Fragestellung, indem er den Grund-Satz »Gott existiert« vor dem Forum v.a. analytischer Philosophie erörtert und rechtfertigt. M. Welker bemüht sich um eine Verbindung zwischen Einsichten der Prozeßphilosophie (→Prozeßtheologie) von A. N. Whitehead und bibl.-theol. Schöpfungsglauben.

Lit.: D. Bonhoeffer: Akt und Sein. Transzendentalphilosophie und Ontologie in der Theologie, (1931), ³1964; I. U. Dalferth: Existenz Gottes und christlicher Glaube. Skizzen zu einer eschatologischen Ontologie, 1984; M. Heidegger: Sein und Zeit ¹⁴1977; H. Hempelmann: »Wirklichkeit«, GBL 3, 1989, 1690–1693; I. Kant: Kritik der reinen Vernunft, ²1787 (= B); W. Pannenberg: Metaphysik und Gottesgedanke, 1988; G.v. Rad: Gottes Wirken in Israel, 1974; M. Welker: Universalität Gottes und Relativität der Welt. Theologische Kosmologie im Dialogdenken mit dem amerikanischen Prozeßdenken nach Whitehead, 1981; Chr. Wolff: Philosophia prima sive Ontologia, ¹1731.

H. Hempelmann

Operation Mobilisation

OM ist eine internationale Bewegung, die 1957 auf Initiative von G. Verwer entstand und heute in über 60 Ländern der Erde arbeitet. OM möchte jungen Christen helfen, einen mission. Lebensstil und praktische Evangelisation zu lernen und zu leben. Bewußte Nachfolge, Zusammenleben in einem Team und kulturüberschreitende Evangelisation sind dabei zentrale Ziele. OM will Christen für die Weltmission motivieren, schulen und ausrüsten, Gemeinden stärken und beim Gemeindeaufbau mithelfen, im besonderen unter den unerreichten Menschen im Nahen Osten, in Europa, Süd- und Zentralasien.

Im dt. Sprachraum hat OM Büros in Deutschland, Österreich und der Schweiz. Sie dienen in erster Linie der Betreuung der Mitarbeiter und Einsatzteilnehmer in aller Welt. Dazu kommen die Verwaltung, die Durchführung von Informationsveranstaltungen in Gemeinden, Schulungswochenenden sowie die Organisation der Oster- und Sommereinsätze. In der dt. Zentrale in Mosbach bei Heidelberg befindet sich auch das Büro der beiden Missionsschiffe Doulos und Logos II.

OM, ein als gemeinnützig anerkannter Verein, ist Mitglied der →Arbeitsgemeinschaft Evangelikaler Missionen (AEM) und im →Ring missionarischer Jugendbewegungen e.V. (RMJ). Der Zusammenarbeit mit Landes- und Freikirchen, Gemeinschaften und anderen Missionswerken liegen die Richtlinien der Ev. →Allianz zugrunde.

F. Schuler

Opfer

a) biblisch

Als Vater der nachsintflutlichen Menschheit erfindet Noah den →Altar (Abbild der Erde) und die blutigen O. (1Mo 8,20f), die damit an die Stelle des bis dahin direkten Umgangs mit Gott treten. Sie garantieren fortan den Bestand der Schöpfung (1Mo 8,22). In der Religionswissenschaft wird angenommen, daß das Darbringen von O.n (zunächst nur Jagdo.) ein wesentliches Kennzeichen des Menschen war und älter als der Gottesglaube ist. Der Mensch, der Tiere züchtete und damit in die Geheimnisse von Zeugung und Tod eingriff, drückte auch in der bibl. Welt seine Ehrfurcht durch die zwei grundlegenden O.arten (1.) des Brando.s (hebr. *ʿola,* 3Mo 1 und 6; Totalüberführung in Rauch) und (2.) des Speiso.s (hebr. *zaebach,* 3Mo 3 und 7; entspricht der Schlachtung, daher mit Mahl) nur reiner Tiere aus. Das Erstgeburtso. (2Mo 13; 22,28f; 34,19f; 3Mo 27,26; 4Mo 18,15ff; 5Mo 12,6; 15,19ff u.ö., wie das Brando. nur männliche Tiere) zeigt diesen Bezug zur Tierzucht. Gott fordert zwar die männliche Erstgeburt auch des Menschen (1Mo 22,1ff; 2Mo 11-13 u.ö.), im Unterschied aber zur Umwelt (z.B. 2Kön 3,27) ist den Israeliten ausnahmslos die Auslösung durch ein Tier geboten (1Mo 22,11ff; 5Mo 18,10; 2Kön 16,3; 21,6; 23,10). Eine weitere Unterart des Brando.s ist das Sündo.

(hebr. *chatta't,* 3Mo 4; 6,17ff); abgeleitet vom Speiso. sind dagegen das Schuldo. (hebr. *'ascham, 3Mo 5; 7,1ff) und das mit dem Friedenso. (hebr. zaebach schlamim,* 3Mo 3; 7,11ff) verwandte wichtige Danko. (hebr. *toda,* 3Mo 7,11ff; Am 4,5; Ps 50,14ff u.ö.). Seit der Kultreform Josias (622 v.Chr.) durfte nur noch im Jerusalemer →Tempel geopfert werden, die Profanschlachtung mußte gestattet werden (5Mo 12; 2Kön 22f). Zu den O.zeiten vgl. Jes 1,13f; 2Mo 29,38ff; 4Mo 28f. Die praktische Durchführung lag in vorexilischer Zeit in den Händen des Familienvaters (1Sam 1,3ff; 2,12ff u.ö.), seit der pers. Zeit bis 70 n.Chr. allein in den Händen der →Priester und Leviten (Hes 44 u.ö.). Daher bekundete sich bis in ntl. Zeit die private Frömmigkeit besonders im Danko. (Ps 22; 50f; 118 u.a.), eine Frucht u.a. der vorexilischen Kultpolemik (Am 4,4f; 5,4f.7; Jes 1,10-17 u.a.).

Alle O. wurden nachexilisch infolge von Hes 40ff als Sühno. verstanden, eine (im Unterschied zu 1Mo 8,20f) ausdrücklich von Gott gestiftete Ordnung (Sach 3; Priesterschrift des →Pentateuch). Das höchste Sühno. ist der jährlich zum »Wegwischen« (hebr. *kpr*) der bereuten, allesamt todeswürdigen Sünden der einzelnen von der Gemeinde begangene »große Versöhnungstag« (hebr. *yom hakkippurim,* 3Mo 16; Mischna-Traktat Joma, mit besonders heiligenden Blutriten (3Mo 17,11)). Die Verbindung von Danko.-frömmigkeit und Sühne bewirkt im NT eine O.vergeistigung (Röm 12,1f; vgl. 1QS 9,3-11). Besonders Hebr 4,14-10,31 lehrt, daß der als Sühno. von 3Mo 16 verstandene Tod Jesu (Röm 3,25) als wahrer Hoherpriesterdienst die atl. O.gesetze ein für alle Male (Hebr 7,27; 9,12) erfüllt. Das orthodoxe Judentum konnte wegen der Kultzentralisation (5Mo 12) einerseits und den Verhältnissen in Jerusalem seit der Tempelzerstörung 70 n. Chr. andererseits keine O. mehr bringen. Gebet und rechtes Leben vergeistigen daher die Sühno. im Judentum.

Lit.: H. Gese: Die Sühne. Zur biblischen Theologie. Alttestamentliche Vorträge (BEvTh 78), ³1989, 85-106; B. Janowski: »Auslösung des verwirkten Lebens. Zur Geschichte und Struktur der biblischen Lösegeldvorstellung«, ZThK 79, 1982, 25-59; ders.: Gottes Gegenwart in Israel. Beiträge zur Theologie des Alten Testaments, 1993, 5-39; ders., U. Neumann-Gorsolke: Opfertiere und Tieropfer: Gefährten und Feinde des Menschen. Das Tier in der Lebenswelt des alten Israel, hg. von B. Janowski et al. 1993, 240ff; R. Rendtorff: Studien zur Geschichte des Opfers im Alten Israel, WMANT 24, 1967; L. Rost: Studien zum Opfer im Alten Israel, BWANT VI/13 = 113, 1981.

Th. Pola

b) theologiegeschichtlich

Der urchristl. auf Christus und sein Lebensopfer zu unserem Heil konzentrierte O.begriff (vgl. 1Kor 5,7; Hebr 7-10) wurde schon von den →Apostolischen Vätern (Ignatius von Antiochien und der Didache) auf die Abendmahlsgaben übertragen. So galt die eucharistische Feier als O.mahl und die dabei gesprochenen Gebete als Dankopfer, wobei die am Altar niedergelegten Liebesgaben (zur Verteilung untereinander oder zur Weitergabe an die Armen) offenbar ebenfalls als O. des Gebetes vorkommen. Schon bei Paulus ist in einem ganz offenen, weiten Sinn vom O. die Rede, wenn er vom »Opfer und Gottesdienst eures Glaubens« (Phil 2,17) spricht. Die Apologeten (Justin) und die frühkath. Väter (→Irenäus) erinnern im Zusammenhang der Abendmahlslehre an das Sterben Christi als O. Im übrigen aber werden alle menschlichen O., die Gott gnädig stimmen sollen, von der Kirche strikt abgelehnt – Christi einmaliges Lebensopfer am Kreuz reicht für Zeit und Ewigkeit aus (Hebr 9,25; 10,12 u.a) –, und gerade darin wird die Überlegenheit des Christentums gegenüber Judentum und Heidentum erblickt und dargestellt. So bleibt die O.vorstellung in der Kirche auf die Eucharistiefeier beschränkt; je realistischer sich die Theologie (unterschiedslos im Osten und im Westen) im Sinn der Wandlung der Elemente in Leib und Blut Christi entwickelt, desto eher kann sich der Wiederholungsgedanke (der Priester wiederholt kultisch immer wieder, was Christus ein für allemal getan hat) gegenüber der Vergegenwärtigung Christi im Abendmahl durchsetzen. Im MA ist diese Vorstellung weithin anzutreffen. Augustin, auch Ambrosius, beschreiben allerdings den Sakramentsvollzug als Genuß und O. in einem und berufen sich darauf, daß der Christ sein ganzes Leben Gott zum O. darbringen solle. Offenbar lebt hier der urchristl.-frühkirchl. Gedanke vom »geistlichen Opfer« (1Petr 2,5) bzw. vom »Lobopfer« (Hebr 13,15) fort, das die Glaubenden in ihrer Existenz und dann bes. im Gottesdienst darbringen. Diese Vorstellung ist von den Reformationskirchen wieder aufgenommen worden. In der Volksfrömmigkeit setzte sich allerdings seit dem MA ein anderes, ein massiveres O.-Verständnis durch, gegen das die scholastischen Theologen verhalten und die Reformatoren entschieden Einspruch erhoben haben: Die Vorstellung, daß Christi O. die Erbsünde, das Meßopfer aber die täglichen Sünden tilge, entspräche nicht dem bibl. Befund, führe zu einer Abwertung des Kreuzesopfers Christi und damit zu einer Verflachung von Glauben und Leben überhaupt. Zwar haben die Reformatoren am Werk Christi als O. festgehalten, aber die Deutung der Messe als ein O., das der Mensch Gott darbringt, strikt verworfen und die liturg. Formulare konsequent um alle O.vorstellungen gereinigt.

Die neuere, nachkonziliare kath. Theologie hat die mittelalterl.-gegenreformat. Gesichtspunkte aufgegeben und – wie das von Katholiken mitgetragene Lima-Dokument zeigt – das Kreuzesopfer Christi ebenfalls als einmalig und nur immer neu zu vergegenwärtigen ausgelegt. In der Volksfrömmigkeit ist das frühere massive Meßopferverständnis jedoch noch keineswegs überwunden, und es bleibt abzuwarten, ob sich über einem neuen, sorgsam differenzierenden O.-Begriff eine allmähliche Annäherung zwischen den Konfessionen ergibt.

Lit.: R. Egenter: Das persönliche Opfer des Christen in seinem eucharistischen Bezug, in: Pro mundi vita, 1960, 294–318; E. Kinder: Christus als Hoherpriester nach Luther und den lutherischen Bekenntnisschriften, in: FS P. Althaus, 1958, 99-120; K. Lehmann, E. Schlink (Hg.): Das Opfer Jesu Christi und seine Gegenwart in der Kirche, 1983; H. Moll: Die Lehre von der Eucharistie als Opfer, 1975; W. Nagel: Das Opfer im evangelischen Gottesdienst, in: MPTh 45, 1956, 397ff; J. Reuman: The Supper of the Lord, 1985.

G. Ruhbach

c) systematisch-theologisch

Die erstaunliche Tatsache, daß das NT für den christl. Gottesdienst keinerlei O.kult kennt, beruht nicht auf rationaler Religionskritik, vielmehr allein auf der Tatsache des Lebens und Sterbens Jesu Christi. Jesus macht deutlich: Allein der Gehorsam gegen Gottes Willen und Gebot sind der wahre Gottesdienst. O. und Dienst sind bei Jesus ungeteilt eins. »Er hat es mit wunderbarer Kraft erreicht, daß über allem, was er gab, der Name Gottes strahlte« (Schlatter).

So hat Christus sich selbst »durch den ewigen Geist Gott dargebracht« (Hebr 9,14). Jesu Leben ist bis zu seinem Sterben am Kreuz Ganzhingabe, Selbstopfer (»das ist mein Blut«), und damit ein völlig einzigartiges O., das die alten O.-vorstellungen radikal sprengt und wandelt. In der Hingabe seines Lebens für viele (Mk 10,45) vollendet sich Jesu Dienen. Jesus Christus ist das einzigartige, einmalige und endgültige, an die Stelle aller O. tretende, wirksam Entsühnung und Versöhnung bringende O., welches Sünde beseitigt, Vergebung der Sünden bewirkt, die Gewissen reinigt und für Gott heiligt (Hebr 9,13ff). Alles eigenmächtige O.-handeln des Menschen ist durch das O. Christi ad absurdum geführt.

Die Auffassung des →Tridentinum, nach der das Abendmahl ein den Aposteln von Jesus übergebenes »Meßopfer«, ein *verum et proprium sacrificium* (»wahres und eigentliches O.«) gewesen sei (Lehre vom Meßopfer, Sess XXII), entspricht nicht bibl. Lehre. In der christl. Abendmahlsfeier wird das Kreuzes-O. Christi weder repräsentiert noch gar repetiert. Vielmehr bezeugt die zum Abendmahl versammelte Gemeinde ihre Gewißheit, daß die Kirche Christi aus dem O. Christi für die Welt lebt.

Das NT geht davon aus, daß das O. Christi im Leben seiner Nachfolger nicht ohne Wirkung bleibt, sondern vielfache Formen einer Antwort hervorbringt. Die Wirkung des Lebensopfers Jesu besteht nicht allein in der Aufhebung der Schuld; vielmehr hat Christus durch seinen O.tod die Bahn zu einem neuen Leben in »Lauterkeit und Wahrheit« (1Kor 5,8) freigemacht.

Das wahre, Gott wohlgefällige O. der Christen besteht darin, daß sie ihre Leiber (!) Gott darbringen als ein »lebendiges« und Gott wohlgefälliges O. (Röm 12,1f). Unser Gott dargebrachtes O. besteht aus uns selbst. Das Selbstopfer der Person ist das wahre O., das dem Willen und Geist Gottes entspricht (»geistliche« als dem Heiligen Geist entsprechende O.: vgl. 1Petr 2,5). Im O. wird der Geist sichtbar (Schlatter). Das vom Geist gewirkte O. besteht in dem Gehorsam, der Gott mit Freuden das gibt, was Gott gehört.

Beispiel hierfür ist Leben und Wirken des Paulus. Phil 2,17 versteht seinen mission. Einsatz, den er vielleicht mit dem Leben bezahlen muß, als einen »Opferdienst an eurem Glauben«. Das priesterliche Handeln des Apostels hat den Sinn, die »Opfergabe der Heiden« Gott wohlgefällig zu machen dadurch, daß Menschen, zu Gott gebracht durch den Hl. Geist, für Gott verfügbar werden (Röm 15,16). Dies ist ein im Vergleich zu dem herkömmlichen O. ganz neuartiges Handeln, zugleich stellt es die Erfüllung menschlichen Opferns dar; vgl. Eph 5,2: »Wandelt in Liebe, da Christus sich als Gabe und Opfer für euch hingegeben hat.« Der paränetische O.-begriff ist christologisch begründet. Gnade und O. gehören auf der ganzen Linie untrennbar zusammen. Nun ist der wahre Gottesdienst des Lobopfers und Bekenntnisses möglich, der auch die Diakonie des Wohltuns und Mitteilens sowie generell das Tun des Guten bis in den Einsatz des Leidens einschließt (Hebr 13,15f; Phil 2,17).

So geschieht das O. des Christen nicht stöhnend, vielmehr ist es Freude, Anlaß zur Freude (Phil 4,18) und »ein Teil unserer Seligkeit«. Denn »es ist Danksagung, Eucharistie« (Schlatter).

Lit.: K. Barth: KD IV/1, 303ff; A. Schlatter: Das Gott wohlgefällige Opfer, 1926.

R. Frische

Opfer Christi →Sühne; →Versöhnung

Optimismus/Pessimismus

1. Zu den Begriffen

Die Begriffe O. und P. entstammen der phil. Diskussion des 18. Jh.s. Französische Jesuiten polemisierten 1737 unter dem Terminus »optimisme« gegen G. W. →Leibnitz' Konzeption der →Theodizee, d.h. Rechtfertigung Gottes. Im 19. Jh. bildete man die latinisierte Form »Optimismus«, um durch dieses Schlagwort im Gegensatz zu dem Spottwort »Pessimismus« psychische Gegensätze der individuellen Befindlichkeit zu beschreiben. In diesem Kontext verlieren die Begriffe allerdings ihre phil. Bedeutung und charakterisieren zunehmend positive bzw. negative Grundeinstellungen zum Leben überhaupt.

2. Philosophischer und religionsgeschichtlicher Bedeutungsgehalt

Leibnitz hat im Zusammenhang seiner Darlegungen über die Rechtfertigung eines guten allmächtigen Schöpfergottes angesichts der Übel in der Welt von der »besten aller möglichen« Welten gesprochen. Die einzelnen Erscheinungen des Seins sind zwar als solche nicht vollkommen, bilden aber in ihrer universalen Zuordnung eine Harmonie der Vollkommenheit. Im Sinne Plotins (→Neuplatonismus) wirken alle denkbaren Formen des Seins so zusammen, daß sie in ihrer kreativen Gegensätzlichkeit das Schöne zur vollendeten Reife führen.

Das Erdbeben von Lissabon (1755) wirkte für das aufgeklärte und fortschrittsorientierte Europa traumatisch. Voltaire reagierte in seinem Roman »Candide ou l'Optimisme« auf das Problem mit dem Hinweis, daß sich das Geschick des einzelnen nicht schlüssig und sinnvoll erklären lasse. Trotz dieser Erschütterungen im 18. Jh. erlebte der phil. O. im 19. Jh. eine Renaissance. Die Erfolge der Naturwissenschaften und der mit ihnen verbundene technologische, industrielle und auch medizinische Fortschritt erzeugte eine Grundstimmung, die von einer unaufhaltsamen Höherentwicklung der Welt und Menschheitsgeschichte ausging. Dabei variierten die weltanschaulichen Ansätze untereinander erheblich. Im Gefolge Ch. →Darwins glaubte man an die Optimierung der Natur durch kontinuierliche Evolution. G.W.F. →Hegel postulierte idealistisch die Selbstentfaltung des Weltgeistes als letzte Realität und begründete so die Idee des Fortschritts der Freiheit. K. →Marx proklamierte antipodisch zu Hegel die dialektische Verbesserung der ökonomischen Bedingungen in revolutionären Umbrüchen der Weltgeschichte.

In kontradiktorischem Gegensatz zur optimistischen Geschichtsphilosophie verlaufen die Konzeptionen des P. Bereits →Voltaire beschreibt im 18. Jh. die pessimistische Grundhaltung als Geisteszustand, in dem alle Dinge »schwarz gesehen werden«. Aber erst die →Romantik stilisiert (etwa bei Jean Paul) die düsteren Stimmungen zu einem emphatisch artikulierten Weltschmerz. Zum phil. Durchbruch gelang der P. jedoch erst mit der zweiten Auflage von A. →Schopenhauers Hauptwerk »Die Welt als Wille und Vorstellung«, in der dieser den Begriff P. zur Selbstbezeichnung seiner Metaphysik des Weltleides übernimmt. Schopenhauer sieht, inspiriert durch die Religionen des Brahmanismus und →Buddhismus, das Leben als Leiden, das durch Askese und Mitleid überwunden werden muß. Religionsgeschichtl. betrachtet sind Brahmanismus und Buddhismus die beherrschenden phil. begründeten Weltanschauungen des P.

3. Biblisch-theologische Aspekte

Die Bibel kennt in gewisser Weise den »Optimismus« als heilsgeschichtl. »Grenzwertbestimmung« der Wirklichkeit. Sowohl das →Paradies (protologisch bzw. urgeschichtlich) als auch die Herrlichkeit des →Reiches Gottes (eschatologisch bzw. endgeschichtl.) markieren die transzendente Realität der Schöpfung in ihrer Herkunft und Zukunft. Sie lassen vor diesem durch Offenbarung enthüllten Hintergrund die Realität der gegenwärtigen Welt desto schärfer in den Konturen ihrer Nichtigkeit und Bosheit erscheinen. In diesem Sinn begründet beispielsweise das Buch Kohelet (Prediger) mit seiner Botschaft von der Eitelkeit der Welt und des Lebens (Pred 1,12) einen »biblischen Pessimismus«. Dem entspricht im Horizont der ntl. Christuserkenntnis das paulin. Bekenntnis: »Ich elender Mensch! Wer wird mich erlösen von diesem todverfallenen Leibe?« (Röm 7,24), in den die gesamte Kreatur einbezogen ist (Röm 8,19-22).

Andererseits steht die Geschichte der Welt bereits unter der vollbrachten Erlösung des Heilswerkes Christi, wenn sie auch noch auf die Offenbarung des vollendeten Gottesreiches wartet. Damit ist die für das bibl. Geschichtsdenken charakteristische Spannung des »Schon und Noch Nicht« umrissen. Die Einsicht in den eschatologischen Vorbehalt des »Schon und Noch Nicht« relativiert somit jeden phil. konzipierten O. bzw. P. durch einen bibl. bestimmten Realismus. Dieser geht von dem Ineinander der irdisch-sichtbaren und der transzendent-unsichtbaren Wirklichkeit aus und kennzeichnet die Existenz der christl. Gemeinde spannungsvoll als Gleichzeitigkeit von Zeit und Ewigkeit in der Gegenwart Christi (Kol 3,1–4).

Lit.: V. Gerhardt: »Pessimismus«, HWP Bd. 7, 1989; H. Günther: «Optimismus«, HWP Bd. 6, 1984; G.W. Leibnitz: Essais de théodicée sur la bonté de Dieu, la liberté de l'homme et l'origine du mal, 1710 (dt. 1720); W. Lütgert: Die Erschütterung des Optimismus durch das Erdbeben von Lissabon, BzFchTh 5/1901; Voltaire: Candide ou l'optimisme, 1759 (dt. 1957).

R. Hille

Opus Operatum

Der lat. Begriff o. o. (dt. »gewirktes Werk«) bzw. die Rede von der Wirksamkeit des →Sakraments *ex opere operato* (»aus dem gewirkten Werk« / »durch den bloßen Vollzug der Handlung«) in der kath. Sakramentenlehre drückt dessen Gnadenwirksamkeit unabhängig vom Glauben des Empfängers aus. Die theol. Frage nach der Berechtigung dieser Formel bricht in der Reformationszeit durch die bibl. begründete Kritik der Reformatoren an der kath. Sakramentspraxis auf. Nach luth. Verständnis handelt Christus selbst im Sakrament, das – im Glauben an die Verheißung der Einsetzungsworte empfangen – für den Christen zum Heil wirksam ist und seinen angefochtenen Glauben stärkt (BSLK, Gr. Kat. V, 33-35). »Allein die Schrift« (sola scriptura) und »allein durch den Glauben« (sola fide) sind Luthers Maßstäbe der Kritik am o.o.

Im →Tridentinum wird die Wirksamkeit der Sakramente ex opere operato dogmatisiert: durch den Vollzug der Handlung wird →Gnade mitgeteilt. Dagegen wird die Meinung verworfen, daß man durch bloßen Glauben an Gottes Verheißung die Gnade erlangen könne (VII, 8). Diese Verwerfung trifft die ev. Position nicht genau, weil die Evangelischen nicht nur mit Augustin die geistl. Bedeutung des →Abendmahls herausstellen: »glaube und du hast kommuniziert« (*crede et manducasti,* In Joann. XXV, 12), sondern auch die leibliche Kommunion nicht geringschätzen und sogar dazu ermahnen. Die tridentinische Lehre des o.o. wird im neuen Katechismus der Katholischen Kirche bekräftigt (1128) und als Spendung in Übereinstimmung mit der kirchl. Intention interpretiert. Sie steht aber in Spannung zu den Aussagen, daß »die Sakramente die Gnade, die sie bezeichnen, auch zueignen, wenn sie würdig im Glauben zelebriert werden« (1127), und: »die Früchte der Sakramente sind auch von den Voraussetzungen der Empfangenden abhängig« (1128).

In der gegenwärtigen kath. Theologie versteht L. Boff die Wirksamkeit des Sakraments ex opere operato als Gegenwart der Gnade in der Welt, unabhängig von jeder subjektiven menschlichen Verfassung. Die Gnade Gottes ist im Ritus gegenwärtig. Ev. Theologie betont, daß die Sakramente nicht ex opere operato wirken, denn Gottes Ja zu uns fordert unsere Antwort im Glauben. Die Sakramente wirken zum Heil, wenn man Gottes Verheißung glaubt, denn das Verheißungswort ist der Inhalt des Sakramentes.

Lit.: L. Boff: Kleine Sakramentenlehre, [9]1988; J. Comblin: A Igreja e sua missão no mundo, 1985, 175–181; Katechismus der katholischen Kirche, 1993, Nr. 1128; K. Lehmann, W. Pannenberg (Hg.): Lehrverurteilungen – kirchentrennend? I, Rechtfertigung, Sakramente und Amt im Zeitalter der Reformation und heute, Dialog der Kirchen 4, [3]1988, 81-84; O. Semmelroth: »Opus operatum – Opus operantis«, LThK 7, 1986, 1184–1186; Tridentinum: DS 3844–3846; BSLK[10], 1986, 199, 86 (AC IV), 283, 46 (AC XII), 352, 12, 366, 59, 373, 88 (AC XXIV), 714–715, 33-35 (Gr. Kat.), u.ö.

E. R. Westphal

Orakel →Prophetie

Oratorium

Parallel zur Entwicklung der Oper mit ihren szenischen Aufführungen kommt es im Italien des beginnenden 17. Jh.s zur Ausbildung des geistl., nicht-szenischen Gegenstücks, des O.s. Es kann an die schon länger, auch in Deutschland, gepflegten bibl. Dialoge und Historien anknüpfen (am bekanntesten wurden die Vertonungen von H. →Schütz). Bibl. Szenen werden von einem »testo« (Erzähler, Evangelist) vorgetragen und von anderen Sängern, bald auch von Chören textlich und musikalisch kommentiert. Durch die Einbeziehung nichtbibl. Texte seit 1700 (E. Neumeister) erhalten die Kompositionen mit der Doppelform Rezitativ und Arie eine größere zeitliche Ausdehnung. Die Ausdruckspalette wird auch durch die Ausweitung des Instrumentariums vergrößert. Neben den christusbezogenen Oratorien (Geburt, Auferstehung, Himmelfahrt Jesu, Jüngstes Gericht, »Der Messias«) von zahlreichen Komponisten des 18. Jh.s werden auch andere bibl. Personen und Handlungen als Vorlage für Oratorien genommen, in England vor allem aus dem AT (G.F. Händel). Würdiger Schlußpunkt einer hundertjährigen Entwicklung ist J. Haydns »Schöpfung« (1800).

Seither ist O. zum Begriff für alle chorsinfonischen Werke größeren Ausmaßes mit geistl. Thematik geworden, wozu auch die unübersehbare Zahl von Meßtext- und Requiem-Vertonungen gehört. Eine Sonderform des O.s ist die →Passion.

Lit.: F. Blume: Geschichte der evangelischen Kirchenmusik, ²1965; P. Damiliano, G. Feder, O. Riemer: »Oratorium« (A, D, H), MGG 10, 1962, 120–167.

Chr. Albrecht

Ordal → Gottesurteil

Orden und Kongregationen

Lat. *ordo*, »Ordnung, Stand, Regel«; *congregatio*, »Vereinigung«.

Das Gesetzbuch der röm.-kath. Kirche von 1983 (Codex) nennt unter den Vereinigungen der Kirche allg. die Lebensgemeinschaften, die sich öffentlich auf ein Leben nach den Evangelischen →Räten durch die Gelübde des Gehorsams, der Keuschheit und der Armut verpflichtet haben, »Institute des geweihten Lebens«. Diese Institute umfassen als Oberbegriff die O. und K., aber auch die im 20. Jh. entstandenen Säkularinstitute (→Weltgemeinschaften), die erstmals durch die Apostolische Konstitution »Provida Mater Ecclesia« vom 2. 2. 1947 durch Pius XII. rechtlich anerkannt wurden. Als Verbände mit besonderer apostol. Zielsetzung werden außerdem genannt die »Gesellschaften des apostolischen Lebens«, kirchl. errichtete Verbände, deren Mitglieder gemeinsam ein geistl. Ziel verfolgen, aber keine Ordensgelübde haben, dann die Personalprälaturen als klerikale Zweckverbände weltgeistl. Charakters zur Erfüllung besonderer Aufgaben. Nach ihrem Apostolat werden die O. in beschauliche und aktive O. eingeteilt; ferner gibt es gemischte O., die Kontemplation und äußeres Wirken verbinden. Konstitutiv für die durch die Evangelischen Räte begründete besondere Weihe sind »der gnadenhafte Ruf Gottes zu dieser Lebensform, die freie Antwort des Christen in der Verpflichtung auf die Evangelischen Räte sowie die Entgegennahme der Verpflichtung durch die Kirche« (H. Müller).

Die O. haben also ihren gemeinsamen Urgrund in der bibl. Aufforderung zur radikalen Nachfolge Jesu. Auch sind sie stets eine Antwort der Kirche auf eine besondere Herausforderung der Geschichte, »die Antwort von Christen auf eine bestimmte Weltstunde, eine Weltgefahr oder eine Weltchance« (H. Müller).

L. Holtz OFM drückt die Bedeutung des Ordenslebens in folgender Weise aus: Es »sagt einen großen Spannungsbogen der Verwirklichung aus, vom traditionellen Mönchtum bis zu moderner Seelsorgearbeit, von kontemplativer Gottzugewandtheit bis zum engagierten Dienst am Menschen, von enger Lebensgemeinschaft bis zum Einzeleinsatz, in liturgischer Feier und alltäglicher Arbeit, in religiöser Erwachsenenbildung, sozialkaritativem Einsatz, Krankenpflege und Erziehungstätigkeit, durch das Apostolat in unserer Industriegesellschaft und die Evangelisation in den Entwicklungsländern«.

Welche O. waren und sind es, die nach den angegebenen Kriterien ihr Leben ausrichten wollten? Die einschlägige Literatur (z.B. G. Schwaiger) gibt folgende O.-Gruppen an:

1. Regular-Kanoniker: Augustiner-Chorherren, Prämonstratenser, Kreuzherren und Kreuzherren mit dem roten Stern.
2. Mönchs-Orden: Benediktiner, Kamaldulenser, Vallombrosaner, Silvestriner, Olivetaner, Zisterzienser, Trappisten, Kartäuser.
3. Bettelorden: Dominikaner, Franziskaner mit den Zweigen Minoriten, Konventualen, Kapuziner und dritter (Regular-)orden des hl. Franz, Augustiner-Eremiten, Karmeliten, Trinitarier, Mercedarier, Serviten, Paulaner, Barmherzige Brüder vom hl. Johannes von Gott.
4. Regularkleriker: Theatiner, Barnabiten, Jesuiten, Somasker, Kamillianer, Mindere Regularkleriker von der Mutter Gottes, Piaristen.
5. Ritter-Orden: Johanniter, Templer und Deutscher Orden.

Einen neuen Typus stellen die Personalprälaturen dar, z.B. das Opus Dei.

Selbständige Frauenorden gibt es nur wenige. Die wichtigsten sind: Annunziaten, Birgittenorden, Salesianerinnen und die Ursulinen.

Das O.s-Wesen entwickelte sich in den ersten nachchristl. Jahrhunderten. Bereits vor →Basilius (ca. 330–379), der als der eigentliche Gesetzgeber des O.sstandes bezeichnet werden kann, hatte der Ägypter →Pachomius (ca. 287–347) in der Wüste Theben ein Kloster gegründet. »Mit Basilius fand die Zeit des Tastens ihren Abschluß, hebt die Zeit der klassischen Gestaltung an« (H. U. von Balthasar).

Über hundert Gemeinschaften gehen auf die Augustinerregel zurück, die die älteste Mönchsregel des Abendlandes ist; sie wurde um 397 verfaßt. Es war die Freizügigkeit, »fußend auf der biblischen Botschaft und dem philosophischen Menschenbild der Antike, die zur Beliebtheit des augustinischen Entwurfs führte« (P. Hawel). Das Programm augustinischen Klosterlebens ist prägnant im Anfangssatz der Regel ausgedrückt: »Das erste Ziel eurer Gemeinschaft ist die Eintracht im Hause, daß ihr ein Herz und eine Seele in Gott seid.« Seine bibl. Begründung findet das augustinische Gemeinschaftsideal in dem Herrenwort (Mt 18,20): «Wo zwei oder drei in meinem Namen versammelt sind, da bin ich mitten unter ihnen.«

Im Zusammenhang mit O. muß auch Martin von Tours (317–397) genannt werden. Sein Mönchtum war eine Mischform zwischen Einsiedlertum und gemeinsamem Leben. Es sind drei neue monastische Akzente, die er dem Mönchtum gab: »die aktive Mission, verbunden mit dem Dämonenkampf; die Heimatlosigkeit um Christi willen sowie das unablässige Gebet. Alle drei Aspekte werden später für das abendländische Mönchtum zum typischen und unterscheidenden Merkmal gegenüber der Ostkirche (P. Hawel). Bedeutsam für das gallisch-merowingische Mönchtum war die Nonnenregel des Caesarius von Arles (470–542), die er als Abt von Lérins und Bischof von Arles für das Frauenkloster seiner Schwester verfaßte.

In besonderer Weise bestimmte →Benedikt von Nursia (480–547) das abendländische Mönchtum. Seine Regel gilt als eines der wichtigsten Dokumente des Christentums. Die klösterliche Gemeinschaft ist in Benedikts Augen eine von übernatürlichem Geist getragene Familie, eine »Schule, in der man dem Herrn dient« (Vorrede).

Alle nachfolgenden O.sgründungen haben bei Benedikt Anleihen gemacht in der Einsicht, »daß ohne bewußtes Eingehen in eine vorgegebene Gestalt der Gemeinschaft und des Dienstes auch noch so große Begeisterung für Christus in einem Erlebnischristentum endet, dem die Zeugniskraft der selbstlosen Hingabe fehlt« (J. Lang OFM).

Bei →Dominikus (ca. 1170–1221) macht das Besondere des O.s aus ein in vollem Sinne apostol. Leben, in dem Predigt und Lehrtätigkeit aus der Fülle der Kontemplation fließen sollen. →Franz von Assisi (1182–1226) legte im Frühjahr 1209 seine »Lebensform« in Rom Papst Innozenz III. vor. Franziskus ging es darum, in Gehorsam, in Keuschheit und ohne Eigentum zu leben und der Lehre und der Fußspur Jesu Christi zu folgen.

→Ignatius von Loyola (1491–1556) entwarf eine erste Regel, die dem Papst zur Bestätigung unterbreitet werden sollte. Nach ihr soll sich der O. »vorzüglich für die Förderung der Seelen im christlichen Leben und in der christlichen Lehre und für die Ausbreitung des Glaubens« einsetzen.

Der →Jesuitenorden nimmt neben den seit dem Ende des 16. Jh.s entstandenen K. einen Sonderstatus ein.

Die Mitglieder der K. legten nur einfache Gelübde ab im Unterschied zu den feierlichen der alten O. Ferner verzichteten sie auf Chordienst und strenge Klausur.

Volle Anerkennung als »Vollkommenheitsstand« wie die alten O. fanden die K. erst durch den Codex des Kirchenrechts von 1917/18.

Das 19. Jh. wurde in der kath. Kirche eine Blütezeit der K. Ihre Mitglieder legten im kirchenrechtlichen Verständnis nur »einfache Gelübde« ab. Sie waren den jeweiligen Aufgaben besser angepaßt und allgemein weniger streng gebunden.

Die zahlreichen K. für Männer und Frauen waren entweder bischöflichen Rechts, wenn ihre Errichtung nur der Bischof genehmigt hatte, oder päpstlichen Rechts, wenn sie päpstlich approbiert waren. Zu den bedeutendsten Gemeinschaften des 19. Jh.s gehören die Salesianer Don Boscos, die Weißen Väter und Weißen Schwestern, die Steyler Missionare, viele Missionsgemeinschaften und Schwesternvereinigungen.

Im 20. Jh. ist eine Blütezeit der Säkularinstitute zu verzeichnen. Dabei handelt es sich um Gemeinschaftes des (Gott) geweihten Lebens, in denen Menschen nach der Vollkommenheit der Liebe in der Welt streben und zur Heiligung der Welt von innen her beizutragen suchen. Vier Elemente gehören zum Wesen der Säkularinstitute:

- die Weihe (Verpflichtung auf die Evangelischen Räte),
- die Wahrhaftigkeit (inmitten der Welt),
- das Apostolat,
- die Bindung an eine Gemeinschaft.

Die Mitglieder leben in ihrer weltlichen, beruflichen und familiären Umgebung oder in kleinen Gemeinschaften, von denen aus sie bewußt in der Welt wirken.

Die Anfänge solcher Bestrebungen reichen in das 16. Jh. zurück. Die Ursulinen und die Englischen Fräulein wollten Ziele der heutigen Säkularinstitute bereits in ihrer Zeit verwirklichen. »Es ist bezeichnend für die Situation des Christentums in der gegenwärtigen Welt, daß sehr verwandte Gemeinschaften in den meisten christlichen Kirchen entstehen. Die neuen Bruderschaften und Kommunitäten der anglikanischen Kirche und der evangelischen Kirchen sind den älteren Formen katholischer Gemeinschaften eng verwandt, am meisten den Säkularinstituten« (G. Schwaiger).

H. U. von Balthasar bemerkt: »Das Ordensleben wird bis zum Ende der Welt der Hüter der Totalität des Evangeliums bleiben, und die Kirche wird in jeder Epoche so lebendig sein, als in ihr die aktiven und kontemplativen Orden lebendig sind.« Vom 8. bis 11. Jh. kann von einer benediktinischen Zeit gesprochen werden, das 12. Jh. darf als das zisterziensische bezeichnet werden, dem folgenden darf man den Titel eines Jh.s der Bettelorden zukommen lassen, vom 16. Jh. kann man als von dem der Jesuiten und vom 19. als dem Jh. der Kongregationen reden.

Jeder der verschiedenen O. hatte seine Zeit, in der er in spezifischer Weise dem Auftrag der Kirche und den Bedürfnissen der Zeit entsprach. Dabei konnten sich die O. nicht gleichbleibender Aktualität erfreuen, sie hatten zurückzutreten, wenn andere rel. Bewegungen und geistl. Institutionen an ihrer Stelle ins Licht der Geschichte traten.

Lit.: H. U. von Balthasar (Hg.): Die großen Ordensregeln, 1979; K. S. Frank: Grundzüge der Geschichte des christlichen Mönchtums, 1979; P. Hawel: Das Mönchtum im Abendland. Geschichte – Kultur – Lebensform, 1993; M. Heimbucher: Die Orden und Kongregationen der kath. Kirche, Bd. 1 1933, Bd. 2 1934; L. Holtz: Geschichte des christl. Ordenslebens, [2]1991; J. Lang: Die großen Ordensgründer. Benedikt – Dominikus – Franziskus – Ignatius, 1990; J. B. Metz: Zeit der Orden? Zur Mystik und Politik der Nachfolge, [5]1982; H. Müller: Die Lebensgemeinschaften der Evangelischen Räte, in: J. Listl, H. Müller, H. Schmitz (Hg.): Handbuch des kath. Kirchenrechts, 1983, 476,486; G. Schwaiger (Hg.): Mönchtum, Orden, Klöster. Von den Anfängen bis zur Gegenwart. Ein Lexikon, 1993, 337–340; R. Weigand: Die Säkularinstitute, ibid. 511–519.

K. Wittstadt

Ordinarium und Proprium

Der ev. Gottesdienst hat ein Grundgerüst: Eröffnung – Anrufung – Verkündigung und Bekenntnis – Abendmahl – Sendung. In dieses Grundgerüst fügen sich die einzelnen Stücke jeweils ein. Dabei sind zwei Gruppen von liturg. Stücken zu unterscheiden: zum einen das O., zum anderen das P. Das O. (lat. *ordo*, »Reihenfolge, Regel, Ordnung«) umfaßt die von Sonntag zu Sonntag gleichbleibenden Stücke, das P. (lat. »das Eigene, Eigentümliche«) die je nach dem Kirchenjahr wechselnden Teile. Das O. ist der Anwalt der Stetigkeit im Gottesdienst: Wir erkennen das Grundgerüst des Gottesdienstes von Sonntag zu Sonntag wieder. Das P. ist der Anwalt des Wandels: Der Gottesdienst bietet Raum für die Konkretionen des Kirchenjahrs.

Zum O. gehören viele Stücke, die für die Gemeinde bestimmt sind: z.B. das →Kyrie, das →Gloria, das Credo, →Sanctus und Benedictus, das →Agnus Dei, auch das →Vaterunser. Hinzu kommen die Amenrufe und Wechselgrüße. Dem Liturgen kommen Gruß- und Segensworte zu, Wechselgrüße, Einsetzungsworte zum Abendmahl, →Kollektengebete. Manche Stücke des Gottesdienstes sind »Grenzgänger« zwischen O. und P. mit Modellcharakter: z.B. das Kollektengebet mit seinem festen Aufbau und den de tempore (je nach Kirchenjahr) sich wandelnden Gebetsinhalten. Zum P. gehören alle anderen, festen Stücke des Gottesdienstes, die de tempore wechseln. Hierher gehören besonders die Lesungen einschließlich der Predigt, die Gebete und Lieder des Gottesdienstes.

Ein Beispiel illustriert die Bedeutung des P.s: Der Sonntag Invokavit ist der erste Sonntag der Fastenzeit vor Ostern. Sein Thema ist die Versuchung. Die P.sstücke umschreiben dieses Sonntagsthema. Der Wochenspruch z.B. lautet: »Dazu ist erschienen der Sohn Gottes, daß er die Werke des Teufels zerstöre« (1Joh 3,8b). Der Wochenpsalm 91 beschreibt den Schutz und Schirm Gottes in aller Versuchung. Die Epistel aus Hebr 4,14-16 und das Evangelium aus Mt 4,1-11 schildern die Versuchung Jesu bzw. seinen Sieg über den Versucher. Das Graduallied ist »Ein feste Burg ist unser Gott« (EKG 201; alternativ: EKG 208).

Lit.: F. Kalb: Grundriß der Liturgik, [2]1982, 84-98.

M. Herbst

Ordination

a) landeskirchlich

1. »Ordinieren soll heißen und sein: berufen und befehlen das Pfarramt ...« (Luther, Von der Winkelmesse, 1533). Die O. versetzt also nicht in einen sog. geistl. Stand, der den Priester von anderen Christen wesenhaft unterscheidet (anders die röm.-kath. Lehre z.B. in: Tridentinum, Sitzg. 23, cap. 4, u.ö. Vaticanum II, Lumen gentium II 10; bei der Priesterweihe wird die Amtsvollmacht »unzerstörbar« übertragen). Die O. »beruft« vielmehr in einen Dienst, den es um des Evangeliums willen gibt, und sie beauftragt mit diesem Dienst, den es um der Gemeinde willen braucht. Die O. zum Pfarramt hat – wie dieses selbst – also zwei Wurzeln:

– Um des Evangeliums willen wird ordiniert; denn das Evangelium hat in sich selbst den Willen und sein Wesen, weitergesagt zu werden (Mt 28,18ff): als »Geschrei von der Gnad und Barmherzigkeit Gottes« (Luther, Epistel S. Petri ..., 1523). Zum »Wort der Versöhnung« gehört das →»Amt (griech. *diakonia*), das die Versöhnung predigt« (2Kor 5,18ff), und die Berufung dazu (vgl. Apg 6,1-7 u.ö.).

– Um der Gemeinde willen wird ordiniert. Alle Christen sind durch die Taufe ermächtigt und berufen, je in ihrem Stand und Beruf als geistl. Menschen zu leben und Christus zu bezeugen (1Petr 2,5; Röm 12,1f). Dann muß aber auch klar sein, wer diesen Verkündigungsauftrag in der Gemeinde und namens der Gemeinde «öffentlich« wahrnimmt: als »Amt«.

Die reformat. Wiederentdeckung des →Priestertums aller Gläubigen hatte gerade nicht ein allg. Pfarrertum hervorgebracht, sondern die ev. Einsicht, daß »öffentlich« nur predigen und die Sakramente austeilen soll, wer dazu von seiner Kirche berufen und mit einem Dienst beauftragt ist, m.a.W. wer ordiniert ist (vgl. Augsburger Bekenntnis Art. 14). »Es hilft auch nicht, daß sie vorgeben, alle Christen seien Priester. Es ist wohl wahr, alle Christen sind Priester; aber nicht alle sind Pfarrer. Denn über das hinaus, daß er ein Christ und Priester ist, muß er auch ein Amt und anbefohlenes Kirchspiel haben. Der Beruf und Befehl macht zum Pfarrer und Prediger« (Luther, Der 82. Psalm..., 1530).

2. O. und Investitur (Introduktion, Installation) unterscheiden sich auch dadurch, daß die Investitur wiederholt werden kann (bei Amtsantritt in einer neuen Gemeinde), während die O. nur einmal erfolgt: als generelle Beauftragung mit dem Pfarrdienst in einer Kirche. Allerdings geschieht auch die O. nie anders als mit der Übertragung eines konkreten pfarramtlichen Dienstauftrages. In manchen luth. Kirchen war die O. deshalb auch lange Zeit identisch mit der (ersten) Investitur. (Sartorius, Compendium, 1782: »Bei uns geschehen Ordination und Investitur im selben Akt.« Ähnliches gilt für die von →Bugenhagen beeinflußten Kirchenordnungen).

3. In der Regel setzt die O. eine theol. → Ausbildung (I. Dienstprüfung) sowie eine praktische Ausbildung und Bewährung (II. Examen) voraus. Sie wird in einem Gemeindegottesdienst vollzogen und stellt eine dreifache gegenseitige Identifikation fest:

– Der Ordinand erklärt im O.sgelübde seine Bereitschaft zum Dienst der Verkündigung des »Evangeliums von Jesus Christus, wie es in der Hl. Schrift gegeben und von den Bekenntnissen der Reformation bezeugt ist« (Württemberg). Der Umfang der vom Ordinanden bejahten Bekenntnisschriften hängt vom luth., ref. oder unierten Bekenntnisstand der jeweiligen Landeskirche ab. Die mit der O. verbundene Bekenntnisverpflichtung erinnert den Ordinanden daran, daß er es übernimmt, »den gemeinsamen Glauben zu lehren, nicht die eigene und zufällige Variante der Frömmigkeit« (Rössler), und seinen Dienst im Kontext der auch ihn verpflichtenden »Ordnungen« (unter denen das Beichtgeheimnis bes. hervorgehoben wird) wahrzunehmen.

– Die ordinierende Kirche identifiziert sich mit dem Dienst und der Person des Ordinierten in der »Öffentlichkeit« und nicht zuletzt gegenüber den anderen Kirchen der Weltchristenheit (Zur gegenseitigen Anerkennung der O. vgl. »Konvergenzerklärungen« des Ökumenischen Rates zu »Taufe, Eucharistie und Amt«, 1982. → Lima-Texte). Die Kirche erwartet von dem Ordinierten aber auch, daß er mit seiner persönl. Lebensführung dem entspricht, was er als Verkündigung vertritt.

– Mit dem unter Handauflegung gesprochenen Segen begibt sich Gott selbst dem Ordinierten gegenüber so ins Wort, wie es der Verheißung entspricht, die Christus mit seiner Kirche und dem Evangelium verbunden hat. Der Segen vermittelt also nicht eine Art von »Amtsgnade«, sondern er erlaubt und gebietet dem Ordinierten, sich seiner Berufung im Vertrauen und Gehorsam gegen Gott gewiß zu sein, auch in den Zeiten der Anfechtung um des Amtes und Dienstes willen.

Lit.: G. Rietschl, P. Graff: Lehrbuch der Liturgik, ²1951/52, 836ff; D. Rössler: Grundriß der Prakt. Theol., ²1994, 338ff (Lit.).

G. Hennig

b) freikirchlich

1. Das O.sverständnis in den Freikirchen ergibt sich unmittelbar aus ihrem ekklesiologischen Leitgedanken des →Priestertums aller Gläubigen, nach dem hierarchische Strukturen und klerikale Tendenzen ausgeschlossen sind.

Grundsätzlich sind →Taufe, →Abendmahl, →Verkündigung, →Seelsorge, Diakonie und Leitung der ganzen Gemeinde aufgetragen und nicht einem bestimmten Amtsträger vorbehalten. Aufgabe der Gemeinde ist es, Begabungen und Berufungen zu erkennen, für die erforderliche Ausbildung zu sorgen und die Ausübung der kirchl. Dienste zu ermöglichen und zu ordnen. Der in der Regel hauptberuflich ausgeübte Dienst des Pastors setzt eine theol. Ausbildung und die von der Gemeinde bestätigte innere Berufung voraus.

2. Die O. erfolgt bei den Baptisten und Freien ev. Gemeinden einmalig zu Beginn des Dienstes im Gottesdienst und wird mit Zustimmung und Beteiligung der Kirchenleitung vollzogen. Nach dem O.sversprechen wird der Ordinand mit Segensgebeten unter Handauflegung zur Ausübung des pastoralen Dienstes freigestellt. Die O. dokumentiert zugleich die öffentliche Beauftragung zum Dienst der Verkündigung des Evangeliums und nimmt auf Bestimmungen des Staatskirchenrechtes zum Beruf des »Geistlichen« Bezug.

Im O.sversprechen verpflichtet sich der Ordinand, seinen Dienst der Verkündigung und Seelsorge, der Lehre und Leitung in der Bindung an die Heilige Schrift und im Gehorsam dem Herrn Jesus Christus gegenüber auszuüben und dabei auch im persönlichen Leben den Maßstäben der Gottesherrschaft zu entsprechen.

In der Ev.-methodist. Kirche ist die O. als Bestätigung, Ermächtigung und Selbstverpflichtung eine einmalige, lebenslange Beauftragung zum öffentlichen Dienst an Wort und Sakrament, verbunden mit der Aufnahme in die verpflichtende kirchl. Dienstgemeinschaft. Daß es dabei nicht zu einer wesenhaften Unterscheidung von anderen Gliedern der Kirche kommt, unterliegt keinem Zweifel, denn auch ehrenamtlich tätige Laienprediger und -predigerinnen können über die Predigtbeauftragung hinaus zusätzliche Sakramentsvollmacht erhalten.

Lit.: Dienstauftrag-Amt-Allgemeines Priestertum, hg. vom Europäischen Rat der Ev.-Meth. Kirche, 1981; Agende der Ev. Meth. Kirche, 1991; E. Brandt: Verständnis und Praxis der Ordination in unseren Gemeinden, Theol. Gespräch 2/90, 25ff; ders.: Die Gemeinde Jesu Christi als Dienstgemeinschaft, in: Priesterkirche, hg. von P. Hoffmann, 1987, 232–241; E. Schütz: Amt und Ordination im Bund Ev.-Freikirchlicher Gemeinden, in: Una Sancta 35, 1980, 82f.

E. Brandt/K.-H. Voigt

Ordo Salutis →Heilsordnung

Organismus

Schon die →Vorsokratiker (Hippokrates und Empedokles), aber auch →Platon und vor allem →Aristoteles haben den Begriff des O. in die Philosophie und Naturforschung eingeführt. Sie und viele spätere Philosophen von →Augustinus, →Albertus Magnus, →Thomas v. Aquin bis H. →Bergson, H. Conrad-Martius, H. Driesch u.a. haben den O. vor allem durch die folgenden drei wesentlichen Grundmerkmale bzw. Gruppen derselben bestimmt:

1. Der O. zeigt eine Vielfalt von Wesenseigenschaften und Leistungen, die auf Gesetze des Leblosen nicht reduzierbar sind: etwa Selbstgestaltung und Selbsterzeugung in Ernährung, in der körperfremde Stoffe in eigene verwandelt werden und der O. sich stets neu erzeugt; Wachstum, in dem potentielle Formen aktuell ausgezeugt werden und die künstlerischen Ideen der Endgestalt des O. als wirksame Prinzipien in ihm tätig werden wie in einer sich selbst erbauenden kunstvollen Stadt; Regeneration, in der verlorene Teile des sinnvollen Ganzen ersetzt werden. Andere solche Merkmale des O. sind Selbstbewegung, Selbstregulation und Stufenbau offener Systeme (L. v. Bertalanffy). Dazu kommen Irritabilität, Sensibilität, Kontraktibilität und ein Bildungstrieb sowie die niemals mechanische Wiederholungen zeigenden Antworten des O. auf die Umwelt wie auch die keine automatisierte Ordnung und Prädetermination zeigende Lösung des O. aus allen Bindungen und seine Selbstbestimmung (Haller/Blumenbach/Bergson), die →Kant bewegt, in der Freiheit den innersten Kern des Lebens zu erblicken; individuelle Zeit im Rahmen der Selbstveränderung (K. E. v. Baer); zeitlicher Gestaltcharakter, Gesamtrhythmus und Konsistenz (N. Hartmann); unbewußtes Gedächnis, auch Mneme (Bleuler/Rignano) genannt, kraft dessen der Teil schon das Ganze in sich enthalte (→Fichte; Moderne Genetik); ein prästabilisierter (präformierter) wirksamer Plan (→Leibnitz), dem auch ein Vorbild (Urbild) zugrundeliegt.

2. Außer durch solche Eigenschaften ist der O. durch die Vielförmigkeit und Unentbehrlichkeit der Glieder und Organe innerhalb des einen O. und zugleich durch den Vorrang des Ganzen vor den Teilen bestimmt, ein Merkmal, das für die Theologie größte Bedeutung gewann.

3. Das phil. tiefste Merkmal, durch das der O. und sein Leben gekennzeichnet ist, ist seine Beseeltheit und die →Seele (Entelechie) selbst als Ursache (Werkmeister) aller unter 1. genannten Merkmale und als letzter Erklärungsgrund des O., dessen Leib »Organ der Seele« ist. Schon der nicht-personale O. besitzt dabei »Innerlichkeit« (die F. v. →Baader durch die Spannung »Zentrum – Peripherie« kennzeichnet) und verschiedene Grade des Wachseins (→Leibnitz/Portmann), was von Platons Idee der »Weltseele« bis zu Fechner oft zur halbmythischen Anschauung des Kosmos als beseeltem O. führte. Gegeben ist Seele nur in Pflanzen, Tieren und vor

allem von innen her im Menschen. Die Seele des Menschen unterscheidet sich dabei radikal von den Lebensprinzipien in Pflanze und Tier und wird vor allem bei Platon und im Augustianismus bis →Descartes und zur Gegenwart oft als geistige Hypostase (Substanz), aber auch zugleich als »Form« des Leibes erwiesen. Der Formbegriff weist hier über ihre Rolle für den menschlichen O. hinaus; unter »forma« wird weder die äußere noch die innere Strukturierung der Materie zu verstehen sein und im Menschen nicht einmal jenes »Eingesenktsein« der Seele in den Leib, das Aristoteles sagen läßt, Seele sei »etwas in dem Körper und für ihn«. Beim Menschen kann forma corpis nur die alle Glieder und menschliche Sexualität erst zu ihrem humanen Sinn gestaltende Macht der geistigen Akte in ihrem Eigenwert meinen, die gerade in ihrer Transzendenz gegenüber jeder Rolle für den Leib das Auge erst zum Auge des künstlerischen Betrachters, den Mund zum Werkzeug der Rede usf. macht, da der Mensch nicht primär rationales Lebewesen, sondern »Person-in-einem-Leib« ist (Seifert). Deshalb sind mechanistische Begriffe des Organismus letztlich Leugnungen desselben, die ihn mit J. O. de la Mettrie als Maschine deuten, die nicht lebt.

Seit der Antike (Platon, Aristoteles, Livius' Bericht über Menenius Agrippas Fabel von Bauch und Gliedern, die die Sezession der Plebejer beendete) wird der O. als Bild der Gemeinschaft und des Staates gesehen, bei J. de Cessolis auch in Form einer Schachanalogie, in der Bauer und König zum Wohl des Ganzen wirken.

Jesus Christus selber verwendet das Bild des O. (des Weinstocks und der Reben) als Bild der Kirche und des Verhältnisses der Christen zu ihm als der Quelle ihres geistigen Lebens. Der Apostel Paulus (1Kor 12,12-27) wendet das Bild des O. auf die umfassendste Gemeinschaft der Kirche an: »Denn gleich wie ein Leib ist, und hat doch viele Glieder, alle Glieder aber eines Leibes ... also auch Christus ... Denn auch der Leib ist nicht ein Glied, sondern (besteht aus) vielen.... Es kann das Auge nicht sagen zu der Hand: Ich bedarf deiner nicht... Gott aber hat den Leib so eingerichtet, daß er demjenigen mehr Ehre beilegte, welchem es daran gebrach, damit keine Spaltung im Leibe sei, sondern die Glieder für einander Sorge trügen. Und so ein Glied leidet, so leiden alle Glieder mit... Ihr seid der Leib Christi.« Dabei betont Paulus sowohl in fast egalitärer Weise die unerläßliche Funktion jedes einzelnen Gliedes für das Ganze, wo oft die niedrigsten Teile die notwendigsten sind, als auch die Hierarchie im Bild des Hauptes, das er mit Christus vergleicht. Dieses große Bild der Kirche als corpus Christi mysticum hat gemäß ihren je verschiedenen Sakramentologien und Kirchenverständnissen in der kath. Kirche zu ganz anderen theol. Deutungen geführt als im ev. Raum: sowohl was die Hierarchie dieses Leibes der Kirche betrifft, als auch was den Weg zum Eintritt in ihn (der von Katholiken und Lutheranern im Taufsakrament, aber von anderen prot. Konfessionen wie den Baptisten nur durch den Glauben als solchen gefaßt wird) und die Quellen des Verbleibens in ihm und in seinem Leben angeht (unterschiedliche Auffassungen über →Glaube, →Liebe, →Werke, →Rechtfertigung(slehre), →Sakramente).

Bei →Calvin wird der paulin. Vergleich der Kirche mit dem Leib zur allgemeinen These, daß sich die Menschen wegen ihrer verschiedenen Fähigkeiten notwendig vergesellschaften. Diese Idee der Gesellschaft/Gemeinschaft als corpus symbioticum wird mit der Idee der Volkssouveränität verbunden.

Was bei Paulus und im Christentum als solchem ein zutiefst personalistisch geprägtes Bild des O. für die Gemeinschaft ist, wird bei →Hegel und vor allem in den posthegelianischen vitalistischen Ideen, die der Nationalsozialismus und →Marxismus aufgriffen, zu einer gefährlichen anti-personalistisch-vitalistischen Schau der Gesellschaft, in der die einzelnen abstrakten Mächten wie dem →Staat, der Partei, der →Gesellschaft, der →Geschichte usf. untergeordnet werden, wogegen S. →Kierkegaard und D. v. Hildebrand auf das äußerste protestierten. Beim letzteren gewinnt der Begriff des O. und der im O. waltenden »Diskretion« des Durchlaufens aller Entwicklungsschritte eine entschiedene personalistische Bedeutung, die er vor allem als Grundprinzip der Liturgie und der Entfaltung menschlicher Liebesbezeugungen ausführt, in denen keine notwendigen Phasen übersprungen werden dürfen und eine Logik des Lebendigen und der personalzeitlich sich entfaltenden Akte gewahrt werden müssen.

Lit.: Aristoteles: De Anima; H. Conrad-Martius: Die Seele der Pflanze, in: Conrad-Martius, Schriften zur Philosophie, hg. von E. Ave-Lallement, Bd 1, 1963, 276–362; D. von Hildebrand: Idolkult und Gotteskult, 1974; J. Seifert: Leib und Seele. Ein Beitrag zur philosophischen Anthroplogie, 1973; ders.: What is Life? On the Irreducibility of Life to Chaotic and Non-Chaotic Physical Systems, 1995.

J. Seifert

Organist →Orgel, Orgelmusik

Organtransplantation

Seitdem die Intensivmedizin immer bessere Möglichkeiten der Wiederbelebung und Lebenserhaltung hat, stellt sich die Frage nach dem Todeszeitpunkt immer drängender. Im »Pschyrembel« (Klinisches Wörterbuch, 256. Auflage, 1990, 1682) wird Tod definiert: »Ende des Lebens von Individuen; medizinisch beschrieben als Abfolge irreversibler Funktionverluste des Atmungs-, Kreislauf- und Zentralnervensystems, wobei als Kriterium für den Eintritt des Todes der Organtod des Gehirns ... gilt.«

Dieser Hirntod macht die Entnahme von Organen und ihre Transplantation möglich. Transplantationsmediziner werben für die Organspende, um mehr Transplantationen durchführen und aus ihrer Sicht mehr Menschen helfen zu können, die dringend auf ein Spenderorgan warten, um überhaupt bzw. mit einiger Lebensqualität überleben zu können. Auf den ersten Blick eine einleuchtende Forderung: Nieren, Herzen, auch Lunge, Leber, Bauchspeicheldrüse u. a. können heute meist recht erfolgreich transplantiert werden und schenken in der Tat todgeweihten Menschen eine neue Chance. Das Problem ist in der Tat der Mangel an Spenderorganen. Rund 800 Menschen sterben pro Jahr (1994) in Deutschland, weil kein geeignetes Organ zur Verfügung steht.

Auch die rechtliche Frage ist offen: Noch gilt eine »Zustimmungslösung«, d.h. jeder verfügt auch über den Tod hinaus über seinen Körper; man muß schriftlich (z.B. mit einem Organspendeausweis) erklären, daß man zu einer Transplantation bereit ist. Liegt eine solche Erklärung nicht vor, werden die Angehörigen gefragt, was wohl der mutmaßliche Wille des Verstorbenen gewesen wäre. Andere Länder halten es anders: In Österreich etwa gilt eine »Widerspruchslösung«: wer nicht deutlich sein »Nein« gegen die Transplantation hinterläßt, gilt als spendebereit. In Deutschland werden verschiedene Modelle der »Informationslösung« diskutiert: Hat ein Mensch zu Lebzeiten nicht erklärt, ob er zu einer Organspende bereit ist, dann informieren die Ärzte die Angehörigen über eine geplante Transplantation. Erheben die Angehörigen in einer angemessenen Frist keinen Widerspruch, dann wird transplantiert.

Die Kirchen haben sich 1990 zur Transplantationsmedizin positiv geäußert: sie verstehen das Spenden von Organen als einen Liebesdienst über den Tod hinaus: »Aus christlicher Sicht ist die Bereitschaft zur Organspende nach dem Tod ein Zeichen der Nächstenliebe und Solidarisierung mit Kranken und Behinderten« (Organtransplantation, Erklärung der Deutschen Bischofskonferenz und des Rates der EKD, 1990, 26).

Dabei wird der sog. Lebensspende ein enger Rahmen gesetzt: Nur unter Blutsverwandten ist die Spende eines paarigen Organs wie z. B. der Niere legitim. Normal ist hingegen die Spende eines Toten: Er kann seine Organe anderen zur Verfügung stellen. Medizinisches Kriterium ist der sog. Hirntod (1968 in Harvard erstmals so festgeschrieben). Hirntot ist ein Mensch, wenn unter den Bedingungen der Intensivmedizin der vollständige und irreversible Verlust aller Hirntätigkeiten festgestellt wird, aber das Herz-Kreislaufsystem durch künstliche Atmung aufrecht erhalten wird. Für die meisten Vertreter der Transplantationsmedizin wie für die Kirchen gilt der Satz: »Der Hirntod bedeutet ebenso wie der Herztod den Tod des Menschen« (a.a.O., 18).

Oft begegnen Seelsorger diffusen Ängsten gegenüber der Organentnahme: Was ist mit der Auferstehung von den Toten, wenn mein Herz, meine Niere, meine Leber entnommen werden? Doch diese Ängste sind in der Tat unbegründet: Mit unserem Tod ist der Verfall unseres Körpers beschlossen. Der neue Leib ist ein Akt der Neuschöpfung Gottes; die Identität des Menschen wird gewahrt, aber sie hängt nicht an der Unversehrtheit des Leichnams.

So scheinen die Organspende und die O. ethisch aus christl. Sicht unbedenklich zu sein. Und doch gibt es ernste Fragen an die Transplantationsmedizin:

– In der Transplantationsmedizin geschieht weltweit manches Bedenkliche: Aus den Ländern der Dritten Welt, aber auch aus Ländern des ehemaligen Ostblocks werden Organe zu billigen Preisen angeboten. Ein Transplantationsgesetz muß dem Handel mit Organen, der notwendigerweise eine Zwei-Klassen-Medizin fördert, den Riegel vorschieben. Außerdem drohen durch ethische Grundsatzentscheidungen Grenzverschiebungen, wenn z.B. in den USA auch über den Teil-Hirntod als hinreichendes Kriterium für eine Organentnahme diskutiert wird, so daß etwa ein Apalliker oder ein Neugeborenes mit Anenzephalus als Spender in Frage kämen.

– Kaum je erscheinen die »Kosten« der Transplantationsmedizin: Ein »Spenderorgan« ist eben nicht eine Spende, sondern das Produkt z. B. eines furchtbaren Motorradunfalls oder die Folge eines Ertrinkungsunfalls von Kindern. Kosten sind aber auch Kosten der Empfänger: Sie leben mit fremden Herzen, fürchten die Abstoßung des Implantates, müssen ein Leben lang mit immunsuppressiven

Medikamenten leben, die sie für jede Infektion anfällig machen. Was bedeutet die Abstoßung des »Fremden« für die Psyche? Es gibt eine große Chance, weiterzuleben, aber diese Chance hat einen hohen Preis. Und die Angehörigen sind zu beachten: Sie müssen nicht nur den Schock des plötzlichen Verlustes verkraften, sondern auch noch die schwerwiegende Entscheidung treffen (z. B. bei ertrunkenen Kindern), ob Organe ihres Kindes nun anderen Kindern zunutze kommen sollen oder nicht. Hier ist viel Takt und seelsorgerliches Feingefühl vonnöten.

– Mediziner, Philosophen (z. B. Hans Jonas) und Theologen befragen kritisch das Kriterium des Hirntodes. Zum einen: Wer einen hirntoten Patienten gesehen hat, gar als Krankenschwester gepflegt, als Mutter oder Ehemann oder Kind noch besucht hat, der weiß es im Grunde: Der Hirntote ist nicht tot; er atmet, wenn auch ausschließlich durch maschinelle Unterstützung, schwitzt, hat Stoffwechsel. Er ist wohl ein Sterbender; und dieser Prozeß des Sterbens ist unumkehrbar, aber der Mensch ist noch nicht tot. Er wird in seiner Ganzheit noch als Person erlebt, auch wenn mit dieser Person Kommunikation nur noch als »Einbahnstraße« möglich ist. Zum anderen: Das Hirntod-Kriterium bedeutet eine höchst künstliche, wenn auch im Sinne der Transplantations-medizin erwünschte Reduzierung des Menschen auf seine Gehirnfunktionen. Das Gehirn ist tot, aber der restliche Organismus lebt noch. Der Sterbende ist dabei, seinem Ziel entgegenzustreben: dem Übergang in die Ewigkeit. Der Hirntod ist eine willkürliche, pragmatische Setzung von Medizinern. Sie reproduziert den platonischen Leib-Seele-Dualismus als Organismus-Gehirn-Dualismus und steht somit im Widerspruch zum ganzheitlich denkenden biblischen Menschenbild. Deutlich wird dieser Tatbestand auch an den Berichten über Kinder, die von hirntoten Müttern noch geboren wurden (nicht nur das »Erlanger Baby«). Hirntote sind Sterbende, daran besteht kein Zweifel, aber sie sind noch nicht tot.

Daraus folgt nun nicht, daß O. verwerflich ist. Es folgt aber daraus die Pflicht zu einer kritischen Auseinandersetzung. Christen können Organspender sein. Aber sie sollen wissen, was sie tun. Rechtlich folgt m. E. aus der Infragestellung des Hirntod-Kriteriums, daß bei einem Transplantationsgesetz nur eine Zustimmungslösung in Frage kommt. Eine Sozialpflichtigkeit von Organen, eine verordnete »Spende« unter moralischem Druck sind aus Sicht einer ev. Ethik abzulehnen. Keiner darf über den Leib eines Sterbenden verfügen; aber der Sterbende darf verfügen, daß bei der Feststellung des vollständigen und irreversiblen Ausfalls aller Gehirnfunktionen Organe entnommen werden und anderen Menschen das Leben retten können. Das kann durchaus ein Akt der Nächstenliebe sein. Und es sollten sich christl. Gemeinden durchaus mit diesem Thema beschäftigen. Christen können dann tatsächlich zu dem Entschluß kommen, durch einen Organspendeausweis diesen Akt der Nächstenliebe im Falle eines Falles zu ermöglichen.

Lit.: R. Greinert, G. Wuttke (Hg.): Organspende. Kritische Ansichten zur Transplantationsmedizin, ²1993; H. Grewel: Recht auf Leben. Drängende Fragen christlicher Ethik, 1990; H. Jonas: Technik, Medizin und Ethik. Zur Praxis des Prinzips Verantwortung, 1987; Organtransplantationen. Erklärung der Deutschen Bischofskonferenz und des Rates der Evangelischen Kirche in Deutschland, 1990; K.-F. Seibel: Gespendetes Leben. Die Geschichte einer Organtransplantation, erscheint 1995; P. Singer: Praktische Ethik, ²1992.

M. Herbst

Orgel/Orgelmusik

1. Geschichte

In der Antike sollen O.n beim Barbier zur Belustigung der Kunden gedient haben. Im frühen MA finden sich O.n als Repräsentationsinstrumente am oström. Kaiserhof; von dort erhielt →Karl der Große die erste im Abendland bekannte O. Bald nach dem Aufkommen mehrstimmiger Musik finden Instrumente, u.a. auch die O., Verwendung im Gottesdienst. Zuerst erklingen einzelne Pfeifenreihen, bald in der sog. »Blockorgel« jeweils ganze Obertonreihen (später Mixturen genannt), die durch Öffnen von Schiebern »gespielt« werden. Später ist vom »Orgelschlagen« die Rede: Breite Tasten werden mit Ellbogen oder Fäusten niedergedrückt. Sehr schnell entwickeln sich die bis heute üblichen Traktur- und Ladensysteme, lange vor der ältesten heute noch spielbaren O. in Sion, Schweiz, aus dem 14. Jh. Im →Barock entwickeln sich in den einzelnen Landschaften verschiedene Typen: Norddeutsche und niederländische O.n werden durch Arp Schnitger mit ihren reichbesetzten »Werken« berühmt; die Gebrüder Silbermann schaffen einen leuchtenden und doch weichen Klang (Sachsen, Thüringen, Elsaß); französische O.n sind besonders durch den charakteristischen Zungenklang bekannt (dort entstehen bestimmte Kompositionstypen für einzelne Registermischungen); spanische O.n beeindrucken durch ihre horizontal angeordneten Trompetenregister und ihre

Aufstellung mitten im Kirchenraum. Verwendet die O. zwar früh die Namen anderer Instrumente für ihre Register, so erhalten diese trotzdem einen eigenständigen Klang. Erst das 19. Jh. versucht in der »Orchesterorgel« die direkte Imitation des Instrumentenklanges und gestaltet die Kompositionen entsprechend. Nach dem Zweiten Weltkrieg erhebt die O.bewegung den barocken O.klang zum Ideal und schafft gleichzeitig neue Registertypen für zeitgenössische Musik. Nun erfolgt auch eine Rückbesinnung auf alte Produktionsmethoden und die Verwendung »natürlicher« Werkstoffe, so daß heute wieder die meisten neuen O.n mit mechanischen Schleifladen gebaut werden. Auch die Registertypen sind eher wieder konventionell: Wenn es die Größe der O. erlaubt, werden typische Register der einzelnen O.-Landschaften gebaut, um O.musik verschiedener Herkunft und Zeiten darstellen zu können.

Mit der Entwicklung der Elektronik - und beeinflußt von der U-Musik - werden Instrumente als »Orgeln« gebaut, deren Klangerzeugung auf elektro-akustischem Weg erfolgt. Haben sich diese Instrumente aus preislichen und räumlichen Gründen oft durchgesetzt, so lassen Klangqualität und Lebensdauer immer noch zu wünschen übrig.

2. Orgelmusik

Ursprünglich wird die Orgel ein-, bald auch mehrstimmig zum Chor oder zu andern Instrumenten gespielt. Dann werden Chor- oder Instrumentalsätze »intavoliert«, d.h. für das Spiel auf dem Tasteninstrument bearbeitet, instrumentengerecht verziert und verändert. Seit dem 17. Jh. wird die Orgel zur Gemeindebegleitung eingesetzt. Ital. Komponisten (Merulo, Gabrieli, später Frescobaldi) und Sweelinck in Holland schaffen neue Spielformen wie Toccata und Canzona, niederländische und norddeutsche Meister entwickeln Choralvariationen und -vorspiele. Aus den Vor-, Zwischen- und Nachspielen zur Messe entstehen weitere freie Spielformen, die auch im ev. Gottesdienst Verwendung finden. In Frankreich entstehen im 19. Jh. typische O.symphonien. In der Tradition von →Buxtehude und →Bach stehen dt. Komponisten bis Max Reger und S. Karg-Elert. Die Zeit nach dem Zweiten Weltkrieg bringt eine Fülle neuer O.musik verschiedenster Gattungen hervor. G. Ligetis »Volumina« bildet den Prototyp moderner O.musik, deren weitere Entwicklung noch nicht deutlich abzusehen ist.

Lit.: H. Klotz: Das Buch von der Orgel, 1979; E. Kraus: Orgel und Orgelmusik, ²1978; Chr. Krummacher (Hg.): Wege zur Orgel, 1988; »Orgel«, MGG Bd. 10, 1962.

W. Schrade

Orientalistik

O. ist ein Sammelbegriff für die Wissenschaften, die sich mit Sprachen und Kulturen der Länder im Nahen und Fernen Osten befassen. Dazu gehören Ägyptologie, Assyrologie, Arabistik (mit Islamkunde), Hethitologie, Indologie, Iranistik, Japanologie, Mongolistik, Sinologie u.a. Die ältere Gliederung zwischen altem, christl., mittelalterl. und modernen Orient hat sich durchgesetzt. Arabistik gibt es seit dem MA, die anderen Disziplinen der O. haben sich erst in der Neuzeit – vorwiegend aufgrund der Arbeit christl. Missionen, aber auch der Kolonisation und aufgrund von Zeitströmungen wie der →Romantik – entwickelt. An der Erforschung des Orients sind europ. und amerik. Forscher in gleicher Weise beteiligt, oft genug auch Theologen wie A. Alt, F. C. G. →Delitzsch, H. Ewald, T. Karl, P. de →Lagarde, J. D. Michaelis, Th. Nöldeke u.a.

Ob sich die O. als ganze halten oder in verschiedene Disziplinen aufgliedern wird, ist nicht erst heute umstritten. Forschungsinstitute (z.B. das Institut für Orientforschung der deutschen Akademie der Wissenschaften), internationale Gesellschaften (z.B. Societé asiatique in Paris, die Royal Asiatic Society of Great Britain and Ireland, London, die Deutsche Morgenländische Gesellschaft, Mainz) und Zeitschriften versuchen den Zusammenhalt der O. zu erhalten.

Lit.: V. V. Bartold: Die geographische und historische Erforschung des Orients, 1913; S. Morenz: Das Altertum I, 1955, 195ff.

G. Ruhbach

Origenes (ca. 185 – ca. 254)

O., ca. 185 in Alexandria geboren und nach 251 in Caesarea/Palästina gestorben. Sein Leben schildert →Eusebius von Caesarea als das Idealbild eines christl. Philosophen. O. war bibl. Theologe, dessen nur z.T. original oder in Übersetzung (Rufin, →Hieronymus) erhaltenes literarisches Werk zwei komplementäre Seiten besitzt, die beide im Zusammenhang und in der Auseinandersetzung mit der zeitgenössischen alexandrinischen Philosophie des Übergangs eines späten Mittelplatonismus zum →Neuplatonismus zu sehen sind. Neben dem systematischen Interesse, das besonders in den »Prinzipien« zum ersten Versuch einer wissenschaftl. Dogmatik führt, zeigt sich eine andere Seite seines Denkens, die an rel.-ethischer, ja an mystischer Erkenntnis interessiert ist. Aus dieser Ambivalenz seines Denkens entsteht die ungeheure Faszination, die O. zum großen Anreger in der Theologiegeschichte gemacht hat: zunächst im sog. Origenismus der Spätantike und in den mit solchen Strömungen verbundenen theol. Streitigkeiten, wo es immer wieder um einen Systematisierungsversuch unter Aufgabe des dialektischen Denkens ging, dann weiter bis zu →Leibnitz, →Schleiermacher und zur →Nouvelle Théologie des Katholizismus im 20. Jh. (H. de →Lubac, J. Daniélou, H.U. von →Balthasar).

Einen ersten Zugang zu Werk und Leben bietet das Verständnis von O. als eines Apologeten der Kirche. Hier kann man in Anlehnung an Eusebius eine Grundlinie sehen. Sie begann bei der Wirkung des Martyriums des Vaters Leonidas (?) (201/202), das den jungen O. zur Liebe zum göttlichen Wort brachte. Diese äußerte sich in der Mitarbeit an einem christl. bestimmten freien theol.-phil. Lehrinstitut im alexandrinischen Griechenviertel, wo O. für den →Platonismus gewonnen wurde. Weiter reicht diese Linie über die programmatische Vorlesung (C. Andresen) »Über die Prinzipien« (des Glaubens) bis 249, also zur Auseinandersetzung mit dem um 178 verfaßten antichristl. Alethes Logos des Platonikers →Celsus. Lehrtätigkeit, Schriften und Reisen machten O. ebenso in der christl. Ökumene (Kleinasien, Rom) und darüber hinaus bekannt (Einladung an den Kaiserhof durch Julia Mammaea) und einflußreich. Allerdings schufen einige seiner Thesen (und seine in die sich verfestigende Hierarchie und das sich entwickelnde Kirchenrecht schwer einzuordnende Stellung des Lehrers, der sich konsequent auf die zeitgenössische Philosophie und Theologie einläßt, um in dieser Form des Argumentierens die christl. Substanz an die Gebildeten weiterzugeben) ein sich steigerndes Konfliktpotential, z.B. seine an Mt 19,12 orientierte Selbstverstümmelung, die u.a. seine 232 erfolgte Ordination als illegitim erscheinen ließ. Es kam zur Verurteilung durch Demetrios von Alexandrien und eine ägyptische Synode. Pontian von Rom bestätigte das Urteil. Dahinter standen sowohl persönliche Rivalitäten, v.a. mit Heraklas, der als Mitphilosoph zum alexandrinischen Klerus gehörte und Bischof wurde (232–247), als auch kirchenpolit. Ansprüche Alexandrias. Das führte dazu, daß sich O. in Caesarea niederließ, das durch ihn zu einem Zentrum christl. Intelligenz wurde. O. überlebte dort als Bekenner die decische Verfolgung.

Hinter den kirchenrechtlichen Problemen stand aber eine theol. Position, die im 3. Jh. 15 seiner Thesen als häretisch bezeichnete. Im Lauf der Kirchengeschichte, besonders unter Kaiser Justinian, führte dies immer wieder zur Verketzerung des O. Sie betrifft die Christologie, insbesondere die Zuordnung des Sohnes zum Vater, den Ursprung der Seelen, die Eschatologie und das Weltende (Allversöhnungslehre), Magie und Astrologie. Schon die zeitgenössischen O.-Anhänger wiesen die Beschuldigungen als böswillige und einseitige Interpretation zurück, zumal sie von Leuten kämen, die in der eigenen Lehre das meiste O. verdankten.

Zu seiner Theologie gehört die allegorische Methode: O. unterschied einen dreifachen Schriftsinn (literarisch, psychisch, pneumatisch). Als Vertreter einer strengen Verbalinspiration (→Bibel) sah er im pneumatischen Schriftsinn die höchste Stufe des Verstehens. Voraussetzung zum Schriftverständnis aber war ihm das Bemühen um den besten Text, die als wörtlich inspiriert angesehene LXX und die Erklärung ihres Verhältnisses zur hebr. Bibel. Dem diente das ständig weitergeschriebene (in sechs Spalten griech. Übersetzungen des AT neben dem ins Griech. transkribierten hebr. Text enthaltende) Unternehmen der Hexapla.

Die Arbeit am Text setzten Kommentare zu fast allen Büchern des AT und NT fort. Diese Kommentare machen O. zum produktivsten theol. Schriftsteller der Alten Kirche mit ca. »2000 Büchern«, von denen wir das meiste nur fragmentarisch besitzen. O. war »der größte, aber auch der am meisten exkommunizierte Theologe der griechischen Christenheit« (C. Andresen), der für sich in Anspruch nahm, »die Bücher der Heiden zu studieren«, um nach außen für das Christentum zu werben und nach innen gegen die →Gnosis und für eine intellektuell verantwortete Rechtgläubigkeit zu streiten. O. machte den Schritt zu einem theol. Generalstudium, in dem Hermeneutik und Dogmatik eins werden: Den somatischen, psychischen und pneumatischen Auslegungsweisen entsprachen Anthropologie, Kosmologie und eine Metaphysik, die an der konsequenten Behauptung eines strengen Monotheismus jenseits allen veränderlichen Werdens interessiert ist. O. lehrt eine aus bibl. Traditionen geschöpfte Trinität, die im System eines sich abstufenden Seins erfolgt: Der Logos ist dem Vater seinsmäßig zugeordnet, ihm aber als gezeugter untergeordnet, wie ihm wieder der →Geist untergeordnet ist, der an der Spitze der Vielheit der geschaffenen Seinsformen steht. Wie es in absteigender Ordnung eine Materialisierung durch Abkehr von Gott gibt, so gibt es auch einen Läuterungsprozeß, der durch das Lösegeld für die Somatiker, durch Gesetzespredigt und Leistungstherapie für die Psychiker, schließlich durch freiwillige Askese für die Pneumatiker in sich steigernder Abstraktion zur Gottesschau führt und dann die Rückkehr zur Wiederherstellung der vorgeschichtl. Existenz als Geistwesen bringt und so auch zur Frage nach der Möglichkeit der Erlösung des Teufels kommt. Dabei schloß die antike Kosmologie, der O. hier folgte, Wiederholungen dieses Prozesses nicht aus.

Die Schule des O. in Caesarea wurde zur Wiege von theol. gebildeten Bischöfen, die in den Streitigkeiten der reichskatholischen Zeit dem Osten die Führung sicherten und auf die die dogmat. tragfähigen Entscheidungen der alten Kirche zurückgingen.

Quellen: A. Chadwick: Origenes. Contra Celsum, 1965; R. Gögler: Origenes. Das Evangelium nach Johannes, 1959; H. Görgemanns, H. Karpp: Origenes. Vier Bücher von den Prinzipien, 1976; Th. Heither: Origenes. Römerbriefkommentar, 1990ff.

Lit.: U. Berner: Origenes, 1981; H. Croucel: Bibliographie critique d'Origène, 1971, 1982; F.-H. Kettler: Der ursprüngliche Sinn der Dogmatik des Origenes, 1966; P. Nautin: Origène. Sa vie et son oeuvre, 1977; B. Neuschäfer: Origenes als Philologe I/II, 1987; H. Graf Reventlow: Epochen der Bibelauslegung I, 1990, 150ff.

W. Wischmeyer

Orthodoxe Kirchen des Ostens

Die Kirche der Hauptstadt des röm. Ostreiches, Konstantinopel, stand seit dem →Konzil von Konstantinopel 381 nach Rom an zweiter Stelle in der christl. Hierarchie. Der Bischof von Konstantinopel besaß damit einen Ehrenvorrang über die übrigen zwei, später drei Patriarchate der griech. Ökumene. Das kommt bis heute in seinem Titel zum Ausdruck: Erzbischof von Konstantinopel, dem neuen Rom, und ökumenischer Patriarch (Ökumenisches Patriarchat von Konstantinopel).

Trotz seiner infolge der polit. Geschichte sehr eingeschränkten direkten Jurisdiktion (in der Türkei: Istanbul und seine nähere Umgebung, dazu Kreta, die Dodekanesos, Patmos, Athos und einige andere Klöster), steht Konstantinopel - das sich nach 1453 von einem heilsgeschichtl. verstandenen Zusammenhang mit der byz. Geschichte mit der These freigemacht hatte, daß das Christentum nicht daran hänge, daß man das Reich besitze – an der Spitze einer ganzen Reihe nicht autokephaler Kirchen in allen Erdteilen. Deren Zahl wird trotz der Bestimmungen des kanonischen Rechtes zu rechtsgültigen Entlassungen durch die »Mutterkirche« in den Listen der verschiedenen Patriarchate aus kirchenpolit. Gegensätzen immer wieder unterschiedlich angegeben (Amerika, Georgien, Tschechien).

Dabei ist von Bedeutung, daß im 19. Jh. das Autokephalieprinzip als Nationalkirchenprinzip verstanden wurde und sich die O. nicht als eine christl. Konfession begreifen. Die Tradition birgt mehr als ein Bekenntnis: Die Fülle des Heils ist nur in der orth. Kirche gegeben. Hier ist der Ort der Vergottung des Menschen (Theosis), die auch den Weg zum Nächsten ebnet, was in der Teilhabe an den sieben Sakramenten, besonders aber an der Eucharistie zum Ausdruck kommt. Das andere unaufgebbare Fundament des exklusiven Kirchenverständnisses ist die in apostol. Sukzession stehende Hierarchie.

So folgen in der Thronliste den altkirchl. Patriarchaten Alexandria (an der Spitze der afrikanischen orth. Kirchen), Antiochia (mit Libanon, Südosttürkei, Emiraten, Nord- und Südamerika), Jerusalem (seit 451; mit dem autonomen Sinai) die übrigen Patriarchate und autokephalen Kirchen: Rußland (seit 984 offiziell ein christl. Reich; das seit 1589 bestehende Moskauer Patriarchat bemüht sich im 19. und 20. Jh. zunehmend, die Schwesterkirche in Konstantinopel zu leiten), Serbien (1879), Rumänien (1864), Bulgarien (1867), Zypern, Griechenland (1850), Polen (1926), Albanien (1937), Makedonien (1967). Infolge der polit. Geschichte des

20. Jh.s sind keine präzisen Angaben über die Zahl der Gläubigen möglich.

Zentrum der O. sind die täglich auch in den Gemeinden gehaltenen Gebetszeiten des Tages- und Wochenzyklus (Nachtwache: im slavischen Ritus aus Abend- und Morgengottesdienst zusammengezogen), besonders aber die Liturgie (fast immer die sog. Chrysostomosliturgie), die stets ein eucharistischer Gottesdienst ist. Sie führt das Dogma der O. zurück auf die zugrundeliegende Ortho-Doxologie und so von der Rechtgläubigkeit in die gebetete Lehre, die ganzheitlich mit allen fünf Sinnen durch Ikonen und Chor, Weihrauch, Küssen von Evangelium und Kreuz und den Genuß der Abendmahlsgabe zur Teilhabe am himmlischen Gottesdienst bringt. Dabei war seit altkirchl. Zeit die jeweilige Volkssprache auch Gottesdienstsprache und wurde z.T. (im Georgischen, Slavischen, Rumänischen) Grundlage der Schriftsprachen. Weithin wurde aber an den alten Sprachformen festgehalten, die heute vielen Gläubigen nicht oder nur schwer verständlich sind. Wie aber im Nahen Osten der Übergang von den jeweiligen Volkssprachen ins Arabische vor sich ging, sind heute Englisch, Französisch, Finnisch, Ungarisch und Deutsch gemäß dem Volkssprachenprinzip als Liturgiesprachen hinzugetreten.

Meist wird heute der ursprünglich einstimmige, chromatische Gemeindegesang, in der byz. Tradition ohne Instrumentalbegleitung, durch einen Chor ersetzt, in der slavischen Tradition seit dem 17. Jh. mehrstimmig. Dabei lassen sich vielfach Beziehungen zur nationalen Musiktradition herstellen.

Bei den sieben Sakramenten gehören Taufe und Myronsalbung zusammen (Apg 8,17; 19,5f; 1Joh 2,27; 1Petr 2,9). Buße, Eucharistie, Ehe, Weihesakrament (Cheirotonie: Diakon, Priester, Bischof), Krankenölung treten hinzu. Dazu kennen die O. eine Reihe von Segenshandlungen (Cheirothesie für Leser, Sänger, Hypodiakon; Begräbnisritus; Wasserweihe; Einkleidung der Mönche).

Die Theologie der O. lebt aus der Heiligen Schrift und aus einem Zitatenkanon der Väter, besonders →Athanasius, Gregor von Nyssa (→Kappadozier, die drei Großen), Johannes →Chrysostomus und →Cyprian. Dabei enthält die Zweinaturenlehre von Chalcedon die ganze orth. Soteriologie: Die Zuwendung Gottes betrifft nicht einen zufälligen, individuellen Menschen, sondern die Menschheit und schafft so die universale Teilhabe der Menschheit an Gott. Daher wird die westliche und besonders reformat. individualistische Fragestellung nach der →Rechtfertigung des Sünders und der Prädestination der eigenen Person unnötig. Der in der Inkarnation Christi begründete Heilsuniversalismus führt vielmehr zur These: »Christi Handeln zur Erlösung des Menschen ist nicht auf den Einzelnen beschränkt. Er gewährt seine Gnade in einer auf die Gesamtheit bezogenen Art und zeigt so die universale und kosmische Dimension der Kirche« (E. Timiadis). Die Welt wird zur »virtuellen Kirche« (P. Evdokimov).

Gegenüber der westlichen hist.-kritisch geprägten Theologie und deren hermeneut. Anstrengungen wird im allg. die Zweinaturenlehre angeführt, wobei Typologie und Bilderlehre wichtige Argumentationsschemata darstellen. Zugrunde liegt die Homoiosislehre Platons: So wurde Basis orth. Anthropologie, daß der Mensch Bild Gottes ist. Wie Kirche als Gemeinschaft der Heiligen der Ort der Vergottung dieses Menschen im Mysterium ist, findet sich auch eine Scheu, das göttliche Geheimnis rational zu erfassen: »Die Begriffe machen Götzen aus Gott, allein die höchste Bewunderung begreift etwas« (Gregor von Nazianz). Dogma im eigentlichen Sinne ist nur die Lehre von der Dreifaltigkeit sowie von Christi Person, seinen beiden Naturen. »In Christus wird das Unbegreifliche offenbar, durch ihn wird uns die Möglichkeit gegeben, von Gott zu sprechen, d.h. Theologie zu treiben« (W. Losski). Dabei gilt, daß es zwar etwas Großes ist, von Gott zu sprechen, aber mehr, sich für Gott zu reinigen. Und so führt der vollkommene Weg über die positive Theologie zur negativen: »Der apophatische (schweigende) Weg führt zum völligen Nichtwissen, und das ist der vollkommene Weg, der Gottes würdig ist, des von Natur aus Unerkennbaren« (Dionysios Areopagita). Und Gregor Palamas formuliert im Spiel mit chalcedonischen Formeln im 14. Jh.: »Die überwesentliche Natur Gottes kann weder ausgesprochen, noch gedacht, noch gesehen werden, denn sie ist allen Dingen entrückt. Wenn Gott eine Natur ist, dann ist alles andere keine Natur, ja er ist nicht, denn alle anderen Wesen sind.«

Diese grundlegenden Feststellungen zur Gotteslehre am Ende der byz. Theologie geben die Basis für die gesamte orth. Theologie ab. Gerade im Zusammenhang der Bilderlehre zeigen sie nicht ein Auseinanderfallen orth. Frömmigkeit und Lehre, sondern die Dynamik, die diese christl. Tradition und ihre Vorstellung der Gottwerdung bestimmt und ihr immer wieder auch ihre mission. Attraktion auf unterschiedlichen denkerisch-spekulativen Ebenen und in verschiedenen geographischen und traditionellen Bereichen verleiht und ihr heute im Ökumen. Rat der Kirchen eine eigene produktive

Rolle sichert. Ihre Botschaft lautet: Unzugänglich in seinem Sein, schenkt Gott doch Teilhabe an seinen Energien, und so kann sich der Mensch im mystischen Aufstieg Gott annähern. Dabei bildet die Trinitätslehre gewissermaßen das Ganze der Theologie: Gott schafft im Wort und erfüllt und vollendet alles im Geist.

Lit.: P. Bratsiotis (Hg.): Die orthodoxen Kirchen in griechischer Sicht, 1960; H.-C. Diedrich: Das Glaubensleben der Ostkirche, 1988; H.-D. Döpmann: Die orthodoxen Kirchen, 1991; K. Felmy (Hg.): 1000 Jahre Christentum in Rußland, 1988; F. Heyer: Konfessionskunde, 1977; F. von Lilienfeld (Hg.): Die göttliche Liturgie des hl. Johannes Chryostosmos mit den besonderen Gebeten der Basilius-Liturgie, 1979; J. Meyendorff: Byzantine Theology, 1983; N.A. Nissiotis: Die Theologie der Ostkirche im ökumenischen Dialog, 1968; H.-J. Schultz: Die byzantinische Liturgie, ²1980; D. Staniloae: Orthodoxe Dogmatik, 1985.

W. Wischmeyer

Orthodoxie, altprotestantische

1. Zum Begriff

Häufig hat man behauptet, mit dem →Augsburger Religionsfrieden von 1555 beginne das Zeitalter der altprot. O. Die neuere Kirchengeschichtsschreibung, die sich der Erforschung der Zeit nach dem Tod Luthers (1546) verstärkt zugewandt hat, hält es für angebracht, den Zeitraum bis zum Abschluß der Konkordienformel (1577) und des Konkordienbuchs (1580) als »Spätreformation« oder als Epoche der »Konfessionalisierung« zu bezeichnen. Die Konkordienformel und die ihr vorausgegangenen Auseinandersetzungen um verschiedene Probleme der Lehrabweichung sind Voraussetzung für die Entfaltung der O.

Als die klassische Periode der O. kann man die erste Hälfte des 17. Jh.s bis zum →Westfälischen Frieden ansehen. Ein späteres Stadium tritt nach 1648 in Erscheinung und ist bestimmt von der Abwehr des konfessionellen »Synkretismus« (→Synkretistischer Streit) und vom Bestreben einer intensiveren Systematisierung. Die O. ist geprägt von einer oft unbeabsichtigten, aber erkennbaren Rezeption der aristotelischen →Schulphilosophie. Als »Reformorthodoxie« bezeichnet man den Typ, der von Theologen wie J. Arndt und J. K. Dannhauer vertreten wird. Hier ist die Grenze zum frühen Pietismus oft fließend.

2. Charakteristika lutherischer Orthodoxie

In den Zentren der dt. ev. Theologie des 16. Jh.s ist die O. zunächst gemäß der im Augsburger Religionsfrieden festgeschriebenen Confessio Augustana luth. Das ev. Bekenntnis von 1530 galt als »Glaubensbekenntnis unserer Zeit«. Die Konkordienformel selbst wollte vor allem die nach 1530 aufgekommenen Streitfragen im Sinne der CA klären. Viele Theologen dieser Zeit bezeichneten →Luther und →Melanchthon als »orthodoxe Väter«. Andere ließen den Ehrentitel allein für Luther gelten.

Leonhard →Hutter, der klassische Repräsentant der Frühorthodoxie, nennt vier Kennzeichen der O.: sie stimme mit der Heiligen Schrift, mit den ökumen. Bekenntnissen, dem ganzen »reineren« kirchl. Altertum und der ungeänderten Augsburgischen Konfession überein. Als orth. bezeichnet man auch, was man als »katholisch« bezeichnet, wobei der orth.-kath. Begriff dem päpstlich-kath. bewußt entgegengesetzt wird. Der eigentliche Gebrauch des Begriffs ist aber erst der Nachwirkung zu verdanken. Gottfried →Arnold hat vom Standpunkt des radikalen Pietismus aus eine Umkehrung der Wertung vorgenommen. Er spricht von »sogenannten Orthodoxen« und sieht das Wesen der O. im einseitigen Wertlegen auf die reine Lehre und in Gleichgültigkeit gegen ein heiliges Leben. Er wirft ihr vor, sie sei vom Machtstreben geprägt gewesen. Diese Karikatur bewegt bis in unsere Gegenwart die Abneigung mancher Theologen gegen die Epoche.

3. Vorläufer

In der Zeit der Spätreformation bilden sich theol. Ansätze, welche die luth. O. vorbereiten. Hierhin gehören Martin → Chemnitz, der nicht nur Mitverfasser der Konkordienformel, sondern auch kritischer Kontroverstheologe war (»Examen concilii Tridentini« 1566-73). Auch Aegidius Hunnius, Matthias Judex und Johann Wigand sind an dieser Stelle als gnesiolutherische Dogmatiker zu nennen (→Gnesiolutheraner).

4. Hauptvertreter

Leonhard Hutter (1563–1616), ab 1596 Wittenberger Professor, legte mit seinem »Compendium locorum theologicorum« (1610) ein Lehrbuch vor, das weithin Melanchthons Loci ersetzte. Entstanden war es im Auftrag des Kurfürsten als streng luth. Lehrbuch für die Gymnasien. Begriffliche Klarheit, die aber noch nicht systematisch überdehnt ist, zeichnet das Werk aus. Hutter gehörte auch zu den Verteidigern der Konkordienformel gegen ref.

Angriffe mit seinem großen Werk »Concordia concors« (1614).

Johann →Gerhard (1582–1637), ab 1616 Professor in Jena, war ein Schüler Hutters und von der Begegnung mit Johann →Arndt geprägt. Seine »Loci theologici« (1610–1622) sammeln in neun Bänden das patristische und reformat. Erbe und sind grundlegend für die theol. Arbeit der ganzen O. Er schuf damit »ein klassisches Dokument theologischer Lehre. Durch intensives Hören auf das biblische Wort soll die Sache selbst, Gottes Wesen, sein Wille und Wirken zum Heil des Menschen, in ihrer Fülle entfaltet und für Verkündigung und Glaube erschlossen werden« (J. Baur).

Matthias Hafenreffer (1561–1619), ab 1592 Professor in Tübingen, legte seine »Loci theologici« im Jahr 1600 vor, ein Lehrbuch, das bis nach Schweden Bedeutung erhielt. In seinem Werk »Templum Ezechielis« (1613) gab er den Lesern u.a. ein Kompendium ev. Lehre und eine Einführung in die Schriftauslegung an die Hand.

Georg →Calixt (1586–1656) lehrte ab 1614 in Helmstedt. Man zählt ihn zur O., obwohl er in seiner Zeit von ihren strengen Vertretern abgelehnt wurde. Er war bemüht um eine Überwindung der Kirchenspaltung und appellierte an Duldsamkeit und Gesprächsbereitschaft. Er vertrat die Ansicht, daß man von der ältesten christl. Tradition als einer von allen anerkannten Lehrgrundlage (*consensus quinquesaecularis,* »Übereinstimmung der ersten 500 Jahre«) ausgehend zu einer Einheit unter den verschiedenen Konfessionen gelangen könne. Das rief den Widerspruch der streng orthodox luth. Schule hervor, die darin »Synkretismus« erblickte. Der Kampf gegen die Lehrmeinung der Helmstedter Schule wie auch gegen die reformiertenfreundliche Kirchenpolitik des preußischen Hofs war eines der Hauptanliegen der O. nach 1648.

Abraham →Calov (1612–1686), ab 1650 Professor in Wittenberg, trug mit dazu bei, daß die Universität als Hort der O. ihre letzte Blütezeit erlebte. Sein »Systema locorum theologicorum« (1655–1677) umfaßt 12 Bände und ist ein Beispiel für die Hochorthodoxie, die bei jeder Abweichung in der Lehre zum Streit bereit war. Ihm folgen Johann Friedrich Königs »Theologia positiva acroamatica« (1664) und Johann Andreas →Quenstedts »Theologia didactico-polemica« (1685). Johann Wilhelm Baier legte ein übersichtlicheres Werk vor: »Compendium theologiae positivae« (1686). Das letzte der großen Lehrsysteme stammt von David →Hollaz: »Examen theologicum acroamaticum« (1707).

5. Frömmigkeit

Die luth. O. ist nicht nur eine Epoche der Dogmatik. Sie brachte auch eine reichhaltige Sammlung von Erbauungsschriften hervor, von denen Johann Arndts vier Bücher »Vom Wahren Christentum« (1605), die weit verbreiteten »Meditationes sacrae« von Johann Gerhard (1606) und Chr. →Scrivers »Seelenschatz« (1675) die bekanntesten sind. Auf die O. geht auch ein großer Reichtum an Kirchenliedern zurück. Paul →Gerhardt (1607–1676) ist der bekannteste Dichter der Epoche. Ohne die Choräle aus dieser Zeit sind ev. Gesangbücher bis heute nicht vorstellbar. Der Komponist, der die Theologie der O. in Musik umsetzte, war Heinrich →Schütz (1585–1672). Johann Sebastian →Bach (1685–1750) greift zwar theol. auf Elemente der O. (Calov, Moller) zurück, gehört in der Theologie seiner Musik aber eher zur Reformorthodoxie. Auch auf dem Gebiet der Architektur und Baukunst hat sich die O. im Zeitalter des Barock in wichtigen Denkmalen (Wolfenbüttel, Bückeburg u.a.) ihre Form gegeben.

Die O. war die Zeit einer sehr lebendigen Frömmigkeit und setzte alle Kräfte dafür ein, daß alle Menschen zum Glauben und zu christl. Lebensgestaltung erzogen wurden.

6. Theologie

In der Theologie der O. spielt die Entfaltung der Lehre von der Verbalinspiration und der Heiligen Schrift eine wesentliche Rolle (→Bibel). Die Heilige Schrift ist das »Prinzip« oder die grundlegende Voraussetzung aller Theologie. Als das Wort Gottes steht sie über jeder menschlichen Tradition. Sie ist alleinige Norm für den Glauben und Richter in allen Lehrstreitigkeiten. Durch den →Rahtmannschen Streit (1621) wurde das Schriftverständnis der O. beleuchtet und vertieft. Die Thematik war von Matthias →Flacius Illyricus im Streit mit Caspar von →Schwenckfeld 1551 bis 1559 bereits aufgegriffen worden und hatte ihn zur »Clavis Scripturae Sacrae« (1567) motiviert, die zur Zeit der O. nachgedruckt wurde (1674). Die Lehre von Gott betont die Dreieinigkeit Gottes und die Göttlichkeit Christi und des Heiligen Geistes. In der Christologie entfaltet man die Lehre von Person und Werk Jesu Christi. In der Zweinaturenlehre trat die luth. O. in deutliche Frontstellung gegen die ref. Theologie. Die Personeinheit Christi bedeutet, daß der Logos, die zweite Person der Gottheit, in sich die Person oder Hypostase der menschlichen Natur aufgenommen hat. Prädestination, freier Wille, Gesetz und Evangelium, Glaube und Werke, Sakramentslehre und Eschatologie sind die Themen der orth. Dogmatiken, wie sie bereits durch die Konkordienformel vorgegeben waren.

7. Reformierte Orthodoxie

Die ref. O. grenzt sich gegen den tridentinischen Katholizismus ebenso wie gegen das Luthertum der Konkordienformel ab. Grundlage bildet die »Institutio« Calvins (1559). Die Ausgestaltung der ref. O. hängt zusammen mit der Organisation der ref. Kirchen in den verschiedenen Territorien. Die wichtigsten Orte sind Genf (Schweiz), niederländische Universitäten, Cambridge (England), Montauban und Sedan (Frankreich), Debrecen (Ungarn) und Herborn (Deutschland). Die pfälzische Theologie, wie sie in Heidelberg und Neustadt an der Weinstraße gelehrt wurde (»Heidelberger Katechismus« von Zacharias →Ursinus, 1563), ist eine Erscheinung des →Kryptocalvinismus bzw. des ref. Typs der Melanchthonschule in der Spätreformation und kann nicht voll der ref. O. zugerechnet werden.

Schwerpunkte der Theologie der ref. O. sind die Prädestinationslehre, die Abendmahlslehre und die Christologie in Konfrontation mit der Konkordienformel. Johann →Coccejus (1603–1689) arbeitet die →Föderaltheologie systematisch aus und gibt damit dem Bundesgedanken einen hohen Stellenwert.

Die Zentren des Calvinismus in Westeuropa sind auch – deutlich territorial bestimmt – teilweise eigene und unabhängig voneinander geprägte Wege gegangen.

Lit.: J. Baur, W. Sparn: »Lutherische Orthodoxie«, EKL³ Bd. 3, 1992, 954–959; B. Hägglund: Geschichte der Theologie. Ein Abriß, 1983; D. Hollaz: Examen theologicum acroamaticum, 2 Bde., 1707, ND 1971; L. Hutter: Compendium locorum theologicorum, 1610, hg. von W. Trillhaas, 1961; Th. Mahlmann: »Orthodoxie«, HWP 6, 1984, 1382–1385; J. Rohls: »Reformierte Orthodoxie«, EKL³, Bd. 3, 959–966; J. Wallmann: Lutherische Konfessionalisierung – ein Überblick, in: H.-Chr. Rublack: Die lutherische Konfessionalisierung in Deutschland, 1992 (= SVRG 197), 33-53.

R. Keller

Ortsgemeinde →Gemeinde; →Kongregationalisten

Osiander, Andreas (1498–1552)

O., aus dem mittelfränkischen Gunzenhausen stammend, trat seit seiner Anstellung als Prediger an St. Lorenz in Nürnberg 1522 als entscheidender Anhänger der →Reformation in Erscheinung und wurde innerhalb dieser Stadt und darüber hinaus zu einem ihrer führenden Theologen. Die Einführung ev. Gottesdienste in Nürnberg 1524 wurde von ihm verantwortet. Die bedeutende und einflußreiche Nürnbergisch-Brandenburgische Kirchenordnung von 1533 war vor allem sein Werk. Zu zahlreichen Einzelproblemen der Reformation nahm er in Gutachten Stellung. Das astronomische Hauptwerk des →Kopernikus wurde von ihm erstmals

herausgegeben. In vieler Hinsicht, wie z.B. im Abendmahlsstreit, teilte O. die Auffassungen →Luthers. Selbstbewußt ging er jedoch auch immer wieder seine eigenen Wege und war damit für seine Kollegen ein schwieriger Partner. Schon früh läßt sich der Einfluß J. →Reuchlins und der →Kabbala auf O.s spezifische Wort-Theologie erkennen. Von ihr aus vertrat er die Auffassung einer realen, dem Menschen einwohnenden Gerechtigkeit und setzte sich damit in Gegensatz zu der vor allem von →Melanchthon vertretenen, dem Menschen zugerechneten Gerechtigkeit. Der große Streit darüber brach aus, nachdem O. 1549 infolge des Interims in die Dienste Herzog Albrechts von Preußen in Königsberg getreten war, und setzte sich über seinen Tod hinaus fort. Die Konkordienformel hat O.s Auffassung verworfen.

Lit.: G. Müller: »Andreas Osiander«, GdKG 6, 1981, 59-73.

M. Brecht

Ostasienmission (OAM)

Die Gründung der OAM unter dem Namen Allgemeiner Evangelisch-protestantischer Missionsverein (AEPM) 1884 in Weimar geht zurück auf den Schweizer Pfarrer Ernst Buss (1843–1928) und seine 1876 veröffentlichte Schrift: »Die christliche Mission - ihre prinzipielle Berechtigung und practische Durchführung«. Darin wurde eine Reihe neuer Forderungen für die ev. Mission erhoben, denen viele Pfarrer und Universitätstheologen in der Schweiz und Deutschland zustimmten. Nach Hahn sind es folgende Punkte, die bis heute besondere Beachtung verdienen:

– Dialogfähigkeit aufgrund gründlicher, religionswissenschaftl. Arbeiten;
– Beachten der Eigenständigkeit und Identität der Menschen im Missionsland;
– Konstituierung einer Glaubens- und Lebensgemeinschaft;
– Vermittlung der Grundwahrheiten des christl. Glaubens und nicht seiner speziellen (europ.) Ausprägung in Theologie und Praxis;
– Darstellung der Einheit von Glaubens- und Lebenszeugnis im verantwortlichen Leben der Christen;
– mission. Verkündigung nicht in konfessioneller Enge, sondern in lebendiger Offenheit nach allen Seiten.

Diese Forderungen führten u.a. zu der (später kritisierten) Festlegung in den Statuten des Vereins (Zeitschrift für Missionskunde und Religionswissenschaft 1886, 55): »Sein Zweck ist, christliche Religion und Kultur unter den nichtchristlichen Völkern auszubreiten in Anknüpfung an die bei diesen schon vorhandenen Wahrheitselemente« (§ 2). Diese Zielsetzung war vor 100 Jahren ebenso neu wie die internationale Organisation mit einem Schweizer Zweig, einem dt. Zweig, einem franz. und einem luxemburgischen Zweigverein, die alle den besonderen Schutz des Großherzogs von Weimar als Protektor des Vereins genossen.

Als Arbeitsfeld rückten schon 1885 Japan und China in den Mittelpunkt, wo die dt.-sprachigen Gemeinden – hier Tôkyô und Yokohama, dort Shanghai und später Tsingtau – als Basis für die Missionsarbeit dienen sollten. Die Missionare, fast ausschließlich ordinierte Pfarrer, kamen durch dieses Missionskonzept in eine schwierige Lage, weil sie zu einem Dienst in zwei Welten verpflichtet waren. So belastend diese Tatsache für den Missionsdienst gewesen ist, so hat dies doch dazu geführt, daß der →Kirchenkampf nach Japan getragen wurde. Es war ein Missionar der OAM, der 1939 als Pazifist den Wehrdienst verweigerte und zwei Jahre vorher erreicht hatte, daß die vorläufige Leitung der Bekennenden Kirche (BK) sich zu ihrer mission. Aufgabe bekannte, ihn als BK-Missionar anerkannte und bis zu seiner Ausweisung aus Japan 1940 betreute. Nach dem Zweiten Weltkrieg spaltete sich die OAS in eine Schweizerische Ostasienmission (SOAM) und eine Deutsche Ostasienmission (DOAM). Erstere wurde 1962 Mitglied der Kooperation Evangelischer Missionen (KEM). In diesem Rahmen arbeitet die SOAM bis heute in Japan und Indonesien. Sie nimmt ihre Aufgabe wahr in Zusammenarbeit mit dem Schweizerischen Evangelischen Kirchenbund, als dessen Mandatar sie die Verbindung zu Kirchen in Südkorea und Japan wahrnimmt und im Schweizerischen Evangelischen Missionsrat (SEMR) mitarbeitet.

Auf dt. Boden entwickelten sich nach 1945 in West- und Ostdeutschland getrennte Freundeskreise, welche das Anliegen der OAM weiterführten, im Westen die DOAM, im Osten die Ostasienmission in der DDR (OAM/DDR). Beide bildeten selbständige organisatorische Einheiten, die in ständigem Kontakt blieben. Im Westen hat die DOAM 1972 die Integration in das Ev. Missionswerk Südwestdeutschland und 1974 in das Berliner Missionswerk vollzogen, 1991 ist auch die OAM/DDR gefolgt.

Lit.: F. Hahn (Hg): Spuren ... Hundert Jahre Ostasien-Mission, 1984; H. Hamer: Mission und Bekennende Kirche, Mission der Bekennenden Kirche, in: Jahrbuch Mission 1987, 117–184; O. Marbach: 50 Jahre Ostasien-Mission, 1934; G. Rosenkranz: »Ostasienmission – unveränderter Auftrag in einer veränderten Welt«, ZThK 57, 1960, 109–139.

H. Hamer

Ostern

O. ist das älteste Fest der Christenheit. Anfänglich wurde der wöchentliche Sonntag (der Tag des Herrn, 1Kor 16,2; Apg 20,7; Offb 1,7) als Tag der Auferstehung gefeiert. Vermutlich ist das Osterfest im 2. Jh. entstanden und von den jüd.-christl. Gemeinden mit dem Datum des jüd. →Passa verbunden worden. Das Passa war ein Gedächtnisfest der Befreiung aus der ägypt. Knechtschaft. Christi Tod und Auferstehung ist die Erfüllung des Passa (vgl. Joh 19,14-36; 1Kor 5,7).

Ursprünglich war die Osterfeier der frühen Kirche auf Leiden, Tod und Auferstehung Christi bezogen. Im 2. Jh. entstand Streit über die Datierung von O. Die Kleinasiaten feierten das Fest am 14. Nisan (die sog. Quartodezimaner) und legten den Akzent auf den Tod Christi, des Lammes Gottes. In Rom wollte man das Fest am erstfolgenden Sonntag nach dem 14. Nisan feiern mit dem Nachdruck auf der Auferstehung. Das Konzil von Nicäa entschied 325 den Streit: O. wird seitdem am Sonntag nach dem ersten Vollmond im Frühling gefeiert.

Im Laufe der Entwicklung wurde das Gedächtnis des Todes Christi auf Karfreitag und Samstag vor O. verschoben. In der Osternacht wurden in der frühen Kirche die Katechumenen getauft, die dann in der Woche nach O. weiter in die Lehre des →Evangeliums eingeweiht wurden (→Katechetik).

Das Osterereignis, die Auferweckung Christi, ist das Herz der christl. Heilsverkündigung (Lk 24,34; Röm 6; 1Kor 15). Die Verkündigung der Auferstehung in den letzten Kapiteln der Evv. findet ihren Abschluß im Missionsbefehl. In Frage 45 des Heidelberger Katechismus wird die Heilsbedeutung von O. unter drei Aspekten umschrieben: Grund zum Freispruch, Kraft zum neuen Leben, Fundament der Hoffnung.

Lit.: K. H. Bieritz: Das Kirchenjahr, 1987, 77-135; B. Lohse, J. Beckmann, R. B. Green: »Ostern«, RGG³ IV, 1960, 1735–1739; A. Strobel: Ursprung und Geschichte des frühchristlichen Osterkalenders, 1977.

A. Noordegraaf

Österreich

Die 1918 entstandene Republik Ö. stellt den Rest der habsburgischen Monarchie dar. Zunächst setzte sich die →Reformation an vielen Orten Ö.s durch, sie wurde aber durch die →Gegenreformation völlig unterdrückt; 1781 gewährte Joseph II. Protestanten und Orthodoxen Toleranz, aber erst 1867 wurde Gewissens- und Religionsfreiheit wirklich eingeführt. 1961 wurden im Protestantengesetz das Rechtsverhältnis zwischen Staat und Kirche geregelt, der Religionsunterricht der Kirche übertragen. Die »Kirchenbeiträge« sind wie Vereinsbeiträge von den Kirchen selbst einzuziehen.

85% der Bevölkerung Ö.s sind röm.-kath., 4–5% ev. (von den 370.000 Protestanten sind 10.000 ref.); die Kirche hat Gottesdienstgemeinschaft bei Wahrung des jeweiligen Bekenntnisstandes; sie ist aufgegliedert in ev. Kirche AB (Augsburgischen Bekenntnisses) und HB (Helvetischen Bekenntnisses); die ev. Kirche AB hat sieben Superintendenten, die ev. Kirche HB hat einen Landessuperintendenten. Es gibt 185 Gemeinden mit 317 Pfarrstellen. Mit nahezu allen Kirchen arbeitet die →Evangelische Kirche in Ö. im »Ökumenischen Rat in Ö.« zusammen. Eine gemischte ev.-kath. Kommission versucht, vorwiegend praktische Fragen zu regeln.

Lit.: D. Knall: Auf den Spuren einer Kirche. Evangelisches Leben in Österreich, 1987; G. Mecenseffy: Geschichte des Protestantismus in Österreich, 1956; Th. Piffl-Percevic (Hg): Kirche in Österreich, 1979; G. Reingrabner: Protestanten in Österreich, 1981; ders.: »Österreich«, in: EKL³, 981-987.

G. Ruhbach

Ostkirche

→Orthodoxe Kirchen des Ostens

Otfried (ca. 790–875)

O. war Benediktinermönch in Weißenburg/Elsaß, Schüler von →Hrabanus Maurus, ältester Dichter in deutscher (althochdt.) Sprache (südrheinfränkischer Dialekt). Zwischen 863 und 871 schrieb er im Liber Evangeliorum Theotisce conscriptus in einer Evangelien-Harmonie das Leben Jesu in 7.416 Endreimen nieder. Seine Auswahl hält sich an die Sonntagsperikopen und richtet sich an Kleriker und Laien. Kurze Kommentare legen die behandelten Stücke im weitgehend übertragenen (allegorischen) Sinn auf das Leben bezogen (moralisch) aus. O.s Werk ist der Beginn einer deutschen Bibel für das Kirchenvolk; ihr schwerfälliger Stil ist noch weit weg von kunstvoller Ausgestaltung.

Lit.: J. Kelle: Otfried, 3 Bde., 1856–1881.
G. Ehrismann: Geschichte der deutschen Literatur I, 1919, 171ff; R. Fromme: Der Dichter Otfried von Weissenburg, ZKG 52, 1933, 165-198; A. Hauck: Kirchengeschichte Deutschlands III, ²1900, 733ff.

G. Ruhbach

Otto, Rudolf (1869–1937)

O. wurde am 25. 9. 1869 in Peine geb. und starb am 7. 3. 1937 in Marburg. Nach dem Studium wurde er 1897 Privatdozent für systematische Theologie in Göttingen, 1904 Prof. in Breslau und 1917 in Marburg; von 1913–1918 war er Mitglied des preußischen Landtags.

O. ist in der Theologie des 20. Jh.s eine Ausnahmegestalt, die sich – in Theologie, Philosophie und Religionsgeschichte ebenso bewandert wie in den Naturwissenschaften – um die wissenschaftl. Erkenntnis und Beschreibung der Religion und ihrer Ausdrucksformen bemüht. Von →Luther und →Kant, →Schleiermacher und →Ritschl herkommend, findet er zu einer eigenen Position. In der »Ahnung« (Divination) hat die Seele die Möglichkeit zu tiefer Erkenntnis Gottes, der sich als das Numinose, als tremendum und fascinosum (als furchterregend und anziehend zugleich) offenbart.

O. untersucht die Religionsgeschichte, besonders Indiens, um die Eigenart des Christentums im gemeinsam Religiösen darzustellen. So bemüht er sich auch um die Erforschung der →Mystik, um die Ausgestaltung des Gottesdienstes und die Gründung des »religiösen Menschheitsbundes«.

Sein 1917 erschienenes Buch »Das Heilige« hat bis 1947 28 Auflagen und zahlreiche Übersetzungen erlebt. Durch die Religionskritik der dialektischen Theologie hat O. keine weitere Wirkung in Theologie und Kirche gehabt, selbst in der Renaissance der Religion in der Gegenwart nicht.

Lit.: R. Otto: Das Heilige, ^{28}1947; Zur Erneuerung und Ausgestaltung des Gottesdienstes, 1925; Westöstliche Mystik, ^{2}1929.

R. F. Davidson: R. Otto's Interpretation of religion, 1947; W. Haubold: Die Bedeutung der Religionsgeschichte für die Theologie R. Ottos, Diss. Marburg 1940; J. Sommer: Der Heilige Gott und der Gott der Gnade bei Rudolf Otto, 1950.

G. Ruhbach

Otto von Freising (ca. 1111–1158)

O. wurde um 1111/15 in Neuburg b. Wien (heute: Klosterneuburg) als Sohn des Markgrafen Leopold III. von Österreich und der Kaisertochter Agnes geboren. Ca. 1126 wurde er Propst von Klosterneuburg. Nach Studien in Paris trat er 1132/33 in das Zisterzienserkloster Morimond ein und wurde dort zum Abt gewählt. Im gleichen Jahr berief man ihn zum Bischof von Freising (Bayern). O. starb in Morimond am 22. 9. 1158 auf der Rückreise von Citeaux. Seine Wirkung erstreckt sich zum einen auf den geistl. Bereich (Neuorganisation der Klerikerausbildung, Erneuerung des monastisch geprägten Lebens in den Stiften), zum andern auf die Politik (Befreiung seiner Kirche von der Vorherrschaft der Wittelsbacher, Ausgleich zwischen Staufern, Babenbergern und Welfen, Teilnahme am zweiten Kreuzzug 1146/47). Von Bedeutung ist sein Beitrag zur Geschichtsschreibung des MAs: In »Chronicon. Historia de duabus civitatibus« deutet er die Geschichte anhand Augustins Lehre von den zwei Reichen. Er sieht am Ende die Verwirklichung des Gottesreiches auf Erden, dessen verantwortliche Vertreter die Mönche sind. Sein zweites (unvollendetes) Werk »Gesta Friederici I. imperatoris« ist stärker beobachtend auf die Gegenwart bezogen.

Lit.: C. Kirchner-Feyerabend: Otto von Freising als Diözesan- und Reichsbischof, 1990.

D. Heller

Overbeck, Franz Camille (1837–1905)

O. wurde am 16. 11. 1837 in St. Petersburg geb. und starb am 26. 6. 1905 in Basel. Er studierte Theologie in Leipzig und Göttingen, wurde 1864 Privatdozent

und war 1870–1897 Prof. für Kirchengeschichte in Basel. Für ihn war das Christentum »nichts anderes als Christus und der Glaube an ihn« und das Christentum seinem Wesen nach absolute »Weltverneinung«. Aus der Kirche sei es längst ausgewandert, nur das Mönchtum stehe der Grundidee des Christentums nahe, sei aber im Katholizismus pervertiert und im Protestantismus unbekannt geblieben, Kultur und Wissenschaft müssen sich, so O., radikal vom Christentum lösen. In vielem ist er von F. Chr. →Baur beeinflußt worden, den er, nicht nur in der Patristik, fortführen wollte, außerdem von seinem Freund F. →Nietzsche, dessen Vormund er schließlich wurde. Als radikaler Agnostiker war er der Theologie und Kirche seiner Zeit unheimlich und wurde totgeschwiegen. Erst K. →Barth hat seine Christentums- und Kulturkritik aufgenommen und ihn – in produktivem Mißverständnis – wieder in Erinnerung gerufen.

Lit.: F. Overbeck: Über die Christlichkeit unserer heutigen Theologie, [2]1903; Studien zur Geschichte der Alten Kirche, 1875.

C. A. Bernouilli: F. Overbeck und F. Nietzsche, eine Freundschaft, 2 Bde., 1908; W. Nigg: F. Overbeck. Versuch einer Würdigung, 1931; H. Schindler: Barth und Overbeck, Diss. Jena, 1935.

G. Ruhbach

Owen, John (1616–1683)

Wie viele radikale →Puritaner war O. walisischer Abstammung. Während der Regierungszeit von Oliver Cromwell spielte er eine wichtige Rolle in der Regierung im Blick auf die Errichtung einer pluralistischen Staatskirche. Nach der Wiederherstellung der Monarchie 1660 und der Entlassung von 2000 Pfarrern (1662), verteidigte O. die Rechte der verfolgten Nonkonformisten. Er lehnte ein ihm von König Karl II. angebotenes Bischofsamt ab. Seine Ekklesiologie war die der Independenten, d.h. eine freie Kirche mit kongregationalistischer Kirchenverfassung. O. war an verschiedenen Orten Englands Pfarrer und ist literarisch für den Calvinismus, dann in einen radikalen Kongregationslismus eingetreten.

Von 1649–1651 begleitete er Cromwell nach Irland und Schottland als dessen Kaplan. 1652 setzte Cromwell ihn ein als Vize-Kanzler der Universität Oxford. O. ist der Verfasser der Savoy Erklärung von Glauben und Ordnung von 1658, einer veränderten Fassung des Westminster Bekenntnisses. 1660 wurde O. gezwungen, Oxford zu verlassen. Bis heute werden seine Werke in England und Amerika gelesen und verlegt.

Lit.: J. Owen: Sin and Templation. The Challenge to personal Godliness, abridged and ed. by J. M. Houston, Introduction by J. I. Packer, 1983.

G. R. Cragg: Puritanism in the Period of The Great Persecution 1660–1688, 1957; P. Toon: God's Statesman, 1972.

R. C. Walton

Oxford-Bewegung (1833–1845)

Die O.B. hatte verschiedene Namen. Obwohl John Henry Newman sie anführte, wurde sie vielfach nach dem Professor Eduard B. Pusey als »Puseyite/Puseyismus« bezeichnet. Im Blick auf die Ziele der neuen Bewegung ist die Bezeichnung Tractarian-School nicht fehl am Platz, liest man Newmans »Tracts of the Times«. Nachdem die Einflüsse der Traktarianer an der →Oxford University nicht mehr vorherrschend waren, sind Begriffe wie »Ritualist« oder »Anglo-Catholic« zutreffend für diese Partei der die englischen Kirche geworden, die sehr von der »Anglo-Catholic« Bewegung beeinflußt gewesen war.

Die Traktarianer beanspruchen eine »Katholizität«, die es früher nicht gab. Der Versuch, Liturgie und Frömmigkeitspraxis u.a. mit der Einführung von Beichte und Buße zu erneuern, ist trotz der Opposition der Königin Viktoria und eines guten Teils des Parlaments gelungen. Die Anhänger der Traktarianer waren skeptisch gegenüber den Reformen, die die Whigpartei durchgesetzt hatte. Die Tractarian School wurde erst bekannt, als John Keble 1833 eine Predigt gegen den nationalen Abfall vom Glauben gehalten hatte. Ein Jahr später fingen die Anhänger der Bewegung an, »The Tracts for the Times« unter der Leitung von Newman, der die Studenten in Oxford begeisterte, herauszugeben. Als Newman sein »Tract XC« 1841 veröffentlichte, mit der These, daß die 39 Artikel der Kirche von England als röm.-kath. verstanden werden könnten, setzte der Erzbischof von Canterbury Newman unter Druck und verbot die »Tracts«. Die Traktarianer hatten viele Feinde. Ihre Einmischung bei der Ernennung von R. D. Hampden als Professor der Theologie an der Universität Oxford und beim Jerusalemer Bischofsamt haben sie nicht beliebt gemacht. Newman wurde 1845 zusammen mit Manning und anderen röm.-kath. Pusey und Keble blieben bei der anglik. Kirche. Der Einfluß der »Anglo-Catholics« an der Universität Oxford ist später nie wieder so groß gewesen wie in der Anfangszeit.

Lit.: O. Chadwick: The Victorian Church, 2 Bde, 1966; G. I. T. Machim: Politics and the Churches in Great Britain 1832 to 1868, 1977; J. R. H. Moorman: A History of the Church in England, 1953; E. R. Norman: Church and Society in England 1770–1970, 1976.

R. C. Walton

Oxford-Gruppen-Bewegung →Moralische Aufrüstung

Pachomius (290–346)

P. ist einer der ältesten ägypt. Asketen, mit dessen Namen sich die Anfänge des klösterlichen →Mönchtums verbinden. Aufgewachsen in einer kopt. sprechenden, heidnischen Bauernfamilie trifft P. erstmals während des durch die röm. Besatzungsmacht erzwungenen Militärdienstes auf Christen. Deren karitatives Wirken beeindruckt ihn so sehr, daß er sich taufen läßt und wie viele Anachoreten vor ihm in die Einsamkeit der Wüste zurückzieht. Sein Lehrer im anachoretischen Leben wird ein Einsiedler namens Palamon. Bei ihm harrt er mehrere Jahre aus, bis er in einer Vision erfährt, daß er künftig den Menschen dienen und sie zu Gott führen soll. Daraufhin sammelt P. Asketen in einer den Anachoretenkolonien vergleichbaren Weise. Erst um 320/25 gründet er in Oberägypten (Tabennisi) mehrere Klöster, die seiner Leitung unterstellt sind. Deren herausragendes Merkmal ist das gemeinsame Leben, das Wohnen, Arbeiten, Essen und Beten umfaßt. Daß P. an der Einzelzelle festhält, läßt die Herkunft seines Lebensentwurfs aus der →Anachorese erkennen. Die wichtigste Neuerung sind Regeln, in denen der Rahmen des monastischen Lebens verbindlich festgelegt wird. Zu ihnen gehören Ehelosigkeit, Besitzverzicht, Gehorsam sowie Bestimmungen zum Stundengebet und zur Schriftmeditation. Ziel der Regeln ist es, die Christusnachfolge im klösterlichen Leben Gestalt gewinnen zu lassen. Dem westl. Mönchtum hat P. durch seine Regeln, die →Hieronymus ins Lat. übersetzt hat (404), wichtige Impulse vermittelt, was sich besonders bei →Benedikt von Nursia zeigt.

Lit.: H. Bacht: Das Vermächtnis des Ursprungs: Pachomius – Der Mann und sein Werk, 1983; H. Holze: »Schrifterfahrung und Christuserkenntnis im pachomianischen Möchtum«, in: ThZ 49, 1993, 54-65.

H. Holze

Pädagogik, christliche →Erziehung; →Religionspädagogik

Palamas, Gregor →Hesychasmus

Paläographie

Die Handschriftenkunde hat ihre aus dem Griechischen (*palaios*, »alt«; *graphein*, »schreiben«) abgeleitete Fachbezeichnung durch die 1708 erschienene »Palaeographia Graeca« des Bernard de Montfaucon erhalten. Bereits 1681 hatte der Mauriner Jean Mabillon im 5. Buch seiner Studie »De re diplomatica« lat. Handschriften des 4. bis 15. Jh.s nach ihren handschriftlichen Kennzeichen und ihrer Entstehungszeit untersucht und geordnet. Damit waren die bis heute wesentlichen Aufgaben der P. gekennzeichnet, nämlich die griech. und lat. Handschriften der Antike und des MAs zu entziffern und zu datieren. Mit der P. in enger Verbindung stehen die Papyrologie als Wissenschaft zur Erforschung der Textüberlieferung auf Papyrus, Pergament/Leder und Ostraka (Tonscherben), die Epigraphik zur Erforschung von Inschriften und die Kodikologie mit den Schwerpunkten der Handschriftengeschichte und der Erfassung ihrer Sammlungen. Die Aufgabengebiete der klass. P. sind unverändert wichtig; alte Bestände der großen Sammlungen beispielsweise in Berlin, München oder Wien sind ebenso Gegenstand fortlaufender Untersuchungen wie neue Funde in Pompeji, Herculaneum oder jüngst in Petra. Einer breiteren Öffentlichkeit wurde paläographisches Arbeiten anhand des Streites um die Schriftrollen vom Toten Meer bekannt. Die These, aram. und hebr. Handschriften könnten verschlüsselte Informationen über das Frühchristentum enthalten, wurde zum einen durch eine korrekte paläographische Datierung der Texte in die vorchristl. Zeit und zum andern durch die korrekte Entzifferung unter Ausschließung erfundener Lesarten widerlegt. Die heutige Forschung zieht dabei modernste Hilfsmittel von der Radiocarbon-Analyse (C 14) über elektronische Stereomikroskope bis zu digitalen Infrarotkameras u.a. unterstützend heran. Daneben werden wichtige Ergebnisse bei der Zuordnung von Fragmenten zu Kodizes oder bestimmten Schreibern nach wie vor mit dem herkömmlichen Handschriftenvergleich erzielt. Auf diese Weise konnte beispielsweise im Bereich der ntl. P. die Zusammengehörigkeit der Papyrusfragmente p^{64} und p^{67} zum gleichen, ehemals vollständigen Kodex und die Identität des Schreibers der Papyri p^{73} und p^{74} nachgewiesen werden.

Lit.: B. Bischoff: Paläographie des römischen Altertums und des abendländischen Mittelalters, ²1986; H.-A. Rupprecht: Kleine Einführung in die Papyruskunde, 1994; W. Schubart: Griechische Paläographie, ²1966; C. P. Thiede: Papyrus Bodmer L, Museum Helveticum 47/1 (1990), 35–40.

C. P. Thiede

Palästina

1. Name

Der vielleicht erste hist. faßbare Hinweis auf den Namen P. findet sich in Ägypten. An einer Tempelwand in Medinet Habu rühmt sich Pharao Ramses III. (1184–1153 v.Chr.), seine feindlichen Nachbarn besiegt zu haben, unter denen er auch *Philistäa* erwähnt. Ansonsten sprechen frühe altorientalische Texte nur von den »Philistern« oder vom »Land der Philister«, womit der Städtebund phönizischer Seevölker im palästin. Küstengebiet gemeint war. Erst in den Annalen des Assyrerkönigs Adadnirari III. (809–792 v.Chr.) taucht wieder der vom Volksnamen abgeleitete Territorialname *Philistäa* auf.

Das AT erwähnt neben dem »Land der Philister« (1Mo 21,32.34; 2Mo 13,17; 1Kön 5,1) die Landesbezeichnung *Philistäa (peleschet)* in 2Mo 15,14; Jes 14,29.31; Joel 4,4; Ps 60,10; 83,8; 87,4; 108,10 und im hebr. Sir 50,28. Aus der aram. Form des hebr. *Philistäa* dürfte wohl das hell. Lehnwort *Palaistina* entstanden sein. Es taucht erstmals in der Verbindung *Syria (he) Palaistine* bei Herodot (3,91; 4,39) auf, der auch den verselbständigten Eigennamen *Palaistine*« kennt (2,104; 7,89), und soll dort den gesamten levantinischen Küstenstreifen bezeichnen. Von diesem Autor übernahmen →Philo und →Josephus den Namen *Palaistina* zur territorialen Bezeichnung der geographischen Provinz Judaea.

Erst im 2. Jh. n. Chr. kommt *Palästina* als offizieller staatsrechtlicher Name in Gebrauch, nachdem Hadrian 135 n.Chr. den zweiten jüd. Aufstand gegen die röm. Besatzungsmacht niedergeschlagen hatte. Er ließ daraufhin die meisten überlebenden Juden aus dem Kernland um Jerusalem ausweisen und den Namen der bisherigen Provinz Judaea zu *Syria Palaestina* ändern.

Im Jahr 638 eroberten moslemische Truppen unter dem Kalifen Omar ibn al Katab (634–644) das vom byz. Heer verteidigte Jerusalem. Unter dem Namen *'urdun* (arab. Jordan) wurde P. zur arab. Provinz. Aber bald setzte sich *falastin* als arab. Bezeichnung für das Territorium der einstigen röm. Provinz *Palaestina* durch; der Bezirk *'urdun* bildete fortan dessen westl. Grenze.

Als David Ben Gurion am 14. Mai 1948 in Tel Aviv den Staat Israel proklamierte, blieb der Name P./*falastin* nur noch für das arab. Transjordanland in Geltung.

2. Geographie

Die Provinz *(Syria) Palaestina* umfaßte zunächst dieselben Gebiete wie die vormalige Provinz Judaea. Von der Küstenstadt Dor im NW bis Caesarea Philippi und der Gaulanitis als nordöstl. Grenze erstreckte sich dieses Territorium über das gesamte östl. und westl. Jordangebiet nach Süden bis zum Toten Meer und entlang des Limes Judaeae nach Westen hin in das Gebiet zwischen Aschkelon und Aschdod. Es schloß das gesamte galiläische, samaritanische und judäische Bergland und die Küstenebene ein. Die unter Diokletian einsetzende Reform der Provinzialverwaltung erweiterte diese Landfläche beträchtlich. Im Norden grenzte nun der Karmel die Provinz *Palaestina* gegen Phoenicien ab, während im Süden der gesamte Negev bis nach Elat im Golf von Akaba von der Provinz Arabia an *Palaestina* abgegeben wurde. Auch jüd. und christl. Quellen bezeichnen seit dem 4. Jh. allg. dieses gesamte Gebiet mit dem Namen P.

3. Geschichte

Die geographische Lage verleiht dem schmalen Korridor zwischen Mittelmeer und Jordansenke eine strategische und wirtschaftl. Schlüsselposition. Alle antiken Handelsrouten zwischen dem eurasischen und afrikanischen Festland führten durch dieses Gebiet; die Seewege zwischen dem Indischen Ozean und dem Mittelmeer waren ebenfalls auf passierbare Landverbindungen über die Sinaihalbinsel angewiesen.

Nach dem Tod Herodes d. Gr. 4 v.Chr. bis zum Jüdischen Krieg 70 n.Chr. unterstand P. den in Cäsarea residierenden Prokuratoren des röm. Legaten in Syrien. Danach regierten Statthalter das Land. Neben der lat. Amtssprache verbreitete sich vor allem in den Städten die griech. Koine; auf dem Land und in konservativen jüd. Kreisen wurde die aram. Umgangssprache gepflegt, während Hebräisch als gottesdienstl. Sprache Verwendung fand, aber vielleicht in einigen Teilen Judäas auch profan gesprochen wurde. Unter byz. Herrschaft entwickelten sich in der zweiten Hälfte des 4. Jh.s aus der einen Provinz *Palaestina* drei kleinere Provinzen. Die südl. Gebiete wurden unter Kaiser Konstantius II. wieder vom ursprünglichen Provinzgebiet abgetrennt und als *Palaestina Salutaris* (später *Palaestina tertia*) selbständig verwaltet. Um 400 n. Chr. entstand auch im Norden aus Galiläa, dem Golan und Teilen der Dekapolis unter dem Namen *Palaestina secunda* eine weitere eigenständige Provinz mit der Hauptstadt Skythopolis, während als *Palaestina prima* das jüd. Kernland um Jerusalem verblieb. Mit letzterem verband sich künftig vor allem der Name P.

Nach den Römern herrschten die christl. Byzantiner von 330 bis 634 n. Chr. über P. Kaiser Konstantin erneuerte die hadrianische Ausweisungspolitik jüd. Bevölkerung aus Jerusalem mit rel. Motiven. Kaiser Heraklios unternahm 629 n. Chr. einen weiteren Versuch, das Jerusalemische Stadtgebiet endgültig von jüd. Bewohnern freizuhalten, nachdem er die Perser vertrieben hatte, die P. seit 614 besetzt hielten.

Noch unter röm. Herrschaft hatten sich zahlreiche Wallfahrtszentren christl. Pilger um die Wirkungsorte Jesu Christi gebildet. Während Konstantins Regierungszeit entstanden als erste christl. Kirchenbauten in dem polit. zunehmend bedeutungslosen Land die Anastasis über dem heiligen Grab, die Geburtskirche in Bethlehem, die Basilika in Mamre bei Hebron und die Eleonakirche auf dem Ölberg. Von Ägypten aus begann sich das christl. Mönchtum seit 330 um die Eremiten Hilarion in Gaza und Chariton in En Farah auszubreiten. Asketische Gemeinschaften gründeten bald erste Klöster, deren Traditionen zeitweise die lat. (Hieronymus, Rufin) wie auch die byz. Theologie (v.a. im christologischen Streit des 5. und 6. Jh.s) nachhaltig beeinflußten. Obwohl Jerusalem als ältester Bischofssitz der Kirche galt – als erster Bischof wird der Herrenbruder Jakobus (gest. 62 n. Chr.) gezählt – und den hist. Ursprungsort der christl. Gemeinde markierte, erhielt die Stadt erst auf dem IV. ökumen. Konzil in Chalcedon den Status des fünften Patriarchats, dem Cäsarea, Skythopolis und Petra als Metropolien unterstellt waren.

Nach den byz. Kaisern wechselten sich verschiedene islamische Dynastien in der Herrschaft über P. ab. Die neuen Herren wählten das winzige Städtchen Ramleh zum Zentrum dieser Provinz; die polit. Bedeutung Jerusalems war tief gesunken. Zunächst regierten die Omajaden von Damaskus aus über das Heilige Land, ehe sie 750 den in Bagdad residierenden Abbassiden weichen mußten. 969 entrissen die schiitischen Fatimiden den sunnitischen Abbassiden die Macht; unter ihnen begann 691 der Bau des Felsendomes. Unter dem Kalifen al-Hakim (996–1021) wurde die Grabeskirche zerstört, und Juden wie Christen wurden erstmals von moslemischer Seite offiziell verfolgt. In seine Regierungszeit fällt der Bau der Al-Aksa-Moschee auf dem Tempelplatz. 1071 bemächtigten sich die Seldschuken des Heiligen Landes, doch konnten die ägypt. Fatimiden 1098 Jerusalem zurückerobern, ehe vier Jahre später am 15. 7. 1099 christl. Kreuzritter die Stadt unterwarfen. Sie gründeten das Königreich Jerusalem, das sich nur dank der Uneinigkeit unter den moslemischen Machthabern fast neun Jahrzehnte halten konnte. Der kurdische Ajubide Saladin leitete schließlich 1187 mit seinem Sieg in der Schlacht bei Hittim die Vertreibung der christl. Ritterheere ein, die 1291 mit Akkos Eroberung abgeschlossen war. Schon 1244 hatten turkvölkische Charismier P. überrannt; 1250 tobte der Mongolensturm aus Ostasien auf dem fruchtbaren Halbmond, dem zehn Jahre später die Mamelucken von Ägypten aus ein Ende bereiteten. Ihre Herrschaft über P. wurde 1517 von den Osmanen abgelöst. Besonders im 14. Jh. waren die orientalischen Christen des Landes schweren Verfolgungen ausgesetzt, während die wenigen noch ansässigen Juden meist unbehelligt blieben.

Die Osmanen regierten 400 Jahre lang bis 1917 über P. Bis zur Mitte des 16. Jh.s vermehrte sich der jüd. Bevölkerungsanteil des Landes auf etwa 15.000 Juden bei einer Gesamtbevölkerung von rund 300.000 Menschen.

Nach der Herrschaft des Albaners Mahmed Ali über Syrien und P. von 1832 bis 1840, der erst als türkischer Gouverneur über Ägypten regierte, und seines Stiefsohnes Ibrahim Pascha setzte eine ausgedehnte christl. Missions- und Erziehungstätigkeit im syrisch-libanesischen Raum ein.

Um 1800 betrug der jüd. Bevölkerungsanteil P.s noch 2,4 %, ca. 6.700 von 275.000 Einwohnern. Mit der zunehmenden Säkularisierung Europas begann seit 1832 die polit. und zionistisch motivierte Einwanderung von Juden nach P. Vor der ersten Einwanderungswelle aus dem zaristischen Rußland infolge eines Judenpogroms nach der Ermordung Zar Alexanders II. 1881 lebten 24.000 Juden und 426.000 palästin. Araber im Heiligen Land. Nach der zweiten Einwanderungswelle um 1914 wird die Gesamtbevölkerung P.s auf 685.000 Menschen geschätzt, wovon etwa 85.000 Juden waren.

Im Ersten Weltkrieg verbündeten sich die Briten im Kampf gegen das von Deutschland militärisch unterstützte Osmanische Reich mit den Arabern, denen sie für ihre Hilfe die Unabhängigkeit P.s (im Mc-Mahon-Brief vom 24. 10. 1915) versprachen. Wenig später sicherte Großbritannien in der Balfour-Deklaration vom 2. 11. 1917 den Juden »die Errichtung einer nationalen Heimstätte« in P. zu, vereinbarte jedoch vorher mit Frankreich (im Sykes-Picot-Abkommen vom Mai 1916) eine gemeinsame internationale Verwaltung P.s. Im Herbst 1918 nahmen die Briten das Land militärisch in Besitz; am 24. 7. 1922 billigte der Völkerbund den britischen Mandatsentwurf, der Großbritannien die Verwaltung P.s übertrug. Neben dem palästin. Kernland waren das West- und Ostjordangebiet sowie der Gazastreifen eingeschlossen.

Bereits 1921 hatte die britische Regierung aber schon den größten Teil dieses Territoriums den Haschemiten überlassen, die darauf das »Emirat Transjordanien« gründeten, das 1946 zum Königreich Jordanien avancierte, und heute (1994) von König Hussein II., einem Enkel des ersten haschemitischen Emirs, regiert wird. Diese Zionisten wie Palästinenser gleichermaßen enttäuschende Haltung Großbritanniens führte zunächst zu rückläufigen Einwandererzahlen, die erst 1929 durch die Weltwirtschaftskrise wieder zunahmen und sich infolge der militant antisemit. Politik Deutschlands unter Adolf Hitler seit 1933 weiter verstärkten. Die ständigen Unruhen zwischen der jüd. und arab. Bevölkerung P.s ließen bereits im Juli 1937 die britische Mandatsregierung an eine Teilung des Landes denken, doch wurde der Teilungsplan von keiner der beiden Seiten akzeptiert und schließlich im Weißbuch 1937 zurückgenommen. Am 17. 5. 1939 untersagten die Briten auf palästinensischen Druck hin jede Einwanderung von Juden; daraufhin organisierten die Zionisten auch mit propagandistischem Erfolg (die »Exodus«) den illegalen Zuzug jüd. Einwanderer.

Endlich überließ es im Februar 1947 die britische Verwaltung der →UNO, den zionistisch-palästinensischen Konflikt zu lösen; am 29. 11. 1947 wurde erneut ein Teilungsvorschlag unterbreitet, der nun eine internationale Verwaltung Jerusalems vorsah. Im Blick auf eine mögliche Staatsgründung entschieden sich die zionistischen Politiker widerwillig für den Teilungsplan, während die palästinensische Seite die Vorschläge rundweg ablehnte und wenige Stunden später zu den Waffen griff.

Schon vor der Gründung des Staates Israel waren von den ca. 1,3 Mio. Palästinensern, die im Heiligen Land ansässig waren (Wolffsohn; UN-Schätzungen sprechen vorsichtiger von ca. 750.000 Arabern, die zwischen April und Dezember 1948 P. verließen), die meisten entweder freiwillig geflohen oder vertrieben worden. Am 15. 5. 1948, einen Tag nach der Unabhängigkeitserklärung, wohnten noch rund 156.000 Araber und 650.000 Juden auf israelischem Staatsgebiet. In dem sieben Monate dauernden Krieg nach der Staatsgründung verloren die Palästinenser ihren gesamten früheren Landbesitz entweder an Israel oder an den Emir Abdallah, der die von seinen Truppen eroberte Altstadt Jerusalem und das Westjordanland seinem Königreich Jordanien einverleibte; den Gazastreifen verwalteten bis 1967 die Ägypter. Jordaniens völkerrechtswidrige Annexion erkannten nur Großbritannien und Pakistan an. Ebenfalls im Widerspruch zu dem völkerrechtlichen Beschluß einer internationalen Verwaltung Jerusalems wurde das israelische West-Jerusalem zur Hauptstadt des jüd. Staates erklärt. Im Sechstagekrieg vom Juni 1967 eroberte Israel die Altstadt Jerusalems, das Westjordanland, die syrischen Golanhöhen und die ganze ägypt. Sinaihalbinsel; weitere 200.000 Palästinenser verließen, teilweise unter israelischem Druck, das Land. Trotz der Aufforderung des UN-Sicherheitsrates weigerte sich Israel, außer der Sinaihalbinsel weitere Gebiete zu räumen und begann dort statt dessen mit der Errichtung jüd. Siedlungen. Noch im Juni 1967 wurden Ost-Jerusalem und im Dezember 1981 die Golanhöhen annektiert.

Im Rahmenabkommen von Camp David (Sept. 1978) wie auch im Friedensvertrag vom März 1979 war bereits die innere Selbstverwaltung der palästinensischen Bevölkerung auf israelischem Staatsgebiet vorgesehen, doch erst am 13. 9. 1993 erklärten sich im Gaza-Jericho-Abkommen deren offizielle Vertreter bereit, erste konkrete Schritte zur Lösung des Konflikts zu unternehmen. Mit Jordanien einigte sich Israel am 3. 11. 1993 auf ein Sicherheits- und Handelsabkommen, während mit Syrien bislang (1994) noch keine Einigung über die strategisch wichtigen Golanhöhen erzielt wurde.

Als letzter europ. Staat hat am 29. 12. 1993 der Vatikan den Staat Israel als den Nationalstaat des jüd. Volkes anerkannt.

4. Die Kirche und Palästina

Die christl. Kirche bekennt den Gott Abrahams, Isaaks und Jakobs und Gottes Sohn Jesus Christus, der zur Regierungszeit des Kaisers Augustus im Kerngebiet des Stammlandes Juda von einer jüd. Mutter zur Welt gebracht wurde. Dieses Bekenntnis begründet und rechtfertigt das leidenschaftliche Interesse der Christenheit am Schicksal des jüd. Volkes und jenes Landes, dem die röm. Besatzungsmacht einst den Namen P. verlieh.

Im israelit.-palästinensischen Konflikt läßt der christl. Glaube keine einseitige Parteinahme zu. Nur etwa 2,3% der rund fünf Mio. Einwohner Israels waren 1990 getauft, von denen die meisten zum palästinensischen Volk gehörten. Mit diesen christl. Palästinensern, die selbst eine ständig abnehmende Minderheit im eigenen Volk bilden, weiß sich die Kirche durch die gemeinsame Taufe verbunden, ohne deshalb die von führenden palästinensischen Theologen vertretene Befreiungstheologie zu unterstützen. In der Rückkehr des jüd. Volkes ins Gelobte Land erkennt die Kirche Jesu Christi aufgrund ihrer heilsgeschichtl. Perspektive den Heilsplan Gottes und wertet die Entstehung des israelischen Staates als Erfüllung atl. Verheißungen (Jes 43,5-7; Hes 34,13; Sach 8,1-8; 10,6-10; Röm 9,4 u. a.), die auf Gottes Treue (3Mo 26,44; Ps 89,35; Röm 3,1-4; 11,29 u. a.) gegründet sind und Israels endgültiger Erneuerung durch Gottes Heiligen Geist (Hes 36,26-32; Jer 31,31-34; ebenfalls Jes 32,15; 35,5.6; 44,3; 61,1; Ps 51,12-14; 107,2.3 et al.) vorangehen. In den mindestens 2.000 judenchristl. Gemeindegliedern (manche sprechen inzwischen von über 4.000 an Jesus Christus als ihren Messias glaubenden Juden), die im Staat Israel leben und sogar zum Teil dort verfolgt werden, verwirklicht sich schon partikular Israels universale Berufung. Eine solche heilsgeschichtl. orientierte Stellungnahme lehnt einerseits die Theorie einer Substitution Israels durch die Kirche ab (vgl. schon Röm 11,2), sie teilt andererseits aber auch jene Israel-Euphorie nicht, die einen Erlösungsweg des jüd. Volkes außer und neben Jesus Christus lehrt (vgl. Apg 4,12; Joh 14,6; 1Joh 2,23).

Lit.: A. Carmel: Christen als Pioniere im Heiligen Land, 1981; M. Gilbert: Jewish History Atlas, 1985; ders.: The Arab-Israeli Conflict. Its History in Maps, 1984; F. Heyer: Kirchengeschichte des Heiligen Landes, 1984; H. Hillel Ben-Sasson (Hg.): Geschichte des jüdischen Volkes, 3 Bde., 1978–1980; O. Keel, M. Küchler, Chr. Uehlinger: Orte und Landschaften der Bibel. Ein Handbuch und Studienführer zum Heiligen Land, Bd. I, 1984; M. Krupp: Die Geschichte der Juden im Land Israel vom Ende des zweiten Tempels bis zum Zionismus, 1993; M. Wolffsohn: Wem gehört das Heilige Land? Die Wurzeln des Streits zwischen Juden und Arabern, 1992.

E. Nestele

Palästinenserfrage

→Palästina

Paley, William (1743–1805)

P. wurde zuletzt Archdeacon of Carlisle, nachdem er lange am Christ's College, Cambridge University als »fellow« amtiert hatte. Seine bekanntesten Werke sind »The Evidence of Christianity«, »Natural Theology«, »Moral and Political Philosophy« und die »Horae Paulinae«. Die »Horae Paulinae« zeigen, daß P., obwohl ein Verteidiger des »corpus Paulinum« und der Wunder, die im NT geschildert werden, bedingt bereit war, Bibelkritik zu akzeptieren. Er faßte die verschiedenen Richtungen der englischen Theologie im 18. Jh. in seinen Schriften zusammen. Seine Theologie ist auf der Grundlage der natürlichen Theologie aufgebaut, und auf dieser Basis verteidigte er die Offenbarung einschließlich der Wunder, die im NT berichtet werden. Er ist überzeugt, daß die Natur einen klaren Gottesbeweis erbringt. Mit seinem Werk »Natural Theology« versuchte er, den Deismus und den Rationalismus mit ihren eigenen Waffen zu bekämpfen. Er stellte auch eine Frage an die Naturforscher, die sie bis jetzt nicht beantwortet haben. Er behauptet, daß die Augen eines Fisches sich nicht durch evolutionäre Veränderungen entwickelt haben können, weil das Auge von Anfang an funktionsfähig sein müsse, da sonst der Fisch nicht lebensfähig wäre. P.s Schrift »Evidence of Christianity« ist eine praktische Apologie für das Christentum, in dem P. wiederholt betont, daß die Opferbereitschaft der Christen einer der besten Beweise für die Echtheit des Christentums gewesen ist. P.s Werk »Of Religious Establishment and of Toleration«, hat die weitere Ausbreitung der Toleranz befürwortet. P. glaubte an die Notwendigkeit einer institutionellen Kirche, behauptet aber, daß das Christentum mit verschiedenen Kirchenverfassungen gut leben könnte. Seine Ablehnung der franz. Revolution wurde von der Kirche unterstützt. Die Theologie, die er vertreten hat, hat seine Kirche lange beeinflußt.

Lit.: W. Paley: The Works of William Paley, 5 Bde., 1823; B. Hilton: The Age of Atonement, 1988; N. Sykes: Church and State in England in the XVIIIth Century, 1934.

R. C. Walton

Palimpsest

→Paläographie

Palmer, Christian (1811–1875)

P., geb. am 27. 1. 1811 in Winnenden. gest. am 25. 5. 1875, war als ev. Theologe deutlich von →Schleiermacher geprägt, aber als Vertreter der sog. →Vermittlungstheologie wesentlich stärker bibel- und gemeindebezogen. Dies äußerte sich bes. in seinen Aufsätzen zur Württemberger Gesangbuchreform (um 1840), wobei er darauf drang, daß der bibl.-ev. Bezug eindeutig zu erkennen sein müsse. Seine musikalisch-hymnologischen Interessen wurden durch seine Kontakte zu F. Silcher geprägt. Mit ihm gründete er die erste akademische Liedertafel. Auch in Fragen der anstehenden Choralbuchreform schaltete er sich literarisch ein. Seine musikalischen Neigungen und Fähigkeiten ließen ihn als Singweisenschöpfer aktiv werden, ebenso als

Komponist von Liedsätzen für Männerchor. Bei der liturg. Erneuerung in Württemberg, an der er keinen offiziellen Anteil hatte, meldete er sich ebenfalls kämpferisch zu Wort. Nach einer reichen pfarramtlichen Tätigkeit erhielt er 1852 die Professur für Moral und Praktische Theologie in Tübingen. Von seinen zahlreichen Veröffentlichungen sind die oft aufgelegte Ev. Homiletik (^{1}1842, ^{6}1887) und die Ev. Katechetik (^{1}1844, ^{6}1875) bes. hervorzuheben, ferner »Die Moral des Christentums« (1863) und die Ev. Hymnologie (1865). In letztere sind auch die Ergebnisse aus seinen Vorlesungen über die Geschichte der kirchl. Tonkunst mit eingeflossen.

Lit.: K. Dienst: «Palmer, Christian«, RGG^{3}, V, 1961, 34; J. Knapp: »Palmer«, RE^{3}, XIV, 1904, 616–621.

Chr. Albrecht

Palmsonntag

Die Evv. berichten übereinstimmend (Mt 21,1-11; Mk 11,1-11; Lk 19,29-40; Joh 12,12-19), daß Jesus vor seinem Leiden und Sterben, auf einem Esel reitend, feierlich in Jerusalem einzieht. Mt 21,5 und Joh 12,15 deuten dies als Erfüllung einer atl. Verheißung: Jesus gibt sich damit als der König des Friedens und der Gerechtigkeit zu erkennen, den der Prophet Sacharja angekündigt hat (Sach 9,9). Von der Menge, die ihn begleitet, wird er als messianischer König, als neuer David, gefeiert (Mt 21,9; Lk 19,38). Nach Joh 12,13 gehen die Pilger, die sich zum Passafest in Jerusalem aufhalten, ihm mit »Palmzweigen« (bzw. frischen »Zweigen«: Mt 21,8; Mk 11,8) entgegen (daher der Name P.; in der ev. Kirche ist auch die Bezeichnung Palmarum, (Sonntag) »der Palmen« verbreitet).

Von einer Prozession zur Erinnerung an den Einzug Jesu wird zuerst aus Jerusalem berichtet. Im Abendland steht der Sonntag vor Ostern zunächst im Zeichen der Vorbereitung auf die österliche Taufe: Die Lesung von der Salbung in Bethanien (Joh 12,1-11), an die man die Einzugsgeschichte (Joh 12,12-16) anschließt, nimmt Bezug auf die Salbung der Taufbewerber mit Katechumenenöl. In Rom ist der Sonntag ursprünglich ganz dem Gedächtnis der Passion Jesu gewidmet; man liest die Leidensgeschichte nach Mt. Unter dem Einfluß östlicher Liturgien wird es vom 8. Jh. auch im Westen üblich, das Einzugsgeschehen dramatisch-liturg. darzustellen. Heute eröffnet in der kath. Kirche die P.sprozession die Feier der Karwoche: Die Gemeinde versammelt sich vor der Kirche oder an einem anderen geeigneten Ort. Die Zweige, die die Gläubigen in den Händen halten, werden gesegnet. Nach der Lesung des Evangeliums vom Einzug Jesu in Jerusalem zieht man in Prozession zur Kirche und singt Psalmen (24; 47) und Hymnen (»Ruhm und Preis und Ehre sei dir, Erlöser und König«). In der Meßfeier, die sich anschließt, liest man die Passion Jesu nach Mt, Mk bzw. Lk.

Eine besondere Feier des Einzugs Jesu in Jerusalem kennt der ev. Gottesdienst nicht. Jedoch nehmen die →Antiphonen zum Eingangspsalm (Mt 21,9b) und das Evangelium (Joh 12,12-19) darauf Bezug (Mt 21,1-9 ist bereits zum 1. Advent gelesen worden). Inhaltlich ist wichtig, daß sich im Einzug Jesu königlicher Anspruch und Verzicht auf herrscherliche Macht- und Gewaltausübung miteinander verbinden. Die Berichte lassen offen, ob die Beteiligten diese Geste wirklich in ihrer Tiefe verstehen (vgl. Joh 12,16a).

K.-H. Bieritz

Panentheismus →Pantheismus

Pantheismus

1. Begriff

Pantheismus kommt vom griech. *pan theos,* »alles ist Gott«. Nach dem P. ist die Welt mit Gott identisch. Das Wort »Pantheist« prägte erstmals John →Toland (Pantheistikon, 1705). Vom P. zu unterscheiden ist der fälschlich oft mit ihm verwechselte Panentheismus, der vom griech. *pan en theo,* »alles ist in Gott«, abzuleiten ist. Nach dem Panentheismus ist die Welt in Gott, aber nicht gleich Gott und nicht mit Gott identisch. Den Begriff Panentheismus schuf Christian F. Krause (gest. 1832).

2. Pantheismus in der Geschichte der Philosophie und Theologie

Der wohl erste Pantheist in der Philosophiegeschichte ist in der Antike Heraklit, der im ewig lebenden Feuer oder Logos den Urstoff erblickt, der die Welt durchdringt und vorantreibt, und diesen mit Gott gleichsetzt. Nach den Stoikern ist dieses Urfeuer mit der Weltseele identisch, die Gott ist. Nicht dynamisch, sondern statisch ist der P. der Eleaten, etwa des Xenophanes ausgeprägt: »Gott ist das eine«; dieser eine Gott oder die Welt ist nicht geworden, sondern unbeweglich und unverändert ein und dasselbe.

Wichtig in seiner Wirkungsgeschichte auf die christl. Philosophie und Theologie (→Origenes, →Augustinus) war in der Antike die pantheistische Welterklärung des →Neuplatonismus, etwa Plotins. Demnach ist Gott als das »Ein und Alles« die Seinsspitze der Welt, in der sich das Sein verdichtet; es gibt verschiedene Seinsgrade in der Welt aufgrund der stufenweisen Emanation (= »Ausfluß«) Gottes in die Welt und seiner Remanation (= »Rückfluß«) aus der Welt zu sich. Stark vom Neuplatonismus beeinflußt zeigt sich im MA Johannes Scotus Eriugena, sowie vor allem die Mystik Meister →Eckharts, der sagen konnte: »Das Sein ist Gott«; »es ist etwas in der Seele, das ist ungeschaffen (= Gott)«. Entscheidend vom Neuplatonismus geprägt ist auch der P. →Spinozas, der von →Goethe und →Schleiermacher aufgegriffen wurde. Bekannt ist seine Formel *Deus sive substantia sive natura,* »Gott oder die Substanz oder die Natur«, d. h. Gott ist die einzige Substanz, er ist identisch mit der Natur. Entsprechend meint Schleiermacher in seinem Pan(en)theismus: »Kein Gott ohne Welt, keine Welt ohne Gott«, beide sind unabtrennbare »Korrelate«.

Zum P. tendiert auch die Weltschau →Hegels: Die menschliche Vernunft ist mit der göttlichen Vernunft, der Menschengeist ist mit dem Geist Gottes identisch. Ähnlich die Weltanschauung →Fichtes. Nach Fichte ist Gott die »moralische Weltordnung«.

3. Pantheismus in den nichtchristlichen Religionen

Das Mana in der sog. primitiven Religion bezeichnet alles Bemerkenswerte, Merkwürdige und Lebendige und ist mit der göttlichen Allkraft identisch. Diese Allkraft heißt im →Hinduismus Brahman und ist im Menschen als Atman, der mit Brahman identifiziert wird. Brahman oder Gott ist die Weltseele, die mit Atman, der Einzelseele, identisch ist. Auch der →Buddhismus kann pantheistische Züge annehmen, etwa in Gruppierungen Japans, in denen der ewige Buddha allein wahres Sein, alles andere nur relatives Sein hat, so z.B. in der Shingonshû und der Nichirenshû. Nicht ohne Einfluß des Buddhismus und des Taoismus bildete der Hauptträger der phil. Erneuerung Chinas im 11. und 12. Jh. n. Chr. Tshuh Hsi, eine pantheistische Lehre aus. Von dem T'ai tshi, dem höchsten Weltprinzip, sagte er: »Es ist die Gesamtheit der Wesen und ist in der Gesamtheit der Wesen.«

Dem Pan(en)theismus zuzuordnen ist gegenwärtig die New Age-Religion und ihre sog. holistische (ganzheitliche) Sicht der Welt: Die Welt ist ein Ganzes, das von göttlichen Kräften geeint wird, aber sich immer wieder zersplittert. Gott ist eine Energie in der Tiefe der Seele, die ins Bewußtsein gehoben werden soll.

4. Pantheismus in der gegenwärtigen christlichen Theologie

Nach Herbert Braun ist Gott »dort, wo ich engagiert bin« in Liebe, er ist »eine bestimmte Art der Mitmenschlichkeit«. Ebenso tendiert Paul →Schütz zum P., der in der »Schöpfung« »Gottes Zweiung« erblickt. »Der Geistleib Gottes ist die Welt in ihrer Vollendung.« →Teilhard de Chardin schaut Evolution und Heilsgeschichte in eins und er sieht in Gott das Ergebnis der Weltevolution.

5. Beurteilung

Wäre Gott Bestandteil der Welt und nicht »der ganz Andere« (K. Barth), dann würde Gott aufhören, Gott zu sein, und dann bliebe die Welt unerlöst, denn nur ein Eingriff von außen kann ihr helfen. Das Gegenüber von Schöpfer und Schöpfung ist konstitutiv für den biblischen Glauben, ebenso wie die Freiheit Gottes gegenüber der Welt und seine Unverfügbarkeit. Übersieht der P. und Panentheismus, daß die Welt nur Schöpfung Gottes ist, so verficht er doch das berechtigte Anliegen, daß Gott in der Welt und im Alltag unseres Lebens begegnet, und nicht in einer Randwelt, Überwelt und Hinterwelt zu suchen ist. Gott »erfüllt« in Christus »alles in allem« (Eph 1,23). Es »besteht alles in ihm« (Kol 1,17). Er ist das Herz der Welt.

Lit.: H. Hanreich: »Pantheismus«, EKL 3, 1011-1014; W. Holsten, J. Klein: »Pantheismus«, RGG³, V, 37-42; H. G. Pöhlmann: Abriß der Dogmatik, 1990, 157-160.

H. G. Pöhlmann

Papalsystem

Das P. hat die endgültig im I. Vatikanum (1870/71) dogmat. formulierte Auffassung zur Grundlage, daß die röm. Primatialgewalt als ordentliche, unmittelbare bischöfliche Gewalt über die ganze Kirche und alle Einzelkirchen zu verstehen ist und auf göttlicher Einsetzung beruht. Der Papst besitzt demnach im Gegensatz zur reformat. Auffassung nicht nur einen Ehrenvorrang vor allen Bischöfen, sondern die höchste und volle Leitungsgewalt *(potestas suprema et plena).*

Der röm. Anspruch wurde zwar schon in der Antike formuliert, blieb aber kirchenpolit. eher belanglos. Ursprünglich war damit mehr die Vorstellung einer subsidiären Gewalt verbunden. Das Papsttum (→Papst/Papsttum) leitet seit dem Hochmittelalter (→Gregorianische Reform) ein aktives und universales Gestaltungs- und Kontrollrecht daraus ab. Es entwickeln sich nunmehr jene Elemente einer zentralistischen Papstmonarchie, die das P. kennzeichnen: Einberufung der Konzilien, Bestätigung und Umsetzung der Konzilsbeschlüsse durch den Papst und Wahrnehmung gesamtkirchl. Funktionen (z.B. Kanonisation von Heiligen, Gewährung von Ablässsen, Aufsicht über die Orden, Privilegierungen und Dispense, Gründung von Bistümern, Ernennung der Bischöfe); eine vom Papst als Gesetzgeber erlassene, für alle Teilkirchen gültige Rechtsordnung (kanonisches Recht, →Kirchenrecht); päpstliche Ämter und Organe (Kardinalskollegium, Kurienkongregationen, Rota, Nuntiaturwesen). Das P. bestimmt gemäß Codex Iuris Canonici Can. 331–335 auch in der Gegenwart den Aufbau der röm.-kath. Kirche.

Lit.: →Papst/Papsttum.

W. Weiß

Papias →Apostolische Väter

Papst, Papsttum

a) theologiegeschichtlich

Die Begriffe P. und P.tum bezeichnen das Amt des Bischofs von Rom. Der Titel »Papst« wurde bis ins 5. Jh. auch von anderen Bischöfen gebraucht, bleibt aber dann dem röm. Bischof vorbehalten. Diesem kommt nach kath. Verständnis als Nachfolger des Apostels →Petrus die oberste Lehr- und Leitungsautorität in der Kirche zu.

Petrus besaß nach dem Zeugnis des NT (Mt 16,13-19; Lk 22,31f; Joh 21; 1Kor 15,5) im Zwölferkreis und in der Urgemeinde eine herausgehobene Position. Er gilt als »wichtiger und zuverlässiger Garant der Jesusüberlieferung« (K. Schatz). Sein Wirken und Martyrium in Rom (ca. 64-67 unter Nero) sind ebenso wie das des Paulus als hist. gesichert zu bewerten. Die röm. Gemeinde gründet sich auf diese beiden Apostelfürsten und verehrt deren Gräber. Sie gewinnt dadurch schon früh einen gewissen geistl., keineswegs jurisdiktionellen Vorrang (vgl. 1. Clemensbrief), der durch die Ausstrahlungskraft Roms als Hauptstadt des Reiches noch verstärkt wird. Mit der Ausbildung des monarchischen Episkopats und der apostol. Sukzession im 2. Jh. wird der röm. Bischof zum Repräsentanten der Petrustradition und damit Garant der unverfälschten Überlieferung. Die in der Folge erstellte Bischofsliste nennt Petrus als ersten Bischof Roms; die *Cathedra Petri,* »Lehrstuhl Petri«, hat sein jeweiliger Nachfolger inne. Gesamtkirchl. Autorität wird römischerseits erstmals im Streit um den Osterfesttermin und um die Ketzertaufe (hier mit Verweis auf Mt 16,18) beansprucht. Es entwickelt sich die Forderung Roms nach dem universalen Primat in der Kirche, die unter →Leo I. (440–461) in die Lehre von der päpstlichen Schlüsselgewalt einmündet. Demnach gebühre dem P. als Stellvertreter Petri *(vicarius Petri)* im rechtlichen Sinne die Fülle der Leitungsgewalt über die ganze Kirche *(plenitudo potestatis).*

Mit der Gründung Konstantinopels, dessen Patriarch immer mehr zum Konkurrenten des P.es wird, verliert Rom an Einfluß im Osten. Hier kann der röm. Primat höchstens eine subsidiäre Funktion erlangen für den Fall, daß ein Konflikt auf anderen Ebenen, z.B. durch Synoden, nicht gelöst werden und Rom der Wahrung der gesamtkirchl. Communio dienen kann. Grundsätzlich bleiben aber im ersten Jahrtausend die ökumen. Konzilien die höchste Autorität in der Kirche, der sich der P. unterwerfen muß, wie der Fall des häretischen P.es Honorius I. (625–638) zeigt.

Aber auch im Westen, wo dem röm. Bischof die Stellung des Patriarchen zukommt, kann Rom seinen Anspruch nur in Mittel- und Süditalien dauerhaft durchsetzen. Durch den Zusammenbruch der röm. Staatlichkeit entstehen weitgehend unabhängige Landeskirchen (z.B. westgotisches Spanien). Diese isolierte Stellung wird durch die von Rom ausgehende Mission der Angelsachsen überwunden. Aus Mangel an eigener Tradition erhalten hier Rombindung und Petruskult eine identitätsstiftende Funktion. Durch die Mission der Angelsachsen auf dem Kontinent rückt die Romverbundenheit auch hier ins Zentrum. Wie das Wirken des →Bonifatius beweist, geht es nicht nur um die Einheit im Glauben mit Rom, sondern ebenso um die im Recht, der Disziplin und Morallehre sowie der Liturgie. Innerhalb der Petrusverehrung findet bes. das Bild des Himmelspförtners Anklang bei den Germanen.

In polit. Hinsicht wirkt die von den angelsächsischen Missionaren mitinitiierte Zusammenarbeit der Päpste mit den fränkischen Hausmeiern und späteren Königen aus dem Haus der Karolinger zukunftsweisend, die mit der Kaiserkrönung →Karls des Großen einen Höhepunkt findet. Unter deren Schutz kann das P.tum eine größere polit. Unabhängigkeit als Herr des *patrimonium Petri* erreichen. Damit entsteht das Fundament für den bis 1870 bestehenden Kirchenstaat.

Für das P.tum im MA ist die von Papst Gelasius I. (492–496) entwickelte Zweigewaltenlehre von entscheidender Bedeutung, weil sie den Cäsaropapismus östl. Prägung überwindet und die ideelle Grundlage für die polit. Unabhängigkeit des P.es legt. In der Zeit vor der Jahrtausendwende verlieren die kollegialen und synodalen Strukturen in der westl. Kirche zugunsten der päpstlichen Zentralgewalt an Gewicht. Die Metropoliten werden nur noch als Delegierte des P.es ohne eigene Amtsgewalt betrachtet; der P. wird für alle sog. *causae maiores*, »gewichtigen Fälle«, für die Errichtung von Bistümern und Kirchenprovinzen zuständig sowie als entscheidende Appellationsinstanz angerufen. In diesem Prozeß erhalten die →Pseudoisidorischen Dekretalien eine zentrale Bedeutung.

Gleichzeitig erlebt das P.tum im 9. und 10. Jh. Phasen moralischen Tiefstandes und polit. Instabilität (sog. *saeculum obscurum*). Eine neue Etappe beginnt mit der Krönung Ottos I. durch P. Johannes XII. 962 und mit dem Vordringen des Reformdenkens, das mit Hilfe der dt. Kaiser (bes. Heinrich III.) auch das P.tum erfaßt. Das P.tum verbindet unter Gregor VII. (1073-85) den Anspruch einer unbegrenzten Vorrangstellung in der Kirche *(Dictatus papae* 1075) mit den in der cluniazensischen Reformbewegung (→Cluny) artikulierten Forderungen nach der *Libertas ecclesiae*, »Freiheit der Kirche«, und dem Vorrang des Geistlichen vor dem Weltlichen. Er bekämpft deshalb den kaiserlichen Einfluß und verweigert das Recht der Investitur der Geistlichen durch Laien (→Investiturstreit). Seine größte weltliche und geistl. Machtfülle erreicht das P.tum unter Innozenz III. (1196–1216), der sich als *vicarius Christi* bezeichnet und als Haupt der ganzen Christenheit begreift. In dieser Phase entwickeln sich die strukturellen Voraussetzungen für das →Papalsystem. Wenn auch das P.tum im Kampf zwischen Sacerdotium und Imperium seine Position nicht behaupten kann, weil die Kirche in die Abhängigkeit der entstehenden National- und Territorialstaaten gerät, bleibt der päpstliche Jurisdiktionsprimat formell in Geltung, selbst wenn er durch die teilweise aufgezwungene oder finanziell interessante Privilegienpraxis immer mehr ausgehöhlt wird.

Die Verweltlichung des P.tums, die Abhängigkeit von Frankreich und schließlich das abendländische Schisma tragen im Spätmittelalter zum Aufkommen des →Konziliarismus bei. In dieser Auseinandersetzung kann sich zwar das P.tum kirchenpolit. durchsetzen. Dogmat. bleibt aber die Frage offen, ob das Konzil in Glaubensfragen die höchste Lehrautorität besitzt, wenngleich von kurialen Theologen (z.B. Kardinal →Cajetan) neben dem Jurisdiktionsprimat zunehmend auch die päpstliche Unfehlbarkeit postuliert wird.

Der eigentliche polit. Sieger ist aber das Staatskirchentum. Der moralische Autoritätsverlust, noch forciert durch das Renaissancepapsttum, zeigt sich nachhaltig in der →Reformation, die den päpstlichen Anspruch zudem als unbibl. abweist.

Als kath.-konfessionelles Identitätsmerkmal und als Träger der tridentinischen Reform erhält ab der Mitte des 16. Jh.s das P.tum eine ungeheure Aufwertung. Allerdings findet auch das Konzil von Trient (→Tridentinum) zu keinem Konsens über die Frage des Verhältnisses von P. und Bischöfen. Römischerseits wird zwar vom Jurisdiktionsprimat und sogar von der päpstlichen Unfehlbarkeit ausgegangen, außerhalb Italiens prägen aber im 17. und 18. Jh. episkopalistische und nationalkirchl. Bestrebungen (→Gallikanismus; Febronianismus (→Febronius); →Josephinismus) das Bild. An der Wende vom 18. zum 19. Jh. kann von einem absoluten Tiefstand der päpstlichen Autorität gesprochen werden, der aber durch den →Ultramontanismus überwunden wird. Das I. Vatikanum definiert schließlich den Jurisdiktionsprimat und die Lehrunfehlbarkeit des P.es in der dogmat. Konstitution *Pastor aeternus* und betont die absolute Souveränität des P.es in formaler Hinsicht. Das II. Vatikanum mindert zwar diesen Anspruch nicht, bindet aber den P. unter dem Leitmotiv der Communiostruktur wieder stärker in die kollegiale Ordnung der Bischöfe ein und stärkt damit das Gewicht des Konzils als Repräsentanten der unfehlbaren Gesamtkirche.

Lit.: R. Pesch: Simon-Petrus. Geschichte und geschichtliche Bedeutung des ersten Jüngers Jesu Christi, 1980;

K. Schatz: Der päpstliche Primat. Seine Geschichte von den Ursprüngen bis zur Gegenwart, 1990 (Lit.); B. Schimmelpfennig: Das Papsttum. Grundzüge seiner Geschichte von der Antike bis zur Renaissance, 1984; G. Schwaiger: Päpstlicher Primat und Autorität der Allgemeinen Konzilien im Spiegel der Geschichte, 1977.

W. Weiß

In der folgenden Papstliste sind die eingerückten Namen – mit den genannten Einschränkungen – nicht als rechtmäßige, anerkannte Bischöfe von Rom zu betrachten.

Petrus	bis 64/67?
Linus	64/67?–79?
Anenkletus (Anaclet I.)	79?–90/92?
Clemens I.	90/92?–99/101?
Evaristus	99/101?–107?
Alexander I.	107?–116?
Xystus (Sixtus I.)	116?–125?
Telesphorus	125?–136?
Hyginus	136/38?–140/42?
Pius I.	140/42?–154/55?
Anicetus	154/55?–166?
Soter	166?–174?
Eleutherus	174?–189?
Victor I.	189?–198?
Zephyrinus	198?–217?
Kallistus (Calixtus I.)	217?–222
Hippolyt	217?–235
Urban I.	222–230
Pontianus	230–235
Anterus	235–236
Fabianus	236–250
Cornelius	251–253
Novatianus	251–258?
Lucius I.	253–254
Stephan I.	254–257
Sixtus (Xystus) II.	257–258
Dionysius	260(259?)–267(268?)
Felix I.	268(269?)–273(274?)
Eutychianus	274(275?)–282(283?)
Caius	282(283?)–295(296?)
Marcellinus	295(296?)–304
Marcellus I.	307?–308?
Eusebius	308(309?,310?)
Miltiades (Melchiades)	310(311?)–314
Silvester I.	314–335
Marcus	336
Julius I.	337–352
Liberius	352–366
Felix (II.)	355–358(365)
Damasus I.	366–384
Ursinus	366–367
Siricius	384–399
Anastasius I.	399–402

Innocenz I.	402–417
Zosimus	417–418
Bonifatius I.	418–422
Eulalius	418–419
Cölestin I.	422–432
Sixtus (Xystus) III.	432–440
Leo I.	440–461
Hilarus	461–468
Simplicius	468–483
Felix II. (III.)	483–492
Gelasius I.	492–496
Anastasius II.	496–498
Symmachus	498–514
Laurentius	498–506
Hormisdas	514–523
Johannes I.	523–526
Felix III. (IV.)	526–530
Dioskur	530
Bonifatius II.	530–532
Johannes II.	533–535
Agapet I.	535–536
Silverius	536–537
Vigilius	537–555
Pelagius I.	556–561
Johannes III.	561–574
Benedikt I.	575–579
Pelagius II.	579–590
Gregor I.	590–604
Sabinianus	604–606
Bonifatius III.	607
Bonifatius IV.	608–615
Deusdedit (Adeodatus I.)	615–618
Bonifatius V.	619–625
Honorius I.	625–638
Severinus	640
Johannes IV.	640–642
Theodor I.	642–649
Martin I.	649–653
Eugen I.	654–657
Vitalianus	657–672
Adeodatus II.	672–676
Donus	676–678
Agatho	678–681
Leo II.	682–683
Benedikt II.	684–685
Johannes V.	685–686
Konon	686–687
Theodor	687
Paschalis	687
Sergius I.	687–701
Johannes VI.	701–705
Johannes VII.	705–707
Sisinnius	708
Constantinus I.	708–715

Gregor II.	715–731	Johannes XIV.	983–984
Gregor III.	731–741	Bonifatius VII. (Franco)	984–985
Zacharias	741–752	Johannes XV.	985–996
Stephan	752	Gregor V.	996–999
Stephan II.	752–757	Johannes	XVI.997–998
Paul I.	757–767	Silvester II.	999–1003
Constantinus II.	767–768	Johannes XVII.	1003
Philippus	768	Johannes XVIII.	1003 (1004?)–1009
Stephan III.	768–772	Sergius IV.	1009–1012
Hadrian I.	772–795	Benedikt VIII.	1012–1024
Leo III.	795–816	Gregor VI.	1012
Stephan IV.	816–817	Johannes XIX.	1024–1032
Paschalis I.	817–824	Benedikt IX.	1032–1045
Eugen II.	824–827	Silvester III.	1045
Valentinus	827	Gregor VI.	1045–1046
Gregor IV.	827–844	Clemens II.	1046–1047
Johannes	844	Benedikt IX.	1047–1048
Sergius II.	844–847	Damasus II.	1048
Leo IV.	847–855	Leo IX.	1049–1054
Benedikt III.	855–858	Victor II.	1055–1057
Anastasius	855	Stephan IX.	1057–1058
Nikolaus I.	858–867	Benedikt X.	1058–1059
Hadrian II.	867–872	Nikolaus II.	1059–1061
Johannes VIII.	872–882	Alexander II.	1061–1073
Marinus I. (Martin II.)	882–884	Honorius II.	1061–1072
Hadrian III.	884–885	Gregor VII.	1073–1085
Stepahn V.	885–891	Clemens III.	1084–1100
Formosus	891–896	Victor III.	1086–1087
Bonifatius VI.	896	Urban II.	1088–1099
Stephan VI.	896–897	Paschalis II.	1099–1118
Romanus	897	Theoderich	1100–1102
Theodor II.	897	Albert	1102
Johannes IX.	898–900	Silvester IV.	1105–1111
Benedikt IV.	900–903	Gelasius II.	1108–1119
Leo V.	903	Gregor VIII.	1118–1121
Christophorus	903–904	Calixtus II.	1119–1124
Sergius III.	904–911	Honorius II.	1124–1130
Anastasius III.	911–913	Cölestin II.	1124
Lando	913–914	Innocenz II.	1130–1143
Johannes X.	914–928	Anaklet II.	1130–1138
Leo VI.	928	Victor IV.	1138
Stephan VII.	929–931	Cölestin II.	1143–1144
Johannes XI.	931–935/936	Lucius II.	1144–1145
Leo VII.	936–939	Eugen III.	1145–1153
Stephan VIII.	939–942	Anastasius IV.	1153–1154
Marinus II. (Martin III.)	942–946	Hadrian IV.	1154–1159
Agapet II.	946–955	Alexander III.	1159–1181
Johannes XII.	955–963 (964)	Victor IV.	1159–1164
Leo VIII.	963–965	Paschalis III.	1164–1168
Benedikt V.	964	Calixtus III.	1168–1178
Johannes XIII.	965–972	Innocenz III.	1179–1180
Benedikt VI.	973–974	Lucius III.	1181–1185
Bonifatius VII. (Franco)	974	Urban III.	1185–1187
Benedikt VII.	974–983	Gregor VIII.	1187

Clemens III.	1187–1191
Cölestin III.	1191–1198
Innocenz III.	1198–1216
Honorius III.	1216–1227
Gregor IX.	1227–1241
Cölestin IV.	1241
Innocenz IV.	1243–1254
Alexander IV.	1254–1261
Urban IV.	1261–1264
Clemens IV.	1265–1268
Gregor X.	1271–1276
Innocenz V.	1276
Hadrian V.	1276
Johannes XXI.	1276–1277
Nikolaus III.	1277–1280
Martin IV.	1281–1285
Honorius IV.	1285–1287
Nikolaus IV.	1288–1292
Cölestin V.	1294
Bonifatius VIII.	1294–1303
Benedikt XI.	1303–1304
Clemens V.	1305–1314
Johannes XXII.	1316–1334
Nikolaus V.	1328–1330
Benedikt XII.	1334–1342
Clemens VI.	1342–1352
Innocenz VI.	1352–1362
Urban V.	1362–1370
Gregor XI.	1370–1378
Urban VI. (Rom)	1378–1389
Bonifatius IX. (Rom)	1389–1404
Innocenz VII. (Rom)	1404–1406
Gregor XII. (Rom)	1406–1415
Clemens VII. (Avignon)	1378–1394
Benedikt XIII. (Avignon)	1394–1417 (1423)
Alexander V. (Pisa)	1409–1410
Johannes XXIII. (Pisa)	1410–1415
Martin V.	1417–1431
Clemens VIII.	1423–1429
Benedikt XIV.	1425–?
Eugen IV.	1431–1447
Felix V.	1439–1449
Nikolaus V.	1447–1455
Calixtus III.	1455–1458
Pius II.	1458–1464
Paul II.	1464–1471
Sixtus IV.	1471–1484
Innocenz VIII.	1484–1492
Alexander VI.	1492–1503
Pius III.	1503
Julius II.	1503–1513
Leo X.	1513–1521
Hadrian VI.	1522–1523
Clemens VII.	1523–1534
Paul III.	1534–1549
Julius III.	1550–1555
Marcellus II.	1555
Paul IV.	1555–1559
Pius IV.	1559–1565
Pius V.	1566–1572
Gregor XIII.	1572–1585
Sixtus V.	1585–1590
Urban VII.	1590
Gregor XIV.	1590–1591
Innocenz IX.	1591
Clemens VIII.	1592–1605
Leo XI.	1605
Paul V.	1605–1621
Gregor XV.	1621–1623
Urban VIII.	1623–1644
Innocenz X.	1644–1655
Alexander VII.	1655–1667
Clemens IX.	1667–1669
Clemens X.	1670–1676
Innocenz XI.	1676–1689
Alexander VIII.	1689–1691
Innocenz XII.	1691–1700
Clemens XI.	1700–1721
Innocenz XIII.	1721–1724
Benedikt XIII.	1724–1730
Clemens XII.	1730–1740
Benedikt XIV.	1740–1758
Clemens XIII.	1758–1769
Clemens XIV.	1769–1774
Pius VI.	1775–1799
Pius VII.	1800–1823
Leo XII.	1823–1829
Pius VIII.	1829–1830
Gregor XVI.	1831–1846
Pius IX.	1846–1878
Loe XIII.	1878–1903
Pius X.	1903–1914
Benedikt XV.	1914–1922
Pius XI.	1922–1939
Pius XII.	1939–1958
Johannes XXIII.	1958–1963
Paul VI.	1963–1978
Johannes Paul I.	1978
Johannes Paul II.	ab 1978

Aus: Martin Greschat (Hg.): Gestalten der Kirchengeschichte 12 (zusammengestellt von Georg Schwaiger), 1985, 343–346.

b) systematisch-theologisch

Die Auseinandersetzung mit dem P.tum bildet einen wesentlichen Teil des reformat. Ringens im 16. Jh. Kennzeichnend für Luthers Haltung ist die Charakterisierung des P.es als »Antichrist«, die sowohl in die luth. als auch in die ref. Bekenntnisschriften Eingang gefunden hat (Belege bei Lange, 125). Die mit diesem Ausdruck verbundene Polemik ist untrennbar mit dem theol. Sachurteil verwoben: Der Papst ist »der rechte Endechrist oder Widerchrist ..., der sich uber und wider Christum gesetzt und erhohet, weil er will die Christen nicht lassen selig sein ohn seine Gewalt, welche doch nichts ist, von Gott nicht geordent noch geboten. ... Aber der Bapst will nicht lassen gläuben, sondern spricht, man solle ihm gehorsam sein, so werde man selig« (BSLK 430,14; 431,5). Damit ersetzt der P. den alleinigen Heilsmittler Christus; seine Lehren treten in Konkurrenz zur Heiligen Schrift und heben sie auf; die Papstkirche wird zur »Synagoge des Satans«, innerhalb derer die wahre Kirche der an das Evangelium von Jesus Christus Glaubenden verborgen ist (vgl. WA 51,505; Kühn, 28). Die Lehrentscheidungen des I. Vatikanischen Konzils haben diesen Dissens verfestigt. In ihnen »wurde mit abschließender Eindeutigkeit eben das festgelegt, was die Reformation zurückgewiesen hat« (Lange, 126).

In den vielfältigen ökumen. Gesprächen über das P.tum (Zwischenbilanzen in: Papsttum als ökumenische Frage) läßt sich ein deutliches Bemühen um Relativierung der exeget.-hist. Unterschiede bei gleichzeitigem Rekurs auf das Heilshandeln Gottes in Jesus Christus als tiefster einender Grundlage beobachten. Auch angesichts verbleibender »erheblicher Differenzen« (Lehmann 168, mit Verweis auf den Codex Iuris Canonici von 1983, 331ff) sind auf ev. Seite Überlegungen zu einem »ökumenischen Papsttum« im Gange: So ist »nicht die Möglichkeit aus(zu)schließen, daß eine bestimmte Form des Papsttums, das unter dem Evangelium erneuert und umgestaltet ist, ein angemessener sichtbarer Ausdruck des Amtes sein kann, das der Einheit und Ordnung der Kirche dient« (Amt und universale Kirche, 120). In der evangelikalen Bewegung wird mit Verweis auf Königsherrschaft Jesu Christi und allgemeines Priestertum ein Petrusamt abgelehnt, wobei zugleich die Unfehlbarkeit der Heiligen Schrift eigens betont wird (WEA, 24).

Von Mt 16 her ist festzuhalten: Kirche ist die vielfältig angefochtene (Pforten der Hölle) Heilsgemeinde, die auf die Vollendung in Gottes Gericht zugeht (Binden und Lösen). Keine menschliche Institution kann für sich beanspruchen, was allein Handeln und Gabe Gottes ist: Die Rechtfertigung des Sünders um Jesu Christi willen. Nicht ein wie auch immer gestaltetes gesamtkirchliches Amt auf universaler Ebene salviert die Kirche, sondern das Vertrauen auf den in der Kraft des Heiligen Geistes in ihr gegenwärtigen Herrn (vgl. Papsttum, 234ff, 289ff).

Lit.: »Amt und universale Kirche«, in: H. Stirnimann; L. Vischer (Hg.): Papsttum und Petrusdienst, Ökumen. Perspektiven 7, 1975, 91-140; Arbeitsgemeinschaft Ökumenischer Universitätsinstitute (Hg.): Papsttum als ökumenische Frage, 1979; Die Bekenntnisschriften der evangelisch-lutherischen Kirche (BSLK), 1930 (¹⁰1986); U. Kühn: Kirche. Handbuch Systematischer Theologie 10, 1980; D. Lange (Hg.): Überholte Verurteilungen?, 1991; K. Lehmann; W. Pannenberg (Hg.): Lehrverurteilungen – kirchentrennend? Bd. 1 (Dialog der Kirchen 4), 1986; Weltweite Evangelische Allianz (WEA): Der römische Katholizismus aus heutiger evangelikaler Perspektive, idea-Dokumentation 19/1986.

E. Hahn

Papyrusforschung →Paläographie

Paracelsus (1493/4–1541)

Theophrast Bombast von Hohenheim, geb. 1493/94 in Einsiedeln in der Schweiz, aufgewachsen in Kärnten, Studien- (Promotion in Ferrara) und Wanderjahre in weiten Teilen Europas. 1527 wurde P. unter maßgeblicher Beteiligung von →Oekolampad, Froben und →Erasmus als Stadtarzt und Medi-

zinprofessor nach Basel gerufen, überwarf sich aber mit der Universität und mußte sich 1528 durch Flucht dem Gefängnis entziehen. Dann war er im Elsaß und in Süddeutschland; in dieser Zeit erscheint erstmals der Gelehrtenname P. Nach weiteren Wanderungen durch die Schweiz und Tirol und Aufenthalten in Süddeutschland und Österreich starb er 1541 in Salzburg.

Als Arzt führte P. im Gegensatz zur Heilmittellehre der Schulmedizin das Prinzip der Erfahrenheit ein; er betonte die Bedeutung des Lebens und der Lebensprinzipien; er nahm die Mineralien unter die Arzneien auf und förderte das Wissen um die seelischen Krankheiten.

Als Naturphilosoph war P. am Funktionieren des Kosmos und dessen »Concordanz« mit dem Menschen und seinen Leibesorganen interessiert. Auf der Grundlage von →Neuplatonismus und Hermetik schuf er ein originelles kosmosophisches System in teilweise völlig neuer Begrifflichkeit.

P. hinterließ zahlreiche, erst im 20. Jh. edierte theol. Schriften, meist bibl. Kommentare. Er stimmte weder mit den Altgläubigen noch mit der →Reformation überein.

Lit.: Parerga Paracelsica. Paracelsus in Vergangenheit und Gegenwart, 1991; H. Schipperges: Paracelsus. Das Abenteuer einer sokratischen Existenz, 1983 (mit Werkverzeichnis, Zeittafel und Lit.).

H. Scheible

Paradies

P. (hebr. *pardes,* griech. *paradeisos,* vom pers. *pairidaesa)* bezeichnet Neh 2,8; Hld 4,13; Pred 2,5 den umfriedeten Garten und baumreichen Park.

1. In der griech. Übersetzung des AT (LXX) wird der Garten Eden (1Mo 2,8.15; 3,8.23; Hes 28,13) als P. bezeichnet. Das hat im frühen Judentum dazu geführt, daß man den endzeitlichen Aufenthaltsort der Gerechten P. nennen konnte (TLevi 18,10f; 1Hen 20,7; PsSal 14,2; 4Esr 2,7f): Wie das erste Menschenpaar in einem mit der Fülle des Guten gesegneten Garten *(Gan Eden)* sich einer innigen Gemeinschaft mit Gott erfreuen durfte, so werden die Seelen der Gerechten unmittelbar nach dem Tod in das P. versetzt, das entweder als am äußersten Ende der Erde befindlicher (vgl. Jos bell 2,155f) oder als unweltlich-himmlischer Ort gedacht wird (Lk 23,43; 2Kor 12,4; Offb 2,7). Die atl. Vorstellung von einer einheitlichen Unterwelt für alle Toten (Scheol, →Hades) wurde vom 2. Jt. v. Chr. an unter griech. Einfluß zweigeteilt: dem P. der Seligen steht der kalte, finstere Ort für die Seelen der Gottlosen bzw. die Feuerhölle des Gehinnom gegenüber (4Esr 2,7; Jos bell 2,155f; 4Esr 7,80-87). Das Wort P. gewann eine dreifache Bedeutung:

– P. Adams = Garten Eden (Jub 4,23.26; Vit Ad 1,4.9);

– Aufenthaltsort der Seelen = »Garten der Gerechten« (1Hen 60,23) bzw. »Garten des Lebens« (1Hen 61,12), vielfach als im Himmel befindlich gedacht;

– das auf Erden verborgen gehaltene und in der Endzeit im Land Israel wieder eröffnete P. (4Esr 1,6; 4,2).

2. Im NT ist das P. die Stätte der Seelen der Gerechten. Nach Lk 23,42f verhieß Jesus am Kreuz dem Schächer, der um die Teilnahme am messianischen Reich gebeten hatte, die sofortige, unmittelbar nach dem Tode beginnende, Gemeinschaft im P. Für Lukas bedeutet der Aufenthalt der Seele im P. bzw. im Schoß Abrahams (vgl. Lk 16,22) den zwischenzeitlichen Zustand vor der Aufrichtung der Messiasherrschaft auf Erden und der mit ihr verbundenen Auferstehung der zu Christus Gehörenden.

Auch für Paulus ist das P. ein himmlischer Ort für die Seelen der mit Christus vereinigten Frommen (Phil 1,23; vgl. 2Kor 12,1-4). Wie später dem Rabbi Aqiba (b Chag 14b) wurde der entrückten Seele des Apostels ein Einblick in die himmlische Welt des P.es gewährt.

Ebenso meint die Verheißung Offb 2,7, die den Glaubenstreuen und Märtyrern gilt, den Aufenthalt der Seelen im himmlischen P.

Lit.: H. Bietenhard: Die himmlische Welt im Urchristentum und Spätjudentum, 1951; P. Billerbeck: Kommentar zum NT, Bd. 4, 1022ff; A.K. McArthur: »Paradise«, Interpreter's Dictionary of the Bible, Bd. 3, 655–656.

O. Betz

Paradox

Man redet von einem logischen P., wenn über denselben Gegenstand zwei Aussagen zusammentreffen, die sich gegenseitig aufheben oder aufzuheben scheinen (W. Joest). Ein P. widerlegt also – tatsächlich oder scheinbar – den Satz vom Widerspruch, welcher besagt, daß zwei sich widersprechende Aussagen nicht zugleich wahr sein können. Oft ist jedoch der Widerspruch nur ein scheinbarer. In Wirklichkeit erklärt dann ein Satz den andern (das synthetisierbare P.). Das absolute P. dagegen ist nicht synthetisierbar, und der Widerspruch muß ausgehalten werden. Nun gibt es aber auch das prälogische oder das P. im weiteren Sinn. Gemeint sind dann einfach unerwartete, erstaunliche Dinge (Cicero und Lk 5,26, die einzige Stelle im NT, in welcher der Ausdruck verwendet wird). Im NT finden wir also das absolute P. nicht. Hingegen kennt es verschiedene paradoxe Formulierungen, die sich aber alle erklären lassen: Mk 8,35; 9,24; 1Kor 1,21ff; 2Kor 11,10; Phil 2,12f u.a. Statt vom P. redet das NT öfters vom →Geheimnis *(mysterion)*, wenn es das Heilsgeschehen in Jesus Christus verkündet, so Kol 1,26f.

In eindrücklicher Weise finden sich synthetisierbare paradoxe Denkformen bei →Luther. Er sagt: Der Glaube richtet »sich auf Tatsachen, die man nicht sieht. Damit aber für den Glauben ein geeigneter Ort da ist, muß alles, was geglaubt wird, verborgen sein. Es wird aber nicht tiefer verborgen als unter dem Gegensatz zum Gegenständlichen, zur Wahrnehmung, zur Erfahrung. So, wenn Gott lebendig macht, tut er das durch Töten, wenn er gerecht macht, tut er das, indem er zu Schuldigen macht, wenn er in den Himmel bringt, tut er das, indem er in die Hölle führt«. In erklärbaren P.a redet Luther auch von der Heilszueignung: Das Heil ergreifen heißt für ihn, vom Heil ergriffen werden, Gott lieben heißt, geliebt werden, Gott erkennen heißt, von ihm erkannt werden. Daß die Sünde vom Menschen genommen wird heißt, daß er der Sünde entnommen wird. Nicht er erwirbt die Gerechtigkeit, sondern sie ihn. Anders als Luther kennt →Kierkegaard nur das absolute P. Daß Gott als die ewige und absolute Wahrheit in Beziehung tritt zu einem einzelnen sündigen existierenden Menschen, daß er in Jesus Christus selber ein einzelner historischer Mensch wird, die Sünde auf sich nimmt und leidet, das ist und bleibt absolut paradox und ist nur dem Glauben faßbar – oder aber es kommt zum Ärgernis. Kierkegaard betont gegen →Hegel und →Schleiermacher den absoluten qualitativen Unterschied zwischen dem heiligen Gott und dem sündigen Menschen. Er will damit wieder Ordnung schaffen zwischen Oben und Unten gegen alles spekulative Denken und gegen das Postulat einer Alleinheitserfahrung.

In unserer Zeit hat Karl →Barth das Anliegen Kierkegaards zunächst kraftvoll aufgenommen. »Gott ist im Himmel und der Mensch auf Erden« (vgl. Pred 5,1). Die →Offenbarung kann sich im zeitlich Relativen nur paradox, nur indirekt, nur in der Verhüllung zeigen. So ist wie für Kierkegaard auch für Barth das Apostolat ein P., weil da ein gewöhnlicher Mensch zum Künder absoluter Wahrheit wird.

Mit der Arbeit an der Kirchlichen Dogmatik (KD) beginnt ab 1930 eine neue Periode. Barth wird das große, alle Gegensätze überwindende Ja Gottes noch wichtiger, und er sieht, daß Gott auch in seiner gnädigen Herablassung sich selber nicht widerspricht. So ist in der KD nicht mehr vom P., dafür aber vom Geheimnis die Rede.

Außer bei Barth findet sich die paradoxe Denkstruktur auch bei Heinrich Vogel, Friedrich →Gogarten, Paul →Althaus, Karl →Heim, Rudolf →Bultmann, Emil →Brunner, nicht jedoch beim Bibeltheologen Adolf →Schlatter.

Lit.: W. Joest: »Zur Frage des Paradoxon in der Theologie«, in: Dogma und Denkstrukturen, hg. von W. Joest, W. Pannenberg, 1963, 116-151; K. Schilder: Zur Begriffsgeschichte des Paradoxon, 1933; H. Schröer: Die Denkform der Paradoxalität als theologisches Problem, 1960.

J. H. Schmid

Paragemeinde

→Parochie; →Personalgemeinde

Paraklet

→Geist, Heiliger

Parallelstrukturen

Eine meist polemische Bezeichnung für evangelikale »freie Werke« (→Werke, freie), die im Raum der Kirche neben Einrichtungen arbeiten, welche direkt oder indirekt kirchl. getragen werden. P. sind Organisationen oder Institutionen in allen Bereichen kirchl. Lebens (wie Gemeinde-, Jugend- und Frauenarbeit, Mission, Evangelisation und Diakonie, Medien, Schulen und Hochschulen usw.), z.B. →Arbeitsgemeinschaft Evangelikaler Missionen (AEM, seit 1969), →Evangeliums-Rundfunk (ERF, seit 1959), Informationsdienst der Ev. Allianz (→idea, seit 1970), →Albrecht-Bengel-Haus Tübingen (seit 1970), →Gemeindetag unter dem Wort (seit 1973), →Hilfe für Brüder (seit 1980), bis 1991 29 Freie Ev. →Bekenntnisschulen (seit 1973 Reutlingen) usw., weltweit die Ev. →Allianz (seit 1846) und die →Lausanner Bewegung (seit 1974), alternativ zum →Ökumenischen Rat der Kirchen.

P. wollen Defizite auf Gebieten ausgleichen, welche von der Kirche selbst nicht ausreichend wahrgenommen werden, und sind eher Ergänzungs-, Komplementär- oder Alternativstrukturen (engl. *para-church agencies*) als Gegenbewegungen. Sie begreifen ihren Auftrag von der Bibel her als notwendig, und sie bieten engagierten Evangelikalen Freiräume für aktive Mitarbeit und wirken so kirchenerhaltend, nicht kirchenspaltend. Die EKD steht struktureller Vielfalt allerdings grundsätzlich kritisch gegenüber – in auffälligem Kontrast zu dem Umstand, daß sie theol. in einem weitgehenden Pluralismus lebt.

P., 1968 als Kampfbegriff gegen Reformkommunismus in Prag entstanden, seit den 70er Jahren kirchenpolit. für evangelikale Initiativen verwendet, wird neuerdings allgemeiner gebraucht, so vom Verhältnis der VELKD zur EKD, der gemäßigten Baptisten zum Bund der Südlichen Baptisten in USA und der kath. Kirche »auf dem Territorium der russ.-orth. Kirche« zum Moskauer Patriarchat.

Lit.: I. Reimer et al.: Evangelistisch-missionarische Werke und Einrichtungen im deutschsprachigen Raum. Einzeldarstellungen-Übersichten-Adressen, 1991; H. v. Keler: idea 80/1987,I ff; E. Kimmich: idea Dokumentation 1/1989, 6ff; R. Scheffbuch: idea 2/1987, VIIff.

E. Kimmich

Paramente, Paramentik

Paramente (lat. *paramenta,* »Schmuckgegenstände«) nennt man die textile Ausgestaltung des gottesdienstl. Raums. In der Tradition auch für die gottesdienstl. geistl. →Kleidung verwandt, bezeichnet man damit im ev. Raum heute im engeren Sinn nur den Schmuck von Altar, Kanzel und Lesepult (»Antependien«), vielleicht noch der Abendmahlsgeräte, vor und nach deren Gebrauch diese verhüllend. Sie wollen nicht bloße Zierde sein, sondern durch Farb- und Bildsprache verkündigen, insbesondere die Aussage des Kirchenjahres sichtbar machen.

Dabei hat sich ein gewisser Farbkanon durchgesetzt. Die hohen Christusfeste (Christfest mit Weihnachtszeit, Ostern bis Himmelfahrt) sind weiß – Christuslicht; deren Vorbereitungszeiten (Advent, Passionszeit) violett – nächtliches Warten; Pfingsten und die Tage der Kirche sowie des Bekenntnisses rot – Feuer des Heiligen Geistes; Trinitatiszeit und Epiphaniaszeit sind grün – Wachstum im Glauben; einzelne Tage je sinngemäß, z.B. Johannis und Michaelis: weiß. Dabei muß Gesetzlichkeit vermieden und Freiheit der Aussage je nach Verkündigungsziel bewahrt werden. So kann z.B. Exaudi noch österlich weiß oder im Warten auf den Geist violett sein. Kasualgottesdienste haben die jeweilige Kirchenjahresfarbe.

Es muß Aufgabe liturg. Erziehung sein, der Gemeinde die »Sprache« der Farben und ggf. der Sinnbilder »lesbar« zu machen. Die strenge, zurückhaltende Form der Antependien ist angemessen, überladener Prunk verdeckt, Schriften lenken eher ab. Doch dürfen kräftigere Akzente und die Entfaltung von (liturg. erfahrener) Phantasie nicht gehindert werden. Größere Wandteppiche oder Hungertücher aus der Dritten Welt während der Fastenzeit können eine deutlichere Sprache sprechen als die oft gar zu schüchternen Antependien.

Lit.: W. Löhe: Vom Schmuck der heiligen Orte, hg. von A. Rickert, 1949. R. Volp: Liturgik, 1992, 145 (Lit.), 454-462, 510f.

H. Mayr

Parasche

P. (hebr. *paraschah,* pl. *paraschijjoth,* von *parasch,* »abteilen«) ist rabbin. Bezeichnung für einen Textabschnitt der hebr. Bibel. Schon in den beiden Jesajarollen aus der Höhle 1 von Qumran werden Sinnabschnitte (später *pisqa'oth,* »Unterbrechungen, Zwischenräume« genannt) gemacht; diese fehlen in der griech. Übersetzung (LXX) und im Pentateuch der Samaritaner. Als P. werden die Perikopen für die gottesdienstl. Schriftlesung an den Sabbaten und Festtagen bezeichnet, vor allem die großen (53, später 54) Abschnitte in den fünf Büchern Mose, die für den in Babylonien und heute bei den Sephardim (westl. Juden) üblichen einjährigen Zyklus der Toralesung gebildet wurden; sie sind durch den Buchstaben p als solche kenntlich gemacht. Das 1. Buch Mose hat 12 P.n, die nach dem jeweiligen Anfangswort oder einem wichtigen Ausdruck der P. benannt sind, z.B. *Bereschith* (1Mo 1,1-6,8) oder *Noach* (6,9-11,32); auch der Kommentar Genesis Rabba ist in P.n (meist 100) eingeteilt. In der Mischna (Meg 3,4) werden vier P.n erwähnt, die an bestimmten Sabbaten zusätzlich zur wöchentlichen Lesung vorgetragen werden; sie sind in der Rabbinerbibel abgedruckt (Ende von Bd. 1). Die großen P.n werden jeweils in sieben Unterabschnitte gegliedert.

In Palästina und bei den Aschkenasim (östl. Juden) hat man die fünf Bücher Mose in einem Zyklus von drei bis dreieinhalb Jahren gelesen; die dementsprechend wesentlich kürzeren Perikopen heißen *Sedarim* und sind durch den Buchstaben *s* gekennzeichnet. Das 1. Buch Mose hat 43 Sedarim. Seit Maimonides spricht man von «Offenen« P.n, bei denen die folgende P. mit einer neuen Zeile beginnt und somit die Schlußzeile »offenläßt«, und von »Geschlossenen« P.n, bei denen die folgende P. schon in der Schlußzeile einsetzt, und zwar nach einem Zwischenraum von mindestens neun Buchstaben.

Diese Gliederung in Sinnabschnitte wurde auch in den gedruckten Ausgaben der hebr. Bibel durchgeführt (die erste: Bombergiana 1516/7). Daneben wurde auch die Verseinteilung übernommen, die im 13./14. Jh. erstmals in der lat. Bibel (Vulgata) erscheint.

Lit.: »Parascha«, in: Encyklopedia Miqra'ith, Bd. 6, 625-628; H. Bardtke in FS Dornseiff, 1953, 76-102.

O. Betz

Pariser Missionsgesellschaft

Die P.M. wurde am 4. 11. 1822 als »Société des Missions Evangéliques chez les peuples non chrétiens, établie à Paris« (SMEP) gegründet. Anregungen dazu waren von der London Missionary Society (gegründet 1795) und von der Basler Missionsgesellschaft (1815) gekommen. 1823 wird ein eigenes Missionshaus eröffnet. Das »Journal des Missions Evangéliques« informiert seit 1826 die franz. Protestanten über Entwicklungen in der weltweiten Mission. Jean Henri Grandpierre (Direktor 1827-56), Eugène Casalis (1856-82) und Alfred Boegner (1882–1912) haben den internationalen und konfessionsübergreifenden Charakter der SMEP geprägt, die durch ihre Hilfsvereine in vielen Gemeinden ein wichtiges Instrument der Zusammenarbeit der prot. Minderheitskirchen in Frankreich wurde. Erste Arbeiten am Kap, in Botswana und Lesotho begannen 1833, in Tahiti und Senegal 1862. Alle anderen Arbeitsfelder wurden der SMEP durch polit. Ereignisse anvertraut oder zugeführt: Französisch Kongo (Gabun), Neu-Kaledonien, Madagaskar, Kamerun und Togo. 1956 hatte sie noch 354 Missionskräfte in diesen Kirchen.

Nach 150jähriger Tätigkeit stellte die P.M. am 30. 10. 1971 fest, daß ihre ursprüngliche Aufgabe mit der Entstehung selbständiger Kirchen in Übersee beendet sei. Ihre eigene Rolle definierte sie als Koordinator für zwischenkirchl. Hilfe (im umfassenden Sinn) neu. In der »Communauté Evangélique d'Action Apostolique«, der Ev. Gemeinschaft Apostolischer Aktion (CEVAA), arbeiten die europ. und überseeischen Kirchen gleichberechtigt zusammen, entscheiden über Prioritäten und Mittelzuweisung und leisten sich gegenseitig Hilfe bei der Lösung der der Kirche aufgetragenen mission., diakon. und sozialen Aufgaben. Zur franz. Abteilung von CEVAA gehören auch schweizerische Kirchen und die ital. →Waldenserkirche. Diese verbindliche Gemeinschaft im spirituellen und materiellen Anteilgeben und -nehmen könnte ein Modell für Partnerschaft in der Mission sein.

Lit.: Jubilé centenaire de la Société des Missions évangéliques de Paris 1822–1922, 1923; E. Krüger: »Französische evangelische Missionen«, RGG³ II, 1056, 1958; J.-F. Zorn: Protestants francophones en mission à la belle époque – l'action de la Société des Missions évangéliques de Paris de 1884 à 1914, 1991.

R. Müller

Parochie

1. Definition

P. (mittellat. *parrochia*, griech. *paroikia*, dt. »Anwohnerschaft«, davon auch das mittelhochdt. »Pfarre« und somit →Pfarrer) ist ein regional genau begrenzter Kirchenbezirk, in dem ein oder mehrere Pfarrerinnen oder Pfarrer ihren Dienst tun, und zu dem eine bestimmte Zahl von Kirchenmitgliedern durch ihren Wohnsitz zugeordnet ist.

2. Geschichte

Hatte ursprünglich jede Versammlung von Christen ihren eigenen Bischof, so beginnt man im 3. Jh. in →Rom mit der Einteilung in Bezirke, in denen Diakone für die Armenpflege zuständig waren. Daraus konnten Kirchen werden, in denen Priester wirkten, die aber vom Bischof abhängig blieben und in der Regel kein Taufrecht hatten. Etwa seit dem 6. Jh. kam es durch das →Eigenkirchenwesen zu einer Veränderung: Der Grundherr war nun nach germanischem Rechtsverständnis Besitzer der Kirche auf seinem Grund. Er bestritt auch den Unterhalt der Priester. Im Aachener Kapitular von 818/19 wurden Rechte und Pflichten von Grundherren und Bischöfen gegeneinander abgewogen: Die Bischöfe bekamen ein Visitationsrecht; die Grundherren mußten für eine ausreichende Dotierung der Pfarrstellen sorgen. Aus den Eigenkirchen entwickelten sich die P.n: »abgegrenzte Bezirke, innerhalb derer die Einwohner an ihre Kirche und deren Pfarrer gebunden sind (Pfarrzwang) und dafür zu Zahlungen (Zehnter, Stolgebühren) verpflichtet waren« (D. Rössler, 522). In den Städten allerdings gab es neben den P.n immer auch →Personalkirchengemeinden, z.B. durch die Wirksamkeit der Klöster. Vom Eigenkirchenwesen, das durch den Investiturstreit in Frage gestellt und schließlich abgeschafft wurde, blieb nur das Patronatswesen (→Patronat). Das Tridentinum forderte schließlich die volle Aufgliederung der Diözesen in P.n. So ist es bis heute: »Jeder Getaufte ist durch seinen Wohnsitz Glied einer Pfarrei, die als territoriales Glied einer Diözese definiert ist« (C. Möller, 320). Dabei ist der Priester verstanden als Gehilfe seines Bischofs für eine P. Die einzelne P. ist stets der Diözese als »eigentlicher« Kirche untergeordnet.

In der Reformation wurde grundsätzlich an den P.n festgehalten. Der Pfarrzwang blieb erhalten: *Quis est in parochia, est de parochia,* »Wer in der Parochie lebt, gehört zur Parochie« (O. Friedrich, 62). Allerdings kehrten die Reformatoren das hierarchische Denken um: Die P. ist nicht mehr das letzte Glied in der Kette; ihr kommt vielmehr der Primat zu, so daß sie z.B. auch das Recht der Pfarrwahl haben müsse (M. Luther: Das eyn Christliche versamlung odder gemeyne recht und macht habe, alle lere zu urteylen und lerer zu beruffen, eyn und abzusetzen, Grund und ursach aus der schrifft, 1523).

Im →Pietismus ist zuerst →Speners Programmschrift »Pia Desideria« zu nennen, die sich um eine Erneuerung der P. müht, indem immer wieder auf das allg. Priestertum der Gläubigen Bezug genommen wird und den Gemeinden geordnete *collegia pietatis* (»Frömmigkeitszirkel«) empfohlen werden.

Mit der Zeit stellten sich jedoch immer größere Mißstände im P.wesen ein: die zwangsweise Bindung an den Pfarrer, die Abhängigkeit der Pfarrer von den Gebühren, zu kleine oder zu große P.n. Auf Einflüsse →Schleiermachers geht die typische Form der Gemeindebildung im 19. Jh. zurück, nämlich die Personalgemeinde, die sich um einen bedeutenden Prediger sammelt. Aus solchen Personalgemeinden konnten bei entsprechenden Prediger-Persönlichkeiten aber auch freie Gemeinden werden, die der Landeskirche den Rücken zukehrten (z.B. H.H. →Grafe in Wuppertal). Schon im 19. Jh. bildeten sich außerdem neben den P.n eigenständige Personalgemeinden in den Landeskirchen, z.B. die Hamburger Kapellengemeinden (R. Steffen, in: J. Knoblauch u.a., 94-101). Im 19. Jh. begann mit der zunehmenden Entkirchlichung auch ein Bedeutungsverlust der P.: Nicht mehr alle, sondern nur noch einige nahmen die Angebote ihrer P. in Anspruch. Der Dresdener Pfarrer Emil Sulze (»Die evangelische Gemeinde«, 1891) bemühte sich um die Verlebendigung der P. Ihm ging es um eine Aufteilung der viel zu großen P.n in kleinere Einheiten, um die Tätigkeit der einzelnen Christen besonders in gegenseitiger Seelsorge und Diakonie.

Im 20. Jh. setzte auch in der röm.-kath. Kirche ein Prozeß der Gemeindewerdung ein, besonders gefördert durch die Betonung der Ortsgemeinde im Zweiten Vatikanischen Konzil (sowie durch Theologen wie F. Klostermann, »Gemeinde als Kirche der Zukunft«, 1974).

3. Gegenwärtige Situation

Im Grunde genommen ist die P. innerhalb der Landeskirchen die Hauptform kirchl. Gemeindearbeit geblieben, auch wenn sich neben der P. andere Formen von Gemeinde etablieren, z.B. die Paragemeinden (→Studentengemeinden, Anstaltsgemeinden, →Akademien, Kirchentage) oder die freien Werke in, mit, aber nicht unter der Landeskirche, nicht zuletzt die Hausgemeinden in oft sehr selbständigen →Hauskreisen. Die P., also die »Kirche der kurzen Wege«, ist immer noch flächendeckendes Angebot, mit dem Evangelium in Kontakt zu kommen. Sie ist Gemeinde im Nahbereich und sie gibt immer noch ein Gefühl der Zugehörigkeit und Verbundenheit selbst bei distanzierter Einstellung zur Kirche und zum christl. Glauben. Man weiß, zu welcher Kirche und zu welchem Pfarrer man gehört. Das Parochialsystem ist - soziologisch gesprochen – ein funktionierender »Kleinverteilungsapparat« für das Evangelium. Gerade für das oft nicht (mehr) mobile »Ensemble der Opfer« (Ernst Lange) ist die P. die erreichbare Gemeinde.

Auf der anderen Seite wissen viele in der Ev. Kirche seit langem um das »Dilemma der Volkskirche« (Vicedom), um den Mangel an persönlicher Zustimmung zum Glauben und aktiver Mitwirkung am Leben der P. unter den vielen, die durch ihre Taufe zu einer P. gehören, auch um die unüberwindlich erscheinende Pfarrerzentrierung in den P.n. Dem Pfarrer kommt in den meisten P.n so etwas wie die »personale Repräsentanz für die Kirche« zu (C. Möller, 329). Dazu gehört allerdings auch, daß ihm als Repräsentanten der P. die Türen zu den meisten Häusern offen stehen.

4. Systematische Aspekte

Eine entscheidende theol. und damit auch kirchenrechtliche Frage ist mit der Komplementarität von P. und Kirche gegeben. Die Komplementarität kann aufgelöst werden durch einen autoritären Kirchenbegriff, der in der P. nur eine Filiale der Großkirche sieht, oder durch einen individualistischen Gemeindebegriff, der in der Kirche bestenfalls einen Verwaltungs-Zweckverbund sieht. Die Komplementarität von Kirche und P. hält an der Ökumene des Gottesvolkes fest sowie an der Gemeinschaft der lehr- und darum auch organisationsmäßig miteinander verbundenen Gemeinden, ohne die Selbständigkeit jeder einzelnen P. aufzuheben. Denn: »Die einzelne Gemeinde ist das ursprüngliche Organisationsprinzip des religiösen Lebens im Protestantismus« (D. Rössler, 521). Auf der Ebene der P. selbst wiederholt sich diese Komplementarität durch die Beziehung von Gemeinde und Gruppe, etwa am Beispiel der Selbständigkeit und freiwilligen Gemeindegebundenheit der Hauskreise in einer P. Dabei geht es um die Chance zur persönlichen und verbindlichen Gemeinschaft einer Gruppe, in der die Charismen der einzelnen zum Zuge kommen können, und zugleich die Notwendigkeit der lehrenden, ermahnenden und tröstenden größeren Gemeinschaft, vor allem dargestellt in der gottesdienstl. Vollversammlung. Die Einbindung in die jeweils größere Gemeinschaft bewahrt vor der sektenhaften Verengung der Perspektive in der eigenen, nicht selten als elitär empfundenen Gemeinschaft.

5. Perspektiven

Gleichwohl sind Wandlungen im Verständnis der P. unabdingbar. Aus der Sicht des →Gemeindeaufbaus in einer spät-volkskirchl. Zeit sind einige Punkte herauszustellen:

a. P. kann nicht mehr nur als flächendeckende Versorgung verstanden werden. Ein fruchtbares und zukunftsweisendes Denken versteht unter der P. ein bestimmtes Planquadrat des kirchl. Missionsgebietes. In den doch im allg. überschaubaren P.n mission. Aufgaben zu sehen, ist Anliegen des →Gemeindeaufbaus, der z.B. (F. Schwarz: »Überschaubare Gemeinde«, 1979ff) die Unterteilung einer P. in Kleinbezirke vorsieht, die von einem Besuchsdienst betreut werden, der in diesen Kleinbezirken Menschen zum Glauben an Jesus Christus und zur Beteiligung am Leben der Gemeinde einlädt.

b. Die Mobilität der Menschen, die zunehmende Verinselung der Lebenswelten läßt für den mobilen Teil der Bevölkerung die parochiale Struktur als unzeitgemäß erscheinen. Mobile Kirchenmitglieder gehen in die Kirche, deren »Stil« ihnen zusagt. So bilden sich mindestens in den Städten de facto → Personalgemeinden. Das plurale Erscheinungsbild der Gemeinden in einer Großstadt legt auch eine solche Durchlässigkeit des parochialen Prinzips nahe; zwar bleibt einerseits die P. verantwortlich für die in ihrem Bezirk wohnenden Menschen, aber auf der anderen Seite wird eine gewisse »Wanderbewegung« toleriert, um auf vielerlei Weise möglichst viele Menschen zu gewinnen.

c. Rechtliche Bestimmungen werden dieser Durchlässigkeit gerecht. Bereits heute ist es in den Landeskirchen möglich, daß z.B. Amtshandlungen auf Antrag von einem anderen als dem zuständigen Ortspfarrer durchgeführt werden. Dafür ist ein →Dimissoriale erforderlich. Weitergehende Bestimmungen in einigen Landeskirchen ermöglichen auch die völlige Überweisung eines Gemeindegliedes in eine andere als die Wohnortgemeinde, wenn z.B. eine enge Bindung an diese andere Gemeinde, etwa durch die Mitarbeit, entstanden ist.

d. Noch weitergehende Überlegungen betreffen die Gemeindegründung in der Volkskirche. Diese ist zu unterscheiden von Gemeindegründungen in den klassischen →Freikirchen und von Gründungen neuer, unabhängiger Gemeinden. Vorbilder für die Gemeindegründungen in der Volkskirche sind zum einen die hist. Kapellengemeinden in Hamburg bzw. andere Personalgemeinden, zum anderen Bestrebungen etwa in der anglik. Kirche, durch »church planting« (Kirchenpflanzungen) verstärkt Menschen zu erreichen, die durch den Dienst der P. nicht mehr erreicht werden können. Manchmal wird die Gründung neuer Gemeinden auch mit dem desolaten Zustand der Landeskirchen begründet, die gläubigen Christen keine adäquate Heimat mehr bieten. Theologen der →Gemeindewachstumsbewegung sehen jedoch in der Gemeindegründung vor allem ein natürliches Lebensprinzip einer mission. Kirche: «Die wahre Frucht eines Apfelbaums ist nicht ein Apfel, sondern ein weiterer Apfelbaum. Und die wahre Frucht einer christlichen Gemeinde ist nicht ein neugewonnener Christ, sondern eine neue Gemeinde« (C. Schwarz, in: J. Knoblauch u.a., 51). Die Gemeindegründungsliteratur schlägt dazu verschiedene Modelle vor, z.B. die Gründung von Tochtergemeinden. In einer wachsenden Gemeinde werden einige Mitarbeiter ausgesandt, um etwa in einer bisher nicht erreichten Gegend innerhalb der P. oder bei einer bisher nicht erreichten Zielgruppe eine neue Gemeinde innerhalb der Landeskirche zu gründen. Vorstellbar ist auch die Teilung einer großen P. in zwei überschaubarere Gemeinden. Vorstellbar sind auch Missionsstationen in den Zentren der entkirchlichten Großstädte, die in Ladenlokalen, Fabrikhallen oder anderen »neutralen« Gebäuden Menschen zu erreichen suchen, die von den parochialen Gemeinden nicht mehr erreicht werden können. Wenn hier nicht heimlich doch die Verantwortung für die P. aufgegeben wird, und wenn nicht ungute Konkurrenzsituationen aufgebaut werden, bestünde eine gute Perspektive im bewußten Neben- und Miteinander von parochialen Gemeinden und Gemeindeneugründungen in der Volkskirche. Gleichwohl darf von einer strukturellen Neuorganisation nicht die Erweckung der Kirche erwartet werden, zumal die Gemeindeaufbau-Chancen der P. noch lange nicht ausgenutzt erscheinen können.

Lit.: O. Friedrich: »Parochie«, EKL², Bd. 3, 62-64; G. Holtz: Die Parochie, 1969; J. Knoblauch, E. Eickhoff, F. Aschoff (Hg.): Gemeinde gründen in der Volkskirche – Modelle der Hoffnung, 1992; C. Möller: »Gemeinde«, TRE 12, 316–335; D. Rössler: Grundriß der Praktischen Theologie, 1986, 521–524; U. Stutz: »Pfarre, Pfarrer«, RE³, Bd. XV, 239ff; E. Winkler: Die Gemeinde und ihr Amt, 1973.

M. Herbst

Parsismus →Zoroastrismus

Parteien, christliche

Das Verständnis der Aufgaben und Ziele christl. P. erschließt sich am besten aus der Tatsache, daß sie in der Regel als »Antwort« (im Sinne Toynbees) auf die »Herausforderungen« des radikalen →Säkularismus im 19. Jh., des ideologisch-polit. Totalitarismus im 20. Jh. entstanden sind: In Frankreich im Zusammenhang mit den Auseinandersetzungen um das napoleonische Konkordat von 1802; in Deutschland im Zusammenhang mit den Konsequenzen des von Napoleon maßgeblich beeinflußten Reichsdeputationshauptschlusses von Regensburg im Jahre 1803.

Die kath. Kirche wurde durch die damals eingeleitete Entwicklung sehr viel stärker betroffen als die ev. Kirche, z.B. durch den Zusammenbruch der Kirchenverfassung und die →Säkularisierung der geistl. Territorien, während die Strukturen der ev. Kirche durch die Konstruktion des sog. landesherrlichen Kirchenregiments im wesentlichen erhalten blieben. Dieses »Bündnis von Thron und Altar« hat die Ansätze einer überkonfessionellen christl. Partei, wie sie z.B. von den Katholiken Jarcke und v. Radowitz sowie den Protestanten Heinrich Leo und den Brüdern v. →Gerlach und weiteren Mitarbeitern des »Berliner Politischen Wochenblatts« seit 1831 angestrebt wurde, nicht entfalten lassen. Eine deutliche Zäsur für die Anfänge einer gemeinsamen christl. Partei war der Kölner Kirchenstreit von 1837ff, der durch die preußische Regelung der Mischehenschließung und die staatliche Aufsicht der theol. Fakultäten ausgelöst wurde. In zunehmendem Maße forderte also nicht nur der Säkularismus, sondern auch der Protestantismus zur Bildung kath. Parteien heraus. Kath. Gruppen gab es seit den vierziger Jahren in fast allen deutschen Landtagen. In der Frankfurter Paulskirche von 1848/49 bildete sich der Kath. Klub mit ca. 50 Abgeordneten unter der Führung von Radowitz und Reichensperger. Nach der Revolution wurde die Entwicklung vor allem in Preußen vorangetrieben. 1852 bildete sich in der Auseinandersetzung um zwei Erlasse des Kultusministers v. Raumer die »Katholische Fraktion«, die sich ab 1859 wegen der Sitzordnung im Parlament »Zentrum« nannte.

Eine entsprechende Parteigründung auf ev. Seite wurde vom Berliner Hofprediger Adolf →Stoecker mit der Gründung der »Christlich-sozialen Arbeiterpartei« 1878 versucht. Sie hatte jedoch wegen der angedeuteten Bindungen der ev. Kirche zum Kaiserhaus keine Chance und blieb ohne nennenswerten Einfluß, obwohl bzw. weil Stoecker Verfechter der Trennung von Staat und Kirche im beiderseitigen Interesse war.

Sein unverwechselbares, selbstbewußtes Profil unter der Führung Windthorsts (1812-91) entwickelte das Zentrum während des →Kulturkampfes in den siebziger Jahren, in dem auch die bis heute maßgebende Leitlinie des Ziels einer christl. Partei entwickelt wurde: Es besteht nicht im Streben nach einer bestimmten Form des Staates, womöglich eines »Kirchenstaates«, sondern in der Abwehr bestimmter Machtansprüche des Staates gegenüber den Kirchen und gegenüber dem einzelnen.

Nach dem Zusammenbruch der Verbindung von »Thron und Altar« am Ende des Ersten Weltkriegs kam es 1927 erneut zur Bildung einer prot. Partei, des vor allem von Kreisen der →Gemeinschaftsbewegung getragenen →Christlichen Volksdienstes (seit 1929 Christl.-sozialer Volksdienst), der 1930 immerhin 14 Reichstagsabgeordnete stellte und entschlossen gegen den Nationalsozialismus kämpfte, aber 1933 wie alle anderen Parteien außer der NSDAP aufgelöst wurde. Aus den Erfahrungen des →Kirchenkampfes im Nationalsozialismus und in den kommunistischen Staaten erwuchs die Einsicht in die gemeinsame Verantwortung von Katholiken und Protestanten, die sich in der Abkehr von spezifisch kath. oder prot. Parteien äußerte und zur Bildung einer gemeinsamen Partei, der CDU, führte. Eine »christliche« Partei im allg. Verständnis des Begriffs kann und will die CDU nicht sein, weil sie als große Volkspartei nach Maßgabe polit. Zweckmäßigkeiten handeln muß und dabei nicht immer christl.-dogmat. Grundsätze beachten kann. Selbst wenn sie dazu bereit wäre, müßte sie sich zwischen kath., luth. oder calvinistischer Dogmatik entscheiden. Dies aber kann nicht Aufgabe einer Partei sein. Hier liegt die Verantwortung der Kirchen für ein rechtes Verständnis der Verantwortung der Christen in der Politik. Aus der Unzufriedenheit an der Politik der großen Parteien, auch der CDU, vor allem in Lebensrechtsfragen, entstanden in den letzten Jahren mehrere kleine christl. P. (Christliche Liga, Christliche Mitte, Partei bibeltreuer Christen), die bisher aber polit. ohne Bedeutung blieben.

Lit.: W. Allemeyer (Hg.): Synopse der Parteiprogramme der christlich-demokratischen Parteien Westeuropas, 1971; W. Becker und R. Morsey: Christliche Demokratie in Europa – Grundlagen und Entwicklung seit dem 19. Jahrhundert, 1988; K. Buchheim: Geschichte der christlichen Parteien in Deutschland, ²1966; H. Budde: Handbuch der christlich-sozialen Bewegung, 1967; F. Horner: Konservative und christlich-demokratische Parteien in Europa – Geschichte, Programmatik, Strukturen, 1981; G. Rüther: Geschichte der christlich-demokratischen und christlich-sozialen Bewegungen in Deutschland. Schriftenreihe der Bundeszentrale für politische Bildung, 1984; R. Timmel u. P. Wilbacher: Wie christlich sind die christlichen Parteien?, 1970.

K. Motschmann

Parusie →Wiederkunft Christi

Pascal, Blaise (1623–1662)

P., geb. am 19. 6. 1623 im heutigen Clermont-Ferrand, starb in Paris nach schwerer Krankheit am 19. 8. 1662. Durch seinen Vater, einen hohen Finanzbeamten, der, wissenschaftlich vielseitig interessiert, später als phil. Kritiker →Descartes' auftrat, erhält P. den ersten Unterricht. In Paris, wohin die Familie nach dem Tod der Mutter übersiedelte, tritt P. bald als Junggenie in Erscheinung. 1640, gleichzeitig mit der Programmschrift des

Bischofs Cornelius Jansen über Augustin, erscheint P.s erstes Werk, der »Essai sur les Coniques«, der in der mathematischen Fachwelt großes Aufsehen erregt, später folgen bahnbrechende Arbeiten u.a. zur Infinitesimal- und zur Wahrscheinlichkeitsrechnung. Geradezu als Sensation galt die von P. erfundene und 1645 vorgestellte Rechenmaschine – den Plan dazu faßte er ursprünglich, um seinem Vater die Steuerberechnungen zu erleichtern. Heftige Kontroversen, u.a. mit Descartes, der P. zweimal in Paris besucht, lösen in der Folgezeit P.s naturwissenschaftliche Experimente und Arbeiten aus, in denen er Torricellis Hypothesen über das Vakuum bekräftigt. Als Mitte 1653 mit der Verurteilung von fünf Sätzen (angeblich) aus Jansens »Augustin« durch Papst Innozenz X. der Streit um den Jansenismus entbrennt, ist P.s sg. »mondäne Periode« fast vorüber. Vom 23. November 1654 zwischen »zehneinhalb und ungefähr eine halbe Stunde nach Mitternacht« datiert sein Bekehrungserlebnis, das im Mémorial mit dem berühmten Bekenntnis zum »Gott Abrahams, Gott Isaaks, Gott Jakobs, nicht der Philosophen und Gelehrten« festgehalten ist. Obwohl P., der sich 1655 zum ersten Mal auf das jansenistische Kloster Port-Royal zurückzieht, nicht grundsätzlich mit der Welt der »Philosophen und Gelehrten« bricht, gilt sein primäres Engagement von nun an der Theologie. In den »Provinciales« oder den »Briefen von Louis de Montalte an einen Provinzial seiner Freunde und an die Jesuiten über die Moral und über die Politik dieser Patres« (1657), die bald auf den Index gesetzt werden, attackiert P. die reine Gesetzesmoral der Jesuiten. Aus jansenistischer Perspektive unterstreicht er die unhintergehbare Sündhaftigkeit des Menschen und betont mit Augustin die allmachtsvolle Gnade Gottes. Parallel zu den »Lettres provinciales«, die von großem Einfluß auch auf die franz. Literatur geblieben sind, arbeitet P. an einer Apologie des Christentums, die, unvollendet, 1670 posthum unter dem Titel »Pensées« erscheint. Im Zentrum dieser monumentalen Sammlung von Aphorismen, kurzen Notizen und Entwürfen, deren genaue Anordnung sich nicht mehr rekonstruieren läßt, steht der Kontrast zwischen der Erkenntnis des Herzen und der Vernunfterkenntnis, mit dem sich P. kritisch von der rationalistischen Einseitigkeit des cartesischen Wissenschaftsideals distanziert. Auch wenn er die Erkenntnis der Vernunft nicht als solche disqualifiziert, den menschlichen Geist zeichnet beides, *esprit des géometries,* »Geist der Geometrie« und *esprit de finesse,* »Geist der Feinheit« aus, ordnet P. das Herz der Vernunft vor. Das Herz hat seine eigenen Gründe, die die Vernunft nicht kennt, und nur durch die intuitive Erkenntnis des Herzens, deren Leistung P. allerdings nicht auf religiöse Kontexte beschränkt, findet der Mensch Zugang zu Gott. »Es ist das Herz, das Gott spürt, und nicht die Vernunft. Das ist der Glaube: Gott spürbar im Herzen und nicht der Vernunft.« (Frg. 278 ed. Brunschvicg)

Lit.: Oeuvres complètes, hg. von L. Brunschvicg, P. Boutroux. 14 Bde., Paris 1904-14; hg. von J. Mesnard, Paris 1964ff. – Dt.: Über die Kunst zu überzeugen und die anderen kleinen philosophischen und religiösen Schriften. Übertragen und erläutert von E. Wasmuth, [3]1963; Lettres provinciales, Übersetzung u. Einleitung v. A. Schorn, Köln 1986; Über die Religion und über einige andere Gegenstände (Pensées). Übertragen u. hg. v. E. Wasmuth, Heidelberg [8]1978.

A. Béguin: Blaise Pascal, [12]1992; L. Goldmann: Der verborgene Gott, 1973; H. Gonhier: Blaise Pascal. Commentaires, [2]1971; J. Mesnard: Pascal, 1965; I. Kummer: Blaise Pascal. Das Heil im Widerspruch, 1978; N. Rescher: Pascal's Wager, 1985; E. Wasmuth: Die Philosophie Pascals, 1949.

D. Kaegi

Paschasius Radbertus (gest. um 860)

P., Abt zu Corbie, Sitz einer bedeutenden westfränkischen Klosterschule, ist Verfasser der ersten eigenständigen Abhandlung über das Abendmahl (»Buch über Leib und Blut des Herrn«, 831). In seiner zur Unterweisung der Mönche geschriebenen Schrift vertritt P. die Überzeugung, daß Gott in jeder Messe auf die Einsetzungsworte des Priesters hin in einem Schöpfungsakt »die Substanz von Brot und Wein« realiter, aber »im Innern« in den von Maria geborenen Leib Christi »verwandelt«. In der Eucharistie werde Christus »täglich für das Leben der Welt mystisch geopfert« und den Kommunikanten als »wahrhaft Leib und Blut« mitgeteilt. Mit dieser Auffassung entwickelt P. das Abendmahlsverständnis des Ambrosius, der bereits eine Wandlung der Elemente annahm, weiter. Gleichwohl will er einem allzu massiven Realismus in der Opferfrömmigkeit entgegentreten. Dazu greift er auf augustinische Gedanken zurück und stellt fest, daß die Substanzverwandlung ein nur dem Glaubenden sichtbares Wunder sei, wie auch nur der Glaubende die wirkende Kraft des Sakraments erhalte. Als P. seine Abhandlung 844 in einer überarbeiteten Fassung Karl dem Kahlen zukommen läßt, löst er eine lebhafte Kontroverse (1. Abendmahlsstreit) aus. In mehreren Schriften wird ihm der Symbolismus →Augustins entgegengehalten (→Hrabanus Maurus; →Gottschalk; →Ratramnus). In seinem Kommentar zum MtEv. (853) verteidigt sich P. gegen die Mißdeutung, er vertrete eine Zerstückelung des Leibes Christi in der Kommunion.

Lit.: Handbuch der Dogmen- und Theologiegeschichte, Bd. 1, 1982, 530ff; R. Mokrosch et al. (Hg.): Mittelalter, 1980, 42f.

H. Holze

Passa

Das israelit. und jüd. P.fest (v.a. 2Mo 12,1-28; 4Mo 9,1ff; 28,16ff; 5Mo 16,1ff) wird in derjenigen Vollmondnacht während der Zeit der Tag- und Nachtgleiche im Frühling (Monat Abib) gefeiert, in der sich die herab- und heraufsteigenden Bahnen von Mond und Sonne begegnen. Auf halbnomadische Herkunft (Nacht vor dem Aufbruch zu den Sommerweiden) weisen u.a. der Name (hebr. *psch,* Tötung des einjährigen P.lammes durch »Ausrenken« der Wirbelsäule) und der Schutzritus, die Türschwelle mit dem Blut des P.lammes zu bestreichen (2Mo 12,7), und zwar zur Abwehr des »Verderbers« (hebr. *maschchit;* 2Mo 12,1323), schließlich das Essen von nomadischem Mazzenbrot mit Bitterkräutern der Wüste (2Mo 12,8). Das ursprüngliche Familienfest im Haus wurde ab 622 v. Chr. zu einer Wallfahrt nach Jerusalem mit Mahlopfern (→Opfer) der Volksgemeinde im →Tempel (5Mo 16,1ff; 2Kön 23,11ff). Im babylon. Exil wurde das P. (ohne Opfercharakter!) wieder zu einem häuslichen Fest, auch wurde der Abib (später: Nisan) zum Neujahrsmonat aufgewertet (Hes 45,21; 2Mo 12,1ff; 13,4). In der jüd. Tradition (mPes) hat sich als feierliche Liturgie der P.seder mit der Rezitation der P.haggada ausgebildet, die mit dem Wunsch schließt: »Nächstes Jahr in Jerusalem!« Nur wirkliche Juden dürfen an einem P.mahl teilnehmen (2Mo 12,42-50). Jeder Jude identifiziert sich in der P.nacht mit der Situation des Auszuges aus Ägypten (2Mo 12,11). Ob das →Abendmahl Jesu (Mk 14,12ff) ein P.mahl war, ist umstritten. In Joh 1,29.36 (vgl. Offb 5,6 u.ö.) ist er jedenfalls selbst »das Lamm Gottes«, sein Tod erfolgt in Joh 19,14.28ff gleichzeitig mit dem der P.lämmer im Tempel (vgl. Apg 8,32ff; 1Kor 5,7; 1Petr 1,19 und Jes 53,7).

Lit.: K. Grünwaldt: Exil und Identität. Beschneidung, Passa und Sabbat in der Priesterschrift: BBB 85, 1992; J. Jeremias: Die Passahfeier der Samaritaner und ihre Bedeutung für das Verständnis der alttestamentlichen Passahüberlieferung: BZWA 59, 1932; ders.: Die Abendmahlsworte Jesu: [4]1967 ([1]1935); P. Laaf: Die Pascha-Feier Israels. Eine literarkritische und überlieferungsgeschichtliche Studie: BBB 36, 1970; R. Schmitt: Exodus und Passa. Ihr Zusammenhang im Alten Testament: OBO 7, [2]1982;

G. Stemberger: Pesachhaggada und Abendmahlsberichte des Neuen Testaments, Kairos 29, 1987, 147–158 (= Studien zum rabbinischen Judentum, SBAB 10, 1990, 357–374).

Th. Pola

Passion

a) Bildende Kunst

Die ersten Darstellungen der Leidensgeschichte Jesu finden sich als Reliefs auf Sarkophagen des 4. Jh.s. In den nächsten Jahrhunderten verbreitet sich diese Thematik in der Buchmalerei, als Elfenbeinschnitzerei, in verschiedenen Materialien an liturg. Geräten und in Kirchen (Mosaike von Ravenna). Den Szenen des NT werden entsprechende des AT zugeordnet und damit deren typologischer Sinn hervorgehoben. Der Tod Jesu deutet auf das Heil und die Überwindung des Todes. Am Kreuz steht ein siegreicher aufrechter Christus. Erst mit der Frömmigkeitsbewegung des 13. Jh.s durch die Verbreitung der Predigten des →Bernhard von Clairvaux wie durch den Einfluß der Franziskaner entfaltet sich eine Empfindsamkeit für Schmerz und Elend. Der Gekreuzigte hängt entblößt, nur mit einem Lendentuch bekleidet, mit gesenktem Haupt und geschlossenen Augen, elend verschmachtend, vom Kreuzbalken herab, die Dornenkrone als einzigen Schmuck (C. v. Soest). So soll mystisches Mitleid geweckt werden. Die Verbindung der P. mit dem Altarsakrament zeigt sich in dem Blut, das aus den Wunden fließt und von Engeln o.ä. im Kelch aufgefangen wird. Der Bilderzyklus wird durch Szenen erweitert, die nicht den Evv. entnommen sind: Keltertreten, Christus im Kerker, Schweißtuch der Veronika. Der Personenkreis wird ergänzt. Maria begleitet Jesus auf dem letzten Weg, bricht am Kreuz zusammen (R. v. d. Weyden), beweint ihn bei der Grablegung (Giotto). Das Geschehen wird in den Alltag des Volkes hineingezogen. Derbe Knechte geißeln Jesus an der Martersäule und nageln ihn ans Kreuz. Das Sündenbewußtsein des einzelnen bildet sich stärker aus und darin eine Mitschuld am Leiden Jesu. So tritt Maria Magdalena an die Stelle des Beters vor dem Kreuz oder am Grab (Grünewald).

Die derbe Realistik des späten MAs verliert sich mit dem Aufkommen der Druckgraphik vor 1500. →Dürers Kleine und Große Passion wirken prägend in weitem Umfeld (Bordesholmer Altar von H. Brüggemann). In der Reformationszeit wird das Gefühlvolle abgelöst vom Bekenntnis. Bilder dienen zur Vermittlung der Lehre und werden wieder typologisch eingesetzt (L. →Cranach d. Ä.). Den Lutherbibeln werden Illustrationen beigefügt. Die →Gegenreformation besinnt sich wieder stärker auf das Leiden. Themen wie Ecce homo, die Pietà oder der Schmerzensmann werden als Einzelbilder zur Andacht ausgestellt. In der Folgezeit bestimmt die subjektive Auffassung der Maler ein unterschiedliches Bild des Gekreuzigten. Die Verhaltenheit Tizians wird von pompöser Lebhaftigkeit bei Rubens verdrängt, von realistisch kraftvollem Ausdruck wiederum bei →Rembrandt. Das Thema wird im →Barock immer mehr veräußerlicht und bald vernachlässigt. Die Nazarener (→Kunst, christliche) lösen sich kaum von einem süßlichen Stil (Schnorr v. Carolsfeld). Rouault, Nolde, Dix zeigen in ihrer expressionistischen Art den Schmerz, in ihrer Zeit so provozierend wie heute Baselitz mit seinem auf den Kopf gestellten Kruzifix.

Lit.: Kindlers Malerei-Lexikon, 1982; E. K. Kirschbaum, Lexikon der christlichen Ikonographie, 1968; G. Schiller: Ikonographie der christlichen Kunst, 1968.

R. Lohse-Flitner

b) Musik

Die gottesdienstl. Lesungen wurden bereits in den ersten Jahrhunderten auf Lektionston gesungen. In der Karwoche ging man, wie schon → Augustinus bezeugt, bei der Verlesung der Leidensgeschichte zu einem »feierlichen« musikalischen Vortrag über. Im MA kam es zu einer Rollenverteilung auf drei Lektoren (Evangelist – Jesus – übrige Einzelpersonen und Gruppen), die spätestens seit dem 15. Jh. die »Turbae« (Jünger, Hohepriester) dreistimmig sangen. Johann Walter, Luthers Freund und musikalischer Berater, vertont in der ersten P. in deutscher Sprache nur die Turbae, während die Soliloquenten die traditionellen Lektionstöne für den Vortrag benutzten. Diese Form der responsorischen P. erreicht ihren Höhepunkt in den drei P.en von Heinrich →Schütz, der auch die Worte der Soliloquenten vertont, teilweise in deutlicher Anlehnung an die Lektionstonmodelle. Seit dem 16. Jh. gibt es neben der responsorischen P. auch die Form der motettischen P. (→Motette). In dieser wird der gesamte Evangelientext chorisch durchkomponiert, in der Regel nach einem der vier Evv., aber auch als Evangelienharmonie oder als Summa Passionis (Textauswahl). Verbreitet findet sich die Einfügung von Liedstrophen durch den Chor oder die Gemeinde. Bis in das 18. Jh. hinein war in der P.szeit (*tempus clausum*) die Instrumentalmusik in der Kirchenmusik untersagt. Zögernd – zunächst in Hofkapellen, dann aber auch in Kirchen – wird die Einbeziehung von Instrumenten gestattet, in Leipzig erst im Jahre 1721, zwei Jahre vor dem Amtsantritt von J. S. →Bach, der die oratorische P. zu ihrem musikgeschichtl. Höhepunkt führt (Matthäus- und Johannes-Passion). Für diese Art der P.smusik ist die Einbeziehung freier Texte, die musikalisch zu Rezitativen und Arien gestaltet werden, formbestimmend (→Oratorium). Gegen Ende des 18. Jh.s beginnt die Auswanderung der P.smusiken aus der Kirche in den Konzertsaal. Auf den Bibeltext verzichtet man dabei mehr und mehr und beschränkt sich auf eine textlich-musikalische Reflexion des Leidens Christi. Beethovens Oratorium »Christus am Ölberg« war für die Aufführung im Opernhaus bestimmt, in dem am Karfreitag keine Oper aufgeführt werden durfte. Im 20. Jh. gibt es Fortführungen aller klass. Formen der P.smusiken: Die motettische P. ist beispielsweise in Kompositionen von K. Thomas und E. Pepping zu finden; die responsorische P. wurde von H. Distler und H. F. Micheelsen neu belebt; Beispiele für die oratorische P. stammen u.a. von K. Penderecki und A. Brunner.

Lit.: F. Blume: Geschichte der evangelischen Kirchenmusik, ²1965; B. Stäblein, K. von Fischer, W. Blankenburg: »Passion«, MGG 10, 1962, 886–933.

Chr. Albrecht

Passion Christi →Kreuz; →Versöhnung

Pastor →Pfarrer

Pastor Hermae →Apostolische Väter

Pastoralbriefe →Paulus

Pastoralkolleg

Die Pfarrerfortbildung in den deutschen Landeskirchen regeln heute Kirchengesetze: Die Ausbildung geschieht nach dem Abitur durch ein Hochschulstudium mit anschließender Ausbildung im Predigerseminar.

Die theol. Weiterarbeit sollen die seit 1945 von den Landeskirchen eingerichteten P.s dienen. In ihnen werden Pfarrer und Pfarrerinnen, in Kursform in fünf- oder zehnjährigem Abstand zusammengeführt zu theol. Arbeit und seelsorgerl. Austausch. In den meisten Landeskirchen ist das P. eine feste Einrichtung an einem bestimmten Ort, in anderen werden thematisch orientierte Kurse an verschiedenen Orten angeboten. Die Fort- und Weiterbildung soll die in Studium und Berufspraxis erworbenen Fähigkeiten ergänzen, erweitern und durch praktische Ausrichtung vertiefen, damit Pfarrerinnen und Pfarrer ihren Dienst auf der Grundlage des christlichen Glaubens besser wahrnehmen können.

Die Barmer Bekenntnissynode schrieb 1934 in Anlehnung an eine reformierte Tradition von 1544 in Ostfriesland an die Gemeinden:

– Die erste Sorge ist die geistliche Erneuerung des Pfarrerstandes durch gemeinsame Predigtvorbereitung und Pfarrer-Bruderschaften; »der geistliche Dienst der Brüder untereinander« bestehe vor allem in der »gemeinsamen Arbeit unter Gottes Wort und gemeinsamen Gebet« (an dem auch die Pfarrfrauen teilnehmen sollten). Wichtig sei das Mahn- und Trostamt, »um von Ort zu Ort die Brüder zu stärken und zu ermahnen, besonders die Vereinsamten« auf »besonderen Rüstzeiten von mehrtägiger Dauer, abseits vom Getriebe der großen Städte«.

– Zweitens sollte eine »ernste theologische Schulung« dazu dienen, »eine weitgehende Übereinstimmung in Fragen der Lehre zu erreichen«.

Daran anknüpfend entstand 1992 eine neue Form des P.s in Württemberg mit dem P. Urach. In einem einjährigen Kurs reflektieren Pfarrer und Pfarrerinnen ihre Aufgabe in einer pluralistischen Gesellschaft in drei zweiwöchigen Kursen mit Zwischentreffen zwischen den jeweiligen Kursen und Supervision vor Ort in enger Zusammenarbeit mit dem Kirchengemeinderat (Presbyterium) mit dem Ziel, zukunftsorientierte Gemeindeformen zu finden, die es Theologen und Laien gemeinsam ermöglichen, als Christen in der Gesellschaft zu leben.

Die in Barmen aufgestellten theol. und praktischen Leitlinien für die P.s haben sich allerdings nicht immer durchhalten lassen. Die Ausrichtung der meisten P.s, ihre Ziele und Themen sind heute ein Spiegelbild der Individualisierung und Pluralisierung in Kirche und Gesellschaft. Einen breiten Raum nimmt die Pastoralpsychologie ein.

Lit.: Die Barmer Theologische Erklärung, 1984; J. Schniewind: Geistliche Erneuerung, 1981.

K. W. Rennstich

Pastoralmedizin

Der Begriff P. ist vor allem in der kath. Theologie gebräuchlich für die Berührungspunkte und das gesamte Grenzgebiet zwischen Medizin und Theologie, insbesondere der →Pastoraltheologie (z.B. psychische Erkrankungen und Seelsorge) und der Moraltheologie (z.B. →Sexualethik, →Tod, Sterben). In der ev. Theologie haben sich die Fragestellungen stark auf die Anwendung psychotherapeutischer Methoden in der →Seelsorge und die Religionspsychopathologie eingeengt. Der wesentliche Grund dafür ist die Ausrichtung der neuprot. Theologie an der neuzeitlichen Trennung von Körper (Materie) und Seele (Geist) im Anschluß an die Philosophie R. →Descartes' und I. →Kants. Dem entsprach, daß das Wohlergehen des Leibes ausschließlich zum Gegenstand der Medizin wird, während die Theologie sich allein um das ewige Heil oder – im Neuprotestantismus – um die sittlich-rel. Reifung der Persönlichkeit zu bemühen habe. In der frühchristl. und der mittelalterl. Kirche (Klostermedizin, →Hildegard von Bingen) gab es zahlreiche Beziehungen zwischen Theologie und Medizin, obwohl Priestern der Heilberuf im MA untersagt wurde. Der doppelte Auftrag Jesu an seine Jünger, das Reich Gottes zu verkündigen und zu heilen (Mt 10,7f) wurde ernstgenommen. Christus wurde als der »wahre Arzt«, der *Christus medicus* bezeugt, dessen heilende Kraft in der Gemeinde als Charisma (→Geistesgaben) weiterwirkt (→Heilung) und zur Diakonie, vor allem an unheilbar Kranken, herausforderte. Das Motiv des *Christus medicus* wird – aufgrund der platonischen Trennung von Leib und Seele – aber schon bei →Augustinus so spiritualisiert, daß Christus nur noch der wahre Seelenarzt ist. Bis in die Neuzeit hinein war die Medizin in einen rel. Kontext eingebettet (z.B. →Paracelsus). Der →Pietismus zeigte besonderes Interesse an den Beziehungen zwischen Theologie und Medizin, insbesondere denen von →Sünde und Krankheit (→Gesundheit und Krankheit). In jüngster Zeit wird in der ev. Theologie die Bedeutung medizinischer Erkenntnisse für Fragen der Krankenseelsorge und vor allem die Behandlung ethischer Fragen der Medizin (z.B. Lebensbeginn, →Abtreibung, →Tod, →Gentechnik, →Organtransplantation) gewürdigt und der Zusammenhang zwischen →Glaube und →Heilung erneut bedacht.

Lit.: s.a. →Gesundheit und Krankheit; →Heilung; A. Allwohn: Evangelische Pastoralmedizin, 1970; M. E. Marty, K. L. Vaux (Eds.): Health. Medicine and the Faith Traditions, 1982; J. McGilvray: Die verlorene Gesundheit – Das verheißene Heil, 1982; H. Pompey: Die Bedeutung der Medizin für die kirchliche Seelsorge im Selbstverständnis der sogenannten Pastoralmedizin, 1968.

U. Eibach

Pastoraltheologie

Als »Theorie der pastoralen Erfahrung« (Steck, 30) will die P. für je ihre Zeit und Umstände ein Abbild und Vorbild dessen liefern, was ein →Pfarrer ist und tut, und was er sein und tun soll. Damit bewegt sich die P. in einem weiten Feld zwischen der wissenschaftl. →Praktischen Theologie und populären Büchern und neuerdings auch Fernsehserien, die das Bild des Pfarrers und der Pfarrerin in der heutigen Gesellschaft mitprägen. Auffallend ist dabei vor allem die Spannung in den jeweiligen Darstellungen zwischen dem »ganz einer von uns« und dem »ein ganz anderer als wir«.

In Form einer vorwissenschaftl. Erfahrungsliteratur hatte die P. eine wichtige Funktion für die Anleitung zur pastoralen Amtsführung und deren Vereinheitlichung. Prägend wurde, nach den →Pastoralbriefen des NT, bes. die »Regula pastoralis« Gregors I. (Papst 590–604) und – im ev. Bereich – das Vorbild M. Luthers (z.B. »Pastorale Lutheri«, eine von C. Porta 1582 zusammengestellte Sammlung von Abschnitten aus Luthers Schriften). Ihren Höhepunkt erreicht die P. im 19. Jh. mit den umfangreichen Lehrbüchern von C. →Harms (1778–1855), der die berufliche Existenz des Pfarrers als Prediger, Priester und Pastor beschreibt, und W. →Löhe (1808–1872). In der jüngeren Zeit wendet sich der P. im Rahmen der aus den USA kommenden Seelsorgebewegung in ihren stark von der Psychologie beeinflußten Methoden, z.B. CPT (Clinical Pastoral Training), wieder ein vermehrtes Interesse zu.

Solange es bei dem Beruf des Pfarrers in hohem Maße nicht nur um ein berufliches Tun, sondern ebenso um ein damit weitestgehend kongruentes persönliches Sein geht, bleibt es unaufgebbar, die damit zusammenhängenden Fragen und Probleme, die an den Schnittpunkten pastoraler Existenz im rel., beruflichen und personalen Bereich entstehen, wissenschaftl. zu reflektieren und seelsorgerl. zu begleiten.

Lit.: E. Lohse: Kleine evangelische Pastoralethik, 1985; G. Rau: Pastoraltheologie, 1970; M. Seitz: Erneuerung der Gemeinde, 1985; Th. Sorg: Auf weitem Raum, 1993, 99-141; W. Steck: Der Pfarrer zwischen Beruf und Wissenschaft, 1974.

Th. Sorg/P. G. Schöll

Pate, Patenschaft

Pate (lat. »geistlicher Vater«) ist in der Urgemeinde und noch heute in Freikirchen, die die Glaubenstaufe praktizieren, Bürge des Täuflings, Beistand im Katechumenat und Zeuge der →Taufe. Nach der →Reformation gilt der P. als Vertreter des Täuflings bei der Taufe und Garant der christl. Erziehung bis zur Konfirmation. In den gegenwärtigen landeskirchl. Kirchenordnungen wird der P. als Beistand der Eltern und Helfer in der christl. Unterweisung gesehen. P. kann werden, wer getauft und konfirmiert ist; auch nicht ev. Christen können Pate (oder nahezu gleichwertige Taufzeugen) werden, sofern sie einer Mitgliedskirche der →Arbeitsgemeinschaft Christlicher Kirchen (ACK) angehören. Wer keiner Kirche oder einer nichtchristl. Religion angehört, kann nicht P. werden. In der heutigen Zeit wird das P.namt oft als »familiäres Freundschaftsverhältnis« verstanden. Es ist bedenklich, wenn seine geistliche Funktion durch konventionelle Beziehungen zwischen Eltern und P. verdeckt wird.

Der P. ist Zeuge der Taufe. Da Glaube und Taufe eine (nicht unbedingt zeitliche) Einheit bilden, trägt der P., soweit das menschenmöglich ist, mit den Eltern und der Gemeinde die Verantwortung dafür, daß sein P.nkind ein Ja zu seiner Taufe sprechen kann und ein Leben im Glauben führt. Auch wenn der P. als Stellvertreter des Täuflings angesehen wird, kann er nicht dem Täufling das persönliche Bekenntnis zu Jesus Christus abnehmen. Ein bewußt christl. P. wird sein P.nkind im Gebet vor Gott bringen und ihm »Gehilfe zur Freude« sein (2 Kor 1,24). Außerdem steht der P. Eltern und P.nkind in allen Dingen des Lebens mit Rat und Tat zur Seite. Seine Hauptaufgabe aber ist es, alles in seiner Macht Stehende zu tun, damit das P.nkind zum Glauben an Jesus Christus kommt. Das P.namt sollte deshalb nur Menschen übertragen werden, die selbst im Glauben leben. Ein bewußt ausgefülltes P.namt hat eine bedeutende Aufgabe im mission. Aufbau der Gemeinde.

Lit.: E. Baden: Das Taufgespräch, Missionarische Gemeinde 17, 1968.

E. Zinnke

Patriarch →Kirchliche Ämter

Patriarchat/Matriarchat

P., wörtlich »Vaterherrschaft«, meint die Führungsstellung des Mannes in Familie und Gesellschaft, M. (»Mutterherrschaft«) bezeichnet entsprechend den Vorrang der Frau. Problematisiert werden beide Begriffe durch die Ethnologie im 19. Jh. Nach J.J. →Bachofen (Das Mutterrecht, 1861) ist dem Vaterrecht in der Kulturgeschichte allg. eine mutterrechtlich organisierte Gesellschaft vorausgegangen, eine »Frauenherrschaft« (Gynaikokratie). Durch die Vermittlung von L.H. Morgan (Ancient Society, 1877) beeinflußte die These von einem ursprünglichen M. Friedrich →Engels (1884) und den →Marxismus. Während Bachofen das dem stofflichen Prinzip entsprechende M. als primitive Gesellschaftsstufe betrachtete, das vom sich im Manne verkörpernden geistigen Prinzip überwunden sei, wertete der Marxismus das M. positiv als anfängliches Vorbild einer herrschaftsfreien Gesellschaft ohne Privateigentum mit sexuellem Libertinismus.

Die Annahme eines ursprünglichen M.s gehört zu den Lieblingsthesen des modernen →Feminismus, der damit das Übergewicht männlichen Einflusses in der Öffentlichkeit überwinden will zugunsten eines Gleichgewichts zwischen den Geschlechtern in Führungspositionen oder aber zugunsten einer weiblichen Dominanz. Mit dem Vorrang weiblicher Werte erhofft man sich u.a. eine größere Friedfertigkeit der Gesellschaft und Anpassung an die Natur anstelle von deren Beherrschung. Im rel. Feminismus verbindet sich die M.stheorie oft mit der als ursprünglich und maßgeblich angesehenen Verehrung einer Göttin. In der Fachwissenschaft gilt die These eines ursprünglichen M.s inzwischen weitgehend als überwunden und wird selbst innerhalb des Feminismus und Marxismus zunehmend kritisch betrachtet. Auch in mutterrechtlichen Kulturen werden die Führungsfunktionen eher von Männern wahrgenommen, so daß die Bezeichnung M. als unpassend gilt. Wissenschaftl. verifizierbar sind dagegen mutterrechtliche Strukturen: insbesondere die Bestimmung der Verwandtschaft oder des Wohnsitzes über die Mutter (Matrilinearität; Matrilokalität). Wo beides zusammenkommt und die Mutter im Zentrum der Sozialbeziehungen steht, spricht man von »Matrifokalität«.

Die Führungsstellung des Mannes ist ein sozialer Trend, der sich in allen Epochen und Kulturkreisen zeigt. Ein Hauptgrund dafür ist die Tatsache, daß die Frau als Mutter stärker innerfamiliäre Aufgaben übernimmt, während der Vater deutlicher für die Repräsentanz der Familie nach außen verantwortlich ist. Dabei zeigen sich allerdings große Unterschiede in der Konkretisierung der stärkeren Leitungsposition des Mannes: sie reichen von nahezu unumschränkten Machtbefugnissen bis hin zu einer juristischen Gleichberechtigung in vielen modernen Gesellschaften, die gleichwohl im tatsächlichen Vollzug eine unterschiedliche Akzentuierung der Aufgaben beider Geschlechter kennen.

Eine radikale Überwindung jeglicher »Vaterherrschaft« strebt der Marxismus an. E. Borneman hält dabei sogar eine »geschlechtslose Zukunft unserer Spezies« für wünschenswert, um eine klassenlose Gesellschaft zu erreichen (Das Patriarchat, 1975, 21). Der Kampf gegen das P. ist das wichtigste gemeinsame Band zwischen den gegensätzlichen Richtungen des Feminismus. Eine stärker ausgeprägte Führungsrolle des Mannes wird aber auch durch radikale Vertreter von »Autonomie« und »Gleichberechtigung« in Frage gestellt. Soziologische Beobachtungen dagegen weisen auf die Bedeutung der väterlichen Autorität für die Einheit und Stabilität der Familie. »Herrschaft« wird dabei nicht als Unterdrückung und Willkür verstanden, sondern als »das Handeln im Auftrag und im Sinne einer Sozialeinheit« (W. Siebel). Die theol. Anthropologie muß für eine ausgewogene Stellungnahme verschiedene Perspektiven zusammenhalten:

1. Es gibt einen berechtigten sozialen Wandel, der zu einer stärkeren Aufgabenteilung zwischen den Geschlechtern geführt hat. Die Leitungsverantwortung der →Frau ist dabei gewachsen.

2. Die spezifische Aufgabe des →Mannes ist mit dem besonderen Beitrag der Frau zusammenzusehen. Beide Geschlechter ergänzen einander; sie sind nicht gleichartig, aber gleichwertig.

3. Eine bibl. orientierte Anthropologie wird die Aussagen der Schrift ernstnehmen, die den Mann als »Haupt« der Frau kennzeichnen. Die »*kephale*-Struktur« (P. Brunner) als Teilmoment des Geschlechterverhältnisses erscheint dabei nicht als Ausdruck der Sünde, sondern als Folge der Schöpfungsordnung (1Kor 11,3-12) und als konkret gelebtes Abbild des Bundes zwischen Christus und der Kirche (Eph 5,23).

4. Das Bild des »Hauptes« für die Aufgabe des Ehemannes wird in Eph 5 verglichen mit der Hingabe Christi für seine Kirche. Demgemäß ist jede Autorität als liebevoller Dienst zu verstehen.

5. Die Kritik Jesu am »Vater«-Titel für Menschen (Mt 23,9) trifft nicht die irdischen »Väter« als solche, sondern eine eigenmächtige Autorität, die sich neben den Anspruch Gottes stellt. Die väterliche Macht bekommt ihren Sinn allein als Teilhabe an der Herrschaft Gottes in dieser Welt (vgl. Eph 3,14f), die sich für den Glaubenden »in Jesus Christus« vollzieht (1Kor 4,15), dem »Haupt« der Kirche.

6. Der Dienst des sakramental ordinierten Amtsträgers wird in der kath. Kirche als »Vertretung Christi des Hauptes der Kirche« gesehen (z.B. II. Vaticanum, Presbyterorum ordinis 2), in seiner von Christus gewollten Symbolkraft mit der Stellung des Mannes als »Haupt« in der Ehe verglichen und als Argument für die Nichtordination der Frau angeführt (Inter insigniores, 1976, Nr. 5). In der luth. Theologie finden sich ähnliche Überlegungen zum Amt des Pastors, der Christus als Haupt vor der Gemeinde vertritt (z.B. P. →Brunner, H. →Dietzfelbinger, W. Neuer).

7. Zu beachten ist der Konnex zwischen Anthropologie und rel. Symbolstruktur: Das christl. Gottesbild ist aufgrund der Offenbarung stärker (wenn auch nicht exklusiv) »männlich« gefärbt im Sinne einer aktiven Einwirkung »von außen« (»Vater«, «Bräutigam« im Bild der Ehe u.a.), während der symbolhafte Ausdruck für die Haltung des Menschen vor Gott dagegen stärker »weiblich« erscheint als empfangende Aufnahme von einer inneren Mitte her (die Kirche und die Seele des Menschen in der Mystik als »Mutter« und »Braut«). Die rel. Sprache hat anthropologische Voraussetzungen, deren völlige Umänderung auch den Inhalt des Gottes- und Kirchenbildes revolutionieren würde, was in der →Feministischen Theologie inzwischen deutlich zutage tritt.

8. Die in der Schöpfung angelegte und von der Erlösung in Dienst genommene »*kephale*-Struktur« ist gefährdet durch die Sünde, die zur Unterdrückung der Frau führen kann, zum autoritären »Patriarchalismus«. Demgegenüber ist die Dienstfunktion jeglicher Autorität und die Eigenverantwortung der Frau zu betonen.

9. Die Verantwortung des Mannes als »Haupt« der Familie, die sich auch auf andere gesellschaftl. Strukturen auswirkt, ist im gegenwärtigen sozialen Bezugsfeld neu zu vermitteln. Einerseits muß der Dienst des Vaters an der Einheit der Familie wieder deutlicher zum Tragen kommen, andererseits ist weder die Mitverantwortung der Mutter noch die Teilnahme der Frau an gesellschaftl. und kirchl. Führungsaufgaben in Frage zu stellen.

Lit.: C. Basevi: Personalità umana e sottomissione della donna nei testi paolini, Pamplona 1991; G. Bleibtreu-Ehrenberg: »Matriarchat/Patriarchat«, in: A. Lissner et al. (Hg.): Frauenlexikon, 1988, 710–718; St. B. Clark: Man and Woman in Christ, 1980; M. Hauke: Die Problematik um das Frauenpriestertum vor dem Hintergrund der Schöpfungs- und Erlösungsordnung, [3]1991; ders.: Gott oder Göttin? Feministische Theologie auf dem Prüfstand, 1994; S. Heine: Wiederbelebung der Göttinnen? 1987, 86-117; W. Neuer: Mann und Frau in christlicher Sicht, [5]1993; J. Piper, W. Grudem (Hg.): Recovering Biblical Manhood and Womanhood, 1991; W. Siebel: Herrschaft und Liebe. Zur Soziologie der Familie, 1984; B. Wagner-Hasel (Hg): Matriarchatstheorien der Altertumswissenschaft, 1992; U. Wesel: Der Mythos vom Matriarchat, 1980.

M. Hauke

Patriarchen →Erzväter

Patripassianer

Unter den P.n versteht man eine von der dogmengeschichtl. Forschung um 1900 vertretene Bezeichnung einer Gruppe innerhalb des sog. Monarchianismus. Beide Bezeichnungen sind, da ungewiß belegt, in der neueren Forschung weithin aufgegeben. Von der Monarchie Gottes sprechen alle altkirchl. Theologen, um den heidnischen Polytheismus abzuwehren. Offenbar gab es im 2. Jh. Auffassungen, die in Kleinasien, Rom und Nordafrika nachweisbar sind, und die von einer Einpersönlichkeit Gottes gesprochen haben, der zufolge am Kreuz Christi auch der Vater gelitten habe und gestorben sei. Vertreter dieser Auffassung sind Noet aus Smyrna und Praxeas in Karthago. →Tertullian wehrt sich gegen diese Richtung und nennt ihre Vertreter →Monarchianer bzw. P. Offenbar beschränkt sich diese Bezeichnung aber auf Nordafrika; sie ist noch um 250 bei →Cyprian nachweisbar. Die Quellenlage ist jedoch so dürftig, daß man um diese Bezeichnungen herum besser keine tragende Theorie aufbaut.

Lit.: A. Harnack: »Monarchianismus«, RE XIII, [3]1903, 324ff.

G. Ruhbach

Patristik, Patrologie

P. heißt die Forschung zu Schriften und Theologie von Autoren, die für Theologie, Denkentwicklung und Gestaltfindung der Alten Kirche Bedeutung haben, also die christl. Literaturgeschichte bis ca. 700; manchmal auch allg. die alte Kirchengeschichte. Der ursprünglich normative Begriff der Kirchenväter und -lehrer, wie er sich seit dem frühen MA herausgebildet hatte – bei den Griechen →Athanasius, Basilius (→Kappadozier, die drei großen), Johannes →Chrysostomus und →Cyrillus von Alexandrien, bei den Lateinern →Ambrosius, →Augustinus, →Hieronymus und Gregor der Große (Kanzelschmuck), wozu noch eine Reihe andere als *doctores ecclesiae* bewährte Kirchenschriftsteller kommen –, wirkte auch in den Kirchen der Reformation wegen der Vorstellung eines Konsenses der Kirchen der ersten 5-6 Jh.e nach. So kommt der Terminus P. mit Johann Gerhards 1653 erschienener »Patrologia« auf. Aus der Theologia Patristica hat sich die Dogmengeschichte entwickelt. Mit dem Humanismus (→Erasmus) begannen die großen Kirchenväterausgaben (Tillemont, Ceillier, Fabricius, die Mauriner). Das 19. Jh. erlebte ihre Vulgarisierung (Mignes Patrologien) wie auch den Beginn der wissenschaftl. Editionen im Zusammenhang der Altertumswissenschaften durch große Akademieunternehmungen (GCS – Die griechischen christlichen Schriftsteller der ersten drei Jahrhunderte, 1,1897 – 53,1969, 1971ff; CSEL – Corpus scriptorum ecclesiasticorum latinorum, 1,1866ff). Als Organisator ist v.a. Adolf von →Harnack zu nennen, mit dem die P. im Zusammenhang der alten Kirchengeschichte an die Spitze des kirchenhist., z.T. des theol. Interesses trat (Geschichte der altchristl. Literatur 1893–1904) und Modellcharakter für Geschichte und Geschichtsschreibung des Christentums bekam. Zum interdisziplinären kommt in der patristischen Arbeit der jüngeren Forschung ein wichtiges ökumen. Moment hinzu. Dabei fehlt der Bezug zu Christlicher Archäologie, Frömmigkeits- und Liturgiegeschichte ebensowenig wie zur Geistes- und Kulturgeschichte sowie den vielfältigen Aspekten der Allgemeingeschichte. Doch bleiben die patristischen Texte die primäre Quelle der Theologie- und Dogmengeschichte.

Lit.: B. Altaner, A. Stuiber: Patrologie [9]1978; Bibliothek der Kirchenväter, [2]1911–1939; Fontes Christiani: Bibliographia Patristica 1959f; J. U. Quasten: Patrology 1-3, 1950ff.

W. Wischmeyer

Patronat

Der Ursprung des P.s liegt im germanisch-rechtlichen →Eigenkirchenwesen. Es kam durch den Bau einer Kirche auf dem Territorium des Patrons zustande und sicherte dem Patron allerlei Privilegien, z.B. das Präsentationsrecht für die Amtsbesetzung, die Aufsicht über das Stiftungsvermögen, einen Ehrenplatz in der Kirche. Dafür kam dem Patron die Pflicht zur Erhaltung der Kirche zu. Im MA wurden zwischen der Amtskirche und dem Grundherren besonders in der Ämterbesetzung Kompromisse ausgehandelt. Die luth. Kirchen übernahmen das P., während die ref. Kirchen es grundsätzlich ablehnten. Seit dem 19. Jh. wird die Aufhebung aller ev. P.e angestrebt; sie ist aber gegenwärtig noch nicht erreicht. Aus anderen Gründen setzt sich auch die kath. Kirche für die Aufhebung der P.e ein, im Codex Iuris Canonici von 1983 werden sie nicht mehr erwähnt. Unterschieden wird zwischen dinglichem, persönlichem und körperschaftlichem P.

Lit.: A. Albrechts: »Patronatsrecht«, in: E. Friesenhahn, U. Scheuner (Hg.): Handbuch des Staatskirchenrechtes, [2]1975, 167-203; E. Sperling: Zur Rechtslage der Patronate, ZEvKR 21, 1976, 244–265.

G. Ruhbach

Paul von Samosata

Seine Lebensdaten sind unbekannt; geb. in Samosata/Kleinasien, Statthalter der Königin Zenobia von Palmyra, ab 260 Bischof von Antiochien und Patriarch der kleinasiat. Kirche. Zwei Synoden versuchten vergeblich, ihn abzusetzen, bis die 3. Synode von Antiochien 268 ihn wegen trinitätstheol. und christologischer Irrtümer verurteilte. Allerdings wurde er erst 272 aus seinem Amt entfernt, wahrscheinlich aus polit. Gründen.

Die Nachrichten über ihn entstammen unsicheren Quellen; er hat offenbar eine einzigartige, aller metaphysischen Spekulation abgeneigte Theologie vertreten und ist von der Person Jesu (Wille) statt von ihrer Natur ausgegangen. Wieweit er die eine Persönlichkeit Gottes und damit einen dynamistischen Monarchianismus (Logos und Weisheit als Wirkweisen Gottes) gelehrt habe, muß offen bleiben. Anscheinend finden sich bei ihm Ansätze der späteren antiochenischen Theologie. Er ist ein nahezu unbekannter, offenbar vielen seiner Zeitgenossen mißliebiger Theologe gewesen.

Lit.: G. Bardy: Paul de Samosate, [2]1929; A. Harnack: »Monarchianismus«, RE 13, [3]1903, 318–324; F. Loofs: Paul von Samosata, 1924.

G. Ruhbach

Paul, Jonathan Anton Alexander Benjamin (1853–1931)

P., geb. am 29. 5. 1853 in Gartz/Oder, gest. am 25. 4. 1931 in Lauter/Sachsen, studierte als Pfarrerskind in Greifswald (H. →Cremer) und Leipzig Theologie und übernahm nach Kandidaten- (Belkow) und Hilfspredigerzeit (Nörenberg) das Pfarramt in Ravenstein/Pommern, das er 1899 aufgab, um bis zu seinem Lebensende als freier Evangelist (Berlin-Steglitz) zu wirken. Seit 1894 war er Mitglied des »Deutschen Komitees für evangelische Gemeinschaftspflege und Evangelisation« (später →Evangelischer Gnadauer Gemeinschaftsverband), 1897 Vorsitzender des →Jugendbundes für EC, 1899 Mitbegründer des Gemeinschaftsschwesternhauses (→Deutscher Gemeinschafts-Diakonieverband) wie der Vereinigung gläubiger Eisenbahner (1901) und des Verbandes gläubiger Kaufleute und Fabrikanten (→Berufsmissionen).

P. war ein begabter und besonders im Osten Deutschlands einflußreicher Evangelisationsredner (seit 1902 Mitarbeiter von Jakob →Vetter in der →Zeltmission). Er vertrat ein Heiligungsverständnis Boardman'scher (→Heiligungsbewegung) und Smith'scher (R.P. →Smith) Prägung, das den »völligen Sieg der Gläubigen über die Sünde« einschloß. Diese Anschauung vertrat er in vielen Erbauungsschriften, Lieddichtungen und der von ihm herausgegebenen Zeitschrift »Heiligung« (seit 1898). Er war Wegbereiter und Mitbegründer der →Pfingstbewegung in Deutschland, die seit 1908 organisatorische Form annahm. 1909 trennte sich die Deutsche →Gemeinschaftsbewegung von P. und der Pfingstbewegung mit dem Vorwurf der Irrlehre (→Berliner Erklärung). P. blieb bis zu seinem Lebensende in leitender Funktion der Pfingstbewegung (→Christlicher Gemeinschaftsverband Mülheim/Ruhr); auch wenn er 1919 einmal seine Heiligungslehre widerrief, blieb er seinen Grundüberzeugungen treu. Die Beurteilung seines Werkes wird erschwert durch plerophore Ausdrucksweise, die mystisierend Gegensätzliches nebeneinander stehen läßt.

Lit.: J. Paul: Ihr werdet die Kraft des heiligen Geistes empfangen, 1896; Taufe und Geistestaufe, 1895; Ich habe das Paradies gefunden, 1897; Die Gabe des heiligen Geistes, 1896; Zum Ziel hin, 1903; Schon hier selig, 4. Aufl. o.J.; Wie kommst du zur Ruhe?, 4. Aufl. o.J.

P. Fleisch: Die Pfingstbewegung in Deutschland. Ihr Wesen und ihre Geschichte in fünfzig Jahren, 1957; E. Giese: Pastor Jonathan Paul, ein Knecht Jesu Christi – sein Leben und Werk, [2]1965 (unkritisch); Chr.H. Krust: 50 Jahre Deutsche Pfingstbewegung Mülheimer Richtung nach ihrem geschichtlichen Verlauf, 1958 (unkritisch).

J. Ohlemacher

Paulizianer

Christl. Sondergruppe des frühen MAs armenischer Herkunft, über die um 870 der Byzantiner Petros Sikeliotes berichtet, angeblich aufgrund von Schriften des P.-Führers Sergios (gest. 834/35): Danach stehen die P. in direkter Nachfolge der Manichäer, sehen sich aber in der Linie eines paulin. Urchristentums (Paulizianer). Aus kirchenpolit. (Bilderstreit) und staatspolit. (Armenien: byz.-arab. Grenzland) Gründen verfolgt, flüchten die P. um 830 zum Emir von Melitene. Unter ihrem militärischen Führer Karbeas gründen sie einen eigenen Staat in Tephrike (bis 878). Diese armenische Freiheitsbewegung des 9. Jh.s wird in unkritischer Aufnahme byz. Polemik wissenschaftsgeschichtl. als das entscheidende Zwischenglied zwischen den dualistischen Häresien der Antike und des MAs angesehen, den Manichäern einerseits und den Bogumilen und Katharern andererseits. Der Dualismus-Vorwurf der byz. Polemik muß aber überprüft werden.

Lit.: W. Conus-Wolska, J. Guillard: Les sources grecques pour l'histoire des Pauliciens, T.M. 4, 1970, 1-227; C. Ludwig: LexMA 6, 1993, 1812f.

W. Wischmeyer

Paulus (Apostel)

1. Quellen

In der modernen Forschung gelten sieben P.-briefe als echt (Gal, 1Thess, 1/2Kor, Phil, Röm, Phlm), während die übrigen Schreiben unter seinem Namen umstritten sind. Da die Apostelgeschichte vom P.-Begleiter Lukas verfaßt wurde (C. J. Thornton: Der Zeuge des Zeugen, 1991), bildet sie eine wertvolle ergänzende Quelle. Weitere Nachrichten in apokrypher und patristischer Literatur sind sehr kritisch zu prüfen.

2. Vorchristliche Zeit

P. wurde (vermutlich um die Zeitenwende) in Tarsus in Kilikien geboren (Apg 22,3). Dennoch war er kein Diaspora-Jude mit angeblich synkretistischen Neigungen. Seine Familie gehörte dem Pharisäismus an und hielt an der hebr. Sprache fest (Phil 3,5). So hieß P. auch mit ursprünglichem Namen Saulus (Apg 7,58) nach dem ersten König Israels aus dem Stamm Benjamin, zu dem die Familie gehörte (vgl. Phil 3,5). Der Vater des P. war offenbar bei einem der Aufstände in →Palästina als Kriegsgefangener verschleppt worden, wohl aus Gischala in Obergaliläa (Hieronymus, Vir Ill 5). Als Freigelassener erhielt er und damit P. das röm. Bürgerrecht (Apg 16,37). Schon im Elementarschulalter kam P. nach Jerusalem, wo er auch im Lehrhaus von Gamaliel dem Älteren studierte (Apg 22,3; vgl. Gal 1,14). In den P.-Briefen ist das Fortwirken rabbin. Traditionen unübersehbar. Berührungen zu essenischer Sprach- und Gedankenwelt könnten auf Kontakte zum Jerusalemer Essener-Viertel oder später auf die Begegnung mit einem essenisch beeinflußten Judenchristentum in der Gegend von Damaskus zurückgehen. Daß P. in Jerusalem Jesus begegnet und sogar Zeuge seiner Kreuzigung geworden war, ist nicht völlig auszuschließen (vgl. 2Kor 5,16). Jedenfalls sah P. in der neuen messianischen Bewegung eine tödliche Bedrohung für Israel und beteiligte sich in zelotischem Eifer bes. an der blutigen Verfolgung der tempelkritischen Hellenisten (Apg 9,1ff, vgl. Gal 1,13.22f).

3. Bekehrung und Berufung

In der Gegend von Damaskus widerfuhr P. eine Schau des Auferstandenen (Gal 1,15-17). Er sah den gekreuzigten Jesus, den er bisher als von Gott Verfluchten betrachtet hatte (Gal 3,13, vgl. 5Mo 21,23; 27,26), in der göttlichen Lichtherrlichkeit (Apg 9,3ff, vgl. 2Kor 4,6). In dieser Christus-Offenbarung gründen die wesentlichen Züge der paulin. Theologie, die dann durch urchristl. Überlieferungen (1Kor 15,3-5), atl. Schriftauslegung (1Kor 10,11), pneumatische Erfahrungen (2Kor 12,1ff) sowie weiteres Nachdenken ausgestaltet wurde. Seit Damaskus erkannte P. im Gekreuzigten den Messias und Herrn (Phil 3,8), der in einer exklusiven Sohnes-Beziehung zu Gott steht (Gal 1,15; Phil 2,6-11). Das →Kreuz war nun nicht mehr ein Ort der Verwerfung, sondern der Sühne (Röm 3,25f). Das von Gott durch Jesus geschaffene →Heil ist nicht auf dem Weg eines noch so eindrucksvollen Toragehorsams zu erlangen (Phil 3,6), sondern reine göttliche Gnade (1Kor 15,10), die als fremde → Gerechtigkeit im Glauben zugeeignet wird (2Kor 5,17-21). Deshalb ist Christus das Ende des →Gesetzes als Heilsweg (Röm 10,4). Bei Damaskus hatte sich der Gekreuzigte mit seiner verfolgten →Gemeinde identifiziert (Apg 22,8), sie ist sein Leib (1Kor 12,27). Die Offenbarung des Auferstandenen bedeutete für P. eine →Berufung nach dem Vorbild der atl. Propheten (Gal 1,15, vgl. Jes 49,1). Hier wurzelt sein Sendungsbewußtsein als →Apostel (1Kor 9,1; 15,8) und die Einsicht in die universale Gültigkeit des →Evangeliums (Gal 1,16; Röm 1,16f). P. wußte durch den Hl. Geist das Heil schon gegenwärtig und wirksam, wartete aber dennoch gespannt auf die Vollendung durch die →Wiederkunft Jesu (Röm 8).

4. Wirken vor dem Apostelkonzil

Zum bedeutendsten Missionar des Urchristentums wurde P. allerdings in einem längeren Geschichtsverlauf. Seine Berufung ist eher früh zu datieren, nach der ältesten kirchl. Überlieferung ins zweite Jahr nach der Aufnahme Jesu in den Himmel (31/32 n. Chr.). Nach einem ca. dreijährigen Aufenthalt im nabatäischen Gebiet (Arabien) und einem Besuch bei →Petrus und dem Herrenbruder →Jakobus in

Jerusalem ging P. nach Kilikien (Gal 1,17-21, vgl. Apg 9,30). Damals dürfte er sich mit seiner Verkündigung noch vor allem an Juden gewendet haben, begegnete aber im Umkreis der Synagogen auch schon dem damals großen Kreis der sogenannten Gottesfürchtigen, die vom Judentum angezogen waren, ohne überzutreten. Wesentlich für sein weiteres Wirken wurde der Anschluß an die durch Jerusalemer Hellenisten gegründete Großstadtgemeinde von Antiochien und die gemeinsame Mission mit Barnabas (Apg 11,19ff, vgl. Gal 2,1). Wie schon die Hellenisten wandten sich Barnabas und P. in Zypern und Südgalatien zunehmend Gottesfürchtigen aber auch Heiden zu (Apg 13-14). Daraus ergab sich mit palästinischen Judenchristen eine Kontroverse darüber, wieweit das atl. Gesetz auch für Heidenchristen verbindlich sei. Petrus, aber auch Jakobus stimmten grundsätzlich einer gesetzesfreien Heidenmission zu. Die Mehrheit der Forscher identifiziert die lukanische Schilderung des →Apostelkonzils (Apg 15) mit dem paulin. Bericht von einem Treffen mit Jakobus, Petrus und Johannes (Gal 2,1-10). Eine Minderheit findet hier einen früheren Jerusalem-Besuch (Apg 11,28-30) wieder. Je nachdem gehört der Galater-Brief, der Apostolat und Evangelium des P. verteidigt, in die Zeit der Vor- oder Nachwehen des Apostelkonzils.

5. Mission in Kleinasien und Griechenland

Nach dem Apostelkonzil, das sich mit Hilfe einer in Delphi gefundenen Inschrift über das Prokonsulat des Gallio in Achaja (51/52 n. Chr.; vgl. Apg 18,12ff) auf etwa 48 n.Chr. datieren läßt, kam es zur Trennung von Barnabas und einer von P. geleiteten Mission, für die er den Jerusalemer Silas als Mitarbeiter gewann (Apg 15,36-41). Der Weg der Mission orientierte sich im folgenden auf Grund von Schriftexegese (1Mo 10; Jes 52,15; 66,20) und geistl. Eingebungen (Apg 16,6-10) zunehmend nach Westen. Missionsstrategisch konzentrierte sich P. auf größere Zentren, vor allem die röm. Provinzhauptstädte (Thessaloniki, Korinth, Ephesus). Dort gründete er nicht nur Gemeinden, sondern betreute diese in der Regel auch über längere Zeit. P. erwartete, daß sich von solchen Schwerpunkten aus das Evangelium weiter verbreiten würde (vgl. 1Thess 1,7ff). Bei der Mission unterstützte den Apostel ein großer Kreis von Mitarbeitern. Sie halfen ihm, den Kontakt zu den Gemeinden aufrecht zu erhalten. Dabei spielten auch Briefe eine entscheidende Rolle, in denen P. auf konkrete Fragen der Eschatologie (1Thess), der Ordnung (1Kor) und Einheit (Phil) der Gemeinden einging sowie seine Autorität als Gemeindegründer zu stärken versuchte (2Kor). Um das Jahr 57 sah P. seine apostol. Aufgabe im Osten des Römerreiches als erfüllt an und wandte seinen Blick nach Spanien, dem Ende der damals bekannten Welt, um dort seine Mission abzuschließen (Röm 15,19ff). Dafür wollte er sich die Unterstützung der wichtigen Christengemeinde(n) in Rom versichern und schrieb deshalb den Römer-Brief, der zwar kein Kompendium seiner gesamten Theologie bildet, aber zusammenhängend das Rechtfertigungsevangelium darstellt. Vor dem Aufbruch nach Westen wollte P. noch durch eine Kollekte aus seinen Gemeinden den Zusammenhalt mit dem palästinischen Judenchristentum festigen.

6. Nach der Gefangennahme in Jerusalem

Beim Versuch, die Kollekte in Jerusalem zu übergeben, wurde P. unter falscher Anschuldigung im Tempel verhaftet (Apg 21,27ff). Nach einer zweijährigen Gefangenschaft in Caesarea erfolgte die Verschickung nach Rom, da der Apostel sich als röm. Bürger auf das Gericht des Kaisers (damals Nero) berufen hatte (Apg 25,9ff; 26,32). Mit einer zweijährigen Haft in Rom (60-62 n. Chr.) endet die Darstellung der Apostelgeschichte, und ihr großer Wert für uns wird auch an der Fülle widersprüchlicher Hypothesen über das Ende des P. deutlich. Am wahrscheinlichsten ist eine nochmalige Freilassung, weil die jüd. Prozeßgegner nicht in Rom erschienen (H. W. Tajra: The Trial of Paul, 1989).

Eine alte röm. Überlieferung weiß um die vollzogene Spanienreise (1Clem 5,7). Vielleicht setzt auch Lukas eine Mission am westl. Ende der Erde voraus (Apg 1,8), über die er noch in Zukunft berichten wollte. Schwerer zu beantworten ist die Frage, ob die Pastoralbriefe und auch die apokryphen Paulus-Akten ein nochmaliges Wirken im Osten voraussetzen. Nach der altkirchl. Überlieferung starb P. im letzten Jahr des Nero (67/68 n. Chr.) als Märtyrer in Rom. Eine wahrscheinlich zutreffende Ortstradition bezeichnet als Stätte der Hinrichtung (mit dem Schwert) die Gegend von Tre Fontane (heute Basilika S. Paolo fuori le mure).

7. Nachwirkungen

Sechs unter dem Namen des P. im NT stehende Briefe sind in ihrer Echtheit umstritten, und zwar mit ansteigender Intensität 2. Thessalonicher, Kolosser, Epheser und die Pastoralbriefe (1 und 2Tim, Tit). Die meisten Forscher rechnen aber damit, daß diese Briefe zumindest innerhalb einer Paulus-Schule entstanden, die das Erbe des Apostels weiterführen wollte. Konservative Forscher versuchen meist, die unleugbaren sprachlich-stilistischen Unterschiede und gedanklichen Weiterentwicklungen durch Annahme der Sekretärshypothese zu erklären. Auch wenn noch zu Lebzeiten des P. Mitarbeiter einen starken Anteil an der Formulierung dieser Briefe hätten, könnte man sie mit einem gewissen Recht als Deuteropaulinen bezeichnen. Die älteste uns erhaltene Sammlung der P.-Briefe ist der Papyrus 46 um 200. In derselben Zeit nennt auch der Kanon Muratori in Rom alle dreizehn heute kanonischen Briefe. Mit der Sammlung der P.-Briefe muß man wahrscheinlich aber bis in das 1. Jh. hinaufgehen (vgl. 2Petr 3,15f), wobei einige Forscher eine Verbindung zu Lukas herstellen. Als Ort spricht einiges für Ephesus. Neben den vier Evv. wurde so die P.-Briefsammlung zum wichtigsten Bestandteil des Kanons, und auch sonst war der Apostel in der alten Kirche nicht so einflußlos, wie man oft meinte. Es zeigte sich allerdings zunehmend die Tendenz, die paulinische Versöhnungs- und Gnadenlehre abzuschwächen und umzuinterpretieren, bis sie durch die →Reformation zu neuem Durchbruch kam. Meist auf falschen Voraussetzungen beruhen heute übliche Vorwürfe der Frauenfeindschaft (N. Baumert: Frau und Mann bei Paulus, 1992) und des Antijudaismus (D. Sänger: Die Verkündigung des Gekreuzigten und Israel, 1994) gegen P. Vor allem drohen weite Teile der Christenheit wieder die paulin. Aussagen von der Ausschließlichkeit des Heils in Christus zu verharmlosen oder zu verdunkeln. Hier gilt es festzuhalten, daß Apostolat und Kanon nicht einfach Schöpfungen der Kirche darstellen, sondern ihr als kritische Offenbarungsinstanz von Gott gegenübergestellt sind.

Lit.: J. Becker: Paulus. Der Apostel der Völker, [2]1992; O. Betz: Jesus, der Herr der Kirche, 1990; G. Bornkamm: Paulus, [7]1993; F. F. Bruce: Paul – Apostle of the Free Spirit, 1977; C. Dietzfelbinger: Die Berufung des Paulus als Ursprung seiner Theologie, [2]1989; G. Eichholz: Die Theologie des Paulus im Umriß, [7]1991; W. Elliger: Paulus in Griechenland, 1987; E. E. Ellis: Pauline Theology, Ministry and Society, 1989; W. Feneberg: Paulus – der Weltbürger, 1992; M. Hengel, U. Heckel (Hg.): Paulus und das antike Judentum, 1991; O. Hofius: Paulus-Studien, 1989; J. Jeremias: Der Schlüssel zur Theologie des Apostels Paulus, 1971; K. Kertelge: Grundthemen paulinischer Theologie, 1991; S. Kim: The Origin of Paul's Gospel, [2]1984; A. Lindemann: Paulus im ältesten Christentum, 1979; J. Murphy-O'Connor, J. H. Charlesworth: Paul and the Dead Sea Scrolls, 1990; K. W. Niebuhr: Heidenapostel aus Israel, 1992; W. H. Ollrog: Paulus und seine Mitarbeiter, 1979; H. Ridderbos: Paulus. Ein Entwurf seiner Theologie, 1970; R. Riesner: Die Frühzeit des Apostels Paulus, 1994; A. Schlatter: Die Theologie der Apostel, [4]1984; P. Stuhlmacher: Biblische Theologie des NT 1: Von Jesus zu Paulus, 1992.

R. Riesner

Paulus, Heinrich Eberhard Gottlob (1761–1851)

P., geb. am 1. 9. 1761 in Leonberg (Württ.), gest. in Heidelberg am 10. 8. 1851, 1779-84 am Tübinger Stift, 1789 Prof. in Jena für alte Sprachen, ab 1793 für Theologie, 1803 Prof. und Konsistorialrat in Würzburg, 1811 Berufung nach Heidelberg (Kirchengeschichte, Theologie), ist ein repräsentativer

Vertreter des theol. Rationalismus. Sein wissenschaftl. Anliegen ist gemäß der Einleitung zum »Philologisch-kritischen und historischen Commentar über das Neue Testament« (²1804) zunächst, »mir selbst in der Auflösung theologischer Zweifelsknoten genug zu tun«. Zweifel bestehen bezüglich der Historizität ntl. Berichte. »Wer kann miskennen, dass zwischen dem Erzählten und dem Geschehenen immer ein grosser Unterschied zu machen sei. Der Geschichtsforscher ist daher aufgefordert, um aus der redlichen Erzählung das würklich geschehene zu erforschen ... aus dem Erzählten alles, was nicht Thatsache, sondern des Erzählers Ansicht, Deutung oder Meynung sei, abzuscheiden« (a.a.O., Bd. I, S. XIVf). Als tatsächlich oder zumindest wahrscheinlich kann nur gelten, was als möglich aufzuweisen, d.h. vernünftigerweise zu beweisen sei. »Um einen Wahrscheinlichkeitsbeweis zu erbringen, muss zuerst die Möglichkeit seines Gegenstandes gegeben seyn. Ueber etwas, dessen Möglichkeit nicht aufzuzeigen ist, kann keine Untersuchung stattfinden« (a.a.O., S. XXIX). Wunderhaftes gilt von vorneherein als unhistorisch. Der Jüngling zu Nain (Lk 7,11ff) kann nicht tot gewesen sein. Warum nicht? Jesus hat ihn ja angeredet. Wäre er wirklich tot gewesen, so hätte er Jesus gar nicht hören können« (a.a.O., S. 819f) So arbeitet P. aus den Evv das aus seiner Sicht »historische« Jesusbild heraus: Ein natürlicher Mensch, allerdings ausgezeichnet durch die einzigartige Kraft seines Geistes und seiner Sittlichkeit, der vom Christen eine Wandlung der Gesinnung zu einer frommen, gottgefälligen Haltung fordert, wobei das Gewicht auf der Ethik liegt. Rechtfertigung vor Gott ist Rechtschaffenheit.

Lit.: Hauptwerke (neben dem oben erwähnten »Commentar ...« (1800–1804, I–IV; 2. neu bearbeitete Ausgabe 1804)): Das Leben Jesu als Grundlage einer reinen Geschichte des Urchristentums I/2, 1828; Exegetisches Handbuch über die drei ersten Evangelien, 3 Bde. 1830-33.
K. A. von Reichlin-Meldegg: Heinrich Eberhard Gottlob Paulus und seine Zeit, 2 Bde. 1853.

F. Flückiger

Pax Romana

1. P.R. bzw. Pax Augusta bezeichnet den unter der Herrschaft des Kaisers Augustus (31 v.Chr. – 14 n.Chr.) währenden Frieden im Röm. Reich, der damaligen Oikumene. Erreicht wurde er mit der Beendigung der Bürgerkriege, der Sklavenaufstände und des Seeräuberunwesens, ferner durch die Sicherung der Reichsgrenzen, vor allem gegen die Germanen im Norden und die Parther im Osten. Dieser Friede konnte aufrechterhalten werden durch das gut organisierte röm. Heer, durch eine übersichtliche Verwaltung des Reiches mit verschiedenartigen Provinzen und verbündeten Königen (z.B. in Palästina Herodes der Große) und durch den Ausbau von Straßen (vgl. die Via Appia, Apg 28,15). Friedenfördernd wirkte auch die Tatsache, daß die griech. Sprache (Koine) als eine Art von *lingua franca* vielerorts verstanden wurde und daß eine den Menschen als solchen achtende und die rechte Freiheit lehrende Philosophie wie die →Stoa weit verbreitet war, ferner, daß eine Angleichung und Internationalisierung der Götterverehrung erfolgte; außerdem war in den östlichen Provinzen der Kaiserkult weit verbreitet. Den lokalen Gerichten wurde eine weitgehende Selbständigkeit belassen, während man im kaiserlichen Gericht eine zentrale oberste Instanz besaß (vgl. den Prozeß Jesu); die staatlichen Einnahmequellen waren durch Grund- und Einkommensteuer und auch Kopfsteuern gesichert (vgl. Lk 2,1f). Die P.R. führte zu einem Aufblühen von Handel und Wirtschaft, zur Pflege von Kunst und Literatur sowie zu einer regen Bautätigkeit, gerade auch in Palästina unter Herodes dem Großen. Dabei spielten die Sklaven eine wichtige Rolle; in gewissen Fällen konnten diese auch die Freiheit erlangen (vgl. 1Kor 7,21) und – etwa wie der Prokurator Felix (Apg 23; 24) – in höchste Ämter aufsteigen. Ferner war die Verleihung des röm. Bürgerrechts mit seinen Privilegien auch an Provinziale möglich (→Paulus, Apg 16,37f; 22,25-29). Die P.R. kam nicht zuletzt der v.a. von Paulus betriebenen Heidenmission und den ausgedehnten Reisen des Apostels zugute.

2. P.R. heißt die Dachorganisation für die Vereinigung von röm.-kath. Verbindungen von Studenten und Altakademikern, seit 1947 auch der internationalen Verbände dieser Art, sowie der Katholischen Aktion und der Görresgesellschaft (Monatsschrift Pax Romana, Weltkongreß alle drei Jahre).

Lit. zu b.: W. Suder: RGG³ V, 1961, 200f.

O. Betz

Pazifismus →Friedensbewegung

Pelagius/Pelagianismus

P. wurde vor 370 in Britannien oder Irland geboren, gest. nach 418. Seit etwa 380 studierte er in Rom, ließ sich wenig später dort taufen, gab seine angestrebte Karriere auf und begann ein von strenger Askese geprägtes Leben als Christ. Mit großem Nachdruck und Erfolg verbreitete er in Rom seine Auffassung von einer ernsten, an der Bergpredigt orientierten Lebensweise. Dabei betonte er, daß grundsätzlich jeder Christ dazu in der Lage sei, sich an den Geboten Gottes zu orientieren und ein sündloses Leben zu führen.

P. lehnte es ab, die Sündhaftigkeit und Sterblichkeit aller Menschen ursächlich auf die →Sünde Adams zurückzuführen. Er vertrat die Ansicht, es gäbe keine Erbsünde, die von Adam auf alle Menschen übertragen worden wäre und durch die es den Menschen unmöglich geworden sei, sündlos zu leben. Adam sei lediglich als schlechtes Beispiel allen Menschen im Sündigen vorangegangen, und jeder Christ sei dazu verpflichtet und befähigt, sich an der Lebensform Christi auszurichten und nicht mehr zu sündigen. Mit diesen Ansichten stand P. in direkter Tradition zu den meisten Kirchenvätern, die bis auf →Tertullian keine ausdrückliche Erbsündenlehre vertraten, sondern die Fähigkeit und Verpflichtung der Christen betonten, nach der in der Taufe geschenkten Sündenvergebung keine neuen Sünden auf sich zu laden. Das Besondere der pelagianischen Lehre, die neben P. auch von anderen Theologen (z.B. Rufinus dem Syrer, Caelestius, Anianus von Celeda, Fastidius, Julianus von Aeclanum) vertreten wurde, lag in der Betonung, die sie auf die Möglichkeit der Menschen legte, sich aufgrund ihres freien Willens für ein sündloses Leben entscheiden zu können.

Der Streit um die Thesen des P. begann, nachdem die Goten 410 Rom erobert hatten und P. zusammen mit seinem Freund Caelestius nach Nordafrika flüchtete. Im Jahre 411 bewarb sich Caelestius in Karthago um eine Stelle als Priester, wurde dort jedoch wegen seiner pelagianischen Ansichten als Häretiker abgelehnt und exkommuniziert, denn in Nordafrika bestimmte zu dieser Zeit →Augustinus die theol. Diskussion. Augustinus hatte bereits zuvor den pelagianischen Anschauungen vom freien Willen der Menschen heftig widersprochen und ihnen entgegengehalten, daß alle Menschen bereits in Adam mitgesündigt hätten und aufgrund ihrer Sünde unfähig geworden seien, sündlos zu leben. Allein die Gnade Gottes ermögliche es den von Gott zum Heil vorherbestimmten Menschen, nach ihrer Taufe Sünden zu vermeiden, alle jedoch bedürften der Vergebung.

P., der inzwischen in den Osten des röm. Reiches weitergereist war, warb dort für seine Auffassungen und ließ sie sich von zwei palästinischen Synoden (415) als rechtgläubig bestätigen, wurde dann jedoch zusammen mit Caelestius durch den röm. Bischof Innozenz I. exkommuniziert. Dessen Nachfolger Zosimus hob die Exkommunikation allerdings wieder auf.

Eine Synode in Karthago wurde einberufen, um über diesen sog. Pelagianischen Streit zu entscheiden, und sie verurteilte schließlich (418) die Ansichten des P., daß Adam sterblich erschaffen worden sei und daß Kinder nicht von Geburt an an Adams Sünde Anteil hätten. Zugleich wurde Augustinus' Auffassung bekräftigt, daß die Menschen nicht aus freiem Willen, sondern nur aufgrund der Gnade Gottes Sünden vermeiden könnten, und daß alle, selbst die Heiligen, der Sündenvergebung bedürften. Damit hatte sich die Gnaden- und Erbsündenlehre des Augustinus gegenüber der Pelagianischen Gegenmeinung in der westlichen Kirche durchgesetzt. Das dritte ökumen. Konzil von Ephesus (431) hat sich die Verurteilung des Pelagianismus schließlich zu eigen gemacht und dieser Entscheidung damit allgemeine Geltung verliehen, jedoch sind die Thesen des P. auch nach dem Pelagianischen Streit immer wieder aufgenommen und modifiziert vertreten worden (→Semipelagianismus).

Die Frage, ob die Erlangung des Heils vor allem eine Entscheidung und ein Bemühen des freien Willens der Menschen voraussetzt, oder nur eine Wirkung der Gnade Gottes ist, oder ob es dazu eines Zusammenwirkens von göttlicher Gnade und menschlichem Willen bedarf, hat die Theologen auch in späteren Jahrhunderten beschäftigt und zu weiteren Auseinandersetzungen geführt. Die altkirchl. Ablehnung der pelagianischen Lehre aber ist insoweit bestätigt worden, als sich die Auffassung durchsetzte, daß der freie Wille allein die Menschen nicht dazu befähige, sündlos zu leben, sondern daß sie zu ihrem Heil und einem christl. Leben der Gnade Gottes immer bedürfen.

Lit.: A. Bruckner (Hg.): Quellen zur Geschichte des Pelagianischen Streites, 1906; G. Greshake: Gnade als konkrete Freiheit – Eine Untersuchung zur Gnadenlehre des Pelagius, 1972; B. Lohse: Epochen der Dogmengeschichte, [7]1988, 105–134.

R. Dziewas

Penn, William (1644–1718)

P., der bedeutendste Repräsentant des frühen Quäkertums, zu dem er 1668 offen übertrat, ist der Gründer des Freistaats Pennsylvania und gilt als Herold der Gewissensfreiheit. Er absolvierte ein Studium am Christ Church College, Oxford (bis 1662), dann der Rechtswissenschaft in London

(1665/66). Seine erste Schrift »Truth Exalted« (1668) verteidigt die →Quäker (und nimmt seine Abhandlung von 1694 »A Brief Account of the Rise and Progress of the People Called Quakers« vorweg). Für seine Angriffe auf traditionelle Dogmen sitzt er im Tower von London ein, wo er 1669 die Abhandlung »No Cross – no Crown« (vollständig überarbeitet 1682) schrieb: Vor Amtspersonen und Würdenträgern solle man nicht den Hut ziehen und sie nur mit »Du« anreden; Kleidung und Lebensstil sollen »einfach« sein; jede Gewaltanwendung gegen Menschen als Träger des »inneren Lichtes« sei abzulehnen.

Bereits 1676 hatte er in der Neuen Welt Land erworben; 1681 erhielt er als Ablösung einer Schuld der Krone gegenüber seinem verstorbenen Vater das waldreiche Land, das nach ihm benannt wurde. 1682-84 weilte er dort, um sein »heiliges Experiment« in die Wege zu leiten: Jeder Bürger erhielt das Wahlrecht; alle, die an ein höheres Wesen glaubten, genossen volle Gewissensfreiheit, weshalb die in Europa Verfolgten in seine Kolonie auswanderten; mit den Indianern schloß er einen Vertrag; die Sklaverei suchte er zu unterbinden. Nach England zurückgekehrt, betätigte er sich als Wanderprediger für die Quäker, schrieb eifrig, auch in zeitweiliger Haft.

Wegweisend ist sein Essay »On the Present and Future Peace of Europe« (1693): Internationale Streitigkeiten sollten im Rahmen eines Völkerbundes durch Schiedsgerichte, nicht durch Kriege entschieden werden. 1699 segelte er noch einmal in seine Kolonie, doch war er enttäuscht über den Zustand, so daß er 1702 nach England zurückkehrte. In finanzielle Schwierigkeiten geraten, erlitt er 1712 einen Schlaganfall, von dem er sich nicht wieder erholte.

P.s rel. Radikalismus brachte ein hohes ethisches Bewußtsein und ein egalitäres Menschen- und Gesellschaftsbild hervor, das mit humanistischer Bildung und kosmopolit. Weitsicht verknüpft war.

Lit.: P.s Schriften werden derzeit herausgegeben; eine Auswahl mit guten Einleitungen bietet: H.S. Barbour: William Penn on Religion and Ethics, 1991.

E. Bronner: William Penn's Holy Experiment, 1962; R. Dunn, M. Dunn: The World of William Penn, 1985.

E. Geldbach

Pentateuch

A. Der Pentateuch als Ganzheit

Die fünf Bücher Mose werden »Pentateuch« (griech. *pentáteuchos*), das »fünfbändige« (Buch) genannt, gemäß der jüd. Bezeichnung: »die fünf Fünftel der *Tora*. Die eigentliche jüd. Bezeichnung ist *Tora*, d.h. »Wegweisung« (In der LXX und im NT mit *nómos*, »Gesetz« wiedergegeben, so auch meist im Deutschen). Die Tora ist – vor den »Propheten« und »Schriften« – der wichtigste Teil der hebr. Bibel. Die einzelnen »Bücher« stehen nicht für sich, sondern sind Teile eines größeren, umfassenden Ganzen.

1. Einheit und Anlage des Pentateuch

Im P. selbst gibt es Hinweise, daß es sich um Stoffe unterschiedlicher Herkunft handelt, die in nicht leicht durchschaubarer Weise miteinander verbunden sind. Andererseits ist er eine Einheit, die vor allem durch die Erzählung gewährleistet wird, die sein Rückgrat ist und den Rahmen für die Gesetzestexte bildet.

a. Gott erwählte Abraham und seine Nachkommen (Apg 13,17; Jos 24,3) und verhieß ihnen das Land Kanaan (5Mo 6,23).

b. Israel begab sich nach Ägypten (Apg 13,17; Jos 24,4), wurde versklavt (5Mo 6,21ff; 26,5) und schließlich aus der Sklaverei befreit (Apg 13,17; Jos 24,5-7; 5Mo 6,21f; 26,8).

c. Gott brachte Israel nach Kanaan (Apg 13,19; Jos 24,11-13; 5Mo 6,23; 26,9).

Nach diesem Plan zusammengefügt, bilden die verschiedenen Bausteine des P. ein einheitliches Ganzes: Verheißung, Erwählung, Befreiung, Bundesschluß, Gesetz, Land.

In 1Mo 12-50 (Vätergeschichte) wird die Verheißung gesetzt, die das weitere Geschehen auslöst und die mit der Erlösung aus Ägypten und der Landnahme vorläufig eingelöst wird.

Am Anfang der Vätergeschichte steht die Abrahamsverheißung, die Land und Volk und den den Fluch von 1Mo3 überwindenden Segen für alle Völker (vgl. Gal 3,13) zusagt und damit das zentrale Thema und das Ziel der ganzen weiteren Geschichte vorgibt. Diese Geschichte bekommt durch die Verbindung mit der vorausgehenden Urgeschichte (1Mo 1-11) eine besondere geschichtliche und theologische Bedeutung. Die Urgeschichte hat einen universalen Rahmen. Daß der Mensch von Gott entfremdet und in Streit mit dem Mitmenschen lebt, führt der Autor auf die Sünde der ersten Menschen zurück, die mit Ungehorsam gegen Gottes Weisung begann (1Mo 1-3) und in immer weitere Bereiche ausbreitet.

Der Aufbau der Urgeschichte zeigt, daß ihr Autor vor der Frage steht, wie die Geschichte Gottes mit dieser zerstreuten und entfremdeten Menschheit weitergehen soll. Hier knüpft die dann folgende Geschichte an, die mit Erwählung und Segensverheißung an Abraham beginnt, in der sich die Antwort auf die Not der gesamten Menschheit anbahnt. Der P. läßt sich somit in zwei große Abschnitte einteilen: 1Mo 1-11 (Frage, Problemstellung) und 1Mo 12 bis 5Mo 34 (Antwort, Lösung), wobei 1Mo 12,3 Angelpunkt ist. Dieser Aufbau zeigt einmal, daß der P. eine unaufgebbare Einheit ist und zugleich, daß das hier begonnene Thema weiter reicht als der P. selbst. Nur der Anfang der Heilsgeschichte findet sich hier, das Ende, die eigentliche Erfüllung liegen jenseits von 5Mo 34, ja des ganzen AT, an dessen Ende Israel noch immer auf die Einlösung der Verheißung wartet. So ist der Übergang von 1Mo 11 zu 1Mo 12 eine der wichtigsten Stellen der Bibel überhaupt. Hier nimmt die Erlösungsgeschichte ihren Anfang, deren Ziel die Verkündigung des Evangeliums Gottes von der vollbrachten Erlösungstat in Jesus Christus ist, durch die der Segen Abrahams tatsächlich unter die Völker kommt (vgl. Gal 3,7-9.14, ebenso Mt 28,19f).

2. Komplexität des Pentateuch

Liest man den P. sorgfältig, stellt man neben der durch Thema, Aufbau und Zielsetzung gegebenen Einheit auch eine Mannigfaltigkeit, ja Komplexität fest, die nicht weniger eindrücklich ist. Dies führte zur Entstehung vieler verschiedenartiger Theorien über seinen Ursprung. Viele dieser Theorien meinen, daß das Werk erst viele Jh. nach Mose entstanden sei und somit wenig zuverlässiges historisches Material enthalte. Auch die theologischen Konzepte seien die einer späteren Zeit. Wesentlicher Einsatzpunkt dieser Theorien war trotz mancher Vorläufer J. Wellhausen, nach dessen Meinung der P. ein Produkt der exilischen und nachexilischen Zeit war. Wer sich dem Wahrheitsanspruch der Bibel verpflichtet weiß, kann nicht umhin, gegen solche Hyperkritik Widerspruch einzulegen. Die Einheit des P. ist ernstzunehmen – ebenso aber auch die Elemente, die auf eine komplexe Überlieferungsgeschichte hinweisen.

3. Verschiedenartigkeit der Texte

Bei der Bestimmung der literarischen Gattung des P. stellt sich die Frage, ob er ein Geschichtsbuch oder ein Gesetzeswerk ist. Weder aus dem Altertum noch aus der Neuzeit liegt uns eine ähnliche Kombination von Gesetzessammlung und Geschichtsdarstellung vor. Bei einer sorgfältigen Untersuchung des Textes treten weitere Eigenheiten zutage, die nicht einfach zu erklären sind:

a. Den erzählenden Texten wie auch den dazwischen eingestreuten Gesetzestexten fehlt es an Geschlossenheit und Kontinuität.

b. Auch in Wortschatz, Syntax und Stil sowie in der allgemeinen Anlage lassen sich zwischen den verschiedenen Teilen des Gesamtwerks bedeutsame Unterschiede und Brüche feststellen.

c. Weitere Schwierigkeiten birgt der unterschiedliche Gebrauch der Gottesnamen *Jahwe* und *Elohim* in sich (»HERR« und »Gott«).

d. Innerhalb des Pentateuchs gibt es sog. Dubletten oder sogar Tripletten, d.h. ein gleicher oder ähnlicher Sachverhalt wird zwei- oder dreimal dargestellt. (z.B. 1Mo 26,26-33 – 21,22-34; 1Mo 28,19 – 35,7; 3Mo 11,1-47 – 5Mo 14,3-21; 2Mo 21,1-11 – 3Mo 25,39-55 – 5Mo 15,12-18; 2Mo 34 – 5Mo 10 u.v.a.).

Daneben gibt es Hinweise im Text, die eine längere Überlieferungsgeschichte andeuten. Eine Anzahl Stellen ist als nachmosaisch zu erkennen (1Mo 12,6; 13,7 oder 2Mo 16,35 setzen voraus, daß Israel schon im Land war). Dan als Ortsname (1Mo 14,14) gab es erst nach der Eroberung des Ortes lange nach der Landnahme (vgl. Jos 19,47; Ri 18,29). Und 1Mo 36,31 heißt es »bevor Israel Könige hatte«, was einen Standort des Schreibers nach Regierungsantritt Sauls voraussetzt. Solchen Beobachtungen darf bei der Bestimmung von Gattung und Herkunft des P. nicht aus dem Weg gegangen werden.

4. Verfasserschaft und Herkunft

Der P. ist ein anonymes Werk. Der P. selbst erhebt nicht den Anspruch, daß Mose Autor des Ganzen sei und die Bezeichnung »1. bis 5. Buch Mose« findet sich weder im hebr. noch im griech. Text.

Dennoch gibt es im Text selbst viele Hinweise auf die Schreibtätigkeit des Mose (2Mo 17,14; 4Mo 33,2; 2Mo 24,4; 34,27f; 5Mo 31,22). Es ist im AT eine wachsende Tradition festzustellen, in der Mose zunächst mit Einzelgesetzen, dann mit 5Mo, weiter mit dem ganzen Gesetz und schließlich mit dem gesamten P. verbunden wird. Nach diesem Befund hat Mose einerseits bei der Gestaltung des Pentateuchs von Anfang an eine bedeutende Rolle gespielt. Die Einheitlichkeit der Überlieferung läßt keinen Zweifel daran, daß bei ihm der eigentliche Ursprung dieses Werkes liegt.

Andererseits muß man die Komplexität des Textes und die Hinweise auf die Entstehung des Werkes ernst nehmen, die deutlich zeigen, daß der P. ein in seiner Komposition vielschichtiges Werk mit einer langen und komplizierten Überlieferungsgeschichte ist. Die Erzvätergeschichten wurden während der Zeit der Gefangenschaft in Ägypten wohl vor allem mündlich überliefert. Wahrscheinlich wurden sie in der Zeit Moses erstmals in schriftliche Form gebracht. Berichte von Auszug und Wüstenzeit schlossen sich an, weiter ausgeformt wohl in der frühen Davidszeit unter Verwendung der schriftlichen Ausführungen aus der Mosezeit. Unter David nahm das Leben in Israel eine neue Gestalt an. Da Israel sich seiner Eigenart bewußt blieb, war es äußerst wichtig, die Ereignisse der Anfangszeit und ihre Bedeutung festzuhalten. Die Aufzeichnungen aus der und über die Zeit Moses wurden wohl in verschiedenen Sammlungen aufbewahrt, bis sie von Esra (dem die jüdische Überlieferung die letzte schriftliche Ausgestaltung der Tora zuschreibt; vgl. Esr 7,6.11f) in der Zeit des äußeren und inneren Aufbaus nach dem Exil (5. Jh.), zu einem geschlossenen Werk zusammengefaßt, ihre Endgestalt erhielten. Doch gehen nicht nur die wesentlichen Inhalte und der Rahmen auf Mose zurück, er ist auch die wichtigste Person für die Entstehung dieses einzigartigen Werkes.

Um die komplexen Element des Pentateuchs zu erklären, entwickelte die atl. Wissenschaft während der letzten beiden Jh. Quellenscheidungshypothesen, die hinter dem P. verschieden Quellen vermuten und bis ins Detail herausschälen wollen. Im allgemeinen geht man von vier Hauptquellen aus.

a. Das Jahwistische Geschichtswerk (J), vermutlich zwischen 950 und 850 in Juda entstanden, von 1-4Mo

b. Das Elohistische Geschichtswerk (E), um 850–750 im Nordreich entstanden, ebenfalls von 1-4Mo. Man nimmt an, daß nach dem Fall des Nordreichs (721 v.Chr.) J und E zu einem Erzählwerk JE verarbeitet wurden.

c. Das Deuteronomistische Geschichtswerk (D), in etwa 5Mo und ein Großteil des Erzählwerks, von Jos bis 2Kö. Das in der Restaurationsphase unter Josia im Tempel gefundene Buch des Gesetzes wird allgemein mit 5Mo in Verbindung gebracht (vgl. 2Kö 22,3-23,25; 621 v.Chr.). Durch den Zusammschluß mit JE soll JED entstanden sein.

d. Die Priesterschrift (P) soll aus dem Exil oder der Zeit unmittelbar danach stammen (6. und 5. Jh.) und enthält nach der geläufigen Abgrenzung sehr alte Erzähltexte, Genealogien und vor allem mit Ritus und Kult befaßte Texte von 1-4Mo einschließlich der großen Gesetzessammlungen. P. soll den eigentlichen Rahmen des Pentateuchs bilden, in den dann die schon vorhandenen Texte JED eingefügt wurden, so daß die priesterschriftliche Schule dem P. seine jetzige Gestalt gegeben hätte.

Diese sog. Ergebnisse der Quellenscheidung sind durchaus hypothetisch und neuerdings wieder sehr im Fluß. Während kaum zu bezweifeln ist, daß in den heutigen P. verschiedene Quellen und Überlieferungen eingegangen sind, ist es doch nicht möglich, aus diesem sorgfältig verbundenen Text die einzelnen Quellen herauszuschälen und zuverlässig abzugrenzen. Rolf Rendtorff betont, daß sowohl die Existenz der hypothetischen Quellenschriften wie deren Inhalt, Umfang und Abgrenzung als auch deren zeitliche Ansetzung, wie das Verhältnis zueinander umstritten ist (Egelkraut u.a., ³1993, 167f). Entscheidend für die Auslegung ist die Beachtung der kanonischen Jetztgestalt des Textes, der durch das Werk von Menschen auf uns gekommen ist, die Gottes Geist inspirierte – ob als Autoren, Bearbeiter, ob als Bewahrer und Überlieferer des heiligen Wortes, das dem Volk Gottes anvertraut wurde.

Lit.: J. Bright: Altisrael in der neueren Geschichtsschreibung, 1961; H. Egelkraut u.a.: Das Alte Testament, ³1993; G. Maier: Kritisches zur Pentateuchkritik, ThBeitr 16 (1985), L. Schmidt: »Pentateuch«, in: H. J. Boecker u.a., Altes Testament ²1986; W. H. Schmidt: Einführung in das AT, 1989.

B. Das erste Buch Mose (Genesis): Die Urgeschichte

1. Name, Inhalt und Aufbau

Nach der LXX nennt man 1Mo *genesis*, d.h. »Ursprung« oder »Entstehung« bzw. »Werden«. Im Hebr., wo jeweils die ersten Worte des Textes als Überschrift verwendet wurden, heißt das Buch *bereschît*, »am Anfang«.

Inhaltlich besteht 1Mo aus zwei Hauptteilen, der »Urgeschichte« (1,1-11,26) und der »Vätergeschichte« (11,27-50,26).

2. Literarische Gattung

In 1Mo 1-11 sind sehr unterschiedliche Sprachformen miteinander verbunden: äußerst gewissenhaft gestaltete Texte mit ausgeprägt schematischer, formelhafter Struktur (Kap. 1; 5; 10; 11,10-26) und daneben Texte in Erzählform, die ebenfalls einer durchgehenden Ordnung folgen (Kap. 2-3; 4; 6-9; 11,1-9).

Zum Verständnis der literarischen Gestalt von 1Mo 1-11 sind die zahlreichen Parallelen zu anderen Schöpfungsdarstellungen des Alten Orients, besonders Mesopotamiens, zu bedenken, die einen wichtigen Hintergrund bilden. Der (oder auch: die) Verfasser der Urgeschichte kannte wahrscheinlich solche außerbibl. Darstellungen über den Anfang der Welt, die Teil seiner Umwelt und der ihm zugänglichen literarischen Tradition waren. So könnte Kap. 1 in Abwehr zu mesopotamischen Darstellungen des Weltanfangs gestaltet sein. Auch Kap. 2 und 3 sprechen vor dem Hintergrund einer semitischen Umwelt und deren Verständnis des Weltanfangs, die uns in mesopotamischen Überlieferungen zugänglich sind. Die weitreichendste Ähnlichkeit zu babylonischen Darstellungen besteht in der Geschichte der großen Flut, in der neben grundsätzliche Ähnlichkeiten bis ins einzelne gehende Entsprechungen begegnen. Eine letzte deutliche Verbindung nach Mesopotamien ist die ausdrücklich in Babylonien beheimatete Turmbaugeschichte (11,2). Die Ähnlichkeiten und Parallelen beweisen aber über eine entfernte Beziehung hinaus nichts, eine direkte Abhängigkeit ist aus dem Material nicht abzuleiten. Der Erzähler der bibl. Urgeschichte bewegte sich in derselben Um- und Vorstellungswelt und versuchte auf ähnliche Fragen der Menschen Antwort zu geben. Dazu nahm er geläufige Redeweisen und vorgegebene Literaturformen auf. Dahinter steht aber ein völlig anderes Gottesbild und ein anderes Schöpfungs-, Welt- und Menschenverständnis.

3. Konsequenzen für das Verständnis der Urgeschichte

Durch die Anerkennung der literarischen Gattung und des religionsgeschichtlichen Vergleichsmaterials werden Realität und Ereignischarakter des Berichteten nicht in Frage gestellt. Es besteht kein Anlaß, es dem Mythos zuzuschreiben. Zugleich ist aber zu bedenken, daß es nicht »Historie« im neuzeitlichen Verständnis eines objektiven Geschehensberichtes ist. Vielmehr werden theologische Wahrheiten durch ein weitgehend in symbolisch-bildhafte Sprache gekleidete Erzählung mitgeteilt. Es ging dem Autor nicht um Befriedigung biologischer und geologischer Neugier, sondern darum, was der Mensch aufgrund seiner Herkunft und Bestimmung ist: von Gott geschaffen, Ebenbild seines Schöpfers und doch zutiefst bis in sein physisches Leben hinein von der Sünde, die Gottes gutes Werk verdarb, gezeichnet und entstellt. Sein Wort ist Gottes Offenbarungswort über den Anfang; seine Rede kann somit als prophetische Rede bzw. rückwärtsgewandte Prophetie bezeichnet werden.

4. Zur Theologie

Vier theologische Themen kommen immer wieder zur Sprache: a. Gott als Schöpfer, b. Die Sünde des Menschen, c. Das Gericht Gottes und d. seine alles erhaltende und bewahrende Gnade.

a. Mit der ganzen Schönheit der hebr. Sprache macht der Autor in Kap. 1 deutlich, daß – entgegen den irrigen Auffassungen seiner Zeit – alles allein aufgrund des freien und souveränen Befehlswortes Gottes geschaffen ist. Kap. 1 orientiert sich an der Abfolge von Schöpfungsbefehlen, Kap. 2 erzählt eine Geschichte, die mit ausgewählt schönen Worten symbolträchtige Bilder entwirft, um eine theologische Wahrheit vorzutragen. In beiden Fällen ist der Mensch, dem Gott sein Schöpfungswerk anvertraut, Höhepunkt von Gottes Schöpfungstätigkeit (vgl. 1,28.29 mit 2,15f.20f), in Kap. 1 als abschließender Höhepunkt von Gottes Schaffen, in Kap. 2 damit, indem er vor allen anderen Kreaturen genannt wird und sie alle benennen darf.

b. Der »Refrain« von 1Mo 1: »Und Gott sah, daß es gut war« zeigt die heilsamen Ganzheit und Ordnung dieser von Gott geschaffenen Welt und schafft so die Möglichkeit, aufzuzeigen, was die Welt verdarb. Das geschieht in Kap. 2 und 3, die der Frage nachgehen, wie das Verderbte und Böse in die Welt von Gottes Güte, Gerechtigkeit und Liebe kam. Der Autor hält daran fest, daß die Welt, wie sie uns jetzt begegnet, nicht in ungebrochener Kontinuität mit der von Gott ursprünglich gewollten und geschaffenen Welt steht. Gott schuf diese Welt gut, aber der Mensch verdarb sie durch bewußten Ungehorsam. Die Geschichte dieses Ungehorsams, der sich in immer neue Lebensbereiche hinein ausbreitet und Gottes gutes Werk verdirbt und zerstört, wird in den Kap. 2-11 entfaltet, bis hin zum Turmbau von Babel (11,1-9), in dem die Menschheit als gesellschaftliche Größe begegnet – nicht mehr auf Wanderschaft, sondern seßhaft in einem zivilisierten Staatswesen. Aus Machtlust und Ehrsucht verbindet sie sich im Aufruhr gegen Gott. Nicht nur das Individuum ist von der Sünde durchdrungen und verdorben; auch gesellschaftliche Strukturen und Institutionen, deren Ziel es ist, Macht auszuüben, sind von ihr infiziert.

c./d. In jeder dieser Erzählungen ergeht Gottes Gericht über die menschliche Sünde – alles übertreffend in der Flut. Jedoch zieht sich als viertes Thema die die Schöpfung und den Menschen erhaltende Gnade Gottes wie ein roter Faden durch die Urgeschichte. Sie findet sich als Hoffnungsschimmer bei jedem Gericht – ausgenommen beim letzten. Die Urgeschichte bricht ab mit der Frage: Ist das Verhältnis Gottes zu den Völkern nun endgültig zerbrochen, seine gnädige Geduld nun doch erschöpft? An diesem Punkt verzahnen sich Urgeschichte und Heilsgeschichte. Das in 1Mo 1-11 so eindrücklich dargestellte, scheinbar unlösbare Problem der menschlichen Sünde wird durch Gottes Gnade allein gelöst – durch die Geschichte, die mit dem Neuanfang mit Abraham beginnt.

Lit.: K. Barth: KD III, 1, [7]1978, 143–179; H. Egelkraut: »Gott, der Schöpfer und Erhalter, und sein Gebot« in: K. Heimbucher (Hg.): Dem Auftrag verpflichtet, 1988, 130–149; G. v. Rad: Theologie des AT, Bd. 1, 1960; L. Schmidt: »Schöpfung«, in: H. J. Boecker u.a.: Altes Testament, 1989; C. Westermann: »Schöpfung«, ders.: BKAT, Genesis 1-11, [3]1983; ders.: Genesis 1-11 (EdF), [3]1985.

C. Das erste Buch Mose (Genesis): Die Vätergeschichte

1. Überblick

Zeitliche Ansetzung und historische Zuverlässigkeit Nach dem scheinbaren Sieg der literarkritischen Position Wellhausens Ende des 19. Jh. ging man davon aus, daß die Vätergeschichten nur die theologischen Ansichten und Verhältnisse ihrer Entstehungszeit (9./8. bzw. 6./5. Jh. v. Chr.) widerspiegelten. Die Erzväter hielt man für Volkshelden einer vorisraelitischen Sagenwelt oder für die Personifizierung von Stämmen. Als diese Sicht entstand, waren Geschichte und Kultur des 3. und 2. vorchristl. Jt.s, über die wir heute durch eine Fülle archäologischen Materials erheblich mehr wissen, fast unbekannt. Daher stuft man heute die Vätergeschichten als historisch weit zuverlässiger ein. Trotz Unterschieden in Einzelheiten hat sich im englischen Sprachraum abgesehen von der Datierung vor allem die von Albright skizzierte Position durchgesetzt, die davon ausgeht, daß die Vätererzählung historisch einheitlich tatsächliche Ereignisse berichtet (Albright: Mittlere Bronzezeit I; die meisten Gelehrten Mittlere Bronzezeit II, d.h. die frühen Jh. des 2. Jt. – verbunden mit der vermuteten amoritischen Einwanderungswelle, so vor allem R. de Vaux).

2. Literarische Gattung

Als Familiengeschichten wurden die Erzvätererzählungen zunächst vor allem mündlich überliefert. Es gibt kaum Verbindungslinien zu zeitgenössischen politischen Ereignissen her. Die drei Zyklen (Abrahamsgeschichte 11, 27-25,18; Jakobsgeschichte 25,19-37,1; Josephsgeschichte 37,2–50,26), orientieren sich an den drei Vätergenerationen und sind chronologisch nur lose verbunden. Ihre »Geschichtsschreibung« ist »erinnerte Vergangenheit«, das durch Jh.e mündlich überlieferte kollektive Erinnerungsgut eines Volkes. Die einzelnen Züge sind durch einen Meistererzähler engstens miteinander verwoben.

3. Theologie der Vätererzählungen

Die Erzvätergeschichte beginnt mit Erwählung und Berufung Abrahams (1Mo 12,1-3), die für die ganze weitere Geschichte von programmatischer Bedeutung ist. Diese hier beginnende Verheißungsgeschichte steht am Ende der Urgeschichte und läßt erkennen, in welcher Richtung sich eine Lösung der Frage ergeben wird, wie die von Gott losgerissene Menschheit mit ihrem Schöpfer wieder verbunden werden kann. Bestimmende Thematik ist Fortschritt, Gefährdung und schließlich die siegreiche Erfüllung der Verheißungen am Anfang (12,1-3). Es geht dem Schreiber also nicht um eine Lebensbeschreibung, sondern um die Entfaltung theologischer Erkenntnis und Heilsoffenbarung Gottes. In den Geschichten selbst verbinden sich dann verschiedene theologische Themen. Doch zwei weitere theologische Themen sind wichtig.

Glaube und Gerechtigkeit: In den Abrahamgeschichten reduziert sich die Verheißung der Nachkommenschaft auf die entscheidene Frage nach dem einen Sohn. Die Einlösung wird immer weiter hinausgezögert. Seit seiner Berufung war der Glaube Abrahams gefordert. Abrahams Gerechtigkeit besteht in seinem Glauben an Gottes Verheißung im Festhalten des Wortes (15,6).

Der Bund: Das zweite Element mit besonderem theologischen Gewicht ist der Bund (hebr. *berit*), den Gott mit Abraham schloß (Kap. 15 und 17). Ein Bund ist eine souveräne Setzung Gottes mit Verpflichtung zu besonderem Handeln, durch einen Eid im Rahmen einer besonderen Zeremonie sanktioniert. Im Abrahambund (Kap. 15) bindet sich Gott selbst durch einen Eid und sichert Abraham in einer Symbolhandlung die Gewißheit und Verläßlichkeit seiner Verheißung vertraglich zu. In 1Mo 17 stellt sich Gott Abraham als der Allmächtige und Verläßliche vor und verpflichtet ihn, allen Göttern abzusagen und ihm allein zu folgen: Er allein will der Gott Abrahams und seiner Nachkommen Gott sein. 1Mo 15 nimmt Gott die Verpflichtung auf sich, 1Mo17 wird Abraham auf Gott durch die Beschneidung verpflichtet. Es geht bei einem Bund immer um Tod und Leben. Da im Abrahambund Gott sich selbst den Eid auferlegt, ist er eine unumstößlicher Gnadenbund; die darin zugesprochene Verheißung und der Segen beruhen ausschließlich in Gott und seiner Unwandelbarkeit. Auf diese Basis gründet sich die ganze weitere Heilsgeschichte, die in Golgatha ihr Ziel erreicht. Daneben sagen diese Kap. viel über die Lebenshaltung derer, die auf Gottes Ruf antworten.

Lit.: W. F. Albright: Die Bibel im Licht der Altertumsforschung, 1957; ders.: Die Religion Israels im Lichte der archäologischen Ausgrabungen, 1956; J. Goldingay, R. Millard: Die Väter Israels, 1984; G. von Rad: Die Vätergeschichte, in: Theologie des Alten Testaments, Bd. I, Die Josephsgeschichte und Biblische Josephserzählung und Josephsroman in: ders.: Gottes Wirken in Israel, 1973, S. 22-41.285-304; H. Weidmann: Die Patriarchen und ihre Religion im Lichte der Forschung seit Julius Wellhausen, 1968; C. Westermann: Genesis 12-50, 1975.

D. Das zweite Buch Mose (Exodus)

1. Name

Exodus (griech. *exodos*) heißt »Auszug« (vgl. 19,1) und nennt das Hauptthema des Buches (1,1-15,21), das gleichzeitig Grundereignis für den Glauben Israels ist. In der hebr. Bibel heißt das Buch *w'elläh schemôt* »dies sind die Namen«. Das ganze Buch ist um zwei Ereignisse angeordnet: im ersten Teil die Befreiung Israels aus der Sklaverei Ägyptens, mit Höhepunkt und Abschluß in der großen Rettungstat Gottes an Schilfmeer (1,1-18,27) und im zweiten Teil die Aufrichtung der Gottesherrschaft über dieses Volk durch den Bundesschluß am Sinai (19,1-40,38). Mit »Exodus« bezeichnet man oft die ganze Ereignisfolge von der Befreiung in Ägypten bis zum Einzug in das verheißene Land (vgl. 3,7-10). In diesem Sinne ist der Exodus Höhepunkt der atl. Heilsgeschichte, das Mittel, durch das Gott Israel konstituierte und sich zum Werkzeug für die Erlösung der Menschheit erwählte.

2. Mose

Die überragende Gestalt von 2-5Mo ist →Mose. Im ganzen AT begegnet er als Begründer des Glaubens Israels, als Vermittler des Gesetzes, als Organisator der Stämme und ihres Gottesdienstes und als charismatischer Führer während des Auszugs, beim Bundesschluß am Sinai, und während der Wüstenzeit bis an die Grenzen des verheißenen Landes. Sähe man ihn als unhistorisch an, würden Israels Glaube und Existenz unerklärlich.

3. Plagen und Passa

In den Plagen geht es um die Konfrontation zwischen Gottes Macht und dem trotzigen Willen und verhärteten Herzen des Pharao. Ihre Anordnung, sowie andere literarischer Elemente lassen vermuten, daß diese Berichte eine lange Geschichte. Vgl. als Parallele Ps 105, besonders V. 26-37 u.ö. Die zehnte Plage (Tod der Erstgeborenen) hebt sich von den ersten neun ab und ist engstens mit der Anweisung und Durchführung von drei israelitischen Riten verbunden: dem Passafest, dem Fest der ungesäuerten Brote und der Auslösung der Erstgeburt (12,1-13,16).

4. Errettung am Schilfmeer

Obwohl sich über den genauen Verlauf der Auszugsroute mancherlei Fragen ergeben, steht fest, daß die Israeliten schließlich am »Schilfmeer« ankamen (13,18), wo das Volk ein zweites Mal Gottes dramatisches Eingreifen erlebte. Die Antwort des Volkes ist der anschließende Lobgesang (15,1-18), der sein Ziel in der Gewißheit findet: »Jahwe wird König sein, immer und ewig«. Während seiner ganzen weiteren Geschichte schaute Israel zurück auf dieses Ereignis seiner Errettung und Befreiung, durch das es zum Volk Gottes wird und das zugleich das herausragende Beispiel ist, wie Gott retten kann (vgl. Am 2,4-10; 3,1f.; Jer 2,2-7; Ps 78,12-55).

5. Bund und Gesetz am Sinai

Danach zog Israel zum Sinai, auf dem Gott mit Mose sprach. Wie beim Abrahamsbund (1Mo 15) geht es auch hier darum, daß mittels eines Bundes eine natürlicherweise nicht bestehende Beziehung festgelegt und durch den im Rahmen des Ratifikationszeremoniells abgelegten Eid gültig wird. Dieser Bund unterscheidet sich vom Abrahamsbund insofern, als Israel sich durch einen Eid an den Bund bindet und die Bundessatzungen auf sich nimmt. Die literarische Form wie der Aufbau des ganzen Buches sind eng mit den internationalen Verträgen verwandt, die im Hetiterreich zwischen Großkönig und abhängigen Vasallen geschlossen wurden. Die Zehn Gebote (→Dekalog) sind nicht »Gesetz« im herkömmlichen Sinn (definiertes Vergehen mit festgelegter Strafe), sondern ein Grundgesetz, eine Umschreibung des Verhaltens, das für die Bundesgemeinde verbindlich ist und das notfalls mit Gewalt erzwungen werden kann um das Verderbliche aus dem Leben des Bundesvolkes auszugrenzen. So wird die Königsherrschaft Jahwes (2Mo

15,18) in Israel aufgerichtet; es ist Herrschaft des Schalom, Ausschluß des Bösen unter Gott dem Erlöser (2Mo 20,2). Nachdem Israel in den Bund eingetreten war und die Bundessatzungen angenommen hatte, ergab sich die Notwendigkeit, ihnen eine Gestalt zu geben, die der eines Gesetzes nahekommt. Das Ergebnis sehen wir im »Bundesbuch« (20,22-23,33), in dem sich die Gebote aus 20,1-17 in Gestalt ausformulierter Satzungen wiederfinden.

6. Bundesbruch

Das AT idealisiert Frühzeit und Vätergeneration nicht. Unglaube und Ungehorsam der Auszugsgeneration erreichen den Höhepunkt, als Mose vierzig Tage auf dem Berg Sinai bleibt (31,18). Für das Volk ist nicht Gott, sondern Mose der Erretter (32,1), und da Mose nicht erscheint, verwirft das Volk auch den von ihm verkündigten Gott. Der Bund ist zerbrochen. Dennoch wird das Volk durch Moses Fürbitte bewahrt. Als Zeichen, daß Gott weiter mit diesem Volk sein wird, teilt Jahwe Mose seine Namensfülle mit: »Jahwe, Jahwe, Gott, barmherzig und gnädig, geduldig und von großer Güte und Treue« (34,6; vgl. Ps 103,8). So zeigt sich gerade angesichts des Bundesbruches, daß es allein der Gnade und Treue Gottes zu danken ist, wenn sein Werk hinausgeführt wird – sein Name bürgt dafür.

Die Erzählung vom Bundesbruch ist zwischen den von Gott gegebenen Plan der Stiftshütte (2Mo 25-31) und dessen Ausführung (2Mo 35-40) eingefügt. In der Stiftshütte, eigentlich dem »Zelt der Begegnung«, will Gott inmitten seines Volkes wohnen (29,45; vgl. 40,34-38). Dieses »Zelt der Begegnung« wies zugleich auf den Tag hin, an dem »das Wort Fleisch werden«, und »unter uns zelten wird« (Joh 1,14; s. auch Offb 21,3)

Lit.: J. J. Bimson: Redating the Exodus, JSOT 5, 1978; H. J. Boecker: Recht und Gesetz im AT und im Alten Orient, 1976; M. Buber: Moses, [3]1966; H. Egelkraut: »Gesetz im AT«, in: GBL I, 1987, 452–456; H. Gese: »Der Dekalog als Ganzheit berachtet«, in: Vom Sinai zum Zion, [2]1984, 63-80; W. H. Schmidt: Exodus, Sinai und Mose, (EdF 191), 1983; W. Zimmerli: Das Gesetz und die Propheten, [2]1969.

E. Das dritte Buch Mose (Levitikus)

1. Name und Inhalt

Der hebr. Name lautet *wajjikra'*: »Und er rief« (1,1). Leviticus (griech. *Leuitikon*) heißt (das) »levitische« (Buch) oder das Buch »des Leviten«, was den Inhalt nicht zentral trifft, denn im Mittelpunkt stehen Aaron und die Priesterschaft, die zwar auch von Levi abstammten, aber von den Leviten unterschieden wurden. Am Sinai erklärte Jahwe, daß sein Bundesvolk in der Gesamtheit »ein Königreich von Priestern und ein heiliges Volk« sei (2Mo 19,6), so daß 3Mo nicht nur ein »Handbuch für Priester« (im Sinne des Kultpersonals) war, sondern sich an das gesamte Volk richtete (vgl. auch die enthaltene allgemeine ethische Unterweisung). Das zentrale Thema des Buches ist die »Heiligkeit« des Gottesvolkes: (19,2), entfaltet in zwei Grundfragen: Wie kann die Sünde von diesem Volk genommen werden, damit es »heilig« sei (Kap. 1-16), und: Wie kann das Volk »Heiligkeit« bewahren, damit es in der Gemeinschaft mit dem heiligen Gott bleiben kann (17-27)?

Heilig (hebr. *qadôsch*), wörtlich »abgesondert« (vom profanen) ist nicht auf den kultischen Bereich beschränkt. Im AT ist »Heiligkeit« streng personal gedacht, zunächst als zentraler Wesenszug Gottes. Durch die Erwählung des Bundesvolkes will Gott seinem Volk Anteil an seiner Heiligkeit, d.h. auch an seiner Güte und Unversehrtheit, geben (3Mo 19,2). Wo ein Mensch sich dem Willen Gottes nach der *tora* unterstellt, bekommt er teil an Gottes Heiligkeit, die also den ethischen Bereich mit einschließt.

3Mo 7,37f nennt fünf Opferarten. Mit wenigen Ausnahmen ist der Ritus bis zur Darbringung des Opfers auf dem Altar für alle Opfer gleich. Gegen ein magisches Opferverständnis richtet sich später die Opferkritik der Propheten (z.B. Jes 1,11ff.). Nicht das Opfer als solches rettete, aber die verbürgte Bundestreue Gottes; der Glaube erkannte im Opfer die von Gott selbst zu schaffende Sühne (vgl. Mi 6,6-8; Hos 6,6; Joh 1,29; Rö 3,25f.). Das Opfer ist eine gnädige Einrichtung Gottes zur Abwehr des Gerichts durch Sühne (Vgl. 3Mo 17,11: »Ich habe euch das Blut für den Altar gegeben«).

Die Kap. 17-26 werden »Heiligkeitsgesetz« genannt. Es ist kein »Gesetzeskodex« im juristischen Sinn, sondern eine lose Sammlung von Grundsätzen, die Israel zeigen sollten, wie sich »Heiligkeit« im praktischen Leben vollzieht.

2. 3Mose und andere Teile der Bibel

Zwischen 3Mo und Hes gibt es eine Fülle von Vergleichspunkten. Ausgehend von der Erkenntnis, daß in 3Mo viele Element des ältesten Kultes Israels weiterleben, ist von Hes (der aus einem Priestergeschlecht stammte – 1,3) zu erwarten, daß er die

Juden im Exil zu den in diesem Buch aufbewahrten Grundlinien zurückruft. Der Hebräerbrief zitiert 3Mo 24mal, vorzugsweise die Darstellung des Großen Versöhnungstages (3Mo 16). Hebr 8-10 zeigt, wie das NT den levitischen Kultus versteht: die von Mose angeordneten Opfer finden in Christus ihre Erfüllung (8,13). Die Zeichen des AT, wie Opfer und Priestertum sind vorlaufende Wirklichkeit, Vorausgeschehen. Tritt an die Stelle des Zeichens später die in ihm angezeigte Wirklichkeit, dann spricht man von Typos und Antitypos. Ein Beispiel ist die Stiftshütte, die als Zeichen äußerlich sichtbar auf die Gegenwart des unsichtbaren Gottes hinwies. Als »das Wort Fleisch wurde« und »unter uns zeltete« (Joh 1,14), wurde der Typos durch die in ihm vorgedeutete Wirklichkeit abgelöst. Ähnlich sah der Schreiber des Hebr im Opfer des alljährlichen Versöhnungstages (auch in den täglichen Opfern!) einen Typos des einmaligen Opfers Jesu Christi (Hebr 10,1. 11-14). So ist 3Mo mehr als ein Kompendium von Opfervorschriften und Reinheitsriten. Es wird gezeigt, wie die Gemeinschaft zwischen Gott und seinem Volk aufrechterhalten werden kann. Das Opfer Christi als Versönungshandeln Gottes ist nur auf dem Hintergrund des atl. Opfersystems zu verstehen. Deshalb greift der Hebr so stark darauf zurück; deshalb kann auch die Kirche Jesu Christi nicht auf 3Mo verzichten. Freilich ist der Opferdienst als solcher – nicht in seiner typologischen Funktion – durch das Opfer Christi überholt.

Lit.: L. Goppelt: Typos, 1939; H.J. Kraus: Gottesdienst in Israel, [2]1962; R. Rendtorff: Studien zur Geschichte des Opfers im AT, 1967.

F. Das vierte Buch Mose (Numeri)

4Mo überbrückt die Zeit vom Bundesschluß am Sinai bis zum Lager in Moab vor dem Einzug in das verheißene Land, rund 38 Jahre und 9 Monate, die sog. »40 Jahre« der Wüstenwanderung. Es geht nicht in erster Linie um eine Reisebeschreibung, sondern um den Wüstenaufenthalt als Strafe für den Unglauben Israels, nicht einfach um Historie, sondern um eine Aufzählung der Taten Jahwes. Einer verworrenen Geschichte des Unglaubens und Aufruhrs, des Abfalls und der Frustration steht die Treue, Geduld und Langmut Gottes gegenüber.

1. Name und Aufriß

Numeri (lat. für griech. *Arithmoi*) »Zahlen« bezieht sich auf die vielen Zahlen in den ersten Kap. In der hebr. Bibel heißt 4Mo *bammidbar* »in der Wüste«. Das Buch gliedert sich in drei Hauptteile, zwischen denen jeweils Reiseberichte eingefügt sind. Am Ende sind Stücke angefügt, die mit dem Vohergehenden nicht direkt zusammenhängen.

2. Die Zahlen

Rechnet man die in 4Mo 1,45 genannte Zahl von 603 550 Wehrfähigen auf die Bevölkerung hoch, kommt man auf eine Zahl von 2 bis 3 Millionen, aus der sich eine Fülle Probleme ergeben. Ihre Ernährung in der Steppe (vgl. 2Mo 12,38) ist kaum denkbar, ebensowenig, daß sich 70 Personen, die einst nach Ägypten zogen, in einer Zeit von 4-10 Generationen so stark vermehren können. Es gibt vier Versuche, mit dem Probleme umzugehen:

a. Die Zahlen sind buchstäblich zu verstehen. Dann können aber andere biblische Aussagen nicht ernst genommen werden (5Mo 7,1.7; vgl. 2Mo 23,29).

b. Die Zahlen sind Ergebnisse einer Volkszählung der Königszeit, die in 4Mo eingeordnet wurden. Damit ist das Problem nicht gelöst, sondern nur in eine spätere Zeit verschoben.

c. Das allgemein mit »Tausend« übersetzte Wort (*'eleph*) läßt sich auch als »militärische Einheit«, »Schar« verstehen (vgl. 1Sam 8,12; 22,7; 2Sam 18,1), was auch ähnlich gelagerte Probleme aus der Königszeit lösen könnte (z.B. 1Sam 6,19; 1Kön 20,30; 2Chr 17).

d. Die Zahlen gehören zum epischen Erzählstil und dienen lediglich dazu, die Größe und das Wunder der Befreiung aus der Knechtschaft in Ägypten zu unterstreichen. Am ehesten bietet sich noch Lösung c. an.

3. Theologische Aspekte

In 4Mo zeigt Gott seine Gegenwart inmitten seines Volkes in erstaunlicher Weise sichtbar an (9,15f.17; 12,1.4.5.6-8). Während der Wüstenwanderung war Gott nicht nur der Begleiter sondern auch Versorger seines Volkes (2Mo 16; 5Mo 8,4; 4Mo 20,11f).

Ein zentraler Punkt israelitischen Gottesglaubens ist die Geduld Jahwes, die in 4Mo bei verschiedenen Ereignissen augenfällig wird. Das Gegenstück bildet die Ungeduld, das Murren und Klagen, ja der Aufruhr und die Rebellion der Israeliten. Aus der Betonung von Gottes Heiligkeit in 3Mo erwächst die Frage: Wie kann ein sündiges Volk in Gemeinschaft mit dem heiligen Gott leben? Es bedarf jemandes, der zwischen Gott und Volk tritt. Neben Priesterschaft und Opferdienst (3Mo) zeigt 4Mo (wie schon 2Mo 32,7-14), daß es daneben die persönliche Fürbitte gibt, für die Mose ein eindrückliches Beispiel ist (12,1ff;14,4-20). Aufgrund solcher Erfahrungen kam Israel zu der Überzeugung, daß der Fürbitte eines Gerechten für den Sünder große Kraft innewohnt. Fürbitte war auch Aufgabe der Priester und wird in Zukunft besonders mit dem Dienst des Propheten verbunden sein (vgl. 1Mo 20,7; Am 7,2-5: Jer 15,1; Jes 53,12).

Der Glaube, daß Jahwe, der Gott Israels, zugleich der Herr über alle Völker sei, findet die volle Ausgestaltung erst im zweiten Teil des Jesaja. Diese theologische Erkenntnis baut aber auf historische Erfahrungen Israels (z. B. den Auszug) auf. Am eindrücklichsten zeigt sich diese Überlegenheit Jahwes in der Geschichte von Bileam und Balak. Hier erweist sich Gott auch dem genialsten Zauberer der Zeit überlegen. Alle okkulten Anschläge und Flüche gegen Gottes Volk müssen zum Segen werden, solange es Gott als seinen König anerkennt, d. h. in seinen Ordnungen lebt und ihn anbetet (4Mo 24,21).

Lit.: V. Fritz: Israel in der Wüste, 1970; M. Noth: Aufsätze zur biblischen Landes- und Altertumskunde, 1971, Bd. I, S. 53-110; 183–209; 345–543; Bd. II, S. 1-132.

G. Das fünfte Buch Mose (Deuteronomium)

1. Überblick

Nach der Weigerung der Israeliten, Kanaan einzunehmen, blieben sie 38 Jahre in der Wüste, bis die Auszugsgeneration gestorben war, wanderten dann bis Moab und warteten auf die Anweisung, den Jordan zu überschreiten und das Land einzunehmen, das Gott verheißen hatte. 5Mo berichtet an diesem Punkt von drei Reden Moses an das Volk, der das verheißene Land nicht betreten durfte.

Die Reden sind in einem predigtartigen Stil und in eindrücklich mahnender Sprache gehalten. Sie wären allerdings von unterschiedlicher Länge: vier, vierundzwanzig und zwei Kap. In einer der Reden finden sich viele Gesetze, die keine klare Ordnung erkennen lassen, was in einer solchen Situation kaum zu erwarten ist. M. G. Kline sieht daher im 5Mo eher ein Dokument, das Mose vorlegte. Der Aufriß des Buches ähnelt dem Aufbau eines Suzeränitätsvertrags (Vasallenvertrag). Allerdings übertrifft das Buch in seiner Länge alle bisher bekannten Bundestexte.

2. Entstehung

Nach der Graf-Wellhausen-Hypothese ist der Deuteronomist eine der vier Quellen (D), die den Löwenanteil des 5Mo umfaßt. Ca. 621 v. Chr. wurde bei der Restaurierung des Tempel ein »Buch des Gesetzes« gefunden (2Kö 22,8). Schon Hieronymus vertrat die Ansicht, daß es sich dabei um 5Mo handelte. W. M. L. de Wette bemühte sich dann, nachzuweisen, daß 5Mo von einer Quelle stamme, die sich in 1-4Mo nicht finde und daher nach J und E in das 7. Jh. zu datieren sei. Im ausgehenden 19. Jh. meinte J. Wellhausen, das »Buch des Gesetzes« sei extra zu dem Zweck, eine Reform auszulösen, zusammengestellt und im Tempel deponiert worden, so daß die meisten Gelehrten eine Entstehung unmittelbar vor seiner Entdeckung im Jahr 621 v. Chr. annahmen. Im Verlauf der Forschungsgeschichte des 20. Jh.s bewertete man dieses Datum zunehmend kritischer. Man sprach einerseits vom Tetrateuch (1-4Mo) und andererseits von der »deuteronomistischen Geschichtsschreibung«, die von 5Mo bis zu 2Kön reicht.

Einen wissenschaftlichen Konsens in der Frage nach der Entstehung des 5Mo gibt es bis heute nicht. Durch formgeschichtliche Untersuchungen stieß man auf alte Überlieferungen. Die oben erörterten Möglichkeit, daß das Buch in Anlehnung an Suzeränitätverträge strukturiert ist, würde eher für eine Enstehnungszeit im ausgehenden 2. Jt. sprechen. Man sollte 5Mo deshalb als Abschiedsreden Moses lesen. Bezüglich thematischer Berührungen mit den Propheten (Kampf gegen Baals-, Götzen- und Höhendienst) spricht mehr dafür, daß diese von 5Mo beeinflußt waren, als umgekehrt. Es ist heute akzeptiert, daß die Propheten das Gesetz nicht schufen, sondern auf das bestehende Gesetz zurückgriffen.

3. Theologische Hauptlinien

Die theologischen Grundgedanken des 5Mo haben eine weitreichende Wirkungsgeschichte über das AT hinaus in Judentum, NT und Gemeinde Jesu. Im AT wirkten sie in der sog. deuteronomistischen Geschichtsschreibung und bei den Schriftpropheten weiter. 5Mo 6,4 (*schema*) ist das zentralen Glaubensbekenntnis Israels bis heute. Es lehrt nicht einen philosophischen Monotheismus (dazu hätte ein stärkeres Wort im Sinne von »einziger Gott« verwendet werden können), sondern betont Einheit und Einzigkeit des Gottes Israels besonders im Hinblick auf das Bundesverhältnis Jahwes zu seinem Volk. Es geht hier wie überall im Pentateuch um einen funktionalen Monotheismus. Der Gott Israels ist der allmächtige Schöpfer der Welt. Deshalb ist er allein Gott: Allein anzubeten, allein zu fürchten, allein zu lieben. Er allein genügt. Deshalb ist alle Anbetung anderer Götter zu verwerfen, und ihre Altäre sind auszurotten. Basis für die theologischen Aussagen sind im 5Mo die Großtaten Jahwes in der Geschichte, so leitet sich der Anspruch Jahwes auf Israel von seinem Eingreifen zur Befreiung des Volkes ab.

Auch die Erwählung Israels wird im 5Mo am ausgeprägtesten reflektiert. Sein Erwählungshandeln ist kein Willkürakt (Bevorzugung eines Volkes auf Kosten der anderen) sondern zielt ab auf die Erlösung der ganzen Menschheit. Die mit der Erwählung Israels zusammenhängende Ausrottung der Völker Kanaans (7,1) erscheint hart und ist letztlich nicht zu erklären (vgl. Röm 9,16-23). Ein weiterer Gesichtspunkt der Erwählung ist, daß der Ruf Gottes nicht Privilegierung, sondern Dienstverpflichtung ist (1Mo 12,3). Doch dieser Dienst ist das Vorrecht Israels. Die Erwählung Israels konkretisiert sich im Bund. Der biblische Bund ist weder ein Tauschhandel noch geht ihm Unterwerfung voraus. Er ist souveräne Gnadenverordnung Gottes, ein Rechtsverhältnis mit stärkster Garantie für ein menschliches Gemeinschaftsverhältnis, das Frieden, d.h. die unversehrte Gemeinschaft zum Inhalt hat. Israel empfängt den Bund passiv als Gnadengabe. Die mit dem Bund verbundene Tora gewährt Frieden. Am Anfang stehen die Liebe Gottes (7,7f) und die Erlösung bzw. der Freikauf des Volkes. Weshalb er seine Zusage und freiwillige Selbstverpflichtung auch da nicht aufkündigen wird, wo das Volk seinen Verpflichtungen nicht nachkommt – wie während der Wüstenwanderung oft geschehen (4,31). Trotzdem gab es Bundesverpflichtungen für Israel: die Tora ist Teil des Bundes; Gesetzesbruch ist deshalb Bundesbruch und zerstört den Schalom. Gottes Zuwendung dem Volk gegenüber ist jedoch von der Erfüllung der Bundesverpflichtungen durch Israel nicht abhängig, er löst seine Zusage ein, weil er sein Volk liebt und weil er Gott ist. Wenn Israel ungehorsam ist, kann Jahwe es auch strafen (gleiches gilt für den König: 5Mo 28,15ff; vgl. 2Sam 7,14) wodurch aber der Bund nicht aufgehoben wird.

In bezug auf das Verständnis der Sünde wird in 5Mo gezeigt, welche Folgen sie im Rahmen des Bundes hat. Ungehorsam führt zum Verlust des Segens und des Landes. Schlimmste Sünde ist es, sich anderen Göttern zuzuwenden. Die Gesetze im 5Mo 15-26 mögen ansonsten humanitär erscheinen; die Strafe auf Götzendienst war unsäglich hart. Die Schärfe des Gesetzes war erforderlich, um das Volk in abgöttischer Umwelt von Abgötterei zu bewahren. Später führte die Hinkehr zum Götzendienst und die Abkehr vom Gesetz fast zum Untergang des Volkes; nur ein »Rest« blieb erhalten – aus göttlichem Erbarmen. Im 5Mo wird besonders herausgestellt, wie Gott sich in den Raum der Geschichte hineinbegibt (so in der außerbiblischen religiösen Lit. nirgends zu finden). Der Gedankengang wechselt ständig zwischen der zukünftigen Verpflichtung Israels nach der Landnahme und der Erfahrung der großen Taten und des Wortes Jahwes in der Vergangenheit. Dieser Wechsel wird zum Ausgangspunkt der prophetischen Geschichtsschau, bei der die Vergangenheit nicht nur das Anschauungsmaterial für das neue Handeln Gottes in der Zukunft liefert, sondern nach der in der Vergangenheit eine Bewegung angestoßen wurde, die in die Zukunft hinein weiterläuft. Der Mensch handelt einerseits in seinen Entscheidungen frei und bleibt so für sein Tun verantwortlich. Andererseits erreicht Gott durch alle Fehler und Widerstände der Menschen hindurch Ziel.

Lit.: A. Alt: Die Heimat des Deuteronomiums, Kleine Schriften, Bd. II, [4]1977; H. Egelkraut: »Deuteronomium«, in: GBL I, 1987, 250–275; S. Hermann: »Die konstruktive Restauration. Das Deuteronomium als Mitte biblischer Theologie, in: Gesammelte Studien zur Geschichte und Theologie des AT«, 1986; F. Horst: »Das Privilegrecht Jahwes. Rechtsgeschichtliche Untersuchungen zum Deuteronomium«, in: Gottes Recht, 1960; S. Loersch: Das Deuteronomium und seine Deutungen, (SBS 22), 1967; H. D. Preuß: Deuteronomium, (EdF 194), 1982; G. v. Rad: »Das Gottesvolk im Deuteronomium«, in: Gesammelte Studien zum AT Bd. II, 1973.

H. Egelkraut/ W. Glatz

Peräa

In atl. Zeit nannte man das Gebiet, das östl. des Jordan zwischen dem See Genezareth im Norden und dem Toten Meer im Süden lag, Gilead oder *eber ha-jarden*, »jenseits des Jordan« (LXX: *peran tou Iordanou*). Das Land wurde von dem Stämmen Ruben und Gad besiedelt (4Mo 32,1ff). Es gliedert sich in die hier größtenteils wüstenartige Jordan-Ebene und ein bis zu 1000 m aufsteigendes Bergland, an dessen Ost-Abdachung Ackerbau möglich ist. In ntl. Zeit gehört das nördl. Transjordanien zum griech. Städtebund der Dekapolis. Ein von Pella bis Machärus im Süden reichender ca. 20 km breiter und 100 km langer Landstreifen war Teil der Tetrarchie des Herodes Antipas. Nach dessen Abdankung (39 n.Chr.) und dem Königtum von

Agrippa I. herrschten ab 44 n. Chr. die röm. Prokuratoren von Judäa, seit 54 n. Chr. Agrippa II. Dieses jüd. besiedelte Gebiet mit seiner Hauptstadt Gadara nennt Flavius Josephus *Peraia* (Bell III 44ff). In P. an einer Jordan-Furt gegenüber Jericho hatte Johannes der Täufer eine seiner Taufstellen, auf der Festung Machärus wurde er hingerichtet (Ant XVIII 116ff). P. gilt in der rabbin. Literatur als jüd. Land und bot die Gelegenheit, beim Weg von Galiläa nach Jerusalem Samarien zu umgehen. Wenn es heißt, daß Jesus *peran tou Iordanou,* »jenseits des Jordan«, wirkte (Mt 19,1; Mk 10,1, vgl. Joh 1,28; 10,40), so ist damit Transjordanien gemeint, und zwar eher der nördl. Teil als das südl. P. (R. Riesner: Tyndale Bulletin 38, 1987, 48-53). In Lk 6,17 fügen bei der Aufzählung der Herkunftslandschaften von Jesus-Anhängern einige Handschriften auch P. hinzu, während die Parallelen »jenseits des Jordan« bieten (Mt 4,15.25; Mk 3,8).

Die Jerusalemer Urgemeinde war bei Ausbruch des Jüd. Krieges in die Dekapolisstadt Pella geflohen (Eus.h.e. III, 5,3). Ganz Transjordanien, besonders aber sein nördl. Teil (Gaulanitis, Batanäa) wurde zu einem Rückzugsgebiet für Judenchristen, sowohl von orth. (Nazoräer) wie von essenisierenden und gnostisierenden Gruppen (Ebioniten). Nach dem 4. Jh. hat man die Judenchristen immer mehr in Richtung der arab. Wüste abgedrängt. Mohammed begegnete dort letzten Resten der Ebioniten und übernahm von ihnen seine heterodoxe Christologie.

Lit.: L. Haefeli: Samaria und Peräa bei Flavius Josephus, 1913; B. Pixner: Wege des Messias und Stätten der Urkirche, [2]1994, 159-179; R. Riesner in: K. Bockmühl: Die Aktualität der Theologie Adolf Schlatters, 1988, 67-70; E. Schürer: The History of the Jewish People I, 1973; D. I. Treacy-Cole: Anchor Bible Dictionary V, 1992, 224–225.

R. Riesner

Perfektionismus

P. ist die Lehre, daß Vollkommenheit als Ziel des christl. Lebens nicht nur zu erstreben, sondern auch tatsächlich zu erreichen ist. Inhaltlich sind folgende Merkmale relevant: (a) der individualethische Aspekt der Ausrichtung des gesamten Lebens auf die von Christus in Mt 5,48 geforderte →Vollkommenheit. Diese Ausrichtung wird durch (b) die erfahrungsbezogene Seite des P. kontrolliert: Die erreichte Vollkommenheit muß sich durch die Erfahrung einer längeren Zeit inneren Friedens, durch die Gewißheit der Sündlosigkeit oder des reinen Herzens, in den Pfingstkirchen auch durch →Glossolalie und andere Erfahrungen der Geisterfüllung (→Geistestaufe) nachweisen lassen. (c) Die ekklesiologische Dimension des P. zeigt sich darin, daß sich die nach vollkommener Heiligung Strebenden in Gruppen oder auch zu eigenen Kirchen zusammenschließen.

Christl. Perfektion besteht bei Charles und John →Wesley in vier Elementen: (1) Als Liebe zu Gott und zu allen Menschen, die die Freiheit von der Macht der Sünde impliziert (Röm 6.8). (2) Als eine dynamische »unvollkommene Vollkommenheit«, die im Glauben empfangen wird. (3) Dieses kann auch in einem Augenblick erfolgen. (4) Sie soll, im Sinne realisierter Eschatologie, jederzeit erwartet werden, nicht erst in der Todesstunde (Works, Bd. 11, 393).

Nicht erst puritanische Ethik (→Puritaner) und methodist. Heiligungsstreben (→Methodismus) machen die Vollkommenheit zum Inhalt und Ziel christl. Lebens. Schon der →Montanismus des 2. Jh.s zeigt in der asketischen Ausformung des Christseins, durch seine legalistische Ethik und die Exklusivität des Kirchenbegriffs deutliche Züge dessen, was heute als P. bezeichnet wird (S. M. Burgess). In der Alten Kirche und im mittelalterl. Katholizismus verbindet sich das christl. Vollkommenheitsstreben mit der aristotelischen Zwei-Stufen-Ethik; nur die Mönche als Nachfolger der Philosophen realisieren die vollkommene Sittlichkeit (Luthardt). In die ev. Ethik dringt der P. durch den »Primitivismus«, den Versuch einer Erneuerung urkirchl. Verhältnisse vorwiegend bei den Wiedertäufern, ein (R. T. Hughes in: Burgess, 213–220). Caspar von →Schwenckfeld lehrt die Möglichkeit der vollkommenen Gesetzeserfüllung; der radikale Pietist Johann Konrad →Dippel behauptet, daß es eine völlige Abtötung des alten Menschen und insofern auch christl. Vollkommenheit gebe.

Vom P. methodist. Prägung ist der »Oberlin-P.« der amerikanischen →Heiligungsbewegung abhängig, der am Oberlin-Seminar in den dreißiger Jahren des 19. Jh.s seinen Höhepunkt erreichte. C. G. Finney, der zu dieser Zeit in Oberlin unterrichtete, wurde von dem New Yorker Heiligungsblatt »The Perfectionist« (1834–1836) inspiriert, das von James Boyle unter Beihilfe seines Freundes John Humphrey Noyes (»Oneida-P.«) herausgegeben wurde (Hardman). 1836 beginnt mit der »zweiten Bekehrung« des Präsidenten Asa Mahan eine Reihe von Heiligungstreffen. Finneys Vollkommenheitsbegriff unterscheidet sich von demjenigen John Wesleys darin, daß er die volle Gültigkeit der atl. Forderungen auch für den Christen betont. Vollkommenheit ist zwar keine Voraussetzung für den Gnadenempfang, sie hebt aber auch keine der Forderungen des Gesetzes auf. Der P. besteht in der Christenpflicht, Vollkommenheit in diesem Leben zu suchen. Asa Mahan veröffentlichte 1839 die »Schriftlehre von der christlichen Vollkommenheit«. In »Views of Sanctification« stellt Finney 1840 die Behauptung auf, daß völlige und andauernde Heiligung als vollkommener Gehorsam gegen Gottes Gebot in diesem Leben erreichbar ist. Das Mittel, mit welchem dieser Zustand verwirklicht wird, ist die ab 1843 in Finneys Werk nachweisbare Geistestaufe als ein »zweites Werk der Gnade«. Nachdem schon 1825 Timothy Merritt das Buch »The Christian's Manual: a Treatise on Christian Perfection« veröffentlicht hatte, versuchten ebenfalls in den dreißiger Jahren (und später) Phoebe Palmer und ihre Schwester Sarah Lankford nach einer eigenen Heiligungserfahrung durch Heiligungsveranstaltungen weite Kreise zur christl. Vollkommenheit zu führen (Dayton). William E. Boardman (1810–1886) schrieb 1858 die weit verbreitete Abhandlung »The Higher Christian Life«. Robert Pearsall →Smith (1827–1898), dessen Frau Hannah Whitall Smith (1832–1917) den Klassiker »The Christian's Secret of a Happy Life« verfaßte, wirkte durch die englische →Keswick-Bewegung auf die pietist. →Gemeinschaftsbewegung (s. a. →Heiligungsbewegung). Die Auseinandersetzung über den P. im landeskirchl. Pietismus konzentrierte sich am Anfang des 20. Jh.s in der Diskussion über Th. →Jellinghaus' Schrift »Das völlige, gegenwärtige Heil durch Christum« (1880, [5]1903), führte zur Gründung des →Christlichen Gemeinschaftsverbandes Mülheim a. d. Ruhr (1905) unter der Leitung von Jonathan →Paul und zur lehrmäßigen Verwerfung der perfektionistischen und pfingstlerischen Lehren (→Pfingstbewegung) durch die →Berliner Erklärung von 1909.

Als wichtigste Kirchen perfektionistischer Ausrichtung gelten bis heute a) die Church of God, Anderson (gegründet 1880); b) die Gemeinde Christi, die sich 1906 von den Disciples of Christ (gegründet 1832) abspaltete und sich 1957 mit ihr wieder zur United Church of Christ vereinigte; c) die →Kirche des Nazareners (gegründet 1908); d) →Evangelischer Brüderverein (Bergerianer, gegründet 1914); e) die Spätregenbewegung (gegründet 1927); f) die Apostolische Glaubensgemeinschaft des Philipp Täffler (gegründet 1947). Perfektionistisches Gedankengut findet sich ebenfalls in weiteren Pfingstkirchen, in presbyterianischen und charismat. orientierten Gemeinden.

Eine kritische Beurteilung des P. muß die berechtigten Anliegen bibl. Heiligungslehre im Auge behalten, die im perfektionistischen Vollkommenheitsstreben enthalten sind. Die Elemente der Heilsgewißheit und des Wissens um die Vergebung der eigenen Sünden sind ebenfalls für jede Form prot. Lehre unaufgebbar.

Im Blick auf das Verhältnis des Menschen zu Gott muß die Frage gestellt werden, ob die Analyse des eigenen frommen Gefühlslebens als Mittel der Vergewisserung und Höhegefühle vermeintlich geisterfüllter Zeiten als Ziel perfektionistischen Christseins die Vollkommenheit wirklich verbürgen können. Müßte nicht diese Gewißheit vielmehr ganz aus der Hl. Schrift und dem Glauben an Christus erwachsen? Wäre nicht nach der Bibel stärker herauszustellen, daß die Heiligkeit Gottes auf der Erde nicht die Konformität, sondern den ungläubigen und zweifelnden Sünder sucht und sich der vollkommene Gott in Christus gerade der noch im Fleisch lebenden Sünder annimmt (Mt 9,13)?

Im Blick auf das Verhältnis des Menschen zu seinem Nächsten und zur Welt muß erklärt werden, daß es das »reine Herz«, die »Sündlosigkeit« und die völlige Erfüllung der Gebote und vollkommene Liebe auf dieser Erde außerhalb von Christus nie gegeben hat und nie gibt (2Kor 5,21; 1Petr 2,22; Hebr 4,15). Die Forderung der Gesetzeserfüllung wandelt sich nicht um in den Zuspruch der tatsächlichen Erfüllung, sondern sie bleibt bestehen.

Zuletzt muß bedacht werden, daß das heiligende Werk des Heiligen Geistes am einzelnen und an der Gemeinde nach dem dritten Artikel des Apostolischen Glaubensbekenntnisses nicht nur in Berufung, Sammlung, Erhaltung im rechten Glauben und in der Mitteilung der Gaben besteht, sondern auch in Auferstehung und ewigem Leben: Durch die Auferstehung und durch das ewige Leben, nicht schon hier in diesem Leben, wird die Heiligung der Gläubigen vollendet. Diese eschatologische Dimension endgültiger Vollkommenheit der Christen steht in bleibendem Gegensatz zum Leben des Christen im Fleisch vor seinem Tode (1Kor 15,42-49, vgl. M. Luther: Gr. Kat. BSLK 654–655, § 40-41 / Unser Glaube 688, § 742).

Lit.: D. Brandt-Bessire: Aux sources de la spiritualité pentecotiste, 1986; S. M. Burgess (Hg.): Reaching Beyond: Chapters in the History of Perfectionism, 1986; D. W. Dayton: Theological Roots of Pentecostalism, 1987; K. J. Hardman: C. G. Finney 1792–1875: Revivalist and Reformer, 1987; T. Jellinghaus: Das völlige, gegenwärtige Heil durch Christum, 1880, [5]1903; S. J. Land: Pentecostal Spirituality, JPTSub 1, 1993; C. E. Luthardt: »Die antik-heidnischen Wurzeln des römisch-katholischen Vollkommenheitsideals«, in: Zur Ethik, 1888, 52-65; ders.: Kompendium der theologischen Ethik, [2]1898, 207–218; J. Wesley: »A Plain Account of Christian Perfection«, in: The Works of John Wesley, Third Edition, Complete and unabridged, 1991.

J. Eber

Perikope

Mit P. (wörtlich: ein ringsherum ausgeschnittenes Stück) bezeichnet man einen bibl. Textabschnitt. Bereits in der frühen Christenheit ist die Übung bekannt, für jeden Fest- und Sonntag des Jahres einen Epistel- und einen Evv.-Text (selten auch einen atl. Text) festzulegen. Aus dieser Praxis ging die »Altkirchliche Perikopen-Ordnung« hervor.

Luther hat sich dieser Tradition angeschlossen: »Daß wir aber die Episteln und Evangelien, eingeteilt nach der Zeit des Jahres, behalten, hat folgenden Grund: Wir wissen nichts Sonderliches an solcher Weise zu tadeln« (Deutsche Messe, 1526). Er veranlaßte überdies, daß zunächst die Evv.-Texte, später auch die Episteln in der Predigt ausgelegt wurden. Um eine größere Breite der Hl. Schrift im Predigtgottesdienst zu Wort kommen zu lassen, gab es im 19. Jh. eine Reihe von Bemühungen, weitere P.n-Reihen einzuführen; am bekanntesten sind die vier Reihen der Eisenacher P.n-Ordnung von 1896.

Unter dem Einfluß der liturg. Erneuerungsbewegung kam es nach 1945 zu einer umfassenden Reform aller bisherigen P.n-Reihen. Seit 1958 sind in den ev. Landeskirchen sechs P.n-Reihen eingeführt. Die derzeit gültige P.n-Ordnung geht auf einen Revisionsvorschlag von 1972 zurück. Dabei wurde v.a. der Anteil der atl. Texte erheblich vergrößert. Es ist noch offen, ob es für 1996 zu einer erneuten kleinen oder für das Jahr 2002 zu einer größeren Revision kommt.

Anstelle des früheren P.n-Zwangs gilt heute die Praxis, daß in Ausnahmefällen auch ein anderer Bibeltext als der in der P.n-Ordnung vorgeschriebene gepredigt werden kann.

Lit.: H. von Schade, Fr. Schulz: Perikopen – Gestalt und Wandel des gottesdienstlichen Schriftgebrauchs (reihe Gottesdienst, Heft 11), 1977; Sonn- und Feiertagskalender, jährlich neu hg. von der Luth. Liturgischen Konferenz Deutschlands.

H. Jetter

Peripatos, Peripatetiker

→Aristoteles; Aristotelismus

Perseveranz

P. (»Beharrung«), ein von →Augustinus in die theol. Sprache eingeführter Begriff (*De dono perseverentiae*, »Von der Gabe der Beharrung«, 428/29). Er steht im Zusammenhang seiner Erwählungslehre, nach der wir das Heil nicht durch unser Tun und Greifen erlangen, sondern allein durch Gottes gnädiges Erwählen. Ist dann nicht wenigstens das uns nötige Bleiben in der Gnade (vgl. Mt 10,22; 24,13), nachdem wir sie erlangt haben, von unserem Verhalten abhängig? Augustins Antwort: Auch »die Perseveranz, in der man bis zum Ende bewahrt bleibt, ist Gottes Gabe«. Das lehnte der Pelagianismus (→Pelagius) bzw. der (röm.) →Semipelagianismus ab, nach dem wir von uns aus bzw. durch Gottes »eingeflößte Gnade« am Heil mitwirken. Die Reformation griff Augustins Erkenntnis auf und fragte, ob man in der Sünde seinen doch von Gott geschenkten Glauben verliere. CA 12 bejaht das, während die luth. Orthodoxie lehrt, daß die von Gott zum Glauben Erwählten in der →Sünde den Glauben zwar »ganz« (*totaliter*), aber nicht »letztendlich« (*finaliter*) verlieren. Dagegen sagen die Reformierten seit Calvin (vgl. Heidelberger Katechismus 54), daß der Glaube der von Gott Erwählten durch Sünde und Anfechtung verdunkelt, aber aufgrund der »Gabe der Perseveranz« nicht verloren gehen kann. Die ref. Seite betont zurecht, daß dank der göttlichen Treue die Glaubenden, ihrer Sünde zum Trotz, in der Gnade bleiben dürfen. Die luth. Seite warnt zu Recht davor, daß diese tröstliche Erkenntnis keine Heilssicherheit der Glaubenden begründet (vgl. Röm 9,17ff) und nicht unabhängig vom Gebot zum »Bleiben« am Wort Christi zu haben ist (vgl. Joh 8,31; 15,5).

Lit.: J. Moltmann: Prädestination und Perseveranz. Geschichte und Bedeutung der ref. Lehre de perseverantia sanctorum, 1961; G. Nygren: Das Prädestinationsproblem in der Theologie Augustins, 1956; O. Weber: Die Treue Gottes und die Kontinuität der menschlichen Existenz, EvTh 32 (1952), Sonderheft für E. Wolf, 131-142.

E. Busch

Person, Personalismus

1. Begriffe

Das Wort Person kommt vom lat. *personare*, »ertönen, durchtönen, widerhallen«, und vom lat. *persona*, der Übersetzung des griech. *prosopon*, »Angesicht, Maske, Rolle, Würde, Charakter«

(Ableitung auch vom griech. Begriff *hypostasis,* »Wirklichkeit, Verwirklichung«).

Der präzise Begriff P., der der nichtchristl. Antike unbekannt ist, wird in der christl. Spätantike geprägt und von daher in die ganze Tradition abendländischer Philosophie und Theologie übernommen. Wirkungsgeschichtlich bedeutsam ist die Definition von *persona* bei Boethius (gest. 524), die allerdings erheblich von dem modernen Persönlichkeitsbegriff abweicht: »Die Person ist die unvertauschbar einmalige Wesensform eines vernünftigen Wesens« (*persona est naturae rationalis individua substantia*), also die Spezifizierung einer Wirklichkeit. Der moderne P.begriff versteht P. und Persönlichkeit etwas anders, nämlich als Selbstbewußtsein, das – so →Fichte – durch Selbstunterscheidung von der Außenwelt entsteht, oder als Existenz – so der Existentialismus –, die sich im Kampf gegen die Essenz oder die Strukturen entwirft. Der Begriff »Personalismus« wurde von →Schleiermacher geprägt für den Glauben an einen persönlichen Gott.

2. Person und Personalismus in Philosophie und Theologie

Bedeutsam wird der Begriff P. in der altkirchl. Trinitätslehre, wonach Gott »drei Personen« (*tres personae*) hat und ein einziges »Wesen« (*una substantia*) ist; doch es handelt sich deshalb nicht um »drei Götter«, sondern nur um »einen Gott«. *Persona* (oder griech. *hypostasis*) ist hier eigentlich nicht mit P. zu übersetzen, wenn man mit P. Persönlichkeit, also eine Abgrenzung und etwas Isoliertes meint im Sinne des modernen P.begriffs. Persona meint nach der (in 1. zitierten) Definition von Boethius die unvertauschbar einmalige Ausfaltung eines Wesens, die Spezifizierung einer Sache. Die drei »Personen« Gottes sind also nicht drei Subjekte, sondern drei spezifische Begegnisweisen eines einzigen Subjekts, sie sind nicht drei verschiedene Subjekte, sondern drei Besonderungen des einen Wesens Gottes wie etwa die drei Äste eines einzigen Baumes, also nichts Isoliertes. Da *persona* nicht so viel wie P. im heutigen Sinn ist, ist der P.begriff untauglich, um die drei Ausfaltungen des e i n e n Wesens Gottes zu beschreiben. Gott ist e i n Du, er besteht nicht aus drei Du's. →Augustinus hat mit Recht darauf hingewiesen, daß die Drei in der Trinität sich nicht wesensmäßig voneinander unterscheiden, sondern nur durch ihre verschiedene »Beziehung« (*relatio*) zueinander, *persona* = *relatio*, »Beziehung«. Eine – auch anthropologisch – bedeutsame Definition!

Im MA wird von →Duns Scotus und seiner Schule, sowie von Luther bei Gott und Mensch die P., der Wille und die Entscheidung betont, während →Thomas von Aquin und seine Schule mehr auf das Sein Gottes und des Menschen abhebt.

In der Neuzeit wird P. infolge der Subjekt-Objektspaltung (→Descartes) als numerische Vereinzelung und subjektivistische Selbstverwirklichung verstanden, wie etwa im →Idealismus. Im Gegensatz dazu gilt P. und Persönlichkeit im →Marxismus nichts, wo sie in der Gesellschaft aufgehen soll. →Marx definierte ja den Menschen als »Ensemble gesellschaftlicher Verhältnisse«.

Entscheidend für die neuere theol. Diskussion war Fichtes These, Gott könne keine P. sein, da P. oder Selbstbewußtsein die Existenz eines anderen immer schon voraussetzt, von dem man sich abgrenzt, um seiner selbst bewußt zu werden. Denn Gott wäre dann nicht unbegrenzt und unendlich sowie Schöpfer aller Dinge. Aber kann man P. – auch anthropologisch – als »Ich« im Gegensatz zum »Nicht-Ich« bestimmen, wie das Fichte tut? Wie der dreieinige Gott, so ist auch der Mensch nur P. durch die Relation Ich-Du-Wir.

Der moderne Personalismus (Ch. Renouvier, W. Stern, E. Mounier, L. Lavelle, →Berdiajew, →Heidegger, Camus, Sartre, →Jaspers, F. Ebner, M. →Buber u.a.), der das Grundverhältnis des Menschen als Verhältnis von P. zu P. und nicht zu Dingen definiert, war notwendig als Reaktion auf eine seelenlose Technokratie, die den Menschen depersonalisiert. Er beeinflußte in der Theologie Denker wie R. →Bultmann, der die Kategorie der »Entscheidung« und den persönlichen Lebenswert des Glaubens (»existentiale Interpretation«) in die Mitte rückt, oder E. →Brunner und F. →Gogarten. Nach Brunner machen nicht Vernunft und freier Wille die P. des Menschen aus, wie in der herkömmlichen aristotelischen Tradition der Theologie, sondern der Mensch ist Mensch durchs Wort und die Verantwortung. »Wir sind gerade so viel Mensch, als wir Gottes Wort in unserem Herzen widerhallen lassen.« Auch nach Gogarten ist der Mensch P., indem er »Gott«, wenn auch als »Selbständiger«, als der er ihn geschaffen hat, »gehört«. Er »bedarf Gottes, um in Wahrheit Mensch sein zu können«.

3. Beurteilung

Gegen einen falschen Persönlichkeitsbegriff, der Personalität mit egoistischer Willkürfreiheit, selbstherrlicher Abgrenzung und wilder Selbstverwirklichung verwechselt, ist sie von ihrer Beziehung zu Gott und dem Mitmenschen her zu definieren. Dabei ist Sein und P. nicht gegeneinander auszuspielen, sondern sie gehören zusammen, in Gott und im Menschen. Angesichts der drohenden Uniformierung des Menschen in unserer »Tauschgesellschaft«, wo alles, auch der Mensch, austauschbar ist, macht nur der Freispruch der →Rechtfertigung des Sünders den Menschen wieder zur unaustauschbaren Person, ein Freispruch, der jedem unwiderruflich am Kreuz zugesagt wird. Der Mensch ist kein auswechselbares Ersatzteil, weil er als unverwechselbar Einzelner aus der Masse herausgerufen wird: »Ich habe dich bei deinem Namen gerufen; du bist mein« (Jes 43,1).

Auch Gott ist P. nur in Relation, also ein Du. Aber er ist das – im Unterschied zum menschlichen Du – absolut verläßliche Du. Er ist nicht nur eine unpersönliche kosmische Kraft (A. Einstein), sondern P., aber nicht P. wie menschliche P.en. Der P.begriff ist, auf Gott angewendet, fragwürdig, weil man dabei gerne an einen vergrößerten Menschen denkt. Man sollte lieber von ihm als einem Du reden (freilich einem einzigartigen Du!). Er ist das wahre Du meines Lebens (M. Buber, F. Ebner).

Lit.: M. Buber: Ich und Du, 1923; F. Ebner: Das Wort und die geistigen Realitäten, 1921; H. Husslik: »Person, Personalismus«, EKL III, 1131-1134; W. Pannenberg: »Person«, RGG³, V, 230-234; H. G. Pöhlmann: Abriß der Dogmatik, ⁵1990, 180ff.

H. G. Pöhlmann

Personalkirchengemeinde

Personalkirchengemeinden sind ev. Kirchengemeinden, die keinen Pfarrbezirk (→Parochie) verwalten. Die Glieder der P. können in dem ganzen Stadtbereich bzw. Propsteibereich wohnen und durch eine persönliche Willenserklärung ihre Zugehörigkeit zur P. bekunden. Nach der Zustimmung der Kirchenvorstände der betroffenen Gemeinden werden diese Personen in ihrer Wohnsitzgemeinde aus der Kartei gestrichen und in der P. geführt.

Die Entstehung der P. geht zurück in die Geschichte der Diakonie und der →Erweckungsbewegung des 19. Jh.s. Große Diakonieeinrichtungen und Diakonissenmutterhäuser wurden einige Zeit nach ihrer Gründung von den Kirchenleitungen zu P.n erklärt, um die Mitglieder und Heimbewohner eigenverantwortlich seelsorgerl. und kirchl. zu betreuen.

Andere P.n wie z.B. die Frankfurter Nord-Ost-Gemeinde, entstanden im »Mutterboden« des →Pietismus und der →Gemeinschaftsbewegung. Es trafen sich hier Christen, denen die evangelist. Verkündigung ein Anliegen wurde.

Heute sind P.n durch besondere Vereinbarungen in die jeweiligen Landeskirchen eingebunden. Diese Vereinbarungen sichern ein hohes Maß an Selbstverwaltung auf der einen Seite und auf der andern Seite das Partizipieren am gesamtkirchl. Leben.

P.n haben heute alle ein erkennbares theol. Profil, eine bestimmte theol. Tradition, sei es evangelist. oder diakon.: ein Profil, das in einer Parochie durch die Vielzahl der Mitglieder nur schwer entwickelt werden kann.

P.n sind in Ballungsräumen eine sinnvolle Ergänzung zur »kirchlichen Landschaft«.

Lit.: J. Tedschow: »Rechtsquellen zur Frankfurter Kirchengeschichte«, Schriftenreihe des Evang. Regionalverbandes Frankfurt/M., Archiv der Personalkirchengemeinde Frankfurt Nord-Ost.

R. Geiss

Personprinzip →Sozialprinzipien

Perthes, Clemens Theodor (1809–1867)

P., geb. am 2. 3. 1809 in Hamburg, gest. am 25. 11. 1867 in Bonn, Sohn von Friedrich Christoph →Perthes. P. lehrte seit 1838 Deutsches Staatsrecht in Bonn. Mit J.H. →Wichern bekannt, erwachte sein Interesse an Fragen der Inneren Mission. Er beteiligte sich an führender Stelle als Pionier der dt. ev. Diakonie. So gründete er 1849 in Bonn den Verein für →Innere Mission und 1854 die erste →»Herberge zur Heimat«, um die Not unter den wandernden Handwerksgesellen zu lindern. Auch auf staatsrechtlichem Gebiet war er ein beachteter Gelehrter (»Das deutsche Staatsleben vor der Revolution, 1845«).

Lit.: F. Perthes Leben, 3. Bde., (1848-55), ⁶1872; Das Herbergswesen der wandernden Handwerksgesellen (1856), ²1883.

H.-J. Hoeppke

Perthes, Friedrich Christoph (1772–1843)

P., geb. am 21. 4. 1772 in Rudolstadt, gest. am 18. 5. 1843 in Gotha, absolvierte eine Buchhändlerlehre in Leipzig und Hamburg und gründete 1796 in Hamburg die erste reine Sortimentsbuchhandlung, der später ein Verlag folgen sollte. 1822 siedelte er nach Gotha über.

P. war ursprünglich dem Rationalismus zugewandt, begann jedoch seine Loslösung durch die Berührung mit dem Idealismus →Schillers und der Glaubensphilosophie →Jacobis. Er rang sich zum bibl. Offenbarungsglauben durch. Wichtig waren hierbei erweckte Adelskreise, insbesondere der Emkendorfer Kreis um die Grafen Stolberg und Reventlow, aber auch der Münsteraner Kreis um die Fürstin Gallitzin. So entwickelte P. eine bibl.-christozentrische Frömmigkeit, die durchaus ökumen. Charakter trug, wahrscheinlich aufgrund des Einflusses von →Hamann. 1814 gründete P. die Hamburgisch-Altonaische Bibelgesellschaft. Die Hamburger →Erweckung versuchte er nicht zur Sondergruppe werden zu lassen und wehrte sich gegen Konventikeltum. P. versuchte, die deutsche Einheit voranzutreiben und organisierte die nationale Bewegung in den Hansestädten. Er verfaßte auch programmatische Schriften über den deutschen Buchhandel und war Mitbegründer des Börsenvereins des Deutschen Buchhandels.

Lit.: F. Ch. Perthes: Der deutsche Buchhandel als Bedingung des Daseins einer deutschen Literatur, 1816, [5]1975.

O. Adler: Friedrich und Caroline Perthes, 1900; J. Görres: Briefe an F. Ch. Perthes (1811–1827), hg. von W. Schellberg, 1992.

H.-J. Hoeppke

Peschitta →Bibelübersetzungen

Pestalozzi, Johann Heinrich (1746–1827)

P., geb. am 12. 1. 1746 in Zürich, gest. am 17. 2. 1827 in Brugg (Kanton Aargau), gilt als einer der hervorragendsten Pädagogen der Neuzeit. Beeinflußt von →Pietismus und →Aufklärung versuchte er, eine Erneuerung der Volksbildung herbeizuführen. Ein erster Versuch, die Errichtung einer »Armenanstalt« zur Ausbildung von Kindern (Weben, Spinnen, Landwirtschaft) aufzubauen, scheiterte. Unter diesem Eindruck entwickelte P. umfangreiche sozialphil. Theorien. Wegweisend für die Sozialpädagogik wurde seine lehrhafte Erzählung »Lienhard und Gertrud« (1781–1787). Die Familienerziehung wird hier als das geeignetste Mittel zur kontinuierlichen Gesellschaftsverbesserung gesehen. 1798/99 arbeitete P. als Waisenvater in Stans (Brief aus Stans, 1799), dann bis 1804 als Lehrer und Ausbilder in Burgdorf und Münchenbuchsee. 1805–1825 leitete er in Iferten eine Erziehungsanstalt, zu der eine Schule, ein Seminarium und eine Pensionsanstalt, seit 1818 auch ein Waisenhaus, gehörten. Diese Schule wurde europaweit bekannt und Ziel zahlreicher Bildungsreisen päd. Interessierter. In dieser Zeit gab P. auch nachhaltige Anregungen zur Seminarausbildung von Lehrern. P.s ganzes Bemühen galt der »Menschenbildung« (»Wie Gertrud ihre Kinder lehrt«, 1801). Diese Zielvorstellung wird verwirklicht durch Arbeit an den »Elementen«: Sprache, Zahl und Form (geistig), Glaube, Liebe, Dankbarkeit und Gehorsam (sittlich) sowie Bewegung (körperlich). Der Begriff der »Anschauung« wird von P. der Erfahrung geöffnet. Erziehung ohne Liebe ist für P. undenkbar.

Lit.: J. H. Pestalozzi: Werke (hg. von A. Buchenau, E. Spranger, H. Stettbacher), Bde. 1-29, 1927–1985; Sämtliche Briefe (hg. von E. Dejung, H. Stettbacher), Bde. 1-13, 1936–1971.

R. Hinz: Pestalozzi und Preußen, 1991; M. Liedke: J. H. Pestalozzi (mit Selbstzeugnissen und Bilddokumenten), [6]1992 (Lit.); E. Martin: Johann Jacob Kettiger und J. H. Pestalozzi, 1991.

H.-J. Hoeppke

Petersen, Johann Wilhelm (1649–1726)

P., geb. am 1. 6. 1649 in Osnabrück, gest. am 31. 12. 1726 bei Zerbst, gilt als ein Vertreter des radikalen →Pietismus. Der Sohn eines Lübecker Juristen studierte ab 1669 in Gießen und Rostock Theologie, von 1678-88 war er luth. Superintendent in

Eutin. 1672 fand P. enge Verbindung zu →Spener und den frühen Frankfurter Pietisten, aus deren Kreis er 1680 Johanna Eleonore von und zu Merlau heiratete (Trauung durch Spener in dessen Pfarrhaus). Das Ehepaar trat von nun an gemeinsam handelnd auf, wobei P. es übernahm, die gemeinsam gewonnenen Überzeugungen wissenschaftl. zu begründen und zu publizieren. 1685 entwickelten die Eheleute aus Offb 20 die Lehre vom →Tausendjährigen Reich. 1688 wechselte P. als Superintendent nach Lüneburg, wurde aber 1692 wegen seines radikalen Chiliasmus des Amtes enthoben, zumal er sich ab 1691 zu den Gesichten des Fräuleins von Asseburg mit der Lehre bekannte, die Offenbarungen der Bibel seien nicht abschließend, Christus teile sich weiterhin durch besondere Visionen mit. In Brandenburg-Preußen fand das Ehepaar Zuflucht, wohlversorgt durch Freunde mit einer Rente und einem Privatgut bei Magdeburg. Von hier aus nutzte P. seine zahlreichen Freundschaften (→Leibnitz) und seine schriftstellerische Begabung (die Autobiographie nennt 54 gedruckte und 104 ungedruckte Manuskripte) zur weiten Verbreitung seiner eschatologischen Lehre, mit der er ab 1694 auch die Allversöhnung vertrat (Einfluß der Böhmistin Jane Leade).

Lit.: M. Matthias: Das pietistische Ehepaar Johann Wilhelm Petersen und Johanna Eleonora Petersen, 1993; E. A. Schering: »Johann Wilhelm und Johanna Eleonora Petersen«, GdKG 7, 1982, 225-239.

J. O. Rüttgardt

Petrus (Apostel)

P. stammte aus Betsaida am See Genezareth (Joh 1,44). Die Stadt lag im Gebiet des Tetrarchen Philippus, der ein Freund und Förderer griech. Kultur war. Nicht lange nach dessen Regierungsantritt um 4 v.Chr. dürfte P. dort geboren sein. Der Geburtsname des P., Simon, ist in der griech. Literatur schon bei Aristophanes 423 v.Chr. bezeugt, die Namen seines Bruders Andreas und des späteren Mitjüngers Philippus aus der gleichen Stadt verweisen auf die Hellenisierung in dieser Zeit; noch der Vater von Simon und Andreas hieß gut jüd.-atl. Jona (Mt 16,17; Joh 1,42). Dies, sowie die Berufstätigkeit des Simon-P. als Fischereiunternehmer an einer der wichtigsten Handelsstraßen der Levante, der »Via Maris«, gehören zu den Indizien für seine Mehrsprachigkeit (Hebr., Aram., Griech.). Sein galiläischer Akzent (Mk 14,70; Mt 26,73) und der später in Jerusalem gegen ihn und andere erhobene Vorwurf, »ungelehrte und einfache Leute« zu sein (Apg 4,13), steht dazu nicht in Widerspruch; eine Schriftgelehrtenausbildung dürfte P. in der Tat nicht genossen haben. Er war zugleich tief in der jüd. Glaubenstradition verwurzelt – noch als Leiter der urchristl. Gemeinde brauchte er das Zeichen eines Engels, um sich von einer mosaischen Kultvorschrift zu lösen (Apg 10,9–20) –, als auch Neuem gegenüber aufgeschlossen – er gehörte zum Umfeld des Jüngerkreises Johannes des Täufers (Joh 1,40-41) und folgte dann dem Wanderprediger Jesus von Nazareth, den er erst später als Messias erkannte.

P. war verheiratet (Mk 1,30; Mt 8,14; Lk 4,38); an seiner Schwiegermutter vollbrachte Jesus sein erstes Heilungswunder in Kapernaum, wo P. sich niedergelassen hatte und ein Haus besaß, in dem vorübergehend auch Jesus wohnte. Seine Frau nahm P. spätestens nach →Pfingsten auf seine Missionsreisen mit (1Kor 9,5). Daß sie Kinder hatten, ist eine erst spät einsetzende, apokryphe Überlieferung.

Unter den Jüngern nahm P. von Anfang an eine führende Stelle ein; auch dann, wenn Jesus selbst aus dem Zwölferkreis eine kleinere Gruppe auswählt, ist P. stets dabei und wird stets zuerst genannt (Mk 1,16-17; 1,36; 3,13-19; 5,37; 9,2-5; 13,3; 14,33; 16,7; Lk 9,32; 22,8-13, usw.). Den Höhepunkt dieser Sonderstellung bildet die Szene bei Cäsarea Philippi, in der P. zwar nicht als erster (vgl. Joh 1,34.41), aber erstmals auf eine konkrete Frage Jesu diesen als den Messias (griech. *Christos*, »Christus«), »den Sohn des lebendigen Gottes« erklärt (Mt 16,15-16). In dieser Szene erhält der Jünger die Bestätigung seines am Jordan (Joh 1,42) angekündigten Beinamens »Kephas« (griech. *Petros,* »Fels«) und die kirchengeschichtlich folgenreiche Zusage: »Auf diesen Felsen will ich meine Gemeinde (Kirche) bauen, und die Pforten der Hölle sollen sie nicht überwältigen. Ich will dir die Schlüssel des Himmelreiches geben: alles, was du auf Erden binden wirst, soll auch im Himmel gebunden sein, und alles, was du auf Erden lösen wirst, soll auch im Himmel gelöst sein« (Mt 16,18f). P. ist damit in der Nachfolge Jesu als Grundstein der Gemeinschaft eingesetzt, dies allerdings nur während seiner Lebzeit (»du auf Erden«, Mt 16,19) ohne weitere Nachfolgeregelung und mit der Einschränkung, daß ein wesentlicher Teil seiner Vollmachten auch anderen zuteil wird (Mt 18,18; Joh 20,23; 2Kor 2,15).

Das impulsive, mitunter schwankende Verhalten des P. vor und nach diesem Ereignis unterstreicht, daß seine Rolle nicht eigener Leistung zu verdanken war. Deutlich wird jedoch auch in den Szenen des Versagens, daß P. anders als andere den Mut hatte, überhaupt zu handeln (er wagte den Schritt aus dem Boot auf das Wasser, er riskierte den Gang in das Innere des hohepriesterlichen Palastbereichs usw.). Nach der Kreuzigung und Auferstehung Jesu wurde er ein kompetenter Leiter der Urgemeinde, ohne dabei seine Schwächen zu vergessen.

Die Bestätigung der Einsetzung des P. durch den Auferstandenen (Joh 21,15-19) sicherte dessen unangefochtene Autorität in der Urgemeinde. Als Organisator (Apg 1,13-21 usw.), Redner und Verkündiger (Apg 2,14-41; 3,12-26, usw.), Wundertäter (Apg 3,1-11; 5,14; 11,36-42), Vertreter der Gemeinde vor dem Hohen Rat (Apg 4,8-22; 5,27-33), Bewahrer der Gemeindedisziplin (Apg 5,1-11; 8,14-24), Befürworter der ersten Missionsreisen (Apg 8,14-25), als erster Missionar unter röm. »Heiden« (Apg 10,1-48; 11,1-18) und als Lehrer des Paulus (Gal 1,18) setzte er Maßstäbe.

Nach heutigem Forschungsstand darf als sicher gelten, daß er zwischen 42 n. Chr. und ca. 44 n. Chr. erstmals in Rom war und ca. 48 n. Chr. zum »Apostelkonzil« wieder in Jerusalem eintraf. Auch dort übernahm er Verantwortung und erzielte mit seiner Eröffnungsrede den Durchbruch in der Auseinandersetzung um die Rahmenbedingungen der »Heidenmission«. Es ist umstritten, ob danach die Auseinandersetzung mit Paulus über die Essens- und Abendmahlsgemeinschaft zwischen Juden und Nichtjuden in Antiochia (Gal 2,11-14.21) zu Lasten des P. gedeutet werden muß; aufschlußreich ist, daß Barnabas, der beste Antiochien-Kenner unter den Aposteln, auf seiten des P. steht und hier ein frühes Beispiel für den Erfolg der Diplomatie (Petrus/Barnabas) gegenüber der kompromißlosen Direktheit (Paulus) vorliegen dürfte. Kirchengeschichtl. spricht jedenfalls gerade das Verhalten des P. in Antiochia für dessen Befähigung als Leiter einer stetig wachsenden Gemeinschaft mit ihren unterschiedlichen »Flügeln«.

Um 57 n.Chr. traf P. ein zweites Mal in Rom ein. Während dieses Aufenthalts, den das NT nur in 1Petr 5,13 erwähnt, der aber ebenso wie der erste kirchengeschichtl. gut bezeugt ist, sind – ihre Echtheit vorausgesetzt – die beiden P.-Briefe entstanden, vermutlich um 60 bzw. 62 n.Chr. Welche Amtsfunktion P. in Rom innehatte, ist nicht eindeutig zu klären; daß er nach der Tradition dort der erste »Aufseher« (*episkopos,* später verdeutscht »Bischof«) wurde, läßt sich angesichts der kurz vor diesem zweiten Aufenthalt aus dem Römerbrief (Röm 16,3-16) noch abzuleitenden, organisatorisch unverbundenen Vielfalt von Hauskirchen vielleicht als lokale Notwendigkeit begreifen. Nach dem Brand Roms am 19. Juli 64 kam es, wohl im darauffolgenden Frühjahr, zur neronischen Christenverfolgung, die nach ihrer Hochphase sporadisch bis zum Tode Neros am 9. Juni 68 fortdauerte. In diesem Zeitraum, wahrscheinlich im Herbst 67, starb auch P. den Märtyrertod. Unabhängige Quellen belegen seine Kreuzigung mit dem Kopf nach unten. Die ursprünglich sehr einfache Grablege auf dem Friedhof bei den neronischen Gärten wurde um 145 n. Chr. mit einer schlichten Gedenkstätte (*tropaion*) überbaut und war unter Konstantin ab 315 n. Chr. Zentrum des Baus der ersten Peterskirche auf dem vatikanischen Hügel.

Lit.: S. Bénétreau: La deuxième épître de Pierre/L'épître de Jude, 1994; P. Berglar: Petrus. Vom Fischer zum Stellvertreter, 1991; O. Cullmann: Petrus. Jünger, Apostel, Märtyrer, 31985; M. Guarducci: »Die Ausgrabungen unter St. Peter«, in: R. Klein (Hg.): Das frühe Christentum im römischen Staat, ^{2}1982, 364–414; C.P. Thiede (Hg.): Das Petrusbild in der neueren Forschung, 1987; ders.: Simon Peter – From Galilee to Rome, ^{2}1988.

C. P. Thiede

Petrus Damiani (1007–1072)

P., geb. 1007 in Ravenna, Studium in Faenza und Parma. Nach kurzer Lehrtätigkeit trat er 1035 der Eremitengemeinschaft Fonte Avellana (Diözese Faenza) bei und wurde dort 1043 zum Prior gewählt. Durch seine Reformen (Benediktregel und Ideal der Wüstenväter) brachte er das Kloster zu einer Blüte, die auf andere Gemeinschaften Auswirkungen hatte. Durch seinen Kontakt mit Reformkreisen in Rom wurde er 1057 gegen seinen Willen zum Kardinalbischof von Ostia erhoben. In dieser Funktion wirkte er als strenger Kämpfer gegen die →Simonie (für ihn nicht nur der Kauf von Ämtern, sondern z.B. auch falsche Unterwürfigkeit aus Geltungssucht) und war in verschiedenen kirchenpolit. Unternehmungen tätig (Kampf gegen den Gegenpapst Honorius II., Verteidigung →Clunys gegen die Ansprüche des Bischofs von Macon etc.). Vom 22. auf den 23. 2. 1072 starb P. in Faenza auf der Rückreise von Ravenna. 1828 wurde er zum Kirchenlehrer erklärt. P.s literarisches Werk ist überliefert in 118 Briefen, 67 verschiedenen Werken und Traktaten, 75 Predigten (davon 51 authentisch), fünf Heiligenviten und ca. 250 Gedichten, Gebeten etc. P. steht ganz in der Linie der Kirchenväter und der monastischen Theologie und hat fast zu allen Fragen seiner Zeit Stellung genommen. Besonders in den Kreisen der Kirchenreformer im 14./15. Jh. hatte er großen Einfluß.

Lit.: F. Dressler: Petrus Damiani. Leben und Werk, 1954.

D. Heller

Petrus Lombardus →Lombardus, Petrus

Petrus Waldes →Waldenser

Petrusbriefe →Petrus (Apostel); →Katholische Briefe des NT

Petrusprimat →Papst, Papsttum

Pezel, Christoph (1539–1604)

P., geb. am 5. 3. 1539 in Plauen, gest. am 25. 2. 1604 in Bremen. Er studierte in Jena und Wittenberg, war danach Lehrer in Plauen, Annaberg und Wittenberg. Er gilt als Hauptvertreter des →Kryptocalvinismus unter den Schülern →Melanchthons und unterhielt gute Beziehungen nach Genf und zur ref. Kurpfalz, besonders zu →Ursinus. Mit dem Sieg des Luthertums in Kursachsen mußte P. 1574 weichen. In Nassau-Dillenburg führte er die Reformation in ref. Gestalt durch und geriet zunehmend mehr unter den Einfluß der Theologie →Calvins. 1581 wurde er Superintendent in Bremen und setzte dort die ref. Gestalt der dortigen Kirche durch (Consensus Bremensis 1595). Die besondere Prägung der Bremischen Kirche bis zum heutigen Tag geht auf P. zurück.

Lit.: J. Moltmann: Christoph Pezel und der Calvinismus in Bremen, 1958.

G. Ruhbach

Pfalz, Ev. Kirche der

Die Ev. Kirche der P. (Prot. Landeskirche) entstand 1818 als »Vereinigte Protestantisch-Evangelisch-Christliche Kirche der Pfalz« aus der Vereinigung von Reformierten und Lutheranern. Nachdem es bereits zu verschiedenen örtlichen Unionen gekommen war, wurde das Reformationsjubiläum 1817 zum äußeren Anlaß für den Zusammenschluß der beiden prot. Konfessionen. 1817 erließ das Konsistorium einen Aufruf zur Abstimmung über »die Vereinigung in eine einzige christliche Gemeinde ...«, die eine überwältigende Mehrheit fand. Im August desselben Jahres unterzeichnete die erste Generalsynode in Kaiserslautern die Vereinigungsurkunde. Darin wird als »Glaubensgrund und Lehrnorm« die Heilige Schrift angegeben, die Glaubensbekenntnisse der alten Kirche und die Bekenntnisschriften der Reformation werden »in gebührender Achtung« gehalten (Formulierung von 1821; ursprünglich wird nur das NT als Norm genannt). Das Abendmahl wird als »Fest des Gedächtnisses an Jesum und der seligsten Vereinigung mit dem ... Erlöser« verstanden.

In der Folgezeit kam es immer wieder zum Streit um das Bekenntnis, aber das Prinzip der Glaubensfreiheit setzte sich immer wieder durch.

Die Ev. Kirche der P. verfügt heute bei 670.000 Mitgliedern über 20 Dekanate, 394 Pfarrer(innen) und 428 Gemeinden. Ihr angeschlossen ist das Diakonische Werk der Pfälzischen Landeskirche in Speyer.

Lit.: G. Biundo: »Pfalz«, in: RGG³ V, 1961, 266-271. B. H. Bonkhoff: Geschichte der Vereinigten protestantisch-evangelisch-christlichen Kirche der Pfalz, 1986.

D. Heller

Pfälzischer Evangelischer Verein für Innere Mission e.V.

Der pietistische Gemeinschaftsverband entstand 1875 durch die Initiative von Pfälzer Pfarrern und Laien, die der badischen →Erweckungsbewegung nahestanden. In ihm schlossen sich die schon seit dem frühen 18. Jh. hauptsächlich in der pfälzischen

Rheinebene vorhandenen, von der Herrnhuter Brüdergemeine (→Brüder-Unität) gegründeten Gemeinschaften zusammen. Im Jahr 1875 wurde der erste hauptamtliche, in St. →Chrischona ausgebildete Reiseprediger eingestellt. Bereits um die Jahrhundertwende hatte sich das Wirkungsgebiet des Vereins auf die ganze Pfalz und auf das angrenzende saarpfälzische Gebiet ausgedehnt. Stadtmissionen und Gemeinschaftsbezirke waren entstanden, eigene Missionshäuser wurden gebaut. Das heutige Arbeitsgebiet umfaßt 20 Gemeinschaftsbezirke und Stadtmissionen mit 170 örtlichen Gemeinschaften. Rund 4.500 Menschen, davon 1.800 eingetragene Vereinsmitglieder, zählen sich zu diesem Zweig des pfälzischen Pietismus. Derzeit versehen 25 hauptamtliche Mitarbeiterinnen und Mitarbeiter den Dienst. Viele Ehrenamtliche verdeutlichen den Laiencharakter des freien Werkes innerhalb der Ev. Kirche der Pfalz. Der Verein ist dem →Evangelischen Gnadauer Gemeinschaftsverband e.V. angeschlossen. Arbeitsschwerpunkte sind:

- Verkündigungs- und Seelsorgedienst in regelmäßigen Predigtversammlungen, Bibel- und Hausgesprächskreisen sowie überbezirklichen Zusammenkünften,
- Evangelistischer Dienst,
- Kinder-, Jungschar- und Jugendarbeit,
- Musikalische Arbeit in gemischten Chören, Jugend- und Posaunenchören,
- Freizeit- und Schulungsarbeit, z.T. im vereinseigenen Gemeinschaftszentrum Trippstadt bei Kaiserslautern,
- Schriftenmission; Arbeit mit Büchertischen,
- Herausgabe des Vereinsorgans »Himmelwärts«,
- Diakonischer Dienst unter Spätaussiedlern und Asylanten,
- Beratungsarbeit durch ein Seelsorgehelfernetz im Zusammenwirken mit dem →Weißen Kreuz e.V.,
- Förderung der äußeren Mission durch die Aktion »Brot für Kenia«.

Der Verein wird geleitet von einem aus zwölf Personen bestehenden Verwaltungsrat. Der nebenamtlich tätige Vorstand besteht aus dem Vorsitzenden und zwei Stellvertretern. Er wird unterstützt von einem hauptamtlichen Missionsinspektor. Über Delegierte im Landesausschuß sind die Gemeinschaftsbezirke in die Vereinsleitung eingebunden. Die Finanzierung geschieht durch Mitgliedsbeiträge und Spenden. Die Geschäftsstelle des Vereins befindet sich in Eisenberg (Pfalz).

Lit.: P. Borchert (Hg.): Sein Wort brannte wie eine Fackel – Festschrift zum 100. Jubiläum des Vereins im Jahr 1975.

W. Kleemann

Pfarrer

1. Begriff

P. (lat. *parochus*) im ev. Sinn ist der Amtsträger, der für einen begrenzten Bereich zum Dienst der →Verkündigung des →Evangeliums und der Verwaltung der →Sakramente förmlich (*rite*) berufen worden ist. Dieses Amt umfaßt Aufgaben und Tätigkeiten in Gottesdienst und Unterricht, Seelsorge und Diakonie, in Gemeindeaufbau, Leitung und Verwaltung. Andere Bezeichnungen sind »Pastor« (lat. *pastor*, »Hirte«; vgl. 1Petr 5,1-4) und »Geistlicher« (seit dem 11. Jh.). »Reverend« ist der Titel des angelsächsischen P.s.

2. Geschichte

Aus der Vielzahl der ntl. Ämter hat sich im Laufe der Zeit ein aus dem Bischofsamt abgeleitetes Pfarramt entwickelt. Der P. hatte die geistl. und organisatorische Leitung innerhalb eines territorial begrenzten Gebietes, einer →Parochie (griech. *paroikia*, »Fremdlingschaft«), inne. Die durch den →Bischof verliehene Weihe befähigte ihn zum sakramentalen Handeln, zur priesterlichen Vermittlung des Heils. Unterstrichen wurde der besondere Charakter der Priesterweihe durch den →Zölibat.

Die Reformatoren haben das Pfarramt in erster Linie als Predigtamt verstanden und die Notwendigkeit einer besonderen sakramentalen Priesterweihe zur Ausübung dieses Amtes bestritten (CA V; Calvin: Institutio, IV, 3,6). Nach Luther haben alle Christen, weil alle in ihrer Taufe »zu Priestern geweiht« sind, teil an dieser allg. Berufung zum »Dienst am Wort«. Aber nicht alle haben in gleicher Weise teil an der besonderen Verantwortung für die öffentliche Verkündigung. Letzteres ist denen vorbehalten, die, stellvertretend für alle anderen, durch Gemeinde und Obrigkeit (landesherrliches Kirchenregiment) zu diesem von Gott eingesetzten Amt »ordentlich berufen« (CA XIV) worden sind. Bei Calvin ist das Amt des Pastors eines unter mehreren Ämtern. Der »Dienst am Wort« wird kollegial wahrgenommen. Die äußere Berufung des P.s in einer Wahl durch die Gemeinde, der eine innere Berufung des Gewählten entsprechen soll, wird als Bestätigung einer göttlichen Wahl verstanden. Im 16. Jh. waren viele P. ehemalige Priester, die sich der →Reformation angeschlossen hatten. Die Katechismen Luthers sollten diese P. in der ev. Lehre unterrichten (→Katechismus). Erst nach und nach setzte sich das theol. Studium als Ausbildungsvoraussetzung durch. Dem Beispiel

Luthers folgend hatten viele ehemalige Priester geheiratet. Aber das bestehende Pfründewesen konnte keine ausreichende Versorgung der meist großen Familien sichern. Die finanziellen Verhältnisse in den Landpfarrhäusern waren lange Zeit die der Unterschicht und erforderten Zuerwerb. Häufig konnte aus wirtschaftl. Gründen erst spät geheiratet werden, oder es wurde die Witwe des Amtsvorgängers zu deren Versorgung geehelicht. Erst mit der Einführung der Kirchensteuer und der Abschaffung des Pfründesystems wurden die größten materiellen Ungleichheiten beseitigt. Im 18. Jh. haben P. Impulse von →Pietismus (mit Akzent auf der persönlichen Frömmigkeit und deren Betätigung) und →Aufklärung (mit Akzent auf einer vernünftigen lebenspraktischen Bildung und Erziehung) aufgenommen und weitergeführt. Das Pfarrhaus wurde beispielhaft für das christl. Familienleben und hat bedeutenden Einfluß auf die deutsche Kultur- und Sozialgeschichte ausgeübt. Viele Dichter, Philosophen und Wissenschaftler stammen aus Pfarrhäusern. Heute sieht sich der P.stand neuen Entwicklungen und Herausforderungen gegenüber: Der gesellschaftl. Wandel, eine veränderte Siedlungsstruktur, zunehmende Mobilität, Säkularisierung und vieles mehr läßt auch den Beruf des P.s nicht unberührt.

3. Praxis

a. Der P. wird im deutschsprachigen Raum von einer Landeskirche (anders bei den Freikirchen!) in ein öffentlich-rechtliches Dienstverhältnis auf Lebenszeit, ähnlich einem Beamten, berufen (mit P. ist im folgenden zugleich die Pfarrerin gemeint, die in den Jahren seit 1960 rechtlich dem P. gleichgestellt wurde). Voraussetzung dafür ist, neben der allg. Eignung, eine entsprechende Ausbildung: in der Regel Abitur, Studium der Theologie (mit alten Sprachen), Vikariat unter Anleitung eines Gemeindepfarrers und begleitende Reflexion im →Predigerseminar. Meist im Anschluß daran erfolgt in der →Ordination die förmliche Berufung in das Amt der Verkündigung in öffentlicher Verantwortung. Nach einer Probezeit kann der Bewerber in den ständigen Pfarrdienst übernommen und in einer Gemeinde eingesetzt werden (Investitur). Die Landeskirche übernimmt eine Fürsorgepflicht für den P. und seine Familie (Besoldung, Altersversorgung), sowie Aufgaben der Begleitung (Seelsorge, Weiterbildung) und Aufsicht (→Visitation). In seiner geistl. Amtsführung ist der P. durch sein Ordinationsversprechen gebunden. Die in der Ordination übertragenen Rechte (z.B. das Recht zur öffentlichen Wortverkündigung in den gottesdienstl. Räumen seines Dienstbereiches) und Pflichten (z.B. Bindung an Bibel und Bekenntnis, ein seinem Auftrag entsprechendes Verhalten) können nur durch ein Disziplinar- oder Lehrzuchtverfahren oder auf eigenen Antrag aberkannt werden.

b. Gemeinde ist heute nicht mehr nur Ortsgemeinde. Dem Auseinanderfallen der Gesellschaft in verschiedene Lebensbereiche einerseits, den gestiegenen Erwartungen an die fachliche Kompetenz des P.s andererseits, haben die Kirchen durch Sonderpfarrämter Rechnung getragen. So gibt es P. als Religionslehrer, Jugendp., Krankenhaus- und Militärseelsorger, P. in der diakon. und kirchl. Verwaltung usw.

c. Vielfältig sind die Erwartungen an den P.: Fromm soll er sein und weltoffen, tolerant und entschieden, konservativ und modern, kritisch und nachsichtig, Seelsorger der Alten und Erzieher der Jungen, Verwaltungsbeamter und Freizeitanimateur, ein »ganz anderer« und »einer von uns«. Es versteht sich von selbst, daß es ein P. unmöglich allen recht machen kann, ganz abgesehen davon, daß er das auch gar nicht darf. Zu stabilisierenden, vergewissernden, priesterlichen Elementen seines Wirkens müssen immer auch widersprechende, prophetische Elemente treten.

d. In der Prestigeskala der Berufe stand der Pfarrberuf lange Zeit unangefochten weit oben. Entsprechend hat besonderes Gewicht, was der P. als Repräsentant der Kirche in der Öffentlichkeit zu polit. und gesellschaftl. Fragen äußert. Als Amtsperson hat er deshalb die Pflicht, so zu reden und zu handeln, daß Umgang und Gespräch mit allen Gemeindegliedern prinzipiell weiterhin möglich bleiben. Für den P.beruf wird, im Unterschied zu den meisten anderen Berufen, eine weitgehende Identität von beruflichem Reden und persönlicher Überzeugung gefordert. Der P. muß, soll er glaubwürdig erscheinen, als Amtsperson zugleich mit sich selber identisch sein. Dadurch kommt es immer wieder zu Identitätskonflikten. Erschwert wird deren Lösung, weil nicht immer klar zu trennen ist zwischen berechtigten Erwartungen und überfordernden Ansprüchen. Die damit zumindest zeitweise verbundene Überforderung des P.s findet in einer vermehrten Krisenanfälligkeit des P.berufs heute symptomatischen Ausdruck.

e. Der ev. P. hat meist eine Familie. Das Pfarrhaus, vor allem auf dem Land, hat auch heute noch »gläserne Wände«. Private Ehe- und Erziehungskrisen berühren unmittelbar den Beruf, im Gegensatz zum gesellschaftl. Umfeld, das immer selbstverständlicher zwischen Beruf, Amt und Privatleben trennt.

Von nicht wenigen P.familien wird heute die Pflicht, im Pfarrhaus zu wohnen (→Residenzpflicht) und dort allezeit erreichbar zu sein (Präsenzpflicht), als eher belastend empfunden. Aber auch von den Gemeinden wird durch den Wandel im traditionellen Bild der P.familien ein großes Maß an Beweglichkeit und Anpassungsfähigkeit verlangt (gleichzeitige Berufstätigkeit des Ehepartners, Teilzeitdienste, Frau als P.in, das von einem Theologenehepaar gemeinsam versehene Pfarramt).

Lit.: K.W. Dahm: Beruf: Pfarrer, 1971; M. Greiffenhagen (Hg.): Das evangelische Pfarrhaus, 1984; H. Jetter et al. (Hg.): Evangelischer Erwachsenenkatechismus, [5]1989, 1176ff; D. Rössler: Grundriß der Praktischen Theologie, 1986, 103ff, 282ff, 436ff; Y. Spiegel: »Pfarrer«, in: Praktisch Theologisches Handbuch, [2]1975, 59ff.

Th. Sorg/P.-G. Schöll

Pfarrer-Gebetsbruderschaft (PGB)

Im April 1913 war in Halle/Saale der »Pastoren-Gebetsbund« (PGB) als Zusammenschluß vornehmlich von der →Erweckung und →Gemeinschaftsbewegung geprägter landeskirchl. Pfarrer zur Stärkung ihres persönlichen Glaubens und Dienstes gegründet worden. Nach 1945 wurde er um der Betonung bruderschaftlichen Lebens willen in »Pfarrer-Gebetsbruderschaft« umbenannt. Heute gehören rund 700 Mitglieder, darunter auch Pfarrerinnen, zur PGB, weitere 140 in eigenständigen Zusammenschlüssen in Österreich, im Elsaß und in der Schweiz. Seit 1993 führt die PGB im Namen den Zusatz »Gemeinschaft von Pfarrerinnen und Pfarrern«. Die PGB-Zentrale ist in Marburg (Wehrda).

Zu den Lebenslinien der Bruderschaft gehören die lebendige Verbindung mit Jesus Christus im täglichen Hören auf das Wort der Heiligen Schrift und im Gebet, die Bereitschaft zur Seelsorge aneinander, die Fürbitte für die Brüder, für die Kirche und ihre Aufgaben in der Welt, das verantwortliche Mitdenken in den theol. Herausforderungen der Gegenwart und die Bereitschaft zu einem geistl.-mission. Gemeindeaufbau.

Die Entmythologisierungsdebatte nach dem Zweiten Weltkrieg und die aufbrechenden hermeneutischen Fragen forderten in besonderer Weise zu theol. Arbeit heraus. Diese Aufgabe wird wahrgenommen in den seit 1961 zweimal jährlich stattfindenden Ferienseminaren für Theologiestudenten – jetzt Theol. Intensiv-Seminare – sowie einer im Auftrag der Bruderschaft herausgegebenen theol. Zeitschrift: »Theologische Beiträge« und in praktisch-theol. Hinsicht in einwöchigen mission. Pfarrerseminaren in einzelnen Gemeinden.

Das Leben der Bruderschaft vollzieht sich in kleinen örtlichen Kreisen, in denen man zum Austausch über der Bibel und zum gemeinsamen Gebet zusammenkommt, sowie bei Bezirkstagungen und der jährlichen Haupttagung.

Die PGB sieht ihren Auftrag darin, den innerlich oft einsamen und angefochtenen Pfarrern und Pfarrerinnen für ihren Glauben und Dienst Stärkung und Rückhalt zu geben. Es geht ihr darum, daß in den mannigfachen Verunsicherungen unserer Zeit das Wort der Heiligen Schrift in Kirche und Gemeinde lebendig bezeugt und ernstgenommen wird.

Lit.: Theologische Beiträge 1988, Heft 6 (Sonderheft zum 75jährigen Bestehen der PGB).

J. Eichler

Pfarrernotbund →Kirchenkampf IV, 3

Pfarrervereine

Die Geschichte der P. beginnt mit dem Jahr 1890, als Pfarrer in Hessen-Nassau eine Standesvertretung bildeten, um ihre Interessen wahrzunehmen. 1892 kam es in Wittenberg zu einem ersten Verband von zehn landeskirchl. Einzelvereinen. In der Zeit des Nationalsozialismus und der kommunistischen Herrschaft in der DDR sahen sich auch die P. vor kirchenpolit. Auseinandersetzungen gestellt. Auf der Grundlage brüderlicher Gemeinschaft gelang es, die Einheit zu wahren.

Heute gehören dem »Verband der Vereine für Pfarrerinnen und Pfarrer in Deutschland e.V.« 24 landeskirchl. Einzelvereine mit ca. 15.000 Pfarrerinnen und Pfarrern an. Oberstes Ziel ist die verantwortliche Mitarbeit an den Aufgaben der Kirche. In einigen Landeskirchen sind die P. die offiziellen Ansprechpartner der Pfarrerschaft und werden zu Gesetzesvorlagen gehört. Ansonsten stehen sie in engem Kontakt zu den landeskirchl. Pfarrervertretungen.

Die P. wollen eine Plattform für die theol. und geistl. Besinnung bieten. Dies geschieht bei regelmäßig stattfindenden Pfarrertagen, Vertrauensleuteversammlungen und Arbeitstagungen. Organe sind regionale Pfarrervereinsblätter, das Deutsche Pfarrerblatt und der Pfarramtskalender. Für hilfsbedürftige Pfarrfamilien im In- und Ausland bestehen Einrichtungen geschwisterlicher Hilfe.

Der Verband ist Mitglied der Konferenz der Europäischen Pfarrervereine und Pfarrervertretungen (KEP).

C. Maier

Pfarrfrauenbund

Die Gründung des P.s erfolgte 1916 in Gunzenhausen am Rande einer Tagung des Pfarrer-Gebets-Bundes unter dem Namen »Pfarrfrauen-Schwesternbund«. Geleitet und geprägt wurde er von den Anfängen bis nach dem Zweiten Weltkrieg von Clara Heitefuß, die in den 20er Jahren auch literarisch hervorgetreten ist (»Wir Pfarrfrauen«, »Eva, Maria und Du«, »Mutter und Kind«, »Gottes Gesetz im Lichte des Evangeliums«, »Die Bekehrung und ihre Hindernisse«, »An des Meisters Hand«). Im P. finden sich Pfarrfrauen zusammen, die für ihr persönliches Christsein und den Dienst in der Gemeinde Hilfe suchen in einer Gemeinschaft, in der das Hören auf das Wort Gottes in der Mitte steht und Zuwendung und Seelsorge Raum haben. Der Schwerpunkt der Arbeit und inneren Zurüstung liegt in den kleinen örtlichen Bibelkreisen. Darüber hinaus werden im Bereich der einzelnen Landeskirchen jährlich offene Tagungen angeboten, im Gesamtbund die Arbeitstagung der Verantwortlichen aller Kreise im jährlichen Wechsel mit der großen Haupttagung. Die Leitung des P.s obliegt einem Leitungskreis und einem Beirat (neun bzw. vier Personen). Die Arbeit wird durch freie Beiträge finanziert. Ein Mitteilungsblatt »Wegweisung und Aussprache« wird herausgegeben. Der Bund umfaßt etwa 1.500 Mitglieder (58 Kreise) in allen deutschen Landeskirchen und in Österreich.

I. Hauschildt

Pfarrhaus →Pfarrer

Pfingstbewegung

1. Begriff

Mit P. bezeichnet man eine Vielfalt von christl. Gruppen, die ein im weitesten Sinne »enthusiastisches Christentum« im Spektrum des Protestantismus verkörpern. Gemeinsam ist diesen in der Lehre sehr unterschiedlichen Gruppen die heilsgeschichtl. Schau, die besonderen Wirkungen des Hl. →Geistes, wie in den Tagen der ersten Geistesausgießung (Apg 2), nun am Ende der Zeiten zu erleben. Das »Reden in anderen Zungen« (→Glossolalie) gilt in den meisten Gruppen als notwendiges Zeichen einer besonderen Ausrüstung mit dem Hl. Geist (→Geistestaufe).

2. Geschichte

1906 kam es in einer vorwiegend von Schwarzen besuchten baptistischen Gemeinde in Los Angeles (Kalifornien, USA) zu einer →Erweckung, bei der Zungenrede mit ekstatischen Begleiterscheinungen auftrat. Dieses Ereignis in der Azusa Street Mission wird allg. als Ausgangspunkt der P. angesehen, wobei dann noch Vorläufer in Amerika (z.B. Church of God (Anderson) seit ca. 1880) und der Einfluß der Waliser Erweckung 1904/05 zu berücksichtigen sind. Als Vorläuferbewegung kann auch die Apostolic Faith Movement (C.F. Parham, A. J. Tomlinson) gelten.

Literarisch-theol. knüpfte die P. im angelsächsischen Raum an John →Wesleys Lehre von der →Heiligung und deren Interpretation in der methodistisch geprägten →Heiligungsbewegung seit der Mitte des 19. Jh.s (A. Mahan, Th. C. Upham, W. E. Boardman, C. G. →Finney, D. D. →Moody, R. A. Torrey, R. P. →Smith) mit Tendenzen zu einer perfektionistischen Lehre von der Sündlosigkeit als höchster Heiligungsstufe an. Den heilsgeschichtl. Rahmen bildeten Vorstellungen von einer Heilszeit vor dem »Tausendjährigen Reich«.

a. Im deutschsprachigen Raum war der aufkommenden P. in der →Gemeinschaftsbewegung der Boden bereitet. Zum Teil standen deren Mitglieder und geistige Führer – im Gefolge der »Segenstage von Oxford« – dem Gedankengut der Heiligungsbewegung nahe. Dazu kamen hochgespannte Erwartungen auf eine nah bevorstehende Heilszeit, die sich auf Anschauungen J. C. →Blumhardts stützten und Sonderlehren in bezug auf eine »Auswahlgemeinde« (O. →Stockmayer, E. F. →Ströter) und die christl. →Vollkommenheit (J. →Paul). Die Waliser Erweckung hatte dann mit ihren Ausläufern in Deutschland (Mülheim 1905/06) die Hoffnung auf ein neues Pfingsten (nach Joel 3) verstärkt. So erstaunt es nicht, daß sich die P. von Norwegen her, wohin ihr Gedankengut und die Praxis des Zungenredens von Th. B. Barrath aus Los Angeles zuerst gebracht war, schnell über Hamburg (E. Meyer), Kassel (A. und H. →Dallmeyer) und Großalmerode (Pfr. Holzapfel) in Deutschland ausbreitete. Sie stärkte mit ihrer subjektivistischen Tendenz die kirchenkritischen Kreise innerhalb der Gemeinschaftsbewegung und der Ev. →Allianz und forderte zugleich die stärker kirchl. orientierten Kräfte (bes. die sog. Altpietisten in Württemberg und im Siegerland: C. →Dietrich und J. G. Siebel d.s.) zur Opposition heraus. So kam es nach tumultartig endenden Kasseler Versammlungen (7. 7. bis 2. 8. 1907 unter Leitung der Brüder A. und H. Dallmeyer) in Barmen (Dezember 1907) und Eisenach (April 1908) zu Verhandlungen zwischen den führenden Vertretern beider Richtungen. Eine Klärung oder Einigung wurde nicht erreicht. Ihre Zuspitzung erhielt die Auseinandersetzung im Streit um das Abendmahl in den Ordnungen der Kirche. Die beiden Richtungen liefen nebeneinander her, bis am 15. 9. 1909 maßgebliche Vertreter von Gemeinschaftsbewegung und Allianz in der →Berliner Erklärung (I) die P. als widergöttlich verurteilten und sie der Irrlehre bezichtigten. Es dauerte noch zwei Jahre, bis sich die Fronten geklärt hatten. Eine Unterdrückung der P. war durch das Häresieurteil nicht gelungen. Viele Mitglieder gingen der innerkirchl. Erweckungsbewegung verloren.

Schon vor der Verabschiedung der Berliner Erklärung hatten sich die Freunde der neuen Bewegung unter Führung von J. Paul, E. Edel und P. Regehly bei Konferenzen in Hamburg (Dezember 1908) und Mülheim (August 1909) enger zusammengeschlossen. Die Zeitschrift »Pfingstgrüße« erschien bereits seit Februar 1909. Bei der II. Mülheimer Konferenz (28. 9. bis 1. 10. 1909) mit ca. 2500 Teilnehmern wurde eine Gegenerklärung angenommen, die sich zwar in der Verteidigung erschöpfte, aber auch Schwächen in der Argumentation der Berliner Erklärung deutlich herausstellte. Vermittlungsgespräche zwischen P. und Gemeinschaftsvertretern von 1911, 1919, 1921, 1931 und 1960 führten zu keiner Verständigung. Die im →Evangelischen Gnadauer Gemeinschaftsverband zusammengeschlossenen Gemeinschaften lehnen bis heute die Arbeitsgemeinschaft mit der P. unter Berufung auf die Berliner Erklärung ab. Auf Allianzebene gibt es örtliche Zusammenarbeit.

Von den verschiedenen Gruppierungen der P. in Deutschland gewann der →Christliche Gemeinschaftsverband Mülheim/Ruhr unter den Vorsitzenden J. Paul, C. O. Voget, E. Edel, H. Schober, E. →Humburg und C. H. →Krust die größte Bedeutung. Seit 1914 versuchte man, sich unter Beibehaltung der neuen Erfahrungen und Gaben wieder stärker an kirchl.-theol. Tradition zu orientieren und schied im Verlauf dieses Prozesses die extrem enthusiastischen Kräfte aus. 1920 schloß sich eine größere Gruppe Neuapostolischer (→Neuapostolische Kirche) unter Mütschele der Mülheimer Richtung an. Den Herausforderungen des Nationalsozialismus hatte man (wie ähnlich weite Kreise der Gemeinschaftsbewegung) nur eine quietistische, »unpolitische« Haltung entgegenzusetzen (Hollenweger). Nach dem Zweiten Weltkrieg kam es infolge mission. Aktivitäten zu zahlreichen Neugründungen freikirchl. orientierter Gemeinden, deren bedeutendste, die »Arbeitsgemeinschaft der Christengemeinden in Deutschland« (E. Lorenz, A. Hitzer), jetzt: »Bund Freikirchlicher Pfingstgemeinden«, auf die »Assemblies of God« zurückgeht (Bibelschule Beröa in Erzhausen bei Darmstadt). In den fünfziger Jahren hatten auch die sog. Heilungsevangelisten (Forsgreen, Branham, Zaiss, Osborn u.a.), die die →Krankenheilung in Massenversammlungen propagierten und praktizierten und damit ein altes Anliegen der Heiligungsbewegung wieder aktualisierten, großen Zulauf. Kleine Gemeinschaften gründeten P. Mink (Hirzenstein/Oberhessen), C. Röckle (Leonberg, →Philadelphia) und H. Zaiss (→Gemeinde der Christen »Ekklesia«). Während die P. seit Mitte der fünfziger Jahre eher introvertiert, mit Problemen der zweiten und dritten Generation beschäftigt, eine Randerscheinung in der konfessionellen Landschaft der Bundesrepublik Deutschland darstellte, kann sie seit Ende der 60er Jahre, wieder von den USA aus, in Gestalt der →Charismatischen Bewegung in den Kirchen der Reformation wie in der kath. Kirche ihre Anliegen neu vertreten sehen. Über die Gruppen »Moralische Aufrüstung« (Frank →Buchman) und →»Marburger Kreis« (A. Richter) ergeben sich Verbindungslinien zur neueren Charismatischen Bewegung (A. Bittlinger), die ihre gemeinsame Wurzel in der Heiligungsbewegung des 19. Jh.s haben.

b. Überblick über die internationale Entwicklung: Vergleichbare Auseinandersetzungen um die P. wie in Deutschland hat es sonst kaum gegeben, allerdings ist der Weg der P. in allen Kontinenten immer wieder von Schismen begleitet, die in der Regel auf Differenzen der charismat. Führergestalten zurückzuführen sind. Die P. ist weltweit verbreitet und gehört nach dem Zweiten Weltkrieg besonders in Lateinamerika und Afrika zu den am schnellsten wachsenden prot. Denominationen. Besonders von den USA, aber auch von Skandinavien, England und Deutschland aus zogen Missionare der P. in alle Teile der Welt und gründeten schon vor dem Ersten Weltkrieg oft in harter Auseinandersetzung mit anderen Missionsgesellschaften, Gemeinden (z.B. gründeten um 1910 die Schweden G. Vingren und D. Berg in Brasilien die ersten Pfingstgemeinden, die »Assembléias de Deus«, diese wuchsen von 1930 bis 1967 von 13.511 Mitgliedern in 109 Gemeinden auf 1.400.000 Mitglieder in 5.200 Gemeinden). Seit 1962 zwei der chilenischen Pfingstkirchen dem Ökumenischen Rat der Kirchen (→Ökumenische Bewegung) beitraten, ist der Dialog zwischen ÖRK und Gruppen der P. weitergeführt worden, ohne daß es bis jetzt zu greifbaren Ergebnissen gekommen wäre.

In den USA haben Heilungskampagnen (O. Roberts und J. Coe) wie Medienarbeit (von anfänglich einzelnen Gottesdiensten bis hin zu Programmen eigener Rundfunk- und Fernsehstationen) der P. seit den 50er Jahren zu großer Popularität und einer wachsenden Anhängerschaft verholfen. Sie verbindet sich dort teilweise mit bestimmten Kreisen der →Evangelikalen zu einer Allianz der Konservativen.

Einen losen Zusammenhang der weltweiten P. stellen die unregelmäßig stattfindenden Weltpfingstkonferenzen her (1946 Zürich, 1949 Paris, 1952 London, 1955 Stockholm, 1958 Toronto, 1961 Jerusalem, 1964 Helsinki, 1967 Rio de Janeiro, 1974 Jerusalem), die teils der Demonstration nach außen hin, teils der Debatte von Lehr- und Organisationsfragen dienen.

3. Lehre

Die in der P. vertretenen Lehranschauungen differieren stark. Neben den unter 1. genannten Gemeinsamkeiten findet sich in allen Gruppen ein fundamentalistisches Bibelverständnis (→Fundamentalismus) und eine rigoristische Ethik, die in Verbindung mit der Wesley'schen Vollkommenheitslehre oft zum →Perfektionismus führt. Der Hl. Geist steht unter Berufung auf 1Kor 12; Röm 12,6ff und andere ntl. Stellen im Mittelpunkt der Lehrbildung. Die Christologie und Gotteslehre sind kaum entwickelt. Zu unterscheiden sind Gruppen mit zweistufigem (→Bekehrung und →Heiligung) und dreistufigem Heilsweg (Bekehrung – Heiligung – Geistestaufe). Die dämonologischen Vorstellungen des NT werden ebenso ungebrochen übernommen wie im Rahmen des heilsgeschichtl. Geschichtsverständnisses die apokalyptischen Vorstellungen. Eine einheitliche Lehre von der →Gemeinde kann es nicht geben (s.u.), die gemeinsame Geisteserfahrung begründet die Gemeinde. Die →Sakramente treten je nach Prägung der Leitung der Gemeinschaften bzw. der Leitungsgremien an Bedeutung zurück. Die Erwachsenentaufe ist die Regel.

4. Beurteilung

Vom reformat. Standpunkt aus ist die Abwertung der →Rechtfertigung und damit der Christologie infolge der einseitigen Hervorhebung der Geistlehre und das wiederum daraus folgende »Stufenchristentum« abzulehnen. Die Verlagerung der Begründung des →Glaubens von dem Geschenkcharakter *(sola gratia)* und dem glaubenden Vertrauen weg in die →Erfahrung des einzelnen macht das befreiende Wort des Evangeliums zum sekundären Moment und öffnet dem Subjektivismus die Tür. Doch weist die Überbetonung der Geistlehre in der P. auf ein entsprechendes Defizit in Lehre und Praxis der reformat. Kirchen hin. Allein mit theol. Kategorien wird die P. in ihrer Bedeutung allerdings nicht erfaßt. Vielmehr wird in Zukunft verstärkt religionssoziologisch und religionspsych. zu fragen sein, wie es kommt, daß es der P. offensichtlich gelungen ist, in denjenigen sozialen Schichten Anhänger zu gewinnen, die in den Kirchen spätestens seit der industriellen Revolution (→Soziale Frage) im 19. Jh. keine geistl. Heimat mehr fanden. Unter modernisierungstheoretischen Aspekten erweist sich die P. mit ihren vielen Schismen und Differenzen in der Lehre als Versuch, das Christentum dem Pluralismus und den Widersprüchen der Moderne und der Postmoderne anzupassen.

Lit.: R. M. Anderson: Vision of the Disinherited. The Making of American Pentecostalism, 1992 (1979); D. W. Dayton: Theological Roots of Pentecostalism, 1987; P. Fleisch: Die Pfingstbewegung in Deutschland, 1957; W.J. Hollenweger: Enthusiastisches Christentum, 1969; C.H. Krust: 50 Jahre Deutsche Pfingstbewegung Mülheimer Richtung, 1958.

J. Ohlemacher

Pfingsten

1. Biblischer Befund

Der lukanische Bericht (Apg 2) verbindet die Ausgießung des Hl. Geistes mit dem jüd. Pfingstfest (Fest der Wochen, 2Mo 34,22; 5Mo 16,10; Fest der Ernte oder der Erstlinge, 2Mo 23,16; 4Mo 38,26). Es war in Israel das jährliche Fest am Ende der Getreideernte, 50 Tage nach der Darbringung der Erstlingsgarbe (griech. *pentekoste hemera*, »der 50. Tag«). In ntl. Zeit brachte das Fest noch viele Pilger in Jerusalem zusammen (Apg 2,5ff). Vermutlich schon im 1. Jh. n.Chr. wurde P. zum Gedächtnisfest der Gabe der Tora am Sinai. Die Geistausgießung zu P. ist die Erfüllung der Prophetie (Joel 3,1-5; Jer 31,31-34). Der Geist, unter auffälligen Zeichen ausgegossen und vom erhöhten Christus gesandt (Apg 2,33), ist die Gabe der Endzeit (Röm

8,23; 2Kor 5,5) und bürgt für die Vollendung des Wirkens Gottes. Erfüllt vom Geist verkündigen die Apostel die Großtaten Gottes. 3.000 Menschen werden dem Kreis der Jesusjünger hinzugefügt. P. ist also der Anfang der Zeit der Kirche und der Mission. Christus, der Herr über seine Gemeinde, schenkt ihr seine Gaben in mannigfaltiger Weise zum Aufbau und zum Wachstum.

2. Geschichte des christlichen Pfingstfestes

Die frühe Kirche feierte spätestens seit dem 4. Jh. am 7. Sonntag nach →Ostern P. als Fest der Ausgießung des Geistes und der Gründung der Kirche. Die Zeit zwischen Ostern und P. galt als Freudenzeit zur Verherrlichung des auferstandenen Herrn. Die Pfingstfeier selbst dauerte zuerst eine Woche, seit dem 10. Jh. drei Tage, im Protestantismus zwei Tage. Seit dem MA ist die Sitte weit verbreitet, den Pfingstgottesdienst mit grünen Birkenreisern u.ä. zu schmücken (»Schmückt das Fest mit Maien«, EKG 82,1).

Lit.: K. H. Bieritz: Das Kirchenjahr, ²1988, 136ff; J. Kremer: Pfingstbericht und Pfingstgeschehen, 1973; E. Lohse: ThWNT VI, 1959, 44ff.

A. Noordegraaf

Pflegefallrisiko →Sozialpolitik

Pflegevorschule, Evangelische

Junge Frauen nach dem Haupt- und Realschulabschluß können sich in ev. P.n auf die Ausbildung in der Kranken- und Altenpflege vorbereiten. Der Anstoß zur Begründung ev. P.n kam aus der Westfälischen Diakonissenanstalt Sarepta in Bethel; die erste ev. P. wurde 1953 in Herford gegründet. Das Vorschulprogramm umfaßt Hauswirtschaft, allgemeinbildende Fächer, Gesundheitspflege, ev. Unterweisung sowie begleitende Praktika in Familien, Krankenhäusern, Altenheimen und Kindergärten. Unverzichtbares Bildungselement ist das gemeinsame Wohnen im Wohnheim. Lernort ist Lebensort. Die Pflegevorschülerinnen erfahren so ein Stück Persönlichkeitsbildung. P.n dienen nicht nur der Nachwuchsgewinnung für pflegerische und sozialpflegerische Berufe, sondern sind zugleich ein Stück Jugendsozialarbeit. Für Jugendliche mit Fachoberschulabschluß (mittlerer Bildungsabschluß) dauert der Besuch der P. ein, für Hauptschülerinnen zwei Jahre. Durch den Besuch einer Berufsfachschule können Hauptschülerinnen zusätzlich die mittlere Reife erwerben. P. sind freie Bildungseinrichtungen. Ihre Beliebtheit, vor allem in den 50er und 60er Jahren, ist zurückgegangen, nachdem die öffentlichen Schulsysteme bessere Übergangsmöglichkeiten geschaffen haben. In den Ausbildungsplänen für soziale Berufe stiegen außerdem die kognitiv-theoretischen Anforderungen. P. in größerem Umfang bestehen heute noch in Nordrhein-Westfalen, Rheinland-Pfalz und in Niedersachsen.

Lit.: U. Gintzel: Erfolge in der Jugendsozialarbeit am Beispiel der Pflegevorschulen, ZS Sozialpädagogik 24 (1982), 169–176.

R. Boeckler

Pflicht

1. P. ist in der Geschichte der Ethik seit der griech. Antike ein Grundbegriff der Ethik. Die stoische Philosophie (→Stoa) entwickelte den Begriff des *kathekon*, »das Zukommende, Anstehende«, als Bezeichnung für ein der Natur entsprechendes Verhalten. Cicero (106-43 v. Chr.) übertrug diesen Gedanken mit dem Begriff *officium*, »Verrichtung, Verpflichtung«, ins Lat. Sein ethisches Hauptwerk »De officiis« hat bis in die Neuzeit hinein eine weitgreifende Wirkung ausgeübt. Seine Grundgedanken wurden auch von der christl. Ethik rezipiert (bes. seit →Ambrosius' »De officiis ministrorum«). In der →Aufklärung drängte der P.-Begriff sogar den bis dahin dominierenden →Tugend-Begriff zurück und wurde bei I. →Kant zum Kernbegriff seiner ganzen Ethik. Die rein rational durch den kategorischen →Imperativ begründete P. trat dabei in strikten Gegensatz zu aller eudämonistischen Motivation (Kritik der praktischen Vernunft 154; →Eudämonismus).

2. Die Bibel knüpft nur am Rande an den hell. P.-Gedanken an: Nach Röm 1,28 gibt Gott die Heiden dahin »zu tun, was sich nicht gebührt« (*ta me kathekonta*, vgl. den verwandten Begriff des *anhekon* in Eph 5,4; Kol 3,18 und Phlm 8, sowie den Gedanken des geschuldeten Verhaltens, *opheilein*, in Röm 13,8). Aber auch die unbedingte Verbindlichkeit des →Gesetzes wie der persönlichen →Berufung enthält ein Grundelement des P.-Gedankens.

3. Auch wenn das bibl. Zeugnis es nicht nahelegt, den Gedanken der P. zum Grundgedanken christl. →Ethik zu machen und die Erörterung verschiedener P.en zu ihrem Gliederungsprinzip zu erheben, so ist doch am Wahrheitsgehalt der P.-Ethik festzuhalten: Sie bewahrt den Gedanken, daß christl. Ethik keine deskriptive, sondern normative bzw.

Sollens-Ethik ist. Christl. Ethik kennt auch keine sittliche →Autonomie des einzelnen, in der er nach Belieben selbst bestimmt, was ihn für sein Handeln gut dünkt. Vielmehr weiß der Mensch sich im →Gewissen in unbedingter Verbindlichkeit an sittliche Normen und Aufträge gebunden. Schließlich hat die P.-Ethik gegenüber der Tugendethik den Vorzug, daß sie den Menschen über eine bloß subjektbezogene zu einer objektbezogenen Ethik führt, vom Gedanken der Selbstentfaltung und -gestaltung in die Nähe des Auftragsgedankens (→Bonhoeffer: Mandate-Ethik).

Gefahren der P.-Ethik liegen im kantschen Formalismus und seiner absoluten Entgegensetzung gegen die Neigung (→Liebe). Im Zusammenhang damit steht die Lösung vom →Evangelium als Kraft des ethischen Handelns (Schlatter, 21) und die Reduktion der Ethik auf das bloß Pflichtgemäße, wobei das Nicht-Pflichtgemäße (*opera supererogationis*), die freie Zuwendung der Liebe verlorengeht (Schlatter, 62ff; Bockmühl, 291–313).

4. In der ethischen Erfahrung kommt es immer wieder zu sog. P.en- (oder: Normen-)Kollisionen. Dadurch wird die Verbindlichkeit der P. scheinbar relativiert. Es scheint so, als wären die Gebote Gottes, aus denen die P.en abgeleitet sind, in sich widersprüchlich und also nicht weise (Soe, 92f). Demgegenüber ist zu bedenken, daß die sittlichen P.en der guten Schöpfung Gottes entsprechen, in der allerdings keine P.en-Kollision denkbar ist. Sofern aber in Folge des Sündenfalls die Welt in Unordnung geraten ist, kann es doch zu P.en-Kollisionen kommen (z.B. zwischen Wahrheit und Liebe bei der Bedrohung durch einen Verbrecher).

Lit.: K. Bockmühl: Gesetz und Geist, 1987; D. Bonhoeffer: Ethik, [6]1981, 303ff; W. Kersting: »Pflicht«, HWP 7, 1989, 405–433; W. Lütgert: Ethik der Liebe, 1938, 30ff; A. Schlatter: Die christliche Ethik, 1914; N.H. Soe: Christliche Ethik, [3]1965.

H. Burkhardt

Pfründe →Beneficium

Phänomenologie

1. G.W.F. →Hegel versteht die Ph. »des Geistes« als die Lehre von den Erscheinungsweisen des Geistes, wie er geschichtl. in einander widerstreitenden Theorien der Wahrheit Gestalt gewonnen hat. Durch konsequentes Zu-Ende-Denken überführt Hegel alle einseitigen Phänomene des Geistes ihrer je spezifischen Unwahrheit; er entwickelt eine vollständige Typenlehre des »unwahren Bewußtseins«, das in seinen falschen Wahrheitsansprüchen von der »sinnlichen Gewißheit« über den »Verstand« und die »unbefriedigte Aufklärung« bis zur Gefühlsverklärung der Romantik reicht. Ziel Hegels bei der Entfaltung der Zentralphänomene des Geistes in systematischer Abfolge ist die Hinführung zur absoluten Wahrheit, nämlich zur Wahrheit der geoffenbarten christl. Religion, die es phil. zu begreifen gilt.

2. E. Husserl, der Begründer der phänomenologischen Forschungsrichtung, fordert den unvoreingenommenen Rückgang zu den Sachen selbst; d.h. die Phänomene sollen unverstellt in den Blick genommen und authentisch beschrieben werden. Ph. ist Methode der Welterschließung, die ihren Ausgang nimmt von der »Evidenz« bietenden, originären Anschauung. In der Einstellung reinen, ursprünglichen Anschauens gelangt ein thematisch Betrachtetes zur »Selbstgegebenheit«, d.h. es zeigt sich an ihm selbst, was es ist. Wird bei einem Phänomen durch seine Gestaltabwandlungen hindurch das unverändert Bleibende festgehalten, so erfaßt man sein Wesen (gr. *eidos*).

3. Nach M. →Heidegger hat die phänomenologische Methode nicht von der Anschauung auszugehen, sondern – mit →Dilthey – vom Verstehen, das sich statt auf Dinge oder dinglich Seiendes auf das faktische Leben und Erleben des Menschen richtet. Heideggers Ph. ist als eine Hermeneutik der Faktizität angelegt, als Verstehenslehre und Lehre von der Auslegung (Interpretation) des »Textes« rein innerweltlichen menschlichen Daseins. Programmatisch sollen Kontext, Sinn und Endabsicht des In-der-Welt-Seins aus ebendieser faktischen, endlichen Existenz selbst heraus geschöpft und verstehend durchsichtig gemacht werden. Zu den Sachen selbst, d.h. zur (menschlichen) Existenz vordringende Ph. betreiben heißt für Heidegger, »das was sich zeigt, so wie es sich von ihm selbst her zeigt, von ihm selbst her sehen lassen« (Sein und Zeit, 34). Die originären Phänomene, auf die Heidegger in seiner »Fundamentalontologie« zurückgeht, um eine Deutung des Seins im Ganzen zu finden, sind unmittelbare Grundbefindlichkeiten oder Gestimmtheiten der Existenz; Tiefen des Seins eröffnen sich vor allem dem in Angst gestimmten Dasein, nämlich seine Geworfenheit in unabwendbare Faktizität und in die unüberwindliche Nichtigkeit aller seiner Lebensbezüge.

4. Heideggers Ph., die das All des Seienden von der menschlichen Existenz her begreift, wurde von Husserl als »Anthropologismus« bekämpft. Bemerkenswerterweise hat analog K. →Barth, dem von

seinen eigenen Kritikern ein quasi offenbarungspositivistisches »Objektivieren« vorgehalten wurde, R. →Bultmanns aus der Schule Heideggers entsprungene Theologie als ein konsequentes methodisches »Subjektivieren« aller Glaubensinhalte kritisiert, also als im Gefälle der Feuerbachschen Forderung stehend, Theologie völlig in Anthropologie zu überführen.

Lit.: G. W. F. Hegel: Phänomenologie des Geistes, 1807; M. Heidegger: Sein und Zeit, 1927; E. Husserl: Ideen zu einer reinen Phänomenologie und phänomenologischen Philosophie, 1913; P. Janssen: Edmund Husserl, 1976; W. Marx: Hegels Phänomenologie des Geistes, 1971; O. Pöggeler: Der Denkweg Martin Heideggers, 1963; H. Spiegelberg: The phenomenological Movement, 2 Bde., 1960.

E. Düsing

Phantasie

Ph. ist die Einbildungskraft, mit der bewußt oder im →Traum Erfahrungen wieder vergegenwärtigt und verarbeitet werden und durch die neue, innere Vorstellungen entstehen. Begriffsgeschichtl. kommt das Wort vom griech. *phantasia*, »Erscheinen«, und wurde zunächst bei →Platon als scheinhafte Vermischung von Wahrnehmung und Meinung verstanden, bei →Aristoteles als bearbeitete Sinneswahrnehmung und bei den Stoikern (→Stoa) erstmals auch als produktive Einbildungskraft. Wegweisend war der Satz Philostrats, die Ph. stehe über der Nachahmung (*mimesis*), denn sie bringe auch das hervor, was sie nicht gesehen habe, und setze dieses über die Wirklichkeit. In der weiteren Geistesgeschichte wurde die Ph. ambivalent beurteilt: einerseits als trügerisch und vernunftlos, andererseits als dem Intellekt dienliches Instrument der Wahrheitsfindung. Unterschiedliche neue Akzente erhielt der Begriff in der Renaissance (für Ficino und G. →Bruno war sie eine magische Kraft), in der Poetik der →Aufklärung (Bodmer und Breitinger erhoben sie erstmals zum poetischen Grundprinzip), in der idealistischen Philosophie (Einbildungskraft als rationale Fähigkeit, Mögliches zu realisieren; →Idealismus) und in der →Romantik, deren Ph.-Begriff bis heute nachwirkt: Die Ph. eröffnet nach romantischem Verständnis Freiräume des Denkens und Handelns und antizipiert utopische Zustände. Dies klang noch im Schlagwort der sog. 68er-Bewegung: »Die Phantasie an die Macht!« nach. Neben der Philosophie nimmt sich v. a. die Psychoanalyse (→Tiefenpsychologie) der Ph. an, die im Traum und in der freien Assoziation wirksam ist und tiefere seelische Erlebnisschichten aufdeckt. Freud schlug über den sublimierten Tagtraum auch die Brücke zur Kunst hin, was seinerseits die künstlerische Schaffensweise im 20. Jh. beeinflußte (Surrealismus). In der Medizin untersucht die Neurologie Ursachen und Wirkungsformen von Ph.-Vorstellungen im Schlaf (REM-Phase), bei synästhetischen Wahrnehmungen, bei Halluzinationen usw.

Für die Theologie bedeutsam ist die Frage, inwiefern die Ph. bei der → Prophetie mitwirkt. Schon im MA wurde dies intensiv diskutiert. Die bibl. Befunde zeigen, daß sich die prophetische Gabe der Ph. bedienen kann, ohne aus ihr hervorzugehen. Sie ist als anthropologische Grundkonstante bei allem Tun des Menschen mitzubedenken und wirkt auch in der prophetischen Rede gestaltend mit (s. etwa das künstlerisch hochstehende Weinberglied Jesajas), doch ist sie nicht Ursprung echter Prophetie. Die Unterscheidung von Inspiration und Ph. ist auch nach einer anderen Seite hin wichtig: Im MA wurde das Wirken der Ph. nicht selten mit dämonischer Beeinflussung in eins gesetzt, im idealistischen Geniekult hingegen mit göttlicher Eingebung. In der Tat erfährt der Ph.begabte den Einfall oft als von außen kommend, doch hat die wissenschaftl. Untersuchung künstlerischer Produktionsprozesse in den letzten Jahren hier klärend gewirkt. Die generelle Bedeutung der Ph. für das theol. Denken streicht A. →Schlatter heraus: An Wahrnehmung und Willen gebunden, macht sie uns geistige Vorgänge und theol. Einsichten bildhaft anschaulich.

Lit.: S. Freud: Der Dichter und das Phantasieren, 1908; Ges. Werke Bd. 7, 213ff; H. Kunz: Die anthropologische Bedeutung der Phantasie, 2 Bde., 1946; M. R. Pagnoni-Sturlese: »Phantasie«, HWP Bd. 7, 516–535; A. Schlatter: Das christliche Dogma, ³1977, 104–107.

B. Rink

Pharisäer

1. Die Ph. werden von Flavius →Josephus erstmals für die Zeit des makkabäischen Hohenpriesters Jonathan (162–143 v. Chr.) vor den beiden anderen jüd. Religionsparteien, den →Sadduzäern und →Essenern, erwähnt (Ant 13, 171–173). Wie die priesterlich geprägten Essener gingen die Ph. wohl aus den Frommen *(Chasidim)* hervor, die sich den von Antiochus IV. stark geförderten Tendenzen einer →Hellenisierung des Judentums und Anpassung an den heidnischen →Synkretismus erfolgreich widersetzt hatten. Ihr Name Ph. (griech. *pharisaioi*, aus dem aram. *perischajja'*, hebr. *perushim*)

meint die von der profanen Welt »Getrennten«, die sich leiblich und geistig rein erhalten und auch im Alltag ein der Heiligkeit Gottes entsprechendes Leben führen wollten (vgl. 3Mo 19,2). Sie selbst bezeichneten sich als »Genossen« (*chaberim*), die vor allem auch die Laien und somit ganz Israel zum heiligen Dienst vor Gott verpflichten wollten (vgl. 2Mo 19,5f). Josephus bezeichnete die drei jüd. Religionsparteien auch als »philosophische Schulen« (*philosophiai;* Ant. 18,11, vgl. Bell 2,119), wobei er die Ph. mit den Stoikern verglich (Vita 12) und deren Haltung zum Problem »Vorherbestimmung Gottes und freier Wille des Menschen« als Unterscheidungsmerkmal ansah: Die Ph. nahmen dabei eine Mittelstellung (»Mischung«) ein: Alles geschieht zwar von Gott her, aber der freie Wille ist mitbestimmend (Ant 13, 172; 18,13; vgl. auch Aboth 2,4). Bei den Ph.n hob Josephus auch die besondere Hingabe an das Gesetz, dessen Studium und genaue Auslegung hervor. Dazu wurden Schulen eingerichtet; neben dem Tempel traten die Synagoge und das mit ihr verbundene Lehrhaus immer stärker in den Vordergrund (vgl. Bell 2,162; Aboth 1,2.4; Mt 23). Die Ph. waren geschichtl. insofern bedeutsam, als sie die Katastrophe des jüd. Aufstands gegen Rom (66-70 n.Chr.) überlebten; ihre Art von Lehre und Frömmigkeit hat das Schrifttum der »Weisen« (vgl. Aboth 1,4ff) und damit das rabbin. Judentum entscheidend geprägt und dazu beigetragen, daß dieses trotz Zerstreuung und Verfolgung bis auf den heutigen Tag erhalten blieb.

2. Abgesehen von Mischna und Tosefta, den Talmudim und Midraschim (ab 3. Jh. n.Chr.) sind die Zeugnisse der Qumrangemeinde (→Qumran), des Josephus, der Evv. des NT sowie des →Paulus sehr wichtig; die Psalmen Salomos gelten vielfach als pharisäisches Werk. Diese in Form und Inhalt verschiedenartigen Quellen lassen die Grundzüge und die Eigenart der pharisäischen Lehre übereinstimmend erkennen. In Qumran galten die Ph. als »Forscher nach glatten Dingen« (*doreshe chalaqoth,* 4Qp Nah 1,2; 2,4; 3,3.7): Das Bestreben der Ph., die Gebote der Tora durch mündlich tradierte Bestimmungen (*halakhoth;* →Halacha) so zu deuten, daß sie leichter erfüllbar sind, wird mit diesem Wortspiel als falsch bezeichnet (vgl. 4Qp Nah 2,8; 3,3-7). Von Jesus wurden die Ph. als »Heuchler« kritisiert (Mk 7,6; Mt 6,2.5ff): Sie tragen ihre Frömmigkeit zur Schau bzw. versäumen bei ihrer Gesetzesauslegung über Kleinigkeiten das endzeitlich Wichtige und den wahren Willen Gottes (Mt 23,13ff). Im Talmud werden neben den »Pharisäern aus Liebe und Gottesfurcht« auch »Schulterpharisäer« und »Gefärbte« erwähnt, bei denen die Erwartung des himmlischen Lohns und das tatsächliche Tun der Tora nicht miteinander im Einklang stehen (b Sota 22 b).

Aber die im christl. Abendland üblich gewordene Verwendung der Begriffe »Pharisäer« und »pharisäisch« im Sinne von »Heuchler« und »heuchlerisch« ist ebenso fehl am Platze wie der Vorwurf, die Ph. hätten sich an den Buchstaben des Gesetzes geklammert, wobei es ihnen an Kraft und Herzenswärme gefehlt habe. Das Gegenteil davon ist richtig: Die Ph. waren – anders als etwa die Sadduzäer – beim Volk beliebt, einflußreich und geachtet (Bell 2,166; Ant 18,15.17), weil sie bei der Auslegung des Gesetzes das Wohl der Menschen im Auge hatten, die Härte des bibl. Strafrechts milderten (vgl. b Qamma 84 a) und den arbeitenden Menschen vor der Übertretung der Gebote bewahren wollten. Dazu diente die das schriftliche Gesetz erläuternde und schützende, mit scharfsinniger Kasuistik ausgearbeitete mündliche Tradition, die erst am Ende des 2.Jh.s n.Chr. in der →Mischna schriftlich niedergelegt wurde (vgl. b Gittin 60 b). Deren Inhalt spiegelt die wichtigsten Anliegen des Pharisäismus: Das tägliche Beten, das Verzehnten der Feldfrüchte und die Abgaben an die Priesterschaft, die Heiligung der Zeiten, des Ruhetags und der Feste, die Ehe und den Schutz der Frau, das Strafrecht, die Darbringung der Opfer und die Beachtung von Rein und Unrein. Das Bestreben der Ph., die für den Tempeldienst gebotene Reinheit sinngemäß auf das alltägliche Leben in Haus und Familie anzuwenden, schützte das Judentum wie eine eherne Mauer gegenüber dem Sog des hell. →Synkretismus und der Übermacht von christl. Kirche und Islam.

3. Jesus verurteilte den Stolz auf die fromme Leistung (Lk 18,11, vgl. Phil 3,6) und das ostentativ vollzogene gute Werk (Mt 6,16.17; 23,5-8). Auch lehnte er die mündliche Überlieferung ab, wo sie das Gebot Gottes praktisch außer Kraft setzt (Mk 7,7-13) und die Gebote der rituellen Reinheit anstelle der Lauterkeit des Herzens betont (Mk 7,15-23); auch über den Sabbat hat er anders gelehrt (Mk 2,23-3,6). Angesichts der nahen Gottesherrschaft ist eine Gerechtigkeit notwendig, welche die der Ph. übertrifft (Mt 5,20). Andererseits hat Jesus den Glauben an das Fortleben der Seele (Lk 16,22-26) und an die leibliche Auferstehung der Toten (Mk 12,18-27) mit den Ph.n geteilt (Ant 18,14, vgl. Bell 2,163) und mit der Hervorhebung des doppelten Liebesgebotes deren Zustimmung gefunden (Mk 12,28-34). Anders als die Sadduzäer spielten die Ph. keine aktive Rolle in Jesu Prozeß (Mk 14,1.53), waren zurückhaltend gegenüber den Aposteln (Apg 5,34-39; anders Paulus!) und protestierten gegen die

Steinigung des Herrenbruders Jakobus durch den Hohenpriester Ananus II. (Jos Ant 20,200–203).

4. Paulus hat seine – menschlich geurteilt – rühmenswerte Vergangenheit als Ph. sowohl der gnädigen Fügung Gottes (Herkunft aus Israel, Beschneidung, hebr. Erziehung) als auch der eigenen Leistung (pharisäische Frömmigkeit, Verfolgung der Judenchristen, Gesetzesgerechtigkeit) zugeschrieben (Phil 3,5f). Damit folgte er der für die Ph. charakteristischen, harmonisierenden Lehre über Vorherbestimmung und Willensfreiheit. Pharisäisch ist auch der Eifer für die väterlichen Überlieferungen (Gal 1,14, vgl. Bell 2,162; Vita 89).

Lit.: R. Deines: Jüdische Steingefäße und pharisäische Frömmigkeit, WUNT 2/52, 1993; R. T. Herford: Die Pharisäer, 1928 (ND 1961, engl. 1924); K. Schubert, O. Betz, F. Niewöhner: »Pharisäer, Pharisäismus«, in: HWP Bd. 7, 535–542; zur falschen Beurteilung: Neuer Brockhaus 4, [5]1975, 190; Shorter Oxford English Dictionary [3]1955, 1485f.

O. Betz

Philadelphia-Gemeinde

Die Ph.-G. geht auf eine Veröffentlichung von Christian Röckle (1883–1966), »Die Vollendung der Philadelphia-Gemeinde der Endzeit und ihre Entrückung«, aus dem Jahr 1943 zurück. Röckle war Missionar der Basler Mission, Vertreter württembergischer Ortspfarrer (»Pfarrverweser«) während der beiden Weltkriege und Evangelist im Bereich des →Altpietistischen Gemeinschaftsverbandes. In Visionen wurden ihm u.a. »12 Merkmale« als »Prüfsteine der völligen Übergabe« zur Herausbildung der Endzeitgemeinde geoffenbart. Diese zielen auf den Kampf gegen die Sünde, den uneingeschränkten Dienst für Gott sowie die Ausrichtung auf den Heiligen Geist und die Geistesgaben. Aufgrund der übernatürlichen Vermittlung rückte die Propagierung dieser Erkenntnisse ins Zentrum von Röckles Veranstaltungen. Die Kritik von Kirche und Gemeinschaftsverband mußte er als indirekte Bestätigung seines prophetischen Selbstverständnisses werten. Konsequenz war die Bildung eigener Gemeinschaften, in denen die Ph.-G. auf die Wiederkunft Jesu vorbereitet werden sollte. Der »Philadelphia-Verein« mit Sitz in Leonberg betreut mit ca. 70 Mitarbeitern rund 30 Hauskreise, ein Erholungsheim, ein Kinderheim, zwei Altenheime und den »Philadelphia-Verlag«.

Lit.: E. Hahn: Wo ist Kirche Jesu Christi?, 1988; K. Hutten: Seher, Grübler, Enthusiasten, [12]1982; H. Reller, M. Kiessig (Hg.): Handbuch Religiöse Gemeinschaften, [3]1985; W. Raupp: »Röckle, Christian«, in: BBKL VIII, 1994 (Lit.).

E. Hahn

Philemonbrief →Paulus (Apostel)

Philipp der Großmütige (1504–1567)

Ph., Landgraf von Hessen, war einer der bedeutendsten ev. Fürsten der Reformationszeit. Nachdem er 1524 von der reformat. Überzeugung erfaßt worden war, führte er von 1526 an die kirchl. Neuordnung seines Landes nach luth. Vorbild durch. Dabei lag ihm an der Verwurzelung des Glaubens im Volk, wie die Einführung der →Konfirmation in der Ziegenhainer Zuchtordnung von 1539 zeigt. Schon 1527 gründete er in Marburg eine ev. Universität.

Polit. war Ph. als Reichsfürst auf seine Unabhängigkeit gegenüber dem Kaiser bedacht. Auch das Geschick der →Reformation suchte er seit 1526 im Torgauer Bund mit Sachsen polit. abzusichern. Dabei scheute er 1528 vor dem Plan eines, von Luther allerdings strikt abgelehnten, Angriffskrieges nicht zurück. Um ein polit. Bündnis der Protestanten zu ermöglichen, bemühte er sich 1529 auf dem Marburger Religionsgespräch um eine Verständigung der über dem Abendmahl zerstrittenen Evangelischen, hatte aber damit keinen Erfolg. Seine Eheprobleme wollte Ph. 1540 durch das Eingehen einer Nebenehe lösen und erlangte dafür von dem nicht voll informierten Luther einen zustimmenden »Beichtrat«. Wegen des Verbrechens der Bigamie verlor er jedoch zum Schaden des Protestantismus gegenüber dem Kaiser seine Handlungsfreiheit. Infolge des Schmalkaldischen Kriegs geriet er in jahrelange kaiserliche Gefangenschaft, und damit war seine Rolle ausgespielt.

Lit.: H. J. Hillerbrand: »Philipp von Hessen«, GdKG 6, 1981, 185-196.

M. Brecht

Philipperbrief →Paulus (Apostel)

Philippi, Friedrich Adolph (1809–1882)

Ph., geb. am 15. 10. 1809 in Bremen als Sohn eines jüd. Kaufmanns, trat 1829 zum Christentum über und wurde nach dem Theologiestudium 1837 Privatdozent für Dogmatik in Berlin, 1842 Professor für Dogmatik und theol. Moral in Dorpat und 1852 Professor für Neues Testament in Rostock; er starb am 29. 8. 1882.

In einer von der Spätaufklärung und der liberalen Unionsbewegung geprägten Zeit tritt Ph. nachdrücklich für die Fortgeltung der bibl. und reformat. Überlieferung in dem Bekenntnis der »luth. Partikularkirche« ein und weist nach, daß die hist.-kritische Forschung die zentralen Aussagen der Reformation bestätigt (oder aber im Irrtum sei). Ebenso wehrt er sich gegen die Weiterbildung der bibl.-reformat. Versöhnungslehre durch den Erlanger Lutheraner J. Chr. K. von →Hofmann. Geltung behalten hat sein Kommentar zum Römerbrief (1848-50) und – gegen →Schleiermacher gerichtet – seine »Kirchliche Glaubenslehre« (1854–1879) in sechs Bänden.

Lit.: F. Philippi: »Friedrich Adolph Philippi«, RE³ XV, 1904, 316–319; L. Schultze: Friedrich Adolph Philippi, 1883.

G. Ruhbach

Philippisten →Kryptocalvinismus

Philo (ca. 15 v.Chr. bis 45. n. Chr.)

1. Leben und Werk

Ph. war Glied einer der führenden Familien der zahlenmäßig sehr starken Judenschaft Alexandriens (Ägypten). Der Reichtum der Familie ermöglichte ihm ein ganz der Wissenschaft gewidmetes Leben. So konnte er sich eine umfassende phil. Bildung aneignen und in seinem umfangreichen literarischen Werk fruchtbar machen. Es ist uns zum größten Teil überliefert (meist in der griech. Originalsprache, z.T. in armenischer Übersetzung). Ph.s Schriften werden allg. in drei Gruppen gegliedert:

a. Philosophische Traktate (»Daß jeder Tüchtige frei sei«, »Über die Ewigkeit der Welt«, »Von der Vorsehung«, »Alexander oder ob die Tiere Verstand haben«). Sie werden meist als Frühschriften eingeordnet (L. Cohn), gelegentlich als Spätschriften (P. Borgen).

b. Historisch-apologetische Schriften: Das vermutlich für nichtjüd. Leser gedachte zweibändige »Leben des Mose«; die Darstellung der jüd. Mönchsgemeinde der Therapeuten in »Vom betrachtenden Leben« (spätere Leser meinten, darin eine christl. monastische Gemeinschaft erkennen zu müssen, so daß → Hieronymus Ph. unter die christl. Schriftsteller rechnete, De Vir.ill.11); vor allem das hist. Doppelwerk über die vom röm. Statthalter Avillius Flaccus geförderten antijüd. Ausschreitungen in Alexandrien und über die danach 39/40 n.Chr. von Ph. selbst im Auftrag der jüd. Gemeinde geführte Protestdelegation an den Kaiser Gaius Caligula (»Über Flaccus« und »Gesandtschaft an Gaius«).

c. Biblisch-theologische Schriften: die allegorische Auslegung von 1Mo; der (fragmentarisch auf armenisch überlieferte) sowohl hist. wie allegorische Kommentar zu 1Mo und 2Mo (Quaestionen); die Darstellung der Gesetzgebung des Mose (sie kann als erster auf die Bibel gegründeter syst.-theol. Gesamtentwurf angesehen werden: Ein Buch über die Schöpfung ist vorangestellt; es folgen Patriarchen-Viten als Urbilder einer dem Naturgesetz entsprechenden Sittlichkeit; einer kurzen Auslegung des Dekalogs folgt eine ausführliche Darstellung der übrigen mosaischen Gesetzgebung mit dem Dekalog als Ordnungsprinzip).

2. Philos Lehre

Ph. verstand sich selbst als gesetzestreuer Jude. Heidnische Religiosität und damit auch den zu seiner Zeit modischen hell. →Synkretismus lehnte er strikt ab. Dagegen meinte er an die griech. Philosophie (allen voran die →Platos, in der Ethik bes. die der →Stoa) anknüpfen zu können, die Religionsphilosophie eingeschlossen. Diese unbefangene Anknüpfung war ihm möglich, weil er – einer alten Überlieferung des hell. Judentums entsprechend (Aristobul, 2. Jh. v.Chr.) – davon überzeugt war, daß die griech. Philosophie in dem, was sie Wahres enthielt, hist. von Mose abhängig war. Trotz dieses faktisch tiefgreifenden Einflusses griech.-phil. Denkens war und blieb Ph. deshalb nach seinem Selbstverständnis Schüler des Mose. Jüd. Kriterien bestimmten die Übernahme nichtbibl. Bildungsgutes (Heinemann).

Für sein ganzes Denken war deshalb grundlegend der als von Gott inspiriert gedachte bibl. Text. Inspiration verstand Ph. dabei nicht, wie lange allg. angenommen, als in der Ausschaltung des menschlichen Bewußtseins in der Ekstase sich vollziehend, sondern als Einwirken des Geistes Gottes auf die Persönlichkeit des Propheten, also weisheitlich-phil. (Burkhardt). In der Auslegung des bibl. Wortes übernahm er die in der hell. Homerexegese entwickelte allegorische Methode (→Schriftauslegung). Er wurde darin das große Vorbild der altchristl. Exegese des ATs: Justin, Clemens von Alexandrien, →Origenes, →Ambrosius beriefen sich ausdrücklich auf Ph. und schrieben ihn z.T. ausgiebig aus (Blönnigen).

Im Zentrum des philonischen Denkens steht die Überzeugung von der radikalen Jenseitigkeit und schlechthinnigen Weltüberlegenheit Gottes. Er ist »besser als das Gute an sich« (Gai 5), damit also noch die platonische Ideenwelt transzendierend. Er ist »der (personal!) Seiende« (det 160 u.ö.). Ein ganzes Traktat des all. Kommentars ist der »Unveränderlichkeit Gottes« gewidmet. Gottes Existenz ist erkennbar, sein Wesen schlechthin unerkennbar (Gai 53; all III 206). Deshalb vermittelt er sich dem Menschen durch den Logos (den »erstgeborenen Sohn des Vaters des Alls« conf 63; agr 51). In Gott sind zwei Kräfte, die Güte *(theos)*, in der er die Welt geschaffen hat, und die Allmacht *(kyrios)*, in der er sie regiert, der Logos aber vermittelt zwischen ihnen (cher 27f: triadische Formel!). Höchstes Ziel menschlicher Lebensführung ist die Ablösung der Selbstliebe durch die →Liebe zu Gott und zum Mitmenschen. Das dazu anleitende Gesetz entspricht der von der Schöpfung der Welt her gegebenen Ordnung der Natur (→Naturrecht).

3. Nachwirkungen

Obgleich Ph. Zeitgenosse Jesu und der Apostel war, dürfte er mit dem Ev. nicht in Berührung gekommen sein. Umgekehrt wird man auch kaum von Einwirkungen Ph.s auf die ntl. Schriften sprechen können. Am stärksten scheinen sachliche Berührungen beim Hebräerbrief zu sein. Dabei darf aber der grundlegende Unterschied zwischen dem konsequent geschichtsgebundenen Denken des ntl. Autors und dem platonisierend-verallgemeinernden Ph.s nicht übersehen werden. Ähnlichkeiten in Denken und Sprache dürften eher auf dem gemeinsamen Hintergrund des hell. Judentums als auf direkter Abhängigkeit beruhen.

Das rabbin. Judentum hat Ph. wegen seines Hellenismus bewußt totgeschwiegen. Dagegen hat die christl. Kirche seine allegorische Auslegung als entscheidende Hilfe in der Rezeption des AT empfunden. Deshalb war sie es auch, die seine Werke überlieferte. Von großer Bedeutung für die altkirchl. Christologie (→Jesus Christus) war Ph.s Logoslehre. Ähnliches gilt für seine Inspirationslehre. Aber auch sonst dürfte Ph.s Denken in vielfältiger Weise auf die christl. Dogmenbildung gewirkt haben.

Lit.: L. Cohn, P. Wendland: Philonis opera, 6 Bde., mit 1 Indexband, 1896–1914; L. Cohn, I. Heinemann (Hg.): Philo von Alexandria. Die Werke in dt. Übersetzung, 7 Bde., 1910–1964.

Chr. Blönnigen: Der griechische Ursprung der jüdisch-hellenistischen Allegorese und ihre Rezeption in der alexandrinischen Patristik, 1992; H. Burkhardt: Die Inspiration heiliger Schriften bei Philo von Alexandrien, 1988; ders.: Der Naturrechtsgedanke im hellenistischen Judentum und im NT, in: ders. (Hg.): Begründung ethischer Normen, 1988, 81-97; ders.: »Philo«, GBL 3, 1989, 1203f; H. Chadwick: Philo and the Beginnings of Christian Thought, in: A. H. Armstrong (ed.): The Cambridge History of later Greek and early medieval Philosophy, 1967; H. L. Goodhart, E. R. Goodenough: A General Bibliography of Philo Judaeus, XXX Philo in later Christian Tradition; I. Heinemann: Philons griechische und jüdische Bildung, 1929–1932; W. Maas: Unveränderlichkeit Gottes, 1974; H.A. Wolffson: Philo. Foundations of Religious Philosophy in Judaism, Christianity and Islam, 2 Bde., 1947.

H. Burkhardt

Philosophie und Theologie

Als sich die Kirche in nachapostol. Zeit zur Großkirche ausweitete, kam es auch zur Begegnung und Auseinandersetzung mit phil. Lehren und Anschauungen. In der Apg findet sich schon ein früher Hinweis auf diese Begegnung – die Areopag-Rede des Paulus Apg 17,16ff. Und der Umstand, daß Paulus in dieser Rede mit einem Zitat, das von der göttlichen Abstammung des Menschen redet (16,28), auf die damalige Ph. eingeht, zeigt deutlich die Gesprächsbereitschaft mit der Ph. So ablehnend sich die Kirche gegenüber rel. Häresien verhielt, so bereitwillig ging sie auf phil. (d.h. weltliche) Ideen ein, und einzelne Theologen, wie z.B. →Clemens von Alexandrien (gest. 215) oder →Origenes (gest. 254) sahen in der platonischen (→Plato) und neuplatonischen Philosophie (→Neuplatonismus) so etwas wie eine geistesgeschichtl. Vorbereitung auf das Christentum hin. Aber auch stoische Aussagen

(→Stoa) zur Ethik oder monotheistisch interpretierbare Ansichten über »das Göttliche« wurden von der Theologie aufgenommen. Inhaltlich konnten alle Themen, welche die alte Ph. bewegt hatten, in die phil.-theol. Auseinandersetzung einbezogen werden, wie der Problemkreis Gesetz-Recht-Gerechtigkeit, die →Naturphilosophie und Kosmologie oder die Frage nach dem Ursprung und ob das menschliche Leben durch ein unabänderliches Schicksal bestimmt sei.

1. Ein Beispiel für die Verbindung alter phil. Überlieferung mit bibl. Theologie ist die kirchl. Lehre vom natürlich-göttlichen Recht oder Gesetz, dem sog. →Naturrecht. Die wohl früheste Erwähnung findet sich in der »Geschichte des peloponnesischen Krieges« von Thukydides (gest. um 400 v. Chr.). In geradezu klassischer Weise wird hier das Naturrecht als göttliches und natürliches Gesetz zugleich definiert, das für alle Menschen und Zeiten gelte. Inhaltlich ist dieses Gesetz aber verstanden als das brutale Recht des Stärkeren.

Die um 300 v. Chr. aufgekommene stoische Ph. hat den Gedanken des Naturrechts aufgenommen, aber »→Natur« bedeutet hier nicht mehr die biologische Natur, sondern die →Vernunft, letztlich die göttliche Vernunft, welche den ganzen Kosmos durchwalte und ordne, aber auch in der menschlichen Vernunft vorhanden sei, so daß das, was die menschliche Vernunft als gute Ordnung erkenne, das natürlich-göttliche Gesetz sei. Das Naturrecht als Vernunftgesetz sei gut, weil die göttliche Allvernunft gut ist. Und dieses gute Gesetz lasse nicht nur die gute Ordnung des Lebens erkennen, sondern es fordere auf, das Leben aktiv nach dieser Ordnung zu gestalten, sowohl im individuellen Tun wie im gesellschaftl. Zusammenleben.

Dieser Gedanke der natürlich-göttlichen Vernunftordnung ist dann von der Theologie übernommen worden, wobei das Naturrecht aber gleichzeitig mit den bibl. Zehn Geboten identifiziert worden ist. Die Gleichsetzung von Naturrecht und Dekalog findet sich schon bei →Irenäus und →Tertullian und wird allg. Kirchenlehre in der Alten Kirche und im MA. Bisweilen wird auch noch ein heilsgeschichtl. Aspekt geltend gemacht: Das angeborene natürliche Gesetz sei durch den Sündenfall getrübt und deshalb in den Zehn Geboten wieder kundgetan worden.

2. Wo die Theologie systematisch ein christl. Weltbild vorstellen wollte, da schloß sie sich an bestehende phil. Weltbild-Vorstellungen an, wofür sich im Altertum die neuplatonische Philosophie geradezu anbot. Platons entscheidende Leistung war die Unterscheidung von Idee und Wirklichkeit gewesen. Der →Neuplatonismus schuf von hier aus das Bild des irdisch-geistigen (himmlischen) Kosmos. Von der Seele aus, die bereits der geistigen Welt angehört, baut sich der geistige Kosmos in vielen Hypostasen (Stufen) auf, bis hinauf zum Einen, dem geistigen Urgrund von allem, Gott. Die irdische Erscheinungswelt hingegen ist eine geschaffene, werdende und vergehende. Die geistige Welt ist das wahre, ewige Sein. Für die Theologie erschien dieses offene phil. System durchaus geeignet für die Verbindung von Welterkenntnis und christl. Glauben. Aus den zu Gott hin sich aufbauenden geistigen Sphären entstand in der theol. Interpretation die himmlische Welt Gottes, gleichsam die »Throne oder Hoheiten oder Gewalten oder Mächte« (Kol 1,16), anderseits war die Vorstellung, daß die irdische Welt aus Gott hervorgegangen ist, durchaus durch den bibl. Schöpfungsgedanken zu ersetzen. Die neuplatonische Vorstellung vom Aufstieg der Seele zu Gott wurde konkret in der kirchl. Erlösungs- und Auferstehungsbotschaft. Die neuplatonische Abwertung der sinnlich-irdischen Welt gegenüber dem geistigen Sein konnte verbunden werden mit der heilsgeschichtl. Rede von der gefallenen und erlösungsbedürftigen Welt. Das neuplatonische Denken war vom Irdischen weg auf das Überirdische gerichtet, es schloß das visionäre Element nicht aus, und das gab der Interpretation und Umwandlung einen so weiten Spielraum, daß die christl. Glaubenserkenntnis, verstanden als Erleuchtung durch die Berührung mit dem göttlichen Geist, durchaus eingetragen werden konnte, ja als die eigentliche Erfüllung dessen verstanden wurde, was die Philosophie suchend anstrebte.

3. Eine neue Periode beginnt im Hochmittelalter mit →Thomas von Aquin (1225–1274). Thomas baut sein System auf den Prinzipien der Ph. von →Aristoteles auf. Aristoteles hob die platonische Trennung von Idee und Wirklichkeit auf. An die Stelle der Idee tritt der logisch erarbeitete Allgemeinbegriff, dem das Besondere untergeordnet ist. Der Allgemeinbegriff »Mensch« bezeichnet das allen Menschen gemeinsame Wesen, das in jedem einzelnen Menschen in besonderer Weise Gestalt annimmt. Dieses Besondere ist zunächst individuelle Anlage (Potenz), die in der individuellen Entwicklung sich entwickelt (Akt). Aristoteles sucht also die »Idee« in den Dingen. Durch logische, methodische Ableitung wird sie zum Begriff. In diesem Sinn ist Aristoteles Begründer der wissenschaftl. Logik. Und diese Logik wird von Thomas übernommen, aber ebenso wie auf irdische Dinge auch auf die Theologie bezogen und angewendet. Das gilt nicht nur in bezug auf die »natürliche« Got-

teserkenntnis, sondern z.T. auch auf die höhere, geistl. Glaubenserkenntnis. Die menschliche Vernunft wird zur Mitte, wo das Sein der Welt und das Sein Gottes erkannt und begriffen (d.h. logisch in den Begriff gebracht) werden. Während die am Neuplatonismus orientierte Theologie bei →Augustinus oder noch bei →Bonaventura (1221–1274) sagt, daß der Mensch nur durch die Berührung mit dem Heiligen Geist erleuchtet wird zur Erkenntnis Gottes, ist die Vernunft für Thomas an sich schon erleuchtet, um aus sich selber heraus Gottes Wesen zu denken und zu begreifen. Ebenso besitzt der Intellekt eine angeborene Kenntnis der wissenschaftl. Prinzipien. Von dieser Voraussetzung her schufen die Scholastiker ihr universales, Gott und Welt umfassendes Bild des Universums. Ihre denkerische Leistung ist bewundernswert. Aber unverkennbar ist, daß hier der →Rationalismus im Ansatz beginnt. Das System wurde zwar im 16. Jh. erschüttert, in theol. Hinsicht durch die →Reformation, in Hinsicht auf die Welterkenntnis durch die aufkommende Naturwissenschaft. Trotzdem hielt die kath. Kirche ihre aristotelisch-thomistische Lehrgrundlage letztlich bei, dies tat auch die prot. bis ins Zeitalter der →Aufklärung.

Die bibl. Botschaft gründet auf →Geschichte, und die bibl. Geschichte ist →Heilsgeschichte. Aber ein System der Geschichte ist unmöglich. Deshalb geht der heilsgeschichtl. Aspekt im thomistischen System in einem nicht unbedenklichen Maß verloren. Wohl werden Schöpfung, Sündenfall, Christologie und Eschatologie innerhalb des Systems behandelt, aber entgeschichtlicht, als Begriffe im dogmat. System. In abgeschwächtem Maß gilt das auch noch für die prot. Orthodoxie. Aber die Bundes- oder Föderaltheologie, ausgehend von der Reformation in Zürich und am umfassendsten entfaltet bei Coccejus (1603–1669), bedeutete doch eine stärkere Hinwendung zur bibl. Heilsgeschichte, auch das vermehrte Aufkommen von bibl. Kommentaren und vor allem die bibl. Predigt wirkten in dieser Richtung.

Der Thomismus führt in seiner Erkenntnislehre alles, was ist, auf das eine Sein zurück, das in Gott absolut, in der Kreatur nur abgestuft, deshalb nur ähnlich, vorhanden ist. Aber diese Ähnlichkeit begründet doch den Schluß von menschlichem Sein auf Gott. Doch als die aufkommende Naturwissenschaft Sein mit quantitativ und qualitativ meßbarem Dasein, d.h. mit dem welthaft Wirklichen gleichsetzte, fiel die Analogie dahin. Wenn Gott »ist«, dann gerade nicht in Analogie zum welthaft Wirklichen – was ja dem bibl. Gottesbegriff entsprechen würde: Der Mensch ist Kreatur, Gott nicht, der Mensch ist sterblich, Gott nicht. Gerade der Anspruch, Gott auf Grund der Analogie des Seins begrifflich zu erfassen, führt letztlich zur vernunftmäßigen Infragestellung Gottes.

Ähnlich steht es mit dem zweiten »rationalen« Schluß auf Gott, mit dem Kausalitätsbegriff. Alles hat eine Ursache, also muß auch die Welt eine Ursache haben: Gott als Schöpfer der Welt. Aber als die Naturwissenschaft zumindest hypothetisch die Ursachenkette ins Unendliche zurückverlegte, oder die Ph. in den Gedanken des ewigen Kreislaufes, war der rationale Zusammenhang von Ursache und Wirkung nicht mehr zwingend. Interessanterweise sind diese Folgerungen erst sehr spät, im 19. Jh., voll zum Bewußtsein gekommen. Hingegen wurde ein anderer, im Grunde unnötiger Gegensatz von Naturwissenschaft und phil.-theol. Lehre Anlaß zu einer tiefgehenden Krise: Der Widerspruch zwischen dem heliozentrischen Weltbild des Kopernikus und dem von der Kirche vertretenen ptolemäischen Weltbild. Aber das ptolemäische Weltbild ist nicht das biblische. Der Astronom und Geograph Ptolemäus schuf sein als wissenschaftl. geltendes geozentrisches Weltbild erst im 2. Jh. n.Chr. Das bibl. Weltbild – meist mit der Formel »Himmel und Erde« (1Mo 1,1) umschrieben -, zeigt das Weltbild der Sinneswahrnehmung, so wie die Welt sich dem menschlichen Auge auch heute noch darbietet. Hätte die Kirche des MAs nicht die ptolemäische Konstruktion als »Naturphilosophie« gewissermaßen dogmatisiert, so hätte ihr die Relativierung des Erscheinungsbildes der Erde durch die sicher richtigen und schon damals nachprüfbaren Berechnungen eines →Kopernikus, →Galilei oder →Kepler keine Mühe bereitet, sowenig wie jemand seine durch Augenschein gewonnene Vorstellung von »Wasser« preisgibt, wenn er die Chemiker von H_2O reden hört. Grotesk hingegen ist, wenn im 20. Jh. die Schule →Bultmanns die »Entmythologisierung« des NT mit dem bibl. »Weltbild« zu begründen suchte.

4. Die rationalistische Struktur des thomistischen Systems erlebte ihre abschließende Steigerung in der spanischen Spätscholastik im 16. Jh., bei Franz von Vitoria, Ludwig → Molina und mit letzter Konsequenz bei Gabriel Vasques (gest. 1604). Die Steigerung zeigte sich vor allem im Bereich der weltlichen Aspekte der Theologie, d.h. in der Lehre vom Naturrecht. Während für Thomas nur die Prinzipien der natürlichen Ordnung in der Vernunft vorgegeben sind, entfalten die Spanier ein immer weiter ausgreifendes System der Gesellschaftsordnung und des Staates. Und nicht deshalb sei das Naturrecht gut, weil Gott es gegeben hat, sondern weil

es an sich gut ist. Der viel zitierte Satz des Hugo →Grotius, das Naturrecht würde auch gelten, »wenn es Gott nicht gäbe«, ist von Gabriel Vasques übernommen. Für Vasques ist das Naturrecht (als Vernunftrecht) nicht aus dem göttlichen ewigen Gesetz herzuleiten, es entspringt der Vernunft selber und muß deshalb nicht von Gott vorgeschrieben werden. (Vgl. Vasques, Komm. zur Summa d.Th. II,1, disp. 97 n.3; II,1, disp. 150, cap. 3,n. 22,23; disp. 97, ca. 1 n. 2). Das Naturrecht gründet also, unabhängig von Gott (auch wenn Gott will, daß wir es befolgen, weil es gut ist) in der Vernunft. Der Schritt zum weltlichen, rein vernunftmäßigen Naturrecht ist hier erfolgt.

Mit der Aufklärungszeit, d.h. wesentlich im 18. Jh., löste sich die prot. Theologie von der Bindung an die aristotelisch-spätmittelalterl. Philosophie. Aber die Bindung an die Ph. blieb bestehen, nur jetzt zunehmend an die Aufklärungsph., repräsentiert durch die Schule von →Leibnitz und →Wolff, aber auch schon beeinflußt durch englische kritische Schriften (→Locke, →Toland, Shaftesbury), während andererseits der wachsende Einfluß des →Pietismus dem Einfluß der Aufklärung entgegenwirkte, so daß die Aufklärungstheologie sich, von Ausnahmen wie →Reimarus abgesehen, auf akademisch gebildete Theologen beschränkte. Der Pietismus war weniger an »wissenschaftlicher« Theologie interessiert als am seelsorgerl., praktischen, biblizistischen Schrifttum. Immerhin ist die »Idea fidei fratrum oder kurzer Begriff der christlichen Lehre« der Herrnhuter Brüdergemeine, verfaßt von August Gottlieb →Spangenberg (1778) als Lehrbuch für die Gemeinde wie als Zeugnis ein theol. Werk von Bedeutung.

Unter den früh von der Aufklärung beeinflußten Theologen seien erwähnt: J. J. →Spalding (1714–1804), J. G. Töllner (1724–1774) und J. S. →Semler (1725–1791), bei dem auch bereits hist., bibelkritische Fragen auftauchen. Diesen folgten die Vertreter des eigentlichen theol. →Rationalismus wie J. F. Röhr (1777–1848) und J. A. L. →Wegscheider (1771–1849). Aber der Rationalismus war nur noch eine Position neben anderen. Für die Zukunft wichtiger war →Schleiermachers Theologie des frommen Selbstbewußtseins, dann kamen aber auch der Suprarationalismus, die →Vermittlungstheologie und danach die von →Hegel beeinflußte Theologie (→Daub, →Marheineke). Es gibt im Protestantismus keine Theologie der Kirche mehr, sondern theol. Schulen und Richtungen, meist von einzelnen Persönlichkeiten geprägt, wie Schleiermacher, →Ritschl, →Harnack, →Troeltsch u.a. Wichtig war die aufkommende Orientierung an der hist. Wissenschaft, die nicht nur in der Kirchen- und Dogmengeschichte, sondern auch in den bibl. Disziplinen maßgeblich wurde. Die Verbindung der Theologie einseitig mit der Ph. machte einer Anlehnung an die Geisteswissenschaften allg. Platz, zu welchen auch phil. Richtungen gehören. Noch im 20. Jh. übt z.B. die →Existenzphilosophie einen starken Einfluß auf die Theologie aus (R. Bultmann, P. →Tillich). In der akademischen Theologie, d.h. den Ausbildungsstätten der traditionellen Staats- und Landeskirchen setzte sich die hist.-kritische Methode und die wissenschaftl. Systematik durch. Die hist. Methode kennt – als Wissenschaft – keine transzendenten Ursachen. Doch die bibl. Botschaft setzt Transzendenz voraus. Wo die Theologie sich mit einer Immanenzphilosophie, die im naturwissenschaftl. Begriff einen geschlossenen, innerweltlichen Kausalzusammenhang voraussetzt, auseinandersetzen muß, ist eine Verbindung nicht mehr möglich, oder nur um einen sehr hohen Preis: Der extreme Fall ist die sog. »Theologie vom Tode Gottes«, vertreten u.a. durch William Hamilton, D. Sölle (s. G. Vahanian: Kultur ohne Gott, 1973; W. Pannenberg: Die Erfahrung der Abwesenheit Gottes in der modernen Kultur, 1984).

Einen konsequent anderen Weg sucht K. →Barth in der »Theologie des Wortes«, wo er ganz nur vom bibl. Offenbarungszeugnis ausgehen will. Dieses Offenbarungszeugnis ist zunächst formuliert im überlieferten Credo, dann mehr und mehr konzentriert auf die Person Jesu Christi. Der nicht mehr wegzudenkende Partner Gottes ist »der eine Mensch Jesus und das in ihm repräsentierte Menschenvolk und dann, um seinetwillen, der »Mensch« und »die Menschheit« und der ganze übrige Kosmos« (KD II,2, 6). Jesus Christus, Gott und Mensch, ist rational faßbar, »noologisch« und »ontologisch« und insofern als Prinzip der Versöhnung Ansatz für das rational-wissenschaftl. Werk der Dogmatik. Man darf vielleicht sagen, daß Barths theol. Vernunft Erbe des dt. Idealismus, vor allem von Hegels Wissenschaftsbegriff ist. In seiner Darstellung Hegels in »Die protestantische Theologie im 19. Jahrhundert« sagt Barth, es sei erstaunlich, daß Hegels Philosophie nicht »der unüberbietbare Abschluß der Geschichte der Philosophie« geworden sei, aber diese Enttäuschung wäre »vielleicht doch auch eine große Verheißung«. Nur: Hegels Ph. ist am Wissenschaftsbegriff der modernen Naturwissenschaft und Geschichtswissenschaft gescheitert. Ob eine Theologie, die den Glauben in ein System rationaler Erkenntnis fassen will, nicht auch aus dem gleichen Grunde scheitern muß, ist zu fragen. Die bibl. Christusbotschaft geht von den großen Taten Gottes in Christus aus – davon, daß Gott seinen Sohn für uns dahingab und daß er ihn vom Tode erweckt und erhöht hat, aber sie versucht nicht, das Geheimnis der Person Christi noologisch und ontologisch zu erhellen. Die Erfahrung zeigt, daß eine Verbindung von Ph. und christl. Theologie nur sinnvoll ist, wo die Ph. offen ist für die Transzendenz Gottes. Nie aber darf die Theologie vergessen, daß ihre Rede von Gott Botschaft des Glaubens ist. Und der Glaube muß nicht wissenschaftl. Glaube sein. In der Verkündigung ist er es auch nicht. Er ist also auch nicht abhängig von einer »naturwissenschaftlichen« Vernunft, die sich auf einen geschlossenen, innerweltlichen Kausalzusammenhang bezieht, d.h. auf eine einseitig weltbezogene Vernunft.

Lit.: H. Barth: Philosophie der Erscheinung, I, 1947; K. Barth: KD II/2, III/1, III/2, 1942-48; ders.: Fides quaerens intellectum, Anselms Beweis der Existenz Gottes; E. Cassirer: Die Philosophie der Aufklärung, 1932; F. Flückiger: Philosophie und Theologie bei Schleiermacher, 1947; ders.: Geschichte des Naturrechts I, 1953; M. Grabmann: Der göttliche Grund menschlicher Wahrheitserkenntnis nach Augustinus und Thomas v. Aquin, 1924; K. Heim: Glaube und Denken, 1934; ders.: Der christliche Glaube und die Naturwissenschaft, 1953; M. Heimsoeth: Die sechs großen Themen der abendländischen Metaphysik und der Ausgang des Mittelalters, [3]1954; W. Herrmann: Die Metaphysik in der Theologie, 1876; G. Kuhlmann: Theologia naturalis bei Philon und Paulus, 1950; W. Maurer: Aufklärung, Idealismus und Restauration, 3 Bde., 1930; W. Pannenberg (Hg.): Die Erfahrung der Abwesenheit Gottes in der modernen Kultur, 1984; E. Przywara: Analogia Entis, 1932; A. Ritschl: Theologie und Metaphysik, 1881; M. Scheler: Vom Ewigen im Menschen, 1/II, 1923; A. Schlatter: Die philosophische Arbeit seit Cartesius, [3]1923; R. Seeberg: Lehrbuch der Dogmengeschichte, I-IV, 1920ff; G. Söhngen: Die Einheit in der Theologie (Gesammelte Aufsätze, Abhandlungen und Vorträge), 1952; J. Stelzenberger: Die Beziehungen der frühchristlichen Sittenlehre zur Ethik der Stoa, 1933; H. Thielicke: Offenbarung, Vernunft und Existenz, [4]1939; H. Wagner: Existenz, Analogie und Dialektik, I, 1953; H.E. Weber: Die philosophische Scholastik des deutschen Protestantismus im Zeitalter der Orthodoxie, 1907; H. Weltzel: Naturrecht und materiale Gerechtigkeit, 1951.

F. Flückiger

Philosophisch-theologische Hochschulen (kath.)

Zur Erfüllung ihres Sendungsauftrages verfügt die röm.-kath. Kirche über eigene Hochschulen, die ein zweifaches Ziel verfolgen: Pflege der theol. und theologieverbundenen Wissenschaften und wissenschaftl. Ausbildung für kirchl. Ämter und Dienste, vgl. c. 815 Codex Iuris Canonici (CIC).

Die Bezeichnung als »philosophisch-theologische« H. weist auf den engen Zusammenhang zwischen →Philosophie und Theologie hin; nach röm.-kath. Hochschulrecht setzt ein kirchl. Abschluß in Theologie ein gründliches phil. Studium voraus (Papst Johannes Paul II., Apostolische Konstitution »Sapientia Christiana« vom 15. 4. 1979, Art. 72; cc. 251 f. CIC). Viele Phil.-Theol. H. in kirchl. Trägerschaft sind inzwischen in Theol. Fakultäten übergeleitet worden, wodurch sie umfassendere, auch staatlich anerkannte Graduierungs- und Promotionsrechte erhalten haben. Akademische Grade, die rechtliche Wirkungen in der kath. Kirche haben, können nur von solchen H. verliehen werden, die vom Apostolischen Stuhl errichtet oder anerkannt worden sind (c. 817 CIC). Nach der staatlichen Rechtsordnung gründet das Recht der Kirchen auf eigene H. im kirchl. Selbstbestimmungsrecht (Art. 140 GG i.V.m. Art. 137 III WRV), ist also ein ursprüngliches, nicht erst vom Staat verliehenes Recht der Kirchen; außerdem ist es vertragsrechtlich abgesichert (vgl. Art. 20 RK). In kath. Trägerschaft gibt es im Bereich der Bundesrepublik Deutschland die Theol. Fakultät an der Katholischen Universität Eichstätt, Theol. Fakultäten in Trier, Paderborn, Fulda, Frankfurt St. Georgen sowie die verschiedenen, von Ordensgemeinschaften getragenen H., z.B. die Phil.-Theol. H. der Franziskaner und Kapuziner in Münster, der Pallotiner in Vallendar, der Salesianer Don Boscos in Benediktbeuren.

Lit.: M. Baldus: Die philosophisch-theologischen Hochschulen in der Bundesrepublik Deutschland, 1965; P. Krämer: Die Katholische Universität. Kirchenrechtliche Perspektiven, AfkKr 160 (1991), 25-47; H. Schmitz: Katholische Theologie und Kirchliches Hochschulrecht (= Arbeitshilfen 100, hg. vom Sekretariat der Deutschen Bischofskonferenz, 1992).

P. Krämer

Photios (810–893/94)

Ph. ist als Theologe, Kirchenpolitiker und Philologe einer der bedeutendsten Patriarchen von Konstantinopel (858–867 und 877–886). Ursprünglich Hofbeamter, wurde er 858 als Laie zum Patriarchen eingesetzt. Die Nichtanerkennung durch Rom führte zu einem Schisma, in dem auch Unterschiede der Lehre (→ filioque) und der frommen Tradition eine Rolle spielten. Dieser Kirchenstreit erhielt zusätzliche Brisanz durch die Christianisierung des Bulgarenreiches unter westlichem Einfluß. Bei der Palastrevolution des Basileios I.

867 wurde Ph. abgesetzt. Das achte ökumen. Konzil in Konstantinopel 869/70 bannte ihn. Doch erlangte Ph. 877 wiederum das Patriarchat, das er bis 886 behaupten konnte. Die letzten Lebensjahre verbrachte er im Kloster. Sein literarisches Werk umfaßt Predigten, theol. Polemik, Briefe, Gedichte, ein Lexikon des Attischen und bes. seine »Bibliothek«, Notizen zu und Exzerpte aus 386 Werken profaner und christl. Autoren der Antike und der byz. Zeit. Für das byz. Kirchenrecht ist sein Vorwort zur Rechtssammlung Leons VI. wichtig (byz. »Zweigewaltentheorie«). Seine Beurteilung schwankt zwischen orth., die in ihm einen ihren bedeutendsten Vorkämpfer, und röm. Perspektiven, die in ihm einen Wegbereiter des großen Schismas sehen.

Lit.: F. Dvornik: The Photian Schism, DO 1948; J. Schamp: Photios. Historien des lettres, 1987; F. Tinnefeld: LexMA 6, 1993, 2109f.

W. Wischmeyer

Physikotheologie

Ph. ist eine breite Bewegung innerhalb der ev. und anglik. Theologie am Ende des 17. und zu Beginn des 18. Jh.s. Im Gegensatz zur verfallsgeschichtl. Sicht der Welt in der Theologie des 17. Jh.s betonen die Physikotheologen die Fülle, Schönheit und Sinnhaftigkeit der Welt. Die physikotheol. Arbeiten bilden eine eigene Gattung theol. Literatur. Kennzeichnend für diese Gattung ist, daß das Dasein und die Eigenschaften Gottes (→Gott, Eigenschaften), insbesondere seine Allmacht, Weisheit und Güte, vorausgesetzt und anhand naturwissenschaftl. Einsichten vorgeführt werden. Die naturwissenschaftl. Erkenntnisse von den Eigenschaften der Naturdinge werden im großen Umfang zusammengetragen und diskutiert; dabei sind die naturwissenschaftl. Erkenntnisse im Experiment oder in der Feldforschung gewonnen. Die so beschriebenen Eigenschaften werden dann in ihrem Sinn für das Naturganze dargestellt. Nachdem deutlich geworden ist, wie wunderbar jedes Naturding beschaffen und in das Zusammenspiel der Schöpfungseinheit einbezogen ist, ergeht die Aufforderung zum Gotteslob als Konsequenz und krönender Abschluß.

Im Gegensatz zu den Apologien der luth. Orthodoxie und vergleichbarer Werke ist Ziel dieser Werke nicht die Widerlegung der Atheisten – für deren Haltung zeigen sie nur Unverständnis – obgleich sie gelegentlich apologetisch genutzt wurden. Grund und Motor dieser Werke ist auch nicht der Widerspruch gegen den kopernikanisch-brunoischen Schock und den darauf folgenden kosmischen Nihilismus – wie gelegentlich behauptet wird –, sondern die Begeisterung der Verfasser für die neue naturwissenschaftl. Forschung und ihre Ergebnisse. Der englische Physikotheologe und weit bekannte Botaniker John Ray schreibt, die Naturwissenschaften seien eine Sabbatbeschäftigung, eine rel. Verantwortung und Herausforderung und selbst im »ewigen Leben … werden wir eifrig damit beschäftigt sein, die Werke Gottes zu betrachten und die göttliche Kunst und Weisheit zu beobachten, die sich in ihrer Struktur und Komposition manifestiert«.

Die physikotheol. Werke vermitteln naturwissenschaftl. Erkenntnisse in Form von Kompendien an das Bildungsbürgertum der Zeit. Diesen Arbeiten ist es nach Auffassung späterer Zeiten zu verdanken, daß die damaligen Zeiten als aufgeklärt bezeichnet wurden. Die theol. Zielsetzung hat viele Pastoren motiviert, naturwissenschaftl. Inhalte auf physikotheol. Weise in Predigten zu vermitteln. Es ist aber auch festzustellen, daß die Werke ohne die physikotheol. Gedankengänge als rein naturwissenschaftl. Kompendien weitergegeben wurden.

Aber nicht nur auf die Naturerkenntnis setzten die Physikotheologen die hohe rel. Prämie – nämlich Gottesdienst zu sein –, sondern auch auf Naturnutzung und -gestaltung. Naturnutzung und -gestaltung waren Gottesdienst, weil Gott den Menschen die Nutzung und Gestaltung der Natur in bestimmtem Umfang übertragen hat. Indem der Mensch die Natur und ihre Schätze zur Befriedigung der eigenen Bedürfnisse und zur größeren Bequemlichkeit, etwa durch Einsatz von Wind- und Wasserkraft, nutzt, erkennt er die Güte Gottes, der wie ein Vater für die Menschen sorgt. Da der Nutzen vieler Dinge nicht einfach auf der Hand liegt, bedarf es eines intensiven forschenden Eindringens in das Wesen der Dinge, damit ihr möglicher Nutzen sichtbar wird. So sind Naturerkenntnis und Naturnutzung eng miteinander verbunden. Deshalb beschreibt der Hamburger Gelehrte und Haupt der dt. Ph. Johann Albert →Fabricius (1668–1736) die physikalischen und chemischen Eigenschaften des Wassers, um ihren möglichen Nutzen zu zeigen. In der gleichen Absicht führt er den Geographieunterricht im Hamburger Johanneum ein: genaue geographische Kenntnisse sollen den künftigen Hamburger Kaufleuten bei ihren wirtschaftl. Entscheidungen helfen.

Der Nutzen für den Menschen bezeichnet jedoch nur ein Teilziel des Gesamtsinnes, den Gott der Natur gibt. Die Naturdinge besitzen darüber hinaus einen Sinn für andere Teile der Natur. Alle Teile sind so beschaffen, daß sie aufeinander hingeordnet sind. So betont Fabricius immer wieder, daß z.B. das Wasser nicht nur zum Gebrauch für den Menschen da ist, sondern auch der übrigen Natur dient.

Die harmonisch abgestimmten Zuordnungen in der gegenwärtigen Natur – wie sie immer wieder am Wasser- und geologischen Kreislauf aufgewiesen werden – gaben den Physikotheologen einen Vorgeschmack der letztgültigen Harmonie, die Gott errichten wird. Deshalb traten die Physikotheologen jeder Vorstellung entgegen, die von einem vollkommenen Anfangszustand der Natur ausgeht, der dann durch den Sündenfall oder den allgemeinen Verfall und das Altern der Erde gestört ist. Die Physikotheologen stellten dem die Vorstellung von der Konstanz und der möglichen Vervollkommnung der Schöpfung durch die Mithilfe des Menschen gegenüber.

Lit.: U. Krolzik: Säkularisierung der Natur, 1988; W. Philipp: Das Werden der Aufklärung in theologiegeschichtlicher Sicht, 1957.

U. Krolzik

Pietismus

Immer wieder hat es in der Kirchengeschichte Erneuerungsbewegungen gegeben, zum Teil örtlich und zeitlich begrenzt, zum Teil von einer umfassenden Intensität. Dazu gehört – im umfassenden Sinn – das →Mönchtum (mit seinen zahlreichen Reformbewegungen bis in die Gegenwart hinein) und – im begrenzteren Sinn – die »neue Frömmigkeit« (→devotio moderna) im 14. und 15. Jh., wieder universal wirkend die →Reformation im 16. Jh. und weniger weitgreifend der P. Immerhin ist der P. die einzige Erneuerungsbewegung, die sich vom 17. Jh an bis in die Gegenwart hinein gehalten und den Protestantismus maßgeblich bestimmt hat. Verglichen mit seinen Anfängen ist die Bezeichnung P. relativ spät nachweisbar, nämlich erst bei dem Leipziger Professor für Poesie J. Feller, der den P. 1689 positiv in zwei kleineren poetischen Texten beschreibt:

»Es ist jetzt stadtbekannt der Name der Pietisten. Was ist ein Pietist? Der Gottes Wort studiert und nach demselben auch ein heilig Leben führt«, »Ich selbsten will hiermit gestehen ohne Scheu, daß ich ein Pietist ohn' Schmeich und Heucheln sey«. Damit ist der Begriff (und die damit verbundene »Sache«) geschaffen; er bleibt auch für die weitere Zukunft gültig. Natürlich läßt sich eine Bewegung nicht auf ein Kalenderdatum fixieren. Der P. war längst vorhanden, bevor ihn Feller auf den Begriff brachte. P. ist Ausdruck und Reaktion auf eine weit empfundene Krise, in die die Kirchen (nicht nur der Reformation) in Europa gekommen waren. Im britischen →Puritanismus und →Methodismus verschafft sich diese ebenso Ausdruck wie in der »Nadere Reformatie« in den Niederlanden (→Voetius) und im deutschen P. Sogar der Katholizismus (→Jansenismus, →Quietismus) und das Judentum (→Chassidismus) wurden davon berührt. Die Krise hat ihren Grund im Übermaß der gegeneinander gerichteten Streittheologien, die unter Berufung auf die je konfessionelle Ausprägung (z.B. der Lutheraner oder Calvinisten u.a.) die »rechte Lehre« (→Orthodoxie) für sich beanspruchen und dabei die Verwirklichung des Glaubens im Leben weithin vernachlässigen. Es ist vor allem eine Krise der Frömmigkeit, und sie äußert sich bereits in der Zeit der Orthodoxie selbst, die in bestimmten Strängen Anliegen des späteren P. vertritt und deshalb in der neueren Forschung auch »Reformorthodoxie« heißt. Berühmtes Beispiel dafür sind die »Vier Bücher vom wahren Christentum« J. →Arndts, zwischen 1605 und 1610 verfaßt; ein Erbauungsbuch mit unglaublicher Wirkung bis ins 19. Jh. hinein. Arndts Werk ist eine gelungene Synthese von deutscher Mystik (→Tauler) und spätmittelalterlichen Aufbruchsbewegungen einerseits (A. de Foligno, →Thomas von Kempen) und reformatorischer Theologie und randkirchlichem Spiritualismus andererseits. Arndt selbst hat seine Quellen eindrucksvoll verarbeitet und verkirchlicht; nicht zufällig heißt er in der neueren Forschung zunehmend häufiger »Vater des Pietismus«. Spener hat seine Postille neu herausgegeben und dieser die eigentliche Programmschrift des P., die »Pia Desideria« beibinden lassen.

Gleichwohl fängt mit Ph. J. →Spener (1635–1705) die neue Bewegung zu blühen an. Spener, 1666 von Straßburg nach Frankfurt als Senior der dortigen Kirche berufen, traf hier auf viele günstige Umstände. Die Folgen des 30jährigen Krieges waren allmählich überwunden, Wohlstand und Lebenszuversicht kehrten – gerade in den großen Städten – wieder ein. Mit David Zunner traf Spener auf den vielleicht einflußreichsten Verleger seines Jahrhunderts, der zahlreiche seiner Veröffentlichungen druckte; und eine lebendige, mobile Reichsstadt war für Reformen aufgeschlossener als eine schwer bewegliche Landeskirche wie Preußen. Offenbar hat Spener guten Zugang zur Pfarrerschaft und zur Bevölkerung überhaupt gefunden. Er hat die →Konfirmation eingeführt, die →Kirchenzucht und besonders die →Sonntagsheiligung, durchgesetzt; er war ein viel gesuchter Seelsorger, besonders auch über eine ausgedehnte Korrespondenz, und er hat nicht zuletzt die collegia pietatis, Gemeindekreise zur Bibelauslegung und zur Gemeinschaft untereinander, begründet, diese in die Pfarrhäuser geholt und damit in den Kirchengemeinden verankert. Seine Reformvorschläge von 1675 (Intensivierung des Umgangs mit der Bibel und ihrer Lebensregeln im Alltag, Ausübung des allgemeinen Priestertums der Glaubenden, eine auf Glauben und Leben orientierte Pfarrerausbildung) führten zum allmählichen Ende der Streittheologie und zur Erneuerung der Kirche. Spener war ein Genie der Freundschaft und hat über seine zahllosen Kontakte einerseits zum deutschen Adel – er galt als erklärter Fachmann der Heraldik (Wappenkunde) – und zur deutschen Pfarrerschaft über die landeskirchl. Grenzen hinaus andererseits die neue Bewegung wirkungsvoll ausgebreitet.

Sein bedeutendster Schüler war A. H. →Francke (1663–1727), der über seine weit bekannten Anstalten und über die neu gegründete Universität Halle besonders in Preußen und Sachsen tatkräftig wirkte. Von Halle ging mit der »Dänisch-Hallischen Mission« in Tranquebar/Südindien ein »Neueinsatz der protestantischen Mission« aus (Gensichen). Auch der Reichsgraf N. L. von →Zinzendorf (1700–1760) erzielte tiefgehende Wirkungen. In seiner Standesherrschaft Berthelsdorf nahm er von der Gegenreformation in Böhmen nach Schlesien vertriebene Glaubensflüchtlinge der Brüderunität auf und verband beide Gemeinden in origineller Weise 1727 zur Brüdergemeine in Herrnhut. Obwohl als Jurist eher Laie hat er das theologische Anliegen des P. mit am stärksten gefördert, eine christozentrische Kreuzestheologie entfaltet, die Gemeinschaftserfahrung unter Christen betont – »Ich statuiere kein Christentum ohne Gemeinschaft« –, eine intensive Heidenmission betrieben (v. a. in Westindien und Grönland) und den ökumenischen Gedanken gestärkt.

Durch zahlreiche eher unbekannte Pfarrer, aber besonders durch die Prälaten J. A. →Bengel (1687–1757) und F. Chr. →Oetinger (1702–1782) hat sich der P. in Württemberg seine eigene Gestalt geschaffen und sich dort bleibend – bis in die Gegenwart hinein – durchgesetzt. Die Nähe zur Bibel, verschiedene Erbauungsveranstaltungen, Theosophie und Chiliasmus machen die Eigenart des P. in Württemberg aus.

Am Niederrhein bildete sich ein weiteres Zentrum, das anfangs von Separatistenfamilien, dann aber von dem kirchlich eingestellten Gerhard →Tersteegen bestimmt wurde. Tersteegen brachte – in Aufnahme des französischen →Quietismus – dem P. die der Mystik verbundene Hingabefrömmigkeit nahe, ähnlich wie J. Arndt. Er hat den P. außerdem durch viele »Lieder« und geistliche Schriften inspiriert.

Änlich wie im Reformationszeitalter haben sich auch im P. radikale Vertreter zu Wort gemeldet, z. B. das Ehepaar →Petersen oder E. Chr. →Hochmann von Hochenau, die den baldigen Anbruch des Tausendjährigen Reiches verkündeten. In seiner Frühzeit gehörte auch Gottfried →Arnold (1660–1714) zu den radikalen Pietisten, aber er blieb zeitlebens Pfarrer der Landeskirche. Am bekanntesten geworden ist seine »Unparteiische Kirchen- und Ketzerhistorie« (1699/1700), eine bis 1688 gehende Kirchengeschichte, in der ihr Verfasser die herkömmlichen Häresien rechtfertigt und – darin besonders wirkungsvoll – die Urgemeinde als Zeit des idealen Gemeindelebens verherrlicht. Auf die vielen, z. T. in Gruppen, in Familien, aber auch allein herumziehenden radikalen Pietisten kann hier nicht weiter eingegangen werden. Gemeinsam war ihnen ein rigoroser Individualismus der Heilsvermittlung und der Lebensführung, von dem sich der volkskirchliche P. sehr bald abgesetzt hat.

Der P. als Glaubensbewegung ist Erbauungs- und Frömmigkeitsbewegung gewesen, mit den vielerlei geistlichen Einflüssen der Zeit in England, Frankreich und Spanien verbunden. Verbreitung hat er in nahezu allen deutschen Landeskirchen gefunden, am wenigsten in Hannover, Braunschweig und Oldenburg. Auch in Schleswig-Holstein finden sich nur kleine vom P. erfaßte Inseln. Bis zum heutigen Tag läßt sich den Landeskirchen abspüren, ob der P. in ihnen aufgenommen wurde oder nicht.

Theologisch ist der P. eine Rückorientierung an den zentralen Anliegen der Reformation im 16. Jh. Da er sich aber nicht so sehr auf die Tradierung der reinen Lehre, sondern auf die Aktualisierung christlichen Lebens bezog, ist der Theoriebezug des P. immer undeutlicher geblieben als seine Praxis. Der Gemeindeaufbau, verbunden mit vielen Lieddichtungen, der Frömmigkeitsvolllzug, die Liebestätigkeit und die Mission und Volksmission gehören zu den Schwerpunkten des pietistischen Aufbruchs. Parallel zum P. breitete sich die Aufklärung in Europa aus, was zu neuer Polarisierung führte. Der Abschwung des P. nach dem Tode Zinzendorfs und der Verfall der Aufklärung zu einem platten Rationalismus bereitete den Neupietismus (→Erweckungsbewegung) und den deutschen Idealismus vor. Die →Christentumsgesellschaft, in Basel durch J. A. →Urlsperger (1728–1806) ins Leben gerufen, ist als Bindeglied zwischen Frühpietismus und Neupietismus anzusehen. Die Unterscheidung in diese beiden Formen des P. ist erst spät, im 20. Jh., aufgekommen. Gegenwärtig hat sich der P., der mit der Ev. →Allianz seit ihren Anfängen verbunden war, mit der →evangelikalen Bewegung auseinanderzusetzen. Ob es dem landeskirchlichen P. gelingt, neben dem eher freikirchlichen Evangelikalismus sein Profil zu bewahren, bleibt abzuwarten.

Lit.: Texte zur Geschichte des Pietismus, 1972 ff.; Jahrbuch Pietismus und Neuzeit, 1974 ff. (mit jährlicher Bibliographie).

K. Aland (Hg.): Pietismus und Bibel, 1970; ders.: Pietismus und moderne Welt, 1974; E. Beyreuther: Geschichte des Pietismus, 1978; ders.: Frömmigkeit und Theologie, 1980; H. Bornkamm u. a. (Hg.): Der Pietismus in Gestalten und Wirkungen, FS für M. Schmidt, 1975; M. Brecht: Geschichte des Pietismus, Bd 1, 1993; M. Schmidt: Wiedergeburt und neuer Mensch. Gesammelte Studien zur Geschichte des Pietismus, 1969; ders.: Pietismus, [3]1983; J. Wallmann: »Der Pietismus«, in: KiG 4, O 1, 1990.

G. Ruhbach

Pilgermission →Chrischona, Pilgermission St.

Pilgerväter

Die P. waren sog. »trennende Kongregationalisten«. Mit der Parole »no tarying for the Magistrate« gründeten sie eine geheime, getrennte Gemeinde (Scroobie) in verschiedenen Orten der Gegend von Norwich/Northamptonshire. Diese Gemeinde war bereits gefährdet, als sie aus der Staatskirche ausschied. Ihr Pastor, John Robinson (1575–1625), konnte seine Gemeindeglieder 1607 davon überzeugen, in die Niederlande auszuwandern, denn dort gab es rel. Duldung. Ihr Aufenthalt in Leiden, wo sie sich schließlich niederließen, brachte jedoch andere Probleme mit sich. Die inneren Spannungen in der Gemeinde führten zu dem Entschluß, in die britische Kolonie Virginia auszuwandern. Ein erster Versuch scheiterte, und kurz vor dem Erfolg des zweiten starb Robinson. Nach seinem Tode übernahm der Älteste Brewster die Führung in der Gemeinde und spielte eine wichtige Rolle bei der Finanzierung der Auswanderung. Bei ihrer Ankunft hatten die P. eine eigene Verfassung vorbereitet und auf der Mayflower bereits ihren Eid darauf geleistet. Dieser »Mayflower Compact« kam in der neuen Kolonie sofort zur Anwendung. Es handelt sich dabei nicht um eine Bundestheologie, sondern um eine polit. Verfassung, wie sie zu der Zeit üblich war. Wirtschaftl. Erfolg war der Plymouth-Kolonie nie beschieden (die Plymouth-Kolonie hatte nie mehr als 600 Mitglieder und wurde später von der erfolgreicheren Massachusetts Bay Kolonie übernommen). Ihre separatistische Gemeinde wurde automatisch Staatskirche. Lange war man davon ausgegangen, daß die Kirchenverfassung der Massachusetts Bay Kolonie von der Plymouth-Kolonie durch Vermittlung übernommen worden war, was jedoch inzwischen nicht mehr bestätigt wird. Nach H. R. →Niebuhr ist die Plymouth-Kolonie ein Symbol der demokratischen Erbschaft jedes Amerikaners.

Lit.: T. George: John Robinson and the English Separatist Tradition, 1978; E. S. Morgar: Visible Saints – The history of a Puritan Idea, 1965; M.R. Watt: The Dissidenters from the Reformation to the French Revolution, 1978.

R. C. Walton

Pirckheimer, Willibald (1470–1530)

Geb. am 5. 12. 1470 in Eichstätt als Sohn des bischöflichen Rats Dr. jur. Johann P. und Barbara geb. Löffelholz, beide aus dem Nürnberger Patriziat. Seine älteste Schwester ist Caritas P., die gelehrte und standhafte Äbtissin des Nürnberger Klaraklosters. Kavaliersausbildung am eichstättischen Hof; gute Schulbildung durch den Vater, der ihm Latein und Grundkenntnisse des Griech. beibrachte. 1490–1495 Jurastudium in Padua und Pavia ohne Abschluß, um ratsfähig zu bleiben. 1496–1523 mit einer Unterbrechung im Nürnberger Rat;

zahlreiche Gesandtschaften. Ab 1501 intensive humanistische Studien; 1513 erschien die erste von 18 Übersetzungen aus dem Griech. ins Lat. Neben der lebenslangen Freundschaft mit →Dürer zeigt eine umfangreiche, breit gefächerte Korrespondenz das Bild einer kontaktfreudigen und hilfsbereiten, wenn auch mit fortschreitendem Gichtleiden zunehmend schwierigen Persönlichkeit. Der Feindschaft Johannes →Ecks verdankte es P., daß er zusammen mit dem Nürnberger Ratsschreiber Lazarus Spengler in der Bannandrohungsbulle (1520) und in der Bannbulle (1521) gegen Luther namentlich unter dessen Anhängern genannt wurde. P. trennte sich aber nie vom alten Glauben; unter dem Eindruck der Nürnberger Ereignisse nach Einführung der →Reformation wandte er sich vollends enttäuscht von ihr ab (Streit mit →Oekolampad, →Osiander und Spengler). Gest. am 22. 12. 1530 in Nürnberg.

Lit.: Willibald Pirckheimers Briefwechsel. Bisher 3 Bde., 1940, 1956 und 1989;

W. P. Eckert, Chr. von Imhoff: Willibald Pirckheimer, Dürers Freund, [2]1982; N. Holzberg: Willibald Pirckheimer. Griechischer Humanismus in Deutschland, 1981.

H. Scheible

Plakatmission

1949 hatten in Hamburg zwei Straßenbahner die Idee, in Straßenbahnen, U-Bahnen und anderen öffentlichen Verkehrsmitteln Plakate mit Bibelworten anzubringen. Der Gedanke zündete, wurde von den Verkehrsbetrieben akzeptiert, und bald stellte sich auch andernorts heraus, daß Laien aus Landes- und Freikirchen das Plakat als Mittel der Verkündigung entdeckt hatten. An Litfaßsäulen, an Plakatwänden, in Wartehallen, Geschäften und Sprechzimmern begegnete man dem Gotteswort auf dem Plakat, oft als einfachem Bibelspruch, immer wieder auch kombiniert mit einem einprägsamen Bild. Kirchengemeinden richteten Schaukästen als Fenster der Kirche ein, die kirchl. Öffentlichkeitsämter nahmen sich der Plakatwerbung an. Unterschiedlichste kirchl. Institutionen hängen heute Plakate aus: Plakate laden zu Veranstaltungen ein, dienen der Bewußtseinsbildung, der Spendenwerbung, der Information. Das mission. Anliegen blieb das Proprium der P. In der Arbeitsgemeinschaft christl. P.en ist ihre Arbeit zusammengeschlossen. In den Nachbarländern kennt man die P. u.a. in Belgien und in der Schweiz.

R. Boeckler

Platon (427–347 v.Chr.)

I. Platons Leben und Werk

Geb. 427 v.Chr. in Athen (oder Aigina), gest. 347, aus altadeligem Geschlecht, strebte P. zuerst die polit. Laufbahn an (vgl. den 7. Brief der ihm zugeschriebenen Briefsammlung). Sie wurde ihm aber verwehrt durch die entarteten polit. Verhältnisse im Athen des ausgehenden 5. Jh.s., die auch zur Verurteilung seines Lehrers →Sokrates (gest. 399) führten. So »flüchtete« er sich dann in die Philosophie, gründete eine Schule, die sog. Akademia, ca. 387, mit einem Freundeskreis, der sich wissenschaftl. Studien widmete (sowohl allg. phil., als auch speziell naturphil. und mathematischen), und nahm durch ein umfangreiches Schrifttum Einfluß auf seine Zeit.

Sein Versuch, in Sizilien mit den Tyrannen Dionysios dem Älteren und dem Jüngeren von Syrakus, bes. aber mit des ersteren Schwager Dion, seine Theorie eines Idealstaates zu verwirklichen (drei Reisen nach Sizilien 388, 366 und 361 v.Chr.), scheiterte an polit. Intrigen. Dion wurde verbannt und später ermordet. Ebenso wurde P. aus Syrakus entfernt.

In Großgriechenland trat P. mit Pythagoreern in Verbindung (bes. mit Archytas von Tarent).

Ob P. auch in den Orient (Ägypten und andere Länder) reiste, ist nicht ganz zuverlässig überliefert, kann aber auch nicht ausgeschlossen werden.

Uns sind 34 Schriften in Dialogform erhalten, in denen moderne Forschung mindestens drei Perioden ausmachte: (1) eine der frühen Dialoge (Crito, Io, Protagoras, Respublica I, Lysis, Charmides, Euthyphro u. a.), die P.s Ideenlehre noch nicht oder nur im ersten Ansatz enthalten und in den überwiegend ethischen Fragen aporetisch verlaufen, (2) eine der mittleren Dialoge (Symposium, Phaedo, Respublica II-X, Phaedrus u. a.), welche die Ideenlehre entfalten und über die Aporetik hinaus zu positiven Ergebnissen kommen (mit Definitionen über das Gerechte, das Gute, Sein und Nichtsein, Erkenntnis, Wahrheit u. a.), sowie (3) die der Spätdialoge (Theaetetus, Parmenides, Sophistes, Politicus, Philebus, Timaeus, Critias, Leges, Epinomis), welche die Ideenlehre revidieren und ausbauen, aber auch die Naturphilosophie und ethische, staatstheoretische, erkenntnistheoretische und andere Fragen weiterführen.

Bemerkungen P.s (7. Brief und Phaedrus), daß seine Philosophie nicht schriftlich, sondern nur mündlich mitgeteilt werden kann, und daß seine Dialoge ein »Spiel« sind, schließen nicht jede schriftliche Form der Weitergabe seiner Philosophie aus, sondern nur die in Form von einfachen Thesen oder Manifesten. Vielmehr bedarf es der Weitergabe im Dialog von Person zu Person. Gerade den Dialog hat P. in seinen Schriften festgehalten und so eine neue Schriftgattung geschaffen. Seine Dialoge enthalten also seine eigentliche phil. Lehre.

II. Platons Lehre

Diese soll im folgenden systematisch dargestellt werden (wenn sich auch bei P. noch keine Einteilung in Disziplinen findet).

1. Ideenlehre (→Metaphysik)

Über die Vorsokratiker hinausgehend, die für die Naturerklärung nur materielle Ursachen namhaft machten, führte P. auch nicht-materielle Ursachen ein, die sog. Ideen *(idea, eidos)*. Sie sollten als Form-Bewegungs-Zweckursachen erklären, warum die Naturdinge artgleiche Formen aufweisen und in ihren Entstehungsprozessen zu ihnen hinstreben. Sein Schüler →Aristoteles bezeugt (Metaphysik I 6), daß P.s Philosophie Anteile von Heraklit, Sokrates und den Pythagoreern hat. Von Heraklit übernahm er, daß die Sinnesdinge dieser Welt nicht eigentlich »sind«, sondern sich in ständigem Entstehen und Vergehen sowie in durchgängiger Veränderung befinden. Von Sokrates lernte er den in allg. Begriffen sich entfaltenden Dialog, der auf das identisch bleibende Wesen der Dinge geht (und damit den sensualistischen Empirismus der Sophisten überwindet). Der Gegensatz zwischen dem Einzelnen und dem Allgemeinen, dem Sinnlichen und dem Intelligiblen, dem Veränderlichen und dem Unveränderlichen, dem Vielen und dem Einen, veranlaßte P., zwei Welten anzunehmen: die sichtbare Welt des Entstehens und Vergehens der Sinnesdinge und die unsichtbare Welt der unveränderlichen Ideen oder Wesenheiten der Dinge. Das Verhältnis der sichtbaren Welt zur unsichtbaren der Ideen ist das der »Teilhabe« *(methexis, participatio)*, d. h. der ursächlichen Abhängigkeit des Werdenden vom wahrhaft Seienden. (Aristoteles folgte seinem Lehrer in der Annahme nicht-materieller Wesensursachen, übte aber an ihrer Abtrennung von den Dingen Kritik.) Während P. anfänglich (in der ersten Schaffensperiode) nur von mathematischen (wie dem Geraden, Gleichen u. ä. m.) und den ethischen Gegenständen (dem Guten, bzw. den Tugenden) Ideen annahm, ging er dann (in der zweiten Periode) zur Annahme von Ideen für alle Dinge über, aber nicht für Artefakten. Wenn er auch gelegentlich von der Idee eines Bettes und anderer Artefakten spricht, so nur, weil er sie zur Erläuterung heranzieht: Wie sich das Artefakt zur Idee des Künstlers verhält, so das Naturding zu seiner Idee.

Die mathematischen Gegenstände setzte er in einem Zwischenbereich zwischen den Sinnesdingen und den Ideen an; denn sie haben mit beiden etwas gemeinsam.

Ausgehend von Begriffseinteilungen nach Arten und Gattungen und Definitionen der Wesenheiten/Ideen, entwickelte P. seine Metaphysik der »Gemeinschaft der Ideen« in ihrer pyramidalen Gesamtordnung, mit den untersten Arten an der Basis und den obersten, allgemeinsten Gattungen an der Spitze: das Identische und Verschiedene, Bewegung und Ruhe, das Seiende und das Eine (s. Dialoge Sophistes, Parmenides). Vom Guten, identisch mit dem Einen, das »jenseits der Seiendheit« (des Seienden) ist, hängen alle Ideen in ihrem Sein und Erkennbarsein ab (Respublica VI). Der späte P. (der dritten Periode) widmet sich, unter pythagoreischem Einfluß, der Symbolik der Zahlen in ihrer realen Bedeutung als Ursachen und versucht, die Ideen als »Ideen-Zahlen« letztlich aus dem Einen und der »unbestimmten Zweiheit« (in der Bedeutung einer ersten Form- und Materialursache) abzuleiten.

2. Naturphilosophie

Im »Timaeus« läßt P. die sichtbare Welt aus einer ersten Bewegungs- und Zweckursache entstehen, die er in mythischer Einkleidung als »göttlichen Demiurgen« einführt. Die Welterklärung erfolgt im ersten Teil des Dialoges aus der Zweckmäßigkeit: Der Demiurg schafft alles mit dem Blick auf das Gute, das er selbst ist, zugleich als den Zweck von allem. Der zweite Dialogteil erklärt dann die Naturgeschehnisse (einschließlich der Funktionen der Körperorgane) aus materiellen Elementen, die stereometrische Formen haben. Dieser mathematisierten Vorstellung entspricht auch die der Materie, des »alles aufnehmenden« Prinzips, als des Raumes.

3. Psychologie und Anthropologie

Die Seele wird als sich-selbst-bewegendes und daher als immaterielles Prinzip erschlossen (Phaedrus, Leges X). Die Vernunftseele des Menschen ist unsterblich, weil verwandt mit den Ideen, die sie erkennt (Phaedo). Ihre Verbindung mit dem Leib ist nur eine akzidentelle; sie ist gleichsam der Mensch im Menschen (ebd.). Die Seele gehört dem Ideenreich an, aber noch nicht vollkommen. Der Eros ist an sich ein vernunfthaftes Streben zum göttlichen Schönen. Aber zunächst auf das sinnliche Schöne gerichtet, bedarf er der Läuterung (Symposium).

4. Erkenntnistheorie

P. widerlegt den Sensualismus der Sophisten (im Protagoras und Theaetetus), welche die menschliche Erkenntnis nur auf die Sinneswahrnehmungen beschränkten, und nimmt über ihr weitere, höhere Erkenntnisstufen an: Erinnerung, Vorstellung, Meinung und Wissenschaft. Den Erkenntnisfortschritt vom Einzelnen zum Allgemeinen, von den Erscheinungen zu den Wesenheiten/Ideen vermochte P. sich nicht anders zu erklären als durch eine »Wiedererinnerung« der Seele an die Ideen, die sie in einem vorgeburtlichen Zustand schon einmal geschaut hat.

5. Ethik und Politik

Dem Aufstieg der Erkenntnis entspricht ein solcher der sittlichen Läuterung und Verwandlung vom sinnenhaften zu einem vernunftmäßigen, tugendhaften Leben. Dieses »philosophische« (zur Weisheit strebende) Leben erscheint den Unverständigen als ein »fortwährendes Sterben« (Phaedo), während es doch zum wahren Leben führt. In P.s Idealstaat müssen die Regierenden phil. ausgebildet werden und Einsicht in das Wesen der Gerechtigkeit erlangen (durch die Schau der Idee des Guten, Respublica VI-VII, vgl. dort das Höhlengleichnis), um die Mitbürger aus dem Zustand der Ungerechtigkeit, des Scheinwissens, der triebhaften Herrschsucht, aus Unordnung und Anarchie, herauszuführen (Theorie der guten und der entarteten Staatsverfassungen, Respublica VII-VII). Während der frühe P. die →Tugend(en) allein in der Erkenntnis (»Wissenschaft«) des Guten sieht, nimmt der späte (im Philebus, mit einer Analyse der Affektzustände) in das tugendhafte Leben auch die vernunftgemäße Lust/Freude auf. In der Erziehung zum tugendhaften, beherrschten, gerechten Leben geht es darum, uns daran zu gewöhnen, an dem Freude zu haben, was die Vernunft als gut erkennt, und an dem Schmerz zu empfinden, was die Vernunft als schlecht erkennt, nicht umgekehrt (wie es im Unbeherrschten geschieht).

Die Sophisten, die als das »von Natur Gerechte« die Macht des Stärkeren geltend machen (nach dem maßlosen Machttrieb) und die traditionell gepflegten vernunftgemäßen Tugenden für bloß »durch Satzung (Konvention) Gerechtes« erklären, widerlegt P. durch den Aufweis, daß zur Menschennatur nicht nur der Trieb, sondern auch die Vernunft gehört. Die Tugenden beruhen auf einer natürlichen Ordnung in der Menschennatur, dem »von Natur Gerechten«, mit der Vorrangstellung der Vernunft über dem Trieb (Gorgias, Leges X; →Naturrecht).

6. Kunstphilosophie

In Respublica X schenkt P. der musischen Erziehung viel Aufmerksamkeit, da sie Einfluß auf die Affektzustände der Seele hat. Aus seinem Idealstaat verbannt er die Dichtkunst seiner Zeit, vor allem die mimetische, weil sie nicht das sittlich Gute, sondern umgekehrt das sittlich Schlechte anziehend, lustvoll darstellt und so »die Seelen verdirbt«.

Lit.: Platon: Der Staat, übersetzt und erläutert von O. Apelt (hg. von K. Bormann, P. Wilpert, 1961 (Lit.).

P. Friedländer: Die platonischen Schriften, 1930; J. Gould: The development of Plato's ethics, 1955; R. W. Hall: Plato, 1981; J. Kerschensteiner: Platon und der Orient, 1945; G. Patroni: »La mimesi artistica nel pensiero di Platone«, in: Rendiconti della R. Accad. di Napoli 21 (1941); L. Robin: Platon et la philosophie des valeurs, in: Rev. Mèta. Morale 49 (1944), 1-21; H. Seidl: »Zum metaphysischen Gesichtspunkt im 2. Teil von Platons ›Parmenides‹«, in: Zeitschrift für philosophische

Forschung 27 (1973), 24-37; ders.: »Zur Natürlichkeit des menschlichen Geistes bei Platon«, in: Communicatio Fidei (FS E. Biser), 1983, 305–311; ders.: »Erörterungen zu Platons Kritik an der Dichtkunst«, in: Anodos (FS H. Kuhn), 1989, 297–314; ders.: »Platons Lehre vom Natürlichen Recht des Menschen in Konfrontation mit den Sophisten«, in: Verabschiedung oder naturphilosophische Weiterführung der Metaphysik? (hg. von Bäumer, v. Stockhausen), 1990, 165–174; J. Stenzel: Studien zur Entwicklung der platonischen Dialektik von Sokrates zu Aristoteles, [2]1931; A. E. Taylor: Plato. The Man and his Work, [2]1978; O. Toeplitz: »Das Verhältnis von Mathematik und Ideenlehre bei Platon«, in: Quellen und Studien zur Geschichte der Mathematik B 1 (1929), 3-33.

H. Seidl

Platonismus

1. Begriffsgeschichte

Der Begriff trat (nach P. R. Blum) erstmals in der Kontroverstheologie des 17. Jh.s auf, um kritisch den Anteil der platonischen und neuplatonischen →Metaphysik in der traditionellen christl. Theologie zu bezeichnen, sei es bei den Kirchenvätern und den Theologen des MAs (→Bonaventura, →Duns Scotus, →Nikolaus v. Kues und anderen), sei es bei Philosophen und Theologen der Neuzeit und Gegenwart.

2. Kurze Charakteristik

Der auf Platon zurückgehende P. hat in allen seinen Ausformungen in der abendländischen Geistesgeschichte einige gleichbleibende, charakteristische Züge, mit denen er sich gegen den Aristotelismus abhebt. Sie lassen sich kurz so zusammenfassen: Der P. betrachtet in intuitiver Erkenntnis die Wesenheiten der Dinge als abgetrennt von ihnen, als unwandelbar ewige »Ideen«. Er unterscheidet nicht systematisch zwischen dem Denkinhalt und dem Realen, worauf er sich bezieht. In der Idee ist beides vereinigt (»Ideenrealismus«, nach J. Hirschberger), was zum sog. Universalienproblem (ob die Realität mehr auf der Seite des Allgemeinen oder des Einzelnen liege) und zu einer Trennung zweier Welten geführt hat, der Sinnes- und der Ideenwelt. Durchweg vertritt der P. einen univoken Begriff des Seienden. Das Verhältnis zwischen der Ideenwelt des Seienden und der Sinneswelt des Werdenden, Vergehenden, Vergänglichen, wird durch »Teilhabe« der letzteren an der Ideenwelt bezeichnet. Zwischen beiden Welten vermitteln die Menschen-Seele und eine Kosmos-Seele bzw. -Vernunft. Der P. hat einen Schwerpunkt in der metaphysischen Theologie, die überwiegend eine negative (apophatische) ist, aber auch in spekulativer Weise die Ideen im Geiste Gottes ansetzt. Mit all dem hebt sich der P. vom →Aristotelismus ab, der die Wesenheiten, mehr induktiv erfassend, als immanente in den Dingen versteht und zwar als unwandelbare, aber nicht als ewige. Er unterscheidet zwischen dem Allgemeinen als dem Denkinhalt und dem Wesenhaften in den Einzeldingen, womit sich auch das Universalienproblem auflöst. Ferner lehrt die aristotelisch-thomistische Richtung die Seinsanalogie, welche die Teilhabe der Sinnesdinge an einer ersten transzendenten Ursache auf neue Weise vermittelt und einerseits eine positivere metaphysische Theologie vollzieht, aber andererseits weniger spekulativ aus den Ideen Gottes die sichtbare Welt zu erklären sucht.

3. Hauptrichtungen

a. Antike

Auf phil. und theol. Gebiet bezeichnet die hist. und phil. Forschung mit P. zunächst die von Platon (gest. 347 v. Chr.) ausgegangene Schulrichtung der Akademie (bis zu ihrer Schließung 529 n. Chr.), neben den anderen, dem Peripatos (des aristotelischen Lykeion), der →Stoa, der pythagoreischen Schule u.a. Sie tradierte Platon anfänglich mündlich (mit Verirrungen bis zu einem unplatonischen Skeptizismus im 2./1. Jh. v. Chr., unter Arkesilaos u. Karneades), versuchte dann aber mit Antiochos von Askalon und, im Mittel- und →Neuplatonismus (1. Jh. v. Chr. bis 5. Jh. n.Chr.), mit Numenios, Plotinos, Proklos u. a., durch das Studium von Platons Schriften selbst zu seiner authentischen Lehre zurückzukehren. Antiochos stellte, ungeachtet der Verschiedenheit zwischen Platon und Aristoteles, erstmals auch das Gemeinsame heraus und vermittelte zwischen beiden in der Weise, daß er zwar mit Aristoteles die Wesenheiten der Sinnesdinge in ihnen annahm, aber doch an den platonischen Ideen festhielt, die er nun als Ideen in Gottes Vernunft verstand. Der Neup. bildete ein neues phil. System aus, das in erster Linie Platonisches, dann auch Aristotelisches und Stoisches umfaßte. So entsprach in Plotinos' Lehre von den drei Hypostasen die erste dem platonischen Einen/Guten, die zweite, die Kosmos-Vernunft, der aristotelischen, göttlichen Vernunft-Substanz, die sich selbst erkennt, und die dritte, die Kosmos-Seele, der stoischen Allnatur (pantheistisch identisch mit der göttlichen Vernunft).

Als P. wird ferner der Bestandteil des platonischen und neuplatonischen Lehrgutes bei den griech.

(Athanasios, Gregor v. Nyssa, Maximos Confessor u.a.) und lat. Kirchenvätern (vor allem Augustinus), sowie bei Denkern der Spätantike, des MAs, der Renaissance, der Neuzeit und Gegenwart bezeichnet, wobei dieses Lehrgut von ihnen teilweise stark umgewandelt wurde. Erwähnt sei der entscheidende Einfluß neuplatonischer Schriften (bes. Plotins Enneaden) auf →Augustinus' Weg zur Metaphysik und christl. Theologie. Bei der Aneignung dieses Lehrgutes gestaltete er es wesentlich um. Was z.B. Plotins Lehre der drei göttlichen Hypostasen betrifft mit der Unterscheidung zwischen dem Sein des sichtbaren Kosmos, dem Leben der Kosmos-Seele und dem Erkennen der Kosmos-Vernunft, sowie dem über dem Sein, Leben und Erkennen stehenden Einen/Guten, legte Augustinus sie als Lehre der »Platoniker« (in De civitate Dei VI) so dar, daß er die drei göttlichen Hypostasen in dem einen Gott zusammenfaßte, in welchem Sein, Leben und Erkennen in eins zusammenfielen, womit er sich kongenial der (von ihm nicht erwähnten) aristotelischen Lehre von der ersten, göttlichen Substanz (Metaphysica XII 6-7) näherte, die reiner Seinsakt, vollkommenstes Leben und Vernunfttätigkeit ist. So wurde Augustinus' P. zugleich eine wichtige Vorstufe für die Aristoteles-Rezeption bei Thomas v. Aquin.

Mit der Verbindung zwischen P. und Christentum, bei den Kirchenvätern und in der Scholastik des MAs hat sich die Forschung eingehend beschäftigt, was sowohl die hist. Vorgänge als auch die Vereinbarkeit oder Unvereinbarkeit zwischen beiden betrifft (s. M. Baumgartner, a.a.O., 17-20, 117, 207; P.R. Blum, a.a.O.; E.V. Ivanka, P. Hadot, R. Klibansky, W. Beierwaltes).

In metaphysischen und theol. Fragen gaben die byz. Gelehrten Michael Psellos und Gemistios Plethon (11.-12. Jh.) dem Platon den Vorrang vor Aristoteles. Ein ähnlicher P. läßt sich bei den Humanisten Petrarca, M. Ficino, G. Pico u.a. feststellen.

b. Mittelalter

Bei den Theologen des MAs werden traditionell die zwei großen Richtungen, die dominikanische und die franziskanische, als aristotelisch-thomistische und als platonisch-augustinische unterschieden (E. Gilson). Doch vermeidet die Forschung heute, beide Richtungen in den Gegensatz von Aristotelismus und P. zu stellen, da sich einerseits bei den Dominkanern (Albertus Magnus, Thomas von Aquin und andere) auch der ganze Platon aufgenommen findet, und andererseits bei den Franziskanern (Bonaventura, Duns Scotus u.a.) der ganze Aristoteles, wenn sich auch bei der Behandlung der großen Themen der Schöpfung, der Wesenseigenschaften und der Hl. Trinität Gottes u.a.m. verschiedene Akzentuierungen ergeben. Platonisch im eigentlichen Sinne ist Duns Scotus' univoke Seinsauffassung, die sich auf seine Lehre von Gott und das Verhältnis zwischen Gott und Welt auswirkt. Die absolut einfache Seinseinheit Gottes, im Sinne des P., vermag Thomas mit der Hl. Trinität dadurch zu verbinden, daß diese keine ontologische Seinsverschiedenheit bedeutet.

c. Neuzeit

In der Neuzeit standen noch viele Denker – direkt oder indirekt – unter dem Einfluß eines P. So finden wir z.B. auch bei I. →Kant, in seiner Dissertation von 1770, die platonische Unterscheidung in die zwei Welten, die sinnliche und die intelligible. Da die Gegensätze zwischen ihnen für Kant phil. nicht auflösbar waren, was ihn zur Metaphysik-Kritik in der »Kritik der reinen Vernunft« von 1781 führte, wirkte jene Unterscheidung durch bis zu den hier formulierten sog. Antinomien, sowie in dem Gegensatz von »Erscheinung« und »Ding an sich«. Ferner knüpft Kant bei den platonischen Ideen an und versuchte sie in »regulative Ideen« des Denkens umzudeuten. Seine Kritik an den Gottesbeweisen traf eigentlich nicht die thomistischen, a posteriori (aus den Wirkungen in den Geschöpfen) auf den Schöpfer schließenden Beweise, sondern nur die des modernen Rationalismus (→Descartes, →Leibnitz, →Wolff), die a priori aus der Idee (Wesenheit) Gottes auf seine Existenz schlossen und einem platonischen Denken entsprachen. In seiner Spätschrift »Von einem neuerdings erhobenen vornehmen Ton in der Philosophie« von 1796 kritisierte Kant ironisch Platoniker seiner Zeit, die eine intellektuale Anschauung der Wesenheiten der Dinge in Anspruch nahmen.

Zu erwähnen ist der P. der Cambridger Schule mit H.v. Cherbury und R. Cudworth (16./17. Jh.), ferner der Ontologisten N. Malebranche und V. Gioberti (17. u. 18. Jh.), sowie unabhängig von ihnen bei A. Rosmini. Häufig wurde der P. mit dem modernen →Idealismus verbunden und in diesem Sinne verstanden. Doch nicht mehr im Sinne Platons; denn wenn er auch von Ideen als dem wahrhaft Seienden, Realen, sprach, so gab er ihnen sehr realistisch den Vorrang vor dem menschlichen Erkennen, das sich nach ihnen richten muß. Im Gegensatz hierzu ging der Deutsche Idealismus aus Kants Transzendentalismus mit der »Kopernikanischen Wende« hervor, d.h. mit der Umkehrung des Vorranges, so daß nunmehr das Reale von Bewußtseins-, Denk- und Anschauungsformen des Subjekts abhing. Ähnliches gilt auch von Phänomenologie, Hermeneutik, Sprachphilosophie und anderen Richtungen der Gegenwart, die sich auf Platon berufen: Sie alle lassen die Realität von sinnstiftender Intentionalität, geschichtlichem Verstehen, sprachschöpferischem Geschehen u.a.m. abhängen – was ganz unplatonisch ist.

Auf theol. Gebiet wurde im 19. u. 20. Jh. der Begriff des P. ambivalent, je nachdem, ob der pagane P. mit dem Christentum als vereinbar oder unvereinbar betrachtet wurde, eine positive oder kritisch negative Bedeutung annimmt. Positiv bedeutete der P. die angemessene phil. Grundlage der christl. – bes. der kath. – Theologie und ihrer Dogmatik, negativ dagegen bedeutete er ihre Verfremdung und Einzwängung in ein System. Die negative Bedeutung verband sich schon im 17. Jh. auch mit der prot. Kritik an der kath.-theol. Dogmatik.

Im Gebiet der Logistik der Gegenwart wird mit P. ein extremer Begriffsrealismus bezeichnet (so bei G. Frege, G. Cantor u.a.).

Lit.: C. Baemker: Der Platonismus im Mittelalter, 1916; P. R. Blum, G. Gabriel, Th. Rentsch: »Platonismus«, in: HWP Bd. 7, 1989, 977-988; E. Gilson: Platonisme, Aristotelisme, Christianisme, 1945; Platonismus in der Philosophie des Mittelalters, hg. v. W. Beierwaltes (WdF 197), 1969.

H. Seidl

Plotin →Neuplatonismus

Pluralismus

Ausgehend von der Vielheit der Dinge, stellt der erkenntnistheoretische und ontologische P. in der Philosophie alles Vorhandene dar, im Gegensatz zu einer monistischen Einheitsschau des Wirklichen (→Monismus). In der Soziologie wird der P. bes. im Blick auf die Vielheit der staats- und gesellschaftsbildenden Kräfte sowie der polit. Urteilsbildung thematisiert.

In Theologie und Kirche wird seit den siebziger Jahren des 20. Jh.s das Problem des P. hauptsächlich in zwei Formen zum Gegenstand von Auseinandersetzungen: als Frage nach der Legitimität des Lehrp. in theol. Lehre und kirchl. Verkündigung sowie als P. der Religionen bes. in der Missionswissenschaft und ökumen. Theologie.

Der Theol. Ausschuß der →Arnoldshainer Konferenz führt die plurale Gestalt der gegenwärtigen Kirche auf die Vielgestaltigkeit ntl. Verkündigung zurück (P. in der Kirche, 1977); gegen Vereinseitigung und Enge wird die notwendigerweise vielfältige Gestalt der Verkündigung in der Gegenwart, die ökumen. Weite der Kirche sowie Gesprächs- und Lernbereitschaft im Hören aufeinander betont. Einem grenzenlosen Relativismus soll damit nicht das Wort geredet werden; vielmehr sollen von Jesus Christus aus als entscheidendem Maßstab für die Grenzen des P. Kriterien legitimer Glaubensaussagen gefunden werden (ibid. 89).

Während die in der Arnoldshainer Konferenz zusammengeschlossenen ev. Kirchen Deutschlands klar die Infragestellung der alleinigen Heilsmittlerschaft Christi ablehnen (ibid. 85), gehen heutige Theologen, die einen Religionsp. vertreten (J. Hick, P. Knitter, R. Panikkar), wesentlich weiter in der Annahme des – von Cyprian von Karthago im 3. Jh. streng abgelehnten – »Heils außerhalb der Kirche« (vgl. Cyprian, Ep. 73,21), weil in der Regel auch nicht mehr der Zusammenhang des in dieser bekannten Formulierung bezeugten Heils mit der christl. Taufe auf den Namen des dreieinigen Gottes und einer exklusiv verstandenen Christologie gesehen wird.

Kritisiert wird der theol. P. vor allem von seiten evangelikaler und konservativer, die bleibende Gültigkeit der reformat. Bekenntnisse betonender Theologen (vgl. K. Runia, P. Schrotenboer). Die terminologische Unterscheidung des unliebsamen heutigen P. von einer positiven »Pluralität« ist nicht dazu geeignet, das theol. Problem dieser Kritik exakt zu markieren (Löwe, 20), weil die eigentlichen Trennungsfaktoren im Bereich der theol. Prinzipienlehre liegen.

Es gibt weder ein Bekenntnis der christl. Kirche zum P. noch gegen den P. Die Kirche bekennt sich allein zu Christus als ihrem Erlöser und entfaltet dieses Bekenntnis in fundamentalen, alle Kirchen verbindenden Glaubensaussagen über das Werk des dreieinigen Gottes an der Welt und an der Gemeinde. Das Gespräch über legitimen und falschen P. sollte deshalb in eine Diskussion über die folgenden Themen einmünden: die Heilige Schrift als Wort Gottes, die Verbindlichkeit des kirchl. Bekenntnisses und seiner theol. Einzelaussagen.

Lit.: C. E. Braaten: Gott und das Evangelium: Pluralismus und Apostasie in der amerikanischen Theologie, KuD 36 (1990), 56-71; P. R. Eddy: Paul Knitter's Theology of Religions, Evangelical Quarterly 65 (1993), 225–245; K. Gnanakan: The Pluralistic Predicament, 1992; P. F. Knitter: Ein Gott – viele Religionen, 1988; H. Löwe: Über Pluralismus und Pluralität in der Kirche, KuD 24 (1978), 18-31; A. E. McGrath: The Church's Response to

Pluralism, Evangelical Review of Theology 18 (1994), 4-19; K. Runia: The Gospel and Religious Pluralism, Evangelical Review of Theology 14 (1990), 341–379; P. Schrotenboer: Varieties of Pluralism, Evangelical Review of Theology 13 (1989), 110–124;
Was gilt in der Kirche? Die Verantwortung für Verkündigung und verbindliche Lehre in der Evangelischen Kirche. Ein Votum des Theologischen Ausschusses der Arnoldshainer Konferenz; Anhang (81-91): Pluralismus in der Kirche, Chancen und Grenzen (7. 7. 1977), 1985. Internationale Theologenkommission: Die Einheit des Glaubens und der theologische Pluralismus, hg. von J. Ratzinger, 1973.

J. Eber

Plymouth-Brüder
→Versammlung, Christliche

Pneumatologie
→Geist, Heiliger

Polanus, Amandus
→Reformierte Theologie; →Förderaltheologie

Polen

Mit der Heirat des Polenherzogs Mieszko I. und der tschechischen Prinzession Dobrava (965) und mit der Taufe Mieszkos (966) setzte die Christianisierung P.s ein. Sie vollzog sich etwa gleichzeitig zur mittelalterl. Staatsbildung. 968 wurde das Bistum Posen, 1000 das Erzbistum Gnesen mit den Bistümern Breslau, Krakau und Kolberg gegründet und eine kirchl. Organisationsstruktur geschaffen, die sich schon früh unter den unmittelbaren Schutz des Heiligen Stuhles stellte. Von 960 bis 1386 stand P. unter der Herrschaft der Dynastie der Piasten. Die Heirat der polnischen Königstochter Hedwig und des litauischen Fürsten Jagiello bildete den Auftakt zur Entstehung des polnisch-litauischen Großreiches, das bis 1672 von der Dynastie der Jagiellonen und anschließend von Wahlkönigen regiert wurde. Seit dem 15. Jh. drangen Humanismus und kirchl. Reformbewegungen (→Hussiten) nach P. ein. Im 16. Jh. breitete sich die Reformation luth. Prägung vor allem im Westen P.s., dann auch in den größeren Städten Groß- und Kleinpolens aus. Von der Mitte des 16. Jh.s an erlangte der →Calvinismus aufgrund seiner größeren Dynamik rasche Erfolge, insbesondere unter dem kleinpolnischen und litauischen Adel, wurde aber keine Volksbewegung.

Lutheraner, Calvinisten und Böhmische Brüder schlossen sich 1570 im Consensus von Sendomir zu einem gemeinsamen Bekenntnis zusammen. Die Antitrinitarier (Unitarier) gründeten 1565 eine eigene Kirche, die »ecclesia minor«. Für kurze Zeit war P. klassisches Land der Religionstoleranz (Warschauer Toleranzpatent 1573). Mit dem Vordringen der →Gegenreformation unter Führung der Jesuiten (St. Hosius, J. Wujek, P. Skarga) errang die röm.-kath. Kirche wieder die Vorherrschaft. Große Teile der russ.-orth. Kirche in Litauen (Metropolie von Kiev) schlossen sich der Union von Brest-Litowsk (1596) an. Nach Jahrzehnten der polit. Schwäche wurde P. in den Teilungsverträgen von 1772, 1793 und 1795 zwischen Rußland, Österreich und Preußen aufgeteilt und blieb bis zum Ende des Ersten Weltkrieges unter fremder Herrschaft. Mit der polit. Neuordnung Ostmitteleuropas 1918 erhielt P. seine staatliche Unabhängigkeit zurück und wurde ein Staat mit einer Fläche von 388.000 km² und einer Bevölkerung von rund 30 Mio. Einwohnern, von denen 70% Polen und 30% Ukrainer, Weißrussen, Deutsche, Litauer und Juden waren. Neben der röm.-kath. Kirche, der 75% der Bevölkerung angehörten (64% lat. Ritus, 11% griech.-kath. [unierter Ritus]), gab es die polnisch-orth. Kirche (autokephal seit 1923, rund 4 Mio. Gläubige), die luth., die ref., die polnische Nationalkirche und die Mariaviten.

Nach dem Zweiten Weltkrieg wurden die Grenzen P.s nach Westen verschoben, große Teile der Bevölkerung umgesiedelt oder vertrieben. 1945 übernahm das von der Sowjetunion unterstützte Lubliner Komitee die Regierungsgewalt und begann die schrittweise Umwandlung P.s in eine kommunistische Volksdemokratie. Nach einer Zeit relativer Duldung der Kirchen setzte 1949 ein harter Kirchenkampf ein (antirel. Propaganda, Beschlagnahmung des Kirchenbesitzes, Unterstellung der kirchl. Leitungsfunktionen unter das Staatskirchenamt, Repressionen, Verfolgungen, Verhaftungen – Energischer Widerstand der röm.-kath. Kirche unter Kardinal Wyszynski: »non possumus«). Mit der Entstalinisierung 1956 wurde der Kirchenkampf gelockert. 1966 feierte die röm.-kath. Kirche ihr 1000-jähriges Bestehen. Von 1975 an wurde der Kampf für Religionsfreiheit und Menschenrechte durch die KSZE-Akte von Helsinki unterstützt. 1978 wählten die Kardinäle in Rom den Erzbischof von Krakau, Karol Wojtyla, zum Papst. Seine Reise durch P. hinterließ tiefe Eindrücke. Mit der Entstehung und Profilierung der Gewerkschaft *Solidarność* (Solidarität) setzte ein unumkehrbarer Reformprozeß ein, der trotz des

Kriegszustandes von 1981–1983 P. zum Vorreiter der Wende in Osteuropa machte und 1989 zur Umwandlung P.s in eine Demokratie führte. Die Kirchen erhielten ihre alten Rechte zurück; die Religionsfreiheit wurde garantiert.

Rund 95% der rund 38 Mio. zählenden Bevölkerung des heutigen P. gehören der röm.-kath. Kirche an. Die Diözesanstrukturen wurden 1992 durch eine Erhöhung der Erzdiözesen von fünf auf 13, der Diözesen von 27 auf 40 neu geordnet. Durch Strömungen eines kirchl. Totalitarismus, eines polnischen kath. Nationalismus und durch betont konservative Stellungnahmen zu gesellschaftspolit. Fragen (Religionsunterricht an den Schulen, Schwangerschaftsabbruch) sowie durch den Säkularismus sieht sich die röm.-kath. Kirche heute vor neuen Problemen.

Die größte Minderheitskirche ist die polnisch-orth. Kirche (Metropolie Warschau, sechs Eparchien, ca. 900.000 Gläubige). Die unierte Kirche zählt rund 500.000 Glieder, die ev.-luth. 91.000, die ref. 4.500, die nicht Rom unterstellte polnisch-kath. Kirche knapp 50.000. Dazu gibt es kleinere Kirchen der Methodisten, Baptisten und Adventisten. Die Zahl der Juden wurde 1993 mit nur 1.560 angegeben, was die Entstehung eines »Antisemitismus ohne Juden« allerdings nicht verhindert hat.

Lit.: F. Manthey: Polnische Kirchengeschichte, 1965; G. Rhode: Kleine Geschichte Polens, 1965; H. Roos: Geschichte der polnischen Nation, 1918–1985, 1986; K. Völker: Kirchengeschichte Polens, 1930; ZS »Glaube in der 2. Welt«, 1973ff., insbes. 2 (1993).

E. Bryner

Politik und Kirche

1. P. ist abgeleitet von *polis,* »Gesamtheit der Bürger«, *politeia,* »Angelegenheit aller Bürger«, und *politike,* der »Wissenschaft« davon. P. greift in die Lebensbereiche des Bürgers hinein. P. meint zunächst die inneren Verhältnisse der *polis* und ihrer Bürgerschaft, heute versteht man unter P. die Gestaltung der Gesellschaft und jede leitende Tätigkeit in ihr. In der Demokratie überträgt das Volk seinen in freier Wahl gewählten Repräsentanten polit. Verantwortung. Darum sind diese dem Volk Rechenschaft über ihr Handeln schuldig. P. hat sich am Gemeinwohl aller zu orientieren.

→Plato geht in seiner »Politeia« von den Grundbedürfnissen und der Unterschiedlichkeit der Menschen aus; jeder hat dabei seine Aufgabe. →Aristoteles sieht als Gegenstand der P. in erster Linie die Gesetzgebung. Die Christen haben von Anfang an ihre doppelte Zugehörigkeit zum Gemeinwesen und zum Reich Gottes betont. →Ambrosius fordert die Autonomie der Kirche gegenüber dem Staat. →Augustinus erkennt das Gegeneinander von *civitas dei,* »Bürgerschaft Gottes«, und *civitas terrena,* »irdischer Bürgerschaft«, weiß aber, daß auch polit. Macht von Gott ist. Nach →Thomas von Aquin hat der Staat die Aufgabe, dafür zu sorgen, daß sich der Bürger geistig und sittlich vervollkommnet; letzter Sinn ist Friedensstiftung. N. →Machiavelli stellt die Machtfrage in den Vordergrund (Absolutismus). Die luth. Reformation (vgl. →Zwei-Reiche-Lehre) unterscheidet zwischen dem Regiment Gottes zur Rechten und zur Linken. In dem zur Rechten herrscht Christus durch Wort und Sakrament, in dem zur Linken ist Gewaltausübung zur Aufrechterhaltung der Ordnung nötig (CA XVI; XXVIII). Auch dieses Regiment gilt als »gute Ordnung Gottes«. Christen können in weltlichen Ämtern tätig sein, Recht sprechen, strafen usw. Beide Regimente soll man »nicht ineinander mengen«. Die geistl. Gewalt soll sich nicht in die Aufgaben der weltlichen Gewalt einmischen. Die moderne Trennung von →Staat und Kirche hat hier ihren Ansatzpunkt und sollte von Christen bejaht werden. Das hebt die Verantwortung von Christen für weltliche Angelegenheiten nicht auf. Vor allem haben etliche luth. Fürsten ihre Verantwortung in weltlichen Angelegenheiten vor Gott in ernster Gewissensbindung wahrgenommen (»Betefürsten«). Der Reformierte Althusius definiert P. als »Wissenschaft vom guten Zusammenleben«. Die →Aufklärung fordert: »Mit der Moral schließt die Politik den Bund.« I. →Kant sieht als »wahre« P. die ausübende Rechtslehre. K. →Marx folgt G. W. F. →Hegel, wenn er Staat und P. identifiziert. C. v. Clausewitz beschreibt P. als »Fortsetzung des Krieges mit anderen Mitteln«, O. v. Bismarck sieht P. als »Kunst des Möglichen«. H. Freyer meint, P. sei »Drohen mit dem Krieg«. Diktatoren sehen in der P. »nur Mittel zum Zweck« (Hitler), Lenin definiert sie als »Kampf zwischen den Klassen um die Macht im Staat«. D. Sternberger kehrt zu Thomas zurück: Gegenstand und Ziel der P. ist der Friede; er ist »die politische Kategorie schlechthin«. U. Scheuner sieht Staat und P. als Bezeichnungen menschlicher Lebensgestaltung unauflöslich aufeinander bezogen.

2. Wo keine innere Gewissensbindung bei der Ausübung von Gewalt besteht, bestimmen oft Ehrgeiz und Wille zur Macht die öffentliche Wirksamkeit der Politiker. Hier liegt der Ansatz zu jedem Personenkult. Die Kirchen sollen das Gewissen der Politiker schärfen, sich aber nicht in die P. ein-

mischen. Die DDR-Verfassung von 1949 (Art. 41,2) erkannte ihnen das Recht zu, «zu den Lebensfragen des Volkes von ihrem Standpunkt aus Stellung zu nehmen«, die Staatsführung engte dieses Recht aber zunehmend ein. Das Grundgesetz der Bundesrepublik Deutschland betont des Volkes »Verantwortung vor Gott und den Menschen« (Präambel). Aus solcher Verantwortung heraus kann jeder Christ, aber nicht die Kirche als solche, auch im polit. Bereich tätig sein. Die Kirchen sollten Christen zur Übernahme polit. Funktionen ermutigen und sie geistl. begleiten. Es gibt keine spezifisch christl. P., aber P., die von Christen verantwortet wird. Christen können in Wahrnehmung einer polit. Aufgabe Jesu Gebot zur Nächstenliebe zur Maxime ihres Handelns machen und sich für die in einer Gesellschaft Benachteiligten einsetzen. So werden sie in Letztverantwortung vor Gott in dieser Gesellschaft wirken. An jedem menschlichen Absolutheitsanspruch (einer Partei oder Ideologie) hat ihre polit. Mitverantwortung ihre Grenze.

3. Seit den 60er Jahren wird verstärkt von »politischer Theologie« gesprochen (J.B. Metz, J. Moltmann, D. Sölle). Es geht dabei um die polit. Bedeutung und Funktion der christl. Botschaft (vgl. →Befreiungstheologie), um die Vorwegnahme der verheißenen zukünftigen Neuschöpfung (vgl. →Utopie). Dagegen muß betont werden, daß das Evangelium keine konkreten Rezepte zur Beantwortung polit./ökonomischer Fragen enthält. Man kann jedoch mit →Bonhoeffer sagen, daß die Liebe Gottes zur Welt auch das polit. Handeln umfaßt.

4. Da Gottes Wort öffentlich verkündigt wird (CA XIV), hat es auch öffentliche und polit. Relevanz. Als sich in der DDR in den 80er Jahren die Partei- und Staatsführung ihrer polit. Aufgabe entzog, mußte die (luth., unierte) Kirche eine »Stellvertreterrolle« übernehmen. Bei der revolutionären Wende 1989 (vgl. →Revolution) wuchs ihr eine Mittlerrolle zwischen den verschiedenen polit. Richtungen zu. Vielfach übernahmen Vertreter der Kirchen polit. Aufgaben. Nach den freien Wahlen 1990 bestand dazu keine Notwendigkeit mehr. Die EKD nimmt polit. Verantwortung im Sinn von Gewissensschärfung vor allem durch Denkschriften wahr.

Lit.: Handbuch der christlichen Ethik, Bd. 2, 1978; W. Künneth: Politik zwischen Dämon und Gott, 1954; T. Rendtorff: Ethik, Bd. 2, ²1991; H. Thielicke: Theologische Ethik, II/2: Ethik des Politischen, ⁴1987; W. Trillhaas: Ethik, ³1970;

K. H. Kandler

Polygamie

Gegenüber der Monogamie (Einehe) ist P. ein Oberbegriff für verschiedene Formen der Ehe, in denen ein Mensch mit mehreren Partnern des anderen Geschlechts dauerhaft zusammenlebt. Die verbreitetsten Formen sind Bigynie (ein Mann lebt mit zwei Frauen zusammen), P. (»Vielweiberei«) und Polyandrie (eine Frau hat mehrere Männer). Von sukzessiver P. spricht man, wenn durch Zuheirat aus der Einehe P. wird. Vor-, Neben- und verkappte Formen der P. sind außerehelicher Intimverkehr, Partnertausch und die sog. Gruppenehe. Unter dem Einfluß evolutionistischer Kulturtheorien wurde im 19. Jh. die These entwickelt, daß die Monogamie kulturgeschichtl. aus der P. hervorgegangen sei (Bachofen: Mutterrecht, 1861; Engels: Der Ursprung der Familie, des Privateigentums und des Staats, 1884). Völkerkundlich ist die Monogamie als die weltweit ganz überwiegende Eheform nachgewiesen. Es gibt aber auch in Einzelfällen, die meist wirtschaftl. Gründe haben, polygame Zugeständnisse (z.B. Polyandrie bei tibetischen Stämmen). Die Gruppenehe ist völkerkundlich nicht nachweisbar. Der Islam erlaubt die P. (Sure 4). In islamischen Ländern ist sie in der Rechtsprechung verankert (Ausnahme Türkei, wo die P. seit 1926 verboten ist). In den USA war bis 1890 den Mormonen die P. erlaubt. Das dt. Recht kennt nur die Einehe. Bis jetzt wurde diese Auffassung auch in der Beurteilung solcher Ehen angewendet, die mit Partnern aus Ländern geschlossen wurden, in denen P. zugelassen ist (unter Berufung auf Art. 30 Einführungsgesetz zum BGB).

Die Bibel vertritt eindeutig die Monogamie, regelt aber im AT die in Israel aus den umliegenden Kulturen übernommenen polygamen Eheformen. Der Schöpfungsbericht spricht von der Erschaffung eines Mannes und einer Frau und ihrer Zuordnung in der Einehe. »Hilfe« im Vollsinn des Wortes (1Mo 2,18) kann die Frau ihrem Mann nur in der lebenslang geschlossenen Einehe sein, denn nur als gleichwertiger Partner kann sie ihn ganzheitlich ergänzen. Die Propheten beschreiben das Verhältnis des Volkes Israel zu Gott mit dem Bild der Einehe (z.B. Hos 1,2; Jer 31,32). Im Lob der tüchtigen Hausfrau wird eine einzige Ehefrau vorausgesetzt (Spr 31,10ff). Jesus macht den Schöpferwillen Gottes für die Gestaltung der Ehe verbindlich (Mt 19,4-6). Für Paulus wird die Einehe zum Gleichnis für das unkündbare Treueverhältnis des Herrn zu seiner Gemeinde (Eph 5,22-33). Trotz des Verbots polygamer Eheformen in den Priester- und Königsgesetzen (3Mo 21,13; 5Mo 17,17) wurde

– wie schon in der Erzväterzeit (1Mo 16; 29 und 30; 35,23-26) – in der Richter- und Königszeit P. in Israel geduldet (Ri 8,30; 10,4; 12,9.14; 1Sam 1,1ff; 2Sam 3,1-5; 5,13; 1Kön 11). Die negativen Folgen der P. werden aber deutlich herausgestellt, so der Konkurrenzkampf der jeweiligen Frauen und ihrer Kinder (z.B. 2Sam 13) und die schädlichen, letztlich staatsgefährdenden Auswirkungen der P. Salomos (1Kön 11). Sowohl die Völkerkunde, die bibl. Geschichte als auch die Eheseelsorge bestätigen den Satz des Psychologen R. Dreikurs: «Was alles wir von den psychologischen und emotionalen Bedürfnissen der Menschen wissen, weist auf eine tiefe Sehnsucht nach der Einehe hin« (Die Ehe – eine Herausforderung, 1982).

Lit.: M. Mead: Mann und Weib, 1958; W. Plantz: Monogamie und Polygamie im AT, ZAW 75 (1963).

J. Cochlovius

Polykarp von Smyrna →Apostolische Väter

Polytheismus

P. ist die Verehrung einer Mehrzahl von Göttern, deutlich zu unterscheiden vom Polydämonismus, in dem mit einer unübersichtlichen Vielfalt von Erscheinungsformen der heiligen Macht gerechnet wird. P. findet sich am deutlichsten in größeren polit. Einheiten, wo Pflege und Aufsicht der Tempel eine öffentliche Aufgabe sind. Eine Ordnung der Götterwelt ist erkennbar: Jede Gottheit hat ihren Namen, Kultort und ihre Zuständigkeit, die mit Naturphänomenen wie Sonne, Feuer, Meer, Wind, Ernte ebenso in Beziehung stehen kann wie mit Kulturphänomenen wie Jagd, Ackerbau, Fischfang, Krieg, Handel, Familienleben. Die Götter sind übermenschlich und unsterblich, werden aber stark anthropomorph verstanden: sie heiraten und bilden Familien, es gibt eine Rangordnung, aber auch Ränke und Feindschaften. Viele Götter sind auch regional begrenzt. Dem Historiker stellt sich der P. als ein in Entwicklung begriffenes Gebilde dar. Die Götter eines siegreichen Volkes haben sich als überlegen erwiesen; die Götter des unterlegenen Volkes können »verteufelt«, d.h. zu Gegengöttern werden, oder zu- und eingeordnet, wenn ihr Kult religionspolit. neu geordnet wird. Funktionsähnliche Götter kann man miteinander identifizieren. Die Geschichte des Kultus ist dann zugleich Geschichte der rel. Kunst und Architektur; der Tempel gilt als würdiger Wohnort der bildlich dargestellten Gottheit.

Im P. entwickelt sich eine kritische Strömung, die nach dem fragt, was hinter der Vielheit steht; ein Schicksal oder die Nornen, das eigenschaftlos absolute Brahman oder das Tao wird gesucht, geahnt, geglaubt. Die Korrumpierbarkeit der Priester ebenso wie der anthropomorphe Charakter der Götter bieten Ansatzpunkte für eine Kritik, deren eigene Religiosität entweder phil. oder durch andersartige Religionen gespeist wird. Die Götter gelten als unsterblich, ihre Kulte sind aber in einer ganzen Reihe von Völkern erloschen, so bei den Babyloniern, Griechen, Römern, Germanen, Kelten, Slaven und den alten Arabern. Aber nicht der phil. Monotheismus, sondern der prophetische Monotheismus hat sie verdrängt. Asiat. Hochreligionen konnten sich mit dem P. arrangieren und ihn als volkstümliche Vor- und Unterstufe gelten lassen.

Lit.: A. Bertholet: Götterspaltung und Göttervereinigung, 1932; B. Pettazoni: Der allwissende Gott. Zur Geschichte der Gottesidee, 1970; P. Rodin: Monotheism among Primitive Peoples, 1954.

N.-P. Moritzen

Pommersche Evangelische Kirche

Die P.Ev.K. mit etwa 160.000 Gemeindegliedern umfaßt ein Drittel des Landes Mecklenburg-Vorpommern, aber auch acht Pfarrstellen im Land Brandenburg. Ein großer Teil der Ostseeküste und die größte deutsche Insel, Rügen, gehören zu Pommern.

Im 12. Jh. unter Bischof Otto von Bamberg missioniert, wurde Pommern bereits ab 1521 vor allem durch Johannes →Bugenhagen luth., 1535 schuf Bugenhagen eine Kirchenordnung für Pommern. Die heutige P.K. ist der Rest der einstigen P.n Provinzialkirche, zu der einmal fast 1,8 Mio. Gemeindeglieder in rund 800 Pfarrstellen gehörten. Sie war zu Beginn des 19. Jh.s, als Pommern mit allen Gebieten an Brandenburg/Preußen gefallen war, zu einer Kirchenprovinz der Preußischen Landeskirche geworden und gehörte damit zur Kirche der Altpreußischen Union.

1945 wurde der größte Teil Pommerns polnisch. Das ehemals in Stettin beheimatete Konsistorium siedelte im August 1945 nach Greifswald über. Da der Ausdruck »Pommern« (= »Am Meer«) vom SED-Staat als Ausdruck revanchistischer Gebietsansprüche abgelehnt wurde, mußte die Landeskirche 1968 ihren Namen in »Evangelische Landeskirche Greifswald« ändern. Im Mai 1990 wurde der alte Name »Pommersche Evangelische Kirche« wieder eingeführt.

Die Landeskirche gliedert sich in die beiden Propsteien Stralsund und Pasewalk und hat in den 15 Kirchenkreisen rund 220 Pfarrstellen, hinzu kommen elf landeskirchl. Pfarrstellen. Etwa 16% davon sind durch Pastorinnen besetzt. Zu den zur Zeit 230 Pfarrern/Pastorinnen kommen etwa 200 andere Mitarbeiter in den Gemeinden (Katechetinnen, Gemeinde- und Kinderdiakoninnen, Verwaltungsmitarbeiter und andere).

Die Landessynode umfaßt 77 Mitglieder, von denen die Hälfte Laien sind. Zur Kirchenleitung gehören 15 Mitglieder, neun werden von der Landessynode gewählt. Vorsitzender ist der Bischof, seit 1991 Bischof Eduard Berger. Sitz des Bischofs und des Konsistoriums ist Greifswald.

Als ehemalige Mitgliedskirche der Altpreußischen Union gehört die P.K. zur Ev. Kirche der Union. Sie umfaßt jedoch nur luth. Gemeinden. Die Kirchenordnung von 1950 stellt fest, daß die Landeskirche eine Kirche luth. Bekenntnisses ist. Deshalb ist die P.K. seit 1956 auch Mitgliedskirche des →Lutherischen Weltbundes.

Da acht der 15 Kirchenkreise an die Ostsee grenzen, bilden Angebote für Urlauber einen besonderen Schwerpunkt.

Ein weiterer Schwerpunkt ist die umfangreiche diakon. Arbeit. Etwa 2.000 Mitarbeiter sind in den Züssower Diakonieanstalten, verschiedenen Alters- und Pflegeheimen, Kindererholungs- und Tagungsheimen an der Küste, Kindereinrichtungen sowie im Ev. Diakonie-Werk Bethanien in Ducherow oder im Krankenhaus der Odebrecht-Stiftung in Greifswald tätig. Auffallend ist auch das kirchenmusikalische Leben. In Greifswald gibt es ein Institut für Kirchenmusik an der Universität mit ca. 25 Studierenden. Alljährlich findet im Frühjahr die Greifswalder Bachwoche statt.

Lit.: H. Heyden: Kirchengeschichte Pommerns, I/II, 1937/38; ders.: Von Kap Arkona bis an die Oder, 1984.

W. Nixdorf

Popper, Karl R. →Kritik, Kritizismus

Pornographie

Unter P. verstand man früher die Beschreibung des Lebens und der Sitten von Prostituierten. Seit dem 19. Jh. und besonders in der modernen Gesellschaft ist P. die Darstellung von Sexualität verschiedenster Art in Literatur, Photographie, Film und Comics, oft auch von sexueller Gewaltausübung, sexuellem Mißbrauch von Kindern sowie perversen Handlungen. Durch die Massenmedien gehört sie zur Freizeit- und Unterhaltungskultur der Konsumgesellschaft. Ihr vielfach behaupteter therapeutischer Effekt bei der Bewältigung sexueller Probleme läßt sich nicht nachweisen. Aus der Sicht christl. Ethik ist sie abzulehnen, und zwar aus folgenden Gründen:

– P. wird dem gottgewollten Sinn menschlicher Sexualität nicht gerecht, weil sie sexuelles Erleben aus dem Gesamtzusammenhang menschlicher Lebensbereiche herausnimmt und damit vereinseitigt.

– P. instrumentalisiert das Lusterleben.

– P. vereinfacht und technisiert das Lusterleben in Verbindung mit bestimmten Erfolgsversprechen.

– P. fördert die Anonymität der Sexualbeziehung.

– P. verletzt die von Gott zum Schutz des Menschen gezogene Schamgrenze der Intimität.

Dagegen sollte in Verkündigung und Seelsorge betont werden, daß Ganzheitlichkeit, Verhüllung und Geheimnis in Verbindung mit Partnerschaft in Liebe und Treue der Sexualität ihre von Gott gewollte Schönheit und Erfüllung verleihen.

Lit.: J.H. Court: Pornographie, 1980. K. E. Løgstrup: »Scham«, in: RGG³, V, 1383-86.

K. H. Bormuth

Porphyrius →Neuplatonismus

Port Royal →Pascal, Blaise

Portugal

P., nichts als »ein großes Stück Ufer«, umfaßt 92.157 km² bzw. ca. 15% der iberischen Halbinsel. Hervorgegangen aus der Grafschaft P. (nach der Stadt Oporto), ist die Geschichte des Landes bis ins MA die Geschichte der iberischen Halbinsel. Die eigene portugiesische Geschichte beginnt mit dem Ende der reconquista: ca. 250 Jahre früher als im späteren Spanien mußten die Mauren die letzten Stützpunkte auf portugiesischem Gebiet räumen. Unter der Dynastie des Hauses Aviz (1385–1578) entfaltete P. seine Unabhängigkeit und erreichte im 15. und 16. Jh., der Zeit der »manuelischen Renaissance«, seine höchste Blüte. Ausgerichtet auf das Meer (Heinrich der Seefahrer, erste Seefahrerschule), umsegelten Portugiesen das Kap der Guten Hoffnung, erreichte Vasco da Gama Indien, später drangen Portugiesen bis nach China und Japan vor. 1500 entdeckte Pedro Alvarez Cabral Brasilien.

P.s Traum und Vision einer See- und Weltmacht hat Luis de Camoes (1524–80) in seinem großen Nationalepos »Os Lusiades« vollendeten Ausdruck verliehen. Er gab der portugiesischen Expansion mit seiner Proklamation eines fünften Weltreiches die Idee, das Wort Christi über die Erde zu verbreiten. Nach der Aufteilung der neuen Welt im Vertrag von Tordesilla (1494) wurde Lissabon unter Manuel I., »dem Glücklichen« (1495–1591), der größte Handelsplatz Europas, der König durch die Schätze des Handels der reichste der europ. Monarchen. Die prachtvollen Bauten, die Klöster Belem, Thoma, Batalha sind steinerne Zeugen dieser Epoche. P. unterschied sich auch darin von Spanien, daß es kein Maurenproblem kannte, daß es die Juden, die 1492 aus Spanien vertrieben waren, zum Teil als Neuchristen eingliedern konnte. Es fühlte sich nicht durch die →Reformation wie Spanien vom Norden her bedroht. Die Inquisition wurde erst 1536 errichtet und gewann erst in der zweiten Hälfte des 16. Jh.s an Einfluß. Unter dem unglücklichen König Sebastian (1557-78), »der letzte und erbärmlichste einer einst glanzvollen Dynastie«, ging diese Epoche mit der Niederlage und dem Tod des Königs in der Schlacht von Alcacer-Kibir 1578 zu Ende. Das geistl. Leben dieser Zeit war bestimmt durch den Humanismus (João de Barros, André de Resende), durch die geisterfüllte Frömmigkeit der Franziskaner (Bewegung der recolecção), durch die kath. Reformbewegung der Jesuiten (in Coimbra, Fr. →Suarez) und der Dominikaner (Luis de Granada). Jesuiten und Dominikaner verstanden sich als Träger der Weltmission, »das ganze Indien zu bekehren«. Am Ende des 16. Jh.s erwartete ein glühender Messianismus, der »Sebastianismus«, das Ende der Zeiten und die Wiederkehr des »verborgenen Königs«. Mit dem Untergang der Dynastie Aviz fiel P. an Spanien, konnte sich im 17. Jh. zwar befreien, nicht aber aus dem Niedergang, wie er auch Spanien erfaßt hatte. Unter dem einflußreichen Minister Pombal (1750-78), vor allem nach dem Erdbeben von Lissabon (1755), ging P. wieder seinen eigenen Weg. Die Gedanken der →Aufklärung führten zum Verbot des Jesuitenordens (1759), der Aufhebung und Enteignung der Klöster und Orden. Diese antiklerikale Bewegung, die auf eine strikte Trennung von Staat und Kirche drängte, setzte sich in der Gesetzgebung von 1834 weitgehend durch und führte schließlich nach der Ermordung Karls I. 1910 zur Republik.

Durch diese Entwicklung begünstigt, bildeten sich unter englisch/schottischem Einfluß seit der zweiten Hälfte des 18. Jh.s ev. portugiesische Gemeinden; heute sind diese kleinen Gemeinden in der Ev. Protestanten Allianz, Zentrum Lissabon, zusammengeschlossen. Nach 1928, unter Salazar, kam es zu einem Ausgleich mit der kath. Kirche. Die Verfassung von 1933 hielt zwar an der Trennung von Staat und Kirche fest, garantierte aber die Freiheit und Unverletzlichkeit des Glaubens, sowie den Schutz der kath. Kirche. Im Konkordat von 1940 erkannte der Staat die kath. Kirche als juristische Person an und räumte ihr weitgehende Rechte (neben der standesamtlichen die kirchl. Eheschließung, herausgehobener Status gegenüber den übrigen Religionsgemeinschaften) ein.

Die kath. Kirche P.s gliedert sich in drei Kirchenprovinzen: Erzbistum Braga (Braga ist das älteste christl. Zentrum P.s, hier fand 561 die erste Synode auf portugiesischem Boden statt, der Erzbischof von Braga ist bis heute Primas von P.), Evora, Lissabon, seit 1716 Patriarchat.

Nach dem Umbruch 1974/75 und der neuen Verfassung (2. 4. 76) hielt P. an der Trennung von Staat und Kirche fest, gewährte aber allen Religionsgemeinschaften die gleichen Rechte wie der kath. Mehrheit (fast 98% der Bevölkerung).

Lit.: J. F. Alves: Católicos e Política, 1969; W. C. Athinson: Geschichte Spaniens und Portugals, 1962; Dokumentation: Der totalitäre Gottesstaat. Die Lage der Christen in Portugal und Spanien, 1970; H. W. Eggert: Reformstrukturen. Geschichte der deutschen evangelischen Kirchengemeinde Lissabon, Brückenschlag, IV, 1972; M. de Oliveira: Historia ecclesiastica de Portugal, ²1948; R. Schneider: Camoes oder Untergang und Vollendung der portugiesischen Macht, 1977; B. J. Wenzel: Portugal und der Heilige Stuhl, 1958.

W. Otto

Posaunenarbeit

Der Posaunenchor ist ein Blechbläserensemble, das sich aus Laien zusammensetzt, die im Kontext einer kirchl. Gemeinde oder eines christl. Vereins vorwiegend geistl. Musik bei liturg., diakon. oder mission. Anlässen vortragen, ohne dafür eine finanzielle Vergütung zu erhalten.

1. Geschichte

Die Posaunenchorbewegung besitzt zwar Vorläufer in der Zunftbläserei (13.-19. Jh.), den Kirchenmusiken (16.-19. Jh.) und den Herrnhuter Instrumentalkreisen (18.-19. Jh.). Sie ist aber erst im 19. Jh. aus der →Erweckungsbewegung hervorgegangen und wurde dabei von der kirchenmusikalischen Restauration beeinflußt. Sie hat zwei voneinander unabhängige Entstehungsgebiete: Westfalen (erster Posaunenchor Jöllenbeck 1841/42) und Hannover-Land (Hermannsburg 1849). Ihre Herkunft verdankt sie nicht künstlerisch-musikalischen, sondern sozialen und praktischen Zielsetzungen: Die Bläser sollten bei den Zusammenkünften der »Erweckten« (Missionsfesten, Waldgottesdiensten, Jünglingsvereinsfeiern usw.) den Gesang begleiten bzw. die Feier festlich »umrahmen«.

Bis zum Ende des 19. Jh.s breitete sich die Posaunenchorbewegung nicht nur im ganzen deutschsprachigen Raum aus, sondern faßte auch Fuß in der Schweiz, in Skandinavien und in verschiedenen Missionsgebieten. Sie blieb dabei allerdings bis auf wenige Ausnahmen (altkath. Kirche) auf den prot. Raum beschränkt. Heute zählt die Posaunenchorbewegung aufgrund ihres großen Wachstums im 20. Jh. allein in Deutschland ca. 100.000 Bläserinnen und Bläser, die in ca. 40 Verbänden und Werken zusammengefaßt sind und von ca. 65 hauptamtlichen Posaunenwarten betreut werden.

2. Organisation

Seit der Jahrhundertwende begannen einzelne Posaunenchöre, die teils den Jünglingsvereinen, teils den Kirchengemeinden, teils den Gemeinschaften, teils Blaukreuz- und christl. Arbeitervereinen angehörten, sich zu selbständigen überregionalen Verbänden zusammenzuschließen: z.B. in Hannover 1898, in Bayern 1921 oder in Pommern 1931. Zumeist waren sie jedoch innerhalb der jeweiligen Jünglingsbünde als besondere »Fachschaft« neben den Turnern, Pfadfindern, Sängern usw. zusammengefaßt. 1926 erfolgte mit der Einrichtung eines »Reichsposaunenrates für Posaunenchöre im Ev. Jungmännerwerk Deutschlands« ein erster Schritt in Richtung auf ein Gesamtwerk aller P. treibenden Verbände. Erst die Zwangsmaßnahmen des Dritten Reiches führten jedoch zur Bildung eines Dachverbandes: 1933 kam es zur Bildung der »Evangelischen Posaunenmission Deutschlands«, die 1934 durch den »Verband ev. Posaunenchöre Deutschlands« (VePD) abgelöst wurde. Nach dem Ende des Zweiten Weltkriegs wurde 1946 als Nachfolgeorganisation des VePD das Posaunenwerk der EKD ins Leben gerufen, das jedoch aufgrund von Meinungsverschiedenheiten mit dem Jungmännerwerk bzw. CVJM-Gesamtverband – die Trennung erfolgte 1947 – und der Teilung Deutschlands – 1971 entstand die »Arbeitsgemeinschaft der Posaunenwerke in den ev. Kirchen der DDR« – nur noch zwei Fünftel aller Chöre in sich vereinigen konnte. Zur Zeit gibt es vier große Bläsergruppierungen in Deutschland: das Posaunenwerk in der EKD, die dem CVJM zugehörigen Korporationen, einige selbständige süddeutsche Verbände (Bayern, Baden, Pfalz), die 1994 den Zusammenschluß zu einem gemeinsamen Dachverband vollzogen, und den Bund Christlicher Posaunenchöre Deutschlands (BCPD) der ev. Freikirchen.

3. Literatur

Bis in die 20er Jahre hinein wurde die Bläserliteratur aufgrund des von Johannes →Kuhlo (1856–1941) propagierten Gesangsimitationsdogmas von der Vokalmusik (Choräle, Motetten, Chöre usw.) beherrscht. Danach wandte man sich verstärkt originaler Bläsermusik aus dem 16., 17. und 20. Jh. zu, seit den 70er Jahren öffnen sich die Chöre auch Bearbeitungen aus den Epochen der Klassik und Romantik. Im Zentrum der musikalischen Tätigkeit der Posaunenchöre steht nach wie vor der Choral, hinzu kommen freie Instrumentalstücke und Volkslieder.

Im Blick auf Notenausgaben mußten sich die ersten Chöre noch mit handgeschriebenen Blättern begnügen. Fast überall in Gebrauch waren dann etwa ab 1880 bis in die 50er Jahre hinein die von den Kuhlos herausgegebenen Posaunenbücher. Inzwischen gibt es eine kaum noch zu übersehende Flut von Verbands- und Privatausgaben, unter der das Posaunenchoralbuch (zu den Melodien des EG) herausragt. Beinahe vollständig durchgesetzt hat sich die von Kuhlo eingeführte Klangschrift (sog. Klavierschreibweise) im Gegensatz zur Griffschrift (sog. Militärschreibweise), die in den weltlichen Blaskapellen benutzt wird.

4. Instrumentarium

In den ersten Jahrzehnten der Posaunenchorbewegung fand sich eine mehr oder weniger wahllose Ansammlung von Blechblasinstrumenten in den jungen Chören vor. J. Kuhlo gelang es, im ausgehenden 19. Jh. der Bügelhornfamilie (Flügel- und Tenorhörner, Baritons, Tuben) eine gewisse Vorrangstellung innerhalb der Posaunenchöre zu verschaffen. Diese hielt sie bis zur Mitte des 20. Jh.s, mußte sie dann im Laufe der 50er und 60er Jahre an die Trombafamilie (Trompeten, Posaunen) abgeben. Verschiedene Experimente auf dem Gebiet des Instrumentenbaus mit engmensurierten Bügelhörnern oder mit modernen Nachbauten historischer Klangwerkzeuge (sog. Barocktrompeten und -posaunen) konnten keinen dauerhaften Einfluß auf die Praxis gewinnen.

Die einheitliche Stimmung der Instrumente auf den Grundton B, ebenfalls von J. Kuhlo initiiert, hat sich bis heute gehalten.

5. Soziologie

Während im 19. Jh. eine ausgewogene Mischung aus Jugendlichen und Erwachsenen vorherrschte, stellt heute die Gruppe der unter 18jährigen bei weitem die stärkste dar. Erst nach dem Zweiten Weltkrieg haben Frauen Eingang in die Posaunenchöre gefunden; ihr Anteil liegt z.Zt. bei 20–30%. Im Blick auf Beruf und Bildung waren seit jeher mehr die Unter- und Mittelschicht vertreten.

6. Einsatzbereiche

Zu den vielfältigen Dienstgestalten der Posaunenchöre zählt das Blasen in Gottesdiensten, bei Bläserfeierstunden, bei Posaunentagen, bei missionarischen Einsätzen, auf den Türmen, bei Bewohnern bzw. Insassen öffentlicher Einrichtungen, bei Jubiläen usw.

7. Probenarbeit

Zur Vorbereitung der Aufgaben treffen sich die Bläser in der Regel einmal in der Woche für ein bis zwei Stunden. Neben dem Einüben neuer und dem Auffrischen alter Literatur wird noch in ca. einem Drittel der Chöre eine Andacht, evtl. mit Gebet, gehalten. Die »Jungbläser« werden meist intern geschult.

Lit.: W. Schnabel: Die evangelische Posaunenchorarbeit. Herkunft und Auftrag, 1993 (Lit.).

W. Schnabel

Positives Denken

Grundlage der Lehre vom P.D. ist der Glaube, daß Gedanken Wirklichkeit setzen. Über die Beeinflussung der menschlichen Psyche hinaus wirken sie auf magische Weise. Die Identität des menschlichen Unterbewußtseins mit einem kosmischen Geist wird vorausgesetzt, wie sie auch in pantheistisch-mystischen Systemen und in der Advaita-Philosophie gelehrt wird. Trotz seiner unterschiedlichen Wurzeln ist das P.D. verwandt mit der New-Age-Religiosität. P.D. bedeutet vor diesem Hintergrund, daß ein wirkliches Ziel durch bloßes Verfolgen positiver Gedanken erreicht wird. Was dabei als »positiv« zu verstehen ist, ist zwar nicht festgelegt, doch ursprünglich ist es ein individuelles Ziel, Reichtum, Erfolg, Gesundheit. »Den kosmischen Gesetzen des Geistes zufolge wird sich alles, was wir geistig und gefühlsmäßig akzeptieren und glauben, das heißt für wahr halten, in unserem Leben konkretisieren ...« (Murphy: Die unendliche Quelle Ihrer Kraft, 1983, 63).

Die Bewegung ging von R. W. Emerson aus und wurde dann über Quimby von Mary Baker Eddy zur Christian Science (→Christliche Wissenschaft) weiterentwickelt; in Deutschland Neugeistbewegung (K. O. Schmidt).

Heute wird P.D. hauptsächlich mit Joseph Murphy verbunden, der weniger die theoretische Ausformung als vielmehr die praktische Anwendung verfolgt. Daneben gibt es auch christl. Formen, die Charakteristika des P.D.s aufweisen. Die schöpferische Kraft des gesprochenen Wortes ist nach Paul Yonggi Cho ein Werkzeug des Heiligen Geistes, er kann sogar sagen, daß Christus von unserem gesprochenen Wort abhängig ist (Die vierte Dimension, [2]1979, 76).

Die Beziehung zwischen dem menschlichen Wort und dem göttlichen Handeln ist für Christen aber anders. Sie wenden sich im vertrauenden Gebet an Gott, aber sie erwarten nicht von der Wirkkraft ihrer Worte etwas, sondern von Gott, der in Freiheit und Liebe handelt.

Lit.: L. Gassmann: New Age, [2]1987, 74-115; N. Hill: Grow Rich with Peace of Mind, 1967; J. Murphy: Die Macht Ihres Unterbewußtseins, [23]1981; R. Schuller: Living Positively One Day at a Time, 1981; ders.: Self – Esteem, The New Reformation, 1982.

K. Knauß

Positivismus

Im Anschluß an den englischen →Empirismus des 17. und 18. Jh.s führt Auguste Comte (1798–1857) den Begriff P. (von lat. *ponere*, »setzen, stellen, legen«: »das Gegebene«) ein, um eine Erkenntnisweise zu kennzeichnen, die zu sicheren Ergebnissen führt. Im Gegensatz zu den Spekulationen der Metaphysik (Philosophie und Theologie) beschränkt sie sich allein auf das objektiv Gegebene, »Positive«, und verzichtet umgekehrt auf alle bloß subjektiven, nicht durch die Erfahrung begründeten Beifügungen.

In seinem wissenschaftstheoretischen Hauptwerk »Abhandlung über die positive Philosophie« entfaltet Comte das sog. Dreistadiengesetz. Das menschliche Streben nach Erkenntnis durchläuft eine Aufwärtsentwicklung und bietet sich in drei Stadien dar: Im ersten Stadium deutet der menschliche Geist alle Erscheinungen der Welt theol. als

Ausdruck des Wirkens übernatürlicher Kräfte. Im zweiten Stadium treten an die Stelle theol. Rückführungen metaphysische Erklärungen der Welt aus ewigen Prinzipien und Gesetzen. Comte selber sieht sich als Vertreter des dritten, wissenschaftl. Stadiums, in dem die geistige Entwicklung ihren Höhe- und Zielpunkt erreicht im Verzicht auf absolute (theol. wie metaphysische) Erkenntnisse und weltanschauliche Klärung der sog. letzten Fragen, sich vielmehr beschränkt auf die Erforschung der innerweltlichen Zusammenhänge und Gesetzmäßigkeiten.

Das Programm des P. hat Schule gemacht und u.a. die Philosophie und Wissenschaftstheorie des logischen P. bzw. logischen Empirismus und des »Wiener Kreises« beeinflußt. Auch wenn die positivistische Trennung zwischen reiner Erfahrung und Metaphysik wie zwischen reinen Fakten und deren Deutung nicht zu halten ist, ja selbst schon weltanschaulichen Charakter hat, weil sie, gemessen am positivistischen Kriterium, nicht unmittelbares Resultat einer Erfahrung ist (→Empirismus), hat der P. das Bewußtsein des modernen Menschen und v.a. das Selbstverständnis der modernen Wissenschaft wesentlich geprägt. Diese will Wissenschaft sein und d.h. für den Positivisten: Erkenntnis und nicht Weltanschauung. Moderne Wissenschaftstheorie und Sprachphilosophie konnte zeigen, daß in jede – auch wissenschaftl. – Erkenntnis notwendig Perspektiven eingehen, die die »reine« Erfahrung transzendieren, ja daß schon unsere Erfahrung nie rein, nie unmittelbar ist, sich vielmehr in Strukturen vollzieht und nur in Begriffen aussagen läßt, die ganze theoretische Hintergründe beinhalten.

Lit.: A. Comte: Abhandlung über die positive Philosophie, 1830–1842 (6 Bde.); L. Fleck: Erfahrung und Tatsache, 1983; ders.: Entstehung und Entwicklung einer wissenschaftlichen Tatsache, 1980; Th. S. Kuhn: Die Struktur wissenschaftlicher Revolutionen, 1967; W. Stegmüller: Neue Wege der Wissenschaftsphilosophie, 1980; ders.: Probleme und Resultate der Wissenschaftstheorie und Analytischen Philosophie, Bd. 2: Theorie und Erfahrung, 1970.

H. Hempelmann

Postcommunio

Die P. oder Schlußkollekte ist ein kurzes →Kollektengebet nach der Kommunion, der Austeilung des Abendmahls, und vor der Entlassung in den landeskirchl. →Agenden. Es ist seit dem 4. Jh. das Schlußgebet des Gottesdienstes. Die →Reformation begnügte sich mit einigen wenigen Kollekten zur Auswahl. Neuere Agenden bieten P.nes für die verschiedenen Zeiten und Anlässe des Kirchenjahres.

Die P. kann (muß aber nicht) durch eine →Salutation und ein Versikel (zweiteiliger bibl. Kernsatz, dessen erste Hälfte vom Liturgen, dessen zweite Hälfte von der Gemeinde gesungen oder gesprochen wird: »Danket dem Herrn, denn er ist freundlich, Halleluja – Denn seine Güte währet ewiglich, Halleluja«, aus Psalm 106,1) eingeleitet werden. Die Versikel kann auch nach der P. die Entlassung durch den Segen einleiten.

Wie das Kollektengebet ist die P. ein Modellgebet mit Anrede, einer abendmahlsbezogenen Danksagung, einer alltagsbezogenen Bitte sowie einem trinitarischen Abschluß.

Lit.: F. Kalb: Grundriß der Liturgik, [2]1982, 171f.

M. Herbst

Postille →Predigt

Postlapsarismus →Sünde, Erbsünde

Postmillenialismus →Tausendjähriges Reich

Postmoderne

1. Der Begriff »Postmoderne« tauchte zunächst in verschiedenen Bereichen der Kunst, vor allem in der Architektur auf: Elemente der Moderne wurden bewußt mit Elementen der Klassik bzw. der Romantik kontrastiert, um so den Stil der Moderne zu »brechen«. Der heutige allgemeinere Sprachgebrauch im Bereich von Gesellschafts-, Kultur- und Zeitanalyse geht jedoch auf J. F. Lyotard zurück (La condition postmoderne, 1979; dt.: Das postmoderne Wissen, 1993), der die Bedingungen des gegenwärtigen Wissens bzw. des Besitzes von Wissen für die moderne Gesellschaft untersuchte. Die weitere Diskussion, die sich an seinen Entwurf anschloß, fragt vor allem danach, wieweit die »Postmoderne« bloß die Vollendung der »Moderne« ist oder eine wirkliche Alternative zur Moderne darstellt. Diese Frage erscheint bis heute unbeantwortet.

2. Vom Blickwinkel postmoderner Denker ist die Moderne geprägt durch den Optimismus eines grundlegenden Fortschritts, der durch das Mittel der Vernunft (verstanden als rational-technische Vernunft) vorangetrieben wird. Ziel dieses Fortschrittes ist die autonome, umfassend befriedigte

einzelne Persönlichkeit, deren Bedürfnisse durch vermehrte und vereinfachte Produktion (vermittelt durch neue technische Produktionsmethoden) gestillt wird. Auftauchende Probleme können durch vernunftgemäße-technokratische Maßnahmen bewältigt werden.

3. Das Menschenbild der Moderne (aus der Sicht der Postmoderne) gliedert sich in eine grundlegende Subjektorientiertheit (gegen Gemeinschaftsorientierung), in Zielorientiertheit (die allen Menschen gemeinsam ist), in Zielgerichtetheit (die allen Menschen selbstverständlich gegeben erscheint) und einen grundlegenden Optimismus, daß der einzelne Mensch diese allgemeinen Ziele der Menschheit auch erreichen kann und will. Die Fähigkeit, das eigene Leben in einem großen Spannungsbogen durch Liebe und Verzicht auf ein großes, lebensweites Ziel hin auszurichten, wird vorausgesetzt.

4. Grundlage diese Menschenbildes ist vor allem die Vernunftorientiertheit sowie die Auffassung, daß die Wirklichkeit eine Einheit ist, die mit der technisch-rationalen Vernunft erfaßbar ist.

5. Aus dieser Kritik ergeben sich Gegenpositionen bzw. Gegenrichtungen postmoderner Denker:

– an die Stelle grundlegender Subjektorientiertheit tritt der Versuch, daß sich der einzelne kurzfristig ständig neu entwirft und seine Persönlichkeit dabei in wechselnden Zusammenhängen immer neu deutet, um später zu anderen »Interpretationen« seines Ichs überzugehen;

– an die Stelle großer und lebenslanger Lebensbögen treten kurzfristige Spannungsbögen, auf die hin man sein Leben wagt (Kurzzeiteinsätze);

– an die Stelle der Anschauung, daß das Leben eine »Einheit« ist, tritt die Meinung, daß grundsätzliche Vielfalt, Zufälligkeit und Zusammenhanglosigkeit unser Leben regieren;

– Folgerung davon ist, daß unsere Vernunft die Vielfalt unserer Welt nicht als Einheit begreifen kann, sondern durch diese Vielfalt je hindurch gehen muß, um ihre (je neue und unzusammenhängende!) Vernunftbedingtheit zu erfahren (»transversale« Vernunft).

6. Was postmoderne Denker voraussetzen, wird unter dem Stichwort »Dekonstruktion« deutlich, unter dem neuere französische postmoderne Philosophen ihre Entwürfe zusammenfassen. Die Entwürfe der »Moderne«: Subjektorientiertheit, Zielorientiertheit auf große Ziele hin, die allen Menschen gemeinsam und »natürlich« sind, werden als »Konstruktionen« bezeichnet, die es nun aufzulösen gilt.

7. Das Stichwort der postmodernen »Beliebigkeit« ist auf diesem Hintergrund ernsthaft zu begreifen als methodische Grundlage der Wirklichkeitsauffassung. »Anything goes« (P. Feyerabend) meint, daß es eine Vielzahl völlig verschiedener Zugänge zur Wirklichkeit gibt, die unabhängig, gleichberechtigt und inkompatibel nebeneinander stehen.

8. Wieweit die Grundlagen postmoderner Wirklichkeitsauffassung bereits christliche Weltdeutung prägen, wäre gesondert zu überprüfen: immer kleinere Ziele, immer kürzere Spannungsbögen, Selbstfindung als Definition christlicher Arbeit, Abhängigkeit vom Erlebniswert christlicher Unternehmungen usw.

9. Grenzen und Gefahren postmoderner Lebensauffassungen lassen sich in zwei Richtungen verfolgen. Wo die grundsätzliche Lebensorientierung von der Gesellschaft her derart radikal auf den einzelnen verlagert wird, da stehen wir (a) vor der Gefährdung zunehmender psychischer Erkrankungen (weil der einzelne diese Aufgabe nicht mehr leisten kann) bzw. (b) vor der Gefährdung ideologischer Anfälligkeit (weil der einzelne die Last der Gesamtorientierung an eine ihm größer erscheinende Autorität abgeben will).

10. Die theologische Kritik wird am Begriff der »Dekonstruktion« ansetzen. Handelt es sich bei den Grundlagen der Wirklichkeitsauffassungen durch die Moderne nur um »Konstruktionen« menschlicher Vernunft? Die Kritik ist ernst zu nehmen, jedoch daraufhin zu befragen, wieweit Einheit des Subjektes, Vernunftorientiertheit und Zielgerichtetheit der Wirklichkeit auf einer höheren Ebene nicht theologisch gesehen »Konstruktionen« Gottes sind. Damit sind Fragen an die theologische Anthropologie und Kosmologie gestellt bzw. an die Gesprächsfähigkeit zwischen Theologie und Natur- bzw. Sozialwissenschaften. Dies Gespräch ist unabdingbar und gleichzeitig hoffnungsvoll.

Lit.: Aisthesis. Wahrnehmung heute oder Perspektiven einer anderen Ästhetik (Textsammlung), 1990; P. Engelmann (Hg.): Postmoderne und Dekonstruktion (Textsammlung), 1990; K. Füssel, D. Sölle, F. Steffensky: Die Sowohl-als-auch-Falle. Eine theologische Kritik des Postmodernismus, 1993; P. Koslowski, R. Spaemann, R. Löw (Hg.): Moderne oder Postmoderne?, 1986; J. F. Lyotard: Das postmoderne Wissen, 1993; ders.: Der Widerstreit, 1989; S. Meier: »Postmoderne«, in: HWP 7, 1141–1145 (Lit.); W. van Reijen: »Postmoderne«, in: EKL III, 1276–1282 (Lit.); R. Rorty: Solidarität oder Objektivität?, 1988; ders.: Kontingenz, Ironie und Solidarität, 1989.

W. Bittner

Postvereinigung, christl. →Berufsmissionen

Prädestination →Erwählung

Prädikanten →Laienpredigt; →Lektor

Präexistenzianismus →Seele

Präfation

1. Die P. (»Wahrhaft würdig ist es und recht ...«) findet sich am Anfang der Abendmahlsliturgie zwischen drei einleitenden Versikelpaaren und →Sanctus. Die Versikelpaare sind Gebetsdialoge zwischen Liturgen und Gemeinde: →Salutation (Der Herr sei mit euch – und mit deinem Geist), Sursum corda (Erhebet eure Herzen – wir erheben sie zum Herrn) und Gratias (Lasset uns danksagen dem Herrn, unserm Gotte – das ist würdig und recht). Das Gratias stimmt den Tenor der gesamten Abendmahlsfeier (→Abendmahl) an: es ist Danksagung, Eucharistia. Die Gemeinde stimmt mit dem →Sanctus in diese lobpreisende Danksagung ein.

2. Die P. ist eines der ältesten Stücke des christl. Gottesdienstes. In der Klementinischen Liturgie (Ende des 4. Jh.s) findet sich ihre längste Form: die gesamte Heilsgeschichte von der Erschaffung der Welt an wird lobpreisend besungen. In der westlichen Kirche setzte sich bald eine Gestaltung de tempore durch: der Lobpreis nimmt jetzt Bezug auf das jeweilige, durch das Kirchenjahr vorgegebene Thema des Sonntags. Luther hat die P. in der »Formula Missae« bewahrt, in der »Deutschen Messe« aber durch eine Abendmahlsermahnung ersetzt. In den Zeiten des liturg. Verfalls kam sie fast ganz aus der Übung. Heute ist sie wieder fester Bestandteil der luth. und unierten →Agenden.

3. Die P. ist theol. bedeutsam, weil sie als Lobpreis den Charakter der Mahlfeier bestimmt: es geht um das Heil, das Christus schenkt, und das wir dankend und lobend empfangen. Gott zu danken ist würdig und recht: also sachlich angemessen und persönlich geschuldet und durch Christus dargebracht (Seitz, 180f). Mit unserem Dank stimmen wir ein in den ewigen Gottesdienst der himmlischen Mächte, der Engel und der vollendeten Gemeinde. »Die Verherrlichung des dreieinigen Gottes und die Anbetung des Kyrios Jesus im Gottesdienst der Kirche ist die einzige Stelle im Kosmos, in der sich jetzt mit dem unsagbaren Hymnus der Engel und dem verborgenen Lobpreis der außermenschlichen Kreaturen die Stimme der Menschen vereint« (Brunner, 267).

4. Die P. wird als Modellgebet gestaltet (→Kollektengebet). Sie hat drei Teile: »ein im Wortlaut festgefügter Eingangsteil und ein in gleicher Weise unveränderlicher Schlußteil umschließen ein Mittelstück, das der Liturg jeweils aus der augenblicklichen Situation des Gottesdienstes und der Gemeinde heraus frei gestaltet« (Mahrenholz, 111). Die Erneuerte Agende der EKU und der VELKD (1990) bietet mehrere Versionen und macht Vorschläge für die Mittelteile.

Lit.: C. Albrecht: Einführung in die Liturgik, [3]1983, 57f; P. Brunner: »Zur Lehre vom Gottesdienst der im Namen Jesu versammelten Gemeinde«, in: Leiturgia I, 1954, 83-364; Chr. Mahrenholz: Kompendium der Liturgik, 1963, 111f; H.-Chr. Schmidt-Lauber, M. Seitz (Hg.): Der Gottesdienst, 1992, 177–189.

M. Herbst

Pragmatismus

1. Hauptvertreter und Werke

In Gegenstellung zu →Rationalismus und →Idealismus bildete sich im 19. Jh. in Amerika der moralphil. engagierte sog. P. aus. Sein Begründer Ch. S. Peirce (1839–1914) verstand den P. als Methode, die er vor allem in »The Fixation of Belief« (1877) und »How to Make Our Ideas Clear« (1878) darlegte. W. James (1842–1910) kam von Soziologie und Psychologie her und baute den P. zu einer phil. Richtung aus, in: »The Principles of Psychology«, 1890, und: »Pragmatism. A New Name for Some Old Ways of Thinking«, 1907. Diese Gesichtspunkte hat J. Dewey (1859–1952) in seinem P. psych. und soziologisch vertieft, bes. in: »Human Nature and Conduct«, [2]1950.

2. Hauptgesichtspunkte

Für Peirce strebt alle rationale Aktivität danach, zu gesicherter Meinung und Glauben zu gelangen. Die wissenschaftl. Bemühung prüft sie auf ihre mögliche Falschheit (Fallibilismus). Die Formen des Denkens müssen an den Formen des Sprachgebrauches studiert werden, die Kommunikation zwischen den Menschen herstellen. Die Klärung der Begriffe erfolgt durch Prüfung ihres Bezuges auf Praxis, praktische Nützlichkeit (Utilitarismus, Pragmatismus). Dabei wird impliziert, daß im Ablauf der Weltereignisse wie auch in den wissenschaftl. Prozessen keine Notwendigkeit liege. Alle Forschung entnimmt nur Stichproben aus dem Weltgeschehen und kann nur zu wahrscheinlichen Annahmen führen (→Probabilismus).

Nach James wirkt in allen Prozessen der Natur wie des Denkens das Streben nach einem Nutzen, der im Zusammenhang der Dinge zustande kommt (so z.B. dem Überleben, nach Darwin). Auch die mentalen Aktivitäten als psychische Prozesse sind Naturprozesse, die auf einen zukunftsweisenden Nutzen gehen. Sinneswahrnehmung und Denken sind immer auf ein praktisches Verhalten ausgerichtet. Die Funktion des Denkens ist die, der Praxis zu dienen. Kriterien für den praktischen Nutzen, für Meinung oder Glauben oder Annahmen sind die, daß diese nicht falsifiziert sind, sowie von vitalem Interesse und wichtiger Bedeutung sind. Das gilt bes. auch für die moralischen, rel. und spirituellen Aktivitäten.

Realistisch gesehen gibt es hiernach keine Notwendigkeit in den Ereignisabläufen (gegen den mechanistischen Determinismus), sondern nur in den einzelnen Fakten, auf die das Denken als unaufhebliche stößt.

Erkenntnistheoretisch gesehen entspricht dem Weltgeschehen ein Bewußtseinsstrom von Sinnes- und Denkaktivitäten, denen kein einheitliches, universales Bewußtsein zugrunde liegt (gegen →Kants Lehre vom transzendentalen Bewußtsein). Erkennen ist kein Vorstellen, sondern ein Auswählen von Objekten, nach praktischen Interessen, Intentionen. Wahr ist das, was einen Sinn, Wert oder Nutzen für das praktische Leben hat. Die Wahrheit ist eine Art des Guten (Pragmatism, 2. lect.). Gut aber ist, was sich für das praktische Leben als nützlich erweist.

Wie die Begriffe Gott, Geist, das Absolute, der Zweck als theoretische, in metaphysischem und theol. Sinne, leer sind und nur in pragmatischer Hinsicht, die dem praktischen Leben eine bessere Zukunft verheißt, Bedeutung bekommen, so auch der Begriff der Willensfreiheit zum Handeln. Der Streit zwischen den Rationalisten, die sie wegen der Würde des Menschen verteidigen, und den Deterministen, die sie leugnen wegen der vorausgesetzten notwendigen Charakterdisposition zum Handeln, ist müßig und leer. Pragmatisch gesehen sind die Motive des Handelns nicht die Würde des Menschen, sondern »Instinkt und Nutzen«. Anderes zu behaupten, wäre »erbärmliche Unwahrheit« (3. lect.): »Pragmatisch betrachtet, bedeutet der freie Wille, daß in unserer Welt Neues entsteht ... Nachahmung ist freilich, soweit die Masse in Betracht kommt, zweifellos vorhanden. Jedes Naturgesetz setzt ja die Gleichförmigkeit der Natur voraus. Aber vielleicht ist die Natur nur annäherungsweise gleichförmig ... Die Willensfreiheit ist demnach eine kosmologische Theorie der Verheißung, genauso wie das Absolute, wie Gott, wie der Geist und der Zweckbegriff.« Diese Begriffe setzen voraus, daß die Welt nicht vollkommen ist, so daß sie den Menschen zu nützlichen Handlungen in Richtung auf eine bessere Zukunft motivieren.

Nach Dewey versucht die Vernunft, gegenüber einer Welt der Natur und der Menschen, die dem Empirismus verworren, instabil, ungeordnet erscheint, durch Wissenschaft und andere Kulturleistungen Ordnung in das praktische Leben zu bringen und auf Triebe und Instinkte einen günstigen Einfluß zu gewinnen, so daß sich mit Hilfe von Gewohnheit relativ stabile Verhaltensweisen ausbilden, worin die Moral liegt. Wenn sich aber die äußeren, vor allem sozialen und polit. Verhältnisse ändern, muß die Vernunft sich anpassen und nach neuen Ordnungen und moralischen Verhaltensweisen suchen. Überholte Formen von Konvention und Routineverhalten müssen aufgegeben werden: »Das Gute besteht in der Bedeutung, die man als einer Aktivität zugehörig erfahren hat, wenn der Kontrast und die Stauung zwischen veränderten, miteinander unvereinbaren Instinkten und Gewohnheiten schließlich sich auf einheitliche und geordnete Weise in der Aktion auflöst« (Human Nature and Conduct, Teil III, Kap. 5).

Den Fakten der Naturprozesse, einschließlich des Trieblebens der Menschen, mit ihrem Naturgesetz, scheint die Freiheit aus der Sicht der Rationalisten und Idealisten entgegengesetzt zu sein, die den Menschen ein ideales Reich des sittlichen Handelns eröffnen soll. Deweys P. dagegen anerkennt die Macht der Fakten, welche die menschliche Freiheit doch sehr einschränken, hält aber an dieser eingeschränkten Freiheit fest und betrachtet sie als Fähigkeit, die Bedürfnisse und Zwecke der Menschen, d.h. die Nützlichkeitsaspekte hinsichtlich des praktischen Lebens den jeweiligen Fakten anzupassen (Teil IV, Kap. 3).

3. Kurze Beurteilung

Der P. ist bis heute von großem Einfluß in Amerika. Er entspricht einem praktischen Lebenssinn und versucht, nach diesem berechtigten praktischen Interesse, alle unsere Erkenntnisse in Beziehung zu unserem Leben zu bringen, schränkt aber fälschlich das Leben nur auf praktische Aktivitäten ein. Das Leben ist jedoch mehr als eine Abfolge von Handlungen, wie auch das Bewußtsein mehr ist als eine Abfolge von wechselnden Bewußtseinszuständen. Die Geistnatur des Menschen kommt, bes. auch in ihren theoretischen, kontemplativen Tätigkeiten nicht zu ihrem Recht, auch nicht mit dem in sich ruhenden Beisichsein, in personaler Identität. Die Begriffe des →Guten, des sittlichen Zweckes, der →Freiheit u.ä. verlieren ihre reale Bedeutung und nehmen eine bloß psych. an, die sich daran bemißt, welchen Einfluß sie auf Verhaltensweise und Praxis ausüben. Die Freiheit ist aber nicht nur Sache einer Meinung oder Annahme, sondern der Erfahrung unseres Geistes selbst. Aus seiner empiristischen Voraussetzung (wonach real nur das ist, was letztlich auf sinnlicher Erfahrung beruht) verkürzt der P. das sittliche Gute auf das Nützliche für die Praxis, das wesentlich von der Triebnatur mitbestimmt ist. Das Sittengesetz in der Geistnatur wird nicht mehr gesehen. Die sittlichen Zwecke sind mehr als nur praktische Bedürfnisse oder Nützlichkeitsaspekte. Vielmehr liegen sie in den geistbestimmten Tätigkeiten (→Tugenden). Sie sind nicht eine unerreichbare, »ideale Wirklichkeit«, die von bloß utilitaristischen Kompromissen abgelöst werden müßten.

Lit.: E. Elling: »Pragmatismus«, HWP Bd. 7, 1989, 1244–1249; A. Granese: Introduzione a Dewey, 1981; A. Leclere: Pragmatisme, Modernisme, Protestantisme, 1909; H. S. Thayer: Meaning and Action, A Critical History of Pragmatism, 1966.

H. Seidl

Praktische Theologie

»Die Praktische Theologie erörtert kritisch und konstruktiv den aktuellen Aspekt derjenigen Handlungen, Einrichtungen und Beziehungen, in denen lebend eine gegebene christliche Kirche ihre Mission, Kirche Gottes für die Menschen ihrer Gegenwart zu sein, entweder wahrnehmen oder preisgeben wird« (J. Henkys, in: H. Ammer et al.: Handbuch der Praktischen Theologie, Bd. 1, 14).

I. Geschichte der Praktischen Theologie

1. Zur Vorgeschichte: P.Th. vermittelt schon das NT, etwa in den Anweisungen der Pastoralbriefe zum Leben und Dienst der Bischöfe und Diakone (vgl. z.B. 1Tim 3,1-13). Seit der Alten Kirche gibt es einen breiten Strom pastoraltheol. Literatur, die sich mit dem geistl. Amt befaßt (z.B. »De fuga« von Gregor von Nazianz; →Kappadozier). Praxisanleitung ist weiterhin bedeutend in der Unterweisung der meist ungebildeten Priester. Erste »Praktische Theologien« sind somit Handreichungen (»Manuale«) zum Umgang mit der →Beichte oder den →Sakramenten. In der →Scholastik wird unterschieden zwischen der Theologie als spekulativer (→Thomas von Aquin) und Theologie als praktischer Wissenschaft (→Duns Scotus). In der →Reformation finden sich wiederum zahlreiche praktische Anleitungen zum pastoralen Dienst wie etwa →Zwinglis »Hirt« (1525) oder →Bucers »De cura animarum« (1538). P.Th. ist hier so etwas wie eine handwerkliche Berufslehre. David →Hollaz (1648–1713) nannte die Theologie als ganze eine *sapientia eminens practica*, eine »praktische Wissenschaft«. Ähnliches formulierte die →Dordrechter Synode von 1618/19. Die ref. Theologen Andreas →Hyperius und Gisbert →Voetius thematisierten Fragen der Kirchenleitung und der kirchl. Praxis. →Pietismus und →Aufklärung waren an erbaulich-frommer oder vernünftig-moralischer Bildung der Pastoren interessiert und brachten entsprechende Lehrschriften hervor. Dennoch kam es vor dem 19. Jh. nicht zu einer eigenen Wissenschaftstheorie der P.Th., die deren enzyklopädische Zuordnung zur Theologie als (im Ganzen praktischer) Wissenschaft und deren Wissenschaftlichkeit innerhalb der Theologie begründete.

2. Als Begründer einer wissenschaftl. P.Th. gilt erst F. D. E. →Schleiermacher mit seiner »Kurzen Darstellung des theologischen Studiums« (1811, [2]1830). Die →Theologie ist für Schleiermacher eine positive Wissenschaft, die nicht durch die Idee des Wissens geprägt ist, sondern auf eine konkrete Aufgabe, nämlich die Kirchenleitung, bezogen ist. Damit ist auch die Einheit der Theologie gewahrt. Kirchenleitung ist bei Schleiermacher weiter gefaßt als in der heutigen Begrifflichkeit: Sie umfaßt für ihn sowohl den konkreten Kirchendienst in der Ortsgemeinde (Verkündigung und Gottesdienst, Seelsorge und Ordnung) als auch das Kirchenregiment in der Territorialkirche (Kirchenverfassung, Kirchenordnung). Die spezielle Disziplin der P.Th. neben der phil. und hist. Theologie ist nun wiederum für Schleiermacher notwendig, um die Kunstregeln für die Kirchenleitung zu formulieren. Damit ist die P.Th. nur in einem eingeschränkten Sinne Wissenschaft. Sie durchdenkt die gestellten Aufgaben nicht mehr systematisch, sondern stellt nur Regeln und Techniken zur Anwendung in den vorgegebenen Aufgaben zur Verfügung. Sie ist die Theorie der Praxis. Phil. und hist. Theologie sind Wurzel und Stamm der Theologie, P.Th. ist die (Baum-)Krone der theol. Wissenschaft.

3. Karl Immanuel →Nitzsch (1787–1868) wurde für die Entwicklung der P.Th. noch bedeutsamer, nicht zuletzt durch seine dreibändige »Praktische Theologie« von 1847ff. Wie Ph. C. →Marheineke bestimmte Nitzsch die P.Th. im Unterschied zu Schleiermacher auch als systematische Disziplin, nicht zuletzt um deren volle Wissenschaftlichkeit

im Kanon der Theologie zu klären. Die P.Th. muß über die Kirche systematisch Auskunft geben können, bedarf also einer praktischen Ekklesiologie. Außerdem finden sich bei Nitzsch erste Hinweise auf eine empirische Aufgabe der P.Th.: er legte Wert auf eine genaue Beobachtung des kirchl. Lebens. Subjekt der P.Th. ist die Kirche. Sie ist also nicht allein Pastoraltheologie, sondern Theorie der gesamten kirchl. Praxis.

4. Im 19. Jh. entstanden mehrere große Systeme der P.Th. (z.B. von den Erlanger Theologen C. A. G. v. →Zezschwitz und Theodosius →Harnack (1816–1889)). Theologie ist für Harnack kirchl., ja konfessionelle Wissenschaft. Sie dient der Kirche mit ihrer Reflexion im Blick auf deren Leitungsaufgabe und deren Bekenntnis gegenüber der Welt. Zum rechten wissenschaftl. Arbeiten bedarf es dreier Komponenten: der Schrift, des (luth.) Bekenntnisses und des persönlichen Glaubens. P.Th. befaßt sich im engeren Sinne mit der Selbsterbauung der Kirche. Sie »ist die Wissenschaft von der Selbstbethätigung der Kirche zur Auswirkung ihrer Idee auf Grund ihrer Vergangenheit für die Fortbildung zu ihrer Zukunft« (Th. Harnack: Praktische Theologie, Bd. 1,23). P.Th. arbeitet demnach sowohl dogmat.-grundlegend als auch hist.-kritisch und konstruktiv-planerisch für die Erbauung der Kirche Jesu Christi. Erbauung umschließt dabei extensives wie intensives Wachstum. Sie geschieht durch Wort und Sakrament. Die Disziplinen der P.Th. sind dieser Aufgabe zugeordnet: Mission und Katechetik dienen der extensiven Erbauung, Gottesdienst und Seelsorge der intensiven Erbauung, Kirchenrecht und Kirchenordnung dem Kirchenregiment als der indirekten Erbauung. Dabei ist die empirische Kirche kritisch ins Auge zu fassen.

5. Weitere Entwürfe der P.Th. setzten unterschiedliche Schwerpunkte: Christian →Palmer etwa thematisierte das bleibende Dilemma der P.Th.: Ist sie technische Wissenschaft, so bleibt sie ein »Laufbursche« der Systemat. Theologie. Ist sie Systemat. oder Hist. Theologie, so droht sie zur höchst unpraktischen Verdoppelung jener Partnerwissenschaften zu verkommen. Für Palmer geht es in der P.Th. wie in der →Ethik um die Erfüllung der Aufgaben, die sich der Kirche heute auf Grund des christl. Glaubens stellen. Palmer geht es um den Wirklichkeitsbezug der P.Th. und um ihre Wirkungsmöglichkeiten.

6. Die Krise der P.Th. als einer rein systemat. oder hist. (so etwa bei E.Chr. Achelis: Lehrbuch der Praktischen Theologie, 1890) Wissenschaft führte Anfang des 20. Jh.s zu einer ersten empirischen Wende, programmatisch dargestellt in der Schrift »Das Problem der Praktischen Theologie« von Paul →Drews (1910). Drews entwickelt ein eigenes Ausbildungskonzept. Darin unterscheidet er die praktische Ausbildung der Vikare und Pfarrer von der universitären P.Th. Letzterer gehe es nicht um handwerkliche Regeln zum Predigen oder zur Seelsorge, sondern um eine zusammenhängende Darstellung der empirischen Kirche. Darum sollen zum prakt.-theol. Fächerkanon vor allem Ev. Kirchenkunde, religiöse →Volkskunde, →Religionspsychologie und Geschichte der P.Th. gehören. »Der wissenschaftliche Gegenstand, um den es sich in der Praktischen Theologie handelt, ist das Leben der empirischen Kirche der Gegenwart. Dies Leben gilt es zu erkennen, zu verstehen, zu beurteilen und weiterzubilden« (P. Drews: Das Problem der Praktischen Theologie, 265). Dem Ansatz von P. Drews folgten mehrere Gesamtdarstellungen der P.Th., z.B. von Martin Schian (1921) und Friedrich Niebergall (1918/19).

7. Die →Dialektische Theologie folgte auch in ihrer Einordnung der P.Th. ihrem Grundanliegen, »Wort-Gottes-Theologie« zu sein. Nicht der zu erreichende moderne Mensch ist das Problem, sondern die Not, daß wir eigentlich nicht angemessen oder gar vollmächtig von Gott zu reden wissen. Es gilt, diese Not auszuhalten, Gott die Ehre zu geben und darauf zu warten, daß Gott sich erbarmt und selbst zu reden beginnt. Dann ist Theologie eine *creatura verbi,* ein »Geschöpf des Wortes« Gottes. Sie hat zuerst auf das Wort der Heiligen Schrift hörende Theologie zu sein. Ihr Objekt ist die verkündigende Kirche. Theologie ist die wissenschaftl. Selbstprüfung der Kirche hinsichtlich der Wahrheit ihrer Rede von Gott. Immer geht es um das Evangelium von Jesus Christus: »Kommt die christliche Rede von ihm her? Führt sie zu ihm hin? Ist sie ihm gemäß? (...) So ist Theologie als biblische Theologie die Frage nach der Begründung, als praktische Theologie die Frage nach dem Ziel, als dogmatische Theologie die Frage nach dem Inhalt der der Kirche eigentümlichen Rede« (Karl →Barth: KD I/1, 3). P.Th. wird damit nahezu mit der Homiletik identifiziert. »›Praktische Theologie‹ (...) ist (...) Theologie im Übergang zur Praxis der Gemeinde, eben zu deren Verkündigung« (K. Barth: Einführung in die evangelische Theologie, 1962, 198). Andere Fächer der P.Th. werden unter homiletischem Aspekt betrachtet, besonders die Seelsorge, z.B. bei Eduard →Thurneysen.

Die P.Th. nach dem Zweiten Weltkrieg folgte weitgehend diesem Ansatz der Dialektischen Theologie. Allerdings finden sich schon innerhalb dieser so orientierten P.Th. Hinweise auf eine notwendige

Korrektur durch ein stärker beachtetes »Realitätsprinzip«, etwa in der P.Th. Alfred Dedo Müllers, der drei Kriterien der P.Th. benannte: unbedingter Realismus, Kritik durch das Wort Gottes und größtmögliche Konkretheit. Den Übergang zu einer neuen P.Th. bildet später Otto Haendlers »Grundriß der Praktischen Theologie« (1957).

8. Seit den 60er Jahren stellt sich die Frage nach der P.Th. neu, und zwar durch das Vordringen der Humanwissenschaften in die Theologie und eine neue Erörterung des Theorie-Praxis-Problems. P.Th. schien geradezu prädestiniert zu sein für den Dialog mit den Handlungswissenschaften →Soziologie, Politologie, →Psychologie etc. P.Th. wird nun selbst verstanden als Handlungswissenschaft: Sie ist die Theorie vom kirchl. Handeln, und zwar an der Nahtstelle von Theorie und Praxis: Theorie ermöglicht Praxis und Praxis provoziert wiederum Theorie. Theorie und Praxis bedingen einander. An dieser Nahtstelle arbeiten die Handlungswissenschaften analysierend, kritisch reflektierend und vorausschauend-planerisch. In der P.Th. ist also kirchl. Praxis zu analysieren, kritisch zu beleuchten und eine neue Handlungsanweisung zu erarbeiten. Sie ist theol. Theorie zwischen Praxis und Praxis (vgl. H. Gollwitzer: Befreiung zur Solidarität, 1978, 38). In diesem Modell wirkt sich die Kritische Theorie der Frankfurter Schule prägend aus: Dient das Erforschte der Emanzipation des Menschen, hilft ihm also zu einer Welt, in der er seinen Bedürfnissen und Kräften gemäß leben kann? Diese Frage muß gemäß dieser Sicht der P.Th. im offenen Lernprozeß der Theologie immer wieder durchbuchstabiert werden: Sie ist kritische Theorie der kirchl. Praxis. »Praktische Theologie als kritische Theorie der kirchlichen Praxis in der Gesellschaft wird damit nicht nur rückbezogen auf die Sache Jesu und ihre Tradierungsgeschichte, nicht nur normativ bezogen auf die gegenwärtige kirchliche Praxis, sondern es kommt ihr auch die Aufgabe zu, unter Transzendierung des Status quo von Theorie und Praxis des kirchlichen Lebens die Zukunft der Kirche antizipierend zu bedenken und zu gestalten« (Norbert Greinacher, in: F. Klostermann, R. Zerfaß: Praktische Theologie heute, 1974, 117).

Zeitgleich hat die Bedeutung der P.Th. für Theologie und Kirche erheblich zugenommen. Besondere prakt.-theol. Institute, etwa im Bereich der →Religionspädagogik oder der →Seelsorge gehören nun zum festen Bestand in den Kirchen.

9. Noch einmal ganz anders bestimmt Gert Otto die Aufgabe der P.Th. Sie ist für ihn »Kritische Theorie religiös vermittelter Praxis in der Gesellschaft« (G. Otto: Praktisch-theologisches Handbuch, ²1975, 23). Nun sind alle gesellschaftl. relevanten rel. Lebensäußerungen Gegenstand der P.Th. Eine Prävalenz des spezifisch Christl. wird abgelehnt. Vielmehr wird eine transchristl. Forschungsperspektive der P.Th. angestrebt. Sie wird zu einer Variante der →Religionswissenschaft.

II. Praktische Theologie heute

Will man die Geschichte der P.Th. fruchtbar machen für eine Konzeption der P.Th., mit der diese sowohl ihrer Ausbildungsaufgabe für zukünftige Pfarrerinnen und Pfarrer gerecht wird, als auch ihrer Rolle als kritische Partnerin der kirchl. Praxis in der Gesellschaft, lassen sich einige Konstanten festhalten: P.Th. als theol. Theorie zwischen Praxis und Praxis ist ein Ort der Begegnung von Wissenschaft, Kirche und Welt (Manfred Seitz: Praxis des Glaubens, ²1979, 53). Die Theologie ist auf den Dienst der P.Th. angewiesen; ansonsten wäre Theologie »wie ein Witz ohne Pointe« (Eberhard Jüngel: Die Praktische Theologie zwischen Wissenschaft und Praxis, 1968, 40).

1. Diese Pointe besteht in dem steten Verweis auf die Tatsache, daß Theologie letztlich bezogen bleibt auf die Praxis der Kirche. Die ganze Theologie ist auf Praxis ausgerichtet, aber die P.Th. sorgt dafür, daß dies nicht in Vergessenheit gerät. P.Th. ist Anwältin der Kirche im Raum der Theologie; sie benennt Fragen, Probleme und Erfahrungen im Raum der Kirche, die der kritischen Reflexion bedürfen. Sie überprüft aber auch die Ergebnisse der theol. Forschung auf ihre Relevanz für eine erneuerte kirchl. Praxis. Durch dieses Prüfen ist sie weit mehr als eine bloß handwerkliche Anwendungslehre für bereits endgültig feststehende theol. Normen.

2. Vertritt die P.Th. die Kirche im Raum der Wissenschaft, so vertritt sie umgekehrt auch die theol. Wissenschaft im Raum der Kirche. P.Th. ist Selbstkritik der Kirche anhand der ihr anvertrauten Botschaft von Jesus Christus. Sie wird danach fragen, was der Kirche zu tun aufgetragen ist, und wie sie es (besser) tun kann. Ihr Planen geschieht, wenn es recht geschieht, in hoffnungsvoller Erwartung der »Praxis« Gottes und nicht in eigenmächtiger Selbstgenügsamkeit.

3. Schließlich erinnert die P.Th. Kirche und Theologie an ihren Bezug zur Welt. Sie führt den freien Dialog der Wissenschaften vor allem mit den Handlungswissenschaften und bringt die Sendung der Kirche in die Welt erinnernd zur Geltung.

4. Auf Grund dieser Ortsbeschreibung kann P.Th. verstanden werden als Wissenschaft vom →Ge-

meindeaufbau (M. Herbst: Missionarischer Gemeindeaufbau in der Volkskirche, ³1993, 45f).

Damit ist der P.Th. ein sinnvoller Rahmen gegeben für ihre Einzeldisziplinen: Wissenschaftstheorie der P.Th., Homiletik, Poimenik (→Seelsorge), →Religions- und Gemeindepädagogik/ →Katechetik, →Liturgik (→Gottesdienst), Diakonik (→Diakonie), Kybernetik (→Gemeindeaufbau), Aszetik (→Spiritualität), →Pastoraltheologie (→Pfarrer), Lehre von den →Amtshandlungen. Verwandte Partnerwissenschaften sind z.B. →Missionswissenschaften und →Kirchenrecht.

5. In jedem dieser Fachbereiche ihrer Wissenschaft hat P.Th. eine fünffache Aufgabenstellung.

a. Sie hat zu hören, was Gott im Wort der Heiligen Schrift neu zu Gehör bringen will: »Dabei fällt denn doch der Praktischen Theologie nach wie vor die Aufgabe zu, zu fragen, was der Gott des Alten und des Neuen Bundes, der Gott, der sein Wort immer wieder gesprochen und damit auch sein Volk durch die Zeiten geführt hat, der Gott, dessen Offenbarung im Zusammenhang zu bedenken der Theologie aufgegeben ist, heute an seiner Kirche tun und wozu er heute seine Kirche ermächtigen und aufrufen will« (G. Voigt, in: Pastoralblätter 107 (1967), 615). Solches Hören auf den menschenfreundlichen Gott führt gerade in die Wirklichkeit der Gegenwart hinein und nicht etwa aus ihr heraus. Es macht durchaus kritisch gegenüber der kirchl. Wirklichkeit. Es macht Hoffnung auf Gottes Praxis und weist in eine erneuerte analoge Praxis des Glaubens ein.

b. Sie hat genau hinzusehen, wie die kirchl. Wirklichkeit aussieht, und sich dabei aller Sehhilfen z.B. der Sozialwissenschaften zu bedienen.

c. Sie hat geschichtl. zu arbeiten, um die Entstehung einer bestimmten Gegenwartssituation verstehen und deuten zu können.

d. Sie hat zu planen und zu ermutigen. Konkrete Schritte zu einer erneuerten Praxis sind von der P.Th. zu erwarten. Sie wird dazu Modelle bereitstellen und deren Umsetzung begleiten.

e. Sie hat auszubilden und zu begleiten.

P.Th. erweist sich demnach in der Bindung an Gottes Wort als empirische, hist., kritische und konstruktive Teilwissenschaft der Theologie. Auf der Suche nach einem Selbstverständnis, das der P.Th. in der Begegnung von Theologie, Kirche und Welt einen sinnvollen, zukunftsträchtigen Ort zuweist, stoßen wir schließlich auf die Definition von Rudolf Bohren: »Praktische Theologie ist (...) die Wissenschaft von der aktuellen Sammlung und Sendung der Kirche. Darum hat sie das Wirken von Geist und Wort an der Kirche und durch die Kirche zu ihrem Gegenstand. Der Geist und das Wort sammeln die Kirche, um sie in die Welt zu senden. Also ist Praktische Theologie die Wissenschaft von der Teilhabe der Kirche an Gottes Sendung, an der missio Dei. Als solche ist sie Wissenschaft von der gegenwärtigen Kirche« (R. Bohren: Einführung in das Studium der evangelischen Theologie, 1964, 9f).

Lit.: K. Barth: Einführung in die evangelische Theologie, 1962; W. Birnbaum: Theologische Wandlungen von Schleiermacher bis Karl Barth. Eine enzyklopädische Studie zur praktischen Theologie, 1963; R. Bohren (Hg.): Einführung in das Studium der evangelischen Theologie, 1964, 9-32; K.-F. Daiber: Grundriß der Praktischen Theologie als Handlungswissenschaft. Kritik und Erneuerung der Kirche als Aufgabe, 1977; V. Drehsen: Neuzeitliche Konstitutionsbedingungen der Praktischen Theologie, Diss. Tübingen 1985; J. Henkys: »Die Praktische Theologie«, in: H. Ammer et al. (Hg.): Handbuch der Praktischen Theologie, 1. Bd., 1975, 11-56; M. Herbst: Missionarischer Gemeindeaufbau in der Volkskirche, ³1993, 23-48; E. Jüngel, K. Rahner, M. Seitz: Die Praktische Theologie zwischen Wissenschaft und Praxis, 1974; F. Klostermann, R. Zerfaß (Hg.): Praktische Theologie heute, 1974; G. Krause (Hg.): Praktische Theologie, Texte zum Werden und Selbstverständnis der praktischen Disziplin der evangelischen Theologie, 1972 (WdF 264); G. Otto: »Praktische Theologie als kritische Theologie religiös vermittelter Praxis in der Gesellschaft«, in: ders. (Hg.): Praktisch-theologisches Handbuch, ²1975, 9-31; D. Rössler: Grundriß der Praktischen Theologie, 1986, 4-61; ders.: »Praktische Theologie – Begriff und Aufgabe«, in: F. Wintzer (Hg.): Praktische Theologie, ²1985, 1-9.

M. Herbst

Prälat →Kirchliche Ämter

Prämillenialismus →Tausendjähriges Reich

Prämonstratenser →Orden und Kongregationen

Präzisisten →Voetius, Gisbert

Prediger

Wegen der herausragenden Bedeutung der Verkündigung wurden die →Pfarrer/Pastoren in einigen ev. Kirchen, insbesondere der ref., lange Zeit auch als »Prediger« bezeichnet (vgl. Domprediger; Hofprediger; →Predigerseminar). Auch die hauptamtlichen Mitarbeiter der →Freikirchen wurden so genannt. Da Niveau und Umfang ihrer →Ausbildung und ihrer gemeindlichen Tätigkeit immer mehr dem ihrer landeskirchl. Kollegen vergleichbar wurden, führen sie seit den 70er Jahren durchgängig den Titel »Pastor«. Die Einführung dieser rechtlich geschützten Amtsbezeichnung stand ihnen frei aufgrund der Gleichstellung der Kirchen, die gemäß Art. 137 der Weimarer Verfassung (fortgeltend lt. Art. 140 GG) als Religionsgesellschaften →Körperschaften des öffentlichen Rechts sind.

P. heißen heute vornehmlich die kirchenrechtlich nicht den Pfarrern/Pastoren gleichgestellten hauptberuflichen Mitarbeiter im Verkündigungs- und Seelsorgedienst der landeskirchl. Gemeinschaften (→Gemeinschaftsbewegung) sowie einiger außerkirchl. Gruppen, in rechtlicher Hinsicht privater rel. Vereinigungen.

Als Voraussetzung schon für die Zulassung zur Ausbildung wie für die spätere Ausübung ihres Berufes gelten für Gemeinschaftsprediger (und ebenso für freikirchl. Pastoren) →Bekehrung und Bewährung sowie persönliche Reife, erkennbare Begabung und damit göttliche Berufung zum Dienst.

G. Balders

Prediger Salomo →Weisheitsliteratur, biblische; →Megilloth (biblisch)

Predigerseminar

Die Einrichtung der P.e berührt die wechselvolle Geschichte der theol. →Ausbildung, bes. der →Pfarrer/Pfarrerinnen.

Der normale Ausbildungsgang sieht heute nach dem wissenschaftl. Studium an der Universität mit erstem theol. Examen das Vikariat in einer Kirchengemeinde vor (ergänzt durch Sondereinsätze, z.B. in der Schule oder besonderen kirchl. Arbeitsfeldern), das wiederum mit Zeiten der prakt.-theol. Reflexion im P. verbunden ist und mit dem zweiten theol. Examen endet. Auf das zweite Examen folgt die Hilfsdienstzeit, in der in der Regel die →Ordination stattfindet, die Zuerkennung der Anstellungsfähigkeit, die Wahl in die erste eigene Pfarrstelle und die Installation als Pfarrer/Pfarrerin. Die Weiterbildung der Pfarrerschaft geschieht dabei in den →Pastoralkollegs. Nachdem die Ausrichtung der theol. Ausbildung auf die lehrmäßige Auslegung des Wortes Gottes durch die Reformatoren zu einer Einbindung in die zeitgenössischen Universitäten geführt hatte (das alternative Prinzip der »Lehrzeit« bei einem erfahrenen Pfarrer trat zurück), ergaben sich nach dem →Dreißigjährigen Krieg neue Akzente, vor allem im →Pietismus (in Aufnahme von Ideen der Reformorthodoxie). Ph. J. →Spener (»Pia Desideria«, 1675) und A. H. →Francke (»Idea studiosi theologiae«, 1712) forderten eine stärkere Berücksichtigung der geistl. Persönlichkeitsbildung für die angehenden Pfarrer. Den Gedanken eines P.s hat wahrscheinlich erstmals V.L. von →Seckendorff aufgebracht (1626–1692), der im »Christenstaat« (1685) vorschlägt, Seminare oder Kolloquien zu stiften, die auf die Praxis ausgerichtet seien, und in denen theoretisch bereits ausgebildete Kandidaten in praktischen Fragen der Amtsführung, besonders in der Seelsorge, unterwiesen werden sollten. So entstand 1690 das erste ev. P. in Riddagshausen bei Braunschweig. Es folgten Dresden 1718 und Frankfurt/M. 1735. Auch wenn hier nur eine kleine Auswahl der jungen Theologen ausgebildet wurde, deutet sich bereits das Prinzip der Ausbildung an: Nach der wissenschaftl. Theoriebildung die praktische Ausbildung mit der Förderung der persönlichen Fähigkeiten zukünftiger Pfarrer. Mit diesen Reformen im 18. Jh. trat auch das Vikariat allmählich ins Blickfeld. Allerdings konnte es sich erst im 19. Jh. allg. durchsetzen.

Auch F. D. E. →Schleiermacher forderte in seiner »Kurzen Darstellung« die Unterscheidung von theol.-wissenschaftl. Ausbildung und Einübung in das fromme Leben im praktischen Dienst. Das ist die Grundlage für die heutige Unterscheidung der Ausbildungsphasen. Dabei sollen sich diese Phasen nicht radikal gegeneinander abgrenzen (und dann für die jeweils »eigentliche« halten), sondern offen sein für eine Durchdringung von Theorie und Praxis.

Durch die Aufklärung wurde die Einrichtung weiterer P.e gefördert. Nach 1800 entstanden in fast allen Landeskirchen P.e. Das 19. Jh. brachte auch eine Vereinheitlichung des Ausbildungsganges und der Prüfungsordnungen mit sich.

Ein wichtiges Dokument stellt am Anfang des 20. Jh.s P. Drews mit seinem Reformprogramm vor: »Das Problem der Praktischen Theologie« (1910). Er möchte während des akademischen Studiums in der →Praktischen Theologie vor allem die Theorie der Praxis, verbunden mit modernen empirischen Wissenschaften wie der religiösen →Volkskunde vertreten sehen, während die praktischen Übungen den P.en überlassen bleiben sollen.

In der Zeit der Bekennenden Kirche ist vor allem die Bemühung D. →Bonhoeffers zu nennen, der das P. der Bekennenden Kirche in Finkenwalde ab 1935 leitete (nach dessen Schließung 1937 in Form von

Sammelvikariaten bis 1940) und dabei bes. auf das gemeinsame und einsame geistl. Leben der Kandidaten Wert legte. Zu diesem Zweck entstand die Schrift »Gemeinsames Leben« (1939). In der Tradition der Bekennenden Kirche stand die Arbeit der P.e nach dem Zweiten Weltkrieg. So konnte H. Thimme 1959 das P. noch so beschreiben: »Gegenüber den praktischen Anforderungen in der Gemeinde, wie sie der Kandidat im Lehrvikariat kennengelernt hat, bietet es Gelegenheit zu erneuter theol. Besinnung und Vertiefung. Zugleich gibt der gottesdienstlich geordnete Tageslauf und das gemeinsame Leben die Möglichkeit weiterer Einübung in das geistliche Leben« (Thimme, 160). Studienreformdebatten sind seither nicht zur Ruhe gekommen. Ein schlüssiges Konzept, das die verschiedenen Aspekte theol. Ausbildung integriert, ist allerdings noch nicht in Sicht. Die unterschiedlichen Konzeptionen sind abhängig von der jeweiligen Sicht des Pfarramtes, der theol. Wissenschaft und der für den kirchl. Dienst notwendigen Kompetenzen. In den P.en hat sich dabei der Akzent vom gemeinsamen geistl. Leben der Kandidaten und der theol. Reflexion der Praxis verschoben zur immer stärker pastoralpsych. Fortbildung, insbesondere durch die Klinische Seelsorge-Ausbildung (KSA). Die damit verbundene Einseitigkeit der zweiten Ausbildungsphase, bes. im Blick auf die Seelsorge-Ausbildung, stößt, gerade im Bereich des Pietismus, auf Kritik und provoziert die Suche nach neuen Modellen und Alternativen zur bisherigen Praxis in den P.en (z.B. durch Angebote der →Deutschen Gesellschaft für Biblisch-therapeutische Seelsorge).

Lit.: D. Rössler: Grundriß der Praktischen Theologie, 1986, 43f. 125-138; H. Thimme: »Pfarrer«, EKL² Bd. 2, 1959, 157–162.

M. Herbst

Predigt

Das Wort »predigen« geht auf das lat. *praedicare*, »öffentlich ausrufen, verkündigen«, »feierlich sagen«, zurück. Dies wiederum ist eine Intensivbildung von lat. *dicere*, »sagen«, »sprechen«. Eine P. ist demnach eine Rede. Sie unterscheidet sich von anderen Arten öffentlicher Rede durch ihren Inhalt, von anderen Arten kirchl. Rede durch ihre Form.

1. Grund und Ziel der Predigt

a. Christl. Glaube ist auf sprachliche Vermittlung angewiesen. Dies hat seinen Grund in dem Wort Gottes von Anfang an (1Mo 1,3; Joh 1,1; Hebr 1,1), das in Jesus Christus Mensch geworden und zur Sprache gekommen ist (Joh 1,14.18; Hebr 1,2). Jesus hat selber gepredigt. Seine P. vom →Reich Gottes (Mk 1,14f u.ö.) ist aber zu unterscheiden von der P., die seit →Pfingsten den Prediger Jesus zum Gepredigten macht: Im Heiligen Geist predigen (Luther hat das griech. Wort für »predigen« teilweise auch mit »verkündigen« übersetzt, und umgekehrt) die Apostel von nun an Jesus Christus als Gekreuzigten und Auferstandenen (Apg 2) – nicht »aus eigenem Willen« (1Kor 9,16f), sondern im Auftrag Christi (Mk 16,15; Mt 28,18-20; 2Kor 5,20). Diese P. vom Heil in Christus wirkt, in der Kraft des Heiligen Geistes, Glauben (Apg 2; Röm 10,17). Die apostol. P. ist in erster Linie Missionsp., dann aber auch Gemeindep., indem die Gemeinde »beständig in der Lehre der Apostel« bleibt (Apg 2,42).

b. Christl. Glaube bleibt auf sprachliche Vermittlung angewiesen. Schon bald wurden die gesammelten apostol. Schriften (neben dem von Anfang an zum Schriftbeweis herangezogenen AT) als P.texte verwendet und ausgelegt. Antiker Auslegungsmethode folgend, wurde dabei außer dem Wortsinn häufig auch noch ein dahinter verborgener Tiefensinn gesucht (→Schriftauslegung).

In der Staatskirche seit Konstantin (4. Jh.) diente die P. zur Unterrichtung der Taufbewerber in christl. Lehre und christl. Leben. →Augustinus (354–430) war nicht nur ein berühmter Prediger, er hat auch eine erste P.lehre geschrieben, die Erkenntnisse der antiken Rhetorik für die P. aufgenommen hat. Im Laufe des MAs verlor die P. gegenüber der sakramentalen Heilsvermittlung im Meßgottesdienst an Bedeutung. Gepredigt wurde vor allem außerhalb des Gottesdienstes: Reformbewegungen bedienten sich ihrer, Predigerorden riefen zur Buße auf (Ablaßpredigten).

c. M. →Luther erklärte das P.amt zum ersten Amt der Kirche, die er als *creatura verbi*, »Schöpfung des Wortes«, verstand. Ihr Wort hat die P. von dem Wort Gottes, das in den Schriften der Bibel bezeugt ist, und das dem Menschen als →Gesetz und →Evangelium begegnet. Zu predigen ist Christus (nicht nur »an sich«, sondern »für mich«), der zwischen Gesetz und Evangelium zugunsten des Evangeliums scheidet: Das Gesetz macht den Zorn Gottes und die Sünde und Verlorenheit des Menschen offenbar. Das Evangelium von der Gnade und Vergebung Gottes in Jesus Christus tröstet die angefochtenen Gewissen und schenkt durch den Heiligen Geist den Glauben (→Gesetz und Evangelium).

Nicht ausgeschlossen, aber deutlich nachrangig sind dagegen bei Luther die Aspekte, die das Gesetz als gute Ordnung Gottes zur Lebens- und Weltgestaltung in den Dienst nehmen.

Letzteres war →Calvin wichtig, der mehr den Anspruch und das Verpflichtende des Wortes Gottes hervorgehoben hat. Wichtig war ihm eine auf die Bibel gegründete Lehre und ein entsprechendes Leben.

Für die ev. P.praxis wirken Luthers Postillen (P.sammlungen zu einem Jahrgang) bis heute beispielgebend.

d. Die altprot. Orthodoxie trug die Lehrstreitigkeiten ihrer Zeit auf der Kanzel aus und verfolgte das P.ziel, der Gemeinde die Bibel als Lehrbuch über Gott und sein Heilshandeln in langen P.en nahezubringen und zur sittlichen Besserung beizutragen.

Die P. des →Pietismus zielte, in persönlicher Ergriffenheit des Predigers, weniger auf die Belehrung als auf die →Bekehrung und →Heiligung des einzelnen.

Die P. in der Aufklärungszeit bemühte sich bes. um Vermittlung zwischen dem alten Evangelium und einer sich wandelnden Welt. Vermittelt werden sollte eine natürliche Religion und eine vernunftgemäße Moral.

Vielfältige Wirkungen zeitigte die P.theorie und -praxis →Schleiermachers, der die P.aufgabe als Gespräch des Predigers mit dem Bibeltext und mit seiner Gemeinde verstand, zur Vermittlung von Verständnis des christl. Glaubens.

Die P.theorie wurde in der ersten Hälfte des 20. Jh.s beherrscht von dem Gegensatz zwischen der P. des theol. Liberalismus (mit dem Bemühen, durch Text-, Gemeinde- und Zeitgemäßheit der P. – unter Zuhilfenahme von Psychologie, Soziologie, →Volkskunde, Rhetorik u.a. – dem modernen Menschen Werte und Hilfen zur Lebensbewältigung anzubieten) und der P. der →Dialektischen Theologie (mit der Absicht, ohne Beredsamkeit und Eingehen auf das »sogenannte« Bedürfnis des Hörers das unmittelbar als Wort Gottes zu verstehende Bibelwort »senkrecht von oben« auszulegen).

e. Die P. in den ev. Freikirchen hatte im 19. Jh. einen volkstümlichen Grundton mit evangelistisch-zeugnishafter Ausrichtung. Als Schriftauslegung und Schriftanwendung knüpfte sie an die angelsächsische Predigttradition an. Heute ist sie biblische Gemeindepredigt mit missionarischen Akzenten. Die P. korrespondiert mit einer hörgewohnten Gemeinde. Im Miteinander der verbindlichen Gemeinschaft gewinnen gerade paränetische Episteltexte eine konkrete Herausforderung zur Bewährung.

f. Gegenwärtig liegen die Akzente in der P.lehre auf Teilaspekten, die Vernachlässigtes anmahnen: »konkret« predigen, »persönlich«, »rhetorisch«, »biblisch«, »seelsorgerlich«, »politisch« ... Die P.aufgabe als Verständigungsbemühung zwischen Prediger und Gemeinde (2.) und als Vermittlungsbemühung zwischen Text und Situation (3.), auch die Orts- und Zeitbedingtheit der einzelnen P. (4.), ist allg. erkannt. Darüber hinaus wird sich der einzelne Prediger immer neu der Frage nach Grund und Ziel seiner P. zu stellen haben. Zu bedenken ist dabei, daß eine volkskirchl. Gemeinde nicht mehr so selbstverständlich wie früher auf ihr vorhandenes Christsein angesprochen werden und sich die P. immer weniger auf vorhandene bibl. Kenntnisse beziehen kann. Die Gemeindep. wird deshalb heute wieder mehr mission. Akzente setzen müssen, zugleich aber Fragen des Glaubens und des Lebens aus dem Glauben nicht vernachlässigen dürfen.

2. Prediger und Gemeinde

a. Prediger (im folgenden ist damit immer zugleich die Predigerin gemeint) und Gemeinde wirken auf Inhalt und Form einer P. ein. Damit dies nicht unbewußt und unkontrolliert geschieht, muß der Prediger sich selber und seine Gemeinde, deren Glied er zugleich ist, kennen.

b. Je besser ein Prediger sich selber kennenlernt und einzuschätzen vermag – ob er eher der Typ des Bewahrers oder Bewegers, introvertiert oder extrovertiert ist, ob er Gegensätze aufreißt oder das Verbindende sucht, in welcher Richtung er sich entwickelt – desto bewußter wird er die Akzente seiner P. setzen können.

c. Ebenso nötig sind Gemeindekenntnisse, die differenziert sein müssen, weil Gemeinde keine homogene Größe ist. Der Prediger sollte über die soziologischen Zusammenhänge in seiner Gemeinde, über persönliche, theol., polit., gesellschaftl. Grundeinstellungen seiner Gemeindeglieder Bescheid wissen. Er sollte sich dessen bewußt sein, daß Trends der Zeit auch seine Gemeinde nicht unberührt lassen: Schwund an bibl. Wissen, Wochenendmobilität, Medienkonkurrenz, Verkümmerung der Hörfähigkeit, Entkirchlichung u.a.m. Eine allg. Gemeindekenntnis ist unabdingbar für die zur P.aufgabe gehörende Erschließung der konkreten Situation (3.b.).

d. Der Prediger steht nicht nur der Gemeinde gegenüber, sondern er gehört ihr auch an. Nach luth. Lehre ist jeder getaufte Christ zum Predigen berufen (WA 6,565 f.), in öffentlicher Verantwortung soll aber nur der durch Gemeinde und Obrigkeit (landesherrliches Kirchenregiment) dazu »ordentlich Berufene« (Confessio Augustana Art. 14) predigen (→Pfarrer, →Ordination). Der Prediger darf deshalb nicht unreflektiert seine eigene Meinung weitergeben, er muß die gemeinsame Glaubensüberzeugung der christl. Gemeinde in seiner P. zum Ausdruck bringen. Nach Luther ist es Aufgabe der Gemeinde, die P. auf ihre Übereinstimmung mit dem Evangelium hin zu beurteilen. P.vorbesprechungen und P.nachgespräche können dazu eine gute Möglichkeit sein. In den Freikirchen gibt es die zum Teil lange Tradition der durch die Kirche ordentlich beauftragten Laienprediger/-innen (→Laienpredigt).

3. Text und Situation

a. Text und Situation bestimmen die konkrete P. nach Inhalt und Form. Dabei schließen eine P. über einen bibl. Text und eine P., die von einer menschlichen Lebenssituation handelt, einander nicht aus, sondern ein. Nur die Schwerpunkte sind jeweils verschieden. So sehr sich christl. P. an die Urkunde des Ursprungs bindet, so sehr ist sie auch den Gegebenheiten der Gegenwart verbunden. Sie ist nie bloße Textverlesung und nie beschränkt sie sich auf einen Vortrag allg. menschlicher Einsichten. Sie ist selten reine Homilie (versweises Erklären und Auslegen eines Bibeltextes, wie teilweise in der Bibelstunde) und selten textlose Kasualp. (P. aufgrund einer bestimmten Situation, die nicht auf einen bestimmten Bibeltext bezogen wird, sondern die bibl. Überlieferung ganz allg. zum Hintergrund hat, wie z.B. Luthers Invokavitp.en 1522). Dazwischen erstreckt sich ein weiter Raum an Möglichkeiten für die P. zwischen Text und Situation.

b. Der Text der P. wird dem Prediger in den Landeskirchen durch die Ordnung der P.texte für jeden Sonntag des Jahres vorgeschrieben. Der Sinn dieser Vorgabe ist, daß durch die feststehenden →Perikopen (Bibelabschnitte), die sich alle sechs Jahre wiederholen, das Ganze der bibl. Botschaft im Ablauf von sechs Kirchenjahren Stück für Stück entfaltet wird, und der Prediger nicht nur seine eigenen Lieblingstexte und -gedanken predigt.

c. Zur P.aufgabe gehört ebenso, die gegenwärtige Situation für die P. zu bedenken und zu erschließen. Zur Situation gehört das in 2. zu Prediger und allgemeiner Gemeindesituation schon Gesagte. Dazu kommt die aktuelle allg. Weltlage ebenso wie das, was die Menschen in der Gemeinde gerade bewegt, außerdem die gegenwärtigen persönlichen Freuden und Nöte der einzelnen (Kasualien, Seelsorge und Hausbesuche). Die Situation ist nicht ein für allemal feststellbar, sondern verändert sich ständig mit Ort und Zeit (4.).

d. Vom Bibeltext her werden sich Fragen an die jeweilige(n) Situation(en) stellen, von der Situation her Fragen an den Text. Der Prediger wird versuchen, den Text mit der Situation, heute mit damals, auf dem Hintergrund seiner Person und seiner Gemeinde miteinander »ins Gespräch zu bringen«. Er wird dabei von der Situation her den Text meditieren (Ps 1,2: darüber sinnen, eigentlich »murmeln«) und vom Text her die Situation (mit den möglichen Erfahrungen, Vorurteilen, Mißverständnissen, Einwänden seiner Hörer gegenüber dem Text) bedenken. Nicht immer möglich und auch gar nicht nötig ist, Widersprüche zwischen Text und Situation zu harmonisieren. Oft ist es gerade die Distanz, aus der sich neue Perspektiven ergeben. Die P. selber erwächst aus diesem »Gespräch«. Sie soll eine Brücke schlagen zwischen der Botschaft des Textes und der jeweiligen Situation, so daß der Hörer sich angesprochen findet von dem, der durch sein Wort und seinen Geist heute Glauben, Erkennen und Handeln wirkt.

4. Zeit und Ort

a. Auch Ort und Zeit bestimmen Inhalt und Form der P. Möglichst zeitlos oder ortsunabhängig predigen zu wollen, wäre verfehlt, denn gepredigt wird immer und überall nur für ein jeweiliges Jetzt und Hier. In der Regel sind Zeit und Ort der P. die des sonntäglichen Gottesdienstes, in dem eine bestimmte Gemeinde sich versammelt, und in den sich die P. eines bestimmten Predigers zusammen mit Liturgie und Sakramenten einfügt.

b. Gepredigt wird nicht nur einmal, sondern Sonntag für Sonntag im Kirchenjahr und über die Jahre hinweg. Und gepredigt wird nicht nur von einem Pfarrer an einem Ort, sondern von vielen Pfarrern an verschiedenen Orten. So muß nicht in jeder Predigt alles und das gleiche gesagt und gehört werden. Durch gelegentlichen Kanzeltausch und Stellenwechsel der Pfarrer werden immer wieder andere Akzente gesetzt.

c. Gepredigt wird nicht nur heute, sondern durch die Jahrhunderte. Und nicht nur im deutschsprachigen Raum, sondern in vielen Ländern und Sprachen. Zu den meisten Texten findet sich eine reiche P.tradition aus Geschichte und Ökumene, die für Prediger und Gemeinde zum Gewinn werden kann. Die Text- und Situationsgemäßheit der P. wird nicht nur von der gegenwärtigen deutschsprachigen Theologie verantwortet.

5. Inhalt und Form

a. Form und Inhalt der P. stehen in Wechselwirkung zueinander. Eine textgebundene P. wird im allg. die im Text enthaltene Intention mit den im Text vorhandenen Gedanken auf die Situation hin entfalten. Eine mehr situationsbestimmte P. (z.B. eine Kasualp. bei Taufe, Trauung, Beerdigung) wird eher von der Situation her einsetzen und einen Bibeltext darauf beziehen.

b. Ev. P. ist P. des Evangeliums von Jesus Christus, wie es in der Bibel (die damit für den Inhalt der P. unersetzbar ist) bezeugt wird. Ev. P. verschweigt nicht das Gesetz (ohne das die Gnade billig oder das Evangelium zum Gesetz wird), sondern unterscheidet zwischen Gesetz und Evangelium (1.c.), so daß der P.hörer in seiner Situation Gottes Wort als Evangelium so vernehmen und annehmen kann, daß Glaube geweckt wird, Vergewisserung im Glauben geschieht und zum Leben aus dem Glauben angeregt wird.

c. Die Form der P. ergibt sich nicht automatisch aus dem Inhalt (wenngleich dadurch häufig eine Richtung vorgegeben sein mag), sondern richtet sich nach Können und Vermögen von Prediger und Gemeinde. Aus dem Zusammenwirken von natürlicher Begabung, Ausbildung (auch in Rhetorik), Übung, Mühe und Fleiß kann eine nach formalen Gesichtspunkten gute P. entstehen. Weil die P. als Rede den gleichen sprachlichen Bedingungen wie andere Reden unterliegt, kann »gut« in diesem Zusammenhang nur heißen: verständlich und glaubwürdig.

Alle Anregungen zur formalen Gestaltung und alles Bemühen eines Predigers dürfen aber nicht dazu führen, daß seine Person hinter der P. unsichtbar wird. Er muß sich gleichzeitig immer dessen bewußt bleiben, was er selber nicht »machen« kann, sondern zu erbitten hat: das Wirken des Heiligen Geistes. So lebt eine rechte P. von der ständigen Bitte des Predigers und der Gemeinde: Veni creator spiritus!

Lit.: R. Bohren: Predigtlehre, 1971; H.W. Dannowski: Kompendium der Predigtlehre, 1985; H. Jetter et al. (Hg.): Evangelischer Erwachsenenkatechismus, [5]1989, 1039–1053; H. M. Müller: »Homiletik«, TRE 15, 1986, 526–565; A. Niebergall: »Die Geschichte der christlichen Predigt«, in: Leiturgia II, 1957, 181–352; D. Rössler: Grundriß der Praktischen Theologie, 1986, 308–359; F. Winter: »Die Predigt«, in: Handbuch der Praktischen Theologie II, 1974, 197–312.

Th. Sorg/P.-G. Schöll

Pregizer, Christian Gottlob (1751–1824)

P., geb. am 18. 3. 1751 in Stuttgart, Studium in Tübingen (Stift), dort 1779 Schloßprediger, 1783 Heirat mit Eleonore Hörner (gest. 1814) und Pfarrer in Grafenberg bei Metzingen, 1795 Stadtpfarrer in Haiterbach bei Nagold bis zu seinem Tod am 30. 10. 1824.

P. gehört zu den Glaubensvätern und Erwekkungspredigern des schwäbischen →Pietismus. Er ist nicht durch ein besonderes Schrifttum, sondern durch die Gemeinschaft bekannt, die sich noch heute nach ihm nennt und an etwa 50 Orten in Alt-Württemberg verbreitet ist. Von P. hat sie die Treue zur Kirche und die fröhliche →Heilsgewißheit aus der Taufgnade, als äußere Besonderheit auch den Friedensgruß (Kuß) und die Brüderbesuche übernommen.

P. entstammt einem frommen Elternhaus, lernte während des Studiums die »collegia pietatis« kennen und wurde mit J. A. →Bengels exegetischem und Fr. Chr. →Oetingers emblematischem Umgang mit der Bibel vertraut. Schon als Vikar (in Oetingers Nähe) hielt er Erbauungsstunden und führte sie auch erfolgreich in Grafenberg ein. Stets achtete er dabei auf sorgsame Einhaltung des Pietistenreskripts von 1743. An all seinen Wirkungsstätten gewann er durch pünktliche Amtsführung, beispielhaften Lebenswandel und nachgehende Seelsorge große Anerkennung und das Vertrauen der Gemeinde. Wegen seiner hervorragenden Begabung, das Wort Gottes lebensnah und erwecklich zu predigen, strömten die Menschen aus dem ganzen Umland nach Haiterbach. Dabei betonte er, ausgehend von der effektiven Taufgnade, ein Freudenchristentum, das jedoch von separatistischen Gruppen (die »Seligen«) schwärmerisch mißverstanden wurde. Er hatte sich deswegen 1808 vor dem Konsistorium zu verantworten (sein »Glaubens- und Hoffnungsbekenntnis«). In der Folgezeit zog er eine klare Trennungslinie zu den radikalen Kreisen.

Lit.: W. Krohmer: Glaubensväter der Kirche, 1987, 44-55; G. Müller: Christian Gottlob Pregizer, 1961.

H. Maurer

Preisfindung (gerechter Preis)

1. Begriffsbestimmung

Unter Preis versteht man allg. das Austauschverhältnis von Wirtschaftsgütern, das in Geldökonomien in Form von Geldeinheiten ausgedrückt wird. Preis bedeutet ursprünglich »Ruhm, Herrlichkeit, Lob, Anerkennung« (lat. *pretium*; griech. *timä*, z. B. »Lobpreisung Gottes«).

Das Problem der P. ergibt sich aus der Arbeitsteilung, die Tausch notwendig macht. Dadurch stellt sich die Frage nach der Tausch-Äquivalenz. Hierbei kann es um die Höhe des Preises gehen und um die Spielregeln seines Zustandekommens (Rahmenbedingungen). Demzufolge kann das Problem der P. als materielles Problem oder als formales Problem verstanden werden.

2. Der gerechte Preis

Nach aristotelischer Lehre ist der Preis gerecht, wenn er jedem das Seine ermöglicht und damit Autarkie und Arbeitsteilung in der Polis sichert. →Aristoteles betont den Gedanken der Äquivalenz, wodurch der gerechte Preis Voraussetzung für ein stabiles Gemeinwesen wird. Der Fortbestand der Produktion ist nur gesichert, wenn der Verkaufspreis dem Produzenten seine Mühen und Kosten *(labores et expensae)* deckt *(iustitia commutativa)* und ein standesgemäßes Einkommen ermöglicht *(iustitia distributiva)*. Dies entspricht dem minimalen Angebotspreis, der die Reproduktion der Güterversorgung in einer Standesgesellschaft sichert.

Der maximale Nachfragepreis ergibt sich aus der kollektiven Wertschätzung des Gutes *(communis estimatio)*.

Im Ausgleich von Angebots- und Nachfragepreis ergibt sich in der aristotelischen Äquivalenz-Lehre ein gerechter Preis als solcher, der divergierende Interessen von Anbietern und Nachfragern zum Ausgleich bringt. Ein von monopolistischen Verzerrungen freier, langfristiger Durchschnittsmarktpreis wäre demzufolge als gerecht anzusehen.

Die ältere →Scholastik (Nominalisten) bevorzugt jedoch eine behördliche Preisfestsetzung, um »nutzloses und gottloses Feilschen« zwischen Käufern und Verkäufern zu unterbinden. Dabei entgeht ihr, daß dieses Feilschen einen notwendigen Koordinations- und Wissensverarbeitungsprozeß darstellt, der den Marktpreis erst erkennen läßt. Die jüngere Interpretation der Scholastik sieht den Marktpreis als gerecht an und lehnt Preisinterventionen ab. Allerdings wird das Äquivalent nur in einem auf beiden Seiten vorherrschenden Konkurrenzverhältnis erreicht. Bei vorhandener Monopolmacht muß nach Ansicht der Scholastiker ein behördlicher Eingriff in die Preisbildung erfolgen. Nach →Thomas von Aquin muß der Preis die Kardinaltugend der →Gerechtigkeit erfüllen, die monopolistische Machenschaften verbietet und eine rechte Wirtschaftsgesinnung verlangt, die den Dienst am Nächsten betont.

Die ökonomische Klassik betont als Äquivalent den subjektiven Wert und Nutzen eines Gutes und gerät damit in Werteparadoxa: (a) Nutzen und Preis stimmen selten überein und (b) nützliche Güter (Wasser) sind oft billiger als unnütze (Diamanten). Die objektive Werttheorie betont die Bedeutung der Produktionskosten, wobei der Gebrauchswert die Existenz aber nicht die Höhe des Preises bestimmt.

In der Neoklassik gelang die Lösung der Werteparadoxa. Ein Gleichgewicht wird bei funktionierender Konkurrenz nicht durch Gleichheit der Nutzen, sondern der Grenznutzenverhältnisse der Güter erzielt.

3. Funktion des Preissystems

Die moderne Preistheorie instrumentalisiert den Preismechanismus. Dabei kommen der P. folgende Funktionen zu:

- Planabstimmungsfunktion,
- Knappheitsmesser,
- Allokationsfunktion (Produktionsfaktoren werden dort eingesetzt, wo ihre Rentabilität am größten ist),
- Strukturanpassungsfunktion (funktionierende Preise erlauben dynamische Strukturanpassungen),
- Verteilungsfunktion.

Der Preis bietet keine Entlohnung nach »Anstrengung«, sondern richtet sich nur nach der Knappheit erbrachter Leistungen. Das Entlohnungsprinzip heißt Güterknappheit! Die Erfahrung lehrt, daß der Staat Zurückhaltung bei gut gemeinten Eingriffen in das Preissystem üben soll, da viele wirtschaftl. Problembereiche Ergebnis staatlicher Preisinterventionen sind (Arbeitslosigkeit, Agrarüberschüsse, Verkehrsprobleme u. a.).

Lit.: J. W. Baldwin: The Medieval Theories of the Just Price. Romanists, Canonists and Theologians in the Twelfth and Thirteenth Centuries, Ann Arbor; Trans. Amer. Phil. Soc. 49:4 (1959), 3-92; U. Fehl: Die Frage nach dem gerechten Preis, in: G. Gutmann, A. Schüller (Hg.): Ethik und Ordnungsfragen der Wirtschaft, 1989, 249–267 (Lit.); R. Kaulla: Die Lehre vom gerechten Preis in der Scholastik, in: Zeitschrift für die gesamte Staatswissenschaft 60 (1904), 579–602; W. Lachmann: Volkswirtschaftslehre I: Grundlagen, [2]1993; F. Ritzmann: »Preis, Preisbildung«, in: Lexikon der Wirtschaftsethik (hg. von G. Enderle et al.), 1993, 832–836.

W. Lachmann

Presbyter →Älteste

Presbyterianer →Reformierte Kirchen

Presbyterianismus →Kirchenverfassung

Presse →Medien, Medienarbeit; →Publizistik, christliche; →Literaturarbeit; →Zeitschriften

Priester

a) biblisch

Die Bibel steht positiv zu dem aus der Sicht der Religionsgeschichte bestätigten Sachverhalt, daß es vorisraelit. den P. (hebr. *kohen)* gab (Melchisedek: 1Mo 14,18ff; Ps 110,4; s.u.; Jetro, der P. Midians: 2Mo 2,16-3,1; 18).

Die drei Aufgaben des P.s werden im Levisegen (5Mo 33,8-11) beschrieben: An allererster Stelle steht in 5Mo 33,10 die Lehre, die Kundgabe einfacher Orakelbescheide in der Frühzeit (5Mo 33,8a; 1Sam 28,6; exilisch in 2Mo 28,30 bereits ohne Funktion), später durch die Weitergabe des rel. Elementarwissens an das Volk (bei Hosea: der Gebote und der grundlegenden heilsgeschichtl. Überlieferungen, Hos 4,1-5,1), da sonst das Volk verwildern würde (2Mo 32,25; Spr 29,18). Die Leviten sahen sich daher als die Überlieferer des fünften Mosebuches (5Mo 17,18; 31,9). Aus priesterlich-prophetischer Hand sind im AT das Hesekielbuch und Sach 1-8 hervorgegangen. Auch Jeremia stammte aus einem P.geschlecht (1,1). V.a. sind wegen ihrer theol. Bedeutung die (auch von R. Rendtorff und israelischen Gelehrten als solche angesehenen) priesterlichen Teile des →Pentateuch zu nennen (die sog. P.schrift, z.B. 1Mo 1,1-2,4a; 17; 23; 2Mo 6,2ff; 24,15ff; 25-31; 35-40 und das ganze dritte Mosebuch mit dem Mosebruder Aaron als priesterlichem Ideal). Diese spezifische P.literatur deutet auch die Breite des atl. P.wissens an: Die P. fungierten z.B. auch als »Gesundheitsamt« (3Mo 13f; 5Mo 24,8; Mk 1,44). Der priesterliche Unterricht erfolgte personal zwischen Vater und Sohn und bedeutete daher die Erblichkeit des P.amtes; Adoption war jedoch möglich (1Sam 1f). An zweiter Stelle nennt 5Mo 33,10 als priesterliche Aufgabe das Vorzeigen und Bewahren des heiligen Tempelfeuers (vgl. 3Mo 10,1ff), also auch die allg. Sorge für das Heiligtum. Erst an dritter Stelle nennt 5Mo 33,10 →Opfer, da diese vorexilisch von den Familienvätern (nachjosianisch: 5Mo 18,1ff) und nachexilisch nur noch von den Leviten und P.n dargebracht werden durften. War in der Königszeit der judäische König zugleich Oberp. des Jerusalemer →Tempels (2Sam 6,14; 2Kön 15,5; 16,18; Hes 43,7f), so bedurfte es nachexilisch des Amtes des Hohenpriesters (Sach 3f), in dem zugleich messianische Würde aufgehoben war (Sach 6,9ff).

Das NT bekennt daher in Jesus mit seinem Sühnopfer sowohl den erschienenen Messias als auch den wahren Hohenpriester, allerdings nicht im Sinne des spätjebusitischen Geschlechts Zadoks (2Sam 8,17 u.ö.), sondern des Urpriesters Melchisedek (s.o., Mk 12,35-37; 14,53ff; Hebr 7). Ähnlich der Qumran-Gemeinde (1QS 8,4ff u.ö.) betont das NT u.a. aufgrund von 2Mo 19,5f die Ausdehnung des priesterlichen Ideals auf das endzeitliche Gottesvolk, so daß auch dessen primärer Auftrag das personale Lehren ist (1Petr 2,9; Mt 28,18-20).

Lit.: A. Cody: A History of Old Testament Priesthood: AnBib 35, 1969; ders.: »Aaron«, in: TRE 1, 1977, 1-5; A. H. J. Gunneweg: Leviten und Priester. Hauptlinien der Traditionsbildung und Geschichte des israelitisch-jüdischen Kultpersonals: FRLANT 89, 1965; L. Sabourin: Priesthood. A Comparative Study: (Suppl zu Numen 25), 1973; H. Seebaß: »Levi/Leviten«, in: TRE 21, 1991, 36-40.

Th. Pola

b) theologiegeschichtlich

Schon in einzelnen Schriften der →Apostolischen Väter (Did, 1Clem) zeigt sich eine vom ntl. Sprachgebrauch abweichende Übernahme atl.-kultischer Begriffe für die Bezeichnung gottesdienstlicher Vollzüge und kirchl. Ämter. Die kirchl. Amtsträger werden mit den atl. Priestern in Parallele gesetzt, und das Abendmahl wird als Opfer bezeichnet. Dieser zunächst metaphorische Sprachgebrauch wandelt sich bald zu einem realistischen Verständnis und gewinnt eine zunehmend sakramentale Dimension. Ihren Höhepunkt findet diese Entwicklung in Definitionen →Cyprians von Karthago (um 250), die eine für die Folgezeit normgebende Wirkung erhalten sollten. Er bezeichnet das Abendmahl als eine Vergegenwärtigung des Kreuzopfers Jesu, bei der der Liturg an »Christi Statt waltet; denn was Christus befohlen hat, ahmt er nach und bringt in der Kirche ein wahres und volles Opfer dar« (Ep 63,144).

Aus der Verknüpfung mit diesem eucharistischen Opferverständnis ist der Weg zu einer dezidiert priesterlichen Wesensbestimmung des kirchl. →Amtes gewiesen. →Ordination und Amtseinsetzung entwickeln sich immer mehr zur Priesterweihe, die die aktiv kultisch-sakramentale Sonderstellung der Amtsträger begründet. Während im Bereich der östlichen Theologie dabei die Teilhabe an geistl. Vollkommenheitsgraden als Abbild einer himmlisch-kirchl. Hierarchie in den Vordergrund rückt, steht in der westlichen Theologie der Gedanke einer absoluten und unverlierbaren sakramentalen Vollmachtsübertragung im Mittelpunkt. →Augustinus' Ansätze (um 400), die in diese Richtung weisen, werden später im Sinne eines »character sacramentalis et indelebilis« weiter entfaltet und faktisch dogmatisiert. Das →Tridentinum und der »Catechismus Romanus« (1566) befestigen die Lehre vom besonderen Amtspriestertum und seinen sakrifiziellen Vollmachten und verteidigen sie gegen die reformat. Neubestimmung des Amtes als Predigt- und Verkündigungsdienst. Sie schreiben das Weihepriestertum mit seinen sakramentalen Grundlagen und seinem besonderen mittlerischen Vollmachtsstatus gegenüber den Laien als unaufgebbaren Teil der hierarchischen Grundverfassung der röm.-kath. Kirche fest. Die reformat. Theologie kennt ein Priestertum nur als das allgemeine →Priestertum aller Gläubigen.

Lit.: H. v. Campenhausen: »Die Anfänge des Priesterbegriffs in der Alten Kirche«, in: ders.: Tradition und Leben, 1960, 272ff; J. Martin: Der priesterliche Dienst III. Die Genese des Amtspriestertums in der frühen Kirche, 1972; A. M. Ritter, G. Leich: Wer ist die Kirche? Amt und Gemeinde im Neuen Testament und in der Kirchengeschichte, 1968.

K. P. Voß

c) systematisch-theologisch

Die Definition des kirchl. Amtes als Priestertum ist wesenhaft und untrennbar verknüpft mit einem kultisch-sakrifiziellen Gottesdienstverständnis. Insofern nimmt das priesterliche Amtsverständnis insbesondere im Bereich der kath. und orth. Ekklesiologie einen konstitutiven Platz ein.

Die liturg. Zentralstellung der Eucharistie im Bereich der röm.-kath. Theologie, verbunden mit der Deutung der Messe als sakramentale Opferhandlung (Meßopfer), macht den ordinierten Amtsträger vorrangig zum geweihten Priester und vollmächtigen Sakramentsspender mit einer einzigartigen und unverlierbaren Wandlungsvollmacht (Transsubstantiation). In seiner mediatorischen Rolle ist er ein Repräsentant Christi, der das Opfer Christi »unblutig« nachvollzieht und so in seiner Heilskraft wirksam werden läßt. Er wird zum alleinigen kirchl. Mittler des durch die Sakramente vergegenwärtigten göttlichen Heils.

Nach reformat. Verständnis ist diese priesterliche Definition des Amtes eine unzulässige sakrale Überhöhung und Ausweitung kirchl. und menschlicher Funktionen. Es widerspricht fundamental der eschatologischen Stellung des Priestertums Christi. Christus allein ist Priester und Mittler zwischen Gott und Menschen. Sein Tod ist ein einmaliges, ein für allemal ausreichendes sühnestiftendes Opfer (Hebräerbrief), das alle menschlichen Opferhandlungen, die auf die Herstellung und Erneuerung der Gottesgemeinschaft zielen, überflüssig macht. Seine Würde als priesterlicher Heilsmittler ist exklusiv. Und das in ihm begründete und geschenkte Heil ist nicht an eine amtlich-priesterliche Vermittlung gebunden. Ein kirchl. Amtspriestertum ist aber nach reformat. Anschauung nicht nur aus christologischen und rechtfertigungstheol. Gründen problematisch und unzulässig. Es führt auch zu einer ekklesiologisch unhaltbaren Aufspaltung der Kirche in Kleriker und Laien. Denn es mißachtet und relativiert den gemeinsamen und gleichwertigen geistl. Status aller Glaubenden. Der Unteilbarkeit und Exklusivität des mittlerischen Heilspriestertums Christi entspricht auf gemeindlicher Seite allein die Allgemeinheit des geistl. →Priestertums aller Gläubigen. Das kirchl. →Amt hat daneben keine andersartige und zusätzliche priesterliche Würde und Qualität, sondern ist lediglich und wesenhaft Dienst am Evangelium (*ministerium verbi*). Alle priesterlichen Attribute und Vollmachten sind keine sakramentalen Amtsprivilegien, sondern geistl. Kennzeichen der im Glauben geschenkten gemeinsamen Würde der Gotteskindschaft und der gemeinsamen Berufung der Gemeinde und aller ihrer Glieder, Zeugen und Anwälte der Versöhnung Gottes in dieser Welt zu sein.

Lit.: G. Ebeling: »Das Priestertum in protestantischer Sicht«, in: ders.: Wort Gottes und Tradition, 1964, 183–196; B. Lohse: Priestertum in der christlichen Kirche, RGG³ V, 578ff; W. Pannenberg (Hg.): Lehrverurteilungen – kirchentrennend? Teil III. Materialien zur Lehre von den Sakramenten und vom kirchlichen Amt, 1990.

K. P. Voß

Priesterschrift →Pentateuch

Priestertum aller Gläubigen

Der Gedanke vom P.a.G. hat seine bibl. Wurzeln in der Berufung und Erwählung der Gemeinde zum Gottesvolk des Neuen Bundes. Atl. Erwählungsprädikate vom »heiligen Volk« und der »königlichen Priesterschaft«, die ursprünglich Israel galten (2Mo

19,6; Jes 61,5f), werden dabei im NT auf die Gesamtheit des endzeitlichen Gottesvolkes, die Christusgemeinde aus Juden und Heiden, übertragen (1Petr 2,59; Offb 1,6; 5,10; 20,6).

In altkirchl. Zeit bleibt das P.a.G. ein immer wieder angeführtes ekklesiologisches Grundmotiv. In Anknüpfung an die bibl. Erwählungstexte dient es überwiegend dazu, der allgemeinen geistl. Berufung und Wesensbestimmung der Kirche Ausdruck zu verleihen und insbesondere den Kontrast und die heilsgeschichtl. Differenz zwischen neuem und altem Gottesvolk, Kirche und Judentum, zu markieren. In Verbindung mit dem Motiv von der Geistsalbung im Rahmen der Tauflehre und Taufpraxis, symbolisiert es insbesondere die geistl. Würdestellung der →Gotteskindschaft, die darin besteht, Gott geistl. Opfer zu bringen.

Ein kritischer Gegensatz zum sich etablierenden und sakramental untermauerten Priesteramt (→Priester) entsteht dabei kaum. Nur vereinzelt kommt es zu Kollisionen mit der sich ausbildenden priesterlichen Amts- und Weihetheologie. So z.B. bei →Tertullian (um 200), der in seiner montanistischen Phase für ein Notrecht der Laien zur Sakramentsausteilung eintritt und sich dabei auf das P.a.G. beruft. Aber eine grundsätzliche Abweisung des kirchl. Amtspriestertums ist damit nicht verbunden. Auch in der →Scholastik bleibt es bei der Lehre vom »doppelten Priestertum«, die nun noch weiter theoretisch ausgeformt wird und dabei dem Weihepriestertum der Kleriker eindeutig die Priorität beimißt.

Ein amtskritisches Profil und eine reformerische Stoßkraft erhält der Gedanke erst durch die schärfere und zugespitzte Interpretation Luthers im Rahmen seiner reformat. Kirchentheologie. Unter Berufung auf das NT hebt Luther hervor, daß priesterliche und kultische Begriffe und Merkmale in der röm. Kirche illegitimerweise auf kirchl. Ämter übertragen worden sind. Sie können darum auch nicht die Grundlage für eine besondere herrschaftsbegründende Rechts- und Vollmachtstellung der Kleriker innerhalb der Kirche abgeben. Eine solche Sonderstellung widerspricht vielmehr gerade der geistl.-bruderschaftlichen Struktur der Kirche als »→communio sanctorum«. Christus allein ist der einzige und wahre Priester, dessen Mittlerstellung und Opferhandeln durch Menschen nicht fortzuführen ist. Neben ihm, dem einen messianischen Priester, ist kein Platz für andere priesterliche Mittler- und Machtstellungen in der Kirche. Dem einen Priester, Christus, stehen alle Christen gegenüber, die durch ihn im Glauben und in der Taufe unterschiedslos Anteil haben an dem gleichen Geist und den gleichen Heilsgaben und darum mit ein- und derselben geistl. Würde (König, Priester, Prophet) und Vollmacht ausgestattet sind.

Ganz rigoros lehnt Luther jede amtsbedingte Abstufung der Vollmacht ab. Der Gedanke des P.s a.G. begründet für ihn nicht nur eine Gleichheit in der Gottesgemeinschaft, sondern auch eine prinzipielle Vollmachtsgleichheit und daraus sich ergebende gleichwertige charismatische Dienstgemeinschaft in der Kirche. Alle Christen sind zu gleichwertigen Zeugen Christi berufen. In diesem Zusammenhang greift Luther auf Einzelaspekte der ntl. Charismenlehre, insbesondere 1Kor 14, zurück und entwickelt an ihnen das Modell einer hierarchiefreien und privilegfreien Gemeinde (so u.a. in »Daß eine christliche Gemeinde Recht und Macht habe ...« 1523, WA 11). Auf dem Hintergrund der Auseinandersetzung mit radikalreformat. Kreisen und ihren spiritualistischen Tendenzen betont Luther jedoch immer mehr die Wichtigkeit und funktionsbündelnde Zentralstellung des ordentlichen Predigt- und Pfarramtes. Durch die gleichzeitige Ausbildung des landesherrlichen Kirchenregiments verliert das P.a.G. mit seinen charismatisch-gemeindeorientierten Ansätzen letztlich jede kirchengestaltende Wirksamkeit.

So blieb das P.a.G. lange Zeit eine weitgehend uneingelöste Entdeckung der luth. Reformation. Erst in radikalreformat. Kreisen (Schweizer →Täufer, →Karlstadt), aber auch in der Folgezeit, hat es seine besondere ideelle und kirchenreformerische Wirkungsgeschichte entfaltet. Dabei hat das P.a.G. durchaus unterschiedlichen kirchl. Erneuerungs- und Reformansätzen als Leitbegriff gedient. Verstärkt aufgegriffen wurde es von Ph.J. →Spener (um 1680) in seinen Bemühungen um eine geistl. Erneuerung der Kirche (»collegia pietatis«), ebenso bei der Begründung der evangelist. und diakon. Tätigkeit von »Laien« im Rahmen der Inneren Mission durch J.H. →Wichern (um 1850). Besonders aber im Raum der freikirchl. Gemeindebewegungen (→Methodisten, →Baptisten, →Bund Freier evangelischer Gemeinden) wurde das Postulat zum Ausgangspunkt für Gemeindebildungen, die weniger amtszentriert waren und die Fülle und Gleichwertigkeit gemeindlicher Dienste und Funktionen betonten. Damit sollte eine möglichst starke Beteiligung der Gemeinde am Gemeindeleben erreicht werden. In der jüngeren Diskussion um Kirchenreform und Gemeindeaufbau gewinnt das Lehrmotiv neue Aktualität. Strömungen innerhalb der heutigen charismatischen Bewegung und auch Ansätze innerhalb der kath. Basisgemeinden (L. Boff) berühren sich in dem gemeinsamen Interesse am P.a.G. und in dem Bemühen, seiner theol. Wiederentdeckung und seiner vielschichtigen kirchl.-strukturellen Umsetzung neuen Nachdruck zu verleihen.

Lit.: H.M. Barth: Einander Priester sein. Allgemeines Priestertum in ökumenischer Perspektive, 1990; L. Boff: Kirche: Charisma und Macht, 1990; E. Brandt: »Das allgemeine Priestertum im Leben der Baptistengemeinden«, in: Una Sancta 1989, 91ff; J. H. Elliott: The Elect and the Holy. An exegetical examination of 1. Petr 2,4-10 and the Phrase basileion hierateuma, 1966 (NT.S 12); K. P. Voß: Der Gedanke des allgemeinen Priester- und Prophetentums. Seine gemeindetheologische Aktualisierung in der Reformationszeit, Diss. Wuppertal 1990 (Lit.).

K. P. Voß

Primat des Petrus →Papst, Papsttum

Primiz →Priester

Priscillianismus

Der P. war eine Bewegung im späten 4. Jh., die auf Spanien und Südfrankreich beschränkt blieb und offenbar asketische Anliegen gegen eine sich verweltlichende Amtskirche verfocht. Ihr Führer war der vornehme Spanier Priscillian, der – trotz Verurteilung 380 in Saragossa – Bischof von Avila wurde und viele Anhänger, auch Kleriker und Bischöfe, fand. Die abendländische Kirche, auch →Ambrosius, →Augustinus sind gegen ihn vorgegangen. 385/386 wurde er in Trier mit vier seiner Anhänger verurteilt und hingerichtet: der erste christl. Märtyrer im christl. gewordenen Staat. Noch im 6. Jh. finden sich in Spanien Spuren dieser Bewegung. In der Einschätzung Priscillians gibt es zwei Positionen: (1) Er sei Asket und Pneumatiker altchristl. Prägung, zu Unrecht der Häresie verdächtigt, weil er den Vertretern der Amtskirche zuwider war. (2) Er habe gnostische (→Gnosis) und manichäische Vorstellungen (→Mani, Manichäismus) in allerlei theol. Fragen vertreten und sei zu Recht verurteilt worden.

Lit.: W. Schatz: Studien zur Geschichte und Vorstellungswelt des frühen abendländischen Mönchtums, Diss. Freiburg/Breisgau 1957; B. Vollmann: Studien zum Priscillianismus, Diss. Rom 1963.

G. Ruhbach

Privatschule, christliche

P. ist ein Begriff, der im Grundgesetz Art. 7 Abs. 4 und 5 verwendet wird und generell alle nichtöffentlichen Schulen meint. Unter »Schule« verstehen wir eine organisierte, auf eine bestimmte Mindestdauer angelegte Unterrichtseinrichtung, in der durch planmäßige gemeinschaftliche Unterrichtung in einer Mehrzahl von Gegenständen bestimmte Lern- und Erziehungsziele verfolgt werden. Wo diese Bedingungen nicht erfüllt werden, wird von Bildungseinrichtungen (z.B. Familienbildungsstätten, Fortbildungsstätten für gemeindepädagogische Dienste etc.) gesprochen. Die meisten P. befinden sich in kirchl. Trägerschaft. Schon aus diesem Grunde liegt es nahe, den Begriff »Schulen in freier Trägerschaft« oder kurz »Freie Schulen« zu bevorzugen, da die Kirchen rechtlich keine privaten Träger sind. Hinzu kommt, daß die Idee der Freien Schule, die im 19. Jh. bereits gedacht wurde (Stein, Schleiermacher, Dörpfeld), im 20. Jh. unter den Bedingungen einer freiheitlich-demokratischen Lebensordnung verwirklicht werden konnte und mit dem veralteten Begriff P. heute gemeint ist.

Christl. P.n sind demnach Schulen in freier Trägerschaft, die, von ihrer christl. Zielsetzung wie von ihrer organisatorischen Mitgliedschaft im Arbeitskreis kath. freie Schulen und der Arbeitsgemeinschaft ev. Schulbünde zusammengeschlossen, sich von den übrigen Freien Schulen abheben. Nach Weiss/Mattern (1989; 161) handelt es sich um über 70% aller Freien Schulen (1983). Auf ev. Seite werden für 1992 folgende Zahlen angegeben (Handbuch freie Schulen 1993; 115):

120 allgemeinbildende Schulen,
225 Schulen für Behinderte,
290 berufliche Schulen,
185 Krankenpflegeschulen.

Dazu werden dort noch 210 Bildungseinrichtungen erwähnt. Diese verstehen sich oft als Teil der Diakonie und arbeiten im Zusammenhang großer Diakoniewerke wie z.B. in Bethel und Neuendettelsau (Flitner 1980, 11).

Ev. Schulen sind von ihrer Zielsetzung christl. Institutionen. Sie wollen in freier Trägerschaft dem Schüler helfen, seine Bestimmung als Mensch zu finden und zu verwirklichen, wie sie die Bibel uns zeigt (EKD-Synode 1978). So entspricht dem bibl. Menschenbild, daß das Lernen als Ausdruck eines von Gott geschenkten Lebens erfahren und nicht als Dauerwettkampf in beständiger Konkurrenzsituation erlebt werden kann, daß das Schulleben als ein Netz der Verbundenheit von Eltern, Schülern und Lehrern verstanden wird, das dem

Schüler Schutz und Ermutigung gewährt, so daß er die Lebenskonflikte selbst bewältigen lernen kann; daß Eltern, Schüler und Lehrer sich auf Inhalte einer Erziehung für eine gerechte und lebensfähige Gesellschaft verständigen, die im behutsamen Gespräch zwischen den Generationen zu verwirklichen unaufgebbares Ziel einer christl. Schule ist. Ihre Finanzierung richtet sich danach, ob sie im Sinne des Grundgesetzes Art. 7 als Ersatzschule oder als Ergänzungsschule zu gelten hat. Als Ersatzschule hat sie einen Rechtsanspruch auf staatliche Finanzhilfe, die sich je nach der Gesetzgebung der Bundesländer auf die laufenden Kosten dieser Schule bezieht. Deckungslücken zwischen Kosten und staatlicher Finanzhilfe werden durch Einnahmen eines Schulgeldes oder Elternbeitrages aufgefüllt. Stipendien, Geschwisterermäßigung oder nach sozialen Gesichtspunkten gestaffelte Schulgelder helfen soziale Härten zu vermeiden. Da die Ersatzschulen, die grundsätzlich genehmigungspflichtig sind, den Anforderungen der staatlichen Pflichtschulen genügen, werden ihnen die staatliche Anerkennung und das staatliche Prüfungsrecht zuerkannt. Anders verhält es sich bei den Ergänzungsschulen, die lediglich bei den staatlichen Behörden angemeldet werden müssen. Sie haben keinen Anspruch auf staatliche Finanzhilfe und bleiben ohne staatliche Anerkennung und staatliches Prüfungsrecht.

War es früher der Landesherr, der durch die öffentliche Schule fähige und willige Untertanen heranbildete und den Schulbesuch durch die Schulpflicht erzwang, so ist die Situation heute umgekehrt: Der mündige Bürger hat einen Anspruch auf angemessene Bildung und freie Entfaltung der Persönlichkeit (Grundgesetz Art. 2 und 5). Diesem Anspruch hat der Staat durch ein differenziertes Schulwesen zu entsprechen. Dort, wo der Staat bestimmte öffentliche Bildungsaufgaben nicht oder nur unzureichend berücksichtigt, tritt nach dem Subsidiaritätsprinzip Schule in ev. oder kath. Trägerschaft als alternative Schule auf. Neu ist die Entwicklung, das einheitliche Staatsschulwesen zu durchbrechen und die Selbständigkeit der einzelnen Schule zu betonen. Damit soll die Gleichwertigkeit vielfältiger Bildungsangebote herausgestellt werden gegenüber dem veralteten Prinzip der Einheitlichkeit und Gleichartigkeit aller Schulen. →Bekenntnisschulen, →Waldorfschulen.

Eine neue Art christl. P. entstand um das Jahr 1980 herum. Evangelikal geprägte Christen schufen in eigener, freier Initiative »Evangelische Bekenntnisschulen«, die »Schulen auf biblischer Basis« sein wollen. Beunruhigt durch die Schulreformen der 60er und 70er Jahre mit ihren Leitideen von Emanzipation und Konfliktpädagogik suchte man hier den Anschluß an die pietistische Schultradition vor allem A. H. →Franckes. In den älteren christl. P.n sah man keine inhaltliche Alternative zu den staatlichen Schule. In den neuen Schulen soll die Bibel das Menschenbild der Pädagogik ebenso bestimmen wie die Inhalte des Unterrichts (Kritik der humanistischen Bildungstradition; Ablehnung der Evolutionslehre) und das Zusammenleben von Schülern, Lehrern und Eltern. Die ersten Schulen dieser Art entstanden in Reutlingen, Bremen, Gießen und Frankfurt/Main. Zur Zeit (1994) gibt es 33 »Evangelische Bekenntnischulen«, zu denen sowohl Grundschulen, Haupt- und Realschulen als auch Gymnasien gehören.

Lit.: Arbeitsgemeinschaft Evangelischer Bekenntnisschulen AEBS (Hg.): Schule auf biblischer Basis, 1985; A. Flitner, H. U. Gallwas: Privatschulen und öffentliches Schulsystem. Beiträge zur Gesellschafts- und Bildungspolitik 58, 1980; D. Goldschmidt, P. M. Roeder: Alternative Schulen? Gestalt und Funktion nichtstaatlicher Schulen im Rahmen öffentlicher Bildungssysteme, 1979; Handbuch freie Schulen, hg. von der Arbeitsgemeinschaft Freier Schulen, 1993; H. B. Kaufmann: Die Christen und die Schule in staatlicher und in freier Trägerschaft, 1989; Kirchenamt der EKD (Hg.): Die Denkschriften der Evangelischen Kirche in Deutschland, Bd. 4: Bildung und Erziehung, 1987; M. Weiss, C. Mattern: Federal Republic of Germany: The Situation and Development of the Private Schools in ten Countries: policy and practice, 1989, 151–178.

H. E. Hamer

pro vita – Freikirchliche Initiative für das Leben

Als erste ev. Bürgerinitiative zum Schutz des ungeborenen Lebens in Deutschland wurde »pro vita – Freikirchliche Initiative für das Leben« 1980 auf Initiative des baptistischen Frauenarztes W. Furch gegründet. Ihre Ziele sind:

– in christl. Gemeinden ein Bewußtsein dafür zu wecken, daß der Schutz ungeborener Kinder ein Gebot der Menschlichkeit und für Christen eine besondere Verpflichtung ist,

– eine gemeindenahe Hilfskette für in Not geratene schwangere Frauen aufzubauen,

– Ärzte und Pflegepersonal zu unterstützen, die sich Abtreibungsansprüchen verweigern, und

– die öffentliche Meinung ebenso wie polit. Entscheidungsträger in Richtung eines wirksameren Lebensschutzes zu beeinflussen.

Organisatorisch wurde die Form eines lockeren Freundeskreises um einen 12-15köpfigen Leitungskreis herum gewählt, seit 1983 rechtlich getragen vom Ev.-Freikirchl. Sozialwerk Hannover e.V. Die Mitarbeiter stammen überwiegend aus Baptistengemeinden und Freien ev. Gemeinden; zu den Leitungen der beiden Gemeindebünde und zur Deutschen Evangelischen →Allianz bestehen enge Verbindungen. Die Arbeitsbereiche der Initiative sind Vortragsdienste, Erstellung von Informations- und Studienmaterial, Bildungsarbeit, Öffentlichkeitsarbeit, Schulung von ehrenamtlichen Beratern, Hilfe in Notlagen (durch Beratung und Betreuung vor Ort, Vermittlung von Wohnraum u.a.). »pro vita« ist auch Gründungsmitglied der »Arbeitsgemeinschaft Lebensrecht«, eines Koordinationskreises verschiedener Lebensrechtsgruppen.

Lit.: R. Beckmann et al.: Abtreibung in der Diskussion, 1991; E. Blechschmidt et al.: Kinder – unsere Zukunft, 1988; W. Furch: Abtreiben – eine Lösung?, 1986; ders. (Hg.): Es wird ein Mensch gemacht ... Biotechnische Möglichkeiten und Ethik im Konflikt, 1986; ders. (Hg.): (K)eine Chance für Behinderte? Zur Frage der vorgeburtlichen Diagnostik, 1989.

U. Swarat

Probabilismus

P., von lat. *probabilis,* »wahrscheinlich, billigenswert, annehmbar«, ist zunächst eine in der kath. Moraltheologie entwickelte Methode ethischer Urteilsbildung. P. bezieht sich auf die Handlungen, für die es keine sicheren, von allen anerkannten Handlungsanweisungen gibt (→Ethik; Relativismus). Der bes. von Jesuiten vertretene P. vertritt, daß man im Zweifel bei allen Handlungen, die nicht durch das Sittengesetz verboten sind, der Meinung *(opinio)* folgen darf, die *probabel* (billigenswert) ist, weil sie durch mehrere oder auch nur durch einen Kirchenlehrer gestützt wird. Gilt ein Verhalten nach dem P. selbst dann als erlaubt, wenn ihm Meinungen entgegenstehen, die probabler sind (vgl. Bartholomäus von Medina: *si est opinio probabilis, licitum est eam sequi, licet opposita probabilior sit*, »wenn eine Meinung annehmbar ist, darf man ihr folgen, auch wenn die gegenteilige wahrscheinlicher ist«), vertritt der Äqui-P. die Auffassung, daß man zwischen zwei verschiedenen Verhaltensoptionen nur dann wählen darf, wenn beide gleich (lat. *aequus*) wahrscheinlich und billigenswert sind.

In der Mathematik, den Sozial- und Naturwissenschaften werden im 19. und 20. Jh. probabilistische Verfahren entwickelt, nachdem in allen wissenschaftl. Disziplinen die Einsicht wächst, daß ein deterministisches Weltbild nicht haltbar ist und eine bloß deterministische Auffassung der Wirklichkeit diese nicht auszuschöpfen vermag. Unabhängig von unserer Unkenntnis der entsprechenden Bedingungen erkennt man einen Indeterminismus natürlicher und sozialer Prozesse (vgl. die Gaußsche Normalverteilung; die von J. C. Maxwell und L. Boltzmann entwickelte statistische Gastheorie, die nicht mehr das Verhalten einzelner Gasmoleküle untersucht, sondern mit Hilfe probabilistischer Theoriebildung die statistische Verteilung von Geschwindigkeiten und Molekülmassen vorhersagt; die quantentheoretische Einsicht in die Indeterminiertheit des einzelnen mikrophysikalischen Prozesses).

Lit.: M. Heidelberger: »Probabilismus, probabilistisch«, WP, Bd. 7, 1989, 1388–1390; J. Klein: »Probabilismus«, RGG³, V, 1961, 593–595; H. Sachsse: Kausalität – Gesetzlichkeit – Wahrscheinlichkeit, 1979.

H. Hempelmann

Procksch, Otto →Altes Testament – Geschichte der Erforschung

Professio fidei Tridentinae →Tridentinum

Proklos →Neuplatonismus

Propheten Israels

Auch wenn das Phänomen der Prophetie im religionsgeschichtl. weitesten Sinne nicht auf Israel beschränkt war, nahmen die P. I. eine Sonderstellung ein. Ihre Einzigartigkeit gründete in der Einmaligkeit, dem Wesen und Handeln des Gottes Israels (→Offenbarung, →Gott). Ein Prophet, hebr. *nabi,* »Ge-/Berufener«, ist ein Mensch, den Gott angeredet, berufen und damit beauftragt hat.

I. Die Nicht-Schriftpropheten

Das AT überliefert die Wirkungszeit einer beträchtlichen Anzahl von namentlich genannten P. mit unterschiedlich langer Wirkungszeit, die keine Schriftzeugnisse hinterlassen haben. Sie werden formal von den sog. »Schriftpropheten« unterschieden, deren Botschaften uns schriftlich überliefert sind.

1. Mose nimmt insofern eine Sonderrolle ein, als er nach atl. Überlieferung Gottes Reden in un-

mittelbarer Klarheit erfuhr: »von Mund zu Mund« (2Mo 33,11; 4Mo 12,6-8). →Mose gilt als »der Prophet« (5Mo 18,15; Hos 12,14), auch wenn damit nur ein Aspekt seiner Person und Tätigkeit erfaßt wird.

2. Mirjam, nach 1Chr 5,29 die ältere Schwester von Mose und Aaron, leitete als Prophetin den Siegesgesang der israelit. Frauen am Schilfmeer (2Mo 15,20f).

3. Bileam, nach 4Mo 22,5 ein bekannter Weissager aus Petor, den der Moabiterfürst Balak holen ließ, um die herangezogenen Israeliten zu verfluchen. Doch er wird ein Bote von Gottes Segen, vgl. 4Mo 23-24.

4. Samuel. Mit Samuel (ca. Mitte 11. Jh. v. Chr.) begann für das spätere Judentum die Epoche der P. (vgl. Apg 3,24). Seine Mutter Hanna brachte ihn, den von Gott erbetenen Sohn einer kinderlosen Frau, zum Heiligtum nach Silo (ca. 30 km nördlich von Jerusalem), wo er unter der aaronitischen Priesterfamilie Elis als Heiligtumsgeweihter aufwuchs. Dort erlebte er erstmals, wie ihn der Gott Israels vernehmbar nachts im Heiligtum anredete und mit einer Gerichtsbotschaft gegen Eli betraute (1Sam 3). Diese Erfahrung, der weitere folgten, machte Samuel zum »Propheten«, auch wenn damit nur ein Aspekt seiner vielfältigen Wirksamkeit beschrieben ist. Als Vorsteher einer Prophetenschar (1Sam 10,5.10; 19,20) dürfte er auch wesentlichen Anteil an der Weitergabe schriftlicher Traditionen (»Königsrecht«, 1Sam 10,25; 1Chr 9,22; 29,29) gehabt haben.

5. Neben namentlich bekannten erwähnt das AT eine Reihe prophetisch begabter Israeliten, die von Samuels Zeit an je und dann aufgetreten sind. Sie werden ihrer Funktion nach einfach »ein Mann Gottes« oder »ein Prophet« genannt (vgl. 1Sam 2,27-36; 2Chr 25,7ff; 2Kön 13,11ff; 1Kön 19,13ff).

6. Gad und Nathan waren zwei Propheten an Davids Hof (10. Jh. v. Chr.; 1Sam 22,5; 2Sam 24,11ff; »Nathansweissagung« 2Sam 7; 2Sam 12,1ff; 1Kön 1,10ff). Auch ein Heman wird als »Seher des Königs« (David) erwähnt.

7. In den Jahrzehnten nach der Reichsteilung (932 v. Chr.) übten bes. im Nordreich einige P. korrigierende Aufgaben aus: Ahia von Silo (1Kön 11,29ff; 14,2ff); Jehu ben Hanani (1Kön 16,1-7; 2Chr 19,2; 2Chr 20,34); Micha ben Jimla (1Kön 22,8ff; 2Chr 28,9).

Im Südreich sind noch der Prophet Schemaja (2Chr 12,5.15) und Iddo, der Seher (2Chr 12,15; 13,22) zu nennen.

2Kön 22,14 nennt eine Prophetin Hulda, die Frau eines Tempeldieners Schallum, die z. Zt. der josianischen Reform (um 621 v. Chr.) in Jerusalem wohnte.

Schließlich ist als Zeitgenosse Jeremias noch ein Prophet Uria aus Kirjat-Jearim zu nennen, dessen Verkündigung sich inhaltlich mit der Jeremias deckte.

8. Elia aus dem ostjordanischen Tisbe in Gilead gilt nach Mose als der bedeutendste Prophet der atl. Zeit. Sein Wirken in der ersten Hälfte des 9. Jh.s v. Chr. bezog sich vorwiegend auf Ahab (871–852 v. Chr.), den wichtigsten Vertreter der nordisraelit. Omri-Dynastie. In 1Kön 17-19.21 und 2Kön 1-2 wird von seinem P.amt erzählt. Das Nordreich stand damals in der tödlichen Gefahr einer »Baalisierung« der Jahweverehrung.

Elias vollmächtiges Wirken – der sog. »Elia-Zyklus« berichtet nur sechs Schwerpunkte aus seinem Leben – ist kaum verständlich ohne den Rückbezug auf die mosaischen Bundestraditionen.

Elia steht einerseits in der geistl. Linie, die von Samuel und den P.schulen herkommt, andererseits ist er ein Vorläufer atl. Schriftp. Elia wurde mitten aus seinem prophetischen Dienst in die unsichtbare Welt Gottes »entrückt« (2Kön 2,1-18). Mit Mose erscheint auch er den Jüngern Jesu auf dem Berg der Verklärung (Mt 17,1-13 par.). Den Worten Jesu nach ist Johannes der Täufer der atl. verheißene neue Elia gewesen (vgl. Mal 3,23; Mt 17,10-13).

9. Elisa ben Schafat aus Abel-Mehola, vermutlich im Jordantal gelegen, wurde Nachfolger Elias (1Kön 19,16.19-21). Sein Wirken erstreckt sich über ein halbes Jahrhundert von ca. 850 v. Chr. bis zum Nordreichkönig Joasch (799–784 v. Chr.). Elisa greift in prophetischer Vollmacht ins polit. Leben Israels ein.

Auf der anderen Seite werden eine Fülle von Zeichen und Wundern von ihm bezeugt, die deutliche Parallelen zu den späteren Wundern Jesu erkennen lassen, z.B. Totenauferweckung, Ölvermehrung, Heilung des aussätzigen aram. Generals Naaman. Nicht zuletzt lag seine Bedeutung als geistl. Leiter der in der Samuel-Tradition stehenden »Prophetenschulen«, die an alten Stammesheiligtümern siedelten (2Kön 2,12; 4,38f).

Auch Elisas Wirken muß auf dem Hintergrund der alten Bundestraditionen gesehen werden. Er sorgte sich um das polit. und geistl. Wohl Israels. Nach seinem Tod (nach 799 v. Chr.) begann für N-Israel unter Jerobeam II. (784–744 v. Chr.) eine letzte wirtschaftl. und polit. Glanzzeit, unter der sich aber ein deutlicher rel. Niedergang verbarg. In dieser Epoche traten Israels früheste Schriftpropheten auf (Hosea und Amos).

II. Die Schriftpropheten

1. Jesaja

a. Person: Der Jerusalemer Bürger Jesaja, Sohn des Amoz, weissagte unter den judäischen Königen Usija, Jotam, Ahas und Hiskia, d.h. von vor 740 bis nach 700 v. Chr. Er war verheiratet und hatte mindestens zwei Söhne mit Namen von prophetischer Bedeutung: Schear-Jaschub (»ein Rest kehrt zurück«) und Maher-Schalal-Chasch-Baz (»Schnelle Beute, rascher Raub«; vgl. Jes 7,3; 8,1-4). Nach jüd. Überlieferung soll Jesaja unter König Manasse den Märtyrertod gestorben sein.

b. Botschaft: In Jesajas Namen ist schon ein Teil seiner Botschaft enthalten: Jahwe, der Gott Israels und Schöpfer der ganzen Welt, bringt allein Heil und Rettung.

Der heilige Gott kommt seinem schuldbeladenen Volk bedrohlich nahe; er kommt zum Gericht (Kap. 1 als Zusammenfassung der ganzen Botschaft). Dieses vollzieht sich, dem Unglauben verborgen, dem Glauben wahrnehmbar, in der Bedrohung durch die Assyrer. Ein »Rest« von Israel wird die Heimsuchung überleben und sich zur Umkehr rufen lassen. Jesaja erwartet einen zukünftigen König, der, von Gottes Geist befähigt, Frieden, Recht und Gotteserkenntnis durchsetzen wird (7,14; 9,5f; 11,1-9). In der sog. »Jesaja-Apokalypse« (24-27) wird das endgültige Gericht über die ganze Menschheit, aber auch die Überwindung des Todes und die Teilhabe der nichtisraelit. Völker am Heil Gottes erwartet.

Der zweite Teil des Buches (40-66) läßt sich am besten als Trilogie verstehen: In 40-48 steht die verheißene Befreiung der Exilierten aus der babylonischen Verbannung im Vordergrund. Kap. 49-57 sind durch die Schilderung des »Gottesknechts« gekennzeichnet. Im Zentrum 52,13-53,12: Der Knecht Gottes gibt sich selbst als Schuldopfer hin und schafft so Frieden mit Gott. Vom Evangelium her wird deutlich, daß hier mit prophetischer Klarheit das sühnende Leiden Jesu gesehen wurde. Nicht umsonst nannte man Jesaja den »fünften Evangelisten«. Kap. 58-66 wird von der Erwartung von »Zions zukünftiger Herrlichkeit« geprägt. Gott wird Himmel und Erde erneuern. Zwischen Jes 60ff und Offb 20ff bestehen enge Parallelen, wie überhaupt Jesaja neben den Psalmen und Daniel zu den meistzitierten AT-Schriften im NT gehört.

Jesajas Botschaft umfaßt neben der zeitgeschichtl. auch die messianische und endzeitliche (eschatologische) Schau.

c. Buch: Bis ins 18. Jh. galt das Buch Jesaja als eine Einheit und als Werk des Jesaja ben Amoz. J. G. Eichhorn (1783) postulierte eine exilische Abfassung der Kap. 40ff durch einen unbekannten Propheten (»Deuterojesaja«), und B. Duhm (1892) trennte davon die Kap. 56-66 ab, die er einem dritten, ebenfalls unbekannten Propheten (»Tritojesaja«) in nachexilischer Zeit zuschrieb. Zwar werden beide Erklärungsmodelle heute weitgehend vertreten, doch zeigt der mangelnde Konsens hinsichtlich der Zuordnung der einzelnen Abschnitte zu den Autoren/Redaktoren und der Zeit, daß der Ausgangspunkt wohl falsch gewählt ist. Entweder hat Jesaja Kap. 40-66 als Heilsbotschaft im Hinblick auf das zu erwartende Exil – das übrigens feste Überzeugung der kleinen Propheten ist, vgl. Mi 4,10; – zusammengestellt, oder seine Schüler haben seine Worte weitergetragen (vgl. 8,16ff). Wenn im Buch Jesaja Babel mehrfach als Zentrum des Hochmuts gegen Gott (13; 14; 21,1-10; 47) und als Ort der Verbannung (39,6) genannt wird, darf nicht übersehen werden, daß die assyrischen Könige der Sargoniden-Dynastie von 722 v. Chr. an – wie z. T. schon ihre Vorgänger – auch rechtmäßige Könige von Babel waren. Jesajas Schau setzt nicht notwendig das neubabylon. Reich voraus.

2. Jeremia

a. Person: Jeremia, der Sohn des Priesters Hilkija, aus Anatot, ca. 6 km nordöstl. von Jerusalem, wurde 626 v. Chr. als junger Mann von Gott zum Propheten berufen (1,1-10). Sein Dienst umfaßte die ca. 40 letzten Jahre Judas unter den Königen Josia, Joahas, Jojakim, Jojachin und Zedekia bis zur Eroberung Jerusalems 587 v.Chr. Von Exulanten gezwungen, zog er mit ihnen nach Ägypten (43,6), dort verlor sich seine Spur.

b. Botschaft: Jeremias Botschaft setzt beim →Bund Gottes mit seinem Volk ein, der im Bild der Ehe gezeichnet wird (2,1). Doch hat das Volk über Jahrzehnte Gott die Treue gebrochen (2,32f), indem es die kanaanäischen Fruchtbarkeitskulte übernahm. Gott bietet seinem Volk die Umkehr an (3,12-15). Israel will nicht darauf eingehen, sondern hält an seinem Götzendienst fest, und geht so dem Gericht entgegen, welches Gott durch feindliche Völker, allen voran durch Babylonien, vollziehen wird. Jeremia weissagt die von Gott geschenkte Umkehr für die Zeit nach dem Gericht (3,21-25). Dann wird Gott einen neuen Bund mit seinem Volk schließen, zu dem auch das willige Gehorchen gehört (Kap. 31).

Jeremia wandte sich scharf gegen eine falsche Heilssicherheit, die von fehlgeleiteten P. noch verstärkt wurde. Jeremia wurde deshalb als Volksfeind und Heiligtumsverräter verschrieen und zeitweilig inhaftiert. Kap. 34-39 berichten von seinen Leidenserfahrungen.

Mit seinem Sieg über Pharao Necho im Frühsommer 605 v.Chr. hatte sich der neubabylon. Herrscher Nebukadnezar als der neue Machthaber im Vorderen Orient erwiesen. Jeremias Botschaft forderte König und Volk zur Unterwerfung unter Nebukadnezar auf (27,6ff). Seine Botschaft stieß auf taube Ohren. 597 v. Chr. deportierte der Babylonier die Jerusalemer Oberschicht, 587 v. Chr. wurde die Stadt nach 18monatiger Belagerung erobert und zerstört, nachdem König Zedekia als babylon. Vasall die Tributzahlungen verweigert hatte. Jeremia machte den deportierten Judäern Hoffnung (vgl. Kap. 29): Gott hat »Gedanken des Friedens«, er wird ihnen eine Rückkehr ermöglichen. Diese Weissagung spielte 50 Jahre später für Daniel (Dan 9,1ff) eine wichtige Rolle.

c. Buch: Das Buch Jeremia stellt eine Sammlung von Reden dar, die einen Zeitraum von 40-50 Jahren umfassen. Es enthält keinen geschlossenen Gedankengang, darum bleibt jede Gliederung vorläufig. Kap. 36 gibt einen Einblick in die Entstehungsgeschichte des Buches. Nachdem Jeremia die Weissagungen aus 20jähriger Tätigkeit durch seinen Mitarbeiter Baruch hatte niederschreiben und im Tempel der Bevölkerung vorlesen lassen, wurde die Buchrolle von König Jojakim verbrannt (36,1-25). Jeremia diktierte eine neue, erweiterte Fassung, aus der das Buch Jeremia in seiner heutigen Gestalt hervorgegangen ist.

Auf Jeremia gehen auch die »Klagelieder Jeremias« zurück, eine Sammlung ergreifender und stilistisch durchgeformter Bußgebete. In ihnen ringt der Prophet nach der Zerstörung Jerusalems mit der Frage, ob Gott nun sein Volk endgültig verstoßen hat.

3. Hesekiel

a. Person: Hesekiel, Sohn eines Priesters Busi (1,1-3), war der erste außerhalb Israels berufene und wirkende Prophet. Wohl 597 v. Chr. mit der ersten Deportation von Jerusalem nach Babylonien verschleppt, wohnte und wirkte er in Tel-Abib, einer Exulantensiedlung am Fluß Kebar (1,1). Hesekiels Berufung fällt ins Jahr 593/2 v.Chr., er wirkte also zeitgleich mit dem späten Jeremia und mit Daniel. Die späteste datierte Botschaft (29,17) fällt ins Jahr 571 v.Chr.

b. Botschaft: Auch Hesekiel ist wie alle P. von seiner Berufung her zu verstehen, die in Kap. 1-3 ausführlich beschrieben wird. Hesekiel wird als Wächter über sein Volk berufen (3,17ff); er muß es in Gottes Auftrag warnen und seine Sünden aufdecken.

Die erste Hälfte des Buches Hesekiel enthält vorwiegend Gerichtsankündigungen; die Nachricht vom Fall Jerusalems (33,21f) bildet einen deutlichen Einschnitt. Von da an verkündet Hesekiel Trost und das zukünftige Heil Gottes. Wenn Gottes Herrlichkeit den Tempel verläßt (11,22f), dann wegen der Götzenverehrung, die mitten im Heiligtum begangen wurde (Kap. 8). Die Nähe des heiligen Gottes gehört aber zu Israels Berufung, und so erfährt das Volk seine Nähe als Nähe des Gerichts.

Nachdem das Läuterungsgericht, das Ende des selbständigen Königtums in Juda und der Stadt Jerusalems, über das Volk ergangen ist, weissagt Hesekiel in vier Bildern das zukünftige Heil Gottes:

– Gott, der gute Hirte, wird seinem Volk einen guten Hirten geben, der es sammelt und heimführt (Kap. 34; 37).

– Gott wird sein Volk national und geistlich wieder vom Tode des Exils auferwecken, ihnen erneut das Land Israel schenken und in ihnen durch die Gabe seines Geistes den Herzensgehorsam wirken (Kap. 38-39).

– Er wird den endzeitlichen Feind Gog und Magog im Land Israel beseitigen (Kap. 38-39).

– Kap. 40-48 zeichnen die endzeitliche Neuordnung des Landes mit dem neuen Tempel als Mittelpunkt.

Versteht man, wie oft geschehen, diese als »Reformprogramm« Hesekiels für die nachexilische Zeit, wirken die einzelnen Ordnungen geradezu grotesk. Als endzeitlich-apokalyptische (→ Apokalyptik) Schau hingegen erhalten die einzelnen Züge einen Sinn: Gottes Herrlichkeit zieht wieder in den Tempel ein (Kap. 43). Von ihm geht ein Strom des Lebens aus, der auch die Natur verwandelt (47,1-13). Die ganze Stadt trägt den Namen »Hier ist der Herr« (48,35). Gott wohnt unter seinem Volk. Nicht ohne Grund wird H. bcs. häufig in der Offb zitiert.

c. Buch: Das Buch Hesekiel ist im wesentlich auf den gleichnamigen Exilspropheten zurückzuführen. Der hebr. Text gibt dem Ausleger manche Schwierigkeiten auf.

4. Daniel

a. Person: Daniel wurde als Jugendlicher nach Babel verschleppt, als Nebukadnezar nach seinem Sieg 605 v.Chr. bei Karkemisch über die Ägypter aus Jerusalem Geiseln und Tempelgeräte mitnahm

(1,1 vgl. 2Kön 24,1-2). Er scheint aus königlicher Familie zu stammen. Nach dreijähriger Ausbildung zum königlichen Berater tat er in Treue zu Gott und vor Menschen unanfechtbar seinen Dienst am babylon. Hof bis zu Beginn der pers. Herrschaft unter Kyrus (1,21). Er starb in hohem Alter.

b. Botschaft: Das Buch Daniel ist ein deutliches Beispiel für die Apokalyptik als Sonderform atl. Prophetie. Die Lehre von heilsgeschichtl. Zeitepochen, symbolischen Zahlen, vom Ringen in der Engelwelt, vom Kommen des Gottesreiches – alles in starken Bildern geschaut – sind einige ihrer Grundzüge. Vier Weltreiche – prophetisch wesenhaft als Raubtiere gesehen – werden nacheinander auftreten. Doch sie alle werden vom Reich Gottes abgelöst werden, dessen Herrschaft durch den von Gott autorisierten »Menschensohn« ausgeübt wird. Dessen Volk sind die »Heiligen des Höchsten«, die nach einer Zeit schwerer Bedrängnis mit dem Menschensohn regieren werden. Mit Recht hat man das Buch Daniel den ersten weltgeschichtl. Entwurf genannt; seine Wirkungsgeschichte sucht immer noch ihresgleichen.

Das Buch Daniel hat neben der Offb den Weg des atl. und ntl. Gottesvolkes in einzigartiger Weise begleitet. Es will als prophetisches Buch gelesen werden, nicht zum Spekulieren, sondern zum tätigen und geduldigen Warten auf das endgültige Kommen des Gottesreiches anhalten. In Zeiten der Bedrängnis hat es sich als Quelle ungeahnten Trostes erwiesen.

c. Buch: Das Buch Daniel ist von 2,4-7,29 in aram. Sprache verfaßt. Eine befriedigende Deutung dafür fehlt noch. In die griech. Übersetzung des AT sind noch einige apokryphe Zusätze zu Daniel aufgenommen worden: »Das Gebet Manasses«, »Das Gebet Asarjas« und »Der Gesang der drei Männer im Feuerofen« (alle nach 3,23), sowie »Susanna und Daniel« und »Bel und der Drache« (als Anhang an Kap. 12). Sie haben kein kanonisches Ansehen erlangt, zeigen aber, wie beliebt die Gestalt und das Buch Daniel im Judentum gewesen sind.

5. Hosea

a. Person: Hosea wirkte ungefähr zwischen 750 und 725 v. Chr. in Nord-Israel (1,1), also etwa zeitgleich zu Jesaja und Micha in Judäa.

Nach dem Tod Jerobeams II. (744 v. Chr.) ging in N-Israel eine Zeit wirtschaftl. und kultureller Blüte rasch zu Ende. Unter dem wachsenden Druck der Assyrer, die 734 v. Chr. Damaskus (Aramäer) eroberten, zerfiel die innere Sicherheit des Landes. N-Israel versuchte bald mit Ägypten, Assyrien oder den Aramäern zu koalieren, vergaß aber darüber die Treue und das Vertrauen seinem Gott gegenüber. 722 v. Chr. fiel auch Samaria dem assyr. Ansturm zum Opfer.

b. Botschaft: Hosea muß durch eine prophetische Zeichenhandlung Israels Untreue Gott gegenüber deutlich machen (Kap. 1-3). Er heiratet Gomer, eine »Hure«. Mit H.W. Wolff ist darunter wohl keine Prostituierte zu verstehen, sondern eine Durchschnittsisraelitin, die ihre Jungfräulichkeit in einem Akt kultischer Prostitution Baal geopfert hatte, um so Fruchtbarkeit für die Ehe zu erhalten. Gomer repräsentiert das treulose Israel, dessen Sünden Hosea drastisch schildert. Doch Gott will sein Volk wieder in die von Liebe und Treue gekennzeichnete personale Beziehung rufen (2,21f).

Israel hat bes. am ersten und zweiten Gebot Gott gegenüber versagt. Dafür tragen die Priester wesentlich Verantwortung. Anstatt Gotteserkenntnis unter dem Volk zu verbreiten, gehen sie selbst mit schlechtem Beispiel voran (4,4-11; 5,1ff). Auch das Königtum erfüllt seine Bestimmung nicht (1,4; 5,8ff; 8,4; 10; 13,9ff), sondern bietet sich den heidnischen Großmächten als Bündnispartner an. Gott wird seinem Volk die Gaben des Landes, des Königs und der Fruchtbarkeit wieder nehmen. Alle Quellen des Götzendienstes werden beseitigt. Doch durch das Gericht kommt seine große Liebe zu Israel zum Ziel: Er selbst wird ihnen die Umkehr schenken, die sie so dringend brauchen (11,8-11; 12,10f; 14,2-10). »Umkehr« ist ein Schlüsselwort in der Verkündigung Hoseas.

c. Buch: Für das Buch Hosea gilt, wie für alle atl. Prophetenbücher, daß der Prophet selbst oder durch einen Mitarbeiter seine Verkündigung sammelte und niederschrieb. Die Schriftform hatte für spätere Generationen als »Zeuge« u.a. auch juristische Bedeutung (vgl. Jes 30,8f). Im Schülerkreis des Propheten müssen dessen Worte, deren göttlicher Autorität man sich wohl bewußt war, überliefert und evtl. ergänzt worden sein.

6. Joel

a. Person: Von ihm ist außer dem Namen (1,1) nichts weiter bekannt. Ort, Zeit und Umstände seines Wirkens müssen indirekt erschlossen werden. Eine frühe Datierung, um die Mitte des 8. Jh.s v. Chr., noch vor der Expansionspolitik Tiglat-Pilesers III., dürfte als wahrscheinlich gelten.

b. Botschaft: Das kurze und inhaltsschwere Buch deutet eine hereingebrochene Heuschreckenplage als verschlüsselten Bußruf Gottes (Kap. 1-2). Sie hat gleichzeitig eine Tiefendimension, indem sie auf den »Tag des Herrn« hinweist (2,1ff), an dem er kommt, um Gericht zu halten. So wird Joel zum Vorläufer atl. →Eschatologie. Joel verkündet durch alle Gerichtsankündigungen hindurch Gottes Heilswillen, dem sich Menschen in Buße und Glauben öffnen dürfen: »Wer den Namen des Herrn anruft, der soll errettet werden« (3,5).

7. Amos

a. Person: Ein Judäer aus Tekoa, 15 km südl. v. Jerusalem. Er war Hirte und Obstbauer (1,1; 7,14). Auf Gottes Ruf hin verkündigte er am nordisraelit. Heiligtum in Bethel das kommende Gericht über alle Scheinfrömmigkeit und die sozialen Sünden des Volkes. Sein Wirken fällt in die Regierungszeit Königs Asarjas/Usijas von Juda (779–740 v. Chr.) und Jerobeams II. von Nord-Israel (783–743 v. Chr.). Als einer der ältesten Schriftpropheten lassen sich an ihm die Grundzüge der klassischen Prophetie deutlich studieren.

b. Botschaft: Der Herr, der Gott Israels, ist der allmächtige Gott und Schöpfer der ganzen Welt (4,12-13; 5,8; 9,5-6). Er hat Israel allein erwählt, darum ist sein Volk zur Umsetzung von Gottes Wesenszügen, vorab der Gerechtigkeit, in seinem Lebensstil verpflichtet (2,10; 3,1-2; 5,7.14f). Hierin hat sich Israel schwer verfehlt. Die typischen Sünden einer Wohlstandsgesellschaft haben sich breitgemacht: Bestechung, Betrug, Ausbeutung der Armen, Rücksichtslosigkeit (3,9-15; 4,1; 5,10-12; 6,1-6; 8,4-10). Gleichzeitig »funktioniert« der Kultus am Heiligtum formal perfekt; darin wird die Bevölkerung in einer falschen Heilssicherheit bestätigt (4,4f; 5,21-27). Doch Gott läßt sich nicht täuschen. Er hat das Ende Israels beschlossen: Hunger, Tod, Krieg und Gefangenschaft drohen (4,3; 5,1-3.16f.27; 6,7-14; 8,1-3; 9,1).

Diese aufrüttelnde Bußpredigt störte. Amos wurde vom Oberpriester Amazja wegen staatsgefährdender Unruhestiftung aus dem königlichen Heiligtum in Bethel ausgewiesen (7,10-17).

Gottes Gerechtigkeit übersah aber auch nicht die Vergehen der Nachbarvölker Israels (1,3-15). Dennoch ist Amos kein reiner Unheilsprophet. Am Ende des jetzigen Buches Amos steht die Verheißung vom »Aufbau der Hütte Davids« (9,11-15), d. h. die Wiederherstellung des davidischen Königtums. Gott schafft sein Heil durch das Gericht hindurch.

8. Obadja

a. Person: Wir wissen nichts über seine Herkunft und seine Wirksamkeit. Er verkündigte den Edomitern, Israels Brudervolk, das Gericht des Herrn, weil sie schadenfroh einer Eroberung Jerusalems zugesehen und flüchtenden Judäern keinen Schutz gewährt haben. Die meisten Forscher denken dabei an die Eroberung durch Nebukadnezar 587 v. Chr., an der tatsächlich auch Edomiter im Hintergrund beteiligt waren (Klgl 4,21f; Ps 137,7; Hes 25,12-14). Doch redet Obadja nicht von einer Zerstörung der Stadt und des Tempels. Weder die Babylonier noch eine Deportation der Bevölkerung wird erwähnt. So dürfte es sich eher um eine frühere Plünderung Jerusalems handeln, z. B. z. Zt. Jorams von Juda (850–843 v. Chr.; 2Chr 21,8-10). In diesem Fall wäre Obadja als frühester Schriftprophet anzusehen.

b. Botschaft: Obadja sieht das Verhältnis Edoms zu Israel exemplarisch für die ganze Völkerwelt. Auch sie wird von Gott u.a. nach ihrem Verhalten dem erwählten Volk gegenüber beurteilt. Der »Tag des Herrn« steht bevor (V. 15-16). Rettung findet man dann nur auf dem →Zion. Obadja schließt mit der Erwartung der Königsherrschaft Gottes (V. 17-21).

9. Jona

a. Person: Jona ist der in 2Kön 14,23-27 erwähnte Jona ben Amittai aus Gat-Hefer in Untergaliläa, der z. Zt. Jerobeams II. (783–743 v. Chr.) in Nord-Israel auftrat.

b. Botschaft: Das Buch Jona enthält außer 3,4 keine Prophetensprüche, sondern es ist eine meisterhafte Erzählung von der Sendung Jonas nach Ninive, der Hauptstadt Assyriens. Gottes große Liebe gilt nicht nur seinem Volk, sondern auch den Heiden. Das Buch Jona will das Volk Gottes davor bewahren, für die Weite des göttlichen Erbarmens blind zu werden (vgl. Mt 8,11; Apg 10,35). Jesus stellte die Bußwilligkeit der Niniviter der Selbstgerechtigkeit seiner Zeitgenossen gegenüber, die doch einen Größeren gehört hatten als Jona.

c. Buch: Die Tatsache, daß Jona eine – auf sehr hohem Niveau liegende – Erzählung ist, muß die Geschichtlichkeit des Berichteten nicht aufheben, das auf Jona selbst zurückgehen dürfte.

10. Micha

a. Person: Micha stammte aus dem kleinen Ort Moreschet, in der Schefela gelegen, ca. 30 km südwestl. von Jerusalem. Er wirkte gleichzeitig mit Jesaja in der letzten Hälfte des 8. Jh.s v. Chr.

b. Botschaft: Michas Verkündigung ist durchgehend auf dem Hintergrund der assyrischen

Bedrohung und der Eroberungszüge Sanheribs zu verstehen. Hinter Michas Polemik gegen eine satte Heilssicherheit (3,5) steht das Wissen um die Verbindlichkeit des mosaischen Bundes. Immer noch hat Israel die Wahl zwischen Tod und Leben, Segen und Fluch. Sowohl das Gericht als auch das Heil erwartet Micha ganz allein von Gott.

Im Geheimnis der Erwählung Israels, das sich in der Erwählung der Erzväter kundgetan hat, sieht M. die Verbindung von Gericht und Heil. Mit der Bundestreue ist die unbegreifliche Gabe der Sündenvergebung verbunden. Micha ist ein Prophet des »Reiches Gottes«. Ohne den Begriff zu gebrauchen, gründet seine Hoffnung allein darauf, daß der Herr Israels König ist. Michas Königsbegriff wurzelt im Hirtenamt, wie es seit David vor Augen stand.

Micha hat Hoffnung für alle Völker. Seine eschatologische Schau schließt eine Bekehrung der Völkerwelt zu Israels Gott ein, die sich in der Wallfahrt zum Zion äußert (4,1-5). Auch wenn das Volk Gottes unter die Räder der feindlichen Weltmacht gerät, kann es doch nie weiter als »Babel« kommen. Dort wird der Herr es erretten (4,10).

11. Nahum

a. Person: Nahum aus Elkosch, wahrscheinlich ein Ort in Judäa, muß vor der Zerstörung Ninives, 612 v. Chr. durch eine medo-babylonische Koalition, und nach der Zerstörung der oberägyptischen Stadt Theben (No-Amon) 664 v. Chr. durch Assurbanipal, gewirkt haben.

b. Botschaft: Nahum hat nur ein Thema: die Unheilsweissagung (»Last« 1,1) über Ninive.

Lebhaft wird die Eroberung Ninives geschaut und beschrieben. Im Vergleich zum Buch Jona ist bei Nahum die Zeit der göttlichen Geduld abgelaufen. Das Maß der Bosheit ist voll. Verkündigt das Buch Jona Gottes Liebe zu den Heidenvölkern, so Nahum Gott als König und Richter der Völker, der fremde Großmächte am Maßstab seiner Gerechtigkeit mißt.

Israel hat Anlaß, Gott zu danken, weil er der Unterdrückung bald ein Ende machen wird.

12. Habakuk

a. Person: Von Habakuk aus Judäa ist uns nur der Name bekannt. Habakuk hört das Donnergrollen der Chaldäer, d.h. des expandierenden neubabylonischen Reiches; damit ist er wohl um 610 v. Chr. anzusetzen und ein Zeitgenosse Nahums, Zefanjas und Jeremias.

b. Botschaft: Habakuk ist vom schreienden sozialen Unrecht im eigenen Lande entsetzt (1,2-4). Wie kann Gott das zulassen? Auf seine Frage »Wie lange noch?« antwortet Gott mit der Ankündigung der eroberungswütigen Chaldäer (1,5-11). Diese Antwort ruft noch mehr Fragen Habakuks wach (1,12-17).

Mit einem Herz voller Fragen wartet Habakuk auf eine göttliche Antwort (2,1). Er empfängt keine rational-einsichtige Antwort auf die →Theodizee-Frage; statt dessen bestätigt ihm Gott, daß seine Heilsweissagung geglaubt und erwartet sein will. Er führt die Geschichte Israels und der Völker zu einem doppelten Ausgang: »Siehe, wer halsstarrig ist, wird keine Ruhe haben in seinem Herzen, der Gerechte aber wird durch seinen Glauben leben« (2,4). Wie auch Hiob schaut Habakuk Gott selbst als die Antwort. Das macht ihn inmitten äußerer Wirren froh (3,18).

13. Zefanja

a. Person: Von allen kleinen Propheten ist nur von Zefanja eine Genealogie überliefert (1,1), die über vier Generationen auf einen »Hiskia« zurückgeht, möglicherweise den judäischen König. Zefanja wirkte in Juda z.Zt. Josias (639–609), als Zeitgenosse Habakuks, Nahums und des frühen Jeremia.

b. Botschaft: Zefanjas Thema ist der »Tag des Herrn« (15 mal als Stichwort im Buch). Gott hat ein Ende aller Dinge beschlossen (1,2f). Sein Gericht beginnt am erwählten Volk, denn dieses fordert ihn mit seinem Götzendienst, seiner Habsucht und geistl. Stumpfheit heraus (Kap. 1).

Doch auch die umliegenden Völker stehen unter dem verdienten Zorn Gottes. Jerusalem überhört bisher beharrlich jeden Bußruf. Darum bleibt nur noch das Warten auf »Gottes großen Tag« (3,5-8).

Im Unterschied zu säkularer apokalyptischer Literatur hinterläßt Gottes Gericht kein Chaos oder Nichts, sondern einen glaubenden, geläuterten Rest. Bibl. Eschatologie rechnet immer mit einem doppelten Ausgang des »Endes«.

Zefanja erwartet eine Völkerbekehrung hin zum Gott Israels. Der Ausblick auf Gottes Barmherzigkeit und das zukünftige Heil ist ein Anlaß zum Lob und zur Anbetung (3,9-20).

14. Haggai

a. Person: Neben Sacharja und Maleachi gehört er zu den nachexilischen Propheten. Seine vier kurzen Botschaften sind exakt datiert; sie fallen in die Zeit zwischen dem 29. August bis 18. Dezember 520 v. Chr. Die ersten Rückkehrer aus dem babylon.

Exil (537 v. Chr.) hatten in Jerusalem bald mit dem Wiederaufbau des Tempels begonnen. Doch es gelang den Samaritanern, das Bauunternehmen zu stoppen; von 536 bis 520 v. Chr. blieb die Baustelle liegen (Esr 4,24). Erst Haggai und sein Zeitgenosse Sacharja (Esr 5,1; Sach 1,1) brachten den Aufbau wieder in Gang. 515 v. Chr. konnte der Tempel eingeweiht werden (Esr 6,14-18).

b. Botschaft: Haggais kurze Verkündigung hat vier Schwerpunkte.

– Dem Werk Gottes gebührt der Vorrang vor dem privaten Leben (1,1-15; vgl. Mt 6,33).

– Gott will diesen eher bescheiden anmutenden Tempel mit Kostbarkeiten der Völker schmücken (2,1-9). Auf dem schlichten Gebäude ruht eine große Verheißung.

– Gott verspricht sichtbaren Segen, wenn sein Volk sich um das Haus Gottes kümmert (2,10-19).

– Serubbabel darf zukünftige Ehre erwarten (2,20-23). Über ihn als Davididen läuft die messianische Verheißung weiter. Serubbabel gehört in den Stammbaum Jesu (Mt 1,12f; Lk 2,37). Haggais eschatologische Schau rechnet wie Zefanja und die anderen vorexilischen P. mit einem endzeitlichen Völkergericht Gottes und mit einer messianischen Heilszeit.

c. Buch: Es ist anzunehmen, daß Haggai oder kurz darauf einer seiner Schüler die Weissagungen schriftlich niedergelegt hat. Man kann gut eine Abfassung um 500 v. Chr. annehmen.

15. Sacharja

a. Person: Sacharja war ein Enkel Iddos, der als Oberhaupt einer Priesterfamilie aus Babylonien zurückgekehrt war (1,1; Neh 12,4.16). Sein erstes Auftreten fällt gleichzeitig zu Haggai auf Ende Oktober 520 v. Chr. (1,1), seine letzte datierbare Botschaft ins Jahr 518 v. Chr. (7,1ff). Über sein weiteres Leben wissen wir nichts mehr.

b. Botschaft: Sacharjas Verkündigung hat einen prophetischen und seelsorgerl. Charakter. Sie beginnt mit dem Ruf zur Buße (1,1-6) unter dem Eindruck des Exils als Erfüllung zahlreicher früherer Prophetenworte. Gott öffnet ihm in Visionen (»Nachtgesichte Sacharjas«, Kap. 1-6) die Augen für den verborgenen Hintergrund der Weltgeschichte; diesen Aspekt haben Sacharja und Daniel gemeinsam. Beiden muß Gott durch einen Deuteengel das Verständnis für die Gesichte öffnen (1,9; 2,8 u. ö.).

Einzelne Weissagungen reichen weit über den zeitgeschichtl. Rahmen hinaus, ja übertreffen u. U. sogar den Verstehenshorizont des Propheten selbst. Besonders die Kap. 9-14 sind stark endzeitlich geprägt. Der Zusammenklang von Prophetie und Seelsorge in Sacharjas Verkündigung entspricht dem Wesen atl. Prophetie überhaupt: Sie leitet an, Gottes Souveränität über die Welt- und Heilsgeschichte zu sehen und – gerade darum – heute im Glauben und Gehorsam vor ihm zu leben.

c. Buch: Für die Entstehung des Buches Sacharja gilt dasselbe wie für das Buch Haggai. Herkunft und Entstehungszeit von Kap. 9-14 sind umstritten. Doch ist die innere Einheit des Buches und seine nachexilische Entstehung durchaus möglich.

16. Maleachi

a. Person: Über Maleachis Herkunft und Leben wissen wir nichts. Aus dem Inhalt des Buches kann nur erschlossen werden, daß der zweite Tempel schon errichtet war (1,10; 3,1.10). Das Land wurde von einem pers. Statthalter verwaltet (1,8). Nach der Freude des Neuanfangs hatten sich unter der Bevölkerung Resignation und Zweifel am Sinn einer gelebten Frömmigkeit breit gemacht (2,17; 3,14), woran die Priester nicht unbeteiligt waren (2,1-9). Ehescheidungen nahmen zu (2,10-16). Noch ist nichts vom samaritanischen Schisma bekannt. Das alles dürfte am ehesten auf die Zeit nach der Tempeleinweihung (515 v. Chr.) und vor den Reformen Esras und Nehemias (um 450 v. Chr.) hindeuten.

b. Botschaft: Maleachi setzt mit einem Bußruf ein (1,1). Israel soll aus der drückenden Last traditioneller Frömmigkeit zur ersten Liebe und Ursprünglichkeit der Gottesbeziehung umkehren (Kap. 1). Maleachi verkündigt wie die anderen P. eine Eschatologie, die von einem Kommen Gottes zum Gericht mit einem doppelten Ausgang weiß (Kap. 3). Als Vorläufer der neuen Heilszeit wird der Prophet Elia auftreten. Nach den Worten Jesu hat Johannes der Täufer diese Aufgabe erfüllt (Mt 17,10-12). Somit hat die endzeitliche Gerichts- und Gnadenzeit für alle Völker mit dem Kommen Jesu begonnen.

Lit.: Zu den Nicht-Schriftpropheten: Zu Mose: W. F. Albright: Moses in Historical an Theological Perspective. FS G. E. Wright, 1976, 120–131; O. T. Allis: God spoke by Moses, 1951; W. Eichrodt: Theologie des Alten Testaments I, 1968, 190-195; E. M. Merrill: Kingdom of Priests, 1987.

Zu Samuel: A. Weiser: Samuel. Seine geschichtliche Aufgabe und religiöse Bedeutung, 1962 (FRLANT 81).

Zu den Schriftpropheten: W. A. LaSor et al.: Das Alte Testament: Entstehung – Geschichte – Botschaft, [3]1992.

Zur Theologie der Propheten vgl. die entsprechenden Abschnitte: W. Eichrodt: Theologie des Alten Testaments, Teil I, § 8, [8]1968; P. H. Neumann: Das Prophetenverständnis in der deutschsprachigen Forschung seit Heinrich Ewald, 1979 (Forschungsgeschichte); G. von Rad: Theologie des Alten Testaments, Bd. II: Die Theologie der prophetischen Überlieferungen Israels, [4]1965; C. Westermann: Theologie des Alten Testaments in Grundzügen, 1985; W. Zimmerli: Grundriß der alttestamentlichen Theologie, [6]1989; H.-W. Wolff: Studien zur Prophetie, 1987.

Zu Jesaja: F. Delitzsch: Jesaja, ([3]1897) 1984; H. Frey: Das Buch der Weltpolitik Gottes (Jes 40-55), [7]1985; D. Schneider: Jesaja, 2 Bde., 1989; E. J. Young: The Book of Isaiah, 3 Bde., 1965.

Zu Jeremia: H. Lamparter: Prophet wider Willen (Jeremia), [3]1982; W. Rudolph: Jeremia, [3]1968; D. Schneider: Der Prophet Jeremia, [3]1984.

Zu Hesekiel: H. Brandenburg: Hesekiel, [3]1982; H. Lamparter: Zum Wächter bestellt, [2]1986; W. Zimmerli: Ezechiel, 2 Bde., [2]1979.

Zu Daniel: J. G. Baldwin: Daniel, 1978 = TOTC; G. Maier: Der Prophet Daniel, [2]1986.

Zu Hosea: F. I. Andersen, D. N. Freedman: Hosea, 1980; H. Frey: Das Buch des Werbens Gottes um seine Kirche (Hosea), [3]1976; M. Holland: Der Prophet Hosea, 1980; W. Rudolph: Hosea, 1966; H. W. Wolff: Hosea, [3]1976.

Zu Joel: M. Holland: Joel-Amos-Obadja, 1990; W. Rudolph: Josel-Amos-Obadja-Jona, 1971; H. W. Wolff: Joel-Amos, [3]1985.

Zu Amos: F. I. Andersen, D. N. Freedman: Amos, 1989 (AB 24A); H. Frey: Das Buch des Ringens Gottes um seine Kirche (Amos), [3]1988.

Zu Obadja: D. W. Baker, T. D. Alexander, B. K. Waltke: Obadiah, Jonah und Micah, 1988 (TOTC); H. W. Wolff: Obadja. Jona, 1977.

Zu Jona: G. Maier: Das Buch Jona, 1976.

Zu Micha: D. Schibler: Der Prophet Micha, 1991; R. von Ungern-Sternberg: Der Rechtsstreit Gottes mit seiner Gemeinde, [3]1979; H. W. Wolff: Micha, 1982.

Zu Nahum: M. Holland: Nahum-Habakuk-Zephanja, 1992.

Zu Habakuk: R. von Ungern-Sternberg, H. Lamparter: Der Tag des Gerichtes Gottes (Habakuk, Zephanja, Jona, Nahum), [2]1975.

Zu Haggai: H. Frey: Das Buch der Kirche in der Weltwende. Die kleinen nachexilischen Propheten Haggai, Sacharja, Maleachi, [6]1977; G. Maier: Der Prophet Haggai und der Prophet Maleachi, 1985; H. W. Wolff: Haggai, 1986.

Zu Sacharja: F. Laubach: Der Prophet Sacharja, 1984.

M. Dreytza

Prophetie

a) außerbiblisch

1. Seit Urzeiten begehren Menschen, Blicke in die dem Normalbewußtsein verborgene Zukunft zu werfen, und bemühen dabei in verschiedener Weise überirdische Mächte.

So gab es in Assyrien und Babylonien ein weit ausgebautes Orakelwesen. Die »Eingeweideschau«, die geschultes Kultpersonal an geopferten Tieren vornahm, speziell die »Leberschau«, und die von Astrologen gedeuteten »Omina« am Sternenhimmel sollten helfen, die Zukunft zu erkunden. Ein ganzes Arsenal kultischer Techniken stand dieser Wahrsagekunst zur Verfügung. Vor allem in Babylon wurde sie als regelrechte »Wissenschaft« betrieben (vgl. Jes 47, bes. V. 10). Eine gewisse Rolle spielten auch Traumoffenbarungen.

Zweierlei fällt an den Orakelsprüchen auf: (1) Sie beziehen sich fast ausnahmslos auf die zukünftigen Schicksale der Herrscherhäuser. (2) Sie prognostizieren eindeutig genau das, was die Herrschenden hören möchten – z.B. den Sieg des regierenden Königs im Krieg, eine gute Ernte etc. –, so daß Zweifel an der Echtheit der Offenbarung angebracht sind. Die Wünsche der Auftraggeber bestimmen überwiegend die Inhalte der in Auftrag gegebenen Orakel. Ihre Funktion ist in vielen Fällen Legitimierung und Stabilisierung der jeweiligen Dynastie. Vaticinia ex eventu sind oft mit Händen zu greifen.

Vom alten Ägypten liegen keine klaren Zeugnisse für eine P. vor, die mit Israels P. ernsthaft vergleichbar wäre. Nur in einem sehr weiten Sinn könnte man bei den in AOT und ANET vorliegenden Texten von prophetischer Offenbarung sprechen: Vor dem Hintergrund eines Weltordnungsdenken *(Maát)* »erkennen« Weisheitslehrer aus den Gesetzmäßigkeiten der bisherigen (Welt-)Geschichte die Abläufe der kommenden Geschichte und verkünden sie. »Geschichtsentwürfe, die an einer finalistisch aufgefaßten Gegenwart orientiert sind und darin apokalyptische Denkart vorwegzunehmen scheinen..., fallen allein deshalb noch nicht unter den Begriff der Prophetie« (H. P. Müller, ThWAT V, 147).

2. a. Propheten als Mittler göttlicher Worte finden wir v.a. in den Mari-Briefen (18. Jh.v.Chr., am Eufrat) bezeugt. Diese Propheten, darunter gelegentlich auch Frauen, treten, mit entsprechenden Legitimationsformeln, als von einem der vielen Götter »gesandte« Boten auf. Ihre Botschaft haben sie im Traum, in einer Vision oder aber in einer Ekstase empfangen. Auf Ekstase deutet eines der beiden Wörter für »Prophet«, *muchchum*, hin. Dabei scheint es professionelle Tempelpropheten, aber auch spontan als Propheten auftretende Laien gegeben zu haben. Adressat der Botschaften, die – z.B. durch die Haarlocke des Offenbarungsempfängers – beglaubigt sind, ist der König. Sie enthalten Kultforderungen sowie insbesondere Verheißungen und Warnungen in bezug auf anstehende polit. und militärische Entscheidungen. Der König kann, freilich auf den Einzelfall begrenzt, kritisiert werden. »Die Klammer, die alles umfaßt, ist die

Sorge um die Erhaltung und Förderung der Dynastie von Mari« (Wächter 18f).

b. P. hat es auch bei den unmittelbaren Nachbarn Israels, im aram. Bereich gegeben. In der Inschrift des Moabiterkönigs Mescha (ca. 785 v.Chr.) heißt es: »Aber ich (der von einer Koalition feindlicher Könige bedrängte König Zakkur von Hamat) erhob meine Hände zum Himmelsherrn, und der Himmelsherr antwortete mir. Und der Himmelsherr sprach zu mir durch Seher und durch Boten. Und es sprach zu mir der Himmelsherr: ›Fürchte dich nicht, denn ich habe dich zum König gemacht, und ich werde dir beistehen, und ich werde dich erretten vor allen Königen, die einen Belagerungswall gegen dich errichtet haben‹« (Z. 11-16; vgl. die sog. »Heilsorakel« von Jes 41,8-16; vgl. Jer 27,9). Für die Propheten der aram. (Wüsten-)Völker scheint das »Sehen« die charakteristische Wahrnehmungsweise gewesen zu sein. Darauf deutet auch die sowohl im AT (4Mo 22-24) als auch in aram. Inschriften aus dem 8. Jh. v.Chr. (auf dem ostjordanischen tell der ʿallá 1967 gefunden) bezeugte Bileamsgestalt hin. 1Sam 6,2 spricht von philistäischen Wahrsagern, 1Kön 18,19-40 von Propheten des Baal und der Astarte.

c. Demgegenüber überwiegt im kleinasiat. Raum und im vorisraelit. Kanaan das Ekstatikertum, wobei die Propheten vornehmlich in Gruppen auftreten. Die göttliche Inspiration erfolgt in der Ekstase; im Zustand des Außer-sich-Seins empfängt der Ekstatiker ein Wort. So schildert der ägypt. Reisebericht von Wen-Amon (11. Jh. v.Chr.) einen Vorfall in der Hafenstadt Byblos: Während eines Festes geschah es, daß »der Gott einen der jungen Männer ergriff und ihn besessen machte«.

3. Zwischen allen diesen Phänomenen in der näheren und entfernteren Nachbarschaft Israels und den Schriftpropheten des AT lassen sich gewiß viele Parallelen und Verwandtschaften entdecken: in der Art und Weise, wie →Offenbarung empfangen wird, wie ein Prophet auftritt, welche Autorität er beansprucht. Was aber den Inhalt der Botschaften anlangt, so besteht eine unüberbrückbare Kluft: Erst die →Propheten Israels sehen ihre Hörer, ob das Volk als ganzes oder einen einzelnen, in einer unbedingten sittlichen Verantwortung vor Gott und konfrontieren sie mit seinem Willen. Eine ethisch begründete Gerichtsansage findet sich außerhalb des AT, so weit wir sehen, nicht.

4. Hingewiesen sei noch auf einen Unterschied der atl. P. zum griech. Inspirationsgedanken. →Platon nennt drei Weisen von Inspiration: die der Dichter, die der Philosophen und Staatsmänner und die der Propheten. Bei den Griechen, später z.B. auch bei →Philo von Alexandrien, gilt der Prophet als passives Organ eines fremden Willens bzw. der göttlichen Stimme. Der Körper befindet sich dabei in einem Erregungszustand. Das Ich des Propheten, seine Vernunft, ist während des Inspirationsvorgangs durch ein anderes Subjekt ersetzt. Die Zukunftsschau hellseherischer Menschen verdankt sich der Einwohnung göttlichen Geistes in einem Menschen.

Von einer derartigen Ausschaltung der →Vernunft kann bei den hebr. Propheten keine Rede sein, im Gegenteil: Sie wird für die sittliche Begründung eines Gotteswortes und seine Ausformulierung zwingend in Anspruch genommen.

Lit.: H. P. Müller: ThWAT V, 147–149; F. Nötscher: Prophetie im Umkreis des alten Israel, BZ 10 (1966), 161–167; L. Wächter: »Prophetie in der Umwelt des Alten Testaments«, in: Von Bileam bis Jesaja. Studien zur alttestamentlichen Prophetie von ihren Anfängen bis zum 8. Jahrhundert v.Chr., 1984, 9-31.

W. Grimm

b) im Alten Testament

1. Das Wesen der Prophetie Israels

Das Phänomen des Prophetischen gibt es auch außerhalb Israels, was im AT nicht verschwiegen wird (Bileam 4Mo 22-24). Falsche Propheten gibt es hier wie dort, doch Israels Propheten stehen grundsätzlich den magischen Praktiken ihrer Umwelt fern (vgl. Jer 27,9 mit 14-16 oder Elia und die Baalspropheten 1Kön 18). Zwar gab es anfänglich Gruppenekstatiker, zu denen auch König Saul gerechnet wird (1Sam 10,5f.10-13; 19,18-24), aber offenbar sind sie nicht das, was Israel unter Propheten versteht. Das nekromantische Abenteuer Sauls wird als Abweichung von der prophetischen Norm bewertet (1Sam 28).

Israel kannte die Gottesbefragung im Fall von Krankheit (1Kön 14), Schwangerschaftsproblemen (1Mo 25,22) u.ä. wie andere Religionen, und zwar auch gegen Bezahlung (1Kön 14,3), doch die Befragung Jahwes durch seine Propheten wurde scharf abgehoben von der Befragung etwa des Baal von Ekron (2Kön 1,1-4). Die Gottesbefragung durch Propheten zielt auf Prognosen, wie die Krankheit verläuft usw. Das ist die landläufige Auffassung von P.: Vorhersage, Wahrsagen von Ereignissen. Die Vorsilbe *pro* des griech. Wortes »Prophet« wird dabei im zeitlichen Sinn als »vorher, voraus« verstanden. Die Silbe ist im Griech. aber ursprünglich örtlich gemeint: »vor« jemand etwas »hervor« sagen. Ein Prophet ist dann nicht Vorher-Sager, sondern Hervor-Sager, nicht Wahrsager, sondern Wahrheitssager, nicht der Tipgeber, sondern der Ansager (Fascher). Auch die Propheten und Prophetinnen Israels hatten es nicht nur mit der Zukunft zu tun, sondern mit allen drei Zeitdimensionen. Sie brachten Überlieferungen und Erfahrungen der Vergangenheit mit zukunftsweisenden Worten Gottes zusammen in der Gegenwart ihrer Hörer zur Sprache. Damit ist ein weiteres Merkmal der Propheten Israels angesprochen: Sie sind primär Sprecher und nicht Schreiber. Dabei scheint es in der »klassischen« P. (Schriftpropheten von Amos bis Hesekiel) eine Entwicklung vom kurzen rhythmischen Wort bis hin zu predigtartigen Ausführungen gegeben zu haben. Nur in Ausnahmefällen ließen Propheten unmittelbar etwas aufschreiben (z.B. Jes 8,16; 30,8; Jer 36). Jer 18,18 verdeutlicht, daß Propheten im Unterschied zur Priestertora und zur Weisheitslehre das aktuelle Wort Gottes für die Stunde zu sagen haben. Ihre Worte wiesen jedoch über den Tag hinaus und wurden so von Freunden und Gegnern systematisch gesammelt, weitergegeben, schriftlich festgehalten und nach und nach zu einem Prophetenbuch zusammengestellt.

2. Zur Geschichte der israelitischen Prophetie

»Kein Prophet ist mehr da«, heißt es am Ende der atl. Zeit (Ps 74,9). Das Judentum rechnete mit dem Aufhören der P., was das NT nicht tat. Wo aber liegt der Anfang? 1Sam 9,9 unterscheidet zwischen dem »Seher« (2Sam 24,11; 2Kön 17,13 und v.a. 1 und 2Chr) der Frühzeit und dem späteren »Propheten«. Der Seher ist der Prototyp des Propheten im nomadischen Lebensbereich. Es herrscht bei ihm das Element des Visionären vor. Der Ausdruck »Prophet« wird erst ab Jeremia häufiger verwendet und ist schließlich das alle prophetischen Phänomene umfassende Fachwort geworden.

Allein die Tatsache, daß die Bücher Josua bis Könige als »Vordere bzw. Frühere Propheten« in den hebr. Kanon eingegangen sind (von der Fachwelt heute »deuteronomistisches Geschichtswerk« genannt), weist auf ein Verständnis israelit. Prophetentums, das nicht erst bei den klassischen »großen« Propheten einsetzt. 2Kön 17,13; 24,2 sehen die Propheten der Königszeit im geschichtl. Zusammenhang, ebenso der Prophet Jeremia (Jer 2,30; 5,12-14; 28,8). Das Deuteronomium (5Mo 18,15ff) dehnt diese Kontinuität bis zu Mose aus, auch der zu dieser Zeit wirkende Prophet Hosea sieht sich und die Propheten seiner Zeit in einer langen Reihe von Propheten und -gruppen (Hos 6,4f; 12,10f.14). Geht man von Hoseas Zeit (8. Jh. v.Chr.) zurück ins 9. Jh., so stößt man auf die »vorklassische Prophetie« (G. von Rad), Prophetengruppen (1Kön 18,22; 19,10.14; 22,6ff; 2Kön 2-6) und Einzelpropheten wie Elia, Elisa und Micha ben Jimla, von denen ausführlich erzählt wird, aber nur ganz wenige Sprüche überliefert sind. Die in der Saulüberlieferung dargestellten Ekstatikergruppen werden als »Verrückte« bezeichnet (hebr. *meschugga*) wie 150 Jahre später der Schüler des Propheten Elisa (2Kön 9,11). Selbst im 8. Jh. haftete den Propheten Israels das Image des Extraordinären, ja Extravaganten an (Am 7,16; Mi 2,6.11; Hos 9,7).

Für die vorstaatliche Zeit kann man Elemente charismat. Rechtsfindung und -wahrung sowie die Bestimmung von Führungspersonen durch den Geist Jahwes erkennen. Solche Elemente finden sich auch in der Tätigkeit der späteren Propheten, aber eine direkte Kontinuität zu diesen kann damit noch nicht erwiesen werden.

3. Die Botschaft der Propheten

Im hebr. Kanonteil der Nebiim folgen den Vorderen die Hinteren bzw. Späteren Propheten: Jes, Jer, Hes, Dodekapropheton (Zwölfprophetenbuch). Auf ihre Botschaft legt das AT großes theol. Gewicht. Sie verkündigten das »Wort Jahwes«, was nicht heißt, daß sie nur redeten. Manchmal sprachen sie durch Zeichenhandlungen, so wenn Hosea die Ehe mit einer untreuen Frau eingehen, er wie Jesaja seinen Kindern ungewöhnliche Namen geben muß (Hos 1; Jes 8) oder Jeremia ein hölzernes Joch auf seinen Schultern trägt (Jer 27-28). Immer sind sie Gesandte Gottes (Jes 6,8), ihre Berufung kann mit visionären Erlebnissen verbunden sein (Jes 6; Jer 1; Am 7; Hes 1), aber es sind nicht diese subjektiven Erfahrungen und mitunter spektakulären Begleiterscheinungen ihrer Auftritte, die sie zu Propheten Jahwes machen. Wir erfahren über die Frömmigkeit der Propheten, daß sie keine einsamen Genies waren, sondern Freunde um sich hatten (Jes 8,16), die wie im Fall Jeremias, der nicht einmal eine Familie gründen durfte (16,2), den schützenden Raum der Seelsorge boten (Jer 45). Einwände und Protest gegen Gottes Zumutung (Am 7,3.5; Jer 20,7) zeigen, daß die Propheten keineswegs mechanische Sprachrohre waren. Die Klagen Jeremias (11; 15; 17; 18; 20) verdeutlichen, daß das Leiden des Propheten, das von der Demütigung, Verleumdung, Inhaftierung und Morddrohung in die Depression führte, verursacht wurde durch die ihm aufgetragene Botschaft. Sie war es, die den Riß zwischen Gott und Israel, den der Prophet öffentlich anklagend verkünden mußte, als Leidensdruck in seine eigene

Existenz hineintrug; denn da war einerseits das Wünschen und Hoffen des an und mit seinem Volk leidenden Propheten, und andererseits das Feuer des Wortes (Jer 20,9), das diesem Volk den Untergang ansagte. Der Gipfelpunkt der Identifikation von Wort und Existenz wird im stellvertretenden Leiden des Gottesknechts erreicht, der nicht nur für das Gottesvolk, sondern auch für die ganze Menschheit das Sündenunheil trägt (Jes 53).

Von ihrer formalen Seite zeigt die Prophetenbotschaft Ähnlichkeiten mit Texten auf den Keilschrifttafeln des Archivs der Könige von Mari am mittleren Euphrat aus dem 18. Jh. v. Chr. Sogar die Botenformel findet sich dort: »So hat Gott gesprochen.« Doch diese Sprüche sind totes Kulturgut, das 1933 zufällig aus dem Sand gegraben wurde, während die Botschaft der Propheten Israels durch die Jahrtausende weiterlebte. Ihre Vielgestaltigkeit verdankt sie den vielfältigen Redeformen wie Gleichnis (Jes 5,1-7), Rechtsverhandlung (Hos 2,4-17), Streitgespräch (Mi 2,6-11), Totenklage (Am 5,1-3) usw., die oft auf den ursprünglichen »Sitz im Leben« eines Spruches schließen lassen. Von der Berufung an »geschieht das Wort«, werden deutliche Worte empfangen. Das unterstreicht die häufig verwendete Botenformel »So hat Jahwe gesprochen/So spricht Jahwe«, die der Situation der Entsendung von Boten entnommen ist, z.B. im polit.-diplomatischen Bereich (2Kön 18,17ff; 19).

Durch den Inhalt der Prophetenbotschaft ziehen sich von Anfang an zwei Grundrichtungen: Heil und Unheil (Gericht). Die Gerichtsworte bestehen prinzipiell aus zwei Teilen. Der erste analysiert die Lage, stellt Schuld fest und erhebt Anklage. Hier ist die Reflexion des Propheten zu erkennen. Das kommende Gericht hat seine Gründe, es entspricht nicht dem bösen Willen oder der Unberechenbarkeit Gottes, sondern allein der aufweisbaren Schuld der Menschen. Deshalb erwartet Gott Einsicht und Umkehr, auf die er flexibel antworten kann (2Sam 12,13ff; Jona). Der zweite Teil enthält die Gerichtsankündigung. Sie ist das eigentliche zukunftsbezogene Gotteswort. Doch Gott will mit der Ankündigung kommenden Unheils die Umorientierung in der Gegenwart erreichen, die Drohung geschieht nicht aus Lust am Vernichten. Das Wort vom Ende soll die Wende bewirken. Die Heilsworte enthalten keine Begründung, denn Rettung und Vergebung entspringen nicht dem menschlichen Verhalten, sondern allein dem Erbarmen Gottes (Hos 11,8f). So ist der Neuanfang nach dem Exil ein Neuanfang durch Vergebung (Jes 40,1f). Wie Gott einer selbstsicheren Gesellschaft sein Wort vom Ende sagen ließ (Am 8,2), so läßt er am Nullpunkt des Exils den Neubeginn verkünden. »Heil wird nur im Durchgang durchs Gericht erfahren« (W. H. Schmidt). Von Jes 40ff an gewinnt die Botschaft der Erneuerung Raum, vom neuen Bund Gottes mit seinem Volk (Jer 31,31-34) bis zur Neuschöpfung der Welt (Jes 65,17). Mit ihrer von Gott empfangenen Botschaft des Gerichts und der Erneuerung wirkten die institutionell ungebundenen Propheten Israels, obwohl ohne Hausmacht und oft kaltgestellt, langfristig auf Gesellschaft, Staat und Religion ein.

a. Die soziale Stoßrichtung: Die Propheten, bes. Amos, Micha und Jesaja, nehmen Partei für die kleinen Leute, die von einer reichen, korrupten Oberschicht ausgebeutet werden, welche wirtschaftl. Expansion und persönlichen Luxus über soziale Gerechtigkeit stellt. Das altisraelit. Gesetz, das die Schwachen vor den Starken schützte, wurde gebrochen, das antike Kreditrecht bis zur Schuldsklaverei rigoros angewandt. Die Propheten verkünden den Maßstab Jahwes: »Recht und Gerechtigkeit« (Jes 5,7; Am 5,7.24; 6,12) für alle. Die Zerstörung dieser Normen der Solidargemeinschaft ist nicht nur soziales Unrecht, sondern Schuld gegenüber Gott. Er bricht seine Beziehungen zu einer Gesellschaft, die den Schwachen das Lebensrecht verweigert, ab (Jes 5,1-7).

b. Die polit. Stoßrichtung: Seit Ahia von Silo (10. Jh. v. Chr.), Elia (1Kön 21,1-20) und der Prophetenschule Elisas, die den Staatsstreich des Offiziers Jehu einleitete (2Kön 9-10), haben sich die unabhängigen Propheten in die Staatspolitik eingemischt. Für Jesaja ist das Vertrauen auf Militär, Rüstung und (wechselnde) Bündnispartner Ausdruck mangelnder Bindung an Jahwe (7,9; 28,14-19; 30,1-5.15; 31,1-3). Für Hosea ist das monarchische System, das zur Spielwiese rivalisierender Machtgruppen geworden war (in 25 Jahren sechs Könige, vier durch Putsch), grundsätzlich ein Irrweg, der dem Weg mit seinem Retter und König Jahwe widerspricht (1,4; 7,3-7; 8,4-6; 13,9-11). Jeremia und Hesekiel müssen sich mit der national-rel. Partei in Jerusalem auseinandersetzen und gegen deren »Thron-und-Altar«-Politik Jahwes Heil und Gegenwart auch unter fremder Macht und Kultur bezeugen (Jer 29,1-7; Hes 17). Im Exil beginnt dann der Aufbruch zu einem neuen Denken, das Israel nicht mehr als polit. Staat, sondern als rel. Gemeinde versteht.

c. Die rel. Stoßrichtung: Aufgedeckt werden der Mißbrauch des Gottesdienstes zur Selbstdarstellung ohne ethisches Dienen im Alltag (Am 4,4f; 5,21-27; Jes 1,10-17). Mi 3,9-12 und Jer 7 greifen die an den Tempel gebundene Heilssicherheit an. Hosea zeigt an vielen Einzelheiten, wie der Jahwedienst von magischen Praktiken der kanaan. Fruchtbarkeitsriten überfremdet wird, so daß aus der Vergewisserung der Heilstaten Jahwes im Gottesdienst Jahwe-Vergessenheit wird (2,15; 4,6; 13,6). Zu dieser Religionsvermischung von unten kam seit Salomo der staatlich verordnete →Synkretismus von oben. Der Kampf gegen ihn war auch mit grausamer Unduldsamkeit verbunden (Elia, Elisa/Jehu). Die deuteronomische Reformbewegung, der Jeremia zeitweise verbunden war, versuchte, dieses Einfallstor zu schließen, doch bedurfte es erst des Verlusts aller rel. Sicherheiten im Exil, um Israel die Einzigartigkeit seiner Gottesbeziehung wieder bewußt zu machen (Jes, Hes).

Lit.: M. Buber: Der Glaube der Propheten, 1950; G. Fohrer: Die symbolischen Handlungen der Propheten, ²1968; S. Herrmann: Die prophetischen Heilserwartungen im Alten Testament, 1965; ders.: Ursprung und Funktion der Prophetie im alten Israel, 1976; K. Koch: Die Profeten I, ²1987; II, ²1988; H. J. Kraus: Die prophetische Verkündigung des Rechts in Israel (ThSt 51), 1957; C. Kuhl: Israels Propheten, 1956; P. H. A. Neumann (Hg.): Das Prophetenverständnis in der deutschsprachigen Forschung seit H. Ewald, 1979; H. D. Preuß (Hg).: Eschatologie im Alten Testament, 1978; G. Quell: Wahre und falsche Propheten, 1952; G. v. Rad: Theologie des Alten Testaments II, ⁴1981; J. M. Schmidt: »Prophetie«, in: H. J. Boecker u. a.: Altes Testament, ²1986; W. H. Schmidt: Zukunftsgewißheit und Gegenwartskritik, 1973; ders.: Alttestamentlicher Glaube in seiner Geschichte, § 14, ⁶1987; G. Wallis (Hg.): Von Bileam bis Jesaja, 1984; ders.: (Hg.): Zwischen Gericht und Heil, 1987; C. Westermann: Grundformen prophetischer Rede, ⁵1978; H. W. Wolff: Prophetische Alternativen, 1982; ders.: Hauptprobleme alttestamentlicher Prophetie (GSt zum AT), ²1973, 206-231; ders.: Studien zur Prophetie, 1987; W. Zimmerli: Das Gesetz und die Propheten, 1963; ders.: Studien zur alttestamentlichen Theologie und Prophetie, 1974; ders.: Die kritische Infragestellung der Tradition durch die Prophetie, BThSt 2 (1978), 57-86.

Chr. Wolf

c) im Neuen Testament

1. Im Unterschied zur atl. P. ist das prophetische Zeugnis der ntl. Zeit auf die Schrift gegründet und somit inspirierte Auslegung des AT. Die klassischen Propheten des Alten Israel galten im frühen Judentum als »Offenbarer« des mosaischen Gesetzes (Qumran: 1QS 8,15f, vgl. Mt 5,17; Lk 16,29-31) und auch als Künder der messianischen Erlösung und des endzeitlichen Gerichts über alle Gottlosigkeit und Ungerechtigkeit.

Von den Rabbinen wurde der Hl. Geist (→Geist, Heiliger) als Geist der P. gedeutet, der mit den letzten Propheten erloschen ist und erst in der Endzeit wiederkommen wird (vgl. auch Joel 2,25f; Sach 13,4-6; T Levi 8,14; T Benj 9,2). Man wartete auf einen Propheten wie Mose (5Mo 18,15-22) bzw. auf den wiederkommenden Elia (Mal 3,21-24; 4,5-6), der Israel auf die messianische Zeit vorbereiten und alle strittigen Fragen der Gesetzesauslegung entscheiden sollte (1Makk 4,46; 9,27; 14,41). Dieses Dogma von der prophetenlosen Zeit verfestigte sich bei den Rabbinen, was auch als Reaktion auf die Hochschätzung der P. und das Wirken des Hl. Geistes in der Gemeinde von Qumran, bei den Zeloten und den ersten Christen verstanden werden kann.

2. In den Qumranschriften hören wir vom Hl. Geist als einer gegenwärtigen Gottesgabe, die den Lehrer inspiriert (1QH 7,6f) und die Gemeinde führt und diszipliniert (1QS 3,6-8), allerdings im Vollmaß erst mit einer noch ausstehenden Geisttaufe vom Himmel her gewährt wird (1QS 4,20-22). Josephus erzählt von essenischen Propheten, die zukünftige Ereignisse ansagen (Bell 1,78-80), Träume deuten (Bell 2,112f) oder künftigen Regenten Weisung geben (Ant 15,371ff).

3. Johannes der Täufer erschien dem Volk als ein Prophet (Lk 1,76; Mt 21,26; Mk 11,32; Lk 20,6). Jesus hielt ihn für den größten aller Propheten (Mt 11,11-14; Lk 7,24ff), eben weil er als Vorbote des Messias auf der Schwelle zur neuen Zeit stand (Mt 11,12); mit seiner Bußtaufe und Gerichtspredigt hat er das Volk Gottes für den kommenden Herrn vorbereitet (Mt 21,32). Nach Joh 1,21 hat der Täufer freilich die Würde des (endzeitlichen) Propheten für seine Person abgelehnt.

4. Das NT und Flavius Josephus berichten vom Auftreten »falscher Propheten«, die durch das Versprechen, »Zeichen der Freiheit« vollziehen zu wollen, sich als Boten oder auch Bringer der Erlösung ausgaben: Von einem Samaritaner, der die Menschen auf dem Garizim versammelte und ihnen Wunder versprach (Ant 18,85-87), von Theudas, der unter Pilatus auftrat und das Volk trockenen Fußes durch den Jordan leiten wollte (Ant 20,97-99, vgl. Apg 5,36), und von einem aus Ägypten kommenden Juden, der unter Felix (58-60 n.Chr.) vom Ölberg aus den Einsturz der Mauern Jerusalems versprach (Ant 20,169–172, vgl. Apg 21,38). Solche Wunder werden von Josua, dem Nachfolger Moses, berichtet (Jos 3,14ff; 6,20); durch sie wollten diese Heilbringer zur Zeit Jesu den Beweis dafür erbringen, daß mit ihnen der in 5Mo 18,15-22 verheißene Prophet wie Mose bzw. der Messias selbst als Erlöser am Werke sei. Vor dem Auftreten falscher Propheten bzw. Messiasse in der Wüste und ihren »Zeichen« hat auch Jesus gewarnt (Mt 24,11 24; vgl. Bell 2,258–260). Unter dem Eindruck der Mosetypologie werden der Dienst des endzeitlichen Propheten und der des Messias miteinander eng verbunden, ja bisweilen verschmolzen; anders sind die falschen

Propheten und christl. Wanderprediger am Ausgang des 1. Jh.s zu beurteilen (Did 11-13).

5. Nach Apg 3,22-26; 7,37 wurde die Verheißung 5Mo 18,15.19 mit dem Wirken Jesu erfüllt; auch das Volk konnte so urteilen (Mk 6,15; 8,28; Lk 7,16). Jesus selbst hat seinen Auftrag auch als den eines Propheten verstanden (Lk 4,18ff.24.27). Aber als solcher war er der Gesalbte Gottes und damit Erfüllung und Ziel der atl. P. (Mk 10,45; 14,6; vgl. Mt 1,22; 2,5ff).

6. Für Paulus haben die atl. Propheten das →Evangelium vom messianischen Gottessohn vorausverkündigt und so den Dienst der apostol. Christuszeugen vorbereitet (Röm 1,1-5; vgl. Lk 24, 25.27.44). Auch die urchristl. P. hat vor allem das Christusereignis zum Thema. Mit der Ausgießung des Hl. Geistes wurde der Kirche auch die Gabe der P. geschenkt (Apg 2); nach den Aposteln hatten die Propheten das wichtigste kirchl. Amt inne (1Kor 12,28f; vgl. 1Kor 14; Apg 13,1; 19,6). P. wird dabei auf vielfältige Weise verstanden: Als vollmächtiges Christuszeugnis und aktuelle Deutung des Gotteswillens nach der Schrift (Apg 2,11.14ff; 1Kor 14,24f), als Ankündigung zukünftiger Ereignisse (vgl. Agabus, Apg 11,27f; 21,10 und wohl auch die vier Töchter des Philippus, Apg 21,9), durch Ermahnung und Stärkung der Gemeinde (Judas und Silas nach Apg 15,32). Einzigartig ist die apokalyptische P. des Sehers Johannes, der nach dem Buch der Offenbarung die endzeitlichen Ereignisse und den endgültigen Sieg des Christus vorausschaut (→Offenbarung des Johannes).

Lit.: D. E. Aune: Prophecy in Early Christianity and in the Mediterranean World, 1983; E. Fascher: Profetes, 1927; O. Michel: Spätjüdisches Prophetentum, BZNW 1954, 60-66; J. Manek: »Propheten im NT«, BHH Bd. 3, 1966, 1512.

O. Betz

d) *kirchengeschichtlich*

Waren die Propheten im Urchristentum neben Aposteln und Lehrern ein anerkannter, fester Stand, so hat sich diese Dreiheit schon um 100 n. Chr. als gefährdet gezeigt und schließlich aufgelöst. Die Apostel fanden nach ihrem Tod keine Nachfolger mehr, Propheten sind zwar von →Montanus bis →Methodius von Olympos im frühen 4. Jh. hier und dort noch nachweisbar, aber sie waren durch Lehr- und Verhaltens-Eigentümlichkeiten sowie durch nicht eingetretene Weissagungen weithin diskreditiert. Ihr Amt und das des Lehrers wurde zunehmend mehr auf den Priester und den Bischof übertragen, da die Unterscheidung zwischen echter und falscher P. in der Gemeinde kaum gelang. Trotzdem sind innerhalb der Kirchengeschichte immer wieder Prophetengestalten aufgetreten, z.B. Joachim von Fiore, Franz von Assisi, die Brüder und Schwestern vom Freien Geist, die Zwickauer Propheten und die Münsteraner Täufer in der Reformationszeit und auch manche Spiritualisten, die Gottes Offenbarung eher bei sich selbst als im äußeren Wort empfingen (vgl. Luthers Kampf gegen die »himmlischen Propheten«).

Die Reformatoren haben zwar die prophetische Gabe nicht bestritten, diese aber an die Verkündigung der Heiligen Schrift gebunden. → Zwingli hat die Beurteilung der P. nicht nur dem Prediger, sondern der ganzen Gemeinde zugewiesen, die sich in der »Prophezey«, einem Auseinandersetzungsforum in Zürich, um Auslegung und Billigung christl. Lehre und P. bemühten. In den westl. Volks- und Freikirchen ist die P. bis in die Gegenwart hinein so eindeutig mit dem kirchl. Amt verknüpft worden, daß Literatur zu ihr sogar in den Nachschlagewerken weithin fehlt. Anders ist die Entwicklung in den Kirchen der Dritten Welt verlaufen, in denen prophetische Phänomene, z.T. sehr kirchenleitungskritisch, immer wieder begegnen. In der →Pfingstbewegung, neuerdings auch in der →Charismatischen Erneuerung wird die urchristl. P. als aktualisierte Schriftauslegung, aber auch als Weissagung zukünftiger Ereignisse gefördert. Kriterien zur Beurteilung sind allerdings kaum entwickelt worden, so daß die Bewährung dieser Geistesgabe noch aussteht.

Lit.: H. v. Campenhausen: Kirchliches Amt und geistliche Vollmacht in den ersten drei Jahrhunderten, [2]1963; G. Dautzenberg: Urchristliche Prophetie, 1975; B. Yocum: Prophecy. Exercising the prophetic Gifts of the Spirit in the Church today, 1976.

G. Ruhbach

e) *praktisch-theologisch*

1. Nach Joh 16,13 (»was zukünftig ist, wird der Geist euch verkündigen«) gibt es eine Form der christl. Verkündigung, die aus dem Heiligen Geist heraus Perspektiven für die vor den Christen liegende Zeit aufzeigt. Im NT selbst hat diese Weise der prophetischen Verkündigung im wesentlichen in drei Formen Gestalt angenommen:

a. Die Johannesoffenbarung als Wesensschau in die Endgeschichte: Hier geht es nicht um die Darlegung einer Abfolge der endzeitlichen Ereignisse, sondern um die Grundzüge der Endgeschichte, die bis zu ihrer Endgestalt im Laufe der Weltgeschichte in immer neuen, aber ähnlichen Linien verläuft.

b. Der gottesdienstliche »Kurzbeitrag« nach 1Kor 14, der – von der ausführlichen Lehre unterschieden – als »Offenbarung« einen Impuls des Geistes weitergibt, der mahnenden oder tröstenden Charakters ist und immer auf die konkrete Gemeindesituation Bezug nimmt.

c. Das gelegentliche Vorhersagen von Ereignissen, die für das Leben der Gemeinde von großer Bedeutung sind (z.B. Agabus in Apg 11 und 21).

2. Für die heutige Verkündigung kommt eigentlich nur Form b. in Frage und wurde auch in der Gemeinde immer wieder vollzogen (vgl. Zwinglis »Prophezey«), bei Form c. hat die Christenheit eine große Unsicherheit, weil in naiver Weise Prophetie mit Vorhersage verwechselt wurde (vgl. Bengels Vorhersage der Wiederkunft Christi für das Jahr 1838 und ähnliche Termine bei sektenähnlichen Gemeinschaften), Form a. scheidet aus, weil die Johannesoffenbarung zum Kanon gehört und es darum keine neuen Durchblicke durch die Endgeschichte gibt. Da das prophetische Wort, obwohl geistgeleitet, niemals göttliche Rede in »Reinform« sein kann, weil auch der prophetisch Redende immer noch Sünder ist, bedarf es einer Prüfung, die der Versuch einer Konkretion ist unter Ausscheidung aller übertriebenen und einseitigen Positionen. So kann auch bei der Prüfung von Form c. unter Vermeidung aller Spekulationen und Datumsangaben das, was der »Prophet« eigentlich hat sagen wollen, in verwandelter und gereinigter Form durchaus wertvoll sein.

3. So hat also die christl. Verkündigung durchaus auch den Charakter des Prophetischen neben dem des Evangelistischen und Lehrhaften. Sie hat mehr eine seelsorgerl. Funktion. Es empfiehlt sich, den prophetischen Beitrag nicht als solchen zu firmieren und anzukündigen (»Der Herr hat mir gesagt« oder »Jesus sagt euch« oder gar »Ich sage euch«), um der Sensationshascherei und der Personenverherrlichung zu entgehen. Prophetische Rede ist meist bildhaft (ohne daß angekündigt wird »Der Herr hat mir folgendes Bild für euch gegeben«). Das prophetische Wort hat sich unter die »normale« Verkündigung zu mischen, ja, sogar zu verbergen – die, die es angeht, werden sofort merken, daß es ein Wort des Auferstandenen an sie ist. Dabei zeigt die Erfahrung, daß der so prophetisch Redende sich meist der prophetischen Dimension seiner Verkündigung nicht bewußt ist.

Lit: R. Bohren: Prophetie und Seelsorge, 1982; A. Pohl: Die prophetische Dimension der evangelistischen Rede, Th. Gespr. 2, 1994, 11ff; D. Schneider: Der Geist des Gekreuzigten, 1987.

D. Schneider

Propst →Kirchliche Ämter

Proselyten/Proselytismus

Der Begriff kommt aus dem Griech. und steht im hell. Judentum für einen zum Judentum übergetretenen Heiden (vgl. z.B. Apg 2,11) bzw. für das Bemühen des Judentums, Heiden für den Übertritt zu gewinnen. Der im Grunde wertfreie Begriff erhält bereits zur Zeit des NT einen negativen Beigeschmack (vgl. Mt 23,15).

Im modernen Sprachgebrauch ist P.ismus eindeutig negativ besetzt und bezeichnet die Abwerbung von Gliedern einer christl. Kirche durch eine andere mit unlauteren Mitteln. Das Stichwort P.ismus ist bis heute ein sensibles Thema im ökumen. Gespräch. Die Diskussion über die Lauterkeit bzw. Unlauterkeit der Mittel ist nicht abgeschlossen. Der ÖRK hat in verschiedenen Erklärungen 1950, 1961 und 1970 folgendes betont:

– Es gilt das Recht auf Religionsfreiheit, das auch den Wechsel der Kirchenzugehörigkeit aus Gewissensgründen einschließt.

– Alle Kirchen haben die Pflicht zum Zeugnis gegenüber Nichtchristen und solchen Angehörigen von Kirchen, die keine lebendige Beziehung mehr zum Glauben und zu ihrer Kirche haben.

– Die Kirchen müssen in ihrem Zeugnis jeden psychischen oder moralischen Druck ebenso unterlassen wie die lieblose Anspielung auf Glaubensüberzeugungen anderer. Der Beitritt zur eigenen Konfession darf nicht zur Bedingung für das Heil gemacht werden. Auf materielle oder geistige Anreize ist zu verzichten.

– Das Idealbild der eigenen Kirche darf nicht gegenüber dem tatsächlichen Erscheinungsbild einer anderen Kirche als Anreiz verwendet werden. Notlagen, Schwächen oder mangelnde Information und Bildung der Adressaten dürfen nicht zu einem Konfessionswechsel ausgenutzt werden. In der evangelist. Verkündigung ist alles zu unterlassen, was den guten Glauben anderer verdächtig macht.

Immer wieder kommt es zu Problemen zwischen Kirchen, weil eine der anderen P.ismus vorwirft. Vor allem in Ländern, in denen eine bestimmte Konfession vorherrschend und prägend ist, geraten evangelist. Aktivitäten anderer Kirchen, besonders Minderheitskirchen, in den Verdacht des P.ismus. Das betrifft Länder, in denen es eine geschichtl.-kulturelle Einheit von Nation und Religion gibt, wie z.B. Griechenland oder Rußland in besonders starkem Maße. In den Ländern des Nahen Ostens gibt es seit langer Zeit zwischenkirchl. Konflikte wegen dieser Angelegenheiten zwischen orth., altorientalischen, unierten (mit Rom vereinigten Orthodoxen), röm.-kath. und prot. Kirchen.

Lit.: M. Basarab: Uniatismus und Proselytismus auf der Tagesordnung des internationalen katholisch-orthodoxen Dialogs, Una Sancta 4 (1990), 321–323; Dritter offizieller Bericht der gemeinsamen Arbeitsgruppe zwischen dem ÖRK und der römisch-katholischen Kirche, Ökumenische Rundschau 20 (1970), 176–185; P. Löffler: Proselytismus und die Zukunft der Ökumene, Ökumenische Rundschau 24 (1974), 180–191.

R. W. Burkart

Prosper von Aquitanien (ca. 390–455)

P. Tiro wurde um 390 in Limoges (?) geb. und starb nach 455. Er war Laientheologe, verheiratet, erst später Mönch in Südfrankreich (Marseille?), Anhänger und Freund →Augustins, dessen Prädestinations- und Gnadenlehre er zunächst uneingeschränkt verteidigte. Nach dessen Tod wurde er zunehmend mehr Vertreter eines universalen Heilswillens Gottes und wandte sich von Augustins schroffer Position ab. Unter Leo I. ging er nach Rom und wurde dort Mitarbeiter in der päpstlichen Kanzlei, war als solcher Verfasser päpstlicher Lehrschreiben gegen die →Monophysiten und die →Pelagianer. Bekannt blieb er auch als Verfasser von meist in Hexametern gehaltenen Gedichten.

Lit.: R. Helm: Prosper von Aquitanien, RE–Pauly XXIII. 1, 1957, 880-897;R. Lorenz: Der Augustinismus Prospers, ZKG 73 (1962), 217-252.

G. Ruhbach

Prostitution

Die gewerbsmäßige Hingabe des Körpers zur sexuellen Betätigung gegen Entgelt ist bereits im frühen Altertum sowohl als hetero- (weibliche), wie auch als homosexuelle (männliche) P. vielfach bezeugt. Ob in den Fruchtbarkeitskulten des Vorderen Orients, im Hetärenwesen des alten Griechenlands, im Sex-Sklaventum Ägyptens oder Roms, immer gehörte die P. zur gesellschaftl. Selbstverständlichkeit. Nach einer Studie von Röhr (1972) zeigen Prostituierte durchgängig neurotische Auffälligkeiten. Häufig leiden sie unter emotionaler Labilität, geringer seelischer Belastbarkeit und Störungen des Selbstwertgefühls. Schicksalhaft hierfür sind gestörte Eltern-Kind-Beziehungen, mangelnde Mutter-Identifikation wie auch traumatische Sexualschocks in früher Kindheit und Jugendzeit. Die Motive zur P. liegen vielfach im Boykott des Frauseins, in der Flucht vor Lebensaufgaben, in einem irrigen Freiheitsideal oder aber in einer Form der Herrschaft über den Mann. Hinzukommende vordergründige Motive sind oft in sozialen Notlagen begründet (Armuts-, Hausfrauen- und Beschaffungsp.).

Wenn auch →Thomas von Aquin (1225–1274), maßgeblicher Ethiker des MAs, der P. eine gesellschaftl. notwendige Ventil-Funktion zur Erhaltung des weiblichen Reinheitsideals beimißt, so sind doch AT und NT in ihrer Ablehnung der P. deckungsgleich. Bereits in 1Mo 38,15-25 wird die P. mit Hinrichtung bedroht. Selbst durch P. erzielte Gewinne durften Gott nicht geopfert werden (5Mo 23,19). Auch das NT schließt Gottesglauben und P. als miteinander unvereinbar aus (1Thess 4,3), stellt ihren Vertretern und Kunden den Verlust des ewigen Gottesreiches vor Augen (1Kor 6,9), um letztlich doch nur zur möglichen Lebenskorrektur einzuladen (Joh 8,1ff).

Lit.: J. Fischer: Wörterbuch zur Sexualpädagogik, 1969; C. D. Stoll: »Prostitution«, GBL 3, 1989, 1241f.

H. Krüger

Protestantenverein, Deutscher

Der dt. P. wurde 1863 in Frankfurt/M. gegründet, um »die der Kirche Entfremdeten, aber darum noch nicht für sie Verlorenen wieder zu ihr zurückzuführen« (R. →Rothe). Insbesondere wollte man den Riß zwischen Volk und Kulturfortschritt und einer auf Orthodoxie bedachten Kirche überwinden. Allein das Evangelium der Liebe und Gotteskindschaft, wie es durch Christus gelehrt und durch sein Leben und Sterben besiegelt wurde, sollte in Übereinstimmung mit Glaubens- und Lehrfreiheit, d.h. ohne Bindung an Bekenntnisschriften oder bestimmte Schultheologien verkündigt werden. Eine »Gemeindekirche« sollte im Gegensatz zu einer Pastoren- und Betreuungskirche entstehen.

Als kirchl. Liberalismus wurde der dt. P. von den Rechten entschieden bekämpft; gegenüber der →Dialektischen Theologie wußte er sich wenig zu behaupten, so daß er sich mit Verbänden ähnlicher Zielrichtung zusammenschloß und sich allmählich auflöste.

Lit.: W. Rathje: Die Welt des freien Protestantismus, 1952.

E. Geldbach

Protestantismus

P. ist ursprünglich zunächst ein rechtl. und polit. Begriff. Er wurde geprägt im Anschluß an den Widerspruch von 19 ev. Ständen – fünf Fürsten und 14 reichsfreien Städten – gegen den Abschied des Reichstages zu Speyer 1529. Der erste Reichstag zu Speyer im Jahre 1526 hatte in seinem Abschied noch bis zu einem erwarteten Konzil die Regelung der rel. Frage den Reichsständen in eigene Verantwortung, allerdings »gegen Gott und die kaiserliche Majestät« als Gegenüber der Verantwortung, gestellt.

Erzherzog Ferdinand als Statthalter des Kaisers konnte nicht zuletzt aufgrund der veränderten polit. Bedingungen (erfolgreiche Kriegsführung Karls V. gegen Franz I. und den Papst) 1529 nun eine Proposition vorlegen, die diesen Beschluß von 1526 kurzerhand aufhob. Dagegen erhoben die ev. Stände zunächst mündlich, dann am 25. 4. 1529 in der sog. Appellation schriftlich Einspruch. Das brachte ihnen den Namen Protestanten ein. Die Protestaktion richtete sich gegen das Mehrheitsprinzip in Sachen des Glaubens und gegen den Versuch, dieses Prinzip konsequent durchzusetzen. Die Minderheit des Reichstages rekurrierte dabei noch nicht auf die Freiheit des Gewissens, aber doch wurde unmißverständlich geltend gemacht, daß »ein jeglicher für sich selbst vor Gott stehen und Rechenschaft« geben muß. Mithin könne sich niemand, gerade auch dann, wenn er der Mehrheit angehört, »mit dem Handeln oder Beschließen einer Minderheit oder Mehrheit entschuldigen«.

Der Begriff P. wird also zunächst polemisch und deshalb nicht für die Selbstbezeichnung einer Gruppe oder Bekenntnisgemeinschaft gebraucht, bleibt bis zum →Westfälischen Frieden 1648 auch beschränkt auf die Lutherischen, wird danach ausgeweitet auf die Reformierten. Dann bezeichnet er das, was Reformierte und Lutheraner im Gegensatz zur röm.-kath. Konfessionspartei miteinander verbindet. Kath. Theologen unternehmen erst im 20. Jh. den ernsthaften Versuch, den Bedeutungsgehalt des Begriffs P. nicht bloß aus dem konfessionellen Disput heraus zu begreifen (Ratzinger/Schütte). Dabei zeigt sich, daß auf kath. Seite ein entsprechendes Instrumentarium fehlt, das Phänomen des P. begrifflich zu fassen. Im Zusammenhang der Aufklärung behält der Begriff P. seine polit. Komponente, vor allem im Blick auf die außertheol. Deutung der universitären ev. Theologie und kirchl. Frömmigkeit.

Es gilt dabei als Allgemeingut, daß der P. die Eigenständigkeit der Wissenschaften, die bürgerliche Emanzipation im Zusammenhang konstitutioneller Reformen und auch Kirchenkritik aus sich heraussetzt. So gilt es für H. Heine als ausgemacht, daß akademische Freiheit und Pressefreiheit nichts anderes sind als die »Konsequenz der Denkfreiheit und folglich ein protestantisches Recht«. Aus diesem Zusammenhang heraus kommt es, wohl zuerst in Frankreich, zur Prägung des Begriffs eines polit. P. (Joseph de Maistre 1820). Im Sinne einer Selbstbezeichnung ev. Theologie und Kirche taucht der Begriff P. zuerst in England auf, wo »Protestants« alle nichtröm. christl. Glaubensgemeinschaften meint, also auch diejenigen Gruppen bezeichnet, die aus täuferischen, spiritualistischen und antitrinitarischen Bewegungen hervorgehen.

Die konfessionskundlichen Grenzen des P. zu bestimmen, ist demzufolge nicht unproblematisch. Ganz offensichtlich wirken Elemente des P. auch in solchen Bewegungen, die der nachreformat. Ära entspringen. Der amerik. Zweig der anglik. Kirche bezeichnet sich z.B. seit 1783 schlechthin als »Protestantische Episkopalkirche«.

Für die klassische P.theorie, die den Begriff im Sinne eines Programms der Theologie ev. Provenienz deutet, ist von der →Neologie bis zu P. →Tillich immer die Frage nach der kulturellen Prägekraft ev. Frömmigkeit bestimmend gewesen. In Deutschland gewinnt der Begriff seit Mitte des 18. Jh.s diese programmatische, kulturpolit. Bedeutung. In der Auseinandersetzung um die Legitimität der →Aufklärung hat der Begriff ein ausdrücklich emanzipatorisches Gepräge. Autonomie, Freiheit, Gewissen und Mündigkeit gelten als dem prot. Denken entspringende Implikationen. In den Kontroversen um die Frage der Vereidigung der Staatsbeamten auf die Bekenntnisschriften des 16. Jh.s gewinnt der Begriff P. eine antiklerikale oder antikirchl. Komponente, tritt ins Gegenüber zum Begriff einer »evangelischen Kirchlichkeit«. So betont J.A. Eberhard, der Lehrer Schleiermachers, es widerspreche dem Geist des P., dem »Glaubensbekenntnis von Augsburg« – also der CA – »eine unauflöslich verpflichtende Funktion« beizulegen. Der P. steht nun für eine Wissenschaftskultur, die freie Lehrart, hist. Kritik, die frei von jedem Dogmatismus zu sein hat, und Öffentlichkeit verlangt. Berühmt geworden ist das Diktum F.D.E. →Schleiermachers hinsichtlich der Selbstkennzeichnung des Protestantischen, wonach die Eigentümlichkeit des Protestantischen darin liegt, daß die Protestanten im Unterschied zur kath. Theologie »das Verhältnis des Einzelnen zur Kirche abhängig ... von seinem Verhältnis zu Christo« machen, während umgekehrt nach kath. Auffassung das Verhältnis zu Christus in Abhängigkeit vom Verhältnis des einzelnen zur Kirche stehe.

In seiner kirchen- und dogmenkritischen Deutung wird der Begriff P. faktisch und auch von der Theorie her zu einem Kulturbegriff. P. bezeichnet danach Prinzipien der Kritik an polit., gesellschaftl. und institutionellen Bedingungen in Staat und Kirche, die die Freiheit und Autonomie des einzelnen einschränken, und gibt zugleich den Rahmen für eine über die verfaßte Kirche hinausgehende prägende Kraft der christl. Religion. Die Versöhnung von Religion und moderner Kultur wird zum Programm des 1863 gegründeten Protestantenvereins, die »Protestantische Kirchenzeitung« sein Organ. P. hält vom Begriff her in seiner kulturtheoretischen Deutung sowohl ein kritisches Potential bereit als auch die Frage nach der gestaltenden Kraft christl. Frömmigkeit und Theologie. So kann M. Weber in seiner berühmten Studie über die prot. Ethik feststellen, der P. stelle sich als Verbindung zweier, die moderne Gesellschaft tragenden Phänomene dar: die Bereitschaft zur Entsagung und zur Hingabe an den Beruf. Der P. sieht entsprechend seine kulturelle Aufgabe in der Spannung von entfalteter Freiheit und verbindlicher Verantwortung. Als Klassiker einer entfalteten P.theorie können E. →Troeltsch und P. Tillich gelten. Tillich sieht den P. als Realisierung einer Unmündigkeit (Heteronomie) und hemmungslose Selbstrealisierung der Subjektivität (Autonomie) überwindenden theonomen Grundhaltung. Der P. allein vereint beides: den Protest gegen jeden menschlichen Anspruch auf absolute Wahrheit mit dem Anspruch der Gestaltwerdung wahrer Freiheit in der christl. Religion, die alle menschliche Selbsterhebung aufhebt. Insofern handelt es sich beim P. um die – in dieser Form allerdings unreformat. – Wiederentdeckung des dialektischen »Charakters der Religion«.

Die Kritik am →Kulturprotestantismus ist so alt wie dessen Entfaltung selbst und macht sich in der Regel geltend als die Forderung nach einer, den →Pluralismus überwindenden, eindeutigen und ekklesiologisch sowie dogmat. ausweisbaren Identität ev. Theologie und Frömmigkeit. Dann wird dem P. häufig der Hang zu einem Verbindlichkeit auflösenden Individualismus vorgehalten, seine Unterschiedenheit von moderner Kultur eingeklagt, bei deren Nichtdurchsetzung seine »Auflösung« (E. Steinbach) prophezeit. Diesem Vorwurf ist nur zu begegnen mit dem Hinweis auf die Spannung zwischen Freiheit und Bindung, die hervorgeht aus der konstruktiven Beziehung von Gottesdienst und Dienst an der Welt, in die der P. den seiner Welt verpflichteten Staatsbürger und Christenmenschen stellt (H. D. Wendland). Die Entdeckung der prägenden Kraft des P. bleibt ständige Aufgabe von ev. Theologie und Frömmigkeit, wird neuerdings vehement eingeklagt von P. Berger; diese Entdeckung erwächst gewiß nicht nur der Bemühung um Vermittlung zwischen christl. Überlieferung und aufgeklärtem Denken, sondern mehr noch der lebendigen Erfahrung der Transzendenz.

Wieweit sich der aller →Postmoderne offene P. zu halten und sogar seine reformat. Ursprünge zu verlebendigen bzw. wiederzuentdecken vermag, bleibt abzuwarten.

Lit.: P. L. Berger: Der Zwang zur Häresie, 1980; F. W. Graf (Hg.): Protestantische Identität heute, 1992; J. Moltmann (Hg.): Religion der Freiheit. Protestantismus in der Moderne, 1990; H. Schütte: Protestantismus, 1967; E. Stammler: Die Zukunft des Protestantismus, 1963; E. Steinbach: Die Auflösung des Protestantismus, 1936; P. Tillich: Der Protestantismus als Kritik und Gestaltung, Werke VII, 1962.

K. H. Manzke

Protevangelium

1. »Erstes Evangelium« (griech. *proteuanggelion*, vgl. Röm 1,2) ist die im MA entstandene Bezeichnung für den auf Maria und Christus bezogenen und als Heilswort verstandenen Fluch Gottes über die Paradiesesschlange: »Ich will Feindschaft setzen zwischen dir und dem Weibe, zwischen deinem Samen und ihrem Samen. Er wird dir den Kopf zertreten, und du wirst ihn in die Ferse stechen« (1Mo 3,15). Die messianische Deutung dieser Stelle wird zwar von der hist.-kritischen Forschung verworfen, legt sich aber für den heilsgeschichtl. Betrachter durchaus nahe und ist im frühen Judentum und im NT vorbereitet.

a. Nach der Damaskusschrift (→Qumran) wird der »Engel der Feindschaft«, d.h. der Satan von demjenigen weichen, der zur Tora umgekehrt ist und sie hält (16,5). Der Targum Jerushalmi zu 1Mo 3,15 spricht vom endgültigen Triumph der treuen Täter des Gesetzes über die Schlange des Bösen; dabei läßt der mehrdeutige Begriff *ʿaqeb*, »Ferse«, »Ende«, »zukünftige Welt« (der Plural *ʿiqeboth* meint in m Sotah 9,15 die »Fußspuren« des Messias) an die »Tage des Messiaskönigs« denken.

b. Ähnlich wird im NT den Glaubenden verheißen: »Der Gott des Friedens wird (euch) in Kürze den Satan unter euren Füßen zertreten lassen« (Röm 16,20). In Offb 12,9-11 wird die alte Schlange mit dem Satan gleichgesetzt, der im himmlischen Krieg mit Michael und dessen Engeln seine Stelle als

Ankläger vor dem Thron Gottes verliert und auf die Erde geworfen wird; überwunden wird er wegen des »Blutes des Lammes« und des Zeugnisses der bis zum Tod getreuen Glaubenden.

c. Jesus Christus ist im NT der zweite, endzeitliche Adam. Er hat die Versuchung durch den Teufel bestanden und den durch den Sündenfall zerbrochenen Paradiesesfrieden wieder hergestellt; die Engel dienten ihm danach wie dem Adam vor dem Fall (Mk 1,13; vgl. b Sanh 59 b). Durch seinen Gehorsam bis zum Tod hat der Christus die durch den ersten Adam in die Welt eingelassenen Mächte der Sünde und des Todes überwunden (Röm 5,12-21) und die Hoffnung auf die Aufhebung der von Gott über die Schöpfung verhängten Vergänglichkeit gestärkt (Röm 8,20-24).

2. In einem anderen Sinn wird das P. auf die Botschaft von der frühen Kindheit Jesu und auf die seiner Geburt voraufgehenden Personen und Ereignisse bezogen. Das wohl schon im 2. Jh. entstandene und im 3. Jh. weit verbreitete »Protevangelium des Jakobus« erzählt von Joachim und Anna, den frommen Großeltern Jesu mütterlicherseits, sowie von der wunderbaren Geburt der Maria (1-5), ihrer im Tempel verbrachten Jugend (6-8), von der Übergabe an Josef, ihrer Schwangerschaft und der Geburt Jesu (9-20), sowie der Verfolgung durch Herodes (21-25). Die Jungfräulichkeit der Maria ist das Hauptthema des für die christl. Kunst im MA bes. bedeutsamen Werkes.

Lit.: zu 1: R. Knippenberg: »Protevangelium«, BHH III, 1966, 1515f; zu 2.: E. Hennecke, W. Schneemelcher: Neutestamentliche Apokryphen, Bd. I, ³1959, 277–290.

O. Betz

Prozession

Spätestens seit dem 4. Jh. gibt es christl. P.en. Die Gemeinde ist nach dem Vorbild des alten Bundes das wandernde Gottesvolk. Im kanonischen Recht (can. 1290, 1) wird die P. nach röm. Verständnis definiert als »feierlicher Bittgang, den das gläubige Volk unter der Führung des Klerus veranstaltet, indem es sich geordnet von einem gottesdienstlichen Ort zum anderen begibt«. Üblicherweise wird ein Kreuz vorangetragen, begleitet von Rauchfaß und Leuchtern. Inhaltlich werden Gedächtnisp.en (an bestimmten Tagen des Kirchenjahres wie Lichtmeß und vor allem →Fronleichnam) und funktionelle P.en (Bitt-, Segens- und Sühne-P.en aus besonderem Anlaß) unterschieden. Zu letzteren gehört auch die Bestattungs-P. vom Sterbehaus zur Kirche und von der Kirche zum Friedhof. Während der ganzen P. wird gebetet und gesungen. Wurden zunächst Psalmen mit dem Gemeinde-Kehrvers angestimmt, so wurden seit dem MA bevorzugt →Litaneien gesungen, von denen die Allerheiligenlitanei die bekannteste ist. P.en zu einem bes. Heiligtum sind die →Wallfahrten.

Die Leitung einer P. durch den Klerus ist unabdingbar; es gibt also keine Laien-P.en. Andererseits gibt es im abgeleiteten Sinne P.en ohne aktive Gemeindebeteiligung; dazu gehören die Einzugsp. des Klerus zu Beginn der Messe, die P. mit dem Lektionar und die P. zur Gabendarbringung (in der Ostkirche: der kleine und der große Einzug).

Lit.: J. A. Jungmann, G. Schreiber: »Prozession«, LThK, Band 8, 843-845; A.-G. Martimort (Hg.): Handbuch der Liturgiewissenschaft (2 Bde.), 1967.

Chr. Albrecht

Prozeßtheologie

Diese Hauptrichtung der angelsächsischen Theologie nimmt das prozeßphil. Denken des Mathematikers, Naturwissenschaftlers und Philosophen Alfred North Whitehead (1861–1947) auf und setzt es für die Belange der Religionsphilosophie und Theologie um. Whiteheads komplexes Hauptwerk »Prozeß und Realität« (1929) gilt als eines der wichtigsten phil. Werke des 20. Jh.s, weil es darlegt, wie die Grundlagen des abendländischen Denkens neu konzipiert werden können, wenn man sowohl Ergebnisse der modernen Naturwissenschaften als auch Grundelemente der bibl. Religion ernst nimmt. Die daraus resultierende Prozeßphilosophie bricht mit der aristotelisch-neuzeitlichen Grundannahme, daß Seiendes wesentlich als in der Zeit Beharrendes gedacht werden muß, und behauptet Realität im Zusammenhang mit sich wirklich Ereignendem, dessen Entstehen und Vergehen als Prozeß analysiert werden kann.

Konsequenzen dieses epochalen Neuansatzes für den Gottes- und Menschenbegriff haben die Religionsphilosophen Charles Hartshorne und Henry Nelson Wieman aufgezeigt. Sie haben v.a. den klass.-theol. Gedanken der Unveränderlichkeit Gottes kritisiert, um den Gottesbegriff im Rahmen der allgemeinen menschlichen Erfahrung wieder denkbar zu machen. In den Raum der Theologie wurde das Denken Whiteheads und seiner Nachfolger besonders durch die Divinity School der Universität von Chicago hineingetragen. Aus ihr gingen die wichtigen Prozeßtheologen Schubert M. Ogden, Bernard Loomer und John B. Cobb Jr. hervor. Michael Welker faßt deren jeweilige Gotteskonzeption wie folgt zusammen: »Gott: Das Selbst der Welt« (Ogden); »Gott: Grundfaktor in aller Erfahrung« (Loomer); und »Gott: Grund unseres Lebens in Gemeinde und universaler Gemeinschaft« (Cobb). Inzwischen gibt es kaum ein theol. Thema und kaum eine christl. Denomination, in deren Zusammenhang die P. nicht diskutiert worden wäre.

Obwohl Whitehead sowohl Religion als auch Naturwissenschaft interdisziplinär auf der Grundlage einer abstrakten Kosmologie zu interpretieren gesucht hat, konnte die P. weder den naturwissenschaftl. noch den interdisziplinären Aspekt seines Denkens angemessen berücksichtigen. Dies führte dazu, daß Whiteheads sehr komplexes Denken in dieser theol. Schule meist verflacht wurde. Eine angemessene theol. Diskussion der Prozeßphilosophie erfordert daher eine Beschäftigung mit moderner Naturwissenschaft und eine Sensibilität für interdisziplinäre Fragestellungen.

Lit.: J. B. Cobb, D. R. Griffin: Prozess-Theologie. Eine einführende Darstellung. (Übers. M. Mühlenberg, 1979); M. Welker: Universalität Gottes und Relativität der Welt. Theologische Kosmologie im Dialog mit dem amerikanischen Prozeßdenken nach Whitehead, 1981.

Chr. Wassermann

Prüfung der Geister

→Geister, Unterscheidung der

Psalmen

Die P. (von griech. *psallein*, »zupfen, rupfen«; *psalter* ist der Spieler des *psalterion*, des (Zupf-)Saiteninstruments; ein *Psalm* ist ein auf einem Saiteninstrument gespieltes Stück bzw. das dazu gesungene Lied) sind wohl das meistgelesene und meistbenutzte Buch des AT; mitunter auch als Anhang zum NT gedruckt. In der hebr. Bibel heißen die P. *tehillim*, ein von *tehilla*, »Lobgesang«, »Hymnus«, abgeleiteter Fachausdruck, der der Bezeichnung dieses bibl. Buches vorbehalten ist. Wahrscheinlich ist in älterer Zeit der Ausdruck *tefillot*, »Klage- und Bittgebete«, verwendet worden (vgl. Ps 72,20), zumal die meisten Lieder der P. Klagelieder und Klagegebete sind.

In der Zählung weicht die LXX ab vom masoretischen Text (MT; →Masora): Ps 9 und 10 und Ps 114 und 115 sind in der LXX je ein Psalm; Ps 116 und 147 dagegen je zwei, so daß sich folgendes Bild ergibt:

MT		LXX
1	=	1–8
9 und 10	=	9
11–113	=	10–112
114 und 115	=	113
116, 1–9	=	114
116, 10–19	=	115
117–146	=	116–145
147, 1–11	=	146
147, 12–20	=	147
148–150	=	148–150

Außerdem hat die LXX am Schluß einen Ps 151, der 1Sam 16f verarbeitet. Einige Ps sind doppelt überliefert: Ps 14 = Ps 53; Ps 18 = 2Sam 22; Ps 70 = Ps 40,13-17; Ps 108 = Ps 57,8-12 und 60,7-14. Psalmen gibt es auch außerhalb des so bezeichneten bibl. Buches (z.B. 2Mo 15; 5Mo 32; Ri 5; 1Sam 2; Jes 38,1; Offb; Hab 3; Jona 2; Lk 1,46-55: »Magnifikat«; Lk 1,67-79: «Benediktus«; Phil 2), wie auch außerhalb des Kanons P. gesammelt worden sind (z.B. die Loblieder von Qumran oder die »Psalmen Salomos«).

Die P. sind in der Regel das erste Buch des dritten Teiles der hebr. Bibel, der sog. Schriften (hebr. *ketubim*), so daß in Lk 24,44 «Psalmen« pars pro toto alle Schriften bezeichnen kann.

Die Doxologien in 41,14; 72,19; 89,52; 106,48 und 150,6 gliedern die P. in fünf Bücher (analog zum Pentateuch?), wobei Ps 150 Schlußdoxologie des gesamten Psalters ist. Innerhalb des Psalters finden sich Spuren ursprünglich selbständiger Sammlungen, z.B. die »Davidspsalmen« (3-41, vgl. 51-65. 67-71): Alle diese P. (bis auf 33) beginnen mit der Bemerkung *l^{e}-david*, was »von David« (verfaßt), »für David« (gedichtet) oder »über David« (handelnd) heißen kann oder entsprechend der Seriennotizen der akkadischen Psalmdichtung und der Tontafeltexte aus Ras Schamra (*leba'al*, »dem Baalszyklus zugehörig«) Registraturvermerk sein könnte: »zur Sammlung der Davidlieder gehörig«. In 13 Fällen ist die Bemerkung *l^{e}-david* mit einer Situationsangabe verknüpft, was kaum anders als im Sinne einer Autorenangabe verstanden werden kann, zumal das AT an anderer Stelle belegt, daß David ein Sänger und Dichter war (1Sam 16,17ff; 2Sam 1,17ff; 22,1; vgl. 1Chr 22ff). Die Ps 50.73-83 tragen die Bemerkung *le'asaph* (»Asaphpsalmen«); die Ps 42.44-49 und 84f.87f sind »Söhne-Korach-Psalmen«.

Eine andere Sammlung ist der sog. »elohistische Psalter« (Pss 42-83), da hier der Gottesname Jahwe 200mal durch *'elohim* (»Gott«) ersetzt wurde. Auch die durch den hymnischen Ruf »JHWH ist König«

geprägten »JHWH-Königs-Psalmen« (93-99) und die »Wallfahrtslieder« (120–134) sowie die »Halleluja-Psalmen« (104–106; 111–117; 146–150) sind wahrscheinlich eigenständige Sammlungen gewesen. Ob das auch für die »Königspsalmen« (2, 20f; 89; 101; 110) zutrifft, ist schwer zu sagen. Aufgrund des Prologs von Sir wird man mit dem Abschluß der Gesamtsammlung, die Dichtung aus fast 1.000 Jahren und damit aus ganz verschiedenen Zeiten und Kulturstufen umfaßt, um 200 v. Chr. rechnen können.

Grundmuster dieser Poesie ist der *parallelismus membrorum* (»Parallelität der Glieder«), die hervorstechendste Eigentümlichkeit hebr. Dichtung: Zwei (oder drei) Glieder (= Halbverse), die in Form und Inhalt parallel liegen, bilden einen Vers. Man unterscheidet dabei vier Typen:

a. Der synonyme Parallelismus variiert in der zweiten Zeile den Inhalt der ersten mit anderen Worten (Ps 114,5).

b. Der antithetische Parallelismus entgegnet im zweiten Versglied der Aussage der ersten (Ps 20,9).

c. Der synthetische Parallelismus führt die Aussage des ersten Halbverses im zweiten weiter (Ps 26,1).

d. Im klimaktischen Parallelismus wird ein Wort des ersten Gliedes im zweiten wiederaufgenommen (Ps 29,1; 93,1).

Das Buch der P. ist das Gesang- und Gebetbuch der nachexilischen JHWH-Gemeinde, der Synagoge und (auch) der Kirche (geworden). M. Luther meint in der Vorrede zum Psalter 1528, »daß er wohl möchte eine kleine Biblia heißen, darin alles aufs schönste und kürzeste, wie in der ganzen Biblia steht ... wer die Biblia nicht lesen könnte, hätte hierin doch fast die ganze Summa. ... Daher kommt's, daß der Psalter aller Heiligen Büchlein ist und ein jeder ... Worte darinnen findet, die sich auf seine Sache reimen ... als wären sie allein um seinetwillen so gesetzt«.

Die P. spiegeln stärker als unser heutiges Beten (→Gebet) unmittelbare Lebensäußerungen wider: Der von Leid oder Freude betroffene Mensch schreit zu Gott, klagt ihm seine Not, schüttet sein Herz aus vor ihm, jubelt ihm zu, lobt den Retter und Schöpfer. Lob und Klage als direkte Reaktionen auf extreme Grenzerfahrungen menschlicher Existenz sind die beiden Pole, um die alles atl. Beten kreist. »Das Klagegebet ist der vor Gott ausgeschüttete Schmerz (Ps 102,1), das Lobgebet die zu Gott hin geäußerte wiedererwachte Lebensfreude« (R. Albertz). Die anderen Aspekte wie Bitte, Fürbitte, Dank, Vertrauensbekundung (und Tanz) ordnen sich entsprechend zu. Viele Klagegebete enden mit einem Wort der Zuversicht, des Dankes oder gar einer Aufforderung zum Lob; d.h. der Beter streckt sich aus nach vorn und erhofft eine erneute Zuwendung Gottes und Wendung seiner Not. Wo dieses Sich-Ausstrecken ausbleibt, zerbricht der Lebenswille und erstirbt auch letztlich das Gebet.

Je nachdem, ob ein einzelner oder die Gemeinschaft (das Volk) zu Wort kommt, unterscheidet man verschiedene Psalmgattungen, wobei die *Klage des einzelnen* die häufigste Gattung der P. ist (ca. 50; z.B. Ps 13; 22; 130). Die *Klage des Volkes* bezieht sich in der Regel auf ein geschichtl. Ereignis (z.B. auf die Zerstörung Jerusalems und die Exilierung: Ps 79; 137). Die darin geäußerte Bitte, Gott möge Rache üben an den Feinden und sie vernichten (137,8f), ist indirekt eine Erklärung des eigenen Racheverzichts (Röm 12,19f). Dem gegenüber stehen das *Lob des einzelnen* (z.B. Ps 18; 30; 34) und das *Lob des Volkes* (Ps 46; 126), wobei hier zu unterscheiden ist zwischen *berichtendem Lob*, das Bezug nimmt auf eine konkrete Rettungserfahrung und oft eine Art Geschichtsrückblick darstellt (Ps 78; 105; 106), und *beschreibendem Lob* (etwa der Schöpfung, Ps 104). Der beschreibende Lobpsalm, auch Hymnus genannt, preist Gottes Tun und Sein im Ganzen, unabhängig von einer konkreten Erfahrung, und hat deshalb einen deutlich liturg. Charakter: Er wird von einem imperativischen Lobruf eingeleitet und ist wohl auch häufig im Wechsel gebetet bzw. gesungen worden (z.B. Ps 115,9ff; 136).

In späterer Zeit sind deutliche Einflüsse der Weisheit auf die P.-Dichtung zu erkennen (37; 49; 73; 119); der alphabetische Tora-Psalm 119 (176 Verse, von denen je acht mit dem gleichen hebr. Buchstaben beginnen, vgl. Ps 9/10; 37, 111, 112) ist das herausragende Beispiel. Auch Ps 1 und Ps 2 sind keine Gebete oder Lieder, sondern fungieren als doppeltes Vorwort des Psalters: Ps 1 gilt als »eine (streitbare) Meditation eines ›pietistischen‹ Juden in der vom hellenistischen Säkularismus bedrohten Synagogengemeinschaft über gelingendes Leben, Ps 2 (ist) die dramatisch gestaltete ›Hoffnungsvision‹ der auf den Messiaskönig wartenden nachexilischen Jahwegemeinde« (C. Wolf). Damit wird die in den P. zum Ausdruck gebrachte Antwort des Menschen auf das Reden Gottes in der Tora und durch die Propheten selber zum Wort Gottes, über das es nachzusinnen gilt und dessen Verheißungen zu hören sind; der Psalter, der zunächst einlädt zum Mitbeten und Nachsingen, wird durch dieses Vorwort zum »Predigtbuch«.

Lit.: R. Albertz: »Gebet II. Altes Testament«, TRE 12, 1984, 34-42; H. Egelkraut: »Psalter«, GBL 3, 1989,

1243–1249; H.-J. Kraus: Psalmen, BK XV/1 und XV/2, [4]1972, bes. § 1-10, BK XV/1, VII-LXXXX; ders.: Theologie der Psalmen, BK XV/3, 1979; C. Westermann: Lob und Klage in den Psalmen, [6]1983; ders.: «Psalter«, BHH III, 1966, 1523–1529; C. Wolf: Die doppelte Eröffnung des Psalters, ThGespr 1/92, 25-33.

S. Stiegler

Pseudepigraphie, Pseudepigraphen

1. Definition

P.ie ist ein Begriff aus der hist. Literaturwissenschaft. Er bezeichnet den Vorgang, daß ein literarisches Werk im nachhinein und zu Unrecht einem bereits verstorbenen, angesehenen Verfasser (z.B. Pythagoras, Plato; Mose, Henoch, Elia, Paulus, Petrus) zugeschrieben wird. P.en sind die auf diese Weise entstandenen Werke. Sie sind von den →Apokryphen ebenso zu unterscheiden wie von anonymen (Werke, die ohne Verfasserangabe in Umlauf gebracht werden) oder pseudonymen (Werke, die unter einem fiktiven Namen veröffentlicht werden) Schriften. P.ie kam aus verschiedenen Gründen (Verehrung des Lehrers, Kommerz, Entstehung von Großbibliotheken, Stilübungen in Rhetorenschulen, absichtliche Fälschung u.a.) im (heidnischen) Altertum relativ häufig vor.

2. Material

Ohne Zweifel gibt es Schriften im Windschatten des AT und NT, die im o.g. Sinn als P.en anzusehen sind (Beispiele AT:. Elias-Apokalypse, Baruch- und Henochbücher u.a.; NT: Laodizenerbrief, Thomas- und Petrus-Ev. u.a.). Viele Forscher halten aber auch kanonische Bücher für pseudepigraph (z.B. Dan, Hld, Spr; Eph, Kol. 2Thess, Pastoralbriefe). Schon Paulus mußte sich gegen Briefe abgrenzen, die unter seinem Namen im Umlauf waren (2Thess 2,2).

3. Forschungsstand

Die Geschichte der Behauptung von P.ie im theol. relevanten Sinne geht auf die Zeit des kritischen Rationalismus zurück. Bahnbrecher für das NT waren E. Evans (1805), F.E.D. →Schleiermacher (1807), J. G. Eichhorn (1812) und vor allem F. C. →Baur, der bemüht war, die P.ie vom Geruch der »Fälschung« zu befreien. In seinem Gefolge konnten sämtliche ntl. Paulusbriefe für P.en gehalten werden. A. Jülicher (1894ff) betonte das Interesse der frühen Christen am Inhalt, nicht an der Form. J. Moffat (1912) zog verstärkt die jüd. und die griech.-röm. P.en sowie pseudepigraphe Reden zum Vergleich heran. M. Dibelius hob den Unterschied zwischen Brief und Epistel hervor, wobei letztere eine literarische Kunstform sei, die den Übergang zum »Kunstnamen« bereits nahelege.

International gesehen gibt es bei reicher Fachliteratur heute keine einhellige Meinung zur P.ie. Während man im englischsprachigen Raum aus hist. wie dogmat. Gründen teilweise zurückhaltender denkt (D. Guthrie, J. I. Packer u.a.; anders: H. H. Rowley, P. N. Harrison, B. Childs u.a.), gilt innerkanonische P.ie im von der deutschsprachigen Forschung bestimmten Bereich als durchaus üblich, und zwar mit unterschiedlichen Ansätzen. Einige Beispiele: Man sieht in ihr (a) eine im heidnischen Altertum, aber auch unter Juden und in deren Gefolge unter Christen durchaus gängige literarische Konvention, die den Lesern bekannt war und bei ihnen keinerlei ethischen Anstoß erregte (A. Meyer, K. Aland u.a.), wobei biographische und hist. Detailangaben (z.B. 2Tim 4,13) als typische Merkmale dieser literarischen Gattung erklärt werden. (b) Nach Aland (1961) galt der Heilige Geist als der eigentliche Verfasser der bibl. Schriften, was die Person des menschlichen Schreibers zurücktreten lasse. (c) M. Hengel (1972) möchte nachweisen, daß es im (Früh-)Judentum den Gedanken des »geistigen Eigentums« im modernen Sinne gar nicht gab, also auch keine »Fälschung«. (d) Für R. H. Charles ([2]1913) waren die P.en eine notwendige Möglichkeit, den als mit Esra für abgeschlossen angesehenen Kanon doch noch unter dem Namen eines Früheren zu ergänzen. (e) H. Balz (1969) sieht in der P.ie das Bemühen, in orientierungsloser Lage die zuverlässige apostolische Tradition neu zu vergegenwärtigen. Nur wenige Exegeten ziehen dagegen mit W. Schenk (ANRW II, 254,3428 Anm. 93) diese Linie konsequent aus und fordern, P.en aus den bibl. Kanon zu entfernen, ein Schritt, der faktisch im Blick auf die »Sachkritik« implizit weitgehend schon vollzogen ist.

4. Anfragen und Alternativen

a. Die Annahme von P.ie im Blick auf atl. und ntl. Schriften entstand vor allem aus inhaltlichen und theol. Gründen: Bestimmte Aussagen etwa im Buch Dan, die nach Meinung der Exegeten nur auf dem Hintergrund der Ereignisse in der ersten Hälfte des 2. Jh.s v.Chr. verstanden werden konnten, erzwangen unter dieser Voraussetzung geradezu die pseudepigraphische Verfasserschaft dieses Prophetenbuchs, sofern man nicht bereit war, mit vorausschauender →Prophetie zu rechnen. Allerdings wurde das Problem damit nur verdrängt, denn nun mußte (1) die hist. und damit auch die Wahrheitsfrage gestellt und beantwortet werden. Wie konnte ein Epigone es wagen, seine Schrift unter dem Namen eines berühmten Mannes der Geschichte der Öffentlichkeit zu präsentieren? Die Antwort war gewöhnlich der Hinweis auf P.ie als literarischer »Konvention«. Man überging dabei freilich andere Ergebnisse der hist. Forschung, die schon im Altertum selbst Tendenzen zum Schutz der eigenen »klassischen« Literatur und zur Abwehr der P.ie nachweist. Schon im 6. Jh. v. Chr. wurde in Athen ein Interpolator Homers bestraft. Im 2. Jh. n. Chr. wehrt sich Galen energisch gegen P.ie. (2) Fraglich ist, wie ein Verfasser durch eine falsche Verfasserangabe für seine Leser an Autorität gewinnen sollte, wenn diesen ohnehin der pseudepigraphe Charakter seiner Schrift bekannt war. Warum sollte eine Gemeinde die Autorität des Timotheus höher achten, wenn ihr bekannt war, daß die beiden Paulusbriefe an ihn gar nicht von Paulus stammten? Umgekehrt konnte dieser Verfassername die Wertschätzung des Dokuments in manchen Gemeinden auch eher mindern als steigern. (3) Zu fragen ist, inwieweit der Wahrheitsanspruch der Gottesoffenbarung mit einem »frommen Betrug« vereinbar ist und geschähe er auch aus den subjektiv besten Motiven heraus. (4) Wenn wirklich in den P.en Schüler die genuine Tradition aktualisierend fortführten, woher kommen dann die (angeblich) krassen theol. Differenzen zu den »echten« Briefen? Sind die P.en aber den »echten« Briefen gleichwertig, warum werden sie dann heute teilweise theol. disqualifiziert? (5) Wie konnten P.ien in Umlauf kommen? Doch wohl nur als Abschrift, ohne in der Empfängergemeinde verlesen worden und dadurch bekannt gemacht zu sein. Etwaige Gegner hätten sich kaum durch einen solchen Brief beeindrucken lassen, sondern sogleich die Prüfung der Echtheit gefordert.

b. Auch hier zeigt sich, daß jedes »System« geschlossen ist, sobald man es akzeptiert hat und von innen her betrachtet. Fraglich bleibt aber, ob P.ie gerade im Umkreis Israels, das es doch mit seiner →Offenbarung so genau nahm, eine Chance hatte, und ob in den bedrängten späturchristl. Gemeinden das für P.ie zu postulierende literarische »Milieu«, ein intellektueller Leserkreis, überhaupt existiert hat. Aufgabe der Theologie wäre es zu zeigen, daß die für pseudepigraph gehaltenen bibl. Schriften aus sich heraus und in ihrem hist. und theol. Kontext sinnvoll erklärt werden können. Außerdem müssen die offenen hist. und theol. Fragen adäquater beantwortet werden, als es in der traditionellen Forschung geschieht. Die Baursche Konstruktion der Geschichte des Urchristentums müßte dann allerdings weitgehend aufgegeben werden. In exegetischer Einzelarbeit muß deshalb methodisch konsequent zunächst von der »Echtheit« der umstrittenen Schriften ausgegangen werden, um zu sehen, ob sie sich bewähren kann.

Lit.: The Authorship and Integrity of the New Testament, SPCK Theological Collection 4, 1965 (Beiträge von K. Aland u. a., darin besonders: D. Guthrie: The Development of the Idea of Canonical Pseudepigrapha in New Testament Criticism); N. Brox (Hg.): Pseudepigraphie in der heidnischen und jüdisch-christlichen Antike, WdF 484, 1977; G. Maier: »Pseudepigraphie«, GBL 3, 1989, 1249–1253; E. J. Schnabel: »Der biblische Kanon und das Phänomen der Pseudonymität«, JET 3, 1989, 59-96; W. Speyer: Die literarische Fälschung im Altertum, 1971.

H.-W. Neudorfer

Pseudoisidorische Dekretalen

Einflußreichster Teil einer um 850 im westfränkischen Reich entstandenen umfangreichen Sammlung kirchl. Rechtssätze (»pseudoisidorische Fälschungen«). Vermutlich sind die P.D., die als angeblichen Verfasser Isidor Mercator nennen, von Klerikern aus dem Erzbistum Reims geschrieben worden. Den hist. Hintergrund bildet die mit der karolingischen Kirchenreform eingeleitete Einbeziehung der Kirche in das staatliche Leben und der daraus folgende laikale Einfluß auf den Episkopat. Der Protest gegen diese Entwicklung artikuliert sich durch den fingierten Rückgriff auf die Rechtstradition der Alten Kirche. Die Forderungen der P.D. zielen auf die Freiheit der Kirche von der weltlichen Gewalt, vor allem aber auf die Stärkung des Episkopats. Dessen Rechte sollen aufgewertet und vor äußerer Einflußnahme geschützt werden. Die Möglichkeit, Bischöfe anzuklagen, wird darum spürbar erschwert; der Papst ist oberste Appellationsinstanz und garantiert die bischöfliche Immunität. Daß die P.D. zugleich Ausführungen zum apostol. Leben, zum Eherecht, zur Liturgie und zur Sakramentenlehre enthalten, macht sie zu einem Handbuch kirchl. Lebens. Eine wichtige Rolle spielen die P.D. im Investiturstreit des 11./12. Jh.s, wo sie von den Kirchenreformern als Beleg für den päpstlichen Jurisdiktionsprimat ausgewertet werden. Später finden die P.D. Eingang in das Decretum Gratiani und mit ihm in die mittelalterl. Kanonistik. Erst in der Reformationszeit (Magdeburger →Centurien 1559) gelingt der Fälschungsnachweis, der seitdem allg. anerkannt ist.

Lit.: H. Fuhrmann: Einladung ins Mittelalter, 1987.

H. Holze

Pseudopropheten →Prophetie

Psychiatrie

P., »Seelenheilkunde« (griech. *psyche*, »Seele«, *iatros*, »Arzt«), »ist die gesamte« (medizinische!) »Lehre von seelischen Krankheiten und Abnormitäten«, während die »Psychologie die wissenschaftliche Lehre von den normalen seelischen Vorgängen einschließlich der praktischen Anwendung« ist (Tölle, 1975). P. und Neurologie (Lehre von den organischen Erkrankungen des zentralen, peripheren und vegetativen Nervensystems) bilden die Nervenheilkunde, die jahrelang als ein Doppelfach verstanden wurde, sich jetzt aber zunehmend spezialisiert.

In der Frühgeschichte wurden seelisch auffällige Menschen wegen ihres besonderen Verhaltens und ihrer vermuteten Verbindung mit Dämonen ausgesondert. So galt in der griech. Kultur die Fallsucht (heute Epilepsie) als »Heilige Krankheit«. Im Laufe der Kirchengeschichte wurde häufig seelisch auffälliges Verhalten mit satanischen Einflüssen in Verbindung gebracht. Eine fortschrittliche P. mit Behandlungsformen auch ohne Zwangsmaßnahmen existiert erst seit 200 Jahren (Pinel, 1789). Griesingers These (1845): »Psychische Krankheiten sind Gehirnkrankheiten« war ein weiterer Meilenstein. Gegen eine rein organische Verursachung von seelischen Krankheiten setzten sich die »Psychiker« zur Wehr. Mit Kraepelin beginnt die Aufteilung der seelischen Krankheiten in (a) »endogene« Psychosen: *Dementia praecox*, seit 1911 Schizophrenie (E. Bleuler) und manisch-depressives Irresein, heute manisch-depressives Kranksein, deren Ursache wir bis heute letztendlich nicht kennen, und (b) »exogene« Psychosen, bei denen eine erkennbare hirnorganische Verursachung besteht. Von den Psychosen (schwere seelische Krankheiten) abzugrenzen sind die Neurosen (Cullen, 1777), die von S. Freud als eine psychisch bedingte Gesundheitsstörung verstanden wurden, deren Symptome unmittelbare Folge und symbolischer Ausdruck eines unbewußten seelisch krankmachenden Konfliktes sind.

Die psychiatrische Diagnostik untersucht und erforscht alle organischen Verursachungen (Veränderungen durch Hirntumoren, Hirnverletzungsfolgen, Auffälligkeiten durch Vergiftungen und Stoffwechselstörungen) und nichtorganischen Ursachen (»endogene« Psychosen, Neurosen, Sucht, Schwachsinn, seelisch abnorme Persönlichkeiten) seelischer Störung. Die psychiatrische Therapie bemüht sich um Heilung und/oder Linderung mittels Gespräch, Psychopharmaka, Spezialtherapien und sozialer Wiedereingliederung (Sozialpsychiatrie). Die gerichtliche P. erforscht und begutachtet alle gerichtlich bedeutsamen Verhaltensauffälligkeiten.

Die Psychotherapie behandelt die Neurosen, Psychosomatosen (seelisch bedingte körperliche Funktionsstörungen) und abnormen Seelenzustände durch gezielte seelische Einflußnahme im Rahmen einer besonders geprägten Arzt-Patienten-Beziehung. Die moderne Psychotherapie beginnt mit der Psychoanalyse Freuds, der den Mesmerschen Magnetismus und die Hypnose durch ein gezieltes Repertoire psychoanalytischer Methoden ersetzte (u.a. Liegen auf der Couch, Traumdeutung, freies Assoziieren und Analyse von Übertragung und Widerstand zum Aufdecken unbewußter Konflikte). Im Laufe der Jahre hat sich eine unüberschaubare Anzahl psychotherapeutischer Verfahren etabliert und neue entstehen täglich, die jeweils eine oder wenige bestimmte Ursachen der Neurosenentstehung betonen (reduktionistischer Ansatz). Während im Gefolge der Psychoanalyse die tiefenpsychologischen Psychotherapieformen (nach Freud, Jung, Adler) einen ungelösten, unbewußt gewordenen Konflikt aus der Kindheit als wesentliche Ursache annehmen, sehen die mehr lerntheoretisch-verhaltenstherapeutischen Schulen das Hauptproblem in falsch erlernten Verhaltensweisen. Den humanistischen Psychotherapieformen geht es um »Selbstverwirklichung«. Die familiendynamisch orientierten Verfahren und Ehepaartherapien konzentrieren sich auf Diagnose und Therapie pathologischer Familieninteraktionen. Im Rahmen eines Gruppensettings versuchen unterschiedliche Psychotherapieformen Hilfe für Schwierigkeiten anzubieten, die in der Zweiersituation der Therapeuten-Patienten-Beziehung schwer oder nicht angehbar sind. Da die Berufsbezeichnung »Psychotherapeut« gesetzlich nicht geschützt ist, bieten derzeit auch unqualifizierte Psychotherapeuten »Hilfe« an. Oskar Pfister, ein Schweizer ref. Pfarrer, hat als erster versucht, beeindruckt durch die Psychoanalyse, psychotherapeutische Erkenntnisse für die →Seelsorge fruchtbar zu machen. In der Folgezeit sind diese Bemühungen um die Integration psych. und theol. Erkenntnisse mit wechselndem Erfolg im Rahmen der Arbeitsgemeinschaft »Arzt und Seelsorger« (W. Bitter) und der Pastoralpsychologie, die heute Teil der theol. Ausbildung ist, fortgesetzt worden. Hilfreiche Impulse zur Integration gingen u.a. auch aus von Paul →Tournier (seit 1940), A. Maeder (1945), R. Affemann (1965), A. →Köberle (1968), A. Görres

(1978), N. Scholl (1980), H. Küng (1987), M. Dieterich (1989). Auch im stationären Rahmen wird versucht (u.a. in der Klinik Hohe Mark seit 1933), Integration zu praktizieren. Die →Deutsche Gesellschaft für Biblisch-therapeutische Seelsorge (Stetten-Kernen) bildet seit 1987 therapeutische Laienseelsorger aus. Das amerik. Journal for Psychology and Theology veröffentlicht seit 1973 Anregungen zur Integration von Seelsorge und Psychotherapie.

Lit.: Lit.: R. Affemann: Tiefenpsychologie als Hilfe in Verkündigung und Seelsorge, 1965; R. J. Corsini (Hg.): Handbuch der Psychotherapie, 1987; M. Dieterich: Handbuch Psychologie und Seelsorge, 1989; S. Freud: Gesammelte Werke, 1952; A. Görres: Kennt die Psychologie den Menschen?, 1978; A. Köberle: Heilung und Hilfe, 1968; H. Küng: Freud und die Zukunft der Religionen, 1987; A. Maeder: Wege zur seelischen Heilung, 1945; Rosemead School of Psychology (Hg.): Journal of Psychology and Theology; N. Scholl: Kleine Psychoanalyse christlicher Glaubenspraxis, 1980; W. Schulte, R. Tölle: Psychiatrie, 1975; P. Tournier: Krankheit und Lebensprobleme, [6]1955; ders.: Echtes und falsches Schuldgefühl, 1967.

H. v. Knorre

Psychoanalyse →Psychiatrie; →Psychologie; →Tiefenpsychologie

Psychologie

Das Fach P. als eigenständige Universitätsdisziplin existiert seit einem guten Jahrhundert. 1879 gründete Wilhelm Wundt an der Universität Leipzig ein erstes psych. Institut. Der starke Zustrom zum Studium der P. setzte weltweit erst nach dem Zweiten Weltkrieg ein.

Im Gegensatz zu anderen Wissenschaften lassen sich die Aufgaben der P. durch den Namen der Disziplin nicht beschreiben. Die Übersetzung des griech. Wortes führt zu »Seele«, »Atem«, »Hauch« oder »Leben«. Unter »Logos« versteht man das dt. Wort »Lehre«. Ist P. also eine »Lehre von der Seele«? Jahrhundertelang haben sich Philosophen und Theologen darum gestritten, was denn die Seele sei, in welchem Verhältnis sie zum Leib stehe usw. Die wissenschaftl. P. kann mit ihren Methoden darauf keine eindeutige Antwort geben und versucht, ihrem empirischen Verständnis entsprechend, durchgängig auf metaphysische Hintergründe zu verzichten. Sie überläßt das Leib-Seele-Problem den Geisteswissenschaften bzw. der Theologie. Aus hist. Gründen bleibt sie allerdings bei ihrem Namen.

Im dt. Sprachraum hat sich in den vergangenen Jahrzehnten folgende Definition herauskristallisiert: P. ist die Wissenschaft vom menschlichen Verhalten und Erleben und deren Bedingungen.

Mit »Verhalten« sind dabei alle objektiv beobachtbaren Aktivitäten (d.h. also von isolierten Reaktionen bestimmter Muskeln und Drüsen bis hin zu komplexen zielgerichteten Reaktionsmustern) angesprochen. Mit »Erleben« meint man alle nicht direkt beobachtbaren Reaktionen, wie Denken, Motivation, Gefühle usw., die sich aus der Beobachtung des äußeren Verhaltens ableiten lassen. Aufgabe der wissenschaftl. P. ist es demnach, das menschliche Verhalten und Erleben zu beschreiben und auch zu erklären. Erklären bedeutet dabei, das Verhalten auf seine Bedingungen zurückzuführen. Dabei lassen sich im wesentlichen drei Bedingungsklassen des menschlichen Verhaltens und Erlebens unterscheiden:

1. Personale Faktoren als Bedingungen des Verhaltens und Erlebens.
2. Situative Faktoren (physikalische und soziale Gegebenheiten der Situation).
3. Verhaltensrückmeldungen (ebenfalls physikalischer und sozialer Art).

Natürlich wurden auch schon lange vor Wundt »psychologische« Beobachtungen gemacht und die Früchte der Erkenntnisse von Philosophen, Literatur- und Geisteswissenschaftlern sind oftmals Kostbarkeiten der Einfühlsamkeit in die menschliche Seele. Solche literarischen Genies sind dennoch keine Psychologen im wissenschaftl. Sinne, denn sie formulierten ihre Einsichten in der Regel nicht als allgemeingültige Gesetzmäßigkeiten – auch wenn ihre Art des Beschreibens von den Lesern gerne verallgemeinert wird. Auch in der Bibel gibt es, insbesondere in der Weisheitsliteratur, eine große Zahl von einzigartigen Erkenntnissen zum Verhalten und Erleben des Menschen; diese sind jedoch nicht das Proprium der Heiligen Schrift.

Die moderne P. versteht sich als überprüfbare Disziplin und hat sich mit ihren Forschungsmethoden sehr nahe an die empirischen Sozialwissenschaften angelehnt, d.h. sie versucht, ihre Ergebnisse so zu formulieren, daß sie wiederholbar und zu verallgemeinern sind. Damit steht sie mit ihren Methoden des Zählens und Messens den Naturwissenschaften viel näher als den Geisteswissenschaften.

Das große Aufgabenfeld der wissenschaftl. P., wie sie heute an den Universitäten gelehrt wird, umfaßt u.a. folgende Teilgebiete:

– Allgemeine Psychologie: Hier werden Bedingungen und die daraus ableitbaren Konsequenzen der Wahrnehmung (z.B. sehen, hören, fühlen usw.), des Denkens, Lernens und der Motivation erforscht. Von diesem Teilgebiet der P. erhalten wir u.a. Erkenntnisse, wie optimal gelernt werden kann, welche Beziehungen Denken und Lernen zueinander haben, wie bedeutsam die Motivation für unser Handeln ist usw.

– Psychophysiologie: Hier werden die Zusammenhänge zwischen körperlichen Vorgängen und psychischen Prozessen untersucht. Es handelt sich dabei um ein Grenzgebiet zur Biologie und zur Medizin, bei dem z.B. das Verhalten der Menschen (und Tiere) über die elektrochemischen Begleitvorgänge in den so wichtigen Neurotransmittern an den Verbindungsstellen zwischen den Nervenzellen erforscht wird.

– Sozialpsychologie: In der Sozialp. wird das menschliche Verhalten im Zusammenhang mit der Gruppe gesehen.

– Entwicklungspsychologie: Die Entwicklungsp. untersucht die Entwicklung des Kindes zum Erwachsenen und weiter bis zum alten Menschen sowohl vor anlagebedingtem Hintergrund als auch im Sinne von lebenslang andauernden Lern- und Sozialisationsprozessen.

– Pädagogische Psychologie: Die pädagogische P. ist mit der Entwicklungsp. und der Sozialp. eng verwandt. Sie befaßt sich bes. mit Lernprozessen und daraus ableitbaren praktischen Anwendungen für Schule und Elternhaus. Aber auch Lernstörungen und -behinderungen sowie Fragen nach dem päd. Stil der Erzieher sind hier wichtig.

– Differentielle und Diagnostische Psychologie: Die differentielle P. versucht Unterschiede zwischen einzelnen Menschen festzustellen und beschreibt dazu bestimmte Merkmale der Persönlichkeit. Als Hilfsmittel für die diagnostische P. gibt es eine große Zahl von Testverfahren, beispielsweise zur Messung von Intelligenz, Konzentration, Berufseignung, Schulleistung, zur Erstellung eines »Persönlichkeitsprofils« usw., die allerdings, isoliert betrachtet, nicht hinreichend sind, um eine Person zu beurteilen. Verhaltensbeobachtungen und Gespräche runden die Ergebnisse der Tests ab und lassen dann vorsichtige Prognosen für einen evtl. möglichen Beruf, eine bestimmte Schulart usw. zu.

– Arbeitspsychologie: Arbeitspsychologen setzen sich insbesondere mit den Belangen des arbeitenden Menschen (in der Regel in Industriebetrieben) auseinander. Sie versuchen, die Arbeitsumgebung optimal an die Bedürfnisse der Werktätigen anzupassen.

– Klinische Psychologie: Die Bezeichnung »klinische« P. stammt aus den Vereinigten Staaten und gibt die dortige Situation besser wieder, weil in den USA wesentlich mehr Psychologen in den Kliniken arbeiten als in Europa. Neben dem Umgang mit psychisch kranken Menschen in Krankenhäusern und anderen stationären Therapieeinrichtungen gehören zum Aufgabenfeld des Psychotherapeuten auch die Ehe- und Familienberatung, Telefonseelsorge usw. War es bis in die fünfziger Jahre im deutschsprachigen Raum praktisch ausschließlich die Psychoanalyse Sigmund Freuds, an der sich die klinische P. orientierte, gibt es heute eine große Zahl verschiedener anerkannter Psychotherapierichtungen. Derzeit kann man im deutschsprachigen Raum knapp 100 etablierte Therapiemöglichkeiten finden. Versucht man diese verschiedenen Schulen, die teilweise im heftigen Meinungsstreit miteinander stehen (zumindest im Bereich ihrer theoretischen Ansätze), in wenige Gruppen zusammenzufassen, ergibt sich die folgende Einteilung:

– Die tiefenpsychologisch orientierten Therapien gehen allesamt mehr oder weniger auf Sigmund Freud zurück. Ihr Heilkonzept gründet auf der Entdeckung Freuds, daß in der frühen Kindheit traumatische Erlebnisse stattfinden können, die im Erwachsenenalter zu seelischen Störungen führen. Seine Therapie versucht, die frühverankerten Störungsherde ins Bewußtsein zu bringen und dann aufzulösen.

– Die verhaltensorientierten Therapien lassen sich in ihrer ursprünglichen Form auf Lernprozesse zurückführen, die von Pawlow, Watson, Thorndike, Skinner usw. erforscht worden sind. Heute sind zusätzlich Therapieformen entstanden, die das Lernen durch Einsicht einbeziehen. Der gemeinsame Grundgedanke besteht darin, daß ein unerwünschtes Verhalten erlernt wurde und deshalb nach genau festgelegten und überprüfbaren Regeln auch wieder verlernt werden kann.

– Die kognitiv orientierten Therapien gehen von der Annahme aus, daß die Art des Denkens die Gefühle und das Verhalten bestimmen. Sind die Denkstrukturen »verirrt«, kann dies zu seelischen Krankheiten führen. Durch Veränderung des verirrten Denkens können neue Lebensperspektiven gefunden werden.

– Die erfahrungsorientierten Therapien beruhen auf der Annahme, daß der Patient selbst Abwehrkräfte hat, die es zu wecken gilt. Hauptsächlich stützt man sich dabei auf Einsichten, die eine Lebensänderung bewirken sollen.

– Die körperorientierten Therapien nutzen die Wechselbeziehungen zwischen Geist, Seele und Leib, um über körperliche Aktivitäten bestimmte heilende Wirkungen auszuüben (z.B. Entspannungsübungen usw.).

– Die kommunikationsorientierten Therapien versuchen die mitmenschlichen Beziehungen, die häufig Anlaß für Störungen sind, in ihrer Struktur zu erkennen, Fehlverhalten zu entdecken und aufzubrechen und dann neu zu ordnen.

– Die suggestionsorientierten Therapien benützen starke Fremd- oder Selbstbeeinflussungen, um die Störungsverfestigung zu überwinden und neue (teilweise auch nicht bewußte) Ausrichtungen einzuflößen.

– Die integrativ orientierten Therapien suchen eine vermittelnde Rolle. Einerseits sollen die vielschichtigen Persönlichkeitsanteile vereinheitlicht und andererseits durch Therapiekombinationen verschiedenartige Vorzüge der Verfahren zusammengefaßt werden. Hier ist auch die »Biblisch-therapeutische Seelsorge (BTS)« anzusiedeln.

– Die Spezialtherapien haben sich zu großen Therapiebereichen entwickelt. Sie richten sich auf die jeweils besonderen Zielgruppen der Ratsuchenden. Hierzu gehört u.a.: Familientherapie, Kindertherapie, Spieltherapie, Suchttherapie, Sexualtherapie usw.

Lit.: H. Benesch, F. Dorsch: Berufsaufgaben und Praxis des Psychologen, 1984; L. E. Bourne, B. R. Ekstrand: Einführung in die Psychologie, 1992; R. Corsini: Handbuch der Psychotherapie, 1983; M. Dieterich: Handbuch Psychologie und Seelsorge, 1994; F. L. Ruch, P. G. Zimbardo: Lehrbuch der Psychologie, 1974; H. Siewert: Studium der Psychologie, 1983.

M. Dieterich

Psychotherapie →Psychiatrie

Publizistik, christliche

1. Allgemein

Menschliches Leben wird mehr denn je durch →Medien geprägt. Fernsehen, Rundfunk und das gedruckte Wort sind zu Vermittlern geworden, die aus der Welt ein »globales Dorf« (Marshall McLuhan) gemacht haben. Kommunikation ist ein Schlüsselwort menschlichen und auch kirchl. Lebens. Die Weitergabe des christl. Glaubens ist eng mit Medien verbunden. Schon die Apostel bedienten sich des Briefes oder der Evv. als Transportmittel für Zeugnisse des Glaubens. Und die →Reformation M. Luthers hätte ohne die Erfindung des Buchdrucks durch Johannes Gutenberg (gest. 1468) keine derart große Wirkung in der Öffentlichkeit erzielt.

2. Ziele

Christl. P. will dazu beitragen, »daß allen Menschen geholfen werde und sie zur Erkenntnis der Wahrheit kommen« (1Tim 2,4). «Öffentlichkeit gehört zum Wesen der Kirche; sie ist eine eigene Dimension kirchlichen Handelns. Evangelische Publizistik dient dieser Öffentlichkeit. Sie gründet sich auf die biblische Botschaft und wendet sich an alle Menschen«, heißt es im »Publizistischen Gesamtplan der EKD« (1979). Zum Verhältnis zwischen Kirche und P. lassen sich zwei Ansätze unterscheiden. Der Gesamtplan nimmt aus beiden Traditionen Impulse auf: Zum einen tritt die Kirche mit ihrem Verkündigungsauftrag (Mt 28,19f) der Öffentlichkeit gegenüber und bringt Gottes Zuspruch und Anspruch zur Geltung. Der andere Ansatz unterstreicht, daß die Kirche an der vorhandenen Öffentlichkeit teilnimmt, nicht aber in ihr aufgeht, sondern einen unverwechselbaren Beitrag im Interesse der Versöhnung und des Friedens leistet.

3. Evangelische Publizistik

Die ev. P. in ihrer heutigen Struktur wurde nach dem Zweiten Weltkrieg entwickelt. Innerhalb der EKD entstand 1973 das →Gemeinschaftswerk der Evangelischen Publizistik (GEP) in Frankfurt am Main. Es koordiniert die gesamte publizistische Arbeit der 24 EKD-Gliedkirchen, ihrer Werke und Einrichtungen. Auch einige ev. Freikirchen sind Mitglieder des GEP. Sie arbeiten in fast allen Kommissionen mit. Das GEP gibt den Evangelischen Pressedient (epd) heraus, der bereits 1910 als älteste dt. Nachrichtenagentur gegründet wurde. Zahlreiche epd-Fachredaktionen wie Kirche und Rundfunk, Film, Dritte Welt aktuell, Bild und Dokumentation runden das Angebot ab. Neben den ev. Kirchengebietsblättern verfügt die EKD über ein deutschlandweites Sprachrohr: die von H. →Lilje 1948 ins Leben gerufene Wochenzeitung »Deutsches Allgemeines Sonntagsblatt« (Auflage 87 000). Zur publizistischen Fortbildung von Journalisten, Theologen und Laien dient die Evangelische Medienakademie/cpa.

1971 erschien erstmals als Ergänzung zum epd der »Informationsdienst der Evangelischen Allianz« (→idea) in Wetzlar. Die im Dachverband der Evangelikalen, der Deutschen Evangelischen Allianz, zusammengeschlossenen Christen aus ev. Landes- und Freikirchen fühlten sich in der kirchl. Berichterstattung nicht angemessen berücksichtigt und bauten deshalb eigene Strukturen auf. Seit 1992 bezeichnet sich idea als »Evangelische Nachrichtenagentur«. Alle Medienaktivitäten der Evangelikalen werden seit 1975 von der →Konferenz Evangelikaler Publizisten (KEP) in Wetzlar koordiniert. Die journalistische Aus- und Fortbildung gestaltet die KEP über die Christl. Medienakademie (CMA). 1959 wurde in Wetzlar der →Evangeliums-Rundfunk (ERF) gegründet, eine der ältesten privaten dt. Rundfunkanstalten, die ihre Arbeit ausschließlich aus Spenden finanziert.

Obwohl christl. P. sich längst als dritte Säule kirchl. Handelns neben Mission und Diakonie etabliert hat, steckt eine grundlegende theol. Beschäftigung mit diesem Thema noch in den Anfängen. Einzigartig an den Ev.-Theol. Fakultäten an dt. Universitäten ist der 1967 in Erlangen gegründete Lehrstuhl für »Christliche Publizistik«. Konzeptionelle Überlegungen für die EKD wurden 1979 in einem »Publizistischen Gesamtplan« angestellt. Einzelne ev. Landeskirchen haben eigene Gesamtpläne erstellt. Für den evangelikalen Raum fehlen bislang grundlegende publizistische Konzepte.

4. Katholische Publizistik

Die offizielle Auseinandersetzung der röm.-kath. Kirche mit Fragen der P. begann auf dem Zweiten Vatikanischen Konzil (1962-65). 1963 wurde das Konzilsdekret »Inter mirifica« verabschiedet. Das Dekret wie auch die 1971 veröffentlichte Pastoralinstruktion »Communio et Progressio« sehen in Presse, Funk und Film »soziale Kommunikationsmittel«. Die P. steht im Dienst der Verkündigung des Evangeliums, der Wahrheitssuche und Wahrheitsfindung. Die 1992 vorgestellte Pastoralinstruktion »Aetatis novae« würdigt die Medien als »Geschenke Gottes«, die es zu nutzen gelte.

In der »Zentralstelle Medien« der Deutschen Bischofskonferenz wird die kath. P. koordiniert. Die »Medien-Dienstleistungs GmbH« in München berät Verlage. Aus-, Fort- und Weiterbildungsmöglichkeiten werden durch das »Institut zur Förderung des publizistischen Nachwuchses« angeboten. Die »Katholische Nachrichtenagentur« (KNA) berichtet mit ihren verschiedenen Diensten über die Vorgänge in Kirche und Ökumene. Über die Bistumspresse hinaus verfügt die kath. Kirche über die deutschlandweit erscheinende Wochenzeitung »Rheinischer Merkur« (gegründet 1946, Auflage 108.000). Sie fusionierte 1980 mit der in privater Trägerschaft gehaltenen Wochenzeitung »Christ und Welt« (gegründet 1947).

Lit.: R. Geißendörfer: Für die Freiheit der Publizistik, 1979; U. Hahn: »Kirche und Publizistik – Proklamation und Kommunikation des Evangeliums«, in: U. Hahn (Hg.): Der Glaube hat Zukunft. Perspektiven für eine evangelische Kirche von morgen, 1991; R. Hille: »Publizistische Ethik«, in: H. Burkhardt (Hg.): Christliche Ethik im Wandel der Systeme, 1994; G. Mehnert: Evangelische Presse. Geschichte und Erscheinungsbild von der Reformation bis zur Gegenwart, 1983; E.-A. Ortmann: Motive evangelischer Publizistik, 1969; Publizistischer Gesamtplan der Evangelischen Kirche in Deutschland, 1979; W.R. Petkewitz: Verkündigung in der Mediengesellschaft, 1991.

U. Hahn

5. Freikirchliche Publizistik

Der methodistische Kirchengründer John →Wesley (1703–1791) prägte für die missionarische Arbeit das Schlagwort »preach and print«. Er »erfand« das das billige christliche Buch und gab eine entsprechende Schriftenreihe heraus.

In Deutschland haben sie seit Mitte des 19. Jh.s eine breite Palette kircheneigener Zeitschriften, deren Auflagen die Mitgliederzahlen zeitweise erheblich überschritten. In ihren eigenen Verlagen publizierten sie eine reiche Traktatliteratur. Reiseprediger und Kolporteure vertrieben Bibeln, Bücher, Kalender und Zeitschriften. Die Rundfunk- und Fernseharbeit geschieht in Verbindung mit dem GEP, dem Rundfunkbeauftragten der EKD, der auch ein Mandat der Vereinigung ev. Freikirchen hat, und den landeskirchl. Beauftragten. Die Ev.- methodistische Kirche betreibt seit Anfang 1960 eine eigene Rundfunkmission in Stuttgart.

Lit.: H. Ertl: »Dignity in Simplicity« – Prosaliteratur des englischen Methodismus, 1988 (deutsch).

K. H. Voigt

Pückler, Graf Eduard von (1853–1924)

P., geb. am 13. 9. 1853 in Rogau/Schlesien, gest. am 31. 3. 1924 in Schloß Schedlau, Oberschlesien, gehört zu den Begründern der »modernen Gemeinschaftsbewegung« (P. Fleisch). Nach Erziehung auf der Ritterakademie Liegnitz, Militärdienst und Jurastudium in Bonn und Leipzig absolvierte er das juristische Referendariat in Wiesbaden, Muskau, Görlitz und Berlin. Mit seinem Bekehrungserlebnis (»durch das Licht, das von den Einsetzungsworten des heiligen Abendmahls ausstrahlte«) 1878 begann er Sonntagsschularbeit in seiner Kirchengemeinde und trat in Arbeitsgemeinschaft mit E. von →Rothkirch, Andreas Graf von →Bernstorff und Christian Phildius. Evangelisation außerhalb von kirchl.

Räumen lernte er 1882 in Berlin kennen, wo Friedrich von →Schlümbach in Verbindung mit Th. →Christlieb und A. →Stoecker Versammlungen hielt, und vertiefte diese Erfahrungen bei einer Reise nach England und Amerika 1885 (D. L. →Moody, I.D. Sankey). Er war Mitbegründer des ersten CVJM in Berlin (1883), gehörte zum Komitee der →Stadtmission und war 1886–1924 Vorsitzender der Christlichen Gemeinschaft St. Michael.

1886 schied er aus dem Staatsdienst aus und widmete sich seitdem ganz der »Arbeit am Reich Gottes«. Zusammen mit Jasper von →Oertzen und Andreas Graf von Bernstorff war er Initiator der ersten Gnadauer Konferenz (1888) und von 1897 bis 1906 Vorsitzender des Verbandes für Gemeinschaftspflege und Evangelisation (→Evangelischer Gnadauer Gemeinschaftsverband) wie auch Mitbegründer der →Deutschen Christlichen Studentenvereinigung und deren Vorsitzender von 1895–1912. Nach Kriegsteilnahme in Frankreich und Belgien als Offizier war er Mitglied der verfassungsgebenden Versammlung der DEK und trat für ihre volkskirchl. Verfassung ein.

Lit.: K. Kupisch: Studenten entdecken die Bibel. Die Geschichte der Deutschen Christlichen Studentenvereinigung (DCSV), 1964; J. Ohlemacher: Das Reich Gottes in Deutschland bauen. Ein Beitrag zur Vorgeschichte und Theologie der Deutschen Gemeinschaftsbewegung (AGP 23), 1986; H. von Redern: Berufen mit heiligem Ruf. Leben und Dienst des Grafen Eduard von Pückler nach Aufzeichnungen und Briefen, 1925.

J. Ohlemacher

Pufendorf, Samuel Freiherr von (1632–1694)

P., geb. am 8. 1. 1632 in Dorfchemnitz in Sachsen, entstammt einer kinderreichen Pastorenfamilie. Trotz des Urteils von G.W. →Leibnitz, P. sei ein unselbständiger Geist zweiten Ranges, darf er als einer der gelehrtesten und originellsten Rechtsdenker in Deutschland gelten. Nach Schulausbildung in Grimma studiert P. in Leipzig und Jena zunächst Theologie, wendet sich dann aber bald der juristischen Fakultät zu. P. bleibt aber dem Luthertum nicht nur in seiner Frömmigkeit zeitlebens verbunden. Das gilt unbeschadet seiner heftigen Auseinandersetzung mit der orth. luth. Theologie in Fragen des →Naturrechts und der Emanzipation des Rechtsdenkens von Theologie und Kirche. Vorwiegend polit. Gründe führen P. in seinem Berufsleben quer durch Europa. 1658 tritt er eine Hauslehrerstelle beim schwedischen Gesandten in Kopenhagen an; 1661 erhält er, auch auf Vermittlung eines Sohnes von H. →Grotius, eine Professur für Natur- und Völkerrecht in Heidelberg. Dort schreibt er eine heftig umstrittene Darstellung und Kritik der dt. Reichsverfassung. 1670 nimmt er einen Ruf nach Lund als Professor »Iuris Naturae et gentium« an und schreibt sein Hauptwerk »De Iure Naturae et Gentium«. Nachdem er ab 1677 als Historiograph am schwedischen Hof gearbeitet hat, kommt er 1688 an den brandenburgischen Hof, betätigt sich auch hier im wesentlichen als Geschichtsschreiber. P. stirbt am 26. 10. 1694 in Berlin, wo er in der Nikolaikirche beigesetzt wird.

P. kann in Deutschland als derjenige Rechtsdenker gelten, der zuerst mit dem Anspruch aufgetreten ist, eine Staatsrechtslehre nicht auf dem Boden der christl. Theologie entfalten, sondern aus der allg. Verfassung des Menschen begründen zu können.

In Auseinandersetzung mit H. Grotius und Th. →Hobbes will P. ein in sich geschlossenes, rational entfaltetes System vorstellen, das das Ganze des Natur- und Völkerrechts aus einer Grundthese abzuleiten vermag. Diese Zielsetzung verlangt die Unabhängigkeit von allen christl. »Setzungen«.

Sowohl die Ableitung des Rechtes und einer Staatsverfassung aus dem Gemeinschaftstrieb (Grotius) als auch aus der zu bannenden Selbstsucht des Menschen (Hobbes) lehnt P. ab. Nach P. entspringt jede Lebensgemeinschaft aus der anthropologisch unhintergehbaren Bedürftigkeit des Menschen nach Gemeinschaft und Sozialität. Diese Bedürftigkeit entspringt keinem Mangel, sondern kennzeichnet die empirisch und hist. belegbare

Grundverfassung des Menschen. Gut luth. ist die Überzeugung P.s, der Staat sei keine vollkommene Naturordnung, sondern die dem Menschen von Gott gegebene Bedingung zur Regelung des Zusammenlebens. Den →Staat versteht er als geschichtl. soziale Gegebenheit, in der es sich einzurichten und zu bewähren gilt.

In der Rechtslehre rückt bei P. der Begriff der Persönlichkeit in entscheidende Funktion. P. gelangt zu der Idee der freien und sittlichen Personalität als Grundidee jeder Rechtsordnung.

Sein Kirchenbegriff nimmt die Unterscheidung zwischen sichtbarer und unsichtbarer Kirche in der Art auf, daß er die rel. Sphäre strikt von der auf das Gemeinwohl bezogenen gesellschaftl. Funktion der verfaßten Kirche trennt.

Im Blick auf die Forderung nach einer selbständigen Begründung des Sozialen und Ethischen kann P. als wichtiger Vorläufer der →Aufklärung gelten.

Lit.: E. Wolf: Große Rechtsdenker, ³1951 (Lit.).

K. H. Manzke

Puritaner

Der Begriff hatte im Laufe der Zeit verschiedene Bedeutungen. Ursprünglich wurde das Wort »Puritaner« von den Katholiken gegen die Anglikaner angewendet. In der Auseinandersetzung zwischen dem anglik. Bischof John Jewel von Slisbury und dem kath. Theologen Hastings hat letzterer mehrfach den Vorwurf erhoben, daß Jewel und seine Kirche puritanisch sei. Hastings gebrauchte »Puritaner« und »puritanisch«, um zu beweisen, daß die Anglikaner in der Handhabung ihres Kirchenbegriffs und in ihrem sittlichen Leben zu streng seien. Die Andeutung, die Hastings machte, wies die neu gegründete Kirche von England als eine Art Sekte aus.

Die Anwendung des Begriffs erfuhr später eine wesentliche Änderung. Nachdem sich die Kirche von England nach 1558 als eine Ev. Kirche etabliert hatte, erhielten die Begriffe »P.« und »puritanisch« eine andere Bedeutung. Innerhalb der Staatskirche und des englischen Parlaments gab es eine Partei, die eine weitere Reform der Kirche, nach dem Muster der ref. Kirche auf dem Festland anstrebte. Diese Partei, die »puritanische Partei« genannt wurde, erhielt große Unterstützung durch →Calvin und dessen Nachfolger in Genf Theodor →Beza. Ihr Ziel war im Grunde nicht dogmat. Art. Sie beabsichtigten die Abschaffung der sog. kath. Reste in der engl. Staatskirche, wie z.B. das Tragen von Meßgewändern (Vestarian Controversy, 1566), die Abschaffung des Bischofsamtes und die Einsetzung einer presbyterialen Kirchenverfassung.

Die Puritanische Partei hatte ihre große Zeit etwa 1588, wurde aber in den neunziger Jahren durch die Regierung zurückgedrängt. Im Englischen Bürgerkrieg (1642–1648) erklärte sich das Parlament bereit, eine »synodalpresbyteriale« Kirchenverfassung zu errichten, um dadurch das Bündnis mit Schottland zu sichern. Die Separatisten und Independenten aus der Armee Cromwells brachten es fertig, diese Pläne des Parlaments zu vereiteln. Ihre Absicht bestand in der Einführung einer für viele Gruppierungen offenen Staatskirche. Nach dem Tode Cromwells (1658) und der Wiedererrichtung der Monarchie (1660) mußten sie sich jedoch von diesen Hoffnungen trennen. Die lange Auseinandersetzung zwischen P.n und Nicht-P.n innerhalb der Staatskirche führte schon im späten 16. Jh. zu einem Propagandakrieg. Diejenigen, die gegen das Theaterspiel waren oder aber die Feiern z.B. am 1. Mai ablehnten, weil diese von sexuellen Ausschweifungen begleitet waren, nannte man P. Auch die Praxis pietatis und die Mitgliedschaft in Bibelkreisen wurden fälschlicherweise mit dem Puritanismus in Verbindung gebracht. P. galten als prüde, selbstgerechte Leute, deren oberstes Ziel es war, anderen die Freude am Leben zu verderben. Auch die später erfolgte Identifikation des →Methodismus und die sittlich-moralischen Vorstellungen des viktorianischen Zeitalters mit den Begriffen »puritanisch« und »Puritaner« entbehren jeglicher Grundlage.

Lit.: P. Collinson: The Religion of Protestants. The Church in English Society 1559–1625, 1979; ders.: The Elizabethan Puritan Movement, 1982; A. Simpson: Puritanism in Old and New England, 1972; O. C. Watkins: The Puritan Experience, 1972.

R. C. Walton

Puschendorf →Landeskirchlicher Gemeinschaftsverband in Bayern

Pusey, Edward →Oxford-Bewegung

Quadragesima anno →Enzyklika

Quäker

Nächstenliebe und Friedensengagement haben das Qu.tum, weltweit etwa 200.000 Mitglieder, zu einem Begriff werden lassen – mehr als manche Kirche. Qu. meint Qu.existenz, die aus erfahrener Gottverbundenheit erwächst. Einmal im Monat mindestens trifft sich der Qu. mit Gleichgesinnten zur Qu.andacht, dem Silent Meeting, im stillen Warten harrt man auf Gottes Führung, bis einzelne Andächtige aussprechen, was ihnen als geistl. Erkenntnis aufging. Keine Liturgie gibt den Rahmen, kein Chor unterbricht die Stille, kein Geistlicher leitet die Versammlung. Aber was erkannt wird, rel. vielfältig gespiegelt in der Individualität der einzelnen Persönlichkeiten, drängt nach sozialer Lebensgestalt. In sich hat jeder Mensch »etwas von Gott«, das zum »inneren Licht« werden will, Geist vom Geist Jesu, »inwendiger Christus«. Kein Dogma, keine Kirchenstruktur, kein kirchl. Amt darf sich dazwischen schieben, auch die kirchl. Sakramente nicht.

Entstanden ist das Qu.tum in England, in den rel.-gesellschaftl. Umbrüchen Mitte des 17. Jh.s. Als das Suchen nach einem Christentum des Ursprungs das Staatskirchentum erschütterte, als rel. Innerlichkeit sich aus erstarrter Kirchlichkeit befreite und Gruppen von »Suchern« eine neue Gottesoffenbarung erhofften, hatte auch der Begründer des Qu.tums, George →Fox (1624-1691), zu den Suchenden gehört. Vergeblich hatte er bei Geistlichen und Gelehrten geforscht, da sagte ihm eine Stimme: »Es gibt einen, nämlich Christum Jesum, der zu deiner Gemütsverfassung sprechen kann.« Stille nur müsse sein Inneres werden zu Gott. Der Funke zündete bei den »Suchern«, vieltausendmal wiederholte sich Fox' rel. Erfahrung, und weil das Ergriffensein sich in ekstatischen Erscheinungen äußerte, waren sie bald unter dem Spottnamen »Quäker« (Zitterer) bekannt. Sie erstrebten ein Leben nach der Bergpredigt, verweigerten Kriegsdienst und Eid und verstanden sich als »Gesellschaft der Freunde« (Joh 15,15) – später: Religiöse Gesellschaft der Freunde. Verfolgungen, bes. in den Jahren 1660-80, zwangen viele Qu. zur Auswanderung nach Amerika, wo einer der Ihren, William →Penn (1644–1718), 1682 den Qu.staat Pennsylvanien gründete. Heute sind Qu. in vielen Ländern des europ. Kontinents vertreten, in Afrika in zahlreichen Gruppen erst entstanden.

Organisation: Gruppen am Ort, sog. »Monatsversammlungen«, vereinigen sich im Bezirk zur »Vierteljahresversammlung«, auf der Ebene eines Landes bildet sich die »Jahresversammlung«. Sie ist autonom. Einige unter ihnen sind Mitglied im Weltkirchenrat. Zeitschrift in Deutschland: Der Quäker. Monatshefte der Dt. Freunde.

Lit.: Handbuch Religiöse Gemeinschaften. Im Auftrag des Lutherischen Kirchenamtes (VELKD) hg. von H. Reller, M. Kießig und H. Tschoerner, [4]1993, 174-188.

R. Boeckler

Quanta cura →Enzyklika

Quas primas →Enzyklika

Quenstedt, Johann Andreas (1617–1688)

Q., geb. am 13. 8. 1617 in Quedlinburg, gest. am 22. 5. 1688 in Wittenberg. Seine Mutter war eine Schwester von Johann →Gerhard, sein Vater war ein Patrizier. Studium in Helmstedt, Magister phil. 1643, Vorlesungen über Geographie, Habilitation für Geographie in Wittenberg 1644, Theologiestudium nebenbei, Dr. theol. 1650, Prof. für Logik und Metaphysik 1649, a.o. Prof. für Theologie 1649, o. Prof. für Theologie 1660, zugleich Assessor

beim Konsistorium und Propst an der Schloßkirche in Wittenberg 1684.

Nach seinem Ortswechsel nach Wittenberg wurde Q. zwar in den →synkretistischen Streit der Fakultät mit Georg →Calixt in Helmstedt einbezogen, aber er war ein eher irenisch gesinnter, milder Vertreter der Hochorthodoxie. Mit seiner »Theologia didactico-polemica sive systema theologicum« (1685) legte er – der »Schriftführer der Orthodoxie« (Tholuck) – im Anschluß an Johann Friedrich Königs »Theologia positiva acroamatica« das Kompendium vor, das den Ertrag der Epoche zusammenfaßt. Die Gedankengebäude wurden erheblich erweitert, die Häresien umfassend aufgedeckt und die Distinktionen präzisiert. Das Werk ist ein Zeugnis für die Kenntnisse, die Q. gesammelt hatte, aber es fehlte der Darstellung die überzeugende Kraft, die einst Luther zueigen war.

In seiner Lehre war Q. weniger schroff als sein Vorgänger auf dem Lehrstuhl und Schwiegersohn (!) Abraham →Calov. Er konnte in seiner »Ethica pastorum et instructio pastoralis« (1678) die Lektüre von Johann →Arndts Büchern vom Wahren Christentum empfehlen und war von Spenerschen Gedanken nicht unberührt.

Lit.: J. Baur: Die Vernunft zwischen Ontologie und Evangelium. Eine Untersuchung zur Theologie Johann Andreas Quenstedts, 1962; M. Plathow: »Quenstedt«, in: BBKL 7, 1994, 1095; C. H. Ratschow: Lutherische Dogmatik zwischen Reformation und Aufklärung, Teil 1, 1964, Teil 2, 1966; eine Biographie fehlt.

R. Keller

Quicumque Vult (Athanasianum)

→Bekenntnis

Quietismus

Ursprünglich polemische Bezeichnung (von lat. *quies,* »Ruhe«) für eine im franz. Katholizismus des 17. Jh.s auftretende Richtung mystischer Frömmigkeit. Vergleichbar gleichzeitigen Frömmigkeitsbewegungen in Europa erstrebte der Q. die Verinnerlichung der Religion und ihre Verankerung in den Erfahrungen und Einsichten des Individuums. Mystische Traditionen weiterführend (→Teresa von Avila, →Johannes vom Kreuz, →Franz von Sales, Franziska von Chantal), veröffentlichte der in Rom als Seelsorger hochgeschätzte spanische Priester Miguel de →Molinos 1675 eine Anleitung zur Kontemplation und zum inneren Frieden (Guida spirituale, lat. Übersetzung durch A.H. →Francke 1687, dt. durch G. →Arnold 1699). Neben häufiger Kommunion empfahl Molinos das wortlose Herzensgebet und die Abtötung des eigenen Willens einschließlich persönlicher Erwartungen zugunsten radikaler Gelassenheit und Auslieferung an den göttlichen Willen. In Frankreich trat Jeanne Marie →Guyon de la Motte als Hauptvertreterin quietistischer Mystik auf, der die kirchl.-polit. Verfolgung des Q. vielfältige Leiden zufügte, deren Schriften jedoch bedeutenden Einfluß auf den →Pietismus und das dt. Geistesleben des 18. Jh.s gewannen. Die kirchl. Verurteilung traf Molinos 1685, →Fénelon 1699 nach der Kontroverse mit Bossuet, in der er für Mme. Guyon eingetreten war und seinerseits den »amour pur« als reine, von jedem Eigeninteresse freie Gottesliebe vertreten hatte. Spätestens bei Fénelon wird eine Spiritualität erkennbar, die sich von der konkreten Religion emanzipiert und zur →Aufklärung hinüberleitet.

Lit.: E. Beyreuther: »Quietismus«, RGG³ V, 736–738; H. Heppe: Geschichte der quietistischen Mystik in der katholischen Kirche, 1875; G. Ruhbach, J. Sudbrack (Hg.): Christliche Mystik, 1989, 377-396.

J. O. Rüttgardt

Qumran

1. Q., eigentlich *Chirbet Qumran,* »Ruine Qumran«, liegt am nordwestl. Ufer des Toten Meers, und zwar auf einer Mergelterrasse, die dem Steilabfall der Wüste Juda zum Toten Meer vorgelagert ist. Vielleicht hängt der Name Q. – wie der des etwa 15 km nördl. davon gelegenen Jericho – mit dem Mond (arab. *qamarun,* hebr. *jarech*) zusammen; wahrscheinlich befand sich an dieser Stelle die Jos 15,6 erwähnte »Salzstadt« (*ʿir ham-mälakh*). Ihre Berühmtheit erlangte die Ruine Q. durch die Entdeckung der Schriftrollen, die der Hirte Muhammad ed-dibh (M. »der Wolf«) aus dem Beduinenstamm der Ta'amire im Frühjahr 1947 bei der Suche nach einer verirrten Ziege in einer 1 km nördl. gelegenen Höhle fand. Von den acht ersten, in großen Tonkrügen (bis zu 60 cm Höhe) aufbewahrten Lederrollen wurden Ende 1947 drei von Prof. E. Sukenik für die Hebräische Universität in Jerusalem erworben, während fünf in den Besitz des syrischen Metropoliten Mar Athanasius Jeshue Samuel gelangten, der sie später in die USA brachte und dort verkaufte. Heute befinden sich alle diese Schriftrollen im »Shrine of the Books« des Israel-Museums in Jerusalem. Diese Texte stellen den wohl bedeutendsten Fund in der Geschichte der Bibelwissenschaft dar.

Der hebr. bzw. aram. Text dieser Rollen wurde schon 1950-54 sowohl in den USA (Millar Burrows et al.) als auch in Israel (E. Sukenik, Y. Yadin, N. Avigad) mit Übersetzung und Kommentar herausgegeben. In dieser Zeit hat man in zehn weiteren Höhlen Handschriften entdeckt: u.a. die Kupferrolle in Höhle 3 mit einem Verzeichnis von Schätzen, ca. 20.000 z.T. sehr kleine Textfragmente von etwa 500 verschiedenen Rollen in Höhle 4, kleine in Griech. beschriebene Fragmente in Höhle 7, zwei weitere Lederrollen in Höhle 11. Aufgrund paläographischer, archäologischer und inhaltlicher Angaben sowie des C-14-Tests ergibt sich, daß diese Texte in der Zeit vom 2. Jh. v.Chr. bis zum 1. Jh. n.Chr. geschrieben wurden und deshalb im wesentlichen vorchristl. sind. Der Name Jesu oder der irgendeines seiner Jünger wird ebensowenig erwähnt wie der Johannes des Täufers, Herodes des Großen oder eines röm. Präfekten wie Pilatus. Die wenigen in den Q.texten angegebenen Namen geschichtl. Personen gehören in die hasmonäische Zeit.

2. Die in den Höhlen von Q. gefundenen Schriftrollen und Textfragmente bieten verschiedenartige Werke:

a. Abschriften von Büchern der hebr. Bibel, darunter eine sehr gut erhaltene, schön geschriebene Rolle des Jesajabuches (1QJes a), eine lückenhafte zweite Jesajarolle (1QJes b), ferner eine Rolle mit Davids-Psalmen, darunter auch Ps 151–154 und uns unbekannte Lieder (11QPs), schließlich Fragmente von allen bibl. Büchern außer Ester.

b. Kommentare zu bibl. Büchern oder Schriftstellen, wobei der sog. »Pescher« auffällt: Die (aktuelle) »Bedeutung« des Texts (*pischro*) wird geboten. Die besten Beispiele für solch einen Kommentar sind der Pescher zum Propheten Habakuk sowie der zu Nahum und zu Ps 37 (1QpHab; 4QpNah; 4QpPs 37). Nur teilweise erhalten sind die paraphrasierende Wiedergabe einiger Kapitel des 1. Buches Mose auf aram. (1Q Gen ap), sowie thematisch geordnete Sammlungen von Schriftstellen (4Q Testimonia, 4Q Florilegium).

c. Bruchstücke von uns in anderen Sprachen erhaltenen Pseudepigraphen wie des Jubiläenbuches (hebr.), des 1. Henochbuches (aram.), der Testamente des Levi und Naftali (aram.).

d. Besonders wichtig sind die uns bisher unbekannten Schriften, darunter vor allem Regeln für einen Kreis jüd. Frommer, so etwa die Gemeinderegel (1QS mit den Zusätzen 1QS a und 1QS b) und die Damaskusschrift (CD, am besten erhalten in einer aus dem MA stammenden Abschrift aus der Synagoge von Alt-Kairo), die Kriegsrolle (1QM), die Tempelrolle (11Q Miqd) und schließlich die Gebetssammlung der Loblieder (1QH). Die Fragmente aus 4Q bieten auch Seligpreisungen, messianische Lieder und Weisheitslehren, einen Brief an die Priesterschaft in Jerusalem und anderes mehr.

3. Diese Texte, vor allem die Gemeinderegel 1QS, lassen Glauben und Leben einer gegenüber der vom Bösen beherrschten Welt sich distanziert verhaltenden jüd. Religionspartei erkennen. Gefordert werden der Auszug aus dem Kulturland und die Bereitung des Wegs für den kommenden Herrn in der Wüste (1QS 8,13ff nach Jes 40,3), dazu ein gemeinsames Leben in kultischer Reinheit, wie es den im Tempel dienenden Priestern befohlen war (3Mo; Hes). Man darf diese Frommen mit den von →Philo, Plinius d.Ä. und bes. von →Josephus geschilderten Essenern (*Essaioi, Essenoi, Esseni*) gleichsetzen, die ohne Geld und ohne Frauen aus einer gemeinsamen Kasse einfache Gemeinschaftsmahle bestritten und so eine Askese übten, wie sie später im christl. Mönchtum in Erscheinung trat; in einem zweiten, über ganz Palästina verstreuten Orden war die Ehe erlaubt. Den Inhalt dieser Gemeinderegel und der antiken Essenerberichte bestätigt auch das Ergebnis von Ausgrabungen, die 1950-53 in der einst zerstörten und später verschütteten Anlage von Chirbet Qumran unter der Leitung des Dominikanerpaters R. de Vaux durchgeführt wurden: Die Reste einer Siedlung mit Mauer und Turm, Versammlungs- und Speisesaal, Schreibraum und Handwerksbetrieben, Wasserleitung und mehreren Zisternen, die z.T. auch für rituelle Tauchbäder benutzt wurden, sowie zahlreiche Gräber wurden entdeckt. Die Gemeinde selbst stellte ein lebendiges Heiligtum dar, in dem man das Lobopfer der Lippen und Werke des Gesetzes als Weihrauch darbrachte; auf solche Weise wollte man Sühne schaffen für das Land (1QS 8,6). Zadokidische Priester bildeten die höchste, maßgebende Klasse vor den Leviten und Laien; einer dieser Priester, der sog. »Lehrer der Gerechtigkeit« hat eine wichtige Rolle bei der Formierung dieser Sondergemeinschaft gespielt (CD, 1QpHab). Diese unjüdisch anmutende Lebensführung in mönchischer Askese wurde von der hl. Schrift abgeleitet, die man bei Tag und Nacht erforschte. Die Radikalität des Toragehorsams und die Distanz gegenüber der unreinen Welt wurde vor allem von der Naherwartung des Kommens Gottes zu Gericht und Gnade bestimmt; auch erhoffte man das baldige Auftreten eines Propheten wie Mose und eines priesterlichen »Messias aus Aaron«, sowie des davidischen »Messias aus Israel« (1QS 9,11f; 4Q Testimonia).

4. Beträchtlich ist die noch nicht voll erkannte Bedeutung der Qumran-Essener und ihrer Handschriften für die bibl. Wissenschaft, und zwar für die Überlieferung des AT, seiner Text- und Wirkungsgeschichte im frühen Judentum, sowie für das Verständnis des NT, der Lehre und des Lebens Jesu, der Verkündigung und des Verhaltens der Apostel und der ersten Christengemeinden. Wie die Essener, so wartete auch Jesus auf die Vollendung der Geschichte durch die Machtoffenbarung Gottes, auf die baldige Erlösung der Welt von den Strukturen des Bösen durch die Herrschaft Gottes und Seines Gesalbten. Die Verkündigung des Evangeliums von der kommenden Gottesherrschaft und die Bildung eines aus weltlichen Bindungen befreiten, eschatologisch ausgerichteten Gottesvolkes war der Auftrag Jesu. Aber er wollte ihn nicht durch einen Auszug in die Wüste und durch die Verallgemeinerung priesterlicher Pflichten und Ideale durchführen. Auch wenn das gemeinsame Leben der Jesusjünger und der Jerusalemer Urgemeinde an die vita communis der Qumran-Essener erinnert (Trennung von den leiblichen Angehörigen und Bildung einer geistl. Familie, Gütergemeinschaft und gemeinsames Mahl), so wird es im Blick auf die Gottesherrschaft geführt und nicht nach priesterlichen Geboten reguliert: Die rituelle Reinheit wird durch das Wirken in der Kraft des Geistes und durch das Ringen um die Sünder zurückgestellt, das tägliche Tauchbad durch die einmalige Bußtaufe mit Wasser und heiligem Geist verdrängt. Das messianische Sendungsbewußtsein Jesu und sein davon abgeleitetes mission. Wirken in Israel durchbrachen die Schranken der Reinheitsgebote und der durch sie geforderten rituellen Distanziertheit gegenüber der Welt. Und wenn auch das messianische Sendungsbewußtsein Jesu und die Christologie der Apostel sich weitgehend auf die auch in Q. messianisch verstandenen Schriftworte stützen (2Sam 7,12-14; Jes 11; 52,7; 61,1f; 1Mo 49,10; 4Mo 24,17; Dan 7; 9,24-27), so wird doch die jüd. Messiaserwartung entscheidend verändert durch die von Jesus vollzogene Verbindung der Tradition vom Messias-Menschensohn mit der vom stellvertretend leidenden Gottesknecht in Jes 52,13-53,12.

Lit.: O. Betz: Offenbarung und Schriftforschung in der Qumransekte, 1961; O. Betz, R. Riesner: Jesus, Qumran und der Vatikan, 1-41993; dies.: Das Geheimnis von Qumran, 1994; H. Stegemann: Die Essener, Qumran, Johannes der Täufer und Jesus, 1993 (Lit.).

O. Betz

Evangelisches Lexikon
für Theologie und Gemeinde

Band 3

Evangelisches Lexikon für Theologie und Gemeinde

Studienausgabe

Band 3

herausgegeben
von
Helmut Burkhardt
und
Uwe Swarat
in Zusammenarbeit mit
Otto Betz
Michael Herbst
Gerhard Ruhbach
Theo Sorg

R. BROCKHAUS VERLAG WUPPERTAL

Rabbi/Rabbinismus

I. Rabbi

1. Die ehrerbietige Anrede »Rabbi!« (hebr. und aram., sowie Fremdwort im ntl. Griech.) bedeutet wörtlich: »Mein Großer!«, »Gebieter!« (vgl. 2Kön 25,8; Jer 39,13) und gilt im heutigen Judentum als Titel für den Lehrer der Tora und den Leiter einer synagogalen Gemeinde. In den hebr. Qumranschriften wird der Lehrer und Meister als *moreh* und *maskil,* nicht als *rab* bezeichnet, in aram. Texten erscheint die Anrede *mari,* »mein Herr!« (1Q Gen ap 2,13, 20.15). Im Schulbetrieb der Weisen, wie er sich in Mischna und Talmud darstellt, wurde R. vom Ende des 1. Jh.s an bei der Ordination eines Lehrers als Titel verliehen; einige besonders verdiente Meister und offiziell anerkannte Häupter der Judenschaft, wie Jochanan ben Zakkai und Gamliel I., wurden *Rabban!,* »unser Lehrer!«, genannt. Palästinisch-aram. ist die erweiterte Form *rabbuni!* (Mk 10,51; Joh 20,16), die eine gesteigerte Ehrerbietung zum Ausdruck bringt. Gott selbst wird von den jüd. Frommen oft als *ribbono schäl 'olam!,* »Herr der Welt!« angeredet.

2. Im NT erscheint die achtungsvolle, noch nicht titular gebrauchte Anrede »Rabbi« bes. im Mk- und JohEv. Sie gilt Johannes dem Täufer (Joh 3,26) und vor allem Jesus, der so von Außenstehenden (Mk 10,51; Joh 3,2; 6,25) und von seinen Jüngern, den »Schülern«, *talmidim,* bezeichnet wird (Mk 9,5; 11,21; 14,45; Mt 26,49; Joh 1,38.49; 4,31; 9,2; 11,8; 13,13 vgl. 20,16); in Joh 1,38; 20,16 wird vom Evangelisten eigens die griech. Übersetzung *didaskale!,* »mein Lehrer!«, hinzugefügt (vgl. Mt 23,7f). Nach Mt 23,8-11 sollen sich die Jünger Jesu untereinander als Brüder und dienende Helfer bewähren und deshalb nicht »Rabbi!«, »Vater!« oder »Meister!« heißen lassen, vielmehr in Jesus ihren Lehrer und Meister sehen (vgl. Joh 13,13). In der nachösterlichen Gemeinde wurde die Bezeichnung R. nicht verwendet, da sie weder der heilsgeschichtl. Bedeutung des Christus, noch dem Wesen des Evangeliums entsprach: Den zur Rechten Gottes Erhöhten hat man als *mari!, marana,* »Herr!«, angerufen (1Kor 12,3; 16,22); seine Jünger wurden als Apostel des Evangeliums und nicht als Gesetzeslehrer berufen.

II. Rabbinismus

Als Rabbinismus wird von seiten der Christen der von der Partei der Pharisäer im 2. und 1. Jh. v. Chr. eingeleitete, sich in den folgenden Jahrhunderten formierende und die großen Katastrophen der jüd. Aufstände überdauernde Schulbetrieb der weisen Lehrer des Gesetzes bezeichnet, der das Judentum bis zur Gegenwart geprägt und erhalten hat. Das Lehrhaus (*beth ha-midrasch*), in dem die schriftlich und mündlich überlieferte Tora studiert und gelehrt wurde, sowie die Gestaltung des Gottesdienstes in der →Synagoge (*beth ha-keneset*), der durch das Beten und durch das Lesen und Auslegen von Gesetz und Propheten bestimmt war, haben den Rabbinismus ebenso gefördert wie das Auftreten bedeutender Lehrer und miteinander wetteifernder Schulhäupter, denen die Sammlung, Zusammenordnung und Verschriftlichung der Lehre (→Mischna, →Talmud, →Midrasch) gelang. Kennzeichnend für den Rabbinismus ist die scharfsinnige, alle erdenklichen Fälle und Lebensbereiche erfassende Deutung des Gesetzes (→Halacha), sowie deren die fromme Freude an der Schrift weckende spekulative und erbauliche Auslegung (→Haggada). Die erstere war auf die Heiligung des ganzen Volkes ausgerichtet und hat auch die rituelle Reinheit der in der Zerstreuung lebenden Juden erstrebt und gewirkt; die letztere macht die Freiheit und schöpferische Phantasie der Weisen sichtbar. Trotz aller Unterschiede im einzelnen hat der Rabbinismus die hebr. Bibel treu tradiert, die Einheit der Gesetzesauslegung gewahrt und dadurch das Judentum vor einem Aufgehen in anderen Religionen und vor Spaltungen und Irrlehren bewahrt.

Lit.: W. Bacher: Exegetische Terminologie der jüd. Traditionsliteratur, 1889/1905, ND 1960; G. Dalman: Grammatik des Jüdisch-Palästinischen Aramäisch, 1905, ND 1960, 147–176; O. Michel: »Rabbi, Rabbuni«, Calwer Bibellexikon, [6]1989, 1099–1100; Strack-Billerbeck: Kommentar zum NT, I, 916–921; II, 647–661.

O. Betz

Rache

R. (hebr. *naqam, neqamah,* griech. *ekdikesis*) meint in der Bibel das Vergelten, »Heimzahlen« (hebr. *gamal, schillem,* griech. *antapodidonai*) einer rechtswidrigen Gewalttat durch einen entsprechenden Strafakt und speziell die Blutrache.

1. Im AT ist bei der R. der Schutz einer in der Schöpfung begründeten Lebensordnung beabsichtigt: »Wer Menschenblut vergießt, des Blut soll auch vergossen werden« (1Mo 9,5f). An sich hat jedermann das Recht, das Blut eines Menschen »auf das Haupt des Mörders« zu bringen« (2Sam 1,16; 4,8; vgl. Ri 8,18-21; 2Sam 21); die Verwandten des Erschlagenen waren zur Blutr. geradezu verpflich-

tet, sollten »das Blut einlösen« (*ga'al* 4Mo 35,19; 5Mo 19,12). Die vergeltende R. soll jedoch nicht übermäßig sein (1Mo 4,23f), sondern der Untat entsprechen. Deshalb wird sie begrenzt und rechtlich eingebunden durch das *ius talionis,* »das Recht gleicher Wiedervergeltung«: Leben um Leben, Auge um Auge, Zahn um Zahn (2Mo 21,23-25; vgl. 5Mo 24,16) bzw. der Kontrolle des königlichen Gerichts unterstellt (2Sam 14,8-11); auch wurden Asylstädte eingerichtet (5Mo 19,9-13). Dem Volksgenossen gegenüber wird die Blutr. ganz untersagt; auch der Groll im Herzen gegen ihn soll aufgegeben werden (3Mo 19,18). Gott selbst, der Schöpfer und Bewahrer des Lebens, ist der eigentliche Vollstrecker der R., durch die er als Richter auf Erden in Erscheinung tritt (5Mo 32,35f.43; Ps 94,1-2), an ihn wendet sich der Verfolgte mit der Bitte um Vergeltung (Jer 11,20; 20,12). Er rächt das Blut seiner Knechte (Ps 79,10), besonders der Propheten, an deren Verfolgern (2Kön 9,7; Jer 15,15). Gott bestraft die Frevler und die Feinde (1Sam 24,13; Jes 1,24), wobei er sich der Menschen als Werkzeuge bedient (2Sam 4,8). In großem Maßstab wird die R. im Krieg vollzogen; den Midianitern gegenüber war sie heilige Pflicht (4Mo 31,2-12); aber auch am frevelnden Gottesvolk geht sie nicht vorüber (3Mo 26,23-25; Jer 9,8; Hes 24,6-9). Während beim Menschen das Töten unrein macht (vgl. 4Mo 31,19f), offenbart Gott durch die R. seine Wirklichkeit und Heiligkeit, seine Herrlichkeit und Gerechtigkeit in der Geschichte (Jes 59,17; Ps 79,10). Indem er mit den Völkern einen Rechtsstreit durchführt, kündigt er Israel das Heil an: Der »Tag der Rache« wird zum Datum der Erlösung und zum Hinweis auf die endzeitliche Machtoffenbarung Gottes in Gericht und Heil (Jes 61,2; 63,4, vgl. 35,4).

2. Ebenso wurde in Qumran die vergeltende R. Gottes (*niqemat 'el; shillume 'el*) gegen die Feinde Israels im endzeitlichen Krieg erwartet; dieser soll allem gottlosen Wesen und dem Treiben Belials, des Teufels, ein Ende setzen (1QM 4,12). Die Naherwartung eines solchen »Tages der Rache Gottes« bewirkte, daß man als Mitglied der Gemeinde keinem Menschen eine böse Tat vergalt und die R. Gott anheimstellte (1QS 10,17f; CD 9,5). Das Verhalten zum Bruder wurde vom Gebot des R.verzichts und der Nächstenliebe (3Mo 19,18) bestimmt (1QS 7,8f; 10,20; CD 7,2f; 9,2f).

3. Auch im NT findet sich die atl. Bedeutung von R. als menschlicher und göttlicher Vergeltung von Unrecht (vom Menschen: Apg 7,24; 2Kor 7,2; 10,6), sowie deren rechtliche Einbindung (Lk 18,3-5; 1Petr 2,14) und endzeitliche Ausrichtung (Lk 18,7f). Stark hervorgehoben ist die Tatsache, daß Gott als Richter die vergeltende R. vollziehen wird (Röm 12,19; Hebr 11,30 nach 5Mo 32,35; 2Thess 1,6); auch der wiederkommende Herr nimmt an dieser endzeitlichen Aufgabe teil und offenbart seine Macht und Herrlichkeit vor den Ungläubigen (2Thess 1,7-10). Im Vertrauen auf Gericht und Gottesherrschaft steigert Jesus das Gebot der angemessenen Vergeltung (2Mo 21,24f) durch die Weisung, dem Bösen nicht zu widerstehen und es durch Güte zu überwinden (Mt 5,38-42). Ebenso wehrt Paulus der Vergeltung von Bösem durch Böses mit dem Hinweis auf Gottes Gericht (Röm 12,17.19). Und wie Jesus ersetzt er die Vergeltung durch das Gebot, den Feind zu lieben und das Böse durch das Tun des Guten zu entmachten (Röm 12,20f).

Lit.: M. Greenberg: »Avenger of Blood«, in: The Interpreters Dictionary of the Bible, 1962, Bd. I, 321; E. Merz: Die Blutrache bei den Israeliten, 1916; »naqam«, in: E. Ben Yehudah: Dictionary 3799–3800; »neqama«, in: Encyclopedia Miqra'ith Bd.IV, 1968, Sp. 917–921.

O. Betz

Rad, Das

»Das Rad«, eine »Gemeinschaft künstlerisch arbeitender Christen«, wurde 1979 in Wetzlar gegründet. Nach dem Vorbild der Londoner »Arts Centre Group« vereinigt sie mehrere hundert Christen in künstlerischen Berufen. Die im Symbol des Rades beschriebene Konzentration auf Christus als die Mitte begründet den überkonfessionellen Charakter der im Umfeld des →Evangeliums-Rundfunks entstandenen Arbeit. Koordiniert von einem Leitungskreis treffen sich Maler, Bildhauer, Designer, Musiker, Schauspieler, Schriftsteller und Angehörige anderer Kunstrichtungen regelmäßig zum Gespräch über das Spannungsfeld von künstlerischer Berufung und Arbeit einerseits und christl. Glauben andererseits. Die Themen der Jahrestagungen und Fachgruppentreffen umfassen deshalb fachliche (z.B. kunsttheoretische oder kunsthist.) Fragen wie auch solche nach der geistl. Identität des Künstlers, einer bibl. verantworteten Berufsauffassung und -ausübung und einer christl. Lebensgestaltung in einem nichtchristl. gesellschaftl. Umfeld. Die Begegnung zwischen Fachleuten verschiedener Sparten führt dabei nicht nur zu einer hilfreichen Horizonterweiterung und gegenseitigen seelsorgerlichen Begleitung der Mitglieder, sondern auch zur interdisziplinären Zusammenarbeit bei Ausstellungen, Theateraufführungen, Musikproduktionen und Buchprojekten im Bereich der christl. Gemeinde und auf dem säkularen Kunstmarkt.

Lit.: Radial Art: Künstler inspiriert von der Bibel, hg. von DAS RAD, 1992.

M. Siebald

Rad, Gerhard von →Altes Testament, Geschichte

Rade, Martin (1857–1940)

R., geb. am 4. 4. 1857 in Rennersdorf, gest. am 9. 4. 1940 in Frankfurt a. M., verbrachte seine Kindheit in Berthelsdorf, wo sein Vater Pfarrer war; Besuch des Gymnasiums in Zittau, 1875 Theologiestudium in Leipzig, wo ihn Adolf von →Harnack besonders beeindruckte. 1886 war R. Mitbegründer der Zeitschrift »Die Christliche Welt«, deren Herausgeber er bis 1931 war. 1892 wurde er Pfarrer an der Paulskirche in Frankfurt, 1900 erfolgte seine Habilitation für Systemat. Theologie in Marburg, 1904 a.o. Prof., 1921 o. Prof. Neben den systemat. Fächern umfaßte sein Lehrauftrag auch Religionsgeschichte. 1932 Umzug nach Hohemark im Taunus, 1934 aus polit. Gründen Entlassung aus dem Staatsdienst.

R.s eigentliches Lebenswerk war die »Christliche Welt«, konzipiert als Blatt nicht nur für Theologen, sondern auch für »die Gebildeten in unseren evangelischen Gemeinden«. Die Grundhaltung war liberal, aber liberal auch in der Dialogbereitschaft, die gegensätzliche Ansichten zu Wort kommen ließ. Bemerkenswert für jene Zeit war sein soziales Engagement. Er wirkte mit im →»Evangelisch-sozialen Kongreß«. Im Rahmen einer Kongreßtagung 1898 referierte R. über die sittlich-rel. Gedankenwelt der Industriearbeiter; seine Ausführungen stützte er – was damals neu war – auf Fragebogen, die er unter Arbeitern hatte verteilen lassen.

Kennzeichnend für R. war sein Protest (zusammen mit Harnack und Freunden) gegen Eingriffe staatlicher bzw. juristischer Instanzen in kirchl. Glaubensfragen, so im →Apostolikumstreit 1891/92, als der Pfarrer Chr. Schrempf angeklagt wurde, weil er bei der Taufe auf die Lesung des Apostolikums verzichtete; ebenso als die Pfarrer Jatho und Traub 1911 wegen ihrer Kritik am Bekenntnis ihres Amtes enthoben wurden.

Ein besonderes Anliegen war ihm der Einsatz für die →Friedensbewegung. Er warnte vor dem Ersten Weltkrieg vor dem Nationalismus, und Aussagen wie: »Wir waren auch mitschuldig«, weckten ihm starke Gegnerschaft.

Theol. ist neben R.s vielen Beiträgen in der »Christlichen Welt« seine »Glaubenslehre« (3 Bde., 1924–1927) als repräsentativ für die vermittelnd-liberale Theologie seiner Zeit zu beachten.

Lit.: Ch. Schwöbel: M. Rade. Das Verhältnis von Geschichte, Religion und Moral als Grundproblem seiner Theologie, 1980; ders. (Hg.): Karl Barth und Martin Rade. Ein Briefwechsel, 1981.

F. Flückiger

Radiomission

Schon Ende der Zwanziger Jahre erkannten lateinamerik. Missionare die Bedeutung des Rundfunks für die Verkündigung der Frohen Botschaft und für die Erfüllung des Missionsbefehls.

1. Clarence W. Jones und Reuben E. Larson betrieben seit 1931 die erste christl. R.sstation, »Stimme der Anden« von Quito (Ecuador) aus mit dem Zielgebiet Lateinamerika. Nach dem Zweiten Weltkrieg gründeten nordamerik. Missionare weitere Stationen:

2. John L. Broger und Robert Bowman die Far East Broadcasting Company (FEBC), Sitz in den USA (1945), mit Sendern auf den Philippinen, auf Saipan und in Korea. Zielgebiete: China, Indochina u.a.

3. Dr. Paul E. Freed begann 1954 von Tanger aus (»Die Stimme von Tanger«) mit Sendungen für Spanien, später Europa und Nordafrika. 1959 wurde

die Arbeit als »Trans World Radio« (TWR) von Monte Carlo (Monaco) aus weitergeführt. Partner wurde der →Evangeliums-Rundfunk (ERF) in Wetzlar. Zielgebiet: alle Kontinente.

4. Ebenfalls seit 1954 arbeitete, initiiert von Abe Thiessen – später unter der Leitung der SIM – eine R.sstation in Monrovia (Liberia) mit dem Zielgebiet: Westafrika.

5. Der Engländer John Wheatley leitete auf den Seychellen den Aufbau der Far East Broadcasting Association (FEBA – verbunden mit FEBC s.o. 2.), Sitz in Worthing (U.K.). Zielgebiet: Afrika.

Die Sendungen werden von ca. 200 Programmproduzenten gestaltet, vor allem US-amerik. (aber auch australischen, kanadischen, europ.) Evangelisten, Predigern, Missionsorganisationen und Kirchen. Die R.sorganisationen betreiben lediglich die Sendeanlagen. Anders arbeiten nationale Partner von TWR in Europa und Afrika. Sie sind selbst als Programmproduzenten tätig.

Durch Mitarbeiter von FEBC (2.) wurde »Church Planting by Radio« begonnen, ein Projekt zur systematischen Gemeindegründung in Ostasien. In Indien betreut »Vishwa Vani«, Neu-Delhi, Partner von TWR (3.), Hörer, die sich schriftlich melden. Sie werden an bestehende Gemeinden vermittelt. Wo das nicht möglich ist, gründet Vishwa Vani selbst Gemeinden.

In Afrika werden unter dem Begriff »Africa Challenge« (»Afrika soll leben«) über TWR Swasiland und über nationale Radiostationen sozial-diakonische Programme ausgestrahlt. Behandelt werden Themen wie Ehe, Familie, Erziehung; Landwirtschaft und Viehhaltung; Gesundheit und Hygiene (Anti Aids).

Die eigenständige, manchmal eigenwillige Arbeit amerik. R. ist nur auf dem Hintergrund amerik. Kirchen und Missionspraxis zu verstehen, sowie der Offenheit amerik. Spender für bestimmte, möglichst immer neue »Projekte«. Demgegenüber haben skandinavische R.en und der ERF ihre eigene Struktur und Programmphilosophie entwickelt. Der ERF z.B. vereint mission. gesinnte Christen und Organisationen unterschiedlicher Prägung zu gemeinsamen Aktionen, sowohl in dt. Sprache als auch in über 20 weiteren Sprachen. Nach dem Modell des ERF arbeiten »nationale Partner« in afrikanischen und osteurop. Ländern.

Gemeinsame Aktionen: Studio von (3.) und (5.) in Maputo, Mosambik; »World by 2000« (seit 1988) eine Aktion, bei der es zu Absprachen kommt, welche Sendungen von welcher R. aufgenommen werden sollen in Sprachen, die von mindestens einer Mio. Menschen gesprochen werden (1.-5.); »ALAS«, gemeinsames Projekt von (1.) und (3.), das es UKW-Sendern in Lateinamerika ermöglicht, christl. Programme von einem Satelliten abzurufen.

Lit.: J. Schmidt: Rundfunkmission, ein Massenmedium wird Instrument, 1980; B. Whitehead: Entscheidung am Bermuda-Dreieck, 1993; (zu 1.) Loisneely: Besteige diesen Berg, 1986; G.H. Ledyard: Sky Waves, 1963; (zu 3.) P. E. Freed: Towers to Eternity, 1968; ders.: Let the Earth hear, 1980; H. Lützenbürger: ... aber Gottes Wort ist nicht gebunden, 1977; (zu 5.) P. und P. Cousens: The Power of the Air, 1978.

H. Marquardt

Ragaz, Leonhard (1868–1945)

R., geb. am 28. 7. 1868 in Tamins, Graubünden, gest. am 6. 12. 1945 in Zürich, Theologiestudium in Basel, Jena und Berlin. 1890-93 Pfarrer am Heinzenberg (Graubünden), 1893 Religions- und Sprachlehrer am Gymnasium Chur, 1895 daselbst Pfarrer; 1902-08 Pfarrer am Basler Münster, 1908 o. Prof. für System. und Prakt. Theologie an der Universität Zürich; 1921 freiwilliger Rücktritt vom Lehramt, um sich ganz der →Religiös-sozialen Bewegung und der Redaktion der 1906 von ihm gegründeten Zeitschrift »Neue Wege« zu widmen.

R. stand zuerst der Liberalen Theologie nahe. Den für ihn entscheidenden Glauben an das kommende, diesseitige Reich Gottes fand er erst in Basel. Die »große Wendung«, »der Aufbruch des Glaubens an das Reich Gottes ... war ein Wunder – es war das Aufbrechen der mächtigen Gottesquelle mitten in der Wüste. Es fehlt mir jede rationale Erklärung dafür. Denn es muss hier mit aller Energie festgestellt werden: Ich habe diesen Glauben an das Reich nicht von andern übernommen, nicht einmal aus der Bibel, er ist mir, als ureigenstes Erleben, unmittelbar von Gott gekommen« (Mein Weg, I, 1952, 230f). Mühe bereitete R. lange das »Rätsel der Vorsehung«. Wenn Gott alles lenkt, wie erklärt sich dann das Böse in der Welt? Aber vom Reich-Gottes-Geschehen her erkannte er, daß vieles, was geschieht, nicht aus Gottes Willen stammt, sondern »aus dem Willen einer Gegenmacht« (Mein Weg, II,227). Das Reich Gottes »will diese Gegenmacht besiegen. Es ist nicht monistisch, sondern dualistisch orientiert ... Das Reich Gottes ist nicht fertig, sondern erst im Kommen und Werden. Damit ist auch die Schöpfung nicht fertig – sie geht vorwärts« (a.a.O., 228). Das Kommen des Reiches bedeutet ihm zugleich Gericht. »Der Gerichtsgedanke ist ein Grundelement der Bibel« (Die Bibel – eine Deutung, I, 175). R. erwartete in seiner Zeit das Gericht über die »kapitalistisch-bürgerliche« Gegenmacht. Er selbst schloß sich der Sozialdemokratie an, wobei er im →Sozialismus nicht schon das Reich Gottes sah, aber doch ein Wirken Gottes auf das Reich hin. In späteren Jahren sprach er mehr – von der Auferstehung Christi her – von der eschatologischen Vollendung des Reiches Christi, in welchem Zusammenhang auch der Gedanke einer letztlichen Allversöhnung auftaucht. Sehr beeindruckt war er vom jüngeren →Blumhardt, aber deutlich distanzierte er sich von H. →Kutter. Dessen Äußerung, wir hätten »Gott zu verkünden und nichts anderes zu tun«, weist R. als »verheerend« einseitig ab. »Wir konnten überhaupt das blosse Wort nicht so hoch einschätzen wie Kutter; wichtiger als das Wort schien uns die Tat« (Mein Weg II, 105). Die »Tat« war für R. aber nicht gewaltsamer Umsturz, sondern Pazifismus und soziale Politik als Gegensatz zu dem, was er der kapitalistisch-bürgerlichen »Welt« vorwarf. Auch die Kirchen und die von →Ritschl herkommende, auf persönliche Sittlichkeit ausgerichtete »Reich Gottes Theologie« klagte er an, daß sie Frieden mit der »Welt« gemacht und so die Sache Christi verraten hätten. Die religiös-soziale Bewegung (→Sozialismus, religiöser) fand bei Pfarrern wie auch Studenten viel Zustimmung, aber es gelang ihr nicht, die Arbeiterschaft für ihren Weg zu gewinnen.

Lit.: L. Ragaz: Das Evangelium und der soziale Kampf der Gegenwart, 1906; Dein Reich komme (Predigten) I/II, 1908; Weltreich, Religion und Gottesherrschaft, I/II, 1922; Von Christus zu Marx – von Marx zu Christus, 1929; Sinn und Werden der religiös-sozialen Bewegung, 1926; Gedanken, 1938/1951; Das Reich und die Nachfolge, 1938; Die Botschaft vom Reiche Gottes, 1942; Die Bibel – eine Deutung I-VII, 1947–1950; Mein Weg, I/II, 1952. –

A. Lindt: Leonhard Ragaz, 1957; M. Mattmüller: Leonhard Ragaz und der religiöse Sozialismus, 1957.

F. Flückiger

Rahner, Karl (1904–1984)

R., geb. am 5. 3. 1904 in Freiburg/Breisgau, nach dem Gymnasium 1922 Eintritt in den Jesuitenorden; Studium der Philosophie und Theologie, 1932 Priesterweihe. Vom Orden zum Philosophiedozenten bestimmt, beginnt er das Weiterstudium in Freiburg bei M. →Heidegger. Seine Arbeit »Geist in Welt«, in der er den Vermittlungsversuch zwischen thomistischer Philosophie und kantianisch-transzendentalphil. Denken anstrebt, wird als Dissertation abgelehnt. 1936/37 erfolgen Doktorat (in Dogmatik) und Habilitation in Innsbruck, wo er bis zur Aufhebung der theol. Fakultät bzw. des Jesuitenkollegs durch die Nazis 1938 lehrt. Seine 1937 gehaltenen Vorträge zur »Grundlegung der Religionsphilosophie« erscheinen 1941 (»Hörer des Wortes«). Nach Jahren in Wien (1939–1944) mit reicher Seelsorge- und Vortragstätigkeit liest er ab 1945 Dogmatik an der neueröffneten Jesuitenhochschule in Pullach bei München, ab 1948 in Innsbruck. 1964–1967 Inhaber des »Guardini-Lehrstuhles« für »Religionsphilosophie und christliche Weltanschauung« (Vorlesungen »Zum Begriff des Christentums«, veröffentlicht 1976 als »Grund-

kurs des Glaubens«). 1967 bis zur Emeritierung 1971 Professor für Dogmatik in Münster. Lebte dann bis 1981 in München und bis zu seinem Tod am 30. 3. 1984 in Innsbruck.

Der äußere Lebensgang läßt nur erahnen, welche immense Produktivität hinter R.s Lebensweg steht. Bereits während des Krieges von Wien aus, endlich nach dem Krieg beginnt eine umfassende Vortragstätigkeit, verbunden mit ökumen. Kontakten und dem intensiv geführten Gespräch mit Geistes- und Naturwissenschaftlern. Ab 1953 erscheinen Sammelbände seiner Vorträge unter dem Titel »Schriften zur Theologie«. Ursprünglich auf drei Bände geplant, wächst die Reihe auf 16 Bände. Daneben beginnt bereits 1955 die herausgeberische Arbeit an verschiedenen Lexika: das große »Lexikon für Theologie und Kirche« (2. Auflage), das internationale Projekt »Sacramentum Mundi«, »Herders Theologisches Taschenlexikon« und das einbändige »Kleine theologische Wörterbuch« entstehen in wenigen Jahren. Daneben ist R. Initiator und Mitherausgeber enzyklopädischer theol. Werke, einer umfassenden Dogmatik (Mysterium Salutis) sowie der internationalen kath. Zeitschrift »Communio«. Alle Werke sind geprägt vom Versuch, das offene Gespräch zwischen kath. Tradition und modernem Denken zu wagen, ja eindeutig zu fördern. Daß solche Offenheit auch Widerstand hervorrief, war nicht verwunderlich. Trotz wachsender Kritik wird R. 1962 zum offiziellen Konzilstheologen (Peritus) am II. Vaticanum berufen und vom Wiener Erzbischof Kardinal König als persönlicher Berater zum bedeutenden Mitarbeiter verschiedenster Dokumente. R.s Einfluß ist deutlich in den Fragen der Erneuerung des Diakonats, an den Dogmatischen Konstitutionen über die Kirche (»Lumen Gentium«) bzw. über die göttliche Offenbarung (»Dei verbum«) sowie an der Pastoralkonstitution über die Kirche in der Welt von heute (»Gaudium et spes«).

Bei der Lektüre von R.s Schriften fällt zunächst die besondere Sprache auf, die ihre Herkunft von I. →Kant und vor allem von M. Heidegger verrät. Dahinter steht das phil. Anliegen R.s, die kath. Tradition (Kirchenväter, →Thomas von Aquin) mit dem transzendental-phil. Denken Kants (Einfluß von J. Maréchal) und der Heideggerschen Existenzanalyse zu verbinden.

Dahinter steht für R. keine Mode, sondern eine entschlossen festgehaltene Methode des Fragens, die er transzendental-anthropologische Methode nennen konnte. »Anthropologisch« ist sie, weil der Mensch konsequent Ausgangspunkt seines theol. Denkens und Fragens bleibt: Jeder Satz über Gott ist ein Satz über den Menschen, ja über Gott ist nicht anders zu reden, als daß über den Menschen gesprochen wird. »Transzendental« ist die Methode, insofern R. ständig die Voraussetzungen aller Grunderfahrungen des Menschen reflektiert, der, ob er es will oder nicht, auf Gott als die Bedingung der Möglichkeit menschlicher Erkenntnis und menschlicher Freiheit verwiesen ist. Gott ist im Modus des Geheimnisses anwesend, auch wo der Mensch ihn nicht reflektiert, ja ihn sogar bewußt ablehnen zu müssen meint (R. spricht von einem »transzendentalen Gottesbeweis«).

R. gehört mit seiner Denkarbeit zu den großen Anregern kath. Theologie des 20. Jh.s bzw. ihrer Öffnung zum Dialog mit Philosophie und Naturwissenschaften. Die Kritik an ihm fragt, ob es sich dabei nicht vielfach um bloß »gedankliche« Lösungen alter Fragen (z.B. in der Gnadenlehre, dem Postulat einer transzendentalen Offenbarung bzw. eines »übernatürlichen Existentials«, dem Gedanken an ein →»anonymes Christentum« usw.) handelt, die der Realität entbehren.

Lit.: K. Rahner: Geist in Welt, 1939 (Neubearb. durch J. B. Metz 1957); Hörer des Wortes, 1941 (Neubearb. durch J. B. Metz 1971); Schriften zur Theologie, 1954ff (16 Bde.); Grundkurs des Glaubens, 1976 (als »Summa« seiner Theologie zu lesen); Theologische und philosophische Zeitfragen im katholischen deutschen Raum (sog. »Wiener Memorandum« von 1943), 1994; Bibliographien in den verschiedenen Festschriften; K. Rahner, H. Vorgrimler: Kleines Theologisches Wörterbuch, [11]1978 (zur Einführung in Sprache und Gedankenwelt nach wie vor grundlegend);

H. Vorgrimler: Karl Rahner verstehen. Eine Einführung in sein Leben und Denken, 1985 (biographisch orientiert; Lit.); K.-H. Weger: Karl Rahner. Eine Einführung in sein theologisches Denken, 1978.

W. J. Bittner

Rahtmannscher Streit

Durch ein Buch des Danziger Pfarrers Hermann Rahtmann (1585–1628): »Jesu Christi: des Königs aller Könige und Herrn aller Herren Gnadenreich« (1621) wurde eine Kontroverse über die Bedeutung von Wort Gottes und Heiligem Geist ausgelöst. Der Rahtmannsche Streit über die Wirkungskraft des Wortes hat das Schriftverständnis der luth. →Orthodoxie wesentlich vertieft. R. war wie vorher J. →Arndt und C. v. →Schwenckfeld zu der Auffassung gelangt, daß das Wort nur toter Buchstabe sei. Erst durch eine innere Geistwirkung könne ein Mensch bekehrt werden. Er sah einen Unterschied zwischen dem äußeren Wort und dem von der Kraft des Geistes geprägten inneren Wort.

Nur so meinte er, verstehen zu können, warum nur so wenige Menschen von der Predigt bekehrt würden. Die orth. luth. Theologen verstanden dagegen das Wort selbst als Gnadenmittel. Das inspirierte Wort der →Bibel besitzt für sie göttliche Autorität und hat die Kraft, einen Menschen zur Bekehrung zu bewegen. Wort und Geist sind demnach unmittelbar verbunden. Die Kraft des äußeren Wortes dürfe nicht abhängig werden von dem Grad der inneren Erleuchtung des Menschen. Der Geist wirke nicht neben dem Wort, sondern durch das gehörte oder gelesene göttliche Wort und in ihm. Man griff damit u. a. Argumente auf, die M. →Flacius Illyricus gegen C. v. →Schwenckfeld angeführt hatte.

Lit.: R. H. Grützmacher: Wort und Geist, 1902, 220–245; B. Hägglund: Geschichte der Theologie, 1983, 237f.; R. Keller: Der Schlüssel zur Schrift. Die Lehre vom Wort Gottes bei M. Flacius Illyricus, 1984, 25-92.

R. Keller

Raiffeisen, Friedrich Wilhelm (1818–1888)

R. wurde am 30. 8. 1818 in Hamm/Sieg geb. und starb am 11. 3. 1888 in Neuwied. Er war Bürgermeister in den Gemeinden Weyerbusch, Flammersbach und Heddersdorf bei Neuwied. Er gilt als Vater des ländlichen Genossenschaftswesens, der gegen Armut (Mißernte, schlechte Böden, keine Industrie) durch freie, solidarische Selbsthilfe vorging, Konsumvereine und Genossenschaftsverbände (→Genossenschaften) gründete, danach in größerem Stil »Hilfsvereine für unbemittelte Landwirte« und »Wohltätigkeitsvereine«, die Beihilfen gewährten, für Kindererziehung sorgten, sich um die Resozialisierung Straffälliger bemühten und den Gedanken des genossenschaftlichen Spar- und Darlehensvereins unter das Volk brachten. R. setzte auf persönliche Vertrautheit der Mitglieder einer Genossenschaft und auf solidarisches Eintreten füreinander auf dem Boden christl. Nächstenliebe als Grundlage der Kreditwürdigkeit. Seine Idee fand weite Verbreitung vor allem auf dem Land. 1872 gründete er die erste genossenschaftliche Zentralkasse im Rheinland, 1876 für Deutschland und 1877 faßte er seine ländlichen Genossenschaften im »Anwaltsverband« später im »Generalverband« zusammen.

Lit.: F. W. Raiffeisen: Die Darlehenskassen-Vereine als Mittel zur Abhilfe der Not der ländlichen Bevölkerung sowie auch der städtischen Handwerker, 1886.
W. Krebs: Aus dem Leben Raiffeisens, 1925; T. Sonnemann: F. W. Raiffeisen, Handbuch des Genossenschaftswesens, 1980; A. Wuttig: F. W. Raiffeisen und die nach ihm genannten Spar- und Darlehens-Vereine, 1921.

G. Ruhbach

Rakower Katechismus →Antitrinitarier

Ramakrishna

Ramakrishna (1834–1886), Asketenname des bengalischen Brahmanen Gadadhar Chatterji. Dörflicher Herkunft, mit geringer Schulbildung, wurde er Priester am Kalitempel von Belur, Kalkutta. Bekannt durch seine ekstatischen Erfahrungen, begeisterte er Teile der jungen Elite Bengalens für den →Hinduismus als Religion der Erfahrung. Dabei hat er nicht nur die Gestalten des →Hindu-Pantheon (Kali, Rama, Hanuman, Radha, Krishna, Brahman) zum Gegenstand seiner Einheitssehnsucht gemacht, sondern auch Mohammed und Christus. Die Kenntnis des Christentums war bruchstückhaft, ein Hindu, von Jesus begeistert, las ihm aus der Bibel vor, ein Bild der Madonna mit Kind löste die Versenkung aus.

Damit wurde die Lehre des Advaita-Vedanta von der Gleichheit der Heilswege über den Hinduismus hinaus auf andere Religionen ausgeweitet und erscheint durch Erfahrung bestätigt. Es ist strittig, wie weit R. selbst seine mystischen Erfahrungen nach der Advaita-Lehre gedeutet hat, und ob nicht bei ihm Personalität und soziale Verantwortung erhalten blieben. Die Breitenwirkung R.s ist durch seine Schüler, insbes. →Vivekananda und die R.-Mission, vermittelt.

Lit.: S. Lemaitre (Hg.): Ramakrishna in Selbstzeugnissen und Bilddokumenten, 1963; The Message of Our Master by the First Disciples of Ramakrishna, Advaita Ashram, 1936; R. Rolland: Das Leben des Ramakrishna, 1962; M. M. Thomas: Christus im neuen Indien. Reformhinduismus und Christentum, 1989. O. Wolf: Indiens Beitrag zum neuen Menschenbild. Ramakrishna – Gandhi – Sri Aurobindo, 1957.

N.-P. Moritzen

Rambach, Johannes Jakob (1693–1735)

R., geb. am 24. 2. 1693 in Halle, gest. 19. 4. 1735 in Gießen, ev. Theologe. Als Sohn eines Tischlers fand R. durch die Bildungsanstalten der Franckeschen Stiftungen Zugang zur akademischen Welt: Studium der Theologie in Halle und Gießen, Assistenz bei Michaelis und Buddeus, 1723 Adjunkt an der theol. Fakultät Halle, 1727 →Franckes Nach-

folger auf dessen Lehrstuhl, 1731 Prof. primarius und Superintendent in Gießen, zusätzlich 1732 Direktor des Pädagogiums. Als R., der zwar in Halle geprägt, der Enge des dortigen Pietismus aber längst entwachsen war, im Alter von 42 Jahren durch eine plötzliche Erkrankung verstarb, hinterließ der überaus produktive und weithin geschätzte Theologe bereits ein beachtliches Lebenswerk. Seine Schwerpunkte lagen in den Bibelwissenschaften und der Prakt. Theologie. Er entwickelte eine eigenständige pietist. Hermeneutik (Institutiones hermeneuticae sacrae, 1724) und legte mit seinen vorbildlichen Predigten (Anspruch einer durch »Deutlichkeit und verständliche Anordnung zu erzielenden Popularität«) wie seinen homiletischen Grundsätzen (Erläuterungen über die Praecepta homiletica, hg. v. Fresenius 1736) die Grundlage für eine besondere deutsche Kanzelrhetorik. Schließlich ist R. als Hymnologe hervorgetreten (Hessen-Darmstädtisches Kirchengesangbuch, 1733; Geistreiches Hausgesangbuch, 1735) sowie als Verfasser geistl. Dichtungen und Lieder (»Ich bin getauft auf deinen Namen«; »Mein Schöpfer, steh mir bei«).

Lit.: C. Bertheau: »Rambach, Johannes Jakob«, RE XVI, 422–424; U. Bister, M. Zeim (Hg.): Johann Jakob Rambach. Leben – Schriften – Briefe, 1993; K. Lischka: Johann Jakob Rambachs Praecepta homiletica. Ein Beitrag zur Theorie der Predigt des Pietismus. Diss. Münster, 1975.

J. O. Rüttgardt

Rämismühle

→Heimstätte Rämismühle

Ramus, Petrus (1515–1572)

Als Pierre de la Ramée 1515 in Cuth bei Noyon geb., gest. am 24. 8. 1572 in Paris als Opfer der Hugenottenverfolgung in der Bartholomäusnacht. R. lehrte zunächst als humanistischer Philosoph und wandte sich nachdrücklich gegen allen →Aristotelismus, besonders in der theol. Scholastik und verlor daher seine Ämter bis zum Regierungsantritt Heinrichs II. Im Religionsgespräch von Poissy 1561 wurde er ev. und lebte aufgrund der verschiedenen Hugenottenverfolgungen in Straßburg, Basel und Heidelberg. Abgelehnt von den ev. Aristotelikern (z.B. →Ursinus, Erastus, →Beza) wurde er von den zwinglianischen Biblizisten (→Bullinger) und vielen Calvinisten wegen seiner »pragmatischen Lebensphilosophie« begrüßt und akzeptiert. Seine Lehrbücher zur Rhetorik und Dialektik bestimmten die Universitätsreform, und mehrere neu gegründete Hochschulen und Schulen calvinistischer Prägung waren ramistisch geprägt. Die →Föderaltheologie im 17. Jh. und die Arminianer in Holland wie die Puritaner in Großbritannien nahmen seinen Ansatz auf, und immer wieder hat der Ramismus gegenüber aller formalen Kirchlichkeit neue Aufbrüche im Calvinismus hervorgerufen. R. war Laientheologe und hat stets innerhalb dieser Grenzen gewirkt.

Lit.: P. R. Lobstein: Petrus Ramus als Theologe, 1878; J. Moltmann: Zur Bedeutung des Petrus Ramus für Philosophie und Theologie im Calvinismus, ZKG 68, 1957, 295–318; W. J. Ong: Ramus. Method and the decay of dialogue, 1958.

G. Ruhbach

Ranke, Leopold von (1795–1886)

R., geb. am 21. 12. 1795 in Wiehe/Unstrut, 1865 geadelt, gest. am 23. 5. 1886 in Berlin, studierte Theologie und Philologie in Leipzig, wurde 1818 Gymnasiallehrer und 1825 Prof. der Geschichte in Berlin, 1832 Mitglied der preußischen Akademie der Wissenschaften, 1841 preußischer Historiograph. R. gilt als Begründer der modernen Geschichtswissenschaft und Vater des →Historismus, der die abendländische Geschichte noch in ihrem äußeren und inneren Zusammenhang zu sehen vermochte. Zwar war er von →Goethe und dem dt. →Idealismus beeinflußt, aber nicht eigentlich geprägt. Tief rel. eingestellt, erblickte er in der Geschichte die

»Hieroglyphe Gottes« und sah »jede Epoche unmittelbar zu Gott« gerade dann, wenn er die eigentliche Aufgabe des Historikers in Angriff nahm, nämlich darzustellen, »wie es eigentlich gewesen«

war. Er gebrauchte und verfeinerte das philologisch-hist. Instrumentarium zu letzter Perfektion, war ein Meister der Psychologie, mit deren Hilfe er Menschen, Bewegungen und Zusammenhänge zu erfassen suchte, und ein begnadeter Erzähler. Schüler hatte er nur wenige, z. B. J. Burckhardt, aber gewirkt hat er auf die Geistes- und Theologiegeschichte seines ganzen Jahrhunderts.

Lit.: L. v. Ranke: Sämtliche Werke, 54 Bde., 1867-90.
C. Hinrichs: Ranke und die Geschichtstheologie der Goethezeit, 1954; ders.: »Ranke, Leopold von«, in: Die Großen Deutschen III, NF 1957, 293–312; K. Kupisch: »Die Hieroglyphe Gottes«, in: Theologia Viatorum 1, 1948/49, 178–196; F. Meinecke: Ranke und Burckhardt, 1958; R. Vierhaus: Ranke und die soziale Welt, 1957.

G. Ruhbach

Rappard, Carl Heinrich (1837–1909)

R., geb. am 26. 12. 1837 in Giez (Kanton Waadt), gest. am 21. 9. 1909 in Gießen. R. wurde als Sohn eines aus Deutschland stammenden Theologen geboren und wuchs in einer Familie auf, in der Bibel und Glaube das Leben und Handeln prägten. Von 1861–1864 war er zur Ausbildung auf St. →Chrischona, setzte in Schottland seine Studien fort und wurde 1865 in Leonberg ordiniert. Bis 1868 arbeitete er als Pilgermissionar in Alexandrien und Kairo, seit 1867 gemeinsam mit seiner Frau Dora. 1868 wurde er als Inspektor der Pilgermission nach St. Chrischona berufen, wo er 41 Jahre lang als Leiter und Lehrer, Evangelist und Seelsorger gewirkt hat. R. wußte sich in Leben und Dienst dem bibl. Wort verpflichtet; durch das Erbe der Reformation und des →Pietismus geprägt, gestaltete er St. Chrischona zur ersten Evangelistenschule im deutschsprachigen Raum und erweiterte die Ausbildung im Jahr 1909 durch eine Bibelschule für Frauen. Durch die →Heiligungsbewegung erhielt er starke Impulse, wehrte aber jeder unnüchternen Überschwenglichkeit. Von 1869 an entstanden vor allem in der Schweiz und in Deutschland Gemeinschaften der Pilgermission. Durch die Monatsschrift »Des Christen Glaubensweg« (1875-77) bzw. »Glaubensbote« (seit 1878) und durch die Herausgabe der »Gemeinschaftslieder« war R. auch literarisch tätig. In der ev. →Allianz wie in der →Gemeinschaftsbewegung war R. durch seine bibl. Klarheit, durch seine Warnung vor Auswirkungen unnüchterner Frömmigkeit oder liberaler Theologie, aber auch durch seine Förderung von Evangelisation und Gemeinschaftspflege geschätzt und anerkannt.

Lit.: E. Bunke: Carl Heinrich Rappard. Ein Zeuge Jesu Christi, 1953; D. Rappard: Carl Heinrich Rappard. Ein Lebensbild, 1910/1983.

K. Haag

Rappard, Dora (1842–1923)

D. R., geb. am 1. 9. 1842 auf der Insel Malta, gest. am 10. 10. 1923 auf St. →Chrischona, ist als Tochter des Basler Missionars Samuel →Gobat (von 1846 bis 1879 als Bischof in Jerusalem) in Malta und Jerusalem aufgewachsen und dadurch geprägt worden. Ihre Ausbildung erhielt sie im Haus der Eltern und im Internat der Brüdergemeine (→Brüder-Unität) Montmirail/Schweiz. Im Jahre 1862 übernahm sie die Leitung einer Schule, die ihr Vater vornehmlich für arabische Mädchen in Jerusalem eröffnet hatte. 1867 verheiratete sie sich mit Carl Heinrich →Rappard und war mit ihm in Aufgaben der Pilgermission in Alexandrien und Kairo tätig.

Mit der Berufung ihres Mannes nach St. Chrischona wurde dieser Ort für 55 Jahre ihre Heimat und eigentliche Wirkungsstätte. Als Mutter von zehn Kindern und als »Chrischona-Mutter« eröffnete sich ihr im Laufe der Jahre ein weiter Tätigkeitsbereich. Sie arbeitete mit bei der Korrespondenz ihres Mannes, bei der Kassenführung, bei der Herausgabe des »Glaubensboten« und der »Gemeinschaftslieder«. Sie wirkte mit den ihr verliehenen Gaben der Sprache und Musik, schrieb Gedichte und Lieder, verfaßte Andachten und geistl. Betrachtungen, die als Bücher bis heute weite Verbreitung fanden, verkündigte in Frauenkreisen und öffentlichen Frauenversammlungen Gottes Wort und förderte eine ausgedehnte →Frauenarbeit innerhalb der →Gemeinschaftsbewegung.

Lit.: F. Rudersdorf: Dora Rappard. Die Mutter von St. Chrischona, 1963; E. Veiel-Rappard: Mutter. Bilder aus dem Leben von Dora Rappard-Gobat, 1925/1956.

K. Haag

Rassenfrage, Rassismus

Biologisch bezeichnet Rasse eine System-Untergruppe der Art (*species*). Anthropologisch gehören alle Menschen ausnahmslos zu einer Art (*homo sapiens*). Völkerkundliche Einteilungen von Bevölkerungen sind nur oberflächlich (Hautfarbe, Haar), oft zufällig (Mongoliden, Europiden und Negriden).

Unter Rassismus ist die Abwertung anderer Menschen durch Verallgemeinerung und Verabsolutierung tatsächlicher oder fiktiver Unterschiede zu verstehen; Motive dafür finden sich in der Rechtfertigung von Privilegien oder in Feindseligkeiten. Vom bibl. Befund her ist Rassismus so alt wie die Frühgeschichte der gefallenen Menschheit (1Mo 3,12; 4,9; 9,25; 11,4-8). Hist. beherrschte Rassismus die Antike (Sklaverei). Im 16. Jh. entwickelte Europa (Entdeckungsreisen) die Theorie der weißen Überlegenheit. Aus erkenntnisleitenden Interessen (Herrschaft) setzt sich der Europäer zum Maßstab und stuft Fremde danach ein zwischen »hochwertig« und »rückständig«. Die Abwertung anderer Völker rechtfertigt Ausnutzung, Ausgrenzung, Ausbeutung, Absicherung des eigenen Status bis zur Ausrottung von Völkern (Völkermord). Psych. gesehen entlasten Feindbilder bei eigenen Unwertgefühlen, lenken geheime Ängste nach außen, verschleiern verborgenes Verlangen und erzeugen aggressive Stimmungen. Ideologisch befestigt eine diskriminierende Umgangssprache Stereotypen (z. B. Nigger, Kanake): Die Primitiven, die Barbaren, die Juden, die Schwarzen, die Ausländer. Religion und Erziehung prägen die herrschende Vorstellung durch pseudo-wissenschaftl. Welt- und Selbstbilder (Eurozentrismus). Wahnideen von eigener Größe (individuell oder nationalistisch) verschließen gegen Selbstzweifel, vermeiden kränkende Einbußen, machen unfähig zu Trauer und Reue, verhindern Wandlung und versöhntes Leben.

Theologisch: Die Bibel spricht von den Wurzeln des Rassismus (Eph 2,1-3), von dessen Überwindung im Kreuz (Eph 2,17-20), im alten Gottesvolk (Am 9,7) und im neuen (Gal 3,28). In der Ökumene wird R. erstmals 1924 von J. H. Oldham dargestellt. Die Weltmissionskonferenzen von Jerusalem 1928 und Oxford 1937 thematisieren Rassismus. Bei seiner Amsterdamer Gründung (1948) erklärt der Weltrat der Kirchen: »Gegen rassistische Vorurteile muß die Kirche vorgehen.« 1968 in Uppsala entwirft die Vollversammlung des Weltrates der Kirchen ein Konzept, vor allem weißen Rassismus in der Welt »auszuschalten«. 1969 wird ein Anti-Rassismus-Programm beschlossen. Umstritten ist die im Kampf gegen Apartheid (Südafrika) vom ÖRK gewährte einseitige Unterstützung bewaffneter Befreiungsbewegungen zur »Entkolonisation«.

Lit.: S. Lorenz: »Rasse«, HWP 8, 25-28.

H.-K. Hofmann

Räte, evangelische

Die ev.R. bezeichnen den Inhalt der →Gelübde, wie sie in den meisten Orden (nicht in allen!) abgelegt werden, und zwar in der klassischen Dreizahl: →Armut (vgl. Mt 19,21), Keuschheit (→Ehelosigkeit, →Zölibat, vgl. Mt 19,12) und →Gehorsam.

Die Bezeichnung selbst geht zurück auf 1Kor 7,25: »Über die Jungfrauen habe ich kein Gebot des Herrn, aber meinen Rat gebe ich euch«, und meint einen guten Rat, ein Angebot des →Evangeliums im Gegensatz zu den für alle verbindlichen Geboten Gottes. Das Beispiel dafür ist die Geschichte vom »Reichen Jüngling«, Mt 19,16-22: Die Gebote hatte er alle gehalten; da sagte der Herr zu ihm: »Willst du vollkommen sein, so geh hin, verkaufe, was du hast, und gib's den Armen ... und komm und folge mir nach!« Aufgrund dieser Bibelstellen hat sich allmählich die Überzeugung herausgebildet, daß es neben den verbindlichen Geboten für alle auch Angebote des Evangeliums gebe, die von einigen freiwillig übernommen werden, weil sie vollkommen sein wollen. Im MA vertrat man daher die Auffassung, daß die Mönche aufgrund ihrer Gelübde einen besonderen »Stand der Vollkommenheit« bildeten.

Diese Meinung beruht aber auf einem Mißverständnis, denn das Wort Jesu an den »Reichen Jüngling« war für ihn in seiner Situation kein unverbindliches Angebot, sondern der Weg zur Rettung. Zwar verlangt das Evangelium nicht von jedem Menschen, daß er alle seine Habe verkaufe, es ist also kein allgemeinverbindliches Gebot, dies zu tun, aber wer wie der »Reiche Jüngling« von diesem Wort des Herrn im Herzen getroffen wird, für den gilt es als sein persönlicher Ruf in die Nachfolge.

Dennoch ist der Inhalt der drei ev.R. für jedes Christenleben von Bedeutung, ob in der Ehe oder in der Ehelosigkeit, weil er die wesentlichen Bereiche des Lebens zusammenfaßt und in die Nachfolge Christi einordnet. Daher wird der Begriff heute auch von den ev. Kommunitäten gebraucht und meint den Gehalt ihrer Versprechen.

Die drei mit den ev.R.n bezeichneten Lebensbereiche stecken verborgen in der Versuchungsgeschichte (1Mo 3,6; vgl. 1Joh 2,16); an diesen drei Punkten hat Jesus in der Wüste dem Versucher standgehalten (vgl. Mt 4,1-11).

Sieht man die ev.R. im Hinblick auf die äußere Lebensgestaltung, dann bedeutet Armut ein vergleichsweise schlichtes Leben, das um Jesu willen auf überflüssige Luxusgüter verzichtet. Keuschheit heißt äußerlich für zölibatär Lebende: Ehelosigkeit; für Verheiratete: Treue in der Ehe (eine in unserer Zeit überaus wichtige Tugend, um die gekämpft werden muß); innerlich bedeutet Keuschheit, daß ich keinen Menschen an mich binde: sie meint die Beziehungsfähigkeit in Freiheit. Gehorsam ist die Anerkennung einer Autorität und einer Lebensordnung.

Sieht man die ev.R. im Hinblick auf unser Leben vor Gott, dann ist Armut die Grundvoraussetzung, Gottes Gnade empfangen zu können (vgl. die erste Seligpreisung, Mt 5,3), Keuschheit die Reinheit des Herzens (vgl. die sechste Seligpreisung, Mt 5,8) und Gehorsam die Haltung des Nachfolgers Jesu dem Wort des Herrn gegenüber (vgl. den Schluß der Bergpredigt, Mt 7,24-27).

Lit.: H. U. v. Balthasar: »Die drei evangelischen Räte«, in: Klarstellungen. Zur Prüfung der Geister, [4]1978; H. Gehrig (Hg.): Die Evangelischen Räte in der heutigen Welt, 1970; J. Halkenhäuser: Kirche und Kommunität. Geschichte und Auftrag der kommunitären Bewegung in den Kirchen der Reformation, [2]1985, 258-331; F. Wulf: »Gebot und Rat«, in: Geist und Leben 30 (1966), 321-325.

F. Ch. Joest

Rationalismus

Schon die mittelalterl. →Scholastik sah in den Begriffen →Vernunft und →Natur eine Grundlage, von der aus Erkenntnis nicht nur der Welt, sondern auch Gottes zu geschehen hatte. Die Vernunft sei abbildende Teilhabe am göttlichen Licht, aus der Natur sei eine natürliche Theologie als Vorstufe der geoffenbarten Gotteserkenntnis abzuleiten. Wesentlich war für die Scholastik die Verbindung natürlicher Vernunfterkenntnis mit dem Glauben.

Für die Philosophie und Wissenschaft der →Aufklärung im 18. Jh. ist also nicht die Berufung auf Vernunft und Natur neu, sondern die Emanzipation der Vernunft und die Abtrennung der Naturerkenntnis von der Theologie bzw. vom christl. Glauben. Viele Vertreter der Aufklärungsphilosophie, wie →Descartes oder noch →Rousseau in Frankreich, wie →Leibniz und →Wolff in Deutschland, waren nicht Atheisten, wohl aber Vertreter einer aus der Vernunft abzuleitenden, oder jedenfalls der Vernunft nicht widersprechenden Religion.

Unter der Bezeichnung »Rationalismus« versteht man in der Regel die autonome, von der Theologie abgelöste Philosophie und Literatur, also die Position von Descartes bis zu den Enzyklopädisten und zu →Voltaire, in Deutschland bis zu →Kant, der die rationalistische Philosophie vollendet und durch die Kritik der Vernunft zugleich überwindet. Indem die Vernunft autonom wird, bestreitet sie zugleich die Bindung der Erkenntnis an eine höhere Macht. Der Mensch will selber, kraft seiner Vernunft, sein Leben und (vor allem in der Lehre vom Staat) das Leben der Gesellschaft ordnen. Descartes sagt in bezug auf seine Erkenntnisse in der Physik und deren Anwendung, er tue dies »ohne große Sünde gegen das Gesetz, das uns verpflichtet, für das allgemeine Wohl der Menschen soviel wie möglich zu sorgen«, wobei er mit diesen Erkenntnissen nicht metaphysische Schulphilosophie betreiben will, sondern eine praktische Anwendung, in der »wir die Kraft und die Wirkungen des Feuers, des Wassers, der Luft, der Gestirne, der Himmel und alle übrigen uns umgebenden Körper ebenso deutlich wie die Geschäfte unserer Handwerker kennenlernen, damit wir sie anwenden können für jeden Gebrauch, für den sie sich eignen, und uns so zu Herren und Besitzern der Natur zu machen« (Discours de la méthode, Kap. 6).

Was sich in diesen Sätzen ankündet, ist die von der →Technik beherrschte Welt. Diese Sicht führt bei Descartes noch nicht zum Atheismus. Aber während die Vernunft sich zuvor in der scholastischen Theologie als Analogie zum christl. Gottesbild verstand, geschah jetzt die Umkehrung: Gott ist zwar das Prinzip der Ordnung, der Lenkung des Weltlaufs, der →Vorsehung. Aber dieses Prinzip ist genau so, wie die menschliche Vernunft sich Ordnung und Lenkung der Geschicke denkt, d.h. die Vernunft findet dieses Prinzip in sich selber. Indem der Mensch denkt, wird er sich der göttlichen Ordnung, des Planes der Vorsehung, des Guten bewußt. Die der Welt zugewandte Vernunft begreift sich selbst erkennend und handelnd als Instrument der absoluten Vernunft oder des absoluten Geistes. Das ist, vom Ansatz bei Descartes her, immer weiter ausgebildet worden bis zur Transzendentalphilosophie von →Fichte und →Hegel.

Der phil. R. übertrug sich auch auf die Theologie, genauer: Auf eine bestimmte, im 18. Jh. aufkommende und eine zeitlang führende Richtung in der prot. Theologie. Zu ihren Vertretern gehörten der Helmstedter Theologe Philipp Konrad Henke (1752–1809), der kritische Ausleger bibl. Texte Heinrich Eberhard Gottlob →Paulus (1761–1851), der Dogmatiker Johann Heinrich Tieftrunk (1759–1837), sowie Johann Friedrich Röhr, berühmter Prediger in Weimar (1777–1848) und Julius August Ludwig →Wegscheider in Halle (1771–1849). Sie wollten christl. Theologen sein, die ihre Lehre auf die Bibel bezogen. Aber die Wahrheit der Bibel mußte zugleich an der Vernunft gemessen werden. Die Folge war eine nun frei sich äußernde →Bibelkritik. Schwerpunkte der rationalistischen Theologie waren die Christologie (→Jesus Christus), die sich jetzt weitgehend auf Person und Lehre des hist. Jesus reduzierte. Jesus war der in besonderer Weise von Gott erleuchtete Lehrer. Schwerpunkt seiner Lehre wurde die Ethik. Die →Auferstehung wurde bestritten oder als Wiederbelebung aus Scheintod erklärt, die bibl. Wunder wurden als in bibl. Zeit noch nicht recht verstandene, vernünftig erklärbare Vorgänge gedeutet. Der zweite Schwerpunkt war die →Vorsehung. Gott ist der allmächtige Urheber und Lenker der Welt, aber seine Weltregierung geht ein in den Kausalzusammenhang aller Vorgänge, in die Weltordnung oder den Prozeß der Weltgeschichte, der das Reich Gottes, d.h. Glück und Frieden, zum Ziel hat. So wie in der Philosophie das Handeln auf die Welt ausgerichtet ist, mit der Absicht, die vernünftige (dem ewigen Gesetz Gottes entsprechende) Ordnung zu verwirklichen, so ist auch die Theologie mehr und mehr auf die Welt ausgerichtet, wobei die vernunftgemäße, gute Ordnung theol. als →Reich Gottes bezeichnet wird. Der dritte Schwerpunkt dieser Theologie ist die →Unsterblichkeit der Seele bzw. des Geistes.

Diese Grundgedanken sind nicht neu. Sie finden sich auch in der Philosophie der Aufklärungszeit, aber letztlich schon in der scholastischen Verbindung von Philosophie und Theologie seit →Thomas von Aquin. Schon Thomas lehrte, daß die menschliche Vernunft Gott erkenne und auf Grund der abbildenden Teilhabe am ewigen Gesetz in der rationalen Kreatur auch das Gute. Die Unsterblichkeit der Seele war ebenfalls vorausgesetzt, theol. dann verbunden mit der bibl. Auferstehungsbotschaft. Theol. R. wurde nicht nur von Theologen verkündet. Von großer Wirkung unter den Gebildeten waren die ganz auf der Linie des aufgeklärten R. liegenden theol. Schriften →Lessings, ebenso die von Lessing veröffentlichten Fragmente aus der »Apologie oder Schutzschrift für die vernünftigen Verehrer Gottes« von →Reimarus, die nicht ganz zu Unrecht als ein heftiger Angriff auf das Christentum empfunden wurden, ein Eindruck, der durch

Lessings »Anti-Goeze« noch verstärkt worden ist. Andererseits war es gerade der radikale theol. R., der in kirchl. Kreisen, die an sich der Aufklärung geneigt waren, Widerstand erzeugte. Aus diesem Widerstand entstand der sog. →Supranaturalismus, eine theol. Auffassung, die selber von den Ideen der Aufklärung nicht unbeeinflußt war, aber doch zugleich gegen den theol. R. Vorbehalte anbrachte und Befürchtungen äußerte. Eine solche Stellungnahme ist das Buch des Leipziger Theologen J. A. H. Tittmann: »Über Supranaturalismus, Rationalismus und Atheismus«, 1816.

Lit.: K. Barth: Die protestantische Theologie im 19. Jahrhundert, 1947; W. Gass: Geschichte der protestantischen Dogmatik, I-IV, 1864–1867; E. Hirsch: Geschichte der neueren evangelischen Theologie, Bd. 5, 1954.

F. Flückiger

Rationalismus, kritischer →Kritik/Kritizismus

Ratramnus (gest. 868)

Bedeutender augustinischer Theologe der karolingischen Renaissance, Benediktinermönch in Corbie. Mit seiner Sahrift »Über Leib und Blut des Herrn« (844) beantwortet R. eine Anfrage Karls des Kahlen zu dem gleichnamigen Werk des →Paschasius Radbertus (831). Wie dieser hält R. am Opferbegriff fest, betont aber die Einmaligkeit des Kreuzesopfers Christi. In der Eucharistie werde es von den Gläubigen nicht wiederholt, sondern »täglich zum Gedächtnis seines Leidens durch die Feier der Mysterien nachvollzogen«. R. widerspricht dem realistischen Wandlungsverständnis des Radbertus mit dem Argument, daß Brot und Wein in der Eucharistie nicht in Wahrheit (*veritas*), sondern im Bild (*figura*) Leib und Blut Christi sind. Der Gläubige empfange real Brot, sakramental aber Leib Christi. Seine Schrift bleibt in der Folgezeit umstritten (1050 Verurteilung; 1532 ev. Nachdruck in Zürich; 1559 Index des Tridentinums). 850 ergreift R. für den der Häresie angeklagten Fuldaer Mönch →Gottschalk Partei. In der Schrift »Über die Vorhersehung Gottes« verteidigt er dessen an →Augustin anknüpfende Lehre von der doppelten Prädestination und löst damit einen mehrjährigen Streit über die Erwählungslehre aus. Seine letzte Schrift »Gegen die Vorhaltungen der Griechen« (868) findet ungeteilte Anerkennung. Darin weist R. die Angriffe des griech. Patriarchen →Photios gegen den Primat des röm. Papstes zurück, begründet die abendländische Auffassung, der Geist sei vom Vater »und vom Sohn« ausgegangen, und verteidigt die Überzeugung, daß der kirchl. Ritus nicht unbedingt auf apostol. Überlieferung zurückgeführt werden muß.

Lit.: R. Mokrosch et al. (Hg.): Mittelalter, 1980, 43f; Handbuch der Dogmen- und Theologiegeschichte Bd. 1, 1982, 524ff.

H. Holze

Rauhes Haus

Regelmäßige Bibelstunden über die Petrus- und Johannesbriefe weckten in Johann Hinrich →Wichern (1808–1881) den Wunsch, als Zeichen christl. Liebe ein Rettungshaus für verwahrloste, vernachlässigte und schwer erziehbare Kinder zu gründen. Unerwartet wurde ihm im Hamburger Vorort Horn von dem Syndikus Karl Sieveking ein Grundstück mit Haus (Ruges Haus, daraus wurde dann »Rauhes Haus«) angeboten, in dem er am 7. November 1833 mit drei Jungen die Rettungsarbeit aufnahm. Bald wurde das R.H. zu einem Zentrum christl. Erziehungsarbeit in Norddeutschland.

Einsichten von Johann Amos →Comenius (1592 – 1670) und August Hermann →Francke (1663 – 1727) erhielten in zeitgemäßer Abwandlung eine Neuausformung. Treu zur Seite stand Wichern in der schweren Erziehungsarbeit seine Gattin (am 29. Oktober 1835 hatte er Amanda Böhme geheiratet). Die eigenen neun Kinder und die des Rettungshauses waren eine Familie, »eine Einheit in Christus«. Wurde ein Kind aufgenommen (bald waren es 12, dann 20 und 30, schließlich mußten neue Häuser gebaut werden), dann hieß es: »Mein Kind, dir ist alles vergeben, sieh' um dich her, in was für ein Haus du aufgenommen bist; nur mit einer schweren Kette binden wir dich hier, du magst sie zerreißen, wenn du kannst; diese heißt Liebe und ihr Maß ist Geduld.«

Die Jugendlichen wurden zu mit Spiel und Gesang verbundenen Arbeiten angehalten (Garten- und Hausarbeit, handwerkliche Verrichtungen). Die Regel hieß: Freiheit, Friede, Freude. Von Wichern ausgebildete Brüder (Diakone) leisteten umfangreiche Einsätze zur Bekämpfung der sozialen Nöte in den Hamburger Slums. Eine besondere Probe hatte das R.H. zu bestehen, als der Hamburger Brand (5./6. Mai 1842) weite Teile der Stadt in Schutt und Asche gelegt hatte.

Brüder halfen beim Löschen, das R.H. nahm brandgeschädigte Kinder auf. Nach dem Brand vertrat Wichern öffentlich den Gedanken einer »Inneren Mission«. Ab 1845 erschienen die »Fliegenden Blätter aus dem Rauhen Haus«. Im R.H. hat Wichern praktiziert, was er auf seiner Wittenberger Kirchentagsrede vom 21. September 1848 in die Worte gekleidet hatte: »Es tut eines not, daß die evangelische Kirche in ihrer Gesamtheit anerkenne: die Arbeit der Inneren Mission ist mein! Daß sie ein großes Siegel auf die Summe dieser Arbeit setze: die Liebe gehört mir wie der Glaube.« Ein wichtiger Aspekt der Inneren Mission war für Wichern die Zurückholung der Getauften zu ihrem Heiland Jesus Christus (keine Liebe ohne Glauben, kein Glaube ohne Liebe).

Das R.H. als diakon. Einrichtung besteht bis heute und versucht im weiten Umfeld der Diakonie das Erbe Wicherns zu wahren (Erziehung, Altenhilfe, Behindertenhilfe, Fachschule für Altenpflege, Volks- und Realschule, Gymnasium, Diakonenanstalt, Fachhochschule für Sozialpädagogik und Sozialpsychiatrie). Gegenwärtig verteilt sich die Arbeit des R.H. über das ganze Stadtgebiet. Impulse gibt es seit der Vereinigung Deutschlands auch auf die neuen Bundesländer, vor allem auf Sachsen und Mecklenburg-Vorpommern.

Die ursprünglichen Gebäude wurden im Zweiten Weltkrieg fast völlig zerstört. Das R.H. als Ursprungsgebäude wurde 1979 originalgetreu wieder aufgebaut.

Lit.: J. H. Wichern: Rettungsanstalten für sittlich verwahrloste Kinder. Das Rauhe Haus in Horn (1834), in: Sämtliche Werke, hrsg. von P. Meinold, IV/I (1958), 115-127; ders.: Die öffentliche Begründung des Rauhen Hauses, in: Sämtliche Werke, IV/I, 96-114;

D. Dreisbach: »Qualifizierte Ausbildung, Konzeption des Rauhen Hauses nach 1833«, in: Diakonie 73, Jahrbuch des Diakon. Werkes, 1973, 228-233; P. Meinhold: Wichern und Ketteler, Evangelische und katholische Prinzipien kirchlichen Sozialhandelns, 1978, 14-16.

L. Hein

Raum und Zeit

Die abstrakten Begriffe R. und Z. haben ihren Ursprung in der griech. Naturphilosophie. Sie kommen im Hebr. des AT nicht vor. Statt dessen finden wir dort Worte für endliche, erlebbare Räume (wie Aufenthaltsort, Land, Erde) und Zeiten (wie Zeitpunkt, Stunde, Tag, Monat, Jahr, Generation, Zeitalter). Diese konkrete räumliche und zeitliche Begrifflichkeit hat auch das NT geprägt. Sie wurzelt in der bibl. Betonung des konkreten zeitlichen Geschehens (bes. Gottes Taten in der Geschichte) vor dem des abstrakten zeitlosen Seins (entfaltet in der griech. Mathematik und Ontologie) und hat verhindert, daß die bibl. Autoren sich wie in der griech. Philosophie allgemeinen Reflektionen über R. und Z. hingegeben haben. Angesichts der Taten Gottes in der Geschichte verblaßt einerseits das Interesse an R. und Z. an sich. Andererseits sucht man in der Bibel deswegen aber auch vergeblich nach einer Geringschätzung der Z. im Gegensatz zum R., wie sie für das klass. griech. Denken kennzeichnend war.

Erst in der christl. Theologie finden sich aufgrund der Auseinandersetzung mit der griech. Philosophie allgemeinere Überlegungen zu R. und Z. Für die Geschichte dieser Theologie ist kennzeichnend, daß in ihrem Verlauf die bibl. Betonung des konkreten geschichtl. Geschehens auf breiter Front zugunsten einer Privilegierung des abstrakten zeitlosen Seins zurücktritt. Diese Überlagerung bedingte, daß die Zeitlichkeit als Problem aufgefaßt wurde, wie die wegweisenden Überlegungen →Augustinus' zum Verhältnis von Z. und Schöpfung sowie zur Erlebbarkeit von Z. zeigen (Conf. XI). Diese Spannungen erreichten einen Höhepunkt mit der Einführung der absoluten Z. und des absoluten R.s in der klass. Physik I. Newtons. Diese naturphil. Begrifflichkeit hat die unversöhnbare Entgegensetzung zwischen bibl. Glauben und mathematischer Naturwissenschaft wesentlich mitbedingt, die unsere heutige Kultur noch prägt. Erst die Problematisierung dieser inzwischen klass. Trennung zwischen R., Z. und Materie durch die Physik des 20. Jh.s verspricht die Möglichkeit einer neuen Verständigung.

Die jüngste Entwicklung in den Naturwissenschaften bestimmt das Verhältnis zwischen R., Z. und Materie neu im Zusammenhang mit ungewöhnlichen physikalischen Grenzsituationen: Bei Bewegungen mit Geschwindigkeiten nahe der des Lichts lassen sich R. und Z. nicht mehr konsistent voneinander trennen, und sie verschmelzen zur sog. R.-Z. (spezielle Relativitätstheorie); in kosmischen Dimensionen kann Materie diese R.-Z. krümmen (allgemeine Relativitätstheorie); in der subatomaren Welt gibt es prinzipielle Beschränkungen der Genauigkeit, mit welcher Teilchen Punkten der R.-Z. zugeordnet werden können (Quantenmechanik); und in hyperkomplexen physikalischen Systemen kommt es zu einer individuellen Temporalisierung ausgedehnter räumlicher Regionen (nichtlineare Thermodynamik). Diese Entwicklung hat bedingt, daß bei der Erarbeitung phil. Grundlagen der Naturwissenschaft heute die ehemaligen physikalischen Grundbegriffe R., Z. und Materie zugunsten des neuen Grundbegriffs des Ereignisses aufgegeben werden können (so v.a. in der Prozeßphilosophie A. N. Whiteheads; →Prozeßtheologie). Mit diesem Begriff kommt naturphil. das zur Sprache, was für die bibl. Auffassung über R. und Z. kennzeichnend ist.

Eine Entwicklung mit ähnlichem Ausgang ergab sich bei der phil. Erörterung der Frage nach der Rolle von R. und Z. im menschlichen Erleben. In Auseinandersetzung mit der Position des kritischen Idealismus' →Kants (R. und Z. als notwendige Formen der menschlichen Anschauung) und der →Phänomenologie (bes. E. Husserl) hat M. →Heidegger unter Rückgriff auf Elemente der vorsokratischen Philosophie die Begriffe R. und Z. zugunsten des Begriffs des Ereignisses als grundlegend für eine Analyse des menschlichen Daseins aufgegeben.

Auf diesem phil. Hintergrund ergeben sich neue Möglichkeiten, den Zusammenhang zwischen Gott und Welt ohne Vernachlässigung der bibl. Tradition denken zu können. Neueren dogmat. Entwürfen (wie etwa die von M. Welker und E. Jüngel) gelingt es sehr viel besser, zentrale bibl. Anliegen auf dem Hintergrund der neueren Auffassungen über R. und Z. zur Sprache zu bringen als dies etwa noch K. Barth tun konnte, wenn dieser z.B. die Z. von den »Taten der göttlichen Freiheit« her und den R. vom »Gegenstand seiner Liebe« her bestimmte, denn damit blieb er der klass. physikalischen Trennung zwischen R. und Z. verpflichtet und konnte das neuere Problembewußtsein über R. und Z. nicht berücksichtigen.

Lit.: P. Bieri: Zeit und Zeiterfahrung. Exposition eines Problembereichs, 1972; M. Jammer: Das Problem des Raumes. Die Entwicklung der Raumtheorien, [2]1980; K. H. Michel: I. Kant und die Frage der Erkennbarkeit Gottes, 1987 (Kap. 1: Was ist der Raum?); A. N. Whitehead: Prozeß und Realität. Entwurf einer Kosmologie (Übers. H. G. Holl, [2]1984).

Chr. Wassermann

Raumer, Karl von (1783–1865)

R., geb. am 9. 4. 1783 in Wörlitz/Anhalt, gest. am 2. 6. 1865 in Erlangen, führende Persönlichkeit der fränkischen →Erweckungsbewegung. Nach dem Studium in Göttingen, Halle und Freiberg wurde er 1811 Bergrat und Prof. der Mineralogie in Breslau, 1819–1823 in Halle; er nahm als Freiwilliger an den Befreiungskriegen teil, wurde wegen seiner Unterstützung der Turn- und Burschenschaftsbewegung verfolgt und mußte Preußen verlassen. R. ging, auf den Staatsdienst verzichtend, in seinen päd. Auffassungen zeitlebens von →Pestalozzi geprägt, in eine private Erziehungsanstalt als Lehrer nach Nürnberg. 1827 wurde er Prof. für Naturgeschichte in Erlangen. Von dort aus bemühte er sich, zusammen mit seinen Studenten, um entwurzelte Arbeiter, gewann Interesse und Liebe an der Äußeren Mission und der Jugendarbeit der Kirche und gab eine »Sammlung geistlicher Lieder« heraus (1834, [2]1846), in der ev. Grundlieder wiederentdeckt wurden. 1855 veröffentlichte er eine wissenschaftliche Edition der Konfessionen Augustins, mit Anmerkungen, aus der gemeinsamen Lektüre mit Studenten erwachsen.

Lit.: K. v. Raumer: Geschichte der Pädagogik, 3 Bde., 1843–1851; Autobiographie, 1866.
A. von Scheuerl: Karl von Raumer, 1865.

G. Ruhbach

Rauschenbusch, Walter (1861–1918)

R., geb. am 4. 10. 1861, gest. am 25. 7. 1918, deutschstämmiger amerikanischer Baptistenpastor (ab 1886 in der Second German Baptist Church in New York City) und Seminarlehrer (ab 1897 am baptistischen Seminar in Rochester, ab 1902 Lehrstuhl für Kirchengeschichte).

Anlaß der theol. Überlegungen R.s war die katastrophale soziale Situation im 19. Jh., mit der er als Gemeindepastor konfrontiert wurde. Seine auf Veränderung der Gesellschaft drängende Theologie war geprägt von der Wahrnehmung des »strukturellen Bösen«. Die kapitalistischen Wirtschaftsprinzipien (Konkurrenzkampf, Spekulationsgeschäfte, Vermögensbildung) nötigen seiner Meinung nach permanent zu sündhaftem Verhalten. Deshalb setzte sich R. offensiv mit Kreisen der →Erweckungsbewegung auseinander, die Erlösung auf eine individuelle Erfahrung reduzierten und den Menschen weiterhin den Sünde produzierenden Prinzipien überließen. R. vertrat die Ansicht, daß Erlösung auch den Strukturen des sozialen und wirtschaftl. Lebens gilt. Unter dem Einfluß der Leben-Jesu-Forschung, der Theologie A. →Harnacks und →Ritschls, im Gespräch mit den dt. rel. Sozialisten, hauptsächlich nach exeget. und kirchengeschichtl. Studien forderte R. die »Verchristlichung der sozialen Ordnung«. Aus der – unter Beibehaltung eines eschatologischen Restes – evolutionär interpretierten Botschaft Jesu vom →Reich Gottes vernahm R. den Auftrag, auf demokratischem Wege die Prinzipien des Evangeliums konsequent in den sozialen, wirtschaftl. und polit. Strukturen zu verwirklichen. Mit der Aufdeckung der strukturellen Sünde des Industriezeitalters und der sozialen Interpretation der bibl. Botschaft von der Herrschaft Gottes wurde R. maßgeblicher Begründer des →»social gospel« (Soziales Evangelium), das prägenden Einfluß auf die Theologie der Ökumene hatte. R.s soziales Engagement wurzelte in tiefer persönlicher Frömmigkeit. Er veröffentlichte zahlreiche Gebete und war Herausgeber von Liederbüchern, die z.T. bis nach Europa Verbreitung fanden (»Evangeliumssänger«).

Lit.: W. Rauschenbusch: Die religiösen Grundlagen der sozialen Botschaft, 1924;
Chr. Bresina: Von der Erweckungsbewegung zum »social gospel«: Walter Rauschenbuschs Herkunft, Umfeld und Entwicklung bis 1891, Diss. Marburg 1993.

U. Dammann

Ravensberger Schwesternschaft

Die R.S. wurde am 1. 4. 1953 von der Diakonissenanstalt Sarepta (und ihrem damaligen Vorsteher Wilhelm Brandt) in Bethel gegründet. Sie geht zurück auf die den Diakonissen zugeordneten »freien Hilfsschwestern«. Bevor diese von den Nationalsozialisten den »braunen Schwestern« zugewiesen wurden, gründete der →Kaiserswerther Verband eine »Verbandsschwesternschaft«, aus der nach dem Krieg die R.S. hervorgegangen ist. Die R.S. ist »ein Zusammenschluß von evangelischen Frauen aus krankenpflegerischen, sozialpflegerischen und anderen Berufen«. Die Schwestern leben als »Glaubens- und Dienstgemeinschaft« innerhalb des Mutterhauses Sareptas, sie arbeiten in Gemeinden, Kindergärten, Krankenhäusern, Altenheimen u.a. und werden vom Mutterhaus angestellt und nach Tarif besoldet. Der monatliche Beitrag an die Schwesternschaft liegt bei 2,5% des Brutto-Einkommens für die Berufstätigen. Am 31. 12. 1993 gehörten 317 Frauen zur R.S.: 145 im aktiven Dienst, 155 im Ruhestand, 16 »für die Familie beurlaubt«, eine in einer zweijährigen Fortbildung. Die R.S. bildet einen eigenen Konvent und arbeitet im Konvent der Diakonissen mit. Über Schwesternbriefe, Rüstzeiten, Fachtagungen und Stationsbesuche wird der Kontakt untereinander aufrecht erhalten.

Lit.: I. Laube: Pastor D. Wilhelm Brandt, 1994; H.-G. Vogt: Leben setzt sich durch, 1954, 15, 52ff.

G. Ruhbach

Realismus →Universalienstreit

Realpräsenz →Abendmahl

Recht

a) philosophisch

1. Kurze allgemeine Wesensbestimmung des Rechts und seine Begründung

Die R.sphilosophie befaßt sich mit der Wesensbestimmung des Rechtes und seiner Begründung. Allgemein anerkannte Einsichten in das R. sind diese, daß es in der Beziehung von Personen zueinander in der Gemeinschaft liegt und die Lebensordnung der Gemeinschaft ausmacht (v. Nell-Breuning). Die klassische Begründung des R.s geht auf die Wesensordnung im Menschen zurück, mit dem Vorrang des Geistes über der Trieb- und Leibnatur, bzw. auf seine Herrscherstellung gegenüber allen Gütern, die im Gewissen bewußt ist, der inneren Quelle jeder Autorität. Daher verbindet sich mit dem R. auch die Tugend der →Gerechtigkeit, im weiteren Sinne als Tugend in bezug auf die rechte Verteilung der Güter zwischen den Menschen. Diese umfassen sowohl die materiellen, äußere und leibliche, als auch die seelischen und geistigen Güter. – Die Wesensordnung im Menschen ist eingefügt in die Natur- oder (christlich gesprochen) Schöpfungsordnung, mit Gott als transzendentem Ordnungsprinzip. In dieser Hinsicht hat das R. auch eine religiöse und theologische Dimension. Häufig erfolgte eine Rückführung des menschlichen R.s auf das göttliche R.

Traditionell wird das natürliche Sittengesetz auch unter der Bezeichnung des →Natur-R.s erörtert und geklärt. Es wird durch das allgemeine Prinzip bestimmt: das Gute zu tun und das Böse zu meiden, und findet sich auch (entfaltet nach den Beziehungen des Menschen zu Gott, zum Nächsten und zu den Sachgütern) in den Zehn Geboten (→Dekalog). Es bedeutet den Weg zur sittlichen Vollkommenheit des Menschen, gemäß der Wesensordnung in ihm.

Die sog. →Menschen-R.e setzen das Natur-R. voraus, mit dem allgemeinen Zweck des guten, glücklichen Zusammenlebens aller in einer staatlichen Gemeinschaft, woraus den Individuen gewisse Grundpflichten erwachsen wie auch ihnen entsprechende Grundrechte: so die der Unantastbarkeit der Person, der Achtung der personalen Würde (gegen Diskriminierung wegen der Rasse, des Geschlechtes usw.), ferner gewisser unveräußerlicher Freiheiten (der Rede, der Religionsausübung, der Versammlung u.a.).

2. Historischer Überblick

In der Antike wurde bei den Griechen der Begriff

des R.s, der ursprünglich im politischen Bereich auftrat und meist mit religiösen Vorstellungen von einer R.s-Gottheit verbunden war, philosophisch schon bei den →Vorsokratikern reflektiert als Ordnung in der *polis*-Gemeinschaft, die Abbild einer universalen Ordnung der Welt *(kosmos)* ist, so z.B. bei Anaximander (ca. 611-546 v.Chr.) in seiner kosmischen Sicht von der Sühne der Menschen für begangenes Unrecht (Diels/Kranz: Fragmente der Vorsokratiker, Bd.I Fragment1), und bei Heraklit (Blütezeit ca. 500/490 v.Chr.) in seinem Weltgesetz *(logos)*, in dem Zeus mit Dike waltet (a.a.O., Fragmente 1 u. 114).

→Platon (427–347 v. Chr.) bestimmte die Gerechtigkeit im einzelnen Menschen in Analogie zu der im Staat aus der Ordnung der Seelenvermögen (mit der Vorrangstellung der Vernunft): wenn nämlich jeder Teil im Ganzen »das Seinige tut« (in der Seele jedes Vermögen, im Staat jeder Stand und das Inividuum). Die Sophisten (2. Hälfte 5. Jh. v.Chr.) relativierten die traditionelle R.s-Ordnung als bloß positives, konventionelles R. und lehrten als Natur-R. das aus der Triebnatur des Menschen begründete R. des Stärkeren. Platon übte daran Kritik und definierte es aus der Vernunftnatur des Menschen (Gorgias, Leges X), hielt aber mit den Sophisten an der Unterscheidung zwischen konventionellem und natürlichem R. als solchem fest.

→Aristoteles (384–322) hob (Ethica Nicom. V) von der Gerechtigkeit als Gesamttugend die als Einzeltugend ab und unterschied bei der letzteren, welche die Verteilung der Güter betrifft, zwischen der zuteilenden und der ausgleichenden Gerechtigkeit, was zu der dann traditionellen Unterscheidung in Zivil- und Strafrecht führte. Ferner unterschied er zwischen dem positiven R., das von den Menschen (je nach den Verhältnissen) verschieden gesetzt werden kann, also veränderlich ist, und dem unveränderlichen, natürlichen R. Das mit letzterem verbundene Problem seiner Unveränderlichkeit, angesichts der Veränderlichkeit alles Menschlichen, löst er so auf (ebd. V 10): Zwar erfolgt die Verwirklichung der Gerechtigkeit gemäß dem Natur-R. nicht mit Naturnotwendigkeit, sondern mit möglichen Veränderungen. Gleichwohl ist die Vernunftnatur des Menschen, auf der das Natur-R. beruht, unveränderlich (so daß eine Fehlverwirklichung gegen die Menschennatur erfolgt).

Die →Stoa (4.-1. Jh. v.Chr.) arbeitete die Lehre vom Natur-R. auf der Grundlage der Vernunftnatur des Menschen aus.

→Cicero (106-43 v.Chr.) bestimmt das R. (in »De officiis«) im Anschluß an die Stoa vor allem unter dem Aspekt der Pflichten und konnte sich auf viele Beispiele aus der Zeit der römischen Republik berufen.

Im MA blieb die Verbindung des positiven R.s mit der Tugend der Gerechtigkeit bestehen, wie auch mit dem Natur-R., so bei →Thomas von Aquin (Summa theol. II-II, 57,1), der letzteres als »Teilhabe am göttlichen Gesetz« bestimmte (ebd. I-II, 90ff).

In der Neuzeit ging diese Verbindung in den empiristischen R.sphilosophien verloren, vor allem von den englischen Empiristen an, Th. →Hobbes (1588–1679), J. →Locke (1632–1704), D. →Hume (1711–1776), die das positive R., unabhängig von jedem Natur-R., aus seinen eigenen Bedingungen zu bestimmen versuchten. R.sphilosophische Theorien suchten auf die Erfordernisse der Zeiten zu antworten: Im Zeitalter der Entdeckungen und der kolonialen Unterdrückung bildete sich die Theorie des Völker-R.s, im Zeitalter des Absolutismus die Theorie vom souveränen R. des Herrschers, im Zeitalter der Französischen Revolution die Theorie des R.s der Freiheit und Gleichheit aller.

I. →Kant (1724–1804) unterschied weniger zwischen natürlichem und positivem R., sondern vielmehr zwischen dem R. seiner formalen und materialen Seite nach. Formal entstammt der Begriff des R.s der praktischen Vernunft und ist die geforderte Ordnung der Beziehungen der Menschen zueinander, als eine Form der Willensverhältnisse (R. Eisler: Kant-Lexikon, 1972, 453–454). Das R. betrifft die Freiheit im äußeren Verhältnis der Menschen zueinander, ihre Einschränkung in Abstimmung mit der Freiheit jedes anderen. Die äußeren Verhältnisse bestimmen dann das R. material empirisch.

Auch G. F. W. →Hegel (1770–1831) verstand (in: Grundlinien der Philosophie des Rechts, 1821) das R. als äußere Form der zwischenmenschlichen Beziehungen, verschieden von den inneren der Moralität und Sittlichkeit, als Stufen des zu sich selbst kommenden Geistes.

In der 2. Hälfte des 19. Jh.s hat der R.spositivismus sich theoretisch entfaltet (A. Kaufmann, H.Kelsen u.a.). Doch wird man sich heute auch der Problematik bewußt. Zudem wird die Anerkennung der allgemeinen →Menschen-R.e immer dringender, die der Sache nach dem Natur-R. sehr nahe kommen.

Lit.: K. Brinkmann: Lehrbuch der Rechtsphilosophie I, 1960; H. Coing: Grundzüge der Rechtsphilosophie, 1950; H. Kelsen: Reine Rechtslehre, ²1960; W. Maihofer (Hg.): Begriff und Wesen des Rechts (Bibliographie), 1973; O. v. Nell-Breuning: »Recht«, in: W. Brugger, Philosophisches Wörterbuch, ¹⁴1981, 318–321; G. Radbruch: Rechtsphilosophie, ⁸1973; »Recht« in: Historisches Wörterbuch der Philosophie, Bd. 8, 1992, 221–251.

H. Seidl

b) theologisch

1. Die theologische Bedeutung des Rechts in der biblischen Gottesbeziehung

Das Gottesrecht ist im AT ein zentraler Bestandteil der Beziehung zwischen Gott und seinem erwählten Volk. Dieses Gottesrecht steht anderen R.sformen gegenüber – der gemeinschaftlichen R.sfindung »im Tor« und dem Königsr. – und beansprucht diesen gegenüber sachlichen Vorrang, hat aber andererseits nicht unmittelbar eine staatliche Sanktionsmacht hinter sich wie etwa das Königsr. Auf dem Hintergrund dieser Eigenart ist es zu verstehen, daß einerseits die jüd. Gemeinde auch nach dem Verlust eigener Staatlichkeit am mosaischen Gesetz als verbindlichem R. festhalten und eigene R.straditionen pflegen konnte, und daß andererseits auch für die ntl. Gemeinde, die nie eine staatliche Existenz hatte oder anstrebte, R.skategorien konstitutiv sind: wie für das AT, so ist auch für das NT das Verhältnis zwischen Gott und Mensch grundlegend als ein R.sverhältnis qualifiziert (nur von daher sind Schlüsselworte der ntl. Verkündigung wie »→Sünde«, »→Vergebung«, »Umkehr« bzw. »→Buße«, »→Gerechtigkeit Gottes«, »→Rechtfertigung«, »→Gericht«, »→Zorn Gottes« usw. angemessen zu verstehen), und innerhalb der Gemeinde entwickeln sich eigenständige rechtliche Normierungen und Institutionen.

Solche rechtliche Verfaßtheit der Gemeinde steht nicht im Gegensatz zum Evangelium, sondern sie ist die Folge dessen, daß es gerade im Evangelium zentral um Gottes R. an den Menschen und um die Wiedereinsetzung des Menschen in den Heilsbereich des R.es Gottes geht. Gnade und R. stehen nicht gegeneinander, sondern die →Gnade setzt den Menschen, der sein Leben vor Gott verwirkt hat, neu in das R. der Sohnschaft (→Gotteskindschaft) ein und stellt damit Gottes R. wieder her, indem sie den Menschen in die R.sgemeinschaft des Volkes Gottes eingliedert. Es liegt hier also ein R.sbegriff zugrunde, bei dem R. weder an menschlich-staatliche Sanktionsmaßnahmen gebunden ist noch eine anonyme und unpersönliche Größe darstellt: R. in diesem Sinne ist das, was in der Beziehung des Menschen zu Gott verbindlich gilt, gegründet auf Gottes zum Menschen gesprochenes Wort und sein dem Menschen sich zuwendendes Handeln in Schöpfung und Erlösung.

2. Die eigenen Rechtsgrundlagen der christlichen Gemeinde

Das Verhältnis der →Gemeinde zum R. entspringt somit unmittelbar aus dem Grund ihrer eigenen Existenz und nicht erst aus ihrer Beziehung zum staatlichen R. In diesem Sinn hat die Gemeinde spezifische eigene R.sgrundlagen: spezifische Grundlagen nicht nur für die rechtliche Regelung ihrer eigenen Belange (→Kirchenrecht), sondern spezifische Grundlagen auch für eine eigenständige allgemeine R.sauffassung. Diese rechtliche Eigenständigkeit geht im NT bis hin zu der Forderung des Apostels Paulus, Streitigkeiten zwischen Christen nicht vor weltlichen Gerichten auszutragen, sondern vor gemeindlichen Instanzen zu schlichten (1Kor 6,1-8). Diese Forderung ist deutlich getragen von dem Bewußtsein, daß die Gemeinde eine eigene R.sgemeinschaft bildet und eine eigene R.skompetenz besitzt – eine R.skompetenz, mit der die Glieder dieser Gemeinde sogar zu Richtern der Welt im kommenden Gericht Gottes berufen sind (V. 2f); es handelt sich dabei also keineswegs nur um ein spezielles Binnenrecht der Kirche als einer Sondergruppe in der Gesellschaft, sondern um eine R.skompetenz in universalem Horizont.

3. Die Vorgegebenheit des Rechts vor der Existenz der Gemeinde

Das R. ist seinem Charakter nach nicht eine Angelegenheit einzelner Gruppen, sondern betrifft die gerechte Regelung des Zusammenlebens aller Menschen und Gruppen (zumindest aller, die jeweils in kontinuierlichen Beziehungen miteinander zu tun haben oder als »Fremdlinge« von außen in diesen Beziehungskreis eintreten). In diesem Sinn ist das R. in der Menschheit vor der Kirche da, und die Kirche tritt stets in einen schon gestalteten R.srahmen ein und kann sich der Anerkennung dieses vorgegebenen R.srahmens darum trotz – oder gerade wegen! – ihrer eigenen R.skompetenz nicht entziehen. Somit steht die christliche Gemeinde grundsätzlich in der Spannung zwischen ihrer eigenen R.skompetenz und der Anerkennung des ihr von außen vorgegebenen geltenden R.s der menschlichen Gesellschaften und Staaten, in denen sie lebt.

4. Vorgegebene Normierung und menschliche Verwaltung des Rechts

R. wird konkret von menschlichen Instanzen gesetzt und durchgesetzt. Geschieht dies aber willkürlich oder »ungerecht«, so droht der Charakter des R.s als R. Schaden zu nehmen und ein solches R. die Basis seiner Anerkennung zu verlieren. Die ursprüngliche Verwurzelung des R.s in der Religion verweist darauf, daß menschliche R.ssetzung und

R.sverwaltung an übergeordnete und nicht der menschlichen Verfügung unterliegende Normierungen gebunden sind. In der abendländischen Tradition ist der Gedanke solcher Normierung des R.s vor allem in den Begriffen der →Gerechtigkeit und des →Naturrechts auch in der Sphäre säkularen Denkens wirksam geblieben. Ist aber das konkret geltende R. an solche übergeordneten Normen gebunden, so ist es auch einer kritischen Prüfung und Bewertung im Licht dieser Normen ausgesetzt und keineswegs schon deshalb sakrosankt, weil es geltendes R. ist.

Andererseits ist jedes R. darauf angewiesen, daß seiner menschlichen Verwaltung, auch wenn sie mangelhaft ist, der Respekt entgegengebracht wird, der dem R. als solchem gebührt. Denn ohne diese menschliche Verwaltung gibt es kein konkretes R., und alle R.ssicherheit beruht darauf, daß geltende Regeln eingehalten werden, auch wenn es bessere gäbe. Im Namen einer höheren Gerechtigkeit das geltende R. zu mißachten, führt im allg. nicht zu einem besseren R., sondern zu Willkür und Anarchie. Insofern ist die entschiedene Achtung vor dem konkret geltenden R. trotz aller seiner Mangelhaftigkeit und Kritisierbarkeit von grundlegender Bedeutung für das R.sleben einer Gesellschaft.

5. Die Kirche und das staatliche Recht

Im Rahmen der bisher umrissenen Zusammenhänge hat die Kirche ihr Verhältnis zum geltenden staatlichen Recht zu klären und zu regeln.

Das NT erkennt die staatliche R.shoheit als eine von Gott gesetzte Ordnung an, der sich auch die christl. Gemeinde einzufügen hat (Röm 13,1-7; 1Tim 2,1-7; 1Petr 2,11-17). Daß es sich dabei um eine von Gott gesetzte Ordnung handelt, bedeutet sowohl, daß sie auch für die Kirche Verbindlichkeit besitzt, als auch, daß der staatlichen R.shoheit zwar volle Autonomie gegenüber der Kirche, aber keineswegs eine letzte autonome Selbstbegründung zugestanden wird; auch die staatliche R.sgestaltung untersteht dem Willen und dem Gericht Gottes. Und im Konfliktfall gilt – keineswegs nur für Fragen des Glaubens und des Bekenntnisses –, daß Gott mehr zu gehorchen ist als den Menschen (Apg 4,19; 5,29); dabei kann es freilich weder um eine christl. verbrämte Eigenmächtigkeit gegenüber dem geltenden R. gehen noch um christl. Besserwisserei bezüglich der wahren R.sordnung, sondern nur um den schlichten Gehorsam gegen Gottes Gebot, für den der Christ oder die christl. Gemeinde ggf. die vom staatlichen R. vorgesehenen Konsequenzen zu tragen bereit sein muß. Auch im Bereich des R.s steht das Verhalten der Christen und der Kirche gegenüber Staat und Gesellschaft grundsätzlich unter dem Gesichtspunkt des Zeugnisses (1Petr 2,11-17).

Da die Kirche an ihren Herrn, an das Bekenntnis zu ihm und an sein Gebot gebunden ist, kann ein grundsätzlicher Konflikt mit dem Staat nicht von vorneherein ausgeschlossen werden (Offb 13). Nichtsdestoweniger gelten auch in einem solchen Fall diese ntl. Grundlinien des Verhältnisses der Kirche zum staatlichen R. uneingeschränkt, wie auch umgekehrt im Falle eines freundlichen Verhältnisses zum Staat die Kirche keinerlei Grund hat, bei aller Einordnung in das geltende R. ihre rechtliche Eigenständigkeit und ihre Freiheit im Verhältnis zum staatlichen R. zu vergessen oder zu vernachlässigen. Ebensowenig ist die Geltung dieser ntl. Grundlinien abhängig von der jeweiligen Staatsform oder Staatsverfassung oder von den Möglichkeiten zur Mitwirkung an der R.sgestaltung. Es gibt weder eine christliche Pflicht zur Sabotierung eines Unrechtsstaates noch eine Pflicht zur kritiklosen Konformität mit dem geltenden R. in einem R.sstaat noch ein allg. Schweigen der Kirche in einem Staat, in dem Reden gefährlich ist. Es gibt für den Christen und die Kirche nur das R. und die Pflicht, R. und Gerechtigkeit zu üben (und sich *in diesem Sinn* in den Rahmen des geltenden R.s hineinzustellen) und da, wo es gefordert ist, für R. und Gerechtigkeit einzutreten – wenn nötig, auf eigene Gefahr und ggf. auch unter Verletzung geltender Vorschriften, aber nie unter grundsätzlicher Mißachtung des geltenden R.s.

6. Christliche Mitwirkung an der Gestaltung und Verwaltung des Rechts

Ist die Kirche und der einzelne Christ u. U. gefordert, eine gerechtere Gestaltung des R.s anzumahnen, auch wo dies nicht willkommen und eine ordnungsgemäße christl. Mitwirkung an der Gestaltung des R.s nicht vorgesehen und nicht möglich ist, so entsteht erst recht da eine Aufgabe für die Kirche und den Christen, wo sie durch die Staatsverfassung oder durch andere Umstände die Möglichkeit zur Mitwirkung haben oder gar ausdrücklich zur Mitwirkung eingeladen und aufgefordert sind. Freilich ist auch in diesem Fall immer wieder die Frage zu entscheiden, unter welchen Umständen und Bedingungen hier eine Mitwirkung möglich und geboten ist und unter welchen Bedingungen sie um des Auftrags der Kirche und um ihrer ethischen Bindung willen verweigert werden muß. Bei einer Mitwirkung sind folgende Aspekte zu bedenken:

Da es beim R. nicht nur um die Frage einer gerechten Verteilung von Spielräumen geht, sondern notwendig zugleich immer auch um Fragen, die die rechte Normierung und Ausrichtung menschlichen Lebens betreffen, sind christl. Einsichten in die Wahrheit in der Diskussion um die Gestaltung des R.s keineswegs zurückzuhalten und beiseitezustellen, sondern müssen ins Spiel gebracht werden in der Hoffnung, daß ihre Wahrheit sich auch anderen erschließt.

Andererseits kann eine christl. Mitwirkung an der Gestaltung des staatlichen R.s nicht unter der Zielsetzung stehen, den kirchlichen oder christl. Einfluß in Staat und R. im Sinn christl. Eigeninteressen oder christl. Dominanz verstärkt geltend zu machen oder christl. Vorstellungen staatliche Geltung zu verschaffen, sondern es kann darin nur um eine gerechte Gestaltung des R.s gehen, die allen im Staat zusammenlebenden Menschen eine angemessene Entfaltung ihres Lebens ermöglicht.

Gerade bei solcher Mitwirkung spitzt sich also die grundsätzliche Spannung im Verhältnis der christl. Kirche zum Recht und die damit gegebene Aufgabe zu: die Grundlagen einer eigenen christl. R.skompetenz festzuhalten und zur Wirkung kommen zu lassen und dennoch sich bewußt einer R.sordnung einzufügen und unterzuordnen, die nicht christl. konstituiert ist.

7. Theologische Begründung des Rechts

Der dt. Protestantismus hatte im 18. und 19. Jh. den Bereich des R.s der Autonomie weltlicher Instanzen überlassen und eine Verantwortung der Kirche nur in der davon unterschiedenen Sphäre von Ethik und Moral gesehen; diese Entwicklung konnte R. →Sohm am Ende des 19. Jh. in die These zusammenfassen: »Das Kirchenrecht steht im Widerspruch zum Wesen der Kirche«. Gegenüber dieser Tendenz, das R. als etwas der Kirche Fremdes anzusehen, brachten die Erfahrungen des Kirchenkampfes im Dritten Reich eine Wende: Die Kirche wurde gewahr, daß sie sich angesichts staatlicher Verkehrung des R.s nicht einfach im Schlepptau staatlicher Gesetzgebung und R.spraxis bewegen konnte, sondern eigene R.sgrundlagen brauchte, vor allem hinsichtlich des Kirchenrechts, aber auch darüber hinaus. So setzte in den folgenden Jahrzehnten eine intensive Besinnung auf eine theologische Begründung und ein theologisches Verständnis des R.s ein (»Rechtstheologie«), die sich in unterschiedlichen Entwürfen artikulierte (J. Heckel, J. Ellul, Erik Wolf, H. Dombois; für eine Übersicht sei auf die Artikel »Kirchenrecht« und »Recht« im EStL³ verwiesen). Primär ging es dabei um eine dem →Evangelium entsprechende eigenständige Grundlegung des Kirchenrechts als R., aber eben darum zugleich um ein grundsätzliches theol. Verständnis des R.s.

Lit.: H. Dombois: Das Recht der Gnade, 1961; R. Dreier: »Recht, Rechtstheorien«, EKL³ Bd.3, 1445–1455; ders.: Entwicklungen und Probleme der Rechtstheologie, ZevKR 25, 1980, 20-39; J. Ellul: Die theologische Begründung des Rechts, dt. 1948; H. Hafner: »Recht«, GBL 3, 1270–1272; J. Heckel: Lex charitatis, 1953; ders.: Im Irrgarten der Zwei-Reiche-Lehre, 1957; A. Herzog: Recht muß doch Recht bleiben. Theologische Anmerkungen zu Grundfragen des Rechts, 1993; G. Küchenhoff: Naturrecht und Liebesrecht, 1972; U. Nembach, K. von Bonin (Hg.): Begründungen des Rechts, 2 Bde, 1978/1979; W. Pannenberg: Christliche Rechtsbegründung, in: Handbuch der christl. Ethik, Bd. 2, 1978, 323-338; H.-R. Reuter: Rechtsbegriffe der neueren evangelischen Theologie, in: K. Schlaich (Hg.): Studien zu Kirchenrecht und Theologie, Bd. I, 1987; G. Robbers: Grundsatzfragen der heutigen Rechtstheologie. Ein Bericht, ZevKR 37, 1992, 230–240; G. Sauter: »Recht«, EStL³ II, 1987, 2693–2706; K. Schlaich, S. Grundmann: «Kirchenrecht I«, EStL³ I, 1987, 1654–1682; W. Steinmüller: Evangelische Rechtstheologie. Zwei-Reiche-Lehre – Christokratie – Gnadenrecht, 1968; Erik Wolf: Rechtsgedanke und biblische Weisung, 1948; ders.: Recht des Nächsten, 1957; Ernst Wolf: Gottesrecht und Menschrecht, 1954; ders., W. Schilling, H. Dombois: »Recht«, RGG³ V, 815–825.

H. Hafner

Rechtfertigung

a) biblisch

1. Zur Bedeutung des Begriffs

Das Substantiv »Rechtfertigung« findet sich im NT nur in Röm 4,25 und 5,18, das Verbum »rechtfertigen« 25mal bei Paulus und nur 14mal im übrigen NT; von 92 Belegen für »Gerechtigkeit« liefern die Briefe des →Paulus 50. Die hohe Einschätzung der R.slehre in den reformat. Bekenntnissen läuft somit auf die These hinaus, daß Paulus in der für ihn charakteristischen Begrifflichkeit der Botschaft des NT oder der Bibel im ganzen eine besonders treffende Form gegeben hat.

2. Alttestamentliche Grundlagen

Die ntl. R.slehre ist durch bestimmte Redeweisen des AT vorgeprägt und greift bewußt auf atl. Vorbilder (bes. aus der Abraham-Überlieferung) zurück. Grundlage ist das hebr. Adjektiv *zaddiq*, das eigentlich nicht »gerecht« im üblichen Sinne bedeutet, sondern besser mit »richtig« übersetzbar ist: Es bezeichnet nicht ein bestimmtes Verhalten, sondern spricht nur eine positive Wertung aus. Die

Maßstäbe, nach denen ein Mensch oder ein Verhalten »in Ordnung« ist, müssen jeweils aus dem Kontext erschlossen werden. Eine Aufzählung von Verhaltensweisen, die ein Israelit vermeiden muß, um »richtig« zu sein, findet sich in Hes 18,5-9. Als vergleichbare Texte sind Ps 15 und 24,3-5 anerkannt, obwohl die Vokabel zaddiq dort nicht vorkommt. Hes 18,9 stellt generell fest: »Wer nach meinen Gesetzen lebt und meine Gebote hält, daß er danach tut: das ist ein Gerechter, der soll das Leben behalten, spricht Gott der Herr.« Wichtig ist hier, daß das Urteil »gerecht« eine Verheißung begründet, daß Gott den »Gerechten« zu bewahren verspricht. Diese Verknüpfung von »Gerechtigkeit« und »Leben« gehört zu den Grundwahrheiten bibl. Theologie, wobei beide Begriffe auch durch Synonyme ersetzbar sind (vgl. 1Mo 6,9; 7,1 über Noah; Spr 11,19; Hab 2,4, zitiert in Röm 1,17; Gal 3,11; Hebr 10,38). In herausragenden Fällen spricht das AT davon, daß ein von Gott als »richtig« gewürdigter Mensch nicht nur persönlich, sondern mit seiner Familie und in seinen Nachkommen gesegnet wird (vgl. 1Mo 6,9 und Sir 44,17f über Noah, 1Kön 3,6 über David, Ps 106,30f über Pinhas und – für das NT bes. wichtig – 1Mo 15,6 über Abraham). Für diese bleibende Zuwendung Gottes zu den Nachkommen eines Gerechten ist der Begriff des →Bundes belegt (vgl. 1Mo 6,18ff; 9,9ff; 15,18; 4Mo 25,12f; Jes 55,2). Am stärksten hat die Abraham-Tradition von 1Mo 15 nachgewirkt; denn einerseits hat das →Judentum in diesem ersten der Patriarchen das maßgebliche Leitbild seiner Frömmigkeit erkannt; andererseits bot sich das Wort über den Glauben Abrahams in 1Mo 15,6 der Urkirche als bibl. Kernstelle über den Glauben an.

3. Biographische Zusammenhänge

Wenn sich eine durchdachte Lehre von der R. im NT nur bei Paulus findet, so ist nach den Faktoren zu fragen, die gerade ihn in dieser Weise die bereitliegenden atl. Vorgaben aufgreifen ließen. Es zeigt sich dann, daß diese Lehre bei Paulus mit der persönlichen Lebensgeschichte eng verwoben ist, ja deren entscheidenden Wendepunkt widerspiegelt. Das wird v.a. in Phil 3,2-11 deutlich, wo Paulus in der Auseinandersetzung mit judaistischen Gegnern den Ertrag seiner Bekehrung ins Feld führt. Während die Judaisten die →Heidenchristen zu christl. Juden machen wollten, bekennt Paulus, daß ihm alle Vorzüge seiner jüd. Herkunft und Erziehung und alle seine Bemühungen, durch ein Leben nach der Tora Gott zu gefallen, unwichtig geworden sind im Vergleich mit der Christuserkenntnis und Christusgemeinschaft, die der Glaube schenkt. Seine eigene frühere Verschlossenheit für das →Evangelium, die ihn bis zur Verfolgung der Gemeinde trieb, lehrt ihn im Rückblick, daß die in Gott selbst, d.h. in seiner freien Gnade, begründete »Gerechtigkeit«, die dem Glaubenden zugesprochen wird, unvereinbar ist mit dem Anspruch, aus eigener Kraft durch Gesetzeserfüllung vor Gott und den Menschen zu bestehen.

4. Die christologische Grundlage

Überall, wo Paulus die R.slehre begründet oder verteidigt, kommt er auf die Heilsbedeutung des Todes Jesu zu sprechen (vgl. Röm 3,21-30; 4,25; 5,6-11; 8,31-34; Gal 2,15-21; 3,1-14; 6,12-15; Phil 3,10.18). Jesus Christus mußte für uns sterben, weil kein Mensch durch ein gesetzestreues Leben gerecht werden kann (so Röm 3,20; Gal 2,15; 3,11); wäre es anders, so hätte der Tod Jesu keinen Sinn gehabt (vgl. Gal 2,21).

Die Logik dieses Zusammenhangs zwischen der R.slehre und der Lehre vom stellvertretenden Tod Jesu erschließt sich vom Problem der →Sünde her. Wie kann Gott zum Sünder Ja sagen, ohne dabei die Sünde auf sich beruhen zu lassen, ihr das Feld zu überlassen? Nach dem, wie Gott sich in Israel offenbart hat – als Quelle alles Guten und als Feind alles Bösen -, ist es notwendig, seine vergebende Liebe mit seinem Kampf gegen alles Böse zusammenzudenken. Dieser Kampf aber sieht so aus, daß Gott das Böse durch sich selbst zugrundegehen läßt, daß alles böse Tun auf den Täter zurückfällt. Die Bibel versteht die Sünde als eine Macht, die das Menschenleben zuerst prägt und dann zerstört (vgl. Röm 5,12-21; 6,15-23). Die Botschaft von der vergebenden Liebe Gottes zum Sünder muß darum untermauert werden durch eine Antwort auf die Frage, wie denn der Fluch der Sünde gebrochen werden konnte. Die Deutung des Todes Jesu als eines Sühnopfers (vgl. Röm 3,25f; 5,6-11; 8,3; 1Kor 15,3; 2Kor 5,21; Gal 3,13) gibt diese Antwort. Sie besagt, daß der eine, der sein Leben nicht verwirkt hatte, mit der Hingabe seines Lebens den Fluch der Sünde getragen hat, so daß er nicht mehr auf uns zurückfallen muß. Weil Gott dieses Opfer gewollt und angenommen hat (vgl. Röm 8,3.32; 2Kor 5,18-21), darum schließt sein Ja zu uns Sündern das Nein zur Sünde mit ein; und wer sich dieses Ja Gottes gesagt sein läßt, muß auch in Gottes Nein zur Sünde mit einstimmen (vgl. Röm 6).

5. Die schriftgelehrte Verteidigung der Rechtfertigungslehre

Der entscheidende Ansatz zur bibl. Untermauerung der R.slehre ist (in Gal 3 wie in Röm 4) die Überlieferung von der R. Abrahams aufgrund seines Glaubens (1Mo 15,6). Dem hebr. Text zufolge geht es an dieser Stelle um die Grundhaltung der Zuversicht, mit der sich Abraham auf den Ruf und die Verheißungen Gottes einließ und an ihnen festhielt. Die z.Zt. des Paulus geläufige griech. Übersetzung von 1Mo 15,6, die er auch in Röm 4,3 und Gal 3,6 zitiert, verschiebt den Akzent ein wenig auf die gläubige Annahme einer Botschaft im Sinne einer Reaktion auf die unmittelbar vorher gesprochenen Zusagen Gottes. Das erleichtert dem Apostel die Deutung Abrahams als Vorbild des Gläubigen, der der Frohen Botschaft Vertrauen schenkt. Für das frühe Judentum galt es als ausgemacht, daß Abraham vor allem deshalb Gottes Wohlgefallen gefunden hatte, weil er, von Gott auf die Probe gestellt, bereit gewesen war, seinen eigenen Sohn Isaak als Brandopfer darzubringen (vgl. 1Mo 22,1-19). Diese Bewährung wurde als höchster Beweis dessen gesehen, was in 1Mo 15,6 mit Abrahams »Glauben« gemeint war (vgl. 1Makk 2,52; Sir 44,20; Jak 2,21-23; Hebr 11,17-19). Gegen diese Auslegungstradition unterstreicht Paulus, daß im Kontext von 1Mo 15,6 als Korrelat des Glaubens nur Verheißungen stehen. Die Pflicht zur Beschneidung wird Abraham erst in 1Mo 17 auferlegt (vgl. Röm 4,9f), und die Bereitschaft zum Opfer des Sohnes wird erst in 1 Mo22 geprüft. Vor allem aber kannte Abraham noch nicht die Tora, die erst Jahrhunderte später (so Gal 3,17) am Sinai offenbart wurde (vgl. Röm 4,13ff). Wenn Gott den Abraham aufgrund seines Glaubens als »richtig« anerkennen konnte, so war damit für alle Zeiten der Glaube als die wichtigste Forderung Gottes erwiesen (vgl. Röm 4,11f.23-25).

Andere Schriftworte können diese Interpretation der Abraham-Überlieferung stützen und weiter ausbauen: In Gal 3,6ff ist es das Prophetenwort aus Hab 2,4, das die Lebensverheißung für den »Gerechten« an die Bedingung des Glaubens knüpft (»Der Gerechte wird kraft seines Glaubens das Leben haben.«). Auch die Verheißung, daß Abraham der Völkerwelt Segen vermitteln werde (vgl. 1Mo 12,3; 18,18), ist für Paulus ein Hinweis in der Richtung seines Anliegens, daß Nichtjuden nicht Juden werden und das Gesetz übernehmen müssen, um ihren Platz in der Heilsgeschichte zu finden (vgl. Gal 3,6-9.14.26-29).

Lit.: K. Berger: Abraham in den paulinischen Hauptbriefen, MThZ 17/1966, 47-89; K. Haacker: Die Berufung des Verfolgers und die Rechtfertigung des Gottlosen. Erwägungen zum Zusammenhang zwischen Biographie und Theologie des Apostels Paulus, ThBeitr 6/1975, 1-19; ders.: »Glaube II.«, TRE 13, 1984, 277–304; K. Kertelge: Rechtfertigung bei Paulus. Studien zur Struktur und zum Bedeutungsgehalt des paulinischen Rechtfertigungsbegriffs, [2]1966; P. Stuhlmacher: Versöhnung, Gesetz und Gerechtigkeit. Aufsätze zur biblischen Theologie, 1981; U. Wilckens: Rechtfertigung als Freiheit. Paulusstudien, 1974.

K. Haacker

b) theologiegeschichtlich

1. Alte Kirche und Mittelalter

R. begegnet in der Dogmengeschichte zunächst über Jahrhunderte hin unter dem Grundwort »Gerechtigkeit«. Der bibl. Begriff »Gerechtigkeit« hat in der Zeit der Alten Kirche keine besondere Beachtung gefunden. Für die östl. Orthodoxie gilt das bis in die Gegenwart hinein. Die von →Aristoteles entfaltete »Gerechtigkeit« zählt zu den vier Kardinaltugenden (→Tugend) des Menschen, aber damit als Haltung und Lebensform des Menschen, die auf Gott übertragen wird und für Gott im höchsten Maße gilt, wenn sie vom Menschen ausgesagt werden kann. Dies entspricht jedoch nicht, wie gezeigt, dem bibl. Verständnis von Gerechtigkeit, die im AT wie im NT als Verhältnisbestimmung zwischen Gott und Mensch aufgefaßt wird. Vielleicht liegt in dieser Bedeutungsverschiebung der Grund, warum in der Alten Kirche über Jahrhunderte hin weder von Gerechtigkeit noch von R. im betonten Sinn die Rede war. Hinzu kam wahrscheinlich, daß →Paulus, der im Urchristentum ausdrücklich von Gerechtigkeit aus Glauben sprach, schon in der zweiten christl. Generation als schwer verständlich, leicht mißbrauchbar und daher besser zu vermeiden galt.

In der Westkirche, die von →Tertullian an dem röm. Ordnungsdenken besondere Sympathie entgegenbrachte, wurde gleichwohl erst durch →Ambrosius, den Ambrosiaster und dann vor allem →Augustin Paulus wiederentdeckt, allerdings eher unter dem Begriff »→Gnade« als unter »Rechtfertigung«. Augustins Gnadentheologie hat im ganzen MA, bes. in der →Scholastik eine Theologie und Leben bestimmende Bedeutung gehabt. Die in Christus erschienene und wirkende Gnade ist einziger Heilsweg und die Kraft jeder Heiligung, bis in die endzeitliche Vollendung hinein, die durch keinerlei menschliche Anstrengung zu festigen und abzusichern ist. Bei Augustin ist erstmals von der R. aus Glauben die Rede. Wenn er von »Werken und Verdiensten« des Menschen spricht, treten sie nachträglich, also nach der unverdienten Begnadigung des Menschen durch Gott ins Blickfeld. Im Streit mit →Pelagius hat sich Augustin zwar durchgesetzt, und seine Gnadentheologie fand in verschiedenen Synoden kirchl. Anerkennung, aber der →Semipelagianismus blieb gleichwohl in Geltung, und durch die Germanisierung des Christentums hat sich eine die Verdienste des Menschen berücksichtigende Vergeltungstheologie Boden verschafft und ausgebreitet. Auch wenn von den →Scholastikern – nach wie vor augustinisch – die Gnade als Eingießung göttlicher Kraft und damit als allmählich zunehmender Prozeß der Gerechtmachung des Menschen verstanden wurde, so wurde die Gnade als übernatürliche Gabe, an der der Mensch Anteil bekam, und damit auch als zunehmende eigene Qualität, als eine Art neuer Besitzstand des Menschen aufgefaßt. Die Gnade behielt zwar Anregungscharakter, aber sie mußte gewollt und akzeptiert werden, wobei die R. durchaus wieder zur Leistung des Menschen wurde und die von Paulus gemeinte personale Zuwendung Gottes in Christus verdunkelte.

Die Unterschiede zwischen Petrus →Lombardus und →Thomas von Aquin, →Bonaventura und Wilhelm von →Ockham sind zwar in der Akzentuierung beträchtlich, aber im Grundton oder zumindest in der Akzeptanz durch die zeitgenössische Kirche nicht. Auch wenn O. H. Pesch in seinen großen Untersuchungen über die Theologie der R. bei M. Luther und Thomas von Aquin einleuchtend gezeigt hat, daß die Unterschiede keinen »Gegensatz in der Sache« bedeuten und also kein »Anathema« nötig gemacht hätten, sind dies Feststellungen aus späterer, ökumenisch veränderter Situation.

2. Martin Luther

Die Reformation Martin →Luthers und seiner noch so verschiedenen Freunde und Schüler hat in der R. die heilsentscheidende Mitte von Theologie und Kirche, unter gemeinsamer Berufung auf die Heilige Schrift und besonders auf Paulus gesehen. Die R. ist der »Artikel, mit dem die Kirche steht und fällt«; sie ist Konsequenz des Christusgeschehens und daher nicht zu lehren als ein Lehrstück neben anderen, sondern zu predigen und zuzusprechen, immer wieder neu. Die neue Auslegung der »Gerechtigkeit Gottes« (Röm 1,17; Ps 31,2; 71,2 u.a.), als Gerechtigkeit Christi, die ein für allemal und allgenugsam vor Gott gilt und als Gerechtsprechung nicht nur »eine Reparaturmaßnahme« sondern völlige Gerechtmachung und Erneuerung des zerstörten Verhältnisses zwischen Gott und dem Sünder bedeutet. Damit hat für den Glaubenden die »neue Schöpfung« real angefangen, und so sehr die Sünde noch spürbar ist, sie hat durch Christi Tod und Auferstehung ihre heilsaufhaltende, endzeitliche Macht verloren. »Strick ist entzwei, und wir sind frei« (M. Luther, Choral »Wär Gott nicht mit uns diese Zeit«, Strophe 3). »Er sprach zu mir: ›Halt dich an mich, es soll dir jetzt gelingen; ich geb mich selber ganz für dich, da will ich für dich ringen; denn ich bin dein und du bist mein, und wo ich bleib, da sollst du sein, uns soll der Feind nicht scheiden‹« (M. Luther, »Nun freut euch, liebe Christen gmein«, Strophe 7). Diese Erneuerung des Lebens ist lediglich anzunehmen und voller Freude zu besingen; am »Mir geschehe, wie du sagst« Mariens hat Luther die Grundhaltung des glaubenden Menschen entfaltet, der aus dem Wort, dem Glauben und seiner von selbst wachsenden Frucht lebt, aber im Ansatz kein Werk, keine Leistung des Menschen braucht, sei es als Ablaß oder als irgendeine noch so subtile Frömmigkeitsübung. Frei und gerechtfertigt bleibt der Mensch aber immer und ausschließlich nur innerhalb der neuen, durch das Wort begründeten und lebendig erhaltenen Beziehung zwischen Christus und dem Glaubenden. Diese reicht völlig und auf ewig zum Heil aus. Im →Augsburger Bekenntnis heißt es, ganz im Sinne Luthers: »Weiter wird gelehrt, daß wir Vergebung der Sünde und Gerechtigkeit vor Gott nicht durch unser Verdienst, Werk und Genugtuung erlangen könnten, sondern daß wir Vergebung der Sünde bekommen und vor Gott gerecht werden aus Gnade um Christi willen durch den Glauben« (CA IV). Im Zusammenhang der Einsetzung des Predigtamtes (CA V) und des neuen Gehorsams als der Frucht des Glaubens (CA VI) wird die R. als wichtigstes Stück reformatorischer Theologie benannt.

3. Die geschichtliche Verarbeitung der Botschaft Luthers

Luther hat diese grundlegende Einsicht gepredigt und in vielen Konfrontationen gelebt, allerdings nicht systematisiert. Dies haben erst seine Schüler getan und sind z. T. – ähnlich wie die Scholastiker des 12. und 13. Jh.s – in heftige Auslegungs- und Abgrenzungsstreitigkeiten geraten, z.B. Ph. →Melanchthon und A. →Osiander. Nicht zufällig ist das R.skapitel in Melanchthons Augsburger Apologie (Ap IV) so ausführlich ausgefallen und zu einer ausgeführten Rechtfertigungsdogmatik geworden, nicht zufällig haben diese Auseinandersetzungen nach Luthers Tod zu den synergistischen Streitigkeiten (→Synergismus) geführt, bis schließlich 1577 in der Konkordienformel die luth. Position abschließend formuliert werden konnte. Calvin hat diese nahezu völlig geteilt.

Das Tridentinische Konzil (1546–1563) hat in Abgrenzung zur Reformation die röm.-kath. Lehre von der R. fixiert und die mittelalterliche Position weithin übernommen, allerdings präzisiert im Sinne einer semipelagianischen Mitwirkung des Menschen zwar nicht am Heil, aber doch am Heilsstand, nämlich durch gute Werke. Die reformatorische →Heilsgewißheit wurde als Gleichgültigkeit gegenüber der →Heiligung zurückgewiesen und verdammt. Zu Ende des 16. Jh.s wurde diese Position in der Auseinandersetzung der Spanier Bánez und Molina, im 17. Jh. durch den →Jansenistischen Streit in Frage gestellt, aber nach der Verurteilung des Jansenisten Quesnel 1713 im Sinne des tridentinischen Dogmas entschieden.

In den reformatorischen Kirchen verfestigte sich die Predigt Luthers von der R. immer mehr zur reinen Lehre von der R., die von der Heiligung des Lebens – aus Furcht vor Werkgerechtigkeit – zunehmend mehr abgelöst wurde und dadurch zu einer abstrakten Dogmatik erstarrte. Die Aufklärungstheologie konnte mit der R. kaum etwas anfangen und hat – am reformatorischen Ansatz vorbei – die sittliche Bewährung des Menschen im Alltag betont. Der Frühpietismus griff das Defizit an Leben, wie es sich in der Interpretation der R. Luthers zu seiner Zeit entwickelt hatte, auf und stellte dem gegenüber die Erfahrbarkeit der Heilstat Christi und der Sündenvergebung in den Vordergrund. Damit wurde das »heilige Leben« als Bewährung der R. im Alltag gleichgewichtig, wie der Zuspruch des Heiles in Christus, die Heiligung trat neben die R. und machte diese gelegentlich – wie bei →Schleiermacher – sogar sekundär. Für Rationalismus und Neupietismus im 19. Jh. galt ähnliches. A. →Ritschl versuchte zwar in seinem dreibändigen Werk »Rechtfertigung und Versöhnung« – zum Ausgang des 19. Jh.s – gegen die genannten verkürzenden Einstellungen den forensischen, im Heilswerk Christi begründeten Charakter der R. wieder herauszuarbeiten, aber da er die reformatorische Dialektik von →Gesetz und Evangelium – bes. die Bedeutung des Gesetzes – nicht durchschaute, endete er in einer allg. Vertrauenstheologie.

Die auf K. →Holl zurückgehende Lutherrenaissance im 20. Jh. hat Luther wieder mit Paulus verbunden und damit zu einem neuen Verständnis der Reformation, speziell der R. geführt, das in der Christologie und Soteriologie seinen Schwerpunkt hat. Die mancherlei Akzentunterschiede, die sich dabei ergaben, mindern die erzielte Übereinstimmung nicht, führen aber zu einer reichen, z. T. sehr kompliziert werdenden Literatur.

4. Rechtfertigungslehre heute

In der Nachkriegszeit kam es im Dialog der Lutheraner auf Weltebene 1963 in Helsinki zu beträchtlichen (und nach wie vor ungelösten) Meinungsverschiedenheiten über die Auslegung und Geltung der R. heute. Vor allem wurde darum gerungen, ob die reformatorische Lehre von der R. nicht durch die Klärung der Sinnfrage im 20. Jh. ergänzt bzw. ersetzt werden solle. Am 16. 3. 1973 wurde in Leuenberg die »Konkordie reformatorischer Kirchen in Europa« verabschiedet, die mittlerweile von nahezu allen europäischen Kirchen in Ost und West rezipiert wurde. In ihr wird die volle Kirchengemeinschaft erklärt und festgestellt aufgrund des »gemeinsamen Verständnisses des Evangeliums«. Die »Rechtfertigungsbotschaft als Botschaft von der freien Gnade Gottes« als »Mitte der Schrift, Maßstab aller Verkündigung der Kirche und Befreiung zu verantwortlichem Dienst in der Welt« wird dabei an erster Stelle genannt. Von luth. Seite gab es allerdings z. T. massiven Protest gegen diese unklare Einigung, der bis heute noch besteht. Im Zweiten Vatikanischen Konzil (→Vatikanum) hat sich die röm.-kath. Kirche wieder ausdrücklich an der Heiligen Schrift orientiert und ihre Lehre vor allem bibl.-heilsgeschichtlich begründet. Der seit langem bestehende ökumenische Arbeitskreis dt. ev. und kath. Theologen beschäftigte sich darauf von 1981 bis 1985 mit der »Rechtfertigung, den Sakramenten und dem Amt« und wies in differenzierten Stellungnahmen nach, daß die Verwerfungen des 16. Jh.s die ev. und kath. »Partner« nicht mehr betreffen, so daß auch zwischen kath. und prot. Christenheit im Verständnis der R. wieder Übereinstimmung erklärt werden könne. Schon 1986 haben sich der Rat der EKD und die Deutsche Bischofskonferenz mit diesen Ergebnissen befaßt. Eine von der Bischofskonferenz eingesetzte Arbeitsgruppe hat 1994 den Konsens ebenso begrüßt wie die ev. Landeskirchen durch ihre Synoden. Die Göttinger Theologische Fakultät hat allerdings (auf Initiative ihres Dogmatikers Jörg Baur) gegen die »Aufhebung der Verwerfungen« protestiert und damit einen weiteren Auseinandersetzungsprozeß in Gang gesetzt. Was sich aus solchen Verständigungen für eine wachsende Kirchengemeinschaft ergeben wird, bleibt abzuwarten. Immerhin wurde schon 1980 – im Jubiläumsjahr der Confessio Augustana – zu dieser reformatorischen Bekenntnisschrift weithin interkonfessioneller Konsens festgestellt und erwogen, ob die CA nicht als gemeinsam geltendes Bekenntnis anerkannt werden könne. Aber noch ist es dazu nicht gekommen.

Lit.: U. Asendorf, F. W. Künneth (Hg.): Leuenberg – Konkordie oder Diskordie, 1974; J. Baur: Einig in Sachen Rechtfertigung?, 1989; H.J. Iwand: Glaubensgerechtigkeit nach Luthers Lehre, ²1951; ders.: Glaubensgerechtigkeit, ²1991; U. Kühn, O. H. Pesch: Rechtfertigung im Gespräch zwischen Thomas und Luther, 1967; K. Lehmann, W. Pannenberg: Lehrverurteilungen – kirchentrennend? Bd. I, 1986, II, 1989; O. H. Pesch: Theologie der Rechtfertigung bei Martin Luther und Thomas von Aquin, 1967; ders., A. Peters: Einführung in die Lehre von Gnade und Rechtfertigung, 1981; ders.: Gerechtfertigt aus Glauben. Luthers Frage an die Kirche, 1982; ders: Frei sein aus Gnade, 1983; H. Rückert: Die Rechtfertigungslehre auf dem Tridentinischen Konzil, 1925; H. Schütte (Hg.): Einig in der Lehre von der Rechtfertigung, 1990; V. Vajta: Gelebte Rechtfertigung, 1963.

G. Ruhbach

c) systematisch-theologisch

Der Begriff R. ist mißverständlich, weil er in der heutigen Alltagssprache etwas anderes bedeutet als bei →Paulus und in der →Reformation, nämlich die Beteuerung der Unschuld; in der paulin.-reformat. Theologie ist mit ihm das Gegenteil gemeint, der Freispruch eines Schuldigen im Gericht, die Gerechtsprechung des Ungerechten um Christi willen, der stellvertretend das Gericht für ihn auf sich nimmt am Kreuz. Nicht der Gerechte bekommt hier recht wie in den weltlichen Gerichten, sondern der Ungerechte, wenn er glaubt, daß der Richter für ihn in die Anklagebank tritt, der Richter sich selber richten läßt und stellvertretend für uns das Gericht auf sich nimmt, das wir verdient haben. Entscheidend ist, daß wir uns – das heißt ja Glaube – alleine an den Gekreuzigten anklammern und so der Stützpunkt aus unserem Leben hinausverlegt ist in Gott hinein, denn auf uns können wir uns erfahrungsgemäß nicht stützen. Wir müßten verzweifeln, hinge das Heil von unseren Werken ab – so sehr der echte Glaube gute Werke wirkt, aber nicht, um sich den Himmel zu verdienen, sondern aus Dankbarkeit, daß Christus uns am Kreuz den Himmel verdient hat. Die Werke sind Folge, nicht Voraussetzung der R. Die R. hat daher nach den reformat. Bekenntnissen einen dreifachen Grund: sie geschieht allein aus Gnade, allein aus Glauben, allein um Christi willen (CA Art. 4). Für viele ist diese bibl.-reformat. R.sbotschaft ein verstaubtes Relikt aus dem Museum der Dogmengeschichte. Doch es gibt im Grunde keine Botschaft, die heute so aktuell wäre wie diese, und zwar aus folgenden Gründen:

1. Der heutige Mensch erkennt mehr denn je, zumal nach Auschwitz und Hiroshima und angesichts der Eskalation des Bösen in unserem Jahrhundert: Der Mensch kann sich nicht aus eigener Kraft aus dem Schraubstock des Bösen befreien, nur ein Eingriff von außen bringt Rettung; das Böse ist ein Gefängnis, das den Menschen einkerkert (A. Camus) und das – wie jedes Gefängnis – nur von außen, nicht von innen geöffnet werden kann. Die moderne Psychologie (S. Freud) hat zudem den Nachweis erbracht, daß das Böse, wie etwa die Aggressivität, vom Menschen nicht besiegt, sondern nur verdrängt werden kann. Ebenso erweist die moderne Dichtung zur Genüge, daß der heutige Mensch sich nicht selbst vom Zwang des Bösen und aus dem Gefängnis der Angst befreien kann (G. Benn, F. Kafka, J. Green u. a.). Der Zusammenbruch des kommunistischen Selbsterlösungs- und Machbarkeitsglaubens sowie des westlichen Fortschrittsglaubens bringt ihm neu zu Bewußtsein: Der Mensch kann keine bessere Welt schaffen, sondern allenfalls eine weniger schlechte Welt. Die bessere Welt, die er erhofft, ist nicht leistbar, sondern nur als Geschenk und Widerfahrnis zu erhoffen. Rel. ausgdrückt: Die R. oder Rettung geschieht allein aus Gnaden. Trotzdem täuscht der Mensch sich immer wieder über seine Lage hinweg und will selber das Paradies auf Erden schaffen – was nur in Werkgerechtigkeit und Verzweiflung führt.

2. Der Freispruch der R. allein aus Gnaden, allein aus Glauben hat auch eine tiefe Bedeutung in unserer nivellierenden und uniformierenden Massengesellschaft, in der der Mensch ein austauschbares Rädchen in der Maschinerie zu werden droht: Wenn ihm etwas seine Unverwechselbarkeit und Identität zurückschenkt, dann ist es der Ruf der R., der ihn herausruft aus der grauen Masse: »Ich habe dich bei deinem Namen gerufen. Du bist mein« (Jes 43,1).

3. In einer Welt, in der Rechthaben und Rechtbekommen zweierlei ist, gibt dieser Freispruch allein aus Gnaden um Christi willen die Gewißheit: Es gibt Einen, der mich freispricht, wo Menschen mich verurteilen; es gibt Einen, der mich vorbehaltlos freispricht und wo das Urteil nicht auf Bewährung ausgesetzt ist wie bei Menschen. »Ist Gott für uns, wer kann wider uns sein?« (Röm 8,31). Dieses Urteil Gottes macht uns unabhängig vom Urteil von Menschen. Es gibt uns ein »dickes Fell« gegenüber dem, was Menschen von uns denken.

Lit.: O. Bayer: Aus Glauben leben, ²1990; H. Küng: Rechtfertigung, 1957; K. Lehmann, W. Pannenberg (Hg.): Lehrverurteilungen – kirchentrennend?, 1986, 35-75; O. H. Pesch: Theologie der Rechtfertigung bei Martin Luther und Thomas von Aquin, 1967; A. Peters: Rechtfertigung, 1984; H. G. Pöhlmann: Rechtfertigung, 1971; H. Schütte (Hg.) mit H. G. Pöhlmann und V. Pfnür: Einig in der Lehre von der Rechtfertigung, 1990.

H. G. Pöhlmann

Rechtsfähigkeit, kirchliche

Die staatliche Rechtsordnung geht davon aus, daß jeder Mensch als sog. »natürliche Person« die allgemeine R. besitzt, d.h. Träger von Rechten und Pflichten sein kann (vgl. § 1 BGB). Daneben steht die besondere R., d.h. die Fähigkeit, Träger bestimmter Rechte und Pflichten sein zu können. Diese knüpft an besondere Voraussetzungen, wie z.B. das Lebensalter, an. Die R. juristischer Personen beruht demgegenüber auf einem staatlichen Hoheitsakt. Das Recht der röm.-kath. Kirche kennt eine eigene kirchl. R.: Durch die Taufe wird der Mensch in die Kirche eingegliedert, gewinnt damit das kanonische Personsein und kann so Träger von kanonischen Rechten und Pflichten sein (Codex Iuris Canonici (CIC) can. 96). Dem ev. Kirchenrecht ist ein solches Institut fremd, es kennt nur eine Ausgestaltung der aus der Kirchenmitgliedschaft folgenden Rechte und Pflichten des einzelnen Kirchengliedes (vgl. Artikel 17 Abs. 3 Kirchenordnung der Ev. Kirche von Westfalen: »Die Gemeindeglieder haben Anrecht auf den Dienst der Gemeinde und Anteil an den kirchlichen Einrichtungen«). Diese sind in unterschiedlicher Weise abgestuft wie etwa beim kirchl. Wahlrecht in Anknüpfung an das Lebensalter und die Dauer des Wohnens in der Kirchengemeinde, bei der Übernahme des Patenamtes, das die Zulassung zum heiligen Abendmahl voraussetzt, die ihrerseits mit der Konfirmation erfolgt, etc. Verletzt das Kirchenglied die kirchl. Ordnung, so können einzelne Rechte auf Zeit entzogen werden (→Gemeindezucht).

Wie bei natürlichen Personen kennt das kanonische Recht eine eigene kirchl. R. juristischer Personen. Diese wird in der Regel durch Verleihung erlangt (CiC can. 116). Zur Teilnahme einer solchen juristischen Person des Kirchenrechts am allg. Rechtsverkehr bedarf es indes der staatlichen Mitwirkung. Letzteres gilt auch im Bereich der ev. Kirchen, soweit sie im Rahmen ihrer Organisationsgewalt eigene Körperschaften errichten (Artikel 140 GG i.V.m. Artikel 137 Abs. 3 S. 1, 5 WRV).

Zur Rechtsfähigkeit der Kirchen als →Körperschaften des öffentlichen Rechts bestimmt Artikel 140 GG i.V. m. Artikel 137 Abs. 5 WRV: »Die Religionsgemeinschaften bleiben Körperschaften des öffentlichen Rechtes, soweit sie solche bisher waren. Anderen Religionsgesellschaften sind auf ihren Antrag gleiche Rechte zu gewähren, wenn sie durch ihre Verfassung und die Zahl ihrer Mitglieder die Gewähr der Dauer bieten.« Im übrigen erwerben Religionsgesellschaften die Rechtsfähigkeit nach den allgemeinen Vorschriften des bürgerlichen Rechtes (Artikel 140 GG i. V. m. Artikel 137 Abs. 4 WRV).

Lit.: A. Stein: Evangelisches Kirchenrecht, [3]1992, 89ff. Zur Rechtsfähigkeit der Kirchen als KdöR: A. Frhr. v. Campenhausen: Staatskirchenrecht, [2]1983, 95ff (mit weiteren Nachweisen).

K. Winterhoff

Recke-Volmerstein, Adalbert Graf von der (1791–1878)

R.-V., geb. am 28. 5. 1791 in Oderdyk bei Bochum, gest. am 10. 11. 1878 in Kraschnitz/Schlesien, war mit der Christentumsgesellschaft J. →Urlspergers verbunden und enger Freund und Förderer der anfangenden →Erweckungsbewegung; mit C. H. →Zeller in Beuggen und J. H. →Wichern war er befreundet und hielt immer wieder Austausch über die Lösung der sozialen Probleme seiner Zeit. Wie J. D. →Falk nahm er sich der verwaisten und verwahrlosten Jungen an und lebte mit ihnen zunächst auf dem väterlichen Gut Oberdyk (seit 1819). 1822 gründete er im ehemaligen Trappistenkloster Düsseltal bei Düsseldorf eine Rettungsanstalt mit dem Namen »Gesellschaft der Menschenfreunde zur Rettung und Erziehung verlassener Waisen und Verbrecherkinder«. 1847 übernahm ein Kuratorium die Anstaltsleitung, und R.-V. zog sich auf sein Gut Kraschnitz in Schlesien zurück, das zum Zentrum diakon. Arbeit in Schlesien wurde (Diakonissenmutterhaus, Epileptikeranstalt u.a.).

Lit.: K. Schöpf, W. Vogel: Adalbert von der Recke, 1922; M. Vömel: Adalbert von der Recke, in: Westfälische Lebensbilder 7, 1959, 105–120 (Lit.).

G. Ruhbach

Redaktionsgeschichte →Bibelwissenschaft, moderne

Redemptionstheorie →Versöhnung

Redemptoristen (Ligvorianer) →Orden und Kongregationen

Reden, Friederike Gräfin von (1774–1854)

F. v. R., geb. Freiin von Riedesel, geb. 1774 in Buchwald bei Hirschberg/Schlesien, gest. 1854, führte nach dem frühen Tod ihres Mannes 1815 die von ihm gegründete Buchwalder Bibelgesellschaft weiter und machte ihr Schloß zum Mittelpunkt der schlesischen Erweckung, wobei sie von J. E. →Gossner und der Herrnhuter Brüdergemeine (→Brüder-Unität) unterstützt wurde. Von →Friedrich Wilhelm IV. ermuntert, gab sie die mit Erläuterungen angereicherte Hirschberger Bibel von 1756 neu heraus, um die Bibelunkenntnis beseitigen und den Geist der Aufklärung vertreiben zu helfen. Alle Schulen in Preußen erhielten ein Exemplar. Die Weber-Aufstände machten sie auf die soziale Not ihrer Zeit aufmerksam. 1837 sorgte sie für die Unterbringung der österreichischen Flüchtlinge aus dem Zillertal. In F.v.R. begegnet den Zeitgenossen und vielen Menschen darüber hinaus eine Christin, die ihren Glauben zu Herzen nahm und auf allerlei Weise an ihre Mitmenschen weitergab.

Lit.: E. Fürstin Reuß: Friederike Gräfin von Reden, 1888.

G. Ruhbach

Redern, Hedwig von (1866–1935)

H. v. R., geb. am 23. 4. 1866 in Berlin, gest. am 22. 5. 1935 in Potsdam; Dichterin, Schriftstellerin. Seit dem Besuch einer Evangelisation E. →Schrenks in Berlin 1887 in der →Gemeinschaftsbewegung geistl. zu Hause, hat v.R. diese selbst mitgeprägt. Als

Mitarbeiterin des Grafen von →Bernstorff, Autorin mehrerer Lebensbilder mit einer Vorliebe für die mittelalterl. Mystiker, Schriftleiterin einiger Zeitschriften, so 1899–1935 des Kinderblattes »Wehr und Waffe«, Mitbegründerin des Deutschen Frauenmissions-Gebetsbundes, für den sie viel reiste, kommt v.R. namentlich als Dichterin und Übersetzerin zahlreicher Erweckungs- und Heilslieder Bedeutung zu (»Hier hast du meine beiden Hände«; »Näher, noch näher«; »Weiß ich den Weg auch nicht«; »Wenn nach der Erde Leid«).

Lit.: H. v. Redern: Knotenpunkte. Selbstbiographie, 1935; J. Ohlemacher: Das Reich Gottes in Deutschland bauen. Ein Beitrag zur Vorgeschichte und Theologie der deutschen Gemeinschaftsbewegung, AGP 23, 1986; A. Roth: Hedwig von Redern, eine Zeugin durch Lied und Leid, ²1958.

G. Balders

Reformation

Der Begriff kann schon im MA – ähnlich wie der der Renaissance – die Erneuerung, Wiederherstellung oder Vollendung einer polit., sozialen oder kirchl. Ordnung bedeuten und enthält somit sowohl den Rückbezug zu einem guten alten als auch den Vorwärtsbezug zu einem idealen zukünftigen Zustand. Im 15. und 16. Jh. wird immer wieder geradezu technisch die R. der Reichsordnung, der Städte-, Handwerker- oder Klosterordnungen im Sinne von Wiederherstellung und Fortentwicklung gefordert. Die erste ev. Kirchenordnung von Schwäbisch Hall (1526) trägt die Überschrift »Reformation der Kirchen zu Schwäbisch Hall«. Das Interesse richtet sich dabei fast immer auf gute alte Rechtsverhältnisse, die allenfalls fortentwickelt werden sollen, nicht jedoch auf eine endzeitliche Vollendung.

In ähnlichem Sinn wird der Begriff in Wittenberg verwendet. Luther spricht schon früh von einer R. der Predigt oder der Universitäten. Der Rückbezug ist nicht zuletzt durch die Berufung auf die ursprünglichen Quellen, vor allem die bibl. Norm, bedingt. R. wurde also vorrangig gleichbedeutend mit Reform(en) verstanden. Davon klingt noch etwas an in der modernen Unterscheidung zwischen der R. als neuer Epoche und der gleichzeitigen, die Kontinuität wahrenden »katholischen Reform«, zu der es zuerst vor allem in den romanischen Ländern gekommen ist.

Der Epochenbegriff der prot. R. bildet sich relativ spät aus. Er bahnt sich an in der Vorstellung des M. →Flacius von den Vorreformatoren vor Luther.

1688 spricht der luth. Historiker V.L. von Seckendorff von Luthers R. der Religion. Als hist., kirchen- oder theologiehist. Begriff wird die »Reformation« neuerdings mit einiger Reserve benutzt, weil ihm die klare Bestimmung abhanden gekommen ist, obwohl er für die Kirchengeschichte unverzichtbar ist. In den profanen Darstellungen begegnet er eher als Unterabschnitt. Dies rührt zum einen aus der Einsicht, daß MA und R. sich nicht eindeutig scheiden lassen. Gerade Luthers rel. Konzentration trägt in mancher Hinsicht eher noch mittelalterl. als neuzeitliche Züge. Zum andern ist die R. nur einer der Umbrüche hin zur Moderne. Daneben sind zu nennen die Entdeckung und Kolonisation neuer Erdteile, die Ausbildung der modernen europäischen Staatenordnung, der im Deutschen Reich das Aufkommen der Territorialstaaten entsprach, sowie die sozialen Veränderungen mit der Zurückdrängung des Adels, den (allerdings gescheiterten) Ansprüchen der Bauern und dem Emporkommen des Bürgertums. Die R. war mit fast all diesen Entwicklungen verquickt. Schließlich bildet die R. selbst keine Einheit.

Zur R. ist es unbestreitbar durch Luther gekommen. Andere R.en, etwa eine solche des Humanismus, wären denkbar gewesen, sind aber nicht erfolgt. Im Ringen des Wittenberger Mönchs um den gnädigen Gott wurde das überkommene rel., theol. und kirchl. System in mehrfacher Hinsicht gesprengt. An die Stelle einer angstgetriebenen Leistungsfrömmigkeit trat die Erfahrung der dem Glauben aus Gnaden geschenkten →Rechtfertigung. Die Autoritäten von Kirche und Tradition wurden ersetzt durch die Heilige Schrift als Norm. Der einzelne Christ erlangte mündige Teilhabe am allgemeinen Priestertum. Damit ist umschrieben, was im Kern das »Reformatorische« ausmacht und weitreichend auch das Gemeinsame der R. bildet. Die Folgen waren revolutionär. Die scholastische Theologie des MAs brach rasch zusammen, ebenso die Institution des Mönchtums. Mit der Reduzierung und Umdeutung der →Sakramente als gewißmachende göttliche Verheißungen wurde der Heilsapparat der Kirche zerschlagen. Diese umfassende Destruktion nötigte zum Aufbau neuer Ordnung und Sitte. Diese gewaltige Aufgabe wurde kreativ angegangen, erwies sich aber als schwieriges Unternehmen, das jedoch mit den reformat. Kirchen und ihrer Frömmigkeit Gestalt gewann.

Als Beginn der R. gelten die Thesen Luthers gegen den Ablaß vom 31. Oktober 1517 (→Reformationstag). Luther wurde deswegen in Rom als Ketzer angeklagt und 1521 gebannt und geächtet. Seine programmatischen reformat. Schriften hatten aber rasch eine derartige Resonanz gefunden, daß es alsbald nicht mehr lediglich um seine Person ging. Die R., polit. unterstützt von immer mehr Territorien und Städten, blieb Reichs- und Kirchenangelegenheit, bis sie 1555 im →Augsburger Religionsfrieden anerkannt wurde. Eine Phase der sog. Spätreformation (bis ca. 1580) schloß sich an. Alle europ. Länder wurden von der R. ganz oder teilweise erfaßt oder zumindest berührt. Daß die Einheit der R. schon um 1525 verlorenzugehen begann, erklärt sich vor allem daraus, daß fast alle führenden Reformatoren auch noch anderweitig, z.B. durch den Humanismus, die Mystik und den Spiritualismus, geprägt waren, zum Teil auch aus den unterschiedlichen polit. und gesellschaftl. Zusammenhängen. So bildeten sich in schmerzhaften Konflikten die unterschiedlichen prot. Konfessionen heraus; neben der luth. ist hier vor allem die schweizerische, bald von Calvin dominierte »reformierte« Konfession mit ihrer europ. Ausstrahlung zu nennen. Die Anglikanische Kirche (→Anglikaner) wahrte ihre eigene konservative Prägung. Dazu kamen die Minderheiten und Splittergruppen der →Täufer und Spiritualisten. Es ist aber problematisch, die Bildung der Konfessionen (einschließlich der kath.) als das Resultat der R.sgeschichte zu bezeichnen, da jede die wahre oder »nach Gottes Wort reformierte Kirche« zu sein beanspruchte.

Zu den kulturellen Errungenschaften der R. zählen hauptsächlich die Bibel in der Volkssprache, allen voran Luthers Übersetzung mit ihrer weiten Ausstrahlung, dazu die verbesserte rel. Unterweisung durch die Katechismen sowie das ev. Kirchenlied. Tiefgreifend wurde das Verständnis des weltlichen Berufs durch seine Qualifizierung als Gottesdienst für den Nächsten verändert. Ebenso erfuhr die Ehe eine neue, positivere Würdigung. Den ev. Obrigkeiten wurde erfolgreich ihre Verantwortung für die Kirche eingeschärft; sie bekamen damit aber auch einen problematisch starken Einfluß auf diese. Durch den Ausbau des Schulwesens erlangte der →Protestantismus in Deutschland vielfach einen zivilisatorischen Vorsprung vor den Katholiken. Die R. hat schließlich zur Entwicklung von Gewissensfreiheit und Toleranz beigetragen.

Als ein Defizit der R. wurde schon bald die sittliche Umsetzung des Glaubens empfunden. Darum erhob sich seit dem Ende des 16. Jh.s der Ruf nach einer »zweiten« R., die teilweise mit dem →Calvinismus gleichgesetzt wurde, oder nach einer Generalreformation des Lebens. Erst hier hat auch die Formel von der *ecclesia semper reformanda*, von der »immerwährenden Reformation« der Kirche, ihren Sitz. Gemessen am ursprünglichen Verständnis der R. als insgesamt normiert durch die Bibel sind dies problematische Weiterentwicklungen.

Lit.: Th. Mahlmann: »Reformation«, HWP VIII; W. Maurer: »Reformation«, RGG³ V, 858–873; E. Mühlhaupt: »Immerwährende Reformation«, in: ders.: Luther im 20. Jahrhundert. Aufsätze, 1982, 267–275; H. Schilling: Aufbruch und Krise. Deutschland 1517–1648, 1988; ders. (Hg.): Die reformierte Konfessionalisierung in Deutschland. Das Problem der »Zweiten Reformation«, Schriften des Vereins für Reformationsgeschichte 95, 1986; W. Schulze: Deutsche Geschichte im 16. Jahrhundert, 1987.

M. Brecht

Reformationsrecht

→Augsburger Religionsfriede

Reformationstag

Um eine akademische Disputation anzuregen, schlug Martin →Luther der Überlieferung nach am Vorabend des Allerheiligenfestes (1. November) 1517 seine 95 Thesen zu Ablaß und Buße an die Tür der Schloßkirche zu Wittenberg. Dieses Ereignis wird vielfach als eigentlicher Beginn der →Reformation angesehen. Kurfürst Johann Georg II. von Sachsen ordnete 1667 an, den Tag des Thesenanschlags am 31. 10. als Gedenktag der Reformation zu begehen (zuvor schon waren verschiedentlich der 10. 11., der Geburtstag Luthers, der 18. 2., sein Todestag, und der 25. 6., der Tag der Übergabe des Augsburgischen Bekenntnisses, in diesem Sinne begangen worden). Der 31. Oktober setzte sich in der Folge allg. als Gedenktag durch; das Reformationsgedenken kann auch am Sonntag zuvor oder danach begangen werden.

Liturg. hat der Tag Motive des unmittelbar folgenden Allerheiligenfestes an sich gezogen (so das Evangelium von den Seligpreisungen Mt 5,2-10 [11-12]). Als Epistel liest man Röm 3,21-28: »... daß der Mensch gerecht wird ohne die Werke des Gesetzes, allein durch den Glauben.« Als →Graduallied werden »Nun freut euch, lieben Christen gmein« oder »Ist Gott für mich, so trete« vorgeschlagen. Die liturg. Farbe ist rot.

K.-H. Bieritz

Reformbestrebungen (kirchl.) im Mittelalter

Die Geschichte der lat. Kirche im MA kann wie eine Folge von Reformbestrebungen gelesen werden, in denen Mönchtum, Klerikerkreise und polit. Mächte sich gegenseitig beeinflussen. Es ging dabei um den Versuch, mit Strukturpoblemen fertig zu werden, die sich durch den Übergang des Christentums von der röm. Kultur in die »barbarische« ergeben hatten.

→Karl der Große, der sich als Reformer nach dem Vorbild des atl. Königs Josia verstand, gab der Kirche durch seine Neuerungen (Bildung der Kleriker, Pflicht der Glaubens- und Sittenpredigt in der Volkssprache, Vereinheitlichung der Liturgie, Beichte etc.) eine eigene Prägung. Er bahnte den Weg für eine Reform des →Mönchtums unter der Führung Benedikts von Aniane (gest. 821), die 816/17 unter Ludwig dem Frommen zur Einführung der Benediktregel als alleingültiger Mönchsregel führte. Gleichzeitig wurde in den Diözesen und Kirchenprovinzen eine einheitliche Ordnung durchgeführt.

Damit war die Reform des monastischen Lebens im 10. Jh. vorbereitet, die in Lothringen begann und schließlich von der Abtei →Cluny geprägt wurde. Es ging hier zunächst um die Reform der Klosterwirtschaft, die Befreiung der Klöster von der bischöflichen Herrschaft sowie die strenge Beobachtung der Benediktregel. Indem die Reform Einfluß auf den Klerus bekam, wurde das Ziel dieser Bewegung im 11. Jh. ein kirchenpolit.: die Reform der Kirche, die Wiederherstellung der alten kirchl. Gesetzgebung, die Herstellung straffer Zucht im Klerus und die Befreiung der Kirche von der Einwirkung der Laien. Aufgegriffen v.a. von Heinrich III. ging die Reform schließlich auf das Papsttum über (Leo IX., 1049–1054). Unter Gregor VII. (1073–1085) erreichte sie ihren Höhepunkt und wurde zur gregorianischen Reform (Priesterzölibat als Pflicht, Bekämpfung der →Simonie): Papsttum und Kirche begannen synonyme Begriffe zu werden. Ergebnis war der Investiturstreit.

Diese Entwicklung brachte im monastischen Bereich im 11./12. Jh. eine Reformbewegung mit einem eremitischen Zug hervor, die zur Entstehung neuer Orden führte (Kartäuser, Pauperes Christi, Vallombrosaner, Zisterzienser, Prämonstratenser; →Orden), außerdem entstanden die Spital- und die →Ritterorden. Mit dem nun folgenden Aufstieg Roms zur Universalkirche ging auch die Entstehung von Bewegungen einher, die als Häresien verfolgt wurden, aber bereits manche Grundideen späterer Reformbewegungen entwickelten (Katharer, →Waldenser). Parallel dazu ist die neue Bewegung der Bettelorden zu beobachten, die die Nachfolge des armen Lebens Christi radikal in die Wirklichkeit umzusetzen versuchen. Mit der →devotio moderna, einer von Laien getragenen Frömmigkeitsbewegung, wurden viele Impulse zu vertieftem Leben im Glauben ausgelöst.

Als es im 13. Jh. zum Niedergang des Papsttums kam, entstand in England mit John →Wycliff (ca. 1328–1384) eine Reformbewegung, die aus der Hl. Schrift als alleinigem Maßstab die Kirche kritisierte und v.a. in Böhmen fruchtbaren Boden fand (J. →Hus). Die gleichzeitigen R. von offizieller Seite blieben in den Ansätzen stecken (Reformkonzilien von Pisa 1409, →Konstanzer Konzil 1414-18; →Basler Konzil 1431-49), weshalb schließlich die Ideen der Reformatoren so starken Widerhall fanden.

Lit.: »Reformation« 1.2«, in: EKL 3, 1471f (Lit. 1489f).

D. Heller

Reformierte Kirchen

1. Allgemeines

»Reformiert« ist ursprünglich keine Konfessionsbezeichnung, sondern charakterisierte im 16. Jh. alle Gruppierungen der christl. Kirche, die eine →Reformation nach dem Wort Gottes erfahren hatten. Erst als gegen Ende des 16. Jh.s die dem →Konkordienbuch zustimmenden Territorialkirchen als »lutherisch« bzw. »evangelisch-lutherisch« bezeichnet wurden, wurde »reformiert« bzw. »evangelisch-reformiert« zur Sammelbezeichnung der übrigen Reformationskirchen, die in Deutschland erst durch den →Westfälischen Frieden von 1648 reichsrechtlich anerkannt wurden.

So unterschiedlich die Väter dieser Kirchen waren (z.B. →Calvin in Genf, →Zwingli und →Bullinger in Zürich, →Laski in Emden/London), so wenig stellen die ref. Kirchen einen einheitlichen Typ dar. Daraus erklärt sich die Vielzahl von Bekenntnissen seit den Tagen der Reformation bis in die Gegenwart. Unter ihnen dürfte der →Heidelberger Katechismus von 1563 über Deutschland hinaus am weitesten verbreitet sein; wichtig sind daneben die Confessio Gallicana von 1559, die Confessio Scotica von 1560, die Confessio Belgica von 1561, aber auch eine Reihe von Schweizer und ungarischen Bekenntnissen aus dem 16. Jh. bis zu zahlreichen Bekenntnissen aus dem 19. und 20. Jh.

Wie die Formulierung der wesentlichen Glaubenswahrheiten, so ist nach ref. Auffassung auch die Ordnung des Lebens der Kirche je neu an der Heiligen Schrift zu orientieren. Charakteristisch sind hier eine um die Predigt als Mittelpunkt gestaltete einfache Gottesdienstordnung und ein am Zusammenwirken der verschiedenen, gleichwertigen Gaben in der Gemeinde orientiertes Kirchenverständnis. Dabei wird als Hilfe zur persönlichen →Heiligung und zur würdigen Teilnahme am Herrenmahl kirchl. Zucht für notwendig gehalten. Kirche wird verstanden als die von Christus aus dem ganzen Menschengeschlecht erwählte und von ihm durch Geist und Wort versammelte Gemeinde. Aus der Annahme durch Christus und der durch die Taufe besiegelten Zugehörigkeit zum Bund Gottes folgt für alle Glieder die Verpflichtung, mit den ihnen verliehenen Gaben in ihrem Leben mission. und diakon. Zeugen der Königsherrschaft Christi zu sein. Für die Gestaltung des Kirchenraumes gilt die Beachtung des atl. Verbotes der →Bilder (2Mo 20,4f, weshalb sich wohl das Kreuz, aber kein Crucifixus findet), in der Regel auch der Fortfall eines speziellen Altarraumes (Absetzung gegenüber dem Gedanken einer Wiederholung des Opfers Christi), statt dessen eine das Rund bevorzugende Anordnung der Plätze um Kanzel und Abendmahlstisch, der in alten ref. Kirchen gelegentlich auch im breiten Mittelgang aufgeschlagen wurde (→Kirchenbau). Entgegen dem Willen der Reformatoren, die für die sonntägliche Mahlfeier eintraten, wurde das Abendmahl lange Zeit nur wenige Male im Jahr angeboten, weil viele den Predigtgottesdienst für vollauf genügend hielten; in den letzten Jahrzehnten hat sich dies allerdings im ökumen. Kontext geändert. Für das Singen der Gemeinde spielen die Psalmen eine hervorgehobene Rolle.

Hinsichtlich der kirchl. Ordnung ist der Verzicht auf hierarchische Strukturen bezeichnend, weil die verschiedenen Dienste als sich ergänzende Elemente der Herrschaft Christi verstanden werden. Kein →Amt ist dem anderen vor- oder übergeordnet, wie auch keine einzelne Gemeinde anderen. Die Leitung der Gemeinde im Auftrage Christi liegt bei einem Kollegium, Presbyterium (→Älteste), Kirchenrat oder Konsistorium genannt (in der schottischen Tradition leitet das Presbyterium freilich mehrere Gemeinden, etwa unserer Kreissynode entsprechend). Ihm gehören »lehrende« (Pastoren) und »regierende« Älteste (Nichttheologen) an. Großen Stellenwert hat die Wahrnehmung des diakon. Dienstes in den Gemeinden durch dazu beauftragte Gemeindeglieder, die ursprünglich (z.B. in Emden) ein eigenes Kollegium bildeten, heute aber in der Regel zum Presbyterium gehören. Die verantwortliche Teilnahme sog. »Laien« hat also großes Gewicht, auch in den von den örtlichen Leitungen beschickten Synoden, die ursprünglich als Versammlungen der Amtsträger zur Behandlung gemeinsamer Angelegenheiten verstanden wurden. Ein besonderes Bischofsamt (→Bischof) wird in der Regel abgelehnt, findet sich allerdings in den ref. Kirchen Ungarns und Polens.

Staatlichen Autoritäten gegenüber waren die Reformierten von Anfang an, soweit nicht Fürsten selbst dieses Bekenntnis eingeführt hatten, auf stärkere Eigenständigkeit bedacht als die vom landesherrlichen Kirchenregiment geleiteten Kirchen. Das hängt hist. damit zusammen, daß die meisten ref. Gemeinden aus Gegenbewegungen gegen staatliche Reglementierung bzw. konfessionelle Mehrheiten entstanden (z.B. unter J. →Knox in Schottland, die britischen →Puritaner, die »Kirchen unter dem Kreuz« im niederrheinischen Gebiet). Die Erfahrung oft jahrhundertelanger Bedrängnis und Verfolgung macht verständlich, warum der brennende und doch nie verzehrte Dornbusch (2Mo 3,2) sich häufig als Symbol findet.

2. Verbreitung

Grundzüge der ref. Kirchengestalt finden sich bereits in den vorreformat. Bewegungen der →Waldenser (12. Jh.) und der Kirche der böhmischen Brüder (J. →Hus). Ihre eigentliche Ausprägung erhielt sie jedoch in der Schweiz (Zürich, Genf, Bern), von wo auch der westl. Teil Deutschlands stark beeinflußt wurde. Von dort her erfuhr auch die Reformation in Frankreich, der Heimat Calvins, ihre Prägung, ebenso in den Niederlanden, in Schottland und →Ungarn, wo der ref. Typ vorherrschend wurde, während in den übrigen europ. Gebieten nur Minderheiten dieser Tradition zugehören. Starke ref. und presbyterianische Kirchen sind später durch die Wanderungsbewegung (Emigration) in den USA, Kanada (→Nordamerika) und Südafrika entstanden, durch deren aktive Missionstätigkeit es wiederum zu beachtlichen Kirchenbildungen in Afrika, →Lateinamerika und →Asien kam. Rein zahlenmäßig liegt auch heute noch das Hauptgewicht bei den europ. und nordamerik. Kirchen (zusammen etwa 36 Mio. Mitglieder), während das größte Wachstum in Afrika und Südamerika zu verzeichnen ist.

In Deutschland war ref. geprägte Kirchlichkeit ursprünglich vor allem in den westl. Gebieten zu finden. Dazu trugen neben den Genfer Einflüssen auch die zahlreichen Flüchtlinge aus den spanisch beherrschten Niederlanden bei, von denen viele in einem Gürtel von Friesland über den Niederrhein bis zur Pfalz und Baden seßhaft blieben. In einigen Gebieten wurde ref. Kirchenwesen auch durch die Landesherren eingeführt (z.B. Lippe, Nassau, Kurpfalz). Dazu entstanden zahlreiche Gemeinden durch die von Landesfürsten eröffnete Zuwanderung und Ansiedlung hugenottischer, gelegentlich auch waldensischer Flüchtlinge (z.B. Frankfurt, Hanau, Hessen, Brandenburg-Preußen).

Im Zuge der Bildung von ev. →Unionskirchen im 19. Jh. z.B. in Preußen, Hessen, Baden gingen zahlreiche ref. Ortsgemeinden in diesen auf; überwiegend blieb der Bekenntnisstand – jedenfalls zunächst – erhalten, während das presbyterial-synodale Ordnungsprinzip, wenn auch mit einem konsistorialen Gegenüber, allg. verbindlich wurde. Ref. Landeskirchen entstanden nur in zwei Gebieten, nämlich neben der luth. Landeskirche Hannovers die Ev.-ref. Kirche in Nordwestdeutschland und die →Lippische Landeskirche; Schwerpunkt für die erstere sind Ostfriesland und die Grafschaft Bentheim, wozu verstreute Einzelgemeinden kommen, während in Lippe die dort ansässigen Lutheraner, in einer bes. Klasse (Kreissynode) zusammengefaßt, eingeschlossen wurden. Die sieben Gemeinden umfassende »Ev.-ref. Kirche in Bayern« schloß sich 1990 mit der nordwestdeutschen Kirche zur »Ev.-ref. Kirche« zusammen, die seitdem 137 Gemeinden mit rund 200.000 Mitgliedern zählt (Lippische Landeskirche: 70 Gemeinden mit rund 270.000 Mitgliedern). Die Mehrzahl der Gemeinden ref. Bekenntnisses gehört heute zu Unionskirchen, v.a. im →Rheinland (über 200) und in →Westfalen (über 80), aber auch in den beiden hessischen Landeskirchen von →Kurhessen-Waldeck und →Hessen-Nassau (ca. 20), in →Berlin-Brandenburg, →Sachsen-Anhalt und Bremen (→Bremische Evangelische Kirche).

Nicht landeskirchl. eingebunden, sondern in einem »Bund Ev.-ref. Kirchen in Deutschland« (→Reformierter Bund) zusammengeschlossen sind einige selbständige Ortsgemeinden kongregationalistischen Typs (Braunschweig, Bückeburg, Göttingen, Hamburg, Hanau und Stadthagen); dazu gehörten bis 1990 auch die sieben bayerischen Gemeinden (u.a. München, Nürnberg, Erlangen). Die Gemeinden dieses Bundes treten zwar in einer gemeinsamen Synode zusammen, deren Beschlüsse aber weitgehend von der Zustimmung der Ortsgemeinden abhängig sind. Der Bund ist vertraglich mit der EKD verbunden (Gastmitgliedschaft).

Anders die »Evangelisch-altref. Kirche« im ostfriesischen und Bentheimer Gebiet, die 1838 aus der Abspaltung von 14 Ortsgemeinden entstand. Anlaß dazu war die Ablehnung aufklärerisch-liberaler Tendenzen, durch die man Bekenntnis und Ordnung gefährdet sah, und das Vorbild der »Afscheiding« in den benachbarten Niederlanden. Die Altreformierten sind mit einer eigenen Partikularsynode seit 1923 Teil der Gereformeerden Kerken in Nederland, aber Mitgliedskirche der dt. ACK und seit den 80er Jahren auch in Gesprächen mit der (dt.) Ref. Kirche mit dem Ziel engerer Gemeinschaft.

Quellen: P. Jacobs (Hg.): Reformierte Bekenntnisschriften und Kirchenordnungen in deutscher Übersetzung, 1949; W. Niesel (Hg.): Bekenntnisschriften und Kirchenordnungen der nach Gottes Wort reformierten Kirche, 1938; L. Vischer (Hg.): Reformiertes Zeugnis heute – Eine Sammlung neuerer Bekenntnistexte aus der reformierten Tradition, 1988 (1982 engl. Originalausgabe, Reformed Witness Today).

Lit.: K. Halaski: Die Reformierten Kirchen, 1977; ders.: Kirchenbuch – Gebete und Ordnungen für die unter dem Wort versammelte Gemeinde, ^{3}1983; P. Jacobs: Theologie Reformierter Bekenntnisschriften in Grundzügen, 1959.

L. Coenen

Reformierte Ökumenische Synode (RÖS)

Eine Reihe betont calvinistischer ref. Kirchen, zumeist nicht dem →Reformierten Weltbund (RWB) angehörend, schlossen sich wesentlich unter Initiative der Gereformeerden Kerken in Nederland 1946 zur RÖS zusammen, weil sie die Reinheit des Bekenntnisses im RWB nicht hinreichend gewahrt sahen und klarere Antworten in den Umbrüchen der Nachkriegszeit geben wollten. Zu ihr gehören 30 Kirchen aus 18 Ländern mit etwa 4,5 Mio. Mitgliedern, u.a. auch aus Südafrika, von denen einige – einschließlich der Gereformeerden – allerdings inzwischen auch dem RWB und/oder dem ÖRK angehören. Die RÖS beteiligt sich schon seit längerem durch ihren Generalsekretär oder Delegierte auch an Konferenzen anderer ökumen. Organisationen und führt Gespräche mit dem RWB, dem ÖRK und den Adventisten.

L. Coenen

Reformierte Theologie

Ref.Th. ist wissenschaftl. Bemühung im Zusammenhang mit der Existenz ref. Kirche. Sie ist sowohl Überprüfung des Zeugnisses dieser Kirche hinsichtlich seiner Übereinstimmung mit dem, was sie zu bezeugen hat, wie Nachdenken über das, was von dieser Kirche aufs neue zu bezeugen sein wird. Ein Vorbild wird auch heutige ref.Th. in aller Regel in der Theologie der Reformatoren haben, namentlich in der von J. Calvin: in seiner intensiven Schriftauslegung und in seiner Dogmatik *Institutio christianae religionis,* »Unterricht in der christlichen Religion« (1559). Von Calvin her, der der Unionstheologe unter den Reformatoren war, ist der ref.Th. nicht so sehr konfessionelle Fixiertheit als ökumen. Offenheit eigentümlich und kann ihr speziell nicht an einer grundsätzlichen Unterscheidung von der luth. Theologie gelegen sein.

Das hängt auch damit zusammen, daß in der ref.Th. die Stellung zu ihren Bekenntnisschriften eine freiere ist als in der luth. (weder gibt es eine verbindliche Sammlung von ihnen, noch gibt es ein ref. »Weltbekenntnis«, noch ist die Aufstellung neuer, lokaler Bekenntnistexte ausgeschlossen). Sie ist hier darum freier, weil hier der Vorrang der Heiligen Schrift vor dem kirchl. Bekenntnis schärfer betont ist. Darum war die ref.Th. »in allen ihren theologie- und geistesgeschichtlichen Phasen in starkem Maße Bibeltheologie« (J. Weerda). Die Stellung zu den Bekenntnissen ist darum zugleich freier, weil sich hier die Bindung an die Schrift mit einer beweglichen Offenheit für Neues in Gegenwart und Zukunft paart. Im Zusammenhang damit steht die Neigung der ref.Th., die Offenbarungswirklichkeit, von Gottes Vorbestimmung und Vorsehung her, in Bewegung auf ein Ziel hin zu denken, ausgerichtet auf den »Nutzen«, auf »Früchte« unter den Menschen zu ihrem Heil.

Deshalb sind denn auch die namhaften Gestalten der ref. Theologiegeschichte unter sich teils erheblich verschieden, und man trifft bei ihnen auf eine Fähigkeit, sowohl Anstöße des →Humanismus und der →Aufklärung, als auch Kräfte des →Pietismus oder der →Romantik aufzunehmen. Zu nennen sind unter diesen Gestalten vor allem: Noch vor Calvin H. →Zwingli, und neben und nach ihm H. →Bullinger, Th. →Beza, J. →Knox und am Ende des 16. Jh.s der Frühpietist W. Perkins, im 17. Jh. J. →Coccejus mit seiner Theologie der Bundesschlüsse Gottes, im 19. Jh. F. →Schleiermacher mit seiner Theologie im Bewußtsein schlechthiniger Abhängigkeit, im 20. Jh. K. →Barth und E. →Brunner mit ihrer christozentrischen Theologie des »Wortes Gottes«.

Doch zeigt sich trotz aller Verschiedenartigkeiten ein eigengeprägter Typus von ref.Th. Und so sehr sie zumeist die gemeinreformat. Einsichten zu betonen pflegt, so hat sie sich diese seit jeher in einer besonderen Akzentuierung zu eigen gemacht, die sich auch durch ihre mannigfaltigen Gestaltungen hindurch hören läßt. Man hat sie etwa auf eine gegenüber der luth. relativ andere Frontstellung schon der alten ref.Th. zurückgeführt, aufgrund deren wir den luth. →Protestantismus »vorherrschend antijudaistisch, den reformierten antipaganisch (d.h. gegen das Heidentum gerichtet) sich gestalten sehen« (A. →Schweizer, 1863). Es verstehen sich von da aus in der Tat charakteristische Unterschiede zwischen der ref. und luth. Theologie: Sieht diese die Sünde entscheidend in der Werkgerechtigkeit, so sieht jene sie auch und gerade in der »Kreaturvergötterung« und Übertretung des ersten Gebots (und des Bilderverbots!). Besteht für diese das Heil in der unverdient-gnädigen →Rechtfertigung des Sünders, so besteht es für jene aber auch in der heiligenden Inanspruchnahme des Menschen durch Gott. Betont diese das Wunder, daß Gott sich zu uns in seinen Gaben gibt, so betont jene ebenso die auch darin unverfügbare Freiheit Gottes (mit Folgen für ein anderes Verständnis des →Sakraments). Hebt diese die menschliche Passivität angesichts der göttlichen Tat hervor, so hebt jene auch hervor, daß Menschen durch Gottes Tat zu seinen Bundespartnern berufen sind.

Es läßt sich also die Thematik gerade der ref.Th. so zusammenfassen: »Gott redet, nicht nur im Evangelium, sondern auch im Gesetz, nicht nur im Neuen, sondern vollgenugsam auch im Alten Testament, nicht nur von Sündenvergebung und ewigem Leben (obwohl schon im »Paradeis« auch davon!), sondern auch und mit gleichem Ernst von der Ordnung unseres zeitlichen Daseins, nicht nur als der offenbare und freundliche, sondern auch und immer wieder als der verborgene und schreckliche Gott, nicht nur Glauben, sondern auch ... Gehorsam fordernd« (K. Barth 1923). Das »auch«, das hier jeweils ebenso mit geltend gemacht wird, will dabei kein Rückfall sein hinter die reformat. Entdeckung, daß wir das Heil »allein« Gott verdanken und nicht etwa teilweise auch uns selbst. Dahinter steht vielmehr die Erkenntnis, daß wir das göttliche Handeln an und mit uns, das sich auf die Theologie bezieht, nie bloß mit einem Begriff aussprechen können, sondern immer nur »mit zwei Worten« (K. Barth). Calvin brachte diese zwei Worte, vorbildlich für alle ref.Th., auf den Nenner: »Ehre Gottes und Heil der Menschen.«

Lit.: K. Barth: »Reformierte Lehre, ihr Wesen und ihre Aufgabe«, in: ders: Das Wort Gottes und die Theologie, 1924, 179-212; W. Neuser: »Dogma und Bekenntnis in der Reformation. Von Zwingli und Calvin bis zur Synode von Westminster«, in: C. Andresen (Hg.): Handbuch der Dogmen- und Theologiegeschichte, Bd. 2, 1980, 165ff; J. Rohls: Theologie reformierter Bekenntnisschriften, 1987; G. Schrenk: Gottesreich und Bund im älteren Protestantismus, 1923; A. Schweizer: Die Glaubenslehre der reformierten Kirche dargestellt und aus den Quellen belegt, 1844-47.

E. Busch

Reformierter Bund (RB)

Um die »Güter der reformierten Kirche in Deutschland in Lehre, Gottesdienst und Verfassung« zu wahren und zu pflegen (§ 2 der ersten Statuten), wurde 1884 in Marburg von einer ref. Prediger- und Ältestenkonferenz der RB gegründet. Zunächst vorwiegend ein Zusammenschluß von Personen verstand und versteht er sich nicht selbst als Kirche, sondern als offene Vereinigung, der »Kirchen, Gemeinden und Kirchenmitglieder« angehören können, die »dem reformierten Bekenntnis zugetan« sind. Seit der Jahrhundertwende nahm die Zahl der korporativen Mitglieder ständig zu. Heute gehören ihm etwa 400 Kirchengemeinden (davon mehr als die Hälfte aus Unionskirchen, ca. 30% aus der Ref. Kirche), mehrere Kirchenkreise und Kirchen sowie ca. 450 Einzelmitglieder an.

Der RB ist mit einer 1970 veränderten Ordnung rechtlich ein e.V. mit einer alle zwei Jahre zusammentretenden Hauptversammlung, die, neben der Beratung über laufende Angelegenheiten, der gemeinsamen Abstimmung über den weiteren Kurs dient und auch eine thematische Akzentsetzung hat.

Zwischen den Hauptversammlungen liegt die Verantwortung bei einem 24-köpfigen Moderamen, dessen Mitglieder zur Hälfte von der Hauptversammlung gewählt, zur anderen Hälfte vom Moderamen kooptiert bzw. von den vier Mitgliedskirchen und den Leitungen der Unionskirchen mit ref. Gemeinden entsandt werden. Der RB beschäftigt einen hauptamtlichen Generalsekretär, setzt für bes. Aufgaben Ausschüsse ein (z.B. Gemeindeaufbau und Gottesdienstordnung, ökumen. Verbindungen, das Verhältnis zu den Juden), hat ein Kirchenbuch für die Gottesdienste herausgegeben und sich immer wieder auch zu aktuellen Fragen (z.B. Apartheid, Friedensfrage, Wirtschaftsgerechtigkeit) geäußert. Die Mitwirkung in der EKD, in der der RB als Verein formal kein Mitglied ist, wird durch die Mitgliedschaft des Moderators oder anderer Moderamensmitglieder in deren Rat gesichert. Der RB veranstaltet jährlich theol. Arbeitstagungen und sammelt in den einzelnen Regionen Prediger und Älteste in jährlichen Ref. Konferenzen. An mehreren Universitäten (Erlangen, Göttingen, aber auch Bonn und Münster) bestehen Lehrstühle für ref. Theologie, in Wuppertal-Elberfeld ein ref. Predigerseminar. Die heutige Kirchliche Hochschule in Wuppertal, eine Gründung im Kirchenkampf 1936, ging auch aus der 1928 vom RB gegründeten Theol. Schule Elberfeld hervor.

Organ des RB ist die seit 1851 monatlich erscheinende »Reformierte Kirchenzeitung«. Der RB hatte zur Zeit des Nationalsozialismus beträchtlichen Anteil am Wirken der Bekennenden Kirche.

Lit.: J. Guhrt (Hg.): 100 Jahre Reformierter Bund. Beiträge zur Geschichte und Gegenwart, 1984.

L. Coenen

Reformierter Weltbund (RWB)

Der RWB (engl. World Alliance of Reformed Churches, WARC) wurde bereits 1877 als erster weltweiter Zusammenschluß prot. Kirchen von damals 49 ref. und presbyterianischen Kirchen gegründet, und zwar zur gemeinsamen Beratung, zur Hilfe für Minderheitskirchen und zur besseren Zusammenarbeit in der Mission. Von seinen nordamerik. Mitgliedern gingen beträchtliche Anstöße für die ersten ökumen. Missionskonferenzen 1900 in New York und 1910 in Edinburgh aus, in deren Folge auch für die ökumen. Bewegung. Der zunächst als »Weltbund reformierter Kirchen, die dem presbyterianischen Prinzip folgen« bezeichnete Zusammenschluß vereinigte sich 1970 mit dem Internationalen Kongregationalistischen Rat. 1993 gehörten dem RWB 178 Kirchen in 88 Ländern mit insgesamt etwa 70 Mio. Mitgliedern an, darunter viele in Minderheitensituation. Die Mehrzahl der Mitgliedskirchen befindet sich heute in Asien (49, davon allein 15 indonesische), Afrika (47) und Südamerika (18), wenngleich die größeren Mitgliederzahlen und finanziellen Möglichkeiten weiterhin bei den 38 europ. und 18 nordamerikanischen Kirchen liegen.

Weil die ref. Kirchen nicht einem einheitlichen Bekenntnis verpflichtet sind und das Streben nach voller Gemeinschaft in der einen Kirche Christi immer groß war, hat der RWB Kirchenunionen und die ökumen. Bewegung stets gefördert. Daher zählen auch einige Unionskirchen zu seinen Mitgliedern. Situationsangemessene, an der Hl. Schrift orientierte Verkündigung, Mission, das Eintreten für Minderheiten, Religionsfreiheit (→Toleranz) und →Menschenrechte, die Frage nach dem Glaubensgehorsam im persönlichen Leben (→Heiligung) wie auch in der Gesellschaft mit daraus folgendem sozialethischem Engagement und ein Kirchenverständnis, in dem Ämter und Dienste sich ergänzend zusammenwirken, dürfen als Charakteristika der Arbeit des RWB gelten. Schon seit der Generalversammlung 1933 tritt der RWB auch für die gleichberechtigte Beteiligung der Frauen in Leben und Dienst der Kirchen ein. In Konsequenz seines ökumen. Engagements hat der RWB, wo immer sich Möglichkeiten der Kooperation boten, auf eigene Programme verzichtet und z.B. Hilfs- und Entwicklungsprogramme dem ÖRK überlassen. An den multi- und bilateralen Gesprächen mit anderen Konfessionen einschließlich der röm.-kath. Kirche ist er aktiv beteiligt. Generalversammlungen aller Mitgliedskirchen finden in der Regel alle fünf Jahre statt (zuletzt 1982 in Ottawa, 1989 in Seoul). Zwischenzeitlich liegt die Leitung bei einem jährlich zusammentretenden Exekutivausschuß (30 Mitglieder, darunter z.Zt. acht Frauen). Für einzelne Regionen treten bes. Gebietsversammlungen mit eigener Leitung zusammen. Das Generalsekretariat hat seinen Sitz im Ökumenischen Zentrum in Genf, ist aber mit einer Theol. Abteilung, einer Abteilung für Zusammenarbeit und Zeugnis, einem Programm für die Stärkung der Partnerschaft von Frauen und Männern in der Kirche und der Finanzabteilung bewußt klein gehalten. Für Konferenzen und Tagungen steht in Genf das John-Knox-Center zur Verfügung.

Lit.: M. Praderand: A Century of Service, 1975; Vierteljahreszeitschrift »Reformed World«.

L. Coenen

Reformkatholizismus →Modernismus

Reformkonzile des Spätmittelalters

→Reformbestrebungen (kirchl.) des Mittelalters; →Konzil

Reformorthodoxie, lutherische →Orthodoxie, altprotestantische

Réfugiés

Bezeichnung für franz.-ref. Glaubensflüchtlinge, die während der verschiedenen Verfolgungswellen – v.a. nach 1685 – Frankreich verließen. Der Flüchtlingsstrom – vorwiegend aus Süd- und Südwestfrankreich – ergoß sich in die ev. Kantone der Schweiz mit Zentren wie Genf, Zürich, Bern, Basel und Schaffhausen, wo Hugenottengemeinden verstärkt bzw. neu gegründet wurden. Jedoch fungierte das eidgenössische Exil für die meisten Réfugiés nur als Zwischenstation. Zur »Arche des Refuge« wurden die Generalstaaten (nördl. Niederlande) mit den älteren wallonisch-ref. Kirchengemeinden, deren Zahl sich mit 87 fast verdoppelte. England nahm viele Flüchtlinge auf, nachdem bereits im

16. Jh. einige Wallonenkirchen gegründet worden waren. Auch in Schottland und Irland kam es zur Ansiedlung von R. Über die Mutterstaaten gelangten Hugenotten in die jeweiligen Kolonien: vorübergehend nach Süd-, dauernd nach Nordamerika (North- und South-Carolina), nach Guyana, in die Kapkolonie und nach Niederländisch-Indien. Flüchtlingsgemeinden bildeten sich in Dänemark, Norwegen und Schweden, selbst im orthodoxen Rußland Peters des Großen und sogar im Osmanischen Reich mit Konstantinopel. Von den ev. Territorien des Heiligen Römischen Reiches Deutscher Nation nahm Brandenburg-Preußen unter →Friedrich Wilhelm, dem Großen Kurfürsten, durch das Potsdamer Edikt (1685) mit ca. 20.000 Hugenotten fast die Hälfte der hugenottischen und waldensischen Einwanderer auf. In deutlichem Abstand folgten Hessen-Kassel (mit ca. 3.800), das Rhein-Main-Gebiet (ca. 3.600), die hohenzollernschen Markgrafentümer Ansbach und Bayreuth (ca. 3.400), Württemberg (ca. 3.000), Kurpfalz (ca. 2.000), Hansestädte und welfische Herzogtümer (1.500), Sachsen (300), Lippe-Detmold (200), Mecklenburg-Schwerin (100). Die Rechtsgrundlage bildeten Kapitulationen, Konzessionen und Privilegien, die hinsichtlich der Erstniederlassung von 1554 bis 1732 reichten.

Darin wurden die mitgebrachten kirchl. Rechte auf der Ebene der Einzelgemeinde bestätigt bzw. erweitert: die Anstellung eigener Prediger (teilweise mit freier Pfarrerwahl) und Lehrer; der Bau eigener Gotteshäuser, Schulen und Hospitäler; die Einsetzung von Presbyterien mit der Geistlichkeit und den beiden Laienämtern des Ältesten sowie Diakonen. Das örtliche Leitungsgremium war verantwortlich für das rel. Leben, kümmerte sich um die Almosen und übte die Kirchenzucht aus. An übergeordneten Synodalverbänden entstanden nach 1585 nur vier von unterschiedlicher Dauer: die Fränkische Hugenottensynode (1688–1732), die Südhessische Waldensersynode (1699–1704), die Württembergische Waldensersynode (1701–1769) und die seit 1703 bis heute in Resten existierende »Niedersächsische Konföderation« für die welfischen Gebiete sowie Schaumburg-Lippe. Dagegen wurden in Brandenburg-Preußen und Hessen-Kassel mit den meisten R. und überzeugt ev.-ref. Herrschern solche Synoden gezielt verhindert und deren Aufgabe durch besondere Kirchenverwaltungen (franz.-ref. Oberkonsistorium bzw. Geistlichen Inspektor) ersetzt: aus Mißtrauen gegen die an basisorientierte Selbstverantwortung gewöhnte Hugenottenkirche Frankreichs als mögliche Gefahr für den absolutistischen Staat.

Deutsche Fürsten und Stadtstaaten waren in erster Linie am ökonomischen Potential der R. interessiert. Nach den Menschenverlusten des Dreißigjährigen Krieges stieg durch Einwanderung die Bevölkerung erheblich an. Die Flüchtlinge aus dem fortschrittlichen Frankreich des Merkantilismus sollten das kränkelnde Wirtschaftsleben ankurbeln: durch die Fortführung traditioneller Handwerksberufe, aber speziell mit der neuen Betriebsform der Manufaktur, von der man sich die Massenproduktion von Luxusartikeln für den Export versprach. Trotz fürstlicher Vergünstigungen für die Unternehmer setzten unzureichende private sowie staatliche Mittel und die territoriale Zersplitterung des Reiches den erwarteten Innovationen rasch Grenzen.

Das höfische Leben im Absolutismus mit der Nachahmung des Versailler Vorbildes wurde von adeligen Hugenotten mitgetragen. Weibliche Hugenottennachkommen spielten als Gouvernanten in adeligen, zunehmend in bürgerlichen Familien bei der Erziehung eine bestimmende Rolle. Die Bedeutung von R. für das Geistesleben reicht von Mitgliedern in der Preußischen Akademie der Wissenschaften zu Berlin bis hin zu Tanz-, Fecht- und Sprachmeistern an Universitäten und Ritterakademien.

Die Assimilation der Hugenottennachkommen im Refuge verstärkte sich im ausgehenden 18. Jh. und wurde durch die Napoleonische Herrschaft verschärft. Zu Beginn des 19. Jh.s büßten etwa die franz.-ref. Gemeinden Preußens ihre rechtliche Sonderstellung ein und diejenigen in Hessen-Kassel verloren ihren kirchenrechtlichen Status. Der franz. Gottesdienst wurde zuerst in ländlichen sowie kleinstädtischen Kirchen zugunsten dt. Predigt aufgegeben und als regelmäßiger Turnus nur auf Intervention bürgerlicher Oberschichten etwa in Berlin oder Frankfurt a.M. bis in den Ersten Weltkrieg hinein beibehalten, um dann endgültig zu erlöschen.

In Paris entstand 1852 als Sammlung hist. aufgeschlossener Hugenottennachkommen aus der Heimat und dem Exil die »Société pour l'histoire du protestantisme français« (samt ihrem Bulletin). Weitere kirchengeschichtl. Vereinigungen zum Refuge folgten 1878 in den Niederlanden (»Société pour l'histoire des églises wallonnes« – mit Bulletin seit 1883), 1883 in den USA (»The Huguenot Society of America« in New York) und 1885 in Großbritannien (»The Huguenot Society of London«, heute: »of Great Britain and Ireland« – samt Proceedings und Publications). Zuständig für Nachfahren von Wallonen, Hugenotten und Waldensern in

Deutschland ist der »Deutsche Hugenotten-Verein«, 1890 vom Hugenottenpfarrer H. Tollin gegründet: Die Reihe »Geschichtsblätter«, die Zeitschrift »Der deutsche Hugenott« und die regionalen Deutschen Hugenottentage (mit Festschriften) stellen die neuen Forschungsergebnisse vor. In Bad Karlshafen befindet sich das Deutsche Hugenottenzentrum mit Geschäftsstelle, genealogischen Sammlungen und großer Spezialbibliothek; ebenso das Deutsche Hugenottenmuseum. Der Französische Dom Berlin bietet neben dem Museum einen wertvollen Quellen- und Literaturbestand vor allem zu den preußischen Kolonien.

Lit.: J. E. Bischoff: Lexikon deutscher Hugenotten-Orte, 1994; J. Desel (Hg.): Deutsches Hugenotten-Museum Bad Karlshafen. Museumsführer, [2]1990; J. Desel, W. Mogk (Hg.): Wege in eine neue Heimat. Fluchtberichte von Hugenotten aus Metz, 1987; dies.: (Hg.): 100 Jahre Deutscher Hugenotten-Verein 1890–1990, 1990; H. Duchardt (Hg.): Der Exodus der Hugenotten. Die Aufhebung des Edikts von Nantes 1685 als europäisches Ereignis, 1985; R. v. Thadden, M. Magdelaine (Hg.): Die Hugenotten 1685–1985, 1985.

W. Mogk

Regula fidei

R.f. (Glaubensregel) oder regula veritatis (Wahrheitsregel) taucht zuerst bei →Irenäus (um 180) auf und meint den zentralen Inhalt des christl. Glaubens, auf den sich die Kirche als Richtschnur in der Auseinandersetzung mit Heidentum und Häresie bezieht. In ihrer Überlieferung bewahrt die Kirche ihre Grundlagen und legt sie ursprungsbezogen aus. Meist wurde die r.f. triadisch als Glaube an Gott den Vater, den Sohn und den Heiligen Geist entfaltet, wobei es im einzelnen, besonders in der Anfangszeit Offenheiten und Unterschiede gab. Die r.f. ist nicht Formel, sondern Fundament des Glaubens, der im Taufunterricht mitgeteilt und eingeübt wird. Mit den Reichskonzilien von 325 und 381 wurde das Glaubensbekenntnis (→Bekenntnis) unveränderbar festgelegt und steht in dieser sprachlichen und inhaltlichen Form bis in die Gegenwart hinein in Geltung.

Lit.: H. von Campenhausen: Das Bekenntnis im Urchristentum, ZNW 63, 1972, 200–253; B. Hägglund: Die Bedeutung der regula fidei als Grundlage theologischer Aussagen, St.Th. 12, 1958, 1-44.

G. Ruhbach

Reich Gottes

a) biblisch

Der ntl. Begriff »Reich Gottes« (Mk 1,14f) wird als Erfüllung der atl. Erwartung der Herrschaft Gottes und seiner räumlichen Einflußsphäre (Reich Gottes; Mt 10,7) verstanden. Im AT herrscht Gott als König nicht nur über Israel (2Mo 15,18; Ps 10,16; 29,10), sondern über die ganze Welt (2Kön 19,15.19; Ps 47,8f; 99,1ff; 103,19; Jes 24,21ff; vgl. 1QH 10,8). Die atl. Hoffnung der zukünftigen Herrschaft Gottes (Sach 14,9.16) geht mit der Verheißung eines messianischen Königs einher (vgl. u.a. 2Sam 7, 12-16; Jes 35,4f.10; Jer 30,4-9; Dan 2,36-45). Nach Dan 7,13f wird dem Menschensohn die ewig währende Herrschaft übertragen.

Zur Zeit Jesu war die Interpretation der atl. Verheißung eines kommenden R.es G. vielgestaltig. Allen Erwartungen gemeinsam ist die Überzeugung, daß der gegenwärtige durch einen neuen Äon abgelöst werden wird (Ps 145,11.13; Jes 24-27; 40,1-11; Hes 37,26ff; Am 5,18ff; vgl. Johannes der Täufer Mt 3,1-12; 12,32). Unterschiedlich sind jedoch die Auffassungen, wie und wann dieser neue Äon anbrechen wird. Die →Zeloten verstanden sich als Exekutive Gottes. Sie beabsichtigten, dem Willen Gottes durch militanten Widerstand gegen polit., wirtschaftl. und soziale Unterdrückung Geltung zu verschaffen. Die vor allem literarisch dokumentierbare apokalyptische Position (4Esr 7; syrBar 29; äthHen 37-71; PsSal 17 und 18) hat die Hoffnung auf ein streng zukünftiges Handeln Gottes zum Inhalt. Die den Essenern nahestehende Qumrangemeinde (→Qumran) vermittelt insofern zwischen zukünftiger Gottesherrschaft und eigener Gegenwart, als sie den Weg des kommenden Herrn (Jes 40,3) durch gewissenhafte Erforschung und Befolgung der Tora vorbereitet (1QS 8,13ff).

Die Besonderheit der Lehre Jesu besteht darin, daß das R.G. (Joh 18,36; vgl. 1Kor 6,9f; 15,50-53; Eph 5,5) mit seiner Person im alten Äon bereits verwirklicht wird (C. H. Dodd). Somit ereignet sich ein Teil des zukünftig Erwarteten in der Gegenwart (vgl. Jes 35,5-6; Jes 61,1-2; Mt 11,2-6; Lk 4,21). Dies wird an der spannungsgeladenen »Schon«-(Lk 11,20; 17,20f; vgl. Mt 13,16; Röm 14,17; Kol 1,13) »noch nicht«-(Mt 6,10; 25,34; Mk 14,25; Lk 19,11) Ausprägung der Gottesherrschaft deutlich. Einige Gleichnisse (vgl. Mk 4,11f) unterstreichen den geringen, unscheinbaren Beginn und die herrliche Kulmination der Gottesherrschaft (Mt 13,31-33; Mk 4,26-29).

Jesus hat sein eigenes Geschick selten mit der Erwartung des R.es G. verknüpft. Aber zumindest in Mk 14,25 (vgl. 8,38; 9,1) wird deutlich, daß er trotz seines bevorstehenden Todes damit rechnet, am kommenden R.G. teilzunehmen. Die göttliche Notwendigkeit seines Todes als Menschensohn (Mk 8,31 parr., Lk 12,49f), die Gewißheit seiner Rechtfertigung durch die Auferstehung (Mk 10,35-45; Mk 9,31), die soteriologische Bedeutung seines Todes (Mk 2,10f; 10,45; vgl. Jes 53,1-12; 61,10f) und der Verweis auf den neuen Bund (vgl. Jer 31,31-34) in seinem Blut (Mk 14,24) bezeugen allesamt, daß durch Überwindung der »Todestaufe« des Gottessohnes der Grundstein des ewigen messianischen R.es G. gelegt wird (vgl. Mk 12,10).

Somit läßt sich die Botschaft Jesu weder in ausschließlich präsentische noch in rein zukünftige Raster zwängen. Spätestens seit seiner Auferstehung gilt: Dort, wo Jesus als erhöhter Herr wirkt und glaubend angenommen wird, ereignet sich ansatzweise R.G. (vgl. Joh 3,35) als Gabe Gottes (Lk 12,32). Gleichzeitig bleibt die Erwartung der kosmischen Dimension des R.es G. lebendig (Apg 1,6; 3,19-21; vgl. Röm 8,18f.22-24), die in der Erwartung der Wiederkunft des messianischen Königs ihren konkreten Ausdruck findet (vgl. »Maranatha«, 1Kor 16,22; Apg 1,11; 3,20).

Der Bezug zwischen R.G. und christl. →Gemeinde ist von der Lehre Jesu aus zu bestimmen. Dreierlei ist hervorzuheben:

– Die Zugehörigkeit zum zukünftigen R.G. entscheidet sich an der gegenwärtigen Bindung an Jesus (Mt 7,23; Mk 8,38).

– Die von Jesus gewollte Gemeinde (Mt 16,18; 18,15-20) hat insofern schon Teil an der zukünftigen Gottesherrschaft, als sie sich durch →Buße der Herrschaft Christi (Eph 1,21-23; Phil 2,11; Apg 2,36) unterstellt und dies in der vertrauenden Nachfolge auch ethisch umzusetzen beginnt (Mt 6,33; 7,21-23; 11,28-30; Phil 2,1-4).

– Die Gemeinde darf jedoch keineswegs mit der Gottesherrschaft gleichgestellt werden, da der kosmische, polit.-soziale, Israel durch Buße einbeziehende (Röm 9-11), die endgültige Verwerfung Satans (Offb 20,10), Drangsal und Endgericht umfassende Aspekt des R.es G. nach wie vor erwartet wird (2Tim 4,1-8).

Lit.: O. Knoch: »Reich Gottes«, GBL 3, 1989, 1280–1282; H. J. Kraus: Die Königsherrschaft Gottes im AT, 1951; J. Weiß: Die Predigt Jesu vom Reich Gottes, 1892.

H. F. Bayer

b) theologiegeschichtlich

In der →Alten Kirche blieben apokalyptische R.G.-Vorstellungen aus dem NT und vor allem AT noch lange lebendig, sogar die Hoffnung auf das →Tausendjährige Reich (Millenium/Chiliasmus). Papias (→Apostolische Väter) und →Irenäus malen es in ganz irdischen Farben aus. Bei →Marcion wird diese Sicht zusammen mit dem AT verworfen: »Das Reich Gottes ist Christus selbst.« →Tertullian verbindet mit der Herrschaft Gottes einen sittlichen Rigorismus, dem das Reich Gottes als Lohn verheißen wird. Für →Origenes, für den das R.G. als individuelle Größe in der Seele wohnt, ist Christus selbst das R.G. (Autobasileia). Auch →Augustinus sieht im R.G. nur ein geistl. Reich, und er setzt das Tausendjährige Reich mit der Zeit der Kirche gleich. In der Kirche, die allerdings nicht mit der *civitas Dei*, »Gottesstaat«, als dem Reich der Wiedergeburt zusammenfällt, führt die universale Gottesherrschaft ihren Kampf mit dem Reich der Finsternis. Sie ist das Stadium des sechsten Zeitalters in der Geschichte des R.es G. seit Adam. In der Kirche sind wir im R.G., im Eschaton sind wir das R.G. Die Kirche ist insofern R.G., als in ihr die Gläubigen zusammen mit den Engeln und Heiligen an der Herrschaft Christi teilhaben.

Diese augustinische Synthese fällt im MA wieder auseinander, einmal in die Vorstellung des mit der Kirche gleichgesetzten R.es G., sodann in die kirchenkritischen, spiritualistischen und gegen Ende des MAs sozialrevolutionären, apokalyptisch-chiliastischen Bewegungen (z.B. Katharer, Joachimiten, Hussiten). Bezeichnend für die apokalyptische Haltung des mittelalterl. Menschen ist die eschatologische Naherwartung, die sich etwa mit dem Herannahen der Jahrtausendwende der Menschen bemächtigte, als man nach Augustins Heilsplan das Ende des Tausendjährigen Reiches der Kirche und den Jüngsten Tag erwartete. Die Reichserwartung →Joachims von Fiore (das dritte Reich des Geistes) löste im Spätmittelalter eine Welle eschatologischer Hoffnungen aus (z.B. bei den Franziskanerspiritualen).

Im →Humanismus deutet sich eine moralisch-kulturelle R.G.-Vorstellung an. Bei den →Täufern und Spiritualisten der Reformationszeit wird das Reich Gottes zu einer gegen Staat und Kirche gerichteten Vorstellung teils in Form einer Weltumgestaltung durch Revolution (→Müntzer, M. Hofmann, Täuferreich in Münster), teils in Distanz zur Welt (→Schwenckfeld: Das R.G. ist himmlisches Gnadenreich der Wiedergeborenen; S. →Franck: Reich Gottes meint das ewige innere Licht). Diese

Linie wurde in modernen Sozialutopien (z.B. K. →Marx, Nationalsozialismus) abgewandelt. Wieder anders wurde dieser Chiliasmus von apokalyptischen Sekten (→Mormonen, →Jehovas Zeugen u.a.) rezipiert. Für Luther ist das R.G. identisch mit der Sündenvergebung und →Rechtfertigung. Das R.G. wird vom Weltreich unterschieden, um Kirche und Staat vor gegenseitiger Bevormundung zu schützen. Im R.G. oder der Kirche gibt es nur das Mittel des Wortes, nicht das der Gewalt, wie im Reich der Welt (→Zwei-Reiche-Lehre).

In der →Aufklärung wird das Eschaton ins Gewissen, den »inneren Gerichtshof«, verlegt. Das R.G. wird rein ethisch verstanden – so →Kant und später A. →Ritschl im Anschluß an Kant. In der vom →Idealismus geprägten →Liberalen Theologie tritt an die Stelle einer kosmischen Eschatologie eine individuelle und spirituelle Eschatologie, in der der Menschenseele ein »unendlicher Wert« zugemessen wird – so →Troeltsch und →Harnack. Demgegenüber entdeckte der →Pietismus ganz neu die kosmische Dimension des R.es G., wie z.B. J. Chr. →Blumhardt und Chr. →Blumhardt d.J., der es wie sein Vater ins Zentrum seines Denkens stellt und es vor allem im sozialen Umbruch am Werk sieht, ähnlich L. →Ragaz und der →Religiöse Sozialismus.

Doch der Glaube ans R.G. spielte insgesamt in der Kirche keine entscheidende Rolle mehr und wanderte ins Säkulare aus. Das R.G. wurde durch das Reich des Menschen ersetzt. Nicht nur Marx erwartete es als Reich der Freiheit von Entfremdung und Ausbeutung, auch →Nietzsche hoffte auf ein »Erdenreich« anstelle des illusorischen »Himmelreichs«, in dem der Wille zur Macht und die Lebensfreude regiert, ähnlich auch Musils »Tausendjähriges Reich« ohne Werte und Grundsätze und Sartres »Reich des Menschen«, das sich durch dessen schrankenlose Selbstbestimmung verwirklicht.

Doch es ist die Bilanz der Menschheitsgeschichte und ihrer Revolutionen: Der Mensch kann die bessere Welt, die er erhofft, nicht selber schaffen. Nur durch einen aus der Geschichte nicht ableitbaren Eingriff von außen ist diese bessere Welt zu erhoffen, eben als Reich *Gottes.*

Lit.: R. Frick: Die Geschichte des Reich-Gottes-Gedankens in der alten Kirche bis Origenes und Augustin, 1928; W. Nigg: Das ewige Reich. Geschichte einer Hoffnung, 1954; J. Ohlemacher: Das Reich Gottes in Deutschland bauen. Ein Beitrag zur Vorgeschichte und Theologie der deutschen Gemeinschaftsbewegung, 1986; E. Staehlin: Die Verkündigung des Reiches Gottes in der Kirche, 7 Bde., 1951–1965.

H.G. Pöhlmann

c) systematisch-theologisch

1. Bedeutung der Lehre vom Reich Gottes

Der Begriff des R.es G. ist ein zentrales theol. Motiv der Bibel. Insbesondere Jesus stellt ihn in den Mittelpunkt seiner Verkündigung und verbindet mit ihm in besonderer Weise das Neue, das mit ihm gekommen ist. Er ist deshalb auch das zentrale Thema christl. →Ethik.

Der Gedanke der Königsherrschaft Gottes unterliegt vor allem in neuerer Zeit erheblichen Bedenken: Er sei eine heute überholte Spiegelung gesellschaftl. Strukturen der bibl. Zeit. Dem vom Gedanken der →Autonomie des einzelnen geprägten Menschen der modernen demokratischen Gesellschaft (→Demokratie) sei der Gedanke der Herrschaft (und damit auch der Herrschaft Gottes) völlig fremd und unverständlich. Die Rede vom Herrsein Gottes sei als Ausdruck repressiver Herrschaftssprache abzulehnen (→Frankfurter Schule).

Dieser Kritik ist entgegenzuhalten:

a. Der Gedanke der Königsherrschaft Gottes findet sich in Israel schon vor der Königszeit (2Mo 15,18 u.ö.) und steht anfänglich sogar in ausdrücklichem Gegensatz zur Einführung der monarchischen Staatsform in Israel (Ri 8,23; 1Sam 8,7).

b. Kennzeichnend für das Verständnis des Königtums Gottes ist nicht Despotismus, sondern im Gegenteil sein helfendes, rettendes Eingreifen zugunsten von unterdrückten Menschen (2Mo 20,2; vgl. Ps 145,13f; 146,7.10; 147,5f).

c. Das Herrsein Gottes ist begründet in seinem Schöpfersein (Ps 95,3-5; 96,10). Es gehört damit wesentlich zum Gottsein Gottes.

2. Die Verwirklichung des Reiches Gottes

Das Herrsein Gottes wird aber von der sich gegen ihn auflehnenden Menschheit bestritten. Der von der →Sünde bestimmte Mensch will »sein wie Gott« (1Mo 3,5) bzw. »will nicht, daß Gott Gott sei« (Luther). Er will sein eigener Schöpfer und Herr sein. Deshalb zielt das erlösende Wirken Gottes auf die Überwindung dieses inneren Widerstandes, positiv: auf die Durchsetzung der Herrschaft Gottes. Eine erste, vorläufige Gestalt des R.es G. war die israelit. →Theokratie. Die Botschaft der Propheten zeigte aber immer wieder auf, wie diese Unterordnung unter Gott nur äußerlich war, während das Herz des Menschen unverändert Gott fern blieb (Jes 29,13). Erst Jesus ermöglicht eine wirkliche innere Erneuerung einzelner in →Bekehrung bzw. →Wiedergeburt. In ihr vollzieht sich im Kern ein individueller Herrschaftswechsel (Mt 6,24.33; 1Thess 1,9; Röm 6,17.22). Die Verwirklichung des R.es G. ist also gekennzeichnet durch Partikularität des Weges in der Erneuerung einzelner, deren eigenes Leben jetzt als Dienst für Gott (Röm 12,2) auf eine weitergehende Durchsetzung des Reiches Gottes in anderen aus ist.

Als Gemeinschaft der Glaubenden ist die →Gemeinde Jesu in besonderer Weise Bereich seiner Herrschaft. Sofern allerdings auch im Leben der Christen noch Sünde ist, ist die Gemeinde nicht einfach identisch mit dem R.G. Die universale Vollendung des R.es G. ist ausschließlich Gegenstand eschatologischer Hoffnung, wenn Gott allen Widerstand definitiv überwindet.

3. Zur gegenwärtigen Diskussion

Gegenwärtig ringen unterschiedliche Deutungen des R.es G. um Anerkennung:

a. Verdiesseitigung des R.es G.: Anknüpfend an →liberale Theologie, in der das R.G. das Reich der wahren Mitmenschlichkeit ist, versteht die Bewegung des →social gospel ihre sozialpolit. Arbeit als schrittweise Verwirklichung des R.es G.; ähnlich die →Befreiungstheologie. Im weiteren Wirkungsbereich vor allem der →Dialektischen Theologie wird dieses sozialpolit. Engagement durch die Theorie von der universalen Königsherrschaft Christi begründet. Während hier die soziale Aktion die auf Erneuerung von einzelnen zielende →Evangelisation ersetzt, halten die sog. radikalen Evangelikalen (R. Sider, Chr. Sudgen) an der Evangelisation fest, drängen aber vor allem auf direkte sozialpolit. Umsetzung des Ethos der →Bergpredigt in der Hoffnung, daß diese Bemühungen schließlich in die Vollendung des R.es G. münden.

b. Verjenseitigung des R.es G.: In Abgrenzung gegen die liberale Theologie und in Anlehnung an eine einseitig spiritualistisch verstandene →Zwei-Reiche-Lehre neigen konservative Christen dazu, das R.G. auf den inneren Bezirk persönlicher Frömmigkeit (in individueller →Heiligung) und das Eschaton (den Himmel bzw. das →Tausendjährige Reich) zu beschränken.

c. Theozentrisches Verständnis des R.es G.: Von wirklicher Herrschaft Gottes im Sinne des NT wird man nicht dort schon sprechen können, wo nur Verhältnisse und Strukturen geändert werden, aber der Mensch bleibt wie er ist. Umgekehrt wird echte geistl. Veränderung eines Menschen den schlechten Verhältnissen und Strukturen gegenüber nicht gleichgültig bleiben können. R.G. im Sinne des NT ereignet sich da, wo Menschen, durch das Evangelium aus ihrer Selbstherrschaft befreit, sich und ihr ganzes Leben bewußt unter die gute Herrschaft Gottes stellen, und sich, im ständigen Hören auf Gott, Tag für Tag neu unter die Führung Gottes stellen (→Geistesleitung). Dieser Herrschaftswechsel wird dann mit innerer Konsequenz auch verändernde Wirkungen im näheren und weiteren sozialen Umfeld haben. Dabei können aber die Maßstäbe des eigenen christl. Handelns nicht einfach auf Nichtchristen übertragen werden. Das Hinarbeiten auf eine persönliche Hinwendung von Menschen zu Gott bleibt deshalb das dringlichste Anliegen.

Lit.: K. Bockmühl: »Reich Gottes und Humanismus«, in: J. Stott, K. Runia (Hg.): Das Himmelreich hat schon begonnen. Reich Gottes in unserer Zeit, 1977; ders. (Hg.): Verkündigung und soziale Verantwortung (Konsultation von Grand Rapids), 1983; W. Pannenberg: Systematische Theologie, Bd. 3, 1993, 40-71; E. Schnabel: Das Reich Gottes als Wirklichkeit und Hoffnung. Neuere Entwicklungen in der evangelikalen Theologie, 1993.

H. Burkhardt

Reichsgottesarbeiter-Vereinigung

Die Reichsgottesarbeiter-Vereinigung e.V. (RGAV), 1903 in Kassel gegründet, ist ein Zusammenschluß von Mitarbeitern im hauptberuflichen Dienst in Verkündigung und Seelsorge. Ihre Mitglieder sind Prediger, Gemeinschaftsschwestern, Stadtmissionare und Jugendleiterinnen in Gemeinschaften und Gemeinden, Pastoren in Landeskirchen und Freikirchen, wie auch Diakone, Jugendwarte, Blaukreuzsekretäre und Missionare.

Infolge der Teilung Deutschlands nach dem Zweiten Weltkrieg kam es 1952 in Erfurt zur Gründung der »Predigerbruderschaft« im »Evangelisch-kirchlichen Gnadauer Gemeinschaftswerk in der DDR«, in der sich ebenso Brüder und Schwestern im hauptberuflichen Dienst sammelten. Sie führten jährlich einen Brudertag und im Herbst eine Bruderwoche durch. Von Anfang an bestand eine enge Verbindung zwischen beiden Bruderschaften. Nach der Öffnung der Grenzen fand bei der Hauptkonferenz im April 1991 die Wiedervereinigung beider Bruderschaften statt.

Die RGAV hat z. Zt. 730 Mitglieder und gliedert sich in 12 Bezirksverbände: Baden-Württemberg, Bayern, Berlin-Brandenburg, Hessen, Mecklenburg-Vorpommern, Niedersachsen, Pfalz-Rheinhessen-Saar-Nahe, Rheinland-Westfalen, Sachsen, Sachsen-Anhalt, Schleswig-Holstein-Hamburg und Thüringen. Die Vereinigung wird von einem Vorstand geleitet, der von der Mitgliederversammlung gewählt wird. Die Vorsitzenden waren: August

Dallmeyer (1904–1934), Paul →Wißwede (1934–1953), Ernst de Groote (1953), Heinrich Uloth (1953–1971), Karl-Heinrich Bender (seit 1971). Die RGAV sieht ihre Aufgabe in der Pflege der Bruderschaft, Gemeinschaft und Seelsorge, in der Förderung im Glaubensleben, in der Hilfe zum Dienst und zur theol. Weiterbildung. Weitere Aufgaben sind: Herausgabe einer bibl.-theol. Zeitschrift »Der Reichgottesarbeiter«; Durchführung mission. und diakon. Aufgaben, Vermittlung in Konfliktfällen zwischen Mitgliedern und ihrer jeweiligen Dienststelle. Im Rahmen der vorhandenen Mittel unterstützt der RGAV Witwen und Brüder im Ruhestand und hilft in besonderen Notfällen. In den einzelnen Bezirksverbänden finden Bezirkskonferenzen oder -tage statt, Ende April wird die jährliche Hauptkonferenz mit der Mitgliederversammlung gehalten. Die Geschäftsstelle der RGAV ist in Meldorf.

Red.

Reichsbrüderbund

→Württembergischer Brüderbund

Reichsidee, religiöse

Nach der konstantinischen Wende 313 nahm der röm. Bischof für sich in Anspruch, die Idee des »ewigen Rom« mit christl. Inhalten fortzusetzen. Gelasius I. entwickelte dafür die Vorstellung von den beiden Schwertern, die Gott dem Kaiser für den weltlichen und der Kirche für den geistl. Bereich übertragen habe. Auch die byz. Kaiser übertrugen die röm. Reichsidee auf sich und gestalteten sie nach dem Modell des Caesaropapismus aus. In der →Konstantinischen Schenkung, die im 8. Jh. entstand und in den →pseudoisidorischen Dekretalen wiederholt wurde, war ausdrücklich von der Übertragung des Herrschaftsanspruchs über Europa vom Kaiser auf den röm. Bischof die Rede. Gegen diese rel. aufgewertete Vorstellung stellten die Kaiser polemisch die R. als den Gedanken vom »Heiligen Römischen Reich«, z.B. dt. Nation, das der Kaiser und seine Dynastie von »Gottes Gnaden« erhalten und auftragsgemäß zu verwalten und zu mehren habe. Über Jahrhunderte hin – bis zum Ende des konstantinischen Zeitalters 1918 – hat diese Vorstellung dt. und europ. Herrschaftsansprüche polit. und rel. legitimiert.

G. Ruhbach

Reichslieder

→Liedgut und Liederbücher

Reichtum

1. Begriffsbestimmung

R. hat den Grundsinn »Fülle an Lebensgütern« (über das Notwendige hinausgehender Besitz). In der Politischen Ökonomie wird im Merkantilismus R. als Edelmetallbesitz verstanden, der über eine aktive Handelsbilanz erzielt wird. Physiokraten sehen den Reichtum im landwirtschaftl. Bodenbesitz, die Arbeitswertlehre spricht der menschlichen Arbeit die Schaffung des R.s zu. Ziel ist die Erhöhung der Produktivität der Arbeit über Humankapitalinvestitionen. R. ist ein relativer Begriff, ein heute Armer mag zu früheren Zeiten zu den Wohlhabenden gehört haben.

2. Reichtum als Segen (AT)

R. kann als Gabe Gottes und Ausdruck seines persönlichen Segens verstanden werden, Ausdruck eines glücklichen und gesegneten Lebens sein (5Mo 28,1ff). Die meisten Äußerungen im AT zur Frage des R.s finden sich in der Weisheitsliteratur, die unbefangen von der Wertschätzung des R.s spricht, aber auch seine Relativität und Verführungskraft betont. Reich wird, wer gut haushält (Spr 24,4), wer fleißig (Sir 31,3) und tüchtig ist (Spr 10,4; 11,16), wer sich der Laster enthält (Sir 19,1ff). R. bietet Lebenssicherheit, Ehre, Freunde und Frieden. R. gestattet es, Almosen zu geben.

Auch die Gefährdungen des R.s werden gesehen: R. führt zur Selbstüberschätzung (Spr 28,11), zum Hochmut (Spr 18,11ff) und zu falscher Sicherheit. Hervorgehoben wird die Gefahr, durch das Streben nach R. auf verkehrte Wege zu gelangen (Spr 28,6). R. ist nur ein relatives Gut, das von anderen Gütern (Gesundheit, Weisheit, guter Name) übertroffen wird und auch mit Sorgen und Schlaflosigkeit verbunden ist. Die Anschauung des R.s als Segen führt zum Theodizeeproblem, wenn Gottlose R. erlangen und Arme Unglück erleiden (Hiob).

3. Gefährdung des Reichtums (NT)

Das NT ist in der Beurteilung des R.s ähnlich vielschichtig wie das AT. R. wird nicht verteufelt, aber hat die gefährliche Tendenz, das Reich Gottes zu hindern. Die Gefahr des Strebens nach R. (1Tim 6,9) sowie die generelle Aussage, daß Reiche schwer ins Himmelreich kommen (Mt 19,24ff), stehen im Vordergrund. R. kann den Samen des Wortes Gottes ersticken (Mt 13,22). Im Jakobusbrief werden die Reichen sehr kritisch beurteilt, da R. zu unterschiedlicher Würde und Rangordnung in der Gemeinde beiträgt. R. verführt zum Vertrauen auf sich selbst und hindert die Nachfolge Christi (z. B. beim »Reichen Jüngling«).

4. Umgang mit Reichtum

Am Umgang mit dem R. bewährt sich der Glaube. Schon im Griechentum wurde R. nach seiner Bedeutung für die Gesellschaft beurteilt (Platon und Aristoteles: R. muß der Polis dienen). Spr 30,8f: Bittet weder um Reichtum noch um →Armut, da R. Gott verleugnen möge und Armut Anlaß zum Stehlen gibt. Der reiche Mann wird kritisiert, weil er mit seinem R. nicht Gutes getan hat (Lk 16,19ff). Die christl. Einstellung zum R. zeigt sich im Spannungsfeld der beiden Gesichtspunkte des »in-der-Welt, aber nicht von-der-Welt-sein«. Eph 3,8 spricht davon, daß für den Christen der wahre R. in Christus liegt. In Offb wird die Gemeinde in Smyrna als reich bezeichnet, weil sie um des Glaubens willen verfolgt wird. Laodizea gilt als arm, weil sie sich für reich hält. Der Begriff des R.s wird an vielen Stellen in der Bibel nicht nur im materiellen Sinn gebraucht.

Probleme des R.s ergeben sich aus der Tatsache, daß in der heutigen Welt nur ein kleiner Teil wohlhabend ist, über 1,1 Mrd. Menschen in Armut leben. Eine einfache Umverteilung hilft jedoch nicht weiter, da R. geschaffen werden muß! Zur Schaffung des ökonomischen Wohlstands muß die Ursache des R.s untersucht werden, wobei die gewählte Wirtschaftsordnung, das polit. Rechtssystem und das vorhandene Arbeitsethos entscheidende Determinanten darstellen. Der Protektionismus der Industrieländer verhindert R.-bildung in der Dritten Welt (→Entwicklungshilfe). S. auch: →Armut, →Eigentum und dortige Literaturhinweise.

Lit.: H. Burkhardt: »Armut und Reichtum in biblischer Sicht«, in: W. Lachmann, R. Haupt: Entwicklungsförderung, 1992, 125–141; F. Hauck, W. Kasch: ThWNT VI, 1959, 316–330; W. Lachmann: Wirtschaft und Ethik. Maßstäbe wirtschaftlichen Handelns, [2]1989, 160ff.

W. Lachmann

Reimarus, Hermann Samuel (1694–1768)

R., geb. am 22. 12. 1694 in Hamburg, gest. am 1. 3. 1768 ebenda. Nach Besuch des Gymnasiums Johanneum folgte 1714-25 ein Studium der Theologie und Philosophie in Jena (bei →Buddeus) und seit 1716 in Wittenberg. Dort erwarb er auch den Magistergrad und wurde zum Adjunkten der phil. Fakultät berufen. Auf einer Bildungsreise in Holland und England wurde er persönlich mit führenden Vertretern des →Deismus bekannt. Nach kurzer Tätigkeit als Rektor der Stadtschule in Wismar (seit 1723) wurde R. 1727 Prof. für orientalische Sprachen am Johanneum in Hamburg. 1728 heiratete er eine Tochter seines früheren Lehrers und jetzigen Kollegen, des bekannten Physikotheologen J. A. →Fabricius (→Physikotheologie). Verschiedene wissenschaftl. Veröffentlichungen machten R. weit über Deutschland hinaus bekannt, vor allem sein Erstlingswerk, die kritische Ausgabe der Werke des röm. Historikers Dio Cassius (1750/52) und die gegen den atheistischen Materialismus gerichtete apologet. Schrift »Die vornehmsten Wahrheiten der natürlichen Religion, in 10 Abhandlungen auf begreifliche Weise erklärt und gerettet« (1754, [6]1791, in mehrere Sprachen übersetzt). Nur wenige enge Freunde wußten, daß R. gleichzeitig an seinem eigentlichen Lebenswerk arbeitete, der von ihm aus Furcht vor möglichen persönlichen Anfeindungen bewußt nicht der Öffentlichkeit übergebenen »Apologie oder Schutzschrift für die vernünftigen Verehrer Gottes«. Bereits als Theologiestudent hatte R. aufgrund ihm unüberwindlich erscheinender Zweifel innerlich mit dem ihm anerzogenen christl. Glauben gebrochen und sich deshalb von der Theologie ab- und der Philologie zugewandt (davon erzählt er, fast im Stil einer Bekehrungsgeschichte, in seinem »Vorbericht«). Die »Apologie« entstand aus dem Bedürfnis, sich selbst genauer Rechenschaft zu geben von der Wahrheit bzw. Unwahrheit des Christentums. Dies tat er in einer umfassenden kritischen Analyse von Geschichte und Theologie der Bibel Alten und Neuen Testaments. Im Mittelpunkt steht dabei seine Deutung der Geschichte Jesu und der Entstehung des apostol. Christentums. Seine These ist: Der »Zweck« Jesu war, »ein weltlich Reich aufzurichten«. Darin ist er gescheitert. Aus dieser Verlegenheit heraus haben die Jünger den Mythos von Auferstehung und Himmelfahrt erfunden und das »apostolische System« von Jesus als »geistlichem Erlöser« entwickelt.

Obwohl viele seiner Schlüsse einer kritischen Nachfrage nicht standhalten, hat A. →Schweitzer dieses Werk mit Recht an den Anfang seiner berühmten Geschichte der kritischen Leben-Jesu-Forschung gestellt. Als →Lessing, der R. 1767 noch persönlich kennenlernte, nach dessen Tod von einer Tochter des R. das ca. 4.000 Seiten umfassende Manuskript zur Einsicht bekam und dann seit 1774 aus ihm die »Fragmente eines Ungenannten« veröffentlichte, entfachte er damit einen Sturm heftiger theol. Auseinandersetzungen insbesondere zwischen ihm und dem Hamburger Theologen J. M. →Goeze. Erst 1972 wurde der vollständige Text des Werkes im Auftrag der Joachim-Jungius-Gesellschaft publiziert.

Lit.: C. Bertheau: »Fragmente, Wolfenbüttelsche«, RE³ VI, 136-141; W. Gericke: »Zur theologischen Entwicklung von Hermann Samuel ReiMarus«, in: ThLZ 114 (1989), 859–862; F. Lötzsch: Was ist «Ökologie«? Hermann Samuel Reimarus. Ein Beitrag zur Geistesgeschichte des 19. Jahrhunderts, 1987; A. Schweitzer: Von Reimarus zu Wrede, 1906 (seit 1913: Geschichte der Leben-Jesu-Forschung), Kap. 2; P. Stemmer: Weissagung und Kritik. Eine Studie zur Hermeneutik bei Hermann Samuel Reimarus, 1983.

H. Burkhardt

Reinkarnation

Wiederverkörperung, Seelenwanderung, Metempsychose. Grundlage des R.sglaubens ist die Annahme, daß die Seele beim Tod den Leib verläßt und unmittelbar oder später die Seele eines neu entstehenden Wesens (von Mensch oder Tier, u.U. auch Pflanze) bildet. Zusammen mit dem Gesetz der Vergeltungskausalität (Karma-Lehre) stellt die R. die zentrale Grundlage des →Hinduismus, →Buddhismus und Jainismus dar. Sie ist aber keineswegs auf diese Religionen beschränkt, sondern tritt auch in anderen Religionen auf, insbesondere bei Naturvölkern. Die R. hat ursprünglich einen stark negativen Charakter. Sie gilt als Strafe für die im Leben begangenen Taten, die Durchbrechung des Kreislaufs der Wiedergeburten (*Samsara*) wird als Inhalt der Erlösung verstanden. Die mystischen Traditionen des Griechentums und die →Gnosis vertraten gleichfalls die R. und vermittelten dies über kabbalistische und andere mystische Strömungen dem mittelalterl. Abendland. In der Neuzeit tritt die Lehre von der R. unter fernöstlichem Einfluß erneut auf. Hier wird sie allerdings positiv verstanden; sie gilt nicht als Strafe, sondern hat Hoffnungscharakter. Vermittler waren zunächst hauptsächlich →Theosophie und →Anthroposophie, in den 60er Jahren kamen fernöstliche Sekten (oft als »Jugendreligionen« bezeichnet) hinzu.

Die R. verwirft die bibl. Linie der Einmaligkeit des menschlichen Lebens. Da sie die einmalige und abgeschlossene Erlösungstat Jesu Christi als Rettung aus dem ewigen Gericht hinfällig machen würde, ist sie mit dem christl. Glauben unvereinbar (vgl. Hebr 9,27). Die christl. Auferstehungshoffnung richtet sich auf ein einziges Individuum. Die in Mal 3,22 verheißene Wiederkunft Elias, die Jesus mit Johannes dem Täufer in verklausulierter Form als erfüllt bezeichnet (Mt 11,14; 17,10-13), kann nicht als Beleg für einen bibl. R.s-Glauben angeführt werden, denn es ist hier eine Wiederkehr des entrückten hist. Propheten gemeint, keine Seelenwanderung (vgl. Strack-Billerbeck: Kommentar zum NT aus Talmud und Midrasch, ⁶1975, IV,2, 764ff).

Lit.: H. v. Glasenapp: Die Religionen Indiens, 1943; ders.: Die fünf Weltreligionen, 1963; ders., P. Althaus: »Reinkarnation«, RGG³ V, 1637-1640; A. Kropatsch: Wiedergeburt und Erlösung, 1963.

K. Knauß

Reisepredigt, Verein für →Evangelischer Gemeinschaftsverband Siegerland und Nachbargebiete e.V.

Relativismus

Mit R. (von lat. *relativus,* »sich auf etwas beziehend«, »verhältnismäßig«) wird eine ganze Reihe verschiedener Konzeptionen bezeichnet. Grundsätzlich ist zu unterscheiden zwischen ethischem und erkenntnistheoretischem R.

Eine radikale Form des ethischen R. leugnet die Existenz allgemeingültiger sittlicher Normen. Davon zu unterscheiden ist der Kultur-R. Er bestreitet nicht die Verbindlichkeit sittlicher Normen überhaupt, sondern nur deren kulturübergreifende Verbindlichkeit. Es wird akzeptiert, daß verschiedene Kulturen, Religionen usw. unterschiedliche Normensysteme haben, die aber jeweils absolut verbindlich sind.

Von der ethischen ist die erkenntnistheoretische (wissenschaftstheoretische) Fragestellung zu unterscheiden. Der *Relationismus* verneint nur die Erkennbarkeit der Dinge selbst (eine essentialistische Wesensschau): Die Dinge sind nicht an sich erkennbar, wohl aber die – von manchen Vertretern als objektiv gültig anerkannten – raumzeitlichen Relationen (Beziehungen) zwischen ihnen. Die von W. O. Quine entwickelte Position *ontologischer Relativität* bemüht sich um den Nachweis, daß selbst wissenschaftl. Theorien »vollständig relativ [sind] zu unseren eigenen Worten und relativ zu unserer heimischen Gesamttheorie, die hinter ihnen steht«. Die *Paradigma-Theorie* von Th. S. Kuhn begreift einen wissenschaftl. Theoriezusammenhang als ein auf eine außerwissenschaftl. Größe wie die Wissenschaftlergemeinschaft (scientific community) bezogenes (»relatives«) Paradigma (Theorierahmenkonzept), das seinerseits nicht kompatibel ist mit anderen Paradigmen und den auf sie relativen Wissenschaftskonzepten (→Wissenschaft). Die Theorie *linguistischer Relativität* von E. Sapir und B. L. Whof bringt die sprachphil. Einsicht zum Tragen, daß sich gedankliche, theoretische »Inhalte« nicht von einer bestimmten sprachlichen »Form ablösen« lassen. Da alle →Vernunft sprachlich ist, sind alle Begriffe und Theoriezusammenhänge, sogar Weltanschauungen relativ auf eine Sprache. Die genannten relativistischen Theorien sind nicht zu verwechseln mit →Agnostizismus oder →Skeptizismus. Sie schränken vielmehr die Gültigkeit von →Erkenntnis ein, indem sie sie auf einen bestimmten, immer nur begrenzten Horizont beziehen (»relativieren«). Sie denken →Wahrheit spezifisch menschlich, d.h. sehr bescheiden: relativ auf einen dem Erkenntnissubjekt erkennbaren, vorgegebenen Zusammenhang, den dieses eben nicht absolut zu überschauen vermag.

Im Gegensatz dazu steht ein logischer R., der etwa im postmodernen Zeitgeist einen populären Ausdruck findet: Alle Erkenntnis wie alle Werte sind bloß individuell; sie sind wahr und richtig nur für ein Individuum oder eine spezielle Gruppe. Wo alle Wahrheiten gleich gültig sind, wird die Wahrheitsfrage vergleichgültigt und die Wahrheit selbst gleichgültig. Sein und Geltung sind nicht an sich gegeben, in der Postmoderne noch nicht einmal an und für sich zu denken. Im Anschluß an F. →Nietzsche ist Erkenntnis der Wahrheit nichts anderes als eine Lebensäußerung des »Willens zur Macht«, der sich und seine Begriffe von Welt durchsetzen will.

Zur Kritik: Speziell gegenüber der letztgenannten und eigentlichen Form von R. ist einzuwenden, daß ein solcher R. sich rein logisch gar nicht denken läßt, weil er sich in einen Selbstwiderspruch verwickeln würde. Die Position eines strengen R. macht nur Sinn, wo sie mit einem überindividuellen Anspruch auftritt, also für sich Allgemeingültigkeit reklamiert. Diese wiederum steht im Gegensatz zur relativistischen Grundüberzeugung, daß alle Positionen, also auch der R., bloß individuelle Gültigkeit besitzen.

Neben die theoretische Inkonsistenz des relativistischen Ansatzes tritt die bereits von J. G. →Hamann in ihrer Problematik gesehene und von F. Nietzsche beschriebene Dialektik von Individuellem und Allgemeinem. Wo man das überindividuelle Allgemeine (das Wahre, das Richtige, das Schöne) nicht mehr denken will bzw. kann, wird die jeweilige individuelle Anschauung zum allgemein Gültigen. Da aber nicht alles Individuelle allgemein werden kann, können sich nur diejenigen individuellen Anschauungen als allgemeingültig etablieren, die sich gegenüber anderen durchzusetzen und anderen Individuen ihre eigenen Werte und Wahrheiten als allgemeinen Willen und allgemeine Wahrheit aufzuzwingen vermögen.

Die in der modernen Philosophie und Wissenschaftstheorie vollzogene Überwindung der klass. →Metaphysik und ihrer Erkenntnisansprüche und die entwickelten relativistischen Positionen markieren eine Wende zu mehr Bescheidenheit. Theol. ist es nur zu begrüßen, wenn man (a) Abschied nimmt von einer nur Gott, aber nicht dem Menschen möglichen Wesensschau, wenn man (b) verzichtet auf einen nur Gott, aber nicht dem Menschen verfügbaren »Gottesstandpunkt« (H. Putnam) und schließlich (c) auch den Anspruch aufgibt, ein nur von Gott gegebenes (vgl. 1Kor 3,11), aber nicht vom Menschen zu sicherndes »unerschütterliches Fundament« (*fundamentum inconcussum*, R. →Descartes) zu erreichen.

Daß auch theol. Erkenntnis von diesen Entwicklungen berührt wird, daß auch die Art und Weise des Redens von Gott von diesen Restriktionen betroffen ist, wird nicht bedauern, wer sich auf die in den bibl. Schriften deutliche Semantik (Bedeutung) von »Erkennen/Erkenntnis« einläßt. Die Gestalt des in der Hl. Schrift deutlichen Erkenntnisprofils offenbart nicht nur eine kognitive und konstative, sondern v.a. auch eine kor*relative* und kontaktive Dimension des Erkenntnisgeschehens. Erkenntnis Gottes ist nach den bibl. Zeugnissen kein abstrakter, aus neutraler Distanz heraus vollziehbarer Vorgang. Sie ist darum möglich, weil Gott sich konkret zu erkennen gibt, indem er sich Relationen stiftend zum Menschen in Beziehung setzt.

Lit.: J. G. Hamann: »Aesthetica in nuce«, in: ders.: Sämtliche Schriften, hg. von J. Nadler, Bd. 2, 1951, 195–216; H. Hempelmann: »Erkennen/Erkenntnis«, GBL 1, 1987, 325–332; Th.S. Kuhn: Die Struktur wissenschaftlicher Revolutionen, 1967; F. Nietzsche: Der Nachlaß, hg. von A. Bäumler, ²1978; ders.: Zur Genealogie der Moral, 1887; H. Putnam: Vernunft, Wahrheit und Geschichte, 1982; W. O. Quine: Ontologische Relativität und andere Schriften, 1975; B.L. Whorf: Sprache, Denken, Wirklichkeit. Beiträge zur Metalinguistik und Sprachphilosophie, 1963.

H. Hempelmann

Religion

1. Begriff

Der von Cicero geprägte, dann von →Augustinus in den christl. Sprachschatz aufgenommene Begriff

R. wurde ursprünglich von dem Verbum *relegere*, »immer wieder (besinnlich) lesen«, später eher von *religare*, »anknüpfen«, her verstanden und damit auf die in der R. gesuchte Verbindung des Menschen mit der Gottheit bezogen. Eine einheitliche Definition ist angesichts der entdeckten Mannigfaltigkeit der R.en immer schwieriger geworden. Die von E. B. Tylor (1871) vorgeschlagene Minimal-Definition: »Glaube an Geistwesen« würde zwar polytheistische und monotheistische R.en umfassen, trifft aber nicht in allen Fällen das Wesentliche. N. →Söderbloms Formulierung: »Ehrfurcht vor dem Heiligen« umfaßt auch apersonale R.en, grenzt aber zugleich eher magisch, d.h. auf die Bemächtigung der übersinnlichen Geisterkräfte orientierte »primitive« R.formen (→Magie) ebenso aus wie den ursprünglichen (Hinayana) →Buddhismus, der auf keine Gottheit, sondern auf ein alles beherrschendes Weltgesetz (*dharma*) ausgerichtet ist. In Anlehnung an Th. Sundermeier erscheint mir folgende Definition sowohl inklusiv wie hilfreich genug zu sein: »Die vom Menschen als einzelnem und gemeinschaftlich gegebene Antwort auf eine grundlegende Transzendenz-Erfahrung, die sich in der Gestaltung von Kult, spiritueller Gemeinschaft und Ethik verbindlich Ausdruck gibt.«

2. Wesen

Die R. ist ein universales Phänomen, das in der Konstitution des Menschen verankert ist und sein Leben durchgreifend bestimmt. Die – vielfach von aufklärerisch-atheistischen Prämissen geleitete – Forschung nach dem »Ursprung der Religion« hat ergeben, daß es auch in der Welt der sog. Primitiven keine religionslosen Völker gibt und daß Menschen schon in den frühesten uns erkennbaren Stadien sich kultisch betätigt haben. In den R.en suchen ihre Anhänger Hilfe zur Bewältigung ihres von Unheil und Tod bedrohten Lebens, Sanktionen für die sozial-ethische Gestaltung der Gemeinschaft sowie Antwort auf die empirisch nicht beantwortbaren letzten Fragen nach Ursprung und Ziel des Lebens sowie der den Kosmos beherrschenden Kraft. Doch läßt sich das Wesen der R. nicht – wie beispielsweise von →Feuerbach versucht – rein anthropozentrisch als Projektion menschlicher Wünsche und Ängste in eine vermeintliche Überwelt erklären. Vielmehr wird das rel. Fragen des Menschen verursacht und begleitet von Erfahrungen übersinnlicher Art, die ihn einerseits erschauern lassen vor der numinosen Macht des Heiligen, ihn andererseits unwiderstehlich zu ihm hinziehen (*mysterium tremendum et fascinosum*, Fr. Heiler), und die ihn dazu drängen, sein Leben in grundlegender Beziehung dazu zu gestalten.

3. Typen

Weil es R. immer nur im Plural gibt, hat die R.swissenschaft sich darum bemüht, diese zu klassifizieren. Solche Typisierung kann nach unterschiedlichen Gesichtspunkten – v.a. kultischer, genetischer, geographischer, phänomenologischer oder psych. Art – geschehen:
- polytheistische und monotheistische R.en;
- Stifter-R.en (z.B. Buddhismus, Christentum, Islam) und solche mit ungewissem Ursprung;
- primitive R.en und Kultur-R.en;
- Stammes-R.en und universale R.en;
- prophetische Offenbarungs-R.en und mystische R.en.

Die R.swissenschaft hat sich unter dem Einfluß des →Rationalismus und der Fortschrittsgläubigkeit im 19. Jh. darum bemüht, die verschiedenen Typen in ein Entwicklungsschema zu bringen. Danach hätte am Anfang die polytheistische Geister-R. der Primitiven gestanden, gefolgt vom Zwischenstadium eines diffusen Animismus (Glaube an eine von Seelenkräften durchwaltete Natur), bis schließlich die aufgeklärte Vernunft den Polytheismus durch die Konzeption eines universalen Schöpfergottes überwand, was im Christentum durch dessen perfekte Verbindung von Geistigkeit und Ethik seine (bisherige) Spitze (E. →Troeltsch) erreicht habe. Dieser religionsgeschichtl. Evolutionismus ist heute fast allg. aufgegeben, schon deswegen, weil er kulturimperialistisch erscheint. Eindeutige Forschungsergebnisse widerlegen ihn: Auch die →Stammesreligionen sehen an der Spitze einen monotheistischen Urhebergott (vgl. schon die Forschungen von W. →Schmidt und seiner Schule), der deutlich ethische Züge trägt.

4. Erforschung

Die wissenschaftl. Erforschung der R. begann mit der →Aufklärung, unter deren Einfluß sich die R.sgeschichte als selbständiger Wissenschaftszweig neben der Theologie etablierte. Im 19. Jh. fand die Vergleichende Religionswissenschaft ihren vollen Durchbruch und setzte verschiedene Teildisziplinen aus sich heraus.

Nach der rein hist. Bestandaufnahme des Entstehens, Werdens und Vergehens von R.en setzt früh das Bemühen der R.sphilosophie ein, die Vielheit der rel. Erscheinungswelt hinsichtlich ihrer Leitideen und Werte in ein umgreifendes Beziehungssystem zu setzen und sie geschichtsphil. der universalen Geistesgeschichte zuzuordnen (→Hegel). Diese Versuche gerieten später in Mißkredit, zum einen, weil sie vielfach von idealistischen Prämissen ausgingen, zum anderen, weil die erstellte Hierarchie der rel. Werte verräterisch den dogmat. Standpunkt des Religionsphilosophen selber widerspiegelte, schließlich und entscheidend deswegen, weil sich die Pluriformität und Gegensätzlichkeit der rel. Erscheinungen gegen solche Systematisierung sträubte. Erfolgreich setzten sich dagegen andere Teildisziplinen durch:

Die →Religionspsychologie ging dem emotionalen Erlebnisgehalt der rel. Erfahrung nach, beschränkte sich dabei allerdings auf den subjektiven Aspekt, die Religiosität.

Die →Religionssoziologie fragte nach der Funktion der R. als integralem Faktor für den Aufbau und Zusammenhalt gesellschaftl. Strukturen, wobei sie leicht in Versuchung geriet, die R. in Außerachtlassung ihres transzendentalen Grundbezuges sozial-polit. zu instrumentalisieren – eine aufklärerische Tendenz, die bes. bei marxistischen R.ssoziologen vorherrscht.

Wichtig ist die R.sphänomenologie, welche der Vielfalt der rel. Erscheinungen, Riten, Vorstellungen, Mythen u.ä. nachgeht und ihren genauen Sitz im Leben zu orten sucht. Ihre wichtigste Erkenntnis ist die von R. →Otto und G. Mensching ausgesprochene, daß sich in jeder partikularen R. die Phänomene um eine ihr spezifische Sinnmitte, ein Metazentrum (G. Rosenkranz) organisieren, welche der R. als ganzer ihre je eigene Ausrichtung gibt und es verbietet, bei offenbaren oder scheinbaren Parallelen unter den R.en zu voreiligen Identifikationen zu gelangen, ein wichtiger empirischer Vorbehalt gegen die in der religionswissenschaftl. Literatur – nicht zuletzt in der religionsgeschichtl. Schule des theol. Liberalismus – erkennbare Tendenz zum →Synkretismus!

5. Theologische Perspektiven

Die R.en sind unausweichlich auch ein wichtiges Thema der Theologie, die sie unter dem Aspekt ihrer Verhältnisse zum christl. Glauben behandelt. Das geschah zu allen Zeiten dort, wo die Kirche sich durch die Begegnung mit einer einflußreichen anderen Religion apologetisch oder mission. herausgefordert sah. Das begann schon zu bibl. Zeiten, dann beim Eintritt des Christentums in die Welt des rel. →Hellenismus und später bei den Auseinandersetzungen mit dem Islam. Da, wo christl. Theologen den bibl. Glauben einem allg. R.sbegriff subsumierten, unterschieden sie vielfach zwischen *religio vera et falsa,* »wahrer und falscher Religion«, und stellten die bibl. Offenbarung als die allein authentische den irrigen Gedanken und Praktiken der Heiden gegenüber. Doch gleichzeitig erkannten die Theologen schon immer in den nicht-christl. R.en auch Wahrheitselemente, welche sie auf verschiedene Weise der bibl. Wahrheit zuzuordnen suchten, bes. als Anknüpfungspunkte für die mission. Verkündigung (vgl. Apg 17,22-29; Röm 1,19f). In der Geschichte des theol. Deutens der R.en stehen einander zwei unterschiedliche Linien, die der Kontinuität und der Diskontinuität (H. Kraemer) gegenüber, die entweder die Gemeinsamkeit oder die Gegensätzlichkeit betonen. Nachdem um die Mitte des 20. Jh.s ev. Theologen im Interesse der mission. Begegnung eine Ev. Religionskunde forderten und entwickelten (P. →Althaus, K. →Hartenstein, G. Rosenkranz), nimmt heute im Zeichen der Ökumenischen Bewegung und der Suche nach einer geistig-ethischen Grundlage für eine universale Friedensordnung das Ringen um eine Theologie der Religionen einen zentralen Platz in der Dogmatik ein. Der amerikanische Katholik Paul Knitter unterscheidet bei den konkurrierenden Lösungsvorschlägen zwischen drei Modellen: dem exklusiven der konservativen Evangelikalen (*solus Christus*, »Christus allein«; *sola Scriptura*, »die Schrift allein«), dem v.a. von Katholiken seit dem II. Vatikanum vertretenen inklusiven (der »kosmische Christus« anonym in allen Religionen) und dem pluralistischen avantgardistischer angelsächsischer Theologen, welche die grundsätzliche Gleichheit und Partnerschaft aller verschiedenen R.en ohne dogmat. Vorgabe postulieren. Es gibt auch mannigfaltige Versuche, zwischen den gegensätzlichen Modellen dialektisch zu vermitteln, um dem Gedanken der Erfüllung der R.en durch das Evangelium und der Einzigartigkeit Christi Rechnung zu tragen.

Im Lichte der bibl. Heilsgeschichte legt sich eine komplementäre Betrachtungsweise nahe, welche die nicht-christl. R. tripolar bestimmt sieht (1) durch das rel. Suchen des zu Gottes Ebenbild erschaffenen, aber sündigen Menschen, (2) durch die allg. Offenbarung Gottes in Schöpfung und Sittengesetz und (3) durch den verblendenden Einfluß dämonischer Mächte (1Kor 10,20). Deswegen ist das Evangelium die »Aufhebung aller Religion« (K. Barth), indem es diese zugleich beurteilt, außer Kraft setzt und erfüllt.

Lit.: J. P. Asmussen, J. Laessoe, C. Colpe (Hg.): Handbuch der Religionsgeschichte, 3 Bde., 1974; P. Beyerhaus: Theologisches Verstehen nicht-christlicher Religionen, KuD

1989, 106–127; J. Dörmann: Die eine Wahrheit und die vielen Religionen, 1988; E. Durckheim: Die elementaren Formen des religiösen Lebens, ²1984; F. Heiler: Erscheinungsformen und Wesen der Religion, 1961; H. Kraemer: Religionen und christlicher Glaube, 1959; H. Küng et al.: Christentum und Weltreligionen, 1984; G. Mensching: Die Religionen: Erscheinungsformen, Strukturtypen und Lebensgesetze, 1959; C. H. Ratschow: Die Religionen, HST 16, 1979; G. Rosenkranz: Der christliche Glaube angesichts der Weltreligionen, 1967; Th. Sundermeier: »Religion, Religionen«, in: K. Müller, Th. Sundermeier (Hg.): Lexikon missionstheologischer Grundbegriffe, 1987; J. Waardenburg: Religionen und Religion, 1986 (Lit.).

P. Beyerhaus

Religionsfreiheit →Toleranz

Religionsgeschichte →Religionswissenschaft

Religionsgeschichtliche Schule
→Bibelwissenschaft, moderne

Religionsgesellschaften

Der Rechtsbegriff stammt aus dem 18. Jh. (Preußisches Allgemeines Landrecht), wird aber heute noch im dt. Staatskirchenrecht verwendet. Dieses bringt durch diese Wortwahl die Distanz des modernen Staates zu den Kirchen zum Ausdruck und unterstreicht die rechtliche Gleichstellung aller rel. Institutionen. Damit stehen Reichsverfassung und Grundgesetz im Gegensatz zu dem landesherrlichen Kirchenregiment, das bis 1919 galt. Damals waren die beiden christl. Kirchen im Verhältnis zu anderen R. ein Oberbegriff für alle Kirchen, Freikirchen, Sekten und Jugendreligionen. Rechtliche Schwierigkeiten bringt bisweilen die Abgrenzung zu den sog. Weltanschauungsgemeinschaften, die im Gegensatz zu den Religionsgemeinschaften kein überpersonales göttliches Wesen anerkennen. Art. 140 GG i.V.m. Art. 137 VII WRV stellt den R. zwar die Vereinigungen gleich, die sich die gemeinschaftliche Pflege einer Weltanschauung zur Aufgabe machen. Einzelne Gesetze differenzieren hier freilich (vgl. BVerwGE 61, 152).

Aus theol. Gründen sollte man dem Ausdruck R. die Bezeichnung »Religionsgemeinschaft« vorziehen. Der erste Begriff ist geeignet, den theol. bedenklichen Eindruck zu erwecken, als seien die Kirchen wie Vereine auf menschliche Initiative beruhende Zusammenschlüsse von Personen zur Verehrung Gottes. Rechtlich gesehen handelt es sich aber um Stiftungen des Herrn der Kirche, zu der die Menschen berufen sind.

Das Verfassungsrecht schützt das freie Wirken der R. Sie genießen die ihnen korporativ gewährleistete Religionsfreiheit (Art. 4 GG), die damit verbundene Trennung von Staat und Kirche (Art. 140 GG i.V.m. Art. 137 I WRV) und das Selbstbestimmungsrecht der Religionsgemeinschaften (Art. 140 GG i.V.m. Art. 137 III WRV). Alle Staatsbürger haben das Recht, R. zu bilden. Diese können sich im Privatrecht oder im öffentlichen Recht ansiedeln. Die Verfassung hat den R., die schon herkömmlich den Status einer →Körperschaft des öffentlichen Rechts genossen, diesen Rechtsstatus im Jahr 1919 weiterhin gewährleistet. Anderen R. sind auf Antrag die gleichen Rechte zu gewähren, wenn sie durch ihre Verfassung und die Zahl ihrer Mitglieder die Gewähr der Dauer bieten. Davon haben zahlreiche Religionsgemeinschaften inzwischen Gebrauch gemacht. Der Genuß der Religionsfreiheit steht allen zu. Insoweit ist der Körperschaftsstatus ohne Bedeutung. Er vermittelt aber das Recht, Kirchensteuern zu erheben (Art. 140 GG i.V.m. Art. 137 VI WRV) und andere rechtliche Vorteile, welche alle Körperschaften des öffentlichen Rechts genießen.

Lit.: A. v. Campenhausen: Staatskirchenrecht, ²1973; J. Listl, D. Pirson (Hg.): Handbuch des Staatskirchenrechts der Bundesrepublik Deutschland, Bd. 1, ²1994.

A. v. Campenhausen

Religionsgespräche der Reformationszeit

An sich sollten die R. der Entscheidung angesichts aufgebrochener kirchl. und theol. Meinungsunterschiede dienen. Ihr Vorbild waren die akademischen Disputationen, konkret die Leipziger Disputation 1519 zwischen J. →Eck einerseits und M. →Luther sowie A. →Karlstadt andererseits, die eine erste Entscheidung in der Luthersache bringen sollte. Mit den beiden Zürcher Disputationen von 1523 übertrug H. →Zwingli das Modell auf die städtische Situation. Die Grundlage bildeten seine »Schlußreden« (Thesen); die einzige anerkannte Norm sollte die Bibel sein, die kirchl. Tradition ließ man nicht mehr gelten; die Entscheidung lag faktisch bei der städtischen Obrigkeit. Auf diese Weise wurde die →Reformation in zahlreichen Reichsstädten durchgesetzt. Für das Kirchenverständnis bedeutsam war dabei die Mitbeteiligung der Laien. Gelegentlich bediente sich auch die altgläubige Seite der Disputation, um sich gegen die Reformation zu behaupten, z.B. 1526 in Baden (Aargau) unter der Führung von →Eck. Durch die entsprechende Organisation und Besetzung war zumeist der Sieg einer der Parteien vorprogrammiert.

Nachdem innerhalb der Reformation die Konflikte mit den →Täufern, →Schwärmern und Zwinglianern aufgebrochen waren, suchte man auch diese immer wieder durch R. oder Disputationen (gelegentlich im Rahmen von Synoden) zu bewältigen. Eines der bedeutendsten Ereignisse dieser Art war das →Marburger Religionsgespräch von 1529, an dem Luther und Zwingli führend beteiligt waren, das die Beilegung des Abendmahlsstreits bringen sollte. Trotz beachtlicher Gemeinsamkeiten endete es mit der Feststellung eines unüberbrückten Gegensatzes.

Auf Reichsebene suchte Kaiser Karl V. seit 1530 die konfessionellen Gegensätze durch Verhandlungen der Theologen zu überwinden. In diesem Zusammenhang kam es zu den klass. R.n in Hagenau und Worms (1540) sowie Regensburg (1541), die in den Jahren darauf noch einige Nachfolger hatten. Hinsichtlich der Erbsünde (→Sünde) und der →Rechtfertigung erreichte man eine Übereinstimmung, vieles blieb jedoch weiterhin unverglichen. Luther und ebenso der Papst lehnten das Ergebnis ab. Die R. erwiesen sich als untaugliches Mittel zur Überwindung des konfessionellen Gegensatzes.

Mühsam und unter Rückschlägen führten die R. im luth. Lager schließlich zu einer Überwindung der nach Luthers Tod ausgebrochenen Streitigkeiten. Hingegen endeten die bis ins 17. Jh. zwischen Lutheranern und Calvinisten geführten Gespräche stets mit der Behauptung des konfessionellen Standpunkts jeder Partei. Wo R. nicht nur der eigenen Durchsetzung, sondern der Verständigung dienen sollten, bedurften sie einer entsprechenden Absicht und sorgfältiger Vorbereitung der Beteiligten.

Lit.: M. Hollerbach: Das Religionsgespräch als Mittel der konfessionellen und politischen Auseinandersetzung im Deutschland des 16. Jahrhunderts, Europäische Hochschulschriften III, 165, 1982; B. Moeller: Zwinglis Disputationen, Zeitschrift der Savignystiftung für Rechtsgeschichte. Kan. Abt. 56, 1970, 275-324; 60, 1974, 213–364.

M. Brecht

Religionspädagogik

1. Begriff

Das Wort R. wird erst spät, Anfang des 20. Jh.s, von F. Niebergall (1866–1932) und O. Eberhard (1875–1960) im Sinn einer eigenen wissenschaftl. Disziplin gebraucht. Sie bringen damit eine schon längere Entwicklung auf den Begriff. Die Bezeichnung R. birgt aber auch alle Probleme dieser relativ jungen Disziplin in sich. Ursprünglich gegen eine kirchl. →Katechetik gerichtet, wird der Begriff heute auch von Vertretern einer kirchl. Bildungsverantwortung gebraucht. Weitgehende Einigkeit besteht darüber, daß R. nicht nur die Theorie des schulischen →Religionsunterrichts meint (dafür wird heute manchmal – etwas willkürlich – der Begriff »Religionsdidaktik« verwandt), sondern alle »Aufgaben, Voraussetzungen, Prozesse und Wirkungen geplanter religiöser →Erziehung und →Bildung wie die Vielfalt ungeplanter religiös-relevanter Sozialisation« (K.E. Nipkow, 1992, 1567) zu bedenken hat. Allerdings konkurrieren grundverschiedene Ansätze miteinander, bei denen man grob zwei Linien, eine kirchl. und eine unkirchl., erkennen kann. Die beiden Grundrichtungen unterscheiden sich vor allem in der Zuordnung von Theologie und Pädagogik als Bezugswissenschaften der R., im Religionsverständnis und in der Bewertung der neuzeitlichen Entwicklung, bes. der →Aufklärung und des damit einhergehenden Freiheitsbewußtseins.

2. Ein Projekt der Moderne

In der vormodernen Welt geschah Erziehung fast ausschließlich durch Mitleben in der Gemeinschaft des Hauses, die zugleich Lebens-, Arbeits- und Glaubensgemeinschaft war. Vater und Mutter schenkten den Kindern nicht nur biologisch das Leben, sondern führten sie auch sozial, ökonomisch und rel. in ihre Lebenswelt ein. Die Eltern hatten schon dort ihren Platz, wo ihn die Kinder noch finden mußten. Nicht zuletzt in diesem Vorsprung war ihre Autorität begründet. In der Neuzeit werden immer mehr Funktionen des Hauses von anderen Institutionen übernommen. Die ökonomische Daseinsbewältigung kann ohne arbeitsteilige Spezialisierung nicht mehr gelingen und wandert so aus dem Haus aus. Auch die Erziehung wird damit zum Teil »aushäusig« (O. Hammelsbeck, 1959, 5). Die christl. Glaubensunterweisung (→Katechese) hatte schon von Beginn an - neben dem Amt der Hausväter und Hausmütter – auf bes. befähigte Lehrerinnen und Lehrer zurückgegriffen. Sie hat Teil an dem Prozeß »funktionaler Differenzierung« der Gesellschaft (Niklas Luhmann). Darunter ist die zunehmende Verselbständigung gesellschaftl. Teilbereiche wie Politik, Wirtschaft, Recht, Religion und eben auch Erziehung und Familie zu verstehen. Diese Subsysteme versuchen immer effektiver zu arbeiten, lösen deswegen ihre Zusammenhänge untereinander und haben ihre Ordnung auf eine innere Mitte hin verloren. Die Auswirkungen dieses Wandels, der mit Individualisierung und Pluralisierung einhergeht, sind nicht zu unterschätzen. Der einzelne bekommt seinen Ort in der Gesellschaft nicht mehr zugeschrieben, sondern muß ihn selber finden. Dieser kann in den verschiedenen gesellschaftl. Subsystemen auf unterschiedlichem Niveau angesiedelt sein. Jeder und jede hat die Chance, in den verschiedenen Lebenswelten durch aktive Gestaltung, durch Erwerb und Wahl seinen Platz und seine Rolle zu übernehmen.

Die funktionale Differenzierung ist ein Hauptkennzeichen der Moderne (→Neuzeit). Mit ihr verbindet sich auf der geistes- und kulturgeschichtl. Ebene ein Streben nach Emanzipation, zu dessen Ursachen unter anderem die →Reformation, vor allem aber die →Aufklärung zu zählen sind.

Unzweifelhaft waren es die skizzierten neuzeitlichen Entwicklungen, die eine Weiterentwicklung und Ausweitung der Katechetik zur R. erforderten. R. ist ein Projekt der Moderne. Ob sie sich heute in der Bindung an die Bibel und die Praxis des Glaubens in Kirche und Gemeinde vollzieht oder nicht, hängt von theol. Entscheidungen ab.

Dabei treten spezifisch ev.-kath. Gegensätze heute immer mehr zurück. Ausschlaggebend ist vielmehr, ob es gelingt, von einer einheitlichen kirchl. Erziehungs- und Bildungsverantwortung zu sprechen (Nipkow, 1990), oder ob jeweils für die einzelnen Bereiche, in denen Christen und Kirchen päd. Arbeit leisten, eine allein auf diese Tätigkeit bezogene Theorie entwickelt wird. Weil aber Lebensziel und Erziehungsziel, Lebensvollzug und päd. Handeln nicht voneinander getrennt werden können, wäre es wichtig, daß Christen versuchen, sich über die christl. Sicht des Menschen zu verständigen, die das päd. Handeln beeinflußt, damit sie sich in ökumen. Arbeitsgemeinschaft in den Willensbildungsprozeß in der pluralistischen Gesellschaft einbringen können. Wenn Christsein nicht etwas zum allgemeinen Menschsein Hinzutretendes ist, sondern ein bestimmtes Verständnis vom Leben meint, nämlich ein Leben im Gegenüber zu Gott, dann ist christliche Erziehung und Bildung keine Bildung und Erziehung in bestimmten Inhalten, sondern in der Perspektive und unter der Voraussetzung des christlichen Glaubens. Eine Erneuerung der christl. Erziehung zielt dann auf eine Erneuerung der Erziehung überhaupt (vgl. Christliche Initiative Brennpunkt Erziehung).

3. Unkirchliche, allgemeine Religionspädagogik

Auf einem Flügel der Aufklärung, für den J. J. →Rousseau (1712–1778) die größte päd. Wirkung entfaltete, entwickelte sich in Opposition zu jedem kirchl. Verständnis eine eigene Vorstellung der christl. Religion. Das echte, wahre Christentum ist »die Religion des Menschen« im Unterschied zur »Religion des Staatsbürgers« und der »Priesterreligion«. Sie beruht auf vernünftiger Erkenntnis der Bruderschaft aller Menschen als Kinder des einen Gottes, bedarf keiner kirchl. Gebräuche und Gebäude und ist »allein auf die innere Verehrung des höchsten Gottes und die ewigen Pflichten der Moral beschränkt«. Mit scharfer Polemik gegen jeden Offenbarungsglauben und alle Dogmen will Rousseau eine jedem Menschen zukommende Unmittelbarkeit zu Gott freilegen. Der Staat ist darauf angewiesen, »daß sich jeder Staatsbürger zu einer Religion bekennt, die ihn seine Pflichten lieb gewinnen läßt« (Der Gesellschaftsvertrag, 4. Buch, 8. Kapitel; vgl. Emile, 4. Buch). Die Religion ist für den einzelnen und den Staat wichtig, bedarf aber keiner Kirche und keiner Offenbarung.

Bei z.T. veränderten Argumenten im einzelnen folgen diesem Grundansatz viele Denker und Pädagogen. Die Linie führt über J. H. →Pestalozzi (1746–1827), die Philanthropen (vgl. bes. Chr. G. Salzmann, 1744–1811), F. J. →Herbart (1776–1841) zu F. D. E. →Schleiermacher (1768–1834), der als Theologe einen festen Platz in der Geschichte der Pädagogik innehat, und zu F. A. W. Diesterweg (1790–1866), der sich gegen einen konfessionellen, für einen wahrhaft »allgemeinen« Religionsunterricht aussprach. Bildung wird immer verstanden als Herausbildung einer rel.-sittlichen Persönlichkeit. Zur in der Schule zu vermittelnden Allgemeinbildung gehört deswegen die rel. Bildung hinzu. Sie begründet sich bildungstheoretisch vom Auftrag der Schule her. In diesem Sinn war die spätere disziplinspezifische Verwendung des Begriffs bei F. Niebergall lange vorbereitet. Dieser bezeichnet z.B. R. Kabischs (1868–1914) Schrift »Wie lehren wir Religion?« (1910) als »religions-wissenschaftliche Religionspädagogik«.

Heute wird diese bewußt unkirchl., gegen jede Offenbarungstheologie skeptische Linie in der Verwendung des Begriffs R. fortgeschrieben von dem kath., aber auch im ev. Raum sehr erfolgreichen Religionspädagogen H. Halbfas (geb. 1932), von G. Otto (geb. 1927) und seinen Schülern, bes. J. Lott (geb. 1943). Ottos Definition der R. als »kritische Theorie religiös vermittelter und religiös fundierter Verhaltensweisen« (1977) läßt schon in der Formulierung Anleihen bei der Kritischen Theorie der →»Frankfurter Schule« erkennen. Unter Religion versteht Otto nicht nur die Weltreligionen und neue rel. Bewegungen, sondern auch Weltanschauungen und andere rel. Lebenseinstellungen, die ein Wertesystem aus sich heraussetzen. Zwar ist anzuerkennen, daß sich unsere Gesellschaft in eine pluralistische und multirel. Gesellschaft verwandelt hat, aber dies ist für sachgemäße R. nicht der einzige Kontext. Vielmehr ist der zugrunde gelegte Religionsbegriff zu unbestimmt, ein konsensfähiger gemeinsamer Nenner im Selbstverständnis der verschiedenen als rel. bezeichneten transpersonalen Handlungs- und Deutungssysteme nicht in Aussicht und von außen von keiner Autorität zu setzen. Unterricht und Erziehung in Religion sind immer standortbezogen, d.h. bekenntnisgebunden. Erst die Erfahrung des Glaubens holt das Reden über Gott aus dem Bereich der Vermutungen heraus.

4. Religionspädagogik im Horizont der Gemeinde

Die andere Linie der religionspädagogischen Entwicklung versucht, den universalen Auftrag der christl. Gemeinde zur Katechese (Mt 28,19f) fortzusetzen. Insofern denkt dieser Zweig der R. von der Gemeinde her und auf die Gemeinde hin. Neben aller Dialogbereitschaft mit der allgemeinen →Pädagogik wird hier der Auftrag der christl. Kirche befolgt, Gott zu dienen, der will, »daß allen Menschen geholfen werde und sie zur Erkenntnis der Wahrheit kommen« (1Tim 2,4). Dieses Kriterium entlarvt den Streit darüber, ob in der R. die Theologie oder die Pädagogik die Richtung angibt, als ein Scheingefecht. Die eigentliche Frage ist die nach der Auftragsgemäßheit. Dabei zeigt sich, daß sehr wohl auch unter einer vorgeblichen theol. Führung der Disziplin dieser Auftrag verfehlt werden kann. Ohne Kooperation mit der Pädagogik und den Humanwissenschaften ist es nicht möglich, die Situation der Adressaten des kirchl. Bildungsauftrags präzis zu erheben, die spezifische Herausforderung der jeweiligen Gegenwart zu erfassen und entsprechende Antworten des Glaubens zu formulieren. Da es zu dieser Arbeitsgemeinschaft erst in den letzten Jahren gekommen ist, waren Einseitigkeiten in verschiedenen Phasen auch der kirchl. Linie der R. nicht zu vermeiden.

Insgesamt hat sich die Disziplin wie in Pendelbewegungen entwickelt. Auf eine verstiegene, hist.-theol. Epoche der Katechetik (vgl. z.B. C. A. G. von →Zezschwitz) folgte die emphatisch als Wissenschaft aufgerufene R. bei F. Niebergall (s.o.). Nach dem Ersten Weltkrieg und der theol. Neuorientierung durch die → Dialektische Theologie und die Lutherrenaissance (→Luthertum) war diese R. bereits schon wieder überwunden und eine »evangelische Pädagogik«, die die christl. Verantwortung für den ganzen Prozeß von Bildung und Erziehung betonte, an ihre Stelle getreten (entwickelt von F. Delekat (1892–1970), im Anschluß an →P. Tillich; von M. v. Tiling (1877–1974), und ihrem Kreis »Schule und Evangelium« auf dem Hintergrund der Theologie von F. →Gogarten, und vor allem von G. →Bohne u.a.), als durch die Machtergreifung der Nationalsozialisten und den →Kirchenkampf die Karten neu gemischt wurden.

Im Ergebnis setzten sich die Vertreter einer ev. Pädagogik durch, die im Hinblick auf den Religionsunterricht für das Konzept der Ev. Unterweisung stehen. Ein wesentlicher Grund dafür ist die Desavouierung der anderen Richtungen, weil sie offen mit dem Nationalsozialismus sympathisierten, so etwa H. Tögel, der R. Kabischs Konzept des Religionsunterrichts fortsetzte, und die baltische Baronin M. v. Tiling und ihr Kreis. Die Bekennende Kirche stand dagegen nach dem Zweiten Weltkrieg moralisch integer da. Als früherer Vertreter der Schulkammer und Leiter des katechetischen Seminars der Bekennenden Kirche spielt O. Hammelsbeck (1899–1975) eine führende Rolle. 1946 wurde er Prof. der Pädagogik (!) und Rektor der Pädagogischen Akademie (später Pädagogische Hochschule) in Wuppertal. Er entwickelte eine am ganzen Erziehungsvorgang interessierte »evangelische Lehre von der Erziehung« ([2]1958). Erziehung versteht er »als ein Geschehen von Generation zu Generation« »in geschichtlich sich verändernder Umwelt«. Sie hat die Aufgabe, »jedem Menschenkind als Geschöpf Gottes zu einer unbelasteten Menschwerdung zu verhelfen«. In diesem Zusammenhang hat die R. »keine positive Bedeutung mehr« (ders. 1959). Sie ist der zum Scheitern verurteilte Versuch, mit Hilfe der Bibel und des Katechismus zum Christen zu erziehen. Sie beruht auf der Verwechslung des Evangeliums mit Religion. Zur Religion kann man hinerziehen. Das Evangelium dagegen muß man hören und glauben. So tritt in der Ev. Unterweisung die Erziehung zurück und Lehre und Verkündigung an ihre Stelle.

Für die Konzeption der Ev. Unterweisung stehen noch die folgenden Namen: M. Rang (geb. 1900) kam ebenfalls aus der Bekennenden Kirche und übernahm gleichfalls später eine Pädagogikprofessur. Von ihm stammt die Formel: »Religionsunterricht ist Kirche in der Schule« (1947, 106). Der eigenständige G. →Bohne verstand es am besten, theol. und päd. Kategorien aufeinander zu beziehen. Sein Interesse am Kind führte ihn zu religionspsychol. Studien. Ein gewisser Fremdkörper in dieser Gruppe ist H. Kittel (1902–1984), der im sog. Dritten Reich eher mit als gegen die Richtung lief, sich aber nach 1945 zum Anwalt der Ev. Unterweisung machte und auch die vielleicht größte Wirkung erzielte. Fatale Folgen hatte aber Kittels apolitisches Verständnis des Evangeliums. Daraus resultiert eine Blindheit für die Lebenswelt von Kindern und Jugendlichen und eine Verzeichnung der bibl. Texte, weil diese für eine Wirklichkeit ausgelegt wurden, die es so gar nicht gab (vgl. Abromeit 1994a, 189ff).

Trotz der genannten Einschränkungen entspricht allein diese Entwicklung der R. im Horizont von Kirche und Gemeinde der besonderen Identität des Christentums. Eine dem Christentum und dem christl. →Glauben entsprechende R. wird immer von der Gemeinde aus denken und die Differenz zwischen Religion und Glauben bewahren. Andererseits ist es aber auch folgenreich, wenn der Zusammenhang zwischen beiden gar nicht mehr gesehen wird. Wer etwa Religion nur als Unglaube bezeichnen kann, hat Probleme, das Weltverhältnis des Christen überhaupt sinnvoll zu beschreiben. Hilfreich ist, die Zuordnung von Religion und Glaube analog zum Verhältnis von Gesetz und Evangelium zu verstehen (C.H. Ratschow). Beide beruhen auf Offenbarungen Gottes. Während aber das Gesetz das Leben in dieser Welt ordnet, darum auch dem geschichtlichen Wandel und den kulturellen Adaptionen unterworfen ist, schenkt allein das Evangelium das ewige Leben und unmittelbare Gottesgemeinschaft. Allerdings ist der Glaube ohne Gesetz und auch ohne Religion unter den Bedingungen dieser Welt kaum zu haben. Trotzdem ist Religion keine Konstitutionsbedingung des Glaubens, Unterricht in Religion also auch keine Voraussetzung des Glaubens. Sehr wohl aber kann solcher Unterricht helfen, den Glaubensinhalt zu verstehen und ein Weltverhältnis zu entwickeln. Ohne die Dialektik von Gott und Welt, Glaube und Religion, Evangelium und Gesetz wird solche R. nie wahrhaft ev. sein können.

5. Verbindung von Glaube und Leben

Nach einer Phase eines schlagwortartigen Konzeptionskarussells in den sechziger und siebziger Jahren hat sich seitdem die Disziplin konsolidiert. H. B. Kaufmann (geb. 1926) wandte sich 1966 (vgl. 1973) aus theol. Gründen gegen eine Didaktik, die die theol. Systematik einfach auf die Ebene des Unterrichts spiegelte und daraus Unterrichtsinhalte folgerte. Statt dessen fordert er die Berücksichtigung der sozialen, gesellschaftl. und individuell-lebensgeschichtl. Bedingungen und Aufgaben des Glaubens. Auf dieser Linie lag auch Klaus Wegenasts (geb. 1929) Proklamation einer »empirischen Wende in der Religionspädagogik«, mit der er die empirische Erforschung der Unterrichtspraxis und der Lebenswirklichkeit von Kindern und Jugendlichen einklagte.

Karl Ernst Nipkow (geb. 1928) wurde zum überragenden Theoretiker dieses Ansatzes, dem es auf eine gleichrangige Orientierung an Pädagogik und Sozialwissenschaften wie an der Theologie ankommt. An einem konkreten Gegenstand muß sich die Erkenntnis vermittelnde Kraft der jeweiligen Wissenschaft erweisen. Dabei geht Nipkow davon aus, daß die durch natürliche Erkenntnis (in der Pädagogik) gewonnene Einsicht manchmal mit dem aus der Offenbarung gewonnenen Wissen (in der Theologie) übereinkommt, manchmal aber zu diesem in Spannung steht. Er entwickelt auf dem Hintergrund dieses »konvergenztheoretisch-dialektischen Ansatzes« vier Grundaufgaben für die kirchl. Bildungsarbeit:

1. Lebenspraktische Identitätshilfe für Selbstfindung und Selbstvergewisserung (personale Dimension);
2. gesellschaftsdiakonische und -kritische Verantwortung (sozialethische Dimension);
3. selbst- und kirchenkritische Religiosität (kritisch-theologische Urteilsbildung);
4. ökumenische und dialogisch-konziliare Verantwortung (Wahrheitsfindung).

Nach Heinz Schmidt (geb. 1943) geht es um die Integration von Glaube und Alltagswelt, die nur in differenzierten, dialektischen Prozessen gelingen kann. Die lebenswirkliche Erfahrung gliedert Schmidt in drei Bereiche, für die er jeweils eine zentrale Glaubensintention benennt:

a. Auf die innere Natur des Menschen, die eine personale Identität erstrebt, zielt die Rechtfertigungsbotschaft (→Rechtfertigung), die zugleich das Gericht über seine Schuld wie die Ermöglichung neuen Lebens einschließt.

b. Im Blick auf die Gesellschaft, ihre sozialen und ökonomischen Aspekte, und die Natur entwickelt Schmidt unter Heranziehung der zentralen Botschaft Jesu vom Reich Gottes und seiner Gerechtigkeit als eine zweite Zielperspektive die reflektierte Partizipation an den sozialen und ökologischen Strukturen. Darunter versteht er Vertrauen auf Gottes gnädiges und verborgenes Erhaltungswerk, Bereitschaft zu Veränderung und Mut zu engagiertem gesellschaftlichem Handeln auch bei geringen Erfolgsaussichten durch das Geltendmachen der bibl. Botschaft.

c. Daneben tritt in unserer pluralistischen Gesellschaft die Erfahrung konkurrierender Sinn- und

Wertorientierungen. Daraus ergibt sich als eine dritte Aufgabenstellung für christl. Erziehung und Bildung die »Interpretation transpersonaler Deutungs- und Handlungssysteme«. Die Wahrheit des christl. Glaubens soll mit gängigen Weltdeutungen so konfrontiert werden, daß die bestehenden säkularen Bindungen gelockert werden und die Möglichkeit, heute zu glauben, eröffnet wird.

Auch wenn einzelne Religionspädagogen die Akzente anders setzen, so hat sich heute doch weitgehend die R. als praktisch-theol. Disziplin etabliert, die ihre Grundaufgabe in der Anleitung zur Integration von Glaube und Lebenswelt sieht. Neuerdings wird die Hilfe von →Symbolen bei der wechselseitigen Erschließung von Glauben und Leben besonders betont. Aber auch ein profilierter Symboldidaktiker wie Peter Biehl (geb. 1931) schließt sich im Verständnis der religionspädagogischen Grundaufgabe an die Arbeiten von Nipkow und Schmidt an (1993, 298). Anders als mit Hilfe einer mehrdimensionalen Dialektik wird es nicht möglich sein, Glaube und Leben für Bildungsprozesse methodisch kontrolliert aufeinander zu beziehen. Damit die so vermittelte Bildung nicht abstakt wird, kommt sie von konkreten Glaubensvollzügen im Kontext der christlichen Gemeinde her und führt auf ein Leben aus dem Glauben hin.

6. Gegenstandsbereich

R. als umfassende Theorie christl. Erziehung und Bildung bezieht alle Orte, Vollzüge und Methoden in ihre Überlegungen mit ein, an und in denen Menschen an der Vermittlung des Glaubens Anteil haben.

a. Christliche Erziehung in der Familie

In der →Familie sind die Möglichkeiten ganzheitlichen, gemeinsamen Lebens noch am größten. Man darf die hohe Bedeutung, die der Aufbau von Grundvertrauen (→Kinderseelsorge 2.), die Erfahrung von Väterlichkeit, Mütterlichkeit und Geschwisterlichkeit für die Glaubensbiographie hat, nicht unterschätzen. Elementare Glaubensvollzüge wie Vertrauen, Hoffen, Lieben und Beten lassen sich am besten in einer familialen und doch offenen Gemeinschaft lernen. Glaubenszweifel lassen sich in einer Atmosphäre der vertrauensvollen Nähe am ehesten aushalten. Doch bietet die Familie dies nicht automatisch. Außerdem ist sie selbst heute angefochten und in Frage gestellt. Neben der Reflexion christl. Erziehung in der Familie tritt darum als weitere Aufgabe der R. die Begründung der Familie angesichts gesellschaftl. Veränderungen.

b. Gemeindepädagogik

Als Unterdisziplin der R. bedenkt die →Gemeindepädagogik alle am Lernort Gemeinde angesiedelten päd. Einrichtungen (wie →Kindergarten, →Kindergottesdienst, →Konfirmandenunterricht, →Jugendarbeit, →Erwachsenenbildung) und die päd. Anteile im →Gottesdienst, in der →Seelsorge, in der →Diakonie und im →Gemeindeaufbau.

c. Schulische Religionspädagogik

Die schulische R. entwickelt die schulstufenbezogene (z.B. Primarschule, Sekundarstufe I und II, Berufsschule, Sonderschule) Fachdidaktik »Evangelische Religion« und eine Theorie des →Religionsunterrichts. Dabei hat sie die rechtlichen und institutionellen Bedingungen des Lernorts Schule, das Verhältnis zwischen dem Erziehungsauftrag der Schule und den Grundaufgaben christl. Erziehung und Bildung und alle Fragen im Verhältnis von →Schule und Kirche zu reflektieren.

Die Bindung an die christl. Gemeinde wirkt sich an den verschiedenen Lernorten in unterschiedlicher Weise aus. Während der Gemeindebezug in der Gemeindepädagogik unmittelbar ist, kann sich in Familie und Schule zwar auch Gemeinde ereignen (Abromeit, 1994b), bildet die Gemeinde für die Familie aber eher einen benachbarten »Text« (Kontext). Für die öffentliche Schule im Kontext der Welt ist schon viel gewonnen, wenn die Gemeinde an ihrem Horizont erscheint.

Lit.: Vgl. die unter →Katechese/Katechetik genannte Lit. H.-J. Abromeit: »Die Bibel im Religionsunterricht«, in: H. Ulonska, D. Dormeyer (Hg.): Die Bibel: Erleben, verstehen, weitersagen. Elementare und neue Zugänge zur Bibel, 1994a, 177–205; ders.: »Schule als Ort von Gemeinde«, in: RPI Loccum (Hg.): Gemeinde und Schule – Schule als Ort von Gemeinde? 1994b, 6-29; P. Biehl u.a.: Symbole geben zu lernen, Bd. I, 1989; Bd. II, 1993; Christliche Initiative Brennpunkt Erziehung, Erneuerung der christlichen Erziehung. Eine Stellungnahme, ²1985; H. J. Dörger, J. Lott, G. Otto: Einführung in die Religionspädagogik, 1977; O. Hammelsbeck: Evangelische Lehre von der Erziehung, ²1958; ders.: »Pädagogik«, EKL² Bd. 3, 1959, 2–13; H. B. Kaufmann (Hg.): Streit um den problemorientierten Unterricht in Schule und Kirche, 1973; ders.: »Sehen lernen, was Kinder brauchen«. Ein neues Paradigma christlicher Erziehung und erziehungswissenschaftlicher Forschung, ThBeitr 16 (1985), 54-70; Kirchenamt der EKD (Hg.): Der Dienst der Evangelischen Kirche an der Hochschule, 1991; H. Kittel: Evangelische Religionspädagogik, 1970; G. Lämmermann: Grundriß der Religionsdidaktik, 1991; G. van der Leeuw: Phänomenologie der Religion, ²1956; K. E. Nipkow:

Grundfragen der Religionspädagogik, Bd. I u. II, 1975, Bd. III, 1982; ders.: »Religionspädagogik«, EKL[3] III, 1992, 1567–1573; ders.: F. Schweitzer (Hg.): Religionspädagogik. Texte zur evangelischen Erziehungs- und Bildungsverantwortung seit der Reformation, Bd. I, 1991, Bd. II, 1 u. II, 2, 1994; M. Rang: Handbuch für den biblischen Unterricht, [2]1947; C. H. Ratschow: Die Religionen, 1979; H. Schmidt: Religionsdidaktik. Ziele, Inhalte und Methoden religiöser Erziehung in Schule und Unterricht, Bd. I, 1982, Bd. II, 1984; ders.: Leitfaden Religionspädagogik, 1991; H. Schröer, D. Zilleßen (Hg.): Klassiker der Religionspädagogik, 1989; F. Schweitzer: Religionspädagogik als Projekt von Theologie nach der Aufklärung – Eine Skizze, Pastoraltheologische Informationen 12 (1992), 211–222; ders.: Die Religion des Kindes. Zur Problemgeschichte einer religionspädagogischen Grundfrage, 1992; K. Wegenast: Religionspädagogik, Bd. I: Der evangelische Weg, 1982, Bd. II: Der katholische Weg, 1983.

H.-J. Abromeit

Religionsphänomenologie

→Religionswissenschaft

Religionsphilosophie

Die R. steht im Kontext anderer Wissenschaften, die sich mit dem Phänomen der →Religion beschäftigen. Im Gegensatz zur →Religionswissenschaft, die sich der vergleichenden Beschreibung der verschiedenen Religionen widmet, und der →Religionssoziologie und →Religionspsychologie, die die sozialen bzw. psychischen Aspekte und Ursprünge rel. Überzeugungen und Handlungen zu beschreiben, zu deuten und zu erklären versuchen, fragt die R. normativ nach der inneren Logik und dem Wahrheitsgehalt rel. Überzeugungen und Weltanschauungen. Die R. unterscheidet sich in ihrem Fragen nach der Wahrheit rel. Aussagen von der Theologie darin, daß sie nicht die positive Zustimmung zum Anspruch einer bestimmten Religion voraussetzt, sondern gerade diesen Anspruch vor dem Hintergrund allg. einsichtiger phil. Grundwahrheiten abzuwägen und zu beurteilen sucht. Die R. ist somit die Wissenschaft, die sich mit dem Phänomen Religion nicht deskriptiv, also beschreibend und erklärend, sondern normativ, nach dem Wahrheitsgehalt fragend, auseinandersetzt, ohne dabei die kritische Distanz zur Religion bei diesem Fragen aufzugeben. Die R. ist also nicht primär am Vergleich verschiedener Gottesvorstellungen und auch nicht an deren Herleitung aus sozialen oder psych. Voraussetzungen interessiert, sondern an der Frage, ob und unter welchen Prämissen die Rede von Gott oder einer jenseitigen Instanz sinnvoll oder notwendig ist.

In ihrer kritischen, nicht einem bestimmten rel. Glauben verpflichteten Form ist die R. erst eine neuzeitliche Wissenschaft. An ihren Anfängen stand im 17. und 18. Jh. zunächst die Frage nach der →»natürlichen Religion«, die jedem vernünftig denkenden Menschen einsichtig sein und sich daher auch phil. plausibel machen lassen müsse (z. B. G. E. →Lessing). Zentraler Diskussionspunkt war damals das Verhältnis von Vernunft und Offenbarung. Bei I. →Kant wird die R. dann aus dem Gegensatz von natürlich und geoffenbart herausgehoben und als Teil der praktischen Vernunft zum Teilaspekt der Moralphilosophie. Diese enge Verbindung von Religion und Moral hat in der Folgezeit die religionsphil. Diskussion nachhaltig geprägt.

Mit seiner religionsphil. Vorlesung hat G. W. F. →Hegel eine Epoche der R. begründet, die das Christentum als die individual- und universalgeschichtl. Vorstellung des absoluten Geistes in großen und in sich geschlossenen Gedankensystemen spekulativ entfaltete. Neben Hegel war vor allem F. W. J. →Schellings R. des metaphysischen Empirismus breitere Wirkung vor allem auch auf die theol. Diskussion der folgenden Zeit beschieden.

Hatte die spekulative R. Anfang des 19. Jh.s noch versucht, den Bogen zwischen christl. Glauben und Philosophie zu schlagen, wendete sich die R. des späten 19. Jh.s kritisch gegen das Christentum und die Religion. L. →Feuerbach deutete die christl. Gottesvorstellungen als Projektionen des mit sich selbst nicht identischen, weil an seiner Endlichkeit leidenden Menschen und K. →Marx betonte, daß die Religion als Überbauphänomen einer von ungerechten Besitz- und Machtverhältnissen geprägten Gesellschaftsform eine mit den sozialen Gegensätzen zu überwindende Größe sei. F. →Nietzsche hat dann vor allem die Lebensfeindlichkeit der Religion in den Vordergrund seiner phil. Religionskritik gestellt und das Christentum als eine Religion der Schwäche verurteilt.

Anfang des 20. Jh.s war es R. →Otto, der versuchte, das Besondere der Religion, das sich wissenschaftl. Erforschen gerade entzieht, phil. zu bestimmen, indem er den Begriff des Numinosen in die R. einführte, um das Faszinierende und zugleich Erschreckende zu bezeichnen, das allem →Heiligen und damit aller Religion anhaftet. Der Aufschwung des hist. Verstehens und der Erforschung fremder Religionen stellte dann in der Folgezeit die enge Verbindung von R. und Christentum in Frage, und es war vor allem →Troeltsch, der den →Absolutheitsanspruch des Christentums im Kontext seiner hist. Relativität thematisierte.

In der Gegenwart hat bes. die analytische Philosophie religionsphil. Akzente gesetzt. Als Beispiel dafür kann der Streit um die Rationalität der christl. Gottesvorstellung zwischen J. L. Mackie und R. G. Swinburne gelten.

Lit.: L. Feuerbach: Das Wesen der Religion, [3]1983; G. W. F. Hegel: Werke, Bd. 17/18, 1986; I. Kant: Werkausgabe in Einzelbänden, Bd. 7/8, 1974/77; J. L. Mackie: Das Wunder des Theismus, 1985; F. Nietzsche: Also sprach Zarathustra, [18]1988; R. Otto: Das Heilige, 1987; N. H. Søe: Religionsphilosophie, 1967; R. G. Swinburne: Die Existenz Gottes, 1987.

R. Dziewas

Religionspsychologie

In rel. Traditionen ist reflektierte Beobachtung der menschlichen Psyche entwickelt und tradiert worden. Das ist zentral für den →Buddhismus und die Yoga-Schule des →Hinduismus, aber auch in den mystischen Traditionen anderer Religionen.

Als neuzeitliche Wissenschaft hat sich die R. im Westen, und dort erst nach der →Aufklärung, entwickelt. Sie ist in ihren bisherigen Schulen und Ergebnissen ähnlich uneinheitlich wie die →Psychologie insgesamt. Dem Impuls der Aufklärung entsprechend, hat R. bei vielen Vertretern eine religionskritische Richtung, z.B. bei Sigmund Freud (→Tiefenpsychologie).

Als eigenes Fach wurde die R. in Amerika begründet, indem E. D. Starbuck (1866–1947) das Phänomen der →Bekehrung mit Fragebogen und W. James (1842–1910) die spezifisch rel. Erfahrung anhand autobiographischer Zeugnisse erforschte. In Deutschland arbeitete die Würzburger Schule ähnlich (u.a. W. →Stählin, K. →Girgensohn, W. Gruehn), auf sie geht die Zeitschrift »Archiv für Religionspsychologie« ab 1914 zurück. Dabei war das Menschenbild noch idealistisch gefaßt, das Interesse oft auch seelsorgerl.-päd.

Eine Fragestellung hat die R. lange begleitet, nämlich die Frage nach der Entstehung der rel. Vorstellungen in der Religionsgeschichte (Wundt, →Söderblom, →Heiler) und im einzelnen in den Stadien seines Lebens, so das Löwener Zentrum für R. (Clavier, Goldmann, Vergote).

Die Lösung von der Tradition des →Idealismus in der Psychologie und stärker positivistische und pragmatische Menschenbilder und Wissenschaftsvorstellungen führen zu einer Vielzahl von Richtungen; das religionskritische Element führt dazu, daß besondere Phänomene wie Hypnose, Trance, Entrückung, Bewußtseinsspaltung, Besessenheit, Halluzination, Audition und →Vision vom Schulbetrieb der Wissenschaft oft ohne Bezug auf ihren rel. Stellenwert und eher als Krankheit behandelt werden. So nehmen sich »Grenzwissenschaften« dieser Phänomene, oft mit eigener rel. Tendenz, manchmal mit strittigen Methoden, an.

Erstaunlich bleibt, daß das Phänomen der →Meditation erst im Konflikt mit dem Anspruch der →»Transzendentalen Meditation«, Wissenschaft zu sein, wissenschaftl. stärker beachtet wurde (Shapiro).

Einer Erfahrung psychischer Erkrankung verdankt die nordamerik. Seelsorgebewegung (Pastoral-Psychologie) ihren Ausgangspunkt und therapeutischen Impuls (Boisen, Stollberg, Scharfenberg), sie berührt sich dabei auch mit der Humanistischen Psychologie (Fromm) und griff nicht selten wieder auf Freud zurück. Die interkulturelle/interrel. Aufgabe des Verstehens und Deutens von rel. Erleben wurde besonders von C.G. Jung (→Tiefenpsychologie) angeregt, dessen Impulse vielseitig aufgenommen wurden, auch von Buddhisten und Vertretern des →New Age.

Lit.: L. B. Brown (Hg.): Advances in the Psychology of Religion, 1985; W.C. Clark: The Psychology of Religion, 1958; H. Faber: Religionspsychologie, 1973; E. Fromm: Psychoanalyse und Religion, 1983; W. James: Die Vielfalt religiöser Erfahrung (1901/2), 1979; C. G. Jung: Zur Psychologie westlicher und östlicher Religion, 1963; P. W. Pruyser: Die Wurzeln des Glaubens, 1972; H. Sundén: Religionspsychologie, Problem und Methoden, 1982; A. Vergote: Religionspsychologie, 1970.

N.-P. Moritzen

Religionssoziologie

Die R. untersucht die Wechselwirkung und die Wechselbeziehungen zwischen → Religion und Gesellschaft, d.h. den Einfluß der Religion auf das Zusammenleben von Menschen und Gruppen wie umgekehrt. Damit soll nicht behauptet werden, daß Religion und Gesellschaft selbständige, primär voneinander unabhängige Größen seien. Nach Auffassung der älteren Soziologen (z. B. Max →Weber, →Troeltsch) ist Religion ein metasoziales Phänomen, das der Gesellschaft wie dem einzelnen vorgegeben ist. Religion wurde von ihnen als Gestaltungsmacht der Gesellschaft vorausgesetzt. Sie entdeckten Religion als integrierendes und jeder Gesellschaft eigenes Element des sozialen Lebens. Dementsprechend erforschte die R. die rel. Wurzeln sozialer Phänomene der modernen Gesellschaft wie z.B. den Rationalismus im kapitalistischen Erwerbsstreben. Die neuere R. dreht die alte Fragestellung um: Die soziale Bedingtheit rel. Verhaltens wird zum Thema erhoben (Friedrich Karl Richard v. Fürstenberg, Goldschmidt, Schelsky). Jetzt geht es vorrangig um soziale Prägungen von Formen des Glaubenslebens und um die Anpassung der Religion an die moderne Gesellschaft, ohne daß die Dichotomie von Religion und Gesellschaft aufgehoben wird. Von diesem Ansatz her hat sich eine Kirchensoziologie entwickelt (Lückmann, Berger, Matthes, Kaufmann), die sich vor allem zwei Aufgaben widmete: Konzentration der religionssoziologischen Forschung auf die bestehenden Formen kirchl. Verhaltens und kirchl. Organisation; Sozialforschung im Dienste kirchl. Interessen.

Die ältere wie die neuere R. fragt nicht nach dem Inhalt und Wesen des Glaubens oder der Beziehung der Menschen zu den als heilig empfundenen und verehrten Mächten. Es geht ihr statt dessen um die Folgen der Begegnung mit einer übernatürlichen Macht. Religion erscheint als die Sinngebung des Unbegreiflichen im irdischen Leben, die Antwort auf Konflikte der menschlichen Existenz (z. B. Tod, Leiden, bedrohende Mächte). Die Kompensationsthese erklärt dies damit, daß menschliche Unzulänglichkeit in einer höheren Macht ihre Erfüllung sucht. Die Integrationsthese weist auf die sozial integrierende Wirkung von Religion hin. Durch beide Thesen wird Religion unmittelbar durch ihre Funktion definiert. Damit kann Religion begrifflich sehr weit gefaßt werden und auch säkulare Ideologien wie Riten einschließen. Um eine Abgrenzung zu erreichen, wurde einerseits vorgeschlagen, neben Gemeinschaft, Gesellschaft und Bund als vierte Grundkategorie den Begriff der →Gemeinde einzuführen (v. d. Gablentz). Gemeinde ist hier Begriff für eine Gruppe von Menschen, die durch die gleiche innere Erfahrung zu dem gleichen Weltbild gekommen sind. Andererseits wird Religion als eine mehr oder weniger ausgeprägt auftretende, autonome Gegebenheit gesehen, bei der nur die Auswirkungen als soziale Erscheinungen erfaßbar sind. Man beschränkt sich dementsprechend auf die strukturelle und funktionale Analyse ihrer Ausdrucksformen in rel. Gemeinschaften (Gemeinden) und Institutionen.

Ein neuer Ansatz zur Überwindung der Dichotomie von Religion und Gesellschaft geht von den anthropologischen Bedingungen von Religion aus. Im Sinne von →Bonhoeffer ist wahre Religion immanent, diesseitige Transzendenz, Diesseitigkeitsreligion. Kirche ist z. B. für ihn der Dienst, den der Mensch Gott leistet im Zusammenleben mit anderen in neuen Formen von spezifisch christl. Gemeinschaft. Wahre Religion ereignet sich nicht im innerlichen Glaubensbesitz oder einer geschlossenen Gruppenbildung, sondern im teilnehmenden Einsatz für das Leben der anderen. Angesichts dieser existentialen Interpretation von Religion, die als ursprünglich soziales Phänomen verstanden wird und im christl. Bereich z.B. in der Form christl. Bruderschaft auf Erden faßbar wird, geht es um die Frage, in welchem Bezug Religion wie Religionslosigkeit zum Menschsein des Menschen steht. Dieser Frage haben sich R., →Theologie und →Philosophie gemeinsam zu stellen (Vrijhof).

Damit ist die Dichotomie überwunden. Die R. kann die wahre Religion als genuin soziales Phänomen untersuchen. Sie überwindet damit sowohl die Festlegung der religionssoziologischen Forschung auf *creed* (Glaubenslehre), *cult* (Ritus), *code* (Verhaltensvorschriften für die Gläubigen) und *communion* (Gemeinschaft), deren Entstehen, Veränderung und Wechselwirkung mit anderen sozialen Phänomenen bisher übereinstimmend die R. beschäftigt hat (Laeyendecker).

Lit.: K. W. Dahm et al.: Das Jenseits der Gesellschaft, 1975; E. Durkheim: Die elementaren Formen des religiösen Lebens, ³1984; F. Fürstenberg (Hg.): Religionssoziologie, 1964; L. Laeyendecker: »Religionssoziologie«, EKL³ Bd. 3, 1592–1599; P. H. Vrijhof: Was ist Religionssoziologie?, in: K.Z.f.S. u. SP, ³1971/Heft 6, 10-32; M. Weber: Gesammelte Aufsätze zur Religionssoziologie, 3 Bde., 1920 (ND 1988).

H. Hamer

Religionsstatistik →Religionswissenschaft

Religionsunterricht

a) in Deutschland

Der Freiraum der Länder bei der Gestaltung der öffentlichen Schulen wird hinsichtlich des R.s durch das Grundgesetz der Bundesrepublik Deutschland eingegrenzt. Art. 7 (3) GG legt fest, daß der R. »in den öffentlichen Schulen mit Ausnahme der bekenntnisfreien Schulen ordentliches Lehrfach ist«. Er muß also planmäßig in die Stundentafeln der einzelnen Schularten eingebracht und den einzelnen Schulstufen entsprechend aufgebaut werden. Es genügt nicht, Religion als Unterrichtsprinzip in verschiedenen Fächern unterzubringen. R. ist als eigenes Lehrfach und Pflichtfach gefordert. Die in diesem Fach erzielten Leistungen sind entsprechend zu benoten und die Noten zu werten. Veranstalter des R.s sind nicht die Religionsgemeinschaften, sondern die öffentlichen Schulträger. Der Staat ist für die Einhaltung der Bestimmungen des

Grundgesetzes zuständig und verantwortlich. »Unbeschadet des staatlichen Aufsichtsrechtes« ist aber »der Religionsunterricht in Übereinstimmung mit den Grundsätzen der Religionsgemeinschaften« zu erteilen. Die Institution des R.s wird also im Grundgesetz nur in der Bindung an ein Bekenntnis garantiert. Für einen überkonfessionellen, religionswissenschaftl. oder religionskundlichen Unterricht gibt Art. 7 (3) GG keine Garantie. In Verbindung mit Art. 4 GG wird damit deutlich, daß dem Staat nicht nur die weltanschauliche oder rel. Bevormundung verwehrt ist, sondern positiv der Anspruch des Bürgers auf eine angemessene schulische Bildung in seiner rel. Bindung anerkannt wird. Dies entspricht der mit den Grundrechten gewährleisteten Freiheit, ebenso wie gemäß Art. 7 (3) Satz 3 kein Lehrer »gegen seinen Willen verpflichtet werden« darf, »Religionsunterricht zu erteilen«, und den Erziehungsberechtigten nach Art. 7 (2) GG das Recht zusteht, »über die Teilnahme des Kindes am Religionsunterricht zu befinden«. Letzteres gilt bis zur Religionsmündigkeit nach § 5 des Reichsgesetzes über die rel. Kindererziehung vom 15. 7. 1921 mit Ausnahme von Bayern (Art. 137 LV; 25,3 EUG) und dem Saarland (Art. 29 (2) LV; § 14 SchOG). Keine Anwendung findet außerdem Art. 7 (3) Satz 1 GG gemäß Art. 141 GG dort, wo am 1. 1. 1949 eine andere landesrechtliche Ordnung bestand, so in Bremen, wo traditionell das Fach »biblische Geschichte auf allgemein christlicher Grundlage« (Art. 32 Verf.) eingerichtet ist (mit Abmeldemöglichkeit), und noch in Berlin, wo im Westteil der Stadt der R. an den Schulen von den Kirchen besorgt wird (SchG vom 26. 6. 1948 §§ 13ff). Daß Art. 141 GG auch eine abweichende Regelung für Baden-Württemberg erlaubt, wo der R. in den 1945 unter der Militärregierung zunächst gebildeten drei Ländern überwiegend als kirchl. Veranstaltung verstanden wurde, ist umstritten, ebenso für die neuen Bundesländer, wo es unter dem DDR-Regime keinen R. an den öffentlichen Schulen gab. In Sachsen und Thüringen wurde der R. entsprechend Art. 7,3 GG geordnet. Angesichts der geringeren Mitgliederzahlen der Kirchen in der Bevölkerung, des Abbruchs der Tradition und des Problems der Bildung einer ausreichenden Religionslehrerschaft gelten andernorts Übergangsregelungen, bei denen die zukünftige Ordnung offen bleibt.

Innerhalb der vom Grundgesetz gegebenen Grenzen haben die Länder die Erteilung des R.s unterschiedlich geordnet, vor allem die «Übereinstimmung mit den Grundsätzen der Religionsgemeinschaften«. Daß die Lehrpläne und Lernmittel von den Religionsgemeinschaften aufgestellt oder geprüft und anerkannt werden müssen, steht außer Frage. Da es aber im R. wie in anderen Fächern nicht nur um Kenntnisse und Fertigkeiten geht, sondern um Fähigkeiten des Verstehens und die Erziehung zu sittlichem Verhalten, kann die päd. Aufgabe nicht von den »Grundsätzen« gelöst werden. Daher sind die Religionsgemeinschaften auch an der Ausbildung (Mitwirkung bei der Berufung der Hochschullehrer und der Aufstellung der Studienpläne), bei den Prüfungen, der Erteilung der Lehrerlaubnis (vocatio, missio canonica) und bei der Fortbildung der Religionslehrer beteiligt. In den süddeutschen Ländern ist ihnen eine stärkere Mitwirkung eingeräumt. Während in den norddeutschen Ländern die Aufsicht durch fachlich gebildete und von den Religionsgemeinschaften anerkannte Landesbeamte erfolgt und eine Einsichtnahme in den R. durch einen kirchl. Amtsträger die Ausnahme ist, wird in Süddeutschland zwischen der »allgemeinen Schulaufsicht des Staates« und der Fachaufsicht durch die »Beauftragten der Religionsgemeinschaften« unterschieden (z.B. Art. 18 LV B-W), die kirchl. Amtsträger (u.a. Dekane, Schuldekane) oder kirchl. beauftragte Landesbeamte sein können. Auch können hier Pfarrer in die Studienratslaufbahn übernommen und Landesbeamte werden.

Bei der Entstehung des Grundgesetzes und der Landesverfassungen hatte man entsprechend der Weimarer Republik den R. der christl. Konfessionen und der mosaischen Religionsgemeinschaft im Blick. Die multireligiöse Situation der Gegenwart bringt neue Probleme. Auch die Bürger, die anderen Religionsgemeinschaften angehören, haben einen Anspruch auf R. Dieser kann für ein ordentliches Lehrfach nur erfüllt werden, wenn ein wissenschaftsorientierter Lehrplan, entsprechende Lehrmittel, ausgebildete Lehrer und Aufsichtsbeamte vorhanden sind. Voraussetzung ist weiter, daß die Grundsätze der betreffenden Religionsgemeinschaft nicht im Widerspruch zu den Grundrechten sowie den Bestimmungen der Verfassung und Schulgesetze stehen. Ein Ausweg wird mit dem Ersatzfach »Ethik« bzw. »Werte und Normen« gesucht, das aber keinen weltanschaulich-rel. Charakter haben darf und als verpflichtendes Fach für die Schüler, die keinen R. haben, im Rahmen der allg. kulturell-ethischen Aussagen der Verfassungen gehalten sein muß. Um der Vergleichbarkeit des Unterrichts und der Leistungen willen stellte die Kultusministerkonferenz in einer Vereinbarung zur gymnasialen Oberstufe vom 7. 12. 1971 für den R. aller Bekenntnisse u.a. fest (Abs. 4,1): »Der Unterricht in Religionslehre stellt die Grundlage und

Lehre der jeweiligen Religionsgemeinschaft dar; er soll Einsichten in Sinn- und Wertfragen des Lebens vermitteln, die Auseinandersetzung mit Ideologien, Weltanschauungen und Religionen ermöglichen und zu verantwortlichem Handeln in der Gesellschaft motivieren.«

Lit.: Maunz-Dürig-Herzog: Kommentar zum GG, MCH 28./1990; Stellungnahmen und Beschlüsse des Rats und der Synode der EKD vom 7. 7. 1971 und 12. 11. 1971, Kirchenkanzlei 1972; Der Religionsunterricht in der Schule (22. 11. 1975), Beschlüsse der Gemeinsamen Synode der Bistümer und der Deutschen Bischofskonferenz, hg. vom Präsidium 1976; H. Burkhardt: Religionsunterricht und kirchlicher Unterricht, ThBeitr 2 (1971), 38-40; ders.: Zurück zum rechtlichen status quo?, ThBeitr 2 (1971), 142; G. Ringshausen: Konfessioneller Religionsunterricht – ordentliches Lehrfach der Schule, Der Evangelische Erzieher, 1971, 22ff. S.a. →Religionspädagogik.

O. Basse

b) in Österreich

Der Religionsunterricht in Österreich ist ein Pflichtgegenstand im Fächerkanon der Gegenstände an öffentlichen und mit dem Öffentlichkeitsrecht ausgestatteten Schulen. Jeder Schüler, der einer gesetzlich anerkannten Kirche oder Religionsgemeinschaft angehört, muß diesen Religionsunterricht seines Bekenntnisses besuchen.

Nur an den Berufsschulen ist der Religionsunterricht kein Pflichtgegenstand, sondern ein Wahlfach, zu dem man sich anmelden muß. Ausnahmen davon gibt es nur in den Bundesländern Tirol und Vorarlberg, wo auch in den Berufsschulen Religionsunterricht zu den Pflichtgegenständen gehört.

Der Religionsunterricht wird in Österreich als konfessioneller Unterricht gehalten. Die jeweiligen gesetzlich anerkannten Kirchen und Religionsgemeinschaften besorgen, leiten und beaufsichtigen den Religionsunterricht unmittelbar. Das bedeutet, daß der Inhalt des Religionsunterrichtes einschließlich der Erlassung der Lehrpläne, die Zulassung von Lehrmitteln für diesen Unterricht und die Bestellung der Religionslehrer Sache der jeweiligen Kirche oder Religionsgemeinschaft sind. Den staatlichen Schulorganen (Direktor, Bezirks- und Landesschulinspektoren usw.) steht eine Beaufsichtigung des Religionsunterrichtes nur in organisatorischer und schuldisziplinärer Hinsicht zu. Die Approbation von Lehrplänen und Lehrmitteln wird von der Kirche an die jeweilige Schulbehörde des Bundes (Bundesministerium für Unterricht und Kunst) übermittelt und von dieser rechtsverbindlich veröffentlicht.

Vom Pflichtgegenstand Religion können sich Schüler in den ersten zehn Tagen des Schuljahres aus Gewissensgründen abmelden. Bis zum vollendeten 14. Lebensjahr geschieht das durch beide Elternteile, danach von den Schülern selbst.

Das Religionsunterrichtsgesetz sieht vor, daß Religionsunterricht ab einer Schülerzahl von drei Schülern in einer Klasse oder Gruppe mit einer Wochenstunde unterrichtet werden kann, ab zehn Schülern in einer Klasse oder Gruppe werden zwei Wochenstunden vorgesehen. Diesen Religionsunterricht bezahlt der Staat, wenn es sich um mittlere und höhere Schulen handelt, sonst das Bundesland bei Pflichtschulen.

Als Religionslehrer können nur solche Personen verwendet werden, die von der jeweiligen Kirche oder Religionsgesellschaft eine diesbezügliche Ermächtigung besitzen. Diese Ermächtigung ist an eine entsprechende Befähigungsprüfung gebunden, die im Rahmen der kirchlichen Ausbildung erfolgt und vom Staat mit der Ausbildungsqualifikation anderer Lehrer gleichgestellt ist. Religionslehrer können dienstrechtlich im Status einer kirchlichen Bestellung sein, das heißt, ihr Dienstgeber ist die Kirche, obwohl sie ihr Gehalt vom Staat beziehen. Sie können aber auch im öffentlich-rechtlichen Dienstverhältnis stehen.

Für die Beaufsichtigung des Religionsunterrichtes in inhaltlicher Hinsicht sind von den Kirchen geeignete Personen als Aufsichtsbeamte dem Staat gegenüber zu benennen. Diese sogenannten Fachinspektoren werden auch im staatlichen Bereich als Schulaufsichtsbeamte akzeptiert und arbeiten eng mit den jeweiligen Schulbehörden zusammen.

Schüler, die keiner Kirche oder Religionsgesellschaft angehören, bzw. einer nicht anerkannten Kirche oder Religionsgesellschaft angehören, können am Religionsunterricht einer anerkannten Kirche teilnehmen, wenn dieses von Eltern, Schüler und dem jeweiligen Religionslehrer gewünscht bzw. akzeptiert wird. Schüler, die einer gesetzlich anerkannten Kirche oder Religionsgesellschaft angehören, dürfen am Religionsunterricht einer anderen Kirche nicht teilnehmen.

Zur Vertiefung des konfessionellen Religionsunterrichtes wird vom Staat pro Schuljahr den Kirchen oder Religionsgesellschaften ein Zeitraum von ein bis drei Tagen zur Verfügung gestellt für die Abhaltung von »religiösen Übungen«. Lehrausgänge und Exkursionen können darüber hinaus wie in jedem anderen Fach unternommen werden. Am Anfang und Schluß eines Schuljahres werden von den Schuldirektionen die Einladungen zu Schülergottesdiensten ausgesprochen, an denen auch die Lehrer teilnehmen sollen.

Lit.: H. Schwendenwein: Religion in der Schule, 1980.

E. Gerhold

c) in der Schweiz

Die Schweiz ist seit 1848 ein Bundes-Staat aus 26 Kantonen und Halbkantonen. Diese sind in vielen Bereichen souverän. Die Bundesverfassung fordert »Glaubens- und Gewissensfreiheit ... Niemand darf zur Teilnahme ... an einem religiösen Unterricht gezwungen ... werden« (Art. 49). Sie bestimmt ferner, daß das Schulwesen der kantonalen Hoheit unterstellt ist und daß »öffentliche Schulen von den Angehörigen aller Bekenntnisse ohne Beeinträchtigung ihrer Glaubens- und Gewissensfreiheit besucht werden können« (Art. 27). Der schulische R. wird also durch die kantonalen Gesetze geordnet, und diese sind in jedem Kanton anders. Idealtypisch lassen sich vier Modelle unterscheiden:

a. In früher ref. Kantonen, in denen die Kirche Staatskirche ist oder es bis vor kurzem war (Zürich, Bern, Waadt, Baselland), ist R. überkonfessionelle Veranstaltung der Staatsschule für alle Schüler. Er wird durch diese finanziert und durch Lehrer (evtl. unter Zuzug von Pfarrern) erteilt. Stoff ist bibl. Geschichte, evtl. auch Ethik (»Sittenlehre«). Nach einem Bundesgerichtsurteil von 1912 ist ein solches »charakterbildendes Schulfach« mit der Glaubens- und Gewissensfreiheit vereinbar. In Ergänzung zu diesem Fach bieten einzelne Kirchen einen konfessionellen R. an (z.B. Zürich für das dritte Schuljahr: kirchl. Heimatkunde und Einführung in das Abendmahl).

b. In früher kath. Kantonen (Innerschweiz, Freiburg, Wallis) wird der R. vom Staat finanziert und durch Lehrer erteilt, die von der kath. Kirche ausgebildet und beaufsichtigt werden (in oberen Klassen durch Priester). Schulmessen ergänzen den R. Die ref. Kinder werden gleichzeitig durch die von den ref. Kirchen Beauftragten unterrichtet.

c. In Kantonen, die seit der Reformation bikonfessionell sind, liegen Durchführung und Finanzierung des R.s bei den Kirchen. Die Schulen stellen Räume und Stunden im Pensum zur Verfügung, aber der R. ist in den Schulbetrieb integriert (St. Gallen, Glarus, Graubünden, Solothurn u.a.).

d. Einige Kantone sind stärker säkularisiert und vom Laizismus beeinflußt. Die Kirchen sind vereinsrechtlich konstitutiert oder haben bloß noch das Kirchensteuerrecht. An den öffentlichen Schulen findet entweder kein R. statt (Genf, Neuenburg; hier bemühen sich die Kirchen, die Schüler am Rand des Stundenplans oder in kirchl. Räumen für rel. Aktivitäten in nicht-schulischen Formen zu gewinnen) oder die Schule stellt, wie in Modell c. Räume und freie Stunden zur Durchführung des konfessionellen R.s zur Verfügung, aber dieser ist rechtlich nicht in den Schulbetrieb integriert (Basel-Stadt). Hier wird seid kurzem der konfessionelle R. in einzelnen Stufen interkonfessionell durchgeführt.

Lit.: W. K. Brähm: Religionsunterricht als Rechtsproblem im Rahmen der Ordnung von Kirche und Staat, 1978; für Didaktik und Methodik kath. und ev. Religionslehrer ist repräsentativ: RL, Zeitschrift für Religionsunterricht und Lebenskunde, Theologischer Verlag Zürich.

W. Neidhart

Religionsvergehen

Unter R. wurde ursprünglich v.a. die Gotteslästerung verstanden (2Mo 22,27), d.h. v.a. die Beschimpfung des Namens Gottes (3Mo 24,11; Ps 74,16.18). Im rabbin. Judentum galt schon das Aussprechen des JHWH-Namens als Gotteslästerung. →Philo dehnt das Verbot der Gotteslästerung auch auf heidnische Gottheiten aus »damit keiner der Jünger des Mose sich gewöhne, die Benennung ›Gott‹ überhaupt geringzuachten« (Vita Mosis II, 205; spec leg I,53; vgl. Josephus cAp II,53, mit Berufung auf die LXX-Fassung von 2Mo 22,27). Jesu Bekenntnis zu seiner Gottessohnschaft wurde vom Hohenpriester als Gotteslästerung und deshalb des Todes würdig gewertet (Mt 26,63-66).

Das Verbot der Gotteslästerung war lange auch Bestandteil unserer Strafgesetze. Als R. im weiteren Sinn galten dabei auch die Beschimpfung einer Religionsgemeinschaft, die Störung rel. Versammlungen und der Totenruhe. Grundsätzlich sind solche Tatbestände auch nach der Revision des dt. Strafgesetzbuches noch unter Strafe gestellt (StGB § 166–168), aber nicht mehr als direkte Vergehen gegen Gott, d.h. als rel. Straftatbestände, sondern sofern sie geeignet sind, »den öffentlichen Frieden zu stören«, also als zwischenmenschliche Vergehen; denn der Staat ist rel. neutral. Aber diese Bestimmung ist unzureichend. Der tiefere Sinn von Gesetzen gegen R. auch in einer pluralistischen Gesellschaft besteht im Schutz der Religion (zwar als Humanum, aber doch nicht nur im zwischenmenschlichen Sinn). Das Problem findet, entsprechend der allg. Vernachlässigung der ersten Tafel des →Dekalogs, in heutiger Ethik praktisch keine Berücksichtigung.

Lit.: B. Huwyler: »Lästern«, GBL 2, 1988, 869f.

H. Burkhardt

Religionswissenschaft

1. Geschichte der Religionswissenschaft

Die Beobachtung und Reflexion anderer Religionen und die Auseinandersetzung mit ihnen gibt es, solange Menschen ihnen begegnen. Die R. als distanziert-kritische Betrachtung der Religionen hat dagegen ihren Ursprung in der →Aufklärung, sowohl der der Antike als auch der der Neuzeit, in der →Romantik, die u.a. von der Sehnsucht nach einem reinen Glauben und dem Ursprung rel. Lebens geprägt war, und in der Theologie, die seit →Schleiermacher nach dem Wesen des Religiösen fragte. Als akademisches Fach ist die R. relativ jung. Erst Ende des 19. Jh.s wurden in der Schweiz, den Niederlanden und Schweden Lehrstühle für R. errichtet (z.B. →Söderblom in Uppsala), in Deutschland erst 1910 in Berlin. Bald wurde Marburg ein Zentrum religionswissenschaftl. Arbeit (R. Otto: Das Heilige 1917; F. Heiler: Das Gebet, 1919; H. Frick: Vergleichende Religionswissenschaft, 1928; C. H. Ratschow: Magie und Religion, 1947).

Heute ist die R. entweder durch Lehrstühle in Phil. Fakultäten oder aber meist in Verbindung mit der →Missionswissenschaft in Theol. →Fakultäten angesiedelt.

2. Religionen als Gegenstand der Religionswissenschaft

R. fragt nach Religion, die es immer nur in konkreten Religionen gibt und die Gegenstand der Forschung sind. Deshalb ist die R. im Unterschied zur →Religionsphilosophie eine empirische Wissenschaft. Weil eine philologische Herleitung des Wortes Religion zur inhaltlichen Bestimmung dessen, was Religion ist, nicht weiterhilft, ist eine Beschreibung von Religion zu wählen, die vom Empirischen und Phänomenologischen ausgeht: Religion ist die Antwort des Menschen auf Transzendenzerfahrung, die im Ritus, in Kult und Ethik in der Gemeinschaft Gestalt annimmt (Sundermeier). Damit ist Religion als ein für das Menschsein konstitutives Element erkannt, das zugleich ein wichtiger integrativer Faktor für die Gesellschaft ist. Eine Unterscheidung von primitiven und Hoch-Religionen ist problematisch und irreführend, weil damit falsche Wertungen verbunden werden. Beide Begriffe sollten nicht mehr verwendet werden. Statt dessen ist von traditionellen Religionen und Universalreligionen zu sprechen.

Religionswissenschaftl. Forschung kann nicht aus kritischer Distanz betrieben werden, sondern ein »begleitendes Verstehen« der anderen Religionen ist notwendig, unerläßlich die Kenntnis von Kultur und vor allem Sprache, die eine Religion prägt. Denn nur in der Begegnung mit Menschen anderen Glaubens wird deren Religion verstehbar. Eine derart »verstehende« R. lebt vom →Dialog mit Menschen anderen Glaubens, wobei eine eigene rel. Überzeugung und Prägung des Forschers eher hilfreich als hinderlich ist.

3. Religionswissenschaftliche Disziplinen

R. läßt sich in folgende Disziplinen gliedern:

– Religionsgeschichte: Sie ist mit Methoden der Profangeschichte durchzuführen und hat die geschichtl. Entwicklung der einzelnen Religionen anhand ihrer Texte und anderer Dokumente zu veranschaulichen und verstehbar zu machen, warum sich bestimmte Ausprägungen einer Religion bewährt bzw. warum sich andere verändert haben. Dabei soll die betreffende Religion als Weg lebendigen Glaubens erkennbar werden. Auch die Begegnung verschiedener Religionen und ihre wechselseitige Beeinflussung (→Synkretismus) ist in den Blick zu nehmen.

Thesen, die von einer religionsgeschichtl. Entwicklung vom Primitiven zum Höherstehenden, vom →Polytheismus zum →Monotheismus (Edward Tylor u.a.) oder umgekehrt (vgl. Wilhelm →Schmidts These des Urmonotheismus) ausgehen, haben sich als unhaltbar erwiesen, denn sie werden den einzelnen Religionen als eigenständigen Größen nicht gerecht, und auch »Religionen schriftloser Völker« sind gleichwertige Religionen.

– Religionsphänomenologie: Hier geht es um das Vergleichen als Methode, um sachlich verwandte Phänomene einander zuzuordnen, Gemeinsamkeiten und Unterschiede aufzuzeigen. Auf diese Weise werden Grundmuster und »Archetypen« (M. Eliade) der Religionen herausgearbeitet, die ein besseres Verstehen der Religionen ermöglichen. Es geht dabei nicht um Wertungen, sondern um ein Erfassen der phänomenologischen Strukturen. Der Forscher muß sich vor einer Überbetonung sowohl des Besonderen als auch der Gemeinsamkeiten hüten, und er darf den Kontext der einzelnen Religionen und die sie prägenden Bedingungen nicht aus dem Auge verlieren. Dazu ist eine enge Verbindung zur Religionsgeschichte hilfreich.

– Religionsethnologie: Dieser Forschungszweig verbindet Ethnologie und R. miteinander. Er wendet sich den »Religionen der schriftlosen Völker«, also ursprünglichen, traditionalen Religionen zu, oft auch mit dem problematischen Begriff →»Stammesreligionen« bezeichnet. Hier wird deutlich, daß diese »Religionen wie andere Religionen auch« sind. In ihnen wird ein ganzheitlicher Ansatz des Menschenbildes und der Weltsicht vermittelt, der in einem komplizierten System von gegenseitigen Beziehungen und Beeinflussungen Ausdruck findet. Anhand dieser Religionen lassen sich vor allem die »Archetypen« der Religionen aufzeigen, die die primäre Religionserfahrung widerspiegeln.

→Religionspsychologie und →Religionssoziologie sind Arbeitsfelder, die sich nicht nur auf das Christentum, sondern in gleicher Weise auch auf andere Religionen anwenden lassen und dann in den Bereich der R. gehören.

4. Religionswissenschaft und Theologie

R. und Theologie stehen in gewisser Spannung zueinander. Während sich die R. in ihrer Forschung jeder Wertung der Religionen und ihrer Phänomene enthalten soll, ihre Aufgabe also deskriptiv ist und die Vertreter der einzelnen Religionen die Darstellung bejahen können sollen, lebt die Theologie von ihrem Bekenntnis zur Offenbarung Gottes in Jesus Christus. Von hier aus hat die Theologie Wesensäußerungen des Glaubens und rel. Phänomene zu beurteilen, zu werten und zwischen wahr und falsch zu unterscheiden. Dennoch sind R. und Theologie aufeinander angewiesen. Abgesehen davon, daß die Theologie in ihren Aussagen der R. eine Darstellung des Christentums als Religion vermittelt, die in die religionswissenschaftl. Forschung einfließt, gibt die R. der Theologie die Möglichkeit, eigene Glaubensaussagen in Übereinstimmung, Abgrenzung und Unterscheidung zu den anderen Religionen zu profilieren und zu vertiefen. In besonderer Weise ist die →Missionswissenschaft auf die R. als Nebenwissenschaft angewiesen, weil sie zur besseren Kenntnis der Menschen anderen Glaubens, ihrer rel. Grundvorstellungen und Haltungen beiträgt und damit Voraussetzungen für eine mission. Kommunikation und missionswissenschaftl. Reflexion liefert. Hierher gehören Fragen nach der Anknüpfung an in fremden Kulturen und Religionen gegebenen Kategorien, an Spruchweisheiten und rel. Grunderfahrungen. Die kritische Inbeziehungsetzung dieser Elemente zum christl. Glauben ist dann genuine Aufgabe der Missionswissenschaft als theol. Disziplin (→Kontextualisierung). Damit liefert die R. der Theologie wichtige Voraussetzungen für einen interrel. →Dialog und fordert zugleich zu einer Theologie der Religionen heraus.

Lit.: Bertelsmann Handbuch: Religionen der Welt, 1992; E. Dammann: Grundriß der Religionsgeschichte, 1972; M. Eliade: Die Religionen und das Heilige, 1984 (ND 1954); F. Heiler: Erscheinungsformen und Wesen der R., 1961; G. Lanczkowski: Einführung in die Religionswissenschaft, 1980; G.v.d. Leeuw: Phänomenologie der Religion, 1956; Th. Sundermeier: »Religion«, Lexikon missionstheologischer Grundbegriffe, 1987, hg. von K. Müller, Th. Sundermeier, 411–422; H.-J. Klimkeit: »Religionswissenschaft«, ibid. 422–426 (Lit.!); J.F. Thiel: Religionsethnologie, 1984; G. Widengren: Religionsphänomenologie, 1969.

J. Triebel

Reliquien

R., lat. »Überbleibsel«. Als erstes Beispiel einer R.verehrung läßt sich ein Bericht über das Martyrium des hl. Polykarp von Smyrna (zwischen 156 und 172) aufführen. Es heißt dort: »So sammelten wir später seine Gebeine, die wertvoller sind als kostbare Steine und besser als Gold, und setzten sie an geeigneter Stätte bei.« Der Text zeigt, daß aus der Achtung vor dem Leib die Verehrung der R. entsteht.

»Schon seit der Spätantike dienten den Christen, anstelle der abgelegten heidnischen Amulette, die Reliquien als ›Phylakterien‹, als schadensabwendende Schutzmittel« (A. Angenendt). Die Sehnsucht nach Schutz führte dazu, daß vor allem der frühmittelalterl. Mensch glaubte, daß derjenige, der sich in der Nähe von R. befindet, sich der Fürbitte der betreffenden Heiligen gewiß sein darf. Die R. eines Heiligen sehen, berühren oder küssen galt als Übermittlung der menschlichen Sorgen und Anliegen an diesen Heiligen. Für Karl den Großen und seine Nachfolger waren die R. »Zeichen der Legitimität wie der Sicherung der Dynastie und der politischen Macht« (A. Läpple). Ferner bedeutete der Besitz von R. Gottes Wohlwollen.

Vor allem im späten MA – in dieser Zeit wurden die R., die ursprünglich stets verhüllt waren, sichtbar gemacht – wurden von den R. magische Wirkungen erwartet. Die Glaubenswelt geriet aus der trinitarischen und christologischen Mitte, deshalb die berechtigte Kritik der →Reformation an den Mißständen. Sehr vorsichtig äußert sich das II. Vatikanum: »Die Heiligen werden in der Kirche gemäß der Überlieferung verehrt, ihre echten Reliquien und ihre Bilder in Ehren gehalten« (Liturgiekonstitution 111).

Lit.: A. Angenendt: Heilige und Reliquien. Die Geschichte ihres Kultes vom frühen Christentum bis zur Gegenwart, 1994; A. Läpple: Reliquien. Verehrung – Geschichte – Kunst, 1990.

K. Wittstadt

Rembrandt Harmenszoon van Rijn (1606–1669)

R., der bald nur mit Vornamen signiert, wurde am 15. 7. 1606 in Leiden geb. und starb am 4. 10. 1669 in Amsterdam. Die Eltern im Handwerksstand erkannten die frühe Begabung und schickten ihn auf die Lateinschule und Universität, die er wieder verließ, um sich der Malerei zu widmen. Nach vier Lehrjahren in Leiden empfing er entscheidende Anregung in Amsterdam bei Pieter Lastman. Zurück in Leiden, erhielt er als Porträtmaler schnell größere Aufträge. 1631 siedelte er nach Amsterdam über, wurde 1634 in der ref. Kirche mit Saskia van Uylenburgh getraut, von deren Kindern nur Titus das Mannesalter erreichte. Sie erwarben ein großes Haus in dem Viertel der angesehenen Kaufleute, meist Juden, zahlten es aber nie ab, denn R. kaufte Kunstwerke und Kuriositäten. Wie groß diese Sammlung war, erfahren wir aus dem Inventar, das für die Versteigerung 1657 erstellt wurde. Nach Saskias Tod trat eine Phase der Erlahmung ein. 1649 zog Hendrickje Stoffel ins Haus, die er nicht heiraten wollte, da er sonst Saskias Erbe verloren hätte. Nach dem Konkurs eröffnete sie mit Titus eine Kunsthandlung, für die R. als Angestellter malte und so den Gläubigern entging.

R. ist nicht wie andere Niederländer zum Studium nach Italien gefahren, denn er kannte die Kunst genügend aus seiner Sammlung und wollte einen eigenen neuen Weg gehen. Den Hell-Dunkel-Effekt steigerte er, indem auf warme, gedämpfte Töne – braun, schwarz, rot – helles Licht fällt und eine Partie heraushebt. Dabei tritt das Menschliche und Individuelle hervor. Oft malt R. sich »verkleidet« in Gewändern oder in verschiedenen Rollen auf erzählenden Bildern. Gruppenporträts löst er in Bewegung auf wie bei der »Nachtwache«, manchmal zur Empörung der Auftraggeber.

Bei den Historienbildern überwiegen die bibl. Themen. Die Handlung wird in leidenschaftlicher Bewegung und mit großer Kraft vorgeführt. In späterer Zeit tritt die Dramatik zurück gegenüber verstärkter Innerlichkeit. Z.B. wird bei der Heimkehr des verlorenen Sohnes die Geschichte erzählt, wenn die Kleider herbeigetragen werden, das Kalb in der Ferne steht (Radierung 1636); später konzentriert sich das Gleichnis wie eine Predigt auf das Wort vom vergebenden Vater, der mit Inbrunst seinen Sohn umfängt (Gemälde ca. 1665).

In den Landschaftsbildern gibt R. die flache Ebene wieder, in der er lebt.

Etwa 350 Gemälde werden R. z.Zt. zugeschrieben. Größer ist das überlieferte Zeichen- und Radierwerk. Auch in der Radierung schafft R. Neues und entwickelt sie zu höchster Qualität und Ausdruckskraft. Oft werden alte Platten mehrfach überarbeitet, so daß man Abzüge von demselben Bild in bis zu acht Zuständen hat. Röntgenaufnahmen zeigen, daß auch Gemälde übermalt und verändert sind.

R.s Ruhm ging durch ganz Europa. Dadurch zog er viele Schüler an, die in seiner Werkstatt malten, fast wie der Meister, so daß man bis heute nicht sicher mit der Zuschreibung ist. Ein Forschungsteam (RRP) prüft alle Werke und zweifelt jetzt selber an seinen strengen Kriterien.

Lit.: Ausstellungs-Katalog: Rembrandt. Der Meister und sein Werk, 1991; RRP, J. Bruyn et al., bisher Bde. 1-3, 1982–1989; Ch. Tümpel: Rembrandt, [6]1991.

R. Lohse-Flitner

Remonstranten

→Arminius/Arminianismus; →Dordrechter Synode

Renaissance

Der Begriff begegnet zunächst im Italienischen als *rinascita* um 1550 und als *renaissance des lettres* bzw. *de l'art* im 18. Jh. im Französischen. Durch J. Burckhardts Werk (Die Kultur der Renaissance in Italien, 1860) hat sich der Begriff auch im Deutschen durchgesetzt. R. wurde zunächst im engeren Sinn als »Wiedergeburt« der klass. Antike verstanden, seit

J. Burckhardt im weiteren Sinn als »Entdeckung der Welt und des Menschen«. Damit wurden →Humanismus und R. beinahe austauschbar. Die R. ist nicht, wie vielfach behauptet, areligiös, allerdings an Bibel und Kirche nicht so interessiert wie am Menschen überhaupt. Immerhin waren →Erasmus von Rotterdam und Ph. →Melanchthon bedeutende Humanisten. Die Welt als Welt und der Mensch unabhängig von seiner bibl.-rel. Bestimmung treten in den Mittelpunkt des Interesses.

Die Anfänge der R. als Kulturbewegung sind ebenso fließend wie der Übergang ins Barockzeitalter, in der Regel wird die R. auf den Zeitraum vom 15. bis zum frühen 17. Jh. festgelegt. Einzeldatierungen (z.B. die Eroberung Konstantinopels, die Erfindung des Buchdrucks, die Entdeckung Amerikas) sind für eine Epochenbeschreibung zu episodenhaft. Die R. hat ihren Schwerpunkt in der Erforschung der klass. Antike und deren Philologie, in der Malerei (Michelangelo, L. da Vinci, Raffael u.a.), in der Baukunst (Michelangelo, Bramante), in polit. Utopien (von Cola di Rienzo, Thomas →Morus bis zu J. V. →Andreaes Christianopolis 1619), in der Musik (Palestrina, O. di Lasso u.a.) und v.a. in der neueren phil. Anthropologie und Geisteswissenschaft (→Nikolaus von Kues, Erasmus, Melanchthon, G. →Bruno u.a.).

Die Verbindung zwischen R. und →Reformation wurde oft erörtert. Im Ansatz (Gott-Mensch) sind beide Bewegungen sehr unterschiedlich, und M. →Luther war fraglos kein Theologe der R. Doch über das Interesse am Urtext der Bibel und über seinen Freund Melanchthon war Luther durchaus mit der R. verbunden. Ähnliches gilt auch für die meisten anderen Reformatoren. Die Themen der R. (Menschenbild, Freiheit, Autonomie) waren auf ihre Weise zwar bibelorientiert, immer auch Themen der Reformation; allerdings war die R. ihrem Wesen nach keine eigentlich rel. Strömung.

Lit.: J. Burckhardt: Die Kultur der Renaissance in Italien (1860), 1952; K. Burdach: Reformation, Renaissance und Humanismus, [2]1926; W. Durant: Die Renaissance, 1955; W. K. Ferguson: The Renaissance in Historical Thought, 1948 (Lit.); W. Pinder: Die deutsche Plastik vom ausgehenden Mittelalter bis zum Ende der Renaissance, 1922; G. Reese: Music in the Renaissance, 1954; E. Troeltsch: Renaissance und Reformation, HZ 110, 1913.

G. Ruhbach

Renan, Ernest (1823–1892)

R., geb. am 27. 2. 1823 in Tréguir (Bretagne), gest. am 2. 10. 1892 in Paris, besuchte das Priesterseminar St. Sulpice in Paris, brach seine Ausbildung 1845 ab. Die dt. hist.-kritische Theologie sowie der dt. →Idealismus hatten in ihm Zweifel am konfessionellen Katholizismus geweckt. R. gelangt aufgrund geschichtsphil. Überlegungen zu einem ausgeprägten Kulturoptimismus. Eine positivistische Wissenschaftlichkeit bleibt fortan Grundlage seiner Forschungen. 1860/61 hält er sich im Orient auf. Unter

dem Eindruck dieser Studienreise verfaßt er sein Werk »La Vie de Jésus« (1863). R. trägt mit ihm stark zu einem romantisierenden Jesusbild bei. Von »natürlichen« Wundererklärungen ausgehend, versucht er, das Leben Jesu als immanenten Gesetzen unterworfenen Entwicklungsgang zu verstehen. Sein Werk findet zunächst wenig Anerkennung. Erst 1878 wird er Mitglied der Académie Francaise. Sein Ruf als kenntnisreicher Orientalist wird durch seine letzten Arbeiten gefestigt (Histoire du peuple d'Israel, 5 Bde., 1877–1883). R. entwickelte sich zum phil. Skeptiker und war der herausragende Repräsentant des franz. Liberalismus.

Lit.: E. Renan: Geschichte der Anfänge des Christenthums, dt. v. L. Eichler, 1864; Das Leben Jesu, [6]1864 (über 40 Aufl. in franz. Sprache); Paulus, 1869.

H.-J. Hoeppke

Rendtorff, Heinrich (1888–1960)

R., geb. am 9. 4. 1888 in Westerland/Sylt als Sohn des Pfarrers und späteren Prof. für Neues Testament und Praktische Theologie in Leipzig, Franz R., gest. am 18. 4. 1960 in Kiel; 1919 Pfarrer in Ham-

warde/Lauenburg, 1921 Volksmissionar, 1924 Direktor des Predigerseminars Preetz, 1926 Prof. für Praktische Theologie in Kiel, seit 1930 Landesbischof in Mecklenburg-Schwerin, 1933 von den Nationalsozialisten zum Rücktritt gezwungen, bis 1945 Pfarrer in Stettin und Leiter der Bekennenden Kirche in Pommern, 1945 wieder Prof. für Praktische Theologie in Kiel bis zur Emeritierung 1956. Seit seiner Tätigkeit als Volksmissionar war ihm →Evangelisation ein brennendes Anliegen, seit der Gründung der Arbeitsgemeinschaft für Volksmission gehörte er dazu und wurde 1946 bis zu seinem Tod deren Leiter. Schon 1938 begann er die →Bibelwochenarbeit, schrieb immer wieder Einführungen für die Vorbereitungshefte, hielt zahlreiche Bibelarbeiten auf den Ev. →Kirchentagen und verband Theologie und Praxis der Evangelisation in glücklicher Weise miteinander.

Lit.: Sammlung und Sendung, Festschrift zum 70. Geburtstag, 1958 (Lit.); P. Toaspern (Hg.): Arbeiter in Gottes Ernte – Heinrich Rendtorff, 1963.

G. Ruhbach

Renitenz, Hessische

Nach den Kriegen von 1866 und 1870/71 fühlte sich der preußische EOK frei genug, seine 1866 hinzugewonnenen Kirchengebiete der preußischen Kirchenpolitik zu integrieren. So wurde am 28. 7. 1873 per Kabinettsordre aus Berlin der kurhessischen Kirche das »königlich preußische unierte Gesamtkonsistorium« in Kassel aufgezwungen. Dem widersetzten sich etwa 10% der Pfarrerschaft, 43 Pfarrer, und ca. 3000 Gemeindeglieder aus dem Kasseler und Marburger Raum und erkannten das neue Konsistorium nicht an. Deshalb wurden sie aus der Kirchengemeinschaft ausgeschlossen. Damit war die Hessische R. geboren, die – ohne jede Absicherung – als staatsfreie Kirche bis 1950 existierte. Der größere Teil schloß sich 1950 der →Selbständigen Ev. Luth. Kirche (SELK), der kleinere Teil – auf der Grundlage der CA und der Apologie →Melanchthons – der Ev. Kirche von →Kurhessen-Waldeck an. Das von A. →Vilmar vermittelte strenge, bekenntnisgebundene Luthertum trug in der R. seine Früchte, die – lange vor dem →Kirchenkampf im Nationalsozialismus – das immer neue Bekennen zu Gott über jede Anmaßung äußerer Autoritäten stellte: »Mag sie religio pressa oder licita sein: die renitente Kirche ist immer frei«. Erfahrungen aus der H.R. haben sich in der Theologie K. →Barths (KD I,2, 726) und im →Kirchenkampf ausgewirkt.

Lit.: R. Schlunk: Die 43 renitenten Pfarrer, 1923; K. Wicke: Die Hessische Renitenz, ihre Geschichte und ihr Sinn, 1930 (Lit.).

G. Ruhbach

Rentenversicherung →Soziale Frage

Rerum novarum →Enzyklika

Reservatio mentalis →Mentalreservation

Residenzpflicht

R. ist die kirchengesetzlich geregelte Verpflichtung des Pfarrers, am Dienstsitz zu wohnen und sich möglichst wenig von ihm zu entfernen. Sie beruht auf der im Amtsauftrag des Pfarrers begründeten engen Bindung an die Gemeinde; geordnete Seelsorge und Sakramentsverwaltung soll jederzeit gewährleistet werden.

Eine spezielle Ausprägung der R. ist die Verpflichtung des Pfarrers, eine Dienstwohnung (Pfarrhaus) zu bewohnen. Dem entspricht die Verpflichtung der Kirchengemeinde, eine Dienstwohnung bereitzustellen. Hierbei handelt es sich weniger um eine besondere Form der dienstlichen Wohnungsfürsorge als vielmehr darum, auf Dauer sicherzustellen, daß der jeweilige Pfarrer so in der Gemeinde wohnen kann, wie es Amt und Auftrag erfordern. Eine Befreiung von der Verpflichtung, im Pfarrhaus zu wohnen, kann nur in Ausnahmefällen von besonderem Gewicht erfolgen.

Lit.: A. Stein: Evangelisches Kirchenrecht, [3]1992, 111f.

K. Winterhoff

Resozialisierung →Strafvollzug

Restitutionstheorie

Ansätze einer R. finden sich bereits bei →Augustinus (354–430). Im 7. Jh. wurde die R. von dem angelsächsischen Dichter Caedmon vertreten. Um 1000 bekennt sich König Edgar von England zu ihr. Erste Bedeutung gewann sie durch die Auslegung der Genesis »Mysterium Magnum« J. →Böhmes (1575–1624), der mit seiner Mystik und Philosophie die spätere →Romantik und den deutschen →Idealismus nicht unerheblich beeinflußte und spiritualistischen Kreisen in den Niederlanden und England (Philadelphische Sozietät) die tragenden Gedanken gab. S. Episcopius (1583–1643), geistiger Führer der niederländischen Remonstranten, vertrat im 17. Jh. die R., im 18. Jh. gehören M. →Hahn (1758–1819), F. Ch. →Oetinger (1702–1782), J. G. Rosenmüller (1736–1815) sowie der frühromantische Kunst- und Kulturphilosoph F. Schlegel (1772–1829) zu ihren kirchen- und geistesgeschichtl. wirksamen Anhängern. Zu ihrer eigentlichen Entfaltung gelangte die R. im 19. Jh. Im angelsächsischen Raum treten Th. →Chalmers, W. Buckland, J. P. Smith, G. H. Pember hervor, im deutsch-sprachigen Bereich sind es I. H. Fichte, Th. →Fliedner, Ph. F. Keerl, E. W. →Hengstenberg; Franz →Delitzsch und I. H. Kurtz, im 20. Jh. G.v. →Viebahn, F. Bettex, J. →Kroeker, Th. →Haarbeck, W. Möller, M. Baumgarten, H. Rimmer, F. Freiherr v. Huene, E. →Sauer. Breitenwirkung erhielt die R. durch C. I. Scofields Erklärungen in der seit 1909 edierten →Scofield Reference Bible.

Die R., engl. *gap-theory*, besagt: Nach der Erschaffung von Himmel und Erde (1Mo 1,1) habe Gott einem gewaltigen Lichtfürsten die Herrschaft über seine Schöpfung übergeben. Der aber »wollte sein wie Gott« (v. Huene) und »verführte (als) der nunmehr zum großen Drachen gewordene Satan die Legionen von Himmelsgeistern, die ihm untertan waren«, während »unzählige Engel und das große Himmelsheer« dem Schöpfer die Treue hielten (Bettex). Durch diese in der Lücke (engl. *gap*) zwischen 1Mo 1,1 und 1,2 angenommene Empörung und Entmachtung des Luzifer, die man in Jes 14,12-14; Hes 28,12ff dargestellt sieht, sei die Erde zum *tohu wabohu,* »Wüste und Leere«, zum Chaos verunstaltet worden. Infolgedessen berichte 1Mo 1,2ff nicht etwa von der Erschaffung der Welt, die mit V. 1 als abgeschlossen betrachtet wird, sondern von der Wiederherstellung (Restitution) bzw. (Neu-)Ordnung der vom Satan in Chaos verwandelten, ursprünglich aber »aus Gottes Hand tadellos hervorgegangenen«, »ersten Schöpfung« (v. Viebahn). Das Ordnen des Chaos wird als ein Akt »göttlichen Gerichts« (Scofield) über das »Reich und Gebiet« der »Nacht« (Bettex) interpretiert, wobei der Befehl »es werde Licht!« der »erste Schritt Gottes im Kampf wider Satan war« (v. Viebahn).

Die Vertreter der R. führen sieben Argumente für sich ins Feld:

1. Es erscheint »undenkbar, daß je eine finstere, wüste und leere Welt ... aus der Schöpferhand des Gottes des Lichtes, der Ordnung und der Lebensfülle hervorgegangen sein kann. Ein Gott, der nicht chaotisch denkt, schafft ... auch nichts Chaotisches« (Sauer).

2. Die Wendung *tohu wabohu* (»wüst und leer«) wird mit Jes 34,11 (vgl. 24,10); Jer 4,23.27 als Ergebnis eines Gerichtes Gottes verstanden, nicht aber als Ziel göttlichen Schaffens.

3. Jes 45,18 sagt, daß Gott die Welt nicht als eine Öde (*tohu*) erschaffen habe.

4. Neben der Übersetzung »die Erde ist wüst ... gewesen« wird die Wiedergabe »die Erde wurde wüst ...« als grammatisch vertretbar angesehen.

5. Der unterschiedliche Gebrauch der Verben *bara'*, »schaffen«, und *àsah*, »machen«; daß *bara'* nur für die Erschaffung tierischen (V. 21) und menschlichen (V. 26f) Lebens gebraucht wird, sonst aber stets *àsah*, zeige, daß es sich in 1Mo 1 nicht um Neuschöpfung sondern Neubildung der verwüsteten Erde handle, da *àsah* ein »Machen« aus bereits vorhandenem Material meint.

6. Das Engellob in Hiob 38,4-7 setze ein »lobens«-wertes Schöpfungswerk voraus, nicht aber ein Chaos.

7. 1Mo 1,1 sei nicht Überschrift über der Schöpfungsgeschichte, sondern bewußt dem Sechstagerahmen, der erst mit V. 2 beginnt, entnommen. Diese literarische Besonderheit zeige, daß nur V. 1 von einer *creatio ex nihilo* (»Schöpfung aus dem Nichts«), also von Schöpfung im engeren Sinne, rede, der Rest von Erneuerung.

Seitdem sich die atl. Exegese durch die Verbreitung der →Evolutionstheorie hat verunsichern lassen, sehen manche evangelikale Deutemodelle von

1Mo 1 in der R. eine Möglichkeit, die Ergebnisse der geologischen und paläontologischen Forschung mit den Schöpfungsaussagen von 1Mo 1 zu harmonisieren: Einerseits läßt sich an den (nunmehr zwischen 1Mo 1,1 und 1,2 lokalisierten) geologischen Zeitaltern der Erdgeschichte festhalten, andererseits zugleich am Sechstagewerk, wobei für den Zeitraum der Wiederherstellung sowohl die 24-Stunden-Tage als auch die Periodenauffassung vertreten wird.

Lit.: O. T. Allis: God Spoke by Moses; F. Bettex: Das Lied der Schöpfung, 1919; ders.: Himmlische Realitäten, 1921; ders.: Natur und Gesetz, 1923; Th. Chalmers: Geology and Mineralogy considered with reference to Natural Theology; J.H.v. Fichte: Die spekulative Theologie; Th. Haarbeck: Kurzgefaßte biblische Glaubenslehre, 1930; F. Freiherr v. Huene: Weg und Werk Gottes in Natur und Bibel; Ph. F. Keerl: Die Einheit der biblischen Urgeschichte, 1863; J. Kroeker: Die erste Schöpfung, ihr Fall und ihre Wiederherstellung, 1926; W. Möller: Biblische Theologie des Alten Testaments, 1938; G. H. Pember: Earth's Earliest Ages, deutsche Ausgabe 1895; B. Ramm: The Christian View of Science and Scripture; H. Rimmer: Modern Science and Genesis Record, 1937; E. Sauer: Das Morgenrot der Welterlösung, 1949; ders.: Der König der Erde, ²1978; D.A. Young: Christianity and the Age of Earth.

B. Brockhaus

Reuchlin, Johannes (1455–1522)

Der aus Pforzheim stammende Großonkel →Melanchthons studierte Jura. In Diensten des Grafen Eberhard im Bart von Württemberg kam er auf Reisen nach Italien mit dem dortigen Humanismus in Berührung. Hinter →Erasmus von Rotterdam wurde er einer von dessen bedeutendsten Vertretern nördlich der Alpen. Mit seinen »Rudimenta linguae Hebraicae« begründete er die hebr. Sprachwissenschaft und stellte damit der Auslegung des AT neue Hilfsmittel zur Verfügung, die alsbald von der Reformation aufgenommen wurden. Außerdem drang er in die Theosophie der jüd. Kabbala ein. Aus diesen wissenschaftl. Gründen sowie einem allgemeinen Rechtsempfinden, jedoch nicht aus besonderen Sympathien für die Juden, die auch er zum Christentum bekehrt wissen wollte, sprach er sich gegen die Vernichtung jüd. Schrifttums aus. Darüber geriet er in einen Streit mit der Kölner Universität und den an ihr lehrenden Dominikanern, der sich ein Jahrzehnt bis 1520 hinzog und mit R.s Verurteilung durch den Papst endete. Das Bedeutsame an diesem Konflikt war, daß sich an ihm eine humanistisch-gelehrte Öffentlichkeit mit Hilfe gedruckter Streitschriften lebhaft beteiligte. Besonders durch die berühmten »Dunkelmännerbriefe« wurden die Kölner Professoren wegen ihrer Unbildung und Unkultiviertheit als Repräsentanten einer überholten Wissenschaft hingestellt und dem

allgemeinen Spott preisgegeben. Damit erscheint der Konflikt wie ein Vorspiel zu den Auseinandersetzungen der Reformation.

Lit.: S. Raeder: »Johannes Reuchlin«, GdKG 5, 1981, 33-51.

M. Brecht

Reue →Buße

Reue Gottes

a) biblisch

»Reue« Gottes ist Wiedergabe einer hebr. Wurzel, die eigentlich »Atem holen«, »sich Luft/Erleichterung verschaffen« heißt, d.h. Befreiung von einer zuvor getroffenen Entscheidung meint. Dabei unterscheidet das AT sprachlich streng zwischen Gottes Reue gegenüber einer Heilssetzung und seiner Reue gegenüber einem Unheilsplan. Die nur zwei Belege der erstgenannten Art betreffen Grenzaussagen über Gott, die nie generalisiert werden. Die Vernichtung der Schöpfung aufgrund der Bosheit der Menschen (1Mo 6,6f) ist ebenso singulär wie die Verwerfung Sauls (1Sam 15,11.35). Die zweite Menschheit bleibt trotz ihrer Bosheit von Gott bewahrt, der zweite König, David, erhält die Zusage der Treue Gottes, auch wo er sich vergeht.

Die R. Gottes gegenüber einem Unheilsplan ist dagegen etwa 30mal belegt. Sie meint nie die Einsicht, daß die geplante Strafe unbillig hart sei, ist Gottes äußerstes Mittel, sein schuldiges Volk vor schwerster, tödlicher Strafe zu bewahren. Läßt Gott diese R. nicht mehr zu (vgl. Am 7,8; 8,2 mit 7,3.6), ist Israel rettungslos verloren. Ohne Gottes R. wäre es längst vernichtet. Aber diese R. ist stärker als sein Zorn (Hos 11,8f), obwohl der Zorn wohl begründet ist. Gottes R. kann mit seiner Sorge um das Gottesvolk (Am 7,3.6), mit dem Schwur an die Erzväter (2Mo 32,14) oder mit seiner Bindung an Jerusalem (2Sam 24,16) begründet werden. Spätere Generationen betonen, daß die Umkehr Israels (Jer 26,3; 42,10) bzw. der Völker (Jer 18,7-10) notwendige Bedingung der R. Gottes ist. In zwei jungen Prophetenschriften steht Gottes R. im Zentrum der Theologie, jeweils als erhoffte Reaktion auf menschliche Umkehr. Im Buch Joel bewahrt sie Israel vor den Nöten der Endzeit, im Buch Jona die Völker vor dem Untergang. In beiden Büchern ist sie in das Bekenntnis Israels hineingewachsen (Joel 2,13; Jona 4,2).

Das NT knüpft an beide Aussagelinien des AT an. Es betont einerseits Gottes unverbrüchliche Treue (selbst gegenüber einem Israel, das dem Messias den Glauben versagt, Röm 11,29!), andererseits Gottes Willenswandel und Geduld zugunsten der Gemeinde: Die Frist für den unfruchtbaren Feigenbaum wird verlängert (Lk 13,6-9). Zugespitzt kann man sagen, daß Jesus die fleischgewordene »Reue« des Gottes der strafenden Gerechtigkeit ist.

Lit.: O. Hofius: Die Unabänderlichkeit des göttlichen Heilsratschlusses, ZNW 64 (1973), 135–145; J. Jeremias: Die Reue Gottes. Aspekte alttestamentlicher Gottesvorstellung, BSt 65, 1975; L. J. Kuyper: The Suffering and Repentance of God, SJTh 22 (1969), 257–277; H. Simian-Yofre: ThWAT V, 1985, 368–376 (Lit.).

J. Jeremias

b) systematisch-theologisch

1. Von Gottes R. zu reden, ist Teil des für die Bibel bezeichnenden →Anthropomorphismus. Hintergrund der R. ist die Barmherzigkeit Gottes. An sie erinnert Mose Gott, das gleiche Wort gebrauchend, mit dem die Propheten zur Umkehr aufrufen: »Kehr um, laß dich gereuen des Unheils« (2Mo 32,12).

2. R. Gottes steht gegen Schicksalsglauben. Nach Joel 2,13 ist Gott »gnädig, barmherzig, geduldig und von großer Güte und ihn reut bald der Strafe«. Daß Gott sich reuen läßt, zeigt, daß sein Tun kein unabänderliches Schicksal ist. C. H. Miskotte bezeugt dies an den Leuten von Ninive (Jona 3,9): »Wer weiß? Vielleicht läßt Gott es sich gereuen und wendet sich ab…«, und sagt dazu: »Wenn sich nur eben eine schwache Brise erhebt, die den reinen Duft von des Herrn Wort mit sich trägt, dann ist es aus mit diesem entsetzlichen Aberglauben, der Gott zum Gefangenen seiner eigenen Ordnung macht« (Miskotte, 429).

3. R. Gottes ist nicht Wankelmut, sondern Treue. Gegen Wankelmut wendet sich Bileams Wort: »Gott ist nicht ein Mensch, daß er lüge, noch ein Menschenkind, daß ihn etwas gereue« (4Mo 23,19). Zu Unrecht wird dies Wort gegen die R. angeführt. »Er ist kein Mensch«, heißt soviel wie: »Er ist kein *launischer* Mensch« (so Kuitert, 198). Quelle der R. ist seine Treue. Sie bedeutet, daß es Sinn hat zu beten.

Lit.: Kuitert: Gott in Menschengestalt, 1967; C. H. Miskotte: Wenn die Götter schweigen, 1963; O. Rodenberg: Das unvergleichliche Wort, 1964.

O. Rodenberg

Revolution

1. R. bedeutet »Umwälzung, Umdrehung«. Kopernikus gebraucht den Begriff R. für die Umdrehung der Gestirne. Mit R. wird auch eine Umwälzung in der Kultur oder Technik bezeichnet. Meist versteht man unter R. eine Bewegung, die eine neue Gesellschaftsordnung schaffen will, durch die eine bestimmte Gruppe (z.B. Klasse) an die Macht kommen soll, eine Umwälzung der polit. und sozialen Verhältnisse unter Bruch der Legalität. So wurde R. zuerst im 14. Jh. gebraucht und dann 1688 auf die engl. »Glorreiche« R. bezogen. Der heutige R.s-Begriff wurde von der Französischen R. (1789) geprägt; sie bewirkte eine tiefgreifende Veränderung der europ. Gesellschaft. →Kant konstatierte unter den Intellektuellen 1795 eine »breite Teilnehmung dem Wunsche nach, die nahe an Enthusiasm grenzt«. Gelingt die R. nicht, spricht man von einem Aufruhr. Der R.s-Begriff ist nicht eindeutig. Waren die Reformation, der Bauernkrieg, Hitlers »Machtergreifung« eine R.? K. →Marx nennt die R. »Lokomotiven der Geschichte« und unterscheidet soziale und polit. R.en. Sie haben systemverändernden Charakter, ihr Kernproblem ist die gewaltsame Klärung der Macht- und Staatsfrage, die »Hegemonie der historischen Klasse« (Gramsci). Sie entwächst einer revolutionären, gesamtnationalen Krise (Lenin) und ist »gewiß das autoritärste Ding, das es gibt« (Engels). Marxisten können sich keine R. ohne Gewaltanwendung vorstellen.

2. Die sozialistische Bewegung erstrebte die proletarische R. zunächst als Welt-R. Lenin führte sie 1917 in einem Land (Rußland) mit Hilfe der »Diktatur des Proletariats« durch. Nach 1945 wurde sie in Osteuropa, das unter sowjetischem Einfluß stand, »von oben« durchgeführt, China und einige »Entwicklungsländer« folgten. Weithin ist die kommunistische R. aber um 1990 gescheitert, ausgehend von der Solidarność-Bewegung 1980 in Polen. Gorbatschows »Perestroika« führte ungewollt zum Zusammenbruch der kommunistischen Herrschaft in Osteuropa. Dafür sind ökonomische, gesellschaftl. und polit. Faktoren maßgeblich.

3. Entgegen der marxistischen R.s-Theorie haben in Osteuropa gewaltlose R.en dieses Scheitern offenbar gemacht (»Revolution der Kerzen«, »sanfte Revolution«). In der DDR war Ende der 80er Jahre die Partei- und Staatsführung handlungsunfähig; die ev.(-luth.) Kirchen mußten eine gesamtgesellschaftl. Stellvertreterrolle einnehmen. Die »Wende« oder »Herbst-Revolution« ging von Gruppierungen aus, die zunächst von einem »verbesserlichen Sozialismus« überzeugt waren, sich unter dem Schutz der Kirchen sammelten und weithin von Kirchgemeinden getragen wurden. Friedensandachten (seit etwa 1980) und von ihnen ausgehende gewaltlose Demonstrationen (Herbst 1989, vor allem in Sachsen) haben zum Ende der real-sozialistischen Gewaltherrschaft wesentlich beigetragen. Umstritten ist, ob man von einer »Protestantischen Revolution« (H. Albertz) sprechen kann. Jedenfalls hat die aktive Mitwirkung der Kirchen (u.a. bei »Runden Tischen«) wesentlich zu deren friedlichem Verlauf beigetragen. Es wird kaum bestritten, daß diese gesamtgesellschaftl. Verantwortung notwendig war, obwohl es sich dabei um ein der Kirche »fremdes Amt« handelte. Nach Installierung demokratischer Verhältnisse hatten sie den gewählten Organen die polit. Verantwortung zu überlassen.

Lit.: Europäische Enzyklopädie zu Philosophie und Wissenschaften, hg. von H. J. Sandkühler, 1990, Bd. 4, 127–137; Philosophisches Wörterbuch, hg. von G. Klaus, M. Buhr, [10]1974, 1060–1065 (beides marxistisch); K. Griewank: Der neuzeitliche Revolutionsbegriff, 1955, [2]1970; K.-H. Kandler: Gottes Wort im revolutionären Umbruch 1989, KuD 39, 1993, 314–334; Protestantische Revolution?, hg. von T. Rendtorff, 1993.

K.-H. Kandler

Revolution, Theologie der

Die Christliche Weltstudentenkonferenz 1968 in Turku wurde mit sieben Thesen von J. Moltmann eröffnet. Die erste lautete: »Wir leben in einer revolutionären Situation«. Dadurch sei das Christentum in eine »fundamentale Identitätskrise« geraten, Selbstkritik sei geboten. Der von K. →Marx formulierte kategorische Imperativ, »alle Verhältnisse umzuwerfen, in denen der Mensch ein erniedrigtes ... Wesen ist«, sei auch das neue Kriterium, an dem Theologie und Glaube gemessen werden. Der Kampf um die »neue Erde« könne nur vorankommen, wenn man »einsieht, daß auch der Himmel der Religion alt und repressiv geworden ist«.

Um die Einrichtung eines »neuen Himmels« hat sich unter anderen der amerikanische Theologe R. Shaull bemüht, der eigentliche Promotor einer T.d.R. Er meinte, eine »relative Koinzidenz zwischen der Richtung des revolutionären Kampfes und Gottes humanisierendem Tun in der Welt« feststellen zu können. Vorausgesetzt ist, daß die Geschichte fortschreitend auf ein Ziel zuläuft. Das →Reich Gottes, »auf das wir uns hinbewegen«, kündigt sich bereits in erkennbaren Vorstufen an. »Wir vertrauen darauf, daß jeder Augenblick der Geschichte vom göttlichen Handeln gestaltet ist, und können deshalb die Manifestationen von Gottes Handeln entlang dem Weg in die Zukunft erwarten.«

Zwar ist die T.d.R im Text der Theologiegeschichte lediglich eine Fußnote geblieben, aber sie hat doch Teile der christl. Ökumene zu einer Sichtweise verführt, die verhängnisvolle Verwechslungen marxistisch inspirierter revolutionärer Prozesse mit Manifestationen des Geschichtshandelns Gottes zur Folge hatte (→Befreiungstheologie).

Lit.: Diskussion zur »Theologie der Revolution«, hg. von E. Feil u. R. Weth, 1970; R. Hofmann (Hg.): Gottesreich und Revolution. Zur Vermengung von Christentum und Marxismus in politischen Theologien der Gegenwart, 1987; T. Rendtorff, H. E. Tödt: Theologie der Revolution. Analysen und Materialien, 1968.

W. Schlichting

Rhegius, Urbanus (1489–1541)

Luth. Theologe und bedeutendster niedersächsischer Reformator, geb. in Langenargen/Bodensee. Nach humanistischen Studien in Freiburg, Ingolstadt und Basel mit Hinwendung zur Theologie seit 1518 erlangte der Schüler Johann →Ecks 1519 in Konstanz die Priesterweihe und 1520 den theol. Doktorgrad. Mit einer Abhandlung über den Priesterstand und einem Lehrbuch für Priesteramtskandidaten trat er als Reformer und Domprediger in Augsburg (1520) in den Dienst der kath. Kirche.

Bald darauf geriet R. durch die Lektüre von Lutherschriften in den Bannkreis der Wittenberger Theologie wie in Konflikt mit dem Augsburger Domkapitel. Auch als Prinzipalkaplan an einer der reichsten österreichischen Reliquienkapellen in Hall am Inn (1522) vertrat R. die alleinige Mittlerschaft Christi, so daß er in das der Reformation zuneigende Augsburg zurückkehrte (1524) und hier in Auseinandersetzung mit →Erasmus, →Zwingli und dem Täufertum die Position eines offenen Luthertums bezog. Mit der Eheschließung und der Austeilung des Abendmahls in beiderlei Gestalt (1525) vollzog er den endgültigen Bruch mit der alten Kirche. Während des Augsburger Reichstages trat er als von Ecks 404 Artikeln Mitbetroffener an die Seite →Melanchthons und zeichnete sich als innerprot. Vermittler aus. Infolge des kaiserlichen Predigtverbotes folgte R. dem Ruf Herzog Ernsts von Braunschweig-Lüneburg nach Celle (1530), wo er als Generalsuperintendent den Übergang der Landeskirche zur →Reformation vollendete. Außer der Abfassung von Kirchenordnungen für die kirchenpolit. eigenständigen Städte Lüneburg (1531) und Hannover (1536) galt sein Hauptinteresse als Lehrer und Seelsorger der Festigung des ev. Pfarrerstandes. Mit seiner 1535 lat. und 1536 dt. herausgegebenen Predigtanweisung »Wie man fürsichtiglich und ohne Ärgernis reden soll von den fürnemesten Artikeln christlicher Lehre« vermittelte er den niedersächsischen Kirchen eine moderate, das praktische Christentum betonende Theologie. In den 30er Jahren lieferte er sachkundige Beiträge zur Konzils- und Täuferfrage. Hervorhebenswert ist daneben seine Diskussionsbereitschaft mit Juden und sein Eintreten für ihre Duldung. Einzelne seiner Erbauungsschriften wurden bis weit ins 17. Jh. hinein gelesen.

Lit.: U. Rhegius: Werke, dt. Nürnberg 1562, Frankfurt/M. 1577; lat. Nürnberg 1561.

R.Gerecke: Studien zu Urbanus Rhegius' kirchenregimentlicher Tätigkeit in Norddeutschland, JGNKG 74, 1976, 131–177; 77, 1979, 25–95; M. Liebmann: Urbanus Rhegius, 1980.

I. Mager

Rheinische Missions-Gesellschaft

→Vereinigte Evangelische Mission

Rheinland, Evangelische Kirche im

Schon im 3. und 4. Jh. sind in Köln und Trier Spuren christl. Gemeinden nachweisbar, im ganzen MA war das R. Zentrum regen kirchl. Lebens; in verschiedenen Adelsherrschaften, im Kölner Erzbistum wie am Niederrhein faßte die →Reformation Fuß, aber der Reformationsversuch Hermann von Wieds scheiterte ebenso wie die 1532 erlassene milde Kirchenordnung Herzog Johanns III. Vor allem Einwanderer aus Holland und Frankreich setzten die »Reformation von unten« durch, so daß die rheinische Landeskirche ihr eigenes presbyterial-kongregationalistisches Gepräge erhielt. 1815 wurde das Rheinland preußische Kirchenprovinz und die Union schrittweise eingeführt (Unionskatechismus 1856). Immerhin konnte die presbyteriale Kirchenform in der rheinisch-westfälischen Kirchenordnung vom 5. 3. 1835 gegen Berlin durchgesetzt werden. Im →Kirchenkampf unter dem Nationalsozialismus spielte die rheinische Kirche eine bedeutende Rolle, nicht nur wegen der ersten Reichsbekenntnissynode in Barmen 1934.

Die rheinische Kirche erstreckt sich vom Niederrhein bis ins Saarland und ist eine der größten, einflußreichsten Landeskirchen der EKD; sie ist Trägerin der Kirchl. Hochschule Wuppertal und verfügt über zahlreiche Werke der Inneren Mission. Das Bild der rheinischen Kirche wurde in den ersten Jahrzehnten nach dem Zweiten Weltkrieg durch ihre aus dem Bekenntniskampf hervorgegangenen Präsides Held, Beckmann und Immer geprägt.

Lit.: W. Göbell: Die Rheinisch-Westfälische Kirchenordnung vom 5. 3. 1835, 2 Bde., 1948/1954 (Lit.); J. Hashagen: Der rheinische Protestantismus und die Entwicklung der rheinischen Kultur, 1924; A. Rosenkranz: Kurze Geschichte der evangelischen Kirche in Rheinland bis 1945, [2]1975.

G. Ruhbach

Richter, Adrian Ludwig (1803–1884)

R., geb. am 28. 9. 1803 in Dresden, gest. ebenda am 19. 6. 1884, Maler, Graphiker und Holzschneider. Auf einer Bildungsreise in Italien (1823–1826) kam er mit dem Kreis der Nazarener in Berührung und fand hier zu Neujahr 1825 zu einem lebendigen Glauben im Sinne der →Erweckung (Lebenserinnerungen, Kap. 16). Bekanntschaft mit R. →Rothe. 1828 wurde R. Zeichenlehrer an der Meißner Porzellanmanufaktur und ab 1836 Akademieprofessor in Dresden. Malte er zunächst vorwiegend italienische Landschaften, so wandte er sich seit seiner Berufung der heimischen Landschaft zu (Überfahrt am Schreckenstein, 1835; Bergsee im Riesengebirge, 1839). Seit 1840 entwickelte er sich von der Malerei weg hin zur Graphik und zum Holzschnitt. Ge-

mälde entstanden nur noch selten (Brautzug im Frühling, 1847). R. erhielt umfangreiche Illustrationsaufträge (Volksbücher, Märchen, Lieder usw.), die oft die beschaulich-heile Welt der dt. Familie schildern. Seine Holzschnitte (Vaterunser, Unser täglich Brot, Sonntag u.v.m.) erlangten große Volkstümlichkeit. 1872 und 1883 Besuche bei den →Blumhardts in Bad Boll.

Lit.: A. L. Richter: Lebenserinnerungen eines deutschen Malers, 1885; Beschauliches und Erbauliches. Ein Familienbilderbuch, 1855 (ND 1978); Das Ludwig Richter Album: Sämtliche Holzschnitte, 1968.

J. F. Hoff, K. Budde: Adrian Ludwig Richter. Verzeichnis seines graphischen Werkes, 1922; H.-J. Neidhardt: Ludwig Richter, 1991 (Lit.).

H.-J. Hoeppke

Richter, Christian Friedrich (1676–1711)

R., geb. im Dezember 1676 in Sorau/Niederlausitz als Sohn eines gräflich Promnitzschen Rats und Kanzlers, gest. am 5. 10. 1711 in Halle/Saale; Arzt, Apotheker und Liederdichter des hallischen →Pietismus.

Seit 1694 studierte R. in Halle Theologie und Medizin, wobei er unter den Einfluß August Hermann →Franckes kam. Dieser berief ihn 1697 zum Arzt am kurz zuvor gegründeten hallischen Waisenhaus, schließlich zum Inspektor am (als Adelsschule konzipierten) »Pädagogium regium«, ehe R. 1699 zum Arzt der gesamten hallischen Anstalten (Franckesche Stiftungen) avancierte. Als solcher auch mit der Leitung der Waisenhausapotheke beauftragt, entdeckte er mehrere Präparate, darunter die berühmt gewordene Goldtinktur »Essentia dulcis«. Der Ruf dieser Medikamente (»Richter'sche« oder »Halle'sche Arzneien«) verbreitete sich rasch, und seit 1702 begann der Versand in alle Welt. Die dazu gegründete und von R. schließlich hauptamtlich geleitete »Medicamenten-Expedition« erbrachte immense finanzielle Gewinne und spielte in den Planungen der Anstalt eine wichtige Rolle. Daneben war er an der Errichtung eines anstaltseigenen Krankenhauses (1708) maßgeblich beteiligt und veröffentlichte medizinische Schriften.

Auch als Verfasser pietistisch-erbaulicher Traktate (»Erbauliche Betrachtungen vom Ursprung und Adel der Seelen«, 1718) und – vor allem – geistl. Lieder wurde R. bekannt. Von der mitteldt. Hoheliedmystik und von Gottfried →Arnold beeinflußt, spiegeln sie eine originell-empfindsame Frömmigkeit wider und behandeln in bilderreicher Sprache die geistl. Vermählung der Seele mit Christus in der Wiedergeburt. Der Stammteil des EKG enthält noch neben »Hüter, wird die Nacht der Sünden nicht verschwinden?« (266) R.s bedeutendste Dichtung: »Es glänzet der Christen inwendiges Leben« (265).

Lit.: E. Altmann: Christian Friedrich Richter (1676–1711), 1972 (AGP 7; 214–241: Bibliographie, Quellen, Lit.); H. Gittner: 250 Jahre Waisenhaus-Apotheke und Medikamenten-Expedition der Franckeschen Stiftungen, 1948; G. Knuth: August Hermann Franckes Mitarbeiter an seinen Stiftungen, 1898, 100–116; T. Stählin: Gottfried Arnolds Einfluß auf die Dichtung Gerhard Tersteegens und Christian Friedrich Richters, in: Jahrbuch für Liturgik und Hymnologie 13, 1968, 171–188.

W. Raupp

Riemenschneider, Tilman (ca. 1460–1531)

R., geb. um 1460 – wohl in Heiligenstadt im Eichsfeld –, gest. am 7. 7. 1531 in Würzburg, wo er seit 1483 lebte, zum Rat der Stadt gehörte und 1520 Bürgermeister war. Da er im Bauernkrieg 1525 auf der Seite der Bauern stand, wurde er nach deren Niederlage verhaftet, gefoltert und teilweise enteignet. Danach ist kein Werk von ihm bekannt.

R. ist Schnitzer und Bildhauer. Die großen Altäre sind aus Lindenholz, 9 m hoch der Heilig-Blut-Altar in der Jakobskirche in Rothenburg ob der Tauber (1501-04) mit der Darstellung des Abendmahls. Die hochgotischen schlanken Figuren tragen Gewänder mit reichen, tiefkantigen Falten. Ihre schmalen Gesichter zeigen verinnerlichten Ausdruck. Die Neuerung in R.s Stil ist der Verzicht auf Bemalung; Licht und Schatten entstehen allein durch die Plastizität. Hier wie am Marienaltar in Creglingen (1505-10) ist die Rückwand durchbrochen und das Altargehäuse von Pflanzenranken erbaut, was dem Schnitzwerk Leichtigkeit gibt. Neben weiteren Altären schuf R. Steinskulpturen und -reliefs, auch diese unbemalt.

Sein drittes Schaffensfeld sind Grabmale, z.B. das von Heinrich II. und Kunigunde im Dom zu Bamberg aus Kalkstein; andere im Dom zu Würzburg sind aus Sandstein und Marmor. R.s Werk war schon in seiner Zeit geachtet und hatte großen Einfluß.

Lit.: J. Bier: Tilman Riemenschneider, 4 Bde., 1925/30 (Bde. 1 und 2), 1973/78 (Bde. 3 und 4); Ausstellungs-Katalog: Tilman Riemenschneiders frühe Werke, 1981.

R. Lohse-Flitner

Rienecker, Fritz (1897–1965)

Geb. am 27. 5. 1897 Streckau (Sachsen), gest. am 15. 8. 1965 Neumünster. Studium der Theologie und Pädagogik an den Universitäten Berlin, Kiel, Hamburg. 1924-41 theol. Mitarbeiter des Verlags Ihloff, Neumünster. Bis 1946 Pfarramt in Geesthacht, 1947-49 Dozent an der Evangelischen Akademie in Braunschweig. 1949 Berufung ins Lehramt am Predigerseminar St. Chrischona, Basel, für NT und Systematische Theologie. 1958-62 Leiter des →Altpietistischen Gemeinschaftsverbandes in Württemberg. Das theologische Schaffen R.s war durchdrungen von der Ehrfurcht vor Gottes Wort und dem Staunen über Gottes Größe und Liebe. Als Schriftsteller wurde er in weiten Kreisen bekannt durch seine Bibelkommentare, den »Sprachlichen Schlüssel« zum griechischen NT und das »Lexikon zur Bibel«.

Lit: F. Rienecker: Das Schönste kommt noch, 1964; ders. (Hg.): Sprachlicher Schlüssel zum Griechischen Neuen Testament, [19]1992; ders. (Hg.): Lexikon zur Bibel, neu hg. von G. Maier, 1994.

F. Aeschlimann

Riethmüller, Otto (1889–1938)

R., geb. am 26. 2. 1889 in Stuttgart-Bad Cannstatt, gest. am 19. 11. 1938 in Berlin. Nach dem Theologiestudium in Tübingen, vor allem bei A. →Schlatter, und der Vikarszeit in verschiedenen württembergischen Gemeinden 1919 Pfarrer in Esslingen/ Neckar; in der Arbeitervorstadt baut er die Südkirche im Stil des Expressionismus und realisiert sein liturgisches Programm mit Predigtkirche, Musizieremporen, Rotunde der Feierkirche hinter dem Altar und sein ausdruckstarkes Konzept der graphischen und figürlichen Symbole. Nebenamtlich seit 1924 als Leiter des Ev. Mädchenwerks in Württemberg tätig, wird er 1928 Direktor des →Burckhardthauses in Berlin-Dahlem. Die Hoffnungen auf eine Erneuerung im Gefolge des Dritten Reichs zerschlagen sich rasch; 1935 wird er Vorsitzender der Reichsjugendkammer der Bekennenden Kirche; seelisch und körperlich ausgezehrt, stirbt er kurz vor seinem 50. Geburtstag.

Mit Bibelarbeiten und Predigten, Singegottesdiensten und Sprechchorfeiern vermag er die Jugend anzusprechen; seine Impulse bei Helferkreisen und Rüstzeiten, seine Zielsätze, das Zeichen vom Kreuz auf der Weltkugel, die fortlaufende Bibellese, Jahreslosung, Monatssprüche und -lieder geben seiner Arbeit die christozentrische Ausrichtung. Das von ihm herausgegebene Jugendliederbuch »Ein neues Lied/Der helle Ton« (seit 1932) wird zum Sammelwerk der reformations-orientierten Singbewegung mit großer Ausstrahlung. Als eigenwilliger Übersetzer vermittelt er die lat. Hymnen (»Das Wort geht von dem Vater aus«; »Du Schöpfer aller Wesen«), als einfühlsamer Bearbeiter

und musikerfahrener Hymnologe (»Sonne der Gerechtigkeit«) macht er vor allem das Liedgut der Böhmischen Brüder bekannt (»Singen wir heut mit einem Mund«). Von seinen eigenen, ganz zum Trost und Trutz in schwerer Zeit geschaffenen Bekenntnisliedern sind »Herr, wir stehen Hand in Hand« und »Nun gib uns Pilgern aus der Quelle« unvergessen.

Lit.: H. Riethmüller (Hg.): Otto Riethmüller. Gedichte, 1951;
E. Lauxmann: Otto Riethmüller, 1959; M. Rößler: Liedermacher im Gesangbuch, Bd. 3, 1991, 122–163.
M. Rößler

Riggenbach, Christoph Johannes (1818–1890)

R., geb. am 8. 10. 1818 in Basel, gest. am 5. 9. 1890 in Basel, Sohn eines Bankiers, gilt zu Recht als einer der bedeutendsten Theologen positiver Ausrichtung zu seiner Zeit. Im Anschluß an vier Semester Medizin und Naturwissenschaften in Basel studierte er Theologie in Berlin und Bonn. Seine Studienjahre standen im Zeichen der von →Hegel beeinflußten spekulativen Theologie, der sich R. unter dem Einfluß seines Freundes und späteren Schwagers A.E. →Biedermann anschloß. Während seiner pfarramtlichen Tätigkeit in Bennwil (Kanton Basel-Landschaft) trat R. zunächst mit Artikeln und Vorträgen für die spekulative Theologie ein, rückte dann aber zunehmend von der Position der aufstrebenden Reformer unter Biedermann ab und vollzog eine Wendung zum positiven Theologen, die sich in einem Referat über »die verschiedenen Richtungen in der Kirche« vor der Schweizer Predigergesellschaft 1848 öffentlich ankündigte. Als Biedermann 1850 a.o. Prof. für NT in Zürich wurde, erreichte R. der Ruf nach Basel auf die ursprünglich von W. M. L. →de Wette und danach von D. Schenkel besetzte Professur, die sowohl Neutestamentliche Exegese als auch christl. Dogmatik und Ethik umfaßte. Diese Professur versah R. von 1851 bis zu seinem Tod, wobei er sich zudem noch der Praktischen Theologie (insbesondere der →Katechetik) zuwandte. In dieser Zeit entfaltete er über sein akademisches Lehramt hinaus eine breite Wirksamkeit. Er arbeitete mit an der Herausgabe des Basler Kirchengesangbuchs von 1854. Mit Referaten trat er an den drei Weltkonferenzen der Evangelischen Allianz in Genf 1861, Amsterdam 1867 und in Basel 1879 auf. Bei der Basler Konferenz 1879 war er Vizepräsident und Herausgeber der beiden Berichtbände. Durch die Mitbegründung der Zeitschrift »Kirchenfreund« (1867) und des »Evangelisch-kirchlichen Vereins« (1871) gab er den kirchl.-positiven Kreisen in der Schweiz den publizistischen und organisatorischen Zusammenhalt. 1878 bis 1890 präsidierte er zudem – als Nachfolger von A. Christ – der Basler Missionsgesellschaft (→Basler Mission).

Theol. vertrat R. engagiert die sog. »positive« Position. Die Vernunft soll bewußt eingesetzt werden, sich aber vor dem «Übervernünftigen« der Offenbarung beugen. Die Schrift, deren menschlicher Anteil gewürdigt wird, ist der Vernunft vorgeordnet. Das Bild Christi, das die Evangelisten und Apostel zeichnen, entspricht der Wirklichkeit. Christus ist Erlöser – betont wird seine göttliche Natur. Der Inhalt des christl. Glaubens ist konsequent von der Schrift her zu bestimmen.

R.s Veröffentlichungen spiegeln die reiche Vielfalt seines Wirkens. Neben zahlreichen Predigten und apologetischen Vorträgen ragen vor allem sein Hauptwerk »Vorlesungen über das Leben des Herrn Jesu« (1858), ein Kommentar zu den beiden Thessalonicherbriefen in Langes Bibelwerk (1864) sowie verschiedene Arbeiten über das kirchl. Liedgut hervor.

Lit.: E. Bonjour: Die Universität Basel von den Anfängen bis zur Gegenwart 1460–1960, 1971, 502–505; J. J. Oeri: Zum Andenken an D. Christoph Johannes Riggenbach, 1893; C. von Orelli: »Riggenbach, Christoph Johannes«, RE XVII, 1906, 1-3; ders.: »Prof. Dr. Riggenbach«, in: Der Kirchenfreund 24, 1890, 289–298; Leichenrede auf dem Basler Staatsarchiv LB 20, 18.

Chr. Ramstein-Roth

Riggenbach, Eduard (1861–1927)

R., geb. am 18. 9. 1861 in Basel, gest. am 4. 10. 1927 ebenda, erblindete 1876 aufgrund eines 1874 einsetzenden Augenleidens. Nach vergeblichen Aufenthalten in den Heilungszentren von H. von →Seckendorff in Stuttgart und D. →Trudel in Männedorf kam R. unter dem Einfluß seines Verwandten Pfarrer Johann Jakob Riggenbach (1824–1908) zu einer Verbindung von pietistischer Frömmigkeit und reformat. Glauben. Dem Besuch der Ev. Predigerschule in Basel (1880-85) mit anschließender Ordination folgte 1885–1888 das Theologiestudium an der Universität Basel. Ab 1887 war R. Lehrer an der Predigerschule und seit 1889 auch am Basler Missionshaus. Von 1889–1902 folgte er F. Barth, dem Vater von K. →Barth, als hauptamtlicher Dozent an der Predigerschule. Nach Promotion (1891) und Habilitation (1892) wurde R. Privatdozent, seit 1899 ao. Prof. in Basel. Die Ernennung zum o. Prof. wurde von der Fakultät nicht aus wissenschaftl., sondern aus kirchenpolit. Gründen bis 1917 hinausgezögert. R. wirkte weit über die Universität durch einen intensiven Vortragsdienst für Pfarrer und Gemeinden und arbeitete in vielen christl. Werken mit.

Mit Hilfe seiner Frau Helene geb. Thurneysen (1860–1944) und seiner Tochter Helene Braus-Riggenbach (1897–1944) sowie Sekretären konnte R. eine reiche wissenschaftl. Tätigkeit entfalten. Durch eine größere Zahl exeget. und patristischer Arbeiten erwarb er sich Ansehen in der Fachwelt und galt bes. auf dem Gebiet der Textkritik als eine der führenden Autoritäten. R. sah sich in einer doppelten Verpflichtung. Entgegen dem Trend vertrat er in der akademischen Welt orthodoxe theol. und konservative hist. Positionen. Die bibellesende Gemeinde versuchte er dagegen von der Notwendigkeit hist. Schriftforschung zu überzeugen. R. war bes. mit M. →Kähler und A. →Schlatter freundschaftlich verbunden. Seine Wirkung auf die frühe →Dialektische Theologie sollte noch erforscht werden. Zum Klassiker, der auch für heutige »exegetische Arbeit nach wie vor unentbehrlich« ist (O. Hofius), wurde die Hebräer-Ausslegung für die von Th. →Zahn herausgebene Kommentarreihe.

Werke: Der trinitarische Taufbefehl, 1903/04; Die ältesten lateinischen Kommentare zum Hebräerbrief, 1907; Die Auferstehung Jesu, 1908; Bibelglaube und Bibelforschung (allgemeinverständliche Aufsätze), 1909; Der Brief an die Hebräer, 1913, 2/3 1922 (ND 1987); Das Comma Johanneum, 1928.

Lit.: C. Ramstein in: FS für E. Buess, 1993, 315–338; A. Schlitter: E. Riggenbach: Das Lebensbild eines blinden Gelehrten, 1932 (Bibliographie).

R. Riesner

Ring Missionarischer Jugendbewegungen e.V. (RMJ)

Der RMJ wurde am 5. Dezember 1974 gegründet. Vorausgegangen war eine intensive Zusammenarbeit jugendmission. Werke anläßlich der Olympischen Spiele 1972 in München. Die Mitglieder des RMJ bejahen den Missionsauftrag, wie er in der Lausanner Verpflichtung zum Ausdruck kommt: »Mission hat die Rettung des ganzen Menschen zum Ziel und beinhaltet zugleich die soziale Verantwortung.«

Sie praktizieren ihre Zusammenarbeit auf der Grundlage der Glaubensbasis der Ev. →Allianz.

Die Eigenständigkeit der einzelnen Werke bleibt voll gewahrt.

Mitglieder des RMJ sind freie, mission. arbeitende Werke aus der Bundesrepublik Deutschland: 32 Ordentliche Mitglieder; 4 Außerordentliche Mitglieder, 8 Mitglieder im Forum (Mai 1994). Sie unterschreiben die »Grundsätze für die Verwendung von Spendenmitteln«, sowie die »Grundsätze für die Öffentlichkeitsarbeit« und weisen nach, daß ihr Jahresabschluß durch einen unabhängigen Wirtschaftsprüfer oder Steuerberater geprüft wurde. Der RMJ finanziert sich durch Mitgliedsbeiträge, Zuschüsse und Spenden.

Der RMJ ist organisatorisch mit dem Hauptvorstand der Deutschen Ev. Allianz verbunden. Er ist Mitglied der Arbeitsgemeinschaft der Ev. Jugend (aej).

Ziele des RMJ sind:
- Förderung mission. Jugendarbeit
- Erfahrungsaustausch und gegenseitige Information
- Wahrnehmung gemeinsamer Interessen
- Förderung der Mitarbeiterfortbildung.

Der RMJ ist Träger des Freiwilligen Sozialen Jahres; er bietet Schulungen an für hauptamtliche Verkündiger in der mission. Jugendarbeit, für Leiter christl. Freizeitheime, für hauswirtschaftl. Führungskräfte, für Geschäftsführer und für Leiter mission. Werke und Verbände.

Der RMJ ist von der Bundesanstalt für Arbeit als Arbeitsvermittler anerkannt. Er vermittelt Mitarbeiter in offene Stellen von Mission und Diakonie.

Folgende Aktivitäten hat der RMJ verantwortet oder dabei mitgearbeitet:
- Christival 76
- Europäische Konferenz für Leiter Jugendmissionarischer Werke 1982
- Mission 83
- Explo 85
- Christival 88
- Christlicher AIDS-Hilfsdienst
- Jahr mit der Bibel 1992
- ProChrist 93

Die Geschäftsstelle befindet sich in Altenkirchen/ Westerwald.

K.-W. Hees

Ritschl, Albrecht (1822–1889)

R., ev. Theologe, geb. am 25. 3. 1822 in Berlin, gest. am 20. 3. 1889, Sohn des späteren Generalsuperintendenten und pommerschen Bischofs Georg Carl Ritschl stand zu Beginn seiner akademischen Tätigkeit F. Chr. →Baur nahe. Mit der 2. Auflage (1857) seines Buches »Die Entstehung der altkatholischen Kirche« wandte er sich aber von der spekulativen Tendenzkritik Baurs ab hin zu einer am geschichtl. Christus orientierten Offenbarungstheologie. Er arbeitete künftig mit einem rationalen, ethisch bestimmten Ansatz, der der geistigen Lage des Bürgertums seiner Zeit entsprach. R.s Theologie wirkte im entschiedenen Rückgang auf die geschichtl. Offenbarung Gottes in der Person Jesu bibeltreu und zugleich modern.

Als akademischer Lehrer war R. in Bonn (1846–1864) und Göttingen (1864–1889) tätig. Wirksam geworden ist R. vor allem über sein Hauptwerk, die dreibändige Monographie »Die christliche Lehre von der Rechtfertigung und Versöhnung« (1870–1874; I. dogmengeschichtlich; II. biblisch-theologisch; III. dogmatisch), einen kurzgefaßten Überblick »Unterricht in der christlichen Religion« (1875) und eine dreibändige »Geschichte des Pietismus« (1880–1886).

R. will mit seinem bibl.-offenbarungstheol. Ansatz alle →Metaphysik vermeiden. Religion verbürgt die Geltung der Gesetze des allgemeinen geistigen Lebens, Theologie reflektiert im Rahmen dieser Gesetzmäßigkeiten. Zentrale Themen sind die Soteriologie (→Vergebung der Sünde) sowie deren Konsequenzen im christl. Leben (→Reich Gottes). Diese als Ellipse vorstellbare Grundstruktur seiner Theologie hat ein Gefälle hin zum Ethischen. Kategorial kommt sie her von der Ethik = Gesetzmäßigkeit des geistigen Lebens; inhaltlich führt sie hin zur Begründung des berufsgemäßen Lebens des Christen im Reich Gottes. Sündenvergebung ist Aufhebung des Schuldbewußtseins Gott gegenüber durch die Mitteilung der gnädigen, liebevollen Gesinnung Gottes (Gott ist nur →Liebe). Aufgrund kreatürlicher Begrenztheit oder schuldhafter Fehleinschätzung seines Verhältnisses zur Welt entfremdet sich der Mensch von Gott; er verliert seine schöpfungsgemäße Stellung in der Welt. Er deutet Übel und Einschränkungen seines persönl. Lebens als Strafe Gottes und ordnet sich damit den äußeren Lebensbedingungen unter. Die Änderung seiner Ansicht über Gott und sein Verhältnis zu den Menschen ermöglicht eine Neubewertung seiner Weltbeziehung; der Mensch wird befreit zur geistigen Herrschaft über die Welt.

Erkenntnistheoretisch arbeitet R. im Anschluß an den Philosophen R. H. Lotze (1817–1881) mit der Unterscheidung von Seins- und Werturteilen. Seinsurteile betreffen die Welt der Naturdinge und sind kausalorientiert. Werturteile beziehen sich auf die Gesetze des geistigen Lebens; sie sind zweckorientiert. R. strebt eine hierarchische Gliederung der Bereiche des Geistes und der Natur an, wobei der erstere dem letzteren übergeordnet wird. Es gilt ihm als »wissenschaftliche Erkenntniß«, »daß das Geistesleben Endzweck ist, die Natur aber Mittel dazu« (Christliche Lehre III, 211ff).

Zweck des christl. Lebens ist die Berufserfüllung. Mit dem Begriff des Berufs gibt R. an, daß jedes personhafte Leben einen Zweck zu erfüllen hat. Mit der Realisierung seines Zweckes leistet es einen Beitrag zum sittlichen Endzweck der Menschheit, zum Reich Gottes.

Die Christologie R.s geht davon aus, daß Jesu Selbstzweck darin bestand, das Reich Gottes zu gründen, und damit auf das »Sittliche als Ganzes gerichtet« ist (Christliche Lehre III, 422). In seinem auf Gott bezogenen Leben machte Jesus deutlich, daß zur Mitarbeit am Reich Gottes die Anerkennung der Einheit des geistigen Lebens in Gott Voraussetzung ist. Der Selbstzweck Gottes – Ausdruck für die Personhaftigkeit Gottes – verwirklicht sich im allgemeinen Zweck der Menschheit und umgekehrt.

Im Reich Gottes realisiert sich die sittliche Freiheit des Menschen gegen die Widerständigkeit der Welt. In der aktiven Annahme seines Leidens zeigte Jesus vorbildlich die Möglichkeit der geistigen Herrschaft des Menschen. Jesus gibt damit einen fortdauernden Anstoß und verbürgt die Realisierung des Selbstzweckes. Die Kirche ist die Gemeinschaft von Menschen, in der die Weltanschauung Jesu als Anstoß weitergegeben wird.

Für ca. ein Vierteljahrhundert war R. von 1874 an führender Theologe in Deutschland. Viele Anregungen gingen von ihm aus (A. v. →Harnack, W. →Herrmann). Doch zum Ende des Jahrhunderts waren die wesentlichen Grundlagen seiner Theologie überholt. J. Weiß und A. →Schweitzer wiesen die eschatologische Ausrichtung des Reiches Gottes für Jesus nach. Die neukantianischen kategorialen Voraussetzungen der Dogmatik wurden durch E. →Troeltsch aufgelöst. Mit der →Dialektischen Theologie kam auf breiter Front ein gegenläufiger theol. Ansatz zur Geltung. Freilich haben →Bultmanns Existentialismus und →Barths exklusiver Ansatz bei der Offenbarung Gottes in Jesus Christus mehr mit R. zu tun, als diese wahrhaben wollten.

Lit.: H. Berkhof: 200 Jahre Theologie, 1985, 123–136; R. Schäfer: Das Reich Gottes bei Albrecht Ritschl und Johannes Weiß, ZThK 61 (1964), 68-88; ders.: Die Rechtfertigungslehre bei Ritschl und Kähler, ZThK 62 (1965), 66-85; W. Trillhaas: Albrecht Ritschl (1822–1889), in: M. Greschat (Hg.): Theologen des Protestantismus im 19. und 20. Jahrhundert I, 1978, 113–129; H. Vorster: Werkzeug oder Täter? Zur Methodik der Christologie Albrecht Ritschls, in: ZThK 62 (1965), 46-65.

H.-P. Göll

Ritterorden, geistliche

Die R. bildeten sich im hohen MA, von →Bernhard von Clairvaux theol. legitimiert, als Adelskorporationen im Kampf gegen die Heiden (gegen die Mauren in Spanien, für die Kreuzzüge im Heiligen Land, gegen die Pruzzen im späteren Ostpreußen u.a.). Die Ritter übernahmen die drei Mönchsgelübde (Armut, Keuschheit, Gehorsam) und lebten asketisch und militärisch streng gegliedert. Das Zölibatsgelübde setzte sich allerdings nicht durch; das Armutsgeblübde galt für den einzelnen Ritter, aber nicht für den Orden als ganzen, der durch Eroberungen und Stiftungen im Lauf der Zeit reich und mächtig wurde. Preußen wurde ein eigener Territorialstaat (bis 1525), ebenfalls Rhodos (bis 1523) und Malta (bis 1798), von den einzelnen Orden geleitet.

Ursprünglich vom Gedanken der geistl. Ritterschaft ausgehend, wurden die Ritter Vertreter der päpstlichen Politik, Verteidiger der Kreuzfahrer, Initiatoren einer vorbildlichen Hospitalbewegung und schließlich Begründer von Versorgungsinstituten (Stifte) für adlige Damen. Mit der Kreuzzugsepoche ist Idee und Wirklichkeit der geistl. R. im Grunde ans Ende gekommen. Im Rolandslied (Konrad von Regensburg) und im Parzival (Wolfram von Eschenbach) hat diese Vorstellung literarische Gestalt angenommen. Zu nennen sind (in der Tracht unterschieden) die Johanniter (und Deutschherren), die Templer (und Schwertbrüder), die Dobriner Ritter, die Iberischen Ritter und der Deutschritterorden als die hauptsächlichsten Orden.

In der →Romantik und dann im weiteren 19. und 20. Jh. wurden die R. wieder belebt, die Ernennung zu Rittern galt als Ehrenposition für den dt. Adel; vgl. den nicht zustande gekommenen Schwanenorden →Friedrich Wilhelms IV. von Preußen, die Johanniter (ev.) (→Johanniterorden), die →Malteser, den Orden vom Heiligen Grabe und die St. Georgs-Ritterschaft (alle kath.).

Lit.: M. Heimbucher: Die Orden und Kongregationen der katholischen Kirche, 3 Bde., 1932–1934; H. Prutz: Die geistlichen Ritterorden, 1907.

G. Ruhbach

Ritual/Ritus

Schon im Lat. wird der Begriff R. rel. gebraucht. Er bezeichnet eine rel., heilige Ordnung, den heiligen Gebrauch. Das R. regelt und legt den Ablauf des Ritus fest; die Handlung geschieht dann *rite* (Adv.), »ordnungsgemäß, nach Vorschrift«.

Anthropologisch hat der Ritus mit dem menschlichen Bedürfnis nach Sicherheit zu tun. Bereits das Kind legt Wert auf die Einhaltung bestimmter Reihenfolgen, von denen nicht abgewichen werden darf. Erst wenn eine Handlung nach immer gleichem Muster vorgeht, ist sie stimmig und kann mitvollzogen werden.

Auch sozialpsych. ist das rel. R. unentbehrlich. Der Mensch als einzelner und in der Gruppe ist auf das Geländer von sich wiederholenden, gleichbleibend ablaufenden Handlungsformen angewiesen. Das gilt insbesondere bei menschlichen Grunderfahrungen, wie Geburt, Hochzeit, Schul- und Berufsbeginn, Bestattung.

Die Religionen haben für diese Begehungen ein eigenes Brauchtum entwickelt, haben sie ritualisiert, damit sie für Menschen leichter besteh- und erfahrbar werden.

Auch das Volk Israel und die christl. Kirche haben Riten ausgebildet. Zunächst einmal für ihre Gottesdienste. Das R. regelt das Verhältnis von Wort und Gestus, von Handlung des einzelnen und der Gemeinde, von Stille und Lautwerden. Der rituelle Glaube führt zur Herausbildung von →Liturgie. Sie gibt dem Gottesdienst mit ihren hergebrachten Inhalten, der Lesung klassischer Texte aus der bibl. und kirchl. Tradition und ihren festgefügten Abläufen Stabilität und dem Gottesdienstteilnehmer das Gefühl des Vertrautseins. Die Wiederholung bekannter Worte und Handlungsfolgen befestigt bei ihm die Inhalte und macht sie einprägsam.

Für das ev. Gottesdienstverständnis ist von grundlegender Bedeutung, wie das Verhältnis von Freiheit und Ordnung theol. gesehen und praktisch verwirklicht wird. Von Gott her gesehen kommt der Festlegung gottesdienstl. R.e keine Heilsbedeutung zu. Von der Gemeinde und ihrer Lebensordnung her aber ist es um der Liebe und des Friedens willen geboten, daß sich der Gottesdienst an eine Ordnung hält. Sie beruht auf freier gemeinsamer Absprache eines bestimmten Kirchengebiets. Die Ordnungen sind nicht auf alle Zeiten festgelegt; sie bedürfen um ihrer Verständlichkeit willen auch der regelmäßigen theol. und sprachlichen Überprüfung und ggf. der Änderung. Darüber hinaus behält das gottesdienstl. R. nur dann seine Lebendigkeit und Dynamik, wenn ihm Spielraum bleibt für Spontaneität und Phantasie.

Lit.: W. E. Mühlmann: »Ritus«, RGG³ V, 1127f.

H. Jetter

Robinson, John Arthur Thomas (1919–1983)

R., geb. am 15. 6. 1919 in Canterbury, gest. am 5. 12. 1983, studierte in Cambridge, Dr. theol. 1946, 1951 Pastor am Clare College und Universitätsdozent, Cambridge. 1959 Bischof von Woolwich; 1969 Mitglied des Lehrkörpers der Universität und Pfarrer des Trinity College, Cambridge. R. wurde über England hinaus durch seine Arbeiten im Neuen Testament, in Dogmatik und Ethik bekannt, in England auch als Prediger und Kirchenmann.

Am Anfang von R.s publizistischer Karriere stehen bibl.-theol. Studien wie »In the End, God. A Study of the Christian Doctrine of the Last Things« (1950), »The Body. A Study of Pauline Theology« (1952) und »Jesus and His Coming. The Emergence of a Doctrine« (1957). Sein Plädoyer für einen Neuansatz in der johanneischen Frage belegt R. schon in seiner Aufsatzsammlung »Twelve New Testament Studies« (1962); er führt ihn in dem posthum (1985) veröffentlichten Werk »The Priority of John« weiter aus, nachdem er sich bereits 1976 in »Redating the New Testament« (dt. 1986) für eine Datierung aller ntl. Schriften vor die Eroberung Jerusalems im Jahr 70 n.Chr. ausgesprochen hatte.

Der prakt.-theol. Schwerpunkt seiner Arbeit als College-Pfarrer und als Bischof in einem Vorort von Süd-London zeigt sich in den Titeln der Werke »Liturgy Coming to Life« (1960) und »On Being the Church in the World« (1960).

Mit der Veröffentlichung von »Gott ist anders« (Honest to God, 1963) wurde R. schlagartig berühmt und umstritten zugleich; es begann die längste und gehaltvollste theologische Diskussion Englands im 20. Jahrhundert. R.s selektiver Rückgriff auf Aussagen von →Bultmann und →Bonhoeffer – um das bisherige »Gottesbild« in Frage zu stellen – und →Tillich – um ein neues zu entwerfen – macht den dogmat. Charakter des Werkes deutlich. Mit Tillich findet R. Gott nicht als Person in der Höhe des veralteten dreistöckigen Weltbildes, sondern in der transzendenten Tiefe des Seins; in Anlehnung an Bonhoeffer wird Christus dem säkularisierten Menschen als der »Mensch für andere« nahegebracht. In Entsprechung zur Kritik an einer metaphysischen Gotteslehre greift R. in der Ethik alte Wertvorstellungen an und plädiert für ein Handeln der Liebe, das als »radikale« Situationsethik, die ungeachtet ihrer Bezeichnung Normen kennt (Bockmühl 20), dem Menschen der Gegenwart helfen will.

Lit.: Zur Biographie: J. A. T. Robinson: The Roots of a Radical, 1980. E. James: A Life of Bishop John A. T. Robinson, 1987.

Zur Theologie: H.-W. Bartsch: Ehrlich gegenüber Gott: eine Diskussion über die Gottesfrage zum Buch »Honest to God« von Bischof Dr. John A. T. Robinson, Ev. Zeitstimmen 17, ²1964; K. Bockmühl: Gott im Exil? Zur Kritik der »Neuen Moral«. Atheismus in der Christenheit, ²1984, 14ff; K. W. Clements: Lovers of Discord: Twentieth-Century Theological Controversies in England, 1988, 178–217; Diskussion zu Bischof Robinsons »Gott ist anders«, ²1965; D. Jenkins: Guide to the Debate about God, 1968; A. Kee: The Roots of Christian Freedom, Theology of J. A. T. Robinson, 1988; W. Künneth: Von Gott reden. Eine sprachtheologische Untersuchung zu J. A. T. Robinsons Buch »Gott ist anders«, 1965; J. M. Morrison: Ehrlich vor Gott? – Robinsons »Gott ist anders«, 1968; G. Newlands: Systematische Theologie in Großbritannien in den siebziger Jahren, KuD 27 (1981), 309–317; J.A.T. Robinson, D.L. Edwards (eds.): The Honest to God Debate, 1963; E. Schillebeeckx: Personale Begegnung mit Gott: Eine Antwort auf John A. T. Robinson, 1964.

J. Eber

Rocholl, Rudolf (1822–1905)

R., geb. am 27. 9. 1822 in Rhoden/Waldeck, gest. am 16. 11. 1905 in Düsseldorf. 1850 wurde er Pfarrer in Sachsenberg/Eder und schloß sich 1861 aus konfessionellen Gründen der ev.-luth. Landeskirche Hannovers an, in der er in Brese als Pfarrer und 1867 in Göttingen als Superintendent wirkte. Wegen der staatlichen Traugesetze wurde er 1878 Altlutheraner, zunächst Pfarrer in Radevormwald, dann 1881 Superintendent und Kirchenrat in Breslau.

Eine luth. Theologie vertrat R. zeitlebens, auch literarisch; vorwiegend hat er sich in seinem Schrifttum immer wieder – spekulativ – auf Ph. →Nicolai, J. G. →Hamann und auf F. Ch. →Oetinger bezogen. Weite Verbreitung fanden vor allem die unter dem Titel »Christophorus« veröffentlichten Betrachtungen.

Lit.: H. Hübner: Rudolf Rocholl, 1910; K.U. Ueberhorst: Die Theologie Rudolf Rocholls, 1963 (Lit.).

G. Ruhbach

Rom (frühchristliche Gemeinde)

Die Hauptstadt des Römischen Reichs lag früh im Blickfeld der ersten Christen. Schon im Jahr 30 n. Chr. fand in Jerusalem eine Begegnung mit röm. Juden statt, die der Pfingstpredigt des →Petrus zuhörten (Apg 2,10). Nach unterschiedlichen Schätzungen lebten zu dieser Zeit zwischen 50000 und 90000 Juden in R., bis zu einem Zehntel der Gesamtbevölkerung. Unter ihnen könnten die aus Jerusalem Zurückgekehrten die christl. Botschaft bereits zu diesem frühen Zeitpunkt verbreitet haben. Als →Paulus um 58 n.Chr. seinen Brief nach R. schreibt, existiert dort ein dichtes Netz von Hauskirchen (Röm 16,3-15). Die Konsolidierung der stadtrömischen Gemeinde wird von den ältesten Quellen Petrus zugeschrieben, der sich dort erstmals zwischen 42 und 44 n.Chr., dann noch einmal ab ca. 57 n.Chr. aufhielt (vgl. →Euseb, Chronicon II, 152-57; ders.: h. e. 2,14,6. 15,2; →Hieronymus, De vir.ill. 8; Papias bei Euseb). Nach Euseb und Hieronymus soll Petrus fünfundzwanzig Jahre lang *episkopos* (»Aufseher«, später: »Bischof«) gewesen sein, doch ist damit kein Daueraufenthalt vorausgesetzt, sondern ein fortlaufendes Titularamt, das mit dem Tod des Apostels im Jahr 67 n. Chr. endete.

In der Zwischenzeit, von 49 n. Chr. bis 54 n. Chr., erlitt zumindest die Führungsschicht der Judenchristen und der Juden eine von Kaiser Claudius veranlaßte Vertreibung (vgl. Apg 18,2). Auslösend dafür dürften Unruhen zwischen der jüd. Großgemeinde und den missionierenden Christen gewesen sein. Der röm. Historiker Sueton spricht von anhaltendem Aufruhr auf Antreiben eines *Chrestus* (*impulsore Chresto*, Claudius 25,4); die Schreibweise *Chrestus* ist ein sog. Itazimus (identische Ausspreche von -e- und -i-) für Christus, wie ihn auch Tacitus und andere Autoren bis hin zum christl. Autor Tertullian (Apologeticum 3,5) kennen und z. T. bewußt benutzen. Sueton gibt damit in knapper Form zu verstehen, daß es die Christus-Botschaft war, die den Konflikt hervorrief. Darin unterschied sich R. nicht von anderen Reichsstädten; auch in Jerusalem (Apg 6,9-7,60), Antiochia in Pisidien (Apg 13,50), Korinth (Apg 18,12-17) u.a. kam es zu ähnlichen Vorkommnissen. Das rigorose Durchgreifen des Claudius, das sich von der prochristl. Toleranz des Seneca-Bruders und Prokonsuls Gallio in Korinth abhob, dürfte in der unübersichtlichen Situation der Hauptstadt begründet gewesen sein, in der ein zu befürchtender Massenaufruhr unter Zehntausenden zur Gefahr für das Gemeinwohl hätte werden können. Das Vertreibungsedikt endete automatisch mit dem Tod des Kaisers 54 n. Chr.; es ist auffällig und stimmig, daß der nur wenige Jahre später verfaßte Römerbrief des Paulus nunmehr einen starken heidenchristl. Anteil an der christl. Gesamtgemeinde voraussetzt (Röm 11,17-24 ist eindeutig an diesen Gemeindeteil gerichtet; auch die Grußliste Röm 16,3-15 enthält heidenchristl. Namen von Hauskirchenleitern).

Diese zweite Aufbauphase, in der den Christen R.s wenig Hindernisse in den Weg gelegt wurden (auch der als Gefangener auf das von ihm selbst beantragte Verhör vor dem Kaiser wartende Paulus konnte im Hausarrest Besuch empfangen, predigen und lehren), dauerte nur zehn Jahre. Der Brand R.s, 18./19. Juli 64 n.Chr., führte im Zuge der Suche nach »Schuldigen« im darauffolgenden Frühjahr zu einer umfassenden und langanhaltenden Christenverfolgung in der Stadt, vermutlich auch darüber hinaus (vgl. Sueton, Nero 16,2; Tertullian, Adv. Nationes, 1,7,9; Sulpicius Severus, Chronik 2,29,3). Über die Grausamkeit der Hinrichtungen äußerte sich selbst der keineswegs christenfreundliche Historiker Tacitus negativ (Annales 15,38-44). Gleichwohl läßt er ebenso wie Sueton keinen Zweifel daran, daß die Christen zu diesem Zeitpunkt in R. als Anhänger eines unheilvollen, böswilligen Aberglaubens (Ann. 15, 442; Nero 16,2) ausgesprochen unbeliebt waren. Es könnte dabei eine Rolle gespielt haben, daß unter Christen zu dieser Zeit Endzeiterwartungen und Weltenbrandvorstellungen im Brand der Stadt, dem neuen, dekadenten Babylon (vgl. Offb Kap. 17-19; 1Petr 5,13; Mt 24,29-31; 2Petr 3,7 10-13), möglicherweise triumphalistisch als Gottesurteil über R. gedeutet wurden.

Die Verfolgungssituation führte zum Ausbruch latenter Konflikte innerhalb der Gemeinde. Die älteste christl. Äußerung, der 1. Clemensbrief (vermutlich kurz vor 70 n. Chr., spätestens um 96 n. Chr. verfaßt), sieht die Schuld am Märtyrertod von Petrus und Paulus in Eifersucht und Neid unter den stadtrömischen Christen (1Clem 5,1-4). Hier, im Brennpunkt des Römischen Reiches, waren die unterschiedlichsten Strömungen aufeinandergestoßen. Neid und Streitsucht als Elemente der Evangeliumsverkündigung waren allg. nicht so ungewöhnlich (Phil 1,15-17; vgl. auch 2Petr 3,14-16), und gerade unter den Judenchristen schien es starke Bewegungen gegen die Staatsautorität zu geben, die mit mangelnder Gemeindedisziplin einhergingen; Paulus setzt sich damit intensiv im Brief an die röm. Christen auseinander (u.a. Röm 2,17-29; 13,1-7.13). Ihm wie auch Petrus muß gerade in R. daran gelegen haben, das Wachstum der Gemeinde so zu fördern, daß gefährliche Konflikte mit Staat und Öffentlichkeit vermieden wurden: Die Vertreibung unter Claudius war noch in frischer Erinnerung. Der Brand R.s und die anschließende Verfolgung war anderen aber offenbar ein willkommener Anlaß, gerade solche Konflikte zu forcieren. Diese aus Paulus und 1Clem abzuleitende Situation wird vom röm. Historiker Tacitus zumindest indirekt bestätigt, indem er eine Verhaftungswelle aufgrund von Denunziationen durch bereits festgenommene Christen nennt (Ann. 15,44).

Das stadtrömische Christentum wurde durch die neronische Verfolgung nicht zerstört. Der 1. Clemensbrief setzt ein Kontinuum voraus und dokumentiert zugleich die stabilisierte Autorität der Gemeinde: Ein röm. Christ gibt hier den Korinthern detaillierte Verhaltensanweisungen, die weit über Vergleichbares bei Paulus hinausgehen. Man darf annehmen, daß der Verfasser dieses Briefes der Familie der Flavii Clementes angehörte und damit zumindest weitläufig ein Verwandter des flavischen Kaiserhauses war. Gerade in dieser Familie wie auch sonst in der Aristokratie scheint es einflußreiche Christen gegeben zu haben, namentlich Flavia

Domitilla, Titus Flavius Clemens und Acilius Glabrio. Vor allem gegen sie, darüber hinaus aber nur in sehr begrenztem Ausmaß, handelte Domitian, selbst ein Flavier, in seiner Christenverfolgung des Jahres 95 n. Chr. Ihm ging es nicht um die Unterdrückung oder Vernichtung der Christen – Enkel des Herrenbruders Judas behandelt er großzügig und beendete nach einem Verhör die Verfolgungsmaßnahmen (Euseb, h.e. 3,19-20) –, sondern um die Verhinderung der Christianisierung des Kaisertums; immerhin hatte er, der sich »Herr und Gott« nennen ließ, die beiden Söhne des Clemens zu seinen Erben eingesetzt. Im Fall des Domitian zeigte sich erstmals auch die Bereitschaft der Christen bzw. ihres Umfelds, den als Tyrannen verstandenen Herrscher auszuschalten: Stephanus, Verwalter der ins Exil verbannten Flavia Domitilla, führte eine Gruppe von Verschwörern gegen den Kaiser und tötete ihn am 18. September 96.

Archäologische Spuren des stadtrömischen Christentums im 1. Jh. sind naturgemäß spärlich; anzunehmen sind Hauskirchen in Privathäusern dieser Zeit, die unter den heutigen Kirchen San Clemente, Santa Prisca, Santa Pudenziana, San Paolo alla Regola und San Lorenzo in Lucina entdeckt wurden. Die Anlage, unter der sich die Domitilla-Katakombe befindet – ehemaliger Privatbesitz der Flavia Domitilla, der ihr von Nerva nach dem Tod des Domitian zurückerstattet wurde –, dürfte ebenfalls noch auf das 1. Jh. zurückgehen. Gesichert sind auch die Anlage des Petrus-Grabes auf dem vatikanischen Hügel, unter dem heutigen Petersdom, und die Grablege des Paulus unter der Kirche San Paolo fuori le Mura.

Lit.: A. S. Barnes: Christianity at Rome in the Apostolic Age, 1938; M. Guarducci: Pietro e Paolo sulla via Appia e la tomba di Pietro in Vaticano, 1983; P. Lampe: Die stadtrömischen Christen in den ersten beiden Jahrhunderten, [2]1989; G. F. Snyder: Ante Pacem. Archaeological Evidence of Church Life before Constantine, 1985; M. Sordi: I cristiani e l'impero romano, [2]1994; C. P. Thiede: Funde, Fakten, Fährtensuche. Spuren des frühen Christentums in Europa, 1992.

C. P. Thiede

Romantik

Mit dem Begriff »Romantik« wird eine um die Wende vom 18. zum 19. Jh. in Deutschland entstandene geistesgeschichtl. Bewegung bezeichnet, die in ihrer Ausstrahlung und Nachwirkung weit über Deutschland hinausreichte. Die Begriffe »romantisch«, »Romantik« sind zuerst von Friedrich Schlegel verwendet worden, der sie ableitet vom Wort »Roman«, also für eine in jener Zeit aufkommende Literaturgattung, wobei sogar ein bestimmter Roman, Goethes »Wilhelm Meisters Lehrjahre«, Modell war – für den poetischen, aus der Phantasie entworfenen Roman. Der Ausdruck »romantisch« wurde bald auf alle für jene Zeit typische Kultur angewendet, auch auf Malerei, Musik, Philosophie.

→Goethe und →Herder waren die stärksten Anreger. Wackenroder und Tieck gelten als die frühesten Romantiker. Die Brüder August Wilhelm und Friedrich Schlegel begründen durch theoretische Abhandlungen die »romantische Schule«. In Berlin, Jena, Dresden, Heidelberg bilden sich zeitweise eigentliche Romantiker-Kreise, in Berlin um Friedrich Schlegel und →Schleiermacher, in Jena um die Brüder Schlegel, Tieck, Clemens →Brentano, →Novalis, Schlegel, in Dresden, etwas später um Adam Müller, Kleist. Schon früher hatten Caroline und Wilhelm Schlegel in Dresden gewirkt. In Heidelberg wirkten u.a. Achim von Arnim und Clemens →Brentano. Zu den bedeutendsten Vertretern der R. gehören auch der Schriftsteller E. T. A. Hoffmann, ferner Joseph Freiherr von →Eichendorff, Ludwig Uhland, Friedrich Hölderlin u.a. Zwischen der frühen und der späteren R. gibt es ebenso Unterschiede wie zwischen einzelnen Autoren, trotzdem kann von einer gemeinsamen Grundanschauung gesprochen werden:

1. Die R. wendet sich gegen das wissenschaftl.-technische Vernunftdenken der Aufklärungszeit. Das menschliche subjektive Bewußtsein ist nicht nur Vernunft, sondern auch Gefühl, Schönheitssinn, Poesie, Phantasie, Sehnsucht, Angst usw. Und eben dieses weite Spektrum des Selbstbewußtseins wird nun in voller Tiefe und Weite ausgeschöpft und auch ausgebildet. Tieck entdeckte die Poesie als die für ihn wichtigste Potenz geistigen Schaffens, Friedrich Schlegel die Ästhetik, Schleiermacher das rel. Gefühl, Novalis die »Nachtseite« bewußten Erlebens. Die romantische Dichtung dringt in die Abgründe esoterischer, auch dämonischer Erfahrungsbereiche ein. Wichtig ist aber das Naturerlebnis. Die romantische Malerei (C. D. Friedrich, P. O. Runge) gibt nicht das objektive Abbild wieder, sondern den subjektiven Eindruck, die »erlebte« Natur. Kulturgeschichtl. dürfte die dt. R. die Epoche der tiefsten subjektiven Selbst- und Welterfahrung gewesen sein. Die schöpferische Gestaltungskraft der poetisch-phantastisch oder auch rel. orientierten Innenwelt kann sich mit der Natur- und Welterfahrung verbinden, sie kann aber auch – wie etwa bei E. T. A. Hoffmann – zur Gegenwelt werden, die in die irdische Realität hineinbricht. Die bestehenden gesellschaftl. Verhält-

nisse werden von den romantischen Schriftstellern oft sehr realistisch dargestellt, zuweilen auch satirisch, allgemein eher als erbärmlich. Aber die »bessere« Welt wird nicht im polit. Umsturz gesehen, sondern in der geistigen Wende zu einer neuen – eben der romantischen – Lebens- und Denkweise. Der romantische Mensch fühlt sich eins mit der Natur, er taucht ein in die Erlebniswelt der Phantasie und der Poesie, in die Geheimnisse des Übersinnlichen, er fühlt die Mächte, die sein Schicksal bestimmen, die Geheimnisse der Todeswelt, und seherisch kann ihm selbst Künftiges offenbar werden. Kurz, er tritt selber mitschaffend, miterlebend in das geistige Universum des Unendlichen ein. Dazu muß ihm freilich der Zugang zur Innenwelt geöffnet werden, durch Einweihung, wie es Novalis in »Die Lehrlinge zu Sais« ankündet, oder E. T. A. Hoffmann in der Erzählung »Der goldene Topf«. Das Leben in der romantischen Innenwelt konnte zur Entfremdung von der realen Welt des Alltags führen. Die Romantiker sehen sich ihrerseits fremd in einer Welt, in der die Menschen sich selber und der Natur entfremdet sind. Die romantische Literatur zeigt viele Menschen, die in ihrem Anders-sein doch das wahre Glück gefunden haben, wie etwa Jean Pauls »Schulmeisterlein Wuz«. »Ich weiß nur, daß der Welt Getümmel seitdem mir wie ein Traum verweht, Und ein unnennbar süsser Himmel, mir ewig im Gemüte steht« (Novalis).

2. Die Romantiker entwerfen ihre poetischen, rel. oder anderen Bilder und Vorstellungen von ihrer Innenwelt aus. Ein Gedicht z.B. soll die Empfindungen und Stimmungen ihres Innern zum Ausdruck bringen. Zu den beliebtesten literarischen Formen gehört deshalb das Märchen, aber auch der Roman. Beide sind »erdichtet«, also freie Schöpfungen des eigenen Geistes. Das gilt auch für die Philosophie der R. →Kant hatte der Vernunfterkenntnis Grenzen gesetzt. Die spekulative Metaphysik lehnte er ab, und alle Urteile erfolgen aus der Anwendung von bestimmten Denkkategorien, d.h. Grundformen des Denkens. Aber es ist immer das »Ich«, welches denkt. Hier setzt die romantische Transzendental-Philosophie ein. Transzendental ist das, was im Denken immer schon vorausgegeben ist, wie das Bewußtsein von Raum und Zeit, oder das Bewußtsein des Schönen. Die Philosophie des transzendentalen Idealismus setzt voraus, daß das subjektive Selbstbewußtsein bzw. das Ich sich selber erkennt und als Selbstanschauung absolut, unbedingt ist (→Schelling). Die Absolutheit des Ich bedingt Identität des geistigen Ich im unendlichen Geist des Universums bzw. Gottes. Im Geistsein des Ich gründet die menschliche Freiheit. Für →Fichte ist dies eine Freiheit vom Nicht-Ich, also eine unbedingte Freiheit des einzelnen gegenüber der Welt. Für Schelling und die R. aber ist der Mensch nur wirklich frei, wenn sein Denken und Handeln vom unendlichen Geist her bestimmt ist. Eine Überzeugung, die schon Schleiermacher in den »Monologen« ausgesprochen hat.

Der Einheit des menschlichen Geistes mit dem unendlichen Geist Gottes entspricht die Idee des Universums oder der Totalität des unendlichen Ganzen, in dem sich der ewige, schöpferische Urgrund des Geistes und die geschaffene Welt zur Einheit verbinden. Wobei diese Einheit nicht statisch gesehen wird, sondern als Prozeß des Werdens, in dem sich aufsteigend Geist und Natur in immer höheren Formen verbinden. Die Idee des Unendlichen, Geist und Natur versöhnenden Ganzen einerseits und des Ich, das im Grunde seiner selbst im unendlichen Geist mündet, erfaßt die beiden Pole der romantischen Weltanschauung. Die Entdeckung der menschlichen Innenwelt in ihren Tiefen und schöpferischen Möglichkeiten hat Deutschland und der Welt eine Fülle künstlerischer und denkerischer Werke von unvergänglichem kulturellem Wert gebracht.

Andere Auswirkungen, für die man die R. selbst nicht verantwortlich machen darf, gibt es auch. Die romantische »Poiesis«, d.h. die schöpferische Kraft des Ich, begründet den Begriff der »Selbstverwirklichung«, in einem geistigen Sinn verstanden. Der seither erfolgte Abstieg in eine sensualistische und naturalistische Lebensanschauung gibt diesem Begriff immer mehr den Sinn egoistischen Durchsetzungswillens oder gar der Triebbefriedigung. Auch →Feuerbachs anthropologische Deutung des Gottesbegriffs wäre vielleicht nicht so leicht akzeptiert worden, wenn Schleiermacher nicht zuvor den Ursprung der Religion im frommen Gefühl gesehen hätte, weshalb er den Gottesbegriff nur noch als bloße Reflexion über dieses subjektive rel. Selbstverständnis interpretieren konnte.

Lit.: R. Benz: Die deutsche Romantik, Geschichte einer geistigen Bewegung, [5]1956; W. Dilthey: Das Erlebnis und die Dichtung, [9]1925; R. Haym: Die romantische Schule, 1870/1972; R. Huch: Die Romantik, Blütezeit und Verfall, 1899/1951; F. Strich: Deutsche Klassik und Romantik, 1928; O. Walzel: Deutsche Romantik, 2 Bde., [5]1923/26.

F. Flückiger

Romanum

R. ist die Bezeichnung für das angeblich älteste erhaltene Bekenntnis, das röm. Taufbekenntnis, auf

150 n.Chr. angesetzt. Es soll ursprünglich nur eine geringfügig erweiterte dreigliedrige Formel enthalten haben. Die Auseinandersetzung mit den Gegnern der Logos-Lehre führte allmählich zu Erweiterungen. Im beginnenden 3. Jh. liegt die vorläufige Endgestalt in griech. Sprache und die lat. Übersetzung vor. Seit Mitte des 3. Jh.s ist die lat. Übersetzung von mehreren abendländischen Gemeinden in Italien und Gallien übernommen und hat in einer gallischen Nebenform im 5. Jh. zum Apostolicum (→Apostolisches Glaubensbekenntnis) geführt, das über die Liturgiereform →Karls des Großen nach Rom kam und dort das alte Glaubensbekenntnis verdrängte. Die Auseinandersetzung, ob das R. fiktiv oder real existent war, hält nach wie vor an.

Lit.: J. N. D. Kelly: Altchristliche Glaubensbekenntnisse, ²1993; H. Lietzmann: Geschichte der Alten Kirche, Bd. 2, 1936, 100ff.

G. Ruhbach

Römerbrief →Paulus (Apostel)

Römisch-Katholische Kirche
→Katholizismus

Römische Religion

Das lat. Wort *religio* bedeutet sowohl objektiv Bindung des Menschen an eine außer ihm stehende, übergeordnete Macht als auch subjektiv das Bewußtsein der Verpflichtung dieser ihn bindenden Macht gegenüber. Dabei überwiegt die angsterzeugende Tabu-Bedeutung, so daß sich die röm. Religiosität in sorgfältiger Beachtung göttlicher Zeichen und peinlich genauer Einhaltung vorgeschriebener Riten zur Beschwichtigung der als unheimlich empfundenen Götter erschöpft. Der magische Grundcharakter bestimmt die röm.R. in allen Stadien ihrer Entwicklung.

Eine der ältesten Quellen zur röm.R. ist der zwar viel später überlieferte, aber für das 6. Jh. v. Chr. rekonstruierbare Festkalender. Er enthält eine Vielzahl von Göttern, die an bestimmten Tagen verehrt wurden, z.B. Jupiter an den Iden, Juno an den Kalenden jedes Monats, am 9. Januar Janus, am 9. Juni Vesta usw. Dies geschah durch festgelegte rituelle Handlungen wie Umgänge, Opfer, Gelübde und Gebete, die durch die jeweils zuständigen Priester zu vollziehen waren. In hist. Zeit steht an der Spitze der Staatsreligion der Pontifex maximus; ihm unterstehen die Flamines (jeder nach einem Gott benannt) und die Vestalinnen. Während andere Kollegien (z.B. Salier) bedeutungslos wurden, spielten die Haruspices und Augurn, die mit Hilfe der von den Etruskern übernommenen Eingeweide- und Vogelschau die Zukunft planbar machten, eine wichtige Rolle. Charakteristisch für Rom ist die Einheit von Staat und Religion. Nur die Flamines und die Vestalinnen waren Berufspriester, die übrigen Priesterämter wurden von hohen Politikern bekleidet; so war z.B. Caesar Pontifex maximus und Cicero Augur.

Eine auffallend große Zahl von Göttern mit eng begrenztem, aber scharf voneinander abgegrenztem Wirkungsbereich ist schon in der frühesten Schicht der bäuerlichen R. zu beobachten. Da Rom zudem immer offen war für Gottheiten und Riten zunächst aus den Nachbargemeinden, dann zunehmend aus anderen Kulturkreisen, konnte sich unter etruskischem, griech. und schließlich orientalischem Einfluß das röm. Pantheon ständig verändern und vergrößern. Hauptgottheiten aber, jedenfalls im staatlichen Bereich, waren seit der Errichtung ihres Tempels 510 v. Chr., der später zweimal abbrannte und wiederaufgebaut wurde, Jupiter und neben ihm Juno und Minerva, die sog. capitolinische Trias. Überhaupt blieb, wie Darstellungen aus der späten Kaiserzeit, als man sich um die Wiederbelebung altröm. Riten bemühte, zeigen, der eigenständige Charakter der röm.R. bis zuletzt erhalten.

Lit.: A. Brelich: »Römische Religion«, RGG³ V, ¹144ff; K. Latte: Römische Religionsgeschichte, 1960 K. Ziegler: »religio«, Der Kleine Pauly, 1376 f.

H. Scheible

Römisches Kaiserreich

1. Daten

- Herrschaft des Augustus (Octavian) 31 v.–14. n.Chr.
- Nero (54–68 n.Chr.), Brand Roms, Christenverfolgung
- Trajan (98–117 n.Chr.), Größte Ausdehnung
- Diocletian (284–305 n.Chr.), Reform, Herrschaftsteilung
- Konstantin (312–337 n.Chr.), Christentum erlaubt
- Theodosius (379–395 n.Chr.), Christentum Staatsreligion
- Romulus Augustulus (475/476 n.Chr.), letzter weströmischer Kaiser.

2. Anfänge und erste Epoche der Kaiserzeit

Zweifellos ist der Beginn der röm. Kaiserzeit untrennbar mit der Person des Octavian, später Augustus (63 v.Chr. – 14 n.Chr.) verbunden. Gaius Julius Caesar (100 v.Chr. – 44 v.Chr.), der ihn als seinen Großneffen adoptiert und als Haupterben eingesetzt hatte, mußte eine in Richtung Alleinherrschaft laufende Politik noch mit dem Leben bezahlen. Augustus jedoch konnte durch den Sieg in der Seeschlacht bei Actium (Griechenland) am 2. September 31 v.Chr. über den mit Kleopatra verbündeten Marcus Antonius, zunächst faktisch und durch seine Ernennung zum Princeps, Volkstribun (Vetorecht!) und Proconsul aller Provinzen, in denen Heere standen, durch den gefügigen Senat, juristisch und verfassungsmäßig 27 v.Chr. seine Alleinherrschaft begründen und absichern.

Augustus behielt die alte röm. Tradition und Ordnung bei, restaurierte streng Religion und Sitten und errichtete parallel zum republikanischen Staatsapparat, der pro forma und ohne Macht weiter existierte, das Regierungssystem des Prinzipats, ein auf die Person des Kaisers zugeschnittenes Machtsystem. Augustus ließ sich von zum Teil von ihm ausgetauschten und neu ernannten Senatoren die Befehlsgewalt über die Provinzen, in denen Truppen standen, die tribunizische Gewalt, das Amt des Oberpriesters und mehrmals das Konsulat übertragen, so daß der Princeps (Kaiser) und seine Vertrauten alle Macht, z.B. auch das Münzrecht, hatten. Die Kontinuität war durch erbliche Nachfolge (Adoption möglich!) gesichert. Das Jahrhundert der Bürgerkriege im röm. Reich war somit zu Ende gegangen, ein neues Zeitalter hatte begonnen, das stürmisch gefeiert und von den besten röm. Schriftstellern (Vergil, Horaz, Livius) besungen und beschrieben wurde. Augustus ließ in der ersten Zeit, je nach Einschätzung der Lage Milde oder Brutalität gegenüber seinen Gegnern walten. Nach der Festigung seiner Herrschaft brach die »pax Augusta« an, die Friedensherrschaft des Augustus, die, durch seine lange Regierungszeit stabilisiert, nicht zufällig günstig für die Ausbreitung der christl. Mission war.

Die Familienpolitik des Augustus verlief tragisch: Alle Thronfolger, außer seinem Stiefsohn Tiberius, waren natürlich oder gewaltsam gestorben, so daß ihm nichts anderes übrig blieb, als den 56jährigen Tiberius testamentarisch zum Nachfolger zu ernennen, der mit ernstem Pflichtgefühl, aber glücklos regierte. Die Reihe der schwächeren Kaiser begann mit Caligula (37–41 n.Chr.), der dem Caesarenwahn verfiel, Claudius (41–54 n.Chr.), der sich zurückzog und seinen Freigelassenen und Frauen ein erfolgreiches Regiment ermöglichte. Der Bestand des gefestigten Reiches wurde durch Reformen im Ehe-, Erb- und Sklavenrecht, durch die Eroberung Britanniens und eine ausgezeichnete Finanzverwaltung gesichert.

Nero, der letzte Kaiser der julisch-claudischen Epoche, regierte in den ersten fünf Jahren seiner Herrschaft, beraten von dem Philosophen Seneca, sehr gut und glücklich. Nach 59 n.Chr. aber brach eine Geisteskrankheit aus, die seiner Herrschaft tyrannische und groteske Züge (Konzerttourneen, Muttermord, Brandstiftung Roms) verlieh. Unter Nero kam es im Verlauf der Suche nach Sündenböcken für den Brand Roms, den er wahrscheinlich selbst inszeniert hatte, zur ersten großen stadtrömischen Christenverfolgung im Oktober des Jahres 64 n.Chr.

Das Jahr 69 n.Chr., das sog. Vierkaiserjahr, brachte nach der Ermordnung Neros (Dez. 68 n.Chr.) und den kurz regierenden Kaisern Galba, Otho und Vitellius viel Unruhe in das röm. Reich, bis Vespasian (69–79 n.Chr.) die Herrschaft antrat, den Frieden wieder herstellte und souverän regierte. Auf ihn folgte als volkstümlicher Herrscher sein Sohn Titus (79–81 n.Chr.), der zehn Jahre zuvor Jerusalem erobert hatte, und dann Titus' Bruder Domitian, dessen Herrschaft von vielen Historikern heute noch als Schreckensherrschaft auch für die Christen im röm. Reich angesehen wird. Das Domitianbild hat sich aber neuerdings etwas gewandelt. Nach der Ermordnung Domitians wurde der Aristokrat Nerva zum Nachfolger ausgerufen. Von den kaiserlichen Praetorianern und dem unter Domitian gedemütigten Senat gleichermaßen als Kompromißperson zunächst akzeptiert und dann angegriffen, rettete der 65jährige kinderlose alte Mann Herrschaft und Leben durch die Adoption des tatkräftigen Marcus Ulpicius Trajanus (geb. 53 n.Chr.), der sogleich ab 27. Oktober 97 Mitregent wurde.

3. Die Blütezeit

Trajan (98–117 n.Chr.), einer der erfolgreichsten und sympathischsten Kaiser, eröffnete somit das Adoptivkaisertum und festigte in seiner 19jährigen Herrschaft das röm. Reich nach außen und baute die Spannungen im Inneren ab. Durch Eroberungen in Germanien, Armenien, Arabien und Dakien erlangte das röm. Reich unter ihm seine größte Ausdehnung.

Straßen und Verkehrswesen wurden ausgebaut, Recht, soziale Einrichtungen und Verwaltung der Provinzen verbessert. Punktuelle Christenverfolgungen wurden nicht eingestellt, wie aus dem äußerst interessanten Briefwechsel mit Plinius d. Jüngeren, der Statthalter von Bithynien war, hervorgeht. Trajan schreibt aber in bezug auf Verfolgung anonymer Anklagen gegen Christen: »Das gehört sich nicht für unser Zeitalter.«

Der kinderlose Trajan adoptierte, auf Drängen seiner Frau Plotina, Publius Aelius Hadrianus, der 117 n. Chr. sein Nachfolger wurde und erfolgreich auf die Sicherung des erreichten »status quo« in militärischer, sozialer, kultureller und administrativer Hinsicht bedacht war. Den einzigen Krieg führte er gegen die Juden, die sich 132 unter Bar Kochba erhoben hatten und völlig besiegt wurden, wobei Jerusalem in Aelia Capitolina umbenannt wurde.

Der wiederum kinderlose Hadrian, von dem noch heute viele Bauwerke bekannt sind (Pantheon, Engelsburg, Villa in Tivoli) adoptierte Antoninus Pius (geb. 86 n.Chr.), der in seiner Regierungszeit 138–161 n.Chr. konsequent die Konsolidierungs- und Friedenspolitik Hadrians fortsetzte. Antoninus Pius wiederum adoptierte Marc Aurel (161 bis 180 n. Chr.), der als der Philosoph unter den Kaisern gilt; er mußte um den Bestand des Imperiums ernsthaft kämpfen, da gewaltige Erschütterungen und Kriege, vor allem im Osten gegen die Parther, das Reich bedrohten.

4. Der Niedergang

Paradoxerweise führte Marc Aurel wieder die erbliche Monarchie ein und sein Sohn Commodus (180–192) richtete diese durch Zügellosigkeit und Selbstherrlichkeit zugrunde. Die Familie der Severer herrschte dann von 193–235 n.Chr., die sog. Soldatenkaiser (235–284) lösten sie ab und herrschten ebenfalls mit vielen Problemen im äußeren und inneren Bereich des Reiches. An allen Grenzen gab es Angriffe. Diocletian (284–305) ordnete eine Reichsverwaltungsreform mit Dezentralisierung an, führte damit ein Viererherrschaftssystem ein, die sog. Tetrarchie, bei der außer ihm ein Mitkaiser (Konstantius) und zwei Unterkaiser als adoptierte Nachfolger beteiligt waren und schützte die äußeren Grenzen des Reiches gegen Alemannen, Franken, Hunnen und Parther.

Das System überdauerte den 305 n.Chr. in Ruhestand gegangenen Diocletian, der 316 in Split starb, nicht. Konstantin, Sohn des Konstantius, des 306 gestorbenen Nachfolgers Diocletians, verstand es, nach etlichen Kämpfen die Alleinherrschaft an sich zu nehmen. Er hatte 312 seinen Gegner Maxentius besiegt und schrieb diesen Sieg einer vor dem Kampf erfolgten Vision des Kreuzes zu. Er trat zum Christentum über, das 313 erlaubte Religion wurde. 325 besiegte er seinen Rivalen Licinius und war fortan Alleinherrscher. Er berief die erste ökumen. Synode nach Nicäa und machte Konstantinopel zur Hauptstadt des Reiches. Er teilte das riesige Reich unter seinen drei Söhnen auf, von denen Constantius (337–361 n.Chr.) langfristig regierte und das Christentum als die eine Staatsreligion durchsetzte. Julian (361–363), sein Nachfolger, versuchte das Heidentum wieder einzuführen, scheiterte aber bei diesem Versuch.

Das röm. Kaiserreich als Gesamtheit endete mit der endgültigen Reichsteilung nach dem Tod von Kaiser Theodosius dem Großen 395. Das Westreich mit Rom als Hauptstadt hatte bis zu der Herrschaft des Romulus Augustulus, des letzten eigentlichen weström. Kaisers, der 476 n.Chr. von dem germanischen König Odoaker abgesetzt wurde, Bestand, das Ostreich, auch byz. Reich genannt, dauerte bis zum Fall Konstantinopels 1453.

Lit.: J. Bleicken: Verfassungs- und Sozialgeschichte des römischen Kaiserreiches, 2 Bde., 1981; K. Christ: Geschichte der römischen Kaiserzeit, 1988; E. Gibbon: Verfall und Untergang des römischen Reiches, 1787, Übersetzung 1992; Th. Mommsen: Römische Geschichte, 1904.

A. Rehn

Ronsdorfer Sekte

Die Zionsgemeinde in Ronsdorf entstand in Elberfeld aus einer philadelphischen Sozietät, die von Elias Eller und dem ref. Prediger Daniel Schleiermacher, dem Großvater des bekannten Theologen, geleitet wurde. In diesem Kreis empfing die Bäckerstochter Anna vom Büchel seit 1725 visionäre Auditionen, die das Tausendjährige Reich ankündigten und die Gemeinschaft unter Ellers Leitung zur Sammlung und Versiegelung der endzeitlichen Erwählten aufriefen. Nach dem Tod seiner Frau heiratete Eller Anna vom Büchel, die als »Zionsmutter« mit ihren Kindern höchste Verehrung genoß. 1737 verließ die sich um die »Zionsmutter« versammelte Endzeitgemeinde Elberfeld, um in Ellers Heimat Ronsdorf ein ökonomisch erfolgreiches und stark wachsendes Gemeinwesen aufzubauen, das eine eigene Kirche errichtete und dem 1745 das Stadtrecht verliehen wurde. Die Verbindung zur ref. Kirche blieb gewahrt, die Generalsynode wurde nicht verlassen. Erst nach dem plötzlichen Tod der »Zionsmutter« 1744 kam es zum Zerwürfnis. Eller beanspruchte die Gemeindeleitung für sich, Schleiermacher wurde vertrieben. Doch vermochte sich die Zionsgemeinde auch nach Ellers Tod 1750 zu halten. Nach zwischenzeitlichem Ausschluß wurde sie 1765 wieder in die ref. Synode aufgenommen und kehrte im Laufe der Zeit, da erneute Inspirationen ausblieben, durch die geduldige Arbeit ihrer Prediger in die Kirchengemeinschaft der ref. Gemeinden zurück.

Lit.: K. Goebel (Hg.): Von Eller bis Dürselen, 1981; J. Wallmann: Der Pietismus, 1990, 108.

J. O. Rüttgardt

Roos, Magnus Friedrich (1727–1803)

R., geb. am 6. 9. 1727 in Sulz am Neckar, gest. am 19. 3. 1803 in Anhausen an der Brenz; führender Theologe des württembergischen Spätpietismus, Erbauungsschriftsteller.

Seit 1757 Diakonus in Göppingen, amtierte R. ab 1767 als Pfarrer in Lustnau bei Tübingen und Dekan der Diözese Bebenhausen, von 1784 an bis zu seinem Tod als Prälat und Abt in Anhausen. Von 1788 bis 1797 war er zugleich Mitglied des Großen Ausschusses des württembergischen Landtags. Biblizistisch-orthodox motiviert (→Biblizismus), gehörte R. dem württembergisch-landeskirchl. Pietismus an: als einflußreicher Wortführer der konservativen Richtung der Bengel-Schule (»Bengelsche Orthodoxie«). Als solcher bemühte er sich – nicht zuletzt angesichts der zunehmenden Herausforderungen durch die →Aufklärung – um die Wahrung von →Bengels biblizistisch-eschatologischer Theologie, deren spekulativen Charakter er allerdings zugunsten der Paränese zurückstellte. Demgemäß trat er in Opposition zu →Oetingers theosophischem System und zu ihm nahestehenden Theologen wie Philipp Matthäus →Hahn und Michael →Hahn, die er – teils mit schroffen kirchenpolit. Mitteln – bekämpfte. Anders als Bengel schätzte R. die Herrnhuter Brüdergemeine, für deren Wiederannäherung an den württembergischen Pietismus nach 1780 er sich maßgeblich einsetzte; ebenso engagierte er sich nach anfänglichem Zögern in der Deutschen →Christentumsgesellschaft (gegründet 1780), deren Zielsetzungen er mitprägte.

Wie Bengel wurde auch R. weit über Württembergs Grenzen hinaus durch seine erbauliche Schriftauslegung bekannt, die, in nüchterne Sprache gekleidet, auf das einfältig-praktische, endzeitlich orientierte Christenleben abzielt. Sein Hauptwerk ist das voluminöse »Christliche Haus-Buch« (1783), das zum Klassiker pietistischer Erbauungsliteratur wurde; vielgelesen wurden daneben die »Einleitung in die biblischen Geschichten« (1774), die »Kreuz-Schule« (1779), »Christliche Glaubenslehre« (1785, 1844 mit Vorwort von →Beck neu herausgegeben) und »Fundamenta Psychologiae ex sacra scriptura collecta« (1769, dt. Grundzüge der allgemeinen Seelenlehre aus heiliger Schrift, 1857); einige seiner Schriften wurden auch übersetzt, v.a. ins Schwedische.

Lit.: Autobiographie in: Einleitung in die biblischen Geschichten, Neue Ausgabe 1876, 919–928; Bibliographie in: G. Mälzer: Die Werke der Württemberg. Pietisten des 17. und 18. Jh.s, 1972, 329–344 (BGP 1);

H. Brattgård: Bibeln och Människan in Magnus Friedrich Roos' Teologi, 1955; W. Claus: Württembergische Väter, Bd. 2, [2]1905, 125–138; F. Groth: Die »Wiederbringung aller Dinge« im württembergischen Pietismus, 1984 (AGP 21); J. Roessle: Von Bengel bis Blumhardt, [6]1981, 210–217.

W. Raupp

Rosenius, Carl Olof (1816–1868)

R., geb. am 3. 2. 1816 in Nysätra (Nordschweden), gest. am 24. 2. 1868 in Stockholm, »Vater« der Erweckungsbewegung in Schweden und darüber hinaus. Er »gehört zu den ganz großen Gestalten der lutherischen Kirche« (Bo Giertz). Wegen gesundheitlicher und wirtschaftl. Schwierigkeiten mußte er das Theologiestudium in Uppsala abbrechen. Er wurde Mitarbeiter des aus England nach Stockholm gekommenen Methodistenpfarrers George Scott. Nach dessen Ausweisung wurde R. Schriftleiter der von Scott begonnenen Monatszeitschrift »Der Pietist«. Die Abhandlungen, die er schrieb, wurden das Mittel der Erweckung. Gesetz und Evangelium waren der Inhalt. Das Gesetz soll den Menschen nicht besser machen. Es soll ihn zur Verzweiflung an sich selbst treiben. Das Evangelium ist die Botschaft von Gottes Versöhnung in Christus. Herrlich und groß leuchtet bei R. die freie Gnade. R. dringt aber auch darauf, daß die Christen »Frucht bringen«. Als ein begnadeter Seelsorger hatte er die Gabe, den geplagten Gewissen die Gerechtigkeit Gottes in Jesus Christus kraftvoll zu verkünden. Seine Bücher sind in Schweden weit verbreitet (etwa 2 Mio. Exemplare) und in etwa 14 Sprachen (etwa 1 Mio. Bücher) übersetzt worden, u.a. Kisuaheli. Aus der Erweckungsbewegung entstand die für die Innere und Äußere Mission bedeutsame »Evangelische Vaterlandsstiftung« in Stockholm. R. gehörte zu ihren Gründern und Mitarbeitern.

Lit.: C. O. Rosenius: Der Brief an die Römer, [2]1986, 2 Bde.; Geheimnisse im Gesetz und Evangelium, [4]1980, 4 Bde.; Tägliches Seelenbrot, [8]1987, Ein Andachtsbuch;

Wegweiser zum Heil, o.J., (eine Kurzfassung seiner Schriften).
B. Giertz: Taufe, Wiedergeburt, Bekehrung im Rahmen des ordo-salutis, in: G. Maier, G. Rost (Hg.): Taufe – Wiedergeburt – Bekehrung in evangelistischer Perspektive, 1980, 57-69; Magister Carl Olof Rosenius. Ein Vater der Erweckungsbewegung in Schweden. Ein Lebensbild (Hg.: Missionsverlag der Ev.-Luth. Gebetsgemeinschaften e.V., Bielefeld, 1992.

P. Breymaier

Rosenkranz

Der R. (Rosarium, Psalterium Beatae Mariae Virginis, Corona) ist die in der kath. Kirche am meisten geübte außerliturg. volkstümliche Gebetsform. Die Rose ist seit dem MA Sinnbild →Marias. Seit dem 14. Jh. wird sie oft in einer Rosenlaube dargestellt.

Der R. ist ein Perlenkranz: an seinem unteren Ende hängen ein Kreuz, drei kleine und eine große Perle. Es schließen sich im eigentlichen Kranz je fünfmal eine große und zehn kleine Perlen an. Die Perlen läßt der Beter durch die Finger gleiten. Die Gebetsübung beginnt am Kreuz mit dem »Im Namen des Vaters …« und dem Glaubensbekenntnis, bei der ersten großen Perle mit dem Vaterunser und bei den ersten drei kleinen Perlen mit drei Ave Marias (dem Gruß des Engels an Maria nach Lk 1,28 und 1,42), verbunden mit der Bitte um Glauben, Liebe und Hoffnung. Danach beginnen die fünf »Gesätze«: jeweils auf ein Vaterunser (große Perle) folgen zehn Ave Marias, die mit je einem »Geheimnis« aus dem Leben Jesu verbunden (jeweils im Ave Maria nach dem Namen »Jesus« eingefügt) werden, so daß ein vollständiger R. fünf Geheimnisse meditiert. Jedes Gesätz schließt mit dem »Ehre sei dem Vater«. Vier Reihen mit Geheimnissen sind in Übung: der freudenreiche R. meditiert die Kindheit Jesu (für Advent und Weihnachten), der schmerzreiche R. meditiert die Leiden Jesu (für die Passionszeit), der glorreiche R. meditiert Auferstehung und Erhöhung Jesu (für Ostern, Himmelfahrt, Pfingsten) und der trostreiche R. (aus neuerer Zeit von Romano →Guardini) meditiert das Königtum und die Wiederkunft Jesu (für die restliche Zeit des Kirchenjahres). Der große dominikanische R. umfaßt die ersten drei Reihen und hat darum auch 150 Perlen, vergleichbar den 150 Psalmen. Ihn tragen Ordensleute am Gürtel.

Gebetsschnüre gibt es in vielen Religionen. Ägypt. Mönche führten Paternosterschnüre als Gebetshilfe ein, bes. als Hilfe für die des Lesens unkundigen Mönche, die anstatt der 150 Psalmen 150 Vaterunser beteten. Der R. selbst entspringt der Marienminne des hohen MAs. Ein Minnegedicht konnte im MA Rosarium genannt werden; so lag es nahe, das Loblied der Marienminne auch Rosarium zu nennen. »Verschiedene im Hochmittelalter geübte monastische Gebete und gebetsmäßige Bußleistungen von Laien, denen eine rhythmische Aneinanderreihung des ›Ave Maria‹ eigen ist, werden im 15. Jh. zu Rosenkränzen systematisiert« (H. Grote, 129). Die entscheidenden Anregungen dazu kamen von den Kartäusern Adolf von Essen (gest. 1439) und Dominikus von Preußen (gest. 1460). Der Legende nach verdankt sich der R. einer Offenbarung Marias an den hl. Dominikus. Die Dominikaner (z.B. Alanus von Rupe) machen sich seither bes. für die Verbreitung des R.es stark. Zunächst wurde er von Laienbrüdern in den Klöstern gebetet als einfacher Ersatz für den lat. Psalter. Im 16. Jh. nahm die Bedeutung des R.es erheblich zu: Gregor XIII. führte den Seesieg über die Türken bei Lepanto am 7. 10. 1571 auf die Macht des R.gebetes zurück. Seither ist der erste Oktobersonntag dem R.fest gewidmet. Der 7. Oktober ist nun der Tag des »Gedächtnisses Unserer Lieben Frau vom Siege«. Leo XIII. ernannte den Oktober zum R.monat. Besonders gepflegt wird der R. von den R.bruderschaften (zuerst 1475 in Köln von Jakob Sprenger begründet und 1479 von Sixtus IV. anerkannt). Deren Mitglieder beten den großen R. wöchentlich oder verteilen das R.gebet während der Woche untereinander (»ewiger« R.).

In der kath. Tradition ist der R. sowohl ein betrachtendes →Gebet als auch ein Bußwerk in der →Beichte. Außerdem stellt er eine Art »Elementarkatechismus« dar. Er gehört in das Bemühen von Christen, das »unablässige Beten« nach 1Thess 5,17 einzuüben. Der Perlenkranz dient dabei als Zählund Meditationshilfe.

Ev. Christen kritisieren am R. häufig den mariologischen Charakter (wegen des Ave Marias), und die monotone, »gebetsmühlenartige« Wiederholung der einzelnen Teile des R.es, z.B. des Vaterunsers. So gewiß hier Gefahren vorliegen, so sehr sollte über den R. nicht vorschnell geurteilt werden. Das R.gebet kann auch als Hilfe zu einem konzentrierten, ganzheitlichen Gebet verstanden werden, das sich das Geheimnis Jesu anzueignen versucht. Außerdem gibt es Ansätze, das R.gebet christologisch (»Christusrosenkranz«) und nicht mariologisch zu prägen, indem eine Anrufung Christi an die Stelle des Ave Marias tritt (Gotteslob, S. 29. 75f, K. Tilmann, 57f).

Lit.: Gotteslob, katholisches Gebet- und Gesangbuch, hg. von den Bischöfen Deutschlands und Österreichs und der Bistümer Bozen-Brixen und Lüttich, 1975; H. Grote:

»Maria/Marienfrömmigkeit II«, TRE 22, 119–137; K. Nitzschke: »Rose«, »Rosenkranz«, EKL², Bd. 3, 691f; R. Scherschel: Der Rosenkranz – das Jesusgebet des Westens, 1979; K. Tilmann: Leben aus der Tiefe, ⁴1978.

M. Herbst

Rosenkreuzer

Als R. bezeichnen sich heute ganz unterschiedliche Weltanschauungsgemeinschaften, die ihre Lehren und Praktiken auf eine fiktive Gestalt namens »Christian Rosencreutz« zurückführen. Dieser soll, einem 1614 erschienenen Satireroman des Tübinger Theologenkreises um Joh. V. →Andreae (1586–1654) zufolge, von 1378 bis 1484 gelebt, Reisen nach Arabien und Marokko unternommen, dort esoterische Kenntnisse gesammelt und dann in Deutschland eine geheime Bruderschaft der »Rosenkreuzer« gegründet haben. Diese Bruderschaft hat es in Wirklichkeit jedoch nie gegeben.

Zu den wichtigsten, weltweit verbreiteten R.-Gemeinschaften gehören heute der »Alte Mystische Orden vom Rosenkreuz (AMORC)« mit Sitz in San José/Kalifornien und die »Internationale Geistesschule des Rosenkreuzes – Lectorium Rosicrucianum (LR)« aus Haarlem/Niederlande. Der AMORC wurde 1915 von Spencer Lewis (1893–1936) in New York gegründet und möchte dem Menschen zum Studium kosmischer Gesetze und parapsych. Fähigkeiten und damit zur »Meisterung des Lebens« verhelfen. Das LR geht auf den Niederländer Jan Leene (Pseudonym: Jan v. Rijckenborgh, 1896–1968) zurück, der es seit den 30er Jahren als gnostisches System verbreitete. Der Mensch besitzt aus seiner Prä-Existenz einen »göttlichen Geistfunken« (in der linken Herzkammer), der durch das Wissen um seine wahre Herkunft und Bestimmung zum Aufstrahlen gebracht werden kann. Wenn das geschieht (ausschließlich mit Hilfe des LR), beginnt eine »Transfiguration«, d.h. die Umwandlung des irdisch-gefallenen in einen »göttlichen« Menschen, der am Ende in die Welt des göttlichen Geistes zurückkehrt.

Die Lehren und Praktiken der R. müssen als Selbsterlösungswege bezeichnet werden. Die Organisationen sind ihrem Wesen nach anti-christl. und anti-kirchlich ausgerichtet.

Lit.: R. Hauth: Hexen, Gurus, Seelenfänger, 1994; H. Schilling: Im Zeichen von Rose und Kreuz (Information Nr. 71 der EZW), 1977.

R. Hauth

Rosenstock-Huessy, Eugen (1888–1973)

R. wurde am 6. 7. 1888 in Berlin geb. und starb am 23. 2. 1973 in Norwich/Virginia in den USA; nach Jurastudium 1912 Dozent in Leipzig; Freundschaft mit F. →Rosenzweig; Teilnahme am Ersten Weltkrieg. 1921 in Frankfurt gründete und leitete er die »Akademie der Arbeit«, um die in der Einseitigkeit der akademischen Bildung verlorengegangene Einheit des Lebens wieder zu gewinnen. 1923 wurde er Professor für Philosophie und Soziologie an der Universität Breslau und emigrierte 1933 in die USA.

Dort war er an verschiedenen Universitäten tätig, auch an der Harvard University/Massachusetts. R.-H. war ein universaler Denker, der sich mit zahllosen Fragen der Geistes- und Kulturgeschichte, der Sprachtheorie, der Rechtsgeschichte und immer wieder der Soziologie befaßte. In Bielefeld-Bethel wurde von Georg Müller schon in den 60er Jahren eine R.-H.-Gesellschaft gegründet, die den umfangreichen Nachlaß sammelt und ediert.

Lit.: E. Rosenstock-Huessy: Soziologie 1925 (später in 2 Bden, Bd. 1: Die Übermacht der Räume, 1956, Bd. 2: Die Vollzahl der Zeiten, 1958); Heilkraft und Wahrheit, 1952; Der unbezahlbare Mensch, 1955; Der Christen Zukunft, 1946, dt. 1956 (ND 1985); Die europäischen Revolutionen und der Charakter der Nationen, 1931, ³1961 (ND 1987); Die Sprache des Menschengeschlechtes, 1966; Ja und Nein. Autobiographische Fragmente, 1968.

G. Ruhbach

Rosenzweig, Franz (1886–1929)

R., geb. am 25. 12. 1886 in Kassel, gest. am 9. 12. 1929 in Frankfurt/Main, gilt als einer der bedeutendsten Denker des zeitgenössischen Judentums; er wirkte als Religionsphilosoph und versuchte, abendländische Philosophie und bibl.-jüd. Denken miteinander zu verbinden. 1920 gründete er das »Freie jüd. Lehrhaus«, von dem er sich wegen einer schweren Erkrankung (1923 totale Lähmung) zurückziehen mußte. Durch die Begegnung mit M. →Buber kam er – mit Buber zusammen – zur Übersetzung des ATs ins Deutsche.

Lit.: F. Rosenzweig: Hegel und der Staat, 1920; Der Stern der Erlösung, 1921; Briefe, 1935; Kleine Schriften, 1937. L. Baeck: Franz Rosenzweig, 1933; M. Buber: Franz Rosenzweig, 1933; E. Freund: Die Existenzphilosophie Franz Rosenzweigs, ²1959; G. Fuchs, H. Henrix (Hg.): Zeitgewinn. Messianisches Denken nach Franz Rosenzweig, 1987.

G. Ruhbach

Rotes Kreuz

Mit der Entstehung des Hilfswerkes Rotes Kreuz ist untrennbar der Name Henri →Dunant verbunden. Als Hintergrund für seine Arbeit muß man zweierlei sehen: (1) Die Anerkennung der Schweizer Neutralität durch die Großmächte im Jahre 1815, welche die Arbeit eines internationalen Hilfswerks wesentlich erleichterte. (2) Die philanthropischen Aktivitäten von Dunants Eltern, bes. seiner Mutter, die direkt aus ihrem calvinistischen Glauben erwuchsen. 20jährig hat Dunant am Sonntag Bibeln an Gefangene verteilt; er ist auch Mitbegründer der »Christlichen Vereinigung junger Männer«. Sein großer Idealismus wurde weiter von H. Beecher-Stowes Roman »Onkel Toms Hütte« vertieft, aber erst die Arbeit Florence →Nightingales im Krimkrieg brachte ihn auf die Idee, ihre Leistung auf internationaler Ebene auszubreiten. Seine Familie wollte, daß er sich im Bankwesen engagiere, aber seine ersten Versuche, in Algerien als Mühlenbauer zu arbeiten, zeigten, daß er nicht besonders geschäftstüchtig war. Die Situation der Großmächte hat schließlich den Weg für Dunants Erfolg geebnet. Das Schicksal der 40.000 verwundeten Soldaten nach der Schlacht von Solferino (24. 6. 1859) schockierte Dunant und gab ihm die Gelegenheit zu helfen. Drei Jahre nach der Schlacht veröffentlichte Dunant sein »Un souvenir de Solferino«. Nun hatte er Erfolg und fand Unterstützung durch den Schweizer Nationalhelden General Henri Dufour, den italienischen Feldarzt Louis A. Appia und Napoleon III. Unterstützt von General Dufour, fand ein Kongreß (1863) in Genf statt, der beschloß, ein Rotes Kreuz (das umgekehrte Schweizer Wappen) als Symbol zu wählen und zu versuchen, die Anerkennung ihres Symbols und ihrer Arbeit als Leistung unbewaffneter Neutraler zu finden. Der Schweizer Bundesrat finanzierte eine diplomatische Konferenz, die zur Genfer Konvention von 1864 führte und weite Unterstützung der europäischen Großmächte fand. Wegen seiner Geschäftsuntüchtigkeit wurde Dunant bald aus dem Komitee des Roten Kreuzes entlassen. Er war mittellos geworden und wurde erst viel später vom Schweizer Volk anerkannt.

Lit.: G. Thürer: »Henri Dunant«, in: »Große Schweizer und Schweizerinnen, Erbe als Auftrag«, 1990.

R. C. Walton

Rothe, Richard (1799–1867)

R., geb. am 28. 1. 1799 in Posen, gest. am 20. 8. 1867 in Heidelberg, Vertreter der →Vermittlungs-Theologie, ursprünglich von der Erweckung beeinflußt, dann stark von →Hegel geprägt. Der vor allem in Heidelberg lehrende Theologe wurde bekannt durch seine dreibändige »Theologische Ethik« (1845–1848). Wichtig ist ihm die Selbstbescheidung der Theologie, wie sie in dem Grundsatz der Vorrede zur 1. Auflage zum Ausdruck kommt: »Wehe mir, wenn mir Gott und die Welt nicht überschwenglich größer blieben als mein Begriff von ihnen!«

Schule gemacht hat R.s Deutung der Entkirchlichung, wenn man u.a. an die neueren Theorien von der »latenten Kirche« (P. →Tillich, D. Sölle) und den »anonymen Christen« (K. →Rahner) denkt. Die Christentumsgeschichte zerfällt nach R. in zwei Epochen, »die katholische oder kirchliche Zeit« und »die protestantische oder die staatliche, weltliche, sittliche, politische Zeit«. Die →Reformation ist so für ihn die Grenzmarke zwischen beiden Epochen. »Die Geschichte der christlichen Kirche löst sich je länger, desto mehr in die Kulturgeschichte der christlichen Menschheit ... auf und mündet zuletzt wie die Kirche selbst in der allgemeinen, religiös-sittlichen Gemeinschaft des Staates, so in der allgemeinen Kulturgeschichte aus.« Mit der zweiten Epoche entsteht daher ein Christentum ohne Kirche und der Typus des »unbewußten Christen«. Die →Säkularisierung wird so positiv gedeutet, wie später auch von F. →Gogarten. Inwieweit diese Sicht vor dem NT bestehen kann, in dem es nur ein bewußtes und in der Gemeinde verankertes Christentum gibt, ist eine andere Frage.

Lit.: H.J. Birkner: Spekulation und Heilsgeschichte. Die Geschichtsauffassung Richard Rothes, 1959; F. Nippold: Richard Rothe, 2 Bde, 1883f, [2]1897; E. Troeltsch: Richard Rothe, 1899.

H. G. Pöhlmann

Rothkirch, Eberhard von (1852–1911)

E. v. R., geb. am 2. 8. 1852 in Schottgau bei Breslau, gest. am 15. 12. 1911 in Berlin, gehört zum Gründer-

kreis der Deutschen →Gemeinschaftsbewegung (→Evangelischer Gnadauer Gemeinschaftsverband). Eine schwere Verwundung (Beinamputation) bei Sedan 1870 beendete seine Offizierslaufbahn. Bis 1896 bei der Berliner Hofkammer als Forstbeamter tätig, war er seit 1883 – durch den Methodisten F. von →Schlümbach gewonnen – Vorsitzender des ersten dt. →CVJM in Berlin (Vizepräses A. von →Bernstorff), aus dessen Studentenabteilung die →Deutsche Christliche Studentenvereinigung (DCSV, 1895) hervorging. V.R. wirkte vor allem als Seelsorger unter jungen Menschen. Durch seine Freundschaft mit E.v. →Pückler war er eng mit dem Weg der Gemeinschaftsbewegung verbunden, deren innerkirchl. Standpunkt er vertrat.

Lit.: U. von Hassell: Eberhard von Rothkirch und Panthen. Ein Lebensbild nach Briefen und Aufzeichnungen, 1913.

J. Ohlemacher

Rousseau, Jean-Jacques (1712–1778)

R., geb. am 28. 6. 1712 in Genf, gest. am 2. 7. 1778 in Ermenonville (Frankreich), erlebte als Halbwaise eine wenig glückliche Jugend. 1728 ging er von Genf nach Savoyen, dann nach Turin, wo er zum Katholizismus konvertierte (diese Konversion aber 1745 rückgängig machte). Es folgte die Bekanntschaft mit Mme de Warens, die großen Einfluß auf ihn hatte. 1741 begegnete er in Paris Diderot, Holbach und später d'Alembert. Aus der 1744 beginnenden Beziehung mit Thérèse Lavasseur entstammen vier Kinder, die R. einem Haus für Findelkinder übergibt. Die Heirat erfolgt erst 1768. Im Jahre 1750 wird sein »Discours sur les Sciences et les Arts« (1. Discours) von der Akademie in Dijon preisgekrönt. 1752 entsteht das Singspiel: »Le Devon du village« (Der Dorfwahrsager), 1755 folgt »Discours sur les origines de l'inégalité« (Über Ursprung und Grundlagen der Ungleichheit unter den Menschen – 2. Discours). 1756 Aufenthalt in der Eremitage de Montmorency der Mme d'Epinay. Liebesverhältnis mit Sophie d'Houdetot (1778 abgebrochen). 1761 erscheint der Briefroman »La nouvelle Héloise«, 1762 in Amsterdam der »Contrat social« (Gesellschaftsvertrag), ebenso 1762 der Erziehungsroman »Emile« (Emil, oder über die Erziehung), beide Werke wurden in Frankreich verboten. R. flieht in die Schweiz: Yverdon, Motiers. 1765 Briefe an den Erzbischof von Paris und »Briefe vom Berge«. Herbst 1765 Aufenthalt auf der Petersinsel im Bielersee, dann Rückkehr nach Paris. 1766 Gast von David →Hume in Schottland, 1767 plötzliche Rückkehr nach Paris, dann Aufenthalt in Trye (Schloß des Prinzen Conti). Beginn der Arbeit an den »Confessions«, dann aus Furcht vor einem Komplott Wegzug nach Lyon, Grenoble, 1769 nach Monquin, 1770 wieder nach Lyon und dann nach Paris, wo er die »Confessions« (Bekenntnisse) beendet. 1772-76, zurückgezogen lebend, verfaßt er die letzten Schriften: »Dialogues«, »Rousseau juge Jean-Jacques«, »Reveries du promeneur solitaire«. Am 20. Mai 1778 begibt er sich nach Ermenonville (Gut des Marquis de Girardin), wo er am 2. Juli stirbt und zwei Tage später begraben wird. 1794 erfolgt die Überführung nach Paris in den Panthéon. Die Revolution ehrt ihn als einen ihrer Wegbereiter.

Das Buch »Emile« beginnt mit dem Satz: »Alles ist gut, wie es aus den Händen des Schöpfers kommt; alles entartet unter den Händen des Menschen.« Und der »Contrat social«: »Der Mensch ist frei geboren, und überall liegt er in Ketten.« Das ist eine Grundaussage R.s, bis in die späten »Dialogues« immer neu formuliert. Der Mensch lebt von Natur in sich und aus sich selbst hinaus; der Gesellschaftsmensch lebt außer sich, lebt in Abhängigkeit von anderen und richtet sich in seinem Handeln nach deren Meinung und Urteil. Durch Eigentum und Rang wird die ursprüngliche Gleichheit aufgehoben, der Eigennutz gefördert und die natürliche Tugend verderbt. Die Einrichtung des Staates führte zur Willkür der Herrschenden und zu Gesetzen, welche die künstlichen Einrichtungen, die keine Wurzeln in der Natur haben, festigen und welche auch die Seele und die Triebe der Menschen in unnatürlicher Weise verändern und schädigen. Eine Rückwärts-Entwicklung der Menschheit ist nicht möglich. R. versucht aber, die Schäden der Zivilisation aufzuzeigen und der Verderbtheit entgegenzuwirken. Bessere, der Natur gemäßere Verhältnisse sieht er noch in Gebieten ländlich-bäuerlicher Lebensweise, wo Arbeitsamkeit und Tugend dem Laster weniger Raum geben. Ganz ablehnend steht er der städtischen Lebensform, vor allem in Paris, gegenüber. Hier breiten sich unter dem glänzenden Schein gesellschaftl. Konvention Laster und Heuchelei aus, die den Menschen sich selber entfremden. Er erhofft eine neue Erziehung, die auf Stärkung der eigenen Persönlichkeit des Zöglings ausgeht und in dem Sinn »negativ« ist, als sie die zersetzenden gesellschaftl. Einflüsse von ihm fernhält, auch die frühe Kenntnis der aufkommenden Wissenschaft, von der R. eine wachsende Selbstentfremdung des Menschen befürchtete.

Eine Verbesserung erhofft sich R. auch von einer Erneuerung der staatlichen Strukturen. Freiheit und Gleichheit aller bedeutet, daß nur das Volk souverän sein kann. Weil aber nicht alle regieren können, bedarf es des Staatsvertrages, der bestimmt, wie der souveräne Wille des Volkes, der Gemeinwille, zum Gesetz wird. Der Gemeinwille (nicht das, was jeder für sich allein will, sondern was jeder für das gemeinsame Wohl will) wird von R. geradezu mystifiziert, er hat »immer recht« (contrat II,3). Er ist das Gesetz, das unbedingt Geltung hat. Der Mensch verliert durch den zum Gesetz gewordenen Gemeinwillen seine natürliche Freiheit, er gewinnt dadurch die bürgerliche Freiheit, die begrenzt ist und sein Eigentum sichert (I,8). Aber wie kann der Gemeinwille ermittelt werden? Nur durch Ermittlung der Mehrheit in einer Abstimmung (IV,2). So ist das Prinzip dieses Staates die Diktatur der Mehrheit, die durchaus totalitäre Züge aufweist, so etwa, wenn sie auch eine Staatsreligion vorschreibt (IV,8).

Die menschliche Natur ist für R. nicht mehr nur die Vernunftnatur, der Mensch hat auch Gefühle und Leidenschaften. Auch wenn einer weiß, was vernünftig ist, handelt er oft nach seinen Gefühlen und Trieben. Das menschliche »Selbst« ist gespalten. Zu welchen Konflikten das führt, zeigt R. in den »Confessions« in einer für seine Zeit schockierenden Weise. Auch in bezug auf die christl. »Religion« redet R. vom guten Ursprung und vom späteren Verfall, für den er Priestertum und Kirche verantwortlich macht (»Emile«, »Glaubensbekenntnis des savoyischen Vikars«, IV. Buch). Er lehnt jede Offenbarung ab und erkennt nur die natürliche Religion an. Durch Denken und Empfindung wird er sich seiner Seele und wird er sich Gottes bewußt. Und »im Grunde der Seele gibt es ... ein angeborenes Prinzip der Gerechtigkeit und Tugend«, das Gewissen.

R. überwindet hier die »Vernunftreligion« des aufgeklärten Rationalismus, er sucht die Religiosität in der Innerlichkeit des Gefühls und der seelischen Erregungen. Hierin klingt an, was dann 1799 in →Schleiermachers »Reden über die Religion« in einem neuen Ansatz vertieft formuliert worden ist.

Werke: Oeuvres complètes, ed. Musset-Pathay, 25. Bde., 1823-26; Oeuvres complètes. ed. C. Lahure, 1862, ed. Hachette; deutsch: Bekenntnisse, übers. von A. Semerau, 1961; Emil, neue dt. Fassung von L. Schmidts, [7]1985; Der Gesellschaftsvertrag, übers. von H. Denhard, 1958; Die neue Heloise, übers. von C. Morek, 1920; Träumereien eines einsamen Spaziergängers, übers. von J. R. Humm, 1943.

Lit.: K. Barth: Rousseau (Die protestantische Theologie im 19. Jahrhundert), 1947; E. Cassirer: Das Problem Jean-Jacques Rousseau, 1932, 1970; I. Fetscher: Rousseaus politische Philosophie, 1975; G. Holmsten: Jean-Jacques Rousseau in Selbstzeugnissen und Bilddokumenten, 1972; A. Orias: Ethik und Staatsphilosophie bei Jean-Jacques Rousseau, 1964; W. Ritzel: Jean-Jacques Rousseau, [2]1971.

F. Flückiger

Ruf →Berufung

Rufer e.V. – Arbeitskreis für ganzheitliches Christsein

»Rufer« ist der traditionelle Name einer christl. Arbeitsgemeinschaft, die sich in einem kontinuierlichen Lernprozeß immer neuen Herausforderungen zugewandt hat. Sie entstand 1947 als mission. Jugendbewegung unter Leitung von Wilhard Bekker im Bereich der ev. Freikirchen. Ziel war und ist, der Kirche entfremdeten Menschen auf undogmat. Weise das →Evangelium zu erschließen. Daraus ergab sich bald auch die Notwendigkeit, kreativ an der Gestaltung des eigenen Lebens und der Struktur christl. Gemeinschaften zu arbeiten: Gemeindewochen, Hauskreise, Fastenklausuren, Gästetagungen und neue Lieder entstanden. Schwerpunkte in den 60er Jahren waren ökumen. Zusammenarbeit, »Charismen«, mission. Leben (Brasilien-Projekt TERRA NOVA) und der eigene Verlag, in den 70er Jahren der Aufbruch der jungen Generation (»Der heiße Draht« 1969-75), Psychologie und Seelsorge, gesellschaftl. Verantwortung. Erfahrungen aus all diesen Bereichen bilden den Hintergrund der heutigen Tagungsarbeit, seit 1979 vorwiegend in der zentralen Begegnungsstätte Stauffenberg bei Seesen/Harz. Der Verein wird getragen von der »Rufer-Gemeinschaft«. Sie bildet keine Gruppen am Ort, sondern versucht, in lockerem Kontakt miteinander mündiges Christsein zu praktizieren und zu verbreiten.

Lit.: Rufer-Berichte, Terra-Nova-Rundbriefe, Jahresprogramme.

H. Donsbach

Rumänien

Die Anfänge des Christentums im Gebiet des heutigen R. liegen weitgehend im dunkeln, reichen aber bereits in die Zeit der röm. Provinz Dacia (3. Jh.) zurück. Vom 10. Jh. an faßte das Christentum bulgarisch-orth. Prägung in dieser Region allmählich Fuß. Nach der Gründung der Fürstentümer Walachei (1320) und Moldau (1359) entstanden eigene orth. Kirchenorganisationen, konzentriert um die Metropolien Arges (1359) und Suceava (1401). Der slavische Einfluß auf Kirche und Kultur der beiden seit Ende des 14. Jh.s unter türkischer Oberherrschaft stehenden Fürstentümer war dominierend. Das Kirchenslavische war bis zum Ende des 16. Jh.s Verwaltungs-, bis in die Mitte des 17. Jh.s Gottesdienstsprache. Das 15. und 16. Jh. brachte eine Blütezeit des Mönchtums und Höhepunkte in der Kirchenarchitektur und -malerei. Die →Reformation berührte die beiden Fürstentümer nur am Rande. Im 18. Jh. standen sie unter einem starken Einfluß der Griechen (Phanarioten). Mit dem Ende des 18. Jh.s begann das nationale Erwachen der Rumänen. 1859 vereinigten sich die beiden Fürstentümer, 1861 entstand ein unabhängiger Staat, der 1878 auf dem Berliner Kongreß von der europäischen Diplomatie anerkannt wurde. Die orth. Kirche hatte sich schon 1859 für autokephal erklärt; das Patriarchat Konstantinopel erkannte diesen Schritt 1885 an.

Nach dem Ersten Weltkrieg wurde das rumänische Staatsgebiet um Siebenbürgen, Teile des Banats, die Bukowina und Bessarabien, also um Gebiete mit einer eigenen polit., kulturellen und kirchl. Tradition vergrößert; R. wurde ein Vielvölkerstaat. Die orth. Kirche organisierte sich 1925 im Patriarchat Bukarest neu. Zwischen 1945 und 1948 wurde das durch den Zweiten Weltkrieg um Bessarabien, die Nordbukowina und Süddobrudscha auf 237500 km² verkleinerte Königreich R. schrittweise zur sozialistischen Volksrepublik R. umgestaltet. In der Folgezeit wurden die Kirchen aller Konfessionen einer atheistischen Religionspolitik und scharfen Religionsverfolgungen unterworfen. Mit der »unvollendeten Revolution« vom Dezember 1989 setzte die Geschichte des heutigen R. ein. 1991 nahm das Volk eine demokratische Verfassung an. Die Religionsfreiheit wird gewährleistet, ein neues Religionsgesetz wird z. Zt. erarbeitet.

Die größte Kirche R.s, das heute rund 23 Mio. Einwohner zählt, ist die rumänisch-orth. mit ca. 15 Mio. Gläubigen. Das Patriarchat Bukarest ist in fünf Metropolien und 13 Eparchien gegliedert, verfügt über mehr als 8000 Kirchgemeinden und mehr als 100 Klöster. Ihre wichtigsten Ausbildungsstätten sind die Theol. Akademien Bukarest und Sibiu. Die griech.-kath. (unierte) Kirche, die 1948 in die orth. Kirche zwangseingegliedert worden war und seit 1990 wieder legal existiert, zählt 1,7 Mio. Anhänger. Dazu kommen 1,5 Mio. röm. Katholiken, 800000 Protestanten (v.a. Ungarisch-Reformierte in Siebenbürgen und die Reste der größtenteils nach Deutschland zurückgewanderten luth. Siebenbürger Sachsen), 300000 Angehörige ev. Freikirchen (Baptisten, Pfingstchristen), 80000 Unitarier sowie 70000 Juden und Muslime.

Lit.: A. U. Gabanyi: Die unvollendete Revolution. Rumänien zwischen Diktatur und Demokratie, 1990; Romanian Orthodox Church. An Album Monograph, 1987; D. Staniloae: Orthodoxe Dogmatik, Bde. 1 und 2, 1985, 1990; E. Wagner: Geschichte der Siebenbürger Sachsen, [6]1990; R. Wagner: Sonderweg Rumänien. Bericht aus einem Entwicklungsland, 1991; ZS »Glaube in der 2. Welt«, 1973ff, insbesondere 3 (1990), 11 (1990), 3 (1993), 5 (1993).

E. Bryner

Rundfunk und Kirche →Medien, Medienarbeit; →Radiomission

Rupert von Deutz (ca. 1075/76–1129)

Der bedeutende monastische Theologe am Übergang zum 12. Jh., geb. um 1075/76, gest am 4. 3. 1129, wird als Kind dem Benediktinerkloster St. Laurentius in Lüttich übergeben und erhält dort unter Abt →Berengar seine theol. Ausbildung und die Priesterweihe. Aufmerksamkeit erregt seine Kritik an der dialektischen Methode der Frühscholastik. R. trägt sie in zwei gegen Anselm von Laon gerichteten Schriften über das Problem des Bösen vor (»Über den Willen Gottes« u. a.). Im Investiturstreit ergreift R. Partei für die päpstliche Seite. 1116 siedelt R. nach Siegburg bei Köln über, wo er eine reiche schriftstellerische Tätigkeit entfaltet (»Über die Dreieinigkeit«; »Vom Sieg des Wortes Gottes«; »Erklärung der Benediktsregel«; Bibelkommentare). Gleichzeitig stellt sich R. (1117) in Chalons einer Disputation mit Wilhelm v. Champeaux, in der er dessen Traditionsbeweis unter Hinweis auf die Autorität der Heiligen Schrift zurückweist. 1120 wird R. als Abt in das Kloster Deutz bei Köln berufen. 1124 unternimmt er eine Romreise, die ihn auch nach Monte Cassino, dem Stammkloster der Benediktiner, führt. In seinen Schriften, die auch dort, wo sie in ein dogmat. Gewand gekleidet sind, die Bibel auslegen, erweist sich R. als monastischer Theologe, der die Vätertradition eigenständig weiterführt. Der geistgewirkten Erfahrung und den Visionen mißt er einen zentralen hermeneutischen Stellenwert bei. Schriftauslegung ist für R. beginnendes Schauen Gottes, das durch Buße, Demut und Herzensreinheit erreicht wird.

Lit.: R. Haacke: Rupert von Deutz, Heimatbuch der Stadt Siegburg II, 1967, 610–653.

H. Holze

Rut →Megilloth (biblisch)

Ruthenen →Rußland

Rußland

Fläche 17 Mio. km², 148,7 Mio. Einwohner, davon 82,6% Russen.

Das Christentum östlich-byz. Prägung wurde 988 vom Kiever Großfürsten Vladimir in der Kiever Rus eingeführt. Nach der deutlich von polit. Motiven bestimmten »Taufe der Rus« entstand eine Kirchenorganisation und eine bedeutende christl. Kultur in R. In der Tatarenzeit (13-15. Jh.) hatte R. Jahrhunderte der Fremdherrschaft zu bewältigen. Mit der Verlegung des Metropolitensitzes von Kiev nach Vladimir (1299) und dann nach Moskau (1326), den Siegen gegen die Tataren und dem Sammeln der russischen Lande durch das Großfürstentum Moskau begann der Aufstieg Moskaus zur führenden Macht R.s und die Moskauer Periode der russischen Kirchengeschichte. →Spiritualität, Klosterwesen, Kirchenbau und Ikonenmalerei (→Ikone) erreichten eine Blütezeit. 1448 löste sich die Metropolie Moskau vom Patriarchat Konstantinopel und erklärte sich für autokephal. 1589 wurde sie zum Patriarchat erhoben. 1652–1667 führten liturg. Reformen zu einer Abspaltung der »Altgläubigen«

oder »Altritualisten« von der Patriarchatskirche. Mit der Abschaffung des Patriarchates und der Einsetzung einer kollegialen Leitungsbehörde fügte Peter der Große (1689–1725) die Russisch-Orthodoxe Kirche völlig in das autokratisch-absolutistische Staatssystem ein. Nach der Ideologie des 19. Jh.s ruhte der russische Staat auf drei Säulen: der Orthodoxie, der Autokratie und einem volksverbundenen Patriotismus. Geistl. Leben und Theologie erstarrten weitgehend, bedeutend waren jedoch das Mönch- und Starzentum sowie die Religionsphilosophie.

Nach der bolschewistischen Oktoberrevolution 1917 brachen harte Kirchenverfolgungen aus. Die neue Regierung bekämpfte die ehemalige Staatskirche als Sammelbecken des polit. Widerstands. Die Russisch-Orthodoxe Kirche verlor ihre früheren Privilegien, ihr Land und ihr Recht, Eigentum zu besitzen. Die geistl. Akademien, Priesterseminare, Klöster und viele Kirchen wurden geschlossen. Tausende von Geistlichen und Laien hatten schwere Repressalien, langjährige Haft in Konzentrationslagern und den Märtyrertod zu erleiden. Trotz der umstrittenen Loyalitätserklärung von 1927 wurden die Kirchenverfolgungen in den 30er Jahren verschärft und auch auf die anderen Bekenntnisse ausgedehnt, denen in den 20er Jahren Toleranz eingeräumt gewesen war. Das Religionsgesetz von 1929 schränkte die Arbeit der Kirchen auf das Zelebrieren der Gottesdienste ein und verbot jegliches mission., katechetische und soziale Wirken. Bei Ausbruch des Zweiten Weltkriegs standen die Kirchen praktisch vor ihrer physischen Vernichtung. Mit dem Einmarsch der dt. Truppen in die Sowjetunion folgten Jahre der relativen Toleranz in der Religionspolitik. Zu einer schmerzvollen Phase administrativer Maßnahmen des Staates gegen die Kirchen kam es nochmals in den Jahren 1959–1964. Gegen Ende der 60er Jahre setzten eine Menschenrechtsbewegung und eine gewisse rel. Renaissance ein, die allerdings zahlenmäßig nicht überschätzt werden darf. Die Politik von Glasnost (Offenheit) und Perestrojka (Umbau) weitete sich von 1987 an auf die Kirchen aus. Der Empfang Patriarch Pimens im Kreml (29.4.1988), das Millennium der Russisch-Orthodoxen Kirche (Juni 1988) und die neuen Religionsgesetze (Oktober 1990) brachten den Kirchen die Religionsfreiheit und erlaubten ihnen insbesondere das katechetische und soziale Wirken.

Nach dem Zerfall der Sowjetunion Ende 1991 steht die Russ.-Orth. Kirche im wiedererstehenden R. vor umfassenden Aufgaben. Sie verfügt nach staatlichen Angaben innerhalb des heutigen R. über 54 Bistümer und 4357 (1.1.1993) staatlich anerkannte Gemeinden. Weltweit (inkl. Baltikum, Ukraine, Weißrußland und andere GUS-Staaten, Mittel- und Westeuropa, Amerika usw.) verfügt sie, eigenen Angaben zufolge, über ca. 70 Bistümer mit 14000 staatlich anerkannten und nicht anerkannten Gemeinden sowie 250 Klöster und 35 theol. Lehranstalten (Mitte 1994). Die Russisch-Orthodoxe Kirche ist seit dem Zusammenbruch der Sowjetunion mit neuen Problemen konfrontiert. Dazu gehören Nationalismus, Konfessionalismus, Antisemitismus, aber auch der Umgang mit der eigenen Vergangenheit.

Außerdem gibt es in R. mehrere Diözesen der röm.-kath. Kirche (ca. 250000 Gläubige), die »Evangelisch-Lutherische Kirche in Rußland und anderen Staaten (ELKRAS) (ca. 50000 Gläubige), die »Union der Evangeliumschristen-Baptisten« (1050 Gemeinden) und eine Reihe kleinerer Kirchen (Pfingstler, Adventisten). Islam und Judentum dürfen in ihrer Vielfalt und in ihrer Bedeutung nicht unterschätzt werden.

Lit.: W. Bienert: Schaue auf dies Volk. Wie die Russen vor tausend Jahren Christen wurden, 1988; K. Ch. Felmy et al. (Hg.): Tausend Jahre Christentum in Rußland. Zum Millennium der Taufe der Kiever Rus', 1988; P. Hauptmann, G. Stricker (Hg): Die Orthodoxe Kirche in Rußland. Dokumente ihrer Geschichte (860–1980), 1988; G. Stricker: Religion in Rußland. Darstellung und Daten zu Geschichte und Gegenwart, 1993; ZS »Glaube in der 2. Welt«, 1973ff; Informationsdienst Osteuropäisches Christentum, 1989–1994.

E. Bryner

Ruysbroeck, Johann/Jan (1293–1381)

Auch Ruisbroek, Ruusbroek geschrieben, Vorname Johannes oder Jan, geb. 1293 in Ruisbroek bei Brüssel, gest. 1381 in Groenendael. Schule und Studium in Brüssel, 1317 Priester, dann Domkaplan in Brüssel, von früh an der Mystik zugetan, hatte er wahrscheinlich mit Meister →Eckhart u. a. Kontakt, ab 1330 schrieb er selbst mystische Traktate (Die Zierde der geistlichen Hochzeit; Das Reich des Geliebten u. a.) und setzte sich für die Beginen (→Begarden) in Flandern ein. 1343 zog er sich mit Verwandten zurück und stiftete die Propstei Groenendael, deren erster Prior er wurde. Hier lebte er bis zu seinem Tod, gab sich völlig der Kontemplation hin und verfaßte weitere geistl. Schriften, die ihn bekannt machten. Unter den vielen Besuchern waren wahrscheinlich auch G. Groote (→Brüder/Schwestern vom gemeinsamen Leben) und J. →Tauler.

Ob R. Mystiker war oder ein kontemplativer, am kirchl. Rand lebender frommer Einsiedler, ist schwer zu entscheiden. Seine Theologie ist trinitarisch und christologisch, und →Gerson hat ihm zu Unrecht →Pantheismus vorgeworfen. Wie viele Zeitgenossen benutzte R. das Bild von der geistl. Vermählung, um gottergebenes Leben, die Gottesschau und das Einswerden in der Liebe zu verdeutlichen. Durch die große Zahl seiner Besucher und die vielen bedeutenden Persönlichkeiten, die er kannte, wirkte er auf viele Menschen ein. Besonders tief und originell sind seine Schriften nicht, aber warmherzig, innerlich und leicht zugänglich. Deshalb hieß er auch »doctor divinus« bzw. »alter Dionysios« unter seinen Verehrern. Gegenwärtig gilt er zunehmend mehr als bedeutendster Vertreter der flandrischen Mystik.

Lit.: J. Ruysbroeck: Werke in vier Bänden (1944–1948); A. Ampe: Kernproblemen uit de leer van Ruysbroeck, 3 Bde., 1951–1957; B. Fraling: Der Mensch vor dem Geheimnis Gottes. Untersuchungen zur geistl. Lehre des Johann van Ruysbroeck, 1967.

G. Ruhbach

Sabbat

S. leitet sich wahrscheinlich von dem hebr. Verbum *schbt,* »aufhören«, ab und bezeichnet den letzten Tag der siebentägigen Woche, der als einziger einen Namen trägt, während die Wochentage einfach durchgezählt werden.

Im AT ist das S.gebot im Pentateuch breit bezeugt: 2Mo 34,21; 23,12; 20,8-11; 5Mo 5,12-15 (Dekalog); 3Mo 23,1-3; 19,3; 26,2 (Heiligkeitsgesetz); 2Mo 31,12-17; 35,1-3.

Die religionsgeschichtl. Ableitung des S.s aus außerisraelit. Religionen des Alten Orients, insbesondere vom babylon. Unglückstag *schapattu,* ist heute als nicht zutreffend aufgegeben. Der S. hat also als genuin israelit. zu gelten, was durch seine Erwähnung in beiden Versionen des Dekalogs unterstrichen wird. 2Mo 20,8-11 wird das S.gebot wie in 1Mo 2,2f mit dem Ruhen Gottes am siebten Tag nach den sechs Tagen der Weltschöpfung begründet. Die S.ruhe von Mensch und Tier folgt daher aus der *imitatio Dei,* »Nachahmung Gottes«. In 5Mo 5,12-15 wird der S. dagegen mit der Befreiung Israels aus der (Arbeits-)Sklaverei in Ägypten verknüpft. Deshalb soll am siebten Tag jede Arbeit ruhen. Aus Am 8,5 geht zusätzlich hervor, daß am S. jeglicher Handel verboten war. Hos 2,13 und Jes 1,13 (vgl. 3Mo 23,3) kennzeichnen den S. als Festtag, an dem auch Opfer dargebracht wurden. Im Volks(aber)glauben galt er manchmal als günstiger Tag, den Gottesmann zu befragen (2Kön 4,23), vielleicht auch für die Erhebung gegen die Königin Atalja (2Kön 11,5.7.9).

In nachexilischer Zeit gewann der S. (und die Beschneidung) als Bundeszeichen zwischen Gott und Israel (2Mo 31,13.17; Hes 20,12.20) gesteigerte Bedeutung, das Israel gleichzeitig aus der Umwelt heraushob. Die Übertretung des Arbeitsverbotes wird mit der Todesstrafe bedroht (2Mo 31,14f; 35,2) und die Einzelheiten genau geregelt (2Mo 35,3; 4Mo 15,32-36; Jer 17,21f.24.27; Neh 10,32; 13,15-22; Jes 58,13). In makkabäischer Zeit setzte man sich bes. mit der Frage auseinander, ob es am S. erlaubt sei, zu kämpfen (1Makk 2,32-38; 2Makk 6,11) und gestattete dies zu Verteidigungszwecken (1Makk 2,39-41).

Die Qumransekte am Toten Meer forderte in der Damaskusschrift eine verschärfte Einhaltung des S.gebotes (CD 10,14-11,18; vgl. Jub 2,17-33; 50,6-13): Ein in die Grube gefallenes Tier darf man z.B. nicht herausholen und auch einen Menschen nur, wenn dazu keine Hilfsmittel nötig sind. Diese Tätigkeiten sind im rabbin. Judentum dagegen erlaubt (Schabbat 7,2; Beza 5,2) nach dem Grundsatz, daß Lebensgefahr den S. verdrängt (Yoma 8,6; MehkY zu 2Mo 31,12-17 vgl. Mk 2,27; bSchabbat 128b; Str/Bill I, 622–629). Ansonsten versuchte man, die am S. verbotenen Arbeiten auf 39 zu begrenzen.

Die rabbin. S.vorschriften und -diskussionen sind für das Verständnis der S.konflikte Jesu (Mk 2,23-28par; 3,1-6par; Lk 13,10-17; 14,1-6; Joh 5,1-9; 7,19-24; 9,1-41) von Bedeutung. Gerade der S. war als Tag der Vollendung der Schöpfung für Jesu Heilungs- und Befreiungstat der rechte Tag, weil mit ihm und seinem Wirken der Weltens., die endzeitliche Erlösung, bzw. die restaurierte Schöpfung anbricht (vgl. Lk 4,16-19). Mit dem Menschensohn als dem Herrn über den S. hat die neue Zeit »des Aufatmens« (2Mo 31,17P; vgl. Apg 3,20), d.h. die eschatologische Ruhe (Hebr 4,8-11) begonnen. Somit hat Jesus den S. nicht aufgelöst, sondern erfüllt.

Daher feierte die christl. Gemeinde auch den ersten Tag der jüd. Woche, den Sonntag, den Tag der Auferstehung Jesu, als Herrentag (Apg 20,7; Offb 1,10; vgl. Mt 28,1; 1Kor 16,2).

Lit.: W. Grimm: Der Ruhetag. Sinngehalte einer fast vergessenen Gottesgabe, 1980 (ANTJ 4); E. Jenni: Die theologische Begründung des Sabbatgebotes im AT, 1956 (Theol. Studien 46); J. Moltmann: Gott in der Schöpfung, 1985, 281ff.

S. Nägele

Sabbatarier →Adventisten

Sabellianismus

Unter dem S. versteht man einen modalistischen Monarchianismus (→Monarchianer), in dem die Einzigkeit Gottes auf verschiedene Erscheinungsformen und Zeiträume verteilt wurde. Offenbar sorgten die kirchl. Theologen, die dem S. widerstanden, weitgehend für die Tilgung der Quellen, der Lehrinhalte, der Lebensdaten ihrer Vertreter und damit des Andenkens an den Monarchianismus überhaupt. Neben Theodot dem Gerber (aus Byzanz?) erscheint vor allem Sabellius, aus der ägypt. Pentapolis stammend, als Führer dieser Richtung, die er um 215 so nachdrücklich in Rom vertrat, daß Calixt I. sich – trotz Sympathien für den →Modalismus – von ihm zurückzog. →Hippolyt und →Novatian, später →Athanasius und Epiphanius (Ende des 4. Jh.s Bischof auf Cypern) gehörten zu den erklärten Gegnern des S. Verdächtigungen wegen S. finden sich gegen Commodianus (ca. 280), →Marcell von Ancyra (ca. 350) u.a. bis hin zu →Schleiermacher gerichtet. Von Sabellius selbst sind weder Lebensdaten noch Schriften bekannt.

G. Ruhbach

Sacharja →Propheten Israels

Sachsen →Germanen, Christianisierung der

Sachsen, Ev. Kirche der Kirchenprovinz

Die EKKPS umfaßt das Gebiet der ehemaligen preußischen Provinz S. Diese wurde 1816 bei der Neugliederung des preußischen Staates gebildet aus älteren preußischen Besitzungen (Territorien von Magdeburg, Halle, Halberstadt, Quedlinburg, Mühlhausen, Nordhausen und der Altmark), Gebieten von Kursachsen, die durch den Wiener Kongreß Preußen zugesprochen wurden (Kurkreis, Teile des Meißner Kreises, die Gebiete von Merseburg und Naumburg, Thüringischer Kreis) sowie ehemaligen kurmainzischen Besitzungen in Thüringen (Erfurt) und auf dem Eichsfeld. Bis auf geringe Veränderungen in neuerer Zeit sind die Grenzen der Entstehungszeit bewahrt worden. Die EKKPS umfaßt insofern geographisch, hist., wirtschaftl. und soziologisch sehr unterschiedliche Gebiete, die auch kirchl. sehr different geprägt sind.

Nach der Auflösung Preußens 1945 konstituierte sich aufgrund von Beschlüssen in →Treysa (August 1945) die Kirchenprovinz S. als selbständige Landeskirche (Grundordnung 1950). Diese gliedert sich in acht Propsteien (Altmark, Erfurt, Halberstadt-Quedlinburg, Halle-Merseburg, Kurkreis, Magdeburg, Naumburg, Südharz) und zählte 1994 etwa 635 000 Gemeindeglieder in über 2 200 Gemeinden. Sie ist Gliedkirche der Ev. Kirche der Union. Das Zentrum der Verwaltung (Konsistorium) sowie der Sitz von Kirchenleitung und Bischof befinden sich in Magdeburg.

Lit.: K. Aland: »Das Werden der evangelischen Kirchenprovinz Sachsen«, in: Kirchengeschichtliche Entwürfe, 1960, 672–700; W. Friedensburg: Die Provinz Sachsen, ihre Entstehung und Entwicklung, 1919; H. Helbig: »Sachsen-Anhalt«, Staatslexikon 6, 1057–1063 (Lit.).

H. Kirchner

Sachsenmission →Germanen, Christianisierung der

Sadduzäer

1. Der Name S. (griech. *Saddukaioi* von aram. *ṣadduqajja*; hebr. *haṣadduqim)* ist wohl auf den unter David amtierenden Hohenpriester Sadoq (2Sam 8,17; 1Kön 2,26ff) zurückzuführen. Die S. waren eine priesterliche Partei, die in der Regel den Hohenpriester stellte (vgl. Apg 5,17). Von Flavius →Josephus wird sie – zusammen mit den Pharisäern und Essenern – erstmals für die Zeit des ersten hasmonäischen Hohenpriesters Jonathan erwähnt (Mitte des 2. Jh.s v. Chr.; Ant 13,171–173), ihr Ende fand sie im Jüdischen Krieg gegen Rom (66-70 n. Chr.). Anders als die →Pharisäer, die sich um die Heiligung des ganzen Gottesvolkes mühten und mit Hilfe einer liebevoll betriebenen, aktualisierenden Schriftauslegung neue Bereiche des Glaubens und gerechten Lebens erschlossen, haben sich die eher konservativen S. auf die Einhaltung des mosaischen Gesetzes, die korrekte Durchführung des Sühne schaffenden Tempelkultes und auf eine realistische, für Ruhe und Ordnung sorgende Politik unter der herodianischen und röm. Oberherrschaft konzentriert. Dabei haben sie die Freiheit und Verantwortlichkeit des Menschen bei seinem Handeln (→Willensfreiheit) im Hier und Jetzt betont (Ant 13,173; Bell 2,164f); Josephus verglich sie deshalb – zu Unrecht – mit den Epikuräern (→ Epikureismus vgl. Ant 10,277f). Ihrer konservativen Haltung war die pharisäische Lehre von einer mündlichen Tora, der Glaube an Engel und die Erwartung eines Messias, der Auferstehung der Toten und des Jüngsten Gerichts unerschwinglich; denn all dieses fand sich so nicht in den fünf Büchern Mose (vgl. Ant 18,16f; Bell 2,164f; Mk 12,18; Apg 23,8). Abgelehnt wurde auch die von den Pharisäern angestrebte Humanisierung des mosaischen Strafrechts, weshalb die S. als grausam erschienen und beim Volk unbeliebt waren (Ant 20,199; Bell 2,166; Ant 13,294); nach dem Urteil des Josephus hätten sie deshalb auch nicht viel ausgerichtet (Ant 18,17). Im rabbin. Schrifttum werden die S. nur selten und in negativem Sinne erwähnt; von Disputen zwischen ihnen und den Weisen wird in der Mischna (Jad 4,6f; Erub 6,2; Para 3,7; Nid 4,2) und im babylon. Talmud (Joma 2a19b; Sukk 48) erzählt. Eine Gruppe innerhalb der sadduzäischen Partei waren die Boethosäer, die in der Datierung des Pfingstfests mit den Essenern und Christen übereinstimmten (m Men 10,3; b Pes 57 a; b Jom 19 b).

2. Im NT wird die Darstellung des Josephus in etwa vorweggenommen (vgl. Apg 23,8). Jesus gegenüber traten S. als Leugner der Auferstehung der Toten auf, wurden aber von diesem eines Besseren

belehrt, und zwar aufgrund des Selbstzeugnisses Gottes in der Tora (Mk 12,18-27 par; vgl. 2Mo 3,2.6.14). Die S., die in der leitenden Priesterschaft und im Hohen Rat vertreten waren, befürchteten vom Auftreten Jesu folgenschwere Unruhen im Volk (vgl. Joh 11,47-50). Deshalb drängten sie auf seine Verhaftung und das Verhör, in dessen Verlauf sie den »falschen« Messiasanspruch Jesu als Gotteslästerung verurteilten und ihn an Pilatus auslieferten (Mk 14,53-64; 15,1). Auch die messianische Verkündigung der Apostel wurde von ihnen streng verboten (Apg 5,17f). Der Hohepriester Ananus II. ließ 62 n.Chr. den Herrenbruder Jakobus vor Gericht stellen und steinigen (Ant 20,200–207).

Lit.: O. Michel: »Sadduzäer«, Calwer Bibellexikon, 1153–1155.

O. Betz

Sage

S.n stehen in der Literaturgeschichte zwischen Märchen und Geschichtsdarstellungen. Mit den Märchen teilen sich die S.n die volkstümliche Art des Erzählens und die vorproblematische Mischung von Dichtung und Wahrheit. Als Volkspoesie berichten sie in der Regel noch vorkritisch, aber für die Erklärung (Ätiologie) von Sitten und Gebräuchen sind sie von hohem Wert. So gibt es Helden-S.n und Stammes-S.n. Beschäftigt sich eine S. mit rel. Stoffen, nennt man sie in der Regel →Legende. Jede S. beansprucht Glaubwürdigkeit, auch wenn die S. »mit anderen Augen sieht als die Geschichte« (Gebrüder Grimm). S.n gibt es in aller Welt; Märchen und S.n wurden ungefähr zur gleichen Zeit, nämlich ab dem späten 18. Jh. und in der Romantik gesammelt (→Herder; Gebrüder Grimm).

Besonderes Interesse hat die S.n-Forschung in der Zeit formgeschichtl. Untersuchungen in der Literaturwissenchaft, aber auch in der Theologie gefunden, die z.B. im AT sehr viele, im NT beinahe gar keine S.n-Stoffe findet. In der Hl. Schrift gibt es unter den überlieferten Stoffen manche den Berichten zugrundeliegende S.n, die in der späteren Kirchengeschichte zu Heiligenlegenden ausgeformt wurden.

Lit.: M. Dibelius: Die Formgeschichte des Evangeliums, [3]1959; J. W. Grimm: Deutsche Sagen, 2 Bde., 1956; F. Panzer: Märchen, Sage und Dichtung, 1905.

G. Ruhbach

Sailer, Johann Michael (1751–1832)

S., geb. am 17. 11. 1751 in Aresing (Oberbayern), gest. am 20. 5. 1832 in Regensburg; 1780 Prof. für Dogmatik in Ingolstadt, 1784 Prof. für Ethik und Pastoraltheologie in Dillingen, 1794 entlassen, ab 1800 wieder Prof. in Ingolstadt, dann Landshut, 1821 Domkapitular und 1829 Bischof in Regensburg.

S. trat für die Überwindung der →Aufklärung im kath. Süddeutschland ein, öffnete die Theologie aber durchaus dem neuen Denken (→Kant, →Jacobi, →Pestalozzi) und verkehrte freundschaftlich auch mit vielen Evangelischen wie M. →Claudius, →Lavater, Anna →Schlatter und anderen. Über die Beschäftigung mit dem Frühpietismus, besonders mit →Zinzendorf, erhielt er große, »ökumenische« Bedeutung und wurde zum Vater der kath. Erweckungsbewegung im Allgäu, die dann ihrerseits die ev. Erweckung in Baden, Württemberg, Preußen und anderswo beeinflußte. Mehrere seiner Schüler (M. →Boos, J. →Goßner und, auf dem Umweg über direkte Sailer-Schüler, auch A. →Henhöfer) wurden ev. und trugen die Erweckung weiter. S. war ein Genie der Freundschaft und der brieflichen Korrespondenz; er hat über seine Persönlichkeit, aber auch über seine Schriften (41 Bde., 1830–1845) erheblich in einem verbindliche Nachfolge ansprechenden und Gemeinde Christi aufbauenden Sinne gewirkt.

Lit.: G. Fischer: Johann Michael Sailer und Kant, 1953; ders.: Johann Michael Sailer und Pestalozzi, 1954; ders.: Johann Michael Sailer und Jacobi, 1955; J. R. Geiselmann:

Von lebendiger Religiosität zum Leben der Kirche, 1952; F. W. Kantzenbach: Johann Michael Sailer und der ökumenische Gedanke, 1955; I. M. Nielsen: Johann Michael Sailer, 1949; H. Schiel: Johann Michael Sailer, Leben und Persönlichkeit in Selbstzeugnissen, Gesprächen und Erinnerungen der Zeitgenossen, 1948.

G. Ruhbach

Saint-Martin, Louis Claude de (1743–1803)

Der franz. Theosoph S.-M., geb. 1743 in Amboise in der Provinz Touraine, studierte auf väterlichen Wunsch Jurisprudenz und wurde Gerichtsadvokat in Tours. 1765 schlug er jedoch die Offizierslaufbahn ein, um sich intensiver religionsphil. Studien zu widmen. Die 1768 beginnende Bekanntschaft mit dem spanischen Theosophen Martinez de Pasqually führte zu einer Lebenswende. Er wurde Pasquallys Schüler und engagierte sich in dessen mystisch-theosophischem Freimaurerorden »Chevaliers Elus Coens«. Nach Quittierung des Militärdienstes 1771 wurde er in Bordeaux Sekretär bei Pasqually und begab sich nach dessen Abreise aus Frankreich 1772 nach Lyon. Hier beschäftigte er sich mit theurgischen Experimenten, wandte sich jedoch bald davon ab und betonte statt dessen die Notwendigkeit innerer Erleuchtung. Dadurch trug er zur Reform und schließlichen Umwandlung der »Elus Coens« bei. In dieser Zeit verfaßte er – in deutlicher Frontstellung gegen die →Aufklärung – sein erstes Werk »Des erreurs et de la vérité« (dt. von M. →Claudius: »Irrthümer und Wahrheit«, 1782), das 1775 anonym und mit fingiertem Druckort erschien. Seine zweite wichtige Schrift »Tableau naturel« erschien 1782 ebenfalls in Lyon (dt. »Über das Verhältnis zwischen Gott, den Menschen und der Welt«, 1783 und 1785). 1787 reiste S.-M. nach England, wo er mit Angehörigen der Philadelphischen Gesellschaft in Berührung kam. In Straßburg, wo er sich von 1788 bis 1791 aufhielt, wurde er durch Fr. R. Salzmann und vor allem dessen Schülerin Charlotte von Böcklin näher in J. →Böhmes Werk eingeführt. Böhme wurde für S.-M. nach Pasqually »der zweite Meister«. Er lernte sogar Deutsch, um Böhme im Original zu lesen. Auch übersetzte er vier seiner Schriften (»Aurora«, »Drei Prinzipien«, »Vom dreifachen Leben«, »Vierzig Fragen von der Seele«). 1791 zog S.-M., der sich inzwischen ganz von der Freimaurerei zurückgezogen hatte, auf Wunsch des kranken Vaters nach Amboise. Hier verfaßte er seine Werke »Le nouvel homme« (1796) und »Ecce Homo« (1796) und korrespondierte eifrig mit dem Berner Patrizier Kirchberger von Liebisdorf bis zu dessen Tod 1799. Verstorben ist S.-M. 1803 in Aulnay (heute Chatenay-Malabry).

S.-M. ging im Sinne der gnostischen Emanationslehre davon aus, Gott habe ursprünglich eine geistige, immaterielle Welt aus sich ausströmen lassen. Als jedoch Luzifer und seine Gefährten infolge Eigenmächtigkeit davon abfielen, schuf Gott – um Schlimmeres zu verhüten – die aus Gutem und Bösem – gemischte Welt (Ablehnung der creatio ex nihilo; →Schöpfung). Auch der Mensch (Adam) – aus dem »ewigen Urbild« entstanden, das »ohne Aufhören vor dem Angesicht des göttlichen Denkens stehet« (Geist, II, 273) – habe anfangs als androgynes Geistwesen mit feinstofflichem Körper existiert. Durch den Sündenfall erhielt der Mensch einen grobmateriellen Leib mit geschlechtlicher Differenzierung; jedoch blieb in ihm noch ein »Keim seiner Wiedergenesung« (ebd. 131) übrig. Christus, »aus dem ewigen Urbild des Menschen erzeugt« (ebd. 273), führt den Menschen zu seiner ursprünglichen Bestimmung zurück. Zu diesem Zweck »versenkte« er sich »in unsre Materie« (ebd. 274) und starb den Opfertod. So wurde durch Christus realisiert, was auch Adam möglich gewesen wäre, wenn er seiner Bestimmung »treu geblieben wäre« (ebd. 273): die Wiedervereinigung des Menschen mit seinem göttlichen Ursprung.

S.-M.s Werke haben großen Einfluß auf freimaurerische Kreise gehabt. Lebhafte Resonanz fanden sie aber auch bei Spätpietisten, so bei →Jung-Stilling, →Lavater und →Claudius; dessen Übersetzung der »Erreurs« rief die Kritik der Spätaufklärer (→C.F. Nicolai, J.E. Biester) sowie der Klassiker (→Herder, →Goethe, →Schiller) hervor. Sodann fand S.-M. Aufnahme im bibl. →Supranaturalismus (u. a. bei Joh.Fr. Kleuker). Rezipiert wurde er wegen seiner Abwertung alles Materiellen ferner bei Romantikern, vor allem bei Fr. →Baader, dessen Entwicklung und Werk stärkstens von ihm beeinflußt ist. Auf dessen Empfehlung übertrug G. H. Schubert die Schrift »L'Esprit des choses« (1800) ins Deutsche (»Vom Geist und Wesen der Dinge«, 1812). S.-M.s Schriften stießen aber auch bei Fr. Schlegel und Rahel Varnhagen auf Interesse. Auch der Begrüder der →Anthroposophie, R. →Steiner, machte in seinen Vorträgen wiederholt auf S.-M. aufmerksam.

Lit.: K. R. H. Frick: Die Erleuchteten, 1973; H. Graßl: Aufbruch zur Romantik, 1968; R. Huth: Louis Claude de St. Martin, 1932; N. Jacques-Chaquin: »La philosophie de la nature chez Louis-Claude de Saint Martin«, in: A. Faivre, R. C. Zimmermann (Hg.): Epochen der Naturmystik, 1979, 314–332; F. Lieb: Franz Baaders Jugendgeschichte, 1926; L. Schauer, A. Chuquet (Hg.): Le correspondance inédite de Louis Claude de St. Martin et Kirchberger, 1862; G. Wehr: Saint-Martin, 1980.

H. Weigelt

Saint-Simon, Claude Henri de (1760–1825)

Claude Henri de Rouvroy, Graf von S.-S., geb. am 17. 10. 1760 in Paris, gest. am 19. 5. 1825 ebenda, Begründer des modernen →Sozialismus wie des franz. →Positivismus, erkannte, daß die durch die reine Wissenschaft entbundene technische Entwicklung (Industrialisierung) zu einer tiefgreifenden Umgestaltung der menschlichen Lebensbedingungen wie der Gesellschaftsordnung insgesamt

führen würde. Er forderte die Teilhabe aller Glieder der Gesellschaft am Prozeß der →Arbeit (l'industrie), weil Ökonomie und Technik den Fortschritt vorantrieben und nur durch Teilhabe an der Arbeit die von der franz. Revolution proklamierte Gleichheit aller zu verwirklichen sei. Im Unterschied zu seinem Schüler A. Comte (Begründer der positivistischen Geschichtsphilosophie wie der modernen Soziologie) oder zu K. →Marx, die das Christentum als fortschrittsfeindlich ablehnten, verband S.-S. mit seinem rein diesseitigen ökonomisch-evolutionistischen Weltbild die Erwartung, daß der Überwindung der mittelalterl. (kath.) Kirchlichkeit eine Erneuerung des Christentums und die gesellschaftl. Verwirklichung seines Liebesgebotes folgen werde (Le nouveau christianisme, 1825). Mit der Überzeugung, das wahre Christentum verwirkliche sich in der sozialistischen Gesellschaftsordnung, hat S.-S. die bis heute diskutierte Frage nach dem Verhältnis von gesellschaftl. Sozialismus und christl. Liebesgebot gestellt.

Lit.: E. Hirsch: Geschichte der neuern evangelischen Theologie, III, 1951, 223–228.

J. O. Rüttgardt

Sakrament

a) katholisch

Für die Entwicklung der röm.-kath. S.enlehre sind in der Alten Kirche besonders →Tertullian und →Augustinus wichtig (vgl. Koch). Die offizielle kath. Lehre findet sich in den Äußerungen des kirchl. Lehramtes. Gegen die →Waldenser bekräftigt Papst Innozenz III. in seinem Glaubensbekenntnis von 1208 die antidonatistische Auffassung Augustins (→Donatismus), daß die S.e auch dann wirksam sind, wenn sie ein unwürdiger Priester spendet (DS 793). Auf dem zweiten Konzil von Lyon 1274 wird die Siebenzahl der S.e für verbindlich erklärt (DS 860), nachdem bis ins 12. Jh. hinein Theologen den Begriff für zwei bis dreißig sakramentale Handlungen (vgl. →Sakramentalien) verwendeten. Das Konzil von Konstanz (1414-18) verurteilt als falsche Lehre →Wyclifs, daß ein Bischof oder Priester, der in schweren Sünden lebt, nicht wirklich S.e spende (DS 1154). Wyclifiten und Hussiten sind zu befragen, ob sie glauben, daß ein schlechter Priester wirksam S.e spende (DS 1262). Im Dekret für die Armenier (1439) erklärt das Konzil von Florenz umfassend die S.e, ohne damit eine endgültige Lehrdefinition zu geben: Die sich mit der röm.-kath. Kirche wieder vereinigenden Teile der armenischen Kirche (→Armenien) müssen die Siebenzahl der gnadenwirksamen S.e des neuen Bundes annehmen, die der geistigen Vervollkommnung des Menschen (Taufe, Firmung, Eucharistie, Buße, letzte Ölung) bzw. der Leitung und Mehrung der Gesamtkirche (Weihe, Ehe) dienen (DS 1310–1311). Drei Kriterien machen das S. gültig: Die Materie, das Wort als dazukommende »Form« und die Person des Spenders, der in der richtigen Intention handelt. Diese wird mit der um die Mitte des 12. Jh.s entstandenen Formel »zu tun, was die Kirche tut« (*cum intentione faciendi, quod facit Ecclesia,* DS 1312) ausgedrückt. Taufe, Konfirmation und Weihe(n) verleihen ein unzerstörbares geistiges Zeichen (*character spirituale indelebilis,* DS 1313). Eine Besonderheit des Armenierdekretes ist dessen Lehre im Anschluß an →Thomas von Aquin, daß die symbolische Übergabe von Kelch und Wein mit den eucharistischen Elementen die Materie der Priesterweihe sei (DS 1326); normalerweise wird die Handauflegung des Bischofs als Materie dieses S.s angenommen.

Das Konzil von Trient (→Tridentinum) definiert in seiner siebten Sitzung 1547 die röm.-kath. Lehre von den S.en (DS 1600–1613): Die S.e des neuen Bundes sind von Christus eingesetzt und sind sieben an der Zahl (Can. 1), sie sind von den S.en des alten Bundes unterschieden (Can. 2) und von unterschiedlicher Bedeutsamkeit (Can. 3). Sie sind zum Heil notwendig, der Glaube allein *(sola fide)* genügt nicht zur Rechtfertigung (Can. 4). Sie ernähren nicht allein den Glauben (Can. 5), sondern enthalten und teilen die Gnade, die sie bezeichnen, denen mit, die ihr zumindest kein Hindernis (*obex*) entgegensetzen (Can. 6). Diese Gnade wird immer und allen kraft des vollzogenen Ritus (→opus operatum) gegeben, nicht allein durch den Glauben an die göttliche Verheißung (Can. 7 und 8). Durch Taufe, Firmung und Weihe wird ein geistiges unzerstörbares Zeichen verliehen (Can. 9). Nicht alle Christen haben die Vollmacht zur Wortverkündigung und S.sspendung (Can. 10). Die S.e müssen mit der richtigen Intention und können von Todsündern wirksam gespendet werden (Can. 11 und 12). Kirchliche Riten sind bei der S.sspendung einzuhalten (Can. 13).

Die tridentinischen Lehrdefinitionen sind maßgeblich für röm.-kath. S.enlehre und -praxis bis in die Gegenwart. Papst Pius X. verurteilt 1907 im Dekret »Lamentabili« Irrtümer der Modernisten und bestätigt die tridentinische S.enlehre (DS 3439 bis 3451, vgl. 3489). Die Einsetzung aller sieben S.e durch Christus wird als Interpretation von Gedanken und Absichten Christi durch die Apostel und ihre Nachfolger gedeutet (3440). S.e sind mehr als nur Symbole, die nur den Glauben nähren (Enzyklika Pascendi, DS 3489).

Auf dem Zweiten Vatikanischen Konzil werden die S.e nur kurz behandelt. Die Liturgiekonstitution »Sacrosanctum Concilium« stellt als Zweck der S.e die Heiligung der Menschen, den Aufbau des Leibes Christi und die Gott geschuldete Verehrung fest; als Zeichen besitzen sie die Funktion der Unterweisung (Art. 59, LThK² 12, 62-63). Im Gegensatz zur tridentinischen Polemik gegen die alleinige Nährung des Glaubens durch die S.e und in Spannung zur Lehre vom opus operatum wird jetzt betont, daß die S.e nicht nur den Glauben voraussetzen, sondern durch Worte und Dinge auch nähren, stärken und anzeigen (ibid.). Ihre Wirkung wird vor allem in der Heiligung des Lebens durch die göttliche Gnade gesehen (Art. 61, LThK² 12, ibid.). In der Kirchenkonstitution »Lumen Gentium« werden die Einzels.e auf den priesterlichen Dienst der Kirche als Volls. bezogen (Art. 11, LThK² 12, 182–189).

Der Katechismus der Katholischen Kirche (1993) interpretiert die S.e als S.e Christi, S.e der Kirche, des Glaubens, des Heils und des ewigen Lebens. Für die Siebenzahl der von Christus eingesetzten S.e beruft er sich auf das Konzil von Trient (§ 1114, vgl. 1117, 1210). Die Geheimnisse des Lebens Jesu sind das Fundament dessen, was Christus gegenwärtig durch die Kirche in den S.en austeilt (§ 1115). Mit Hilfe des Hl. Geistes erkennt die Kirche die sieben von Christus eingesetzten S.e (§ 1117). Die Lehren vom unzerstörbaren Merkmal (§ 1121), vom opus operatum (§ 1128) und von der Heilsnotwendigkeit (§ 1129) der S.e werden im Katechismus bestätigt. Auf den schon immer dem Glauben des einzelnen vorangehenden Glauben der Kirche verweist die Formel *lex orandi, lex credendi,* »das Gesetz des Gebets ist das Gesetz des Glaubens«, die die (S.en-)Liturgie als konstitutives Element der →Tradition erweist. Sie soll jede willkürliche Änderung der S.enliturgie verhindern (§ 1124–1125).

Neben den lehramtlichen Texten der kath. Kirche, die je nach dem Charakter des Dokumentes eine für den kath. Gläubigen mehr oder weniger große Verbindlichkeit besitzen, gibt es auch noch vielfältige »Theologentexte« (Koch, 47), in denen sich die aktuelle Diskussion der röm.-kath. S.enlehre vollzieht (vgl. Koch, 75-124). Wichtig sind die Überlegungen, alle sieben S.e auf die Kirche als Ursakrament (Rahner) bzw. auf Christus als das »Sakrament Gottes« und die Kirche als das »Sakrament des himmlischen Christus« (Schillebeeckx, bei Koch, 87-90) zu beziehen. In zeitgenössischen Texten wird vor allem die Verbindung von S. und Welt herausgestellt (z.B. Scheele, bei Koch, 103-106). Verschiedenen Autoren ist es wichtig, daß sich die S.e auf die Grundsituationen menschlichen Lebens (Ganoczy) und auf das Engagement in der Welt (Boff, Castillo, Taborda) beziehen.

Lit.: DS 793, 860, 1154, 1262, 1310–1313, 1600–1613; Neuner-Roos, Kap. 8, 498–525.

Ambrosius: De sacramentis, De mysteriis, Fontes Christiani 3, 1990; L. Boff: Kleine Sakramentenlehre, ⁹1988; J. M. Castillo: Simbolos de libertad, teología de los sacramentos, ³1981; Cyrill von Jerusalem: Mystagogicae Catecheses, Fontes Christiani 7, 1992; A. Ganoczy: Einführung in die katholische Sakramentenlehre, ²1984; A. Heilmann (Hg.): Texte der Kirchenväter 4, 1964, 245-313; Katechismus der katholischen Kirche, 1993; J. N. D. Kelly: Early Christian Doctrines, ²1976, Kap. 16; Mysterium Salutis, hg. v. J. Feiner, M. Löhrer, Bd. IV/2, 1975 (Lit.); K. Rahner: Kirche und Sakramente, QD 10, ²1963; Über die Sakramente der Kirche, Meditationen, 1985; Sacramentum 1 und 2, Studia Anselmiana 61 und 64, 1974; T. Schneider: Zeichen der Nähe Gottes, Grundriß einer Sakramententheologie, ⁵1987; F. Taborda: Sakramente, Praxis und Fest, 1988; H. Vorgrimler: Sakramententheologie, 1987; M. Zitnik: Sacramenta: Bibliographia Internationalis 1-4, 1992; s. auch unter b).

J. Eber

b) evangelisch

Die S.entheologie der Reformatoren entsteht aus der Abgrenzung gegenüber der röm.-kath. Lehre ihrer Zeit. Exemplarisch wird die Kritik am kath. S.sbegriff in Luthers Schrift von der babylonischen Gefangenschaft der Kirche (1520) entfaltet: Luther verwirft zwar nicht die sieben S.e, aber er bestreitet die Möglichkeit, alle sieben aus der Schrift zu belegen (BoA 1, 485). Kriterium eines S.es ist seine Einsetzung durch ein Wort göttlicher Verheißung, durch das der Glaube des Empfangenden geübt werden soll; daraus folgt auch seine Heilswirksamkeit (ibid. 486). Das Zeichen allein macht noch kein S. (ibid.). Was in der Hl. Schrift von Gott gestiftet wurde, muß streng von den menschlichen Erfindungen innerhalb der Kirche unterschieden werden (ibid. 489–490). Deshalb setzt Luther gegen die kath. Siebenzahl am Anfang seiner Abhandlung die drei S.e Taufe, Buße und Abendmahl (ibid. 431), am Ende nur noch Taufe und Abendmahl (ibid. 510). Sie sind charakterisiert durch das von Gott eingesetzte Zeichen, verbunden mit dem Verheißungswort der Vergebung der Sünden. Gebet, Wortverkündigung und Kreuz (Leiden, Verfolgung) sind nur Verheißungen aber nicht Zeichen beigegeben (ibid.).

Kriterium der Austeilung des Abendmahls unter beiderlei Gestalt ist der Einsetzungsbefehl Christi, der dem Abendmahl den Charakter eines Testamentes Christi verleiht (ibid. 444). Im Glauben empfängt der Teilnehmende durch das S. die verheißene Vergebung der Sünden (ibid. 445; 449). Gegen die Lehre vom →opus operatum und das Verständnis des Abendmahlss.es als gutes Werk des Menschen betont Luther Gott als den, der durch sein Wort, das beim sakramentalen Zeichen ist, wirkt. Kriterien des Taufs.es sind die Einsetzungsworte Christi und das Zeichen der Untertauchung (ibid. 464f). Beim S. der Buße werden die Verheißungen Christi aus Mt 16,19; 18,18 und Joh 20,23 als Begründung zitiert (ibid. 478).

Wenn Luther die Firmung als S. ablehnt, dann begründet er dies mit der fehlenden Einsetzung durch Christus. Wäre eine Einsetzung allein durch die Apostel ausreichend für ein S., dann müßte auch die Predigt zum S. erhoben werden (ibid. 485). Die Ehe ist kein S., weil ihr die göttliche Verheißung und ein Zeichen fehlt (ibid. 486). Die kirchl. Weihen sind mit keiner Gnadenverheißung, ja mit keinem Wort im NT erwähnt, weshalb Luther sie nicht zu den S.en zählen kann (ibid. 497). Gegen den Ritus der →Ordination will Luther allerdings nichts einwenden, er soll jedoch nicht als göttliche Institution deklariert werden (ibid.).

Gnadenverheißungen und deshalb auch S.e können nicht von der Kirche, sondern allein von Gott gegeben werden (ibid. 498). Das Kriterium der Einsetzung eines wahren S.es durch Christus wird von Luther auch bei der letzten Ölung angewandt: Auch wenn in Jak 4,14 und 15 Verheißung und Zeichen vorliegen, besitzt Jakobus dennoch nicht die Vollmacht, ein S. zu stiften (ibid. 506).

Luther leugnet einen Unterschied zwischen den S.en des neuen und denen des alten Bundes hinsichtlich der Wirksamkeit ihrer Bedeutung: Derselbe Gott, der die Christen durch Taufe und Abendmahl rettet, machte Abel selig durch das Opfer, Noah durch den Regenbogen, Abraham durch die Beschneidung usw. (ibid. 465-466). Verschieden sind die Zeichen des AT und NT allerdings darin, daß den Zeichen des neuen Bundes die Verheißung beigefügt ist, die den Glauben fordert (ibid. 466). Im Gegensatz zur kath. Lehre stellt Luther das →Priestertum aller Gläubigen heraus, in dessen Rahmen sich der Pfarrer nur durch seinen Dienst, nicht aber generell von anderen Christen unterscheidet (ibid. 501, 505). Die Lehre vom unauslöschlichen Merkmal der Weihen wird deshalb abgelehnt. Ein Priester kann problemlos laisiert werden, wenn er seinen Dienst nicht mehr oder nicht richtig als Verkündiger des Evangeliums versieht (ibid. 500, 501, 505). Auch die Verbindlichkeit des röm. Meßkanons stellt Luther in Frage: Die Kraft des Abendmahlss.es liegt allein in den Einsetzungsworten Christi und nicht im liturg. Gesamtablauf der Messe. Auch ohne die von Menschen gemachten Riten kann der Gottesdienst gültig gefeiert werden (ibid. 443–444).

Luthers umfassende Kritik der röm.-kath. S.en-Theologie seiner Zeit hatte eine große Wirkung, sie wurde von maßgeblichen kath. Theologen seiner Zeit kritisiert. Sogar der englische König Heinrich VIII. sah sich genötigt, 1521 eine »Behauptung der sieben Sakramente« gegen Luther zu verfassen (W² 2), worauf ihm Papst Leo X. den Titel eines

»Beschützers des Glaubens« verlieh und den Lesern der Schrift zehn Jahre Ablaß versprach (W² 3). Wohl der prominenteste »Konvertit« aufgrund von Luthers Streitschrift war der spätere Reformator Johannes →Bugenhagen, ab 1521 Stadtpfarrer zu Wittenberg.

Melanchthon definiert die S.e als »Riten, die Gottes (Einsetzungs-)Befehl haben und denen eine Gnadenverheißung beigegeben ist« (BSLK 292, AC XIII, 3). Da sich Melanchthons S.sbegriff nicht auf das Zeichen als Materie, sondern als Ritus konzentriert, erkennt er Taufe, Abendmahl und Buße als die drei von Christus eingesetzten und gültigen S.e an. Die Riten haben einen effektiven Charakter, sie sind genauso wirksam wie das gepredigte Wort (ibid., AC XIII, 5). Melanchthon will sich jedoch nicht allein auf diese Begriffsbestimmung festlegen, sondern offen bleiben für einen weiteren S.sbegriff. Die Grundstruktur dieser S.sdefinition besteht aus Gottes Befehl und der beigefügten Verheißung. Da auch für Gebet, Almosen und Trübsale des Christen Aussagen in dieser Struktur in der Bibel zu finden sind, können sie auch S.e genannt werden. Theol. entscheidend ist nicht die Zahl oder der S.sbegriff, sondern daß die Kirche tut, was Gottes Auftrag und Verheißung ist (BSLK 294, AC XIII, 16-17, vgl. Loci³, 535).

Während die kath. S.entheologie bis ins 20. Jh. hinein durch die Definitionen des Lehramtes festgelegt ist, trennten sich die prot. Kirchen in der S.enfrage schon in der Reformationszeit.

Zwingli lehnt den S.sbegriff ab; er sieht Taufe und Abendmahl als Zeichen der Erinnerung an das Heil, das Christus in der Vergangenheit erworben hat und als Zeichen der Zugehörigkeit zu einer Kirche.

Calvin sieht die S.e als Bundeszeichen, die wie das Wort zur Kräftigung des Glaubens beitragen (Institutio IV, 14,6 und 11). Sie sind ein mit äußeren Zeichen bekräftigtes Zeugnis göttlicher Gnade gegen uns und zugleich Bezeugung unserer Frömmigkeit gegenüber Gott (ibid. IV, 14,1). Der Hl. Geist wirkt jedoch separat von den S.en so, daß man sein Vertrauen nicht auf diese richten darf, sondern allein auf Gott selbst (ibid. IV, 14,12), denn der Geist wirkt nur unter Beihilfe der äußeren Zeichen (ibid. IV, 14,16). Nur Taufe und Abendmahl erkennt Calvin als S.e an, denn allein Gott kann S.e stiften (ibid. IV, 19,2).

In vielfältiger und unterschiedlicher Weise werden in der Dogmatik des 20. Jh.s theol. Grundentscheidungen der Reformatoren wieder aufgenommen und variiert. Für P. →Althaus ist das S. eine Gestalt des Wortes, das sich gegenüber der mündlichen Verkündigung durch seinen Handlungscharakter auszeichnet und durch seine Objektivität den ganzen Menschen nach Seele und Leib in die Gemeinde Christi beruft (§ 55,2). K. →Barth definiert die S.e als Wahrzeichen und Siegel, die sich gegenüber dem Wort durch die Verbindung von Rede und Geschehen auszeichnen (171). G. Ebeling versteht das S.sgeschehen als besondere Weise des Wortgeschehens (217). E. Jüngel sieht Taufe und Abendmahl als die beiden Feiern des einen S.s der Kirche, welches Jesus Christus selbst ist (bei G. Koch, 102). H. →Thielicke will den S.sbegriff in strenger Fassung auf Christus selbst beschränken (342). Er betont die »Wortförmigkeit« der S.e und deutet vom Wortverständnis luth. Theologie her die ontologische Dimension der S.e neu: das Verhältnis von Göttlichem und Natürlichem im S. wird – wie in Christus selbst – nur an seinen Gaben erkannt, so daß in der Frage des Abendmahls die Gemeinschaft ev. Kirchen nicht vom Verständnis des Herrenmahles, sondern von der Einsicht in seine Heilsgabe abhängt (339, 346). Die Konsensdokumente des Ökumenischen Arbeitskreises ev. und kath. Theologen »Lehrverurteilungen – kirchentrennend?« (1986) bewerten einen Teil der gegenseitigen Verwerfungen als unzutreffend schon in ihrer damaligen hist. Situation, weitere Aspekte betreffen nicht die S.enlehre der heutigen Kirchen. Mit Hilfe hist. Analyse der S.svollzüge in Vergangenheit und Gegenwart werden »weitreichende Übereinstimmungen« in der modernen theol. Forschung festgestellt (K. Lehmann, W. Pannenberg, 88).

Eine ev. Neubesinnung auf das Wesen des S.es wird von der zutreffenden Erkenntnis Luthers ausgehen, daß der Begriff im NT das Geheimnis Christi bezeichnet (BoA 1, 487). In der ev. Lehrbildung muß er aufgrund mangelnder ntl. Fundierung nicht verwendet werden, seine Verwendung sollte wegen seiner theol. Problematik aber auch nicht gerade unter Strafe gestellt werden, wie dies in der Frühphase ev. Bekenntnisbildung gefordert wurde (Ansbacher Ratschlag von 1524, § 42). Wenn er angewandt wird, hat er seinen theol. Sinn darin, aus der Fülle der Gnadenwirkungen Gottes (Schlink 514–518) und Gebote Christi mit beigegebener Verheißung (Melanchthon) diejenigen »gottesdienstlichen« Riten hervorzuheben, die durch Christi Befehl und nicht durch die Kirche eingesetzt und von einem Verheißungswort begleitet sind (vgl. Brunstäd, 173–174). Das hist. Problem der Einsetzung der Taufe durch Christus in der neueren Forschung ist kein ausreichender Grund für das Verständnis der »Einsetzung« in einem weiteren

Sinne, der das Schriftprinzip letztlich wieder in das Traditionsprinzip (→Tradition) überführt (vgl. Ebeling, 130, 225; Thielicke, 327, 344; K. Lehmann, W. Pannenberg, 78-79). Vielmehr entzieht sich der Taufbefehl des Auferstandenen, wie seine Erscheinungen, allen hist. Analogien und ist »die naheliegendste Begründung für die sofort entstandene urchristliche Taufpraxis« (Schlink, 481). Der sakramentale Charakter der Buße kann aus Joh 20,21-23 und aus ihrem Wesen als Rückkehr zur Gnade des Taufs.s begründet werden. Die S.enlehre sollte in der Theologie nicht vor, sondern nur nach der Lehre von Taufe, Buße und Abendmahl behandelt werden. Damit soll der Gefahr begegnet werden, daß ein allgemeiner S.sbegriff die Untersuchung des bibl. Zeugnisses von Taufe, Buße und Abendmahl beeinflußt. Das S. ist effektives und sichtbares Wort (*verbum visibile*) oder »Wortzeichen«, wie Johannes →Brenz treffend formuliert hat (330,332). Das Wort wird sichtbar im Zeichen. Gegen den Mißbrauch des Visionären in der Kirche heute – aber auch schon bei Luther findet sich dieses Argument – ist festzustellen, daß die S.e als klare Erscheinungen nach dem Willen Gottes allen enthusiastischen Privatvisionen überlegen sind. Die beobachtende Teilnahme an Liturgie und S.sgottesdienst ist dem überwiegend visuell orientierten Menschen von heute eine wichtige Dimension des Zuganges zum Evangelium. Der Eindruck, den z.B. die Taufe von Erwachsenen auf Nichtchristen macht, sollte nicht nur als gefühlsmäßige Bewegtheit abgetan, sondern als pneumatische Realität verstanden werden. Bemerkt doch schon Cyrill von Jerusalem im 4. Jh. gegenüber den Täuflingen, daß »das Sehen (des Wortzeichens der Taufe) viel überzeugender ist als Hören« (s.o. I, 1).

Lit.: LThK² 9, 218–232 (Lit.); RGG³ V, 1321–1329 (Lit.); P. Althaus: Die christliche Wahrheit 2, 1948; »Der Ansbacher Evangelische Ratschlag«, in: Die Fränkischen Bekenntnisse, hg. vom Landeskirchenrat der Ev.-Luth. Kirche in Bayern, 1930, 183–322; C. K. Barrett: Church, Ministry and the Sacraments in the NT; K. Barth: Credo, ³1935; J. Brenz: Fragstück des christlichen Glaubens 1535, ThBeitr 24, 1993, 330–332; F. Brunstäd: Gesammelte Aufsätze und kleinere Schriften, 1957, 168–180; G. Ebeling: »Erwägungen zum evangelischen Sakramentsverständnis«, in: Wort Gottes und Tradition, Kirche und Konfession 7, ²1966, 217–226; R. Hempelmann: Sakrament als Ort der Vermittlung des Heils; Sakramententheologie im ev.-kath. Dialog, 1992; G. Koch: Sakramentenlehre I und II, 1991; U. Kühn: Sakramente, HST 11, 21990; K. Lehmann, W. Pannenberg (Hg.): Lehrverurteilungen – kirchentrennend? I, Rechtfertigung, Sakramente und Amt im Zeitalter der Reformation und heute, Dialog der Kirchen 4, ³1988; M. Luther: De Captivitate Babylonica Ecclesiae Praeludium, WA 6, 497–573; EA 5,16-118; BoA 1, 426–512; LuStA 2, 168–259; P. Melanchthon: Werke in Auswahl II,2, 1980; H. Ohme: Sakramente in der orthodoxen Kirche – für Evangelische erklärt, hg. von der Orthodoxie-Kommission der Ev.-Luth. Kirche in Bayern, Kirche ökumenisch 10, o.J.; E. Schlink: Ökumenische Dogmatik, ²1985; W. Schwab: Entwicklung und Gestalt der Sakramententheologie bei Martin Luther, Europäische Hochschulschriften. Theologie 79, 1977; H. Thielicke: Der Evangelische Glaube 3, 1978, § 20: G. Wenz: Einführung in die evangelische Sakramentenlehre, 1988.

J. Eber

Sakramentalien

S. sind nach kath. Lehre »heilige Zeichen, durch die in einer gewissen Nachahmung der Sakramente Wirkungen, besonders geistlicher Art, bezeichnet und kraft der Fürbitte der Kirche erlangt werden« (Codex luris Canonici (CIC) Can. 1166, vgl. die Definition des Zweiten Vatikanums in: Sacrosanctum Concilium, Art. 60, LThK² 12,63). S. werden durch die »Hl. Mutter Kirche« eingesetzt, d.h. konkret durch den Apostolischen Stuhl in Rom, der sie auch allein verbindlich auslegen, verändern oder abschaffen kann (CIC Can. 1167). Kath. Theologie unterscheidet die »konstitutive« Konsekration oder »konstitutive« Segnung von Personen und Dingen von der allgemeinen »anrufenden« Segnung von Personen und Dingen. Zu den S. zählen Weihungen, Segnungen, fürbittende Gebete und Exorzismen. Auch die geweihten Gegenstände, z.B. Weihwasser, werden oft zu den S. gerechnet.

Im →Protestantismus wird zwar nicht von S. gesprochen, der Sache nach gibt es sie jedoch in wechselnder Zahl in allen Kirchen, da Gottes freies Gnadenwirken auch außerhalb der Sakramente erwartet und erbeten werden darf, auch wenn er sich selbst in den Gnadenmitteln der →Sakramente in einzigartiger Weise und für alle Zeiten verbindlich festgelegt hat. Bibl. Grundlage aller Segens- und Fürbittehandlungen ist das Wort in 1Tim 4,4-5, das schon bei den Reformatoren angeführt wird. Im Rahmen seiner Untersuchung des sakramentalen Charakters von Firmung und letzter Ölung unterscheidet Luther diese nicht heilswirksamen »Sakramente, die wir gestiftet haben« von den durch Christus eingesetzten wahren und heilswirksamen »Sakramenten des Glaubens« (Bonner Ausgabe 1, 486; 509). Natürlich wird durch dieses Plädoyer Luthers keine Begründung für eine ev. Kräuterweihe o.ä. geliefert. Firmung und Krankensalbung sind streng auf die Person des Christen und nicht auf eine Sache bezogen; die Krankensalbung mit Fürbitte ist als apostol. Praxis belegt (Jak 5,14-15), und Handauflegungen Christi, auch bei Kindern, sind – ohne entsprechende Einsetzung – in den Evv.

bezeugt (Mk 10,13-16). Angesichts der aus der Heiligungsbewegung kommenden Segnungsgottesdienste vorwiegend charismatischer Kreise in der Gegenwart ist eine größere Vielfalt liturg. Formen und die Herausstellung der Segens- und Fürbittelemente im regulären Gottesdienst erforderlich. Gegen vorschnelle Handauflegungen ist jedoch der theol. Zusammenhang von Absage an die Sünde, Buße, Vergebung und Segenshandlung herauszustellen (1Tim 5,22; Jak 5,15).

Lit.: Agende für ev.-luth. Kirchen und Gemeinden 4, Ordination und Einsegnung, Einführungshandlungen, Einweihungshandlungen, 1986; Benediktionale [6]1987; Codex Iuris Canonici, 1983, Can. 1166–1172; Heute segnen, Werkbuch zum Benediktionale, 1987; LThK[2] 9, 233–236; M. Luther: De Captivitate Babylonica Ecclesiae Praeludium (1520) WA 6, 497–573; BoA 1, 426–512; RGG[3] V, 1318–1319.

J. Eber

Sakrileg →Religionsvergehen

Säkularismus / Säkularisierung / Säkularisation

1. Begriffsbestimmung

Der Ausdruck S. geht auf den ursprünglichen kirchenrechtlichen Terminus technicus *saecularisatio* zurück und leitet sich von lat. *saeculum* bzw. *saecularis* ab. Diese Worte haben klassisch die Bedeutung »Zeitalter«, »Generation«, »von langer Dauer«. Im Anschluß an die Verwendung der Begriffe durch Augustin wurde daraus »Welt«, »weltlich« im Gegensatz zu »geistlich«, »kirchlich«. Dieser Sprachgebrauch wurde in den entsprechenden Fachbegriffen S., Säkularisierung und Säkularisation ins Deutsche übernommen und hat im 19. und 20. Jh. eine erhebliche semantische Erweiterung erfahren. Zunächst im rechtlich-polit. Kontext verwurzelt, wird der Begriffskomplex in der Geschichtsphilosophie und -theologie aufgenommen und findet inzwischen auch in der Ethik sowie Soziologie eine breite Anwendung. Säkularisation bedeutet rechtlich den Übergang von Kirchengütern in weltlichen Besitz und darüber hinaus allg. die Verweltlichung ursprünglich rel. Vorstellungen und Handlungsweisen. Die Begriffe Säkularisierung und Säkularisation beschrieben primär den Vollzug der Loslösung von Christentum und Kirche, während mit S.mus mehr das Ergebnis des Vorgangs der Säkularisierung als Weltanschauung, die aus der Säkularisation erwachsen ist, bezeichnet wird.

2. Kirchenrechtlich

Die im »Codex Iuris Canonici«, dem röm. Kirchenrecht, vorgesehene *saecularisatio* bildet den ursprünglichen Bedeutungskern von Säkularisierung. Einem durch Gelübde gebundenen Mitglied eines Ordens kann aus gewichtigen Gründen die Befreiung von seinen klösterlichen Verpflichtungen durch den zuständigen Diözesanbischof oder den Vatikan erteilt werden. Pflichten und Rechte gegenüber der Klostergemeinschaft ruhen. Bei Rückkehr des Säkularisierten in den klösterlichen Verband hat diese(r) erneut das Noviziat und die Profeß abzulegen.

3. Politisch

Der karolingische Hausmeier Karl Martell hat im Rahmen der fränkischen Heeresreform des 8. Jh.s erstmals kirchl. Grundbesitz in erheblichem Umfang enteignet, um so die Ausrüstung und Versorgung eines geschulten Reiterheeres zu finanzieren. Nach dem →Investiturstreit zwischen Kaiser und Papst mehrten sich im 13. und 14. Jh. Stimmen, die auf Umwandlung kirchl. Gebiete an die entstehenden Territorialstaaten drängten. In Folge der →Reformation und vor allem der konfessionellen Religionskriege erfolgte ein zweiter großer Schub der Säkularisation. So fiel 1525 das Gebiet des Deutschen Ritterordens an das Herzogtum Preußen; zahlreiche Klösterbesitzungen und Bistümer gingen im Zusammenhang des →Westfälischen Friedens (1648) in das Eigentum der Fürsten bzw. an die aus der Reformation hervorgegangenen Landeskirchen über. Der riesige Finanzbedarf der absolutistisch geführten Staaten bewirkte weitere Säkularisierungen im 17. und 18. Jh. Mit der franz. Revolution (1789) wurde die Kirche in Frankreich insgesamt enteignet und somit säkularisiert. In diesem Zusammenhang tritt auch die Verschiebung des Bedeutungsgehalts von S. sehr deutlich zu Tage. Was ursprünglich die rechtlich-polit. Enteignung vom Kirchenbesitz bezeichnete, erhält jetzt die ideengeschichtl. Bedeutung der Vereinnahmung ursprünglich theol. Sachverhalte für einen weltlichen Vorstellungsbereich.

Entscheidend für die Säkularisierung in Deutschland war 1803 der Reichsdeputationshauptschluß, durch den die kath. Kirche beiderseits des Rheins vier Erzbistümer, 18 Bistümer und etwa 300 Abteien, Stifte und Klöster mit einer Gesamtfläche von über 70000 km² verlor. Die prot. Seite büßte vor allem in Preußen und Württemberg ca. 22000 km² ihres Territoriums ein. Eine radikale Säkularisierung vollzog sich in Rußland 1917 nach der bolschewistischen Oktoberrevolution und nach 1945 im sowjetischen Machtbereich Mittel- und Osteuropas.

4. Säkularisierung als geistesgeschichtlicher Prozeß

Erste Phänomene der Säkularisierung begegnen bereits in der Hochscholastik des 13. Jh.s in der Schule des Averroismus: Indem man zwischen geoffenbarter und rational einsehbarer Wahrheit unterschied und damit eine »zweifache Wahrheit« annahm, wurde die Trennung von weltlichem und theol. Bereich vorbereitet. Was theol. als wahr galt, konnte nun phil. falsch sein und umgekehrt. Diese Ansätze wurden im Nominalismus – insbes. des Wilhelm von →Ockham – systematisch weitergeführt und bereiteten den Boden für die →Renaissance und den →Humanismus vor. Die Renaissance stellte unter Berufung auf die antike vorchristl. Kultur die Fähigkeiten des selbstbewußten und selbständigen Menschen in den Mittelpunkt, und der Humanismus erhob die Entfaltung umfassender menschlicher Bildung zum Ideal. Diese geistesgeschichtl. Impulse leiteten die grundstürzende Säkularisierung der Neuzeit ein. So empfiehlt Niccolo →Machiavelli in seinem Werk »Der Fürst« die faktische Säkularisierung der polit. Ethik. Thomas →Hobbes und Hugo →Grotius begründen im 17. Jh. säkulare Staats- und Rechtsauffassungen. Im 18. Jh. setzten sich dann in der Philosophie des franz. →Rationalismus und des englischen →Deismus zunehmend religionskritische Positionen durch. Der atheistische S.mus blieb allerdings im wesentlichen auf die Bildungseliten beschränkt.

Im 19. Jh. setzte ein neuer Schub der aktuellen Säkularisierung ein, in dem die Ablösung vom Christentum zur Massenbewegung wurde. Getragen vom Hochgefühl naturwissenschaftl.-technischer Erfolge gewann im breiten Bildungsbürgertum der Fortschrittsglaube an Boden, der sich zunehmend mit einer materialistisch-positivistischen Sicht der Natur verband. Liberale Kritik an den herkömmlichen christl. Überzeugungen setzte sich allg. durch. Da die neuzeitliche Naturwissenschaft zur Industrialisierung führte, folgte die Säkularisierung der Wirtschaftsethik mit innerer Konsequenz bei Adam Smith (1723-90) in kapitalistischer und bei Karl →Marx in kommunistischer Gestalt. Die Verbindung von materialistischem Naturbild und marxistischer Sozialkritik führte schließlich zur Abwendung der Arbeiterschaft von der Kirche. Das 19. Jh. wurde so für Westeuropa zum »Jahrhundert ohne Gott«, der Glaubensabfall zur Signatur der Moderne überhaupt.

Bemerkenswert an diesem Säkularisierungsprozeß ist die ungeheure Breitenwirkung, mit der er sich in epochalen Schüben durchsetzt und durch die Verlagerung seines Zentralgebiets immer neue Lebensbereiche einbezieht: Politik, Recht, Philosophie, Naturwissenschaft und Wirtschaft werden Zug um Zug verweltlicht, bis im 20. Jh. ein nahezu gesamtgesellschaftl. Zustand agnostisch-pragmatischer Kultur erreicht ist.

5. Grundzüge des gegenwärtigen Säkularismus

a. Das Ideal der individuellen Selbstverwirklichung

Gott gilt bei L. →Feuerbach als das in den Himmel projizierte Wunschbild des Menschen, von dem sich der Mensch entfremdet habe und das er sich wieder durch die Negation Gottes aneignen müsse. Karl Marx nimmt in seiner »Einleitung« zur »Kritik der Hegelschen Rechtsphilosophie« diesen Gedanken auf und fordert, »die Wahrheit des Diesseits zu etablieren«. Damit wird die individuelle Selbstbestimmung des Menschen in bewußter Ablehnung jeder Abhängigkeit von einer göttlichen Autorität zum Prinzip der Moderne. Der neuzeitliche Subjektivismus steigert sich im Vitalismus und →Existentialismus. Der selbstbezogene Mensch orientiert seine ethischen Entscheidungen utilitaristisch an der je eigenen Befindlichkeit.

b. Die technische Verfügbarkeit der Welt

Der homo faber betrachtet die Welt als manipulierbares Material, durch das sich auch Sozialstrukturen beliebig umformen lassen. In einer ihrer Eigengesetzlichkeit unterworfenen Welt stellt sich schon strukturell die Wahrheits- und die Gottesfrage nicht mehr, da der homo artifex an die Stelle des Schöpfers tritt. Für das Handeln der breiten Masse wird die Statistik der großen Zahl zum Maßstab.

c. Der Mensch als Subjekt geschichtlichen Fortschritts

Der Mensch löst Gott als Subjekt der Geschichte ab. Aus der eschatologisch ausgerichteten Geschichtstheologie wird fortschrittsorientierte Geschichtsphilosophie (K. Löwith). Die Verlagerung des Heilsziels in die Diesseitigkeit macht den innerweltlichen Fortschritt zum Säkularisat des christl. Eschatons. Bei →Hegel – und in Umkehrung des Idealismus zum Materialismus bei Marx – wird die Geschichtswirklichkeit verabsolutiert.

d. Säkularismus als universale Emanzipation

Die radikale Loslösung der Moderne von Gott und die bewußte Transformation von Glaubensinhalten und rel. Verhaltensweisen in ausschließlich rationale Denkmuster und rein pragmatische Handlungsmaximen kennzeichnen die säkulare Kultur. Dabei erweist sich die Verknüpfung von technischer Rationalität und Fortschrittsglauben als expansive Macht einer weltumspannenden Zivilisation, die durch eine bestimmte Technik, Waren zu produzieren und Arbeit zu organisieren, ausgezeichnet ist. Ihr emanzipatorisches Symbol gegenüber jedem rel. Wahrheitsanspruch ist der Mythos von Prometheus, der sich gegen alle Götter auflehnt und behauptet.

6. Ambivalenz und Ideologisierung des Säkularismus

a. Der »unheilbar« religiöse Mensch

Der Verlust Gottes macht den säkularen Menschen zu einem *cosmic orphan*, einem »kosmischen Waisenkind«, der von der Suche nach einer letztverbindlichen Sinnbegründung nicht loskommt. Die grundlegend existentiell verankerte Gläubigkeit bleibt ungeachtet der profanen Formen ihres Ausdrucks bestehen und wird um so größer, je mehr sie ins Unterbewußte verdrängt wird. Die fatale Erhebung irdischer Dinge zu absoluten Werten kennzeichnet den quasirel. Charakter der Idolbildung. Allgemeine Gläubigkeit schlägt in Aberglaube um, der den Sinnverlust durch Astrologie, mystisch-esoterische Kulte, Okkultismus etc. zu kompensieren trachtet.

b. Das Scheitern individueller Freiheit

Die Befreiung des Menschen durch den Akt der Säkularisierung ist in doppelter Hinsicht gefährdet. Zum einen führt »das Verlangen nach einem leeren Universum, das durch ein unendlich sich ausdehnendes Ich erfüllt werden kann« (so der amerikanische Historiker J. Hitschorek) zum Solipsismus, in dem das Individuum völlig auf sich selbst geworfen ist. Der atomisierende Individualismus führt zum Verlust kultureller Identität, zur Auflösung gewachsener Sozialstrukturen, zur Aufsplitterung in diffuse ethnische und weltanschauliche Subkulturen und letztlich dem Abbau des ethischen Konsens.

Je pluralistischer sich die äußere Welt als Supermarkt der Lebensstile und Sinnvermittler darstellt, desto mehr wächst angesichts des sozialen Integrationsdefizits und der permanenten Frustrationserfahrungen das Bedürfnis nach Sinn. »Was einst Schicksal war, ist zu einer Vielfalt von Wahlen und Entscheidungen geworden«, weil sie in einer Welt »ohne Gott und ohne Propheten« (Max →Weber) durch unzureichende Plausibilitätsstrukturen gekennzeichnet sind.

Zum anderen ist die im S.mus vollzogene Emanzipation nicht nur von innen durch das sich in seiner Freiheit überfordernde Individuum bedroht, sondern auch von außen durch die Zweckrationalität und Eigendynamik der technisch-industriellen Entwicklung. Die Anpassung der Zivilisation an die exakten Naturwissenschaften lassen ein apersonales Klima entstehen, das sich in seinem deterministischen Weltverständnis totalitär auswirkt. Der technologische Fortschritt wird zum Verhängnis, weil er alle Lebensvollzüge auf die rein quantitative Dimension und deren industrielle Verwertbarkeit reduziert. Damit gerät die geschichtsphil. Leitidee des Fortschritts insgesamt in die Krise. Die Neuzeit präsentiert sich auf Dauer als bloße Zirkulation von Waren und Ideen einer entwurzelten Gesellschaft. Dieses Szenario führt letztlich nach der Profanisierung der Religion zur Säkularisierung der Politik, d. h. die säkularen Utopien entwickeln sich zu Ideologien. Sowohl die bürgerliche franz. Revolution unter Robespierre als auch die sozialistische unter Lenin sind dafür kennzeichnend.

7. Die Entstehungsbedingungen des Säkularismus als religionsgeschichtliches Problem

Sowohl Philosophen als auch Theologen haben versucht, die Entstehung des modernen S.mus aus der bibl. Überlieferung abzuleiten. Der Ursprung säkularer Trennung von profan und sakral sei auf die Unterscheidung von Schöpfer und Geschöpf zurückzuführen und damit in der schöpfungstheol. Entzauberung der Welt zu sehen. Diese führt z.B. nach Karl →Heim und Friedrich →Gogarten erst zur Freisetzung jener naturwissenschaftl. Forschung und industriellen Anwendung, die die soziologischen Voraussetzungen der Moderne konstituieren. Bezeichnend für diesen Begründungszusammenhang ist nicht zuletzt die Kapitalismustheorie Max Webers in seinem Werk »Die protestantische Ethik und der Geist des Kapitalismus« (1904/05). Weber führt die Entstehung des kapitalistischen Wirtschaftssystems maßgeblich auf die Säkularisierung der ref. Erwählungslehre zurück. Die ewige Erwählung erweise sich im wirtschaftl. Erfolg, und um diese zu bestätigen, übe der Kapitalist westeurop. und nordamerikanischer Prägung »innerweltliche Askese«. Für Karl Löwith schließlich ist im Zuge seiner S.musherleitung weniger die bibl. Konzeption der Schöpfung mit ihren technologischen und merkantilen Folgewirkungen wesentlich, sondern die christl. Eschatologie mit ihrem linear-zielgerichteten Zeitverständnis. Das bibl. Geschichtsverständnis unterscheide sich diametral von der zyklischen Zeitauffassung aller anderen Kulturen.

Diesen z.T. monokausalen Herleitungen des S.mus aus dem Christentum stehen einschränkend eine Reihe religionsphänomenologischer Beobachtungen entgegen. Zunächst hat P. Radin religionspsych. darauf verwiesen, daß sich selbst in sog. primitiven Religionen ein denkerisch veranlagter Typus finde, der sich zwar innerlich dem Anspruch der Religion zu entziehen trachtet, der sich jedoch gleichzeitig rel. Institutionen als äußerer Machtmittel zu bedienen wisse. Tor Andrae kommt mit seiner Unterscheidung zwischen individuellen und kollektiven Typen zu ähnlichen Ergebnissen bezüglich einer individuell latent vorhandenen Disposition zum S.mus.

Zudem müssen religionsgeschichtl. Beobachtungen in die S.musdiskussion einbezogen werden. So z.B. die Ausbildung einer dezidiert religionskritischen Philosophie im Bereich der vorchristl. griech. Antike. Aufklärung setzt bereits in der Homerischen Dichtung ein und nimmt beispielsweise bei Xenophanes ausgesprochen religionskritische Züge an. Der →Platonismus wird zwar selbst rel., leitet aber vom Polytheismus zur Bildungsreligion über, die im Mystizismus des →Neuplatonismus endet. Gegen K. Löwiths Metaphorik des zyklischen und linearen Zeitverständnisses wendet der Italiener S. Mazziarino ein, daß beide Anschauungen in unterschiedlich geprägten Kulturen begegnen und daß es sich bei der neuzeitlichen Fortschrittsidee um kein Säkularisat christl. Eschatologie, sondern um eine genuin eigenständige Vorstellung handle.

8. Versuche theologischer Vermittlung zwischen Christentum und Säkularismus

Vor allem die prot. Theologie hat seit der Aufklärung immer neue Versuche unternommen, den christl. Glauben dem säkularen Wahrheitsbewußtsein anzupassen. Dazu diente vor allem ein Verständnis der Reformation, das diese als Wegbereiter des S.mus interpretiert. In diesem Sinn hat F. Gogarten den Vorgang der Säkularisation als notwendige und angemessene Selbstentfaltung einer zur Weltlichkeit befreiten →Schöpfung dargestellt und diese vom negativ zu beurteilenden S.mus unterschieden. S.mus ist in Gogartens Sicht der ideologische Mißbrauch der Säkularisation, weil in diesem das Ganze der Welt vom Menschen her usurpatorisch in Anspruch genommen werde. W. Hahn und E. Schillebeeckx interpretieren den S.mus insgesamt als notwendiges Durchgangsstadium zur »Läuterung des Glaubens« bzw. zu einem Gestaltwandel, durch den der Gehalt des Glaubens nicht verändert werde. R. →Bultmann definiert das existentielle Paradoxon des Glaubens geradezu als Verwirklichung der Freiheit in der säkularen Welt. In Übereinstimmung mit Gogarten und Bultmann beschreibt der frühe K. →Barth Säkularisation als Folge des Christusereignisses, durch das der Mensch zur Selbständigkeit und Entscheidungsfreiheit gegenüber der Welt gelangt. Ziel der Barthschen Aufnahme des Säkularisierungsgedankens ist die Preisgabe der Religiosität an eine radikale Vergeschichtlichung und Verweltlichung, um damit jede Illusion zu demaskieren, menschliche Institutionen wie →Familie und →Staat könnten »verchristlicht« werden. Während allerdings bei Bultmann im Zuge der Entmythologisierung die Theologie strikt anthropologisch interpretiert wird, führt der unendliche Gegensatz zwischen Gott und Welt beim jungen Barth letztlich zur Unerfahrbarkeit Gottes und damit zu einem Wirklichkeitsverlust der Theologie, die die Welt damit ihrer Eigengesetzlichkeit preisgibt. Dies führt in einer konsequent polit. Theologie zu neuen Versuchen, die Realität einzuholen, jedoch unter Ausklammerung der verbindlichen Autorität Gottes. In diesem Sinn stellen z.B. die Entwürfe von H. Cox und D. Sölle euphorische Anpassungen an den S.mus dar, den sie als genuine Verwirklichung und Vollendung des Christentums in der Gegenwart würdigen. Angesichts dieser theol. Bemühungen um die Integration des christl. Glaubens in den Kontexten der säkularen Welt bleibt die Frage dringlich, ob sich diese heterogenen Größen tatsächlich vermitteln lassen oder ob nicht am Ende ein säkularisiertes Christentum seine Identität und Kraft verliert und damit überflüssig wird.

9. Theologische Kritik des Säkularismus und seine Überwindung

Im 20. Jh. haben vor allem K. Heim und K. →Bockmühl den S.mus als radikal antichristl. Bewegung und Geisteshaltung analysiert und zu überwinden getrachtet. Heim beschreibt den S.mus im Sinne von Jak 4,4 »als Freundschaft mit der Welt und als Feinschaft gegen Gott«. Er diagnostiziert die neuzeitliche Geistesgeschichte als apokalyptischen Prozeß der entschlossenen Abwendung von Gott, die deshalb in keinem ihrer Bezüge mit dem christl. Glauben vermittelt werden kann. Heim fordert vielmehr, dem Weltbild und Lebensentwurf des S.mus ein umfassendes bibl. Konzept des Denkens und Handelns entgegenzustellen. Hier setzte in den 60er Jahren K. Bockmühl ein, indem er den S.mus primär als praktizierten Atheismus durchschaute, der in Folge der zerbrochenen Gottesbeziehung nach Mt 24,12 jede ethische Grundlage verliert: »Weil die Ungerechtigkeit (griech. *anomia*) überhand nehmen wird, wird die Liebe in vielen erkalten.«

Dem S.mus können – so Heim und Bockmühl übereinstimmend – nicht allein und nicht zuerst rationale Argumente entgegengestellt werden. Man kann seinem Sog nur durch die innere Kraft des Gebets und der bewußten Nachfolge Jesu entsprechend der Verheißung und Mahnung Christi widerstehen: »Ich habe für dich gebeten, daß dein Glaube nicht aufhöre. Und wenn du dereinst dich bekehrst, so stärke deine Brüder« (Lk 22,32). Dies bedeutet keineswegs den Rückzug in ein frommes Ghetto oder die bürgerliche Privatisierung der Religion, sondern fordert die Bereitschaft der christl. Gemeinde, als Minderheit in einer »Welt ohne Gott« (Eph 2,12) zeugnishaft Nachfolge Jesu zu leben. Kleingruppen, die am unheiligen Ort heilig leben (Eph 4,17ff; Tit 2,12ff), werden die säkulare Gesellschaft wirkungsvoll in Frage stellen und herausfordern. Die Christen in der Diaspora der Welt wissen, daß um der Auferstehung Christi willen, »ihre Arbeit nicht vergeblich ist, in dem Herrn« (1Kor 15,58).

Lit.:H. Blumenberg: Die Legitimation der Neuzeit, 1966; K. Bockmühl: Säkularismus und christliche Glaube, Porta-Studie (8), 1985; ders.: Atheismus in der Christenheit, 1969; H. Cox: Stadt ohne Gott, 1965; F. Gogarten: Verhängnis und Hoffnung der Neuzeit, 1953; ders.: Der Mensch zwischen Gott und Welt, 1956; K. Heim: »Der Kampf gegen den Säkularismus«, in: Versöhnung und Weltvollendung (hg. v. A. Köberle), 1982; R. Hille: Das Ringen um den säkularen Menschen, 1990; K. Löwith: Weltgeschichte und Heilsgeschehen, 1953; W. Pannenberg: Christentum in einer säkularisierten Welt, 1988.

R. Hille

Salbung

1. Die antike Welt kannte S.en (bzw. Ölungen, meist Olivenöl mit Duftzusätzen) als Kostbarkeit der Körperpflege (zum Teil mehrmals täglich), vor allem beim Sport. Dazu kam die S. der Bart- und Kopfhaare zur Schönheitspflege. Da Duftmittel (neben dem Wein) als Ausdruck der Lebensfreude und Ehrung galten, wurden die Gäste gesalbt, die Bräute bei der Hochzeit mit Salbe geschmückt bzw. die Toten mit S.en geehrt usw.

2. Im Übergang zwischen diesem eher alltäglich-festlichen und dem bewußt rel. Bereich steht die S. in Krankheitsfällen. Einerseits galten Salben und Öle als Heilmittel, andererseits konnten sie rel. auch die Weihe an eine Gottheit ausdrücken bzw. (jüd.-christl.) Ausdruck des Gebetes und gleichzeitig der Kraft Gottes selbst sein (z.B. Mk 6,13; Jak 5,14).

3. So kannte die Antike auch den Gebrauch von S.en im rel. Bereich. Bei Kriegszügen wurden Fahnen und Standarten gesalbt, um sie so den Gottheiten zu weihen. Aber auch besondere Orte und Steine, denen göttliche Gegenwart zugeschrieben wurden, wurden gesalbt (vgl. 1Mo 28,28), ähnlich später Gegenstände des kultischen Gebrauches im Tempel. Ebenso wurden auch Hohepriester gereinigt und gesalbt, erhielten damit Anteil an Gottes Macht und Heiligkeit, die sie auch repräsentierten. S. als Ausdruck der Gegenwart Gottes, bes. des Kraftempfangs hat in Israel ihre besondere Ausprägung in der Geschichte Sauls und Davids gefunden (1Sam 10,1ff; 16,13), wobei bei David die S. unmittelbar mit dem Empfang des →Geistes Gottes verbunden gesehen wird. Kam der Geist (als unmittelbare Kraftwirkung) bisher bei besonderen Ereignissen über einzelne Führergestalten (Richter, Samuel, Saul), so wird er bei David nun durch die S. gleichsam zum dauernden Kennzeichen seiner Berufung: S. und Geistbesitz werden hier erstmals zusammengesehen. Der Gesalbte, der Messias, ist der Geistträger (1Sam 6,13; vgl. Jes 61,1ff). In einem eher übertragenen Sinn können dann auch Propheten als »Gesalbte« bezeichnet werden (vgl. 1Kön 19,16; Jes 61,1ff).

4. Aus der Geschichte Davids bildet sich aufgrund des Bundes Gottes mit dem Haus David (2Sam 7) die Hoffnung auf den immer neuen »Gesalbten« (also den »Messias« als königlichen Nachfolger des davidischen Hauses; zunächst Salomo), während später diese Hoffnung auf den großen kommenden Vertreter des Hauses übertragen (und am Ende wohl auch transzendiert; Dan 7,13f) wird. Die Verheißungen, die dem davidischen Haus gegeben sind, werden prophetisch erneuert und entzünden die Hoffnung auf den kommenden »Gesalbten« (vgl. z.B. Jes 9,1-6; 11,1-9 u.a.), der in Gerechtigkeit richten, das Friedensreich aufrichten und umfassende

Heilung mit sich bringen wird. Die christl. Gemeinde hat in Jesus von Nazareth diesen (davidischen) Messias erkannt und ihn gleichzeitig als Gott, der Mensch geworden ist, bekannt.

5. Es ist auffallend, daß die frühe Christenheit die Metapher der S. (und später auch die konkrete S.) bereits sehr früh übernommen hat – und zwar immer im Zusammenhang mit der Teilhabe am messianischen Geistbesitz (vgl. 2Kor 1,21; 1Joh 2,20.27). Damit verbunden war die Gewißheit, durch diese S. in der Zusammengehörigkeit mit Christus zu leben (Röm 8,15), von ihm geführt zu sein (Röm 8,14) und durch diesen Geist (und dem von ihm vermittelten inneren Wissen) Wahrheit und Lüge voneinander unterscheiden zu können (1Joh 2,20ff).

6. Schon früh scheint es auch in der Christenheit zu S.en bei der Weihe für einen besonderen Dienst gekommen zu sein. Die spätere christl. Praxis der S. geht in verschiedene Richtungen. Aufgrund von Jak 5,14 (vgl. Mk 6,13) wird die S. von Kranken zum verordneten Handeln der Kirche (→Sakrament). Als Zeichen der Übereignung in die Eigentumssphäre Gottes spielt die S. sehr früh bei der Taufe eine Rolle: einerseits als Dämonen- und Sündenabwehr, andererseits aber auch als Zeichen des mit der Taufe erwarteten Geistempfanges (später dann von der Taufe gelöst und auf die Firmung übertragen). Der Gedanke der Weihe zum Eigentum Gottes findet später seinen Ausdruck in der S. von Altären, von kultischen Geräten (Eucharistiekelchen, Glocken usw.). Ab der Karolingerzeit gehören S.en in Anlehnung an die atl. Praxis zur Krönung von Königen bzw. von Kaisern. Damit aber bildet sich gleichzeitig die S. bei der Bischofs- und Priesterweihe heraus und das Verständnis dieser S.en als sakramentale Handlungen in den kath., orthodoxen bzw. anglikanischen Kirchen.

7. Wir stehen heute vor dem Wunsch, da und dort S.en in den christl. Kirchen wieder einzuführen. Es ist dabei sorgfältig zwischen zentralen und sekundären Akzenten zu unterscheiden.

Zentral sind Übereignung des Menschen in die Hand Gottes, die bewußte betende Einbettung in Gottes Machtbereich, die Bitte um seinen Geist und die Gewißheit, als sein Eigentum von ihm geführt und bewahrt zu sein. Daß das vermehrt auch durch körperlich erfahrbaren Zuspruch (Segen, S.) geschieht, ist zu begrüßen. Auch die Bitte um seinen segnenden Zuspruch in Krankheit, Not und Schwäche gehört in diesen Bereich und bedarf der gottesdienstl. Erneuerung nach Jak 5,14 und in ökumen. Einheit mit jenen Kirchen, die z.B. Krankensalbung als Sakrament anerkennen und pflegen. Dabei ist jedoch zu fragen, ob nicht auch weitere Lebensvollzüge von Abschied, Übergang, Neuorientierung usw. (Orts- und Berufswechsel genauso wie z.B. Abschied durch Tod) in den Bereich sakramentaler Feier einzuordnen sind.

Abzuwehren dagegen sind alle person-, gegenstands- und ortsgebundenen Vollzüge, die nicht tiefer in die Abhängigkeit von Gott allein führen, sondern (z.B. durch einen besonderen Wortlaut oder Vollzug) in die Nähe magischer Praktiken geraten. Auch bei S.en geht es (wie bei Gebet und Segen) um den dreieinigen Gott, der sich in seiner ganzen Liebe uns Menschen zuwendet und uns erfahrbar begegnet. Sein Lob, seine Liebe, seine unbedingte Zuwendung sind Ziel alles christl. Handelns. Darin hat auch S. ihr einziges Ziel. Von daher ist auch ihre Praxis zu denken und zu entfalten.

W.J. Bittner

Salomo

→Israel a) geschichtlich

Salutation

Auf das →Gloria folgt in den →Agenden die sogenannte S.: ein Wechselgruß zwischen dem Liturgen und der Gemeinde: »Der Herr sei mit euch« – »und mit deinem Geist!« Die S. kommt außerdem vor dem →Sanctus und fakultativ vor →Postcommunio oder Entlassung vor.

Grußformeln mit real segnender Bedeutung gibt es in großer Zahl in der Bibel (Mt 10,12f oder Joh 20,19.21.26). Zahlreiche, in den Episteln des NT vorkommende Gruß- und Segensformeln machen es wahrscheinlich, daß liturg. Grüße schon im urchristl. Gottesdienst ihren Platz hatten, wahrscheinlich am Anfang und Ende des Gottesdienstes. Diese Grüße sind Segensworte (→Segen), die übermitteln sollen, was sie ansprechen: die Gegenwart des Herrn mit seinen Gaben, im Glauben angenommen oder aber im Unglauben zurückgewiesen. Das zeigt auch der Begriff selbst: S., lat. für »Heilsanwünschung«.

Markierte die S. anfangs das erste Auftreten des Liturgen nach Eingangspsalm des Chores und →Kyrie der Gemeinde, so lagerten sich später immer mehr Stücke vor diese S. und verdunkelten deren Sinn. Es kam auch zu einer Häufung der S.en. Liturgiereformen waren stets bemüht, die Zahl der S.en zu beschränken und ihnen dann einen sinnvollen Ort (s.o.) zuzuweisen.

Auch für einen im übrigen gebärdenarmen →Protestantismus ist der Hinweis hilfreich, daß die auf dem einfachen Versikelton gesungene S. nach altkirchl. Brauch vom Liturgen durch das grüßende Ausbreiten der Hände begleitet wird, der die Antwort der Gemeinde durch Neigen des Kopfes entgegennimmt.

Lit.: F. Kalb: Grundriß der Liturgik, [2]1982, 123f.

M. Herbst

Salvatorianer →Orden und Kongregationen

Salzburger Exulanten

1728 ging der Erzbischof von Salzburg, Leopold Anton von Firmian (1727-44) gegen die Lutheraner in seinen Gebieten vor. Darauf kam es zur Verhaftung von 35 Führern der ca. 20000 luth. Bauern, die sich den massiven Rekatholisierungsversuchen widersetzten. Die Bauern führten Beschwerde beim Corpus Evangelicorum in Regensburg und schlossen sich in einem »Letzten Ratschlag« (2Chr 13,5) am 5. 8. 1731 in Schwarzach auf der Salz zusammen. Am 11. 11. 1731 erließ der Erzbischof ein Emigrationspatent, wonach die Lutheraner als Rebellen zu betrachten seien und die Salzburger Lande zu verlassen hatten. Die Bezeichnung »Rebellen«, die nicht zutraf, ermöglichte dem Erzbischof rechtlich, die Ausweisung sämtlicher Lutheraner durchzusetzen. Trotz verschiedener Vermittlungsversuche der ev. Reichsstände sowohl beim Reichstag als auch beim Kaiser wurde der Ausweisungsbeschluß nicht zurückgenommen. Am 24. 4. 1732 verließen die meisten Lutheraner ihre Heimat. Einige Gruppen siedelten sich in ev. Gebieten Frankens und Schwabens an. Die größte geschlossene Gruppe (ca. 11000) folgten dem Ruf Friedrich Wilhelms I. von Brandenburg-Preußen. Dieser hatte am 2. 2. 1732 ein Einladungspatent an die Verfolgten erlassen und begrüßte sie im April 1732 persönlich in Potsdam. Die weitaus meisten Exulanten wurden dann im von der Pest teilweise menschenleer gewordenen Ostpreußen angesiedelt. Einige wenige gingen nach Nordamerika und gründeten die Stadt Ebenezer in Georgia.

Lit.: C. F. Arnold: Die Vertreibung der Salzburger Protestanten und ihre Aufnahme bei den Glaubensgenossen, 1900; J. K. Mayr: Die Emigration der Salzburger Protestanten 1731–1732, 1931; J. Moser: Salzburger Emigrationsacta und actenmäßiger Bericht von den geistlichen Verfolgungen ... im Erzbistum Salzburg, 1732.

H.-J. Hoeppke

Samaritaner →Israel a) geschichtlich

Sammlung um Bibel und Bekenntnis

→Kirchliche Sammlung um Bibel und Bekenntnis

Samuelisbücher →Geschichtsschreibung c) Israel

Sanctus

Nach der →Präfation wird der Abendmahlsteil des agendarischen Gottesdienstes mit dem S. fortgesetzt. Es besteht aus einem atl. und einem ntl. Zitat. Aus der Berufung des Propheten Jesaja stammt das Trishagion: »Heilig, heilig, heilig ist der Herr Zebaoth; alle Lande sind seiner Ehre voll« (Jes 6,3). An dieses eigentliche S. schließt sich sofort das Benedictus an. Es stammt aus dem Bericht über den Einzug Jesu in Jerusalem: »Hosianna in der Höhe. Gelobt sei, der da kommt im Namen des Herrn. Hosianna in der Höhe« (Mt 21,9; vgl. Ps 118,25f). Das Trishagion entstammt ursprünglich dem Gottesdienst der Synagoge (jüd. Keduscha), ist aber bald in den christl. Gottesdienst aufgenommen worden und in Verbindung mit dem Benedictus seit dem 7. Jh. Teil der Messe. Oft erheblich erweitert wurde das abendländische S. im MA fast durchweg von Chören gesungen. Luther hat das S. beibehalten, aber erst nach den Einsetzungsworten eingeordnet. Er hat obendrein ein eigenes S.-Lied verfaßt (»Jesaja dem Propheten das geschah«, EKG 135). In der →Aufklärung ging das S. wie vieles andere verloren, um erst in den Restaurationsagenden des 19. und 20. Jh.s wieder aufzutauchen, und zwar als Liedstrophe der Gemeinde (Melodie: Neuenrode 1564). Heute ist es wieder Teil des Abendmahlsgottesdienstes. Es dient der gemeinsamen Anbetung des dreieinigen Gottes. Die Gemeinde vergewissert sich des Wunders, daß der heilige unnahbare Gott sich tief herabgeneigt hat, um in Jesus Christus arm zur Welt und damit zu uns zu kommen. Sie lobt Gott mit den Worten des S., der jetzt wieder als der Heilige auf einem »Esel« einreitet, wenn er sich selbst der Gemeinde in Brot und Wein des Abendmahls schenkt.

Lit.: F. Kalb: Grundriß der Liturgik, 1982, 153f; H. Lins: »Sanctus«, in: H.C. Schmidt-Lauber, M. Seitz (Hg.): Der Gottesdienst, 1992, 190–200; W. Reindell: »Die Präfation«, in: Leiturgia II, 1955.

M. Herbst

Sängerbund, Christlicher

→Christlicher Sängerbund

Sängerbund, Evangelischer

→Evangelischer Sängerbund

Satan, Dämon, Besessenheit

I. Die Begriffe Satan/Dämon

Der hebr. Wortstamm *stn* bedeutet »anfeinden, anklagen«. S. ist der übersinnliche Widersacher Gottes und der Ankläger der Menschen (Hiob 1,6-12; 2,1-7; Sach 3,1f; 1Chr 21,1). In der griech. Übersetzung des AT (LXX) wird die Bezeichnung S. mit *diabolos* widergegeben. Das Verb *diaballo* heißt: «auseinanderbringen, anklagen, verleumden, täuschen«. Im NT wird der S. als Feind (*echtros*) Gottes und der Menschen beschrieben (Mt 13,24-30; Lk 10,19) oder als der Verführer bzw. Versucher (*peirazon;* Mt 4,3; 1Thess 3,5) oder auch als der schlechthin Böse (*poneros;* Mt 13,19; 1Joh 3,12; 5,18; Eph 6,16). Im Zusammenhang der Bezeichnung Beelzebul wird deutlich, daß S. als der Oberste im Reich der Dämonen (D.en) herrscht.

II. Das Wesen Satans (exegetische Aspekte)

1. Raub an Gottes Macht und Herrlichkeit

Bezeichnenderweise findet sich in der Bibel keine ausgeführte, systemat. Lehre über den S. bzw. die D.en. Auch wird über den Ursprung des S.s nicht spekuliert. Dennoch ergeben sich aus der Schrift Grundzüge zum Verständnis jener finsteren Mächte. Der exeget. Gesamtbefund zeigt eindeutig, daß S. und seine D.en willentlich handelnde und zudem intelligente Wesen sind, die Gott entschlossen entgegenstehen. Der S. und die D.en gehören offensichtlich zu den »Engeln, die gesündigt«, d.h. sich in Hochmut gegen Gott aufgelehnt haben (2Petr 2,4; Jud 6; →Engel).

Die Macht S.s liegt zunächst in der Verstellung und bewußten Irreführung: »Satan verstellt sich als Engel des Lichts« (2Kor 11,14). Der Prolog zum Hiobbuch macht deutlich, daß S. Zugang zur himmlischen Wirklichkeit Gottes hat (Hiob 1,6-12 und 2,1-7). Aus dieser Teilhabe an der göttlichen Welt erwächst die verführerische Kraft S.s, der sich verstellt und so den Menschen betrügt. In der Gestalt der Schlange lockt er bereits die ersten Menschen zum Unglauben und Ungehorsam gegen Gott, indem er den Willen Gottes verdreht und den Schöpfer gegenüber dem Geschöpf verleumdet (1Mo 3). Johannes charakterisiert deshalb den Teufel als Lügner (Joh 8,44). Dabei ist klar, daß die Lüge ihre Überzeugungskraft aus der Wahrheit bezieht, die in ihr steckt und die sie ins Gegenteil verkehrt. Die ntl. Bezeichnung der irdischen Manifestation des S.s, nämlich des Anti-Christen (→Antichrist), bringt die urgeschichtl. Verführung endgeschichtl. zum Ausdruck. Die griech. Vorsilbe *anti* bedeutet sowohl »gegen« als auch »anstatt«. S. stellt sich gegen Gott, indem er sich an seine Stelle zu setzen sucht; der Antichrist stellt sich gegen Christus, indem er dessen Platz beansprucht.

2. Macht der Sünde und des Todes

Auflehnung gegen Gott aber kennzeichnet das Wesen der →Sünde. Der Teufel ist deshalb nicht nur ein »Lügner von Anfang« an, sondern er »sündigt (auch) von Anfang an« (1Joh 3,8). Er bewirkt zwischen Schöpfer und Geschöpf das Zerwürfnis der Sünde. Indem S. den Menschen gottlos macht, nimmt er ihm auch das Leben. Der johanneische Hinweis, daß S. von Anfang an sündigt, weil er von Anfang an lügt, führt mithin zu der Konsequenz: Der Teufel »ist ein Mörder von Anfang an und steht nicht in der Wahrheit, denn die Wahrheit ist nicht in ihm« (Joh 8,44). Neben der subtilen Verführung der »Schlange« auf der intellektuellen und emotionalen Ebene steht die brutale Gewalt des S.s zur Vernichtung der physischen Existenz: »Der Teufel geht umher wie ein brüllender Löwe und sucht, wen er verschlinge« (1Petr 5,8). Da vom S. in einem unmittelbaren und ursprünglichen Sinn die Verführung zur Sünde ausgeht, ist die Macht des Todes seine wesensmäßige Domäne. Daß der Tod der genuine Herrschaftsbereich S.s ist, wird auch aus der Tatsache ersichtlich, daß Israel jeder Totenkult und alle okkult-spiritistische Totenbeschwörung untersagt ist (Jes 8,19). Die Totenbeschwörung Sauls in En-Dor bezeichnet den endgültigen Abfall des Königs von Gott und damit das Ende seiner Herrschaft (1Sam 28,3-25).

3. Hintergründige Macht des Götzendienstes

Der Zusammenhang von Sünde und S. ist zudem für das bibl. Verständnis der →Religionen von großer Bedeutung. Gottesdienst, Lehre und Praxis der heidnischen Religionen sind Götzendienst und geben damit Raum für dämonische Machteinflüsse. In dem Kampf der Propheten gegen den Götzendienst geht es im letzten um den Gegensatz von Gott und S., und das verleiht dieser Auseinandersetzung ihre Radikalität und Schärfe (1Kön 18). Die gesamte Eroberungsgeschichte Kanaans unter der Führung Josuas bis in die wechselvollen Geschicke der israelit. und jüd. Herrscherhäuser hinein ist geistl. vom Kampf gegen die dämonischen Einflüsse der Fremdreligionen und ihrer Kulte bestimmt; die Einführung des Höhenkultes durch Rehabeam ist dafür ein Beispiel (2Chr 11,13-16). Auch Paulus rechnet mit Dämonen, die hinter und in der Praxis heidnischer Kulte wirksam sind. Die äußeren, materialen Kultbilder des Götzendienstes sind zwar als solche nichtig, aber als Einfallstor dämonischer Mächte gefährden und verführen sie die Gemeinde (1Kor 10,19-22); vgl. auch die Auseinandersetzung des Paulus mit dem Zauberer Elymas in Zypern (Apg 13,8-12) sowie die Hinweise 2Kor 6,16 und Offb 9,20f.

4. Ankläger des Volkes Gottes

Die abgründige Verlogenheit S.s manifestiert sich in der Art, wie er mit der Sünde des verführten Menschen umgeht. Die Sünde wird unversehens zur Anklage gegen den Menschen vor Gott. S. ist der Verkläger des Gottesvolkes. Schuld vor Gott und Menschen wird zum Rechtstitel, den S. einklagt und dadurch die Verfügung über den Menschen beansprucht. Deutlich wird dieser Vorgang an der Volkszählung Davids (1Chr 21,27). Ebenso zeigt sich S. im Hiobprolog als Ankläger gegen die besten und elementarsten Interessen des Menschen (Hiob 1,1-6; 2,1-7). Diese Darstellung S.s als Ankläger gegen das Volk Gottes bzw. die Gemeinde des Christus wird in der Heiligen Schrift bis zur Johannesoffenbarung durchgezogen (Offb 12,10).

III. Macht und Ohnmacht Satans (systematisch-theologische Aspekte)

Die Existenz eines übernatürlichen, personalen Wesens, das sich gegen Gott empört, wirft notwendig die Frage nach der Gottheit Gottes auf. Dabei hält die Bibel zwei Aspekte zusammen, die im Horizont der formalen Logik nicht mehr vermittelt und in ihrer Spannung aufgelöst werden können. Einerseits ist S. eine Wirklichkeit, die gegen Gott steht und das Böse selbst verantworten muß; insofern stehen sich Gott und S. in je eigener Souveränität gegenüber. Gott hat als Schöpfer an der dämonischen Wirklichkeit weder Anteil noch Schuld. Andererseits hat der S. mitsamt seinen D.en keine göttliche Macht, sie bleiben in ihrem Wirken auf die Zulassung Gottes angewiesen; insofern ist der Teufel »Gottes Teufel«. Die Bibel lehnt damit die im persischen Dualismus begegnende Gegenüberstellung zweier gleichstarker und gleichberechtigter metaphysischer Mächte ab. Es gibt keine zwei Götter, die das gute und das böse Weltprinzip verkörpern.

1. Die Abhängigkeit Satans von Gott

In der Versuchung Jesu präsentiert sich S. Christus gegenüber zwar als Weltherrscher, aber diese Machtstellung hat er nicht aus eigenem Vermögen, sondern sie ist ihm »übergeben« (Lk 4,6). Er kann zwar gegen den Gottesknecht Hiob vorgehen, weil ihm Gott Zutritt zur himmlischen Wirklichkeit gewährt, aber Gott setzt ihm auch die unüberschreitbaren Grenzen seiner Handlungsfreiheit (Hiob 1,12; 2,6). S. wird offensichtlich von Gott in spezifischen Zusammenhängen geradezu als Exekutor göttlicher Strafgerichte gebraucht; so soll nach 1Kor 5,5 der korinthische Blutschänder »dem Satan übergeben werden zum Verderben des Fleisches, damit der Geist gerettet werde am Tage des Herrn«. Der S. hat zwar Macht, den Erdkreis zu verführen (Offb 12,9), aber Gott selbst begrenzt die Versuchung, so daß die Gemeinde sie ertragen und sich in ihr bewähren kann (1Kor 10,13). Die souveräne Überlegenheit Gottes über den S. findet in dem Hinweis der Apokalypse auf das →Tausendjährige Reich, in dem der Teufel gebunden und eingekerkert wird (Offb 20,2), eine deutliche Bestätigung.

2. Der heilsgeschichtliche Aspekt

a. Das Ringen zwischen Christus und Satan

Dem Bekenntnis zur absoluten Herrschaft Gottes über den S. steht die Tatsache gegenüber, daß S. Macht hat, sich gegen Gott aufzulehnen, wie dies kein irdisches Geschöpf tun könnte. Die Geschichte Jesu kann ohne den satanischen Gegenwillen überhaupt nicht sachgemäß verstanden werden. Die Versuchungsgeschichte zeigt die Herrschaft des S.s über die Welt. Er kann über materiellen Reichtum, Ehre und Ansehen sowie polit. Macht frei verfügen: »Ich gebe sie, wem ich will« (Lk 4,6). Darin erweist er sich als »Fürst dieser Welt« (Joh 14,30). S. hintertreibt ferner die Verkündigung Jesu, indem er das Wort aus den Herzen wegnimmt (Mk 4,16) und als Feind Unkraut zwischen den Weizen einsät (Mt 13,38f). Der Kampf zwischen Christus und S. erreicht in der Passionsgeschichte ihre äußerste

Zuspitzung und ihren heilsgeschichtl. Höhepunkt (Joh 12,31; vgl. Joh 16,11). Ziel des Weges Jesu ist die Entrechtung und die Entmächtigung Satans. Der S. verliert auf Grund der von Christus am Kreuz erworbenen →Rechtfertigung des Sünders jedes Recht, den an Christus Glaubenden weiter vor Gott anzuklagen. Christus ist Mensch geworden, »damit er durch seinen Tod die Macht nähme dem, der Gewalt über den Tod hatte, nämlich dem Teufel« (Hebr 2,14). Kreuz und Auferstehung Jesu vernichten somit das Zerstörungswerk S.s (1Joh 3,8) und schaffen Raum für eine neue Schöpfung, in der »Gerechtigkeit wohnt« (2Petr 3,13).

b. Der endzeitliche Kampf der Gemeinde Jesu Christi

Mit dem Sieg Christi über den S. ist dieser endgültig entrechtet, ist die Schuldfrage gelöst. Aber bis zur öffentlichen Erscheinung Jesu bei seiner Wiederkunft und der damit verbundenen Machtübernahme durch Christus bleibt die Machtfrage noch ungelöst. So entsteht ein Zeitraum, in dem Christus sein Evangelium verkündigen läßt und durch sein Wort seine Gemeinde aus allen Völkern sammelt. Diese Zeitspanne der Heilsgeschichte zwischen der Entrechtung und der Entmächtigung S.s hat das Ziel, den Heiden die Augen zu öffnen, »daß sie sich bekehren von der Finsternis zum Licht und von der Gewalt des Satans zu Gott« (Apg 26,18). Damit ist ein Kampf angesagt, der die gesamte Kirchengeschichte bestimmt. Es ist ein Streit gleichermaßen nach außen gegen Widerstände und Verfolgung sowie nach innen gegen Verführung und Irrlehre (Apg 4,1-22; 5,1-11; 7,1-8,25; 1Thess 2,18; Gal 1,6-10; Offb 2,9; 3,9). Offensichtlich findet der S. Anknüpfungspunkte auch bei den Christen, wie dies an Hananias und Saphira (Apg 5,39) und – schon vor der Passion – an den Jüngern Petrus (Mt 16,22f; Lk 22,31) und Judas (Lk 22,3; Joh 13,27) deutlich wird. Aus dieser Perspektive beschreibt das NT die Weltgeschichte als Fortschritt satanischer Machtentfaltung. Vor der Machtübernahme durch Christus muß das Böse ausreifen und die Gottlosigkeit ihr wahres Wesen enthüllen (2Thess 2,3). Im Antichristen als satanischem Mandatsträger auf Erden kommt auch die 1Mo 3 begonnene Sünden- und Abfallsgeschichte der Menschheit zu ihrer radikalsten Auswirkung (2Thess 2,4; vgl. Offb 13,1-8). Die Gemeinde Jesu vermag in diesem zermürbenden Kampf nur durchzuhalten, weil sie weiß, daß der Teufel »nur wenig Zeit hat« und die »Erlösung sich naht« (Lk 21,28; Röm 16,20). Das heilsgeschichtl. Ziel ist die strafende Vernichtung S.s und aller seiner D.en (Mt 25,41; Offb 20,10) sowie die Aufrichtung der Gottesherrschaft.

IV. Seelsorgerliche Orientierung (praktisch-theologische Aspekte)

Die Bibel redet über die satanische Wirklichkeit nicht, um Neugierde oder gar Nervenkitzel des Menschen zu befriedigen. Es geht vielmehr um seelsorgerl. Wegweisung durch Trost und Ermahnung. Die entscheidende Hilfe besteht im Hinweis auf Christus und sein Leiden. Er ist wie wir versucht worden und ohne Sünde geblieben, deshalb kann er allen, die versucht werden, beistehen und sie bewahren (Hebr 4,15). Der Teufel hat sein Recht an denen verloren, für die Jesus gestorben ist und die seine Vergebung in Anspruch nehmen (Offb 12,10f). Paulus weist in Eph 6,10-17 auf die geistl. Waffenrüstung hin, durch die Christen übermächtigen, weil übermenschlichen dämonischen Mächten begegnen und sie überwinden können (vgl. auch 1Petr 5,9; Jak 4,7). Der geforderte offensive Widerstand gegen den S. im Glauben nimmt je nach der praktischen Situation verschiedene Formen an. Die Gläubigen sollen dem Versucher keine Angriffsflächen bieten. So warnt Paulus vor Unversöhnlichkeit im Umgang miteinander, was den S. veranlassen könnte, die Gemeindeglieder zu »übervorteilen« (2Kor 2,11). In eine ähnliche Richtung weist die Mahnung, nicht am Zorn festzuhalten und dadurch »dem Teufel Raum zu geben« (Eph 4,27). Bedenkenswert ist auch die Nüchternheit, mit der der Apostel Eheleute vor einer übersteigerten sexuellen Askese warnt, durch die der S. die Möglichkeit zur Versuchung erhält (1Kor 7,5). Ein weiteres Einfallstor für dämonische Einflüsterungen und Verstrickungen ist der Hochmut. Dies unterstreicht Paulus in seinen Anweisungen zur Übernahme des Bischofsamtes, also einer in der Gemeinde hervorgehobenen Stellung (1Tim 3,6f). Er selbst spricht sich nicht frei von der Gefährdung, sich aufgrund besonderer Offenbarungen und Gnadenerweise zu überheben. Deshalb muß er einen »Pfahl im Fleisch« erdulden, indem ihn des »Satans Engel mit Fäusten schlagen soll« (2Kor 12,7).

V. Dämonenaustreibung als besondere Aufgabe der Seelsorge

1. Besessenheit

Die Bibel unterscheidet klar zwischen dem allg. Machtbereich S.s, als Fürst dieser Welt zu herrschen bzw. Menschen zu verführen, und dämonischer Besessenheit im speziellen Sinne. Bei Besessenheit handelt es sich um eine Art teuflischer Inspiration; sie ist das satanische Gegenteil zu der tiefen Gemeinschaft Christi mit den Gliedern seines Leibes und der Inspiration durch den Heiligen Geist. Im dämonisch Besessenen wirkt ein fremder, satanischer Wille. Dieser satanische Wille bestimmt dann das Handeln des betreffenden Menschen. Ein erschütterndes Beispiel solcher Besessenheit ist die satanische Eingebung an Judas Iskariot, Jesus zu verraten (Joh 13,2). In den synoptischen Evv. begegnen mehrfach Hinweise auf Besessene, deren Situation eindeutig von Krankheit im allg. Sinn (→Gesundheit) unterschieden wird (Mt 4,24). Die Zustände und die Intensität dämonischer Bindung und Einwirkungen können im Leben eines Besessenen schwanken. In jedem Fall wirken sie sich auf den Betroffenen und seine Umgebung verheerend aus (Mk 9,18; Lk 8,26-34). Die völlige Fremdbestimmung durch die D.en wird an Anomalitäten ersichtlich; so reden z.B. aus dem Gequälten fremde Stimmen (Lk 8,30f). Wer mit der Gefahr dämonischer Besessenheit spielt, kommt darin um. Deshalb verbietet Gott schon im AT strikt jede okkulte oder spiritistische Praxis (3Mo 20,627). Weil gerade im rel. Bereich viele Kraftwirkungen von Geistern bezeugt werden, ist die Unterscheidung der Geister notwendig, die sich am Bekenntnis zur uneingeschränkten Herrschaft Jesu Christi festmachen läßt (1Kor 12,1-3; 1Joh 2,18-29).

2. Dämonenaustreibung

Exorzismus (Dämonenaustreibung) ist keine menschliche Möglichkeit, da die Macht der D.en über das menschliche Vermögen weit hinausgeht. Den Starken kann nur der Stärkere binden (Lk 11,21f). Damit ist die Frage nach der →Vollmacht gestellt. Jesus erweist sich durch seine Vollmacht, D.en auszutreiben, als Herr über den S. (Mt 19,8; Mk 6,13; Lk 13,1632; Apg 8,7; 19,12). Aus sich heraus sind die Jünger ohnmächtig und unfähig (Mk 9,18). Jeder nur menschliche Versuch, D.en zu überwinden, scheitert und endet im Chaos. Der Exorzist wird selbst zum Besessenen (Apg 9,13-17). Deshalb ist auch die Warnung des Paulus wichtig, mit Götzen und bösen Geistern nicht leichtfertig umzugehen (1Kor 10,22). D.en auszutreiben erfordert vielmehr eine bes. Berufung und Bevollmächtigung durch Christus (Lk 9,1; 10,17). Soll ein Mensch wirklich von Besessenheit befreit werden, so genügt es schließlich seitens des Besessenen nicht, »leer zu sein« (Mt 12,44f). Das entstehende geistl. Vakuum muß vielmehr durch einen grundlegenden Herrschaftswechsel unter der guten Führung Christi überwunden werden. Der Heilige Geist kann allein die Leere und das Chaos, das die D.en zurücklassen, ausfüllen und von Gott her gestalten.

VI. Biblischer Realismus angesichts des neuerwachten Okkultismus (apologetischer Aspekt)

Die europ. →Aufklärung hat mit dem antiken Dämonenglauben und dem mittelalterl. Hexenwahn radikal aufgeräumt, indem sie jede Rede von S. und den D.en als »mythologisch« abgetan hat. Soweit es durch Jahrhunderte der Kirchengeschichte hindurch schlimme Verirrungen und Entgleisungen gegeben hat, die nicht an bibl. Maßstäben orientiert waren, ist die Kritik berechtigt und notwendig gewesen. Andererseits zeigt nicht zuletzt die Geschichte des 20. Jh.s, daß die tiefen Abgründe der Sünde und des Bösen ohne Verständnis des satanischen Hintergrundes gefährlich verharmlost werden. Die aufgeklärten Reduktionen auf »den liebenden Vater im Himmel«, »den unendlichen Wert der Menschenseele« und »die vorbildliche Humanität Jesu von Nazareth« berauben die bibl. Botschaft einer wesentlichen Tiefendimension. Die Ungeheuerlichkeit des Kampfes Christi mit dem satanischen Gegenspieler und die Abgründe des apokalyptischen Ringens, in dem die Gemeinde Jesu steht, werden nicht mehr wahrgenommen. Der aufgeklärte Spott über Teufel und D.en hat dem Glauben an Gottes Macht den letzten Ernst genommen und dadurch ein Vakuum erzeugt, in das der Aberglaube einströmt. Dieser ist aber kein harmloses Spiel, sondern ein äußerst bedrohliches Einfallstor für Okkultismus und Spiritismus mit allen furchtbaren Folgen der Besessenheit. Kraft zur Überwindung des Bösen und zur Abkehr vom »Teufel und allen seinen Werken« ist nur durch bibl. Realismus möglich. Solcher Realismus weiß um die Existenz und Macht des S.s und stellt sich deshalb bewußt unter die Herrschaft Christi.

Lit.: exeget.: E. Achilles, L. Coenen: »Böse«, TBLNT I, [4]1986, 137-142; H. Bietenhard, L. Coenen: »Dämon«, ibid, 166–171; H. Bietenhard: »Satan«, TBLNT II, [4]1986, 1057–1064;

kirchen- und theologiegeschichtl.: G. Tavard: »Dämonen V. kirchengeschichtlich«, TRE 8, 1981, 286–300;

syst.-theol.: K. Heim: Jesus der Herr, [5]1977; ders.: Jesus der Weltvollender, 1985; O. Michel: Gestaltwandel des Bösen, 1975;

prakt.-theol.: K. Koch: Seelsorge und Okkultismus, [26]1985.

R. Hille

Satanismus und Hexenkult

1. Satanismus

Unter »Satanismus« wird ein System anti-christl., blasphemischer Lehren und Praktiken verstanden. Im Hinblick auf seine gegenwärtige Form (Neo-S.) müssen zwei Erscheinungsweisen unterschieden werden:

– Der organisierte S. umfaßt eine Reihe von geheimen Gruppen und Logen, deren Mitglieder sich an den entsprechenden Vorstellungen ihrer Gründer bzw. prägenden Gestalten orientieren. Zu diesem Bereich gehören etwa der Engländer Aleister Crowley (1875–1947) und der »Ordo Templi Orientis« (Orientalischer Templer-Orden) sowie der Amerikaner Anton Szandor LaVey (Howard Levy, geb. 1930) und die von ihm 1966 gegründete »Erste Kirche Satans«.

– Der nicht organisierte S. könnte als eine Art Subkultur bezeichnet werden, in der überwiegend Jugendliche ihren Protest gegen Familie, Gesellschaft und Kirche zum Ausdruck bringen wollen. Dabei benutzen sie häufig »satanische« Texte und Symbole der »Black Metal«-Musik.

Beide Arten des S. verwenden die für sie charakteristischen Kennzeichen: das gedrehte Kreuz, das auf der Spitze stehende Pentagramm (Fünfzack) und die Zahl »666« (Offb 13).

Im S. geht es in erster Linie nicht um »Satan« (Teufel), also die Verehrung einer Satansgestalt, sondern um den Menschen. Dieser wird als autonomes, d.h. keinen von außen kommenden Gesetzen, Geboten oder ethischen Normen unterliegendes und somit einen vergöttlichten Status beanspruchendes Wesen propagiert. Crowley: »Es gibt keinen Gott außer dem Menschen«; und: »Tue was du willst soll sein dein ganzes Gesetz!«. Im Konkreten bietet der S. unter anderem »Genuß« statt »Askese« und »Macht« statt »die andere Wange hinhalten«. Dafür gilt »Satan« als Symbol. Die Inhalte solcher Überzeugungen sollen durch sexual-magische und satanistische Rituale (Schwarze Messen/Tieropfer) »erfahrbar« gemacht werden.

2. Hexenkult

Das neuzeitliche, nur in westl. Ländern verbreitete Hexenwesen versteht sich als ein aus archaischen Quellen gespeister Natur-Kult. Die nach dem Zweiten Weltkrieg in England entstandene »Wicca«-Bewegung (*wicce,* altengl. für *witch,* »Hexe«) wurde in den 60er Jahren durch die von Gerald B. Gardner (1884–1964) und Alex Sanders (1916–1988) entwickelten Rituale geprägt. Dabei geht es um die zeremonielle Verehrung des »Gehörnten Gottes« (nicht Satan) und der »Großen Göttin«, die jeweils das männliche und weibliche Prinzip im Naturgeschehen symbolisieren. Dem »Gehörnten« sind im Jahreslauf die »Sommerfeste« und der »Göttin« die »Mondfeste« im Monat gewidmet. Die Anhänger des organisierten H.s gehören meist zu einem örtlichen »Coven« (wörtl. »Höhle«), der aus 13 Mitgliedern besteht.

Lit.: J. Dvorak: Satanismus, 1991; G. Graichen: Die Neuen Hexen, 1986; R. Hauth: Hexen-Gurus-Seelenfänger, 1994; B. Wenisch: Satanismus, 1988.

R. Hauth

Satisfaktionslehre →Versöhnung

Sauer, Erich (1898–1959)

S., geb. am 31. 12. 1898 in Berlin, gest. am 25. 2. 1959 in Wiedenest, Studium von Geschichte, Englisch, Theologie, Philosophie an der Universität

Berlin. Ab 1920 theol. Mitarbeiter, von 1937–1959 Studienleiter der Bibelschule →Wiedenest. Prägende geistl. Eindrücke durch die Christliche Gemeinschaft Berlin (Offene Brüder, →Versammlung). Unmittelbar nach seiner Hinwendung zu

Christus ist er in der Gemeindearbeit (Kinder-, Jugendarbeit, Stadtmission) aktiv. Nach intensivem Studium verordnet der Arzt den Abbruch wegen eines angeborenen Augenleidens. Während eines Erholungsaufenthalts in Wiedenest findet er dort den Wirkungskreis seines Lebens. Trotz seiner Behinderung treibt er unermüdliches Schriftstudium und entwickelt eine ausgedehnte Lehrtätigkeit in Wiedenest, im In- und Ausland (Vortragsreisen und Bibelwochen in West- und Osteuropa, Nordamerika). Vielfältige Begegnung mit Christen verschiedener Gemeindeprägung, u.a. durch Mitarbeit in der Ev. →Allianz, führte zu einer Schau für die weltweite Gemeinde Gottes und die Größe des Reiches Gottes. Er entwickelte einen scharfen Blick für die Proportionen bibl. Aussagen und legte sich nicht einseitig auf Teilwahrheiten fest. Durch seine Lehrtätigkeit und in seinen Werken vermittelte er einen klaren und systematisch durchdachten Überblick über die →Heilsgeschichte der Bibel, das Thema, das ihn vor allem beschäftigte und weshalb man ihn einen »Haushalter der Geheimnisse Gottes« nannte. Seine Hauptwerke sind in fast alle west- und osteurop. Sprachen übersetzt und in zahlreichen Auflagen erschienen.

Lit.: E.Sauer: Das Morgenrot der Welterlösung, [6]1976; Der König der Erde, [2]1978; Der Triumph des Gekreuzigten, [11]1983; Gott, Menschheit und Ewigkeit, [3]1980; In der Kampfbahn des Glaubens, 1952; Es geht um den ewigen Siegeskranz, 1955; Vom Adel des Menschen, 1959.

U. Sauer

Säuglingstaufe →Taufe

Savonarola, Girolamo (1452–1498)

S., geb. am 21. 9. 1452 in Ferrara, gest. am 23. 5. 1498 in Florenz, seit 1474 Dominikanermönch, 1491 Prior an San Marco in Florenz, gilt als einer der gewaltigsten Bußprediger der christl. Kirche; seit 1494 begann seine polit. Karriere, indem er über eine »demokratische Verfassung auf religiöser Basis« die Sittenlosigkeit der Florenzer Bürger und bes. des Klerus zu bekämpfen versuchte. Seine Gegner erreichten beim Papst ein Predigtverbot und eine Verzichtserklärung auf Reformen, 1497 die päpstliche Exkommunikation. Über gefälschte Geständnisse wurde er als Ketzer und Verächter des Heiligen Stuhles verurteilt und 1498 gehängt. S. hat nicht die Kirche und ihre Lehre bekämpft, sondern vornehmlich die Sittenlosigkeit des Klerus und der übrigen Christen; »Vorreformator« war er sicherlich nicht. Auch in der kath. Kirche ist seine Beurteilung (Heiliger oder Ketzer?) bis in die Gegenwart hinein umstritten.

Lit.: H.R. Haller: Der Prophet von Florenz, 1935; J. Schnitzer: Savonarola im Streit mit seinem Orden, 1914; ders.: Savonarola, 2 Bde., 1924; N. Sementovsky, S. Kurilo: Revolutionär, Ketzer oder Prophet?, 1950.

G. Ruhbach

Schaden, Emil August von (1814–1852)

S., geb. am 25. 9. 1814 in München, gest. am 13. 7. 1852 in Nürnberg (Gehirntumor). Bereits als Schüler fand er zu einer lebendigen christl. Frömmigkeit. Seit 1834 studierte S. in München Philosophie, vor allem bei →Schelling (der gerade seine »Philosophie der Offenbarung« las) und G.H. →Schubert. 1835 begann S. mit dem Jurastudium in Berlin beidem bedeutenden Gelehrten und Begründer des Rechtspositivismus F.C.v. Savigny (1799–1861), hörte aber auch Vorlesungen bei →Steffens, A. →Neander und dem Historiker L. v. →Ranke (1795–1886). 1836 setzte er zunächst sein Jurastudium in München fort, wechselte aber bald ganz zur Philosophie über, außer bei Schelling (auf dessen Anregung hin er sich intensiv in die Schriften →Hamanns einlas) jetzt auch bei →Baader. 1838 Abschluß des Studiums mit der Promotion zum Dr. phil. in München und Habilitation in Erlangen. 1839 Verheiratung mit der Schwester seines Freundes →Thiersch, 1846 ao. Prof., 1849 o. Prof. der Philosophie in Erlangen.

Als Schüler des späten Schelling versuchte S. den christl. Glauben naturphil. gegen den Atheismus (→Feuerbach) zu verteidigen und spekulativ ein vom christl. Glauben bestimmtes, alle positive wissenschaftl. Naturerkenntnis einbeziehendes weltanschauliches System zu entwickeln (vor allem in »Orion« als erstem und einzigem Band eines auf viele Bände geplanten Werks). Während seine literarischen Arbeiten auf wenig positives Echo stießen, wirkte er nachhaltig als Dozent und zog vor allem auch Theologiestudenten in den Bann seiner begeisterten Rede und seiner Persönlichkeit (u.a. →Culmann, →Fabri).

Lit.: E. A. v. Schaden: Über das natürliche Prinzip der Sprache, 1838; System der positiven Logik, 1841; Über den Begriff der Kirche, 1841; Orion oder über den Bau des Himmels, 1842; Antwort auf den Angriff eines Herrn E. Apelt, 1843; Vorlesungen über akademisches Leben und Studium, 1845; Über den Gegensatz des theistischen und pantheistischen Standpunkts (gegen Feuerbach), 1848; Über die Hauptfrage der Psychologie, 1849; Vorwort zur Ausgabe der Jugendtagebücher Franz von Baaders: Sämmtliche Werke Bd. 11, 1850, VII-XLIV.

K. Gründer: Geschichte der Deutungen (Hamanns), 1956, 42f; H.W.J. Thiersch (Hg.): Erinnerung an Emil August von Schaden, 1853 (mit Arbeiten aus dem Nachlaß Schadens).

H. Burkhardt

Schaeder, Erich (1861–1936)

S., geb. am 22. 12. 1861 in Clausthal, gest. am 19. 2. 1936 in Breslau, Schüler von H. →Cremer, 1891 Habilitation in Greifswald, 1894 ao. Prof. in Königsberg, 1895 in Göttingen, 1899 o. Prof. in Kiel, seit 1918 bis zur Emeritierung 1929 in Breslau. Bekannt wurde S. vor allem durch sein zweibändiges Hauptwerk »Theozentrische Theologie« (1909/14), in dem er, in gewisser Parallele zur →Dialektischen Theologie und sie vorwegnehmend, den anthropozentrischen bzw. soteriozentrischen Grundzug der prot. Theologie seit →Schleiermacher einer eindringlichen Kritik von einem offenbarungstheol. Standpunkt aus unterzog und die Majestät und Souveränität Gottes in der Gotteslehre neu zur Geltung zu bringen versuchte. Bezeichnend ist seine Aussage zur Weltmission: sie sei »im tiefsten Sinne nicht Menschenrettung ..., sondern Aufrichtung des Königtums Gottes in der Welt, welches allerdings diese Rettung einschließt« (Theozentrische Theologie Bd. 11, 114). In den späteren Auflagen sind auch K. →Heim und K. →Barth in die Kritik einbezogen. In seinem pneumatologischen Entwurf »Das Geistproblem der Theologie« (1924) versucht S. eine bibl. Überwindung der Spannung von Objektivismus und Subjektivismus in der Theologie.

Lit.: E. Schaeder: Das Evangelium Jesu und das Evangelium von Jesus, 1905; Aus Theologie und Leben. Vorträge, 1913; Theozentrische Theologie, Bd. 1 1909, ³1925; Bd. 2 1914, ²1928; Das Geistproblem in der Theologie, 1924; Das Wort Gottes. Eine systematische Untersuchung, 1930.

H. Burkhardt

Schaeffer, Francis August (1912–1984)

S., geboren in Germantown, Pennsylvanien/USA, galt als einer der profiliertesten Apologeten der evangelikalen Bewegung. Nach seinem Theologiestudium am fundamentalistischen Westminster Theological Seminary wurde er Pastor einer Bible Presbyterian Church in den USA. 1948 ging er als Missionar in die Schweiz und half beim Aufbau des International Council of Christian Churches (ICCC). 1955 gründete er in Huémoz die Gemeinschaft L'Abri, ein internationales christl. Studienzentrum zur Kulturanalyse der modernen Zeit. S. öffnete sein Zentrum für Studenten und Suchende, die eine Antwort auf die letzten Fragen der Menschheit suchten. Später entstanden Zweiginstitute in England, Frankreich, den Niederlanden und den USA.

Entscheidenden Einfluß übte S. durch seine Schriften aus. Den Zerfall der westlichen Welt führt er auf die Ablehnung der bibl. Welt- und Menschensicht seit der Aufklärung zurück. Die Betonung von Natur über Gnade und die Absolutsetzung der autonomen →Vernunft habe die moderne säkularisierte Kultur hervorgebracht. Die Natur begann seit der Renaissance »die Gnade aufzuzehren«. Glaube und Vernunft traten auseinander, der christl. Glaube wurde auf ein geschichtsloses Nebengleis in höherer Dimension entrückt. Intellektuelle und moralische Absoluta seien seit Hegels Dialektik aufgegeben worden. Da eine relative Wahrheit jedoch die menschliche Seele nicht befriedigen könne, habe man seit →Kierkegaard die Vernunft preisgegeben und sich dem →Relativismus, →Existentialismus und östlichen Mystizismus hingegeben.

In späteren Werken hat S. immer wieder auf die Konsequenzen der Ablehnung absoluter Werte hingewiesen. Auf polit. Ebene könne ohne die reformat. Einheit von Autorität und Freiheit nur Anarchie oder Diktatur entstehen. Die Preisgabe des bibl. Ethos zugunsten einer Mehrheitsmeinung und die Abwendung von der bibl. Anthropologie führe zur Degradierung des Menschen und konsequent zu →Abtreibung und →Euthanasie. Den Ausweg aus dem kulturellen Dilemma der Neuzeit sah S. allein in einer Hinwendung zur Irrtumslosigkeit der Bibel und im öffentlichen Protest gegen das Böse in der Gesellschaft. Daraus resultierte auch sein Protest gegen die Abtreibungen in den USA. Die Evangelikalen warnte er in seinem Vermächtnis vor einer Akkomodation an den Zeitgeist (Die große Anpassung, 1988), wie sie sich in den Bereichen Ökumene, Bibelkritik und →Feminismus zeigen würde. Christus müsse der uneingeschränkte Herr aller Lebensbereiche bleiben. S.s Bücher wurden weltweit in drei Mio. Exemplaren verbreitet. Zwei mit seinem Sohn produzierte Filmreihen über die Diagnose der modernen Kultur vertieften seinen Einfluß auf den amerikanischen Kontinent. Von Fachleuten wurden seine Argumente häufig als zu oberflächlich kritisiert, seine grundlegenden Einsichten fanden jedoch viel Zustimmung in evangelikalen Kreisen.

Lit.: F. A. Schaeffer: The Complete Works of Francis A. Schaeffer: A Christian World View, 5 Bde., 1982; ders.: Gott ist keine Illusion, 1971; ders.: Preisgabe der Vernunft, 1970, [5]1985; ders.: ... und er schweigt nicht, 1975; ders.: Wie können wir denn leben?, 1977; ders.: Die große Anpassung, 1988;

L. T. Dennies (Hg.): Francis A. Schaeffer: Portraits of the Man and His Work, 1986; T. V. Morris: Francis Schaeffer's Apologetics: A Critique, 1987; L. G. Parkhurst: Francis Schaeffer: Der Mann und seine Botschaft, 1985.

St. Holthaus

Scham

Wie entwicklungspsych. Beobachtungen belegen, gehört das S.gefühl zur gesunden seelischen Anatomie des Menschen. Es ist weder Erziehungsprodukt noch kulturbedingtes Dressat, sondern gehört zu seiner angeborenen spezifischen Grundausstattung. Der Entfaltungsprozeß des S.gefühls entspricht der Zunahme des Ich-Bewußtseins und ist somit direkt an die Entwicklung der Persönlichkeit gebunden. Wenn auch beschämende Auslöser kulturbedingt eine breite Variabilität haben und durchaus manipulierbar sind, so kennen sie doch eine innere Gemeinsamkeit: Sie legen subjektiv erlebte Schwächen und Unzulänglichkeiten offen oder machen Fehlerhaftes publik und werden darum als aggressiver, verletzender Angriff auf die persönliche Würde empfunden. Darum ist die S. als Reaktion derartiger Angriffe als seelischer Schutzmechanismus zu verstehen, der die Persönlichkeit vor Verletzungen der Selbstachtung zu bewahren sucht, indem sie individuelle Makel verhüllt, verbirgt und schützend abschirmt. Diese Funktion allein auf Nacktheit und Sexualität begrenzen zu wollen bedeutet, sie unsachgemäß einzuengen. Vielmehr greift dieser Schutzmechanismus ebenso bei körperlichen Defekten, seelischen Mängeln oder charakterlichen Defiziten. Als an das Gewissen gebundene Instanz fungiert das S.gefühl auch zur Verhüllung des Bösen, so daß der Mensch sich seiner bösen Gedanken, Worte und Taten zu schämen vermag. Vegetative und reaktive Begleitmuster der S. sind denen der Angst ähnlich: Das Herz beginnt zu pochen, der Blutdruck steigt und treibt die S.röte ins Gesicht, die Haut beginnt zu brennen, während die Augen sich senken, der Mensch das Gesicht abwendet oder es mit den Händen verdeckt.

Die Bibel skizziert die Entstehung des S.gefühls und legt zunächst dar, daß es in der Urbeziehung Gottes zu den Menschen absolut fremd war (1Mo 2,25). Erst nachdem die Menschen die paradiesisch-unschuldige Harmonie mit ihrem Schöpfer durch mißtrauisches Aufbegehren zerbrachen, begannen sie, sich beschämt zu verstecken (1Mo 3,8). Sie waren unversehens in die Sphäre des Wissens um Gut und Böse gekommen, die aber zugleich auch die Sphäre von Schuld und Sünde ist. Ihre nun wahrgenommene Unvollkommenheit und Verwundbarkeit verhüllten sie schamhaft, indem sie ihre Nacktheit dürftig mit Feigenblättern bedeckten (1Mo 3,7). So trug auch Gott dem nun nötig gewordenen Schutzmechanismus menschlicher S. Rechnung, indem er ihnen Kleider aus Fellen machte (1Mo 3,21).

Lit.: Chr. Meves: Plädoyer für das Schamgefühl, 1983; H. Remplein: Psychologie der Persönlichkeit, 1967.

H. Krüger

Schamanismus

In der Sprache der Tungusen ist ein Schamane ein rel. Spezialist, der in Trance Beziehung zu den Geistern aufnimmt. S. ist vor allem in Nordasien, abgewandelt in vielen Völkern zu finden. Es ist üblich, aber ungenau, alle Formen rel. Ekstase S. zu nennen.

Die Trance des Schamanen ist sehr tief. Die Initiationstrance wird als ein Vorgang verstanden, bei dem der Leib zerstückelt, gereinigt und neu zusammengesetzt wird: Der Schamane ist nach oft langer Krise ein neuer Mensch. Anders als ein Kultmedium z.B. bei Umbanda wird er nicht von einem Ranghöheren überwacht und lediglich als Werkzeug (»Pferd«) des Geistes angesehen. Er hat selbst Zugang zu den Geistern. Seine Trance wird als Reise oder Flug in die Ober- und Unterwelt verstanden. Seine Seele geht in den Bereich der Geister; bei Medien wird die Trance umgekehrt verstanden: Der Geist bemächtigt sich des Menschen, dieser weiß oft hernach gar nicht, was sein Leib getan hat. Allerdings gibt es Mischformen, auch echte Schamanen können als Werkzeug eines Geistes handeln.

Zum Schamanen gehört eine Berufung durch einen Schutzgeist, also eine erste Vision; eine Einübung in sein Amt durch einen erfahrenen Schamanen; eine Anerkennung der Gemeinschaft, in der er als Heiler, Exorzist, Orakel, Totenführer und Zeremonienmeister tätig wird. Er ist Spezialist und Autorität seiner Gemeinschaft für die Bewältigung von Krisen durch rel. Intervention. Er ist auch Träger der rel. Tradition, die er aber abwandeln und weiterentwickeln wird.

Anders als der Priester, der Mönch, der Schriftgelehrte ist der Schamane nicht stetig tätig, sondern nur zeitweilig. Seine Tätigkeit hat feste Formen, Spontaneität und Neuerungen finden eng begrenzten Raum. Die Trance wird durch bestimmte Stimuli angebahnt, wozu meist Rhythmusinstrumente, Tanz, Fasten/Diät gehören. Die Stimuli werden aber als rituelle Symbolhandlung verstanden: Nicht eine besondere Fähigkeit des Menschen soll ausgelöst, sondern die Hilfe aus der Welt der Geister gewonnen werden. Der Schamane dient der Gemeinschaft, macht ihre Krisen zu seiner Aufgabe, hilft ihr Leben zu stärken, zu sichern, zu ordnen; so kann er auch auf Anerkennung und Gehorsam rechnen. Er ist kein Zauberer, wirkt nicht im Geheimen oder privat, nicht durch Zufügung von Schaden. Die Glaubenswelt schamanistischer Völker ist von einer Vielzahl jenseitiger Kraftwesen bestimmt, deren Wirken auf die Menschen ohne den Dienst des Schamanen rätselhaft und bedrohlich bleiben.

Einige Schamanen haben die Botschaft des Evangeliums als eine neue, andere und stärkere Kraft erfahren und anerkannt. In schamanischen Kulturen haben Menschen eine Berufung zu Christus in schamanistischer Form erfahren und sind dann als direkt beauftragte Verkünder und Heiler aufgetreten, ihr Dienst gilt aber der neuen Botschaft.

Lit.: C. M. Edsman (Hg.): Studies in Schamanism, 1967; M. Eliade: Schamanismus und archaische Ekstasetechnik, ²1980; H. Findeisen: Schamanentum, 1957; H. Kalweit: Traumzeit und innerer Raum. Die Welt des Schamanen, 1984.

N.-P. Moritzen

Schartau, Henrik (1757–1825)

S., geb. am 27. 9. 1757 in Malmö, gest. am 2. 2. 1825 in Lund, wo er seit 1785 Prediger an der Domkirche war, seit 1800 daneben Distriktspropst, darf als einer der bedeutendsten schwedischen Erweckungsprediger gelten. Beeinflußt u.a. von →Luther, →Arndt, →Scriver, →Bengel und →Roos, verband er das luth. Bekenntnis mit dem Glaubenszeugnis des dt. Pietismus. Bestimmend für seine Theologie wurde die Lehre von der →Heilsordnung (*ordo salutis*). Er entwickelte sie weiter und legte sie seinen »erwecklichen« und »seelenführenden« Predigten zugrunde. Seine »Wirkungsgeschichte« reicht bis heute (vgl. z.B. Bo Giertz, Mit der Kirche leben. Christlicher Glaube in der Praxis, ²1988).

Lit.: H. Schartau: Stadien des Heilswegs, 10 Predigten über die Heilsordnung, ²1979; zur Rezeption vgl. B. Giertz: Und etliches fiel auf den Fels, ⁴1994, bes. 172ff.

P. Breymaier

Schau Gottes (Visio Dei)

Die S. G. begleitet die Offenbarung Gottes im bibl. Zeugnis. Sie bleibt außerordentliches Ereignis, unverfügbar, nur unvollkommen, wenn überhaupt, beschreibbar. Im AT wie im NT umfaßt die S. G. sich ausschließende Gegensätze. Grundüberzeugung im Alten Bund ist: Wer Gott sieht, muß sterben (2Mo 33). Jesaja fürchtet als Sünder nach seiner Vision Gottes den Tod (Kap. 6). Und doch spricht Gott mit Mose wie mit einem Freund (2Mo 33) und läßt Hesekiel seine Herrlichkeit schauen (Hes 2). – Im NT ist der Kontrast nicht weniger groß: Gott wohnt in unzugänglichem Licht, für keinen sichtbar (1Tim 6), wir leben nicht im Schauen (2Kor 5). Und doch ist Gott in Christus sichtbar (Joh 12), seine Herrlichkeit leuchtet auf in Christus (2Kor 4).

In der christl. Mystik ist S. G. Erfahrung unvermittelter Gottesbegegnung, Gnadengeschenk, Gebetsfrucht. Die S. G. ist sicher viel öfter erfahren als von ihr berichtet wurde. Ob als ekstatisches Erlebnis unter Ausschaltung des Wachbewußtseins wie bei →Paulus (2Kor 12) oder als Gespräch mit einem Freund wie bei →Teresa v. Avila, immer ist ihr göttl. Ursprung und ihre Christusbezogenheit gewiß.

Die Verbindung mit Christus zeigt sich vor allem im Leiden. Die Lichterfahrung der Gottesschau ist in der Regel von Strecken der Dunkelheit umgeben. Die besondere Gottesnähe der S. G. bleibt verbunden mit tiefen Leidenserfahrungen, von Paulus (»Pfahl im Fleisch«) bis zur kleinen Therese von Lisieux (→Theresia von Lisieux). Die harte Barriere des Leidens bewahrt die S. G. vor unberufenem Zudringen zur Schau der Herrlichkeit. Wenn auch die S. G. das Höchste ist, was im Glauben erfahren werden kann, so ist nach übereinstimmendem Zeugnis der so Begnadeten das Charisma der Liebe noch größer als alles Schauen (1Kor 13). Wenn die S. G. Begegnung mit Christus ist, folgt ihr die Liebe zu Gott und den Menschen, die nach Paulus alle Erkenntnis, alle S. G. übertrifft (Eph 3).

Lit.: C. Albrecht: Das mystische Erkennen, 1958; Johannes vom Kreuz: Aufstieg zum Berg Karmel, hg. von A. Alkhofer, ⁷1979.

G. Wolff

Schaumburg-Lippe, Ev.-Luth. Landeskirche

Die Grafschaft Schaumburg blieb – trotz der Erbteilung 1646 – bis 1946 ein eigenständiges Staatsgebiet und kam erst dann zum neu gebildeten Land Niedersachsen. Kirchl. war sie zunächst Teil des Bistums Minden, bis 1559 die →Reformation in luth. Prägung eingeführt und über die Kirchenordnung von 1614 befestigt wurde. Die Universität Rinteln (mit einer anerkannten theol. Fakultät) wurde 1610 vom Grafen Ernst III. gegründet und hatte bis 1809 Bestand. Während der Erweckungszeit im 19. Jh. ist die Landeskirche von Hermannsburg und Ludwig →Harms geprägt worden. Im →Kirchenkampf zur Zeit des Nationalsozialismus blieb S.-L. »intakte Kirche«. Die Landeskirche hat immer ein bodenständiges, mildes Luthertum vertreten. Unter der Leitung von Landesbischof J. Heubach blieb S.-L. als letzte Landeskirche beim Ausschluß der Frauenordination (seit 1993 aufgehoben) und ließ ihre Mitgliedschaft beim Ökumen. Rat der Kirchen aus Protest gegen dessen polit. Kurs ruhen (bis 1994). Zur ev.-luth. Landeskirche S.-L. gehören ca. 70000 ev. Christen, die in drei Superintendenturen und 21 Gemeinden mit 25 Pfarrern verteilt werden, geleitet von einem Landesbischof (seit 1992 H. Herrmanns). Sie ist Mitgliedskirche der EKD, der VELKD und des Lutherischen Weltbundes.

Lit.: K. Brüning: Der Landkreis Schaumburg-Lippe, 1955; H. Heidkämper: Schaumburg-Lippische Kirchengeschichte, 1917.

G. Ruhbach

Scheeben, Matthias Joseph (1835–1888)

S., geb. am 1. 3. 1835 in Meckenheim bei Bonn, gest. am 21. 7. 1888 in Köln. Nach seinen Studien am Collegium Romanum – der heutigen Gregoriana – wurde er 1858 in Rom zum Priester geweiht. Nach kurzer Seelsorgetätigkeit übernahm S. 1860 die Professur für Dogmatik am Kölner Priesterseminar, die er bis zu seinem Tode innehatte.

S. kam aus der sogenannten »Römischen Schule«, der es auf eine Verbindung systemat. Theologie und lebendiger Glaubensgeschichte ankam. »Weder sollte das Dogma durch die Geschichte noch diese durch das Dogma überwunden werden« (Karl Heinz Neufeld). S. wird »Erneuerer katholischer Glaubenswissenschaft« genannt. Er betonte eine vertiefte Sicht der Kirchlichkeit des Christentums. Ferner legte er Wert auf den rel. und nicht polit. Charakter der Kirche Jesu Christi. Zentral war für S. die Frage: Was ist Christsein? So ging es ihm in seinen »Mysterien des Christentums« um eine innere Verbindung all dessen, was Christentum ausmacht.

»Scheeben hat Theologie und Philosophie zu einer Zeit ›vermählen‹ wollen, da die großen philosophischen Systeme als solche gescheitert waren« (Eugen Paul).

Kirchenpolit. vertrat S. einen gemäßigten →Ultramontanismus. Er schloß sich Persönlichkeiten an, die kirchenpolit. »römischer Gesinnung« waren.

Lit.: J. Höfer (Hg.): Matthias Joseph Scheeben, Gesammelte Schriften, 8 Bde., 1941–1967;

K. H. Neufeld: »Zur ›Römischen Schule‹ im deutschen Sprachraum«, in: H. Hammans, H.-J. Reudenbach, H. Sonnemanns (Hg.): Geist und Kirche. Studien zur Theologie im Umfeld der beiden Vatikanischen Konzilien. Gedenkschrift für H. Schauf, 1990, 323–340; E. Paul: »Matthias Joseph Scheeben« (1835–1888), in: H. Fried, G. Schwaiger (Hg.): Katholische Theologen Deutschlands im 19. Jahrhundert, Bd. II, 1975, 386–408.

K. Wittstadt

Scheffler, Johann (1624–1677)

Bekannter unter dem Namen Angelus Silesius ist S. zu den bedeutendsten geistl. Dichtern seiner Zeit zu rechnen. S. wurde Ende Dezember 1624 als Sohn wohlhabender Eltern in Breslau geboren. Er erhielt eine humanistische Ausbildung; bereits aus seiner Schulzeit sind Gedichte überliefert. In Straßburg (1643), Leiden (1644–1646) und Padua studierte er Medizin, hier wurde er am 8. 7. 1648 promoviert. 1649 kehrte er nach Breslau zurück und wurde »Fürstlicher Hof- und Leibmedicus« beim Herzog von Oels. S. war tief beeindruckt vom Katholizismus aus Italien zurückgekehrt; am 12. 6. 1653 trat er offiziell zur kath. Kirche über und nahm dabei den Namen Johannes Angelus an. Er »suchte die Wahrheit weniger in den Lehrsystemen als vielmehr in den Zeugnissen der Frömmigkeit des Herzens« (H.-J. Pagel). Einen besonderen Zugang fand er zur →Mystik. 1661 wurde S. zum Priester geweiht. In den 60er Jahren verfaßte er 55 Schriften, meist polemischen Charakters, gegen die Protestanten. 1657 erschienen unter dem Namen Johannes Angelus Silesius die beiden Hauptwerke: »Geistreiche Sinn- und Schlußreime«, in der 2. Auflage von 1675 dann »Cherubinischer Wandersmann« überschrieben, sowie eine Sammlung von Kirchenliedern. 1675 kam sein letztes Werk: »Sinnliche Beschreibung der Vier letzten Dinge« heraus. S. starb am 9. 7. 1677 in Breslau.

Lit.: Angelus Silesius: Sämtliche poetische Werke (hg. und eingeleitet von H. L. Held), 3 Bde., 1949–1952³; Cherubinischer Wandersmann. Kritische Ausgabe (hg. von L. Gnädinger, 1984).

G. Ellinger: Angelus Silesius. Ein Lebensbild, 1927; H.-J. Pagel: Dichter der christlichen Gemeinde. Angelus Silesius, 1985.

K. Wittstadt

Scheibel, Johann Gottfried (1783–1843)

S., geb. am 6. 9. 1783 in Breslau, gest. am 21. 3. 1843 in Nürnberg. Pfarrer in Breslau (1815-30), ab 1811 a. o. Prof., ab 1818 o. Prof. in Breslau, ab 1833 an verschiedenen Orten ohne feste Anstellung.

S. war die führende Gestalt der luth. Opposition gegen die preußische →Union in Breslau. Als Professor stand er isoliert neben seinen Kollegen, da er ein orth. Luthertum vertrat. Als Pfarrer und Seelsorger an St. Elisabeth war er beliebt. Zusammen mit zwei Professoren aus anderen Fakultäten (Eduard Huschke und Henrik →Steffens) gründete er 1830 die luth. Gemeinde, nachdem er die Unionsagende →Friedrich Wilhelms III. abgelehnt hatte und von seinen Ämtern suspendiert worden war. Auch in Sachsen, wohin er 1833 zog, wurde ihm wegen seiner Polemik gegen die Union Predigtverbot erteilt.1839 begab er sich nach Nürnberg, wo er von Freunden aus der Erweckungsbewegung freudig empfangen wurde. Hier fand er ein Asyl bis zu seinem Tod, jedoch kein Dienstverhältnis. Eine Rückkehr nach Breslau blieb ihm versagt.

S.s Kampf gegen die Union ist geprägt von seiner Liebe zum Altarsakrament. Die ref. Lehre lehnte er ebenso wie den Rationalismus streng ab. Für die Breslauer »Altlutheraner« und namhafte Lutheraner in anderen Landeskirchen (→Löhe, →Harleß) galt S. als Retter der luth. Kirche in Preußen, die ab 1845 staatlich erlaubt war (seit dem Zusammenschluß mit anderen luth. Freikirchen von 1972 »→Selbständige Ev.-Luth. Kirche«).

Lit.: J. G. Scheibel: Das Abendmahl des Herrn. Historische Einleitung, Bibel-Lehre und Geschichte desselben 1823; Actenmäßige Geschichte der neuesten Unternehmung einer Union zwischen der reformierten und lutherischen Kirche, vorzüglich durch gemeinschaftliche Agende in Deutschland und besonders im preußischen Staate, 2 Teile, 1834.

P. Hauptmann (Hg.): Gerettete Kirche. Studien zum Anliegen des Breslauer Lutheraners Johann Gottfried Scheibel (1783–1843), 1987; M. Kiunke: Johann Gottfried Scheibel und sein Ringen um die Kirche der lutherischen Reformation, 1985.

R. Keller

Scheidung →Ehe; -bruch; -scheidung

Schekhina

1. S. (von *schakhan,* »wohnena) ist rabbin. Fachbegriff für die »Einwohnung« Gottes, für seine heilbringende Gegenwart beim Volk Israel. S. wird oft in Verbindung mit den Offenbarungsweisen Gottes (»Name« oder »Herrlichkeit«) gebraucht. Die Lehre von der S. ist im AT vorbereitet: Gott ließ seine Herrlichkeit auf dem Sinai wohnen (2Mo 24,16) und befahl den Bau der Stiftshütte, damit er in der Mitte des Volkes Israel wohne (2Mo 25,8; 3Mo 16,16). Im Heiligen Land war der Tempel in Jerusalem die Stätte, auf die Gott seinen Namen legte, um ihn dort wohnen zu lassen (5Mo 12,5.11; 14,23).

2. Nach der Tempelrolle aus Qumran (11Q Miqd 29,7-10) verhieß Gott, er werde für immer bei seinem Volke wohnen und seine Herrlichkeit über seinem Heiligtum wohnen lassen, bis zum Tag der (neuen) Schöpfung, an dem er selbst sein Heiligtum für sich errichten wird. Bei den Rabbinen steht S. für die Gegenwart des sonst ganz jenseitig gedachten Gottes beim Volk (b Ber 7a), besonders beim Gebet der Gemeinde (b Ber 6a). Sie ruht auf den einzelnen Frommen, vor allem, wenn sie sich zum Studium der Tora zusammengefunden haben, und zieht mit ins Exil (b Meg 29a). Der Proselyt wird »unter die Flügel der Schekhina gebracht« (Mekh tx 18,27 [68 b]); in der kommenden Welt laben sich die Gerechten am Glanz der S. (b Ber 17a). Andererseits wird diese durch den gottlosen Wandel des Volkes aus dem Heiligtum vertrieben (b Sot 3b; b Sanh 7a; vgl. Hes 8,6.12; Jos. Bell. 6,300). In der jüd. Kabbala ist die S. (Malkut = Königsherrschaft) die zehnte und unterste im System der Abglänze (Sephirot) Gottes; von ihr her fließen die himmlischen Kräfte gesammelt den Menschen und speziell dem Volk Israel zu.

3. Im NT wird die jüd. Vorstellung von der S. in der Christologie aufgehoben, denn Gott ist in Christus bei den Glaubenden gegenwärtig. Der auferstandene und erhöhte Herr ist allezeit bei den Jüngern, wenn sie verkündigend oder lehrend zu

den Völkern gehen (Mt 28,20) oder auch da, wo zwei oder drei in seinem Namen versammelt sind (Mt 18,20); er heißt »Immanuel«, weil durch ihn und sein Wirken »Gott mit uns« ist (Mt 1,23). Nach Joh 1,14 »wohnte« das göttliche Wort aufgrund seiner Fleischwerdung »unter uns«; das dafür gebrauchte griech. Verb *skenoun* hat die drei gleichen Wurzelbuchstaben wie das hebr. *scbakhan, schekhina.* Das gleiche gilt vom Wort »Zelt« *(skene)*: Das Herabkommen des himmlischen Jerusalems bedeutet, daß das »Zelt Gottes« bei den Menschen ist und er bei ihnen »wohnen wird« *(skenosei,* Offb 21,3).

Lit.: A. M. Goldberg: Untersuchungen über die Vorstellung von der Schekhina in der frühen rabbinischen Literatur, 1969; Strack-Billerbeck: Kommentar aus Talmud und Midrasch, 1924, I, 205ff; II, 314f.

O. Betz

Scheler, Max (1874–1928)

S., geb. 22. 8. 1874 in München, gest. 19. 5. 1928 in Frankfurt/Main, studierte (neben Psychologie, Medizin, Soziologie) Philosophie beim Neukantianer R. Eucken in Jena, wandte sich dann aber 1907 der Phänomenologie E. Husserls zu, die er als Befreiung aus →Kants Kritizismus empfand. In seinem ethischen Hauptwerk: Der Formalismus in der Ethik und die materielle Wertethik (1916), legte S. seine Ethik dar, die, auf Kants Ethik aufbauend, seinen Formalismus durch ein – phänomenologisch zu erschließendes – materiales Wertefühlen zu überwinden suchte. In den späteren Werken: »Vom Ewigen im Menschen« (1921) und »Die Stellung des Menschen im Kosmos« (1928) arbeitete er seine personalistische Anthropologie und Religionsphilosophie aus.

In seinem ethischen Hauptwerk über die »materiale Wertethik« versuchte S. den Formalismus von Kants Ethik dadurch zu überwinden, daß er sich in phänomenologischer Einstellung auf den materialen Gefühlsgehalt aller - auch der moralischen - Werte richtete und das Wertefühlen im Subjekt untersuchte. Doch hielt er mit Kant an einer Ethik a priori einsichtiger Werturteile fest und verwarf mit ihm jede traditionelle Ethik der Güter und Zwecke, weil sie nur zu a posteriori begründbaren Werturteilen komme. Bestimmte Werte werden immer nur in Relation zu anderen beurteilt, als höhere oder niedrigere, so daß sich eine Klassifizierung und Hierarchie der Werte, die relativ zueinander stehen, ergibt. Das Fundament aller Werte ist ein personaler und unendlicher Geist. Man hat kritisch hierzu bemerkt, daß es kein »materiales Apriori« gibt, da das materiale Anfühlen von Werten gerade ihre subjektive, nur a posteriori erfahrbare Seite ausmacht. Der von S. intendierte objektive Gehalt der Werte wird durch das Wertefühlen nicht erreicht, sondern nur durch das rationale Bewußtsein und Urteil, das Gewissen, welches den Wert als objektives Gutes in absoluter, nicht bloß relativer Weise erfaßt.

In seiner personalistischen Anthropologie versuchte S., die Person nicht mehr im traditionellen Sinne als Substanz zu bestimmen, sondern in phänomenologischem Sinne als Subjekt des Erlebens und Handelns, das sich seiner im Erlebnisstrom bewußt ist und sich in ständiger Entwicklung weiß. Die Person ist wesentlich nur in Beziehungen zu anderen Personen und zur Gesellschaft. Sie lebt am wesentlichsten in den Gefühlen (Emotionen) der Sympathie und der Liebe. »Die Person existiert nur im Vollzug ihrer Akte« (Wertethik, [6]1960, 51). Die Religion gründet auf der Idee eines ewigen personalen Wesens, das vom Geist als Heil erlebt wird, getragen vom Gefühl der Liebe, unabhängig von jeder rationalen, metaphysischen Begründung.

In seinen letzten Jahren jedoch vollzog S.s Denken eine Wende, sowohl in der Auffassung vom Menschen als auch von Gott. Hiernach tritt zwar der Geist als ein neues Prinzip im Menschen auf, das die Triebnatur übersteigt (Die Stellung des Menschen im Kosmos, [11]1988, 37ff), doch kommt er nicht als höheres Lebensprinzip zum sinnlichen hinzu. S. spricht von der »Ohnmacht des Geistes«, der selbst ohne substantielles Sein nur von Gnaden der Triebenergien existiert, die er sublimieren muß. Und je mehr er dies leistet und Kulturwerke schafft, desto lebensbedrohender wird er (a. a. O., 57ff). Das Leben wird vitalistisch auf das Triebhafte beschränkt, der Geist bildet kein neues Lebensprinzip. Vielmehr werden auch seine geistigsten Akte von Sinnesenergien und dem »Dampf des Instinktes« genährt.

Seine höchste Befriedigung erfährt der Geist bei der Idee seiner Unsterblichkeit, die sich rel. zur Idee von Gott als einem ewigen Geist verdichtet.

Lit.: M. Dupuy: La philosophie de Max Scheler, 2 Bde. 1959; ders.: La philosophie de la religion chez Scheler 1959; W. Hartmann: Max Scheler – Bibliographie, 1963; O. Kühler: Wert, Person, Gott. Zur Ethik Max Schelers 1932; J. Lambías de Azevedo: Max Scheler, Exposición sistematica y evolutiva de su filosofía, 1966; K. Lent: Von der Ohnmacht des Geistes. Kritische Darstellung der Spätphilosophie Max Schelers,1959; H. Lützeler: Die Philosophie Max Schelers,1947; T. Urdanoz: Historia de la filosofía, Bd. 6 (Siglo XX), 1978, 410ff (Max Scheler, Vida y obras); K. Wojtyla: Max Scheler y la ética cristiana (spanische Übers. aus dem Polnischen), 1982, 90ff.

H. Seidl

Schelling, Friedrich Wilhelm Joseph von (1775–1854)

S. wurde geb. am 27. 1. 1775 in Leonberg, er starb am 20. 8. 1854 während eines Kuraufenthaltes in Bad Ragaz. 1790 Eintritt ins →Tübinger Stift, 1795 Abschluß des Theologiestudiums und Entscheidung für die Philosophie. Hauslehrer der Barone von Riedel, 1796 Begleitung seiner Zöglinge nach Leipzig, wo er sich auch selbst naturwissenschaftl. Studien widmete. Erste phil. Veröffentlichungen seit 1793, a.o. Prof. in Jena 1798, Vorlesungen über Naturphilosophie, Beziehungen mit →Fichte →Goethe, →Schiller, H. →Steffens. Starke Annäherung an →Hegel, der 1801 nach Jena kam. 1803 Berufung nach Würzburg, Heirat mit Caroline Schlegel. 1806 wird S. Mitglied der Akademie der Wissenschaften in München, deren Generalsekretär er ab 1808 war. Aufgabe der akademischen Vorlesungen bis 1820. 1821 Prof. in Erlangen, 1827 Berufung an die Universität München, 1841 Berufung an die Universität Berlin. 1842 Mitglied der Preußischen Akademie der Wissenschaften, 1846 Einstellung der Vorlesungen an der Universität, bis 1852 noch vereinzelte Vorträge in der Akademie der Wissenschaften.

Unter den Vertretern der idealistischen Philosophie nach →Kant hat S. die Anliegen der →Romantik am stärksten aufgenommen. Wie Fichte geht er in seinem systematischen Denken vom »Ich« aus, vgl. seine Schrift »Vom Ich als Prinzip der Philosophie oder über das Unbedingte im menschlichen Wissen« (1795). Das Ich bzw. das menschliche Selbstbewußtsein ist »absolut« oder »unbedingt«, d.h. es wird vorausgesetzt, daß das Ich im Grund seines Bewußtseins qualitativ eins ist mit dem unendlichen Geist. Und dieser transzendentale Grund bewirkt, daß der Mensch denkend aus

sich selbst die Idee des unendlichen Ganzen zu erzeugen vermag und mit dieser Idee auch die innere Struktur und Gestalt des geistigen und irdischen Kosmos erfassen kann. Der subjektive, geistige Grund des Menschen ist autonom, schöpferisch, er ist Freiheit des Denkens und des Handelns. Die transzendentale Philosophie des →Idealismus ist sowohl theoretisch-spekulative wie praktische Philosophie, d.h. Erkenntnis und Wille, der Idee entsprechend zu handeln. S. ist im Unterschied zu Fichte vor allem theoretischer Denker. Er begreift das Sein des unendlichen Ganzen als Polarität von Geist und Natur, wobei das Gegenüber dynamisch ist, ein dialektischer Prozeß von Spaltung und Synthese, dessen Ziel die vollkommene Einheit von Geist und Natur ist. S. sieht die Schönheit – im menschlichen Handeln die Kunst – als Ausdruck der sich gestaltenden Einheit von Geist und Natur. Das Stoffliche, die Materie ist für S. nicht tot. Materie ist für ihn verdichtete, fixierte Elektrizität (Energie), deshalb auch dem Werden unterworfen, wobei der gesamte Schöpfungsprozeß ein stufenweiser Aufstieg von der unbelebten zur belebten Form ist, die sich vollendet in der geistig-stofflichen Totalität des Seins.

S. steht in der phil. Tradition der Naturphilosophie Goethes und schon Giordano →Brunos. Seine Philosophie gehört mit zum Protest der Romantik gegen die von →Galilei und →Newton her aufkommende materialistische Naturwissenschaft, die auf quantitativer Messung, Experiment und Mathematik beruht. Wenn die Naturwissenschaft durch ihr mechanistisches Denken die →Natur zu einem sinnlosen Objekt macht, wird auch das menschliche Leben sinnlos. Nur wenn der Mensch sich mit der Natur in ein göttliches Ganzes eingeordnet sieht, kann er den Sinn des Ganzen begreifen, nämlich die Zurückführung alles Endlichen in das Absolute, Göttliche, das Ursprung und Ziel ist.

Kritisch verhält sich S. zur Theologie. In den »Vorlesungen über die Methode des akademischen Studiums« (1803) äußert er sich (in der neunten Vorlesung) auch gedrängt über die neuere Theologie, deren Aufklärerei »eher die Ausklärerei heissen könnte«. Vornehmlich dt. Gelehrte hätten »mit Hilfe einer sogenannten gesunden Exegese, einer aufklärerischen Psychologie und schlaffen Moral, alles Spekulative und selbst subjektiv Symbolische aus dem Christentum entfernt. Der Glaube an seine Göttlichkeit wurde auf empirisch-historische Argumente gebaut, das Wunder der Offenbarung in einem sehr handgreiflichen Zirkel durch andere Wunder bewiesen. Da das Göttliche seiner Natur nach empirisch weder erkennbar noch demonstrabel ist, so hatten hiermit die Naturalisten gewonnenes Spiel« ... »Die Zurückweisung auf den Buchstaben einiger Bücher machte notwendig, daß die ganze Wissenschaft sich in Philologie und Auslegekunst verwandelte, wodurch sie eine gänzlich profane Szienz geworden ist; und wo man das Palladium der Rechtgläubigkeit in der sogenannten Sprachkenntnis sucht, ist die Theologie am tiefsten gesunken und am weitesten von ihrer Idee entfernt«.

S.s Naturphilosophie konnte sich gegen die aufkommende Naturwissenschaft nicht durchsetzen. Erst neuerdings, seitdem man weiß, daß das Atom nicht unteilbar ist, sondern tatsächlich, wie S. angenommen hatte, aus fixierter Energie besteht, finden seine Gedanken vermehrt Beachtung.

Werke: F. W. J. v. Schelling: Von der Weltseele, eine Hypothese der höheren Physik zur Erklärung des allgemeinen Organismus, 1798; Erster Entwurf eines Systems der Naturphilosophie, 1799; System des transzendentalen Idealismus, 1800, 1962; System der gesamten Philosophie und der Naturphilosophie insbesondere, 1804; Ueber das Wesen der menschlichen Freiheit, 1809, 1964, 1975.

Gesamtausgaben: Sämtl. Werke, hg. von K. F. A. Schelling, 14 Bde., 1856-61; – Unveränderte Neuausgabe, hg. von M. Schröter, 12 Bde., 1927–1939; Neue krit. Ausgabe hg. von H. M. Baumgartner, in Vorbereitung (bisher 3 Bde. erschienen).

H. M. Baumgartner: Schelling, Einführung in seine Philosophie, 1975; K. Fischer: Schellings Leben, [4]1923; K. Jaspers: Schelling, Größe und Verhängnis, 1955; J. Kirchhoff: Schelling, 1982; H. Knittermeyer: Schelling und die romantische Schule, 1928.

F. Flückiger

Scheol →Hades

Schick, Conrad (1822-1901)

Der Architekt und Jerusalem-Forscher, geb. am 27. 1. 1822 in Bitz bei Ebingen auf der Schwäbischen Alb, gest. am 23. 12. 1901 in Jerusalem, kam im Zuge der Basler Pilgermission St. →Chrischona 1846 nach Jerusalem, wo er bald eine einmalige Tätigkeit entfaltete mit reicher Ausstrahlung auf die archäologische Wissenschaft des Heiligen Landes, die neuzeitliche Baugeschichte Jerusalems und den Ausbau der modernen sozialen Einrichtungen. S. bewies ungewöhnliche Geschicklichkeit auf vielen Gebieten und hinterließ tiefe Spuren, die bis heute unvergessen sind, zumal er sich wie kaum ein anderer durch persönliche Begabung, wissenschaftl. Vielseitigkeit und menschliche Offenheit in die Geschichte der Erforschung des Landes einschrieb. S. wurde zu Lebzeiten vielfach geehrt. Er hinterließ neben zahlreichen bahnbrechenden Studien und Plänen eine Vielzahl von maßstabgetreuen Modellen der Bauten der Heiligen Stadt, die weit über das Land hinaus verbreitet wurden und jüngst wieder stärkere Beachtung finden. Ein Teil seiner literarischen Hinterlassenschaft wird noch in Archiven verwahrt. Die Erinnerung an ihn ist eine dt. und ökumen. Aufgabe, die auch das moderne Israel erkannt hat und wahrnimmt. Sein stilvolles Wohnhaus in der Jerusalemer Neustadt beherbergt heute das Schwedische Institut. Die Pflege des Grabes auf dem Zionsfriedhof sollte eine überkonfessionelle Verpflichtung sein.

Lit.: Selbstdarstellung in: Neueste Nachrichten aus dem Morgenlande, 1897; Nachruf von C. W. Wilson in Palestine Exploration Fund Qu.St. 1902, 139–142; Mitteilungen und Nachrichten des Palästina-Vereins 1902; A. Strobel: Conrad Schick. Ein Leben für Jerusalem 1988 (Lit.).

A. Strobel

Schick, Erich (1897–1966)

S., geb. am 23.4.1897 in Ruppertshofen/Württemberg, gest. am 20. 1. 1966 in Riehen bei Basel; 1907–11 auf der Lateinschule in Korntal (dort Konfirmation durch Paul Heim, den Bruder Karl →Heims, und Kontakt mit Missionar Johannes Hesse, dem Vater des Dichters Hermann Hesse,

der ihm die Mission lieb machte). Ab 1911 Schüler in den Seminaren Maulbronn und Blaubeuren, Kriegsfreiwilliger 1915, 1916 Verwundung mit bleibenden Verletzungen. Studium in Tübingen, 1922 theol. Abschlußexamen, Repetent in Blaubeuren, Pfarrer in Bickelsberg-Brittheim, von 1931–1959 theol. Lehrer am Missionsseminar Basel und Schriftleiter des Ev. Missionsmagazins (EMM); ab 1959 – nach Schließung des Missionsseminars – theol. Lehrer am Predigerseminar in St. →Chrischona bis 1965. 1953 wurde er zum Dr. theol in Tübingen ehrenpromoviert. Den Nationalsozialismus empfand er von Anfang an als »Sieg der Dämonen« und stellte sich schroff gegen die Partei; die Vertreter der Missionswerke konnten zu seinem Schmerz aus diplomatischen Gründen seinen Kurs nur kompromißhaft teilen.

S.s Bedeutung liegt in der klaren bibl. Lehre, die er Generationen von Missionaren vermittelte, in der Art und Weise, wie er seine Aufgabe als Schriftleiter des EMM und der Schriftenreihe »Mission und Gemeinde« wahrnahm und Christen für die Missionsarbeit aufschloß, in seinen hist. Publikationen (Grundzüge der evangelischen Missionsgeschichte bis zum Anfang der Basler Mission; Kirchengeschichte Rußlands, Bd. 1; Lebensbilder u. a.), vor allem aber in seiner pastoralen Tätigkeit im Umgang mit bedrängten Menschen und auf literarischem Wege (Seelsorger an der eigenen Seele, Heiliger Dienst, Der Christ im Leiden u.a.); ca. 70 Buch- und Zeitschriftentitel sind aus seiner Feder erschienen, die für zahllose Christen Hilfe und Trost bedeuteten. Sein literarischer Nachlaß ist von der Universitätsbibliothek Tübingen übernommen.

Lit.: H. Gelzer: »Erich Schick – 65 Jahre alt«, Deutsches Pfarrerblatt 62 (1962), 176f: F. Melzer: »Erich Schicks literarisches Lebenswerk«, Deutsches Pfarrerblatt 67 (1967), 11-13; ders.: »Erich Schick zum Gedächtnis«, EMM 118, 1974, 209-217; E. Schmid: »Wer war Erich Schick?«, in: E. Schick. Der helfende Mensch, [2]1979, 5-15.

G. Ruhbach

Schicksal

Von S. spricht man, wenn der Hergang der Geschichte oder des Einzellebens keinen Sinn zu ergeben scheint und weder mit menschlichen noch mit übermenschlichen Absichten zu erklären ist. Der S.sglaube kann unbestimmt sein oder wie in der →Astrologie, der geschichtl. und gegenwärtig weltweit am stärksten verbreiteten S.sreligion, in ein festes System gegossen sein.

In vielen Religionen (z.B. in Babylon, Ägypten, auch der Islam) wird das S. von den Göttern festgelegt. Für das Abendland bedeutsam sind jedoch drei Religionen geworden, in denen das unpersönliche oder personifizierte S. in der Hierarchie an oberster Stelle stand oder steht. In der →römischen Religion war *fatum* (davon Fatalismus) eine unkontrollierbare und unberechenbare Macht, der sich sogar die Götter zu fügen hatten. In der →griechischen Religion war *moira* sowohl eine persönliche Geburtsgöttin, die das Leben des einzelnen vorherbestimmte, als auch ein die Geschichte bestimmendes Prinzip. Auch hier vollstrecken die Götter nur das S. Auch im ausgeprägten germanischen S.sglauben stand das S., personifiziert in den drei Nornen und anderen weiblichen Wesen, die den S.sfaden spinnen, über den Göttern. Der germanische S.sglaube lebte im Nationalsozialismus vorübergehend neu auf, da sich Hitler als der vom S. gesandte und beschützte Führer darstellte.

Jedes Volk und jede Kultur hat ein eigenes S.sverständnis, das nicht unbedingt von der herrschenden Religion bestimmt wird, wie die weltweite Verbreitung der Astrologie belegt. Eine Geschichte der S.svorstellung wäre demnach zugleich eine Religionsgeschichte, aber auch eine Kulturgeschichte, hat doch der Glaube an ein »blindes« S. bisher viel zu wenig untersuchte Folgen für die persönliche Lebensplanung und die Einstellung zu sozialen, wirtschaftl. und polit. Fragen und allg. für die Bereitschaft, die Welt zu verändern. In der westlichen Philosophie spielt das S. erst im 20. Jh. eine Rolle, so vor allem bei →Heidegger.

Die bibl. Offenbarung spricht von einem allmächtigen Gott, der die Geschichte der Welt ebenso wie das Leben der Gläubigen lenkt und zu einem Ziel führt. Dieser Glaube an die Vorherbestimmung unterscheidet sich jedoch von jedem S.sglauben, (1) indem die Vorherbestimmung der Ereignisse auf einen persönlichen Gott zurückgeht, der nicht willkürlich, sondern begründet und verantwortlich plant und handelt (Heilsgeschichte), weswegen (2) von Gott her gesehen alle Ereignisse einen Sinn haben, zum Guten des Christen dienen und in ihm deswegen das Vertrauen, nicht die Verzweiflung wecken (Röm 8,28), und (3) das Wissen um die Vorherbestimmung und um die Allmacht Gottes nicht zum Fatalismus führt, sondern gerade die Verantwortung begründet (Phil 2,12-13; Neh 2,20; Apg 27,22-24.31).

Lit.: Handwörterbuch des deutschen Aberglaubens 7, ²1987, 1045–1055; RGG³ V, 1403–1410; J. I. Packer: Prädestination und Verantwortung, 1964; Th. Schirrmacher: Ethik, 1994, Bd. 1, 137–188.

Th. Schirrmacher

Schiiten → Islam

Schiller, Johann Christoph Friedrich von (1759–1805)

S., geb. am 10. 11. 1759 in Marbach am Neckar, gest. am 9.5. 1805 in Weimar, Schriftsteller (Dramen, Lyrik, wenig Erzählprosa, hist. und phil. Schriften), geadelt 1802.

S.s ursprünglicher Berufswunsch (Pfarrer) wird hinfällig durch den vom württembergischen Herzog befohlenen Eintritt in dessen Militärakademie 1773 (Carlsschule, ab 1775 Stuttgart); dort studiert

S. Medizin und wird 1780 Regimentsmedikus mit literarischen Ambitionen (Sturm und Drang-Phase: »Die Räuber« 1781), Konflikte damit führen 1782 zu S.s Flucht. 1783-85 lebt er als Theaterdichter in Mannheim (»Kabale und Liebe«), anschließend bei Freunden in Leipzig und Dresden (»An die Freude«), ab 1787 in Weimar (»Don Carlos«); aufgrund hist. Studien wird S. 1789 Prof. für Geschichte in Jena; 1790 Heirat mit Charlotte v. Lengefeld (vier Kinder). Kant-Lektüre ab 1791 regt S. zu ästhetischen Schriften an (1793-96 »Über Anmut und Würde«, »Über die ästhetische Erziehung des Menschen«, »Über naive und sentimentalische Dichtung«). 1794 beginnt die enge, produktive Freundschaft mit →Goethe (Briefwechsel, »Xenien«), Höhepunkt der Weimarer Klassik. 1795–1800 entstehen zahlreiche Gedichte (»Das Lied von der Glocke«, v.a. phil. Lyrik, z.B. »Das Ideal und das Leben«), Balladen (z.B. »Die Bürgschaft«) sowie die »Wallenstein«-Trilogie. 1799 Umzug nach Weimar, weitere Dramen (»Maria Stuart«, »Die Jungfrau von Orléans«, »Wilhelm Tell«) trotz Krankheiten (seit 1791), die zu S.s Tod führen.

S. geht es um das Ideal einer sittlichen Welt, in der Natur und Vernunft, Schicksal und Freiheit, Antike und Moderne versöhnt sind und der Mensch durch Bildung (Kunst als Mittlerin) autonom wird. In Distanz zur christl.-kirchl. Tradition integriert S. rel., ethische und kulturphil. Aspekte in ein »klassisch«-harmonisches Menschenbild, das den Gedanken der Gottebenbildlichkeit ästhetizistisch säkularisiert einbezieht.

Werke (einschließlich Briefe, Gespräche): Nationalausgabe, hg. von J. Petersen et al., bisher 46 Bde., 1943ff (hist.-

kritisch); Werke und Briefe, hg. von K.H. Hilzinger et al., 12 Bde., 1988ff (kommentiert); Werke in 3 Bdn. hg. von H.G. Göpfert, [6]1988.

Lit.: G. Fricke: Der religiöse Sinn der Klassik Schillers, 1927, ND 1968; Jahrbuch der deutschen Schillergesellschaft, 1957ff; N. Oellers: Schiller, 1989 [2]1993; B. v. Wiese: Friedrich Schiller, 1959.

R. Görisch

Schintoismus →Shintoismus

Schisma

Das griech. Wort S. (»Spaltung, Trennung, Zwiespalt«) begegnet von der frühesten Christenheit an in einem offenen Sinn: Menschen, Gemeinden, Kirchen trennen sich voneinander (vgl. 1Kor 1,10; 11,28 u.a.). Entweder erfolgt Trennung wegen Häresie, oder Trennung wird als Häresie angesehen, so daß S. und Häresie bis zur konstantinischen Wende als Synonym angesehen werden. Mit der Wende und den Reichssynoden ab 325 verfügt die Kirche über ein Instrument, das, selbst im rechtlichen Sinn, über wahre und falsche Lehre entscheidet. Nun kommt die seitdem gültige Unterscheidung auf: Häresie ist Irrtum in der Lehre, S. ist Trennung von der Kirche und ihrem Bischof; in der röm.-kath. Kirche also Verweigerung der Unterstellung unter den Papst und die Gemeinschaft der Bischöfe. In den Reformationskirchen spielten Schismen keine besondere Rolle; erst durch die ökumen. Bewegung, die als Bußbewegung begann, sind die aus theol. und nichttheol. Gründen erfolgten Schismen als Schuld und Versöhnungsauftrag im frühaltkirchl. Sinn wieder erkannt worden.

In der Kirchengeschichte hat es zahlreiche Schismen gegeben, die allerdings meistens wieder geheilt werden konnten. Dauerhaft bis in die Gegenwart hinein ist das S. zwischen der Ost- und der Westkirche, das 1054 eintrat, aber sich bereits seit dem 9. Jh. anbahnte (vgl. das photinianische Schisma 863–886). In der Westkirche kam es, vor allem im MA immer wieder zu Schismen angesichts doppelter, ja mehrfacher Papstwahlen zum gleichen Zeitpunkt. Die sog. »babylonische Gefangenschaft« von Avignon (1309–1377) und das folgende »große abendländische Schisma« (1378–1415) teilte die Westkirche in mehrere Papstobödienzen und stürzte das →Papalsystem in eine tiefe Krise, die mit Anlaß zur →Reformation wurde. Das Unfehlbarkeitsdogma von 1870 war Grund dafür, daß aus einzelnen Kirchen, die bislang als schismatisch galten wie die anglikanische, nunmehr häretische Kirchen wurden. Im 20. Jh., ausgelöst durch die mancherlei ökumen. Annäherungen, finden in Rom und Istanbul/Moskau Überprüfungen vergangener Verurteilungen statt.

Lit.: H. E. Feine: Kirchliche Rechtsgeschichte, Bd. 1, [3]1955, 407ff, St. Runciman: The Eastern Schism, 1955; M. Seidlmayer: Die Anfänge des großen Schismas, 1940.

G. Ruhbach

Schlachter, Franz Eugen (1859–1911)

S., geb. am 28. 7. 1859 in Mülhausen, gest. am 12. 1. 1911 in Bern, Übersetzer der nach ihm benannten Schlachterbibel (1905). Gymnasiast in Basel, dann Kaufmann, erweckt durch die Versammlung von R. Pearsall →Smith. Predigerschüler in Basel, 1882-1907 im Dienste der →Evangelischen Gesellschaft in Bern, Schönbühl, Thun, Steffisburg (1886), Biel (1888/89). Er trat 1882/83 mit großem Eifer in die Evangelisationsarbeit Elias →Schrenks ein und gründete 1888 das Blatt »Die Brosamen«. Ende 1907 wurde er Prediger der Freien Gemeinde Bern. Seine Bibelübersetzung gibt den Sinn des Urtextes in gut verständlichem Deutsch wieder, lehnt sich unter Mitbenutzung der Zürcher Bibel eng an Luther und wird in der Neuen Genfer Bibel verarbeitet. Die Schlachterbibel hat bes. in Gemeinschaftskreisen Deutschlands und der Schweiz Verbreitung gefunden.

G. Lehmann

Schlatter, Adolf (1852–1938)

Ev. Theologe, geb. am 16. 8. 1852 in St. Gallen, gest. am 19. 5. 1938. Als Enkel von Anna → Schlatter und siebtes Kind eines freikirchl.-baptistisch gesinnten Vaters und einer landeskirchl.-ref. Mutter erhielt er seine erste geistl. Prägung durch die bibl. Erweckungsfrömmigkeit des Elternhauses. Während seines Studiums in Basel (1871–1873 und 1874/75) und Tübingen (1873–1874) wurde er vor allem von dem Biblizisten J. T. →Beck beeinflußt, der ihn von der Ganzheit, Einheit und Autorität der Hl. Schrift überzeugte. Nach einer Zeit als Pfarrer in Kilchberg, Neumünster und Keßwil (1875–1880), in der er (v.a. in erkenntnistheoretischer und ethischer Hinsicht) bleibende Impulse durch die Beschäftigung mit dem kath. Philosophen und Laientheologen Franz von →Baader erhielt, habilitierte er sich auf Bitten pietistischer Kreise (1880) und wurde Dozent für NT und Dogmengeschichte in Bern (1881–1888). Als Prof. für NT in Greifswald (1888–1893) begegnete ihm in Gestalt von

H. →Cremer ein bibl. orientiertes Luthertum, das ihm theol. und kirchl. Hochachtung abnötigte und neue theol. Einsichten erschloß. Im Zusammenhang mit dem →Apostolikumsstreit wurde er nach Berlin berufen, um – als Gegengewicht zu A. v. →Harnack – systemat. Theologie auf der Grundlage von Schrift und Bekenntnis zu lehren (1893–1898). Den Höhepunkt seiner Wirksamkeit erlebte er in Tübingen, wo er seine Lehrtätigkeit als Professor für NT bis zum 78. Lebensjahr (1930) fortsetzte und Generationen von Pfarrern im Sinne einer bibl. Theologie beeinflußte. Erst nach der Emeritierung (1922) verfaßte er seine neun großen wissenschaftl. Kommentare zu ntl. Büchern. Nachdem er sich seit 1926 für den →Christlichen Volksdienst eingesetzt hatte, engagierte er sich nach Hitlers Machtergreifung für die Erhaltung der (durch den Nationalsozialismus und die »Deutschen Christen« bedrohten) kirchl. Freiheit, ohne deshalb die Kirchenpolitik und Theologie der (stark von K. →Barth beeinflußten) Bekennenden Kirche uneingeschränkt zu bejahen.

S.s Lebenswerk umfaßt weit über 400 Veröffentlichungen und zahlreiche (noch) unveröffentlichte Arbeiten zu fast allen Gebieten der Theologie. Auch wenn der Schwerpunkt seiner Lehrtätigkeit die ntl. Exegese war, widmete er einen beträchtlichen Teil seiner Publikationen der Systematischen Theologie, so daß er einen der vielseitigsten Entwürfe der ev. Theologie seit Schleiermacher hinterlassen hat. Obwohl er in vieler Hinsicht ein Außenseiter war, darf sein Einfluß auf die ev. Theologie nicht unterschätzt werden.

Die theol. Bedeutung seines Werkes läßt sich in sieben Punkten zusammenfassen:

1. S.s ntl. Exegese zeichnet sich durch die Synthese von hist.-philologischer Analyse und theol.-pneumatischer Auslegung aus. Seine exeget. Hauptwerke (die Monographie »Der Glaube im Neuen Testament«, die zweibändige »Theologie des Neuen Testaments«, die »Erläuterungen zum Neuen Testament« und neun große wissenschaftl. Kommentare zum NT) verbinden philologische Akribie mit einer theol. Interpretation der ntl. Texte, die sowohl die begriffliche und inhaltliche Vielfalt des NT aufzuzeigen sucht als auch dessen Einheit. S. war als Exeget in vieler Hinsicht ein Einzelgänger: Er kritisierte die in der zeitgenössischen Exegese verbreitete Neigung zum hist. Skeptizismus, zur unkontrollierten Hypothesenbildung und zur Ignorierung der göttlich-pneumatischen Dimension der Schrift und verzichtete in seinen Auslegungen weitgehend auf die Anführung von Sekundärliteratur, um eine möglichst konzentrierte und unbefangene Wahrnehmung des bibl. Wortes zu erleichtern. Der ungewöhnliche Umfang, die hohe wissenschaftl. Qualität und der geistl. Tiefgang seiner Kommentierung des NT hat S.s Schriftauslegung einen weit über seine Zeit hinausweisenden »klassischen« Rang verliehen.

2. S. interpretierte das NT als einer der ersten Exegeten konsequent auf dem religionsgeschichtl. Hintergrund des rabbin. Judentums. Durch zahlreiche bahnbrechende Arbeiten zum Frühjudentum (z.B. Die Theologie des Judentums nach dem Bericht des Josefus) wurde er zu einem Pionier in der Erforschung dieses Zweiges der Religionsgeschichte.

3. In dogmat. Hinsicht bemühte sich S. um eine →»empirische« (oder »beobachtende«) Theologie der Tatsachen, welche die christl. Wahrheit nicht nur durch den Verweis auf Schrift oder kirchl. Tradition behauptet, sondern aus der wahrnehmbaren Realität der Offenbarung (in Schöpfung und Heilsgeschichte) begründet und so ihre Wirklichkeitsgemäßheit und Vernünftigkeit offenlegt. S. besaß die Kühnheit, die Notwendigkeit Gottes für die denkerische und lebensmäßige Bewältigung der Wirklichkeit zu behaupten und durch »Gottesbeweise« bzw. eine Analyse der Lebenswirklichkeit des Menschen als Geschöpf, Sünder und Glaubender plausibel zu machen, ohne deshalb die Maßgeblichkeit der Bibel für die christl. Lehre preiszugeben. Aufgrund dieser entschlossenen Verknüpfung von Schrift und Wirklichkeitserfahrung ist

seine Dogmatik inhaltlich gekennzeichnet durch die Einheit von Offenbarung und Vernunft, Schöpfung und Erlösung, Rechtfertigung und Heiligung, Glauben und Liebe.

4. S.s Ethik zeichnet sich durch eine ungewöhnliche Konkretheit aus. Besonders auffällig ist die Herausarbeitung der geschöpflichen Wirklichkeit des Menschen, die allen Dimensionen des Menschseins (Personalität, Leiblichkeit, Sozialität, Religiosität, Sündhaftigkeit) gerecht zu werden sucht und durch ihre theol. Qualifizierung der Natur als normative Schöpfung Gottes nicht nur der Leiblichkeit und den kreatürlichen Lebensordnungen (Ehe, Familie, Staat) hohen Rang einräumt, sondern sogar Ansätze zu einer ökologischen Ethik erkennen läßt. Ebenso kennzeichnend ist S.s Verknüpfung von allgemeingültiger Schöpfungsethik (einschließlich der Bejahung des Naturrechtsgedankens) und der das neue Sein »in Christus« voraussetzenden christozentrisch-pneumatischen Nachfolgeethik, deren höchste inhaltliche Norm die in Jesus Christus offenbar gewordene Liebe Gottes ist.

5. S. hat sein Lebenswerk als Dienst am ganzen Leib Christi verstanden und in einer für seine Zeit ungewöhnlichen Weise Grenzen und Engführungen ev. Theologie aufzuzeigen versucht, um der Weite bibl. Offenbarung in der Christenheit Geltung zu verschaffen und so zu einer »Vollendung der Reformation« beizutragen. Obwohl er von der Wahrheit und Notwendigkeit der Reformation überzeugt war, sah er im Bemühen um eine Überwindung der kirchl. Trennungen eine Notwendigkeit, der sich die Theologie nicht entziehen durfte. S.s theol. Werk enthält in ökumen. Hinsicht viele fruchtbare Aspekte: Exeget. zeigt sich dies z.B. an seiner hohen Wertschätzung des Jakobusbriefes und seiner stark heilsgeschichtl. und ethisch akzentuierten Römerbriefauslegung, welche die an der Rechtfertigung des einzelnen ausgerichtete ref. Auslegung zu korrigieren bzw. zu ergänzen suchte. Die ökumen. Dimension seines systemat. Denkens wird u.a. sichtbar an seiner theol. Würdigung von Schöpfung und Natur als Ausdruck von Gottes Herrlichkeit und Liebe, seiner Bejahung eines (mit der Schöpfung gegebenen) universal gültigen Sittengesetzes (bzw. Naturrechtes) und an seiner ausgeprägten Theologie der →Liebe, welche das »Ziel der Gnade« im »Dienst« für Gott und die Menschen sieht, die Ethik als »Vollendung der Theologie« begreift und die im zeitgenössischen Protestantismus übliche Vernachlässigung der Liebe zu Gott ebenso überwindet wie die im Luthertum herrschende Verurteilung der (kreatürlichen) Selbstliebe als Sünde: Die Ausrichtung des Menschen auf sein eigenes Wohl ist nach S. schöpfungstheol. legitim, solange die Vorordnung der unbedingten Gottes- und Nächstenliebe gewahrt bleibt (vgl. →Liebe).

6. S.s Konzept eines bibl. Realismus in der Theologie korrespondiert sein Bemühen um einen phil. Realismus: Schon in seinen systemat. Werken, v.a. aber in seiner Metaphysik entfaltete er eine Erkenntnislehre, welche die Erkennbarkeit der Realität und damit die Möglichkeit objektiver Wahrheit begründete, und ein Wirklichkeitsverständnis, das jede Form von ontologischer Reduktion zu vermeiden und die Fülle des Wirklichen unverkürzt zur Geltung zu bringen suchte. Hinter S.s Bemühen um eine seinsgerechte Philosophie stand die Einsicht, daß eine phil. Verfälschung oder Reduktion der Realität auch die theol. Arbeit negativ beeinflußt, so daß die Theologie auch eine Mitverantwortung für die Seinskonformität und damit Vernünftigkeit des phil. Denkens besitzt.

7. S. verstand theol. Arbeit als Dienst an der glaubenden Gemeinde und widmete einen beträchtlichen Teil seiner Vorträge und Veröffentlichungen (v.a. die Erläuterungen zum NT, 10 Bände, die Predigtbände und meditativ gehaltenen Bibelauslegungen, z.B. die Andachten und »Kennen wir Jesus?«) einem breiteren Kreis von Hörern bzw. Lesern. Durch seine Predigten und Bibelauslegungen und durch seine ausgedehnte Tätigkeit als Berater und Seelsorger sprengte er die Grenzen des akademischen Lehrers und wurde vielen zum »Vater in Christo«. In dieser Hinsicht hat S. ein Vorbild hinterlassen, das auch für die heutige Theologie wegweisend bleibt.

Lit.: A. Schlatter: Der Glaube im Neuen Testament, 1885, [6]1982; Erläuterungen zum NT, 1887ff, [8]1987; Israels Geschichte von Alexander dem Großen bis Hadrian, 1901, [4]1972; Die philosophische Arbeit seit Cartesius, 1906, [6]1981; Die Theologie des Neuen Testaments I: Das Wort Jesu, 1910; Die Geschichte des Christus, [2]1920, [4]1984; II: Die Lehre der Apostel, 1910; Die Theologie der Apostel, [2]1920, [4]1984; Das christliche Dogma, 1911, [4]1984; Die christliche Ethik, 1914, [5]1986; Luthers Deutung des Römerbriefs, BFChTh 21,7 (1917); Die Geschichte der ersten Christenheit, 1926, [6]1986; Andachten 1927, [5]1981; Der Evangelist Matthäus, 1929, [7]1982; Der Evangelist Johannes, 1930, [4]1974; Das Evangelium des Lukas, 1931, [3]1975; Der Brief des Jakobus, 1932, [3]1985; Die Theologie des Judentums nach dem Bericht des Josefus, 1932; Gottes Gerechtigkeit. Ein Kommentar zum Römerbrief, 1934, [5]1975; Paulus, der Bote Jesu. Eine Deutung seiner Briefe an die Korinther, 1934, [5]1975; Markus. Der Evangelist für die Griechen, 1935, [2]1982; Die Kirche der Griechen im Urteil des Paulus. Eine Auslegung seiner Briefe an Timotheus und Titus, 1936, [3]1983; Kennen wir Jesus?, 1937, [4]1984; Rückblick auf meine Lebensarbeit, 1952, [2]1977; Metaphysik. Eine

Skizze, 1987; Der Dienst des Christen. Beiträge zu einer Theologie der Liebe (hg. v. W. Neuer), 1991.

A. Bailer: Das systematische Prinzip in der Theologie Adolf Schlatters; K. Bockmühl (Hg.): Die Aktualität der Theologie Adolf Schlatters, 1988; D. St. Dintaman: Creative Grace. Faith and History in the Theology of Adolf Schlatter, 1993; J. Kindt: Der Gedanke der Einheit. Adolf Schlatters Theologie und ihre historischen Voraussetzungen, 1978; W. Lütgert: »Adolf Schlatter als Theologe innerhalb des geistigen Lebens seiner Zeit«, BFCh Th 37 (1932/1); W. Neuer: Der Zusammenhang von Dogmatik und Ethik bei Adolf Schlatter, 1986; ders.: Adolf Schlatter, 1988; ders.: »Die Bedeutung Adolf Schlatters für Theologie und Kirche heute«, ThBeitr 20 (1989/4), 191–203; ders.: Adolf Schlatter – Ein Leben für Theologie und Kirche, 1996; J. H. Schmid: Erkenntnis des geschichtlichen Christus bei Martin Kähler und Adolf Schlatter, 1978; P. Stuhlmacher: Adolf Schlatter als Bibelausleger, ZThK (1978), Beiheft 4, 81-111; ders.: Adolf Schlatter als Paulusausleger – ein Versuch, ThBeitr (1989/4), 176–190.

W. Neuer

Schlatter, Anna (1773–1826)

S., geb. am 5. 11. 1773 in St. Gallen, gest. ebd. am 25. 2. 1826. Als elftes Kind der altref. Kaufmannsfamilie Bernet, die zum Freundeskreis →Lavaters gehörte, kam sie schon als Kind mit dem Gedankengut der frühen Erweckung in Berührung. Nach der Eheschließung mit dem Kaufmann Hektor S. aus St. Gallen (1794) wurde sie durch ihre Gastfreundschaft, persönliche Begegnungen und einer ausgedehnten (Hunderte von Briefen umfassenden) Korrespondenz mit führenden Vertretern der damaligen Erweckung weit über ihre Heimatstadt bekannt. Als »St. Gallische Lydia« machte sie ihr Haus zu einer Begegnungsstätte vieler christl. Persönlichkeiten: H. →Jung-Stilling, A. →Steinkopf, H. →Zeller waren bei ihr als Repräsentanten der ev. Erweckung ebenso zu Gast wie der ökumen. gesinnte kath. Moraltheologe Johann Michael →Sailer, der kath. Erweckungsprediger (und spätere Konvertit) Johannes →Goßner, die namhaften liberalen Theologen →Schleiermacher und →de Wette sowie Herzogin Henriette von Württemberg. Eine tiefe Freundschaft verband sie mit M. →Boos, dem »Vater« der kath. allgäuischen Erweckungsbewegung.

Vorbildlich war S. nicht nur als großzügige Gastgeberin und geistig rege Brieffreundin, sondern auch als hingebungsvolle Ehefrau und Mutter: Ihre 14 Kinder nahmen das christl. Erbe ohne Ausnahme positiv auf und gaben es an die 63 Enkel weiter, zu denen die bekannten Theologen Johannes Burckhardt, A. →Schlatter und Th. →Zahn gehörten. Unter ihren (bis 1935) über 900 Nachkommen befanden sich 66 Theologen und sechs Missionare. Ihre literarische Hinterlassenschaft (die neben Briefen auch Gedichte und Lieder umfaßt) und ihr christl. Zeugnis offenbarten nach den Worten des Schweizer Kirchenhistorikers Paul Wernle »einen Reichtum an christlicher Erfahrung, der sie hoch über das traditionelle Christentum ihrer Zeit und Umgebung heraushebt...«

Lit.: W. Hadorn: Geschichte des Pietismus in der Schweizerischen Reformierten Kirche, 1901; J. Ninck: Anna Schlatter und ihre Kinder, ²1934; P. Wernle: Der schweizerische Protestantismus im XVIII. Jahrhundert, Bd. III, 1925; F. M. Zahn (Hg.): Anna Schlatters Leben und Nachlaß, Bd. I: Leben und Briefe an ihre Kinder; Bd. II: Briefe an ihre Freunde; Bd. III: Gedichte und kleinere Aufsätze, 1965.

W. Neuer

Schleiermacher, Friedrich Daniel Ernst (1768–1834)

S., geb. am 21. 11. 1768 in Breslau als Sohn des ref. Militärpfarrers Gottlieb S., gest. am 12. 2. 1834 in Berlin; Besuch der Schulen in Breslau und Pless, 1783 Eintritt in das Pädagogium der Brüdergemeine in Niesky, 1785 in das Seminar der Brüdergemeine (→Brüder-Unität) in Barby. 1787 tiefe Glaubenskrise, Zweifel an der Gottheit Christi und »dass sein Tod eine stellvertretende Versöhnung war« (Brief an den Vater, 21. 1. 1787). Trotzdem Theologiestudium in Halle. 1780 erfolgreiche erste Prüfung

(Berlin), Hauslehrerstelle beim Grafen Dohna in Schlobitten (Ostpreußen), 1793 Rückkehr nach Berlin, April 1794 zweites Examen, Ordination, zunächst Hilfsprediger in Landsberg, 1796 Spitalprediger an der Charité in Berlin. 1797 Freundschaft mit Friedrich Schlegel, für sein Leben bedeutsamer Anschluß an den Kreis der Berliner Romantiker. 1799 erscheint das Buch »Ueber die Religion, Reden an die Gebildeten unter ihren Verächtern«, das stark den Einfluß der romantischen Philosophie verrät. 1800 folgen die »Monologen«, ethische Selbstbetrachtungen, 1801 erschien die erste Sammlung der Predigten, 1802 verließ S. Berlin und wurde Hofprediger in Stolp (Pommern), wo er 1803 die »Grundlinien einer Kritik der bisherigen Sittenlehre« veröffentlichte. In den Jahren 1804 bis 1828 erschien fortlaufend seine Übersetzung der Werke Platons, die hohe Anerkennung auch bei den Altphilologen fand. 1804 Berufung als a. o. Prof. der Theologie und Universitätsprediger nach Halle. Im Oktober 1806 wurde Halle von den Truppen Napoleons besetzt, die Universität geschlossen. Unter schwierigen Bedingungen behielt S. noch sein Predigtamt bis Dezemer 1807, dann zog er nach Berlin, wo er zur Mitarbeit am Aufbau der neuen Universität und des Bildungswesens beigezogen wurde. 1809 Prediger an der Dreifaltigkeitskirche, 1810 Professor und erster Dekan an der theol. Fakultät der neuen Universität und Mitglied der Preußischen Akademie der Wissenschaften. Seit dem Wegzug von Halle hatte er sich polit. engagiert für die Unabhängigkeit Preußens, später ebenso gegen die restaurative Politik und für die kirchl. Union. 1809 war er die Ehe eingegangen mit Henriette Willich.

S.s Wirken an der Universität war sehr erfolgreich, an der theol. Fakultät waren bis zu 600 Studierende eingeschrieben. Anfechtungen erfuhr er von Vertretern der kirchl. und polit. Restauration. Auch zu →Hegel, der an der gleichen Universität lehrte, war sein Verhältnis recht gespannt.

Zu den wichtigsten, von S. selbst herausgegebenen Werken gehören noch: »Die Weihnachtsfeier«, 1806, »Kurze Darstellung des theologischen Studiums zum Behuf einleitender Vorlesungen«, 1818, die beiden »Sendschreiben über seine Glaubenslehre an Herrn Dr. Lücke«, 1829 (Werke I,2 577ff), und sein Hauptwerk, die Glaubenslehre: »Der christliche Glaube nach den Grundsätzen der evangelischen Kirche«, 1821/22 und in der 2. überarbeiteten Auflage 1830/31.

Die frühen »Reden« beschreiben nicht einen bestimmten Glauben, sondern reden »über« die Religion, unter der Voraussetzung, daß allen Religionen ein gemeinsames »Wesen der Religion« zugrunde liege. Religion dürfe nicht als Sache der Vernunft verstanden werden (was kritische Ablehnung der aufklärerischen »Vernunftreligion« zur Folge hat), sie sei aber auch nicht Moral und ebensowenig dogmat. Lehrmeinung (welche bloß als nachträgliche gedankliche Reflexion über das rel. Erlebnis zu verstehen sei). Religion sei Sache des Gefühls, als Anlage in allen Menschen vorhanden. Diese Anlage muß aber im rel. Erlebnis geweckt und so zur rel. Erfahrung werden. Das rel. Erlebnis wird als Offenbarung, als Eingebung bezeichnet. Das Ewige, Unendliche ist aktiv, offenbart sich dem Menschen, dieser ist immer der Empfangende.

Aber was offenbart sich im rel. Erlebnis? Das Universum! »Anschauen des Universums«, dieser Begriff »ist die Angel meiner ganzen Rede, er ist die allgemeinste und höchste Formel der Religion ... woraus sich ihr Wesen und ihre Grenzen aufs genaueste bestimmen lassen« (S. 35). Zugrunde liegt die Totalitätsanschauung der frühen →Romantik, die sich auf zwei Prämissen stützt, nämlich auf die Überzeugung, daß alles, was ist, ein unendliches Ganzes, eben das Universum, darstellt, zu dem sowohl der schöpferische (göttliche) Urgrund gehört wie die sich vom Urgrund her ewig erneuernde geschaffene Welt, und zweitens auf die Annahme, daß der Mensch im Innersten seines subjektiven Bewußtseins sein Eins-sein mit dem Unendlichen erleben und wahrnehmen könne, was zur geistigen »Anschauung« des Ganzen, des »Universums« führte (im Sinn der intellektuellen »Anschauung«

→Platos und →Spinozas, die auch im Begriff »Weltanschauung« zum Ausdruck kommt).

Die »Religion« ist freilich nie nur reine Anschauung des Unendlichen, in ihren geschichtl.-positiven Erfahrungen ist sie immer auch vermischt mit Sinnlichkeit und Überlieferung, aber das Christentum »in seiner eigentlichen Grundanschauung« sei die reinste und insofern höchste Gestalt der Religion (S. 180ff).

Auch die »Monologen«, eine Grundlegung der Ethik, gehen noch ganz vom romantischen Ansatz aus. Während die Religion empfangend ist, indem das Universum sich ihr offenbart, ist die Ethik handelnd, aber der Ausgangspunkt des ethischen Handelns ist auch die im innersten Selbstbewußtsein erfahrene Identität des subjektiven Selbstbewußtseins, nun Geist genannt, mit dem unendlichen Geist. In sich selbst findet der Mensch sich selber, und als Mensch ist sein Handeln ausgerichtet auf die Menschheit. Eine Wandlung zeigt sich an in der Glaubenslehre in zweifacher Hinsicht: Das Universum wird nun, dem Gang der romantischen Philosophie entsprechend (→Schelling) aufgelöst in die Polarität von Geist und Natur. Gott ist der geistige, schöpferische Urgrund, der die an sich vergängliche Natur erneuert und erhält. In diesem Sinn ist die Welt eine ewige Schöpfung. Die zweite Wandlung betrifft die Übernahme der überlieferten kirchl. Lehrtradition, sofern diese im gegenwärtigen christl. Bewußtsein als »Glaube« lebt. Das Wesen der Religion wird nun (ohne Objektbezug) als »Gefühl schlechthiniger Abhängigkeit« bezeichnet. S. mußte sich vehement gegen das psych. Mißverständnis dieses Begriffs zur Wehr setzen, als ob ein Sich-abhängig-Fühlen von etwas gemeint sei. Es ist die Abhängigkeit des Sich-eins-Fühlen im unendlichen, alles schaffenden und erhaltenden Geist, den er jetzt Gott nennt, wobei er aber jede Vorstellung von Gott bereits als intellektuelle Reflexion über das unmittelbare fromme Selbstbewußtsein versteht. Im schlechthinnigen Abhängigkeitsgefühl hingegen bleibt jedes objektive Gegebensein Gottes völlig ausgeschlossen (Glaubenslehre II, 1830, § 4,4). Aber dieses religionsphil. begriffene Wesen der Religion ist nur die eine Seite, die andere, eigentlich theol. ist die von der kirchl. Überlieferung herkommende christl. Frömmigkeit. Das Christentum ist jene besondere Gestalt der Frömmigkeit, in der alles »bezogen wird auf die durch Jesus von Nazareth vollbrachte Erlösung« (ibid., § 11). Was heißt Erlösung? Erlösung ist das »höhere Leben«, nämlich das Kräftigwerden des Geistes in der menschlichen Natur und in diesem Sinne ein »Sein Gottes« im Menschen. In Christus war der Zustand der absoluten Kräftigkeit des Gottesbewußtseins erreicht, daher alles sinnliche Widerstreben gegen Gott weggefallen. Und demzufolge ist er der erste und zugleich vollkommene Erlöste, Urheber und Urbild zugleich. Das in ihm eingetretene Gottesbewußtsein ist als »die nun erst vollendete Schöpfung der menschlichen Natur zu betrachten« (ibid. § 89), es ist als aus der Anlage der Natur hervorgegangen wie als Einwirkung Gottes zu verstehen, weil beides für S. zusammengehört. Von Christus her breitet sich seine Kräftigkeit des Gottesbewußtseins aus, der Erlöser »nimmt die Gläubigen in die Kräftigkeit seines Gottesbewußtseins auf« (Gl.II, §§ 88,100), das ist das Leben im Heiligen Geist. Seine Wirkung ist die Heiligung, die aber nie die in Christus geschehene Vollkommenheit erreicht.

Von S. sind (vorwiegend aus Vorlesungsnachschriften) Werke zur Ethik und Philosophie nach seinem Tod erschienen, wie die »Dialektik«, eine das Denken und die Erkenntnis betreffende Wissenschaftslehre, und der »Entwurf eines Systems der Sittenlehre«, eine phil. Ethik, die Übereinstimmung von Vernunft und Natur fordert und in die Güterlehre, die Tugendlehre und die Pflichtenlehre aufgeteilt ist. Wichtig ist »Die christliche Sitte ...«, die nicht Gesetzesethik ist, sondern Darstellung des christl. Handelns, das gemeindebildend aus dem christl. Gottesbewußtsein hervorgeht. Er unterscheidet das darstellende und das wirksame Handeln. Ersteres ist der Kultus in Wortgottesdienst mit Lob, Gebet und kultischen Handlungen, letzteres die »reinigende« Kirchenzucht in Gemeinde und Familie und die Gestaltung christl. Gesinnung in Haus, Gemeinde und überhaupt in der Öffentlichkeit.

S. versteht das christl. fromme Bewußtsein zwar als Auswirkung der von Christus ausgegangenen Wirkung des Geistes, aber im frommen Bewußtsein ist dieser Geist präsent, in ihm ist die Offenbarung gegenwärtig. Die Predigt ist Selbstdarstellung des frommen Selbstbewußtseins und die Dogmatik reflektiert dieses Bewußtsein in Rückbesinnung auf seine Herkunft und mit Einbeziehung des (phil.) Wissens der Gegenwart.

Werke: Gesamtausgabe in drei Abteilungen (Zur Theologie, Predigten, Zur Philosophie), 1835ff; Werke in Auswahl, 4 Bde., hg. von O. Braun, J. Bauer, 1910–1913.

Einzelausgaben: Über die Religion, krit. Ausgabe von G. Ch. B. Pünjer, 1879; Reden, Text der Erstausgabe, hg. von R. Otto, 5. Aufl. 1926; Der christliche Glaube, krit. Ausgabe mit Register und vergleichender Wiedergabe der Leitsätze der 1. und 2. Ausgabe, hg. von M. Redeker, 2 Bde., 1960.

Lit.: K. Barth: Die protestantische Theologie im 19.

Jahrhundert, 1947; W. Bender: Schleiermachers Theologie mit ihren philosophischen Grundlagen dargestellt, 2 Teile 1876–1878; F. Flückiger: Philosophie und Theologie bei Schleiermacher, 1947; R. Haym: Die romantische Schule, 1870/1961; E. Hirsch: Geschichte der neuern evangelischen Theologie (Bd. 1,12/Bd. 4,46/Bd. 5,47-52), 1949–52; P. H. Joergensen: Die Ethik Schleiermachers, 1959; F. W. Kantzenbach: Schleiermacher, 1967, (Lit.); O. Kirn: Schleiermacher und die Romantik, 1895; F. Ueberweg: Grundriß der Geschichte der Philosophie, IV. Teil, Die deutsche Philosophie des XIX. Jahrhunderts und der Gegenwart, 121923.

F. Flückiger

Schleitheim, Sieben Artikel von

→Täufer

Schlesische(n) Oberlausitz, Evangelische Kirche der

Die Ev. Kirche der s.O. umfaßt den Teil der Oberlausitz westlich der Neiße, der bis 1945 der preußischen Provinz Schlesien zugehörte und der durch den Wiener Kongreß 1815 Preußen zugesprochen worden war.

Nachdem am 20. 1. 1945 das Ev. Konsistorium Breslau verlassen hatte, übernahmen Männer der Bekennenden Kirche (Naumburger Synode) unter Präses Ernst Hornig die Leitung der schlesischen Kirche. Eine Synode, die im Juli in Breslau tagte, hatte diese Kirchenleitung nachträglich legitimiert und unter anderem beschlossen, daß sie im Falle ihrer Evakuierung ihren Dienstsitz innerhalb der schlesischen Kirchenkreise westlich der Neiße nehmen solle. In diesem Falle solle Präses Hornig den Titel Bischof tragen. Als die Ausweisung am 4. 12. 1946 erfolgte, ging die Kirchenleitung nach Görlitz. Im November 1951 ist nach schwierigen Verhandlungen und Gesprächen der Neuaufbau der »Evangelischen Kirche von Schlesien«, wie sich das Gebiet westlich der Neiße jetzt nennt, mit der Annahme einer Kirchenordnung durch die neugebildete Provinzialsynode abgeschlossen. Die Amtseinführung von Bischof Ernst Hornig erfolgte 1952. Das Gebiet westlich der Neiße umfaßt etwa ein Zehntel der früheren Kirchenprovinz Schlesien.

Unter dem ständigen Druck der staatlichen Stellen der DDR gab sich die Kirche durch Beschluß der Provinzialsynode 1968 den Namen »Evangelische Kirche des Görlitzer Kirchengebietes«. Im Frühjahr 1992 änderte sie noch einmal ihren Namen und heißt jetzt »Evangelische Kirche der schlesischen Oberlausitz«. Das Territorium der Ev. Kirche der s.O. umfaßt die sechs Kirchenkreise Görlitz, Hoyerswerda, Niesky, Reichenbach, Ruhland und Weißwasser. Es zählt etwa 78.000 Gemeindeglieder, 74 Gemeinden, 94 Gemeindepfarrstellen und acht übergemeindliche Pfarrstellen.

Bis auf sieben im westlichsten Kirchenkreis Ruhland gelegene Gemeinden liegt das Kirchengebiet der Ev. Kirche der s.O. im Freistaat Sachsen, so daß zu diesem Bundesland zwei selbständige ev. Landeskirchen gehören.

Leitender Geistlicher ist (seit 1946) der Bischof. Die Kirche ist eine Kirche der luth. Reformation, zu der eine ref. Gemeinde gehört. Ihre geistl. Prägung nach 1945 hat sie in besonderem Maße durch die Bekennende Kirche empfangen. Sie ist Gliedkirche der Ev. Kirche der Union.

In der Oberlausitz lebt das kleinste slawische Volk, die Sorben, im Görlitzer Kirchengebiet vor allem in den Kirchenkreisen Hoyerswerda und Weißwasser. Das Görlitzer Kirchengebiet hat, im Vergleich zu seiner Größe, eine beträchtliche Zahl diakon. Einrichtungen. Auf seinem Territorium liegt Niesky, eine Siedlung der Brüdergemeine, mit dem der Brüdergemeine gehörenden Krankenhaus Emmaus.

Lit.: H.-J. Fränkel: »Die evangelische Kirche von Schlesien nach 1945«, in: Jahrbuch für Schlesische Kirchengeschichte 67 (1988), 183-205; H.-J. Kühne: »Evangelische Kirche der Schlesischen Oberlausitz«, in: Jahrbuch für schlesische Kirchengeschichte 70 (1991), 199–207; D. Neß (Hg.): Bischof Ernst Hornig, Rundbriefe aus der Evangelischen Kirche von Schlesien 1946–1950 (Beihefte zum Jahrbuch für Schlesische Kirchengeschichte Bd. 9), 1994; ders.: »Die Neuordnung der schlesischen Kirche in der Oberlausitz 1945–1951«, in: Wendepunkte Oberlausitzer Kirchengeschichte, 63-98, hg. vom Verein für Schlesische Kirchengeschichte; ders.: »Zur Neuordnung der Evangelischen Kirche von Schlesien im Restgebiet westlich der Neiße 1945–1951«, in: Schlesischer Gottesfreund, 45 (1994), 35-38; J. Rogge: »Die Zukunft unserer in der schlesischen Oberlausitz gelegenen evangelischen Kirche«, in: Jahrburch für Schlesische Kirchengeschichte 70 (1991), 183–197; J.J. Seidel: »Kirche mit großen Opfern. Die Evangelische Kirche in Schlesien«, in: Kirche im Sozialismus 11 (1985), 22-28.64-73; P. Wensierski: »Eine diakonische Kirche. Die evangelische Kirche des Görlitzer Kirchengebietes in Daten und Fakten«, in: Kirche im Sozialismus 5 (1979), 24-34.

H. Roch

Schleswig-Holstein, Ev. Luth.-Mission

→Breklum

Schleswig-Holstein, Verband der Gemeinschaften i. d. Landeskirche in (VG)

Die Wurzeln der Gemeinschaftsarbeit in Schleswig-Holstein liegen in der →Reformation und in der

Erneuerungsbewegung des →Pietismus. Impulse gingen von der Herrnhuter Brüdergemeine aus, die im 18. Jh. zwischen Altona und Christiansfeld im heutigen Nordschleswig Hauskreise und Gemeinden gegründet hatte, sowie von der →Erweckungsbewegung des 19. Jh.s.

Im Jahre 1857 kam es zum Zusammenschluß der erwecklichen Kreise und damit zur Gründung des »Vereins für innere Mission«, des späteren »Verbandes der Gemeinschaften«. Die ersten Sendboten des Vereins waren der Schuhmacher Hieronymus Sommer aus Husum und der Schmied Jürgen H. Lohse aus der Landschaft Angeln. Sie haben die geistl. Anfänge der Bewegung wesentlich geprägt. Neben diesem Einfluß durch Laien haben Pastoren, die sich mit dem Anliegen des Pietismus eins wußten, dazu beigetragen, aus ihrem theol. Wissen heraus bibl. begründete Weisungen zu geben. Der erste Vorsitzende des Vereins war Baron Jasper von →Oertzen, der im Jahre 1888 zu den Mitbegründern des →Ev. Gnadauer Gemeinschaftsverbandes gehörte.

Die Einladung zu einem verbindlichen Leben mit Christus, intensives Bibelstudium, Zurüstung von Laien zur Mitarbeit in der Gemeinde Jesu und gelebte Gemeinschaft sind bis heute die Hauptanliegen der Gemeinschaftsarbeit geblieben.

Zur Zeit umfaßt der VG 15 Bezirksgemeinschaften mit ca. 1600 Mitgliedern, die die Arbeit finanziell und geistl. mittragen. An 75 Orten werden ca. 3500 ständige Besucher aller Altersgruppen erreicht. Der VG hat 20 hauptamtliche Prediger und drei Gemeinschaftshelferinnen angestellt, die unterstützt werden durch über 250 ehrenamtliche Mitarbeiter. Obwohl die Bezirksgemeinschaften juristisch nicht eigenständig sind, haben sie einen relativ großen Freiraum für ihr Planen und Arbeiten. Die Jugendarbeit des VG ist organisatorisch dem EC (→Jugendbund »Entschieden für Christus«) angeschlossen. Der Verband unterhält 22 Häuser für gottesdienstl. Zwecke, ein Erholungszentrum mit 80 Betten in Bünsdorf am Wittensee und ein Jugendferienlager mit 50 Betten an der Eckernförder Bucht (Ostsee).

Der VG sieht seinen Auftrag bewußt als den eines freien Werkes innerhalb der Nordelbischen Ev.-Luth. Kirche (NEK). In einer gemeinsamen Erklärung aus dem Jahre 1977 erkennt die NEK die Bemühungen des VG dankbar an, befürwortet die eigene Gestaltung der Abendmahlsfeiern und ist bereit, ihn nach Kräften zu unterstützen. In der ergänzenden Erklärung von 1990 wird den eingesegneten Predigern des VG die Berechtigung erteilt, im Einzelfall, wenn gewichtige seelsorgerliche Gründe vorliegen, Taufen, Konfirmationen, Trauungen und Beerdigungen vorzunehmen.

Der VG ist Mitglied im Ev. Gnadauer Gemeinschaftsverband.

Lit.: D. Lange: Eine Bewegung bricht sich Bahn, 1979; VG-Jubiläumsschrift: Nie verlassen, 1857–1982, 1982.

N. Jessen-Thiesen

Schlink, Basilea →Marienschwesternschaft, Evangelische

Schlink, Edmund (1903–1984)

S., geb. am 6. 3. 1903 in Darmstadt, gest. am 20. 5. 1984 in Heidelberg, wurde 1927 mit einer psych. Arbeit zum Dr. phil. promoviert, 1931 mit einer

Arbeit über emotionale Gotteserlebnisse bei K. →Barth zum Doktor der Theologie. Als Vikar und Hochschulpfarrer in Darmstadt bereitete er seine Habilitationsschrift über den »Menschen in der Verkündigung der Kirche« vor, mit der er als Repetent der Universität Gießen 1934 habilitiert wurde. Aufgrund seiner Mitarbeit in der Bekennenden Kirche wurde ihm die Lehrerlaubnis in Gießen nicht erteilt, er konnte aber an der Theol. Schule in Bethel bis zu ihrer Schließung 1939 mitarbeiten. Bis zum Ende des Zweiten Weltkrieges arbeitete er als Pastor in Bethel, Dortmund und

Bielefeld, sowie geheim als Dozent am Straßburger Thomasstift. Nach Kriegsende erhielt er einen Ruf auf einen Lehrstuhl für Systematische Theologie in Heidelberg, wo er bis zu seiner Emeritierung 1971 unterrichtete. Er gründete dort auch 1946 das erste ökumen. Universitätsinstitut, förderte interdisziplinäre Gespräche zwischen den Fakultäten und half bei der Neuorganisation der Landeskirchen und der EKD.

Als Teilnehmer der Weltkonferenzen des Weltkirchenrates und als offizieller Beobachter der EKD beim Zweiten Vatikanischen Konzil wurde er international bekannt. Die Universitäten von Mainz und Edinburgh sowie das orthodoxe St. Sergius-Institut in Paris verliehen S. die Ehrendoktorwürde. Seine Hauptwerke zur Theologie der Lutherischen Bekenntnisschriften ([3]1948), zum Zweiten Vatikanum (1966), zur Lehre von der Taufe (1969) und seine Ökumenische Dogmatik (1983) weisen ihn als einen der führenden dt. luth. Theologen des 20. Jh.s aus. Aus seiner Schule gingen u.a. die Professoren W. Joest, W. Pannenberg und R. Slenczka hervor.

Ausgehend von der Besinnung auf die luth. Bekenntnisschriften im Kirchenkampf öffnet sich S.s Theologie der ökumen. Aufgabe aus luth. Verpflichtung heraus. Das Ziel kirchl. und lehrmäßiger Einheit soll aufgrund vorangegangener Buße und in Anerkennung unterschiedlicher Glaubensformulierungen und Kirchenverfassungen erreicht werden. S. entdeckt ein erstaunliches Maß an Lehrübereinstimmung zwischen den Kirchen durch die von ihm entwickelte Methode des »Strukturvergleichs« theol. Aussagen, mit der die Lehre nicht nur im Blick auf ihren Inhalt, sondern auch hinsichtlich der literarischen Form und hist. Aussagesituation untersucht wird. Wie bei seinem Freund und Kollegen P. →Brunner sind dogmat. Aufgabe und theol. Verantwortung für Gottesdienst und Gemeinde eng miteinander verbunden.

Lit.: T. Drumm: Doxologie und Dogma, 1991; J. Eber: Einheit der Kirche als dogmatisches Problem bei Edmund Schlink, FS ÖTh 67, 1993 (Bibliographie); ders.: »Schlink, Edmund«, BBKL, Bd. 8, 1995; G. Schwenzer: Die großen Taten Gottes und die Kirche, 1969.

J. Eber

Schlümbach, Friedrich von (1842–1901)

S., geb. am 27. 7. 1842 in Öberingen/Württemberg, gest. am 28. 5. 1901 in Cleveland/Ohio/USA, wanderte mit 17 Jahren nach Amerika aus und nahm – zuletzt als Oberst – am Bürgerkrieg teil. Er wurde bei einer Evangelisation D.L. →Moodys für ein aktives Christentum gewonnen und wirkte von da an als Prediger der Methodisten. Seit 1878 war er Generalsekretär des Internationalen Komitees der Jünglingsvereine. Auf Empfehlung Th. →Christliebs von A. →Stoecker eingeladen, evangelisierte S. 1883 fünf Monate lang in Deutschland und gründete bei der Gelegenheit die Gemeinschaft St. Michael (E. v. →Pückler) wie den ersten dt. →Christlichen Verein junger Menschen (CVJM) in Berlin (E. v. →Rothkirch). Zuletzt wirkte S. als Pastor einer unierten Gemeinde in Amerika.

Lit.: P. Fleisch: Die moderne Gemeinschaftsbewegung in Deutschland I, [3]1912, 54-57.

J. Ohlemacher

Schlüsselgewalt

Außer Sch. *(potestas clavium; potestas ligandi et solvendi)* werden auch die Begriffe »Schlüsselamt«, »Schlüsselverwaltung« oder kurz »die Schlüssel« *(claves)* verwendet (→Buße und → Gemeindezucht). Die ntl. Bezugsstellen sind Mt 16,19 und 18,18 in Verbindung mit Joh 20,23.

In der nachapostol. Zeit wurde »Binden« und »Lösen« im Sinne von Joh 20,23 vor allem als Sündenvergebung verstanden. Seit der Mitte des 3. Jh.s (→Cyprian) wurde die Sch. auf den Bischof und die Amtsträger konzentriert und damit in der Theologie des MA eine eingehende Debatte und dogmatische und kirchenrechtliche Festlegung der Sch. eingeleitet.

Die luth. Reformation hat eine tiefgreifende Neubesinnung über das Wesen der Buße und der Sch. vorgenommen (vgl. Luthers 1. der 95 Thesen von 1517). Sch. ist für Luther eine »evangelische Gewalt« des Seelsorgedienstes aufgrund der Verkündigung des Wortes Gottes in Gesetz und Evangelium.

Calvin unterschied eine zweifache Sch., die nach Mt 16,19 und Joh 20,23 dem geistl. Amt und nach Mt 18,18 dem Konsistorium als öffentliche Gemeindezucht (Sittenzucht in Genf) zugeordnet wurde. In der Orthodoxie sind wieder kirchenrechtl. Bestimmungen in den Vordergrund getreten.

Der theol. Rationalismus und die liberale Theologie ließen die mit der S. verbundenen Themen Buße, →Beichte, Absolution und Gemeindezucht völlig in den Hintergrund treten. Erst in der reformat. Neubesinnung seit der Mitte des 19. Jh.s begann ein neues Fragen nach dem ev. Verständnis der Sch.

In den ev. Ordnungen der Beichthandlungen wird bezüglich der Gültigkeit der erteilten Absolution ausdrücklich auf die ntl. Stellen Mt 16,19 und Joh 20,23 hingewiesen.

Lit.: H. v. Campenhausen: Kirchliches Amt und geistliche Vollmacht in den ersten drei Jahrhunderten, 1953; LThK2, 9, 422–425; RGG³, V, 1449–1453 (Lit.!); E. Roth: Die Privatbeichte und die Schlüsselgewalt in der Theologie der Reformatoren, 1952.

J. Heubach

Schmalkaldische Artikel

→Bekenntnisschriften, 1. Lutherische

Schmerz

S. zeigt eine Störung im Körpergeschehen oder im leib-seelischen Geschehen oder in der Beziehung zur Außenwelt an. S.nachrichten lösen Vorgänge in verschiedenen Hirnbereichen aus, die zu vielfältigen und individuell unterschiedlichen Wahrnehmungen, Gefühlen und Reaktionen führen, deren Gesamtheit als S. erlebt wird. Der akute S. ist ein Warnsignal, das zur bewußten Prüfung des Lebenszustands herausfordert. Sind die Ursachen des S.es nicht behebbar, wird er chronisch und vom heilsamen Störer zum Zerstörer des Lebens in dem Maß, wie er es beherrscht. S.en können ihre Ursache auch in seelischen Verletzungen haben, die sich dann an bestimmten Organen als real erlebter S. manifestieren (z.B. bestimmte Formen des Kopfs., des Kreuzs.).

S. ist ein Widerstand, an dem die Bewußtheit des Ich erwacht. Er ist in Wahrnehmung und Ausdruck abhängig vom Grad der Bewußtheit, der subjektiven seelischen Befindlichkeit und von kulturellen Faktoren. Auch höher organisierte Tiere nehmen S.en wahr. Der Umgang mit S.en kann in der Erfahrung von S. erlernt werden. Menschen früherer Zeiten mußten unvergleichlich mehr S.en aushalten als der Mensch der Gegenwart, der sich daran gewöhnt hat, S.en, auch seelische, mit chemischen oder technischen Mitteln auszuschalten. Deshalb hat die Fähigkeit, S.en zu ertragen, abgenommen, und verliert der S. seine Warnfunktion im tieferen Sinn, fordert kaum noch zum Bedenken des Lebens und seiner Vergänglichkeit heraus. Die Fähigkeit, S. zu ertragen, sollte als ein zum Erleben von Lust und Glück komplementärer Aspekt des Lebens betrachtet werden. Wer den Sinn des Lebens nur in Lust und Glück sieht, wird leicht unfähig, mit einem durchaus tragbaren Maß an S. zu leben und anderen im →Leiden hilfreich beizustehen (→Mitleid).

Der von S. gepeinigte Mensch wird durch den S. auf den S. fixiert, lebt in Angst vor dem S., der ihn nicht nur in seiner Lebensentfaltung hemmt, sondern als Persönlichkeit zerstört. Solcher S. ist ein Fluch, der auf Tier und Mensch lastet und beide den Schrei nach →Erlösung ausstoßen läßt (Röm 8,19.23.26). Die Erlösung vom S. ist die einzige Lösung der Frage nach dem Sinn des das Leben zerrüttenden S.es (Röm 8,18ff; Hiob; Offb 21,4). Solange der Mensch vom S. nicht »in die Enge getrieben«, nicht »in Verzweiflung gestürzt« (2Kor 4,8f) wird, kann die Erfahrung von S. in den Horizont des Glaubens eingeordnet werden (Röm 5,1ff; 2Kor 12,7ff), nicht jedoch, wenn S. zur Qual wird. S. soll nicht gesucht, sich und anderen nicht zugefügt werden, wie es radikal leib- und lustfeindliche Gruppen in (z.B. Wüstenväter der Ostkirche) und außerhalb der Kirchen (z.B. Katharer) durch Geißelung u.a. getan haben. Die Bekämpfung von quälendem S. bei Mensch und Tier ist ein Gebot Gottes (Spr 31,6f). Sinn der S.-bekämpfung kann es aber nicht sein, dem Menschen überhaupt die Auseinandersetzung mit einem schweren Geschick zu ersparen (→Sterbehilfe), indem man etwa das Bewußtsein trübt, sondern ihm diese durch gute S.linderung zu ermöglichen in Beziehung zu Mitmenschen und im Angesicht Gottes. Selbst dem gekreuzigten Jesus ging es nicht um den Heroismus des Aushaltens des S.es (vgl. Mk 15, 23 und 36) im →Sterben, sondern um das Durchleiden des S.es, den der Sünder Gott zufügt (vgl. Jes 43,25f; 54,6) und um das stellvertretende Erleiden des S.es, den der Sünder als gerechte Strafe Gottes verdient hat (Jes 53,4f).

Lit.: R. Deines: »Schmerz«, GBL 3, 1989, 1379f; U. Eibach: Der leidende Mensch vor Gott, 1991; K. Kitamori: Die Theologie des Schmerzes Gottes, 1972; W. Larbig: Schmerz, 1982; C.S. Lewis: Über den Schmerz, 1978; J. Chr. Student: Schmerztherapie bei sterbenden Menschen, 1988.

U. Eibach

Schmidt, Wilhelm (1868–1954)

S., geb. 1868 in Hörde, gest. 1954 in Freiburg/ Schweiz, kath. Priester, Sprachwissenschaftler und Völkerkundler. Ausgehend von seinen religionswissenschaftl. Untersuchungen der Ureinwohner Australiens entwickelte er die Theorie des »Urmonotheismus«, welche besagt, daß der Glaube an einen Schöpfergott menschheitsgeschichtl. die früheste Stufe der Religion darstellt. Polytheistische

Vorstellungen von vielen Göttern sind demnach als Folge eines kulturgeschichtl. Niedergangs anzusehen. Diese Theorie und die damit verbundene These einer »Uroffenbarung« Gottes brachte ihn in Gegensatz zur seinerzeit herrschenden Auffassung von der →Evolution der Menschheit. Viele seiner Zeitgenossen ließen sich von ihm dazu anregen, die Kultur schriftloser Völker zu untersuchen und die Diskussion durch Daten zu untermauern und zu vertiefen.

Lit.: W. Schmidt: Der Usprung der Gottesidee, 12 Bde., 1912–1955.

O. Kröger

Schmitz, Otto (1883–1957)

S., geb. am 16. 6. 1883 in Hummeltenberg, Kreis Lennep, gest. am 20. 10. 1957 in Wuppertal; 1910 Privatdozent für NT in Berlin, 1912 Dozent in Basel und Direktor der dortigen Ev. Predigerschule,

1916 Prof. für NT in Münster, 1934 zwangspensioniert wegen offenen Eintretens für die »Bekennende Kirche« (→Kirchenkampf), 1934 Dozent der Theol. Schule und Leiter des Predigerseminars Bethel, 1938 bis 1951 Direktor der Evangelistenschule →Johanneum in Wuppertal, ab 1945 beteiligt am Wiederaufbau der Kirchl. Hochschule Wuppertal und Dozent ebenda. Im pietistisch geprägten Bergischen Land aufgewachsen, wurde er stark von M. →Kähler und K. →Heim beeinflußt. Er wirkte in der Leitung der Studentenbewegung (→Deutsche Christliche Studentenvereinigung/DCSV und des →Evangelischen Gnadauer Gemeinschaftsverbandes mit (Freundschaft mit W. →Michaelis). Er war besonders bemüht um das rechte Verhältnis von →Volkskirche und Gemeinschaft sowie →Pietismus und →Theologie.

Lit.: O. Schmitz: Aus der Welt eines Gefangenen. Der Philipperbrief, [7]1988; ders.: Apostolische Seelsorge. Der 2. Korintherbrief, [2]1988.

J. Berewinkel

Schneider, Paul (1897–1939)

S., geb. am 29. 8. 1897 in Pferdsfeld bei Bad Kreuznach, gest. am 18. 7. 1939 im KZ Buchenwald. Nach dem Studium der Theologie in Gießen, Marburg und Tübingen kam es zu einer Lebenswende während des Predigerseminars in Soest über der Beschäftigung mit A. →Schlatter, die in der →Berliner Stadtmission Vertiefung fand. 1926 wurde er Pfarrer in Hochelheim, Kreis Wetzlar und 1934 in der Gemeinde seines Vaters Dickenschied/Hunsrück, die ihn nach dem Tod des Vaters wählte. Durch deutliche, mutige Predigten, vor allem aber durch Kirchenzuchtmaßnahmen in seiner Gemeinde, legte S. sich immer wieder mit der NSDAP an, die ihn mehrfach verhaftete und drangsalierte. Als er – trotz Ausweisung aus dem Rheinland – seine

Gemeinde nicht verließ, wurde er im November 1937 ins KZ Buchenwald gebracht, wo er von seiner Zelle aus für seine Mitgefangenen täglich eine Morgenandacht hielt und die anderen Häftlinge immer wieder mit Bibelworten tröstete. Der »Prediger von Buchenwald« wurde daraufhin entsetzlich mißhandelt und starb schließlich an einer überdosierten Strophantinspritze als Zeuge des Evangeliums.

Lit.: J. Erb: Die Wolke der Zeugen, Bd. 2, 1954, 518ff; F. Hauß: Väter der Christenheit, [4]1973, 793ff; A. Leber: Das Gewissen entscheidet, 1957, 146ff; H. Vogel: Der Prediger von Buchenwald, [4]1959.

G. Ruhbach

Schneider, Reinhold (1903–1958)

Der am 13. Mai 1903 in Baden-Baden geborene S. wuchs als zweiter Sohn eines ev. Vaters und einer kath. Mutter in der Spätphase des Wilhelminismus auf; die persönliche Bekanntschaft mit dem Umfeld des Kaisers im elterlichen Hotel prägte sein späteres ambivalentes, aber nie ganz nostalgiefreies Verhältnis zur Monarchie (abgeklärt in »Der Balkon. Aufzeichnungen eines Müßiggängers in Baden-Baden«, 1957). Nach einer kaufmännischen Lehre in Dresden entschied sich der sprachbegabte, viel lesende S. 1928 für eine Laufbahn als freischaffender Schriftsteller. Erste, auch international anerkannte Bücher erscheinen (»Das Leiden des Camoes«, 1930; »Philipp der Zweite«, 1931). In die Auseinandersetzung mit der eigenen Nationalgeschichte (»Fichte. Der Weg zur Nation«, 1932) fällt der Machtantritt der Nationalsozialisten, deren Politik S. zum inneren Widerstand herausfordert (»Die Hohenzollern«, 1933; »Friedrich von Spee/Der Tröster«, 1934; »Das Inselreich. Gesetz und Größe der britischen Macht«, 1936; Sonett »Allein den Betern«, 1936; »Las Casas vor Karl V.«, 1938; Sonett »Der Antichrist«, 1938, u. v. a.).

Während einer Englandreise 1934 dem bis dahin nur kulturell empfundenen Christentum nähergekommen, wird S. 1937 in Potsdam bekennender kath. Christ. In den Kriegsjahren widmet er sich, mit einem eigenen Wort, dem »literarischen Sanitätsdienst«; seine Schriften gelangen bis an die Front und in die Konzentrationslager. Er gehört zum »Kreisauer Kreis«, lehnt aber, ohne die Handelnden zu verurteilen, die Attentate gegen Hitler ab. Seit 1941 offiziell mit einem Publikationsverbot belegt, wird er noch Anfang 1945 des Hochverrats angeklagt, entgeht jedoch der Gefangennahme und Verurteilung während eines Krankenhausaufenthalts in Freiburg und dank der frühen Besetzung der Stadt durch die Franzosen.

In der Nachkriegszeit versucht S. mit Reden und Schriften, Brücken zwischen dem Westen und dem Osten Deutschlands zu schlagen; Veröffentlichungen in Ost-Berliner Zeitschriften und sein Protest gegen eine Wiederbewaffnung Westdeutschlands – den er mit seinem Freund, dem ersten Bundespräsidenten Theodor Heuss, teilte – lassen ihn zwischenzeitlich in den Verdacht geraten, Kommunist geworden zu sein. Heuss läßt ihn dagegen in die wiederbegründete Friedensklasse des Ordens »Pour le Mérite« aufnehmen (1952) und besucht die Uraufführung seines Theaterstücks »Innozenz und Franziskus« im Essener Opernhaus (1954). In Anerkennung seines Gesamtwerks und seines Eintretens für den Weltfrieden erhält S. 1956 den Friedenspreis des Deutschen Buchhandels; die Laudatio hält Werner Bergengruen. S. stirbt am 6. April 1958 in Freiburg/Breisgau.

Bis heute wegweisende Bedeutung in der christl. Literatur der Nachkriegszeit haben seine beiden autobiographischen Werke »Verhüllter Tag« (1956) und »Winter in Wien« (posthum 1958). Daneben gilt »Las Casas vor Karl V. Szenen aus der Konquistadorenzeit« (1938) – auch über seine Funktion als Zeugnis des literarischen Widerstands gegen den

Nationalsozialismus hinaus – als eines der wichtigsten Werke der dt. Literatur im 20. Jh. S. hat über 180 Einzelveröffentlichungen – Romane, Geschichtsstudien, Essays, Dramen, Gedichtsammlungen usw. – verfaßt. Unveröffentlichte Texte, darunter verschiedene, auch biographisch wichtige Briefwechsel, sollen im Auftrag der Reinhold-Schneider-Gesellschaft in eine kommende, kritische Werkausgabe aufgenommen werden.

Lit.: R. Schneider: Gesammelte Werke in zehn Bänden, hg. von E. M. Landau et al., 1977–1981; Tagebuch 1930–1935, 1983; Las Casas vor Karl V., 1990; Verhüllter Tag, 1991; Der Tröster, 1992; Winter in Wien, 1993; Der Balkon, 1993.

H. U. v. Balthasar: Nochmals Reinhold Schneider, 1991; C. Koepcke: Reinhold Schneider. Eine Biographie, 1993; C. P. Thiede (Hg.): Über Reinhold Schneider, 1980; ders. (Hg.): Christlicher Glaube und Literatur, Bd. 2: Reinhold Schneider, 1988; I. Zimmermann: Reinhold Schneider. Weg eines Schriftstellers, [2]1983.

C. P. Thiede

Schneller, Johann Ludwig (1820–1896)

S., geb. am 15. 1. 1820 in Erpfingen (Württ.), gest. am 18. 10. 1896 in Jerusalem. Der Sohn eines Webers erhielt zunächst eine Lehrerausbildung und wurde 1847 von C. F. →Spittler zum ersten Inspektor und Hausvater der Pilgermission St. →Chrischona bei Basel berufen. 1850 wurde er Vorsteher des Brüderhauses in Jerusalem, wo er 1860 das Syrische Waisenhaus gründete. Hier wurden Waisen, zunächst sieben Jungen, die die Christenverfolgung im Libanon im Jahre 1860 überlebt hatten, aufgenommen und erhielten eine Ausbildung als Handwerker oder Lehrer. Das syrische Waisenhaus bestand bis zum Zweiten Weltkrieg. 1960 kam es in Amman (Jordanien) zur Neugründung. Für das arab. Volk hat S. Bedeutendes geleistet.

Lit.: J. L. Schneller: Die Kaiserfahrt durchs Heilige Land, [3]1899; Kennst du das Land? Bilder aus dem gelobten Lande zur Erklärung der heiligen Schrift, [2]1899.

L. Schneller: Vater Schneller, 1925; ders.: Wünschet Jerusalem Glück. FS zum 50jährigen Jubiläum des Syrischen Waisenhauses in Jerusalem, 1911.

H.-J. Hoeppke

Schnepel, Erich (1893–1986)

S., geb. am 30. 3. 1893 in Felsberg bei Kassel, gestorben am 21. 6. 1986 in Biedenkopf/Hessen.

Als Sechzehnjähriger macht er erste geistl. Erfahrungen mit Christus; Studium der Theologie in Tübingen, stark beeinflußt von Karl →Heim. Ab 1919 Mitarbeit in der Berliner Stadtmission, während dessen geistl. Aufbruch. Nach dem Zweiten Weltkrieg Gemeindeaufbau in Großalmerode bei Kassel. Zugleich Schriftführer der →Pfarrer-Gebets-Bruderschaft (PGB); Aufbau einer Heimstätte für Pfarrer. Seit 1965 Ruhestand in Marburg-Wehrda, er investiert von nun an gemeinsam mit seiner Frau viel Zeit und Kraft in die PGB (Pfarrertagungen und umfangreiche Besuche in Pfarrerkreisen), den Aufbau von Ferienseminaren für Theologiestudenten gemeinsam mit den Pfarrern Hermann Risch und Otto Rodenberg. Der seelsorgerl. Begleitung von Studenten widmet er sich bis in sein hohes Alter hinein.

S. war es gegeben, eine Schau von Christus im Wissen um seine Einzigartigkeit zu vermitteln. »Jesus ist heute und allezeit in jeder Lage und für jeden Menschen im Vollsinn das Leben.« Allergisch reagierte er auf jede Verschiebung des Heilsweges und auf jede Bedrohung des befreienden Evangeliums. »Mit ihm haben wir alles. Es bedarf keiner Ergänzung.« Zugleich lag ihm die Schau für die Gemeinde Jesu am Herzen, die er neben Jesus als das größte Geschenk bezeichnete. Durch die Arbeit im Berliner Osten und in Großalmerode hatte er einen Anschauungsunterricht für das erhalten, was charismatische Gemeinde ist. So kann er in Praxis und Theorie (»Briefe aus dem Berliner Osten«) als

ein Pionier der heutigen Gemeindeaufbau-Bewegung (→Gemeindeaufbau) gelten. Immer wieder hat er Pfarrer und Theologiestudenten zu einem bruderschaftlichen Leben ermutigt. Schließlich hatte er eine eigene Schau für das schlichte, persönliche Bibellesen in der Gemeinde gewonnen. Daneben betonte er die Bedeutung des intensiven Bibelstudiums und die exeget. Mühe um die bibl. Wahrheit.

Lit.: E. Schnepel: Christus im frühen Mittelalter, [2]1950; Christus im Römerreich – Der Weg der Gemeinde Jesu in den ersten vier Jahrhunderten, [2]1950; Christus – das alleinige Fundament für Glaube, Kultus und Leben (der Kolosserbrief), 1950; Briefe aus dem Berliner Osten und aus Großalmerode, 2 Bde., 1950, 1953; Das Werk Jesu in uns und durch uns – Auslegung des 2. Korintherbriefes, 1953; Das befreiende Evangelium – Studien zu Kapiteln 5-8 des Römerbriefes, 1980; Ein Leben im 20. Jahrhundert, (Autobiographie 2 Bde.), 1966; Das Buch mit den sieben Siegeln [7]1970; Gemeinde aktuell, Lebensfragen der christlichen Gemeinde heute, 1978.

J. Leuthner: Seine Einseitigkeit war Jesus, ThBeitr 24, (1993), 155–164.

Th. Wendel

Schniewind, Julius (1883–1948)

S., geb. am 28. 5. 1883 in Elberfeld, gest. am 7. 9. 1948 in Halle/Saale, war Privatdozent (NT) 1914 in Halle, Prof. (a. o. 1921), ab 1927 in Greifswald, 1929 in Königsberg, wo er neben H. J. →Iwand zum geistl. Berater der Bekennenden Kirche Ostpreußens wurde. Nach Strafversetzungen (1935 Kiel, 1936 Halle) 1937 Entzug der Lehrerlaubnis. Illegale Lehr- und Prüfungstätigkeit in ganz Deutschland 1937–1938, nach 1945 wieder legal in Halle, seit 1946 zusätzlich Propst zu Halle und Merseburg. Angefangen von seiner Bonner Dissertation (1910: Die Begriffe Wort und Evangelium bei Paulus) ging es ihm immer wieder um das eigentümliche »Wort« des NT und der ganzen Bibel, das richtende und erneuernde Kraft für den Menschen und die Kirche in sich trägt. Reformat. Bekenntnis verband sich ihm mit dem zutiefst prägenden Einfluß M. →Kählers und den existentiellen Fragestellungen S. →Kierkegaards, wobei er aber stärker als Kähler auf die kritische Forschung eingehen konnte (1914: Die Parallelperikopen bei Lukas und Johannes, 1927 und 1931: Euangelion. Ursprung und erste Gestalt des Begriffs Evangelium, 1930: Zur Synoptiker-Exegese). S.s Denken ist den Fragestellungen der →Dialektischen Theologie nahe, geht aber andere Wege im Ernstnehmen der Geschichte und der atl.-jüd. Überlieferung, insbesondere ihres endzeitlichen und apokalyptischen Zeugnisses. 1944 erschien seine »Antwort an Rudolf Bultmann«, in der er sich kritisch mit der →Entmythologisierung auseinandersetzt. Seine Kommentare zu Markus (1933) und Matthäus (1937), ebenso wie seine zahlreichen Aufsätze zu Umkehr und Erneuerung von Pfarrerstand und Kirche (1947: Die geistliche Erneuerung des Pfarrerstandes) geben eindrucksvoll Zeugnis von einem in letzter Verantwortung stehenden Lehrer der Kirche, der von ihrer Bedrohung ebenso weiß

wie von der Verheißung, unter der sie ihren Weg gehen darf (1945: Weltgeschichte und Weltvollendung). Jesus ist als der Menschensohn der kommende Weltenrichter, aber wo Menschen auf seine Stimme hören, wird ihnen schon hier die »Freude der Umkehr« geschenkt. Die →Rechtfertigung verstand S. als das Bestehen im letzten Gericht.

Lit.: E. Kähler: Julius Schniewind. Nachgelassene Reden und Aufsätze, ²1987 (Lit.); ders. (Hg.): Julius Schniewind. Die Freude der Buße. Zur Grundfrage der Bibel, 1956; H. J. Kraus, O. Michel: Zur Erneuerung des Christenstandes, 1966; H. J. Kraus: Julius Schniewind. Charisma der Theologie, 1965; O. Michel: »Julius Schniewind« (1966), in: Julius Schniewind: Geistliche Erneuerung, 1981; W. Wiefel: Julius Schniewind (1883–1948), Reformation, Spiritualität und theologische Existenz, KuD 29 (1983), 182–196.

H. Lindner

Scholastik

1. Allgemeines. Abgrenzung

Unter S. versteht man traditionellerweise die Theologie des lateinischen Abendlandes im (hohen und späten) Mittelalter, wobei die Philosophie immer mitgemeint ist, da beide eng miteinander verbunden und, von charakteristischen Ausnahmen abgesehen, die »Großen« in der Theologie auch die bedeutendsten Philosophen sind. Da die geistesgeschichtliche Entwicklung in den Rechtswissenschaften und in der Medizin in vielem mit der in Theologie und Philosophie parallel läuft und es, sachlich und methodisch, Querverbindungen und gegenseitige Beeinflussungen gibt, wären diese mit einzubeziehen; dies unterbleibt aus Gründen der Zielsetzung.

Hinsichtlich der zeitlichen Erstreckung der S. wird das Ende allgemein mit dem 15. Jh. angesetzt, da durch die Reformation und die Spaltung der abendländischen Christenheit und Theologie eine in vieler Hinsicht neue Situation eingetreten ist. Das schließt Beziehungen und Übergänge ebensowenig aus (trotz kritisch-abgrenzender Äußerungen vieler Reformatoren) wie das Weiterwirken der Sch. z.B. in der (ev.) altprotestantischen →Orthodoxie (17. Jh.), in der (kath.) sog. Barockscholastik (16.-18. Jh.) wie dann auch, im Gegenzug zur Aufklärung, in der (kath.) sog. Neuscholastik des 19. Jh.s, deren Nachwirkungen bis fast in die Gegenwart der kath. Theologie reichen.

Den Beginn der S. hat man verschieden bestimmt, hat einerseits →Boethius (gest. 524) als »ersten Scholastiker« und →Anselm von Canterbury (gest. 1109) als »Vater« der S. bezeichnet (Grabmann), läßt andererseits die S., als »Schul«-Theologie, mit dem Aufblühen der (Kathedral-)Schulen im 12. Jh. beginnen (M. A. Schmidt). Einigkeit besteht unter denen, die den Begriff verwenden, daß im 13. Jh. die S. zu voller Entfaltung kommt, das 12. Jh. die Frühgeschichte darstellt und im 11. Jh. jedenfalls Wurzeln liegen. Läßt man, wie üblich, →Patristik (Zeit der Kirchenväter) und S. nahtlos aneinander anschließen, dann gehören das 6. und 7. Jh. evtl. noch zur Patristik oder bilden eine Art Übergangszeit, die theologischen Denkbemühungen der Karolingerzeit (8./9. Jh.) jedenfalls aber zur S. im weiteren Sinne.

Neuerdings wird auf den Begriff S. teilweise ganz und bewußt verzichtet, man spricht dann einfach von mittelalterlicher Theologie bzw. Philosophie (Flasch, Sturlese).

Die gelegentlich begegnende Entgegensetzung von scholastischer (= Hoch-Schul-) und monastischer (= klösterlicher) Theologie mag bisweilen ein Wahrheitsmoment enthalten (z.B. im 12. Jh. →Abaelard gegenüber →Bernhard von Clairvaux), ist aber im ganzen so nicht starr zu handhaben.

Auch die Entgegensetzung von S. und Mystik ist insofern problematisch, als die Mystiker in der Regel auch ihrerseits scholastische Theologen sind (z.B. Meister →Eckhart) und sich in den Werken der nach dieser Unterscheidung eigentlichen Scholastiker mystische Elemente finden (z.B. →Bonaventura).

Im Folgenden gehe ich davon aus, daß einerseits, im weiteren Sinne, die gesamte abendländische mittelalterliche Theologie einzubeziehen ist (vom 6. bzw. 7. Jh. an), andererseits S. im engeren bzw. eigentlichen Sinne die erste Hälfte des 2. Jahrtausends umfaßt, gegliedert in Vorscholastik (11. Jh.), Frühscholastik (12. Jh.), Hochscholastik (13. Jh.) und Spätscholastik (14. und 15. Jh.) – wobei freilich für die letztere Bezeichnung der Gedanke (der wahrscheinlich zu dieser Terminologie geführt hat) fernzuhalten ist, alles, was nach →Thomas von Aquin (und seinen Zeitgenossen) komme, sei Niedergang und Abfall.

2. Grundlagen

S. ist theologische Denkbemühung auf dem Boden von »Autoritäten«, wozu in erster Linie die →Bibel gehört (so daß es Bibelkommentare von beinahe allen Sch.ern gibt), sodann die kirchliche Tradition in Gestalt der Werke der (vor allem: lateinischen) Kirchenväter und, soweit vorhanden, kirchenamtlicher Äußerungen, dies alles unter Einbeziehung der (antiken) Philosophie und ggf. in Auseinandersetzung mit ihr nach dem jeweiligen Kenntnisstand. Hinsichtlich des Bibelverständnisses wird die Theorie vom mehrfachen, maximal vierfachen Schriftsinn (→Bibel) vorausgesetzt und angewendet.

Von den »Vätern« ist, neben Hieronymus (gest. 420) als Bibelinterpret, →Augustin (gest. 430) mit Abstand der wichtigste und einflußreichste; seine Werke sind in Auszügen oder im ganzen bekannt und geben wichtige Themen der S. vor: Trinitätsspekulation, »Psychologie«, Anthropologie, Sünden- und Gnadenlehre sowie Prädestination, wobei die Anknüpfung an verschiedene Stadien der augustinischen Theologie Kontroversen auslösen kann; auf ihn (und die anderen Kirchenväter) geht auch der latente oder deutlichere »Platonismus« des Mittelalters zurück, der sich dann in der eigentlichen S. zunehmend dem →Aristotelismus konfrontiert sieht.

Boethius (gest. 524) hat Teile der aristotelischen logischen Schriften ins Lateinische übersetzt und so dem Mittelalter bereitgestellt, ebenso das System der sieben sog. *artes liberales* (»freien Künste«: drei »Geisteswissenschaften«: Grammatik, Rhetorik, Dialektik = Logik; vier »Naturwissenschaften«: Arithmetik, Geometrie, Musik, Astronomie), die lange Zeit den Unterbau der Theologie geprägt haben (im 13. Jh., an den Universitäten, dann als Eingangsfakultät vor Theologie, Recht und Medizin); Boethius hat wichtige Begriffsdefinitionen geschaffen und, in seinen »theologischen Traktaten«, eine philosophische Theologie entwickelt. Die (mystisch-spekulativen) Schriften des Pseudo-→Dionysius Areopagita (ca. 500) werden später in lat. Übersetzung bekannt und wichtig (Transzendenz Gottes, »negative Theologie«).

Die literarischen Formen der S. wandeln sich im Laufe der Entwicklung, wobei es natürlich immer Bibelauslegung, theol. Abhandlungen (»Traktate«) und Predigten gibt. Die Sprache der S. ist lange Zeit ausschließlich und insgesamt beherrschend die lateinische; erst in der Späts. treten die Landessprachen hinzu (z.B. katalanisch: Raimundus →Lullus, gest. 1316; deutsch: Meister Eckhart, gest. 1328).

3. Epochen

a. Vorkarolingische Zeit (6./7. Jh.)

Die Theologie der Zeit ist relativ unselbständig und traditionsgebunden. Es werden Sätze der »Väter« evt. zusammengestellt und weitergegeben, selten systematisiert; kirchliche Fragen (Liturgie, Amt) werden einbezogen; wichtige Theologen sind Papst Gregor der Große (gest. 604), →Isidor von Sevilla (gest. 636) und später →Beda Venerabilis (gest. 735).

b. »Karolingische Renaissance« (8./9. Jh.)

In dieser Zeit (Mitte 8. bis Ende 9. Jh.) einer von →Karl dem Großen (gest. 814) ins Werk gesetzten Bildungsreform (er holt →Alkuin, gest. 804, als geistigen Leiter und Organisator dazu aus England an seinen Hof) gewinnt die Theologie an Präzision und eigenem Gewicht, eine erste Eucharistie- und Prädestinationsdebatte führt zu Auseinandersetzungen, die pseudo-dionysischen Schriften werden ein erstes Mal übersetzt und vom bedeutendsten Theologen der Zeit, Johannes →Scotus Eriugena (gest. ca. 880) umfassend benutzt.

Das 10. Jh. *(saeculum obscurum,* »das dunkle Jahrhundert«) bewahrt die geistige Blüte nicht.

c. Vorscholastik (11. Jh.)

Theologie wird nun vor allem an den Klosterschulen des Frankenreiches betrieben. Über die Einbeziehung rationaler Überlegungen in die Theologie und deren Tragweite gibt es Streit zwischen den Dialektikern (= Logikern, die also die *ratio* positiv bewerten und entsprechend verfahren) und den Antidialektikern als den Konservativen. Die Differenzen entladen sich vor allem in dem um die Abendmahlslehre →Berengars von Tour (gest. 1088) entbrannten eucharistischen Streit (Gegner Berengars sind →Lanfrank, gest. 1089, und die »offizielle« Kirche). Am Ende des Jh.s leuchtet →Anselm von Canterbury (gest. 1109) hervor, der mit seinem »Programm« *(fides quaerens intellectum,* »der Glaube der nach Einsicht sucht«, bzw. *credo ut intelligam,* »ich glaube, damit ich einsehe«) einen Hauptimpuls der S. vorbezeichnet – wobei er selber seine Theologie *sola ratione,* »allein durch Denken« (also nicht auf Autoritäten als solche gestützt) entwickelt (einschließlich immerhin der Menschwerdung Gottes in Christus). Hierin ist ihm die S. im allgemeinen nicht gefolgt.

d. Frühscholastik (12. Jh.)

Charakteristische literarische Form der Theologie wird die Sentenzensammlung (Vorbild: Zusammenstellungen des kanonischen Rechts, Burchard von Worms, gest. 1025, und dann vor allem Gratian, 12. Jh.): Sätze der Bibel und der »Väter« (und dann zunehmend, meist anonym, der Theologen der eigenen Gegewart) werden unter sachlichen bzw. systematischen Gesichtspunkten zusammengestellt; wo sich Unterschiede oder Widersprüche ergeben, reizt dies zur gedanklichen Aufarbeitung, mit dem Ziel des Ausgleichs; →Abaelard (gest. 1142) hat weiterwirkende methodische Regeln dazu erarbeitet (in seinem Werk *Sic et non,* »Ja und Nein«).

Die wichtigste und geschichtsträchtigste dieser Sammlungen ist die des Petrus →Lombardus (gest. 1160 als Bischof von Paris); sie wird vom 13. Jh. an als Lehrbuch dem akademischen Unterricht zugrundegelegt; daraus erwächst die nun üblich werdende literarische Gattung des Sentenzenkommentars (bei vielen Theologen das Hauptwerk). Das Bekanntwerden aller logischen Schriften des →Aristoteles fördert methodisch verantwortete Rationalität in der Theologie, die heftig bekämpft wird (→Bernhard von Clairvaux, gest. 1153, gegen Abaelard). Stätten der Theologie sind vor allem die (Kathedral-)Schulen Frankreichs. Als theologische »Schulen« heben sich die von St. Viktor (Paris; heilsgeschichtlich geprägte Theologie, →Viktoriner) und die von Chartres heraus (Interesse an Naturphilosophie und Mathematik auf platonischer Grundlage).

e. Hochscholastik (13. Jh.)

Die theol. Arbeit der Zeit ist gekennzeichnet durch die Entstehung der Universitäten (Paris 1200 usw., meist aus den Kathedralschulen) und ihrem Unterrichtsbetrieb (alle Theologen durchlaufen zunächst die – philosophische – *artes*-Fakultät), durch das sukzessive Bekanntwerden der gesamten aristotelischen Schriften und der wichtigsten arabisch-islamischen Kommentatoren (Avicenna, gest. 1037, Averroes, gest. 1198) als kräftiger Gedankenimpuls auch für die theologische Arbeit sowie durch die Entstehung der Bettelorden (Dominikaner, Franziskaner), die, nach anfänglicher Reserve bei den Franziskanern, rasch in die wissenschaftlich-theologische Arbeit eintreten. Neben Bibelkommentaren gibt es nun Kommentare zu den Sentenzen des Lombarden und solche zu philosophischen (aristotelischen) Schriften.

Kommentare erwachsen aus der akademischen Übung der *lectio* (»Lesung« = Vorlesung: Lesung, Gliederung, Erläuterung, Durchdringung des vorgegebenen Textes). Daneben steht die *disputatio* (»Disputation« = Erörterung eines Themas anhand vorgegebener »Autoritäten« in gedanklicher Aufarbeitung), deren Struktur weithin die theologische Literatur beherrscht: Eine Frage als Ausgangspunkt; Argumente für die einer Antwort; Argumente dagegen; »Antwort« des Magisters (in der Regel auf der Linie der Gegenargumente); Widerlegung der Erstargumente (konsequent durchgeführt z.B. in den »Artikeln«, den kleinsten Unterabschnitten der *Summa theologiae* des →Thomas von Aquin). Dieses literarische Element zwingt zu gedanklicher Klarheit und sorgfältigem Argumentieren, hat freilich in der konsequenten Anwendung bisweilen etwas Künstliches (wenn z.B. die Antwort unstreitig ist und die Einleitungsargumente nicht ganz ernst gemeint) und Ermüdendes.

Inhaltlich wird in den systematischen Werken der Zeit (Sentenzenkommentare, Summen, Quaestionensammlungen) das Gesamtgebiet der Theologie behandelt, wird über die Theologie als Wissenschaft und ihre mögliche Besonderheit nachgedacht (z.B. Thomas von Aquin: übernatürliche Theologie auf den unhinterfragbaren Glaubensartikeln aufbauend im Gegenüber zur philosophischen Theologie – eine folgenreiche Unterscheidung). Die (aristotelische) Philosophie wird auf unterschiedliche Weise einbezogen; kirchliche Verurteilungen (1231: Verbot der aristotelischen Schriften für den akademischen Unterricht; 1270 und 1277: Verbot bestimmter aristotelisch geprägter Sätze) behindern die Arbeit nur teilweise; radikalere Aristoteliker (z.B. Siger von Brabant, gest. 1280/84 – Überindividualität des menschlichen Intellekts, Ewigkeit der Welt als Reizthemen) geraten unter kirchlichen Häresieverdacht. Die großen Ordenstheologen des Jh.s wirken schulbildend für die folgende Zeit (Franziskaner: →Bonaventura, gest. 1274, Johannes →Duns Scotus, gest. 1308; Dominikaner: →Albert der Große, gest. 1280; Thomas von Aquin, gest. 1274; Augustinereremiten – Luthers Ordensheimat –: Aegidius Romanus, gest. 1316).

f. Spätscholastik (14./15. Jh.)

Die »Großen« der Hochscholastik waren um Synthese und Ausgleich bemüht (Glaube/Denken; Theologie/Philosophie) und haben unterschiedliche Lösungen gefunden. Diese werden teils weitergeführt (z.B. Raimundus →Lullus, gest. 1316: Vernünftigkeit des Christentums), teils problematisiert (z.B. Dietrich von Freiberg, gest. ca. 1320). Die Logik wird ausgebaut und verfeinert bis hin zu den später viel gescholtenen »Subtilitäten« (Johannes Buridanus, gest. 1358). Natur-»wissenschaftliche« Fragen werden freier angegangen (z.B. Nicolaus Oresme, gest. 1382: Erdumdrehung). Ethik und Gesellschaftspolitik werden deutlicher zu Themen der Theologie, die weniger der Spekulation als vielmehr dem Leben dienen soll (z.B. →Marsilius von Padua, gest. 1342/43: *Defensor pacis,* »Verteidiger des Friedens«; Lorenzo →Valla, gest. 1457, plädiert für die *ratio experimento probata,* »die durch Erfahrung erprobte Vernunft«).

Die sich aus der teilweise desolaten Lage der Kirche ergebenden Fragen (Päpste in Avignon, 1309–1377; abendländisches Schisma, 1378–1415; →Konziliarismus gegen →Papalismus) beschäftigen die Theologie (z.B. Johannes →Gerson, gest. 1429). Die spätaugustinische Gnadenlehre kommt neu zur Geltung (Thomas Bradwardine, gest. 1349). »Mystische« Erfahrungen werden theologisch aufgearbeitet (Meister →Eckhart, gest. ca. 1328; die Konsequenzen seiner These *esse Deus est,* »das Sein ist Gott«, und alles andere »ist« nur »in« ihm, wecken Häresieverdacht). Denken und Glaube bzw. Philosophie und Theologie treten teilweise ganz auseinander (z.B. Wilhelm von →Ockham, gest. ca. 1349). Ansätze einer strengen Bibelnormativität werden erkennbar (Johannes →Wyclif, gest. 1384). Platon tritt wieder stärker ins Bewußtsein gegenüber Aristoteles (nach anderen bei Marsilio Ficino, gest. 1499: Übersetzung aller Dialoge). Die neue Frömmigkeit der →»devotio moderna« macht sich theologisch geltend (Jan van →Ruysbroeck, gest. 1381; Gert Groote, gest. 1384, →Brüder vom gemeinsamen Leben). →Nikolaus von Kues (gest. 1464) erneuert auf seine besondere Art theologisch-philosophische Spekulation von mathematisch-naturwissenschaftlichen Erkenntnissen her und bezieht das weite Feld anderer Christentümer und Religionen in seine Überlegungen ein. Gabriel →Biel (»der letzte Scholastiker«, gest. 1495) versucht in seinem Sentenzenkommentar die verschiedenen theologischen Richtungen aufzunehmen. Er leitet über zur Reformation mit ihren veränderten bzw. neuen Fragestellungen.

4. Forschungsstand und Bedeutung

Eine eigentlich wissenschaftliche Beschäftigung mit der S. beginnt in Ansätzen im 19. Jh.; im 20. Jh. hat sie einen gewaltigen Aufschwung genommen. So liegen inzwischen viele wissenschaftliche Textausgaben (Gesamtwerk oder Einzeltexte) und Monographien vor. Vieles ist freilich (im Unterschied zur Situation bei den Kirchenvätern der ersten Jahrhunderte) noch unediert und unaufgearbeitet, vor allem im Bereich der Späts., so daß wissenschaftliche Arbeit vielfach auch Handschriften heranziehen und Terrain erst noch erobern muß.

Im Maße der Aufarbeitung differenziert sich das Bild der S. Die Forschungsarbeit war lange Zeit fast ausschließlich Sache der kath. Theologie (und Philosophie), die insbesondere seit Papst Leo XIII. (1878–1903) ein besonderes sachliches Interesse an Thomas von Aquin und seinem theologiegeschichtlichen Kontext hatte, ihn bzw. seine »neuthomistische« Deutung oft dann auch zum Beurteilungsmaßstab machte. Ev. Theologie hielt sich hier lange zurück, vor allem in einigermaßen kritikloser Zugrundelegung der reformatorischen negativen Urteile über die S. Hier sind Wandlungen eingetreten – schon aus ökumenischen Gründen zu Recht und dann auch insofern, als für die »richtige« Interpretation, Einordung und Bewertung der reformat. und späteren (ev.) Theologie die Kenntnis der unmittelbaren Vorgeschichte im Mittelalter unerläßlich ist, zumal die meisten der reformatorischen Themen (Bibelverständnis, Gnadenlehre, Sakramente, Kirche und Amt) aus den Diskussionen der S. stammen und die Reformatoren an den Diskussionsstand der Zeit anknüpfen, nicht einfach unmittelbar an die Bibel oder etwa Augustin.

Im übrigen bleibt es das große Verdienst der S., die früher sog. apologetischen, heute meist »fundamentaltheologisch« genannten Fragen, d.h. die Verantwortung der Aussagen des Glaubens gegenüber dem menschlichen Denken *(ratio)* und den Einwänden und Anfragen der Ungläubigen unter Einbeziehung nicht-theologischer Denkbemühungen klar gestellt und Antworten gesucht zu haben; die Antworten unterliegen dem Wandel, die Fragen und die Aufgabe bleiben, nach 1Petr 3,15, unverzichtbar und notwendig – wobei Anselm von Canterburys Vertrauen in das Denken auch dann vorbildlich bleibt, wenn man im einzelnen skeptischer bzw. »geschichtlicher« urteilt.

Lit.: Theol. Gesamtdarstellungen: A. Adam: Lehrbuch der Dogmengeschichte, Bd. 2, 1968, 13-171; M. A. Schmidt: »Scholastik«, in: KIG, Band 2, Lfg. G, 1969, 65-181; ders.: »Zeit der Scholastik«, in: C. Andresen (Hg.): Handbuch der Dogmen- und Theologiegeschichte, Bd. 1, 1983, 567–754; R. Seeberg, Lehrbuch der Dogmengeschichte, Bd. 3, [4]1930 (= ND 1959).

Phil. Gesamtdarstellungen: B. Geyer: Die patristische und scholastische Philosophie (F. Ueberwegs Grundriß der Geschichte der Philosophie, Bd. 2), [11]1927 (= ND 1955/60); K. Flasch: Das philosophische Denken im Mittelalter, 1986; ders. (Hg.): Mittelalter (Geschichte der Philosophie in Text und Darstellung, Bd. 2), 1982; ders.: Einführung in die Philosophie des Mittelalters, (1987) [2]1989 (mit ausführlichem Verzeichnis dt., engl. und frz. Übersetzungen mittelalterlicher Texte, 198–219); J. Pieper: »Scholastik«. Gestalten und Probleme der mittelalterlichen Philosophie, 1960; L. Sturlese: Die deutsche Philosophie im Mittelalter. Von Bonifatius bis zu Albert dem Großen (748–1280), 1993.

Zu Begriff und Methode: M. Grabmann: Die Geschichte der scholastischen Methode, 2 Bde., 1909/11 (= ND 1961); R. Schönberger, Was ist Scholastik?, 1991.

Bibliographie: W. Totok, Handbuch der Geschichte der Philosophie, Bd.2, 1973 (Lit. 1920–1966). Laufend: Theologie und Philosophie: Revue d'Histoire ecclésiastique. Bibliographie (RHE.B), 1.1900ff. (89.1994); Philosophie: Répertoire bibliographique de la philosophie (RBP), 1.1949ff. (46.1994); Theologie: Bulletin de Théologie ancienne et médiévale (BThAM), 1.1929/31ff. (16.1994ff.: Rezensionen, Schwerpunkt Mittelalter); Forschungsstand und -vorhaben: Bulletin de philosophie médiévale, (1.1959) 6.1964ff. (36.1994).

B. Steinseifer

Schöner, Johann Gottfried (1749–1818)

S., geb. am 15. 4. 1749 in Rügheim bei Schweinfurt, gest. am 28. 6. 1818 in Nürnberg; luth. Pfarrer, Kirchenlieddichter.

Seit 1773 bekleidete S. in der freien Reichsstadt Nürnberg verschiedene geistl. Ämter: Frühprediger an der Margarethenkapelle (daneben seit 1774 Armenhauskatechet), Diakonus an der Marienkirche (1776) und an der Lorenzer Haupt- und Pfarrkirche (1785), daselbst schließlich Stadtpfarrer (1809). Eine rel.-empfindsame Natur, erlebte er 1776/1777 eine Erweckung und wurde der Mittelpunkt des pietistischen Lebens in der Stadt: Er übernahm die Leitung der 1781 entstandenen ersten »Partikulargesellschaft« der Dt. →Christentumsgesellschaft (1780) und gründete zusammen mit dem Kaufmann Johann Tobias →Kießling 1804 eine Bibelgesellschaft, aus der 1823 der Zentralbibelverein in Bayern erwuchs.

Trotz fortwährender körperlicher Leiden wirkte er unermüdlich und avancierte mit seiner ökumen. Gesinnung über Nürnberg und Franken hinaus zu einer markanten Gestalt des dt. Spätpietismus, dessen Einmündung in die Kirchengeschichte er mitprägte.

Bekannt wurde S. auch als Prediger und vor allem Dichter gefühlvoller Lieder, die mitunter an →Gellert erinnern; zu den bedeutendsten zählen: »Himmelan, nur himmelan« und »Seele, ruh in jeder Nacht«. Außerdem entfaltete er eine rege schriftstellerische Tätigkeit und veröffentlichte neben Predigt- und Liedersammlungen auch Kinder- und Erbauungsschriften.

Lit.: J.G. Schöner: Evangelienpredigten 2 Bde., 1804; ders.: Vollständige Sammlung der geistlichen Lieder und Gedichte, 1810.

E. E. Koch: Geschichte des Kirchenlieds und Kirchengesangs, Bd. 7, ³1869, 399–406; K. F. Ledderhose: Johann Gottfried Schöner, 1854; W. Raupp: »Schöner, Johann Gottfried«, BBKL IX (ersch. 1995; WW, Lit.).

W. Raupp

Schopenhauer, Arthur (1788–1860)

1. Lebenslauf

S. wird am 22. Februar 1788 in Danzig als Sohn eines Großkaufmanns und der später zu literarischem Ansehen gelangten Schriftstellerin Johanna S. geboren. Auf mehrjährigen vom Vater finanzierten Reisen durch Mittel- und Westeuropa erwirbt sich S. eine solide Welt- und Menschenkenntnis. Von 1810 an studiert er in Göttingen und Berlin Philosophie. 1811 hört er vor allem J. G. →Fichte und promoviert 1813 in Jena mit einer Arbeit »Über die vierfache Wurzel des Satzes vom zureichenden Grunde«.

Sein Versuch, 1820 nach Abschluß seiner Habilitation als Gelehrter in Berlin Karriere zu machen, scheitert. Er gehört zwar bis 1834 der dortigen Fakultät als Privatdozent an, legt seine Vorlesung bewußt auf die gleichen Zeiten wie →Hegel, findet aber kaum Beachtung bei den Studenten. Seitdem begegnet er »Hegel und seiner Rotte« mit Spott und Haß. Verbittert zieht er sich zurück, begibt sich auf ausgedehnte Reisen, die er sich durch das väterliche Erbe leisten kann, und lebt seit 1833 endgültig als freier Schriftsteller in Frankfurt/Main – mit sich und der Welt uneins und in ständiger Polemik gegen den etablierten Universitätsbetrieb.

Am 21. September 1860 stirbt S. als unverbesserlicher Pessimist in Frankfurt.

2. Das philosophische Werk

S.s Hauptwerk mit dem programmatischen Titel »Die Welt als Wille und Vorstellung« (1818) besteht aus vier Büchern, der eigenständige Entwurf tritt mit deutlichem Schwergewicht im letzten Band hervor. Im ersten Buch vertieft S. seine Auseinandersetzung mit der Kantschen Erkenntnistheorie, die er bereits in seiner Dissertation über das Kausalitätsproblem entfaltet hatte. Die Welt der Objekte und Erfahrungen ist für ihn nichts als subjektive Vorstellung. Der Außenwelt kommt also kein Sein-an-sich zu, sondern sie besteht nur als »Gehirnphänom«. Was →Kant das »Ding an sich« nannte, ist für S. jedoch der sich objektivierende Wille. In seiner konstitutiven Herausstellung des Willens gegenüber dem Intellekt sieht S. eine »Kopernikanische Wende« für die europ. Philosophie.

Im zweiten Buch beschreibt S. den Leib als erste und grundlegende Objektivation des Willens. Dieser stellt sich ambivalent dar. Als Element kausaler Wechselwirkungen ist er raum-zeitlich gegeben und bleibt doch zugleich Instrument des Willens, der auch unmittelbar schöpferisch tätig ist. Ungeachtet der Verleiblichung des Willens in je verschiedene individuelle Gestaltwerdungen, herrscht doch in allen Wesen nur der eine universale Weltwille. Sowohl die kognitiven Vorstellungen als auch die materiellen Verleiblichungen sind gegenüber dem kosmischen Willen also bloß Schein und Schleier oder gemäß der buddhistischen Terminologie, flüchtige und nichtige Maya.

Im dritten Band stellt S. unter Rückgriff auf →Platos Ideenlehre seine Ästhetik dar. Nur die gemalten Gegenstände der Kunst entsprechen der Idealität des Seins und befreien dadurch aus der scheinhaft-trügerischen Wirklichkeit. Da die Musik völlig gegenstandslos ist, transzendiert sie über jede andere Kunstform hinausgehend auch die Welt der Ideen und führt so zur Begegnung mit dem reinen Weltwillen, der sich in ihr verwirklicht.

Im vierten Buch erörtert S. die Frage nach der Bejahung bzw. Verneinung des Willens zum Leben. Die materielle Welt – und in ihr der Leib – müssen streng deterministisch gedacht werden. Aber das Individuum wird nicht nur als empirisches Subjekt von einem dunklen Drang bestimmt, sondern trägt als intelligibler und freier Charakter Verantwortung. Die Welt muß nun, da sie von einem unendlichen Willen bestimmt wird, aber in allen ihren Objektivation nur endlich sein kann, notwendig leidvoll sein. Die Tatsache, daß der kosmische Wille diese Welt des Leidens geschaffen hat, ist somit eine metaphysische Verschuldung, die a priori dem Weltleid zu Grunde liegt. Die ethische Aufgabe des Menschen besteht konsequenterweise darin, den weltschaffenden Drang des Willens durch asketische Verneinung des Lebens zu durchbrechen. Getragen wird diese Haltung des Verzichts durch die Einsicht, daß alle lebenden Wesen eins sind. Die Erfahrung der fundamentalen Einheit allen Seins wird im Mitleid gemacht. Dieses befreit aus dem Schleier der Maya. Mitleid erkennt sich entsprechend dem ostasiatischen *tat twam asi* (»das bist du«) im anderen und führt auf dem Weg der Entsagung und Selbstverneinung schließlich zum erlösenden Nirwana. Die Einflüsse des →Buddhismus auf S.s System sind unverkennbar.

3. Philosophische und theologische Kritik

S. nimmt entscheidende Einsichten der späteren Psychoanalyse S. Freuds vorweg, indem er gegenüber der rationalistischen Aufklärungsphilosophie die triebhafte Struktur des menschlichen Willens herausarbeitet. Damit trennt sich S. von der Tradition der griech. geprägten Philosophie des Abendlandes, das den Menschen primär als Vernunftwesen definierte und deshalb rationaler Erkenntnis den absoluten Vorrang in der Anthropologie einräumte. Allerdings bleibt bei S. offen, was der Wille, der den Intellekt bestimmt, eigentlich will. Als Weltwille erzeugt er bloße Phänomene. Die Wahrheitsfrage bleibt somit prinzipiell offen. Die Philosophie wird agnostisch, weil der blinde Weltwille keinen sinnvollen Inhalt zu bestimmen und zu begründen vermag. Von dieser Voraussetzung her kann die Welt nur pessimistisch als unerfüllbarer Drang und dumpfes Leid interpretiert werden. Die zynisch scharfe Verurteilung des Menschen in seiner Triebhaftigkeit und Schwäche, führt bei S. notwendig zu Haß und Verachtung. Dies gilt trotz der abstrakten Forderung S., mit allen Wesen Mitleid zu empfinden. Es ist ein Bußruf ohne Möglichkeit der Umkehr und Gnade.

S. leugnet mit seiner vom Buddhismus beeinflußten pessimistischen Philosophie alle grundlegenden Wahrheiten der bibl. Offenbarung. Sein Denken ist atheistisch, weil er den personalen Schöpfer zum apersonalen Weltwillen degradiert. Er verliert damit jeden Zugang zu den positiven Gaben der Schöpfung und aller kreatürlichen Freude. Nach bibl. Verständnis muß nicht die leibliche, sondern nur die sündhafte Welt versöhnt und überwunden werden. Der christl. Glaube motiviert nicht zur Weltflucht, sondern führt zu Weltverantwortung. Er überläßt die Menschen nicht müder Resignation, sondern hofft mit Freude auf die leibliche Auferstehung und das Kommen des Reiches Gottes.

Lit.: A. Schopenhauer: Die Welt als Wille und Vorstellung, Erstausgabe 1819, in: Sämtliche Werke, hg. von W. v. Löhneysen, Bd. I und II, 1961.

G. Keil: Philosophiegeschichte II. Von der Aufklärung bis zur Gegenwart, 1987, 146–152; H. Lamparter: Prüfet die Geister, 1961, 89-99; Metzler Philosophen Lexikon, 1989, 711–715; K. Pfeiffer: Schopenhauer. Die Persönlichkeit und das Werk, 1943; A. Schlatter: Die philosophische Arbeit seit Cartesius. Ihr ethischer und religiöser Ertrag, [5]1981, 249–260; W. Weischedel: Die philosophische Hintertreppe. 34 große Philosophen in Alltag und Denken, 1975, 221–229; H. Wolff: Arthur Schopenhauer. Hundert Jahre später, 1960.

R. Hille

Schopf, Otto (1870–1913)

Kaufmann und Prediger, geb. am 2. 7. 1870 in Heilbronn, gest. am 25. 1. 1913 in St. Ludwig (Elsaß). Nach erfolgreicher Berufstätigkeit als Kaufmann in London erlebt S. seine Berufung zum Theologen und Verkündiger und absolviert von 1891–1896 die Ausbildung der Evangelischen Predigerschule in Basel. Dort wird er durch G. F. →Nagel (1868–1944) zum ersten Mal auf die jungen →Freien ev. Gemeinden aufmerksam und bereits 1896 Prediger der Gemeinde in Wattenscheid und dann 1898–1908 in Witten/Ruhr. Er betreibt 1904 die Gründung des Evangelisationswerkes und 1912 der Predigerschule dieser Freikirche und widmet sich darüber hinaus der Arbeit der Evangelischen →Allianz in Deutschland. Wegen des Auftretens der sog. Casseler Bewegung im Jahr 1907 (→Pfingstbewegung; →Berliner Erlärung) trägt er maßgeblich zu deren theol. Einordnung und kirchl. wie freikirchl. Mißbilligung bei.

Zentrum der Theologie S.s ist die Botschaft Jesu Christi, die im Alltag des Gläubigen unter der Leitung des Heiligen Geistes zu einer im Geist der Verkündigung Jesu gelebten Nachfolge führt. Geistl. Uniformität und Unfreiheit, die das Gewissen des Menschen korrumpieren, ihn einschnüren in konfessionelle Enge oder verführen zu »Buchstabengehorsam«, begründen S.s Forderung nach independenten, nach ntl. Vorbild geleiteten Gemeinden, mit der er die →Ekklesiologie der Freien Ev. Gemeinden neben Konrad Bussemer (1874–1944) und Gustav Friedrich →Nagel (1868–1944) maßgeblich formuliert. Neben seiner fachlichen Kompetenz ist das herausragende Moment seines Schaffens sein versöhnliches und über alle Differenzen in Sachfragen hinweg Menschen zueinanderführendes Wesen. Sch. hat das Werk Hermann Heinrich →Grafes (1818–1869) fortgeführt, selbst aber keinen Nachfolger gefunden.

Lit.: O. Schopf: Zur Casseler Bewegung, [3]o. J. (1907); ders.: Was ist das Entscheidende in unserer Stellung zu den biblischen Gemeindeordnungen?, o.J. (1910), [2]o. J. (1922); ders.: Zum Preis der Gnade, hg. v. F. Fries, 1914;

Th. Habighorst: »Schopf, Otto«, in: BBKL IX, 1995.

Th. Habighorst

Schöpfung

a) biblisch

Gesamtbibl. von der S. zu reden heißt, einem dynamischen Prozeß zu folgen, der in drei Phasen abläuft: dem Schaffen Gottes am Anfang, in der Gegenwart und dem Neuschaffen in der Zukunft. Hierbei spielt wie bei kaum einem anderen Thema der Bibel das AT eine führende Rolle, doch erst die Einbeziehung der ntl. Texte kennzeichnet die bibl. S.slehre auch als christl. Zum anderen ist die unterschiedliche Form und Zielsetzung bibl. S.stexte zu beachten: Hymnisches Lob des Schöpfers (Psalmen), Bedenken der Grundordnung der Welt (Weisheitstexte; 1Mo 2), bekennend-apologetische Weltentstehungslehre (1Mo 1), Zusammenschau von (Neu-)Schöpfung und (Heils-)Geschichte (Jes, Jer, Offb).

1. Schöpfung am Anfang

Von ihr redet die Urgeschichte der Bibel (1Mo 1-11). In dieser bezeugt Israel seinen Gott, der sich Mose mit seinem Namen Jahwe offenbart und seinem Volk rettend und bewahrend verbunden hat, als den Schöpfer aller Dinge. Die Überzeugung, daß Welt und Menschen göttliche S. sind, teilt das AT mit vielen Religionen auf der ganzen Erde. So nimmt es nicht wunder, daß in den Glaubensbekenntnissen Israels (z.B. 5Mo 26,5-9) die S. kein Thema ist und andererseits viele Motive außerbibl. S.sgeschichten im AT anzutreffen sind (Menschenerschaffung aus Erde, Lebensbaum, Sintflut usw.). Das Schaffen Gottes wird auf verschiedene Weise dargestellt. Nebeneinander stehen die systematische »Entstehungsgeschichte« *(toledot)*, die das Weltganze auf der Grundlage des neuesten Standes damaligen Naturwissens erfaßt (1Mo 1) und die tiefe theol. Symbolik der Erzählung 1Mo 2-3, die die Größe und Grenze des Menschen innerhalb seiner natürlichen Umwelt und vor Gott aufzeigt. Gott schafft voraussetzungslos durch sein gebietendes Wort *(bara')*, und zugleich gestaltet er das Geschaffene durch sein Machen, Trennen, Setzen, Formen und gibt der Erde Anteil an seinem Schaffen durch ihr »Hervorbringen« und den Lebewesen durch die Segenskraft der Fruchtbarkeit. Erstmalig in der Geschichte der S.sdarstellungen vermittelt 1Mo 1 die Weltentstehung in einer kontinuierlich von den Grundlagen des Weltgebäudes (Zeit und Raum) über seine Ausstattung mit Pflanzen und Tieren »nach ihren Arten« bis zum Menschen aufsteigenden Reihenfolge mit einem zeitlichen Rahmen. Dieser Zeitrahmen ist nach vorn offen, denn der siebente Tag, der Tag der Vollendung, der durch die Ruhe Gottes gesegnet und geheiligt wird, hat keinen Abend und keinen Morgen wie die anderen Tage. So weist der Anfang der S. auf ihre Vollendung hin.

2. Schöpfung in der Geschichte

In außerbibl. S.sdarstellungen ist das Wirken oder gar das Leben der Schöpfergottheiten oft mit der S. am Anfang beendet. Nicht so in der Bibel. Der den Uranfang Setzende bleibt der Schaffende auch in der Geschichte. Er hat sich Israel in geschichtl. Taten der Rettung aus Not und Schuld (Ägypten und Exil) offenbart. Dabei erwies er sich stets auch als Herr über die Kräfte der Natur. Im Unterschied zu Gottes mühelosem Anfangsschaffen ist sein Heilschaffen jedoch von Mühe und Arbeit geprägt bis zum Leiden und Sterben Jesu (Jes 43,24f; der Knecht bzw. »Arbeiter« Gottes in Jes 53; Phil 2,6-8). Gott, der Retter, wird spontan als der Schöpfer gelobt (Ps, Hiob, Jes), somit Lobpreis und Dank zur ersten Erkenntnis der Welt als Schöpfung. Wie in Gottes Augen alles »sehr schön« ist, so überkommt den Menschen das Staunen über die Wunder der S. und die Freude am Dasein. Der Rhythmus der Tages- und Jahreszeiten, in die der Lebensrhythmus der Menschen sich harmonisch einfügt, steht unter Segen und Verheißung Gottes (1Mo 8,22; Ps 104; 139,13-16). Die Welt ist deshalb mehr als nur »Natur«, die sich zählen und messen, analysieren und manipulieren läßt. Auch die stumme S. lobt Gott (Ps 148). S. hat in der Bibel einen Eigenwert. Sie ist Gottes Welt und nur in abgeleiteter und eingeschränkter Form Welt des Menschen, dem sie zu treuen Händen übergeben ist. Wo der Mensch seine Fürsorgepflicht (1Mo 1,28-30; 2,15) vernachlässigt, kommt es zur »Erschöpfung der Natur«; wo des Menschen eigene S.en die Solidarität mit Gottes S. zerstören und ihr die Sabbatruhe entziehen *(schabat* = »aufhören, nicht eingreifen«), bleibt als Raum für die Geschichte der Menschheit nur ein ausgelaugter Leichnam.

3. Neuschöpfung

Im S.ssabbat angedeutet, vom Propheten angekündigt (Jes 65,17), ist die neue S. vor allem das Thema des NT. Es sieht das Ziel aller Wege Gottes in dem neuen Himmel und der neuen Erde, dem Reich der Herrlichkeit Gottes, nicht nur in der erneuerten Menschheit. Die Glaubenden sind mit allen Geschöpfen zusammengeschlossen im Leiden unter dem »Leib des Todes« und im Hoffen auf seine Erlösung (Röm 8,19ff). Die Geschichte der Menschen mündet zusammen mit der Natur in die neue Leiblichkeit der messianischen S. ein. Diese hat aber schon jetzt mitten in der alten S. begonnen, und zwar mit der Auferweckung Jesu Christi, dem neuen Menschen und wahren Bild Gottes (2Kor 4,4; Kol 1,15). Damit hat Gottes Schöpfergeist den Prozeß der neuen S. in Gang gesetzt, der sich im neuen (ewigen) Leben der von neuem geborenen neuen Menschen bemerkbar macht (Joh 3,3; Röm 6,4; 2Kor 5,17) und in der Totenauferstehung zum Ziel kommt (Röm 8,11; 1Kor 6,14): Es entsteht eine neue Menschheit in der neuen S., in der Gott »alles in allem« ist (1Kor 15,28; Offb 21). Der rechtfertigende Glaube sieht die erste S. aus nichts und die neue S. aus der Totenauferweckung in eins (Röm 4,17). Das unvorstellbare Geheimnis der S. am Anfang und am Ende, in Kontinuität und Abbruch, bleibt dabei gewahrt (1Kor 15,35ff).

Lit.: R. Albertz: Weltschöpfung und Menschenschöpfung, 1974; W. Beyerlin: Religionsgeschichtliches Textbuch zum AT, [2]1985; M. Eliade (Hg.): Die Schöpfungsmythen, 1980; H. D. Preuß: Theologie des AT 1, 1991, 259–274; G. v. Rad: Theologie des Alten Testaments I, [8]1982, 149–179; H. Graf Reventlow: Hauptprobleme der atl. Theologie im 20. Jahrhundert, 1982, 148–168 (Lit. und Forschungsbericht); O. H. Steck: Welt und Umwelt, 1978; C. Westermann: Schöpfung, [4]1983; ders.: Theologie des AT, 1978, 72-101; W. Zimmerli: Theologie des AT, [2]1975, 24-25.

Chr. Wolf

b) systematisch-theologisch

1. Der Begriff

Das Wort »Schöpfung« bezeichnet sowohl den Akt des Uranfangs wie auch das Ergebnis, also die dadurch entstandene und bestehende Welt. Das Thema der theol. S.slehre ist daher die Erschaffung der Welt durch Gott und die theol. Deutung der wahrnehmbaren Wirklichkeit.

2. Bemerkungen zur Theologiegeschichte

Von ntl. Zeiten an hatte die Kirche um den Glauben an Gott den Schöpfer einen Kampf zu führen. Die

Bewegung der →Gnosis wollte trennen zwischen dem wahren Gott, der in Jesus Christus erlöst, und der vorhandenen Welt, die auf einen anderen Welturheber (Demiurg) zurückzuführen ist. In ähnliche Richtung gingen auch andere dualistische Systeme wie der Manichäismus (→Mani/Manichäismus). Dagegen hielt die christl. Kirche daran fest, daß der dreieine Gott nicht nur der Erlöser und Vollender ist, sondern auch der Urheber und Bewahrer dieser Welt (vgl. die Glaubensbekenntnisse). Die unabsehbaren Konsequenzen dieser Entscheidung seien nur kurz angedeutet. Es liegt darin ein grundsätzliches Ja zur vorhandenen Welt. Bei allen Diskrepanzen, die bestehen zwischen dieser »alten Welt« und der »neuen« S. Gottes, geht die Erlösung nicht an der S. vorbei, sondern wird an ihr Ereignis (vgl. dazu auch Konkordienformel I).

Nach der Lehre der Tradition ist »die Schöpfung allein Handlung des einen Gottes und ungeteiltes Werk der drei Personen der Gottheit, in dem der Vater durch den mitewigen Sohn im mitewigen Heiligen Geist aus freiem Willen in sechs bestimmten Tagen alles Sichtbare und Unsichtbare geschaffen hat, nicht aus irgendeinem Stoff, der von Ewigkeit zusammen mit Gott existiert hätte, sondern aus Nichts, um der Herrlichkeit seines Namens willen und zum Nutzen der Menschen. Und alles, was Gott gemacht hat, ist sehr gut« (Johann Gerhard, Loci, IV, 51).

In der Neuzeit wurde dieser S.sglaube vielfach in Frage gestellt. Als man (durch die Kant-Laplacesche Theorie) auch den Anfang des Planetensystems als Ergebnis physikalischer Kräfte deuten konnte, schien die Annahme eines Schöpfergottes überflüssig. Die (spätere) Evolutionstheorie (→Evolution) widersprach nicht nur dem bibl. Bericht über die Erschaffung der Welt in sechs Tagen und der Geschichte vom Sündenfall, sie betrachtete überdies die Entstehung der Lebewesen als einen naturwissenschaftl. zu erklärenden Vorgang. So schien auch von hier aus ein Schöpfergott ohne Funktion. Es verbreitete sich auch die Tendenz zur Beschränkung allein auf das Diesseits, auf die vorhandene, gegebene Welt, ohne eine Ewigkeit Gottes, die (nach der traditionellen Lehre) auch aller Weltentstehung voraufgeht und die mit einer neuen Welt der Erlösung auf uns wartet.

In der Theologie ist seither die S.slehre besonders umstritten. Ist, unter Modifizierung, an der Tradition festzuhalten, oder ist die S.slehre der neuen Lage radikal anzupassen? Eine mehr traditionelle S.slehre entwickelten in jüngerer Zeit z.B. P. →Althaus, K. →Barth, E. →Brunner, E. →Schlink, O. →Weber. Andererseits wurde der Uranfang auch mehr oder weniger preisgegeben und der Naturwissenschaft überlassen (F. →Schleiermacher, R. →Bultmann, P. →Tillich). In diesem Sinn vertrat z.B. A. Ritschl einen S.sglauben, der »Gottvertrauen« ist, das sich in allen Lebenslagen in der Vatergüte Gottes geborgen weiß. Die Ansätze von J. Moltmann und W. Pannenberg orientierten sich in erster Linie an der Zukunft und hatten von daher zunächst keinen rechten Zugang zum Thema der S. Als (seit den 80er Jahren) die drohende Zerstörung der Erde allg. ins Bewußtsein trat, suchte J. Moltmann eine S.slehre zu entwickeln, die vor allem vom Ziel des erst noch herzustellenden Gottesfriedens bestimmt ist (ähnlich auch C. Link). Eine umfassende Bearbeitung des Themas für unsere Zeit steht aber noch aus.

3. Der Uranfang

Hier, wie überhaupt bei der S.slehre, ist das Verhältnis des christl. Glaubens zur Naturwissenschaft (→Naturwissenschaft und Theologie) zu klären. Eine Trennung dieser beiden Gebiete verbietet sich deshalb, weil dann die Erkenntnisse der Naturwissenschaften ganz von Gott gelöst wären, und weil dann umgekehrt Gott nur mehr bezogen werden könnte auf den persönlichen Glauben des Einzelmenschen. Das Gespräch zwischen beiden Seiten ist heute auch dadurch erleichtert, daß die Grenzen naturwissenschaftl. Betrachtungsweise deutlicher geworden sind. Es kann von hier aus kein (kausalmechanisches) Weltverständnis abgeleitet werden. Andererseits hat Theologie die vorgelegten Erkenntnisse zu achten. Was den Uranfang angeht, so kann dies in der Weise geschehen, daß die Entstehung der Welt (wie immer sie sich nach den Annahmen und Einsichten der Naturwissenschaft entwickelt haben mag) gleichzeitig auch als das Werk Gottes des Schöpfers bekannt wird. Der S.sbericht der Bibel ist nicht in seinen Einzelheiten festzuhalten, sondern in seiner Bedeutung. Eine andere Auffassung darüber vertritt der sog. →»Kreationismus«. Er sucht die Evolutionslehre zu widerlegen, vor allem mit dem Argument, es könne nicht erklärt werden, wie ein derart komplexes System, wie ein Lebewesen es ist, ohne Zerstörung in eine andere Art übergeführt werden konnte (wenn dieses Argument zwingend wäre, so könnte es allerdings nur erweisen, daß es überhaupt unerklärlich ist, wie Tiere entstehen konnten; es richtete sich also auch gegen eine Entstehung der Tiere im Anfang).

Der Glaube an Gott den Schöpfer ist keineswegs überflüssig. In ihm kommt z.B. zum Ausdruck, daß alles Geschaffene in seiner Existenz ein Wunder, ein Geschenk bildet, und daß die wirklichen Dinge, Pflanzen, Tiere und Menschen (und auch die geistigen Realitäten) die Würde von Gottes Geschöpfen an sich tragen.

4. Urstand, Fall und Erhaltung

Die traditionelle S.slehre betont, daß Gott die Welt zunächst »sehr gut« geschaffen habe (»Urstand«), daß sie dann unter die Macht des Bösen, der Sünde und des Todes, geraten sei (»Fall«), daß Gott sie aber dennoch weiter bestehen läßt (»Erhaltung«), weil er sie durch Jesus Christus erlösen will.

Daran ist u.a. festzuhalten: Alle Geschöpfe unterliegen dieser dreifachen Qualifizierung. Sie tragen in sich ein ursprunghaftes Gutsein, sie stehen unter der Macht des Bösen und sie sind hingeordnet auf das Ziel der Erlösung durch Christus. So hört der →Mensch nie auf, Ebenbild Gottes zu sein, so ist der Mensch voll und ganz Gefangener der Sünde und des Todes, so ist sein Ziel die Erlösung durch Jesus Christus. Diese dreifache Qualifizierung verbietet auf der einen Seite jede gänzliche Verteufelung der vorhandenen Welt. Sie erlaubt aber auch nicht einen Optimismus, der das Böse leichthin unterschlägt.

Gelegentlich wird heute die Vorstellung vom →Urstand bestritten. (Offenkundig sei doch der Tod nicht erst nach der Sünde des ersten Menschen erstmals in der Weltentwicklung aufgetreten. Überhaupt trage die Paradiesesgeschichte mythischen Charakter.) Indessen behält die Rede vom Urstand – für den schwerlich eine bestimmte irdische Zeitspanne anzusetzen ist, der vielmehr, wie überhaupt die bibl. Urgeschichte, eine Wahrheit bildet, von der wir immer schon herkommen – durchaus ihren Sinn. Sie bringt zum Ausdruck, daß die vorhandene Welt, die ja vom Leiden und vom Bösen zutiefst gezeichnet ist, nicht unmittelbar dem Willen Gottes entspricht. Und umgekehrt liegt darin die Verheißung, daß Mensch und Welt keineswegs so sein und bleiben müssen, wie sie heute sind.

5. Bedeutung des Schöpfungsglaubens für die Ethik

Es ist selbstverständlich und bedarf keiner besonderen theol. Begründung, daß wir heute alles daransetzen müssen, um der drohenden Zerstörung der Erde wenn möglich Einhalt zu gebieten (→Umweltethik).

Der jüd.-christl. Überlieferung wird heute vorgehalten, sie habe der zerstörerischen Unterwerfung der Natur unter die Interessen des Menschen Vorschub geleistet (bewirkt wurde diese freilich vor allem in der Neuzeit, welche sich dem christl. Glauben entzog). Die Rede vom Herrschen des Menschen über die anderen Geschöpfe (1Mo 1,26) ist in einer Zeit formuliert, in der die Existenz des Menschen vielfach bedroht war. Das ehemals bestehende Gleichgewicht zwischen Mensch und Tier ist heute in gefährlicher Weise verschoben. Heute gilt es, den anderen Geschöpfen Raum zu verschaffen. Aus seiner Vorrangstellung kann sich der Mensch nicht hinwegstehlen (er ist herausgehoben durch seine Gottesbeziehung und durch seine faktische Macht). Gerade deshalb ist ihm aber eine einzigartige Verantwortung auferlegt. Der S.sglaube sollte uns daran erinnern, daß wir auch mit den anderen Wesen als Geschöpfe zusammengeschlossen sind, daß alle Werke Gottes ihre eigene Würde besitzen und vor allem, daß der Mensch sein Verhalten, auch gegenüber den Mitgeschöpfen, vor Gott zu verantworten hat.

Wenn heute dazu aufgerufen wird, wir sollten die Welt dem verheißenen Ziel des S.ssabbats, also der eschatologischen Vollendung, entgegenbringen, so darf nicht übergangen werden, was vorher über die dreifache Qualifizierung alles Geschaffenen gesagt worden ist. Wir können nicht die S. zum Reiche Gottes umgestalten oder sie nach Prinzipien der Erlösung einrichten. Wir haben uns aber, zusammen mit allen Einsichtigen, einzusetzen für ihre Bewahrung.

Lit.: C. Link: »Schöpfung«, HST 7,1 und 7,2, 1991; W. Pannenberg: Anthropologie in theologischer Perspektive, 1983; A. Peters: Der Mensch, HST 8, 1979.

F. Beißer

Schöpfungsoffenbarung

Die hier gestellte Frage lautet, ob Gott sich auch offenbart in der gegebenen Wirklichkeit, oder ob seine →Offenbarung nur in Christus bzw. in der Heiligen Schrift ergeht. Dieses Thema wird auch erörtert unter den Stichworten »natürliche Offenbarung« oder »natürliche Theologie« (d.h. die theol. Erkenntnis, wie sie uns vor dem Glauben, nur aufgrund unserer Natur offensteht). Die bibl. Hauptstelle ist Röm 1,19-21 (bzw. 2,14). Danach offenbart sich Gott allen Menschen in seinen Werken. Dies führt aber nicht dazu, daß Gott verehrt wird. Gott wäre nicht der allmächtige Herr, die Welt wäre ihm entzogen, wenn er sich nicht in ihr manifestierte. Alle Menschen könnten und sollten davon wissen und dementsprechend leben. Dies aber geschieht gerade nicht. Faktisch wird dieses

Wissen um Gott verdrängt. So ist seine Funktion nur die, daß wir »keine Entschuldigung haben«. Im MA stehen sich gegenüber die christozentrische Konzeption der Franziskaner (vgl. E. Gilson: Die Philosophie des heiligen Bonaventura, 1960) und die thomistische Position, die in neueren Zeiten in der röm. Kirche sich durchgesetzt hat. Danach sind »Natur und Gnade« als niedere und höhere Stufe zu unterscheiden und gleichzeitig aufeinander zu beziehen (es kann hier geschehen, daß beide Seiten allzu reibungslos miteinander zusammengefügt werden).

Die Reformatoren schließen sich an die Grundentscheidungen des Paulus an. Demnach besteht grundsätzlich eine Offenbarung Gottes an alle Menschen durch die Werke Gottes. Tatsächlich wird diese Gotteserkenntnis aber mißachtet und verdrängt. So bedarf es der Offenbarung durch die Schrift.

Die Position F. →Schleiermachers hat zu ihrem Angelpunkt das Selbstbewußtsein des Menschen. Damit muß aber ein Angelegtsein des Menschen auf Gott hin prinzipiell vorausgesetzt werden (auch wenn Schleiermacher bestrebt ist, dennoch der Sünde Rechnung zu tragen). In neuprot. Entwürfen zeigt sich seither die Tendenz, den Menschen als ein prinzipiell auf Gott hin ausgerichtetes Wesen zu verstehen (vgl. auch P. →Tillichs »Methode der Korrelation«). Im 20. Jh. wurden reformat. Traditionen fortgeführt von luth. Theologen wie P. →Althaus (mit seiner Lehre von der »Uroffenbarung« Gottes neben der eigentlichen Christusoffenbarung) und von ref. Theologen wie E. →Brunner. Brunner geht aus von der Notwendigkeit der Offenbarung durch das Wort. Die Verkündigung hat aber auch einzugehen auf den »natürlichen« Menschen, hat »anzuknüpfen« an sein Verständnis und hat vorzugehen gegen bestehende Hindernisse in bezug auf den Glauben (»Eristik«).

Anders K. →Barth: Er kämpft mit Energie gegen jede Form »natürlicher Theologie«. Er lehnt die neuprot. Sicht ab, verwirft Auffassungen der »Deutschen Christen«, die sich auf die Schöpfung bzw. die Geschichte als direkte Offenbarungsquellen berufen wollten, und erteilt auch E. Brunner eine scharfe Absage (»Nein!« auch These 1 der Barmer Erklärung hat nach Barth den Sinn, die natürliche Theologie auszuschließen). Hinter diesem Kampf steht ein Grundanliegen Barths. Er will die Freiheit Gottes wahren gegenüber allen Vereinnahmungen durch den Menschen. Barths Theologie ist im Ganzen freilich komplexer. So wenig nach ihm ein Ansetzen beim Menschen oder bei der gegebenen Wirklichkeit erlaubt ist, so sehr auszugehen ist allein von Gott-in-Jesus Christus, so sehr besteht doch von Jesus Christus aus auch eine »Analogie des Glaubens«. Damit kann alles von Christus her in Anspruch genommen werden, damit kann alles auch Träger göttlicher Offenbarung sein (vgl. seine »Lichterlehre«).

In neueren theol. Entwürfen findet im allg. die S. wieder eine positive Würdigung, auch wenn man bestrebt ist, nicht mehr von »natürlicher Offenbarung« zu reden.

Lit.: W. Joest: Fundamentaltheologie, 1974; W. Pannenberg: Systematische Theologie, Bd. 1, Kap. 2, 1988.

F. Beißer

Schöpfungsordnungen

1. Begriff

Die dauerhaften Formen menschlichen Zusammenwirkens wie Ehe, Familie, Volk, Staat, Wirtschaft, Kultur und Kirche als S. zu bezeichnen und von diesem Leitbegriff her die ev. Sozialethik aufzubauen, war in den 20er und 30er Jahren des 20. Jh.s vielfach üblich geworden. Der Begriff »Ordnung« stammt aus Röm 13,1f, wo Paulus die Obrigkeit als gr. *tou theou diatagê* (lat. *Dei ordinatio,* Luther: Gottes Ordnung) bezeichnet. Das →Augsburger Bekenntnis von 1530 nimmt diesen Sprachgebrauch (in Art. 16) auf, indem es »weltlich Regiment, Polizei (= Staatsordnung) und Ehestand« »gute Ordnung« nennt, »von Gott geschaffen und eingesetzt« (lat. *bona opera Dei*), »wahrhaftige Gottesordnung« (lat. *ordinatio Dei*). 1842 prägt A. →Harleß in seiner »Christlichen Ethik« für Ehe und Familie, Staat und Kirche den Begriff »Schöpferordnungen«.

Von S. reden dann besonders der dt. Lutheraner P. →Althaus und der Schweizer Reformierte E. →Brunner. Sie verstehen darunter »solche Gegebenheiten des menschlichen Zusammenlebens, die allem geschichtlichen Leben als unveränderliche Voraussetzungen zugrunde liegen, darum in ihren Formen zwar geschichtlich variabel, aber in ihrer Grundstruktur unveränderlich sind, und die zugleich in bestimmter Weise die Menschen aufeinander hinweisen und zusammenfügen« (Brunner, 194). Sie heißen S., »weil sie, obgleich in der Welt der Sünde durch diese bestimmt, Mittel fortgehenden göttlichen Schaffens sind« (Althaus, 13).

W. →Künneth spricht dagegen von »Erhaltungsordnungen«, um die wesenhafte Bestimmtheit der Ordnungen durch den Sündenfall noch deutlicher herauszustellen, und H. →Thielicke mit der gleichen Intention von »Notordnungen« des »noachitischen Bundes«. E. Herms verwendet (wie vorher schon W. Wiesner) »Schöpfungsordnung« nur im Singular, weil er den Begriff als anthropologische Kategorie versteht: als »Bestimmtsein individueller Personen zur Selbstbestimmung *coram Deo*, »vor Gott«, durch Interaktion mit ihresgleichen« (l.c., 449) und damit als »die absolute Bedingung endlicher Freiheit« (446).

2. Lehre

Im ethischen Denken von Althaus und Brunner dienen die S. als Materialprinzip der Sozialethik. Das konkret in der jeweiligen Situation beanspruchende →Gebot Gottes ergibt sich inhaltlich aus den Beziehungen, in die Gott als Schöpfer den betreffenden Menschen gestellt hat: Das Sollen gründet im Sein, der Wille Gottes im Werk Gottes (→Naturrecht, →Ethik 3.b). Diese vorgegebenen Beziehungen binden Menschen aneinander und berufen sie so zum Dienst und zur Liebe. Sie sind zugleich gegeben und aufgegeben. Als unerläßliche Bedingungen des geschichtl. Lebens sind sie auch der natürlichen Vernunft erkennbar und verpflichten grundsätzlich alle Menschen. Weil die →Sünde aber immer wieder zur Entstellung der →Schöpfungsoffenbarung führt, werden die S. erst durch die heilsgeschichtl. Offenbarung als Gabe und Gesetz Gottes recht erkannt.

Gottes Herrschaft über die S. begründet deren Autorität, begrenzt sie aber auch zugleich: Wegen der Konkurrenz ihrer Anforderungen und weil Gott frei ist, aus den S. auch herauszurufen, muß nach dem jeweiligen Gebot immer erst gefragt werden. In der konkreten S. verbinden sich auch Göttliches und Menschliches: Die Gottesordnung erscheint nie rein, sondern nur in einer Fülle menschlich-geschichtl. Gestaltungen. Diese Gestaltungen sind zwar in der Situation zu respektieren, aber doch nicht unbedingt bindend, sondern mit der kritischen Frage zu konfrontieren, ob und inwieweit sie dem Wesen der Gottesordnung entsprechen. (Darin liegt ein wesentlicher Unterschied zur »Volksnomoslehre« W. Stapels und F. →Gogartens, derzufolge das Volksgesetz materiell mit dem Gottesgesetz identisch und einer christl. Kritik unzugänglich ist.)

Die Weltlichkeit der S. bringt es mit sich, daß sie sowohl als Gottes gute →Schöpfung wie als Strukturen der Sünde und des Todesfluches anzusehen sind. Es gibt kein Handeln in den S., durch das der Mensch nicht auch schuldig würde. Darum ist jeder Handelnde angewiesen auf die Vergebung und die →Erlösung durch Jesus Christus, durch die er ebenso zum Kampf gegen die Sünde in den S. berufen wird wie zum geduldigen Bleiben in den Ordnungen.

3. Kritik

Kritik gegen diese Lehre wurde vor allem von K. →Barth, D. →Bonhoeffer und E. Wolf geübt. Barth sieht in ihr den theol. illegitimen Versuch, mit einer »natürlichen Theologie« Vernunfterkenntnisse an die Stelle des Wortes Gottes zu setzen. Das Materialprinzip der Ethik, d.h. die Wirklichkeit, in der sich das je aktuelle ethische Ereignis abspielt, sei nichts anderes als die in Jesus Christus offenbare Geschichte Gottes mit dem Menschen in →Schöpfung, →Versöhnung und Erlösung. Die einzelnen Bereiche und Verhältnisse dieser »Wirklichkeit« kann man nach Barth nur dann »Ordnungen« nennen, wenn man sie versteht als »Bezirke, in welchen Gott gebietet und in welchen der Mensch gehorsam oder ungehorsam ist, nicht aber Gesetze, gemäß welchen Gott gebietet und der Mensch gut oder böse handelt« (l.c., 31). Bonhoeffer ersetzt den Ordnungsbegriff, weil er ihm zu seinshaft und zuständlich erscheint, durch den der »Mandate«: in der Christusoffenbarung begründete göttliche Aufträge und Inanspruchnahmen eines bestimmten irdischen Bereiches durch das göttliche Gebot. Wolf beklagt, daß die Ordnungstheologie der freien Entscheidung des Menschen zur Ordnung nicht Rechnung trägt und spricht deshalb von →»Institutionen« als Einladung Gottes zu ordnender und gestaltender Tat des Menschen.

Diese Kritik an der Lehre von den S. beruht wesentlich auf der unhaltbaren Voraussetzung, daß Gott ausschließlich in Christus an Welt und Menschen handelt. Die natürlichen Sozialbeziehungen des Menschen werden hier jeder eigenen theol. Würde entkleidet und damit zum leichten Opfer einer illusionären »Verchristlichung« (polit. Besserwisserei von Theologen). Demgegenüber hat die Ordnungstheologie den Vorzug, zeigen zu können, wie auch das natürliche Menschsein als Schöpfung auf Gott bezogen und als Sünde auf das Evangelium angewiesen ist. An den S. wird im einzelnen deutlich, wie Gott (gemäß der →Zwei-Reiche-Lehre) die Welt »mit seiner linken Hand« regiert, um sie auf die Neuschöpfung hin zu bewahren. Die Wahrnehmung von S. stärkt den Realitätsbezug der theol. Ethik und macht sie in der Öffentlichkeit dialogfähiger. Der Vorwurf statischer Unbeweglichkeit trifft für die Ordnungstheologie nicht zu. Sie hält aber die Erinnerung daran wach, daß alles menschliche Schaffen und Gestalten auf vorgegebenen Grundlagen beruht, deren Mißachtung lebensbedrohliche Folgen hat. Die in diesem Sinne der Schöpfung selbst innewohnende Normativität gehört in jede sozialethische Urteilsbildung mit hinein.

Lit.: P. Althaus: Theologie der Ordnungen, [2]1935; K. Barth: Die kirchliche Dogmatik III/4, 1951, 1-50; D. Bonhoeffer: Ethik, [6]1962, 200ff, 303ff; E. Brunner: Das Gebot und die Ordnungen, 1932 ([4]1978); F. Gogarten: Ist Volksgesetz Gottesgesetz?, 1934; M. Honecker: Einführung in die Theologische Ethik, 1990, 289–313; E. Herms: Die Lehre von der Schöpfungsordnung, in: ders.: Offenbarung und Glaube, 1992, 431ff; W. Krötke et al.: Ordnungen: Schöpfung, Recht, Staat, 1994; W. Künneth: Politik zwischen Dämon und Gott, 1954, 115ff; H. Thielicke: Theologische Ethik I, [4]1972, 699ff; W. Wiesner: Die Lehre von der Schöpfungsordnung, 1934; E. Wolf: Sozialethik, 1975, 290ff.

U. Swarat

Schott

Pater Anselm Schott OSB (1843–1896) ist der Verfasser des am weitesten verbreiteten dt. Meßbuchs, kurz »der Schott« genannt. S. wollte den Katholiken seiner Zeit helfen, sich auf die lat. Messe vorzubereiten und die Texte des Meßgottesdienstes zu verinnerlichen. Also bearbeitete er das Missale Romanum und gab eine lat.-dt. Ausgabe heraus, damit die kath. Gläubigen anhand der Übersetzungen die gottesdienstl. Handlung verfolgen können. Die erste Auflage erschien 1884, die derzeit gültige (nur noch dt.-sprachige) Ausgabe 1984. Die neueren Auflagen liegen in der Neubearbeitung der Benediktiner aus dem Kloster Beuron vor. Dabei gibt es drei Bände für Sonntagsgottesdienste nach den Lese-Reihen A, B und C sowie drei Bände für die Werktage und besondere Anlässe. Der »Schott« bietet vor allem die gottesdienstl. Lesungen für jede Messe, versehen mit kurzen Erläuterungen, sowie Gebete, Psalmen und andere gottesdienstl. Stücke. Nach der Liturgiereform des Zweiten Vatikanischen Konzils geht es nicht mehr um die Übersetzung der Texte, wohl aber, wie die Herausgeber betonen, um die Vorbereitung auf die Messe und die innere Aneignung der Lesungen sowohl für die Laien als auch für die Priester.

Lit.: K. Nitzschke: »Schott«, EKL[2] Bd. 3, 839.

M. Herbst

Schottische Missionen

→Großbritannien

Schottisches Bekenntnis

→Bekenntnisschriften, reformierte

Schrenk, Elias (1831–1913)

S., geb. am 19. 9. 1831 in Hausen/Württemberg, gest. am 21. 10. 1913 in Bethel, ab 1847 im Kaufmannsgewerbe in Tuttlingen, 1853–1854 in der Firma Carl →Mez/Freiburg tätig. S. tritt ins Seminar der →Basler Mission ein, wird dort theol. vor allem von Wolfgang Friedrich Geß geprägt und erhält neue Berufungsgewißheit durch Offb 7,13-17. Für seine Krankheiten sucht und empfängt S. schließlich 1858 in Männedorf bei Dorothea →Trudel Hilfe für Leib und Seele. Der Männedorfer Gebetskreis bleibt zeitlebens sein geistl. Rückhalt. 1859 wird er zum Generalkassierer ins Missionsgebiet Goldküste/Westafrika ausgesandt. Nach einem Jahr Urlaub 1864–1865 zieht er ein zweites Mal mit seiner Frau Berta, geb. Tappolet, nach Afrika, wo ihnen die ersten drei Kinder geboren werden. S. sorgt für saubere Rechnungsführung, setzt sich für Anpflanzung neuer Kulturen und Tierzucht ein, entfaltet eine fruchtbare Missionstätigkeit, wendet durch Gemeindezucht Gefahren für die Kirche ab, arbeitet mit in der Sklavenemanzipationskommission, kollektiert in England für Straßenbau in Afrika. Sein Gesundheitszustand zwingt ihn 1872 zum Verlassen Afrikas.

Durch mehrfache Anregungen in England (→Moody, Pennefathers Mildmaykonferenz, →Heilsarmee, →Spurgeon, Boardman, Brigthon-Konferenz der →Heiligungsbewegung 1875) und Ermutigung durch Th. →Christlieb wird er seines besonderen Evangelisationsauftrages immer gewisser. Auch wirken Anregungen durch erlebte kath. Volksmissionswochen mit. Zunächst nimmt S. eine Reisepredigerstelle der Basler Mission in Frankfurt an (1875–1879) und erwirbt sich in hessischen Gemeinschaftskreisen Vertrauen. 1879 erfolgt der Ruf der Ev. Gesellschaft Bern. Dort findet er zu seiner speziellen Evangelisationspraxis: mindestens 14 Tage Dauer, Nachversammlungen, anschließende Sammlung der Glaubenden in Vereinen, Betonung der Glaubensheilung (Krankenölung nach Jak 5). Dabei erfährt er intensiven Widerstand bis zu lebensbedrohlichen Angriffen.

Th. Christlieb ruft ihn zum Evangelisationsdienst nach Deutschland. Nach verschiedenen Einsätzen in Bremen, Frankfurt u.a. wird S. 1886 freier Evangelist und siedelt mit seiner Familie nach Marburg über. Nun wird er zum »Bahnbrecher«, «Vater«, »Altmeister« der →Evangelisation in Deutschland. Er predigt außer in Kirchen auch in Zirkuszelten und Theatern, in Scheunen und Gaststätten, aber auch an Fürstenhöfen. Zu seinen Vorträgen füllen sich große Kirchen, wiederholt spricht er in Männerversammlungen vor 3–4000 Hörern. Seine Evangelisationen werden durch Bibelstunden und intensive →Seelsorge begleitet. Oft bilden sich nach seinen Evangelisationen Vereine, werden Vereinshäuser gebaut. Seine mündliche Wirksamkeit wird unterstützt durch vielfältiges evangelist. und seelsorgerl. Schrifttum (besonders weit verbreitet sind die Betrachtungen »Suchet in der Schrift«, 1890, und drei Bände »Seelsorgerliche Briefe für allerlei Leute«, 1909–1911).

S.s reiche Erfahrung wird durch Mitarbeit in Vereinen und auf Konferenzen fruchtbar. Mit Christlieb ist er Mitbegründer des Deutschen Evangelisationsvereins (1884 in Bonn), gibt bei dessen Gründung wesentliche Impulse und ist nach Christliebs Tod 1889 tragende Kraft des Vereins. Er bereitet die erste Gnadauer Pfingstkonferenz 1888 mit vor, hält ein Referat und bringt in intensiven Beiträgen seine Erfahrung ein. In der Evangelistenschule → Johanneum hält er Bibelkurse und gehört zum Ortskomitee in Barmen, auch siedelt er am 29. 4. 1890 nach Barmen über.

Durch S. haben führende Theologen und Evangelisten wesentliche Impulse bekommen: K. →Heim 1893 in Frankfurt, S. →Keller 1898 in Düsseldorf, →Modersohn hört ihn in Siegen 1893, auch Julius →Schniewind. Durch seine Ansprachen prägt S. die Konferenzen in Gnadau, Blankenburg (1909–1912), Kassel, Wernigerode, Wuppertal, Philadelphia-Konferenz in Stuttgart. Für die Debatte um die Evangelisation während der Kirchlichen Generalsynode 1897 verfaßt er aus seiner 18jährigen Evangelisationstätigkeit seine Thesen zur Evangelisation.

Auf Reisen 1901 und 1907 nach St. Petersburg und ins Baltenland werden Traugott →Hahn sen. und jun. für die Evangelisation gewonnen.

Wiederholt greift S. auch in theol. Streitfragen ein und spricht nach anfänglichem Schwanken 1907 klare Worte zur Abwehr der →Pfingstbewegung, unterzeichnet die →Berliner Erklärung von 1909. Auch unterstützt er die von →Bodelschwingh gegründete Theol. Schule Bethel.

Er bejaht energisch die polit. Verantwortung der Christen. Nie hat er das Thema Enthaltsamkeit (Alkohol) direkt mit der Evangelisationssache verbunden, obwohl er die Arbeit für die Suchtkranken entschieden vertritt. 1913 wendet er sich in der Schrift »Notsignal für das deutsche Volk« gegen die →Abtreibung. Bis wenige Wochen vor seinem Tod in Bethel am 21. 10. 1913 war S. ein unermüdlicher Rufer zu Jesus Christus, der durch seine nüchterne,

wirklichkeitsnahe Verkündigung der Rechtfertigung Tausenden den Weg zum Heil in Christus gewiesen hat.

Lit.: E. Schrenk: Pilgerleben und Pilgerarbeit, 1905 (Autobiographie);
E. Klemm: Elias Schrenk. Der Weg eines Evangelisten, ²1986.

W. Beyer

Schrift, Heilige →Bibel

Schriftauslegung

1. S. ist nötig, weil Gott ein für allemal geredet hat und dieses einzigartige Reden dokumentiert worden ist in der Heiligen Schrift. Wäre christl. Glaube die Einweisung in eine »Erhebung zur Gottheit«, bedürfte es der Hinführung zu einem kultischen Ritual und der Einübung in ein bestimmtes rel. Verhalten, aber keiner Auslegung Heiliger Schriften. S. im christl. Sinn macht ernst mit der Tatsache, daß

Gott sich geschichtlich offenbart hat und führt die Glaubenden zu einer personalen Begegnung mit diesem offenbaren Gott durch Vermittlung der Aussagen der unmittelbaren Zeugen dieses Redens und Handelns. Gleichwohl ist S. kein bloßer literarischer Interpretationsvorgang, weil sie davon lebt, daß der Gott, der geredet hat, auch heute noch durch seinen Geist redet im Zusammenhang der Zuwendung zur Heiligen Schrift. S. ist daher eingebunden in das Hören und Gehorchen, wie es der Gemeinde überhaupt aufgegeben ist und muß daher von einer »Geheimwissenschaft«, die nur wenigen Auserwählten zugänglich ist, unterschieden werden.

2. Dennoch hat S. unter den vielen Lebensäußerungen der christl. Gemeinde einen besonderen Ort. Sie hat die Schrifterkenntnis der Gemeinde zu ordnen und zu konzentrieren auf Christus, damit die Verkündigung nicht zu einer bunten Sammlung geistl. Wahrheiten entartet, und sie hat vergessene und unbequeme Aussagen ans Licht zu holen und auf das Gesamt der bibl. Botschaft zu beziehen. Dabei ergeben sich mit Blick auf die Geschichte der S. zwei Hauptprobleme:

a. Wenn die Bibel das Dokument der einzigartigen Zuwendung Gottes zur Welt ist, welche aber von der natürlichen Vernunft nicht so ohne weiteres begriffen und angenommen werden kann, wird hinter den in menschlicher Sprache geschriebenen Sätzen ein Sinn zu finden sein, der sich erst erschließen muß. Schon seit dem 2. Jh. wird daher die in der Homer-Exegese entwickelte und im hell. Judentum vor allem bei →Philo auf die S. angewandte Methode der sog. allegorischen Exegese übernommen und im MA zur Lehre vom vierfachen Schriftsinn ausgebaut:

- die wörtliche Bedeutung *(sensus literalis)*,
- die Bedeutung in bezug auf Christus und die Kirche *(sensus allegoricus)*,
- die Bedeutung für das Handeln *(sensus moralis)*,
- die Perspektive für die Vollendung *(sensus anagogicus)*.

Der zweite Sinn erwies sich als bes. schwierig, weil er einem ungebremsten Spekulieren Tür und Tor öffnete und oftmals die Meinung des Auslegers in den Text eintrug. Aber auch der dritte Sinn konnte sich verlieren in eine Sammlung von nebeneinanderstehenden Vorschriften. Der vierte Punkt war bes. für die Auslegung des AT wichtig; doch ist man auch hier manchmal nicht der Gefahr entgangen, überall Hinweise auf Tod und Auferstehung Jesu oder Perspektiven für das »himmlische Jerusalem« zu finden. Luther hat in genialer Vereinfachung alle »geistlichen« und »moralischen« Ebenen der Schriftworte im *sensus literalis* finden wollen und damit den Grundstein gelegt für die in der Neuzeit üblich gewordene hist. Betrachtungsweise der Bibel. Das Dilemma freilich war und ist, daß – abgesehen von einer uferlosen Hypothesenbildung bezüglich der Einordnung und Beurteilung der geschichtlichen Vorgänge in der Bibel –, der Gegenwartsbezug auf der Strecke blieb. Doch der geschichtl. Haftpunkt der Offenbarung darf dadurch nicht geopfert werden. Darum geht es heute um einen Neuanfang der hist. Erforschung der Heiligen Schrift, und zwar unter den Leitlinien, wie sie die Bibel und nicht das moderne Denken vorgibt.

b. Damit war das zweite Hauptproblem gegeben: War der Text durch hist. Einordnung »beerdigt« worden, mußte er durch andere Künste wieder »auferweckt« werden, damit seine Gegenwartsrelevanz an den Tag trat. So mußte folgerichtig die Subjektivität des Auslegers – meist in der Gestalt der opinio communis einer vorherrschenden Schulrichtung – und seine existentielle oder soziale Befindlichkeit und vorgegebene Frage- und Erwartungsrichtung der entscheidende Maßstab für die S. werden. Das aber tat dem bibl. Text nicht wiedergutzumachende Gewalt an. Doch wird durch diesen Irrweg aller Bemühung um rechte S. eine Frage mitgegeben: Wie kommt die Person des Auslegers (und die der Angeredeten) auf eine Weise in den Auslegungsvorgang hinein, daß sie zwar mitredet, aber nicht mitbestimmt? Die Wahrheitsmomente der Forderung nach einer *theologia regenitorum*, »Theologie der Wiedergeborenen« (→Pietismus) und einer »pneumatischen Exegese« (→Girgensohn) müßten sich in irgendeiner Weise zu einer Auslegungsweise des »Einverständnisses« (Stuhlmacher) mit den Grundaussagen der Schrift verdichten.

3. Im kritischen Durchgang durch Wege und Irrwege der Geschichte der S. zeigen sich folgende Spuren einer neu zu konzipierenden bibl.-geschichtl. Schriftauslegung:

a. Sie muß bibl. in dem Sinne sein, daß sie von der Endgestalt des bibl. Kanons ausgeht. Nicht die Erkenntnis der – heute kaum mehr aufhellbaren – Entstehungsgeschichte der Bibel führt zur Erkenntnis des Redens Gottes, sondern die demütige Wahrnehmung der Aufeinanderfolge der Geschichtsereignisse, so wie es aus der Bibel selbst sich dem unbefangenen Bibelleser aufdrängt, ist der Ausgangspunkt. Man kann sie auch die heilsgeschichtl. S. nennen, weil sie die Spuren des Heils Gottes im Rahmen der Profangeschichte wahrnimmt.

b. Im Zuge dieser so formulierten S. geht es um die Wahrnehmung von Offenbarungsstufen: so enthalten atl. Texte vielfach noch nicht die ganze Erkenntnis über Gott. Man muß aber die Intention aufzeigen, die etwa hinter den so nicht mehr zu praktizierenden Gesetzen steht. Daraus gewinnt man eine Erkenntnis über die Eigenart des bibl. Gottes, die bis in die persönl. Lebensgeschichte eines Christen von Bedeutung ist: Der Gott der Bibel ist ein Gott des Weges, der das, was er tut, nicht im Augenblick herbeizaubert, sondern mitten durch verschlungene und geheimnisvolle Wege alles zum Ziel führt.

c. S. kann nur christuszentriert sein als Entfaltung der Grund-Sätze in Mt 5,17 und Röm 10,4: auf ihn läuft alle Schrift zu, von ihm her hat alle Schrift ihren eigentlichen Sinn.

d. S. kann nur geistgeleitet recht vollzogen werden, so daß der Ausleger offen bleibt für Korrekturen; denn der Rückfall in das starre System von nicht mehr befragbaren Glaubenssätzen wäre das Ende der S. Daraus ergibt sich mit Selbstverständlichkeit, daß der Ausleger nur das recht auslegen kann, was er in seinem eigenen Lebensvollzug ernst nimmt.

3. Endlich kann S. nur gemeindebezogen betrieben werden. Sie ist nicht das Ergebnis von einsamen Forschungsarbeiten, sondern das Geschenk eines Gemeinschaftslebens, in das sich der Ausleger demütig-kritisch hineinbegeben hat.

Lit.: B. S. Childs: Introduction to the Old Testament as Scripture, 1979; J. Cochlovius, P. Zimmerling (Hg.): Evangelische Schriftauslegung, 1986; G. Maier: Biblische Hermeneutik, 1990; K. H. Michel: Sehen und glauben. Schriftauslegung in der Auseinandersetzung mit Kerygmatheologie und historisch-kritischer Forschung, 1982; P. Stuhlmacher: Vom Verstehen des Neuen Testaments, 1979.

D. Schneider

Schriftautorität

→Bibel c) Theol. Bedeutung

Schriftbeweis

1. Durch den S. begründet die christl. Verkündigung ihre Gottgemäßheit und Wahrheit. In der Urkirche diente angesichts der jüd. Bestreitung der Heilsoffenbarung Gottes in Jesus Christus der S. anhand des AT der angemessenen Verteidigung der christl. Botschaft. Freilich ist er kein Beweis in wissenschaftl. Sinne, kann aber ein Erweis der göttlichen Wahrheit für die werden, die sich der Botschaft nicht prinzipiell verschließen. Die Voraussetzung für die sachgemäße Handhabung des S.es ist das Stehen im Glauben und das Erleuchtetwordensein durch den Heiligen Geist (vgl. 1Kor 2,14f). Die jüd. Schriftgelehrten haben trotz ihrer intensiven Beschäftigung mit dem AT Jesus nicht als Messias erkannt.

2. Es gibt im Neuen Testament drei Grundtypen des Schriftbeweises:

a. die sog. Reflexionszitate bei Matthäus (»damit erfüllt würde, was gesagt ist«), bei Lukas das göttliche »Muß« (»Mußte nicht Christus solches leiden?«)

b. die rabbinisch gefärbten Anspielungen, wie Paulus sie ständig aus dem AT anführt,

c. die typologischen Deutemuster, wie sie der Hebräerbrief bietet (→Typologie): etwa die Stiftshütte des alten Bundes als Abschattung des wahren Heiligtums im Himmel.

3. Der S. setzt dabei voraus, daß Gott zuerst etwas ankündigt und vorläufig (schattenhaft) eine Sache tut, bevor er später sie ausführt und zur Vollendungsgestalt bringt. Auf diese Weise erkennt der Glaubende einen besonderen Wesenszug Gottes: seine Treue. Dabei ist jedoch zu beachten, daß jede Erfüllung und Vollendung die anfängliche Verheißung und vorläufige Gestalt überbietet. Darum kann mit Hilfe des S.es Gottes Vollendungshandeln in Christus nur entdeckt, nicht aber bewiesen werden.

4. Inhaltlich geht es vor allem um drei Lehrkreise, die erst durch den S. ihren Wahrheitsgehalt bekommen:

a. Christologische Aussagen: Mit Hilfe von jesajanischen Worten (Kap. 9; 11; 53) und Ps 2; 110 wird das Geheimnis von Christi Niedrigkeit und Erhöhung angemessen umschrieben.

b. Ekklesiologische Aussagen: Das Wesen der ntl. Gemeinde wird z.B. in 1Petr 2,19 mit Hilfe von 2Mo 19,6 erhellt oder in Hebr 8,8ff das Wesen des neuen Bundes mit Jer 31,31ff.

c. Endzeitliche Aussagen: Joel, Sacharja, Daniel helfen, die Sammlung der Endzeitgemeinde sowie die Bewahrung durch Drangsal und Verfolgung profiliert zu bezeugen.

5. Für heutige Bibelleser und -ausleger erscheinen die mitunter unvermittelt auftauchenden atl. Belege als willkürlich aus dem Zusammenhang herausgerissen; oft sind es nur Anklänge und Anspielun-

gen, denen ein neuer Sinn unterlegt wird. Auch spielt es eine Rolle, ob der hebr. oder der griech. (LXX) Text zitiert wird (vgl. etwa die Aufnahme von Ps 68,19 in Eph 4,8). Wir haben diese Art des S.es zu ehren, ohne daß wir ihn selbst fortsetzen. Für uns ist es angemessener, den Duktus oder das Aussagegefälle einer atl. Schrift mit dem Gesamt der ntl. Botschaft in Beziehung zu bringen. Freilich muß man sich hüten, aus der Wahrnehmung eines organischen Zusammenhangs des AT und NT ein festes Schema zu gewinnen (→Bengel, →Hofmann).

6. Der S. spielt in der mission. Verkündigung eine wichtige Rolle. Obwohl man unterscheiden muß, ob man zu Menschen spricht, denen die Heilige Schrift AT und NT noch etwas bedeutet oder ob man sich an »Neuheiden« wendet, muß es der Verkündiger wagen im Vertrauen auf die Selbstwirksamkeit des Wortes, an geeigneter Stelle zu bezeugen, daß er selbst nicht der Anfänger allen wahren Christseins ist. Seinen besonderen Ort hat der S. jedoch in der Gemeindeunterweisung, die den Glauben zu befestigen hat. Dabei ist aber darauf zu achten, daß hier nicht nach der Weise der prot. Orthodoxie verfahren wird, die die Bibel als Fundgrube für Belegstellen *(dicta probantia)* ihrer vorher schon feststehenden Dogmatik gebrauchte und die geschichtl. Verankerung des Redens Gottes überging.

Lit.: D. Schneider: Der Geist, der Geschichte macht, 1992.

D. Schneider

Schriftenmission →Literaturarbeit

Schriftgelehrte →Rabbi/Rabbinismus

Schriftlesung →Gottesdienst

Schriftsinn →Schriftauslegung

Schrifttum, volksmissionarisches
→Literaturarbeit

Schröder, Rudolf Alexander (1878–1962)

S., geb. am 26. 1. 1878 in Bremen, gest. am 22. 8. 1962 in Bad Wiessee. Der vielseitig künstlerisch begabte Innenarchitekt und Schriftsteller – freundschaftlich verbunden mit Hugo v. Hofmannsthal – ist als Lyriker, Essayist und Redner ebenso bedeutend wie als Vermittler und Übersetzer klass. abendländischer Texte (Homer, Horaz, Vergil, Shakespeare; franz. Klassiker).

In der Lebensmitte vollzieht S. eine Lebenswende zum lebendigen christl. Glauben. Seit 1936 wohnt er in Bergen (Oberbayern). Er hat Verbindung zum »Eckart-Kreis« (K. Ihlenfeld u. a.). 1942 wird S. Lektor der ev.-luth. Kirche. In der Dichtung sieht er sich nach einer Selbstaussage nicht als einen »Neubeginner«, sondern als einen »Fortsetzer« – »auf dem Wege der Variation und Permutation« – und zeigt sich darin von eindrücklicher Originalität. Auch eine Reihe von Kirchenliedern hat S. gedichtet (z.B. EG 184, 378, 487).

Lit.: R. A. Schröder: Ges. Werke Bde. I-VIII, 1952–1965; Fülle des Daseins. Bürger – Weltmann – Christ – Mittler – Dichter. Auswahl von S. Unseld, (1958) 1984; Aphorismen und Reflexionen. Auswahl von R. Exner, 1977.
W. Bachmann: Von Grund auf verwandelt. Die Wende zum Glauben im Leben von Rudolf Alexander Schröder,

1963; K. Berger: Die Dichtung Rudolf Alexander Schröders. Das Unvergängliche im vergänglichen Sein, 1954; M. Hausmann: »Rudolf Alexander Schröder – oder: über die Kontinuität«, in: ZW 49. 1978, 129–140; K. Ihlenfeld (Hg.): Rudolf Alexander Schröder. Dem Dichter zum Gedächtnis, 1963; G. Kranz: Begegnung mit Dichtern, 1990, 9–17.

K.-F. Wiggermann

Schubert, Gotthilf Heinrich von (1780–1860)

S., geb. am 26. 4. 1780 im Pfarrhaus von Hohenstein (heute Hohenstein-Ernsttal), gest. am 30. 6. 1860. Wegweisend für sein späteres Leben wurden seine letzten Schuljahre in Weimar unter der besonderen Obhut J. G. Herders (1744–1803).

S. wurde zunächst Arzt. Doch durch den Einfluß F. W. J. →Schellings (1775–1854) wandte er sich der Naturphilosophie zu. Seinem Interesse für psych. Phänomene verdanken wir seine Bücher »Ansichten von der Nachtseite der Naturwissenschaft« und »Symbolik des Traumes«.

Durch Vermittlung von Schelling kam S. 1809 nach Nürnberg als Leiter einer Modellschule, einer Ausbildungsstätte für Naturwissenschaftler und Künstler (!). In Nürnberg gewannen zwei Männer entscheidend Einfluß auf ihn: der von den »schwäbischen Vätern« beeinflußte Theosoph Georg Matthias Burger (1750–1825) und der »Bischof im Kaufmannsgewand« J. T. →Kießling (1742–1824), Tröster der Evangelischen in Österreich während einer schweren Zeit der Bedrückung.

Den größten Einfluß auf andere Menschen übte S. in seinen Erlanger Jahren aus (1819–1827), als Professor für Naturkunde und tieffrommer Studentenvater. 1827 wurde er nach München gerufen als Erzieher am Königshaus und Naturkundeprofessor; mit →Baader befreundet.

In den fünf Bänden seines erbaulich geschriebenen Werks »Altes und Neues aus dem Gebiet der inneren Seelenkunde« (1817/41) begegnen wir dem Seelsorger S.

S. faßte all seine naturwissenschaftl., psych., pädagogischen, kulturgeschichtl. und theol. Erkenntnisse in seinem Hauptwerk »Die Geschichte der Seele« zusammen (1. Aufl. 1830).

Lit.: G. H. Schubert: Der Erwerb aus einem vergangenen und die Erwartung von einem zukünftigen Leben. Autobiographie, 3 Bde 1854-56.

H.-U. Beuerle: Gotthilf Heinrich Schubert, Nachrichten der Ev.-Luth. Kirche in Bayern 34 (1979), 85 ff.

H.-U. Beuerle

Schuld

1. Im Unterschied zum Begriff der »Sünde« ist »Schuld« weder ein genuin jüd.-christl. noch überhaupt ein auf das rel. Gebiet beschränkter Begriff. Außer im alltäglichen Sprachgebrauch, in dem sich die ganze Bandbreite der verschiedenen Bedeutungsnuancen findet, spielt der Schuldbegriff v.a. in ethischen und rechtlichen Zusammenhängen eine wichtige Rolle. Darum ist es hilfreich, den S.begriff differenziert zu verwenden. Karl →Jaspers hat vier Schuldbegriffe unterschieden: kriminelle, polit., moralische und metaphysische S. Derartige Unterscheidungen dienen der Klärung (z.B. kann so der Sinn von S.vorwürfen geklärt werden: Wer urteilt und wer oder was wird beurteilt?); gleichwohl ist damit die Frage nach der inneren Einheit des S.begriffs noch nicht beantwortet. Außerdem ist der Frage nach den Voraussetzungen des S.begriffs, nach den Bedingungen der Möglichkeit von S. nachzugehen. Abgesehen von dem Begriff der S. im Sinne einer Verbindlichkeit läßt sich seine allg. Bedeutung zunächst in objektiver Hinsicht gemäß dem Kausalitätsprinzip als Ursache-sein für etwas, speziell für ein Übel beschreiben (vgl. griech. *aitia*). Die subjektive Zurechnung (Imputation) einer rechtswidrigen Tat als S. erfolgt dann mit Hilfe der Frage nach dem »Können«: ob der Täter sich auch anders (d.h. rechtskonform) hat verhalten können. Aus diesen Kriterien wird schon ersicht-

lich, daß der Schuldbegriff nicht definiert werden kann, ohne andere Grundbegriffe wie →Recht und →Gesetz, →Verantwortlichkeit und →Freiheit sowie eine bestimmte Anschauung der Welt (Determinismus/Indeterminismus) vorauszusetzen.

2. Auf die Thematik der »Schuld« kommt die christliche Dogmatik im Zusammenhang mit der Lehre von der →Sünde zu sprechen: Die Sünde wird dem Menschen als persönliche S. zugerechnet. Die Kennzeichnung der Sünde als S. ist theol. unverzichtbar: zum einen um das Mißverständnis der Sünde als bloßes Schicksal abzuwehren, und zum anderen um den Gedanken auszuschließen, Gott sei ursächlich beteiligt an der Sünde und dementsprechend verantwortlich für das Aufkommen des Bösen in seiner Schöpfung. Ohne den Gedanken der Schuldhaftigkeit der Sünde blieben die in der Lehre vom göttlichen Gericht implizierte Strafwürdigkeit des Sünders und die darin sich erweisende →Heiligkeit und →Gerechtigkeit Gottes ebenso unverständlich wie die Notwendigkeit und der Gnadencharakter der durch Jesus Christus geschehenen →Erlösung. Diese Zusammenhänge hat im NT v.a. Paulus entfaltet. Das Evangelium, das aller Welt die →Versöhnung verkündet, setzt die universale Sündhaftigkeit voraus und deckt sie als S. der ganzen Menschheit wie jedes einzelnen vor Gott auf (vgl. Röm 1,20; 2,1; 3,9-26). Durchgängig redet die Schrift von Sünde und Gnade in der Weise, daß die S. des Menschen, wenn nicht ausdrücklich genannt, so doch mitgedacht ist. Von dieser Einsicht herkommend haben die Reformatoren nie einen Zweifel daran gelassen, daß nicht nur die Tatsünden, sondern auch die »Erbsünde« als strafwürdige S. zu gelten habe (CA II, IX und XIX; vgl. auch das Tridentinum: DS 1515).

3. Die theol. Notwendigkeit, sowohl die Tatsünden als auch die »Erbsünde« als S. zu bestimmen, geht einher mit der kaum lösbaren Schwierigkeit, dies auch rational begreiflich zu machen: Erstens ist es der tiefer gefaßte Begriff der Sünde selbst, der den Gedanken der S.haftigkeit auszuschließen scheint. Denn wie kann der Mensch schuldig sein an der Sünde, wenn er als Sünder nicht anders kann als zu sündigen (vgl. die oben notierte Frage nach dem Können)? Und zweitens ist es der Begriff von Gott als der alles bestimmenden Wirklichkeit, der die Möglichkeit von menschlicher S. gegenüber Gott problematisch macht. Denn die göttlichen Eigenschaften der Allmacht und Allwissenheit scheinen ein selbständiges Wollen und Tun des Geschöpfes auszuschließen, an dem der Schöpfer nicht immer noch als die letzte Ursache *(causa prima)* alles Seins und Geschehens beteiligt wäre (Kausalitätsprinzip). Wie eine Mitwirkung Gottes in allem kreatürlichen Geschehen *(concursus divinus)*, auch in der Sünde des Menschen, zu denken ist, ohne daß die göttliche Heiligkeit verdunkelt oder die menschliche Verantwortung aufgelöst wird, darauf versucht in der Dogmatik die Vorsehungslehre (→Vorsehung) eine Antwort zu geben. Doch alle Erklärungsversuche stoßen hier an eine Grenze. Es zeigt sich, daß die im Rahmen rein innerweltlicher Bezüge ethisch und rechtlich durchaus anwendbaren Kriterien der Zurechenbarkeit von S. im Blick auf die rel. Erfahrung der eigenen und der menschheitlichen S.verstrickung nicht ausreichen. So stellt sich die Frage, ob ein Begriff von Verantwortung und S. denkbar ist, der weder auf die Frage nach der (letzten) Ursache fixiert noch an der Bedingung orientiert ist, daß der Mensch auch anders habe handeln können.

Einen von den genannten Kriterien unabhängigen S.begriff hat Martin →Heidegger entwickelt (Sein und Zeit, § 58). Er definiert »schuldig« als »Grundsein für ein durch ein Nicht bestimmtes Sein« und meint damit, daß »Nichtigkeit« das Sein des menschlichen Daseins konstituiert: der Mensch ist des Grundes seiner Existenz nicht mächtig, er kann nicht alle Existenzmöglichkeiten wählen und ist faktisch immer schon der Nichtigkeit uneigentlicher Existenz verfallen. Dieses »Schuldigsein« ist nach Heidegger als ontologische Bedingung für das faktische Schuldigwerden zu verstehen. Aus theol. Perspektive hat Wolfhart Pannenberg bestritten, daß Verantwortung in Urheberschaft gründet und demgegenüber den »Gesichtspunkt der *Identität* des Handelnden« hervorgehoben (Anthropologie, 110). In der Erfahrung des Verantwortlichseins äußert sich nach Pannenberg, der an dieser Stelle auf Heidegger Bezug nimmt, ein »ursprüngliches Schuldigsein« des Menschen: »Der Mensch ist es sich selber schuldig, – nämlich dem wahrhaften Selbst seiner noch nicht voll realisierten Bestimmung, – dieser seiner Bestimmung und so sich selbst zu entsprechen« (ibid., 111). Die Tatsache, daß der Mensch »von Natur aus« nicht der ist, der er gemäß seiner »Bestimmung« sein soll, bedeutet laut Pannenberg ein Schuldigsein, das dem eigenen Tun vorangeht, das dann aber faktisch immer durch das eigene Tun »perpetuiert« wird (ibid., 105f).

Nach Paul Ricoeur kann der Ursprung menschlicher S., der »Sprung« von der Fehlbarkeit des Menschen zur wirklichen Verfehlung, wegen seines irrationalen Charakters nicht mehr in begrifflicher, sondern nur in der symbolischen Sprache mythischer Bilder ausgesagt werden (z.B. im Symbol des Sünden-»Falles«).

4. In einer Zeit, die persönliche S. zwar noch in Gestalt der subjektiven S.gefühle wahrnimmt, aber immer mehr ihre objektive, tatsächliche Dimension aus den Augen verliert, ist es eine zentrale Aufgabe der →Seelsorge, zum rechten, glaubensgemäßen Umgang mit S. und S.gefühlen anzuleiten (vgl. in der Lit. Tournier und Eibach). Dies geschieht kraft des Wortes Gottes, das zur Erkenntnis der Sünde als S. vor Gott führt und zur →Buße ruft (vgl. 2Kor 7,10). Hier ist insbesondere die →Beichte zu nennen, in der das Bekenntnis der S., die Bitte um Vergebung im Gebet und der sich auf Gottes Verheißungen stützende Zuspruch von Vergebung ihren Ort haben. Die von Gott empfangene Vergebung hat dann Konsequenzen auch für den Umgang mit S. im zwischenmenschlichen Bereich (Mt 6,12; 18,21-35; Eph 4,32).

Lit.: U. Baumann, K.-J. Kuschel: Wie kann denn ein Mensch schuldig werden? Literarische und theologische Perspektiven von Schuld, 1990; U. Eibach: Theologie in Seelsorge, Beratung und Diakonie, Band 3, 1992, 43-227 (Schulderleben – Schuldgefühle – Sündenerkenntnis); M. Heidegger: Sein und Zeit, 1927, 280–289 (§ 58: Anrufverstehen und Schuld); K. Jaspers: Die Schuldfrage. Zur politischen Haftung Deutschlands, 1946, Neuausgabe 1987, 15-28; M. Kähler: »Schuld«, RE³, XVII, 1906, 784–789; H. Kaufmann: »Schuld« und »Sünde«. Eine Anfrage an die Theologie, ThQ 160 (1980), 177–184; D. Mieth: Wieweit kann man »Schuld« und »Sünde« trennen? Eine theologisch-ethische Überlegung, ThQ 160 (1980), 184-191; J. Müller: Die christliche Lehre von der Sünde, Band 1, ³1849, 263–366 (Zurechnung der Sünde); R. Otto: Das Heilige. Über das Irrationale in der Idee des Göttlichen und sein Verhältnis zum Rationalen, 1917, 52-61; W. Pannenberg: Anthropologie in theologischer Perspektive, 1983, 101–135, v.a. 107ff; P. Ricoeur: Phänomenologie der Schuld, Bde. I-II (dt. 1971); P. Tournier: Echtes und falsches Schuldgefühl. Eine Deutung in psychologischer und religiöser Sicht (dt. 1959).

H.-P. Willi

Schule und Kirche

1. Der Einfluß der Ideen der franz. Revolution, der →Aufklärung und des Liberalismus, sowie die Vorstellungen der sich entwickelnden Pädagogik führten im 19. Jh. zu einer langsamen Lösung der S. aus der kirchl. Beheimatung, die über Jahrhunderte der abendländischen Geschichte bestanden hatte. Aufgrund der unter dem landesherrlichen Kirchenregiment weithin regional einheitlichen Konfession der Bevölkerung blieb die Bekenntnisschule die Regel, in der Lehrer eines Bekenntnisses Schüler des gleichen Bekenntnisses unterrichteten. Wirklich konfessionell geprägt war in diesen Bekenntnisschulen meist nur der →Religionsunterricht. Anders wies die unter den liberalen Landesherren in Baden eingeführte Simultanschule (18. 9. 1876) insgesamt einen so deutlich christl. Charakter auf, daß diese Form einer Gemeinschaftsschule auch später beim Abschluß des Konkordats mit dem Land Baden (12. 10. 1932) unangetastet blieb. Mit dem Ende des landesherrlichen Kirchenregiments kam es zu heftigen Auseinandersetzungen um die Schulform und auch um den Umfang der kirchl. Kompetenzen für den Religionsunterricht. Die Weimarer Reichsverfassung sah (Art. 146 Abs. 1 Satz 2) die Gemeinschaftsschule als Regelschule vor. Da aber kein Reichsschulgesetz zustandekam, blieben gemäß Art. 174 WRV die Schulverhältnisse in den Ländern bestehen und damit die Volksschulen im allg. Bekenntnisschulen. Einige Länder schlossen Kirchenverträge bzw. Konkordate ab, in denen auch die Schulfragen angesprochen wurden (Konkordate: Bayern 29. 3. 1924, Preußen 14. 6. 1929, Baden s.o.; Kirchenverträge: Bayern 15. 11. 1924, Preußen 11. 5. 1931, Baden 14. 11. 1932). Hinzu kam das Reichskonkordat vom 12. 9. 1933. Nach 1945 stellten die meisten Länder beim Wiederaufbau des unter der nationalsozialistischen Herrschaft deformierten Schulwesens zunächst weitgehend die Verhältnisse wieder her, die vor 1933 bestanden hatten. Die Kirchenverträge und Konkordate fanden wieder Beachtung. Neue kamen später hinzu (Niedersachsen 19. 3. 1955, Schleswig-Holstein 23. 4. 1958, Hessen 18. 2. 1960). Im sozialistischen Bildungswesen der DDR war eine Mitwirkung der Kirchen in den öffentlichen Schulen nicht möglich. In den neuen Bundesländern werden schrittweise neue Formen der Zusammenarbeit entwickelt.

2. Deutlich unterschiedlich sind beim Neuanfang 1945 die Positionen der ev. und der kath. Kirche. Während die Fuldaer Bischofskonferenz in einem Hirtenbrief vom 23. 8. 1945 im Sinne des Reichskonkordats »die katholische Schule für katholische Kinder« verlangt, läßt die Treysaer Kirchenkonferenz im August 1945 bei ihrer Forderung nach der »christlichen Schule« die Frage der Schulform offen. Sie wünscht eine ev. Lehrerbildung, Arbeitsgemeinschaften zwischen Pfarrern und Lehrern, die Bildung ev. Schulgemeinden und die Sicherstellung des Religionsunterrichts als »Sache der Kirche ... innerhalb der Schule«. Ein Gewissenszwang für Lehrer ist zu vermeiden. Beide Kirchen haben ihre Grundpositionen unter Berücksichtigung der notwendigen Entwicklung des Schulwesens angesichts der Bedingungen und Anforderungen der jeweils aktuellen Situation gewahrt. Die Deutsche Bischofskonferenz und die Gemeinsame Synode der Bistümer haben nie Zweifel an ihrer Vorstellung

aufkommen lassen, daß es neben der innerkirchl. Bildungsarbeit durch kirchl. Institutionen und freie kath. Verbände, der Eltern-, Lehrer- und Schülerarbeit und den kath. Privatschulen auch im öffentlichen Schulwesen den Anspruch der kath. Erziehung umfassend zu wahren gilt (u.a. Beschlüsse der Gemeinsamen Synode der Bistümer 1975). Die mit ihren Entschließungen vom 30. 4. 1958 in Berlin-Weißensee von der Verkündigung des Evangeliums als zentrale Aufgabe der Kirche ausgehende Synode der EKD erklärte in ihrem Wort zur Schulfrage die Bereitschaft zu »einem freien Dienst der Kirche an einer freien Schule«. Christus befreit zur Freiheit auch die S., darum Gottesdienst und kirchl. verantworteter Religionsunterricht »an« der S., keinerlei Zwang, aber Dienst an Eltern, Lehrern und Schülern, Freiheit der S. zur »Wissenschaftlichkeit und Weltoffenheit«. Fortsetzung und Weiterentwicklung dieser Position finden sich in den zahlreichen Stellungnahmen des Rats der EKD und in den Entschließungen der Synode, insbesondere vom 12. 11. 1971 in Frankfurt. Hier wird deutlich, daß die EKD ihre Verantwortung für die S. im Zusammenhang einer umfassenden Mitverantwortung für Bildung und Bildungspolitik sieht. Die Arbeit der »Kammer für Erziehung und Bildung« nimmt in der Folge diese Verantwortung in einzelnen Fragestellungen auf. Daß sich die ev. Kirche ihrer Verantwortung bewußt ist, selber mit ihrer Erziehungsarbeit und in ihren eigenen Einrichtungen beispielhaft zu wirken, zeigen die Entschließungen der Synode vom 9./10. 11. 1978 in Bethel und vom 10. 11. 1988 in Bad Wildungen. Unmittelbare oder mittelbare Mitwirkung der Ev. Kirche im Schulwesen geschieht durch die Arbeit des Comenius-Instituts (Ev. Arbeitsstätte für Erziehungswissenschaft), der landeskirchl. Päd. Institute, der Ev. →Akademien, der verschiedenen als Arbeitsgemeinschaft zusammengeschlossenen Verbände (AEED) und durch die theol. Wissenschaft.

3. Das im Grundgesetz zum Grundrecht erklärte »natürliche Recht der Eltern« auf die Erziehung der Kinder (Art. 6 (2)) findet in den Landesverfassungen und Schulgesetzen seinen Ausdruck in deh Bestimmungen über die Mitwirkung der Eltern am Schulwesen. Die auf Konkordanz der Freiheitsrechte gerichteten Entschließungen des Bundesverfas-sEngsgerichts weisen die Möglichkeiteh und Grenzen auf (u.a. Schulform 17. 12. 1975, Schulgebet 16. 10. 1979). An die Eltern sind hier die Kirchen gewiesen, nicht zuletzt auch hinsichtlich der Errichtung und Haltung privater S.n (→Privatschulen, christliche).

Zur Situation in Österreich und der Schweiz →Religionsunterricht.

Lit.: Beschlüsse der Gemeinsamen Synode der Bistümer in der Bundesrepublik und der Dt. Bischofskonferenz, hg. vom Präsidium 1976; Denkschriften der EKD Bd. 4/1 Bildung und Erziehung, hg. vom Kirchenamt der EKD 1987; Friedenhahn, Scheuner (Hg.): Handbuch des Staatskirchenrechts, Bd. II 1975: § 30 »Elterliches Erziehungsrecht« (E. Stein), § 31 »Kirche und staatliches Schulsystem« (W. Geiger), § 33 »Kirche als Schulträger« (Th. Maunz).

O. Basse

Schülerarbeit

1. Begründung

Die Schule ist heute weitgehend säkularisiert. Daher bekommen Schüler dort immer weniger Gelegenheit, christl. Vorbildern, Lebensgrundlagen und Wertmaßstäben zu begegnen. Den Ruf zum Glauben an Jesus Christus hören sie zumeist in der Schule nicht. Die Altergruppe der 15-20jährigen, Zielgruppe der S., wie sie hier verstanden wird, befindet sich in der entwicklungspsych. bedingten Umbruchphase, in der die entscheidenden Fragen nach dem Woher, Wohin und Wozu des Lebens gestellt werden. Eine stark anwachsende Schülerzahl befindet sich zudem in familiär bedingten Nöten und daraus resultierenden Schwierigkeiten und Gefährdungen. Viele Schüler sind ohne kirchl. Bindung. Schüler, die als Christen leben, erfahren in der Schule oft Gleichgültigkeit, Widerstand und Verunsicherung ihres Glaubens. Sie haben nicht gelernt, die dringend nötige geistige Auseinandersetzung mit anderen Gottes-, Menschen- und Weltbildern zu führen. In ihrem Christsein am Arbeitsplatz »Schule« benötigen sie dringend Hilfe, ebenso in der Frage der Berufsfindung. Die christl. Gemeinde hat die Schule oft aus Kräftemangel nicht im Blick. Ausnahmen sind mancherorts der Religionsunterricht und die Arbeit der konfessionellen Schulpfarrämter.

2. Entstehung der Schülerarbeit

Seit 1883 gibt es S., die sich in der BK (Bibelkränzchen, Bund der Schülerbibelkreise) und später auch in der MBK (Mädchenbibelkreise)-Bewegung organisierte. Die BK-Bewegung, die zu Beginn des 20. Jh.s einen großen Aufbruch im Rahmen der Jugendbewegung erlebte, hatte 1933 über 17000 Mitglieder. 1934 wurde der BK zwangsweise aufgelöst. Nach dem Zweiten Weltkrieg ging die Arbeit in die Arbeitsgemeinschaft Ev. Schüler (AES) über, die überwiegend humanwissenschaftl. Themen, bes. Politik, in den Mittelpunkt ihrer Arbeit rückte. Der →Studentenmission in Deutschland (SMD) wuchs seit 1963 eine S. zu, die sie in dieser Art stellvertretend für die mission. orientierte Gemeinde übernommen hat. Dies gilt auch für die S. im Ev. Jugendwerk in Württemberg (EJW), die 1971 entstand. Die Christliche S. der SMD begann mit engagierten Lehrern, die für Schüler mission. Sommerfreizeiten anboten. Dort waren Schulthemen, die Bibel und gelebter Glaube zentrale Gesprächsthemen. Viele Schüler wagten es daraufhin, ihr Leben dem Gott der Bibel anzuvertrauen. Nach ihrer Rückkehr in den Schulalltag entstanden Schülerkreise.

3. Schülerkreise

Die Schülerkreise sind im besten Sinne gelebte Ökumene, stehen sie doch Schülern aller Konfessionen und auch Konfessionslosen offen. Die Anzahl der Schülerkreise stieg bis zum Jahr 1991 auf etwa 1000 bis 1200. Es sind zumeist in Eigeninitiative von Schülern getragene Pausen- oder Freistundentreffs mit doppelter Zielrichtung:

– Sammlung der Christen in der Schule zu Gebet, Andacht und Gespräch.

– Missionarische Arbeit verschiedenster Ausprägung: Schulgottesdienste, Schulfestaktionen, Projektwochen, Offene Nachmittage, christl. Konzerte, Wochenendfreizeiten usw. Hilfe und Impulse dazu kommen meist von den haupt- und ehrenamtlichen Mitarbeitern der Christl. S.en (SMD/EJW Württemberg).

4. Schülerarbeitsorganisationen

Die oben erwähnten Organisationen bieten neben Besuchen ihrer Mitarbeiter in Schülerkreisen und bei mission. Projekten weitere Hilfen an: Durchführung von mission. ausgerichteten Sommerfreizeiten für Schüler zwischen 14 und 20 Jahren, Schulungsfreizeiten in den kleinen Ferien, Wochenendseminare und regionale Schülertage. Die Hauptamtlichen gestalten besondere Schulwochen mit Einsätzen in Religions- und Deutschunterricht und bieten Hilfe bei Besinnungstagen der Schulen an. Durch Wochenendseminare können Schüler Hilfe für die Berufswahl bekommen. Alle zwei Jahre führt die Christl. S. der SMD einen bundesweiten Schülerkongreß durch. Bei ihr ist auch ein reichhaltiger Materialdienst für S. zu beziehen. Die ehrenamtlichen Mitarbeiter in der SMD-S. haben sich in regionalen Arbeitskreisen (AK) zusammengeschlossen. Diese AKs tragen die S. ihrer Region in ihren vielfältigen Ausprägungen geistl., finanziell und durch tatkräftiges Engagement bei Freizeiten und Schülertagen. Auch die S. im EJW Württemberg wird von einem Mitarbeiterkreis Ehrenamtlicher geleitet (MAK). Die S.sorganisationen binden keine Schülerkreise organisatorisch an sich, sondern bieten als »Dienstleistungsbetriebe« ihre Hilfen an.

D. Oehlenschläger

Schulphilosophie, altprotestantische

Als S. bezeichnet man die Methodenlehre der altprot. Orthodoxie, eine Art von →Scholastik auf dem Boden von →Renaissance und →Reformation. Im Rahmen der allg. Wissenschaftlichkeit, in dem man die Lehre der Kirche darzulegen hatte, war es nahezu zwingend, daß man eine allg. anerkannte Methode benutzte. So wurde die aristotelische Logik neu belebt und samt der Metaphysik und Formbetrachtung in die Darstellung der Theologie aufgenommen, wenn auch dieser Einfluß nicht immer eindeutig zu bestimmen ist.

Die klare Grenzziehung zwischen Theologie und Philosophie, wie man sie von der Reformation übernommen hatte, bleibt Ausgangspunkt für die theol. Arbeit. Das Studium der →Metaphysik erwies sich dieser Theologie als nützlich, um die Mißverständnisse und Irrtümer der Gegner etwa in der Christologie und der Abendmahlslehre widerlegen zu können. Der →Aristotelismus, der hier begegnet, ist christl. gefärbt. Die gewonnene Erkenntnis bleibt in der Argumentation dieser Theologen Geschenk Gottes und der wissenschaftl. Unterricht ein Dienst an seinem Werk. Es läßt sich nicht übersehen, daß die dt. S. zur Stärkung der – für die Theologie der Orthodoxie charakteristischen – intellektualistischen Tendenz beigetragen hat. Zu beachten bleibt aber, daß von der S. her noch nicht alles über die Orthodoxie gesagt werden kann.

Philipp →Melanchthon benutzte die aristotelische Philosophie als dialektisch-rhetorisches Hilfsmittel und als Leitfaden für die Realwissenschaften. Das zeigt sich in seinem weiten Schülerkreis in vielen durchaus eigenständigen Schattierungen quer durch die verschiedenen, später kirchenpolit. getrennten Gruppen.

Neue wichtige Impulse für die Belebung der S. gingen von Giacomo Zabarella (1532–1589) in Padua aus. Bartholomäus Keckermann (1571–1609) in Danzig gilt als der bedeutendste wissenschaftl. Kopf in der ref. S. dieser Zeit. Cornelius Martini (1568–1621) in Helmstedt vertrat eine rein humanistische Ausrichtung der Metaphysik, gilt aber als der Vater der aristotelischen Metaphysik in der luth. Welt. Balthasar Meisner (1587–1626) in Wittenberg verteidigte die Metaphysik in seiner dreibändigen »Philosophia sobria« (1611–1623) vom Ideal einer maßvollen Philosophie aus, die sich dem Zeugnis der Wahrheit der Bibel in Demut unterordnet. In diesem Standardwerk wurde die Schulmetaphysik mit dem orth.-luth. Standpunkt verbunden und in den Dienst der antiref. Polemik gestellt. »Meisners Arbeit ist ihrer Absicht nach eine zusammenfassende Selbstverständigung über kontroverse theologische Positionen mit philosophischen Mitteln. Ihre Methode ist, den jeweiligen theologischen Kontext zu parzellieren, seine Elemente auf die einschlägigen philosophischen Disziplinen zu verteilen und sie dort in der Reihenfolge des schulüblichen Aufrisses zu behandeln. Meisners Werk verdient deshalb den Vorzug, weil seine Argumente quantitativ hervorragen, inhaltlich repräsentativ sind für das Luthertum der ersten Jahrhunderthälfte und, obwohl sie sich nur als Sammlung ausgeben, in nicht wenigen Fällen die Probleme gründlicher angreifen als frühere Autoren und teilweise zu einer Lösung bringen, die für die folgende Zeit maßgeblich ist.« (W. Sparn, 19). In ähnlicher Weise wirkte auch Jakob Martini (1570–1649) in Wittenberg.

Der orthodoxe Dogmatiker Johann →Gerhard, der sich ebenso der aristotelischen S. bediente, begründet dies mit dem Hinweis auf deren vollkommene Weise, Philosophie zu betreiben, und mit der Möglichkeit, die Gegner auf diese Art mit ihren eigenen Mitteln fassen zu können.

Dies Gewand eines Wissenschaftsbildes, in dem sich die Orthodoxie zeigte, ist in seiner imponierenden Präzision für heutige Leser verdeckt, die mit dieser Begrifflichkeit nicht mehr zu denken vermögen. Aber der Blick auf die gedankliche Schärfe und Vitalität, wie sie sich in der Argumentation der einzelnen Entwürfe darstellt, darf dadurch nicht verboten sein. Will man die Orthodoxie verstehen, so bleibt die Kenntnis der S. hilfreich.

Schon nach dem →Dreißigjährigen Krieg war die Zeit der S. vorbei. Das neue Weltbild, das durch Nikolaus →Kopernikus und René →Descartes geprägt war, verdrängte sie von ihrem Platz, wenn auch die orth. Theologie sich gegen dieses Weltbild sträubte und mit Hilfe der erlernten Methoden die Verteidigung der »biblischen Wahrheit« erstrebte.

Lit.: B. Hägglund: Geschichte der Theologie. Ein Abriß, 1983; R. Schäfer: »Aristotelismus V/2«, TRE 3, 1978, 789–796; W. Sparn: Wiederkehr der Metaphysik. Die ontologische Frage in der lutherischen Theologie des frühen 17. Jahrhunderts, 1976; M. Wundt: Die deutsche Schulmetaphysik des 17. Jahrhunderts, 1939.

R. Keller

Schulwesen, christliches

→Privatschulen, christliche

Schütz, Heinrich (1585–1672)

S., latinisiert Henricus Sagittarius, geb. am 14. 10. 1585 in Köstritz, gest. am 6. 11. 1672 in Dresden, einer der bedeutendsten ev. Komponisten Deutschlands im 17. Jh. Nach dem Jurastudium in Marburg Musikausbildung bei Giovanni Gabrieli in Venedig, dann Hoforganist in Kassel und Kapellmeister an verschiedenen Fürstenhöfen, zeitweilig auch in Kopenhagen, besonders jedoch in Dresden, wo er die Hofkapelle zu hohem Niveau führte. Schwer traf ihn 1625 der frühe Tod seiner Frau nach sechs-

jähriger Ehe. Viele Angehörige und Freunde kamen im Dreißigjährigen Krieg ums Leben. Trauer und Tod spiegeln sich in den »Psalmen Davids« (1628).

Eine weitere Italienreise bringt ihm Claudio Monteverdis Kunst nahe und prägt vor allem die »Symphoniae sacrae« (1. Teil Venedig 1629, 2. und 3. Teil Dresden 1647 und 1650), die »Geistlichen Konzerte« und die »Musicalischen Exequien« (1636). Die hohe Kunst der italienischen Kompositionstechnik des Generalbaßsatzes vereint sich mit äußerst sensibler Polyphonie und einer genialen Verbindung von Musik und Sprache, deren Sinngehalt in der Art seiner Kompositionen zu höchstem interpretatorischem Ausdruck kommt. S. hält sich in seinen Arbeiten überwiegend an Texte der Lutherbibel und an Kirchenlieder, die er auf verschiedene Weise bearbeitet – vom schlichten Choral (»Wohl denen, die da wandeln«) bis zu durchkomponierten mehrchörigen Werken. Besonders aussagekräftig sind die Spätwerke: die großen Motetten in der »Geistlichen Chormusik« (1648), »Zwölf geistliche Gesänge« (1657), die Weihnachtshistorie (1660/64), die Passionshistorien (1665/66) und als Krönung seines Schaffens der 119. Psalm und das »Deutsche Magnificat« (1671). Weltliche Werke haben nicht die gleiche Bedeutung gewonnen wie die geistl. und sind zum Teil verloren gegangen. Instrumentalwerke sind nicht überliefert.

Werkausgaben: Sämtliche Werke, hg. von Ph. Spitta, 16 Bde., 1885–1894; Neuausgabe von der Internationalen Heinrich-Schütz-Gesellschaft, Kassel, seit 1955.

Lit.: W. Blankenburg (Hg.): Heinrich Schütz in seiner Zeit (WdF 614), 1985 (Lit.); M. Gregor-Dellin: Heinrich Schütz. Sein Leben. Sein Werk. Seine Zeit, 1984; K. Gudewil: »Schütz, Heinrich«, MGG 12, (1965) 1989, 202–221; S. Hermelinck: »Schütz, Heinrich«, RGG³ V, 1961, 1550-52; H. Riemann: »Schütz«, Musiklexikon, 1961, 644-47.

Chr. Windhorst

Schütz, Paul (1891–1985)

S., geb. am 21. 1. 1891, gest. am 27. 7. 1985, herkunftsmäßig sowohl durch den Pietismus (sein Vater war Prediger der Methodisten) als auch – mütterlicherseits – durch den Basler Humanismus geprägt, wuchs in Berlin auf. Er studierte dort und in Jena Theologie, Philosophie und Kunstgeschichte. Das zunächst vorrangige Interesse an Ästhetik und Philosophie zeigt seine Dissertation »Das künstlerische Element in der Metaphysik bei Schleiermacher« (1914). Als Kriegsfreiwilliger nimmt er an den Kämpfen in Flandern teil. Die damit verbundene Krisenerfahrung macht ihn zum radikalen Gegner aller bloßen »Gedanklichkeit«, Unanschaulichkeit und Leblosigkeit eines Glaubens, bei dem in Wahrheit nichts geschieht. Nach weiteren Studien, die ihn mit dem →Blumhardtkreis, →Ragaz und K. →Barth in Berührung bringen, sowie seiner Verheiratung mit der Künstlerin Johanna Wolff versieht er 1925-40 die Pfarrstelle Schwabendorf/Hessen und liest daneben als Privatdozent Theol. Ethik an der Universität Gießen (1930-37). Auf einer Reise von Ägypten bis nach Täbris wird S. die traditionelle Heidenmission fraglich (»Zwischen Nil und Kaukasus«, 1930), worauf er von seinem Amt als Direktor der »Deutschen-Orient-Mission« zurücktritt. Durch sein aufsehenerregendes Buch mit dem Titel: »Warum ich noch ein Christ bin. Briefe an einen jungen Freund« (1937) hat sich S., »in die Reihe der bedeutenden evangelischen Briefseelsorger hineingeschrieben« (H.-K. Hofmann). Sein geschichtstheol. Hauptwerk: »Das Mysterium der Geschichte« (1937; erst 1950 veröffentlicht!) übt scharfe Kritik am »politisch-religiösen Synkretismus« der Kirchen und vertritt – gegen Rationalismus und polit. Schwärmerei – die Überzeugung: »Mächte, nicht Ideen bestimmen die Geschichte«. Die Suche nach dem verlorenen prophetischen Wort wird fortan zu einem Hauptthema seines theol. Denkens. Seine Auslegung des MkEv.s (»Evangelium – dem Menschen unserer Zeit dargestellt« 1940) erlebte während des Krieges zwei Auflagen. Es wurde für viele eine Art Andachtsbuch und »ist in manchem Sol-

datengepäck – trotz seiner 500 Seiten – bis tief nach Rußland hineingetragen worden«. Seine Kritik am modernen, abstrakten Wissenschaftsverständnis und dessen eindimensionalem Weltbild führte S. auch zu einer Neubesinnung auf die »natürliche Theologie«. S. hielt die natürliche Theologie für notwendig, um der »Katastrophe des theoretischen Christen« zu entgehen. Christus teilt sich »nur im gelebten Leben« mit. – 1940 wurde S. nach Hamburg zum Hauptpastor an Sankt Nikolai berufen. Den Zweiten Weltkrieg erlebte er als Offizier beim Luftwaffenstab in Deutschland und Rußland. Nach seiner Rückkehr empfand er die bekenntnismäßige Fixierung in der Zeit des kirchl. Wiederaufbaus als »Selbstverschließung der Kirche«. Die »Prophetie vom Reich« war für den theol. und kirchenpolit. Nonkonformisten das eigentliche Generalthema der Bibel, welches mit der reformat. Reduktion der Offenbarung Gottes allein auf die Rechtfertigung des Sünders nicht vereinbar sei (»Zur Kritik der reformatorischen Grundlagen« 1951). Der wachsende Zwiespalt zu seiner Kirche gipfelte 1951 in einer Dissenserklärung an die Hamburger Kirchenleitung, die prompt mit der Versetzung in den vorzeitigen Ruhestand beantwortet wurde.

Von 1954 bis zu seinem Tod wohnte S. in Söcking am Starnberger See. Die 1953 gegründete Klopstock-Stiftung ermöglichte ihm die wissenschaftl. Weiterarbeit. Das 1960 veröffentlichte Werk »Parusia – Hoffnung – Prophetie« – sieht in der kulturellen Entwicklung der Neuzeit sowohl den »mystischen Nihilismus« als auch eine »atheistische Humanität« am Werk. S. bemängelt die weithin fehlende mission. Ausstrahlung der ev. Kirchen ins Volk hinaus. Allein durch das Wagnis der Bereitschaft, sich dem wirklichen Menschen auszusetzen, empfange die Kirche ihre Missionskraft wieder.

Lit.: P. Schütz: Warum ich noch ein Christ bin, 1. Fassung 1937, 3. Fassung 1969; Zwischen Nil und Kaukasus, 1930; Gesammelte Werke I-V, 1982.

H. Bürki (Hg.): Partisan der Hoffnung, FS für Paul Schütz zu seinem 90. Geburtstag, 1981; R. Kremers: Paul Schütz – Auf der Suche nach der Wirklichkeit. Ein Lebens- und Erkenntnisweg, 1989.

R. Frische

Schwabacher Konvent

Als auf dem 2. Speyerer Reichstag im April 1529 das →Wormser Edikt wieder in Kraft gesetzt wurde – wogegen die ev. Fürsten und Städte Protest einlegten (daher: Protestanten) –, war es höchste Zeit, daß die Evangelischen auch zu einem polit.-militärischen Bündnis kamen. Dies war jedoch nur auf der Grundlage eines gemeinsamen Bekenntnisses möglich. Auf einer Zusammenkunft ev. Städte und Fürsten in Rotach bei Coburg im Juni 1529 stellte sich das schnell heraus. So setzte man auf den 24. August 1529 ein Treffen in Schwabach an, das aber auf den 16. Oktober vertagt wurde. Für dieses Treffen verfaßten die Wittenberger Theologen 17 von Rom, aber auch von den oberdeutschen Theologen abgrenzende Thesen – die »Schwabacher Artikel«. Luther verwendete sie schon anläßlich des →Marburger Religionsgespräches (1.–4. 10. 1529) als Grundlage für die Marburger Artikel. Auf einer Tagung in Schleiz (vom 3.–7. 10. 1529) nahmen Sachsen und Brandenburg-Ansbach die 17 Schwabacher Artikel an.

Der S.K. tagte vom 16. bis 19. Oktober in Schwabach und scheiterte. Von der Unterzeichnung der Artikel war die Aufnahme in das ev. Bündnis abhängig, aber Straßburg, Ulm und Hessen-Kassel lehnten sie ab, nur Nürnberg unterzeichnete. Weitere Einigungsversuche in Schmalkalden (Nov. 1529) und in Nürnberg (Jan. 1530) blieben erfolglos. Die Trennung der Oberdeutschen, die eher Zwinglis Theologie verpflichtet waren, von den Lutherischen auf dem Augsburger Reichstag 1530 zeichnete sich auf dem S.K. deutlich ab. Er war dennoch eine wichtige Station auf dem Weg der Bündnis- und Bekenntnisbildung. Die Schwabacher Artikel bilden eine wichtige Quelle für das →Augsburger Bekenntnis.

Quellen: WA 30 III; 81-91 und Revisionsnachtrag WA 30 III; 18-22.

Lit.: H. Bornkamm: Bekenntnis und Bündnis (1529/30), in: ders.: Martin Luther in der Mitte seines Lebens, 1979, 558–585; E. Fabian: Die Abschiede der Bündnis- und Bekenntnistage protestierender Fürsten und Städte zwischen den Reichstagen zu Speyer und zu Augsburg 1529–1530, 1960; H. v. Schubert: Bündnis und Bekenntnis 1529/30, 1908.

Chr. Windhorst

Schwärmer

Das Wort »Schwärmer« und seine inhaltliche Bestimmung gehen auf M. →Luther und seine Auseinandersetzung mit Theologen und Laien zurück, die aus seiner Sicht die Lehre von der →Rechtfertigung aus Glauben an das →Evangelium unter dem Eindruck eigener Offenbarungen durch eine neue Gesetzlichkeit ersetzen, dabei auch vor revolutionären Verwirklichungen ihrer Träume und Visionen nicht zurückschrecken. Enthusiasten, Sakramentierer, Phantasten, Schwarm- und Rottengeister sind Wechselbegriffe in Luthers Schrifttum, von wo aus sie sich schnell in die gesamte, nicht nur polemische Literatur als Negativbezeichnung für Irrgläubige durchsetzten. In seiner Schrift »Wider die himmlischen Propheten, von den Bildern und Sakrament« (1525) werden die →Zwickauer Propheten, Thomas →Müntzer und Andreas →Karlstadt als S. bezeichnet. Sie verlassen die Hl. Schrift als alleinige Offenbarungsquelle und wenden sich eigenen Träumen und Visionen zu, in denen sie Gottes Offenbarung erfahren zu können glauben. Sie benötigen keine äußerlichen leiblichen Zeichen wie Brot, Wein und Wasser, aber auch nicht das äußerlich hörbare Wort, um innerlich die Wirksamkeit des Hl. Geistes zu spüren und das Heil Gottes zu empfangen. Luther sieht im S.tum die allg. menschliche Haltung der Selbstbehauptung Gestalt annehmen mit dem Ziel, sich selbst Offenbarung und Heil zu schaffen. Deshalb ist im Urteil Luthers »das Papsttum auch eitel Enthusiasmus, darin der Papst sich rühmt, alle Rechte seien im Schrein seines Herzens und, was er mit seiner Kirche urteilt und befiehlt, soll Geist und Recht sein, auch wenn es über und gegen die Schrift oder mündliches Wort ist«, und darüber hinaus gilt: »der Enthusiasmus steckt in Adam und seinen Kindern von Anfang bis Ende der Welt ... und ist aller Ketzerei Ursprung. Darum sollen und müssen wir darauf beharren, daß Gott nur durch sein äußerliches Wort und Sakrament mit uns handeln will« (Schmalkaldische Artikel).

Wegen der überwiegend polemischen und pauschal abqualifizierend verwendeten Begrifflichkeit »Schwärmer, Schwärmerei« konnte sie sich in der heutigen Kirchengeschichtsschreibung nur schwer und nicht mit breitem Konsens als Bezeichnung für eine bestimmte Gruppe von Theologen und rel. Führern des 16. Jh.s durchsetzen, die man der »radikalen Reformation« (G.H. Williams) oder dem »linken Flügel der Reformation« (H. Fast) zurechnet. H. Fast zählt zu den Schwärmern mit Differenzierungen neben Karlstadt und Müntzer die Appenzeller Enthusiasten, Melchior →Hoffman, Obbe Philips und Bernhard Rothmann mit den →Täufern von Münster. Kennzeichen ist ihr »Offenbarungsspiritualismus«, d.h. bedingte Akzeptanz der bibl. Offenbarung bei eigenen Eingebungen in Visionen und Träumen in Verbindung mit ihrem »Glauben an eine sichtbare Verwirklichung ihrer Ideen« (H. Fast, XXIX). »Als Schwärmer gelten lediglich die Vertreter einer revolutionären Glaubenshaltung, die den weltverändernden Inhalt des Evangeliums mit aktivem Sendungsbewußtsein durch die Tat sichtbar machen und verwirklichen wollen« (J. Mehlhausen, 3081).

Theol. behalten die Begriffe »Schwärmer, Schwärmerei« insofern gültige Bedeutung, als sie im Widerspruch ein wesentliches Anliegen der reformat. Theologie signalisieren: Gottes Heilsoffenbarung geschieht nicht in Träumen und individuellen Eingebungen, sondern durch sein Wort in der Hl. Schrift. Gott rechtfertigt den Glaubenden in der Kraft des Hl. Geistes durch sein lebendig zugesprochenes Wort in der Predigt und verschiedenen Formen der Anrede sowie in den sichtbar dargereichten Sakramenten und nicht durch die Erfüllung neuer, selbsterdachter, ethisch-moralischer Forderungen und damit verbundener Akte der Selbstrechtfertigung und Selbsterlösung - der häufigsten Erscheinungsform von Schwärmerei auch im gegenwärtigen Christentum.

Lit.: G. A. Benrath: »Die Lehre außerhalb der Konfessionskirchen«, in: Handbuch der Dogmen- und Theologiegeschichte, hg. v. C. Andresen, Bd. 2, 1980, 560–664; H. Fast (Hg.): Der linke Flügel der Reformation, 1962; J. Mehlhausen: »Schwärmertum«, EStL, Bd. 2, [3]1987, 3080–3083; K. G. Steck: Luther und die Schwärmer, 1955; G. H. Williams: The Radical Reformation, 1962; Chr. Windhorst: Luthers Kampf gegen die Schwärmer, WuD NF 14 (1977), 67-87.

Chr. Windhorst

Schwarze Theologie

Eine Form der →Befreiungstheologie, die im Zusammenhang der Bürgerrechtsbewegung (Martin Luther →King) in den 60er Jahren zuerst in Nordamerika entwickelt wurde und im Zuge der Entkolonisierung nach Afrika, bes. aber in den Apartheidsstaat →Südafrika, ausstrahlte. Der Kontext in Amerika ist zweifach: er ist einmal das »amerikanische Dilemma« (Gunnar Myrdal, 1944) eines institutionellen weißen →Rassismus, wie er sich durch die →Sklaverei und nach deren Abschaffung durch offene oder sublime Formen der Unterdrückung (sog. Jim Crow Laws) herausgebildet hatte, und das Bewußtwerden auf seiten der Schwarzen, daß ihre »Integration« in die weiß-dominierte Gesellschaft das Leiden nur verlängert. Daher will man eigene »Macht« (vgl. James Cone, Black Theology and Black Power, 1969). Zum anderen sind der Kontext die überraschende Christianisierung der schwarzen Bevölkerung im 19. Jh. und die besonderen Formen des schwarzen Gottesdienstes, der Predigten und Predigtweisen, der Musik, der Lieder und der Gebete, kurz: die »schwarze religiöse Erfahrung«. Umstritten ist, wie stark rel., psych., soziologische u.a. Faktoren der afrikanischen Herkunft durch die Sklaverei abgewürgt wurden oder noch nachwirkten und die »schwarze religiöse Erfahrung« mitbestimmt haben.

Von daher ergeben sich für die S.Th. mehrere Ziele:

1. Die »babylonische Gefangenschaft« der weißen Theologie in ihrem universal-normativen Anspruch zu erkennen und sie damit als bewußte oder unbewußte ideologische Abstützung des weißen Rassismus herauszustellen.

2. Die Notwendigkeit, einen »Gegenentwurf« zu erstellen, der sich fundamental von der dominanten euro-amerikanischen weißen Theologie unterscheiden muß und der auf der Affirmation des »Schwarzseins« beruht.

3. Mittels bibl., hist. und systemat. Studien die Verwurzelung der »schwarzen religiösen Erfahrung« in der bibl. Überlieferung aufzuzeigen. Inwiefern dies gelungen ist, und ob man sich dabei nicht zu sehr der »weißen« Methoden und Inhalte bedient, wird heftig diskutiert (Cecil Cone, Josiah U. Young).

4. Die Leuchtkraft und Glaubwürdigkeit des Evangeliums aus der Perspektive der Unterdrückten zu verdeutlichen. Durch Kritik an den polit. und sozio-ökonomischen Unterdrückungsmechanismen und durch die »Feier« der schwarzen Identität gewinnt die S.Th. ihre prophetische und ethische Dimension. Ihre evangelist. Funktion erhält sie durch ihren Appell an die »schwarze Kirche«, den Kampf für die Befreiung von Unterdrückung als gesellschaftl.-kulturelle Aufgabe zu begreifen (M. L. →King, Jesse Jackson, Andrew Young, Desmond Tutu). Die Armen sollen ihre Geschichte selbst in die Hand nehmen, d.h. aus »Objekten« zu »Subjekten« auf der Grundlage schwarzen Bewußtseins (»black is beautiful«) werden.

5. Eine stellvertretende Aufgabe für die weiße Theologie wahrzunehmen. Aus der Erkenntnis, daß weiße Unterdrücker wegen ihrer Unterdrückung unfrei sind, ergibt sich, daß sie, wie die Unterdrückten, der Befreiung durch das Evangelium bedürfen.

Die beiden vornehmsten Ziele, denen sich die S.Th. verpflichtet weiß, sind daher »Befreiung« in dem soeben gekennzeichneten umfassenden Sinn und gewaltlose »Versöhnung« der bisher sich antagonistisch gegenüberstehenden Kräfte (J. Deotis Roberts). In der S.Th. ist »Befreiung« nicht nur Teil des Evangeliums oder konsistent mit dem Evangelium, sondern Inhalt und Rahmen des Evangeliums von Jesus Christus (Cone, Boesak).

Eine so definierte S.Th. kann für Nordamerika und Südafrika gelten, weil es um Befreiung der Schwarzen geht, nicht aber für das übrige Afrika, wo die Aufgabe einer Indigenisierung bzw. Afrikanisierung des Christentums ansteht.

Aus den Zielen lassen sich besondere Aspekte traditioneller theol. Topoi entfalten:

– In der Gotteslehre kommt es darauf an, daß Gott nicht als weißer Rassist erscheint (William Jones: Is God a White Racist?, 1973). Um schwarzen Christen die Überwindung ihrer Identitätskrise zu ermöglichen, ist Christus als schwarzer Messias zu vergegenwärtigen, jedoch nicht im Sinne einer »rassisch-ethnischen« Herleitung (so Albert Cleage: The Black Messiah, 1969), sondern real-symbolisch, weil sich Jesus mit den Unterdrückten identifizierte. So wird Jesus der Befreier des »erwählten Volkes« aus dem Ägypten der Sklaverei (vgl. viele Texte der Spirituals), und Gott wird der Gott des Exodus (James Cone, Major Jones, J. D. Roberts).

– Ethik und Eschatologie sind von daher zu entfalten: Es bedarf des Handelns jetzt und heute, um die Befreiung zu erwirken, nicht der Vertröstung auf ein Jenseits mit der Aussicht auf eine Kompensation dort für die Leiden hier.

Neuerlich ist die S.Th. durch eine feministische Perspektive erweitert worden. Mit Recht wurde der patriarchalische Charakter der schwarzen Kirche und Theologie kritisiert und darauf verwiesen, daß Frauen in der Geschichte der schwarzen Kirche eine bedeutende Rolle gespielt haben und heute bei dem weitgehenden Zusammenbruch der Familienstruktur noch immer spielen. Außerdem läßt sich sagen, daß schwarze Frauen unter einer zweifachen Diskriminierung leiden: dem Rassismus und dem Sexismus. Dazu kommt noch wirtschaftliche Ausbeutung, vor allem in Süd-Afrika.

Schwarze Theologen haben als ihre Koalitions- und Gesprächspartner die Theologen aus der sog. Dritten Welt entdeckt und arbeiten in Solidarität mit EATWOT (Ecumenical Association of Third World Theologians) zusammen.

Lit.: A. A. Boesak: Farewell to Innocence. A Socio-Ethical Study on Black Theology and Black Power, 1977; C. Cone: The Identity Crisis in Black Theology, 1975; J. Cone: A Black Theology of Liberation, 1970; ders.: For my People: Black Theology and the Black Church, 1984; D. N. Hopkins: Black Theology. USA and South Africa, 1989; G. T. Hull u.a. (Hg.): But Some of Us Are Brave, 1982; M. Jones: Christian Ethics for Black Theology, 1974; J. D. Roberts: Liberation and Reconciliation, 1971; ders.: A Black Political Theology, 1974; ders.: The Prophethood of Black Believers, 1994; G. Wilmore: A Documentary History, 1966–1979, 1979; J. U. Young: Black and African Theologies. Siblings or Distant Cousins?, 1990.

E. Geldbach

Schwarzes Kreuz Gefangenenmission e.V.

1925 gründete Johannes Muntau, der damalige Präsident des Strafvollzugsamtes Celle, zusammen mit einigen Anstaltspfarrern und Gemeindemitgliedern das »Schwarze Kreuz auf grünem Grunde«. Schwarz als Symbol des Todes sollte die Inhaftierten an Christi Sterben erinnern, grün als Symbol der Hoffnung an seine Auferstehung. Auch heute will das Werk, das inzwischen Schwarzes Kreuz Gefangenenmission e.V. heißt, Straffällige zu einem christl. Leben ermutigen.

Das S.K. wird von Spenden getragen. Es arbeitet bundesweit im Sinne der Ev. →Allianz und ist dem Diakonischen Werk, der Ev. Konferenz für Straffälligenhilfe und der Bundesarbeitsgemeinschaft für Straffälligenhilfe angeschlossen.

Das S.K. hilft, in der Öffentlichkeit Vorurteile und Ängste gegenüber Straffälligen abzubauen. Vor allem werden christl. Gemeinden informiert und motiviert, in der Straffälligenhilfe mitzuarbeiten. Der Schwerpunkt liegt auf den persönlichen Beziehungen zwischen Helfern und Straffälligen sowie deren Angehörigen. Helfer und Helferkreise werden darum fachlich und seelsorgerl. begleitet. Anstaltsseelsorger werden so in ihrer Arbeit unterstützt und entlastet. Die vertrauensvolle Beziehung zwischen dem Gefangenen und dem Helfer ermöglicht auch eine sinnvolle Hilfe nach der Entlassung.

Außerdem unterstützt das S.K. die Helfer u.a. durch folgende Angebote für Inhaftierte: »Die andere Freiheit« (zweimonatlich erscheinende Zeitschrift), bibl. Abreißkalender, Freizeiten und Bekleidungsdienst.

Lit.: Grundkurs für ehrenamtliche Helfer in der christlichen Straffälligenhilfe. Schwarzes Kreuz Gefangenenmission e.V. in Zusammenarbeit mit der Ev. Arbeitsstelle Fernstudium der EKD, 1990; Handbuch für ehrenamtliche Helfer in der christlichen Straffälligenhilfe, hg. vom Schwarzen Kreuz, 1986.

H. Schäffer

Schweden →Skandinavien

Schwedische Missionsgesellschaften
→Skandinavien

Schweiz

1. Die S. in ihrer heutigen Form gibt es erst seit 1848. Einwohnerzahl 1994: 7 Mio. Vier Sprachen werden als offizielle Landessprachen anerkannt: Deutsch, Französisch, Italienisch, Rätoromanisch. Konfessionelle Zusammensetzung nach der Volkszählung von 1990: Katholiken 46 %, Protestanten 40 %, dazu größere jüd. und moslemische Minderheiten. Als konfessionslos bezeichneten sich 1990 rund 7,4 %. Bezeichnend für das Selbstverständnis der S. ist der starke Föderalismus, welcher auch dazu führt, daß es eine gesamtschweizerische ref. Landeskirche nicht gibt. Die Landeskirchen sind kantonal sehr verschieden aufgebaut.

2. Im Gebiet der heutigen S. ist das Christentum seit dem 4. Jh. bezeugt. Eine große Rolle für Kultur und Bildung spielten die Klöster (Romainmôtier seit Mitte des 5. Jh.s, St. Gallen, Einsiedeln). Von großer Bedeutung wurde das Basler Konzil, in dessen Gefolge 1460 in Basel die älteste Universität der Schweiz gegründet wurde. Basel wurde zu einem Zentrum des Humanismus. →Erasmus von Rotterdam sammelte um sich eine Schar junger Wissenschaftler, die später auch in der Reformation eine Rolle spielten (z.B. Johannes →Oekolampad).

3. Die S.er Reformation begann mit dem Wirken →Zwinglis in Zürich. Zwingli war Theologe und Politiker zugleich und führte in Zürich eine neue Ordnung nach bibl. Grundsätzen ein. Schul- und Armenwesen wurden neu organisiert. In der Abendmahlsfrage kam es zwischen Zwingli und Luther zu einer Disputation (Marburg 1529), aber zu keiner Einigung.

Zwingli versuchte ein Bündnis der ev. Kantone und Länder zustande zu bringen, um gegen die Angriffe der kath. Orte gerüstet zu sein, die sich mit dem Erbfeind Österreich gegen die Reformation verbunden hatten. Beim zweiten Kappelerkrieg 1531 wurden die Zürcher geschlagen, Zwingli verlor sein Leben. In der Folge wurden verschiedene ev. Gebiete zum Teil gewaltsam rekatholisiert. Mit der Zürcher Reformation verbunden waren Basel (Johannes Oekolampad), Bern (Berchtold Haller), St. Gallen (Joachim Vadian) und Graubünden (Johannes Comander). Ein weiterer Schwerpunkt der Reformation lag in der franz.-sprachigen S., vor allem in Genf unter Johannes →Calvin. Eine strenge Lebensordnung wurde in der lebensfreudigen Stadt durchgeführt. Mit seinen Publikationen, vor allem der Grundsatzschrift »Institutio Christianae religionis« legte er den theol. Grund für die ref. Kirche nicht nur der S. Die 1559 gegründete Akademie bildete den Grundstein für die spätere Universität Genf.

Genf wurde zu einer bedeutenden Asylstadt für verfolgte Glaubensflüchtlinge aus aller Welt. Vor allem mit den →Waldensern und →Hugenotten fühlte man sich verbunden. In der Akademie von Lausanne erhielten viele hugenottische Pfarrer ihre theol. Ausbildung.

Die glaubensmäßigen Grundlagen für die ref. Kirchen bildeten verschiedene Bekenntnisschriften v.a. das Zweite Helvetische Bekenntnis von 1566.

4. Gegen Ende des 17. Jh.s kamen aus Deutschland die ersten Pietisten in die S. Die weitgehend erstarrte orthodoxe Staatskirche versuchte, sich dagegen zu wehren. Neben separatistischen Auswirkungen hatte der →Pietismus aber vielerorts einen belebenden Einfluß auf das kirchl. Leben. Auch die Herrnhuter →Brüderunität wirkte häufig als Gemeinschaft innerhalb der offiziellen Landeskirchen.

Normtheologie in den ref. Kirchen wurde die »vernünftige Orthodoxie«, welche vor allem von den drei Theologen S. A. Turretini, Osterwald und Werenfels vertreten wurde.

5. Die →Erweckungsbewegung des 18. und 19. Jh.s hinterließ in der S. unauslöschliche Spuren. Von besonderer Bedeutung wurde dabei die 1780 in Basel gegründete →Christentumsgesellschaft. Aus ihr gingen später Werke wie die Basler Bibelgesellschaft, die Basler Mission und die Pilgermission St. →Chrischona hevor. Die polit. Restauration zu Beginn des 19. Jh.s bewirkte auch ein Wiedererstarken des Katholizismus. 1847 besiegten in einem kurzen Waffengang, dem Sonderbundskrieg, die prot. die kath. Kantone, die sich wieder mit den Österreichern verbündet hatten.

Um die Mitte des 19. Jh.s wurde der Einfluß angelsächsisch beeinflußter Freikirchen, so der →Methodisten und der →Baptisten, immer stärker. Innerhalb und außerhalb der offiziellen kantonalen Landeskirchen kam es zur Bildung freier Gemeinden und Kirchen.

Die zweite Hälfte des 19. Jh.s ist geprägt von heftigen Auseinandersetzungen zwischen der »liberalen« und der »positiven« Theologie. Der Einfluß der liberalen Reformer wurde immer größer. Infolge des Ersten vatikanischen Konzils (Dogma der päpstlichen Unfehlbarkeit) lösten sich viele Pfarreien von der röm.-kath. Kirche und bildeten 1875 die →altkath. oder »Christkatholische Kirche«.

6. Zum christl. →Sozialismus leisteten verschiedene Schweizer Theologen, so Leonhard →Ragaz und Hermann →Kutter, entscheidende theoretische und praktische Beiträge. Die theol. Forschung stand während Jahrzehnten unter dem prägenden Einfluß Karl →Barths, Emil →Brunners und Eduard →Thurneysens.

Das 20. Jh. ist u. a. gekennzeichnet durch verschiedene Bemühungen um Einheit unter den Christen und christl. Kirchen. Neben der bereits vielerorts wirkenden Ev. →Allianz kam es 1920 zur Zusammenfassung der ref. Kantonalkirchen zum →Schweizerischen Evangelischen Kirchenbund, dem auch die Methodistenkirche und die Evangelische Gemeinschaft beitraten. Im Gefolge des Ökumenischen Rates der Kirchen wurden Arbeitsgemeinschaften der christl. Kirchen gegründet, in denen neben den drei offiziellen Landeskirchen (röm.-kath., christkath. und ev.-ref.) auch die Baptisten, Methodisten und die Heilsarmee mitarbeiten. Im freikirchl. Bereich entstand 1919 der »Verband Evangelischer Freikirchen und Gemeinschaften in der Schweiz« (VFG). Er vertritt die gemeinsamen Anliegen und Interessen der angeschlossenen Gemeindeverbände in der Öffentlichkeit, führt gemeinsame Aktionen durch und nimmt Stellung zu Fragen von Glauben und Leben. Zur Zeit gehören dem VFG zwölf Gemeindeverbände und zwei Einzelgemeinden an (1994).

Lit.: A. Dubach, R. J. Campiche: Jede(r) ein Sonderfall? Religion in der Schweiz, Ergebnisse einer Repräsentativbefragung, 1993; A. Mobbs: Die evangelischen Kirchen der Schweiz im Zeitalter der Ökumene und der zwischenkirchlichen Hilfe. 50 Jahre Kirchenbund 1920–1970, 1970; R. Pfister: Kirchengeschichte der Schweiz, 3 Bde., 1964, 1974, 1984; L. Vischer, L. Schenker, R. Dellsperger (Hg.): Ökumenische Kirchengeschichte in der Schweiz, 1994.

H. Hauzenberger

Schweitzer, Albert (1875–1965)

S., geb. am 14. 1. 1875 in Kaysersberg (Oberelsaß), gest. am 4. 9. 1965 in Lambaréné (Gabun), Arzt, ev. Theologe, Philosoph, Musiker, war eine der bekanntesten Gestalten des 20. Jh.s.

Zunächst als Hilfsprediger (ab 1898) und Privatdozent für NT in Straßburg tätig (ab 1902), gründete S. 1913 im westafrikanischen Gabun das Tropenhospital Lambaréné. 1917 als Zivilinternierter nach Frankreich verbracht, kehrte er wieder nach Gabun zurück (1924) und wirkte – unterbrochen von mehreren Vortragsreisen und Orgelkonzerten in Europa und in den USA – als Missionsarzt rastlos bis zu seinem Tod.

Auf theol. Gebiet hat sich S. durch eine großangelegte Bestandsaufnahme der Leben-Jesu-Forschung (Geschichte der Leben-Jesu-Forschung 1906, erweitert 1913), die zum Klassiker avancierte, und durch seine Paulus-Studien (Mystik des Apostels Paulus, 1930) eingebracht. Nachhaltig vertrat er die Rich-

tung der konsequenten Eschatologie: Der hist. Jesus verstand sich als »futurischer« Messias, der sich in seiner Erwartung täuschte, das Reich Gottes bräche unmittelbar herein. Die Eschatologie hat sich somit selbst ad absurdum geführt (Enteschatologisierung); Jesu verkündigte »eschatologische Ethik« (»ewige Religion der Liebe«) hingegen bleibt dem Christen aufgetragen, der, eins mit dem Willen Jesu (»ethische Willensmystik«), zur Mitarbeit an der sittlichen Endvollendung des Reiches Gottes berufen ist. Dessen Leitmotiv ist die – alles Lebendige einbeziehende – »Ehrfurcht vor dem Leben«, ein allgemeingültiges, denknotwendiges Grundprinzip, in dem sich die Lebens- und Weltbejahung samt ihren Kulturidealen ausspricht (Kulturphilosophie, 1923). Theologie und (v.a. von →Schopenhauer und →Nietzsche beeinflußte) Philosophie bilden somit eine geschlossene Einheit.

Als Musiker trat S. durch Herausgabe (mit Ch.-M. Widor, 1913-67) und Neuinterpretation von J. S. →Bachs Orgelwerk hervor, den er auch als »Dichter und Maler in Tönen« würdigt (1905, erweitert 1908); ferner hat er den Anstoß gegeben zur »Elsässischen Orgelreform«.

Die konsequente Verwirklichung seines ethischen Ansatzes, der in der Gegenwart große Beachtung findet, hat S. für das 20. Jh. zu einer Symbolgestalt christl. Nächstenliebe und gelebter Humanität gemacht. Zahlreiche Ehrungen wurden ihm dafür zuteil (u.a. Friedenspreis des Deutschen Buchhandels 1951, Friedensnobelpreis 1952).

Lit.: A. Schweitzer: Aus meinem Leben und Denken, (1931) 1980; Gesamtausgabe, japanisch, 19 Bde., 1956-61; Gesammelte Werke in fünf Bänden, hg. von R. Grabs; Briefe, hg. von H.W. Bähr, 1979.

Beiträge zur Albert-Schweitzer-Forschung, hg. von der Wissenschaftlichen Albert-Schweitzer-Gesellschaft, Bd. 1, 1990ff; J. Bentley: Albert Schweitzer. Eine Biographie, 1993; E. Gräßer: Albert Schweitzer als Theologe, 1979; H. Steffahn: Albert Schweitzer mit Selbstzeugnissen und Bilddokumenten, 1990 (Bibliographie, Lit.).

W. Raupp

Schweizer, Alexander (1808–1888)

S., geb. am 14. 3. 1808 in Murten, gest. am 3. 7. 1888 in Zürich; sein Vater, der Pfarrer Jakob S., stammte aus einem Zürcher Geschlecht. S. besuchte das Gymnasium in Biel (1818) und in Basel (1819-22), Studium in Zürich, Ordination und Kandidat 1831. Dank einem Stipendium konnte er ein Jahr in Berlin weiterstudieren (1832-33), wo er hauptsächlich →Schleiermacher hörte. Ein weiteres Stipendium ermöglichte ihm 1834 die Immatrikulation in Jena, doch brach er dieses Studium ab, als ihm die Vertretung des ref. Pfarrers Hirzel in Leipzig angeboten wurde, wo er dann anderthalb Jahre als Hilfsprediger wirkte. Anschließend erfolgte S.s Habilitation an der 1833 gegründeten Universität Zürich, hier wurde er zunächst a.o. Prof., 1840 o. Prof. und hielt Vorlesungen über Praktische Theologie, NT, Ethik und Dogmengeschichte. 1844 wurde er zusätzlich Pfarrer am Großmünster in Zürich, was den Verzicht auf exeget. Vorlesungen bedingte. S. gehörte dem Kirchenrat und auch dem Großen Rat der Stadt an. 1871 trat er als Pfarrer am Münster zurück, seine Professur an der Hochschule legte er 1888 nieder, wenige Monate vor seinem Tod.

S. ist repräsentativer Vertreter der →Vermittlungstheologie, Schüler Schleiermachers. Das gemeinsame Wesen der Religion ist auch für ihn das Gefühl schlechthinniger Abhängigkeit. Er begründet dieses aber nicht phil., sondern schließt daraus auf Gott als die allwirkende Kausalität. Luthers Lehre vom unfreien Willen (*servum arbitrium;* →Willensfreiheit) und Calvins Lehre von der absoluten Prädestination (→Erwählung) und von den göttlichen Dekreten gelten ihm als prot. Zentraldogmen. Das Christentum ist die höchste Stufe der Religion, d.h. die höchste Geist-Einwirkung in der menschlichen Natur. Anders als

Schleiermacher sieht S. in der Höherentwicklung der Religion eine allgemeine dreifache Abstufung: Die unterste Stufe ist die natürliche Religion, zu der aber bereits das Gottesbewußtsein gehöre, d.h. Gott als die alles lenkende Allmacht und Allwissenheit. Die zweite Stufe ist das sittliche Bewußtsein, die dem geistigen Wesen des Menschen entsprechende geistig-sittliche Ordnung. Die dritte Stufe ist die Erlösungsreligion, in welcher der Mensch sich als ganz von der Gnade abhängig erkennt. Dieses Bewußtsein geht von Christus aus als Geistwirkung, die wir den heiligen Geist nennen. Und weil der Geist im christl. frommen Selbstbewußtsein gegenwärtig ist, ist auch die christl. Offenbarung – das Bewußtsein der Erlösung und der Gnade – unmittelbar gegenwärtig. Die Kirche steht zwar hist. in der Tradition ihres Ursprungs, des überlieferten Glaubens. Aber sie hat nicht einen hist. Glauben, sondern den in ihr gegenwärtigen, lebendigen Glauben. Und dieser kann im Ausdruck und im Verstehen gegenüber der Tradition durchaus modifiziert sein, ohne sich im wesentlichen zu verändern. Die Modifikation als Folge der Auseinandersetzung mit dem Wissen der Zeit kann auch eine Reinigung sein, wie es in der →Reformation der Fall war. Kultus und Verkündigung der Kirche sind daher freie Darstellung und Ausbreitung ihres gegenwärtigen christl. frommen Bewußtseins.

Werke: Die Glaubenslehre der ev.-reformierten Kirche, dargestellt und aus den Quellen belegt, 1844/47, I-II; Homiletik der evangelisch-protestantischen Kirche, 1848; Die Protestantischen Centraldogmen in ihrer Entwicklung innerhalb der reformierten Kirche, 1854/56, I-II; Die Christliche Glaubenslehre nach protestantischen Grundsätzen, 1863/69, I-II; Pastoraltheologie; Pastoraltheologie oder die Lehre von der Seelsorge des evangelischen Pfarrers, 1775; Nach Rechts und Links, 1876; Predigten, erschienen in fünf Sammlungen, 1832–1862.

Lit.: P. Schweizer (Hg.): Autobiographische Aufzeichnungen von Alexander Schweizer, 1899.

K. Barth: Die protestantische Theologie im 19. Jahrhundert, (1947) ⁴1981, 517ff; F. Flückiger: »Alexander Schweizer«, in: Gegen die Gottvergessenheit, Schweizer Theologen im 19. und 20. Jahrhundert, 1990, 68ff; P. Schweizer: Alexander Schweizer und Emanuel Biedermanns Theologie, Diss. Zürich, 1972.

F. Flückiger

Schweizer Indianer-Mission

→Schweizer Missionen

Schweizer Missionen

Die Arbeitsgemeinschaft Evangelikaler Missionen (AEM) der deutschen Schweiz mit dem Sitz in Zürich vereinigt 34 Missionswerke mit einer Gesamtzahl von rund 900 Missionaren. Dazu gehören: Beatenberger Missionswerke, Bibellesebund, Biblische Mission an der Elfenbeinküste, Chrischona Mission, Europäische Baptistische Mission, Europa Mission des Bundes Freier ev. Gemeinden, MEOS-Evangelische Mission unter Ausländern, Evangelische Karmelmission, ERF – Evangelium in Radio und Fernsehen, Evangelischer Missionsdienst Basel, Evangelische Mission im Tschad, Frontiers, Kinder Evangelisations-Bewegung, Kinderwerk Lima, Licht in Lateinamerika, Liebenzeller Mission, Missionsmanschaft Rotes Meer, Missionsbund Licht im Osten, Mission für Südosteuropa, Nepal Mission, Operation Mobilisation, Schweizer Allianz Mission, Schweizer Indianer Mission, Schweizerisches Mennonitisches Evangelisationswerk, Schweizerische Missions-Gemeinschaft, Schweizerische Schallplattenmission, Überseeische Missions-Gemeinschaft, Missionswerk der Vereinigten Freien Missionsgemeinden, Vereinigte Sudan Mission, Weltweiter Einsatz für Christus, Wycliff Bibelübersetzer.

Der Fédération des Missions Evangélique Francophones in der welschen Schweiz mit Sitz in Lonay gehören zwölf Missionswerke mit rund 160 Schweizer Missionaren an.

In der Kooperation Evangelischer Kirchen und Missionen (KEM; Sekretariat in Basel) sind sieben Missionswerke zusammengeschlossen mit insgesamt 180 Mitarbeitern. Dazu gehören: Basler Mission, CEVAA, Evangelische Mission im Kwango, Mission der Brüdergemeine, Schweizerische Evangelische Nillandmission, Schweizerische Ostasien Mission, Südafrika Mission.

Das Département Missionnaire des Eglises Protestantes de la Suisse Romande hat ca. 60 Missionare im Einsatz.

Weitere S.M. sind: Mission des Evangelischen Brüdervereins mit 100 Missionaren, Missionsabteilung der Heilsarmee mit 35 Mitarbeitern, Mission der Evangelisch-methodistischen Kirche mit 20 Leuten im Auslandeinsatz, pfingstliche Missionen (SPM und Peru Mission) mit 40 Mitarbeitern, Agape-Internationale Dienste mit 10 Leuten, Mission der Offenen Brüder, Evangelischer Missionsdienst Basel, Jugend mit einer Mission, Christliche Ostmission, Mitternachtsruf Überseemission, Evangelische Aussätzigenmission, Schweizerischer Hilfsbund für christliches Liebeswerk im Orient und andere.

Insgesamt sind rund 1500 ev. Missionsarbeiterinnen und -arbeiter von der Schweiz aus im Einsatz. *T. Stäheli*

Schweizerische Evangelische Allianz (SEA)

An der Gründungskonferenz der Ev. →Allianz 1846 in London nahmen auch einige Schweizer Delegierte teil, vorwiegend aus der Westschweiz. In London kam es zu ersten Gesprächen, welche bereits 1847 zur Gründung einer Allianzsektion in der französischsprachigen Schweiz führten. Langjähriger Sekretär war der spätere Gründer des Roten Kreuzes und Mitbegründer des Weltbundes des CVJM, Henri →Dunant. Im Sinne der organisatorischen Beschlüsse von London schloß man sich zunächst mit den Franzosen und den Belgiern zu einer französischsprachigen Zweigorganisation zusammen.

Die Neun-Punkte-Basis von London wurde durch eine einfachere Formulierung ersetzt, nach welcher der franz. Zweig alle Christen als Mitglieder aufnehmen wolle, »welche in der brüderlichen Liebe leben wollen, ihre Absicht ausdrücken, mit ihr den von Gott inspirierten Schriften gemäß ihren gemeinsamen Glauben zu bekennen an Gott, den Retter, den Vater, der sie geliebt und aus Gnaden gerechtfertigt hat durch den Glauben an seinen Sohn; den Sohn, welcher sie durch sein Versöhnungsopfer erkauft hat, und den Heiligen Geist, den Urheber ihrer Wiedergeburt und Heiligung, einen einzigen Gott, ewig angebetet, dessen Ehre sie ihr Leben zu weihen wünschen«.

Diese kürzere Form der Glaubensbasis blieb die verbindliche Basis der SEA, bis zu Beginn der 90er Jahre des 20. Jh.s die Fassung der Glaubensbasis der Europ. Allianz übernommen wurde.

Sektionen in der deutschsprachigen Schweiz entstanden später nach und nach, ausgehend von Bern, wo sich 1871/72 eine Sektion gebildet hatte.

Zwei der großen Weltkonferenzen der Allianz fanden in der Schweiz statt: 1861 in Genf und 1879 in Basel. Die Heiligungsbewegung der 70er Jahre des 19. Jh. belebte die Allianz. Verschiedene Heiligungskonferenzen wurden bewußt als »Allianzkonferenzen« organisiert und durchgeführt.

Auch heute arbeiten ein dt.- und französischsprachiger Allianzzweig je für sich, aber unter dem gemeinsamen Dach der SEA, wobei man sich von Zeit zu Zeit zu zweisprachig durchgeführten Konferenzen trifft.

Die SEA ist Mitglied der Europ. Ev. Allianz. Neben den einzelnen regionalen und lokalen Allianzsektionen sind mehrere Arbeits- und Projektgruppen in unterschiedlichen Aufgaben tätig (z. B. →Arbeitsgemeinschaft für biblisch erneuerte Theologie).

Lit.: H. Hauzenberger: Einheit auf evangelischer Grundlage. Von Werden und Wesen der Evangelischen Allianz, 1986, 99ff; E. Schick, W. Senft: Einheit in der Mannigfaltigkeit. Aus hundert Jahren Evangelischer Allianz, 1946.

H. Hauzenberger

Schweizerische Evangelistenkonferenz (SEK) / Konferenz für Evangelisation (KFE)

Die »Schweizerische Evangelistenkonferenz« (SEK) wurde 1965 durch Georg Russenberger gegründet mit dem Ziel, Evangelisten ein Forum des Austausches und der Zurüstung anzubieten. 1972 wurde die SEK eine Arbeitsgruppe der neu gegründeten Schweizerischen Arbeitsgemeinschaft für Evangelisation (SAFE). Als eigentliche Folge des ersten Lausanner Kongresses für Weltevangelisation (1974) wurde die Evangelistenkonferenz zur »Konferenz für Evangelisation« (KFE) und stand fortan nicht nur klassischen Evangelisten offen, sondern allen, die sich für die Evangelisation der Schweiz im weitesten Sinne interessierten. Ein Satz aus der »Lausanner Verpflichtung« wurde auf Schweizer Verhältnisse abgeändert und galt viele Jahre als Motto der

KFE: »Der ganzen Schweiz – das ganze Evangelium – durch die ganze Gemeinde.«

Als Folge der Vereinigung von SAFE und Allianz im Jahre 1985 wurde die KFE in die Schweizerische Evangelische Allianz (SEA) integriert. Die Zielsetzung blieb unverändert. Im Lauf der Jahre wurde die Konferenz mehr und mehr zu einem wichtigen strategischen Faktor. Steigende Teilnehmerzahlen waren die Folge (durchschnittlich 130 Personen). Den Höhepunkt erreichte sie 1990, als es darum ging, die Ergebnisse von »Lausanne II« in Manila für die Evangelisation der Schweiz auszuwerten.

Tagungsort der Konferenz war in den ersten Jahren die Heimstätte Rämismühle bei Winterthur. Aus Platzgründen wechselte man später nach Gwatt bei Thun. Zur Zeit findet die KFE jeweils Ende Januar im Ländli, Oberägeri statt.

K. Albietz

Schweizerischer Evangelischer Kirchenbund (SEK) / Federation des Eglises protestantes de la Suisse (FEPS)

»Der SEK umfaßt auf föderalistischer Grundlage die schweizerischen evangelisch-reformierten Kantonalkirchen, protestantische Diasporaverbände, die kantonalen Freikirchen, sowie andere auf dem Boden der Reformation stehende kirchlich organisierte Glaubensgemeinschaften« (Art. 1 der Verfassung vom 12. Juni 1950).

Gegenwärtig gehören ihm an: die ev.-ref. Kirchen von 18 Kantonen, der Synodalverband Bern-Jura, der Kirchenverband (der ref. Kirche in der Diaspora) der Zentralschweiz, die ev. methodist. Kirche (seit 1922) und die Freie Ev. Kirche von Genf mit insgesamt 2,75 Mio. Mitgliedern. Die meisten sind öffentlich-rechtlich verfaßt mit unterschiedlichem Verhältnis zum jeweiligen Kanton; einige sind »Landeskirchen«, andere Freikirchen, praktisch alle jedoch mit volkskirchl. Charakter. Assoziiert sind Auslandsgemeinden wie Mailand, London, Missiones (Argentinien), Sao Paulo.

Da die meisten Mitgliedskirchen Mitte des 19. Jh.s die bittere Erfahrung gemacht haben, daß die Verpflichtung auf ein Glaubensbekenntnis der unterschiedlichen Interpretation wegen nicht einend, sondern eher kirchentrennend sein kann, sind sie bekenntnisfrei. Deshalb verpflichten sie sich in der Verfassung des SEK nicht auf ein Glaubensbekenntnis, sondern halten als Glaubensgrundlage fest:

»Der Kirchenbund bezeugt Jesum Christum als seinen alleinigen Herrn. Er erkennt in der Heiligen Schrift das Zeugnis der göttlichen Offenbarung. Er bekennt, daß wir errettet sind durch Gnade und gerechtfertigt durch den Glauben. Der Kirchenbund weiß sich aufgerufen, im Glauben an das kommende Reich Gottes die Forderung und Verheißung der Christusbotschaft in unserem Volke zu vertreten.«

Der SEK steht in der Nachfolge der »Evangelischen Tagsatzung«. Seit der Reformation bis Mitte des 19. Jh.s ordneten in ihr die ev. Stände der Eidgenossenschaft die kirchl. Angelegenheiten. Von Anfang an pflegten die Kantonalkirchen intensive Kontakte mit den ref. Kirchen im Ausland und halfen notleidenden Glaubensgenossen wie den hugenottischen Flüchtlingen und ungarischen Galeerensklaven.

Die Wirren der franz. Revolution und der polit. Umbruch in Europa brachten radikale Veränderungen in Kirche und Staat. Die Kirchen mußten sich neu organisieren, denn die Bundesverfassung von 1848 erklärte die kirchl. Angelegenheiten zur Sache der Kantone. Deshalb gründeten Kirchenvertreter 1858 die Kirchenkonferenz.

Das Kriegsende 1918, der Generalstreik und die Grippeepidemie jenes Jahres nötigten die Kirchen zu intensiver Auseinandersetzung mit den Nöten der Zeit und den Problemen der hart betroffenen Kirchen Europas.

Dazu und für die Pflege der Beziehungen zu den ausländischen Kirchen empfahl die Kirchenkonferenz, einen permanenten Vorstand einzusetzen und einen rechtsverbindlichen Status festzulegen. So gründete sie am 7. September 1920 den SEK mit dem Zweck, »die gemeinsamen Interessen seiner Mitglieder und des schweizerischen Protestantismus wahrzunehmen«. Der SEK bestätigte das traditionelle Engagement seiner Mitgliedskirchen zugunsten Notleidender durch Einsatz im sozialen Bereich, Anteilnahme am Ergehen der Kirchen jenseits der Grenzen, aktive Solidarität mit den Kriegsopfern, den Einsatz für verfolgte orth. Priester in der Sowjetunion sowie für Armenier und Griechen in Kleinasien.

Auch äußere Gründe gaben den Anstoß: 1913 forderte die Kirche des Kantons Waadt die Einberufung einer »Konferenz der europäischen Kirchen«. 1919 forderte ein Brief der Kirchenkonferenz der Neutralen (Mitunterzeichner Nathan →Söderblom) die Schweizer Kirchen auf, »die Grundlage eines gemeinsamen Glaubens und einer gemeinsamen Aufgabe der Kirche zu prüfen, im Hinblick auf die Einberufung einer internationalen Konferenz, die die geistige Einheit der christlichen Kirche zum Ausdruck zu bringen hätte«. Im selben

Jahr 1919 suchte der amerikanische Kirchenbund (Federal Council) einen europ. Partner für seine Hilfe gegenüber kriegsgeschädigten Protestanten. Dr. Adolf Keller, Pfarrer in Zürich, leitete die Verhandlungen und organisierte die Konferenz vom August 1922 in Kopenhagen, die zur Gründung der Europ. Zentralstelle für kirchl. Hilfsaktionen führte.

Diese Tradition, im Dienst für andere zu stehen, führte den SEK dazu, 1925 dem →Reformierten Weltbund und 1940 dem in Gründung begriffenen Ökumenischen Rat der Kirchen und schließlich der Konferenz Europäischer Kirchen beizutreten. Die Notwendigkeit permanenter Hilfe nach dem Zweiten Weltkrieg erforderte die Gründung des »Hilfswerks der Ev. Kirchen der Schweiz (HEKS)«, die Not der Dritten Welt 1961 diejenige der Aktion »Brot für alle (BFA)«. Darin wurde erstmals die Zusammenarbeit mit den Missionen offiziell deklariert. Seit 1986 setzte sich der SEK für drei »Gwatt-Konferenzen für Menschenrechte im KSZE-Bereich« und für das Zustandekommen der »Europ. Ev. Versammlung« 1992 in Budapest ein.

Die Abgeordnetenversammlung, 62 Delegierte der Mitgliedskirchen, wählt auf vier Jahre einen Vorstand von sieben Mitgliedern; das Präsidium ist vollamtlich, alle anderen nebenamtlich. Präsident seit 1987 ist der Zürcher Pfarrer Heinrich Rusterholz. Dem Vorstand steht am Sitz des SEK in Bern ein Stab mit dem Institut für Sozialethik, Referaten für Theologie, Ökumene, Diakonie, Außenbeziehungen, Migration und Menschenrechte zur Seite.

Lit.: U. P. Forster: Kirchen auf dem Weg zur Kirche – Die Auseinandersetzung um den Beitritt des SEK zum OeRK, 1972; E. Herkenrath: Die Freiheit des Wortes – Auseinandersetzung zwischen Vertretern des schweizerischen Protestantismus und den Zensurbehörden während des Zweiten Weltkrieges, 1972; E. Marion: Die protestantische Schweiz – Schweizerischer Evangelischer Kirchenbund, Ursprung und Geschichte, 1958; A. Mobbs: Die evangelischen Kirchen der Schweiz im Zeitalter der Oekumene und der zwischenkirchlichen Hilfe, 50 Jahre Kirchenbund 1920–1970, 1970; K. Semmler: Kirche und Völkerbund – Das Verhalten der Evangelisch-reformierten Kirchen der Schweiz gegenüber dem Völkerbund, 1974.

H. Rusterholz

Schwenckfeld von Ossig, Caspar (1489–1561)

S., geb. 1489 in Ossig (Herzogtum Liegnitz), gest. am 10. 12. 1561 in Ulm, führender Kopf der »radikalen Reformation«, stammte aus schlesischem Adel, studierte in Köln und Frankfurt/Oder die »freien Künste« (und Kanonisches Recht?). Seit 1511 in höfischen Diensten, wurde er 1518/19 Hofrat beim Herzog von Liegnitz (bis 1523). Um 1521 vollzog sich unter dem Eindruck von Schriften Martin Luthers eine Wende zur Reformation, die S. als Bußakt und Bekehrungsgeschehen beschreibt, als »Berufung des Geistes ... von der Welt Üppigkeit zum Reiche der Himmel, von der Finsternis zum Licht«. Eifrig liest er die Bibel, Schriften der Kirchenväter, Mystiker, Reformatoren und Humanisten. Als Laienprediger zieht er evangelisierend umher und gewinnt das Herzogtum für die →Reformation. Er dringt auf ernsthafte Buße und sittlichen Neubeginn. Die alte Kirche und die Reformatoren sind ihm nicht streng genug. Er sucht die »königliche Straße«, den Weg neben Luther, dem Papst und den anderen radikalen Reformatoren.

In der Schrift *De cursu verbi Dei* (»Vom Lauf des Wortes Gottes«, 1527) werden die spiritualistischen Konturen seiner Theologie sichtbar: äußerliche Dinge, Worte, Sakramente vermitteln kein Heil; der Geist muß unmittelbar wirken (Joh 6,63!). Die →Sakramente werden entbehrlich; das Abendmahl kommt zum »Stillstand«, d.h. es wird nicht mehr gefeiert. Eine sichtbare Kirche ist nicht nötig, nur die »innerliche Vereinigung« der Herzen, Seelen und Gewissen in Christus, so daß »der Geist Christi durch uns und in uns wirkt und lebt« in einem neuen Lebenswandel. Mit Luther kam es schon bald zum Bruch (1525), bei den süddeutschen Theologen fand er einige Zeit lang Anerkennung (in Straßburg, Basel, Zürich). Anhänger gewann er besonders im süddeutschen Stadtbürgertum und Adel. Bewundert und hart umstritten starb er in Ulm nach unstetem Wanderleben, ein eigenständiger Laientheologe, Denker, Prediger, von hohem moralischem Ernst, ein Vorkämpfer der Toleranz. Er hinterließ eine Fülle von Schriften. Ihr Einfluß auf den →Pietismus bedarf weiterer Klärung.

Bis ins 19. Jh. hielten sich Schwenckfelder Konventikel und Gruppen, seit dem 18. Jh. auch in Pennsylvania (USA), wo es zu festen Gemeindebildungen kam, in denen seit 1877 Taufe und Abendmahl wieder gefeiert werden. 1909 wird die Schwenckfelder Church gegründet.

Werke: Corpus Schwenckfeldianorum, 19 Bde., 1907–1961.

Lit.: K. Ecke: Luther und der Gedanke einer apostolischen Reformation, 1911 (gekürzte Fassung: Fortsetzung der Reformation, ³1978); G. Maron: Individualismus und Gemeinschaft bei Caspar Schwenckfeld, 1961; R. E. McLaughlin: »Schwenckfeld«, GdKG 5, 307-321 (Lit.); ders.: Caspar Schwenckfeld. Reluctant Radical. His Life to 1540, 1986; S. G. Schultz: Caspar Schwenckfeld von Ossig (1489–1561), 1946; Chr. Windhorst: Der »königliche Weg« des Caspar von Schwenckfeld, WuD, NF 15 (1979), 133–152.

Chr. Windhorst

Scofield-Bibel

Die Scofield Reference Bible, Studienbibel fundamentalistischer Christen in den USA, hat seit 1967 Freunde im deutschen Sprachraum gefunden. Bibel und Bibelverständnis in einem, stellt sie der vom Glaubenszerfall bedrohten Moderne eine heilsgeschichtl. Weltsicht gegenüber: Sieben Heilszeiten hat Gott gestiftet, jede Probe und Angebot zugleich – während jedesmal der Mensch den erwarteten Glaubensgehorsam verweigert. Auch der Neue Bund, das Zeitalter der Gemeinde, endet in Abfall, weil das →Evangelium verworfen und eine Kirche der Lippenbekenntnisse zur Quelle geistl. Verderbens wird. Die wahre Gemeinde Jesu wartet indes auf ihre »Entrückung« durch den wiederkommenden Herrn, ohne den Zeitpunkt des dann beginnenden Tausendjährigen Königreiches der Gerechtigkeit und des Friedens zu kennen. Der Amerikaner Cyrus Ingerson Scofield (1843–1921), zunächst Jurist, später Pfarrer und Bibellehrer, in seiner heilsgeschichtl. Schau von John Nelson →Darby (1800–1882) beeinflußt, hat 1902–1909 die nach ihm benannte Bibel zusammengestellt: eine amerikanische Ausgabe der King James Version (1611), versehen mit Erklärungen und Kettenverweisen, die bibl. Begriffe vom ersten bis zum letzten Vorkommen erschließen. Die deutsche Fassung (1967) legt den Luthertext von 1914 zugrunde, seit 1992 den Text der Revidierten Elberfelder Bibel.

Lit.: C. I. Scofield: Legen wir die Bibel richtig aus?, 1974.

R. Boeckler

Scriver, Christian (1629–1693)

S., geb. am 2. 1. 1629 in Rendsburg, gest. am 5. 4. 1693 in Quedlinburg, luth. Theologe und Erbauungsschriftsteller, studierte in Rostock Theologie, von J. Lütkemann geprägt, wurde 1653 Archidiakonus in Stendal, 1667 Pfarrer in Magdeburg, 1690 Oberhofprediger in Quedlinburg. S. kann, obwohl er mit →Spener in Verbindung stand und sich 1689 zur Einrichtung einer sonntäglichen Erbauungsstunde entschloß, nicht zur pietist. Bewegung gerechnet werden, der er sich lediglich annäherte. Seine Erbauungsbücher bieten die letzte Frucht der von J. →Arndt ausgehenden Frömmigkeitsbewegung mit ihren zahlreichen Erbauungsschriften. Das gilt insbesondere für sein aus überarbeiteten Predigten entstandenes, umfangreiches Erbauungswerk, das im →Pietismus wie darüber hinaus hoch geschätzt und immer wieder aufgelegt wurde: »Seelenschatz, darinnen von der menschlichen Seelen hohen Würde, tiefen und kläglichen Sündenfall, Buße und Erneuerung durch Christum, göttlichen heiligen Leben, vielfältigen Kreuz und Trost im Kreuz, seligen Abschied aus dem Leibe, triumphierlichen und fröhlichen Einzug in den Himmel und ewiger Freude und Seligkeit erbaulich und tröstlich gehandelt wird« (5 Bde., 1675-92).

Lit.: M. Schmidt: »Christian Scrivers Seelenschatz«, in: ders.: Wiedergeburt und neuer Mensch, 1969, 112–128.

J. O. Rüttgardt

Seckendorf, Veit Ludwig von (1626–1692)

V. S., geb. am 20. 12. 1626 im fränkischen Herzogenaurach, gest. am 18. 12. 1692 in Halle (Saale), stammt aus altem Adelsgeschlecht. Über seine Familie brach die Katastrophe der Hinrichtung seines zwischen die Kriegsparteien geratenen Vaters herein. Prägend waren die Schulzeit in Coburg und Gotha und v. a. das Studium (1642-45) in Straßburg, wo er dem Neustoizismus, aber auch profilierter Geschichtswissenschaft begegnete. Eine kurze militärische Laufbahn vertauschte er 1648 mit der des »Politikers«. Herzog Ernst der Fromme förderte auch v.S.s wissenschaftl. Neigungen, die sich bemerkenswert mit praktischen Begabungen auf juristischem und kameralistischem Gebiet verbanden. Die Karriere vom Hofjunker bis zum Kanzler verlief nahezu ohne Hindernisse. Noch nicht 30jährig veröffentlichte er 1656 »Teutscher Fürsten Stat« (Auflage 1665 [Reprint 1975] mit wichtigen Änderungen in seiner Finanz- und Staatslehre). 1681 zog sich v.S. auf sein Gut Meuselwitz zurück, u.a. um L. Maimbourgs SJ »Histoire du Lutheranisme« (Paris 1680) abzuwehren; in v.S.s »Commentarius historicus et apologeticus de Lutheranismo« (1688f bzw. 1692, ²1694), ging dann immenses, dem Verfasser gut zugängliches Quellenmaterial ein. Das andere Spätwerk, »Christen Stat« (1686) spricht Regenten auf christl. Lebensführung an und betont das praktische Christentum. V.S.s »Teutsche Reden« (1686 [Neudruck erscheint 1995]) dokumentieren seine praktische Staats-Ethik. Er unterhielt einen weiten Briefwechsel.

In die zeitgenössischen religiösen Diskussionen, z.B. über die Neomystik, schaltete v.S. sich ein – auch durch Rezensionen in der ersten wissenschaftl. Zeitschrift »Acta Eruditorum« (ab 1682). Dem frühen →Pietismus begegnete v.S. auch über Ph.J. →Spener, dessen Berufung nach Sachsen er mit bewirkte, und A.H. →Francke, dessen Bleiben in Halle er mit ermöglichte: als erster Kanzler der 1692 gegründeten Universität Halle vermochte v.S. einen für Francke gefährlichen Streit mit der Stadtgeistlichkeit zu schlichten. – Ohne Pietist zu sein, darf v.S. als »orthodoxer Verteidiger des Pietismus« (Spitz) gelten.

Nachlaß zum Teil im Bestand der Familie von Seckendorf, Staatsarchiv Altenburg.

Lit.: D. Blaufuß: »Veit Ludwig von Seckendorfs Commentarius de Lutheranismo«, in ZBKG 1970 (Lit. bis 1970); L. W. Spitz sen.: A Critical Evaluation of Veit Ludwig von Seckendorf as a Church Historian. Diss. Chicago, 1943/44 (Teildrucke in CTM 16 u. 20, 1945 u. 1949; JR 1945); M. Stolleis, in: Staatsdenker im 17. und 18. Jahrhundert, ²1987, 148-173.

D. Blaufuß

Seckendorff, Henriette von (1819–1878)

S., geb. am 22. 4. 1819 in Obernzenn bei Ansbach, gest. am 25. 6. 1878 in Bad Cannstatt, kam früh zum Glauben und stellte sich nach schwerem eigenen Schicksal (Vollwaise in jungen Jahren, Rückenmarksleiden, von dem sie auf wunderbare Weise geheilt wurde) anderen Kranken mit Leiden aller Art zur Verfügung. In ihrem Haus in Stuttgart-Bad Cannstatt nahm sie zahlreiche lebensschwache und bedrängte Menschen auf und betete um Heilung unter Handauflegung. Sie stand dabei in lebhaftem Kontakt mit Vater →Blumhardt und Dorothea →Trudel in Männedorf. 1904 wurde die »Villa Seckendorff« von der Pilgermission St. →Chrischona übernommen und in ihrem Sinn weitergeführt.

Lit.: H. v. Seckendorff: Andachten, 1875, ³¹1963.

G. Ruhbach

Seeberg, Reinhold (1859–1935)

S., geb. am 5. 4. 1859 in Pörrafer bei Pärnu/Estland, gest. am 23. 10. 1935 in Ahrenshoop/Mecklenburg. Nach dem Theologiestudium in Dorpat und Erlangen wurde S. 1884 Privatdozent in Dorpat, 1885 ao. Prof. ebenda, 1889 o. Prof. für Syst. Theologie in Erlangen, 1898 (als Nachfolger A. →Schlatters) bis 1927 Prof. in Berlin. Seinen wissenschaftl. Ruf begründete er durch sein umfangreiches »Lehrbuch der Dogmengeschichte« (1895–1920 in vier Bdn., Bd. 4 in zwei Teil-Bdn.). Seine langjährige erfolgreiche Lehrtätigkeit an der Universität der Reichshauptstadt und eine Fülle weiterer Veröffentlichungen zu theol. (u.a. zweibändige Christliche Dogmatik 1924/25; Grundriß der Dogmatik 1932) und auch allgemein-gesellschaftlichen Fragen (u.a. die Kirche und die soziale Frage, 1897) machten ihn zu einem der einflußreichsten Theologen seiner Zeit. D. →Bonhoeffer promovierte bei ihm.

S. kam ursprünglich von der erwecklich geprägten luth. Theologie des Baltenlandes und der →Erlanger →Erfahrungstheologie her, öffnete sich bald aber auch der Theologie der Schule A. →Ritschls. Als sog. »modern-positiver« Theologe versuchte er zwischen den Fronten zu vermitteln. Die scharfe theol. Kritik H. →Cremers an S.s 1902 erschienenen »Grundwahrheiten der christlichen Religion« (in: BFChTh 1903, 201–222) fand wenig Beachtung.

Lit.: A. Deißmann: Reinhold Seeberg, 1936; H. Lammers: Bibliographie Reinhold Seeberg, 1939; E. Schaeder: Theozentrische Theologie Bd. 1, [3]1925, 52-55.

H. Burkhardt

Seele

a) biblisch

Die atl. Begriffe »Kehle, Bedürftigkeit, Lebenswille« (hebr. *näfäsch*), »Geist« (hebr. *ruach*), »Atem« (hebr. *neschama*), »Leben« (hebr. *hajjim*), »Herz« als Zentrum des Denkens (hebr. *leb*), »Mitte« (hebr. *qäräb* und *meä*), »Leib« (hebr. *basar*) wollen nicht addiert den Menschen beschreiben, sondern überschneiden sich hinsichtlich ihrer Aspekte; vgl. 1Mo 2,7 (Luther): »Da machte Gott der HERR den Menschen aus Erde vom Acker und blies ihm den Odem des Lebens (hebr. *nischmat hajjim*) in seine Nase. Und so ward der Mensch ein lebendiges Wesen« (*näfäsch hajja*, andere Übersetzungsmöglichkeit: »Seelenwesen«). Der hebr. Begriff *näfäsch* (in der Septuaginta stets mit *psychê* wiedergegeben, vgl. lat. *anima*) bezeichnet beim Menschen (und in 1Mo 1,20ff auch bei Tieren) funktional (und nicht anatomisch) den Schlund, die Kehle bzw. die zusammengehörigen, aber nicht einfach miteinander identifizierten Systeme von Atem- und Speiseröhre. Auch ein übertragener Gebrauch ist möglich (Jes 5,14). Der Begriff *näfäsch* betont beim Menschen den Aspekt der stets individuellen Bedürftigkeit, des lebenswichtigen Begehrens nach Luft und nach Speise des einzelnen (Ps 42,2; 107,9; 130,5f; 143,68; Überschneidung mit hebr. *ruach*). Diese Bedürftigkeit zeigt sich aber äußerlich, so daß der atl. Begriff der S. im Unterschied zum dt. »Seele« nicht rein innerlich verstanden ist. Daher wird *näfäsch*, bes. im fünften Mosebuch und in den der sog. Priesterschrift zugeschriebenen Texten, auch zur Bezeichnung der einzelnen Person gebraucht (1Mo 46,15ff; 2Mo 1,5) und kann sogar Personalpronomina ersetzen (Spr 8,36; 19,8).

Sitz der *näfäsch* (Luther hier: »Leben«) ist das Blut, wie 3Mo 17,11 zeigt: »Denn des Leibes Leben ist im Blut, und ich habe es euch für den Altar gegeben, daß ihr damit entsühnt werdet. Denn das Blut ist die Entsühnung, weil das Leben in ihm ist« (vgl. 5Mo 12,23ff). Tritt (legitim nur bei der Tierschächtung) das Blut aus dem Leib, dann vergehen die Kennzeichen des Lebens (Bewegung, Atmung), so daß die *näfäsch* als nichtmaterielle Seelensubstanz im Blut von Tier und Mensch vorhanden gedacht wird. Daher bleiben Blutvergießen (1Mo 9,6: »Wer Menschenblut vergießt, dessen Blut soll auch durch Menschen vergossen werden«) und v. a. der Blutgenuß auch im NT verboten (Apg 15,20.29). Vielmehr ist das Tierblut nach der Schächtung in die Erde (bzw. auf den die Erde abbildenden →Altar) zu gießen, damit die Seelensubstanz an denjenigen Ort in der Tiefe der Erde zurückkehren kann, an dem sie von Gott geheimnisvoll erschaffen worden war (Ps 139,15; vgl. Hiob 1,21 und Pred 5,14). Dennoch gibt es auch im NT keine S.nwanderungslehre. Aber auch das normale, also »unblutige« Todesgeschehen ist atl. das Fortnehmen der S. durch Jahwe, hebr. *näfäsch* (Jon 4,3; 1Kön 19,4) bzw. *ruach* (Ps 104,29, vgl. 1Mo 2,7). Die S.n von Schwerkranken und von Verstorbenen können sich wie die Vögel in der (im Altertum immateriell gedachten) Luft bewegen (Jes 8,19; 29,4; 38,14; Ps 84,3-5; 124,7); mit dem Tode ist atl. gerade nicht »alles aus« (1Sam 28,3ff). Menschliche Leichname sind daher unbedingt zu beerdigen, die Unterlassung der Bestattung ist ein Frevel (1Sam 31,8ff; 2Sam 21,1ff; Jer 8,1f; Tob 1f). Erst recht ist allg.

menschlich die Totalverbrennung von Toten unzulässig (Am 2,1).

Kennzeichnend für den atl. S.-Begriff ist gerade nicht eine Trennung vom Leib (obwohl die S., hebr. *näfäsch*, zeitweise auch außerhalb des Leibes existieren kann, vgl. Hiob 33,30), sondern die enge Verbundenheit mit der Bedürftigkeit und Hinfälligkeit des Menschen (Ps 63,2; 84,3; Hiob 13,14; 14,22 u.ö.). Ruft der Beter von Ps 103,1ff seine S. an, so ist dabei an das seelisch-körperliche Lebenszentrum gedacht. »Seele« (hebr. *näfäsch*) kann daher auch »Vitalität, Lebenskraft, Lebenswille« bedeuten. Da sich im AT (v.a. in der Dankopferfrömmigkeit des einzelnen; →Opfer; vgl. auch Ps 49,8.16; 73,24) die Möglichkeit einer Gemeinschaft des Menschen mit Gott auch nach dem Tode abzeichnet, erlaubt der o.g. Aspekt der Hinfälligkeit nicht, den atl. S.n-Begriff für das ewige Leben der S. mit Gott zu benutzen. An seine Stelle scheint daher in den Psalmen (7,6; 16,9 u.ö.) ein anderer Begriff für »Seele« (hebr. *näfäsch*) zu treten, nämlich hebr. *kabod* (sonst: »Ehre, Herrlichkeit«). Wenn man allerdings (wie es in der neueren prot. Theologie überwiegend geschieht) ein Hineinwirken Gottes in den Bereich des Todes erst in der atl. →Apokalyptik und damit im späten AT belegt finden will (Jes 25,8; 26,19; 53,10-12; Hes 37,1ff; Hiob 19,25-27; Dan 12,2f), muß man die Existenz eines atl. S.-Begriffs abstreiten. Hebr. *näfäsch* hätte dann nur die Bedeutung »Kehle, Bedürftigkeit«.

Obwohl die Septuaginta durch die pauschale Verwendung des Wortes *psychê* die Differenziertheit der o.g. hebr. »Seele«-Begriffe zu verwischen droht, gebraucht sie das ohnehin hebr. gedachte *psychê* wieder mit der Bandbreite des o.g. ntl. Wortfeldes S. (z.B. Mt 10,28; Mk 8,35-37; 1Kor 15,45 unter Aufnahme von 1Mo 2,7). Die Höllenfahrt des Christus Jesus mit seiner Predigt des Evangeliums für die Toten (1Petr 3,19; 4,6) und sein Sieg über den Tod bedeutet die Befreiung der S.n der Verstorbenen zur endzeitlichen Gottesgemeinschaft (Joh 5,19ff; 6,22ff; 11,24ff; 1Kor 15; 1Thess 4,13ff).

Lit.: Chr. Barth: Die Errettung vom Tode in den individuellen Klage- und Dankliedern des Alten Testaments. Mit 2 Anhängen, einer Bibliographie und Registern, hg. von B. Janowski, [2]1987 ([1]1947); E. Haag: Seele und Unsterblichkeit in biblischer Sicht: Seele. Problembegriff christlicher Eschatologie, hg. von W. Breuning (QD 106), 1986, 31-93; J. Scharbert: Fleisch, Geist und Seele im Pentateuch. Ein Beitrag zur Anthropologie der Pentateuchquellen (SBS 19), 1966; W. H. Schmidt: Anthropologische Begriffe im Alten Testament. Anmerkungen zum Hebräischen Denken, EvTh 24 (1964), 374–388; G. Stemberger: Zur Auferstehungslehre in der rabbinischen Literatur: Kairos 15, 1973, 238–266 (= Studien zum rabbinischen Judentum [SBAB 10], 1990, 47-88); ders.: Das Problem der Auferstehung im Alten Testament: Kairos 14, 1972, 273-290 (= Studien zum rabbinischen Judentum [SBAB 10], 1990, 19-46); N. J. Tromp: Primitive Conceptions of Death and the Netherworld in the Old Testament (BibOr 21), 1969; H. W. Wolff: Anthropologie des Alten Testaments, (1973) [5]1990.

Th. Pola

b) systematisch-theologisch

Gemäß der biblischen Anthropologie ist der atmende Leib beseelt, der nicht atmende entseelt. Die S. ist der Lebensodem (Hes 37,5). Sie konnte wie ein Pilot im Leib, der vorübergehend einsteigt, die Leitung übernimmt und wieder aussteigt, verstanden werden. Der →Platonismus dagegen faßte die Anwesenheit der S. im Leib wie ein Eingesperrtsein auf. Der Leib ist wie ein Gefängnis oder sogar ein Grab *(soma – säma)* der S. Aber die S. konnte auch als Struktur des Leibes (Entelechie) aufgefaßt werden.

Die Frage nach der Fortpflanzung der S. fand in der Geschichte der christl. Theologie dreierlei Antworten. (1) Der Präexistentianismus übernahm von →Plato die Überzeugung, daß die S. bei der Wahrnehmung materieller Dinge an die Urbilder (Ideen) erinnert wird (Anamnese), mit denen sie vertraut war, ehe sie in die Schattenwelt der materiellen Abbilder verbannt wurde. Die Seele existiert also schon vor dem Leib, mit dem sie sich bei der Zeugung verbindet. →Origenes hat diese Auffassung in die christl. Theologie übernommen; sie wurde aber überwiegend zurückgewiesen. →Kant und →Schelling haben sie in abgewandelter Form wieder aufgegriffen. (2) Der Kreatianismus besagt, daß Gott für jeden Leib gesondert eine S. schafft, die etwa am 40. Tag nach der Empfängnis dem Embryo zugeteilt wird. Bei der Vereinigung mit dem Leib wird die S., die aus Gottes Hand kommt, verunreinigt und in die Situation der Sünde hineingezogen. Diese Auffassung war in der Anthropologie röm.-kath. und ref. Theologen vorherrschend. (3) Der Traduzianismus dagegen rechnet mit einer Fortpflanzung der S. →Tertullian nahm aufgrund des »materialistischen« Charakters der von ihm übernommenen stoischen Philosophie an, daß bei der Fortpflanzung neben dem leiblichen auch »seelischer Same« die Weitergabe des ganzheitlichen Lebens bewirkt. Auf diese Weise wird auch die Erbsünde übertragen. Dieser Auffassung hingen ebenso wie →Athanasius und Gregor von Nyssa, auch die Dogmatiker der luth. → Orthodoxie an. Sie entspricht eher dem bibl. Menschenbild.

Bei den griech. Kirchenvätern war ein dreifach gegliedertes (trichotomisches) Menschenbild vorherrschend (Leib, Seele und Geist), während in der abendländischen Theologie vorwiegend eine Zweiteilung (dichotomisch) in Leib und S. angenommen wurde. Die S. wurde dabei als Sitz der Vernunft und der Willensfreiheit verstanden; sie galt als unvergänglich.

»Diese Ontologie der Seele, ja überhaupt der traditionelle Begriff ›Seele‹ ist von moderner empirischer Humanwissenschaft in Frage gestellt« (W. Joest). Alles psychische Geschehen scheint mit physikalisch analysierbaren Vorgängen im zentralen Nervensystem verkoppelt zu sein. Eine Ablösung der S. vom Leib und eine separate Weiterexistenz erscheint daher als schwer vorstellbar. Nicht durch seine natürliche »Beschaffenheit, wohl aber durch die ihm von Gott zugesprochene Bestimmung« (W. Joest) ist der Mensch mehr als ein im Tod erlöschendes Naturwesen. Er ist dazu bestimmt, mit Gott Gemeinschaft zu haben. Nicht die psychophysische Struktur seines Organismus, sondern Gottes Wort garantiert ihm das ewige Leben. »Was unsern Tod übergreift, ist Gottes Wille, mit dem Menschen zusammenzusein, uns auch in unserem Sterben nicht in Nichts und Vergessenheit hinein zu entlassen. Damit ist gewiß auch gesagt: Die Identität des Menschen wird nicht ausgelöscht werden« (W. Joest).

Die →Sünde hat ihren Sitz nicht nur in der »subpersonalen Zone« des Menschen (H. G. Pöhlmann). Die S. wird nicht durch den Leib in die Sünde herabgezogen, sondern der Leib wird umgekehrt von der Sünde der S. mitgerissen. Sünde ist Ungehorsam gegenüber Gott; sie entspringt aus dem Unglauben. Es gelingt dem Menschen in seiner Selbsterfahrung offenbar nicht, sich nur als ein Stück »Natur« zu verstehen, eingeebnet in die übrige Schöpfung. Unaufgebbar fragt er nach seiner Bestimmung. Er fühlt sich verantwortlich. Ihm schlägt das →Gewissen. Er meint, sich rechtfertigen zu müssen, bis er im Vertrauen auf Christus dazu befreit wird, seine Schuld zu bekennen und um Vergebung zu bitten. Auch der Frage nach dem →Tod kann er nicht ausweichen (Joest: »Verdrängung ist ja auch nur ein Modus des Umgehens mit dem, was uns bedrängt«).

W. Joest will die traditionelle Unterscheidung zwischen vergänglichem Leib und unsterblicher S. nicht aufgeben, sondern interpretiert sie so, daß damit »im Grunde gemeint« ist: »Den sterblichen Menschen ruft Gott in die Beziehung zu sich, aus der er ihn auch im Tod nicht entlassen will.«

Lit.: W. Joest: Dogmatik, Bd. 2: Der Weg Gottes mit dem Menschen, 1985; H. G. Pöhlmann: Abriß der Dogmatik, [5]1990, 174ff.

W. Schlichting

Seelenwanderung →Reinkarnation

Seelsorge

S. wird heute nicht mehr einheitlich als eine christl. oder geistl. Aufgabe verstanden. Auch das säkulare Gespräch über Ziele, Sinn und Gestaltung des Lebens ist für viele Menschen und auch Psychotherapeuten ein Synonym für S. (vgl. z.B. →Telefonseelsorge). Christl. bzw. bibl. S. muß deshalb ihr spezifisches Profil immer neu suchen und reflektieren. Bibl. S. nimmt den Menschen vor dem Hintergrund der unsichtbaren Welt Gottes und seines Feindes wahr. Durch die Rebellion des Menschen gegen Gott (vgl. 1Mo 3) ist die Beziehung zwischen dem Schöpfer und seinem Geschöpf zerstört. Die Wiederherstellung dieser Beziehung und der dafür von Gott geschaffene Weg zum Frieden des Geschöpfes mit seinem Schöpfer (Röm 5,1) ist das zentrale Thema der ganzen Heiligen Schrift (Röm 3,23f). Der Fokus der S. liegt demnach in der Frage des →Heils des Menschen. Hieraus ergeben sich Ziel und Aufgabe seelsorgerlichen Handelns: Menschen zu Jesus Christus als dem Herrn über Leben und Tod zu führen und von dieser Begegnung ausgehend das Leben in Freiheit zu ordnen und zu gestalten. Insofern S. dies im Blick hat, ist sie bibl. orientiert.

Eine Beschränkung der S. ausschließlich auf Glaubenshilfe ist jedoch eine Verkürzung, denn der Anspruch Gottes an den Menschen schließt Glauben und Leben gleichermaßen mit ein; S. ist beides, Glaubens- und Lebenshilfe. Jeder Mensch lebt in mehrfachen Bezügen: zu Gott, zu sich selbst, zu anderen Menschen, zur Schöpfung, zur Technik, zum Beruf. So steht S. grundsätzlich vor der Aufgabe, auch somatisch-medizinische Faktoren, Aspekte der Persönlichkeit und der Umwelteinflüsse neben theol.-geistl. Gesichtspunkten zu diagnostizieren und zu behandeln. Die seelsorgerliche Methode sollte deshalb flexibel und vielfältig auf die unterschiedlichen Faktoren der seelsorgerlichen Begegnung reagieren. Sie wird bestimmt vom S.er, vom Ratsuchenden, von den Umständen und vom Einwirken der unsichtbaren Welt Gottes und des Feindes auf die Beteiligten. Dies setzt eine Methodenpluralität im seelsorglichen Vorgehen voraus. Ganzheitliche S. sollte demnach bibl. und therapeutisch sein, dabei aber die Spannung zwischen Heil und →Heilung und die positive Funktion des menschlichen Leides (Krise als Chance begreifen) nicht auflösen, sondern aushalten: Heil muß sein, Heilung kann sein.

1. Seelsorgliche Vielfalt in der Bibel

Zwar findet sich das Wort S. in der Bibel nicht; der Vorgang der S. ist jedoch für die Mehrzahl der bibl. Texte bestimmend, insofern sie Glaubens- und Lebensfragen thematisieren. S. ist ein Weg des Ehrlichwerdens, des »Wahr-Werdens« vor Gott, vor sich selbst und vor den anderen.

Die seelsorglichen Begegnungen Jesu zeugen von großer psych. Menschenkenntnis und Vielfalt in den Vorgehensweisen (tröstend, Heil zusprechend: Lk 5,1-10; ermahnend: Mt 17,14-20; von Mächten lösend: Mt 12,22ff; neues Denken bewirkend: Mt 18,21ff; Selbstwahrnehmung fördernd: Joh 6,60-69; prophetisch aufdeckend: Mt 19,16-22; usw.). Ähnlich vielfältig zeigt sich auch Paulus: »Weist die Unordentlichen zurecht, tröstet die Kleinmütigen, tragt die Schwachen, seid geduldig gegen jedermann« (1Thess 5,14). In Ehe, Familie und Berufsleben ruft er die Beteiligten, motiviert durch die gemeinsame Ehrfurcht vor Jesus Christus, zur gegenseitigen Unterordnung auf (vgl. Eph 5,21 bis 6,9; 5,21: Überschrift der Haustafel).

2. Seelsorgliche Vielfalt in der Geschichte der Kirche

Die bibl. Vielfalt der S. als Glaubens- und Lebenshilfe setzt sich in der Geschichte der Kirche fort. Phänomenologisch oder systematisierend bezeugen Texte aus der gesamten christl. Tradition die Notwendigkeit des seelsorglichen Gespräches unter den Gläubigen und der Methodenpluralität im seelsorglichen Handeln. Zwar lassen sich für die unterschiedlichen Epochen Schwerpunkte des seelsorglichen Handelns beschreiben: →Beichte mit seelsorglicher Wirkung v. a. für die Zeit des MAs (Buße und Absolution), S. als Erziehung in der ref. Tradition (Fortschritte und Entwicklung im täglichen Handeln), S. als Beratung im →Pietismus (Beratung für die Heiligung in der Nachfolge), S. als therapeutisches Handeln im 20. Jh. (der S.er als Psychotherapeut). Doch darf nicht übersehen werden, daß trotz der unterschiedlichen Schwerpunktsetzungen die Vielfalt der Begegnungen stets vorhanden war (vgl. z. B. die Apophthegmata Patrum aus der frühen monastischen Tradition; seelsorgliche Briefe Luthers, Tagebücher im Pietismus). In jeder Epoche findet der aufmerksame Beobachter sowohl tröstendes, Heil zusprechendes, ermahnendes, die Beichte abnehmendes, als auch erziehendes, beratendes und therapeutisches S.handeln.

3. Seelsorge und Psychologie

Die Integration von säkularen Erkenntnissen über den Menschen in die Aufgabe christl. S. wirft immer wieder theol. und methodologische Probleme auf.

a. Historische Aspekte

Die Fähigkeit zur Reflexion über das eigene Denken, Fühlen und Handeln führte den Menschen stets zur Suche nach größerer Erkenntnis seiner selbst und der Gesetzmäßigkeiten, denen sein (sündiges) Verhalten unterliegt. Solches Suchen gewinnt um so mehr Brisanz, je bewußter sich der Gläubige in seinem Verhältnis zu Gott begreift. Schon in ntl. Zeit zeigt sich das Bemühen, die Lebenswirklichkeit und das Verhalten der Gläubigen psychisch und sozial einzuschätzen (psychisches Erleben berücksichtigende Gemeindezucht in 2Kor 2,2-8; Rücksichtnahme auf rel.-ängstliche Menschen in 1Kor 8,1-10; usw.). Dieses Interesse an sozialen und psychischen Voraussetzungen des eigenen seelsorglichen Verhaltens und das des Ratsuchenden spielte zu allen Zeiten, insbesondere im Pietismus (vgl. die zahlreiche Heiligungsliteratur) eine bedeutende Rolle. Der Durchbruch zur pastoralpsych. Forschung und Ausbildung gelang durch das empirisch-deduktive Denken seit Anfang/Mitte des 18. Jh.s. Nicht mehr nur Ontologie, sondern auch Psychologie (!) und Seelenlehre sollte die Kandidaten der Theologie z.B. anno 1773 in Würzburg beschäftigen. Allerdings wanderte die Psychologie aus der Praktischen Theologie aus und entwickelte sich zu einer selbständigen Wissenschaft mit unterschiedlichen Schwerpunkten (vgl. die Wundtsche empirische Psychologe und die Freudsche Psychoanalyse). Kirchlicherseits wurden v. a. mit Beginn des 20. Jh.s psychoanalytische und tiefenpsych. Verfahren rezipiert (z.B. O. Pfister). Erst ab ca. 1960 fand die empirische und klinische Psychologie auch Eingang in kirchl. seelsorgliche Aufgabenstellungen (vgl. die Gründung der →Deutschen Gesellschaft für Pastoralpsychologie 1972 mit ihren vier Hauptsektionen: Tiefenpsychologie, Gruppendynamik, Klinische S.ausbildung, Kommunikations- und Verhaltenspsychologie). S.er der Erweckungsbewegung und bes. seelsorglich profilierte pietist. Einrichtungen Ende des 19. und Anfang des 20. Jh.s (z. B. →Weißes Kreuz und →Blaues Kreuz) übernahmen vor dem Hintergrund ihres sozialen und diakon. Engagements psych. Erkenntnisse in einer überraschend offenen und konstruktiven Weise. Diese Entwicklung einer überwiegend schöpfungstheol. begründeten Integration von Psychologie und S. kommt ab 1933 zunehmend in eine schwere Krise. Wichtige Traditionen der evangelikal-pietist. S. korrumpierten mit der nationalsozialistischen Ideologie, die einerseits die geschöpflichen Grundinstitutionen der Gesellschaft wie Ehe, Familie und Kirche wiederherzustellen und zu schützen vorgab, aber andererseits S. zur Übernahme der schöpfungstheol. im Volksbegriff sich zu gründen suchenden Rassenideologie verführte bzw. zwang. Nach dem Krieg und dem völligen Zusammenbruch der schöpfungstheol. Ansätze läßt sich in den bekenntnistreuen Kreisen eine starke Scheu vor den Naturwissenschaften insgesamt beobachten. Viele konzentrierten sich in Verkündigung und S. nahezu ausschließlich auf den Zweiten Glaubensartikel. Die Freude an Gottes Schöpfung tritt zurück. Kirchl. S. dagegen öffnete sich in hohem Maße v.a. tiefenpsychologischen Ansätzen, was bis zur völligen Säkularisierung der S. führen konnte (S. als Psychotherapie). Parallel dazu kommt in den 70er Jahren die pietistisch evangelikale Kritik an den Humanwissenschaften zu ihrem Höhepunkt (H.-K. Hofmann, H. W. Beck). S. und psych. bzw. psychotherapeutische Methoden werden als unvereinbar interpretiert. Autoren wie W. Jentsch und W. Wanner sowie das Weiße Kreuz nehmen eine vermittelnde Haltung ein. Erst Anfang der 80er Jahre setzt eine Neubesinnung und eine zunächst zaghafte Öffnung gegenüber der Psychologie und Psychotherapie ein. 1985 kommt es unter der Leitung von M. Dieterich zu ersten Grundkursen in bibl.-therapeutischer S. und 1987 zur Gründung einer entsprechenden Gesellschaft (→Deutsche Gesellschaft für Biblisch-therapeutische Seelsorge). Parallel dazu entstand die charismatisch orientierte Seelsorgebewegung »Ignis«, die jedoch auf eine christl. Psychologie abzielt. Seit Anfang der 90er Jahre ändert sich in der pietistisch-evangelikalen Bewegung größtenteils die Haltung gegenüber Psychologie und Psychotherapie. Humanwissenschaftliche Erkenntnisse werden jetzt positiv und kritisch in die S. übernommen.

b. Theologische Aspekte

Die Integration der Psychologie und Psychotherapie in die Aufgabe der S. steht vor einem fundamentalen theol. Problem. Inwiefern manipulieren fremde, säkulare Methoden der Humanwissenschaften Ziele und Vorgehensweisen christl. S., der es primär um den Menschen vor Gott geht?

Einen hilfreichen Lösungsansatz stellt dabei das weisheitliche Denken der Bibel dar. So sehen die Weisheitslehrer Israels hinter der Natur die Schöpfung Gottes und die sie tragende und erhaltende Ordnung, die Weisheit schlechthin. Ihr verdanken sich die Naturgesetze ebenso wie die Grundlagen des menschlichen Verhaltens. Die Erforschung dieser den Menschen vorgegebenen Phänomene ist allen aufmerksamen Beobachtern in allen Kulturen zu jeder Zeit möglich (vgl. den Wissenschaftsaustausch z.B. zwischen Salomo und der Königin von Saba oder die Aufnahme ägyptischer Weisheitslehren des Amenemope in Sprüche 22,17-23,11). Auch wenn dieses Forschen an der Schöpfung nicht zur Erkenntnis des Schöpfers führt (vgl. Röm 1,18ff), beschäftigen sich Naturwissenschaften mit einem Gegenstand, der sich dem Schöpfer und - nach dem Urteil des NT – Jesus Christus selbst als der Weisheit in Person verdankt (vgl. 1Kor 1,30; Kol 1,16f; Hebr 1,2). Insofern S. psych. und psychotherapeutische Methoden aufnimmt, deren Wirkungen auf Schöpfungsgesetzen fußen, und die deshalb von einem möglichen ideologischen Überbau abtrennbar sind, arbeitet sie nicht mit fremden, säkularen Verfahren, sondern mit Methoden, die sie hinsichtlich des Ersten Glaubensartikels mit gutem Grund ihr eigen nennen und die sie mit ihrer eigenen Intention versehen kann. S. gründet sich in Gottes Heils- und Segenshandeln.

c. Probleme einer die Psychologie aufnehmenden Seelsorge

– Individualisierung des Glaubenserlebens

S. hat vorwiegend den einzelnen in seinen unterschiedlichen Beziehungen zu Gott, zu sich selbst und zu den anderen im Blick. Sein subjektives Denken, Fühlen und Tun sind wichtige Aspekte s.lichen Handelns. Bei solcher notwendigen und biblisch gebotenen Konzentration auf den einzelnen und sein Verhalten und Erleben sollte das von außen auf den Menschen zukommende, ihn korrigierende und verändernde objektive Wort des Schöpfers und Erlösers *(extra nos)* nicht zu kurz kommen oder gar übersehen werden. Die Priorisierung der persönlichen Lebensgeschichte im seelsorglichen Gespräch sollte den Horizont göttlicher Welt- und Heilsgeschichte, bibl. Apokalyptik und Eschatologie in ihrer Relevanz für die Situation des einzelnen nicht aus dem Blick verlieren. Die Auseinandersetzung mit den eigenen Lebenslügen, den persönlichen Niederlagen im täglichen Leben im Rahmen des »alten Menschen« braucht die Perspektive des »neuen Menschen«, den es in den Lebensvollzug umzusetzen gilt (vgl. Eph 4,20-32). So sehr die Notlage des einzelnen zum Mitleiden der Glaubensgeschwister herausfordert, sollte sie sich nicht zum narzißtisch motivierten Zentrum des Gemeindelebens erheben.

– Faszination psychologischer Methoden

Die Faszination über naturwissenschaftl. Gesetzmäßigkeiten und Methoden provoziert den Menschen tendenziell, diese zu überschätzen oder ihnen gar rel. Bedeutung zukommen zu lassen (vgl. Röm 1,18ff). Um diese Gefahr zu vermeiden, bedarf es stetiger Korrektur durch den Geber dieser methodischen Möglichkeiten. Die persönliche Beziehung zu Jesus Christus verhindert diese Fehleinschätzung und weist realistisch auf die Bedingung menschlichen Verhaltens unter der widergöttlichen Macht der Sünde hin, aus der sich kein Mensch mit Methoden befreien kann.

4. Vorgehensweisen und Praxisfelder der Seelsorge

a. Seelsorgliche Voraussetzungen und Vorgehensweisen

Die seelsorgliche Begegnung wird entscheidend von der Haltung des S.ers bestimmt: d.h. seinem Entschluß, den ratsuchenden Menschen bedingungslos wertzuschätzen, sich in ihn tief einzufühlen und seine Perspektiven zu übernehmen, und sich echt gegenüber eigenen Gefühlen zu verhalten. Neben psych. Wissen über das Verhalten und Erleben des Menschen stellt diese Haltung die wichtigste seelsorgliche und therapeutische Kompetenz des S.ers dar. Von ähnlicher Bedeutung ist das Erkennen und Austarieren von Nähe und Distanz zum ratsuchenden Menschen. Unterschiedliche S.aufträge setzen ein jeweils verschiedenes Maß an Distanz und Nähe voraus. Diese Haltungsmerkmale können in zahlreichen Fortbildungsangeboten zu einem hohen Maß erlernt werden.

Die für die S. notwendige Methodenpluralität kennt viele Vorgehensweisen: Trösten (Menschen in ihrer Beziehung zu Gott hin, ihres Standes vor ihm und gegenüber der göttlichen Gnade zu vergewissern suchen), Ermahnen (Aufzeigen göttlicher Lebensordnungen und dazu einladen), Lösen und Binden (z.B. im Rahmen der Beichte Menschen von Bindungen lossprechen), Einleiten eines Umdenk- und Umlernprozesses (Paradigmen überwinden und auf der Verhaltensebene neue Erfahrungen ermöglichen – vgl. Erkenntnisse aus der klassischen und kognitiven Verhaltenstherapie), Fördern der Selbsterkenntnis (durch adäquates Gesprächsverhalten im Sinne der Verbalisierung von Erlebnisinhalten – vgl. Erkenntnisse aus der Gesprächspsychotherapie), Deutung der Lebensgeschichte und Zukunftsperspektive (vgl. tiefenpsychologische Verfahren – z.B. Individualpsychologie, Logotherapie etc.). Darüber hinaus können Teilelemente aus über 100 anerkannten psychotherapeutischen Verfahren für die Diagnose und Therapie menschlichen Verhaltens und Erlebens im Sinne göttlichen Segenshandelns in der Schöpfung zum seelsorglichen Einsatz kommen.

b. Praxisfelder der Seelsorge

S. kennt viele Praxisfelder. Hierzu gehören u.a. Gespräche über

– das Glaubenserleben (Welche Erfahrungen und Bilder gibt es mit oder von Gott? Wie wurde die Vermittlung des Glaubens erlebt? Wie die Gemeinde oder der vertraute Kreis? In welcher Spannung stehen Glaubensanspruch und Alltagserfahrung? Welche Bedeutung spielt die bibl. Hoffnung für den Menschen? Wie beeinflußt Glaubenswissen das Leben?);

– das Problemverhalten im Rahmen psychischer Störungen wie Depressionen, starken Ängsten, Zwängen, Erziehungs- und Eheproblemen, usw. (mit seinen Auslösern und Folgen, mit systemischen Aspekten in Familie, Freundeskreis, Arbeitsplatz und Gemeindesituation, mit sozialen und polit. Aspekten der Biographie, unbewußten Prägungen, Normen, Wertvorstellungen und dem soziokulturellen Umfeld, und mit den geistl. Implikationen);

– Gemeinde-, Mitarbeiter- und Teamsituationen im Sinne eines systemischen S.ansatzes;

– Krisensituationen des Lebens (Krankheit, Verluste und Trauer).

Lit.: I. Baumgartner (Hg.): Handbuch der Pastoral psychologie, 1990; I. Becker et al.: Handbuch der Seelsorge, [2]1983; M. Dieterich: Handbuch Psychologie und Seelsorge, 1989; W. Jentsch: Der Seelsorger, 1987; V. Läpple, J. Scharfenberg (Hg.): Psychotherapie und Seelsorge, 1977; Chr. Möller (Hg.): Geschichte der Seelsorge in Einzelporträts, erscheint 1994/5; D. Rössler: Grundriß der Praktischen Theologie, 1986; F. Wintzer (Hg.): Seelsorge. Texte zum gewandelten Verständnis und zur Praxis der Seelsorge in der Neuzeit, 1978.

W. Veeser

Seemannsmission →Berufsmissionen

Segen/Segnen

1. Segnen in der Bibel

Gott hat unterschiedliche Weisen, am Menschen und seiner Schöpfung zu handeln: er rettet und segnet (Westermann). Sein Segnen ist im Unterschied zu seinem rettenden Handeln kein punktuelles Ereignis, kein Eingreifen Gottes zu einem bestimmten Zeitpunkt, sondern sein beständiges Begleiten. Es geschieht leise, eher verborgen, aber nicht unsichtbar. Der S. hat es mit dem Wachstümlichen zu tun. Wachsen ist stetig, langsam, manchmal kaum wahrnehmbar.

Nicht zufällig äußert sich der S. im AT zuallerst in der Fruchtbarkeit der Frau (1Mo 24,60), des Viehs, des Landes (3Mo 26,3-12), sodann in körperlicher Stärke, aber auch in seelischer Kraft, in Freude und Glück. Auch Weisheit, die Lebensbewältigung und Gelingen schenkt, gilt als ein S.

So ist der S. das, was der Mensch je und dann zum Leben braucht. Er ist Gabe des gegenwärtigen Gottes. Zwei Elemente können als »Urbilder« des S.s bezeichnet werden: die Fruchtbarkeit der Schöpfung und das »Mit-Sein«, die Gegenwart Gottes. In besonders verdichteter Form wird die Gabe des S.s im aaronitischen S. ausgedrückt (4Mo 6,24-26). Die drei Zeilen des S.sspruches sprechen drei Wirkweisen Gottes und drei Wirkbereiche an:

– »Gott gewährt Schutz im bedrohten Bereich des persönlichen Lebens« (Seitz) – der Herr segne dich und behüte dich.

– »Gott erweist Gnade im Bereich des Glaubens« (Seitz) – der Herr lasse sein Angesicht leuchten über dir und sei dir gnädig.

– »Gott setzt Frieden im empfindlichen Bereich des sozialen Lebens« (Seitz) – der Herr erhebe sein Angesicht auf dich und gebe dir Frieden.

Damit ist das ganze Leben des Menschen umgriffen. Im S. wird der Name Gottes auf den Menschen gelegt und dieser dadurch unter die Herrschaft Gottes gestellt (4Mo 6,27).

Ein Blick in das NT zeigt, daß Jesus ganz im atl.-jüd. S.sverständnis lebt. So segnet er z. B. die Kinder (Mk 10,13-16), wie der Vater oder Rabbi Kinder segnet. Er spricht den Lobspruch über der Speise (Lk 9,16; 24,30), wie es jeder fromme Jude tut. Er segnet seine Jünger zum Abschied (Lk 24,50). Dabei stellt er in den Vordergrund, daß Gott es ist, der das Lebensnotwendige schenkt (Mt 6,25-34), der wachsen läßt und der Arbeit Gelingen gibt, der sich um das leibliche Leben kümmert. Ebenso drücken die Wunder, die Jesus tut, seine Sorge um das leibliche Wohl der Menschen aus, besonders die Heilungen und Speisungswunder. So ist alles, was von Jesus ausgeht, S. für die Menschen.

Und doch bekommt der S. im NT eine Bedeutung, die über das atl. Verständnis hinausgeht. Hier geht es nicht mehr nur um Wachsen und Gedeihen, sondern um die Teilhabe am Reich Gottes. Wenn Jesus Menschen segnet, vergewissert er sie nicht nur der Gegenwart Gottes, sondern er rechtfertigt den Sünder, stellt ihn in eine neue Beziehung zu Gott und gibt ihm Anteil am endzeitlichen →Reich Gottes, das mit seinem Kommen angebrochen ist. Darin ist – dem Verständnis des Paulus nach – die Abrahamverheißung erfüllt: »Die Schrift aber sagt, daß Gott die Heiden durch den Glauben gerecht macht. Darum verkündigte sie dem Abraham: ›In dir sollen alle Heiden gesegnet werden.‹ So werden nun, die des Glaubens sind, gesegnet mit dem gläubigen Abraham« (Gal 3,8f). Die so Gesegneten sollen wiederum selbst zu Segnenden werden. In den paränetischen Abschnitten des NT werden die Jünger häufig zum Segnen aufgefordert (Lk 6,28; Röm 12,14; 1Petr 3,9), nun auch selbst den Feinden gegenüber. »Der Sinn des ›Segnet!‹ ist dann hier sehr weit; es kann Gutsein, freundliche Zuwendung, ein gütiges Wort, es kann auch Fürbitte sein« (Westermann).

2. Segnen in der kirchlichen Praxis

Der S. besteht – im Unterschied zum Zuspruch, der nur verbal vermittelt wird – aus zwei Elementen: in Wort und Zeichen. So wird der Mensch auf zwei Ebenen angerührt: in seinem Intellekt und in seiner Leiblichkeit.

Der ursprüngliche S.sgestus bestand in der →Handauflegung. Die Berührung mit der Hand stellt Beziehung her, sie kann lebendige und direkte Botschaften vermitteln. Wo aber Berührung und Wort zusammenkommen, ist das Angerührtsein des Menschen am stärksten. So stellt auch die Handauflegung als Berührung eine Beziehung her. Sie ist ein Zeichen der Nähe, der Zuwendung, der Solidarität und des Schutzes. Wird dazu ein Wort von Gott gesprochen, kann dieses Zeichen als Zuwendung Gottes angenommen werden und so eine spürbare Hilfe für den Glauben sein. Die Handauflegung stellt dabei keine Verstärkung der Worte dar, wohl aber ihre Verleiblichung. Damit trägt sie der Leib-Seele-Einheit des Menschen Rechnung und bringt zum Ausdruck, daß der Mensch als ganzer den S. empfängt, mit Leib, Seele und Geist.

Da es im Gottesdienst nicht möglich ist, jedem einzelnen die Hände aufzulegen, wird die Handauflegung durch das Erheben der Hände versinnbildlicht.

Der zweite wichtige S.gestus ist das Kreuzzeichen. War das Kreuz in der Antike Zeichen für Verbrechen und Grausamkeit, so wurde es für die Christen durch Christi Tod und Auferstehung zum Zeichen des Christussieges. Im Vertrauen auf diesen Sieg unterstellt sich der, der das Kreuz schlägt, dem Schutz und S. Christi. Ursprünglich wurde das Kreuz auf die Stirn gezeichnet, entsprechend der damaligen Sitte, dem Sklaven das Zeichen seines Herrn auf die Stirn zu schreiben. Dadurch wurde deutlich gemacht, daß der so Bezeichnete Eigentum Christi war. So ist das →Kreuzschlagen auch das Bekenntnis zu Christus als dem Herrn. Unser deutsches Wort »segnen« hat hier seinen Ursprung. Es kommt von dem lat. Wort *signare* und bedeutet »bezeichnen«.

Zum Zeichen tritt das Wort hinzu. Der S. besteht in seinem Kern aus drei Wörtern: »Gott segne dich.« Darin ist alles gesagt. Es ist der Geber des S.s genannt, der S. ausgesprochen und der Empfänger bezeichnet. Daß der S. nicht konkret zugesprochen wird, bedeutet nicht, daß er bloße Fürbitte darstellt. Die indirekte Rede will deutlich machen, daß Gott der allein Handelnde ist, über den wir nicht verfügen, der sich aber zu seinem Wort stellt. Im kirchl. Handeln begegnen nun fast immer längere S.sformulierungen. Der Gesegnete möchte hören, was der S. ihm konkret schenkt. Wird der S. auf eine größere Gemeinschaft gelegt, wird er wie z.B. beim aaronitischen S. allgemein gehalten sein. Geht es um eine einzelne Person, kann der S. sehr persönlich formuliert sein. Dabei geht es nicht darum, einen »besonderen« S. mitzuteilen, sondern einen besonderen Aspekt des S.s herauszustellen (z.B. Gottes Nähe, Schutz, Liebe, Frieden). Diese S.sworte können frei formuliert werden. Es können aber auch vorformulierte S.sworte aus der Bibel (5Mo 31,6; Ps 121,7f; Jes 41,10; 2Kor 13,13 etc.) oder z.B. aus dem Gebetsteil des Gesangbuchs dazu dienen. Der S. ist das stete Begleiten Gottes. Er umspannt das Leben von der Geburt bis zum Tod im Wachsen, Reifen und Abnehmen. So ist der S. auch in der kirchl. Praxis stets gegenwärtig, wenn auch oft wenig beachtet. Kein Gottesdienst ist ohne ihn denkbar. Schon zu Beginn wird der Name des dreieinigen Gottes segnend auf die Gemeinde gelegt. Die Menschen kommen in das Gotteshaus – beladen mit den Erfahrungen der vergangenen Woche. An dieser Schwelle zwischen Profanem und Sakralem steht das trinitarische Votum. Es bildet gleichsam eine Brücke zwischen beidem. Bei der Abkehr von der Arbeit und Hinkehr zum Gebet wird Gottes Zuwendung im Votum zugesprochen. Zugleich bekundet es, daß das Handeln in diesem Gottesdienst im Auftrag Gottes und zu seiner Verherrlichung geschehen soll. Der S. am Ende des Gottesdienstes korrespondiert mit dem Anfangss. Er entläßt die Gemeinde in die gerade begonnene Woche mit allem Unbekannten und stellt sie unter seinen Schutz, in seine Gnade und seinen Frieden hinein.

Bezieht sich der S. im sonntäglichen Gottesdienst auf den Menschen schlechthin, so wird der S. bei dem →Sakrament der →Taufe und den Amtshandlungen bestimmten Menschen zugesprochen, die sich auf der Schwelle zu einem neuen Lebensabschnitt befinden. Sie alle bedürfen in Taufe, →Konfirmation, Trauung und Trauerfeier (→Begräbnis) des S.s als Zuspruch, daß sie in aller Veränderung, Gefährdung und Einsamkeit nicht auf sich allein gestellt sind. Gott geht mit ihnen. Das gilt in besonderer Weise für den Sterbenden. Er geht im Sterben einen Weg, auf dem ihn kein Mensch mehr begleiten kann. Er ist allein. Darum wird ihm im Valets. Gottes Nahesein und seine Gnade zugesprochen. So darf er im Frieden sterben. Darüber hinaus gibt es viele Lebenssituationen, in denen Menschen der Vergewisserung der Nähe Gottes bedürfen: z.B. vor Reisen, Operationen, schwerwiegenden Entscheidungen, vor Übernahme einer Aufgabe; in Einsamkeit, Traurigkeit und Unsicherheit. Diese Vergewisserung kann geschehen durch den gottesdienstl. S. Hilfreich kann aber auch ein S.szuspruch im seelsorgerl. Gespräch oder im geborgenen Raum eines Hausbibelkreises u.ä. sein. Außerdem kann die Familie ein Ort des Segnens sein. Kinder sind der Umwelt mit allen Einflüssen im physischen und psychischen Bereich stärker ausgeliefert als Erwachsene und bedürfen des Schutzes. Darum ist es gut, wenn Eltern ihre Kinder häufig unter den Schutz und S. Gottes stellen. Nicht immer ist es möglich und angebracht, einen anderen ausdrücklich und unter Handauflegung zu segnen. Dann kann es auch im stillen Gebet geschehen und hat dort neben der Fürbitte seinen Ort.

Der Segnende muß kein Ordinierter sein. Alle Christen sind dazu berufen zu segnen (Lk 6,28; 1Petr 3,9). Es bedarf zum Segnen keiner besonderen Vollmacht. Denn Gott ist der Segnende. Wir geben seine Gaben nur weiter.

In jedem Fall aber vermittelt der S. »Gottes Nähe – kein Gesegneter ist allein. Gottes Schutz – kein Gesegneter ist ungeborgen. Gottes Kraft – kein Gesegneter ist ohnmächtig. Trotz allem!« (H. Claß)

Lit.: P. Brunner: »Der Segen als dogmatisches und liturgisches Problem«, in: ders.: Pro Ecclesia II, 339–351, 1965; H. Echternach: Segnende Kirche, 1968; W. Schumann: Segen und segnen, hg. vom Amt für missionarische Dienste im Ev. Gemeindedienst für Württemberg, 1985; C. Westermann: Der Segen in der Bibel und im Handeln der Kirche, ²1981.

B. Hanzig

Seitz, Johannes (1839–1922)

S., geb am 6. 2. 1839 in Neuweiler (Schwarzwald), gest. am 4. 7. 1922 in Bad Brambach, wuchs in einem von J. C. →Blumhardts Erweckungsfrömmigkeit geprägten Elternhaus auf. Auch die Glaubensheilungen der »Jungfer →Trudel« gehören zu den Erfahrungen seiner Kindheit und Jugend, denen er zeitlebens verhaftet blieb. Nach einer zweieinhalbjährigen Ausbildung in der Missionsschule der Tempelgesellschaft arbeitete er als Evangelist in Stuttgart, trennte sich nach einer Palästinareise zur Tempelsiedlung von der Gesellschaft und wurde zusammen mit Martin Blaich Begründer des überkonfessionellen »Evangelischen Reichsbrüderbundes« (1878) und der Karmel-Mission (1881/82). Er

leitete christl. Erholungsheime in Preußisch-Bahnau/Ostpreußen und Teichwolframsdorf/Sachsen, wirkte als Evangelist und Konferenzredner in der →Gemeinschaftsbewegung und hatte auf ihre Leitungsgremien keinen geringen Einfluß.

Lit.: J. Seitz: Erinnerungen und Erfahrungen, 2. erw. Aufl. 1921;
P. Fleisch: Die moderne Gemeinschaftsbewegung in Deutschland I, ³1912.

J. Ohlemacher

Sekte, Sektierertum

Der Beigeschmack von etwas Absonderlichem hängt der Bezeichnung S. an. Nicht von ungefähr. Da wollen Berechnungen den Tag des Weltendes fixieren. Da wird auf unversehrten Goldplatten eine alte Prophetenschrift entdeckt, mit Hilfe einer Prophetenbrille wird sie entziffert, ins Amerikanische übersetzt. Da wird das Apostelamt aus der Schutzzone der Einmaligkeit herausgeholt, und einer Gemeinschaft erstehen Stamm- und andere Apostel. Rel. Sonderlehre, Pochen auf Ausschließlichkeit, sich abkapselnde Gemeinschaft – so tritt uns die S., das S.tum entgegen.

Dennoch verzeichnen S.n kontinuierlich Zulauf, stehen umso höher im Kurs, je weniger rel. Profil die Kirchen haben. Ihre Anziehungskraft üben sie aus, je nachdem welche Lehre eine S. zu ihrer Besonderheit macht. Es kann die endzeitliche Erwartung sein, die sie predigt, der Glaube an Heilungen, den sie praktiziert, das Bewußtsein, der Gemeinde der Geretteten anzugehören, das sie vermittelt. Der Gläubige steht, selbst wenn die S.ngründung lange zurückliegt, im Banne der Gründerpersönlichkeit, ihrer besonderen Erleuchtung, ihrer hohen Erkenntnisse, Offenbarungen, Fähigkeiten. Organisatorisch begabte Gefolgsleute des Gründers oder der Gründerin sorgten dafür, daß die Autorität weitergegeben, die Lehre systematisiert, eine tragfähige Struktur aufgebaut wurde. In Dritte-Welt-Ländern schuf die S.nmission Möglichkeiten kultureller Identität.

Zu den S.n, denen man in Europa häufig begegnet, zählen:

– die von dem Pittsburgher Kaufmann Russell (1852–1916) gegründeten →Zeugen Jehovas,

– die Mormonen, die sich als »→Kirche Jesu Christi der Heiligen der Letzten Tage« verstehen,

– die Christian Science, deren Spezialität eine von der Amerikanerin Mary Baker-Eddy (1821–1910) entworfene Wissenschaft von Gesundheit und Heilung ist,

– die →Neuapostolische Kirche, eine 1863 in Deutschland entstandene patriarchalisch-konservative Glaubensfamilie, die ihre Glaubensanweisungen durch das wiedererrichtete Gnaden- und Apostelamt empfängt mit dem Stammapostel an der Spitze.

Nicht alle rel. Gemeinschaften, die neben Kirchen und Freikirchen um den Glauben der Leute eifern, sind S.n im herkömmlichen Sinn. Neurel. Gründungen kommen hinzu: die Scientology Church etwa, die Vereinigungskirche des Koreaners Moon, die hinduistische Hare-Krishna-Bewegung – übertroffen werden sie durch das New Age und andere esoterische Strömungen, die dem innerlich verkümmerten Menschen ein neues Bewußtsein versprechen, die innere Harmonie mit dem Kosmos.

Die christl. Kirche wird dem Phänomen S. nicht nur durch Glaubensapologetik begegnen können. Man erkennt inzwischen die Vielschichtigkeit des Phänomens, weiß um die religiöse Verarmung moderner Menschen, um das Suchen nach neuer Religiosität, das manch einen dem S.tum zutreibt. Man ahnt die kirchl.-seelsorgerl. Verantwortung: Wie Menschen nur deshalb ins Kraftfeld einer sektiererischen Gruppe gerieten, weil die berufliche, die familiäre, die kirchl. Umgebung sie vereinsamen ließen. Das Suchen nach Mitmenschlichkeit, das rel. Fragen blieb unerfüllt. Und umgekehrt erleben Seelsorger, welchen Schock das Verlassen einer S. auslösen kann. Die Identifikation mit der rel. Sondergruppe hat den Abbruch auch der letzten Sozialkontakte besiegelt, das Sich-wieder-Herauslösen wirkt wie der Sturz ins tiefe Loch.

Die Kirchen reagieren deshalb differenziert. Schon mit dem Ausdruck »Sekte« geht man behutsam um – allzu leicht verhärtet der polemisch-negative Klang dieser Bezeichnung die Gesprächssituation. Möglichst objektive Information steht im Vordergrund, auch das Bemühen um persönliches Verständnis. Die eigene evangelische Glaubensentscheidung, Voraussetzung für jedes echte Gespräch, darf nicht unterschlagen werden – unabdingbar ist deshalb das Fragen nach dem eigenen lebendigen Glauben. Wichtigste Hilfe dabei sind das Gebet und der persönliche Umgang mit der Heiligen Schrift, der den Christen von zwanghafter Autoritätsgläubigkeit befreit, ihm zur Gewißheit verhilft und das Suchen nach zusätzlichen Offenbarungen überflüssig macht. Wer Spezialinformationen braucht, erhält sie bei den Beauftragten für Weltanschauungsfragen, die es heute in allen ev. Landeskirchen und kath. Diözesen gibt. Zentrale Informationsstelle der EKD ist die 1960 gegründete Ev. Zentralstelle für Weltanschauungsfragen in Stuttgart.

Lit.: H. Gasper, J. Müller, F. Valentin: Lexikon der Sekten, Sondergruppen und Weltanschauungen, 1990 (kath.); Handbuch Religiöse Gemeinschaften, hg. von H. Reller, M. Kießig und H. Tschoerner, [4]1993 (ev.); R. Hauth: Kleiner Sektenkatechismus, [3]1993; ders.: Hexen, Gurus, Seelenfänger, 1994.

R. Boeckler

Selbständige Ev.-Luth. Kirche (SELK)

Die SELK ist 1972 aus dem Zusammenschluß von drei ähnlich strukturierten Kirchen hervorgegangen: der »Ev.-Luth. (altluth.) Kirche«, der »Selbständigen Ev.-Luth. Kirche« und der »Ev.-Luth. Freikirche«. 1976 trat die »Ev.-Luth. Bekenntniskirche« bei, 1991 die »Ev.-Luth. (altluth.) Kirche« in der ehemaligen DDR.

Sie alle wurzelten in der Erweckungsbewegung und konfessionellen Erneuerung des 19. Jh.s. Seit 1817 (Einführung der Union in Preußen) kam es zuerst in Schlesien, dann in anderen preußischen Provinzen zum Widerstand gegen die staatliche Kirchenpolitik. Erste selbständige Gemeinden bildeten sich ab 1830. Theol. knüpfte man bei der luth. Reformation und Orthodoxie an, entwickelte aber notgedrungen freikirchl. Organisationsformen. Nach zehnjähriger Unterdrückung durch den preußischen Staat (Auswanderungsbewegung nach den USA und Australien) wurde den »Altlutheranern« 1841 der Aufbau eines eigenen Kirchenwesens zugestanden. In der zweiten Hälfte des 19. Jh.s kam es zu ähnlichen Gemeinde- und Kirchbildungen in Baden, Hannover, Hessen und Sachsen. Dabei war die Ablehnung des Rationalismus und liberaler Theologie bestimmend. Die Altlutheraner kennzeichnete tatkräftiger Einsatz für gesamtluth. Zusammenschlüsse und für die Mission.

Die SELK sieht sich nach ihrer Grundordnung »in der Einheit der heiligen, christlichen und apostolischen Kirche«, gebunden an die Hl. Schrift »als an das unfehlbare Wort Gottes«. Sie verpflichtet ihre Amtsträger auf alle luth. Bekenntnisschriften. Die Ordination wird nur Männern erteilt. Die Gottesdienste haben eine reiche Liturgie (Deutsche Messe), betont werden Beichte und Altarsakrament. Sonderlehren führt die SELK nicht, verwirft aber die ihrem Bekenntnis widersprechenden Lehren und deren Duldung. Sie übt darum Kirchengemeinschaft nur mit solchen Kirchen, die sich in Lehre und Praxis gleicherweise binden. Sie hat die Leuenberger Konkordie abgelehnt und bleibt außerhalb der EKD, des Lutherischen Weltbundes und des Ökumenischen Rates der Kirchen. Das hindert nicht an zwischenkirchl. Zusammenarbeit, u.a. in der Diakonie (Brot für die Welt). Die SELK ist Mitglied der Arbeitsgemeinschaft christlicher Kirchen (ACK) in Deutschland.

Zur SELK gehören rund 200 Gemeinden mit 150 Pfarrern und 42 000 Kirchgliedern. Sie ist gegliedert in vier Sprengel mit zwölf Kirchenbezirken. An der Spitze steht der Bischof mit einer Kirchenleitung (Sitz in Hannover). Die Kirchensynode, oberstes Organ der SELK, tagt alle vier Jahre; sie wählt den Bischof auf Vorschlag der Pfarrerschaft. Finanziell trägt sich die SELK durch freiwillige Beiträge (keine Kirchensteuer). Sie unterhält eine staatlich anerkannte Theol. Hochschule (in Oberursel) und eine Reihe von diakon. Einrichtungen. Über ihre »Lutherische Kirchen-Mission« treibt sie äußere Mission vornehmlich im südl. Afrika.

Lit.: Die Selbständige Ev.-Luth. Kirche (SELK), Informationsschrift, ²1985; M. Roensch, W. Klän: Quellen zur Entstehung und Entwicklung selbständiger ev.-luth. Kirchen in Deutschland, 1987; J. Schöne: Kirche und Kirchenregiment, 1969.

J. Schöne

Selbstgerechtigkeit →Rechtfertigung

Selbstmord →Suizid

Seligkeit →Heil

Seligsprechung →Heilige/Heiligenverehrung

Selnecker, Nikolaus (1530–1592)

S., geb. am 5. oder 6. 12. 1530 in Hersbruck bei Nürnberg, gest. am 24. 5. 1592 in Leipzig, bedeutender, von →Melanchthon geprägter spätreformat. Theologe. Nach fast zehnjährigem Aufenthalt an der Universität Wittenberg wurde S. 1558 Hofprediger, Hofkantor und Prinzenerzieher Kurfürst Augusts in Dresden. Infolge obrigkeitskritischer Äußerungen wechselte er 1565 als Prof. nach Jena, geriet hier in Verdacht des Philippismus und kehrte 1568 als Leipziger Superintendent und Prof. nach Kursachsen zurück. Seit 1570 wirkte er als Generalsuperintendent im Fürstentum Braunschweig-Wolfenbüttel. Dabei geriet er vor allem wegen der Einführung des Corpus Doctrinae Philippicum in Konflikt mit dem Braunschweiger Stadtsuperintendenten M. →Chemnitz. Obgleich S. sich während der norddeutschen Abwehr des Wittenberger →Kryptocalvinismus der luth. Theologie zuwandte, mißtraute man ihm in Niedersachsen. So kehrte er nach kurzer Zwischentätigkeit in der Grafschaft Oldenburg 1574 nach Leipzig zurück. Hier trug er nach dem Sturz des Kryptocalvinismus zum Anschluß Kursachsens an die ins Stocken geratene luth. Konkordie bei und gehörte seit dem Konvent von Lichtenberg (1576) zu den Redaktoren der Konkordienformel (1577) sowie zu den Verfassern der Apologie des Konkordienbuchs (1583/84). Als unter Christian I. 1586 die ref. Konfessionalisierung das sächsische Kurfürstentum erfaßte, fand S. Zuflucht in Hildesheim. Nach abermaliger kirchenpolit. Wende ging er 1592 nach Leipzig zurück, überlebte die Heimkehr jedoch nur um wenige Tage.

S. ist einer der positionell am schwersten einzuordnenden spätreformat. Theologen. Lange war er von der spannungslosen Einheit der Wittenberger Theologie überzeugt, bis er in seiner Wolfenbütteler Zeit das calvinistische Gefälle des melanchthonischen Denkens erkannte. Unter seinen mehr als 170 Schriften nehmen die dogmat. und polemischen den größten Raum ein. Daneben machte er sich einen Namen als Exeget, Katechet, Erbauungsschriftsteller, Liederdichter und Gesangbuchherausgeber. Heute ist sein Name einer größeren Öffentlichkeit nur noch durch das Vertrauenslied »Laß mich dein sein und bleiben« aus dem Jahre 1572 bekannt.

Lit.: Werkausgabe fehlt; A. Eckert (Hg.): Nikolaus Selnecker 1530–1592, 1980; G. Fuchs: Psalmdeutung im Lied, Veröffentlichungen für Liturgik 25, 1993; I. Mager: Die Konkordienformel im Fürstentum Braunschweig-Wolfenbüttel, 1993; dies.: Nikolaus Selneckers Katechismusbereimung, in: LH 34, 1994.

I. Mager

Semipelagianismus

Der Begriff ist zuerst im 17. Jh. aufzufinden als Vorwurf der Dominikaner gegen den spanischen Jesuiten L. de →Molina (1535–1600) geprägt, später jedoch auf die Positionen bezogen, die in der Gnadenlehre eine mittlere Stellung zwischen →Augustinus und →Pelagius einnehmen. Zwar hat sich Augustinus in der abendländischen Christenheit weitgehend durchgesetzt (Synode von Karthago 418, 2. Synode von Orange 529), aber nicht alle, die Pelagius ablehnten, stimmten den radikalen Positionen Augustins zu. Die Mönche von Hadrumetum, von Marseille und Lerinum führten die beiden sog. »semipelagianischen Streitigkeiten« mit Augustinus, um der Freiheit des Menschen ihr Recht zu bewahren und die doppelte Prädestination (→Erwählung) zu verwerfen. Zwar hat sich grundsätzlich in der Kirche Augustinus, faktisch jedoch weitgehend der S. durchgesetzt.

Lit.: J. Chené: Le Semipelagianisme du midi de Gaulle, RScR 43, 1955, 321ff; F. Loofs: »Semipelagianismus«, RE³ XVIII, 1906, 102ff.

G. Ruhbach

Semler, Johann Salomo (1725–1791)

S., geb. am 18. 12. 1725 als Sohn eines Pfarrers in Saalfeld, gest. am 14. 3. 1791 in Halle, begann 1743 mit dem Studium in Halle, wo er bes. von Sigmund Jakob →Baumgarten geprägt und gefördert wurde. 1750 erreichte er den Magister der Philosophie und promovierte 1752 in Altdorf zum Doktor der Theologie, um 1753 eine theol. Professur in Halle zu übernehmen.

Seine Bedeutung als Aufklärungstheologe gewann S. vor allem über seine hist. Arbeiten, deren Methoden und Ergebnisse er auch auf theol. Fragen übertrug. Er führte die hist. Kritik in die Kirchengeschichtsschreibung ein und konnte, indem er die geschichtl. Bedingtheit und Entwicklung von theol. Begriffen, Lehrsätzen und Dogmen aufzeigte, der in der Orthodoxie erstarrten ev. Theologie neue Wege eröffnen. Seine Arbeiten zur Text- und Kanonskritik führten ihn zur Ablehnung der Verbalinspiration. Die →Bibel ist für ihn nicht direkt göttliche Offenbarung, sondern das geschichtl. bedingte menschliche Zeugnis der Offenbarung Gottes. Mit dieser Unterscheidung zwischen offenbarten Wahrheiten und zeitgebundener Schrift, die als hist. Quelle der wissenschaftl. Auslegung bedarf, wurde S. zum Wegbereiter der modernen hist.-kritischen Theologie.

Lit.: J. S. Semler: Versuch einer freieren theologischen Lehrart (lat. 1774, dt. 1777); Abhandlung von freier Untersuchung des Canon (1771-75), hg. v. H. Scheible, ²1980; Sammlung von merkwürdigen Lebensbeschreibungen (1759-70).

H.-E. Hess: Theologie und Religion bei Johann Salomo Semler. Ein Beitrag zur Theologiegeschichte des 18. Jahrhunderts, Diss. Berlin 1974; G. Hornig: Die Anfänge der historisch-kritischen Theologie. Johann Salomo Semlers Schriftverständnis und seine Stellung zu Luther, 1961.

R. Dziewas

Seniorenarbeit

1. Begriffsbestimmung

»Senior« kommt aus dem lat. und heißt »älterer, bejahrter, reifer, erwachsener Mann«. Umgangssprachlich bezeichnet heute Senior einen älteren Menschen im Rentenalter, den Ältesten einer Versammlung oder auch den Gegenbegriff zum »Junior«. Weitere Worte für Senioren entstanden in den 90er Jahren: »neue Alte«, »nachberufliche Phase«, »drittes Lebensalter«. Sie markieren eine neue Seniorengeneration, die von Zwängen des Berufs befreit, sich aktiv und selbstbestimmt mit neuen Lebensperspektiven verstehen möchte.

Eine offizielle Definition des Alters gibt die WHO. Danach sind 60-75jährige »älter«, 75-90jährige »alt«, 90-100jährige »langlebig«, über 100jährige »hochbetagt«. Gerontologen hingegen lehnen die Festlegung von Altersgrenzen aufgrund der großen körperlichen und kognitiven Unterschiede bei den über 65jährigen ab. Alter ist für sie kein chronologischer Abschnitt, sondern ein Entwicklungsmerkmal, das sich über die gesamte Lebensspanne hinweg erstreckt.

S. begann in den 70er Jahren als gemeindenahe Altenarbeit. Sie hat sich aufgrund des neuen Selbstverständnisses der Senioren ausgeweitet in »Bildungsprogramme für ältere Menschen«, »Seniorenkulturarbeit«, »Initiative – dritte Lebensphase«, »Projektarbeit – junge Alte in der Gemeinde«.

2. Entwicklungen in der Altersstruktur

Die Lebenserwartung erhöhte sich im 20. Jh. bei Männern von ca. 45 Jahren (1901/1910) auf 72 Jahre (1985/1987); bei Frauen veränderte sie sich von 48 auf 78 Jahre. Dagegen sank die Geburtenrate in den letzten Jahrzehnten. Von 1.000 Frauen wurden jährlich in den Jahren 1975/80 ca. 47 Kinder geboren, 1950 waren es noch ca. 70 Kinder. Durch das gestiegene Lebensalter entsteht außerdem eine Zunahme der Pflegebedürftigkeit. Sie zeigt einen exponentiellen Verlauf: alle fünf Jahre verdoppelt sich die Zahl der Pflegebedürftigen.

Die überproportional steigende Zahl der über 65jährigen und die sinkende Zahl der Berufstätigen in den 90er Jahren schaffen soziale und finanzielle Konsequenzen für die Gesellschaft. Das Erwartungsprofil an Versicherungsleistungen, medizinische Behandlungen, ambulante und stationäre Altenpflege wird immer größer. R. Gronemeyer befürchtet einen »Krieg der Generationen«, der sich auf ökonomischer Ebene zwischen jungen armen und reichen alten Völkern der Erde abspielen wird.

3. Herausforderungen dieser Seniorengeneration

Der 1. Altenbericht der Bundesregierung von 1990 stellt fest, daß sich die Wertvorstellungen der Generationen bis zur Mitte der 60er Jahre kaum unterschieden haben. Zwischen 1967 und 1972 trat ein Wertewandel ein: Das Lebensziel »Leben als Aufgabe« hat sich bei Jungen und auch Alten verlagert auf »Leben genießen«, ein Wandel zum → Hedonismus. Die 1980–1991 um 70% gestiegenen Ausgaben für Reisen bei über 60jährigen bestätigen diese Tendenz. Aufgaben durch gesellschaftliche Wandlungen:

– Lösung von idealisierten Jugendwerten, die in unserer Gesellschaft lebensbestimmend sind. Altersadäquate Lebensmuster müssen entwickelt werden, die auch auf Gebrechlichkeit und Sterben vorbereiten.

– Wandel im Leitbild der Geschlechterrollen. Die heutige Seniorengeneration wuchs in der traditionellen, geschlechtsspezifischen Verhaltensnorm auf, wird aber durch die jüngere Generation (z.B. Emanzipationsbewegung) in Frage gestellt.

– Überwindung der leistungsorientierten Lebenswerte, die in unserer Gesellschaft bes. stark mit »Selbstwert« und »lebenswert« verknüpft wird. Die unfreiwillige »Entberuflichung« vieler 50-58jähriger bedeutet oft Statusverlust, Einkommensminderung, Sinnkrise, Einsamkeit.

– Bewältigung der Singularisierung durch die steigende Zahl der Ein-Personen-Haushalte. Neue Kommunikationsformen, außerfamiliäre Hilfesysteme und Solidarisierungsmodelle müssen entwickelt werden.

– Neuorientierung in der Beziehung zu Staat und Kirche, weil diese Seniorengeneration einschneidende Brüche (NS-Ideologie, Weltkrieg, Zusammenbruch, Wirtschaftswunder, Grenzen des Wachstums, Säkularisierung, Auflösung der DDR) zu verarbeiten hat. Kennzeichnend ist eine kritische Haltung zur Kirche, aber Offenheit für rel. Fragen.

4. Veränderungsprozesse im Älterwerden

Die körperlich-seelisch-geistigen und sozialen Alterungssymptome werden häufig verdrängt durch Überspielen körperlicher Schwächen, Flucht in Nostalgie, Leben mit verborgener Alterseitelkeit oder Resignation. Bei den Ängsten vor dem Altwerden stehen an erster Stelle: Angst um Gesundheit, Angst vor Gebrechlichkeit und Angst vor Einsamkeit.

Wichtigste Voraussetzung für den gelingenden Veränderungsprozeß im Alter ist das Ja zum Alter. Altern ist – nach J. Juchli – nicht einfach ein Zustand, sondern ein Prozeß, ist Bewegung, Dynamik. Es ist den Polaritäten von Auf und Ab, Werden und Vergehen, Steigen und Fallen unterworfen. Der alte Mensch muß in einem Kontinuum gesehen werden. Er wandelt sich und ist, wie auch der junge Mensch, ein sich Verändernder. Nie aber ist er nur Werdender; nie ist er nur Vergehender!

Die absteigende Linie zeigt sich im biologisch-physiologischen Bereich: nach der Lebensmitte werden manche Kräfte allmählich geringer. Aufsteigend dagegen ist die Linie der geistig-seelischen Existenz durch die wachsende Erfahrung und Erkenntnis – auch in der Beziehung zu Gott.

Die neuere Altersforschung und Gerontologie hat bes. die »Kompetenzen des Alters« gegenüber den bekannten »Defiziten« herausgearbeitet. Sie sieht im Alter von seinen »Lebenspotentialen« her besondere Entwicklungsmöglichkeiten, »die aus der Interaktion zwischen biologisch-körperlicher Reifung, sozialen Prozessen und individuellen Bedürfnissen, Werten, Überzeugungen resultieren« (A. Kruse).

Daraus ergibt sich als Aufgabe des Altwerdens:

– die Erhaltung der Fähigkeiten zur Bewältigung des Alltags,

– die stets neue Annahme der schmerzvollen Grenzen,

– die Aussöhnung mit der unveränderbaren Vergangenheit,

– die Auseinandersetzung mit dem herannahenden Tod.

Diese inneren Veränderungen stehen in unmittelbarer Korrelation zu den äußeren in den fünf zentralen Lebensbereichen des Menschen: Einkommen und Vermögen; Wohnen und Lebensgestaltung; Arbeit und Betätigung; Gesundheit und Körper; Bildung, Begegnung und Glaube.

5. Alter in der Bibel

In der Bibel finden sich diese zwei Linien des Vergehens und Werdens wieder. In Pred 12,1-7 wird das vergehende Leben in Bildern beschrieben als »gekrümmte Beine«, »zerreißender Strick«, »zerbrochene goldene Schale«. Das Werdende im Alter wird in Metaphern ausgedrückt: »wenn der Mandelbaum blüht«, »die Kaper aufbricht«. Siehe auch Ps 92,15. Die Gebrechen des Alters werden deutlich und konkret hervorgehoben: die Sehkraft hört auf (1Mo 27,12; 1Kön 14,4), die Körperwärme und Sexualität schwindet (1Kön 1,1-4), die Lebenslust nimmt ab (2Sam 19,36). Der Aussöhnung mit der belasteten Lebensgeschichte kann nicht mehr länger ausgewichen werden (Josef und seine Brüder, 1Mo 50).

Im Volk Israel hat der alte Mensch aufgrund seiner Erfahrung und Weisheit eine hohe Achtung (Hiob 12,12; Sir 25,6-8) und Aufgaben der Rechtssprechung (5Mo 21,19f; 22,15; Rut 4,11). In der frühen Christenheit werden den »Ältesten« besondere Ämter anvertraut (1Tim 5,9f; Apg 20,17-38). Das AT enthält viele Ermahnungen, die Alten zu ehren, und setzt diese in Bezug zur Gottesfurcht (3Mo 19,32; 2Mo 20,12; Spr 23,22; Sir 3,14-15).

Sowohl die Spannungen und Kämpfe zwischen den Generationen werden berichtet (Jes 3,4ff) als auch die endzeitlichen Visionen, in denen Gott durch Junge und Alte die eschatologische Heilszeit herbeiführt (Joel 2,28, vgl. Apg 2,14ff; Sach 8,4-5). Das Alter mit seinen Belastungen und Beschwerden wird als eine Lebensspanne gesehen, die von Gott bes. gehalten, getragen (Jes 46,3-4) und geleitet wird (Joh 21,18). Das Beispiel des Simeon zeigt, wie durch die Begegnung mit Christus die Bereitschaft erwächst, das Leben loszulassen und im »Frieden dahinzufahren« (Lk 2,29-30). Alter und Abschied aus diesem Leben werden als Lebensziel für ein erfülltes Leben gesehen (1Mo 35,29; 1Chr 23,1; Hiob 5,26; 42,16 u. 17).

6. Aufgaben der Gemeinde

Die neue, kritischere Seniorengeneration erfordert auch eine weitere Ausdifferenzierung der bisherigen Altenarbeit in den Gemeinden, die meist von einem Betreuungs- und Versorgungscharakter geprägt ist. Senioren brauchen Lebensformen und Arbeitsstrukturen, in denen sie nicht Objekte in von andern gemachten Angeboten sind, sondern Subjekte, in denen sie das Ihre entwickeln und tun können. Ein Wechsel von einer konsum- zur kompetenzorientierten Altenarbeit, von der Betreuungskirche zur Beteiligungskirche ist notwendig.

Die Forderung der »neuen Alten« darf aber keine Zweiteilung gegenüber den »alten Alten« hervorrufen, sondern braucht eine Gesamtkonzeption im Horizont des →Gemeindeaufbaus.

Die Gemeinde hat die besten Voraussetzungen, ein Ort in der Gesellschaft zu sein, an dem Leben in seiner Gesamtheit und Ganzheit vorkommt, Begegnungen zwischen jung und alt möglich sind (Integration statt Ausgrenzungsdruck), Begleitung im Leben und Sterben geschieht. Notwendige Konkretionen dazu sind:

– Aufarbeitungsmöglichkeiten für die oben genannten gesellschaftlichen und persönl. Herausforderungen im Lichte des Evangeliums

– Entwicklung von Ritualen und Hilfestellungen zum Übergang in die nachberufliche Phase (Übergangsfeier, Taufgedächtnisfeier u.a.).

– Gestaltungsräume für die neu freiwerdenden Ressourcen im geistigen, geistl. und geselligen Bereich. In neuen Aufgaben können die Gaben und Kompetenzen für mission., diakon. und seelsorgerl. Arbeitsfelder eingebracht werden.

– Als Formen der S. haben sich entwickelt: Projektgruppen und Wissensbörsen, Lerngruppen und Bildungskurse, Erlebnis- und Trainingsangebote, Dienstgruppen und Seniorenhilfsdienste, Geselligkeitstreffs und andere Veranstaltungen der Gemeinde.

– Die S. kann auch mit sechs »B« zusammengefaßt werden: Beratung, Beteiligung, Befähigung, Bildung, Begegnung, Begleitung.

Immer dient sie der Vollendung des Lebens.

Lit.: R. Boeckler, K. Dirschauer (Hg.): Emanzipiertes Alter, 1990; M. Cremer, W. Honold (Hg.): Neuer Mut und späte Freiheit, 1993; R. Gronemeyer: Die Entfernung vom Wolfsrudel, 19.; J. Juchli: Alt werden – Alt sein, 1983; H. Mohl: Die Altersexplosion, 1993; A. Roos (Hg.): Miteinander Älter werden – Dokumentation, 1990; O. Schnetter: Praxisbuch Seniorenarbeit, Bd. 2, 1992.

O. Haußecker

Sentenzen →Summa

Separatismus

S. (lat. *separatio*, »Trennung«) bedeutet das Streben nach Loslösung. In der Kirchengeschichte werden damit Bewegungen beschrieben, die zur Abtrennung von bestehenden Kirchen führten und später meist eigene Kirchen gründeten. Häufig handelte es sich dabei zunächst um innerkirchl. Erneuerungsbewegungen. Hauptpunkte der Auseinandersetzung waren dabei in der Regel Fragen der reinen Lehre und kirchl. Strukturen. Je unbeweglicher die vorfindlichen Kirchen auf solche Bewegungen reagierten, desto stärker wurde innerhalb der Erneuerungsbewegungen die Tendenz zur Verselbständigung. Im allg. versuchten die jeweiligen Mutterkirchen, sich vor Separatisten und deren Anhängern zu schützen – in früheren Jahrhunderten auch mittels staatlicher Gewalt. Mißlang dies, wurde die Bewegung nicht selten unter Zuhilfenahme verleumderischer Methoden ausgegrenzt (viele heute gängige Bezeichnungen für Denominationen waren ursprünglich Schimpf- oder Spottnamen).

Den bibl. Hintergrund bilden die Warnungen vor Spaltung der Einheit im AT (z.B. mit schwerer Bestrafung in 4Mo 16) und im NT (z.B. 1Kor 1,10; 11,18; 12,25 – der hier verwendete griech. Begriff: *schisma*, »Trennung/Spaltung«). In der kirchl. Lehrtradition wurde später zwischen →Schisma als Spaltung der kirchl. Einheit und Häresie als Spaltung der kirchl. Lehre unterschieden. Im Verständnis der kath. Tradition führte die →Reformation zu einem Schisma – was zunächst von Luther nicht beabsichtigt war. Von der reformat. Botschaft beeinflußt, bildete sich innerhalb der Kirche von England eine Erweckungsbewegung unter Leitung der Brüder Charles und John →Wesley heraus, die schließlich gegen die Vorstellung ihres Gründers in der Methodistischen Kirche eine neue Form fand.

Im Gegensatz dazu gelang es dem →Pietismus in Deutschland und Skandinavien weitgehend, Erneuerungsbestrebungen innerhalb der vorhandenen Staats- (bzw. Landes-)kirchen zu halten und eigene Kirchengründungen zu verhindern (vor allem Ph. J. →Spener). Als methodist. und baptist. Missionsbemühungen seit ca. 1830 in Deutschland Fuß fassen konnten, war es ein Anliegen der sich parallel dazu herausbildenden deutschen Gemeinschaftsbewegung (→Evangelischer Gnadauer Gemeinschaftsverband), das gleiche Gedankengut aufzunehmen, ohne (neue) selbständige Gemeinden (Kirchen) zu gründen (vor allem Th. →Christlieb). Jede Erneuerungsbewegung birgt allerdings separatistische Tendenzen in sich, denen manchmal aus ungenügender Kenntnis der Kirchengeschichte zu schnell nachgegeben wird. S. a. →Täufer, →Schwenckfeld.

Lit.: Evangelical Dictionary of Theology 1985, 1003 (»Ecclesiastical Separation«); The New International Dictionary of the Christian Church ²1978, 897 (»Separatists«).

J. Drechsel

Septuaginta

Der Name S. (lat. »Siebzig«, daher die Abkürzung LXX) geht zurück auf den Aristeasbrief (um 130 v.Chr.), der nach eigener Angabe eigentlich eine Erzählung ist. Er berichtet die ältere Legende, daß auf Anfrage des ägypt. Königs Ptolemaios II. Philadelphos (285–246 v.Chr.) 72 Gelehrte, ausgesucht vom Hohenpriester Eleazar, in 72 Tagen auf der Insel Pharos den Pentateuch (die fünf Bücher Mose) ins Griech. übersetzten, um die Bibliothek des Königs zu vervollständigen. Diese →Legende wurde von jüd. und christl. Schriftstellern übernommen und erweitert: Nach →Philo ist die S. göttlich inspiriert (so auch →Augustinus) und die Übersetzer sind bei getrennter Arbeit zu wörtlich übereinstimmenden Ergebnissen gelangt; die Kirchenväter dehnten dies dann auf das ganze AT aus.

Richtig an der Legende ist wahrscheinlich die zeitliche Ansetzung (erste Hälfte des 3. Jh.s v. Chr.) und der Zusammenhang mit der jüd. Gemeinde in Alexandrien. Wirklicher Anlaß war, daß die Diasporajuden in Ägypten das Hebr. nicht mehr verstanden. Richtig ist auch, daß zuerst der Pentateuch übersetzt wurde, die übrigen Bücher folgten in einem Zeitraum von ca. 150 Jahren an verschiedenen Orten. Spätestens um etwa 130 v. Chr. waren nach dem Prolog des Buches Sirach alle atl. Schriften übersetzt. Demgemäß ist die S. auch sprachlich nicht einheitlich: teilweise wörtlich genau, teilweise sehr frei (z.B. Hiob, Spr, Dan), bis hin zu Änderungen im chronologischen Ablauf (1Mo; 1Kön; 2Kön). Von Anfang an gab es auch Widerspruch gegen die S., weil man eine Übersetzung in die Sprache der Heiden überhaupt ablehnte, aber auch wegen der teilweise freien bzw. mangelhaften Übersetzung (eine Reaktion auf diese Kritik ist der Aristeasbrief).

Die S. umfaßt neben den Büchern des hebr. Kanons auch die nur griech. überlieferten sog. Apokryphen. Sie hatte erhebliche Bedeutung zunächst für das Judentum. Durch ihre Übertragung des AT in die griech. Sprache (und z.T. auch in die griech. Gedankenwelt – die S. ist auch Auslegung) konnten Griechen den jüd. Glauben kennenlernen und annehmen. Für die ersten Christen gehört sie zu den Voraussetzungen ihrer Mission, da durch ihre Kenntnis Gedanken verbreitet waren, an die sie anknüpfen konnten. Die S. hatte weiter einen großen Einfluß auf die inhaltliche Füllung vieler ntl. Begriffe (z.T. auch auf die sprachliche Form, bes. im LkEv.; auch die atl. Zitate im NT sind meist ihr entnommen). Für die alte Kirche war sie die maßgebende Gestalt des AT, sie hat die Vulgata, die Standardbibel des MAs, entscheidend beeinflußt und ist bis heute der Standardtext der griech. orth. Kirche.

Als Bibel der ersten Christen wurde die S. im 1. Jh. n. Chr. von den Juden abgelehnt (auch wegen der inzwischen vertretenen strengen Inspirationslehre und der daraus folgenden Exegese) und durch andere Übersetzungen bzw. Revisionen ersetzt (Aquila, Symmachus, Theodotion). Die weitere Überlieferung der S. erfolgte nur noch durch die Christen, wobei sich einige christl. Einfügungen in den Text einschlichen.

Heute ist die S. u.a. ein wesentliches Hilfsmittel für die Ermittlung des ursprünglichen hebr. Textes des AT.

Ausgaben: A. Rahlfs (mit Abriß der Geschichte der S.), 2 Bde. 1935, u.ö.; Göttinger Ausgabe (in Einzelbänden), 1926ff; Hilfsmittel: E. Hatch, H.A. Redpath: A Concordance ..., 1897/1954; F. Rehkopf: Septuaginta-Vokabular, 1989.

Lit.: S.P. Brock: »Bibelübersetzungen I.2«, TRE 6, 1980, 163–168; K. Müller: »Aristeasbrief«, TRE 3, 1978, 719–725 (Übersetzung in: E. Kautzsch: Die Apokryphen und Pseudepigraphen des AT, 1900 u.ö.); E. Würthwein: Der Text des Alten Testaments, 1988, 58-90.

W. Glatz

Seraph, Seraphim →Engel

Serbien

Als im 6./7. Jh. slavische Stämme in den weitgehend latinisierten nördl. Balkan eindrangen, vernichteten sie das in der Spätantike entstandene blühende Kirchenwesen. Im 9. Jh. setzte sich das byz. Christentum in der Nachfolge der Slavenlehrer →Cyrillus und Methodius durch. Die nationale Einigung der Serben in einem von Byzanz unabhängigen Reich im 12./13. Jh. war das Werk der Großfürsten aus dem Haus der Nemanjiden. Der Heilige Sava gründete 1219 ein autokephales serbisch-orth. Erzbistum, das 1346 zum Patriarchat erhoben wurde.

Die politische, kulturelle und kirchliche Blütezeit S.s fand mit der Niederlage der Serben gegen die Türken in der Schlacht auf dem Amselfeld 1389 ein Ende; in der Mitte des 15. Jh.s erloschen staatliche Existenz und kirchl. Unabhängigkeit.

Im Gefolge der großen Serbenwanderung unter der Führung von Patriarch Arsenije III. 1690 siedelten sich große Teile des serbischen Volkes in der österreichischen Monarchie an. Von nun an gab es zwei serbisch-orth. Kirchenorganisationen: das Patriarchat Pec, das seit 1557 wieder regulär besetzt war (bis 1766), und die Metropolie Karlowatz im Habsburgerreich (autokephales Patriarchat 1848). Anfang des 19. Jh.s begannen serbische Aufstandsbewegungen gegen die osmanische Herrschaft. 1878 wurde S. unabhängiges Fürstentum, 1882 Königreich; die serbisch-orth. Kirche (Erzbistum Belgrad) erhielt 1879 die Autokephalie.

1918 wurde S. Bestandteil des Königsreiches der Serben, Kroaten und Slowenen (seit 1929 →Jugoslawien). Der Zusammenschluß der verschiedenen serbisch-orth. Kirchenteile zum Patriarchat Belgrad wurde Ende 1918 vollzogen.

Heute ist die serbisch-orth. Kirche in fünf Metropolien und 29 Eparchien gegliedert. Sie umfaßt ca. acht Mio. Gläubige und verfügt über eine theol. Fakultät in Belgrad, vier Priesterseminare und etwa 90 Klöster. In der serbisch-orth. Theologie und Frömmigkeit findet sich eine starke Verbindung von Kirche, serbischem Volkstum und einem rel. motivierten Nationalismus. Es gibt aber auch Stimmen, die vor einer Vergötzung der Nation warnen.

Die enge Verzahnung religiöser mit nationalistischen Interessen in der Politik der serbisch-orth. Kirche im gegenwärtigen Krieg in Ex-Jugoslawien löst auf internationaler und ökumenischer Ebene tiefe Besorgnis und heftige Kritik aus.

Lit.: Th. Bremer: Ekklesiale Struktur und Ekklesiologie in der Serbischen Orthodoxen Kirche (= Das östliche Christentum NF 41), 1992; K.-D. Grothusen (Hg.): Südosteuropa-Handbuch. Jugoslawien, 1975; M. Werthmann (Hg.): Der ruhelose Balkan, 1993; ZS »Glaube in der 2. Welt«, 1989/7-8, 1991/9, 1992/6, 1993/4.

E. Bryner

Servet, Michael (1509/11–1553)

S. ist 1509 oder 1511 in Villanueva de Sijena in Spanien geboren und am 27.10. 1553 in Genf als Ketzer öffentlich hingerichtet worden, mit ausdrücklicher Zustimmung →Calvins und anderer Reformatoren. Diese letztere Tatsache hat sein Andenken zugleich gefördert und verstellt. Er war studierter Jurist (Toulouse 1530) und Mediziner (Vienne 1537ff), hat als Arzt (Entdeckung des Blutkreislaufs durch die Lunge), Übersetzer und »Verlagslektor« gearbeitet und war im übrigen theol., phil., klassisch-philologisch und allg. hochgebildet. In seinen beiden ersten Werken – *De Trinitatis erroribus,* »Von den Irrtümern hinsichtlich der Dreieinigkeit«, 1531; *Dialogorum de Trinitate libri duo,* »Zwei Bücher Dialoge über die Dreieinigkeit«, 1532 - bestreitet er

die klassische (nicänische) Trinitätslehre und viele ihrer Begriffe als unbibl., entwickelt ein optimistischeres Bild vom Menschen als die Reformatoren, spricht sich gegen die Kindertaufe aus (Taufe mit 30 Jahren empfohlen!), vertritt streng das allg. Priestertum, sieht die Erlösung durch Christus als wirkliche Vergöttlichung des Menschen. Seither sucht ihn die Inquisition, er verbirgt sich, teilweise unter dem Pseudonym Villanovanus. Bei den Reformierten meint er Verständnis zu finden, doch lehnen auch sie ihn als Häretiker ab, Calvin vor allem, weil er jegliche Prädestinationslehre energisch bestreitet. Deshalb wird S., als er am 13. 8. 1553 in Genf in einem Gottesdienst erkannt wird, aufgegriffen, inhaftiert, verurteilt und hingerichtet. In seinem Todesjahr erscheint sein Werk *Restitutio Christianismi,* »Wiederherstellung des Christentums«.

Lit.: J. Friedman: »Michael Servet«, in: GdKG 6, 1981, 241–253; A.G. Kinder: M. Servetus (Bibl. Dissidentium 10 / Bibl. Bibliogr. Aureliana 116), 1989 (Umfassende Bibliographie bis 1987; detailliertes Werkverzeichnis: 128–151).

B. Steinseifer

Seuse, Heinrich (1295–1366)

S., geb. am 21. 3. 1295 in Konstanz oder Überlingen, gest. am 25. 1. 1366 in Ulm, latinisiert Suso, seit 1308 Dominikanermönch, 1313 Bekehrung zum »Diener der ewigen Weisheit«; er lebte asketisch, begegnete M. →Eckhart in Köln und wurde 1330 wegen Häresie angeklagt. Er war ein bedeutender Seelsorger am Oberrhein und in der Schweiz und →Mystiker »vom Bodensee«. Er stand in enger Verbindung mit J. →Tauler, Heinrich von Nördlingen und den »Gottesfreunden«. Durch die Auseinandersetzung zwischen Kaiser und Papst hatte sein papsttreuer Orden viel zu erleiden und S. mit ihm.

Seine geistl. Tochter Elisabeth Stagel hat Gespräche und Briefe gesammelt (Großes und Kleines Briefbuch). Als »Minnesänger« unter den dt. Mystikern hat er bes. durch sein »Büchlein der Ewigen Weisheit« (1334) gewirkt, das vornehmlich als Andachtsbuch sehr beliebt war. In seiner Mystik hat er die negative Theologie mit einer betonten Nachfolgefrömmigkeit verbunden.

Lit.: : H. Seuse: Deutsche Schriften, eingeleitet u. kommentiert von K. Bihlmeyer 1907; G. Hormann (Hg.): Die mystischen Schriften, 1966;

J. Bühlmann: Christuslehre und Weisheitsmystik des Heinrich Seuse, 1942; E. Filthaut (Hg.): Studien zum 600. Todestag, 1966; C. Gröber: Der Mystiker Heinrich Seuse, 1941; D. Planzer: Heinrich Seuses Lehre über das geistliche Leben, 1960; W. Nigg: Das mystische Dreigestirn, 1988; F. W. Wentzlaff-Eggebert: Heinrich Seuse, sein Leben und seine Mystik, 1947.

G. Ruhbach

Sexualethik

Das Interesse an der S. bestand früher überwiegend in der Beantwortung der Frage, wann die geschlechtliche Vereinigung erlaubt sei und wann nicht. Heute ist der Radius unserer Fragen weiter gespannt: Wie sieht der schöpfungsgemäße Umgang mit der Sexualität insgesamt aus? Wie können Mann und Frau miteinander so liebevoll umgehen, daß ihre Ehe auf Lebenszeit lebendig bleiben und für sich als Partner und ihre Kinder zu einem Raum der Geborgenheit werden kann? Wo haben Menschen in der Nachfolge Jesu Widerstand gegen die Trends der Gesellschaft zu leisten und wo können sie vom heutigen Lebensstil lernen?

1. Kirchliche Positionen in der Sexualethik

In der Ethik, die sich auf christl. Grundsätze beruft, stoßen heute zwei höchst unterschiedliche sexualethische Konzeptionen aufeinander, die sich nicht zur Deckung bringen lassen. Wir bezeichnen sie hier vereinfachend als »liberale« und als »konservative« S.

Die liberale S. sieht es als Fortschritt, wenn die bibl. begründeten Festlegungen des sexuellen Verhaltens zugunsten einer freien Entscheidung des einzelnen aufgegeben werden, weil nur so das ntl. Postulat der Freiheit erreicht werden könne. Genitale Sexualität ist immer dann gerechtfertigt, wenn sie aus einer freien Entscheidung der Beteiligten kommt und liebevoll mit dem Partner umgeht – unbeschadet, ob sie in eine kurz- oder langfristige Bindung mündet und innerhalb oder außerhalb einer →Ehe stattfindet. Promiskuität wird nur dann abgelehnt, wenn sie aus sozialem Zwang entsteht oder suchtähnliche Züge annimmt. →Homosexualität wird als eine Schöpfungsvariante der Sexualität angesehen. Nichteheliche oder homosexuelle Partnerschaften sind eine persönliche Entscheidung des jeweiligen Paares und sollten von der Kirche in einer der Trauung entsprechenden Feier gesegnet werden, wenn die Beteiligten das wünschen. Die sexualethischen Positionen der Bibel werden durchweg als zeitbedingt angesehen – mit zwei Ausnahmen: Sie müssen aus Freiheit entspringen und in Liebe geübt werden. Ihren normierenden Charakter haben die bibl. Aussagen zur S. damit verloren.

Die konservative S. geht davon aus, daß das NT nach seinem eigenen Selbstverständnis und damit auch nach unserem heutigen Verständnis unverändert einen normierenden Charakter hat, wenn auch die einzelnen Aussagen immer wieder neu in die jeweilige Zeitsituation hinein interpretiert werden müssen. Demnach sind Promiskuität, genitale Sexualität vor und außerhalb der Ehe oder mit einem gleichgeschlechtlichen Partner auch heute mit der Nachfolge Jesu nicht vereinbar. Die Ehe bleibt der einzige Raum, in dem sich die Geschlechtlichkeit als körperliche Vereinigung von Mann und Frau schöpfungsgemäß und damit menschengerecht ereignen kann.

Das wesentliche Recht liegt auf seiten der »konservativen« Position: Weil die grundlegenden sexualethischen Positionen des AT nach der Aussage Jesu selbst (Mt 19,8) nicht zeitgebunden, sondern schöpfungsgebunden sind, bilden sie auch für heute die bleibende Norm für die S., zusammen mit den ergänzenden und weiterführenden Aussagen Jesu und der ntl. Briefe (vor allem Mt 5,31-32; Mt 19,1-12; Joh 8,1-11; Röm 1,18-32; 1Kor 7). Der Streit um sexualethische Positionen hat allerdings die Sensibilität dafür erhöht, daß sich die konservative S. vor Übertreibungen hüten muß: Die sexuellen Sünden sind nicht gewichtiger als andere Sünden auch; die Selbstbefriedigung führt nicht zu den körperlichen Schäden, die vielen Generationen von Heranwachsenden große Angst gemacht haben, und die weit verbreitete innergemeindliche Prüderie bewahrt junge Menschen nicht vor sexuellen Fehltritten, sondern erschwert nur die Reifung der Sexualität. Richtschnur sollte das Verhalten Jesu selbst sein, der die eindeutige Verkündigung der Gebote Gottes (Mt 5,31-32) mit der barmherzigen Zuwendung zu dem in Sünde gefallenen Menschen (Joh 8,1-11) verband.

2. Biblische Grundaussagen zur Sexualethik

Aus den atl. Aussagen (vor allem 1Mo 1,26-28; 2,18-25 und 3,16) und den bereits erwähnten ntl. ergibt sich folgende sexualethische Grundlinie der Bibel:

– Die Sexualität ist eine gute Schöpfungsgabe Gottes, die uns gegeben ist, damit wir Freude an unserer Geschlechtlichkeit haben und sie im Einswerden zwischen Mann und Frau erleben und entfalten können.

– Die Sexualität ist nicht als isoliertes Mittel zur Lustbefriedigung geschaffen, sondern als Verkörperung der Liebe in der ganzheitlichen und umfassenden Beziehung zwischen Mann und →Frau. Sie verknüpft die Unterschiedlichkeit der Geschlechter so miteinander, daß jeder für den anderen zu einem »helfenden Gegenüber« (1Mo 2,18) wird.

– Die Sexualität braucht deshalb den Raum der Geborgenheit in einer alle Lebensbereiche umfassenden, lebenslangen und auf Treue aufgebauten Partnerschaft, wie wir sie nur in der Ehe finden, in der ein Mann und eine Frau zu »einem Fleisch« werden können (Mt 19,5).

– Kinder sind »eine Gabe des Herrn« (Ps 127,3); und sie brauchen die Geborgenheit der elterlichen

Partnerschaft, um zu gesunden und selbständigen Menschen heranzuwachsen, die wiederum als Eltern zu Segensträgern Gottes werden können.

– Das NT stellt das Charisma der Ehelosigkeit neben das der Ehe (1Kor 7,7) und wertet es als eine Berufung, die in besonderer Weise frei ist für den Dienst für Gott und das Leben der Gemeinde. Beide Stände entstehen aus geistl. Begabung und göttlicher Berufung und sind daher gleichwertig (1Kor 7,25-38).

– Für die Christenheit ergibt sich aus dem Gesamtzeugnis der Schrift über die Sexualität die Aufgabe, der Auswanderung der geschlechtlichen Vereinigung aus der Ehe zu widerstehen. Dies können wir aber nur dann überzeugend tun, wenn wir uns von einer unbibl. Leibfeindlichkeit lösen und lernen, unsere Geschlechtlichkeit in ihrer ganzen Schönheit und Würde zu entfalten.

– Daß uns Gott diese Gabe in einer Weise anvertraut hat, die eigene Gestaltung und Verantwortung erfordert (vgl. 1Kor 7), zeigt, wie viel er uns zutraut. So gibt uns Gott in seinem Wort eine Vorstellung von der schöpfungsgemäßen Beziehung zwischen Mann und Frau und lädt uns ein, in Übereinstimmung mit seiner Lebensordnung unsere Sexualität und die aus ihr wachsenden Beziehungen zu leben.

3. Christliche Sexualethik heute

Im Spannungsfeld zwischen dem vorherrschenden Lebensstil unserer Gesellschaft und dem bibl. verantworteten Umgang mit der Sexualität gibt es besondere Herausforderungen, die wir in fünf Brennpunkten ansprechen wollen:

– Warum begrenzt die bibl. orientierte S. die geschlechtliche Vereinigung von Mann und Frau auf die lebenslange Treuegemeinschaft der Ehe? Das AT (1Mo 2,24), bestätigt und verstärkt durch Jesus (Mt 19,5-6), nennt die geschlechtliche Vereinigung »ein Fleisch werden« und ordnet sie damit in das Geschehen ein, daß Mann und Frau in der Ehe nicht nur eine enge Gemeinschaft eingehen und miteinander Geschlechtsverkehr haben, sondern sich körperlich und seelisch so miteinander verbinden, daß eine neue, gemeinschaftliche »Person« entsteht, ohne daß die Individualität der Partner verschwindet. Die genitale Sexualität spielt dabei keine Nebenrolle, sondern ist ein tiefgreifender Prozeß, der eine unauslöschliche Prägung der gesamten Persönlichkeit auslöst. Wörtlich heißt es in 1Mo 2,24, daß sich Mann und Frau »zusammenkleben«, wenn sie »ein Fleisch werden« – eine Bindung, die sich nur noch unter Verletzungen beider Partner trennen läßt. Diese auch durch die Physiologie der menschlichen Sexualität untermauerte Sicht muß heute gegen den übermächtigen Trend der Lebenswirklichkeit unserer Gesellschaft verteidigt werden: Die geschlechtliche Vereinigung eignet sich vom Wesen des Menschen her nicht für zeitlich begrenzte oder rasch wechselnde Beziehungen, welche die genitale Sexualität einschließen.

– Die Ehelosigkeit ist eine eigenständige Gabe und Berufung Gottes und darf der Ehe weder über- noch untergeordnet werden. Während im Katholizismus eher die Gefahr der Überordnung der Ehelosigkeit herrscht, begegnet uns im Protestantismus, gerade auch im evangelikalen Bereich, eher eine Überbewertung der Ehe. Die Ehelosigkeit als Gabe und Berufung ist nach bibl. Überzeugung selbstverständlich mit der genitalen Enthaltsamkeit verbunden. Das NT sieht die Gabe der Ehelosigkeit aber nicht als eine Berufung zum Verzicht, sondern als eine Berufung zu einer größeren Freiheit für den Dienst für Gott und am Menschen, weil die Berufung nicht mit der Sorge für eine Familie geteilt werden muß. Diese Berufung zur »Ehefreiheit« kann sowohl in einem bürgerlichen Single-Dasein als auch in einer geistl. Lebensordnung verwirklicht werden, sei es in einer Diakonissenschwesternschaft oder einer Kommunität. Gegenüber dem Leben vieler Singles in unserer Gesellschaft, die allein leben, weil sie keinen Partner gefunden haben oder sich nicht binden wollten, ihre sexuelle Befriedigung aber in kurzfristigen Beziehungen oder einem unverbindlichen Zusammenleben »holen«, muß die bibl. Ordnung für das Leben in der Berufung zur Ehe oder zur Ehelosigkeit neu gelehrt und gelebt werden.

– Die Ehe ist auf Lebenszeit angelegt und soll vom Menschen nicht geschieden werden (Mt 19,6). Dies ist die eindeutige Zielsetzung der »Schöpfungsordnung«. Jesus (Mt 19,9) und Paulus (1Kor 7,15) machen deutlich, daß um der »Härte der Herzen« willen im Sinn einer »Notordnung« eine Scheidung nicht immer zu umgehen ist. Die ntl. Beispiele zeigen drei Ansatzpunkte, an denen wir uns in der heutigen Situation im Sinne einer Notordnung orientieren können: Mit *porneia* (»Unzucht«) meint Jesus in Mt 19,9 einen dauerhaften außerehelichen Geschlechtsverkehr oder andere fortgesetzte ehezerstörende Verhaltensweisen eines Ehepartners, die eine Fortsetzung der Ehe unmöglich machen. Paulus läßt die Scheidung in 1Kor 7,15 zu, wenn einer der Partner die Ehe endgültig verlassen hat. Und in Joh 4 ist Jesus bereit, trotz der fünf Scheidungen, welche die Frau aus Samarien erlitten hatte, einen Neuanfang zuzusprechen, der allerdings ein Umdenken im Sinne der Buße erfordert. Diese ntl. Ansatzpunkte beschränken die Scheidung auf solche Situationen, bei denen nur noch der »Tod einer Ehe« festgestellt werden kann, während alle anderen Krisensymptome, einschließlich des Ehebruchs, unter der Vergebung Jesu und der Umkehr der Partner zu einer Heilung der Ehe führen können. In den eng umgrenzten Situationen, bei denen eine Scheidung nicht umgangen werden kann, ist nach der Lebenspraxis in bibl. Zeit wohl auch an die Möglichkeit der Wiederheirat gedacht, denn die Ausstellung eines Scheidebriefes erfolgte gerade deswegen, daß eine Frau wieder heiraten konnte. Allerdings macht Paulus darauf aufmerksam, daß dies nicht zwangsläufig sei und empfiehlt Geschiedenen, danach zu fragen, ob sie nicht nach ihrer Scheidung – ebenso wie beim Tod des Ehepartners – die Berufung zur Ehelosigkeit bekommen haben könnten.

– Homosexualität wird sowohl im AT wie im NT (Röm 1,26-28) als Abweichung von der schöpfungsgemäßen Sexualität gesehen und gehört somit konsequenterweise in den Bereich der Krankheit, unabhängig davon, ob sie durch Umwelteinflüsse entstanden ist oder – was zur Zeit weder bewiesen noch widerlegt werden kann – durch genetische oder hormonelle Einflüsse zustandegekommen ist. Jeder homosexuell empfindende Mensch kann durch das Gebet um Heilung und die seelsorgerl. Arbeit an seiner Persönlichkeit den Weg zu einer Veränderung seiner Prägung beschreiten, die als geistl.-seelsorgerl. Weg eine wirkliche Chance hat. Gelingt dieser Weg trotz aller Bemühungen nicht, kann sich der Betroffene auch mit seiner homosexuellen Prägung abfinden und im Bereich seiner genitalen Sexualität enthaltsam leben. Damit bleibt der homosexuell empfindende Mensch auf dem Weg der Nachfolge Jesu und darf weder in der Gemeinde noch in der Gesellschaft ausgegrenzt werden. Er ist dann in einer ähnlichen Situation wie der ehelos Lebende, der um der Gebote Gottes willen sexuell enthaltsam lebt.

– Das Verhältnis von Mann und Frau gleicht in der geistigen und gesellschaftl. Situation der Gegenwart einer schwierigen Gratwanderung: Wir dürfen nicht der feministischen Versuchung erliegen, die Dominanz der Geschlechter einfach umzukehren und die Unterschiede zwischen Mann und Frau einzuebnen. Wir dürfen aber auch nicht der Versuchung erliegen, die patriarchale Lebensweise bibl. Zeiten auf heute zu übertragen, denn vom Ursprung her (so die Sicht Jesu in Mt 19,8) gilt der Schöpfungsentwurf, der von einer partnerschaftlichen Beziehung der Geschlechter auf einer vollkommen gleichgewichtigen Ebene ausgeht und die gegenseitige Beziehung von Mann und Frau als »helfendes Gegenüber« bezeichnet (1Mo 2,18). Die gegenseitige Abhängigkeit der Geschlechter durch »Herrschaft und Verlangen« wird in 1Mo 3,16f als Folge der Sünde beschrieben und darf nicht zum unverrückbaren Maßstab gemacht werden. So bleibt die Aufgabe einer bibl. Neudefinition des Verhältnisses von Mann und Frau ohne feministische und patriarchale Anteile, die den Ansatz Jesu für das Miteinander der Geschlechter angesichts der heutigen Lebenswirklichkeit beschreiben kann.

Lit.: S. Großmann: Lebendige Liebe. Sexualität und Ehe als Gabe Gottes, 1993; W. Lütgert: Ethik der Liebe, 1938, 160–184; O. A. Pieper: Die Geschlechter, 1954; H. Thielicke: Theologische Ethik III, 1964, 507–810; W. Trillhaas: Ethik, [3]1970, 309–342; C. Westermann: Schöpfung, 1983.

S. Großmann

Shintoismus

S. bezeichnet die traditionellen Religionsformen Japans. Das Wort Shinto stammt aus dem Chinesischen *Shen-tao*, »Weg der Geister«. Der Shinto bestimmt erstens den kulturell-rel. Hintergrund und Rahmen der ganzen japanischen Kultur, zweitens aber ist er als eine bestimmte Religion zur Alternative zu den von außen einwirkenden Weltreligionen geworden.

Zum Hintergrund gehört eine Vorstellung vom Göttlichen, das in vielfältiger Form in der Welt anwesend ist und wirkt, ohne daß es deutlich abgrenzbar wäre. Es gibt heilige Orte, Heiligtümer, heilige Handlungen, aber auch Personen, in denen eine Gottheit anwesend wirkt (*ikigami*). Faßbare Form hat dieser Glaube im Kult der Sippen, der den Urahnen gilt und dem Kultleiter eine Sonderstellung gibt. Die wichtigste Sippe wird dann die des Tenno, die nach der Einung der polit. Organisation eine führende Stellung gewinnt; ihr Heiligtum ist Ise, die zentrale Gottheit Amaterasu, die Beziehungen zur Sonne hat.

Diese Form des Shinto hat polit. Funktionen gewonnen. Die Geschichte ist dann bestimmt zum einen von Phasen der versuchten Synthese zu den von außen kommenden Religionen, d.h. ganz wesentlich den buddhistischen Schulen, und Phasen der versuchten Trennung, zum anderen von Neubildungen. Die Heian-Periode (9.-12. Jh.) deutet die Shinto-Gottheiten als Devas und Bodhisatvas des →Buddhismus; von 1300–1600 entstehen Bestrebungen zur Erneuerung des gereinigten Shinto. In der Edo-Periode (1603–1867) entsteht eine Synthese mit dem →Konfuzianismus, aber die staatstragende Religion ist shinto-buddhistisch. In der Meji-Zeit (1868–1945) wird der reine Shinto wieder die nationale Religion.

Seitdem werden vier Arten des Shinto unterschieden: Kaiserlicher Shinto, der Shinto der Heiligtümer, der Sektenshinto und der Volksshinto.

Die polit. Funktion des Kaiserlichen Shinto liegt vor allem in der Legitimation des Kaiserhauses und der Reichseinheit; deshalb wurde die Kaiserehrung zuerst in den Schulen als allgemeinverbindlich erklärt. Der Staat in Japan übt aber viel mehr Einfluß durch seine administrative Kontrolle und Registrierung der Heiligtümer und Sekten aus, ohne die Vielfalt eindämmen oder neue Initiativen wirklich hindern zu können. 1983 waren 98,6 Mio. Japaner als Mitglieder von Shinto-Schreinen registriert, aber nur 3,4% der Bevölkerung bezeichneten sich selbst als Gläubige des S. In der Meji-Zeit waren 13 Sekten registriert; nach 1945 wurde die Staatsbindung des Shinto gelöst und privatrechtlich organisiert. Das Schrein-Hauptamt hat 79212 Schreine mit 19892 Priestern registriert, daneben gibt es mehr als 80 Shinto-Sekten mit 8500 Schreinen und 7,4 Mio. Anhängern; darunter sind etliche ganz junge und vitale Bewegungen, meist von einer charismatischen Gestalt – nicht selten einer Frau mit den Fähigkeiten eines Mediums – begründet und geprägt.

Dem S. fehlen allgemeinverbindliche heilige Texte, und es ist auch kaum möglich, einigermaßen eindeutige Glaubensgrundüberzeugungen zu formulieren. Es gibt aber zahlreiche Mythen, es gibt die sehr alten Reichschroniken, und es gibt ehrwürdige Ritualtexte – nur sind sie nicht überall verbindlich. Der moderne Japaner nimmt an etlichen Bräuchen teil, z.B. dem Frühlingsfest (3. 2.), dem Puppenfest (8. 4.), dem Totenfest (13.–16. 7.) und anderen, die öffentlich und volkstümlich begangen werden; vielleicht feiert er seine Eheschließung am Shinto-Schrein, wahrscheinlich hat er einen Shinto-Altar im Haus, der für die Ehrung der Ahnen wichtig ist. Aber sonst prägt der S. viel eher sein Lebensgefühl als seine rel. Überzeugungen. Dieses Lebensgefühl ist von Naturnähe und Ästhetik bestimmt, die dann auch den japanischen Buddhismus beeinflußt. Zu den Bräuchen gehören Reinigungen, z.B. nach einem Todesfall und nach Menstruationen.

Viele den Rationalisten abergläubisch anmutende Praktiken gehören zum Erbe des Shinto, haben aber keine Verbindlichkeit. Verbindlichkeit jedoch eignet der rel. Verehrung des Kaisers und der Ahnen, und hier kann es für Christen bis heute zu Konflikten kommen. Verstehensschwierigkeiten verursacht auch die Vorstellung von Göttlichen, den Kami, die plural erscheinen und nicht deutlich transzendent sind.

Lit.: W. Gundert: Japanische Religionsgeschichte, 1935; J. M. Kitagawa: Religion in Japanese History, 1966; ders.: On understanding Japanese Religion, 1987; E. Lokowandet (Hg.): Zum Verhältnis von Staat und Shinto im heutigen Japan, 1981; H. Okano: Die Stellung der Frau im Shinto. Eine religionsphänomenologische Untersuchung, 1976; E. Rochedieu: Der Shintoismus und die modernen Religionen Japans, 1973.

N.-P. Moritzen

Sibyllinen

1. Die S. *(Oracula Sibyllina)* sind ein jüd., im Laufe der Zeit vielfach erweitertes und schließlich von Christen fortgeführtes Sammelwerk von vierzehn Büchern (*logoi*, »Reden«), in denen Weissagungen geschichtl. Ereignisse im Stil der Apokalyptik einer Sibylle in den Mund gelegt sind. Die S. entstanden in ntl. Zeit; christl. sind die Bücher 6-8 und 13, aber auch in den ersten beiden Büchern gibt es christl. Stücke.

2. »Sibylle« war der Name für eine Orakel gebende Prophetin, die vor allem Unheil verkündigte, ein hohes Alter erreicht haben und in verschiedenen Städten des Altertums, vor allem in den griech. Kolonien in Kleinasien, im 6.-8. Jh. v.Chr. aufgetreten sein soll; bekannt wurden die Sibyllen später vor allem durch ihre Darstellung durch Michelangelo in der Sixtinischen Kapelle (vgl. das bereits humanistischen Geist atmende Chorgestühl des Ulmer Münsters, in dem die Sibyllen zusammen mit berühmten Weisen der heidnischen Antike den bibl. →Propheten gegenübergestellt werden). Herausragend sind die erythräische (vgl. die vierte Ekloge Vergils), die libysche und die tiburtinische Sibylle. Eine babylon. Sibylle wird von Josephus erwähnt (Ant 1,118), eine jüd. spricht in Or.Sib. 4,1ff. Im Kapitol von Rom wurden sibyllinische Bücher aufbewahrt; von ihnen konnte man Auskunft über Riten einholen, die bei unheilvollen Voraussagen vollzogen werden sollten.

3. Die S. wurden auf Griechisch und in Anlehnung an die heidnischen S. in Hexametern abgefaßt; in ihrer jüd. Gestalt entstanden sie in Alexandria zu Beginn des 2. Jh.s n.Chr. Sie hatten das Ziel, den Heiden den einen Gott und Schöpfer des Alls als den Herrn der Geschichte und Richter der Welt zu verkündigen; die christl. Orakel preisen den »Sohn

des Unsterblichen« als Wundertäter und gekreuzigten Gott (vgl. den Christushymnus in Buch 6). Angesichts des Götzendienstes und sittenlosen Wandels wird zur Buße gerufen, wobei Katastrophen und bedeutsame Wendungen in der griech., röm. und jüd. Geschichte als Strafgerichte Gottes gelten. Verhüllend angesagte *vaticinia ex eventu* (»Vorhersagungen« nach bereits eingetretenem Ereignis) sollen den Glauben an die kommende Gottesherrschaft bzw. an die messianische Zeit wecken und bestärken. Heidnische (erythräische) Orakel benützen das AT und NT als Quellen, aber auch von Flavius Josephus geschilderte Vorzeichen (Bell 6,288ff in Or Sib 3,798f); umgekehrt hat wohl Vergil (Ekloge 4,22.24f) die Schilderung des messianischen Friedensreiches in Jes 11 aus den S. kennengelernt (vgl. 3, 788–795). Fragmente der S. finden sich bei Laktanz; den Kirchenvätern waren sie bekannt, aber sie haben sie wenig zitiert.

Lit.: Griech. Text bei J. Geffcken: Die Oracula Sibyllina, GCS, Bd. 8, 1902. Deutsche Übersetzungen: Buch 3 und 4 bei P. Rießler: Altjüdisches Schrifttum, 1928, 1014–1045; »Die christlichen Sibyllinen«, in: E. Hennecke/W. Schneemelcher: Neutestamentliche Apokryphen, Bd. II, [3]1964, 498–528 (A. Kurfess).

O. Betz

Siebel, Tillmann (1804–1875)

S., geb. in Freudenberg (Siegerland) am 28. Juli 1804, gest. dort am 15. September 1875, ist der wichtigste der »Väter« der Siegerländer →Erwekkungsbewegung. Von Beruf Gerber(meister)/Lederfabrikant, kam er ins Wuppertal und mit den dortigen Erweckten in Berührung und wurde von ihnen geprägt (G.D. →Krummacher u.a.). So gehört er zu den ersten »Erweckten« im Siegerland (1822 in Freudenberg), tritt 1828 in den erweiterten Vorstand der Rheinischen Mission (→Vereinigte Evangelische Mission VEM) ein und benennt den bisherigen »Leseverein« in Freudenberg 1831/32 in einen »Missions-Hülfs-Verein« um, auch zur Vermeidung von Konflikten mit den Behörden. Die späteren »Vereine« in Freudenberg gehen ebenfalls auf ihn zurück (Enthaltsamkeits-Verein 1843; »Frauen und Jungfrauen Missions-Verein«, Statuten 1846; Kinder-Missions-Nähverein 1854).

Von überörtlicher Bedeutung wird der 1853 wesentlich von ihm ins Leben gerufene »Verein für Reisepredigt« (jetzt: →Ev. Gemeinschaftsverband), dessen erster Präses er ist; auch die Zeitschrift »Der Evangelist für das (jetzt: aus dem) Siegerland« seit 1863 geht auf ihn zurück. 1839–1858 war er Mitglied des Presbyteriums, trotz grundlegender theol. Differenzen mit dem Ortspfarrer; Polemik scheute er dabei nicht; zu den Jahresfesten lud er »erweckte« Pfarrer ein (u. a. J. Ch. →Blumhardt). Er selbst hielt »Versammlungen« in seinem Hause und in der Umgebung. S.s »Theologie« ist aus den Briefen erhebbar, die von 1843 an in seinen »Kopierbüchern« erhalten sind. Seine Neffen und Großneffen haben nach seinem Tod führende Positionen in der Siegerländer Gemeinschaftsbewegung eingenommen und so sein Werk fortgeführt.

Quellen (ungedruckt): Cobier-Buch für Briefe, Vollmachten, Vorstellungen von Tillm. Siebel J. Sohn, 280 S. folio (1843–1858); Koncept und Copier Buch des Tillmann Siebel, 92 S. beschr. folio (1858–1875).

Lit.: W. Neuser: Tillmann Siebel und seine Bedeutung für die Volkskirche (1954); H. Schlosser, W. Neuser: Die Evangelische Kirche in Nassau-Oranien 1530–1930 (2 Bde.), 1931/33, 236-240, 275-379; J. Schmitt: Die Gnade bricht durch, [2]1954, 258-290; W. A. Siebel: Tillmann Siebel. Der Vater des christlichen Lebens im Siegerland, Neue Ausgabe 1947.

B. Steinseifer

Sieben Todsünden →Todsünden, Sieben

Siebenten-Tags-Adventisten, Gemeinschaft der →Adventisten

Siegmund-Schultze, Friedrich (1885–1969)

S.-S., geb. am 14. 6. 1885 in Görlitz, gest. am 11. 7. 1969 in Soest, war eine ungewöhnlich vielseitig wirksame Persönlichkeit. Nach dem Studium der Philosophie und Theologie (1903-08) bereitete er eine »Friedensfahrt« für 130 Geistliche nach England vor, darunter 19 Freikirchler und 15 Katholiken. 1914 organisierte er die Konstanzer Tagung, auf der der ökumen. wichtige »Weltbund für internationale Freundschaftsarbeit der Kirchen« gebildet wurde. Der Ökumene und der Friedensarbeit blieb S.-S. sein Leben lang verpflichtet, wie seine Mitwirkung bei der Gründung des »Internationalen →Versöhnungsbundes« zeigt. Die Landeskirchen hatten es mit dem international anerkannten Ökumeniker schwer. In den Freikirchen sah S.-S. schon früh Partner, denen er als erster eine ökumenische Partnerschaft bot. Seine Mitarbeit im Christlichen Studentenweltbund hatte ihm Erfahrungen vermittelt, die er in die Stockholmer wie in die Lausanner Arbeit einbrachte. Aufgrund seiner ge-

sellschaftspolit. Aktivitäten wurde er 1925 von der Berliner Universität zum Professor für Philosophie (Jugendkunde, Jugendwohlfahrt, Sozialpädagogik) berufen. Schon 1933 wurde er von den NS-Behörden in die Schweiz abgeschoben. Nach dem Krieg war S.-S. wieder vielseitig in Deutschland tätig, engagiert in Jugend- und Wohlfahrtsfragen, auch im Interesse der Kriegsdienstverweigerung (→Wehrdienst/-verweigerung). Später war er Gründer (1958) und Leiter des Ökumenischen Archivs in Soest und hat viel Quellenmaterial über die schwierigen Anfänge der ökumenischen Bewegung in Deutschland zusammengetragen.

Lit.: E. Bornemann (Hg.): Lebendige Ökumene, FS, 1965, 18-26 (Bibliographie); H. Delfs (Hg.): Aktiver Friede, Gedenkschrift, 1971.

K. H. Voigt

Sieveking, Amalie (1794–1859)

Geb. am 25. 7. 1794 in Hamburg, aus einer angesehenen Kaufmannsfamilie stammend, aber früh verwaist, widmete sich S. aus persönlicher Betroffenheit der Frage der Stellung einer alleinstehenden Frau in einer sich verändernden bürgerlichen Gesellschaft. Ihr eigener Weg kann als beispielhaft gelten für das von ihr angestrebte Ziel, rückblickend definiert als »eine Emanzipation des weiblichen Geschlechts im christlichen Sinne«. Der Tod eines ihrer Brüder und intensive Bibellektüre bewirkten ihre Hinwendung vom →Rationalismus zum Offenbarungsglauben der →Erweckungsbewegung, in deren Geist sie eigene Bibelbetrachtungen veröffentlichte. Eigenständig anknüpfend an das kath. Modell der Barmherzigen Schwestern, entwickelte sie 1824 einen detaillierten Plan für eine ev. »barmherzige Schwesterschaft«. Sie konnte ihn zwar nicht verwirklichen, behielt ihn aber zeitlebens im Auge und lehnte demgemäß später mehrere Berufungen als Oberin in die (von ihr als zu patriarchalisch wahrgenommene) Mutterhausdiakonie Th. →Fliedners und an das Allgemeine Hamburger Krankenhaus ab. Während der Choleraepidemie 1831 stellte sie sich als einzige für den Pflegedienst in einem Hospital zur Verfügung. 1832 rief sie den »Weiblichen Verein für Armen- und Krankenpflege« ins Leben, der sich dank ihrer Tatkraft und des gründlichen Durchdenkens aller Maßnahmen (Hausbesuche, Arbeitsbeschaffung, Naturalunterstützung, Darlehen, Anleitung zu Sparsamkeit und zu eigenem Handeln) von der üblichen reinen Wohltätigkeit abhob und ein frühes Modell systematischer christl. Sozialarbeit in freier Trägerschaft darstellt, 1840 abgerundet durch das Amalienstift (Sozialwohnungen). S.s Jahresberichte des Hamburger Vereins gaben weitreichende Impulse nach außen, u.a. zu ähnlichen Gründungen an

anderen Orten. Gegenüber Bestrebungen frühsozialistischer Frauenvereine entwickelte S. ihr Programm einer christl. →Frauenbewegung unter dem Motto »Das Meiste, bei weitem das Meiste erwarten wir ... von dem Wirken der Liebe im Geiste des Glaubens« (bei Haupt, 41). S. starb am 1. 4. 1859 in Hamburg und wurde ihrem zeichenhaften Wunsch gemäß in einem Armenbegräbnis beigesetzt.

Lit.: E. Haupt: Amalie Sieveking als Gründerin des weiblichen Vereins für Armen- und Krankenpflege in Hamburg, 1933; W. Herbst: Amalie Sieveking, ³1964; R. Ludwig: Amalie Sieveking, 1948; P. Philippi: Die Vorstufen des modernen Diakonissenamtes (1789–1848) als Elemente für dessen Verständnis und Kritik, 1966 (Lit.); R. Postel: »Amalie Sieveking«, in: M. Greschat (Hg.): Gestalten der Kirchengeschichte 9/1, 1985, 233-242.

G. Balders

Sikhismus

S. ist die Religion der Sikhs (Schüler), sie hatte 1971 10,4 Mio. Anhänger vor allem im Nordwesten Indiens, aber in viele Teile der Welt verstreut; erkennbar am Turban. Eine monotheistische Strömung der mystischen Gottesliebe *(Bhakti)* noch unter den Nath-Yogis und Kabir beanspruchte, über den Gegensatz von →Islam und →Hinduismus hinauszugelangen. Guru Nanak (1489–1539) war der erste der zehn maßgeblichen Gurus; der fünfte Guru Arjan Singh (gest. 1606) stellte das Heilige Buch, den »Adi Granth« aus Lehren und Hymnen zusammen; der zehnte Guru Gobind Singh, mit dem die Sukzession erlosch, erklärte das Heilige Buch zum Guru und machte aus den Sikhs eine zum Kampf bereite Bruderschaft der Reinen *(Khalsa)*, die an fünf Merkmalen kenntlich sind: ungeschorenes Haar (deshalb der Turban), Kamm, Dolch, eiserner Armreif und kniekurze Hose.

Die Sikhs haben Verfolgung von moslemischen Herrschern erlitten und vom zehnten Guru bis 1849 einen eigenen Staat im Panjab erstritten; sie streben dasselbe heute wieder an. Die Herkunft aus dem →Hinduismus zeigt sich in der Guruvorstellung und im Fortwirken der Kastengliederung, auch in der Parteinahme für Indien und gegen Pakistan im Zeitpunkt der Teilung. Der Gottesdienst besteht aus Lesungen, Gebeten und Gesängen; er betont die Gemeinschaft. Der Glaube ist monotheistisch, mit einer ethischen und einer mystischen Komponente. Mittelpunkt ist der Goldene Tempel in Amritsar im Panjab; die örtliche Gemeinde trifft sich im Gurdwara. Eine Richtung warb friedlich unter Hindus; eine andere betonte die Notwendigkeit des Zusammenhalts und der Reinerhaltung gegen die Überfremdung des Stammlandes und hat kampfbereite Anhänger gefunden. Nur wenige Sikhs haben sich dem Christentum angeschlossen, der bekannteste ist der Saddhu →Sundar Singh.

Lit.: I. Gonda: Die Religionen Indiens II, 108ff, 1963; R. R. Kushwant Singh: Die Sikhs, 1986; W. H. McLeod: The Evolution of the Sikh Community, 1976.

N.-P. Moritzen

Simon Magus

S.M. gilt bei den Kirchenvätern weithin als Vater der gnostischen Häresie und als Ketzer schlechthin. Nach Lukas (Apg 8,1ff) wirkte er in Samarien und wollte Petrus den Heiligen Geist für Geld abkaufen; dieser Abschnitt hat jedoch nachweislich mit dem späteren simonianischen Problem und der →Gnosis nichts zu tun. Nach Justin lebte S.M. unter Kaiser Claudius in Rom, der ihm ein Standbild errichten ließ. Dabei ist allerdings eine Verwechslung zwischen S.M. und dem italischen Gott Semo Sancus erfolgt. Die Actus Vercellenses (ca. 200) lassen S.M. bei einem Versuch, die Himmelfahrt Christi zu imitieren, auf dem Forum in Rom zu Tode kommen. Die »Große Offenbarung« Simons, auf die sich →Hippolyt bei seiner Widerlegung bezieht, ist mit Sicherheit unecht. Wahrscheinlich war S.M. ein bedeutender Magier und mit auffälligen Fähigkeiten ausgestattet; erst später wurde er zum Haupt einer simonianisch-gnostischen Richtung erhoben und noch einmal später zum Prototyp für Ketzerei überhaupt. Im MA begegnet sein Name im Streit um die →Simonie, d.h. um die Ämterbesetzung durch Laien und ggf. an Laien erneut, allerdings in völlig anderem Zusammenhang.

Lit.: K. Beyschlag: Simon Magus und die christliche Gnosis, 1974 (Lit.).

G. Ruhbach

Simonie

Rechtsbegriff, der (zu Unrecht) auf den Magier →Simon aus Apg 8,18-24 zurückgeht und den Kauf bzw. Verkauf geistl. Sachen (→Sakramente, →Sakramentalien, geistl. Ämter) bezeichnet. Bereits das Konzil von Chalcedon (451) verbietet nicht nur den Verkauf von Weihen und geistl. Ämtern, sondern auch die entgeltliche Verleihung von Kirchenämtern, die nicht mit der Weihe verbunden sind. Humbert a Silva Candida dehnt 1057 die Bedeutung des Begriffs auf die Investitur durch Laien aus, gleich, ob eine Geldzahlung damit verbunden ist oder nicht. Damit wird der Kampf gegen die S. zu einem wichtigen Instrument im →Investiturstreit.

Das röm.-kath. Kirchenrecht unterscheidet zwischen S. göttlichen Rechts (die Absicht, für einen weltlichen Vorteil eine rein geistl. Sache zu kaufen oder zu verkaufen) und S. kirchl. Rechts (Austausch von zeitlichen Sachen, die mit geistl. verbunden sind). Simonistische Verträge sind ungültig, simonistisch gespendete Weihen sind (seit Mitte des 12. Jh.s) gültig, aber unerlaubt. S. liegt nicht vor, wenn ein weltliches Gut für eine geistl. Dienstleistung und aus einem anerkannten Grund gegeben wird, z.B. Meßstipendien.

D. Heller

Simons, Menno →Menno Simons

Single/Singlearbeit

»Single« (engl. »einzeln«, im modernen dt. Sprachgebrauch auch für »alleinstehend«), meint alle Unverheirateten: ledig, verwitwet, geschieden.

1. Statistik

S.s sind in der modernen Gesellschaft eine »sich dynamisch entwickelnde Randerscheinung« (R. Bachmann): 1970 gibt es 5,5 Mio. Einpersonenhaushalte in Deutschland (alte Bundesrepublik) d.h. 25% der Gesamthaushalte. 1992 leben bereits 12 Mio. Erwachsene in Einpersonenhaushalten, d.h. 38% der Gesamthaushalte. Es bestehen starke regionale Unterschiede: z.B. Berlin West mit 53% S.haushalten (mehr als jeder dritte Erwachsene lebt allein), Mecklenburg-Vorpommern mit nur 24%. In Städten mit über 500.000 Einwohnern sind es fast 45%, in Dorfgemeinden unter 5.000 Einwohnern aber nur 23% (immer der Gesamthaushalte). Quelle: Statistisches Bundesamt, Wiesbaden.

2. Single-Identität

Der Soziologe R. Bachmann unterscheidet die Arten von S.s:

– »lonely singlehood«: sie lehnen ihr S.dasein ab, suchen eine feste Beziehung (nur jeder fünfte);

– »creative singlehood«: sie leben bewußt und freiwillig ohne Partner. Bindung ist weniger wichtig als persönliche Freiheit (rund ein Drittel, vor allem geschiedene Frauen und ledige Männer zwischen 30 und 40);

– »ambivalent singlehood«: sie leben »zwischen den Stühlen«, einer Partnerschaft gegenüber nicht abgeneigt, aber betonen auch Werte der individuellen Freiheit (die Hälfte der Befragten).

3. Biblische Perspektive

Schöpfungsbericht: Der Mensch ist für die Gemeinschaft mit Gott und die Gemeinschaft in der Ehe geschaffen (1Mo 1,27; 2,18. 24). Im AT ist Verheiratetsein selbstverständlich; es gibt kaum »Singlepersönlichkeiten«. Anders im NT: Jesus selbst, Maria, die Mutter des Herrn, vermutlich zur Zeit seines öffentlichen Wirkens Witwe, Maria Magdalena, die Jesus von sieben bösen Geistern befreit hatte, Paulus in seinen Jahren als Heidenmissionar – er wertet S.Dasein auf zur »besseren Alternative« wegen der größeren Verfügbarkeit für das Reich Gottes (1Kor 7,7 u. 40), Ehe und Ehelosigkeit aber als Gabe und Aufgabe von Gott (1Kor 7,7) –: sie alle lebten als S. Nach Apg und den Grußlisten der Paulus-Briefe lebte der Apostel zwar als S., aber doch in festen »Lebens- und Lerngemeinschaften«.

4. Ziele von Single-Arbeit in christlichen Gemeinden

– Gruppen bilden und Gemeinschaft anbieten: wie Jugend-, Frauen-, Männer- oder Seniorenkreis, Tagungsarbeit (regional und überregional), Angebote für gemeinsamen Urlaub. Dabei ist die Situation der S.s zu bedenken: sie sind oft isoliert, suchen kontinuierliche Beziehungen, müssen sich dabei in eine überwiegend familienorientierte Gemeindearbeit einfinden.

– geistliches Wachstum fördern: Selbstwertgefühl aufbauen (»wir sind keine Menschen zweiter Klasse«), S.dasein annehmen lernen »als Gottes besten Willen für mich jetzt«, Verlust/Bruch der Partnerbeziehung verarbeiten.

– neue Singles für die christliche Gemeinde erreichen: es leben mehr S.s außerhalb als innerhalb der christl. Gemeinden; dabei wären viele, bes. verwitwete und geschiedene Menschen, ansprechbar für die christl. Botschaft.

– in den christlichen Gemeinden die Augen öffnen für die besondere Situation der S.s.

5. Organisierte Singlearbeit

In Deutschland bietet z.B. der Bund Evangelisch-Freikirchlicher Gemeinden (Baptisten) an:

– 1984–1992 jährl. Tagungen in Wiesbaden (300–600 Teilnehmer) in Zusammenarbeit mit European Baptist Convention

– 1994 Tagung in Braunschweig

– Seit 1986 hauptamtliche S.referenten im Bund Ev.-Freik. Gemeinden

– Zur Zeit ca. 50 Gruppen (oft aus verschiedenen Denominationen) mit ca. 120 Mitarbeitern, regionale Teams

Außerdem bieten verschiedene christl. Freizeitzentren Tagungen und Urlaubsangebote für S.s an (Haus Sonneck – Marburg/L., Langensteinbacher Höhe bei Karlsruhe, Haus Patmos – Siegen/Geisweid u.a.). Auch in anderen Kirchen und Freikirchen bemüht man sich verstärkt um eine organisierte S.arbeit.

Lit.: R. Bachmann: Singles, 1991; H. u. R. Bräumer: Scheidung und Wiederheirat, 1990; B. Wilde, A. Hallemann (Hg.): Ja, ich bin Single, 1989; ZS »Leben als Single«, hg. vom Bund Evangelisch-freikirchlicher Gemeinden in Deutschland.

I. Heinzelmaier

Sinnbild →Symbol

Sintflut

Die bibl. Überlieferung berichtet in 1Mo 6-8 von einem globalen göttlichen Flutgericht, der sog. S. Diesem Ereignis wird auffallend viel Raum gewidmet; die zahlreichen Zeitangaben über den Verlauf der Flut machen neben vielem anderem deutlich, daß hier über ein reales Geschehen berichtet wird. Die Quellen der S.wasser (40 Tage lang von oben: »Fenster des Himmels« und 150 Tage lang von unten »Brunnen der großen Tiefe«) können aus heutiger Sicht nicht mehr rekonstruiert werden; der Schilderung nach muß es sich um außergewöhnliche Wasserquellen gehandelt haben, die jeden Vergleich mit heutigen Verhältnissen sprengen. Durch die S. kamen alle land- und luftlebenden Tiere um (evtl. sind nur die lungenatmenden gemeint); nur in Noahs Arche gab es Rettung. Die S. dauerte etwa ein Jahr (gemessen am Ein- und Ausstiegstag). Über den geographischen Umfang der S. bestehen unterschiedliche Auffassungen. Von Text her ist eine Globalflut anzunehmen, da viele Details sonst unverständlich würden (der Bau der Arche zur Rettung der Tiere und Menschen; die Betonung, daß »alles Fleisch« umkam; das Versprechen, nie wieder eine Flut mit derartigem Ausmaß zu verhängen u.a.). Theol. bedeutsam sind vor allem Bezüge zum NT: Jesus vergleicht das Verhalten der Menschen vor seiner Wiederkunft mit dem der S.generation (Mt 24,37-39); Petrus zieht eine Parallele zwischen dem ersten und zweiten Globalgericht (2Petr3,3-7); die Rettung durch die S. dient als Sinnbild für die Rettung durch Jesus Christus und die Taufe (1Petr 3,20f).

Naturwissenschaftl. stellt sich die Frage nach »Spuren der Sintflut«. Hier ist der wieder auflebende Katastrophismus in den Geowissenschaften insofern bedeutsam, als mindestens überregionale Katastrophen in der Erdgeschichte nachweisbar sind. Ein konkreter Bezug solcher Katastrophen zur S. kann allerdings beim derzeitigen Kenntnisstand nicht sicher hergestellt werden.

Lit.: J.C. Whitcomb, H.M. Morris: Die Sintflut, 1977 (amerikanisches Original 1961; die geologischen Aspekte sind inzwischen z.T. überholt).

R. Junker

Sirach →Weisheitsliteratur, biblische

Sitten, kirchliche →Brauchtum, kirchliches

Sittlichkeit →Ethik

Situationsethik

1. Das Wesen der Situationsethik

Die S. will, frei von allen verbindlichen Normvorgaben, zur eigenen sittlichen Entscheidung anleiten. Als richtig gilt das der je einmaligen Situation entsprechende Handeln. Die S. bedeutet eine radikale Individualisierung der →Ethik.

2. Begründung der Situationsethik

Bestimmend für die Konzeption der S. sind vor allem zwei Gründe:

a. Die Einsicht in die Geschichtlichkeit menschlicher Existenz (»alles ist im Fluß«) läßt Normen, die über den Augenblick hinaus Gültigkeit beanspruchen, als verfehlt erscheinen: Weil jeder Augenblick je einmalig ist, kann das, was zu anderer Zeit und für andere angemessen gewesen sein mochte, jetzt nicht mehr passen. Zeitlose Normen vergewaltigen die konkrete Wirklichkeit.

b. Dieser radikalen Geschichtlichkeit des Menschen korrespondiert seine Autonomie, die sich jedem fremden Herrschaftsanspruch (auch der Heteronomie überpersönlicher Normen) widersetzt. Es gehört zur Würde des Menschen als freien

Wesens, daß er über sein Handeln in jeder Situation seines Lebens frei entscheidet.

Beide Gründe sind problematisch: Das Wesen der →Geschichte ist nicht nur gekennzeichnet durch Diskontinuität, sondern bei aller Veränderung und Unverwechselbarkeit der Situationen, auch durch Kontinuität mit ihrer Bedingtheit durch situationsübergreifende Zusammenhänge. So bleiben etwa bei allen geschichtl. Veränderungen des menschlichen Lebens im Wandel der Kulturen doch Grundstrukturen des Menschlichen erhalten. Die Freiheit des Menschen ist entsprechend keine absolute. Sie besteht darin, im Rahmen vorgegebener Grenzen die richtige Entscheidung zu treffen und zu vollziehen. Wo der Mensch sich für absolut frei erklärt, kommt es zur Atomisierung des Lebens in unverbundene Augenblicke und damit zur Zerstörung personalen Lebens. Die eingebildete Freiheit erweist sich als Abhängigkeit von augenblicklichen Stimmungen und Gefühlen.

3. Zur Geschichte der Situationsethik

Die S. ist entstanden im Neukantianismus aus einer Radikalisierung der formalen Ethik →Kants, so im Bereich der Philosophie bei E. Grisebach (»Gegenwart« 1928) und in der Theologie bei W. →Herrmann (»Ethik«, ^{5}1913). Die Anregungen Herrmanns wurden aufgenommen von R. →Bultmann in seinem Jesus-Buch (1926) und blieben in seiner Schule wirksam. In den 60er Jahren fanden die Schriften von J. A. T. →Robinson (»Gott ist anders«, 1963) und J. Fletcher (»Moral ohne Normen«, 1967) ein großes Echo. Als »Neue Moral« bestimmt die S. seither die ethische Diskussion und hat wesentlich zur gegenwärtigen Krise der Ethik beigetragen.

4. Bedeutung der Situationsethik

Die ethische Konzeption der S. verfehlt das Wesen des Menschen wie der Geschichte, vor allem aber ihren Bezug auf den Horizont der Herrschaft Gottes (→Reich Gottes). Richtig ist, daß in der ethischen Urteilsfindung die Situation berücksichtigt werden muß (Differentialethik im Rahmen der bleibend gültigen →Gebote). Dabei ist der Mensch nicht nur auf die Vernunft angewiesen, die die Normen auf die Situation anwendet, sondern der Christ kann auch mit der persönlichen, nicht zum allg. Gesetz zu erhebenden Führung durch Gott rechnen (→Geistesleitung).

Lit.: K. Bockmühl: Sinn und Unsinn der »neuen Moral«. Kritik und Selbstkritik, 1973; ders.: Gott im Exil? Zur Kritik der »neuen Moral«, 1975 (vor allem zu Robinson und Fletcher); W. Korff: »Grundformen heutigen ethischen Argumentierens«, in: Handbuch der christlichen Ethik I, 1978 (56f zu Grisebach); R. Mayer: »Ethik ohne Normen. Wesen und Kritik der Situationsethik«, in: H. Burkhardt (Hg.): Begründung ethischer Normen, 1988, 147–167.

H. Burkhardt

Skandinavien (einschließlich Finnland)

Bis 800 n.Chr. liegt der Norden außerhalb der Interessensphäre der europ. Großmachtpolitik. Dies ändert sich, als die Wikinger vor den Küsten Europas (Friesland, England, Frankreich, Mittelmeerraum) auftauchen. Zwischen Dänemark und dem Frankenreich, das unter →Karl dem Großen die Reichsgrenze bis an die Elbe vorgeschoben hat (Christianisierung der Sachsen), kommt es zu einem ersten Zusammenstoß. Polit. Interesse ist es auch, das Ludwig den Frommen (814–840) veranlaßt, mit der Mission in S. zu beginnen. Um das nördl. Vorfeld des dt. Reichs zu sichern, beauftragt er Erzbischof Ebo von Reims 821/2 mit Missionsreisen in Dänemark (Haithabu).

Kurze Zeit später weitet Ansgar das Wirkungsfeld nach Schweden (Birka) aus. Beide Missionare bewegen sich auf den damals üblichen Handelswegen. 831 wird die Mission des dt. Reichs durch Gründung des Erzbistums Hamburg-Bremen auf eine feste Grundlage gestellt. Die Hinwendung zum Christentum erfolgt in S. jedoch erst, als mit dem Abschluß der Wikingerzeit nationale Königreiche entstehen. Dänemark wendet sich unter Harald Blauzahn (um 960) dem christl. Glauben zu; Norwegen folgt unter Olaf Trygvasson (995–1000) und Olav Haraldsson (1015–1030). Daß angelsächsischer Einfluß eine wesentliche Rolle gespielt hat, zeigt die Tatsache, daß unter Knut dem Großen (1018–1035) für kurze Zeit ein Dänemark, England und Norwegen umfassendes Großreich entsteht.

In Schweden setzt sich der christl. Glaube erst in der zweiten Hälfte des 11. Jh.s durch. Die auch hier wirksame engl. Mission führt in Verbindung mit dem Streben nach polit. Selbständigkeit zu Spannungen mit der Reichskirche. Diese beansprucht zwar die metropolitane Oberhoheit über den Norden. Real aber sind die Verbindungen brüchig: Die skandinavischen Kirchen sind nationalkirchl. organisiert und die Bischöfe werden als königliche Beamte angesehen. Der Versuch Erzbischof Adalberts, den Einfluß des dt. Reichs auf den Norden zu sichern durch Gründung eines in Hamburg ansässigen Patriarchates, dem ein nordisches Erzbistum unterstellt werden soll, scheitert. Statt dessen nehmen die skandinavischen Könige im 11. Jh. mit der röm. Kurie Kontakt auf, der unter Gregor VII. (1073–1085) planmäßig ausgebaut wird. Er führt schließlich 1104 zur päpstl. Gründung eines Erzbistums für S. mit Sitz in Lund. Die kirchenpolit. Unabhängigkeit des Nordens von Hamburg-Bremen wird dadurch gesichert, die gleichzeitige Anbindung an die röm. Kirche jedoch festgeschrieben.

In dieser Neuorientierung wird der Geist der cluniazensischen Reformbewegung, die in Eskil von Lund (1137–1177) einen Fürsprecher hat, deutlich. Auf päpstliche Initiative hin, aber auch aufgrund der zunehmenden Verselbständigung der skandinavischen Königreiche wird das Lundenser Erzbistum kurze Zeit später aufgeteilt: Norwegen erhält 1153 Trondheim (Nidaros), Schweden 1164 Uppsala als eigenen Erzbischofssitz. Die Missionierung Finnlands wird erst in der Mitte des 12. Jh.s greifbar: Der englische Bischof Henrik und der schwedische König Erik IX. haben dabei ebenso eine Rolle gespielt wie die Mission der orth. Kirche in Karelien; um 1220 wird in Åbo/Turku der erste Bischofssitz errichtet. In der zweiten Hälfte des 12. Jh.s wird die Organisation der nordischen Kirchen im Zusammenwirken mit der weltlichen Macht ausgebaut, die ihrerseits durch die Krönung kirchl. legitimiert wird (1163 erste Krönung in Norwegen, 1170 in Dänemark, 1210 in Schweden). Gleichzeitig zeigen sich wie im abendländischen →Investiturstreit auch Spannungen, da die Bischöfe das gregorianische Reformprogramm (»Freiheit der Kirche«) mit Hilfe des kanonischen Rechts (Priesterzölibat, Bischofswahl durch das Domkapitel, kirchl. Immunität und Jurisdiktion, Peterspfennig) durchzusetzen suchen.

Das 12./13. Jh. ist die Blütezeit der mittelalterl. Kirche, wobei die neu entstehenden Orden eine wichtige Rolle spielen: Die Zisterzienser (1143 erste Klostergründungen in Nydala und Alvastra/Schweden) tragen ebenso zur Verankerung der Kirche im Norden wie zu ihrer Einbindung in die kath. Gesamtkirche bei. Die Bettelorden bezeugen das Aufblühen der Städte im 13. Jh. Von Bedeutung für Finnland werden die Dominikaner (1249 Kloster Åbo). Die weiteste Verbreitung im Norden erreichen die Franziskaner (1233 Kloster Visby/Gotland). Von großer Bedeutung ist das Wirken der hl. Birgitta (1303–1373; Heiligsprechung 1391). Ihre Offenbarungsfrömmigkeit und der von ihr begründete Orden (Ordo Sanctissimi Salvatoris) prägen das rel. Leben des spätmittelalterl. S. (1384 Kloster Vadstena/Schweden); bedeutsam für Finnland wird das Kloster Nadendal (1440). Polit. ist das Spätmittelalter durch die Kalmarer Union (1397–1523) bestimmt, die die skandinavischen Staaten unter Führung Dänemarks zur Abwehr dt. Vormachtsstrebens (dt. Orden, Hanse) bilden. Die Kirche schaltet sich in die polit. Auseinandersetzungen um die Union ein, weil sie Einschränkungen ihrer Rechte befürchtet, sie verliert dadurch aber an moralischer Autorität. Dem Niedergang des Klerus und der Mechanisierung der Frömmigkeit wirken im 14./15. Jh. konziliaristische und reformistische Strömungen entgegen. Gleichzeitig wird der Austausch mit dem geistigen Leben der abendländischen Christenheit (Paris, Bologna, Prag) vertieft. 1477 wird in Uppsala die erste nordische Universität gegründet; Kopenhagen folgt 1479.

Am Gegensatz zwischen Dänemark und Schweden bricht die Kalmarer Union unmittelbar vor der Reformation auseinander. Schweden geht mit der Erneuerung des nationalen Königtums (1523) unter Gustav Vasa (1496–1560) eigene Wege. Unter seiner Regentschaft wird die →Reformation, die zunächst von radikalen Tendenzen (M. →Hoffman) geprägt ist, durchgesetzt (Reichstag zu Västerås 1527); Reformator der schwed. Kirche ist der Bibelhumanist O. Petri (1493–1552). In Finnland, das seit dem frühen MA ein Teil Schwedens ist, wird die Reformation ebenfalls 1527 eingeführt; Reformator ist hier M. Agricola (1508–1557, Bischof von Åbo seit 1554). In Dänemark und Norwegen, die bis 1814 in polit. Union verbunden sind, wird der Übertritt nach einer bibelhumanistischen Phase (Confessio Hafniensis 1530) als luth. Fürstenreformation vollzogen (KO 1537). In Schweden/Finnland bleibt die Lage zunächst noch unklar: Erst 1571 verfaßt L. Petri (1499–1573, Erzbischof seit 1531), eine Kirchenordnung; gleichzeitig gewinnen unter Johan III. (1537–1592, König seit 1568), der die Annäherung an Polen sucht, gegenreformat. Bestrebungen an Boden (Liturgia Suecanae Ecclesiae 1576). Die Synode zu Uppsala (1593) weist sie zurück und nimmt die Confessio Augustana (CA) als Bekenntnis an. Auch in Dänemark/Norwegen, wo bis Ende des 16. Jh.s der Melanchthonismus bestimmend ist, wird die CA übernommen (1613). Die nordischen Kirchen sind damit zu luth. Konfessionskirchen geworden, die als bischöfliche Stiftskirchen mit Domkapitel ausgebaut werden.

Während S. in polit. Hinsicht im 17./frühen 18. Jh. unter schwedischer Vorherrschaft steht (Gustav II. Adolf 1594–1632), ist die Theologiegeschichte von Deutschland geprägt. Zunächst bestimmt die luth. Orthodoxie, die allerdings von Lehrstreitigkeiten frei bleibt und eine praktische

Ausrichtung hat, das Bild (Erbauungsschriften, Katechismus, Gesangbuch, Agende). Die FC (Konkordienformel) wird als Bekenntnisschrift nur in Schweden/Finnland übernommen (1663, 1686), ihre Theologie setzt sich aber auch in Dänemark und Norwegen durch. Neue Universitäten werden in Åbo (1640) und Lund (1668) gegründet. Mit dem Aufkommen des Absolutismus Ende des 17. Jh.s wird die Eigenständigkeit der Kirchen eingeschränkt: aus selbständigen Stiftskirchen werden in Lehre und Leben vereinheitlichte, vom König geleitete Reichskirchen (Dänemark/Norwegen 1665; Schweden/Finnland 1686). Durch die Schriften J. →Arndts und Ph. J. →Speners gewinnt der →Pietismus auch in S. Einfluß. Anfang des 18. Jh.s entstehen radikalpietistische Konventikel, die durch J. C. →Dippels (1727) und N. v. →Zinzendorfs (1731) Aufenthalt in S. weiteren Zulauf finden (E. Tollstadius in Schweden; A. Achrenius in Finnland). Königliche Verbote (1706, 1741 Dänemark/Norwegen; 1726, 1735 Schweden/Finnland) grenzen ihren Einfluß jedoch ein. Letztlich behauptet sich ein konservativer Pietismus Hallenser Prägung (H. A. Brorson in Dänemark; S. B. Hersleb in Norwegen), der auch im kirchl. Leben Wirkungen zeigt (Konfirmation, Kirchenzucht, Mission).

In der zweiten Hälfte des 18. Jh.s beginnt sich unter dem Einfluß Chr. →Wolffs die Theologie der →Aufklärung durchzusetzen. Bei C. von Linné (1707–1778) und E. →Swedenborg (1688–1772) gehen Naturwissenschaft und Vorsehungsglaube eine eigenständige Verbindung ein. Auch in prakt.-theol. Hinsicht ist die Aufklärung von Bedeutung (Liturgiereform, Katechismus, Gesangbuch); nur vorübergehend bereitet sie dem Toleranzgedanken den Boden.

Im 19. Jh. melden sich in der Bewegung des »Skandinavismus« Stimmen einer nationalen Erweckung zu Wort, die auch auf Kirche und Theologie ausstrahlen (Reformationsjubiläum 1817). In Norwegen, das seit 1814 in Union mit Schweden größere Eigenständigkeit hat, erhält die pietist. geprägte Erweckung durch den Laienprediger H. N. →Hauge (1771–1824) wichtige Impulse. An der Universität Oslo (gegr. 1811) verbindet sich der »Haugianismus« mit einer konfessionell-luth. Theol. (G. Johnson, gest. 1894). In Schweden kündigt sich der Übergang von der Aufklärung zur Erweckung durch E. Tegnér (1782–1846) und J. O. Wallin (1779–1839) an, letzterer bekannt durch sein Gesangbuch (1819). Vater einer großen geistl. Bewegung in Süd- und Westschweden wurde H. →Schartau. Während sich in Nordschweden laikal-separatistische Tendenzen zeigen (O. Palmgren, G. Gerhardsson), sammelt sich in der »Ev. Vaterlandsstiftung« (gegründet 1856 durch C. O. →Rosenius) der kirchl. orientierte Teil der Erweckung. In Finnland, das seit 1809 russ. Großfürstentum ist, findet die volkskirchl. Erweckung in dem Bauern P. Ruotsalainen (1777–1852) einen charismatischen Führer. Im nordskandinavischen Raum prägt L. L. Laestadius (1800–1861) die Erweckungsbewegung durch seine Bußpredigt und sein Dringen auf Kirchenzucht. In Dänemark wird der Rationalismus durch J. P. Mynster (1775–1854) und besonders durch N.F.S. →Grundtvig (1783–1872), der der Staatskirche eine gleichermaßen volkskirchl. wie sakramentale Prägung gibt, überwunden. Andere Impulse gehen von dem existentialistisch-kirchenkritischen Christentum S. →Kierkegaards (1813–1855) aus.

In allen nordischen Ländern führt die Erweckung zu neuen Organisationen: Bibel- und Traktatgesellschaften werden gegründet (Schweden 1809/1815, Finnland 1812, Dänemark 1814, Norwegen 1816); Vereine zur äußeren Mission entstehen (Dänemark 1821, Schweden 1835, Norwegen 1842, Finnland 1859). Mitte des 19. Jh.s wird im Zuge von Verfassungsreformen, die das staatskirchl. Gefüge aber nicht in Frage stellen, die Religionsfreiheit proklamiert (Norwegen 1845, Dänemark 1849, Schweden 1860, Finnland 1869). Unter dem Druck der sozialen Probleme entsteht in der zweiten Hälfte des 19. Jh.s die Bewegung der Inneren Mission (Vereine der Jugend- und Sozialarbeit; Stadt- und Landmission).

Anfang des 20. Jh.s wird durch die Einführung synodaler Elemente (Gemeinderat, Kirchenversammlung) die Eigenständigkeit der Kirche gegenüber dem Staat gestärkt. Gleichzeitig verliert die Kirche, wie das Ende der Schulaufsicht und neue Gesetze über die Religionsfreiheit (Finnland 1922, Schweden 1929/1952) signalisieren, an Einfluß. Die Reaktion in den Kirchen ist zwiespältig: Zwischen der liberalen Theologie und dem konservativen Lager kommt es zu heftigen Kontroversen um Bekenntnis und →Bibelkritik. In Norwegen, das 1905 polit. selbständig wird, setzen die konfessionellen Lutheraner die Gründung einer bekenntnistreuen »Gemeindefakultät« (1908) durch. In den sich anschließenden Auseinandersetzungen, die Züge eines Kirchenkampfes tragen, ist O. →Hallesby (1879–1961) Wortführer der Konservativen und K. Schjelderup (1894–1981) sein liberaler Gegenspieler. In der Zeit der Besetzung Norwegens durch die dt. Wehrmacht gehörte Bischof E. →Berggrav zum Zentrum des Widerstandes. In Dänemark, wo 1942 die Universität Århus gegründet wird

(J. Munch, R. Prenter, P. G. Lindhardt, K. E. Løgstrup bleibt der volkskirchl. Grundtvigianismus bestimmend; gleichzeitig gewinnt die Theologie Kierkegaards erneut an Gewicht. In Schweden entwickelt sich nach dem Aufbruch in der »Jungkirchlichen Bewegung« (1908) unter angelsächsischem Einfluß ein starkes Hochkirchentum mit Betonung des Amtes, der apostol. Sukzession und der Liturgie. In der Theologie ragt die Lundenser Schule hervor (A. →Nygren, G. Aulén, R. Bring). Durch N. →Söderblom (1866–1931) erhält die Ökumen. Bewegung wichtige Impulse (Erste Weltkonferenz für praktisches Christentum in Stockholm 1925). In Finnland, das 1917 zu polit. Eigenständigkeit gelangt, wird das kirchl. Leben von einem konservativen Biblizismus bestimmt (G. Johansson, A. W. Ingman).

Lit.: H. Holze: Von der Reichskirche zur Papstkirche. Das »regimen universale« Gregors VII. in seinen Briefen nach Skandinavien, KuD 36 (1990), 245–269; A.E. Imhof: Grundzüge der nordischen Geschichte, 1985; P. G. Lindhardt: Kirchengeschichte Skandinaviens, 1983; W. Seegrün: Das Papsttum und Skandinavien, 1967; TRE 8 (1981) 300-319, 11 (1983), 178-192.

H. Holze

Skeptizismus

S., vom griech. *skeptaomai,* »beobachten, untersuchen, prüfen, Ausschau halten«, ist eine Haltung, die den Zweifel an der Erkennbarkeit der Wahrheit und der Wirklichkeit zum Prinzip erhebt. Die Skepsis richtet sich v.a. gegen das, was allg. anerkannt wird und als wahr gilt. Der antike S. der Neuen Akademie (→Platonismus) etwa hinterfragt das stoische Wahrheitskriterium, daß wahr sei, was evident ist. Auch das, was uns als unmittelbar wahr einleuchtet, kann uns täuschen. Der S. begründet sich aber nicht nur durch den Hinweis auf Sinnestäuschungen, Wahnvorstellungen etc. Gerade die Tatsache, daß rationale, metaphysische Systeme in sich plausibel, aber dennoch zueinander in einem ausschließenden Gegensatz stehen können, ist Anlaß zu grundsätzlichem Zweifel.

Man unterscheidet mehrere Typen von Skepsis. Neben einer ethischen Skepsis (vgl. den pyrrhonischen S., dem »die Quelle alles Unglücks in jedem Eifer im weitesten Sinne« liegt (Hossenfelder, 1365f und der für »ein vollständig ›ideologiefreies‹ Leben« ohne Bindung an letzte, absolute Werte eintritt (ibid., 1367) und zur Begründung ethischer →Toleranz vertreten wird, ist v.a. eine erkenntnistheoretische Skepsis zu nennen. Diese erscheint entweder als universale oder partielle Skepsis. Im ersten Fall wird die Erkennbarkeit der Wahrheit überhaupt, im zweiten Fall nur bestimmte Wege, sie zu erkennen, in Frage gestellt. Beide Arten von Skepsis sind wiederum denkbar in einer absoluten und in einer relativen Form. Eine relative Skepsis schränkt sich auf den gegenwärtigen Zustand ein; ein absoluter S. behauptet dagegen, daß die Wahrheit schlechthin für alle Zeit und für jedermann unerkennbar sei. Eine Auseinandersetzung mit dem S. muß diese verschiedenen Typen unterscheiden. Der entscheidende phil. Einwand gegen eine absolute Skepsis muß lauten, daß sie sich nur selbstwidersprüchlich formulieren kann. Daß die Wahrheit von niemandem und zu keiner Zeit erkennbar ist, ist gleichbedeutend mit der Behauptung, Wahrheit sei schlechthin unerkennbar. Dieser Satz ist aber selbst eine Form von Wahrheitsbehauptung, wenn nicht sogar ein prinzipieller Grundsatz, der nicht skeptisch in Frage gestellt wird.

Im Unterschied zu einer absoluten Skepsis ist eine partielle und relative, gemäßigte Skepsis nicht zu widerlegen. Eine relative Skepsis läßt die Möglichkeit einer anderweitigen oder späteren Wahrheitserkenntnis ja ausdrücklich offen. Eine partielle Skepsis gibt zu, daß jeder Zweifel ein Fundament braucht, das zumindest solange unbezweifelt sein muß, wie es Ausgangspunkt einer fundierten Infragestellung ist. Am interessantesten ist die Position einer universellen Skepsis. Diese ist dann nicht widerlegbar, wenn sie ohne Aussagen auskommt, die sie beweisen müßte, aber ja nicht beweisen könnte. Argumentationslogisch schließt das (1) den Verzicht darauf ein, den Gesprächspartner von der eigenen Position überzeugen zu wollen; denn dazu wäre es nötig, ein für beide gültiges Fundament zu beweisen; (2) der universelle Skeptiker muß weiter darauf verzichten, eine gegenüber allen Anfragen eines »Dogmatikers« immune allg. Position zu formulieren, für die er ja dann ebenfalls Wahrheit beanspruchen müßte. Ein universeller S. ist dann durchzuhalten, wenn er sich gegenüber einer Infragestellung (1) darauf beschränkt, die Schlüssigkeit einer »dogmatischen« Position zu destruieren, die zu ihrer Begründung entweder zirkulär argumentiert (also für ihr Beweisverfahren Sätze benutzt, die doch selber begründungsbedürftig sind), oder aber immer immer weiter zurückfragen muß (unendlicher Begründungsregreß), und wenn er (2) eingesteht, daß die eigene Position auch falsch sein kann. Anders als oft behauptet hebt die skeptische Position sich durch Selbstreferenz (Rückbezüglichkeit; Selbstanwendung) nur dann auf, wenn sie ihre Skepsis selbst als absolute Position etabliert (s.o.). Eine skeptische Position kann aber sehr wohl theoriekohärent anerkennen, daß auch sie selbst möglicherweise falsch ist, ohne sich dadurch in Widerspruch zu sich selbst zu setzen und so aufzuheben (vgl. Albert, 1982, 58ff; Hempelmann, 261ff).

Theol. ist zunächst (1) die erkenntnistheoretische Bescheidenheit des S. zu würdigen, die sich mit Grundeinsichten bibl. Anthropologie in die Irrtumsfähigkeit und Fehlerhaftigkeit des Menschen, der nicht Gott ist, sondern »Fleisch« *(sarx),* trifft. Entscheidend ist freilich (2) die Frage, welche Konsequenzen aus der Einsicht in die grundsätzliche Fehlbarkeit des Menschen gezogen werden. Wird der Mensch demütig und offen für Erkenntnis und Wahrheit, die seine bisherige Position in Frage stellt? Oder wird ein prinzipieller S. zu einem Instrument, mit dem im Gegenteil alle Infragestellungen und Wahrheitsansprüche (einschließlich der Verkündigung des Evangeliums) auf Distanz gehalten werden sollten? (3) Es ist im Prinzip möglich, sich gegen alle kritischen Rückfragen dogmat. wie skeptizistisch zu immunisieren. Es ist aber grundsätzlich eine Frage des Willens, ob man sich für solch eine Strategie der Abschirmung entscheidet und sich selbst genug sein will, oder ob man sich für Erkenntnis öffnen möchte, die mir anderes entdeckt als das, was ich bin und weiß. Es reicht darum nicht aus, sich hinsichtlich der erkenntnistheoretischen Frage nach der Erkennbarkeit von Wahrheit über Wirklichkeit allein auf die Analyse der Möglichkeit einer skeptischen Haltung zu beschränken. Der Mensch ist als Orientierungswesen sehr viel mehr als reiner intellectus; er ist auch »Wille« und in seinem Wahrnehmungsvermögen und in der Weise, wie sich ihm Wirklichkeit erschließt, mindestens ebensosehr wie durch empirische Beobachtungen und rationale Reflexionen durch Willensentscheidungen bestimmt, welcher »Wahr-Nehmung« er sich stellen will und welcher nicht. (4) Christen haben im jeweiligen Lebens- und Argumentationszusammenhang auch rationale Rechenschaft abzulegen über die Hoffnung, die in ihnen ist (1Petr 3,15). Sie argumentieren für das Evangelium aber im Wissen darum, daß sie es – im strengen Sinne – nicht (allgemeingültig, für jedermann zwingend) beweisen können. Hier gelten für theol. Argumentationen keine anderen Regeln als für phil. (5) Gerade weil Christen darum wissen, daß sie »nicht aus sich heraus in der Lage sind, etwas zu (be-)denken als aus sich selbst« (2Kor 3,5), vertrauen sie darauf, daß Gott selbst sich durch ihr Zeugnis hindurch vergewissert als eine Wirklichkeit, deren Gegenwart sie durch ihr Argumentieren nur vorbereiten, aber nicht herbeiführen können. (6) Ein wie immer gearteter S. greift als phil. und weltanschauliche Position schon deshalb zu kurz, weil Erkenntnis Gottes und der Welt sich nicht abstrakt gewinnen läßt, sondern nur als Teil eines Lebenszusammenhanges; weil Erkenntnis nicht möglich ist in skeptischer Distanz, sondern nur als Engagement, als ein Sich-in-Beziehung-Setzen, das sich anderem auch aussetzt. (7) Wo sich ein Mensch aus seiner skeptischen *incurvatio in se* (Selbstbezogenheit) löst und bereit ist, sich auf die Wahrheit des Evangeliums einzulassen, da steht solche Offenheit unter der Verheißung, daß Gott selbst den Menschen in einer Weise erkennt, die den S. überwindet und zur Gottes-, Welt- und Selbsterkenntnis befreit.

Lit.: H. Albert: Traktat über kritische Vernunft, 1968; ders.: Die Wissenschaft und die Fehlbarkeit der Vernunft, 1982; H. Bürki: Zwischen Glaube und Skepsis, 1967; H. Cramer: Der skeptische Zweifel und seine Überwindung, 1974; H. Hempelmann: Kritischer Rationalismus und Theologie als Wissenschaft, ²1987; M. Hossenfelder: »Skepsis«: Handbuch philosophischer Grundbegriffe, hg. von H. Krings (u.a.), Studienausgabe Bd. 5, 1974, 1359–1367; W. Stegmüller: Metaphysik, Skepsis, Wissenschaft, ²1969.

H. Hempelmann

Sklaverei, Sklavenbefreiung

Sklaverei (S.) ist eine rechtlich geregelte Institution, in der ein Mensch mit seiner ganzen Person Eigentum eines anderen ist. Ihr Ursprung liegt wahrscheinlich in der Kriegsgefangenschaft, in der sie zunächst ein Fortschritt gegenüber der vorher üblichen Tötung der Gefangenen war. Die S. in der röm. Welt war keine einheitliche, gleichförmige Institution. Es gab ein Nebeneinander unterschiedlicher Formen und Traditionen. Auch die rechtliche Situation der Sklaven war unterschiedlich, z.T. waren sie völlig rechtlos, vielfach hatten sie aber einen gewissen Schutz (z.B. vor willkürlicher Tötung) und bestimmte Rechte (Besitz, Eheschließung).

Die antike Philosophie (→Plato, →Aristoteles) legitimierte S. durch die Theorie des Sklaven »von Natur aus« und indem sie die Sklaven nicht als Menschen, sondern als Sachen einordnete (Aristoteles: »Belebte Werkzeuge«). Die →Stoa (bes. Seneca) dagegen sah die Sklaven als Menschen an, die von Natur gleich sind wie die Freien und bewirkte eine humanere Sklavengesetzgebung, ohne aber die S. selbst in Frage zu stellen.

Das AT kennt den Sklaven als Besitz (2Mo 21,21; 3Mo 25,46), aber in der Gesetzgebung steht – bes.

für hebr. Sklaven – das Personrecht im Vordergrund (2Mo 21,5f.7-11.26f). Hierher gehört auch die vorgeschriebene Entlassung nach sechs Jahren für hebr. Sklaven (V. 2), die nach 5Mo 15,12ff sogar materiell ausgestattet werden sollten. Einzigartig im alten Orient ist die Bestimmung, daß ein entlaufener Sklave nicht ausgeliefert werden darf (5Mo 23,16f). Die Sklaven nahmen teil am Kult (5Mo 12,18) und hatten Teil an der Sabbatruhe (5Mo 5,14). Auch nichtisraelit. Sklaven konnten durch Beschneidung in die Gemeinde aufgenommen werden. In Hiob 31,13-15 wird vom Schöpfungsglauben her die Gleichheit zwischen Sklave und Herr (konkret vor Gericht) abgeleitet. Die Spannung zwischen »Bruder« (so auch 5Mo 15,12) und S. wurde empfunden (3Mo 25,39f; Jer 34,9), daher wurden jüd. Sklaven im Exil freigekauft (Neh 5,8). Jer 34,14 zeigt, daß die genannten Bestimmungen wohl vielfach nicht eingehalten wurden. Auch zu ntl. Zeit gab es hebr. Sklaven bei den Juden, die allerdings erheblichen Schutz und persönliche Rechte hatten, während nichthebr. Sklaven eher rechtlos waren und juristisch als Sache galten. Ganz abgeschafft war die S. bei den Essenern (allerdings wohl nur in der aus der Gesellschaft ganz zurückgezogenen Kerngemeinde) und ihrem ägypt. Seitenstück, den Therapeuten.

Im NT wird die S. als solche weder grundsätzlich in Frage gestellt noch legitimiert, sondern als gegeben vorausgesetzt und hingenommen. Das Thema kommt zur Sprache als konkrete Weisung im Horizont des neuen Glaubens unter Hinnahme der bestehenden Ordnung. Gegenüber der Freiheit, die in der Unterstellung unter Christus als Herrn gegeben ist, ist der äußere Stand nach 1Kor 7,17-24 zweitrangig, gerade auch im Blick auf die kurze Zeit bis zur Wiederkunft Christi (V. 29-32). Die Mahnungen bezüglich der S. (Eph 6,5-9; Kol 3,22-4,1; 1Tim 6,1f; Tit 2,9f; 1Petr 2,18-25) stehen meist in den Haustafeln, wie im NT insgesamt die maßvollere Haussklaverei der Hintergrund ist. Singulär gegenüber außerbibl. Parallelen ist, daß die Sklaven selbst angeredet und so als Person anerkannt werden. Herren wie Sklaven werden auf ihren gemeinsamen Herrn hin angesprochen, wie überhaupt »in Christus« der Unterschied zwischen Sklave und Freier aufgehoben ist (1Kor 7,22; 12,13; Gal 3,27f; Kol 3,9-11). Ein Sklave war vollberechtigtes Gemeindeglied, »Bruder«, daher »mehr als ein Sklave« (Phlm 16). Die anthropologischen Grundlagen der S. wurden damit aufgehoben, allerdings noch keine grundsätzliche Folgerungen für den gesellschaftlichen Bereich daraus gezogen.

In der Alten Kirche setzten sich diese Linien fort. Die Zahl der Sklaven in den Gemeinden war so hoch, daß das Christentum eine Religion von Sklaven genannt werden konnte (→Celsus). Sklaven konnten alle kirchl. Ämter ausüben, so waren z. B. mehrere röm. Bischöfe des 1. und 2. Jh.s wahrscheinlich Sklaven. Seit dem 4. Jh. wuchs der Widerstand gegen diese Praxis und setzte sich schließlich durch. Vielfach wurden von den Gemeinden Sklaven freigekauft. →Ignatius von Antiochien wendet sich jedoch gegen die Forderung des Freikaufs christl. Sklaven, wobei wieder mit dem Vorrang der inneren Freiheit argumentiert wird.

Auf dem Weg der Kirche zur Macht wird die S. auch im eigenen Bereich übernommen und theol. gerechtfertigt. In der Didache werden die Sklaven aufgefordert, ihren Herren »wie einem Abbild Gottes« untertan zu sein. Nach →Augustinus (ähnlich →Chrysostomus) ist die S. eine Strafe und Folge der Sünde, und so eine zwar nicht ursprüngliche, aber trotzdem verbindliche Ordnung, die nur Gott selber aufheben kann. Wiewohl der Charakter der S. als ungerechtes Gewaltverhältnis angesehen ist, wird sie als fester Bestandteil der gültigen sozialen Verhältnisse anerkannt und theol. begründet. Unter Konstantin kommt es zu gewissen rechtlichen Verbesserungen (Abschaffung von Kreuzigung und Brandmarkung nach Flucht), nicht aber zu grundsätzlichen Änderungen, vielmehr hat nun auch die Kirche selbst Sklaven in großer Zahl und verhängt S. sogar als Strafe. Andererseits gab es die völlige Verwerfung der S. (ebenso von Ehe, Familie, Besitz) im radikalen Mönchtum (Eustathianer) und bei den donatistischen Circumcellionen (bis hin zu gewaltsamer Befreiung und Aufforderung zur Flucht). Die Auseinandersetzungen damit förderten einen konservativen, gesellschaftskonformen Zug in der altkirchl. Haltung zur S. Vielfach flohen Sklaven massenhaft in Klöster (wobei sie sich z. T. auch auf das Evangelium beriefen: Gal 3,28; Lk 16,13), bis schließlich eine Aufnahme ohne Einwilligung des Besitzers verboten wurde. Die zahlreichen Freilassungen durch Klöster und Geistliche wurden im 7. Jh. untersagt. Jedoch verlor die S. durch Massenflucht, ökonomische Veränderungen und Vermischung mit den Kolonen (persönlich freie, aber an den Boden gebundene Pächter) stark an Bedeutung; im nordwestl. Europa war sie (nicht aber die Leibeigenschaft), vor allem durch das Wirken des Mönchtums, seit dem 12./13. Jh. faktisch abgeschafft.

Die Grundlinien der Alten Kirche (Legitimierung, Humanisierung) setzten sich auch im MA fort. Unter Berufung auf Aristoteles wird die S. von

→Thomas von Aquin als theol. rechtmäßig anerkannt. Menschenhandel wird kirchl. vielfach abgelehnt und verboten, die möglichen Formen der Versklavung stark eingeschränkt, die Orden der Trinitarier und Mercedarier (12./13. Jh.) werden eigens für den Freikauf von christl. Sklaven bei »Heiden« gegründet.

Auch die Haltung der reformat. Kirchen bleibt im Rahmen des Bisherigen, so lehnt etwa →Luther die vom Evangelium her begründete Forderung der leibeigenen Bauern nach Freiheit als schwärmerische Vermischung der beiden Reiche ab, bei →Zwingli und →Calvin gibt es eher Ansätze in Richtung Befreiung. Abgelehnt und bekämpft wird die S. dann im Pietismus und der ev. Mission des 18./19. Jh.s. (in der kath. durch C.M.A. Lavigerie). Hintergrund für die Bewegung, die schließlich zur Abschaffung der S. führte, ist die ab dem 16. Jh. betriebene Massenversklavung der Indianervölker Mittel- und Südamerikas (von Papst Nikolaus V. ausdrücklich erlaubt) und der afrikanischen sog. »Neger«. Voraussetzung ist neben geänderten polit. und ökonomischen Bedingungen v.a. auch das wesentlich der Aufklärung entstammende Bewußtsein von den Menschenrechten. Der entscheidende Durchbruch kommt aber aus christl. Motiven. Der erste öffentliche Protest gegen die S. erfolgte 1688 durch Mennoniten in Pennsylvenia. Auch bei den dortigen Quäkern (und der Frauenbewegung) regte sich zunehmend Widerstand (Hauptargument: goldene Regel, Lk 6,31), bis John Woolman 1758 die Abschaffung der S. bei den Quäkern erreichte. 1780 folgte ein kirchl. Verbot der S. bei den Methodisten. Ihre staatliche Abschaffung ging aus von den Methodisten in England, wo William →Wilberforce 1807 zunächst das Verbot des Sklavenhandels erreichte. Der folgende Kampf gegen die S. selbst (Losung: »Sklaverei ist Sünde«; »Sklaverei ist Raub an Gott«.) führte in England 1833 für das britische Weltreich zum Ziel, Frankreich (1848) und die USA (1865) folgten. Global brachte 1890 der Antisklavereikongreß das Verbot des Sklavenhandels und 1926 die Antisklaverei-Akte die Aufhebung der S.

Heute gibt es neben einigen Resten der »klassischen« S. verschiedene ähnliche Formen, bei denen die offizielle rechtliche Legitimation fehlt (damit auch der mit der Sklavengesetzgebung verbundene Schutz!), so etwa der massenhafte Verkauf von Kindern in Südostasien zu sexueller Ausbeutung, sklavenähnliche Arbeitsformen bei Kindern (etwa zur Teppichherstellung), Formen z.T. lebenslanger Schuldsklaverei, Zwangsarbeit und sklavenähnliche Abhängigkeit bei Lohnarbeit.

Die Hauptlinie in der Haltung der Christen zur S. war Humanisierung bei grundsätzlicher Anerkennung. Es ist oft gefragt worden, warum nicht die Abschaffung der S. gefordert und betrieben wurde. Daß der Einfluß der ersten Christen für eine solche Änderung zu gering war, stimmt für die ersten Jahrhunderte, läßt aber offen, warum die Abschaffung nicht im Bereich der Gemeinde durchgeführt wurde. Richtig ist auch, daß die unmittelbare Naherwartung die Bedeutung der äußeren Strukturen relativierte (1Kor 7,29ff), zu fragen wäre aber, ob dies nicht gerade einschneidende Schritte ermöglicht hätte (vgl. Apg 4,32-35). Weiter ist es problematisch, daß diese Zurückstellung auch bei nachlassender Unmittelbarkeit der Naherwartung beibehalten wurde; vor dem Horizont eines längerfristigen Lebens in der Welt ist auch das Äußere ethisch stärker zu gewichten. Seit J. B. Lightfoot wird oft argumentiert, daß die Forderung nach Abschaffung der S. fehlt und fehlen kann, weil das Ev. diese von innen her zerbricht, unterwandert, so daß ihre Beseitigung daraus zwangsläufig folgen muß. In der Tat wurden der S. durch das Ev. die anthropologischen Grundlagen entzogen. Daß damit ihre Abschaffung beabsichtigt war, läßt sich jedoch aus altkirchlichen Quellen nicht belegen und die Geschichte zeigt, daß die Folgerung der Abschaffung bis ins 18. Jh. nicht gezogen wurde – die immense Prägekraft des sozial Gewohnten auf Gewissen, auf kirchliche Lehre und Praxis ist hier nicht berücksichtigt. Die ethische Kernfrage der S. ist jedoch das Verhältnis von innerer und äußerer Freiheit. In der christl. Auseinandersetzung mit der S. war die Linie beherrschend, die allen Wert auf die innere Freiheit des Glaubens legt und dem Streben nach äußerer Freiheit gleichgültig bis ablehnend gegenübersteht. Der maßgebliche Wert der inneren Freiheit ist unbestritten, aber es entspricht nicht dem Ansatz christlicher Ehtik, wenn eine innere Haltung im Äußeren ohne Folgen bleibt. Die ersten Christen zogen solche Folgerungen zunächst im Bereich der Gemeinde, aber dieser Weg wurde nicht weiter, sondern zurück gegangen. Die Sicht, die innere und äußere Freiheit aufeinander bezieht und dem auch im Bereich der Gesellschaft zu entsprechen sucht, wurde erst ab dem 18. Jh. tragend und war einer der entscheidenden Impulse zur Beseitigung der S.

Lit.: P. Billerbeck: Das altjüdische Skavenwesen, Bill IV,2, 1928, 698–744; N. Brockmeyer: Antike Sklaverei (EdF), 1979; v. Dobschütz: Sklaverei und Christentum, RE 18, 1906, 423–433; J. Gnilka: Der Philemonbrief (HThK), 1982, 54-81; J. Jeremias: Jerusalem zur Zeit Jesu, 1963; F. Laub: Die Begegnung des frühen Christentums mit der antiken Sklaverei, 1982; Link: Sklave V, TBLNT, 1971, 1146ff; Linz: Sklaverei als ethischer Modellfall, EvTh 19

(1959), 569–584; W. Schrage: Ethik des Neuen Testaments (NTD), 1982, 205.223ff.243.264; S. Schulz: Gott ist kein Sklavenhalter, 1972; P. Stuhlmacher: Der Brief an Philemon (EKK), 1975, bes. 42ff, 57ff; Wendland: Sklaverei und Christentum, RGG³ 6, 1962, 101ff; H. W. Wolff: Anthropologie des Alten Testaments, 1973, 289-297.

W. Glatz

Skopzen →Rußland

Slaven, Christianisierung der

Unter den einzelnen slavischen Großstämmen erfolgte die Christianisierung zu verschiedenen Zeiten vom 8. bis 12. Jh. Entscheidend wurde der Ausgang christl. Mission. Unter den Ostslaven ging sie von Byzanz und seinem orth. Kirchentum aus, auf die Westslaven wirkte das lat. Christentum Roms ein, auf die Südslaven sowohl Byzanz als auch Rom. Ungleich waren auch die ersten Schritte der Christianisierung, neben friedlichem Eindringen christl. Glaubensguts in slavische Stämme und Reiche, neben durch slavische Fürsten veranlaßten Akten der Christianisierung gab es unter den Wenden im Norden östl. der Elbe auch heftigen Widerstand gegen die Missionierung, die mit der Machtausweitung christl. Nachbarn verbunden war. Besondere Daten wurden die Wenden-Aufstände 983, 1066, schließlich der von Dänen und Sachsen organisierte Wendenkreuzzug 1147.

Unter anderen westslavischen Stämmen, die sich allmählich zu Völkern und Reichen formierten (→Polen, Großmährisches Reich), wie auch unter Bulgaren (→Bulgarien), Serben (→Serbien) und der Kiever Rus (→Rußland) vermochte die Erkenntnis ihrer Fürsten, daß die christl. Grundlegung ihres Staatswesens polit. und kulturellen Anforderungen besser entspräche, Vorgänge der Christianisierung zu beschleunigen. Im böhmisch-mährischen Raum wurde 863 durch die sog. Slavenapostel, →Cyrillus (Konstantin) und Methodius, mit Zustimmung Roms der Aufbau der christl. Kirche in der Wiederherstellung der bereits im Römischen Reich eingerichteten Diözesen eingeleitet. Ziel dieser Wirksamkeit wurde auch der Gebrauch des Slavischen als gottesdienstl. Sprache. Letzteres scheiterte am Widerstand des Erzbistums Salzburg und nachgeordneter Bistümer, die ältere Missionsrechte hervorhoben. Tschechen, Mähren, Slovaken, Slovenen und Kroaten wurden für die lat. Messe gewonnen. Polen wurde unter Mieszko I. und seiner Frau Dubravka, einer bereits getauften Tschechin, 966 christl. Unter den Slaven des Südens hatte die Mission der Methodius-Schüler, die dorthin ausgewichen waren, bleibenden Erfolg. Sie führte Serben und Bulgaren mit sprachlicher Selbständigkeit in bleibende Verbindung mit der Orthodoxie von Byzanz. Die ostslavischen Stämme, die in der Kiever Rus ihre staatliche Zusammenfassung erfahren hatten, entschlossen sich, auch unter bulgarischen Einflüssen, zur Übernahme des byz. Christentums. Zum festen Datum wurde das Jahr 988 mit der »Taufe der russischen Lande« unter dem Großfürsten Vladimir.

In Kiev wie in den Städten anderer slavischer Fürstentümer sind Begegnungen mit einzelnen Christen und die Sammlung kleinerer Kreise vorausgegangen. Auch der Fortgang der Christianisierung wurde zu einem langanhaltenden, stetigen Prozeß. Darauf weist der die Ostslaven betreffende Begriff des »Dvoeverie« hin, des Doppelglaubens. Noch auf Jahrhunderte sind älteres Heidentum und jüngeres Christentum im Volk zumal abseits kirchl. Zentren und Klöster verbunden geblieben, in den russ. Fürstentümern noch bis in das 14. und 15. Jh. hinein. Eine solche Entwicklung hatte nicht nur im kirchl. Leben der West- und Südslaven Entsprechungen, sondern ebenso unter den romanischen und germanischen Völkern West-, Nord- und Südeuropas.

Lit.: H. Beumann (Hg.): Heidenmission und Kreuzzugsgedanke in der deutschen Ostpolitik des Mittelalters, 1963; H. D. Kahl: Slaven und Deutsche; 1964; L. Müller: Die Taufe Rußlands, 1987; G. Stökl, J. Bujnoch (Hg.): Zwischen Rom und Byzanz, 1958; E. Chr. Suttner: »Die Christianisierung der Slawen«, in: Jahrbuch »Kirche im Osten«, 1993, 11-28.

W. Kahle

Slowakei

Die S. gehört zu denjenigen Ländern Europas, die ihre Eigenstaatlichkeit erst im 20. Jh. erlangten. Andererseits gab es während der 900 Jahre, in denen die S. ein Teil Ungarns war, durchaus Ansätze zu einer eigenständigen Entwicklung. Die Reformation hat auf dem Gebiet der S. nachhaltige Spuren hinterlassen. So sind die Slowaken heute dasjenige slawische Volk mit der größten prot. Kirche. Durch slowakische Theologiestudenten in Wittenberg gelangte die Lehre Luthers in die S., wo 1525 der erste ev. Gottesdienst abgehalten wurde. 1549 schlossen sich fünf Städte der Zips und der Ostslowakei unter Führung des Bartfelder Rektors Leonhard Stöckel der luth. Reformation an. Ihnen folgten 1559 sieben dt. Bergstädte in der Mittelslowakei. 1581 erschien Luthers Kleiner Katechismus in slowakischer Übersetzung. Im 16. Jh. war die S. größtenteils ev.

Im Unterschied zu Böhmen und Mähren hat es in der S. fast immer ev. Gottesdienste gegeben. Die hauptsächlich auf dem Gebiet der heutigen S. sich abspielenden Adelsaufstände gegen Habsburg sicherten den Nichtkatholiken ein gewisses Maß an Religionsfreiheit (Frieden von Wien 1606, Frieden von Linz 1645, Landtag von Sopron 1681). Im Unterschied zu →Ungarn und Siebenbürgen ist die Reformation calvinistischer Prägung unter den Slowaken kaum vertreten. Im 19. Jh. wehrten sich die slowakischen Lutheraner erfolgreich gegen Unionsbemühungen und damit verbundene Magyarisierungsabsichten der ungarischen Reformierten.

Maßgeblichen Anteil an der Entstehung der slowakischen Schriftsprache hatten Lehrer des Ev. Lyzeums in Preßburg. Bis in die 90er Jahre des 18. Jh.s verteidigte die ev. Intelligenz das Tschechisch (Bibel-Slowakisch) der Kralitzer Bibel aus dem 16. Jh. als Schriftsprache der Slowaken, wohingegen kath. Geistliche sich um eine neue Schriftsprache auf der Grundlage des westslowakischen Dialekts bemühten. 1843 schließlich schufen die Lutheraner L'udovit Štúr und J.M. Hurban das heutige Slowakisch auf der Grundlage des mittelslowakischen Dialekts.

Die am 29. 2. 1920 angenommene Tschechoslowakische Verfassung opferte das Selbstbestimmungsrecht des slowakischen Volkes dem nach franz. Vorbild angestrebten Zentralstaat. Nach dem Rückzug der Ungarn bauten tschechische Lehrer und Professoren das Schulwesen in der S. auf. Auch in der Beamtenschaft betrug der Anteil der Tschechen 25–30%.

Nach dem Münchener Abkommen von 1938 setzte der kath. Priester Jozef Tiso die Umwandlung der S. in einen faschistischen Einparteienstaat durch, der am 14. 3. 1939 unabhängig wurde. Am 29. 8. 1944 kam es in der Mittelslowakei unter der Führung von Demokraten und Kommunisten zum Slowakischen Nationalen Aufstand, der von den Deutschen nach zweimonatigen Kämpfen niedergeschlagen wurde. Eigenständigkeit und Gleichberechtigung des slowakischen Volkes innerhalb der wiedererstandenen Tschechoslowakei blieben Leerformeln: 1945/46 wurden alle slowakischen nationalen Organe schrittweise der Kontrolle Prags unterstellt. Nach der Machtergreifung der Kommunisten wurde die Kommunistische Partei (KPTsch) in den fünfziger Jahren von »Slowakischen Nationalisten« (u.a. G. Husák) gesäubert. Forderungen slowakischer Intellektueller nach Entstalinisierung führten zum Tauwetter von 1964. Anderthalb Jahre vor dem Prager Frühling forderte der Slowake Miroslav Kusý die Befreiung der marxistischen Philosophie von ihren dogmat. Fesseln. Am 1. 1. 1969 erhielt die ČSSR eine föderale Struktur mit weitgehenden Kompetenzen der Regierungen in den Teilrepubliken, doch Ende 1970 erfolgte eine Rezentralisierung des gesamten Staatsapparates. 1978 erhob der Vatikan die Apostolische Administratur Trnava zum Erzbistum und errichtete eine eigene slowakische Kirchenprovinz.

Die tschechische Bürgerrechtsbewegung Charta-77 fand in der S. kaum Widerhall, doch trugen Massenwallfahrten Mitte der 80er Jahre und das Wirken slowakischer kath. Bürgerrechtler maßgeblich zum Gelingen der Wende von 1989 bei. Diese brachte den Kirchen und Gläubigen volle Religionsfreiheit. Die Wahlen vom Juni 1992 endeten mit einem Sieg des linksnationalen Blocks, während der Wahl-Hirtenbrief der slowakischen Bischöfe wenig Gehör fand. Ende 1992 erhielt die Slowakische Ev.-Luth. Kirche ein neues Gesangbuch, das als Etappe auf dem Weg zur »Slowakisierung« des gottesdienstl. Lebens gewürdigt wurde. Ende Oktober 1993 wurde die Rückgabe kirchl. Eigentums gesetzlich geregelt (Restitutionsgesetz). Die mehrheitlich ungarische Reformierte Kirche in der S. gründete Ende 1993/Anfang 1994 zwei slowakischsprachige Seniorate und im September 1994 eine theol. Akademie in Komárno.

Lit.: M. S. Durica: La Slovachia, 1994: A. Hlinka: Zur Lage der Katholischen Kirche in der Slowakei, 1978: A. Hudak: Evangelische in der Slowakei, 1978: P. Uhorskai: Von Gott will ich nicht lassen, 1994; ZS »Glaube in der 2. Welt«, 1988/7-8, 1994/1.

R. Bohren jr.

Slowenien

Das Gebiet des heutigen S., das im Altertum von Illyrern bewohnt, im 1. Jh. v. Chr. dem röm. Imperium einverleibt, hernach von slawischen Stämmen besiedelt wurde, bildete bis in die jüngste Zeit hinein keine selbständige polit. Einheit. Große Teile seines Territoriums wurden im 8. Jh. als Mark Krain ins Reich →Karls des Großen eingegliedert, kamen 1282 an Habsburg und verblieben bis zum Ende des Ersten Weltkriegs in der Habsburger Monarchie. 1918 wurde S. Bestandteil des »Vereinigten Königreiches der Serben, Kroaten und Slowenen«. Im Zweiten Weltkrieg teilten es Deutschland und Italien unter sich auf. In der

Nachkriegszeit wurde es eine der Volksrepubliken des sozialistischen →Jugoslawien. Nachdem 1990 ein Demokratisierungsprozeß eingesetzt hatte, erklärte das slowenische Parlament am 25. 6. 1991, gestützt auf das überwältigende Votum der Volksabstimmung vom 19. 5., die staatliche Unabhängigkeit. Sie wurde anfangs 1992 von zahlreichen Staaten anerkannt.

Das Gebiet des heutigen S. wurde vom Ende des 5. Jh.s an von fränkischen Missionaren, sowie von Aquileja und Salzburg aus missioniert. Kirchlich gehörte es zuerst zum Patriarchat Aquileja und zur Metropole Salzburg; 1462 wurde das Bistum Ljubljana (Laibach) gegründet. Die Reformationsbestrebungen unter dem von →Erasmus, →Bullinger und →Calvin beeinflußten Primus Truber (1508–1586) blieb ohne größere kirchenpolit. Folgen; sein Schrifttum, darunter der Katechismus von 1550, hatte jedoch für die Entwicklung der Schriftsprache hohe Bedeutung.

Im heutigen S. mit seiner Fläche von 20251 km² und rund 1,94 Mio. Einwohnern (unter ihnen 90% Slowenen, 3% Kroaten, 2% Serben, 1% Ungaren) gehört der Großteil der Bevölkerung der röm.-kath. Kirche an. Diese ist in die Erzdiözese Ljubljana und die Diözesen Maribor und Koper gegliedert. Die bis in die Reformationszeit zurückreichende »Evangelische Kirche Augsburgischen Bekenntnisses« umfaßt rund 20000 Gläubige und über ein Dutzend Gemeinden. Außerdem gibt es eine sehr kleine altkatholische Kirche und einzelne Baptistengemeinden.

Lit.: M. Rupel: Primus Truber, 1964; s. unter →Jugoslawien.

E. Bryner

Smith, Robert Pearsall (1827–1898)

S., geb. am 1. 2. 1827 in Philadelphia/Nordamerika, gest. am 17. 4. 1898 in London, Fabrikant, war ein einflußreicher Vertreter der angelsächsischen →Heiligungsbewegung und erfolgreicher Evangelist. Von Hause aus →Quäker, wurden er und seine literarisch wirksame Frau Hannah geb. Whitall (1832–1911) 1866/67 durch Methodisten für die Heiligungsbewegung gewonnen. Seit 1872 entwickelt er nach einer Geistestaufe eine Stufenlehre der Heiligung, die auch Gedanken des →Perfektionismus einschloß. Bei Heiligungskonferenzen in Oxford (29. 8.–7. 9. 1874) und Brighton (29. 5.–8. 6. 1875) evangelisierte er so erfolgreich, daß eine europ. Heiligungsbewegung entstand, die zu einer der Wurzeln der →Gemeinschaftsbewegung (1886ff) wurde. Seine Lehrmeinungen wurden bes. in der Schweiz (→Chrischona, C.H. →Rappard), in Württemberg (E. →Schrenk) und im dt. Osten (Th. →Jellinghaus, J. →Paul) wie in den methodistischen Gemeinden und der Allianzbewegung (→Allianz, Ev.) verbreitet. Auf Einladung Th. →Christliebs veranstaltete er 1875 eine erfolgreiche Evangelisationsreise durch Deutschland und die Schweiz, mußte im gleichen Jahr aber alle öffentliche Wirksamkeit aufgrund einer psychischen Erkrankung (so die unveröffentlichten Tagebücher der Ehefrau) einstellen. Seine Frau wirkte in seinem Sinne weiter.

Lit.: R. P. Smith: Holiness Through Faith. Light on the Way of Holiness, 1870; Walking in the Light; Words of Counsel to Those Who have entered into »The Rest of Faith«, 1872; Robert Pearsall Smiths's Reden, o.J. (1875); H. Whitall-Smith: The Christian's Secret of a Happy Life. 1870 (dt.: Das Geheimnis eines glücklichen Christenlebens, 1965, in viele Sprachen übers., mehr als 2 Mio. Gesamtauflage).

M. E. Dieter: The Holiness Revival Of the Nineteenth Century, 1980; P. Fleisch: Die moderne Gemeinschaftsbewegung in Deutschland, I. ³1912; C. E. Jones: Perfectionist Persuasion: The Holiness Movement and American Methodism, 1867–1936, 1974; J. Ohlemacher: Das Reich Gottes in Deutschland bauen (AGP 23), 1986. C. H. Rappard: Vertrauliche Mitteilungen über Pearsall Smith, 1876; H. T. Wangemann: Pearsall Smith und die Versammlungen zu Brighton in ihrer Bedeutung für Deutschland. ²1876.

J. Ohlemacher

Social Gospel

Der Begriff S.G. tauchte Anfang des 20. Jh.s im Zusammenhang mit einer gleichnamigen Bewegung in den USA auf, die auf Grund des Massenelends als Folge der Industrialisierung eine soziale Reform der Gesellschaft forderte. Aufsteigender Kapitalismus, Spezialisierung der Betriebe, Urbanisierungsprozesse und Rationalisierungsmaßnahmen führten zu hoher Arbeitslosigkeit und Verarmung der unteren Schichten. Hier hatte die Kirche zu reagieren.

Vater des S.G. in Amerika war Washington Gladden, ein Pastor in Columbus, Ohio. Andere Pastoren mit sozialem Engagement waren Charles M. Sheldon und Josiah Strong. Die theol. Grundlage des S.G. legte Walter →Rauschenbusch, der in mehreren Schriften die soziale Dimension des Glaubens theol. begründete. Als Pfarrer in den Slums von New York hatte er das Elend der Armen kennengelernt. Rauschenbusch stieß mit seinem neuen Ansatz auf heftige Kritik aus dem Lager der Fundamentalisten, verband er doch das soziale Anliegen mit der aufkommenden Bibelkritik. In Deutschland wurden seine Ansichten zunächst durch die Zeitschrift »Christliche Welt« unter Martin →Rade bekannt, den Rauschenbusch 1908 längere Zeit besuchte. Grundlegend für S.G. wurde sein rein diesseitiges Reich-Gottes-Verständnis. Sein Ziel war die Rettung einer von sozialen Unrechtsstrukturen beherrschten Gesellschaft. Rauschenbuschs Überzeugungen machten deutlich, daß er eine völlige Umdeutung der gesamten christl. Theologie forderte.

Die Bewegung des S.G. kam dabei in Konflikt mit der stark individualistisch ausgerichteten Erwekkungsbewegung, die sich in erster Linie auf die Rettung der Seelen konzentrierte. Andererseits fehlte es bei diesen Evangelikalen niemals an sozialem Einsatz, der jedoch hinter der Evangelisierung zurückstand. Schon der →Methodismus unter John →Wesley setzte sich für soziale Verbesserungen innerhalb der englischen Gesellschaft ein. Die →Heilsarmee wirkte im sozialen Sinne unter den Ärmsten der Großstädte. Aber eine generelle Christianisierung der Gesellschaft aus eigener Kraft, wie sie die Anhänger des S.G. forderten, empfanden die Evangelikalen als utopisch und unbibl. Zudem konnten sie sich mit einer optimistischen Eschatologie, dem zunehmenden Liberalismus und Pazifismus bei Rauschenbusch und seinen Gesinnungsgenossen nicht anfreunden. Bis heute gibt es aus diesen Gründen innerhalb der evangelikalen Bewegung eine starke Zurückhaltung gegenüber jeder Art eines S.G., wenn auch in neuerer Zeit einflußreiche Evangelikale eine behutsame Kurskorrektur fordern (z.B. John Stott). Die → Lausanner Bewegung nahm das Thema schon 1974 auf (Art. 3 der Lausanner Verpflichtung), versuchte 1982 in Grand Rapids zusammen mit dem WEF die Frage nach dem Verhältnis zur klassischen →Evangelisation weiter zu klären.

Der Ansatz Rauschenbuschs wurde in der Schweiz durch die Religiösen Sozialisten unter Hermann Kutter und Leonhard →Ragaz aufgenommen, dessen Frau Clara auch das Hauptwerk Rauschenbuschs ins Deutsche übersetzte. Das gemeinsame Band fand man in der diesseitigen Reich-Gottes-Erwartung, der Theologie Ritschls und der Forderung nach einer Gesellschaft im Sinne des →Sozialismus. Die →Dialektische Theologie wandte sich jedoch gegen das S.G. und verhinderte eine weitere Ausbreitung. Die beiden Weltkriege führten zusätzlich zu einer Desillusionierung ihrer Anhänger, deren Optimismus an den Realitäten der totalitären Regime zerbrach. Eine Theologie des S.G. wurde in der Folgezeit in internationalen ökumen. Gremien weitergeführt, angeregt durch die theol. Grundlage des Federal Council of Churches in den USA. Aber auch die polit. Theologien der Gegenwart (Befreiungstheologie, Gott-ist-tot-Theologie) knüpften indirekt an das S.G. an.

Lit.: W. Rauschenbusch: Christianity and the Social Crisis, 1907; ders.: Die religiösen Grundlagen der sozialen Botschaft, 1922.

K. Bockmühl (Hg.): Verkündigung und soziale Verantwortung, 1983; R. T. Handy (Hg.): The Social Gospel in America, 1870–1920: Gladden, Ely, Rauschenbusch, 1966; N. A. Magnuson: Salvation in the Slums: Evangelical Social Work, 1865–1900, 1977; K. Naumann: Die Theologie der Social Gospel, Diss. Tübingen, 1939; R. C. White, C. H. Hopkins: The Social Gospel: Religion and Reform in Changing America, 1976.

St. Holthaus

Societas Jesu (Jesuitenorden)

S.J. ist die gebräuchliche Abkürzung für die Societas Jesu, die auch hinter dem Namen jedes Ordensangehörigen steht. Die S.J. ist der letzte →»Orden« der kath. Kirche, bevor dann die Zeit der »Kongregationen« begann. Die S.J. geht auf den Zusammenschluß von →Ignatius von Loyola mit sechs seiner Anhänger zurück, die am 15.8.1534 auf dem Montmartre in Paris ihre Gelübde ablegten (Armut, Keuschheit, Wallfahrt nach Jerusalem), 1539 reichte Ignatius die Satzung dem Papst ein, am 27.9.1540 wurde der Orden durch Paul III. bestätigt (Gelübde der drei ev. Räte, zusätzlich Papstgehorsam). Die »Institutionen« des Ordens gelten ab 1558: Verzicht auf Tracht und Chorgebet, Zentralisierung der Ordensleitung.

Die S.J. verbreitete sich schnell: Sie hatte im Todesjahr des Ignatius 1556 ca. 1000, 1986 25.382 Mitglieder. Der Orden wurde Träger der Gegenreformation über (Fürsten) Beichte und Predigt, Gemeindekatechismen (P. Canisius und R. Bellarmin), Erneuerung des Schulwesens auf allen Ebenen bis zur Universität, Äußere Mission und Auseinandersetzung mit Häretikern (→Jansenismus). 1773 wurde der Orden von Papst Clemens XIV. aufgehoben, aber 1814 durch Pius VII. wieder zugelassen, in Deutschland war er von 1872–1917 verboten – wie in vielen anderen Ländern auch, ein Ergebnis des Unfehlbarkeitsdogmas, zu dessen Vorbereitung und in dessen Durchführung die Jesuiten – wie zu früheren und späteren Zeiten auch – als in der Regel gehorsame Diener des Papsttums galten.

Gegenwärtig sind acht päpstliche Institutionen

Jesuiten übertragen; die S.J. verfügt über 177 Universitäten und Hochschulen, über ca. 500 Schulen (außer den ca. 700 Fey Algeria-Schulen in Latein-Amerika). Sie betreut 1.320 Zeitschriften in 50 Sprachen und ist in Theologie, Mission, Seelenführung (Exerzitien) und Unterricht führend beteiligt. Der Orden ist nach wie vor das bedeutendste und wirkungsvollste Instrument der röm.-kath. Kirche.

Lit.: J.C.H. Aveling: The Jesuits, 1981; H. Böhmer (überarb. K.D. Schmidt): Die Jesuiten, 1957; B. Duhr: Geschichte der Jesuiten in den Ländern deutscher Zunge, 4 Bde., 1907–1928; J.E. Vercruysse: »Jesuiten«, TRE 16, 1987, 660–670 (Lit.).

G. Ruhbach

Socinianer

Im 17. Jh. für die Antitrinitarier in Polen (auch »polnische Brüder« genannt) nach ihrem führenden Theologen Fausto Sozzini (1539–1604) geprägte Bezeichnung. Sozzini hatte sich seit 1574 in Basel theol. Studien gewidmet. Mit seiner Schrift »Über Jesus Christus den Erlöser« (1578) hatte er heftigen Streit ausgelöst, weil er in Jesu Lehre und sittlichem Vorbild, nicht aber im Opfer Christi die Erlösung begründet sah. 1579 ließ er sich bei den Antitrinitariern in Polen nieder, die in dieser Zeit in mehrere Richtungen auseinanderzudriften drohten. Nach anfänglicher Ablehnung seiner Bemühungen gelang es ihm doch, die verschiedenen Gruppen in der »Ecclesia minor«, die sich schon 1565 von der ref. Kirche abgespalten hatte, zu einigen. Damit kam er in den Ruf eines geistigen und organisatorischen Führers der Polnischen Brüder. Ihre Lehren wurden im 1605 (dt. 1608) erschienenen »Rakower Katechismus« von Sozzinis Schülern zusammenfassend dargestellt. Er trägt die rationalistisch geprägte, dem Zwang kirchl. Dogmen sich entziehende Handschrift Sozzinis: Christus, wahrer Mensch, aber nicht nur Mensch, ist der Mittler des neuen Bundes, indem er vor allem sein prophetisches Amt ausübt. Christus offenbart den Heilsweg, der in der Erkenntnis Gottes und Christi besteht; er ist der Mittler, indem er Gottes Gebote einschärft, auslegt und ihre Einhaltung einfordert in dem Aufruf zur Nachfolge, die das Leiden und Erdulden des Kreuzes einschließt. Die anselmische Satisfaktionslehre (Christus stirbt als Opfer für die Sünden der Menschen) wird abgelehnt, weil sie gegen die Vernunft und gegen die Schrift ist.

Zu den bedeutenden Gelehrten der S. gehörten u.a. Johann Crell (1590–1633), der eine »Christliche Ethik« verfaßte, Jonas Schlichting (1592–1661), Verfasser einer Schrift »Bekenntnis des Glaubens«, Martin Ruarus und Andreas Wiszowaty (1608–1678), ein Enkel Sozzinis, der dessen Ansatz weiterführte mit seiner Schrift »Religio rationalis« (Die vernünftige Religion, 1685).

Obwohl die Warschauer Konföderation von 1573 die Duldung aller Glaubensrichtungen versprach, gab es gelegentlich Gewalttaten, unter denen auch Sozzini zu leiden hatte. Mit stärker werdender →Gegenreformation kam es jedoch auch zu einer massiven Verfolgung der Socinianer. 1638 wurden Kirche, Gymnasium und Druckerei in Rakow zerstört. 1658 wurden die S. durch ein Dekret König Johann Kasimirs des Landes verwiesen. Sie fanden Zuflucht in Siebenbürgen, wo sie sich bis ins 20. Jh. hielten, in Schlesien, Brandenburg und in Holland, wo schon 1656 die wichtigsten socinianischen Schriften herausgegeben worden waren: die *Bibliotheca Fratrum Polonorum,* »Bibliothek der Polnischen Brüder«, in acht Bänden. Das unitarische Gedankengut der S. hat auf diese Weise im 17. Jh. weite Verbreitung gefunden und lebt heute in unitarisch geprägten Kirchen, vor allem in den USA, fort.

Lit.: G. A. Benrath: »Die Lehre des Humanismus und des Antitrinitarismus«, in: Handbuch der Dogmen- und Theologiegeschichte, Bd. 3, 1984, 1-70 (Lit.!); H. R. Guggisberg: »Sozinianer«, RGG³, VI, 1962, 207–210; E. M. Wilbur: A History of Unitarism, Socinianism and its Antecedents, 1947; P. Wrzecionko (Hg.): Reformation und Frühaufklärung in Polen, 1977.

Chr. Windhorst

Socinus, Faustus →Socinianer

Söderblom, Nathan (1866–1931)

Lars Olof Jonathan (Nathan) S., geb. am 15. 1. 1866 in Trönö, gest. am 12. 7. 1931 in Uppsala. Aufgewachsen als Pfarrerssohn mit mission. und sozialem Engagement, Studium in Uppsala, Mitarbeit im CVJM und in der christl. Studentenbewegung, Pastor der schwedischen Gemeinde in Paris, Prof. für Religionsgeschichte und Religionsphilosophie in Uppsala 1912–1914, Erzbischof der schwedischen Kirche 1914–1931.

S. ist einer der Mitbegründer der →Ökumenischen Bewegung; er vollzog eine Wandlung von einem eher liberalen zu einem christozentrisch bestimmten Christentum, das auf Erneuerung des kirchl. Lebens drängte. Er vertrat eine »evangelische

Katholizität« mit vielen lebendigen Beziehungen zu anderen ev. Kirchen in Europa wie zum Anglikanismus und der Orthodoxie des Ostens. Die Weltkonferenz für Praktisches Christentum 1925 in Stockholm war weitgehend sein Verdienst, 1930 erhielt er den Friedensnobelpreis und starb als allg. anerkannter Theologe und Förderer der christl. Einheit.

Lit.: N. Söderblom: Natürliche Religion und allgemeine Religionsgeschichte, 1913; Das Werden des Gottesglaubens, [2]1926;

T. Andrae: Nathan Söderblom, [2]1957; F. Heiler (Hg.): Eine Heilige Kirche, 1936 (Sonderheft für Söderblom); P. Katz: Nathan Söderblom. Ein Führer zur kirchlichen Einheit, 1925.

G. Ruhbach

Sohm, Gotthard Julius Rudolph (1841–1917)

S. wurde am 29. 10. 1841 in Rostock als Sohn eines Advokaten geboren. Ab 1860 studierte er Rechtswissenschaft in Rostock, Berlin und Heidelberg. Der Promotion 1864 in Rostock zum Dr. jur. folgte 1866 die Habilitation in Göttingen. 1870 übernahm S. eine Professur für dt. und kirchl. Rechte in Freiburg im Breisgau, von wo er 1872 nach Straßburg wechselte. 1887 wurde S. schließlich an die Universität Leipzig berufen, wo er bis zu seinem Tode am 16. 5. 1917 aufgrund eines Gehörleidens zunehmend isoliert lebte.

S. widmete sich zeitlebens der hist. Erforschung des röm. Rechts und der Entwicklung des dt. Rechts, griff aber auch in Streitfragen der Zeit ein (z.B. Zivilehe) und war an der Ausarbeitung des BGB beteiligt. Am nachhaltigsten wirkten jedoch seine kirchenrechtlichen Arbeiten. 1892 erschien der erste Band seines Kirchenrechtsbuchs, in dem S. die grundlegende These aufstellte, daß das Kirchenrecht in einem Widerspruch zum Wesen der Kirche stehe (»Das Wesen der Kirche ist geistlich, das Wesen des Rechts ist weltlich.« Kirchenrecht I, S. 1). Den Widerspruch zwischen Kirche und Kirchenrecht begründete S., indem er auf den Unterschied zwischen der rein spirituellen, rechtsfreien Gemeinde der frühen Christen und der modernen, rechtlich verfaßten Kirche als Herrschaftsverband verwies. »Die Kirche des Urchristentums (Ekklesia) ist eine rein geistliche, die katholische Kirche ist eine geistlich-weltliche, die evangelische Kirche im Rechtssinn, wie sie heute (1892) vor uns steht, eine rein weltliche Organisation.« (ebd.)

Die Aufnahme von S.s Thesen in der liberalen Theologie war positiv, bei den Vertretern der Volkskirche als Institution und der dialektischen Theologie, aber auch in der neueren Exegese und Patristik, deutlich ablehnend. Immerhin hat S. eine Diskussion um Wesen und Auftrag der

Kirche ausgelöst, die bis heute nicht abgeschlossen ist.

Werke: G. J. R. Sohm: Kirchenrecht, 2 Bde., [2]1970 (1892/1923); Institutionen. Geschichte und System des röm Privatrechts, [17]1923 (1887); Kirchengeschichte im Grundriß, [18]1913 (1888); Die altdeutsche Reichs- und Gerichtsverfassung, [2]1971 (1871/1867); Das Recht der Eheschließung aus dem deutschen und kanonischen Recht geschichtlich entwickelt, [2]1966 (1875)

Lit: A. Bühler: Kirche und Staat bei Rudolf Sohm, 1965; D. Stoodt: Wort und Recht. Rudolf Sohm und das theologische Problem des Kirchenrechts, 1962.

R. Dziewas

Sohn Gottes →Jesus Christus

Sokrates (470/69–399 v. Chr)

S., geb. 470/69 in Athen, gest. 399 v. Chr., gehörte noch der Sophistik an, die im Unterschied zu den früheren Naturphilosophen (→Vorsokratiker), ihr Philosophieren auf den menschlichen Bereich, bes. den polit. und moralischen, richtete, mit öffentlichem Unterricht. Auch S. philosophierte öffentlich in Athen, erhob aber nicht den Anspruch eines Lehrers und nahm kein Geld. Er befaßte sich ebenfalls mit Fragen über den Menschen und das moralische Gute, aber in kritischer Weise, indem er von einem Unwissen in diesen Fragen ausging und die Ansichten von Sophisten, wie auch von Politikern, widerlegte, die machtpolit. egoistisch waren und sensualistisch-hedonistische Grundlagen hatten. S. dagegen folgte dem Vernunft-Prinzip, wobei er den Auftrag des delphischen Apollon (gemäß der Tempelinschrift: Erkenne dich selbst!) erfüllte, nach Weisheit zu streben, und sich gerade durch seine (systematische) Haltung der Unwissenheit als der weiseste der Griechen erwies. In seinem Philosophieren auf vernunftgemäße, objektive Erkenntnis des Guten an sich gerichtet, bahnte er die Überwindung des sophistischen Relativismus und Subjektivismus an.

1. Hauptquellen

Diese sind Aristophanes' Komödie »Die Wolken«, Xenophons »Memorabilia Socratis«, vor allem aber →Platons »Apologia Socratis«, »Crito« und andere Dialoge. Die beiden letzteren Autoren bezeugen dem S. eine bedürfnislose, einfache Lebensweise, verbunden mit Sittenreinheit und rel. Frömmigkeit, und preisen ihn als den besten, besonnensten und glückseligsten Mann seiner Zeit. Daß ihm der Prozeß der Gottlosigkeit und Verführung der Jugend gemacht wurde, war teils vom Mißtrauen gegen die neuen, die Tradition zersetzenden »Weisheitslehrer« im allg. motiviert, teils vom Haß, den sich S. bei führenden Politikern zuzog; denn durch seine widerlegenden Dispute diskreditierte er sie öffentlich. Die von Freunden gebotene Möglichkeit, aus dem Gefängnis zu fliehen, verwarf er als ungesetzlich.

2. Sokrates' Philosophieren

Kontroversreich ist die Forschung über die phil. Lehre des hist. S., da er selbst nichts Schriftliches hinterlassen hat. Aristophanes und Xenophon gehen auf sein Philosophieren zu wenig ein, Platon wiederum macht ihn häufig zum Sprecher seiner eigenen Lehre. Wichtig bleibt →Aristoteles' Zeugnis (Metaphysik I 6), der ihm als erstem »induktive Reden und allgemeines Definieren« zuschreibt. Dies bestätigt sich aus den Gesprächssituationen in Platons Frühdialogen: Während die subjektiven Meinungen der Sophisten, die von der Sinnlichkeit (Trieb, Affekten) bestimmt sind, auf den individuellen Nutzen einzelner Gruppen (der jeweils polit. einflußreichsten) abzielen, strebt S. nach einer allg. Vernunfterkenntnis des objektiv allg. Guten, das für alle Menschen gilt und von allen erreicht werden kann, nicht nur von einzelnen oder einer Gruppe.

So kommt zum ersten Mal phil. das *bonum commune* in den Blick. Und weil allg., muß es auch definierbar sein. Gefordert ist daher ein induktiver Übergang von der sinnlich empirischen Erkenntnis (Wahrnehmungen, subjektive Meinungen) zur allg. Vernunfterkenntnis, zur Einsicht in das objektive Gute an sich, das zugleich auch eine Wesenseinsicht in den Menschen ist, in dem das Gute gründet. Daher steht am Anfang der sokratischen Philosophie bzw. Ethik: Erkenne dich selbst!

Gerade dieser Übergang wird ihm aber von seinen sophistischen Gesprächspartnern verweigert, wie die platonischen Dialoge zeigen, die daher alle in der Aporie enden. S. will zwar mit seiner maieutischen Methode (seiner »Hebammenkunst«) zum Gebären der allg. Vernunfterkenntnis verhelfen. Es ist die Methode des »Nichtwissens«, die ein Problembewußtsein wecken will, daß nämlich die sinnlich empirischen Meinungen über den moralischen Gegenstand, z.B. das Gerechte, Gute, am Beginn des Gespräches noch nicht das gesuchte Wissen sind, auf das die Vernunft abzielt. In bezug auf dieses sind sie ein Nichtwissen. S.' Nichtwissen ist also kein skeptisches, sondern ein positives Problembewußtsein, das in die Richtung des einzig möglichen Erkenntnisfortschrittes weist, nämlich hin zur allg. Vernunfterkenntnis bzw. Wissenschaft. S.' Verdienst liegt mehr in diesem grundsätzlichen phil. Verfahren als in dem Ergebnis, zu dem er in der Bestimmung über das Gute und die Tugenden gekommen ist. Die in Platons Dialogen gebotene ist wohl dessen eigene. Nach Xenophons »Memorabilia Socratis« scheint S. nicht über den allg. Gedanken der Zweckmäßigkeit in der Natur hinausgekommen zu sein, der auch das menschliche Leben bestimmt. Nach der Überlieferung setzte sich S.' Philosophieren in verschiedenen »Sokratiker«-Richtungen fort: so in der megarischen des Eukleides, der elischen des Phaidon, der kynischen des Antisthenes. Doch hatte er seinen nachhaltigsten Einfluß bei seinem großen Schüler Platon.

Lit: H. Kuhn: Sokrates' Versuch über den Ursprung der Metaphysik, 1959; V. de Magalhaes-Vilhena: Le problème de Socrate. Le Socrate historique et le Socrate de Platon, 1952; H. Maier: Sokrates, sein Werk und seine geschichtliche Stellung, 1913; G. X. Santas: Socrates' Philosophy in Plato's Early Dialogues, 1979.

H. Seidl

Sola fide

Die Formel *Sola fide,* »allein aus Glauben«, kommt schon im Römerbriefkommentar von →Thomas von Aquin vor. In dieser Formel artikuliert sich dann das Grundmotiv der →Reformation. Wir finden sie in Luthers Römerbriefvorlesung von 1515/1516, aber auch in der Römerbriefparaphrase des Erasmus von 1517. Dabei ist wichtig, daß die Reformation in Übereinstimmung mit der Bibel Glauben primär als Vertrauen und Wagnis, nicht als Wissen und Fürwahrhalten versteht. Der Glaube ist keine schwitzende Leistung, sondern eine Empfangshandlung, die offene Hand, die die Gnade empfängt, besser gesagt die offenen Hände, die sich fallen lassen in die Hände Gottes, die er uns am Kreuz entgegenhält, die Hände, die sich an den Gekreuzigten anklammern, nicht an die eigenen Werke. Denn wenn unser Heil von unseren Werken abhinge, müßten wir verzweifeln und wären unseres Heiles nie gewiß. Dieser Glaube an Christus, der alleine rettet, ist nach den reformat. Bekenntnissen immer »spezieller Glaube« *(fides specialis),* nie »allgemeiner Glaube« *(fides generalis)* (Apologie der CA Art. 4), denn Glaube heißt, als einzelner herausgerufen werden in die Entscheidung für Christus.

Die Rechtfertigung *Sola fide,* »allein aus Glauben, nicht durch Werke«, wurde oft libertinistisch mißverstanden, als wäre das *Sola fide* ein Faulbett. Doch so sehr der Glaube allein rechtfertigt, so bleibt doch der rechtfertigende Glaube nie allein, nie ohne Werke. *Sola fides ... nunquam sola* (»Allein der Glaube ... der nie allein ist«) heißt es in einer reformat. Bekenntnisschrift (Konkordienformel). →Quenstedt meinte, wir sind *sola fide* (»allein durch den Glauben«) gerechtfertigt, aber nicht *solitaria fide* (»durch den alleinbleibenden Glauben«) gerechtfertigt. Die Reformation wertet die guten Werke nicht ab, sie bekommen nur einen anderen Stellenwert. Sie sind nicht Voraussetzung, sondern Folge der →Rechtfertigung. Ich tue keine guten Werke, um mir das ewige Leben zu verdienen, sondern ich tue sie aus Dankbarkeit, daß Gott mir am Kreuz das ewige Leben verdient hat in seinem Sohn, ich tue sie nicht aus Berechnung und um mit Gott ins Geschäft zu kommen, sondern ich tue sie um ihrer selbst willen und spontan. Nach reformat. Lehre folgen die guten Werke dem Glauben so »notwendig« wie die »Früchte« an einem Baum. (CA Art. 6) Der Glaube ist nach der Reformation ohne Werke »tot« (Apologie der CA Art. 4), er ist ohne sie kein Glaube; mindestens eine »angefangene Gesetzeserfüllung« ist für den Christen notwendig (Apologie Art. 4). Er muß erste Schritte tun, so sehr er das Gesetz nie so erfüllt, wie es sein müßte, und seines Heiles nie gewiß wäre, wäre es von der perfekten Gesetzeserfüllung abhängig. Andererseits »leugnet Jakobus zu Recht, daß wir durch einen derartigen Glauben gerechtfertigt werden, der ohne Werke ist« (Apologie Art. 4). Wir gewinnen die Rechtfertigung nicht durch gute Werke, aber wir verlieren sie ohne gute Werke.

Es ist mit den guten Werken wie bei einem Deichbruch, wo ein Kind einen Sandsack herbeischleppt, aber dann doch alles davon abhängt, daß ein Erwachsener diesen Sandsack in die richtige Lücke wirft. Was der Mensch Gutes tut, tut in Wirklichkeit Gott durch ihn. Luther vergleicht den Christen mit einem »Rohr«, das die Liebe Gottes aufnimmt und weitergibt in einem. Wir sind nicht Quelle der Liebe, sondern Kanal der Liebe, wenn auch nicht Bassin dieser Liebe.

H. G. Pöhlmann

Soldatenarbeit →Arbeitsgemeinschaft Soldatenseelsorge; →Militärseelsorge

Solidaritätsprinzip →Sozialprinzipien

Solowjow, Vladimir →Rußland

Sonntag/Sonntagsheiligung

In den Anfängen des Christentums begingen die judenchristl. Gemeinden neben dem →Sabbat, dem siebten Tag der Woche, den ersten Tag der Woche durch gottesdienstliche Zusammenkünfte als »Tag des Herrn« (Apg 20,7; Offb 1,10; vgl. 1Kor 16,2; Did 14,1), da der Sonntag der Tag der Auferstehung Jesu war. Die heidenchristl. Gemeinden feierten dagegen den Sabbat nicht (Kol 2,16f), wozu sie auf dem Apostelkonzil auch nicht verpflichtet wurden (Apg 15,28f). Im 2. Jh. tritt der Sonntag als alleiniger zentraler Tag in den Mittelpunkt des christl. Gemeindelebens (Ign Magn 9,1; Barn 15, 8). Jedoch war der Tag im hell. Umfeld der Gemeinden ein normaler Arbeitstag, so daß auch die Christen ihn nicht als Ruhetag feierten.

Ein Dekret →Konstantins d. Gr. 7. 3. 321 erhob den Sonntag zum offiziellen Feiertag und sicherte auch Sklaven und Soldaten die freie Zeit für den Gottesdienstbesuch. Auch als das Christentum unter Theodosius I., der Große Staatsreligion wurde, wurde der Sonntag nicht zum allg. Ruhetag erklärt, da man keine Übernahme des Sabbats aus dem Judentum wollte. Daher wird die Feier des Sonntags auch in den ersten Jahrhunderten nicht mit dem Gebot der Feiertagsheiligung begründet. Erst im 6. Jh. setzte sich der Sonntag als Feiertag durch, der zum einen von der Meßfeier und zum anderen durch Arbeitsruhe gekennzeichnet war. Durch die Deutung Jesu als der wahren Sonne, konnte die Bezeichnung Sonntag den Begriff »Tag des Herrn« verdrängen.

Im MA wurden dann die atl. Vorstellungen der Sabbatheiligung auf den Sonntag übertragen, der nun als »Sabbat des neuen Bundes« (→Thomas von Aquin) interpretiert werden konnte. Für das alte kath. Kirchenrecht galt daher ein vierfaches Sonntagsgebot, das den Meßbesuch vorschrieb und die Enthaltung von schwerer körperlicher Arbeit sowie die Unterlassung von Gerichtsverhandlungen und öffentlichen Märkten verlangte.

Die Reformation hat demgegenüber den Sonntag wieder in erster Linie vom Gottesdienst her verstanden. Der Sonntag ist nach Luthers Großem und Kleinem Katechismus der Tag um Gottes Wort zu hören. Das Arbeitsverbot der atl. Sabbatgesetzgebung wird nicht für den Sonntag übernommen. Feiertagsheiligung bedeute vor allem »Gottes Wort heilig zu halten, gerne zu hören und zu lernen« (Luther) bzw. »das Wort hören, die Sakramente üben und öffentlich miteinander beten« (Calvin). Zugleich diene der Sonntag aber auch, wie der Sabbat, der Erholung von der Arbeit. Denn wir sollen »unsere Untergebenen nicht unmenschlich bedrücken« (Calvin).

Das Halten des Ruhegebotes wurde im Puritanismus und Pietismus stark betont. Man vermied am Sonntag nach Möglichkeit jede unnötige Form von Bewegung und Zerstreuung. Der Sonntag sollte als Tag der Ruhe, der Andacht, des Gottesdienstbesuches und der stillen Selbstprüfung begangen werden. Unter Cromwell wurde dieses Ideal der Sonntagsheiligung durch eine Vielzahl genauer Verbote von Sonntagstätigkeiten auch staatlich reglementiert und sanktioniert (sog. englischer Sonntag).

Die theol. Hochschätzung der Sonntagsheiligung und der Ruhe am Gottesdiensttag konnte allerdings nicht verhindern, daß im Zug der Industrialisierung zunehmend mehr Menschen auch an Sonn- und Feiertagen arbeiten mußten, bis die sozialstaatlichen Arbeitszeitregelungen Ende des 19. Jh.s die Sonntagsarbeit wieder auf das gesellschaftl. notwendige Maß beschränkten.

Seitdem die Gewerkschaften in den 50er Jahren den freien Samstag erkämpften, bildet der Sonntag zusammen mit dem Samstag das Wochenende. Im Rahmen der allg. Entkirchlichung und des Rückganges des Gottesdienstbesuchs konkurrieren seitdem Kurzurlaub, Sport- und Kulturveranstaltungen, Familienfeste und Ausflugsziele mit dem sonntäglichen Gottesdienstbesuch. Seitdem ist der Sonntag im Bewußtsein der Bevölkerung mehr ein Tag zum Ausschlafen und für Freizeitaktivitäten denn ein Tag für Gottesdienst, Andacht und Muße.

Für die Sonntagsheiligung durch Arbeitsruhe geht die wesentliche Gefahr von dem Trend aus, den Sonntag wie den Samstag wieder als Produktions- und Arbeitstag zu nutzen. Die wachsende Bedeutung des Dienstleistungssektors und die Entwicklung zunehmend komplexerer und teurerer Fertigungsanlagen, die rund um die Uhr, sieben Tage die Woche genutzt werden sollen, hat zu einem zunehmend stärkeren wirtschaftlichen Bedürfnis nach Samstags- und Sonntagsarbeit geführt.

Die Kirchen haben sich in mehreren Denkschriften gegen die Vereinnahmung des Sonntags als Arbeitstag ausgesprochen und versucht, den Sonntag als kollektiven Ruhetag zu verteidigen und für die Heiligung des Sonntags durch Arbeitsruhe und Gottsdienstbesuch zu werben. Den Sonntag als zu heiligenden Tag der Woche im Bewußtsein der Bevölkerung zu verankern und damit gesellschaftl. zu verteidigen, wird aber wohl nur gelingen, wenn das Interesse der Bevölkerung am Gottesdienstbesuch und damit am Sonntag als Gottesdiensttag neu geweckt werden kann, denn erst dies würde das Gewicht der Kirchen in der Diskussion um die Nutzung des Sonntags stärken.

Lit.: A. M. Altermatt, Th. Schnitker (Hg.): Der Sonntag. Anspruch – Wirklichkeit – Gestalt, 1986; E. Haag: Vom Sabbat zum Sonntag. Eine bibeltheologische Studie, 1991; J. P. Rinderspacher: Am Ende der Woche, 1987; G. Ruhbach: »Von der Heiligung des Sonntags«, in; ThBeitr 5/89, 247–257.

R. Dziewas

Sonntagsarbeit

1. Begriffsbestimmung und Rechtslage

Unter S. versteht man die an Sonn- und Feiertagen geleistete Arbeit, die mit dem 1994 in Kraft getretenen Arbeitszeitrechtsgesetz (ArbZRG) neu geregelt wurde. Generell dürfen Arbeitnehmer an Sonn- und Feiertagen nicht beschäftigt werden (§9). Ausnahmen sind in Notfällen und im öffentlichen Interesse möglich (Ausnahmekatalog §10 wie z.B. das Gast- und Schank- sowie Verkehrsgewerbe). Kontrovers diskutiert wurde die Erweiterung der bisherigen Rechtslage (§13), die aus wirtschaftlichen Gründen Ausnahmen ermöglicht.

Jeder sechste Beschäftigte mußte 1991 auf die allg. Sonntagsruhe verzichten, wobei die Dienstleistungen mit 31% und der Verkehr sowie die Nachrichtenübermittlung mit 29,5% Spitzenreiter darstellen. S. wird häufiger von Männern (18,2%) als von Frauen (14,3%) geleistet.

2. Geschichtliches

Für die ersten Christen war der Sonntag kein freier Tag, sondern Tag der Gemeinschaft. Abends oder häufig vor Tagesanbruch feierten sie ihre Gottesdienste und nahmen anschließend ihre Arbeit auf. Der Sonntag wurde nicht als »Nachfolger« des Sabbats gesehen und, demzufolge wurden Sabbatvorschriften nicht auf ihn übertragen. Kaiser Konstantin erließ 321 n.Chr. ein Gesetz, das für Gerichte und städtische Gewerbe die Sonntagsruhe einführte. Sabbatvorschriften standen nicht Pate. Ernteeinsatz bei gutem Wetter war ausdrücklich von der Arbeitsruhe ausgenommen, während die Sabbatgesetze diese streng verboten.

Im Laufe der Jahrhunderte wurden Gottesdienstbesuch und Arbeitsruhe am Sonntag Zwang, die Sabbatvorschriften wurden auf den Sonntag übertragen und Verstöße gegen die Sonntagsruhe streng bestraft. Bis zur Reformation wurden viele strikt einzuhaltende Feiertage hinzugefügt, so daß in Deutschland praktisch eine Fünf-Tage-Woche existierte. Sonn- und Feiertage waren durch rel. Pflichtveranstaltungen weitgehend ausgefüllt. Im Unterschied zum jüd. Sabbat gab es großzügigen Dispens. Im Zuge der Aufklärung wurde die Sieben-Tage-Woche in Frage gestellt und in Frankreich versucht, die Dekade einzuführen, was jedoch scheiterte. In Deutschland wurde während der Industrialisierung die Sonntagsruhe für weite Teile der Bevölkerung abgeschafft (im Gegensatz zu England). Erst 1839 wird in Preußen die Beschäftigung jugendlicher Arbeitnehmer an Sonn- und Feiertagen in Fabriken verboten (Preußisches Regulativ). Schon Herzog Heinrich von Sachsen verbot 1522 das Arbeiten an Feiertagen. In Preußen wurde 1849 die S. untersagt, deren Verbot Eingang in die Gewerbeordnung fand. Der Schutz der Sonn- und Feiertage wurde in Art. 139 der Weimarer Reichsverfassung verankert, der unverändert laut Art. 140 GG noch gilt.

Seit Gründung der Bundesrepublik wurden S. und ihr notwendiges Ausmaß verschiedentlich diskutiert (Ende der 50er/Anfang der 60er Jahre und Anfang der 90er Jahre; Konkurrenzfähigkeit auf dem Weltmarkt). Die zunehmende Nachfrage nach Freizeiteinrichtungen am Sonntag führt dazu, daß viele Menschen arbeiten müssen, damit andere den Sonntag feiern können.

3. Theologische Gesichtspunkte

Der erste Tag des Menschen war ein Ruhetag, ein Tag der Gemeinschaft mit Gott, der darauf hinweist, daß der Mensch nicht von seiner Arbeit, sondern von Gottes Barmherzigkeit lebt. Die Sabbatruhe (→Sabbat) ist somit in der Schöpfungsordnung angelegt und im Dekalog bekräftigt (1Mo 20,8-11; 34,21). Der Sabbat sollte ein Tag des Feierns und Essens (Fasten war nicht erlaubt) sein. Das Sabbatgebot entwickelte sich im Laufe der jüd. Geschichte zu einem wesentlichen Gebot. Nach Jes 66,23 wird die Völkerwallfahrt nach Zion an einem Sabbat stattfinden.

Seneca tadelt die Juden, daß sie den siebten Teil ihres Lebens wegen des Sabbats vergeuden. Heute weiß man, daß der Mensch ein Aufatmen benötigt. Der Ruhetag kann als Freudentag angesehen werden (»Faulenzen auf Befehl«, H. W. Wolff). Jesus stellt den Menschen über das Sabbatgebot (Mk 2,27; LK 13,10-17).

In der kath. Kirche wird der Sonntag als Kultus- und Ruhetag durch die Schöpfungsordnung und durch die atl. Gesetzgebung als verordnet angesehen und durch Christus auf den ersten Tag der Woche übertragen.

Luther sah den Sonntag als eine begrüßenswerte kirchl. Einrichtung, als freien Tag für die Ruhe und den Gottesdienst, der aber nicht mit den Sabbatgeboten begründet werden kann. Calvin bezeichnete es als Aberglauben, Feiertagsarbeit als Sünde anzusehen. Nach der Reformation wurde auch in ev. Gebieten die Gottesdienstpflicht aufrechterhalten und teilweise polizeilich durchgesetzt.

Das Verbot der S. kann als Gabe Gottes verstanden werden. Gottes Ordnungen sind gut für den Menschen. Die soziale Bedeutung des Ruhetages zeigt, daß er heute noch seine Berechtigung hat. Das AT und Jesus betonen die Notwendigkeit der Ruhe von der Arbeit.

4. Gesellschaftliche Bedeutung

Von seiten der Wirtschaft wird nicht der Ruherhythmus in Frage gestellt. Um international wettbewerbsfähig zu bleiben, muß das Kapital länger als wöchentlich 35 Stunden genutzt werden. Zur Aufrechterhaltung längerer Produktionszeiten wird vorgeschlagen, daß verschiedene Teile der Bevölkerung an verschiedenen Tagen ruhen können. So sind einige Schichtdienstregelungen eingeführt worden, die an verschiedenen Tagen Arbeitnehmern einen längeren Ruhezeitraum ermöglichen.

Aus gesellschaftl. Gründen kann dem entgegengehalten werden, daß ein gemeinsames Feiern nur möglich ist, wenn planbar ein bestimmter Tag für weite Teile der Bevölkerung als Ruhetag gilt. Gemeinsames Feiern und soziale Kommunikation hängen von einem gemeinsamen Ruhetag ab.

Lit.: R. Haupt: »Sonntagsarbeit zwischen Schöpfungsordnung und Arbeitszeitmanagement«, in: W. Lachmann, R. Haupt (Hg.): Wirtschaftsethik in einer pluralistischen Welt, 1991, 93-111 (Lit.); H. Przybylski, J. P. Rinderspacher (Hg.): Das Ende gemeinsamer Zeit? Risiken neuer Arbeitszeitgestaltung und Öffnungszeiten, 1988; H. Steffens: Der ge(schein)heiligte Sonntag. Fakten und Meinungen zur Sonntagsarbeit, 1990; H. W. Wolff: »Vom Ruhetag«, in: ders. Menschliches. Vier Reden über das Herz, den Ruhetag, die Ehe und den Tod, 1971, 32-45; Unsere Verantwortung für den Sonntag. Gemeinsame Erklärung der Deutschen Bischofskonferenz und des Rates der Evangelischen Kirche in Deutschland, 1988.

W. Lachmann

Sonntagsschule

Entstanden 1780 in Gloucester (England) durch Initiative von Robert Raikes (1735–1811), hat die S. als Einrichtung zur rel. Erziehung der Kinder im Gefolge der industriellen Revolution in Europa und Nordamerika rasche Verbreitung gefunden. Auf dem Hintergrund der sich grundlegend ändernden soziokulturellen Bedingungen in der zweiten Hälfte des 18. Jh.s war die S. als »Schule am Sonntag« ursprünglich eine elementarpäd. Einrichtung, um verwahrlosten Kindern anhand bibl. Inhalte Lesen und Schreiben beizubringen. Dieser Aufgabe widmeten sich auch die S.n, die in Deutschland nach englischem Vorbild entstanden: die erste in Hamburg, 1790 gegründet, aber während der franz. Besatzungszeit eingegangen, dann die 1825 in der Hamburger Vorstadt St. Georg auf Initiative von J. G. →Oncken begonnene, die von dem der →Erweckungsbewegung zugehörigen Johann Wilhelm Rautenberg (1791–1865) geleitet wurde, in der J. H. →Wichern entscheidende Impulse erhielt, die zur Gründung der →Inneren Mission führten, und die Muster für S.n an anderen Orten (u.a. in Bremen und Wuppertal) wurde. In den Vereinigten Staaten von Amerika erlebte die S. in der Folgezeit eine Umformung zum kirchl. Unterricht mit gemeindemission. Dimension, eine Prägung, die nach 1863 durch den Presbyterianer Albert Woodruff, den Gründer der Foreign Sunday School Association, seinen Dolmetscher Wilhelm Bröckelmann sowie Johannes Prochnow (1814–1888) von der →Goßner-Mission auch in Deutschland Fuß faßte. Sie ist bis heute vorherrschend bei den →Freikirchen, deren S.n vielfach Keimzellen neuer Gemeinden waren. Besondere Bedeutung für die rel. Sozialisation der Kinder gewann dabei das eingängige →Liedgut. Ursprünglich war S. auch die Bezeichnung für die landeskirchl. Kindergruppenarbeit. Diese wurde jedoch schon 1882 (Bremer Sonntagsschulkongreß) durch »→Kindergottesdienst« ersetzt. Auch in den Freikirchen wird zunehmend anstelle der als altertümlich empfundenen Bezeichnung S. von »Kindergottesdienst« gesprochen.

Getragen von ehrenamtlichen Mitarbeitern, war die S. von Anfang an eine Laieninitiative und hat diesen Charakter bis heute behalten. Nach Altersstufen gegliedert erleben die Kinder von ca. vier bis dreizehn Jahren in der S. einen ihnen gemäßen Gottesdienst, der sich heute kaum noch von der Kinderstunde in der Woche unterscheidet (→Kinderarbeit, missionarische). Die über lange Zeit geführte Auseinandersetzung um einen »themenorientierten« oder bibl.-»textorientierten« Ansatz der S.arbeit hat sich gelegt, so daß heute einerseits durch bewußte – auch am Alter der Kinder orientierte – Textwahl einer Überfütterung mit bibl. Geschichten entgegengewirkt wird, andererseits kindliche Bedürfnisse und Grundbefindlichkeiten im vorgegebenen mehrjährigen Textplan aufgespürt werden, der nach wie vor Arbeitsgrundlage ist. Die bibl. Unterweisung wird oft durch erlebnisorientierte Elemente (Basteln, Spielen) ergänzt. Der Anleitung und Schulung der Mitarbeiter widmen sich in den (Frei-)Kirchen hauptamtliche theol. und päd. Mitarbeiter(innen) und einige regelmäßig erscheinende Mitarbeiterhilfen.

Lit.: C. Berg: Gottesdienst mit Kindern. Von der Sonntagsschule zum Kindergottesdienst, 1987 (Lit.); H. Harms: Hamburg und die Mission zu Beginn des 19. Jahrhunderts. Kirchlich-missionarische Vereine 1814–1836, 1973, 191–208; J. W. E. Sommer: Die Entstehung der Sonntagsschule. Ein kurzes Lebensbild ihres Vaters Robert Raikes, 1930; Sonntagsschulmitarbeiter (ZS, hg. im Auftrag der Vereinigung Evangelischer Freikirchen); Unser Kinderliederbuch, [4]1990.

H. Priebe

Soteriologie →Erlösung; →Heil; →Rechtfertigung; →Versöhnung

Sowjetunion →Armenien; →Baltikum; →Georgien; →Rußland; →Ukraine

Sozialakademie, Evangelische

Seelsorgerl. ist der Auftrag der Kirche am Menschen in der Arbeitswelt – realisierbar jedoch nur, wenn er zugleich ein Stück Sozialdiakonie im industriellen Bereich ist. Hierfür die Kompetenz zu vermitteln, ist Ziel der Ev. S. Friedewald. Mitarbeiter aus Industriepfarrämtern, Pfarrer, Sozialsekretäre, Betriebsräte, Vertreter verschiedener industrieller Berufe werden auf Tagungen und in Seminaren mit Problemen der industriellen Arbeitswelt vertraut gemacht. Zu den Standardthemen gehören Grundfragen wie: Mitbestimmung, Humanisierung der Wirtschaft, Arbeitslosigkeit, Weltwirtschaftsordnung, ökologische Krise. Das vertiefte Verständnis dieser Probleme sowie ihre christl.-sozialethische Sicht sollen die Besucher der Akademieveranstaltungen zur Mitgestaltung der industriellen Gesellschaft befähigen. Sozialsekretäre erhalten ihre dreijährige Ausbildung an der S. Träger der Ev. S. ist der Verein »Haus Friedewald e.V.«; ein Kuratorium aus Vertretern von Wirtschaftspolitik, Sozialpolitik und Sozialethik begleitet die konzeptionell-inhaltliche Arbeit. Haus Friedewald, am nördlichen Rand des Westerwalds gelegen, ist eine bundeszentrale Aus- und Fortbildungsstätte der EKD, 1949 als Nachfolgeeinrichtung der ev.-sozialen Schule (1912-33) gegründet.

Lit.: Friedewalder Texte, hg. von der Sozialakademie Friedewald, Schloß Friedewald 1989ff.

R. Boeckler

Sozialarbeit, Sozialdiakonie, Sozialberufe

S.arbeit, in einem Spektrum professioneller Tätigkeiten, ist die Antwort einer Gesellschaft auf ihr eigenes soziales Problem – und zugleich unaufgebbarer Bestandteil der Diakonie. Christl. Liebestätigkeit, wie beim »Barmherzigen Samariter« (Lk 10) gerichtet auf die einzelne Not, nimmt sich in der S.arbeit der Lebensumstände an, in denen ein Gefährdeter, ein Notleidender, ein Benachteiligter sich befindet. Nie ist Not nur individuell, stets sind soziale Gegebenheiten mitbeteiligt. S.arbeit stärkt Betroffene in ihrer Situation, in den Spielräumen für Mitverantwortung und Selbständigkeit. Nicht Betreuerin, sondern Anwalt will S.arbeit sein. Unter Einbeziehung verschiedener Partner- und Bezugswissenschaften entsteht die spezifische Praxistheorie der S.arbeit.

Soziale Notwendigkeit hatte die Nächstenhilfe auf den Weg der S.arbeit geführt. Elend, das aus der

Industrialisierung kam, das Auseinanderbrechen mancher sozialen Struktur, erforderte als Reaktion ein soziales und nicht mehr nur individuelles Hilfskonzept. Zu Beginn des 20. Jh.s wurden Schulungen, erste soziale Bildungseinrichtungen aufgeboten, Erfahrungen der →Inneren Mission weiterentwickelt, aus den USA Streetwork, Gemeinwesenarbeit, →Social Gospel übernommen. Die dt. Pädagogik steuerte die Sozialpädagogik bei, zunächst an gefährdeten Kindern und Jugendlichen orientiert. Die emanzipatorische Zielsetzung verstärkt sich, wird als soziales Lernen auf alle Kinder und Jugendliche erweitert und zur Aufgabe aller Lebensalter gemacht. Sozialpädagogik beflügelte die S.arbeit, beide greifen ineinander – auch wenn sie an den Fachhochschulen für →Sozialwesen getrennte Lehrangebote sind.

S.diakonie, anders als S.arbeit, greift über das Sozialpflegerische hinaus, sucht den Menschen im Gefüge von Gesellschaft und Institution. Ihm, dem gesellschaftl. Gefüge, gilt der sozialdiakonische Dienst. Der Wandel, dem Institutionen und Gesellschaft unterliegen, darf nicht auf Kosten der Menschen gehen. Veränderungen der Arbeitswelt gehören zu den Themen der S.diakonie, Fragen der Mitbestimmung, der Humanität am Arbeitsplatz, der Gleichstellung der Frau, aber auch der Umwelt, der Rechte von Ausländern, des Friedens. Im Eintreten für Gerechtigkeit, Freiheit und Frieden ist das zeitliche Wohl des Menschen im Blick, der Geschöpf ist und Partner Gottes in der Welt.

S.berufe: Ein breites Spektrum professioneller Tätigkeiten dient der S.arbeit wie der S.diakonie. Die Ausbildung dazu erfolgt in →Fachhochschulen für Sozialwesen, Diakonenanstalten (→Diakon), Fachschulen für Sozial- und Heilpädagogik, ferner in Fort- und Weiterbildungseinrichtungen wie der Diakonischen Akademie und der Ev. →Sozialakademie. Typische Berufsprofile im sozialarbeiterischen Bereich sind:

– Altenpfleger/innen, in S.stationen und stationären Einrichtungen, mit der Aufgabe, Eigenständigkeit im Alter zu fördern, rehabilitativ, stabilisierend, pflegend, auch sterbebegleitend tätig – zwei- bis dreijährige, zu großen Teilen berufspraktische Fachschulausbildung;

– Ehe- und Familienberater/innen, die, möglichst in Paarberatung, Partner- und Beziehungskonflikte bearbeiten, dabei Persönlichkeitskrisen (Ablösung vom Elternhaus, Partnerwahl, Vater-, Mutterschaft) ebenso einbeziehen wie das praktische Zusammenleben der Partner (Hausarbeit, Kindererziehung) – Ausbildung als S.arbeiter, psychologische Zusatzqualifikation, für Schwangerschaftskonfliktberatung spezielle Fortbildung;

– Erzieher/innen, die in Tageseinrichtungen für Kinder, in Heimen, Erholungseinrichtungen und im Bereich der Heil- und Sondererziehung Kinder und Jugendliche in der Persönlichkeitsentwicklung und in ihrem sozialen Verhalten fördern – zweijährige Fachschulausbildung, berufspraktisches Jahr;

– Heilerziehungspfleger/innen, die in Wohngruppen, Heimen, schützenden Werkstätten, vorschulischen Einrichtungen die rehabilitative Arbeit mit Behinderten, z.T. auch psychisch Kranken fördern, meist im Verein mit Erziehern, Heil- und Sozialpädagogen – zwei- bis dreijährige Fachschulausbildung und Anerkennungsjahr;

– S.berater für Ausländer, die, selbst meist Angehörige der entsprechenden Nationalitätengruppe, ihre Landsleute bei der Eingliederung unterstützen (Sprachhilfen, Unterstützung bei Behörden) sowie in persönl. und familiären Problemen beraten, häufig als diplomierte S.arbeiter – berufsbegleitende Fortbildung sorgt für eine Mindestqualifikation;

– Drogenberater/innen, die sich an Gefährdete, Abhängige, Angehörige wenden, Kontakt, Ausstiegsmöglichkeiten, Vermittlung von Ersatzstoffen, Gespräch anbieten, in Beratungsstellen arbeiten, aber auch in Kliniken, Freizeiteinrichtungen, Strafanstalten oder anonym in der Szene tätig werden – Ausbildung zum S.arbeiter, Spezialisierung durch Weiterbildung.

Für alle S.berufe, soweit die Ausbildung in kirchl. Einrichtungen erfolgt, gehören theol.-religionspäd. Aspekte zur Ausbildung.

Lit.: H. Eyferth, H.-U. Otto, H. Thiersch (Hg.): Handbuch zur Sozialarbeit/Sozialpädagogik, 1984; Fachlexikon der sozialen Arbeit, hg. vom Dt. Verein für öffentliche und private Fürsorge, [3]1993; H. Seibert: Diakonie – Hilfehandeln Jesu und soziale Arbeit des Diakonischen Werkes, 1983.

R. Boeckler

Sozialdarwinismus

Der Grundgedanke des für die →Evolution der Lebewesen entwickelten darwinistischen Modells, wonach sich im »Kampf ums Dasein« jeweils die Tüchtigsten durchsetzen, zur Fortpflanzung gelangen und dadurch eine allg. Tendenz zur Höherentwicklung bewirken, wurde rasch auch auf den Menschen und seine Sozialordnungen übertragen. Man glaubte, eine Höherentwicklung der Menschheit werde einerseits durch den siegreichen Kampf der jeweils besten Völker und andererseits durch die

Förderung der Lebenstüchtigsten innerhalb des jeweiligen Volkes gewährleistet. Die polit. Konsequenzen dieser beiden Thesen waren vielfältig und verhängnisvoll.

1. Schon vor dem Ersten Weltkrieg erklärte der Altdeutsche Verband, das Sammelbecken des damaligen Nationalismus: »Nicht Frieden und Menschenglück haben wir unseren Nachfahren mit auf den Weg zu geben, sondern den ewigen Kampf um die Erhaltung und Emporzüchtung unserer nationalen Art.« Selbst ein so bedeutender Denker wie Max Weber, der diesem Verband angehörte, formulierte: »Nur Herrenvölker haben den Beruf, in die Speichen der Weltentwicklung einzugreifen.« Besonders geschichtswirksam wurde Houston Stewart Chamberlains Werk »Die Grundlagen des 19. Jahrhunderts«, das über dreißig Auflagen erreichte. Seine Grundthese lautet: »Die Zivilisation und Kultur, welche vom nördlichen Europa ausstrahlend heute einen bedeutenden Teil der Welt beherrschen ... wurde nicht durch Humanitätswahn, sondern durch gesunde selbstsüchtige Kraft ..., nicht durch Genügsamkeit, sondern durch unersättlichen Heißhunger geschaffen.« Diese Gedanken wurden von Hitler begierig aufgenommen. Noch 1944 erklärte er vor Offiziersanwärtern: »Der Krieg ist also das unabänderliche Gesetz des ganzen Lebens, die Voraussetzung für die natürliche Auslese des Stärkeren und zugleich der Vorgang der Beseitigung des Schwächeren.«

2. Nicht weniger brutal waren die Konsequenzen des S. für die Innenpolitik. So erklärte schon Ende des vorigen Jahrhunderts A. Plötz: »Die Erzeugung guter Kinder wird ... geregelt nach den Grundsätzen, die die Wissenschaft ... aufgestellt hat ... Stellt es sich trotz aller Vorsorge heraus, daß der Neugeborene ein schwächliches oder mißgebildetes Kind ist, so wird ihm von dem Ärzte-Kollegium ... ein sanfter Tod bereitet ... Humane Gefühlsduseleien, wie Pflege der Kranken, der Blinden, Taubstummen, überhaupt aller Schwachen, hindert und verzögert nur die Wirksamkeit der natürlichen Zuchtwahl ... Der Kampf ums Dasein muß in seiner vollen Schärfe erhalten bleiben, wenn wir uns vervollkommenen sollen.« Auch hier wurden die entsprechenden Konsequenzen im Dritten Reich am skrupellosesten gezogen. Die Zwangssterilisation für erblich Belastete wurde eingeführt, Behinderte wurden im Zuge eines »Euthanasieprogramms« planmäßig umgebracht.

Der S. ist auch heute noch wirksam. Er hat sein Programm jedoch variiert: Die Beseitigung der Minderwertigen soll bereits vor der Geburt durch Abtreibung vorgenommen werden. Dem dienen »Vorsorgeuntersuchungen«, die es ermöglichen, Schäden am Embryo »rechtzeitig« festzustellen, um unter Berufung auf die embryopathische Indikation eine straffreie Abtreibung vornehmen zu können.

Lit.: F. Bolle: »Darwinismus und Zeitgeist«, in: H. J. Schöps: Zeitgeist im Wandel 1967; G. Masuch, H. Staudinger: Geschöpfe ohne Schöpfer? Der Darwinismus als biologisches und theologisches Problem, 1987.

H. Staudinger

Sozialdemokratie →Sozialismus

Soziale Bewegungen in der Kirchengeschichte

Die Kirche selbst ist seit ihren Anfängen als Gruppe eine soziale Bewegung und darüber hinaus wegen ihres diakon. Wesenselementes gar nicht anders denkbar. So stellt von Anfang an die karitative Arbeit der Kirche einen wichtigen Faktor der Mission dar. Diese Attraktion christl. Liebestätigkeit ist gewiß nicht ohne theol. Problematik (»Liebe« als Herrschaftsinstrument), doch vergißt eine grundsätzliche Problematisierung, daß Kirche nicht die vorweggenommene Utopie eines herrschaftsfreien Raumes darstellt. Das gilt auch für s. B. in der Kirchengeschichte im engeren Sinne. Ist doch in ihnen immer eine gesellschaftl. Strukturvorstellung wirksam, die ihre Kraft bezieht aus der Kombination bibl. Motive mit gesellschaftspolit. Sozialutopien. Die beiden Grundmodelle, die sich als Phänotypen unterscheiden lassen, nämlich Umkehrung der aktuellen gesellschaftl. Verhältnisse, was Beibehaltung der Gesellschaftsstruktur und den Austausch der Menschen bedeutet, und Rückkehr zu einem »unschuldigen« Anfang, also Flucht vor einem gesellschaftl. Modernisierungsschub in einen mythisierten archaischen Sozialtyp, konvergieren darin, daß das Glücksempfinden einer jetzt als benachteiligt angesehenen Gruppe zur angestrebten Norm wird. Ein Gruppeninteresse ist also jeweils die relevante Größe in den durch solche Bewegung zum Ausdruck kommenden Gesellschaftsmodellen.

In unserem Zusammenhang spielt die theologisierende Begründung durch das lukanische Beispiel der Jerusalemer Urgemeinde bis zur christl.-sozialen Bewegung des 20. Jh.s in ihren verschiedenen Spielarten eine Rolle und begleitet die ganze Kirchengeschichte (vgl. etwa →Donatisten, →Mönchtum, →Paulizianer, →Bauernkriege, →Amish, Christlicher →Sozialismus). Mit rel. Stoßkraft versehen werden so die s. B. zu einem wichtigen Faktor der europ. Sozial- und Gesellschaftsgeschichte, auch dort, wo sie in säkulare Institutionen münden (soziales Netz). Einige z.B. wurden prägend für bestimmte Kirchen und rel. Gemeinschaften (z.B. sog. →Friedenskirchen). Für alle Kirchen sind sie eine Schärfung des gesellschaftsbezogenen Gewissens, auch wo aus theol. Gründen die Identität von gesellschaftl. Friedens- und Gerechtigkeitsvorstellungen mit dem Frieden Gottes nicht behauptet werden kann.

Lit.: E. Troeltsch: Die Soziallehren der christlichen Kirchen und Gruppen, Ges. Schr. 1, 1912; M. Weber: Die protestantische Ethik, 1920.

W. Wischmeyer

Soziale Frage

Der Begriff kam im 19. Jh. auf und bezog sich auf die sozialen Gegensätze zwischen der Industriearbeiterschaft und dem Bürgertum (soziale Frage = »Arbeiterfrage«). Losgelöst von diesem geschichtl. Hintergrund wird der Begriff auch ganz allg. zur Kennzeichnung gesellschaftl. Zustände verwendet, die durch Ungleichheiten rechtlicher, polit. und wirtschaftl. Art zwischen verschiedenen sozialen Gruppen bestimmt sind. Wesentlich ist dabei das Verständnis, daß diese Ungleichheiten entweder den inneren Frieden einer Gesellschaft und damit die Existenz des Staates bedrohen oder mehrheitlich als nicht vertretbar angesehen werden.

So gesehen hat es zu allen Zeiten eine »soziale Frage« gegeben. Im Athen des 7. vorchristl. Jahrhunderts bestand ein extremer Gegensatz zwischen dem großgrundbesitzenden Adel und verarmten Bauern, der im Jahre 632 v. Chr. zu einem Umsturzversuch führte, der scheiterte. Amos (→Propheten Israels) hat ähnliche Verhältnisse im Israel des 8. vorchristl. Jahrhunderts vor Augen, die er als Verletzung des göttlichen Willens bezeichnet. Im vorindustriellen Europa bestand die s. F. im Gegensatz zwischen leibeigenen Bauern und rechtlich deklassierten Stadtbewohnern einerseits und dem Adel sowie städtischen Patrizierfamilien andererseits. Mit der »industriellen Revolution« gewann dann die s. F. eine neue Dimension. Im Unterschied zur stagnierenden Bevölkerungsentwicklung früherer Jahrhunderte kam es mit Beginn des 19. Jh.s zu einem starken Bevölkerungswachstum dank medizinischer und hygienischer Fortschritte, aber auch als Folge der mit der Auflösung von Leibeigenschaft und Zunftregeln entfallenden Ehehindernisse. Die Landwirtschaft konnte das wachsende Heer von Arbeitskräften nicht beschäftigen, so daß eine Land-Stadt-Wanderung in bisher unbekanntem Maße einsetzte. Die sich daraus ergebende Wohnungsnot bildete eine der Ausprägungsformen der »klassischen« s. F. Andere Ausdrucksformen waren das niedrige Lohnniveau und die außerordentlich harten Arbeitsbedingungen in der Industrie und in den Bergwerken. Trotz rascher Kapitalbildung war das Kapital ein Engpaßfaktor. Dies führte einerseits zu hohen Gewinneinkommen bei Vermögensbesitzern und andererseits zu sehr niedrigen Löhnen bei den Arbeitern. Die niedrigen Löhne bewirkten eine Ausdehnung der Arbeitszeiten bis an die Grenze der physischen Leistungsfähigkeit, und sie zwangen auch Frauen und Kinder zur Arbeit in Fabriken und Bergwerken. Massenarmut der neu entstandenen Schicht von Industriearbeitern auf der einen Seite, wachsender Reichtum auf seiten des Bürgertums auf der anderen Seite: das war das Erscheinungsbild der s. F. des 19. Jh.s.

In ihrer damaligen Form kann sie als überwunden gelten. Das Bevölkerungswachstum hat in Europa nachgelassen, die Kapitalbildung beschleunigte sich, was zu einer zunehmenden Verknappung von Arbeitskräften und damit zu einem steigenden Lohnniveau führte. Die Sozialgesetzgebung der Industriestaaten und die Zulassung von Gewerkschaften taten ein übriges, um die absolute und relative Einkommensposition der Arbeiterschaft zu verbessern. Auch ohne revolutionären Umsturz, wie er von →Marx und →Engels gefordert wurde, kam es durch wirtschaftl. Wachstumsprozesse und eine entschlossene Sozialpolitik zur Lösung der »klassischen« s. F. Doch sie tritt heute in neuen Formen auf. Dank der stetig steigenden Löhne und der sozialpolit. Leistungen, die sich in wachsenden Lohnnebenkosten niederschlagen, ist Arbeit in den Industrieländern ein außerordentlich teurer Produktionsfaktor geworden. Er wird »eingespart«, sofern die Produktivitäten nicht ausreichen, um die hohen Arbeitseinkommen zu erwirtschaften. Dies ist vor allem bei einfachen manuellen Tätigkeiten der Fall. Es kommt deshalb zur strukturellen →Arbeitslosigkeit bei wenig qualifizierten Arbeitskräften, deren Produktivität vergleichsweise niedrig ist. Zu dieser Arbeitslosigkeit trägt auch der wachsende Konkurrenzdruck durch neue Industrieländer bei, die einfache Industrieerzeugnisse mit erheblichen Lohnkostenvorteilen herstellen können und die deshalb die traditionellen Anbieter der alten Industrieländer von den Märkten verdrängen. Eine zunehmende Zahl von Arbeitslosen, deren Chance zur Wiedereingliederung in den Arbeitsprozeß mit zunehmender Länge der Arbeitslosigkeit immer geringer wird und deren Einkommen vielfach nicht mehr das soziale Existenzminimum überschreitet auf der einen Seite, und qualifizierte sowie leistungsfähige und gut ausgebildete Arbeitsplatzbesitzer auf der anderen Seite: darin äußert sich zu Beginn der 90er Jahre die »neue soziale Frage« der westlichen Industriegesellschaften. Von einer »internationalen s. F.« wird im Blick auf das Wohlstandsgefälle zwischen Industrie- und Entwicklungsländern gesprochen.

In welcher Form auch immer die s. F. sichtbar geworden ist, in der jüdisch-christl. Tradition wurde sie stets als Herausforderung verstanden, den Armen und Benachteiligten zu helfen. Amos ist dafür ein atl. Beispiel. Das NT enthält die Seligpreisung der Armen durch Jesus und fordert an vielen Stellen dazu auf, dem Notleidenden und Unterdrückten zu helfen. In Befolgung dieses Gebots hat die christl. Kirche zu allen Zeiten mit ihrer Diakonie zur Entschärfung der s. F. beigetragen. Daß sie dabei die polit. Dimension des Problems nicht erkannt habe, wurde ihr insbesondere im Blick auf die Entwicklungen des 19. Jh.s vorgeworfen. Dieser Vorwurf ist inzwischen kaum mehr aufrechtzuerhalten. Sozialethische Themen nehmen einen breiten Raum im theol. Denken und in der christl. Verkündigung ein, und die christl. Kirchen haben in zahlreichen öffentlichen Erklärungen zur polit. Dimension sozialer Fragen Stellung genommen (vgl. dazu die einschlägigen päpstlichen Enzykliken, die Hirtenbriefe lateinamerik. und US-amerik. Bischöfe und die Denkschriften prot. Kirchen). Darin wird die Lösung der heutigen s. F. in den westl. Industriegesellschaften u. a. in einer breiteren Streuung des Sachvermögens und des »Humankapitals« und in einer sozialpolit. Sicherung gegen individuelle Notlagen gesehen. Zur Lösung der »internationalen s. F.« werden Reformen in den Entwicklungsländern, eine Neuordnung internationaler Wirtschaftsbeziehungen und eine entschlossene Entwicklungshilfepolitik gefordert.

Lit.: G. Brakelmann: Die soziale Frage des 19. Jahrhunderts, [7]1981; M. Marquardt: Praxis und Prinzipien der Sozialethik John Wesleys, [2]1986; J. Messner: Die soziale Frage, [7]1964; H. Sautter, M. Volf: Gerechtigkeit, Geist und Schöpfung, 1992.

H. Sautter

Soziale Marktwirtschaft

Unter S. M. wird im allgemeinen die wirtschaftspolit. Konzeption verstanden, die Ludwig Erhard am 20. Juni 1948 im Rahmen der Durchführung der von den Alliierten angeordneten Währungsreform mit der Aufhebung vieler Bewirtschaftungsmaßnahmen zu verwirklichen begann. Der nicht eindeutig definierte Begriff geht auf Müller-Armack (S. 12) zurück, der sie wie folgt definiert: »Soziale Marktwirtschaft ist überall dort, wo man sich den Kräften des Marktes anvertraut und versucht, alle vom Staate, von den sozialen Gruppen anzustrebenden Ziele in dem Doppelaspekt einer freien Ordnung und einer sozial gerechten und gesellschaftlich humanen Lebensordnung zu verwirklichen«. Ihr irenischer Ordnungsgedanke versucht, das Prinzip der Freiheit des Marktes mit dem Prinzip der Gerechtigkeit und sozialen Verantwortung zu vereinen.

Im Gegensatz zur freien Marktwirtschaft muß eine staatliche Wettbewerbspolitik den Wettbewerb (→Konkurrenz) sichern. Generell werden u. a. Marktpreise angestrebt, Privateigentum befürwortet, Preisstabilität gefordert und die Haftung für wirtschaftspolit. Entscheidungen betont.

Konsumentensouveränität und Leistungswettbewerb sowie die Berücksichtigung der sozialen Gerechtigkeit sind wesentliche Stilmerkmale der S. M. Sozialpolit. Maßnahmen sollen nach dem Prinzip der Subsidiarität geordnet werden.

Dietrich →Bonhoeffer bat im Oktober 1942 Walter Eucken um ein wirtschaftspolit. Programm, das auf einer ökonomischen Weltkonferenz der Kirchen diskutiert werden sollte, die nach dem Ende des Krieges geplant war. Aus diesem Anliegen entstand die Freiburger Denkschrift, die im Januar 1943 unter größter Geheimhaltung fertiggestellt und auf der Weltkonferenz der Kirchen in Amsterdam 1948 diskutiert wurde.

Die Vertreter der Arbeitsgruppe »Freiburger Kreis« verstanden sich als bewußte Christen und versuchten eine Wirtschaftsordnung zu entwerfen, die bibl. Aspekten Rechnung trug. Aus ihrem Christsein fanden sie Kraft und Anregung für die Gestaltung einer wirtschaftlichen Ordnung, wobei sie auf Gedanken der kath. Soziallehre zurückgreifen und Impulse der ev. Sozialethik aufnehmen konnten. Röpke betont: Das Maß der Wirtschaft ist der Mensch, das Maß des Menschen ist sein Verhältnis zu Gott.

Die Konzeption der S. M. trägt die Handschrift der ORDO-Liberalen. Sie nimmt den Menschen wie er ist und will ihn, im Gegensatz zu anderen

Konzeptionen, nicht ändern oder umerziehen. Das Eigeninteresse der Menschen soll durch institutionelle Regeln in gesellschaftl. fruchtbare Aktivitäten gelenkt werden.

Der marktwirtschaftliche Tauschmechanismus macht sie unter der Voraussetzung eines funktionierenden Wettbewerbs zu einem adäquaten Ordnungstyp für anonyme Großgesellschaften, in welchen man sich auf die Moral des einzelnen nicht verlassen kann. Röpke betont, daß die Marktwirtschaft den Anspruch erheben kann, die am wenigsten auf Zwang und Gewalt beruhende Ordnung der Geschichte zu sein.

Die Konzeption der S. M. verarbeitet Gedanken des →Naturrechts (Handeln nach den natürlichen Anlagen des Menschen), den Kategorischen Imperativ →Kants (Handeln aus Achtung vor den allgemeingültigen praktischen Gesetzen), →utilitaristische Vorstellungen (Ziel der allgemeinen Wohlfahrt aller Menschen) und theol. Vorstellungen (menschliches Handeln nach moralischen Ansprüchen aufgrund des →Gewissens).

Müller-Armack bezeichnete die S. M. als einen der Ausgestaltung harrenden Stilgedanken. Als anpassungsfähige Konzeption besteht sie nicht aus festen Regeln. Geplant war die Einführung einer zweiten Stufe, in welche umweltpolit. und gesellschaftspolit. Aspekte eingearbeitet werden sollten. Karl Schillers Devise: «Soviel Markt wie möglich, soviel Staat wie nötig« öffnete sie für stärkere Staatsinterventionen.

Heute ist die Konzeption der S. M. durch einen Verlust an Ethik, durch Machtkonzentration in der Wirtschaft und durch ein Übermaß staatlicher Interventionen gefährdet.

Während der Regierungszeit Konrad Adenauers konnte sein Wirtschaftsminister Ludwig Erhard weite Teile der Konzeption der S. M. umsetzen. In dieser Zeit des Wirtschaftswunders erlebte Deutschland eine hohe Beschäftigung, eine große Preisniveaustabilität und einen raschen wirtschaftlichen Aufschwung. Das Abweichen von ihren Prinzipien führte zu Beschäftigungsproblemen und wirtschaftlichen Krisenerscheinungen.

Lit.: Bundeszentrale für Politische Bildung (Hg.): Soziale Marktwirtschaft. Bilanz und Perspektive, Bonn; H. Giersch et al.: The Fading Miracle. Four Decades of Market Economy in Germany, 1992; W. Lachmann: »Ethik und Soziale Marktwirtschaft«, in: H. Hesse (Hg): Wirtschaftswissenschaft und Ethik, 1988, 277–305. Ludwig-Erhard-Stiftung (Hg.): Grundtexte zur Sozialen Marktwirtschaft. Zeugnisse aus zweihundert Jahren ordnungspolitischer Diskussion, 1981; A. Müller-Armack: Genealogie der Sozialen Marktwirtschaft, [2]1981.

W. Lachmann

Sozialethik

Es ist hilfreich, in der →Ethik zwischen Individualethik, Personalethik und S. zu unterscheiden. Die Gottes- und Nächstenliebe als Orientierungen menschlichen Handelns betreffen sowohl die Grundüberzeugungen und Einstellungen des einzelnen (Individualethik) als auch die Verantwortung des einzelnen gegenüber seinem unmittelbaren Nächsten in der Kleingruppe (Personalethik) sowie die gesellschaftl. Gesamtzusammenhänge (S.). Die großen drängenden Fragen der Gegenwart, z.B. Bewahrung des Friedens, Schutz der Schöpfung, Organisation der Arbeitswelt, Eigentumsverteilung, die Ethik in Forschung und Wirtschaft überschreiten bei weitem den Bereich dessen, was der einzelne oder auch die kleine Gruppe verantworten kann.

Die theol. S. ist eine relativ junge Disziplin. Der Sache nach gab es die sozialethische Fragestellung schon immer in der Christenheit, indem z.B. Paulus über das Verhältnis der Christen zum Staat schrieb (Röm 13,1-7) oder Luther seine Zwei-Regimenten-Lehre entwickelte. In einer sich rasch wandelnden Industriegesellschaft erhält S. aber einen neuen Stellenwert. Erst seit der industriellen Revolution konnte sich die Erkenntnis durchsetzen, daß Gesellschaftsordnungen nicht »Natur« sind, sondern vom Menschen gemacht werden und darum auch von ihm verantwortet werden müssen. Dabei ist besonders die vorausschauende Zukunftsplanung von Bedeutung. Insbesondere bei jeder technischen Neuerung kommt ein ganzes Feld von Beziehungen in Bewegung – vom sozialen Bereich bis hin zur Natur. Diese Folgen sollten, soweit möglich, von Anfang an mitbedacht werden.

Der Begriff S. wurde 1868 durch den Dorpater Systematiker Alexander von →Oettingen geprägt. Er stellte als luth. Theologe den Zusammenhang von individueller und gesellschaftl. Schuld heraus. Im kath. Raum wurde durch die Sozialenzyklika »Rerum novarum« des Papstes Leo XIII. 1891 ein Anfang moderner kath. Soziallehre gesetzt. Der Terminus »Soziallehre« wurde im Bereich der ev. Theologie erstmals 1912 von Ernst Troeltsch (»Die Soziallehren der christlichen Kirchen und Gruppen«) verwendet. Gegenwärtig werden beide Bezeichnungen nahezu synonym nebeneinander gebraucht. »Soziallehre« betont im Vergleich zu S. etwas mehr den kirchl. Kontext und das Bestreben nach einer Gesamtschau.

Hauptgesprächspartner der theol. S. ist die Soziologie, die sich etwa gleichzeitig mit der Entstehung der S. aus der Sozialphilosophie entwickelte. Die

Grundfrage, ob das Individuum gegenüber der Gesellschaft als primär aufzufassen ist oder die Gesellschaft als primär gegenüber dem Individuum, wird in der Soziologie unterschiedlich beantwortet. Im Blick auf die bibl. Sicht wird man von einer »Gleichgewichtslage zwischen persönlichem und sozialem Sein« (D. →Bonhoeffer) ausgehen müssen. Dies allerdings ist eine summarische Feststellung, die im einzelnen zu differenzieren ist. Jedenfalls wird Individualethik durch S. nicht überflüssig. Vielmehr muß das Wechselverhältnis erkannt und anerkannt werden: Forderung nach Gesellschaftsveränderung ohne Änderung des einzelnen ist unglaubwürdig. Das Geforderte wird sich letztlich nicht durchsetzen. Forderung nach Änderung des einzelnen ohne Beachtung der gesellschaftl. Kräfte, denen dieser ausgeliefert ist, ist kurzschlüssig. Sie führt letztlich zur Resignation des Betroffenen. Die christl. Liebe bemüht sich, dem anderen unmittelbar und spontan zu helfen. Sie bemüht sich aber auch, mit Hilfe rationaler Analyse vorausschauend Strukturen zu durchschauen und zu verändern, so daß Not und Hilfsbedürftigkeit oft gar nicht erst entstehen und manches Übel schon an der Wurzel beseitigt werden kann.

Das Hauptproblem systemat. S. besteht in der Vermittlung zwischen Absolutem und Relativem, d.h. dem Anspruch des Reiches Gottes und der Realität dieser Welt. Die großen Richtungen der S. können zusammengefaßt werden als schöpfungs- und ordnungstheol. Ansätze (auch das →Naturrecht gehört hierher) einerseits und als geschichtstheol. Ansätze (häufiges Stichwort »Christusherrschaft«; auch existential-eschatologisch modifiziert) andererseits. Wenn die Spannung zwischen dem Anspruch des Reiches Gottes und den Realitäten dieser Welt nicht durchgehalten wird, kann es bei beiden Ansätzen, so unterschiedlich sie auch sind, zu einer grundsätzlichen Verwerfung oder einer Verklärung von vorgefundenen Ordnungen bzw. erstrebten Sozialstrukturen kommen. Voraussetzung konkreter S. ist daher die Entfaltung einer sozialethischen Hermeneutik, die Gottesoffenbarung und Gesellschaftsordnung voneinander unterscheidet und zugleich beide einander dynamisch zuordnet.

Die gegenwärtig aktuelle Versuchung der S. besteht darin, die Dimension eines transzendenten Gottes und seines Willens zu übergehen und zu bloßer Soziologie im kirchl. Kontext, bzw. schlimmer noch, zu kirchl. Politiksurrogat zu verkommen. Dieser Mißbrauch spricht jedoch keineswegs gegen die Notwendigkeit theol. S., sondern er bestätigt ihre Bedeutung für Kirche und Christsein als Bewährung des Glaubens und Handelns in der modernen Gesellschaft.

Lit.: K. Bockmühl: Gesetz und Geist, 1987; R. Mayer: Ethik lehren. Grundlegung, Hermeneutik, Didaktik, 1982; H. Schulze: Theologische Sozialethik, 1979.

R. Mayer

Sozialismus

1. Der Begriff

Der Begriff ist jung. Er wurde im 17. Jh. im naturrechtlichen Sinn gebraucht (gleiche Rechte für alle). 1827 wird er in einer engl. Gewerkschaftszeitung verwendet und bleibt fortan untrennbar mit dem proletarischen Emanzipationskampf und dem Begriff Kommunismus verbunden. Ihn bevorzugen später →Marx und →Engels, weil man unter S. verschiedene utopische Systeme verstanden habe und S. eine Bewegung der Mittelklasse, Kommunismus aber eine der Arbeiterklasse sei. Später differenzieren sie: Kommunismus gilt als Ziel des Kampfes, S. ist nur ein Durchgangsstadium dahin. Diese marxistische Begriffsbestimmung wird außerhalb des →Marxismus heute nicht anerkannt. Heute nennen sich Sozialdemokraten und Sozialisten vor allem solche, die sich vom Kommunismus absetzen und von Kommunisten als »Revisionisten« bezeichnet werden. Eine allseits anerkannte Begriffsbestimmung von S. ist gegenwärtig nicht möglich. Marx spricht vom →Marxismus als vom »Wissenschaftlichen« S., den er qualitativ vom utopischen S. unterscheidet. Er behauptet: Die Existenz der Klassen ist an jeweils bestimmte hist. Entwicklungsphasen der Produktion gebunden; der Klassenkampf ist notwendig zur Diktatur des Proletariats; durch sie erfolgt der Übergang aller Klassen zur klassenlosen Gesellschaft (Marx/Engels, Werke 28, 507f). Man kann unter S. aber auch eine polit. Bewegung verstehen, deren Ziel die Beseitigung des kapitalistischen Systems, die Errichtung einer Planwirtschaft und der Aufbau einer klassenlosen Gesellschaft ist. Vielfach geht es im S. um das, »was man unter dem Namen Moral so lange vergebens gesucht hat«, also um eine ethische Selbstlosigkeit. Hier liegen sicher Berührungspunkte zur christl. Ethik vor. Ein heutiger demokratischer S. strebt keine totale, vor allem keine revolutionäre Veränderung bestehender Gesellschaftssysteme an, auch keine totale Vergesellschaftung der Produktionsmittel, sondern eine evolutionäre Entwicklung zum Sozialstaat im Rahmen einer parlamentarischen Demokratie. Nach den

Erfahrungen mit dem »real existierenden« stalinistischen S. (Kommunismus) strebt man nach einem »Mehr an sozialer Gerechtigkeit«, nach »konkreten Freiheiten«, nach einem »Sozialismus mit menschlichem Antlitz«. Unklar bleibt heute, ob unter S. vorrangig ein ökonomisches System verstanden wird oder eine Weltanschauung, die eine Gesellschaftsordnung prägen will; doch wird man das kaum voneinander trennen können. Für Marxisten ist S. jedenfalls nur der Marxismus (s. dort) als »Wissenschaftlicher« S. Man wird mit S. eine Gesellschaftsform bezeichnen, die die Interessen der Gesamtgesellschaft vor die des Individuums stellt, dann aber auch die gesellschaftspolit. Theorie dieser Gesellschaftsform. Dementsprechend gibt es eine Fülle von Formen eines S.

2. Die jüdisch-christlichen Wurzeln des Sozialismus

S. als Weltanschauung tritt in die Geschichte als säkularisierte Ideologie jüd.-christl. Gedanken und Forderungen, als nachchristl. Ideologie, die sich bewußt von ihren Wurzeln emanzipiert hat. Sicher gibt es verschiedene Formen von S., eine »Vielzahl von unerprobten Möglichkeiten« (P. Beier). In der Geschichte gibt es →christl. S., gibt es national geprägten S. (bis hin zum National-S.), einen afrikanischen S. (etwa die Ujamaa-Bewegung in Tansania), einen islamischen oder auch einen chinesischen S.; als Ideologie stammt er wohl nirgends aus diesen Regionen, sondern ist in sie hineingetreten und dort umgebildet worden. Gegenüber dem marxistisch verstandenen internationalen S. gibt es also eine Fülle von eigengeprägten Formen des S., die aber Marxisten nicht als S. anerkennen.

Ist man sich der jüd.-christl. Wurzeln bewußt, ist S. auch nicht ohne die bibl. Botschaft zu begreifen. Kennen auch andere Religionen soziale Forderungen, so sind doch nur das jüd. Gesetz, die Botschaft der atl. Propheten und vor allem die Verkündigung Jesu Christi und seiner Apostel für die soziale Verantwortung der heutigen Menschheit bestimmend geworden. Erst dem Christentum ist das Soziale wesensimmanent. Das NT respektiert zwar die gesellschaftl. Verhältnisse der Zeit und ist nicht revolutionär, es stellt vielmehr die Gerechtigkeit Gottes höher als die Gerechtigkeit in den gesellschaftl. Verhältnissen, die nicht als gottgegeben gilt (ganz anders im Islam). Gerade die Liebe und Fürsorge der Christen untereinander und gegenüber Andersgläubigen wirkte überzeugend und änderte evolutionär gesellschaftl. Verhältnisse. Das wird vor allem an der Stellung zur → Sklaverei deutlich. Das soziale Element gehört zum Christentum von Anfang an ebenso hinzu wie das mission. Stets gab es in den Kirchen Einrichtungen aus sozialer Verantwortung heraus. Aber das stellt keine Verabsolutierung des Sozialen dar.

3. Der Sozialismus als quasireligiöse Weltanschauung

Der Unterschied zwichen dem Christentum und heutigem S. liegt (wenn auch eine eindeutige Definititon nicht möglich ist) darin, daß S. im Grunde eine umfassende, absolute, monistische Weltanschauung darstellt, die alle Lebensbereiche der Gesellschaft ebenso wie die des einzelnen Menschen bestimmen will. Insofern erhebt der S. einen Absolutheitsanspruch, ist quasirel., aber atheistisch, hat heilige Schriften (die Werke der marxistischen »Klassiker«, vor allem das »Kommunistische Manifest« von 1847), hat ein Glaubensbekenntnis (wie der von Lenin geprägte Satz: »Der Marxismus ist allmächtig, weil er wahr ist«), hat Kultfeiern (wie die Jugendweihe) und ist Andersdenkenden gegenüber entschieden intolerant. Insofern steht er im diametralen Gegensatz zum Christentum, aber auch zu anderen Glaubensüberzeugungen und Weltanschauungen. Da der S. sich innerweltlich durchsetzen will, wird er zwangsläufig totalitär (z.B. in der »Diktatur des Proletariats«, die aber zu einer Diktatur der Partei bzw. zur Diktatur der Parteibonzen in den kommunistisch-sozialistisch beherrschten Ländern verkam: »Die Partei hat immer recht«). Jeder bisher bekannte S. war totalitär, intolerant, absolut und auf einem Ein-Parteien-System aufgebaut. Wo der S. sich in der Gesellschaft nicht durchsetzen konnte, blieb er utopisch (→Utopie) oder wandelte sich zur Sozialdemokratie, die sich in eine pluralist. Gesellschaft einordnet und typische Merkmale des marxistischen S. abstreift. Inwieweit sich ein »linker« S., zu dem sich nach dem Scheitern des S. in Osteuropa gegenwärtig viele Kommunisten bekennen, vom marxistischen S. oder von der Sozialdemokratie unterscheidet, wird die Zukunft zeigen müssen.

4. Das Ende des real existierenden Sozialismus

Nicht nur in den heutigen linkssozialistischen Parteien, sondern auch in weiten Teilen der Kirchen trauert man dem Scheitern des »real existierenden« S. insofern nach, als es nicht gelang, zu einem »verbesserten« S., einem S. »mit menschlichem Antlitz« zu gelangen. Ob es sich bei der Formel »Kirche im Sozialismus« nur um eine Ortsbestimmung oder um eine Option für den S. als eine »gerechtere Gesellschaftsordnung« handelt, war und ist umstritten. Selbst in den Gruppen, die in der DDR im Herbst 1989 die revolutionäre Wende engagiert mitgetragen haben, wollte man einen verbesserten S., stellte ausgesprochen sozialistische Forderungen auf, die Bewegung war zunächst von »sozialistischen Motiven« getragen (W. Ullmann). Im Verlauf der revolutionären Ereignisse 1989/90 zeigte sich jedoch, daß der S. in der DDR sowohl gesellschaftl. als auch ökonomisch nicht zu halten war. Der »real existierende« S. in der DDR (und in den anderen sozialistisch beherrschten Staaten) diskreditierte die sozialistische Ideologie. Weil die Bürgerbewegungen weithin sozialistischen Utopien verbunden blieben, erreichten 1990 die christl.-konservativ geprägten Parteien der »Allianz für Deutschland« mit dem Motto: »Nie wieder Sozialismus« einen unerwartet hohen Wahlsieg. Auch im Ökumen. Rat der Kirchen hatte man jahrzehntelang auf den Erfolg des S. als Gesellschaft der Zukunft gesetzt. Innerhalb der Kirchen muß dringend das Verhältnis zum S. geklärt werden. Das soziale Element des christl. Glaubens ist unaufgebbar, eine sozialistische Ideologie im beschriebenen Sinn ist dagegen mit ihm unvereinbar.

Lit.: Europäische Enzyklopädie zu Philosophie und Wissenschaften, hg. von H. J. Sandkühler, 1990 (marxistisch); Philosophisches Wörterbuch, hg. von G. Klaus, M. Buhr, [10]1974 (marxistisch).

H. Falcke: Die unvollendete Befreiung, 1991; K.-H. Kandler: Die Kirchen und das Ende des Sozialismus, 1991; K. Motschmann: Mythos Sozialismus, 1990; W. Ullmann: Demokratie – jetzt oder nie, 1990.

K.-H. Kandler

Sozialismus, christlicher

1. Wichern nannte einen christl. S. die »echte Form« des im atheistischen S. gegebenen »Zerrbildes«. Heute ist S. untrennbar mit dem proletarischen Emanzipationskampf verbunden; die Formulierung eines spezifisch christl.S. ist schwer möglich. Von der Urgemeinde an (»Urkommunismus«, vgl. Apg 2,42ff) gab es eine soziale Verpflichtung der Christen, gegründet auf Jesu Gebot der Nächstenliebe. Sie ist – gewiß nie ideal – wahrgenommen worden während der Christenverfolgungen, bei den Kirchenvätern (Hospital des Basilios), in Klöstern, im Jesuitenstaat Paraguay, durch Luthers »Gemeinen Kasten« usw. Der Vorwurf, die Kirchen hätten im 19. Jh. die sozialen Probleme des Proletariats nicht erkannt, ist so pauschal nicht aufrechtzuerhalten, auch wenn sie sie sicher nicht ausreichend beantwortet haben und für den Zusammenstoß von Christentum und marxistischem S. mitverantwortlich sind. Die dt. Sozialgesetzgebung unter Bismarck war z.B. durch →Wichern beeinflußt und wirkte beispielgebend (→Christl.-soziale Bestrebungen). Wichtig für einen christl. S. ist die Reich-Gottes-Vorstellung von C.F. →Blumhardt; er sah in der sozialistischen Bewegung einen »aufgehobenen Finger Gottes« und eine Erneuerung urchristl. Erwartung der neuen Schöpfung. Er bezog den sozialistischen →Materialismus auf die geschaffene Leiblichkeit und hoffte, in der SPD die Gesellschaft polit. mitgestalten zu können. →Bonhoeffers Forderung nach einem religionslosen Christentum meint: Gott ist da gegenwärtig, wo seine Sache in Verwirklichung der Gerechtigkeit vertreten wird.

2. In England entstand 1846 die Bewegung der »Christlichen Sozialisten«. Sie griff Anregungen »utopischer Sozialisten« (→Saint-Simon; Nouveau Christianisme; →Owen) auf: Brüderlich sollte der Individualismus überwunden, durch das ethisch verstandene »Reich Gottes« christl. Freiheit (Bibel), Gleichheit (Taufe) und Brüderlichkeit (Abendmahl) verwirklicht und Spannungen zwischen Bürgertum und Proletariat abgebaut werden. Dieser christl. S. hat in England die Öffentlichkeit beeinflußt und verhindert, daß sich der marxistische S. in England durchsetzen konnte. Er wirkte auf die Ökumene, auf das amerikanische »→social gospel« und die Bewegung »Praktisches Christentum«. Wenn auch Wichern 1848 auf dem Wittenberger Kirchentag von einem christl. S. gesprochen hatte und als Ziel die »christliche Wiedergeburt sozialer Verhältnisse des Volkslebens« angab, so blieb die Innere Mission, die er als christl.-soziale Aufgabe nannte, weithin innerkirchl. Zu Todts Schrift »Der radikale deutsche Sozialismus und die christliche Gesellschaft«, →Stoeckers »Christl.-soziale Arbeiter-Partei«, zum »Christl.-sozialen Volksdienst« (→Christlicher Volksdienst) →Christl.-soziale Bestrebungen. Für Marxisten sind nichtmarxistische S.-Konzepte unannehmbar; zur Wertung eines c.S. →Sozialismus.

Lit.: G. Brakelmann: Kirche und Sozialismus im 19. Jh., 1966; F. Karrenberg: Ev. Sozialreformer des 19. Jh.s, 1957; E. Thier: Die Kirche und die soziale Frage, 1950.

K.-H. Kandler

Sozialismus, religiöser

Der rel. S. hat seinen Ansatz in der Gedankenwelt →C.F. Blumhardts und in der rel.-sozialen Bewegung der Schweiz (→Kutter, →Ragaz). Ziel war, die sozialen Probleme entschieden anzugehen und Verbindung zum kirchenfremd und religionslos gewordenen Proletariat herzustellen. Die Kirchen sah man im national-restaurativen Fahrwasser. Der rel. S. wollte sich von der Christl.-sozialen Bewegung (→Christl.-soziale Bestrebungen) und vom Ev.-Sozialen Kongreß unterscheiden. Er sah im →Sozialismus den Ausdruck des Willens Gottes in der Zeit und verstand sich als Erfüllung des S. und des Christentums. Nach dem Ersten Weltkrieg sammelten sich zur rel. Vertiefung des S. Intellektuelle um →Tillich, Mennicke und Eduard Heimann: »So müssen Christentum und Sozialismus sich fortentwickeln und eins werden in einer neuen Welt- und Gesellschaftsordnung, deren Grundlage eine durch Gerechtigkeit gestaltete Wirtschaftsordnung, deren Ethos eine Bejahung des Menschen um deswillen, daß er Mensch ist, und deren religiöser Gehalt ein Erleben des Göttlichen in allem Menschlichen, des Ewigen in allem Zeitlichen ist« (Tillich, Gesammelte Werke II, 33). Daneben gab es Kreise, die innerhalb der SPD christl. Denken, innerhalb der Kirchen Verständnis für die SPD schaffen wollten. 1919 bildete sich ein »Bund sozialistischer Kirchenfreunde« (1920 »Bund religiöser Sozialisten«). Er blieb auf einige Großstädte beschränkt. In Baden gab es einen »Volksbund evangelischer Sozialisten«, beide vereinigten sich 1926 zum »Bund religiöser Sozialisten Deutschlands« (ZS für Religion und Sozialismus, hg. von G. Wünsch). Die SPD hat den rel. S. geduldet, die Kirchenleitungen haben ihn abgelehnt. Einige rel. Sozialisten entschieden sich später für die KPD (E. Eckert 1931), andere distanzierten sich vom rel. S. (Tillich). Er hat das Proletariat kaum erreicht, blieb elitär-intellektuell und theol. beim Liberalismus stehen. Es gab Versuche, S., klassenlose Gesellschaft und Reich Gottes zu identifizieren. Kann man →Barth und →Bonhoeffer auch nicht eigentlich dem rel. S. hinzurechnen, so haben doch beide wesentliche Impulse von ihm empfangen und weitergeführt. Vom National-S. verboten, bildete sich 1948 ein »Bund religiöser Sozialisten«, ohne breitere Wirkungen zu erzielen. In der DDR wurde kein solcher gegründet; rel. Sozialisten bzw. deren Schüler wurden durch die Regierung an theol. Fakultäten berufen (E. Fuchs, E. Hertzsch, H. Moritz, K. Meier, W. Bredendiek, C. Ordnung, H. Trebs, G. Wendelborn, H. Müller, G. Bassarak); manche haben intensiv mit staatlichen Stellen (einschließlich Staatssicherheit) kooperiert. Unabhängig davon fanden Gedanken des rel. S. unter Theologen in der DDR Anklang und wurden in der Hoffnung auf einen »verbesserten Sozialismus« eigenständig weitergeführt (H. Falcke, G. Krusche, D. Mendt); ähnliches gilt von einzelnen westdt. Theologen (W. Huber, U. Duchrow).

Lit.: E. Fuchs: Marxismus und Christentum, 1952; ders.: Christliche und marxistische Ethik I/II, 1957/59; W. Huber: Kirche und Öffentlichkeit, 1973; P. Tillich: Christentum und soziale Gestaltung, Gesammelte Werke II, 1962; s. unter →Sozialismus; →Sozialismus, christl.

K.-H. Kandler

Sozialität, Sozialisation

Mit Sozialisation (S.ion) oder Sozialität (S.tät) ist die Entstehung und Entwicklung der Persönlichkeit des Menschen aufgrund von Umweltfaktoren in der →Erziehung gemeint. Sie ist verschieden je nach dem Erziehungsziel des Menschen: entweder er wird zur individuellen Persönlichkeit, die sich selbst verwirklicht (→Humanismus), oder zur Internalisierung gesellschaftlicher Normen als »Ensemble der gesellschaftl. Verhältnisse« (→Marxismus) oder dem Gläubigen, der einen letzten Halt und Sinn in Gott findet (Christentum), erzogen.

Angesichts der Institutionenfeindlichkeit unserer Zeit ist es wohl vor allem wichtig, die Institutionen wieder aufzuwerten, die S.ion ermöglichen, wenn sie sie auch hindern können. Institutionen formen und normieren die Antriebe des Menschen (Schelsky), und sie stabilisieren so die Persönlichkeit. Sie sind, wie etwa die Institution der Ehe oder Familie, nicht der Tod der Person, sondern ihr Schutzraum, so sehr sie auch ihr Gefängnis werden können. Um jeden falschen Subjektivismus, der nur die individuelle Selbstverwirklichung im Auge hat, sowie auch jeden falschen Kollektivismus, der macht, was alle machen, zu vermeiden, sind vom Liebesgebot her (»Du sollst deinen Nächsten lieben wie dich selbst«, Mt 22,39) immer zwei Ziele zugleich zu verfolgen bei der S.ion: Freiheit und Liebe, Mündigkeit und Solidarität, Identität und Hingabe. Denn die Freiheit, die ohne Liebe ist und nicht an der Freiheit meines Mitmenschen eine Grenze findet, ist keine echte Freiheit, sondern Willkür, wie umgekehrt Liebe ohne Freiheit erzwungene Liebe, keine Liebe ist.

Bei der Vermittlung dieser Werte ist der Aufbau der soziokulturellen Persönlichkeit in den ersten Lebensjahren, der angeblich sogar ein Funktionszugewinn der modernen Klein- und Kernfamilie gegenüber der vorindustriellen Großfamilie ist (René König, D. Claessen), außerordentlich wichtig. Durch diesen zweiten soziokulturellen Mutterschoß sollen nicht nur Werte vermittelt, sondern ein Urvertrauen geweckt werden, das für die Hinführung des Kindes zum Glauben entscheidend ist. Denn nur durch das Vertrauen zu Menschen wird das Vertrauen zum absolut verläßlichen Du meines Lebens, Gott, eingeübt. Das Gebet ist daher gerade in den ersten Lebensjahren entscheidend. Eltern ins Kindergebet einzuführen und Kindergebete zu vermitteln, ist eine wichtige Aufgabe des Taufgesprächs, aber auch der christl. Kindergartenarbeit.

H. G. Pöhlmann

Sozialjahr →Diakonisches Jahr

Sozialpolitik

Liberale Reformen und die Industrialisierung führten im 19. Jh. zu einem ungeahnten, jedoch ungleich verteilten Wohlfahrtsanstieg, der mit hoher Armut breiter Bevölkerungsschichten verbunden war. Es kam zum Entstehen der Arbeiterfrage (→Soziale Frage) und damit zur Notwendigkeit staatlicher S.

Heute ist die S. ein wesentlicher Bestandteil der Gesellschaftspolitik aller Industriestaaten. 1991 wurden in Deutschland pro Kopf über 12.000 DM im Rahmen des Sozialbudgets umverteilt.

Ziel der S. ist die Sicherung der materiellen Lebenslagen aller sozialen Gruppen. Nach dem Prinzip der Solidarität sind die Mitglieder einer Gesellschaft auch für die Sicherung der Lebensbedingungen des einzelnen verantwortlich. Die praktische Anwendung der Solidarität richtet sich nach dem Prinzip der Subsidiarität: Der einzelne soll sich zuerst darum bemühen, sich selbst zu helfen (→Sozialprinzipien). Im Falle des Nicht-Könnens ist die nächsthöhere Instanz der Gesellschaft dazu verpflichtet, Hilfe zur Selbsthilfe zu geben.

1839 erließ Preußen das Kinderschutzgesetz (Preußisches Regulativ), das als Anfang staatlicher S. angesehen werden kann. Anlaß dazu gab der Rückgang der Wehrtauglichkeit von Jugendlichen, deren Gesundheit durch Fabrikarbeit geschädigt war. Nach einer ersten Phase der Arbeitnehmerschutzpolitik begann Bismarck mit dem Aufbau der Sozialversicherung (Unfall-, Kranken-, Alters- und Invaliditätsversicherungen, 1883–1889). Die meisten europ. Staaten folgten dem dt. Beispiel. 1927 wurde die Arbeitslosenversicherung, 1994 die fünfte Säule der S., die Pflegeversicherung, eingeführt.

Der Staat hilft Bedürftigen entweder mit Geld- oder mit Sachleistungen. Zu den sozialpolit. Maßnahmen gehören auch Verbote (Arbeitnehmerschutz), Rechtsvorschriften (Arbeitsverträge), Betriebsverfassungsnormen (Mitbestimmung) sowie wirtschafts- und finanzpolit. Mittel (Steuern, Beiträge, Subventionen, Transfers). Eine kontinuierliche Ausweitung des staatlichen Aufgabenbereichs wird beobachtet: Von der Arbeitnehmerschutzpolitik über den Aufbau eines Systems sozialer Sicherheit bis zur Gesellschaftspolitik mit Durchsetzung sozialer Chancen- und Verteilungsgerechtigkeit. Ziel ist heute die Sicherung des inneren Friedens in der Gesellschaft.

Die S., als Korrektur der Ergebnisse des marktwirtschaftlichen Leistungswettbewerbs verstanden, hat in einer Demokratie die Tendenz zu einer ständigen Ausweitung. Ein Übermaß an sozialer Sicherheit kann aber die Flexibilität, Anpassung und Wettbewerbsfähigkeit einer Gesellschaft gefährden.

Das AT betont die sozialpolit. Verantwortung des Arbeitsgebers (Lohnschutz). Der Tagesverdienst soll regelmäßig und pünktlich ausgezahlt werden. Dem armen und bedürftigen Tagelöhner muß nach 5Mo 24,14f der Verdienst am gleichen Tage ausbezahlt werden (ehe die Sonne untergeht). 3Mo 19,13b warnt davor, den Arbeitern ihren Lohn bis zum folgenden Morgen vorzuenthalten. Schutz der Schwachen und sozialpolit. Maßnahmen stehen voll in der bibl. Tradition und zeigen Gottes Interesse an den Schwachen der Gesellschaft.

Lit.: J. Frerich: Sozialpolitik. Das Sozialleistungssystem der Bundesrepublik Deutschland, [2]1990; ders., M. Frey: Handbuch der Geschichte der Sozialpolitik in Deutschland, 3 Bde., 1993; H. Lampert: Lehrbuch der Sozialpolitik, [2]1991; B. v. Maydell, W. Kannengießer (Hg.): Handbuch Sozialpolitik, 1988; L. F. Neumann, K. Schaper: Die Sozialordnung der Bundesrepublik Deutschland, 1990.

W. Lachmann

Sozialprinzipien

Die sog. S. sind in der kath. Soziallehre formuliert worden. Nach deren Selbstverständnis sollen die S. aber nicht Offenbarungserkenntnisse zum Ausdruck bringen, sondern auf phil. Wege gewonnene naturrechtliche Einsichten, die von allen Menschen guten Willens geteilt werden können. Die S. werden allerdings von manchen Autoren auch auf die Hl. Schrift zurückgeführt; sie lassen sich zweifellos mit der bibl. Offenbarung vereinbaren. Daher können die S. von der ev. →Sozialethik übernommen werden. Die möglichen Differenzen über ihre Herleitung sind weniger gravierend als die gemeinsamen christl. Wurzeln. Die S. geben jedoch sehr allgemeine Grundsätze wieder, die erst in ihrer Anwendung auf Situationen konkrete Aussagen ermöglichen. Dabei können sich trotz Übereinstimmung im Prinzipiellen unterschiedliche christl. Auffassungen ergeben. Sie stellen also nur ein – zweifellos hilfreiches – Grobraster dar. Die drei S. werden hergeleitet aus der Frage nach dem Wesen des Menschen:

– Das Personprinzip betont den »Pol Individuum« (H. Thielicke), den unverwechselbaren Wert und die Einmaligkeit der Einzelperson (Person als *ens individuale*). Man kann daraus z.B. die Menschenwürde und die Menschenrechte ableiten; ebenso auf die Gleichheit der Menschen vor Gott und vor dem Gesetz schließen bis hin zur Forderung von Toleranz, Mitbestimmung und → Demokratie.

– Das Solidaritätsprinzip betont den »Pol Gesellung« (H. Thielicke), das Eingebundensein jeder Person in die Gemeinschaft (Person als *ens sociale*). Von seinem Wesen her gibt es den Menschen nicht als isolierte Existenz. Daraus folgt die Verantwortung des einzelnen für die Gemeinschaft und umgekehrt.

– Das Subsidiaritätsprinzip ordnet die beiden bisher genannten S. einander genauer zu. Es besagt, ausgehend vom Selbstand der Person, daß diese ihre Kräfte entfalten und in die Gemeinschaft fördernd einbringen soll; die Gemeinschaft ihrerseits soll die Person von Mühen entlasten, die sie an der Erfüllung wichtiger Aufgaben hindern würden. Der Grundsatz kann auf die Kurzformel »Hilfe zur Selbsthilfe« gebracht werden. Sozialpolit. folgt daraus das primäre Recht der kleineren Lebenskreise; z.B. soll der Staat nicht Aufgaben übernehmen, die die Familie erfüllen kann. Will der Staat etwa das Elternrecht eingrenzen, liegt der Begründungszwang auf seiner Seite, nicht auf seiten der Familie. Der Staat soll allerdings, z.B. durch die Sozialgesetzgebung, unterstützend dazu beitragen, daß die Familie ihre Aufgaben gut erfüllen kann. Die dem Subsidiaritätsprinzip entsprechende Gestaltung der Gesellschaft »von unten« weist noch einmal auf die →Demokratie; wie umgekehrt die Beachtung der S. ein wichtiger Grundsatz demokratischer Gestaltung sein sollte.

Lit.: F. Klüber: Katholische Gesellschaftslehre, 1968 (Lit.); H. Thielicke: Theologische Ethik III, ²1968.

R. Mayer

Sozialstation, kirchliche

Kirchl. S.en dienen der gemeindlichen Krankenpflege, wie sie früher von der Gemeindeschwester/→Diakonissen wahrgenommen wurde. Die Aufgaben umfassen die Kranken- und Altenpflege und, wo in einer Familie die Mutter krankheitshalber aufällt, auch die Versorgung der Familie. Hauptarbeitsfeld ist die Altenpflege geworden: Essen auf Rädern ermöglicht Hilfebedürftigen das Verbleiben in der Wohnung, Mehrfachkranke erhalten fachgerechte Betreuung nach den Anweisungen des Arztes, Sterbende Beistand und Begleitung in den letzten Tagen und Stunden ihres Lebens. Hauptberufliche Fachkräfte werden durch ehrenamtliche Mitarbeiter und durch die Selbsthilfe der Angehörigen unterstützt. Träger einer kirchl. S. sind ev. bzw. kath. Kirchengemeinden eines Einzugsgebietes (mindestens 20000 Einwohner) bzw. deren Zusammenschlüsse in Kirchenkreisen, Dekanaten u.a., örtliche Diakonievereine, die diakon. Bezirksstelle. In einigen Gebieten besteht konfessionsübergreifende (ökumen.) Trägerschaft ev. und kath. Gemeinden. Die Finanzierung erfolgt über Versicherungsleistungen, staatliche, kommunale und kirchl. Zuschüsse und mit Hilfe von Spenden. Kirchl. S.en nehmen am flächendeckenden Versorgungsangebot des Sozialstaats teil. Dies, aber auch der eigene diakon.-mission. Auftrag, verpflichtet eine kirchl. S. zum Dienst ohne Ansehen von Nationalität, Religion oder Rasse.

Lit.: Diakonie-/Sozialstation, hg. vom Diakonischen Werk der EKD, 1986; S. Eberle: Sozialstationen in kirchlicher Trägerschaft, 1993.

R. Boeckler

Sozialwesen, Fachhochschulen für

Im Ausdruck Sozialwesen (→Sozialarbeit) verbirgt sich ein komplexes Lehrangebot der Ausbildungsstätten, in denen Sozialarbeiter, Sozial- und Heilpädagogen, in einigen auch Religions- und Gemeindepädagogen, ausgebildet werden. Jugend- und Sozialhilfe, die Kernbereiche, präsentieren sich in der Interdependenz verschiedener Bezugswissenschaften: Recht, Erziehungswissenschaften, Psychologie, Soziologie, Sozialmedizin, Verwaltung, Medienpädagogik. Theologie und Sozialethik kommen in den kirchl. Fachhochschulen dazu. Das berufsorientierte Lehrangebot vermittelt bereits dem Studenten die Teilnahme an sozialer, auch kirchl. Praxis und führt ein in die Rolle des Sozialarbeiters/-pädagogen in der modernen Gesellschaft.

Die Zulassungsberechtigung erwirbt man mit einem Fachoberschulabschluß. Nach zwei-, an manchen Fachhochschulen viersemestrigem Grundstudium, das erste Praxisbegegnungen einschließt, kann der Student im Hauptstudium aus verschiedenen Berufsfeldern Studienschwerpunkte wählen, z.B. Familienhilfe, Ausländerarbeit, Arbeit mit alten Menschen, mit Behinderten, mit Kranken, mit Arbeitslosen, Straffälligenhilfe, Psychiatrische Rehabilitation, Gemeindediakonie. Die Schwerpunkte, in Projekten und Praktika konkretisiert, zielen nicht unbedingt auf spätere Spezialisierung, sondern dienen der exemplarischen Erarbeitung sozialarbeiterischer/sozialpäd. Methodik und Kompetenz. Zwei Semester gehören ganz der Praxis – entweder als Praxissemester in ein achtsemestriges Studium integriert (einphasige Studienform – in Bayern und Baden-Württemberg) oder (zweiphasige Form) als Anerkennungssemester an ein sechssemestriges Studium angehängt. Das kirchl. Diplom ist als Hochschuldiplom anerkannt. Ein Großteil der Absolventen kirchl. Fachhochschulen ist später in staatlichen und kommunalen Einrichtungen tätig. Die heutige Fachhochschule für S. geht auf eine staatliche Bildungsreform der frühen siebziger Jahre zurück. Vorgängerinnen waren Höhere Fachschulen für soziale Arbeit. Sie waren dem Sekundarschulbereich zugeordnet. Den bildungspolit. Schritt, der das S. in die wissenschaftl. Ausbildung und Forschung integrierte, vollzog die Kirche mit, um »in Forschung und Lehre das eigene Verständnis ihres Dienstes immer neu zu erarbeiten und in ihre Praxis der Gemeindearbeit und der kirchlichen Werke umzusetzen« (Stellungnahme des Rates der EKD, 23. 4. 70).

Lit.: Evangelische Ausbildungsstätten für gemeindebezogene Dienste. Fachhochschulen, Diakonenanstalten usw., hg. vom Kirchenamt der EKD von Gerhard Bromm und Matthias Otte (Comenius-Institut EKD-Reihe Bd. 2), ^{2}1990, 5-63.

R. Boeckler

Sozinianer

→Socinianer

Soziologie

Das populäre Image der S. ist heute einerseits durch oberflächliche Typisierungen belastet: S. gilt als »modisch aufgeblähte wissenschaftliche Halbheit«, als »diffuse Kraft der Weltveränderung« oder einfach als destruktiv. Andererseits leidet S. auch unter ihrer Überschätzung, und zwar sowohl in Form des Soziologismus als Verabsolutierung der sozialen Dimension des menschlichen Lebens, die alles Geistige und Kulturelle in Funktionen der Gesellschaft auflöst, als auch unter der pragmatistischen Inanspruchnahme in den historischen Mißverständnissen der S. als Sozialtechnologie (so z.B. schon durch den Begründer und Namensstifter Auguste Comte, 1798–1857: »Savoir pour prévoir, et prévoir pour prévenir«) oder als sozialistische »offene Parteinahme für die Arbeiterklasse als Hauptträgerin des gesellschaftlichen Fortschritts« (Wörterbuch der marxistisch-leninistischen Soziologie, 1971, 436). Schließlich wird auch der Fach-»Jargon« als »Soziologen-Chinesisch« oder »Soziologesisch« beanstandet, z.T. zu Unrecht, weil die S. darauf angewiesen ist, die gesellschaftl. Wirklichkeit nicht in voller Identität mit der umgangssprachlichen Semantik zu erklären.

S. ist eine, aber nicht die allein zuständige Wissenschaft von den Bedingungen und Formen menschlichen Zusammenlebens. Sie sieht ihre Aufgabe darin, die Struktur- und Funktionszusammenhänge und Einrichtungen zum Verständnis, zur Planung und Organisation der Gesellschaft zu untersuchen und zu beschreiben, d.h. alle sozial relevanten Gegenstände: Werte und Normen, Rollen, Einstellungen und Handlungsmuster, soziale Prozesse (sozialer Wandel, Mobilität), soziale Lebensbereiche (z.B. Familie, Schule, Betrieb), soziale Gruppen und Institutionen (z.B. Gemeinde, Kirche). Zu diesem Zweck entwickelt sie aus einem theoretischen Bezugsrahmen ein methodisches Regelsystem und Instrumentarium zur Gewinnung von Informationen und ihrer Aufbereitung und Interpretation.

Die Religions- und Kirchen-S. beschäftigt sich mit der Bedeutung von Glaube, Kirche und Religion für die verschiedenen Bereiche des menschlichen Lebens, z.B. für Stabilität, soziale Integration und Desintegration. Diese Teildisziplin der S. hatte es in der Vergangenheit nicht leicht: Sorgten sich die einen wegen vermeintlich kirchl.-pragmatischer Interessen um ihre Wissenschaftlichkeit, so fürchteten andere gerade wegen dieser Übervorsichtigkeit für ihren unzureichenden Praxis-Bezug. Im sog. »Wertfreiheits- oder Werturteilsstreit«, insbesondere zwischen Max Weber (1864–1920) und Gustav Schmoller (1838–1917) und im sog. »Positivismusstreit in der deutschen Soziologie« in den 60er Jahren zwischen den Verfechtern der sog. »Kritischen Theorie« (neomarxistische Richtung der S.): Theodor W. Adorno (1903–1969), Max Horkheimer (1895–1973), Herbert Marcuse (1898–1979), Jürgen Habermas (geb. 1929) einerseits und den Hauptvertretern des sog. »Kritischen Rationalismus« (weiterentwickelte positivistische Richtung der S.): Karl R. Popper (1902–1994) und Hans Albert (geb. 1921) andererseits ging es um die Funktion und den Stellenwert von Werten und Normen für die und in der Wissenschaft.

Wenn aber das Prinzip der Wertfreiheit in der S. heute allenfalls eine methodische Bedeutung hat als Mahnung, Werte selbst zum Objekt wissenschaftl. Erkennens zu machen und das individuelle, wertegesteuerte Engagement zu reflektieren, weil Werte das erkenntnisleitende Interesse, die Themen- und Problemauswahl bestimmen und die soziologische Methodologie, Methodik und Technik beeinflussen, dann ist zu entscheiden, ob der Bereich wertegebundener Forschung und Lehre weiterhin den Epigonen neomarxistischer u.a. Ideologien überlassen bleiben soll oder ob hier, in Überwindung veralteter wissenschaftstheoretischer Skrupel und Allianzen mit dem Positivismus, die Aufgabe der Begründung einer am bibl.-theol. Menschenbild orientierten ev. S. ansteht.

Lit.: I. Lukatis: Empirische Religions- und Kirchensoziologie in Deutschland, ZE, 34, (1990), 303–317 (Lit.); J. Wössner: Soziologie. Einführung und Grundlegung, [8]1979.

J. Kniffka

Spalatin, Georg (1484–1545)

S. stammte aus Spalt bei Nürnberg und nannte sich nach seinem Heimatort; sein eigentlicher Familienname ist Burckhardt. Er kam an der Universität Erfurt mit dem Humanismus in Berührung und diente dann Kurfürst →Friedrich dem Weisen von Kursachsen als Hofkaplan, Bibliothekar und Geheimsekretär. Zu seinen Aufgaben gehörte auch der Kontakt mit der Universität Wittenberg, und so kam er mit →Luther in Berührung, der ihn schon früh für die Sache der Reformation gewann. Damit wurde S. zum einflußreichen Mittelsmann zwischen Luther und seinem Landesherrn, der das Geschick der →Reformation in ihren Anfängen erheblich mitbestimmte. Die Verwirklichung der reformat. Neuordnung der Universität Wittenberg war mit sein Verdienst. Sein umfangreicher Briefwechsel mit Luther ist eine der bedeutendsten Quellen der luth. Reformation. Nach dem Tod Friedrichs des Weisen wurde S. Pfarrer, Superintendent und Visitator in Altenburg. Gelegentlich, z.B. während des Augsburger Reichstages 1530, bediente sich der kursächsische Hof weiterhin seiner reformationspolit. Erfahrung. In diesen Funktionen

trug S. viel zum Aufbau der ev. Kirche in Kursachsen bei. Im Alter tat er sich schwer in seinem Amt, so daß Luther den Freund mit seinen Trostbriefen aufrichten mußte.

Lit.: I. Höß: Georg Spalatin, 1956.

M. Brecht

Spalding, Johann Joachim (1714–1804)

S., geb. am 1.11.1714 in Tribsee (Vorpommern), gest. am 22.5.1804 in Berlin, studierte in Rostock und Greifswald, über Jahre in wechselnden Tätigkeiten, schließlich luth. Pfarrer: 1747 Hilfsprediger des Vaters, 1749 Pfarrer in Lassahn, 1757 Propst in Barth, 1764 luth. Propst und Oberkonsistorialrat in Berlin, 1788 aus Protest gegen das →Wöllnersche Religionsedikt Rücktritt von seinem Amt. Der Hauptvertreter der theol. Aufklärung (→Neologie) in Berlin legte das Schwergewicht seiner Tätigkeit auf die praktisch-theol. Fragen. Als ein Mann der Kirche wollte er angesichts des engl. Deismus und des franz. Materialismus die Grundwahrheiten des Christentums seiner vernunftgeprägten Welt neu zugänglich machen. Er übersetzte wichtige engl. antideistische Literatur (1736 J. Butlers »Analogy of Religion«). Mit seiner Erstschrift (Gedanken über die Bestimmung des Menschen, 1748), die seinen Ruhm als populärer theol. Schriftsteller begründete, schlug er den Weg der Beschränkung auf das Wesen des Christentums ein. Was nicht der Bestimmung des Menschen zum sittlich Guten und zur Verbindung mit Gott diene und sich nicht allgemeinverständlich sagen lasse wie z. B. die Lehren der →Trinität, der →Erbsünde, der →Rechtfertigung und Versöhnung, habe aus der Predigt auszuscheiden. Entsprechend sah er in den Pfarrern die sittlichen Erzieher des Volkes (Über die Nutzbarkeit des Predigtamtes und ihre Beförderung, 1773), was ihm den Spott →Herders eintrug. S. schrieb als leidenschaftlicher Apologet des Christentums in der Überzeugung, daß sich bei vernünftiger Betrachtung das Christliche als das wahre Menschliche erweisen werde.

Lit.: E. Hirsch: Geschichte der neuern evangelischen Theologie, IV, 1949, 15-31.

J. O. Rüttgardt

Spangenberg, August Gottlieb (1704–1792)

S., geb. am 15. 7. 1704 in Klettenberg (Harz), gest. am 18. 9. 1792 in Berthelsdorf, erlebte 1722 in Jena seine Bekehrung, studierte bei →Buddeus Theologie, geriet ab 1727 in Verbindung zu den Herrnhutern (→Brüder-Unität). 1732 als Adjunkt nach Halle berufen, wurde S. bereits 1733 wegen seiner

Bindung an Herrnhut entlassen, trat darauf der Brüdergemeine bei. Bald wurde er mit der Leitung der überseeischen Gründungen beauftragt, weilte 1735-39, 1744-49, 1751-53, 1754-62 in Amerika, vor allem in Pennsylvanien. Ab 1744 Bischof für die amerik. Siedlungen wurde S. zum Begründer und Organisator des amerik. Brüdertums, das er in wenigen Jahren trotz angespannter Missionstätigkeit zu finanzieller Unabhängigkeit führte (Gemeindekommunismus durch »gemeinschaftliche Ökonomie« in Bethlehem/Pennsylvania). Wegen seiner Ablehnung der wetterauischen Richtung der Brüdergemeine in Europa (Sichtungszeit) 1749 zurückberufen, wurde er 1750 von → Zinzendorf zum Theologus unitatis bestimmt, was ihn zum Apologeten der Brüdergemeine, insbesondere der Schriften →Zinzendorfs werden ließ. Erst nach dem Tod des Grafen kehrte S. 1762 endgültig nach Europa zurück. Jetzt wurde er als Bischof und Haupt des Leitungskollegiums zum »Ordner der Unität« (Jannasch). Ihm verdanken wir die grundlegende Zinzendorf-Biographie (Leben des Herrn Nicolaus Ludwig Grafen und Herren von Zinzendorf, 1772-75); er gab die erste Zusammenfassung der Theologie der Brüdergemeine (Idea fidei fratrum, 1779). Mit seiner auf Ausgleich bedachten bibelorientierten Theologie vermied er manchen originellen Gedanken Zinzendorfs, festigte und verkirchlichte so das Lebenswerk des Grafen und gab ihm insgesamt eine größere Nähe zu den ev. Landeskirchen.

Lit.: H. Erbe: Bethlehem/Pa. Eine kommunistische Herrnhuter Kolonie des 18. Jahrhunderts, 1929; G. Reichel: August Gottlieb Spangenberg, 1906.

J. O. Rüttgardt

Spanien

1. »Die Westgoten waren keine Spanier« (A. Castro). Sie gehören in die Reihe der Völker, die durch Jahrhunderte hindurch auf der Halbinsel siedelten. Die ersten waren die von Afrika herübergekommenen Iberer, die sich mit den von Norden eingedrungenen Kelten vermischten, die Keltiberer. Im 10. vorchristl. Jh. gründeten die Phönikier an der Küste Handelsniederlassungen, ihnen folgten die Griechen; im 3. Jh. v.Chr. eroberten die Karthager weite Teile der Halbinsel. In den Punischen Kriegen wurden sie durch die Römer verdrängt, die seit 19 v. Chr. die gesamte Halbinsel beherrschten. Nach der Zerstörung Jerusalems (70 n.Chr.) siedelten in den folgenden Jahrhunderten Juden im zentralen Hochland um Toledo. Im Zuge der Völkerwanderung drangen im 5. Jh. n.Chr. die Vandalen, Alanan, Sueben und Westgoten auf die iberische Halbinsel vor. Erst den letzteren gelang es, sie ganz unter ihre Herrschaft zu bringen. In den Jahren 711–718 eroberten die Mauren fast die gesamte Halbinsel, die Christen zogen sich in das Bergland im äußersten Nordwesten zurück. Von dort begann um das Grab des Jakobus (Santiago) der Kampf um die Rückeroberung von der maurischen Herrschaft. Aus diesem jahrhundertelangen Kampf der *reconquista,* der 1492 mit der Eroberung Granadas seinen Abschluß fand, ist S., das kath. S., hervorgegangen. Das Christentum war schon z.Zt. der Römer auf die Halbinsel gelangt; schon Paulus hatte vor, nach S. zu reisen (Röm 15,23f). Die Westgoten waren zunächst →Arianer, 587 traten sie zum röm. Katholizismus über. Aus dem Kampf gegen die Mauren, aus einem arianisch-westgotischen Lebens- und Weltverständnis, vom Katholizismus her wie vom Gegenbild der Mauren ist S. als das entstanden, als das es im 16. Jh. in das helle Licht der Geschichte trat. Am Anfang jenes Jahrhunderts stand unter der Herrschaft der kath. Könige der Abschluß der *reconquista* und der Aufbruch in die neue Welt, am Ende dieses Goldenen Jahrhunderts die Vollendung des kath. S.

Das Goldene Jahrhundert war zugleich ein Höhepunkt geistl.-geistigen Lebens: in der Theologie durch bedeutende humanistische Gelehrte (Francisco de Cisneros, Pedro de Lerma, Antonio de Nebrigo, Gründung der Universität in Alcala) in den geistl. Bewegungen der Jesuiten (Ignatius von Loyola), der *alumbrados* (der »Erleuchteten«), der Mystiker (Osuna, →Johannes vom Kreuz, →Teresa von Avila), in der Malerei (von Luis de Morales über El Greco bis zu Velazquez), in der Baukunst (der platereske Stil, die Vollendung der großen Kathedralen), in der Dichtung (von Garcilaso de la Vega bis zu Miguel de Cervantes). Vollendung und Höhepunkt des kath. S. waren zugleich Beginn des Verfalls: Im 17. Jh. zerfiel die Herrschaft der Habsburger; nach dem spanischen Erbfolgekrieg übernahmen die Bourbonen die Macht, der franz. Einfluß bestimmte S. bis zu Napoleon, der seinen Bruder als König einsetzte. Aus dem Untergang S.s sowie dem Kampf gegen die franz. Herrschaft (Aufstand vom 2. Mai 1808, Dos de Mayo) ging eine liberale Bewegung hervor (Verfassung 1812 von Cadiz), die Absolutismus und Katholizismus zurückzudrängen versuchte. Das 19. Jh. von der Herrschaft Ferdinands VII. bis zum Scheitern Isabellas II. (1868) stand überwiegend im Zeichen der Restauration. Nur nach den Revolutionen von 1868 und 1931 hatten liberale und sozialistische Strömungen eine Chance. Aus dem spanischen Bürgerkrieg (1936-39) ging noch einmal das kath. S. siegreich hervor. Franco erneuerte die Monarchie, sein Bild S.s war das Philipps II., ein in sich geschlossenes kath. S. Im Fuero von 1945 wird noch einmal festgeschrieben: S. als Staat ist seinem Wesen nach kath. Erst nach dem Tode Francos (1976) gelang es dem König Juan Carlos, die gegensätzlichen, unter Franco in den Untergrund verdrängten Bewegungen aufzunehmen und in eine konstitutionelle Monarchie einzubringen. Die Verfassung von 1978 gewährt allen Spaniern demokratische Bürgerrechte einschließlich der vollen Religionsfreiheit. S. als moderner säkularer Staat ist heute Mitglied der Vereinten Nationen und der Europäischen Gemeinschaft.

2. Die Reformation des 16. Jh.s hatte nur geringen Einfluß in S. Zwar waren schon früh – 1519 – erste Schriften Luthers nach S. gelangt. Durch die Zensur- und Kontrollmaßnahmen der Inquisition hatten sie keine Chance der Verbreitung. Aus der humanistischen Bewegung von Alcala her hatte sich – vor allem durch den Einfluß von Juan de Valdés (Kommentare zum Römer- und 1. Korintherbrief, 110 Consideraciones) – in den fünfziger Jahren eine eigenständige ev. Bewegung gebildet. In Sevilla und Valladolid kam es zu Anfängen einer Gemeindebildung (ca. 300 Personen), die aber durch die Inquisition entdeckt und in den Jahren 1559–1568 vollständig vernichtet wurde. Durch diese Bewegung wurde auch der damalige Erzbischof von Toledo, Bartolomé Carranza, belastet und wegen des Verdachts der luth. Ketzerei 17 Jahre in den Kerkern der Inquisition gefangen gehalten. Nach 1568 hat es für ca. 300 Jahre keinen Protestantismus auf spanischem Boden gegeben. Die heutigen kleinen spanisch-ev. Gemeinden sind hervorge-

gangen aus der sog. zweiten Reformation nach 1868. Unter dem Einfluß vor allem anglik., schottischer, später auch amerikanischer Evangelisten, sowie Fritz Fliedners aus Kaiserswerth ist es im letzten Drittel des 19. Jh.s zur Bildung weit verstreuter, sehr unterschiedlich geprägter ev. Gemeinden, zur Gründung von →Sonntagsschulen, gottesdienstl. Stätten, sozialen Einrichtungen sowie eines ev. Gymnasiums (El Porvenir) gekommen. Erst durch die Verfassung von 1978 und das Gesetz zur Religionsfreiheit aus dem Jahre 1980 können sich nach den Jahren der Unterdrückung unter Franco diese ev. Gemeinden frei entfalten. Nur knapp 1% der Bevölkerung umfassend, bietet der spanische Protestantismus ein buntes Bild; am stärksten sind pfingstlerische Gruppen (auch Zigeuner) sowie baptist. Gemeinden; der luth./ref. Tradition am nächsten steht die IEE (Iglesia Evangélica Espanola), die sich auf das Erbe der ersten Reformation beruft.

Lit.: W. Atkinson: Geschichte Spaniens und Portugals, 1962; A. Castro: Spanien, Vision und Wirklichkeit, 1957; K. van der Grijp: Geschichte des spanischen Protestantismus im 19. Jahrhundert, 1971; H. Kamen: Die spanische Inquisition, 1967; J. Krinke: Das christliche Spanien, 1967; W. Otto: Juan de Valdés und die Reformation in Spanien im 16. Jahrhundert, 1989; ders.: Conquista, Kultur und Ketzerwahn. Spanien im Jahrhundert seiner Weltherrschaft, 1992.

W. Otto

Spätaussiedlergemeinden

1. Begriff, Statistik

Von S. spricht man in Deutschland seit etwa 1978. Durch Verträge zwischen der Bundesrepublik Deutschland und der damaligen UdSSR wurde es bisher etwa 3 Mio. Deutschstämmigen ermöglicht, auszureisen. Unter den Spätaussiedlern waren viele Christen, bes. baptist., mennonit. und luth. Prägung, die in Frömmigkeit und Gottesdienststil sehr ähnliche Gemeinden gründeten. Man kann Ende 1994 mit 250 S. rechnen.

2. Ursprünge, Begründung

Die S. wurden fast ausschließlich von Männern gegründet, die schon in der UdSSR ein Leitungs- oder Diakonenamt hatten. Sie kamen aus registrierten und nicht-registrierten Gemeinden. Ihr Hirtenamt war ihnen wichtig, so sammelten sie schnell die Gläubigen, begannen mit Gottesdiensten, Jugend- und Kinderarbeit. S. pflegen – bei unterschiedlichen Entwicklungen – kulturelle und geistl.-theol. Traditionen, deren Ursprünge z.T. bis in die Zeit der Täuferverfolgung im 16. Jh. zurückreichen: Persönlicher Glaube, Heiligung, Gemeindezucht, Gehorsam in Familie und Gemeinde, der Sonntag als Tag des Herrn mit langen Gottesdiensten und auch der Hang zur »Koloniebildung«. Manches ist durch das Leben im Ausland und durch die atheistische Diktatur verstärkt worden.

Das westliche Freiheitsverständnis im Volk und in vielen Gemeinden war nicht akzeptabel. So wurden für alle verbindliche »Gemeinderegeln« entwickelt, die die Grenzen zur Welt definieren. S. wachsen z.T. sehr schnell, überwiegend durch Zuzug und aus den großen Familien. Mehrere S. haben einen höheren Gottesdienstbesuch als vergleichbare volks- und freikirchliche Gemeinden. Da geschichtl. Differenzen und Amtsbewußtsein über die Grenzen mitgebracht wurden, kam es zur Gründung mehrerer Verbände von S.; etwa 10% eingewanderter Baptisten haben eine Heimat gefunden im Bund Ev.-Freikirchl. Gemeinden (Baptisten und Brüdergemeinden).

3. Entwicklungstendenzen

Vier Entwicklungen zeichnen sich ab:

a. Gemeinden, die es bewußt halten wollen wie früher. Sie haben oft ältere Leiter, die sich in der neuen Situation unsicher fühlen. Innere Konflikte sind nicht selten.

b. Gemeinden, die sich langsam für das Leben in Deutschland öffnen. Kulturelle Andersartigkeit tritt zurück. Sie werden evangelisationsfähiger. Ihre Leiter sind jünger, kommen aber aus eigenen Reihen.

c. Gemeinden, die einen bewußten Neuanfang wollen, um in der neuen Heimat das Evangelium von Christus dem entchristlichten Volk zu verkündigen.

d. Hinzu kommen Gemeinden und Gruppen, die die Gemeinschaft mit den Gläubigen in Deutschland suchen, dabei aber ihre Identität und ihre Stärken einbringen.

Die vielen Gemeinden unter a. und b. werden lange Zeit brauchen, bis sie im Westen zu Hause sind, Vertrauen zu Christus in der Gegenwart haben und dann eine größere Fruchtbarkeit entfalten. Manche Gemeinden werden sich nicht ändern und auch kein Salz für das Land werden, wie dies Täufergemeinden (→Hutterer, →Mennoniten, und den →Amish-Gruppen) immer wieder passiert ist.

Lit.: J. Reimer: Aussiedler sind anders, 1989; G. Szekely: Gebt uns wieder eine Heimat, 16 Beiträge zum Thema,

1980; G. Wieske: Kirchliche Integrationsprobleme rußlanddeutscher Christen, UNA SANCTA 46, 1991, 296–304.

G. Wieske

Spätregenbewegung →Perfektionismus

Spätjudentum →Israel a) geschichtlich

Spener, Philipp Jakob (1635–1705)

S., geb. am 13. 1. 1635 in Rappoltsweiler (Elsaß), gest. am 5. 2. 1705 in Berlin; ev. Theologe, Begründer des luth. →Pietismus. Aufgewachsen als Sohn eines Juristen am Hof der Herren von Rappoltstein, früh vertraut mit luth. Frömmigkeit, J. →Arndts »Wahrem Christentum« und puritanischen Erbauungsschriften zugeneigt, studierte S. 1651–59 in Straßburg Theologie (vor allem bei →Dannhauer) und Geschichte. 1659–1663 akademische Reisen nach Basel und Genf (Begegnung mit →Labadie), Stuttgart und Tübingen, 1663 Freiprediger am Straßburger Münster, genealogische Studien (S. gilt als Begründer der wissenschaftl. Heraldik in Deutschland), 1664 theol. Promotion und Heirat. Die Berufung nach Frankfurt 1666 als Senior der luth. Geistlichkeit beendete S.s akademische Laufbahn. Von nun an bekleidete er kirchenleitende Ämter im Luthertum: 1666–86 in Frankfurt, 1686–91 als Oberhofprediger in Dresden, 1691–1705 luth. Propst an St. Nikolai in Berlin.

Entschieden vertrat S. die von zahlreichen orth. Theologen geteilte Überzeugung, ein Gewohnheitschristentum im Sinne einer durch gesellschaftl. Sitte begründeten Teilnahme am kirchl. Leben ohne innere →Wiedergeburt sei vor Gott nicht ausreichend. Allerdings mußte er in Frankfurt die Erfahrung machen, daß sich die Reformvorschläge der luth. Orthodoxie zur Vertiefung der allg. Christlichkeit durch obrigkeitliche Kirchen- und Sittenzucht nicht durchsetzen ließen. S. entschloß sich, die Gutwilligen zu sammeln, um die Reform der Kirche durch die Sammlung der Frommen und Erweckten *(ecclesiola in ecclesia)* voranzubringen. Ab 1670 fand unter S.s Leitung in seiner Amtsstube ein *Collegium pietatis* statt, in dem Erbauungsbücher, ab 1674 die Bibel gelesen wurden.

Die 1675 veröffentlichte Programmschrift des Pietismus »Pia Desideria oder Hertzliches Verlangen nach Gottgefälliger Besserung der wahren Evangelischen Kirchen« ließ die Grundzüge pietistischer Kirchenreform erstmals erkennen:

– Intensivierung des Bibelstudiums für alle Christen, insbesondere durch besondere Zusammenkünfte neben dem Gottesdienst (Bibelstunden), in denen auch Laien das Recht der Bibelauslegung haben;

– Aktivierung des allgemeinen →Priestertums unter Berufung auf Luther durch stärkere Beteiligung der Laien;

– Förderung einer erkennbar christl. Lebensführung, die sich vom Liebesgebot leiten läßt (→Heiligung);

– statt konfessioneller Polemik Werben um Andersgläubige durch liebevollen Umgang und gutes Beispiel (Impuls zur Judenmission);

– Reform des Theologiestudiums durch Reduzierung der Philosophie und Dogmatik, Ausbau der Bibelwissenschaft und Anleitung zu persönlicher Frömmigkeit und Lebenspraxis;

– eine schlichte, auf gelehrte Selbstdarstellung verzichtende Predigtweise, die auf innerliche Erneuerung und Erbauung zielt.

Fanden die »Pia Desideria« unter den orth. Theologen wie in der allg. Öffentlichkeit große Beachtung, so führten sie doch nicht zur Entstehung einer pietistischen Bewegung, zumal sich 1684 die radikal spiritualistisch gesinnten Freunde S.s durch Separation von der Kirche trennten. Erst 1689 entstand in Leipzig der Pietismus als eine breite, alle Schichten ergreifende Laienbewegung, die sich um die Bibel sammelte und in besonderen Konventikeln zu gegenseitiger Erbauung traf. Obwohl S. von Dresden aus die Bewegung ermutigte und deckte, konnte sich der Pietismus in Sachsen nicht durchsetzen; alle führenden Theologen mußten weichen. Erst die Vermittlung neuer Wirkungsmöglichkeiten, S. wurde Propst und Konsistorialrat in Berlin und vermochte von hier aus die von ihm ausgelöste Bewegung zu formen und zu leiten, ließ den Pietismus im Zusammenspiel mit dem brandenburgischen Staat zum Durchbruch kommen, vor allem durch S.s Personalpolitik und die neue Universität Halle.

Die in seinem umfangreichen Schrifttum, insbesondere den gedruckten Predigtjahrgängen (z.B. Ev. Glaubens-Lehre, 1688; Ev. Lebens-Pflichten, 1692; Der hochwichtige Articul von der Wiedergeburt, 1696) vorgetragenen Anschauungen verknüpften Theologie und Frömmigkeit der luth. Orthodoxie, Anliegen und Vorstellungen des Spiritualismus, die Frucht seines Lutherstudiums sowie S.s Erfahrungen mit der höfischen und städtischen Barockkultur des ausgehenden 17. Jh.s zu einem neuartigen, zukunftsweisenden Verständnis des Christentums. Der sich andeutenden Verschiebung von der Lehre zum Leben, von der Gnade zur Kraft, von der Scholastik zur Erfahrung, von der Dogmatik zur Ethik entspricht die Betonung des neuen Menschen, der sich als frommes Subjekt aus der objektiven Welt verfaßter Kirchlichkeit zu lösen beginnt. Da S. die Glaubensgewißheit auf die Bibel und den aus der Kraft des Heiligen Geistes erfahrbar gewandelten Menschen gründete, verstärkte er einerseits die Lehre von der Verbalinspiration (→Bibel) gegenüber ersten Ansätzen rationalistischer →Bibelkritik. Andererseits forderte er die Glauben, Rechtfertigung und innere Herzenswandlung umfassende Wiedergeburt als Grundlegung wahren Christseins, aus der er als erster im Luthertum eine besondere christl. Ethik entfaltete. Da sich diese mit der »Hoffnung künfftiger Besserer Zeiten« verband, die Erwartung einer allgemeinen, durch die Kraft des Geistes ermöglichten Besserung in Kirche und Gesellschaft, mit der S. die endzeitliche Naherwartung der Orthodoxie verließ, konnte sich der frühe Pietismus als polit.-soziale Reformbewegung entwickeln (vgl. S.s Beitrag zur Überwindung des Gassenbettels in Frankfurt und Berlin). 1697 zog sich S. aus den öffentlichen Kontroversen um den Pietismus zurück, um sich der einzigartigen Sammlung seiner Briefe, Bedenken und Gutachten zu widmen (Theol. Bedencken und andere brieffliche Antworten I-IV, 1700–1702; vgl. Letzte Theologische Bedencken I-III, 1711; Consilia et Judicia theologica latina I-III, 1709), durch die S. nicht nur im Pietismus den folgenden Generationen ein wichtiger Gesprächspartner blieb.

Lit.: P. J. Spener, Schriften (Reprint 1979ff); Spener-Werke, hg. von K. Aland, 1945ff.

M. Brecht: Philipp Jakob Spener, sein Programm und dessen Auswirkungen, in: Geschichte des Pietismus Bd. 1, 1993, 276-389; P. Grünberg: Philipp Jakob Spener I-III, 1893–1906 (Reprint 1988); J. Wallmann: Philipp Jakob Spener und die Anfänge des Pietismus, ²1986.

J. O. Rüttgardt

Spinoza, Baruch (Benedict) de (1632–1677)

S., geb. am 24. 11. 1632 in Amsterdam, gest. am 21. 2. 1677 in Haag, gehört mit →Descartes und →Leibnitz zu den drei großen Philosophen des →Rationalismus. Er war Sohn einer jüd. Familie, die vor der Inquisition aus Spanien in die Niederlande geflüchtet war, und studierte Bibel, Talmud, mittelalterl. jüd. Philosophen, Scholastik, neuere Philosophie (→Bruno, →Descartes) und Mathematik. Schon mit 24 Jahren wurde er wegen kritischer Bemerkungen zur bibl. Tradition als Ketzer aus der jüd. Gemeinde mit dem Bannfluch ausgeschlossen.

Zu Lebzeiten ließ S. nur ein wichtigeres Werk veröffentlichen und auch das anonym, den »Theo-

logisch-politischen Traktat«. Er wurde kurz nach Erscheinen verboten. Das Angebot einer Professur für Philosophie in Heidelberg lehnte er ab und lebte zurückgezogen bis zu seinem Tod. Seinen Lebensunterhalt bestritt er mit dem Schleifen optischer Gläser und aus privaten Zuwendungen. Mit 44 Jahren starb er an Lungentuberkulose.

Der erste Teil des o.g. Traktats befaßt sich mit Verständnis und Auslegung der Bibel. An die Schrift herangetragene Vorentscheidungen lehnt er ab. Er versteht die Bibel als natürliches Erzeugnis menschlicher Geschichte, deshalb soll die Methode ihrer Erklärung der Methode der Naturerklärung entsprechen (vom Allgemeinen, das die Bibel überall und klar lehrt, zum weniger Allgemeinen und Dunkleren). Seine Hauptregel ist: »Man darf der Bibel keine Lehre zuschreiben, die sich nicht klar und deutlich aus der Geschichte der Bibel ergibt.« Diese Geschichte ist also zuerst zu erforschen, d.h. die Geschichte der Sprachen, der bibl. Bücher, ihrer Autoren und Adressaten und des Kanons als ganzen. S. gilt daher als der Begründer der philologisch-historischen Bibelkritik.

Im zweiten Teil des Traktats entfaltet er seine Staatslehre, in der er u.a. Denkfreiheit fordert, für die der Staat sorgen soll – auch gegen die Kirche. Sein Hauptwerk »Ethik, nach geometrischer Methode dargestellt« erschien kurz nach seinem Tod und wurde ein Jahr später verboten. Er geht darin vom Begriff der Substanz aus. Diese existiert aus sich selbst heraus, ist also ihre eigene Ursache und wird nur durch sich selbst erkannt. Es gibt nur eine Substanz in diesem Sinn, und die ist identisch mit Gott. Gott ist Inbegriff alles Seienden und daher gleichbedeutend mit »Natur«. Zur Unterscheidung von der üblichen Bedeutung von »Natur« unterscheidet er *natura naturans* (»schaffende Natur« = Gott) und *natura naturata* (»geschaffene Natur« = alles, was aus ihm hervorgeht). Die jüd.-christl. Trennung von Schöpfung und Geschöpf ist hier aufgegeben; Gott ist der Welt nicht gegenüber, sondern die Welt ist Gott (→Pantheismus): »Alles was ist, ist in Gott, und nichts kann ohne Gott sein oder begriffen werden«. Alle endlichen Dinge (geistig oder materiell) sind nur Modi (Daseinsweisen) der unendlichen Substanz. Von den Attributen (Eigenschaften) der unendlichen Substanz kann der Mensch nur zwei erkennen: Denken und Ausdehnung, da sie seiner Existenz als Leib und Seele entsprechen. Denken und Ausdehnung, Leib und Seele sind nicht zwei Substanzen (wie bei Descartes), sondern zwei Seiten eines Wesens.

Der zweite Schwerpunkt ist die Lehre vom Menschen: Das Wesen des Menschen besteht im Streben nach Selbsterhaltung. Was dieser dient, ist gut, was sie hindert, ist böse.

Der Mensch hat keine Willens- und Entscheidungsfreiheit, weil er die Ursache seiner Affekte (Gemütsbewegungen) nicht kennt. Je mehr er diese durchschaut, ist er frei, d.h. nur durch die Notwendigkeit der eigenen Natur bestimmt.

Ziel ist es, durch die Vernunft die Affekte im Gleichgewicht zu halten, bzw. sie zu überwinden, indem die Vernunft selbst zum Affekt wird. Dann ist es möglich, zum höchsten Gut zu gelangen, zur Erkenntnis Gottes. Diese ist gleichbedeutend mit einer »geistigen Liebe zu Gott«, die ein Teil der unendlichen Liebe Gottes zu sich selbst ist, also ewig.

S. wurde nicht nur von kirchl. und staatlicher Seite vehement abgelehnt, sondern auch fast durchgehend von den Vertretern der Aufklärung (z.B. →Voltaire, →Wolff, →Bayle, →Hume), auch von →Leibnitz, der ihn persönlich kannte. Positiv aufgenommen wurde er u.a. von →Lessing, →Herder, →Goethe und →Hegel.

Lit.: Spinoza: Opera, lat. und deutsch, 1967ff;
N. Altwicker: »Benedictus de Spinoza«, GdKG 8, 1983, 89-103; E. Hirsch: Geschichte der neuern evangelischen Theologie I, 1949, 256-271.

W. Glatz

Spiritismus

S. (lat. *spiritus*, »Geist«) ist die Lehre von einer unsichtbaren Geisterwelt, mit welcher der Mensch – in der Regel durch Medien – in Kontakt treten kann. Die häufigste Form des S. ist die Totenbeschwörung (Nekromantie). S. wird gelegentlich mit »Spiritualismus« (phil. Lehre, daß alles Wirkliche Geist bzw. Erscheinungsform des Geistes ist – im Gegensatz zum Materialismus) in Verbindung gebracht. Während jedoch im Englischen *spiritualism* tatsächlich S. bedeutet, ist eine Identifikation der beiden Begriffe im Deutschen sachlich nicht möglich.

S. begegnet in zahlreichen Formen seit der Frühzeit der Menschheitsgeschichte in allen Kulturen, z.B. im →Animismus, →Schamanismus und antiken Orakelwesen oder – als Gegenbewegung zum aufklärerischen Rationalismus – bei europ. Denkern wie E. →Swedenborg (1688–1772), H. →Jung-Stilling (1740–1817) und J. F. →Oberlin (1740–1826). Die Geburtsstunde des modernen S. als einer Massenbewegung in der westl. Welt liegt am 1. 4. 1848, als die Töchter des Farmers John Fox aus Hydesville/New York seltsame Klopfgeräusche hörten und man nach Entschlüsselung der Signale (»Klopf-ABC«) Leichenreste des sich angeblich kundgebenden Verstorbenen unter dem Keller fanden. Tatkräftig gefördert und systematisch ausgebaut wurde der S. in dieser Zeit v. a. durch Schüler Franz Anton Mesmers (1734–1815; »Entdecker« des »animalischen Magnetismus«), H. L. D. Rivail (Pseudonym: Allan Kardec, 1804-69), K. L. Frhr. v. Reichenbach (1788–1869, »Entdecker« der »Od-Kraft«) und A. J. Davis (1826–1910), später von J. Greber (1876–1944) und E. Cayce (1877–1945). Auch die 1875 gegründete → Theosophische Gesellschaft mit ihrem Medium H. P. Blavatsky (1831–91) trug viel zur Förderung des S. bei. 1882 entstand in England die »Society for Psychical Research« mit dem Ziel der Erforschung paranormaler Phänomene.

Die größte Verbreitung besitzt der S. heute in Brasilien (Macumba-, Umbanda- und Kardec-S.; zusammen ca. 50 Mio. Anhänger), Vietnam (Caodai-S.; über 2. Mio.) sowie in Afrika und Ostasien in Gestalt verschiedener Ahnenkulte. In der westl. Welt weisen Kalifornien und England die meisten S.-Zirkel auf, doch werden im Gefolge einer »neuen Religiosität« (New Age) antirationalistischer und auch antichristl. Prägung viele Länder z. Zt. von einer spiritistischen Welle überschwemmt (S. als Ersatzreligion).

Die häufigsten Techniken des S. im Westen sind: Trance-Reden, automatisches Schreiben, Tisch- und Glasrücken. Wachsenden Zulauf finden UFO-, Tonbandstimmen- und Transkommunikations-S. sowie Geistheilung und »Channeling«. Spiritistische Phänomene können sein: Hellsehen, Exkursion der Seele, Astralwanderung, Levitation, Telekinese, Transfiguration, Translokation, Materialisation und Xenoglossie.

Im Anschluß an H. Bender lassen sich vier Arten des S. unterscheiden:

– Vulgär-S. (weit verbreiteter Toten-Kontakt-S. aus Neugier, Macht- und Wissensdurst);

– Offenbarungs-S. (Kontakt mit »Mahatmas«, »Meistern« u. ä.; im christl. Bereich mit »Engeln«, »Jesus« oder »Gott« selber zum Empfang neuer, außerbibl. Offenbarungen);

– ethisch-rel. gefärbter S. (auf dem Offenbarungs-S. beruhender Zusammenschluß zu spiritistischen »Kirchen«; z. B. Umbanda/Brasilien, »Geistige Loge Zürich« und Orden »Fiat Lux«/Schweiz, »Universelles Leben«/Deutschland);

– sog. »wissenschaftlicher« S. (beschäftigt sich mit der Frage einer vom Organismus unabhängigen Existenzmöglichkeit der Seele; z. B. die Sterbe- und Jenseitsforschung von R. Moody und E. Kübler-Ross).

Die Weltanschauung des S. läßt sich kennzeichnen als »naturalistischer Monismus und Evolutionismus« (Ruppert): Die gesamte Wirklichkeit gilt als Energiefeld. In diesem stellen Gott, Geistwesen, Mensch, Tier, Pflanze und Mineral unterschiedliche Verdichtungsstufen oder Schwingungsebenen derselben »Lebensenergie« (auch: Prana, Chi, Ka, Mana, Weltäther, Odkraft usw.) dar. Alle Wesen befinden sich in einer ständigen Höherentwicklung (zum Teil wird die → Reinkarnation vertreten). Gott- und Geistwesen (z. B. die Geister Verstorbener) haben einen feinstofflicheren Leib (auch: Astralleib, Odkörper, Perispirit, Fluidalkörper u. ä.) als die jetzt lebenden Menschen und befinden sich auf einer höheren Schwingungsebene. Deshalb können sie nicht mit den normalen physischen Sinnen, sondern nur von sensitiven Medien wahrgenommen werden. Tritt ein Medium in Kontakt mit einem Geist, dann muß sich in einer »Art Todeskampf« (Greber) sein Geist vom Körper lösen, um dem fremden Geist Raum zu machen (Besessenheit).

K. Koch hat die spiritistische Welt als »unechte Transzendenz« bezeichnet, da der wirkliche göttliche Bereich so nicht erfaßt werden kann. Trotz seines Redens vom Übersinnlichen bleibt der S. in der Immanenz der geschaffenen Welt gefangen. In der Bewertung der spiritistischen Phänomene stehen sich – von den häufigen Fällen des Betrugs abgesehen – zwei Theorien gegenüber:

– Die animistische Theorie wertet die spiritistischen Phänomene als Vorgänge, die von den Medien selber ausgelöst werden (psychische Automatismen, Sonderexistenz seelischer Teile, Eintauchen in das »kollektive Unbewußte«, Energiebündelung durch Willenskraft u. ä.).

– Die spiritistische Theorie rechnet mit einem realen Hereinwirken von (Toten-)Geistern in die sichtbare Welt.

Während die Anhänger einer rationalistischen Weltanschauung die spiritistischen Phänomene durchweg als Betrug ansehen, neigen die Vertreter (para-)psychologischer Schulen am ehesten der animistischen Deutung zu. Allerdings bleibt nach Ausschöpfung aller immanenten Interpretationsversuche immer noch ein »ungeklärter Rest« (Koch), der die Möglichkeit einer transzendenten Einwirkung offenläßt. Hier ist die Antwort der Theologie gefordert.

Handelt es sich bei den im S. befragten Geistern um engelhafte Geistwesen, Geister Verstorbener oder gar Dämonen? Die christl. Theologie ist sich in der Beantwortung dieser Frage nicht einig, doch dürfte vom bibl. Befund her die letztgenannte Möglichkeit am ehesten zutreffen. Der S. steht nämlich im Widerspruch zum ersten Gebot des Dekalogs (2Mo 20,2f) und ist Gott ein »Greuel« (3Mo 19,31; 5Mo 18,9ff u.a.). Wer sich darauf einläßt, verfällt wie Saul dem Gericht (1Sam 28,7ff). Wer etwas über die göttlichen Geheimnisse erfahren möchte, soll nicht Verstorbene, sondern die Bibel (»Mose und die Propheten«) befragen (Lk 16,19ff). Spiritistische Betätigung kann eine Vielzahl von seelischen, geistigen und geistl. Schädigungen mit sich bringen: Angstzustände, Halluzinationen, Stimmenhören, Verfolgungswahn, Selbstmordgedanken, starke Suchtbindung, große Triebhaftigkeit und sexuelle Perversion, Lästergedanken, Resistenz gegen Gott und sein Wort. Wirkliche Befreiung von durch S. entstandenen Bindungen ist nur möglich durch einen Herrschaftswechsel aus dem Reich Satans in das Reich Gottes, durch die Übereignung des Lebens an den Erlöser Jesus Christus (Lk 11,20; Eph 6,10ff).

Lit.: H. Bender: »Parapsychologie«, in: A. Resch: Fortleben nach dem Tode, 1980; J. Greber: Der Verkehr mit der Geisterwelt, ²1937; K. E. Koch: Seelsorge und Okkultismus, ²⁶1985; H.-J. Ruppert: Okkultismus – Geisterwelt oder neuer Weltgeist?, 1990.

L. Gassmann

Spiritualismus

In der Philosophie ist S. die Richtung, die dem Geistigen die alleinige oder höhere Wirklichkeit zuerkennt.

In der Kirchengeschichte ist S. keine einheitliche Erscheinung, sondern ein Sammelbegriff für Personen und Bewegungen, die einseitig von einem unmittelbaren Wirken des Geistes ausgehen. Kennzeichnend ist eine Entgegensetzung von Äußerlichem und Innerlichem. Die Offenbarung erreicht den Menschen direkt in seinem Inneren (etwa durch ein »inneres Wort« oder »inneres Licht«). Äußere Vermittlungen (durch Gemeinde, Wort, Sakrament) werden abgewertet oder abgelehnt. Geist und Schrift werden als Gegensätze gesehen, bei positiverer Sicht wird die Schrift mit Hilfe des Geistes erfaßt und dient zur Vorbereitung des Glaubens und zur Prüfung der inneren Offenbarung. Gemeinde ist aufgrund der Unmittelbarkeit der Offenbarung eigentlich unnötig. Wenn sie nicht ganz abgelehnt wird, ist der Gemeindebegriff individualistisch und antiinstitutionell.

Wichtigster Vorläufer des S. ist die Mystik. Die meisten seiner Vertreter finden sich im Umfeld der Reformation: Th. →Müntzer, A. →Karlstadt, die →Zwickauer Propheten sowie seine typischsten Vertreter S. →Franck und C. →Schwenckfeld. Der S. hat auch eingewirkt auf manche →Täufer (H. Denck, D. Joris) und über V. →Weigel auf J. →Böhme. Nachgewirkt hat er im →Pietismus (bes. auf die aus dem radikalen Pietismus hervorgegangenen Inspirationsgemeinden) und der →Erweckungsbewegung, sowie in →Aufklärung und →Idealismus. In England sind G. →Fox und die →Quäker stark vom S. bestimmt.

Lit.: G. A. Benrath: »Die Lehre außerhalb der Konfessionskirchen«, in: Handbuch der Dogmen- und Theologiegeschichte II, 1980, 560-610; H. Fast: Der linke Flügel der Reformation (Quellen, KlPRot IV), 1962; R. Stupperich: »Spiritualismus«, EKL² III, 1959, 1089ff.

W. Glatz

Spiritualität

1. Begriff

S. ist ein Begriff, der in der französischen Ordenstheologie des 18. Jh.s erstmals nachweisbar ist und erst seit ca. 1970 zu einem der großen Programmworte der deutschen und weltweiten Christenheit wurde. Die 5. Vollversammlung des Weltrates der Kirchen (Nairobi, 1975) hielt fest: »Wir sehnen uns nach einer neuen Spiritualität, die unser Planen, Denken und Handeln durchdringt«. In der röm.-kath. Kirche ist S. seit dem Zweiten →Vatikanum zu einem verbreiteten Hoffnungswort geworden. Inzwischen hat sich dieser Begriff auch im säkularen Bereich durchgesetzt, so daß von einer S. der »Grünen« und der Gewerkschaften, von einer esoterischen S., ja sogar von einer S. des »Frankfurter Zoos« die Rede ist. Gemeint ist damit weithin die Innenseite bzw. die Konzeption, die Vision einer Zeiterscheinung im Unterschied zu ihrer Außenseite, ihrer fragmentarischen Verwirklichung. Mit solchen Verallgemeinerungen ist S. allerdings mittlerweile zu einem vagen, nahezu unbrauchbaren Containerbegriff geworden. Jedenfalls bedarf er in seinem christlichen Verständnis der Erläuterung.

Christliche S. geht auf den *spiritus sanctus*, den Heiligen →Geist, zurück und komprimiert biblische Zentralaussagen, z.B. aus Gal. 5, 25 (»Wenn wir im Geiste leben, laßt uns auch im Geiste wandeln«) in einen Begriff. Gemeint ist damit, daß der auferstandene Herr im Umgang mit den an ihn Glaubenden eigene Lebensformen schafft, z.B. das Herzensgebet, die gefeierte Gemeinschaft mit Christus im →Gottesdienst der Gemeinde, den Umgang mit der Heiligen Schrift als den Ort, an dem Gott spricht und das Hören des Menschen erwartet. S. kann sehr unterschiedlich beschrieben werden, z. B. als »die gelebte Grundhaltung der Hingabe des Menschen an Gott« (G. Greshake), die »Integration des gesamten Lebens in eine vom Glauben getragene und reflektierte Lebensform« (Institut der Orden) bzw. als »die Verwirklichung des Glaubens unter den konkreten Lebensbedingungen« (P. M. Zulehner). In →Taizé wurde 1975 unter den Worten »Meditation und Engagement« eine »Spiritualität für den Kampf« entwickelt. Der Rat der EKD hat durch eine Kommission eine Studie über »Evangelische Spiritualität« erarbeiten lassen und diese mit sieben Empfehlungen an die Gliedkirchen und Gemeinden weitergegeben: →Kommunitäten und Zentren geistlichen Lebens sollten besucht werden, S. solle in allen Ausbildungsphasen des Theologen im Nachdenken über geistliches Leben allein und in Gemeinschaft stärkere Beachtung finden und auch mit haupt-, neben- und ehrenamtlichen Mitarbeiter(-innen) der Kirche eingeübt werden. Aspekte der S. sollten besonders in die Glaubensunterweisung junger Menschen eingebracht werden, ebenfalls bei Kirchentagen, →Evangelisationen, →Glaubenskursen etc. In sämtlichen Bereichen der Gemeindearbeit habe S. verstärkte Betonung zu finden. Erstmals in der ev. Kirchengeschichte ist in der »Denkschrift« der genannten Arbeitsgruppe S. thematisch und programmatisch untersucht worden. S. wird dort von →Frömmigkeit unterschieden, indem Frömmigkeit den gelebten persönlichen Glauben des einzelnen meint, S. jedoch auf eine Lebenshaltung zielt, die zwar den einzelnen immer noch im Blick hat, ihn aber in gestaltete Lebensvollzüge christlicher Gemeinde integriert. S. »schließt Glaube, Frömmigkeitsübung und Lebensgestaltung zusammen und bietet darin eine Alternative zu spätprotestantischer, entweder einseitig wortorientierter oder ebenso einseitig handlungsorientierter oder ebenso einseitig stimmungsorientierter Frömmigkeit«. Sie umschließt also die Inhalte (»Glauben«), Vollzüge (»Frömmigkeitsübung«) und sichtbare, anbietbare Gestaltwerdung (»Lebensgestaltung«) des Christseins. Insofern gibt es den Singular S. nur als unverzichtbare Dimension des Glaubens in dem Sinne, daß Glaube immer Ausdruck und Gestaltung braucht, aber dann ist von verschiedenen Gestaltungsweisen christlicher Spiritualität zu sprechen.

2. Gestaltungsweisen

Die Denkschrift benennt »drei Stränge erneuerter Spiritualität:

– die bibelorientierte, evangelistische S., welche der charismatisch-pfingstlichen S. verwandt ist;
– die liturgische, meditative S., die sich z. B. in den evangelischen Kommunitäten neu entfaltet hat und
– die emanzipatorisch-politische S., die sich auf die prophetischen Traditionen beruft und in die Solidarität mit den Armen stellt«.

Diese Gestaltungen sind »Typen« und begegnen in der Alltagswirklichkeit selten so unvermischt und rein, sondern durchdringen sich mannigfaltig. Innerhalb der christlichen S. ist von einer vorkonfessionellen S. zu reden, die in jeder Lebensform des Christlichen die Ausdrücklichkeit des Glaubens im Auge hat, ohne die es kein Christentum gibt. Es gibt sodann konfessionelle Spiritualitäten (östlich-orth., röm.-kath. und prot.); es gibt (oft eher unausdrückliche) volkskirchl. und freikirchl. profilierte S. Es gibt liturg. S. (z. B. in den Klöstern, in Taizé bzw. in der →Michaelsbruderschaft). Es gibt monastische S., die im röm.-kath. Bereich sehr ausgefächert ist: z. B. franziskanische (Dienst an der Welt), ignatianische (aktiv in der Kontemplation) S. u. a. Es gibt eine biblische S. und in ihr eine atl. und ntl. Es gibt innerhalb der ev. S. eine luth., ref., pietistische u. a. Ausformung und natürlich auch eine ökumen. S., die in der Christozentrik jenseits aller gewordenen Christologien, in der Begegnung von Glaubenden über alle konfessionellen Unterscheidungen hinaus, in der Sendung und Bewährung im Alltag der Welt wie in der Anknüpfung an das gemeinsam Humane in den vielen Lebensstilen der säkularen Welt u. a. ihren Schwerpunkt hat. Sicherlich hat christliche S. auch verschiedene Ausprägungen in der alten und neuen Welt gefunden, also in Europa, Afrika und Asien (u. a.)

3. Geschichte

S. hat sich von ihren Anfängen an entfaltet und mannigfache Ausformungen, Differenzierungen, auch Verkürzungen gefunden. Sie beginnt mit Jesus selbst, der Urheber und Ziel aller christlichen S. ist. In ihm wird der Anbruch des Gottesreiches, eine unerhörte Vollmacht in Wort und Tat über die Herrscher der Erde wie über die Mächte der Finsternis erfahrbar, in ihm wird die Gegenwart Gottes als Geistgegenwart des Auferstandenen bleibend und endgültig verkündigt – im Raum der Kirche als dem Leib Christi unter Wort und Sakrament. In der Urgemeinde und in der frühen Kirche setzte sich diese Geistesgegenwart fort – im Mut zum Christuszeugnis, im Einsatz der vielfältigen Gnadengaben bis hin zum Martyrium des Todes. Mit der Entfaltung des christlichen Gottesdienstes gab es schon früh liturgische S. in großem Reichtum und mit dem Aufkommen der christlichen Theologie geistliche Schriftauslegung in vielfältigem Sinn.

Als sich die Kirche nach der konstantinischen Wende zunehmend der Welt und ihrer Sogkraft näherte, brachen Gegenbewegungen im Mönchtum auf, die immer neu für Kurskorrektur der Kirche bzw. für alternative Lebensformen sorgten. Monastisch-kommunitäre S. prägt die Kirche bis zum heutigen Tage quer durch die Konfessionen hindurch. Die monastische Theologie des Mittelalters hat in der scholastischen Theologie allerdings ihr Ende gefunden, aber die →Scholastik hatte ihre lebendige Kehrseite in der sog. →Mystik und danach in der »neuen Frömmigkeit« (→devotio moderna). Oft genug, z.B. bei Meister →Eckhart und →Bonaventura, wurde beides vom gleichen Theologen vertreten, so daß Mystik als S. der Scholastik bezeichnet werden kann, die in der Regel in der Muttersprache vorgetragen wurde. Aber das Auseinandertreten von Scholastik und Mystik zeigt gleichwohl, daß Denken und Leben des Glaubens im späteren Mittelalter sich mehr und mehr voneinander zu lösen beginnen.

Die Reformation, am stärksten bei Martin →Luther, hat diese Entwicklung noch einmal aufzuhalten versucht, indem sie – ähnlich wie ihre spanischen Zeitgenossen →Ignatius von Loyola und →Teresa von Avila – eine in der Existenzmitte des Glaubens betroffene und geprägte S. entfaltete und öffentlich vertrat, ebenfalls als Korrektur zu einer verflachten Kirchlichkeit ihrer Zeit. Durch die Übersetzung der Bibel ins Deutsche gelang ein persönlicher Umgang mit der Heiligen Schrift, durch die Gemeindechoräle, die Einführung der Predigt in den Hauptgottesdienst und die deutschsprachige Liturgie wurde die Beteiligung der ganzen Gemeinde belebt und intensiviert. Doch mancherlei interne Auseinandersetzungen zwischen den Theologen der Reformation brachten den Neuanfang um ihre Frucht, und die Leitung der Kirche durch die Landesherren war um keinen Deut geistlicher als die der mittelalt. Bischöfe. So geriet die reformat. S. zunächst in das Korsett einer Lehrorthodoxie und danach eines aufgeklärten Rationalismus und hat seit dem 18. Jh. bestenfalls zu privatistischer Frömmigkeit geführt. Die Erneuerungsbewegungen des Früh- und Neupietismus haben ev. S. zwar wieder belebt, aber ihre Ausbreitung war begrenzt, und ihre Frömmigkeit stand immer in Gefahr, formalistisch-ängstlich und gesetzlich-eng zu werden. Der Aufbruch der Bekennenden Kirche hat – unter dem äußeren Zwang der nationalsozialistischen Bedrängung – zeitweise zur »geistlichen Erneuerung des Pfarrerstandes und Gemeinden« geführt; auch die 1925 einsetzende und sich nach 1945 deutlich verstärkende kommunitäre Bewegung hat eine neue S. befördert und Orte zur Einkehr und Sammlung bereitgestellt.

4. Merkmale

Fragen wir schließlich nach Merkmalen einer christl. S., läßt sich festhalten:

a. Jede anspruchsvolle Religion hat ihre eigene S., das →Judentum und der →Islam, der →Hinduismus und der →Buddhismus in seinen verschiedenen Spielarten (pauschal von einer fernöstlichen S. zu reden, sollte eher vermieden werde). Auch das Christentum hat zu allen Zeiten eine Tiefenprägung des Glaubens, also eine eigene S. gehabt und entwickelt.

b. S. meint den vom →Heiligen Geist gewirkten, erfahrbaren und in einem bestimmten Lebensstil ausgedrückten Glauben.

c. S. meint die Gewißheit, die immer wieder zur Gestalthaftigkeit und zum Lebensvollzug des Glaubens führt; die Bibel spricht in diesem Kontext von »→Heiligung«, die sie ebenso gemeindebezogen wie personbezogen versteht.

d. S. meint eine in geistlicher Schriftlesung, in →Gebet und →Seelsorge, im Austausch der Glaubenden untereinander und eine in der Verantwortung für die Welt sich äußernde Hingabefrömmigkeit einzelner Christen, Gemeinschaften und Gemeinden. Dabei bewirken die »Bedingungen der jeweiligen Zeit« Unterschiede im Vollzug.

e. Luther hat ev. S. unter fünf gültigen Formen gesehen, die sich darin bewähren, daß sie geübt werden können (dem Moment der Übung kommt in jeder S. fundamentale Bedeutung zu): Das Vergebung verkündigende Wort, die →Taufe, das Heilige →Abendmahl, die →Beichte in verschiedenen Formen und das wechselseitige, auf Tröstung abzielende Gespräch unter Christen. Eine christl. S. wird also die Gegebenheiten kirchlicher Gegenwart berücksichtigen und auf folgende Einübungen achten: schöne Gottesdienste, regelmäßige Feier des Herrenmahls, Lob und Dank über erneuertes Singen und über die Kirchenmusik, Einkehrtage, Anleitungen zu vertieftem Gebet und zum Umgang mit der Bibel in Schweigen und →Meditation, →Gemeindeaufbau, Formen gemeinsamen Lebens nicht nur in Kommunitäten, Bereitstellung bewährter und auf Erneuerung bedachter Liturgien und nicht zuletzt nüchtern wahrgenommene Verantwortung für die Welt. Daraus haben sich verschiedene Einstellungen und Aufgaben ergeben: Einübung in Ermutigung zum Christsein, Bejahung der Schöpfung (Welt) als Ort der Glaubensverwirklichung, Bereitschaft zu vertieftem Hören und Schweigen vor Gott und seinem Wort, wie es in der Heiligen Schrift zum Ausdruck kommt und in der Liturgie wie im Stundengebet der Kirche aufgenommen wurde, und nicht zuletzt Offenheit für geistliche Übungen aus eigenen und fremden Traditionen.

Lit.: Arbeitskreis der EKD: Evangelische Spiritualität ²1980; H. M. Barth: Spiritualität, 1993; G. Greshake u. a. (Hg.): Quellen geistlichen Lebens, 3 Bde, 1980, 1985, 1989; B. McGinn u. a. (Hg.): Geschichte der christlichen Spiritualität, Bd 1, 1991; V. Mulago (Hg.): Afrikanische Spiritualität und christlicher Glaube, 1986; A. Rotzetter: Seminar Spiritualität, 4 Bde, 1978 - 1980; G. Ruhbach: Theologie und Spiritualität. Beiträge zur Gestaltwerdung des christlichen Glaubens, 1987; Chr. Schütz (Hg.): Praktisches Lexikon der Spiritualität, 1988; J. Sudbrack (Hg.): Große Gestalten christlicher Spiritualität, 1969; ders.: Probleme – Programme einer kommenden Spiritualität, ²1972; H. Wagner (Hg.): Spiritualität, 1987; J. Weismayer: Leben in Fülle. Zur Geschichte und Theologie christlicher Spiritualität, 1983.

G. Ruhbach

Spiritualpräsenz →Abendmahl

Spirituals

Die Negro S., die geistl. Lieder der nordamerikanischen Schwarzen, entstanden zwischen 1800 und 1850. Die Missionierung der seit 1619 Versklavten hatte in den S. »die bedeutendste Leistung christlichen Liedschaffens im neunzehnten Jahrhundert« zur Folge (Zimmermann, 242). Ihre Geburt vollzog sich im Schmelztiegel der baptist. und methodist. geprägten Erweckungsbewegung und Camp-meetings, wo die Schwarzen das ihnen von Afrika vertraute Ruf-und-Antwort-Schema entwickelten. Aus der Vereinigung europ. und afrikanischer Traditionen entstanden die S. als Mischungsprodukt zweier Kulturen und wurden als erste Form afro-amerikanischer Musik nicht nur die Urzelle des Jazz, sondern auch der christl. Jugendmusik des 20. Jh.s. Ihre zeitgenössische (komponierte) Form heißt Gospel Song. Die S. entstanden meist im Gottesdienst als spontane Antwort der Gemeinde auf die Predigt. In ihrer bilderreichen Sprache waren sie die Bibel der Analphabeten, in ihrem ekstatischen Vollzug die Brücke über die Zeit der →Sklaverei. Die glühende Hoffnung auf den Himmel half den Sklaven, ihr Leiden auszuhalten, und der leidende Christus am Kreuz steht im Mittelpunkt der S. Der Schrei aus der Tiefe vereint sich mit Erlösungsgewißheit und Gotteslob: »Nobody knows the trouble I've seen – glory, halleluja.«

Lit.: F. Bankhardt: Die großen Taten Gottes, 1954; J. H. Cone: Ich bin der Blues ..., 1973; Chr. Dixon: Negro Spirituals, 1967; Th. Lehmann: Negro Spirituals, 1965; H. W. Zimmermann: Kirchenmusik heute, in: Berendt, Uhde: Prisma der gegenwärtigen Musik, 1959.

Th. Lehmann

Spitta, Karl Johann Philipp (1801–1859)

S., geb. am 1. 8. 1801 in Hannover, gest. am 28. 9. 1859 in Burgdorf, war zunächst Uhrmacher, Seit 1821 studierte er Theologie in Göttingen, war Mitglied einer poetischen Vereinigung, der »Tafelrunde«, in der er Heinrich Heine kennenlernte. 1824 wurde er Hauslehrer in Lüne bei Lüneburg und erfuhr dort eine Lebenswende durch das Studium der Bibel und der Schriften Martin Luthers. Nun entstanden zahlreiche geistl. Lieder, die in der Sammlung »Psalter und Harfe« (Bd. I 1833, II 1843, mit zahlreichen Auflagen und Übersetzungen in

fremde Sprachen), bald auch in verschiedene Gesangbücher bis in die Gegenwart hinein aufgenommen wurden (z. B. »Ich steh' in meines Herren Hand«; »Bei dir, Jesu, will ich bleiben«; »Geist des Glaubens, Geist der Stärke« u. a.). Er wirkte als Pastor in Sudwalde, Hameln (in der Garnison und Strafanstalt), Wechold, Wittingen, Peine und Burgdorf (zuletzt als Superintendent) und erlebte durchweg Erweckungen in seinen Gemeinden. Er vertrat ein bewußtes Luthertum und schlug daher alle Berufungen über die Grenzen der Landeskirche hinaus aus. 1855 wurde S. Ehrendoktor der Theol. Fakultät Göttingen. Als Superintendent starb er mitten in einer reichen pastoralen und Gemeinde aufbauenden Tätigkeit.

Lit.: K. J. P. Spitta: Nachgelassene geistliche Lieder, 1861; Psalter und Harfe, 1833–1843 (viele Auflagen).
Handbuch zum EKG, II. 1 1957, 282ff; K. Münkel: Karl Johann Spitta. Ein Lebensbild, 1861; W. Nelle: »Karl Johann Spitta«, in: PRE 18, [3]1906, 667-670.

G. Ruhbach

Spittler, Christian Friedrich (1782–1867)

S., geb. am 12. 4. 1782 in Wimsheim/Württemberg, gest. am 18. 12. 1867 in Basel, wo er 66 Jahre lang tätig gewesen ist. S. wurde nicht Theologe wie sein Vater, der bereits 1793 starb, sondern »Stadtschreiber« im württembergischen Steinheim und Schorndorf. Von dort berief ihn K.F. →Steinkopf 1801 zum Mitarbeiter der Deutschen →Christentumsgesellschaft nach Basel. Ab 1808 wirkte S. als verantwortlicher Sekretär dieser Gesellschaft umsichtig und innovativ weit über Basel hinaus. Durch seine ausgedehnte Korrespondenz trat er mit Persönlichkeiten des gemeindlichen und öffentlichen Lebens

in vielen Ländern in Verbindung und förderte so das geistl. Leben vieler Gemeinden und Kreise. In Basel wurde er zu einem der führenden Vertreter eines aktiven →Neupietismus, dem es gelang, die Dringlichkeit und Zusammengehörigkeit mission. und diakon. Handelns darzustellen. Sein unerschütterlicher Glaube und sein geniales Organisationstalent befähigten ihn, verschiedene Werke der Inneren und Äußeren Mission ins Leben zu rufen. Dabei verstand es S. in der Regel, auch die geeigneten Menschen zu finden, die für die praktische Durchführung solcher Aufgaben vorbereitet waren. Aus der großen Zahl der Gründungen jener Zeit sind zu nennen: Basler Bibelgesellschaft (1804), →Basler Mission (1815), Kinderrettungs- und Lehrerbildungsanstalt Beuggen (1820), Taubstummenanstalt in Beuggen, später in Riehen (1833), Pilgermission St. →Chrischona (1840), Kinderspital Basel (1846), Diakonissenanstalt Riehen (1852), Heim für alleinstehende Frauen und »Mägdeherberge« (1857), Syrisches Waisenhaus (1860).

Lit.: R. Frische (Hg.): Zur Initiative befreit: Christian Friedrich Spittler und unser Auftrag heute, 1994; K. Rennstich: »... nicht jammern, Hand anlegen!«, 1987; E. Schick, K. Haag: Christian Friedrich Spittler, Handlanger Gottes, 1982; E. Stähelin: Die Chritentumsgesellschaft in der Zeit der Aufklärung und der beginnenden Erweckung, 1970; ders.: Die Christentumsgesellschaft in der Zeit der Erweckung bis zur Gegenwart, 1974.

K. Haag

Spoerri, Theophil (1890–1974)

S., geb. am 10. 6. 1890 in La Chaux-de-Fonds im Schweizer Jura als Sohn eines Methodistenpredigers, gest. am 24. 12. 1974 in Caux. Er wuchs in einer neunköpfigen Familie auf, die – wie es der damaligen methodistischen Tradition entsprach – alle drei Jahre von der deutschen Schweiz in die französische und wieder zurück umzog. So wurde er schon sehr früh mit der Tatsache konfrontiert, daß Sprache entweder eine spaltende Kraft oder eine Brücke zur Kommunikation sein kann. Diese Erkenntnis bestärkte in ihm den Entschluß, Sprachwissenschaftler zu werden. Sein Weg führte ihn dann durch die Universitäten Zürich, Bern, Paris und Siena, wobei er sich in Zürich als Lehrer im Waisenhaus sein Studium verdienen mußte. Schon nach relativ kurzer Zeit als Sprachlehrer am Freien Gymnasium Bern wurde er zum Ordinarius für Romanistik an die Universität Zürich berufen.

Schon während seiner Studienzeit war er im CSV (Christliche Studentenvereinigung) aktiv und ließ sich dann bei den Methodisten zum Laienprediger ausbilden. Es war das Aufkommen des Nationalsozialismus, das ihn bestärkte, auch Kontakte mit geistlichen Kräften außerhalb der Schweiz zu suchen. Er traf mit der →Moralischen Aufrüstung (Gruppenbewegung) und ihrem Gründer, Dr. Frank →Buchman, in Genf zusammen. Die Psychiater Paul →Tournier und Alphonse Maeder und der Theologieprofessor Emil →Brunner gehörten zu seinen engen Freunden. Mit Brunner zusammen versuchte er 1934 seinen deutschen Freunden zu helfen, die Gruppenbewegung in Deutschland zu verwurzeln.

Während des Zweiten Weltkriegs wurde S. gebeten, die Präsidentschaft des Gotthardbundes zu übernehmen, einer Organisation, die sich zum Ziel gesetzt hatte, in der Schweiz gegen Totalitarismus und Defaitismus auf nationaler Ebene anzukämpfen. Die in dieser Arbeit gemachten Kontakte halfen ihm, nach Kriegsende auch bei der Schaffung des internationalen Konferenzzentrums von Caux mitzuwirken, wo größere Gruppen aus den verfeindeten Ländern zum ersten Mal auf der Ebene von Glauben und Versöhnung zusammentrafen.

Seine Arbeiten über →Dante brachten ihm wichtige Auszeichnungen in Italien – die medaglia d'oro der Stadt Florenz und die Ernennung zum Commendatore durch die italienische Regierung. Nach seiner Emeritierung fuhr S. fort, seine literarische Tätigkeit mit einer weltweiten Aktivität im Rahmen der Moralischen Aufrüstung zu verbinden. In seinem letzten Buch »Die Kunst, mit dem anderen zu leben«, das er zusammen mit seinem Sohn in seinem letzten Lebensjahr schrieb, widmete er je ein Kapitel den historischen Persönlichkeiten, die sein Leben stark geprägt hatten: Dante, →Franziskus von Assisi, →Pascal und Frank Buchman.

Lit.: T. Spoerri: Die Götter des Abendlandes, 1932; Vom befreienden Glauben, 1934; Die Formwerdung des Menschen, 1938; Die Aktualität Dantes, 1945; Der Herr des Alltags, 1951; Kurze Anleitung zur Tat, 1953; Die Herausforderung des Existenzialismus, 1954; Der Weg zur Form, 1954; Der verborgene Pascal, 1955; Aufruf zum Widerstand – Die Herausforderung Jean-Paul Sartres, 1965; Praxis des Glaubens, 1965; Dynamik aus der Stille – Die Aktualität Frank Buchmans, 1971; T. und P. Spoerri: Die Kunst, mit dem anderen zu leben, 1975.

P. Spoerri

Sport und Kirche

Spiel und Wettkampf waren in der Antike eng mit dem rel. Kult verbunden und fanden immer im Rahmen kultischer Feiern (z.B. des Zeus Olympios) statt. So überrascht es, daß →Paulus Metaphern aus der Welt der heidnisch-griech. Wettkämpfe in seinen Briefen aufgriff (1Kor 9,24-25 u.ö.). Die frühchristl. Schriftsteller, christl. Apologeten und Kirchenväter folgten darin dem Apostel. Wie viele ihrer nichtchristl. Zeitgenossen distanzierten sie sich jedoch unter dem Einfluß platonischen Denkens immer mehr von einer im Rahmen des röm. Festwesens zu »Schauspielen« herabgesunkenen Athletik und Gymnastik und lehnten sie schließlich wegen ihrer Verbindung zum heidnischen Kult und des immer stärker aufkommenden, brutaleren Gladiatorentums ganz ab. Trotz der Orientierung am bibl. Menschenbild hat die verstärkte Anlehnung der mittelalterl. Theologie an die platonisch-aristotelische Philosophie zu einer latenten »Leibfeindlichkeit« des Christentums geführt. Daraus aber eine grundsätzliche Leibfeindlichkeit des christl. Glaubens abzuleiten, wäre falsch. Die Achtung des Leibes verdankt sich auch dem Einfluß bibl.-reformat. Theologie., z.B. bei M. →Luther, später auch bei J. A. →Comenius (1592–1670), dem englischen →Puritanismus und dt. →Pietismus, den Philanthropinisten und beim Pfarrersohn und »Turnvater« F.L. Jahn (1778–1852).

Im Zusammenhang mit der Sportbewegung des 19. Jh.s haben sich auch konfessionell orientierte Sportorganisationen gebildet. Ende des 19. Jh.s entstand eine jüd. Turnbewegung, deren Zentrum der 1898 gegründete Turnverein »Bar-Kochba« in Berlin war. Nach den Pogromen im November 1938 wurde sie zwangsaufgelöst. 1920 wurde innerhalb der Kath. Kirche Deutschlands (KKD) die Deutsche Jugendkraft (DJK) ins Leben gerufen. Die DJK ist heute im Deutschen Sportbund (DSB) als außerordentliche Mitgliedsorganisation mit besonderer Aufgabenstellung vertreten. Sie will ihren Mitgliedern qualifizierten Sport ermöglichen und der gesamtmenschlichen Entfaltung nach der Botschaft Christi dienen. Ihre Vereine sind den einzelnen Landessportverbänden angegliedert. Seit 1913 erscheint ein offizielles Organ, das heutige »DJK-Sportmagazin«.

Die Anfänge einer ev. Sportarbeit sind eng mit den internationalen Kontakten des CVJM (→Christlicher Verein junger Männer) am Ende des 19. Jh.s verbunden. Prägend für die Integration der Leibesübungen in den CVJM wurde das vom amerikanischen Arzt L.H. Gulick (1865–1918) entwickelte YMCA-Konzept, das einem Leib-Seele-Dualismus widersprach und statt dessen im Symbol des YMCA-Dreiecks den Menschen als Einheit von Leib, Seele und Geist darstellte. 1921 erfolgte der Zusammenschluß aller sporttreibenden CVJM auf dt. Ebene und 1922 der Anschluß an den »Reichsausschuß für Leibesübungen«. 1925 gab man sich die offizielle Bezeichnung »Eichenkreuz – Verband für Leibesübungen der evangelischen Jungmännerbünde Deutschlands« (EK). Die »Eichenkreuz-Richtlinien« (1922) und der von Gerhard Kunze entworfene »Katechismus des Eichenkreuz« (1928) formulierten Leitlinien für Leibesübungen in christl. Verantwortung. Zur Ausbildung theol. und sportlich qualifizierter Jugendsekretäre wurde 1928 die »Turn- und Sekretärschule Eichenkreuz« in Kassel eröffnet. 1934 wurde der EK durch die NSDAP aufgelöst.

1947 erfolgte der Neubeginn der EK-Arbeit, die sich 1954 eine überarbeitete, neue Eichenkreuzordnung gab. Seit 1967 erscheinen als öffentliches Organ die »Eichenkreuz-Mitteilungen«. Seit 1968 ist der EK außerordentliches Mitglied im DSB und engagiert sich dort vor allem im Bundesausschuß Breitensport. Teilweise arbeitet der EK bei seinen Schiedsrichter- und Übungsleiter-Lehrgängen mit den Landessportbünden zusammen. 1977 wurde eine Grundsatzerklärung verabschiedet, in der die Ziele des EK in Anlehnung an seine Grundlagen neu formuliert sind. 1988 hatte der EK in 952 Vereinen insgesamt 32910 Mitglieder. Über den CVJM-Gesamtverband ist er Mitglied im Weltbund der YMCA. Er kooperiert mit der DJK, entsendet Mitglieder in die Vertreterversammlung des Arbeitskreises »Kirche und Sport« der EKD, hat seit 1975 Kontakte zum israelischen Sportverband »Elitzur« und arbeitet bei Sportmissionarischen Kongressen mit.

Ebenfalls eng mit dem CVJM verbunden, jedoch stärker als der EK am Leistungssport orientiert, arbeitet das CJD, das 1947 von Arnold Dannenmann als christl. Wohlfahrtswerk gegründet wurde und seit 1953 den Namen »Christliches Jugenddorfwerk Deutschlands« (CJD) trägt. Es ist Mitglied im CVJM-Gesamtverband, seit 1971 auch im Arbeitskreis »Kirche und Sport« der EKD und versteht sich als sozialpäd. Einrichtung, deren päd. Leitlinien sich am christl. Menschenbild orientieren. Mit 82000 Jugendlichen in 120 Einrichtungen ist der CJD heute das größte freie Bildungs- und Ausbildungswerk in Deutschland. Ein Schwerpunkt ist die Betreuung talentierter Nachwuchssportler und damit eine päd. verantwortliche und organisatorisch praktische Verbindung von Schulausbildung und Leistungssport (»Skigymnasium« Obersalzberg; CJD-Schwimmleistungszentrum in Elze).

Die Integration der konfessionellen Sportverbände (DJK/EK) und die Beteiligung des kath. Prälats L. Wolker bei der Gründung des DSB 1950 förderte die partnerschaftliche Zusammenarbeit zwischen Sport und Kirche. Seit den Olympischen Sommerspielen in Helsinki 1952 wurden kirchl. Dienste (Gottesdienste, Begleitung der Sportler) bei Großveranstaltungen angeboten. Die Kontakte führten 1964 zur Gründung des Arbeitskreises »Kirche und Sport« in der Evangelischen Kirche in Deutschland (EKD). Akademietagungen und Veröffentlichungen aus dem Themenbereich »Kirche und Sport« vertieften das Verhältnis auf oberster Ebene. 1969 wurde die »gemischte Kommission« aus Vertretern von DSB, EKD und KKD gebildet. Seit 1970 führt der Arbeitskreis regelmäßig Studienkurse in Sils Maria (Schweiz) durch, zu denen der Sportpfarrer (M. Hörrmann 1970–1976, H. Döring 1976–1981, S. Mentz 1981–1990, K.-P. Weinhold seit 1990) Vertreter der Landesarbeitskreise, des DSB, der Sportwissenschaft und aktive Sportler einlädt, und deren Ergebnisse veröffentlicht werden. 1971 wurde von EKD, KKD und DSB die Stellungnahme »Kirche und Sport – Programm einer Partnerschaft« verabschiedet. Durch seine Satzung hat sich der DSB zur rel. und weltanschaulichen Toleranz bekannt. Die Partnerschaft zwischen Kirche und Sport verdankt sich der Einsicht, daß alles Sporttreiben der Reflexion auf das Wesen des Menschen und der ihn leitenden ethischen Maßstäbe bedarf. Der Sport ist deshalb an der Partnerschaft mit allen gesellschaftl. Gruppen und am ständigen Dialog mit den Kirchen interessiert. Von seiten der Kirchen wird darauf geachtet, daß alles Sporttreiben die dem Menschen von Gott gegebene personale Würde achtet (z. B. bei den Gefahren der Leistungsmanipulation (Doping), der Kommerzialisierung, der Politisierung und der Gewalt im Sport) und ihn in seiner Ausrichtung auf Gott nicht verschließt. Sie unterstützen deshalb Sport und Spiel in ihrem humanen Charakter und in ihrem Beitrag zur Ganzheitlichkeit menschlicher Erfahrung. Im Mittelpunkt des kirchlichen Dienstes steht der Mensch in seiner auf Gott hin geschaffenen leib-seelischen Einheit, die auch in ihrer Entfremdung und Zerrissenheit von Gott geliebt und zur Erneuerung gerufen ist. Ausführlich wurde dies von EKD und KKD in der gemeinsamen Erklärung »Sport und christliches Ethos« von 1990 dargelegt, die als »Gesprächsgrundlage und Orientierungshilfe« für das »Gespräch zwischen Kirche und Sport auf allen Ebenen« dienen soll.

Durch die Arbeit des Evangelisten und Motorradfahrers Helmfried Riecker (mehrfacher Deutscher Meister im Moto-Cross, später im Trialsport) entstand 1971 »Sportler ruft Sportler e.V.« (SrS) als Abteilung des Missionswerkes →Neues Leben e.V. (Wölmersen bei Altenkirchen/Westerwald). Seit 1986 ist SrS ein eigenständiger Verein und über die Mitgliedschaft im Landessportbund Rheinland dem DSB angeschlossen. Die einzelnen Sportarten werden von Arbeitskreisen vertreten, die teilweise Mitglieder in den entsprechenden Fachverbänden sind. Zweck des Vereins ist die »Verbreitung des Evangeliums von Jesus Christus in aller Öffentlichkeit, bei Sportveranstaltungen, sportlichen Wettbewerben, eigenen missionarischen Veranstaltungen und in verschiedenen Medien« (Satzung). Dies geschieht durch die Förderung des Sports und der sportlichen Jugendhilfe in der Bindung an Jesus Christus, die seelsorgerl. Betreuung von Sportlerinnen und Sportlern, die Unterstützung Bedürftiger im Rahmen dieser Betreuung und die Durchführung von sportmission. Freizeiten, Seminaren, Trainingslagern, Lehrgängen oder Gottesdiensten bei Sportveranstaltungen und Sportlerabenden in Gemeinden.

Über den →Ring missionarischer Jugendbewegungen ist SrS der Deutschen Ev. →Allianz angegliedert und kooperiert überkonfessionell mit Kirchen und Werken. SrS ist Gast bei Vertreterversammlungen des Arbeitskreises »Kirche und Sport« und arbeitet im Rahmen der Sportmissionarischen Kongresse (seit 1981) und bei Großveranstaltungen mit dem CVJM/EK, den Arbeitskreisen »Kirche und Sport« und anderen christl. Gruppen zusammen. In regionalen »Sportlerbibelkreisen« können Sportlerinnen und Sportler im Glauben wachsen und Erfahrungen der Sportpraxis mit anderen besprechen. 1990 wurde von SrS die »sportmissionarische Projektarbeit« »PRO profi« gegründet, die sich an solche Sportlerinnen und Sportler wendet, »die ihre sportlichen Ziele ausschließlich unter professionellen Bedingungen verfolgen«. Seit 1983 hat SrS eine selbständige Arbeit in der Schweiz. Gemeinsam mit anderen sportmission. Arbeiten in Europa gründete SrS 1990 die »European Christian Sport Union« (ECSU) und ist darüber hinaus Mitglied der »International Sports Coalition« (ISC). Die Arbeit wird durch Spenden finanziert. Seit 1991 gibt SrS die Zeitschrift »Motivation – Christ und Sport« heraus.

Lit.: E. Geldbach: Sport und Protestantismus, 1975; J. Huizinga: Homo Ludens. Vom Ursprung der Kultur im Spiel, 1956; P. Jakobi, H.-E. Rösch (Hg.): Schriftenreihe »Christliche Perspektiven im Sport«, 1977ff; A. Koch: Die Leibesübungen im Urteil der antiken und frühchristlichen Anthropologie, 1965; Sportbeirat des Deutschen Sportbundes (Hg.): Kirche und Sport, 1968; T. Sternberg: Sport mit Leib und Seele. Bestandsaufnahme und Perspektiven evangelischer Sportarbeit, 1993; I. Weiter: Der Sport bei den Völkern der Alten Welt, [2]1988; K. Zeiß: »Sport«, RGG[3] VI, 262f.

M. Brändl

Sportler ruft Sportler

→Sport und Kirche

Sprache

1. Vielfalt und Widersprüchlichkeit

»Es ist mancherlei Art der Sprache in der Welt, und nichts ist ohne Sprache« (1Kor 14,10). Zu denken ist nicht nur an die Vielzahl verschiedener S.n; legt man eine Mindestsprecherzahl von 10000 Menschen zugrunde, kommt man auf eine Zahl von annähernd 1000 lebenden S.n. Zu denken ist überdies an nonverbale Kommunikationssysteme wie Gestik, Mimik und Berührung, die sich mit der lautlichen S., der S. im engeren Sinne, verbinden, diese aber auch teilweise ersetzen können. Zu denken ist nicht zuletzt auch an die Sprachlichkeit, die der Welt eignet, bevor ihr im Medium der menschlichen S. Ausdruck gegeben wird. Daß nichts ohne S. ist, meint im Sinne des christl. Glaubens, daß die Schöpfung insgesamt nicht nur anfänglich durch Gottes Wort ins Sein gerufen worden ist, sondern durch Gottes unaufhörliches Sprechen gehalten, erfüllt und zusammengeschlossen wird (vgl. Ps 19,2-5; Joh 1,1-5; Hebr 1,3).

Der Annahme einer spracherfüllten Welt stehen freilich Erfahrungen gegenüber, die von der Stummheit weltlicher Sachverhalte zeugen und den Menschen wähnen lassen, er selbst sei es, der den Dingen allererst S. und damit Sinn verleihen müsse. Die Theologie wird das damit aufgeworfene Problem nur bedenken können, wenn sie den schöpfungsmäßigen Zusammenhang von göttlicher und menschlicher S. in seiner sündhaften Gebrochenheit wahrnimmt. So sehr der Mensch im Reden Gottes sein Leben empfängt, so wenig ist er als Sünder bereit, auf das gegebene Wort zu hören und ihm Rede und Antwort zu stehen. Die Flucht vor der →Verantwortung (vgl. 1Mo 3,8-10; 4,9) führt zu jener maßlosen Selbstüberschätzung, wie sie in der Geschichte vom Turmbau zu Babel Ausdruck findet (1Mo 11,1-9). Eben darin, in der Verfehlung des rechten Gottes- und Selbstverhältnisses, liegt es begründet, daß die S. nicht nur Mittel der Verständigung ist, sondern auch zur Quelle von Mißverständnis und Unverständnis wird. Bedenkt man Wesen und Problematik der menschlichen S. im Horizont der bibl. Urgeschichte, wird man somit beides betonen müssen: Sie ist Antwort, sofern der Mensch kraft ihrer das Schöpfungswort Gottes zu vernehmen und wiederzugeben vermag. Sie ist aber auch Widerspruch, sofern der Mensch sich durch sie über Gottes ursprüngliches Wort hinwegsetzt.

2. Sprache und Anthropologie

Im Rahmen einer christl. Lehre vom →Menschen kann die Bedeutung der S. gar nicht hoch genug veranschlagt werden. Martin Luther hat behauptet, es sei »kein kräftiger, noch edler Werk am Menschen ... als Reden« (Vorrede auf den Psalter von 1528). Neben der →Arbeit und in enger Verflechtung mit ihr bezeichnet S. das spezifisch menschliche Vermögen, durch das sich der Mensch von der übrigen Natur unterscheidet, auch wenn bereits im Tierreich Vorformen sprachlicher Verständigung zu beobachten sind. In welchem Verhältnis →Arbeit und S. zueinander stehen, ist allerdings umstritten. Während Luther und der Hauptstrom einer christl. Lehre vom Menschen für den Vorrang der S. eintreten, kommt es auf dem Boden der modernen materialistischen Anthropologie zu einer umgekehrten Verhältnisbestimmung: Erst aufgrund der Arbeit und um ihrer Erfordernisse willen schafft sich der Mensch das Organ der S.

So problematisch die Annahme der Sprachschöpfung als einer Tat des Menschen (vgl. bereits →Herders These vom menschlichen Sprachursprung) auch ist, man wird nicht in Abrede stellen können, daß die S. Ausdruck der menschlichen →Freiheit im Gegenüber zur Welt ist. Indem der Mensch die Tiere zu benennen vermag (1Mo 2,19), erweist er die ihm übertragene Macht zur kulturellen Verwaltung und Gestaltung der Schöpfung (vgl. 1Mo 1,26.28; 2,15). Durch Vermittlung der S. baut er sich »seine« Welt, macht er sie sich verfügbar. Gleichwohl geht die S. nicht in dieser Funktion der Besitzergreifung auf. Sofern man die ursprüngliche Antwortstruktur menschlicher S. voraussetzt, wird man auch sagen können, daß der Mensch im Akt der Namengebung die Eigenrede der Kreaturen wahrnimmt und anerkennt.

Die sprachlich verfaßte Freiheit des Menschen in der Welt und zur Welt besteht nicht ohne ein ebenfalls sprachlich vermitteltes Selbstverhältnis. Indem ein Mensch »ich« zu sagen lernt, behauptet er sich nicht nur; er macht sich vielmehr auch verantwortlich für das, was er tut. Die Freiheit des Sich-Betätigen-Könnens vertieft und erweitert sich zur Freiheit der Selbstunterscheidung und Selbstbindung. Diese Freiheit ist im strengen Sinne als »zugesagte Freiheit« (O. Bayer) zu verstehen; sie gründet darin, daß ein anderer mich anredet und sich mir zuspricht (vgl. die Selbstvorstellung Gottes im Ersten Gebot sowie Jes 43,1). Das »Ich« gewinnt sich vom »Du« her (vgl. hierzu Martin →Bubers Entwurf einer dialogischen Sprachphilosophie »Ich und Du«; 1923); oder genauer, wie Luther in seinen Überlegungen zu einer theol. Grammatik scharf herausgestellt hat: Dem Nominativ, durch den sich der Mensch als Subjekt behauptet, geht der Akkusativ voraus, mithin jener Fall, der ihn als Empfänger des Redens und Handelns Gottes einsetzt. Im Blick auf diese sprachliche Konstitution menschlicher Freiheit kommt der Unterscheidung von →Gesetz und Evangelium eine Schlüsselbedeutung zu. Während der Mensch im Sprachraum des Gesetzes immer wieder auf sich selbst als Subjekt seiner Werke zurückbezogen und mithin im Bannkreis der Selbstbezogenheit eingeschlossen bleibt, gewinnt er allein unter der Sprachmacht des Evangeliums jene Freiheit von sich selbst, die den Lebenskreis zur Nächstenliebe aufschließt und so den Menschen wahrhaft zu sich selbst gelangen läßt.

Was der Mensch wesentlich ist, was sein wahres Selbst ausmacht, ist also kein sprachlos gegebener Sachverhalt, der erst nachträglich in S. gefaßt, bezeichnet und ausgedrückt würde. Die Seele des Menschen ist durch und durch sprachlich konstituiert; und die Entdeckung des Selbst ist eine nur sprachlich zu treffende Unterscheidung. Von daher wird die eminente Bedeutung der S. für alle Seelsorge und Psychotherapie (programmatisch das Konzept einer Logotherapie) deutlich. Von daher bleibt freilich auch zu bedenken, daß in menschlicher S. das Ganze der Seele gerade nicht ausgesagt werden kann. Der Freiraum der Seele ist auch ein Raum der Selbstentzogenheit. So sehr sich der Mensch kraft seiner S. die Welt erschließen und verfügbar halten kann, so wenig ist er als Sprachwesen seiner selbst mächtig.

3. Sprache und →Vernunft

Daß die menschliche Seele ihr Sein in der S. hat, gilt in Sonderheit auch für das höchste Seelenvermögen, für die menschliche Vernunft. Das Verhältnis von Vernunft und S. ist komplexer und spannungsvoller, als daß es sich in der geläufigen These fassen ließe, die Vernunft bediene sich der S. als ihres Werkzeugs. Eben diese These, die auf →Platon zurückgeht, hat die Geschichte der abendländischen Sprachphilosophie nachhaltig bestimmt. S. gilt als »Organon« (Werkzeug), als Mittel zu Zwecken der Belehrung und Unterscheidung (Platon, Kratylos, 388 a.b.). Der Psychologe Karl Bühler (Sprachtheorie, 1934) hat den Organon-Charakter der S. in dreifacher Hinsicht genauer bestimmt: Sprachliche Zeichen können zum einen Gegenstände darstellen, zum anderen subjektive Befindlichkeiten des Sprechers ausdrücken und schließlich drittens an einen Empfänger appellieren und so auf ihn einwirken. S. erscheint hier vornehmlich als Mittel zum Zwecke der Verständigung über eine vorfindliche Wirklichkeit oder als Mittel zu deren Herstellung.

S. ist jedoch nicht nur Organon, sondern, wie →J.G. Hamann ergänzt hat, auch »Kriterion« der Vernunft (Metakritik über den Purismum der Vernunft). Wir können nur nach Maßgabe der S. denken. Und was wahrhaft vernünftig ist, entscheidet sich im Sprachgebrauch, indem sich der Gedanke dem Wort aussetzt und sich von ihm her empfängt. Die S. ist so gleichsam der Mutterleib der Vernunft. Diese metaphorische Wendung, die sich sowohl bei Luther als auch bei Hamann findet, verdeutlicht das Ursprungsgefälle und zugleich die bleibende Leibgebundenheit der Vernunft. Weder ist die Vernunft Schöpferin der S., noch kann sie sich von ihr zugunsten einer vermeintlich »reinen« Vernunft lossagen. Sie ist jedoch den Strukturen der S. nicht schlechthin ausgeliefert. Ungeachtet der bleibenden Abhängigkeit ist die relative Freiheit zu betonen, in der die Vernunft ihren Sprachgebrauch zu reflektieren und um der besseren Verständlichkeit willen zu korrigieren vermag.

In dieser Hinsicht wird S. zum Gegenstand der Wissenschaft. Sowohl im antiken als auch im modernen Verständnis kommt der Sprachlehre eine grundlegende Bedeutung für alle Zweige der Wissenschaft zu, sofern diese nicht umhin können, den Wirklichkeitsbezug und die Angemessenheit der jeweils gebrauchten Sprachformen, einschließlich der künstlich, zum Zwecke der wissenschaftl. Verständigung eingeführten, Zeichensysteme, kritisch zu bedenken. Das aus der Antike überkommene Bildungsideal, wie es sich im Konzept der sieben »freien Künste« zusammenfassend darstellt, kennt drei mit der S. befaßte Wissenschaften: das sogenannte Trivium aus Grammatik, Rhetorik und Dialektik. Sie bilden das Fundament, auf dem die übrigen Wissenschaften aufruhen. Die Veränderungen im Zuge der modernen Wissenschaftsgeschichte haben auch die Sprachlehre beeinflußt. Neben der Grammatik und in enger Verflechtung mit ihr haben sich die Semantik (die Lehre von der Bedeutung von Wörtern und Sätzen) und die Pragmatik (die Lehre von der S. als Sprachhandlung im Kontext sozialer Beziehungen) als Hauptdisziplinen herausgebildet.

4. Sprache und Theologie

Die Aufgabe einer spezifisch theol. Sprachlehre ergibt sich aus dem Problem der Gotteserkenntnis. →Gott ist kein Gegenstand, der sprachlos gegeben wäre. Seine Wirklichkeit und sein Wesen präsentieren sich nur so, daß sie zur S. kommen. Dieser innersten Angewiesenheit der Theologie auf S. korrespondiert freilich ihre begrenzte und eigentümlich gebrochene Fähigkeit, Gottes Sein sprachlich zu erfassen. Ist Gott jenseits alles endlichen Seins zu suchen als derjenige, der alles ins Sein ruft, scheint er sich selbst in einem unbegreiflichen und unaussprechbaren →Geheimnis verborgen zu halten. Die Theologie bedenkt jedoch nicht nur diese negativ bestimmte Verborgenheit, die den Menschen verstummen läßt. Sie denkt als christl. Theologie vor allem jenem positiven Geheimnis nach, in dem sich Gott selbst in Jesus Christus so mitteilt, daß er menschlich redet. Um diese Gegenwart Gottes in Jesus Christus erkennen und vom Handeln Gottes in der Welt reden zu können, bedarf es der Gabe des Heiligen →Geistes und eines von ihm gelehrten erneuerten Sprachgebrauchs, einer neuen Grammatik (Luther). Mit dem Sprachenwunder, von dem die Pfingstgeschichte (Apg 2) erzählt, ereignet sich jenes Einverständnis zwischen Gott und Mensch sowie der Menschen untereinander, das der Mensch, sofern er sich als Sünder das erste und das letzte Wort anmaßt (vgl. nochmals 1Mo 11,1-9), immer schon aufgekündigt hat.

Lit.: O. Bayer: Schöpfung als Anrede. Zu einer Hermeneutik der Schöpfung, ²1990: D. Crystal: Die Cambridge Enzyklopädie der Sprache, deutsche Ausgabe 1993; G. Ebeling: Einführung in theologische Sprachlehre, 1971; A. Grözinger: Die Sprache des Menschen. Ein Handbuch. Grundwissen für Theologinnen und Theologen, 1991.

J. v. Lüpke

Sprache Kanaans

Es ist schwer auszumachen, wie es zu dieser Wortbildung kommen konnte. Der Sinn ist klar: Mit »Sprache Kanaans« ist eine Sprachform gemeint, die vom kirchl. oder gemeindlichen Binnenverkehr geprägt ist und sich damit von der Umgangssprache abhebt. Sie ist sofort als »Insider«-Sprache identifizierbar. Der Zeitgenosse ohne diesen Hintergrund hat Schwierigkeiten, einen Zugang zu dieser Sprachform zu gewinnen.

Aufkommen kann die »Sprache Kanaans« bei Menschen, die sich lange in eben diesem gemeindlichen Binnenverkehr aufhalten und darüber ihre ursprünglichen Sprach- und Denkformen verlieren. Dabei kann die »Sprache Kanaans« auch Schutzfunktion bekommen: Eine vertraute Sprache für einen engeren Kreis fördert das Wohlgefühl und ermöglicht Abgrenzungen.

Dagegen ist zu sagen, daß sich Christen grundsätzlich vor der »Sprache Kanaans« hüten müssen! Weder die Vertrautheit in der gemeinsamen Sprache noch der Wunsch nach Abgrenzung kann ein Kriterium sein! Der missionarische Auftrag erfordert, daß Christen immer wieder den gemeindlichen Binnenverkehr aufgeben und sich aufmachen, um das Evangelium »nach draußen« zu tragen. Wenn ich »den Griechen ein Grieche« werden soll, kann ich nicht die Sprache Kanaans sprechen! Damit wird aber auch nicht das andere Extrem betont! Weder die Sprache Kanaans noch die oft verkrampft wirkende Bemühung, die Sprache bestimmter Menschen (z.B. der Jugendlichen) zu sprechen, ist gefragt. Vielmehr geht es um ein ehrliches, echtes und verstehbares Zeugnis von Jesus Christus den Mitmenschen gegenüber. Ist das Kriterium weder die Abgrenzung noch die Anpassung, sondern die Liebe, dann wird die Sprache gefunden werden, die Begegnung und Verstehen ermöglicht. Dann wird auch das Bemühen gefördert, zeitgemäß und verständlich sprechen zu lernen.

H. Bärend

Sprüche Salomos →Weisheitsliteratur, biblische

Spurgeon, Charles Haddon (1834–1892)

S., geb. am 19. 6. 1834 in Kelvedon (England), aus independentistischem (→Kongregationalismus) Elternhaus stammend, erlebte am 13. 1. 1850 in einer Primitiv Methodist Church (→Methodismus) in Colchester eine tiefgreifende →Bekehrung und ließ sich, »um Christ nach apostolischem Muster zu werden«, am 3. 5. 1850 bei den Baptisten (→Baptismus) taufen. Bereits 1851 Prediger einer Gemeinde in Waterbeach wurde er als Neunzehnjähriger an die Londoner Park-Street-Gemeinde berufen, an der er bis zu seinem Tod am 31. 1. 1892 (in Mentone, Frankreich) als Pastor und Evangelist tätig war. Die Gemeinde wuchs in dieser Zeit jährlich um ca. 380 getaufte Mitglieder; 1861 weihte man das Metropolitan Tabernacle ein, mit 5000 Sitzplätzen für S.s anhaltend große Schar von Zuhörern aus allen Schichten (mehrheitlich Männer aus dem bürgerlichen Mittelstand). Seit 1855 wurden S.s Predigten wöchentlich in großen Stückzahlen in der englischsprachigen Welt verbreitet, ausgewählte Predigten in 40 anderen Sprachen. Selbst theol. Autodidakt gründete S. 1856 ein eigenes College, dessen Absolventen als Pastoren Evangelisten und vielfach Gemeindegründer waren. S.s veröffentlichte Vorlesungen zählen bis heute zu den Klassikern der Homiletik, Pastoraltheologie und Evangelistik. Unter seinen sonstigen schriftstellerischen Arbeiten ragt der siebenbändige Psalmenkommentar »The Treasury of David« heraus. Prägenden Einfluß auf die Frömmigkeit evangelikaler Kreise haben bis heute seine populären Betrachtungen »John Ploughman's Talk/Pictures« und seine Andachtsbücher (u.a. »Kleinode göttlicher Verheißungen«). Als Nonkonformist (→Dissenters) unterstützte S. mehrfach aktiv die Politik der Liberalen; öffentlich brandmarkte er die → Sklaverei als »schlimmstes Verbrechen und seelenzerstörende Sünde«, den Rückgang des Absatzes seiner Predigten in den Südstaaten der USA in Kauf nehmend. Das Stockwell Orphanage (Waisenhaus) wurde seine bedeutendste soziale Unternehmung.

S.s Verkündigung ist durch Eindeutigkeit ihres stets erwecklich ausgerichteten Inhalts und den Reichtum in der Form gekennzeichnet. Volkstümlich und humorvoll, Rhetoriker von Rang, ein Meister der Illustration predigte er eindringlich »Gnade und Gehorsam«, d.h. »die zwei großen, parallellaufenden Wahrheiten von der göttlichen Souveränität und der menschlichen Verantwortlichkeit«, deren Hauptnenner sein Altersbekenntnis wiedergibt: »Meine Theologie ist auf die vier Worte zusammengeschrumpft: Jesus starb für mich.« In seiner Theologie durch und durch Calvinist (→Calvinismus), im Blick auf seine Frömmigkeit nicht zu Unrecht als »der letzte →Puritaner« bezeichnet, zielte er, darin →Whitefield nacheifernd, stets auf Bekehrung als persönliche Erfahrung und, selektiv mystische Kategorien (→Mystik/Mystizismus) aufnehmend, auf ein Leben im »Einssein mit Christus« ab. Heftig bekämpfte er die Lehre von der Taufwiedergeburt als unbibl. und betonte in der Versöhnungslehre gegen zeitgenössische liberale Neuinterpretationen das stellvertretende Opfer Christi. Die letzten Jahre S.s waren von einem Konflikt mit der Baptist Union überschattet, in der er Lehrirrtümer, insbesondere ein Abweichen von der Unfehlbarkeit der Schrift (→Bibel; →Bibelkritik), um sich greifen sah und aus der er mit seiner Gemeinde austrat, ein Schritt, den seine zahlreichen früheren Studenten und deren Gemeinden nicht nachzuvollziehen vermochten. S.s Bedeutung als ebenso konservative wie originelle Stimme eines vollmächtigen Predigers des Evangeliums bleibt ungeschmälert; seine Wirkung hält dank immer neuer Auflagen seiner Predigten und Bücher – nicht nur im angelsächsischen Bereich, sondern auch in Deutschland und nicht zuletzt in Osteuropa – immer noch an.

Lit.: The New Library of Spurgeon's Sermons, 1958-62; C.H. Spurgeon: Autobiography, rev. ed. I [2]1973, II 1973; dt.: Alles zur Ehre Gottes, Auszug, [3]1993; Kleinode göttlicher Verheißungen, revidierte Ausgabe [17]1994; Ratschläge für Prediger, zuletzt 1992; Ratschläge für Seelengewinner, 1987; Die Schatzkammer Davids, dt. 1894ff.

A. Geduhn: Simplicitas Evangelica. Rhetorik in den Predigten bei C.H. Spurgeon, Diss. 1978; M. Nicholls: C.H. Spurgeon: The Pastor Evangelist, 1992 (Lit.); C.A. van der Sluijs: C.H. Spurgeon, een Baptiist tussen hypercalvinisme en Modernisme, 1987; P. Spangenberg: Theologie und Glaube bei Spurgeon, 1969; H. Thielicke: Vom geistlichen Reden. Begegnung mit Spurgeon, 1961, 7-50.

G. Balders

Staat

a) allgemein

Das Wesen des Staates erklärt sich in erster Linie aus dem Wesen des Menschen. Sein Sozialverhalten ist im Unterschied zu dem der Tiere nicht von Natur aus festgelegt; es muß unter Berücksichtigung sehr vielfältiger gesellschaftl. Faktoren immer wieder neu normiert und formiert werden. Diese Funktion erfüllt der S., wenn auch nicht allein, aber im wesentlichen. Um sein Leben ohne S. entfalten und gestalten zu können, müßte der Mensch entweder Gott oder ein Tier sein; er ist aber ein *zoon politikon* (Aristoteles), ein »politisches Lebewesen«.

Zur Veranschaulichung der Bedeutung des S.es für den Menschen erinnert Schopenhauer an den Brauch der Perser, nach dem Tode des Königs fünf Tage lang Anarchie herrschen zu lassen, »damit man inne würde, wieviel wert der König und das Gesetz sei«. Der S. gehört deshalb zu den notwendigen Voraussetzungen menschlicher Existenz. »Er ist eine geschichtliche Antwort auf eine zeitlose Frage« (H. Krüger). Er ist demzufolge keine gesetzmäßige Entfaltung einer sittlichen Idee (Hegel), was in der Regel zu einer S.svergötzung führt.

Im Laufe der Geschichte ist der S. in sehr unterschiedlichen, ja widersprüchlichen Formen in Erscheinung getreten: in der Antike als Theokratie in Israel, als *polis* in Griechenland, als *res publica* in Rom; im MA als »Reich« bzw. als Kaisertum; in der Neuzeit seit der Französischen Revolution als Republik, als konstitutionelle Monarchie oder als totalitäre Diktatur. Es besteht in den einschlägigen wissenschaftl. Disziplinen (S.rechtslehre, Völkerrecht, Soziologie, Politologie u.a.) weitgehend Übereinstimmung, daß aufgrund der angedeuteten Vielfalt der Erscheinungen des S.es in Geschichte und Gegenwart und der dazugehörigen theol., phil. und ideologischen Begründungen eine allgemeinverbindliche Definition nicht möglich ist, insbes. dann nicht, wenn sie auch die antiken und mittelalterlichen »Staaten« erfassen soll.

Allerdings besteht auch weitgehende Übereinstimmung darüber, daß alle S.en durch ein gemeinsames Merkmal qualifiziert werden und sich dadurch von allen anderen menschlichen Verbänden (z.B. Familie, Kirchen) unterscheiden: durch das Gewaltmonopol. »Anders ist er nicht zu definieren. Dem: ›Widerstehet nicht dem Übel mit Gewalt‹ der Bergpredigt setzt er das: ›Du sollst dem Recht auch mit Gewalt zum Siege verhelfen, – bei eigener Verantwortung für das Unrecht‹ entgegen. Wo das fehlt, da fehlt der Staat« (Max Weber).

Der schlimmste S. ist aber der abwesende S. Alle (vorübergehenden) Versuche, die staatlichen Funktionen auf ein Minimum zu beschränken (so z.B. im Nachtwächterstaat des Liberalismus) oder aber gänzlich abzuschaffen und durch neuartige gesellschaftl. Institutionen zu ersetzen, sind Illusionen, die durch die geschichtl. Erfahrungen widerlegt sind. In diesem Sinne haben auch die Christen (im Unterschied zu christl. →Sekten) den S. anerkannt, der die Aufgabe hat, »in der noch nicht erlösten Welt nach dem Maß menschlicher Einsicht und menschlichen Vermögens unter Androhung und Ausübung von Gewalt für Recht und Frieden zu sorgen« (Barmer Theologische Erklärung 1934). Allerdings hat die Kirche und hat jeder Christ die Aufgabe, die Grenzen des S.es zu markieren und ihn daran zu erinnern, daß er über den dargestellten Auftrag hinaus keinesfalls »die einzige und totale Ordnung menschlichen Lebens« sein darf.

Lit.: G. Jellinek: Allgemeine Staatslehre, 1900, [5]1929; H. Krüger: Allgemeine Staatslehre, 1966; H. Nawiasky:

Allgemeine Staatslehre, 4 Bde., 1945ff; W. Schätzel: Der Staat (Quellensammlung), 1963; R. Zippelius: Allgemeine Staatslehre, [11]1991.

K. Motschmann

b) theologisch

Das NT enthält keine ausgeführte »Lehre« vom S.. Jesus beteiligte sich nicht an den politischen Parteien und Bewegungen seiner Zeit. Seine Antwort in der Zinsfrage (Mk 12,14ff) ist eschatologisch (= von der Naherwartung des Reiches Gottes) begründet. Auch bei Paulus finden wir keine entfaltete Theorie oder gar Theologie des S.s, er nimmt die politischen Machtverhältnisse realistisch zur Kenntnis und ermahnt die Gemeinde, sie zum eigenen Wohl zu akzeptieren (Röm 13,1-7). Der S. ist für Paulus, in unseren Worten, Garant der Rechts- und Wirtschaftsordnung (Röm 13,6). Für Christen ist die politische Integration ein Akt der Liebe und Demut (Röm 13, 8-10), aber sie wird relativiert durch einen Lebenswandel in Erwartung des immer näherkommenden eschatologischen Heils (Röm 13,11ff). Beispielhaft zeigt sich die eschatologische Distanz der Christen zum S. schon jetzt, bei prinzipieller Anerkennung seiner Rechtsordnung, in der binnenchristlichen Regelung von Rechtsangelegenheiten im Bewußtsein der Gnade und nach dem Gebot der Liebe (1Kor 6,1-8).

Die eschatologische Botschaft des NT begründete in Überwindung der antiken Synthesen von Religion und Politik weder die später aufgetretenen Formen von Staatvergötterung (Theokratie, Hierokratie, Cäsaropapismus, Territorialismus, Staatskirchentum) noch die Staats-Diffamierung durch Schwärmer, Täufer u.a.

Mit der Konstantinischen Wende begann sich eine christliche Reichstheologie zu entwickeln. →Konstantin selber verstand sich als »Bischof für die äußeren Angelegenheiten« der Kirche, →Eusebius sah ihn sogar als irdisches Abbild der himmlischen Herrschaft Gottes an. Von da ausgehend entstand in den Ostkirchen das Ideal eines harmonischen Zusammenklangs von Kirche und Staat; sie werden als ein einziger Organismus verstanden, freilich mit zwei Häuptern. Der S. wirkt mit bei der Heiligung der Welt, stellt die oberste Verwaltungsinstanz in der Kirche dar und hat die Kirche vor äußeren und inneren Feinden zu schützen.

Im Abendland versteht sich die Kirche dagegen als Hüterin des ewigen Rechtes (→Naturrecht), das über dem Staat steht. Daher wird hier die Eigenständigkeit der Kirche gegenüber dem Staat betont. →Augustinus stellt die Kirche als »Bürgerschaft Gottes« dem Staat als »irdischer Bürgerschaft« gegenüber. Der Staat soll nach Frieden und Gerechtigkeit streben und darum auch die wahre, christl. Gottesverehrung fördern. Wo er das nicht tut, wird er zur »Bürgerschaft des Teufels«: Die mittelalterliche Theologie schätzt die Autorität der Kirche höher als die des Staates. Nach →Bernhard von Clairvaux hat der Papst von Gott (nach Lk 22,18) zwei Schwerter verliehen bekommen, das geistliche und das weltliche; das weltliche gibt er aber an den Kaiser weiter. →Thomas von Aquin lehrt, daß die menschliche Natur von Gott auf die staatliche Gemeinschaft angelegt ist. In der »vollkommenen Gemeinschaft« des Staates ergänzen sich die einzelnen zu allseitiger Erfüllung des Menschseins.

Luthers Verständnis des S.s liegt nicht in einem systematischen Programm vor, sondern muß als Seelsorge und Unterweisung des christlichen Gewissens in Fragen des sozialen und politischen Zusammenlebens aus verschiedenen Schriften zusammengetragen werden.

Luther unterscheidet, in Anknüpfung an Augustin, ein geistliches Reich (Reich Christi) und ein weltliches Reich (Reich des Kaisers), aber er füllt die traditionelle Formel von den beiden Reichen mit den theologischen Grundgedanken seiner Predigt von Gesetz und Evangelium. Im geistlichen Reich herrscht Gott unmittelbar durch sein Wort und Sakrament, durch Christus. Das Ziel des geistlichen Regimentes ist es, aus den Menschen fromme Leute zu machen, sie zur ewigen Seligkeit zu führen. Innerlichkeit, Liebe und Freiheit kennzeichnen das geistliche Reich; Zwang ist ihm fremd, der nur äußerlichen Gehorsam bewirkt, aber nicht in Herz und Gewissen dringt.

Im weltlichen Reich herrscht Gott mittelbar durch von ihm eingesetzte Amtsleute, die »Obrigkeit«. Ihre Aufgabe ist die Erhaltung des natürlichen Lebens und die Verhinderung böser Taten. Das weltliche Regiment ist notwendig, weil die Welt eine gefallene Welt ist und im Argen liegt. Wenn die Welt christlich wäre, bedürfte es keines S.s. Die Norm des Weltreiches ist die Vernunft. Luther erkennt die Autorität und Legitimität nichtchristlicher S.en an, sogar mit einem gewissen Respekt, weil sie Weltliches Weltliches sein lassen und ihre politischen Probleme mit Vernunft lösen. Es gibt für Luther keinen christlichen S., aber der S. ist Stiftung Gottes. Denn das weltliche Reich verrichtet sein Amt bewußt oder unbewußt um des geistlichen Reiches willen: Es hat Verhältnisse, eine friedliche Ordnung herzustellen, in der das Evangelium verkündigt werden kann. Beide Reiche sind auf das eschatologische Ziel des Reiches Gottes ausgerichtet. Die Schöpfung wird wegen des Reiches Gottes erhalten, nicht weil sie einen Wert in sich trägt. So ist Christus der heimliche Herr auch des weltlichen Reiches.

Luther wendet sich vehement gegen die beiden Formen der Vermischung des geistlichen und des weltlichen Reiches in der S.s-Auffassung der Schwärmer, die in unerlaubter Weise nach der vorzeitigen Verwirklichung des Eschatons trachteten, und des mittelalterlichen Katholizismus, der das Eschaton auf die Stufe des Geschichtlichen herabwürdigte.

Auch Calvin vertrat eine Zwei-Reiche-Lehre. Er hob hervor, daß der S. die Verkündigung des reinen Evangeliums zu schützen und so indirekt der Ausbreitung des Reiches Christi zu dienen habe.

Karl Barth hat in Abrenzung von Luther eine »Zwei-Kreise-Lehre« entwickelt (Christengemeinde und Bürgergemeinde, 1946): S. und Kirche stellen zwei konzentrische Kreise dar mit dem gemeinsamen Mittelpunkt des Evangeliums. Kirche und S. sind beide durch die Königsherrschaft Christi begründet. Der S. ist eine Gnadenordnung mit der Anlage und Fähigkeit, die christliche Wahrheit indirekt im Spiegelbild deutlich werden zu lassen.

Walter Künneth lehnt die Verwischung der Grenzen zwischen den beiden Reichen in den theokratischen und christokratischen Begründungen Barths und seiner Schüler, besonders Helmut Gollwitzers und Jürgen Moltmanns, aus zwei Gründen ab: (1) Das Christusgebot ist in der Politik nur reduziert durchzuhalten. (2) Das Evangelium wird von der christlichen Heilsbotschaft zu einem politischen und sozialen Heilungs- und Erneuerungsprogramm umfunktioniert. Wie einst in der engen Verbindung von Thron und Altar, so ist in unseren Tagen – nur schwerwiegender und folgenreicher – die Vermischung der beiden Reiche in der Fusion von →Deutschen Christen und Nationalsozialisten und erneut in der Symbiose von Kirche und Sozialismus virulent geworden.

Ungeachtet der Notwendigkeit, vergessene Intentionen reformierter Theologen zum Verhältnis von Kirche und Welt wieder aufzunehmen (z.B. Abraham Kuypers (1837–1920) Auffassung von einer »freien Kirche in einem freien Staat«), bleibt die luth. Zwei-Reiche-Lehre in ihrer biblisch-eschatologischen Begründung Schlüsselpunkt des evangelischen Verständnisses vom S., wenn immer sie richtig verstanden wird als eine Unterscheidung, nicht eine totale Scheidung beider Bereiche.

Lit.: W. Künneth: Der Christ als Staatsbürger. Eine ethische Orientierung, 1984.

J. Kniffka

Staat und Kirche

Das Verhältnis von Staat (→Staat) und Kirche (→Gemeinde) im Sinne eines geordneten Gegenübers von weltlichem Gemeinwesen und rechtlich selbständigen Religionsverbänden ist eine Besonderheit der christl.-abendländischen Welt. Erst das Christentum hat diese Unterscheidung hervorgebracht. Wie das Wesen des Staates und der Kirche, so hat auch ihr Verhältnis zueinander im Laufe der Jahrhunderte unterschiedliche Deutung erfahren. Eine allg. anerkannte Lehre über ihr Verhältnis gibt es auch heute nicht. Immerhin haben sich eine Anzahl von Ordnungsmodellen oder Ordnungstypen herausgebildet, die sich auf drei Grundformen zurückführen lassen. Historisch am Anfang steht die Verbindung von Staat und Kirche. Mit der Neuzeit ist der Grundsatz der Trennung von Staat und Kirche erstarkt und schließlich zu allgemeiner Anerkennung gelangt. Für Deutschland und andere europäische Staaten ist ein Mischsystem charakteristisch, in dem Religionsfreiheit und Trennung von S. u. K. auf der einen Seite, die Ansiedlung der Kirchen im öffentlich-rechtlichen Bereich und die Zusammenarbeit von S. u. K.auf der anderen Seite nebeneinander bestehen.

Die heute als richtig geforderte Trennung von S. u. K. ist eine Alternative zu der tausend Jahre alten Verbindung von S. u. K. Sie begann mit der Erklärung des Christentums zur Staatsreligion durch Kaiser Theodosius d. Großen (28. Februar 380). In einzelnen Epochen und Ländern hat das Verhältnis von S. u. K. sehr verschieden ausgesehen. Immer war der übermächtige staatliche Einfluß ein Problem. Der Kampf um die Freiheit der Kirche (*libertas ecclesiae*) ist ebenso alt wie die Verbindung von S. u. K. Daran hat auch die Reformation nichts Grundlegendes ändern können. Sie hat im Gegenteil die vorreformat. Anfänge des landesherrlichen Kirchenregiments verstärkt. In der Folgezeit waren die konfessionellen Unterschiede geringer, als man erwarten konnte. Sie betrafen mehr die rechtliche Begründung für die staatliche Herrschaft in der Kirche als die Frage, ob die staatliche Macht solche Herrschaft ausüben dürfe.

Die Weimarer Reichsverfassung (11. August 1919) beseitigte das landesherrliche Kirchenregiment und verwirklichte die alte Forderung nach Trennung von S. u. K. Die NS-Zeit und die Zeit der DDR erscheinen rückblickend als Epochen des Rückfalls, in denen der Staat beide Male Herrschafts- und Aufsichtsrechte im kirchl. Bereich beanspruchte. Mit dem Grundgesetz wurde ein freiheitliches System ohne staatliche Kirchenaufsichtsrechte erst 1949 in den westl. Bundesländern, 1989 in den mitteldt. Ländern eingeführt.

Für die Beziehung von S. u. K. ist die Religionsfreiheit grundlegend. Das Grundgesetz (GG) der Bundesrepublik Deutschland hat sich aber nicht darauf beschränkt, sondern es hat aus der Weimarer Reichsverfassung (WRV 1919) institutionelle Regelungen übernommen, welche der Religionsfreiheit genügen, zugleich aber auch der geschichtlichen Tradition gemäß der Beziehung von S. u. K. in Deutschland Rechnung tragen.

Art. 4 GG schützt die Freiheit des Glaubens, des Gewissens und die Freiheit des rel. und weltanschaulichen Bekenntnisses. Er gewährleistet die ungestörte Religionsausübung. Die Unabhängigkeit staatsbürgerlicher Rechte vom rel. Bekenntnis sichert Art. 3 GG. Art. 140 GG i.V.m. Art. 137ff. WRV statuiert die organisatorische Trennung von S. u. K. (»Es besteht keine Staatskirche«, Art. 137 I WRV) und garantiert die Selbständigkeit jeder Religionsgesellschaft in ihren eigenen Angelegenheiten innerhalb der Schranken des für alle geltenden Gesetzes, einschl. des Ämterrechts (Art. 137 III WRV). Soweit Religionsgesellschaften Körperschaftsrechte genießen, bleiben ihnen diese und die damit verbundenen rechtstechnischen Möglichkeiten öffentlich-rechtlicher Rechtsgestaltung erhalten (Art. 137 V WRV). Jede Religionsgemeinschaft kann die gleichen Rechte erhalten, wenn sie durch Verfassung und Zahl ihrer Mitglieder die Gewähr der Dauer bietet. Zahlreiche Kirchen und Religionsgemeinschaften haben davon Gebrauch gemacht. »Durch die Zuerkennung dieses öffentlich-rechtlichen Status wird die Kirche anderen öffentlich-rechtlichen Körperschaften nicht gleichgestellt. Dieser Status soll die Eigenständigkeit und Unabhängigkeit der Kirche vom Staat sowie ihre originäre Kirchengewalt bekräftigen. Durch sie wird die Kirche weder in den Staat organisch eingegliedert noch einer besonderen staatlichen Kirchenhoheit unterworfen« (BVerfGE 30, 415 [428]).

Solchen mit Körperschaftsrechten ausgestatteten Religionsgemeinschaften garantiert Art. 137 VI WRV das Kirchensteuerrecht. Darunter ist nicht das Recht der Kirchen und Religionsgemeinschaften zu verstehen, von ihren Mitgliedern Beiträge zu erheben. Dieses Recht haben sie ohnedies, weil sie ihre eigenen Angelegenheiten selbständig ordnen und verwalten. Dagegen garantieren Art. 140 GG i.V.m. Art. 137 VI WRV, daß der Staat die von den Religionsgemeinschaften festgesetzten Beiträge durch seine Organe als staatliche Steuern im Sinne der AO beitreibt, wobei der Staat sich weitgehend der Arbeitgeber als Gehilfen im Lohnabzugsverfahren bedient. Eigentum und andere Rechte der Religionsgemeinschaften werden gewährleistet. Die auf Gesetz, Vertrag oder besonderen Rechtstiteln beruhenden Staatsleistungen sind bis zu einer vorgesehenen (aber nirgends durchgeführten) Ablösung weiter zu leisten. Die Seelsorge in Heer, Krankenhäusern, Strafanstalten oder sonstigen öffentlichen Anstalten ist gewährleistet (Art. 141 GG). In diesen Zusammenhang gehört auch Art. 7 GG, der für die Schule bestimmt, daß der Religionsunterricht außer in Berlin und Bremen in allen öffentlichen (nicht speziell »bekenntnisfreien«) Schulen ordentliches Lehrfach ist. Wie bei der Anstaltsseelsorge räumt der Staat den Religionsgemeinschaften kein irgendwie geartetes Privileg ein, vielmehr dienen diese Regelungen der Gewährleistung der Religionsfreiheit des Staatsbürgers, der auch in öffentlichen Anstalten seinen rel. Pflichten nachkommen können soll. Dementsprechend entscheiden die Eltern bzw. die religionsmündigen Schüler, ob sie am Religionsunterricht teilnehmen, die Lehrer, ob sie ihn erteilen wollen.

Der Staat des Grundgesetzes ist neutral in dem Sinne, daß er rel. Wertentscheidungen nicht selbst fällt, sondern sie den Staatsbürgern überläßt. Da diese in der Regel Glieder einer Religionsgemeinschaft sind und da S. u. K. in vielen Bereichen konkurrieren (z.B. in Erziehung, Wohlfahrt, Ehe), kommt der Staat nicht umhin, mit den Religionsgemeinschaften zusammenzuarbeiten, weil er die entsprechende Entscheidung der Staatsbürger respektiert und diese einen Anspruch haben, ihre rel. Entscheidung in allen Bereichen berücksichtigt zu sehen, soweit die staatliche Einheit das zuläßt. Die Glaubensfreiheit gewährt »dem Einzelnen einen von staatlichen Eingriffen freien Rechtsraum, in dem er sich die Lebensform zu geben vermag, die seiner Überzeugung entspricht« (BVerfGE 32, 98 [106]). Die Zusammenarbeit von S. u. K. wurde durch zahlreiche Kirchenverträge institutionell geregelt. Richtungsweisend wurde der Niedersächsische Kirchenvertrag, der sog. Loccumer Vertrag (1955, ergänzt 1965 und 1973), an den sich die (ev.) Kirchenverträge von Schleswig-Holstein (1957), Hessen (1960) und Rheinland-Pfalz (1962, ergänzt 1973) anschlossen. Auf kath. Seite machte erst das Konkordatsurteil des BVerfG vom 26.3.1957 (BVerfGE 6, 309) den Weg zum Abschluß des Niedersächsischen Konkordats frei (1965, ergänzt 1973). Das Reichskonkordat von 1933 gilt weiter.

In den neuen Ländern Mecklenburg-Vorpommern, Sachsen, Sachsen-Anhalt und Thüringen sind im Jahr 1994 Verträge mit den evangelischen Landeskirchen abgeschlossen worden, die den Verträgen der alten Republik in vieler Hinsicht entsprechen, der Entwicklung aber doch Rechnung tragen, durch Betonung der Notwendigkeit einer vernünftigen Zusammenarbeit bei gleichzeitiger Distanz als Folgen der Trennung von Staat und Kirche. Mit der röm.-kath. Kirche sind Verträge über Bistumserrichtungen in Mecklenburg-Vorpommern, Sachsen-Anhalt und Thüringen geschlossen worden. Weitere Verträge sind in Vorbereitung. Die Fortgeltung des Reichskonkordats und des Preußenkonkordats werden davon nicht berührt.

In zahlreichen Gesetzen ist die Zusammenarbeit mit den Kirchen im einzelnen vorgeschrieben, z. B. im Bundessozialhilfegesetz. Das BVerfG hat im grundlegenden Sozialhilfe-Urteil 1967 (BVerfGE 22, 180 [202]) klargestellt, daß die einschlägigen Normen »die längst ... übliche und bewährte Zusammenarbeit zwischen den öffentlichen Trägern der Sozialhilfe und den freien Wohlfahrtsverbänden gewährleisten« wollen, »um mit dem koordinierten Einsatz öffentlicher und privater Mittel den größtmöglichen Erfolg zu erzielen«.

Durch den Beitritt der früheren DDR zur Bundesrepublik Deutschland gilt das Grundgesetz seit 1990 in ganz Deutschland. Die DDR hatte in ihrer ersten Verfassung Regelungen aufgenommen, die denen der Bundesrepublik im wesentlichen entsprachen. In der Verfassung von 1968 blieb nur ein kurzer Artikel über die Religionsfreiheit übrig, aber die staatskirchenrechtlichen Bestimmungen waren wie alle Grundrechte damals schon längst Makulatur. Heute ist die Einschränkung der Religionsfreiheit, die Unterdrückung der Kirchen und ihre Unterwerfung unter staatliche Genehmigungen, welche mit dem Trennungssystem ohnedies nie vereinbar waren, Geschichte. Ungewohnt ist für die Christen in den neuen Bundesländern der Religionsunterricht. Hier ist in Erinnerung zu rufen, daß es sich um ein Recht der Eltern und der Schüler handelt, in der staatlichen Zwangsschule das Fach Religion zu wählen, ohne dazu verpflichtet zu sein. Es handelt sich um ein Angebot des Staates, nicht um einen Zwang. Dasselbe gilt für die Kirchensteuer und die Rechte in der Anstaltsseelsorge, welche der Verwirklichung der Religionsfreiheit der Staatsbürger dienen. Umstritten war zunächst, ob die neuen Länder sich wie Bremen und Berlin gemäß Art. 141 GG davon dispensieren können, den Religionsunterricht einzurichten. Das ist nicht der Fall: Diese sog. Bremer Klausel stellte nur die Länder frei, die bei Erlaß des Grundgesetzes 1949 eine andere Regelung bereits getroffen hatten. Die neuen Länder sind aber erst bei Zusammenbruch der DDR neu gegründet worden. Art. 7 gilt für sie uneingeschränkt.

Lit.: A. v. Campenhausen: Staatskirchenrecht, [2]1995; A. v. Campenhausen, H. Bethge, A. Hollerbach, in: Handbuch des Staatsrechts der Bundesrepublik Deutschland, Bd. 6, 1989; M. Heckel, A. Hollerbach: Die Kirchen unter dem Grundgesetz, 1968; J. Listl, D. Pirson (Hg.): Handbuch des Staatskirchenrechts der Bundesrepublik Deutschland, Bd. 1, [2]1994, Bd. 2, [2]1995 (Lit.); v. Mangoldt, Klein, v. Campenhausen: Das Bonner Grundgesetz. Kommentar, Bd. 14, [3]1991; Gesammelte Schriften zum Kirchenrecht und zum Staatskirchenrecht: U. Scheuner, 1973, H. Liermann, 1973, K. Hesse, 1984, M. Heckel, 1989, A. v. Campenhausen, 1995.

A. v. Campenhausen

Stadtmission (SM)

1. Das explosionsartige Wachstum der Großstädte im 19. Jh., bedingt durch den Siegeszug der Industrialisierung, machte neue Formen kirchl.-sozialer Arbeit erforderlich, da die parochialbezogene (→Parochie) Arbeit und die bis dahin gepflegte Armenhilfe den neuen Situationen nicht mehr gerecht wurde. 1826 wurde die erste SM in Glasgow gegründet, es folgten London 1835, Hamburg 1848 und 1877 Berlin (→Berliner SM).

Unübersichtlichkeit der Parochie, soziale Verelendung, kirchl. Entfremdung, große Fluktuation der Gemeindeglieder, kurz: eine tiefe Strukturkrise rief nach neuen Impulsen für die kirchl. Arbeit in den Städten. Wesentliche Anstöße für Deutschland geschahen durch J.H. →Wichern (1808–1881) im Zusammenhang seines Programms der »Inneren Mission«.

2. Unter dem Namen »Stadtmission« sammeln sich in der »Arbeitsgemeinschaft Evangelischer Stadtmissionen in Deutschland« Träger mit zwei Grundausrichtungen: Zu den derzeitig (1994) 34 Mitgliedern gehören einerseits SMen, die die mission.-evangelist. Dimension stärker betonen und andererseits große SMen, die die örtlichen Diakonischen Werke der betreffenden Städte sind, z. T. mit fehlendem bzw. jeweils stärker oder schwächer ausgeprägtem mission. Zweig. Eine besondere Stellung nimmt die →Berliner SM mit der Verbindung von eigenständigen Stadtmissionsgemeinden innerhalb der Ev. Landeskirche und sehr unterschiedlichen diakon.-sozialen Einrichtungen ein.

3. Arbeitsmethoden der SM sind sehr vielfältig und wandeln sich ständig, weil sie sich an den jeweiligen örtlichen Gegebenheiten und gesellschaftl. Herausforderungen orientieren. Zu den Arbeitsfeldern gehören z.B. Obdachlosenhilfe, Krankenhäuser, Suchthilfe, Beratungsstellen, Arbeit mit Sinnesgeschädigten (Sehschwache, Blinde, Gehörlose), →Kindergärten, →Behinderteneinrichtun-

gen, Einrichtungen der Jugendhilfe und der →Altenhilfe, (Diakonie-)→Sozialstationen, Campingmission, Gasthausmission, →Evangelisation, →Bahnhofsmission etc.

4. Nach der Wiedervereinigung 1990 und der damit verbundenen Übernahme des westdt. sozialen Systems in den östlichen Bundesländern ergeben sich neue geistl. und gesellschaftl. Herausforderungen. Der mission. Auftrag einer zur Minderheit gewordenen Kirche muß in West und Ost neu formuliert werden, ebenso das Profil der →Diakonie angesichts einer Vielzahl nichtkirchl. Mitarbeiter in den sozialen Einrichtungen. Da die Frage der finanziellen Absicherung sozialer Leistungen für die Zukunft nicht geklärt ist, stehen die meisten SMen angesichts der Finanzprobleme der Öffentlichen Hand und der Landeskirchen vor grundlegenden Neuorientierungen.

5. Die zunehmende Verstädterung (Urbanisierung) ist ein weltweites Phänomen, das auch auf den internationalen →Missions- und Evangelisationskonferenzen (z.B. in Manila 1989) in seiner Relevanz für das christl. Zeugnis thematisiert wurde. Wie sieht heute eine »Mission in der Stadt« aus, die den modernen Städter in seinen Lebensbezügen, seinem Lebensgefühl, seinen Bedürfnissen und Nöten mit Wort und Tat anspricht? Dabei ist zu berücksichtigen, daß der moderne Städter säkularisiert und zugleich nicht religionslos ist. Allerdings sind Grundkenntnisse und elementare Erfahrungen des christl. Glaubens sowie die Bindungskraft christl. und kirchl. Traditionen weitgehend geschwunden. Internationalität, multireligiöses und multikulturelles Flair, medienvermittelte Wirklichkeit, schier unendliche Wahlmöglichkeiten im Freizeitbereich auch kultureller und sportlicher Art prägen das Bild der Städte genauso wie die augenfällige soziale und psychische Verelendung von Menschen (Obdachlosigkeit, Suchtverhalten, Suizid, Kriminalität etc.).

Auch wenn heute da und dort neue Formen kirchl. Arbeit z.B. in einigen City-Kirchen ausprobiert werden, besteht die große Herausforderung in einer Neubesinnung mission. und diakon. Arbeit in der Stadt, die sich auch der zunehmenden Zahl derer zuwendet, die auf einem relativ hohen Versorgungsniveau verelenden, sowie den Menschen, die noch nie Berührung mit der christl. Botschaft hatten.

6. Motivation und Ausrichtung der Arbeit kann allerdings niemals kirchl. Machterhalt sein, sondern gründet im ganzheitlichen Missionsauftrag Jesu. Das bibl. Motto der SM lautet: »Suchet der Stadt Bestes und betet für sie zum Herrn« (Jer 29,7).

H.-G. Filker

Stahl, Friedrich Julius (1802–1861)

S., geb. am 16. 1. 1802 in Würzburg als Sohn des jüd. Kaufmanns Jolson-Uhlfelder, gest. am 10. 8. 1861 in Bad Brückenau, Prof. für Staatsrecht in Erlangen (und Würzburg 1832) und seit 1840 in Berlin, Mitglied des Ev. Oberkirchenrates in Berlin 1852 – 1858 und des Central-Ausschlusses der Inneren Mission. 1849 gehörte er der preußischen Ersten Kammer an, 1850 dem Erfurter Parlament. S. war ein einflußreicher preußischer Staatsmann und prägte neben E. W. →Hengstenberg die preußische (Kirchen-)Politik nach 1848.

Der streng jüd. erzogene S. empfing 17jährig die Taufe und geriet unter den Einfluß der luth. Erweckung. Er kam zu einem lebendigen Glauben neuluth. Prägung. S. vertrat in der Ev. Kirche der →Union einen neu-luth. Konfessionalismus und gehört zu den Gründern der Konservativen Partei. Er hatte großen Einfluß auf →Friedrich Wilhelm IV. bzw. durch seine Beiträge in der »Kreuzzeitung« auf breite Kreise der Bevölkerung. Er forderte einen geradezu theokratischen »christlichen Staat«, was sich mit der →Zwei-Reiche-Lehre Luthers nicht vereinbaren läßt. Er kämpfte für die Monarchie und gegen →Revolution und Liberalismus. Mit der »Neuen Ära« unter Wilhelm I. endete seine Einflußnahme auf den preußischen Staat und dessen Kirchenpolitik. S. schrieb »Die Philosophie des Rechts nach geschichtlicher Ansicht« (2 Bde., 1830–37). »Die Kirchenverfassung nach Lehre und Recht der Protestanten« (1840), »Über Kirchenzucht« (1845), »Über das monarchische Prinzip«

(1846). »Der christliche Staat« (1847), »Der Protestantismus als politisches Prinzip«, »Die lutherische Kirche und die Union« (1859), »Die gegenwärtigen Parteien in Staat und Kirche« (posthum 1863).

Nach S. geht es bei dem Kampf zwischen Konfession und Union für die Kirche um »Seyn oder Nichtseyn«, er wandte sich gegen den Indifferentismus und sah den Kampf gegen den Unionismus als einen innertheol. (nicht kirchenpolit.) Kampf gegen die Vorstellungen von Religion und Bekenntnis bei F.D.E. →Schleiermacher. S. meinte, Preußen schade sich durch die Union, da es dadurch in »einen Gegensatz gegen den kirchlichen Zustand« in den anderen dt. Ländern gerate. Daß Stahl »kein großer Denker, nur ein geschickter Gedankenarrangeur« gewesen sei (Golo Mann) ist Polemik. Das heutige Bild vom Neuluthertum wird durch die Anschauungen von S. u.a. bestimmt. Dieses Neuluthertum hat aber seine Wurzeln weniger bei Luther als bei F.W. →Schelling und in der Romantik.

Lit.: W. Füßl: Professor in der Politik: Friedrich Julius Stahl (1802 – 1861), 1988; Die Geschichte der Evangelischen Kirche der Union, hg. von J.F.G. Goeters und J.Rogge, Band I, 1992; W.-D. Hauschild (Hg): Das deutsche Luthertum und die Unionsproblematik im 19. Jahrhundert, 1991; A.Nabrings: Friedrich Julius Stahl - Rechtsphilosophie und Kirchenpolitik, 1983.

K.-H. Kandler

Stählin, Wilhelm (1883–1975)

S. wurde am 24.9.1883 als Sohn eines Pfarrers in Gunzenhausen geboren und studierte, nachdem er seine Gymnasialzeit in Augsburg verbracht hatte, in Erlangen, Rostock und Berlin Theologie. Nach der Vikariatszeit und einem Psychologiestudium übernahm er 1910 eine Pfarrstelle in Egloffstein und promovierte 1913 in Würzburg zum Dr. phil. Nach einer Zeit als Feldgeistlicher im Ersten Weltkrieg wurde S. 1917 Pfarrer in Nürnberg. Während seiner Pfarrdienste war S. besonders in der →Jugendbewegung engagiert, die er auch durch theol. Publikationen kritisch begleitete. 1923 gründete S. zusammen mit anderen die →Berneuchener Bewegung und 1931 die →Ev. Michaelsbruderschaft.

S. erhielt 1926 die theol. Ehrendoktorwürde der Universität Kiel und wurde im selben Jahr in Münster zum Prof. für Praktische Theologie berufen, wo er dann bis 1944 lehrte. Von 1945 – 52 war S. Bischof der Ev. luth. Kirche in Oldenburg. Sein theol. und kirchl. Wirken war ökumenisch ausgerichtet, wobei sein Hauptaugenmerk den Fragen des rechten Gottesdienstes galt. So nahm St. an verschiedenen internationalen ökumenischen Konferenzen teil und bereitete die Sektion Way of Worship der 3. Weltkirchenkonferenz in Lund 1952 mit vor. Nach dem Zweiten Weltkrieg hat St. zudem zusammen mit dem kath. Erzbischof Lorenz Kardinal Jaeger die dt. ökumenische Diskussion um zentrale kontroverstheologische Fragen vorangetrieben. S. starb am 16.12.1975 in Prien am Chiemsee, in dessen Nähe er seit 1952 lebte.

Lit.: Autobiographie: Via vitae. Lebenserinnerungen (1968); Werke: Der neue Lebensstil (1918, [4]1925); Fieber und Heil der Jugendbewegung (1922, [5]1928); Vom Sinn des Leibes (1930, [3]1952); Vom göttlichen Geheimnis (1936); Regel des geistlichen Lebens (1946, [3]1964); Zusage an die Wahrheit (1951); Die Bitte um den Heiligen Geist (1969); Das Angebot der Freiheit (3 Bde) (1970-76); Mysterium (1970); Symbolon 1-4 (1958-80) mit Bibliographie.

R. Dziewas

Stahlschmidt, Johann Christian (1740–1826)

S., geb. am 3. 3. 1740 in Freudenberg (Siegerland), gest. am 1. 6. 1826 in Saarn (Mülheim an der Ruhr), ist bekannt geworden durch sein (einziges) Buch: »Die Pilgerreise zu Wasser und zu Lande oder Denkwürdigkeiten der göttlichen Gnadenführung und Fürsehung in dem Leben eines Christen, der solche, auch besonders in seinen Reisen durch alle vier Haupttheile der Erde reichlich an sich erfahren hat«, 1799 in Nürnberg anonym erschienen, mit einer Vorrede seines gleichaltrigen Landsmanns →Jung-Stilling. Es ist eine nachdenklich und ver-

gnüglich zu lesende geistl. Autobiographie, die in die weitere Geschichte des →Pietismus und in die Vorgeschichte der (Siegerländer) →Erweckungsbewegung gehört. S. schildert seine »Bekehrung« (1758), die ihn, als »Separatisten«, dem Elternhaus entfremdet, seine Flucht von zu Hause, seine (aus Geldmangel unternommene) Reise als Schiffsarbeiter nach Indien und China (1759–1765) sowie seinen Aufenthalt in Amerika (1770–1780), wo er sogar zum ref. Prediger ordiniert wird und als Gemeindepastor tätig ist. 1782 geht er zu einem Vetter nach Elberfeld und lebt schließlich, durch eine Leibrente unabhängig, in Mülheim. Neben manchen kulturgeschichtl. interessanten Schilderungen enthält das Buch ausführliche Darlegungen seiner geistl. Entwicklung (auch der Zeiten des »dunklen Glaubens«) und dazwischen Betrachtungen und Reflexionen. Bemerkenswert ist seine ausdrückliche Abkehr vom Separatismus und seine Hinwendung zur verfaßten Kirche sowie seine »ökumenische« Haltung: »Ich ließ einem jeden seinen äußeren Meynungskram unangetastet stehen, und wies nur auf die Hauptsache, nämlich, in Jesu Vergebung der Sünden, Begnadigung, und Kräfte zu einem gottseligen Leben zu suchen und zu finden.«

Lit.: J. Schmitt: Die Gnade bricht durch, ²1954, 191–204; B. Steinseifer: »Johann Christian Stahlschmidt und seine ›Pilgerreise‹«, in: Freudenberg im Zeitgeschehen 30, 1990, Heft 2, 17-23. W. Zeller: »Johann Christian Stahlschmidt und Gerhard Tersteegen«, in: ders.: Theologie und Frömmigkeit 2, 1978, 207–217.

B. Steinseifer

Stämme Israels →Israel, Geschichte

Stammesreligionen

1. Begriff und Charakter

Unter S.en verstehen wir die rel. Überzeugungen und Verhaltensweisen, welche das korporative Leben tribaler Ethnien und ihrer Glieder regeln und ihm seine spirituelle Sanktion geben. Der Begriff ist in der Religionswissenschaft verhältnismäßig neu, seine Inhalte wurden früher unter heute problematisierten Stichworten wie »primitive Religionen«, »Animismus« bzw. »Religionen schriftloser Völker« behandelt. Soziologisch klassifiziert steht die S. als auf eine festgefügte Gemeinschaft begrenzte Religion im Gegenüber zu den universalen Religionen, welche als Überzeugungs- und Wahlgemeinschaften soziologische und kulturelle Grenzen prinzipiell überschreiten. Der Begriff »Stamm« ist in sich nicht eindeutig, weil je nach Sprachgebrauch und kulturellem Umfeld verschieden umfangreiche Einheiten darunter verstanden werden, deren Mitgliedszahl von knapp 1000 bis zu zehn Mio. variieren kann. Ein Stamm wird konstituiert durch eine gemeinsame Sprache, Abstammung, Geschichte und Kultur, wozu ganz wesentlich auch die mit dieser letztlich deckungsgleiche Religion gehört. Von den Missionaren schon früh entdeckt, bilden die S.en in der Kulturanthropologie seit den 50er Jahren des 20.Jh.s Gegenstand eingehender Erforschung.

S.en gibt es unter allen schriftlosen Völkern; sie waren bzw. sind vorherrschend in Afrika, Ozeanien und unter den amerikanischen Indianern, finden sich aber als Subkulturen eingesprengt auch in den von Hochreligionen dominierten Ländern Asiens (z.B. die Adivasi, ein animistisches Bergvolk in Nordindien).

Für die S.en kennzeichnend ist, daß sie die spirituelle Dimension einer pansakralen Lebensordnung bilden und als solche alle Aspekte des gesellschaftl. Lebens: Politik, Recht, Sitte, Familienleben, Ethik und Kunst bestimmen, die von ihr kaum abgelöst werden können. Mitgliedschaft entsteht automatisch durch die Geburt und wird durch traditionelle Zeremonien, welche die entscheidenden Lebensabschnitte einleiten (Passage-Riten) gefestigt. Da eine Mitgliedschaft stammesfremden Personen nur ausnahmsweise verliehen wird, treibt die S. keine Mission.

2. Religiöse Wesenselemente

Die S. beruht in ihrer ungeschriebenen Voraussetzung auf der kosmischen Einheit von Natur und Gesellschaft, deren harmonisches Funktionieren durch eine alles durchdringende mystische Lebenskraft (franz. *force vitale;* kongolesisch *bwanga*) bewirkt wird. Religiöses Grundanliegen ist deswegen die Erhaltung und Mehrung dieser Lebenskraft für den Stamm und die Abwehr schädlicher Gegenkräfte (v.a. schwarzer →Magie). Zu dieser Einheit gehört auch die unabreißbare Verbindung der im Diesseits Lebenden und der durch den Tod ins Jenseits Hinübergetretenen. Diese führen eine Existenz in spiegelbildlicher Entsprechung zu der ihrer irdischen Nachkommen – auf deren Fürsorge durch Riten, Opfer und Konsultation (Ahnendienst) sie angewiesen sind – und machen sich im Falle ihrer Vernachlässigung störend bemerkbar. Alle Ämter und Institutionen der Stammesgesellschaft tragen zugleich rel. Charakter. So haben v.a.

der Häuptling wie auch das Sippenoberhaupt zugleich priesterliche Funktionen. Sie vertreten den Stamm bzw. Clan im Gemeinschaftsritus gegenüber den einflußreichen Vorfahren und sind selber kraft ihrer legitimen Abstammung und Einsetzung Garanten der kosmischen Ordnung, z.B. in der Leitung von Regenmacher-Ritualen (so bei den Swazi und bei den Balubedu in Nordtransvaal).

Alle S.en kennen den Glauben an einen Urhebergott, der als Schöpfer und Erhalter die Spitze des kosmischen Universums darstellt. Er interveniert aber aus seiner entrückten Stellung nur selten in das Leben der Menschen, so daß sein Kult in der Praxis weitgehend durch die Verehrung der Ahnen – z.B. durch Trank- und Schlachtopfer – verdrängt wird. Der Kult vollzieht sich in Gestalt von traditionellen Ritualen, in welchen durch magische Symbolhandlungen der die Lebensgesetze begründende Stammesmythos mit starkem emotionalen Engagement, mit Tänzen und Preisgedichten nachvollzogen wird.

Rel. Funktionäre sind auch die Medizinmänner bzw. -frauen und Schamanen, welche den medialen Kontakt zu den Ahnengeistern herstellen und auch die Verursacher schwarzer Magie aufspüren, um entsprechend der Diagnose das erforderliche Opfer bzw. den Gegenzauber zu verordnen. Prinzipiell werden alle Unheilserfahrungen, alle Störungen des normalen Lebens rel. erklärt und bilden die Hauptveranlassung rel. Betätigung.

Die Ethik der S. ist – wie in allen Schamkulturen – nicht durch das individuelle Gewissen bestimmt, sondern durch die unverbrüchlichen Gesetze und Regeln der Stammestradition, deren Bruch metaphysische Sanktionen nach sich zieht. Gegen den entlarvten Gesetzesbrecher muß wegen dessen Bedrohung der Stammesgesellschaft konsequent vorgegangen werden.

3. Missiologische Reflexionen

Die christl. Mission hat unter den S. ihre Hauptwirkungsgebiete gefunden, weil deren Anhänger – allerdings nach anfänglich erbittertem Widerstand – eher als die der klassischen Hochreligionen zur Annahme des christl. Glaubens bereit waren und sind. Dies war z.T. auch sozialgeschichtl. bedingt: Der Zusammenprall der Stammeskultur mit der technologisch überlegenen westl. Kultur führte überall zum Zerbruch der traditionellen Sozialgefüge und machte eine Neuordnung des Gemeinwesens mit einer entsprechenden geistig-ethischen Sinnstiftung notwendig. Weitsichtige Missionare erkannten dabei, daß ihnen für das Gelingen des sozial-anthropologischen Transformationsprozesses und die Eindämmung der zivilisatorischen Übel eine besondere Verantwortung zukam. Wichtig dabei war die Herausstellung der exorzistischen Dimension der ntl. Soteriologie: Christus als Überwinder dämonischer Mächte.

In dem Respekt der Anhänger der S. für die übersinnliche spirituelle Wirklichkeit und in deren Sinn für Solidarität im Rahmen der »urtümlichen Bindungen« (B. Gutmann) der Blutsverwandtschaft, Nachbarschaft und Altersgenossenschaft erkannten sie Werte, die in bibl.-pneumatischer Neuinterpretation auch beim Aufbau bodenständig inkulturierter Kirchen von hoher Bedeutung sein konnten. Wo solche Missionsstrategie ohne rivalisierende Gegenmission – v.a. durch nativistische Sekten – praktiziert werden konnte, ist es im Bereich der S. in Afrika und Ozeanien zur Bildung großer einheimischer Volkskirchen gekommen. Diese bedürfen angesichts der unterschwellig weiterwirkenden magischen und legalistischen Mentalität zwar einer ständigen seelsorgerl.-theol. Begleitung; zugleich aber wurden diese Volkskirchen, oft im Zusammenhang mit geistl. Erweckungsbewegungen, selber zu Trägern der Mission unter den Nachbarstämmen und – in neuerer Zeit – auch darüber hinaus.

Lit.: Th. P. Baaren: Menschen wie wir, 1964; P. Beyerhaus: »Unüberwundenes Heidentum als innere Bedrohung der afrikanischen Kirche«, in: EMZ 1964, 114–131; B. Gutmann: Die Stammeslehren der Dschagga, 3 Bde., 1932-1938; H. Häselbarth: Die Auferstehung der Toten in Afrika, 1972; Th. Ohm: Stammesreligionen im südlichen Tanganjika-Territorium, 1952; H. Schulz: Stammesreligionen, 1993 (Lit.); J.V. Taylor: Du findest mich, wenn du den Stein aufhebst, 1965; P. Tempels: Bantu-Philosophie, 1962. G. F. Vicedom: Die Mbowamb: Die Kultur der Hagenberg-Stämme im östlichen Zentral-Neuguinea, 3 Bde., 1932-1938; H. Vierling: Hermeneutik – Stammesreligion – Evangelium, 1990.

P. Beyerhaus

Stand und Klasse

S. und K. sind heute eher vergangene soziologische bzw. politikwissenschaftl. Begriffe. Die marxistische Zweiteilung der Gesellschaft in die K.n der Besitzenden und Nichtbesitzenden an Produktionsmitteln wurde schon von Joseph A. Schumpeter (1883–1950) als ökonomisch und psych. unzureichende Erklärung abgelehnt (Capitalism, Socialism and Democracy, 1942), dennoch wurde der Begriff K. noch jahrzehntelang als Synonym für soziale Schicht (= Gesamtheit wirtschaftl. und sozial-kulturell ähnlicher Menschen) verwendet.

Als S.e bezeichnete man früher die durch gemeinsame Abstammung, gleichen Besitz, gleiche Bildung, gleichen Beruf gekennzeichneten Gesamtheiten von Menschen: Bauern-, Adels-, Gelehrten-, Priester-S.e. Vom MA bis zur franz. Revolution und z.T. darüber hinaus bildeten die Lehren vom S.e-Staat wesentliche Elemente der Verfassungsordnungen. An diese Ideen versuchten aus Unzufriedenheit mit den liberalen und demokratischen Staatsformen die restaurativen S.e-Staats-Theorien und polit. Realisierungsversuche in den 20er und 30er Jahren des 20. Jh.s. anzuknüpfen, wobei sie sich z.T. mit Vorstellungen faschistischer Ideologien vermischten (Faschismus in Italien, Spanien und Portugal, Dollfuß-Regime in Österreich 1934–1938, Nationalsozialismus bis 1934). Davon zu unterscheiden ist die S.e-Theorie Othmar Spanns (1878–1950), deren Gedanken trotz ihrer Herkunft aus →Aristotelismus und kath. Romantik wegen Nichtberücksichtigung der Prinzipien der Solidarität und der Subsidiarität nicht in die Enzyklika »Quadragesimo anno« von 1931 aufgenommen wurden.

Ev. Ethik sollte die von eschatologischer Naherwartung bestimmte Weisung 1Kor 7,17-24: »Bleiben im Stande« nicht quietistisch (= tatenlos) mißverstehen. Vielmehr sollen wir unsere Lebensverhältnisse dankbar als Berufung aus Gottes gnädiger Hand annehmen und dynamisch gestalten.

Lit.: O. v. Nell-Breuning: »Ständestaat« und »Stand und Ständewesen«, Wörterbuch der Soziologie, hg. von W. Bernsdorf, 1969, 1121 und 1122f; H. Weber: Theologie-Gesellschaft-Wirtschaft. Die Sozial- und Wirtschaftsethik in der evangelischen Theologie der Gegenwart, 1970.

J. Kniffka

Stange, Erich (1888–1973)

S., geb. am 23. 3. 1888 in Schwepnitz/Oberlausitz, gest. am 12. 3. 1973 in Kassel; Studium der Theologie in Leipzig und Halle, Pfarrer in Lyon, Pulsnitz und Leipzig, 1921–1954 Reichswart der ev. Jungmännerbünde Deutschlands (heute: CVJM-Gesamtverband) in Kassel-Wilhelmshöhe, von 1962–1964 ehrenamtlicher Reichswart, in der Zeit des Nationalsozialismus eine kürzere Zeit Reichsjugendführer der ev. Jugend, dann von der NSDAP abgesetzt. S. war aufgewachsen im Luthertum und in der Erweckungsbewegung (mit starken Verbindungen zur DCSV) und blieb beiden zeitlebens verbunden, er war fruchtbarer theol. und geistl. Schriftsteller, ökumen. Theologe (Schloß Mainau als internationales Institut des CVJM) und wirkungsvoller Seelsorger und Redner, bes. unter Jugendlichen. Berufungen auf theol. Professuren und ins Bischofsamt der sächs. Landeskirche schlug er aus, um der Jugendarbeit zur Verfügung zu stehen. Befreundet war er mit vielen Zeitgenossen, z.B. P. →Humburg, J. →Mott, R. A. →Schröder, N. →Söderblom u.a.; er gilt als Begründer der →Telefonseelsorge in Deutschland.

Lit.: E. Stange: Die Entstehung der Reformation, 1917; ders.: Zeitgeist und Urchristentum, 1923; ders.: Vom Weltprotestantismus der Gegenwart, 1925; ders.: Die kommende Kirche, 1925; ders.: Volkskirche als Organismus, 1928; ders.: Er führt uns wie die Jugend, 1957; ders.: Ich suchte den Bruder, 1957 u.a.

W. Arnold (Hg.): Wort und Wagnis. Festgabe zum 80. Geburtstag, 1968.

G. Ruhbach

Starzentum

Der Starez (vom russ. *staryj,* »alt«, abgeleitet) ist der ältere Mönch, der frei gewählte geistl. Führer jüngerer Mönche und auch Laien auf ihrem asketischen Weg zur engen Verbindung mit Christus. Das S. in den orth. Kirchen schloß sich an die Praxis der Mönchsväter der Alten Kirche im weiterführenden Kontakt mit den Traditionen des Athos an. In der russ. orth. Kirche gewann es vom 15. Jh. an seine Gestalt. Zu den Starzen der Anfänge gehörte Nil

Sorskij im Kreis der Wolga-Mönche (1433–1508), zu denen der prägenden Fortführung Paisij Veličkovskij (1722–1794), Abt und Erneuerer klösterlichen Lebens. Seine Übersetzung der griech. *Philokalia* (»Liebe zur geistlichen Schönheit«, einflußreichstes Erbauungsbuch des S.s) in das Dobrotoljubie – die Liebe zum Guten – erlangte großen Einfluß auf die Frömmigkeitsgeschichte des 19. Jh.s. Für die russ. Geistesgeschichte wurde die Begegnung zahlreicher Intellektueller und Schriftsteller mit Starzen verschiedener Klöster und Einsiedeleien im 19. Jh., unter denen Serafim von Sarov (1759–1833) hervortrat, bedeutsam. Besondere Bedeutung gewannen die Starzen des Klosters Optina Pustyn, in der Folge Leonid, Makarij, Amvrosij und ihre Nachfolger bis ins 20. Jh. Der nicht in das hierarchische Gefüge der Orthodoxie eingeordnete Starez mit stärkerer Betonung der Seelsorge gegenüber dem Ritual konnte Priester sein, viele sind einfache Mönche gewesen. Andererseits gab es unter ihnen auch Bischöfe, die nach Aufgabe ihres Amtes zu Starzen wurden, wie Ivan Brjančaninov (1807–1867) und Feofan Zatvornik (der Klausner, 1815–1894).

Lit.: Metropolit Pitirim (Hg): Die russisch-orthodoxe Kirche, 1988, 50-54; I. Smolitsch: Leben und Lehre der Starzen, [2]1952;

W. Kahle

Status confessionis

Beim Formulieren des →Augsburger Bekenntnisses (1530) war →Melanchthon bestrebt, ein Zerbrechen der Einheit der abendländischen Kirche möglichst zu vermeiden. Daher äußerte er sich über »Kirchenordnungen« (Art. 15) weitherzig: »Von Kirchenordnungen, die von Menschen gemacht sind, lehrt man (bei uns), diejenigen einzuhalten, die ohne Sünde eingehalten werden können und die dem Frieden und der guten Ordnung in der Kirche dienen«. In der Apologie führte Melanchthon den Begriff →»Adiaphora« in die Diskussion ein. Es wurde übersetzt: »Mitteldinge«; gemeint waren wertneutrale Dinge, die an sich weder gut noch böse sind. Melanchthon trat dafür ein, um der »öffentlichen Eintracht« willen in diesen Dingen nachgiebig zu sein. Diese Weitherzigkeit hat jedoch eine Grenze: Wenn die Gewissen damit belastet werden, »als seien solche Dinge notwendig zur Seligkeit«, stellt dies einen Widerspruch zum Evangelium dar (CA 15). In diesem Falle muß man sich zum Evangelium bekennen und darf die an sich wertneutralen Bräuche, die falsch eingestuft werden, nicht mitvollziehen. Man befindet sich dann in einer Situation, in der das eigene Verhalten den Charakter des Bekenntnisses oder der Verleugnung des Glaubens annimmt: Das ist der *status confessionis.*

Als den Evangelischen im Zuge des »Interims« (1548) verschiedene abgekommene Kirchenbräuche wieder aufgezwungen werden sollten, entstand eine Uneinigkeit unter den Anhängern des Augsburger Bekenntnisses. Daraus erwuchs der »Adiaphoristische Streit«, in dem Melanchthon und seine Schüler die Ansicht vertraten, in Zeiten der Verfolgung und wenn es um das Bekenntnis geht, könne man in diesen Dingen nachgeben, während die (»echten«) »Gnesiolutheraner« um Matthias →Flacius Illyricus überzeugt waren, daß es *in casu confessionis* (wenn es darum geht, den Glauben zu bekennen, der bekämpft wird) keine Adiaphora gebe. Flacius sprach von der »mitteldingischen Hurenfarb« (Schminke), durch die »das arme Volk« getäuscht werden soll. Nicht einmal den »Chorrock« dürfe man wieder einführen, wenn dadurch beim einfachen Mann der Eindruck erweckt wird, man lenke ein und der Unterschied zum Papsttum sei unerheblich. Die Konkordienformel (1577) entschied (Art. 10), daß in Fällen, wo »hinterlistigerweise« die reine Lehre unterdrückt werden soll, auch in Mitteldingen »keineswegs« nachgegeben werden darf. Denn in diesen Fällen handelt es sich nicht mehr um wertneutrale Dinge, sondern um die Wahrheit des Evangeliums, die Aufrechterhaltung der christl. Freiheit (vgl. Gal 5,1), die Bestätigung öffentlicher Abgötterei und die Irreführung der im Glauben Schwachen.

Wann der *status confessionis* eintritt, muß das wachsame Gewissen erkennen; der Antichrist pflegt ihn zu »vernebeln« (H. →Thielicke). Zweckmäßigkeitserwägungen dürfen keine Rolle mehr spielen, wenn eine »unmittelbare Konfrontation mit der Transzendenz« eintritt. Das ist nach Thielicke dann der Fall, wenn ich entweder zur Verleugnung Christi und Lästerung Gottes gedrängt werde, oder wenn die Menschenwürde meines Nächsten in Frage gestellt ist. Da das Handeln des Christen Bekenntnischarakter hat, tritt der *status confessionis* auch in ethischen Fragen ein. K. →Barth verweigerte 1934 den Beamteneid auf Adolf Hitler, weil die Einschränkung, soweit er es als ev. Christ verantworten könne, nicht anerkannt wurde. Öffentliche Abendmahlsfeiern mit Judenchristen wären angesichts des Arierparagraphen im Dritten Reich ein Bekenntnis zum unzertrennbaren Leib Christi gewesen; ähnliches galt angesichts der Apartheid in Südafrika. Barth und seine Schüler, die sich gegenüber dem Nationalsozialismus zum Widerstand einer Bekennenden Kirche herausgefordert sahen, konnten angesichts der Gottlosigkeit und Unmenschlichkeit des Bolschewismus den *status confessionis* nicht erkennen und haben damit zu einer Widerstandsschwäche der ev. »Kirche im Sozialismus« beigetragen. Nach Thielicke wird der *status confessionis* im totalitären Staat, der alle Lebensbereiche ideologisch durchdringt, »gleichsam omnipräsent«. In der Frage, ob die Gefahr eines Krieges, in dem atomare Waffen eingesetzt werden, Christen dazu drängen muß, eindeutig für einseitige Abrüstung oder wenigstens für das deutlichere Zeichen der Verweigerung des Dienstes mit der Waffe einzutreten, konnten sich die Christen nicht einigen.

Lit.: Unser Glaube. Die Bekenntnisschriften der evangelisch-lutherischen Kirche, 1986; H. Thielicke: Theologische Ethik, 1958ff., II/1 997ff, 1061f, 2042ff, II/2 2444, 3417.

W. Schlichting

Staupitz, Johannes von (1468–1524)

S., Augustinereremit (OESA), geb. um 1468 in Motterwitz (bei Leisnig, Sachsen), gest. am 28. 12. 1524 in Salzburg; ab 1483 Studium in Köln und Leipzig. Um 1490 trat S. dem Augustinereremitenorden bei, seit 1497 war er Prior des Augustinerklosters in Tübingen. Im Juli 1500 promovierte er dort zum Doktor der Theologie, übernahm dann das Priorat in München und folgte 1503 dem Ruf auf die Professur für bibl. Theologie an der Universität Wittenberg. Am 7. 5. 1503 wählte ihn das Kongregationskapitel der observanten Augustinereremiten zu seinem Generalvikar. S. stand damit an der Spitze einer der bedeutendsten mönchischen Reformorganisationen Deutschlands. Die Reform hatte auch bei den Augustinern die Einheit des Ordens bedroht, die S. durch einen Unionsplan zwischen Reformierten und Nicht-Reformierten zu beheben versuchte. Sieben Klöster hatten aus Sorge um die Reform der S.-Union unnachgiebig widerstanden; Martin Luthers Romreise (1510/1511) galt im Auftrag des Erfurter Konvents diesem Kampf gegen die Union. 1512 auf dem Kongregationskapitel zu Köln hatte S. alle Einigungspläne fallengelassen, auch seine Wittenberger Professur aufgegeben und Luther zu seinem Nachfolger bestimmt. Frei für sein Ordensamt hatte S. diesem vor allem in Süddeutschland öffentliche Ausstrahlung zu verleihen gewußt. In Nürnberg und Salzburg hatte er sich Zentren seines Wirkens geschaffen, einmal als Prediger, der über die Mönche hinaus auch die Bürger zu erreichen vermochte, und in Nürnberg als Mittelpunkt eines gelehrten Reformkreises, der unter dem Namen »Sodalitas Staupitziana« bekannt geworden ist. Zweimal hat S. aktiv in die Geschichte der werdenden Reformation eingegriffen: Den schon wegen Ketzerei angeklagten Luther ließ er auf dem Kongregationskapitel zu Heidelberg seine neue Theologie vorstellen (Heidelberger Disputation, 26. April 1518). Als Luther in Augsburg von Kardinal Cajetan verhört wurde (12.-14. Oktober 1518), war S. ebenfalls zugegen und hat die Aufforderung des Kardinals, Luther zum Nachgeben zu bewegen, damit beantwortet, daß er den Beklagten vom Ordensgelübde des Gehorsams dispensierte. 1522 übernahm er bis zu seinem Tod das Amt des Abtes des Benediktinerklosters St. Peter in Salzburg.

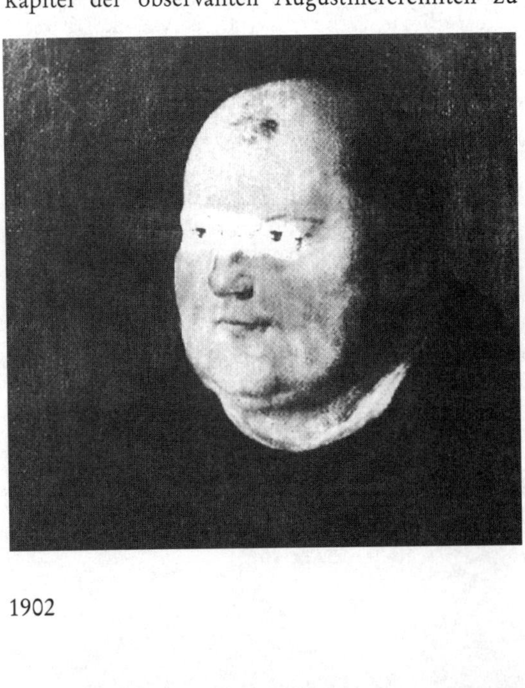

Papst Paul IV. setzte 1559 die S.-werke auf den Index und 1584 wurde fast der ganze S.nachlaß im Hofe des Klosters verbrannt. S. ist darin ein Schüler Luthers geworden, daß er trotz aller Entfernung von ihm und trotz aller irritierender Wirren der Zeit an der Notwendigkeit einer Reform der Kirche nach Maßgabe des Evangeliums festgehalten hat.

Lit.: W. Klaiber: Katholische Kontroverstheologen und Reformer des 16. Jahrhunderts, 1978 (Werksverzeichnis); J. K. F. Knaake (Hg.): Johann von Staupitzens sämmtliche Werke, Bd. 1 (mehr nicht erschienen), 1867; J. v. Staupitz. Luthers Vater und Schüler (hg. von A. Jeremias), 1926 (neuhochdeutsche Auswahlausgabe); J. v. Staupitz: Sämtliche Schriften (hg. von L. Graf zu Dohna, R. Wetzel), Bd. 1 und Bd. 2, 1979–1987.

Th. Kolde: Die deutsche Augustiner-Congregation und Johann von Staupitz, 1879; R. K. Markwald: A Mystic's Passion, 1990; D. C. Steinmetz: Misericordia Dei, 1968; E. Wolf: Staupitz und Luther, 1927; M. Wriedt: Gnade und Erwählung, 1991. *M. Schulze*

Steffens, Henrik (Heinrich) (1773–1845)

S., geb. am 2. 5. 1773 als Sohn eines eingewanderten dt. (Militär-)Arztes in Stavanger, gest. am 13. 2. 1845 in Berlin. Von seiner Mutter empfing er eine tief rel. Erziehung, dachte eine Zeitlang auch, Theologie zu studieren, wandte sich dann aber 1790 in Kopenhagen dem Studium der Naturwissenschaften zu, speziell der Mineralogie, und 1796 habilitierte er sich in Kiel mit einer Schrift »Über die Mineralogie und das mineralogische Studium«. Er interessierte sich zunehmend auch für die Philosophie, für Spinoza und für Schellings Naturphilosophie. 1798 reiste er nach Jena, zunächst für naturwissenschaftl. Studien, bis er A.W. Schlegel und →Schelling näher kennen lernte. Mit dem letzteren schloß er eine dauernde, enge Freundschaft. Auf der Rückreise nach Kopenhagen begegnete er auch noch erstmals Tieck, Fr. Schlegel und →Schleiermacher und schloß sich nun ganz dem Kreis der romantischen Schule an. Er lebte weiter in Kopenhagen, bis er, nach zwei Jahren, einen Ruf als o. Prof. nach Halle erhielt. Dort lehrte er Naturphilosophie, Physiologie und Mineralogie. Zur gleichen Zeit lehrte auch Schleiermacher in Halle. 1806 besetzten die Truppen Napoleons Preußen. Die Universität Halle wurde geschlossen. S. ging für zwei Jahre nach Holstein und vorübergehend in Städte an der Ostsee. Dann wurde die Universität Halle wenigstens teilweise wieder eröffnet, und er kehrte dorthin zurück. Nicht ohne Risiko nahm er an Zusammenkünften von Männern teil, die heimlich die Wiederherstellung Preußens vorbereiteten. Am Krieg gegen Napoleon 1813–1814 nahm er als Freiwilliger teil, als Offizier im Hauptquartier Blüchers. 1811 war er nach Breslau berufen worden, wo er Vorlesungen über Physik und Philosophie hielt. Nach Unterbrechung durch Kriegsteilnahme nahm er die Vorlesungen wieder auf, veröffentliche aber noch polit. Schriften: »Die gegenwärtige Zeit und wie sie geworden« (1817) und »Caricaturen des Heiligsten« (1819–1821). Im Jahr 1822 erschien dann seine »Anthropologie«, sein Bild des Menschen, eingebettet in den weiteren Rahmen seiner Naturphilosophie, die stark unter dem Einfluß Schellings steht. S. schrieb aber auch literarische Werke, mehrere Bände mit Erzählungen, die eine große Leserschaft fanden. 1832 wurde er nach Berlin berufen, wo er naturphilosophische und religionsphilosophische Vorlesungen hielt. 1833 war er Rektor der Universität. 1839 erschien seine »Christliche Religionsphilosophie«, und in den letzten Lebensjahren veröffentlichte er unter dem Titel »Was ich erlebte« in mehreren Bänden seine Lebenserinnerungen.

In seinen frühen Schriften, wie »Beiträge zur innern Naturgeschichte der Erde«, 1801, und »Grundzüge der philosophischen Naturwissenschaft«, 1806, schreibt S. noch als Naturwissenschaftler und Philosoph. Er betrachtet die Natur bzw. den Kosmos als ein Ganzes, das er als Ausdruck eines höheren Prinzips bzw. eines schöpferischen Willens versteht. In diesem Ganzen besteht ein Aufbau vom Anorganischen zum Organischen und eine Entwicklung zum Spezifischen bzw. auf höherer Stufe zum Individuellen und im Menschen zum Personalen. Die Natur ist nicht nur durch das Naturgesetz geordnet, sie ist zugleich zeitlich, d.h. sie hat eine Geschichte, so wie die Menschheit eine Geschichte hat.

Von der Zeit in Halle an, sehr entschieden dann in Breslau, bekannte er sich zum luth. Glauben und Bekenntnis, was er auch in einigen Schriften äußert: »Von der falschen Theologie und dem wahren Glauben. Eine Stimme aus der Gemeinde«, 1823, und »Wie ich wieder Lutheraner wurde und was mir das Luthertum ist. Eine Confession«, 1831. Hinter diesem Bekenntnis steht nicht nur persönl. Überzeugung, sondern auch sein Geschichts- und Menschenbild. Er sah in seiner Zeit eine Epoche menschlicher Selbstverherrlichung, z.B. in →Fichtes Philosophie der Freiheit oder im Nationalismus nach der franz. Revolution erkennbar. Aber der Mensch ist Teil der Natur, er ist von der Natur und der Geschichte völlig abhängig. Und jede »Selbstherrlichkeit« ist Auflehnung gegen die Natur und gegen die Geschichte und führt zur Zerstörung der Natur und zum Krieg. Die neue, in Jesus Christus offenbar gewordene Stufe der Schöpfung, die den Tod überwindet, können wir nicht »selbstherrlich« aus eigener Kraft erreichen, sie ist Gnade, die uns im Glauben geschenkt wird.

Weitere Schriften: »Schriften, Alte und Neue«, 1821; »Grundzüge der philosophischen Naturwissenschaft«, 1806; »Nachgelassene Schriften«, hg. von F. W. Schelling, 1846; »Über die Idee der Universitäten«, 1809.

Lit.: R. Bruck: »Heinrich Steffens. Ein Beitrag zur Philosophie der Romantik unter besonderer Berücksichtigung seiner Religionsphilosophie«, Diss. Kiel, 1929; F. Jung: »Henrik Steffens und das Problem der Einheit von Vernunft und Offenbarung«, Diss. Marburg, 1961; E. Rosenstock: »Heinrich Steffens«, Schlesische Lebensbilder, 1931; »Zur Erinnerung an Heinrich Steffens, Vier Gedächtnisreden, gehalten am Tag seiner Bestattung am 18. Februar 1845«, hg. v. H. Geiser, 1845.

F. Flückiger

Steiner, Rudolf (1861–1925)

S., Begründer der →Anthroposophie, geb. am 27. 2. 1861 in Kraljevec (ehemals Ungarn, heute Jugoslawien). Als Kind war er trotz freigeistigen Elternhauses stark von der kath. Messe beeindruckt. Realschule in Wien, dort las er bereits Kant, 1879 Abitur. An der Technischen Hochschule Wien hörte er Vorlesungen über Goethe und lernte die Philosophie des Idealismus kennen.

1883-90 Hauslehrer eines Kindes mit Hydrocephalie, Kommentar zu Goethes naturwissenschaftl. Schriften. 1890-97 in Weimar Mitarbeiter an der Goethe-Ausgabe, an der Universität Rostock Dr. phil.

S. sympathisierte mit Haeckels Evolutionslehre, deutete sie aber vor allem als geistigen Prozeß. Erste Grundgedanken seiner Lehre: Der Mensch ist frei, wenn er als Gegenüber der sinnlichen Wahrnehmung auch das »sinnlichkeitsfreie Denken« als einen rein geistigen Vorgang begreift. 1897–1900 in Berlin, Kontakt zu den »Theosophen«, S. übernahm u.a. die Lehre der Reinkarnation. Christus sah er im Zentrum der Weltgeschichte, aber nicht im Sinne christl. Erlösungslehre, sondern als Wegbereiter der Vergeistigung der Menschheit.

Ab 1907 setzte S. seine Gedanken in »Mysterien-Dramen« um. Für deren Aufführung erbaute er ab 1913 in Dornach, Schweiz, das »Goetheanum«; im gleichen Jahr Gründung der Anthroposophischen Gesellschaft.

Nach 1918 setzte sich S. für die »Dreigliedrigkeit« der Gesellschaft ein, d.h. der Staat soll Recht nach dem Prinzip der Gleichheit ausüben, die Bereiche Wirtschaft und Geistesleben in der Freiheit nicht beeinflussen.

Von 1913-25 vor allem Vortragsreisen. Er bezog seine Gedanken auf viele Aspekte der Wirklichkeit, u.a. auf Medizin, Architektur, Pädagogik. 1919 kam es zur Gründung der →Waldorfschule in Stuttgart. 1922 Gründung der Christengemeinschaft, 1923 Gründung der erneuerten Allgemeinen Anthroposophischen Gesellschaft, am 30. 3. 1925 starb S. in Dornach.

Lit.: R. Steiner: Das Christentum als mystische Tatsache, 1902; ders.: Die Geheimwissenschaft im Umriß, 1910; ders.: Mein Lebensgang, 1925;

J. Badewien: Anthroposophie, 1985; A. Binder: Wie christlich ist die Anthroposophie?; J. Hemleben: Rudolf Steiner, 1962; G. Wehr: Rudolf Steiner, 1987.

Chr. Breer

Steinhausen, Wilhelm (1846–1924)

S., geb. am 2. 2. 1846 in Sorau (Niederlausitz), gest. am 5. 1. 1924 in Frankfurt a.M. Maler, stammte aus ev. Elternhaus, besuchte die Kunstakademien in Berlin und Karlsruhe, beeinflußt durch L. →Richter, den Kreis um Leibl und Thoma, blieb er zeitlebens ein künstlerischer Einzelgänger. Er wollte

eine neue kirchl. Kunst schaffen und war hierbei durchdrungen von der romantischen Vorstellung des Christusbildes, wie es durch die Nazarener geprägt worden war. Selbständige Arbeiten schuf er ab 1870, stellte jedoch künstlerisch stets den Inhalt über die Form. Formal blieb er dem Realismus der 2. Hälfte des 19. Jh.s verhaftet.

Lit.: W. Steinhausen: Aus meinem Leben, 1912.

H.-J. Hoeppke

Steinkopf, Carl Friedrich Adolph (1773–1859)

S. , geb. am 6. 9. 1773 in Ludwigsburg, gest. am 29. 5. 1859 in London. In Württemberg erhielt S. seine theol. Prägung: Gymnasium in Stuttgart, später Tübinger Stift, wo er mit dem Trio →Hegel, Hölderlin und →Schelling zusammen studierte. Doch ließ er sich nicht von den aufgeklärten Ideen der franz. Revolution begeistern, sondern zählte zu den wenigen Pietisten, die, wie die meisten seiner

theol. Lehrer, an der Ausbreitung des Reiches Gottes mitwirken wollten. So wurde er Sekretär der →Christentumsgesellschaft in Basel. Von 1795 bis 1801 pflegte er dort die Korrespondenz mit zahlreichen pietistischen und erweckten Zweigvereinen dieses Basler »Zentrums« in Deutschland und darüber hinaus. Dann nahm er einen Ruf der dt. luth. Savoy-Gemeinde in London an. Bedeutender wurde seine Wirkung als Impulsgeber und Mitarbeiter der neuen christl. Gesellschaften, die London bald zum Vorort der Erweckungsbewegung machten: Vor allem die zunächst interkonfessionelle Londoner Missionsgesellschaft, die Britische und Ausländische Bibelgesellschaft, die Religiöse Traktatgesellschaft und viele andere solcher *societies*. S. unternahm als Mitbegründer und Auslandssekretär der Bibelgesellschaft ab 1812 mehrere ausgedehnte Reisen zum Kontinent und verhalf so und durch ausgedehnte Korrespondenz vielen pietistischen Erbauungszirkeln, sich missionarisch neu zu organisieren. Es entstanden zahlreiche Bibel-, Missions- und Traktatvereine in Deutschland und seinen Nachbarländern. Die Deutsche Bibelgesellschaft Stuttgart (1812 als Württembergische Bibelgesellschaft gegründet) und die Basler Mission (gegründet 1815) verdanken ihre Gründung S.s Impulsen und den Hilfen der Muttergesellschaften in London.

Lit.: C. F. A. Steinkopf: Reisebriefe Europa 1812, hg. von U. Fick, 1987.

W. Eisenblätter: Carl Friedrich Adolph Steinkopf (1773–1859), Vom englischen Einfluß auf kontinentales Christentum z.Zt. der Erweckungsbewegung. Diss. Zürich 1974; R. Steiner: Pioniere des Wortes, 1982, S. 35-55.

W. Eisenblätter

Stellvertretung →Versöhnung

Sterbebegleitung

Unter S. verstehen wir – im Unterschied zu medizinischen Hilfen im Sterben – den mitmenschlichen und seelsorgerl. Beistand für Sterbende. Da die meisten Menschen in den Industrieländern heute außerhalb der Familie in Krankenhäusern (über 70%) und Heimen sterben, ist Einsamkeit ein Grundproblem der Sterbenden. Deshalb beginnt man, Hospize (insbesondere für Krebs- und AIDS-Kranke) einzurichten, in denen Sterbenden neben medizinischen Hilfen ein umfassender Beistand gewährt wird. Ziel ist es aber, ein Sterben zu Hause zu ermöglichen. Die Hospizbewegung greift Anliegen auf, denen sich Christen seit der Alten Kirche verpflichtet fühlten, indem sie Hospize, vor allem für Unheilbare (z.B. Aussätzige), errichteten, in denen man um das ewige Heil und das irdische Wohl der Kranken zugleich besorgt war. Während für Krebskranke die S. wesentlich verbessert wurde, besteht in der S. für alte Menschen mit langsam verlaufendem Sterben heute das größte Defizit.

Das Sterben führt trotz S. meist in eine Einsamkeit hinein, in der der einzelne allein vor Gott steht, da »keiner für den anderen sterben (kann), sondern ein jeglicher in eigener Person für sich mit dem Tod kämpfen (muß)« (M. Luther). Deshalb war zur Vorbereitung auf das Sterben bis in die Neuzeit hinein eine umfassende Literatur zur »Kunst des Sterbens« verbreitet. Heute trifft der Tod immer mehr Menschen unvorbereitet. Angehörige erleben sich als sprachlos und überfordert. Deshalb kommt der Mitteilung und Erkenntnis der →Wahrheit einer Krankheit zum Tode eine Schlüsselstellung für die im Unterbewußten und Bewußten ablaufende Auseinandersetzung mit dem →Tod zu. Wird diese Wahrheit nicht zugelassen, bleiben Gespräche mit Sterbenden oft oberflächlich und zutiefst nicht tröstend. Selbst dann sollte man keine Hoffnung bestärken, die dem medizinischen Tatbestand widerspricht. Der Sterbeprozeß ist meist mit tiefen seelischen Auseinandersetzungen (auch Glaubensanfechtungen) verbunden, die E. Kübler-Ross in fünf Phasen aufgegliedert hat (Verneinung der Todeswahrheit, Auflehnung, Verhandlung mit dem Schicksal bzw. Gott, Depression, Annahme), die aber selten in dieser Reihenfolge ablaufen und meist nicht mit einer bewußten Bejahung des Todes enden. S. hat zum Ziel, dem Sterbenden bei der Durcharbeitung seiner oft widerspruchsvollen Gefühle zu helfen. Voraussetzung ist die Fähigkeit, der Ohnmacht angesichts der Übermacht des Todes standzuhalten. Für die seelsorgerl. S. ist zu beachten, daß viele Menschen sich angesichts ihres Todes sehr ehrlich mit ihrem Leben auseinandersetzen, sich Rechenschaft geben müssen (vgl. 2Kor 5,10). Ziel der Seelsorge sollte es nicht sein, dem Sterbenden den oft schmerzhaften Prozeß der Auseinandersetzung mit dem Leben zu ersparen, sondern ihm zum Vertrauen zu helfen, daß sein Leben trotz der dunklen Seiten von Gott bejaht ist, er sich deshalb mit Gott, seinem Leben und seinen Nächsten versöhnen und sich in die gnädige und bewahrende Hand des Gottes fallenlassen darf (Röm 8,31ff), der dem Tode die Macht genommen und ewiges Leben verheißen hat (2Tim 1,10).

Lit.: Verlaß mich nicht, wenn ich schwach werde. Handbuch zur Begleitung Schwerkranker und Sterbende, hg. im Auftrag der VELKD von A. Ebert, P. Godzik, 1993; H.J. Bräumer: Auf dem letzten Weg, 1988; E. Kübler-Ross: Interviews mit Sterbenden, 1969; M. Luther: Sermon von der Bereitung zum Sterben (1519), in: ders.: Tröstungen (hg. von R. Bohren), 1983; F. Rest: Sterbebeistand, Sterbebegleitung, Sterbegeleit, 1992; W. Schweidtmann: Sterbebegleitung, 1991 (Lit.).

U. Eibach

Sterbehilfe →Euthanasie

Sterilisation

Unter S. versteht man die dauernde Unfruchtbarmachung des Menschen durch chirurgische Unterbindung des Samenleiters (beim Mann) bzw. der Eileiter (bei der Frau). Bei der Beurteilung der S. ist der rechtliche und ethische Aspekt zu unterscheiden.

1. In rechtlicher Hinsicht wurde die Ende des 19. Jh.s entwickelte S. in Deutschland bis 1933 als »schwere Körperverletzung« mit Zuchthaus bis zu zehn Jahren bedroht und nur bei Vorliegen einer medizinischen Indikation (wenn Leben oder Gesundheit der Frau durch eine Schwangerschaft bedroht war) gebilligt. Die Nationalsozialisten liberalisierten die Gesetzgebung, indem sie außer der medizinischen auch noch die eugenische Indikation zuließen. Heute ist in Deutschland die S. zulässig, wenn sie freiwillig erfolgt und durch medizinische, eugenische oder soziale Gründe indiziert ist (vgl. § 226a StGB). Rechtlich problematisch ist aber noch immer die sog. »Gefälligkeitssterilisation«, die ohne Indikation auf bloßen Wunsch des Betroffenen erfolgt.

2. In ethischer Hinsicht muß zunächst die direkte und die indirekte S. unterschieden werden: Die sog. indirekte S. gilt allg. als ethisch unbedenklich, da bei ihr die Unfruchtbarmachung nicht direkt angestrebt wird, sondern nur Folge eines medizinischen Eingriffs zur Therapie einer Erkrankung ist. Anders zu bewerten ist dagegen die direkte S., da diese die endgültige Zerstörung der Zeugungs- bzw. Empfängnisfähigkeit zum Ziel hat. Die S. wird heute zunehmend als Mittel der →Geburtenregelung eingesetzt und als solches auch von vielen ev. Ethikern bejaht. Sieht man von dem (unter Medizinern umstrittenen) Grenzfall einer eng gefaßten medizinischen Indikation ab, unterliegt die direkte S. allerdings folgenden Bedenken:

a. Sie ist ein Akt der Verstümmelung. Da der Leib als »Tempel des heiligen Geistes« und Leihgabe Gottes (1Kor 6,19) »ein Recht auf Unantastbarkeit« hat (D. Bonhoeffer), ist der Mensch zu einer solchen Verstümmelung nicht befugt. Ein Eingriff in die Integrität des menschlichen Leibes ist nur gerechtfertigt, wenn er auf die Erhaltung des Lebens und der Gesundheit zielt.

b. Sie zerstört die von Gott geschenkte Fruchtbarkeit und damit die nach bibl. Verständnis größte Segensgabe, die Gott dem Menschen im Bereich des kreatürlichen Lebens anvertraut hat (vgl. 1Mo 1,28; 9,1.7 u.ö.): die Fähigkeit, an der »wunderbaren«

(Ps 139,14) Erschaffung von Menschen mitzuwirken.

c. Sie löst die Sexualität grundsätzlich und bleibend aus ihrer schöpfungsmäßigen Bestimmung, neues Leben zu wecken. Damit wird die Sexualität Gottes Herrschaft und schöpferischem Wirken entzogen und in die alleinige Verfügung des Menschen gestellt.

d. Aufgrund ihrer Endgültigkeit beinhaltet sie für den Sterilisierten in einer bestimmten (allerdings sehr vitalen) Hinsicht »für alle Folgezeit eine Preisgabe der Freiheit« (W. Trillhaas): Neuen Erkenntnissen oder unvorhersehbaren Lebenssituationen (z.B. der zukünftigen Lösung momentaner Probleme, dem Tod bereits vorhandener Kinder oder einer Wiederheirat nach dem Tod des Ehegatten) kann nicht mehr durch eine erneute Zeugungs- bzw. Empfängnisbereitschaft Rechnung getragen werden.

e. Als schöpfungwidriger Akt ist sie schließlich auch gesundheitlich nicht unbedenklich: Medizinische Studien weisen darauf hin, daß die S. bei der Frau psychische Störungen und bei beiden Geschlechtern körperliche Nebenwirkungen zur Folge haben kann (bei der Frau z.B. operative Risiken und – als Spätfolge – ein vergrößertes Risiko von Gebärmutterentfernungen; beim Mann z.B. Prostatakrebs, Arteriosklerose, Autoimmunerkrankungen).

Lit.: D. Bonhoeffer: Ethik, 1948, [6]1992, 209ff; A. Eser, H. Hirsch (Hg.): Sterilisation und Schwangerschaftsabbruch. Eine Orientierungshilfe zu medizinischen, psychologischen und rechtlichen Fragen, 1980; K. Hörmann: Art. »Sterilisation«, Lexikon der christlichen Moral, 1969, 1148ff; W. Neuer: Die Enzyklika »Humanae Vitae« im Licht von Bibel und Tradition, idea-Dokumentation Nr. 14/1990; R. Ehmann: Verhütungsmittel - verhängnisvolle Nebenwirkungen, über die man nicht spricht. Eine kritische Bilanz aus der Sicht eines Gynäkologen, Concepte, 11-12/1990; R. Süßmuth (Hg.): Empfängnisverhütung. Erkenntnisse und Erfahrungen, 1995; H. Thielicke: Sex, Ethik der Geschlechtlichkeit, 1966, 241ff; W. Trillhaas: Sexualethik, 1969, 120ff; E. Winzeler: Art. »Sterilisation«, in: EKL III, 1143f.

W. Neuer

Stewardship →Haushalterschaft

Stier, Ewald Rudolf (1800–1862)

S., geb. am 17. 3. 1800 in Fraustadt/Niederschlesien, gest. am 16. 12. 1862 in Eisleben/Thüringen. 1816 Beginn des Jurastudiums in Berlin, aber schon im Wintersemester 1816/17 Wechsel zum Theologiestudium, aber noch ganz unter dem Vorzeichen des romantischen Geistes der Zeit. 1818 Fortsetzung des Studiums in Halle. Nach Aufhebung der Burschenschaften 1819 Rückkehr nach Berlin. Dort unter dem Eindruck der Begegnung mit Anhängern J.G. →Gichtels Abkehr von seinen bisher gepflegten dichterischen Ambitionen. Der persönl. Einfluß A. →Tholucks (mit dem er lebenslang freundschaftlich verbunden bleibt) führt zur entscheidenden Wende zur Bibel. 1821-23 im Predigerseminar in Wittenberg. Nach kurzer Lehrtätigkeit an einem Lehrerseminar folgt S. 1824 einem Ruf der →Basler Mission als theol. Lehrer an ihrem Seminar in Basel. Verheiratung mit einer Schwester von C.I. →Nitzsch. Erste theol. Veröffentlichungen: 4 Bde. »Andeutungen für gläubiges Schriftverständnis« (1824-29); aus seinem Homiletikunterricht erwächst der 1833 erschienene »Grundriß einer biblischen Keryktik« ([3]1844). Schon der Titel zeigt das Bemühen um Biblizität bis in die Begrifflichkeit hinein. Seit 1829 im praktischen Pfarrdienst in Frankleben bei Merseburg und Wichlinghausen (Wuppertal). Hier erscheinen seine weitverbreiteten »Reden des Herrn Jesu« (7 Bde., 1843-47, [3]1865ff). 1850 wird S. Superintendent in Schkeuditz, 1859 in Eisleben. S.s Schriftverständnis ist geprägt von einer strengen Inspirationslehre. Seine pneumatisch-symbolische Auslegung stand im bewußten Gegensatz zur auf den menschlich-geschichtl. Buchstaben der Schrift reduzierten Exegese seiner Zeit. S. ist der Dichter des Liedes »Licht, das in die Welt gekommen«.

Lit.: H. J. Kraus: Geschichte der historisch-kritischen Erforschung des AT, 1956, 198–200. C.I. Nitzsch: D. Rudolf Stier als Theologe, 1865 (Geleitwort zur 3. Aufl. der »Reden«); G. u. F. Stier: D. Ewald Rudolf Stier. Versuch einer Darstellung seines Lebens und Wirkens, 2 Bde., 1868; A. Tholuck: »Stier«, PRE[3], 1907, 28-33;

H. Burkhardt

Stiftshütte →Tabernakel

Stiftung

a) theologisch

S. ist allg. ein Begriff der Soziologie und damit auch der Religionssoziologie. Er bezeichnet eine Institution, deren Zielsetzung unveränderlich an den Willen ihres Begründers (= Stifters) gebunden ist. So kann in der Luther-Übersetzung der Gedanke der S. z.B. auf den von Gott begründeten →Bund mit

Israel angewandt werden: Das altisraelit. Heiligtum, in dem die Grunddokumente des Bundes aufbewahrt wurden, wird deshalb in der Luther-Übersetzung »Stiftshütte« genannt (»Wohnung der Zeugnisse«, d.h. der Bundesstatuten, 2Mo 38,21; vgl. Ps 111,4 »er hat ein Gedächtnis gestiftet seiner Wunder«). Das Motiv der S. wird auch im NT im Zusammenhang mit dem Bundesgedanken aufgenommen (Hebr 9,18: der alte Bund wurde nicht ohne Blut »gestiftet«, griech. *enkainizo*, »einweihen, einer neuen Bestimmung übergeben«) und kann deshalb auch auf den neuen Bund übertragen werden. Die von Jesus gegründete Gemeinde (Mt 16,18) ist insofern als S. zu verstehen. Dem entspricht auch die Einsetzung der →Sakramente durch Jesus.

Lit.: O. Betz: »Stiftshütte«, GBL Bd. 3, 1485–1488; K. Haacker: Die Stiftung des Heils, 1972.

H. Burkhardt

b) juristisch

Bei der S. sondert der Stifter bestimmte Vermögensteile (z.B. Geld, Grundbesitz, Wertpapiere etc.) aus seinem Vermögen aus und widmet sie einem bestimmten Zweck, z.B. für familiäre, caritative, rel., wissenschaftl., kulturelle Ziele usw. Rechtsfähig wird eine S. – und damit zur juristischen Person – durch staatliche Genehmigung. Die Genehmigung ist Ländersache; die Länder haben unterschiedliche S.sgesetze.

Diese Art von S. (rechtsfähige S.) ist grundsätzlich in §§ 80ff BGB geregelt; die Ländergesetze ergänzen.

Die unselbständige (nichtrechtsfähige) S. bedarf keiner staatlichen Genehmigung. Zum treuhänderischen Träger wird in der Regel eine juristische Person öffentlichen Rechts, meist die Stadt oder die Kirche, ausgewählt. Dieser Träger muß das S.svermögen getrennt halten, gesondert verwalten und dem S.szweck entsprechend einsetzen. Daneben gibt es noch S.en des öffentlichen Rechts, die vom Staat aufgrund des Gesetzes oder Verwaltungsaktes als S. öffentlichen Rechts gegründet und deklariert sind.

Die S. ist eine rechtlich verselbständigte zweckgebundene Organisation und – im Gegensatz zum Verein und zur Gesellschaft (z.B. GmbH) – ohne Personenverband. Die S. gehört sich selbst. Zur Gründung der rechtsfähigen S. genügt nach BGB Schriftform; empfehlenswert ist aber notarielle Beurkundung wie überhaupt juristische Beratung, da sich leicht Formfehler einschleichen. Vorgeschrieben ist eine Satzung mit Bestimmungen über Name, Zweck, Sitz, Vermögen sowie Organe (notwendigerweise Vorstand, ggf. Beirat oder Kuratorium usw.).

Auch in einer Verfügung von Todes wegen, z.B. im Testament, kann eine S. begründet werden; die Testamentsformvorschriften sind zu beachten.

Die rechtsfähige S. bedarf der staatlichen Genehmigung durch das Land und unterliegt auch der Aufsicht durch das Land, in welchem die S. ihren Sitz hat.

Die Vertretung durch den Vorstand wird nachgewiesen durch eine entsprechende Bescheinigung der Aufsichtsbehörde, z.B. des Regierungspräsidenten. Ihr sind Änderungen der Organe, insbes. des Vorstandes anzuzeigen. In einigen Ländern bedürfen bes. wichtige Geschäfte, z.B. Grundstücksgeschäfte, der Genehmigung der Aufsichtsbehörde. Ist der S.szweck nicht mehr zu erreichen, kann die Aufsichtsbehörde der S. eine andere Zweckbestimmung geben, auch die S.ssatzung ändern oder aufheben (§ 87 BGB und Ländergesetze).

Gemeinnützige S.en sind von der Schenkungs- und Erbschaftssteuer befreit. Im übrigen ist die Übertragung von Vermögen aufgrund eines S.sgeschäftes schenkungs- bzw. erbschaftssteuerpflichtig; bei Familiens.en nach dem Grad des entferntesten berechtigten Familienangehörigen, wobei die Steuer alle 30 Jahre neu erhoben wird.

S. im nicht-juristischen Sinne meint eine Schenkung für einen bestimmten Zweck.

Lit.: Münchener Kommentar zum BGB §§ 80 (Lit.); Seifert: Handbuch des Stiftungsrechts, 1987; Palandt: Kommentar zum BGB, §§ 80ff.

H. G. Langenbach

Stigmatisation

Im rel. und theol. Sinn spricht man von S., wenn am Körper eines Menschen die Leidensmale der Kreuzigung (Wunden an Händen, Füßen und Seite) sowie der Geißelung oder Dornenkrönung Jesu spontan auftreten. Neben dieser äußeren, sichtbaren S. wird auch von einer inneren S. mit einer besonderen Schmerzempfindung an den genannten Stellen berichtet. Die S. geht meist einher mit ekstatisch-visionären Zuständen einer tiefen Identifikation mit dem leidenden Jesus.

Frömmigkeitsgeschichtl. tritt die S. zusammen mit der mittelalterl. Passionsfrömmigkeit auf. Es gibt hierbei auch S.en aufgrund von Tätowierungen oder selbstzugefügter Wundmale. Die erste spontane S. ist von →Franz von Assisi aus dem Jahre 1224 überliefert. Bis in die Gegenwart werden mehrere hundert S.en, überwiegend bei Frauen, gezählt, wobei die genaue Zahl wegen vieler zweifelhafter Fälle schwer zu ermitteln ist. Für Deutschland sind Anna Katharina Emmerick (1774–1824) und Therese Neumann (1898–1962) zu erwähnen.

Mit wissenschaftl. Kriterien und Methoden läßt sich die S. nur schwer erfassen. Meist wird auf psychogene Faktoren wie außerordentliche Suggestionskraft verwiesen. Die Grenze zwischen natürlich und übernatürlich ist nur schwer zu ziehen. Aus diesem Grund verhält sich auch die kath. Amtskirche gegenüber diesem Phänomen sehr zurückhaltend.

Lit.: T. Harrison: Stigmata, 1994; J.M. Höchst: Träger der Wundmale Christi. Eine Geschichte der Stigmatisierten, [4]1986; I. Wilson: Stigmata, 1989; LThK 2, Bd. 9, 1081f (Lit.).

W. Weiß

Stille Zeit

Der Studentenevangelist Dr. John R. →Mott (1865–1955) hat zu Beginn des 20. Jh.s den Gedanken der »täglichen Morgenwache« in die weltweite Christenheit eingebracht. Die Disziplin der »Stillen Zeit« wurde von Frank →Buchman (1878–1961) über die Oxford-Gruppe und die →Moralische Aufrüstung in vielen christl. Kreisen heimisch. Die Stille am Morgen stellt dabei eine Antwort der christl. Lebenspraxis auf die besonderen Lebensbedingungen der Moderne dar. In früheren Jahrhunderten unterbrach das Glockengeläut um 11.00 Uhr und um 17.00 Uhr die Berufsarbeit und rief zum Gebet auf. Eine solche Unterbrechung im Arbeitsrhythmus ist für die meisten Menschen undenkbar geworden. Die einzige Chance zur Stille vor Gott ist gewöhnlich die Zeit vor Beginn des Arbeitstages.

Bereits die Menschen der Bibel begegneten Gott »vor Tage« (Mk 1,35). In den Ps finden wir häufig die Aussage, daß ihre Beter »frühe« mit Gott geredet haben (Ps 5,4; 63,2; 88,14). Theol. ist die Praxis der S. Z. darin begründet, daß die bibl. Gottesoffenbarung wesentlich Anrede Gottes ist, und die Antwort des Menschen im Hören besteht. AT und NT sind sich darin einig, daß das Hören das Wesen des Gottesverhältnisses prägt. »Höre des Herrn Wort«, ist Zentrum der prophetischen und der atl. Verkündigung überhaupt. »Nicht hören (wollen)« ist der entscheidende Vorwurf, den die atl. Bücher den Menschen machen (5Mo 18,19; Jer 7,13; Hos 9,17). Auch die ntl. Offenbarung ist »Wort«, das gehört wird. Das Kommen Jesu Christi ist Anruf Gottes an den Menschen.

Die lange Reihe der großen Lehrer der S. Z. in der ev. Kirche beginnt mit Martin →Luther: »Für den Fall, daß der Heilige Geist anfängt, in Dein Herz zu predigen mit erleuchteten Gedanken, so tue ihm die Ehre, laß die eigenen Überlegungen fahren, sei stille und höre dem zu, was er predigt. Das merke, schreibe es auf, so wirst Du Wunder erfahren.«

Die S. Z. sollte Aufblick zu Gott, Einblick in das eigene Herz, Durchblick zum Evangelium und Ausblick auf die Zukunft enthalten.

Die Hugenotten in Frankreich beschlossen ihr morgendliches Gebet mit dem Ausspruch »A votre disposition, seigneur!« – »Herr, hier bin ich, ganz zu Deiner Verfügung«. Ziel der S. Z. ist, sich für den bevorstehenden Tag Gott zum Dienst zur Verfügung zu stellen. Dazu ist es nötig, auf Gott zu hören. Aus dem Hören folgt das Gehorchen. Denn nur das mit dem Tun verbundene Hören führt letztlich zur Erkenntnis Gottes. Darum ist das Ziel der Stille am Morgen nicht die eigene rel. Erbauung, sondern die Freisetzung von Liebe für Gott und den Nächsten. S.Z. soll Glauben und Alltag miteinander verbinden. Die Erneuerungskräfte des Evangeliums sollen die Lebensverhältnisse befreiend umgestalten.

Die äußere Gestalt der S. Z. kann sehr verschieden sein. Normalerweise wird jedoch das Gebet und die Schriftbetrachtung dazugehören. Für viele Christen hat sich als hilfreich erwiesen, die Gedanken der S. Z. in einem Heft zu notieren. Auch für diesen Brauch gibt es in der Kirchengeschichte große Vorbilder: →Augustinus, Luther und →Bonhoeffer hielten die Ergebnisse ihrer Meditation schriftlich fest.

Ein Austauschpartner, mit dem man offen über das sprechen kann, was einem eingefallen ist, kann helfen, die erkannten Schritte in die Tat umzusetzen.

Lit.: D. Bonhoeffer: Gemeinsames Leben, 1939; D. Hammarskjöld: Zeichen am Weg, 1965; E. Schick: Heiliges Schweigen, [4]1980; P. Zimmerling: »Hören«, in: GBL 2, 1988, 600f.

P. Zimmerling

Stillen im Lande, Die

Der nach Ps 35,20 geprägte Ausdruck taucht zur Bezeichnung des Freundeskreises um Gerhard →Tersteegen auf. Gleich ihm wollten seine Freunde in stiller Abgeschiedenheit, Anbetung, Meditation und Versenkung ihr Leben führen. Tersteegen, von der franz. Mystik beeinflußt, gab durch Lieder und

Bücher (Geistliches Blumengärtlein, Geistliche Brosamen, Fromme Lotterie) Anleitung. Zwar blieben die S.i.L. unorganisiert, doch bilden sie die Brücke zwischen Frühpietismus und →Erweckungsbewegung; am Niederrhein, im Wuppertal, im Siegerland und in Württemberg war ihr Einfluß besonders spürbar. Der letzte große Vertreter war H. →Jung, der in seinem Namenszusatz »Stilling« seine Zugehörigkeit zu den St.i.L. ausdrücken wollte. – Ihr Protest richtete sich vor allem gegen den →Rationalismus. Schon Tersteegen hatte eine Schrift gegen den »Philosophen von Sans-Souci« geschrieben, was Friedrich d. Großen zu dem Ausruf veranlaßte: »Können das die Stillen im Lande?«.

Lit.: O. Weber, E. Beyreuther (Hg.): Die Stimmen der Stillen, 1959.

E. Geldbach

Stoa

Die S. gehört neben der Akademie →Platons, dem Peripatos des →Aristoteles und dem Garten →Epikurs zu den vier klass. Philosophenschulen Athens. Sie bestimmten weithin das intellektuelle Leben der Antike und wirkten darüber hinaus traditionsbildend für das Denken der Neuzeit. Der Name »Stoa« geht zurück auf die Bezeichnung einer bunt ausgemalten Wandelhalle *(stoà poikílē)* an der Agora zu Athen in der Nachbarschaft des Areopag.

Als Begründer der S. gilt Zenon aus Kition auf Zypern (332–262/61), ihr eigentliches Profil erhielt sie jedoch von dessen Schüler Kleanthes von Assos in Kleinasien (331–/30–233/31) und vor allem von dessen Nachfolger Chrysippos von Soloi in Kilikien (281/77–208/04). Üblicherweise unterscheidet man von dieser älteren S. die mittlere (auch jüngere genannt), repräsentiert von Panaitios aus Rhodos (185–110) und Poseidonios von Apameia in Syrien (135–51/50), sowie die neuere (auch kaiserzeitliche) S., vertreten von Lucius Annaeus Seneca (4 v.Chr. – 65.n.Chr.), Epiktetos von Hierapolis in Phrygien (ca. 55 – ca. 135) sowie dem röm. Kaiser Marcus Aurelius (121–180).

Die S., deren Lehre im Verlauf ihrer fast 600jährigen Geschichte mancherlei Veränderungen erfuhr, ist jenen ethisch-rel. Schulen der nachklass. bzw. hell. Epoche zuzuordnen, denen es weniger auf theoretische Fragestellungen als vielmehr auf die Erhellung der Situation des Menschen selbst ankam. Philosophie bedeutete für sie zuerst die Kunst der Lebensführung. Im Mittelpunkt der Lehre der Stoiker steht eine materialistisch gefärbte, monistische Auffassung von der Natur. Sie ist das schlechthin Vernünftige, gleichsam mechanisch durchwaltet von der alles durchziehenden Vernunft *(lógos spermatikós)*. Natur und Vernunft fallen zusammen, deshalb sind auch alle Erscheinungen der Natur rational erklärbar. Diese Vernunft ist das allein leitende und steuernde Prinzip. Jede Entscheidung des Menschen bedarf daher der Zustimmung durch die Vernunft, befinden sich doch Physik (Naturlehre) und Ethik in vollkommener Analogie. Wenn die Lebensführung gelingen soll, muß sie mit der Natur übereinstimmen. Die ethische Verpflichtung des Menschen besteht darin, diese Übereinstimmung seiner Handlungen mit den Gesetzen der Natur zu erreichen, woraus Glückseligkeit entsteht. Da die Vernunft ohnehin alles beherrscht und der Mensch daran nichts zu ändern vermag, muß er in völliger Ruhe und Gelassenheit sein Schicksal hinnehmen. Sinnliche Triebe und Begierden stehen dem entgegen und müssen ebenso bekämpft werden wie es gilt, die Güter der Welt als Gleichgültigkeiten zu betrachten. Angelpunkt der stoischen Ethik ist es demnach, daß der Mensch sich nur um die Dinge kümmert, die auch in seiner Gewalt stehen. Indem er die anderen, eben seinem Zugriff entzogenen Dinge auf sich beruhen läßt, gewinnt er die sprichwörtliche stoische Gemütsruhe, Leidenschaftslosigkeit und Unerschütterlichkeit und dadurch sein Glück. In der späteren S. wurde das ethische Telos mehr die Pflicht, in der Gemeinschaft der Menschen das Richtige zu tun, um so den Vernunftstaat auf Erden zu vollenden. Die Gotteslehre der S. ist pantheistisch orientiert. Panaitios trennt die für ihn allein maßgebliche natürliche Theologie von der mythischen Theologie der Dichter und der politischen Theologie der vom Staat unterhaltenen Kulte. Vernunft, Natur und Gott fallen in der S. letztlich zusammen.

Die vielfältige Wirkungsgeschichte der S. reicht auf den Gebieten der Moralphilosophie, der Physik (Vorwegnahme der Feldtheorie der modernen Physik), der Logik (moderne Aussagenlogik), der Sprachphilosophie (Unterscheidung zwischen Bezeichnung und Bedeutung) und der Rechtsphilosophie bis in die heutige Zeit. Ihre Begründung von Rechtsnormen und Gerechtigkeitsprinzipien in der Natur selbst sowie ihre Annahme einer engen Verbindung von Recht und Moral wurden vielfach aufgegriffen (→Naturrecht). Auch die neuzeitlichen Ideale der →Toleranz und →Humanität haben in der S. eine ihrer Wurzeln. Schon in der Spätantike meinte man daher eine Verwandtschaft zwischen S. und Christentum sehen zu können.

Paulus traf während seines Athenaufenthaltes im Jahre 50 auf dem Areopag auch mit Vertretern der S. zusammen (Apg 17,18). Zwar zitiert er in seiner Rede (Apg 17,28) den Dichter Aratos aus Soloi in Kilikien (geb. 315/05 v.Chr.) mit einem Satz, der sich auch bei dem Stoiker Kleanthes findet, weist aber trotzdem die Religion der S. zurück. Denn aus bibl. Sicht erweist sich der ethische Ansatz der S. als falsch, kann doch der Ausgangspunkt einer tragfähigen Ethik nur Gottes →Liebe und →Gerechtigkeit sein (Eph 5,1).

Lit.: H. Dörrie: »Stoa«, KLP 5, 1979, 376–378; M. Forschner: Die stoische Ethik, 1981; L.E.v. Padberg: »Stoa«, GBL 3, 1989, 1488–1489; M. Pohlenz: Die Stoa. Geschichte einer geistigen Bewegung, 2 Bde., [5]1978/80; J.M. Rist: Stoic Philosophy, 1969; Stoa und die Stoiker, hg. von M. Pohlenz, [2]1964 (Texte).

L.E.v. Padberg

Stockmayer, Otto (1838–1917)

S., geb. am 21. 10. 1838 in Aalen a.K./Württ., gest. am 12.4. 1917 in Hauptwil/Schweiz, gehört zu den Vorläufern und Mitbegründern der dt. →Gemeinschaftsbewegung. Nach Schulzeit in Esslingen und Seminarbesuch in Schöntal studierte er ev. Theologie in Tübingen, wo ihn bes. J.T. →Beck beeindruckte. Nach einer Begegnung mit der »Jungfer

→Trudel« war er Hauslehrer in der franz. Schweiz, erlebte eine Bekehrung und wirkte dann als Pfarrer in verschiedenen Gemeinden, der von A. →Vinet gegründeten Freien Waadtländischen Kirche (1862, Tavannes; 1866 Genf; 1872 Auberson). Bei den »Segenstagen von Oxford« 1874 (→Heiligungsbewegung) wurde er von R.P. →Smiths Vorstellungen überzeugt und wirkte fortan im Sinne der angelsächsischen Evangelisations- und Heiligungsbewegung. 1878 richtete er in Hauptwil/Schweiz ein Seelsorge- und Erholungsheim ein, in dem er auch die Gabe der Heilung praktizierte. S. war ein gefragter Konferenzredner, hat aber durch eine praemillennaristische Sonderlehre von der »Auswahlentrückung der Brautgemeinde« (von der er sich 1909 distanzierte) in den Auseinandersetzungen um die aufkommende → Pfingstbewegung auch verwirrend gewirkt.

Lit.: O.Stockmayer, Die Überwindung des Satans, 1890; Gnade und Sünde, 1897; Die Gabe des heiligen Geistes, 1898; Geistesleitung, 1900.

P. Fleisch: Die moderne Gemeinschaftsbewegung I, [3]1912; A. Roth: O.Stockmayer, Ein Zeuge der Nachfolge Jesu Christi, 1925 (unkritisch).

J. Ohlemacher

Stoecker, Adolf (1835–1909)

S., geb. am 12. 12. 1835 in Halberstadt, gest. am 7. 2. 1909 in Bozen/Gries, Theologe und Politiker. Aus kleinen Verhältnissen stammend und früh geprägt durch die →Erweckungsbewegung studierte er Theologie in Halle und Berlin. Als Pfarrer auf dem Lande, dann in einer Industriegemeinde drang er streng auf Einhaltung christl. Sitte und dt. Werte. In Metz baute er als Divisionspfarrer von 1871-74 eine dt. Gemeinde auf. 1874 wurde er Hof- und Domprediger in Berlin, 1877 Leiter der →Stadtmission, gründete – letztlich ohne Erfolg – 1878 die »Christlich-soziale Arbeiterpartei« im Kampf gegen die Sozialdemokratie und den weltanschaulichen Liberalismus. Dessen Vorkämpfer sah er im Judentum, was ihn zu seinem verhängnisvollen antisemitischen Engagement verleitete. Er war Mitglied des Preußischen Landtags (1879-98), des Reichstages (1881-93, 1898–1908), der Berliner Stadtsynode, der brandenburgischen Provinzialsynode und der Preußischen Generalsynode. Er zog sich jedoch die Feindschaft Bismarcks und – obwohl ganz und gar Monarchist – Kaiser Wilhelms II. (»Christlich-sozial ist Unsinn«) zu. Die Triebfeder zu S.s sozialem, polit. und volksmission. Engagement war ein kühner – aber nicht realisti-

scher – Optimismus, die christl. Kräfte des Volkes so mobilisieren zu können, daß es zu einer allseitigen Besserung der Verhältnisse käme. S. scheiterte, verlor Ämter und Einfluß. Seine Idee von einer Rechristianisierung Deutschlands im Bündnis mit polit. Macht war eine Illusion.

Lit.: A. Stoecker: Christlich-Sozial, ²1890; ders.: Eins ist noth, ²1885;
F. Brunstädt: A. Stoecker, 1935; M. Greschat: »Adolf Stoecker«, in: Gestalten der Kirchengeschichte, 9.2, 1985, 261–277; W. Jochmann, G. Brakelmann, M. Greschat: Protestantismus und Politik. Werk und Wirken Adolf Stoeckers, 1982 (Lit.).

Chr. Windhorst

Storr, Gottlob Christian (1746–1805)

S., geb. am 10. 9. 1741 in Stuttgart als Sohn des Prälaten Johann Christian S. (1712–1773), gest. am 17. 1. 1805 in Stuttgart. 1775 Professor der Philosophie, 1777–1797 der Theologie in Tübingen, schließlich Oberhofprediger und Konsistorialrat in Stuttgart, Begründer der sog. bibl.-supranaturalistischen Schule, die die bibl. Lehre als gleichberechtigt mit der Autorität der Vernunft erweisen wollte. S. bediente sich dabei der Religionsphilosophie (prakt. Vernunft) I. →Kants und der eklektisch benutzten Autorität der Bibel. Beides überzeugte nur begrenzt, half aber, dem Vordringen des Rationalismus Einhalt zu gebieten.

Lit.: H. Hermelink: Geschichte der evangelischen Kirche in Württemberg, 1949, 301ff; E. Hirsch: Geschichte der neuern evangelischen Theologie, Bd. 5, 1954, 72ff.

G. Ruhbach

Storr, Johann Christian (1712–1773)

J.C. Storr wurde am 3. 6. 1712 in Heilbronn geboren. Mit 13 Jahren verwaist, wurde er im Seminar zu Denkendorf aufgenommen, wo er von J. A. →Bengel unterrichtet wurde. Seine Frömmigkeit wurde stark vom württembergischen →Pietismus geprägt und er wirkte nach seinem Theologiestudium zunächst als Prediger in Nagold, Gütlingen und Kirchheim, bevor er nach Stuttgart kam, wo er 1744 Hofkaplan beim kath. Herzog Karl Eugen wurde. Von 1757 bis 1772 war er Stadtprediger von Stuttgart, wo er auch am 8. 5. 1773 starb. Außer durch seine z. T. veröffentlichten Predigten wirkte J.C. S. vor allem durch die Kirchenlieder, die er dichtete. S. hinterließ bei seinem Tode vier Kinder, von denen sein Sohn Gottlob Christian →Storr besondere Bedeutung als Theologe gewann.

Werke: Predigten (1750/1777); Beicht- und Communionbuch (1755); Christliches Hausbuch zur Uebung des Gebets (1756); Lautere Milch des Worts (1755).
Lit.: Th. Schott: »Storr, Johann Christian«, in: ADB 36, 458f.

R. Dziewas

Stoß, Veit (ca. 1447–1533)

S., geb. um 1447 in Schwaben, gest. am 22. 9. 1533 in Nürnberg, war Schnitzer und Bildhauer, zugleich Maler und Kupferstecher. Seine Schnitzwerke hat er selber bemalt (gefaßt). Von 1477-89 stellte er in Krakau den großen Flügelaltar her für die Marienkirche mit Mariens Tod, Himmelfahrt und Krönung. Auf dem 13 m hohen und 11 m breiten Altar stehen die lebhaft bewegten Figuren des Mittelteils vor blauem Hintergrund. Individuelle Gesichter zeigen Teilnahme am Geschehen. Die Gewänder fallen in winkeligen, unnatürlichen Falten. Auf den Seitenflügeln sind bibl. Szenen im Halbrelief realistisch erzählt.

Bei der Rückkehr nach Nürnberg wurde S. wegen Urkundenfälschung bestraft und erst spät rehabilitiert. 1518 schnitzte er den »Englischen Gruß« für die St.-Lorenz-Kirche in Nürnberg. Einzelne Holzplastiken und Grabmonumente schuf S. in Krakau und Nürnberg (St.-Sebaldus-Kirche). Die letzten Werke sind zurückhaltender in der Dramatik. Sein Einfluß war groß in seinem Umkreis.

Lit.: M. Baxandall: Die Kunst der Bildschnitzer Tilman Riemenschneider, Veit Stoß und ihre Zeitgenossen, 1984; Germanisches Nationalmuseum (Hg.): Veit Stoß, 1983, dazu Symposion, 1985; G. Sello: Veit Stoß, 1988.

R. Lohse-Flitner

Strafe

Im juristischen Sinn ist S. als Kriminals. der rechtlich legitimierte Eingriff des Staates in Stellung und Rechte des Straffälligen. In soziologischer Betrachtung ist sie eine soziale Reaktion, deren Heftigkeit vom Ausmaß der durch das Verbrechen verletzten Kollektivgefühle abhängt. S. ist unmittelbarer oder mittelbarer Zwang, durch den der schädliche Wille des Täters gebrochen wird. Seit den Anfängen menschlicher Kultur sind Brauch, Sitte, Konvention und Recht als vorstaatliche bzw. staatliche Ordnungen, die das Zusammenleben von Männern und Frauen, Alten und Jungen, Herrschenden und Beherrschten, Armen und Reichen, Einheimischen und Fremden regeln, mit S.n bewehrt. These 5 der Barmer Erklärung erinnert an das Zeugnis der Schrift (1Petr 2,17; Röm 13,1-7), »daß der Staat nach göttlicher Anordnung die Aufgabe hat, in der noch nicht erlösten Welt, in der auch die Kirche steht, nach dem Maß menschlicher Einsicht und menschlichen Vermögens unter Androhung und Ausübung von Gewalt für Recht und Frieden zu sorgen«.

Im Verlauf von Jahrtausenden sind – je nach den Auffassungen, die man von den Ursachen bzw. Bedingungszusammenhängen der →Kriminalität hatte – weltweit unterschiedliche Straftheorien entstanden, die nach- und nebeneinander die Praxis des Strafens beeinflußt haben. Es sind dies 1. die absoluten, 2. die relativen und 3. die Vereinigungstheorien.

1. Der Grundsatz von 3Mo 24,20-21 ist als »Talionsprinzip« (Wiedervergeltungsrecht) bekannt. Jesus knüpft in der Bergpredigt (Mt 5,38-39) an ihm an und fordert für das Leben seiner Jünger dessen Aufhebung durch das Gebot, dem Übel nicht zu widerstehen. In der Neuzeit gelten I. →Kant und G. W. Fr. →Hegel als Anhänger der »absoluten« Vergeltungstheorie. Für Kant ist das S.recht das »Recht des Befehlshabers gegen den Unterwürfigen«, ihn wegen seines Verbrechens mit einem Schmerz zu belegen. Gerechtigkeit in einem Volk kann nur dann fortbestehen, wenn der Richter im Namen des Souveräns die gestörte Ordnung dadurch wiederherstellt, daß er ein der Art und der Schwere des begangenen Verbrechens entsprechendes Äquivalent vom Verbrecher fordert, »denn wenn die Gerechtigkeit untergeht, so hat es keinen Wert mehr, daß Menschen auf Erden leben«. Für Hegel ist das Verbrechen die Negation des Rechts durch den Verbrecher; S. als »Negation der Negation des Rechts« soll die verletzte Ordnung wiederherstellen. Der Sinn der S. liegt nach Kants und Hegels Auffassung nicht darin, bestimmte Zwecke (z.B. »Abschreckung« der Allgemeinheit oder »Besserung« des Täters) zu erreichen, sondern in der ideellen Wiederherstellung des verletzten Rechts.

2. Im Gegensatz zu dieser Theorie stehen die relativen Theorien, denen zufolge durch Verhängung und Vollstreckung der S. bestimmte Wirkungen erzielt werden sollen:

a. Der generalpräventiven Theorie liegt die Vorstellung zugrunde, daß durch die exemplarische Bestrafung einzelner Täter potentielle Verbrecher abgeschreckt werden können. Die Vollstreckung der S. geschieht meist öffentlich und/oder durch Bekanntmachung in den Medien. Auch die moderne Strafpraxis enthält generalpräventive Elemente.

b. Im Sinne spezialpräventiver Theorien zielt die Vollstreckung der S. darauf ab, bestimmte Straftäter künftig dadurch von der Begehung neuer Straftaten abzuhalten, daß man sie tötet, lebenslänglich verwahrt, medizinisch oder psychotherapeutisch behandelt oder durch erzieherische Maßnahmen auf ein Leben ohne Straftaten vorbereitet.

3. Die Vollzugspraxis in den meisten westlichen Staaten ist durch das Nebeneinander bzw. durch die Vereinigung general- und spezialpräventiver Straftheorien gekennzeichnet. In den Köpfen der Menschen können zur gleichen Zeit beide Straftheorien nebeneinander bestehen: so kann man sich einer-

seits im Sinne der Spezialprävention für die Resozialisierung bestimmter Tätergruppen aussprechen und andererseits im Sinne der Abschreckung die ganze »Härte des Gesetzes« gegen Täter fordern, die Gewalttaten gegen Ausländer, Frauen, Kinder und alte Menschen begangen haben.

Lit.: G. Deimling: Cesare Beccaria. Die Anfänge moderner Strafrechtspflege in Europa, 1989; Roxin, Arzt, Tiedemann: Einführung in das Strafrecht und Strafprozeßrecht, [2]1988; E. Schmidhäuser: Vom Sinn der Strafe, 1963; H.-D. Schwind: Kriminologie in der Praxis, 1986.

G. Deimling

Strafentlassenenfürsorge →Gefängnisseelsorge

Strafvollzug

Der moderne S. umfaßt die Vollziehung von Freiheitsstrafen und freiheitsentziehenden Maßregeln der Besserung und Sicherung. Er hat sich in Europa seit der zweiten Hälfte des 16. Jh.s als Alternative zur bis dahin vorherrschenden Leibes- und Lebensstrafe entwickelt.

Die von Karl V. auf dem Regensburger Reichstag 1522 zum Reichsgesetz erhobene Gerichtsordnung (»Carolina«) kennt die Freiheitsstrafe noch nicht. 1555 wird in London das House of Correction eingerichtet, in dem Arbeitsscheue, Diebe, Landstreicher und Prostituierte durch asketischen Arbeitszwang, Disziplin und rel. Unterweisung zu einem straffreien Leben erzogen werden sollen. 40 Jahre später entstehen in Amsterdam in zwei ehemaligen Klöstern das Raspel- und das Spinnhaus für männliche und weibliche Gefangene. Nach dem Amsterdamer Modell werden im Verlauf des 17. und 18. Jh.s in zahlreichen europ. Städten Zucht- und Arbeitshäuser errichtet. Die Freiheitsstrafe bestimmt seit der →Aufklärung zunehmend die staatliche Strafpraxis. Allerdings werden auch immer deutlicher Mißstände erkennbar, z.B. mangelhafte Hygiene, fehlende Klassifikation der Insassen, Ausbeutung ihrer Arbeitskraft und Korruption des Gefängnispersonals. Die Freiheitsstrafe gerät allmählich in Mißkredit, ihre Reform wird unabweisbar.

Unter dem Einfluß der Quäker entsteht in Philadelphia (USA) 1790 das erste Gefängnis, in welchem Verurteilte in strenger Isolierung Tag und Nacht ohne Beschäftigung in Einzelhaft verbringen. Es wird 1822/25 durch das Eastern Penitentiary, ein strahlenförmig angelegtes Zellengefängnis, ersetzt. Dieses wird Vorbild für die neue Vollzugsanstalt Pentonville bei London, an der sich in der Folgezeit die meisten europ. Länder beim Neubau von Gefängnissen orientieren. In New York entsteht 1820 das Auburn'sche Gefängnis, in welchem die Gefangenen tagsüber in Werkhallen arbeiten und nachts voneinander getrennt werden. Die Auseinandersetzungen über die Vorzüge und Nachteile des philadelphischen und auburnschen Systems beherrschen die internationale Diskussion unter Strafvollzugstheoretikern und -praktikern während des 19. Jh.s.

Die Freiheitsstrafe wird in Deutschland seit 1871 als Zuchthaus-, Gefängnis- und Haftstrafe vollzogen. 1968 wird die Zuchthausstrafe in der Bundesrepublik Deutschland abgeschafft und die Einheitsfreiheitsstrafe eingeführt. Erst 1976 wird das Gesetz über den Vollzug der Freiheitsstrafe und der freiheitsentziehenden Maßregeln der Besserung und Sicherung (StVollzG) vom Deutschen Bundestag beschlossen. Es tritt am 1. Januar 1977 in Kraft. Nach dem Beitritt der ehemaligen DDR am 3. Oktober 1990 gilt es auch in den neuen Bundesländern. Nach § 2 dieses Gesetzes soll der Gefangene »im Vollzug der Freiheitsstrafe fähig werden, künftig in sozialer Verantwortung ein Leben ohne Straftaten zu führen. Der Vollzug der Freiheitsstrafe dient auch dem Schutz der Allgemeinheit vor weiteren Straftaten«. Die wichtigsten Mittel des grundsätzlich auf Resozialisierung des Gefangenen ausgerichteten Strafvollzugs sind Arbeit, Ausbildung und Weiterbildung. Rel. Betreuung durch einen Seelsorger seiner Religionsgemeinschaft darf ihm nicht versagt werden. Er hat das Recht, am Gottesdienst und an anderen rel. Veranstaltungen seines Bekenntnisses teilzunehmen. Ihm sind in Zusammenarbeit mit den Behörden und Verbänden der freien Wohlfahrtspflege, zu denen beispielsweise auch die Vereine für →Gefährdetenhilfe zählen, Hilfen zur Vorbereitung auf seine Entlassung zu gewähren.

In der neueren kriminologischen Diskussion spielt das Problem der Bewertung des Resozialisierungsvollzugs eine herausragende Rolle. Manche Kritiker neigen dazu, dem Freiheitsentzug in geschlossenen Vollzugsanstalten jede resozialisierende Wirkung abzusprechen. Sie plädieren deshalb entweder für alternative Formen des Freiheitsentzugs (Diversion) oder für seine vollständige Abschaffung (Abolition). Dem steht jedoch bislang die Rechtspflicht des Staates entgegen, durch den S. die Allgemeinheit vor Strafttaten zu schützen.

Lit.: M. Busch, G. Edel, H. Müller-Dietz (Hg.): Gefängnis und Gesellschaft, Gedächtnisschrift für Albert Krebs, 1994; H. Müller-Dietz: Strafvollzugsrecht, 2. neubearbeitete Auflage, 1978; Recht der Resozialisierung. Textausgabe mit einer Einführung von H. Cornel und B. Maelicke, 1989; Strafe: Tor zur Versöhnung? Eine Denkschrift der Evangelischen Kirche in Deutschland zum Strafvollzug, 1990.

G. Deimling

Strauss, David Friedrich (1808–1874)

D.F. Strauss wurde am 27. 1. 1808 in Ludwigsburg geboren, dort ist er auch am 8. 2. 1874 gestorben. Er besuchte die Lateinschule in Ludwigsburg, war dann vier Jahre im Seminar in Blaubeuren und studierte anschließend im Tübinger Stift Philosophie und Theologie. 1831/32 studierte er in Berlin →Hegel'sche Philosophie, deren eifriger Anhänger er

wurde. 1832 nach Tübingen zurückgekehrt, entschloß er sich als Repetent am Stift schließlich doch für die Theologie, die er freilich vom phil. Standort aus betreiben wollte. In den Jahren 1835 und 1836 erschienen die zwei Bände des Buches »Das Leben Jesu, kritisch bearbeitet ...«, das fast sensationelle Bedeutung erlangte, Zustimmung einerseits, andererseits sehr viel kirchl. Proteste hervorrief. Eben in jener Zeit war S. in Zürich als Professor für Dogmatik gewählt worden. Aber wegen des heftigen kirchl. Widerstandes mußte ihn die Zürcher Regierung vor Amtsantritt in Pension schicken. Obschon er in liberalen Kreisen viel Beifall fand, zeigte sich doch, daß sein »Leben Jesu« ihm den Zugang zum kirchl. Lehramt endgültig versperrt hatte. Er lebte fortan, seinen Wohnsitz mehrfach wechselnd, als freier Schriftsteller, stets umstritten und zusätzlich belastet durch seine unglückliche, schließlich geschiedene Ehe mit der Sängerin Agnes Schebest. Das »Leben Jesu« von 1835/36 wurde in drei weiteren Auflagen nachgedruckt, 1837/38 erschien von ihm das Werk »Die christliche Glaubenslehre in ihrer geschichtlichen Entwicklung und im Kampfe mit der modernen Wissenschaft« (2 Bde.). Und im Jahr 1864 schrieb S. »Das Leben Jesu für das deutsche Volk bearbeitet«. Die letzte, in gewissem Sinn noch theol. Veröffentlichung war das Buch »Der alte und der neue Glaube« (1872), in dem er sich ganz vom christl. Glauben lossagt. Auf die literarischen Schriften von S., wie die biographischen Arbeiten über Chr.F.D. Schubart, Hutten, Reimarus und Voltaire kann hier nur hingewiesen werden.

Im »Leben Jesu« von 1835/36, seinem wichtigsten Werk, ging S. davon aus, daß der Geist bzw. die Idee die Geschichte macht und nicht umgekehrt die Geschichte die Idee. Die Idee des Christentums sei nicht von der hist. Person Jesu ausgegangen, die Idee sei vielmehr von der Gemeinde mythologisierend auf die Person Jesu übertragen worden. Für S. sind »die neutestamentlichen Mythen nichts Anderes, als geschichtliche Einkleidungen urchristlicher Ideen, gebildet in der absichtslos dichtenden Sage« (I, 75). S. lehnt konsequent alles Übernatürliche als unmöglich ab. Hinter den ntl. Mythen anerkennt er nur die Idee, bzw. die Entfaltung einer geschichtsbildenden Idee, aber zugleich auch die Verfälschung der Idee zufolge ihrer falschen Fixierung auf eine bestimmte hist. Person. Von dem aus, was für S. noch als hist. übrigbleibt, ist unerklärbar, warum sich um diesen Jesus überhaupt eine Gemeinde bildete.

Aber das Anliegen von S. ist, die Idee des Christentums, die er damals noch für ewig hielt, von der Bindung an eine hist. Person zu lösen. Dieses Ziel wird erstens erreicht durch die direkte Ablehnung alles dessen, was als wunderhaft, übernatürlich, unerklärbar erscheint, und zweitens durch eine vergleichende Kritik der Evv., die den gleichen Vorgang oft abweichend erzählen. Das Gegeneinander-Ausspielen nicht zusammenstimmender Texte ist methodisch eines seiner bevorzugten Mittel der Widerlegung.

Die christl. Idee bezieht sich nicht auf ein einzelnes Individuum, sondern auf die menschliche Gattung. Es ist, wie er mit Berufung auf Hegel sagt, die Vereinigung des menschlichen Wesens mit dem göttlichen. Das Ergebnis, zu dem S. schließlich kommt (und von dem er im Grunde schon ausgegangen ist), erweist sich als eine phil. Menschheitsidee, die er als »absolut« setzt, von der er aber selber zugibt, daß sie keine geschichtl. Grundlage hat.

Lit.: D. F. Strauss: Schriften in 12 Bden, 1876-78 (hg. v. E. Zeller), Briefe, 1895 (hg. v. E. Zeller);
A. Hausrath: David Friedrich Strauss und die Theologie seiner Zeit I/II, 1876/78; G. Müller: Identität und Immanenz. Zur Genese der Theologie von David Friedrich Strauss, 1968 (Lit.); E. Zeller: David Friedrich Strauss in seinem Leben und seinen Schriften, 1874; Th. Ziegler: David Friedrich Strauss I/II, 1908.

F. Flückiger

Straßenmission →Freiversammlungsmission

Streik

Die Einstellung von Christen zu und die Beteiligung an einem S. (vom Englischen *to straik sails,* »die Segel einholen«) hängt von den Zielen und Formen des S.s ab und ist in erster Linie eine wirtschafts- und sozialpolit. Ermessensfrage. Man kann Boykott, Hunger-, Sitz-, Bummel-S. (Verlangsamung der Arbeitsgeschwindigkeit, »Dienst nach Vorschrift«) und die eigentlichen S.s als gemeinsame Arbeitsniederlegung von Arbeitnehmern entweder in legalisierter, gewerkschaftlich organisierter Form als Protest-S., Warn-S., Solidaritäts-S., Schwerpunkt-S. oder als »wilder« S. sowie den General-S. (Lähmung des gesamten Wirtschaftslebens, z.B. beim Kapp-Putsch, 1920) unterscheiden. In der Vergangenheit waren S.s meist Notwehrakte und Verzweiflungstaten von Menschen gegen unzumutbare Lebens- und Arbeitsbedingungen, die häufig von Gewalt gegen Personen und Sachen begleitet wurden und polizeiliche Gegenmaßnahmen provozierten. In den Programmen von →Marx, Lenin, Bernstein, Kautsky, Luxemburg, Sorel fanden S.s als Kampfmittel gegen die kapitalistische Wirtschafts- und Sozialordnung ihre theoretische Rechtfertigung. Heute sind S.s teils arbeitsrechtlich, teils tarifvertraglich geregelte und geradezu ritualisierte Formen der Auseinandersetzung für höhere Löhne und bessere Arbeitsbedingungen der Arbeitnehmer, wobei der Androhung eines S.s offenbar eine besondere Bedeutung zukommt. Christen können ggf. Einsichten der polit. Vernunft mit den Zielen ihrer sozialen Verantwortung (z.B. »für Versöhnung sorgen«, »die Gerechtigkeit des Reiches Gottes darstellen und ausbreiten«) verbinden. S.s erhalten jedoch in Form und Inhalt immer auch Elemente des Ungehorsams und der Verweigerung, die zu fehlerhaftem Verhalten gegenüber den Erhaltungsordnungen Gottes abgleiten können.

Lit.: K. Bockmühl: Evangelikale Sozialethik. Der Artikel 5 der Lausanner Verpflichtung, 1975; H. Weigand, H. H. Wohlgemuth: Arbeitskampf. Streik und Aussperrung in der Bundesrepublik Deutschland, 1980.

J. Kniffka

Ströter, Ernst F. (1846–1922)

S., geb. am 31. 5. 1846 in Barmen, gest. am 29. 8. 1922 in Zürich, Theologiestudium 1865-68 in Bonn, Tübingen, Berlin, bes. beeindruckt von J. T. →Beck. Wegen innerer Zweifel nahm er kein Pfarramt an. 1869 Bekehrung in Paris und Auswanderung nach USA. Ab 1870 Prediger in der Methodistischen Kirche; Theologieprofessor am Wesleyan College in Warrenton und an der Universität Denver. Seit 1894 Judenmissionar mit ausgedehnter Reisetätigkeit: dreizehnmal in Rußland, dreimal in Palästina, einmal in Südafrika. 1899 Übersiedlung nach Europa mit Wohnsitz in Deutschland, seit 1912 in der Schweiz. Er wurde führende Gestalt des darbystischen Zweiges der →Gemeinschaftsbewegung und der Blankenburger Allianz und begründete 1907 die Zeitschrift »Das Prophetische Wort«. Wegen der von ihm vertretenen Allversöhnungslehre (»Das Evangelium von der Allversöhnung in Christus«, 1915; →Apokatastasis), kam es zur Trennung von der →Allianz und großen Teilen der Gemeinschaftsbewegung.

Lit.: H. Schaedel: Lebensbild von Prof. Ernst F. Ströter, 1923.

L. Rott

Studenten-Weltbund, Christlicher
→Studentenverbände, christliche

Studentenarbeit, missionarische

1. Begründung und Herausforderung

Über 1,6 Mio. junge Menschen studieren 1994 an den Hochschulen Deutschlands. Die Zeit des Studiums ist eine Übergangssituation, die durch Ablösungsprozesse, Umbrüche und Neuorientierungen gekennzeichnet ist. Werte und Maßstäbe werden überprüft. Die Suche nach der eigenen Identität und nach einer selbstverantworteten Lebensgestaltung prägen die Studienzeit.

Der rasante Anstieg der Studentenzahlen in den letzten Jahren führte zur heutigen Massenuniversität, in der viele Studierende unter Anonymität und Einsamkeit leiden. Die Hochschule selbst wird nicht mehr als Sinnproduzent erlebt. Vermittelt wird spezialisiertes Fachwissen. Antworten auf existentielle Fragen werden anderswo gesucht. Wahrheitsfragen läßt der vorherrschende →Relativismus kaum zu. Die rel. Dimension des Lebens wird zwar von den meisten bejaht, ist inhaltlich aber in die Beliebigkeit des einzelnen gestellt. Personale Gottesvorstellungen, die Einzigartigkeit Jesu Christi oder die Kreuzestheologie werden abgelehnt.

In diese Situation hinein das Evangelium von Jesus Christus zu sagen, ist die Aufgabe christl. Studentengruppen.

2. Geschichte missionarischer Studentenarbeiten

Mit dem Motto »Deutschlands studierende Jugend für Jesus« wurde 1895 die →Deutsche Christliche Studenten-Vereinigung (DCSV) gegründet. Studentenkreise an den Hochschulen luden zu Bibelabenden und Vortragsveranstaltungen ein. Nach dem Verbot der DCSV 1938 ging die Arbeit unter dem Dach der Evangelischen Kirche weiter und führte 1945 zur Gründung der Evangelischen →Studentengemeinde (ESG). Ab 1946 entstand aus missionarischen Gebetszellen heraus die Arbeit der →Studentenmission in Deutschland (SMD). Zu dieser Arbeit gehören nach der Vereinigung mit dem Studentendienst des Gnadauer Verbandes in der DDR zur Zeit Studentengruppen an 55 Universitäten. Ende der 60er Jahre begannen die Missionswerke »Campus für Christus« und »Navigatoren« in Deutschland unter Studierenden zu arbeiten. Schon seit 1904 gibt es eine Arbeit des Deutschen Christlichen Technikerbundes (DCTB →Berufsmissionen 9.) an Fachhochschulen. In all diesen Bewegungen haben sich Studierende der verschiedensten Fachrichtungen und unterschiedlicher Kirchen und Gemeinden zu missionarisch arbeitenden Gruppen zusammengeschlossen.

3. Missionarische Arbeit an der Hochschule

Die missionarische Arbeit geschieht in vielfältiger Art und Weise. Mit Liebe und Kreativität müssen immer wieder neue Wege gesucht werden, auf denen sich Studierende heute ansprechen lassen. Entscheidend ist, ob Mitarbeiter zu echten Begegnungen mit anderen Studierenden willig und fähig sind und es lernen, in diesen Beziehungen über Jesus zu reden.

Die Arbeitsformen sind der studentischen Situation angepaßt: Büchertisch in der Mensa, Flugblätter, Plakataktionen, Besuchsdienst im Studentenwohnheim, Bibelgesprächskreise auf der Studentenbude, Konzerte, Kleinkunstabende oder Vortragsveranstaltungen im Hörsaal (ausgehend vom Fachgebiet Themen wie »Würfelt Gott? Naturgesetze, Zufall und Gottes Handeln« oder von persönl. Fragestellungen »Studentsein '94 – Jeden duzen, keinen kennen«). Viele Themen greifen methodische Grundlagen und Vorverständnisse der Studienfächer auf, um Denkbarrieren gegenüber dem christl. Glauben abzubauen. Einige Gruppen veranstalten Hochschulevangelisationen: eine Woche lang Seminarprogramm mit christl. Dozenten und evangelistische Veranstaltungen. Besondere Chancen bieten zur Zeit längere Freizeiten. Sommer für Sommer sind Hunderte von Studierenden bereit, zwei Wochen zu investieren, um anhand von Texten aus dem NT die Person Jesus kennenzulernen. Die Kombination von – oft erstmaligem – Bibellesen und erlebter christl. Gemeinschaft bewegt jedes Jahr viele Studierende, einen Anfang mit Jesus zu machen. In den Zeugnissen von Studierenden, die Christen geworden sind, tauchen immer wieder zwei Dinge als entscheidende Anstöße auf: das überzeugende Lebensbeispiel eines Christen und das persönl. Angesprochensein beim Lesen der Bibel.

Ein besonderes Feld ist die Arbeit unter ausländischen Studierenden. Über 100.000 junge Menschen aller Hautfarben und Religionen, oft aus Ländern, in denen christl. Missionsarbeit verboten ist, kommen zum Studium nach Deutschland. Deutsche Studierende sind herausgefordert, ihnen mit menschlicher Wärme und viel praktischer Hilfe zu begegnen. In persönl. Freundschaften oder auch in internationalen Kreisen finden sie Möglichkeiten, den christl. Glauben kennenzulernen. Ein Gastfreundschaftsprogramm vermittelt den Kontakt zu christl. Familien. Alle missionarischen Studentenbewegungen haben Schulungsmaterial für die Hochschularbeit entwickelt. Die SMD gibt eine Serie von Verteilschriften für Studierende heraus (z.B. »Wahrheit und Vertrauen. Ein Mathematiker redet von Gott«).

Lit.: Der Dienst der Evangelischen Kirche an der Hochschule, Eine Studie im Auftrag der EKD, 1991; Evangelistische Schriftenreihe »miniporta« der Studentenmission in Deutschland (SMD); Mitarbeiterhandbuch der Studentenmission in Deutschland (SMD), 1989.

M. Haizmann

Studentengemeinde, ev. und kath.

Im Unterschied zu Kirchengemeinden, die alle getauften und der Kirche angehörenden Bewohner eines »Sprengels« umfassen (→Parochie), setzen sich Studentengemeinden lediglich aus zeitweise freiwillig zusammentretenden Angehörigen der studierenden Jugend zusammen. Die Kirchenleitungen beauftragen an Hochschulorten haupt- und nebenamtliche Studentenpfarrer/innen mit der Studentenseelsorge. Ihnen obliegt es, unter den Studierenden eine Gemeinde zu sammeln und Mitarbeiter zu gewinnen.

Im Calwer Kirchenlexikon (1941) heißt es: »Der Studentenpfarrer hat die Aufgabe der Wortverkündigung und Seelsorge unter den Studierenden aller Fakultäten einer Universität, Technischen Hochschule oder Fachschule. Er hat den Studierenden in ihrer besonderen geistigen und rel. Lage zur Klärung weltanschaulich-religiöser Fragen zu helfen. Seine Arbeit geschieht in Gottesdiensten für Studenten (besonders am Anfang und Schluß des Semesters), in Morgenandachten (nach Möglichkeit in den Vorlesungspausen), Bibelstunden und Vorträgen in studentischen Kreisen, offenen Abenden zur Besprechung religiöser Fragen und in Freizeiten. Die Studierenden schließen sich in kleinen Kreisen um die Bibel (Bruderschaften) zusammen und bilden die ›Studentengemeinde‹.« »Die Arbeit ist wichtig, da sie der später führenden Schicht in einem entscheidenden Lebensalter die Begegnung mit der christlichen Kirche vermitteln soll, muß aber sehr beweglich in der Anpassung an die wechselnden Verhältnisse sein.« Die kath. Kirche hat schon während des Ersten Weltkriegs »Studentenseelsorger« eingesetzt, die ev. Kirche erstmals 1920.

Vorausgegangen war seit der Universitätsreform anfangs des 19. Jh.s und dem Erlebnis der Befreiungskriege (1813-15) die Bildung von Studentenbewegungen mit christl. Gesinnung, einem religiös-sittlichen Lebensideal (Burschenschaften) und missionarischer Zieletzung (→Studentenverbände). Aus der Studentenabteilung des CVJM Berlin erwuchs die →Deutsche Christliche Studentenvereinigung (DCSV). Bei der 6. Studentenkonferenz in Großalmerode 1895 wurde in Anwesenheit von John →Mott, also in Kontakt mit der entstehenden internationalen christl. Studentenbewegung, die DCSV offiziell gegründet. Obwohl sie »nie Politik getrieben« (K. Kupisch) hat, wurde die DCSV 1938 durch den NS-Staat gewaltsam aufgelöst. Nach dem Zweiten Weltkrieg trat die »Evangelische Studentengemeinde« (ESG) das Erbe der Studentenpfarrämter und der DCSV an. Im Zuge der Annäherung der Konfessionen in der Nachkriegszeit kam es zu enger Zusammenarbeit ev. und kath. Studentengemeinden. Letztere bevorzugten aufgrund der erwünschten Mitwirkung des akademischen Lehrpersonals die Bezeichnung »Hochschulgemeinde« (KHG); vereinzelt bildeten sich ohne rechtliche Konsequenzen sog. »Ökumenische Studentengemeinden« (ÖSG).

Folgenreicher war eine Neuinterpretation des Begriffes »Ökumene« im Bereich der ESG. Sie erfolgte im Rahmen der Marxismus-Renaissance in der 68er Bewegung. Etwa seit 1967 wurde mit dem Begriff »ökumenisch« im Unterschied zum gewöhnlichen Sprachgebrauch ein »politischer Anspruch« formuliert. Eine Studentenpfarrerkonferenz forderte 1979, daß die Mitgliedschaft ausländischer Studenten in der ESG »nicht durch Konfession bzw. Religion bedingt« sein soll, »genauso wie bei den deutschen Studenten«. Während man sich normalerweise unter einer »Evangelischen Gemeinde« eine Gemeinschaft vorstellt, in der die Mitgliedschaft durch Konfession bedingt ist, und sich vorstellen kann, daß in einem fortgeschrittenen, an der Basis die Institutionen überholenden Stadium ökumenischer Bewegung die Mitgliedschaft sich auf Angehörige anderer christl. Konfessionen erweitert, ist hier nicht etwa das gemeinsam Christliche gemeint. Ein Studentenpfarrer berief sich »auf die Offenheit der Jesusbewegung«, »die Nichtunterscheidung zwischen Getauften und Nichtgetauften«, »auf die Gemeinschaft mit den politischen und sozialen Randfiguren der Gesellschaft, auf die Unwichtigkeit von religiösen Riten und Bekenntnissen«. 1975 verfaßten Peter Winzeler und Ton Veerkamp den »Entwurf zu einem verbindlichen Kommentar zur Präambel der Satzung der Evangelischen Studentengemeinden in der Bundesrepublik Deutschland und Berlin (West)«. Darin wurde die »Auffassung, wonach Kirche Jesu Christi nur dort Gestalt gewinnen kann, wo sie sich mit Bekenntnis, Predigt und Sakrament in Form eines religiösen Kultus bezeugt«, als Irrtum verworfen. Dem hielt die ESG Regensburg 1979 entgegen, daß damit das reformatorische Bekenntnis (etwa Confessio Augustana, Art. 7) bestritten wird. Da es zur gleichen Zeit in der hannoverschen und kurhessischen Landeskirche zu Konflikten kam und die demonstrative Umbenennung des ESG-Zentrums Hannover in »Thomas-Müntzer-Haus« mit Schließung des Hauses und Abberufung des Pfarrers beantwortet wurde, zog man den »Entwurf« schließlich zurück. Bis zum Jahr 1984 hatten die →»Christen für den Sozialismus« weltweit an Zahl und Einfluß, vor allem auf den Weltrat der

Kirchen (→Ökumenische Bewegung), zugenommen. Die »parteiliche Option für den Sozialismus« galt als das Gemeinsame der in der ESG zusammenarbeitenden »Christen und Nichtchristen«. Die ESG wollte sich »als ökumenische pressure group in der Bundesrepublik« verstehen.

Was die radikalen Vordenker in der ESG-Geschäftsstelle propagierten und im Alektor-Verlag publizierten (von Materialistischer Exegese bis zu Ulrich Hedingers »Kritik der Kreuzestheologie«), wurde in den Gemeinden kaum aufgenommen. Doch auch die örtlichen »Gemeinden« übten sich in Kooperation mit kommunistischen Gruppen, Atomkraftgegnern, Schwuleninitiativen usw. und versäumten es, der intellektuellen Elite eine ernsthafte Begegnung mit der Christusbotschaft zu vermitteln. Gottesdienst und Bibelarbeit kamen in manchen Semesterprogrammen über Jahre hin nicht vor. Seit etwa 1985 hat sich die an den sozialistisch und anarchistisch interpretierten frühen Karl Barth (F.W. Marquardt) sich anschließende ESG-»Theologie« totgelaufen. Gegenwärtig arbeiten die S., ohne Aufsehen zu erregen, und scheinen neue Orientierung zu suchen.

Lit.: K. Kupisch: Studenten entdecken die Bibel. Die Geschichte der Deutschen Christlichen Studentenvereinigung DCSV, 1964; W. Schlichting: »Ökumene im Verständnis der evangelischen Studentengemeinden«, in: R. Hofmann (Hg.): Erlösung durch Politik, 1988.

W. Schlichting

Studentenmission in Deutschland (SMD)

»Die Studentenmission in Deutschland (SMD) ist ein Zusammenschluß gläubiger Studenten, Akademiker und Schüler zum Zeugnis für Jesus Christus« (aus den Richtlinien der SMD). In den Jahren nach dem Zweiten Weltkrieg entstanden an verschiedenen Universitäten mission. ausgerichtete Studentenbibelkreise, die sich 1949 in Kloppenheim bei Wiesbaden zur Studentenmission in Deutschland (SMD) zusammenschlossen. Inhaltlich wurde damit die Arbeit der →Deutschen Christlichen Studenten-Vereinigung DCSV weitergeführt. Die verantwortlichen Leiter der ersten Jahre waren Ernst Schrupp, Günter Dulon, Fritz Laubach, Martin Philipp, Ulrich Wever. Erster Vorsitzender war der Mathematiker Prof. Hans Rohrbach. In den 50er Jahren kamen die Arbeitsbereiche →Schülerarbeit und Akademikerarbeit hinzu. Auch in der ehemaligen DDR entstand in den 50er Jahren eine Studentenarbeit, der Studentendienst des Gnadauer Gemeinschaftswerkes. Am 1. 4. 1990 wurde diese Arbeit unter dem Namen Studentenmission (SM) eigenständig. Am 2. 12. 1990 schlossen sich SMD und SM zu einer gemeinsamen Arbeit zusammen.

Die Christliche Schülerarbeit der SMD begleitet mit z.Zt. zehn haupt- und zahlreichen ehrenamtlichen Mitarbeitern ca. 800 Schülerkreise. In diesen Kreisen treffen sich Schüler, um ihr Christsein an der Schule zu leben und ihren Mitschülern die Gelegenheit zu geben, Jesus Christus kennenzulernen. Sommerfreizeiten, Schülertage, Seminare, bundesweite Schülerkongresse, Abiturientenwochenenden und verschiedene Arbeitshilfen sind weitere Angebote der SMD für Schüler (→Studentenarbeit, missionarische).

An über 50 Hochschulorten treffen sich Studierende verschiedenster Fachrichtungen in den SMD-Studentengruppen. Über persönliche Evangelisation, Büchertische, Gesprächskreise, mission. Freizeiten und Hochschulevangelisationen machen sie Studierende mit der Botschaft von Jesus Christus bekannt. Einen Schwerpunkt bildet auch die Arbeit unter ausländischen Studierenden (Freizeiten, Kreise, Gastfreundschaftsprogramm). Z.Zt. begleiten zehn hauptamtliche Mitarbeiter als Reisesekretäre die Studentengruppen, die vor Ort von Studierenden geleitet werden.

In den Fachgruppen der Akademikerarbeit (u.a. Mediziner, Geisteswissenschaftler, Ingenieure, Juristen, Naturwissenschaftler, Pädagogen, Wirtschaft und Gesellschaft) werden wissenschaftl. und gesellschaftl. Fragestellungen vom christl. Glauben her beleuchtet. Regionaltagungen, Freizeiten sowie Tagungen für Doktoranden und für junge Akademiker geben Hilfen zur Bewährung des Glaubens im Beruf und in der Gemeinde.

Seit 1963 gibt es den Arbeitskreis für Weltmission: Schülern, Studierenden und Akademikern soll durch Konferenzen, Fachseminare und Veröffentlichungen der Blick für Gottes Wirken in aller Welt geöffnet und Anregung gegeben werden für einen eigenen Beitrag zur Weltmission.

Die SMD arbeitet auf der Glaubensbasis der Ev. →Allianz. Die Mitarbeiter gehören verschiedenen christl. Kirchen und Freikirchen an. Die Zentralstelle (Verwaltung) der SMD befindet sich in Marburg. Die SMD ist Mitglied der International Fellowship of Evangelical Students (IFES), der weltweit über 120 national selbständige mission. Studentenbewegungen angehören.

Publikationen: Thematische Hefte »PORTA« und »PORTA STUDIEN«, Arbeitshilfen »PORTA

IMPULSE«, Missionarische Schriftreihe »miniporta«, Informationszeitung »transparent«.

Lit.: PORTA 25, Studentenmission in Deutschland (SMD), Anfänge, Wege, Anfragen (1978); H. Rohrbach: Studenten begegnen der Wahrheit, Die Studentenmission in Deutschland, Entstehung, Weg und Ziel 1957; Mitarbeiterhandbuch der SMD-Studentenarbeit.

M. Haizmann

Studentenverbindungen, christliche

Immer schon haben sich Studenten an ihren Hochschulen in eigenen Vereinigungen versammelt, im MA, in den Studentenheimen ihrer Wohnung, den »Bursen«, dann in den »Nationen« und »Landsmannschaften«. Seit der Aufklärung bildeten sich Gesinnungsgemeinschaften (Geheimbünde, Freimaurer u. a.). In der Restauration nach 1815 wurden alle Verbindungen verboten. Erst ab 1840 konnten sich studentische Vereinigungen wieder unangefochten entfalten, allerdings taten dies nur wenige im christl. Geist. In der NS-Zeit wurden sie alle ab 1935 aufgelöst und verboten. Nach dem Zusammenbruch 1945 wurden sie, hauptsächlich auf Initiative der »alten Herren«, wieder ins Leben gerufen. Die christl. Vereinigungen unterscheiden sich von den anderen vor allem in der Ablehnung der Mensur. Evangelische Studentenvereinigungen sind: Der Wingolf (seit 1844), Der Schwarzburgbund (seit 1887) und verschiedene wissenschaftl. Studentenvereinigungen (seit 1840 bis 1935). Zu kath. Studentenvereinigungen zählen z.B. der CV (Cartellverband der dt. kath. Studentenverbindungen) und der KV (Kartell-Verband der kath. dt. Studentenvereine), der UV (Unitas) und der RKDB (Ring kath. dt. Burschenschaften) u.a. Auf Weltebene wurde 1895 in Vadstena/Schweden der christl. studentische Weltbund (World's Student Christian Federation) begründet (erster Generalsekretär John →Mott) mit gegenwärtig ca. 80 christl. Verbindungen; dazu gehören die →Deutsche Christliche Studenten-Vereinigung (DCSV; seit 1895 bis 1935) und die ev. →Studentengemeinde (ESG; seit 1946).

Ziel aller christl. Studentenverbindungen ist es, auf sehr unterschiedliche Weise als Christ an der Universität zu leben.

Lit.: H. Brand: Werdegang, Haltung und Auflösung der früheren kath. Studentenkorporationen und Entstehung ihrer Traditionsgruppen, 1949; W. Bruchmüller: Das deutsche Studententum von seinen Anfängen bis zur Gegenwart, 1922; K. Kupisch: Die Geschichte der DCSV, 1964; H. Rohrbach: Studenten begegnen der Wahrheit (SMD), 1969.

G. Ruhbach

Studiengemeinschaft, Evangelische

Aufgabe und Ziel moderner Naturwissenschaft und Technik bilden das Forschungsinteresse der Ev. Studiengemeinschaft e.V. Daß Technik und Naturwissenschaften sich in immer neue Fachgebiete aufgegliedert haben, hat zwar die naturwissenschaftl. Leistungen unseres Zeitalters ermöglicht, Fortschritt und Eigenentwicklungen haben aber zugleich Bedrohungspotentiale geschaffen und eine wissenschaftl. Grundlagenkrise heraufbeschworen. Im interdisziplinären Dialog sucht die Ev. S. daher die phil.-theol. Voraussetzungen des neuzeitlichen Wissenschaftsverständnisses zu klären, die ethischen Herausforderungen aufzuweisen. Damit unterstützt sie den kirchl. Öffentlichkeitsauftrag. Zusammengetan haben sich in der Ev. S.: Die EKD, ihre Gliedkirchen, der Leiterkreis der Ev. →Akademien, der Deutsche Ev. →Kirchentag. Arbeitsstelle ist die »Forschungsstätte der Ev. Studiengemeinschaft« (FEST) in Heidelberg – Forschungsgebiete: Natur, Humangenetik, Gentechnologie, Medizintechnik, Frieden. Die Ergebnisse werden in eigenen Publikationen veröffentlicht. Die Ev. S. e. V. ist 1958 aus der Ev. Forschungsakademie »Christophorusstift« (Hemer/Westf.) und der Studiengemeinschaft der Ev. Akademien (Bad Boll) hervorgegangen.

Lit.: Forschungsstätte der Ev. Studiengemeinschaft (Hg.): Jahresberichte, 1978ff.

R. Boeckler

Studiengemeinschaft Wort und Wissen

Die Studiengemeinschaft (SG) Wort und Wissen e.V. ist ein Zusammenschluß von Christen aus vorwiegend naturwissenschaftl. Berufen. Der Verein wurde 1979 mit dem Ziel gegründet, Studenten und Akademiker mit dem bibl. Zeugnis zu erreichen. Dabei soll in der kritischen Auseinandersetzung mit säkularen Denkvorstellungen gezeigt werden, wie die wissenschaftl. Daten aus der bibl. Perspektive gedeutet werden können.

Die Forschung umfaßt theoretische und hist. Erfahrungswissenschaften und die sie berührenden geisteswissenschaftl. und humanwissenschaftl. Disziplinen. Schwerpunkt der Arbeit war bisher die Auseinandersetzung mit der Evolutionsanschauung sowohl in theol. als auch naturwissenschaftl. Hinsicht. Hist. Rekonstruktionen in Archäologie, Biologie, Paläontologie und Kosmologie orientieren sich an der bibl. Ur- und Heilsgeschichte als hist. relevantem und verbindlichem Deutungsrahmen.

Fachlich fundierte Grundlagenforschung ist ein Schwerpunkt der gegenwärtigen Arbeit. In Fachtagungen diverser Disziplinen und durch die 1989 begonnene interdisziplinäre Fachberichtsreihe »Studium Integrale« werden die Forschungsergebnisse publik gemacht.

Ab 1982 wurde angehenden Studenten ein Hochschul-Einführungs-Seminar angeboten, das seit 1993 durch ein verkürztes 4- bis 5-wöchiges Hochschul-Seminar abgelöst wurde. Der Bildungsarbeit kommt besondere Bedeutung zu. Dazu gehören allgemeinverständliche Veröffentlichungen, Vorträge in Gemeinden, Schulen und an Universitäten, Tagungen und Seminare für Pädagogen, Studenten, Schüler und Interessierte, Exkursionen sowie die Erstellung von Materialien für den Unterricht (Medienstelle, Unterrichtsentwürfe, Diaserien, vgl. das Lehrbuch »Entstehung und Geschichte der Lebewesen«, ^{3}1992).

Die SG Wort und Wissen arbeitet im deutschsprachigen Raum, unterhält aber auch internationale Kontakte. Als Glaubenswerk wird die SG überwiegend durch Spenden finanziert. Mitglieder und Freunde werden durch das Mitteilungsblatt »Wort und Wissen Info« über die Aktivitäten des Vereins auf dem laufenden gehalten.

Lit.: SG Wort und Wissen: Schöpfung und Wissenschaft. Denkansätze im Spannungsfeld von Glauben und Wissen, 1990.

H. W. Beck, R. Junker

Studienhäuser

Die S. sind eine frühe Frucht des Aufbruchs innerhalb der ev. Landeskirchen in Deutschland, der seit den sechziger Jahren evangelikale Christen unterschiedlichster Prägung, vom strengen Luthertum bis hin zum Neupietismus, vereinigt. Diese an Bibel und Bekenntnis orientierte Bewegung entstand in der Auseinandersetzung mit der bibelkritischen Theologie und deren Auswirkungen für die kirchl. Verkündigung. Im Zuge dieser Rückbesinnung auf das Priestertum aller Glaubenden und auf die damit verbundene Verantwortung für die rechte Lehre, ergriffen Vertreter der evangelikalen Basisbewegung die Initiative im Blick auf die Ausbildung der volkskirchl. Theologen/-innen. Da die Kirchenleitungen bis heute nicht vom Ausbildungsmonopol der universitären theol. Fakultäten abgerückt sind, war die Ausformung paralleler Ausbildungsstrukturen unumgänglich.

Als erste institutionell greifbare Größe auf dem Weg zu den heutigen S.n entstand unter Vorsitz von Prof. H. Frey der Betheler Freundeskreis, dessen Engagement 1970 in der Begründung des bibl.-theol. Vorstudiums im Rahmen des Geistlichen Rüstzentrums →Krelingen mündete. Von dort wiederum gingen in den Folgejahren wesentliche Impulse an die evangelikale Studentenschaft der Universitäten aus. Das führte zunächst zur Gründung heute noch bestehender autonomer Theologiestudentenkreise, und in Verbindung damit zur Einrichtung von S.n in Göttingen (Krelinger S.), Mainz (Philipp-Jakob-Spener-Haus), Marburg (Bodelschwingh-S.) und Schriesheim bei Heidelberg (Friedrich-Hauss-Studienzentrum). Bereits parallel zur Entwicklung der Studienarbeit in Krelingen verlief die Gründung des →Albrecht-Bengel-Hauses, das aufgrund seiner Geschichte, seiner engen Einbindung in den württembergischen Pietismus und seiner Größe bis heute eine Vorreiterrolle unter den S.n einnimmt. Weitere S. in Erlangen und Leipzig sind im Aufbau.

Die S. zielten zunächst vorrangig auf die theol. und seelsorgerl. Begleitung des universitären Theologiestudiums. Je nach Kapazität der Häuser und Prägung der örtlichen theol. Fakultäten geht die Entwicklung heute von der Studienbegleitung hin zu eigenständigen, begleitenden und ergänzenden Studiengängen, die im wesentlichen auf drei Säulen ruhen:

– Die wissenschafts- und erkenntnistheoretische Auseinandersetzung mit dem neuzeitlichen Denken, das seine Konkretion in der hist.-kritischen Exegese findet, die als Normaltheologie dt. Fakultäten gilt. Hierunter fällt der weite Problemkreis Glaube und Denken, in dessen Rahmen etwa der herrschende Geschichts- und Wahrheitsbegriff sowie die ganze Methodenfrage im Licht der bibl. Offenbarung kritisch reflektiert werden. Von dieser Basis aus ist eine fundierte Auseinandersetzung mit den an den Universitäten tatsächlich vermittelten Inhalten möglich.

– Die ergänzende Lehre, die Fehlstellen der universitären Ausbildung auszugleichen sucht. Darunter fallen weite Bereiche der Missionstheologie (Mission, Evangelisation, Anspruch des Evangeliums usw.), der bibl. Lehre (geistl. Schriftauslegung, Heilsgeschichte usw.) und der praktischen Theologie (Seelsorge, erweckliche Verkündigung usw.).

– Die Einbindung der theol. Arbeit in eine lebendige Praxis pietatis, die Lernende und Lehrende in gemeinsamem Gebet und Andacht unter dem Wort zusammenschließt. Mit diesem Ziel korrespondieren praktische Einsätze, die Studierende mit ihren

Lehrern in Gemeinden und Gemeinschaften durchführen, um so die Verbindung zwischen theol. Lehre und Gemeindebasis zu gewährleisten.

Die Trägerschaft der einzelnen S. liegt vorrangig bei regionalen Trägerkreisen, die in Gestalt des gemeinnützigen Vereins oder der Stiftung (Studienstiftung der →Bekenntnisbewegung) von den Spenden der Mitglieder und Freunde leben. Dabei sind die Institute sowohl untereinander als auch mit den autonomen Theologiestudentenkreisen in gegenseitiger Unterstützung eng verbunden.

Verwandte Institutionen gibt es in anderen Ländern mit volks- bzw. staatskirchl. Strukturen. Hervorzuheben sind die auch in freier Trägerschaft betriebenen Gemeindefakultäten in Dänemark (Århus, Kopenhagen), Finnland (Helsinki) und Norwegen (Oslo). Deren Ziel war von Anfang an ein eigener vollständiger Ausbildungsgang.

R. Westerheide

Studienwerk Villigst, Evangelisches

1948 wurde das S. V. in der Fabrikantenvilla Haus Villigst bei Schwerte/Ruhr ins Leben gerufen – auf dem Hintergrund der Versagenserfahrungen vieler Akademiker in der NS-Zeit. Das S.V. vermittelt ev. Studenten aller Fakultäten Stipendien und führt in interfakultativen Arbeitstagungen und Universitätsgruppen in kirchl. und gesellschaftl. Verantwortung in der Perspektive des christl. Glaubens ein. Der Stipendiat arbeitet in Großbetrieben des Ruhrgebietes ein halbes Jahr im »Werksemester«, wirbt persönlich Förderer an und beteiligt sich auf vielfältige Weise an der Auseinandersetzung mit Gegenwartsfragen.

Das S.V. arbeitet – auch in der Auswahl der Stipendiaten – nach ähnlichen Gesichtspunkten wie die Studienstiftung des deutschen Volkes, das Cusanuswerk und die anderen akademischen Stiftungen; es wird getragen von den Gliedkirchen der EKD, von Bundesmitteln für Begabtenförderung und Förderern unterschiedlicher Herkunft. Die Auswahl wird nach Vorprüfungen von den Hauptwahlausschüssen einmal im Jahr vorgenommen. Ca. 1000 Studenten werden regelmäßig bis zum Examen bzw. bis zur Promotion gefördert.

Lit.: D. Herrmann: Geld fürs Studium. Wer fördert das?, 1994, 28f.

G. Ruhbach

Stunde

Stunde, um 1750 bes. in Württemberg aufgekommene Bezeichnung für die von →Spener angeregten »collegia pietatis« (zuvor Konventikel, Privat-Erbauungs-Versammlungen genannt). Das württembergische »Pietistenreskript« (1743) verstand die »von Privatis haltenden Versammlungen« stark von der »Privat-Information« der Pfarrer her; sie sollten das »eigentliche Geschäffte« darin haben, »in der Heiligen Schrift zu lesen« und also keine Konkurrenz zum Gemeindegottesdienst sein. Das sollte wohl mit dem sich im Pietismus rasch einbürgernden Begriff S. aufgenommen werden: Die pietist. Gemeinschaftsversammlung will weniger ein »Gottesdienst« als eine erbauliche (Schul-)Stunde sein. Aber die Sache der S. erweist sich wirkkräftiger als der harmlos klingende Begriff. Er wird zum Inbegriff einer besonderen geistl. Gemeinschaft, zu der man »sich hält«. S. wird so der Ausdruck für eine stark von Laien geprägte freie Vereinigung innerhalb der landeskirchl. Gemeinde. Umrahmt von Gesang und Gebet wird in Privathäusern vor allem durch Laienbrüder die Bibel lehrhaft und erbaulich ausgelegt. Durch die S. ist in der ev. Kirche die Laienverkündigung entdeckt und gefördert worden, es wurde das Monopol der kirchl. sanktionierten Veranstaltungsformen durchbrochen und die Form der freien Vereinigung geschaffen. So wurden die S.n zur Basis des Aufbruchs der »freien Werke« für Diakonie, Bibelverbreitung, Weltmission, Gemeinschafts- und Erweckungsbewegung im 19. Jh. In den S.n »überwinterte« in Zeiten kirchl. Dürre der Bibelglaube. In Süd-Rußland prägten die S.n deutscher Auswanderer in der zweiten Hälfte des 19. Jh.s die von der Ukraine ausgehende ev. Bewegung der sog. »Stundisten«(→Stundismus).

R. Scheffbuch

Stundengebet

Die Stundengebetsgottesdienste (lat. *hora*, »Stunde«) haben ihren Namen daher, daß sie in bleibender Treue regelmäßig zu bestimmten Stunden des Tages gehalten werden, daher auch Tagzeitengebete genannt. Die Regel des Hl. Benedikt zitiert Ps 119, 164 und 148: Siebenmal am Tage singe ich dein Lob und des Nachts stehe ich auf, dich zu preisen. Sie nennt die Zeiten Laudes, Prim, Terz, Sext, Non, Vesper und Complet sowie die nächtliche Vigil.

S.e sind Gottesdienste eigenen Charakters, sinnvoll und notwendig neben Predigt-, Sakraments-

und Kasualgottesdienst. In ihnen treten das Lob Gottes, die stille Betrachtung und das Gebet in den Vordergrund, dafür mission. Predigt, lehrende Vermahnung usw. bewußt zurück.

Sie sind in den ersten Jahrhunderten der Kirche entstanden, vielleicht aus Hausandachten, und haben im 5. Jh. im wesentlichen ihre bis heute gültige Gestalt gefunden. Sie waren und sind in Gemeinden, z.B. den Kathedralkirchen der Städte lebendig, fanden aber den ihnen gemäßesten Platz in den (vor allem benediktinischen) Klöstern und haben ihn heute am ehesten dort, wo in einer Kommunität oder einem Einkehrhaus die Gewähr für treues Durchtragen gegeben ist. Sie gehören zu allen Konfessionen und sind seit dem 19. Jh. mit der liturg. Erneuerungsbewegung zu neuem Leben erwacht. In heutiger Praxis beschränkt man sich meist auf die vier Hauptzeiten: Morgenlob, lat. Laudes oder Matutin, dt. = Mette, griech. Orthros; Mittagsgebet auf der Höhe des Tages; Abendgebet, lat. Vesper, griech. Hesperinos; und Komplet als Tor zur Nacht. Nächtliche Gebete, Nocturn/Mesonyktikon bzw. Vigil, und Gedenken des Todes Jesu etwa um 11 oder 15 Uhr können dazukommen.

S.e sind typische »Laiengebete«, die Mitwirkung eines Ordinierten ist (im Gegensatz zur Abendmahlsfeier) nicht erforderlich. Sie bieten Beteiligung für viele: Vorbeter, Vorsänger, Lektor – die betende Gemeinde ist stark beteiligt. Wechselgesang zwischen Liturg und Gemeinde ist hervorragendes Strukturelement.

Ein S. besteht aus vier Grundelementen: Psalm des AT und NT; Lied der Kirche; Schriftlesung und Gebet. Diese sind durch kurze Wechselgebete (Responsorien, Antiphonen, Versikel) gegliedert und zu einer geschlossenen Einheit verbunden. Die erste Hälfte der Hore dient dem gesammelten Hören auf das bibl. Gotteswort; ein Lied und das Sprechen oder Singen von Psalmen führen auf die Lesung hin. Der Sprechgesang der Gregorianik ist am entsprechendsten: Durch seine nach außen emotional distanzierte Art wirkt er am tiefsten, öffnet das Ohr und die Seele für die Lesung. Aus demselben Grund ist das Lied am besten einstimmig. Der Lesung aus AT und/oder NT kann eine (sehr kurze!) freie Betrachtung oder eine Väterlesung oder das Lebensbild eines Glaubenszeugen folgen bzw. vorangehen. Die zweite Hälfte ist ganz vom Lobgesang bestimmt: Hymnus, ntl. Psalm, Fürbitte und Anbetung. Traditionellerweise gehört zum Morgenlob der Lobgesang des Zacharias (Benediktus), zur Vesper der Lobgesang Mariens (Magnificat) und zur Complet der Lobgesang des Simeon (Nunc dimittis), alle aus Lk 1 und 2. Doch werden auch andere ntl. Cantica gesungen, z.B. Kol 3,1-4.

Jede Hore thematisiert sowohl die Tageszeit als auch den Tag der Woche und die Zeit des Kirchenjahres. So ist z.B. das Eingangslied früh und in der Vesper ein Morgen- bzw. ein Abendlied. Die Gebete haben tägliche Schwerpunkte: Auferstehung am Sonntag, Schöpfung und Arbeit am Montag, Konflikt am Dienstag, Familie und Politik am Mittwoch, die Kirche am Donnerstag, das Kreuz am Freitag, Ausblick auf die Vollendung am Samstag. Es hat sich als ev. Übung herausgebildet, die Lesungen nach Schritten der Heilsgeschichte bzw. dem Gang des Kirchenjahres zu wählen: Das »Leitbild« der Woche, meist dem altkirchl. Sonntagsevangelium entnommen und im Wochenspruch komprimiert, »regiert« alle Lesungen der Woche.

Das Tagzeitengebet hat eine feste Grundform, die dem Beter hilft, in einen ruhigen Atem einzuschwingen und im Gebet aufgehoben zu sein. Doch ist es fern davon, monoton – langweilig zu sein: Die Texte der Tages-, Wochen- und Jahres-»uhr« bieten eine große Vielfalt, und die Form ist für Ausgestaltung offen: z.B. festliche Eröffnung durch ein Lucernarium (Anzünden der Lichter in der Vesper), Einfügen einer Predigt, eines stillen oder freien Gebets, sogar der Abendmahlsfeier.

Eine Sonderstellung nimmt das Nachtgebet ein. Am Ende des Tages will die Complet keine neuen Gedanken mehr hinzufügen, sondern auf einem »geistlichen Pfad« aus der Tätigkeit des Tages in die Stille der Nacht hinüberführen. Daher enthält die Complet fast keine wechselnden Stücke. Sie ist ganz von der Tageszeit bestimmt: Der Weg zum Schlaf und zum Aufwachen am folgenden Tag wird bewußt, auch als Sinnbild des Entschlafens zum Tod und des Auferwecktwerdens zum Ewigen Leben: »Eine ruhige Nacht und ein Ende im Frieden verleihe uns Gott, der Allmächtige.« In diesem Sinn werden auch die letzten Worte Jesu am Kreuz gebetet: »Vater, in deine Hände befehle ich meinen Geist.«

Das S. bedarf zwar keines eigenen »kultischen Raumes«, doch führt sein Stil dazu, ihm einen entsprechenden Raum zu geben. Er muß Gewähr für Stille, auch vor und nach dem Gebet, bieten, die liturg. Abläufe brauchen bestimmte Sitzplätze für die Vorbeter, Lesepult usw. Gelegenheit zum Knien sollte gegeben sein. Der Altar bleibt grundsätzlich aus dem Spiel. Ebenso ist liturg. Kleidung nicht notwendig, doch ergeben sich in der Praxis Chormäntel für die Liturgen.

Lit.: A. Mauder (Hg.): Evangelisches Tagzeitenbuch, [3]1979.

H. Mayr

Stundismus

S., russ. *stundizm,* von *stunda,* (Bibel-)»Stunde«, im weiteren Sinn Benennung der ev. Bewegung in Rußland in der zweiten Hälfte des 19. Jh.s, genauer: Bezeichnung der in den 60er Jahren aufgebrochenen ev. Bewegung unter Ukrainern und Russen durch Einfluß von Bibelstunden dt. Bauern in Südrußland, zuerst im Dorf Osnova bei Rohrbach nördl. von Odessa. Zunächst ohne Willen zu eigener Organisation, wurden die S. aus der orthodoxen Kirche herausgedrängt. Anfänglich theol. offen, wurden sie durch baptistische Einflüsse geprägt (→Onckens Missionsreise nach Südrußland, Hilfen durch →Mennoniten-Brüder, →Mennoniten). Dem ersten Gesamtkongreß 1884 in Novo Vasil'evka folgte nach vorausgegangenen örtlichen Behinderungen der Beginn der Verfolgungen im ganzen Russischen Reich bis 1905. Der S. (bedeutendste Vertreter: Michail Ratuschnyj, Ivan Rjaboschapka, Gerasim Balaban) wuchs mit den anderen Strömen des ostslavischen Protestantismus, dem Baptismus im Kaukasus und der Petersburger Erweckung (Radstock, Paschkov) in den Bünden der →Baptisten und →Evangeliumschristen zusammen.

Lit.: W. Gutsche: Westliche Quellen des russischen Stundismus, 1956; H. Chr. Dietrich: Ursprünge und Anfänge des russischen Freikirchentums, 1985; ders.: Siedler, Sektierer und Stundisten, 1985; W. Kahle: Evangelische Christen in Rußland und der Sowjetunion, 1978; M. Klimenko: Die Anfänge der Baptisten in Südrußland (Diss.), 1957.

W. Kahle

Stuttgarter Schuldbekenntnis

Das Stuttgarter Schuldbekenntnis entstand nach einem Entwurf von Otto →Dibelius anläßlich des ersten Treffens nach dem Zweiten Weltkrieg zwischen einer Delegation des Ökumenischen Rates und offiziellen Vertretern der dt. ev. Kirche am 18./19. 10. 1945. Der Text ist beeinflußt von einem Rundbrief, den Fritz von →Bodelschwingh (Sohn) schon im Mai 1945 an die Mitarbeiter seiner Anstalt in Bethel gerichtet hatte (»Trinitatisbrief«) und in dem er ohne jeden äußeren Druck die Schuld der Kirche in der zurückliegenden Zeit bekannte. Die von →Wurm, →Asmussen, →Lilje, →Dibelius, →Niemöller und anderen unterzeichnete Erklärung sprach die »Solidarität der Schuld« aus, in der sich die Vertreter der ev. Kirche mit dem dt. Volk wußten: »Mit großem Schmerz sagen wir: Durch uns ist unendliches Leid über viele Völker und Länder gebracht worden ... Wohl haben wir lange Jahre hindurch im Namen Jesus Christi gegen den Geist gekämpft, der im nationalsozialistischen Gewaltregiment seinen furchtbaren Ausdruck gefunden hat; aber wir klagen uns an, daß wir nicht mutiger bekannt, nicht treuer gebetet, nicht fröhlicher geglaubt und nicht brennender geliebt haben.«

Die Form dieses kollektiv formulierten Bekenntnisses signalisiert, zusammen mit dem noch konkreteren Darmstädter Wort vom 8. 8. 1947, einen Neubeginn der theol. Reflexion über die sozialen Zusammenhänge von Sünde und Schuld. Sie wurde jedoch vielfach als Eingeständnis einer unterschiedslosen polit. Kollektivschuld des dt. Volkes mißverstanden, wodurch eine intensive Debatte über kollektive Schuld ausgelöst wurde, an deren Ende eine allg. Ablehnung des Kollektivschuldgedankens stand, ohne daß jedoch eine überzeugendere Möglichkeit entwickelt wurde, die Schuldverstrickungen einzelner in soziale Prozesse angemessen zu würdigen. Das theol. Problem überindividueller und polit. Schuldverstrickung enthüllt zu haben, macht neben ihrer Relevanz als Schuldbekenntnis die bleibende Bedeutung der Stuttgarter Erkärung aus.

Lit.: M. Greschat (Hg.): Die Schuld der Kirche, 1982 (SKZG 4); ders. (Hg): Im Zeichen der Schuld, 1985; M. Honecker: »Geschichtliche Schuld und kirchliches Bekenntnis«, in: ThZ 46 (1986), 132–158; B. Klappert: Bekennende Kirche in ökumenischer Verantwortung, 1988.

R. Dziewas

Suárez, Francisco (1548–1617)

S., geb. 1548 in Granada, lehrte Theologie und Philosophie in Segovia, Valladolid, Avila, Alcalá, Salamanca, von 1580-85 in Rom und, auf Veranlassung von Philipp II., von 1597 bis zu seinem Tode 1617 in Coimbra. Drei Schwerpunkte seiner Arbeit haben besondere Bedeutung gehabt:

– seine →Metaphysik: Der geisterfüllten, schwärmerischen Frömmigkeit seiner Zeit hat er mit seinem Aristoteles-Kommentar die →Scholastik entgegengestellt. Während die italienische Renaissance auf →Platon zurückging, brachte S. – nicht in der bisherigen byz., lat. oder arab. Überlieferung, sondern direkt aus den griech. Handschriften →Aristoteles neu in seine Zeit ein; Aristoteles und die Scholastik blieben Grundlage kath. Theologie bis ins

20. Jh.; selbst die prot.-orth. Dogmatik und Philosophie berief sich auf den Aristoteles-Kommentar von S. und dessen Schrift »Disputationes metyphysicae«, 1597.

– Von einem nominalistischen Ansatz her, dem Vorrang des Individuellen vor dem Allgemeinen, betont S. wie sein Ordensbruder Luis de →Molina stärker den freien Willen des Menschen gegenüber dem Prädestinationsverständnis →Calvins. Im Anschluß an das Dekret über die Rechtfertigung im →Tridentinum griff S. in seiner Schrift »De divina gratia« (1609) in den sog. molinistischen Streit ein, den Papst Paul V. 1611 abbrach und der im Jansenistenstreit verschärft wieder auflebt; im 20. Jh. bezog sich K. →Rahner auf Gedanken von S.

– In seiner Schrift »Defensio fidei« (1613) gestand S. – wie →Bellarmin – dem Papst in weltlichen Dingen auch gegenüber häretischen und unwürdigen Fürsten nur eine »potestas indirecta« zu. Durch seine Schrift »De legibus« zur Rechts- und Staatsphilosophie (1612) hatte S. Einfluß auf H. →Grotius und wurde zu einem der Begründer des Völkerrechts. S. sieht den Ursprung der Gewalt des →Staates in der Volkssouveränität, staatliche Gewalt sei eine »potestas a Deo per populum«, der Fürst hat diesen Bund, der ihn mit dem Volk verbindet, zu respektieren. S. sieht darin eine Begrenzung der fürstlichen Souveränität, die sogar zum Widerstand des Volkes führen kann. Obwohl sich zunächst der Absolutismus im 17. Jh. durchsetzte, blieb gerade in diesen gedanklichen Ansätzen von S. der Weg offen für künftige demokratische Entwicklungen.

Lit.: F.Suárez: Opera omnia, 28 Bde., 1856-78; O. W. Krause: Naturrechtler des 16. Jahrhunderts, 1982, 78ff; A. Nußbaum: Geschichte des Völkerrechts, 1960, 93ff; E. Reibstein: Volkssouveränität und Freiheitsrecht, 1972, 104ff; H. Seigfried: Wahrheit und Metaphysik bei Suárez, 1967.

W. Otto

Subjektivismus/Objektivismus

Subjekt kommt vom lat. *subjectum,* »das Daruntergeworfene« und ist Übersetzung des griech. *hypokeimenon,* »das Darunterliegende«. – Objekt leitet sich ab vom lat. *objectum,* »das Entgegengeworfene« und ist Übersetzung des griech. *antikeimenon,* »das Dagegenliegende«. Dieser Wortursprung macht es verständlich, daß vom MA bis ins 18. Jh. hinein Subjekt und Objekt – gemessen an unserem modernen Sprachgebrauch – in genau umgekehrtem Sinn bestimmt werden: »Das Subjekt war das Zugrundeliegende, der Gegenstand, von dem etwas ausgesagt wurde, das »Reale«, während als Objekt dasjenige galt, was als Eindruck, Vorstellung ... im Vorstellenden »objiziert« wurde (Hoffmeister, 439).

Für die idealistische und moderne Philosophie und Wissenschaftstheorie ist demgegenüber das Subjekt (das »Ich«) dasjenige, das alle Objekte seinen »subjektiven« Erkenntniskategorien, seinem Willen und seinem Handeln unterwirft.

Subjektivismus (S.) setzt den modernen Subjekt-Begriff voraus. S. meint in phil. Hinsicht, daß es keine objektiven, d.h. unabhängig von dem (den) Subjekt(en) gültigen Erkenntnisse, Wahrheiten und Werte gibt (vgl. die vielen modernen und postmodernen Spielarten des →Relativismus). Das Subjekt schafft sich seine Wahrheit und Werte selber; es muß sie sich schaffen, weil es keine Welt objektiver Werte und Wahrheiten gibt, die allgemeingültig sind und überindividuelle Geltung besitzen.

Objektivismus (O.) ist demgegenüber die Überzeugung, daß es Wirklichkeit(en), Wahrheit und Werte gibt, die unabhängig von den Subjekten (transsubjektiv) gegeben und gültig sind und die darum allgemeine Anerkennung verlangen können (vgl. das weiterhin ungebrochene Ideal objektiver Erkenntnis in der modernen Naturwissenschaft). Die Vorstellung des O. ist geistesgeschichtl. in der Subjekt-Objekt-Spaltung begründet, die R. →Descartes (1596–1650) durch seine Trennung von

Erkenntnis-Subjekt und Erkenntnis-Objekt hervorgerufen hat (*res cogitans,* die alles bezweifelnd und nur des eigenen Denkaktes gewiß, der Außenwelt, den *res extensae,* gegenübersteht).

Für I. →Kant (1724–1804) stellen Objektivität und Subjektivität keine Gegensätze dar. Denn das, was »objektiv« gilt, besitzt nur deshalb allgemeine Geltung, weil es subjektiven Erkenntnisbedingungen (Formen der Anschauung und Kategorien des Verstandes) unterworfen ist, die notwendig und allg. sind. Kant betont zwar, daß es eine objektive Erkenntnis der Dinge an sich nicht geben kann: wie die Welt an sich ist, das können wir nicht erkennen. Dennoch ist das, was wir erkennen, objektiv gültig, weil alle Subjekte die Gegenstände der Erfahrung notwendig und universal einer bestimmten »Sichtweise« (Gegenstandskonstitution) unterwerfen. Der Wissenschaftsphilosoph K. R. Popper (1902–1994) weiß auf Grund seiner Auseinandersetzung mit dem logischen →Empirismus sehr wohl, daß in jede (auch wissenschaftl.) Erkenntnis unüberholbare subjektive Elemente einfließen. Dennoch plädiert er für eine aller Erkenntnis vorausliegende objektive Wahrheit über eine von unserer Erkenntnis im Prinzip unabhängige Welt.

O. und S. werden heute nur noch selten in reiner Form vertreten. Die meisten Philosophen und Wissenschaftstheoretiker versuchen eine Vermittlung, die die Wahrheitsmomente beider Positionen aufnimmt. Erkennen wie Handeln hat nur dann einen Sinn, wenn es etwas gibt (ein Objekt), auf das ich mich als Erkenntnis- bzw. Handlungssubjekt beziehe und das mir und meinem Bezug in irgendeiner Weise voraus und vorgegeben ist. Zugleich ist es dem Menschen nicht möglich, sich aus seiner Lage herauszureflektieren und sich über seinen Standort zu erheben, um die Welt von einem überlegenen, quasi göttlichen Standpunkt aus so zu sehen, wie sie an sich ist (vgl. Putnam; Rorty). Die Art und Weise, wie bibl. Schriften vom Erkenntnisvorgang reden (vgl. Hempelmann), macht deutlich, daß das »Erkenntnisobjekt« zugleich etwas ist, das als etwas Anderes nicht einfach in mein subjektives Verfügen gestellt ist, das ich als Erkennender aber gleichwohl berühre, in seinem Sein mitbestimme, indem ich mich – es erkennend – auf es beziehe.

Lit.: R. Descartes: Die Prinzipien der Philosophie (1644), [7]1965; H. Hempelmann: »Erkennen/Erkenntnis«, GBL, Bd. 1, 1987, 325–332; J. Hoffmeister: Wörterbuch der philosophischen Begriffe, [2]1955; I. Kant: Kritik der reinen Vernunft, [2]1787; K.R. Popper: Objektive Erkenntnis. Ein evolutionärer Entwurf, [2]1974; H. Putnam: Vernunft, Wahrheit und Geschichte, 1982; R. Rorty: Der Spiegel der Natur. Eine Kritik der Philosophie, 1981.

H. Hempelmann

Subordinatianer

Zu unterscheiden ist zwischen den S.n vor und seit →Arius. Zu den S.n im 2. und 3. Jh. gehörten nahezu alle frühkirchl. Apologeten (Justin, Tatian, Athenagoras u.a.), die frühkath. Väter (Irenäus, Tertullian, Clemens Alexandrinus) sowie Origenes und Dionys von Alexandria. Sie haben ihre Position gegen die →Monarchianer einerseits und die →Markioniten andererseits entwickelt und wurden von der Kirche immer anerkannt. Ihre Auffassung beruht auf zahlreichen atl. und ntl. Aussagen, in denen eine Unterordnung des Sohnes unter den Vater beschrieben wird (z.B. 1Kor 15,20; Hebr 3,1f; 5,1ff). Die Unterordnung wurde nicht ontologisch-prinzipiell, sondern heilsgeschichtl. begründet aus der Ursprungsbeziehung zwischen Vater und Sohn. Erst Arius machte aus der relativen Unterschiedenheit eine reale Geschiedenheit und wurde daher als Häretiker mit seinen Anhängern exkommuniziert. Die S. vor und nach 300 haben höchstens Begriffe gemeinsam.

Lit.: W. Marcus: Der Subordinatianismus, 1963.

G. Ruhbach

Subsidiaritätsprinzip →Sozialprinzipien

Substanz

Im Gegensatz zum bloß Akzidentiellen, das einem Gegenstand bloß zufällig und nicht notwendig zukommt, bezeichnet S. (von lat. *substantia,* »das darunter Bestehende«) das, »was als Substrat alles Wechsels immer dasselbe bleibt« (I. Kant, 1787, 162), was also Bestand hat, selbständig ist, d.h. für sich bestehen kann. Schon →Aristoteles unterscheidet zwei verschiedene Arten von S.: »Substanz im eigentlichsten, ursprünglichsten und vorzüglichsten Sinne ist die, die weder von einem Subjekt ausgesagt wird (zum spezifischen Sinn von Subjekt →Subjektivismus/Objektivismus), noch in einem Subjekt ist« (1974, 45). Von den »zweiten«, kreatürlichen S.en unterscheidet sich die erste, eigentliche S. darin, daß sie – in Anlehnung und Abbildung des aristotelischen Gottesbegriffes – bedürfnislos ist, zu ihrer Existenz keines anderen bedarf. R. →Descartes (1596–1650) definiert in Anknüpfung an aristotelische Metaphysik und immer noch verhaftet an scholastische Denkstrukturen: »Unter Substanz können wir nur ein Ding verstehen, das so existiert, daß es zu seiner Existenz keines anderen

Dinges bedarf«. Eine solche S. »kann man nur als eine einzige denken, d.h. als Gott« (Principia I,51). »Weil sie Gottes Beistand zu ihrem Dasein bedürfen«, ansonsten aber als selbst-ständig zu denken sind, weist Descartes auch *res extensa* und *res cogitans,* das ausgedehnte Ding (körperliche Welt) und das denkende Ding (Geist) den Rang von Substanzen zu (I,52). In der Folgezeit wird diese doppelte Unterscheidung (zwischen erster und zweiter S.; zwischen Geist und Materie) noch festgehalten: vgl. z.B. B. →Spinozas (1632–1677) Definition von S. als »Definition« Gottes: »Unter Substanz verstehe ich das, was in sich ist, und durch sich begriffen wird, das heißt das, dessen Begriff, um gebildet werden zu können, den Begriff eines anderen Dinges nicht bedarf« (Ethik I, 3. Def.). Spätere Denkweisen können entweder allein dem Geist (radikaler Idealismus) oder allein der ausgedehnten Körperwelt (Materialismus) Substantialität zusprechen. Moderne Naturwissenschaft lebt zwar einerseits von der cartesianischen Trennung von Geist und Materie, durchschaut aber weithin nicht den konstruktiven Charakter ihres Begriffes eines ausgedehnten, körperlichen Gegenstandes, fördert vielmehr durch ihren antimetaphysischen Impetus, die Zurückstellung der Gottesfrage (Prinzip des methodischen Atheismus) und die Austreibung des Geistes aus naturwissenschaftl. Fragestellungen eine materialistische Weltanschauung, die vorgibt, sich allein über die Erkenntnis des materialen Substrates der Wirklichkeit wissenschaftl. begründen zu können. Demgegenüber haben moderne Philosophen und Wissenschaftstheoretiker auf den Abstraktionscharakter dieser sich scheinbar von selbst verstehenden Grundlagen moderner Naturwissenschaft und Weltanschauung hingewiesen. Der »rein materielle Körper« stelle »als solcher nur eine Abstraktion, eine Idealisierung« dar (Martin, 46; vgl. schon den Einwand von →Leibnitz gegen Descartes, daß Ausdehnung kein ursprüngliches Attribut von Körpern sei, und im 20. Jh. die Kritik von Whitehead und Heidegger, §§ 19-21). Dieser besitzt zwar erkenntnistheoretische Bedeutung, ihm kommt aber keine ontologische Realität zu. Denn der exklusive Begriff einer wie immer gearteten ausgedehnten Materie als einziger Substanz ist bei Descartes Teil der Polarität von *res extensa* und *res cogitans;* diese Aufspaltung zwischen ausgedehnter Gegenstandswelt und Geist, der dieser erkennend gegenübertritt, versteht sich nicht von selbst, ist vielmehr Resultat der Bewegung des radikalen methodischen Zweifels, an dessen Ende ein körperloses »Ich denke« einer ausgedehnten Dingwelt gegenübersteht. Für die sprachkritische Betrachtungsweise von F. →Nietzsche beruht die Vorstellung einer S. auf einer Irreleitung des Denkens durch die Sprache: »Durch Worte und Begriffe werden wir jetzt noch fortwährend verführt, die Dinge uns einfacher zu denken, als sie sind, getrennt voneinander, untheilbar, jedes an und für sich seiend« (2,547). Die sprachliche Struktur einzelner Wörter wird unter der Hand zu einer Struktur der Wirklichkeit. Demgegenüber stellt Nietzsche fest: »Aber es gibt kein solches Substrat; es gibt kein ›Sein‹ hinter dem Thun, Wirken, Werden; ›der Thäter‹ ist zum Thun bloß hinzugedichtet, – das Thun ist alles« (5,279). In analoger Weise entmythologisiert die moderne Elementarteilchenphysik die Vorstellung eines materiellen Substrates alles Existierenden: »Die ›Substanz‹ des Realen ist lediglich eine Wahrscheinlichkeitswolke« (J. Guitton, 92; vgl. ebd., 79-122).

Die S.-Problematik ist theol. aber nicht nur hinsichtlich der Frage interessant, ob Welt als selbstständig, eines anderen – Gottes – nicht bedürftig gedacht werden kann. Sie berührt auch das Zentrum der reformat. Rechtfertigungslehre. M. Luther greift die scholastische Theologie und ihre ontologischen Voraussetzungen u.a. deshalb an, weil sie den Menschen mit allem seinem Tun als »eine mit sich identische Substanz« denkt (Thaidigsmann, 29): Die »sich durchhaltende substantielle Einheit des Menschen wird von Luther mit dem Begriff des ›liberum arbitrium‹ ... fundamentaler Kritik unterworfen« (ebd.). Die substanzontologische Voraussetzung dieser mittelalterl. Gnadenlehre geht von der prinzipiellen Intaktheit und Identität des Menschen aus. Gottes gnädiges Handeln kann dann nur noch als »formendes« aber nicht als radikal neuschöpfendes Tun, das dem Menschen eine völlig neue Existenz erst schenken muß, zur Geltung kommen.

Insofern der Begriff der S. ursprünglich ein allein Gott zukommendes Prädikat bezeichnet, hat die Theologie eine ideologie- und weltanschauungskritische Aufgabe gegenüber allen Konzepten, in denen kreatürlichen Größen Substantialität zugesprochen wird.

Lit.: Aristoteles: Kategorien (4. Jh.v. Chr.), 1974 (ND der 2. Aufl. 1925); R. Descartes: Die Prinzipien der Philosophie (1644), [7]1965; J. Guitton, G. u. I. Bogdanov: Gott und die Wissenschaft, [2]1993; M. Heidegger: Sein und Zeit, [11]1967; I. Kant: Kritik der reinen Vernunft, B (= [2]1787); G.W. Leibniz: »Über die Verbesserung der ersten Philosophie und über den Begriff der Substanz«, in: ders.: Neues System der Natur ... (1695), in: ders.: Kleine Schriften zur Metaphysik, 1985, 195–201; G. Martin: Allgemeine Metaphysik. Ihre Probleme und ihre Methode, 1965; F. Nietzsche: Menschliches, Allzumenschliches (1878), in: ders.: Sämtliche Werke, hg. von M. Montinari und G. Colli, Bd. 2, 1980; B. de Spinoza: Die Ethik nach geometrischer Methode dargstellt (1677), 1976; E. Thaidigsmann: Identitätsverlangen und Widerspruch. Kreuzestheologie bei Luther, Hegel und Barth, 1983; A.N. Whitehead: Prozeß und Realität. Entwurf einer Kosmologie, [2]1984.

H. Hempelmann

Sucht

1. Zum Begriff

Der Begriff Sucht bildet zusammen mit dem Substantiv Seuche und dem Verb siechen, »krank sein«, eine germanische Wortgruppe. Das Grundwort siech/siechen wurde sowohl für »krankhaftes Verlangen«, wie auch schon früh übertragen für »Sünde, Leidenschaft« verwendet. Im Althochdeutschen findet sich die Verknüpfung mit »suchen«, in übertragener Bedeutung »erstreben, nach etwas streben«.

2. Erscheinungsformen der Sucht

Zu unterscheiden ist zwischen stoffgebundenen, toxischen Abhängigkeiten, z.B. →Alkoholismus, süchtiges Rauchen, Medikamentenabhängigkeit, Drogensucht, und nichtstoffgebundenen Formen wie Spiel-, Sex-, Kauf-, Arbeitss., Magers., Eß-Brechsucht u.a. Jedes lustbetonte menschliche Erleben kann zur Sucht entarten. Kennzeichnend dafür ist die Zwanghaftigkeit des Geschehens, die Verminderung oder der Verlust der Befähigung zur Verhaltenssteuerung durch das Ich. In der Konsequenz bedeutet das Flucht vor der Wirklichkeit, Unfähigkeit zur Lebensbewältigung, Zerstörung der Beziehungen, Isolierung, Selbstmord auf Raten.

3. Stoffgebundene Abhängigkeit

a. Alkoholabhängigkeit siehe →Alkoholismus.

b. Medikamenten-Abhängigkeit – vor allem von Schmerz-, Beruhigungs- und Schlafmitteln. Zwei Drittel der Abhängigen sind Frauen; etwa die Hälfte der Fälle wird als Abhängigkeit nicht erkannt. Subjektiver Einstieg sind meist unbewältigte Lebensschwierigkeiten.

c. Drogenabhängigkeit: Heroin und Kokain, an sich sehr unterschiedliche Drogen, haben ähnliche Wirkungen: regelmäßige Heroineinnahme führt zur Überschwemmung des Körpers mit künstlichen Endorphinen, was außerordentliches Wohlbefinden hervorruft, den Widrigkeiten des Daseins enthebt. In der Folge wird schon nach kurzer Zeit die körperliche Endorphinproduktion eingestellt, während die Versorgung mit Norepinephrinen erheblich gestört wird.

Kokaingebrauch führt zu einer Verstärkung der Wirkungsdauer und -intensität eines anderen körpereigenen, für Lust und Euphoriegefühle zuständigen Neurotransmitters, des Dopamin. Diese Wirkung entsteht durch eine Blockade des Abbaus der Dopamin-Moleküle, was einerseits zu einem intensiven Glücksgefühl führt, andererseits aber die körpereigene Dopaminproduktion versiegen läßt. Gleichzeitig findet hier eine Störung der Norepinephrin-Produktion statt. Es treten bei Heroin- und Kokainkonsumenten ähnliche Entzugserscheinungen auf (Schnupfen, Reizbarkeit, Zustände von Verwirrung, Schlaflosigkeit, Appetitlosigkeit, Magen- und Darmkoliken, Muskel- und Gelenkschmerzen, Schweißausbrüche, Schwindel, Übelkeit, Tremor (Zittern), Erhöhung des Blutdrucks und der Herzschlagfrequenz, Durchfälle).

Kokain bringt für 20-60 Minuten eine Euphorie im Sinne einer lustvollen Wachheit und konzentrierte Arbeitsfähigkeit, außerdem ist es »in« als Party-Droge. So ist »Koks« – neben Alkohol – die Lieblingsdroge der Menschen des Jahrhunderts geworden. Nach Schätzungen der Weltgesundheitsbehörde werden dafür weltweit jährlich 80-90 Milliarden Dollar ausgegeben.

Kokain wird meist geschnupft (Absorption durch die Nasenschleimhaut), gelegentlich auch injiziert. Das führt zu einer Umwertung aller Werte: Nahrungsaufnahme, berufliche Leistung, Familie, Freunde, Schlaf, Hobbies, Sexualität, Sport, gesundheitliche Verfassung werden immer unwichtiger.

d. Designer-Drogen sind Rauschmittel, die entweder von natürlichen Giften und Drogen oder auf vollsynthetischer Basis hergestellt werden. Sie imitieren die Wirkung von Euphorika (die lustbetonte Stimmung hervorrufen), Halluzinogenen (die Sinneseindrücke verändern), Exzitativa (anregende, erregende Substanzen) und Narkotika (betäubende Substanzen). Besonders bekannt geworden sind Fentanyl und Crack.

Fentanyl, ein synthetisches Narkotikum, wird in den USA bei 70% aller Operationen verwendet. Obwohl sich die chemische Struktur von Fentanyl von der des Heroins oder Morphins unterscheidet, sind die pharmakologisch-toxikologischen Wirkungen identisch.

Eine der gefährlichsten Folgen des Konsums von Designer-Opiaten ist die sogenannte respiratorische Depression, eine Atmungsschwäche, die zu tödlichem Herzversagen führen kann.

Meist werden Designer-Opiate intravenös gespritzt. So erreicht das Gift auf direktem Weg das Zentralnervensystem (ZNS). Aber die Fentanyl-Derivate lassen sich auch – wie alle anderen Opiate – rauchen, inhalieren oder schnüffeln.

Bei Crack handelt es sich um ein Derivat des Kokains. Im Gegensatz zum Kokain bringt Crack nur einen 3-5 Minuten andauernden, dafür aber unerhört starken »Kick« (Drogenwirkung in dem Augenblick, in dem das ZNS erreicht wird), d.h. intensive, mit Allmachtsgefühlen verbundene Körperempfindungen.

Wird der Crack-Konsum eingestellt, so kommt es außer den dargestellten körperlichen Entzugserscheinungen zu Passivität, Angstzuständen, Depressionen, Appetitlosigkeit, Impotenz, chronischer Müdigkeit, Schlaflosigkeit, Paranoia.

Das Rauchen von Crack kann zum Atmungskollaps und Erstickungstod führen. Zerstörung der Blutgefäße, Herzkrämpfe und -versagen sowie Lungenschädigung sind weitere Anzeichen des in hohem Grade gesundheitsschädlichen Crack-Gebrauchs.

e. Nikotinsucht: Wegen seiner gesundheitsschädigenden Wirkung und als Abhängigkeit verursachende Droge hat Nikotin während der letzten Jahrzehnte eine besondere medizinische und gesellschaftliche Bedeutung erlangt. Das Tabakrauchen gilt als die bedeutendste vermeidbare Erkrankungs- und Todesursache in unserer Gesellschaft. Im Durchschnitt raucht jeder Erwachsene auf der Erde jährlich 1000 Zigaretten.

Beim Rauchen einer Zigarette wird ca. 1 mg Nikotin aufgenommen. Im Tabakrauch ist Nikotin an kleinste Teerpartikel gebunden. Die tödliche Nikotindosis liegt für Erwachsene bei 60 mg. In der Lunge wird Nikotin sehr rasch resorbiert. Es gelangt bereits 7,5 Sekunden nach Inhalation zum Gehirn. Nach dem Rauchen einer Zigarette gehen die Nikotinkonzentrationen im Blut innerhalb von 5-10 Minuten stark zurück.

Die gesundheitsschädlichen Folgen des Rauchens: An erster Stelle sind zu nennen die toxischen Wirkungen von Nikotin und CO auf das Herz-Kreislaufsystem. Folgeschäden sind koronare Herzerkrankung und zerebrale sowie periphere Gefäßerkrankungen. Auch die Überlebenszeit von arteriellen Bypass-Gefäßen wird durch Rauchen verkürzt. Die krebserzeugenden Teerstoffe des Tabakrauchs werden für die Bildung von bösartigen Tumoren wie Bronchial-Carzinom, Mundhöhlen- und Kehlkopfkrebs, Blasen- und Bauchspeicheldrüsen-Tumore verantwortlich gemacht. Schlafstörungen, depressive Verstimmungen und Nervosität zeigen beim chronischen Raucher die beginnende körperliche Abhängigkeit an.

Für die Entstehung der Tabakrauchsucht ist die psychopharmakologische Wirkung des Nikotin von entscheidender Bedeutung. Soziologische Faktoren und Persönlichkeitsmerkmale kommen hinzu.

Plötzliches Absetzen des Nikotins führt bei Abhängigen innerhalb von 24 Stunden zu Entzugserscheinungen. Dabei unterscheiden sich starke und schwache Raucher im Schweregrad des Entzugssyndroms kaum. Es kommt zu innerer Ruhelosigkeit, Benommenheit, Kopfschmerzen, Heißhunger, Schlafstörungen, Konzentrationsschwäche, Gefühlen von Angst und Unsicherheit, Störungen im Magen-Darmtrakt wie Übelkeit, Brechreiz oder Durchfall.

4. Süchtiges Verhalten

a. Eß-Störungen: Während der letzten 10 – 20 Jahre haben die Eßstörungen Magersucht *(Anorexia nervosa)*, Eßsucht mit Erbrechen *(Bulimia nervosa)* und Eßsucht mit Übergewicht *(Bulimie)* in den USA und in Europa stark zugenommen. Diese Suchtwelle ist Ausdruck einer gestörten Beziehung sowohl zur eigenen Person als zu anderen Menschen. Zugrunde liegen neben gestörten Selbstgefühlen (z.B. Selbstwert und Körperschema) Ambivalenzen zwischen Bindungswunsch und Abhängigkeit einerseits und Autonomiestreben und Selbstentfaltungswünschen andererseits. Gewichtsprobleme weisen immer hin auf das komplizierte Ineinanderwirken von Nahrung, Körper und Seele. Gute Ratschläge zur Änderung von Eßgewohnheiten bringen deshalb so selten dauerhafte Resultate.

b. Magersucht: Nach der Statistik handelt es sich bei 85% der Magersüchtigen um Frauen. Magersüchtige essen möglichst alleine und zwar gesunde und kalorienarme, ballaststoffreiche Nahrung, sie benützen harntreibende und in großen Mengen abführende Mittel, wiegen sich häufig, empfinden sich auch bei Untergewicht immer noch als zu füllig und fasten, bis ihr Gewicht eine lebensbedrohlich niedrige Marke erreicht hat.

Anorektiker verfügen anscheinend über unerschöpfliche Energien, befinden sich in ständiger Bewegung, in einem Unruhezustand, muten sich körperlich außerordentliche Leistungen zu (z.B. beim Jogging). Hungergefühle verleugnen sie, leiden an Schlafstörungen, ihre Körpertemperatur ist auffallend niedrig, ihr Puls schwach.

Hinter dem starken Bedürfnis der Magersüchtigen, ihr Eßverhalten zu kontrollieren, steht das Bemühen, eigene Reaktionen und innere Bedürfnisse zu vermeiden; sexuelle Impulse und die Bedürfnisse nach Nähe und Zärtlichkeit werden verleugnet.

– Bei der *Bulimia nervosa* (Eßsucht mit Erbrechen) handelt es sich um eine noch mehr geheimgehaltene Störung als bei der Magersucht. Die mit Heißhunger verbundene ständige Eßlust, das regelmäßige Erbrechen nach den Mahlzeiten sowie die begleitenden Depressionen werden sorgfältig getarnt.

Eß-Brechsüchtige schämen sich wegen ihrer Anfälle gieriger Nahrungsaufnahme. Sie scheuen sich, darüber zu sprechen, daß sie sich zunächst leer und fern fühlen und erst Entspannung und Befriedigung erleben, wenn sie von Magenschmerzen und Völlegefühl beschwert sind.

Ihre Stimmungslage schwankt zwischen Minderwertigkeitsgefühlen und Depression einerseits, Scham und aggressivem Protest andererseits.

– Bei Eßsucht (ohne Erbrechen) mit Übergewicht ist die Selbstkontrolle über die Nahrungsaufnahme – wie bei der Eß-Brechsucht – weitgehend verlorengegangen. Da der Ausgleich durch Erbrechen entfällt, kommt es zur Fettsucht *(Adipositas)*. Um Eßsüchtige von Menschen unterscheiden zu können, die sich in schwierigen Lebenslagen über kürzere Zeit mit Essen – häufig mit Süßigkeiten – trösten, ohne jedoch eßsüchtig zu werden, obwohl Übergewicht vorhanden sein kann, müssen neben dem Eßverhalten die Beziehungen zur eigenen Person, zu den Menschen der Umgebung sowie die individuelle Art und Weise des Agierens auf der Bühne des Lebens ins Auge gefaßt werden. In der Gruppe der Eßsüchtigen mit Übergewicht entsprechen sich zahlenmäßig Männer und Frauen.

Während *Adipositas* (Fettleibigkeit) nur einen äußeren Zustand beschreibt, deutet der Begriff *Bulimie* (Ochsenhunger) das komplizierte Zusammenspiel von Gewicht, Hunger und Gefühlen an.

In der Regel wurde bei dem später Eßsüchtigen schon in Kindheit und Jugend die Fähigkeit, sich seiner Gefühle bewußt zu werden (z.B. des Gefühls der Sättigung), schlecht entwickelt. Das führt zu einem inneren Chaos. Mit Hilfe des Eßverhaltens wird versucht, demgegenüber einen Ausgleich zu schaffen. Unsicherheit und Hilflosigkeit werden dadurch verstärkt.

Selbstverachtung und Minderwertigkeitsgefühle steigern sich. Es kommt nicht selten zu suizidalen Handlungen. Belastende Affekte wie Angst, Trauer, Schuldgefühle, aber auch Freude und Erfolgsgefühle, können Eßsüchtige schlecht ertragen. Sie versuchen, sie mit Essen zu verdrängen. Gelingt das nicht mehr, wird das Leben für sie unerträglich.

5. Nichtstoffgebundene Suchtformen

Die mit den Begriffen Sucht und Abhängigkeit umschriebene Grundstörung menschlichen Verhaltens wird meist auf die süchtige Entwicklung bezogen, die durch die traditionellen Rauschgifte wie Alkohol, Heroin und Kokain verursacht wurde. Die Weisheit der Sprache macht uns jedoch darauf aufmerksam, daß süchtiges Verhalten zahlreiche andere Formen menschlichen Erlebens und Reagierens einschließt, z.B. Ichsucht, Habsucht, Geltungssucht, Herrschsucht. So kann süchtige Entartung außerordentlich vielfältige Erlebens- und Verhaltensweisen betreffen.

An den nicht-stoffgebundenen Formen der Sucht läßt sich ihre Psychodynamik wegen des Fehlens von Intoxikationsfolgen sogar erheblich besser erkennen.

a. Spiel-Sucht

Das suchtartige Spielen an Geldspielautomaten, das einen wachsenden Anteil der Jugendlichen gefährdet, ist in den USA schon zum gesellschaftl. Problem geworden. Dort wird die Zahl der *problem gamblers,* deren Leben ganz oder überwiegend vom Glücksspiel beherrscht wird, auf vier bis zehn Mio. beziffert.

Anhand verschiedener Merkmale, die nicht alle gleichzeitig vorhanden sein müssen, läßt sich abhängiges Spielverhalten vom Spielen im Normbereich unterscheiden:

– Spielintensität (zeitliches Ausmaß, gleichzeitiges Spielen an mehreren Geräten),

– zunehmende Konzentration des Denkens auf das Spiel, Verlust von anderen Interessen,

– andauernd oder phasenhaft auftretender, mehr oder weniger unabweisbarer Drang zur Wiederherstellung der Spannung vermittelnden und zugleich entspannenden Spielsituation,

– Selbstkontrollverlust, d.h. Verlust der Steuerungsfähigkeit – möglicherweise trotz erheblicher finanzieller Einbußen – im Blick auf Spieldauer und -umfang,

– Unfähigkeit zur Abstinenz, d.h. zur Spielenthaltung,

– Entzugserscheinungen nach freiwilliger oder von außen erzwungener Spielenthaltung (Schweißausbrüche, Tremor (Zittern), Schlafstörungen, Kopfschmerzen, Verstimmungszustände, innere Unruhe und andere vegetative Störungen),

– »Dosis-Steigerung« zur Erzielung gleichartiger Wirkungen. Um den angestrebten agitierten Entspannungszustand zu erreichen, ist immer häufigeres Spielen, z. T. auch mit höheren Einsätzen, notwendig.

– Abnehmendes Widerstandspotential. Immer kleinere Belastungen genügen, um den Suchmechanismus auszulösen. Ausgeliefertsein an Verführungssituationen.

– Häufig besteht – vergleichbar der Polytoxikomanie (Vielstoffabhängigkeit) – eine Mehrfachabhängigkeit. Süchtiges Spielverhalten kann mit Nikotinabhängigkeit und/oder Alkoholismus bzw. Drogenabhängigkeit gekoppelt sein. Nicht selten stellt süchtiges Spielverhalten eine Suchtverlagerung dar, z.B. nach Alkohol- oder Drogenentziehung. Suchtverlagerung bedeutet in der Regel einen Hinweis auf ungenügende Aufarbeitung der Grundstörung.

– Verlust der sozialen Basis durch Beziehungskonflikte, Scheidung, Arbeitsplatzverlust, Verschuldung, Kriminalität u.ä. Zur Hilfeleistung ist neben seelsorgerlichen Bemühungen die individuelle Bearbeitung der zugrundeliegenden, insbesondere der psychodynamischen Faktoren notwendig. Die Behandlungsverfahren sind denjenigen sehr ähnlich, die für die stoffgebundenen Abhängigkeitsformen entwickelt wurden.

b. Süchtige Entartung des sexuellen Antriebsbereichs

Während in der Vergangenheit bei sexuellen Fehlentwicklungen vor allem an die sog. Perversionen gedacht wurde, tritt heute der zwanghafte Charakter der Sexualbetätigung, der als eine Art von »Besessenheit« auftreten kann und als Sex-Sucht bezeichnet wird, zunehmend in den Vordergrund:

– Verfall an die Sinnlichkeit. Denken und Phantasie werden zunehmend von sexuellen Vorstellungen beherrscht.

– Die Häufigkeit entsprechender Handlungen nimmt zu, während gleichzeitig Triebbefriedigung und die damit verbundenen positiven Gefühle sowie Rücksichtnahme auf den Parner weitgehend entfallen.

– Dranghaftes Anwachsen der wie unter einem persönlichkeitsfremden Zwang zustande kommenden Handlungen, die - abgekoppelt von der Restpersönlichkeit – gewissermaßen ein Eigenleben führen.

– Zerbrechen der sozialen Beziehungen, insbesondere zum Ehepartner, parallel zu der fortschreitenden Anonymität und Promiskuität.

– Auftreten von Entzugserscheinungen nach Einstellen der sexuellen Betätigung, sowohl körperlich (vegetative Symptomatik) als psychisch (Unruhe, Getriebenheit).

Im Verlauf der Entwicklung zu sexueller Hörigkeit kann eine andere Person, das Liebesobjekt, zur überwertigen Droge werden.

c. Kaufsucht

Betroffene Abhängige berichten vom Besitz von 120 Paar Schuhen oder von 90 Pullis, vom Zwang, bei jedem Einkauf fünf Kakteen oder sieben Bücher mit nach Hause bringen zu müssen. Eine Entlastung von den vorausgehenden Gefühlen von Leere und Depression findet aber meist nur bis zur Ladenkasse statt. Wenn die ersehnte Ware bezahlt und in das persönliche Eigentum des Kaufsüchtigen übergegangen ist, haben sich innere Leere und Depression wieder eingestellt.

6. Ursachen und gesellschaftlicher Hintergrund des Massenphänomens Sucht

Unsere Zeit wird als das »Jahrhundert der Sucht« bezeichnet, der Süchtige als der »Prototyp« des Menschen unserer Zeit. Hintergrund der starken Zunahme süchtiger Verhaltensweisen dürften nicht zuletzt gesellschaftl. Veränderungen sein. In der Konsequenz einer falsch verstandenen Selbstverwirklichung ist es zu einem Wandel der Wertvorstellungen gekommen. Die Lebensführung vieler Zeitgenossen wird vom Ideal eines leidensfreien, von faszinierender Spannung und rauschhaftem Glückserleben erfüllten Dasein bestimmt. Nachdem die Alltags-Realität oft genug eine frustrierende Wirklichkeit enthüllt, liegt für viele die Flucht in die Sucht nahe. Zudem hat psychische Gesundheit das Heranwachsen in stabilen, von relativer Selbstlosigkeit geprägten Eltern-Kind-Beziehungen zur Voraussetzung. Eine Gesellschaft, in der das Motto: »Erlaubt ist, was gefällt«, zunehmend die Beziehungen bestimmt, ist die Instabilität von Beziehungen ebenso programmiert wie der Mißbrauch von Kindern als Gefühls-Ersatzpartnern. Das hat eine Fixierung von Reifungsdefiziten zur Folge.

Zusammen mit einer Vielzahl anderer, mit der Wohlstandsgesellschaft gegebener Faktoren bedingt das nicht nur eine starke Zunahme neurotischen Erlebens und Verhaltens, sondern auch eine Fülle bisher nur wenig bekannter, gestörter Erlebnisreaktionen, so z.B. die Borderline- und narzißtischen Störungen und neue Abhängigkeitsformen.

Diese Entwicklung fordert die Gemeinde Jesu Christi heraus, ihren Auftrag zu Wortverkündigung und Heilung neu zu überdenken, etwa im Sinne des Wortes von John Stott: »Wir müssen (im Zusammenhang mit unseren missionarischen Bemühungen) auch in die Herzenswelt anderer Menschen eintreten: das heißt in die Welt ihrer Gefühle, ihrer Angst, ihrer Entfremdung und ihrer Schmerzen.«

Auf dem Hintergrund des Verfalls einer wachsenden Zahl von Menschen an süchtigen Konsum von Sexualität, gewinnen die als lebens- und leibfeindlich geschmähten neutestamentlichen Mahnungen hochaktuelle Bedeutung.

Schultz-Hencke (»Der gehemmte Mensch«) hat deutlich gemacht, daß die Grundantriebe Haben, Gelten, Sexualität entfaltet werden müssen, damit ein Mensch zugreifen, sich durchsetzen und sich als Mann oder Frau annehmen kann. Eine Entfaltung zur gereiften Persönlichkeit erfordert darüber hinaus aber auch noch eine gegenläufige Entwicklung, in der das Entfaltete situationsadäquat wieder zurückgenommen werden kann – z.B. im Verzichten, Sich-unterordnen, Rücksichtnehmen –, um wahrhaft humanes und nächstenfreundliches Verhalten zu ermöglichen. Bei diesen Grundantrieben handelt es sich nach Schultz-Hencke um »drängende Bedürfnisse, an die der Mensch leicht sein Herz verliert, an die er sich triebhaft hinzugeben geneigt ist zum Schaden seiner Mitmenschen, aber mehr noch zum Schaden seiner selbst.«

Solche Selbstdestruktion trägt wesentlich zu Gefühlen von Sinnlosigkeit und Leere sowie zu den suicidalen Tendenzen bei, die für den Süchtigen so charakteristisch sind.

Die Grundantriebe – von der Schöpfung her gedacht als lebensqualitätsteigernde Geschenke – können also zu Mächten werden, die eine Desintegration der Persönlichkeit verursachen und dann ein Eigenleben führen, das sowohl den betroffenen Menschen als auch seine Beziehungen beherrscht und zerstört.

Süchtiges Verfallen an Besitz, Ehre, Macht und Sexkonsum in Habsucht, Geltungssucht und vielen anderen Formen süchtigen Verhaltens unterstreicht eindrücklich die Wahrheit des Wortes, wonach niemand zwei Herren dienen kann (Matth. 6,24). Rechter Gebrauch der anvertrauten Gaben, das »Haben als hätte man nicht« (1.Kor. 7,29f) wird durch eine personale Beziehung zu Jesus Christus möglich. Anvertrautes Gut braucht dann nicht zum obersten, dominierenden Wert, zum Götzen zu entarten, weil die menschlichen Grundbedürfnisse nach Hingabe und Orientierung (E. Fromm) durch den Guten Hirten zur Erfüllung gekommen sind.

Auf dem Hintergrund der Flut süchtigen Verhaltens sollte sich die Gemeinde Jesu Christi des Potentials an Kräften der Erneuerung und Heilung neu bewußt werden, das ihr mit der Frohen Botschaft anvertraut ist. Es gilt in besonderer Weise auch den Menschen, die sich auf der Flucht vor sich selbst und vor ihrer Welt befinden. Moralische Vorurteile der Christen gegenüber Süchtigen behindern nicht nur die glaubhafte Weitergabe des Evangeliums, sie verstärken auch die neurotischen Schuldgefühle der Abhängigen. Der Weg in die Freiheit der Schuldvergebung und in die Einübung neuer Beziehungen wird so erschwert oder gar unmöglich gemacht.

Lit.: Allgemeine Suchtprobleme: DHS (Hg..): Süchtiges Verhalten, 1985; J. Eisenburg, (Hg.): Sucht, 1988; D. Hänsel: Wie Alkoholabhängigkeit entsteht, 1982; W. Keup: Biologie der Sucht, 1985; S. Mentzos: Neurotische Konfliktverarbeitung, 1987; E. Rieth: Wertorientierung und seelische Gesundheit, 1989; H. Solms, W. Steinbrecher: Sucht und Mißbrauch, 1975.

Spezielle Suchtformen: C. Buhl: Magersucht und Eß-Sucht, 1987; U. Faust: Drogen-Ausdruck unserer Zeit: Rauchen, 19..; M. Gerlinghoff, H. Backmund: Magersucht, 1989; P. Kielholz, D. Ladewig: Die Drogenabhängigkeit des modernen Menschen, 1972, A. Sahihi: Designer-Drogen, 1989.

Faltblätter und Kleinschrifttum zur Information von Betroffenen und Angehörigen ist erhältlich beim Blaukreuz-Verlag, Wuppertal-Barmen, und beim Hoheneck-Verlag, Hamm.

E. Rieth

Südafrika

1. S. liegt an der Südspitze des Kontinents zwischen Indischem und Atlantischem Ozean und hat eine Fläche von 1223410 km². Politisch umfaßte die Republik vier Provinzen und die z.Zt. der Apartheidsregierung (1948–1990) geschaffenen, international nicht anerkannten »Homelands« Transkei, Ciskei, Bophuthatswana und Vendaland. Im Zuge der neuen demokratischen Entwicklung sind sie wieder in die Republik Südafrika zurückgekehrt. Das »neue« S. hat eine Bundesverfassung und besteht aus neun Provinzen: Ost-Kap, West-Kap, Nord-Kap, Pretoria/Witwatersrand/Vaal (PWV), Nord-West, Oranjefreistaat, Kwazulu/Natal, Ost-Transvaal, Nord-Transvaal. Im Land gelten elf Sprachen als Amtsprachen und Englisch als offizielle Sprache.

Von den 39,9 Mio. Einwohnern (1991) sind 74,8% Schwarze. Sie gliedern sich in Nguni (Zulu, Yhosa, Swazi, Ndebele), Sotho-Tswana (Pedi, Tswana, Süd-Sotho), Tsonga (Shangana-Tswana) und Venda.

2. Die Khoikhoi und San oder Buschmänner sind Nachkommen der letzten Ureinwohner, die vor

Ankunft der schwarzen Völker als Jäger und Sammler das Gebiet südl. des Sambesi bevölkerten.

Die weiße Siedlung und Herrschaft begann 1652, als Jan van Riebeek am Kap die Niederlassung der Niederländischen Ostindienkompagnie gründete. Niederländische, französische (Hugenotten) und deutsche Einwanderer folgten, von 1820 an Briten in größerer Zahl. Heute (1991) sind 14,1% Südafrikaner Weiße. Von den Farbigen (8,5%), Nachkommen von Malaiischen Sklaven, Hottentotten, Schwarzen und Europäern, leben 80% in der Kap, von den Indern (2,6%), die seit 1860 als Vertragsarbeiter (Zuckerrohr, Eisenbahnbau) aus Südindien kamen, 80% in Natal.

Die Entdeckung von Diamanten (1867) und Gold (1886) förderte Industrialisierung und Urbanisierung und griff mit der starken Wanderbewegung schwarzer Arbeiter und der durch die Apartheidsgesetze erzwungenen Trennung von ihren Familien tief in das soziale Gefüge ein.

3. In der Südafrikanischen Union, die 1910 vier Kolonien vereinigte, erhielten die schwarzen Führer kein Mitspracherecht. 1912 und 1914 entstanden die zwei Parteien, die den Lauf der Geschichte S.s im 20. Jh. entscheidend bestimmen: der afrikanische Nationalkongreß (ANC) unter schwarzer Führung und die Nationale Partei der Buren (NP). Sie erhob 1948 die »Apartheid« (getrennte Entwicklung) zur Staatsideologie und zum polit. Programm.

In Sharpville erreichte 1960 der Aufstand der Schwarzen gegen die Rassendiskriminierung (→Rassismus) einen weltweit beachteten ersten Höhepunkt. Er wurde blutig niedergeschlagen. Die Schüleraufstände von Soweto (1976) und der Tod Steve Bikos (1978) markierten weitere traurige Höhepunkte im Rassenkonflikt. Seit 1978 begann Premierminister P.W. Botha einen vorsichtigen Reformkurs. Seine Verfassung von 1983 schloß aber die Schwarzen noch aus. F.W. de Klerk wagte 1989 den Weg radikaler Veränderungen, ließ vormals verbotene Parteien zu und entließ Nelson Mandela aus der Haft (1990). Die folgenden vier Jahre waren gekennzeichnet von Gewalt, deren über 10000 Todesopfer meist Schwarze waren. Eine Versammlung aller führenden Parteien und Bewegungen (CODESA) erarbeitete seit 1991 eine Übergangsverfassung. Zwei Drittel der weißen Wähler stimmten dem Reformkurs am 17. 3. 1992 in einem Referendum zu. In der ersten allg. und freien Wahl zur Nationalversammlung und zu neun Provinzversammlungen errang vom 26.–29. 4. 1994 der ANC 62,4%, die NP 20,7% und die IFP (Inkatha Freiheitspartei) 10,5 % der Stimmen. Am 10. 5. 1994 wurden Nelson Mandela als erster schwarzer Präsident S.s, Thabo Mbeki und Frederik de Klerk als Stellvertreter in S.s Regierung der nationalen Einheit eingeführt. Sie erhielten den Auftrag, für eine fünfjährige Übergangszeit den nationalen Aufbau auf allen Ebenen durchzuführen.

4. Kirchen und Christen haben entscheidenden Anteil am Umbruch in S. Sie stellen 66,4% der Gesamtbevölkerung (1991) und zeichnen sich durch aktive Teilnahme am Gottesdienst und lebendiges Zeugnis in Wort, Bewegung und Gesang aus. Eine Mehrheit (33,5%) gehört den afrikanischen unabhängigen Kirchen (AIC) an, zweitstärkste Glaubensgemeinschaft ist die Niederländisch-reformierte Kirche (NGK) mit 15,6% vor den Katholiken (11,4%), Methodisten (8,8%) und Lutheranern (3,8%). Unter den Nichtchristen sind wahrscheinlich die Anhänger traditioneller afrikanischer Religionen die stärkste Gruppe, gefolgt von Hindus und Moslems. Während die weißen Kirchen durch Einwanderer entstanden, sind alle anderen Missionskirchen. Die Herrnhuter begannen 1737/92, die Londoner 1799 ihre Missionsarbeit. 1834 begann die Berliner, 1842 die Rheinische, 1854 die Hermannsburger und 1876 die Church of Sweden Mission, die Amerikanisch-lutherische Mission (ALC) kam 1927 dazu. Vermutlich haben aber auch Schwarzafrikaner, die in den Kriegen ihre Heimat verließen und dem christl. Glauben begegneten, zur frühen Verbreitung der bibl. Botschaft beigetragen. In der Missionsarbeit legten die luth. und die ref. Kirchen Gewicht auf allgemeine Volksbildung und leisteten durch Bibelübersetzungen in afrikanische Sprachen einen wichtigen Beitrag zur Erhaltung afrikanischer Identität und Kultur. Kirchen englischer Tradition legten mehr Wert auf höhere Bildung. Alle schwarzen Führer sind durch kirchl. Bildungseinrichtungen gegangen, viele sind überzeugte Christen.

Die AIC haben sich am Kampf gegen die »Apartheid« nicht direkt beteiligt. Sie haben aber durch Seelsorge, Verkündigung und praktizierte Gemeinschaft ihren Gliedern geholfen, Not und Leiden dieser Zeit durchzustehen und die Hoffnung auf Gottes Eingreifen für die Unterdrückten wachgehalten. Die NGK hat sich in einem langen und schmerzhaften Prozeß von einer bibl. Begründung und theol. Legitimation des Apartheidssystems losgesagt (1986).

Vorarbeiten für die Veränderungen leisteten auf ganz verschiedene Weise das »Christliche Institut« (1976 verboten) und »Diakonia« sowie zahlreiche Gruppen und Bewegungen, von denen hier nur beispielhaft »Africa Enterprise« unter Michael Cassidy, die Koinonia von Pfr. Niko Smith und das Glaubenszentrum Kwa-Sizabantu der Brüder Stegen genannt seien.

Von 1966–1989 förderte die »Federation of Evangelical Lutheran Churches in SA« (FELCSA) Einheit und Zeugnis luth. Kirchen im südafrikanischen Kontext, konnte aber die Suspendierung der weißen Kirchen durch den LWB in Budapest 1983 nicht verhindern. (Der theol. anfechtbare Beschluß wurde 1991 aufgehoben.) Der →Reformierte Weltbund, der seine weißen südafrikanischen Mitgliedskirchen 1982 ausgeschlossen hatte, weil sie die Apartheid nicht klarer verurteilten, hat sie noch nicht wieder aufgenommen. Der Ökumenische Rat der Kirchen (ÖRK) hatte schon 1969 ein Programm zur Bekämpfung des Rassismus eingeleitet, später durch Errichtung eines »Sonderfonds« die Befreiungsbewegungen unterstützt und für erhebliche Unruhe gesorgt. In S. war der vom ÖRK finanziell unterstützte South African Council of Churches (SACC) das Zentrum des Widerstandes der Kirchen gegen das Apartheidssystem, das Unrecht, Vertreibung und Gewalt dokumentierte, die Mitgliedskirchen weltweit informierte, den innerhalb des Rates umstrittenen Boykott S.s unterstützte und vielen Opfern der Gewalt in S. Hilfe leistete. Er arbeitete eng mit der röm.-kath. Bischofskonferenz zusammen. Unter seinen Generalsekretären sind Erzbischof Desmond Tutu, Christiaan F. Beyers-Naudé und Frank Chikane international bekannt geworden.

S. steht vor gewaltigen Aufgaben. Es gilt, die Lasten der Vergangenheit zu bewältigen, Rechte und Chancen zu teilen, den Reichtum des Landes unter seinen Bewohnern gerechter zu teilen und Demokratie auf allen Ebenen einzuüben. In diesem Prozeß werden Kirchen und Christen gebraucht und gefordert. Hier geben Reichtum und Vielfalt afrikanischen Christentums Hoffnung, daß Umbau und Neubau von Land und Gesellschaft in Frieden gelingen.

Lit.: L. Alberts, F. Chikane (Hg.): The Road to Rustenburg, 1991; H.J. Becken: Wo der Glaube noch jung ist, 1950; H.R. Bilger: Südafrika in Geschichte und Gegenwart, 1976; F. Chikane u.a.: Südafrika – die Konflikte der Welt in einem Land, Bd. II; Kirchen-Anwälte für Gerechtigkeit und Versöhnung, Texte zum KED 54, 1994; Churches in Mission, South Africa, IRM, 328/1994; H. K. Hofmann (Hg.): Widerstand und Vergebung. Auf dem Weg zur Überwindung der Apartheid, 1987; J. A. Michener: Verheißene Erde, 1992; K. Nürnberger (Hg.): A Democratic Vision for South Africa, 1991; St. Rothe: Der Südafrikanische Kirchenrat 1968–1988. Aus liberaler Opposition zum radikalen Widerstand, 1990; L. Thompson: A History of South Africa, 1990.

R. Müller

Südamerika →Lateinamerika

Süddeutscher Gemeinschaftsverband

Geschichte: Die Gründung des SV (bis 1993: Süddeutsche Vereinigung für Evangelisation und Gemeinschaftspflege) erfolgte nach einem öffentlichen Bibelkurs am 6. 1. 1910 in Calw. Durch Erweckungen um die Jahrhundertwende waren in Württemberg unter dem Einfluß von J. →Vetter (Zeltmission), E. →Schrenk, O. →Stockmayer, E. →Modersohn und anderen zahlreiche Gemeinschaftsgruppen entstanden. Ihre neupietist. Prägung wurde von älteren Gemeinschaften teilweise abgelehnt. Erster Vorsitzender wurde Pfr. H. →Coerper. Zu den Gründern zählen weiter: J. Blank, P. Schmid, I. Weisser, J. Zimmermann. Der Verband wurde zunächst fast ausschließlich von Laien verantwortet, ergänzt durch hauptberufliche Mitarbeiter von der Liebenzeller Mission, der Bahnauer Bruderschaft, und dem Brüderhaus Tabor. Das rasche Wachstum der Kreise erforderte an vielen Orten eigene Versammlungsräume. 1912 erfolgte der Anschluß an den Gnadauer Verband (→Evangelischer Gnadauer Gemeinschaftsverband).

Seine Anliegen sind: Erweckliche und erbauliche Verkündigung; Sammlung und Zurüstung erweckter und wiedergeborener Menschen; gezielte Arbeit unter Frauen, Jugendlichen (eigener EC-Landesverband) und Kindern; ausgedehnte Freizeitarbeit; Seelsorge an Erholungssuchenden in eigenen Erholungs- und Freizeitheimen; Blättermission; Förderung der äußeren Mission. Der SV ist wesentlicher Träger der →Liebenzeller Mission. Organisation: In 23 Gemeinschaftsbezirken (Raum Baden-Württemberg) sind 300 Gemeinschaften mit ca. 6000 Besuchern zusammengeschlossen; dazu 150 Jugend- und Teenagerkreise und 280 Jungschar- und Kindergruppen mit ca. 5000 Kindern. Neben 2000 ehrenamtlichen Mitarbeitern stehen z.Zt. 40 Prediger und 30 Schwestern bzw. Gemeinschaftsdiakoninnen im Dienst. Die Mitgliederversammlung und der Brüderrat bilden die Organe. Zwei Inspektoren vertreten die Anliegen nach innen und außen. Die Zentrale ist seit Gründung in Stuttgart-Bad Cannstatt.

Lit.: Mitteilungsblatt »Nachrichten des SV«, Festschrift: Eine Saat geht auf, 75 Jahre SV, 1985.

H. E. Löffler

Südost-Europa-Mission →Mission für Ost-Europa

Sühne

a) religionswissenschaftlich

Die religiöse Rede von S. setzt eine Störung des Verhältnisses zwischen einem Menschen oder einer menschlichen Gemeinschaft und der Gottheit oder der göttlichen Lebensordnung voraus. S. zielt auf die Beseitigung der Störung. Sie kann für den Bereich der offiziellen Religion in periodisch wiederkehrenden Feiern – babylon. Neujahrsfest (AOAT² 295ff,; TUAT II, 212ff); großer Versöhnungstag (3Mo 16) – institutionalisiert werden. Daneben wird sie aufgrund von Unglücksfällen, des Verstoßes gegen heilige Gesetze oder gegen sakrale Vorschriften notwendig. In polytheistischen Religionen führt unsühnbare Schuld zum Ausstoß aus dem Religions- und Lebensbereich und damit aus der rel. definierten »Menschheit«. Im Monotheismus führt sie zur endgültigen Tötung (»zweiter Tod« – Offb 20,14) oder zur Vergebung.

Abhängig vom Gottes- und Sündenverständnis wird die S. eher als Entsühnung im Sinne einer Reinigung oder als Versöhnung im personalen Sinn ausgesagt. Im ersten Fall zielt die S.handlung auf eine geradezu materiell vorgestellte Beseitigung der Verunreinigung durch die Sünde. Sie kann an Menschen oder an Gegenständen wie einem Haus, dem Tempel oder Altar und selbst dem ganzen Land vollzogen werden (vgl. die akkad. *kuppuru* (»kultisch reinigen«)/*takpertu*-Beschwörungsriten). Auch hinter dieser Vorstellung stehen oft personale Elemente, so daß, wie etwa die akkad. Reinigungsriten, mit der Ablösung von →Sünde zugleich die Versöhnung mit dem persönlichen Gott beabsichtigt ist. Die Restitution des Verhältnisses zu Gott kann dabei zweifach gedacht werden. In der röm. Religion etwa gilt es den »Zorn der Götter« zu besänftigen, während die priesterliche Vorstellung des AT sowie der Koran auf eine Versöhnung des in der Sünde gegen Gott rebellierenden Menschen zielt (hebr. *kippær* und Derivate; vor allem in Hes 40-48; 1-2Chr und in 3Mo; arab. *kaffara* als Neuinterpretation des hebr. Begriffs im Sinne eines opferlosen Akts der Barmherzigkeit Gottes). Neben dem Mittel ritueller Reinigung dominiert das blutige Opfer als Ausdruck der geforderten Lebenshingabe oder – innerhalb eines Rechts- oder Vertragsdenkens – der Ausgleichsleistung *(satisfactio)*. Geopfert werden (selten) Menschen (C. Plinius, Naturalis historia XXXIV, 9; Nilsson, Geschichte der griech. Religion I, 107f, und Sh. Brown, Late Carthaginian Child Sacrifice, JSOT.ASOR 3, 1991) und stellvertretend vor allem Tiere. Hinzutreten können auch nichtkultische Sühnemittel in Form von Bußleistungen, innerer Umkehr und dem gottgefälligen Leben des einzelnen und der Gemeinschaft (Qumran: 1 QS 3,6ff; Entsprechung von Geist Gottes und Wandel des Menschen).

Lit.: B. Janowski: Sühne als Heilsgeschehen, WMANT 55, 1982 (Alter Orient und Altes Testament); G. Lanczkowski: »Sühne«, RGG³, VI, 474–476; Proceedings of the XIth International Congress of the International Association for the History of Religions, Vol. II Guilt or Pollution and Rites of Purification, 1968; B. Lang: ThWAT IV, 1984, 303-318.

J. van Oorschot

b) biblisch

1. Im AT wird die S. von Gott gestiftet, um die Menschen vor dem Tod zu retten, der die Folge ihrer Sünde ist. Gott schafft die S., die vom Priester durch den Opferkult erwirkt wird. Bei der kultischen S.handlung stemmt der Opfernde seine Hand auf das Opfertier und identifiziert sich so mit dem Tier, das an seine Stelle tritt. Mit dem Opfertier gibt der Sünder sich selbst Gott hin. S. geschieht dadurch, daß das Tier stellvertretend für den Opfernden stirbt. Das dabei vergossene Blut wird vor den Vorhang des Heiligtums gesprengt und an den Altar gestrichen (3Mo 4,5-7). Das Blut wird als Träger des Lebens verstanden. Gott hat es gegeben, damit S. erwirkt werden kann (3Mo 17,11).

S. ist kein vom Menschen ausgehender Akt der Selbsterlösung oder gar der Beschwichtigung Gottes. Sondern Gott selbst ist es, der S. gewährt und Schuld vergibt (3Mo 4,20.26.31 u.ö.). Gott gewährt im Opferkult die Aufhebung des den Menschen als Folge seiner Sünde bedrohenden Gerichtstodes. Durch die S. wird Sünde beseitigt und zugleich neues Leben in der Gemeinschaft mit Gott ermöglicht. S. ist so ein Zu-Gott-Kommen durch das Todesgericht hindurch. Das Wesen der kultischen S. ist die stellvertretende Hingabe von Leben für das Leben anderer.

2. Im NT stirbt Christus den von uns aufgrund unserer Sünde verdienten Gerichtstod. So hat er S. für unsere Sünden geschaffen und uns neues Leben ermöglicht (→Versöhnung). Dabei schließt das Sterben Christi den Tod derer ein, für die er stellvertretend gestorben ist (2Kor 5,14). Deshalb kann Paulus davon sprechen, daß wir durch den Glauben mit Christus gestorben sind.

Christus identifizierte sich als Repräsentant der gesamten Menschheit (vgl. Röm 5,12-21) in Übereinstimmung mit dem Heilswillen Gottes mit den

Gottlosen und starb ihren Gerichtstod. Während sich im AT der Sünder vor der S.handlung mit dem Opfertier identifiziert, identifiziert sich der einzelne im NT erst im nachhinein mit dem stellvertretend für ihn gestorbenen Sohn Gottes, indem er die Verurteilung seiner Sünde und die geschehene S. im Glauben annimmt und sich so Gott hingibt (vgl. 2Kor 5,14f).

Die S.vorstellung ist grundlegend für das Verständnis der Heilsbedeutung des Todes Jesu. Sie steht im Hintergrund, wenn vom Blut als S.mittel gesprochen wird, aber auch bei der Formulierung, daß der Tod Christi »für unsere Sünden« bzw. – als Kurzformel – »für uns« geschehen ist. Als Überbietung des großen Versöhnungstags (3Mo 16) deuten Paulus in Röm 3,25 (*hilasterion* – die Deckplatte auf der Bundeslade als Ort der S. und Gegenwart Gottes) und der Hebr (9,6-10,18) Jesu Tod als den ein für allemal geschehenen S.tod. Nach dem 1Joh sandte Gott seinen Sohn als S. *(hilasmos)* für die Sünden der ganzen Welt (1Joh 2,2; 4,9f).

Die paulin. Deutung des Todes Christi als S.tod setzt voraus, daß alle Menschen aufgrund ihrer Sünde ihr Leben verwirkt haben und dem Zorngericht Gottes verfallen sind (vgl. Röm 1,18; 3,9.22f; 5,12). Indem Christus diesen Gerichtstod an Stelle der Menschen gestorben ist, schuf er durch seinen S.tod eine neue Gemeinschaft mit Gott, indem er das von seiten des Menschen unheilbar zerstörte Gottesverhältnis neu begründete (vgl. 1Kor 11,25). Weil Gott die Menschen liebte, hat er durch Christus diese S. geschaffen, so daß sie durch den Glauben Vergebung ihrer Sünde empfangen können.

Lit.: H. Gese: »Die Sühne«, in: ders.: Zur biblischen Theologie, 1977, 85-106; W. Haubeck: Loskauf durch Christus, 1985; O. Hofius: Sühne und Versöhnung (1983), in: ders.: Paulusstudien, 1989, 33-49; B. Janowski: Sühne als Heilsgeschehen, 1982; B. Lang: ThWAT IV, 1984, 303–318; F. Maass: THAT I, 1971, 842–857; J. Roloff: EWNT II, 1981, 455–457.

W. Haubeck

c) *systematisch-theologisch*

1. Der Ort der »Sühne« innerhalb der Soteriologie

Im Bereich der christl. Lehre vom →Heil finden sich neben S. eine Reihe von Begriffen, die denselben Sachverhalt aus unterschiedlichen Perspektiven heraus akzentuieren und deren Bedeutungsgehalte sich dabei berühren bzw. überlappen: →Erlösung, →Versöhnung, →Rechtfertigung, Stellvertretung, →Opfer u.a. (vgl. Seils, 622ff). Die Zusammenhänge lassen sich knapp so skizzieren: Nach Röm 3,25 meint S. die von Gott den Menschen eröffnete Möglichkeit, durch den Tod Jesu Christi erneut Gemeinschaft mit ihm zu erlangen; dies geschieht dadurch, daß Jesus Christus als der Unschuldige die Sünde der Welt auf sich nimmt und an ihm – stellvertretend für die Menschen – das Gericht Gottes vollzogen wird. Der S.tod am Kreuz ist die Basis für die Versöhnung zwischen Mensch und Gott. Im Glauben, nicht aufgrund der Werke, wird so der Sünder vor Gott gerechtfertigt.

2. Die Rolle des Sühnegeschehens im Wandel der Kirchengeschichte

Von der Alten Kirche an lassen sich zwei unterschiedliche Akzentuierungen der Erlösungslehre erkennen: Der ostkirchl. Typ des Christus-Victor (Christus ist der Sieger) und der lat. Typ des Christus-Satisfactor (Christus wirkt Genugtuung, vgl. Peters, 310). Hebt der erste die Errettung von der Macht des Bösen (Sünde, Tod, Teufel) und das Geschenk des neuen Lebens hervor, so konzentriert sich der zweite auf die Bedeutung des Todes Jesu für die Glaubenden. Besondere Wirkung ging dabei von →Anselm von Canterburys Satisfaktionslehre aus, bei der anders als in 2Kor 5,19 Gott nicht das Subjekt der Versöhnung ist, sondern derjenige, dem Versöhnung dargebracht wird: Der durch die →Sünde beleidigte Gott kann ausschließlich durch Bestrafung (des Sünders) oder durch Genugtuung (eines Sündlosen) versöhnt werden. Im Kreuzestod ereignet sich diese Genugtuung, deren Belohnung Jesus Christus an die Menschen mitteilt.

Seit der →Aufklärung wird mit der Kritik an dieser Satisfaktionslehre auch der S.tod Jesu massiv in Frage gestellt. Welche Formen solche Ablehnung annehmen kann, macht ein Zitat von J.G. →Herder deutlich: »Da wird der alte Gott-Vater bald ein Blutdürstiger Leu, bald ein sauersehender Judex, endlich aber doch ein milder Pfalzgraf, der für gewonnenes Geld unwürdige Bastarte um Eines Echtgeborenen willen alle summarisch an Kindes Statt aufnahm« (vgl. bei Peters, 309). Bis in die Gegenwart hat sich an der Sache nichts Wesentliches geändert, wenn auch der Ausdruck moderater geworden ist. Der Gedanke, daß Befreiung von Sünde und Schuld durch den stellvertretenden Tod Christi geschehen ist, unterliegt im rel. Bewußtsein einem zutiefst moralischen Zweifel. Christus habe hier eine »Sündenbock«-Funktion, die sowohl Gott als auch dem modernen Gedanken sittlicher Selbstverantwortlichkeit des Menschen schlicht unangemessen sei. Eine Soteriologie unter dem Horizont personaler Kommunikation sei ungleich überzeugender. Und entsprechend sei auch eine Christologie annehmbarer, nach der die Funktion Christi in der Verkündigung solcher verzeihenden Liebe Gottes und im vorbildlichen Handeln aus ihr besteht (vgl. Wilckens, 242f.).

3. Die Bedeutung des Sühnegeschehens für den christlichen Glauben

Die historische Forschung an AT und NT hat in jüngerer Zeit vielfältige Beobachtungen zusammengetragen, aufgrund deren Jesu Tod am Kreuz entschlossen als S.tod zu deuten ist. Es ist daher auch im Bereich der Dogmatik eine sachgerechte Aufnahme des S.-Geschehens anzumahnen, ohne daß durch entsprechende Vor-Urteile der Zugang zum exeget. Sachverhalt verstellt und sein konsequenter Einbezug in die dogmat. Erörterung verhindert wird.

Folgende Aspekte sind festzuhalten: Die S. durch Christus macht das Ausmaß menschlicher Schuldverfallenheit offenbar: Sünde hat den tödlichen Konflikt mit dem heiligen Gott zur Folge, da der Mensch bei dem Tun-Ergehen-Zusammenhang behaftet wird. Es handelt sich hierbei um die Wirklichkeit der Sünde, keinesfalls allein um subjektives Sündenbewußtsein. Stiftet Gott angesichts dieses Verhängnisses S., so erweist sich darin seine Liebe und Gerechtigkeit. Die Verfallenheit an die Macht des Bösen wird durch das konkrete Handeln in Jesus Christus aufgebrochen: In seinem Tod gibt Gott selbst das Mittel zur S. Daher bezeichnet die daraus erwachsende Rechtfertigung und Sündenvergebung ebenfalls eine vor Gott geltende Wirklichkeit. Christus berichtigt – in der Formulierung M. Kählers – nicht »bloß irrige Ansichten über eine unwandelbare Sachlage«, sondern ist »der Begründer einer veränderten Sachlage« (zit. bei Pannenberg, 455).

Diese »veränderte Sachlage« wird abschließend im Jüngsten Gericht offenbar: Jesus Christus ist Herr über alle Gewalten der Finsternis. Gleichzeitig bekennt der einzelne Glaubende, daß dieser Herr sein Herr sei, daß er Vergebung der Sünden habe und so seines Heils gewiß sei. Entgegen aller Kritik ist somit an der Realität des S.-Geschehens am Kreuz festzuhalten. Denn nur in ihm erschließt sich die »schöpfungstheologische Weite und existentielle Tiefe« (vgl. Bayer, 23) der christl. Botschaft von Versöhnung und Rechtfertigung.

Lit.: G. Aulen: Die drei Haupttypen des christlichen Versöhnungsgedankens, ZSTh 8 (1931), 501–538; O. Bayer: Rechtfertigung, 1991; K. Heim: Jesus der Weltvollender, [3]1952, 96ff: M. Kähler: Die Versöhnung durch Christum in ihrer Bedeutung für das christliche Glauben und Leben, [2]1907; W. Pannenberg: Systematische Theologie II, 1991, 441ff; A. Peters: Rechtfertigung, Handbuch Systematischer Theologie 12, [2]1990; M. Seils: »Heil und Erlösung, IV. dogmatisch«, TRE 14, 1985, 622-637; U. Wilckens: Der Brief an die Römer, EKK VI/1, 1978.

E. Hahn

Suizid

Im Unterschied zum Tier hat der →Mensch die Freiheit, sein Leben zu bejahen oder zu verneinen. Er kann über sich selbst reflektieren und abwägen, ob sein Leben ihm sinnvoll erscheint oder nicht. Damit hat er die unheimliche »Freiheit zum Tode«. Von S. kann man nur reden, wenn eine unbedingte Selbsttötungsabsicht vorliegt. Damit unterscheidet sich S. sowohl von Selbstaufopferung wie von risikohaftem Verhalten, das zum Tode führt.

In der griech. und röm. Antike war der Freitod Recht des Menschen und eine anerkannte Sache. Als Beispiel mag der Ausspruch des Stoikers Seneca gelten: »Danken wir Gott, daß niemand im Leben festgehalten werden kann.« Den frei gewählten Tod als menschenwürdige Tat vertreten dann in der Neuzeit vor allem F. →Nietzsche und im 20. Jh. J. Améry, der nicht nur 1976 einen »Diskurs über den Freitod« geschrieben hat, sondern die Tat auch beging. Beide verachteten den natürlichen Tod, der uns gleichsam überfällt, und sahen im S. ein Vorrecht und Würdezeichen menschlicher Freiheit.

Christl. Ethik hat, auch wenn es in der Bibel kein ausdrückliches Verbot des S.s gibt, diese Tat in der Regel immer abgelehnt. →Augustinus bezieht dabei das Tötungsverbot nicht nur auf den Nächsten, sondern auch auf sich selbst. Er fordert auf, auch schweres Geschick im Blick auf das Vorbild des leidenden Christus zu ertragen. Selbst Christinnen, die in Verfolgungszeiten in Gefahr stünden, vergewaltigt zu werden, sollten nicht den Selbstmord als Ausweg wählen. Angesichts der großen Zahl der S.e und S.versuche in unserer Gegenwart ist nun christl. Theologie und Kirche bes. herausgefordert. Ausgangsbasis wird immer das Ja zu dem von Gott dem Menschen gegebenen Leben und seine Bewahrung sein. Dieses zu beenden, hat Gott allein das Recht. Ausdruck der Menschenwürde ist also nicht die Selbstverfügung im Freitod, sondern die Übergabe des noch so sinnlos erscheinenden Lebens in die gnädige Verfügung Gottes, der ihm neuen Sinn verleihen kann. Allerdings sollte in der Begegnung mit dem suizidgefährdeten Nächsten das Verbot immer umfangen und getragen sein vom Angebot. Nicht der Zwang, ein sinnloses Leben weiterzuführen, sondern Hilfen, neuen Sinn zu gewinnen, sind hier vonnöten. Die Erkenntnisse der modernen S.forschung (Erwin Ringel) zum »präsuizidalen Syndrom«, sind dazu sehr wichtig. Sie können deutlich machen, daß der S.gefährdete sich in einer veränderten seelischen Lage befindet, die stark von einer vielfachen inneren Einengung gekennzeichnet ist. Eine wichtige Aufgabe haben dabei auch die christl. → Telefonseelsorge-Stellen, durch die jährlich viele Menschen vom S. abgehalten werden und oft entscheidende weiterführende Hilfe erfahren, vor allem, wenn sie zu einem getrosten Glauben an Christus finden. Geduldiges Zuhören, taktvolles Ermutigen, praktische Begleitung und vor allem treue Fürbitte sind hier gefragt.

Lit.: D. Bonhoeffer: Ethik, [8]1975, 176ff; E. Ringel: Das Leben wegwerfen? [3]1986; N. H. Soe: Christliche Ethik, [2]1957, 198ff; H. Thielicke: Theologische Ethik Bd. II/1, [5]1986, 279ff; W. Trillhaas: Ethik, [2]1970, 206ff.

K. H. Bormuth

Sukzession, apostolische

Apostol. S. des kirchl. →Amtes kann viererlei bedeuten:

a. Fortsetzung des apostol. Dienstes durch das Amt;
b. Weitergabe der apostol. Lehre bei der Berufung in ein Amt;
c. Folge der Handauflegungen bei der →Ordination;
d. Folge der bischöflichen Handauflegungen (Schlink).

In den luth. Bekenntnisschriften ist die apostol. S. summarisch bei den Themen des Papstamtes und der Gewalt der →Bischöfe erörtert; im →Ansbacher Ratschlag von 1524 dagegen bei der Frage des Entzugs des Abendmahlskelches für Laien direkt angesprochen. Auf kath. Seite wird darauf bestanden, daß die konkrete Form der apostol. S. in der kath. Hierarchie »Ergebnis einer legitimen Selbstentfaltung der Kirche aus ihrem von Christus gestifteten Wesen« sei, irreversibel und in göttlichem Recht begründet (Breuning). Apostolische S. steht hier als Begriff für die Identität der Kirche von ihren Anfängen an, die sich als Folge bischöflicher Handauflegungen und damit verbundener Weitergabe apostol.-kirchenleitender Funktionen in Abhängigkeit vom Petrusdienst des →Papstes in Rom konkretisiert.

Ev. Lehre wird dagegen darauf hinweisen, daß dieses Verständnis der Einsegnungs- und Ernennungsvorgänge noch nicht im NT belegt ist und deshalb nicht für alle Kirchen eingefordert werden kann. Apostol. Nachfolge muß allerdings nicht nur vom Klerus, sondern generell auch von den Laien verlangt werden, und zwar in dem Sinne, daß die Gesamtheit der Christen in Bekenntnis, Lehre und Glauben den Aposteln nachfolgt. Apostol. S. des kirchl. Amtes verwirklicht sich dort, wo das Amt – wie der ntl. Dienst der Apostel in Lehre und Leitung – in Gemeinschaft mit den Diensten der Gemeindeglieder geführt wird. Die Folge von →Handauflegungen kann nur als Hilfe und Zeichen, nicht aber als das Wesen der apostol. S. verstanden werden (vgl. Löhe, Schlink).

Lit.: Der Ansbacher Evangelische Ratschlag, 30. September 1524: Die Fränkischen Bekenntnisse, 1930, 253–254; Dokumente wachsender Übereinstimmung 1, 1983; 2, 1992; Das kirchliche Amt und die apostolische Sukzession, ÖR-Beih. 49, 1984; E. Benz: Bischofsamt und apostolische Sukzession im deutschen Protestantismus, 1953; W. Breuning: LThK 9, 1140–1144; W. Löhe: Drei Bücher von der Kirche; Werke V, 1, 145–151; M. Plathow: Successio Apostolica, KuD 24, 1978, 53-76; E. Schlink: Die apostolische Sukzession, KuD 7, 1961, 79-114; ders.: »Die apostolische Sukzession und die Gemeinschaft der Ämter«, in: Reform und Anerkennung kirchlicher Ämter, 123–162; K. G. Steck: »Sukzession, apostolische«, RGG[3] VI, 521–522.

J. Eber

Summa

S. bezeichnet allg. den Wissensstoff eines Gebietes, als literarischer Begriff seine zusammenfassende Darstellung in knapper Form. Vorläufer der theol. Summen waren die Sentenzenwerke, zunächst Sammlungen von Bibel- und bes. Kirchenväterworten, seit Isidor von Sevilla auch in systematischer Anordnung. In der Scholastik wurden sie zu Gesamtdarstellungen der Theologie. Am bedeutendsten sind die »Vier Bücher Sentenzen« des P. →Lombardus (»Magister sententiarium«), die ab dem 13. Jh. zum theol. Lehrbuch des MAs schlechthin wurden und schon den Übergang zu den Summen bilden.

Die Summen waren selbständiger und systematischer als die Sentenzenwerke und zunächst nicht unmittelbar für den Unterricht bestimmt. Der Stoff wird in Form von Fragen in methodisch strenger Form nach dem Muster der Disputation abgehandelt (These, Einwände, deren Widerlegung, Kritik der Argumente für die Gegenmeinung, abschließende Darlegung). Die ersten wichtigen Summen stammen von Hugo v. St. Victor und P. →Abaelard (beide 12. Jh.), die weitaus bedeutendste von →Thomas v. Aquin, die, eigentlich als Einführung für Anfänger geschrieben, im 14. Jh. zum theol. Grundlehrbuch wurde.

Lit.: M. Grabmann: Die Geschichte der scholastischen Methode, 2. Bde., 1909/11 (Register); F. Stegmüller: »Sentenzenwerke«, RGG³ V, 1961, 1701ff.

W. Glatz

Sundar Singh (1888–1929?)

S.S., geb. im August 1888 in einem kleineren Ort namens Rampur bei Punjab in Nordindien. Das Kind erhielt den Namen Sundar (»schön«) und – wie alle Sikh (→Sikhismus) – Singh (Löwe). Sein Vater war Großbauer in Rampur. Seine Mutter war eine gläubige Hindu der Bhakti-Tradition. S.S. besuchte eine Missionsschule der amerik. Presbyterianer, auf der er das Christentum als eine fremde Religion zu hassen begann. Er wechselte daher die Schule. Kaum 17 Jahre alt verlor er seine Mutter, die einen tiefen Einfluß auf ihn hatte. S.S. hegte nunmehr Selbstmordabsichten, die aber durch eine Christus-Vision vertrieben wurden. Nunmehr fand er Frieden in seinem Herzen und eine bewegende Freude. Zwar wurde er von der Familie verstoßen und aus der Sikh-Gemeinschaft exkommuniziert, aber er fand Schutz bei Missionaren, die ihn auf die Taufe vorbereiteten. Am 3. September 1905 ließ er sich taufen und wählte für sein neues Leben den indischen Weg eines Sadhu (unabhängiger Wanderprediger, Asket, Heiliger), wie ihn seine Mutter gewünscht hatte. Er lebte nunmehr frei für Gott ein Leben der Hingabe an Christus in den Formen indischer Glaubensfrömmigkeit und Tugend: Meditierend, betend, predigend.

Als Wanderprediger führte ihn seine Reise zunächst durch Indien und Afghanistan, für ein halbes Jahr unterbrochen durch ein Theologiestudium in Lahore. Obwohl er von der Anglikanischen Kirche für die Diözese Lahore eine Predigtlizenz erhalten hatte, gab er diese bald wieder zurück. Er fühlte sich zu einem universalen prophetischen Dienst berufen. Er predigte den Christus, der ihm im täglichen Gebet, in der Meditation, im Hören auf sein Wort in der Bibel begegnet war und dem er in gläubiger Hingabe nachfolgte. So zog er kreuz und quer durch Indien, seine Volksgenossen in die Nachfolge Christi rufend und nicht – wie die Missionare es sich gewünscht hätten – zur Taufe als Kirchenchristen. Als er auf dem Wege der Nachahmung Christi im Jahre 1913 23 Tage gefastet hatte, fühlte er sich zwar schwach und krank; aber innerlich bestärkte ihn dies, und er geriet in ekstatische Zustände mit Visionen.

1918–1919 war die Zeit der Wanderpredigten in Ostasien (Burma, Singapur, Malaga, Japan, China), 1920 und 1922 im Westen (1920: England, Frankreich, Irland, Schottland, USA und Australien, 1922: Palästina, Ägypten, Frankreich, Schweiz, Deutschland, Schweden, Norwegen, Dänemark und Niederlande).

Nach seiner zweiten Europareise begann der sog. »Sadhu-Streit«, der ihn tief getroffen hat. Es ging um mancherlei Widersprüche und übertriebene Darstellungen von persönlichen rel. Erfahrungen auf seinem Weg als indischer Sadhu, die einerseits von westlich-wissenschaftl. religionspsych. Warte aus kritisiert wurden (O. Pfister), andererseits nachgeprüft und akzeptiert worden sind (F. Heiler). S.S. hatte jedoch fortan keine Freude mehr am Wanderpredigen. Er wurde krank (erfolglose Augenoperation, häufige Magenbeschwerden, mehrere Herzattacken). Doch sein Glaube an Gottes Liebe und Güte blieben davon unberührt. Er verbrachte die Zeit zurückgezogen mit seiner weltweiten Korrespondenz und dem Schreiben von sieben Glaubensbüchern und vielen Aufsätzen.

1929 ist S.S. bei seiner letzten Wanderung nach Tibet unter mysteriösen Umständen verschollen und wurde danach nicht mehr gesehen.

Lit.: F. Heiler: Sadhu Sundar Singh, Ein Apostel des Ostens und Westens, 1924; F. Melzer (Hg.): Sadhu Sundar Singh. Gesammelte Schriften, ¹²1993; P.S. Prakash: The Preaching of Sadhu Sundar Singh. Diss. Bethel 1990 (Lit.).

H. E. Hamer

Sünde/Erbsünde

a) biblisch

1. Altes Testament:
Von S. wird vor allem mit drei hebr. Sprachwurzeln gesprochen *(chata, awah* und *pascha)*. Die einzelnen Begriffe lassen sich differenzieren, verändern sich jedoch in der Geschichte, und ihre Bedeutungen gehen teilweise ineinander über.

a. Kennzeichnend für das AT ist, daß S. in einem ganzheitlichen Kontext verstanden wird. Dieser zeigt sich im sog. Tat-Folge-Zusammenhang. Die einzelne S. zieht schlimme Folgen für den Täter nach sich und verändert seine Situation unheilvoll. Zu diesem ganzheitlichen Sündenverständnis gehört, daß die negativen Folgen sich auch auf die Gemeinschaft und nachfolgende Generationen verhängnisvoll auswirken.

b. Die Urgeschichte (1Mo 1-11) beantwortet nicht die Frage nach der Herkunft der S. bzw. des Bösen. S. wird nicht als Verhängnis, sondern als bewußtes menschliches Handeln beschrieben, und zwar als Mißtrauen gegen die Güte des Schöpfers und als Versuch, autonom selbst darüber zu entscheiden, was gut und böse bzw. schlecht für den Menschen ist.

c. Nachdem Gott Israel zu seinem Volk erwählt hat, wird S. zum Bruch des Gottesverhältnisses. In 5Mo 1,19ff wird als Ursünde des Volkes Undankbarkeit, Mißtrauen und Ungehorsam gegenüber Jahwe genannt. Da die zwischenmenschlichen Beziehungen in den von Gott gegebenen Ordnungen geregelt sind, ist ihre Verletzung S. zugleich gegenüber Menschen und gegen Gott. S. ist gemeinschaftswidriges Verhalten.

d. Die S. schafft eine vorfindliche, wenn auch unsichtbare Unheilssphäre und wird zu einer die einzelnen Taten übergreifenden Sündenlast, die aufgrund des Tat-Folge-Zusammenhangs zum Tod des Sünders führt. Um den Menschen vor diesem Tod, der auch als Strafe Gottes verstanden wird, zu bewahren, hat Gott die kultische →Sühne als Möglichkeit gegeben, damit stellvertretend für den Sünder ein Opfertier stirbt und dieser Vergebung seiner S. erfährt.

2. Neues Testament:

a. Der Hauptbegriff für S. ist im NT die Wortgruppe *hamartia.* Das NT teilt das ganzheitliche Sündenverständnis des AT; oft steht der Tat-Folge-Zusammenhang im Hintergrund (vgl. Röm 1,18ff).

b. In den synoptischen Evv. ist von S. vor allem im Zusammenhang der Vergebung die Rede. Jesus weiß sich zu den Sündern gesandt, um sie zur Umkehr zu rufen (Mt 9,13 par.). Er nimmt für sich die Vollmacht in Anspruch, Sünden vergeben zu können (Mt 9,6 par.). Im Gegensatz zu den frommen Juden wendet sich Jesus den Sündern in Liebe zu und vergibt ihnen ihre Sünden, ohne diese zu verharmlosen (vgl. Lk 15,24.32).

c. Wer nicht an Jesus, den von Gott gesandten Retter, glaubt, behält seine S. und wird im Endgericht verurteilt (Joh 3,18). Deshalb ist im JohEv. der Unglaube gegenüber Jesus die eigentliche S. des Menschen (Joh 8,24; 16,8ff); dieser lehnt mit dem Sohn Gottes zugleich das Heilshandeln Gottes ab.

d. Paulus verwendet den Begriff S. fast nur im Singular. Er versteht sie als eine Macht, unter deren Herrschaft alle Menschen stehen. Der Mensch begibt sich durch sein Sündigen selbst in die Sklaverei der S., muß ihr dann aber unbedingt gehorchen (Röm 6,15ff; 7,13ff; vgl. Joh 8,34). Die S. führt für den Menschen durch das Gesetz zum Todesurteil im Gericht Gottes. Obwohl Paulus aufgrund des Tat-Folge-Zusammenhangs die Macht der S. in gewisser Weise als ein Verhängnis seit Adam in der Welt sieht, betont er doch, daß die S. ein vom einzelnen zu verantwortendes Tun ist, durch das er sich das Gerichtsurteil, den Tod, zuzieht. Röm 5,12 (»... so ist der Tod zu allen Menschen durchgedrungen, weil sie alle gesündigt haben«) kann deshalb keine Erbsündenlehre begründen. Durch den Glauben wird der Mensch aus der Sklaverei der S. aufgrund des Sühnetodes Christi befreit.

e. Obwohl die Glaubenden von der Herrschaft der S. befreit sind, werden sie noch durch die S. versucht und sündigen auch. Sie sollen aber durch die Kraft des Geistes sündiges Handeln überwinden und entsprechend dem Willen Gottes leben (Röm 8,1ff), auch wenn sie keine Sündlosigkeit erreichen. Diese Spannung finden wir ebenso im 1Joh, der sündiges Handeln bei den Christen voraussetzt (1,8-2,2; 5,16f), jedoch auch sagt, daß die Christen nicht mehr sündigen (3,6-9; 5,18). S. ist hier wohl als Auflehnung gegen Gott verstanden, die sich prinzipiell nicht mit dem Glauben an Christus und der Gotteskindschaft der Christen verträgt.

Lit.: P. Fiedler: EWNT I, 1980, 157–165; W. Günther, W. Bauder: TBLNT III, 1971, 1192–1204; W. Haubeck: »Sünde im NT«, in: Theologisches Gespräch 1, 1993, 14-31; R. Knierim: Die Hauptbegriffe für Sünde im AT, [2]1967; ders.: THAT I, 1971, 541–549; II, 1976, 243–249.488–495; K. Koch: ThWAT II, 1977, 857–870; V, 1986, 1160–1177; H. Ringgren, H. Seebass: ThWAT VI, 1989, 791–810; C. Wolff: »Ansichten von Sünde im AT«, in: Theologisches Gespräch 1993 (Heft 1), 2-13.

W. Haubeck

b) theologiegeschichtlich

1. Die durch Jesus Christus vollbrachte →Erlösung von der S. gehört seit den Anfängen des Christentums zum Kernbestand seiner Verkündigung und Lehre. Insofern spielt der Begriff der S. in jeder Ausprägung des Christentums eine der Heilsauffassung korrespondierende Rolle. Eine Vertiefung hat die Sündenlehre (Hamartiologie) bes. in Zeiten erfahren, in denen das in der Heiligen Schrift bezeugte Gnadenhandeln Gottes mit neuer Kraft ins Zentrum des Glaubens und der theol. Bemühung rückte und zu Kontroversen über die Frage führte, »von welcher Schwere die Sünde ist« (→Anselm von Canterbury). Das kann für die Lehrentwicklung der westlichen Kirche paradigmatisch an →Augustin und an →Luther gezeigt werden (zur Einteilung der S.n. vgl. →Todsünden).

2. Die frühen Kirchenlehrer in der Zeit vor Augustin (→Apologeten, →Clemens von Alexandrien, →Origenes) hatten den Begriff der S. in der Auseinandersetzung mit dem antiken Schicksalsglauben und mit der →Gnosis als Schuld bestimmt und dabei die Verantwortlichkeit des Menschen und seine freie Willensentscheidung betont. Mit dem Hinweis auf den freien Willen hat auch Augustin zunächst (in der Schrift »De libero arbitrio«) gegen den → Manichäismus argumentiert. Im pelagianischen Streit hat Augustin dann seine Gnaden- und Sündenauffassung voll entfaltet und den Begriff der Erbs. *(peccatum originale)* im Unterschied zu den einzelnen Tats.n *(peccata actualia)* zu klären versucht. Die Freiheit im Sinne eines Vermögens, zu sündigen oder nicht zu sündigen *(posse peccare* bzw. *posse non peccare)*, kommt nach Augustin der ursprünglich gut geschaffenen Menschennatur vor Adams Fall zu. Nach Adams Fall bleibt dem Menschen nur das Vermögen zu sündigen *(posse peccare)* sowie – dieses verstärkend – das Unvermögen, nicht zu sündigen *(non posse non peccare)*. Durch die rechtfertigende →Gnade wird der Mensch von dem Zwang zu sündigen befreit, und zum *posse peccare* tritt wieder das *posse non peccare*. Erst bei der Vollendung der menschlichen Natur und aller Dinge in der Herrlichkeit erhält der Mensch nicht nur das *posse non peccare*, sondern auch das *non posse peccare* (Unvermögen zu sündigen). Der pelagianische Streit drehte sich vor allem um die Frage nach der Willensfreiheit im Blick auf die Situation des Menschen nach dem Fall Adams und um die Bedeutung des Gnadenhandelns Gottes. →Pelagius und seine Anhänger bestritten das von Augustin behauptete Unvermögen des unerlösten Menschen, nicht zu sündigen *(non posse non peccare)*; nach ihrer Meinung bleibt der Wille von Akt zu Akt frei zum Guten wie zum Bösen. Die Kritik der Pelagianer entzündete sich nicht zuletzt daran, daß Augustin seine Lehre in Richtung auf eine doppelte →Prädestination ausbaute. Augustin hat allerdings immer daran festgehalten, daß das Sündigen nicht aufgrund eines von außen kommenden Zwanges geschieht *(non coacte)*, sondern willentlich: Der Mensch sündigt, weil er sündigen will. Zugleich gilt aber auch, daß er nach dem Fall nicht anders kann als immerfort weiter zu sündigen: Der Mensch verharrt mit innerer Notwendigkeit *(necessario)* in seiner selbst verschuldeten Sündhaftigkeit. Damit bringt Augustin die von Paulus vertretene Einsicht zur Geltung, daß der Mensch nicht nur hin und wieder sündigt (und dies auch unterlassen könnte), sondern Sünder ist und darum der Erlösung durch Gott bedarf.

Die Stärke der S.nlehre Augustins liegt somit darin, daß sie die S. nicht nur als menschliche Tat, sondern auch als eine alle Menschen beherrschende und ihr Sein bestimmende Macht herauszustellen vermag – und genau das ist der Sinn der Rede von der Erbs. Versuche einer Erklärung, wie die Erbs. von Adam auf seine Nachkommen übergegangen ist, tragen schon bei Augustin spekulative Züge, die mit den verschiedenen damaligen Vorstellungen über die Fortpflanzung und die Beseelung der menschlichen Leiber zusammenhängen. Eine bleibende Leistung Augustins ist, wie er im Anschluß an Paulus (Röm 7,7) die Erbs. durch eine Analyse der Begehrlichkeit *(concupiscentia, cupiditas)* phänomenologisch aufzuzeigen versteht, und wie er dies mit der Bestimmung des Wesens der S. verknüpft: Der Mensch wendet in Hochmut *(superbia)* bzw. Selbstsucht *(amor sui)* sein Herz von seinem Schöpfer ab und statt dessen den Geschöpfen zu. So verkehrt er die rechte Ordnung und verliert sich in der Begierde nach den Dingen dieser Welt. – Augustin hat demnach beides festzuhalten und widerspruchsfrei darzustellen versucht: die →Schuld und →Verantwortlichkeit des Menschen ebenso wie seine Unfähigkeit, sich selber von der Macht der S. zu befreien, d.h. seine Angewiesenheit auf die freie Gnade Gottes. Obwohl die Lehren der Pelagianer schon 418 verurteilt wurden, ist die augustinische S.n- und Gnadenlehre im MA oft nur in verkürzter Gestalt rezipiert worden.

3. In der →Reformation trat eine umfassende und radikale Rückbesinnung auf die bibl. Rede von S. und Gnade ein. →Luthers Verständnis der paulin. Lehre von der →Rechtfertigung allein aus Glauben führte ihn ähnlich wie die anderen Reformatoren (→Melanchthon, →Calvin, →Zwingli) zu einer Vertiefung des S.nbegriffs. Die Reformation sieht die S. in theozentrischer Perspektive als verkehrtes Verhältnis des Menschen zu Gott: der Mensch glaubt Gott nicht (vgl. CA II), sondern verschließt sein Herz ihm gegenüber und verkrümmt sich in sich selbst (*incurvatus in se ipsum*). Die S. des Menschen betrifft darum nicht nur seine Taten, sondern ihn selbst als Person. Dementsprechend haben die Reformatoren das Schwergewicht wieder auf das *peccatum originale* (Wurzel-, Person-, Erbsünde) gelegt, weniger auf die *peccata actualia* (Tatsünden), die sie als »Frucht« der Erbs. angesehen haben.

Zum Problem der Willensfreiheit ist die Kontroverse zwischen →Erasmus von Rotterdam und Luther von Interesse. Im Kern ging es in diesem Streit nicht um die Frage, welche Freiheit der Mensch vor dem Fall einmal besessen haben mag, und welche Freiheit er als Glaubender besitzt. Vielmehr hatte Erasmus in seiner Untersuchung »Über den freien Willen« 1524 die Freiheit als das Vermögen definiert, kraft dessen sich der Mensch dem, was zum ewigen Heil führt, zuwenden oder sich davon abwenden kann. Luther hat 1525 Erasmus mit seiner Schrift »Vom versklavten Willen« entschieden widersprochen. Darin verneint Luther das von Erasmus behauptete Vermögen des Menschen, an seinem Heil mitzuwirken (vgl. →Synergismus). Dabei redet Luther so stark von der Freiheit und Alleinwirksamkeit Gottes, daß der Eindruck nicht von der Hand zu weisen ist, Gott könne auch Urheber des Bösen sein und die Verantwortung für das Aufkommen der S. in der Schöpfung tragen. Doch dieser Gedanke ist Luther wie allen Reformatoren fremd; als Ursache der S. wird der böse Wille der Kreatur angesehen (vgl. CA XIX).

Wie Augustin haben auch die Reformatoren beides festgehalten: daß der Mensch schuldig ist an seinem Sündersein und daß der Mensch als Sünder nicht anders kann als zu sündigen. Der gedankliche Ausgleich zwischen diesen beiden paradox anmutenden Sätzen ist in der Reformationszeit, wie davor und danach, nie völlig befriedigend ausgefallen, da ein derartiger Versuch schnell zur Abschwächung zumindest eines der beiden Sätze führt. Neben dem konfessionellen Gegensatz (Feststellung der gegen die Protestanten gerichteten kath. Erbs.nlehre im →Tridentinum 1545–1563) traten denn auch bald erhebliche Lehrunterschiede im Protestantismus selbst zutage (vgl. z.B. im Luthertum den sog. synergistischen Streit 1556–1560).

4. Die altprotestantische →Orthodoxie definierte die S. im Anschluß an 1Joh 3,4 als Übertretung des göttlichen Gesetzes. In der weiteren Entwicklung der Hamartiologie bahnte sich im Zuge einer Identifizierung des göttlichen mit dem moralischen Gesetz eine Moralisierung des S.nbegriffs an, der weitgehend zu einer Auflösung des Begriffs der Erbs. bzw. zu einer Reduktion der Erbs. auf die individuelle Tats. geführt hat. Die →Socinianer und ähnlich die →Arminianer erklärten die Imputation der Schuld Adams mit den aus dem pelagianischen Streit bekannten Argumenten für unmöglich: fremde Schuld könne nicht zugerechnet werden; von Schuld könne nur bei einer eigenen Willenstat die Rede sein. Diese Argumente wurden von der →Aufklärung und vom →Rationalismus aufgegriffen und weitergeführt. Auch in →Kants Religionsphilosophie, die mit einer Besinnung auf das »radikale Böse in der menschlichen Natur« beginnt, wird das Sittlich-Böse letztlich nur als menschliche Tat gedacht (»Übertretung des moralischen Gesetzes, als göttlichen Gebotes, Sünde genannt«). Unter den Bedingungen der neuzeitlichen Entwicklung hat im 19. Jh. J. →Müller die christl. Lehre von der S. als Voraussetzung des christl. Erlösungsglaubens in einer umfassenden Monographie dargestellt; darin setzt er den verschiedenen Erklärungsmodellen, die das Problem des Bösen theoretisch zu bewältigen versuchen, die wesentliche »Unbegreiflichkeit« der S. entgegen. Im 19. Jh. nur wenig beachtet, dann aber über die Grenzen der Theologie hinaus zur Wirkung gekommen ist die S.nlehre S. →Kierkegaards, die sich zunächst in Gestalt einer »psychologischen« Untersuchung über den »Begriff Angst« dem Problem der Erbs. nähert; in der Schrift »Die Krankheit zum Tode« beschreibt Kierkegaard die S. dann als »Verzweiflung«, die sich unweigerlich einstellt, wenn der Mensch versucht, außerhalb der ihn konstituierenden Gottesrelation sein Selbst zu finden.

Im 20. Jh. ist der Sprachverfall, dem der S.nbegriff in Theologie, Kirche und Gesellschaft unterliegt, zunehmend offenkundig geworden, auch wenn es nicht an ernsthaften Bemühungen um eine Erneuerung der traditionellen S.nlehre gefehlt hat (z.B. die S. als Nichtiges bei Karl →Barth, als Entfremdung bei Paul →Tillich). In jüngster Zeit ist in der Theologie ein verstärktes Interesse an einem neuen Zugang zum Thema der S.nlehre festzustellen (z.B. Christof Gestrich). Ein beachtlicher Versuch, die Erbs. nicht nur als menschliche Tat zu verstehen, sondern wieder mit den Naturbedingungen des menschlichen Daseins in Verbindung zu bringen, findet sich bei Wolfhart Pannenberg.

Lit.: O. Marquard, R. Schottlaender, M. Arndt, H. Schneider, K. Riesenhuber, A. Hügli: »malum«, HWP, 5, 1980, 652–706; A. Augustinus: Schriften gegen die Pelagianer, Lat.-Dt., Bde. I-VII, 1955ff; Ch. Axt-Piscalar: Ohnmächtige Freiheit, Studien zum Verhältnis von Subjektivität und Sünde bei A. Tholuck, J. Müller, S. Kierkegaard und F. Schleiermacher, erscheint 1995; J. Gross: Geschichte des Erbsündendogmas, Bd. I-IV, 1960–1972; I. Kant: Die Religion innerhalb der Grenzen der bloßen Vernunft, 1793; S. Kierkegaard: Der Begriff Angst, 1844; ders.: Die Krankheit zum Tode, 1849; M. Luther: De servo arbitrio, in: WA 18, 1908, 600–787; J. Müller: Die christliche Lehre von der Sünde, Bd. 1-2, 1839–1844, [6]1877; W. Pannenberg: Anthropologie in theologischer Perspektive 1983, 77-150, 236-303.

H.-P. Willi

c) systematisch-theologisch

Zu den Aufgaben einer syst.-theol. Besinnung auf den S.begriff gehört,

– angesichts der »Verfallsgeschichte« (Pannenberg) des S.nbegriffs in der Neuzeit (vgl. b. 4.) die S. nicht zu verschweigen oder den mit ihrem Begriff gegebenen Problemen auszuweichen, sondern in der Schule der Hl. Schrift neu und vollmächtig von S. und →Erlösung, →Gesetz und →Evangelium, →Gericht und →Gnade reden und dies im Kontext der Gegenwart verantworten zu lernen;

– die Frage nach dem rechten Erkenntnisgrund der S. eigens zu stellen (wie Karl →Barth zu Recht betont hat): denn »kein Mensch vermag aus eigenem Vermögen und von sich selber her auszusagen, was Sünde ist, eben deshalb, weil er in der Sünde ist«; es ist davon auszugehen, »daß eine Offenbarung von Gott her dazu gehörte, um den Menschen darüber aufzuklären, was Sünde ist« (S. →Kierkegaard);

– der S.nlehre (Hamartiologie) im Ganzen der christl. Lehre den rechten Ort *(locus)* anzuweisen und die Verbindungslinien zu den anderen *loci* aufzuzeigen: zur Lehre von →Gott (→Heiligkeit, →Gerechtigkeit, →Liebe Gottes) und von der →Schöpfung (Urstand und Fall; →Vorsehung), zur →Christologie (die alte Frage: »Wäre der Sohn Gottes Mensch geworden, wenn das menschliche Geschlecht ohne Sünde geblieben wäre?«) und →Soteriologie (was heißt: »Jesus Christus – für unsere Sünden gestorben«?), zur →Ekklesiologie (→Beichte, →Gemeindezucht) und →Eschatologie (Jüngstes →Gericht, ewige →Verdammnis und ewiges →Leben);

– von der S. nie losgelöst vom Evangelium und von der Rechtfertigung des Sünders allein aus Glauben zu reden (Gal 3,22); »es ist gleich gefährlich für den Menschen, Gott zu kennen, ohne sein Elend zu kennen, wie sein Elend zu kennen, ohne den Erlöser zu kennen, der ihn davon zu heilen vermag« (B. →Pascal); die S.nlehre kann als Prüfstein für die Wahrheit des Ganzen einer Dogmatik angesehen werden, weil der S.nbegriff über das Verständnis von Heil und Erlösung entscheidet (und umgekehrt);

– die S. als Unglauben zu definieren; das Wesen der S. ist in dem (verkehrten) Verhältnis des Menschen zu Gott zu suchen, und von da aus ist sie als verkehrtes Verhältnis zu sich selbst und zu den anderen Menschen und Geschöpfen zu bestimmen;

– die Sünde zu unterscheiden vom →Bösen, vom Übel und von der Unvollkommenheit (*peccatum*, »Sünde« als Verstoß gegen Gottes Willen und Gebot; *malum morale*, »moralisches Übel«, als Verstoß gegen das sittliche Gesetz; *malum physicum*, »physisches Übel«, als natürliches Übel; *malum metaphysicum*, »metaphysisches Übel«, als geschöpfliche Unvollkommenheit);

– die S.nlehre sorgfältig vor allen moralisierenden Auslegungen zu schützen, und d.h. sie ins rechte Verhältnis zur →Ethik zu setzen;

– die kollektive und kosmische Dimension des S.nunheils darzulegen; hier sind auch die S.nfolgen zu bedenken;

– die S. weder zu verharmlosen (so daß die Erlösung durch Jesus Christus als unnötig erscheint) noch zu verabsolutieren (so daß die Erlösung als unmöglich erscheint);

– die S. als menschliche Tat (*peccatum actuale*, »Tatsünde«) und als alle Menschen beherrschende Macht (*peccatum originale*, »Ursprungs- oder Erbsünde«) darzustellen; die Allgemeinheit der S. (daß jeder Mensch ein Sünder ist) ebenso zu betonen wie den Ernst, der darin liegt, daß ich (der einzelne) ein Sünder bin;

– das Verhältnis von S. und →Schuld zu klären; in diesem Zusammenhang kann die christl. Theologie auf den Begriff der menschlichen →Verantwortung und →Freiheit nicht verzichten;

– streng theol. und intellektuell redlich mit den Schwierigkeiten der S.nlehre umzugehen, v.a. was die Frage nach dem Ursprung des Bösen *(unde malum?)* betrifft; die Theologie scheint hier besser beraten, die mit dem →Theodizeeproblem gegebene Aporie auszuhalten und das Paradox als theol. Denkform anzuerkennen, als daß sie Kohärenz und Widerspruchsfreiheit um jeden Preis erzeugen will (in dem Sinne etwa, daß eine Verantwortung Gottes für das Aufkommen des Bösen und der Sünde in seiner Schöpfung denkbar wird);

– die vielfältigen Erscheinungsformen der S. in der Lebenswirklichkeit aufzuzeigen: denn es gehört zur Vergebung, die Sünden zu bekennen (Ps 32; 1Joh 1,9), zur Befreiung von ihrer Macht, sie konkret zu benennen (vgl. die →Lasterkataloge im NT); ferner ist wichtig für die Seelsorge, echtes und falsches Schuldgefühl zu unterscheiden;

– Summa: die S. im Lichte des immer noch größeren Erbarmens Gottes groß zu machen (Röm 5,15.20; 11,32); die Überwindung der S.nmacht durch Jesus Christus durchbricht das unheilvolle Verschweigen der S. und ermächtigt zu einem heilsamen Umgang mit ihr in Gebet, Seelsorge und Theologie.

Lit.: K. Barth: KD III/3 (1950), 327–425. IV/1ff (1953ff), passim; E. Brunner: Der Mensch im Widerspruch. Die christliche Lehre vom wahren und vom wirklichen Menschen (1937, [5]1985); Chr. Gestrich: Die Wiederkehr des Glanzes in der Welt. Die christliche Lehre von der Sünde und ihrer Vergebung in gegenwärtiger Verantwortung (1989); E. Jüngel: »Zur Lehre vom Bösen und von der Sünde«, in: Wissenschaft und Kirche. FS Eduard Lohse, 1989, 177-188; W. Neuer: Der Zusammenhang von Dogmatik und Ethik bei Adolf Schlatter (Exkurs 6 zur Erbsünde), 1986; W. Pannenberg: Systematische Theologie Bd. 2 (1991), 266–314; P. Tillich: Systematische Theologie Bd. II (1958, [8]1984),35-87.

H.-P. Willi

Sündenbekenntnis →Beichte

Sündenfall →Sünde

Sündenvergebung →Vergebung

Sündlosigkeit Jesu

Die Frage nach der S. Jesu stellt sich im Blick auf sein vorösterliches irdisches Leben. Nicht der Begriff der S. Jesu, wohl aber die damit gemeinte Sache ist in der Bibel vielfach bezeugt: u.a. Jes 53,9; Mt 3,15.17; 4,1-11; 5,17; Joh 8,46; 18,38; 2Kor 5,21; Phil 2,8; 1Petr 1,19; 2,22; 1Joh 3,5; Hebr 4,5; 5,8; 9,14. Gleichwohl wurde die S. Jesu von seinen Gegnern von Anfang an bestritten (Mt 9,3; 26,65; Joh 9,16-24; 10,33). Auch dort, wo Jesus nur als moralisches Vorbild verstanden wird, wird die S. Jesu geleugnet, denn Jesu Anspruch der Gottessohnschaft wird als bloße Einbildung und damit als unrechtmäßig abgelehnt. Problematisch erscheint aber auch jene Sicht, welche die S. Jesu aufgrund seiner Gottessohnschaft für selbstverständlich hält, sie nimmt das wahre Menschsein des Gottessohnes nicht ernst (Mt 4,2; Joh 1,14; Hebr 4,15). Nicht weil Jesus Gottes Sohn war, war er sündlos, sondern er war sündlos, weil er nicht sündigen wollte, obwohl er es als Mensch gekonnt hätte und vielfältigen Versuchungen ausgesetzt war. So wie Adam seine menschliche Freiheit negativ zum Sündigen mißbrauchte, so gebrauchte Jesus sie positiv zum Nicht-Sündigen.

Daß es sich bei der S. Jesu nicht um etwas Abstraktes handelt, zeigt besonders das Geschehen von Gethsemane: Jesu Bitte: »Laß diesen Kelch an mir vorübergehen!« (Mk 14,36) darf nicht als gegen Gott gerichtet, d.h. als Sünde verstanden werden. Im Gegenteil, ihr Fehlen hätte auf eine unnatürliche Abgestumpftheit gegen das Leiden und damit gegen das Leben, ja gegen Gott schließen lassen. So aber bringt die Bitte den unsäglichen Schmerz des tatsächlichen Leidens unter der fremden Sünde zum Ausdruck. Entscheidend ist jedoch, daß diese Bitte nicht isoliert dasteht, sondern als Gebet umschlossen ist von der unbedingten Einwilligung Jesu in den Willen des Vaters. Mit dessen Willen und Möglichkeiten will sich Jesus unter allen Umständen eins machen (Mt 26,39; Joh 5,19; 10,30). Die S. Jesu erweist sich so als radikales Dienen und Selbsthingabe (Mk 10,45). Der allein Sündlose wirft keinen Stein auf die Sünderin, sondern spricht sie frei (Joh 8,7-11). Nur als der ganz und gar Gerechte und Gehorsame, als das fehllose Opferlamm konnte er »zur Sünde gemacht« werden und sie wegtragen (Jes 53; Joh 1,29; 2Kor 5,21; Hebr 9,14). Der vollkommene Gehorsam Jesu war die Voraussetzung für seine Auferweckung (Phil 2,8f). Daß die bis in den Tod bewährte S. Jesu jeden Gottlosen, der an ihn glaubt, vor Gott gerecht macht, ist das Evangelium der Bibel (Röm 4,5).

Lit.: K. Barth: KD IV/1, ²1960, 259ff, 284ff; IV/2, 1955, 99ff; O. Betz: »Die Einzigartigkeit Jesu Christi nach dem NT«, in: R. Hille/E. Troeger: Die Einzigartigkeit Jesu Christi, 1993, 7-28; A. Schlatter: Das christliche Dogma, ²1923, 310ff; ders.: Jesus - der Christus, 1978, 57-65.

J. Demandt

Sunniten →Islam

Superintendent →Kirchliche Ämter

Supranaturalismus

Der in der ersten Hälfte des 19. Jh.s aufgekommene S. ist nur teilweise Abkehr vom →Rationalismus. Die Vertreter der supranaturalistischen Theologie behaupten nicht mehr die bedingungslose Geltung der alten Symbole und Bekenntnisse, sondern gehen auf die Bibel, vereinzelt sogar nur auf das NT zurück. Sie akzeptieren auch gewisse textkritische Fragen und Einwände. Der Gegensatz betrifft die von →Kant aufgeworfene Frage, was →Vernunft bzw. Vernunfterkenntnis bedeutet. Der Hauptvorwurf gegenüber der rationalistischen Theologie ist, daß diese die vernünftige Erkenntnis mit der wissenschaftl. Naturerkenntnis gleichsetze (August Hahn 1827, J.A.H. Tittmann 1816). Es gebe kein Handeln Gottes außerhalb des geschlossenen Kausalzusammenhangs im Naturgeschehen. Gegen diesen Naturalismus der Vernunft konnten sich die Supranaturalisten sogar auf Kant berufen. Dieser hat zwar die Metaphysik abgelehnt, aber er hat nicht gesagt, daß außerhalb der gegenständlich wahrnehmbaren Wirklichkeit nichts sei. Für den S. ist Gott als unabhängig von seiner Schöpfung zu denken, deshalb auch nicht als Prinzip einer Allkausalität. Also kann Gott sich auch anders als nur durch die Natur bzw. durch die Vernunft offenbaren. Die supranaturalistische Theologie anerkennt eine über den Zusammenhang der Naturerkenntnis hinausgehende →Offenbarung, die in der Bibel bezeugt ist und innerhalb des bibl. Zeugnisses insbesondere in der Person Jesu Christi. Um diesen Gegensatz geht es im Gegensatz von rationalistischer und supranaturalistischer Theologie. Und deshalb wird letztere auch mit Absicht »supranaturalistisch« und nicht »suprarationalistisch« genannt. Von diesem Ansatz aus könnte gesagt werden, daß der Glaube bzw. die Glaubenserkenntnis nicht »vernunftgemäß« sei, sofern Vernunft sich selber eingrenzt auf objektiv wissenschaftl. Erkenntnis des natürlich Gegebenen. Die Vertreter der supranaturalistischen Theologie stellten aber eher den Vernunftbegriff der Rationalisten in Frage. Deren Beschränkung der Vernunft auf Naturerkenntnis sei falsch. Wenn Gott wirklich unabhängig von seiner Schöpfung ist, dann ist es durchaus vernünftig, anzunehmen, daß er sich auch unabhängig von der Ordnung der Natur offenbaren kann. Gottes Offenbarung, wie sie die →Geschichte bezeugt, ist Geschichtsoffenbarung. Aber ist Geschichte gleich der physikalischen Natur so durchschaubar, das man aus ihr einen vernünftigen, dem Naturgesetz gleichen und demnach errechenbaren, definierbaren Ablauf entnehmen kann?

Die Theologen, welche die übernatürliche Offenbarung Gottes bejahen, sind in der Frage, ob und inwiefern diese Offenbarung der »Vernunft« entspricht, nicht ganz einig. Karl Gottlieb Bretschneider (1776–1848), eher noch den Rationalisten nahestehend, lehnt aber den Schluß, daß der »geschlossene Kausalzusammenhang« physikalischer Vorgänge ein freies Einwirken Gottes ausschließe, ab. Der geschlossene Naturzusammenhang, zum Weltregenten gemacht, sei ein Götze. Wenn der vernünftige Mensch auf die Natur einwirken und natürliche Abläufe nach seinem Willen verändern kann, wie sollte Gott nicht auf den Weltlauf und auf das Leben eines Menschen einwirken können? Bretschneider fügt allerdings bei, daß der menschliche Verstand ohne göttliche Erleuchtung Gottes Handeln nicht verstehen könne. Etwas andere Akzente setzt A.D.Chr. →Twesten. Er sagt: »Ich kann für den Christlichen Theologen keinen höhern Standpunkt anerkennen, als den der Apostel, die es lieber mit der göttlichen Torheit hielten, als mit der menschlichen Weisheit (1Kor 1,21.25), und obgleich wohl niemand ist, der nicht lieber im Schauen wandelte als im Glauben, der nicht die Wahrheit lieber selbst erkennen als sie auf Zeugnis der Autorität annehmen sollte: obgleich auch ich für das höchste Ziel des Theologen halte, das, was sich wissen lässt, ... und jedem dankbar bin, der mich auf diesem Wege fördert: so kann und will ich mir doch über den Erfolg keine Illusionen machen ...« (Vorlesung über die Dogmatik, Bd. 2, 4. Aufl. 1838, Einl.): Twestens Haltung könnte dem entsprechen, was Kant gemeint hat, wenn er sagt, daß er mit der Ablehnung der Metaphysik dem Glauben Platz machen will.

Zwischen den beiden Auffassungen, daß Vernunft nicht auf naturwissenschaftl. Erkenntnis eingeengt werden darf und auch ein »übernatürliches Wirken Gottes« vernunftmäßig verstanden werden kann, und andererseits, daß der Glaube eben Glaube ist, weil er sich auf eine Wirklichkeit bezieht, die außerhalb des vernunftmäßig Erreichbaren besteht, bewegen sich die Standpunkte der supranaturalistischen Theologen, unter welchen hier noch einige genannt seien: G.Chr. →Storr (1746–1805), Joh. Friedr. Flatt (1759–1821), Karl Christian Flatt (1772–1843), Joh. Christian Friedr. Steudel (1779–1837), Franz Volkmar Reinhard (1753–1812).

Lit.: Fr. H. R. v. Frank: Geschichte und Kritik der neueren Theologie, 1894; E. Hirsch: Geschichte der neueren evangelischen Theologie, Bd. 5, 1954; F. W. Kantzenbach: Programme der Theologie, ²1978, 44ff; F. Mildenberger: Geschichte der deutschen evangelischen Theologie im 19. und 20. Jahrhundert, 1981, 91ff.

F. Flückiger

Swedenborg, Emanuel (1688–1772)

S., geb. am 29. 1. 1688 in Stockholm, gest. am 29. 3. 1772 in London, Sohn eines luth. Bischofs,

1716 Bergassessor in Schweden mit umfassender Bildung; er wirkte zunächst als Naturforscher (über das Gehirn, die Seele, die Naturphilosophie im allgemeinen); war genial begabt und hatte über viele Reisen Kontakt mit zahlreichen bedeutenden Zeitgenossen und seinerseits dann weitreichenden Einfluß auf viele Jüngere, z. B. F. Chr. →Oetinger, J. K. →Lavater, I. →Kant u. a. 1747 verzichtete S. auf seinen Beruf und lebte ein dem Bibelstudium, der Schriftstellerei und dem Umgang mit jenseitigen Welten gewidmetes Leben. Er erblickte in seiner Welt einen zunehmenden Niedergang, dem ihm zufolge auch die aufeinander folgenden vier christl. Kirchen erlegen waren, bis durch ihn die fünfte Kirche gegründet und die geistige Wiederkunft Christi vorbereitet wurde.

Nach seinem Tod trat die »Kirche des Neuen Jerusalems« der Swedenborgianer ins Leben. 1788 ist sie in England entstanden und breitete sich in der ganzen Welt, vor allem in den USA aus. Dem Spiritismus verbunden, erklären die Swedenborgianer die Schriften S.s als kanonisch und inspiriert. Von einer bibl.-reformat. Theologie und Verkündigung sind S. und seine Anhänger vor allem in der Christologie und der Rechtfertigungslehre geschieden.

Lit.: Swedenborgs Werke erscheinen im Swedenborg-Verlag, Zürich;
E. Benz: Emanuel Swedenborg. Naturforscher und Seher, 1948; A. L. Goerwitz: Was lehrt die Neue Kirche?, o. J.; M. Lamm: Swedenborg. Eine Studie über seine Entwicklung zum Mystiker und Geisterseher, 1922 (Lit.); Zeitschrift der Neuen Kirche: »Offene Tore«.

G. Ruhbach

Syllabus

Griech. *syllabos,* »Verzeichnis«.

1864 schickte Pius IX. die Enzyklika »Quanta cura« an alle kath. Bischöfe; im Anhang der Enzyklika befand sich eine Sammlung von 80 Irrtümern, der »Syllabus«. R. Aubert bemerkt: »Vielleicht hat niemals ein päpstliches Dokument unter Laien eine ähnliche Erregung hervorgerufen und, in gewissen Kreisen, ein ähnliches Ärgernis.«

Der S. ist in zehn Abschnitte eingeteilt. Im ersten Abschnitt sind unter dem Titel »Pantheismus, Naturalismus und absoluter Rationalismus« sieben Behauptungen zusammengestellt, die zumeist eindeutige Irrlehren ausdrücken. Der zweite Abschnitt ist überschrieben mit »Gemäßigter Rationalismus«. Er richtet sich gegen eine Anzahl dt. Denker der jüngsten Vergangenheit. Verurteilt werden ferner Indifferentismus, Sozialismus, Kommunismus, Geheimgesellschaften, Bibelgesellschaften und klerikal-liberale Gesellschaften. Ferner befaßt sich der S. mit den »Irrtümern über die Kirche und ihre Rechte«. Die Thesen 39 bis 55 behandeln das Verhältnis zwischen der bürgerlichen Gesellschaft und der Kirche. Der siebte Abschnitt trägt den neutralen Titel: »Irrtümer über die natürliche und christliche Sittenlehre.« Der achte Abschnitt umfaßt zehn Irrtümer bezüglich der christl. Ehe. Der neunte Abschnitt ist überschrieben mit: »Irrtümer über die weltliche Herrschaft des Römischen Papstes.« Die letzten Verurteilungen des S. (75-80) richten sich vor allem gegen die Auffassungen liberaler Katholiken über die Religionsfreiheit und die Zeitbedingtheit des Kirchenstaates.

Der S. ist keine Erklärung des Papstes ex cathedra und ist vom Gesamtepiskopat nie als unfehlbares Dokument der Kirche hingestellt worden.

Der S. verschärfte die innerkath. Kontroversen im Vorfeld des I. Vatikanums wie des Kulturkampfes.

Lit.: R. Aubert: »Der Syllabus von 1864«, in: Stimmen der Zeit 175, 1964/65, 1-24; B. Schneider: »Der Syllabus Pius' IX. und die deutschen Jesuiten«, in: Archivum Historiae Pontificiae 6, 1968, 371-392.

K. Wittstadt

Symbol

Der Begriff des S.s gehört zu den Grundbegriffen nicht nur der theol. Sprachlehre, sondern auch der allgemeinen →Religionswissenschaft, der Literatur- und Kunstwissenschaft sowie der Psychologie. In solch breiter Verwendung ist er der Spannung zwischen der allgemeinen Humanität und dem besonderen Wahrheitsanspruch des christl. Glaubens ausgesetzt, was im Sprachgebrauch vielfach zu Unschärfen und Mißverständnissen führt. Schon von seinem Wortsinn her – abgeleitet vom griech. Verb *symballein,* »zusammenwerfen, zusammentreffen«, insbes. auch: »sich unterreden, den wahren Sinn erfassen« (vgl. Lk 2,19) – empfiehlt er sich freilich auch als Vermittlungsbegriff, der zusammenhält, was sonst unter der Herrschaft anderer Sprachformen und Erkenntnismethoden auseinanderzufallen droht.

1. An S.en vergewissert sich der christl. Glaube seiner Wahrheit; mittels ihrer dringt er auf Unterscheidung im Gegenüber zu anderen Religionen und Konfessionen. Unter diesem Aspekt erschließt sich ein älterer Sprachgebrauch, für den der Begriff des S.s die verbindlichen Lehrgrundlagen einer Glaubensgemeinschaft (insbes. die altkirchl. Glaubensbekenntnisse und die reformat. Bekenntnis-

schriften) bezeichnet. Mit den S.en ist das Maß und zugleich das Erkennungszeichen gesetzt, an dem sich Orthodoxie und Heterodoxie, wahrer Glaube und Irrglaube entscheiden. Davon abgeleitet ist der Begriff der Symbolik, verstanden als Auslegung und kontroverstheol. Behauptung der konfessionellen Identität.

2. Von »symbolischer Theologie« – der Begriff begegnet bereits bei →Dionysius Areopagita (Ende 5. Jh.) – ist freilich noch in einem anderen Sinne zu reden. Unter der Fragestellung, unter welchen Bedingungen und mit welchen Sprachmitteln die Theologie die ihr aufgetragene Sache erkennen könne, impliziert der Verweis auf das Symbolische eine bestimmte Stellungnahme: Gott ist nicht unmittelbar faßbar, sondern nur im Medium geschöpflicher Wirklichkeit und Sprache. Zusammen mit Metaphern und Gleichnissen gehören S.e in die Kategorie der analogen Rede (→Analogie). Gott und Welt, Gottes Wort und menschliche →Sprache fallen nicht beziehungslos auseinander; und sie werden einander nicht gleichgesetzt. Vielmehr kommunizieren sie miteinander in einem Verhältnis, das durch Ähnlichkeit, aber auch Unähnlichkeit gekennzeichnet ist. So wie sich die Sphäre des Natürlichen und Kulturellen (z.B. Feuer, Wasser, Sonne, Hand, Weg, Haus) auf ihren transzendenten Ursprung hin öffnet, gleichsam lichtet, und eine unausschöpfbare, geheimnisvolle Bedeutung gewinnt, so verdichtet und konkretisiert sich umgekehrt die Sphäre des Göttlichen und Ideellen in weltlicher, sinnlich faßbarer Gestalt.

3. Die spezifische Art der Darstellung, die für S.e charakteristisch ist, erhellt aus der doppelten Differenz gegenüber dem Zeichen einerseits und dem →Sakrament andererseits. Während Zeichen auf eine Wirklichkeit hinweisen, der sie lediglich äußerlich aufgrund von Konventionen zugeschrieben werden, haben S.e an der Wirklichkeit, die in ihnen zur Darstellung kommt, selbst Anteil. Was sie darstellen, das sind sie in gewisser Hinsicht auch, das repräsentieren sie. Freilich bleibt diese Präsenz hinter der heilvollen Gegenwart Gottes zurück, wie sie allein in den Sakramenten gefunden werden kann. S.e bleiben im Raum der Zweideutigkeit. Sie unterliegen dem geschichtlich-kulturellen Wandel. Soll sich der Glaube an ihnen seiner Wahrheit vergewissern können, so bedürfen sie der Auslegung und Kritik im Sprachraum des Evangeliums.

4. Das gilt mit besonderer Dringlichkeit deswegen, weil in der Sprache der S.e auch die Wirklichkeit der menschlichen Seele Ausdruck findet. Die verstärkte Aufmerksamkeit, die neuerdings dem Symbolischen in der exeget. und insbesondere in der religionspäd. Diskussion zugewandt wird, verdankt sich weithin der Erwartung, mit Hilfe der symbolischen Sprache sei der Graben zu überwinden, durch den sich das aufgeklärte, hist.-kritisch geschulte Bewußtsein der Gegenwart vom Ursprung des christl. Glaubens geschieden weiß. Die S.forschung der modernen → Tiefenpsychologie, vor allem in der Schule C.G. Jungs, scheint auf eine Einheit hinzudeuten, in der Gott und Mensch in der Tiefe des Unbewußten immer schon miteinander verbunden sind. Daß der Wirklichkeitsgehalt der S.sprache auch und gerade in ihrer innerseelischen Wirksamkeit zu suchen ist, sei nicht verkannt (vgl. nochmals Lk 2,19). Liegt die Leistung des S.begriffs darin, daß er zwischen Allgemeinem und Besonderem vermittelt, wird jedoch darauf zu achten sein, daß die besonderen Konturen der christl. Heilsbotschaft und ihrer geschichtl. Begründung nicht einer vermeintlich allgemeineren Struktur assimiliert oder gar preisgegeben werde. In Auseinandersetzung mit einem tiefenpsych. normierten S.verständnis bleibt die Besinnung auf die in den symbolischen Büchern der ev. Kirche vorgegebenen Lehrgrundlagen unverzichtbar.

Lit.: P. Biehl: Symbole geben zu lernen, 2 Bde., (Wege des Lernens, Bd. 6 und 9), 1989 und 1993; W. Jetter: Symbol und Ritual. Anthropologische Elemente im Gottesdienst, [2]1986; C.G. Jung u.a.: Der Mensch und seine Symbole, [13]1981; P. Tillich: Symbol und Wirklichkeit. Mit einem Nachwort von J. Ringleben, [3]1986.

J. von Lüpke

Symbolik →Konfessionskunde

Symbolische Bücher →Bekenntnisschriften

Synagoge

Das griech. Wort *synagoge* (von *synago*, »versammeln«) bezeichnet in der LXX als Übersetzung von hebr. *'edah* die Vollversammlung des Volkes Israel. Auch einzelne Versammlungen von Juden konnten so genannt werden. Im 1. Jh. n. Chr. war S. zum gebräuchlichen Ausdruck für eine jüd. Gottesdienststätte geworden, wie Philo, Josephus und das NT bezeugen. In der Diaspora herrschte allerdings der Begriff *proseuche*, »Gebet(sstätte)« vor (vgl. Apg 16,13.16). Im Hauptstrom des Christentums wurde griech. *ekklesia* (»Aufgebot«) zur Bezeichnung der gottesdienstlich versammelten Gemeinde und später auch des Versammlungsortes. Bei Judenchristen und judenchristl. beeinflußten Gruppen hingegen fand noch bis ins 5. Jh. hinein der Ausdruck S. Verwendung.

Vorstufen zum jüd. S.-Institut kann man in den Gruppen sehen, die sich um exilische und nachexilische Propheten sammelten, aber auch in der öffentlichen Vorlesung des Gesetzes durch Esra. Religiöse Versammlungsräume in jüd. Besitz sind seit der zweiten Hälfte des 3. Jh.s v. Chr. für Ägypten inschriftlich bezeugt, durch die Theodotos-Inschrift für das 1. Jh. v. Chr. auch in Jerusalem. Archäologische Überreste von Diaspora-S. aus vorchristl. Zeit kennen wir vor allem von der griech. Insel Delos. Funde des 1. Jh.s v. Chr. und des 1. Jh.s n. Chr. in Palästina (Ausrichtung von Gebäuden nach Jerusalem bzw. Osten, umlaufende Sitzbänke, mögliche Torah-Nischen, angegliederte Ritualbäder) sind z. T. heftig umstritten. Man darf aber mindestens in Masada, Herodion, Gamala und Kafarnaum mit S.-Überresten aus der Zeit vor 70 n.Chr. rechnen. Die Interpretation von Funden aus dieser frühen Zeit ist deshalb so schwierig, weil die meisten Gebäude einfache Haus-S. gewesen sein dürften. Die Umwandlung eines Privathauses in eine S. läßt sich für das 3. Jh. n.Chr. in Dura-Europos am Euphrat bes. schön nachweisen. Nicht weit von diesem Gebäude befand sich eine Hauskirche, deren Fresken jüd. Einfluß verraten. Auch die Malereien der röm. Katakomben zeigen deutliche Beziehungen zur Kunst der S.n, in denen während der spätröm.-byz. Zeit keineswegs ein rigoroses Bilderverbot galt.

Vor der Tempelzerstörung waren die S.n keine offizielle jüd. Einrichtung, sondern ihre Gründung ging meist auf Privatinitiative zurück. Die S.-Gemeinden organisierten sich als Religionsvereine, die vom röm. Staat anerkannt waren und sogar über eine eigene Gerichtsbarkeit bis hin zur Prügelstrafe (vgl. 2Kor 11,24) verfügten. Vor 70 n. Chr. gab es eine relativ große Vielfalt in der Zusammensetzung, theol. Ausrichtung und Organisation der S. Grundlage war allerdings überall die Zusammenkunft am Sabbat zur Verlesung von Abschnitten aus den fünf Büchern Mose (Torah) und den prophetischen Schriften (vgl. Lk 4,16ff). Umrahmt wurde der Gottesdienst von Gebeten und Psalm-Rezitationen. Nach Möglichkeit wurde auch eine Auslegung der Schriftlesungen gegeben.

Den S.n waren in der Regel Elementarschulen angegliedert, weil jeder religionsmündige Israelit sich an den Lesungen beteiligen konnte. Die Einrichtung eines nichtkultischen Wortgottesdienstes stellte eine religionsgeschichtl. Neuheit dar, die in den Augen antiker Beobachter das Judentum als eine Art Philosophie und damit als attraktiv erscheinen ließ.

Gar nicht überschätzt werden kann die Bedeutung des S.-Instituts für das frühe Christentum. Schon Jesus begann sein Wirken im Umkreis von S.n und konnte die dort verbreitete Schriftkenntnis bei vielen seiner Hörer voraussetzen. Die in den S.n vermittelte rel. Volksbildung war für die Urgemeinde eine wichtige Voraussetzung ihrer eigenen Schriftexegese und die Ausbildung einer gepflegten Überlieferung der Worte und des Wirkens Jesu. Wesentlich war die Existenz eines Netzes von S.en in der Diaspora für die rasche missionarische Ausbreitung des Christentums im 1. Jh. n. Chr. Neben einer beachtlichen Zahl von Proselyten, die sich mit allen Konsequenzen dem Judentum angeschlossen hatten, existierte ein noch größerer Kreis von Sympathisanten. Besonders für Paulus, aber auch für andere urchristl. Missionare, bildeten diese sog. »Gottesfürchtigen« eine Brücke zur Verkündigung unter Heiden. Der frühe S.n-Gottesdienst hat in verschiedenem Ausmaß urchristl. Gottesdienstformen (doppelte Schriftlesung, Psalmengebet) beeinflußt. Manche rechnen mit einer Übernahme der Presbyter-Verfassung aus der S. Ehemalige Vorsitzende von S.n wurden jedenfalls auch in den urchristl. Gemeinden führend (Apg 18,8.17).

Ob schon um 90 n.Chr. eine Versammlung von Rabbinen in Jamnia einen allg. Ausschluß der Judenchristen aus den S.n durchführte (sog. »Ketzersegen«, *birkat ha-minim*) und wieweit sich das im Joh-Ev. spiegelt (Joh 9,22; 12,42; 16,2), bleibt in der Forschung umstritten. Es ist eher anzunehmen, daß sich aufgrund der damals noch fehlenden Zentralisierung die Abgrenzung des rabbinischen Judentums von als häretisch betrachteten Gruppen bis weit ins 2. Jh. n.Chr. hinzog. Besonders erst nach dem gescheiterten messianisch-antiröm. Bar-Kochba-Aufstand (132–135 n.Chr.) geschah die Umwandlung des Judentums aus einer verhältnismäßig pluralistischen Größe in die relativ monolithische rabbinische Form. Seit dieser Zeit kam es auch zur Ausprägung eines reichen, aber verhältnismäßig einheitlichen Stils sowohl der S.n-Liturgie wie der S.n-Bauten (hebr. *bejt ha-knesset*). Unabdingbar für den Gebrauch eines Raums als S. ist bis heute allerdings nur der feste oder tragbare Torah-Schrein mit den Schriftrollen.

Die S.n bilden bis heute die Zentren jüd. rel. und gesellschaftl. Lebens vor allem in der Diaspora. Judenverfolgungen bis hin zur berüchtigten »Reichskristallnacht« (9. 11. 1938) zielten deshalb auch immer auf die Zerstörung von S. n. In Deutschland ist eine jüd. Präsenz mindestens seit dem 4. Jh. n.Chr. belegt. Die ältesten erhaltenen S.n stammen aber erst aus dem 11. (Köln) und 12. Jh. (Worms). Die besterhaltene aschkenasische (ostjüd.) S. ist die »Altneuschul« in Prag (um 1300 n.Chr.). Seit dem 19. Jh. ist das Judentum theol. wieder pluralistisch geworden und das hat tiefgreifende Auswirkungen auf die verschiedenartige Ausprägung des S.-Gottesdienstes gehabt. Heute orientieren sich auch einige judenchristl. Gemeinden an Formen der synagogalen Liturgie.

Lit.: I. Elbogen: Der jüdische Gottesdienst, [2]1962; J. Gutman (Hg.): Ancient Synagogues, 1981; H. H. Hendrix (Hg.): Jüdische Liturgie, 1979; F. Hüttenmeister, G. Reeg: Die antiken Synagogen in Israel I/II, 1977; S. Krauss: Synagogale Altertümer, [2]1966; L. I. Levine (Hg.): Ancient Synagogues Revealed, 1981; ders.: The Synagogue in Late Antiquity, 1987; J. Maier: Das Judentum, [3]1988; R. Riesner: Jesus als Lehrer, [3]1988; ders.: GBL III, [2]1990, 1507–1512; W. Schrage: ThWNT VI, 1964, 798–850; H.P. Schwarz: Die Architektur der Synagoge, 1988; H. Shanks (Hg.): Judaism in Stone, 1979; G. Stemberger: Das klassische Judentum, 1979.

R. Riesner

Syneisakten

S. ist die Bezeichnung für christl. Jungfrauen, die mit Klerikern bzw. Laien in geistl. Ehe zusammenlebten, um so ihre Askese zu bewähren (vgl. 1Kor 7,36-38). Im 2. Jh. hat sich diese Lebensweise ausgebreitet und hohe kirchl. Wertschätzung gefunden. Als die S. aber dann Haushälterinnen bzw. Konkubinen des Priesters wurden, haben sich Bischöfe und Theologen seit ca. 250 zunehmend mehr – wegen der Gefährdung oder des Mißbrauches – gegen diese asketische Lebensform ausgesprochen und sie schließlich untersagt.

Lit.: H. Achelis: »Syneisakten«, RE[3] XIX, 1907, 123ff; H. Koch: »Virgines Christi«, in: TU 31,2, 1907; H. Peisker: Christentum und Ehe in den ersten drei Jahrhunderten, 1921.

G. Ruhbach

Synergismus

1. Im Bereich der Theologie werden mit S. solche Anschauungen bezeichnet, die den Erwerb des Heils in Christus als Zusammenwirken der göttlichen Gnade und des menschlichen Willens deuten.

2. Die Behauptung der menschlichen Willensfreiheit bei der Entscheidung über das Gnadenangebot Gottes durch →Pelagius hatte bereits →Augustinus zu einer umfassenden Widerlegung veranlaßt. Allerdings konnte in der Form des Semipelagianismus der Gedanke einer eigenständigen Mitwirkung des Menschen weiten Einfluß in der Kirche gewinnen. Nicht umsonst bezeichnete Luther Pelagius als den »Eckstein aller Häretiker; denn die Natur schielt bald nach dem Werk« (vgl. WA 20, 670,7). In der Auseinandersetzung mit →Erasmus betonte Luther: Bei Gott fallen Voraussehen, Vornehmen und Tun zusammen (WA 18,615); demgegenüber ist die Rede von einem freien Willen des Menschen im Blick auf das Heil »ein leeres Wörtlein« (WA 18, 670).

3. Zum »synergistischen Streit« kam es im Zuge der Behandlung der Frage durch →Melanchthon. Dieser hatte zunächst Luthers Position geteilt, schrieb dann jedoch aus psych. und päd. Erwägungen heraus dem menschlichen Willen mehr und mehr Eigenständigkeit bei der Aneignung des Heils zu. Er war bemüht, die deterministische Komponente der Prädestination zu vermeiden und den Menschen bei seiner Verantwortung für Annahme oder Ablehnung der angebotenen Erlösung zu behaften: Gottes Wort wirkt nicht magisch. Gern zitiert er Chrysostomos: »Gott zieht, aber er zieht den Wollenden.« Das Heil wird somit dort zugeeignet, wo Gott in seinem Wort durch den Heiligen Geist wirkt, und der menschliche Wille dem göttlichen Wort zustimmt und ihm nicht widerstrebt (vgl. Loci 1559). In diesem Sinne hat der Mensch die Fähigkeit, sich der Gnade zuzuwenden (so auch Erasmus).

Den Höhepunkt des Streits bildete die Disputation zwischen M. → Flacius und V. Strigel 1560 in Weimar. Strigel verstand das Zusammenwirken zwischen Gott und Mensch so, »als wenn ich in einer Zeche säße bei einem reichen Mann, und er gäbe einen Thaler, ich einen Heller«. Flacius bestand darauf, daß der unerlöste Mensch schlimmer als »Klotz oder Stein« sei, da er sich gegenüber Gottes Wirken nicht nur passiv, sondern betont feindselig verhalte (Kawerau, 230f).

Auch wenn die Konkordienformel in Art. II gegen den S. entschied, wurde die Frage nach dem Verhältnis zwischen göttlichem *sola gratia* und menschlicher Personalität nicht gelöst.

4. Das Heilswerk Gottes in Jesus Christus benötigt und erträgt keine menschliche Mitwirkung; die Rechtfertigung geschieht allein aus Gnaden. Daher kann der Mensch als Versklavter der Sünde auch nicht über seinen Willen einen Beitrag zu seinem Heil leisten. Allerdings wird der S. nicht dadurch überwunden, daß der menschliche Anteil auf Null reduziert würde. Der Mensch bringt sehr wohl sei-

nen Beitrag ein, nämlich seine Sünde. Indem er jedoch – wie eine Braut – das Wort Christi vernimmt: »Ich bin dein«, soll er antworten: »Und ich bin dein.« So nimmt Christus die Sünde auf sich, während der Glaubende Christi Gerechtigkeit empfängt. Dieser Glaube aber kann niemals müßig sein, sondern hat stets Früchte und Werke bei sich (vgl. Prenter, 268f). Dies ist weder das Verhalten von »Klotz oder Stein«, noch die synergistische Kombination zweier Subjekte, sondern das gemeinsame Wollen von Gott und Mensch, das allein von Gott gewirkt ist und doch den Menschen umfassend beteiligt.

Lit.: G. Kawerau: »Synergismus, Synergistischer Streit«, RE³ XIX, 229-235; M. Luther: De servo arbitrio, WA 18; ders.: Vorlesung über den 1. Brief des Johannes, WA 20; Ph. Melanchthon: Loci 1559, CR XXI; A. Peters: Glaube und Werk, 1962; R. Prenter: »Luthers ›Synergismus‹?«, in H. Junghans, I. Ludolphy, K. Meier (Hg.): Vierhundertfünfzig Jahre lutherische Reformation 1517–1967, FS F. Lau, 1967, 264–281.

E. Hahn

Synkretismus

1. Zur Geschichte des Begriffs

S. war nach Plutarch (ca. 45-120 n.Chr.) ein polit. Begriff: der Zusammenschluß der sonst miteinander im Streit liegenden kretischen Städte bei äußerer Bedrohung wurde in Griechenland mit diesem Begriff sprichwörtlich (Plut. mor. 490 a/b). In die Theologie fand der Begriff Eingang, als G. →Calixt versuchte, die christl. Konfessionen durch Herausarbeiten gemeinsamer »Fundamentalartikel« des Glaubens einander näherzubringen (→Synkretistischer Streit). Erst in der Religionswissenschaft des 19. Jh.s wurde der Begriff S. auf das Phänomen der gegenseitigen Beeinflussung verschiedener Religionen übertragen. Von daher bekam S. den möglicherweise auch etymologisch gerechtfertigten Sinn von (Religions-)mischung (von *syn-kerannymi*, »zusammenmischen«). Bei der Identifikation bestimmter Gottheiten verschiedener Religionen (z.B. Zeus und Jupiter) spricht man von Theokrasie. Solche Theokrasie ist schon früh bezeugt (z.B. im 5. Jh. v. Chr. bei Herodot, Hist. II, 42). Vor allem aber die Zeit des →Hellenismus gilt als klassische Zeit des S. Auch das in dieser Zeit entstehende Urchristentum wurde als typisches Kind seiner Zeit angesehen und als »synkretistische Religion« bezeichnet (H. Gunkel, nach ihm auch R. →Bultmann und seine Schule). Tatsächlich war das Urchristentum schon in Palästina, vollends aber bei seiner Ausbreitung über Syrien und Kleinasien auf das ganze röm. Reich vielfältigen Einflüssen des hell. S. ausgesetzt. Eine synkretistische Deutung des Urchristentums selbst allerdings widerspricht eindeutig dem Selbstverständnis der ntl. Zeugnisse.

2. Der S. und die Möglichkeiten der Begegnung des Christentums mit anderen →Religionen

Auch in der mission. motivierten Begegnung des Christentums mit anderen Religionen (→Dialog) kann der Christ nicht nur der Gebende sein. Schon rein sprachlich ist dies unmöglich: Das christl. Gotteszeugnis wird in der Regel an einen Gottesbegriff der anderen Kultur und ihrer Religion anknüpfen und ihn übernehmen müssen. Grundsätzlich ist weiter durchaus denkbar, daß bestimmte einzelne Vorstellungen und Erkenntnisse aus der fremden Religion übernommen werden, die so in der christl. Religion noch nicht vorhanden oder doch nicht entfaltet waren.

Die entscheidende Frage ist nur, wie diese Anknüpfung und Übernahme geschieht. Als Grundsatz wird gelten müssen: Es darf nichts übernommen werden, was im Widerspruch zur christl., von der →Bibel bestimmten Wahrheitserkenntnis steht und so das Christentum sich selbst entfremdet. Positiv: Das aus der heidnischen Religion Übernommene ist in das Christliche zu integrieren und, wo nötig, zu korrigieren. Hier sind biologische Vergleiche leicht irreführend: der aufgepfropfte Zweig trägt die Früchte seiner Art, nicht die des Baumes, von dessen Saft er lebt. Christl. Religion dagegen muß, in welche Kultur auch immer sie verpflanzt wird, die Verbindung zu ihrer eigenen hist. bibl. Wurzel halten und sich stets neu von ihr her bestimmen lassen. Das gilt selbstverständlich nicht nur für das Christentum in Afrika oder Asien, sondern genauso auch im modernen Europa. Es gibt S. nicht nur zwischen Religionen, sondern – für uns in Europa die näherliegende und bedrängendere Gesprächsfront – auch zwischen dem Christentum und der Quasireligion des modernen →Säkularismus.

3. Systematisch-theologische Voraussetzungen und Konsequenzen

Möglich ist solche Anknüpfung aufgrund der →Schöpfungsoffenbarung. Auch der Nichtchrist, auch der Angehörige anderer Religionen ist Geschöpf des einen Schöpfers und nach seinem Bilde gemacht (Apg 17,26-28). Insofern haben auch sie tatsächlich mit einem und demselben Gott zu tun (Apg 17,23). Aber die Möglichkeit, diesen Gott von daher auch wirklich zu erkennen (Röm 1,19f), wird immer schon durch die →Sünde, in der jeder Mensch von Natur aus gefangen ist, gehindert und boykottiert. Insofern wieder ist der Gott der nichtchristl. Religionen nie einfach identisch mit dem, der sich, den Menschen persönlich verpflichtend, in Israel und dann definitiv, d.h. die menschliche Sünde überwindend, in Jesus Christus offenbart hat. Alle nichtchristl. Religion läßt den Menschen letztlich wie er ist, sie dient seiner Selbsterhöhung. An Christus als den Gekreuzigten kann man nur so glauben, daß zugleich der alte Mensch stirbt und als neuer wiedererweckt wird (Röm 6). D.h. die christl. Verkündigung an Angehörige nichtchristl. Religionen (und säkularistischer Quasireligion) muß, bei aller Bereitschaft zum →Dialog, grundsätzlich auf den Ruf zur →Bekehrung zu dem in Christus offenbaren, allein wahren Gott zielen (Apg 17,30f; 1Thess 1,9).

4. Praktischer Synkretismus

Teilweise bestimmt von dem verständlichen humanistischen Anliegen, daß gerade die Religionen der Welt alles tun sollten, was dazu beiträgt, gesellschaftl. und internationale Konflikte abzubauen, werden immer wieder gemeinsame Aktionen über die Grenzen der Religionen hinaus gefordert. Unter nichtrel. Vorzeichen sind solche Aktionen selbstverständlich möglich und wünschenswert. Problematisch werden sie aber da, wo man ausdrücklich unter rel. Vorzeichen beisammen ist, d.h. wo es zu gemeinsamem Gottesdienst und Gebet kommt. Hier wird, typisch synkretistisch, die Identität der Gottheit der eigenen Religion mit der der anderen vorausgesetzt. Bibl. gesehen ist solches synkretistische Verhalten mit ehelicher Untreue zu vergleichen und vom ersten Gebot her als Abfall von Gott zu beurteilen (Hos 2). Auch der Gedanke der Proexistenz der Religionen (als solcher) füreinander (Küng, 169) ist, streng genommen, im Ansatz synkretistisch.

Lit.: R. Bultmann: Das Urchristentum, 1962, (163ff »Das Urchristentum als synkretistisches Phänomen«); H. Burkhardt: Ein Gott in allen Religionen?, ^{2}1993; C. Colpe: »Synkretismus«, KLP Bd. 5, 1975, 1648–1652; H. Gunkel: Zum religionsgeschichtlichen Verständnis des Christentums, 1903; H. Kraemer: »Synkretismus«, EKL, ^{2}1959; H. Küng: Projekt Weltethos, ^{2}1990, O. Michel: »Zum Verhältnis des Urchristentums zu anderen Religionen«, in: H. Burkhardt (Hg.): Absolutheit des Christentums?, 1974, 107–112; B. Nicholls: Contextualisation. A Theology of Gospel and Culture, 1979.

H. Burkhardt

Synkretistischer Streit

Im 17. Jh. geführter Kampf um das konfessionelle Profil der luth. Kirche, ausgelöst durch G. →Calixt und seine Schüler in Helmstedt und Königsberg. Aufgrund einer melanchthonisch-humanistisch orientierten Theologie forderte Calixt seit 1629 die gegenseitige Anerkennung der christl. Konfessionen auf der gemeinsamen Grundlage der altkirchl. Bekenntnisse, u. a. des Apostolicum (*consensus antiquitatis*).

Dieser Vorschlag zum Kirchenfrieden in der Zeit der Religionskriege hatte nicht nur irenische Aspekte (Religionsgespräche in gegenseitiger Toleranz), sondern auch polemische, denn Calixt bekämpfte weiterhin die »Neuerungen« der calvinistischen Prädestinations- und Abendmahlslehre und der röm. Lehren von Papsttum, Meßopfer, Fegefeuer und Heiligenverehrung, aber auch der fortentwickelten luth. Christologie (Ubiquitätslehre).

Die röm.-kath. Theologen lehnten den Appell Calixts ab; die luth., unter Wittenberger Führung (A. →Calov), bestritten jene Konsensgrundlage, weil diese die reformat. Bekenntnisschriften (speziell deren Unterscheidung von Glaube und guten Werken in der Rechtfertigungslehre) bedeutungslos machte und »Synkretismus« im Sinn von konfessionsnivellierender »Religionsmengerei« zur Folge hatte.

Der offene Streit brach 1648 aus, als der Große Kurfürst (→Friedrich Wilhelm) trotz des mißglückten Religionsgesprächs in Thorn (1645) seine absolutistische (!) Toleranzpolitik fortsetzte. Der kursächsische Versuch, die Konfessionalität des Luthertums dogmat. festzuschreiben (Consensus repetitus, 1655), scheiterte jedoch an der Zurückhaltung Herzog →Ernsts des Frommen und der jenensischen Theologen (J. →Musäus).

Der Streit flammte anläßlich des Kasseler und des Berliner Religionsgespräches (1661 bzw. 1662/3) sowie nach dem Tod Herzog Ernsts (1675) noch einmal auf, wurde aber bald von Vorschlägen im Sinne Erasmus' und Calixts abgelöst (G.W. →Leibnitz). Die hier leitende Annahme, man müsse nur auf die maßstäbliche Alte Kirche zurückgehen, wurde in späteren Unionsbemühungen aufgegeben.

Lit: A. Calov: Historia syncretistica, 1682; F. Lau: »Synkretistischer Streit«, RGG^{3}, VI, ^{3}1962, 568; H. Leube: Kalvinismus und Luthertum, 1928 (ND 1966), 257ff; O. Ritschl: Dogmengeschichte 4, 1928, 231ff; J. Wallmann: »Calixt«, TRE 7, 1981, 557; ders.: »Calov«, TRE 7, 1981, 563ff.

W. Sparn

Synode, Synodalverfassung

S.n nehmen im Verfassungsaufbau der ev. Landeskirchen und ihrer Zusammenschlüsse (EKD, EKU, VELKD) eine wesentliche Stellung ein. Gemeinsam mit anderen Verfassungsorganen (Bischof und Kirchenleitung u.ä.) haben sie Anteil an der Leitung der Kirche. Der bes. Typus der presbyterial-synodalen Kirchenverfassung in der Tradition der rheinisch-westfälischen Kirchenordnung von 1835 konzentriert sogar die Leitung der Kirche – jedenfalls verfassungstheoretisch – bei der S.: »Die Evangelische Kirche im Rheinland wird von der Landessynode geleitet.« (Art. 168 Abs. 1 Kirchenordnung der Ev. Kirche im Rheinland)

Die S.n setzen sich zum einen aus gewählten Mitgliedern zusammen. Die Wahlen erfolgen nach einem bestimmten Schlüssel zwischen Theologen und Nichttheologen zumeist durch das Leitungsorgan der kirchl. Mittelebene (Kreissynode) oder wahlbezirksweise durch die Leitungsorgane der Kirchengemeinden. Einen Sonderfall bildet Württemberg mit der Urwahl der S. durch die Gemeindeglieder. Zu den gewählten Synodalen treten die von der S. selbst oder dem ständigen kirchenleitenden Organ (Kirchenleitung o.ä.) berufenen Mitglieder hinzu. Dabei handelt es sich überwiegend um Personen, die für die Landeskirche in Ämtern und Werken gesamtkirchl. Aufgaben wahrnehmen, Angehörige bestimmter Berufsgruppen (Religionslehrer u.ä.) und Sachverständige. Dazu kommen Vertreter der jeweiligen Theologischen Fakultäten. Mitglieder der S. von Amts wegen sind in einigen Landeskirchen die leitenden Geistlichen der Mittelebene (Superintendenten u.ä.). Die Einbeziehung der Mitglieder der Kirchenleitung in die S. richtet sich danach, welchem Verfassungsmodell (Einheits- oder Trennungsprinzip) gefolgt wird. Die Amtszeit der S.n beträgt in der Regel 4-6 Jahre.

Die Aufgaben der S.n können in unterschiedlicher Akzentuierung das gesamte kirchl. Leben betreffen. Am umfänglichsten sind sie dort, wo ref. Traditionen Eingang in die Gestaltung der Kirchenverfassung gefunden haben. Hier trägt die S. Verantwortung dafür, »daß das Evangelium rein und lauter verkündigt wird und die Sakramente recht verwaltet werden«, ferner hat sie dafür zu sorgen, »daß der Bekenntnisstand der Gemeinden nicht verletzt wird« (Art. 169 Ziff. 1, 2 Kirchenordnung der Ev. Kirche im Rheinland). Die Kirchenverfassungen der luth. Kirchen lassen wegen des unterschiedlichen Verständnisses vom Wesen der Synode und ihrer geistl. Aufgaben insoweit Zurückhaltung erkennen. Zu den Aufgaben der Synoden gehören allgemein die kirchl. Gesetzgebung, die Wahrnehmung des Haushaltsrechts und die Wahl der leitenden kirchl. Amtsträger.

Lit.: E. Dalhoff: Synode und Kirchenleitung in der Evangelischen Kirche im Rheinlad, ZevKR 11, 1964/65; N. Närger: Das Synodalwahlsystem in den deutschen evangelischen Landeskirchen im 19. und 20. Jahrhundert, 1988 (Jus ecclesiasticum Bd. 36); K. Schleich: »Synode«, in: EvStL[3]1987; 3571–3576 (Lit.).

K. Winterhoff

Synoptiker →Evangelien, neutestamentliche

Syrisches Waisenhaus →Schneller, Johann Ludwig

Systematische Theologie

Der auf den Danziger ref. Theologen und Philosophen B. Keckermann (1571–1609) zurückgehende Begriff des theol. »Systems« meint ursprünglich die klare Darstellung des Heilsweges; später bezeichnete er die Entfaltung des Glaubensfundamentes und wurde häufig im Sinne eines in sich geschlossenen Gebildes theol. Reflexion verstanden. S.Th. faßt nicht nur die seit G. →Calixt (1586–1656) unterschiedenen theol. Disziplinen →Dogmatik und →Ethik als Oberbegriff formal zusammen, sondern versteht sich als die den christl. Glauben unter logisch geordneten Gesichtspunkten nach seinem Grund, Inhalt und seiner praktischen Gestalt befragende und für die jeweilige Gegenwart zu gültigen Aussagen kommende theol. Arbeit. Die enge Zusammengehörigkeit von Dogmatik und Ethik wird weitgehend betont, auch wenn dies nicht immer (wie bei K. →Barth) zu einer Integration der Ethik in die Dogmatik führt. Der Begriff der S.Th. kann den am Begriff der Dogmatik häufig empfundenen Anstoß nicht aufheben, weil auch die S.Th. zu verbindlichen Lehraussagen vorstoßen muß. Durch diese Aufgabe ist sie aber nicht über, sondern mitten in die sie beauftragende Gemeinde der Glaubenden gestellt, innerhalb derer sie sich dienend zu bewähren hat.

Nicht der Glaube, sondern das verantwortliche Reden vom Glauben wird in der S.Th. systematisiert, indem diese versucht, ihre Aussagen aufeinander abzustimmen, ohne die bibl. Wahrheit abzuschwächen oder Spannungen (Antinomien) aufzulösen. S.Th. kann kein geschlossenes System bilden, weil sie nicht auf einem Prinzip aufbaut, sondern vom lebendigen Jesus Christus her lebt, dessen Wort sie immer neu zu vernehmen hat. D.h.: S.Th. muß grundsätzlich offen sein für Erkenntnisse, die Bisheriges in Frage stellen. S.Th. wehrt dem Mißbrauch der Offenheit des Glaubens als Vorwand für Denkfaulheit und Willkür, sie stellt sich der kritischen Nachfrage und betreibt sie selber. Der Gefahr, daß Erkenntnis »aufbläht« (1Kor 8,1ff), entgeht der Glaube nicht durch Verachtung der Vernunft, sondern durch ihren dankbaren und demütigen, d.h. im Gebet verankerten Gebrauch als Gabe Gottes. Im Wahrnehmen der Offenbarung Gottes (→Schlatter), insbesondere seines Wortes, das kein Denkwort, sondern ein Tatwort (hebr. *dabar*) ist, leitet S.Th. zu verantwortlicher Verkündigung und Tat an. Dabei steht sie im Gespräch mit der bibl. Exegese und achtet besonders auf den Ertrag einer gesamtbibl. (exeget.) Theologie, um nicht der Gefahr sektiererischer Verabsolutierung bibl. Einzelaussagen zu erliegen. Sodann trägt sie der Tatsache Rechnung, daß längst vor der gegenwärtigen Generation Menschen an Jesus Christus geglaubt und diesen Glauben in Wort und Tat bekenntnishaft zum Ausdruck gebracht haben. S.Th. prüft an der Hl. Schrift, inwiefern überkommene Glaubensdokumente unverändert oder in korrigierter Form zu übernehmen sind.

Um die bibl. Wahrheit in eine sich unaufhaltsam verändernde Welt besonnen zu »übersetzen« (Hermeneutik →Schriftauslegung), bedarf es gründlicher Kenntnis der aktuellen Zeitfragen. Deshalb interessiert sich S.Th. für das polit. und kulturelle Geschehen und nimmt die Bewegungen innerhalb der Wissenschaften, wie z.B. der Philosophie und Psychologie, aufmerksam wahr, ohne sich jedoch ihre eigene Mitte von deren Denkschemata verdunkeln zu lassen. Entsprechendes gilt im Blick auf andere Religionen; durch sie ist S.Th. herausgefordert, das Unverwechselbare, besser: Jesus Christus als den unverwechselbaren Herrn des christl. Glaubens einschließlich des universalen Herrschaftsanspruchs Jesu Christi (nicht der Kirche!) aufzuzeigen. S.Th. hat als Eristik (E. →Brunner) offensiv den geistigen Kampf gegen Unglaube, »Aberglaube« und Ideologien zu führen, die sie vertretenden Personen jedoch zu achten. In der Aufgabe, die Zustände und Ereignisse innerhalb wie außerhalb der Glaubensgemeinschaft zu beurteilen, müssen sich Behutsamkeit und Eindeutigkeit nicht ausschließen.

Angesichts der zunehmenden Aufsplitterung der Wissenschaften, auch der theol., hat S.Th. trotz ihrer eschatologisch bedingten Vorläufigkeit und der darum erforderlichen Bereitschaft zur Korrektur das Wesentliche des Glaubens klar auszusagen. Wichtiger als ihre »Ortho-doxie« ist, daß sie, geleitet vom Hl. Geist, dem heutigen Menschen zur Begegnung mit der Wahrheit Jesus Christus und so zur Doxologie verhilft.

Lit.: P. Althaus: Die christliche Wahrheit 1, [2]1949, 1-22; K. Barth: KD I/1, [2]1947, 1ff; 261ff; I/2, 1939, 848ff; E. Brunner: Wahrheit als Begegnung, 1938; ders.: Dogmatik 1, [4]1972, 88-112; G. Gloege, E. Schott: »Systematische Theologie«, RGG[3], VI, 1962, 583-595; W. Pannenberg: Systematische Theologie, Bd. 1, 1988, 7-72; G.v. Rad: Weisheit in Israel, 1970, 255ff; A. Schlatter: Das christliche Dogma, [2]1923, 11-124; J. Schniewind: Zur Erneuerung des Christenstandes (hg. v. H.-J. Kraus, O. Michel), 1966; H. Thielicke: Der evangelische Glaube 1, 1968, §§ 1-12; P. Tillich: Systematische Theologie, Bd. 1, 1956, 15-86; O. Weber: Grundlagen der Dogmatik 1, [3]1964, 8-86.

J. Demandt

Tabernakel

T. (Luther: »Stiftshütte«) bezeichnet das in 2Mo 24,15-31,18; 35-40 und 3Mo 8f beschriebene Zeltheiligtum. Grundlage war das in 2Mo 33,7-11 u.ö. erwähnte, die Sinaioffenbarung ritualisierende heilige Zelt außerhalb des Lagers. Das T. wurde dann verkleinert nach Vorbild des salomonischen →Tempels (1Kön 6f) und v.a. aufgrund der Vision Hes 40ff als ein theol. Zionsheiligtum inmitten des Lagers (Hes 43,7; 2Mo 25,8) beschrieben. Das T. (vgl. lat. *tabernaculum;* hebr. *qodäsch, miqdasch, miskam, 'ohäl* und *'ohäl mo'ed,* sowie weitere Kombinationen dieser Wörter) ist durch die »Überschattung« der Gottesherrlichkeit der bleibende Einwohnungs- und Offenbarungsort Gottes auf der Welt (2Mo 24,16; 29,45; 40,35; vgl. 1Kön 6,13; 8,12f; Jes 8,18; Mt 17,5; Mk 9,7; Lk 1,35; 9,34; Joh 1,14; vgl. hebr. *schkn* und griech. *skene*). Seine Hauptfunktion ist die Sühnweihe, die Heiligung der durch den Tod des jeweiligen Opfertieres hindurchgegangenen Gemeinde durch die Begegnung mit Gott selber am goldenen Sühnmal (Luther: »Gnadenthron«) der Lade (2Mo 25,17.22; 29,42f; Röm 3,25) im Allerheiligsten des dreigeteilten T.s. Mose schaut das Urbild (hebr. *tabnit*) des himmlischen Heiligtums selbst (2Mo 25,9; Hebr 8,5). Das NT sieht in der Fleischwerdung (Joh 1,14), im Leibe Jesu (Joh 2,19-22) die endzeitliche Verwirklichung des himmlischen Heiligtums (Hebr 9f, vgl. Offb 21f).

Lit.: V. Fritz: Tempel und Zelt. Studien zum Tempelbau in Israel und zu dem Zeltheiligtum der Priesterschrift, WMANT 47, 1977; M. Görg: Das Zelt der Begegnung. Untersuchung zur Gestalt der sakralen Zelttraditionen Altisraels, BBB 27, 1967; B. Janowski: Tempel und Schöpfung. Schöpfungstheologische Aspekte der priesterschriftlichen Heiligtumskonzeption: Schöpfung und Neuschöpfung, JBTh 5, hg. von I. Baldermann u.a., 1990, 37–69 (= ders.: Gottes Gegenwart in Israel. Beiträge zur Theologie des Alten Testaments, 1993, 214–246); K. Koch: Die Priesterschrift von Ex 25 bis Lev 16. Eine überlieferungsgeschichtliche und literarkritische Untersuchung: FRLANT N.F. 53 / 71), 1959; Th. Pola: Die ursprüngliche Priesterschrift. Beobachtungen zur Literarkritik und Traditionsgeschichte von Pg, ThLZ 118, 1993, 560f.

Th. Pola

Taboriten →Hussiten; →Soziale Bewegungen in der Kirchengeschichte

Tabu

Polynesisches Wort, vom Weltumsegler Cook aufgegriffen und durch Freud (→Tiefenpsychologie) noch weiter verbreitet. Besondere Personen (Fürsten und Priester), Kultorte und Kultgegenstände, auch Orte können »tabu« sein – es ist verboten, sie zu berühren oder zu betreten. T.-Vorschriften werdene nicht begründet, sie haben aber meist mit sakraler Kraft zu tun, auch mit Toten und deren Ort, und ähnlich mit Menstruation und Geburt. T.-Vorschriften werden eingeschärft: Die Übertretung einer T.-Vorschrift kann sich rächen durch den Zorn der Mächte und Geister. Wer ein T. übertritt, wird selbst tabu (wie bei einer Ansteckung) und bedarf einer rituellen Reinigung. Es spielt keine Rolle, ob dergleichen absichtlich, versehentlich oder unwissentlich geschieht. Auch Worte oder Handlungen können tabu sein; wie auch in fast allen Kulturen bestimmte Körperzonen. S. Freuds Deutung bringt das T. mit der Verdrängung von Triebwünschen bei Neurotikern in Verbindung. In seinem Gefolge hat »Tabu« in den europäischen Umgangssprachen die Bedeutung eines lebensfeindlichen und unvernünftigen Gebotes bekommen, das es zu überwinden (brechen) gilt. In Polynesien schützen T.s im allg. sinnvoll auch Eigentumsrechte, Naturschätze, die Sozialordnung.

S. Freud erkannte die sozialpsych. Funktion des T.s als wirksame Einschränkung der Triebbefriedigung, die ein geregeltes soziales Leben ermöglicht. T.s der modernen Gesellschaft sind vielfach in der Rechtssprechung verankert (Inzest) oder werden als Verhaltensregeln anerzogen (Sexual-, Todes-T.). Ein Konflikt bestimmter Motive mit einem Tabu kann zur Ursache einer Neurose werden (Dorsch). Bibl. Aussagen kennen verwandte Vorstellungen wie die rituelle Unreinheit; diese gehören aber nicht zum Kern des Evangeliums.

Lit.: M. Douglas: Ritual, Tabu und Körpersymbolik, 1974; Dorsch: »Tabu« in: Psychologisches Wörterbuch, [11]1987, 674; K.H. Kohl: »Fetisch, Tabu, Totem«, in: Gladigow, Kippenberg (Hg.): Neue Ansätze in der Religionswissenschaft, 1983, 59-74.

N.-P. Moritzen

Tag des Herrn →Sonntag

Taizé

Die Gemeinschaft (Communauté) von T. bei Cluny in Burgund, vielleicht die bekannteste ev. Bruderschaft des 20. Jh.s, wurde 1940/42 von dem Schweizer ref. Pastor Roger Schutz gegründet, der immer noch ihr Prior ist. Sie hat ca. 80 Brüder aus allen Berufen, christl. (in der Regel ev.) Traditionen und Ländern. Die Gemeinschaft lebt nach den Ev. →Räten und orientiert sich nach der Regel von T. (1954). Einige Brüder gehen ihrem Beruf (als Arzt, als

Landwirt, als Künstler etc.) nach, andere sind Missionare in aller Welt mit ganz verschiedenen Aufträgen, einige leben in kleineren Fraternitäten in allen Kontinenten mitten unter den Allerärmsten, die meisten leben in T. selbst mit den zahlreichen, meist jugendlichen Gästen aus aller Welt, die bes. in den Sommermonaten T. zum Teil in riesigen Scharen (10.000 und mehr) bevölkern.

Daraus hat sich u.a. das »Konzil der Jugend« entwickelt, das R. Schutz auf Pilgerfahrten durch die ganze Welt trägt. Zentren der Arbeit in T. sind die Gottesdienste (mehrmals täglich) nach einer eigenen Ordnung und mit in T. vefaßten meditativen Gesängen, die Retraitearbeit (Bibelgespräche, Einkehrtage bes. im Winter, Zusammenkünfte auf der Schweigewiese), die langjährige und geduldige Mühe um die Einheit der Kirche, die der Gemeinschaft einen festen Platz im Einheitssekretariat in Rom wie im Weltrat der Kirchen in Genf gebracht hat.

T. ist die wirkungskräftigste ökumenische Kommunität des 20. Jh.s; zwei Frauengemeinschaften (in Pomeyrol und Grandchamp mit mehreren Ablegern) leben und arbeiten nach Geist und Regel von T., und in vielen Orts- und Studentengemeinden, aber auch bei Kirchentagen, hat T. (mit Gottesdienstordnung und Lebensstil) prägende Kraft bis in die Gegenwart hinein.

Lit.: R. Brico: Taizé. Frère Roger und die Gemeinschaft, 1979; Die Regel von Taizé, [5]1969; H.-A. Pflästerer: Die Communauté de Taizé und das Konzil der Jugend, in: I. Reimer (Hg.): Alternativ leben in verbindlicher Gemeinschaft, 1979; R. Schutz: Die Quellen von Taizé, Regel und Briefe, [13]1981; ders.: Warten auf das Ereignis Gottes, [2]1971; ders.: Das Heute Gottes, [3]1963; ders.: Ein Fest ohne Ende. Auf dem Weg zum Konzil der Jugend, [2]1974; A. Stökl: Taizé, 1975; M. Thurian: Aktion und Kontemplation, 1963.

G. Ruhbach

Talar

→Kleidung, geistliche

Talmud

1. Das nachbibl. hebr. Wort *Talmud* bedeutet im rabbin. Gebrauch (a) die Heilige Schrift als Quelle und Norm aller Lehre und (b) die exeget. Begründung und Diskussion der Lehrsätze. Von daher kommt es zur speziellen Bedeutung von T. als (c) Bezeichnung für das große Kommentarwerk der »Amoräer« (Lehrer des 3.-5. Jh.s n.Chr.) zur →Mischna, die ihre Vorgänger, die »Tannaim« im Laufe des 2. Jh.s fertiggestellt und als halachisches Gesetzeskorpus in sechs Ordnungen und 63 Traktaten schriftlich niedergelegt hatten. Dieser Kommentar ist in den heutigen T.ausgaben dem Text der →Mischna hinzugefügt und dient dessen Erläuterung und Begründung; deshalb wird er als »Gemara« (von *gamar*, »vollenden«), d.h. als die von den späteren Weisen »vollendete« Lehre, bezeichnet. Diese Weisen sind nach zwei großen Schulbereichen einzuteilen:

a. die palästin. Amoräer, deren Lehren im Palästinischen oder Jerusalemer T. (eigentlich »Talmud des Landes Israel«) gesammelt sind; in diesem werden nur die ersten vier der sechs Ordnungen der Mischna kommentiert.

b. die babylonischen Amoräer, die den wesentlich umfangreicheren Babylonischen T. hervorbrachten, der für das spätere Judentum maßgebend geworden ist. In ihm sind lediglich 26½ von den 63 Traktaten der Mischna nicht berücksichtigt.

2. In den beiden Talmudim werden die oft verschiedenartigen und manchmal auch unbegründet wirkenden Ansichten und Lehrentscheidungen der mischnischen Lehrer reflektiert und gründlich diskutiert; ihre Entstehung, Berechtigung und Begründung in der Heiligen Schrift, dazu ihr Bezug zu anderen Aussagen in der Mischna und der nichtmischnischen Baraitha, sind liebevoll und mit großem Scharfsinn nachgewiesen. Diese Arbeit bedeutet somit eine Erklärung und auch Rechtfertigung der als klassisch angesehenen Lehrentscheidungen der tannaitischen Zeit. Außer der gesetzlich-halachischen Diskussion wird auch erzählend-haggadisches Material geboten, und zwar im Unterschied zur Mischna meist in aram. Sprache.

3. Eine der ältesten unter den erhaltenen und vollständigen Handschriften des Babylonischen T.s ist der aus dem Jahre 1343 stammende Codex 95 von München. Zitiert wird eine Stelle im Babylonischen T. nach Traktat und Blatt (Folio; a: Vorderseite, b: Rückseite) z.B.: b (= Babylon. T.) Sanh(edrin) 98a; im Palästinischen T. nach Traktat, Blatt und Kolumne (a-d, da auf jeder Seite zwei Kolumnen sind) z.B.: p (= Palästinischer T.) oder j (= Jerusalemer T.) Sota 23 d.

Lit.: W. Bacher: Die exegetische Terminologie der jüdischen Traditionsliteratur, 1898/1905, ND 1965; H. L. Strack, G. Stemberger: Einleitung in Talmud und Midrasch, [7]1982.

O. Betz

Tanz

T. als Ausdrucksmittel des Gottesdienstes kommt in vielen Religionen und Kulturen vor. Im AT finden sich zwölf verschiedene Verben, die T. ausdrücken. Beispiele für T. als Gotteslob: 2Mo 15,20f: Mirjam tanzt nach dem Durchzug durch das Schilfmeer; 2Sam 6,14: David tanzt vor der Bundeslade; Ps 149: Sie sollen loben seinen Namen mit Reigen (vgl. auch Ps 150; Jer 31,13 u.a.). Auch im NT wird T. als Ausdruck der Freude am Leben als Gabe Gottes erwähnt. Jesus nimmt Bezug auf T. in Lk 15,25: T. als Ausdruck der Freude über den wiedergefundenen verlorenen Sohn. In der jüd. Kultur spielt bis heute T. eine wichtige Rolle bei vielen Festen. Beim Fest *Simchat Thorah*, »Freude über die Torah«, wird mit der Torahrolle im Arm getanzt.

In den ntl. Gemeinden wird T. nicht erwähnt. Dennoch findet sich durch die Jahrhunderte immer wieder T. als Element des christl. Gottesdienstes: so u.a. in der äthiopischen Kirche, in spanischen Kathedralen, in Echternach und bei den Shakers in den USA, in vielen Pfingstkirchen sowie in afrikanischen Kirchen heute. Dabei findet sich sowohl der spontane T. zum Gesang als auch festgelegter, eingeübter T., der komplexer strukturiert ist und teilweise in pantomimische Darstellung übergeht.

Neben dieser Integration von T. in den Gottesdienst ist seit der Zeit der alten Kirche eine Abwehr von T. zu beobachten. Die enge Verknüpfung von T. und heidnischen Festen und Vorstellungen führte zu einer Kritik am T. allgemein. Der Einfluß des Platonismus (Trennung von Seele und Leib) in der Kirche wie auch die Verachtung des T.es durch spätantike Philosophen und Autoren tat ein übriges. T., auch im familiären Bereich, wurde immer wieder verpönt und verboten, so von →Augustinus und →Chrysostomus. Doch gerade die wiederholten Absagen an T. zeigen, daß er immer wieder praktiziert wurde. In manchen gnostischen Gruppen wurde das Christusmysterium als kosmischer T. vorgestellt (ActJoh 94-97). In neuerer Zeit ist ein unbefangeneres Verhältnis zu T. im gemeindlichen Rahmen gewachsen. Parallel mit der Entstehung von Laienspielgruppen wurden auch T.elemente neu entdeckt. Der Übergang von schauspielerischer Darstellung und Pantomime zum Ausdruckst. ist fließend. In der Kinderunterweisung, aber auch in der Arbeit mit alten Leuten und behinderten Menschen ist T. als Möglichkeit des Gemeinschaftserlebnisses beliebt. Hier ist noch der Einfluß der Jugendbewegung am Anfang des Jh.s zu spüren, ebenso die Impulse neuerer geistlicher Bewegungen. Gerade im charismatischen Bereich findet sich eine Neuentdeckung des Ausdruckst.es zu einfachen Lobliedern. International ist T. als Mittel der Verkündigung akzeptiert. Das gilt sowohl für den angelsächsischen Bereich, in dem eigene T.gruppen Gottesdienste und Workshops gestalten, als auch für Asien (Indonesien, Indien) und Afrika. Eine Sonderform stellen T.prozessionen dar, so z.B. in afrikanischen Kirchen, in denen die Gemeinde singend und tanzend zum Altar zieht und das Opfer einlegt.

Lit.: J. G. Davies: Liturgical Dance. An Historical, Theological and Practical Handbook, 1984; G. u. J. Stevenson: Steps of Faith. A Practical Introduction to Mime and Dance, 1984; E. u. R. Werner: Theater für Jesus. Pantomime und Theater in der Verkündigung (Kap. 1 und 7), 1988.

R. Werner

Taoismus

Das vielfältige Leben in der chinesischen Kultur wurde durch den Konfuzianismus als Staatskult und für die Staatsbeamten verpflichtendes Bildungsgut und Soziallehre einseitig reglementiert; der T. dagegen wollte die anderen Traditionen und rel. Bedürfnisse weiterführen und weiterbilden. Dabei ist der T. durchaus nicht immer nur die Angelegenheit der illiteraten Dorfbevölkerung gewesen, sondern hat auch Anhänger unter den wohlhabenden und gebildeten Schichten gehabt. Einflußreiche Führungspersönlichkeiten und bedeutende Denker haben ihm zu einer großen Tradition verholfen.

Als Urheber gilt Lao-Tsue (»Alter Weiser«), geb. um 604 v. Chr. Er soll schon bei der Geburt das Aussehen eines Alten, d.h. Weisen gehabt haben, aus der Sippe des Kaisers (Li) stammen, als Archivar am Hof tätig gewesen sein und das Land gen Westen verlassen haben. Der Grenzbeamte verlangte seine Schätze, worauf er in drei Tagen seine Schrift Tao-Te-King schrieb; 37 Kapitel gelten dem Tao (Weg, oder Sinn), 44 dem Te (Tun, oder Leben). Die Sprache ist voll tiefsinniger Bilder. Eine zweite Grundschrift ist das Tschuangtse, genannt nach dem Autor, einem Schüler des Lao-Tse. Wichtig wurde ferner Chang Tao-Ling, gest. 156 n.Chr., der den Titel »T'ien-Shi« bekam, Himmelslehrer, der aber zunächst wohl weniger Lehrautorität als Auserwählter mit besonderen Kräften zur Bändigung von Dämonen und Heilung von Krankheiten war. Auf ihn führt sich eine Sukzessionslinie bis in die Gegenwart hinein; seine Nachfolger wurden mit der Aufsicht über die taoistischen Priester betraut.

Der T. hat nur in der Frühzeit (vor 301) vereinzelte Versuche zur staatlichen Alleingeltung erfahren, wobei sein magisches Weltbild nicht zum Erfolg beitrug. Danach hat er auf andere Weise versucht, Anerkennung und Geltung zu gewinnen, z.B. durch rel. Botschaften (Schriften) an den Kaiser, oder durch einflußreiche Berater; durch die

Betonung der Verwandtschaft Laotses mit dem Kaiser; durch rituelle Bestätigung der Inthronisation und anderes.

Der T. hat sich in einer geistigen und praktischen Auseinandersetzung mit dem →Konfuzianismus und dem →Buddhismus gewandelt und stärker ausgebildet. Das praktische Heilsziel – das individuelle Leben vor Schaden zu sichern, ein möglichst hohes Alter zu erreichen oder gar selbst in Kontakt mit den übermenschlichen Mächten zu treten oder einer von ihnen zu werden – unterscheidet ihn von beiden. Aber er bildet wie der Buddhismus und ähnlich wie er unter staatlicher Aufsicht ein Klosterwesen aus, obwohl das Ideal der Enthaltsamkeit sich nie recht durchgesetzt hat, und Askese nur Mittel zum Zweck des langen Lebens und der Annäherung an die Götterwelt war. Er bildet einen umfangreichen Kanon, der um 336 bereits 200 Werke umfaßte, um 1019 schon 4565 Schriften. Er bildet eine eigene Methode der Meditation aus, vielleicht als Antwort auf das Verbot von Wallfahrten: Im Körper des Menschen werden bis zu 140 Gottheiten wohnend gedacht, und die Introspektion bzw. Visualisierung ersetzt den äußeren Kult.

Die Ideale des T. wirken unpolit.; seine Paradiese sind dörflich-harmonisches Leben oder Einsiedeleien an heiligen Bergen; heitere Weise hohen Alters, die ohne Hilfsmittel fliegen können; ein stetes Bemühen um Läuterung des Körpers durch die rechte Ernährung, durch besondere Atemtechniken, mit denen die feinstofflichen Seelenelemente verstärkt werden sollen. Immer wieder angegriffen und umstritten sind sexuelle Rituale, die der Lebensverlängerung dienen sollen. Immer wieder mißverstanden ist die empfohlene Grundhaltung des Wu-Wei – des Tuns durch Nichthandeln, d.h. des in die vorgegebene rechte Ordnung eingefügten Lebens, das diese Ordnung nicht durchbricht.

Wesentlich ist das taoistische Weltbild, mit dem der T. die anderen geistig-rel. Strömungen Chinas nachhaltig geprägt hat, bis hin zur Naturliebe des Zenbuddhismus. Die Urkraft oder Ursubstanz differenziert sich in Yin und Yang, weiblich und männlich, Erde und Himmel; diese Polarität differenziert sich in die fünf Agenzien (oder Elemente), denen auch die fünf Himmelsrichtungen, die fünf Farben usw. zuzuordnen sind. Der gesamte Kosmos ist auf Harmonie dieser Grundelemente hin angelegt, und jeder Gegenstand ist zugleich ein Symbol für die Entsprechungen, bestimmt durch seine Beziehungen; alles ist mit Bedeutung versehen. Es gibt eine ausgebaute sakrale Geographie des T., bei der heilige Berge bes. wichtig sind; eine Lehre von der Bedeutung der Zahlen, eine Lehre von der Symbolkraft der Schriftzeichen. Heilige Schriften oder Teile von ihnen sind auch kräftige Amulette.

1008 begab sich der Kaiser auf ein Orakel hin zu einem Opfer am Geburtsort des Laotse in dessen Tempel – Laotse war längst zu einer Gottheit geworden. 1016 gab er der Linie der Sukzession von Chang-Tao-Ling das Amt der Aufsicht über den gesamten taoistischen Kult (wohl annähernd zutreffend »Taoistische Kirche« genannt). In dieser Phase ist der Ausbau unter staatlicher Aufsicht weitgehend abgeschlossen, und der T. wird durch die damals ausgebildeten Institutionen und Traditionen weitgehend festgelegt. So gelingt es ihm nicht mehr, neu auftauchende Sonderbewegungen und Geheimsekten zu integrieren. Er behält aber ein Potential der Veränderung in den weiterlebenden Praktiken der direkten Beziehung zur Überwelt durch Orakel, Traum, Ekstase und inspiriertes (automatisches) Schreiben. Volkstümlich ist er geblieben, weil er dem Heils- und Glücksverlangen der Menschen Raum gab, und so sind die meisten – bisweilen recht prunkvollen – rel. Begehungen von Chinesen in der Gegenwart taoistischer Art, auch wenn sich viele Chinesen als Buddhisten bezeichnen.

Der Westen hat den T. später zur Kenntnis genommen als den Buddhismus und den Konfuzianismus und dann nicht gleich bes. gründlich. Trotzdem gibt es eine nicht akademische, sondern praktisch existentielle Rezeption des T., die meist eklektisch ist. Makrobiotik als Lehre von der rechten Ernährung; Taichi als eine Meditationsform, die im bewegten Körper den Fluß der kosmischen Kraft (*chi*) fördern will; die Meditationsweise der Visualisierung und Elemente der taoistischen Medizin gehören dazu, ebenso wie Deutungen des Tao-te-king und Versuche, das Weltbild der ganzheitlichen Harmonie von Yin und Yang zu rezipieren. Die christl. Mission hat erfahren, daß die rel. prägende Verankerung von Chinesen meist am stärksten in dieser volkstümlichen Religiosität lag.

Lit.: W. Bauer: China und die Hoffnung auf Glück, 1971; H.G. Creel: What is Taoism? 1970; W. Eichhorn: Die Religionen Chinas, 1986; W. Scholz: Taoismus und Hypnose, 1986; P.U. Unschuld: Medizin in China. Eine Ideengeschichte, 1980; R. Wilhelm: Laotse – Tao te king, 1972; K. Wolf: Westliche Taoismus-Bibliographie, 1985.

N.-P. Moritzen

Targum →Bibelübersetzungen

Taschenbibelbund

Der »Taschenbibelbund für Deutschland« e.V. (Tbb) ist Teil einer internationalen Bibel- und Missionsbewegung, die ihren Hauptsitz in den USA hat. Auf allen Erdteilen gibt es Zentren, die bibelmission. Einsätze koordinieren. Die Gründerin der »Pocket Testament League« war Helen Cadbury, Birmingham/England, die um 1890 einen Schüler-Bibel-Kreis um sich sammelte und für die Mitgliedschaft drei Bedingungen herausstellte:

- Die Bibel griffbereit zu haben,
- die Bibel regelmäßig zu lesen,
- die Bereitschaft, die Bibel weiterzugeben, verbunden mit einem persönlichen Glaubenszeugnis.

Nach ihrer Heirat mit dem Evangeliumssänger und Evangelisten C.A. Alexander wurde der Gedanke des T.es in alle Kontinente getragen. Der T. will keine eigene Organisation neben den Kirchen und Gemeinschaften sein, sondern in ihnen zum konkreten Leben und Missionieren mit der Bibel ermutigen.

Arbeitsweise: Bibelmission in Schulen, Gemeindekreisen und Großveranstaltungen (Olympischen Spielen). Durchführung eigener Freizeiten und Konferenzen. Organisatorisch liegt die deutsche Zentrale im Diakonissen-Mutterhaus Kinderheil, Bad Harzburg.

Lit.: Kleinliteratur im Eigenverlag: Johannes-Evangelium – Luthertext/Gute Nachricht; Kleine Kinderbibel »Gott hat uns lieb«; »Worte des Christus Jesus«; Kleiner Wegweiser in die Heilige Schrift; Kleine Gebetshilfe; Tbb-Nachrichten.

H. Flake

Tatian der Syrer

→Apologeten, altkirchliche

Taufe

a) biblisch

Eines der beiden aufgrund des Christusgeschehens eingesetzten Sakramente ist die T. mit Wasser und Geist, durch die der Glaubende in die Kirche als dem geistl. Leib Christi eingegliedert wird.

1. Religionsgeschichtlich betrachtet knüpft die Wassert. auf den Namen Jesu Christi bzw. auf den dreieinigen Gott zunächst an das Tauchbad *(tebilah)* an, das Johannes der Täufer als »Taufe der Buße zur Vergebung der Sünden« verkündigt hat (Mk 1,4 par; Apg 13,24; 19,4). Vollzug und Bedeutung lassen sich dieser prägnanten Bezeichnung entnehmen: Der Täufling bekannte seine Sünden, ehe er vor dem Täufer im Jordan untertauchte; die äußere Reinigung wurde auch als Zeichen für eine Tilgung von Schuld und für die von Gott zu gewährende Vergebung der Sünden verstanden. Den Hintergrund für die Bußt. des Johannes hat man häufig in der jüd. Proselytent. gesehen; jedoch werden bei dieser erst später klar bezeugten Handlung Heiden und nicht Juden getauft; außerdem fehlt ihr die endzeitliche Ausrichtung. Denn die einmal vollzogene Wassert. des Johannes sollte den bußfertigen Täufling der Gnade Gottes versichern und ihn vor dem Verderben im nah bevorstehenden Gericht bewahren; sie sollte ihn gleichsam versiegeln für die dann erfolgte T. mit dem Hl. Geist (→Geistestaufe), die ein »Stärkerer«, d.h. der Messias vollziehen wird (Mk 1,7f). Diese von Johannes hergestellte Verbindung von vorläufiger Bußt. mit Wasser und endzeitlicher, vom Himmel her erfolgender T. mit dem Hl. Geist hat die beste Analogie in den Schriften von Qumran. Dort wird das Tauchbad (beim Eintritt in den Bund) erst aufgrund einer inneren Läuterung durch Gesinnungsänderung und zuchtvollem Leben wirksam und durch eine Geisttaufe vom Himmel her in der Endzeit vollendet (vgl. 1QS 3,5f; 4,21). Die endzeitliche Erneuerung Israels nach Hes 36 wird dabei aktualisiert. Als Jesus sich von Johannes im Jordan taufen ließ, erfolgte gleichzeitig seine T. mit dem vom Himmel kommenden Hl. Geist, die jedoch als Salbung zum Messias und Gottessohn (vgl. die Himmelsstimme Mk 1,9-11) und nicht als Vorbild der christl. T. angesehen werden muß. Nach Joh 3,22.26 hatten auch Jesus und dessen Jünger zu Lebzeiten des Johannes getauft, was aber in Joh 4,1f korrigiert wird. Jesus hatte während seines Erdenwirkens andere Weisen, die bußfertigen Menschen der Vergebung ihrer Sünden zu versichern, z.B. die Heilung von Gebrechen (Mk 2,1-12) und die Tischgemeinschaft mit den Sündern (Lk 15,1f). Außerdem stellte er die rituellen Waschungen in den Hintergrund (Mk 7,1-23), und schließlich setzt die T. des »Stärkeren« dessen Leiden und seine Erhöhung voraus (Apg 2,23).

2. Die von den Aposteln vollzogene, »christliche« T. mit Wasser und Geist gründet auf den Heilsereignissen von Karfreitag, Ostern und Pfingsten; sie übereignet das durch den stellvertretenden Tod und die Auferstehung (= Erhöhung) des messianischen Gottesknechts beschaffte Heil.

a. Bei der Übernahme der johanneischen Wassert. für die Bußfertigen wurde die Vergebung der Sünden nicht nur verheißen, sondern aufgrund des Kreuzes den Glaubenden als Gnadenakt Gottes zugesprochen. Deshalb wurde diese Wassert. »im Namen Jesu Christi« vollzogen (Apg 2,38; 8,16; 10,48; 19,5): Beim Taufakt hat man den Namen Jesu über dem Täufling ausgerufen, der zuvor selbst diesen Namen angerufen und mit diesem seinen Retter bekannt hatte (Apg 2,21; 22,16; Röm 10,10-14; 1Kor 1,2).

b. Aufgrund seiner Auferstehung hat der zur Rechten Gottes Erhöhte den für die Endzeit verheißenen Hl. Geist vom Vater empfangen und ihn Pfingsten auf die Seinen ausgegossen (Apg 2,33). Deshalb wurde die Wassert. der Buße mit der Verleihung des Hl. Geistes verbunden. Die funktionale Einheit von Gott, Christus und Hl. Geist (Apg 2,33) rechtfertigt und erklärt die trinitarische Taufformel (Mt 28,19), die sich bei der kirchl. T. durchgesetzt hat. Die Verleihung des Geistes konnte durch den Akt der Handauflegung (der Apostel) bezeichnet werden (Apg 8,17; 19,5f; vgl. 4Mo 27,23); jedoch war Gott der allein Gebende (vgl. Apg 10,44-46; 11,15-17). Sichtbarer Erweis der Geistverleihung ist vor allem das Reden in →Zungen, das ekstatische Gotteslob (Apg 10,44-46; 19,6).

c. Die apostolische Taufpredigt, die an die Stelle der Verkündigung der Bußt. des Johannes trat (vgl. Mk 1,4), mußte – wie auch die Verkündigung beim Herrenmahl (1Kor 11,26) – das Christusereignis dahingehend ausgelegt haben, daß mit ihm die Verheißung von Jes 53 erfüllt ist. Das läßt sich zunächst aus Apg 8,32-38 erschließen: Die Predigt des Philippus, die im Kämmerer aus Äthiopien den Entschluß weckte, sich taufen zu lassen, war eine christologische Auslegung des Liedes vom leidenden Gottesknecht. Denn dieser Knecht, der durch sein stellvertretendes Leiden die Sünden der Vielen wegtrug, hat als der Erhöhte die Gabe des Geistes erhalten und den Seinen zugeteilt (Apg 2,33; vgl. Lk 11,13). T. und Herrenmahl sind insofern »Sakramente«, d.h. von Gott eingesetzte und seine Gnade vermittelnde Riten, als bei ihnen das sühnende Leiden Jesu verkündigt und dessen Frucht (die »Beute« von Jes 53,12) zugeteilt wird.

3 a. Auch Paulus betont, der Glaubende werde bei der Wassert. nicht etwa auf den Namen des Taufenden, sondern »in Christus« hineingetauft, der für uns gekreuzigt wurde (1Kor 1,13-17). Die Waschung der T. heiligt und rechtfertigt im Namen des Herrn Jesu Christi und im Geist Gottes (1Kor 6,11); sie schenkt die Frucht des Todes Christi (vgl. 1Kor 1,30). Paulus legt das Hineingetauftwerden in Christus in Röm 6 besonders klar aus: Die T. führt zur Gemeinschaft mit dem messianischen Gottesknecht, auf dessen Weg des Sterbens und des Auferstehens zu neuem Leben. Der Täufling wird in »den Tod des Christus Jesus getauft« und »mit ihm gekreuzigt« (Röm 6,3.6); er ist »mit ihm begraben« und analog zu seiner Auferstehung in ein neues Leben geführt (V. 4f). Hier werden die drei wichtigsten, im Einklang mit Jes 53,4f.9.11f formulierten Themen des Evangeliums (1Kor 15,1-4) in die Deutung der Taufhandlung einbezogen und für das neue Sein des Getauften fruchtbar gemacht. Die Vergebung der Sünden wird existentiell weiter ausgelegt und der neue Gehorsam ins Auge gefaßt. Die T. in den Tod Christi, symbolisiert durch das Untertauchen im Wasser, bedeutet das Absterben gegenüber der Sünde (V. 2.6f.10f), die durch das sühnende Leiden Christi entmächtigt ist (vgl. das »Ersäuftwerden des alten Adam« in der T. bei M. Luther); das Sich-Erheben des Untergetauchten (= »Begrabenen«) bezeichnet das Auferstehen zum neuen Wandel, bei dem man frei von der Knechtschaft der Sünde mit Christus für Gott lebt (6,8-11). Diese ethisch ausgerichtete Darstellung der T. wird ähnlich in Kol 2,11 geboten, wo sie darüber hinaus mit der Beschneidung verglichen und bildlich als ein »Ablegen des fleischlichen Leibes« bezeichnet wird; begründet ist sie in der »Beschneidung des Christus«, d.h. in dessen sühnendem Tod. Ein anderes Bild erscheint in Gal 3,27: Der in Christus Hineingetaufte hat diesen »angezogen«, gleichsam dessen neue, vom Geist geprägte, Leiblichkeit erworben.

b. Auch nach Paulus wird bei der T. auf Christus der Hl. Geist geschenkt. Dieser zweite Aspekt wird ebenfalls weiter entfaltet: Der Glaubende wird »durch einen Geist in einen Leib getauft« (1Kor 12,13); gemeint ist die Eingliederung in den geistl. Leib der Kirche, in dem alle Getauften als Glieder mit einer je eigenen Geistgabe leben und dienen (1Kor 12,14-27); nach der parallelen Aussage in Röm 12,3-8 sind diese Gaben »Zuteilungen« Gottes (vgl. *merizein* V. 3 mit *chilleq* in Jes 53,12). Das Mitleiden mit Christus schließt kraft der Geistverleihung und Eingliederung in die Kirche ein Mitleiden mit dem leidenden Mit-Glied mit ein (1Kor 12,26). Der Glaube an die in der T. geschenkte Lebenskraft des Geistes war so stark, daß einige Christen in Korinth versuchten, sie durch eine stellvertretende T. an einen schon Gestorbenen zu vermitteln (1Kor 15,29).

4. Nach Joh 3 bedeutet die T. ein »Von Neuem«- bzw. »Von oben her-Geborenwerden aus Wasser und Geist«, das ein Eingehen in das Gottesreich ermöglicht (V. 3.5; vgl. Mt 18,3). In Tit 3,5 wird die T. als ein von Gott gegebenes »Bad der Wiedergeburt« bezeichnet; dabei steht wie in 1QS 4,20-22 die Verheißung Hes 36,25-27 im Hintergrund.

5. Umstritten ist die Frage, ob es im NT auch eine Säuglingst. gegeben habe. Die Erwachsenent. steht

dort naturgemäß im Vordergrund, jedoch kann die Tatsache, daß ganze Haushalte getauft wurden (1Kor 1,16; vgl. 7,14; Apg 16,15.33), sowie der Vergleich T. = Beschneidung (Kol 2,11) zugunsten der Säuglingst. ins Feld geführt werden.

Lit.: K. Aland: Die Säuglingstaufe im Neuen Testament und in der Alten Kirche, [2]1963; G. Beasley-Murray: Die christliche Taufe, 1968; J.G.D. Dunn: »Taufe« in: GBL III, 1529–1531; J. Jeremias: Die Kindertaufe in den ersten vier Jahrhunderten, 1958; G. Wagner: Das religionsgeschichtliche Problem von Römer 6,1-11, 1962.

O. Betz

b) theologiegeschichtlich

1. Im Urchristentum wurde zuerst getauft, bevor die T. reflektiert und theol. begründet wurde. Legitimation für die T. war weder im Ansatz noch in der Entfaltung das in der Religionsgeschichte vielfach begegnende Ritual der Bluts- oder Wassert. mit seinen verschiedenen Sinngebungen, sondern die im Gehorsam vollzogene T. Jesu durch →Johannes den Täufer. Sie gab der christl. T. einen einzigartigen Rang, und gleich, ob sie in Christus hinein (Paulus) oder auf den Namen Christi (Mt u. a.) vollzogen wurde, sie galt als unbezweifelbarer Wille Gottes und stand am Anfang jeden Weges in die Nachfolge Christi. Sie wurde nur einmal gespendet, weil über Herrenmahl und Buße die Vertäglichung der Nachfolge eingeübt wurde.

Weder die Frage nach dem Alter noch der Vorbereitung des Täuflings wurde in der frühen Kirche besonders behandelt, auch nicht der an die Taufe anschließende Taufweg oder der Ablauf des Taufgottesdienstes, auch nicht Notwendigkeit und Inhalt des Taufbekenntnisses oder gar eine ins einzelne gehende T.theologie. Mit Sicherheit wurden in den ersten Jahrhunderten zunächst Erwachsene getauft, die sich im T.gottesdienst öffentlich zu ihrem Glauben bekannten. Aber die Zugehörigkeit des einzelnen zu seiner Familie war (und ist) im Orient weit größer als im 20. Jh. vorstellbar, so daß vom Urchristentum an mit dem Täufling zusammen wahrscheinlich oft genug auch dessen ganze Familie (d.h. alle, die zu seinem »Haus« gehörten) getauft wurden (vgl. 1Kor 1,16; 7,14; Apg 16,15.33 u.a.). Der Streit zwischen J. Jeremias und K. Aland über die frühesten Zeugnisse der Säuglingst. (Jeremias: Urchristentum, Aland: frühestens 3. Jh.) ist ein typischer Gelehrtenstreit und nicht zufällig ohne Ergebnis geblieben. In der Christenheit vor 313 wurden Fragen nach dem Taufalter kaum gestellt, und nach der konstantinischen Wende setzte sich die Säuglingst. aus pastoralen und pragmatischen Gründen durch, aber erst im Laufe der Zeit. Noch →Augustin wählte um 410 deutliche Worte, um seine taufträgen Gemeindeglieder zur alsbaldigen T. ihrer Kinder nach der Geburt zu bewegen.

Allerdings erfahren wir aus der frühen Kirche manche Einzelheiten zur Praxis der T.: sie wird im Namen des dreieinigen Gottes möglichst in fließendem Wasser oder durch Übergießen des Kopfes vollzogen. Ein Pate wurde dem Täufling mehrere Wochen vor seiner T. zur Begleitung an die Seite gestellt, und möglichst sollte dieser den Täufling in sein Haus aufnehmen und im gemeinsamen Leben Christsein vorleben und einüben. Fasten vor der T. war offenbar üblich, Salbung und Segnung des Täuflings nach der T. traten hinzu. Im →Ketzertaufstreit zwischen Karthago und Rom setzte sich durch, daß eine von Schismatikern oder Häretikern rechtmäßig gespendete T. nicht wiederholt werden mußte. Das Osterfest mit all seiner Symbolik galt als der geeignetste T.termin. Die theol. Begründung blieb allerdings partiell und offen: die T. gilt als Fundament der Kirche, sie wirkt Vergebung der Sünden, Mitsterben und Mitauferstehen mit Christus, sie ist Schutz, Kraft und Erleuchtung, sie führt zur Lebensverwandlung, schließlich zur Wiedergeburt und Unsterblichkeit. Doch all diese Vorstellungen tauchen je einzeln und über Jahrhunderte verstreut auf, weithin ohne Verbindung zueinander. Nur daß T. notwendig ist und die Tür zum neuen Leben in der Anteilnahme an Christi Leben eröffnet, darin besteht Übereinstimmung. Auch die T.bekenntnisse, die wahrscheinlich ihren Sitz im Leben weder im Martyrium noch in der Auseinandersetzung mit Heiden, Juden und Häretikern hatten, sind allmählich gewachsen und haben ihre Mitte von Anfang an im überproportional ausgeführten Christusbekenntnis.

2. Erst Augustin hat die T. theol. systematisiert: sie ist für ihn »Sakrament des Glaubens« und Sakrament »der ganzen Kirche«; sie verbindet – über die Kirche – mit Christus, und niemand darf von ihr ausgeschlossen werden. Die Säuglinge sterben in der T., seiner Auffassung nach, der Erbsünde ab – eine Vorstellung, die sich in der Ostkirche nicht durchgesetzt hat –, die anderen Getauften auch den übrigen nachgeburtlichen Verfehlungen. Zwar wird die T. der Häretiker anerkannt, aber die Verbindung zwischen T. und Kirche bringt die T. dort um ihre Wirkung, wo die Kirchenbindung fehlt, und nötigt deshalb zur Rückkehr in die Kirche.

Über Jahrhunderte hin gab es in den Kirchen im Osten und Westen keine Taufstreitigkeiten. In der abendländischen →Scholastik wurde die augustinische Tauflehre vertieft und weiter systematisiert. Als objektive T.bedingung galt →Thomas von Aquin der Sühnetod Christi, der Vergebung der Sünden bewirkte, als subjektive Bedingung die Buße, der Glaube und der Gehorsam des Menschen. Vom Urchristentum an bedeutete T. die Inkorporation in den Leib Christi. Seit im 11. Jh. das Kirchenrecht aufzublühen begann, trat der juristische Aspekt der Mitgliedschaft zur Eingliederung in die Kirche hinzu. Bis in die Gegenwart hinein stehen Gliedschaft und Mitgliedschaft nebeneinander und ringen um Priorität.

Im späten MA stellte sich zunehmend die Frage nach der Voraussetzung für den rechten Empfang der T. Dabei wurde das Übergewicht der göttlichen Gnade einerseits und die Notwendigkeit, über das Bußsakrament die rechte Disposition für den Empfang von Gottes Gnade zu erhalten, überstark betont. Die T. wurde damit nur Anfang auf dem weiteren Vollkommenheitsweg des Menschen zu Gott hin. Die Intensivierung der Frömmigkeitspraktiken (bis hin zu den Fehlformen des Ablasses) läßt sich von da aus erklären. Das Konzil von Trient (→Tridentinum) hat die reformat. Anfragen sämtlich abgewiesen und die bisherige Auffassung und ihre Praxis bestätigt.

3. Die Reformatoren haben keine einheitliche Tauflehre entwickelt. Das ist Ausdruck dafür, daß von ihnen nicht so sehr die Theologie, sondern der Vollzug der T. auf Erneuerung hin bedacht wurde. Gültiger Ausgangspunkt war den Reformatoren das Schriftzeugnis, besonders der Taufbefehl Christi selbst. Im übrigen unterschied →Luther, darin gut augustinisch, zwischen dem Zeichen der T. (Eintauchen des Täuflings im Namen des dreieinigen Gottes), der Bedeutung (Absterben der Sünde und Auferstehung in Gottes Gnade hinein, also Aufnahme in den von Gott bewirkten und vom Menschen angenommenen T.bund) und dem Glauben, wobei der Glaube für Luther oft genug mehrere Subjekte hat, die nicht immer ausdrücklich angesprochen, aber im Regelfall mit berücksichtigt werden müssen: Gott, die Kirche, der einzelne. In der Betonung des Zusammenhanges von T. und Glauben liegt das eigentlich Neue der reformat. T.auffassung. »Die Taufe hilft niemand, ist auch niemand zu geben, er glaube denn für sich selbst« (Luther, Taufsermon 1519). Allerdings geht Luther davon aus, daß auch die Säuglinge – über die Paten im Glauben der Kirche – selbst glauben, und zwar im exemplarischen Sinn: sie sind nichts als Annehmende, Empfangende. So wird die Säuglingst. für Luther zum Modell der »Rechtfertigung allein aus Glauben«. In den späten zwanziger Jahren – nach der Auseinandersetzung mit den »Schwärmern« und Zwingli – betont Luther den Kinderglauben nicht mehr, sondern verweist für die Säuglingstaufe vor allem auf das Taufgebot Christi in Mt 28,19, das auch die T. der Kinder verlange.

Für →Zwingli ist die T. vor allem ein Bekenntnisakt des glaubenden Menschen, durch den er sich Christus einerseits und der Kirche andererseits unterstellt. →Calvin (und die auf ihn zurückgehende reformierte-presbyterianische Tradition) hat, aufs ganze gesehen, zusammen mit Luther an der Tradition der Kirche festgehalten, allerdings – wie auch sonst in seiner Sakramentenauffassung – zwischen dem äußeren Geschehen (Wassert.) und dem inneren Geschehen (Abwaschung der Sünden durch das Blut Christi) unterschieden. Die T. gründet in der Verheißung Christi und ist Siegel für die real geltende Rechtfertigung und Heiligung. Mit Luther hielt er an der Säuglingst. fest (vgl. Institutio IV, 15; Heidelberger Katechismus, Fr. 69).

Für alle Reformatoren gilt, daß die T. nicht nur Initialzündung für den Glauben, nicht nur symbolischer Ritus ist, nicht nur ein für allemal gültige Tilgung der Erbsünde und ihrer Wirkungen. Sie ist vielmehr Beginn des Taufweges, braucht regelmäßige Vergegenwärtigung, daß die Getauften in Christi Tod und Auferstehung hineingenommen sind, persönliche Bejahung des T.bundes und tägliches »Hineinkriechen in die Taufe«. So ist die abendliche Herzensbeichte (wie die in regelmäßigen Abständen praktizierte Einzelbeichte) Verlebendigung und Vertäglichung der T. im Alltag. Was T. bewirkt, wird erst im Tode vollendet. Daher benötigt die T. keinerlei Ergänzung, sei es durch das Bußsakrament, sei es durch menschliche Entscheidung, Heiligung oder Vervollkommnung. Das →Augsburger Bekenntnis (CA IX) betont, daß die reformat. T.lehre im Zusammenhang mit der Gesamtkirche stünde – was die altgläubige Confutatio von 1530 bestätigt –, nämlich: die Heilsnotwendigkeit der T. (daher ist bei Gefahr auch durch Laien die Nottaufe zu spenden, anders hierzu Calvin), die Rechtmäßigkeit der Säuglingstaufe und die Verurteilung der Wiedertaufe und derer, die sie vollziehen. Hinzu kommt der pastorale Trost durch T.erinnerung und Heilsvergewisserung in den Stunden der Anfechtung.

In der altprot. Orthodoxie wurde seit ca. 1580 zunehmend mehr die objektive Wirkung der T. als »Taufwiedergeburt« (Tit 3,5) betont; gegen diese Vereinseitigung, also gegen den Verzicht des persönlich bejahten und gelebten Taufweges, haben sich →Pietismus und →Erweckungsbewegung gewandt und die Entscheidung des einzelnen für den in der Taufe begonnenen Gottesbund unterstrichen und deren Fortsetzung im Leben der Nachfolge (→Heiligung) betont. Die Aufklärungstheologie hat die T. auf die äußere Mitgliedschaft, also den Aufnahmeakt in die Gemeinde, reduziert und damit die Säkularisierung des T.verständnisses und eine folgenlose T.praxis befördert. Gegen eine theol. offene, meist unprofilierte Unionstheologie im 19. Jh. hat das konfessionelle Luthertum, besonders in der Erlanger Schule, den Aspekt der auf Augustin zurückgehenden *gratia praeveniens*, »zuvorkommende Gnade«, wieder herausgestellt, wobei allerdings die Gefahr der Konsequenzenlosigkeit der T. für Glauben und Leben des einzelnen nicht immer vermeidbar war.

4. Bestärkt durch den Humanismus des späteren MAs einerseits und den reformat. Aufbruch andererseits – in beiden Bewegungen wurde bei sehr unterschiedlichem Ansatz die Würde des einzelnen Menschen für Leben und Glauben hervorgehoben –, entwickelte sich im 16. Jh. die Bewegung des Anabaptismus zunächst bei einzelnen Christen, die sich dann zusammenschlossen, von den jeweiligen Obrigkeiten meist verfolgt wurden und auf die Wanderschaft durch ganz Deutschland, sogar Europa mußten. Sie lehnten die T. von Säuglingen und Kindern als unbiblisch ab und verlangten persönliche Lebenswende und das eigene Glaubensbekenntnis als Voraussetzung für die T. Dadurch, daß die Säuglingst. zum geltenden Staatskirchenrecht gehörte, begingen alle Täufer, nach damaliger Auffassung, ein strafwürdiges Verbrechen, das z.T. sogar mit der Todesstrafe geahndet wurde. Sie zogen sich daher in Gebiete zurück, die ihnen Asyl gewährten (Mähren und die Steiermark, Holland und Großbritannien), wanderten dann aber ab Beginn des 17. Jh.s zunehmend mehr in kleineren und größeren Gruppen meist nach Nordamerika aus, wo der Baptismus eine starke religiöse Kraft wurde. Den Vorwurf der Wiedertaufe lehnten die →Baptisten schon relativ früh ab, weil sie die Säuglingen und Kindern gespendete T. überhaupt nicht als T. anerkannten. Mit der Entwicklung der Freikirchenbewegung im 19. Jh. begannen die Baptisten von Hamburg aus auch in Deutschland zu wirken; sie stellen gegenwärtig die größte ev. Freikirche dar.

Mit der Zivilstandsgesetzgebung in Deutschland 1875 fiel der Zwang zur Kindertaufe fort. Im 20. Jh. kam die Taufdiskussion durch Karl →Barths T.lehre (Rat zum Verzicht auf Kindert. aus ähnlichen Gründen, wie sie Baptisten vertreten) mit lebhaftem Echo in den Kirchen in Gang. Generell wird aber an der Säuglingst. festgehalten, ein Taufaufschub aus Gewissensgründen jedoch geduldet bzw. auch die Erwachsenent. freigegeben. In der ökumen. Diskussion hat sich, wie das Lima-Dokument zeigt, unter den Kirchen mit Säuglingstaufe eine große Übereinstimmung ergeben. Wie weit sich diese Einmütigkeit auf die noch strittige Amtsdiskussion, aber auch auf einen liturgisch einheitlicher gefeierten T.gottesdienst auswirkt, bleibt abzuwarten.

Lit. (Auswahl): B. Jordahn: »Der Taufgottesdienst im Mittelalter bis zur Gegenwart«, in: Leiturgia 5, 1970, 349–640; G. Kretschmar: »Die Geschichte des Taufgottesdienstes in der alten Kirche«, in: Leiturgia 5, 1970, 1-348; K. McDonnell, G. Montague (Hg.): Die Flamme neu entfachen, 1993; G. Mellinghoff (Hg.): Die Taufe, 1994; H. Mühlen: Neu mit Gott, 1990, 151–157, 191–194; E. Schlink: »Die Lehre von der Taufe«, in: Leiturgia 5, 1970, 641-809; U. Steffen: Taufe, 1988.

G. Ruhbach

c) systematisch-theologisch (Glaubenstaufe)

1. Der Grund der Taufe

Die christl. Gemeinde weiß sich seit ihren Anfängen zur Praxis der Taufe ermächtigt und verpflichtet durch einen Auftrag ihres auferstandenen Herrn. Dieser Auftrag gründet seinerseits im Handeln Jesu selbst, der sich als Anfang seines öffentlichen Wirkens von Johannes taufen ließ.

Die Johannestaufe war eine »Bekehrungstaufe zur Sündenvergebung« (Mk 1,4). Das Jordanwasser ist dabei als Abbild des Schilfmeeres zu verstehen und deshalb weniger als Reinigungs- denn als Todeswasser: Der Täufling gibt sich mit seiner Sünde symbolisch den Fluten des göttlichen Gerichtes preis und empfängt im Durchgang durch den Tod ein neues Leben. So ist die Johannestaufe »eine rituelle Darstellung der Wiedergeburt« (Gese, 198).

Jesu Taufe wurde den Jüngern nach der Auferstehung zur Verpflichtung und zum Modell für ihr eigenes Handeln. Der Grund der christl. Taufe ist somit nicht in einer urgemeindlichen Tradition zu suchen, die man heute unter Umständen auch ändern oder aufgeben könnte, sondern in einem Gebot Christi, dem die Gemeinde Gehorsam schuldet. Als Gebot ist die Taufe zugleich eine Gabe Christi, durch die er die Seinen beschenken will.

2. Das Wesen der Taufe

a. Das Taufgeschehen

Weil es im NT nirgendwo eine eigentliche, zusammenhängende Tauflehre gibt, läßt sich das Wesen der Taufe am ehesten an der Beobachtung ihres Vollzuges erkennen.

Danach ist die Taufe ein Bestandteil der Mission und der christl. Anfangserfahrung (Initiation): Die Gemeinde, die der Welt das Evangelium verkündigt, erlebt, daß ihr Wort kraft des Heiligen Geistes Menschen zum Glauben führt. Diese Menschen werden dann getauft und in die Gemeinde aufgenommen. In der Taufe vollzieht sich also rituell-symbolisch die Bekehrung; der Täufling wechselt öffentlich erkennbar aus seiner bisherigen Religion oder Weltanschauung bzw. aus dem überkommenen jüd. Selbstverständnis in die Gemeinde Jesu.

Durch das Untertauchen in Wasser wird die Bekehrung als Sterben des alten und Beginn eines neuen Lebens erkennbar und insofern auch als Reinigung des Täuflings von seinen Sünden.

Die Taufe geschieht »auf den Namen Jesu Christi« (Apg 2,38; 8,16; 22,16), d.h. unter Anrufung Jesu durch Täufer und Täufling mit dem Ziel, den Täufling an den Messias Jesus zu übereignen. Im Unterschied zur Johannestaufe stellt die christl. Taufe also in die Gottesherrschaft als in Jesus gegenwärtige Wirklichkeit hinein. Deshalb ist sie auch mit der Gabe des Heiligen Geistes verbunden. Die trinitarische Tauformel von Mt 28,19 bringt diese Heilsgegenwart in Jesus zu vollerem Ausdruck und ist deshalb mit Recht kirchlich üblich geworden.

Der Täufling tauft sich nicht selbst, sondern wird getauft – freilich aufgrund eigenen Entschlusses. Die Taufe gibt sich dadurch als eine Empfangshandlung zu erkennen, in der der Täufling willentlich passiv ist.

b. Taufe als Begegnung

Der urchristl. Vollzug der Taufe als Bekehrungstaufe zeigt, daß die Taufe ebenso wie die Bekehrung ein Handeln Gottes am Menschen und ein Handeln des Menschen selbst ist. In der Taufe geschieht wie in der Bekehrung beides: rettende Zuwendung Gottes zum Menschen und dankbare Zuwendung des Menschen zu Gott. Das entspricht der Grundstruktur der Beziehung zwischen Gott und Mensch, nämlich der personalen Korrespondenz von Wort und Glaube (E. Brunner). Taufe ist somit ein Begegnungsgeschehen: Gottes Selbstmitteilung kommt dadurch zum Ziel, daß sie vom Menschen in personhafter Selbsthingabe an Gott angenommen wird.

Es ist vom Wesen der Taufe her unmöglich, sie ohne Glauben des Täuflings zu vollziehen. Der Mensch würde dadurch aus dem personalen Gegenüber Gottes zu einem bloßen Objekt göttlichen Handelns. Sakrament, d.h. Mitteilung göttlicher Gnade, kann die Taufe nur sein, wenn sie zugleich Glaubenssakt ist. Glaube ist immer beides: sowohl passives Empfangen der göttlichen Begnadigung als auch aktives Ergreifen der Verheißung in Liebe und Hingabe an Gott. So kommt es in der Taufe als Empfangshandlung zu sichtbarem Ausdruck. Eine Taufe, die nicht Glaubensakt des Täuflings ist, ist auch kein Gnadenakt Gottes.

3. Der Sinn der Taufe

Als Zeichenhandlung verweist die Taufe auf die in ihr gemeinte Sache. Die Sache der Taufe ist die Bekehrung und Wiedergeburt des Sünders als Gnaden- und Glaubensakt in einem. Sie geht der Taufhandlung schon voraus, weil schon die Verkündigung des Wortes den Glauben im Herzen und das Bekenntnis mit dem Munde weckt (Röm 10,8f). Insofern dient der Taufakt nicht dazu, die Rettung aus der Sünde überhaupt erst zu bewirken, sondern sie zu bezeugen und zu vergewissern (kognitiver Sinn der Taufe). Die Taufe ist daher auch nicht heilsnotwendig. Andererseits aber ist der Taufakt nicht nur Abbild eines früheren Geschehens, sondern aktueller Vollzug der von ihr bezeichneten Sache: Zueignung der Gnade und ihre Aneignung durch den Glauben. Die Sache ist im Zeichen gegenwärtig. Daher geschieht in der Taufe das, was sie bezeichnet (effektiver Sinn). Das symbolische und das realistische Verständnis sind miteinander zu verbinden: Taufe ist »Realsymbol«. In der Taufe geschieht dabei nichts anderes, als was auch in der mündlichen Verkündigung und im mündlichen Bekenntnis geschieht, es geschieht in ihr aber auf andere Weise. So wirkt die Taufe als Stütze und Stärkung des Glaubens für den Täufling und die Gemeinde.

4. Gabe und Verpflichtung der Taufe

Von der Grundbedeutung der Taufe als Bekehrung und Wiedergeburt des Sünders her wird im NT eine Vielzahl von Gaben Gottes in der Taufe aufgeführt.

Die Taufe bezeichnet und vermittelt Gemeinschaft mit Christus und in ihr das volle Heil. Jesus Christus nimmt den Gläubigen auf in sein Leben und gibt ihm teil an seiner Gottessohnschaft (Gal 3,26f).

Gott schenkt Vergebung der Sünden, Rechtfertigung und Heiligung (Apg 2,38; 22,16; 1Kor 6,11; Eph 5,25f; Kol 2,12f; Tit 3,5.7; Hebr 10,22f). Der Glaubende wird einbezogen in Jesu Sterben am Kreuz und in seine Auferstehung (Röm 6,3f; Kol 2,12). Weil es keine Gemeinschaft mit Christus geben kann außer durch den Heiligen Geist, empfängt der Gläubige auch die Taufe mit dem Heiligen

Geist, d.h. die Wiedergeburt und Erneuerung kraft des Geistes (Mt 3,11.16; Joh 3,5; Apg 2,38; 19,1-6; 1Kor 6,11; 12,13; Tit 3,5). Verbindung mit Christus ist gleichbedeutend mit der Gliedschaft an seinem Leibe, nämlich der Gemeinde, und zwar sowohl in ihrer sichtbaren Gestalt (primär als Ortsgemeinde) als auch in ihrer universalen und übergeschichtlichen Weite (Apg 2,40f; 1Kor 12,13; Gal 3,27f). Jedes Gemeindeglied ist durch Glauben und Taufe gereinigt und geheiligt und so zum Priesterdienst in der Gemeinde geweiht (allgemeines Priestertum aller Gläubigen; Hebr 10,19-22). Zugehörigkeit zu Christus und seinem Leib, Vergebung der Sünden und neues Leben im Heiligen Geist sind Gaben der zukünftigen Welt, dem Gläubigen schon im voraus zugeeignet. Darum sind sie auch Quelle seiner Vollendungshoffnung. Die Taufe ist dementsprechend für den Gläubigen Unterpfand seiner letztendlichen Erlösung, Verheißung der leiblichen Auferstehung zum ewigen Leben und Siegel für die Erbschaft des Gottesreiches (Joh 3,5; Röm 6,4f. 8; 2Kor 1,22; Gal 3,27.29; Eph 1,13f).

Die Fülle dieser Heilsgaben stellt zugleich die Verpflichtung zu einer entsprechenden Lebensführung dar. Deshalb ist die Taufe auch Inpflichtnahme des Gläubigen durch Gott und Selbstverpflichtung des Täuflings zu einem Leben nach dem Willen Gottes (Röm 6,1-13; 1Kor 10,1ff; Kol 2,12 in Verbindung mit 3,1-13).

5. Die Ordnung der Taufe

Weil die Taufe im Gebot Christi begründet ist, ist die Gemeinde nicht frei, jemanden auch ohne Taufe aufzunehmen. Eine Wiederholung der Taufe ist durch ihre endzeitliche (und damit endgültige) Bedeutung als zeichenhafter Vollzug der Wiedergeburt ausgeschlossen. Auch alle Umkehr von falschen Wegen, die für den Getauften immer wieder nötig ist, bedeutet nicht eine Aufhebung der Taufe, sondern eine Rückkehr zu ihr.

Eine Taufe unmündiger Kinder widerspricht jedoch dem Wesen und der Bedeutung der Taufe und ist deshalb im NT auch nicht zu finden. Das Begegnungsgeschehen zwischen Gott und Mensch kann ein freies Ja des Täuflings nicht entbehren. Dabei muß der Glaube des Täuflings der Taufe vorangehen, weil sie nur so als Glaubensakt vollzogen wird. Die Gaben der Taufe (Sündenvergebung, Gotteskindschaft, Taufe mit dem Heiligen Geist, Gliedschaft am Leib Christi, Hoffnung auf die Auferstehung) sind unlösbar an den Glauben gebunden, so daß sie Gaben der Taufe nur dann sein können, wenn die Taufe ein Glaubensakt ist. Die Verpflichtung zu neuem Gehorsam, die in jeder Taufe geschieht, ist erst recht undenkbar, wenn der Täufling sich nicht zu Christus bekennt. Den Befürwortern der Säuglingstaufe gelingt es nirgendwo, ihr Wesen und ihre Bedeutung so zu beschreiben, daß sie als integrierendes Element und nicht nur als Sonderfall der allgemeinen Tauflehre erkennbar wird. Glaubenstaufe und Säuglingstaufe sind darum nicht als zwei gleichberechtigte Formen der einen christl. Taufe anzusehen.

Die allgemeine Praxis der Säuglingstaufe hat zu einem »Christsein« ohne Entscheidung, zum Eindruck einer »billigen« Gnade und zur Immunisierung vieler Menschen gegenüber der Bekehrungspredigt geführt. Sie gehört notwendig zur volkskirchlichen Gestalt von Gemeinde und unterliegt damit auch den Bedenken, die vom NT her gegen dieses Kirchenverständnis geltend zu machen sind. Damit wird weder Kirchen, die die Säuglingstaufe üben, bestritten, daß auch sie Kirchen Jesu Christi sind, noch einzelnen Gläubigen, die nur als Säuglinge getauft wurden, daß sie Christen sind. Die Taufe gehört zur guten Ordnung und zum klaren Zeugnis der christl. Gemeinde, aber nicht zu ihrem unveräußerlichen Wesen. Sie ist ja auch für den einzelnen nicht heilsnotwendig. Dennoch wird die Gemeinde und jeder einzelne Christ auf die Taufe nicht ohne Not verzichten, denn sie ist von Jesus Christus zur Stärkung des Glaubens und zum Aufbau der Gemeinde gestiftet worden.

Lit.: K. Barth: Die kirchliche Dogmatik IV/4, 1967; G. R. Beasley-Murray: Die christliche Taufe, 1968 (baptistisch); E. Brunner: Wahrheit als Begegnung, ²1963, 181ff; H. Gese: »Der Johannesprolog«, in: ders.: Zur bibl. Theologie, 1977, 152ff; E. Jüngel: »Zur Kritik des sakramentalen Verständnisses der Taufe«, in ders.: Barth-Studien, 1982, 295ff; W. Lohrmann: Glaube und Taufe in den Bekenntnisschriften der evangelisch-lutherischen Kirche, 1962; J. Schneider: Die Taufe im Neuen Testament, 1952 (baptist.); E. Schütz: Thesen zum Thema Glaube und Taufe, Blickpunkt Gemeinde, 1981, Heft 4, 2ff (baptist.); G. Wagner: Leitsätze zur Tauftheologie im Neuen Testament, Una Sancta 25/1970, 367ff (baptist.).

U. Swarat

d) systematisch-theologisch (Kindertaufe)

1. Grundlegendes

Die christl. T. wird vom auferstandenen Jesus Christus selbst eingesetzt: Mt 28,18ff; Mk 16,15. Sie gründet in seinem Leiden, Tod und Auferstehung und geschieht auf seinen Namen. In der T. gewinnt der Christ Anteil am Geschick Jesu Christi, am Todesgericht über die Sünde, wie auch an seinem neuen Leben. »Durch die Taufe ist unsere Geschichte so endgültig verbunden mit seiner Geschichte, daß sie nicht mehr unsere eigene Geschichte, sondern Geschichte mit ihm und in ihm ist.« (Schlink, Dogmatik, 484).

Aus Mt 28,18 geht hervor, daß die T. einbezogen ist in das universale Herrsein Jesu Christi. Indem die T. »in Christus« vollzogen, und dabei Jesus als der Christus, als der Herr bekannt und angerufen wird, erweist sie sich als Vollzug eines Herrschaftswechsels: »Durch die Taufe geschieht so nicht nur die Vergebung von sündigen Taten, sondern die Befreiung der Person vom Zwang, immer weiter sündigen zu müssen – die Befreiung zu einem Leben in Reinheit, Gerechtigkeit und Heiligkeit« (Schlink, Dogmatik, 483). Entsprechend vielfältig sind die ntl. Aussagen über Wirkung und Folgen der T.

Dabei ist der heilsgeschichtl. Ort der T. in der Zeit des Glaubens, zwischen Himmelfahrt und Wiederkunft zu beachten: Das neue Leben ist »mit Christus verborgen«; Getaufte sind zum Wandel in diesem neuen Leben aufgerufen (vgl. dazu Röm 6,4.8; Kol 2,12f; 3,1.3f; Eph 1,19f; 2,5f).

Übereignet die T. an Jesus Christus, so ist sie damit zugleich T. durch den Heiligen Geist (vgl. die Verbindung von Taufe und Geistmitteilung in 1Kor 6,11; 12,13; Tit 3,5f; auch Joh 3,5): Der Getaufte wird in den Wirkungsbereich des Heiligen Geistes versetzt, von ihm begabt und in Dienst genommen. Luther beschreibt den Zusammenhang von Geist, Wasser und Blut nach 1Joh 5,7 so: »Sic Spiritus sanctus nimpt das wasser und teufft in dem blut Christi« (WA 47, 728, 16; vgl. Asendorf, 289).

In der T. wird der Christ in den Leib Christi hineingetauft. Er bewirbt sich nicht um eine Mitgliedschaft, sondern wird zum Glied der Ekklesia, der »Kirche Gottes« gemacht. Somit ist die T. der Grund für die Gemeinde mit und unter Christus. Vollzogen wird die T. mit Wasser unter Berufung auf Jesu Befehl und Verheißung. Der Taufende handelt lediglich an Christi Statt. In seinem Wort ist der dreieinige Gott selbst gegenwärtig. Im Sakrament nimmt er die Schöpfung (Wasser, Brot, Wein) für sein Heilshandeln in Dienst: »Gottes Geschöpfe sind so nicht nur Gegenstände seines Wirkens, sondern zugleich Mittel seiner Selbstkundgabe im Sinne der Erlösung zufolge des Wortes und des wirkenden Geistes« (Luther, referiert bei Asendorf, 288).

2. Taufzulassung

Die sachgemäße Wahrnehmung der T.zulassung ist für die rechte Verwaltung der T. in der Kirche von zentraler Bedeutung. Grundlage dafür ist der unlösbare Zusammenhang von Glaube und T. (Mk 16,16). Der Glaube erweist sich im Bekenntnis zu Jesus Christus. Da das Bekenntnis »Herr ist Jesus« nach 1Kor 12,3 nur im Heiligen Geist gesprochen werden kann, ist dieses das Kriterium für die Prüfung der Geister. Das T.gespräch hat somit die Aufgabe, Voraussetzungen und Konsequenzen der T. darzulegen; auf dieser Basis ist eine Entscheidung über die T.bewerbung als geistl. Urteil zu treffen (vgl. Slenczka, 183).

Auch die sog. »Kindertaufe« betrifft als Frage nach dem Alter des Täuflings die T.zulassung. Die Tatsache, daß die Kindertaufe offenbar erstmals im 16. Jh. von einigen Gruppen grundsätzlich abgelehnt und für ungültig erklärt wurde, deutet auf einen Zusammenhang zwischen T.verständnis und gewandelter Sicht des Menschen als Individuum hin. Sowohl die Überlegenheit des göttlichen Handelns in der T. (die den Täufling zum Beschenkten macht), als auch die geistl. Wirklichkeit der Kirche als Leib Christi (in die der Täufling hineinversetzt wird) legten eine T.zulassung von Kindern, deren Eltern Christen sind, nahe. So verstanden »erfolgt auch die Taufe des Kleinkindes nicht ohne vorhergehenden Glauben, denn es geht dieser Taufe der Glaube der Kirche voraus, die das Kind mit Fürbitten und mit Belehrung begleitet und trägt, so daß es herangewachsen auch selbst das Christusbekenntnis ablegen kann. ... Auf der anderen Seite ergibt sich heute in den großen Kirchen mancherorts die ernste Frage, ob die Kindertaufe noch gespendet werden darf, wenn die fürbittende und belehrende Begleitung der heranwachsenden Kinder durch Eltern und Paten und durch eine lehrende und tragende Gemeinschaft der Ortskirche nicht mehr vorhanden ist« (Schlink, Dogmatik, 489).

3. Christliches Leben als Leben aus der Taufe

Als ein einmaliger und unwiederholbarer Akt bleibt die T. grundlegend für das gesamte Leben des Christen. Allein von der T. aus kann das neue Leben »in Christus« erkannt werden. Die Verkündigung ruft zu ihr zurück; sie ist »die Erinnerung an das, was durch die Taufe an uns geschehen ist und die Mahnung zum Wandel im neuen Leben«. Daher besteht »die schlimmste, meist verborgene Verleugnung der Taufe ... darin, daß die Gemeinde nicht von dieser Gabe her erkannt und beurteilt wird, daß sie selbst auch nicht angeleitet und ermahnt wird zum Leben aus der Taufe« (Slenczka, 182f).

Im NT findet sich weder eine Beschreibung noch eine abstrakte Deutung des T.ritus. Dagegen wird auf vielfältige Weise das bezeugt, was Gott in der T. an den Glaubenden getan hat, tut und an zukünftigen Christen tun will. Dementsprechend ist auch die Kirche Jesu Christi in der Gegenwart darauf angewiesen, in ihren verschiedenen Bereichen (Eltern, Paten, Unterweisung im Kindergarten, Religions- und Konfirmandenunterricht, Jugendarbeit, Erwachsenenkatechumenat etc.) das Geschenk der in der T. zugeeigneten Gnade Gottes zu bezeugen und aus ihm zu leben.

Lit.: U. Asendorf: Die Theologie Martin Luthers nach seinen Predigten, 1988; K. Barth: Die Taufe als Begründung des christlichen Lebens, KD IV/4, [3]1991; H. Bräumer: Taufe, 1987; U. Kühn: Sakramente, HST 11, 1985; M. Luther: Predigt am 13.4.1539, WA 47, 721–730; G. Maier, G. Rost (Hg.): Taufe – Wiedergeburt – Bekehrung in evangelistischer Perspektive, o.J. (1980); E. Schlink: Die Lehre von der Taufe, 1969; ders.: Ökumenische Dogmatik, [2]1985; R. Slenczka: Kirchliche Entscheidung in theologischer Verantwortung, 1991.

E. Hahn

e) praktisch-theologisch

1. Die T. wird heute in den volkskirchl. geprägten christl. Konfessionen in der Regel an Kindern im Säuglingsalter vollzogen, wobei zu beobachten ist, daß in jüngster Zeit das Taufalter sich immer häufiger nach oben verschiebt. Oft wird die T. mit der →Konfirmation zusammengelegt. Daneben wird aber in den ev. Kirchen die Möglichkeit des T.aufschubs (bis ins Erwachsenenalter) durch entsprechende T.ordnungen ausdrücklich offengehalten und auch genützt.

Der T. voraus geht ein ausführliches T.gespräch, in dem Eltern (und Paten) in alle durch eine T. aufgeworfenen Fragen eingeführt werden sollen. Die T.handlung selbst wird in einem Gemeindegottesdienst (oder besonderen T.gottesdiensten) vor versammelter Gemeinde vorgenommen. Durch die T. wird der Täufling rechtmäßig Mitglied der Kirche, die ihn tauft. Der Vollzug der T. wird konstituiert durch den T.befehl (Mt 28,18-20; Mk 16,15-16), das Glaubensbekenntnis und die trinitarische Taufformel, verbunden mit der dreifachen Ausgießung des Wassers über den Täufling.

Bei den baptist. und Freien ev. Gemeinden (ähnlich auch bei den Mennoniten) geschieht die T. an Erwachsenen, die öffentlich das Bekenntnis ihres Glaubens abgelegt haben, durch Untertauchen in eigens dafür eingerichteten T.becken.

Nach altem christl. Brauch treten bei der T. zu den Eltern die →Paten, die vor der Gemeinde Mitverantwortung für den inneren Weg des Getauften übernehmen. T.pate kann nach geltendem Recht der EKD nur sein, wer selbst Mitglied einer der → Arbeitsgemeinschaft christlicher Kirchen (ACK) angehörigen Kirche ist. Der einzelnen Kirchengemeinde kommt es zu, die Getauften geistl. in ihre Mitte aufzunehmen und ihnen das notwendige »Taufgeleit« anzubieten, also Möglichkeiten, die Täuflinge in die Glaubenswahrheiten und die Gemeinschaftsangebote der Kirche einzuführen.

2. Besondere Diskussionen sind in den letzten Jahren in der Frage der →Kindersegnung und um die Wiederholbarkeit der T. entstanden. Auch wenn sie bei der überwiegenden Mehrheit der ev. Kirchen nicht als offizieller Ritus eingeführt ist, gibt es vor allem im freikirchl. Bereich die Übung der Kindersegnung unter Berufung auf Mk 10,13-16. Es wird darauf zu achten sein, daß eine solche Übung nicht mit der Kindertaufe verwechselt oder als eine Ersatzhandlung für sie verstanden wird.

Im Gegensatz dazu steht eine Wiedertaufe, auch wenn sie verschleiernd als »Glaubenstaufe« bezeichnet wird, in striktem Widerspruch zum Verständnis der T.. Wie das Abendmahl in seiner Grundstruktur auf Wiederholung angelegt ist, so die T. auf Einmaligkeit. Auch das Argument, daß der Täufling bei seiner T. als Säugling nicht wissentlich und willentlich beteiligt war, kann die Bedeutung des Handelns Gottes in der T. nicht aufheben. Wer das Wesen der T. als ein grundlegendes Handeln der Gnade Gottes am Menschen versteht, kann einer Wiederholung der T. nicht das Wort reden.

Eine bereits vollzogene T.handlung kann nur wiederholt werden, wenn berechtigter Grund zu der Annahme besteht, daß sie keine wirklich christl. T. war. Sofern baptist. Kirchen als Kinder getaufte noch einmal taufen, vollziehen sie nach ihrem eigenen T.verständnis keine Wiedertaufe, da sie die Kindertaufe nicht als gültige christl. T. anerkennen. Sie stehen damit in deutlichem Widerspruch zu den Volkskirchen.

Lit.: G. Hennig: Die christliche Taufe. Studienbrief A 19 der Arbeitsgemeinschaft Missionarische Dienste, 1986; Th. Sorg: »Nicht ihr habt mich erwählt...« Zur volkskirchlichen Taufpraxis, 1991.

Th. Sorg

Täufer

Die Bezeichnung »Täufer« (anstatt früher »Wiedertäufer«) hat sich in der neueren Forschung allg. durchgesetzt für diejenigen Vertreter der »radikalen Reformation« (G.H. Williams) oder des »linken Flügels der Reformation« (R.H. Bainton; H. Fast), deren gemeinsames Kennzeichen die Verweigerung der Säuglings- oder Kindertaufe und die Durchführung der Gläubigentaufe ist. Diese bedeutete Aufnahme in die Gemeinde der Glaubenden und der der »Regel und Lehre Christi« Verpflichteten (Hubmaier); die Wassertaufe ist Bekenntnis und Verpflichtungsakt des einzelnen; sie setzt voraus, daß die Kirche als Gemeinschaft der Glaubenden sich deutlich von der Welt unterscheidet, ja trennt. Daß auf diese Weise die Taufe zum Signal wurde für die Auflösung und Beendigung des allg. anerkannten, durch ihre Praxis als Säuglingstaufe herbeigeführten Verstehens- und Lebenszusammenhanges von Kirche als alle Menschen umfassendem Leib Christi, als Corpus Christianum, das gibt den T.n und ihrem Taufverständnis ihr eigenes geschichtl. Gewicht. Der Bruch mit der verfaßten Kirche, die massive Kritik an der gesellschaftl. Situation der Zeit und ihr Eintreten für eine »gesamtgesellschaftliche Erneuerung der Christenheit« (H.-J. Goertz) weist den T.n ihren eigenen Ort in der Reformationsgeschichte zu.

Von den T.n, die in sich ein differenziertes Bild bieten, sind mit H. Fast zu unterscheiden: »Spiritualisten« (Hans Denck, Caspar von →Schwenckfeld, Sebastian →Franck), »→Schwärmer« (Andreas →Karlstadt, Thomas →Müntzer, Melchior →Hoffman) und »→Antitrinitarier« (Michael →Servet, Fausto Sozzini). Unter allen Gruppierungen gibt es Verbindungen und weitere Differenzierungen, die einer Typisierung Grenzen setzen.

Die Entstehung des T.tums wurde in der älteren Forschung, insbesondere mennonitischer Prägung, dem eigenen freikirchl. Selbstverständnis entsprechend, im Zürich Zwinglis gesehen: »Das täuferische Leitbild« (»The Anabaptist Vision«, H.S. Bender 1943) einer freikirchl. Gemeinde durch die Taufe gläubiger Menschen, die in bewußter Nachfolge Christi und in Gewaltlosigkeit leben wollen. Die neuere T.forschung, konfessionell ungebunden, hat jedoch dargelegt, daß T. an vielen Orten auftraten und eine radikale Durchführung kirchl. und gesellschaftl. Reformen verlangten (»From Monogenesis to Polygenesis«, J.M. Stayer, W.O. Packull, K. Deppermann 1975).

Gleichwohl wird in Zürich schon früh eine Gruppenbildung erkennbar. Die mit ihrem Lehrer →Zwingli unzufriedenen theol. Schüler Andreas Castelberger, Felix Mantz und Conrad →Grebel sowie Johannes Brötli, Jörg Blaurock und andere Bürger in Zürich vollzogen im Januar 1525 – nach heftigem Streit mit Zwingli und dem Rat der Stadt Zürich bes. über die Frage der Säuglingstaufe – die ersten Taufen Erwachsener, »ohne allerdings schon eine Freikirche zu gründen«; eher »war es ein kleiner leidensbereiter Kreis« (H.-J. Goertz, S. 18f), der mit dieser Taufe einen eigenen Weg neben der Kirche Zürichs wagte. Der Rat der Stadt Zürich erließ im März 1526 ein Mandat, das Wiedertaufe mit der Todesstrafe belegte. Im Januar 1527 wurde Felix Mantz daraufhin in der Limmat ertränkt, der erste von unzähligen täuferischen Märtyrern.

In der Nachbarstadt Waldshut kam es Ostern 1525 zu einer die ganze Stadt erfassenden T.reformation durch den ehemaligen Theologieprofessor und Pfarrer Balthasar →Hubmaier, der sowohl zu Zwingli als auch zu den Zürcher T.n enge Verbindungen hatte. Die Waldshuter T.kirche fand aber schon im Dezember 1525 durch die Truppen Ferdinands von Österreich ein gewaltsames Ende. Die Stadt wurde wieder katholisch.

Von großer Bedeutung war der Zusammenschluß Taufgesinnter im Frühjahr 1527 in Schleitheim auf der Basis der von Michael Sattler verfaßten »Brüderlichen Vereinigung etlicher Kinder Gottes, sieben Artikel betreffend«. Mit diesen »Schleitheimer Artikeln« grenzte man sich nach außen ab gegen die Kirche Roms und gegen die Reformationskirchen, aber auch nach innen gegen Fehlentwicklungen innerhalb des lehrmäßig noch ungefestigten T.tums, gegen »einige falsche Brüder«, die »großes Ärgernis erregt« und »(sich selbst zum Gericht) der Geilheit und Freiheit des Fleisches ergeben« haben (Zit. n. H. Fast, 61f). Mit dieser scharfen Absage an ausschweifende Enthusiasten in Appenzell und St. Gallen zeigten die Schweizer Brüder zugleich ihren Kurs an: der in der Taufe bekannte Glaube bringt eine klare und hohe ethische Verpflichtung mit sich, die in der Gemeinde Jesu Christi gelebt wird – in Absonderung von der Welt und Wehrlosigkeit.

Große mission. Wirksamkeit entfalteten für die Sache der T. Hans Denck, mit spiritualistischem Hintergrund, und Hans Hut, durch den Gedankengut Thomas Müntzers ins T.tum gelangte. Denck (1500–1528) empfing 1526 in Augsburg von Hubmaier die Taufe und wirkte bes. in Straßburg, Worms und Basel. Hut (1490–1527), der 1526 von Denck in Augsburg getauft wurde, missionierte in Franken, Mähren und Österreich, seine Schüler Hans Schlaffer und Leonhard Schiemer in Niederösterreich und Tirol.

Zu den bedeutenden Theologen und Organisatoren täuferischer Gemeinden im süddeutschen Raum gehörte Pilgram Marpeck (1495–1556). Er dachte theol. und ethisch »weiträumiger« und konkreter als die eher eng zugeschnittenen Schweizer Brüder, die sich im süddeutschen Raum ausbreiteten, oder als die spiritualistisch von Denck bestimmten T., denen nicht so sehr an der konkreten Gestaltung der Kirche lag.

So verschieden die Wege und Konzepte für eine Reform der Kirche auch waren, sie waren alle den gleichen harten Verfolgungen mit Folter und Todesstrafen ausgesetzt, oder sie wurden von Haus und Hof vertrieben. In Augsburg, einem frühen Zentrum der T., fand im August 1527 eine große T.synode statt, die man später die »Märtyrersynode« nannte, weil die meisten ihrer Teilnehmer danach als Zeugen ihres Glaubens ums Leben kamen. Unendlich viele folgten, nachdem auf dem Reichstag zu Speyer 1529 nach altem Reichsrecht die Wiedertäuferei mit der Todesstrafe belegt wurde. Zwar gewährte man den T.n mancherorts auch Lehrgespräche wie in Zofingen (1532), Bern (1538) oder Emden (1578), an anderen Orten aber machte man mit ihnen kurzen Prozeß.

Die »großen« Reformatoren Luther, Melanchthon, Bullinger oder Zwingli waren hierin auch nicht zurückhaltend. Zum Teil war ihr Urteil undifferenziert, durch die Erfahrungen mit Thomas Müntzer und durch die Katastrophe des »Täuferreiches von Münster« veranlaßt. Dessen geistiger Vater war Melchior Hoffman mit seinen extrem chiliastischen Anschauungen, so daß man ihn heute nur bedingt zu den T.n zählt. Er hatte sich 1530 in Straßburg wiedertaufen lassen und in Ostfriesland eine täuferische Tätigkeit entfaltet. Sofort verbreitete sich seine täuferische, mit Chiliastisch-Schwärmerischem vermischte Lehre bis weit nach Flamen und Holland, wo sie auch an die späteren Machthaber des »Täuferkönigreiches von Münster«, die »Melchioriten« (Jan van Leiden, Jan Matthijs) gelangte (Bernd Rothmann in Münster). Das hatte zur Folge, daß die T., allzuleicht mit diesen Vorgängen in Verbindung gebracht, gewalttätiger Umtriebe verdächtigt und verfolgt wurden.

Zu den Gruppierungen, die die Zeiten überdauert haben, gehören die »Hutterischen Brüder« (»→Hutterer«, auch »Huterer«), deren Organisator Jacob Huter (gest. 1536) in Mähren und Oberdeutschland wirkte. Er begründete die »Bruderhöfe«, die im Geiste urchristl. Gütergemeinschaft geführt wurden. In Norddeutschland war es der ehemalige Priester →Menno Simons, der eine bleibende, die Zeiten überdauernde Gemeinschaft von Taufgesinnten sammeln und begründen konnte: die →Mennoniten.

Die Theologie des T.tums im 16. Jh. ist so vielfältig wie ihre geistigen Häupter unterschiedlich sind. Es ist kaum verwunderlich, daß in ihr die verschiedensten Strömungen spätmittelalterl. Frömmigkeit und Reformtheologien – humanistische Bemühungen um Erneuerung aus dem Geist der Bibel – sowie verschiedener reformat. Ansätze Wittenberger, Zürcher, Basler und Straßburger Prägung zusammenlaufen. Einigkeit besteht in der Auffassung, daß die Taufe ein freiwilliger Akt des Beitritts zur sichtbaren, konkreten Gemeinde Jesu Christi ist, deren Leben durch die Bibel geregelt wird. Überwiegend besteht Einigkeit darüber, daß die Gemeinde der Christen in der Nachfolge Christi lebt im Gegenüber zur Welt und – gemäß den Schleitheimer Artikeln – in »Absonderung« von der Welt. Der Christ übt Gewaltverzicht und enthält sich obrigkeitlicher Ämter und des Eides (anders Hubmaier); brüderliche Ermahnung und Bann sind neben Taufe und Abendmahl wesentliche Kennzeichen der täuferischen Gemeinden.

Quellen: Quellen zur Geschichte der (Wieder-) Täufer, Bd. 1ff, 1930ff; Quellen zur Geschichte der Täufer in der Schweiz, Bd. 1ff (1952), [2]1974ff; M. Baumgartner: Die Täufer und Zwingli. Eine Dokumentation, 1993; H. Fast (Hg.): Der linke Flügel der Reformation, 1962;

Lit.: H. J. Hillerbrand: Bibliographie des Täufertums 1520–1630, 1962; R. S. Armour: Anabaptist Baptism, 1966; C. Bauman: Gewaltlosigkeit im Täufertum, 1968; C.-P. Clasen: Anabaptism. A Social History, 1972; H.J. Goertz (Hg.): Umstrittenes Täufertum 1525–1975, [2]1977; ders.: Die Täufer, 1980 (Bibliographie); W. Schäufele: Das missionarische Bewußtsein und Wirken der Täufer, 1966; J.M. Stager: Anabaptists and the Sword, [2]1976; G.H. Williams: The Radical Reformation, 1962; Chr. Windhorst: Täuferisches Taufverständnis, 1976.

Chr. Windhorst

Taufpaten →Paten, Patenschaft

Taufstätten

T. hatten in der ersten Zeit der Christenheit keine bes. Bedeutung, das wichtige äußere Zeichen war das Wasser (Apg 8,36). Doch bevorzugten die ersten Christen Plätze an »lebendigem« (fließendem) Wasser (Quellen, Flüsse, See- und Meerufer). Als das völlige Entkleiden beim Taufen üblich wurde, aus klimatischen Gründen und in Verfolgungszeiten ergab sich die Verlegung der Taufe in Häuser und dort in eigene Räume, so in Dura-Europos am mittleren Euphrat, Mitte des 3. Jh.s →Kirchenbau.

Als das Christentum unter Kaiser Konstantin im röm. Reich anerkannt wurde, hatten zunächst nur Bischöfe das Recht zu taufen und dies nur an bestimmten Festen, anfänglich Ostern und Pfingsten, später auch Christfest und Epiphanias. So entstanden ab der 2. Hälfte des 4. Jh.s bei Bischofskirchen eigene Taufgebäude (Baptisterien) meist als Zentralbauten um ein in den Boden eingelassenes,

Becken (Piscina). Mit zunehmender Christianisierung wurde die Kindertaufe üblich. Dies führte zur Aufhebung der Tauftermine an bestimmten Festen, zur Freigabe der Taufe in bestimmten Kirchen und schließlich in allen Pfarrkirchen und durch jeden Priester. Da die Taufe mit der Aufnahme in die Gemeinde verbunden war, ergab sich die Aufstellung von geeigneten Taufkesseln in den Kirchen in der Nähe des Eingangs, manchmal in eigenen Nischen oder Kapellen. Als Material wurde bei reicheren Stiftungen Bronze oder Messing gewählt, zumeist aber Stein, was allg. zur Bezeichnung Taufstein (norddeutsch: Fünte) führte. Taufsteine sind oft mit Ornamentformen geschmückt, auch mit Tier- und Fabelgestalten zur Abwehr des Bösen, aber auch mit bibl., auf die Taufe bezogenen Szenen. Die Größe der Kessel und ihre Tiefe ergaben sich aus dem Brauch, den Täufling unterzutauchen und das geweihte Wasser aufzubewahren, was auch zur Anordnung kunstvoll gestalteter Deckel führte. Letztere können zur leichteren Bedienung an Ketten aufgehängt sein, die ihrerseits von einem Engel oder einer anderen plastischen Figur gehalten sein können. Nach der →Reformation entfiel bei den ev. Gemeinden die Aufbewahrung des Taufwassers. Das mancherorts auch bereits vor der Reformation übliche Begießen oder Besprengen des Täuflings (Aspersion) verdrängte mehr und mehr das Eintauchen (Immersion). In vorhandene, tiefe Taufkessel wurden oft flachere Taufbecken aus Metall (Zinn, Messing, Silber) eingehängt. In neue Taufsteine wurden entweder flachere Vertiefungen eingearbeitet und Metallbecken eingelegt oder ein Metallbecken auf den ebenen Stein gestellt. In ref. Gemeinden, regional auch in luth., wurde am Abendmahlstisch getauft, auf den ein Taufbecken aus Metall gestellt wurde; so in ref. Gemeinden bis heute. In neuerer Zeit werden Taufgelegenheiten oft so frei gestaltet und aus so verschiedenen Materialien (Stein, Holz, Metall, Glas, Keramik, Leder), daß es sich empfiehlt, von Taufort oder Taufstätte zu sprechen. Die Taufstätte sollte im Angesicht der Gemeinde und in Verbindung mit den beiden übrigen Prinzipalstücken (Abendmahlstisch und Kanzel bzw. Ambo) angeordnet werden; die Tauffamilie sollte sie gut umstehen können. Baptistische Gottesdiensträume haben im Angesicht der Gemeinde neben Abendmahlstisch und Kanzel ein Taufbecken, in dem der Täufling untergetaucht werden kann und das mit Umkleideräumen verbunden ist.

Lit.: J. H. Emminghaus: »Taufstätten – Kunstgeschichtlicher und liturgiewissenschaftlicher Überblick«, in: A. Grün: Taufstätten – Quellen des Lebens, 1988.

G. Memmert

Taufwiedergeburt →Wiedergeburt →Taufe

Tauler, Johannes (1300–1361)

T., geb. ca. 1300 in Straßburg, gest. am 16. 6. 1361 ebd., seit 1315 Dominikanermönch, Studium in Straßburg und Köln, Seelenführer und Prediger, bes. in Frauenklöstern und Zentralgestalt der »Gottesfreunde«, bekannt mit H. →Seuse, Heinrich von Nördlingen, Margarete Ebner, J. →Ruysbroeck u.a., Beichtvater des Straßburger Kaufmanns Rulman Merswin. Theologisch war er Schüler Meister →Eckharts, für den er auch nach dessen Verurteilung eintrat, obwohl er ihn wahrscheinlich persönl. nicht kennengelernt hat. Seine

Predigt und Mystik ist eher seelsorgerlich als spekulativ orientiert; er ermunterte – über Askese und Kontemplation –, im »Seelengrund« zur Vereinigung mit dem göttlichen Willen zu kommen. Die lebenspraktische Anwendung seiner Mystik unterscheidet T. von den anderen großen Mystikern deutlich. Offenbar hatte er selbst eine nachhaltig wirkende »zweite Bekehrung« erlebt, die sein Denken und Leben veränderte. Nonnen haben seine 84 (?) Predigten aufgezeichnet. Seine Schriften wurden in ganz Europa gelesen und haben auf M. →Luther und J. →Arndt gewirkt.

Lit.: G. Hofmann (Hg.): Johann Taulers Predigten, 1961; H. Dick: Tauler als Prediger, 1923; E. Filthaut (Hg.):

J. Tauler. Gedenkschrift zum 600. Todestag, 1961; K. Grunewald: Studien zu Taulers Frömmigkeit, 1930; A.M. Haas: Sermo mysticus, 1979; W. Nigg: Das mystische Dreigestirn, 1988; G. Ruhbach: Tauler und Luther, Ebernburg-Hefte 3, 1969, 10-21; O. Weilner: Taulers Bekehrungsweg, 1961; G. Wrede: Unio mystica. Probleme der Erfahrung bei Johann Tauler, 1974.

G. Ruhbach

Tausendjähriges Reich (Millennium)

a) biblisch

Die Bibel spricht nur an einer Stelle ausdrücklich vom T.R.: nach Offb 20,1-6 wird nach der →Wiederkunft Jesu der →Teufel gebunden, damit er die Völker der Erde nicht mehr verführen kann, und zwar für die Dauer von 1.000 Jahren (V. 2f). Die wegen ihres Zeugnisses für Jesus getöteten Märtyrer werden zum Leben erweckt und regieren als Könige und Priester mit Christus (V. 4-6; vgl. 5,10). Danach wird Satan für kurze Zeit wieder freigelassen (V. 3.7), bis er mit seiner Gefolgschaft (→Gog und Magog) endgültig überwunden wird (V. 9f).

So wenig man diese Aussagen über das T.R. einfach in andere bibl. Zeugnisse vom →Reich Gottes übertragen darf, so wird man Offb 20 doch auch nicht isoliert von ihnen interpretieren dürfen. Insbesondere das Motiv des Mit-Herrschens mit Christus findet sich auch in 1Kor 6,2 (von »den Heiligen«, d.h. der ganzen Gemeinde gesagt; vgl. 4,8 und 2Tim 2,12; Röm 5,17.20 spricht vom »herrschen« des Christen bzw. der Gnade »durch« Christus). Nach 1Kor 15 rechnet Paulus mit einer zeitlich begrenzten Herrschaft Christi (V. 24f) nach der Wiederkunft (V. 23). Die Petrusrede Apg 3 spricht von »Zeiten der Erquickung« (V. 20) im Zusammenhang mit der Parusie. 1Petr 2,9 nennt die Gemeinde eine »königliche Priesterschaft« (vgl. Offb 5,10). Alle diese Aussagen haben ihren Ursprung in der Botschaft Jesu vom Reich Gottes (z.B. Mt 5,3.5), die ihrerseits in atl. Prophetie wurzeln: vor allem Hes (Kap. 37 Totenerweckung und messianisches Reich, Kap. 38-39 Kampf mit Gog und Magog, vgl. Offb 20,8) und Dan (7,14.27 ewiges Reich, vgl. Offb 11,15). Die Erwartung des T.R.s ist also im größeren Kontext der Reich-Gottes-Erwartung zu verstehen. Dabei wird die Zahl 1.000, wie auch sonst viele Zahlen in der Offb, als symbolische Zahl für einen größeren Zeitraum anzusehen sein.

b) theologiegeschichtlich

Die Erwartung des T.R.s Christi auf der Erde wurde in der Alten Kirche zunächst weithin weitergeführt, vor allem bei den → apostolischen Vätern Papias (Eus.H.e.III,39,12) und Barnabas (15,4f), aber auch z.B. bei →Justin, →Irenäus, →Tertullian und →Laktanz. Unter dem Einfluß der spiritualistischen Theologie des →Origenes und des Origenisten →Eusebius wurde der sog. Chiliasmus (von griech. *chilioi,* »1000«) aber stark zurückgedrängt.

→Augustinus lenkte wieder zum heilsgeschichtlichen Denken zurück, setzte das T.R. aber mit der Zeit der Kirche gleich. Diese Deutung blieb das ganze MA über maßgebend. Dabei spiegelte sich der bibl. Gedanke der priesterlichen und königlichen Herrschaft in der Geschichte des MA im Nebeneinander von *sacerdotium* (→Papsttum) und *imperium* (Kaisertum). Eine neue Gestalt gewann der Chiliasmus bei →Joachim von Fiore. Die Hoffnung auf das T.R. wurde bei ihm zur Erwartung eines Zeitalters des Geistes, an dessen Ende der wiederkommende Christus den Übergang in das himmlische Reich einleitet. Diese Gedanken inspirierten die Bewegung der bald als Ketzer verfolgten radikalen →Franziskaner.

Bei den →Hussiten verband sich der Chiliasmus mit sozialrevolutionären Zielen und, erstmals, mit der Anwendung von Gewalt. Gleiches wiederholte sich bei Teilen der →Täuferbewegung der Reformationszeit. Die Reformatoren reagierten scharf ablehnend (CA XVII). Erst der →Pietismus belebte die Lehre vom T.R. wieder (→Speners »Hoffnung zukünftiger besserer Zeiten«; → Bengels Endzeitberechnungen). Anknüpfend an den Joachimismus entwickelte sich vor allem im angloamerik. Bereich der sog. Postmillenniarismus (Erwartung einer Entwicklung hin zum T.R., an dessen Ende erst die Wiederkunft Jesu steht; im Unterschied zur traditionellen Erwartung der Wiederkunft vor dem Beginn des T.R., dem sog. Praemillenniarismus). Er wurde bestärkt durch die Erfahrungen der großen Erweckungen des 18. und 19. Jh.s bes. in Amerika, zugleich berührte er sich auch mit dem Fortschrittsoptimismus der Aufklärung (vgl. →Lessing, Erziehung des Menschengeschlechts, 85–89) und ging im Einflußbereich der →Liberalen Theologie in die Bewegung des →Social Gospel über.

c) systematisch-theologisch

Grundlegend für ein schriftgemäßes Verständnis des T.R.s ist, daß die Weissagung Offb 20 im größeren Zusammenhang der Erwartung des →Reiches Gottes interpretiert wird. Während letztere spiritualisiert (gegenwärtige Herrschaft Gottes im Leben des Glaubenden) oder transzendiert werden kann (auf das ewige Reich hin), liegt das Besondere des Zeugnisses vom T.R. in seiner geschichtstheol. Bedeutung. Es geht beim T.R. in jedem Fall um eine bestimmte geschichtl. Epoche, die in besonderer Weise von Gottes Herrschaft bestimmt ist.

Grundsätzlich hat dabei die praemillenniaristische Sicht das bibl. Zeugnis für sich. Allerdings wird der Blick nicht nur einseitig auf eine letzte Epoche nach der Wiederkunft Jesu fixiert sein dürfen. Wie es auch sonst die Eigenart bibl. Weissagung ist, daß sich ihre Erfüllung in die eigentliche Erfüllung und gewisse Vorerfüllungen differenziert (der eine →Antichrist wird durch viele antichristl. Gestalten präludiert), so auch hier: Neben der bleibend gültigen endgeschichtlichen Deutung des T.R.s hat auch die sog. kirchengeschichtl. oder besser weltgeschichtl. Deutung ihr Recht. Auch vor der Wiederkunft Jesu und dem eigentlichen T.R. (wobei auf der genauen Zahl kein Gewicht liegt) gibt es schon »Zeiten des Aufatmens« (Apg 3,20), in denen die Bedrängnis der Gemeinde durch die Welt zurücktritt (vgl. die Wende unter →Konstantin) und besondere geistl. Aufbrüche (wie Reformation, Erweckungsbewegung) geschenkt werden.

Lit.: R.J. Bauckham: »Millennium«, in: New Dictionary of Theology, 1988, 428–430; H. Bietenhard: Das Tausendjährige Reich. Eine biblisch-theologische Studie, 1955; H. Egelkraut: Die Zukunftserwartung der pietistischen Väter, 1987; K. Löwith: Weltgeschichte und Heilsgeschehen, ³1953; W. Nigg: Das ewige Reich. Geschichte einer Hoffnung, ²1954; H. Stadelmann: »Das Zeugnis der Johannisoffenbarung vom Tausendjährigen Königreich Christi auf Erden«, in: G. Maier (Hg.): Zukunftserwartung in biblischer Sicht, 1983, 144–160; W. Stoy: Hoffnung für unsere Erde? Das Tausendjährige Reich, 1985.

H. Burkhardt

Taylor, James Hudson (1832–1905)

T., geb. am 21. 5. 1832 in Barnsley/Yorkshire, gest. am 3. 6. 1905 in Changsha/China. Als Methodist aufgewachsen, fühlte er sich 1849 zur Mission in China berufen, studierte Theologie, Medizin und Sinologie, stellte sich der »Chinesischen Evangelisationsgesellschaft« zur Verfügung und wurde 1853 ausgesandt. 1865 gründete er in England während eines Heimaturlaubs die »China-Inland-Mission« (heute →Überseeische Missions-Gemeinschaft), betete um 24 Mitarbeiter, die er auch erhielt, und zog 1866 wieder nach China; zahllose Missionare folgten ihm, ohne eine feste Besoldung. 1890 hatte er ca. 1.000 Mitarbeiter zur Evangelisation in China. 1902 wurde sein Werk mehr und mehr auch nach Amerika, Schweden, Deutschland und der übrigen westl. Welt gebracht. Der Boxeraufstand 1900 setzte allerdings der weiteren Ausbreitung ein vorläufiges Ende. Die dt. China-Inland-Mission, von Witt gegründet und 1902 von →Coerper von Hamburg nach Liebenzell verlegt, schloß sich eng mit dem englischen Werk T.s zusammen. T. hatte großen Einfluß in der Ev. →Allianz und war Inspirator vieler ähnlich angelegter Missionen in Afrika und Asien.

Lit.: J. B. Benoît: Wind aus der Feuerwolke. Das Leben Hudson Taylors, 1965, A. Franz: Mission ohne Grenzen. Hudson Taylor und die deutschsprachigen Glaubensmissionen, 1993 (Lit.); F. Rudersdorff: Hudson Taylor, 1966; H. u. G. Taylor: Hudson Taylor. Ein Mann, der Gott vertraute, ²1977.

G. Ruhbach

Technik

1. Technik in der Bibel

Wir stehen vor einem eigentümlichen Sachverhalt: einerseits hat bibl. Denken die Voraussetzungen dafür geschaffen, daß T. im modernen Sinn des Worts entstehen konnte. Denn solange die Welt von göttlichen und dämonischen Mächten durchwaltet war, die man in Mythos und Kultur feierte und beschwor, konnten Wissenschaft und T. im spezifisch modernen Sinn nicht aufkommen. Die Götter mußten zuvor entthront, die Dämonen gebannt werden. Das war das Werk des Gottes Israels. Er machte eine Darstellung des Schöpfungsvorgangs möglich, wie sie in 1Mo 1 vorliegt. Von ihm empfing der Mensch seine Würde und Sonderstellung:

»Macht die Erde euch untertan und herrscht ...« (1Mo 1,28). Herrschen meint in der Bibel immer auch dienen (vgl. z.B. Ps 72). Darum ist die Einsetzung zum Machtträger zusammenzusehen mit der Einsetzung zum Gärtner: »Gott setzte den Menschen in den Garten Eden, damit er ihn bebaue und bewahre« (1Mo 2,15).

Das ist die eine Seite. Auf der andern Seite verhalten sich die bibl. Zeugen den technischen Errungenschaften der ihnen bekannten Kulturen gegenüber eigentümlich reserviert. Sie warnen vor einer Faszination durch die »Wunder« der T., wie sie zu ihrer Zeit geschaffen wurden (Turmbau zu Babel, 1Mo 11,1-9; Dan 4,7; vgl. auch Jer 7,4). Eine Zivilisation, die wie die heutige von der Technik beherrscht ist, ein Lebensstil, der bis in alle Bereiche von ihr durchwaltet ist, kann von ihnen her gesehen nur als schöpfungswidrig bezeichnet werden.

2. Technik im Zeichen von Gottes gnädiger Erhaltung des »sündigen« Menschen

Seit dem »Fall« ist T. dem Menschen unentbehrlich. Mit technischen Geräten gewinnt er nun erst die Macht, sich der Natur gegenüber einen Freiraum zu schaffen. Solcher Hilfsmittel entblößt, ist er ein schwaches Wesen, andern Geschöpfen vielfach unterlegen. Als »Mängelwesen« hat man ihn deshalb bezeichnet (Arnold Gehlen). Ist seine technische Begabung nicht eine Gnade des Schöpfers, der ihn zum Lebenskampf angemessen ausrüstet? Gilt das nicht auch da, wo die T. nicht der Freiheit einer übermächtigen Natur gegenüber dient, sondern dem freien Verkehr der Menschen untereinander? T. als Medium der Mitteilung von Mensch zu Mensch? In der Tat: Die T. des Buchdrucks schuf die Möglichkeit, über die engen Grenzen hinaus, die der Sprache und Schrift bisher gesetzt waren, das Wort, das allen galt, faktisch auch allen mitzuteilen. Sie erst machte europaweite Bewegungen wie →Reformation und →Humanismus möglich. Und nun vollends die elektronischen Medien unserer Zeit. Sie halfen, eiserne Vorhänge zu überwinden und gute Botschaften den Menschen zu übermitteln, die in ideologischen Käfigen eingesperrt waren. Gilt nicht Analoges auch von der Verkehrstechnik? Sie hat völkerverbindende Strukturen wie die →UNO, kirchenverbindende wie die →Ökumenische Bewegung oder die →Allianz erst möglich gemacht.

3. Technik im Zeichen der Sünde

Aber die T. hat auch ihre Kehrseite. Der Mensch reißt die göttliche Gabe der T. an sich. Er ist nicht mehr das von Gott wunderbar begabte Geschöpf, sondern der in sich selber Reiche, Mächtige. Er macht aus der Gabe einen Besitz. Die T. führt zur Technokratie, der Herrschaft der T. Das bedeutet: Der Mensch löst seine Gabe aus dem Verantwortungs- und Liebeszusammenhang mit dem Schöpfer und der Schöpfung heraus, er berauscht sich an den Erfolgen, die er im Gebrauch seiner Gabe gewinnt. Von einem Sieg über die Natur zum andern taumelnd, setzt er absolut, was doch nur in Relation zur Liebe Gottes und seiner Schöpfung sinnvoll eingesetzt werden kann. Er verfällt einer neuen Gestalt des Götzendienstes und vergötzt seine eigene Macht über die Dinge. Diese aber schlägt mit einer gewissen Zwangsläufigkeit in die Vergötzung der Dinge selber um. Wie aller Götzendienst verfällt auch diese Selbstvergötterung dem Gesetz, daß sie in neue Abhängigkeit führt. Wo der Mensch seine Gottbedürftigkeit leugnet, wird er umso weltbedürftiger, weltgieriger. Die Dinge der Welt werden ihm nun zum Gottessurrogat. So werden ihm jetzt, in der letzten Phase seiner Geschichte, die Wunderdinge, die er mit seiner Technik selber geschaffen hat, zum Verhängnis.

4. Die existenzbedrohenden Folgen

Die vergötzte Technik bringt ihre Strafe mit sich. Zunächst die Bedrohung der geschöpflichen Existenz des Menschen: Umweltzerstörung, Verseuchung von Luft, Wasser, Erde, die mit Treibhauseffekt und Ozonloch kosmische Ausmaße gewinnt (→Umweltethik).

Sodann die geistigen Folgen: Verlust von Werten, die zum Menschsein des Menschen gehören. Er verliert die Einsicht in die Grenzen des Machbaren, die Freiheit zum dankbaren Hinnehmen dessen, was Gott allein wirken kann, den Respekt vor dem Mitgeschöpf und seinem Geheimnis. Über viele kommt ein Erschrecken über die Zerstörungen, die die technokratische Hybris angerichtet hat.

5. Der schmale Weg

Uns ist der schmale Weg gewiesen, der zwischen der Vergötzung der T. und ihrer Verteufelung hindurchführt. Sie ist weder an sich gut noch an sich schlecht. Sie wird je das eine oder das andere, je nachdem wir sie unserm Auftrag gemäß verwenden oder sie zu Selbsterhöhung mißbrauchen. Inmitten des allgemeinen Mißbrauchs ist uns eine neue Art »Askese« geboten (J. Bodamer, C.Fr. v. Weizsäcker).

Lit.: G. Altner: Die Überlebenskrise in der Gegenwart, 1987; G. Howe: Gott und die Technik, 1971; M.R. Müller-

Schwefe: Technik und Glaube. Eine permanente Herausforderung, 1971; H. Thielicke: Theologische Ethik, Bd. II, 1973; C.Fr.v. Weizsäcker: Die Zeit drängt, [5]1986.
E. Buess

Technikerbund, Christlicher →Berufsmissionen

Teen Challenge

T.Ch. wurde 1960 vom US-amerikanischen Pfarrer D. Wilkerson als christl. Rehabilitationseinrichtung vor allem für Drogenabhängige in New York gegründet (mit Teestuben, Gefängnismissionen, Therapeutischen Zentren, Therapiehöfen, Nachsorgeeinrichtungen etc.). 1969 wurde in Den Haag, 1970 in Bad Soden die erste europ. T.Ch.-Teestube ins Leben gerufen; auch hier folgen Therapiezentren, Rehabilitationsfarmen, Großfamilien, Wohngemeinschaften u. a. an verschiedenen Orten, zuletzt in Bautzen/Sachsen. T.Ch. leistet über Informationsveranstaltungen, Sozialarbeit und Evangelisationen interkonfessionelle Arbeit, bes. unter sozial auffälligen jungen Menschen und gesellschaftl. Randgruppen. Sie hat ihren hist. Ursprung in der →Pfingstbewegung, arbeitet aber seit langem auf dem Boden der Ev. →Allianz mit Kirchen, Gemeinschaften und freien Gemeinden zusammen.

Zur T.Ch. in Deutschland gehören vier Einrichtungen für stationäre Langzeittherapie, vier Übergangseinrichtungen und sieben Teestuben mit ca. 150 Mitarbeitern.

G. Ruhbach

Teilhard de Chardin SJ, Pierre (1881–1955)

Der Theologe und Naturwissenschaftler, geb. am 1. 5. 1881 in Sarcenat bei Clermont, gest. am 10. 5. 1955 in New York, trat 1899 in die Gesellschaft Jesu ein. 1911 wurde er zum Priester geweiht, vorher war er in Häusern seines Ordens in Frankreich, England und Kairo tätig. Nach 1912 studierte T. Geologie und Paläontologie am Musée d'Histoire naturelle in Paris. Während des Ersten Weltkrieges arbeitete er als Sanitäter. Kurzfristig war er Prof. am Institut Catholique in Paris. 1924 erhielt T. ein kirchl. Veröffentlichungsverbot. Von 1926–1946 war er im Exil in China und von 1951 bis zu seinem Tod in Amerika. T. hat Forschungsreisen nach Afrika, Amerika und Asien unternommen. Er ist Mitentdecker des Sinanthropus Pekinensis. Weite Verbreitung fand vor allem sein Werk »Le Phénomène humain« (1947, dt. »Der Mensch im Kosmos«, 1959). Wegen der Brisanz seiner Auffassungen hielt man ihn von Europa, speziell von Paris, fern. Folgende Grundüberzeugungen variiert T. immer wieder:

»– die Welt ist in unaufhaltsamer Bewegung begriffen;
– die Menschheit trägt mehr und mehr die Verantwortung für die weitere Entwicklung der Welt;
– die Liebe ist die zentrale Energiequelle, in deren Kraft und Orientierung die Menschheit ihre Zukunft bauen muß, wenn sie überleben will, ›das einzige Tor nach vorn‹« (G. Schiwy).

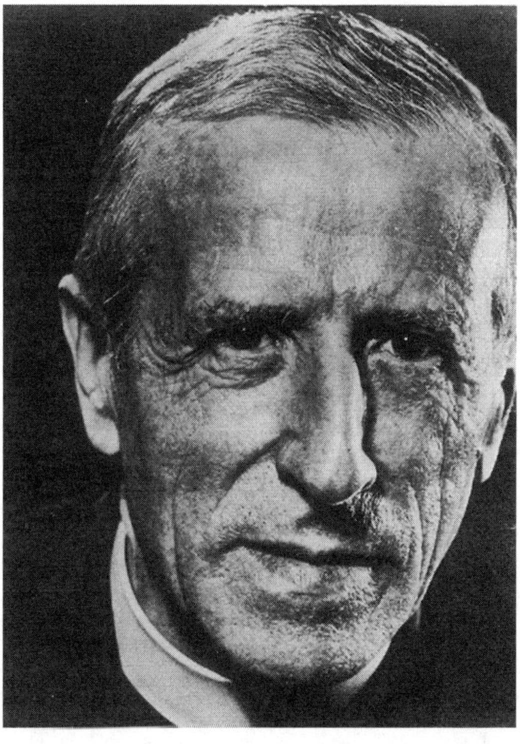

Das Vermächtnis T.s gelangt bes. in seinem Essay: »Comment je crois« (1934) zum Ausdruck: »Ich glaube, daß das Universum eine Evolution ist. Ich glaube, daß die Evolution auf den Geist hingeht. Ich glaube, daß der Geist sich im Personalen vollendet. Ich glaube, daß das höchste Personale der Christus-Universalis ist.«

Lit.: W. Klein: Teilhard de Chardin und das Zweite Vatikanische Konzil, 1975; G. Schiwy (Hg.): Das Tor in die Zukunft. Ausgewählte Texte zu Fragen der Zeit, 1984.
K. Wittstadt

Telefonseelsorge

Der Suizid eines Mädchens veranlaßte 1953 den Londoner Pfarrer Varah, eine T. zu gründen. »Vielleicht wäre sie noch am Leben, wenn sie hätte anrufen können.« Rasch breitete sich die T. weltweit aus, z.T. unter anderen Namen, z.B. in Asien als »Life-Line« (Rettungsring). Diese rapide Entwicklung zeigt die Ratlosigkeit, Sinnlosigkeit und Krisenanfälligkeit unserer Zeit: «Ich habe keinen Menschen.« T. will den Zugang leicht machen. Der Anrufer darf anonym bleiben. Er findet Tag und Nacht einen verschwiegenen Zuhörer. Die T.-Mitarbeiter sind meist ehrenamtlich, sorgfältig ausgewählt und zugerüstet. Die Hauptamtlichen sind in erster Linie für Ausbildung und das entlastende Gespräch mit den Ehrenamtlichen da, auf die eine Fülle von Elend und Aggressionen einstürmt. Nicht Wissen ist vordringlich, sondern die Fähigkeit zum Zuhören und Annehmen ohne Verurteilung. Diese »dialogische Leidenshilfe« will ermutigen zur besseren künftigen Konfliktbewältigung und zu neuem Glauben verhelfen.

Träger der ca. 100 dt. T.-Stellen sind Stadtsynoden, Diakonie oder Vereine, oft in ökumenischen Zusammenarbeit. T. ist wie ein Seismograph der seelischen und psychischen Situation. Ihre Erfahrung kann auch für Gemeinde- und Einzelseelsorge genutzt werden. Hilfreich ist ebenso das Beispiel der Zusammenarbeit von Fachleuten und Laien in der T.

Lit.: W. Weber: Wege zum helfenden Gespräch, [10]1994.

O. Kehr

Telemann, Georg Philipp (1681–1767)

T., geb. am 14. 3. 1681 in Magdeburg, gest. am 25. 6. 1767 in Hamburg, sollte in Leipzig Jura studieren, widmete sich aber nach einer Begegnung mit G.F. →Händel in Halle und durch das Musikleben Leipzigs inspiriert ganz der Musik. 1704 wurde er Organist und Musikdirektor an der Neuen Kirche zu Leipzig und machte sich einen Namen mit seinen Kirchenkantaten und den dramatischen Kompositionen für die Leipziger Oper. Als Hofkapellmeister in Sorau (1704) und seit 1709 in Eisenach wurde er auch mit franz. Musik vertraut. In Weimar lernte er J.S. →Bach kennen. 1712 wurde er Musikdirektor für Kirchenmusik in Frankfurt a.M., 1721 Kantor am Johanneum in Hamburg und Direktor für Kirchenmusik für die fünf Hamburger Hauptkirchen, wo er neben dem Domkantor Joh. Mattheson das Musikleben weit über die Kirchenmusik und die Grenzen der Stadt hinaus bestimmte und prägte. T. beherrschte den Kontrapunkt, den franz. Stil, den italienischen »gusto«, würzte seine Musik mit polnischer Rhythmik und öffnete sich dem galanten Stil der Klassik. Er hat wohl alles geschrieben, was damals geschrieben werden konnte: Kantaten, Messen, Passionen, Begräbnismusiken, Opern, Orchestersuiten, Serenaden, Intermezzi, Tafelmusiken, Klavier- und Orgelmusik etc. Er ist mit J.S. Bach und G.F. Händel einer der größten Musiker und Komponisten des 18. Jh.s.

Lit.: H. Riemann: »Georg Philipp Telemann«, Musiklexikon L-Z, 1961, 777-789; M. Ruhnke: »Georg Philipp Telemann«, MGG Bd. 13, 1966, 1989, 175-210 (Lit. u. Werkausgabenverzeichnis); E. Valentin: Georg Philipp Telemann, 1952; ders.: Telemann in seiner Zeit, 1960.

Chr. Windhorst

Teleologie

Unter T. (von griech. *telos,* »Ende, Ziel, Zweck«) versteht man die Zielgerichtetheit von menschlichem Handeln oder von Seiendem oder vom Geschehen im Universum überhaupt bzw. die (phil. sehr umstrittene) Lehre von dieser Zielgerichtetheit. Im Handeln wollen Menschen Ziele realisieren; um ihretwillen suchen sie Mittel, die zu diesen Zielen führen. Das gewollte Ziel ist ursächlich für das Handeln. Umstritten ist, ob dieses Wollen von

Zielen verstanden werden muß im Zusammenhang eines vorgegebenen Aus-Seins des Menschen auf ein umfassendes Telos des ganzen Lebens, das das Gute für ihn ist. Wäre auch dieser letzte Telos handelnd zu realisieren, dann hieße Handeln: Selbstverwirklichung des Menschen.

Die auffallende Tatsache, daß die Teile von Lebewesen (»Organe«/Werkzeuge, also Mittel) die Funktionen des Wachsens, der Erhaltung und Fortpflanzung vorzüglich erfüllen, versteht →Aristoteles so, daß sie um des Lebens des jeweiligen Seienden und seiner Art willen da sind. Damit das Telos Mitursache für das Entstehen (neben der Form-, Material- und Wirkursache) sein kann, muß es vor diesem präsent sein. Bei einem Handwerker, der z.B. einen Stuhl herstellt, ist der Zweck (das Sitzen) vor dem Herstellen im Bewußtsein gegenwärtig. Bei Lebewesen ohne eigene Erkenntnis ihres Ziels (Pflanzen, Tiere) kann man nach Aristoteles trotzdem analog von einer Antizipation des Telos vor der Entstehung (und dann auch vor den Tätigkeiten der Erhaltung) sprechen; nach →Thomas von Aquin wird ein Lebewesen in solchen Fällen von Gott »wie der Pfeil vom Bogenschützen« auf sein Ziel hin gelenkt. In der Neuzeit mit ihrer Beschränkung der Ursachenfrage auf die Wirkursache erscheint T. als nutzlos, »wie eine gottgeweihte Jungfrau, die nichts gebiert« (F. →Bacon). Die zweckmäßigen Phänomene im Bereich des Lebendigen werden mit Hinweis auf (selbst zufällig entstandene) genetische Programme bzw. kybernetische Regelkreise erklärt – als Zweckmäßigkeit ohne Zweck (»Teleonomie«).

Ferner spricht man von T. in weiterem Sinn, wenn man Seiendes verschiedener Art als zweckhaft aufeinander bezogen denkt (z.B.: die Pflanze ist um des Tiers, Pflanze und Tier sind um des Menschen willen da) oder wenn man, wie etwa in der →Stoa, im ganzen Geschehen des Universums einen Zusammenhang von Zwecken sieht (Universalteleologie). Oft sind solche Behauptungen sinnvoller Zusammenhänge willkürlich, ja abstrus; teilweise jedoch lassen sie sich als plausibel erweisen.

Lit.: Aristoteles: Nikomachische Ethik I; ders.: Physik-Vorlesung II, 8; I. Kant: Kritik der Urteilskraft, 1790; R. Spaemann, R. Löw: Die Frage Wozu?, 1981.

Th. Dieter

Teller, Wilhelm Abraham (1734–1804)

Der bedeutende Vertreter der Aufklärungstheologie, geb. am 9.1 1734 in Leipzig, gest. am 9. 12. 1804, begann als 15jähriger sein Studium an der Universität Leipzig. Nach Baccalaureat und Magisterexamen in Philosophie wandte er sich der Theologie zu. 1761 wurde er – 27jährig – als o. Prof. der Theologie, Pastor und Generalsuperintendent nach Helmstedt berufen. Im selben Jahr erwarb er die theol. Licentiaten- und Doktorwürde. In den kirchl. Kreisen Helmstedts, die zumeist orth. eingestellt waren, hat er sich mit seinem »Lehrbuch des christlichen Glaubens« (1764), in dem er, ohne einzelne Lehrsätze der luth. Orthodoxie direkt anzugreifen, eine theol. Überinterpretation ntl. Aussagen kritisiert, heftige Kritik zugezogen. Auf diesem Hintergrund nimmt er den Ruf nach Berlin als Propst von Kölln, Pastor Primarius an St. Petri und Oberkonsistorialrat gerne an. Im Oberkonsistorium trat er zusammen mit den meisten Oberkonsistorialräten für die dt. Aufklärungstheologie, die →Neologie, ein. In der Folgezeit hat er weniger als Prediger denn als Schriftsteller gewirkt, wozu auch beliebte Predigtsammlungen gehörten. Dabei betonte er immer mehr die moralische Bedeutung des christl. Glaubens, so daß die Lehre von der →Erlösung und →Versöhnung immer weiter zurücktraten. Es war seine Überzeugung, daß die Religion eine durchaus praktische, auf die Verbesserung des Menschen und seiner Welt angelegte Veranstaltung Gottes sei. Die »Religion der Vollkommnern« (1792) ist »durchaus praktisches Wissen von Gott, seinen Wohltaten, seinem Willen und all seinen Veranstaltungen zur Glückseligkeit der Geschöpfe wie des Menschen, welches in lauter gute Tätigkeit übergeht ...«, sie ist keine »Gedächtnissache«, sondern »Herzensangelegenheit«. Entsprechend war er überzeugt, daß das Dogma »nicht auf die Kanzel« gehört. In seinem 1772 in erster und 1806 in sechster Auflage erschienenen »Wörterbuch des Neuen Testaments zur Erklärung der christlichen Lehre« wollte er durch »Wortanalyse« den ursprünglichen Gebrauch der Begriffe erheben, damit die Prediger »als berufene Dolmetscher der Reden Christi und der Vorträge seiner Apostel« in zeitgemäßem Deutsch ihren Zuhörern sagen können, »was der damaligen Welt in ihrer Sprache zuerst verkündiget worden«. Als 1788 Friedrich Wilhelm II. mit dem sog. »→Wöllnerschen Religionsedikt« in die kirchl. Lehrfreiheit eingriff, reagierte T. als erster von den Oberkonsistorialräten und legte sein Predigtamt an St. Petri nieder. Er starb 1804 nach weiteren Jahren reicher schriftstellerischer Tätigkeit und seiner Rehabilitation durch Friedrich Wilhelm III.

Lit.: F. Nicolai: Gedächtnißschrift auf Dr. Wilhelm Teller, 1807; »Teller, Wilhelm Abraham«, RE³ XIX, 1907; K. Scholder: »Grundzüge der theologischen Aufklärung in Deutschland«, in: Geist und Geschichte der Reformation. Festgabe Hanns Rückert, 1966, 460–486.

U. Krolzik

Tempel

1. Allgemeines

Aus vorstaatlicher Zeit sind mehrere israelitische Kultstätten und T. bekannt, u.a. in Sichem (Jos 24,26), Bethel (Ri 20,27) und Silo (1Sam 3,3). Nachdem David die Bundeslade nach Jerusalem gebracht und Salomo den T. gebaut hatte, sollten zur Sicherung des reinen Kultes nur an diesem einen Ort Opfer dargebracht werden (vgl. 5Mo 12). Nach der Reichsteilung wurden jedoch die alten Kultstätten in Dan und Bethel zu nationalen Jahweheiligtümern des Nordreichs (1Kön 12,26ff; vgl. Am 7,13). Auch viele andere Kultstätten bestanden weiterhin (1Kön 12,26ff; 22,44; 2Kön 12,4 u.ö.). Obwohl der an diesen Orten entfaltete Kult sicherlich weitgehend als Anbetung Jahwes, des Gottes Israels, verstanden wurde, haben ihn die Propheten als synkretistischen Abfall zu den kanaanäischen Fruchtbarkeitsgottheiten entlarvt und verurteilt (Hos 4,13; 10,8; Jer 17,1-4 u.ö.). Erst mit der Reform Josias scheint die Zentralisation des Kultes durchgesetzt worden zu sein (2Kön 23,8-20).

2. Der salomonische Tempel

Nachdem Jerusalem unter David Hauptstadt geworden war, baute sein Sohn Salomo dort den ersten T. (1Kön 6,37f). Dieser hat von Anfang an die Rolle eines Zentralheiligtums des ganzen Volkes gespielt, weil die Bundeslade unter Mitbeteiligung der Stammesältesten in ihn überführt worden war (1Kön 8,1-6). Es steht fest, daß Salomo seinen Palast und den T. als nördliche Expansion der »Davidsstadt« anlegte. Die Tenne, auf der er den T. baute (2Chr 3,1), wird traditionell identifiziert mit dem herausragenden Felsen, über dem seit Ende des 7. Jh.s n. Chr. der moslemische Felsendom errichtet ist. Neueste archäologisch-architektonische Erkenntnisse bestätigen entgegen anderslautenden Theorien diese Lokalisierung. Der salomonische T. war ein nach Osten ausgerichteter, dreiteiliger sogenannter Langraum-T. Er bestand aus der »Vorhalle« im Osten, westl. davon der »Tempelhalle«, auch das »Heilige« genannt und im Innersten des Gebäudes dem »Chorraum« (auch »das Allerheiligste« genannt). Über die unmittelbare Umgebung des T.gebäudes erfahren wir wenig. Es scheint zwei Vorhöfe gegeben zu haben (vgl. 1Kön 7,12; 2Kön 23,12). Im inneren Vorhof befand sich der Brandopferaltar (2Chr 4,1). In seinem Gebet bei der Einweihung des T.s sagt Salomo zu Gott: »Siehe, der Himmel und aller Himmel Himmel können dich nicht fassen – wie sollte es dann dies Haus tun, das ich gebaut habe?« (1Kön 8,27). Wenn Israel dennoch bekennt, daß Gott im T. wohnt (1Kön 8,12f; Ps 132,13f) bzw. daß er seine Herrlichkeit (1Kön 8,11; Ps 26,8) oder seinen Namen (1Kön 5,17.19; 9,3) dort wohnen läßt, hat dies seinen Grund darin, daß sich Gott in freier Gnade den Zion mit dem T. als den Ort erwählt hat, an den er seine Gegenwart bindet und wo er sein Volk empfangen und ansprechbar sein will (5Mo 12,5-7.11; 1Kön 8,29f). Während in heidnischen T.n Bilder der Gottheiten und Masseben aufgestellt waren, stand im Allerheiligsten des salomonischen T.s nur die Bundeslade, mit der von alters her die Präsenz Gottes in Israel in besonderer Weise verbunden war und mit deren Überführung nach Jerusalem und Aufstellung im T. sich die göttliche Erwählung dieser Stätte vollzogen hatte (Ps 132; 1Kön 8,1-13).

Während des über 350 Jahre dauernden Bestehens des salomonischen T.s wurden von Zeit zu Zeit Erweiterungen und Renovierungen vorgenommen. Nach und nach fanden kanaanäische und assyrisch-babylon. Bräuche und Kultgeräte Eingang in den T. und veranlaßten Veränderungen (vgl. 2Kön 16, 10-18; 21,4f.7; 23,4-7.11f). Die sich gegen diesen Synkretismus richtenden Reformen der Könige Hiskia (2Kön 18,4) und Josia (2Kön 22-23) blieben ohne dauerhaften Erfolg, wie aus der scharfen Kritik der Propheten Jeremia (Jer 7,1-15; 26) und Hesekiel (Hes 8) hervorgeht. Sein Ende fand der salomonische T. mit der Verwüstung durch die Truppen des babylon. Königs Nebukadnezar 587 v.Chr. (2Kön 25,9), der viele wertvolle Gegenstände aus dem T. in sein Land bringen ließ (2Kön 25,13-17). Sowohl der Verfasser der Königsbücher als auch die Propheten sehen den Untergang des T.s als Gericht Gottes über Abfall und Sünde seines Volkes (u.a. 2Kön 23,26f; Hes 9-11).

3. Der zweite Tempel

Durch das Edikt des persischen Weltherrschers Kyrus 538 v.Chr. wurde den Juden der Wiederaufbau des T.s in Jerusalem gestattet (Esr 1,1-4; 6,3-5). Wegen lokaler Widerstände kam die kurz danach einsetzende Wiedererrichtung (Esr 3,8ff) bald zum Erliegen (Esr 4,1-5). Erst 520, vor allem durch die Verkündigung der Propheten Haggai und Sacharja veranlaßt, wurden die Bauarbeiten unter der Leitung des von den Persern zum Statthalter von Juda ernannten Serubbabel fortgesetzt (Esr 5,1f; Hag 1,14f). Die Arbeit wurde nun von den persischen Behörden gutgeheißen und mitgetragen (Esr 5,3-6,13) und im Frühjahr 515 v. Chr. zum Abschluß gebracht (Esr 6,14f).

Nach dem Verlust des Königtums und des staatlichen Eigenlebens bildeten die Juden im Heimatland und in der Diaspora eine Kultgemeinschaft, deren Zentrum der T. in Jerusalem darstellte. In hell. Zeit fiel Palästina zuerst den in Ägypten ansässigen Ptolemäern zu, aber 198 v.Chr. übernahmen die syrischen Seleukiden die Herrschaft. Der Seleukide Antiochus IV. Epiphanes (175–164 v.Chr.) beraubte und entweihte 169 den T. (1Makk 1,21-23 (Lutherübersetzung: 1,23f); 2Makk 5,15f). Zwei Jahre später wandelte er im Rahmen seiner den Juden aufgezwungenen Hellenisierung den T. zu einem Zeus-Heiligtum um (1Makk 1,45f.54 (Lutherübersetzung: 1,47-49.57), 2Makk 6,2). Unter der Führung von Judas dem Makkabäer gelang es der jüd. Widerstandsbewegung, die syrischen Truppen in mehreren Schlachten zu besiegen und Jerusalem zu erobern, wo dann 164 v.Chr. der T. vom heidnischen Kult gereinigt und erneut dem Gott Israels geweiht werden konnte (1Makk 4,36ff).

4. Der herodianische Tempel

Herodes der Große, König der Juden 37-4 v.Chr., ließ den T. in Jerusalem enorm vergrößern und verschönern. Obwohl die Hauptarbeit in den Jahren 20-10 v.Chr. ausgeführt worden war, wurde noch lange über die Lebenszeit des Herodes hinaus am T. weitergebaut (vgl. Joh 2,20; Josephus, Antiquitates 20,219). Sein Ende fand der herodianische T. bei dem Angriff der Römer unter der Führung von Titus im August 70 n. Chr., als er in Flammen aufging (Josephus, De Bello Judaico 6,249ff). Die inneren Teile des herodianischen T.s waren von den neu hinzugekommenen äußeren Vorhöfen und Säulenhallen durch eine steinerne Schranke getrennt. Nichtjuden durften sie nicht passieren, worauf Warntafeln, von denen zwei aufgefunden

Rekonstruktion der inneren Teile des herodianischen Tempels aufgrund der Beschreibungen bei Josephus und im Mischna-Traktat Middot.

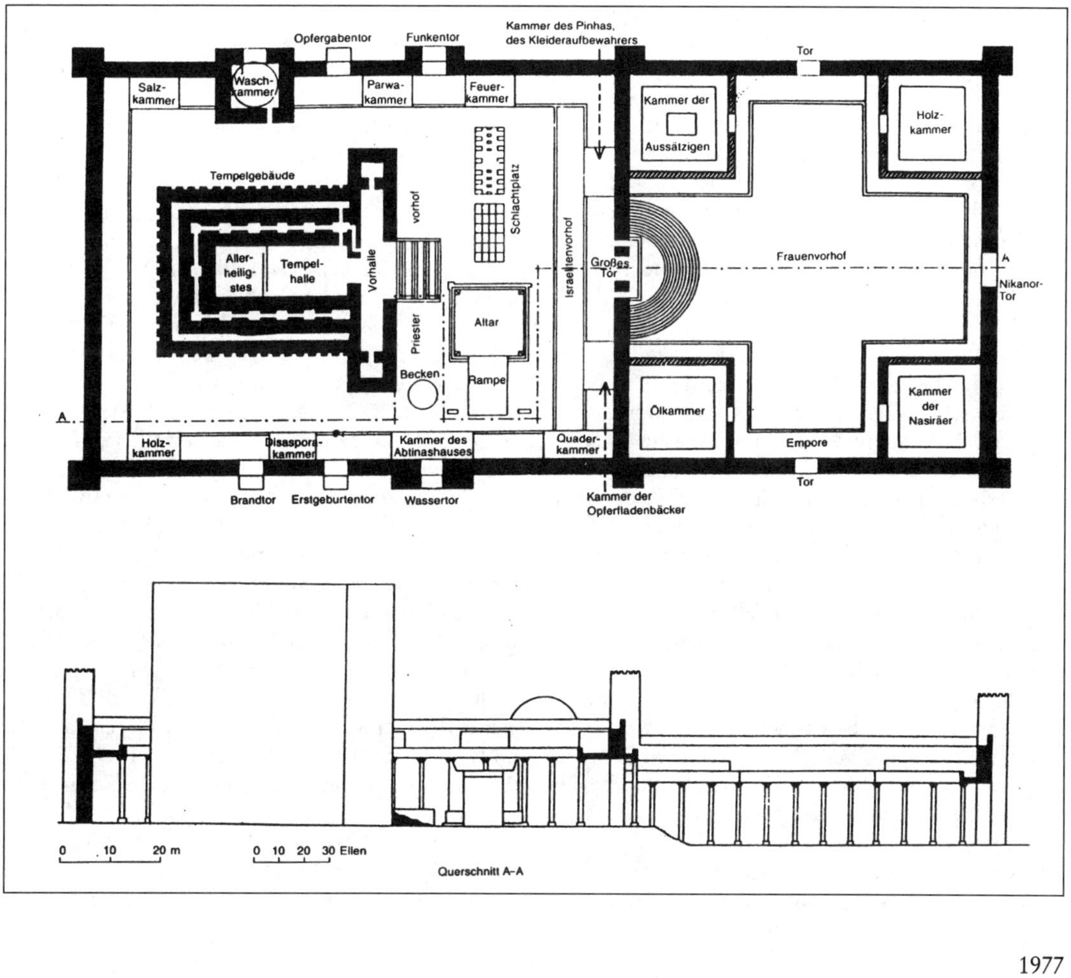

Rekonstruktion des herodianischen Tempels (von L. Ritmeyer)

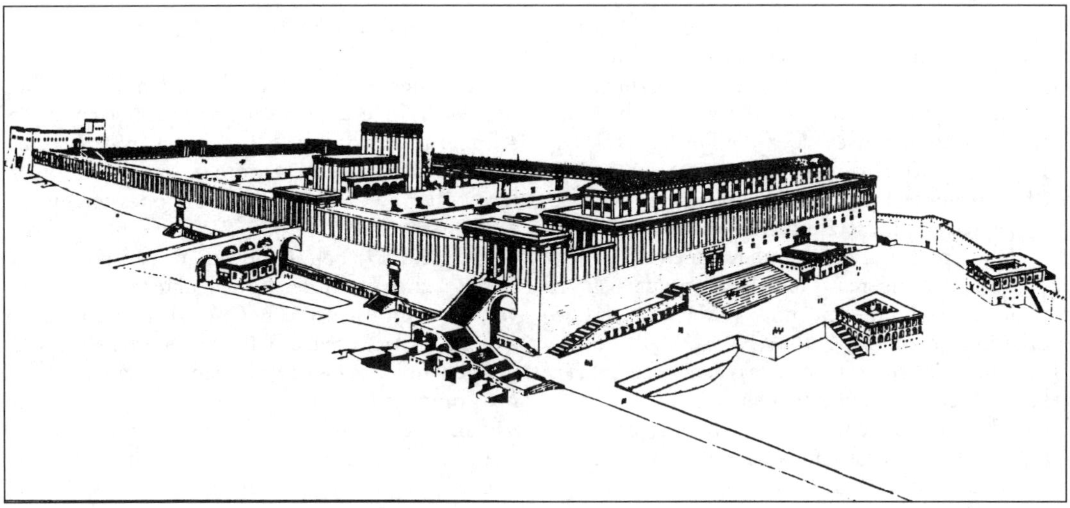

worden sind, hinwiesen. Hinter der Schranke führten Treppenstufen zu einer Plattform hinauf, auf der sich hinter einer Schutzmauer die inneren, nur Juden zugänglichen Vorhöfe befanden, d.h. der allen Juden offenstehende Frauenvorhof, der nur Männern zugängliche Israelitenvorhof und der Vorhof der Priester. Im Priestervorhof stand u.a. der Brandopferaltar, und es gab viele Räume, die vor allem kultisch-priesterlichen Funktionen dienten. Der Priestervorhof umgab das Tempelgebäude, das immer noch dieselbe dreiteilige Grundstruktur wie der salomonische T. aufwies (vgl. die Abbildung).

Um diese heilige Mitte herum erweiterte Herodes den Tempelbezirk um das Doppelte (De Bello Judaico 1,401). Wegen des Abfalls des Tempelberges nach Osten, Süden und Westen hin mußte er dabei das Gelände durch Aufschüttungen ebnen und es mit riesigen Stützmauern umgeben. Das dadurch entstandene Tempelplateau steht bis heute und ist identisch mit dem moslemischen »Tempelgelände« in Jerusalem, Haram asch-Scharif. Die Umfassungsmauern ruhen direkt auf dem Felsengrund, der sich bis zu 20 m unterhalb des Straßenniveaus der herodianischen Stadt befand. Mehrere Lagen der zur Errichtung dieser Mauern benutzten Quadersteine sind noch heute zu bewundern.

Weil Herodes die Heiligkeit des älteren Tempelareals respektierte, kam es von seiten der jüd. Bevölkerung zu keinem Widerstand gegen sein Vorhaben, das erweiterte Gelände um das heilige Quadrat herum nach seinen eigenen Vorstellungen zu gestalten und einzurichten. Wie bei anderen Bauprojekten, wie z.B. in Jericho und auf Masada, legte Herodes in der Architektur internationale hell.-röm. Muster zugrunde, um damit als hell. König anerkannt zu werden.

5. Tempelkritik und Erwartung einer Tempelerneuerung

Schon bei manchen atl. Propheten wird eine scharfe Kritik gegen eine T.ideologie laut, die aufgrund der verheißenen Gegenwart Gottes im T. mit einer ungefährdeten Heilsexistenz für Israel rechnet (u.a. Mi 3,11; Jer 7,4.10), dabei sich mit dem Vollzug des T.kults begnügt und die Verpflichtung zum Gehorsam gegenüber Gottes Geboten außer acht läßt (u.a. Jes 1,10-17; Jer 7; 26). Wie die Propheten sich als Gegenstück zu dem der Sünde verfallenen T. einen erneuerten T. erhofften, kommt am stärksten bei Hesekiel in seiner Zukunftsvision zum Ausdruck, die den Entwurf eines neuen T.s enthält (Hes 40-48).

In mehreren frühjüd. Schriften wird der zweite T. wegen kultischer Unreinheit abgelehnt (z.B. äthHen 89,73; Jub 23,21; TestLev 15,1; PsSal 8,12f). Besonders scharf ist die Kritik von seiten der Qumrangemeinde, die sich als Ersatz des entheiligten T.s in Jerusalem verstand. Die Gebete und Gesetzeswerke der Gemeinde werden in der Gegenwart von Gott als Sühnopfer angenommen (1QS 8,1-10; 9,3-6). Eine eigenartige Form findet die T.kritik der Qumrangemeinde in der sogenannten T.rolle (11QMiqd), in der ein T.entwurf dargelegt wird, der in Hes 40.48 die nächstliegende Parallele hat. Dieser Entwurf scheint trotz seiner gewaltigen Dimensionen (mit Vorhöfen ca. 800 mal 800 m) nicht eschatologisch, sondern für den in Jerusalem real existierenden T. gemeint zu sein. Die Anlage ist ganz von den Vorstellungen des Verfassers über den Kult und dessen Reinheit bestimmt. Die frühjüd. Schriften bezeugen auch die Hoffnung auf einen von Gott geschenkten, neuen, eschatologischen T. (z.B. äthHen 90,28f; Jub 1,15-17.27-29; 4QFlor 1,1-13; 11QMiqd 29,7-10), dessen Errichtung sie z.T. als Aufgabe des Messias beschreiben (PsSal 17,30f; Sibyllinische Orakel 5,420–427).

Wie das AT nennt Jesus den T. Haus und Wohnstätte Gottes (Mt 23,21; Joh 2,16) und befiehlt einem Mann, den er vom Aussatz geheilt hat, das vorgeschriebene Opfer im T. darzubringen (Mt 8,4par.), gibt gleichzeitig aber dem Tun des Gotteswillens und der Liebe deutlich den Vorrang vor dem Tempelkult (u.a. Mt 5,23f; 9,13). Da die Heilsgegenwart Gottes nun an die Person Jesu gebunden ist, wird die Bedeutung des T.s relativiert (Mt 12,6), und nach dem stellvertretenden Opfertod Jesu kann er nicht mehr Stätte des dadurch ein für allemal abgelösten Sühnopferkults sein, sondern ist vielmehr das Bethaus für alle Völker (Mk 11,17). Angesichts der Ablehnung seiner Sendung von seiten aller führenden jüd. Kreise sagt Jesus jedoch nicht nur eine Umfunktionierung des T.s voraus, sondern sogar dessen Zerstörung (Mk 13,1f par.). An die Stelle des T.s in Jerusalem wird das neue geistl. Heiligtum treten, das Jesus mit seiner Auferstehung heraufführen wird (vgl. Mk 14,58; Joh 2,19-22).

In gewisser Analogie zur oben genannten Qumrangemeinde, aber noch radikaler und endgültiger, bezeichnen die frühen Christen ihre Gemeinde als wahren T. bzw. Haus Gottes (2Kor 6,16; Eph 2,20-22; 1Tim 3,15 u.ö.) und reden entsprechend von sich als Priestern und von ihrem Liebesdienst als geistlichem Opfer (1Petr 2,5.9; Röm 12,1 u.ö.). Diese übertragene Rede vom T. begegnet oft im Zusammenhang mit der Ermahnung zu einem geheiligten Lebenswandel (u.a. 1Kor 3,16f; 6,18f).

Im Hebräerbrief kommt die Vorstellung eines himmlischen T.s vor. Danach ist der irdische T. nur ein Abbild und Schatten des himmlischen T.s, der allein das wahre Heiligtum darstellt (8,5; 9,24). Dort hat sich Jesus als Hoherpriester ein für allemal selbst geopfert (9,11f.25ff; 10,11-14). Die Offenbarung des Johannes geht noch einen Schritt weiter, indem sie im Unterschied zu vergleichbaren jüd. Texten das himmlische Jerusalem als eine Stadt ohne T. schildert, »denn der Herr, der allmächtige Gott, ist ihr Tempel, er und das Lamm« (21,22). In der Vollendung bedarf es keines T.s mehr, denn Gott und sein Sohn sind unmittelbar gegenwärtig, und »seine Knechte werden ... sein Angesicht sehen« (22,3f).

Zwar hat es jüdischerseits nach der Zerstörung des herodianischen T.s 70 n.Chr. vereinzelt Bestrebungen und Versuche gegeben, einen dritten T. in Jerusalem zu errichten (während des von Bar-Kochba geführten jüdischen Aufstandes 132–135 n.Chr. und unter der Herrschaft des letzten heidnischen Kaisers Julian 361–363, in unseren Tagen durch die Bewegung »die Treuen des Tempelberges«), aber im rabbinisch-synagogalen Judentum ist immer die Ansicht vorherrschend gewesen, daß nach dem Verlust des T.s Gebet, Schrift- und Talmudstudium und Ausübung von Liebeswerken den Opferkult ersetzt haben (vgl. Abot de Rabbi Nathan A4; Berakhot 32b; Menachot 110a). Insofern ein neuer T. erwartet wird, sollen ihn dementsprechend nicht Menschen bauen, sondern nur Gott selbst (das Achtzehngebet; Midrasch Bemidbar Rabba 15) oder sein Messias (TgSach 6,12f; TgJes 53,5; Midrasch zum Hohenlied 4,16).

Lit.: J. Ådna: »Tempel«, GBL 3, [2]1990, 1533–1541; M. Ben-Dov: In the Shadow of the Temple, 1985; U. Borse: Exegetisches Wörterbuch zum Neuen Testament II, 429–431.1122–1126; Th. A. Busink: Der Tempel von Jerusalem I/II, 1970/80; A. Kuschke: Biblisches Reallexikon 2, 222–342; J. Maier: Die Tempelrolle vom Toten Meer, 1978; B. Mazar: Der Berg des Herrn, 1979; R.J. McKelvey: The New Temple, 1969; O. Michel: ThWNT IV, 884–895; G. Schrenk: ThWNT III, 231–247; L. H. Vincent, M.A. Stève: Jérusalem de l'Ancien Testament I-III, 1954-65.

J. Ådna

Tempelherren, Templer

→Ritterorden, geistliche

Temperenzvereine

→Sucht

Temple, William (1881–1944)

T., geb. am 15. 10. 1881 in Exeter, gest. am 26. 10. 1944 in Westgate; sein Vater war anglik. Erzbischof. T. war in seiner Entwicklung durchaus eigenwillig, zunächst dem →Methodismus zugeneigt, 1905–1906 studierte er in Jena und war enttäuscht über die Unkirchlichkeit in Deutschland. Trotz eines überdurchschnittlich guten Examens in Oxford wurde er weder ordiniert noch von der anglik. Mission nach Indien entsandt. Erst über die Verbindung mit dem neuen Erzbischof R. Davidson erhielt T. die Ordination und den Auftrag zur

Mitarbeit in der beginnenden Ökumene (1910 Mitarbeit in Edinburgh, 1928 verfaßte er den allg. anerkannten Schlußbericht der Missionskonferenz in Jerusalem; 1937 wurde er in Edinburgh Vorsitzender der Weltkonferenz für »Glauben und Kirchenverfassung«, 1938 auch Vorsitzender der Projektgruppe, die die Gründung des ÖRK vorbereitete). 1942 wurde er Erzbischof von Canterbury. T. gilt als konsequenter und begnadeter Vorkämpfer der →Ökumenischen Bewegung.

Lit.: J. W. Winterhager: »William Temple«, in: Ökumenische Profile 2, 1962, 323ff.

G. Ruhbach

Teresa von Avila (1515–1582)

T., auch T. von Jesus, T. die Große, T. von Spanien genannt; geb. am 28. 3. 1515 in Avila, gest. am 4. 10. 1582 in Alba de Tormes, aus einer begüterten (ehemals jüdischen) Familie stammend; am 2. 11. 1535 Eintritt in das Karmeliterinnen-Kloster in Avila, 1536 oder 1537 Profeß; intensive Buß-

übungen, verbunden mit dem Herzensgebet führten zu mystischen Erfahrungen. Sie erfuhr eine Bekehrung vor dem Bild des »schwer verwundeten Christus«. Unter dem Einfluß des Einsiedlers Petrus Alcantara gründete sie den Orden der »unbeschuhten Karmeliten« (Barfüßer) und mehrere Frauen- und Männerklöster. Mit Hilfe ihrer meist bedeutenden Beichtväter, zuletzt des →Johnnes vom Kreuz, ging sie ihren Weg – trotz aller Verdächtigungen und Widerstände von Seiten des Ordens wie der Inquisition – unbeirrt weiter und schrieb zahlreiche, heute noch wirksame und inspirierende Schriften: Das Buch des Lebens 1565; Die Klostergründungen 1573–1582; Den Weg der Vollkommenheit 1569; Die Seelenburg 1577 u. a. 1580 wurde, von Rom gebilligt, die Trennung zwischen beschuhten und unbeschuhten Karmelitern vollzogen. 1614 wurde T. selig, 1622 heilig gesprochen, und 1970 wurde sie zur Kirchenlehrerin ernannt. Das »innere Gebet« und ihre Vorstellung von der »ständigen Anwesenheit Gottes in der Seele«, präzisiert durch J. vom Kreuz, hat ihre myst. Theologie und ihre Bedeutung in der kath. und ökumen. Christenheit stets anwachsen lassen.

Lit.: Bis 1969 waren von ihrem Werk ca. 400 Gesamtausgaben und zahllose Teilausgaben erschienen, in Deutschland: A. Alkofer (Übers.): Sämtliche Schriften, 6 Bde., 1956–1963; U. Dobhan (Hg.): Teresa von Avila, 1975;

J. Behn: Spanische Mystik, 1957; U. Dobhan: Gott – Mensch – Welt in der Sicht Teresa von Avilas, 1978; C. Lapauw: Teresa von Avila, 1981; E. Lorenz: Nicht alle Nonnen dürfen das, 1983; dies.: Ein Pfad im Wegelosen – Teresa von Avila, 1986; J. Sudbrack: Erfahrung einer Liebe. Teresa von Avila. Mystik als Begegung mit Gott, 1979; J. Theeuwes: Abenteuerin Gottes. Teresa von Avila, 1965.

G. Ruhbach

Territorialsystem

T. ist zu unterscheiden vom Territorialismus, der die konfessionelle Einheit des Territoriums bezeichnet, in dem der Landesherr das Kirchenregiment wahrnimmt (Fortführung des →Eigenkirchenrechtes und des sich schon im späten MA durchsetzenden Staatskirchentums; Vertreter: H. →Grotius). Unter T. ist dagegen das sich im 18. Jh. durchsetzende Vernunftrecht der Aufklärung gemeint: Die Kirche ist öffentliche Körperschaft, vom absoluten Staat in Dienst genommener Verband, über den der Landesherr nur in äußeren Fragen der »sichtbaren Kirche« zu entscheiden hat. Hinsichtlich der »unsichtbaren Glaubenskirche« ist nicht die Kirche, sondern das Individuum zuständig. Deshalb hat in innerkirchl. und innertheol. Streitigkeiten →Toleranz zu herrschen. Hauptvertreter war Christian →Thomasius (1655–1728). Besonders in der Schweiz, aber auch im österreichischen →Josephinismus hat diese Auffassung Wirkungen gezeitigt.

Lit.: H. E. Feine: Kirchliche Rechtsgeschichte, Bd. 1, ³1955; G. Holstein: Die Grundlegung des evangelischen

Kirchenrechts, 1928; Chr. Thomasius: Das Recht evangelischer Fürsten in theologischen Streitigkeiten, 1696.

G. Ruhbach

Tersteegen, Gerhard (1697–1769)

T., geb. am 25. 11. 1697 in Moers, gest. am 3. 4. 1769 in Mülheim/Ruhr. In ref. Tradition aufgewachsen, lebte er zuerst als Kaufmann, dann als selbständiger Bandwirker, kam in Verbindung mit Wilhelm Hoffmann (1685–1746), einem Vertreter des mystisch-spiritualistischen →Pietismus, 1724 verschrieb er sich mit seinem Blut Jesus als Bräutigam, ab 1728 wirkte er als Erbauungsschriftsteller und Seelsorger vieler Menschen. Auf der Otterbeck zwischen Essen und Wuppertal begründete er eine »Bruder-Gesellschaft«, eine Art geistlicher Kommunität, die sich allerdings nicht hielt. Er übersetzte Lebensbeschreibungen franz. Mystiker (1733 –1753), schrieb Briefe und Gedichte (Geistliches

Blumengärtlein, 1727) und kleinere Abhandlungen (Weg der Wahrheit, 1752). Er vertrat ein überkonfessionelles Christentum und hat wesentlich zu einer auf praktische Erbauung bedachten ev. Frömmigkeit beigetragen. Die Frage, ob er als Mystiker gelten darf oder nicht, wird neuerdings zunehmend im ersten Sinne entschieden. Eine noch bestehende Gesellschaft der Tersteegenianer sorgt für die Verbreitung seiner Schriften. Besonders über seine Poesie (zunehmend mehr werden seine Texte als Choräle in ev. und kath. Gesangbücher aufgenommen) behält er seine Bedeutung.

Lit.: G. Tersteegen: Gesammelte Schriften (seit 1844, noch nicht vollständig);
C. P. van Andel: Gerhard Tersteegen, 1973; G. D. Croce: Gerhard Tersteegen. Neubelebung der Mystik als Ansatz einer kommenden Spiritualität, 1979; R. Deichgräber: Gott ist genug, 1975; H. Forsthoff: Tersteegens Mystik, 1928; H. Ludewig: Gebet und Gotteserfahrung bei Gerhard Tersteegen, 1986; W. Nigg: »Gerhard Tersteegen«, in: Große Heilige, ³1949, 309–354; G. Ruhbach: »Gerhard Tersteegen«, in: G. Ruhbach, J. Sudbrack (Hg.): Große Mystiker, 1984, 251–266; F. Winter: Die Frömmigkeit Gerhard Tersteegens in ihrem Verhältnis zur französisch-quietistischen Mystik, 1927; G. Wolff: Solus Christus. Wurzeln der Christusmystik bei Gerhard Tersteegen, 1989.

G. Ruhbach

Tersteegen-Konferenz

Angeregt durch O. →Stockmayer führten Fritz Oetzbach und seine Freunde in Mülheim/Ruhr im Jahr 1900 eine Konferenz zur Neubelebung und Vertiefung des Glaubens der Christen durch. Bis zum Jahre 1968 trug sie den Namen Tersteegensruhkonferenz nach der Erholungsstätte »Tersteegensruh« in Mülheim/Ruhr, in der sie zuerst stattfand. Seit 1915 war Essen der Tagungsort. 1910 wurde sie wegen der Auseinandersetzungen um die →Pfingstbewegung einmal nach Gelsenkirchen verlegt. 1939 bis 1945 durfte die Konferenz auf Verbot der Nationalsozialisten nicht stattfinden. Seit 1921 wurde wegen des großen Zuspruchs der Essener Konferenz eine zusätzliche Herbstkonferenz in Mülheim angeboten.

Die Vorsitzenden waren Kurt von →Knobelsdorff, Elias →Schrenk, Joseph Simsa, Albert Hoffmann, Wilhelm →Busch, der die Konferenz nach dem Zweiten Weltkrieg wieder begann, Paul Deitenbeck, Ulrich Parzany. Träger der jährlich stattfindenden Konferenzen ist ein e.V. Die Mitglieder bilden das Komitee, dem die Vorbereitung und Durchführung obliegt.

Intensive Bibelauslegung sollen dem Ziel der Neubelebung und Vertiefung des Glaubenslebens dienen. Der Name wurde aus Gründen der besseren Verständlichkeit 1968 in Gerhard-Tersteegen-Konferenz verändert. Besonders unter der Leitung von W. Busch hatte das Treffen eine weite Ausstrahlung und wurde Vorbild für Glaubenskonferenzen wie die Ludwig →Hofacker-Konferenzen und andere.

Lit.: K.-H. Ehring: Die Gerhard-Tersteegen-Konferenz, 1969.

U. Parzany

Tersteegensruh
→Tersteegen-Konferenz

Tertiarier
→Orden und Kongregationen

Tertullian (ca. 160–ca. 220)

Quintus Septimius Florens T. wurde ca. 160 in Karthago geb. und ist dort ca. 220 gest.; als Sohn eines röm. Offiziers wurde ihm eine hervorragende Ausbildung zuteil. T. wirkte als Rechtsanwalt zunächst in Rom, ab 195 wieder in Karthago. In Rom wird er Christ geworden sein; sein Leben lang setzte er sich literarisch – in glänzendem Latein und mit eindrucksvoller Rhetorik – für das Christentum ein, allerdings vorwiegend das Kritische und selten das Positive an Kirche und Glaubensverkündigung sehend. Er stritt gegen den röm. Staat und das Heidentum (in seiner bekanntesten Schrift »Apologeticum«), dann gegen die lax werdende Kirche, indem

er →Montanist wurde und schließlich eine eigene Gruppe begründete, die später »Tertullianisten« hieß. Presbyter seiner Kirche ist T. mit hoher Wahrscheinlichkeit nie gewesen. T. ist der fruchtbarste lat. Kirchenschriftsteller vor der konstantinischen Wende; 31 echte Schriften sind erhalten. Er hat viele dogmat. Wendungen, z.B. in der Trinitätslehre oder in der Christologie vorweggenommen, die sich später durchgesetzt haben. Durch seine streitbare Persönlichkeit hatte er manche Gegner und – durch seinen Übergang zu den genannten Randgruppen – schließlich wenig Beachtung gefunden.

Lit.: H.v. Campenhausen: Lateinische Kirchenväter, [6]1987, 12-36; H. Karpp: Schrift und Geist bei Tertullian, 1956; J. Lortz: Tertullian als Apologet, 2 Bde., 1927,1928.

G. Ruhbach

Testament

1. Biblisch

Im bibl. Verständnis von »Testament« sind sowohl Elemente der einseitigen Verfügung von Todes wegen (T. im engeren Sinne) enthalten als auch des zweiseitigen Erbvertrages (→Bund): In Hebr 9,15-17; 2Kor 4,14; Lk 22,20 usw. wird z.T. →Bund, z.T. T. übersetzt. Gott setzt wie ein T.serrichtender seine Anordnungen einseitig fest, trifft seine Verfügungen und Bestimmungen für die Teilhabe an seiner Herrlichkeit und seinem Reich, lädt aber gleichzeitig ein, wie in einem Erbvertrag oder Bund, durch Annahme (Gegenzeichnung) schon zu Lebzeiten die Sache für sich festzumachen und anzunehmen.

2. Juristisch

Ein T. ist die letztwillige Verfügung (Verfügung von Todes wegen) eines Menschen (Erblassers), mit der er anordnet, was nach seinem Tode zu geschehen hat, insbesondere wer hinsichtlich seines Vermögens sein Erbe ist bzw. seine Erben zu welchen Anteilen sind. Es wird erst nach dem Tode wirksam. Ein T. muß der Erblasser entweder selbst mit eigener Hand schreiben und unterschreiben, Ort und Datum der Errichtung sollen angegeben werden – mit der Schreibmaschine oder durch andere Personen geschriebene T.e sind nichtig –, oder er läßt es durch einen Notar beurkunden. Ehegatten – und nur Ehegatten, nicht also Verlobte, Geschwister, Verwandte usw. – können ein gemeinschaftliches T. errichten, wobei einer den Text mit der Hand schreibt und beide unterschreiben; Ort und Datum sollen angegeben werden. Für nicht miteinander Verheiratete eröffnet das Gesetz im Rechtsinstitut des notariell zu beurkundenden Erbvertrages die Möglichkeit, gemeinsam – insbes. auch wechselbezüglich bindende Verfügungen von Todes wegen zu errichten. Es ist zweckmäßig, aber nicht unbedingt notwendig, über das gesamte Vermögen zu verfügen. Der Grundaufbau eines T.es ist folgender

1. Erbeinsetzung; bei mehreren Erben Anteilsverhältnis angeben;
2. Ersatzerbeinsetzung: wer tritt an die Stelle

eines eingesetzten Erben, der vor Eintritt des Erbfalls stirbt?

3. Vermächtnisanordnung: der Vermächtnisnehmer erhält einzelne Vermögensstücke oder Ansprüche. Wenn er gleichzeitig Erbe ist, ist klarzustellen, ob er sich die gesonderte Zuwendung auf sein übriges Erbe anrechnen lassen muß oder nicht;

4. Ersatzvermächtnisnehmer für den Fall, daß der eingesetzte Vermächtnisnehmer vor dem Erbfall stirbt;

5. Teilungsanordnung: Wer von den Erben bekommt was? Es ist zu klären, ob mit oder ohne Anrechnung auf das übrige Erbe.

6. Auflagen: Der Erbe oder Vermächtnisnehmer hat bestimmte Dinge zu tun, z.B. Grabpflege zu übernehmen, ein Tier zu versorgen, für gute Zwecke einen bestimmten Betrag zu spenden, ohne daß ein klagbarer Anspruch für den Bedachten entsteht.

7. Testamentsvollstreckung.

8. Angabe eines Vormundes für minderjährige Kinder.

Wegen der besonderen Problematik der Bindungswirkung eines gemeinschaftlichen T.es, aber auch aus Gründen der Klarheit und Durchführbarkeit, ist es sehr empfehlenswert, sich bei Abfassung durch einen Juristen beraten zu lassen.

Wer ein T. eines Verstorbenen in Besitz hat, ist verpflichtet, dieses beim Amtsgericht zwecks Eröffnung abzuliefern, welches für den letzten Wohnsitz zuständig ist.

H.G. Langenbach

Testimonium Spiritus Sancti Internum (Das innere Zeugnis des Heiligen Geistes)

Die Lehre vom T. geht auf Luther zurück und wurde von Calvin ausgebildet: »Das Ansehen der Schrift beruht auf dem Zeugnis des Geistes. Dadurch allein gewinnt sie unzweifelhafte Autorität...« Sie diente als Werkzeug in doppelter Frontstellung sowohl gegen die römische Kirche als auch gegen die Schwärmer und besagte: Der Heilige Geist bezeugt der Kirche und schenkt ihr Gewißheit, daß die Schriften des AT und NT Gottes Wort sind. Daraus folgte:

– nicht die Kirche ist es, die das bezeugt oder autoritativ festlegt (gegen die römische Kirche);

– nichts ist Gottes Wort außer der Bibel (gegen die Schwärmer).

Calvin sieht ein zweifaches Wirkungsfeld des Heiligen Geistes: 1. in der Schrift; 2. im Menschen. Das »Internum« bezieht sich sowohl auf die Schrift als auch auf den Menschen. Der Geist wirkt in beiden, und es ist sein Trachten, beides miteinander zu verbinden, indem das Zeugnis des Geistes im Menschen den Menschen auf das Zeugnis des Geistes in der Schrift hinweist, welche allein normativ ist (Th. Preiss). Die beiden Seiten des Geistzeugnisses dürfen nie voneinander getrennt werden. »Das Zeugnis des Heiligen Geistes ist besser als alle Beweise. Denn wie Gott selbst in seinem Wort der einzige vollgültige Zeuge von sich selber ist, so wird auch dies Wort nicht eher im Menschenherzen Glauben finden, als bis es vom inneren Zeugnis des Heiligen Geistes versiegelt worden ist. Denn derselbe Geist, der durch den Mund der Propheten gesprochen hat, der muß in unser Herz dringen, um uns die Gewißheit zu schenken, daß sie treulich verkündet haben, was ihnen von Gott aufgetragen war« (Calvin). Die Lehre vom T. wurde von luth. wie von ref. Theologen aufgenommen und weitergebildet. In der Orthodoxie wurde das Wirkungsfeld des Geistes im Wort hervorgehoben, so daß viele mittels einer streng rationalen Methode die Göttlichkeit und Wahrheit der Schrift nahezu beweisen wollten. Als Gegenbewegung betonte die Erfahrungstheologie das Wirken des Geistes im Menschen und versubjektivierte die T.-Lehre zusehends, das Empfinden des je individuellen Herzens wurde zum Maßstab der Wahrheit.

Die Lehre vom T. ist auch heute noch von Bedeutung. In ihrer ursprünglichen, reformat. Aussage ist sie sogar sehr nötig und berechtigt, »im Sinne eines Bekenntnisses zu dem sich selbst im Bibelwort bezeugenden Gott, wobei die Frontstellungen im wesentlichen die alten sind« (E. Schott). Dabei ist sehr wichtig, daß das Zeugnis des Geistes von »mir« als einem »Ich« vernommen wird, insofern ich es durch die christl. Gemeinde oder in ihr höre. »Die Kirche ist in keinem Sinne der Schrift mächtig. Aber die Mächtigkeit der Schrift begegnet uns nicht in abstracto, sondern in der Kirche, nicht in der Vereinzelung, in der das Ich ohne das Du bleibt und daher auch kein wirkliches Ich sein kann« (O. Weber).

Lit.: J. Calvin: Unterricht in der christlichen Religion, I, 7; Th. Preiss: Le Témoignage Intérieur du Saint-Esprit, 1956, deutsch: Das innere Zeugnis des Heiligen Geistes, 1947; E. Schott: »Testimonium sp. s. internum«, RGG³ VI, 1962, 702f; O. Weber: Grundlagen der Dogmatik I, 266–273.

H. Kaegi-Studer

Tetragramm

1. Der griech. Begriff T., der wörtl. übersetzt das »Vier-Buchstaben-Wort« meint, ist zur Bezeichnung des mit vier Konsonanten geschriebenen Gottesnamens JHWH (vgl. 2Mo 3,14) geworden. Aus Scheu vor seiner Entweihung (vgl. 2Mo 20,7) wird er von den Juden nicht ausgesprochen, sondern beim lauten Lesen durch das Wort *»Adonai«*, »(mein) Herr«, ersetzt. Die Vokale von Adonai sind im masoretischen Text der hebr. Bibel (seit 1000 n. Chr.) zum geschriebenen *(ketib)* T. JHWH hinzugefügt, um auf das zu lesende *(qere)* »Herr« aufmerksam zu machen. Das dadurch entstandene »Jehovah« ist keine hebr. Gottesbezeichnung, sondern ein erstmals in christl. Texten der Renaissancezeit bezeugtes Kunstwort, das man – wie auch M. →Luther es tat – besser vermeiden sollte. Das T. JHWH steht schon auf dem moabitischen Meschastein (833 v. Chr.), außerdem erscheint im Masoretischen Text die verwandte Form *jah*, sowie in Personennamen *jaho-*, *-jo*, *-jahu*, *-jah*. Die Juden in Elephantine (5. Jh. v. Chr.) schrieben *jhw (jahu)* und *jhh (jahoh)*.

2. Schon in der griech. Übersetzung (LXX) ist das T. durch »Herr« *(Kyrios)* wiedergegeben. In den beiden Jesajarollen aus Qumran steht es in normaler Quadratschrift, dagegen in anderen Texten (11 Q Miqd; 11 Q Psalm; 1Q pHab und sogar in der griech. Version des Dodekapropheton) in althebr. Schrift; in 1 QS 2,2-4 wird es vermieden, in 1 QS 8,13f durch vier Punkte bzw. durch das Wort *hu'ha'* ersetzt. Der Gottesname durfte nicht gebraucht werden (1QS 7,1f). In der Mischna (Sanh 7,5) ist das buchstäbliche Aussprechen des Namens *(peresch 'ät ha-schem)* – wie die Gotteslästerung – mit der Todesstrafe bedroht.

3. Die Rabbinen reden von Gott mit Umschreibungen wie »der Name« *(ha-schem)*, »der Ort« *(ha-maqom)*, »der Heilige, gepriesen sei er« *(ha-qadosch barukh hu')*. In der Frage des Hohenpriesters beim Verhör Jesu (Mk 14,61) erscheint die Umschreibung »der Hochgelobte« *(ho eulogetos = ha-mekubbad)*; in seiner Antwort (Mk 14,62) redet Jesus von »der Kraft« *(he dynamis = ha-geburah)*. Wir Christen sollten ebenfalls das T. mit der Aussprache »Herr« wiedergeben.

Lit.: W. W. Baudissin: Kyrios als Gottesname I–IV, 1929; C. M. Pákozdy: »Tetragramm«, in: BHHW3, 1956.

O. Betz

Teufel

→Satan, Dämon, Besessenheit

Textgeschichte, biblische

1. Altes Testament

Die ältesten handschriftlichen Zeugnisse für den Text des Alten Testaments stammen aus dem 3. vorchristlichen Jahrhundert; eine Ausnahme ist das Zitat 4Mo 6, 24 – 26, der sogenannte Aaronitische Segen, der auf einem Silberamulett des 8. Jh.s v. Chr. gefunden wurde. Ohne die Qumranfunde der Jahre 1947 bis 1955 gäbe es nur einen vorchristlichen Beleg für den hebräischen Text des AT, den sogenannten Papyrus Nash, der 1902 in Ägypten auftauchte und eine liturgische Fassung der Zehn Gebote mit der Umstellung des 6. und 7. Gebots sowie das »Schema Israel« (5Mo 6, 4-5) enhält. Zusammenhängende Teile alttestamentlicher Bücher sind also in der Tat erst durch die Qumran-Funde zugänglich geworden. Mit Ausnahme von Esther sind alle AT-Schriften und eine Reihe von Apokryphen in den Höhlen von Qumran gefunden worden, darunter die vollständige Jesaja-Rolle 1QIs a aus Höhle 1. Die hebräischen und aramäischen Qumran-Funde bieten im Kern den offiziellen Text der Masoreten, wie er seit dem 9. Jh. n. Chr. verbindlich wurde, und sie bestätigen die Zuverlässigkeit der jüdischen Texttradition auf diese Weise; dennoch sind die Abweichungen – allein 1375 textliche und rund 4.500 orthographische in der Jesaja-Rolle – auch ein Indiz für die fortlaufende Arbeit am Text in der nachexilischen Zeit. Grundlage für die derzeitigen Editionen des masoretischen Textes ist die Leningrader Handschrift B 19 A aus dem Jahr 1008; sie ist nach dem Kodex von Aleppo aus der ersten Hälfte des 10. Jahrhunderts die älteste Handschrift des gesamten AT. Während antijüdischer Unruhen 1947 beinahe zerstört, ist der Kodex von Aleppo zugleich ein Beispiel für die Risiken und Unwägbarkeiten der Textüberlieferung. Erst jetzt erscheint erstmals eine kritische Ausgabe der hebräisch-masoretischen Bibel auf der Grundlage dieser Handschrift.

Ferner ist wichtig die Entdeckung der Geniza (Lagerraum für ausgesonderte Handschriften) der Synagoge von Alt-Kairo durch Solomon Schechter Ende des 19. Jh; die biblischen Fragmente des 5. bis 9. Jh. belegen die Entwicklungsgeschichte des masoretischen Textes.

Den hebr. Text bezeugt neben anderen Teilsammlungen vor allem der Samaritanische Pentateuch, der durch eine Reihe von Handschriften aus dem 11. bis 13.Jahrhundert belegt ist; die Samaritaner, die sich im 4. Jh. v. Chr. von den Juden trennten, akzeptierten nur die fünf Bücher Mose als kanonisch und bieten einen Text, der eigene Sprachentwicklungen erkennen läßt. Die derzeit meistbenutzte Textausgabe des hebräischen AT ist die Biblia Hebraica Stuttgartensia (BHS), 1977; die hebräisch-deutsche Ausgabe der Württembergischen Bibelanstalt Stuttgart (jetzt Deutsche Bibelgesellschaft) von 1974 setzt den Vorläufer, die von Kittel, Alt und Eißfeldt 1929 – 1937 edierte Biblia Hebraica (BHK), voraus.

Neben dem hebräischen (und in Teilen aramäischen) Text ist die →Septuaginta (LXX), die im 3. Jh. v. Chr. in Alexandria entstandene Übersetzung ins Griechische, für die Textgeschichte des AT bedeutsam. Schon aus der Mitte des 2. Jh. v. Chr. stammt der älteste erhaltene Papyrus-Beleg, der Papyrus Greek 458 der John Rylands University Library Manchester. Aus einer Mumienkartonage herausgelöst, enthalten seine neun Teilstücke Abschnitte aus dem 5. Buch Mose. Insgesamt sind rund 1.600 Handschriften der LXX bzw. ihrer Teile bekannt. Auch in Qumran (Höhlen 4 und 7) wurden LXX-Fragmente gefunden, die wiederum die Freiheiten bestätigen, die sich die Schreiber mit der Textgestalt des AT auch in der Übersetzung gestatten konnten. Der Fund des apokryphen »Brief des Jeremia« (Fragment 7Q2) unterstreicht zudem den Sonderkanon des griech AT, der in die hebräische Bibel nicht aufgenommene Apokryphen enthält. Über die lat. Vulgata fanden sie Eingang in die katholischen Bibeln, während evangelische Bibeln sie nicht oder separiert aufnehmen. Wie selbstverständlich die Verbreitung des griechischen AT in neutestamentlicher Zeit war, zeigt auch die griech. Zwölf-Propheten-Rolle aus der Mitte des 1. Jh.s, die 1952 im Nahal Hever nahe des Toten Meers gefunden wurde.

Ist schon das, was wir heute LXX nennen, eine Sammlung verschiedener Übersetzungen und Übersetzungsstufen, bis hin zu Revisionen, für die die Zwölf-Propheten-Rolle einen eindrücklichen Beleg bietet, so kam es im 2. Jh. zu verschiedenen Neu-Übersetzungen, unter denen die des Aquila (jüdisch) und des Symmachus (ebionitisch-christlich) sowie die christliche Überarbeitung des Theodotion besondere Bedeutung gewannen.

Eine erste textkritische Zusammenstellung ist Origenes zwischen 230 und 240 n. Chr. zu verdanken; in seiner sechsspaltigen Hexapla stellte er den hebräischen Text, den hebräischen Text in griechischer Umschrift, die Übersetzung des Aquila, die des Symmachus, die LXX selbst und die Revision des Theodotion nebeneinander. Die Abfolge der Kolumnen kennzeichnet den editorischen Maßstab: Die Übersetzung des Aquilas, als die wortgetreueste, folgt als erste auf den hebräischen Grundtext. Für den »Standard-Text« der LXX sind die großen christlichen Vollbibeln des 4. Jh., der Sinaiticus und der Vaticanus, die besten Zeugen. Die meistbenutzte heutige Textedition ist die kritische Ausgabe von Rahlfs, 1935. Für die Forschung unverzichtbar sind die Einzeleditionen des Göttinger Septuaginta-Projekts 1936 – 1986. Hier sind auch im einzelnen die christlichen Sonderlesarten im griech. Text, die früh zu jüdisch-christlichen Konflikten und zu einer weitgehenden Abkehr des Judentums von der LXX führten, nachzuverfolgen.

Lit.: R. Hanhard, J. W. Wevers: Das Göttinger Septuaginta-Unternehmen, 1977; M. Harl, G. Dorival, O. Munnich: La Bible Greque des Septante. Du Judaisme Hellénistique au Christianisme Ancien, 1988; W. H. Schmidt, W. Thiel, R. Hanhardt: Altes Testament, 1989; E. Würthwein: Der Text des Alten Testaments, 1988.

2. Neues Testament

Die 27 Bücher des NT sind die am besten bezeugte Textsammlung der antiken Literatur. Über 5.400 Handschriften, darunter 98 bekannte Papyri, deren älteste nur wenige Jahrzehnte nach den Urschriften entstanden, gewährleisten eine einzigartige Überlieferungsdichte. Die Textgeschichte belegt, daß das NT von Anfang an in griechischer Sprache entstand; die Existenz aramäischer Frühformen (Matthäus) und Logiensammlungen bleibt Spekulation. Für die im NT selbst vorausgesetzte Überlieferung auf Rollen, die dem jüdischen und römisch-griechischen Gebrauch der Zeit entsprach, gibt es nur vereinzelte und umstrittene Belege, unter denen das noch strittige Qumran-Fragment 7Q5 (Mk 6, 52f), vor 68 n. Chr., der älteste wäre. Vielleicht schon gegen Ende des 1. Jh.s, als christliche Schreiber den Kodex, Vorläufer des heutigen Buchs, entwickelten und popularisierten, spätestens zu Beginn des 2. Jh., wurden Evangelien und Briefe gesammelt. Schon das NT selbst erwähnt eine (nicht notwendigerweise vollständige) Sammlung von Paulusbriefen (2Petr 3,16). In dem Maße, in dem die Texte offiziell von Gemeinde zu Gemeinde weitergereicht wurden (vgl. Kol 4,16) und schließlich zu Sammlungen wuchsen, kam es auch zu vereinzelten stilistischen Eingriffen, die teils subjektiv oder versehentlich, teils sehr bewußt vorgenommen wurden.

Die ältesten Handschriften scheinen ein sehr einfaches, gleichwohl korrektes Griechisch zu bewahren, das später gelegentlich rhetorisch nachgebessert wurde. Während im Regelfall die so entstandenen Abweichungen in der Überlieferung nur Nuancen, nicht aber Inhalt und Aussage betreffen, hat es in der nachkonstantinischen Zeit, ab dem späten 4. Jh., im Osten des Römischen Reichs einen umfassenden sprachlichen Harmonisierungsprozeß gegeben. Er war immerhin so erfolgreich, daß über 90% aller erhaltenen Handschriften diesem sogenannten »byzantinischen« bzw. Mehrheitstext folgen. Die heutige Textkritik ist sich jedoch fast ausnahmslos darin einig, daß die davon unabhängigen Handschriften den besseren, ursprünglicheren Text bewahren. Ein Sonderfall ist der Text der Apostelgeschichte, für den im 3. Jh. eine teilweise stark abweichende Gestalt, der sogenannte »westliche« Text, Verbreitung fand und offenbar von Kirchenvätern wie Augustinus und Cyprian dem »alexandrinischen« Text der älteren Handschriften und Kodizes vorgezogen wurde. Zitate in den Apostolischen Vätern und den Kirchenväterschriften spielen bei der textgeschichtlichen Arbeit ebenso eine Rolle wie die frühen Übersetzungen ins Lateinische, Syrische, Koptische usw. Ihre Bedeutung liegt bei allen Einschränkungen nicht zuletzt darin, daß die ältesten unter ihnen aus der Zeit vor der offiziellen Festlegung des neutestamentlichen Kanons stammen. Ein hundertprozentig mit den verlorenen Originalen identischer Text des NT ist angesichts dieses Befunds nicht rekonstruierbar. Selbst das heute weithin als Standardtext akzeptierte griechische NT von Nestle-Aland ([27]1993, im Text identisch mit der Ausgabe der United Bibel Societies, UBS 4, 1993) hat dieses Ziel nicht erreichen können; in Einzelfällen bieten andere kritische Editionen (etwa Bover-O'Callaghan, [3]1994, Merk [11]1992) einen klareren, an besseren Handschriften orientierten Text. Einigkeit herrscht allerdings in der Ablehnung des Mehrheitstextes, der heute nur noch von einer neuen Edition propagiert wird (Z. C. Hodges, A. L. Farstad (Hg.): The Greek New Testament According to the Majority Text, 1982, [2]1989). Und es bleibt festzuhalten, daß die noch offenen Fragen zwar das philologische Bemühen um die Annäherung an das Original betreffen, nicht aber den Inhalt der neutestamentlichen Botschaft.

Literatur: K. u. B. Aland: Der Text des Neuen Testaments, [2]1989; G. D. Kilpatrick: »The Greek New Testament Text of Today an the Textus Receptus« in: H. Anderson, W. Barclay (Hg.): The New Testament in History and Contemporary Perspectives. Essays in Memory of G. H. C. Macgregor, 1965, 189 – 208; B. M. Metzger: The Text of the New Testament. Its Transmission, Corruption, and Restoration, [3]1992; L. Vaganay, C.-B. Amphoux: Initiation à la critique textuelle du Nouveau Testament, [2]1986.

C. P. Thiede

Textkritik, biblische →Bibelwissenschaft, moderne

Thadden, Adolf von (1796–1882)

V.T., geb. am 6. 1. 1796 in Berlin, gest. am 23. 11. 1882 in Batzwitz/Pommern; Gutsbesitzer in Trieglaff/Hinterpommern; nahm als Freiwilliger an den Befreiungskriegen teil und gehörte zum Berliner Kreis junger erweckter Adliger. Er hatte Kontakt mit Baron von →Kottwitz, →Goßner und →Sailer; sein Gut Trieglaff, 1820 von ihm übernommen, und die dortigen Konferenzen wurden zum Zentrum der Pommerschen Erweckung; 1848 schloß er sich als erklärter Gegner der →Union den Altlutheranern an. Als Freund und später Schwager Ludwig von →Gerlachs führte er die Konservativen im preußischen Landtag und stand König →Friedrich Wilhelm IV. nahe. Sein Verhältnis zu O. von Bismarck wurde zunehmend distanzierter.

Lit.: E. Fürstin Reuß: Adolf von Thadden, [2]1894; H. Petrich: Adolf und H. von Thadden und ihr Trieglaffer Kreis, 1931.

G. Ruhbach

Thadden, Reinhold von (1891–1976)

V.T., geb. am 13. 8. 1891 in Mohrungen/Ostpreußen, gest. am 10. 10. 1976 in Fulda. Er studierte Jura in Paris, Leipzig, München und Greifswald, leistete den Kriegsdienst von 1914-18, hatte danach intensive Kontakte zu Traugott →Hahn jr. in Dorpat. Die Hochzeit mit der durch →Chrischona-Prediger geprägten Elisabeth von Thüngen vertiefte seinen persönl. Glauben. 1925 wurde er Vorsitzender der →Deutschen Christlichen Studenten-Vereinigung (DCSV) mit großem missionarischen Einsatz, 1934 Präses der Bekenntnissynode in Pommern, mehrfach von der Gestapo verhaftet. Seine Schwester wurde wegen Teilnahme am Widerstand gegen Hitler hingerichtet.

Von 1946–1948 arbeitete er in Genf zur Betreuung dt. Kriegsgefangener, 1949 begründete er den Ev. →Kirchentag und wurde dessen Präsident bis 1964. Hiermit wollte er gerade die Laien auf ihren Missionsauftrag aufmerksam machen. Für den deutschen Protestantismus, gerade in seiner geistlichen und missionarischen Prägung, wie für die Ökumene ist v.T. von großer Bedeutung gewesen und geblieben.

Lit.: W. Hühne: Thadden-Trieglaff – ein Leben unter uns, 1959; H. Wagner: Reinhold von Thadden, 1961; H.H. Walz: »Reinhold von Thadden«, in: G. Gloede (Hg.): Ökumenische Profile II, 1963, 223-235.

G. Ruhbach

Theater

Der Ursprung des europäischen T.s findet sich neben der überall verbreiteten Volkskunst in den griech. und spätantiken Darstellungen (Dramen, Komödien usw.). Von Anfang an besteht eine Verbindung von T.aufführung und rel. Erfahrung. Im T.spiel werden Mythen, Legenden, Herkunftsagen u.a. als Deutungsversuch für das menschliche Leben verarbeitet. Dabei ist die Grenze zwischen T.darstellung und Lebenswirklichkeit fließend. Indem etwas gespielt wird, ist es real präsent. T. als Mittel christl. Verkündigung ist im MA in großem Maße nachweisbar. Besonders zu den großen kirchl. Festen, aber auch zuHeiligen- und Märtyrergedenktagen (St. Martin, St. Lucia u.a.) wurde der Stoff der Unterweisung spielerisch dargestellt. Manche alten Mysterien-, Passions- und Weihnachtsspiele sind teilweise noch heute bekannt und lebendig (Oberammergau). Der Zusammenhang mit Prozessionen und →Tanz ist beim christl. T. deutlich. Im 20. Jahrhundert wurde bes. in der Jugendbewegung und neuen geistl. Aufbrüchen T. als Verkündigung entwickelt. Laienspielgruppen greifen neben eigenen Erzeugnissen auf christl. T.stücke namhafter Dichter zurück. Auch in der Kinderarbeit ist T. im weiteren Sinne ein wichtiges Hilfsmittel. Sketche, Anspiele, Rollenspiele, Pantomime u.ä. sind weitere Formen der T.arbeit.

Lit.: P. Burbridge, M. Watts: Time to Act. Sketches and Guidelines for Biblical Drama, 1979; W. Heiner: Anspiele zur missionarischen Verkündigung, 1981; E. u. R. Werner: Theater für Jesus. Pantomime und Theater in der Verkündigung, 1988.

R. Werner

Theatiner →Orden und Kongregationen

Theismus

Ein phil. Begriff der Neuzeit, der dem Atheismus, Deismus und Pantheismus entgegengesetzt ist. In der Religionswissenschaft liegt der Begriff Monotheismus näher, weil viele Religionen eine Mehrzahl göttlicher Wesen kennen (→Polytheismus). T. wird mit Hilfe der Gottesbeweise begründet; er denkt Gott als absolut, der Welt als seiner Schöpfung gegenüberstehend, frei, wirksam, personal-lebendig, gut, allwissend, allmächtig, allgegenwärtig, ewig. Die theistischen Religionen, jedenfalls die, die von einer Offenbarung Gottes in der Geschichte ausgehen, also Judentum, Christentum und Islam, gewinnen aus der →Offenbarung einen anderen Zugang zu dem einen Gott; sie haben aber die phil. Vorstellungen des T., zu denen keine Heilsgeschichte gehört, mehr oder weniger eng mit der Offenbarungslehre verbunden, was auch zu theol. Problemen führt. In der Religionsgeschichte kann man (mono)theistische Tendenzen aufzeigen, die sich aber eben auch monistisch bzw. pantheistisch entfalten können. So verliert der phil. T. in der gegenwärtigen Kulturbegegnung an Plausibilität.

Lit.: E. Jüngel: Gott als Geheimnis der Welt, ³1978; W. Kasper: Der Gott Jesu Christi, 1982; G. van der Leeuw: »Theismus«, in: Phänomenologie der Religionen, ⁴1977; J.L. Mackie: Das Wunder des Theismus, 1985.

N.-P. Moritzen

Theodizee

T., zusammengesetzt aus griech. *theos,* »Gott« und *dike,* »Gerechtigkeit; Rechtfertigung« wird zuerst von G.W. →Leibnitz (1646–1716) gebraucht als Kennzeichnung seines Versuches, die Güte eines allmächtigen Gottes angesichts der Übel in seiner Schöpfung zu rechtfertigen (vgl. Leibnitz, 1710). Das Scheitern des Leibnitzschen Versuches (vgl. →Kant) ist ein Motiv sowohl für den neuzeitlichen →Atheismus (da man Gottes Gerechtigkeit und seine Güte nicht mehr zusammen denken kann, vertritt man einen Atheismus *ad majorem gloriam Dei:* um an der Ehre Gottes festhalten zu können, muß man seine Existenz als allmächtiger, für alles Elend verantwortliche Wirklichkeit gerade verneinen) als auch für ein Geschichtsdenken, das nicht mehr Gott, sondern den Menschen zum alleinigen und beherrschenden Subjekt der Geschichte macht (vgl. Marquard, 52ff).

Das Problem der T. ist schon lange vor Leibnitz gesehen und behandelt worden (H.-G. Fritzsche). In der Sache geht es um einen Konflikt in der Gotteslehre, der überall dort entsteht, wo man angesichts des Bösen in der Welt sowohl an der Güte Gottes festhält, Gott dann nicht für das Böse verantwortlich machen kann, damit dann aber in Gegensatz tritt zur Auffassung von der Allmacht Gottes und seiner Weltherrschaft. Die Versuche einer T. lassen sich in drei Typen klassifizieren (vgl. Lamparter):

1. Das Böse wird relativiert oder gar negiert (Leibnitz: diese Welt ist zwar nicht gut, aber sie ist – wie man logisch zeigen kann – die Beste aller Möglichen). Solch ein Ansatz hält der Erfahrung der Abgründigkeit des Bösen nicht stand.

2. Alles, auch das Böse, hat seinen Ursprung in Gott, sonst wäre Gott nicht Gott. Die seelsorgerl. brennende Frage, wie Gott dann als guter und gerechter Gott zu denken sei, wird dann entweder (a) mit dem Verbot dieser Frage beantwortet: Wer sind wir Menschen, daß wir Gott auf die Anklagebank setzen könnten? (Jes 45,9), oder (b) mit der Unverstehbarkeit des Handelns Gottes: Wer sind wir Menschen, daß wir sein Handeln verstehen könnten? (Jes 55,8f), oder (c) mit dem Hinweis darauf, daß das Böse nicht wirklich böse, daß es in Wirklichkeit nur Abwesenheit des Guten sei *(privatio boni)* und daß uns als Menschen nur böse, ungerecht erscheine, was in Wahrheit gut ist und Gott als Mittel dient.

So sehr in diesen Antwortversuchen bibl. Motive aufgenommen werden, so sehr werden hier doch auch im Anschluß an eine im Prinzip genauso auch aus heidnischer Sicht formulierbare Vorsehungslehre bibl. Auskünfte unterschlagen: (a) Die Frage nach der Gerechtigkeit Gottes und nach seiner Macht, seine Gerechtigkeit durchzusetzen und ihr zum Recht zu verhelfen, ist ein Grundmotiv atl. und ntl. Klage des Gerechten (vgl. nur Ps 73 und Röm 3,5.21ff). Entscheidend sind Haltung und Motiv, die eine solche »Anklage« Gottes bestimmen: Will sich der Mensch durch solche Fragen nur von Gott emanzipieren, oder nimmt er Gott beim Wort und beruft sich gegen den Augenschein der Welt auf die Zusagen Gottes? (b) Selbstverständliche Voraussetzung dieses Rufes nach der Durchsetzung der Gerechtigkeit Gottes ist das Wissen: Gott ist nur Licht und keinerlei Finsternis ist in ihm (1Joh 1,5). Gott gehört radikal und ganz einseitig und ohne jede Einschränkung auf die Seite der Gerechtigkeit. Dem korrespondiert (c) die Einsicht, daß die ganze Welt in dem Bösen liegt (1Joh 5,19), daß es sowohl widergöttliche Mächte als auch Geschehnisse gibt, die gegen den Willen Gottes sind, daß ein göttlicher Determinismus allen Geschehens darum nicht in Frage kommt. Schließlich (d) verbietet das Engagement Gottes, der Weg des Sohnes Gottes bis zum Tod, ja zum Tod am Kreuze (in die Gottverlassenheit hinein; Phil 2,8) eine verharmlosende Konzeption des Bösen als eines bloßen, durch bestimmte Maßnahmen zu beseitigenden Übels.

3. Es gibt zwei gleichwertige Mächte: das Gute und das Böse, Gott und den Satan. Gott ist zwar dann für das Böse nicht verantwortlich – aber doch nur um den Preis seines Gottseins. Die bibl. Gotteszeugnisse verbieten ein Reden, das im Handeln des Teufels eine Gott ebenbürtige Gegenmacht am Werk sieht.

Alle diese Lösungsversuche bestreiten entweder das Böse, die Allmacht Gottes oder aber verdunkeln seine Güte.

Eine Orientierung erhält man auch in dieser Frage nur, wenn man vom Kreuz Christi als Quelle alles Nachdenkens über Gott ausgeht (vgl. 1Kor 2,2). Aus dem Mund Jesu hören wir keine dogmat. Antwort. Sein Schrei am Kreuz hat die Form einer Frage: Mein Gott, warum hast du mich verlassen? (Mk 15,34). Die Bibel gibt an keiner Stelle eine Antwort auf die Frage nach dem Woher des Bösen. Vielmehr skizziert sie das Böse (den Bösen) als das, was sich aller Einordnung, allem Zugriff, darum auch allem erkennenden Begriff entzieht (vgl. den Teufel als Vater der Lüge, Joh 8,44 oder den Teufel als den, der in Gestalt eines Engels des Lichtes erscheint, 2Kor 11,14). Könnte man den Ursprung des Bösen erklären, dann wäre dieses ja eingebunden in ein Beziehungsgeflecht, einen Ursache-Wirkungszusammenhang, der ihm den Charakter des Bösen, des alle Beziehungen und Ordnungen gerade Vernichtenden und »Durcheinanderwerfenden« (vgl. die bibl. Bezeichnung des Teufels als *diabolos*, »Durcheinanderwerfer«) ja gerade entzöge. Auch wenn man also das Böse (den Bösen) nicht erklären kann, so kann man zumindest – aus dem (»Un-) Wesen des Bösen heraus erkären, warum man es nicht erklären kann.

Die Bibel hält an der Weltherrschaft Gottes fest im Wissen um widergöttliche Mächte, die inmitten dieser Welt am Werk sind, den alten Äon sogar beherrschen (2Kor 4,4). Sie bekennt diese Herrschaft Gottes aber nicht als starres metaphysisches Prinzip (etwa einer phil. zu denkenden Allwirksamkeit Gottes), sondern als Ergebnis eines Kampfes um Leben oder Tod im Kreuz Christi. Im Leiden, Sterben und Auferstehen des Sohnes Gottes zeigt sich, wie wenig Gott das Ergehen dieser Welt gleichgültig ist, wie sehr er diese Welt liebt (Joh 3,16) und schließlich, daß er die Macht hat, wie seinen Sohn so endlich, am Ende aller Tage, alle Welt der Macht des Todes zu entreißen und seine Gerechtigkeit zu erweisen, indem er sie universal gegen alle Mächte durchsetzen und etablieren wird. Bis dahin dürfen Christen in der Gewißheit leben, daß Gottes Gottheit sich gerade darin zeigt, daß ihnen alle Dinge, selbst noch die Gott und seinem Reich entgegenstehenden Geschehnisse und Umstände, zum Guten mitwirken müssen (vgl. Röm 8,28).

Lit.: H.-G. Fritzsche: ... und erlöse uns von dem Übel. Philosophie und Theologie zur »Rechtfertigung Gottes«, 1987; I. Kant: Über das Mißlingen aller philosophischen Versuche in der Theodizee, 1791; H. Lamparter: Warum läßt Gott das alles zu?, [3]1973; G.W. Leibniz: Versuche der

Theodizee über die Güte Gottes, die Freiheit des Menschen und den Ursprung des Übels, 1710; C.S. Lewis: Über den Schmerz, 1978; O. Marquard: Schwierigkeiten mit der Geschichtsphilosophie, (1973), 1982; O. Michel, A. Fischer: Gestaltwandel des Bösen, 1975; W. Oelmüller (Hg.): Theodizee – Gott vor Gericht? 1990.

H. Hempelmann

Theogonie

Als T. (»Göttergeburt«, »Götterabstammung«) bezeichnet man Mythen über die Geburt von Göttern oder die Entstehung von Göttergeschlechtern. Der Begriff geht zunächst auf das gleichnamige, berühmteste Werk des griech. Schriftstellers Hesiod um 700 v. Chr. zurück, das zugleich der älteste uns bekannte griech. Text mit bewußt rel. Thematik ist. Hesiod griff auf ältere Quellen zurück und prägte die klassische Entstehungsgeschichte der griech. Götterfamilien aus. Aus dem leeren Raum des »Chaos« entstanden »Gaia« (die Erde) als Mutterstoff und »Eros« als Zeugungsprinzip. Diese drei Urmächte zeugten die drei Göttergenerationen des Uranos, des Kronos und des Zeus, die sich nacheinander gewaltsam ablösten. Ähnliche Vorstellungen finden sich bereits vor den Griechen, vor allem in hurritischen, hetitischen und babylonischen Göttermythen, aber auch bis in jüngste Zeit, etwa bei dem Volk der Yoruba in Afrika.

In der jüd.-christl. Überlieferung sind T.n unbekannt, da der eine Gott selbst vor allem existiert, alles durch ihn erschaffen wurde und er keine weiteren Götter geschaffen hat (→Engel). Die Zeugung und Geburt Jesu stellen keine T. dar, weil mit ihnen nicht Jesu Gottsein beginnt.

Lit.: M. Eliade: Die Schöpfungsmythen, 1980; Hesiod: Sämtliche Gedichte, ²1984; G. Steiner: Der Sukzessionsmythos in Hesiods Theogonie und ihren orientalischen Parallelen. Diss. Hamburg, 1958.

Th. Schirrmacher

Theokratie

T. (Gottesherrschaft) ist eine Staatsform, in der polit. Entscheidungen von Gott selbst getroffen werden.

1. Die einzigartige Theokratie in Israel

Nach →Josephus (Contra Apionem, II 165) ist T. die eigentümliche Staatsform des jüd. Volkes im Unterschied zu den Monarchien oder Demokratien der Völker. Als auserwähltes Volk Gottes ist Israel sozusagen Staat und Kirche zugleich, der »Sonderfall einer legitimen Theokratie« (H. →Thielicke). Gott selbst regiert durch sein Wort, das im →Gesetz dargelegt ist und durch Priester und Propheten ausgelegt wird. Charismatische Führer (»Richter«) wirkten jeweils als Werkzeuge Gottes. Sie sollten nicht eine dauerhafte Herrschaft anstreben. Gideon erklärte: »Ich will nicht Herrscher über euch sein, sondern der Herr soll Herrscher über euch sein« (Ri 8,23). Die Einführung des Königtums stieß in Israel auf Widerstand (1Sam 8,6): Jotams Fabel (Ri 9,8-15) gilt als der schärfste antimonarchistische Text der Weltliteratur. Widerstrebend salbte Samuel Saul zum König, »obwohl doch der Herr, euer Gott, euer König ist« (1Sam 12,12). Wegen seiner Eigenmächtigkeit wurde Saul das Charisma entzogen (1Sam 15; 2Sam 7,15b). David dagegen wird als »Knecht« Gottes (z.B. Ps 78,70) bezeichnet und als Beispiel eines gottesfürchtigen Königs dargestellt. Nach dem Zusammenbruch Judas (587 v. Chr.) wird die Geschichte des Königtums (1 und 2Kön) überwiegend als Anwachsen heilloser Emanzipation von der Gottesherrschaft gedeutet; so wird die polit. Katastrophe als Strafe Gottes verständlich gemacht. Israel erwartete jedoch einen »Gesalbten« aus der Nachkommenschaft Davids, von dem Gottes Beistand nie mehr weichen sollte (2Sam 7,12-16).

2. Die angemaßte Theokratie absoluter Herrschaft

Pharaonen, Großkönige und Inkas forderten aufgrund angeblich göttlicher Abstammung absoluten Gehorsam, ähnlich die vergöttlichten röm. Kaiser seit Domitian und, in abgeblaßter Form, absolutistische Herrscher der Neuzeit. Eine »Pseudo-Theokratie« (H. Thielicke) wurde in der totalitären, das gesamte Leben regulierenden Herrschaft ideologischer Eliten (Parteien) verwirklicht. Wenn staatliche Bestimmungen dadurch, daß sie entweder rel. mit dem Willen Gottes oder säkular mit dem Gebot der Vernunft oder dem Ziel der Geschichte gleichgesetzt werden, unbedingte Geltung beanspruchen, werden sie jeder vernünftigen Diskussion entzogen.

3. Die indirekte Theokratie im Christentum

Durch die unpolit. Deutung, die Jesus seinem messianischen Königtum gab (»Mein Reich ist nicht von dieser Welt«, Joh 18,36), und die deutliche Unterscheidung der Lebensordnung der Jüngergemeinde (Bergpredigt) von weltlichen Herrschaftsformen (Mk 10,42-45) bahnte sich eine

Unterscheidung zweier unterschiedlicher Regierweisen Gottes an, die von Martin Luther am konsequentesten durchdacht wurde (→Zwei-Reiche-Lehre). Anders als im →Islam, wird im Christentum zwischen Religion und Politik grundsätzlich unterschieden, obwohl beide Bereiche Gott unterstehen. Paulus bezeichnete die Behörden des Römischen Reiches mit den Anforderungen, die sie an die Bürger stellen (»Obrigkeit«), als »Gottes Dienerin« (Röm 13,4). Während Papst Bonifaz VIII. daraus schloß, die Kirche »delegiere« einen Teil ihrer Macht an den Staat, und schwärmerische Revolutionäre (z.B. Th. →Müntzer) behaupteten, die Gemeinde der Heiligen habe den Auftrag, selbst die Macht zu übernehmen, ging das Verständnis einer Herrschaft »von Gottes Gnaden« im byz. und im dt. Kaisertum des Ersten und des Zweiten Reiches von einer Unmittelbarkeit der Beauftragung und der Verantwortung des weltlichen Herrschers in seiner Bindung an Gott aus. Im Calvinismus wurden Elemente atl. T. in das christl. Verhältnis von Kirche und Staat übertragen, während das Luthertum für eine Respektierung des säkularen Bereiches eintrat. Diese konnte jedoch zu einer Verselbständigung (»Eigengesetzlichkeit«) des Politischen verkehrt werden, wogegen das »Wächteramt« der Kirche steht, das (etwa in Gestalt luth. Hofprediger) den Machthabern (des beginnenden Absolutismus) ins Gewissen zu reden hat.

Lit.: F. Crüsemann: Der Widerstand gegen das Königtum. Die antiköniglichen Texte des Alten Testamentes und der Kampf um den frühen israelitischen Staat, 1978; W. Sommer: Gottesfurcht und Fürstenherrschaft. Studien zum Obrigkeitsverständnis Johann Arndts und lutherischer Hofprediger zur Zeit der altprotestantischen Orthodoxie, 1988; H. Thielicke: Theologische Ethik, 1958ff., II/2, 644f., 1652f., 3136, 3894, 4141, 4152ff., 4237, 4275f., III, 653ff.

W. Schlichting

Theologia crucis – Theologia gloriae

1. Zum Begriff

Die Unterscheidung T.c. – T.g. ist ein Markstein reformat. Theologie. In seiner »Heidelberger Disputation« April 1518 hat Luther mit ihr Wesen und Weg theol. Erkenntnis aufgezeigt. Mit Infragestellung der guten Werke bestreitet Luther sogar deren Möglichkeit und stellt ihr menschliche Ohnmacht und zugleich Selbstsicherheit entgegen. Dies besonders in den Thesen 19 und 20: »Nicht der heißt mit Recht ein Theologe, der Gottes unsichtbares Wesen durch seine Werke wahrnimmt und versteht, (20.) sondern der heißt mit Recht ein Theologe, der das, was von Gottes Wesen sichtbar und der Welt zugewandt ist, als in Leiden und im Kreuz dargestellt, begreift.«

2. Zur Aussage

Die beiden Theologien sind nicht zwei Stufen eines Systems, die sich ergänzen, sondern müssen streng alternativ gesehen werden. Nicht Ruhm, sondern Kreuz, das ist der unversöhnliche Gegensatz. Darum ist die Alternative auch keine Verengung auf »nur« das Kreuz, als genüge es, nur und immer dieses zu predigen. Es ist auch nicht genug, daß auf (fast) allen Altären/Kirchtürmen das Kreuz steht. Der Gegensatz zu »Kreuz« ist nicht »Auferstehung« oder »Krone«, sondern die *kaucheesis*, das Sich-Rühmen des Menschen. Die Alternative lautet »Straße des Ruhmes oder Kreuzesweg«. Das Kreuz ist nicht nur erbaulich zu betrachten. Es ist zu tragen. Das bringt keine Ehre, sondern Schmach. Die T.c. schließt allen Selbstruhm aus (vgl. 1Kor 1,18-20 und Röm 3,27).

Lit.: E. Käsemann: Der Ruf der Freiheit 1968, 82-113; W. v. Loewenich: Luthers Theologia Crucis, 1929; M. Luther, WA 1,350–374; H. Sasse: In statu confessionis, Bd. 2, 43-55; B. Steffen: Das Dogma vom Kreuz, 1920.

O. Rodenberg

Theologia Deutsch

Die T.D. ist eine kleine Erbauungsschrift aus dem Kreis der →Devotio Moderna, in verschiedenen Textformen überliefert, deren Verhältnis zueinander immer noch ungeklärt ist. Wahrscheinlich ist sie zwischen 1400 und 1450 verfaßt und von einem unbekannten Autor (»Der Frankforter«) niedergeschrieben. M. →Luther hat 1518 gemeint, er habe aus der T.D. »nächst der Bibel und dem S. Augustino« am meisten gelernt, »was Gott, Christus, Mensch und alle Dinge« seien. Luther, →Arndt, →Spener und viele andere (bislang sind ca. 180 Ausgaben bekannt) haben sie herausgegeben, →Castellio und →Schwenckfeld haben sie ins Deutsche ihrer Zeit übersetzt.

Die T.D. ist von der dt. Mystik, bes. von Meister →Eckhart, geprägt und von der »neuen Frömmigkeit« einer Nachfolge Christi, bes. von →Thomas von Kempen. Ihre Theologie ist kirchl. bestimmt und sakramental ausgerichtet. Die T.D. achtet ausdrücklich darauf, nicht mit den nebenkirchl. und nichtchristl. Strömungen ihrer Zeit verwechselt zu werden. So ist sie zu einem vielgelesenen Erbauungsbuch geworden.

Lit.: H. von Hinten: Der Frankfurter, 1962; ins Neuhochdeutsche übersetzt von A. M. Haas, 1980.
L. Cognet: Gottes Geburt in der Seele, 1980, 187–198; A. M. Haas: »Die Theologia Deutsch«, in: A. M. Haas, H. Stirnimann (Hg.): Das »einig Eine«, 1980, 369–415; J. J. Kiwiet: »Die Theologia Deutsch und ihre Bedeutung während der Zeit der Reformation«, Mennonitische Geschichtsblätter 15, 1958, 29-35; F. W. Wentzlaff-Eggebert: Deutsche Mystik zwischen Mittelalter und Neuzeit, ³1969, 160–171.

G. Ruhbach

Theologie

Der Begriff T. (griech./lat. »Rede von Gott/Göttern/göttlichen Dingen«) ist von den Griechen übernommen und bezeichnete Rede bzw. Dichtung von Göttern sowie deren phil. Interpretation und Anwendung auf das Leben.

Ansatzpunkt der zunächst spärlichen Übernahme von *theologia* in den christl. Bereich ist die Bedeutung »jemanden (= Christus) als Gott bekennen« (daneben auch einfach: »Predigt«). Von da aus wird der Begriff für die Gotteslehre im engeren Sinn, einschließlich der Trinitätslehre, verwendet. Seit → Eusebius unterscheidet man T. (die Lehre vom Sein Gottes an sich) von Ökonomie (griech. *oikonomia*, das offenbarende Tun, das Heilswirken Gottes nach außen, bes. die Menschwerdung).

Erst in der Hochscholastik wird der Begriff T. ausgedehnt auf das Ganze der christl. Lehre (d.h. die →Dogmatik). Nachdem die T. vorher als »Weisheit« von »Wissenschaft« unterschieden wurde, wird sie seit →Thomas von Aquin unter die Wissenschaften gerechnet und nimmt in den im 12./13. Jh. entstehenden Universitäten den obersten Platz unter den vier Fakultäten ein. Ende des 17. Jh.s werden Exegese und Kirchengeschichte selbständige theol. Disziplinen, die Praktische Theologie folgt im 19. Jh.

Heute bezeichnet T. im engeren Sinn die Lehre von Gott als Teilgebiet der Dogmatik, im meist gebrauchten weiteren Sinn ein denkendes Nachvollziehen des Geglaubten. Die T. liefert dem Glauben nicht erst den Grund, sondern setzt diesen (im Unterschied zur Religionswissenschaft) als gültig voraus.

»Gegenstand« der T. ist insofern sowohl der Grund und Inhalt des →Glaubens als auch der Glaube selbst, wobei die zentrale Frage ist, wie der Glaube in Entsprechung zu seinem Grund heute zu vertreten und zu leben ist. Der Grund christl. Glaubens, Gottes Selbstoffenbarung in Jesus Christus, ist daher Grund auch der T., ihr primärer Gegenstand und entscheidendes Kriterium. Er begegnet im Zeugnis der →Bibel, die deshalb maßgebliche Quelle der T. ist (und in der selbst der Glaube bereits auch in Form nach-denkender Interpretation – also T. – bezeugt wird).

T. ist notwendig, weil Glaube auf →Verstehen zielt (Lk 24,41.45) und weil er als verantwortliches Reden von Gott existiert (1Petr 3,15). Daher gehören T. und →Verkündigung zusammen und bedürfen einander: T. kommt von geschehener Verkündigung her, ist Rückfrage gegenwärtiger Verkündigung nach ihrem Grund und zielt auf geschehende Verkündigung hin. Insofern ist T. eine Funktion der →Gemeinde (auch im Blick auf ihre Sendung in die Welt) und hat gleichzeitig eine (auch kritische) Funktion an der Gemeinde.

Die Bezeichnung der T. als →Wissenschaft bedeutet nicht ihre Einpassung in einen vorgegebenen Wissenschaftsbegriff; verpflichtet ist sie allein ihrem Gegenstand und Grund. Sie hat gleichwohl methodisch an wissenschaftl. Arbeitsweise teil, indem sie ihre Voraussetzungen deutlich macht, in ihren Denkvollzügen logisch und kontrollierbar vorgeht und beide begrifflich klar und geordnet darstellt, also den Glauben verstehbar und nachvollziehbar entfaltet.

Das Ganze der T. wird in der Regel gegliedert in Biblische T. oder →Bibelwissenschaft (AT, NT), Historische T. (Kirchen-, Theologie-, →Dogmengeschichte), →Systematische T. (Dogmatik, →Ethik) und →Praktische T. (Homiletik, Poimenik oder →Pastoraltheologie, →Liturgik, →Katechetik, Missionst., Diakonik u.a.); ihre Einheit besteht im gemeinsamen Bezug auf ihren Grund und in der daraus folgenden Hinordnung auf ihre Aufgabe.

Lit.: K. Barth: Einführung in die evangelische Theologie, 1962; O. Bayer: Theologie (HST), 1994; G. Ebeling; »Theologie I, Begriffsgeschichtlich« RGG³, VI, 1962, 754–769; W. Joest: Fundamentaltheologie, ³1988; F. Kattenbusch: Die Entstehung einer christlichen Theologie, ZThK 11 (1930), 161–205; H.-H. Schrey: »Theologie II, Ev. Theologie«, RGG³ VI, 1962, 769–775; sowie die Lehrbücher der Dogmatik (bes. K. Barth, KD I/1 § 1).

W. Glatz

Theologie der Krise →Dialektische Theologie

Theologie des Schmerzes Gottes

1. Zum Begriff

Vom Schmerz Gottes zu reden ist ein für die Bibel bezeichnender →Anthropomorphismus. Gott leidet und ist ein Gott der Leidenden. »Theologie des Schmerzes Gottes« betitelt der Japaner Kazoh Kitamori ein vielbeachtetes Buch. Erschüttert von der Katastrophe Japans am Ende des Zweiten Weltkrieges sagt Kitamori: »Mir wurde der Schmerz Gottes als das Herz des Evangeliums offenbart« (S. 15).

2. Zur Aussage

Grundlegende These ist: »Der Wille Gottes, den Gegenstand seines Zornes zu lieben – das ist Schmerz Gottes« (S. 17). Außer in Jes 63,9 findet Kitamori den Schmerz Gottes bezeugt in Jer 31,20: »Ist nicht Ephraim mein teurer Sohn und mein liebes Kind? Denn sooft ich ihm auch drohe, muß ich doch seiner gedenken; darum bricht mir mein Herz (schmerzt mich mein Herz), daß ich mich seiner erbarmen muß, spricht der Herr.« Das hier gebrauchte hebr. Verb *hmh*, »erbarmen«, bedeutet einen der stärksten Ausdrücke innerer Bewegung und Affekte. »... der ›Schmerz Gottes‹ ist die Liebe zu dem, der schon einmal der ›Liebe Gottes‹ widersprochen hat ... deshalb kann der ›Schmerz Gottes‹ das Zeugnis für die Liebe des Kreuzes sein ... die absolut bejahende Liebe als Verneinung der Verneinung ...« (S. 157).

Lit.: K. Kitamori: Theologie des Schmerzes Gottes, 1958, dt. 1972; O. Rodenberg: »Vom Schmerz Gottes«, in: E. Lubahn, O. Rodenberg: Das Wort vom Kreuz, 1988, 65ff.

O. Rodenberg

Theophanie

1. Mit diesem aus dem Griech. stammenden Wort (»Gotteserscheinung«) bezeichnet man verschiedene Weisen von Selbstkundgabe einer Gottheit, wie sie in vielen Religionen berichtet wird. Im meist gleichen Sinne begegnet der Begriff »Epiphanie«.

An allen denjenigen Stellen kann man von T. sprechen, wo Gott, sinnlicher Wahrnehmung zugänglich, urplötzlich in die Menschenwelt einbricht, ob in personhafter Gestalt (1Mo 32,25ff), als Engel (z.B. 1Mo 16,7; 18,1ff), in Seinem Namen (z.B. Jes 30,27), in Seinem Angesicht (z.B. 1Mo 32,31; 4Mo 6,25ff), in der Wolke (z.B. 2Mo 33,9f) oder in seiner ehrfurchtgebietenden Lichtherrlichkeit (2Mo 24,10f; Jes 60,1-5).

2. Israels Urerfahrung von T. ist die Sinaioffenbarung, von der es im Exodusbuch mehrere Überlieferungen und literarische Ausgestaltungen gibt (2Mo 3,2ff; 19,16-20,21; 24,1-11; 33,7-11.18-23; 34,5ff; vgl. 5Mo 33,2). Die Erinnerung, daß JHWH zum ersten Mal und zugleich in einer einmaligen Weise am Sinai erschien, den Bund mit seinem Volk begründend, hat Israel fortan begleitet. Sie ist auch in Schilderungen von T.n eingeflossen, die in späteren Zeiten erlebt wurden (Ri 5,4f).

Bezeichnenderweise ist auch jene Begebenheit, die eine deutliche Kritik an einer Ineinssetzung JHWHs mit Sturm, Erdbeben und Feuer in traditionellen T.-Schilderungen enthält (erst in der Stille, die diesen Phänomenen folgte, war JHWH für Elia hörbar anwesend), ebenfalls am Horeb / Sinai lokalisiert (1Kön 19,11f). Vgl. weiter Hab 3,3; Ps 68,9.18.

3. Am zentralen Text der Sinaioffenbarung, 2Mo 19,10-20,21, kann man auch die spezifischen Züge bibl. T. gut erkennen.

a. Ihr soll eine »Heiligung« vorausgehen, denn eigentlich darf kein Mensch den heiligen Gott überhaupt schauen (2Mo 19,10-15; vgl. Jes 6,5; Lk 5,8).

b. Die T. geschieht in gewaltigem Gewitter, Feuer und Rauch, Erdbeben und Hörnerschall (2Mo 19,16-19).

c. Die T. verleiht dem mitgeteilten Wort etwas Zwingendes. Im Fall der Sinai-T. wird Israel eine höchstmögliche Gewißheit bezüglich des göttlichen Ursprungs des →Dekalogs (2Mo 20,1-17.18) zuteil. In anderen T.n geht es in anderer Weise um die Evidenz des Göttlichen: So erlebt Debora im Sieg gegen Sisera evident JHWHs Retterkraft (Ri 5,4f).

d. Die von einer T. beeindruckten Menschen erleben nicht nur beglückende Gottesgewißheit, sondern auch den unwiderstehlichen Drang, zu vergehen, zu verstummen, zu fliehen oder mindestens: Abstand zu halten angesichts der »Heiligkeit« des sich Offenbarenden (sog. *mysterium fascinosum et tremendum*) (2Mo 20,18-21; vgl. Jes 33,3; Dan 10,7-9; Mk 16,5.8).

e) In vielen Fällen führt Gottes oder Seines Offenbarungsmittlers »Fürchte dich nicht!« das Erschaudern der Menschen auf ein erträgliches Maß zurück, so daß sie aufnahmefähig sind für das ihnen von Gott her zu Sagende (2Mo 20,20; vgl. Dan 10,10-12; Mk 16,6; Lk 2,10).

4. Wie JHWH am Uranfang Israels, seinem Volk Gewißheit und Hilfe schaffend, in der Wüste erschien (2Mo 14; 19-21), so wird er am Ende der Zeiten wiederum in einer unausweichlichen Epi-

phanie zur Rettung Israels, zur Vernichtung der gottfeindlichen Mächte, zum Weltgericht, zur endgültigen Herstellung seiner Ehre und Klärung aller Dinge kommen (vgl. z.B. Jes 4,5f; 24,21-23; 30,27ff; 63,19-64,3; Joel 2).

Es verwundert darum nicht, daß das NT, das unter der Voraussetzung einer einzigartigen, von Gott übertragenen Herrscherwürde Jesu geschrieben ist (Mt 28,16-20), Christuserscheinungen und Christus-Begegnungen mit den Stilmitteln der T. darstellt (z.B. Mk 6,48ff; 9,2ff; Lk 5,1-11; Joh 20,11-29; Apg 9; Offb 1; 5,6ff). Es finden sich aber auch Texte, die die Parusie (→Wiederkunft) Christi als theophanes Ereignis erwarten (z.B. 1Thess 4,15f).

Jesus selbst hat sein messianisches Werk im Lichte der zweiphasigen Sinai-T. gesehen: als exorzistischen Reinigungsakt »heute und morgen« vor der Vollendung und letzten Offenbarung in seinem Tod »am dritten Tag« (Lk 13,32; vgl. 2Mo 19,10f); als Tauchbad und Todestaufe (heute und morgen) vor dem »Feuer« der letzten Gottesoffenbarung (am dritten Tag) (Lk 12,49f; vgl. 2Mo 19,10.18).

Lit.: J. Jeremias: Theophanie, 1965.

W. Grimm

Theophilus von Antiochien →Apologeten, altkirchliche

Theorie, Kritische →Frankfurter Schule

Theosophie

Der griech. Begriff T. bedeutet »Gottes Weisheit« oder »Weisheit von oder über Gott«. Der Ausdruck findet sich wohl erstmals bei den Neuplatonikern im 3. Jh. n.Chr. und meint das Begreifen Gottes und des gesamten Universums mittels der menschlichen Erkenntnis. T. steht damit im Zusammenhang mit den gnostischen Religionen der Antike. Von der Grundlage des rel. Erlebens aus möchte der Theosoph eine höhere Gotteserkenntnis erfahren und dadurch die ihn umgebende Welt erklären. Der Charakter der T. ist dabei esoterisch, d.h. nur Eingeweihte erhalten die Gabe der universalen Erkenntnis. Voraussetzung der letzten Gottes- und damit auch Welterkenntnis sind oftmals Askese und Mystik.

1. Christliche Theosophie

Ausgangspunkt der christl. T. sind die Weisheitstexte des AT (→Weisheitsliteratur) sowie die paulin. Aussagen in 1Kor 2,6-10 und Kol 2,3. Schon die →Apologeten des 2. Jh.s interpretierten das Christentum nach außen als die allein wahre Philosophie. Auch →Neuplatonismus, →Manichäismus und →Gnosis haben auf vielfältige Art der theosophischen Spekulation Auftrieb gegeben. Im Gespräch mit den phil. Systemen betonte →Origenes die Lehre von der »Christus-Sophia«. Ähnliche Konzepte finden sich bei →Augustin und →Hildegard von Bingen. Im MA waren die Randgruppen der Katharer (→Albigenser) und →Bogomilen von der T. durchdrungen. Aber auch in der →Scholastik bemühte man sich um eine Universalerkenntnis des Seins, wenn man auch vor spekulativen Traditionen zurückschreckte.

Dieser spekulative Aspekt der T. führte am Anfang der Neuzeit in gefährliche Nähe zur Alchemie, der →Kabbala und den →Rosenkreuzern. Bedeutende Impulse gingen von Jakob →Böhme aus, der in einer Universalerkenntnis Gott und Welt zusammenschauen wollte. Von ihm beeinflußt waren die wichtigsten schwäbischen Theosophen F.C. →Oetinger und J.M. →Hahn mit ihrer Lehre von der »Zentralschau«, sowie Franz von →Baader. In England wirkte um die gleiche Zeit der Theosoph William Law. Der Pietismus hat diese Sichtweise der T. jedoch nur zu kleinem Teil rezipiert. Die russische Religionsphilosophie kennt im 19. Jh. die »Sophiologie« von Solowjew und Bulgakow. Auf die Philosophie wirkte die T. durch →Schelling. Im Ganzen blieb jedoch der Einfluß der T. auf die christl. Kirchen gering. Zu stark trennte man hier Glauben und Denken und beschränkte sich auf die geistl. Erneuerung des Menschen in Bekehrung und Wiedergeburt. Von einem Durchbruch der T. in christl. Kirchen kann deshalb nicht gesprochen werden.

2. Esoterische Theosophie

Unabhängig von der christl. Theosophie wurde im Jahre 1875 in New York auf Initiative der Russin H.P. Blavatsky und des Amerikaners H.S. Olcott die esoterisch ausgerichtete »→Theosophische Gesellschaft« (T.G.) gegründet. Unter T. verstanden sie den Kern aller Religionen, eine Art geheimes Wissen aller Kulturen. T. ist nach Blavatsky die Synthese aller Philosophie, Wissenschaft und Religion. Ziel der Gesellschaft sollte die Erforschung okkulter Phänomene, das vergleichende Studium von Religion, Philosophie und Naturwissenschaft sowie die Zusammenführung einer allumfassenden Bruderschaft sein.

In umfangreichen Werken hat Blavatsky ihr theosophisches Wissen niedergelegt (Die entschleierte Isis, 2 Bde., 1877; Die Geheimlehre, 4 Bde., 1888), wobei sie in späteren Jahren starke Anleihen bei der hinduistischen Philosophie machte. Überhaupt gebärdete sich ihre gesamte Philosophie als ein eklektisches System aus westl. Esoterik, antiker Gnosis und östl. Philosophie. Die angeblich von geheimen Meistern aus Tibet überlieferten Lehren stellten sich später als Plagiate heraus. Inhaltlich vertritt die T. Blavatskys ein pantheistisches Gottesbild, ein monistisches Weltbild, eine evolutionistische Anthropologie und die Lehre von Karma und →Reinkarnation. Grundsätzlich seien alle Menschen auf dem Weg zur Wiedervereinigung mit dem Göttlichen. Dem Christentum stand Blavatsky distanziert gegenüber. Christus wird als einer von vielen Avatars (Erscheinungen bzw. Verkörperungen der Götter) verstanden. Der wahre Sohn Gottes sei dagegen der Teufel.

Die Wirkung der T.G. auf die okkulten Kreise des 20. Jh.s ist nicht zu unterschätzen. Blavatskys Nachfolgerin, Annie Besant, wirkte bis in die indische Politik hinein. Alice Ann Bailey spaltete sich von der T.G. ab und gründete die einflußreiche »Lucis Trust«. Rudolf →Steiner, geistiger Vater der →Anthroposophie, war von 1902 bis 1913 Leiter der dt. Sektion der T.G. und nahm einige ihrer Lehren in sein anthroposophisches System auf. Der Inder Krishnamurti galt viele Jahre als der kommende Messias innerhalb der T.G. Vertreter der →New-Age-Bewegung haben sich immer wieder auf die Werke der Blavatsky berufen (Spangler, Trevelyan). Trotz vielfältiger Spaltungen der T.G. gelten die Theosophen bis heute als Hauptinitiatoren des modernen →Okkultismus. Die größte Gruppe in Deutschland ist die Adyar-Gesellschaft mit ihrem Sitz in Hamburg.

Lit.: S. Holthaus: Theosophie – Speerspitze des Okkultismus, 1989; ders.: Madame Blavatsky. Die Sphinx des Okkultismus, 1990; M. Weyer-Menkhoff: Christus, das Heil der Natur. Entstehung und Systematik der Theologie Friedrich Oetingers, 1990.

St. Holthaus

Theosophische Gesellschaft

Die T.G. (ursprünglich »Miracle Club«) wurde am 17. 11. 1875 als Vereinigung zur Erforschung okkulter Phänomene in New York gegründet. Der Okkultist, Freimaurer und Journalist Oberst a.D. Henry Steel Olcott (1832–1907) wurde ihr Präsident, das spiritistische Medium Helena Petrovna Blavatsky (1831-91) ihre Korrespondenzsekretärin und geistige Leiterin durch eine Reihe von Büchern, die ihr von unsichtbaren »Meistern« angeblich diktiert wurden. 1879 übersiedelten Olcott und Blavatsky nach Indien und traten offiziell zum →Buddhismus über. Sie waren zunächst in Benares, dann in Bombay ansässig. Schließlich verlegten sie ihr Hauptquartier 1882 nach Adyar, einen Vorort von Madras (Adyar T.G.). Zweiggesellschaften in vielen Ländern entstanden.

Ihre zeitweilige Mitarbeiterin Emma Coulomb warf Blavatsky im Blick auf »geheimnisvoll erscheinende Briefe« und andere mysteriöse Praktiken Betrug vor (»Coulomb-Affäre« 1884), und der Hodgson-Report (1885) der Londoner »Society for Psychical Research« bezeichnete sie als »eine der perfektesten, genialsten und interessantesten Betrügerinnen der Geschichte«, woraufhin sich viele Anhänger von der T.G. abwandten. Zu größeren Abspaltungen kam es 1895, als sich unter Leitung von William Quan Jugde (1851-96) »The Theosophical Society in America« als eigenständige Vereinigung bildete, sowie 1913, als unter Olcotts Nachfolgerin Annie Besant (1847–1933) sich 90% der dt.sprachigen Theosophen der von Rudolf →Steiner (1861–1925, 1902-13 Generalsekretär der Deutschen Sektion der T.G.) gegründeten Anthroposophischen Gesellschaft anschlossen (→Anthroposophie). Ausschlaggebend für die Trennung war für Steiner die Gründung des Ordens »Stern im Osten« (1911) mit der Ausrufung des Hinduknaben Jiddu Krishnamurti (1895–1986) als »Weltenlehrer« und wiedergekommener »Christus« durch Besant.

Besant war 1902 in den gemischten Freimaurerorden »Droit Humain« aufgenommen worden, fühlte sich dem →Hinduismus zugeneigt und war 1918 sogar kurze Zeit Präsidentin des Indischen Nationalkongresses. Sie leitete die Adyar T.G. von 1907-33. Die Präsidenten nach ihr waren George Arundale (1933-45), Curuppumulagge Jinarajadasa (1945-53), Sri Ram (1953-73), John Coats (1973-79) und Radha Burnier (seit 1980). Großen Einfluß erlangte die Theosophin Alice Ann Bailey (1880–1949), die durch ein umfangreiches Schrifttum und die Gründung zahlreicher Organisationen (1922 »Lucifer Trust«, später »Lucis Trust«; 1923 »Arkanschule«; 1932 »Weltweiter Guter Wille« u.a.) die Aufrichtung einer neuen Weltzivilisation und die »Wiederkunft Christi im Wassermann-Zeitalter« (New Age) vorbereiten wollte. Die Adyar T.G. ist gegliedert in Landesgesellschaften und Ortsverbände (»Logen«) und zählt heute weltweit ca. 35 000 Mitglieder, doch ist sie durch ihr Gedankengut weit über ihre Mitglieder hinaus wirksam.

Die T.G. hat drei Hauptziele: Sie will (1) einen Kern der allumfassenden Bruderschaft der Menschheit bilden, ohne Unterschied von Rasse, Religion, Geschlecht, Kaste oder Farbe; (2) zum vergleichenden Studium von Religion, Philosophie und Naturwissenschaft anregen; (3) die Erforschung ungeklärter Naturgesetze und der im Menschen verborgenen Kräfte fördern.

Lit.: A.A. Bailey: The Reappearance Of The Christ, 1948 (dt. 1970);

Kritisch: J. Frohnmeyer: Die theosophische Bewegung, 1920; A.L. Matzka: Theosophie und Anthroposophie, 1950; S. Holthaus: Madame Blavatsky und die Theosophische Gesellschaft, 1990.

L. Gassmann

Theotokos →Maria

Theresia von Lisieux (1873–1897)

T., geb. am 2. 1. 1873 in Alençon/Normandie, gest. am 30. 9. 1897 in Lisieux/Normandie, wurde auch »Theresia vom Kinde Jesus« oder »Kleine heilige Theresia« genannt, ihr Familienname war Thérèse Martin. 1888 trat sie mit Dispens in den Karmel von Lisieux ein, 1890 Profeß, 1897 starb sie an Tuberkulose. 1895 erlebte sie eine innere Erleuchtung als »Herzensschau« und vollzog den Akt vollkommener Hingabe an die »Barmherzige Liebe« mit tiefgehenden mystischen Erfahrungen der Glückseligkeit einerseits und der »Nacht des Nichts« andererseits. Durch Ihre Lebenserinnerungen (1898 und 1906 überarbeitet veröffentlicht) und zahlreiche Wunder (»Rosenregen der Gebetserhörungen«) blieb sie im Gedächtnis der röm.-kath. Frömmigkeit. Sie wurde am 29. 4. 1923 selig und am 17. 5. 1925 heilig gesprochen.

Lit.: T. von Lisieux: Selbstbiographische Schriften, [8]1978; H. U. von Balthasar: Theresia von Lisieux, 1950; T. Martin: Theresia von Lisieux, 1987.

G. Ruhbach

Thessalonicherbriefe →Paulus (Apostel)

Theurgie

T., »göttliche Handlung«, bezeichnet den Versuch, sich so mit den Göttern in Verbindung zu setzen, daß man mit ihrer Hilfe und Kraft handeln kann. Das kann durch ekstatische Besessenheit erfolgen, in der der Geist einer Gottheit vom Medium Besitz ergreift und durch das Medium spricht (Orakel) oder handelt; oder durch ein geheimes Ritual, z.B. mit Hilfe des göttlichen Namens. Der Ausdruck stammt aus dem →Neuplatonismus; er wird sonst selten gebraucht; man spricht sonst von Zauber oder Magie. Wird der heilige Wille Gottes ernstgenommen, kann es sich nur darum handeln, sich zum Werkzeug und Diener Gottes bereitzuhalten.

Lit.: M. P. Nilsson: Geschichte der griechischen Religion, Bd. II (453), 1974.

N.-P. Moritzen

Thielicke, Helmut (1908–1986)

T., geb. 1908 in Barmen, gest. 1986 in Hamburg. Studium in Greifswald, Marburg, Erlangen und Bonn. Dr. phil. (1932; Thema: »Das Verhältnis zwischen

dem Ethischen und dem Ästhetischen«), Dr. theol. (1934; Thema: »Geschichte und Existenz. Grundlegung einer evangelischen Geschichtstheologie«). 1936 Professor in Heidelberg. 1940 Absetzung durch die Nationalsozialisten. Der württembergische Bischof Th. →Wurm verschaffte ihm eine Stelle als Pfarrverweser in Ravensburg/Württemberg. Seit 1945 Prof. in Tübingen, Rektor; seit 1954 Gründungsdekan der ev. theol. Fakultät in Hamburg, Rektor.

T. fand in lebensbedrohender Krankheit und als Wunder erfahrener Rettung zu einem persönl. Glauben, der sich in Auseinandersetzung mit dem totalitären Staat bewährte.

Er schrieb über 6000 Seiten wissenschaftlicher Theologie. In seiner »Theologischen Ethik« (vier Bände) gibt T. keine lehrbuchmäßige »kasuistische« Anleitung zum christlichen Leben. Er konfrontiert vielmehr grundsätzliche theol. Einsichten mit Modellfällen menschlichen Lebens. So will er den Leser dazu anregen, ausgehend von der Rechtfertigungsbotschaft eigene Entscheidungen für sein Leben zu treffen. Gleichzeitig will T. die falsche Erwartung zerstören, als könne ein fehlerloses Handeln erreicht werden. Der Mensch bleibt als Sünder angewiesen auf Gottes Rechtfertigung.

Der erste Band seiner Dogmatik ist eine umfassende Auseinandersetzung mit Theologie und Philosophie, der zweite Band fragt nach dem »persönlichen« Gott und sucht neue Zugänge zur Christologie. Im dritten Band folgt die Lehre vom Heiligen Geist mit dem Hauptsatz, daß das Wort Gottes sich selber auslegt.

Wie in seinen wissenschaftlichen Werken suchte T. auch in seinen Predigten die Relevanz des Evangeliums für alle Bereiche des Lebens und der Gesellschaft auszudeuten. Seine Predigten wurden oft von Tausenden gehört (in Stuttgart und Hamburg) und erschienen später als Bücher (»Das Bilderbuch Gottes« u.a.). Sie vermeiden abgegriffene kirchl. Formeln. Mit Hilfe einleuchtender Bilder versteht es T., biblische Grundeinsichten den Hörern und Lesern aller Schichten verständlich zu machen (Übersetzungen in verschiedene Sprachen).

Seit 1969 sammelte T. jüngere Theologen, Pädagogen und Journalisten zur »Projektgruppe Glaubensinformation«. Die Gruppe verfaßt Briefreihen für Fragende (»Wer glaubt, denkt weiter«).

Lit.: H. Thielicke: Zu Gast auf einem schönen Stern, 1984.

A. Westphal

Thiersch, Heinrich Wilhelm Josias (1817–1885)

T., geb. am 5. 11. 1817 in München, gest. am 3. 12. 1885 in Basel. Patensohn →Schellings und eng befreundet mit dessen Schüler E.A.v. →Schaden, studierte er bei Schelling und G. H. →Schubert 1833-34 in München Philosophie, 1835-37 in Erlangen Theologie (vor allem bei v. →Hofmann), nach dem Examen im Wintersemester 1837/38 in Tübingen. 1838 in München Promotion zum Dr. phil., anschließend für ein Jahr Lehrer am Seminar der →Basler Mission. 1839 Repetent in Erlangen, 1840 Habilitation; Heirat mit Berta Zeller, Tochter von C.H. →Zeller in Beuggen/Hochrhein; 1843 a.o. Prof. für NT und Systematik in Marburg, 1846 o. Prof. 1845/46 erste Begegnungen mit Vertretern der →Kath.-Apostolischen Bewegung, einem Versuch der charismatischen Erneuerung des Urchristentums und seiner Ämter einschließlich des Apostolats. 1849 gab T. seine Professur auf, um in den Dienst der Kath.-Apostol. Gemeinden zu treten, deren führende Persönlichkeit im dt.-sprachigen Raum er wurde. Auf Gemeindearbeit in München (1864-69) und Augsburg (1869-75) folgte eine übergemeindliche Tätigkeit in Basel. Konsequent ging T. seinen Weg aus der Volkskirche hinaus in eine kleine Bewegung. Bei aller kirchenkritischen Überzeugung war es ihm ein Anliegen, den Horizont der weltweiten Gemeinde Jesu Christi, ihrer Erneuerung und Vollendung, nicht aus den Augen zu verlieren. Eine langfristige Wirkung war den Kath.-Apostol. Gemeinden in Deutschland allerdings kaum beschieden.

Lit.: H. W. J. Thiersch u.a.: Vorlesungen über Katholizismus und Protestantismus, 1846; Die Kirche im apostolischen Zeitalter und die Entstehung der neutestamentlichen Schriften, 1952; Christian Heinrich Zellers Leben, 2. Bde., 1876; Inbegriff der christlichen Lehre. Ein biblisch-apostolisches Glaubensbuch, 1885 (ND 1980).

P. Wigand (Hg.): Heinrich Wilhelm Josias Thierschs Leben, 1888; R.F. Edel: Auf dem Weg zur Vollendung der Kirche Jesu Christi. Die ökumenische Sendung der katholisch-apostolischen Gemeinde an die Gesamtkirche Jesu Christi, dargestellt in Leben und Werk des Prof. Dr. Heinrich Wilhelm Josias Thiersch, ²1971; A. Weber: Die katholisch-apostolischen Gemeinde. Ein Beitrag zur Erforschung ihrer charismatischen Erfahrung und Theologie, Diss. Marburg 1977.

R. Albrecht

Tholuck, Friedrich August Gottreu (1799–1877)

T., geb. am 30. 3. 1799 als Sohn eines Goldschmieds in Breslau/Schlesien, gest. am 10. 6. 1877 in Halle. Außergewöhnlich sprachbegabt, eignete sich T. noch als Schüler selbständig die Kenntnis mehrerer, insbes. orientalischer Sprachen an. 1816 begann T. in Breslau mit dem Studium der Philologie, hörte dabei aber auch theol. Vorlesungen bei dem luth.

Theologen J. G. →Scheibel. 1817 wurde T. Privatsekretär des Orientalisten Prälat v. Dietz (1750–1817) in Berlin, setzte dabei seine eigenen orientalistischen Quellenstudien fort und begann mit dem Theologiestudium. Er bekam Kontakt zu den erweckten Kreisen um den von herrnhutischer Frömmigkeit geprägten Baron v. →Kottwitz. Unter dessen Einfluß bekehrte T. sich.

Im Herbst 1820 schloß T. seine Studien über die persischen Mystiker (Sufi) ab und habilitierte sich mit dieser Arbeit (gegen den Widerstand →Schleiermachers). 1821 erschien als seine erste theol. Veröffentlichung eine Schrift zur bibl. Hermeneutik »Winke für das Studium des Alten Testaments«. Bei einem Besuch in Breslau lernte er 1822 J. →Müller kennen und konnte dem vom idealistischen Pantheismus Angefochtenen seelsorgerlich helfen. 1823 erschien als Antwort auf →de Wettes Roman »Theodor oder des Zweiflers Weihe« T.s »Die Lehre von der Sünde und vom Versöhner, oder die wahre Weihe des Zweiflers«. Das Buch, in dem T. die geistl. Erfahrung seiner eigenen Bekehrung theol. fruchtbar macht, wurde zum Klassiker der Erweckungsliteratur (9. Auflage 1871, Übersetzungen in mehrere Sprachen) und machte T. weit über Deutschland hinaus bekannt. 1824 folgte ein Kommentar zum Römerbrief (5. Aufl. 1856). Mit seiner über das bloß Historisch-Philologische hinausgehenden, durch das Studium der Kirchenväter und der Reformatoren befruchteten theol. Auslegung leitete T. nach dem Urteil F. Chr. →Baurs »eine neue Epoche« in der Interpretation dieses Paulusbriefes ein.

1826 erfolgte, gegen den heftigen Widerstand der Fakultät, die Berufung als Professor in Halle, die damals größte theol. Fakultät Deutschlands. Die Spannung zwischen dem alten halleschen Rationalismus (Wilhelm Gesenius, →Wegscheider, A.H. Niemeyer) und T.s erwecklicher Theologie führte immer wieder zu heftigen, auch öffentlich ausgetragenen Kontroversen, in denen sich schließlich, vor allem auch nach der Berufung J. →Müllers nach Halle, T. durchsetzen konnte und auf Jahrzehnte hin Halle zum Zentrum erwecklicher Theologie wurde. Dabei wirkte T. fast noch mehr als durch seine Vorlesungen durch seine akademischen Predigten (in 13 Sammlungen veröffentlicht) und seine Seelsorge an Theologiestudenten. Während T. zunächst vor allem als Exeget arbeitete (vgl. neben dem Kommentar zum Römerbrief 1827 den zum Johannesevangelium, 1833 zur Bergpredigt, 1837 seine Schrift gegen das »Leben Jesu« von D. F. →Strauß und 1836 den Kommentar zum Hebräerbrief), verlagerte sich später das Schwergewicht seiner Forschungen auf die Theologiegeschichte (Vorgeschichte des Rationalismus, 4 Bde. 1853–1862; Geschichte des Rationalismus, 1865).

T.s Schriftverständnis war grundsätzlich biblizistisch (vgl. →Beck, dessen hermeneutische Schriften T. nachdrücklich begrüßte). T. löste sich aber von dem streng konservativen Schriftverständnis seiner Freunde R. →Stier und vor allem →Hengstenberg und lehnte die orthodoxe Lehre von der absoluten Irrtumslosigkeit der Schrift als den bibl. Gegebenheiten und dem geschichtlichen Verständnis der Inspiration in der Bibel widersprechend ab (»Die Inspirationslehre« in der Deutschen Zeitschrift für christliche Wissenschaft und christliches Leben, 1850; »Inspiration«, in: RE[1] Bd. 6, 1856; vgl. Die Propheten und ihre Weissagungen, 1860).

Die Studien zur Geschichte des aufgeklärten Rationalismus waren darin wegweisend, daß T. seine Vorbereitung im Rationalismus der prot. Orthodoxie nachwies.

Ungeachtet aller anderen wissenschaftl. Verdienste liegt die eigentliche theologiegeschichtliche Bedeutung T.s darin, daß er, in den Spuren →Augustins, →Luthers und →Hamanns, in Lehre und Verkündigung die bibl. Erkenntnis von der →Sünde und von der →Erlösung neu zur Geltung brachte: Sünde nicht als Verhaftetsein an die Sinnlichkeit (so der →Idealismus), sondern als Hochmut und Feindschaft gegen Gott; Erlösung nicht als Erhebung über die Endlichkeit menschlichen Lebens, sondern als Versöhnung des Sünders mit Gott, im Glauben an den gekreuzigten Christus. Von daher wurde T. neu der Blick geschärft für die Nichtselbstverständlichkeit des Christseins und die

Bedeutung des bibl. Zeugnisses von →Wiedergeburt und →Bekehrung. So wurde T. zum Erweckungstheologen schlechthin.

Viele bekannte Theologen des 19. Jh.s empfingen durch T. wichtige Anregungen: So neben seinem Freund J. Müller der Vertreter der konfessionell-luth. Erweckung in Bayern A. →Harleß, der hannoversche luth. Theologe L. A. Petri (1803–1873), der Alttestamentler H. A. Chr. Hävernick (1811–1845), der bis heute einflußreiche amerikanische Systematiker Ch. Hodge (1797–1878), aber auch Theologen wie A. →Ritschl und W. →Herrmann, die dann bewußt andere Wege gingen als ihr Lehrer. Die bedeutendsten Schüler T.s aber, die sein Erbe in der wissenschaftl. Theologie fortführten, waren H. →Cremer und M. →Kähler.

Lit.: K. Barth: Die protestantische Theologie im 19. Jahrhundert, [2]1952, 459ff; G. N. Bonwetsch (Hg.): Aus Tholucks Anfängen. Briefe an und von Tholuck, 1922; M. Kähler: August Tholuck, ein Lebensabriß, 1877; Sung-Bong Kim: Die Lehre von der Sünde und vom Versöhner – Tholucks theologische Entwicklung in seiner Berliner Zeit, 1992; M. Schellbach: Tholucks Predigt, 1956; L. Witte: Das Leben D. Friedrich August Gottreu Tholucks, 2 Bde., 1884/86 (mit vollständiger Bibliographie T.s).

H. Burkhardt

Thomas von Aquin OP (1224/25–1274)

T. ist einer der ganz großen abendländischen Theologen, lange Zeit und von vielen als der Größte und Unübertroffene schlechthin angesehen (*divus Thomas*, der »göttliche T.«), Heiliger und Kirchenlehrer (*doctor angelicus*, der »engelgleiche Lehrer«; *doctor communis,* der »allen gemeinsame Lehrer«), von den Reformatoren und in ihrem Gefolge als Hauptrepräsentant der bekämpften »alten« Theologie verachtet, inzwischen geschichtlich zutreffender gewürdigt in seinen Stärken und Schwächen. Aus seinem Leben ist vieles bekannt, seine Schriften sind (fast) alle gedruckt, die wichtigsten weit verbreitet und in die europ. Sprachen übersetzt; gleichwohl gibt es (noch) keine vollständige, heutigen Maßstäben genügende Gesamtausgabe, und auch Einzelheiten seines Lebens sind noch umstritten. Die Grundlinien freilich sind klar.

T. ist 1224 oder 1225 auf Schloß Roccasecca (Mittelitalien) in adliger Familie geboren. 1230 oder 1231 wird er dem berühmten Benediktinerkloster Monte Cassino als »Dargebrachter« (*oblatus*) übergeben, in der Absicht, daß er eine bedeutende geistl. Laufbahn einschlüge. 1239 ist er kurz zu Hause und geht dann zum Studium (der *artes*) nach Neapel, bis 1244. Im April 1244 tritt er in den (1215 gegründeten) Bettelorden der Dominikaner ein, zum Entsetzen der Familie, die ihn entführt und etwa ein Jahr unter »Hausarrest« stellt; er bleibt fest und kann im Herbst 1245 in den Orden zurückkehren.

1245–1248 studiert er in Paris bei Albert dem Großen (→Albertus Magnus), der seine überragenden Fähigkeiten erkennt und ihn fördert. 1248–1252 ist er mit Albert in Köln, verfaßt ein erstes theol. Werk (Jes-Kommentar), empfängt hier (wahrscheinlich) die Priesterweihe und macht sich mit (dem ganzen) →Aristoteles vertraut.

1252 geht er nach Paris zurück, zunächst als *Baccalaureus sententiarius,* d.h., er hat die Sentenzen des Petrus Lombardus auszulegen. Frucht dieser Tätigkeit ist sein erstes systematisches Hauptwerk, der Sentenzenkommentar (Scriptum super IV libros Sententiarum). Er greift in die Diskussion um die Anerkennung der Bettelorden ein (Contra impugnantes Dei cultum et religionem – gegen den Weltgeistlichen Wilhelm v. St. Amour). 1256 wird er Magister (»Prof.«) der Theol., jedoch erst 1257 in den Lehrkörper der Universität (*consortium magistrorum*) aufgenommen, zusammen mit →Bonaventura. Aus dieser ersten Pariser Lehrtätigkeit stammen die *Quaestiones disputatae De Veritate* (im akademischen Unterricht »disputierte« Fragen über die Wahrheit), eine erste Gruppe von *Quaestiones quodlibetales* (Fragen zu »allen möglichen« Themen, zweimal im Jahre »disputiert« – eine Pariser

Besonderheit) und kleinere Schriften (Boethius-Kommentar).

1259 wird er in sein Heimatland Italien zurückgerufen, lehrt 1259–1261 in Neapel, ist 1261–1265 Konventslektor des Ordens in Orvieto und etabliert 1265–1268 in Rom ein Ordens-»Studium« (vielleicht 1267/68 in Viterbo). Aus dieser Zeit stammen »exegetische« Werke (*Catena aurea*, »Goldene Kette«, zu den Evangelien), ein Gutachten (*Contra errores Graecorum*, »Gegen die Irrtümer der Griechen« (= Orthodoxie), 1263, mit theol. Begründung des Papstprimats), ein erster Aristoteles-Kommentar (zu *De anima*, »Über die Seele«) und, vor allem, sein zweites systematisches Hauptwerk, die *Summa contra Gentiles*, «Summe gegen die Heiden« (S.c.G.), vielleicht noch in Paris begonnen, jedenfalls 1264(65) in Orvieto vollendet. Von den vier »Büchern« behandeln die ersten drei diejenigen Themen der Theologie, die »rein philosophisch« darstellbar sind (1: »Prolegomena«, Gotteslehre; 2: Schöpfung, Engel; 3: Mensch), das vierte die spezifischen Besonderheiten der christl. Theologie (Trinität, Inkarnation, Sakramente, Eschatologie). Auch der erste Teil seines dritten syst. Hauptwerks, der *Summa theologiae*, »Summe der Theologie« (S. Th.), entsteht in Italien, 1266–1268 wahrscheinlich.

In den Jahren 1268(1269)–1272, seinen fruchtbarsten überhaupt, ist T. wieder in Paris, greift in den Streit um den »radikalen Aristotelismus« ein (*De aeternitate mundi*, »Über die Ewigkeit der Welt«, *De unitate intellectus*, »Über die Einheit des Intellekts«, 1270), schreibt (neue) Evangelien-Kommentare, verfaßt Kommentare zu mehreren aristotelischen Schriften, gibt weitere *Quaestiones disputatae* (wichtig: *De malo*, »Über das Böse«) und eine zweite Serie *Quaestiones quodlibetales* heraus und verfaßt den umfangreichen zweiten Teil der S. Th.

1272 kehrt er nach Neapel zurück, als Magister, schreibt (wahrscheinlich in dieser Zeit) einen Römerbrief- und einen Psalmenkommentar und den dritten Teil der S.Th. – unvollendet, denn am 6. 12. 1273 hat er ein leib-seelisches Betroffenheitswiderfahrnis (allg. Zusammenbruch? Schlaganfall? Mystisch-ekstatisches Erleben?) und schreibt von da an nichts mehr. Auf dem Weg zum Zweiten Konzil von Lyon stirbt er am 7. 3. 1274 in Fossanova und wird dort am 9. 3. begraben. Seine Gebeine werden 1369 nach Toulouse (Frankreich) überführt.

Die Theologie des T. ist anfangs keineswegs unumstritten; in den Aristotelismus-Verurteilungen des Jahres 1277 in Paris und Oxford (dort durch seinen Ordensbruder, den Bischof Robert Kilwardby) werden auch Sätze des T. mit verurteilt. Später nimmt die Kritik ab und sein Ansehen zu, mitbedingt wohl durch seine Heiligsprechung am 18. 7. 1323 durch Papst Johannes XXII. T. wird in zunehmendem Maße zum Normaltheologen des Dominikanerordens. Am 15. 4.1567 erhebt ihn Papst Pius V. zum Kirchenlehrer (*doctor ecclesiae*).

T., nicht ganz 50 Jahre alt geworden, hat Erstaunliches geleistet. Seine Arbeitskraft haben schon die Zeitgenossen bewundert. Seine Frömmigkeit und Kirchentreue stehen außer Zweifel. Sein syst.-theol. Denken hat Auswirkungen bis in die Gegenwart (verstärkt und eingeengt zugleich durch den »Neuthomismus« des 19. Jh.s).

Die reifste Frucht dieses Denkens ist die S. Th., für Studenten geschrieben, deshalb nicht in allem so ausführlich wie einige seiner Spezialarbeiten, gleichwohl von imponierender Fülle und Umfassendheit. Hier liegt seine Theol. zutage, streng gedanklich dargeboten in »Quästionen« (q.) und »Artikeln«. Der erste Teil (I) enthält, nach einer grundlegenden Charakterisierung der Theologie (*sacra doctrina*, »heilige Lehre«) als Offenbarungstheologie bzw. Glaubenswissenschaft (q.1), die Lehre von Gott dem einen (q.2-26; mit den berühmten Gottesbeweisen, q.2, und der Analogielehre, q.13) und drei-einen (q.27-43) und von der Schöpfung (q.44-119; vieles im Anschluß an 1Mo 1; Engellehre, Anthropologie und »Psychologie«). Der zweite Teil, in zwei Unterteilen (I-II und II-II), enthält eine umfassende »Ethik« und ist der originellste des Werkes. Ausgangspunkt ist die Glückseligkeit (*beatitudo*) als Ziel menschlichen Lebens und Handelns (I-II q.1-5). Danach werden die »Akte« menschlichen Handelns erörtert (q. 6-48), die *habitus* (»Gehaben« hat man das unübersetzbare Wort übersetzt, q.49-54), die Tugenden allgemein (*virtutes*, q.55-70) und Laster (*vitia*, q.71-89), schließlich Gesetz (*lex*, q.90-108 – das Evangelium als »neues Gesetz«) und Gnade (*gratia*, q.109–114; hierin die Rechtfertigung des Gottlosen, q. 113, und das »Verdienst« – *meritum* – als Wirkung der Gnade); hier ist die Erstinitiative Gottes im Heilsprozeß des Menschen ebenso klar herausgestellt wie die »Mitwirkung« des Menschen nicht geleugnet – Stoff für »kontroverstheologische« Diskussionen bis heute. Der zweite Unterteil (II-II) entfaltet dann die »Ethik« anhand der drei theol. Tugenden Glaube, Hoffnung und Liebe (q.1-46; die Liebe als »Form« der Tugenden), sodann anhand der vier »Kardinaltugenden« (q.47-170). Abschließend werden die Prophetie und Verwandtes (q.171–178) und Fragen des Ordenslebens behandelt (q.179–189), wobei T. dieses natürlich freundlich verteidigt. Der dritte

Teil (III) enthält die Christologie (q.1-59) und die Sakramentenlehre (q.60-90), unvollständig und daher später im sog. Supplementum aus (früheren) Schriften des T. ergänzt. Das Ganze: Eine (in I und III an die Sentenzen des Lombarden angelehnte, in II sehr eigenständige) umfassende »Systematische Theologie«, die sich aus bibl. und patristischen Quellen nährt und die Philosophie (Aristoteles) ständig einbezieht, von großer gedanklicher Strenge und Klarheit, freilich in dem Übernatürlichkeitsvorbehalt für die Theol. nicht ohne Probleme.

Im 19. Jh. wurde T. zum Normaltheologen des neueren Katholizismus (→Neuthomismus); im 20. Jh. gibt es von ev. und kath. Seite intensive Bemühungen, Luther und T. miteinander ins Gespräch zu bringen.

Bibliographie: Quellen (Werke): Maßgebliche wissenschafl. Ausgabe: S. Thomae Aquinatis ... Opera omnia iussu Leonis XIII P.M. edita, 1882ff (= Editio »Leonina«; noch nicht vollständig; die älteren Bde. teilw. in verbesserter Neuaufl.) – Meist benutzt die Einzelausgabe (ohne Gesamttitel) des Verlags Marietti, Turin (Rom), 1952ff. (»Marietti«-Ausg. oder »Turiner« Ausg., auch unvollständig) – Zweisprachige Ausg. der S. Th.: Die Deutsche Thomas-Ausgabe. Vollständige, ungekürzte dt.-lat. Ausgabe der Summa theologica ..., hg. von der Phil.-Theol. Hochschule Walberberg, 1933ff (noch unvollst.) – Zweisprachige Ausgabe der S. c. G.: Th. v. A.: Summe gegen die Heiden, hg. K. Albert u.a., 1974ff (noch unvollständig); Die Gottesbeweise (aus S. c. G. und S. Th.), lat.-dt., hg. von H. Seidl, ²1986.

Laufende Bibliographie: Bulletin Thomiste (BThom) 1. 1924-42. (=N.F.12) 1965; fortgesetzt durch: Rassegna di Letteratura Tomistica (RLT) 13. (= N.F. 1) 1966 (1969)ff.

Lit.: M.-D. Chenu: Das Werk des heiligen Thomas von Aquin, 1960, ²1983; U. Kühn: »Thomas von Aquin«, in: GdKG 4, 1983, 38-62; J. A. Weisheipl: Thomas von Aquin. Sein Leben und seine Theologie, 1980; O. H. Pesch: Thomas von Aquin. Grenze und Größe mittelalterlicher Theologie, 1988; J.-P. Torrell: Initiation à Saint Thomas d'Aquin. Sa personne et son oeuvre, 1993 (ausführliches Werkverzeichnis; Bibliographie)

B. Steinseifer

Thomas von Kempen (1379–1471)

T., geb. 1379, vielleicht 1380 in Kempen/Niederrhein, gest. am 25. 7. 1471 auf dem Agnetenberg. T. war neben Geert Groote (1340–1384, →Brüder vom gemeinsamen Leben) der bedeutendste Vertreter der →Devotio Moderna, lebte von 1392–1399 im Bruderhaus Deventer und ab dann bis zu seinem Tode 1471 im Kloster der Regularkanoniker des Augustin auf dem Agnetenberg bei Zwolle. 1414 wurde er Priester, dann Subprior und Prior. Neben seinem seelsorgerlichen Wirken unter Brüdern und Besuchern hat er viermal die Bibel abgeschrieben, dazu viele andere Autoren. Zahlreiche Schriften hat er selbst verfaßt, vor allem geistl. oder klostergeschichtlichen Inhalts; 38 meist kleinere Werke sind erhalten geblieben (z.B. Gespräch der Seele; Über die Menschwerdung Christi; Von der Einsamkeit und dem Stillschweigen). Die bekannteste seiner Schriften ist die zwischen 1414 und 1425 entstandene »Nachfolge Christi« (die allerdings auch 35 anderen Autoren zugeschrieben wird). Kein anderes Buch außer der Bibel hat eine solche Verbreitung gefunden (über 100 Handschriften, 3000 Ausgaben, in mehr als 100 Sprachen übersetzt). Seit 1987 gibt es in Kempen ein Thomas-Archiv und seit 1993 einen Thomas-Verein. In ihren vier Büchern ist die »Nachfolge« ein klassisches Erbauungsbuch, das in kurzen Aphorismen auf dem Hintergrund der Heiligen Schrift den Glauben einübt und ins Leben übersetzt. Nicht nur wegen ihrer Wirkungsgeschichte verdient sie nach wie vor Beachtung und Lektüre.

Lit.: P. Mons (Hg. und Übers.): Die vier Bücher der Nachfolge Christi, 1959;

E. Easwaran: Mit den Augen der Liebe, 1993; G. Kranz: Thomas von Kempen, 1993; G. Ruhbach: »Thomas von Kempen«, in: Chr. Möller, Geschichte der Seelsorge in Einzelportraits, Bd. 1, 1994, 341-352; Thomas von Kempen. Beiträge zum 500. Todesjahr, Kempen 1971; J. Sudbrack: Personale Meditation, 1973.

G. Ruhbach

Thomaschristen

Nach der Legende hat der Apostel Thomas (Joh 20,24-29) in der Nähe von Madras/Indien um 52 n.Chr. die älteste Mission begonnen. Die ersten christl. Gemeinden in Indien finden sich allerdings erst im 3. Jh., wahrscheinlich durch eingewanderte Kaufleute errichtet. Ab dem 5. Jh. wurden die Gemeinden an der Süd- und Westküste Indiens von →Nestorianern in Persien betreut und also monophysitisch. Privilegien indischer Fürsten, bes. im 8. Jh., sicherten die Ausbreitung der Kirche. 1653 gründeten die Inder - in Abspaltung vom röm.-kath. Bischof von Goa – die Orthodoxe Syrische Kirche von Malabar, die einerseits den jakobitischen Patriarchen von Antiochien anerkennt, andererseits seit 1928 einen eigenen Katholikos als Oberhaupt. 1836 hat sich die Reformed Syrian Church und 1886 die Mar Thoma Kirche von ihr abgespaltet, beide halten am östlichen Ritus fest, sind in der Verkündigung aber bibl.-evangelist. orientiert.

Lit.: F. Melzer: Die Christusbotschaft in Indien, 1948; St. Neill: Builders of the Indian Church, 1934; H.W. Schomerus: Indien und das Christentum, 3 Bde., 1931–1933.

G. Ruhbach

Thomasius, Christian (1655–1728)

T., geb. am 1. 1. 1655 in Leipzig, gest. am 23. 9. 1728 in Halle (Saale), lernte früh →Pufendorfs Naturrechtslehre kennen. Entschiedenes Ausbildungsziel war T. die Praxis. T.s kritische Vermittlung von Literatur in seiner Zeitschrift »Monatsgespräche«, 1688-90 (Hildesheim 1979) führten zu Beschwerden aus dem Ausland und zur Verhängung der theol. Vorzensur über ihn. Am Beginn etwa eines Jahrzehnts (ab 1689) seiner Nähe zum (auch radikalen) Pietismus steht seine Verteidigung A. H. →Franckes in den Leipziger pietistischen Bewegungen. Die Billigung ref.-luth. Eheschließung bei Herrschenden führte dazu, daß 1690 ein Veröffentlichungs- und Lehrverbot gegen ihn verhängt wurde. Die Brandenburger Regierung beauftragte ihn sogleich mit phil. und juristischen Vorlesungen an der Ritterakademie in Halle – der Beginn von T.s für das Werden der Universität Halle (1692/94) so entscheidenden Tätigkeit. T.s Unterscheidung von (durchzusetzendem) →Recht und (nicht einzuklagender) Moral, an markanten Beispielen erläutert (Bigamie), wurde in ihrer traditionskritischen Bedeutung erkannt. In Kirchensachen billigte T. dem Territorialherrn ein weites Aufsichtsrecht auch über die öffentliche Verkündigung, nicht aber über die Glaubenssätze, zu; sein Eintreten für →Toleranz schließt die Ketzer ein, Luthers Haltung differenziert aufnehmend. Mit den führenden Pietisten Ph. J. →Spener, A. H. →Francke und G. →Arnold verband T. vieles, u. a. auch eine Gottesdienstkritik. Des Pietismus Hoffnung auf Erneuerung von Kirche und einzelnem Christen teilte T. aber wohl kaum. Am bekanntesten und vielleicht wirksamsten war T.s Kampf gegen →Hexenwahn und -verfolgung.

Lit.: C. Thomasius: Ausübung der bzw. Einleitung zur Sittenlehre bzw. Vernunftlehre (1691-96), 1968; ders.: Über die Folter [u. a.], 1960; ders.: Vom Laster der Zauberei [u. a.], 1986, ders.: Deutsche Schriften, 1970;

A. H. Francke: Streitschriften, 1981, 72-81; W. Schneiders (Hg): Christian Thomasius 1655–1728. Interpretationen zu Werk und Wirkung, 1989, 335–355: Lit. 1945–1990.

D. Blaufuß

Thomasius, Gottfried (1802–1875)

T., geboren am 26.7.1802 im Ansbachischen Egenhausen als Sohn des Pfarrers, späteren Dekans F. C. Thomasius (1770–1847), gest. am 24. 1. 1875 in Erlangen, studierte ab 1821 in Erlangen, Halle und Berlin Theologie, von →Schleiermacher, →Hegel und →Tholuck mehr geprägt als in Erlangen. Hier stand die theologische Fakultät um

1825 erst an der Schwelle zu ihrer Umgestaltung, welch letztere sie dem »Wiedererwachen des evangelischen Lebens in der lutherischen Kirche Bayerns« – so der Titel von T.' klassischer, z. T. autobiographischer Darstellung von 1867 – verdankte.

T. wurde ein entscheidender Träger der →Erlanger Theologie. 1829-42 versah er ein Sonntagnachmittagspredigeramt in Nürnberg, aber auch den Religionsunterricht am Melanchthongymnasium. Mit der Erlanger Professur für Dogmatik 1842 begann T. seine über 30jährige Tätigkeit auf Kanzel und Katheder. »Christi Person und Werk«, seine mehrbändige, gegenüber Schleiermacher als luth. Entwurf einzigartige Dogmatik (drei Auflagen, 1852/1888) und seine Dogmengeschichte (2 Bde. 1874/6 und 1886/8) leben aus einer Lutherscher Glaubenserfahrung entsprechenden Rechtfertigung aus der Gnade durch den Glauben. Immense Quellenkenntnisse bewahrten T. vor konfessionalistischer Engführung, z. T. wurde ihm in der Lehre von der Menschwerdung (→Kenosislehre) und vom Abendmahl sogar Abweichen vom luth. Bekenntnis vorgeworfen. T. wirkte auch 1853–69 in der Generalsynode.

Lit.: P. Aschoff: Gottfried Thomasius. Diss. theol. Erlangen 1994/95; K. Beyschlag: Die Erlanger Theologie, 1993; A. v. Stählin in RE 19, 1907, 739–745.

D. Blaufuß

Thomismus →Thomas von Aquin; →Scholastik

Thorner Religionsgespräch

Das »Colloquium Charitativum« oder das »liebreiche Religionsgespräch« fand vom 28. 8. bis 21.11.1645 auf Betreiben des polnischen Königs Wladislaus IV. in Thorn statt, um zu einer Einigung zwischen allen Konfessionen zu kommen. Beteiligt waren 26 kath., 28 luth. und 24 ref. Theologen. Der Wortführer der Katholiken war der gewandte Jesuit Georg Schönhof, der auf eine Rekatholisierung hinauswollte. Sprecher der Lutheraner waren Abraham →Calov und Johannes Hülsemann. Leiter der Reformierten war Johann Berg; ihnen hatte sich als Vertreter der Böhmischen Brüder Joh. Amos →Comenius angeschlossen. Auch Georg →Calixt hielt sich zur ref. Gruppe. Ihn hatte Kurfürst Friedrich Wilhelm von Brandenburg entsandt, um die Lutheraner zu verstärken. Er fand jedoch bei ihnen keine Aufnahme wegen seiner toleranten Haltung gegenüber den Reformierten. Die langwierigen Verhandlungen in Thorn hatten keinen Erfolg, vielmehr vertiefte sich die Kluft zwischen den Konfessionen: die Katholischen wiederholten die Lehren des Konzils von Trient; die Lutheraner hielten sich an die Confessio Augustana invariata; die Reformierten legten mit der »Declaratio Thoruniensis« (Thorner Erklärung) ihr Bekenntnis vor, an dem Calixt erheblichen Anteil hatte. Das »liebreiche Gespräch« wurde in der 36. Sitzung abgebrochen mit dem Ergebnis der Verschärfung der konfessionellen Gegensätze.

Quellen: Acta conventus Thoruniensis celebrati 1645, 1646; Scripta facientia ad Colloquium ... Thorunii, 1645.

Lit.: F. Jacobi: Das liebreiche Religionsgespräch zu Thorn 1645, 1895; K.E.J. Jørgensen: Ökumenische Bestrebungen unter den polnischen Protestanten bis zum Jahre 1645, 1942.

Chr. Windhorst

Thüringen, Evangelisch-Lutherische Kirche von

1919 entstand die Ev.-Luth. Kirche in T. – auf Initiative der Theol. Fakultät Jena – aus der Vereinigung von sieben kleineren Landeskirchen (den sächsischen Herzogtümern z.B. Weimar, Gotha, Meiningen, Altenburg und den Reußschen Fürstentümern). Christianisiert wurden die Thüringer (die Hermunduren?) im 8. Jh. und dem Erzbistum Mainz unterstellt. Schon 1525 wurde die Reformation eingeführt, und neben dem Thüringer →Luther stammten viele bedeutende Reformatoren aus T. oder wirkten dort (z.B. J. Jonas, N. von Amsdorf, F. Myconius, G. →Spalatin u.a.), allerdings auch Thomas →Müntzer und A. →Karlstadt. 1547 wurde Kursachsen geteilt, und T. verblieb bei den Ernestinern, die 1548 die Hohe Schule (ab 1558 Universität) Jena begründeten. T. war zunächst streng, dann gemäßigt luth., wurde in der Neuzeit von Aufklärung und Liberalismus deutlich geprägt, während sich der Pietismus kaum durchsetzen konnte, höchstens in den Reußschen Fürstentümern.

Die Kirchenverfassung von 1924 hat die Landeskirche in T. auf einem Kompromiß zwischen Luthertum und Neuzeit (»Heimat evangelischer Freiheit und Duldsamkeit«) festgelegt. Dadurch konnte sich die »Nationalkirchliche Bewegung Deutsche Christen« unter J. Leutheuser und S. Leffler schon 1927 Boden verschaffen und seit der Zeit des Nationalsozialismus uneingeschränkt durchsetzen. Ab 1945 übernahmen die wenigen bekenntnistreuen Theologen die Kirchenleitung (M. Mitzenheim) und stellten das luth. Bekenntnis wieder her. Die Thüringer Kirche gehört zur EKD, VELKD und zum Luth. Weltbund. Mit der Teilung Deutschlands verlor sie Teile ihres Kirchengebietes und gewann neue hinzu. Seit der Wiedervereinigung 1990 wird nach und nach der alte territoriale Zustand wiederhergestellt. 1955 gehörten ca. 1.800.000 Christen zur Landeskirche; wie groß die Mitgliederzahl gegenwärtig ist, erscheint unsicher. Die Kirche wird vom Landeskirchenrat (Landesbischof und acht Oberkirchenräte) und der Synode geleitet. Sie ist in 42 Kirchenkreise eingeteilt.

Lit.: H. Gebhardt: Thüringische Kirchengeschichte, 3 Bde., 1880–1882; R. Herrmann: Thüringische Kirchengeschichte, 2 Bde., 1937, 1947 (Lit.); E. W. Reichardt: Der Neubau der Thüringischen evangelischen Kirche, 1922.

G. Ruhbach

Thurneysen, Eduard (1888–1974)

T., ref. Theologe, geb. am 10. 7. 1888 in Wallenstadt. 1913-20 Pfarrer in Leutwil, 1920-27 in Bruggen, 1927-59 Pfarrer am Basler Münster, 1930 Lehrauftrag für Prakt. Theologie, 1941 a.o. Prof. in Basel, gest. am 21. 8. 1974.

Charakteristisch für ihn ist die Verbindung von theol. Existenz und gelebtem Pfarrersein. Darum ist über seine Schriften hinaus seine Biographie bedeutsam, die geprägt wird vom Charisma der Freundschaft. Sein Anteil an der Erneuerung ev. Theologie kann nicht hoch genug eingeschätzt werden, wie denn auch seine Bedeutung für den Pfarrerstand noch kaum entdeckt zu sein scheint.

Für seinen Werdegang entscheidend waren die Begegnungen mit Christoph →Blumhardt (erstmals 1904) und Hermann →Kutter. Die intensive Zusammenarbeit mit Karl →Barth in der Leutwiler Zeit bietet ein zukunftsträchtiges Modell für eine theol. und spirituelle Gestaltung pastoraler und wissenschaftl. Arbeit, das durch den Briefwechsel mit Barth aus dieser Zeit dokumentiert wird.

Als Frucht des Miteinanders erscheint 1921 der »Dostojewski«, eine prophetische Schrift, grundlegend für das Verständnis von T. Im gleichen Jahr schreibt er aus gleichem Geist heraus »Die Aufgabe der Predigt«. Darin wird die Wende vollzogen von einer an der Psychologie und den rel. Bedürfnissen orientierten zu einer auf Gottes Wort ausgerichteten Predigtlehre: Predigt rückt unter das Vorzeichen der Prophetie.

Die Klassifizierung T.s unter das Schlagwort »Worttheologie« wirkt insofern irreführend, als 1928 in »Rechtfertigung und Seelsorge« die Kategorie des Sehens zentral wurde. Die Bedeutung dieses Aufsatzes überlagerte »Die Lehre von der Seelsorge« (1946), welche die Poimenik der Nachkriegsjahre bestimmte. Ihr folgte »Seelsorge im Vollzug« (1968).

Es gehört zur Tragik der Entwicklung Praktischer Theologie, daß T. weithin als Feindbild stilisiert wurde, von dem man meinte, sich abgrenzen zu müssen. Hierbei machte man möglicherweise selbst den Fehler, den man ihm vorwarf: Man trennte voreilig Göttliches und Menschliches, isolierte seine Lehre von seinem Leben als Pfarrer, löste seine Theorie von der Praxis und mußte ihn – karikierend – mißverstehen. Seine Wirkungsgeschichte ist aufs engste verknüpft mit der Bedeutung der Humanwissenschaften für die Prakt. Theologie, welche die Disziplin nach 1968 ziemlich unkritisch übernahm. Daß sich hier ein Wandel anbahnt, zeigt das Symposion zu seinem hundertsten Geburtstag 1988.

Lit.: E. Thurneysen: Die neue Zeit. Predigten 1913–1930, hg. v. W. Gern, 1982;
R. Bohren: Prophetie und Seelsorge. Eduard Thurneysen, 1982; H.J.I. Konpeen: Karl Barth en Eduard Thurneysen. De theol. relevantie van een levanslange vriendschap, 1989.

R. Bohren

Tiefenpsychologie

1. Begriff

Der Begriff »Tiefenpsychologie« ist neuerer Prägung und wird im europäischen Raum seit etwa 70 Jahren für die Psychoanalyse und die ihr verwandten Schulen gebraucht. Dabei ist die Abgrenzung nicht einheitlich. Manche Autoren setzen diesen Begriff lediglich mit der Psychoanalyse Sigmund Freuds gleich. Andere grenzen die T. mit einer ganzen Reihe von Ansätzen und Verfahren von klinisch-psychologischer Psychotherapie ab (Pongratz). Wieder andere begreifen unter T. alle psychologischen Ansätze, die dynamische, psychische Aktivitäten annehmen, die unbewußt sind (Miles). Die Prägung des Begriffes T. hat möglicherweise zwei Motive. Einmal erlaubte der Begriff in den Anfängen des 20. Jh.s eine Zusammenfassung der damals bekannten Psychotherapieverfahren, die sich als behandelnde Psychologie von lediglich beschreibender, messender und diagnostizierender Psychologie absetzte. Zum anderen vermied diese Bezeichnung die Nennung der Psychoanalyse, was in einer Zeit von erstarkendem Antisemitismus und Nationalsozialismus im Beginn der 20er Jahre möglicherweise nicht opportun erschien. Im außereuropäischen Raum wird der Begriff »Tiefenpsychologie« weniger gebraucht.

2. Die Psychoanalyse und angrenzende Schulen

a. Begründer der Psychoanalyse als »tiefenpsychologischer Schule« im engeren Sinn ist der Wiener Arzt Sigmund Freud (1856–1939). Freud kam bei der Behandlung von hysterisch-kranken Patienten über die Methode des freien Einfalls zur Traumdeutung als »via regia« zum Unbewußten. Die von ihm veröffentlichte Arbeit »Die Traumdeutung« (1895) wird allg. als Beginn der Psychoanalyse bezeichnet. Im Verfolg seiner Erfahrungen und Studien entwickelt Freud eine Persönlichkeitstheorie. Er sieht drei Instanzen: das »Es«, »Ich« und »Über-Ich«. Im »Über-Ich« sieht er alle Normen und Werte von Gesellschaft, Religion und Familie repräsentiert. Im »Es« finden sich alle Wünsche und Strebungen, die sich besonders in der als Sexualität verstandenen *libido* vor- und unbewußt lokalisieren. Aus der Erfahrung des Ersten Weltkrieges und seiner Begleiterscheinungen fügte Freud seinem Theoriegebäude einen Todestrieb, *destrudo* hinzu, der sich jedoch in der allg. Diskussion und therapeutischen Praxis weniger durchgesetzt hat. Das »Ich« als die Instanz der bewußten Persönlichkeit wird gelegentlich »als Pferd verstanden, das von den anderen beiden Instanzen geritten wird«.

Entscheidend für das Theoriegebäude Freuds ist die »Verdrängung«. Unerlaubte, verbotene Wünsche, Vorstellungen und Gedanken werden vom Bewußtsein abgespalten und verdrängt. Sie sind für das Bewußtsein gelöscht, existieren jedoch »unbewußt« weiter. Das von Freud postulierte »Unbewußte« entsteht auf diese Weise durch Verdrängungsprozesse in der frühen Kindheit. In einer von Freud konzipierten Entwicklungspsychologie, die besonders die libidinös-sexuellen Strebungen im Blick hat, unterscheidet die Psychoanalyse in der frühen Kindheit die orale, anale, phallische und ödipale Phase. Das Kind erfährt dabei einen Lustgewinn durch seinen Mund, die Reize des Afters und sein Geschlechtsorgan. In der ödipalen Phase wünscht es sich mit dem andersgeschlechtlichen Elternteil zu verbinden und den gleichgeschlechtlichen Elternteil – besonders den Vater – zu beseitigen (Gedanke des erwünschten Vatermordes). Alle diese Prozesse hinterlassen Spannungen und führen bei ungünstigen Bedingungen zu späteren Verhaltens- und Lebensstörungen (Neurosen), die nur durch eine gründliche Aufdeckung (Analyse) beseitigt werden können. Innerhalb dieser »Psychoanalyse« spielen der »Widerstand« gegen die Aufdeckung unbewußter Regungen, die »Übertragung« frühkindlicher Erfahrungen und Beziehungen auf den Analytiker und dessen zu vermeidende »Gegenübertragung« eine besondere Rolle.

b. Alfred Adler (1870–1937) löst sich 1911 von S. Freud. Er behält die Lehre vom Unbewußten bei, ordnet es jedoch nicht ausschließlich dem »Es« zu, sondern sieht es als Instrument des »Ich«. Dieses ist vom Willen zur Macht und zur Selbsterhöhung bestimmt. Das »Ich« nutzt nach Adler das Unbewußte, um alles zu verbergen, was die »Lebensleitlinie« mit ihrem Willen zur Macht gefährden kann. Zwei Antinomien (Gegengesetzlichkeiten) sind für Adlers Entwurf charakteristisch. Der eine Gegensatz durchzieht das »Ich«. Es ist gespalten in »Minderwertigkeitsgefühl« und »Geltungsstreben«. Gründe für das Minderwertigkeitsgefühl ist dabei einmal die eigene Konstitution als erlebte »Organminderwertigkeit«, zum anderen Strenge oder Verzärtelung in der Erziehung. Der andere Gegensatz besteht zwischen dem »Ich« und der Gemeinschaft. Das Gemeinschaftsgefühl ist in der Individualpsychologie ein ähnlich starker Drang wie die Sexualität. Immer latent ist die Lebensleitlinie oder der Lebensstil. Die Lebensleitlinie liegt mit 4-6 Jahren fest und umfaßt die individuelle Art des Denkens und Handelns. Die Lebensleitlinie ist schablonenhaft, stereotyp und dauerhaft und zeigt sich deutlich in der Weise, wie Probleme angegangen und bewältigt werden. Beratung und Behandlung wenden sich in der Individualtherapie an das »Ich«. Es soll ermutigt und gestärkt werden. Die Lebenslinie soll sichtbar gemacht werden. Die Haltung des Beraters oder Therapeuten ist erzieherisch.

c. Carl Gustav Jung (1875–1961), Begründer der »Analytischen Psychologie« führte den Begriff des »kollektiven Unbewußten« in die Diskussion ein. Das Unbewußte ist bei ihm erweitert. Der Mensch verfügt über einen überpersönlichen, »objektiven«, kollektiven Schatz an Wissen und Bildern. Diesen Schatz hat er nicht im Laufe seines Lebens erworben. Er ist ihm vielmehr »eingeboren«. Inhalte des kollektiven Unbewußten sind Urbilder, »Archetypen«, die eine Fülle von Bedeutungen haben können. Religiöse Gestalten, Personen aus der Mythen- und Sagenwelt, physikalische Größen, philosophisch-geistige Begriffe und anderes mehr bis hin zu anorganischen Mengen können für Jung »Archetypen« des Unbewußten sein. Sein geisteswissenschaftl. Ansatz von Psychologie wird hier deutlich. Jung weist mit seinem Ansatz darauf hin, daß der Mensch individuelles aber auch universelles Geschöpf ist. Er ist individuell, einmalig, hat aber auch Züge, die allen Menschen eigen sind. Seine Archetypen sind zugleich auch Vorgegebenheiten für eine Kultur. Sie sind zugleich Sinnbilder für geistige Gehalte und Beziehungen.

d. Unter der Bezeichnung »Neo-Psychoanalyse« werden eine Reihe von Theoretikern zusammengefaßt, die das Konzept S. Freuds erweiterten oder veränderten. H. Schultz-Hencke führt den Begriff der »Hemmung« ein. Menschen sind und werden in ihren verschiedenartigen Strebungen »gehemmt« und dies führt zu psychischen Störungen. K. Horney kritisiert Freuds Bewertung der Rolle der Frau als zu einseitig biologisch und nähert sich in ihrem Denken A. Adler an. E. Fromm ist schwerpunktmäßig als Kulturphilosoph zu verstehen. Er kritisiert bloße aufnehmend-hortende Orientierungen und die Ausbeutung und geschäftsmäßige Ausnutzung von Menschen. Sie sind für ihn »Nekrophilie«, Lebens- und Menschenfeindlichkeit. H. S. Sullivan schließlich betont für die Entstehung von Störungen den Beziehungsaspekt. Störungen in den Beziehungen im Mutter-Kind-Kontakt verursachen Angst. Heilung von Störungen erfolgt demzufolge über eine angstfrei-helfende Beziehung.

3. Gemeinsame Grundannahmen der Tiefenpsychologie

Tiefenpsychologische Ansätze sowie psychotherapeutisches Arbeiten innerhalb dieser psychologischen Schule gehen von drei Annahmen aus, die sich auf unterschiedliche Weise in allen Konzepten wiederfinden.

– Die »Latenzannahme« besagt, daß es psychische Vorgänge und Zustände gibt, die dem wachen Bewußtsein also dem registrierenden »Ich« verborgen sind. Sie sind latent, unbewußt, beeinflussen jedoch das Verhalten entscheidend. »Die entscheidenden Determinanten des Verhaltens sind unbewußt« (Rapaport).

– Die »Genetische Annahme« bezieht sich auf die Lebensentwicklung des Individuums. Sie besagt, daß bereits in der frühen Kindheit die Art und Weise und die gefühlsmäßige Bedeutung der Beziehung eines Menschen zu Personen des anderen und des gleichen Geschlechts festgelegt werden. Diese Muster können zwar entwickelt und abgewandelt, aber nie gänzlich aufgehoben werden.

– Die »Manifestationsannahme« besagt schließlich folgendes: Die verdrängten Bilder, Vorstellungen, Strebungen, Bedürfnisse und Triebe sind dem Menschen innewohnende Energien. Sie drängen auf Befriedigung. Wird die Befriedigung so oder so versagt, manifestiert sich diese Energie in Symptomen, Träumen, Phantasien, Fehlverhalten, Fehlentscheidungen. Das dynamische Denken der T. kommt in dieser letzten Annahme an deutlichsten zum Ausdruck.

4. Kritische Würdigung

Die Forscher, Denker und Lehrer im Bereich der T. haben ohne Zweifel Erkenntnisse gefördert, die heute aus dem psychologischen Denken und psychotherapeutischen Arbeiten nicht wegzudenken sind. So ist unbestritten, daß nicht alle Wünsche, Ziele und Strebungen für den Menschen jederzeit bewußt sind. Entscheidende Ziele und Wünsche sind dem Menschen selbst oft verborgen. Allgemeine Übereinstimmung herrscht auch hinsichtlich der Tatsache, daß verborgene psychische Spannungen zu psychischer Beeinträchtigung, zu unangemessenem Verhalten, zu Neurosen führen können. Anders verhält es sich mit der Annahme, daß alles Verhalten durch Erfahrungen, Einwirkungen und Prozesse in früher Kindheit endgültig festgelegt ist. Die Bedeutung der frühen Kindheit wird dabei nicht bestritten. Pubertät z. B. und weitere Lebenserfahrungen dürfen jedoch nach Meinung anderer Forscher nicht übersehen werden.

Dem schließen sich drei weitere Bedenken an. Durch ihren frühen Bekanntheitsgrad, auch durch die Wortmarke »Tiefenpsychologie« werden die Psychoanalyse und die ihr verwandten Schulen außerhalb der Fachwelt häufig für die besondere und tiefgehende Psychologie und Psychotherapie verstanden. Hier wird eine Entwicklung vernachlässigt, die zu weiterführenden und korrigierten Ergebnissen geführt hat. Weiterführungen und Korrekturen der Psychoanalyse sind die Ansätze von C. Rogers (Klientenzentrierte Psychotherapie), V. Frankl (Logotherapie), E. Berne (Transaktionsanalyse), F. Perls (Gestalttherapie). Die Verhaltenstherapie kommt aufgrund anderer Annahmen zu anderen – jedoch nicht weniger wirksamen – Ergebnissen.

Die starke Popularisierung psychoanalytischer Gedanken hat zu der Erscheinung geführt, daß im Sinne eines Umkehrschlusses frühkindliche Einflüsse als Alibi für gegenwärtiges Fehlverhalten benutzt werden: »Meine Mutter ist daran schuld.« Eigene Verantwortung wird geleugnet und Erziehung und elterliche Einwirkung als entschuldigende Ursache für das Leben in der Gegenwart benannt. Eltern zeigen sich durch popularisierte Ergebnisse der Psychoanalyse zunehmen zu Unrecht verunsichert. Dazu kommt, daß im Sinne einer falsch verstandenen Psychoanalyse psychologisches und psychotherapeutisches Arbeiten als permanentes Analysieren verstanden wird und neuerliche Ängste und Befürchtungen auslöst.

Ein drittes Bedenken richtet sich gegenüber der mitunter unkritischen Aufnahme psychoanalytischer Gedanken in Theologie und Kirche. So gewann die Psychoanalyse eine große Bedeutung innerhalb der Praktischen Theologie und besonders der Seelsorge. Psychoanalyse als umfassendes Deutesystem zeigte sich hier für Theologen als dem Denken nahe und einsichtig. Dabei konnte und kann die Gefahr einer unklaren Vermischung nicht immer vermieden werden. Die lange Zeit vorhandene methodische Beschränkung kirchlicher Ehe- und Lebensberatung auf die Psychoanalyse S. Freuds kann als überwunden gelten. Gestalt und Lehre des kath. Theologen E. Drewermann zeigen jedoch deutlich, wie schnell die Psychoanalyse (in diesem Falle nach C. G. Jung) und Theologie so vermischt werden können, daß bibl.-theol. Inhalte entwertet werden und sich verändern. Sie geraten in die Nähe von Mythen und Märchen und werden mit ihnen verwechselt.

Lit.: R. Bastine et al. (Hg.): Grundbegriffe der Psychotherapie, 1982; J. Kriz: Grundkonzepte der Psychotherapie, 1995; T. R. Miles: »Tiefenpsychologie« in: Lexikon der Psychologie, Bd. 3, 1972; L. J. Pongratz: Lehrbuch der Klinischen Psychologie, 1973.

T. U. Schall

Tiele-Winckler, Eva von (1866–1930)

E. v. T.-W., geb. am 31. 10. 1866 in Miechowitz (Oberschlesien), gest. ebd. am 25. 6. 1930. 1888 gründete sie in Miechowitz das Diakonissenhaus »Friedenshort«. Vom Friedenshort aus entstanden ca. 40 sog. »Kinderheimaten«. Der erzieherische Gedanke hierbei war, Kinder in Familiengruppen zusammenzufassen und zu betreuen, also den eigentlichen Waisenhauscharakter aufzubrechen. Auch kam es zur Gründung einer Gefangenenseelsorge. Seit 1896 war v.T.-W. für einige Jahre als Leiterin des Diakonissenmutterhauses Sarepta in Bethel als eigenständige Mitarbeiterin Friedrich v. →Bodelschwinghs d.Ä. tätig. 1912 begründete sie eine eigene Missionsarbeit in China. Durch ihre Seelsorge und zahlreiche Kleinschriften wurde sie eine

herausragende Figur innerhalb der →Gemeinschaftsbewegung.

Lit.: E. v. Tiele-Winckler: Nichts unmöglich! Erinnerungen, 1929; Geisteswirken im täglichen Leben, 1991; Zum Segen berufen: Entstehen und Wirken des Friedenshortes, 1990;
A. Roth: Eva von Tiele-Winckler, [4]1956; W. Thieme: Mutter Eva, [2]1955.

H.-J. Hoeppke

Tierschutz

T.wird in dem 1986 verabschiedeten novellierten dt. T.gesetz in § 1 bestimmt: »aus der Verantwortung des Menschen für das Tier als Mitgeschöpf dessen Leben und Wohlbefinden zu schützen«. Neuerdings zeigen sich mit dem »Gesetz zur Verbesserung der Rechtsstellung des Tieres im bürgerlichen Recht« von 1990 erste Ansätze, die rechtliche Einordnung von Tieren als Sachen zu überwinden. Die Aufnahme des Umweltschutzes als Staatsziel in das Grundgesetz (Art. 20a) 1994 könnte auch zu Verbesserungen des T.es führen.

Für die christl. Sicht des T.es ist die bibl. Bestimmung des Mensch-Tier-Verhältnisses grundlegend, auch wenn in der Christentumsgeschichte dieser Grund häufig verschüttet wurde. Es ist bibl. Überzeugung, daß Mensch und Tier als Geschöpfe zusammengehören. Beide empfangen ihr Leben als Lebensraum und Lebensversorgung von Gott (Ps 104,27-30). Auch das von Paulus in Römer 8,18-25 benannte Leiden aller Kreatur betont diese Solidarität der Geschöpfe. Im Ganzen der Schöpfung hat jedes Lebewesen seinen eigenen Sinn und Wert und keinesfalls nur einen Nutzwert für den Menschen (1Mo 1: ein jedes nach seiner Art; Ps 104). Der Mensch besitzt aufgrund seiner besonderen Stellung (1Mo 1,27f) eine besondere Verantwortung, die sich der Barmherzigkeit (Spr 12,10), der Gerechtigkeit (2Mo 20,10) und dem zukünftigen Friedensreich (Jes 11,6-9; 65,17ff) verpflichtet weiß. Das bibl. Bild vom guten Hirten muß von dieser Verantwortung des Menschen für die Tiere gedeutet werden. Auf dem Hintergrund dieser Verantwortung müssen Schlachtung, Nutztierhaltung, Züchtung, Tierversuche, Jagd, Pelzgewinnung, Heimtierhaltung, Tierhandel, Zootierhaltung und jeder andere Umgang mit Tieren kritisch geprüft werden. Ein Wort aus dem 19. Jh. besagt, daß das »Vieh im Stall« an seiner Behandlung merkt, »wenn der Bauer sich bekehrt«.

Lit.: G. M. Teutsch: Mensch und Tier. Lexikon der Tierschutzethik, 1987; Zur Verantwortung des Menschen für das Tier als Mitgeschöpf. Ein Diskussionsbeitrag des Wissenschaftlichen Beirats des Beauftragten für Umweltfragen des Rates der EKD, EKD-Texte 41, 1991.

U. Krolzik

Tiersymbolik

T. begegnet in der bibl. und klassischen Literatur; zum Genus der Fabel gehörig und oft in weisheitlicher Rede verwendet, wurde T. bisweilen so volkstümlich, daß sie sich bis heute in sprichwörtlicher Redeweise erhalten hat. In gewisser Weise handelt es sich um eine elementare Form der Allegorie (Tierfriede). In der frühchristl. Kunst begegnet vor allem die Lämmer-Allegorie. Nur in einem weiteren Sinn gehört das Fischsymbol (→Fisch) in diesen Zusammenhang. Eine große Rolle bei der Interpretation von T. spielt die sekundäre Nachsymbolik, die die künstlerische Freude an Spiel und Dekorationen in Sinnzusammenhänge zwängt, die kunstfremden Systemen (Theologie, Philosophie, weltanschauliche Zusammenhänge) entnommen sind (→Kunst).

Lit.: F. W. Deichmann: Einführung in die christliche Archäologie, 1983; E. Dinkler – v. Schubert: RAC 8, 1972, 501; F. Gerke: Der Ursprung der Lämmerallegorien, ZNW 33, 1934, 160–196.

W. Wischmeyer

Tillich, Paul (1886–1965)

T., geb. am 20. 8. 1886 in Starzeddel/Kreis Guben, gest. am 24. 10. 1965 in Chicago, stark vom Neuprotestantismus und Idealismus (Schelling) beeinflußt, ist Grenzgänger zwischen Theologie und modernem Denken. Er treibt Theologie nicht wie K. →Barth von ihrer Mitte, sondern von ihrer Grenze her. Charakteristisch für sein Denken ist daher die »Korrelationsmethode«, die Korrelation oder Wechselbeziehung zwischen den Fragen des modernen Menschen und der Antwort der Bibel.

Gott ist für ihn nicht, wie für Barth, transzendent, sondern »das immanent gemachte Transzendente«, er ist nicht – wie bei Barth – »in der Höhe«, sondern »in der Tiefe« der Welt. Gott ist nach T. ein anderes Wort für »die Tiefe« meines Lebens. Gott ist dort zu finden, wo mein Leben Tiefgang hat und nicht flach ist. Gott ist das in meinem Leben, »was mich unbedingt angeht«. Gott ist »Grund und Ziel« unseres Lebens, »Sinn« unseres Lebens. T. hat so versucht, Menschen, die mit dem »Wort Gott« nichts mehr anfangen können, dessen Bedeutung mit solchen Gottesdefinitionen ganz neu zu erschließen. Die Christologie T.s geht nicht von dem Paradox der altkirchl. Christologie aus (Jesus Christus wahrer Gott und wahrer Mensch) – sondern sie ist von einem anderen Paradox durchspannt: Er ist der »essentielle« und der »existentielle« oder der wahre und wirkliche Mensch zugleich, er ist der Mensch, wie er sein soll, und der Mensch, wie er wirklich ist, der Idealmensch, der zugleich unter den Bedingungen des gefallenen Menschen lebte. Obschon mit Gott eins, geht Jesus Christus den Weg des Menschen in die Entfremdung von Gott mit, um ihn einzuholen und heimzuholen zu Gott, so daß der Mensch wieder wird, was er sein soll, eins mit Gott und damit mit sich selbst und mit der Welt. Mit anderen Worten: Durch Jesus Christus findet der in die Abgründe fallende Mensch wieder einen Grund, auf dem er stehen kann, durch ihn bekommt sein seichtes Leben wieder Tiefe, durch ihn findet seine sinnleere Existenz wieder Sinn. Jesus Christus ist und bringt so das »Neue Sein«.

Es wäre trotz der inneren Plausibilität dieses Konzepts rückzufragen, ob Jesus Christus uns erlösen kann, wenn er wie für T. nicht Gott selbst ist (Joh 1,1; 20,28; Phil 2,6), sondern nur ein mit Gott besonders geeinter Mensch? Die »ewige Gott-Mensch-Einheit« Jesu Christi tritt bei T. an die Stelle der Menschwerdung Gottes in Jesus Christus.

Lit.: P. Tillich: Systematische Theologie. 3 Bde.. I [7]1983, II [6]1979, III [3]1981; Religiöse Reden: In der Tiefe ist Wahrheit, [8]1982; Das neue Sein, [6]1983; Das Ewige im Jetzt, [4]1986; Hauptwerke, 6 Bde., 1986 ff.

R. Albrecht, M. Hahl (Hg.): Paul Tillich, ein Lebensbild mit Dokumenten, 1980; R. Albrecht, W. Schüßler: Paul Tillich. Sein Werk, 1986; W. und M. Pauck: Paul Tillich, Sein Leben und Denken, 1978.

H. G. Pöhlmann

Timotheusbriefe →Paulus (Apostel)

Tindal, Matthew (1657–1733)

T. wurde kurz vor dem 12. 5. 1657 (Taufdatum) in Bere-Ferris (Devonshire) geboren und starb am 16. 8. 1733 in Coldbath Fields. Ab 1673 studierte T. in Oxford am Lincoln- und dann am Exeter College. 1685 wurde er Dr. jur. Zunächst als Anwalt im Dienste der Krone tätig, erregte er später vor allem durch seine kirchenkritischen und polit. Schriften Aufsehen.

Ursprünglich anglikanischer Herkunft trat T. 1685 für kurze Zeit zum Katholizismus über, revidierte aber seine hochkirchlichen Überzeugungen und gelangte schließlich 1706 mit seiner Schrift »The Rights of the Christian Church asserted against the Romish and all other Priests who claim an Independent Power over it« zu einer radikal antikirchl., jedoch nicht antichristl. Haltung. Mit diesem Werk wurde T. zum prominentesten Gegner der High-Church Party und sein Buch wurde 1710 vom Unterhaus zur öffentlichen Verbrennung bestimmt. In der Folgezeit profilierte sich T. als der führende Vertreter des englischen →Deismus und mit seinem 1730 (dt. 1741) erschienenen Werk »Christianity as Old as the Creation, or the Gospel a Republication of the Religion of Nature« schuf er eines der Standardwerke des Deismus, das auch als »Bibel des Deismus« bezeichnet wurde. Für T. ist die christl. Offenbarung, wie der Titel seines Buches zeigt, nichts anderes als eine erneute Bekanntgabe des Gesetzes der Natur (natürliche Religion), und sittlich-religiöse Gotteserkenntnis ist daher auch außerhalb des Christentums möglich.

Lit.: E. Hirsch: Geschichte der neuern evangelischen Theologie, Bd. I, 1949, 323ff; G. V. Lechler: Geschichte des englischen Deismus, 1841, 326ff.

R. Dziewas

Tisch des Herrn →Abendmahl

Tischendorf, Lobegott Friedrich Konstantin von (1815–1874)

T., geb. am 18. 1. 1815 in Lengenfeld (Vogtland) als Sohn eines Arztes, gest. am 17. 12. 1874. Seit 1839 war er Privatdozent, ab 1845 ao., ab 1859 o. Prof. für NT an der Universität Leipzig. Seine Ernennungen stießen jeweils auf den Widerstand nicht nur der theol., sondern auch der phil. Fakultät (wegen angeblich mangelnder Sprachkenntnisse!).

Er gehörte theol. in den Umkreis der Erweckung, leistete seinen Beitrag zur Stärkung des Vertrauens

in die Bibel aber auf streng wissenschaftl. Gebiet. T. gehörte zu den zwei oder drei führenden Autoritäten der ntl. Textforschung im 19. Jh. Sein Ziel war es, durch Entdeckung und Vergleich möglichst vieler alter Handschriften einen gesicherten Text des NT zu erarbeiten. Eine Meisterleistung war 1840/43 in Paris die Entzifferung des Codex Ephraemi Rescriptus (5. Jh.). Auf drei Orientreisen (1844, 1853, 1859) entdeckte T. im Katharinen-Kloster auf dem Sinai den größten Teil des Codex Sinaiticus (4. Jh.), der AT und NT sowie weitere urchristl. Schriften (Hermas- und Barnabasbrief) umfaßte. Durch Vermittlung des russischen Zaren erwarb T. die Handschrift, die zuerst nach St. Petersburg kam, aber 1933 von der Sowjetregierung an das Britische Museum verkauft wurde. Das Vorgehen von T. war rechtlich nicht zu beanstanden (K. Aland). Auch weil seine Arbeit am Vaticanus, dem anderen großen Kodex des 4. Jh.s, behindert wurde, hat T. die Bedeutung des Sinaiticus etwas überschätzt. T. veröffentlichte ca. 24 Ausgaben des griech. NT. Die in gewisser Weise bis heute unübertroffene »Editio octava critica maior« bot das ganze damals bekannte textkritische Material zuverlässig dar. Auch durch Editionen der Septuaginta und ntl. Apokryphen machte sich T. einen Namen. Bisher gibt es nur populäre Darstellungen des Lebens von T. und nicht die wissenschaftliche Biographie, die er als ein Bahnbrecher der modernen Bibelwissenschaft verdienen würde.

Lit.: K. v. Tischendorf: Reisen in den Orient, 1846; ders.: Aus dem heiligen Lande, 1862; ders.: Wann wurden unsere Evangelien verfaßt?, [4]1866; ders.: Novum Testamentum Graece I/II, 1869/72 (ND 1965);

K. Aland: Konstantin von Tischendorf. Neutestamentliche Textforschung damals und heute, 1993; M. Black, R. Davidson: Konstantin von Tischendorf and the Greek New Testament, 1981; C. R. Gregory, in: Konstantin von Tischendorf, Novum Testamentum Grace III, 1884, 7-22 (Bibliographie); W. G. Kümmel: Das Neue Testament, [2]1970; L. Schneller: Tischendorf-Erinnerungen, [2]1954.

R. Riesner

Titularbischof →Kirchliche Ämter

Titusbrief →Paulus (Apostel)

Tod/Sterben

a) biblisch

Die heute weithin vertretene Meinung, mit dem Tode sei »alles aus«, kann geschichtl. betrachtet, auf keine lange Tradition zurückblicken. Für die meisten alten Völker ist das Sterben ein Zurückkehren dahin, woher man gekommen ist (Hockergräber), ein Ablegen dessen, was einen hier einschränkt, bzw. ein Übergang in eine andere Existenzweise, keinesfalls aber Existenzverlust. Der Glaube, von dem die Bibel zeugt, hat hier spezifische Orientierungsmarken gesetzt.

1. Tod und Sterben im Alten Testament

a. Im AT wie im NT ist der Tod nie ein »natürlicher« Vorgang, so unentrinnbar er auch zunächst ist. Sein Urgrund liegt vielmehr im Ungehorsam, im Mißtrauen des Menschen gegenüber Gott, dessen (Spät-) Folge er ist (1Mo 2,17; 3,3; 5Mo 24,16; 2Chr 25,4; Jer 31,30 u.ö.). Sterbenmüssen ist im wahrsten Sinn des Wortes ein »Verhängnis« Gottes über den Menschen. Materiell betrachtet handelt es sich dabei tatsächlich um ein Zurückkehren in den Zustand vor der Erschaffung (1Mo 3,19), ein Sachverhalt, der die zunächst vorherrschende Ratlosigkeit der atl. Menschen hinsichtlich des Todes verstehen läßt.

b. Anders als in vielen anderen Religionen (z.B. der griech.) ist Gott der Herr über Lebende und Tote, d.h. es gibt hier keinen Dualismus, »keine eigenständige ... Todesmacht neben Gott« (Gese, 40) oder gar über ihm (1Sam 2,6; vgl. Offb 1,18). Es gibt aber auch nicht den ewigen Kreislauf von Werden und Vergehen, wie er in den (Fruchtbarkeits-)Religionen von Israels Umwelt so mächtig in Erscheinung trat. Von Verharmlosung des Sterbens kann angesichts der drastischen Ausdrucksweise keine Rede sein (Jes 14,11).

Die bei den Griechen geläufige Vorstellung von einer unsterblichen Seele ist dem AT fremd, weil Sterben immer Folge von Schuld ist.

c. Der Gedanke des stellvertretenden Sterbens trägt den ganzen atl. Opferkult und die in ihm sich konkretisierende →Sühne. Obwohl die atl. Forschung seit J. →Wellhausen meist davon ausgeht, es handle sich hier um eine erst spät auftretende Vorstellung (vgl. aber 1Mo 22!), ist doch ihr prägender Charakter für die atl. »Religion« spätestens bei den frühen Schriftpropheten zu bedenken. Der Gedanke einer »Existenzstellvertretung« vor Gott spielt dabei eine wichtige Rolle. Am dichtesten begegnen wir ihr in Jes 53,4-12, einem Text, der für das ntl. Verständnis des Todes Jesu von entscheidender Bedeutung ist.

d. Die Erwartung einer →Auferstehung ist im AT eine Randerscheinung. Zwar sterben fromme Menschen »alt und lebenssatt« und werden zu ihren Vätern versammelt (Abraham 1Mo 25,8), zwar weiß man schon in früher Zeit vom unmittelbaren Eingehen einzelner (Henoch, Elia, Mose?) in die Gottesgemeinschaft; doch explizite Auferstehungshoffnung finden wir nur an wenigen Stellen, deren Alter umstritten ist (z.B. Jes 25,8; Hiob 19,25-27; Dan 12,2). Die Aussagen in den (Dank-)Psalmen beziehen sich auf eine bereits erfahrene Bewahrung vor dem Tod und preisen Jahwe dafür (z.B. Ps 9,14; 18,5f; vgl. 2Sam 22,5f; Ps 116,3; 118,17). Daneben stehen Worte wie Ps 6,6, die den Tod (auch) als einen Zustand der Gottesferne darstellen und damit eine Verbindung zum NT bilden.

2. Die »intertestamentarischen Schriften«

Gerade in diesem Kontext sind jene frühjüd. Schriften eine wichtige Brücke zwischen AT und NT, die keinen Eingang in den hebr. Bibelkanon gefunden haben (Apokryphen). In ihnen meldet sich eine Theologie zu Wort, in der sowohl die Auferstehungshoffnung (2Makk 7,9.14) als auch das stellvertretende Sterben (2Makk 7,38; 4Makk 1,11; 6,29; 17,21ff) eine wichtige Rolle spielen.

3. Tod und Sterben im Neuen Testament

a. Ganz in den Bahnen des AT sieht auch das NT den Tod als Konsequenz menschlicher Schuld (Röm 5,12.15; 6,23; Jak 1,15). Damit hängt zusammen, daß der Teufel und der Tod in enger Verbindung stehen (Hebr 2,14f; 1Joh 3; vgl. 1Kor 15,54-56) und der Tod beinahe selbständig personifiziert werden kann (1Kor 15,55; Offb 6,8; 20,14). Neu ist die Unterscheidung eines »zweiten (= endgültigen) Todes« (Offb 2,11; 20,6.14; 21,8), der von dem schlafähnlichen (Joh 11,11-14; Mk 5,39; 1Kor 15,20; 1Thess 4,13ff) Zustand zwischen individuellem Sterben und der Auferweckung zum Gericht abgehoben ist. Faktisch setzt ihn auch das AT voraus, indem es möglich (1Sam 28,15), wenn auch streng verboten (5Mo 18,11) ist, mit Toten in Kontakt zu treten.

b. Mit dem »→Zwischenzustand« hängt auch zusammen, daß Verstorbene für eine gewisse Zeit zum Leben erweckt werden können (1Kön 17,17ff; Mt 9,24f). Davon qualitativ zu unterscheiden ist Jesu eigene Auferweckung, und zwar aus zwei Gründen: (1) Sie ist das grundsätzliche »Veto« Gottes gegen die Machtausübung des Todes, denn sie bedeutet nicht Lebensverlängerung, sondern Lebensentgrenzung. Schon vor Ostern hatte Jesus die Auferstehungshoffnung an seine Person gebunden (Joh 11,21). (2) Jesu Tod geschah zur stellvertretenden Sühne für die Schuld der Menschen (Mk 10,45 u.ö.).

c. Mehr als nur eine Metapher ist es, wenn die Christen, die Jesus durch seinen Tod vom Tod erlöst hat (2Kor 1,10), als (in der Taufe, Röm 6) der Sünde (1Petr 2,24), den Mächten der Welt (Kol 2,20) und dem Gesetz (Röm 7,4) Gestorbene bezeichnet werden und durch das Mitsterben zum Leben gelangen (Röm 6,8; 2Tim 2,11). Ihr eigener leiblicher Tod widerlegt aber gerade nicht die Hoffnung auf ewiges Leben, sondern ist dessen notwendige Komponente (Joh 11,25; 12,24; 1Kor 15,36).

Lit.: W. Bieder: EWNT 2, ²1992, 319–330; H. Gese: Der Tod im Alten Testament, in: ders.: Zur biblischen Theologie, 1977, 31-54; F. Hesse, S. Schulz: »Tot und Totenreich«, EKL² Bd. 3, 1451–1454; H. W. Wolff: Anthropologie des Alten Testaments, ²1974, 150-176.

H.-W. Neudorfer

b) systematisch-theologisch

1. Theologische Thanatologie im Horizont der Christologie

Durch den Tod Jesu Christi hat Gott in der Geschichte die Ursache des Todes überwunden. Durch seine leibliche →Auferstehung führt Jesus die neue Schöpfung herauf und eröffnet dem Glaubenden den Zugang zu ewigem Leben. Leben ist Gottesgemeinschaft (1Mo 1,2).

Tod ist Verwirklichung der Gottesferne. Sowenig der Mensch aus eigener Anstrengung den Tod zurücknehmen kann, sowenig vermag er aus eigener Kraft dessen Ursache, die →Sünde, aufzuheben (Röm 3,28). Aber zu dem Menschen, der aus seiner Schuldverhaftung nicht zur Gottesgemeinschaft ins Leben aufsteigen kann, zu dem ist Gott durch Jesus Christus in den Tod hinabgestiegen (Phil 2,6-8). Die Begegnung des Menschen mit dem Tod ist für den Menschen tödlich, die Begegnung Gottes mit dem Tod ist für den Tod tödlich.

Des Todes Tod wird in der leibhaftigen Auferstehung Christi manifest. Sie verheißt dem ganzen Menschen in leiblicher Personalität Auferweckung zu ewigem Leben, d.h. Erlösung aus der schuldhaften Verstrickung zeitlicher Endlichkeit zu unbegrenzter Gottesgemeinschaft (1Kor 15,42-49).

Die Kirche verkündigt in Wort und Sakrament Christi Tod und preist seine Auferstehung, bis er kommt. Die Lebenszeit des Menschen wird so →Gnadenzeit, indem sie zu verantworteter persönlicher Entscheidung Raum gibt (Joh 11,25f). Im Tod wird die Entscheidungsmöglichkeit zur endgültigen, d.h. am Ende gültigen Wirklichkeit des Entschiedenseins (Lk 12,18f).

Der Glaubende begegnet im Tod Christus als dem Bekannten, weil im Leben Erkannten und findet Geborgenheit in ihm. Gott führt die im Tode Entschiedenen ihrer letzten Entscheidung zu (Lk 16,22), indem er sie zu neuer Leiblichkeit erwecken und durch Christus richten wird. Er vollendet so den verantwortlich entschiedenen Menschen zur Gottesgemeinschaft des ewigen Lebens oder zur Gottferne des ewigen Todes (Hebr 9,27). Aus dem Gesagten läßt sich summarisch als These zum theol. Verständnis formulieren: Der Tod ist absoluter Wendepunkt der Existenz. Seine Diesseitigkeit ist ontologisch bestimmt durch den Zerfall des Leibes und ontisch durch den Abbruch zwischenmenschlicher Kommunikation. Jenseits der Todesgrenze steht die personale Begegnung mit Christus im Schauen. Sie ist Erfüllung des bereits im Glauben erfahrenen ewigen Lebens und die Erwartung der neuen Leiblichkeit im Eschaton, in dem Gott sein wird »alles in allem«.

2. Kritische Prüfung theologischer Thanatologie

Die Lehre von der →Unsterblichkeit der Seele und die Hoffnung der →Apokatastasis panton sind zwei besonders kritische Problemkreise in der neueren protestantischen Thanatologie.

a. Die platonische Unsterblichkeit der Seele wird zu Recht ihrer ontologischen Begründung wegen abgelehnt. Dabei darf aber nicht übersehen werden, daß das nicht gegenständliche Ich des Menschen auch im Tod von Gott nicht ins Nichts entlassen, sondern zur Verantwortung gezogen wird, d.h. in seiner Personstruktur erhalten bleibt. Widersprüchlich ist angesichts theol. Ablehnung der Unsterblichkeit die idealistisch-spiritualistische Reduktion der leiblichen Auferstehungshoffnung zu einem blassen Theologumenon; die Entplatonisierung gerät unter der Hand zur Replatonisierung. So z.B. bei Jüngel (Tod, 153): »Auferstehung von den Toten heißt Versammlung, Verewigung und Offenbarung gelebten Lebens.«

b. Im Anschluß an den Barthschen Heilsuniversalismus wird weithin eine gnädige Annahme des »unversöhnten Gottlosen« von vornherein soteriologisch vorausgesetzt. Damit entfällt der Ernst, in dem der richtende Christus Menschen gemäß ihrer Glaubensentscheidung und -praxis scheidet. Damit verkennt die Theologie aus humanen Idealen bereits den Charakter des Gerichts im vorfindlichen Elend menschlicher Geschichte als einem »Sein zum Tode«. Das selbstverschuldete Todesleiden in der Welt ist aber in sich zeichenhafter Hinweis auf das Leiden des »zweiten Todes«, das Folge abgelehnter Gnade bzw. festgehaltener Gottlosigkeit sein wird. Wer die zum Glauben rufende Unterscheidung von →Gericht und Gnade aufgibt, macht Gott zum unbegreiflichen Phantom angesichts des Elends in der Welt (vgl. dazu W. Borcherts Bühnenstück »Draußen vor der Tür«).

3. Leben angesichts des Todes – ethische und praktisch-theologische Konsequenzen

Der Glaubende erbittet von Gott jene Klugheit des Lebens, die das Sterben nicht verdrängt, sondern bedenkt, indem sie das Wort Gottes über Leben und Tod immer neu hört. Die Botschaft des Evangeliums macht frei von den Dingen, indem sie uns lehrt »zu haben, als hätten wir nicht« (1Kor 7,30) und befreit von der Ideologie der Selbstverwirklichung entsprechend dem Leitwort des Täufers: »Er muß wachsen, ich aber muß abnehmen« (Joh 3,30) – und übt so das Sterben ein. Das Evangelium führt zur Begegnung mit dem am Kreuz Sterbenden und übt so das Leben ein.

Die Spiritualität christl. *ars moriendi* (»Kunst des Sterbens«) befähigt zur Wahrhaftigkeit, weil sie der Wirklichkeit des Todes mit der Wahrheit des Evangeliums entgegentritt. Aus der Gewißheit, daß der Auferstandene den Tod überwunden hat, und aus dem Wissen um den einmaligen Entscheidungscharakter zeitlichen Lebens erwächst die Verpflichtung zum Zeugnis für die Wahrheit, d.h. zu mission. Verkündigung in Predigt, Unterricht und Seelsorge. Mission. Bereitschaft erfährt durch die Zeitlichkeit des Menschen ihre besondere Dringlichkeit. Mission bewährt ihren Inhalt als Verkündigung von Gericht und Gnade gerade in der Seelsorge an Sterbenden und Trauernden und in der Predigt am Grabe.

4. Auseinandersetzung mit philosophischen und religionsgeschichtlichen Verständnissen des Todes

a. Umgehung des Todes im Agnostizismus

Der →Agnostizismus hält die Frage nach der Möglichkeit bzw. Unmöglichkeit menschlicher Existenz über den Tod hinaus prinzipiell für unbeantwortbar. Er sieht richtig, daß der Mensch von sich aus in der Frage nach dem Sinn des Lebens angesichts des Todes zu keiner Gewißheit kommen kann und widersteht deshalb der Versuchung, in metaphysische Spekulationen auszuweichen. Im Gegensatz zu aller menschlichen Theoriebildung eröffnet aber christl. Glaube ein Wissen, das dem Menschen von Gott her zukommt. Der Glaube gründet in dem geschichtl. Ereignis der leibhaftigen Auferstehung Christi; er lebt aus der Erfahrung des Auferstandenen, der sich im inneren Zeugnis des Heiligen Geistes offenbart. So spricht Paulus von der Gewißheit, daß ihn weder Tod noch Leben von der Liebe Gottes in Christus trennen kann (Röm 8,38).

b. Leugnung postmortaler Existenz im Materialismus

Der →Materialismus definiert monistisch das Bewußtsein als neurologisches Substrat des Organismus. Es gibt kein Sein außer der Materie. Der Zerfall des Organismus bedingt somit das absolute Ende menschlicher Existenz. Nur die Gattung überlebt das Individuum.

Der Materialismus hält damit zwar die Bedeutung geschichtl. Realität und des Leib-Seins des Menschen fest, aber er reduziert die Anthropologie unzulässig auf Biologie und Neurologie und wird damit der Wirklichkeit des intelligiblen Bewußtseins nicht gerecht. Durch diese Reduktion entläßt er den Menschen angesichts des Todes in die Verzweiflung oder in die Illusion, der Tod sei Ausweg aus persönlicher Verantwortung.

c. Verlängerung irdischer Existenz im Animismus

Der →Animismus will dem Verstorbenen durch rituell vollzogenen Totenkult die Weiterführung seiner irdischen Existenz unter gewandelten Bedingungen ermöglichen. Die Toten bleiben somit den Lebenden in der sozial-rel. Kultgemeinschaft verbunden. Der Animismus hat eine Ahnung davon, daß Transzendenz des Todes in einem Kontext mit der Realität der vorfindlichen Welt stehen muß, aber er irrt mit den Sadduzäern in der Annahme, Auferstehung sei Repristination des Irdischen (Mt 22,23-33). Auferstehung der Toten ist weder Totenerweckung im Sinne der bloßen Wiederbelebung noch *creatio ex nihilo*, »Schöpfung aus dem Nichts«, sondern totale Verwandlung des sterblichen Leibes, eine Neuschöpfung an der vorfindlichen Schöpfung.

d. Repristination irdischer Existenz im →Spiritismus

Der →Spiritismus beschwört mittels okkulter Medien (→Okkultismus) Totengeister, die in ihrer irdischen Gestalt rematerialisiert werden. Der Totengeist soll – so der Selbstanspruch – durch zeitlich begrenzte Rückführung in den praemortalen Zustand Wissenserweiterung vermitteln. Der Spiritismus weist auf den ontischen Zusammenhang zwischen dem Tod und dem Bösen hin. Der Tod als Enthüllung gottloser Existenz ist nicht lediglich als neutrischer Zustand zu verstehen, sondern als personale Machtwirkung radikaler Gottlosigkeit. Thanatologie und Satanologie (→Satan) stehen in einem ontologischen Bezug. Spiritistische Praxis ist deshalb grundsätzlich unter Gottes Verbot gestellt und in ihrer Wirkung immer tödlich (1Sam 28,3-20). Der Christusglaube deckt diesen Zusammenhang auf: »Christus hat durch seinen Tod dem die Macht genommen, der des Todes Gewalt hatte, nämlich dem Teufel« (Hebr 2,14).

e. Apotheose des Ich im Idealismus
Der →Idealismus sieht im Ich die Eigentlichkeit menschlicher Existenz. Im Augenblick des Todes wird das Ich aus dem Gefängnis des Organismus befreit. Der reine Geist erhebt sich in die Freiheit göttlicher Zeitlosigkeit. Damit trägt der Idealismus der notwendigen Unterscheidung zwischen Bewußtsein und Leibsein des Menschen Rechnung, aber er verkennt das Wesen des Todes, indem er dessen Ursache in der Leiblichkeit des Existierens sieht. Die Erlösung liegt aber nicht in der dualistischen Trennung von Leib und Seele, sondern in der Überwindung der Trennung von Gott und Mensch.

f. Aufhebung des Todes im Pantheismus
Im →Pantheismus kehrt die akzidentielle irdische Existenz nach zahllosen vom Karma bestimmten Reinkarnationen aus leidvoller Individuation (Maya) zurück ins Nirwana. Dies wird monistisch als das ichlose, allseiende Göttliche vorgestellt.

Der Pantheismus übersieht den fundamentalen Unterschied zwischen Schöpfer und Geschöpf und damit die Personalität Gottes und des Menschen. Er macht aus dem immanenten Monismus des Materialismus einen transzendenten der Metaphysik. Mit dem Verlust der Persönlichkeit ist auch der Verlust geschichtl. Verantwortung verknüpft. Die weithin mit dem Pantheismus verbundene Reinkarnationstheorie erkennt zwar den Unterschied zwischen Individualität und Schicksal, verkennt aber den einmaligen Entscheidungscharakter menschlicher Existenz, indem sie das Leben durch unzählige Wiedergeburten zur bloßen Episode degradiert. Sie unterwirft den Vollzug der Erlösung der kausalen Mechanik des Karma, indem sie die Gnade leugnet und das Ziel der Erlösung in der Entpersönlichung statt in der persönlichen Rechtfertigung sucht.

Lit.: J. Choron: Der Tod im abendländischen Denken, 1967; W. Fuchs: Todesbilder in der modernen Gesellschaft, 1973; R. Hummel: Reinkarnation, 1988; E. Jüngel: Tod, 1971; O. Kaiser: Tod und Leben, 1977; S. Kettling: Du gibst mich nicht dem Tode preis, 1989; T. Khoury (Hg.): Weiterleben – nach dem Tode? Die Antwort der Weltreligionen, 1985; A. Mauder: Die Kunst des Sterbens. Eine Anleitung, ³1976; F. Rienecker: Das Schönste kommt noch, 1964; G. Scherer: Das Problem des Todes in der Philosophie, ²1988; P. Seur: Die Zukunft der Toten nach dem Sterben, ⁹1974.

R. Hille

c) praktisch-theologisch

T. und St. sind Themen der Praktischen Theologie, da sie für die Praxis der Gemeinden in vielfacher Hinsicht bedeutsam werden: in der seelsorgerlichen Begleitung von Leidenden, Sterbenden und Trauernden, in der Verkündigung über das Sterbenmüssen des Menschen, Gericht und Gnade, Auferstehung, Himmel und Hölle, in der Auseinandersetzung mit zeitgenössischen Denk- und Glaubensmustern im Hinblick auf Evangelisation und Apologetik, in der lebensbegleitenden Bildungsarbeit der Gemeinde als Einübung in abschiedliches Leben.

Dabei ist die oft vetretene These von der »Verdrängung des T.es in der modernen Gesellschaft« zu modifizieren. Da es seit der Aufklärung möglich geworden ist, ohne religiöse Bindung zu leben, entfällt nun auch die religiöse Klärung des Todesthemas. Das Leben muß nun sich selbst zum eigenen und ausschließlichen Sinn werden (vgl. Hasenfratz, 50). Die Realität des T.es kann nur schwer ertragen werden. Darum wird der kaum noch im Alltag erlebbare, weil in Kliniken und Altenpflegeheimen institutionell verortete T. in der Tat »verdrängt«. Gleichzeitig wird aus Lebenshunger Lebensgier, die sich in verschiedener Weise äußert: als in den 90er Jahren modischer »Egotrip«, als Sexbesessenheit, als neurotisch aufgeblähter Sport- und Gesundheitskult, als Streben nach Lebensverlängerung um jeden Preis, in seltsamen, vor allem nordamerikanischen Bestattungsriten (»funeral cosmetic«), aber auch – nahezu paradox – in einer medialen Gewalt- und Todesdarstellung auf Distanz in Fernsehen, Kino und Video.

Auf der anderen Seite sind dem normalen, entkirchlichten Zeitgenossen biblische Vorstellungen vom T. als »Lohn der Sünde« (Röm 6,23) ebenso fern wie die Hoffnung auf die Auferstehung von den Toten durch Jesus Christus (1Kor 15). In das so entstandene Vakuum dringen wiederum andere religiöse Muster ein, sodaß auch der moderne und erst recht postmoderne Zeitgenosse alles andere als »a-religiös« ist: populär vermittelte Vorstellungen von der Reinkarnation oder weit verbreitete Berichte über religiös gedeutete Erfahrungen sterbender Menschen finden ein sehr aufmerksames Publikum. Hier wird aus dem »verdrängten« Tod geradezu ein Modethema. Allerdings erreichen diese Vorstellungen weder den Ernst des biblischen Denkens vom Tod als letztem Feind (1Kor 15,26) noch den Jubel des Evangeliums gegenüber dem durch Jesu Auferstehung besiegten Tod (1Kor 15,55).

In der praktischen Theologie sind neben Fragen der →Euthanasie, der →Organtransplantation und anderer pastoralmedizinischer Fragen vor allem zwei Themen wichtig.

1. Die Auseinandersetzung mit zeitgenössischen Todes- und Sterbevorstellungen.

Dabei wird immer mehr der T. als natürlich anerkannt, während das St. als Aufgabe erscheint. In besonderer Weise sind die Vorstellungen von Elisabeth Kübler-Ross über das St. und den T. wirksam geworden. Kübler-Ross hat zunächst empirisches Material an Hand von »Interviews mit Sterbenden« gesammelt, dieses aber immer stärker auch mit weltanschaulich-religiösen Inhalten verbunden, die im Ganzen dem Paradigma des »New Age« verpflichtet sind. Dabei bezieht sie sich am stärksten auf die sogenannten »Todesnähe-Erfahrungen«, z.B. klinisch toter und dann erfolgreich reanimierter Patienten. Diese besonderen Erfahrungen lassen ihrer Meinung nach ein immer gleiches Erfahrungsschema erkennen: der klinische T. wird als Austritt des Ich aus dem Körper erlebt (Exteriorisation). Das Ich schwebt nun über dem Körper und betrachtet die ärztlichen Rettungsversuche. Es erfährt sich als intakt: Blinde z.B. können wieder sehen. Ein Jenseitsführer führt das Ich durch einen Tunnel, an dessen Ende Licht scheint. Das ganze Lebenspanorama erscheint: es kommt zu einer umfassenden Lebensrevision. Aber alle versäumten Lebenschancen sind gleichsam aufgehoben durch die Erfahrung umfassender Liebe und Geborgenheit. Das Ich erlebt seine Wiedervereinigung mit der Quelle alles Seins. Das St. ist schön; die Reanimation im Grunde ein Schock. Summe: das St. ist nur ein Übergang, eine Verwandlung; der T. ist im Grunde nicht existent (vgl. Hasenfratz, 53-55; Kettling, 38-42). Diese Erfahrungen werden von Kübler-Ross zu einem rel. Gesamtbild des freundlichen, guten T.es addiert. Abgesehen davon, daß die physiologische Deutung der Todesnähe-Erfahrungen zu klären ist (Endorphin-Ausschüttungen), ist die postsäkulare, synkretistische Metaphysik bei Kübler-Ross kritisch zu prüfen. Die Berichte sind eben Berichte vom St. und nicht vom T. Sie können nicht herhalten als Beleg für eine Welt des Jenseits. Kritisch wahrzunehmen ist auch die ausdrückliche Leibfeindlichkeit dieser Gedanken: der Leib ist hier nur der Kokon des schönen Schmetterlings, den dieser doch so bald wie möglich abzulegen trachtet. Wahrzunehmen ist auch, daß andere Autoren (vgl. Kettling, a.a.O.) nicht nur von »himmlisch schönen« Erfahrungen berichten, sondern auch von wahren »Höllenfahrten«. Davon, auch von Gericht und letzter Scheidung unter den Menschen, schweigt die auflagenstarke »Presse« der Todesnähe-Erfahrungen zumeist. Sie erscheint unter sozialpsychologischem Aspekt letztlich nur als eine Variante der Todesverdrängung (Hasenfratz, 57).

2. Die der christlichen Gemeinde aufgetragene seelsorgerlich-diakonische Begleitung Leidender, Sterbender und Trauernder

Hier ist der zeitgenössische Hintergrund erneut von besonderer Bedeutung, wie ihn z.B. J. Habermas als Soziologe beschreibt, wenn er urteilt, daß in Anbetracht »der individuellen Lebensrisiken ... eine Theorie nicht einmal denkbar (sei), die die Faktivitäten von Einsamkeit und Schuld, Krankheit und Tod hinweginterpretieren könnte; die Kontingenzen, die an der körperlichen und der moralischen Verfassung des Einzelnen unaufhebbar hängen, lassen sich nur als Kontingenz ins Bewußtsein heben: mit ihnen müssen wir, prinzipiell trostlos, leben« (zitiert bei Wintzer, 139).

Angesichts dieser »Kontingenz« ist christliche Diakonie und Seelsorge berufen, Hilfen zur »Kontingenzbewältigung« von Krankheit und Tod anzubieten und die »prinzipielle Trostlosigkeit« zunächst als »Kreuz der Wirklichkeit« (Manfred Seitz) zu tragen, aber dann auch durch den Trost des Evangeliums (2Kor 1,3-11) zu beantworten. →Seelsorge als Trost ist hier angesagt, sowohl in der Begleitung Leidender, wie in der ausdrücklichen →Sterbebegleitung und auch in der Begleitung in Zeiten der →Trauer. In diesem Kontext steht auch das Bemühen, in Hospizen Menschen die letzte Lebensphase so schmerzfrei, liebevoll und würdig zu gestalten wie möglich und sie auch zu begleiten, wenn sie zu Hause sterben wollen. Seelsorge als Trost bezieht dann auch die →Amtshandlungen, hier besonders das →Begräbnis mit ein.

In jedem Fall geht es vor allem um ein Sich-Einlassen auf die Not des leidenden Menschen im Angesicht von St. und T. (vgl. Hiob 2,11 und 21,2), um ein Annehmen des leidenden Menschen angesichts von St. und T., dann aber eben auch um das Bezeugen des Evangeliums von der →Auferstehung der Toten. Der Sterbende ist nicht in seiner Not zu beschwichtigen. Seine Betrachtung der eigenen Lebensgeschichte, seine Auseinandersetzung mit Gelungenem und Verfehltem, die Klärung des noch zu Klärenden – all das sind elementare Bedürfnisse sterbender Menschen. Nach J.Chr. Student (zitiert bei Godzik/Jeziorowski, 27f) geht es Sterbenden um vier Grundbedürfnisse: (1) in einer vertrauten

Umgebung sterben, (2) ohne drückende körperliche Beschwerden sterben, (3) anstehende Dinge noch regeln können, um loslassen zu können, (4) eine Antwort auf die Sinnfrage bekommen. Hier kann dem Sterbenden bezeugt werden, daß sein Leben trotz aller Verfehlungen bei Gott angenommen ist, und daß er sich darum auch mit Gott, seinem Nächsten und der eigenen Biographie versöhnen darf, um sich dann in der Hand des Herrn über Leben und Tod zu bergen. Äußere Zeichen des Glaubens wie das Abendmahl, die →Beichte, der →Segen, aber auch ein sorgsam ausgesuchtes Bild an der Wand können die Bezeugung des Evangeliums verstärken bzw. selbst vermitteln. Vieles hängt davon ab, ob es zu einer gelingenden Kommunikation zwischen dem Leidenden und seinem Seelsorger kommt. Hat der Gesprächspartner selbst unbearbeitete Ängste vor St. und T., wird er in das Gespräch mit dem Leidenden belastet hineingehen und damit wieder auf den Leidenden belastend und nicht entlastend wirken. All diese Themen betreffen Menschen jedes Alters, auch wenn die →Kinderseelsorge im Blick auf diese Fragen lange Zeit ein vergessenes Thema der Theologie war.

Dabei stellen sich besondere Fragen im Umfeld von St. und T.: z.B. nach der möglichst optimalen Schmerztherapie für Leidende, nach der Begrenzung des Leidens bis hin zur Frage nach der Euthanasie, nach dem tiefen Wissen des Patienten um sein Ergehen und Sterbenmüssen (vgl. z.B. Tolstois Werk »Der Tod des Iwan Iljitsch«) und somit auch nach der Wahrhaftigkeit in einer tragfähigen Beziehung zwischen Patienten, Ärzten, Pflegenden, Seelsorgern und Angehörigen. Hier geht es um mehr als um korrekte Auskünfte: hier geht es um das, was der Patient für sich und mit anderen zusammen tragen und leben kann. Quälend und isolierend ist jedenfalls die Verharmlosung der Situation, die Verdrängung der Frage nach dem St. und die Lüge bei einer klaren Frage nach Diagnose und Prognose oder die Flucht in belanglose Floskeln. Generell ist darauf zu verweisen, daß die Vereinsamung des Sterbenden für sein Erleben die größte Schwierigkeit darstellt.

Das St. von Menschen vollzieht sich nicht nach festgeschriebenen Phasen. Jeder Mensch wird sein St. als individuelles Geschehen erleben. Wie er es erlebt, wird davon abhängen, wie er zuvor gelebt und was er geglaubt hat, wie er durch Krankheit und Schmerz beeinträchtigt ist, wie stabil seine Beziehungen sind, in welcher Umgebung er stirbt, in welchem Maß er informiert ist und sich mit seinem Ende abgefunden hat. Es hängt auch davon ab, ob er in seinem Leben gelernt hat, Abschiede als kleine Tode zu akzeptieren, ob er also »abschiedlich« zu leben lernte. Die in Interviews mit Sterbenden erarbeiteten Phasen (E. Kübler-Ross) sind eine gute Wahrnehmungshilfe (jedenfalls, wenn das St. sich über einen gewissen Zeitraum hinzieht und sich nicht jäh ereignet), aber nicht im Sinne einer »sozialpsychologischen Trivialisierung« (D. Rössler, 190) ein »Fahrplan des Sterbens«.

C.A. Nighswonger hat die von E. Kübler-Ross in Interviews mit Sterbenden erarbeiteten »Phasen des Sterbens« etwas modifiziert und individualisiert (referiert bei Wintzer, 143f):

1. Schockphase. Hier wird der Patient das St. zunächst verneinen. Unter Umständen reagiert er mit Panik. Diese Phase braucht der Patient, um Kräfte zu sammeln. Dauert dieser Zustand lange an, kann das darauf hinweisen, daß der Patient sich nicht mit seiner Situation arrangiert.

2. Ausgeprägte Emotionen prägen die zweite Phase: Wut, Bedrückung, Ärger, Schuld, Zorn (»Warum ich?«). Aggressivität ist oft belastend für die Umgebung. Gesucht wird vom Patient ein Verstehen und Gemeinschaft statt Isolation. Gelingt es nicht, Gefühle zu artikulieren, bleibt oft nur der Ausweg in die Depression.

3. Verhandlung mit Gott und den Menschen um etwas Verlängerung oder Aufschub. Am Ende dieser Phase können das Annehmen des Unvermeidlichen, aber auch zunehmend endgültige Bitterkeit stehen.

4. »Erkenntnis«: in dieser Phase werden Glaubenssätze einer Lebensprobe unterzogen. Realistische Hoffnung oder Verzweiflung stehen am Ende.

5. »Verbindlichkeit«: hier geht es wiederum um die Annahme der Situation oder das Überhandnehmen der Resignation. Die rationalen Einsichten müssen jetzt auch emotional nachvollzogen werden.

6. In der Phase des »Abschlusses« wird kaum noch gesprochen; es muß nun auch nicht mehr gesprochen werden. Wird der Glaube durchtragen, oder muß der Tod als Ende von Einsamkeit und Verzweiflung herbeigesehnt werden? Wichtig ist, daß »gutes Sterben« nicht zum neuen Gesetz erhoben wird: Auch Christen können im St. in tiefste Anfechtung geraten, die jedoch nichts über ihren »Heilsstand« aussagen muß. Der Trost des von außen kommenden Evangeliums gilt dem Sterbenden wie seiner Umgebung. Nicht die Gläubigkeit des Sterbenden, sondern Christus als Herr über den Tod trägt durch.

St. und T. werden in unterschiedlicher Weise auch von der jeweiligen Umwelt erfahren: von den behandelnden Medizinern als »kränkende« Niederlage; von den Angehörigen als Schock und Verlust, aber vielleicht (meist uneingestanden) auch als Entlastung. Seelsorge wird es hier mit der Hilfe zur →Trauer zu tun haben.

Manfred Seitz benennt die fünf wesentlichen Schritte einer christl. →Sterbebegleitung (in: Godzik/Jeziorowski, 60-66): (1) Wir lassen den Sterbenden unsere Nähe spüren. (2) Wir weichen einem Gespräch über den Ernst der Lage nicht aus. (3) Wir umgeben ihn mit den von der Kirche angebotenen Mitteln. (4) Wir erweisen ihm den letzten Dienst, wenn sich das Ende naht (z. B. durch den Sterbesegen). (5) Wir befehlen ihn und uns der Barmherzigkeit Gottes.

Lit.: P. Ariès: Geschichte des Todes, 1980; R. Fuchs: Stationen der Hoffnung, 1984; P. Godzik, J. Jeziorowski (Hg.): Von der Begleitung Sterbender, 1989; H.-P. Hasenfratz: »Sinngebung des Todes in säkularer und › postsäkularer ‹ Welt«, in: Glaube und Lernen 9 (1994), 50-59; K. Hennig: Gottes Wort – Geleit im Sterben. Zum Dienst an Schwerkranken und Sterbenden, [2]1985; S. Kettling: Du gibst mich nicht dem Tode preis, 1989; E. Kübler-Ross: Interviews mit Sterbenden, 1971; H.-Chr. Piper: Gespräche mit Sterbenden, 1977; F. Rest: Sterbebeistand, Sterbebegleitung, Sterbegeleit, [3]1994; D. Rössler: Grundriß der Praktischen Theologie, 1986, 190f; M. Schibilsky: Trauerwege. Beratung für helfende Berufe, [3]1992; F. Winter: Seelsorge an Sterbenden und Trauernden, 1976; F. Wintzer: »Zum Seelsorgegespräch mit Sterbenskranken«, in: ders.: Praktische Theologie, [2]1985, 139–149.

M. Herbst

Tod Christi →Kreuz, →Versöhnung

Todesstrafe

Die Problematik der T. ist zunächst in den Gesamtrahmen von Schuld und Strafe zu stellen. Die Entsprechung von Tat und Strafe in der viel zitierten und mißdeuteten atl. Gesetzesanweisung »Leben um Leben, Auge um Auge, Zahn um Zahn« (2Mo 21,23f; vgl. 3Mo 24,20f) hat den Sinn, Maßlosigkeit im Strafhandeln auszuschließen. Das rechte Maß wird in der Entsprechung gefunden (*ius talionis* – Spiegelstrafe). Das atl. Gesetz bejaht in diesem Zusammenhang die T., was auch Jesus bestätigt (Mt 5,21) und Paulus als selbstverständliche Praxis der Völker voraussetzt (Röm 13,4). Das »Gesetz überantwortet den Tötenden deshalb der Tötung, weil es das Leben heiligt und es dem Volksgenossen verbürgt« (A. Schlatter).

Zu solcher Begründung der T., die man im weiteren Sinn auch als naturrechtliche bezeichnen kann, tritt im AT noch eine theol., die in der Reinheit und Heiligkeit des von Gott auserwählten Volkes begründet ist. Deshalb betont das Heiligkeitsgesetz 3Mo 17-26, daß die Heiligkeit Gottes das »Wegschneiden« alles Entweihenden aus Volk und Land verlangt (3Mo 17,4.9.10.14; 18,29 u. ö.). Auch in 5 Mo wird zur Begründung der T. wiederholt die Formel gebraucht: »So sollst du das Böse aus deiner Mitte, bzw. aus Israel, › wegräumen ‹« (insgesamt neunmal, z. B. 5Mo 13,9; 17,7 u. ö.).

Zu diesen Bestimmungen treten in der Bibel zugleich die Bemühungen um eine Eingrenzung der T. Dazu gehört die Unterscheidung zwischen Mord und Totschlag (2Mo 21,13) und die Festlegung von Freistädten für den Totschläger (4Mo 35,11ff; 5Mo 4,41-43; Jos 20,1ff). Ferner darf ein Mörder nur aufgrund der übereinstimmenden Aussage von mindestens zwei Zeugen, rechtsfähigen Männern, verurteilt werden (4Mo 35,30; 5Mo 19,15). Jesus fordert den Richtenden zur Selbstprüfung auf (Joh 8,1ff; Mt 5,21ff).

Im Blick auf die heutige Situation gilt: Die besondere theol. Begründung des AT für die T. entfällt, weil nach dem NT gemäß dem Jesuswort »Mein Reich ist nicht von dieser Welt« (Joh 18,36) die Einheit von Gottesvolk und Staatsvolk (Theokratie) nicht für die Kirche und die außerisraelit. Völker gilt (→Zwei-Reiche-Lehre). Der bleibende Sinn und die Aktualität des Heiligkeitsgesetzes und anderer atl. theol. Begründungen der T. besteht darin, zu zeigen, wie schwer die Sünde vor Gott wiegt und daß der Sünder vor Gott sein Leben verwirkt hat. Nur durch Jesu Christi stellvertretendes Leiden und Sterben wurde der sündige Mensch von der Strafe des ewigen Todes losgekauft (Gal 3,13; 4,5; Tit 2,14; 1Petr 1,18f).

Die mittelalterl. Praxis der T. für Ketzer hing mit dem Irrtum einer theokratischen Staatsauffassung zusammen. Die Argumentation des Apostels Paulus in 1Kor 5,5 mit dem Urteil über einen Blutschänder, auf die man sich dabei scheinbar stützen kann, gilt für die Gemeindezucht und meint eine geistl. Strafe mit der Möglichkeit der Umkehr, nicht aber die Auslieferung des Sünders an den Staat zum Vollzug der T.

Es bleibt die naturrechtliche Begründung der T. als Ausdruck des Lebensschutzes. Diesbezüglich sind seit der Aufklärung, auch aufgrund christl. Tradition, erhebliche Bedenken gewachsen: In totalitären Staaten hat sich der Sinn der T. in sein Gegenteil pervertiert, weil sie dort nicht mehr Zeichen des Lebensschutzes ist, sondern Ausdruck der Lebensverachtung wird. Auch in demokratischen Rechtsstaaten bleibt die besondere Problematik der T. bestehen, die darin liegt, daß es sich um eine unrevidierbare, absolute Strafe handelt. Ein Justizirrtum kann nicht wiedergutgemacht werden. In den komplizierten modernen polit., gesellschaftl. und technischen Zusammenhängen kann keine Instanz Absolutheit und Unfehlbarkeit beanspruchen. Ferner: Der Vollzug der T. (Hinrichtungsarten) widerspricht dem heutigen Verständnis von Menschenwürde. Das Argument, T. schrecke potentielle Mörder ab, trifft erwiesenermaßen nicht zu. Nur bei schweren Störungen der öffentlichen Ordnung (etwa Kriegszustand, Anwendung des Standrechts) vermag T. Menschen von unerwünschten Verhaltensweisen abzuschrecken, aber gerade in solchen Situationen ist Mißbrauch der T. bes. häufig. Es bleibt das Argument des Schutzes der Gemeinschaft vor dem Täter. Hier jedoch bietet die lebenslange Haft eine früheren Gesellschaften nicht bekannte und damals auch kaum praktizierbare adäquate Alternative zur T., die die genannten Nachteile vermeidet und revidierbar bleibt. Deshalb sprechen die theol. und ethischen Überlegungen gegen die Anwendung der T.

Die Fragen der Notwehr und Nothilfe sowie des Tyrannenmordes gehören nicht im engeren Sinn zum Problemkreis der T. (→Gewalt, →Krieg). In Deutschland ist die T. laut Art. 102 GG abgeschafft.

Lit.: R. Herzog, H. P. Alt: »Todesstrafe«, EStL, ²1975, 2631–2637; H. Thielicke: Theologische Ethik III, ²1968, 1463ff.

R. Mayer

Todsünden, sieben

Als die sieben Hauptsünden (landläufig auch die sieben T.n genannt) gelten seit dem frühen MA: Hochmut *(superbia)*, Geiz *(avaritia)*, Wollust *(luxuria)*, Zorn *(ira)*, Unmäßigkeit *(gula)*, Neid *(invidia)*, Trägheit *(acedia)*. Hauptsünden *(peccata capitalia)* sind nach der kath. Moraltheologie böse Neigungen, die Ursache von Sünden mannigfacher Art werden können; Hauptsünden werden sie wegen der Größe und Weite ihres Einflusses genannt. Die Bezeichnung der Hauptsünden als T.n ist nicht korrekt; als T. gilt nach kath. Lehre vielmehr jede mit voller Erkenntnis und Freiheit vollzogene Übertretung des göttlichen Gebotes in einer wichtigen Sache; T. heißt sie, weil sie das (geistl.) Leben im Kern bedroht. Demnach können die Hauptsünden zwar zu T.n werden, wenn die genannten Bedingungen erfüllt sind; sie sind es aber nicht von vornherein. Der Begriff der Hauptsünden setzt wie der der T.n die Möglichkeit voraus, die Sünden hinsichtlich der Schwere ihrer →Schuld zu gewichten und dementsprechend einzuteilen. Die in der kath. Theologie bis heute übliche Einteilung in T.n *(peccata mortalia)* und läßliche oder vergebbare Sünden *(peccata veniale)* beruft sich auf 1Joh 5,16-17. In der kath. Morallehre hat die Unterscheidung Bedeutung für die Beicht- bzw. Bußpraxis; nach ihr werden die Genugtuungen bestimmt. Die reformat. Theologie hat demgegenüber an die Wahrheit erinnert, daß keine →Sünde an sich vergebbar, sondern immer »tödlich« ist. Denn jede Sünde ist Sünde gegen Gott; und weil der Mensch durch die Sünde von Gott, der Quelle des Lebens, getrennt wird, führt die Sünde zwangsläufig zum Tod (Röm 5,12; 6,23; 7,11). In diesem Sinne ist jede Sünde wesentlich T. Weil aber Jesus Christus durch seinen stellvertretenden Tod alle Sünden gesühnt hat (1Joh 2,2), ist jede Sünde vergebbar (1Joh 1,9; vgl. Mk 3,28). Diese Wahrheit sollte aber nicht zu einer abstrakten Allgemeinheit verkümmern und den Blick für die konkrete Unterschiedenheit der Sünden verstellen. Trotz der wesentlichen Gleichheit der Sünde setzt auch das NT Gradunterschiede voraus (z. B. Mt 10,15; 11,22.24; Lk 12,47f; Joh 19,11; 1Tim 5,8; 2Petr 2,20). Bei der Bestimmung der Hauptsünden verließ die altprot. Theologie die alte Einteilung und orientierte sich mehr an 1Joh 2,16, wo von drei Sünden die Rede ist: Lust des Fleisches, Lust der Augen, Hochmut des Lebens. Als unvergebbare (Tod-) Sünde kann nach Mk 3,29 (und par.) einzig die Sünde wider den Heiligen Geist angesehen werden: der die Offenbarung Gottes in Jesus Christus voraussetzende beharrliche Widerspruch und Widerstand gegen das Gnadenhandeln des Hl. Geistes (vgl. Hebr 6,4-6; 10,26-29).

Neben der Einteilung der Tatsünden *(peccata actualia)* hinsichtlich ihres Gewichtes (schwere – leichte Sünden; Hauptsünden) sind noch Einteilungen nach anderen Kriterien möglich, z. B. hinsichtlich der Form (begangene Sünden – Unterlassungssünden), der Beteiligung des Subjekts (willentliche – unwillentliche Sünden, bewußte – unbewußte Sünden), der subjektiven Sphäre (innerlich – äußerlich: Sünden der Gedanken - des Redens – des Tuns), des Objekts (Sünden gegen Gott – den Nächsten – sich selbst).

Lit.: Chr. Gestrich: Die Wiederkehr des Glanzes in der Welt. Die christliche Lehre von der Sünde und ihrer Vergebung in gegenwärtiger Verantwortung (1989), 248–256; H. Jone: Katholische Moraltheologie (⁴1931), 67-83; E. Luthardt: Kompendium der theologischen Ethik (1896), § 22, 83-90.

H.-P. Willi

Todt, Rudolf (1839–1887)

Ev. Pfarrer in Barenthin und seit 1881 Superintendent in der Mark Brandenburg. Angeregt durch einen Artikel A. → Stoeckers in der Neuen Ev. Kirchenzeitung verfaßte T. 1877 das Werk, das ihn bekannt machen sollte: »Der radikale deutsche Sozialismus und die christliche Gesellschaft«. T. stellte – auf der Höhe des Kulturkampfes und der Sozialistengesetze – erstmals dar, daß die Auffassungen der Sozialdemokratie dem ntl. Zeugnis nicht wesentlich entgegenstehen. Er lehnte lediglich den vom Sozialismus propagierten Atheismus ab. Die Reaktionen aus dem kirchl. Raum waren harsch. Der EOK warnte die Pfarrerschaft vor den »Gefahren der sozialen Bewegung« und die Innere Mission ignorierte T.s Werk. Eigentlich ein konservativer Theologe, hat T. die soziale Frage vom NT her beleuchtet. T. redigierte das Blatt »Der Staatssozialist« und gründete zusammen mit Stoecker u. a. den »Zentralverein für Sozialreform auf religiöser und konstitutioneller Grundlage«.

Lit.: R. Todt: Der innere Zusammenhang ... zwischen dem Studium der Theologie und dem Studium der Sozialwissenschaften, 1877;

W. Bredendiek: Christliche Sozialreformer im 19. Jahrhundert, 1953, 287–349; J. Kandel: Protestantischer Sozialkonservatismus am Ende des 19. Jahrhunderts: Pfarrer Rudolf Todts Auseinandersetzung mit dem Sozialismus im Widerstreit der kirchlichen und politischen Lage, 1993.

H.-J. Hoeppke

Toland, John (1670–1722)

Das Zeitalter der Toleranz begann in England mit der Glorreichen Revolution 1688. Diese Toleranz ermöglichte Diskussionen über das Wesen des englischen Protestantismus. Als Deist ist T. eine der wichtigen Figuren der Frühaufklärung gewesen. Er versuchte, Gott durch die menschliche Vernunft verständlich zu machen. Sein berühmtes Werk »Christianity not Mysterious« erschien 1696, ein Jahr nachdem Locke sein »Reasonableness of Christianity« veröffentlicht hatte.

T. wurde in Irland geboren und katholisch erzogen. Mit 16 Jahren wurde er Mitglied der Kirche von Irland, d.h. evangelisch und begann sodann seine stürmische Laufbahn. Er studierte an den Universitäten von Glasgow, Edinburgh, Oxford und Leiden. Das irische Parlament verurteilte 1698 sein »Life of Milton«, weil er in dieser Biographie Zweifel an der Echtheit einiger kanonischer Bücher der Bibel geäußert hat. Fluchtartig verließ er Irland. Seine Skepsis gegenüber der Bibel hat er in verschiedenen Schriften wiederholt, z.B. in seinen »Letters to Serena«, (1704), »Amyntor« (1699). 1705 entwickelte er den Begriff »Pantheismus«, entfaltete und vertiefte diesen später in seiner Schrift »Pantheisticon« (1720).

Das anonym erschienene Werk, »Christianity Not Mysterious: Or a Treatise Shewing that is Nothing in the Gospel Contrary to Reason nor Above it« (1696) ist sein wichtigstes Werk gewesen. Es entfesselte die erste große Auseinandersetzung über den Deismus.

Einige wollten die Regierung überzeugen, das Buch zu verbieten, aber die Mehrheit der Intellektuellen war anderer Meinung. T. war sehr populär, obwohl die Qualität des Werkes kaum hervorragend war. Viele lobten ihn, weil er Locke erfolgreich anwendete. T. wie Locke glaubten, daß das Wissen aus der Übereinstimmung von Ideen entsteht. Trotzdem ist der Unterschied zwischen Locke und T. groß gewesen. Locke behauptete, daß das Christentum vernünftig ist aber T. war der Meinung, nichts was der Vernunft widerspricht, könne christlich sein. Er glaubte fest, das Christentum könnte »not mysterious« sein.

Lit.: G. R. Cragg: From Puritanism to the Age of Reason, 1950; D. L. Edwards: Christian England«, Bd. 2, 1983; P. Gay: The Enlightenment, 1967; J. Redwood: Reason Ridicule and Religion. The Age of Enlightenment in England 1680–1750, 1976.

R. C. Walton

Toleranz

1. T. (von lat. *tolerare*, »ertragen, erdulden«) als Aushalten der Spannung, die durch das Anderssein anderer Menschen in Denken, Wollen und Empfinden entsteht, ist eine soziale →Tugend, die überall unumgänglich nötig ist, wo Menschen zusammenleben. Traditionell verbindet sich der Begriff der T. bes. mit dem Verhältnis zu rel. Überzeugungen bzw. unterschiedlicher rel. Überzeugungen untereinander.

2. In der monotheistischen Offenbarungsreligion Israels ist nach dem ersten Gebot des →Dekalogs für den Israeliten die Beteiligung an anderen Kulten ausgeschlossen. Eine Konsequenz dieser Haltung kann im AT auch die Zerstörung fremder Kultstätten innerhalb des eigenen, des heiligen Landes sein, damit sie für das Volk Gottes nicht zur Versuchung zum Abfall werden können (2Mo 34,12f; 5Mo 7,25; 12,2f; 2Kön 23). Das NT macht den Ausschließlichkeitsanspruch seines Gottes (→Absolut-

heit) in der Form der →Mission auch nach außen hin geltend und ist in dieser Ausschließlichkeit (»Es ist in keinem anderen Heil«, Apg 4,12) intolerant. Diese Haltung richtet sich allerdings nicht gegen die Menschen, sondern sucht sie durch die Verkündigung zu gewinnen (»wir bitten an Christi statt«, 2Kor 5,20). Diese Haltung ist darin tolerant, daß sie auf allen Zwang verzichtet, vielmehr im Wissen darum, daß Glaube Werk des Heiligen Geistes ist, die Freiheit der Entscheidung gewährt und so die Verbreitung der →Wahrheit an die Regel der →Liebe bindet (Eph 4,15).

Ausdrücklich wird T. erwähnt im Blick auf das Verhalten der Glieder der christl. Gemeinde untereinander (*anechesthai*, Eph 4,2 = Kol 3,13). Paulus spricht kritisch von T. gegenüber Irrlehre (2Kor 11,4) und Intoleranz gegenüber der rechten Lehre (2Tim 4,3).

3. In Naturreligionen entsteht durch die Verbindung der Gottheiten mit bestimmten Funktionen (Gott des Krieges; Göttin der Liebe) oder Orten (Athen – Athene) keine notwendige Konkurrenz zwischen bestimmten Kulten im Sinne der Ausschließlichkeit. So gewährte das →Römische Reich in der Regel allen Kulten (Kultvereinen) Freiheit der Religionsausübung. Auch das →Judentum galt als sog. »erlaubte Religion« (*religio licita,* Tertullian, Apol. 21), sogar, seit Caesar, mit besonderen Privilegien, die der freien Kultausübung dienten (Befreiung vom Militärdienst, ungehinderte Sabbatfeier, eigene Vermögensverwaltung und Rechtsprechung, Schürer II 520ff), wofür es auch seinerseits zur Duldsamkeit gegenüber den Anhängern anderer Kulte ausdrücklich aufgefordert wurde (Josephus, Antiquitates XIX 290). Dem frühen Christentum dagegen wurde seit Nero immer wieder die Duldung verwehrt, weil es als staatsfeindlich und unmenschlich galt. Erst das sog. Mailänder Toleranzedikt von 312 n.Chr. gewährte den Christen Duldung, die dann unter Theodosius dem Großen 391/392 in Unduldsamkeit gegen alle heidnische Religion im Reich umschlug. Auch die Juden waren zunehmenden Einschränkungen unterworfen. So entstand die aufs Ganze gesehen monolithisch christl. Kultur des Abendlands, die auch die gewaltsame Verfolgung von Ketzern und die zwangsmäßige Gewinnung Andersgläubiger einschließen konnte.

4. In der Reformation zerbrach diese monolithische Struktur. Luther verwarf allen Zwang in Glaubensfragen (Von weltlicher Obrigkeit, Clemen II 360). Der Augsburger Religionsfriede (1555) erbrachte die Duldung unterschiedlicher Konfessionen der Länder des Reiches. In der →Aufklärung wurde schließlich die →Religionsfreiheit des einzelnen und T. gegenüber seinen religiösen Überzeugungen zu einem grundlegenden gesellschaftlichen Postulat (J. →Locke, Briefe über die Toleranz, 1685-89; vgl. die Religionspolitik →Friedrich d. Gr.; das T.-patent Josephs II 1781; die Verkündigung der Religionsfreiheit als Menschenrecht in der amerikanischen Verfassung 1776). Auch innerhalb der Kirche kam es zur grundsätzlichen Infragestellung jedes rel. Ausschließlichkeitsanspruches, und zwar auf dem Hintergrund einer Konzentration der Religion auf ihre ethische Dimension (vgl. in →Lessings Ringparabel die Kraft des Ringes, »beliebt« zu machen im Sinne einer die Achtung und Zuneigung der Mitmenschen gewinnenden Lebensführung). J. S. →Semler suchte einen Kompromiß zwischen Staatsräson und Duldung individueller Freiheit in seiner Unterscheidung von Privatreligion und öffentlicher Religion. Bei →Schleiermacher kam es auf dem Hintergrund der kantschen Nichtobjektivierbarkeit Gottes zu einer rel. T. ermöglichenden prinzipiellen Subjektivierung der rel. Wahrheit (Reden, 63). Gegenwärtig besteht generell in der Gesellschaft wie auch in Kirche und Theologie die Tendenz, jede Geltendmachung eines rel. Ausschließlichkeitsanspruches als Akt der Intoleranz und damit der Inhumanität zu disqualifizieren (→Pluralismus, →Dialog).

5. Grundformen der Toleranz

a. T. ohne eigene Wahrheitsgewißheit führt zu einer indifferenten Haltung gegenüber der Wahrheit wie gegenüber dem Mitmenschen. Sie »erträgt« nichts und niemanden und ist insofern keine wirkliche T.

b. Bei T. mit nur subjektiver Wahrheitsgewißheit weiß der Glaubende sich von der Wahrheit zwar unbedingt betroffen, sieht sich aber nicht in der Lage, sie zu kommunizieren. So kann seine Wahrheit auch nicht in Konkurrenz zu anderen Wahrheitsansprüchen treten, die ja auch nur subjektiv sind. Die Frage aber ist, ob man hier von wirklicher Wahrheit sprechen kann? Muß Wahrheit nicht grundsätzlich kommunikabel und deshalb disputabel sein?

c. Weithin in Frage gestellt wird heute die Möglichkeit, objektive Wahrheitsgewißheit mit T. zu verbinden. Der Anspruch überindividuell gültige Wahrheit erkannt zu haben (wie ihn der christl. Glaube traditionell aufgrund der bibl. Offenbarung erhebt), führe notwendig zu Intoleranz. G. Mensching schlug vor, zwischen formaler und inhaltlicher T. zu unterscheiden, so daß dann eine Kombination von formaler T. und inhaltlicher Intoleranz denkbar wäre. Aber Wahrheit ist nie nur als Inhalt ohne Form zu haben. Eine andere Möglichkeit wäre, zwischen objektiver (»sachlicher«, auf den »Gegenstand« der Erkenntnis bezogener) Intoleranz und intersubjektiver T. (bezogen auf die Art und Weise, wie wir Wahrheit kommunizieren) zu unterscheiden. Diese Unterscheidung setzt die Möglichkeit der Unterscheidung zwischen Person und Sache voraus:

– Zunächst in der Entstehung der Wahrheitsgewißheit: so sehr die Erkenntnis nie vom Erkennenden abstrahiert werden kann, so kann doch nur ein prinzipieller →Skeptizismus die Möglichkeit überindividuell gültiger Erkenntnis bestreiten; in solcher Erkenntnis erhebt der Erkennende sich nicht über andere (im Sinne des sog. »Herrschaftswissens«), sondern unterwirft zunächst sich selbst der erkannten Wahrheit und ist darin mit allen anderen solidarisch.

– Auch in der Kommunikation von Wahrheit kann der seine Wahrheitserkenntnis Vermittelnde bzw. die des anderen Infragestellende nicht einfach von sich selbst absehen. Und doch ist die Unterscheidung von Person und Sache auch hier grundsätzlich möglich, insbesondere vom Evangelium her: Gott liebt den Sünder, aber er haßt nichtsdestoweniger die Sünde. So muß und kann die Einheit von Wahrheit und Liebe immer wieder gesucht werden.

– Rein theoretisch denkbar wäre auch absolute T. als Geltenlassen jeden Wahrheitsanspruchs. Aber praktisch ist sie nicht durchführbar. Denn T. gegenüber aggressiver Intoleranz höbe sich logischerweise selbst auf. Intoleranz gegenüber solcher Intoleranz ist lebensnotwendig.

Lit.: E. Hirsch: Geschichte der neuern evangelischen Theologie, Bd. 1, [5]1975; G. Mensching: Toleranz und Wahrheit in der Religion, 1955; J. Messner: Ethik, 1955; E. Schürer: Geschichte des jüdischen Volkes, II. Teil 1886, 520ff; H. Thielicke: Theologische Ethik, Bd. 3, [2]1968, 603–671 (Lit.).

H. Burkhardt

Tolstoi, Lew Nikolajewitsch Graf (1828–1910)

T., geb. am 9. 8. 1828 in Jasnaja Poljana, gest. am 20. 11. 1910 in Astapowo, beides in Rußland. Als Schriftsteller veröffentlichte er zunächst kleinere Prosawerke, dann große Romane wie »Krieg und Frieden« (1865–1869), »Anna Karenina« (1873–1877), »Auferstehung« (1899) u.a. Entscheidend war für ihn bereits mit 15 Jahren die Begegnung mit dem Werk und den Gedanken J. J. →Rousseaus. Das gebildete Leben der Großstadt blieb ihm weithin gleichgültig und fragwürdig, statt dessen wandte er sich den hungernden Bauern und der Erziehung

ihrer Kinder zu. Maßstab war für ihn die Bergpredigt als die wahre Lehre Jesu, der gewaltfreie Widerstand bis hin zum radikalen Pazifismus. Der Protestantismus hat ihn in seinen Auffassungen dabei stärker beeinflußt als die russ.-orth. Kirche. Sein hoher moralischer Anspruch führte ihn zu strikter Kritik am Staat aber auch am Christentum, zunächst in der ostkirchl., dann generell an allen Erscheinungsformen. 1901 wurde er aus der orth. Kirche ausgeschlossen. Seine religiös-moralische Ernsthaftigkeit hatte jedoch nachhaltigen Erfolg bei seinen Zeitgenossen, auch in Theologie und Kirche, bes. bei den russischen Sekten seiner Zeit. T. gilt zu Recht neben F. →Dostojewski als einer der bedeutendsten russischen Schriftsteller.

Lit.: R. Löwenfeld (Hg.): Werke, 33 Bde., 1901–1911; J. Ackermann: Tolstoi und das Neue Testament, 1927; H. Hamburger: Tolstoi. Gestalt und Problem, 1950; D. S. Mereschkowski: Tolstoi und Dostojewski, 1924; L. Müller: Russischer Geist und evangelisches Christentum, 1951; F. Stepun: Dostojewski und Tolstoi. Christentum und soziale Revolution, 1961.

G. Ruhbach

Tora →Gesetz, Gebot

Totem, Totemismus

Begriff aus der Sprache der Ojibwe-Indianer: Das Totem ist meist eine Tierart, seltener eine Pflanze, noch seltener ein Himmelskörper oder Naturphänomen. Das T. gilt als verwandt und als Schutzmacht – es ist aber keine Gottheit. Vermutlich ist der Clan-Totemismus die ursprüngliche und wichtigste Form: Ein ganzer Clan nennt sich nach seinem T.tier. Er darf es weder jagen noch töten noch verzehren, weil es sein Verwandter ist. Er darf auch nicht innerhalb seines T.-Clans heiraten. Es gibt auch Geschlechtstotemismus in Australien, bei dem Männer und Frauen eines Clans je eigene T. haben; und Individualtotemismus, bei dem das T.tier seinem Schützling in Trance während der Initiation erscheint. Mit dem T. sind Mythen und Meidungen, aber viel weniger Kultformen verbunden. Man hat im T.ismus eine Frühform der Religion vermutet, und in der Tat hat das T. eine überlegene Kraft. Diese Vermutung wird nicht mehr aufrechterhalten; der T.ismus wird aber vor allem den Jägerkulturen zugeordnet, obwohl sich ähnliche Erscheinungen auch in Ackerbaukulturen finden. Die Vielzahl verwandter Phänomene könnte man als rel. »Umweltverbundenheit« bezeichnen (E. Dammann).

Lit.: H. Baumann: »Das Tier als Alter Ego«, in: Paideuma 5 (1952); E. Dammann: Die Religionen Afrikas, 1963; H. Nevermann: Die Religionen der Südsee und Australiens, 1968; F. Roger: Totemismus oder die Dekadenz eines Begriffes, 1980.

N.-P. Moritzen

Totensonntag →Kirchenjahr

Tour, Elvine de la →Treffener Anstalten

Tournier, Paul (1898–1986)

T., geb. am 12. 5. 1898 in Genf, gest. am 7. 10. 1986 in Troinex bei Genf; er studierte Medizin bis 1923 in Genf, war 1920/21 Delegierter des Roten Kreuzes für Kindertransporte in Wien und wirkte seit 1925 als Internist in Genf. Seit 1932 gehörte er zur (Oxford-)Gruppenbewegung Frank →Buchmans, von dem er sich allerdings löste, als diese unter der Bezeichnung →»Moralische Aufrüstung« stärker allg. humanistische Akzente setzte. Trotzdem ist T. diesem Anfangsimpuls zeitlebens dankbar und verpflichtet geblieben. T. ist Vater der »Medizin der Person«, zu der er von 1947–1987 39 Tagungen leitete und zahlreiche Bücher schrieb (mit über 2 Mio. Weltauflage). Aus dem täglichen Umgang mit der Heiligen Schrift und der Stille vor Gott hat er in ärztlicher und literarischer Zuwendung zum Menschen praktisches Christsein ermutigend gelebt und unzähligen seiner Besucher geholfen. Aber er hat auch selbst die Bibel ausgelegt und eindrücklich Vergebung der Schuld angeboten, persönlich und literarisch. Der Sammelband, nach seinem Tod erschienen, »Paul Tournier. Ein Leben – eine Botschaft« gibt ein Interview mit T. über sein

Leben wieder und enthält zahlreiche eindrucksvolle Zeugnisse von Freunden und Schülern über seine Wirkung.

Lit.: P. Tournier: Aggression, 1979; Bibel und Medizin, [6]1982; Geborgenheit – Sehnsucht des Menschen, [11]1987; Die Jahreszeiten des Lebens, [5]1987; Krankheit und Lebensprobleme, [8]1984; Echte und falsche Schuldgefühle, [7]1985;
Ch. de Roche, E. Reinhardt (Hg.): Paul Tournier Ein Leben – eine Botschaft, 1987.

G. Ruhbach

Traktarianismus →Oxford-Bewegung

Tradition

Der Begriff der T. bezeichnet den Überlieferungsvorgang und dessen Inhalt im weitesten Sinne. Deshalb wird er in den Bibelwissenschaften und in der Kirchengeschichte in den verschiedensten Zusammenhängen verwendet. In der Urkirche ist die normative Weitergabe (= Tradition) der Jesusbotschaft ureigenste Aufgabe der von Christus berufenen Apostel, weshalb das T.sproblem systematisch mit der Frage nach dem Apostelamt und der apostol. →Sukzession verbunden ist. Nach dem Tod der

Apostel wird in der Alten Kirche die Frage akut, auf welcher T. die rechte Lehre der Kirche im Gegensatz zur Häresie beruht (Kelly). Hier zeigt sich der Zusammenhang des T.sproblems mit der Entstehung des →Kanons der im christl. Gottesdienst verlesenen Schriften und seines Gebrauchs durch die Sekten, der die Kirche als normative Auslegerin der Schrift förmlich erfordert. Im 4. und 5. Jh. wird die T. in Form von Väter- und Konzilsbelegen bei dogmat. Urteilsfindungen zunehmend mehr verwendet; doch auch in dieser Epoche ist die T. nicht der Schrift vorgeordnet, sondern wird als →Schriftauslegung verstanden (Kelly). →Vincentius von Lerinum sieht um die Mitte des 5. Jh.s die an sich vollkommene Heilige Schrift durch verschiedene sektiererische Auslegungen gefährdet, deshalb muß mit ihr die Autorität der kirchl. Einsicht verbunden werden. Klassisch, wenn auch im modernen Katholizismus umstritten ($LThK^2$ 13, 521), formuliert Vincentius den Maßstab des »kirchlichen und katholischen Sinnes«, der anzulegen ist, als das »was immer, was überall, was von allen geglaubt worden ist«. Alter, Allgemeinheit und Konsens sind die Kriterien des kath. Traditionalismus (Commonitorium, Kap. 2 / Enchiridion Patristicum, 2168).

Erst durch die Reformation wird diese Verhältnisbestimmung zum heiß diskutierten Problem und auch zum Gegenstand röm.-kath. Dogmatisierung: Luther wirft keineswegs wie einige radikale Taufgesinnte alle kirchl. T.en über Bord, sondern kritisiert den Gebrauch des T.sarguments in der Lehrauseinandersetzung. Allein die Hl. Schrift *(sola scriptura)* ist »Appellationsinstanz im innerkirchlichen Autoritätenkonflikt«, zur Debatte steht, »was überhaupt in der Kirche Anspruch auf eine die Gewissen in absoluter Weise bindende Autorität erheben darf« (Slenczka, 45). Menschliche T.en können die Gewissen weder trösten noch binden, diese Aufgabe kommt allein dem Wort Gottes als alleiniger Norm der Lehre und des Lebens zu. Schrift und T. treten einander in exklusiver Weise als Gotteswort und menschliche Meinung gegenüber.

Das →Tridentinum hält dagegen für die röm.-kath. Lehre fest, daß die Heilswahrheiten und Sittenregeln des von den Aposteln überlieferten Evangeliums Christi in den geschriebenen Büchern der Bibel und in den nichtchristl. Traditionen erhalten seien. Deshalb werden AT und NT sowie die T.en, die »mündlich von Christus durch die Apostel oder durch den Heiligen Geist mitgeteilt und in andauernder Sukzession in der katholischen Kirche bewahrt wurden«, »mit gleicher frommer Freudigkeit und Ehrfurcht aufgenommen und verehrt« (Sessio IV, 8.4.1546, DS 1502, Neuner-Roos 87). Hinter T. und Schrift steht Gott als Autor; das eine Evangelium als Quelle für Glaube und Sitte ist in beiden enthalten. Die durch den Hl. Geist mitgeteilte T. außerhalb der Schrift ist durch ihre direkte Inspiration legitimiert. Kriterium gültiger Überlieferung und damit auch der T.skritik ist ihre Annahme durch die Gesamtkirche.

Zitate aus den Konzilsdokumenten von Trient werden im Zweiten →Vatikanum eingebracht (Dogmatische Konstitution über die göttliche Offenbarung, Dei Verbum 7-10). T.s-kritische Aussagen finden sich in den offiziellen Dokumenten nicht; die Kirche führt die apostol. T. »in Lehre, Leben und Kult durch die Zeiten weiter und übermittelt allen Geschlechtern alles, was sie selber ist, alles, was sie glaubt«, wobei es einen Fortschritt im Verständnis der T. gibt (Dei Verbum 8). Die »heilige« T. gibt der Kirche die →Bibel; beide, Schrift und T., entspringen demselben göttlichen Quell und bilden »den einen der Kirche überlassenen heiligen Schatz des Wortes Gottes«, der durch das Lehramt der Kirche verbindlich ausgelegt wird (Dei Verbum 10).

Im neuen Katechismus der Katholischen Kirche (vgl. 80-82) werden die Aussagen des Zweiten Vatikanums in umfangreichen Zitaten wiedergegeben. Die Liturgie ist ein konstitutives Element der heiligen und lebendigen T. (1124). Es wird deutlich, daß in der röm.-kath. theol. Position »die Tradition ihren Primatanspruch erhebt und durchsetzt«; der Kanon der Schrift kann nicht mehr die Richterfunktion in Lehrfragen annehmen, so daß es zum unfehlbaren Lehramt des →Papstes kommen muß (Thielicke 3, 179, 183).

Obwohl das Verhältnis von Schrift und T. bis ins 20. Jh. hinein die zentrale Unterscheidungslehre ev. Theologie war, wird es in der neueren ökumen. Diskussion nicht mehr als ein kirchentrennendes Problem gesehen. Grundlage dieser Sichtweise ist die Historisierung des Kerygmas, das jetzt als kirchl. Kerygma verstanden wird: »Die historische Forschung hat die reformatorische Idee von der Eindeutigkeit der Schrift selbst aufgehoben bzw. diese Eindeutigkeit kann immer nur relativen Charakter haben, nämlich innerhalb des Raumes des Kerygmas. Das besagt, daß eine Entgegensetzung von Schrift und Kirche letztlich nicht mehr möglich ist« ($LThK^2$ 13, 525). Zu dieser Interpretation der Schriftaussagen im Sinne einer Variabilität des Kerygmas tritt die Behauptung der kirchengeschichtl. Entfaltung in verschiedenen Kirchen und Konfessionen, die jeweils nicht eine wahre oder falsche Kirche darstellen, sondern die Wahrheit mehr oder weniger verwirklichen. Der bisherige dogmat. Gegensatz zwischen dem reformatorischen Schriftprinzip und dem röm.-kath. T.sprinzip wird durch das Konzept der T. bzw. der »Geschichtlichkeit« von Schrift, Schriftauslegung und Verkündigung überbrückt (Slenczka, 43-44).

In der Ökumene wirkt sich diese theol. Entwicklung aus, wenn etwa auf der 4. Weltkonferenz für Glaube und Kirchenverfassung in Montreal 1963 zum Thema »Tradition und Traditionen« nicht mehr die Hl.Schrift der T. gegenübergestellt wird. Im Bericht der zweiten Sektion wird »TRADITION« (großgeschrieben) das Evangelium selbst genannt, »der im Leben der Kirche gegenwärtige Christus«; »Tradition« (kleingeschrieben) ist der T.svorgang, »Traditionen« sind die verschiedenen Ausformungen der Überlieferung in den Kirchen (Montreal, 42). TRADITION »wird gegenwärtig in der Predigt des Wortes, in der Verwaltung der Sakramente und im Gottesdienst, in christlicher Unterweisung und in der Theologie, in der Mission und in dem Zeugnis ...« (Montreal, 44). Die »Traditionen« sind »in ihren verschiedenen geschichtlich Formen Ausdruck und Erscheinungsform der einen Wahrheit und Wirklichkeit, die Christus ist« (ibid.). Eigentlich erübrigt sich nach Montreal die Rede von der »Heiligen Schrift«, denn der T.sbegriff verbindet genügsam die Kirche aller Zeiten mit ihrem Ursprung.

Eine ev. Neubesinnung auf das Verhältnis von Schrift und T. muß mit der reformat. Theologie die unaufgebbare richterliche Funktion der Schrift gegenüber T. und Kirche betonen. Allein die Schrift Alten und Neuen Testaments ist Regel und Norm, nach der Lehren und Lehrende zu beurteilen sind (BSLK, 767). Sie bezeichnet als → Kanon das grundsätzliche und unaufhebbare Gegenüber von Aposteln und Nachfolgern Christi, von Fundament und Bau der Kirche (P. Brunner, 37). Mit Ebeling könnte man auch sagen, daß das prot. *sola scriptura* den Unterschied zwischen Text und Auslegung wahrt, während die Katholiken in der Gefahr stehen, die Auslegung zum maßgeblichen Text zu erheben (Ebeling, 132). Durch das Schriftprinzip wird kirchl. T. weder abgewertet noch abgeschafft noch wird die hist. Erforschung der Schrift und ihre Überlieferung geleugnet; sie erhalten vielmehr durch das Prinzip des *sola scriptura* ihren richtigen Stellenwert im Lehrganzen: Die kirchl. T. wird von der Schrift her überprüft, ob sie mit ihr übereinstimmt oder nicht bzw. ob sie als Adiaphoron (→Adiaphora) eingestuft werden soll; die historische Schriftforschung wird als eigenständige und freie Wissenschaft gewürdigt, die in der Relativität ihrer vom Forschungsstand abhängigen Ergebnisse den Gebrauch der Schrift als Lehrnorm der Kirche weder aufheben will noch kann.

T.skritik muß nicht nur gefordert werden, weil um des menschlichen Heils willen Gottes Wort und Menschenwort zu scheiden ist. Sie kann im Sinne des johanneischen »Er muß wachsen, ich aber muß abnehmen« (Joh 3,30) als Kritik an kirchl. T.en auch vollzogen werden, wenn diese z.B. die liturg. Erneuerung des Gottesdienstes behindern und einer besseren Erkenntnis Christi durch die Gottesdienstteilnehmer im Wege stehen (vgl. Iwand, 380). Bleibende Grundlage und Kriterium des christl. Gottesdienstes ist die Auslegung des Wortes Gottes, während die gottesdienstliche Form eine beliebige T. darstellt, die durch kirchl. Beschluß geändert werden kann. Die Existenz einer T. auch in den ev. Kirchen ist nicht zu leugnen, auch wenn dies in manchen kleineren Freikirchen geschieht. Sie ist jedoch »nicht mehr als eine leere Röhre, durch die immer wieder das lebendige Wasser von der Quelle her fließen muß« (Iwand, 379).

Lit.: P.Brunner: Pro Ecclesia I, 1962, 23–39; O. Cullmann: Die Tradition als exegetisches, historisches und theologisches Problem, 1954; R.Daunis: Schrift und Tradition in Trient und in der modernen römisch-katholischen Theologie, KuD 13, 1967, 132–158, 184–200; G.Ebeling: Wort Gottes und Tradition, 1966, 91–143; H.J.Iwand: Nachgelassene Werke 2, 1966; Katechismus der katholischen Kirche, 1993; J.N.D.Kelly: Early Christian Doctrines, 1989, Kap. II, 1963; »Montreal 1963«, hg. v. P.C. Vischer, 1963; W.Pannenberg, T.Scheider (Hg.): Verbindliches Zeugnis I: Kanon – Schrift – Tradition. Dialog der Kirchen 7, 1992; C.H.Ratschow: Der angefochtene Glaube, 1978, Kap. 3; M.J.Rouet de Journel: Enchiridion Patristicum, [25]1981; E.Schlink: Der kommende Christus und die kirchlichen Traditionen, 1961; R.Slenczka: »Schrift-Tradition-Kontext«, in: Grenzüberschreitende Diakonie: FS P.Philippi, hg. von Th. Schober, 1984, 40–52; H.Thielicke: Der Evangelische Glaube 3, 1978, § 8 (Lit.); Tradition und Glaubensgerechtigkeit, Studienheft 3, hg. vom Kirchl. Außenamt der EKD, 1961.

J.Eber

Traduzianismus →Seele

Traktat/-Mission →Literaturarbeit

Trans World Radio (TWR) →Evangeliums-Rundfunk

Transsubstantiation →Abendmahl

Transzendentale Meditation

Am 1. 1. 1958 gründete der Hindumönch Maharishi Mahesh Yogi (geb. vermutlich am 12. 1. 1918; bürgerlicher Name: Mahesh Prasad Varma), Schüler des Swami Brahmananda Sarasvati (»Guru Dev«), in Madras/Indien die »Spiritual Regeneration Movement«. Diese wurde bald darauf in den USA und Europa unter dem Namen ihrer Technik »T. M.« bekannt. Die T. M. – auch als »Wissenschaft der kreativen Intelligenz« bezeichnet – beansprucht, eine wissenschaftliche und weltanschaulich neutrale Methode für Streßabbau, Leistungssteigerung, Entwicklung übernatürlicher Fähigkeiten (z. B. »Schweben«) u. ä. zu sein. In Wirklichkeit verbindet sie westliches Glücks-, Konsum- und Fortschrittsdenken mit einer verflachten vedantischen Advaita-Lehre (Monismus →Hinduismus) und Mantra-Yoga-Technik (→Yoga).

T. M. gilt als »der mechanische Weg zur Gottverwirklichung«. Ziel ist die Vereinigung des menschlichen mit dem absoluten Sein oder »Gott« (hinduistisch: Atman-Brahman-Identifikation) durch Initiation und Yoga-Meditation, woraus unbegrenzte Energien und Möglichkeiten fließen sollen. Die Initiation erfolgt – dem Einzuweihenden meist unbewußt – durch Übereignung an hinduistische Gottheiten und Meister, indem der T. M.-Lehrer diese auf Sanskrit beschwört und die mitgebrachten Opfergaben (Blumen, Früchte, Taschentuch u. a.), vor dem Bild des Guru Dev darbringt (in einer Puja-Andacht). Die »transzendentale« Meditation besteht im Zitieren eines geheimzuhaltenden Mantra (meist eines abgekürzten hinduistischen Götternamens mit magischer Wirkung), das ein Kraftfeld geistiger Energie im Meditierenden und seiner Umgebung errichten soll. Überall da, wo bereits ein Prozent der Bevölkerung T. M. praktiziere, seien Erleuchtung, Friede, Abnahme der Kriminalität und eine ideale Gesellschaft möglich (»Maharishi-Effekt«).

1973 verkündete Maharishi seinen »Weltplan« zur Lösung aller Menschheitsprobleme (als Folge sollten netzwerkartige »Weltplancenters« entstehen). 1976 rief er die »Weltregierung des Zeitalters der Erleuchtung« aus, die hierarchisch strukturiert ist mit T. M.-Lehrern, Gouverneuren und ihm selber an der Spitze. Die T. M. zählt weltweit ca. 2 Mio. Anhänger. Die Zentrale liegt in Seelisberg/Schweiz.

Infolge ihres Totalitarismus in bezug auf die Rettung der Menschheit, ihres hinduistischen Erleuchtungsweges, des geistigen Drucks auf ihre Anhänger, der beobachteten Folgeschäden wie Isolation, Apathie, Persönlichkeitsverlust u. a. sowie der kultischen Verehrung, die Maharishi Mahesh Yogi zuteil wird, ist die T. M. als fernöstliche →Jugendreligion einzustufen. Sie steht in Gegensatz zum bibl.-christl. Glauben.

Lit.: Maharishi Mahesh Yogi: Die Wissenschaft vom Sein und die Kunst des Lebens, 1966;

Kritisch: F.-W. Haack: Jugendreligionen, 1979; K. Hoppenworth: Neue Heilswege aus Fernost, 1978; M. Mildenberger, A. Schöll: Die Macht der süßen Worte, 1977.

L. Gassmann

Transzendentalismus →Kant, Immanuel

Trappisten →Orden und Kongregationen

Trauer

Trauer (althochdt. *truren,* »die Augen senken«) meint die Reaktion auf den Verlust einer Person, eines Tieres oder einer Sache durch Tod oder Trennung, zu welcher eine enge gefühlsmäßige Beziehung bestand. Das seelisch-körperliche Gleichgewicht bricht zusammen, der Trauernde geht auf Distanz zur Wirklichkeit, erlebt Angst- und Schuldgefühle und zieht sich innerlich zurück. Auswirkungen können auch im körperlichen Bereich auftreten: Schwindelgefühle, Kopfschmerzen, Verdauungsstörungen, stärkere Gewichtszu- oder -abnahme, Herz- und Atembeschwerden u. ä. Manche Trauernde erleben den Verstorbenen auch noch lange als gegenwärtig.

Beim T.prozeß sind vier Phasen zu unterscheiden:

- Phase des Schocks gleich nach dem Eintreten des Verlustes.
- Kontrollierte Phase im Erleben der Anteilnahme anderer.
- Regressive Phase zunehmender Bewußtwerdung der Tragweite des Verlustes und unter Umständen dem Wunsch, selbst auch nicht mehr dasein zu wollen.
- Adaptive Phase schrittweise neuen Vertrauens zu sich selbst und anderen.

Je nach Intensität der Verbundenheit mit der verlorenen Person kann der T.prozeß bis zu eineinhalb Jahren dauern und ist für die Gewinnung eines neuen seelisch-körperlichen Gleichgewichts notwendig. Durch entsprechendes Verständnis, Zugeständnis und wertschätzende Zuwendung seitens der Menschen im Umfeld des Trauernden kann er gefördert werden. Bei bes. schwierigen Umständen kann der Trauernde aber auch in einer der ersten Phasen krankhaft stecken bleiben, so daß der Realitätsbezug verloren geht.

Von jeher tragen T.bräuche dazu bei, den Einbruch des Todes in das Leben zu verarbeiten. Schon im AT und dann auch im NT finden sich in dieser Hinsicht z.B. das Zerreißen der Kleider, das Bestreuen des Hauptes mit Asche, Weinen, Klagen, Fasten oder das Scheren von Haupthaar und Bart (3Mo 19,27f; 21,5; 5Mo 14,1; 2Sam 1,2.12; 3,31; Jer 9,17f; 16,6; Hes 24,17; Am 5,16; 8,10), aber auch eine feste, abgegrenzte T.zeit (1Mo 50,3; 5Mo 34,8; 1Sam 31,13; vgl. Mt 11,16f; Mk 5,38; 15,46ff; 16,1; Joh 11,17ff; Apg 8,2; 9,37).

Entscheidend für die Bewältigung von T. ist die Sinngebung durch den Glauben. Dabei wirkt sich nicht nur die Annahme einer Weiterexistenz bei Gott (→Seele) und die Erwartung der →Auferstehung aus (Joh 11,20ff; 1Kor 15,19ff.35ff; 2Kor 5,1ff; 1Thess 4,13ff; Offb 20), sondern mehr noch die durch den Glauben geschenkte Fähigkeit persönlichen Vertrauens, sich in Gottes Hand geborgen zu wissen und damit von menschlichen Bindungen weniger abhängig zu sein. Auch wenn die allg. Einsicht in die Vergänglichkeit der ganzen Schöpfung (Röm 8,18ff) im Einzelfall nur wenig zu trösten vermag und der Glaube auch keine direkte Antwort auf die Warum-Frage geben kann, so kann doch solches vertrauensvolles Gehaltensein dazu beitragen, die schmerzvolle Spannung des Verlusterlebens und der unbeantworteten Fragen eher auszuhalten. Im Blick auf das eschatologische Ziel, wenn »Gott abwischen wird alle Tränen von ihren Augen« (Offb 21,4), wird es dann auch wieder leichter, die Gegenwart zu bejahen und darin eine Aufgabe zu finden.

Lit.: V.Kast: Trauern, 1983; Y.Spiegel: Der Prozeß des Trauerns, 1963; F.Winter: Seelsorge an Sterbenden und Trauernden, 1976.

C.-D. Stoll

Traum

1. Wesen des Traumes

Visionen, prophetische Gesichte, Träume, innere Bilder – sie sind das eigentliche innere Leben des Menschen. Träume sind Ausdruck der menschlichen Seele; sie wurzeln in der Vergangenheitsgeschichte des Menschen, nicht nur des einzelnen Individuums, sondern noch tiefer sind sie Ausdruck konflikthafter Spannungen in Familien. Sie haben auch Anteil an der Menschheitsgeschichte im ganzen.

Träume sind Sprache individuellen und kollektiven Menschseins. Sie sind in dem Bereich unserer Seele angesiedelt, in dem das Denken noch keine Bedeutung hat. Fachlich ausgedrückt, sind sie Ausdruck des Primärprozesses, noch nicht des Sekundärprozesses, somit Ausdruck früher, ursprünglicher (nonverbaler) Botschaften, von frühen und frühesten Bezugspersonen vermittelt. Diese Botschaften waren früher bewußt, sind vergessen worden, im Bereich der unbewußten Seele angesiedelt und verschaffen sich im Schlaf, in den Traumphasen, Zugang in den bewußten Bereich der Seele.

Die Sprache des Traumes ist eine Symbolsprache. Von der Symbolsprache unterscheiden wir die Körpersprache und die Wortsprache.

Die Symbolsprache des Traumes möchte vom Menschen verstanden werden. Das Bewußtsein des Menschen ist herausgefordert, das unbewußte Symbol in der Sprache des Traumes zu entdecken, zu entschlüsseln, als unbewußte Metapher wahrzunehmen.

Darüber hinaus können Träume auch Ausdruck transpersonaler Sprache sein, also aus dem unsichtbaren Bereich des Göttlichen oder auch des Antigöttlichen stammen.

2. Träume in der Bibel

In Jer 23,32ff ist von Propheten die Rede, die »falsche Träume erzählen und mein Volk mit ihren Lügen und losem Geschwätz verführen, obgleich ich sie nicht gesandt und ihnen nichts befohlen habe und sie auch diesem Volk nichts nütze sind, spricht der Herr«. Vgl. auch Jer 29,8f.

Demgegenüber ist an verschiedenen Stellen des AT und NT von Offenbarungsträumen die Rede, in denen Gott sich sehr direkt einzelnen Menschen bezeugt und ihnen durch Träume spezielle Botschaften gibt. Beispiele: 1Mo 28,12-22: Dieser Traum verdeutlicht dem Jakob unmittelbar, in einer sehr lebendig bildhaften Traumsprache, was Gott in der Zukunft mit ihm zu tun gedenkt. Die Verheißung an seinen Großvater Abraham wird hier wieder aufgenommen. Der T. ist für Jakob eine Ermutigung und Stärkung.

In 1Mo 37,5-11 ist von zwei prophetischen Träumen des Joseph, des Sohnes Jakobs, die Rede. Der Ursprung dieser Träume bleibt offen. Im Gesamtzusammenhang der weiteren geschichtlichen Entwicklung jedoch darf angenommen werden, daß Gott selbst zu Joseph in diesen beiden Träumen geredet hat. Erst viele Jahre später nach seinem Weg der Erniedrigung konnte Joseph seiner Familie verdeutlichen: »Ihr gedachtet es böse zu machen, Gott jedoch gedachte es gut zu machen« (1Mo 50,20). Die beiden Träume enthüllen die für die weitere Entwicklung wichtige Aufgabe und Sendung Josephs. Im Vollsinn des Wortes darf hier von »prophetischen Träumen« gesprochen werden. So kann die »Traumsprache« zu unmittelbarer, jedoch verborgener und verschlüsselter Anrede Gottes an den einzelnen Menschen werden.

Während dieser Offenbarungstraum wie ein Vorbereitungstraum an Joseph ist, um ihm zu zeigen, wie Gott die Geschichte seiner Familie, die Anfänge des Volkes Israel gestalten will und hierbei gleichzeitig die folgenden Lebenskrisen im Leben des Joseph verständlich werden, soll noch ein drittes Beispiel eines Offenbarungstraumes mitgeteilt werden. Es handelt sich um den Traum Nebukadnezars und seine verstehende Deutung durch den Propheten Daniel (Dan 2). In dieser Geschichte wird in besonderer Weise deutlich, daß Nebukadnezars T. göttlichen Ursprung hat. Obgleich die Aussagekraft der Traumbilder überzeugend ist, kann sie von keinem der assyrischen Traumdeuter verstanden werden. Es bedarf einer besonderen prophetischen Gabe, diese Traumsprache zu verstehen und deuten zu können. Während der heidnische König von der Evidenz dieser Bilder und deren Bedeutung unmittelbar überzeugt ist, sie aber vergessen hat, kann nur der von Gott beauftragte Prophet die Deutung geben.

Weitere Belege: Der Traum des Pharao von den sieben fetten und den sieben mageren Kühen, den sieben vollen und den sieben dünnen Ähren (1Mo 41,1-4 und 5-8). Der Traum des Salomo in 1Kön 3,3-15; Träume des Hiob: »So erschreckest du mich mit Träumen und machtest mir Grauen durch Gesichte«; Erfahrungen eines Mannes, der durch Träume über seine lebensgeschichtliche Situation zu weiteren Reifungsschritten ermahnt und ermutigt wird (Hiob 7,14). Von besonderer prophetisch-wegweisender Bedeutung sind die Träume des Propheten Daniel (Dan 7,8.10).

Im NT ist insbesondere der T. des Joseph in Mt 1,20 und sein T., nach Ägypten zu fliehen (Mt 2,13) sehr eindrücklich, ebenso die Traumbotschaft, aus Ägypten wieder nach Hause zurückzukehren (Mt 2,19). Der T. der Frau des Pilatus, die ihren Mann ermahnt, »nichts zu schaffen zu haben mit diesem Gerechten« (Mt 27,19) und der T. des Petrus von den unreinen Tieren, die ihm eine wichtige heilsgeschichtliche Situation erklärt (Apg 10,10-16).

Abschließend drei Träume des Apostels Paulus in Apg 16,9; 23,11 und 28,23-24. Sie enthalten wichtige Botschaften, von denen angenommen werden muß, daß sie nicht aus dem seelischen Bereich des Unbewußten, sondern aus der unsichtbaren Welt Gottes entsprungen sind, um Wegweisung und Geleit in schwierigen Situationen zu geben.

3. Moderne Traumtheorien

Die Traumtheorie von S. Freud geht davon aus, daß der T. ein wichtiges, lebensnotwendiges Ziel verfolgt: den Schlaf zu schützen. Um dieses Ziel erreichen zu können, müssen im T. unannehmbare, erregende, lustvolle und leidvolle Wünsche geschickt verkleidet werden (Verdichtung, Verschiebung), denn der Schläfer wäre sonst der Gefahr ausgesetzt aufzuwachen, wenn die unannehmbaren Wünsche ins Bewußtsein kämen. Das Ergebnis dieser »Verkleidungsarbeit« ist der sogenannte »manifeste Traum«, welcher den verborgenen (latenten) Trauminhalt verbirgt. Durch Analyse (Deutung) der Abwehrmechanismen des Ichs, deren sich der Träumer bedient (Zensor), und durch die Deutung der Traumsymbole kann der latente Trauminhalt bewußt gemacht werden. Nach Freud hat der T. also eine verschleiernde Funktion unbewußter Wünsche, die einem meist früheren (frühkindlichen oder pubertären) Lebensabschnitt entstammen.

Die Traumtheorie von C. G. Jung reicht wesentlich tiefer: Der Träumer schöpft aus dem Urgrund kollektiver unbewußter Bilder und Symbole, den sog. »Archetypen«, und versucht sie ins Bewußtsein zu integrieren. Diese Bilder und Symbole stellen nach Jung eine Brücke her zwischen dem Ich des Träumers und seinem Selbst. Das »Selbst« nach Jung ist Ziel eines individuellen Reifungsprozesses, der sog. »Individuation«.

Nach der »Gestalttherapie« (F. S. Perls, H. Petzold) soll der T. einen Teil der Persönlichkeit des Träumers, der ungelebt, unbeachtet, vergessen, abgespalten geblieben ist (»missing link«) in die Gesamtpersönlichkeit integrieren. In diesem Kontext geht es um die unvollständige Erfahrung, die ganz andere Erfahrung, die endlich nötig wäre, um gleichsam die noch nicht entdeckten, fehlenden Persönlichkeitsanteile in das Bewußtsein zu integrieren.

Aus bibl.-theol. Sicht sollte erwähnt werden, daß manche Traumtheorien, insbesondere die von C. G. Jung, davon ausgehen, daß der Mensch, der den Zugang zu seinem Unbewußten verloren hat, über den Umweg des Traumes zu seinem eigentlichen Wesen vordringen könne und ihm darin eine Art Selbsterlösung gelingen könnte. Dieses Konzept steht im Gegensatz zum NT: daß nämlich der

Mensch allein durch Jesus Christus Erlösung finden kann.

4. Träume in der Psychotherapie

Therapeutische Gesichtspunkte sind dabei: Zunächst geht es im Traum nicht um Deutungen, die natürlich im Verlauf eines Therapieprozesses wichtig werden, sondern vor jeder Deutung sollte das Traumsymbol, die mit dem Symbol verbundene psychische Botschaft im Kontext einer Biographie und den mit dieser Biographie verbundenen Konfliktkonstellationen verstanden werden.

Patienten, die Träume erzählen, haben inzwischen eine stabilverläßliche Therapeutenbeziehung gefunden. Der T. ist auch eine Botschaft an den Therapeuten, eine Mitteilung seines vertieften Vertrauens. Der Patient gibt gleichsam ein inneres Geheimnis seiner verborgenen Lebensgeschichte preis. Daher sollte zunächst der Therapeut diese Botschaft dankbar annehmen und auf sein inneres Erleben während der Traumschilderung achten. Was erlebt der Zuhörer bei der Schilderung der Träume? Welche Gefühle und Gedanken entstehen in ihm? Diese sogenannte »Gegenübertragungsphantasie« während einer Traumschilderung ist wichtig. Weckt sie hoffnungsvoll zuversichtliche Gefühle oder mehr ein resignativ-dunkles Ahnen?

In einem weiteren Schritt werden ermutigende anregende Fragen gestellt, welche Gefühle der Patient bei seinen Traumbotschaften hat. Was denkt er sich im einzelnen bei den Symbolen? Wie wirken sie auf ihn? Was regen sie in ihm an? Welche Gefühle während des Traumes waren wirksam und vor allem auch: Wie fühlte sich der Träumer unmittelbar nach dem Erwachen? Bei diesen Fragen und Antworten im therapeutischen Gespräch entdeckt der Therapeut, wie »reif« der Patient im Prozeß vorangeschritten ist. Auch die Erkenntnis seiner eigenen Symbole und der damit verbundenen Fähigkeit, die Botschaft zu erkennen, ist hierbei wichtig.

Das Verstehen eines Traumsymbols ist dann der nächste, der dritte Schritt. Dieses Verstehen bedeutet, daß das Traumgeschehen, ausgedrückt im Traumsymbol und der Verknüpfung der Ereignisse in den Traumszenen, in eine Art Selbsterfahrung einmündet. Erst nach dem gewonnenen Verständnis des Traumgeschehens mit seiner szenischen Abfolge und der darin enthaltenden Personen und Symbole kann im einzelnen näher gefragt werden, welche Deutung sich anbietet. Diese Deutung aus dem Verstehen heraus stellt dann die Brücke zum biographischen Geschehen her. Diese Beziehung zwischen Traumgeschehen und erlebter Biographie ist dann in der Arzt-Patienten-Beziehung zu bearbeiten. Bei dieser Bearbeitung kann sehr sinnvoll auf zwei Verstehensebenen hingewiesen werden: die subjektstufige und die objektstufige Verstehensebene, wobei bei der subjektstufigen Verstehensebene das Traumgeschehen und die Personen im Traum als verinnerlichte Teilaspekte des Träumers, als quasi Teilidentitäten verstanden werden, während bei der objektstufigen Deutungsebene diese Personen als außerhalb vom Träumer erlebt und gedeutet werden.

Lit.: E. Aeppli: Der Traum und seine Deutung, 1943; S. Freud: Die Traumdeutung, 1961; J. Jacobi: Vom Bilderreich der Seele, 1985; C. G. Jung: Traumsymbole des Individuationsprozesses, Grundwerk C. G. Jung, Bd. 5, 1986; ders.: Erinnerungen, Träume, Gedanken, 1984; K. Thomas: Träume – Selbstverstehen, 1976.

E. Scharrer

Trauung

1. Kirchenrechtliche Definition

»Die kirchliche Trauung ist eine gottesdienstliche Handlung, in der Gottes Wort verkündigt, insbesondere dem Brautpaar bezeugt wird, daß der Ehestand von Gott gestiftet ist und der Ehebund nach seinem Willen nur durch den Tod gelöst werden soll. Bräutigam und Braut geloben, einander zu lieben und zu ehren und sich die Treue zu halten, bis der Tod sie scheidet. Ihnen wird der Segen Gottes zugesprochen« (Kirchenordnung der Evangelischen Kirche von Westfalen, Art. 199).

2. Trauung und Ehe

Was eine kirchl. T. ist, ist vom Verständnis der →Ehe abhängig. M. Seitz beschreibt das Wesen der Ehe mit fünf kurzen Sätzen:

– »In der Ehe hat Gott zwei bestimmte Menschen zueinander geführt.« Darin ist mitgesetzt die Ausschließlichkeit des Sich-Gehörens und die Öffentlichkeit ihrer Beziehung.

– »Dadurch sind sie auf die Dauer ihres Lebens miteinander verbunden.« Die irdische Ordnung der Ehe hat ihre Grenze erst, aber dann auch wirklich mit dem Tod. Nur als äußerste Möglichkeit um der »Herzen Härte« willen (Mt 19,8) gibt es die →Ehescheidung. »Wo sie erfolgt, wird Sünde geordnet, aber das Gebot bleibt in Kraft.«

– »Sie wissen sich in der Ganzheit ihres Geschlechts füreinander bestimmt.«

– »Ihrem Einswerden ist der Segen der Erzeugung neuen Lebens verheißen.« Dies gilt, auch wenn wir heute stärker als früher wissen, daß (auch sexuell) die Partnerschaft in sich einen eigenen Wert als Ort der Mitmenschlichkeit und der Liebe hat. Der Wille zum Kind schließt dabei die verantwortliche Familienplanung durch Mittel der Empfängnisverhütung nicht aus.

– »In dem allen sind sie aus der Sünde und Gottentfremdung zur Gnade und Gemeinschaft mit ihm gerufen« (Seitz, Trauung, 14-16).

Dabei ist die Ehe nach Meinung der Reformatoren »ein weltlich Geschäft« (so Luthers Traubüchlein von 1529). Sie entsteht in geschichtl. wechselnden Formen durch die Konsenserklärung der Ehepartner. Die T. ist nicht Eheschließung; getraut werden vielmehr Eheleute, die sich vor der Gemeinde und damit vor Gott zu ihrem Ehebund bekennen und um Gottes Segen und die Fürbitte der Gemeinde bitten. T. ist also die Berufung von Eheleuten zu einer christl. Ehe, sie ist Berufung zur Jüngerschaft auch im Bereich des ehelichen Zusammenlebens.

3. Geschichtliche Aspekte

Die Christenheit der ersten Jh.e kannte keine eigenen Trauriten. Im röm. Weltreich galt: *consensus facit nuptias*, d.h. Ehe entsteht durch die Konsenserklärung der beiden Ehepartner. Eheschließung war Sache der Familie oder Sippe. Die Bischöfe hatten allenfalls über evtl. Hindernisse zu befinden (vgl. das spätere »Aufgebot«). Man betete im Gottesdienst für die Ehepartner. Germanische Tradition fügt dem die sichtbare Formhandlung hinzu. Germanisches Brauchtum betont bes. die »Umsippung« der Braut bei der Eheschließung: Ehemann und Vormund der Braut, später die Braut selbst schließen den Konsensus (= rechtlich bindende »Verlobung« als erster Schritt der Eheschließung). Es folgt die Kopulation, d.h. die Übergabe und Anvertrauung der Braut an den Bräutigam. Der Heimführung der Braut und der Brautnacht folgt am nächsten Morgen die kirchl. Segnung. Sie ist nicht mehr Teil des juristischen Vorgangs der Eheschließung, sondern folgt dieser.

Ab dem 11. Jh. wird nicht mehr nur die Frau dem Mann anvertraut, sondern beide werden einander von einem Beauftragten, immer häufiger von einem Geistlichen »zusammengegeben«.

Im späten MA übt die Kirche dieses Amt ausschließlich aus. Laientrauungen wurden verboten. Der wechselseitige Konsens ist entscheidend, aber er findet vor der Kirchentür statt; die Segnung in der Kirche folgt unmittelbar. Nun wird die Ehe zum Sakrament (bes. bei Hugo von St. Viktor), das sich die Brautleute gegenseitig spenden; jetzt findet das Entscheidende in der Kirche statt. Die Gültigkeit der Ziviltrauung wird von diesem Standpunkt her bestritten.

Luthers Traubüchlein unterscheidet wieder das Weltliche und das Geistliche bei der T.: Die Ehe ist keinesfalls ein Sakrament, sondern ein »weltliches Geschäft« (BSLK, 528). Beim Weltlichen, der Kopulation, handelt der Pfarrer vor der Kirche »aushilfsweise« als Beauftragter der öffentlichen Ordnung, indem er die Konsensfragen stellt, die Ringe wechseln läßt, die Hände zusammenfügt und das Paar zusammenspricht (im Sinne der Bekanntmachung, nicht der konstitutiven Zusammengebung). Beim Geistlichen, der Benediktion, liegt Luthers größeres Interesse. Hier handelt der Pfarrer in der Kirche im geistl. Amt des Wortes; hierher gehören Schriftlesung und Gebet. Luthers Traubüchlein hebt den seelsorgerl. Charakter der T. heraus, da die Eheleute um die Gefahr und Not der Ehe wissen und darum Gebet und Zuspruch der Gemeinde erbitten.

Luthers Vorschläge sind in der Folgezeit aufgenommen worden. Allerdings hat sich die theol. motivierte Unterscheidung von Kopulation und Benediktion nicht halten können. Nun schließen die Pfarrer öffentlich die Ehen. Diese, gegen heimliche Ehen gerichtete Maßnahme, macht die T. de facto zur Eheschließung; Geistliches und Weltliches werden wiederum nicht unterschieden. Der Staat übertrug der Staatskirche (z.B. im Preußischen Allgemeinen Landrecht von 1794) die Aufgabe, durch Konsenserklärung, Kopulation und Benediktion Ehen zu schließen. Die Verlobung blieb, allerdings nur noch als private Vorbereitungszeit auf die Ehe ohne wirkliche rechtliche Bedeutung.

Im Laufe der Zeit aber führten aufgeklärte Staaten die Zivilehe ein, fakultativ oder obligatorisch. In Deutschland wurde dieses Thema im Kulturkampf endgültig entschieden: seit 1875 hat der Standesbeamte die Aufgabe, auf Grund der Konsenserklärung der Verlobten die Ehe zu deklarieren. Dem müßten nun die Trauagenden gerecht werden, was aber bis heute nicht der Fall ist. Der Charakter der T. als Segnung einer bestehenden Ehe wird nach wie vor in Frage gestellt, z.B. durch die Traufragen. Diese Traufragen müssen so formuliert sein, daß ihr konfessorischer Charakter deutlich wird: Die geschlossene Ehe wird nun unter Zuspruch und Anspruch Gottes gestellt. Eine Formel des Zusammensprechens hat jedenfalls in einer ev. Trauordnung nichts zu suchen.

Heute hängt die Akzeptanz der T. auch von der veränderten Grundeinstellung gegenüber der Ehe ab. Wenn Paare heiraten, ist allerdings für die meisten nach wie vor die T. in der Kirche der feierliche Höhepunkt der Eheschließung.

4. Das Wesen der Trauung

Die T. ist zunächst eine →Amtshandlung. Diese stellen nach wie vor »Dienstleistungen« der Kirche mit einer sehr hohen Akzeptanz auf Seiten der Kirchenmitglieder dar.

Phänomenologisch handelt es sich auch bei der T. um eine Begleitung von Menschen in einer Übergangssituation, hier am Anfang ihrer Ehe. »Gott will in lebensgeschichtlichen Krisensituationen (...) durch eine gottesdienstliche Handlung den Menschen als der Anwesende und sich Erbarmende erscheinen« (M. Seitz, Praxis, 49).

Die T. ist ihrem Wesen nach Begegnung: Das Ehepaar kommt in der Öffentlichkeit der Gemeinde zusammen, bekennt sich vor Gott zu seinem Ehebund und erbittet die Fürbitte der Gemeinde und den Segen Gottes. Die Gemeinde ihrerseits kommt mit dem Ehepaar zusammen, bezeugt ihm den Willen Gottes für den Bund der Ehe, betet für das Paar und stellt es unter den Segen Gottes. Dabei werden die Glieder der Gemeinde selbst auch erneut an Gottes Zuspruch und Anspruch für die Ehe erinnert. Im einzelnen ist eine christl. T. also (1) *praedicatio*, d. h. Verkündigung des Wortes Gottes über die Ehe. Dies geschieht durch Lesungen (z. B. 1Mo 2,18; Mt 19,4-6; Kol 3,9-16) und Predigt (meistens über den Trauspruch); (2) *oratio*, d. h. Gebet, vor allem Dank und Bitte, denn in der T. bezeugen die Ehepartner ihre Armut; sie bedürfen an jedem Tag der Ehe der Rettung und Bewahrung durch ihren Herrn; (3) *benedictio*, d. h. Segnung, durch die der Name Gottes auf das Paar gelegt wird (4Mo 6,22-27), also die Gegenwart des Herrn im Alltag dieser Ehe zugesprochen wird; schließlich (4) *confessio*, d. h. Bekenntnis des Paares zu einer Ehe unter Gottes Zuspruch und Anspruch (vgl. zu diesen vier Konstanten der T. auch Seitz, Trauung, 22-24), und damit auch zueinander. Wenn möglich sollte das Bekenntnis von den Eheleuten selbst gesprochen werden. Beispiel: »N. N., ich verspreche dir als meiner Ehefrau: Ich will dir treu sein, dich achten und dir vertrauen. Ich will dir helfen und für dich sorgen. Ich will dir vergeben, wie Gott uns vergibt. Ich will zusammen mit dir Gott und den Menschen dienen, solange wir leben. Dazu helfe mir Gott« (Trauung, Reihe Gottesdienst 14,12). Tendenzen, im Trauversprechen die Länge der Ehe von der Dauer der Liebe abhängig zu machen (»solange unsere Liebe hält« statt »bis der Tod uns scheidet«), lassen sich mit einer bibl. Theologie der Ehe nicht vereinbaren.

5. Das Traugespräch

»Der Trauung soll ein Gespräch mit dem Brautpaar über die christliche Ehe und die kirchliche Trauung vorausgehen« (Kirchenordnung der Evangelischen Kirche von Westfalen, Art. 101. 1).

T. als Begegnung kann ohne ein ausführliches Traugespräch nicht auskommen. Hier können an Hand des Ablaufs eines Traugottesdienstes die seelsorgerlichen Fragen besprochen werden, die sich im Umfeld der Eheschließung ergeben, aber auch die praktischen Fragen und die Wünsche des Brautpaares in der Gestaltung des Traugottesdienstes vorkommen.

Verhaltensunsicherheiten im Blick auf den aufregenden Tag der T. können genommen werden. Ein Gespräch über Formalien allerdings wird der Aufgabe nicht gerecht, die sich anläßlich der T. in der Gemeinde stellt. Gelingt das Traugespräch, so ist es eine Möglichkeit, mit oft entkirchlichten Paaren über Fragen des Glaubens ins Gespräch zu kommen und den Kontakt mit ihnen zu vertiefen. Nachfolgende Besuche, Einladungen z. B. zu →Glaubenskursen usw. können einem zufriedenstellenden Kontakt im Traugespräch und Traugottesdienst folgen.

6. Der Traugottesdienst

Als Beispiel für den Ablauf eines Traugottesdienstes sei hier die Ordnung vorgestellt, die die Lutherische Liturgische Konferenz 1983 in der »reihe gottesdienst« (14) vorgestellt hat.

(I.) Eröffnung und Anrufung
1. Einzug/Orgelvorspiel
2. Begrüßung und Einleitung
3. Bibl. Eingangsvotum, Eingangsgebet oder Psalmgebet
4. Lied der Gemeinde

(II.) Verkündigung und Bekenntnis
1. Predigt oder Ansprache
2. Liedstrophe oder Kirchenmusik
3. Schriftlesungen
4. Bekenntnis (entweder als Erklärung der Brautleute oder als Antwort der Brautleute auf Traufragen)

(III.) Fürbitte und Segen
1. Segensgebet (evtl. unter Handauflegung)
2. Lied der Gemeinde
3. Allgemeines Dank- und Fürbittengebet
4. Vaterunser
5. Segen

(IV.) Wenn gewünscht:
Abendmahlsfeier (nach III.3 eingefügt!)

Eine gute Möglichkeit besteht darin, Gemeindeglieder, Freunde und Verwandte bei der Gestaltung des Gottesdienstes zu beteiligen, z.B. bei Lesungen und Fürbitten, durch Segensworte für das Brautpaar oder durch kirchenmusikalische Beiträge.

7. Seelsorgerliche Einzelfragen zur Trauung

a. Konfessionsverschiedene Ehen

Die konfessionsverschiedene Ehe ist längst keine Ausnahme mehr. Da Konfessionalität kein wesentliches Gewicht mehr für den einzelnen hat, wird in Konfessionsverschiedenheit in der Regel kein Ehehindernis gesehen. 1985 waren schon 43 % aller kirchl. getrauten Paare konfessionsverschieden. Nach wie vor hat die röm.-kath. Kirche die strengere Sicht: eine ev. T. erfüllt nicht die Formpflicht. Von der Formpflicht kann den kath. Christen nur ein Dispens entbinden, wobei dennoch die Verpflichtung zur kath. Kindererziehung bestehen bleibt. Ökumenische T.en gibt es de facto nicht, wohl aber ev. bzw. kath. Trauungen mit Beteiligung von Pfarrern der jeweils anderen Konfession (jedoch ohne Eucharistiefeier). Eine eigene Agende für diese »Gemeinsame kirchliche Trauung« liegt seit 1971 vor. Die schwierige Frage der Teilnahme am gemeindlichen Leben für konfessionsverschiedene Paare bleibt allerdings offen.

b. Trauung Geschiedener

Immer mehr Ehen werden geschieden, von den neu geschlossenen Ehen scheitert nahezu jede zweite. Die Frage der Wiederverheiratung und T. Geschiedener stellt sich darum immer häufiger.

Gegen die T. Geschiedener ergeben sich seit jeher grundsätzliche theol. Anfragen, z.B. in der Auslegung von Mt 5,32 und 1Kor 7,10f. Die meisten Kirchenordnungen (KO) sahen darum auch eine T. mit einem geschiedenen Ehepartner nicht vor (z.B. Art. 203.1 der KO der EKvW). Allerdings wird die Entscheidung über eine mögliche T. heute in der Regel dem seelsorgerlichen Ermessen des zuständigen Pfarrers überlassen (z.B. Art. 203.2 der KO der EKvW). Dabei wird von der Möglichkeit ausgegangen, durch Schuldeinsicht und Vergebung zu einem ganz neuen Anfang zu kommen. Wer sich trotz der o.a. Schriftstellen zur T. Geschiedener entschließt, müßte allerdings bereit sein, diesen seelsorgerl. Weg der Aufarbeitung zu gehen. In der Wirklichkeit der Volkskirche dürfte dies jedoch eher die Ausnahme darstellen. Eine eigene agendarische Form wäre dazu eine Hilfe. Die besondere Thematik müßte nicht erst vom Seelsorger in das Traugespräch importiert werden, sondern wäre als Gesprächsgrundlage durch den Ritus bereits angeboten (vgl. im einzelnen Wannenwetsch, 266-270).

c. Trauung mit einem nicht-christlichen Ehepartner

Angesichts des faktischen Heiratsverhaltens und einer entsprechenden Marginalisierung der Kirchenzugehörigkeit als Kriterium der Partnerwahl stellt sich immer stärker die Frage, ob auch – bei entsprechendem Begehren beider Partner – eine Ehe, bei der einer der Ehepartner nicht einer christl. Kirche angehört, unter den Segen der T. oder einer »gottesdienstlichen Feier« (vgl. KO der EKvW, Art. 204.1) gestellt werden kann. Immer mehr Landeskirchen bejahen diese Möglichkeit und schaffen eigene agendarische Formulare, die sich sehr stark auf den Segenscharakter (und immer weniger auf den Bekenntnischarakter) der T. beziehen und spezifisch christl. Aussagen zugunsten allgemeiner, schöpfungsorientierter oder weisheitlicher Aussagen zurücktreten lassen. Es gehe um die Vertiefung des in jeder Eheschließung bereits angelegten rel. Wissens um eine Entscheidung füreinander in letzter Verantwortung, um ein Getragenwerden und zugleich um ein Wandeln an Abgründen. Die bibl. Begründungen, etwa durch den Verweis auf 1Kor 7,12ff, vermögen nicht zu überzeugen, da es Paulus um die ganz anders geartete Situation geht, ob denn eine Ehe Bestand haben kann, bei der nach der Eheschließung einer der Partner Christ wird, der andere aber nicht. 1Kor 7,39 stellt hingegen das Kriterium der Christenheit heraus: wer heiratet, suche einen Partner »in dem Herrn«. Dagegen ist eine seelsorgerl. Begleitung eines Paares selbstverständlich nötig und möglich, das in einer religionsverschiedenen Ehe lebt. Allein schon das Verschweigen zentraler Glaubensaussagen in den vorgeschlagenen agendarischen Formularen aber zeigt die grundsätzlich unaufhebbare Problematik von trauungsähnlichen Gottesdiensten mit einem nicht-christl. Partner (vgl. Wannenwetsch, 261–266).

d. Trauung homosexueller Paare

Von dem hier eingeführten Verständnis der T. als einer Segenshandlung für Ehepaare wird deutlich, daß eine T. oder auch nur eine der T. ähnliche gottesdienstl. Handlung für homosexuelle Paare einen Widerspruch in sich selbst darstellt. Grundsätzlich geht es hier um die Einschätzung der → Homosexualität als einer Entartung oder aber einer Variante der Schöpfung. Wer bibl. Aussagen über die Schöpfung des Menschen als Mann und Frau und ihre Bestimmung zur polaren Gemeinschaft in der Ehe ernstnimmt und gleichzeitig bibl. Beurteilungen der Homosexualität nicht nivelliert, wird einer T. oder entsprechenden gottesdienstl. Handlung für homosexuelle Paare nicht zustimmen können. Die Gemeinde kann nicht segnen, was Gott nicht segnet.

e. Trauungsjubiläen

Punktuelle Partizipation am gemeindlichen Leben als Merkmal positiv distanzierter Kirchlichkeit äußert sich auch im Begehren von Gottesdiensten anläßlich der silbernen bzw. goldenen Hochzeit. Hier sind schlichte Gottesdienste zu empfehlen, in denen der Segen für den weiteren gemeinsamen Weg neu zugesprochen wird, aber auch seelsorgerl. Fragen, z.B. über die Ehe nach dem Fortgang der Kinder aus dem Elternhaus oder über die Ehe im Alter angesprochen werden. Eine Wiederholung der T.sfragen empfiehlt sich dagegen nicht.

f. Trauung mit Taufe

Gelegentlich erbitten junge Eltern eine nachgeholte T. im zeitlichen Zusammenhang mit der Taufe ihres Kindes. Diesem Wunsch kann taktvoll entsprochen werden. Die Taufe folgt dann der Trauhandlung im Gottesdienst; die Fürbittengebete zu T. und Taufe werden zu einem Gebet zusammengefaßt.

Lit.: Gemeinsame kirchliche Trauung, hg. von der Deutschen Bischofskonferenz und dem Rat der EKD, [8]1987; G.Hennig: Die kirchliche Trauung, in: O.Bayer (Hg.), Ehe – Zeit zur Antwort, 1988, 80-102; F.Kalb: Grundriß der Liturgik, [2]1982, 277–290; M.Luther: Ein Traubüchlein für die einfältigen Pfarrherrn, 1529, in: Die Bekenntnis-Schriften der ev.-luth. Kirche, [7]1976, 528-534; Lutherische Liturgische Konferenz (Hg.): Trauung. Das kirchliche Handeln bei einer Eheschließung. Überlegungen, Ordnung und Texte zur Revision der kirchlichen Trauungsagenden, 1993 (reihe gottesdienst 14); R.Schäfer: Zur kirchlichen Trauung, ZThK 70 (1973), 474ff; M.Seitz: Die Predigt bei der Trauung, in: H.Breit, M.Seitz (Hg.): Trauung (Calwer Predigthilfen), 1975, 11-31; ders.: Praxis des Glaubens, [2]1979; B.Wannenwetsch: Die Freiheit der Ehe, 1993.

M. Herbst

Treffener Anstalten/Evangelische Stiftung de La Tour in Treffen/Kärnten

Elvine de La Tour (1841–1916) gründete 1873 in Russiz bei Görz ein Kinderheim, aus dem in der Folge ein vielseitiges diakon. und mission. Werk hervorging. 1885 Erwerb des Schloßgutes in Treffen/Kärnten, Bau einer konfessionellen Schule mit einem dazugehörigen Kinderheim »Herrnhilf« und später einer Pflegeeinrichtung. Nach dem Tod der Gräfin im Ersten Weltkrieg wurde der italienische Besitz aufgegeben. Die Einrichtungen in Kärnten wurden umgewandelt in eine Ev. Stiftung. Die volksmission. Arbeit wurde in der Rechtsträgerschaft des christl. Missionsvereins für Österreich fortgesetzt. Die Rektoren der Stiftung: 1918–1937 Pfarrer Richard Roth und 1947–1980 Pfarrer Friedrich Gienger. Heute führt die Ev. Stiftung ein Freizeitheim, betreibt Campingmission in Kärnten, hat im Bereich der Sozialhilfe ein Heim für Sozialwaisen, ein Alten- und Pflegeheim und drei Heime für geistig behinderte Männer und Frauen. In Zusammenarbeit mit dem Blauen Kreuz entstand 1980 die Sonderkrankenanstalt de La Tour, eine Therapiestation zur Behandlung von Suchtkrankheiten. Seit 1923 finden regelmäßig Pfarrerrüstwochen statt, aus denen die Pfarrergebetsbruderschaft in Österreich hervorgegangen ist.

R.Ratz

Treue

Die Worte »Treue« und »treu« hängen im Deutschen, aber auch in den bibl. Sprachen mit »glauben« zusammen. Treu ist der, dem man glauben und vertrauen kann, und zwar in doppelter Hinsicht: im Blick auf seine Worte, bes. seine Versprechungen und Zusagen, in denen er glaubwürdig und zuverlässig ist; aber auch im Blick auf sein Verhalten, mit dem er unwandelbar und beständig ist. Dabei geht die christl. Botschaft davon aus, daß Grund und Kraft aller menschlichen T. die T.Gottes als des Schöpfers und Erlösers ist. Er, der in freier Liebe Welt und Menschen geschaffen hat, bleibt sich und seiner Schöpfung treu. Das zeigt sich in seiner Welterhaltung, vor allem aber in seiner Heilsgeschichte. Nichts besteht aus sich selbst, sondern hat seinen Bestand in der T.Gottes, der allem Leben und Bestand verleiht. Vor allem aber spricht das AT von der »Güte und Treue« Gottes (2Mo 34,6; Ps 40,11; 57,4; 61,8; 86,15; Spr 3,3). Die hebr. Worte, die man auch mit »Gnade und Wahrheit« übersetzen kann, meinen zusammen die Bundestreue Gottes als Grundkennzeichen des Heilshandelns Gottes. Dieses findet seinen Höhepunkt in dem, der der eingeborene Sohn Gottes »voller Gnade und Wahrheit« ist (Joh 1,14). Im AT zeigt sich die Treue Gottes am stärksten, indem er seinem untreuen Bundesvolk immer wieder nachgeht und es zu sich zurückruft. Die Gemeinde des NT weiß um den treuen Hohenpriester Jesus, der sie vor Gott vertritt (Hebr 2,17), der sie bewahrt vor dem Bösen (2Thess 3,3) und sie vollenden wird (Hebr 10,23).

In der gegenwärtigen allgemeinen Situation, die von starkem sozialem Wandel und einer allgemeinen Glaubenskrise gekennzeichnet ist, werden deshalb T. und Beständigkeit des Menschen stark hinterfragt. Vielfach sieht man in ihnen Überbleibsel einer autoritären und zu sehr der Tradition verhafteten Gesellschaftsstruktur mit ihren entsprechenden Handlungsweisen. Gerade hier kommt es darauf an, daß menschliches Handeln in T. sich neu vom kontinuierlichen T.handeln Gottes in seiner Heilsgeschichte her begreift. In dreifacher Weise wäre es zu entfalten:

– T. zur Geschichte Gottes mit uns Menschen in Volk, Familie und Einzelleben, aus der heraus wir das Überkommene und Erlebte dankbar annehmen, kritisch aufarbeiten und für die Gegenwart anwenden.

– Annehmen der uns gegebenen Möglichkeiten und deren Gebrauch und Ausgestaltung in schöpferischer T. bei aller Vorläufigkeit und Mangelhaftigkeit, weil wir wissen, daß Gott unser Tun annimmt und ihm Bedeutung verleihen will. Damit verbunden ist auch die Bereitschaft, in der Lebensgestaltung bei einer Sache zu bleiben und sie in beständiger T. auszuführen unter Verzicht auf andere Entfaltungsmöglichkeiten.

– Abwehr aller Trugbilder von T., bei denen es sich nur um gedankenloses und bequemes Festhalten am Herkömmlichen, um blinde oder feige Unterwürfigkeit, um ungute Solidarität oder bloße Prinzipienreiterei handelt.

Lit.: B.Häring: Frei in Christus, 1989, Bd. II, 72-93; M.Hermann: »Treu«, GBL 3, 1989, 1591–1593.

K.H.Bormuth

Treysa (Kirchenkonferenzen)

Vom 27.–31. 8. 1945 kamen in Treysa (zwischen Kassel und Marburg) auf Einladung des württembergischen Landesbischofs Th. →Wurm die Leiter der Landeskirchen und der kirchlichen Werke zusammen (ca. 120 Personen), um über den Neuanfang der Kirche zu beraten. Diese Konferenz beschloß schließlich: (1) eine allgemeine Bestandsaufnahme der kirchlichen Situation, (2) die Bildung der EKD mit einem Rat und einer Ordnung; ein Rechtsausschuß wurde dafür eingesetzt, (3) die Inangriffnahme aktueller Aufgaben (in der Schule, Jugendarbeit, Flüchtlingsdienst, in Gründung des Hilfswerks u. a.). Die Erfahrungen des Kirchenkampfes wurden berücksichtigt, aber nicht einfach übernommen.

Vom 5.–6. 6. 1947 fand in T. eine zweite Kirchenversammlung statt, in der dreierlei zu klären war: (1) das Selbstverständnis der künftigen EKD, (2) das Verhältnis zwischen EKD und der 1945 gegründeten VELKD und (3) die Weiterführung der 1936 in Halle begonnenen Bemühungen um eine innerkirchliche Abendmahlsgemeinschaft. Ein Verfassungsausschuß wurde eingesetzt, der die 1948 angenommene Grundordnung der EKD erarbeitete.

Lit.: J. Beckmann (Hg.): Kirchliches Jahrbuch 1945–1948, 1950, 1-19, 66-80; H. Brunotte: Die Grundordnung der EKD, 1954, 3-29, 39-51; F. Söhlmann: Treysa 1945, 1946.

G. Ruhbach

Trichotomie →Mensch

Tridentinisches Konzil →Tridentinum

Tridentinum (1545–1563)

Bereits 1518 rief Luther nach einem allgemeinen Konzil, ebenfalls die Reichstage von Nürnberg 1523 und 1524. Alt- wie Neugläubige wiederholten immer wieder diese Forderung, auf der auch Kaiser →Karl V. und sein Bruder Ferdinand bestanden. Papst Paul III. berief daraufhin 1536 ein Konzil ein. Es konnte aber erst am 13. Dezember 1545 in Gegenwart von nur 31, meist italienischen Bischöfen in Trient eröffnet werden. Die Verfassung des Konzils war so, daß nur die Bischöfe, Ordensgeneräle und Vertreter der Mönchskongregationen Stimmrecht besaßen, sie stimmten nach Köpfen, nicht nach Nationen ab. Die erste Tagungsperiode des T.s dauerte von 1545–1547. Am 11. März 1547 beschloß das Konzil die Verlegung nach Bologna, das im Kirchenstaat lag. Nach der Suspension 1549 berief es Papst Julius III. 1551 wiederum nach Trient ein, wo es wegen des Fürstenaufstandes in

Deutschland nur bis 1552 tagen konnte. 1562/63 fand die dritte und letzte Tagungsperiode statt. Zu Recht stellt der kath. Kirchenhistoriker Sebastian Merkle fest: »Kein anderes Konzil ist so lange ersehnt und so dringlich gefordert, so oft vertagt oder suspendiert oder mit Suspension bedroht, so lange unterbrochen und von so heftigen Stürmen erschüttert worden, wie das von Trient ...«

In den Augen der Protestanten war das vom Papst berufene und geleitete Konzil nicht frei, es war auch nicht »christlich«, weil es die Kontroverslehren nicht an dem alleingültigen Maßstab des Gotteswortes messe. Wohl waren in der zweiten Tagungsperiode Vertreter einzelner prot. Reichsstände in Trient erschienen, aber zu Vergleichsverhandlungen mit ihnen kam es nicht. Ursprünglich wurde das Konzil gefordert, um die kirchl. Einheit wiederherzustellen. Der zu späte Konzilsbeginn und die fortschreitende Entfremdung von Alt- und Neugläubigen verhinderten dies; als das Konzil dann tagte, kamen ihm zwei in erster Linie innerkath. Hauptaufgaben zu: die Klärung des kath. Glaubensgutes als Antwort auf die prot. Theologie und die Kirchenreform.

Eine vom Konzil definierte wichtige Unterscheidungslehre war, daß außer der Bibel die apostol. Traditionen als Quelle der göttlichen Offenbarung anzunehmen seien; dies wurde im April 1546 festgelegt. Die Vulgata des →Hieronymus wurde als ausreichend für den dogmat. Beweis erklärt. Im Januar 1547 wurde in 16 Kapiteln die kath. Lehre von der Rechtfertigung dargelegt. Die beiden entscheidenden Punkte waren: die Beteiligung des menschlichen Willens an der den gesamten Rechtfertigungsprozeß tragenden göttlichen Gnade, womit die Möglichkeit eines menschlichen Verdienstes gegeben war; ferner die innere Heiligung des Menschen durch die heiligmachende Gnade. »Nicht ohne Grund ist behauptet worden, die Glaubensspaltung hätte vermieden werden oder doch einen anderen Weg nehmen können, wenn dieses Rechtfertigungsdekret auf dem fünften Laterankonzil beschlossen worden wäre« (H. Jedin).

In der weiteren dogmat. Arbeit konzentrierte sich das Konzil auf die Definition des kath. Sakramentenverständnisses: Die Siebenzahl der Sakramente wurde festgelegt, sowie deren Wirkung *ex opere operato* (gnadenhafte Wirkung der Sakramente kraft ihres Vollzugs, nicht allein durch den Glauben an das verheißene Wort Gottes) bekräftigt. Bei der Lehre über die Eucharistie wurde der Opfercharakter und die Realpräsenz Jesu Christi im eucharistischen Brot betont. Die kath. Ehelehre wurde erneuert (Sakramentalität und Unauflöslichkeit) und im Dekret »Tametsi« die Formpflicht bei der Eheschließung für alle Katholiken vorgschrieben. Zu keiner Einigung fand das Konzil in der Frage des Verhältnisses von päpstlicher und bischöflicher Gewalt.

Neben dogmat. Fragen beschäftigte sich das Konzil ab der ersten Tagungsperiode mit der Kirchenreform. An Reformmaßnahmen wurden u.a. beschlossen: die Residenzpflicht (die Abwesenheit eines Bischofs von seiner Diözese sollte während eines Jahres zusammen nicht die Zeit von drei Monaten überschreiten). Das Dekret über die Residenzpflicht galt als die wichtigste Reformbestimmung des Konzils. Das T. wandte sich auch gegen die Vereinigung mehrerer Pfründen in einer Hand, allerdings blieb dieses Dekret vielfach unausgeführt. Bedeutend war die Forderung nach Errichtung von Seminaren. Die vor der Reformation zum Teil stark vernachlässigte wissenschaftl. und moralische Vorbildung der Weltgeistlichen wurde durch dieses Dekret zum erstenmal allg. geregelt. Weiter wurde beschlossen, die Diözesen zu visitieren. »Der Hauptzweck dieser Visitationen ist, die Irrlehren zu verdrängen und die reine rechtgläubige Lehre einzuführen.« Auch wurde beschlossen, daß in allen Kathedral- und Pfarrkirchen regelmäßig gepredigt werden müsse. Die Bischöfe sollten in ihrer Kathedralkirche die Hl. Schrift und das göttliche Gesetz persönlich verkünden. Den Reformwünschen gemeinsam war das Verlangen, im Interesse einer geordneten Seelsorge die Gewalt der Bischöfe über den Welt- und Ordensklerus ihres Sprengels zu stärken und deren Behinderung durch Exekutionen und ungerechtfertigte Appellationen, aber auch durch staatliche Eingriffe zu beseitigen.

Am 26. Januar 1564 bestätigte der Papst alle Dekrete des T.s und verlieh ihnen dadurch Rechtskraft. Das T. stellte der prot. Reformation die kath. Reform entgegen. Es zeigt in dogmat. Beziehung die Gegensätze zwischen kath. und prot. Überzeugung auf. »Man darf sagen, daß es die Reformation war, bzw. die Bedrohung, die sie für die päpstliche Kirche darstellte, die das so lange und stürmisch aus allen Schichten der Kirche geforderte, aber von kurialen Kreisen immer wieder verweigerte, umgangene, hinausgeschobene Konzil von Trient endlich herbeigeführt hatte. Entsprechend stellt es von seinem Beginn an in vielfältigem Sinne eine Antwort auf die Reformation dar« (J. Lortz).

Lit.: R. Bäumer (Hg.): Concilium Tridentinum (WdF 313), 1979 (Lit.); H. Jedin: Geschichte des Konzils von Trient, 4 Bde., 1951–1975; ders.: Kleine Konziliengeschichte, 1978, 81-103.

K. Wittstadt

Trinität

a) biblisch

Eine eigentliche Lehre von der T. (Dreieinigkeit oder Dreifaltigkeit) Gottes finden wir in den bibl. Schriften noch nicht. Wohl aber finden wir Zeugnisse über →Gott den Vater, seinen Sohn →Jesus Christus und den Hl. →Geist, die auf ihre zusammenfassende Deutung und Bekräftigung im späteren T.sdogma hindrängen.

Diejenigen Stellen im AT, in denen die ältere christl. Theologie die T. schon bezeugt fand (1Mo 1,2f.26; 18,2; 4Mo 6,24-26; Jes 6,3), sind für sich genommen noch nicht aussagekräftig. Die Offenbarung der T. ist geschichtl. an die Person Jesu und die Geisterfahrung der christl. Gemeinde gebunden. Innerhalb des AT ist sie vorbereitet durch das Bekenntnis Israels zur absoluten Jenseitigkeit Gottes und zugleich zu seiner heilsamen Menschennähe in Gestalt seines Namens, seiner Herrlichkeit, seines Engels, seines Geistes, seines Wortes, seiner Weisheit. Jesus und seine Gemeinde bezeugen mit Israel, daß Gott nur einer ist (Mk 12,29f; Röm 3,30; 1Tim 2,5; Jak 2,19). Zugleich jedoch wird auch Jesus gottheitliche Würde zugesprochen: Er heißt *Kyrios* (»Herr«) wie der Gott Israels (Phil 2,11 vgl. Jes 45,23f); zu ihm wird gebetet (Apg 7,59; 1Kor 1,2; Offb 5,9ff); ausdrücklich wird er »Gott« genannt (Joh 1,18; 20,28; Röm 9,5; Hebr 1,8f; 1Joh 5,20). Der Hl. Geist ist nicht einfach eine unpersönliche Gabe, sondern Stellvertreter Jesu (Joh 14,16-18; 15,26; 2Kor 3,17), der zu den Menschen ein personales Gegenüber bildet (Apg 5,3; 7,51; 15,28; Eph 4,30; Hebr 3,7) und göttlichen Wesens ist (1Kor 2,10; 3,16; Apg 5,3f). Gott Vater, Sohn und Hl. Geist stehen auch mehrfach in formelhaften Aussagen nebeneinander (Mt 28,19; 1Kor 12,4-6; 2Kor 13,13; Eph 4,4-6; 1Petr 1,2; Jud 20f); die Zusammengehörigkeit dieser drei ist also Bestandteil des urchristl. Bekenntnisses gewesen. Offen bleibt im NT, wie diese Zusammengehörigkeit genau zu verstehen, wie der Glaube an die Gottheit Christi und des Hl. Geistes mit dem →Monotheismus zu vereinbaren ist.

b) dogmen- und theologiegeschichtlich

I. Die Entstehung des trinitarischen Dogmas

1. In Treue zur apostol. Überlieferung bezeugte die frühe Kirche die T. Gottes in ihren Gottesdiensten (Taufformel nach Mt 28,19; eucharistische Doxologie) und in ihren Bekenntnissen. Die →*Regula fidei* (»Glaubensregel«) faßt im antignostischen Kampf die Substanz des kirchl. Glaubens zusammen als Bekenntnis zu Vater, Sohn und Geist. Seit im 2. Jh. Taufbekenntnisse formuliert werden, sind sie ohne Ausnahme ebenfalls dreigliedrig aufgebaut. Diese Verankerung der T. im Gottesdienst und im Bekenntnis bildet die feste Grundlage der Kirche während allen Streits um ihr rechtes Verständnis; der Glaube an die T. ging der Lehre voraus und wurde im Dogma des 4. Jh.s, nachdem man ihn lehrmäßig präzisiert und vertieft hatte, neu bekräftigt.

2. Die älteste nach-ntl. Generation kirchl. Schriftsteller, die →Apostolischen Väter, kennt so wenig wie die Urchristenheit eine T.slehre, sondern nur den Glauben an die T. Der jüd. Monotheismus wird festgehalten, obwohl man zugleich die Namen, Eigenschaften und Wirkungen des atl. Gottes auch auf Christus überträgt *(Theologia Christi)*.

3. Um eine gedankliche Klärung dieser Spannung sind erst die →Apologeten mit ihrer Logoschristologie bemüht. In Anknüpfung an jüd. (→Philo von Alexandrien) und hell. Philosophie (Mittlerer →Platonismus) betonen sie die absolute Jenseitigkeit Gottes und verstehen den präexistenten Christus als Vermittler aller welthaften Wirkungen und Offenbarungen Gottes. Jesus Christus ist die Inkarnation des Logos, der zunächst als »göttliche Vernunft« in Gott existierte und dann zum Zwecke der Schöpfung als eine selbständige Größe aus Gott heraustrat und zur »geistigen Weltordnung« wurde. Das Bekenntnis zum Hl. Geist konnte in diese christl. Kosmologie (»Weltanschauung«) freilich nicht integriert werden.

4. Einigen Vertretern des »einfachen Glaubens« erschien die Logoschristologie als Verletzung des Monotheismus. Weil sie die »Alleinherrschaft« bzw. »Alleinursächlichkeit« (griech. *monarchia*) Gottes betonten, werden diese frühkirchl. »Unitarier« →Monarchianer genannt. Die dynamistischen Monarchianer oder →Adoptianer verstanden Jesus als einen gewöhnlichen Menschen, der durch Taufe und Auferstehung mit göttlicher Kraft (griech. *dynamis*) begabt und so zum Gottessohn adoptiert wurde. Die modalistischen Monarchianer sahen in Vater, Sohn und Geist drei sich zeitlich ablösende Metamorphosen oder »Erscheinungsweisen« (von lat. *modus*, »Art und Weise«) des einen Gottes. Das erste Modell verfehlte die volle Göttlichkeit Christi, das zweite die Unterscheidung Jesu von seinem Vater im Himmel; sie wurden deshalb beide (zwischen 190 und 270 n.Chr.) als Irrlehre verurteilt.

5. Die antignostischen Kirchenväter →Irenäus und →Tertullian haben die apologetische Logos-

christologie in Richtung auf eine ökonomische, d.h. heilsgeschichtl. T.slehre (von griech. *oikonomia,* »(Heils-)Haushaltung, Heilsplan«) weiterentwickelt und damit ihren Schwerpunkt aus der Kosmologie in die Soteriologie (Lehre vom Heil) verlagert. Um der unteilbaren Einheit Gottes willen unterscheidet Irenäus Vater, Sohn und Geist wie das eine Wesen und die zwei Wirkungen oder Offenbarungen Gottes: das Wort (der Sohn) und die Weisheit (der Geist) sind die beiden Hände, durch die Gott (der Vater) Welt und Menschen geschaffen hat und durch die sie auch erlöst werden, indem der Geist mit dem Sohn und der Sohn mit dem Vater Gemeinschaft verleiht. Nach Tertullian war Gott zunächst allein, entfaltete sich dann aber – aufgrund seiner Beziehung zur Welt – schrittweise zur Dreiheit. Dieser erste lat. Theologe hat nicht nur den Begriff *trinitas* (aus *tria-unitas,* »Drei-Einheit«) gebildet, sondern auch den Person-Begriff in die T.slehre eingeführt: Gott ist ein »Wesen« *(una substantia)* in drei »Personen« *(tres personae),* d.h. drei individuellen Konkretionen.

6. Der Alexandriner →Origenes suchte die Logoschristologie in ein System kirchl. Gnosis zu überführen. Wenn er Vater, Sohn und Geist als drei »Hypostasen« (von griech. *hypostasis,* »selbständige Wesenheit, Einzelverwirklichung allgemeineren Seins«) bezeichnet, dann ist damit zugleich der platonische Gedanke einer seinshaften Stufung innerhalb der Gottheit verbunden. Gott als das absolut jenseitige Eine und schöpferische Gute ist von Ewigkeit her die Quelle einer Welt von Geistwesen. Diese ewige Schöpfung wird eröffnet durch den Logos, der unmittelbar aus dem Einen hervorgeht, deshalb mit ihm gleichen Wesens und ihm doch zugleich als erstes Geschöpf wesenhaft untergeordnet ist. Durch den Logos schafft Gott in einem zeitlosen Akt die übrigen Geistwesen, an ihrer Spitze den Hl. Geist als Ursprung der Engelwelt. Weil Gott und die unsichtbare Welt bei Origenes gleitend ineinander übergehen, kann er Logos und Geist als Geschöpfe dem Vater unterordnen (Subordinatianismus) und sie zugleich als mit ihm wesensgleich bekennen.

7. Das labile Gleichgewicht des origenistischen Systems zerbrach in der Folgezeit in eine Richtung, die aus soteriologischem Interesse die Einheit von Gott-Vater und Logos-Sohn betonte (mit modalistischer Gefährdung), und eine andere, zahlenmäßig erheblich stärkere, die aus kosmologischem (phil.-weltanschaulichem) Interesse die Unterordnung des Sohnes unter den Vater vertrat (mit adoptianischer Gefährdung). Der alexandrinische Presbyter →Arius verstand den Logos als Geschöpf des absolut jenseitigen Gottes, das dem Wesen (griech. *usia*) und der Eigenart des Vaters fremd ist und ihn darum auch nicht vollkommen erfassen kann. Dieser weltanschaulich radikalisierte Origenismus wurde vom ersten ökumen. Konzil in →Nicäa 325 n.Chr. verurteilt. Das Konzilsbekenntnis gebraucht den kosmologischen Schlüsselbegriff Logos überhaupt nicht, sondern spricht nur vom »Sohn Gottes« und bezeugt von ihm, daß er »wesenseins (griech. *homousios*) mit dem Vater« ist; dabei wird kein Unterschied gemacht zwischen *usia* (allgemeines Wesen) und *hypostasis* (konkretes Einzelwesen).

8. Die Mehrheit der origenistisch geprägten Bischöfe des Ostens unterstützte zwar die Verurteilung des Arius, empfand das Nicänum aber als nahezu modalistisch und sprach im Sinne einer seinshaften Stufung in Gott weiter von drei Hypostasen, die einander »wesensgleich« (griech. *homoiusios*) sind, während vor allem →Athanasius von Alexandrien in Übereinstimmung mit der Westkirche das *homousios* (»wesenseins«!) unermüdlich verteidigte. Als Kaiser Konstantius II. (337–361 n.Chr.) die Arianer und verwandte Richtungen (Homöer) förderte und die Bischöfe zum Abbruch des Bekenntniskampfes zwingen wollte, gelang es Athanasius, sich mit dem größten Teil der weltanschaulich interessierten Origenisten zu verständigen. Auf der Friedenssynode von Alexandrien 362 n.Chr. erkannten beide Seiten das *homousios* als Glaubenswahrheit an. Über das Nicänum hinausgehend wurde es jetzt auch vom Hl. Geist ausgesagt. Inzwischen waren nämlich die sog. Pneumatomachen (»Geistbekämpfer«) aufgetreten, die in bezug auf den Sohn nizänisch, in bezug auf den Hl. Geist aber arianisch lehrten: er sei vom Vater aus dem Nichts erschaffen. Dem hielt Athanasius entgegen, daß nur Gott selbst uns an seinem ewigen Leben Anteil geben kann; wenn wir im Geist nicht dem Sohn und im Sohn nicht dem Vater begegneten, wären wir auch nicht erlöst. Auf dem gemeinsamen Boden des *homousios,* d.h. unter Ausschluß jedes Stufungsgedankens, sollte es aber nunmehr auch möglich sein, von drei Hypostasen in Gott zu sprechen.

9. Entsprechend der von Athanasius 362 aufgezeigten theol. Linie haben die drei großen →Kappadozier Basilius von Cäsarea, Gregor von Nyssa und Gregor von Nazianz (auch Jungnizäner genannt) die T.slehre in den folgenden Jahren zu der Gestalt geformt, die schließlich 381 n.Chr. auf dem zweiten ökumen. Konzil in Konstantinopel dogmatisiert wurde. Die Jungnizäner unterschieden begrifflich zwischen *usia* (allgemeines Wesen, lat. *substantia*)

und *hypostasis* (konkrete Wesensrealisierung, lat. *subsistentia*) und faßten das christl. Gottesverständnis in die Formel »eine Usie in drei Hypostasen«. Da für sie Hypostase gleichbedeutend mit »Person« war, ergab sich zum ersten Mal im griech. Sprachraum eine Parallelformulierung zum lat. *una substantia, tres personae* Tertullians. Für die Jungnizäner war aber im Unterschied zu Tertullian die Dreiheit unabhängig von Gottes Weltverhältnis schon in seinem Wesen verankert, so daß sie Gottes Wesentrinität als den ewigen Hintergrund seiner Offenbarungstrinität verstanden. Dementsprechend betonten sie beim einen Wesen Gottes seine Dreiheit und bei der dreifachen Offenbarung seine Einheit. Die je besonderen Eigentümlichkeiten der drei Hypostasen gründen in ihren unterschiedlichen Ursprungsbeziehungen zueinander: Der Vater allein ist ungezeugt und darum die Quelle der Gottheit von Sohn und Geist; der Sohn ist gezeugt, der Hl. Geist geht aus dem Vater durch den Sohn hervor. Da die drei Hypostasen sich aber wechselseitig durchdringen und einander einwohnen (wofür Johannes von Damaskus um 700 n.Chr. den Begriff Perichorese, griech. *perichôrêsis*, lat. *circumincessio* bildete), treten sie nach außen immer mit gemeinsamer Wirkkraft in Erscheinung: *Opera SS. Trinitatis ad extra indivisa sunt*, »die Werke der hl. Trinität nach außen sind ungeteilt«. Die Jungnizäner änderten auch die Liturgie: Aus dem unterordnenden »Ehre sei dem Vater durch den Sohn im Hl. Geist« wurde ein gleichordnendes »Ehre sei dem Vater mit dem Sohn samt dem Hl. Geist«. Auf der Grundlage dieser kappadozischen T.slehre bekräftigte das Konzil von 381 erneut das Nicänum von 325, verurteilte den Modalismus wie den Arianismus und bezeichnete in seinem eigenen Bekenntnis (dem sog. →Nicaeno-Constantinopolitanum) den Hl. Geist als »den Herrn und Lebensspender, der vom Vater ausgeht, der mit dem Vater und dem Sohn zusammen verehrt und zusammen verherrlicht wird«. In dieser seiner Endgestalt hat das trinitarische Dogma einerseits – um der Wirklichkeit des Heils willen – die Hellenisierung der christl. Gotteslehre abgewehrt, andererseits – um der Weltgeltung der christl. Wahrheit willen – den Bereich des kosmologischen Denkens in den kirchl. Glauben integriert.

II. Aneignung und Kritik des Dogmas

1. Das im Bereich griech. Theologie entstandene T.sdogma wurde der lat. Welt des Abendlandes in selbständiger Weise von →Augustinus vermittelt. Um die substantielle Einheit Gottes von jedem Gedanken an Zusammensetzung oder Veränderung fernzuhalten, interpretiert er die trinitarischen Personen ausschließlich als wechselseitige Relationen (Beziehungen): der Vater des Sohnes, der Sohn des Vaters, der Hl. Geist als ihr gemeinsames Liebesband. Zum Zweck der Veranschaulichung weist er auf *vestigia trinitatis* (»Spuren der Trinität«) in der gottebenbildlichen menschlichen Seele hin, auf die Drei-Einheit etwa von erinnerndem Bewußtsein, Verstand und Wille oder von Geist, Begriff und Liebe. Das fälschlich »Athanasianum« genannte Bekenntnis *Quicunque vult* (4.–6. Jh.) bietet Augustins Theologie in festen Formeln. Vom Verständnis des Hl. Geistes her als dem Gemeinschaftsband der beiden anderen Personen führte Augustinus die lat. Theologie zu der Überzeugung, daß der Hl. Geist nicht nur vom Vater durch den Sohn ausgeht (so die Griechen), sondern gemeinsam von Vater und Sohn. Auf der achten Synode von Toledo (653 n.Chr.) wurde sogar der dritte Artikel des Nicaeno-Constantinopolitanum entsprechend erweitert: »qui ex Patre *Filioque* procedit« = »der vom Vater *und vom Sohn* ausgeht«. Der röm. Papst übernahm den neuen Text anläßlich der Kaiserkrönung Heinrichs II. im Jahr 1014. Dieser Vorgang gehört mit zu den Gründen, die 1054 zur bis heute währenden Spaltung zwischen Ost- und Westkirche führten. Die mittelalterl. Scholastik blieb trintitätstheol. im wesentlichen bei Augustin, ebenso die reformat. Theologie und die altprot. Orthodoxie.

2. Zu erster Kritik am T.sdogma kam es im 16. Jh. (→Antitrinitarier) unter dem Einfluß von Nominalismus und →Humanismus: der spätmittelalterl. Nominalismus (→Universalienstreit) hatte die T.slehre nur noch auf die Autorität der Kirche hin zu glauben, aber nicht mehr zu denken vermocht, und der Humanismus lehrte, alle Dogmen am Wortlaut der Schrift zu überprüfen. So kam es dazu, daß der Spanier M. →Servet gegen →Calvin einen modalistischen Monarchianismus vertrat. Die polnischen →Socinianer verwarfen die T.slehre als zugleich unbibl. und vernunftwidrig und lehrten selber arianisch. Seit dem 17. Jh. entwickelten sie sich zu der weit über Polen hinausgreifenden Konfession der Unitarier. Als sich der →Rationalismus der →Aufklärung in Philosophie und ev. Theologie durchsetzte, fand die socinianische Argumentation auch außerhalb des Unitarismus weiteste Verbreitung. Der →Pietismus hatte für Lehrfragen dieser Art zumeist nur wenig Interesse, so daß die herkömmliche T.slehre fast völlig zusammenbrach.

3. Im 19. Jh. unternahm →Hegel den Versuch, die T.slehre rein phil. neu zu begründen, nämlich als dialektischen Prozeß der Wirklichkeit (der absolute Geist = »der Vater« tritt sich selbst in Welt und

Mensch gegenüber = »der Sohn«, um im menschlichen Denken zur Erkenntnis seiner selbst zu kommen = »der Geist«); er blieb freilich zunächst ohne nennenswerte Auswirkungen. Fr. →Schleiermacher verwarf die kirchl. T.slehre, weil sich eine abstufungslose Wesensgleichheit der drei Personen nicht denken lasse. Er selbst sprach lediglich von einer Gegenwart Gottes in sich selbst, im (menschlichen) Gottesbewußtsein Jesu und im »Gemeingeist« der christl. Kirche. Die Erweckungstheologie hielt demgegenüber an der T.slehre fest, beschränkte ihre Aussagen jedoch zumeist auf die Offenbarungstrinität (v. →Hofmann: Die Hl. Schrift lehrt die T. nicht unmittelbar als ewiges innergöttliches Verhältnis, sondern in seiner geschichtl. Selbsterweisung als deren ewige Voraussetzung). Theol. tonangebend wurde jedoch der Liberalismus A. →Harnacks. Bei ihm verband sich die antimetaphysische Theologie A. →Ritschls (das Bekenntnis zur Gottheit Christi kein Seinsurteil, sondern subjektives Werturteil) mit dem alten Rationalismus. So interpretierte er das trinitarische Dogma als Produkt der →Hellenisierung des Christentums und suchte durch hist. Kritik des Dogmas die kirchl. Rückkehr zum einfachen Evangelium Jesu (sein Inhalt: »Gott der Vater und der unendliche Wert der Menschenseele«) zu beschleunigen.

4. Eine entscheidende Wende brachte auch hier die Zeit nach dem Ersten Weltkrieg, vor allem K. →Barths Entschluß, der T.slehre eine die ganze Dogmatik beherrschende Stellung zu geben, dadurch daß er mit ihr schon die Lehre von der Offenbarung eröffnete. Daß Gott sich selbst als der Herr offenbart, bedeutet, daß er Offenbarer, Offenbarung und Offenbarsein in einem ist. Die dreieinige Offenbarung Gottes entspricht zugleich seinem ewigen Wesen als einem dreifachen Gegenüber in sich selbst. Seither wird in der ev. Dogmatik wieder auf breiterer Basis an der geistigen Aneignung des T.sdogmas gearbeitet. Aus der gegenwärtigen Theologie ragen dabei drei Entwürfe heraus. E. Jüngel nennt es das Geheimnis der Welt, daß Gott im Menschen Jesus zur Welt gekommen ist. Indem Gott sich mit dem Gekreuzigten identifiziert, unterscheidet er sich von sich selbst und bleibt doch er selbst: Gott ist, indem er zu sich selbst kommt – von Gott (dem Vater) zu Gott (dem Sohn) als Gott (der Hl. Geist). J. Moltmann entwickelt die T.slehre aus dem Zusammenwirken von Vater, Sohn und Geist in der bibl. Geschichte Christi. Die Einheit Gottes bestehe nicht in der einen Substanz oder dem einen Subjekt (christl. Monotheismus), sondern in der für Welt und Mensch offenen Gemeinschaft der drei Personen (soziale T.slehre), der auf Seiten der Menschen eine Gemeinschaft ohne Vorherrschaft und Unterwerfung entspricht. Auch für W. Pannenberg ist die Einheit Gottes aus seiner Dreiheit abzuleiten und nicht umgekehrt. Die geschichtl. Selbstunterscheidung Jesu vom Vater und vom Geist führt zur Erkenntnis der ewigen trinitarischen Unterschiede, die als Relationen wechselseitiger Selbstunterscheidung der drei Personen zu fassen sind. Die Monarchie des Vaters und damit die Einheit Gottes ist das Ergebnis des Zusammenwirkens der drei Personen und somit erst am Ende der Heilsgeschichte endgültig offenbar.

c) systematisch-theologisch

1. Stellung und Gewicht der Trinitätslehre

In den dogmat. Gesamtdarstellungen findet sich die T.slehre an ganz unterschiedlichen Orten. Die altprot. Orthodoxie behandelt sie innerhalb der Gotteslehre, und zwar nachdem zuvor von Gottes Wesen und Eigenschaften geredet wurde. W. →Elert, O. →Weber, W. Pannenberg und andere kehren diese Reihenfolge um, weil es in der christl. Theologie um Wesen und Eigenschaften gerade des trinitarischen Gottes gehe. Barth behandelt die T. schon in der Offenbarungslehre, weil Gott für ihn nur durch Christus im Hl. Geist offenbar ist. Schleiermacher stellt sie ganz an den Schluß, weil sie nicht denselben Wert habe wie die übrigen Teile der Glaubenslehre. Auch bei P. →Althaus bildet sie den Abschluß, hier aber, weil sie eine letzte Folgerung ist aus dem, was der Glaube an Jesus Christus unmittelbar aussagen kann. In der Tat muß die Dogmatik berücksichtigen, daß es im NT noch keine eigentliche T.slehre gibt, daß die T.slehre also eine – freilich unausweichliche – theol. Reflexion über den Gehalt des Evangeliums ist, eine lehrhafte Zusammenfassung des Glaubens an Gott den Schöpfer, Erlöser und Neuschöpfer. Der trinitarische Glaube ist von der T.slehre nicht zu trennen, aber doch zu unterscheiden. Darin besteht das Gewicht und die Grenze der T.slehre.

2. Die Einheit Gottes

Die Unbedingtheit des Evangeliums in seinem Zuspruch und Anspruch macht den Glaubenden gewiß, daß Gott nur einer ist, daß es neben ihm keine vergleichbare Autorität gibt und daß er auch in sich selbst nicht geteilt oder zwiespältig ist, sondern einfach und ganz. Aus der Begegnung mit diesem Gott erwuchs schon in Israel das Bekenntnis zu seiner Einzigkeit (5Mo 6,4; Jes 44,6, von Jesus bestätigt Mk 12,29f und von den Aposteln übernommen 1Kor 8,4-6), und um dieser Begegnung willen verfocht die nizänische Theologie das *homousios* (»wesenseins«) von Vater, Sohn und Geist, mit dem sie bekannte, daß niemand anderes als der eine, ungeteilte Gott durch Sohn und Geist an uns handelt. Die arianische und origenistische Stufung im Wesen Gottes ist nicht nur eine Herabsetzung des Sohnes, sondern auch ein Schritt zum Polytheismus. Dem widerspricht sowohl die heilsgeschichtl. Offenbarung als auch die Schöpfungsoffenbarung, durch die schon die griech. Philosophie zum Monotheismus gedrängt wurde. Alle Aussagen über die Gottheit des Sohnes und des Hl. Geistes müssen deshalb innerhalb der Grenzen des Monotheismus bleiben.

3. Die Dreiheit in Gott

Die Erkenntnis, daß der eine unteilbare Gott zugleich in sich dreifaltig ist, ergibt sich weder aus den diversen Dreiheiten der Religionsgeschichte noch aus einer Analyse des Gottesbegriffs (Gott als Geist oder als Liebe), sondern nur aus der heilsgeschichtl. Offenbarung Gottes durch Christus im Hl. Geist. Jesus ist den Menschen als jemand begegnet, durch den Gott selbst redet und handelt; wer an ihn glaubt, bekennt deshalb: »Gott war in Christus und versöhnte die Welt mit sich selber« (2Kor 5,19). Zugleich unterschied sich Jesus aber auch von seinem himmlischen Vater und suchte nur dessen Herrschaft (→Reich Gottes) zu dienen. Der ewige Gott offenbarte sich also gerade in der Unterordnung des »Sohnes« unter den »Vater« und damit als ein ewiges Gegenüber von Vater und Sohn. Der Hl. Geist wiederum ist die Weise, in der niemand anderes als Gott selbst in den Glaubenden Wohnung nimmt. Er macht diejenigen, die Christus annehmen, zu Gottes Kindern, indem er ihnen Anteil gibt an der Gemeinschaft Christi mit dem Vater; er ist der »Geist der Sohnschaft« (Röm 8,15). Damit ist vorausgesetzt, daß der Hl. Geist bereits die innergöttliche Vermittlung der Gemeinschaft von Vater und Sohn ist, daß also das heilsgeschichtl. Gegenüber des den Glaubenden einwohnenden Hl. Geistes zu Vater und Sohn in einem ewigen Gegenüber gründet.

Das christl. Bekenntnis zu Jesus und zum Hl. Geist besagt demnach, daß der eine Gott sich in dreierlei Gestalt offenbart, und es setzt zugleich voraus, daß Gott in Ewigkeit kein anderer ist, als der er sich offenbart. Gottes Werk gründet in seinem Wesen, die Offenbarungstrinität (ökonomische T.) in der Wesenstrinität (immanente T.).

4. Die Drei-Einheit Gottes

Die T.slehre hat die Aufgabe, um des rechten Verständnisses von Christus und vom Hl. Geist willen zugleich von der Einheit Gottes und von seiner Dreiheit zu sprechen: Gott existiert in einem ewigen Gegenüber von Vater, Sohn und Geist (gegen jeden abstrakten Monotheismus und Modalismus) und ist dennoch der eine unteilbare Gott (gegen jeden Tritheismus und Subordinatianismus). Er ist Einheit in der Dreiheit und Dreiheit in der Einheit.

Die Begriffe, die verwendet werden, um das auszudrücken, sind notwendigerweise unzureichend, weil es keine echten Analogien zur T. gibt, aber sie sind dennoch unentbehrlich. Die klassische Formel von der einen Usie/Substanz und den drei Hypostasen ist zunächst rein formal geartet, weil sie auf verschiedene Usien angewandt werden kann. Man muß »Usie« deshalb strikt als »Gottheit« fassen in dem Sinne, daß Vater, Sohn und Geist jeweils Gott selber ist. »Hypostase« läßt sich als »Person« interpretieren, wenn man dabei nicht übersieht, daß uns in den drei Personen nur ein Bewußtsein und ein Wille begegnet, oder auch als »Seinsweise« (so neuerdings Barth), wenn man dabei nicht das innergöttliche Ich-Du-Verhältnis übergeht. Es kommt immer darauf an, das Wesen Gottes nicht zu teilen und die Personen nicht miteinander zu vermengen.

Die Dreiheit in der Einheit läßt sich dadurch ausdrücken, daß der Vater allein ursprungslos, d.h. für Sohn und Geist die Ursache ihrer Gottheit ist, und daß Sohn und Geist auf verschiedene Weise (durch Zeugung und durch Hauchung) aus dem Vater hervorgehen. Der Begriff der ewigen Zeugung des Sohnes unterscheidet ihn sowohl vom Hl. Geist als auch von allen Geschöpfen und sichert zugleich seine Wesenseinheit mit dem Vater. Eine seinshafte Abstufung darf aus den innergöttlichen Unterscheidungen nicht geschlossen werden, sondern allein die Unvertauschbarkeit ihrer Relationen. Bei der Streitfrage, ob der Hl. Geist seine Gottheit nur vom Vater oder vom Vater und vom Sohn her hat *(filioque)*, ist zu bedenken, daß der Sohn auch Empfänger des Geistes ist, so daß der Hl. Geist vom Vater durch den Sohn ausgeht. Obwohl der dreieinige Gott in allen seinen Taten ungeteilt gegenwärtig ist, muß man doch aufgrund der heilsgeschichtl. Offenbarung den drei Personen jeweils unterschiedliche Werke bes. zuordnen (*per appropriationem,* »durch Zueignung«): dem Vater die Schöpfung, dem Sohn die Erlösung, dem Hl. Geist die Neuschöpfung.

Die Einheit in der Dreiheit besteht darin, daß Vater, Sohn und Geist seinshaft »ineinanderschreiten« (Perichorese), sich also gegenseitig so durchdringen, daß man keiner der drei Personen ohne die beiden anderen begegnen kann. Keine Gottestat läßt sich ausschließlich dem Vater oder dem Sohn oder dem Hl. Geist zuordnen. Alle Gebete, ob nun der Vater, der Sohn oder der Hl. Geist angerufen wird, wenden sich nicht an ein »Ihr«, sondern an das eine göttliche »Du«.

Lit.: P. Althaus: Die christliche Wahrheit, [7]1966, 689ff; K. Barth: Die Kirchliche Dogmatik I/1, 1932, 311ff; K. Beyschlag: Grundriß der Dogmengeschichte I, [2]1987, 254ff; F. Courth: Trinität, In der Schrift und Patristik (Handbuch der Dogmengeschichte II/1a), 1988; W. Elert: Der christliche Glaube, [5]1960, 197ff; E. Jüngel: Gott als Geheimnis der Welt, 1977, 409ff; H. Lindner: »Trinität«, GBL 3, 1989, 1596ff; J. Moltmann: Trinität und Reich Gottes, 1980; W. Pannenberg: Systematische Theologie I, 1988, 283ff; E. Schlink: Ökumenische Dogmatik, 1983, 743ff; O. Weber: Grundlagen der Dogmatik, 1955, 386ff.

U. Swarat

Tritheismus →Trinität

Troeltsch, Ernst (1865–1923)

Der von A. →Ritschl und →Hegel geprägte Theologe und Religionsphilosoph (geb. am 17. 2. 1865 in Hannstetten bei Augsburg, gest. am 1. 2. 1923 in Berlin) geht, wie andere Vertreter der Liberalen Theologie, vom »religiösen Erlebnis« und der »Subjektivität« als der entscheidenden Norm christl. Glaubens aus. Wahr ist an den christl. Glaubensinhalten nur, was erlebbar ist und einen Lebenswert hat. Er hat ein religionsgeschichtl. Verständnis des Christentums und will in der Theologie nur noch »die historische Methode« (Kritik, Analogie, Korrelation) gelten lassen. Die »Absolutheit des Christentums« wird von ihm abgelehnt, es ist eine Religion unter anderen. Es gibt seiner Meinung nach noch andere Glaubensoffenbarungen neben dem Christentum, so sehr es die »höchste Gottesoffenbarung« ist. T. definiert das Christentum als »monotheistische Persönlichkeitsreligion«. Denn die »Urkeimgestalt des Christentums« ist »die Verankerung der einzelnen Seele in Gott« und die »Verbindung der Seelen untereinander durch Gott«. In einer seelenlosen technischen Welt gilt es, das »Evangelium vom unendlichen Wert der Seele« zu propagieren. Jedem Menschen eignet nach T. ein »religiöses Apriori«, eine rel. Veranlagung. Jeder Mensch hat teil am göttlichen »Allgeist« (Hegel) – so gegen den Materialismus der Zeit. Wie für andere Vertreter der Liberalen Theologie ist Jesus nach Meinung von T. nicht Gott, sondern nur »der Führer zu Gott«, nicht der Erlöser, sondern »Urbild des christlich-persönlichen Lebens« und »Symbol des Glaubens«. Er ist nicht – wie im NT – das einzige Heil (Joh 14,6; Apg 4,12; Röm; Gal), sondern »das große Beispiel der über die Nacht hinweg triumphierenden Gottesgewißheit«. Philosophisch war T. vor allem als Analytiker des →Historismus wirksam. Angesichts der »Anarchie der Werte«, die der Historismus geschaffen hat, stellt sich T. der Frage, wie eine neue Wertordnung möglich ist. Er antwortet mit einer persönlichen Entscheidung, die die »Kultursynthese« wagt, weil die inidividuelle Vernunft an der universalen göttlichen Weltvernunft partizipiert.

Lit.: E. Troeltsch: Gesammelte Schriften, 1912ff; ders.: Glaubenslehre, 1925

H. G. Pöhlmann

Tröster →Geist, Heiliger

Trübsal, Große

1. Biblischer Befund

Den Ausdruck »große Trübsal« finden wir in Dan 12,1; Mt 24,21; Offb 2,22; 7,14. Das Wort »Trübsal« oder »Bedrängnis« kommt von dem hebr. Wort für »zusammenschnüren« oder »einengen« und kennzeichnet die Angst, die den Menschen den Atem nimmt. Zur Geschichte des erwählten Volkes Israel gehört immer wieder die Bedrängnis (2Mo 3,9; 4,31 in Ägypten, vgl. die Richterzeit, das Exil). Diese Bedrängnisse sind Gerichtszeiten Gottes, die Israel heimsuchen und zubereiten sollen zum Dienst, zur ganzen Rückkehr in die Gemeinschaft mit Gott (Hos 5,15; 6,1). Zugleich sind sie auch Vorschattung der endzeitlichen Trübsal (Dan 12). Die Bedrängnisse weisen hier über das Geschick Israels hinaus auf die Zeit des Neuen Bundes. Jesus selbst erwähnt in der eschatologischen Rede den Propheten Daniel (Mt 24,15). Im Judentum weiß man, daß vor dem Hereinbrechen des messianischen Reiches das jüd. Volk durch eine Periode der Trübsal hindurch muß (messianische Wehen).

In den endzeitlichen Reden Jesu (Mt 24) taucht das Stichwort »große Trübsal« in V. 21 wieder auf. Verschiedene Ausleger denken hier an die judenchristl. Gemeinde. Die Erläuterungen und Anweisungen Jesu in den V. 15-21 sprechen für diese Deutung. Zugleich ist es aber unverkennbar, daß Jesus mit diesen Worten über die Situation der jüd. Gemeinde hinausweist auf die gesamte Völkerwelt (V. 21 und 27). Bedrängnisse jener Zeit münden ein in die große Bedrängnis der Endzeit und erleben dort eine Verdichtung.

Auch nach Offb 7,14 ist die Bedrängnis, aus der die Jünger Jesu heimkehren, eine Steigerung all der Bedrängnisse, die Jünger Jesu in dieser Welt erfahren. Es ist die Zeit der antichristl. Anfechtung (Offb 13,7) gemeint.

2. Worin besteht die »große Trübsal«?

Die besonderen Leiden der Endzeit, Verfolgung, die Möglichkeit des Abfalls (s. auch Offb 3,8f, die große Versuchung, die über den Erdkreis kommen wird). Das ganze Kapitel Mt 24 beschreibt alle Anzeichen der großen Trübsal.

3. Systematische Zusammenfassung

a. T., Bedrängnis ist ein wesentliches Element der Herrschaft Gottes. Gottes Herrschaft setzt sich durch, aber eben durch Kreuz und Leiden hindurch. Was im Leiden und Sterben Jesu offenbar wird, setzt sich in der Gemeinde Jesu fort: Joh 16,33: »In der Welt habt ihr Angst«; Joh 16,1f: »Die Welt wird euch hassen«. Leiden gehört zur Existenz der Jüngerschaft. Die Gemeinde Jesu geht in der Endzeit auf eine Verdichtung aller Bedrängnisse zu.

b. Die große T. ist Erprobung und Bewährung des Glaubens. Gott mutet seiner Gemeinde Kampf und Auseinandersetzung zu. In dieser Situation lautet das Kennzeichen der Gemeinde Jesu: »Du hast mein Wort behalten und hast meinen Namen nicht verleugnet« (Offb 3,8). Hinter der großen T. steht das Muß der göttlichen Anordnung (Apg 14,22). Die Aussage, daß die Entrückung der Gemeinde vor der großen T. stattfindet, ist nach Offb 7,14 nicht zu halten. Die Bewährung in der großen T. wird nicht als heldenhafte Tat gefeiert. Wenn die Gemeinde durchgetragen wird, dann nur in der Gnade und Vergebung Jesu Christi (Offb 7,14).

c. Die große T. ist nicht unberechenbares Schicksal, sondern in Gottes Heilsplan eingeordnet. Die Verkürzung der Bedrängnisse (Mt 24,22) zeigt an, daß das Weltgeschehen auch dann, wenn die Welt in ein Chaos zu versinken scheint, unter Gottes Regie bleibt. Gott erweist seinen Auserwählten die Treue, indem er den unerträglichen Druck verkürzt. Gottes Erbarmen umgreift die Auserwählten und bringt sie durch alle Erschütterungen hindurch zum Ziel.

d. Die Erwartung der großen T. ist überstrahlt vom Zeugnis des Sieges Jesu Christi. Die Bedrängnisse bleiben den Auserwählten nicht erspart. Offb 7 bezeugt die große Schar der Überwinder (7,9f), die aus der großen Bedrängnis hervorgegangen ist und sich um den Thron Gottes versammelt, um den Sieg Gottes zu feiern. Die große Bedrängnis wird nie als Panikmache verstanden, sie ist nur von der Gewißheit des Sieges und von dem Durchblick in die Herrlichkeit Gottes her zu ertragen. Am Ende der großen T. steht nicht der Ruhm einer tapferen auserwählten Schar, sondern der Ruhm der heilenden und zurechtbringenden Gnade Gottes (Offb 7,14).

Lit.: K. Hartenstein: Wann wird das geschehen? [2]1951; F. Hubmer: Im Horizont leuchtet der Tag, 1971; H. Schlier: ThWNT III, 139-148.

Th. Wendel

Trudel, Dorothea (1819–1862)

T., geb. am 27. 10. 1813 in Hombrechtikon/Kanton Zürich, gest. am 6. 9. 1862 in Männedorf/Zürich. Eine originelle und vollmächtige Seelsorgerin, die in Männedorf am Zürichsee mehrere Häuser für Kranke eingerichtet hatte, wo viele Gemütsleidende und körperlich Kranke die Heilkraft Christi erfuhren. Ein Prozeß wegen unerlaubter ärztlicher Tätigkeit endete mit einem Freispruch. Im November 1860 rief »Jungfer Trudel« den jungen Lehrer S. →Zeller in ihr Werk, der es nach ihrem Tod fortführte.

Lit.: L. Locher: Dorothea Trudel, 1939.

S. Rothenberg

Trunkenheit →Alkohol, Alkoholismus

Tschechien/Tschechische Republik

Der Name T. ist eine Neuschöpfung aus dem Jahre 1992 und bezeichnet den westl. Teil der ehemaligen Tschechoslowakei, also Böhmen, Mähren und den tschechischen Teil Schlesiens, wo die Lutheraner eine eigene »Schlesische Evangelische Kirche« mit tschechischer und polnischer Gottesdienstsprache haben.

Die Anfänge des Christentums in Böhmen und Mähren gehen auf das 8. Jh. zurück, 845 wurden 14 böhmische Stammesfürsten in Regensburg getauft. Fürst Václav (Wenzel) aus der Dynastie der Premysliden war ein bedeutender Vertreter tiefer westl. Frömmigkeit. Von seinem Bruder Boleslav am 29. 9. 935 aus innenpolit. Gründen ermordet, wurde er bald als Heiliger verehrt und gilt heute als Landespatron des tschechischen Volkes.

Zu den wichtigsten Persönlichkeiten der mittelalterl. Christenheit gehört auch die Premyslidenfürstin Agnes, die 1234 das Prager Kloster der Klarissinnen gründete. Im 11. Jh. bestand in Sázava ein Kloster mit slawischer Liturgie, das 1096 germanisiert und latinisiert wurde. Im 14. Jh. entstanden in den tschechischen Ländern Reformströmungen. 1391 wurde die Prager Bethlehemskapelle gegründet, in der u. a. Jan →Hus in tschechischer Sprache im Sinne der Reformtheologie des Engländers John →Wyclif predigte. Nach Hus' gewaltsamem Tod (1415) kam es 1419 zur Hussitischen Revolution in Böhmen. 1467 bildeten Taboriten und Waldenser die Unität der Böhmisch-Mährischen Brüder, die bis zur Vertreibung ihres letzten Bischofs Johannes →Comenius aus Böhmen im Jahre 1628 immer wieder von der kath. Obrigkeit verfolgt wurde. Die Niederlage der prot. Heere in der Schlacht am Weißen Berg und das Blutgericht gegen den tschechischen prot. Adel vom 21. Juni 1621 leitete die fast 300jährige Epoche der Fremdherrschaft über Böhmen ein. Im Zuge der Gegenreformation strömte fremder Adel ins Land, und das tschechische Element verschwand immer mehr aus dem öffentlichen Leben. Erst mit dem Aufkommen des Piaristenordens, der die Jesuiten in der 2. Hälfte des 18. Jh.s im Schulwesen ablöste, wurde das nationale tschechische Erbe wieder gepflegt. Am 13. 10. 1781 erließ Kaiser Joseph II. das Toleranzpatent. Die 80 000 deutschen und 40 000 tschechischen Protestanten hatten zwischen der luth. oder der calvinist. Kirche zu wählen, da die einheimische hussitische Kirche und die Brüder-Unität weiterhin verboten blieben. Ende des 19. Jh.s entstanden in Böhmen und Mähren auch andere Gemeinschaften prot. Ausrichtung wie die Brüderkirche (freie ev. Gemeinden), die Brüder-Unität (»Moravian Church«), die Baptisten und die Christkatholiken. Unter kommunistischer Herrschaft (1948–1989) war die Katholische Kirche am stärksten von der Verfolgung betroffen, während die kleinen Minderheitskirchen sich mit dem atheitischen Staat, der wenigstens die materielle Sicherstellung gewährleistete, mehr oder weniger arrangierten. Andererseits hatte die nach 1977 aufkommende Bürgerrechtsbewegung (Charta-77) in Kardinal Frantisek Tomásek ihren gewichtigsten kirchl. Fürsprecher. Die Mitte der achtziger Jahre einsetzenden Massenwallfahrten und Manifestationen gegen die Unterdrückung waren eine wesentliche Voraussetzung des Gelingens der »Sanften Revolution« vom November 1989.

Das Auseinanderbrechen der Tschechoslowakei wurde in kirchl. Kreisen einhellig abgelehnt. Die neue tschechische Regierung unter Ministerpräsident Václav Klaus sucht bewußt die Distanz zur kath. Kirche, die ihre während 40 Jahren Kommunismus eingeschränkten Rechte wieder voll wahrnehmen will: Besetzung aller Bistümer, Aufhebung der Berufsverbote für Pfarrer, freier Zugang zum Theologiestudium, Zulassung der Orden, Einführung des Ständigen Diakonats, Aufhebung der Zensur über rel. Publikationen, freier Zugang zu den Massenmedien, freier Religionsunterricht, Rückgabe kirchl. Eigentums.

Um den letzten Punkt ist eine Kontroverse zwischen der kath. Kirche und dem Premierminister entbrannt: Dieser möchte verhindern, daß die kath. Kirche einen zu breiten Raum in der Gesellschaft einnimmt, während die Kirche die Rückgabe all ihres Eigentums fordert, damit sie ihre vielfältigen Aufgaben, bes. im Bereich der Diakonie, wahrnehmen kann. Die Kirchenfinanzierung durch den Staat soll 1995 auslaufen, wodurch bes. die kleinen Kirchen vor existentielle Probleme gestellt werden.

R. Bohren jr.

Tschechoslowakei

Der Begriff »tschechoslowakisch« stammt aus dem 17. Jh. und bezeichnet ursprünglich die beiden Völkern gemeinsame tschechoslowakische Sprache.

Die engen kulturellen und geistigen Beziehungen zwischen Tschechen und Slowaken reichen bis ins Großmährische Reich im 9. Jh. zurück. Zwar lebten die beiden Völker 1 000 Jahre lang in zwei verschiedenen Königreichen, gehörten aber – im Unterschied zu Serben und Kroaten – mehrheitlich derselben röm.-kath. Kirche an. Andererseits hat die

Reformation und bes. die schwere Verfolgung der Evangelischen seit 1620 in Böhmen die Bande zwischen Tschechen und Slowaken gefestigt, indem tschechische Protestanten in der Slowakei Zuflucht fanden und slowakische Wanderprediger die im Untergrund lebenden Protestanten Mährens und Böhmens nach Möglichkeit geistl. betreuten.

Bis 1681 waren die ungarischen Protestanten von der Rekatholisierung des Königreichs Böhmen nicht betroffen. Dann wurden die rel. Freiheiten des prot. Adels in Ungarn und der Slowakei beschnitten. Im Laufe der »Leopoldinischen Verfolgung« (1661–1681) verlor die Evangelische Kirche in der Slowakei 888 Kirchen, und durch das Preßburger Gerichtsverfahren 350 Pfarrer. Evangelische Tschechen und Slowaken haben die auf das Jahr 1593 zurückgehende Kralitzer Bibel und das aus dem Jahre 1636 stammende Gesangbuch von Tranoscius gemein, welches bei den slowakischen Lutheranern erst 1993 durch ein neues, slowakisches Gesangbuch ersetzt wurde.

Hist. Ereignisse in der tschechoslowakischen Geschichte haben oft direkte Auswirkung auf die Kirchengeschichte gehabt. 1920 erhielt die neugegründete Tschechoslowakei als Folge der »Los-von-Rom-Bewegung« innerhalb der kath. Kirche eine eigene Nationalkirche, die Tschechoslowakische Hussitische Kirche, die anfänglich bis zu 750000 Mitglieder zählte. Diese Kirche kennt das Abendmahl in beiderlei Gestalt und die apostol. Nachfolge, die Priesterehe und die Frauenordination. An ihrer Spitze stehen ein Patriarch und fünf Bischöfe. Unter dem Kommunismus war diese Kirche staatskonform und ihre Mitgliederzahl offiziell auf eine halbe Million veranschlagt. 1990 wurde diese Zahl auf 200000 korrigiert.

Auf ev. Seite bildete sich 1918 aus ref. und luth. Gemeinden die »Tschechisch-Brüderische Evangelische Kirche«, die keine deutschsprachigen Gemeinden aufnahm, wohingegen die Gründung einer gesamttschechoslowakischen dt. luth. Kirche staatlicherseits verhindert wurde. In Böhmen, Mähren und Schlesien entstand eine »Deutsche Evangelische Kirche«, während die dt. Lutheraner in der Slowakei in die »Slowakische Evangelische Kirche Augsburger Bekenntnisses« integriert wurden. Dasselbe wurde den überwiegend ungarischsprachigen Reformierten empfohlen, die diesen Schritt ablehnten und erst 1949 vom tschechoslowakischen Staat anerkannt wurden.

Der Prager Frühling brachte den Kirchen Religionsfreiheit von kurzer Dauer, wohingegen die Legalisierung der »Griechisch-Katholischen-Kirche« in der Slowakei das gewaltsame Ende des Prager Frühlings überdauerte. Die Orthodoxen in der Tschechoslowakei gehörten, wie alle Orthodoxen im Habsburger Reich, ursprünglich zur Serbisch-Orthodoxen Kirche. 1926 wurde der 1921 in Belgrad zum Bischof geweihte Gorazd zum Bischof der Orthodoxen Kirche in der Tschechoslowakei gewählt. Im Zweiten Weltkrieg wurde diese Kirche schwer verfolgt und Bischof Gorazd am 6. September 1942 hingerichtet, weil die Attentäter Heydrichs in einer orthodoxen Kirche in Prag Unterschlupf gefunden hatten. 1948 wurde die Orthodoxe Kirche in der ČSR der Jurisdiktion des Moskauer Patriarchats unterstellt, das dieser Kirche 1951 den Status einer autokephalen Kirche verlieh. Heute sind die Orthodoxen in den »Tschechischen Ländern« und in der Slowakei administrativ getrennt, bilden jedoch *eine* Kirche mit Metropolit Dorothej an der Spitze.

Lit.: M. Salajka, J. Svoboda (Hg.): Tschechische Ökumenische Gemeinschaft, 1982.

R. Bohren jr.

Tübinger Stift

Das Evangelische Stift in Tübingen wurde 1536 nach Durchführung der Reformation in Württemberg von Herzog Ulrich als Ausbildungsstätte insbesondere für die Pfarrer des Herzogtums gegründet und seit 1547 in einem ehemaligen Augustinerkloster in Tübingen untergebracht. Bis zur Gegenwart erhalten hier Studierende der Ev. Theologie (und jeweils einige Philologen), die gewöhnlich aufgrund guter Schulleistungen aufgenommen werden, während ihres Studiums freie Unterkunft und Verpflegung. Sie kommen zugleich in den Genuß der durch eine hervorragende Bibliothek und hausinterne Lehrkräfte (Repetenten) ausgestatteten Bildungsanstalt. Jahrhundertelang hat das Stift das schwäbische Geistesleben entscheidend mitgeprägt. Im Zeitalter des →Pietismus war es ein Hauptträger der neuen Bewegung im Gegensatz zu der orthodox geprägten Universität (Stiftler in dieser Zeit waren u.a. J.A. →Bengel, Ph.F. →Hiller, Fr.Chr. →Oetinger und Ph.M. →Hahn). Zur Zeit der Französischen Revolution, als im Haus u.a. G.W.F. →Hegel, F. Hölderlin und F.W.J. →Schelling studierten, verbreiteten sich gerade über das Stift Grundideen der Revolution auch in Württemberg. Von den Stiftlern des 19. Jh.s wurden einige als Dichter und Literaten bekannt (G. Schwab, E. Mörike, W. Waiblinger). Zahlreiche Burschenschaften und Verbindungen wurden im Stift gegründet, die noch nach 1945 das Stiftsleben stark prägten und teilweise bis heute in Tübingen bestehen. 1928 ging das Stift mit dem Staatsvertrag vom württembergischen Staat an die Ev. Landeskirche Württemberg über. Die Leitung des Hauses steht unter einem Ephorus (z.Zt. E. Jüngel).

Lit.: J. Hahn, H. Mayer: Das Evangelische Stift in Tübingen, 1985; M. Leube: Geschichte des Tübinger Stifts, Bd. I-III, 1926-36 ([2]1954).

J. Hahn

Tübinger Theologie (kath.)

Die kath. Priester Württembergs wurden zunächst in Ellwangen wissenschaftl. ausgebildet. König Wilhelm I. führte die dortige Katholische Fakultät mit der Landesuniversität Tübingen zusammen, die damit 1817 zur überkonfessionellen Landesuniversität mit zwei theol. Fakultäten geworden war. Dieses Modell war in Deutschland bis dahin einmalig. Der Austausch zwischen den beiden Fakultäten war von den Verantwortlichen von Anfang an angestrebt, um bei aller konfessionellen Eigenart und institutionellen Selbständigkeit doch konfessionellen Ghettogeist aufzubrechen. Es handelt sich bei der Kath. T.T. um keine »Schule«, wenn sich diese Bezeichnung auch (als Fremdbestimmung) seit 1862 nachweisen läßt. »Die Projekte, Methoden, Denkrichtungen und Inhalte haben von Generation zu Generation gewechselt. Zu einzelnen Sachfragen wurden vielfach höchst gegensätzliche Standpunkte eingenommen« (Max Seckler). Liegt also das Gemeinsame der T.T. nicht in Themen bzw. Inhalten, ja, nicht einmal in gemeinsamen Fragestellungen, so gibt es doch formale Übereinstimmungen. Sie lassen sich bei sehr vielen Theologen dort von Anfang an nachweisen, bes. bei den prägenden und einflußreichen, so daß es durchaus angemessen ist, zusammenfassend von einem Phänomen »Katholische Tübinger Theologie« – von 1817 bis heute – zu reden. Als solche formalen Kennzeichen werden, neben strenger Wissenschaftlichkeit und Kirchenbezug, immer wieder herausgestellt: Freiheit, Liberalität, Mut zur Auseinandersetzung und kritische Offenheit, Selbstdenkertum und konsequente Einbeziehung der Gegenwartsprobleme. Einige Repräsentanten der ersten Generation waren J.S. Drey (1777–1853), J.B. Hirscher (1788–1865), J.G. Herbst (1787–1836) und vor allem der alle überragende J.A. Möhler (1796–1838). Aus der zweiten Generation sind J.E. Kuhn, F.A. Staudenmaier und K.J. Hefele zu nennen, aus der dritten P. Schanz und F.X. Funk. In der Theologie der Gegenwart sind wichtige Impulse von Tübinger Theologen wie P. Hünermann, H. Küng und W. Kasper wirksam.

Lit.: J. R. Geiselmann: Die Katholische Tübinger Schule, 1934; M. Seckler: Im Spannungsfeld von Wissenschaft und Kirche, 1980; H. Wagner: »Möhler«, TRE 23, 140–143.

H. Wagner

Tugend

1. T. (von dt. »taugen«; griech. *arete*, die Eigenschaft, wodurch etwas sich vor anderem auszeichnet; lat. *virtus*) gilt seit der griech.-röm. Antike als zusammenfassender Oberbegriff für alle Inhalte der →Ethik. Anders als der Begriff →Pflicht richtet der Begriff T. die Aufmerksamkeit nicht auf die Objekte ethischen Handelns, sondern auf das Subjekt, und bezeichnet dabei die Tüchtigkeit zu sittlich gutem Handeln.

2. Erstmals →Plato konzentrierte die traditionellen Werte griech. Ethik auf die vier sog. Kardinal-T.en Einsicht *(phronesis)*, Tapferkeit *(andreia)*, →Gerechtigkeit *(dikaiosyne)* und Besonnenheit *(sophrosyne)*. Drei von ihnen waren den drei Seelenteilen des Menschen als diese ins richtige Maß bringend zugeordnet: die Einsicht der Vernunft *(logos)*, die Tapferkeit dem Mut *(thymos)* und die Besonnenheit der Begierde *(epithymia)*, während die Gerechtigkeit alle drei zusammenordnet (Politeia, 439ff). Dabei zielt die T.-Ethik nicht nur auf die Bestimmung des aktuellen Verhaltens, sondern darüber hinaus auf die Prägung der Person im Sinne der T.en: sie sollen zur Eigenschaft werden, (→Aristoteles: *hexis*, »Habitus, Charakter«). Die Ethik der →Stoa baute das System der T.en weiter aus und entfaltete jede Kardinal-T. in einer Vielzahl weiterer T.en. Dabei galt die Unerschütterlichkeit *(ataraxia)* des Weisen als Ziel aller T.

3. Im AT fehlt der T.-Begriff. Die Ethik geht hier grundlegend nicht vom Menschen aus, sondern vom im →Gesetz offenbarten →Willen Gottes. Immerhin kennt das AT keineswegs nur einzelne isolierte Handlungsanweisungen, sondern durchaus auch zusammenfassende Zielbegriffe (Gerechtigkeit: *zedaka*, Weisheit: *chokma*, Güte: *chäsäd*, Demut: *anawa*), die nicht nur einzelne Handlungsweisen, sondern auch die handelnde Person selbst qualifizieren.

4. Im hell. Judentum, insbesondere bei →Philo, wurde der griech. T.-Begriff aufgenommen (vgl. »Über die Tugend«). Auch die vier Kardinal-T.en finden sich hier wieder (all I 63 u.ö.), aber die

→Frömmigkeit *(eusebeia)* ist die Königin der T.en (spec IV 147 u.ö.; virt 95 neben der *philanthropia*, »Menschenfreundlichkeit«).

Im NT findet sich T. als ethischer Begriff nur in Phil 4,8 und 2Petr 1,5. Ein wichtiger Bestandteil ntl. Ethik aber sind die in sog. Tugendkatalogen (vgl. auch →Lasterkataloge) gegebenen Zusammenstellungen einzelner T.en (2Kor 6,6; Gal 5,22; Eph 4,2f; 4,32; 5,9; Phil 4,8; Kol 1,12; 1Tim4,12; 6,11; 2Tim 2,22; 1Petr 3,8; 2Petr 1,5-7). Sie lehnen sich teilweise an Kataloge hell. Ethik an, gestalten und prägen sie aber inhaltlich neu. Bezeichnend ist etwa, daß der in hell. Katalogen unbekannte Begriff der *agape* (→Liebe) in den ntl. fast überall im Mittelpunkt steht. Die Begriffe Demut (*tapeinophrosyne*, Eph 4,2; Phil 2,3) und Barmherzigkeit (*eusplanchnos*, Eph 4,32) sind der stoischen Ethik sogar entgegengesetzt.

5. In der christl. Theologie war T. lange Zeit der beherrschende ethische Begriff. Dabei knüpfte man an die vier Kardinal-T.en der Antike als natürlichen T.en an, die jedem Menschen zugänglich sind und stellte ihnen die drei theol. T.en →Glaube, →Hoffnung und →Liebe voran, zu denen nur die →Gnade Zugang gibt (→Thomas von Aquin, Summa II,II; anknüpfend an 1Kor 13,13).

In der →Aufklärung rückte der T.begriff ins Zentrum der Religion überhaupt. Gegen Ende des 19. Jh.s dagegen verschwand er weitgehend zumindest aus prot. Ethik (Trillhaas 145). Ein Grund mag in der Ächtung von Moral und T. als aus Ressentiment geboren (bei →Nietzsche) zu sehen sein, in der Theologie zusätzlich ein gewisser Aktualismus, der alles Seinshafte in der christl. Existenz als unreformat. Selbstgerechtigkeit verdächtigte.

6. Systematisch sind sowohl die Gefahren der T.-Ethik wie auch ihr unaufhebbares Recht zu bedenken:

a. Ein Grundproblem der T.-Ethik ist ihre individualistische Anthropozentrik. Während die Frage nach der Gerechtigkeit bei Plato noch primär die Frage nach dem gerechten Staat war, kam es seit der Stoa zu einer einseitigen Individualisierung: die T.-Ethik zielte auf die Bildung des einzelnen zum tugendhaften Menschen. Der Mensch macht sich selbst, »in einer von Gott geschiedenen Vereinsamung« (Schlatter 16), zum letzten Ziel der Ethik. Zugleich besteht tatsächlich die Gefahr, daß das auf das Subjekt der Ethik selbst reflektierende T.-Streben zu Ehrgeiz und Stolz verführt und damit gerade nicht »Tugend«, sondern Sünde hervorbringt (Schlatter 15).

b. Andererseits ist der Gedanke der T. darin berechtigt, daß es auch der bibl. Ethik nicht nur um voneinander isolierte Gehorsamsschritte geht, sondern durchaus auch um den Menschen selbst als Subjekt der Ethik und seine Veränderung und Erneuerung zum Bild Gottes bzw. Christi, so daß er in der Konstanz seines persönl. Lebens die Gutheit Gottes spiegelt (Röm 12,2; 2Kor 3,18; 2Petr 1,4). Unser sittliches Vermögen soll zur »Tüchtigkeit« ausgebildet und so zum Mittel werden, »mit dem wir Gott in seiner Gemeinde dienen« (Schlatter 14f). Die T. »bringt einen gewissen Stil in das Verhalten des Menschen«, eine bestimmte Handlungsweise wird ihm so gleichsam zur eigenen Natur, daß er gerade nicht mehr selbstgefällig über sie reflektiert und die Gewöhnung an das Tun des Guten zugleich eben dieses Tun erleichtert und eine gewisse Verläßlichkeit herstellt (Trillhaas 145f).

Den Individualismus der T.-Ethik bricht Schlatter dadurch auf, daß er unter »Die Gerechtigkeit« neben die Erörterung des gerechten Willens die des Rechts der natürlichen und der christl. Gemeinschaft stellt, unter »Die Wahrheit« neben die Ordnung der Gedanken beim einzelnen die Gemeinschaft der Erkenntnis, unter »Die Seligkeit« neben die Ordnung der Gefühle die Gemeinschaft der Freude, und unter »Die Kraft« neben die inwendige Kräftigung des einzelnen die Herstellung der natürlichen Bedingungen des Lebens wie Ehe und Familie.

Lit.: O. Bauernfeind: *»arete«,* in ThWNT I, 1933, 457–461; Th. Herr: Naturrecht aus der kritischen Sicht des Neuen Testaments, 1976, 87-115; K. H. Schelkle: Theologie des Neuen Testaments, Bd. 3, 1970, 211ff; A. Schlatter: Die christliche Ethik, 1914; W. Schrage: Ethik des Neuen Testaments, 1982, 127ff; W. Trillhaas: Ethik, 1959; H. A. Wolfson: Philo, Bd. 2, [4]1968, 200ff; E. Zeller: Die Philosophie der Griechen, 2. Teil. 1846.

H. Burkhardt

Türkei

Kleinasien, die heutige T., war die Heimat des Paulus. Er gründete dort Gemeinden und schrieb Briefe an sie. Die sieben Gemeinden der Offb befinden sich dort; in Antakya (Antiochien) wurden Gläubige zuerst Christen genannt. Konstantinopel (Istanbul) wurde Hauptstadt des oströms. Reiches (Byzanz). Wichtige ökumen. Konzilien wurden im 4. und 5. Jh in diesem Land gehalten. Im Westen herrschte die griechisch-orthodoxe Kirche, im Süden und Osten syrische Kirchen und im Osten die armenische Kirche. Das byzantinische Reich mußte früh die Kraft des Islam spüren. Muslime belagerten Konstantinopel (7. u. 8. Jh.), eroberten

Teile des Reiches und wurden zur ständigen Bedrohung. Vom 11. Jh. an eroberten die islamisierten Türken Kleinasien nach und nach. 1453 fiel schließlich Konstantinopel.

Die türkische Herrschaft bedeutete aber nicht das Ende des Christentums in Kleinasien. Unter dem sog. »Millet-System« waren Christen zwar Untertanen zweiter Klasse, genossen aber begrenzte Autonomie. So war 1900 ein Drittel der Bevölkerung der T. christlich. Griech.-orth., syrisch-orth., assyrische und armenische Kirchen waren die größten Gruppen.

1830 fingen amerikanische Protestanten (American Board) eine Arbeit in Kleinasien an mit dem Ziel, Muslime zu evangelisieren. Protestantische Gemeinden wurden gegründet, aber die Konvertiten kamen fast ausschließlich aus den bestehenden Kirchen. Die wenigen Moslems waren einem enormen Druck ausgesetzt. Auch ein Deutscher, J. →Lepsius, versuchte, Muslime zu missionieren. Er sah sich aber dann gezwungen, den Armeniern zu helfen, die unter heftiger Verfolgung litten.

Das Leben der Christen unter osmanischer Herrschaft bedeutete oft Unterdrückung und Verfolgung, aber der türkische Nationalismus dieses Jh.s hat sich als schlimmer erwiesen als der Islam. Kemal Atatürk (gest. 1938), Gründer der türkischen Republik, wollte die Macht der Religion brechen. Der Staat wurde säkularisiert (1923-28), der türkische Nationalismus zum Staatsprinzip erhoben, Religionsunterricht abgeschafft und alle Religionen gleichgestellt. In der Minderheit sah man potentielle Verräter. Sie wurden auf das blutigste verfolgt (Armenier-Massaker 1895/96, 1915/16, 1920/21, Griechen-Pogrome noch 1964 in Istanbul). Alle christlichen Gruppen sind durch Tod und Auswanderung stark dezimiert. Heute sind nur etwa 0,1% Christen: Armenier 60.000; gr.-orth. 3.500 und syr.-orth. 10.000; fast alle in Istanbul.

Die Verfassung und internat. Verträge verpflichten die T. zum Schutz der Religionsfreiheit. Christen haben in der Tat gewisse Rechte: die Bibel und christl. Literatur dürfen gedruckt und verkauft, u.U. können Gemeinden gegründet werden. Aber Christen werden überall benachteiligt: ihre Kinder müssen am islamischen Religionsunterricht teilnehmen, der Beamtenstatus bleibt ihnen verwehrt, Gemeinden werden polizeilich kontrolliert, sie werden öffentlich bloßgestellt und als Separatisten betrachtet. Doch gibt es kleine türkische Gemeinden in den Großstädten. Diese versuchen, offiziell anerkannt zu werden. Die starke Re-Islamisierung stellt eine noch unübersehbare Gefahr dar.

R. Soramies

Twesten, August Detlev Christian (1789–1876)

T. wurde am 11. 4. 1789 in Glückstadt, Holstein, geboren. In Glückstadt besuchte er auch die Schulen, bis zur Gelehrtenschule, dann 1808 die Universität Kiel. 1810 zog er an die neu gegründete Universität Berlin, wo ihm →Schleiermacher starken Eindruck machte. Im Jahr 1814 wurde T. zum a.o. Prof. für Philosophie in Kiel ernannt. Er hielt hier Vorlesungen über Philosophie und im Bereich der Theologie sowohl über dogmat. als auch exeget. Themen. Die erste größere Veröffentlichung war die zweiteilige »Logik« (1825; 1834). 1826 erschienen die »Vorlesungen über die Dogmatik der evangelisch-lutherischen Kirche nach dem Kompendium des D.W.M.L. de Wette«, weitere Aufl. 1829, 1834 und 1838. Nach dem Tode Schleiermachers wurde T. als dessen Nachfolger nach Berlin berufen, 1935 begann seine Wirksamkeit, sowohl mit phil. wie theol. Vorlesungen in Berlin. Er starb hier, als Professor und Oberkonsistorialrat, am 8. Januar 1876.

In der Einleitung zu den Vorlesungen über die Dogmatik umschreibt er seinen theol. Standort in drei Punkten: Seine Glaubenslehre beruht »1) auf der Grundsatzvoraussetzung der Wahrheit des evangelischen →Supranaturalismus«, 2) »... will diese Glaubenslehre sein, was sie sich nennt: eine Dogmatik der Evangelisch-Lutherischen Kirche«, und 3) will er etwas beitragen zu dem, was man als »den eigenthümlichen Beruf unserer Zeit in der Bearbeitung der Glaubenslehre bezeichnen kann, ... nämlich zur philosophischen Durchbildung derselben«. T. ist, wahrscheinlich von →Kant her, kritischer gegenüber der spekulativen Vernunft als Schleiermacher. Aus diesem Grund ist ihm die →Offenbarung in Glaubensfragen letztlich entscheidend: »... ich habe dessen daher kein Hehl, daß es wichtige Dogmen giebt, die mir bey allen viel gerühmten, (in ihrer Art auch ehrenwerthen) Versuchen, sie aus Vernunftgründen als wahr und nothwendig darzuthun, durchaus problematisch bleiben würden, wenn ich das Wort der Schrift nicht als entscheidend würde gelten lassen« (Bd. 2, Einl. XIV).

T. nähert sich dem Konfessionalismus, obschon er für das Verbleiben in der Union ist, allerdings bei gegenseitiger Respektierung der je eigenen Bekenntnisse. Er gründet auch den Glauben letztlich auf das Wort, nicht auf die Vernunft. Insofern steht er, von Schleiermacher herkommend, der →Vermittlungstheologie nahe.

Lit.: C.F.G. Heinrici: Detlev August Twesten, nach Tagebüchern und Briefen, 1889.

F. Flückiger

Typologie

1. Unter der typologischen Auslegungsweise versteht man den Versuch, das Reden und Handeln Gottes, das im AT bezeugt wird, für das Verständnis des NTs fruchtbar zu machen. Dahinter steht das griech. Wort *typos,* das am besten als »prägendes Vorbild« wiederzugeben ist. Ursprünglich war damit eine Hohlform gemeint, in die man flüssiges Metall hineingoß. So bildet das AT mit dem alten Bund das »Gegenbild« – im Sinne jener Hohlform – zum NT mit dem neuen Bund, wobei jenes das vorbereitende und erziehende Handeln Gottes bezeugt und dieses das vollendende.

2. Ausgangspunkt für den rechten Umgang mit der typologischen Auslegungsweise können drei ntl. Stellen sein:

– Röm 6,17: Christus ist der *»typos* der Lehre«: er selbst ist die prägende Form des Evangeliums; er bestimmt in seiner Person alle anderen Aussagen, auch die des ATs. Typologische Auslegung ist aufgrund dieser Stelle eine christuszentrierte und christusbezogene Auslegung.

– Röm 5,14: Adam wird hier der *»typos* des Kommenden (= Christus)« genannt. Der erste Mensch ist somit die Vorausdarstellung des eigentlichen Menschen, der dann in Christus auf den Plan getreten ist. Typologisch meint hier den Aufweis des krassen Gegensatzes: Adam war ungehorsam und fiel in der Versuchung der Sünde anheim – Christus war in allem Gott gehorsam und überwand die Versuchung. Typologische Auslegung fragt von dieser Stelle her: Was ist anders oder gar gegenläufig im AT, um so das Profil des Neuen herausstellen zu können?

– 1Kor 10,6.11: Hier meint T. »Veranschaulichung« oder »Beispielerzählung«. Das Meer, durch das die Israeliten zogen und die Wolke, unter deren Schutz sie weiterwanderten, sind der *typos* für die Taufe, die die Christen an das Ufer der Gotteskindschaft bringt. Ebenso ist das Manna *typos* für die geistl. Speise, die dem an Christus Glaubenden zuteil wird, und das Gericht an den Murrenden in der Wüste dient den Christen als Warnung vor einer undankbaren und leichtsinnigen Lebensführung.

3. Auf welche Weise die typologische Auslegungsweise zu handhaben ist, ergibt sich aus dem größeren Textzusammenhang. T. ist eigentlich eine heilsgeschichtl. Weise, die Bibel auszulegen (→Schriftauslegung). Sie zeigt die immer wiederkehrenden, aber auch die einmaligen Wege Gottes mit den von ihm Erwählten auf. Darum ist sie zu unterscheiden von der Allegorese, die viele Einzelheiten des ATs auf das Neue »überträgt«, darin aber nicht vor der Willkür des Auslegers geschützt ist. In der Führung durch den Geist Gottes und im Gespräch mit der bibellesenden Gemeinde – auch der aus zurückliegenden Epochen der Kirchengeschichte – und veranlaßt durch drängende Zeitprobleme »entdeckt« der typologisch arbeitende Ausleger Zusammenhänge in der Bibel und bereitet so eine reiche bibl. Verkündigungspraxis der Kirche vor.

Lit.: L. Goppelt: »typos«, ThWNT VII, 1969, 246ff; G. v. Rad: Theologie des Alten Testaments, Bd. 2.

D. Schneider

Überlieferungsgeschichtliche Forschung →Bibelwissenschaft, moderne

Überseeische Missions-Gemeinschaft

Die Überseeische Missions-Gemeinschaft (ÜMG) wurde 1865 vom englischen Missionar und Arzt J. Hudson →Taylor (1832–1905) als China-Inland-Mission gegründet. Mit einem Gebet fing es an, als er am 25. 6. 1865 um »24 willige, geschickte Mitarbeiter« betete und ein Konto auf den Namen »China-Inland-Mission« (CIM) mit einer Einlage von £ 10 eröffnete. Von Anfang an verstand sich die CIM als sog. Glaubensmission, die sich allein von Gott und nicht von Kirchen und Denominationen abhängig wußte. Taylor, der schon sechs Jahre mit einer englischen Mission in den Küstenstädten Chinas gewirkt hatte (1854–1860), wußte sich von Gott gerufen, auch die chinesischen Inlandsprovinzen mit dem Evangelium zu erreichen. Als er 1905 starb, waren Missionare der CIM in allen Provinzen Chinas tätig. Einen schweren Rückschlag erlebte die Mission, als im Boxeraufstand im Jahr 1900 neben Hunderten von chinesischen Christen und Mitarbeitern anderer Werke auch 58 Missionare und 21 Missionarskinder der CIM ums Leben kamen.

Noch vor Ende des 19. Jh.s kamen zu den bisher nur aus England stammenden Missionaren auch solche aus USA, Kanada, Australien, Neuseeland, Schweiz, Deutschland und anderen Ländern zur CIM. Deutsche und Schweizer Missionare der Allianz-China-Mission, der →Liebenzeller Mission, des Diakonissenmutterhauses Friedenshort von Schwester Eva von →Tiele-Winckler, des Deutschen-Frauen-Missions-Gebetsbundes und der Vandsburger Mission (→Marburger Mission) waren geschätzte Mitarbeiter der CIM, und zwar als »assoziierte« (angegliederte) Missionare, die in China zumeist ihre eigenen Arbeitsgebiete unter der Gesamtleitung der CIM hatten. Auch die Pilgermission St. →Chrischona hatte seit 1895 eine Vereinbarung, ihre Missionarinnen und Missionare mit der China-Inland-Mission nach China zu senden.

Nach 50 Jahren Pionierarbeit (1915) waren über 15000 Menschen getauft und viele Gemeinden gegründet worden. Es bestanden 1327 Missionsstationen, 372 Schulen und 11 Krankenhäuser. 1934 waren 1368 Missionare aus allen Kontinenten mit der CIM im »Reich der Mitte« tätig.

Die große Wende kam 1949, als Mao Tse-tung die Volksrepublik China ausrief und in den folgenden zwei Jahren alle Missionare das Land verlassen mußten. Zu der Zeit waren es noch mehr als 600 Mitarbeiter, die mit der CIM in China wirkten. Auf ernsthaftes Gebet der Missionsleitung zeigte Gott klar neue Arbeitsgebiete, zunächst unter Chinesen, dann aber auch unter bis dahin unerreichten Menschen in Japan, Hongkong, Taiwan, Singapur, Thailand, Malaysia, Indonesien und auf den Philippinen. Später kamen noch Süd-Korea, Laos, Kambodscha, Vietnam und Pakistan dazu, neuerdings auch wieder die Mongolei. In China können derzeit keine Missionare im herkömmlichen Sinn tätig sein, aber zahlreiche Studenten und Fachkräfte wirken als Zeugen und Botschafter Christi in China.

1965 wurde die CIM offiziell in »Überseeische Missions-Gemeinschaft« (Overseas Missionary Fellowship) umbenannt. Die Gesamtleitung der Mission ist seit 1952 in Singapur. Seit 1965 werden in der ÜMG auch asiatische und andere Missionare aufgenommen. Die Zahl der Missionare beträgt 1994 etwa 1050 aus 28 verschiedenen Ländern und allen Kontinenten, mehr als 10% davon sind Asiaten, die in einem anderen asiatischen Land tätig sind.

1950 wurden der Schweizer ÜMG-Zweig (Zentrale in Zürich) und 1967 der dt. ÜMG-Zweig (Zentrale in Mücke/Hessen) gegründet. 1994 gehören dem Schweizer Zweig 75, dem dt. 58 Mitarbeiter an. Von Großbritannien und den USA, den beiden größten sendenden Ländern der ÜMG, kommen je etwa 260 Missionare.

Wichtige Grundsätze Hudson Taylors, die auch heute noch wesentlicher Bestandteil der Arbeit der ÜMG sind: Die Einzigartigkeit Jesu, das Wirken des Heiligen Geistes, die unbedingte Abhängigkeit von Gott, auch in bezug auf Finanzen und Mitarbeiter, die Wichtigkeit des Gebetes, die treue Verkündigung des Wortes Gottes, Evangelisation und Gemeindeaufbau als Schwerpunkte der Missionsarbeit (neben medizinischer Tätigkeit, Literatur-, Radio- und Fernseharbeit, sozialen Diensten, Katastrophenhilfe, Bibelübersetzung, Schüler- und Studentenmission, Tätigkeit von qualifizierten Fachkräften an Universitäten usw.), Anpassung an die einheimischen Verhältnisse (Kleidung, Sprache, Wohnung usw.) und Partnerschaft mit den verschiedenen sendenden und einheimischen Kirchen. Die internationale ÜMG ist bewußt interdenominationell.

Lit.: A. Franz: Mission ohne Grenzen. Hudson Taylor und die deutschsprachigen Glaubensmissionen, 1993; Das Licht scheint in der Finsternis – 25 Jahre Geschichte der Überseeischen Missions-Gemeinschaft 1951–1976, 1979;

L. Lyall: Das Unmögliche gewagt – Die China-Inland-Mission 1865 bis 1965, 1965; »Ostasiens Millionen«, vierteljährlich erscheinende Missionsnachrichten der ÜMG; R. Steer: Im Herzen Chinas. Hudson Taylor, ein Mann des Glaubens, 1994; H. Taylor: Hudson Taylor – ein Mann, der Gott vertraute, [8]1991;.

W. Merdes

Ubiquität

Nach Luthers Lehre von der U. (lat. *ubique*, »überall«) ist der Leib und das Blut Christi deshalb im →Abendmahl gegenwärtig, weil die Eigenschaften der göttlichen Natur Christi – wie die Allgegenwart – auch seiner menschlichen Natur zukommen. Nach Zwingli und der ref. Tradition kann Christi Leib im Abendmahl nicht empfangen werden, weil er sich im Himmel befindet, nur seine göttliche Natur ist allgegenwärtig, nicht seine menschliche Natur und somit sein Leib. Denn es gibt keinen *realen* Austausch der Eigenschaften (*communicatio idiomatum* →Jesus Christus) der menschlichen und göttlichen Natur Christi, wie für Luther. Dieser Austausch der Eigenschaften ist für Zwingli nur eine Redefigur und nur symbolisch gemeint (Allöosis). Die Konkordienformel (1577) verwirft lutherischerseits diese *communicatio verbalis,* den Austausch der Eigenschaften nur dem Namen nach, »daß Christus allein nach seiner Gottheit bei uns auf Erden im Wort, in den Sakramenten und in allen unseren Nöten gegenwärtig sei und daß diese Gegenwärtigkeit seine menschliche Natur ganz und gar nichts anginge« (Art. 8). Andernfalls wird Jesus von Christus abgetrennt und das ganze Heilswerk ist in Frage gestellt. Es geht bei diesem Problem der U. nicht um eine theol. Spitzfindigkeit, sondern um die Gottesfrage selber. Zwingli, Calvin und die Reformierten betonen die Transzendenz und Unverfügbarkeit Gottes, weswegen ihnen so viel an der Trennung der Gottheit und Menschheit liegt, während hingegen Luther und die Lutheraner den Akzent auf die →Kondeszendenz (Abstieg) und die Selbstbindung Gottes an seine Heilsmedien legen. Nach W. →Elert artikuliert sich in der luth. U.slehre ein neues Weltbild, das im Unterschied zum ref. und mittelalterl. Weltbild im Himmel keinen Raum sieht, sondern den Ort Gottes, der überall ist. Durch die →Leuenberger Konkordie (1973) scheinen die Gegensätze zwischen Lutheranern und Reformierten in der Frage der U. und Realpräsenz Christi im Abendmahl überbrückt worden zu sein.

Lit.: W. Elert: Morphologie des Luthertums I, 1931 § 30; M. Luther: Vom Abendmahl Christi. Bekenntnis; H. G. Pöhlmann: Abriß der Dogmatik, [5]1990, 223f, 296f, 304ff; Unser Glaube. Die Bekenntnisschriften der Ev.-Luth. Kirche, [3]1991, 971–988; H. Zwingli: Amica exegesis; ders.: Fidei ratio.

H. G. Pöhlmann

Uhlhorn, Gerhard (1826–1901)

U., geb. am 17. 2. 1826 in Osnabrück, gest. am 15. 12. 1901 in Hannover, war nach Studium der ev. Theologie in Göttingen und einer Zeit als Privatdozent (1852) ebenda die prägende Gestalt der Ev.-luth. Landeskirche →Hannovers. Seit 1855 im Kirchendienst wurde er 1866 geistl. Mitglied im neugebildeten Landeskonsistorium und 1878 Abt des Klosters Loccum. Von Hause aus Vermittlungstheologe, gelang es ihm, mit einer deutlichen Orientierung an luth. Theologie, die Landeskirche in den kirchenpolit. und theol. Auseinandersetzungen seiner Zeit (Petri, Münchmeyer, Altlutheraner, A. →Ritschl) zu bewahren. Er förderte die Anfänge der Religionsgeschichtlichen Schule bei gleichzeitiger Begrenzung des →Protestantenvereins. Sein besonderes Interesse galt der Inneren Mission (→Diakonie).

Lit.: G. Uhlhorn: Die christliche Liebesthätigkeit in der alten Kirche, 1882 (ND 1959); Katholizismus und Protestantismus gegenüber der sozialen Frage, 1887; Hannoversche Kirchengeschichte in übersichtlicher Darstellung, 1902 (ND 1988);

N. Janssen: Theologie fürs Volk, 1993; J. Uhlhorn: »100 Jahre hannoversches Landeskonsistorium«, in: JGNKG 64, 1966.

J. Ohlemacher

Ukraine

Seit 1991 selbständige Republik mit einer Fläche von 603700 km², 52 Mio. Einwohner, davon 72,7% Ukrainer, 22,1% Russen. Nach dem Einfall der Tataren in der Mitte des 13. Jh.s entwickelten sich aus der Kiever Rus', die an der Wende vom 8. zum 9. Jh. entstanden war und 988 das Christentum byz. Prägung angenommen hatte, allmählich Rußland, die U. und Weißrußland als verschiedene ostslavische nationale und kulturelle Zentren. Im Laufe des 14. Jh.s eroberten die Litauer große Teile der U.; die jahrhundertelange Zugehörigkeit der U. zu Polen-Litauen prägten Volk, Kultur und Kirchengeschichte. Nach den Aufständen der ukrainischen Kosaken gegen die polnische Herrschaft und dem Friedensvertrag von Andrusovo (1667) kam die U. links des Dnjeprs zu Rußland; die rechtsufrige U. blieb bis zu den Teilungen Polens 1772, 1793, 1795 bei Polen und wurde dann großenteils russisches Untertanengebiet; Galizien und Wolhynien kamen zu Österreich. Nach der bolschewistischen Oktoberrevolution wurde die U. in die Wirren des russischen Bürgerkriegs hineingezogen und nach kurzer polit. Selbständigkeit im Frieden von Riga 1921 zwischen der Sowjetunion und Polen aufgeteilt; im Gefolge des Zweiten Weltkriegs wurde die westliche U. der Sowjetunion zugeschlagen. 1991 erklärte sich die U. für unabhängig und wurde Mitglied der »Gemeinschaft Unabhängiger Staaten« (GUS).

Im 14. Jh. wurde die russ.-orth. Kirche auf dem Gebiet der früheren Kiever Rus' in eine Moskauer und eine Kiever Metropolie geteilt, so daß sich die ukrainische Kirchengeschichte fortan in eine andere Richtung entwickelte als die russ.; die Orthodoxen in Polen-Litauen gerieten unter einen westlich-lateinischen Einfluß. Nach Verhandlungen mit Rom wurde 1596 die Union von Brest geschlossen. Ein großer Teil der orth. Metropolien in Polen-Litauen unterstellte sich dem Papst, behielt aber die slavische Liturgie und die orth. kirchl. Tradition einschließlich der Priesterehe bei; ein kleinerer Teil hielt auch kirchenrechtlich an der Orthodoxie fest. Nach den Teilungen Polens wurde die Union in den zu Rußland geschlagenen Gebieten aufgehoben (1838/41), konnte sich aber in Galizien und Wolhynien weiter entfalten. 1946 wurde die ukrainisch-kath. (unierte) Kirche zwangsweise in die russ.-orth. einverleibt; Teile von ihr lebten illegal als Untergrundkirche weiter. Seit dem Besuch Gorbatschows im Vatikan (1. 12. 1989) ist sie offiziell wieder zugelassen.

Nach der Gewährung der Religionsfreiheit in der Sowjetunion kam es in der U. zu einer Kirchenspaltung. Die »Ukrainische Orthodoxe Kirche – Moskauer Patriarchat« ist die Nachfolgerin des Kiever Exarchates der russ.-orth. Kirche, die 1990 die volle administrative Unabhängigkeit von Moskau erhielt und hauptsächlich in der Ost- und Mittelukraine vertreten ist. Die »Ukrainische Autokephale Kirche – Patriarchat Kiev« hat ihre Kirchgemeinden zumeist im Westen der U. In dieser Kirche wird die Liturgie ukrainisch (nicht kirchenslavisch) gefeiert, sie führt einen nationalistischen, antimoskowitischen Kurs und wird von der Gesamtorthodoxie nicht anerkannt. Zuverlässige Zahlen sind zur Zeit nicht erhältlich. Von ihr unterschieden ist die »Ukrainische Autokephale Orthodoxe Kirche«, die ebenfalls national ukrainisch orientiert ist und von der Gesamtorthodoxie nicht anerkannt wird. Die Ukrainisch-Katholische (Unierte) Kirche zählt rund 4,5 Mio. Glieder, 2800 Kirchen und über 1100 Priester. Wegen ihrer Bewährung im Martyrium und ihres nationalistischen Kurses ist sie sehr attraktiv.

Lit.: R. Hotz: Eine Kirche »zwischen allen Stühlen«. Die mit Rom unierte Ukrainisch-Katholische Kirche des byzantinischen Ritus, in: G2W 4 (1990), 17-26; Informationsdienst Osteuropäisches Christentum, 1989ff; B. Krupnyckyj: Geschichte der Ukraine von den Anfängen bis zum Jahre 1917, 1963; O. Zinkewych, A. Sorokowski: A Thousand Years of Christianity in Ukraine. An Encyclopedic Chronology, 1988.

E. Bryner

Ultramontanismus

Bis in die Mitte des 18. Jh.s wurde der Begriff ultramontan (von lat. *ultramontanus,* »jenseits der Berge«, hier: der Alpen, gelegen) nur im geographischen Sinn gebraucht. In der Diskussion um →Episkopalismus und Nationalkirchentum wurden die kurialistischen Kanonisten, welche die Idee des päpstlichen Universalprimats vertraten, als *ultramontani doctores* bezeichnet. Daraus entwickelte sich das Schlagwort »ultramontan«, das zum Synonym für antiquiert, röm., jesuitisch und aufklärungsfeindlich, im 19. und 20. Jh. für antiliberal, antinational (= undeutsch!) und kath.-fundamentalistisch wurde. Infolge der Französischen Revolution, der Säkularisation und des liberalen Staatskirchentums mit ihren antikirchl. Tendenzen suchten bes. die Katholiken Frankreichs und Deutschlands im Laufe des 19. Jh.s verstärkt kirchenpolit. und geistigen Rückhalt im Papsttum. Gleichzeitig erfuhr das Papsttum als Hort der Autorität, Tradition sowie voraufklärerischer Denkansätze im Zeitalter der →Romantik und Restauration eine ungeahnte Aufwertung. Es entwickelte sich ein von breiten Schichten getragener U., welcher durch kuriale Zentralisierungsbestrebungen bes. unter Papst Pius IX. gestützt wurde.

Der U. brachte eine Vereinheitlichung des kath. Profils (röm. Theologie, →Neuscholastik, polit. und sozialer Katholizismus), führte aber auch zu einer kath. Ghettomentalität, die sich in einer kollektiven Abwehrhaltung gegen andere Konfessionen, den modernen Staat und die moderne Gesellschaft äußerte.

Lit.: K. Buchheim: Ultramontanismus und Demokratie. Der Weg der deutschen Katholiken im 19. Jahrhundert, 1963; H. Raab: »Zur Geschichte und Bedeutung des Schlagwortes ›ultramontan‹ im 18. und frühen 19. Jahrhundert«, in: Historisches Jahrbuch 81 (1962), 159–173; O. Weiß: »Ultramontanismus. Grundlagen-Vorgeschichte-Struktur«, in: Zeitschrift für bayerische Landesgeschichte 41 (1978), 821–878.

W. Weiß

Umkehr →Buße; Bekehrung

Umweltethik

Erkenntnisse und Fragestellungen der letzten 20 Jahre haben eine neue Akzentsetzung in der Ethik notwendig gemacht, die durch den Begriff U. bezeichnet wird. Individualethik akzentuiert das Verhältnis des Einzelmenschen zu sich selbst, Personalethik die unmittelbare Ich-Du-Beziehung, Sozialethik den Menschen in der institutionellen Mittelbarkeit und U. den Menschen in seiner Verwobenheit in die Biosphäre.

Die Bestimmung der Umwelt als Biosphäre bezeichnet sowohl die urwüchsige Natur als auch den vom Menschen gestalteten Lebensraum und verweist darauf, daß die Umwelt sich aus zahlreichen Ökosystemen, d.h. mehr oder weniger abgegrenzten Lebensräumen, zusammensetzt, in denen Organismen und unbelebte Materie untereinander in Beziehung stehen und voneinander abhängig sind. Die Ökosysteme sind wiederum miteinander verbunden in einem Verhältnis wechselseitiger Abhängigkeit (→Ökologie). U. nimmt die globale Verantwortung des Menschen in den Blick, da die Reichweite seiner Handlungen über ihre Wirkung auf die Ökosysteme global ist. Während der Begriff Umweltschutz als Erhalt (*conservatio*) der bestehenden Ökosysteme verstanden werden kann, geht U. davon aus, daß die Biosphäre selbst sich in einem Prozeß befindet, den der Mensch mitgestaltet. Da menschliche Handlungen zielorientiert sind, sind sie von Werten und Normen bestimmt. Die Erfahrungen der Umweltkrise weisen darauf hin, daß die bisherigen handlungsleitenden Werte und Normen zu einer Zerstörung der Lebensgrundlagen in der Biosphäre führen. Insbesondere der Egoismus von Individuen und Gruppen, der sich über die Interessen anderer – insbesondere auch die zukünftiger Generationen – hinwegsetzt, und die vorherrschenden wirtschaftl. Denk- und Verhaltensweisen, die an kurzfristigen Erfolgen orientiert sind und die Kosten nur unzureichend berücksichtigen, sind Ursache der Umweltkrise. Ziel der U. ist es, ein neues Normensystem zu entwickeln, das ein langfristiges Leben und Überleben in der Biosphäre erlaubt. Dabei wird häufig auf außereurop. Traditionen – etwa indianische oder buddhistische – oder vorneuzeitliche der Naturmystik und Naturromantik zurückgegriffen. Angesichts der anstehenden Probleme und des wissenschaftl.-technischen Entwicklungsstandes der Industrienationen erscheinen solche Rückgriffe als harmlos und unangemessen.

Fragt man auf diesem Hintergrund nach bibl.-christl. begründeten Werten und Normen, so muß man vom bibl. Welt- und Menschenbild ausgehen. Danach hat Gott die Welt als Lebensraum für Lebewesen geschaffen und jedem Lebewesen seinen eigenen Sinn und Wert gegeben (1Mo 1; Ps 104). Gott ist und bleibt Eigentümer »der Erde und alles, was darauf ist« (5Mo 10,14). Der Mensch ist nur Verwalter Gottes und hat sich vor ihm zu verantworten. Das ist auch die Bedeutung des sog. Herrschaftsauftrages Gottes an den Menschen (1Mo 1,28), von dem seine Sonderstellung in der Natur abgeleitet wird. Dieser Herrschaftsauftrag gründet in der Gottebenbildlichkeit des Menschen. So wie der Pharao in weit entfernten Teilen seines Reiches Standbilder aufstellen ließ, die ihn und seinen Willen repräsentierten und so das Zusammenleben dort regulierten und garantierten, so soll der Mensch Repräsentant Gottes auf Erden sein und das Zusammenleben der Kreaturen garantieren. Danach schließt der Herrschaftsauftrag gegenseitige Fürsorge und Schutzaufgaben unter den Menschen ebenso ein wie gegenüber den anderen Kreaturen (vgl. 1Mo 2,15). Da Gott der Schöpfer des Lebensraumes und der Geber des Lebens ist, darf der Mensch weder den Lebensraum noch das Leben zerstören. Da Gott jedem Teil der Natur seinen eigenen Sinn und Wert gegeben hat, haben die Naturteile nicht nur einen Sinn und Wert für den Menschen, wie der Anthropozentrismus behauptet. Wenn der Mensch die Welt gestaltet und damit seinen Herrschaftsauftrag wahrnimmt, muß er den eigenen Sinn und Wert der Naturteile kennen und berücksichtigen. Hierbei kann ihm das ökologische Wissen helfen. Verfehlt der Mensch bei seinem Gestalten diesen Eigen-Sinn und Eigen-Wert der Naturteile, kommt es zum Leiden. Deshalb hat das Leiden der Kreaturen eine wichtige korrigierende Bedeutung. Diese Bedeutung des Leidens gewinnt nach bibl. Verständnis noch eine zusätzliche Dimension: weil der Sinn und Wert der Naturteile nicht im gegenwärtigen – von der Ökologie zu erforschenden – Sinn und Wert aufgeht, sondern noch Entfaltungsmöglichkeiten beinhaltet, die erst in einer zukünftigen Vollendung an ihr Ziel gelangen (Röm 8,18-25), ist Leiden Ausdruck der Spannung zwischen heilloser Gegenwart und zukünftigem Heil. Die Turmbaugeschichte (1Mo 11,1-9) zeigt, daß der Versuch des Menschen, diese Vollendung selbst herzustellen, indem er die vergängliche Erde im unvergänglichen Himmel gründen will, scheitern muß, denn sein Wissen und Können ist begrenzt und fehlerhaft. Da diese vollendete

Zukunft dem Menschen verborgen und verschlossen ist, müssen alle seine Handlungen so eingerichtet sein, daß sie grundsätzlich korrigierbar sind. Im Leiden kommen die verfehlten oder noch nicht wahrgenommenen Möglichkeiten »zur Sprache« (vgl. Röm 8,18-25).

Aus diesen bibl.-christl. Überlegungen lassen sich konkret Folgerungen für die Gestaltung der Welt durch den Menschen ziehen:

– Der Mensch darf durchaus Neues schaffen, nur kann er die Welt nicht vollenden; deshalb muß er

– seine Handlungen so gestalten, daß ihre Folgen grundsätzlich korrigierbar sind und eine mögliche Zukunft nicht verschließen.

– Aus diesem Grunde sind die Verfahren zu bevorzugen, die offener gegenüber Veränderungen sind.

– Der Mensch darf den »Eigen-Sinn« und »Eigen-Wert« jeder Art von Lebewesen nicht mißachten oder sogar zerstören, indem er nur den Sinn für den Menschen wahrnimmt.

– Das Leiden einer jeden Kreatur hat korrigierende Bedeutung für das menschliche Handeln.

Lit.: G. Altner (Hg.): Ökologische Theologie. Perspektiven zur Orientierung, 1989; D. Birnbacher: Ökologie und Ethik, 1980; K. Bockmühl: Umweltschutz – Lebenserhaltung. Vom Umgang mit Gottes Schöpfung, 1975; H.-H. Böhm (Hg.): Die Schöpfung bewahren, 1988; U. Krolzik: Umweltkrise – Folge des Christentums?, [2]1980; K. M. Meyer-Abich: Frieden mit der Natur, 1979; E. U.v. Weizsäcker: Erdpolitik, [3]1992.

U. Krolzik

Umweltschutz

U. ist darauf gerichtet, die natürlichen Lebensgrundlagen von Pflanzen, Tieren und Menschen zu erhalten und ein gestörtes ökologisches Gleichgewicht wieder auszugleichen. Im U. ist zwischen dem Ressourcenschutz (Bodenschätze, Energie, Wasser) und dem Emissionsschutz (Lärm, Abwasser, Luftreinhaltung, Strahlenschutz) zu unterscheiden.

Zwischen Altlasten, die nach dem Gemeinlastprinzip, und der Umweltvorsorge, die nach dem Verursacherprinzip gestaltet sein sollte, wird unterschieden. U. ist nur erfolgversprechend, wenn er ursachenadäquat durchgeführt wird. Umweltprobleme entstehen durch die Nutzung der Umwelt als freies Gut, wegen externer Effekte und dadurch, daß es sich bei der Umwelt um ein öffentliches Gut handelt.

Da die Umwelt lange Zeit als freies Gut (das Angebot übertraf die Nachfrage) galt, wurden von der Gesellschaft keine Eigentumsrechte festgelegt, wodurch es keinen Marktaustausch gab und damit kein verantwortlicher Umgang mit der Umwelt ermöglicht wurde. Freie Güter werden bis zur Sättigungsmenge genutzt. Keiner fühlte sich für die Umwelt verantwortlich.

Bei externen Effekten, d.h. die wirtschaftlichen Entscheidungen eines Menschen betreffen auch den Nutzen anderer, handelt es sich im Grunde genommen um ein Staatsversagen. Durch Festlegung von Eigentumsrechten (Ermöglichung des Schadenersatzes) wird ein effizienter Umgang mit natürliche Ressourcen erreicht. Dies bedeutet eine Einführung von Marktmechanismen.

Bei einem öffentlichen Gut (Kollektivgut) lassen sich Nutzen und Kosten nicht eindeutig zurechnen, da das Ausschlußprinzip nicht gilt. Bei einem Kollektivgut lassen sich diejenigen, die für seine Nutzung nicht bezahlen, vom Konsum nur mit hohen Kosten ausschließen. Daher kommt es zum »Trittbrettfahrerverhalten«: Alle Menschen hätten gerne eine saubere Umwelt, sind aber nicht bereit, dafür Kosten zu übernehmen, wenn sie nicht sicher sind, daß alle anderen ebenfalls ihren Kostenanteil übernehmen. Daher ist Umweltschutz eine staatliche Aufgabe, da hier unter normalen Bedingungen marktliche Koordination versagt.

Es gibt ein breites Spektrum von Instrumenten des U.es. Am häufigsten werden Verbote und Gebote genutzt. Vorschriften zur Luftreinhaltung, Lärmbekämpfung, Schalldämpfung, Recycling von Abfallstoffen, Abfallbeseitigung, Gewässerschutz, Waschmittelgesetz etc. schreiben den Bürgern umweltgerechtes Handeln vor. Probleme juristischer Zwangslösungen mit Hilfe des Polizeirechtes liegen im Informationsproblem, dem Nichtwissen der staatlichen Bürokratie über die umweltschutzpolitischen Möglichkeiten. Vorgeschrieben werden kann nur das, was technisch möglich ist. Es liegt im Interesse der Wirtschaft, diese technischen Möglichkeiten nicht zu offenbaren. Es kommt zum »Schweigen der Oberingenieure«, damit zu einem unzureichenden U. Da über Gebote und Verbote alle Firmen gleichbehandelt werden müssen, ist U. ineffizient und zu teuer.

Eine marktliche Lösung wird in der Internalisierung externer Effekte gesucht, d.h. die sozialen Kosten der Nutzung der Umwelt müssen nach dem Verursacherprinzip zur Überwindung der externen Effekte den Nutzern aufgebürdet werden. Dies kann durch Umweltabgaben oder im Bereich der Ressourcenökonomik durch Umweltsteuern geschehen. Die Abgaben bzw. Steuern haben dann eine fiskalische und eine Lenkungsfunktion. Sie sollen Anreize setzen, Umweltressourcen in einem geringeren Maße nachzufragen. Subventionen werden denen gezahlt, die durch ihr umweltpolitisches Engagement anderen einen Nutzen schaffen. Dadurch werden positive externe Effekte entgolten. Durch Heranführung der privaten Nutzen an den gesellschaftlichen kann das Problem des öffentlichen Gutes überwunden werden. Bei der wirtschaftspolitischen Anwendung ergeben sich Probleme der genauen Dosierung von Abgaben und Subventionen. Das ökologische Ziel mag verfehlt werden (Wasserpfennig).

Ökologisch effektiv und ökonomisch effizient ist die Schaffung von Eigentumsrechten an der Umweltnutzung. Über Zertifikate werden Nutzungsrechte an der Umwelt auf Zeit verliehen, die über den Marktmechanismus verteilt werden. Ohne den Besitz von Zertifikaten ist die Nutzung der Umwelt keinem erlaubt!

Umweltzertifikate führen zum exakten Einhalten des ökologischen Ziels, da nur Zertifikate in der assimilativen Kapazität (Selbstreinigungskraft) der Natur zur Verfügung gestellt werden. Der Marktmechanismus bewirkt, daß die knappen Umweltressourcen gesellschaftlich bestmöglich genutzt werden. Z. Zt. ist diese ordnungspolitische Lösung noch umstritten. Auflagen sind leichter durchführbar und haben für die Politik eine größere Attraktivität. Verstärkt gibt es Ansätze zu mehr marktlichen Lösungen, wie beispielsweise bei Verbundlösungen im Umweltbereich deutlich wird. In den USA gibt es schon Umweltbanken, bei welchen Firmen ihre Verschmutzungsrechte deponieren und später wieder aktivieren bzw. verkaufen können.

Aus sozialethischen Gründen ist eine »Vermarktung der Umwelt« erstrebenswert. Sozialethische Regelungen reichen aber nicht aus. Auch individualethisch ist der Mensch gefordert (→Umweltethik). Jeder einzelne Mensch ist vor seinem Schöpfer für die umweltpolitischen Auswirkungen seines Handelns verantwortlich, soweit er sie erkennen kann.

Der Christ sollte sich durch folgende bibl. Prinzipien in seinem Umweltverhalten leiten lassen:

– Die Natur dient Gottes Ruhm (Ps 19,2ff).

– Die Natur soll dem Menschen als Lebensraum dienen (1Mo 1,28; 3Mo 25,1-7; 5Mo 25-4). Dies verlangt auch Berücksichtigung zukünftiger Generationen (nachhaltige Entwicklung).

– Gott bleibt Eigentümer der Natur (Ps 24,1; 3Mo 25,23).

– Der Mensch ist als Haushalter vor Gott verantwortlich für sein ökologisches Verhalten (1Mo 9,3; Kol 3,17).

Umweltpolitische Probleme drohen durch eine wirtschaftliche Entwicklung der Dritten Welt. Wirtschaftliches Wachstum und Wohlstand muß so erreicht werden, daß auch die Menschen der Dritten Welt daran partizipieren können, ohne daß die Zukunft der Menschheit gefährdet wird (nachhaltige Entwicklung). Dies erfordert einen Strukturwandel des wirtschaftlichen Wachstums.

Lit.: H. Bonus: Verzauberte Dörfer, oder: Solidarität, Ungleichheit und Zwang, ORDO 29, 1978, 49-82; J. Cochlovius (Hg.): Das Evangelium und die ökologische Katastrophe, 1990; Deutscher Bundestag: Schutz der Erde. Eine Bestandsaufnahme mit Vorschlägen zu einer neuen Energiepolitik, Dritter Bericht der Enquete-Kommission des 11. Deutschen Bundestages »Vorsorge zum Schutz der Erdatmosphäre«, 2 Bände, 1990; V. Hauff (Hg.): Unsere gemeinsame Zukunft. Der Brundtland-Bericht der Weltkommission für Umwelt und Entwicklung, 1987; H. König (Hg.): Umweltverträgliches Wirtschaften als Problem von Wissenschaft und Politik, 1993; W. Lachmann (Hg.): Umwelt – Wirtschaft – Ethik. Die ökologische Herausforderung aus wirtschaftlicher und ethischer Sicht, 1993; Ludwig-Erhard-Stiftung (Hg.): Umweltpolitik vor neuen Herausforderungen, 1993; Weltbank: Weltentwicklungsbericht 1992. Entwicklung und Umwelt, 1992; L. Wicke: Umweltökonomie, [4]1993.

W. Lachmann

Una-Sancta-Bewegung

Die Una-Sancta-Bewegung, zwischen den beiden Weltkriegen entstanden, sammelte kath. Christen, die die Gemeinschaft des Gebets und des Gesprächs mit ev. Mitchristen suchten. In meist privaten Zirkeln traf man sich mit ev. Gesinnungsfreunden. Inspirator war Max Josef Metzger (1887–1944), ein Priester, dessen Engagement einer sozialen Mission, verbunden mit tiefem Bibelglauben, über die hierarchisch-rechtlich gegliederte Kirche hinausdrängte – »katholisch« bedeutete ihm »weltumspannende, alle Wahrheit umfassende Gemeinschaft der Jünger Christi«. Statt sich gegen Andersgläubige abzugrenzen, galt ihm, die »Herzensgemeinschaft derer zu suchen, die guten Willens sind jenseits der Grenzpfähle der sichtbaren Kirche«. Die von Metzger gegründete Christkönigsgesellschaft in Meitingen bei Augsburg, eine Vereinigung des sozialen Apostolats, wurde Zentrum auch der U.-S.-B. Sein Friedensengagement brachte Metzger mit den Nationalsozialisten in Konflikt – als Märtyrer der Friedensidee wurde er am 17. April 1944 von der Gestapo hingerichtet. Nach dem Krieg fand die amtskirchl. zunächst beargwöhnte U.-S.-B. einen Sammelpunkt in der Benediktinerabtei Niederaltaich (ZS Una Sancta), ehe sie in der Ökumene am Ort aufging.

Lit.: M. Möhring: Täter des Wortes. Max Josef Metzger – Leben und Wirken, 1966.

R. Boeckler

Unbefleckte Empfängnis Mariens

Im Unterschied zur →Jungfrauengeburt, die eine bibl. (Mt 1,18-25; Lk 1,26-38) begründete christologische Lehre ist, ist die U.E.M. eine mariologische Spekulation ohne Anhaltspunkt in der Bibel. Sie besagt, daß die Mutter Jesu durch einen Akt vorgreifender Gnade von dem auf der Menschheit liegenden Makel der →Erbsünde, die sich nach →Augustins Anschauung bei der Empfängnis vererbt, gereinigt und in diesem Sinne von ihrer (legendären) Mutter Anna »unbefleckt empfangen« worden sei. Diese Lehre war seit dem MA umstritten. Während →Thomas von Aquin und die Dominikaner annahmen, Maria sei, wie alle Menschen »in Sünden empfangen« (Ps 51,7), aber noch vor der Geburt von der Erbsünde gereinigt worden, behaupteten →Duns Scotus und die Franziskaner, sie sei von vornherein, d. h. von der Empfängnis an, von der Erbsünde ausgenommen. Diese noch unentschieden gelassene, von den Jesuiten bevorzugte Annahme wurde am 8. 12. 1854 durch Papst Pius IX. in der Bulle »Ineffabilis Deus« zum Dogma erhoben, d.h. zu einem Lehrsatz, der von Gott offenbart und den zu glauben »heilsnotwendig« ist. Obwohl betont wird, daß →Maria »in Ansehung der Verdienste Jesu Christi, des Heilands des Menschengeschlechtes, durch einzigartige Gnade und Privileg des Allmächtigen Gottes« dieser Sonderbewahrung teilhaftig wurde, wird sie dadurch doch zum »Ausnahmegeschöpf« (Miegge) verfremdet, das der Vergebung der Sünden nicht mehr bedürftig ist und daher als »Exempel« (Luther) für die Glaubenden nicht in Frage kommt.

Lit.: G. Miegge: Die Jungfrau Maria. Studie zur Geschichte der Marienlehre, 1962; W. Schlichting: Maria. Die Mutter Jesu in Bild, Tradition und Feminismus, 1989.

W. Schlichting

Undereyck, Theodor (1635–1693)

U., geb. am 15. 6. 1635 in Duisburg, gest. am 1. 1. 1693 in Bremen, ev. Theologe, Begründer des ref. Pietismus in Deutschland. 1654 Theologiestudium in Utrecht, Prägung durch die Theologie und Frömmigkeit des →Voetius (Präzisismus), Bekehrung durch J. v.d. Bogaart, 1658 in Leiden Studium der Föderaltheologie des →Coccejus. Nach einer akademischen Reise nach England, Frankreich und Genf übernahm U. 1660 eine Pfarrstelle in Mülheim an der Ruhr. Durch Erneuerung der Gemeindeorganisation, Einführung der Hausbesuche, eine auf →Wiedergeburt und persönliche Heilsaneignung dringende Predigt wie durch intensive, von seiner Ehefrau Margarete unterstützte Veranstaltungen für Kinder wie Erwachsene führte U.s Arbeit zu einer völligen Erneuerung des Gemeindelebens. Ob er private Erbauungsversammlungen schon vor →Spener eingerichtet hat, ist umstritten. 1668 Hofprediger in Kassel, wurde er 1670 zum Pastor primarius an St. Martini in Bremen berufen. Von den übrigen Stadtgeistlichen bekämpft, vermochte er sich nur langsam durchzusetzen und jüngere Freunde nachzuziehen (Neander). U. wirkte durch Predigten, Seelsorge und wiederum durch intensive katechetische Übungen (»der große Katechet des Coccejanismus«, J. Moltmann) weniger durch seine erbaulichen, katechetischen und apologetischen Schriften (Christi Braut zu Laodicea, 1670; Hallelujah, das ist Gott in dem Sünder verkläret 1678; Der närrische Atheist, 1689).

Lit.: M. Brecht (Hg.): Geschichte des Pietismus, Bd. 1, 1993, 244-49, 253–256; H. Faulenbach: Die Anfänge des Pietismus bei den Reformierten in Deutschland, PuN 4, 1979, 205–220; W. Goeters: »Under-Eyck«, RE³ XX, 1908, 228–233.

J. O. Rüttgardt

Unfehlbarkeit →Papst, Papsttum; →Bibel

Ungarn

Die christl. Kirche, die in der Spätantike auf dem Gebiet des späteren Königreiches U. entstanden war, wurde durch die Völkerwanderung weitgehend vernichtet. Die Missionsarbeit, die im 9. Jh. von den Bistümern Salzburg und Regensburg, aber auch von den Slavenmissionaren Kyrill und Method ausging, fand mit der Landnahme der weitgehend noch heidnischen Ungarn ein vorläufiges Ende, wurde dann aber wieder aufgenommen. Fürst Geza ließ sich 995 taufen. Unter seinem Nachfolger Stephan I., der im Jahre 1000 zum König gekrönt wurde, nahm die ungarische Kirche mit der Gründung des Erzbistums Esztergom, weiterer Bistümer, mehrerer Benediktinerklöster und einer intensiven Missionierung des Volkes eine Struktur an. Blütezeiten erlebte die Kirche im MA gegen Ende des 12. und zu Beginn des 14. Jh.s; Reformorden, Ritterorden, Kulturkontakte im Zusammenhang mit den Kreuzzügen, aber auch kirchl. Laienbewegungen prägten das ungarische Christentum. Intensiven Widerstand leistete die Kirche gegen die Häresien auf dem Balkan, die Hussiten, aber auch gegen das Vordringen der Türken, bis U. in der Schlacht von Mohacs 1526 eine vernichtende Niederlage gegen die Truppen von Sultan Suleiman II. erlitt. In der Folge zerfiel das Königreich U. in drei Teile, die bis gegen Ende des 17. Jh.s nebeneinander existierten: in einen westl., von Ferdinand von Habsburg regierten Teil, in einen mittleren, von den Türken besetzten Teil und in das Fürstentum Siebenbürgen, das unter der Herrschaft von Johann Zapolya stand.

Zu Beginn der 1520er Jahre begannen dt. Kaufleute und Studenten die Lehre Luthers zu verbreiten. Der Protestantismus luth. Prägung faßte in den oberungarischen Städten, im türkisch besetzten U. und in Siebenbürgen Fuß. Seit ca. 1540 gewann der ref. Protestantismus zunehmend an Bedeutung. 1567 nahm die ref. Kirche in U. das Zweite Helvetische Bekenntnis als ihr verbindliches Glaubensbekenntnis an. In Siebenbürgen – Johannes Honterus hatte 1542 die Reformation in Kronstadt eingeführt - wurden 1568 die luth., die calvinistische, die kath. und die antitrinitarische (unitarische) Konfession zu den vier »rezipierten Religionen« erklärt und damit Religionstoleranz proklamiert. Calvins »Institutio Religionis Christianae« gehörte in der zweiten Hälfte des 16. Jh.s zu den am intensivsten studierten theol. Büchern in Ungarn. Gegen Ende des 16. Jh.s bekannte sich die Mehrheit der ungarischen Bevölkerung zum Protestantismus, hauptsächlich zum reformierten.

Durch die Gegenreformation erfuhr der ungarische Protestantismus erhebliche Rückschläge. Schulen, Predigten, Volksmissionen und populäre Schriften vor allem der Jesuiten sowie das politische Wirken der Habsburger brachten die Rekatholisierung großer Teile Ungarns. In der Mitte des 18. Jh.s erreichte die kath. Barockfrömmigkeit eine Blütezeit. In Siebenbürgen konnte sich der Protestantismus dank der Förderung durch Fürsten und Adel behaupten. Nachdem die Protestanten in der österreichisch-ungarischen Monarchie über längere Zeit unterdrückt wurden, gewährte ihnen Kaiser Joseph II., der die Kirche ganz dem Staat unterstellt hatte, mit dem Toleranzedikt von 1781 Freiheit in der Religionsausübung.

Nach dem Zusammenbruch der österreichisch-ungarischen Monarchie im Anschluß an den Ersten Weltkrieg wurde in Ungarn 1919 eine Räterepublik errichtet, die zwar nur wenige Monate an der Macht war; durch die Trennung von Kirche und Staat und das Wirken des »Religionsliquidierungsamtes« erlitten die Kirchen jedoch herbe Verluste. Der Friedensvertrag von Trianon 1920 verstümmelte Ungarn. Seine Fläche verminderte sich von 282.000 auf 93.000 km², die Bevölkerung von 18 Mio. auf 7,6 Mio. Einwohner; die U. weggerissenen Gebiete wurden Rumänien, Jugoslawien und der Tschechoslowakei zugeschlagen. Dadurch entstand ein bis zum heutigen Tag schwerwiegendes Nationalitätenproblem.

Die Kirchen aller Bekenntnisse konnten sich in der Folgezeit ungehindert entfalten, bis nach dem Ende des Zweiten Weltkrieges und insbesondere seit der Machtergreifung einer kommunistischen Regierung 1948 eine Zeit scharfer Kirchenverfolgung einsetzte. Die Trennung von Staat und Kirche wurde bereits 1945 in die Wege geleitet. Von 1948 an wurden das traditionsreiche kirchl. Schulwesen sowie das kirchl. Druckerei- und Verlagswesen verstaatlicht, die Kirchenleitungen und Gemeindepfarrer zu einem Treueeid auf die Verfassung der Volksrepublik verpflichtet, ein Staatskirchenamt geschaffen, das – trotz des Trennungsgesetzes - in die inneren Angelegenheiten der Kirchen massiv eingreifen sollte, und die theol. Fakultäten teils in kirchl. Hochschulen umgewandelt, teils aufgelöst. Die Geistlichen aller Konfessionen unterlagen schweren Repressionen. Gewisse karitative Tätigkeiten blieben den Kirchen erlaubt. Die kath. Kirche unter der Leitung ihres Primas Kardinal Mindszenty leistete Widerstand gegen die Kirchenpolitik des neuen Regimes, während die ref. und die luth. Kirche mit ihrer »Theologie des Dienstes«, bzw. der »Diakonischen Theologie«, aber auch die kath. Friedenspriesterbewegung mit ihm zusammenzuarbeiten begannen. Durch massive Einmischung in die Personalpolitik der Kirchen und durch zahlreiche administrative Maßnahmen gegen die Kirchen gelang dem Staat die Gleichschaltung der Kirchen relativ rasch.

Die Jahre zwischen 1948 und 1953 standen im Zeichen eines harten Kirchenkampfes. Im Zuge des Entstalinisierungsprozesses traten 1953 gewisse Entspannungen ein, doch nach der ungarischen Revolution vom Herbst 1956 wurde die Kirchenpolitik wieder verschärft. In den Jahren der Ära Kadar, von 1961 an, mehr noch in den 1970er und 1980er Jahren entspannte sich die Lage allmählich. Noch vor der Wende vom Herbst 1989 wurden Richtlinien für ein neues, liberaleres Religionsgesetz erarbeitet, der langjährige, gefürchtete Leiter des staatlichen Kirchenamtes Imre Miklos wurde entlassen und ein weltanschaulicher Pluralismus gestattet.

Im Januar 1990 erhielten die ungarischen Kirchen als erste im postkommunistischen Osteuropa ein neues Religionsgesetz, das ihnen den Status als juristische Personen gewährte. Das Staatskirchenrecht wurde zugunsten einer freien Entfaltung der Kirchen neu formuliert. Die Kirchen stehen seither in einer Phase eines umfangreichen Neuaufbaues, aber auch vor zahlreichen neuen und schwierigen Aufgaben. Dazu gehören die Fragen um die Aufarbeitung der Vergangenheit, die Rückgabe des einstigen Kirchenbesitzes, der Wiederaufbau des Religionsunterrichtes, des konfessionellen Schulwesens und der theol. Ausbildung, der Evangelisation, der kirchl. Sozialarbeit und der Mission. Laut einer Religionsstatistik von 1991 gehören 7,0 Mio. oder 66% der Ungarn zur röm.-kath., 1,9 Mio. oder 17,9% der ref., 0,4 Mio. oder 4% der luth. und 0,25 Mio. oder 2,4% einer anderen Kirche an; rund 1 Mio. bezeichnete sich als konfessionslos.

Lit.: G. Adriany: »Die Geschichte der Katholischen Kirche in Ungarn seit dem Zweiten Weltkrieg«, in: G2W 5/1984, 14-28; G. Barta u.a.: Kurze Geschichte Siebenbürgens, 1990; M. Buczay: Der Protestantismus in Ungarn 1521–1978, 2 Bde., 1979; L. Fabian u.a.: In uns liegt ein schönes Land verborgen. Ungarns Geschichte, 1993; Zeitschrift Glaube in der 2. Welt, 1973ff, insbes. 7-8/1990, 9/1992, 9/1994.

E. Bryner

Unglaube →Glaube

Unierte Kirche →Union, Ev. Kirche der

Unierte Kirchen des Orients

Unierte Kirchen des Orients (UK) sind Kirchen orientalischer Herkunft mit einem der fünf östl. Riten (byzantinisch, antiochenisch, alexandrinisch, chaldäisch, armenisch), die sich unter Beibehaltung des eigenen Ritus und der östlichen Tradition aus rel. oder polit. Gründen der röm.-kath. Kirche unterstellt haben. Sie erkennen im Gegensatz zu den nichtkath. Ostkirchen eine Jurisdiktion des Papstes über die Universalkirche an. Ursache für das Entstehen der UK ist der Zerfall der Einheit zwischen West- und Ostkirche (endgültig 1054). Die Kreuzfahrer errichten statt der vom byz. Kaiser erbetenen Hilfe im 12. Jh. eine eigene polit. Herrschaft im Heiligen Land und versuchen, die dort ansässigen Ostkirchen unter die päpstliche Jurisdiktion zu bringen. Eine dauerhafte Union gelingt nur mit den syrischen Maroniten im Libanon (1181).

Einziger ernsthafter Versuch zur Wiederherstellung der Einheit ist das Konzil von Florenz/Ferrara (1438/39). Dort gelingt ein Zusammentreffen von Papst, Kaiser, Patriarch und Vertretern fast aller getrennten Ostkirchen. Die erzielte Union bleibt aber wirkungslos, weil die Gläubigen auf beiden Seiten sie nicht akzeptieren. In der Folgezeit kommt es zu einseitigen Unionsversuchen Roms durch Aufnahme einzelner Personen oder ganzer Gruppen in die kath. Kirche. Die größte Union erfolgt 1596 in Brest-Litowsk, bei der größere Teile der orthodoxen Ukrainer kath. werden. Diese Union existiert bis heute als größte Gruppe der Unierten (ca. 4 Mio.). Gruppen sog. Karpatho-Ruthenen schließen 1646 die Union von Užgorod (Ukrainer, Slowaken, Ungarn, Rumänen).

Im Vorderen Orient entstehen ab dem 17. Jh. durch das Wirken lat. Missionare unierte Gruppen von allen dort ansässigen orth. und prächalzedonensischen Kirchen. Das kath.-melkitische Patriarchat (1724) umfaßt alle Unierten der Patriarchate Antiochien, Alexandrien und Jerusalem. Weitere unierte Patriarchate haben die Maroniten, Syrer, Chaldäer, Kopten und Armenier. In Indien sind seit 1599 die Syrisch-Chaldäischen Thomaschristen unter päpstlicher Jurisdiktion, seit 1930 ein Teil der syrisch-orthodoxen Kirche (Malankaren). Die Gesamtzahl aller Unierten beträgt ca. 12 Mio.

U.K. wurden lange Zeit in Theologie, Spiritualität und Brauchtum bewußt nach röm.-kath. Vorbild geformt. Diese Mischform wird von den Orthodoxen abschätzig »Uniatentum« genannt. Heute werden U.K. auch von der röm.-kath. Kirche als falscher Weg angesehen.

Lit.: H.D.Döpmann: Die Orthodoxen Kirchen, 1991; F.Heiler: Die Ostkirchen, 1971; S.Lade: Die Ostkirche, 1950; W. de Vries: Die »nationalen« Kirchen des Ostens und das »Uniatenproblem«, in: Handbuch der Ostkirchenkunde, 1971.

G. Hohmann

Unio mystica

Die U.m. bezeichnet in der christl. Überlieferung die höchste Stufe des Gebetsweges. In der »geheimnisvollen Vereinigung« werden alle inneren Kräfte des Menschen von Gott erfüllt und Gemeinschaft und Erleuchtung als überwältigende Gabe Gottes erfahren. Einige begabte Beter (→Teresa v. Avila, Maria v.d. Menschwerdung, →Johannes vom Kreuz) wagen eine Beschreibung im Bewußtsein der Unzulänglichkeit menschlicher Sprache. U.m. bedeutet personale Begegnung im Gebet, auf geistiger Ebene. Befürchtungen einer Persönlichkeitsauflösung (Bild vom Einmünden des Stroms ins Meer) oder unerlaubter Erotik (geistliche Vermählung) übersehen und mißdeuten den Zusammenhang der Texte. Bei unterschiedlicher Abgrenzung der einzelnen Stufen des Gebetsweges ist allen die Grundeinteilung in die drei Etappen der Reinigung, →Erleuchtung und schließlich der Einung gemeinsam. Die Motive des Gebetsweges sind stärkere Hinwendung, bessere Sammlung, größere Ruhe, tiefere Demut. Immer bleibt U. m. Gnadengeschenk, wird nie dem Menschen verfügbar. Ekstatische Gotteserfahrungen bleiben im Vorfeld der U. m. zurück, erlebte U. m. garantiert nicht bleibende Gottesgemeinschaft. Die Demut als uneingeschränkte Voraussetzung der U. m. entnimmt sie der Gefahr der Selbstbemächtigung des Menschen.

In der Dogmatik der luth. Orthodoxie ist U. m. terminus technicus für den Versuch einer Verbindung der Rechtfertigungslehre mit dem bibl. Zeugnis der Einwohnung Christi. Das dogmat. Bemühen, auf dem Weg der Heilserfahrung die Distanz zwischen Christus und den Gläubigen nicht zu klein werden zu lassen, hat heute vor allem hist. Bedeutung.

Die U. m. hingegen, die im NT ausdrücklich angesprochen wird (Joh 15 mit dem Bild vom Weinstock, Joh 17 »vollkommen eins«, Gal 2,20 »Christus in mir«) wird in der geheimnisvoll-realen Gemeinschaft mit Christus im Abendmahl erfahren und gelebt.

Lit.: C. Albrecht: Psychologie des mystischen Bewußtseins, 1976; W. Elert: Morphologie des Luthertums I, 1931; Teresa v. Avila: Die Seelenburg, [6]1981.

G. Wolff

Union

U. setzt immer Trennung, →Schisma voraus. Immer wieder ist es innerhalb der Kirchengeschichte zu Entfremdungsprozessen und als Folge davon zu befristeten oder unbefristeten Kirchenspaltungen gekommen, z. B. 1054 zwischen der westl. und der östl. Kirche oder auf dem Konzil von →Trient theol. und auf dem Augsburger Reichstag 1555 pol. zu vollzogener Trennung zwischen Altgläubigen und »Protestanten« (Augsburger Konfessionsverwandten). Zu allen Zeiten haben die Kirchen sich um die Beseitigung des »Skandals der Trennung« bemüht im Sinn der in der ökumen. Bewegung geprägten Formel: »The unity we have (in Christus) and the union we seek (in der Kirche)«. Union meint mehr als Allianz (Vereinigung von Christen) und Ökumene (lockerer Verbund von Kirchen), sondern sie zielt ihrem Wesen nach auf Kirchenvereinigung mit Bekenntnis- und Gottesdiensteinheit. Dabei kann die Verwaltungsunion als formalste Form und die integrative U. als empirisch gelebte U. durchaus Vorstufe zur Konsensusunion mit voller Bekenntnis-, Kanzel- und Abendmahlsgemeinschaft sein. Der Weg dazu erwies sich – zumal seit der Konfessionalisierung der westl. Kirchen – seit dem 16. Jh. als sehr mühsam. Aufklärung als rel. Toleranz und →Pietismus (inklusiv der →Erweckungsbewegung im 19. Jh.) als Vorrang des gelebten Glaubens vor dem dogmatisch formulierten Glauben haben die U.sbewegung befördert und vor allem im Deutschland des 19. Jh.s zahlreiche Kirchenunionen kleiner und größerer Art zuwege gebracht. Die zwischen Landesherren und Kirchenleitung verabredete U.surkunde setzte die U. rechtlich in Gang und hat zumindest die Gottesdienst- und Abendmahlsgemeinschaft innerhalb einer Landeskirche hergestellt. Die Ökumen. Bewegung förderte den U.sgedanken nachdrücklich, der →Kirchenkampf zur Zeit des NS-Staates indirekt (→Barmer Theol. Erklärung). Nach 1945 sind zahlreiche neuere Kirchenunionen in der ganzen Welt entstanden. Seit den mittelalterlichen Unionsverhandlungen (bes. im 15. Jh.) und den →Religionsgesprächen im 16. Jh. ist es bes. in der →Leuenberger Konkordie (1972–1975) und den durch das Zweite →Vatikanum möglich gewordenen kath.-ökumen. Lehrgesprächen zu bedeutsamen Annäherungen und zum Abbau bzw. Neuverständnis kirchentrennender Lehrgegensätze gekommen.

Die Diskussion um das Verhältnis von U. und Bekenntnis wie um die Konsequenzen für die bekenntnisgegliederten Kirchen befindet sich in lebhaftem Gange und ist gegenwärtig noch offen.

Lit.: A. Adam: Nationalkirche und Volkskirche im deutschen Protestantismus, 1938; P. Brunner: Das Lutherische Bekenntnis in der Union, 1952; H. Brunotte: Das Zusammenleben der Konfessionen in der EKD, 1953; W.-D. Hauschild (Hg.): Das deutsche Luthertum und die Unionsproblematik im 19. Jahrhundert, 1991; H. Marsson: Die preußische Union, 1923; G. Ruhbach (Hg.): Kirchenunionen im 19. Jahrhundert (Dokumente), [3]1982; H. Sasse: Union und Bekenntnis, 1936; O. Söhngen: Hundert Jahre Ev. Oberkirchenrat der ApU, 1950; F. J. Stahl: Die lutherische Kirche und die Union, [2]1860.

G. Ruhbach

Union, Evangelische Kirche der

Die EKU führt ihren Namen seit 1953. Bezeichnet wird damit die nach den Kriegsereignissen ab 1945 notwendig gewordene Neubestimmung der preußischen (ab 1815) Landeskirche. Ihre traditionellen Kirchenprovinzen wurden seit 1864 und 1866, als nach den territorialen Zugewinnen Preußens neue Kirchen dazukamen, Altpreußische Union (ApU bis 1953) bezeichnet. Die Teilung Deutschlands und der Verlust der östlichen Gliedkirchen der ApU (Ostpreußen, Danzig-Westpreußen, Posen, die größten Teile Pommerns und Schlesiens u. a.) schufen in der Konzentration auf das Rheinland und Westfalen einerseits und Berlin-Brandenburg und die Kirchenprovinz Sachsen andererseits völlig neue Schwerpunkte. Die Gliedkirchen der EKU sind heute selbständige Kirchen; die Bekenntnisbestimmtheit liegt bei der Gemeinde; Lehrunterschiede gelten in der Anerkennung der →Barmer Theol. Erklärung nicht als kirchentrennend. Der luth. Vorwurf, die EKU habe »keine klare Bekenntnisgrundlage«, wurde immer bestritten und die EKU als »Kirche im eigentlichen Sinn« definiert und wie die VELKD im Zusammenhang der EKD auch organisiert. Neben den Gliedkirchen der EKU ist diese eine eigene Kirche innerhalb des Verbandes der EKD. Wie weit die EKU Verwaltungs- oder schon Bekenntnisunion ist, harrt noch weiterer Klärung. Die EKU hat eine eigene Gottesdienstordnung (→Agende).

Zur EKU gehören die ev. Kirchen im Rheinland, von Westfalen, Berlin-Brandenburg, die Kirchenprovinz Sachsen, die Pommersche Ev. Kirche, die Ev. Kirche der Schlesischen Oberlausitz (Görlitz). Die Ev. Kirche von →Anhalt hat sich 1960 der EKU angeschlossen; die Kirchenkanzlei der EKU hat ihren Sitz in Berlin; dort tagt auch einmal jährlich die Synode der EKU.

Lit.: J. Beckmann: Neuordnung von Altpreußischer Union, 1951; P. Brunner: Das Lutherische Bekenntnis in der Union, 1952; W. Elliger (Hg.): Die EKU, 1967; E. Foerster: Die Entstehung der preußischen Landeskirche, 2 Bde., 1905, 1907; J. F. Goeters, J. Rogge (Hg.): Die Geschichte der EKU, 3 Bde., I 1992, II 1994.

G. Ruhbach

Unionskirchen

U. sind fast durchweg Ergebnis und Frucht der →Ökumenischen Bewegung seit Beginn des 20. Jh.s. Geschätzt werden ca. 50 U., doch diese Zahl bleibt besser offen, da viele Unionen schon seit langem ausgehandelt werden und sich U. immer neu auch überraschend bilden. Die meisten U. sind Zusammenschlüsse von Kirchen des gleichen, z. B. des luth. Bekenntnisses, vor allem auf dem Missionsfeld. So haben z. B. in Tanzania seit langem amerik., norwegische, schwedische und dt. Lutheraner missioniert. Mit der polit. Selbständigkeit der Kolonie ergab sich entweder von selbst oder mittelfristig vorbereitet die Vereinigung verschiedener Missionskirchen zu einer einheimischen luth. Kirche. In der Regel sind hier die Unterschiede in Bekenntnis, Kultus undKirchenordnung geringfügig gewesen, so daß die Bildung einer U. kaum vor Probleme stellt. Meist finden sich solche U. in Afrika, Amerika und Asien. Es gibt jedoch auch U., in denen sich Kirchen unterschiedlichen, in der Regel allerdings verwandten Bekenntnisses zusammengeschlossen haben: Die United Church of Northern India (1924: Presbyterianer und Kongregationalisten), die United Church of Canada (1925: Methodisten, Presbyterianer, Kongregationalisten), die Church of Christ in Thailand (1934: Presbyterianer, Disciples of Christ, Baptisten), die Reformierte Kirche Frankreichs (1938: Reformierte, Methodisten, inzwischen auch Lutheraner); die Kirche in Japan (Kyodan, 1943: Baptisten, Kongregationalisten, Lutheraner, Methodisten, Presbyterianer u. a.); die United Church of Christ in the Philippines (1948: Presbyterianer und Kongregationalisten, Disciples, Methodisten); die Church of South India (1947: Anglikaner, Methodisten, Presbyterianer u. a.; Bindeglied ist das Bischofsamt); die United Church of Christ in den USA (1957: Presbyterianer und Kongregationalisten).

Interessant und zukunftsweisend ist vor allem das Modell der Union in Süd-Indien, in der sich durch die Teilnahme der Anglikaner Kirchen verschiedenen Bekenntnisses vereinigt haben: Im Gottesdienst dominieren die Anglikaner, in der Dogmatik die Liberalen, in der Kirchenverfassung, abgesehen vom Bischofsamt, die Presbyterianer. Ob sich dieses Modell auch für künftige Unionen langfristig bewährt,scheint allerdings eher fraglich. Über die →unierten Kirchen des Orients ist hier nicht zu berichten.

Lit.: J. Beckmann: »Die unierten Kirchen«, in: H. Lamparter (Hg.): Und ihr Netz zerriß, 1957; J. E. L. Newbigin: Von der Spaltung zur Einheit,1956; St. Neill: »Kirchliche Unionsbewegungen der Gegenwart«, in: KiZ 1957, 101ff; R. Rouse, St. Neill: Geschichte der Ökumenischen Bewegung, Bd. 2, 1958; J. W. Winterhager: Kirchenunionen des 20. Jahrhunderts, 1961.

G. Ruhbach

Unitarier →Antitrinitarier

Unität →Brüder-Unität

Universalienstreit

Universalien sind Allgemeinbegriffe: Gattung (z. B. Lebewesen) und Art (z. B. Mensch) im Unterschied zum konkreten Einzelwesen bzw. Einzelding (z. B. dieser bestimmte Mensch). Der (mittelalterliche) U. geht um die Frage, ob den Universalien Realität zukomme (und wenn ja, in welchem Sinne) oder nicht (und wie dann wahre Erkenntnis möglich sei) – wobei die platonische Tradition (die »Ideen« als das wahrhaft Wirkliche) zum Ja tendiert, die aristotelische (das konkrete Einzelding als das Wirkliche, von dem auch alle Erkenntnis ausgeht) zum Nein.

Beide Traditionen kommen im Vorfeld der mittelalterlichen Philosophie bzw. Theologie, bei →Boethius (gest. 524) zusammen, und er liefert mit seiner Erörterung der Frage (im Anschluß an den neuplatonischen Aristoteles-Erklärer Porphyrius, 3. Jh.) das Material für die Späteren. Boethius selber begründet, daß die Universalien weder Substanzen sind noch (bloße) Worte oder Gedanken, wohl aber »real« (*res*), wenn auch nicht körperlich. Die Fragen ruhen bis nach 1100. Da beginnt die Hauptphase des U., denn jetzt vertritt der Dialektiker Roscelin von Compiègne (gest. 1120/25) eine extrem »nominalistische« These: die Universalien seien bloße »Wörter« (*voces* – mit tritheistischen Konsequenzen in der Trinitätslehre), Wilhelm von Champeaux (gest. 1121) einen extremen »Realismus« (mit pantheistischen Konsequenzen). Dieser scharfe Gegensatz seiner beiden Lehrer hat →Abaelard (gest. 1142) zu neuen gründlichen Überlegungen in der Sache herausgefordert. Er bestreitet die Möglichkeit des Universalien-Realismus (weil, nach →Aristoteles, Dinge nicht von Dingen ausgesagt werden können), nennt sie darum zunächst, wie Roscelin, *voces*, »Wörter«, verwendet später aber den Begriff *sermo* – »Rede, Ausdruck« – und schreibt den Universalien eine (wahre) Bezeichnungsfunktion zu (*significatio*), d. h. sie haben eine Grundlage in den (wirklichen) Einzeldingen; der Begriff (*conceptus*) wird nicht willkürlich (und dann ohne Wahrheitsgehalt) gebildet, sondern durch Abstraktion aus den Einzeldingen (Konzeptualismus). Die Theologen der Hochscholastik vertreten eine mittlere Linie (»gemäßigter Realismus«), z. B. →Thomas von Aquin (gest. 1274): die Universalien sind »vor« den Dingen – als »Ideen« – im Geiste Gottes, »in« den Einzel-(!)Dingen, »nach« den Dingen im menschlichen Verstand). Im 14. Jh. begründet Wilhelm von →Ockham (gest. 1349/50) den spätmittelalterlichen Nominalismus: »Ockham hat jede Realität des Allgemeinen bestritten, aber den allgemeinen Ausdrücken der Sprache insofern eine Erkenntnisfunktion zugestanden, als diese allgemeinen Zeichen für etwas Individuelles stehen (Suppositionstheorie). Ockham nahm dem Allgemeinen jede konstitutive Bedeutung für die Realität ... Er thematisierte dadurch die individuelle Wirklichkeit in ihrer Individualität« (Flasch).

Lit.: Ph. Böhner, E. Gilson: Christliche Philosophie von ihren Anfängen bis Nikolaus von Cues, [2]1954, bes. 245–247 (Boethius), 340-350 (Abaelard), 612–615 (Ockham); K. Flasch: Mittelalter (Geschichte der Philosophie in Text und Darstellung, 2), 1982, bes. Nr. 8 (Abaelard) und Nr. 16 (Wilhelm von Ockham); J. Klein: Universalienstreit des MA, in: RGG[3] 6, 1962, 1151–1157.

B. Steinseifer

Universalismus

Dieser Begriff wird in der Theologie in einem doppelten Sinn verwandt – als absoluter und als eingeschränkter U.

1. Absoluter Universalismus

Das ist die Lehre von der »Wiederherstellung aller Dinge« (→Allversöhnung, Apokatastasis panton). Gemäß dieser Lehrmeinung werden schließlich und endlich alle Menschen errettet werden; manchmal sind sogar der Satan und seine Engel in diese Rettung mit einbezogen. Viele Christen und ebenfalls eine beachtliche Anzahl bedeutender Theologen konnten und können sich nicht vorstellen, daß Gottes allmächtige Liebe sich als unfähig erweisen sollte, alle zu retten, sowohl Gläubige wie Ungläubige. Dieser Gedanke wurde zuerst von dem frühkirchl. Theologen →Origenes vertreten. Er lehrte, daß alle Seelen eines Tages nach einem Prozeß der Reinigung geläutert zu Gott zurückkehren würden, Satan eingeschlossen. Seit Origenes haben immer wieder Menschen diese Lehrmeinung vertreten; einige griech. Kirchenväter, mittelalterl. Ketzer und Theologen und etliche Täufer. Die Reformatoren lehnten diese Lehre ab. Das Augsburger Bekenntnis (1530) sagt dazu: »Auch wird gelehrt, daß unser Herr Jesus Christus am jüngsten Tag kommen wird zu richten und alle Toten auferwecken, den Gläubigen und Auserwählten ewiges Leben und ewige Freude geben, die gottlosen Menschen aber und die Teufel in die Hölle und ewige Straf verdammen. Deshalben werden die Wiedertäufer verworfen, die lehren, daß die Teufel und verdammten Menschen nicht ewige Pein und Qual haben werden« (Art. 17). Einige Pietisten hatten ebenfalls universalistische

Ansichten (Ph.M. →Hahn, Fr.Chr. →Oetinger, J. M. →Hahn). →Bengel trat dafür ein, daß solch eine Lehre nicht öffentlich vertreten werden sollte. Im 19. Jh. findet sie sich wieder in der Theologie von Fr. →Schleiermacher, F. D. Maurice und Chr. →Blumhardt. Im 20. Jh. ist sie bes. weit verbreitet, da uns vielleicht zum ersten Mal in der Geschichte bewußt wird, daß der größte Teil der Menschheit nichts von dem Evangelium gehört hat.

Es gibt einen »versteckten« U. in vielen Predigten und im Denken vieler Menschen. Ein universalistisches Heilsverständnis ist heute vor allem in ökumen. Theologie weit verbreitet, so in der Studie »Kirche für andere« (1967) oder einer für den →Synkretismus hin offenen Theologie des →Dialogs mit anderen Religionen.

In der Theologie Karl →Barths findet sich eine gewisse »Offenheit« für einen Universalismus. In seiner Prädestinationslehre stellt Barth fest, daß der Sohn Gottes unsere Ablehnung auf sich nahm und somit diese Ablehnung nicht mehr Sache des Menschen sei. Dies scheint geradezu auf einen Universalismus hin zu führen. Jedoch hat Barth die Lehre von der Apokatastasis zurückgewiesen, weil sie der Souveränitat Gottes entgegensteht. Jedoch ist es nicht überraschend, daß viele Nachfolger Barths einen universalistischen Standpunkt einnehmen.

Die Lehre wird nur selten öffentlich vertreten, eher wird sie stillschweigend für glaubwürdig gehalten. Oftmals wird sie verbunden mit dem Gedanken an eine zweite Chance und einen Prozeß der Reinigung nach dem Tod. Zu Zeiten wird die Möglichkeit ewiger Verdammnis offen gelassen: Einige Menschen könnten für immer verloren gehen, wenn sie sich dazu entschieden haben; Gott zwingt keinem die Errettung auf gegen seinen Willen.

Obwohl die Vertreter dieser Sichtweise meist nicht leugnen, daß viele Stellen im NT klar von ewiger Verdammnis sprechen, fühlen sie sich nicht daran gebunden. Sie glauben, daß man diese Texte in einem kerygmatischen Zusammenhang sehen muß: Wer diese Worte hört, wird zu Buße und Umkehr gerufen, um gerettet zu werden. Die wirkliche Botschaft der Bibel findet sich in den Abschnitten (hauptsächlich in Briefen des Paulus) mit einem »universalen« Anklang, wie in Röm 5,12-21; 11,25.30-32; 1Kor 15,22.28; Eph 1,10; Phil 2,11; 1Tim 2,4; 4,10 und auch in 1Joh 2,2. Diese Art von U. wird auch von mehreren theol. Argumenten gestützt.

– Ewige Strafe steht im Gegensatz zu Gottes Güte, Liebe und Erbarmen und macht ihn zu einem Tyrannen.

– Sie widerspricht Gottes Gerechtigkeit, da die Strafe nicht in angemessener Weise der Tat entspricht.

– Sie ist unvorstellbar. Die gebräuchlichen Bilder der Bibel sind eben nur »Bilder« und widersprechen einander, wenn sie wörtlich verstanden werden.

– Welchen Sinn oder Wert hat eine solche ewige Verdammnis, wenn sie nur darauf zielt, Menschen ohne Ende zu strafen, ohne die Möglichkeit der Buße und Erlösung zu bieten?

– Wie kann dadurch Gottes Ehre vermehrt werden?

– Wenn in der Bibel er Begriff »ewig« gebraucht wird, ist nicht eine endlose Zeitspanne, sondern lediglich ein Zeitraum außerhalb unseres Vorstellungsvermögens gemeint.

– Die »universalen« Stellen der Bibel sprechen von »allen« Menschen, und wir sollten das ernstnehmen.

Auch wenn diese Argumente in mancher Hinsicht attraktiv erscheinen, fehlt ihnen doch die Überzeugungskraft. Nur schwerlich läßt sich leugnen, daß die Bibel offen von der Möglichkeit ewiger Verdammnis spricht. Es ist bes. auffallend, daß niemand in der Bibel öfter davon spricht als Jesus selbst.

Natürlich stehen seine Worte immer in einem kerygmatischen, warnenden und aufrüttelenden Zusammenhang, was jedoch nichts daran ändert, daß er eindeutig von der Möglichkeit und sogar der Tatsache ewigen Verlorenseins spricht.

»Ewig« bedeutet in der Hl. Schrift sehr wohl »ohne Ende andauernd«, da dieser Begriff ebenfalls auf Gott, Jesus Christus, den Heiligen Geist und das ewige Leben angewandt wird. Die ernstzunehmende, ethische Natur der Sünde wird offensichtlich in der Lehre des U. außerordentlich unterschätzt.

Sünde ist nicht ein Schicksal, dem der Mensch gegen seinen Willen unterworfen ist, sondern der Mensch selbst sündigt. Die Sünde wohnt in seinem Herzen, und er trägt die Verantwortung dafür.

Der Hinweis auf Gottes Liebe läßt anscheinend außer acht, daß niemand diese Liebe besser kannte als Jesus, sein eigener Sohn, und daß niemand eindeutiger und klarer von der Möglichkeit ewigen Verlorenseins sprach als er. An keiner Stelle der Bibel wird von einer zweiten Chance nach dem Tod gesprochen. Ewige Verdammnis ist keine Schöpfung Gottes, sondern ergibt sich aus der Ablehnung des Menschen, Liebe zu geben und anzunehmen. Was die Ewigkeit für die bereithält, die das Evangelium nie gehört haben, wissen wir nicht. Das müssen wir in Gottes Hand lassen, genau wie den Weg all der Kinder ungläubiger Eltern, die früh sterben.

2. Eingeschränkter Universalismus

Mit diesem Begriff bezeichnen wir die Lehre, daß Christus für alle Menschen gestorben ist. Auch wenn das nicht bedeutet, daß darum auch alle Menschen gerettet werden, läßt es doch die Möglichkeit dafür offen. Diese Lehre wurde und wird von vielen Kirchenvätern unterstützt, von Konzil von Trient, von zahlreichen Lutheranern, Methodisten, Baptisten etc. Die ref. Kirchen lehnen sie ab. Sie halten fest, daß Christus nur für die Auserwählten starb (vgl. die Kanones von Dordrecht, 1619), obwohl auch zugegeben wird, daß der Tod Jesu einen unendlichen Wert hat und deshalb für die Errettung aller Menschen ausreichen würde.

Lit.: K. Bockmühl: Was heißt heute Mission?, 1974; E. Brunner: Das Ewige als Zukunft und Gegenwart, 1953; H. Lamparter: Die Hoffnung der Christen, 1977; G. Müller: Apokatastasis ton panton, 1969.

K. Runia

Universität

Die seit etwa 1200 nachweisbare europ. U. stellt eine von allen übrigen Ländern der Welt übernommene Organisationsform gemeinsamen Forschens dar. Sie bietet in ihren verschiedenen Gliederungen dem Kosmos der Wissenschaften Entfaltungs- und Begegnungsraum und ist eine Art »weltumspannende geistige Ökumene« (R. Smend). Ihre Anfänge liegen einerseits in einem neuen, auf die einzelne Forscherpersönlichkeit bezogenen Erkenntniswillen, andererseits in der Ausgliederung der wissenschaftlichen Arbeit aus den Klöstern und Domschulen. So entwickelte sich die juristische Fakultät mit Schwerpunkt in Bologna (seit ca. 1150), die Theologie in Paris, Oxford und Cambridge (seit ca. 1200), und die Medizin gliederte sich an die beiden anderen »Fakultäten« (= Möglichkeiten) an. Über Jahrhunderte hin wurde der Wissenschaftsbetrieb in allen drei Fakultäten von Priestern betrieben; das änderte sich erst seit dem Aufkommen des →Humanismus und der →Renaissance, also seit dem 16. Jh. Die Professoren (Magister) wurden zunächst von den Orden gestellt, dann aber von den Universitätsgremien selbst – über den Landesherrn – berufen; die Studenten organisierten sich in Zünften und Landsmannschaften. Im Laufe der Zeit verselbständigten sich die Fakultäten voneinander, obwohl zur U. konstitutiv die Mehrzahl der Fakultäten gehört. Seit der Anfangszeit wurde über viele Jahrhunderte hin U. als *universitas magistrorum et studentium,* »Gesamtzahl der Lehrenden und Lernenden«, verstanden und gelebt, also von der gemeinsamen Forschungsarbeit her; diese Bestimmung veränderte sich im frühen 19. Jh. mit dem Aufkommen des neuen Hunanismus: U. wird zur *universitas litterarum,* »Gesamtheit der Wissenschaften«. Damit setzte sich der Wissenschaftsbegriff des deutschen Idealismus durch.

Die älteste deutsche U. wurde 1348 in Prag gegründet; es folgten Wien 1365, Heidelberg 1386 u.a. Seit dem 16. Jh. bemühten sich die geistlichen wie die weltlichen Fürsten darum, eine »Landesuniversität« zu besitzen, zum Teil auch »reichsunabhängige« Städte wie Basel (1460). Auf diese Weise kam es zu U.sgründungen auch in kleineren Städten, z.B. in Ingolstadt (1472), Dillingen (1554), Helmstedt (1576), Altorf (1580), Rinteln (1621) u.a. Keineswegs alle U.en hatten Bestand. Im 19. Jh. wurden Berlin (1809), Breslau (1811), Bonn (1818), München (1826) u.a. gegründet, im 20. Jh. zunächst Frankfurt (1914), Hamburg und Köln (1919), alle drei zunächst ohne theol. Fakultät, seit 1960 als Antwort auf die prognostizierte »Bildungskatastrophe« Bielefeld, Bochum, Bremen, Konstanz, Passau, Regensburg u.a. Außerdem kam es zur Neuerrichtung zahlreicher Gesamthochschulen und der Kath. Universität Eichstätt wie zur Graduierung vieler Päd. Akademien zu U.en, wobei die Situation in den einzelnen Bundesländern unterschiedlich ist.

Die Aufgliederung der U. in mehr als drei Fakultäten erfolgte seit dem 17. und 18 Jh., die Aufteilung in Natur- und Geisteswissenschaften trat im 19. Jh. dazu, wobei – bezeichnenderweise – die drei Grundfakultäten Theologie, Jurisprudenz und Medizin in dieses Raster nicht passen; im 20. Jh. kam die Umwandlung von Fakultäten in Fachbereiche z.T. erheblicher Zahl dazu. Körperschaftsrechtlich gesehen war die Universität über Jahrhunderte hin autonom; durch den regelmäßigen Wechsel im Rektorat und Dekanat haben sich die U.en als Keimzelle der Demokratie erwiesen. Reformen der U. in Theorie und Praxis gab es zu allen Zeiten, einschneidend war die ca. 1970 – im Zusammenhang mit der Studentenbewegung – einsetzende Reform, die vor allem der staatlichen Administration entgegenkam. Ob sich dadurch eine wirkliche Verbesserung in der Verwaltung, im Berufungsverfahren und für Forschung und Lehre ergeben hat, darf – bis zur Stunde jedenfalls – mit Fug bezweifelt werden.

Lit.: E. Anrich (Hg.), Die Idee der Deutschen Universität, 1956; C. H. Becker: Vom Wesen der deutschen Universität, 1925; H. Grundmann: Vom Ursprung der Universität im Mittelalter, [2]1960; K. Jaspers: Die Idee der Universität, 1946; L. Raiser: Die Universität im Staat, 1958; E. Spranger: Wandlungen im Wesen der Universität seit 100 Jahren, 1913.

G. Ruhbach

Universum →Welt; →Schöpfung

UNO

Am 25. 6. 1945 gründeten fünfzig im Krieg gegen die sog. Achsenmächte »Vereinte Nationen« in San Franzisko die UNO (United Nations Organization) in der Absicht, »künftige Geschlechter vor der Geißel des Krieges zu bewahren, den Glauben an die Grundrechte des Menschen, an Würde und Wert der menschlichen Persönlichkeit sowie den sozialen Fortschritt zu fördern« (Präambel der UN-Charta). Damit trat die UNO an die Stelle des Völkerbundes, der in ähnlicher Absicht nach dem Ersten Weltkrieg in Genf gegründet wurde, durch die unterschiedlichen polit. Interessen seiner Mitglieder aber funktionsunfähig wurde. Zudem hatten ihm wichtige Staaten gar nicht angehört (USA), andere waren ausgetreten (Deutschland, Japan, Italien) oder ausgeschlossen worden (Sowjetunion). Er löste sich am 18. 4. 1946 auf.

Mit der UNO wurde unter Berücksichtigung dieser Erfahrungen eine internationale Organisation geschaffen, der erstmals in der Geschichte fast alle Staaten angehören, mit zwei bemerkenswerten Ausnahmen: Vatikanstaat und Schweiz. Bei der UNO handelt es sich um eine Rechtsinstitution eigener Art mit eigenen Organen: Die Generalversammlung (je Staat eine Stimme), der ständig tagende Sicherheitsrat (fünf ständige Mitglieder, zehn nichtständige, von der Generalversammlung für zwei Jahre gewählte Mitglieder), der Generalsekretär mit dem Sekretariat. Dazu kommen diverse Sonderorganisationen, deren Arbeit von der UNO koordiniert wird. Dennoch kann die UNO nicht als »Weltregierung« bezeichnet werden, weil sie kein Recht und keine Möglichkeiten hat, in die inneren Angelegenheiten der Mitgliedsstaaten einzugreifen. Die Möglichkeit der Verhängung von Sanktionen gegen einen Mitgliedsstaat ist recht begrenzt, weil das dazu erforderliche einstimmige Votum des Weltsicherheitsrates durch das Veto einer der Großmächte (sprichwörtlich wurde das »Njet« der Sowjetunion) blockiert werden kann, sofern dadurch polit., militärische, wirtschaftliche Interessen der jeweiligen Großmacht oder ihrer Verbündeten tangiert sind. Zur Zeit des Ost-West-Konfliktes war das in allen wesentlichen Fragen der Fall. Hinzu kamen die vielfach ideologisch unvereinbaren Vorstellungen von der konkreten Verwirklichung der in der UN-Charta proklamierten allgemeinen Grundsätze wie »Gerechtigkeit«, »Menschenwürde«, »sozialer Fortschritt« usw. Nach der Beendigung des Ost-West-Konfliktes bestehen diese inneren, die UNO lähmenden Widersprüche im sog. Nord-Süd-Konflikt fort. Dabei spielen nicht nur die unterschiedlichen wirtschaftlich-ökologischen Interessen eine Rolle, sondern in wachsendem Maße nationale und rel. Motive, so z. B. auf der Weltbevölkerungskonferenz in Kairo im September 1994 mit deutlichen Widersprüchen islamischer und kath. Staaten gegen die Mißachtung elementarer Grundsätze der beiden großen Weltreligionen bei der Lösung der Probleme dieser Welt.

Lit.: B. Simma (Hg.): Die Charta der Vereinten Nationen, 1991; G. Unser: Die UNO – Aufgaben und Struktur der Vereinten Nationen, ²1977; A. Verdross, B. Simma: Universelles Völkerrecht, 1993.

K. Motschmann

Unsterblichkeit

U. kann auf viele Weisen verstanden werden. Im bedeutsamsten Sinn meint U. das nie endende, bewußte Leben eines vernunftbegabten individuellen Wesens, einer Person. Von Gott kann wesenhafte U. ausgesagt werden. Von besonderem Interesse ist die U. der menschlichen Person (Seele). Abgesehen von der allgemeinen Verbreitung des U.sglaubens (nach S. Freud ist im Unbewußten jeder Mensch von seiner U. überzeugt) gibt es phil. Argumente und rel. (vor allem den christl.) Glauben als Grund der Überzeugung von der persönl. U.

I. Philosophische Unsterblichkeits-Argumente wurden von →Platon an bis ins 20. Jh. entwickelt:

1. Ontologische Argumente:
a. Tod und Zerstörung überhaupt sind immer Auflösung eines aus Teilen bestehenden Ganzen. Leib und Seele können voneinander getrennt werden. Da jedoch die menschliche Seele eine einfache, nicht aus Teilen bestehende Substanz ist, ist sie unzerstörbar (→Platon, →Thomas von Aquin, →Descartes, →Leibnitz und andere). Dagegen kann man einwenden (etwa →Duns Scotus, Ganztodtheologie), daß es für eine einfache, aber geschaffene Substanz eine andere Art der Totalvernichtung geben könnte: ein Auslöschen des Seins und seine

Rückkehr zum Nichts. Außerdem werde in diesem Argument weder das Bewußtsein noch das Glück eines Lebens nach dem Tod begründet.

b. Ein weiteres ontologisches Argument Platons beruht auf einer metaphysischen Ähnlichkeit zwischen Seele und ewigen Ideen (Wesensformen). Wie beide unsinnlich, nicht durch Gesicht, Gehör, usw. wahrnehmbar seien, so müsse auch die Seele gleichermaßen ewig wie die unvergängliche Idee des Gerechten an sich usw. sein. Dagegen läßt sich sagen: Abstrakte Ideen sind wesensverschieden von lebendigen individuellen Personen; deshalb kann deren Zeitlosigkeit nicht einfach von Seelen behauptet werden.

c. Ein drittes metaphysisches Argument Platons gemahnt an den ontologischen Gottesbeweis und besagt: Wie jede Seele ihrem Wesen nach lebt, und es keine tote Seele gibt, so sei Leben unzertrennlich von der Seele und also müsse diese unsterblich sein. Dabei bleibt fraglich, ob diese Unzertrennlichkeit des Lebens von der Seele absolut ist, wie in Gott, oder nur konditional gilt: wenn es eine Seele gibt, muß sie leben. Wenn es jedoch nicht objektiv notwendig ist, daß sie überhaupt existiert und damit lebt, da sie kontingent und geschaffen ist, ist Platons Beweis in dieser Form hinfällig.

d. Das, was nicht von außen die Bewegung empfange, sondern Anfang und Quelle der Bewegung sei und sich selbst bestimme, die Seele und vor allem das Subjekt der rationalen freien Handlung, könne nicht von der Bewegung verlassen werden. Während dieses Argument bei Platon (Phaidros) göttlich-absolutes und weltlich-seelisches Leben ineinander verschwimmen läßt, tritt es bei P. Olivi in anderer Form auf:

e. Es widerspricht dem Wesen eines frei sich selbst bestimmenden und damit der Materie gegenüber mächtigen Seienden, im Tod denselben materiellen Mächten, über die es zeitlebens herrschte, zu unterliegen. Ganz ähnlich argumentieren Thomas v. Aquin und J. Pieper aus der Unabhängigkeit von der Materie in der Abstraktion und intellektuellen Wahrheitserkenntnis.

f. Wie Warmes und Kaltes entstehe und umgekehrt, so auch Totes aus Lebendigem, Leben aus dem Tod, weil alle Gegensätze aus ihren Gegensätzen hervorgingen (Platon). Dieses Argument behauptet neben U. die vorgeburtliche Existenz (Präexistenz der Seele).

Platon impliziert dabei auch:

g. Keine innerweltliche biologische oder geistige Ursache kann Seelen erzeugen. Daher müßten diese vor der Geburt schon leben und könnten und müßten auch nach dem Tod existieren, zumindest solange neue Menschen geboren werden. Dieses Argument berücksichtigt nicht die Möglichkeit der Schöpfung der Seele aus dem Nichts durch Gott.

h. Eine Erkenntnismetaphysik liegt Platons Argument zugrunde, daß vor allem die apriorische Erkenntnis notwendiger zeitloser Wesensformen, z. B. des pythagoräischen Lehrsatzes, aus der Erfahrung einer Welt wandelbarer Dinge unerklärbar sei. Daher müsse die Seele schon vor der Geburt existiert und die ewigen Formen geschaut haben. Deshalb bestehe Grund zur Annahme, daß sie auch nach dem Tod leben werde. Dieses Argument verliert seine Kraft, wenn wir anläßlich der Erfahrung des Wandelbaren in dieser mitgegebene notwendige Wesenssachverhalte einsehen können.

i. Ein negatives ontologisches Argument für U. (Platons Staat): Jedes Ding werde durch das ihm eigentümliche feindlichste Übel zerstört. Kein Übel aber sei der Seele feindlicher als die Ungerechtigkeit. Wenn diese aber die Seele nicht töten kann, die ein schlimmeres Übel für sie ist als Krankheit und Tod, könne nichts die Seele zerstören. Ähnlich Kierkegaard: »Sokrates bewies die Unsterblichkeit der Seele daraus, daß die Krankheit der Seele (die Sünde) sie nicht verzehrt, wie die Krankheit des Körpers den Körper verzehrt. So kann man auch das Ewige in einem Menschen daraus beweisen, daß die Verzweiflung sein Selbst nicht verzehren kann, daß eben dies die Qual des Widerspruchs in der Verzweiflung ist. Gäbe es nichts Ewiges in einem Menschen, dann könnte er überhaupt nicht verzweifeln« (Kierkegaard, Die Krankheit zum Tode).

2. Anthropologisch-metaphyische und moralische Argumente: Sie beruhen auf dem spezifisch personalen Wesen und Sinn personaler Existenz. Im Unterschied zu den rein ontologischen Argumenten erschließen sie das Bewußtsein und manche von ihnen den positiven Inhalt des Lebens nach dem Tod, ohne die U. sinnlos oder Ursache der Verzweiflung wäre. Diese Argumente haben die folgende logische Struktur:

1. X (Moral, etc.) besitzt nur letzten metaphysischen Sinn, wenn es bewußte (glückerfüllte) U. der menschlichen Person gibt;

2. X besitzt letzten metaphysischen Sinn. Dies setzt letztlich die Herrschaft des Sinnes und des Guten, und also Gottes, voraus, im Sinne von Dostojewski (s. unten).

3. (Konklusion) Also gibt es (glückerfüllte) bewußte U. der menschlichen Person.

j. Zwischen Seele und ewigen Ideen besteht eine Zuordnung und die Seele findet nur in dem Nahrung, worauf sie ihrer Natur nach hingeordnet ist:

in der Erkenntnis ewig gültiger Wesen und Wahrheiten. Auf Grund dieser metaphysischen Zuordnung, die den Menschen auf die ewige Kontemplation der Wahrheit und auf immer weiteres Erkenntnisstreben anlegt, besteht begründete Hoffnung auf U. Der Philosoph steht vor der Alternative: entweder entbehrt sein Leben letzter Sinnerfüllung, da sein Sinn nur in ewigem Leben erfüllt sein kann oder es gibt U. Der innere Wert der Wahrheitssuche aber beweist U., wenn neben der Prämisse, daß die Sinnerfüllung des Erkenntnislebens U. verlangt, auch die zweite Prämisse erwiesen werden kann: daß keine letzten absurden Sinnwidersprüche bestehen können.

k. Ein ähnliches Argument baut →Augustinus auf dem Glücksstreben auf: Jeder Mensch ersehnt Glück. Ein Glücklicher wird nie freiwillig und gerne der Beraubung des Glücks zustimmen. Also verlangt Glück U. (Nietzsche: »Weh spricht ›vergeh‹, doch alle Lust will Ewigkeit, will tiefe, tiefe Ewigkeit.«), etc.

l. Gabriel Marcel entwickelt ein weiteres Argument: »Jemanden lieben heißt ihm sagen: Du wirst nicht sterben.« Wenn aber die Liebe auf Einheit, auf unzerstörbare treue Gemeinschaft, auf das Glück des Du abzielt und deshalb nur erfüllt wird, wenn es U. gibt, dann stellt sich die Frage, ob das Edelste und Heiligste im menschlichen Leben, Liebe und Treue, lügen und wesenhaft etwas verheißen können, das es in Wirklichkeit nicht gibt. Die prophetische Stimme der Liebe, ihre innere Wahrheit läßt zwar angesichts des Todes Zweifel und die quälende Angst, aber nicht den Verrat zu, zu glauben, daß das ontologische Geheimnis des Seins der Liebe Illusionen verkünde. (Ganz ähnlich Wagners Tristan, II.) Wenn Gottes Existenz sicher erkannt ist, gewinnt dieses Argument Beweiskraft. Sonst ist es auf die Hoffnung auf Grund der prophetischen Stimme der Liebe und des Sinnes beschränkt.

m. →Anselm von Canterbury (Monologion, 68ff) gründet das Argument aus der Liebe auf die Gottesliebe. Die höchste Pflicht des Menschen ist es, das unendliche Gut über alles zu lieben und ein Wesen, das Gott frei lieben kann und soll, muß unsterblich sein. Denn die Erfüllung dieser Pflicht verdient Lohn und nicht Strafe. Der einzige Lohn, der für den Gott Liebenden Lohn statt Strafe ist, ist die ewige Anschauung und liebende Vereinigung mit dem höchsten Gut. Dessen Güte und Gerechtigkeit verlangen deshalb, daß er das Ihn liebende personale Wesen weder vernichtet noch durch etwas anderes belohnt als durch unzerstörbare Vereinigung mit Ihm. Wenn der Mensch aber frei das höchste Gut verwirft, verdient er nicht Vernichtung, sondern ewige Verdammnis. Auch S. Trofimowitsch in Dostojewskis Dämonen sagt ähnliches: »Ich muß schon deshalb unsterblich sein, weil Gott kein Unrecht tun wird und das einmal in meinem Herzen zu ihm entbrannte Feuer der Liebe nicht auslöschen wird. Und was ist kostbarer als Liebe? Die Liebe steht höher als das Dasein, die Liebe ist die Krone des Daseins, und wie ist es möglich, daß das Dasein ihr nicht unterworfen ist? ... Wenn Gott existiert, so bin ich unsterblich!«

n. Die Gerechtigkeit, die sich auf Erden nicht vollkommen verwirklichen läßt, verlangt zu ihrer Erfüllung ewigen Lohn oder ewige Strafe. Aber die Majestät des Sittlichen beweist die unbedingte Realität der Moral, deren ontologische Bedingung der Sinnerfüllung existieren muß. →Kant spricht von einem »Postulat der reinen praktischen Vernunft«, das subjektiven Charakter habe. Hätte er die Einsicht in das objektive Wesen der Gerechtigkeit an sich anerkannt, hätte er den letzten metaphysischen Wert dieses Arguments gesehen.

o. Das moralische Leben zielt auf einen Fortschritt in der Vollkommenheit (auf die völlige Angleichung des Willens an das moralische Gesetz und an die sittlich relevanten Werte und Güter und damit auf Heiligkeit, wie Kant sagt) ab. Kein endlicher Fortschritt im moralischen Leben kann diese Wesenstendenz erfüllen, sondern nur ewiges Leben. Also verlangt der Sinn des moralischen Lebens dieses. Wenn daher der Sinn triumphiert (Gott existiert), ist der Mensch unsterblich.

II. Unsterblichkeit und Glauben

Die Struktur der phil. U.sbeweise ist wenigstens in fünf Hinsichten ganz vom Glauben des Christen an das ewige Leben verschieden, obgleich →Luther und →Calvin, aber vor allem die gesamte kath. Tradition die Gültigkeit phil. Unsterblichkeitsbeweise – die allerdings von R. →Bultmann, P. Althaus und vielen anderen Theologen in verschiedenem Ausmaß bestritten werden – annahmen:

1. Der Christ glaubt nicht auf Grund abstrakter Argumente, sondern gründet seinen Glauben an das ewige Leben auf ein wunderbares hist. Ereignis, das die ersten Christen sahen und die es nicht sahen im Glauben festhalten: auf die →Auferstehung Jesu Christi, ohne deren Wirklichkeit, wie Paulus schreibt, unser Glaube leer wäre.

2. Der christl. Glaube an das ewige Leben beruht nicht auf rationalen Beweisen, sondern auf einem Akt personalen Glaubens an eine Person und ihr in Wort und Wunder bestätigtes Zeugnis für die

Wahrheit: »Du allein hast Worte des ewigen Lebens.«

3. Der Akt des Glaubens ist auf ewiges Heil, das alle rein phil. Hoffnung unendlich übersteigt, gerichtet. Dieses Gut ist ein freies Geschenk Gottes, weshalb es phil. unbeweisbar ist: Frucht des Leidens und Sterbens und der Liebe Gottes, der die Welt so sehr geliebt hat, daß er seinen einzigen Sohn zum Tod am Kreuz sandte, um die Welt zu retten.

4. Der Christ glaubt, daß das ewige Leben nicht aus eigenem Verdienst (auch wenn der Katholik an der Notwendigkeit freier Mitwirkung des Menschen festhält), sondern aus der Gnade Gottes entspringt, der uns ziehen muß, damit wir zum Glauben und Heil gelangen.

5. Der Christ glaubt, auch wenn es eine vom Leib getrennte Seele (die *anima separata*) nach dem Tode gibt, nicht an die bloße U. der Seele, sondern auch an die leibliche Auferstehung. Diese ist von bloßer U. der Seele ganz verschieden und läßt sich nicht auf diese reduzieren, selbst wenn man P. Althaus (Ganztodtheologie) nicht zustimmt, der Auferstehungsglauben gegen U. ausspielt und meint, der Christ müsse die totale Vernichtung des Menschen im Tod und seine Neuschöpfung annehmen. Eine solche Neuschöpfung derselben identischen Person (und ihr Gerichtetwerden für die Sünden einer vorher vernichteten Person) ist aber in sich unmöglich und würde die Identität der irdischen und auferstandenen Person unmöglich machen. Der Glaube an die leibliche Auferstehung ist daher kein Gegensatz, sondern vielmehr eine Erfüllung der phil. U.sbeweise, die den Charakter einer »Propädeutik des Heils« haben, wie der mexikanische Philosoph A. Basave sie in seiner Metaphysik des Todes interpretiert.

Lit.: P. Althaus: Die letzten Dinge, 1933, [9]1964; A. Basave: Metafisica de la muerte, 1973; H. Cremer: Jenseits des Grabes, [9]1987; D. v. Hildebrand: »Die Unsterblichkeit der Seele«, in: ders.: Die Menschheit am Scheideweg, 1955; S. V. Rovighi: L'Immortalià dell'anima nei maestri francescani del secolo XIII, 1936; M. Scheler: Tod und Fortleben, [3]1986; J. Seifert: Das Leib-Seele-Problem und die gegenwärtige philosophische Diskussion, [2]1989; R. Troisfontaines S. J.: De l'Existence à l'Etre. La Philosophie de Gabriel Marcel, 1953.

J. Seifert

Unterlassungssünden →Sünde (Erbsünde)

Unterscheidung der Geister →Geister, Unterscheidung der

Unterweissach, Bibelschule →Bahnauer Bruderschaft

Unterweisung →Katechetik, Katechese; →Religionsunterricht

Upanishaden →Hinduismus

Urchristentum

U. als Begriff ist eine Verlegenheitslösung. Man meint damit zum einen die Christenheit einer bestimmten kirchengeschichtlichen Epoche in ihrer Gesamtheit, zum zweiten – davon abgeleitet – eben diese Zeitepoche selbst, wobei der Begriff seit Anfang des 20. Jh.s als Ersatz für die früher verwendete Bezeichnung »apostolisches Zeitalter« (nach Euseb, h.e. III 31,6) eingetreten ist. Beide Bedeutungen sind im praktischen Gebrauch ineinander verschlungen. Es ist die Zeit und der Bereich, in dem die bleibenden Grundlagen des Christentums Gestalt gewannen.

1. Urchristentum als Zeitepoche

a. Abgrenzungen

Die Zeit des U.s wird in der Forschung unterschiedlich abgegrenzt (z.B. K.D. Schmidt: ca. 30 bis 64; L. Goppelt: nach Ostern bis vor den sog. »Apostolischen Vätern«; C. Andresen und andere vermeiden den Begriff). Wir werden nicht fehl gehen, wenn wir diese Epoche theol. bereits mit der Entstehung des Bekenntnisses zum auferstandenen Jesus an Ostern beginnen lassen. Der Endpunkt läßt sich schwerer bestimmen. Drei Faktoren sollten berücksichtigt werden: Erstens war die urchristl. Epoche bestimmt durch das Vorhandensein der zuverlässigen Jesuszeugen und für das ganze U. maßgeblichen Leiter, allen voran der Apostel, deren Verlust umgekehrt das Aufhören des U.s mit markiert. Ihre Generation begann um das Jahr 43/44 mit der Hinrichtung des Zebedaiden Jakobus auszusterben. Schmerzhafte Verluste stellten in den 60er Jahren die Ermordung des gleichnamigen Herrenbruders in Jerusalem, des Petrus und Paulus in Rom dar. Vermutlich erst in den späten 90er Jahren starb der Zebedaide Johannes in Ephesus. Hand in Hand damit ging zweitens der Verlust der kreativen Produktion von Schriften, die als verbindliche Tradition angesehen wurden und deshalb später großenteils in den ntl. Kanon eingingen. Endpunkt waren hier vermutlich die johanneischen Schriften. Drittens wird das Ende des U.s durch den Verlust des gemeinsamen geographischen Zentrums Jerusalem fixiert, mit dem gleichzeitig die zuverlässige Jesustradition verknüpft war. Mehr und mehr hatten sich schon in den 40er und 50er Jahren in Kleinasien, Griechenland und Italien Nebenzentren zu Jerusalem gebildet. Daß Paulus die heilige Stadt trotzdem bis in die späten 50er Jahre immer wieder aufsuchte und die dortige Gemeinde durch die von ihm vorangetriebene und überbrachte Kollekte unterstützte, zeigt zur Genüge den hohen Stellenwert Jerusalems für das U. Mit der Flucht der Gemeinde nach Pella (66 n.Chr.) und erst recht mit der Zerstörung der Stadt (70 n.Ch.) ging deren Führungsrolle auf andere Städte über (Antiochia, Ephesus, Korinth, Rom, später auch Alexandria). Das Judenchristentum widerstand der Versuchung, sich kurz vor Ausbruch des jüd. Aufstandes im Jahre 66 auf dem Umweg über die nationale Frage wieder dem Judentum eingliedern zu lassen. Wir haben es also mit einem sukzessiven Ende der urchristl. Epoche zu tun. Ihre letzten Ausläufer waren der Apostel Johannes und seine Schriften in den 90er Jahren. Die »Apostolischen Väter« des späten 1. und frühen 2. Jh.s blicken bereits auf die grund-legende Epoche des U.s zurück. Sie verstehen sich als Schüler der maßgebenden Apostel und definieren damit von sich aus die Grenzlinie.

b. Entwicklungen

– Am Anfang des apostol. Zeitalters stand eine relativ kleine Gruppe von palästin. Judenchristen, die durch die Begegnung mit dem auferstandenen Jesus von dessen Messianität überzeugt worden waren. An seinem Ende spielte das Judenchristentum fast keine Rolle mehr, war teilweise in die Häresie abgeglitten und hatte einer Vielzahl von vorwiegend heidenchristl. geprägten Gemeinden in der ganzen hell. Welt Platz gemacht. Daß damit noch kein grundsätzlicher Bruch innerhalb des U.s gegeben ist, belegen zwei Fakten: Einmal gehörten schon zum engeren und engsten Kreis um Jesus hell., d.h. von Hause aus griech. sprechende Diasporajuden (z.B. sind Andreas und Philippus echt griech. Namen!) und kam Jesus selbst aus einer Umgebung, die täglich sich abgrenzend oder anpassend mit dem Hellenismus in Berührung kam. Zum andern aber empfingen die hell. Gemeinden ihre grundlegenden Bekenntnisse und Theologumena von der palästin. Urgemeinde und bewahrten sie – ins Griech. übertragen – ohne wesentliche Veränderungen ihres Zentrums. Der Wurzelboden der Theologie des Paulus, ihres ausgeprägtesten Vertreters, ist nicht der hell. Synkretismus, sondern das AT.

– Innerhalb dieser Einheit gab es freilich Entwicklungsstufen, die Lukas in seiner Apg sehr klar herausgearbeitet hat: Von der Keimzelle der Auferstehungszeugen in Jerusalem breitet sich das Evangelium in den frühen 30er Jahren zunächst in der Stadt (Apg 2-5) aus, erreicht zuerst die Juden aus der Diaspora (Apg 6f), dann die als halbheidnisch angesehenen Samaritaner (Apg 8,5-25), dann die wirklichen Heiden (Apg 8,26ff; 10; 13ff). Deren Öffnung für den Glauben mußte aufgrund der Gegebenheiten im Frühjudentum zwangsläufig zu einer Kontroverse führen, bei der es im Kern um die Frage ging, ob den Heiden durch Christus der direkte Zugang zu Gott eröffnet sei oder ob sie ihn nur auf dem »Umweg« über die Zuhörigkeit zum atl. Bundesvolk unter Akzeptierung der damit verbundenen Konsequenzen (Beschneidung, Gesetzesgehorsam) beschreiten könnten. Eine vorläufige Klärung des Problems, das sich durch die Mission des Paulus zuspitzte, fand Anfang der 40er Jahre in Jerusalem in kleinem Kreis statt (Gal 2,1-10, vgl. Apg 11,30). Der Versuch extremer Judenchristen, diese Vereinbarung später in ihrem Sinne nachzubessern, schlug fehl, denn die eingeschlagene Richtung wurde grundsätzlich auf dem sog. »Apostelkonzil« im Jahre 48 offiziell akzeptiert, bestätigt und verkündet (Apg 15). Mit dem sog. »Apostel-dekret« (Apg 15,23b-29) wurde sowohl das Existenzrecht der heidenchristl. Gemeinden, als auch deren Verbundenheit mit den Judenchristen geregelt. Lukas hat gewiß recht, wenn er die eigentliche Expansion des Heidenchristentums innerhalb des U.s durch Paulus erst nach dem »Apostelkonzil« darstellt. Mit seinen Missionsreisen (46/47; 49-52; 52-56) nach Kleinasien, Makedonien und Griechenland und mit Hilfe einer auf Flächendeckung ausgerichteten Missionsstrategie gelang es Paulus, innerhalb nur eines Jahrzehnts ein Netzwerk von Gemeinden zu knüpfen. Die in seinem Auftrag von einem Sekretär (Lukas ?) verfaßten »Pastoralbriefe« geben ein Spiegelbild regionaler Zustände Mitte der 60er Jahre. Sie sind das letzte uns erhaltene Zeugnis des Paulus.

– Parallel zur Ausdehnung der christl. Gemeinden verläuft im U. auch die Geschichte zunehmender Widerstände, die von bloß spöttischer Ablehnung (Apg 2,13; 17,32) über lokale behördliche Restriktionen (Apg 4,21; 5,40) bis hin zu einzelnen

Martyrien (Apg 7,54–60; 12,2), regionalen (Apg 12,1; Hebr für die frühen 60er Jahre) und umfassenden →Christenverfolgungen (Nero 64-68 n.Chr.; Domitian 95/96 n.Chr.; Quellen: die »Sendschreiben« der Offb) gingen. Auch der Bruch des Judentums mit dem U. auf der Synode von Jamnia, falls es sie gegeben hat, Anfang der 90er Jahre und die dazu parallel sich verfestigende Eigenexistenz des Christentums als Religion fällt in diese Zeit.

2. Urchristentum als Sammelbegriff

a. Der Begriff U. bezeichnet aber auch eine soziologische Gegebenheit, nämlich die frühe Christenheit der o.g. Periode insgesamt. Soziologisch betrachtet kann man zwei Gruppen unterschiedlicher Größe unterscheiden, nämlich die aus Judenchristen und die mehrheitlich aus Heidenchristen bestehenden Gemeinden. Der kritische Schnittpunkt zwischen beiden war die Mahlgemeinschaft (Gal 2,12), die zu ermöglichen das Ziel des »Aposteldekrets« war.

b. Hinsichtlich der Leitung der frühen judenchristl. Gemeinden in Jerusalem und Judäa waren die Entscheidungen längst gefallen: Die elf verbliebenen Jesusjünger und Auferstehungszeugen übernahmen diese Aufgabe (Apg 6,2 u.ö.). Aus ihrem Kreis erwiesen sich bald Petrus und Johannes (Apg 3,1; 8,14) sowie seit den frühen 40er Jahren zusätzlich der Herrenbruder Jakobus (Apg 15,13; Gal 1,19; 2) als Wortführer nach außen und innen. Neben ihnen fungierten aber auch »Älteste« (Apg 11,30; 15,22f). Daneben wurden einzelne Funktionen von anderen »Amtsträgern« wahrgenommen (z.B. von Armenpflegern, Apg 6). Es lag auch für die heidenchristl. Gemeinden nahe, sich im Blick auf ihren Gottesdienst, ihre Gemeindestrukturen u.a. zunächst am jüd. Vorbild zu orientieren, was in der Frühzeit auch problemlos geschah. Im Unterschied zu den judenchristl. Gemeinden gab es hier allerdings keine unumstrittene Gesamtleitung. Zwar war Paulus als Vorkämpfer der Heidenmission in vielen Gemeinden angesehen, aber daneben fanden auch andere (Apollos, Aquila und Priska u.a.) Gehör. In den Lokalgemeinden standen meist die Erstbekehrten in hohem Ansehen, aber auch hier gab es »Älteste« und mit der Zeit andere Ämter (z.B. Diakone, Phil 1,1).

c. Über die soziologische Zusammensetzung des U.s wissen wir relativ wenig. Im Judenchristentum waren es Menschen verschiedenster Schichten, die durch die gemeinsame Messiaserwartung bei Jesus zusammentrafen. Später trugen sie den Ehrentitel »die Armen« (Röm 15,26; Gal 2,10), was nicht nur, aber auch soziale Verhältnisse widerspiegelt. Die von Paulus begründeten Gemeinden kristallisierten sich meist um einen aus der Synagoge stammenden Kern. Die Verhältnisse in Korinth spiegeln eher ein breites Spektrum wider.

d. Im Blick auf die Theologie gab es im Juden- wie im Heidenchristentum eine Bandbreite, wie bes. die Auseinandersetzung zwischen Judaisten und Anhängern der Heidenmission zeigt. Immerhin fand im U. die schriftliche Fixierung der Jesustradition statt, aber auch deren theol. Durchdringung und Klärung. Erstere schlug sich in den Evv. nieder, letztere hat sich in den Briefen des NT erhalten. Aber nicht alle Christen hielten an dieser Richtung fest, denn auch von außen wirkten Strömungen der Geistesgeschichte auf manche frühen Christen überaus attraktiv, wobei die Bedeutung der sog. »Gnosis« in der Frühzeit nach wie vor umstritten und deshalb eher vorsichtig einzuschätzen ist (Quellen: Eph, Kol, Pastoralbriefe?). Auch auf ethischem Gebiet gab es Abweichungen (etwa die sog. »Nikolaiten«, Offb 2,6.15; vgl. Apg 6,5).

Insgesamt sehen wir im U. eine Größe, die man nicht idealisieren oder gar repristinieren sollte, deren bleibende Bedeutung für uns aber vor allem in den Schriften des NT besteht.

Lit.: K.Beyschlag: Grundriß der Dogmengeschichte I, 1982; H.Conzelmann: Geschichte des Urchristentums, [5]1983; L.Goppelt: »Urchristentum«, EKL[2] Bd.3; ders.: »Die apostolische und nachapostolische Zeit«, in: Die Kirche in ihrer Geschichte, Lieferung A, [2]1966.

H.-W. Neudorfer

Urgemeinde

→Urchristentum

Urheberglaube

N. →Söderblom trat der These vom »Urmonotheismus« der Wiener Völkerkundlichen Schule entgegen aufgrund der Beobachtung, daß der mythische Urheber der Lebenswelt in vielen Völkern keine Bedeutung im Kult hat. Im Weltbild der meisten Kulturen hat alles Bedeutsame der Lebenswelt einen Urheber; aber das kann auch der Kulturbringer-Heroe sein, auf den die für das Leben wichtigen Pflanzen, Tiere, Fertigkeiten und Gebote zurückgehen. Urhebergestalten helfen die Welt zu erklären; aber nicht immer sind sie auch diejenigen Gestalten oder Mächte, die in der Gegenwart das Leben bestimmen. So ist Gott nach der Vorstellung des →Deismus (Uhrmachergleichnis) ein Urheber, aber ohne aktuelle Bedeutung.

Lit.: P. Schebesta: »Das Problem des Urmonotheismus. Kritik einer Kritik«, in: Anthropos 1954; P. W. Schmidt: Der Ursprung der Gottesidee, 12 Bde., 1926–1955; N. Söderblom: Das Werden des Gottesglaubens, ²1929.

N.-P. Moritzen

Urlsperger, Johann August (1728–1806)

Sohn des Samuel U., geb. am 25. 11. 1729 in Augsburg, gest. am 1. 12. 1806 in Hamburg, ev. Theologe. Nach dem Studium in Tübingen und Halle promovierte er 1754 in Halle zum Dr. theol. und war ab 1757 auf Pfarrstellen in Augsburg tätig. Die 1772 übernommene Senioratsstelle legte er 1776 krankheitshalber nieder, um sich ganz seiner apologetischen Berufung zu widmen. U. wurde durch sein Bemühen, die überlieferte christl. Theologie in der Zeit des →Deismus und →Rationalismus neu zu begründen (Trinitätsdogma), zu einem wichtigen Bindeglied zwischen dem älteren →Pietismus und der →Erweckungsbewegung. Ab 1777 warb U. durch Korrespondenz und Reisen um die Gründung einer apologetischen Gesellschaft und gab damit den Anstoß zur Gründung der dt. →Christentumsgesellschaft in Basel, die sich allerdings ab 1786 stärker der praktischen Förderung des Christentums zuwandte (Deutsche Gesellschaft zur Beförderung christlicher Wahrheit und Gottseligkeit).

Lit.: H. Anstein: »August Urlsperger«, RE³ XX, 1908, 336–342. H. Weigelt: Johann August Urlsperger und die Anfänge der Christentumsgesellschaft, PuN, 1982, 52–68.

J. O. Rüttgardt

Urlsperger, Samuel (1685–1772)

U., geb. am 31. 8. 1685 in Kirchheim u. Teck, gest. am 20. 4. 1772 in Augsburg, ev. Theologe. Nach dem Studium in Tübingen ermöglichte ein großes Reisestipendium U. längere Aufenthalte u. a. in Halle (A. H. →Francke) und in London (Prediger an der dt. Savoykirche). 1713 Pfarrer in Stetten, wurde U. 1714 als Hofprediger und Konsistorialrat nach Stuttgart gerufen. Sein Protest gegen die Herrschaft der herzoglichen Mätresse v. Grävenitz führte zur Amtsenthebung. 1720 Pfarrer in Herrenberg, wirkte U. ab 1722 als Senior und Pfarrer an St. Ulrich in Augsburg, das durch seine Arbeit zu einem Zentrum des Pietismus in Süddeutschland wurde. Besonders erwähnenswert sind U.s Einsatz für prot. Emigranten (Ansiedlung von Salzburgern in Ebenezer, Georgia; Auseinandersetzung mit den Herrnhutern), für prot. Diasporagemeinden wie für die Heidenmission.

Lit.: ADB, 39, 361–364; B. Koch: »S. Urlsperger«; RE³ 1908, 342-346.

J. O. Rüttgardt

Ursache →Kausalität

Ursinus, Zacharias (1534–1583)

U. (eigentlich Beer), ref. Theologe, geb. am 18. 7. 1534 in Breslau, gest. am 6. 3. 1583 in Neustadt an der Hardt. 1550–1557 studiert er in Wittenberg Theologie und versteht sich als Anhänger →Melanchthons. Auf einer ausgedehnten Studienreise 1557/58 (Straßburg – Basel – Genf – Paris – Zürich) lernt er die ref. Theologie kennen (→Calvin; →Zwingli durch dessen Nachfolger →Bullinger) und entwickelt sich in Richtung dieser Theologie (Sakramentsverständnis, Prädestinationslehre, Kirchenzucht). Er kehrt zwar 1558 als Lehrer nach Breslau zurück, seine »Theses« von 1559 offenbaren ihn jedoch als »Calvinisten« (z.B. bei der Realpräsenz Christi im Abendmahl: »Filius Dei adest credentibus«, der Sohn Gottes ist ›nur‹ für die Glaubenden anwesend), so daß er 1560 »freiwillig« Breslau verläßt. Nach kurzem Aufenthalt in Zürich geht er 1561 nach Heidelberg, wird Dr. theol. und Prof. der Dogmatik (Nachfolger →Olevians). Er ist der Wegbereiter (»Catechesis maior« und »Catechesis minor«, 1562) und Hauptverfasser des →Heidelberger Katechismus von 1563, zu dem er später eine Erklärung verfaßt und dessen Lehre er in Religionsgesprächen verteidigt. 1574 heiratet er Margaretha Trautwein. Nach dem Tode Kurfürst Friedrichs III. 1576 wird er, wie alle ref. Theologen, in Heidelberg seiner Ämter enthoben und geht 1578 nach Neustadt als Lehrer am Casimirianum (Hohe Schule; Zufluchtsstätte der Pfälzer Reformierten). Seine letzten Jahre dort sind von Enttäuschung und mancherlei Krankheiten geprägt.

Quellen: Alte Ausgabe: D. Zachariae Ursini ... Opera Theologica, (hg. von Q. Reuter), 3 Bde., 1612; Die Katechismen in: A. Lang: Der Heidelberger Katechismus und vier verwandte Katechismen, 1907 (= ND 1967).

Lit.: E. K. Sturm: Der junge Zacharias Ursinus. Sein Weg vom Philippismus zum Calvinismus (1534–1562), 1972 (Lit.); K. Sudhoff: Caspar Olevianus und Zacharias Ursinus, 1857.

B. Steinseifer

Urstand

Die traditionelle Theologie unterscheidet – wie etwa die altprot. →Orthodoxie – fünf Stände des Menschen: (1) Der *status integritatis* (»Stand der Unversehrtheit«), in dem sich der Mensch vor dem Fall befand und der in der Urgerechtigkeit des Menschen, die er durch den Fall verloren hat, besteht (→Sünde). Es folgt (2) der *status corruptionis* (»Stand der Verderbnis« durch den Fall), (3) der *status gratiae* (»Stand der Gnade«), (4) der *status gloriae* (»Stand der Herrlichkeit«) und (5) der *status damnationis* (»Stand der Verdammnis«) – so Quenstedt (Theol. did. pol. 31696 II, S.1). Es war ein Grundanliegen der Reformation, daß alleine Christus dem Menschen die durch den Fall verlorene »Urgerechtigkeit« (*iustitia originalis*) zurückgeben und seinen paradiesischen U. wiederherstellen kann. Sie richtet sich dabei gegen semipelagianische Tendenzen des spätscholatischen Skotismus (→Duns Scotus), der – wie etwa G. →Biel – vom Menschen nach dem Fall behauptete, »er kann aus seinen natürlichen Anlagen die Tat hervorlocken, Gott über alles zu lieben, auch wenn ihm die Gnade nicht eingegossen wurde« (Biel, In sent. lib. II dist. 28). Die »Apologie der Augsburgischen Konfession« fragt in Art. 4 zu Recht: »Aus eigenen Kräften Gott über alles lieben können, ... was ist das anderes, als die Urgerechtigkeit haben. ... Wozu wird die Gnade Christi nötig sein, wenn wir aus eigener Gerechtigkeit (*propria iustitia*) gerecht werden können?« (85). Sie betont demgegenüber: Unsere Gerechtigkeit besteht in der Anrechnung der fremden Gerechtigkeit (*aliena iustitia*) Christi (162). Die fremde oder geschenkte Gerechtigkeit Christi zählt alleine, nicht die eigene Gerechtigkeit des Menschen (→Rechtfertigung). In der Spätscholastik konnte ja auch bestritten werden, daß Christus »die einzige Verdienstursache« des Heils sei (G. Biel, In sent. lib. III dist. 19). Auch das Konzil von Trient betont in Sessio 5 (1546), daß nur »durch das Verdienst des einzigen Mittlers« »Jesus Christus« die durch Adams Fall verlorene »Heiligkeit« und »Gerechtigkeit« des Menschen wiederhergestellt wird, die er in seinem U. hatte (D 1511–1513).

Der Sinn der Lehre vom U. besteht darin, daß der Mensch durch die Erlösung wieder der werden soll, der er in der Schöpfung war: Gott gerecht und mit Gott eins, denn die Erlösung ist die Wiederherstellung der Schöpfung (*anakephalaiosis*). Die Lehre vom U. hat außerdem den Sinn, aufzuweisen, daß Gott schon gehandelt hat, bevor der Mensch handeln konnte, daß Gottes Tun dem menschlichen Tun ewig voraus ist. Das gilt ebenso für sein Erlösungshandeln. Der Mensch kann sich nicht selbst befreien vom Bösen (Erbsünde).

Diese Botschaft, daß der Mensch nie aus eigener Kraft das Paradies einer gerechten Gesellschaft schaffen kann, ist heute so aktuell wie noch nie (Zusammenbruch des Kommunismus!).

Lit.: G. Ebeling: Dogmatik des christlichen Glaubens, I 1979, 337ff; H. G. Pöhlmann: Abriß der Dogmatik, [5]1990; Unser Glaube. Die Bekenntnisschriften der ev.-luth. Kirche, [3]1991; 174ff.

H.-G. Pöhlmann

Utilitarismus

U. = Nützlichkeitstheorie (lat. *utilis,* »nützlich«) ist neben Einstellungs- und naturrechtlichen Theorien ein Haupttypus ethischer Argumentation. Ansätze finden sich bereits bei →Aristoteles, doch im engeren Sinn ist er erst von Jeremy Bentham (1748–1832) entwickelt worden und hat in der angelsächsischen ethischen Tradition besondere Bedeutung gewonnen. U. zieht bei der ethischen Argumentation speziell die Folgen einer Tat in Betracht; aber während der ethische Egoist nur diejenigen Folgen beachtet, die ihn selbst angehen, will der U. die Folgen berücksichtigen, die alle fühlenden Wesen betreffen.

Die deutschen Wertethiker N. Hartmann (1882–1950) und M. →Scheler (1874–1928) haben dem U. Wertnihilismus und Hedonismus vorgeworfen, denn es seien gerade die flachsten sinnlichen Gefühle, die in den utilitaristischen Entscheidungen zur Geltung kämen. Um Einwänden zu entgegnen, ist der herkömmliche U., der die Frage nach den unmittelbar nützlichsten Folgen einer Handlung stellt (Akt-U.) in Richtung eines Regel-U. erweitert worden. Letzterer berücksichtigt, daß menschliche Handlungen in einen institutionellen Rahmen eingeordnet sind, weshalb sich die Überlegungen auf die mittelbar nützlichsten Folgen einer Handlung richten müssen. Damit ist das Problem aber nur verschoben. Das auch für den Akt-U. gültige Universalisierungsprinzip wird im Regel-U. noch einmal auszuweiten versucht.

Auf die Theologie hat der U. in Form der sogenannten →Situationsethik seit Mitte der 60er Jahre großen Einfluß gewonnen (J.A.T. →Robinson; J. Fletcher). Als oberstes Prinzip der Ethik gilt die Liebe. Allein Handlungen im Sinne des Liebesprinzips sind gut; und sie sind immer gut. Andere Normen, wie sie etwa im Dekalog vorliegen, werden abgelehnt oder auf das Liebesprinzip reduziert.

Der U. ist von kaum zu überschätzender Bedeutung für das ethische Denken der Neuzeit und die aktuelle ethische Diskussion geworden. Er findet deshalb so viel Zustimmung, weil er ausschließlich rational zu argumentieren vorgibt, also auf Transzendenz verzichtet, und die Menschen auf ihr Wohlbefinden und ihr Glück anspricht. Des weiteren beruft er sich auf die Vorteile des Universalisierungsprinzips. Die seit den 80er Jahren wieder verstärkt auftretende Befürwortung der Euthanasie z.B. bedient sich utilitaristischer Argumente (vgl. Peter Singer).

Grundsätzlich gilt, daß es sich beim U. um einen einseitigen ethischen Ansatz handelt. Sowohl Nützlichkeits- wie Einstellungs- und Naturtheorien schließen je ein Wahrheitsmoment ein, dürfen jedoch nicht verabsolutiert werden; sie benötigen den Ausgleich und die Ergänzung von den anderen ethischen Gesichtspunkten her. Theol. gilt, daß in der Auslegung des Gebotes Gottes Aspekte der drei Ansätze gemeinsam zur Geltung kommen müssen, und daß kein einzelner aus sich heraus die Gültigkeit ethischer Aussagen begründen kann. Die Gefahr der Verabsolutierung eines Ansatzes, hier des U., zeigt sich deutlich in der Euthanasie-Diskussion. Außerdem ist dem Wort von M. Horkheimer zuzustimmen: »Alles, was mit Moral zusammenhängt, geht logisch letzten Endes auf Theologie, jedenfalls nicht auf säkulare Gründe zurück.«

Lit.: O. Höffe (Hg.): Einführung in die utilitaristische Ethik, 1975; A. Holmes: Wege zum ethischen Urteil, 1987, 38-45; R. Mayer: Ethik lehren. Grundlegung, Hermeneutik, Didaktik, 1982; P. Singer: Praktische Ethik, 1984.

R. Mayer

Utopie

1. U. heißt »Kein Ort, Nirgendwoland«. Als Begriff zuerst von Th. Morus in seiner Schrift Utopia (1516) verwandt, ist U. eine die gesellschaftl. Wirklichkeit übersteigende Vorstellung von einer »besseren Welt«, einer gerechteren Gesellschaftsordnung (Mannheim); sie ist »eine Antizipation des durch das Handeln zu verwirklichenden Zustands« (Picht) bzw. der »Traum von der ›wahren‹ und gerechten Lebensordnung« (Horkheimer), eine Hoffnungsvorstellung. In ihr drückt sich ein Grundzug menschlichen Denkens aus, er wirkt in rel., phil. oder künstlerischen Vorstellungen nach (Bloch). Andere Philosophen lehnen U.n als unrealistisch ab. U. ist der Versuch des Menschen, die Zukunft zu durchdenken und sie danach zu gestalten. Sie ist von einem unchristl. Menschenbild bestimmt, wenn sie nicht mit der Sünde des Menschen rechnet.

2. Nach →Plato (Der Staat) trifft man utopische Gedanken in der jüd. Apokalyptik an. Im MA haben Vorstellungen des →Joachim von Fiore (gest. 1202) von einem zu erwartenden Zeitalter des Hl. Geistes gewirkt, die z.T. im Franziskanerorden als »ewiges Evangelium«, als Verheißung einer Zeitenwende angesehen wurden, doch im Wissen darum: Gott handelt in Gericht und Gnade. J. V. →Andreae entwirft in seiner »Christianopolis« eine U., deren Ideen noch in den Reformbemühungen des →Pietismus nachwirken. Aber bereits mit der Utopia des Th. →Morus wird die U. radikal säkularisiert: Der menschlichen Vernunft wird die Erneuerung der Gesellschaft zugetraut, so »daß die Menschen selbst prinzipiell in der Lage sind, die Gesellschaft zu gestalten, in der sie ein ›gutes Leben‹ führen können« (Saage): der Mensch wird den »Göttern gleich« (Wells). Die U.n sind von der Forderung nach dem Vorrang der Gesellschaft vor dem Individuum bestimmt. Man glaubt zwar, auf den Staat verzichten zu können, doch wird alles von einem »vormundschaftlichen Staat« (Henrich) geregelt. Die U.n sind Gesellschaftsmodelle vom totalen Staat, an dessen Spitze immer eine Elite steht. Berühmte U.n haben u.a. Campanella, F. Bacon, Winstanley entworfen. Sie arbeiteten dem Sozialismus vor.

3. →Marx hat die U.n, speziell einen utopischen →Sozialismus, wie er nach der Franz. Revolution von 1789 von →Saint-Simon, Fourier, →Owen, Weitling, Proudhon entworfen wurde, als »phantastische Schilderungen einer zukünftigen Gesellschaft« verspottet, weil sie »ihr Ziel auf friedlichem Wege erreichen« wollten. Er und →Engels setzten dagegen den »Wissenschaftlichen Sozialismus«, durch den die U. Wirklichkeit werden soll; sie sehen im Proletariat die Klasse, die die klassenlose Gesellschaft heraufführt. Zur Verwirklichung dieser U. war der Einsatz aller Mittel recht (Diktatur des Proletariats), millionenfach wurden Menschen geopfert. Selten sonst sind Menschen physisch und psychisch so erniedrigt worden. Die Verwirklichung einer sozialistischen U. ist gescheitert. Dem trauern Sozialisten (auch manche Theologen) heute nach und erhoffen noch immer einen verbesserten, menschlichen Sozialismus. Selbst Marxisten wollen – in Umkehrung von Marx – zu einem utopischen Sozialismus zurückkehren.

4. U.n sind zumeist Versuche des von Gott emanzipierten Menschen, die Zukunft nach seinen Vor-

stellungen zu gestalten. Sie gehen davon aus, der Mensch als »Schöpfer Mensch« sei von Natur aus gut, und die Welt sei durch ihn machbar, er könne die »schöne neue Welt« (A. Huxley), das »Paradies auf Erden« schaffen. So haben auch zahlreiche Christen dies verstanden (Sektenbewegungen, Th. →Müntzer). Diesem optimistischen Menschenbild steht das bibl.-christl. diametral entgegen. Keine U. kann sich auf die Bibel berufen. Der von Gott abgefallene Mensch kann sein Heil nicht schaffen. Die Bibel erwartet die Umgestaltung der Welt, die Neuschöpfung, die »herrliche Freiheit der Kinder Gottes« von Gott. Von ihm erwartet der Christ »den neuen Himmel und die neue Erde, in welcher Gerechtigkeit wohnt« (Röm 8,21; 2Petr 3,13; Offb 2,1). Darum kann der Christ sich in Glaubensgewißheit der Welt zuwenden und sie im Wissen um ihre Unvollkommenheit gestalten, in ihr Verantwortung übernehmen (vgl. →Zwei-Reiche-Lehre). Das Evangelium ist keine U. und »bringt nicht neue Gesetze im Weltregiment« (Apologie des Augsburger Bekentnisses, XVI,3). Christl. Glaube, in Christi Tod und Auferstehung begründet, ist Hoffnung, aber keine U.; er ist nicht auf ein »Paradies auf Erden«, sondern auf Gottes Reich ausgerichtet. »Wer U. als Reich Gottes ausgibt, versündigt sich gegen Gott« (Friedrich).

Lit.: Europäische Enzyklopädie zu Philosophie und Wissenschaften, hg. von H.J. Sandkühler, 1990, Bd. 4, 678–685; G. Friedrich: Utopie und Reich Gottes, o.J.; K.-H. Kandler: Utopie und Sozialismus in theologischer Sicht, KuD 38, (1992), 82-104; R. Saage: Politische Utopien der Neuzeit, 1991.

K.-H. Kandler

Utraquisten →Hussiten

Utrechter Union →Altkatholiken

Valentinus →Gnosis/Gnostizismus

Valla, Lorenzo (1407–1457)

V., geb. in Rom, lehrte nach Studien in Rom 1429–1433 Rhetorik an der Universität Pavia, 1437 wurde er Sekretär des Königs Alfons von Aragon, der gerade das Königreich Neapel eroberte. 1448 bis zu seinem Tod war er päpstlicher Sekretär und Professor in Rom.

V.s Werk enthält Briefe, hist. (Geschichte des Königs Ferdinand II. von Aragon, Übersetzungen von Herodot und Thukydides) und polemische (Brief gegen den Juristen Bartolus), vor allem aber phil. Schriften. Im Dialog »Über die Lust« bzw. »Über das wahre Gute« (1431-32), gibt er Epikur den Vorzug vor der Stoa. Im Dialog »Über den freien Willen« (zwischen 1435 und 1443) hält er sich in der Frage um Prädestination und Willensfreiheit bewußt zurück. Der wohl wichtigste phil. Beitrag sind die »Dialecticae disputationes« (1439), in denen er die Grundlage aller Philosophie wiederherzustellen verspricht und die modernen Aristoteliker kritisiert. Berühmt wurde sein Traktat »Über die konstantinische Schenkung« (1440), deren Unechtheit er erkannte und mit den Mitteln der philologischen Kritik nachwies. Ca. 1519 ließ ihn Hutten in Deutschland drucken; dann griff ihn die reformat. Polemik gegen das Papsttum auf. V.s einflußreichstes Werk aber waren die »Elegantiae linguae latinae« (1444), die bis ca. 1800 als Lehrbuch der lat. Stilistik verwendet wurden.

Lit.: P. O. Kristeller: Acht Philosophen der italienischen Renaissance, 1986, 16-31 mit 143f; J. Leuschner: »Valla«, RGG³ VI, 1962, 1227f.

H. Scheible

Vandalen →Germanen, Christianisierung der

Vandsburger Werk →Deutscher Gemeinschafts-Diakonieverband

Vater/Mutter

Vaterschaft und Mutterschaft sind Ordnungen Gottes, die er als der Schöpfer und Erhalter für die Lebenswelt des Menschen gegeben hat. V. und M. sind Werkzeuge Gottes bei der Entstehung des Menschen und Gottes Beauftragte, die den Menschen ins Leben einführen. Hierbei ist die M. meist die bergende, pflegende, bewahrende, was sich schon in Worten wie M.sprache, M.schoß und M.liebe ausdrückt. Der V. ist mehr der lenkende, fordernde, der den Menschen ins Leben und seine Aufgaben einführt. Die M. ist Burg in der Welt, der V. Tor zur Welt. Doch diese Rollen sind nicht streng voneinander abzugrenzen, sondern können sich auch ergänzen, durchdringen und gelegentlich vertreten.

Im Elterngebot des →Dekalogs (2Mo 20,12; 5Mo 5,16) sowie den →Haustafeln des NT (Eph 6,1-4; Kol 3,20f) wird das Miteinander von Eltern und Kindern im Sinne der göttlichen Lebensordnung aufgezeigt. Ehren bedeutet hierbei, daß den Eltern die ihnen von Gott zugeteilte Stellung zuerkannt wird. In der Erziehung sind sie Beauftragte Gottes. Allerdings meint der Kindesgehorsam keine blinde Unterwürfigkeit, sondern verträgt sich durchaus mit einer Erziehung zur Mündigkeit. Das wird bes. daran erkennbar, daß Gottesgehorsam immer vor Menschengehorsam geht und Elterngehorsam nie die Nachfolge Jesu behindern sollte (Apg 4,19; Mt 10,37).

Kinder stehen auch nicht nur als zum Dank verpflichtete Glieder in einer langen Kette von Vätern, Müttern und Vorfahren im natürlichen, kulturellen und rel. Sinne, denen sie ein großes Erbe zu verdanken und das sie zu nutzen haben. Sie stehen mit ihnen auch im Zusammenhang der sündigen Menschheit, die von Schuld, Vergänglichkeit, Tod und Auflehnung gegen Gott geprägt ist (Ps 51,7;

Jer 2,5; Lk 6,23; Apg 7,51f; Eph 6,4a; Kol 3,21; 1Petr 1,18). Daraus entsteht die vielfache Versündigung der Kinder an den Eltern, von der das AT oft und ernst redet (2Mo 21,15; 5Mo 27,16; Spr 19,26; 20,20; 23,22). So wird die Verheißung im letzten Vers des AT verständlich (Mal 3,24), die in der durch Jesus Christus gewirkten Erlösung ihre Erfüllung finden sollte. Wo diese ergriffen wird, kann es zu wahrer V.schaft, M.schaft und Kindschaft unter Menschen kommen – sowohl im natürlichen Sinne in Familien und Völkern wie im geistl. Sinne in der Gemeinde Jesu (1Kor 4,14-21; Gal 3,19; Phlm 10; 1Thess 2,7). Damit steht die christl. Gemeinde heute zugleich vor einer großen Herausforderung. Der Zweite Weltkrieg und seine Folgen sowie die starken gesellschaftl. Veränderungen danach haben weithin ein verändertes Verständnis der V.- und M.rolle mit sich gebracht, was sich bes. im →Feminismus und in der →Feministischen Theologie zeigt. Die Gemeinde Jesu darf ihre Aufgabe hier nicht in erster Linie in Abgrenzung und Kritik sehen, sondern sollte auf dem Hintergrund des befreienden Evangeliums Modelle evangeliumsgemäßer V.schaft und M.schaft vorleben. Dabei geht es nicht darum, ein konservatives oder progressives Rollenverständnis zu befürworten, sondern von einem evangeliumsgemäßen Schriftverständnis her ein zeitgemäßes Rollenverständnis zu entwickeln.

Lit.: K. Brandt: »Mutter«, in: GBL 2, 1988, 1007–1009; A. Köberle: Heilung und Hilfe, 1985, 223-224; E. Kollmar: »Väter«, in: GBL 3, 1989, 1625; H. Tellenbach (Hg.): Das Vaterbild im Abendland, 1978; P. Zimmerling: Aufbruch zu den Vätern, 1994.

K. H. Bormuth

Vaterunser

Das »Gebet des Herrn« (lat. *Oratio Dominica*) wird zu Recht nach den Eingangsworten »Vaterunser« genannt. Denn mit dieser Anrede und den ihr folgenden Bitten hat Jesus seine Jünger dazu ermächtigt, mit kindlichem Vertrauen zu beten und dabei die Sache Gottes zur eigenen zu machen.

a. Das V. ist im NT in zwei Formen überliefert: einer kürzeren mit fünf Bitten (Lk 11,2-4) und einer längeren mit sieben Bitten (Mt 6,9-13). Die letztere, im Wortlaut ursprünglichere, hat sich schon früh in der Kirche durchgesetzt; das zeigt das V. in der um 120 n.Chr. entstandenen »Lehre der Zwölf Apostel« (Did 8,2f). Aus der dort gegebenen Weisung, das V. dreimal täglich zu beten, geht hervor, daß es in den christl. Gemeinden als Entsprechung zum jüd. Achtzehn-Bitten-Gebet angesehen wurde. Dieses ist jedoch beträchtlich umfangreicher als das V., ferner vor allem auf Israel bezogen und nicht so konsequent auf das Reich Gottes konzentriert.

b. Im Blick auf die Bibel Jesu kann man im Loblied Ps 103 und in der Bußliturgie Jes 63 das Vertrauen auf die väterliche Güte Gottes und ähnliche Anliegen wie im V. finden. Die Vorordnung der Sache Gottes und die Hintanstellung des eigenen Ich findet sich ähnlich auch im Dekalog (2Mo 20; 5Mo 5) und im Doppelgebot der Liebe (Mk 12,28-34 par): Jesus lehrt in der ersten bis dritten Bitte (»Dein«), das Wohl der Welt dem Wollen Gottes und seiner Zukunftsoffenbarung anzuvertrauen, die eigene Sorge, Schuld und Angst in der Gemeinschaft der Glaubenden vor den himmlischen Vater als ewigen und allmächtigen König zu bringen (vgl. die Doxologie).

Lit.: O. Betz: Das Vaterunser, 1979; W. Grimm: Die Motive Jesu. Das Vaterunser kommentiert, 1992; E. Lohmeyer, Das Vater-Unser, 1946.

O. Betz

Vatikan →Kirchenstaat

Vatikanisches Konzil →Vatikanum I und II

Vatikanum I und II

Mit »Vatikanum I und II« bezeichnet man die zwei letzten röm.-kath. Konzilien, die beide im Vatikan stattfanden.

1. Das Erste Vatikanische Konzil stellt den Höhepunkt des Aufschwungs im röm. Katholizismus nach 1815 dar: der Jesuitenorden, 1773 aufgehoben, wurde 1815 wieder erneuert und stellte sich an die Spitze der kath. Reformen; der Sieg über Napoleon und die »Heilige Allianz« versuchten die Restauration der Verhältnisse in Europa vor 1789, und die in allen europ. Ländern sich zu Wort meldende ultramontane Bewegung stärkte die Autorität des Papsttums in der Öffentlichkeit. Schon 1849 schrieb Kardinal Lambruschini an Pius IX., er möge ein Konzil einberufen und die Irrtümer in Glaubensfragen verurteilen lassen.

1854 wurde – gleichsam als Versuchsballon auf die Reaktion der Öffentlichkeit – die »→Unbefleckte Empfängnis Marias« dogmatisiert, 1864 wurde der →Syllabus (Verzeichnis) von 80 Irrtümern in Fragen der Religion, der Kultur, der Wissenschaft, der Wirtschaft u.a. erlassen. Zwei Tage davor gab Pius IX. seine Konzilsabsicht bekannt, und am 26. 6. 1868 berief er das Konzil auf den 8.12.1869 nach Rom ein. Belastet wurden die Vorbereitungen dadurch, daß in die Kommissionen vorwiegend Vertreter der ultramontanen Richtung berufen und einige kath.-theol. Fakultäten völlig übergangen wurden. Außerdem wurde in die Öffentlichkeit lanciert, daß »die Katholiken mit besonderer Freude die Definition der Lehre von der Unfehlbarkeit des Papsttums entgegennehmen« würden. Schon im Vorfeld sprachen sich viele Bischöfe dagegen aus, die »Unfehlbarkeit« überhaupt auf die Tagesordnung zu setzen – aus grundsätzlichen Bedenken gegen ein solches Dogma und aus Zweckmäßigkeitsgründen im Blick auf die Reaktion der Öffentlichkeit.

Das Konzil begann am 8. 12. 1869 und endete am 20. 10. 1870 – wegen des deutsch-französischen Krieges und des Zusammenbruchs des Kirchenstaates am 20. 9. 1870. Der Konzilsverlauf war vielen äußeren und inneren Schwierigkeiten ausgesetzt. Vier Themenkreise sollten behandelt werden: Glaubensfragen, Ordnungsfragen, Ordensangelegenheiten und Fragen der orientalischen Riten. Aber nur zwei Entscheidungen aus dem ersten Themenbereich (Glaubensfragen) wurden verabschiedet, nämlich über den »katholischen Glauben« und über »die Kirche Christi«. Die Konstitution über den kath. Glauben behandelt die innerkatholische Auseinandersetzung mit I. →Kant, dem deutschen Idealismus und dem romantischen (→Romantik) Geschichtsverständnis: Gott könne mit der natürlichen Vernunft aus der Schöpfung ebenso erkannt werden wie aus seiner Offenbarung im alten und neuen Bund. Die Konstitution über die Kirche beschränkt sich auf Behandlung und Entscheidung des päpstlichen Universalepiskopats: Spricht der Papst *ex cathedra,* »von seinem Lehrstuhl aus«, so ist seine Entscheidung in Fragen des Glaubens und der Sitte unfehlbar und auch durch ein Konzil nicht abzuändern. Eine Vorabstimmung am 13. 7. 1870 ergab nur eine Zweidrittelmehrheit, nach Abreise der Minorität wurde das Dogma jedoch mit 553 gegen 2 Stimmen angenommen.

Im ersten V. hat sich die ultramontane Richtung des Katholizismus durchgesetzt. Die →altkatholische Kirche spaltete sich ab, und die Öffentlichkeit beurteilte den Machtzuwachs des Papsttums skeptisch bis überaus kritisch. Eine fruchtbare Auseinandersetzung kath. Theologie mit dem Denken der Zeit wurde erschwert oder unmöglich gemacht. Der jedem Kleriker 1910 abgenommene →Antimodernisteneid verhinderte das Gespräch mit der neueren Wissenschaft.

Lit.: R. Aubert: Vatikanum I, 1965 (mit Quellen); G. Denzler (Hg.): Pius IX: Päpstliche Unfehlbarkeit und 1. Vatikanisches Konzil, in: Päpste und Papsttum 12,2, 1977; J. Friedrich: Geschichte des Vatikanischen Konzils, 3 Bde., 1877–1887; J. Hennesey: The First vat. Council, 1963; F. van der Horst: Das Schema über die Kirche auf dem 1. Vatikanischen Konzil, 1963; H. Pottmeyer: Der Glaube vor dem Anspruch der Wissenschaft, 1968.

2. Kaum jemand hätte vermutet, daß es nach der Unfehlbarkeitserklärung des Papstes 1870 noch ein weiteres Konzil geben würde. Daß es doch dazu kam, ist vor allem Papst Johannes XXIII. zu verdanken, der das Konzil am 25. 1. 1959 ankündigte und zum 11. 10. 1962 einberief. Zehn Kommissionen und drei Sekretariate übernahmen die Vorbereitung. Das Konzil selbst hatte vier Sitzungsperioden von jeweils etwa zweieinhalb Monaten; es begann im Herbst 1962 und endete im Herbst 1965 (seit 1963 unter der Leitung Pauls VI.). Anwesend waren jeweils ca. 2000 Kardinäle, Bischöfe und Ordensobere, je zu einem Drittel aus Europa, Amerika und der übrigen Welt. Außerdem waren (ohne Rede- und Stimmrecht) »Periti« (Fachberater) aus kath. Fakultäten und zahlreiche kath. Laien eingeladen, auch ca. 100 Vertreter aus nichtkath. Kirchen.

Das Konzil verlief, hervorragend vorbereitet, in großer Ruhe, auch bei kontroverser Diskussion, und endete schließlich mit einmütig getragenen Ergebnissen. Kein anderes Konzil in der langen Geschichte hat so fruchtbar gearbeitet wie das zweite V. 16 Texte wurden veröffentlicht, inhaltlich abgestuft nach Konstitutionen, Dekreten und Erklärungen: vier Konstitutionen: über die Liturgie, die Kirche, die Offenbarung, die Kirche in der Welt von heute; neun Dekrete: über die sozialen Kommunikationsmittel, die katholischen Ostkirchen, den Ökumenismus, das Bischofsamt, die Priesterausbildung, das Ordensleben, das Laienapostolat, das Priestertum und die Mission; drei Erklärungen: über die christliche Erziehung, die nichtchristlichen Religionen und die Religionsfreiheit. Drei zentrale Themen ziehen sich durch sämtliche Texte hindurch:

1: Die Kirche wird vornehmlich als das wandernde Gottesvolk mit heilsgeschichtlichen Vorstellungen aus der Heiligen Schrift beschrieben. Sie hat ihr Zentrum im eucharistischen Gottesdienst, in dem die Gegenwart Christi als Erinnerung an seinen Tod und seine Auferstehung, als Verkündigung seiner Gegenwart und Wiederkunft wie seiner weltumfassenden Liebe als Zeichen der Einheit des ganzen Leibes Christi dargestellt wird. Die Heilige Schrift – in ihrer muttersprachlichen Übersetzung – und die kirchl. Tradition, durch das Lehramt vermittelt, bewahren den überlieferten Glauben. In all ihren Gliederungen, besonders bei den Laien- und Ordensangehörigen, wird die Kirche zum Apostolat an der Welt berufen und verpflichtet. Selbst wenn die im Papsttum gipfelnde hierarchische Struktur der Kirche beibehalten wird, ist eine gewisse Öffnung erreicht worden.

2) Im zweiten V. hat die kath. Kirche ihre Mitschuld an der Kirchenspaltung bekannt, die Wiederversöhnung zwischen Rom und Konstantinopel vollzogen und sich der ökumenischen Bewegung geöffnet durch Anerkennung der nichtkath. Kirchen als »kirchenähnliche Gemeinschaften«. Dem Einheitssekretariat unter Kardinal A. Bea kam für diese Öffnung große Bedeutung zu; seit 1965 hat die kath. Kirche in nahezu allen ökumen. Gremien produktiv mitgearbeitet und von sich aus bilaterale Gespräche mit zahlreichen Kirchen geführt.

3) Im zweiten V. hat sich der Katholizismus gegenüber den nichtchristlichen Religionen dialogbereit gezeigt und ist für Religionsfreiheit eingetreten. Er hat sich aber auch dem Dialog mit der modernen Welt nicht länger entzogen.

Alles in allem, durch dieses Konzil hat sich im ganzen Christentum viel verändert. Einerseits ist der Reichtum des Glaubens in seinen verschiedenen Formen deutlich geworden, andererseits hat der Pluralismus der Neuzeit Einzug auch in die kath. Kirche gehalten. Das zweite V. hat wenig entschieden, keine neuen Dogmen promulgiert, keine Verurteilungen ausgesprochen, sondern Fragen gestellt und offen gelassen, Richtungen gewiesen, ohne sich festzulegen, und das Gespräch mit anderen Kirchen und Religionen wie mit der säkularen Welt in Gang gebracht. Dadurch ist ein unerwarteter Aufbruch, allerdings auch eine »Autoritätskrise bisher nie gekannten Ausmaßes« eingetreten. Viele von den Reformatoren angemahnten Reformen (Predigt im Gottesdienst, Berücksichtigung der Autorität der Heiligen Schrift u.a.) hat das zweite V. aufgenommen und dadurch das Gespräch mit den reformat. Kirchen erleichtert. Auch durch Beeinträchtigungen und Stagnationen des Dialoges können die erreichten Verständigungen kaum mehr rückgängig gemacht werden. Der weitere gemeinsame Weg ist allerdings noch nicht absehbar.

Lit.: A. Brandenburg: Evangelische Christenheit vor dem Konzil, 1961; J.Ch. Hampe: Das Ende der Gegenreformation, 1964; ders.: Die Autorität der Freiheit, 3 Bde., 1967; H. Küng: Konzil und Wiedervereinigung, [7]1963; K. Rahner, H. Vorgrimler: Kleines Konzilskompendium, [13]1979 (Quellen); O. B. Roegele: Was erwarten wir vom Konzil?, 1961; E. Schlink: Nach dem Konzil, 1967.

G. Ruhbach

Veda →Hinduismus

Verantwortlichkeit

Daß der Mensch sich vor Gott verantworten muß, daß der Mensch Verantwortung übernehmen muß und verantwortlich ist, ist ein Uranliegen christl. Glaubens, das die →Reformation wiederentdeckt hat. Man denke an Luthers Bekenntnis auf dem Wormser Reichstag 1521, wo er sich gegen Papst und Konzilien auf sein Gewissen beruft »Mein Gewissen ist gefangen in Gottes Wort«. In der *fides specialis* der Reformation, in seinem »unverwechselbar eigenen Glauben« ist der einzelne herausgerufen aus jedem Kollektiv, niemand kann ihm die Verantwortung abnehmen, weder Kirche noch Papst, noch der Mehrheitskonsens der Zeit, er ist selbst verantwortlich (»Protestantisches Prinzip«).

Diese Verantwortung des Menschen vor dem »inneren Gerichtshof« des Gewissens hat später vor allem I. →Kant betont in seiner Pflicht- und Gesinnungsethik. Max Weber hat gegen eine gesinnungslose Technokratie, aber auch gegen eine weltfremde Gesinnungsethik eine Verantwortungsethik vertreten, die ethische Werte und Ziele in die Sachstrukturen und Sachzwänge der Welt hineinvermitteln will. Hans Jonas setzt das postmarxistische »Prinzip Verantwortung« gegen das marxistisch-utopische »Prinzip Hoffnung« (Ernst Bloch). Wir sollen nicht mehr mit Kant sagen: »Du kannst, denn du sollst«, sondern: »Du sollst ... denn du kannst«. Das Wertevakuum, das der Zusammenbruch des realen Marxismus hinterließ, aber auch der postmoderne Beliebigkeitspluralismus, der zeitlos gültige Werte ablehnt (P. K. Feyerabend, O. Marquard, P. Singer), macht das »Protestantische Prinzip« der Eigenverantwortlichkeit heute neu aktuell: Ich bin unmittelbar zu Gott, niemand kann sich zwischen mich und Gott schieben, weder Papst noch Kirche, noch die Gesellschaft oder eine gesellschaftl. Mehrheitsmeinung. Ich lebe in eigener Verantwortung, die mir niemand abnehmen kann. Der moderne Unschuldswahn (»Schuld sind immer die anderen.«) wie der Konsumismus (»Gut ist, was Spaß macht.«) sind besonders fragwürdige Formen der Flucht vor der Verantwortung.

Daß der Mensch selber Werte nicht garantieren kann, sondern nur ein außermenschlicher Wertgarant, daß nur die Bindung an Gott frei macht von allen falschen Bindungen, hat die Menschheitsgeschichte überdeutlich erwiesen. Verantwortung kommt von Antwort. Nur in der Antwort auf Gottes Wort ist der Mensch Mensch, ist er Ebenbild Gottes (E. Brunner).

Lit.: E. Brunner: Der Mensch im Widerspruch, [5]1985;

H. Jonas: Das Prinzip Verantwortung, 1984; P. Singer: Praktische Ethik, ²1994.

H. G. Pöhlmann

Verbalinspiration →Bibel

Verband christlicher Kaufleute →Berufsmissionen

Verband der evangelischen Pfarrvereine →Pfarrvereine

Verband der Gemeinschaften in der Landeskirche in Schleswig-Holstein e. V. →Schleswig-Holstein, Verband der Gemeinschaften in der Landeskirche in

Verband freikirchlicher Diakoniewerke

Der heutige Verband ist entstanden aus der 1907 als Zusammenschluß freikirchl. diakon. Arbeiten im europ. Raum begründeten »Freikirchliche(n) Diakonie-Konferenz«. Aus dieser Konferenz-Verbundenheit entstand 1920 der »Verband der evangelisch-freikirchlichen Diakonissenmutterhäuser in Deutschland und der Schweiz«. Die polit. Trennung Deutschlands und Europas führten 1975 zur Zweiteilung des Verbandes: Im Europäischen Verband freikirchl. Diakoniewerke wurden von der Schweiz aus Brücken von West nach Ost gebaut, im Deutschen Verband freikirchl. Diakoniewerke wurden die sozialpolit. Belange in der Bundesrepublik Deutschland miteinander erörtert. Dem Verband gehören 30 Einrichtungen an, die jeweils rechtsfähige Träger diakon. Arbeit sind. Diakon. Einrichtungen mit Mutterhaustradition und solche mit enger Bindung zu einer Ortsgemeinde, Krankenhäuser und Alteneinrichtungen ebenso wie Therapie- und Erholungseinrichtungen.

Alle Einrichtungen gehören entweder zum →Bund Evangelisch-Freikirchlicher Gemeinden, zum →Bund Freier Evangelischer Gemeinden oder zur Evangelisch-Methodistischen Kirche (→Methodisten). Der Verband ist Mitglied der Diakonischen Arbeitsgemeinschaft ev. Kirchen und ist Fachverband im Diakonischen Werk der EKD.

Em. Brandt

Verdammnis →Gericht Gottes

Verdienst

Der Verdienstgedanke gehört systematisch in den Zusammenhang mit den →Werken bzw. den überpflichtgemäßen Werken (→Werken, überpflichtgemäße). Er reflektiert die Bedeutung des menschlichen Tuns für das Urteil Gottes, also den Zusammenhang des Handelns und die darauf reagierende Vergeltung Gottes in positiver (und natürlich auf der anderen Seite auch in negativer) Weise. Die im AT zu beobachtende Sicht ist die, daß das Gesetz der Vergeltung fast ohne Ausnahme anerkannt ist. Die Gerechten haben es gut, den Gottlosen wird es schlecht gehen (Jes 3,10.11). Das ist deshalb zwingend, weil die göttliche Gerechtigkeit es erfordert, daß er einem jeden vergilt, »wie er's verdient hat« (Ps 62,13; ähnlich auch Ps 28,4; 94,2; Hiob 34,11b). Diesen Ansatz als Verhaltensmuster spiegeln auch noch die Evv. wider, klassisch ausgedrückt in den Worten des Schächers am Kreuz: »Wir empfangen nur, was unsere Taten wert sind« (Lk 23,41). Auf der anderen Seite ist die so beschriebene gerechte Vergeltung Gottes auch Trost und Ermutigung für den unschuldig leidenden und angefochtenen Frommen (Mal 3,13ff.18.20f), und ein unverdienter Fluch trifft nicht ein (Spr 26,2). So, wie es sich beim →Segen um Vergeltung handelt, so auch bei der →Strafe: das Maß des Segens bestimmt sich durch die Güte der Tat, das Maß der verdienten Strafe an dem Ausmaß der Sünde und des Fehlverhaltens. Dem entspricht auch die notwendige irdische Gerichtsbarkeit (5Mo 25,2). Dieses Grundgesetz der gerechten göttlichen Vergeltung hat sich letztendlich aber auch in seiner ganzen Schärfe gegen das Gottesvolk selbst gewandt. Wo keiner ist, der Gutes tut (Ps 14,13), stellt sich die Frage nach einem Leben, das nicht unter dem Zorn, den gerechten Gerichten, dem Vergelten Gottes nach den Taten steht, erneut in aller Dringlichkeit. In diesem Zusammenhang schafft sich eine neue, göttliche Offenbarung Raum, nämlich die der unverdienbaren, unableitbaren Gnade Gottes. Um das Ergehen dieser Gnade wird nun immer wieder neu in der Fürbitte gerungen (etwa Ps 130; Jer 14,7ff), auf sie alle Hoffnung gesetzt, an sie erwartungsvoller Glaube gebunden. Heil und Segen sind eindeutig als Gaben der göttlichen Gnade erkannt, dem Verdienstgedanken aus Gründen der menschlichen Unfähigkeit, verdienstlich zu handeln, der Abschied gegeben.

Dies wird in der Offenbarung Gottes in Jesus Christus noch weiter entfaltet. In seinem Gleichnis von den Weingärtnern (Mt 20,1-16) macht Jesus Christus unmißverständlich klar, daß die freie

Gnade Gottes das erste Wort ist, das der Glaube zu lernen hat. Grundlage des Heils als der Summe aller göttlichen Segnungen ist allein die Gnade Gottes (Röm 2,12), die sich auf das →Verdienst Christi gründet. Alle menschliche Mitwirkung beim Heil kann nur passiv sein, im dankbaren Empfang der Gnade bestehen (Joh 1,16; Röm 11,6). In der Umformung des bibl. Lohngedankens hat die röm.-kath. Kirche erneut eine Gestalt des Verdienstgedankens entwickelt (s. →Werke). Die griech.-orth. Kirche kennt diesen nicht, die Reformationskirchen haben ihn ausdrücklich verworfen. Offen bleibt die Frage, welche Bedeutung die bürgerliche Gerechtigkeit des Christen hat, also, ob ein, wenn auch unvollkommen, an Gottes Geboten orientiertes Leben in dieser Welt nicht zugleich auch ein irdisch gesegnetes ist. Zumindestens ist dies ein Teilaspekt der reformierten Lehre vom *Syllogismus practicus*, »Schlußfolgerung aus der Praxis«, wenn diese auch primär der Vergewisserung der Erwählung durch Gott zum Heil entwickelt wurde.

Lit.: s. unter →Lohn, →Werke

U. Betz

Verein →Vereinswesen, Kirchliches

Verein für Reisepredigt →Evangelischer Gemeinschafts-Verband Siegerland und Nachbargebiete e. V.

Vereinigte Evangelische Mission (VEM)

Die VEM entstand 1970/71 durch den Zusammenschluß der Rheinischen Mission (RM) und der Bethel-Mission (BM).

1. Die Rheinische Mission

Die RM wurde im Jahr 1828 gegründet, als die drei kleinen, auf dem Boden des →Pietismus gewachsenen Missionsgesellschaften in Elberfeld (seit 1799), in Barmen (seit 1818) und in Köln (seit 1822) sich in der Rheinischen Missionsgesellschaft vereinigten. Das Missionsseminar der Barmer Mission (gegründet 1826) wurde von der RM übernommen.

1829 bereits kam es zur ersten Aussendung von vier Missionaren nach Südafrika. Weitere Arbeitsgebiete der RM waren: Kalimantan (seit 1836), Namibia (1842 Beginn der Nama-Mission, 1844 Beginn der Herero-Mission), China-Kanton Provinz (1847). Nach dem Zusammenbruch der Missionsarbeit im Jahr 1859 in Kalimantan, als vier Missionare, drei Missionarsfrauen und zwei Kinder ermordet wurden, kam es 1861 zum Anfang einer rasch aufblühenden Arbeit unter den Batak auf der Insel Sumatra. Ihr folgte im Jahr 1865 der Beginn der Mission auf der Insel Nias. 1887 begann die RM mit einer opferreichen Missionsarbeit in der dt. Kolonie Neu-Guinea. 1891 kamen die ersten rheinischen Missionare zur Unterstützung der Finnischen Mission ins Ovamboland. Und schließlich wurde als letzte Missionsarbeit vor dem Ersten Weltkrieg im Jahr 1901 auf den Mentawai-Inseln westl. von Sumatra begonnen.

Infolge des Ersten Weltkrieges mußte die Missionsarbeit reduziert werden. Die Arbeit auf Kalimantan wurde an die Basler Mission übergeben, die im Ovamboland kam in die Hände der Finnischen Mission, und am Ende mußte auch die Arbeit in Neu-Guinea an die »Lutherische Mission in Neu-Guinea« übergeben werden.

In der Zeit des Dritten Reiches stand die RM bald auf der Seite der Bekennenden Kirche. Wie die gesamte dt. Mission hatte sie unter den Sammlungsverboten und unter der Devisenknappheit zu leiden.

Der Zweite Weltkrieg brachte die große Veränderung im Verhältnis zu den Kirchen in Sumatra und auf Nias, die durch die Internierung aller dt. Missionare plötzlich ganz auf sich selbst gestellt worden waren. – In Namibia begann der Prozeß der Verselbständigung (→Junge Kirchen), bis es 1949 zur Konstituierung der Ev.-Luth. Kirche kam. Von der Arbeit in China blieb ab 1951 der RM nur noch die Verbindung zur Chinese Rhenish Church.

Mit der Weltmissionskonferenz von Whitby (1947) begann auch für die RM ein neuer Zeitabschnitt. Das Verhältnis von Kirche und Mission wurde neu geordnet. Man hatte zu lernen, daß die Zeit der »Missionsfelder« vorüber war, daß die älteren und jüngeren Kirchen gemeinsam zur Erfüllung des Auftrages zur Weltmission berufen sind.

2. Die Bethel-Mission

Die BM entstand im Jahr 1886 in Berlin. Der ursprüngliche Name war: Evangelische Mission für Deutsch-Ostafrika. Er wurde erst 1920 in den Namen »Bethel-Mission« verändert.

Die aus der Kolonialbewegung hervorgegangene Missionsgesellschaft wandelte ihren Charakter, als Friedrich von →Bodelschwingh dem Vorstand beitrat (1890) und in ihr auch strategisch bestimmend wurde. Die Arbeitsfelder der BM waren auf die dt.

Kolonie in Ostafrika beschränkt. Der erste Missionar wurde 1887 nach Daressalam, eine erste Schwester gleichzeitig nach Sansibar entsandt. 1891 begann die rasch aufblühende Arbeit in Usambara, nachdem die Missionsstation in dem Hafen Tanga 1890 bereits als Pforte zum Inland gegründet worden war. Die erste Missionsstation im Bergland Usambara wurde 1891 in Hohenfriedeberg-Mlalo gegründet. 1907 begannen Betheler Missionare mit der Gründung von Missionsstationen in dem volkreichen Ruanda. 1910 wurde schließlich der Beginn in Bukoba gemacht, wobei die BM an die Vorarbeit der Anglikaner anknüpfen konnte.

Die Kontakte zu Ruanda gingen nach dem Ersten Weltkrieg verloren. Erst im Jahr 1925 konnten die ersten Bethel-Missionare wieder nach Tanganyika zurückkehren. Die Arbeit in Usambara und wenig später auch in Bukoba konnte neu angefangen und ausgebaut werden.

Neue Not brachte die Weltwirtschaftskrise und nachher das Dritte Reich mit seinen Sammel- und Devisengesetzen und weltanschaulichen Zwängen. Mit dem Zweiten Weltkrieg, in dem bis auf wenige Ausnahmen die Missionare und Schwestern interniert wurden, begann auch in Tanganyika die große Veränderung. Amerikanische und skandinavische luth. Missionen sprangen in die Bresche und standen nach dem Krieg bereit, die Betheler in die ökumen. Gemeinschaft aufzunehmen. Als es 1952 zur Gründung eines luth. Missionsrates in Tanganyika kam, wurden die Betheler wieder voll in die ökumen. Gemeinschaft aufgenommen. Der Prozeß der Kirchbildung in Tanganyika/Tansania schritt rasch voran. Die BM behielt aufgrund ihrer Geschichte vornehmlich ihre Beziehungen zu den Kirchen in Buhaja und Usambara. Zum vorläufigen Abschluß kam die Entwicklung im Jahre 1964 durch die Gründung der »Evangelischen Lutherischen Kirche in Tansania«. Charakteristisch für die Arbeitsweise der BM ist – wie es sich durch die Verbindung zu den diakon. Anstalten in Bethel erklären läßt – die große Anzahl von diakon. Einrichtungen in den durch die Missionspraxis geprägten Kirchen.

3. Die Vereinigte Evangelische Mission

Es gab bereits vor dem Zweiten Weltkrieg verschieden Versuche, zu einer näheren Zusammenarbeit von RM und BM zu gelangen. Aber der eigentliche Anstoß kam doch erst durch die Entwicklung der früheren »Missionskirchen« zu eigenständigen Kirchen. In Neu-Delhi 1961 kam es zur Integration des Ökumenischen Rates der Kirchen mit dem Internationalen Missionsrat.

Die ersten Schritte zur Integration von Landeskirchen und Mission wurde von den beiden Missionsgesellschaften BM und RM schon vor Neu-Delhi getan. Zunächst wurden die beiden Monatsblätter der RM und der BM (1963) zusammengelegt. Die ökumen. Verbindungen der Partnerkirchen zu den Trägerkirchen im westdeutschen Raum wurden intensiviert. Die Erkenntnis, daß Kirche und Mission untrennbar zusammengehören, führte zur schrittweisen Integration. Die Vorstände der beiden Gesellschaften wurden durch Mitglieder der Kirchenleitungen ergänzt, bis schließlich der Beschluß zur Zusammenlegung gefaßt wurde, und gleichzeitig die Kirchenleitungen bzw. Landessynoden (z.B. Rheinland und Westfalen) die neu entstandene Gesellschaft als ihr »Sendungsorgan« anerkannten, durch das die Beziehungen zu den verbundenen Partnerkirchen wahrgenommen werden sollten.

Im Jahr 1979 schloß sich die Zaire-Mission der VEM an. Damit wurde ein weites Tätigkeitsfeld im zentralen Afrika geöffnet.

Auch andere Partnerkirchen (z.B. in Sri Lanka, in Kamerun, auf den Philippinen) traten in die Reihen der Partner aus Namibia, Tansania, Ruanda, Indonesien und Hongkong.

Bes. erwähnenswert ist das große Partnerschaftsprogramm, das die VEM im letzten Jahrzehnt entwickelt hat. Kirchenkreise und Gemeinden in Deutschland suchen direkten Kontakt mit Gemeinden und Kirchenkreisen im Bereich der Partnerkirche und umgekehrt.

4. United in Mission

Seit 1978 ist eine Bewegung in Gang, die durch die VEM verbundene Kirchen in Übersee und in Deutschland zu gemeinsamen Aufgaben vereinigen soll. Die sechs dt. und 27 überseeischen Partnerkirchen (1991) und die VEM haben sich auf einer Konsultation in Bethel 1978 zu dem sog. »United-in-Mission-Programm« (UiM) verbunden, in dem gleicherweise der Austausch von Kräften von Nord nach Süd und umgekehrt, wie auch von Süd nach Süd (z.B. Indonesien nach Tansania) gefördert werden soll. Auf der Konsultation in Mülheim 1988 beschlossen die Delegierten der VEM-Partnerkirchen, den United-in-Mission-Gedanken in Strukturen Ausdruck zu geben, die die Gleichberechtigung aller Partner widerspiegeln. In der Folge wurde eine UiM-Stzung ausgearbeitet, die die gleichberechtigte und paritätische Vertretung aller Partnerkirchen in Afrika, Asien und Deutschland an den Entscheidungsfragen vorschreibt. Diese UiM-Satzung wurde auf der Vollversammlung der Partnerkirchen in Botswana 1993 einstimmig angenommen und soll 1996 in Kraft treten. Sie löst die alte VEM-Satzung ab.

Es entspricht der Aufgaben- und Zielsetzung der VEM, wenn in einer neueren Publikation (1991) auf die Frage: »Was will die VEM?« geantwortet wird: »Gemeinsam mit ihren Partnerkirchen will die VEM in einer zerrissenen Welt Jesus Christus als Herrn und Heiland aller Menschen verkündigen. Sie will mit ihren Partnerkirchen zusammenwachsen zu einer anbetenden, lernenden und dienenden Gemeinschaft, die Gaben, Einsichten und Verantwortung teilt. Sie will die Herrschaft Gottes im Eintreten für Gerechtigkeit, Frieden und Bewahrung der Schöpfung bezeugen.«

Lit.: G. Jasper: Das Werden der Bethel-Mission, 1936; E. Kriele: Die Rheinische Mission in der Heimat, 1928; G. Menzel: Aus 150 Jahren Missionsgeschichte – Die Rheinische Mission, 1978; ders.: Aus 100 Jahren Missionsgeschichte – Die Bethel-Mission, 1986; L. v. Rohden: Geschichte der Rheinischen Missionsgesellschaft, 1888; ZS »In die Welt – für die Welt« (seit 1965 Berichte der Bethel-Mission und der Rheinischen Mission, ab 1971 Berichte der VEM).

G. Menzel/Th. Sandner

Vereinigte Evangelisch-Lutherische Kirche Deutschlands (VELKD)

Am 8. Juli 1948 hat die verfassunggebende Synode in Eisenach die Verfassung der VELKD verabschiedet. Von den Kirchen der Evangelischen Kirche in Deutschland (EKD) gehören acht zur VELKD, die 1988 9,4 Mio. Gemeindeglieder in 4141 Gemeinden mit 5727 Pfarrern und Pfarrerinnen zählte (Bayern, Braunschweig, Hannover, Nordelbien, Schaumburg-Lippe, Mecklenburg, Sachsen, Thüringen). Der Bildung der VELKD mit dem Anliegen um luth. Identität ging ein langer geschichtl. Prozeß voraus, dessen Anfänge ins 19. Jh. zurückreichen. Die VELKD will innerhalb eines konfessionell überschaubaren Bereichs den landeskirchl. Partikularismus überwinden. Bei innerprot. Kontroversen (von der Abendmahlsfrage bis hin zu polit. Tagesfragen) hat sie versucht, das spezifisch luth. Erbe zu Gehör zu bringen. Als VELKD kann das Luthertum innerhalb der EKD als geschlossener Block auftreten. Die Gliedkirchen der VELKD gehören zur luth. Weltfamilie. Die VELKD steht nicht neben, sondern auf dem Boden der Grundordnung der EKD. Sie nimmt teil an bilateralen und multilateralen Gesprächen zwischen den Kirchen. Die Konkordie reformat. Kirchen in Europa (→Leuenberger Konkordie) von 1973, die die Einheit zwischen Reformierten und Lutheranern in versöhnter Verschiedenheit herausstreicht, wird von der VELKD als richtungsweisend angesehen.

Die Generalsynode der VELKD ist ihr gesetzgebendes synodales Organ. Sie besteht aus 60 Mitgliedern und wird alle sechs Jahre neu gebildet. Die Kirchenleitung zählt elf Mitglieder. Den Vorsitz führt der »Leitende Bischof«. Von den Gesetzen der VELKD kommt dem Pfarrergesetz (gültig in der Neufassung ab 1. Januar 1990) eine besondere Bedeutung zu.

Lit.: J. Jezioworski (Hg.): Kirche im Dialog, 40 Jahre Vereinigte Evangelisch-Lutherische Kirche Deutschlands, 1988.

L. Hein

Vereinigte Kamerun- und Tschad-Mission e.V.

Die VKTM wurde als dt. Organisation im Jahr 1980 gegründet. Als deutscher Zweig der Sudan United Mission, deren Anfänge auf das Jahr 1904 zurückgehen, arbeitet sie im äußeren Norden Kameruns in Partnerschaft mit der Vereinigten Sudan Mission, Schweizer Zweig. Im Tschad sind es zwei Partnerorganisationen, eine franz. (MPFST) für die Waisenhausarbeit in Abéché und eine amerik. (TEAM) für die anderen Bereiche. Schwerpunkte der Arbeit sind: Gemeindeaufbau, theol. Schulung afrikanischer Mitarbeiter, Religionsunterricht, medizinische Arbeit sowie Mithilfe in verschiedenen Projekten wie Kinderheim, Brunnen- und Ministaudammbau, Hungerhilfe. Die VKTM ist Mitglied der →Arbeitsgemeinschaft Evangelikaler Missionen (AEM) und arbeitet auf der Basis der Ev. →Allianz. Ihre Freunde, Mitarbeiter und Missionare kommen aus Landeskirchen, Freikirchen und Gemeinschaften.

Eine Informationsschrift »Gehet hin« erscheint vierteljährlich. Zur Zeit sind etwa 20 Missionarinnen und Missionare in Afrika im Einsatz. Der Sitz der VKTM wurde durch den Bau eines Missionshauses von Remshalden nach Kirchheim/Teck-Nabern verlegt.

Lit.: P. J. Spartalis: »Karl Kumm – Last of the Livingstones«, 1994.

K. Ostertag

Vereinigung evangelischer Buchhändler

→Buchhandel, evangelischer

Vereinigung Evangelischer Freikirchen

Die VEF in Deutschland, 1926 in Leipzig gegründet, stellt eine Arbeitsgemeinschaft zur Förderung gemeinsamer Aufgaben, Vertiefung gegenseitiger Beziehungen und Vertretung gemeinsamer Belange nach außen dar. Die Selbständigkeit und jeweilige Ordnung der ihr angehörenden Freikirchen und freikirchl. Gemeindeverbände wird dadurch nicht eingeschränkt. Mitglieder der VEF sind derzeit die Arbeitsgemeinschaft der Mennonitischen Gemeinden (→Mennoniten), der →Bund Evangelisch-Freikirchlicher Gemeinden, der →Bund Freier evangelischer Gemeinden, der →Christliche Gemeinschaftsverband Mülheim a.d. Ruhr, die Evangelisch-methodistische Kirche (→Methodisten), die Heilsarmee sowie die Kirche des Nazareners (→Nazarener-Gemeinde); Gastmitglieder sind der Bund Freikirchlicher Pfingstgemeinden (→Pfingstbewegung), die Europäisch-Festländische →Brüder-Unität sowie die Gemeinschaft der Siebenten-Tags-→Adventisten. Diese zehn Körperschaften zählen insgesamt ca. 270.000 Gemeindeglieder.

Im Präsidium, dem VEF-Leitungsgremium, sind alle Mitgliedskirchen vertreten. Austausch und Sacharbeit geschieht in den Arbeitsgruppen Evangelisation und Gemeindeaufbau, Presse und Verlage, Rundfunk und Fernsehen, Kinder- und Sonntagsschularbeit, Jungschararbeit, Jugendarbeit, Soldatenbetreuung, Wehrdienstverweigererbetreuung, Aus- und Weiterbildung (Theologische Seminare), Studentenarbeit sowie Gemeinde und Weltverantwortung. Bei den VEF-Jahrestagungen werden vornehmlich Sachfragen zwischen dem Präsidium und den Arbeitsgruppen erörtert. Spezifisch freikirchl. Anliegen im Rahmen der zwischenkirchl. Beziehungen kommen bei den jährlichen Begegnungen zwischen Vertretern der VEF und der Evangelischen Kirche in Deutschland (EKD) zur Sprache.

Lit.: Berichtshefte über VEF-Jahrestagungen; Handbuch Freikirchen (über VEF in der DDR, EVA 1987); Informations-Faltblatt der VEF, 1992.

W. Lorenz

Vereinigung Freier Missionsgemeinden

Die Vereinigung Freier Missionsgemeinden (VFMG) ist ein Zusammenschluß von staatlich unabhängigen ev. Missionsgemeinden und als solche dem Verband der Freikirchen und Gemeinschaften (VFG) in der Schweiz angeschlossen. Z.Zt. gehören ihr fast 70 größere und kleinere Gemeinschaften in der Schweiz an. Ihren Sitz hat sie in Wabern bei Bern. Die VFMG bezeugt die Inspiration der Bibel durch den Heiligen Geist und ihre Autorität als allein verbindliche Richtschnur des Glaubens und Lebens. Sie sieht ihre Aufgabe in der Ausführung des Missionsbefehls Jesu, der Konstituierung und Betreuung von örtlichen Gemeinden, Pflege der Gemeinschaft und Schulung von Mitarbeitern zur Ausübung von Kinder-, Jugend- und Erwachsenenarbeit und Führung von Heimstätten für Erholungsbedürftige und Betagte sowie von Ausbildungsinstitutionen. Neben dem engagierten Einsatz von nebenamtlichen Mitarbeitern dienen in ihr z.Zt. 31 vollamtliche Verkündiger, die ihre Ausbildung in verschiedenen theol. Ausbildungsstätten erhalten haben. Die VFMG führt ein eigenes Missionswerk in Frankreich, Italien und Österreich mit z.Zt. 48 Mitarbeitern und unterstützt die Schweizerische Schallplattenmission (MSD) sowie eine Reihe von Missionsleuten bei den →Wycliff-Bibelübersetzern und dem →Weltweiten Einsatz für Christus (WEC). Das Missionswerk ist der Arbeitsgemeinschaft evangelikaler Missionen in der Schweiz (AEM) angeschlossen.

U. Argenton

Vereinigungskirche

Die V. (koreanisch »Tong Il Kyo«; auch »Moon-Sekte«) wurde am 15. 5. 1954 in Seoul/Südkorea als »Holy Spirit Association for the Unification of World Christianity« von San (»Güte, Richtigkeit«; Geburtsname: Yong, »Drache«) Myung Moon (auch: Mun) gegründet. Moon, geb. am 25. 2. (nach eigenen Angaben an Epiphanias, 6.1.) 1920 in Chongju (heute Nordkorea), erst konfuzianisch, dann presbyterianisch (1948 ausgeschlossen), Visionär (an Ostern 1935 beauftragte ihn »Jesus«, sein Werk zu vollenden), kam seit 1945 in Kontakt mit dem »Messias« Baek Mun Kim (chiliastisch-schwärmerischer »Israel-Orden«, lehrte »Gott-Mensch-Identifikation« und »Bluttrennung vom Teufel« auf biologischem Weg), war 1948-50 im kommunistischen Straflager wegen »Unruhestiftung und Bigamie«, mehrmals verheiratet und geschieden. Von seinen Anhängern wird er als der wiederkommende Messias (»Herr der Wiederkunft«) verehrt. Seine Hochzeit mit der 17jährigen Hak-Ja Han am 16. 3. 1960 sei die »Hochzeit des Lammes« nach Offb 19,7 gewesen. Die Zahlenangaben der Anhängerschaft Moons schwanken zwischen mehreren Hunderttausend und drei Millionen in ca. 130 Ländern.

Ziele: Vereinigung aller Menschen und Religionen untereinander und mit Gott, Errichtung des Reiches Gottes auf Erden durch den wiedergekommenen Messias, Kampf gegen den Kommunismus (z.B. in einem dritten Weltkrieg). Die V. ist hierarchisch organisiert und besitzt zahlreiche Unter- (bzw. Tarn-) Organisationen, Wirtschaftsbetriebe, (militärische) Trainingslager u.a. Von den Mitgliedern wird Unterwerfung und Abbruch familiärer Bindungen verlangt.

Hauptlehre: Gott als universale Energie (Tai Chi) polarisiere sich in männlich (Yang) und weiblich (Yin). Diese Polarität finde sich auch im Menschen, der auf göttliche Vollkommenheit hin angelegt sei: in Adam (Yang) und Eva (Yin), in Jesus Christus (zweiter Adam = Yang) und Heiligem Geist (zweite Eva = Yin) sowie in Moon und seiner Frau als dem dritten und vollkommenen Elternpaar. Adam und Eva seien gescheitert, weil Eva Unzucht mit Satan getrieben habe (geistiger und physischer »Fall« und »Erbsünde«). Jesus Christus sei gescheitert, weil er nicht geheiratet und »Kinder des Guten« gezeugt habe. Sein Kreuzestod habe nur eine geistige Erlösung geschaffen; eine leibliche Auferstehung sei nicht erfolgt. Moon und seine Frau als »die wahren Eltern« jedoch ermöglichen durch Erzeugung (»Pfropfung«) sündenfreier Kinder und Übertragung ihrer Kraft bei den Hochzeitszeremonien (Massenhochzeiten ihrer Anhänger) die »Bluttrennung« von Satan (physisch gedachte Aufhebung der »Erbsünde«) sowie die Aufrichtung der Herrschaft Gottes auf Erden durch die Vereinigung aller Rassen, Religionen und Ideologien.

Beurteilung: Moons Lehren sind von Konfuzianismus, Taoismus, schamanistischem Spiritismus und koreanischen Fruchtbarkeitskulten geprägt und eine typisch synkretistische (Misch-)Religion, die sich zu Unrecht als christl. bezeichnet. Jesus Christus hat seine Gemeinde vor dem Auftreten falscher Messiasse in der Art Moons gewarnt (Mt 24,4f. 23ff).

Lit.: Y. O. Kim: Die Göttlichen Prinzipien, dt. 1963; Kritisch: F.-W. Haack: Jesus Christus und/oder San Myung Mun, 1989; D.-J. Lee: Koreanischer Synkretismus und die Vereinigungskirche, 1991; N.-P. Moritzen: Sun Myung Muns Vereinigungskirche, 1981.

L. Gassmann

Vereinswesen, kirchliches

Bereits im Frühpietismus hatten sich neben den Landeskirchen zahlreiche Vereine gebildet, gegen die die Landesherren meist mit Konventikelgesetzen unterschiedlich präzise und streng vorgegangen sind. Im 19. Jh. blühte das Vereinswesen nach 1848 auf allen Ebenen des öffentlichen Lebens auf. Im kirchlichen Raum organisierten sich Äußere und Innere Mission in Vereine, aber auch Auswanderer- und Diaspora-Arbeit (Ev. Verein der Gustav-Adolf-Stiftung, später Gustav-Adolf-Werk), Alten-, Gefangenen- und Suchtbetreuung u.a. In der kath. Kirche bildeten sich die Kath. Vereine Deutschlands (1848), der Verein der deutschen Katholiken (1872), der Volksverein für das kath. Deutschland als Zusammenschluß der Piusvereine (1890), aber auch Einzelvereine wie die Kolping-Gesellen-Vereine (1846), der Elisabeth- und Vincenz-Verein (1840/1845), Akademiker- und Bauernvereine etc. Im Neupietismus der Erweckungsbewegung sind ebenfalls viele Neugründungen im Vereinsbereich festzustellen (z.B. Vereine zur Bibel- und Traktatverbreitung, Kinder-, Jünglings- und Jungfrauenvereine u.a.). Die kirchlichen Vereine nahmen weithin Aufgaben wahr, die die Volkskirche entweder nicht sah oder in denen sie Entlastung brauchte. Nach 1945 sind kirchliche Vereine weithin Werke der Kirche geworden.

Lit.: J. Chr. Kaiser: »Zur Geschichte des Verbandsprotestantismus im 20. Jahrhundert«, in: Pastoraltheologie 78, 1987, 196–213; ders.: »Die protestantischen Verbände und ihre Bedeutung im 19. und 20. Jahrhundert«, in: Ev. Kirchengeschichte des Rheinlands 40, 1991, 271–280.

G. Ruhbach

Vereinte Nationen →UNO

Vergebung

V. richtet sich auf →Sünde (Dritter Artikel des Apostolischen Glaubensbekenntnisses) oder auf →Schuld (Fünfte Bitte des Vaterunsers). Wird unter Sünde das verfehlte Verhältnis zu Gott, zum Mitmenschen und zur Mitschöpfung verstanden, so verweist die Rede von Schuld auf die Verantwortlichkeit des Menschen in diesen schöpfungsmäßigen Beziehungen. Christlicher Glaube erkennt ein Gefälle in der Sünden- und Schuldverhaftetheit des Menschen: Wird das Gottesverhältnis, das das Menschsein des Menschen begründet (Gottesebenbildlichkeit), verfehlt, mißlingt auch die Beziehung zum Mitmenschen und zum Mitgeschöpf. Deshalb wird der Auftrag zur V. dem Mitmenschen gegenüber als Ermächtigung aus der erfahrenen V. durch Gott verstanden.

V. von seiten Gottes ist kein Übersehen oder Ungeschehenmachen der verfehlten Beziehung zu ihm, sondern eine schöpferische Neubegründung und Neugestaltung des Verhältnisses des Menschen zu Gott. V. geschieht aufgrund des einmaligen Eintretens Gottes für die Welt in Jesus Christus als dem wahren Gott und dem wahren Menschen. In Jesus Christus kommt Gott zur Heimsuchung des Menschen. Zugleich ist Jesus Christus der Mensch, der allen Menschen zum Mitmenschen geworden ist – der solidarische Mensch, der nicht »das Seine sucht«, sondern teilhat an der Last aller, auch an der Last ihrer Sünde und Schuld. Jesus Christus erkennt in seinem Sterben die Schuld der Menschheit gegenüber Gott an und erfährt dabei die Abwendung Gottes in seinem Fluchtod am Kreuz. In Jesu Tod ist Gott für uns da und nimmt uns an, er weist uns den Weg durch unsere Gottverlassenheit hindurch zu neuer Gemeinschaft mit ihm.

Im Blick auf Jesus Christus werden Menschen die Augen geöffnet für ihre Schuld. Durch die Anerkenntnis und das Bekenntnis ihrer Schuld öffnen sich Menschen vertrauensvoll der V. Gottes, seinem schöpferischen Handeln. Im Hineingehen in Gottes neues Werk können sie sich zu ihrer Vergangenheit bekennen und sie zugleich getrost hinter sich lassen. Sie lassen sich auf die Zukunft ein, ohne die Vergangenheit zu verdrängen.

Mit dem Vaterunser bitten wir, »daß der Vater im Himmel nicht ansehen wolle unsere Sünden und um derselben willen solche Bitten nicht versagen, denn wir sind der keines wert, das wir bitten, haben's auch nicht verdient, sondern er wolle uns alles aus Gnade geben...« (M. Luther, Kleiner Katechismus, zur Fünften Bitte des Vaterunsers).

Das Geschehen der Sündenvergebung ist der Kern der Rechtfertigungslehre (→Rechtfertigung). Mit der V. von Sünde und Schuld wird dem Menschen der Weg zu Gott eröffnet, er wird ermächtigt, sich und sein Leben vertrauensvoll in Gottes Hand zu legen. Im Vertrauen auf Gottes Fürsorge werden Menschen von ihrer Sorge um sich selbst befreit zu einer fürsorgenden Beziehung zu den Mitmenschen und Mitgeschöpfen.

Luther betont in seiner Auslegung des Dritten Artikels des apostolischen Glaubensbekenntnisses (Kleiner Katechismus), daß Sündenvergebung innerhalb der Christenheit zugesprochen wird und dem einzelnen wie einer Gemeinschaft gilt. Denn die Kirche wird wie der einzelne schuldig, indem sie Gott das Vertrauen verweigert und den Gehorsam versagt. Darin verfehlt sie sich gegenüber dem Ersten Gebot. Durch die V. wird die Kirche zurückgerufen zu ihrem Bekenntnis und neu zur Verkündigung ermächtigt, damit Menschen die einladende Botschaft von Gottes V. hören können.

In den Auseinandersetzungen der Reformationszeit war das Verständnis von V. umstritten. Pointiert formuliert, verstand die röm.-kath. Kirche V. als eine Art Nachhilfe in der Erfüllung dessen, was Gott geboten hat. Ein Teil des Gebotenen wird ohne V. oder allenfalls nur auf sie als Vorstufe zurückbezogen erfüllt. Erst der Rest wird unmittelbar durch sie erfüllt oder »aufgefüllt«. Für Luther dagegen begründet die neugeschaffene Beziehung zu Gott überhaupt erst die Güte eines Werkes. Der Mensch, der in Gemeinschaft mit Gott und so schöpfungsgemäß lebt, tut ein gutes Werk.

Aufklärerische Anthropologie lehnt das ev. Verständnis von V. ab. Verantwortlich ist der Mensch seiner eigenen Bestimmung gegenüber, die es zu verwirklichen gilt. Er kann nur sich, nicht eine Außenbeziehung verfehlen. Die Möglichkeiten zur Selbstverwirklichung liegen im Menschen selbst; er muß sich von jeder Fremdbestimmung und sein Wesen begründenden Beziehung lossagen, um zu sich selbst zu kommen.

Christl. Glaube dagegen erfährt es als beglükkend, sich das Leben von Gott schenken zu lassen und in dieser grundlegenden Sorglosigkeit sich einlassen zu können auf Gott und seine Schöpfung.

Lit.: G. Besier, G. Sauter: Wie Christen ihre Schuld bekennen, 1985, Abschnitt C; U. Dittmer: Im Blickpunkt: Sünde und Vergebung, 1981; H.-P. Göll: Versöhnung und Rechtfertigung, 1991, Abschnitt III; R. Hermann: Luthers These »Gerecht und Sünder zugleich«, 1930, Kap. 5.

H.-P. Göll

Vergeltung

→Gesetz, Gebot; →Rache

Verheißung und Erfüllung

→Biblische Theologie

Verkündigung

1. Biblisch: V. meint den verbindlichen Heroldsruf, der die Botschaft von Gottes Heilshandeln gültig und vollmächtig (→Vollmacht) wirksam durch das Wort offenbart und zuspricht. Daher wird vornehmlich das Verb »verkündigen« gebraucht. Im AT geschieht V. vor allem im Gottesdienst durch die Psalmen. Verkündigt werden die großen Taten Gottes (Ps 40,69), Gottes Name (22,23), sein Ruhm (51,17), seine Herrlichkeit (96,1), seine Gerechtigkeit (71,17), seine Gnade und Treue (89,2), sein Heil

(96,2). Die prophetische V. umschließt Verheißung durch das Wort und geschichtl. Erfüllung (Jes 42,9; 61,1ff). Jesus nimmt die V. des AT auf. Er ist der wahre Erfüller der Freudenbotschaft (Jes 61,1ff – Lk 4,17-21). Ps 22 wird zu seinem Leidenspsalm.

Im NT werden vornehmlich vier griech. Verben für »verkündigen« benutzt: aus dem Wortfeld *angellein* (botschaften), *euangelizesthai* (Freudenbotschaft ausrichten; vgl. evangelisieren), *keryssein* (für das Ausrichten eines Heroldsrufes, oft im Freien), das Luther meistens mit predigen übersetzt hat und *didaskein* für die lehrhafte Gemeindepredigt. Der Inhalt der V. Jesu ist das Evangelium vom Reich (Herrschaft) Gottes, das zur Umkehr ruft und Vergebung der Sünden bringt (Mk 1,14f; Lk 24,47). Der Inhalt der V. ist mit dem Akt der V. identisch und bindet die V. zugleich an das Ereignis des Kommens Jesu vom Vater als Verkündiger (Mk 1,38). In Jesus selbst ist das Reich Gottes gegenwärtig (Lk 17,21). Sendung und V. Jesu kommen zum Ziel in seinem stellvertretenden Sühnetod (Mk 10,45) und in seiner Auferstehung (Lk 24,25ff). Die V. der Apostel hat nicht nur die V. des irdischen Jesus zum Inhalt; sondern der erhöhte Herr selbst ist das Subjekt ihrer V.: »So kommt der Glaube aus der →Predigt, das Predigen aber durch das Wort Christi« (Röm 10,17). Die V. wirkt vollmächtig durch den in Wort und Geist gegenwärtigen Herrn (Joh 14,26; 16,13; Gal 2,8). Die apostol. V. bezeugt Jesus als Messias (Apg 8,5) und Sohn Gottes (Apg 9,20). Paulus verkündigt den gekreuzigten und auferstandenen Christus (1Kor 1,18.23; 15,3-8) und damit die Botschaft von der →Versöhnung (2Kor 5,19-21).

2. Theologisch: In der →Dialektischen Theologie nach dem Ersten Weltkrieg wurde die V., die die Offenbarung in Christus betonte, für ein halbes Jahrhundert zum zentralen Thema der Dogmatik und Homiletik. Für eine bibl. V.s-Theologie ist entscheidend, daß die Wirkung der V. von der Einheit des lebendigen Herrn mit dem Wort der V. zu verstehen ist und nicht von sprachphil. oder kommunikationswissenschaftl. Erkenntnissen her. Die Wort-V. kann allenfalls von anderen Gestaltungsmitteln (wie Musik, Spiel u.ä.) begleitet, aber nicht ersetzt werden.

3. Gemeindlich: In der Gemeindepraxis ist V. der umfassende Begriff für alle Wortdienste →Predigt, →Evangelisation, →Bibelstunde, →Bibelarbeiten, Kinder- und Jugend-, Gemeinschafts- und →Hauskreise. Die Wort-V. kann und muß durch andere, z.B. diakon. und gesellschaftl. Dienste ergänzt, aber nicht ersetzt werden.

Lit.: Chr. Morgner: »Verkündigung«, GBL 3, 1989, 1632–1634; Th. Sorg: Grundlinien biblischer Verkündigung, 1984.

J. Berewinkel

Verlobung →Ehe, -bruch, -scheidung

Vermigli, Petrus Martyr (1500–1562)

V., geb. am 8. 9. 1500 in Florenz, gest. am 12. 12. 1562 in Zürich, studierte in Padua und wurde 1525 Volksprediger zur Erneuerung des christl. Lebens aus dem Geist der Heiligen Schrift, vor allem in Neapel. Dort machte er über den spanischen Reformator J. de Valdés und seinen Kreis literarische Bekanntschaft mit M. →Bucer und H. →Zwingli. Von den Theatinern wurde er als Ketzer verdächtigt und erhielt Predigtverbot, wurde aber 1541 Visitator seines Ordens, floh dann jedoch 1542 vor der Inquisition nach Zürich. Dort lehrte er als Professor bibl. Theologie, heiratete und wurde 1547 von Th. →Cranmer nach Oxford geholt; seit 1554 wirkte er wieder in Straßburg und Zürich, war 1561 Teilnehmer am Religionsgespräch in Poissy/Frankreich. Er war strenger Zwinglianer und entfaltete eine reiche literarische Wirksamkeit in Form von Bibelkommentaren und dogmat. Traktaten, war Mitverfasser (mit H. →Bullinger) der Confessio Helvetica posterior und für die Einführung der Reformation in England, Italien und Polen eine wichtige Gestalt.

Lit.: D. Cantimori: Italienische Häretiker der Spätrenaissance, 1949; N. Paulus: Protestantismus und Toleranz im 16. Jh., 1911; K. Schmidt: Petrus Martyr Vermigli, 1858.

G. Ruhbach

Vermittlungstheologie

Die V. ist eine Gestalt der Systematischen Theologie des 19. Jh.s und schließt an →Schleiermacher an. Sie findet ihren theol. Ansatz im christl. frommen Selbstbewußtsein. Aber sie will kirchl. Theologie sein, und als solche will sie die kirchl. Lehrtradition übernehmen, allerdings vermittelnd, d.h. so interpretierend, daß diese auch in die gegenwärtige, im frommen Bewußtsein lebendige Frömmigkeit aufgenommen werden kann. Und sie ist auch beeinflußt von der gegenwärtigen Geisteskultur. Das aber heißt in der Zeit →Fichtes und →Hegels, daß Theologie in Anlehnung an die überlieferte Dogmatik auch spekulatives Denken zu ihrer Sache machen kann.

Nach Schleiermacher wird im Christentum alles »bezogen auf die durch Jesus von Nazareth vollbrachte Erlösung«. Dieser Satz kann weitgehend auch als wegleitend für die V. angewendet werden. Schleiermachers Auffassung, daß Christus in seiner Person eine höhere Stufe der Wirkung des Geistes (Gottes) in der menschlichen Natur sei, ist im wesentlichen übernommen worden von A. →Schweizer, der direkter Schüler von Schleiermacher war. Schweizer bezeichnet Jesus Christus zwar als den Gottmenschen, die Inkarnation des Logos, trotzdem ist für ihn die Erscheinung Christi »nichts unerhörtes, etwa in dem Sinne übernatürliches, als ob die göttlich geordnete Gesammt-Natur der Dinge durch sein Erscheinen durchbrochen oder überboten würde; vielmehr erscheint in Christus die vollendete Verwirklichung eines ewig von Gott vorbestimmten, darum vorbereiteten Mittelpunktes der Weltordnung« (Glaubenslehre der Ev.-ref. Kirche, 1847, Bd. 2, 278). Christus ist der urbildliche Mensch, d.h. der vom Geist erfüllte, mit Gott im Geist verbundene Mensch. Das Leben Jesu, das vor allem in der →liberalen Theologie als Entgegnung zur Theologie der →Supranaturalisten ein Hauptthema der theol. Diskussion wurde, ist nach dem NT Heilsgeschehen. Jesus kam zu seinem Volk, um die Verheißung Israels zu erfüllen (Lk 4,17-21). Sein Volk hat ihn verworfen und ans Kreuz gebracht. Gott hat ihn auferweckt, erhöht und zum Kyrios, zum Herrn über alles gemacht, und durch diese Erhöhung ist auch seine Lebenshingabe am Kreuz für alle, die an ihn glauben, zum Heil geworden, für Juden und Heiden. Das ist die Christusbotschaft, d.h. die Botschaft vom Handeln Gottes in Jesus. Aber für die V. (und weitgehend die Theologie des 19. Jh.s) steht nicht diese heilsgeschichtl. Botschaft vom Handeln Gottes im Vordergrund als vielmehr die urbildliche Person Christi, seine göttlich-menschliche Natur, Urbild des erlösten Menschen, dessen menschliche Natur vom göttlichen Geist erneuert bzw. erfüllt wird. Wenn aber die Christologie von der Person des Erlösers ausgeht, wie es schon bei Schleiermacher geschah, dann tritt das AT und der heilsgeschichtl. Zusammenhang mit diesem ganz in den Hintergrund. I.A. →Dorner, einer der bedeutendsten Vertreter der V., spricht zu Recht von einer »Zerstörung der alten Form der Christologie durch die Philosophie der einseitigen Subjektivität« (»Entwicklungsgeschichte der Lehre von der Person Christi«, II. Teil, 2. Aufl. 1853, 931ff), wobei er diese Entwicklung zu Recht auf die romantische Philosophie (→Schelling, →Hegel, →Schleiermacher) zurückführt (1059ff). Für Dorner ist Jesus der Gottmensch, der als solcher die göttliche Bestimmung der Menschheit repräsentiert und von dem aus sich die gottmenschliche Menschheit verwirklicht.

Weitere Vertreter der V. waren W.M.L. →de Wette, der von Schleiermachers Religionsbegriff – Religion als Gefühl – ausgeht, aber in den rel. Ideen göttliche Erleuchtungen, Offenbarungen sieht, die in der Vernunft angelegt seien, aber erst durch Vermittlung des göttlichen Geistes hervortreten. Solche Offenbarungen sind Prophetien. In Jesus war die Erleuchtung des Verstandes vollkommen. Er bezeugt das Einssein mit Gott und zugleich das vollkommene Menschsein. An der Geschichte orientiert sich R. →Rothe, nur nicht an der bibl. Geschichte, sondern an der Entwicklungsgeschichte der Menschheit, die als Aufstieg zum Reiche Gottes als Weltvollendung gesehen wird. Rothes Konzept hat zum Hintergrund die transzendentale Philosophie der →Romantik. Ausgehend davon, daß das menschliche Selbstbewußtsein im Innersten zugleich Gottesbewußtsein sei, wird Gott verstanden als das geistige Prinzip, das absolute Ich, das die Welt als Nicht-Ich schafft, als ein werdendes, sich in stufenweiser Entwicklung aus niederen, gegensätzlichen Formen zu immer größerer Einheit des Geistigen mit dem Realen verbindet. Die unterste Stufe ist die materielle, höher das Organische, das schon eine Verbindung des Geistigen mit dem Materiellen ist. Der Mensch als Leib und Seele ist Mikrokosmos, der in sich den Aufstieg zur vollen Einheit des Geistes bzw. Gottes mit dem Geschaffenen abbildet. Das alles ist spekulativ, nur: Rothe verwendet bibl. Begriffe, wie Schöpfung für den Ursprung, Sünde für die Entzweiung, Versöhnung für die Einheit von Geist und Materie. Der Ausdruck »Reich Gottes« für das Ziel des Weltprozesses wurde schon von der Philosophie gebraucht. Auch Christus gehört in die Weltentwicklung.

Er ist der neue Adam, der Gottmensch, der durch Tod und Auferstehung bereits in das überirdische Sein eingegangen ist, um als heiliger Geist wieder in die Welt einzuwirken und sie so mit Gott zu versöhnen.

Väter der V. waren C.I. →Nitzsch (1787–1868) und Karl Ullmann (1796–1865). Ihre Werke zeigen bes. deutlich die Grundanliegen dieser Theologie. Von Schleiermacher herkommend nähern sie sich verstärkt der supranaturalistischen Auffassung. Der Mensch, auch der rel. Mensch, kann sich nicht selber erlösen, er bedarf der erlösenden Einwirkung von Gott her, der Gnade, und diese Einwirkung ist vermittelt durch Christus, als Einwirkung des göttlichen Geistes. Sie wird im Glauben erfahren als Erneuerung, Erleuchtung, Heiligung. Oft wird diese Erneuerung als Wiedergeburt im Geiste bezeichnet, oft wird, im gleichen Sinn, von der christl.-rel. Erfahrung gesprochen. Diese ist der Ansatz der theol. Reflexion. Zu ihr gehört auch eine Glaubenserkenntnis, die sich ernsthaft mit der überlieferten Dogmatik auseinandersetzt. Einerseits wird die Lehre der Kirche als Dogmatik akzeptiert, andererseits geht man doch davon aus, daß das Christentum sich dem allg. angenommenen geistigen Fortschritt und Aufstieg der Menschheit auch in der Erkenntnis seiner selbst verbessere und vertiefe. So wird das Dogma nicht unbesehen übernommen, und es ist sogar erstaunlich, wie stark die überlieferte Lehre interpretierend verändert wird. Bezeichnend dafür die Theologie von K. A. v. →Hase (1800–1890), der einerseits mit seinem »Hutterus redivivus« ein eigentliches Kompendium altref. Orthodoxie veröffentlichte und heftig gegen die rationalistische Theologie eines J. F. Röhr (1777–1848) stritt, aber in seiner Dogmatik, zunehmend mit jeder Neuauflage, die überlieferte Lehre doch erheblich modifizierte. Er bezeichnet dies als »dogmengeschichtliche Entwicklung« und schreibt im Vorwort zur 4. Aufl. (1850), es sei »eine friedliche organische Entwicklung des Neuen aus dem Alten. Nur an einem Punkte, und es ist freilich ein Hauptpunkt, in der Lehre von der Sünde, ist das Neue vom Alten hart abgebrochen«. Hase lehnt die Erbsünde ab und sagt mit →Pelagius, dem Gegner von →Augustinus, daß Sünde je und je eine Konsequenz eigener Freiheit sei (a.a.O. S. 81ff). Die doch recht große dogmat. Freiheit in der V. ist sicher auch eine Folge ihres subjektiven Ansatzes.

Kennzeichnend für diese Theologie ist weiter das besondere Gewicht, das der geistl. Erneuerung zukommt. Christentum ist Wirkung des von Christus ausgehenden Geistes. Das hat Folgen für die Ethik. Das neue Leben ist einerseits vom Geist Gottes gewirkt, also Gnade, andererseits wird es doch als Gebot aufgefaßt, das zum Gesetz wird. Das Problem der Ethik einer besonderen Glaubensgemeinschaft in einer säkularen, u.U. widerchristl. Gesellschaft wird in der V. (und der Theologie jener Zeit) noch zu wenig ernst genommen, weil der »christliche Staat« und die »christliche Gesellschaft« immer noch vorausgesetzt werden.

Lit.: H. Berkhof: 200 Jahre Theologie, 1985, 75ff; I. A. Dorner: Entwicklungsgeschichte der Lehre von der Person Christi II, 1839, 1198ff; F. Flückiger : »Theologie und Philosophie im 19. Jahrhundert«, in: Die Kirche in ihrer Geschichte, Bd. 4, Lieferung P, 1975, 44ff; E. Hirsch: Geschichte der neuern evangelischen Theologie, 1985, 75ff.

F. Flückiger

Vernunft

1. »Vernunft« im heutigen Denken

Die kaum zu überbietende allg. Wertschätzung »der« V. und dessen, was »vernünftig« ist, und nicht zuletzt auch die über unsere Alltagssprache unser Denken prägende Antithetik von Glaube und/oder V. verstehen sich nicht von selbst. Sie sind geschichtl. geworden. Ihre Wurzeln liegen v. a. im →Rationalismus →Descartes', der Apotheose der V. in der Französischen Revolution (vgl. Robespierres antichristl. »Kult des höchsten Wesens«), der →Aufklärungsphilosophie und schließlich dem dt. →Idealismus. Zu Beginn der Neuzeit sucht Descartes die scholastischen Schulgegensätze, den Streit um bloße »Meinungen«, durch eine neue Methode zu beenden. An die Stelle der Berufung auf traditionelle Lehrautoritäten tritt eine Argumentationsweise, die sich nur auf das verlassen will, was für den menschlichen Verstand unbezweifelbar ist. Auch wenn Descartes keine antiklerikalen Ziele verfolgte und des Gottesgedankens zur Begründung seiner »rationalen« Argumentation bedurfte (nur wenn es Gott gibt, kann ich mich auf das, was evident ist, verlassen), ist in seinem bahnbrechenden Neuansatz die Vorstellung einer allein auf die V. gestützten Autonomie und Selbstbegründung des Menschen unabhängig von der Tradition und d. h. v. a. unabhängig von der Kirche und ihren »Dogmen« angebahnt. Wenn die →Erkenntnis nicht mehr durch Vorurteile, weltanschauliche Voraussetzungen und (institutionelle) Interessen verstellt ist, vermag die V. zu Ergebnissen zu gelangen, die unbedingt gültig sind, allg. gelten und eine letzte Orientierung erlauben. Die Vorstellung von »Natur-Gesetzen«, »Natur«- und Menschen-Rechten sowie eines im Prinzip unaufhaltbaren Fortschritts lebt von dieser Voraussetzung einer grundsätzlich jedem Menschen erreichbaren, sicheren V.erkenntnis. Diese wird nicht nur instrumentalisiert zum Mittel der Emanzipation von kirchl., im Anspruch auf den Besitz letzter Wahrheiten begründeter Vorherrschaft; sie tritt auch wie von selbst in Konkurrenz zur (christl.) Offenbarungsreligion, deren Bedeutung sie Schritt um Schritt zurückdrängt. Programmatisch formuliert I. →Kant in seiner »Beantwortung der Frage: Was ist Aufklärung?«: »... Sapere aude! Habe Mut, dich deines eigenen Verstandes zu bedienen! ist ... der Wahlspruch der Aufklärung« (1784, 35). Ausdrücklich setzt Kant den »Hauptpunkt der Aufklärung ... vorzüglich in Religionssachen« (1784, 41). Ihren Höhepunkt erreicht die vernünftige Selbstbestimmung des aufgeklärten Menschen dort, wo die V. auch noch die Grenzen ihrer selbst bestimmt (vgl. Kant, 1781, ²1787; »Kritik« als Grenzbestimmung) und zu wissen glaubt, was mit Sicherheit zu »erkennen« und was darüber hinaus nur zu »glauben« ist.

Das Verhältnis der Begriffe V. und Verstand kann verschieden bestimmt werden. Kants Philosophie dürfte auch darin von Einfluß auf unser Denken sein, daß man unter V. das umfassendere Erkenntnisvermögen versteht, dessen Funktion dann der Verstand ist (vgl. Kant, 1783, 40). Der Verstand, der die Erfahrung auf Grund der Sinneseindrücke und Denkformen gewinnt und ordnet, verdankt sich als geschlossenes System der »Vernunfterkenntnis aus bloßen Begriffen« (Kant 1800, 23), die sich allein diskursiv als fortschreitende Zerlegung von Begriffen in weitere Begriffsoppositionen (wie z.B. a priori – a posteriori) vollzieht (vgl. exemplarisch Kant, 1800), denen Letztgeltung und darum der Rang einer Letztbegründung von (V.-)Erkenntnis zukommt.

2. Glaube und Vernunft (→Glaube und Denken)

In bezeichnender Parallelität zu bibl. Aussagen und im Gegensatz zu klassischen Positionen in der phil. Tradition relativieren neuere selbstkritische Reflexionen die un-bedingte Geltung »der« V., indem sie die Leib-Haftigkeit (Böhme), die Willens- und Triebbestimmtheit (Derrida), Geschichtlichkeit (Bayer), Individualität und Horizonthaftigkeit (Simon im Anschluß an →Leibnitz), Endlichkeit und prinzipielle Irrtumsfähigkeit (Albert, Popper) von V. als immer nur menschlichem Vermögen herausarbeiten.

Die Relevanz der »anthropologischen Sprachlehre« (H. W. Wolff) des AT und NT für eine kritische Bewertung eines phil. V.begriffes kann hier nur angedeutet werden.

a. Vielfach werden Glaube und V. als zwei Erkenntnisweisen verstanden, die sich nur im Grad ihrer Gewißheit unterscheiden. Man »glaubt« an das, was man eben nicht mehr vernünftig einsehen, »wissen« kann. So ist es nach dem rationalistischen Philosophen →Wolff »klar, daß Gott nichts offenbart, was wir durch die Vernunft erkennen können«; umgekehrt gilt, daß das, »was Gott soll geoffenbaret haben, den Wahrheiten der Vernunft nicht zuwider sein« kann (1733, 1012.1014; vgl. auch die drei Weisen des Für-Wahr-Haltens bei I. Kant: Meinen, Glauben und Wissen (1800, 66); diesen Einteilungen eines vernünftigen Begriffes von Erkenntnis kommt nach Kant Letztgeltung zu; er kann kritisch gegen überhöhte Erkenntnisansprüche der Religion gewendet werden (vgl. 1796, 396). Gemäß den bibl. Aussagen hört die V. aber nicht dort auf, wo der »Glaube« anfängt; vielmehr kommt der Mensch durch den Glauben erst zur Vernunft. V. ist gar nicht möglich ohne Glauben, ohne die Einordnung des labilen Erkenntnisvermögens in die Gottesbeziehung als Ort, der allein Erkenntnis und heilvollen Weltumgang garantiert.

b. Für neuzeitlich-modernes, »aufgeklärtes« Denken ist die Vorstellung prägend, daß es sich bei »der V.« um ein sicheres, weil un-bedingt gültiges Erkenntnisvermögen handelt. Die bibl. Aussagen kennzeichnen dagegen *nous, noema, dianoia* und *synesis* als Funktion der *sarx* (des Fleisches) des Menschen und damit als eminent gefährdetes Orientierungsstreben. Die für abendländische Konzepte von Philosophie und Wissenschaft charakteristische Redeweise von »der« V. ist aus bibl. Perspektive als unkritische Ablösung von der Geschichtlichkeit, Horizontgebundenheit, Individualität und Leiblichkeit, Endlichkeit und Irrtumsfähigkeit menschlicher Existenz, an der V. wie Verstand eines Menschen teilhaben, abzuweisen. Die *sarx*-haftigkeit und Individualität des menschlichen *nous* holt die moderne Sprachphilosophie – im Anschluß an J. G. →Hamann – durch den Hinweis auf die unüberwindbare Sprachlichkeit des menschlichen Erkenntnisvermögens und seiner Begriffe ein (vgl. Simon, 1987; Hempelmann 1987a). Gegenüber dem berühmten Diktum →Lessings, das zufällige Geschichtswahrheiten (des christl. Glaubens) den ewigen Vernunftwahrheiten gegenüberstellt (1969,34), betont Hamann im Blick auf die Erniedrigung Gottes in der Geschichte und v. a. in Inkarnation, Kreuz und Auferweckung Jesu Christi, daß er von »keinen ewigen Wahrheiten« weiß, »als unaufhörlich Zeitlichen« (1784a, 303, 36f).

c. Bibl. Gebrauch von *nous* etc. vermeidet bezeichnenderweise alles Reden von einem Vernunft-Begriff. Gegenüber der Vergöttlichung des ewigen, unbedingten *nous* klingt die Rede von den Gedanken (*noema* wird in den meisten Fällen im Plural gebraucht) fast schon polemisch. Indem das NT von der V. des Fleisches eines Menschen spricht (Kol 2,18), wendet es sich gegen alle abstrakten Begriffe von »der« V. und betont die Individualität der »Gedanken« eines Menschen. Gegen alle Versuche einer »vernünftigen«, allg. gültigen und verbindlichen Letztbegründung von Positionen muß heute gerade auch aus phil. Perspektive eingewandt werden, daß das Fundament solcher Anstrengungen nicht »vernünftig« begründet werden kann.

Zum einen ist kritisch geltend zu machen, daß

jede inhaltliche Position unendlich hinterfragt werden kann; will der bloß endliche Mensch sich auf einen solchen unendlichen Begründungsprozeß nicht einlassen, bleibt ihm aber nur noch die Wahl zwischen einem »unkritischen« Abbruch des Verfahrens der Rechtfertigung seiner Position oder einer zirkulären Argumentation (Albert, 1975, 8–28).

Der andere Einwand gilt der Voraussetzung von allgemeingültigen, überindividuellen Begriffen als Basis jeder vernünftigen Argumentation. Es läßt sich nicht nur nicht sicher feststellen, ob jemand unter einem Begriff »dasselbe« versteht wie ein anderer; es muß auch offen bleiben, ob die gebrauchten Begriffe überhaupt widerspruchsfrei sind. Um »die« Bedeutung eines Begriffes zu erkennen, wie um festzustellen, ob sich die Vorstellung, die sich mit einem Begriff verbindet, widerspruchsfrei ist, müßte sich der endliche Mensch wiederum auf einen endlosen Prozeß der Zerlegung und Entfaltung der Bedeutungskomponenten einlassen.

d. Bei aller noch so berechtigten Kritik eines ideologisierten und »vergöttlichten« V.-Begriffes kann es freilich nicht das Ziel einer am bibl. Denken orientierten Theologie sein, die Reichweite vernünftiger Argumentation soweit wie möglich einzuschränken, um zum »Glauben« – möglichst viel – Platz zu bekommen (vgl. Kant, 1787, XXX), oder das kritische Potential vernünftiger Reflexion so weit wie möglich zu entschärfen, um – vermeintlich – den »Glauben« zu schützen. »Glauben« erhielte auf diese Weise einen irrationalen, ja antirationalen Charakter, der nicht nur der zentralen, aus dem Glaubensbekenntnis Israels (5Mo 6,5f) abgeleiteten Weisung Jesu (Mt 22,37) widerspräche, Gott auch mit dem ganzen Verstand zu lieben, sondern auch der Einsicht zuwiderliefe, daß die V. eines Menschen nur da zur V. kommt, wo der Mensch zum Glauben an Gott kommt und den höchst irrationalen »Glauben« an »die« V. verliert.

Lit.: (vgl. zur Lit. v.a. G. Harder, J. Goetzmann, 1979); H. Albert: Traktat über kritische Vernunft, ^{3}1975; ders: Die Wissenschaft und die Fehlbarkeit der Vernunft, 1982; O. Bayer: »Descartes und die Freiheit«, in: ders.: Umstrittene Freiheit. Theologisch-philosophische Kontroversen, 1981, 39-65; ders.: »Die Geschichten der Vernunft sind die Kritik ihrer Reinheit«, in: B. Gajek (Hg.): Hamann – Kant – Herder. Acta des vierten Internationalen Hamann-Kolloquiums 1985, 1987, 9-81; F. Beißer: Luthers Urteil über die »Vernunft«, in: ThBeitr 15 (1984), 150-162; H. und G. Böhme: Das Andere der Vernunft. Zur Entwicklung von Rationalitätsstrukturen am Beispiel Kants, 1983; J. A. N. Condorcet: Esquisse d'un tableau historique des progrès de l'esprit humain (Entwurf einer historischen Darstellung der Fortschritte des menschlichen Geistes), 1795; J. Derrida: »Guter Wille zur Macht (I). Drei Fragen an Hans Georg Gadamer«; ders.: »Guter Wille zur Macht (II). Die Unterschriften interpretieren (Nietzsche/Heidegger)«, beide Beiträge in: Ph. Forgette (Hg.): Text und Interpretation, 1984, 56-58, 62-77; R. Descartes: Meditationes de prima philosophie (1641); ders.: Regulae ad directionem ingenii (1701); J. Goetzmann: »Vernunft/synesis«, in: ThBLNT, ^{5}1979, 1294–1296; J. G. Hamann: Biblische Betrachtungen eines Christenmenschen, in: ders.: Historisch-kritische Gesamtausgabe, hg. von J. Nadler, Bd. 1, 1949, 5-319 (= 1758); ders.: Rezension von Kants Kritik der reinen Vernunft, in: ders.: Gesamtausgabe, Bd. 3, 1951, 275–280; ders.: Metakritik über den Purismus der Vernunft, in: ders.: Gesamtausgabe Bd. 3, 281–289 (= 1784); ders.: »Golgatha und Scheblimini«, in: ders.: Gesamtausgabe Bd. 3, 291–320 (= 1784a); G. Harder: »Vernunft/nous«, in: ThBLNT, ^{5}1979, 1288–1294; P. Hazard: Die Krise des europäischen Geistes, 1939; G.W.F. Hegel: Vorlesungen über die Geschichte der Philosophie, Suhrkamp-Theorie-Werk-Ausgabe, Bd. 20, 1971; H. Hempelmann: »Erkenntnis«, in: GBL I, 325–332; ders.: »... keine ewigen Wahrheiten, als unaufhörlich Zeitliche«. Hamanns Kontroverse mit Kant über Sprache und Vernunft, in: ThBeitr 18. Jg. (1987), 5-33 (= 1987a); ders.: Kritischer Rationalismus und Theologie als Wissenschaft. Zur Frage nach dem Wirklichkeitsbezug des christlichen Glaubens, ^{2}1987; ders.: »Vernunft«, in: H. Burkhardt u.a. (Hg.): GBL III, 1989, 1635–1637; I. Kant: Beantwortung der Frage: Was ist Aufklärung, in: AA VIII, 33-42; ders.: Kritik der reinen Vernunft, 1. Aufl., 1781 (= A), 2. Aufl. 1787 (= B); ders.: Logik, in: AA IX, 1-150; ders.: Prolegomena zu einer jeden künftigen Metaphysik, die als Wissenschaft wird auftreten können, in: AA IV, 253–284; ders.: Von einem neuerdings erhobenen vornehmen Ton in der Philosophie, in: AA VIII, 387–406 (1796); G.W. Leibnitz: Meditationes de cognitone, veritate et ideis (1684); G.-E. Lessing: Über den Beweis des Geistes und der Kraft, in: ders.: Die Erziehung des Menschengeschlechts und andere Schriften, 1969, 31-38; K. H. Michel: Immanuel Kant und die Frage der Erkennbarkeit Gottes. Eine kritische Untersuchung der »Transzendentalen Ästhetik« in der »Kritik der reinen Vernunft« und ihrer theologischen Konsequenz, 1987; Plato: Timaios; K.-R. Popper: Logik der Forschung, 1973; R. Riesner: »Der Christus-Offenbarung nach-denken. Anmerkung zur paulinischen Hermeneutik in 1Kor 1,18-2,16«, in: J. Cochlovius, P. Zimmerling: Evangelische Schriftauslegung. Ein Quellen- und Arbeitsbuch für Studium und Gemeinde, 1987, 416–423; S. Scharrer: Theologische Kritik der Vernunft, 1977; J. Simon: »Vornehme und apokalyptische Töne in der Philosophie«, in: Zeitschrift für philosophische Forschung Bd. 40 (1986), 489–519; ders.: Wahrheit als Freiheit. Zur Entwicklung der Wahrheitsfrage in der neueren Philosophie, 1978; P. Stuhlmacher: »Zur hermeneutischen Bedeutung von 1Kor 2,6-16«, in: ThBeitr 18. Jg. (1987), 133–158; Chr. Wolff: Vernünftige Gedanken von Gott, der Welt und der Seele des Menschen, auch allen Dingen überhaupt, ^{5}1733; H. W. Wolff: Anthropologie des Alten Testaments, ^{2}1974.

H. Hempelmann

Versammlung, Christliche

1. Definition

Mit »Christliche Versammlung« (CV) bezeichnet man gewöhnlich eine Gruppe freikirchl. Gemeinden, die im 19. Jh. durch den Einfluß der britischen Brüderbewegung entstanden sind. Analog zu den Gruppierungen in Großbritannien, wo sich die Brüderbewegung in »Geschlossene« und »Offene« Brüder aufgespalten hatte, entstanden auch in Deutschland zunächst (seit ca. 1850) Versammlungen der »Geschlossenen Brüder« (= die »Christl. Versammlung« im engeren Sinn), später (seit ca. 1890) auch der »Offenen Brüder«. Beide Zweige der Brüderbewegung verstanden sich nicht als neue Freikirchen im institutionellen Sinne, sondern ihre Glieder betrachteten sich als Christen, die sich einfach gemäß Mt 18,20 im Namen Jesu versammeln. Daher bezeichneten sie ihre Zusammenkünfte – nicht aber ihre Gruppierung – als »christliche Versammlungen«. Die Benennungen »Christliche Versammlung« oder auch »Darbysten« war eine Fremdbezeichnung für die »Geschlossenen Brüder«, obwohl »CV« zuweilen auch von »Brüdern« gegen die ursprüngliche Intention der Namenlosigkeit (als Name für die Gruppierung) benutzt wurde.

2. Geschichte

a. In Großbritannien

Die Brüderbewegung entstand um 1830 in Irland und England, als sich dort Christen aus den verschiedenen Denominationen zu Gebet, Verkündigung und Abendmahlsfeier zusammenfanden, weil sie die Einheit des Leibes Christi verwirklichen wollten und nach einer vom Geist Gottes geprägten Gemeinschaft suchten. Die Anfänge waren in Dublin (1829), angeregt durch den Zahnarzt und Theologen A. N. Groves, Plymouth (1831) und Bristol (1832, unter Leitung von Georg →Müller). Als besonders prägend erwies sich die Versammlung in Plymouth, so daß sich in Großbritannien schon früh der Name »Plymouth-Brethren« durchsetzte. Als »Brethren« (= Brüder) wurden die Glieder der Bewegung bezeichnet, weil sie in ihren Versammlungen das allgemeine Priestertum der Gläubigen zu verwirklichen suchten und daher jedem Bruder, der sich durch den Heiligen Geist dazu geführt sah, die Möglichkeit zu Gebet, Liedvorschlag oder Schriftauslegung einräumten. Nicht ein Amt, sondern Gnadengabe und Geistesleitung sollten für die Beteiligung in den Versammlungen ausschlaggebend sein. Darüber hinaus war die sich an vielen Orten Großbritanniens ausbreitende Bewegung stark evangelistisch und durch das Interesse an bibl. Prophetie auf die Naherwartung der Wiederkunft Jesu Christi ausgerichtet.

Richtungsweisend für die junge Bewegung wurde vornehmlich J. N. →Darby, der schon als anglikanischer Priester bei der ersten Abendmahlsfeier in Dublin dabei gewesen und dessen Hauptanliegen es war, die Einheit der Kirche Christi unter Absonderung von den Gliedern aller Staats- und Freikirchen bei der Feier des Herrenmahls, am »Tisch des Herrn«, »darzustellen«. Sein Verständnis der Absonderung führte zu Auseinandersetzungen mit der Versammlung in Plymouth und 1848 schließlich auch mit Georg Müller und der »Bethesda«-Gemeinde in Bristol. Darby war der Auffassung, mit ihnen nicht mehr die Gemeinschaft aufrecht erhalten zu können, und so datiert von diesem Zeitpunkt an die Spaltung der Brüderbewegung in den Zweig der Offenen (Open Brethren) und den der Geschlossenen (Exclusive oder Closed Brethren) Brüder.

Beide Zweige sollten weltweite Verbreitung finden, nicht zuletzt durch die Reisen von Darby (Europa, Amerika, Australien, Neuseeland) für die Geschlossenen und von Georg Müller und Robert C. Chapman (1803–1902) für die Offenen Brüder.

b. In Deutschland

In Deutschland entstanden seit 1843 in Württemberg und im Rheinland die ersten Brüderversammlungen exklusiver Richtung. Durchschlagskraft erhielt die dt. Bewegung aber erst durch den Lehrer Carl →Brockhaus in Elberfeld. Seine zahlreichen Reisen in ganz Deutschland sowie die Konferenzen mit den ihm verbundenen Lehr- und Reisebrüdern trugen sowohl zur Ausbreitung wie zur Festigung der CV bei, ebenso sein 1853 in Elberfeld gegründeter Verlag, der durch viele Übersetzungen der »Brüder«literatur aus der englischen und französischen Sprache großen Einfluß ausübte. Nicht weniger bewirkte dies die von Brockhaus herausgegebene Zeitschrift »Botschafter des Heils in Christo« (seit 1853, ab 1939 »Die Botschaft«; 1994 im 135. Jahrgang). Die ev. Gebiete des Rheinlands und Westfalens (z.B. Wuppertal und Siegerland), ebenso das hessische Hinterland (Dillkreis, Westerwald) sowie Schlesien und Sachsen wurden Zentren der CV. Brockhaus gab sowohl die wortgetreue »Elberfelder Übersetzung« der Bibel heraus als auch das Liederbuch »Kleine Sammlung Geistlicher Lieder«, das ständig erweitert wurde (heute 300 Lieder).

Im 20. Jh. vergrößerte und festigte sich die CV weiter, wobei Rudolf Brockhaus (1856–1932), ein Sohn von Carl Brockhaus, die bedeutendste Führerpersönlichkeit war. Neben ihm übten aber auch u.a. Dr. Emil Dönges (1853–1923) und sein Verlag in Dillenburg und der Generalleutnant Georg von →Viebahn (1840–1915) nicht unerheblichen Einfluß aus. Ca. 70 Reisebrüder sorgten für den Zusammenhalt der CV in Lehre und Gemeinschaft, in Ägypten und China wurden Missionare unterstützt, und in Deutschland unterhielten die Exklusiven Brüder ein Schwestern-Mutterhaus, zwei Altenheime, eine Pflegeanstalt für Behinderte und mehrere Heime für elternlose Kinder. Um 1930 hatte die CV etwa 33.000 Glieder.

Neben den exklusiven »Elberfelder« Brüdern der CV entstanden zum Ende des 19. Jh.s hin auch Gemeinden der Offenen Brüder. Die Offenen Brüder zeichneten sich durch ihre Mitarbeit in der Evangelischen Allianz aus, worin sie dem ursprünglichen Anliegen der Brüderbewegung folgten, ebenso durch die Gründung einer »Bibelschule für Innere und Äußere Mission« (1905 in Berlin, seit 1919 in Wiedenest/Bergneustadt), die besonders im Blick auf Gemeinden in Osteuropa lehrfähige Brüder zurüsten sollte. 1952 wurde hier ein Missionshaus (»Missionshaus Bibelschule →Wiedenest«) gegründet, das z. Zt. ca. 140 Missionare in vier Erdteilen auf dem Prinzip der sendenden Gemeinde betreut. Die Zahl der Offenen Brüder in Deutschland ging aber über 5.000 kaum hinaus.

c. NS-Staat und Nachkriegszeit

Während die Offenen Brüder dem Druck des NS-Staates nachgaben und sich auf seine Forderung hin 1934 als »Kirchenfreie christliche Gemeinden« (KcG) organisierten, lehnten die Exklusiven Brüder der CV jede Organisationsform ab und bestanden darauf, weiterhin einfach nur als »Christen ohne Sonderbekenntnis« zu gelten. 1937 deshalb durch die NS-Regierung verboten, konnten sie sich aber wenige Wochen später mit festen Führungsstrukturen im »Bund freikirchlicher Christen« (BfC) zusammenfinden. Ca. 10% der Exklusiven Brüder schlossen sich dem BfC nicht an und konnten sich nur noch heimlich versammeln. Da die Führung des BfC die Lehre der Absonderung aufgegeben hatte, war es nun auch möglich, sich mit den Offenen Brüdern zusammenzuschließen, was im November 1937 erfolgte. Der BfC hatte damit ca. 35.000 Mitglieder. Die Konsequenz aus dem Zusammenschluß war allerdings, daß dem BfC weltweit von den Exklusiven Brüdern die Gemeinschaft aufgekündigt wurde. Der BfC aber schloß sich unter dem Eindruck der mehr und mehr christentumsfeindlichen Haltung des NS-Staates 1941/42 mit den →Baptisten zum »Bund Evangelisch-Freikirchlicher Gemeinden« (BEFG) zusammen.

Es war ein Zusammenschluß, dessen Brüchigkeit sich schon 1945 erwies, als ein erheblicher Teil der ehemaligen Exklusiven Brüder wieder aus dem BEFG austrat und sich mit den von vornherein außerhalb aller Organisationen Gebliebenen vereinte, weil man sich nun wieder – wenigstens im Westen Deutschlands – einfach als Christen versammeln konnte, jetzt erneut im Zeichen der Absonderung. Um 1949 trat eine weitere Gruppe von ehemaligen Exklusiven, aber auch Offenen Brüderversammlungen aus dem BEFG aus, um sich als bundesfreie Brüder außerhalb jeder freikirchlichen Organisation versammeln zu können. Die Gemeinschaft mit den im BEFG verbliebenen Brüdergemeinden wurde und wird aber weiterhin praktiziert, weil beide Gruppen die Grundsätze des Offenen Brüdertums vertreten.

Die heutige Gliederung des dt. Brüdertums stellt sich folgendermaßen dar:

– Geschlossene (Exklusive) Brüder (früher CV); sie halten an der darbystischen Absonderungslehre fest.

– Bundesfreie (ehemals Geschlossene und Offene) Brüder; sie vertreten grundsätzlich die Haltung des Offenen Brüdertums und haben daher Gemeinschaft mit den

- Brüdern im BEFG (ehemals Geschlossene und Offene Brüder), die sich zur »Arbeitsgemeinschaft der Brüdergemeinden im BEFG« zusammengeschlossen haben; sie vertreten ebenfalls die Haltung des Offenen Brüdertums, halten aber an der organisatorischen Verbindung mit den Baptisten fest.

Die Geschlossenen Brüder umfassen heute (1995) ca. 250 Versammlungen mit ca. 15.000 Gläubigen (geschätzt, weil eigene Angaben nicht gemacht werden), die Bundesfreien Brüder ca. 230 Versammlungen mit ca. 13.000 Gläubigen und die Arbeitsgemeinschaft der Brüdergemeinden im BEFG rund 120 Gemeinden mit rund 8.800 Gläubigen.

3. Theologische Grundsätze heute

Das gemeinsame Gedankengut der drei Gruppen besteht in folgenden Punkten:

– vorbehaltlose Bindung an die als wörtlich inspiriert und irrtumslos verstandene Bibel;

– heilsgeschichtlich-endzeitliche Ausrichtung auf die Wiederkunft Christi;

– evangelistisch-missionarischer Auftrag an die Welt;

– sonntägliche Sammlung der Gläubigen am Tisch des Herrn;

– bruderschaftliche Gestaltung der Zusammenkünfte (Priestertum aller Gläubigen; Leitung durch den Heiligen Geist).

Darüber hinaus halten die Geschlossenen Brüder an der Absonderung von allen konfessionellen »Systemen« (Denominationen) fest; da Zugehörigkeit zu den »Systemen« Sünde bedeutet (Teilung des Leibes Christi!), ist mit deren Mitgliedern keine Gemeinschaft möglich.

Lit.: U. Bister: Die Brüderbewegung in Deutschland. Von ihren Anfängen bis zum Verbot des Jahres 1937 – Unter besonderer Berücksichtigung der Elberfelder Versammlungen, Diss. Marburg 1983; E. Geldbach: Christliche Versammlung und Heilsgeschichte bei John Nelson Darby, 1971; W. E. Heinrichs: Freikirchen – eine moderne Kirchenform. Entstehung und Entwicklung von fünf Freikirchen in Wuppertal, [2]1990, 341–376; G. Jordy: Die Brüderbewegung in Deutschland, 3 Bde., 1979/1986; H. Kretzer (Hg.): Quellen zum Versammlungsverbot des Jahres 1937 und zur Gründung des BfC, 1987; F. Menk: Die Brüderbewegung im Dritten Reich. Das Verbot der »Christlichen Versammlung« 1937, 1986; W. J. Ouweneel: Het Verhaal van de »Broeders«, 2 Bde., 1977/1978; H. Platte, D. Boddenberg: Versammlungen der »Brüder«. Bibelverständnis und Lehre, mit einer Dokumentation der Geschichte von 1937–1977.

G. Jordy

Versiegelung

Allgemein werden (im Rechtsleben und in der Religionsgeschichte) Siegel an Gegenstände, Tiere oder Sklaven angebracht, um sie als Eigentum ihres Besitzers zu kennzeichnen und zu schützen oder etwas sicher zu verschließen. Bei Schriftstücken bestätigen sie ihren Inhalt oder stellen ihn unter Geheimhaltung.

In der Bibel werden Siegel ebenso verwendet. Die V. von Bewohnern Jerusalems in der AT-Stelle Hes 9,4-6 wurde im Judentum oft als Kennzeichnung derer ausgelegt, die im Endgericht gerettet werden. Deshalb ist V. im NT Bild für die eschatologische Rettung von Menschen durch Jesus Christus zum ewigen Heil: »Versiegelung mit dem Heiligen Geist« (2Kor 1,21f; Eph 1,13f; 4,30; unsicher ist, ob dabei schon an Taufe gedacht ist). Wer (nach Offb 7,3ff; 9,4; 14,1; 22,4) mit Gottes Namen an der Stirn gezeichnet ist, steht - im Gegensatz zu denen, die sich mit dem antichristl. »Malzeichen« versehen haben (13,16f; 14,9.11) – unter Gottes Schutz und wird in seinen Gerichten bewahrt.

In der Kirchengeschichte wird – seit den apostol. Vätern – als V. oft die Taufe bezeichnet, manchmal auch die darauf folgende Salbung (orth. Kirche) oder (seit der Einführung in →kath.-apostol. Gemeinden 1847) die Spendung des Hl. Geistes durch Amtsträger (»Apostel«) – dann kein Geistempfang mehr durch die Taufe –, in einigen Sondergemeinschaften (Ref.-apostol. Gemeinden, »Das Apostelamt Jesu Christi«, Gralsbewegung, →Philadelphia-Gemeinde, →Mormonen (für die »Ehe für Zeit und Ewigkeit«); bes. wichtig wurde die V. bei den →Neuapostolischen als 3. Sakrament. Der Begriff V. wird allg. heute weniger verwendet, in neueren Bewegungen (→Pfingstbewegung; →Charismatische Bewegung) für einen ähnlichen Vorgang statt dessen »Salbung«, Segnung, →Geistestaufe.

Theol. muß der Begriff nicht gebraucht werden, da er in der Bibel Bild ist. Die Sache (Erfüllung mit Hl. Geist; Rettung der an Christus Glaubenden im Endgericht und ihre geistliche Bewahrung in der antichristl. Zeit und in den endzeitlichen Gerichten Gottes über diese Erde) muß gelehrt werden. Mißbraucht wird V. als Trennungsmittel zwischen »Normalgläubigen« und Höhergestuften und als Abgrenzungswaffe gegen Andersdenominationelle.

Lit.: E. Dinkler: »Versiegelung«, in: RGG[3] III, 1366f; G. Fitzer: »sphragis« etc., ThWNT VII, 939–954; K. Hutten: Seher, Grübler, Enthusiasten, [13]1984.

W. Stoy

Versöhnung

a) biblisch

1. Für V. werden im NT die Verben *katallasso* und *apokatallasso* sowie das Substantiv *katallage* gebraucht. Diese Wortgruppe bezeichnet im außerbibl. Griech. V. im zwischenmenschlichen und polit. Bereich, wird jedoch kaum auf das Verhältnis zwischen Mensch und Gott angewandt.

2. Im NT wird *katallasso* nur einmal für V. im zwischenmenschlichen Bereich gebraucht (1Kor 7,11). Eine Christin, die sich von ihrem Mann scheiden ließ, soll unverheiratet bleiben oder sich mit ihrem Mann versöhnen, d.h. die eheliche Gemeinschaft mit ihm wieder aufnehmen und im Frieden zusammenleben. Die gleiche Bedeutung wie *katallasso* hat das nur in Mt 5,24 vorkommende Wort *diallassomai.* Wenn jemandem, der ein Opfer darbringen will, bewußt wird, daß er an seinem Bruder schuldig geworden ist, soll er sich mit ihm vor dem Opfern versöhnen, indem er das, was die Gemeinschaft gestört hat, bereinigt.

3. a. Von der V. zwischen Gott und Mensch spricht im NT nur Paulus (Röm 5,10f; 11,15; 2Kor 5,18-20; Eph 2,16; Kol 1,20.22). Während im NT die Sühnevorstellung (→Sühne) grundlegend ist für das Verständnis der Heilsbedeutung des Todes Jesu,

dienen die Bilder aus anderen Vorstellungsbereichen – wie V., →Rechtfertigung, Loskauf und Lösegeld – zur Erläuterung des Sühnegeschehens.

b. Die Vorstellung von der V. setzt voraus, daß die Menschen in Feindschaft gegen Gott leben. Entsprechend seinem Verständnis von →Sünde als Auflehnung gegen Gott kann Paulus diese auch als Feindschaft gegen Gott bezeichnen (Röm 5,8.10; vgl. Kol 1,21). Doch sagt Paulus nirgends, daß Gott zum Feind der Menschen geworden ist. Vielmehr hat Gott die Menschen, die in Feindschaft gegen ihn lebten, geliebt und seinen Sohn für sie sterben lassen, um sie mit sich zu versöhnen. Die Initiative für die V. geht allein von Gott aus.

c. Die V. geschah durch den Tod Jesu Christi (Röm 5,10; Eph 2,16; Kol 1,20.22). Durch ihn versöhnte Gott die Welt mit sich selbst (2Kor 5,18f; vgl. Kol 1,20; Röm 11,15). Paulus erläutert diese V. in 2Kor 5,19 durch zwei Partizipialsätze: Gott rechnet den Menschen ihre Verfehlungen nicht zu, weil er sie Christus angelastet hat, der für die Menschen zum Sünder wurde und stellvertretend den Sühnetod starb (2Kor 5,14f.21). Und Gott richtete das Wort der V. auf, d.h. er offenbarte durch den auferweckten Christus das Kreuzesgeschehen als Evangelium und beauftragte Menschen mit dem Dienst der V., um das Evangelium von der V. Gottes allen Menschen zu verkündigen und sie in seinem Namen zu bitten, sich mit Gott versöhnen zu lassen. Damit der einzelne Mensch mit Gott versöhnt wird, muß er die durch Gott geschehene V. im Glauben annehmen.

d. Wenn ein Mensch sich mit Gott versöhnen läßt, wird ihm seine Schuld vergeben, und er wird zu einem vor Gott Gerechten; dieses Sich-versöhnen-Lassen entspricht der Rechtfertigung des Sünders (Röm 5,1.9f). Durch die V. wird die Feindschaft gegen Gott überwunden, und die Versöhnten leben im Frieden mit Gott, d.h. in einer heilvollen Gemeinschaft mit ihm. Die vorher von Gott getrennten Menschen leben dann in einer persönlichen Beziehung zu ihm (Eph 2,11-18).

Die V. führt zur Veränderung des Menschen, die geradezu als Neuschöpfung durch Gottes Geist bezeichnet wird (2Kor 5,17; vgl. Eph 2,15f; Kol 1,22). Und die V. schließt die gelebte Gemeinschaft zwischen vorher getrennten Menschen in der einen Gemeinde Christi ein.

Lit.: F. Büchsel: ThWNT I, 1933, 252–260; O. Hofius: Sühne und Versöhnung (1983), in: ders.: Paulusstudien, 1989, 33-49; H. Merkel: EWNT II, 1981, 644–650; P. Stuhlmacher: »Er ist unser Friede« (Eph 2,24) – Zur Exegese und Bedeutung von Eph 2,14-18 (1974), in: ders.: Versöhnung, Gesetz und Gerechtigkeit, 1981, 224-245.

W. Haubeck

b) theologiegeschichtlich

Die Lehre von der V. bezeichnet theologiegeschichtl. die Entfaltung des Werkes Christi, speziell der Heilsbedeutung seines Kreuzestodes. Mit dem Begriff V. wird das Kreuz Christi in seiner Bedeutung für das Gott-Mensch-Verhältnis herausgestellt: Der Mensch ist durch seine Auflehnung gegen Gott schuldig geworden und hat die Gemeinschaft mit Gott zerstört. →Heil gibt es für ihn nur dadurch, daß seine Schuld durch Christus am Kreuz getilgt und so der Friede mit Gott wiederhergestellt wird.

1. Die Alte Kirche hat streng genommen so gut wie nirgends eine V.slehre entwickelt. Sie versteht Christus nämlich weniger als Versöhner mit Gott denn als Erlöser von den gottfeindlichen Mächten dieser Welt, speziell vom Teufel und vom Tod. Christus erweist sich als Erlöser, indem er aus dem Kampf mit diesen Mächten als Sieger hervorgeht. Der Teufel wird überlistet, indem ihm zugleich Gerechtigkeit widerfährt (Redemptionstheorie, von lat. *redemptio*, »Loskauf«: Christus bietet seine Seele dem Teufel als Lösegeld für die Sünder an; da der Teufel die sündlose Seele Christi aber nicht festhalten kann, verliert er beides, die Menschen und das Lösegeld; Hauptvertreter dieser Theorie sind →Origenes und der →Kappadozier Gregor von Nyssa). Inbegriff des Heils ist für die Alte Kirche die Unsterblichkeit als Anteilhabe an Gottes unvergänglichem Leben, Inbegriff des Unheils ist der Tod. Die →Erlösung geschieht deshalb so, daß das göttliche Leben heilend und erweckend in die menschliche Todeswelt eingeht. Die Not der Gottestrennung wird überwunden durch die Inkarnation des Logos und durch den Gehorsam des Fleischgewordenen bis hin zum Tod.

Einer V.slehre am nächsten kommt →Athanasius. Die Menschwerdung des Gottessohnes ist für ihn notwendig geworden, weil nur so der innergöttliche Zwiespalt zwischen Gottes Güte, die des Menschen Unsterblichkeit will, und seiner Gerechtigkeit, die die Sünde mit dem Tod strafen muß, geschlossen werden konnte: Als wahrer Mensch litt Christus für alle den Tod, als wahrer Gott überwand er ihn zugleich. Der Tod wird als Gottes Fluch über die Sünde und das Kreuz Christi als stellvertretendes Strafleiden verstanden. Aber auch bei Athanasius ist das Heil nicht primär →Vergebung, sondern Befreiung.

2. Die erste und zugleich hist. wirksamste Fassung einer V.slehre im strengen Sinn legte in der Frühscholastik des 11. Jh.s →Anselm von Canterbury vor (in seinem Dialog *Cur Deus homo*, »Warum Gott Mensch wurde«). Für ihn ist die Sünde des

Menschen als Angriff auf Gottes Majestät von unendlichem Gewicht; sie kann nur durch Strafe oder Genugtuung ausgeglichen werden (*aut poena aut satisfactio*, »entweder Strafe oder Genugtuung«). Strafe kommt nicht in Frage, weil Gott dann gegen seinen Schöpfungswillen die Menschheit vernichten müßte. So bleibt nur eine die Sünde aufwiegende Ersatzleistung (Satisfaktion, Genugtuung). Sie muß freiwillig, ungeschuldet und zugleich von unendlich positivem Gewicht sein. Eine solche Ersatzleistung kann kein Mensch aufbringen. Darum mußte Gott in der Person des Sohnes selbst Mensch werden, um sein gottmenschliches Leben dem Vater als Genugtuung darzubringen *(satisfactio vicaria*, »stellvertretende Genugtuung«). Damit erwarb Jesus Christus ein unendliches Verdienst *(meritum)*, für das er selbst keinen Bedarf hat und das Gott darum den Gläubigen als Sündenvergebung zukommen lassen kann. – Diese mit den Begriffen des kirchl. Bußwesens arbeitende Konzeption (Satisfaktionslehre) bestimmte unter verschiedenen Modifikationen überwiegend die scholastische Theologie.

3. M. →Luthers V.slehre verbindet Anselms Ansatz mit Motiven der altkirchl. Erlösungslehre. Für ihn ist das Werk Christi sowohl Genugtuung an Gott (Versöhnung) als auch Kampf mit den Mächten (Erlösung). In siegreichem Ringen überwindet Christus Tod und Teufel, Sünde und Gesetz. Diese Mächte haben ihre zerstörerische Macht aber nur als Instrumente des göttlichen Zorns; deshalb ist die Genugtuung an Gott der primäre und entscheidende Sinn des Kreuzes Christi. Im Unterschied zu Anselm kennt Luther kein Entweder-Oder zwischen Strafe und Genugtuung, sondern lehrt Genugtuung durch Strafe, nämlich durch das stellvertretende Strafleiden Christi. Christus nimmt den gegenwärtigen Zorn Gottes über die sündige Menschheit bis hin zur Erfahrung der Gottverlassenheit (→Höllenfahrt Christi) auf sich, hält aber dennoch in Liebe an Gott fest und überwindet so den Zorn. Dieses Heilswerk Christi kommt freilich nur demjenigen zugute, der Christus durch den Glauben in sich aufnimmt. Die V. umgreift für Luther das gegenwärtige Geschehen von Wort und Glaube ebenso wie das vergangene von Kreuz und Auferstehung. Was »außerhalb von uns für uns« *(extra nos pro nobis)* geschah, ist nur wirksam, wenn es zugleich auch »in uns« *(in nobis)* geschieht.

4. Die altprotestantische →Orthodoxie folgte Luther in der Identifikation von Strafe und Genugtuung, lenkte aber ansonsten weitgehend zu Anselm zurück. Sie sieht durch Christi Leistung die menschliche Schuld vollkommen ausgeglichen. Durch seinen tätigen Gehorsam *(oboedientia activa)* erfüllte Christus Gottes Gesetz vollkommen; weil er dazu aber selbst nicht verpflichtet war, hat er ein Verdienst erworben, das den Gläubigen angerechnet werden kann. Durch seinen leidenden Gehorsam *(oboedientia passiva)* hat er die Sündenstrafen der Menschen vollständig abgebüßt, einschließlich der jenseitigen endgültigen Höllenstrafe. Luthers Aufnahme des altkirchl. Kampfmotivs wird von der Orthodoxie ebensowenig nachvollzogen wie seine Integration des Glaubens in das Versöhnungsgeschehen.

5. Mit der →Aufklärung kam in der ev. Theologie eine neue Form der V.slehre auf, die das »objektive« Verständnis (die V. geschah einst außerhalb von uns für uns) durch ein rein »subjektives« (die V. geschieht jetzt in uns) ersetzte. Christi V.swerk besteht demnach darin, in uns die falsche Vorstellung vom richtenden und zürnenden Gott durch die richtige vom liebenden, die Sünden vergebenden Gott zu beseitigen. »Statt des besänftigten Gottes will man den sanften Gott predigen« (Aulén, 528).

Vorbereitet wurde diese neue Konzeption durch entsprechende Gedanken schon in der Frühscholastik und durch die rationale Kritik der Socinianer an der Satisfaktionslehre. Nach →Abaelard ist das Kreuz Christi keine Genugtuungsleistung, sondern der vollkommene Beweis der Liebe Gottes zum Menschen, ein Handeln Gottes, das im Menschen die Gegenliebe weckt und ihn damit von der Sünde trennt. Die → Socinianer argumentierten, daß Vergebung und Genugtuung sich gegenseitig ausschlössen, daß sowohl Schuld als auch Verdienst sich nicht auf andere Personen übertragen ließen und daß der Stellvertretergedanke zu sittlicher Laxheit verführe. Für sie besteht V. in der Nachfolge Jesu, im Gehorsam gegenüber Gottes Willen.

6. Innerhalb der Theologie des 19. Jh.s finden wir den subjektiven Typus am deutlichsten bei Fr. Schleiermacher und A. Ritschl. →Schleiermacher versteht unter V. die Aufnahme der Gläubigen in die ungetrübte Seligkeit Christi. Sie ist eine Folge der Erlösung (der Aufnahme in das kräftige Gottesbewußtsein Christi) und wirkt sich darin aus, daß die Gläubigen die Übel ihres Lebens nicht mehr als Sündenstrafe ansehen. Für →Ritschl läßt sich das Gottesverhältnis niemals in rechtliche Kategorien fassen. Die Sünde des Menschen besteht in seinem Mißtrauen gegenüber Gott aufgrund der falschen Vorstellung, daß Gott zornig sei. Gott ist aber vorbehaltlose Liebe und Vergebungsbereitschaft und offenbart sich als solcher in der Verkündigung Jesu,

die durch sein Sterben besiegelt wird. Mit Gott versöhnt ist der Mensch, wenn er – von seinem Mißtrauen befreit – zum Bewußtsein der vollzogenen Rechtfertigung (= Sündenvergebung) kommt.

Diesem Verständnis trat M. →Kähler mit der Aussage entgegen, daß die Rechtfertigung die persönl. Zueignung der von Christus außerhalb von uns *(extra nos)* vollbrachten V. ist. Durch seinen Sühnetod hat Christus eine veränderte Sachlage im Verhältnis zwischen Gott und Mensch geschaffen und tritt als stellvertretender Bürge für diejenigen ein, die im Laufe der Geschichte durch die Verkündigung zu eigener Hingabe an Gott berufen werden.

Einen Sonderfall bildet die V.slehre J. Chr. K. von →Hofmanns. Er bestreitet ein stellvertretendes Strafleiden Christi und sieht die V. statt dessen dadurch vollbracht, daß der Sohn Gottes als Glied der Menschheit unter Gottes Zorn alle Folgen der Sünde an sich erduldet hat, dabei Gott auch unter dem tödlichen Angriff durch den Satan treu blieb und so eine neue Menschheit begründete, die nicht mehr durch die Sünde Adams, sondern durch die Gerechtigkeit Christi bestimmt ist. Die V. ist hier nicht als Voraussetzung der Vergebung, sondern als Neuschöpfung einer heiligen Menschheit dargestellt.

7. Der schwedische Dogmatiker G. Aulén unterschied 1930 drei Haupttypen des V.sgedankens. Neben die objektive (anselmianische oder »lateinische«) und die subjektive (neuzeitl. »idealistische«) V.slehre stellte er einen dritten Typus, der in der Alten Kirche und bei Luther bezeugt und das eigentlich »klassische« und sachgemäße Konzept sei: Das Kreuz als Kampf und Sieg Gottes in Christus gegen die Mächte des Verderbens. Auch für K. →Heim ist das Kreuz die göttliche Gegenaktion gegen die satanische Empörung.

R. →Bultmann hält es für Mythologie, das hist. Faktum des Kreuzes Jesu als V.sgeschehen zu betrachten. V. ereigne sich vielmehr gegenwärtig, wo die Verkündigung das Kreuz als befreiendes Gericht über alle Sünde deutet und wo man im Glauben das Kreuz Jesu als eigenes übernimmt. Für K. →Barth hat Gott am Kreuz sein Gericht über die Sünde an sich selbst in der Person des Sohnes vollstreckt. Damit sind nun alle Menschen, ob sie es schon wissen oder nicht, mit Gott versöhnt. In der Verkündigung wird nicht die V. vollzogen, sondern über ihren längst geschehenen Vollzug Bescheid gegeben. P. →Althaus sieht es als unerläßliche Bedingung göttlichen Vergebens an, daß Christus am Kreuz Gottes Willen und Zorn vollkommen heiligt. Eine strenge Äquivalenz zwischen der menschlichen Schuld und dem Werk Christi besteht jedoch nicht, und der Sinn der Stellvertretung ist sowohl exklusiv (Christus für uns) als auch inklusiv (Christus in uns). K. Kitamori (→Theologie des Schmerzes Gottes) versteht das Kreuz als Ausdruck des Schmerzes Gottes über den Menschen, der Gottes Liebe widerspricht und dennoch weiter von Gott geliebt wird.

Lit.: H. Alpers: Die Versöhnung durch Christus, 1964; G. Aulén: Die drei Haupttypen des christlichen Versöhnungsgedankens, ZsysTh 8/1930, 501ff; H.-P. Göll: Versöhnung und Rechtfertigung. Die Rechtfertigungslehre bei Martin Kähler, 1991; K. Heim: Die Haupttypen der Versöhnungslehre, ZThK NF 19/1938, 304ff; M. Kähler: Zur Lehre von der Versöhnung (1898), [2]1937; H. Kessler: Die theologische Bedeutung des Todes Jesu, 1970; O. Tiililä: Das Strafleiden Christi, 1941; O. Weber: Grundlagen der Dogmatik II, 1962, 237ff; G. Wenz: Geschichte der Versöhnungslehre in der evangelischen Theologie der Neuzeit, Bd. 1, 1984; Bd. 2, 1986.

U. Swarat

c) systematisch-theologisch

Der Begriff V. hat religionsgeschichtl., aber auch etymologisch (mhd. *versüenen*) mit Versühnung zu tun, denn mit ihm ist die Wiederherstellung eines gestörten oder zerstörten Verhältnisses zwischen Gott und Mensch gemeint. V. heißt, wieder zum Sohn machen, das Sohnesverhältnis, das ja im Grunde nie aufhört, zu bestehen, wiederherzustellen. Diese V. geschieht nach dem NT durch den Sohn Gottes, der uns als unser Bruder zu Söhnen Gottes macht. War doch das Erlösungshandeln *(gaal)* im AT eine Auslösung durch den nächsten Verwandten. Daß V. nur durch Versühnung geschieht, durch den auslösenden Sühnetod am Kreuz (Röm 5,10f; 2Kor 5,15-20; Mk 10,45; Gal 3,13; Röm 3,25), damit steht und fällt die ntl. Botschaft.

Von daher ist ein Dreifaches in der heutigen Diskussion wichtig:

1. Die V. wird mißverstanden, wenn sie nicht in der Dialektik von →Gesetz und Evangelium, Gericht und Gnade, Heiligkeit und Liebe gesehen wird, in der Dialektik des Widerspruchs des alles fordernden und alles schenkenden Gottes, des Gottes, der uns nach Werken richtet und der Gnade vor Recht ergehen läßt, indem er in Christus selbst das Gericht nach den Werken, das wir verdient haben, auf sich nimmt, des hinrichtenden und aufrichtenden Gottes. Denn eine Gnade, die nicht durchs Gericht hindurch ergeht, wird zur billigen Schleuderware, die Durchbrechung der Schranke wird nur ernstgenommen, wenn vorher eine Schranke da war, nur auf der Dunkelfolie der Heiligkeit Gottes leuchtet seine Gnade, nur wenn ich vor seinem unerbittlichen Gericht erzittert bin,

erfahre ich den Freispruch im Gericht als das unbegreifliche Wunder, das er ist. Die Versöhnungsbotschaft wird aber heute weithin verkürzt, indem nicht mehr Gesetz und Evangelium verkündigt, sondern entweder Gesetz ohne Evangelium und nur noch Moral gepredigt wird, oder Evangelium ohne Gesetz und Gericht, die billige Gnade, die aus Gott einen metaphysischen Weihnachtsmann macht (das unerträgliche »Liebesgesäusel« in so vielen Predigten).

Es ist das bleibende Verdienst Luthers, diese Doppelgestalt der Offenbarung von Gesetz und Evangelium, wiederentdeckt zu haben.

2. In der funktionalen Kälte, Einsamkeit und Antwortlosigkeit unserer Industriegesellschaft ist es wichtig, daß es ein Du gibt, das mich unwiderruflich liebt und mich unbedingt annimmt, das mir immer versöhnt zugewandt ist, auch wenn ich mich von ihm trenne. Denn ein Vater bleibt der Vater seines Sohnes, auch wenn der Sohn nichts mehr von ihm wissen will. Ein Mann kann sich von seiner Frau scheiden lassen, aber ein Vater kann sich nie von seinem Sohn scheiden lassen. Es ist das Verdienst der V.slehre K. Barths, dies wieder betont zu haben. Er sieht im ungekündigten, ewigen »Bund« Gottes mit den Menschen in Christus die »Voraussetzung der Versöhnung«. Auch wenn der Mensch diesen Bund bricht, wird er von Gott nie gekündigt. Von seinem ewigen Gnadenbund bleibt selbst der Sündenfall unterfaßt. Daher die unumkehrbare heilsgeschichtl. Trias Barths »Bund«–»Sünde«–»Versöhnung«.

3. Daß die V. Versühnung ist, wird seit der Aufklärung und liberalen Theologie und auch in der neueren Theologie bestritten. Auch die →»Deutschen Christen« verwarfen den Sühnetod Christi als »Sündenbock- und Minderwertigkeitstheologie des Rabbiners Paulus« (R. Krause). Ebenso lehnte F. →Gogarten den Sühnetod Christi ab: »Es ist nicht Gott, der versöhnt wird, sondern der Mensch.« E. Drewermann konnte sich neuerdings von seiner tiefenpsychologischen Theologie her ebenso gegen diese »krank- und angstmachende Opfertodvorstellung« wenden. Die feministische Theologin L. Schottroff sieht gar »sadistische und kannibalische Züge« im Opfertod am Kreuz, hier werde »ein despotischer patriarchalischer Vater, der seinen Sohn opfert, in den Himmel projiziert«.

Sosehr es im NT nur eine V. durch Versühnung gibt, wird diese doch mißverstanden, wenn durch sie angeblich Gott Objekt der V. wird, als könnte Gott nur vergeben, wenn er Blut sieht – die schon Harnack unterstellte. Gott ist in der Kreuzestat Subjekt und nicht Objekt der V. (2Kor 5,18ff; Röm 8,32), sie kommt aus seiner Liebe, führt aber nicht zu ihr, so sehr es auf den ersten Blick so zu sein scheint. Das archaische Sühnedenken, das im Menschen ist, wird im NT zwar aufgenommen, um es aber ad absurdum zu führen. Die Rechtsvorstellung, keine Sünde ohne Sühne, wird gesprengt, weil hier nicht Gott ein Opfer dargebracht wird, sondern Gott sich selber opfert, in seinem Sohn, mit dem er sich identifiziert. Gott geht für uns in den Tod, so sehr liebt er uns. Luther und die Konkordienformel reden daher mit Recht von »Gottes Tod« (Sol. decl. Art. 8,44).

Lit.: P. Althaus: Die christliche Wahrheit, [7]1966, 423ff; G. Aulén: Die drei Haupttypen des christlichen Versöhnungsgedankens, ZsysTh 8/1930, 505ff; K. Barth: Die kirchliche Dogmatik IV 1–IV 4, 1953ff; F. Gogarten: Die Verkündigung Jesu Christi, [2]1965, 449ff; H. G. Pöhlmann: Abriß der Dogmatik, [5]1990, 229ff, 241ff.

H. G. Pöhlmann

Versöhnungsbund, Internationaler (IVB)

1. Die größte und älteste christl. Friedensorganisation wurde im Jahre 1914 in enger Verbindung mit der →Ökumenischen Bewegung durch F. →Siegmund-Schultze und H. Hodgkin gegründet. Gegenwärtig gehören weltweit mehr als 30 überkonfessionelle Verbände zum IVB.

2. Als wegweisend gilt die christl. Verantwortung für den Dienst der Versöhnung (2Kor 5,17-20) und gemäß der Satzung die »Überzeugung, daß die Nachfolge Jesu Christi uns in den Dienst für soziale Gerechtigkeit und Frieden unter den Völkern stellt und uns zur Überwindung des Krieges ruft«. Der IVB hält Nächstenliebe für die bessere Realpolitik und tritt deshalb für übernationale Rechtsinstanzen ein.

3. Gerade auch Evangelikale spielten eine wichtige Rolle. J.R. →Mott bekannte sich schon 1915 zum IVB. Die Gründer H. Hodgkin und C. Boeke waren ebenso Missionare wie die Freunde Gandhis E. Stanley Jones, F. Forrester Paton und C.F. Andrews. Auch Jim Wallis, Leiter der evangelikalen Kommunität Sojourners (Pilger) gehört zum IVB. Einige Mitglieder erhielten den Friedensnobelpreis: J. Addams, E. Balch, J.R. Mott, A. Luthuli, M.L. King, M. Corrigan und A. Perez Esquivel.

4. Weil Haß und Gewealt anstecken und in blutigen Konflikten wechselseitig nachgeahmt werden, hat der IVB sich für den Weg Jesu Christi entschieden, um zu versuchen, aus Feinden Freunde zu machen. Angesichts neuer Bedrohungen werden

Menschenrechte und Mitwelt vermutlich in Zukunft besser mit gewaltfreier sozialer Verteidigung und einer realistischen Friedenspolitik geschützt werden können als durch Rüstung und militärische Abwehr.

Lit.: V. Brittain: The Rebel Passion, 1964; H. Gressel: Der Internationale Versöhnungsbund. Ein Modell des christlichen Pazifismus, 1992; L. Stevenson: Towards a Christian International, 1941 (übers. 1929).

H. Gressel

Verstehen

V., vom althochdeutschen *firstan*, »dicht vor etwas stehen, um es zu erkennen«, meint, »einen Sinnzusammenhang aus einer anderen ›Welt‹ in die eigene zu übertragen« (Gadamer, 1974, 1061). V. vollzieht sich darum als dolmetschen, übersetzen, auslegen und interpretieren. Die Kunstlehre vom V. ist die Hermeneutik (→Schriftauslegung). Im Gegensatz zum Erklären versucht das V., einen Gegenstand oder einen Menschen nicht an Hand von Kategorien zu begreifen, die von außen an ihn herangetragen werden, vielmehr das oder den anderen aus sich selbst heraus intuitiv (→Intuition) zu erfassen. Voraussetzung jeder V.sbemühung ist darum, (1) daß im Fremden etwas anderes begegnet, also die Anerkennung seiner Individualität, die nach allg. Regeln und Typen nicht zureichend begriffen werden kann. Metaphysische und von neueren Philosophen in Frage gestellte Voraussetzung von V. ist (2) die Sinnhaftigkeit dessen, was man zu verstehen und dem man damit einen Sinn zu geben versucht. Voraussetzung und – gar nicht selbstverständlicher – Ausgangspunkt einer V.sbemühung ist (3) der Sachverhalt, daß der oder das andere sich mühelos in seiner Bedeutung und in seinem Sinn und Aussagewillen erschließt oder gar zeigt. Theologische und humanistische Hermeneutik der Neuzeit ist darum v. a. das Bemühen um die rechte Auslegung von Texten, deren Verständnis durch »Verzerrung, Entstellung oder Mißbrauch verdorben« und verstellt ist (Gadamer, 1974, 1063). Darüber hinaus ist es ein fundamentalanthropologischer, schon in 1Mo 11,6ff beschriebener, auf die Selbstüberhebung des Menschen zurückgehender Sachverhalt, daß die Menschen »einer des anderen Sprache nicht (mehr) verstehen« (1Mo 11,6).

Für moderne Sprachphilosophie, Sprach- und Übersetzungswissenschaft wie Hermeneutik wird V. zum Problem, insofern sie sich nicht nur um V.sregeln bemühen, sondern V. als Problem erfassen. Ganz gleich, ob V. den »garstigen Graben« zwischen zwei verschiedenen Zeiten überwinden muß oder ob V. als Verschmelzung verschiedener Horizonte (Gadamer, 1972) begriffen wird, das fundamentale V.sproblem liegt darin, daß nicht nur jedes Volk (jede Gemeinschaft von Menschen), sondern sogar jedes Individuum seine Sprache hat und daß »in jeder Sprache eine eigenthümliche Weltansicht« liegt (W. v. →Humboldt, 434). V. wird zum Problem, (1) weil eine Sprache eine Welt bedeutet, jedes Individuum sowohl das, das es zu verstehen gilt, wie das, was verstehen will, seine eigene Sprache spricht, und weil es (2) nicht möglich ist, sich aus diesem Gefängnis der Sprache (L. Wittgenstein, 114f) einfach herauszureflektieren. Das Denken und die Weltansicht eines Individuums sind an seine Sprache gebunden und vollziehen sich notwendig in den Bahnen seiner Sprache. V. fordert darum in der Sache die Verschmelzung zweier – individueller – Horizonte (Gadamer 1972). V. geschieht als eine Art »Übersetzen«. Wenn aber gilt: »Übersetzen heißt, zwei Herren dienen«, zwei verschiedenen Sprach- und Weltanschauungsuniversa verpflichtet sein, dann folgert F. →Rosenzweig zurecht: »Also kann es niemand« (51).

Wo verstanden ist, daß V. (wie Übersetzen) nicht auf ein mechanisches, in der Anwendung fester Regeln aufgehendes Verfahren zu reduzieren ist, vielmehr in seinem Gelingen nicht garantiert werden kann, weil es Begegnung mit einem anderen bedeutet, das man nicht einfach auf einen vorgebrachten Begriff bringen kann, da wird deutlich, daß V. sich nicht von selbst versteht, sondern letztlich ein unverfügbares Geschenk darstellt.

Wenn F. →Nietzsche das Interpretieren als Lebensäußerung des Willens zur Macht, d. h. als gewalttätigen Akt der Vereinnahmung darstellt, mit dem das andere als Eigenes angeeignet und seiner Andersheit entkleidet wird (314f), dann nähert er sich mit dieser radikalen Bestimmung von V. der bibl.-reformatorischen Sicht an. Wenn es zum Wesen des Menschen gehört, sein zu wollen wie Gott (1Mo 3,5; vgl. Röm 8,7), dann besteht eine elementare Form dieser Selbstüberhebung und Selbstvergottung darin, daß er sich selbst göttliche Bedeutung anmaßt, indem er seine (semantischen) Bedeutungen, d. h. seine Sprache und ihre Kategorien, die mit ihr gegebenen Anschauungen über Gott, Mensch und Welt durchzusetzen sucht. Daß diese interpretatorischen Vergewaltigungs- und Durchsetzungsversuche auch vor Gott selbst nicht haltmachen, macht das Kreuz des Sohnes Gottes deutlich, an das die Geschöpfe einen Gott bringen, der ihren Vorstellungen von Gott nicht entspricht. Es zeigt sich aber auch in der Rezeption des

Wortes vom Kreuz, das denen als Torheit (Unsinn) erscheinen muß, die an ihren Begriffen von Gott, Mensch und Welt festhalten und an der Offenbarung Gottes über sich selbst, den Charakter des Menschen und die gefallene Schöpfung vorbeigehen (vgl. 1Kor 1,18-25).

Jedes Bemühen darum, einem anderen Menschen das Evangelium verständlich zu machen, wird darum zweierlei berücksichtigen müssen: (1) »Der natürliche Mensch nimmt nicht an (begreift nichts von dem), was des Geistes Gottes ist, denn es ist ihm eine Torheit, und er kann (!) es nicht erkennen« (1Kor 2,14). Es handelt sich um verschiedene Horizonte, verschiedene Weltansichten, ja Welten, die nicht einfach ineinander überführt werden, noch nicht einmal miteinander kommunizieren können, wenn nicht der Geist Gottes demütig und offen macht für das Evangelium und seine Bedeutung(en) erschließt. – (2) Verkündigung des Evangeliums geht nicht auf in einer Bemühung, es verständlich zu machen. Sie trägt immer Konfrontationscharakter, weil in ihr und mit ihr zur Entscheidung ansteht, wer seine Bedeutung und seine Bedeutungen durchsetzt: Gott oder der Mensch.

Lit.: O.F. Bollnow: Das Verstehen, 1950; H.G. Gadamer: »Hermeneutik«, in: HWP Bd. 3, 1974, 1062–1073; ders.: Wahrheit und Methode, [3]1972; H. Hempelmann: »Veritas hebraica als Grundlage christlicher Theologie«, in: K. Haacker, ders.: Hebraica veritas. Die hebräische Grundlage der biblischen Theologie als exegetische und systematische Aufgabe, 1989, 39-78; W. von Humboldt: Schriften zur Sprachphilosophie, hg. v. A. Flitner und K. Giel, [5]1979; F. Nietzsche: Zur Genealogie der Moral, in: KSA 1980, Bd. 5; F. Rosenzweig: Die Schrift. Aufsätze, Übertragungen und Briefe, 1984; P. Stuhlmacher: Vom Verstehen des Neuen Testaments, [2]1986; L. Wittgenstein: Philosophische Untersuchungen (1958).

H. Hempelmann

Verstockung

V. ist ein Geschehen, das theol.-heilsgeschichtl. zwischen den Aussagen über die generelle Sündigkeit des Menschengeschlechts und dem Tod des einzelnen bzw. dem letzten →Gericht Gottes über alle Menschen steht. Die V. Pharaos als besonderes Beispiel für dieses Thema wird in den luth. Bekenntnisschriften als Rückzug Gottes und Selbstverstockung des Pharao interpretiert (BSLK, FC SD XI, 84-86). Die Berufung vieler, aber Erwählung weniger wird ebenfalls mit der Selbstverstockung der Menschen erklärt, die das Wirken des Heiligen Geistes verhindert; Ziel dieser abschwächenden Deutung ist, daß der Mensch Subjekt seiner Schuld bleibt, nicht aber Gott, dessen Heilswillen für alle Menschen festgehalten wird (BSLK Ep XI, 12; SD XI, 86).

E. →Schlink deutet V. als verwerfendes Handeln Gottes mit dem Ziel des göttlichen Gerichts und als gleichzeitige Selbstverstockung des Menschen. W. →Elert betont dagegen am Beispiel der Jünger, daß vom NT her V. nicht endgültig sein muß, sondern als Strafe Gottes Folge auf ein sündiges menschliches Verhalten ist. Auch P. →Althaus hebt hervor, daß V. nicht schon endgültige Verwerfung bedeutet, sie ist »nichts Endgültiges, sondern nur Durchgang«, nicht in ewiger doppelter →Prädestination, sondern in Gottes geheimem Ratschluß begründet. Das eschatologische Ziel göttlichen Erbarmens über den Verstockten ist nach J. Moltmann wichtiger als die isolierte Frage nach dem Urheber und dem Subjekt der Schuld. Ihm folgt der Katholik Scheffczyk, wenn er vom souveränen Handeln Gottes als zulassender göttlicher Verfügung spricht, das zeitlich-geschichtlich einem sündhaften Menschen gilt, mit dem Zweck, ihm das göttliche Erbarmen zu offenbaren. Der neue Katechismus der Katholischen Kirche erwähnt V. im Rahmen der Lehre von der Todsünde (Nr. 1859: geheuchelte Unwissenheit und V. erhöhen die willentliche Dimension der Tat) und der Lehre von der Sünde wider den Heiligen Geist (Nr. 1864): eine solche Verhärtung kann zur endgültigen Unbußfertigkeit und ewigen Verdammnis führen.

Widerstände gegen die Verkündigung des Evangeliums und das daraus folgende Leben nach Gottes Geboten werden heutzutage manchmal verharmlosend als reines Nichtverstehen einer historischen Botschaft gedeutet, die durch hermeneutische, pädagogische und homiletische Bemühungen überwunden werden können. Diesem Mißverständnis begegnet die Lehre von der V., wenn sie unterstreicht, daß Unbußfertigkeit und mutwillige Sünde ehemals durchs Evangelium Bekehrter von Gott mit V. und Verblendung bestraft werden (BSLK, FC, SD XI, 83). Dieses Werk Gottes an einzelnen Sündern bleibt trotz seines Charakters als Sündenfolge in der Unerklärlichkeit der göttlichen Auswahl Gottes Geheimnis (Röm 9,18). V. ist deshalb nicht nur zulassend (permissiv) und als Verlassen des Menschen (desertiv), sondern effektiv und aktiv zu verstehen: »Es ist ein unergründlicher Freiheitsakt Gottes, daß er hier verstockt und dort nicht« (Althaus). Hierbei liegen V. durch Gott und Selbstverstockung – im Gegensatz zur Lehre von der Errettung des Menschen – ineinander, wie Fr. H.R. →Frank zu Recht herausstellt (System der christl. Wahrheit, 1885, 489). V. ist nicht sicheres Zeichen der endgültigen Verwerfung (Mk 6,52;

8,17), sondern Mittel seines Gnadenwillens: er will sich der Völker und Menschen erbarmen, die er zeitweise im Ungehorsam hält (Röm 11,11.25.32).

Lit.: P. Althaus: Die christliche Wahrheit, [8]1968, 63; W. Elert: Der christliche Glaube, [6]1988, 458–459; J. Gnilka, L. Scheffczyk: V., LThK 10, 740–743 (Lit.); »Verstockung« in: GBL III, 1641; R. Gyllenberg, J. Moltmann: »Verstockung«, RGG[3] VI, 1383–1385; Katechismus der Katholischen Kirche, 1993, Nr. 591, 1859, 1864; E. Schlink: Ökumenische Dogmatik, 1983, Kap. 30.

J. Eber

Versucher →Teufel

Versuchung

V. ist Reizung des Menschen zu Sünde, Unglaube und Ungehorsam gegenüber Gott. Zur V. kann alles im Leben werden: Erfolg oder Mißerfolg, Wohlergehen oder Leiden. Bei dem in der Bibel meist verwendeten Begriff *peirazein/peirasmos* sind zwei Bedeutungen zu unterscheiden: »auf die Probe stellen« (z.B. Jak 1,2-4) und »zur Sünde verführen« (z.B. Jak 1,12-15). Während für die zweite Bedeutung der →Teufel, der Mitmensch und die böse Begierde des Menschen als Urheber genannt werden, wird ersteres von Gott ausgesagt, der Menschen prüft; ebenfalls von Menschen, die Gott herausfordern. Prüft Gott Menschen, ist sein Ziel das Offenbarwerden ihrer Echtheit, die Läuterung von Nebenabsichten und Stärkung ihrer Treue. Die Spannung besteht darin, daß in der von Gott zugelassenen Situation der Mensch sich auch gegen ihn entscheiden, seinen eigenen Weg gehen, Glaube und Gehorsam aufkündigen kann.

Die klassischen Vorgänge im AT finden sich in 1Mo 3,1-19 (Sündenfall), 1Mo 22,1-19 (Opferung Isaaks) und im Buch Hiob (bes. 1,6ff; 2,1ff – Zulassung Gottes). Die meisten Stellen sprechen von einer Prüfung durch Gott (z.B. 2Mo 16,4; 20,20; 5Mo 8,2; Ri 2,22). – Wie der Mensch Gott »auf die Probe stellt«, ihn durch ungläubiges Zweifeln und Murren herausfordert, zeigt sich am deutlichsten bei der Wüstenwanderung (vgl. 2Mo 17,1-7; 4Mo 14,22; 5Mo 6,15; 9,22; Ps 78,17ff u.a.).

Diese für die Nachfolge Christi vorbildhaften Ereignisse werden im NT warnend und ermahnend vor Augen gestellt (1Kor 10,1ff.9; Hebr 3,7ff; 4,1ff). In der Zuspitzung der V. geht es um letzte Alternativen. Glaube oder Unglaube, Gehorsam oder Verweigerung der Gefolgschaft (Rebellion) als Grundhaltung haben weittragende eschatologische Konsequenzen: ewiges Heil oder ewige Verlorenheit. – Die Schärfe eines letzten Entweder-Oder steht in Zusammenhang mit der Einzigartigkeit und Ausschließlichkeit des Heils in Jesus Christus und dem Einbezogensein des Menschen in einen hintergründigen, endzeitlich sich steigernden Geisteskampf (Mt 24,21f; Offb 3,10; 20,7). Noch deutlicher als im AT tritt im NT die satanische Dimension der V. zutage, die auf den Abfall von Gott zielt (vgl. Mt 4,1ff; 1Thess 3,5; 1Kor 7,5). Auf diese letzte Gefährdung bezieht sich wohl die sechste Vaterunserbitte (Mt 6,13; auch Lk 22,31f; Joh 17,14f; 2Thess 3,3).

Jesus, der der V. durch Satan widersteht, seine messianische Vollmacht zu eigennützigen Zwecken zu mißbrauchen, Gott vermessen auf die Probe zu stellen und die ihm zustehende Herrschaft anders als aus der Hand des Vaters zu empfangen (Mt 4,1ff), überwindet den Teufel durch seinen Gehorsam bis zum Tod (Mt 27,42f; 26,39; Joh 19,30; Phil 2,5ff; Hebr 4,15; 5,8f). – Als der zweite Adam gewinnt Jesus das Paradies wieder. Im Unterschied zum Abfall des Volkes in der Wüste (AT-Zitate in Mt 4) bewährt sich Jesus in der Prüfung und erweist sich als der eschatologische Prophet, Priester und König (Reihenfolge der V.en).

1Mo 3 und Mt 4 zeigen die raffinierte Vorgehensweise des Versuchers und gegenbildlich modellhaft die Struktur der Bewährung und seine Überwindung. Hierzu helfen der treue Umgang mit seinem Wort, die brüderliche Gemeinschaft, das Festhalten des Heils in Christus, Gehorsam und Leidensbereitschaft (Offb 12,11), Wachsamkeit und Nüchternheit (1Petr 5,8), Beten und Fasten (Mt 17,21; 26,41), Inanspruchnahme des Standes in Christus und die Anwendung der gegebenen Ausrüstung (Eph 4,7f). Gott läßt V.en nicht über unsere Kraft gehen (1Kor 10,13).

Je nach Art der V., der Lebenssituation und der Persönlichkeit wird in der Seelsorge unterschiedlich zu raten sein: vom Meiden gefährlicher Situationen bis zum Fliehen, vom Ignorieren und Ablenken bis zum Widerstand und der direkten Anrede (»Weiche!«). Weil der Angriff sich meist auf die Schwachstellen bezieht, ist auf deren Veränderung und Heilung besonderes Augenmerk zu richten. Überängstlichen Menschen muß der Unterschied zwischen V. und Sünde deutlich gemacht werden (»Wir können nicht verhindern, daß die Vögel über unseren Kopf fliegen, wohl aber, daß sie Nester darauf bauen« (M. Luther)).

Lit.: D. Bonhoeffer: Versuchung, 1953; K. G. Kunn: peirasmos-hamartia-sarx im NT und die damit verbundenen Vorstellungen, ZThK 49/1952, 200–222; H. Thielicke: Das Gebet, das die Welt umspannt, [10]1961; ders.: Zwischen Gott und Satan, [3]1955.

O. Föller

Vertrauen →Glaube

Vertriebene →Flüchtlinge

Verwaltung, kirchliche

a) landeskirchlich

Die Kirchen in Deutschland haben nach dem Grundgesetz (Art. 140 GG i.V.m. Art. 136–139, 141 WRV) das verfassungsmäßige Recht auf Verwaltungsautonomie: »Jede Religionsgesellschaft ordnet und verwaltet ihre Angelegenheiten selbständig innerhalb der Schranken des für alle geltenden Gesetzes ...« (Art. 137 Abs. 2 WRV). Die Aufgaben der kirchlichen Verwaltung ergeben sich vor allem aus den Bestimmungen über die Teilhabe der Kirchenglieder an den kirchl. Lebensäußerungen. Dazu gehören z.B. die Bestimmungen, wer auf welchem Weg in ein kirchl. Amt eingesetzt werden kann, wie kirchl. Grundstücke und Gebäude sowie die für alles erforderlichen Mittel beschafft und verwaltet werden. Demgemäß gliedert sich kirchl. Verwaltung in die Verwaltung der Sakramente (Taufe, Abendmahl) und der weiteren kirchl. Lebensordnungen (Trau-, Konfirmations-, Bestattungsordnung), die kirchl. Personalverwaltung mit Regeln für Ausbildung und Prüfung kirchl. Mitarbeiter (inbesondere Pfarrer und Katecheten), die kirchl. Bau- und Liegenschaftsverwaltung (insbesondere Beschaffung und Erhaltung der Kirchengebäude und Pfarrhäuser), und die kirchl. Finanzverwaltung (insbesondere Steuer- und Vermögensverwaltung sowie Haushaltswesen). Nach landeskirchl. Tradition sind für die Verwaltung der Sakramente und der weiteren kirchl. Lebensordnungen die Parochialpfarrer zuständig, für die Personalverwaltung die jeweilige Leitungsebene. Für die Liegenschafts- und Finanzverwaltung werden von den Landeskirchenämtern Mitarbeiter mit geeigneter Vorbildung bestellt (meist Juristen und Verwaltungswirte).

Je mehr einzelne Regelungen kirchenspezifisch sind, um so mehr werden sie in eigener kirchl. Zuständigkeit erarbeitet und beschlossen (z.B. Kasualordnungen, Pfarrergesetze). Umgekehrt werden in den anderen Bereichen vielfach aus Gründen der Arbeitsökonomie »weltliche« Regelungen inhaltlich übernommen (vor allem im Bereich der Finanzverwaltung). Weithin ist dies auch bei der Regelung der Arbeitsverhältnisse der Fall; die landeskirchlichen Anstellungsordnungen entsprechen in weiten Teilen dem Bundesangestelltentarifvertrag (BAT). Allerdings haben fast alle Landeskirchen in Abweichung von weltlichem Arbeitsrecht, das durch Tarifautonomie der Sozialpartner mit Arbeitskampf als Gestaltungsmittel gekennzeichnet ist, kircheneigene Regelungen getroffen, die die einvernehmliche Gestaltung des Arbeitsrechts durch paritätisch besetzte Organe vorsehen. Bei Nicht-Einigung ist Zwangsschlichtung möglich (Dritter Weg). Das Bundesverfassungsgericht hat in ständiger Rechtssprechung das Recht der Kirchen auf selbständige Regelung ihrer Angelegenheiten extensiv ausgelegt (BVerfGE 70/138). U.a. wurde es als zulässig erklärt, daß die Kirchen bezüglich Begründung und Bestand von Arbeitsverhältnissen vom allg. Arbeitsrecht abweichen können. Einrichtungen von Diakonie und Caritas wurden dabei den verfaßten Kirchen gleichgestellt. Z.B. wurde die Kündigung eines Krankenhausarztes gebilligt, der sich öffentlich für Schwangerschaftsabbrüche aus sozialen Gründen aussprach. Inhaltlich gelten für die kirchl. Verwaltung die allg. Grundsätze der Rechtsordnung: Verhältnismäßigkeit, rechtliches Gehör, Willkürverbot und Pflicht des Dienstherrn zur Fürsorge für Mitarbeiter. Die kirchl. Verwaltung hat insgesamt eine dienende Funktion. Man sollte ihr kein Übermaß an Kompetenzen aufbürden: es gilt die bibl. Grundregel der getreuen Haushalterschaft (1Kor 4,2). Dies sollte die größtmögliche Transparenz bei allen kirchl. Verwaltungsvorgängen einschließen.

Lit.: A. v. Campenhausen: »Kirchenleitung und Kirchenverwaltung«, in: Vorlagen, Heft 22, hg. von E. Lohse, 1984; U. Scheuner: »Der Dienst in der kirchlichen Verwaltung«, Staatskirchenrechtliche Abhandlungen, Bd. 3, 497ff, 1973.

M. Dietrich

b) freikirchlich

Gemeinsam ist allen Freikirchen: (1) sie sind in Deutschland überwiegend Körperschaften des öffentlichen Rechts; (2) ihr kirchl. Verwaltungsaufwand wird aus theol. Gründen (Mitverantwortung und -wirkung vieler Gemeinde- bzw. Kirchenglieder) und aus finanziellen Notwendigkeiten (volle Finanzierung durch freiwillige Abgaben) so klein wie möglich gehalten und überwiegend ehrenamtlich wahrgenommen.

Das unterschiedliche theol. Konzept für das Verständnis von Gemeinde und Kirche (baptist.: Kongregationalismus mit Betonung der Ortsgemeinde; methodist.: Connexionalismus mit weltweit verpflichtender Verfassung) führt zu jeweils eigenen

Gemeinde- bzw. Kirchenstrukturen, die sich zwangsläufig auf die kirchl. Verwaltung auswirken.

Im Kongregationalismus ist jede Ortsgemeinde eine in jeder Hinsicht (personell, finanziell und verwaltungsorganisatorisch) selbstverantwortliche Verwaltungseinheit. Die übergemeindlichen Werke (Mission, Ausbildungsstätten) werden durch freiwillige Mittel der Gemeinden an die zentrale Verwaltung des Bundes der Gemeinden, durch direkte Gaben oder durch die Werke selbst getragen. Auch die übergemeindlichen Werke verwalten sich in Verbindung mit der Bundesgemeinschaft selbständig.

Im methodistischen Verbundsystem ist die grundlegende Verwaltungseinheit die »Jährliche Konferenz« (vier in Deutschland) mit ihren verschiedenen Organen. Die auf der Ebene der Konferenz tätigen Superintendenten (begrenzte Dienstzeit von 8 bis 10 Jahren) werden in ihrer Verwaltungstätigkeit durch eine Konferenz-Geschäftsstelle (mit einem ständigen Leiter) entlastet. Für die in den rechtlich nicht selbständigen Gemeindebezirken anfallenden Verwaltungsarbeiten (Finanzen, Haus- und Grundstücksverwaltung, Kirchenbuchführung) gibt es Ausschüsse und Verwalter, sowie Kassen- und Buchprüfer, die alle ehrenamtlich tätig sind. Die rechtlichen Grundlagen für die Verwaltung werden in Deutschland für alle vier jährlichen Konferenzen von einer Zentralkonferenz beschlossen. Sie sind entweder Bestandteil der »Lehre, Verfassung und Ordnung der Evangelisch-methodistischen Kirche« oder Inhalt eines »Diensthandbuchs«, in dem Verwaltungsrichtlinien, Musterverträge und dgl. veröffentlicht sind.

Die zunehmende Verrechtlichung durch die staatliche Gesetzgebung und entsprechende Verordnungen werden in den Freikirchen gerade wegen der ehrenamtlichen Mitarbeit als Belastung empfunden und führen dahin, daß die ehrenamtliche Mitarbeit in berufsfremden Bereichen gebremst wird. Durch die Heranführung an die ehrenamtliche Mitarbeit in ganz verschiedenen Bereichen des kirchl. Lebens leisten die Freikirchen einen unauffälligen gesellschaftl. Beitrag, weil die kirchl. Erfahrung auch die Türen zum Einstieg in die ehrenamtliche Mitarbeit in unterschiedlichen Bereichen des öffentlichen Lebens öffnet.

Lit.: Diensthandbuch der EmK, 1991; Lehre, Verfassung und Ordnung der Evangelisch-methodistischen Kirche (Emk), zuletzt Stuttgart 1993; Verfassung des Bundes Evangelisch-Freikirchlicher Gemeinden in Deutschland, 1992.

K. H. Voigt

Verwerfung →Erwählung

Vesper →Stundengebet

Vetter, Jakob (1872–1918)

V., geb. am 23. 11. 1872 in Worms, gest. am 13. 12. 1918 in Riehen bei Basel, wurde mit 14 Jahren Vollwaise, durchlebte eine schwere Jugendzeit und erlernte das Schneiderhandwerk. Als 16jähriger kam er zum Glauben und erkannte den Anspruch Gottes auf sein Leben an. Die Ausbildungszeit von 1893-97 in St. →Chrischona wurde durch eine plötzlich auftretende Lungenerkrankung überschattet. Nach der Einsegnung wirkte V. als Evangelist der Pilgermission in Oberhessen; bei einem Studienaufenthalt 1899 in England konkretisierte sich für ihn der Gedanke an eine »Zeltmission«, um den entkirchlichten Menschen das Evangelium

sagen zu können. 1902 konnte das erste Zelt erworben und die Deutsche →Zeltmission ins Leben gerufen werden. In der folgenden Zeit wuchs die Arbeit so stark, daß selbständige Zweige in Süddeutschland, in Ostpreußen, in Holland und in der Schweiz entstanden. Trotz seiner schweren Lungenerkrankung war V. unermüdlich als Evangelist in dt. Gebieten, aber auch in Wales, Holland, Rußland und im Orient tätig. Nicht nur als Verkündiger, sondern auch durch seine Bücher hat er starken Einfluß auf die Entwicklung der →Gemeinschaftsbewegung bekommen und sich auch theol. Auseinandersetzungen nicht entzogen. So sehr er für die Gültigkeit des Wortes Gottes gekämpft hat, so sehr war er aber auch Zeuge des Evangeliums und der

»freien Gnade« Gottes und aus eigener Betroffenheit Seelsorger für Angefochtene und Schwache.

Lit.: J. Vetter: Das heilige Blut, [17]1981;
H. Bruns: Jakob Vetter, Der Gründer der Zeltmission, 1954; M. Vetter: Jakob Vetter, Ein Evangelist, 1922.

K. Haag

Via antiqua/moderna →Scholastik

Vicedom, Georg Friedrich (1903–1974)

V., geb. am 8. 3. 1903, gest. am 13. 10. 1974. In armer Bauernfamilie im Steigerwald (Oberfranken) aufgewachsen, war V. von der anspruchslosen Lebenseinstellung seiner Zeit, Kultur und Mentalität und von der luth. Kirche seiner Heimat tief geprägt, was sich in seinem zeitlebens praktischen, einfachen, tiefen und festen Glauben auswirkte.

Im Seminar der →Neuendettelsauer Mission (1922–1928) erhielt er die in seiner Zeit beste Vorbereitung für den Missionsdienst, ergänzt durch ein weiteres Studienjahr am Kolonialinstitut in Hamburg. Die Basis für seine Theologie und sein Missionsverständnis wurde durch Karl Steck gelegt (1873–1952). Hier liegen auch die Wurzeln für sein Eintreten für eine Integration der Mission in die Landeskirche. Christian Keyßer (1877–1961) prägte sein Verständnis für die praktische Missionsarbeit, für Forschung, Kultur und Religion.

V.s erste Pionierarbeit war im neuentdeckten Goldfeld um Mumeng in Nord-Ost-Neuguinea (1929–1934). Die »Entdeckung« des Hochlandes von Neuguinea anfangs der dreißiger Jahre führte ihn zum Höhepunkt seiner Arbeit am Mt. Hagen (1934–1939). Einschränkende australische Gesetze, Schwierigkeiten mit der kath. Mission und eine unerwartete Offenheit für das Evangelium führten zu einer neuen Missionsstrategie: Erweckte Heiden wurden zu den wichtigsten Trägern der Botschaft, wodurch eine Bewegung eingeleitet wurde, die das ganze Hochland erfaßte und zu einer öffentlichen Annahme des christl. Glaubens führte.

Die integrale Ganzheitlichkeit von Religion, Sprache und Kultur für das Verstehen und das Verhalten des Missionars und die angemessene Verkündigung des Evangeliums, die am Gottesbild ansetzt und zur selbständigen, bodenständigen, missionierenden Gemeinde führt, waren Merkmale seiner Tätigkeit.

Nach dem Krieg übernahm er die Funktionen von Christian Keyßer als Lehrer am Missionsseminar, Inspektor der Neuendettelsauer Mission und Mitglied des Deutschen Evangelischen Missionsrats (DEMR). Die Universität Erlangen und die neu eingerichtete Augustana-Hochschule in Neuendettelsau beauftragten ihn mit Vorlesungen. Im Jahr 1956 erhielt er dort den Lehrstuhl für Missionstheologie und Religionswissenschaft.

Er war Missionsbeauftragter der →Vereinigten Ev.-Luth. Kirche Deutschlands als Leiter des Verbindungsausschusses (VA). Zusammen mit W. →Freytag, M. Pörksen und H.H. Harms beeinflußte er das gesamte Missionsleben Deutschlands, nach dem Tode Freytags (1959) als führender Denker. Die Integration der Mission in die Landeskirche sollte der Belebung und Erneuerung der Kirche dienen; gleichzeitig wehrte sich V. gegen den Einfluß des →»social gospel« und die Aufweichung der Theologie durch die →Bibelkritik, da sie ein verändertes Missionsverständnis in der Kirche bewirkten, das diese unfähig für mission. Verantwortung im ursprünglichen Sinn machte (1963). Diese Auseinandersetzung veranlaßte ihn, 1970 als einer der ersten die →»Frankfurter Erklärung zur Grundlagenkrise der Mission« des Theologischen Konvents der →Konferenz Bekennender Gemeinschaften zu unterzeichnen. Er zog sich aus diesem Werk jedoch wieder zurück, als man die »Erklärung« zur Bekenntnisschrift erhob. V. blieb luth. Kirchenmann, behielt eine bibl. orientierte Theologie und gab der Mission immer Priorität. Er war der letzte Missionstheologe, der die evangelikale und ökumenisch orientierte Theologie vertrat und von beiden akzeptiert wurde.

Sein letztes Buch »Actio Dei« zieht Bilanz und zeigt, welche Theologien und deren Träger Mission fördern bzw. hindern, auch am Beispiel der Integration der Mission in die Kirche.

Lit.: G. Vicedom: Missio Dei. Einführung in eine Theologie der Mission, 1958; Die Mission der Weltreligionen, 1959; Mission in einer Welt der Revolution, 1969; Actio Dei. Mission und Reich Gottes, 1975.
K. W. Müller: »Peacemaker. Missionary Practice of Georg Friedrich Vicedom in New Guinea. A Presentation Based Mainly on His Own Writings.« Diss. Aberdeen, 1992. Vollständige Quellensammlung (ca. 3.000 Titel) mit mehreren Registern als Anhang;
H. Wagner (Nachfolger Vicedoms als Professor): Missionstheologie in lutherischer Sicht. Theologische Hefte/ Concordia 3, 1987.

K. W. Müller

Vico, Giovanni Battista (Giambattista) (1668–1744)

Italienischer Rechtsgelehrter und Humanist, geb. am 23. 6. 1668 in Neapel, gest. am 23. 1. 1744 ebd.

Er wirkte als Professor für Rhetorik, wurde aber von seinen Zeitgenossen weitgehend verkannt. Er wandte sich – als überzeugter Katholik – gegen die naturwissenschaftlich orientierte Philosophie seiner Zeit, z.B. von R. →Descartes, und begründete die neuzeitliche Geschichtsphilosophie, in der die Religion als anfängliche kulturbildende Kraft bezeichnet wird und – nach ihrem Verfall – in die säkulare Weltgeschichte führt. Er säkularisiert als erster die »Vorsehung«, ohne daß er sie preisgibt. Er will vielmehr eine vernünftige natürliche Theologie durchsetzen. Als Polyhistor ist er für viele Zweige der Bildung (Homerforschung, Mythologie, Hermeneutik, Psychologie u.a.) von Bedeutung geworden und im Laufe der Zeiten von vielen Seiten als Parteigänger in Anspruch genommen worden.

Lit.: G. B. Vico: Sämtliche Werke in 11 Bden., 1514–1541; Autobiographie (dt.), 1948;

B. Croce: Die Philosophie des Giambattista Vico, 1927; K. Löwith: Weltgeschichte und Heilsgeschehen, [8]1990, 109–128; F. Rüfner: Die Geschichtsphilosophie Giambattista Vicos, 1946; K. Werner: Giambattista Vico als Philosoph und gelehrter Forscher, 1881.

G. Ruhbach

Viebahn, Christa v. →Diakonissenmutterhaus Aidlingen

Viebahn, Georg von (1840–1915)

G. v. V., geb. am 15. 11. 1840 in Arnsberg, gest. am 15. 12. 1915 in Berlin, Generalleutnant. Der hervorragend begabte Offizier, der Christlichen →Versammlung nahestehend, wurde ein offener Christusbekenner und sammelte die gläubigen Offiziere der kaiserlichen Armee und Marine im »Bund gläubiger Offiziere«. Alljährlich hatten sie ihre Konferenzen. V. gab seit 1899 vierteljährlich die Zeitschrift »Schwert und Schild« mit dem »Bibellesezettel« als Beilage heraus. Die Auslegungen des Bibellesezettels für die tägliche stille Zeit fanden weite Verbreitung. Auf den →Blankenburger Konferenzen war V. einer der führenden Männer; auch sonst war er als Redner geschätzt. Seine Traktate »Zeugnisse eines alten Soldaten« (seit 1895) sind beispielhaft für die Traktatliteratur. Die →»Berliner Erklärung« gegen die →Pfingstbewegung ging mit auf seine Initiative zurück.

Lit.: H. Brandenburg: Georg von Viebahn. General und Evangelist, [2]1992; F. W. v. Viebahn: Georg von Viebahn, [2]1918.

H. Brandenburg

Vierfacher Schriftsinn →Schriftauslegung

Vigil →Stundengebet

Vikar, apostolischer →Kirchliche Ämter

Vikar, Vikarin, Vikariat →Pfarrer

Viktoriner

Als V. bezeichnet man einige wichtige Theologen des 12. Jh.s aus der Regularkanoniker-Abtei St. Viktor bei bzw. in Paris, die 1108 von Wilhelm von Champeaux (gest. 1121 als Bischof von Châlons) gegründet, 1113 vom König und 1114 vom Papst bestätigt wurde, mit reichem Besitz ausgestattet war und als solche bis in die Zeit der französischen Revolution bestanden hat. Ihr erster bedeutender Theologe ist Hugo von St. Viktor (gest. 1141), der eine Fülle von Schriften (Bibelauslegung, Wissenschaftstheoretisches, »Didaktisches«, Mystisches) hinterlassen und mit seinem Hauptwerk *De Sacramentis Christianae fidei*, »Von den Sakramenten des christlichen Glaubens«, eine erste mittelalterliche »Summe« der Theologie geschrieben sowie die biblisch-heilsgeschichtliche Ausrichtung der »Schule« von St. Viktor begründet hat. Richard von St. Viktor (gest. 1173) hat die systematischen und mystischen Ansätze weitergeführt (Hauptwerk: *De trinitate*, »Von der Dreieinigkeit«). Von Adam (gest. 1192) sind »Sequenzen« (geistliche Dichtungen) überliefert. Walter (gest. 1180) hat in seiner Schrift *Contra quattuor labyrinthos Franciae*, »Gegen die vier Labyrinthe Frankreichs«, gegen die seiner Auffassung nach gefährlichen »rationalistischen« Tendenzen der Zeit geeifert (eines der vier »Labyrinthe« ist immerhin Petrus →Lombardus!). Achardus (gest. 1171 als Bischof von Avranches) hat Predigten, kleine geistliche Schriften und ebenfalls einen Trinitätstraktat hinterlassen, Gottfried (gest. 1194) das Wissenschaftssystem Hugos neu darstelllt. Erst in jüngerer Zeit genauer erforscht und gewürdigt ist Andreas von St. Viktor (gest. 1175). Er hat bedeutende (ausschließlich) alttestamentliche Kommentare verfaßt, in denen er die jüdische Bibelexegese der Zeit umfassend einbezieht und sich im wesentlichen und ausdrücklich auf den Literalsinn der biblischen Aussagen beschränkt; er gehört insofern zumindest in die Vorgeschichte heutiger wissenschaftlicher Bibelauslegung.

Lit.: J. Ehlers: Hugo von St. Viktor und die Viktoriner, in: GdKG 3, 1983, 192–204 (Ausgaben; Lit.); J. Longère (Hg.): L'abbaye parisienne de Saint-Victor au Moyen âge, 1991; B. Smalley: The Study of the Bible in the Middle Ages, ³1983.

zu Hugo: J. Chatillon: »Hugo von St. Viktor«, in: TRE 15, 1986, 629–635 (Lit. bis 1986); K. Ruh: »Hugo von St. Viktor«, in: VerLex 4, 1983, 282–292; P. Sicard: Hugues de Saint-Victor et son école, 1991 (273–277: Werkverzeichnis nach heutigem Forschungsstand mit Ausgaben; 278–285: Lit.).

zu Richard: K. Ruh: »Richard von St. Viktor«, in: VerLex 8, 1992, 44-54.

zu Andreas: Werke in CChr.CM 53ff. 1986ff.; R. Berndt: André de Saint-Victor (gest. 1175). Exégète et théologien, 1991.

B. Steinseifer

Villigst

→Studienwerk Villigst, Ev.

Vilmar, August Friedrich Christian (1800–1868)

V., geb. am 21. 11. 1800 in Solz bei Bebra, gest. am 30. 7. 1868 in Marburg. Direktor des Marburger Gymnasiums (1833-50), Vortragender Rat im Innenministerium in Kassel (1850-55), Professor der Theologie in Marburg (1855-68).

V.s Bedeutung zeigt sich in seinen drei Tätigkeitsfeldern als Literaturhistoriker, als Politiker und als luth. Theologe. Seine »Geschichte der deutschen National-Literatur« (Marburg, 1. Aufl. 1845, 26. Aufl. 1905) entstand aus Vorlesungen und ist das

bekannteste seiner germanistischen Werke. Beachtung verdienen auch das »Idiotikon von Kurhessen« (Marburg 1868, Neudruck 1969), seine Mitarbeit am »Deutschen Wörterbuch« von Jacob und Wilhelm Grimm (vgl. Bd. 1, 1854, S. LXVI) und seine Beiträge zum Staats- und Gesellschaftslexikon von Hermann Wagener (Berlin 1859–1866). V. als konservativer Politiker und Schulmann hat einen festen Platz in der kurhessischen Geschichte. Die Revolution von 1848 hielt er ebenso wie den Sieg Preußens von 1866 für großes Unrecht.

Unter seinen theol. Werken ragt die Programmschrift: »Die Theologie der Thatsachen wider die Theologie der Rhetorik. Bekenntnis und Abwehr« (Marburg 1856, Nachdruck der 3. Aufl. 1857 Darmstadt 1968) hervor. Diese glänzend geschriebene, in ihrer Kürze und Polemik aber auch von vielen abgelehnte Schrift enthält bereits seine Theologie, sein Verständnis von Wesen und Auftrag der Kirche, seine Lehre vom geistl. Amt und dessen Vollmacht, seinen Begriff der »Erfahrung« im Ansatz. Sie stand am Beginn seiner Wirksamkeit als Professor.

V. lehnte den Summepiskopat des Kurfürsten ab und forderte Freiheit für die Kirche. Als die Pfarrerschaft ihn zum Generalsuperintendenten in Kassel gewählt hatte, verweigerte der Fürst die Ernennung und berief ihn statt dessen auf den Lehrstuhl in Marburg. Nachdem er sich seit dem Jubiläum der Confessio Augustana 1830 als Lutheraner verstand, hat er seine konfessionelle Richtung in Forschungen auf verschiedenen Gebieten (auch Hymnologie) zu erkennen gegeben. Trotz seines Alters sammelte sich schnell ein Schülerkreis um ihn. Er war Herausgeber der »Pastoral-theologischen Blätter« (Stuttgart 1860-66). Seine theol. Werke sind größtenteils posthum von den Schülern aus Vorlesungsmitschriften ediert worden.

Nach seinem Tod beriefen sich u.a. die Vertreter der Hessischen →Renitenz (1873; dazu gehörte auch sein Bruder, Metropolitan Wilhelm V. in Melsungen 1804–1884) auf ihn als ihren Lehrer. Im Kirchenkampf des 20. Jh.s wurde V. oft zitiert.

Lit.: A. Vilmar: Geschichte des Confessionsstandes der evangelischen Kirche in Hessen, 1860; Die Gegenwart und die Zukunft der niederhessischen Kirche, 1867; Theologische Moral, 2 Bde., 1871; Dogmatik, 2 Bde., 1874 (Neudr. mit Vorwort von H. Sasse, 1938); Collegium Biblicum. Praktische Erklärung der heiligen Schrift. NT 2 Bde., 1879-80, AT 4 Bde., 1881-83.

W. Hopf: August Vilmar. Ein Lebens- und Zeitbild, 1913; R. Keller: »August Vilmar und Wilhelm Löhe. Historische Distanz und Nähe der Zeitgenossen im Blick auf ihr Amtsverständnis«, in: Kerygma und Dogma 39, 1993, 202–223 (Lit.); G. Müller: Die Bedeutung August Vilmars für Theologie und Kirche, 1969 (= Theol. Existenz heute 158).

R. Keller

Vincentius von Lerinum

Die genauen Lebensdaten des V. sind unbekannt, gest. ist er um 450 als Priester und Mönch im Kloster Lerinum, einem der vielen Klöster im Rhone-Delta. Bekannt wurde er als Gegner der augustinischen Gnadenlehre, deren Radikalität er im →semipelagianischen Sinn öffnete. Er gilt als Vater des röm.-kath. Traditionsprinzips (kath. ist, was »immer, überall und von allen geglaubt wird«). Zur Widerlegung der 451 endgültig verurteilten →Nestorianer sammelte er in seinen »Excerpta« trinitätstheol. und christologische Zitate aus den Kirchenvätern, bes. aus →Augustinus. Möglicherweise geht das Athanasianum in vielen Aussagen auf diese Sammlung zurück.

Lit.: H. Koch: Vincentius von Lerinum und Gennadius, 1907; H. Kremser: Die Bedeutung des Vincentius von Lerinum für die röm.-kath. Wertung der Tradition, Diss. Hamburg, 1959.

G. Ruhbach

Vinet, Alexander (1797–1847)

V., geb. am 17. 6. 1797 in Lausanne, gest. am 4. 5. 1847 ebda., studierte Theologie in Lausanne und wurde 1819 ordiniert, danach allerdings Lehrer für Französisch am Gymnasium Basel; 1837 erhielt er die Professur für Praktische Theologie in Lausanne und wurde dort erfolgreicher Vorkämpfer der église libre im Kanton Vaud, überzeugter und überzeugender Vertreter einer strikten Freiheit der Kirche gegenüber dem Staat. Sein auf persönliche Frömmigkeit dringendes Christentum hat ihn gegen Einseitigkeiten des Rationalismus wie der Erweckungsbewegung auftreten lassen und ihm bis in die Gegenwart hinein Wirkung verschafft.

Lit.: A. Vinet: Ausgewählte Werke, 4 Bde, hg. von E. Staehelin, 1944; die franz. Ausgabe, 1908 begonnen, hat über 30 Bände seiner Schriften.

H. Korth: Das Verständnis der Kirche bei Alexander Vinet, Diss. Göttingen, 1950; P. A. Robert: Essai sur la crise religieuse d'Alexandre Vinet, 1948: A. Rüegg: »Alexander Vinet«, in: PRE 20, ³1908, 680–692; A. Schumann: Alexander Vinet, 1901.

G. Ruhbach

Viret, Pierre (1511–1571)

V., geb. 1511 in Orbe (Kanton Vaud), gest. im März 1571 in Pau/Frankreich. V. war Reformator der franz. Schweiz, Mitarbeiter →Farels, Pfarrer und Professor an der Akademie von Lausanne, neben Calvin ein fruchtbarer Schriftsteller reformatorischen Gedankengutes in franz. Sprache. Von Lausanne vertrieben, ging er an die Genfer Akademie, dann als Pfarrer nach Lyon und amtierte dort als Vorsitzender der franz. Nationalsynode 1563. Seine volkstümlichen Schriften über den Dekalog, das Glaubensbekenntnis, das Herrengebet u.a. haben ihm über den Tod hinaus Anerkennung und Beachtung verschafft.

Lit.: R. Pfister: »Pierre Viret«, in: Zwingliana 11, 1961, 113-173; C. Schnetzler: »Pierre Viret«, in: PRE 20, ³1908, 693-695; H. Vuillemier: Notre Pierre Viret, 1911.

G. Ruhbach

Visionen

V. gehören zur bibl. Überlieferung. Wir begegnen V. im AT und NT als Weisen göttl. Mitteilung. Im AT sind Berufungen mit V. verbunden. Mose am Dornbusch, Jesaja im Tempel (Kap. 6), Jeremia mit dem aufblühenden Zweig. Auch eine Verheißung wird dem Gottesvolk als Vision durch Hesekiel (Kap. 37) gegeben. –

Im NT sind visionäre Einsichten in die Welt Gottes selbstverständlich. Johannes der Täufer sieht den Geist herabfahren, Jesus verheißt, den offenen Himmel zu sehen, die Apostel bekommen Auftrag und Erlaubnis zur Grenzüberschreitung durch V. (Apg 10 u. 16). Das letzte Buch der Bibel will durch eine grandiose Vision die Durchhaltekraft der Gemeinden stärken.

V. sind als Mittel der Offenbarung oft mit Auditionen verbunden. Nicht selten wird erst durch die Deutung Gottes die Vision verständlich. Die atl. Bezeichnung »Seher« für Propheten weist auf die Verbindung von V. und Botschaft hin.

Weil V. im christl. Kontext ihren Ursprung im offenbarenden Handeln Gottes haben, sind sie grundsätzlich zu unterscheiden von allem psychogenen Geschehen. Halluzinationen, eidetische Phänomene sind nicht gemeint, wenn von V. berichtet wird. Jedoch kann die Psychologie keine hinreichenden Kriterien liefern, um »echte« von »unechten« V. zu unterscheiden. Auch die subjektive Gewißheit des Visionärs reicht nicht aus, um unmittelbares Wirken Gottes von Tätigkeiten des eigenen Seelenlebens zu unterscheiden. Die Evidenz kann für den Visionär feststehen, beweist aber nicht Gültigkeit für andere. Darum kann die Echtheit einer Vision nie autoritativ beglaubigt werden. So haben auch echte V. keinen verpflichtenden Charakter für andere Christen.

Zur Beurteilung von V. ist die Gabe der Unterscheidung der Geister unerläßlich. Dies umso mehr, als eine Täuschung nicht nur möglich, sondern auch zu fürchten ist. Paulus weiß von satanischer Verblendung (2Kor 12) und warnt vor Engelbotschaften, die dem Evangelium widersprechen (Gal 1). Maßstab für die Beurteilung von V. ist ihre Übereinstimmung mit der Schriftoffenbarung. Weil durch Christus die Offenbarung Gottes abgeschlossen ist (Hebr 1), haben V. nur sekundäre Bedeutung. Große Beter der Kirchengeschichte haben durchweg ein distanziertes Verhältnis zu V. →Tersteegen erstrebt keinerlei »Gesichte«, und →Johannes vom Kreuz verweist in unüberbietbarer Ausschließlichkeit auf die Christusoffenbarung im Evangelium (Aufstieg II 20).

Als »Privatoffenbarungen« können V. für den einzelnen Klarheit schenken und in Entscheidungssituationen Wegweisung vermitteln. Allgemeingültigkeit können sie nie beanspruchen und haben daher auch in der Kirchengeschichte und der Geschichte der Frömmigkeit prinzipiell nur marginale Bedeutung. Zu sehr zurückhaltender Wertung führt auch die Erkenntnis der nicht endenden Reihe von Täuschungen durch »unechte« Visionen.

Lit.: E. Benz: Die Visionen, 1969; J. Lindblom: Gesichte und Offenbarungen, 1968; K. Rahner: Visionen und Prophezeiungen, ³1960.

G. Wolff

Visitation

Die vielleicht früheste Form bibl. bezeugter V. in Apg 15,36 zeigt ihren Ursprungscharakter als »brüderlichen Besuchsdienst«. Aber das Wort des Apostels ist auf freie Zustimmung angewiesen und Aufsichtsrecht und -pflicht des Bischofsamtes beschränkt sich auf die Ortsgemeinde.

Zu einer eigentlichen Ausbildung der V. als überörtlicher Institution kam es erst seit Karl dem Großen. Sie hängt eng zusammen mit der Ausbildung der Parochien und war eine sowohl kirchl. wie auch polit. Einrichtung. Als es dann in der Reformation erneut zum Zusammenwirken von weltlichem und kirchl. Amt in der V. kam, konnte man daran anknüpfen, was schon die bischöflichen Sendgerichte des MAs geübt haben.

Luther wurde 1528 zum Visitator von Kursachsen und Meißen bestellt. Es ist bekannt, daß er aufgrund dieser V.serfahrungen den Kleinen und Großen Katechismus schrieb.

Nur Württemberg hat seit der Reformation eine nie unterbrochene V.spraxis geübt. Sie begann mit den sogenannten »Umritten« der Reformatoren Schnepf und Blarer 1536. Auch hier war den Theologen die weltliche Macht beigegeben, um in Rechtsfragen und in Fragen des Besitzes für Ordnung sorgen zu können.

Die große Kirchenordnung von →Brenz und Herzog Christoph 1559 hat dann das V.swesen für ca. 250 Jahre neu geordnet. Sie wurde nach den Wirren des 30-jährigen Krieges durch Johann Valentin →Andreae noch präzisiert und verschärft (Einführung des Kirchenkonvents). Auch während der Zeit des Pietismus und der Erweckungsbewegung bleibt die V.sordnung unangefochten. Auch innerhalb der Gemeinschaften werden nun V.en in Form von Brüderbesuchen durchgeführt. Dagegen wird unter der Pfarrerschaft des 19. Jh.s manchmal beklagt, daß die bürokratische Art der V.en für manchen Pfarrer beschwerlich sei. Daß dann durch einen Erlaß 1839 die Geistlichen auch der polizeilichen Aufsicht der Oberämter unterstellt wurden, wurde zu Recht als der »Visitation wesensfremd« empfunden. Nach den »Märzunruhen« wurde dieser Erlaß freilich wieder zurückgenommen. Der substantielle Zusammenhang zwischen Ordination und V. wurde dagegen verstärkt betont. Das Kirchenwesen war dank der V.sordnungen in der Regel in gutem Stande. Dadurch, daß die württembergische Landeskirche auch während des Kirchenkampfes im Dritten Reich zu den intakten Kirchen gezählt werden durfte, kam es auch nicht zu einer neuen V.sbewegung, wie sie die Bekennende Kirche in ihre Gemeindepraxis einführte.

Durch die V.sordnung 1976 wurde die V.spraxis auf eine breitere Basis gestellt. Visitiert werden nun nicht nur die Kirchengemeinden und Pfarrämter, sondern auch die Kirchenbezirke, die landeskirchl. Ämter und Einrichtungen: Falls dieselben selbständige, rechtliche Einrichtungen sind – freilich nur auf deren Antrag hin!

Die Aufgaben der V. werden 1976 so festgeschrieben: »Die Visitation ist ein geordneter Besuchsdienst, der dazu helfen will, daß in den Gemeinden, Bezirken, Werken und Einrichtungen der Landeskirche das Evangelium von Jesus Christus, wie es in der Heiligen Schrift gegeben und in den Bekenntnissen der Reformation bezeugt ist, das Maß und die Richtschnur ihres Zeugnisses und ihres Dienstes ist. Mit der Visitation nehmen die Visitatoren Aufgaben der Leitung innerhalb der Kirche wahr.«

Lit.: H. v. Campenhausen: Kirchliches Amt und geistliche Vollmacht in den ersten drei Jahrhunderten (BHTh 14), 1953; Württembergische Große Kirchenordnung 1559, Abschnitt: Visitation Superintendenz bei den Kirchen: Visitationsordnung der Württembergischen Evangelischen Landeskirche 1976, Amtsblatt Bd. 47 Nr. 18.

W. Bilger

Visser't Hooft, Willem Adolf (1900–1985)

V., geb. am 20. 9. 1900 in Haarlem/Niederlande, gest. am 4. 7. 1985 in Genf; reformierter Theologe, 1924 Sekretär des Weltbundes des CVJM, 1936 Vorsitzender des Christlichen Studentenweltbundes, 1925 Teilnehmer an der Weltkonferenz für Praktisches Christentum in Stockholm, 1937 Vorbereitung und Leitung der Weltkonferenzen in Oxford und Edinburgh. Seit 1938 (vorläufig) und seit 1948–1966 endgültig Generalsekretär des ÖRK, Teilnehmer der Ökumen. Delegation am Gespräch mit dem Rat der EKD 1945 in Stuttgart (→Stuttgarter Schuldbekenntnis). Als solider Theologe, hervorragender Organisator und menschlich gewinnende Persönlichkeit gelang ihm 1961 der Beitritt der russ.-orth. Kirche zum ÖRK und seit 1965 auch die Zusammenarbeit der röm.-kath. Kirche mit dem ÖRK. »Geist, Richtung, Fülle und letztes Ziel des ÖRK waren in seiner Person verbunden« (M. Boegner). Zahlreiche Ehrungen (Großes Bundesverdienstkreuz 1957, Offizier der Franz. Ehrenlegion 1959, Friedenspreis des dt. Buchhandels 1966, Ehrenbürgerschaften, zahlreiche Ehrendoktorate etc.) unterstreichen seine Bedeutung als Inspirator und Gestalter der →Ökumen. Bewegung.

Lit.: W. A. Visser't Hooft: The Church and its Function in Society (mit J.H. Oldham), 1937; The Kingship of Christ, 1948; The Meaning of Ecumenical, 1953; Rembrandts Weg zum Christentum, 1955; Kein anderer Name. Synkretismus oder christlicher Universalismus, 1965; Die Welt war meine Gemeinde (Autobiographie), 1972.

Vollständige Bibliographie 1918–1972 bei J. R. Nelson, W. Pannenberg (Hg.): Um Einheit und Heil der Menschheit, [2]1976; A. Freudenberg: »Willem Adolf Visser't Hooft«, in: Ökumen. Profile 2, 1963, 336–345; H. H. Walz: »Generalsekretär Willem Adolf Visser't Hooft«, in: Wegbereiter der Ökumene, 1954.

G. Ruhbach

Vitringa, Campegius (1659–1722)

V., geb. am 16. 5. 1659 in Leeuwarden, gest. am 31. 3. 1722 in Franeker, hervorragender niederländischer Exeget, studierte in Franeker bei Witsius Föderaltheologie und bei einem Juden Rabbinistik, in Leiden bei dem cartesianischen Theologen Wittich. 1680 wurde er ein international vielbeachteter Professor in Franeker, zunächst für orientalische Sprachen, seit 1683 für Theologie, seit 1693 auch für Kirchengeschichte. Als treuer Sohn seiner ref. Kirche hielt er gleichwohl Glaubensstreitigkeiten vielfach für nur auf Unwissenheit beruhend. Sein Jesaja-Kommentar (1714) wurde ein Muster für eine am hist. Wortsinn orientierte Bibelauslegung, die auch die Weissagungen zuerst in ihrem zeitlichen Kontext zu verstehen suchte. Seine »Untersuchung der Johannesoffenbarung« (1705) sah in dieser, aufgrund eines Zusammenhangs zwischen Prophetie und Geschichte, einen Ausblick auf die nach Gottes Plan geordnete Kirchengeschichte. Sein Buch »Von der alten Synagoge« (1697) suchte anhand von bibl., rabbinischen und kirchengeschichtl. Texten Beziehungen zwischen dem alten Judentum und der Kirche nachzuweisen. V.s Werk, das eine bedeutsame Station auf dem Weg der modernen Bibelforschung darstellt, wirkte sich bes. in späteren heilsgeschichtl. und biblizistischen Konzeptionen aus.

Lit.: L. Diestel: Das Alte Testament in der christlichen Kirche, 1869, 431ff; W. F. van Heel: Campegius Vitringa als Godgeleerde beschouwd, 1865; H. J. Kraus: Die Geschichte der historisch-kritischen Erforschung des Alten Testaments, [4]1988, 91f.

E. Busch

Vivekananda (1863–1902)

Mönchsname von Narendranath Datta, geb. am 12. 1. 1863 in Kalkutta, gest. am 4. 7. 1902, Sohn eines Juristen, studierte westl. Philosophie und Jura in Kalkutta, kam in Kontakt mit dem Ekstatiker →Ramakrishna und legte 1887 ein Mönchsgelübde ab. Nach intensiven rel. Studien und Wanderungen als Bettelmönch trat er 1893 in Chicago auf dem Weltparlament der Religionen (anläßlich der Weltausstellung) als Sprecher für den →Hinduismus auf. Anschließend machte er Vortragsreisen in den USA, 1895 und 1896 auch in Westeuropa. 1897 reorganisierte er den Jüngerkreis Ramakrishnas und fügte dem Orden eine Laien-Organisation, die Ramakrishna-Mission, an.

Er deutet die Gestalt Ramakrishnas im Sinne des monistischen Vedanta, dieses in einem universalistisch-inklusiven Sinn: Alle Religionen sind gleichberechtigte Suche nach dem Absoluten, unterschieden nach lokalen Bedingungen und nach dem Grad der Einsicht; die höchste Einsicht ist die des Neovedanta von der Einheit des Selbst mit dem Absoluten *(atman* mit *brahman)*. Deshalb sei der Hinduismus tolerant, Mission als angestrebter Religionswechsel aber unnötig und schädlich. Zugleich hat er eine soziale Komponente in seine Deutung des Hinduismus und in die Aufgaben der Ramakrishna-Mission eingebracht. Seit V. tritt der Hinduismus auch im Westen selbstbewußt-werbend auf, und er hat das Selbstbewußtsein der Inder deutlich gestärkt; seine Organisation erreicht vor allem einen Teil der städtischen Bildungselite.

Lit.: S. Vivekananda: The Complete Works, 8 Bde., 1970-79;
H. P. Müller: Die Ramakrishna-Bewegung, 1986.

N.-P. Moritzen

Voetius, Gisbert (1589–1676)

V. war eine wichtige Figur in der Kirchengeschichte der Niederlande. Er studierte an der Universität Leiden, als der Streit zwischen dem orthodoxen Gomarus und Arminius, dem Verfechter des freien Willens, begann. Als relativ junger Mann wurde V. als Vertreter der Niederländischen Kirche zur Synode von Dordrecht geschickt (1618–1619). Schon in Dordrecht nahm er Stellung gegen die Remonstranten und die Theologie des Arminius. Später hat er konsequent die ref. Theologie verteidigt, aber nicht nur gegen die Remonstranten. Seine großen Arbeiten und Auseinandersetzungen mit Andersdenkenden veröffentlichte er erst, nachdem er 1634 nach Utrecht berufen war, wo er Theologie und semitische Sprachen lehrte. Die Basis seiner Polemik war seine Überzeugung, daß die ref. Orthodoxie, die sich auf die Logik des Aristoteles stützte, die Wahrheit vertritt und aggressiv verteidigt werden muß. Er glaubte, daß die Wahrheit für Theologie und Philosophie in der Bibel zu finden sei. Sein Angriff auf Samuel Maresius (Des Marets) ist typisch. Maresius war orthodox, aber er schlug vor, Andersdenkende zu tolerieren. V. fühlte sich genötigt, die Wahrheit gegen diesen Vorschlag zu verteidigen. Die Auseinandersetzung mit Descartes war ernster, weil V. der Überzeugung war, daß der Zweifel die falsche Methode sei, um die Wahrheit zu finden. Weitere Streitigkeiten hat V. mit →Coccejus gehabt, weil er meinte,

daß die Bundestheologie das AT ablehne und deshalb zu einem moralischen Laxismus führe. Er hat auch den →Jansenismus abgelehnt.

V. wurde oft als ein Vorläufer des Pietismus bezeichnet und er hat auch vorübergehend den mystischen Pietismus →Labadies bejaht. Aber sein »Präzisismus« hat andere Quellen gehabt. 1610 kam der englische Theologe William Ames von Cambridge an die Unversität Franeker, wo er seine Idee über die Kirche der sichtbaren Heiligen verbreitete. V. hat sich dessen Auffassung in seiner Auseinandersetzung mit den Remonstranten bedient. Er war fest überzeugt, daß die Kirche vom Staat getrennt werden solle, aber gleichzeitig frei sein müsse, um ethische Fragen wie die Regelung des Zinssatzes für die Gesellschaft zu entscheiden. Die Auffassung von V. hat die Kirche seines Landes für Jahrzehnte gespalten.

Lit.: G. Voetius: Selectae Disputationes Theologicae, 5 Bde., 1648-69

J. W. Beardslee (Hg.): Reformed Dogmatics J. Wollebius, G. Voetius, F. Turretin, 1965.

R. C. Walton

Volk

Der Gebrauch des Begriffs V. erscheint durch die Phraseologie »völkischer« Schriftsteller und Journalisten im 19. und 20. Jh. (das spätere NS-Massenblatt hieß bereits seit 1918 »Völkischer Beobachter«), erst recht durch den totalen Mißbrauch durch die Nationalsozialisten (z.B. die Parole: »Du bist nichts, Dein Volk ist alles«; »Volksgerichtshof«) und erneut durch die kommunistische Terminologie (z.B. »Volksdemokratie«; »volkseigene Betriebe«) diskreditiert und wird häufig durch die Begriffe »Bevölkerung«, »Gesellschaft« u.a. ersetzt. Das Grundgesetz für die Bundesrepublik Deutschland bestimmt das V. als erste und letzte Instanz staatlicher Macht und polit. Autorität (»Im Namen des Volkes«). Das bibl.-christl. Verständnis des V.s erstreckt sich von der »Völkertafel« als der nach Ländern und Völkern differenzierten Ordnung (1Mo 10) über den »Turmbau zu Babel« als dem Symbol der Vermessenheit der Völker, der Verwirrung der Sprachen und der Trostlosigkeit der Völkerbeziehungen (1Mo 11), über das »Pfingstwunder« als die Aufhebung der Sprachverwirrung durch die Gabe des Geistes (Apg 2) bis zum »Missionsbefehl«, der Rettungsbotschaft, die allen Völkern gilt (Mt 28,19). In Auseinandersetzung mit den das V. glorifizierenden Irrtümern einiger Theologen der Vergangenheit, aber auch mit den neueren kirchl. Fehlern bei der Wiedervereinigung des dt. V.s (Verweigerung des Glockengeläuts am 3. Oktober 1990) wird eine theol. Neubesinnung notwendig, die den Christen innerhalb ihres V.s und im Rahmen der Völkergemeinschaft (Europa; Vereinte Nationen) ethische Hilfen stellt, als Katalysatoren humaner Entwicklung, als Licht und Salz für die Welt zu wirken.

Lit.: H. Klein: »Volk und Gottesvolk in der Bibel«, in: J. Heubach (Hg.): Lutherische Kirche in der Welt, Jahrbuch des Martin-Luther-Bundes, Folge 41, 1994, 73-85.

J. Kniffka

Volkening, Johann Heinrich (1796–1877)

V., geb. am 10. 5. 1796 in Hille b. Minden, gest. am 25. 7. 1877 in Holzhausen bei Lübbecke, Studium der Theologie in Jena, dort durch die 95 Thesen von C. Harms 1817 tief bewegt. Von 1822–1827 war er Pfarrer in Schnathorst, von 1827 bis 1838 in Gütersloh und von 1838–1869 in Jöllenbeck. V. gilt als Vater der →Erweckungsbewegung in Minden-Ravensberg und wird wegen seiner ernsten und zugleich ergreifenden Evangeliumspredigt gerühmt; seine im übrigen nicht sehr ausgeprägte

Theologie ist lutherisch bestimmt. Er hat die zum Glauben gekommenen Menschen grundsätzlich in die Kirche integriert und somit der Kirche erhalten. Die Gemeindegottesdienste (mit Liturgie, Predigt und Sakrament) wurden Zentrum des Gemeindeaufbaus und die Heiligung als Vollzug christl. Lebens stark betont (Förderung der Äußeren Mission, Gründung des Johannesstiftes in Schildesche und vieler anderer Anstalten und Häuser der Inneren Mission, Sammlung und Begleitung der »Jünglings- und Jungfrauenvereine« und der Posaunenbewegung). V. gab die »Missionsharfe« (1953, [82]1925) heraus, außerdem das Ev. Monatsblatt für Westfalen und verschiedene Andachtsbücher. Die Verbindung von Luthertum und Erweckungsfrömmigkeit hat Ostwestfalen bis in die Gegenwart hinein geprägt.

Lit.: W. Heienbrok: Zeugen und Zeugnisse aus Minden-Ravensberg, 1931; K. J. Laube: Die Erweckungspredigt in Minden-Ravensberg, Diss. Hamburg 1977; W. Rahe: »Johann Heinrich Volkening«, in: Westfälische Lebensbilder, Bd. 6, 1957, 99-117; D. A. Rische: Johann Heinrich Volkening, 1919.

G. Ruhbach

Völkerkunde →Ethnologie

Völkerrecht

1. Hauptvertreter und Werke:

In der Neuzeit bildeten sich Theorien des V.s aus, die teilweise von den Zeitereignissen angeregt waren, so im 16. Jh. von den Entdeckungen neuer Kontinente und der Kolonialmachtspolitik der Eroberer, mit der Unterdrückung einheimischer Völkerschaften und der gewaltsamen christl. Missionierung. Dagegen richteten sich die Werke von Francisco de Vitoria (gest. 1546), »De iure belli«, Hugo →Grotius (1583–1645), »De iure belli ac pacis« (1625), u.a. Auch die Religionskriege des 17. Jh.s veranlaßten zu phil.-ethischen und polit. Theorien über V. und Toleranz. Zu nennen sind vor allem die Werke von S. →Pufendorf (1632–1694), »De iure naturae et gentium« (1672) und Chr. →Thomasius (1655–1728), »Fundamenta iuris naturae et gentium« (1705). Im Zeitalter der Aufklärung legte I. →Kant eine Theorie des V.s dar, die auf der Friedensidee der Menschheit beruhte. In unserer Zeit, bes. nach dem Zweiten Weltkrieg, gaben die polit. Weltorganisationen Anlaß, Theorien des internationalen Rechts zu entwickeln, die freilich mehr rechtswissenschaftl. als rechtsphilosophischer Art sind.

2. Hauptgesichtspunkte ihrer Lehren

De Vitoria lehrt (im Anschluß an →Thomas v. Aquin), daß alle Menschen, z.B. auch die Indios Amerikas, gleiche natürliche Rechte haben: das Recht auf Leben und körperliche Unversehrtheit, auf Eigentum, auf Entfaltung ihres Menschenseins zur leiblichen und geistigen Vollendung und auf Freiheit: »Niemand ist von Natur aus Sklave.« Begründet werden diese Rechte zuvörderst aus der gleichen Menschennatur und -würde aller, sodann aus Gott, ihrem Schöpfer.

Grotius' mehr juristische als phil. Schrift »De iure belli ac pacis« stellt Grundsätze für das Zusammenleben der Staaten im Frieden und im Kriegsfall auf, deren Einhaltung verbindlich für alle sein sollen. Diese verbindliche Kraft haben sie aus dem Naturrecht, das, phil. gesehen, in der rationalen und sozialen Natur der Menschen gründet, sowie letztlich in ihrem Schöpfer, Gott.

Auch Pufendorf läßt das positive Recht in einem natürlichen Sittengestz, und dieses in der rationalen Natur des Menschen, gegründet sein, die letztlich von Gott gestiftet ist. Von diesem natürlichen Fundament müssen auch die Verträge und Konventionen zwischen den Völkern bzw. Staaten getragen sein.

Nach Thomasius sind zwar Ethik, Politik und Jurisprudenz, die das menschliche Zusammenleben regeln, verschieden, aber doch auf dasselbe Ziel ausgerichtet, das Glück der Menschen gemäß der Vernunft und den Tugenden. Hieraus empfangen dann auch die positiven Rechtsbestimmungen für das Zusammenleben der Völker ihre Verbindlichkeit.

Kant kommt (in: »Über den Gemeinspruch: das mag in der Theorie richtig sein, taugt aber nicht für die Praxis«, III VI 119) zu der Ansicht, daß der Zustand der ständigen Kriege zwischen einzelnen Völkern nur überwunden werde, wenn sich alle einer Weltregierung (einem »weltbürgerlichen gemeinen Wesen«) unterstellten – die aber möglicherweise in einen Despotismus führen könne –, oder, um dies zu vermeiden, in einen rechtlichen Zustand »der Föderation nach einem gemeinschaftlich verabredeten Völkerrecht« träten.

Lit.: G. Del Vecchio: »Per l'interpretazione del pensiero del Grozio und Grozio e la fondazione del diritto internazionale«, in: Contributi alla storia del pensiero giuridico e filosofico, 1963, 68-78 und 80-88; G. Fasso: »Groot, Huig de«, in: Enciclopedia filosofica, Bd. 4, 1982, Sp. 57-62. J. D. Tooke: The Just War in Aquinas and Grotius, 1965; E. Wolf: Grotius, Pufendorf, Thomasius, 1927; ders.: Große Rechtsdenker der deutschen Geistesgeschichte, [3]1951 (mit Bibliographie).

H. Seidl

Völkerwanderung

Als Zeit der V. gilt die Epoche von ca. 370, als das Nomadenvolk der Hunnen die Wolga überschritt und verschiedene Germanenstämme vor sich her nach Westen trieb, bis 568, als die Langobarden, aus Pannonien kommend, in Italien einfielen. Als katastrophale Zeichen des Wandels erlebte die weström. Bevölkerung die Eroberung der seit achthundert Jahren unbehelligt gebliebenen »ewigen Stadt« Rom 410 durch den Westgoten Alarich, den Verlust der Provinz Nordafrika 429, die Bedrohung des Reiches durch den Hunnen Attila und die Plünderung Roms 455 durch den Vandalen Geiserich. Vor allem das Ereignis von 410 verstanden die immer noch zahlreichen röm. Heiden als Folge der Vernachlässigung der alten Kulte und lasteten es den Christen an. Diese antworteten mit apologetischen Schriften, so Orosius mit einer Universalgeschichte (418) und →Augustinus mit »Vom Gottesstaat« (413–426), worin er erstmals den Gedanken ausführte, daß sich in der Weltgeschichte auch das Gericht Gottes enthülle. Diese Auseinandersetzung zeigt, daß die V. schon von den Zeitgenossen als Epochenwende interpretiert wurde.

Durch den Druck aus dem Osten drängten die germanischen Stämme über die Grenzen des wirtschaftlich und militärisch schwachen weström. Reiches und konnten sich dort festsetzen. Die Kaiser versuchten, die →Germanen, bei denen es sich meist um Heerhaufen von einigen tausend Kriegern handelte, durch Föderatenverträge (über 100 Verträge zwischen 395 und 476) in das Reich einzubinden. So blieben zwar einige Zeit röm. Verwaltung und germanische Heeresgruppen unter der zumindest nominell verbindenden Spitze des Kaisers nebeneinander bestehen, diese operierten aber so selbständig, daß das röm. Westreich faktisch von den Germanenreichen abgelöst wurde. Damit verfiel auch die konstantinisch-theodosianische Reichskirche. Im Osten blieb das Reich polit. wie militärisch intakt und vermochte sich noch für ein Jahrtausend zu behaupten.

Die Germanen waren zunächst Kleinstämme ohne übergreifende Herrschaftsordnung. Erst allmählich überwanden sie ihre Vielstämmigkeit und organisierten sich durch den erfolgreichen Kampf gegen Rom zu Großverbänden, etwa den Alemannen (»alle Männer«) und Franken (die »Kühnen«). Dabei entstanden auch Formen eines zentralen Königtums auf der Basis von Abstammungsgemeinschaften. Die christliche Mission bei den Germanen mußte sich dieser Vorstellungswelt anpassen. Allerdings gab es zwischen den einzelnen Stämmen erhebliche Unterschiede. Aufzugeben ist die ältere, national geprägte Meinung, es habe sich um ethnisch geschlossene Volkseinheiten gehandelt.

Im Zuge der V. entstanden mehrere Germanenreiche, von denen sich auf Dauer nur die Franken behaupten konnten:

– Das Reich der Vandalen in Nordafrika von 429–533 mit der Hauptstadt Karthago.

– Das Reich der Westgoten in Frankreich und Spanien, 415 gegründet und nach der Verdrängung aus Gallien durch die Franken bis 711 als Westgotenreich von Toledo fortbestehend. Die Westgoten waren noch vor ihrem Aufbruch durch die Mission →Wulfilas arianische Christen (→Arius) geworden, von ihnen aus hat diese Glaubensform viele Germanenstämme erfaßt.

– Das Reich der Sueben auf der westl. Pyrenäenhalbinsel seit 406.

– Das Reich der Burgunder seit 413 am mittleren Rhein um Worms, dann seit 443 an Rhone und Saône.

– Das Reich der Ostgoten seit 493 unter Theoderich dem Großen, das in Italien bis 553 bestand.

– Das Reich der Franken in Gallien seit 486. Nach dem Sieg über die Alemannen 496/497 traten sie unter Chlodwig zum kath. Christentum über. Nach der Erringung der polit. Oberherrschaft über die meisten anderen Germanenstämme sollten sie später zur führenden Macht des sich herausbildenden christl. Europas werden.

– Das Reich der Langobarden, die 568 in Italien eindrangen und erst 774 von den Karolingern überwunden wurden.

Durch den Einbruch der Germanen in das röm. Reich wurde das kirchl. Leben beeinträchtigt oder zerstört. Im Verlaufe der V. standen sich vor allem in den provinzialröm. Gebieten heidnische, arianische und kath. Bevölkerungsteile gegenüber. Nach dem Rückzug der röm. Truppen und dem Zusammenbruch der röm. Verwaltung haben sich beispielsweise die kirchl. Zentren in Deutschland unter germanischer Herrschaft in regional sehr unterschiedlicher Weise neu organisieren können. Bis auf Trier weisen die Bischofslisten für das 5./6. Jh. erhebliche Lücken auf. Zwar kehrte das Christentum zurück, es benötigte dafür aber fast ein Jahrhundert. Die Ursachen liegen weniger in der Verfolgung durch die neuen Machthaber als vielmehr in freiwilliger Isolierung mit Verzicht auf missionarische Aktivität sowie in starker Verarmung und einem allg. Rückgang der Bevölkerung.

Entscheidend für die Zukunft war allerdings der Übertritt der Franken zum röm.-kath. Christentum, auch wenn die Missionierung nach Chlodwigs Taufe (498 oder 499) nur zögernd in Gang kam. Das Christentum in dem sich formierenden fränkischen Vielvölkerstaat und seinen Randzonen war als Folge der V. zwar nicht germanisiert, wie die ältere Forschung behauptete, in der Form des Landeskirchentums aber anders geprägt als die spätantike Reichskirche. Die unterschiedlich verlaufende Christianisierung der Germanen brachte synkretistische Verschleifungen mit sich, die die Erscheinungsform der mittelalterlichen Kirche mit bestimmt haben. So hat die V. auf polit. wie auf kirchl. Gebiet einen Bruch vollzogen. Die spätantike Kultur ist damit jedoch nicht untergegangen, haben doch selbst die Germanen im Norden sich ihre Formen mit neuer Sinngebung vielfach angeeignet. Die V. stellt sich deshalb dar als Spannungsverhältnis von Kontinuität und Diskontinuität, dessen Ergebnis die typische Mischkultur einer Übergangsepoche war.

Lit.: C. Andresen: Die Kirchen der alten Christenheit, 1971, 523-538; A. Angenendt: Das Frühmittelalter, 1990, 112–169; M. Banniard: »Europa«. Von der Spätantike zum frühen Mittelalter, 1993; H. Beck (Hg.): Germanenprobleme in heutiger Sicht, 1986; ders., D. Ellmers, K. Schier (Hg.): Germanische Religionsgeschichte. Quellen und Quellenprobleme, 1992; E. Dassmann: Die Anfänge der Kirche in Deutschland, 1993, 160–168; R. Kaiser: Das römische Erbe und das Merowingerreich, 1993; J. Martin: Spätantike und Völkerwanderung, 1990.

L. E. v. Padberg

Völkisch-religiöse Richtungen

In einer Neubesinnung auf den Wert von →Volk und Nation und darauf, wie deren Verhältnis zur christl. Religion zu bestimmen sei, finden sich im beginnenden 19. Jh. die Anfänge »völkisch-religiöser« Gedanken. Hatte schon J. G. →Herder darauf verwiesen, »daß jede Nation Gott auf die ihr eigenste Weise liebe« und F. D. E. →Schleiermacher davon gesprochen, daß Gott jedem Volk seine eigene Art zugewiesen habe, die man mit Fremdem nicht vermischen solle, so steigerte sich dieses Denken in Vermischung der Ideen J. G. →Fichtes von der »Deutschheit« der Nation und dem dt. Volk als »Urvolk« mit Vorstellungen vom »deutschen Gott« bei E. M. →Arndt zu einem brisanten patriotisch-rel. Gedankengemisch, das bald zu besonderen neuen Gottes- oder Erwählungsvorstellungen führte.

Diese bewegten sich bei den einen, mehr phil. Bestimmten aus der christl. Bindung heraus; man erhoffte sich eine Wiederbelebung der »heiligen Religionen der Heimat« (A. →Schopenhauer), die Abstoßung des christl. Gottes und die Schaffung eines neuen Gottes (F. →Nietzsche), sowie eine »national-deutsche Religion«, deren Frömmigkeit durch die völkische dt. Eigenart in besonderer Weise geprägt sein würde (P.A. de →Lagarde). Ziel der Vorstellungen Lagardes ist die Errichtung einer wahrhaft ev. nationalen Kirche, in der die verschiedenen Konfessionen überwunden sind, die Nation aber in »nur einer Seele« geeint ist. Eine andere Richtung wird in J.H. →Wichern erkennbar, der glaubt, daß »Deutschlands Volk wie ein zweites Israel von dem Herrn der Geschichte berufen« sei, allen Nationen das Evangelium und damit das Heil zu bringen.

Damit verband sich die Vorstellung, der ev. Glaube sei der wahre dt. Volksglaube, in dem die dt. Nation ihre Identität und Stärke finde (H. v. Treitschke). In der Parole Kaiser Wilhelms II. »Ein Reich, ein Volk, ein Gott« spricht sich diese Geisteshaltung bis in den Ersten Weltkrieg hinein aus, von dem der Oberhofprediger E. v. Dryander in einer Predigt 1914 sagte: »Wir ziehen in den Kampf für unsere Kultur gegen die Unkultur, für die deutsche

Gesittung wider die Barbarei, für die freie, deutsche, an Gott gebundene Persönlichkeit wider die Instinkte der ungeordneten Masse.« Völkisch-nationales und christl.-rel. Gedankengut sind hier im Rahmen offiziellen Kirchentums ineinander verwoben und bilden zusammen mit der stärker phil. geprägten Richtung die Folie für die weiteren Entwicklungen der völkisch-rel. Richtungen in der ersten Hälfte des 20. Jh.s.

Schon 1894 war es zur Bildung eines »Deutschbundes« gekommen, dem es um die wahre »deutsche Religion« ging. Es entstand eine »Deutsche Erneuerungsgemeinde«. Eine zweibändige »Germanenbibel« als »Heilige Schrift der Deutschen« wurde aus dt. Philosophie und Literatur zusammengestellt (1904). Verschiedene Deutschgläubige, Germanische und Nordische Glaubensgemeinschaften bildeten sich und hatten auch eigene Publikationsorgane, wie W. Schwaners »Volkserzieher«. Zahlreiche Anhänger fand das »Deutschvolk«, das 1930 aus dem »Tannenbergbund« von 1925 hervorging, 1933 verboten wurde und 1937 als »Bund für Deutsche Gotteserkenntnis (L)« (Mathilde Ludendorff, Ludendorffianer) wiedererstand mit einer antichristl. Selbstvergottungs- und Heilslehre.

In dem Versuch, das Christentum von »artfremden Elementen« zu »reinigen«, aber es doch beizubehalten, entstand 1927 in Thüringen die »Kirchenbewegung Deutsche Christen«, gegründet von S. Leffler und J. Leutheuser. Sie favorisierten ein »völkisches Christentum« mit »Gottesfeiern« und »Volkstestament« statt Gottesdienst und Bibel. 1932 gründete J. Hossenfelder die »Glaubensbewegung →Deutsche Christen« (DC). Diese diente zugleich den Zielen des nationalsozialistischen totalitären Staates mit einer rel. Übertünchung der nationalsozialistischen Ideologie. Ihr lag an einem artgerechten (Einführung des Arierparagraphen im September 1933) »positiven Christentum« in einer dem Staat »gleichgeschalteten« und nach dem »Führerprinzip« gleichgestalteten zentralistischen dt. ev. Reichskirche. 1945 wurden die »Deutschen Christen«, die inzwischen an Bedeutung erheblich verloren hatten, von den Alliierten verboten. Einige fanden in kleinen Nachfolgeorganisationen eine neue geistige Heimat (»Deutsche Unitarier Religionsgemeinschaft« und »Artgemeinschaft«). Die völkisch-rel. Richtungen haben damit ihre zeitweilige Verbreitung, Bedeutung und Macht verloren.

Lit.: A. Adam: Nationalkirche und Volkskirche im deutschen Protestantismus, 1937; G. Besier: »Volk«, EStL 2, ³1987, 3890–3901; H. Hohlwein: »Völkische Bewegung«, RGG³, 1962, 1424–1432 (Lit.); K. Hutten: »Deutschchristliche Bewegungen«, RGG³, 1958, 104–107 (lit.); ders.: »Deutschgläubige Bewegungen«, RGG³, ³1958, 108–112; A. Müller: »Völkisch-religiöse Richtungen«, EKL III, 1959, 1683–1685; K. Nowak: Deutschgläubige Bewegungen, TRE 8, 1981, 554–559; K. Scholder: Die Kirchen und das Dritte Reich, Bd. I., 1977.

Chr. Windhorst

Volkskirche

War die Kirche vor dem Übergang →Konstantins des Großen zum Christentum ein eigenes »Volk« inmitten der Völker, das »dritte Geschlecht«, nun verfolgt, dann wieder geduldet, so werden seit dem 4. Jh. »Volk Gottes« und Staatsvolk miteinander verbunden in dem einen Corpus Christianum. Die V. ist in ihrem Entstehen und Ausbau nicht getrennt zu sehen von jenem Corpus Christianum. Die vielen Interpretationen dieses Begriffs hängen zusammen mit der Tatsache, daß über das Verhältnis zwischen Kirche und Volk und über die Frage, inwiefern die Kirche ein Teil der Öffentlichkeit ist, sehr unterschiedlich gedacht worden ist.

Für F. →Schleiermacher steht die V. im scharfen Gegensatz zu der von oben herab geführten Staatskirche. Gegenüber dem von Friedrich Wilhelm II. unter Zwang auferlegten Staatskirchentum trat Schleiermacher ein für die V. als einen freien und demokratischen Zusammenschluß von bruderschaftlichen Gemeinden. Die Kirche des Volkes, die Priesterschaft aller Gläubigen, die Gewissensfreiheit und die Selbständigkeit der einzelnen Gemeinden waren wichtige Komponenten in Schleiermachers Denken über die Kirche. Eine derartige eigenständige Kirche des Volkes ist nur lebensfähig, wenn sie bei einer lebendigen Gemeinde in der Form von Haus- und Personalgemeinden, wobei die Persönlichkeit des Pfarrers ein Beziehungspunkt für die Gemeindebildung ist, in der Gunst steht. Schleiermachers Denken über die V. ist auf dem Hintergrund des aufklärerischen Vereinsideals und des Beispiels der Herrnhuter Brüdergemeinen zu verstehen.

J. H. →Wichern sah die V. als die Kirche für das Volk, die getaufte Schar rund um die Kerngemeinde. Wichern stieß bereits in den 50er Jahren des 19. Jh.s auf Situationen, wobei in den großen Städten der Kirchenbesuch nur 2-3 % der Getauften umfaßte. Das Programm der Inneren Mission, für das Wichern sich einsetzte, bezog sich sowohl auf den Aufbau der lebendigen Gemeinde als auf den Dienst der Liebe an Kranken, Behinderten und Gefährdeten in der Gesellschaft. Nach Wichern ist die Kirche gerufen, in Wort und Tat Gottes rettende Liebe dem Volk gegenüber zu bezeugen. »Die evangelische Kirche unseres Vaterlandes ist ihrem Prinzip nach wesentlich eine Kirche der inneren Mission; durch sie erst wird und kann sie zur Volkskirche ausgeboren werden« (Werke I, 193).

Unter dem Einfluß der →Romantik wurde das Volk mehr und mehr gesehen als eine von einer gemeinschaftlichen Geschichte, Sprache, einem gemeinschaftlichen Raum und vom Band des Bluts bestimmte Gemeinschaft. Die V. ist dann eine Kirche, die die Kräfte des Volkes bestätigt und hegt; sie hat über konfessionelle Uneinigkeit hinaus die Aufgabe, ein dem Volk entsprechendes Christentum zu fördern. Hier besteht eine große Gefahr von Anpassung der Verkündigung an eine nationalistische Volksideologie. Bei den →Deutschen Christen aus den 30er Jahren ist deutlich geworden, wozu dies führt: der Staat, das Land, die germanische Rasse und das Führerprinzip wurden verherrlicht als von Gott gewollt.

Eine Minderheit in der Kirche bekämpfte als Bekennende Kirche (→Kirchenkampf) die Gedanken der Deutschen Christen. In der Barmer Theologischen Erklärung (1934) wird die Kirche beschrieben als »die Gemeinde von Brüdern, in der Jesus Christus in Wort und Sakrament durch den Heiligen Geist als der Herr gegenwärtig ist« (These 3). Eine Kirche, die die Herrschaft Christi als Haupt annimmt, kann und darf nie dem Volkswillen hörig werden und sollte den Irrtum der Anpassung an die herrschende Lebensanschauung abweisen. Als Kirche für das Volk hat sie in Zeugnis und Dienst die Botschaft des Evangeliums zu allen ausgehen zu lassen.

In der Niederländisch Reformierten Kirche wurde im 19. Jh. von Wormser und Hoedemaker das Volk als getaufte Nation betont und damit die Verantwortlichkeit der Kirche, das Volk seine Taufe verstehen zu lehren und Obrigkeit und Volk mit dem Wort Gottes zu konfrontieren. In und nach dem Zweiten Weltkrieg führte dies zu dem Konzept der Christusbekennenden V., die in der Welt apostolisch zu stehen hat. Großen Einfluß auf dieses Konzept wurde von dem missionarischen Denken von H. Kraemer und der theokratischen »Reich Gottes«-Theologie von A. A. van Ruler ausgeübt, der ein kräftiges Plädoyer für die Christianisierung des Volkslebens hielt. Die Säkularisation, die sich vor allem seit 1960 kräftig durchsetzte, hatte zur Folge, daß die V. in West-Europa in eine heftige Krise geriet. Manchmal führte dies zu einem massiven Kirchenaustritt, in anderen Fällen zu einer pluralistischen Kirche, die eine Vielfalt von Auffassungen in sich birgt. Unter ihren Gliedern befindet sich eine große Gruppe von Distanzierten, die zwar getauft sind, sich aber kaum am Gottesdienst und Leben der Gemeinde beteiligen.

In der ekklesiologischen Diskussion über Platz und Aufgabe der Kirche in der Gesellschaft gehen die Meinungen über den Wert und die Bedeutung der V. weit auseinander. Wo der eine sie, im Gegensatz zu einem sektiererisch abgeschlossenen Christentum als einen offenen Raum versteht, sehen andere in ihr eine angepaßte, nahezu tote Kirche, die keine Bedeutung mehr für die Öffentlichkeit hat. Letztere leisten auch Widerstand gegen die geltende Taufpraxis.

Innerhalb der EKD wird die empirische V. in ihrer pluralistischen Gestalt oft verteidigt, indem man sich auf die Lehre von der Rechtfertigung des Gottlosen beruft. Das »Ja« von Gott, bestätigt in der Taufe, gilt unverkürzt jedem, der zur V. gehört, ungeachtet der Glaubensentscheidung. Es ist, sagt man, Menschen nicht gegeben, hier Grenzen zu ziehen. Wie sympathisch diese offene Haltung auch scheinen mag, doch droht hier die Gefahr, daß das »Ja« zur empirischen V. umschlägt in einer Volkskirchenideologie, in der das Evangelium kein kritisches Gegenüber mehr ist. Eine prinzipielle Entscheidung für den →Pluralismus tut der Einheit im Bekennen Unrecht und weicht der Wahrheitsfrage aus. Außerdem widerspricht der latente oder öffentlich ausgesprochene →Universalismus in vieler Denken über die V. der Weise, in welcher in der Heiligen Schrift von der Notwendigkeit der Glaubensentscheidung als Weg, um an dem Heil Anteil zu haben, gesprochen wird. Die innerkirchl. evangelikale Bewegung akzeptiert die V. als einen von Gott gegebenen Raum, um an dem Aufbau der Gemeinde zu einer lebendigen Glaubensgemeinschaft zu arbeiten. Der Zuspruch Gottes in der →Taufe sollte verbunden werden mit dem Anspruch des Evangeliums an alle, daß sie in einem Leben von Jüngerschaft zur Annahme der Taufe kommen (Mt 28,19). Das »Ja« zur V. sollte verbunden sein mit dem Einsatz für missionarischen →Gemeindeaufbau in der V.

Lit.: K. Eickhoff: Gemeinde entwickeln für die Volkskirche der Zukunft, 1992; M. Herbst: Missionarischer Gemeindeaufbau in der Volkskirche, 1987; W. Huber: »Welche Volkskirche meinen wir?« in: Luth. Monatshefte 14, 1975, 481–486.

A. Noordegraaf

Volkskunde, religiöse

Die religiöse V. ist Teil der allg. Volkskunde, die sich im Unterschied zur Völkerkunde mit den je heimischen Sitten und Gebräuchen von »Land und

Leuten« beschäftigt. Die allg. V. erforscht sämtliche kulturellen Äußerungen eines Volkes, wie z.B. Haus- und Siedlungsformen, Volkskunst, Volkslied, Sagen, Idiome einschließlich der Volksreligiosität und -psychologie. Sie ist die »Wissenschaft vom Leben in überlieferten Ordnungen« (Brockhaus-Enzyklopädie, Bd. 19, 698). Sie befaßt sich mit der kulturellen Welt der »kleinen Leute«, eben des Volkes. Ihre Begründer sind u.a. Herder, E. M. Arndt, Jahn, die Gebr. Grimm, vor allem W. H. Riehl.

Innerhalb der V. befaßt sich die religiöse V. mit den religiösen, durchaus nicht nur christl. Äußerungen im Volk. Die Frömmigkeit in der Familie, im bäuerlichen Leben, religiöse Sitten im öffentlichen Leben werden erforscht. So gehört zur religiösen V. auch die Erforschung von heidnischen und neu-heidnischen Praktiken sowie die Beschäftigung mit dem →Aberglauben und okkulten Erscheinungen (→Okkultismus).

Anfang des 20. Jh.s tritt bes. Paul Drews im Sinne einer ersten empirischen Wende der →Praktischen Theologie für eine sorgfältige religiöse V. ein, die der konkreten Seelsorge zunutze kommen soll. Religiöse V. und Dorfkirchenbewegung gehen im 20. Jh. Hand in Hand (Zeitschrift »Die Dorfkirche« ab 1937, Arbeitsgemeinschaft für religiöse Volkskunde); gerade das bäuerliche Leben und seine Verbindungen zu eigenen Formen der Frömmigkeit schienen von großem Interesse. Durch die ideologische Verbindung zum »Völkischen« im Dritten Reich und durch die grundsätzliche Kritik der →Dialektischen Theologie am Religiösen geriet die religiöse V. in Mißkredit. Heute ist der Begriff der religiösen Volkskunde eher in den Hintergrund getreten. Religiöse Einstellungen und Praktiken in den Volkskirchen werden in religionssoziologischen Erhebungen (»Wie stabil ist die Kirche?«, 1974; »Was wird aus der Kirche?«, 1984; »Fremde Heimat Kirche«, 1993) demoskopisch erfaßt. Die empirische Sozialforschung und die Religionssoziologie (→Soziologie) haben das Anliegen der religiösen V. aufgenommen. In der als Kulturwissenschaft verstandenen allg. V. werden rein hermeneutische Methoden ergänzt und zum Teil auch ersetzt durch empirische Methoden, die den Wandel erforschen und nicht nur das Historische idealisieren.

Lit.: P. Dinzelbacher, D. Bauer (Hg.): Volksreligion im hohen und späten Mittelalter, 1990; P. Drews: Das Problem der Praktischen Theologie, 1910; L. Fendt: Grundriß der Praktischen Theologie, Bd. 3, 1939, 304–311; E.-R. Kiesow: Exkurs: »Zur religiösen Volkskunde«, in: H. Ammer u.a. (Hg.): Handbuch der Praktischen Theologie, Bd. 3, 1978, 179f; D. Rössler: Grundriß der Praktischen Theologie, 1986, 43f., 66. *M. Herbst*

Volksmission

1. V. ist Evangelisation unter den Bedingungen einer Volkskirche. Ihr Ziel ist Erweckung zum pers. Glauben, Aufbau missionarischer Gemeinden und Durchdringung des öffentlichen Lebens mit dem Evangelium. V. ist Aufgabe der ganzen Kirche.

2. Schon im frühen MA gab es V. als »außerordentliche Seelsorge« durch Buß- und Sittenprediger. Im 16. Jh. entstanden neue kath. Orden und Kongregationen, um vornehmlich V. zu treiben. Im 19. Jh. wird V. zur Pflicht kath. Kirchengemeinden. Papst Pius XI. überführte 1923 die V. in die »katholische Aktion«.

3. Auf dem Kirchentag 1848 in Wittenberg forderte J. H. →Wichern die ev. Kirche auf, aus dem Kirchenraum heraus in die Öffentlichkeit zu treten. Verkündigung und rettende Tat der Liebe müßten untrennbar verbunden bleiben. Seine »Innere Mission« wurde kirchl. Diakonie. G. Hilbert rief 1916 zur »Kirchlichen Volksmission« auf. Notwendig sei eine Mission, die die Volkskirche an sich selbst und an ihrem Volk treibe. Die folgenden Aktivitäten führten 1925 zur Gründung des »Deutschen Evangelischen Verbandes für Volksmission«. Treibende Kraft blieb bis 1946 Gerhard Füllkrug. Um einer Unterstellung unter den Reichsbischof zu entgehen, löste sich 1934 der Verband auf. Neue Organisationsformen ermöglichten den Fortgang der V. Neue Arbeitsbereiche traten hinzu (u.a. Bibelwochen, Evangelistische Wochen). Sammelbecken der V. aus den Landeskirchen, Freikirchen, ev. Vereinigungen und Verbänden wurde 1946 die »Arbeitsgemeinschaft für Volksmission«, als Fachverband der Inneren Mission, heute →»Arbeitsgemeinschaft Missionarische Dienste«.

4. Nach 1945 bot die noch ungefestigte Gesellschaft in Deutschland der V. eine ungeahnte Entfaltungsmöglichkeit. Neben den landeskirchlichen Ämtern entstanden zahlreiche Einrichtungen mit volksmissionarischen Impulsen (u.a. →Akademien, →Heimvolkshochschulen, der →Kirchentag, berufsbezogene Aktionen, Camping- und Freizeitseelsorge, →Öffentlichkeitsarbeit, Kommunitäten). Die beginnende Wohlstandsgesellschaft und der Einfluß der Ökumene stellten neue theol. Grundfragen der V. (u.a. Weltkirchenkonferenzen Amsterdam 1948, Evanston 1954). In der modernen Welt muß Kirche als Mission das Zusammenspiel von Kerygma, Koinonia und Diakonia einüben. Der Laie wird als Missionar des 20. Jh.s entdeckt, funktionsgegliederte Gemeinden gefordert. Das Erwachsenenkatechumenat (H. H. Ulrich 1964 →Erwachsenenbildung) wird Aufgabe der V. Um

1970 tritt die kirchl. Bildungsarbeit neben die V. 1987 beginnt die Gemeindeakademie der VELKD ihre Arbeit.

5. Wesentlich bleibt für die V. die Besinnung auf Bibel und →Evangelisation sowie die Kooperation mit der evangelikalen Bewegung und der kath. Kirche. Die →Lausanner Bewegung (seit 1974) gibt den Anstoß zu gemeinsamen und übergreifenden Aktionen u.a. zum »Missionarischen Jahr 1980« und zum »Jahr mit der Bibel 1992«.

Lit.: E. Beyreuther: Kirche in Bewegung, 1968; W. Krusche: Das Missionarische als Strukturprinzip, FS für G. Noth, 1972; H. Rendtorff: Gottes Wort ist nicht gebunden, 1953; H.-H. Ulrich: Die Kirche und ihre missionarische Aufgabe, 1955; VELKD, Missionarischer Gemeindeaufbau Heft 1 »Missionarische Gemeinde«, 1961; »Das missionarische Wort«, Zeitschrift für Verkündigung und Gemeindeaufbau.

J. Hasselhorn

Vollkommenheit

a) biblisch-theologisch

V. ist kein festgelegter bibl. Begriff, schon gar nicht einfach mit Perfektion gleichzusetzen. Vielmehr umfaßt V. in der Bibel verschiedene Wortstämme und Traditionen, deren Bedeutung durch unterschiedliche Sach- und Textzusammenhänge nicht selten modifiziert wird.

Nach atl. Zeugnis ist V. vor allem ein Beziehungswert. V. bezeichnet den Bestzustand einer Person oder Sache in bezug auf Umstände, Personen oder Größen, wobei der Inhalt von der Art der jeweiligen Beziehung oder Situation bestimmt wird. Das atl. Hebräisch kennt zum einen den opferterminologischen Ausdruck *tamim,* »einwandfrei«, »unversehrt«, z.B. 3Mo 22,19ff. Die LXX übersetzt überwiegend mit *amomos,* »makellos«. Auch Menschen können so bezeichnet werden, z.B. Noah 1Mo 6,9, neben »gerecht«. Zum anderen wird von *schalam/schalom* gesprochen: dessen Bedeutung spannt sich von Vollendung (z.B. 1Kön 9,25) und Unversehrtheit (Ri 18,7) über Gedeihen (5Mo 23,7), Friede (Jer 4,10) und Wohlergehen (1Mo 29,6) bis zu Ersatzleistung (2Mo 22,25) und Vergeltung (positiv Ps 137,8; negativ Jer 16,18). (Zur Debatte, ob die Grundkomponente eher Ganzheit oder Genugtuung sei, vgl. G. Gerleman: ThAT II und Köhler-Baumgartner-Stamm: Hebräisch-Aramäisches Lexikon). Das griech. AT (LXX) spiegelt einerseits die hebr. Bedeutungsbreite (u.a. voll, vollständig, wahrhaftig, gerecht, friedlich), andererseits liegt bei der Bevorzugung von Friede für *schalom* eine Einengung vor. Im AT wird mehrfach die ebenso ungeteilte wie hingebungsbereite Einstellung des Menschen Gott gegenüber angesprochen, bes. im Blick auf das Herz (1Kön 8,61 u.ö.; vgl. 5Mo 6,5, hier aber mit der Vokabel »ganz«).

Der ntl. Befund ist nicht etwa von einer Fortsetzung *schalom*/Friede aus zu erfassen, sondern – neben Aussagen mit *holos,* »ganz« (z.B. Mk 12,30; Joh 13,10; »gänzlich« 1Thess 5,23; Jak 1,4) – vor allem vom griech. Wortstamm *tel-* her, der eine dynamische Bewegung auf ein Ziel, einen Abschluß und Endpunkt hin bezeichnet. Die Ableitungen mit *teleio-* bedeuten daher »vollendet, vollständig, reif, erfüllt«; so im allg. Sinn Lk 1,45; 2,43; Apg 20,24; Joh 19,28; Hebr 12,23; 1Joh 4,18 (vgl. 1,4 »voll erfüllen«), bes. in bezug auf Jesu Werk und Weg: Joh 4,34; 5,36; 17,4; Hebr 2,10; 5,9; 7,28; 12,2. Wenn überhaupt die klassisch gewordene, formale Definition durch Aristoteles (etwas Vollkommenes ist nicht mehr steigerungsfähig bzw. ihm fehlt nichts) auf den ntl. Sprachgebrauch durchgeschlagen ist, dann nur im Rahmen der dynamischen Bewegung. Die Verteilung der Untergruppe *teleio-* weist Schwerpunkte bei Joh/1Joh, im Corpus Paulinum, Hebr und Jak auf, während die Synoptiker primär durch Mt vertreten sind.

Einige Aussagen haben opferterminologischen Hintergrund: Röm 12,2, dazu mehrfach im Hebräerbrief: das Opferwesen bzw. Gesetz des alten Bundes war nicht in der Lage, die Sünde dauerhaft und vollständig fortzunehmen (Hebr 7,11.19; 9,9; 10,1); das gelingt allein dem Hohenpriester Christus (9,11; 10,14; 11,40; in 9,11 erscheint sogar der Komparativ; vgl. 8,6ff). Eine ganze Reihe von Stellen gehen von einem Wachstums- und Reifungsprozeß mit dem Gegenüber von kindlichem Anfang und der Reife des Erwachsenen aus: 1Kor 13,10f; 14,20; Kol 1,28; Eph 4,13; Hebr 5,14; 6,1. Eng verwandt ist das Motiv vom Erreichen des Wegziels: Phil 3,12; Jak 1,4. Diese pädagogische Komponente könnte bereits in Anweisungen an Neugetaufte Platz gefunden haben. Auch die Aussagen über »Vollkommene« 1Kor 2,6 (vgl. 2,12ff; 3,1ff); Phil 3,15 fügen sich in dieses Bild ein. Entscheidend für das Verständnis sind die jeweiligen Bezugsgrößen (z.B. Erkenntnis, Weisheit: 1Kor 2; 13; Jak 1) und Erfahrungszustände, teils positiv (z.B. Einheit und Festigkeit in Christus: Joh 17,23; Eph 4,13f; Kol 4,12; Auferstehung und Leidensgemeinschaft: Phil 3,9ff), teils im Kontrast (Streit: 1Kor 3; Unfähigkeit oder Fehlerhaftigkeit beim Lehren: Hebr 5,11ff; Jak 3,2). Einen besonderen Maßstab bildet die Liebe (Gottes): 1Joh 2,5; 4,12.17.18 (vgl. Joh

17,23-26); nach Kol 3,14 ist sie das Band der V. (vgl. 1Kor 13,8-13).

Bei Mt und Jak tritt V. aller Halbheit (vgl. Kleinglaube) und Gespaltenheit gegenüber. Mt 5,48 (Lk 6,36: barmherzig) und 19,21 (Mk 10,21; Lk 18,22: mangeln) setzen Akzente im Sinn der radikalen Jesus-Nachfolge. »Vollkommen sein wie Gott« gibt das Ziel des Heilswerks an: die Wiederherstellung des Ebenbildes Gottes (vgl. 5, 45: wahre Kinder Gottes). Mt 19,21 läßt sich übertragen: »Willst du wirklich ans Ziel gelangen.« Das Ziel des ewigen Lebens hat auch Jak vor Augen (1,12); deshalb unterstreicht er die Ausdauer (1,4) und warnt vor Halbherzigkeit (1,5ff; vgl. 4,4ff). Von Gott kommt nur Vollkommenes (1,17.25); so soll sich auch der Glaube in der Tat (der Liebe) zur Fülle entfalten (2,22).

Ein Zwei-Stufen-System, das »Vollkommene« von einer niederen Klasse geistl. oder ethisch absondern würde, gibt es im NT nicht. Von irgendwelchen »Einweihungen« zu einer V. hin ist nirgends die Rede. Leitend für das Verständnis von V. bleibt – auch bei Kontrastierungen wie 1Kor 2-3 – vielmehr die dynamische Zielorientierung, wobei das Ziel von Gott her bestimmt wird.

Lit.: J. Blinzler: LThK² X, 863f; G. Delling: ThWNT VIII, 50–88; R. N. Flew: The Idea of Perfection in Christian Theology, 1934; H. Hübner: EWNT III, 821–824, 825–828; J. Passmore: Der vollkommene Mensch, 1975; D. Peterson: Hebrews and Perfection. An Examination of the Concept of Perfection in the »Epistle to the Hebrews«, SNTS.MS 47, Cambridge 1982; P. J. du Plessis: TELEIOS. The Idea of Perfection in the New Testament, 1959; W. Popkes: New Testament Principles of Wholeness: Evangelical Quarterly 64 (1992), 319–332; K. Prümm: Das neutestamentliche Sprach- und Begriffsproblem der Vollkommenheit: Biblica 44 (1963), 76-92; R. Schnackenburg: Die Vollkommenheit des Christen nach Matthäus: Christliche Existenz nach dem Neuen Testament I, 1967, 131–155.

W. Popkes

b) theologiegeschichtlich

Ausgehend von Christi Befehl in Mt 5,48 wird die sittliche V. zu einem der Hauptbegriffe christl. →Askese und →Frömmigkeit. In der Frühzeit der Alten Kirche ist bes. der →Montanismus als eine nach V. strebende Bewegung zu erwähnen. Die Kirchenväter (→Clemens von Alexandria; →Origenes; Gregor von Nyssa (→Kappadozier)), beschäftigten sich vorwiegend in ihren asketischen Schriften mit dem Thema, das oft im Zusammenhang der Lehre von den Stufen des geistl. Lebens erörtert wird. Besonders im Heiligungsstreben des im 3. Jh. aufkommenden →Mönchtums und beeinflußt vom V.sideal der griech. Ethik wird die V. oder das Vollkommene (lat.: *perfectio*, griech.: *teleiotes, teleiosis, teleion*) zum zentralen ethischen Thema, z.B. bei Johannes Cassianus (»Collationes patrum«). Die aszetischen Schriften des Mönchtums verbinden durch die Jahrhunderte hindurch die Ordensgemeinschaften und den Katholizismus der Gegenwart mit der altkirchl. Tradition.

Die Reformation lehnt das röm.-kath. Mönchtum als vermeintlich besseren Stand der V. ab. Dennoch findet das V.sstreben schon im Versuch der Wiedertäufer, urkirchl. Verhältnisse wiederherzustellen, einen neuen Ausdruck auch auf der Seite des Protestantismus (R.T. Hughes in: Burgess). Das theol. Anliegen der Täufer wird vorwiegend über →Puritanismus und →Methodismus der →Heiligungsbewegung des 19. Jh.s vermittelt, die wiederum ihrerseits den →Neupietismus und die aufkommende →Pfingstbewegung beeinflußt (Dayton). Eine ausgeführte Lehre von der christl. Vollkommenheit wird im 18. Jh. vor allem von J. →Wesley vertreten (A Plain Account of Christian Perfection, 1725/1777, Works, Bd. 11, 366–446), aber auch von seinem Freund und Nachfolger John Fletcher (ebd. 273–365). Im Gefolge der Heiligungsbewegung befürwortete Theodor →Jellinghaus die Lehre von der Möglichkeit eines reinen Herzens und des Nichtsündigens.

Lit.: S. M. Burgess (Hg.): Reaching Beyond: Chapters in the History of Perfectionism, 1986; D. W. Dayton: Theological Roots of Pentecostalism, 1987; Gregor von Nyssa: Der Aufstieg des Moses, 1987; K. J. Hardman: C. G. Finney 1792–1875, 1987; T. Jellinghaus: Das völlige, gegenwärtige Heil durch Christum, 1880, ⁵1903; M.M. Rouët de Journel, J. Dutilleul: Enchiridion Asceticum, ⁶1965; Texte der Kirchenväter 1-5, 1963–1966; J. Wesley: A Plain Account of Christian Perfection, in: The Works of John Wesley³, NA 1991.

c) systematisch-theologisch

Die scharfe Kritik, die Graf Nikolaus von →Zinzendorf bei einem Treffen mit John Wesley in London 1741 an dessen V.slehre äußerte (Works, Bd. 1, 323–325, vgl. Meyer), weist deutlich auf die dogmatische Entscheidungsfrage: Während Wesley es für möglich hält, daß Christus die V. in den wahrhaft Gläubigen als Ziel ihres Glaubens wirkt, lehnt Zinzendorf dies als völlig verfehlt ab, wenn V. als Bestandteil des christl. Lebens verstanden werden sollte. Nur Christus ist die V. des Christen; die V. wird dem Christen nur zugerechnet, sie wohnt nicht in ihm, sondern außerhalb von ihm in Christus.

Die christl. V. kann nicht nur vom Klerus gefordert werden, wie dies in der röm.-kath. Ethik der

Fall ist, die von den Klerikern die Einhaltung der drei Haupt-Vollkommenheiten (→Räte, evangelische) Armut, Keuschheit und Gehorsam verlangt. Christl. V. ist »eine Vollkommenheit des Werdens, des Weges« aller Christen (Luthardt, Vollkommenheitsideal 52). Solange der Christ noch in seinem Leibe lebt, streckt er sich nach der V. aus und erbittet sie von dem vollkommenen →Gott (→Gott, Eigenschaften), denn sein Christsein ist noch im Werden (vgl. Phil 3,12), nicht eines der erreichten V.sstufe (Luthardt, Kompendium, 217). Wahre V. hat der Christ (a) im Blick auf die Gerechtigkeit durch den Glauben an Christum, (b) in seinem Verhältnis zur Welt durch sein Leben als Christ in der Erfüllung seines Berufs (→Berufung). »Denn die christliche Vollkommenheit besteht darin, daß man Gott von Herzen und mit Ernst fürchtet, und doch auch eine herzliche Zuversicht und Glauben, auch Vertrauen faßt, daß wir um Christi willen einen gnädigen, barmherzigen Gott haben; daß wir, was für uns notwendig ist, von Gott erbitten können ... nach eines jeden Beruf und Stand, indessen auch, daß wir mit Fleiß äußerliche gute Werke tun und unserem Beruf nachkommen« (CA 27).

Lit.: BSLK S. 117 (CA XXVII, 49) = Unser Glaube S. 105, 64; C. E. Luthardt: »Die antik-heidnischen Wurzeln des römisch-katholischen Vollkommenheitsideals«, in: Zur Ethik, 1888, 52-65; ders.: Kompendium der theologischen Ethik, ²1898, 207–218; M. Meyer: Feuerbach und Zinzendorf: Lutherus redivivus und die Selbstauflösung der Religionskritik, 1992; A. Ritschl: Die christliche Vollkommenheit: Ein Vortrag, 1874; »Vollkommenheit« in: GBL 3, 1650–1651; »Vollkommenheit« in: LThK Bd. 10, 863–866; »Vollkommenheit« in: RGG³ Bd. 6, 1486–1488.

J. Eber

Vollmacht

a) biblisch

V., griech. *exousia*, ist die von einer höheren Instanz oder Norm gegebene Möglichkeit und damit das Recht, die Erlaubnis, etwas zu tun. Es gibt keine Ausübung von V. ohne →Macht. Umgekehrt führt Macht ohne V. zu Zwang und Usurpation. Im NT ist es Gott, der den Geschöpfen V. erteilt. Sie können nicht über Grenzen der ihnen verliehenen *exousia* hinausgehen (Joh 19,10.11; Apg 6,8; 9,3.10). Auch Engel empfangen ihre V. von Gott (Apg 18,1), ebenso wie der →Teufel (Lk 4,6; vgl. Apg 13,5.7). Jesus ist die *exousia* gegeben worden, um Gottes Heilsplan zur Vollendung zu bringen (Mt 28,18, Apg 12,10). Seine V. ist also Heilsvollmacht, zum Ausdruck kommend in Heilungen (Lk 4,36), in seinem Reden (Mk 1,27), in seinem Vergeben von Sünden (Mt 9,8,; Mk 2,10). Als Träger der ihm von Gott verliehenen V. offenbart Jesus in Wort und Tat die Königsherrschaft Gottes (→Reich Gottes). Gekommen um zu dienen (Mk 10,45), nimmt Er mit V. die, die ihm folgen, in Beschlag (Mk 1,16ff).

Die Apostel als vollmachthabende Repräsentanten Jesu (Mk 3,1.3ff; Lk 10,16; Joh 13,20) haben Anteil an seiner V. und Mission. Sie empfangen *exousia* über böse Geister, um jene auszutreiben und um sämtliche Krankheiten zu heilen (Mt 10,1; Mk 6,7; Lk 9,1). Auch Paulus ist sich seiner V. bewußt, die Gemeinde aufzubauen (2Kor 10,8; 13,10). In dieser Hinsicht ist ihm das Recht verliehen worden, in Christi Namen »Befehle« und »Verordnungen« zu erteilen (vgl. 1Thess 4,2; 1Kor 7,17 u. ö.). Diese V. bedeutet keine Ausübung von Herrschaft (2Kor 1,24), sondern Dienst (2Kor 4,5; 5,18-20).

Teilnahme an und Fortsetzung von Jesu Mission und V. ist nicht nur den Aposteln gegeben worden, sondern der ganzen Gemeinde, die von den Zwölfen repräsentiert wird. Gebaut auf dem Fundament des apostolischen Zeugnisses (Eph 2,20) ist die Gemeinde zum Dienst gesandt worden und hat die Vollmacht empfangen, Sünden zu vergeben oder Sünden zuzurechnen (Joh 20,19-23; vgl. Mt 18,18 neben 16,19). Diese V. oder →»Schlüsselgewalt« (vgl. Mt 16,19: Schlüssel des Königreichs) wird ausgeübt, wo das Wort von Freispruch und Urteil verkündigt wird. Sie umfaßt weiterhin die konkrete →Gemeindezucht (1Kor 5,4-5) und die *mutua consolatio fratrum*, den »brüderlichen Zuspruch« (Eph 4,32; Mt 18,21ff).

b) theologiegeschichtlich

In den ersten Jh.en wurde die V. zur Vergebung und Zurechnung von Sünden gesehen als Handlung der ganzen Gemeinde mit ihren Amtsträgern. Seit der Mitte des 3. Jh.s (→Cyprian) konzentrierte die V. sich auf die Bischöfe und die anderen Mitglieder des Klerus. Damit wurde das Fundament gelegt für eine Entwicklung, die in der röm.-kath. Kirche zu einem sakramentalen juridisch-hierarchischen Verstehen der V. der Kirche führte. Unterschieden wird zwischen der Macht, die Sakramente zu spenden (→Beichte) (*potestas ordinis*), und der gesetzgebenden Macht (*potestas jurisdictionis*) in dem Sinn, daß die Bestimmungen der Kirche zum bedingungslosen Gehorsam verpflichten. Die V. der Kirche und ihrer Bischöfe kulminiert in der Macht des Papstes. Höhepunkt in der Lehrentwicklung hinsichtlich dieser Sache war auf dem I. Vatikanischen Konzil (1870) die Verkündigung des Dogmas der Unfehlbarkeit des Papstes, wenn er als Hirte und Lehrer aller Christen eine Lehre feststellt in Sachen des Glaubens und der Moral. Das II. Vatikanum (1962/65) hat diese einseitige Betonung der päpstlichen Macht ergänzt durch das Prinzip der Kollegialität der Bischöfe. Die Bischofsweihe gibt eine dreifache Macht: die Heiligungsmacht, die Lehrautorität und die Verwaltungsmacht. Nachdrücklich wird festgestellt, daß die Bischöfe jene Macht nur ausüben können in der hierarchischen Gemeinschaft mit dem Papst. In dieser Weise wird die entscheidende Autorität des Papstes noch expliziter als in den Dekreten vom I. Vatikanum festgelegt.

Die Reformatoren haben jenes hierarchische Jurisdiktionsprinzip verworfen als im Widerstreit mit der Heiligen Schrift, weil es die Sicht auf die Herrschaft Christi als Haupt der Kirche verdunkelt und die Gläubigen an die Macht der Kirche bindet. Luther hat den gesetzlich-richterlichen Gebrauch der Schlüssel abgewiesen und die V. der Kirche bezogen auf seelsorgerlichen Dienst aufgrund der Verkündigung des Wortes Gottes. Als gerufener Diener verkündigt der Prediger bei der Ausübung der Schlüsselgewalt Gesetz und Evangelium. Vgl. CA 28: »Diese Gewalt der Schlüssel oder der Bischöfe übt und treibt man allein mit Lehre und Predigt des Wortes Gottes und mit Handreichung der Sakramente gegenüber vielen oder einzelnen Personen, danach der Beruf ist« (d. h. je nach Auftrag).

Für Calvin ist die V. der Kirche oder der Schlüsselgewalt nicht so sehr Macht als vielmehr Dienst (*ministerium*). Die Macht ist dem Wort, das Christus von seinen Dienern verkündigen läßt, erteilt worden. In Mt 18,18 liest Calvin eine von Christus errichtete *spiritualis jurisdictio seu disciplina* »geistl. Rechtssprechung oder Zucht« der Kirche als Gemeindezucht. Diese *disciplina* ist zur Ehre Gottes, zum Heil der Gemeinde und zur Rettung des Sünders. Siehe auch Heidelberger Katechismus Frage und Antwort 83: Die Schlüssel des Himmelreichs sind »die Verkündigung des heiligen Evangeliums und der christliche Bann ... wodurch einerseits das Himmelreich für den Gläubigen geöffnet, aber andererseits den Ungläubigen zugeschlossen wird«.

c) systematisch-theologisch

Die amtliche und kirchl. V. ruht nicht in den Händen von Menschen. Christus regiert seine Gemeinde durch sein Wort und seinen Geist. Das Sprechen und Handeln der Kirche geschieht im Raum des Geistes, der die Verkündigung der Kirche wirksam macht. Die V. der Kirche ist also eine begrenzte und normierte V. Die Kirche steht unter dem Verfügungsrecht ihres Herrn.

V. und Dienst stehen nicht im Gegensatz zueinander, sondern bestimmen sich gegenseitig. Die wirkliche V. wird aus dem Dienst verantwortet und im Dienst vollzogen.

V. bedeutet an erster Stelle Auftrag und Verantwortung. Die Kirche und ihre Diener sind von Christus als seine Repräsentanten in der Welt zur Verkündigung und Seelsorge berufen worden. Das gibt Mut zu vollmächtigem Sprechen und Handeln. Zugleich macht es niedrig und demütig. V. bleibt Geschenk Gottes. Er gibt es seinen Dienern, mit V. zu sprechen und zu handeln. Das macht die Kirche von der Kraft des Heiligen Geistes abhängig, der in alle Wahrheit leitet, und bindet sie an das Wort Gottes. Es kommt darauf an, das Wort Gottes treu weiter zu geben im Gehorsam gegen den Herrn der Kirche.

In einer pluralistischen Gesellschaft und einer sich mündig nennenden Welt ist die V. der Kirche fragwürdig geworden. Die Krise der Kirche, die Spaltungen, die Fehlentwicklungen, das menschliche Versagen werfen die Frage auf, ob vielleicht die kirchl. V. nicht längst verlorengegangen ist. Diese Fragen ernst zu nehmen, bedeutet für die Kirche und ihre Diener den Ruf zur Umkehr.

Um mit V. und Freimut zu sprechen und zu handeln ist vor allem not, daß die Diener der Kirche sich im Umgang mit der →Bibel üben und im Gebet um den Heiligen Geist und seine Gaben (1Tim 4,7ff). Nur wer Jünger ist, kann Lehrer sein (Jes 50,4.5). Nur wer Objekt der Seelsorge Christi ist, kann Subjekt vollmächtiger Seelsorge sein. In der Krise und Anfechtung ist für die Kirche der einzige Trost, daß Gott gesprochen und gehandelt hat in Kreuz und Auferstehung Christi und daß er noch immer spricht durch Wort und Geist. Gläubige Abhängigkeit macht freimütig und vollmächtig.

Lit.: H. v. Campenhausen: Kirchliches Amt und geistliche Vollmacht in den ersten drei Jahrhunderten, ²1963; W. Foerster: »exousia«, THWNT II, 559-572; K. Kertelge (Hg.): Das kirchliche Amt im Neuen Testament (WdF CDXXXIX), 1977; H. Küng: Die Kirche, 1967; J. Schniewind, O. Michel: Vollmacht, 1988; M. Seitz: Erneuerung der Gemeinde, 1985; H. Thyen, J. Heubach: »Schlüsselgewalt«, RGG³ V, 1961, 1449–1453.

A. Noordegraaf

Voltaire (1694–1778)

V., Geburtsname: Francois Marie Arouet, geb. am 21. 11. 1694 in Paris, gest. am 30. 5. 1778 ebda.;

absolvierte sein Grundstudium am Jesuitenkolleg, studierte dann Jura und Philosophie, floh mehrfach nach England und brachte von dort den Geist der →Aufklärung mit (»Lettres philosophiques«); 1746 wurde er in die Académie française aufgenommen und war von 1750–1753 Gast am Hof Friedrichs des Großen in Berlin; seit 1758 in Ferney/Schweiz und seit 1778 wieder in Paris.

V. war kein originärer, aber ein geistreich formulierender kritischer Philosoph und Publizist, Prototyp des aufgeklärten Rationalismus seines Jh.s, engagierter Kämpfer gegen christl. Dogmen, Religion und Metaphysik. Sein Gesamtwerk ist schier unübersehbar (50 Bde.), am wirkungsvollsten war sein »Dictionnaire philosophique«, am bekanntesten geblieben sind seine Romane (z.B. »Zadig« oder »Candide«).

Lit.: G. Brandes: Voltaire und sein Jahrhundert, 2 Bde., 1923; J. G. Leithäuser: Voltaire, 1961; P. Sakmann: Voltaires Geistesart und Gedankenwelt, 1911.

G. Ruhbach

Voluntarismus

1. Der Begriff

Wie A. Colombo mitteilt, wurde der Begriff des V. erstmals von F. Tönnies eingeführt (»Studien zur Entwicklungsgeschichte des Spinoza«, in: Vierteljahrschrift für wissenschaftliche Philosophie, 1883, 169) und dann von F. Paulsen (vgl. Einleitung in die Philosophie, 1892) und W. Wundt (vgl. Grundriß der Psychologie, 1896) verbreitet. Der V. trat immer als Gegenposition zum Intellektualismus auf und betraf das Problem des Vorranges des Intellekts vor dem Willen bzw. umgekehrt. Die Lösung hing davon ab, welche Kraft und Funktionen dem Intellekt, und welche dem Willen zuerkannt wurden. Das Problem stellte sich sowohl in bezug auf Intellekt und Willen des Menschen als auch Gottes. Es bildete sich sowohl ein phil. (ethischer, anthropologischer) und psych., als auch ein theol. V. aus.

2. Problemgeschichte

Das Problem stellte sich erstmals in der Antike durch →Platos ethischen Intellektualismus, wonach die →Tugend wesentlich »praktische Wissenschaft« ist, die notwendig zum guten Handeln führt, und schlechtes Handeln aus Unwissenheit geschieht, sowie unfreiwillig. Dagegen machte →Aristoteles auf die Bedeutung der Affekte und des Willens (Ethica Nicom. VI 12-13), zusammen mit der rechten Gewöhnung, für Tugend und gutes Handeln aufmerksam. Er verwies auf den Fall des Unbeherrschten, der zwar das →Gute kennt, aber mit Willen etwas Böses tut (ebd. VII). Plotin, als Begründer des →Neuplatonismus, vertrat keinen Intellektualismus mehr, sondern trug der Bedeutung des Willens Rechnung, und zwar beim Menschen und bei Gott (Enn. VI 8: Über das Freiwillige und den Willen des Einen). Zur freien Selbstverfügung gehören sowohl der Wille, der auf das Gute schon natürlicherweise ausgerichtet ist, als auch die Vernunfteinsicht in das Gute. Übereinstimmend hiermit lehrte auch Augustinus (z.B. De libero arbitrio, De beata vita, De Trinitate IX-XI), daß der Mensch dann glückselig wird, wenn er das erkennt, das er mit dem Willen liebend umfängt: das wahre Gute, Gott.

Im MA bestimmte der Dominikaner →Thomas v. Aquin in differenzierter Weise das Verhältnis zwischen Willen und Intellekt so (Summa theologiae I 82, 3): (a) An sich, in bezug auf die Vermögen selbst, hat das Intellekt-Vermögen den Vorrang, weil es bei seinem Akt in sich selbst bleibt, sofern sein Objekt intellektförmiger, abstrakter Erkenntnisinhalt in ihm wird, während das Willens-Vermögen mit seinem Akt auf das Objekt außerhalb seiner geht, das, in der Ordnung des Seienden, auch untergeistig sein kann. Das intelligible Gute aber muß vom Intellekt als solches vorgestellt sein, um vom Willen sub ratione boni erstrebt zu werden. (b) In bezug auf das Objekt dagegen erlangt der Wille insofern einen Vorrang, als er (schon natürlicherweise) auf ein über dem Geiste stehendes Gutes,

Gott, gerichtet ist. Mit beiden Gesichtspunkten verbindet Thomas hier die aristotelische Intellektlehre mit der christl. Lehre von der Liebe zu Gott.

Die franziskanischen Theologen, →Bonaventura, →Duns Scotus u.a. betonen den Vorrang des Willens wegen seiner der Vernunfterkenntnis vorauslaufenden Liebe zu Gott. Von daher kommt die moderne (unzutreffende) Gegenüberstellung der dominikanischen und der franziskanischen Richtung als Intellektualismus und V.

Bei Wilhelm v. →Ockham schon vorbereitet, traten in der Neuzeit Formen des V. im eigentlichen Sinne auf, welcher die Wahrheit und die Erkenntnis der Vernunft selbst vom Willen abhängig machte.

Bei R. →Descartes bestimmt sich alles Wahre aus der Willkür des freien Willens Gottes, (vgl. Réponses aux VI objections, ed. Adam-Tannery IX, 232-33; Lettre 525, vom 26.7.1648, an Arnauld, ebd. V, 223-24 (zit. bei Colombo)). Parallel hierzu hängt das Wahre auch von der Zustimmung und Entscheidung des menschlichen Willens ab (vgl. Méditation IV).

M. Luther läßt die ganze Sittenordnung von der Willkür Gottes abhängen. Nach Luther ist Gott unerkennbar, weil absoluter Wille (W. Brugger). Bei I. →Kant liegt zwar kein V. vor, doch gibt er der praktischen Vernunft vor der theoretischen insofern den Vorrang, als nur die praktische den Weg zum Ding an sich der Person eröffnet, die durch sittliches Tun erst zu verwirklichen ist.

Formen eines ausgeprägten V. finden sich bei A. →Schopenhauer und F. →Nietzsche. Sie erklären zum Prinzip und Wesen der Wirklichkeit den Willen, der als irrationaler Drang alles hervorbringe, beim Menschen zu Bewußtsein und Vorstellung komme (Schopenhauer) und zu moralischem Wert als Wille zur Macht (Nietzsche). Indirekte Formen des V. finden wir in jenen Positionen der Gegenwart, welche die Erkenntnis des Menschen auf praktische Lebensinteressen zurückführen, so bei Pragmatisten, der Frankfurter Schule und Existentialisten, wie M. →Heidegger. Auch in der Ethik J. →Maritains hängt die sittlich gute Handlung primär vom Wollen des Guten ab.

Lit.: V. J. Bourke: Will in Western Thought, 1964; A. Colombo: »Volontarismo«, in: Enciclopedia filosofica, Bd. 8, 1982, Sp. 807-810; W. Brugger: »Voluntarismus« in: Philosophisches Wörterbuch, [16]1981, 441–442; R. Crippa: L'intellettualismo agostiniano e le correnti esigenzionalistico-volontaristiche della filos. contemporanea, in »S. Agostino e le grandi correnti della filos. contempor.«, 1956, 77-95; L.-B. Geiger: Le problème de l'amour chez st Theomas d'Aquin, 1952; W. Kahl: Die Lehre vom Primat des Willens bei Augustinus, Duns Scotus und Descartes, 1886; A. Lalande: »Le volontarisme intellectualiste«, in: »Revue Philos.«, 1912; F. Prezioso: L'evoluzione del volontarismo da Duns Scoto a Guglielmo di Alnwick, 1964; D. Siedler: Intellektualismus und Voluntarismus bei Albertus Magnus, 1941; P. A. Sollier: »Le volontarisme«, in: Revue Philos., 1909.

H. Seidl

Vorauswissen →Erwählung; →Vorsehung

Vorherbestimmung →Erwählung

Vorsehung

1. V. hat entsprechend zu seinem lat. Ursprung (*providentia*, von lat. *providere*, »vorhersehen« und »sorgen für«) zwei Bedeutungskomponenten: zum einen meint V. die Vorherbestimmtheit (»Schicksal«-Haftigkeit) des Weltgeschehens, zum anderen die Fürsorge Gottes für seine Geschöpfe.

2. Vom griech. Glauben an die noch über den Göttern thronende *heimarmene* über die *providentia* als Zentralelement der hell. Stoa, die Antike und MA prägende Überzeugung von der Zielgerichtetheit allen Geschehens (göttliche Teleonomie des Weltlaufs; →Thomas v. Aquin), die Philosophie einer in allem Wirklichen ihren Ausdruck findenden Weltvernunft (vgl. G. W. F. →Hegels Weltgeist) bis hin zu modernen naturphilosophischen Fragen (wie der nach einem die Entwicklung des Lebens bestimmenden Zufall oder Plan (J. Monod; M. Eigen); vgl. die Debatten um evolutionstheoretische Konzepte oder die Modelle eines anthropischen Prinzips [Barrow/Tipler]) ist die den Menschen universal umtreibende Fragestellung wirksam, ob das Weltgeschehen im Ganzen wie die Biographie des einzelnen Resultat einer übergeordneten Gesetzmäßigkeit, einer – gegebenenfalls moralischen – Instanz ist, die personal oder auch neutrisch gedacht werden kann, oder ob alles Wirkliche Resultat eines blinden Zufalls ist und der Mensch demzufolge auf sich selbst angewiesen und sich selbst ausgeliefert ist. Humanistische (L. →Feuerbach), etwa marxistische Kritik (K. →Marx; J.-P. Sartre) am Gottesglauben sieht in der Vorstellung einer V. ein Hindernis für die Befreiung des Menschen, der nur dann »sein Schicksal selbst in die Hand nimmt«, wenn er weiß, daß er diesem nicht ausgeliefert ist, Subjekt der Geschichte nicht irgendein transzendentes Wesen, sondern der Mensch allein und selber ist.

3. Es ist freilich kennzeichnend, daß der V.sglaube alle Säkularisierungsschübe nicht nur unbeschadet überstanden hat, vielmehr in einer Gesellschaft, die

dem christl. Glauben an Gott als Schöpfer und Erlöser weithin den Abschied gegeben hat, den Rang eines Kernbestandes nachchristl. Religiosität besitzt (Ratschow). Auch die Religionsgeschichte zeigt, daß der Glaube an ein planendes und lenkendes, regierendes und gegebenenfalls vergeltendes Subjekt (Vorstellung einer »ausgleichenden Gerechtigkeit«) universal verbreitet ist. Die religiösen und religions-, ja selbst naturphilosophischen V.svorstellungen wurzeln in der lebensweltlichen Erfahrung des Ausgeliefertseins des Menschen an eine ihm entfremdete, ihn bedrohende und von ihm selbst nicht beherrschbare Welt. Sie sind Ausdruck der Hoffnung, der Unwirtlichkeit der Welt nicht völlig schutzlos ausgeliefert zu sein, vielmehr den Weltlauf ein Stückweit beeinflussen zu können (über religiöse bis hin zu abergläubischen Ritualen, die das Schicksal günstig stimmen sollen) oder aber im Wissen um ein den Weltlauf bestimmendes ethisches Prinzip (vgl. etwa »die Weltgeschichte ist das Weltgericht«) eine letzte Orientierung zu finden, die selber eine ethische Existenz begründen und ermöglichen soll.

4. Der V.sglaube ist als solcher nicht spezifisch christlich. Er wird es erst, wenn er bestimmten Bedingungen genügt: Er muß (1) den Zusammenhang der V. mit der →Schöpfung und dem →Heil in Jesus Christus begründen. Christliche V.slehre bringt zur Geltung: der Gott, der diese Welt geschaffen hat, ist es auch, der sie nach ihrer Schöpfung nicht sich selbst überläßt, sie vielmehr erhält (Mt 5,45) und der sich darum sogar in dem Schöpfungswort, das Jesus Christus ist, aufmacht, um durch sein Kreuz und seine Auferstehung Möglichkeiten neuer Existenz und ewigen Lebens zu stiften. Christliche V.slehre wird sich (2) spezifisch von den verschiedenen Spielarten eines →Pan(en)theismus oder →Deismus unterscheiden, die in der Gefahr stehen, zwischen Gott und Welt nicht genügend zu unterscheiden, und dagegen das Gegenüber-Sein Gottes zu seiner Schöpfung zur Geltung bringen. Christlich V.slehre muß (3) immer erneut den Weg finden zwischen der Skylla einer Alleinwirksamkeit Gottes, die jede Eigenverantwortlichkeit des Menschen ausschließt, weil sie alles und darum auch das Handeln des Menschen determiniert (→Schuld), und der Charybdis einer Eigenständigkeit des Geschöpfes, das der Gottheit Gottes und seiner Allmacht Abbruch tut.

5. Im Anschluß an die scholastische Theologie (→Scholastik) hat die altprotestantische →Orthodoxie eine Lehrform entwickelt, mit der sie v.a. der letztgenannten Bedingung zu genügen suchte. Im Lehrstück *de providentia* bringt man die Fürsorge Gottes für und sein Herrsein über sein Geschöpf dadurch zum Ausdruck, daß man von einer göttlichen *conservatio* (Gott erhält sein Geschöpf, indem er ihm schon vorangeht, für es voraussorgt), einem göttlichen *concursus* (Gott erhält sein Geschöpf, indem er es begleitet und mit ihm zusammenwirkt) und einer göttlichen *gubernatio* (Gott erhält sein Geschöpf, indem er es leitet und selbst noch seine Wirkungen auffängt) unterscheidet. Die Frage, wie unter diesen Umständen noch von der Freiheit des Geschöpfes gesprochen werden kann, beantwortet man unter Zuhilfenahme der über den Cartesianismus und die Scholastik auf →Aristoteles zurückgehenden *causa*-Terminologie (→Kausalität). Gott ist *causa prima*, »Erstursache« das Geschöpf ist *causa secunda*, »Zweitursache«. Gott ist alles bestimmende Hauptursache; dem Geschöpf wird gleichwohl ein »eigenes« Wirken zugestanden. Die durch die Übernahme dieser Begrifflichkeit gegebene mechanistische Denkweise vermag aber die grundlegenden theol. Schwierigkeiten einer V.slehre im allgemeinen und einer *concursus*-Lehre im besonderen nicht zu beseitigen (vgl. Hempelmann, 231ff; 380ff). Je nach theol. Ansatz und Interesse bestimmen luth. und reformierte Theologen wie zuvor schon thomistische oder molinistische Scholastiker die *Causalitas* Gottes so, daß Gott entweder nur Mit-Verursacher ist, dann aber seine – philosophisch verstandene! – Allmacht bestritten ist; oder aber Gott wird zum alles Geschehen bestimmenden Subjekt. Dann kann das Geschöpf nicht mehr begriffen werden als ein zur Freiheit berufenes Gegenüber Gottes. Im letzten Fall drängt sich logisch auch die Urheberschaft Gottes für das →Böse auf (*Deus auctor et mali*).

6. Christl. V.slehre darf sich nicht auf das Prokrustesbett einer phil., in diesem Fall mechanistischen oder monistischen Weltanschauung spannen lassen. Sie muß ihren Ausgang nehmen von dem, was in Kreuz und Auferstehung Jesu Christi über die V. Gottes erkennbar ist: (1) Gott liebt diese Welt, und er geht ihr nach (Joh 3,16); (2) diese gefallene Welt steht in radikalem Gegensatz und Widerspruch zu Gottes willen und Werk (Hebr 12,3; Röm 8,7; 2Kor 4,4). (3) Gottes Liebe ist stärker als der Tod und als der, der die Macht des Todes hat (Hebr 2,14). Darum ist auf die Fürsorge und Vorsorge des Gottes Verlaß, der die Macht seiner Liebe auch gegen die Sünde des Menschen und die Abgründe dieser Welt durchsetzen kann und wird (Röm 8,28; 1Kor 15,26-28).

Lit.: K. Barth: Kirchliche Dogmatik III, 3, 1950; M. Geiger: »Providentia Dei«, in: Parrhesia, FS für K. Barth zum 80. Geburtstag, hg. von E. Busch (u.a.), 1966, 673–707;

H. Hempelmann: »Unaufhebbare Subjektivität Gottes«? Probleme einer Lehre vom concursus divinus, dargestellt an Hand von Karl Barths »Kirchlicher Dogmatik«, 1992; R. Landau: Die Nähe des Schöpfers. Untersuchungen zur Predigt von der Vorsehung Gottes, 1988; M. Pohlenz: Die Stoa. Geschichte einer geistigen Bewegung, 2 Bde, 1948; C. H. Ratschow: Das Heilshandeln und das Welthandeln Gottes. Gedanken zur Lehrgestalt des Providentia-Glaubens in der evangelischen Dogmatik, in: ders.: Von den Wandlungen Gottes, 1986, 182–243; Vorsehung und Handeln Gottes, hg. von Th. Schneider und L. Ullrich, 1988; Die Weltregierung Gottes und die Freiheit des Menschen, hg. von D. und R. Basinger, 1987; Zufall, Freiheit und Vorsehung, hg. von N. A. Luyten, 1975.

H. Hempelmann

Vorsokratiker

Die V. umfassen die erste Periode der griech. Philosophie, vom 7. bis 5./4. Jh. v. Chr., soweit sie Naturphilosophen sind (in den griech. Kolonialgebieten Kleinasien, Kykladen, Unteritalien, Sizilien) im Unterschied zu den Sophisten (des griech. Mutterlandes, bes. Attika) und zu →Sokrates, die dann durch ihre Hinwendung zum Bereich des Menschen (mit moralischen, polit., erkenntniskritischen Fragen) eine neue Philosophie-Periode einleiteten.

1. Überlieferung

Uns sind von ihnen keine vollständigen Schriften, sondern nur Fragmente erhalten, die erstmals H. Diels und W. Kranz gesammelt haben (»Fragmente der Vorsokratiker«). Für die Rekonstruktion von Leben und Lehren der V. sind wichtig →Aristoteles' Darstellung (Metaphysica I, 3-5; Physica I; De anima I, De generatione et corruptione I) und Doxographien aus hell. Zeit (bes. Diogenes Laertios). Moderne Kritik an Aristoteles, er habe seiner Darstellung die eigene Lehre der vier Ursachen (Materie-, Form-, Bewegungs- und Zweckursache) darübergelegt, ist nicht überzeugend, da er erst durch das Studium der V. und →Platons zur Unterscheidung der vier Ursachen kam. Wenn auch bei den ersten V.n das erklärende Prinzip nicht nur Materie, sondern ein göttliches Prinzip bedeuten wollte, so wurde es tatsächlich nur durch Naturstoffe vorgestellt. Das darin liegende Ungenügen hat daher die späteren V. veranlaßt (»von der Wahrheit selbst gezwungen«, wie Aristoteles sagt), andere, neue Ursachenarten einzuführen.

2. Übergang vom Mythos zum Logos bei den Vorsokratikern

Wenn auch schon der Mythos eine »Erklärung« aller Dinge, der Natur und der Menschen, aus einem »Anfang« bringt, so hat er doch nicht phil., sondern rel. Interessen, die das Verhältnis der Menschen zu dem Gott oder den Göttern betreffen, Schuld, Sühne, Heil und Kult. Das phil. Interesse der V. strebt nach Erkenntnis um der Erkenntnis willen, es fragt nach dem »Anfang« *(arche)*, Prinzip, der Naturdinge, einschließlich der Menschen, nunmehr im Sinne einer ersten Ursache, aus der sich ihr Entstehen und Vergehen, sowie ihre Veränderungen erklären und so erkennen lassen.

3. Lehren der Vorsokratiker

a. Die ersten Philosophen nahmen ein einziges Prinzip an: so Thales (ca. 624–546 v. Chr.) das Wasser, Anaximander (ca. 611–546) das sog. *apeiron*, das sowohl das Unendliche, als auch das Unbestimmte bedeuten kann, Anaximenes (Blütezeit ca. 546) die Luft, Heraklit (Blütezeit zwischen 500 und 490) das Feuer, die Späteren hingegen führten mehrere Prinzipien ein: so Empedokles (ca. 495–435) die vier Elementenarten Erde, Wasser, Luft und Feuer, Anaxagoras (gest. 429) die sog. »Homöomerien«, unendlich viele »gleichteilige« Elemente mit verschiedenen Qualitäten, Demokrit (ca. 460–370) wiederum unendlich viele »Atome« mit verschiedenen quantitativen Eigenschaften bzw. Formen. In beiden Ansichten, der monistischen und der pluralistischen, wirde das Prinzip immer als etwas Unwandelbares, Wesentliches aufgefaßt, das dem mannigfaltigen Wechsel der Naturdinge zugrunde liegt und beharrt. Ja, bei den Atomisten erscheinen die Dinge selbst bloß als wechselnde Eigenschaften der zugrundeliegenden Atome, die von ihnen verschieden sind.

b. Die Schwierigkeit, aus demselben Naturprinzip/Urstoff die Vielheit der Dinge mit ihrem Entstehen und Vergehen sowie ihren Veränderungen zwischen gegensätzlichen Eigenschaften zu erklären, lösten die einen →Naturphilosophen, die nur ein einziges Stoffprinzip annahmen, durch dessen Verdichtung und Verdünnung (Thales, Anaximenes, Heraklit), die anderen hingegen, die mehrere (oder unendliche viele) Stoffelemente annahmen (Empedokles, Anaxagoras, Demokrit), durch die Mischung und Trennung dieser Elemente. Anaximander begegnete der Schwierigkeit dadurch, daß sein Prinzip, das »Apeiron«, gegenüber allen aus ihm hervorgehenden Dingen, mit ihren qualitativ so verschiedenen Gegensätzen, als etwas »Unbestimmtes« annahm. Damit hat Anaximander als erster einen wesentlichen Aspekt dieses Prinzips entdeckt. Später übernahm Aristoteles (in: Physica I 9, 192a 31-32) ihn für die Definition der Materie, die als solche unbestimmt ist und sich potentiell verhält zu den Formbestimmungen, die es aufnimmt.

Einen eigenen Weg beschritten auch die Pythagoreer: Der Gegensatz zwischen dem gesuchten Naturprinzip und den von ihm verursachten Dingen veranlaßte sie, das Prinzip in den Zahlen anzusetzen, um das bleibende Wesen in den veränderlichen Dingen durch Zahlenverhältnisse oder -symbole zu erfassen und zu bestimmen.

c. Ein Hauptproblem war das des Werdens; denn aus Nichts kann nichts entstehen, und was schon ist, braucht nicht mehr zu werden, sondern besteht schon. Heraklit und Parmenides versuchten dies auf entgegengesetzte Weise zu »lösen«: Heraklit machte das Werden zur wesentlichen Eigenschaft des Feuer-Prinzips, womit es eben nicht mehr erklärt, sondern selber zum Prinzip erhoben wird. Parmenides dagegen leugnete das Werden (damit auch Bewegung und Nichtseiendes) und erhob das Seiende zum Prinzip: als das Eine Seiende, mit Ausschluß von jeder Vielheit und Veränderung (Diels/Kranz I, 18B, Fragment 6-8).

d. Während Demokrit die Atome schon mit Bewegungen begabt annahm, sprachen Empedokles und Anaxagoras von eigenen Bewegungskräften. Letzterer verband damit auch das Zweck- und Ordnungsprinzip in der Natur und führte als solches die Vernunft *(nous)* ein, die »alles erkennt und beherrscht« (Diels/Kranz II, 59B, Fragment 12).

Andeutungen einer Formursache finden sich bei Heraklit und Empedokles: bei Heraklit in seiner Lehre vom Logos *(logos)*, dem ewigen Weltgesetz, das alle Veränderungen der Dinge durchwaltet (Diels/Kranz I, 12B, Fragment 1), als Harmonie der Gegensätze (Frag. 51). Empedokles richtete bei der Erklärung der Naturdinge sein Augenmerk auf die je verschiedenen Mischungsverhältnisse der vier Elemente in ihnen (Diels/Kranz I, 21B, Fragment 96).

e. Neben hauptsächlich naturphil. Lehren fehlt es bei den V.n nicht an erkenntnistheoretischen, psych., anthropologischen und ethischen Ansätzen. Durchweg wird zwischen den zu erklärenden Phänomenen und den Prinzipien, Ursachen, unterschieden, sowie dann entsprechend auch zwischen der die Phänomene wahrnehmenden Sinneserkenntnis und der auf die Prinzipien gerichteten Vernunfterkenntnis. Bei Parmenides begreift die Vernunft erstmals das Seiende als ihr eigenes Objekt. Nach Empedokles erkennt die Seele die Naturdinge aufgrund von etwas Gemeinsamem mit ihnen (»Gleiches wird durch Gleiches erkannt«), nach Anaxagoras aufgrund ihrer Verschiedenheit zu den Dingen. Die Vernunft versteht sich bei ihm als von den materiellen Elementen verschiedenes, »unvermischtes« und »leidensunfähiges« Wesen (als »Feinstes«). Bei Heraklit ist der Logos auch das in allen Menschen »Gemeinsame«, wodurch sie die Naturordnung erkennen können. Bei den genannten Denkern und anderen gilt, daß dem Fortschritt von der (trügerischen) Sinnes- zur (sicheren) Vernunfterkenntnis in die Prinzipien der Dinge und des Menschen auch ein sittlicher Fortschritt entspricht (oder entsprechen soll) von einer sinnenhaften zu einer vernunftgemäßen, weisen Lebensführung, in der auch die wahre Glückseligkeit des Menschen liegt.

Lit.: G. Calogero: Über den Eleatismus, 1932; W. Capelle: Die Vorsokratiker, 1968; H. Diels: Die Fragmente der Vorsokratiker, Bd. I, ³1912; H. Diels, W. Kranz: Bd. II, ¹⁵1971; E. Hussey: The Presocratics, 1972; Proceedings of the 1st international congress on Democritus, 2 vol., 1984; K. Rietzler: Parmenides, 1934; Studies in Presocratic Philosophy, hg. von R. E. Allen und D. J. Furley, 1975.

H. Seidl

Vulgata

Lat. →Bibelübersetzungen gibt es seit dem 2. Jh. in großer Zahl; sie weichen z. T. sehr voneinander ab. Die Bezeichnung Vetus Latina bzw. Praevulgata ist eine späterer an der V. gemessener Sammelname. Papst Damasus I. beauftragte 383 →Hieronymus, den besten Sprachkenner seiner Zeit mit einer Revision des bislang gebräuchlichen Textes. Am Anfang (384) stand für Hieronymus die Überprüfung der Psalmen an der Septuaginta, sodann übersetzte und verbesserte er das NT, vor allem die Evangelien; seit 386 lebte er in Caesarea und revidierte das AT, weithin nach der Hexapla des →Origenes. 391 begann Hieronymus das gesamte AT neu aus dem Hebräischen zu übersetzen und beendete diese Arbeit 406. Seine durchweg hervorragende Übersetzung fand nur am Anfang Widerspruch, setzte sich aber bald durch und erhielt die Bezeichnung »Vulgata«, d.h. die allg. verbreitete. Alkuin revidierte die V. erneut, im ganzen MA galt sie als Kirchenbibel, und das →Konzil von Trient erhob die V. 1546 zum authentischen Bibeltext, dessen 3. Ausgabe (Clemens VIII.) von 1598 als der maßgebende Text gilt, der gleichwohl immer wieder revidiert wurde.

Lit.: F. Kaulen: Sprachliches Handbuch zur biblischen Vulgata, ²1904; F. Stummer: Einführung in die lateinische Bibel, 1928.

G. Ruhbach

Wahlrecht, kirchliches →Kirchenwahl

Wahrhaftigkeit

W. hat ihre Wurzeln in der Treue zu sich selbst und in der Liebe: der Wahrhaftige steht zu dem, was er ist, und macht in seinem äußeren Verhalten sein inneres Sein erkennbar und identifizierbar; indem er das tut und sich anderen Menschen zuwendet, gibt er diesen Anteil an sich selbst und an dem, was er von der Wahrheit erkannt hat und in sich trägt. Ihren letzten Grund und ihr Vorbild hat solche W. in der Treue Gottes zu sich selbst und in der verläßlichen Liebe, mit der er sich uns Menschen als Schöpfer, in der Erwählung des atl. Bundesvolkes und in Jesus Christus zugewandt hat. Wie er uns unverstellt teilgibt an seiner Wahrheit und Liebe, so sollen auch wir unverstellt vor ihn treten und den Mitmenschen unverstellt begegnen und sie teilhaben lassen an dem, was wir empfangen haben und sind.

Das Gebot der W. unseres Redens und aller unserer Kommunikation erwächst aus diesen Grundlagen und bezieht aus ihnen seine Kraft und Gültigkeit. Es setzt voraus, daß der Redende nicht ohne Beziehung zur Wahrheit ist (sonst wäre seine W. wertlos), legt aber den Ton nicht auf die Überprüfung der objektiven Wahrheit des Gesagten, sondern auf die Ehrlichkeit, mit der er seiner tatsächlichen Überzeugung Ausdruck gibt (auch falls sie objektiv falsch sein sollte!). Freilich gehört zur W.spflicht auch die Pflicht, nach bestem Vermögen die Wahrheit der eigenen Überzeugung zu überprüfen und so im Rahmen des Möglichen auch objektiv für das Gesagte einzustehen.

Mit diesem letztgenannten Moment hängt es zusammen, daß W. manchmal vorwiegend als die Tugend kritischen Nachdenkens und unbestechlicher Wahrheitssuche gesehen wird, die vorbehaltlos eigene und überkommene Überzeugungen einer scharfen und durchdringenden Prüfung unterzieht und nicht zögert, die Konsequenzen aus den Ergebnissen dieser Prüfung zu ziehen.

Biblisch wird das Ethos der W. umfangen von dem Seinsgesetz, daß das Verborgene offenbar werden muß, bevor Gericht gehalten wird (Mk 4,22; Mt 7,16-20; 12,33-37; 13,24-30; 2Thess 2,3; 1Tim 5,24f; vgl. 1Kor 4,5): Was im Innern verborgen ist, muß und soll nach außen manifest werden; einen positiven Wert stellt es aber nur dar, wenn es im Guten und in der Wahrheit wurzelt.

So wird auf beides zu achten sein: Wir sind jeder menschlichen W. ehrliche Achtung und Wertschätzung schuldig; aber ein rein formales Pathos subjektiver W. führt in die Irre: es geht bei der W. immer auch um die Wahrheit. Echte W. gibt es nur als Ausgerichtetsein auf die Wahrheit, nicht als eine davon abgelöste rein subjektive Zwanglosigkeit und Selbstdarstellung. →Lüge, →Mentalreservation, →Wahrheit.

Lit.: B. Häring: Frei in Christus, Bd. 2, 1982, 56-72; K. Hörmann: Lexikon der christlichen Moral, 1969, 1315–1322; J. Klein: »Wahrhaftigkeit«, in: RGG³ VI, 1511–1515; Chr. Maurer: Wahrheit und Wahrhaftigkeit – ein Grundproblem kritischer Theologie, 1966; W. Molinski, in: Sacramentum Mundi Bd. 4, 1969, 1232–1243.

H. Hafner

Wahrheit

a) biblisch

Der bibl. W.sgedanke hat seine Wurzeln in der Erfahrung der Treue Gottes: »Des Herrn Wort ist wahrhaftig, und was er zusagt, das hält er gewiß« (Ps 33,4; vgl. 111,7f; Jes 25,1). Das hebr. Wort *ämät* (in der LXX ganz überwiegend mit *aletheia* = W. übersetzt, daneben einigemal mit *pistis* = Treue und mehrfach mit *dikaiosyne* = Gerechtigkeit) meint die Festigkeit, Beständigkeit oder Zuverlässigkeit einer Person, eines Wortes oder einer Sache: W. ist das, was Bestand hat. Dabei geht es vielfach um die Zuverlässigkeit der Partner im Rahmen einer personalen Beziehung, sei es zwischen Gott und seinem Volk (Jes 25,1; Ps 25,5; 86,11. 15) oder auch zwischen Menschen (Ps 85,11f; Jes 59,14f; Jer 9,2-5). Von da her verstehen sich auch die Wendungen »in der (bzw.: deiner) W. wandeln« (= leben in der Treue zu Gott und seinem Gebot – 1Kön 2,4; 3,6; 2Kön 20,3; Jes 38,3; Ps 26,3; 86,11; vgl. im NT: 2Joh 4; 3Joh 3f) oder »*ämät* tun« (= »Wahrheit tun« oder »Treue üben« – 2Chr 31,20 und Neh 9,33 im hebr. Text; Sir 27,10; vgl. im NT Joh 3,21; 1Joh 1,6). Gottes W. und Treue steht fest und erweist sich immer aufs neue (Ps 40,11; 57,11; 86,15; 111,7f); seine W. ist die Beständigkeit seiner Liebe und Güte, daher sind W. und Liebe von Grund auf eng miteinander verbunden. Sein Wort und Gesetz ist W. (2Sam 7,28; Ps 119,142. 151. 160).

Entsprechend gilt W. und Zuverlässigkeit auch als ein Merkmal der Rechtschaffenheit unter den Menschen (Ps 15,2), und es wird dazu ermahnt, die W. zu reden (Sach 8,16f); unter den Menschen aber ist vielfältig der Ausfall der W.sliebe zu beklagen

(Jer 8,6; 9,2-5; Jes 59,14f). – In einigen speziellen Zusammenhängen geht es um die Überprüfung einer Aussage oder Vermutung auf ihr Zutreffen (1Mo 42,16; 5Mo 13,15; 17,4; 22,20) bzw. darum, daß die W. einer zuvor gehörten Aussage in der eigenen Erfahrung ihre Bestätigung gefunden hat (1Kön 10,6; 17,24). Die Wendung »in Wahrheit« kennzeichnet ein menschliches Tun als aufrichtig und zuverlässig (Ri 9,15.16.19; 1Sam 12,24; Jes 48,1).

In der LXX werden hebr. und griech. Sprach- und Bedeutungstraditionen miteinander verbunden und damit neue Akzente im Verständnis der W. gesetzt (K. Koch), die mit in die Voraussetzungen des NT eingehen.

Im NT spielt der Begriff der W. vor allem in den paulin. und in den johann. Schriften eine bedeutende Rolle.

Der Bezug des W.sverständnisses auf die Treue Gottes in seinem geschichtl. Handeln ist bei Paulus durchaus gegenwärtig: »Auf alle Gottesverheißungen ist in ihm das Ja; darum sprechen wir auch durch ihn das Amen, Gott zum Lobe« (2Kor 1,20 – siehe den Kontext V. 12-22! Vgl. auch 7,14). Auch die Wortverbindung »Wahrheit Gottes« (Röm 3,7; 15,8) bleibt nahe an der atl. Bedeutung der Treue und Verläßlichkeit Gottes, und der Zusammenhang von W. und Tun wird durchgehalten (»der Wahrheit gehorchen« Gal 5,7; vgl. 1Petr 1,22). Ebenso behält die Ermahnung zur W. der Rede ein starkes Gewicht (Röm 9,1; 2Kor 12,6; Gal 4,16; Eph 4,25; 1Tim 2,7). Daneben aber hat nun die »Wahrheit Christi« (2Kor 11,10; vgl. Eph 4,21) bzw. die »Wahrheit des Evangeliums« (Gal 2,14; ähnlich Kol 1,5) eine inhaltliche Bestimmtheit, die deutlich über das Maß des hebr. AT hinausgeht. So gilt das Evangelium bei Paulus und in seiner Tradition als das »Wort der Wahrheit« (Eph 1,13; Kol 1,5f; 2Tim 2,15; Jak 1,18; vgl. Apg 26,25). Diese W. wird durch den Dienst des Apostels unter den Menschen offenbar gemacht (2Kor 4,2); ihr soll gehorcht werden (Gal 5,7; vgl. 1Petr 1,22), ihr soll geglaubt werden (2Thess 2,12.13), sie soll erkannt werden (1Tim 2,4; 4,3; 2Tim 2,25). Entsprechend ist, wenn vom Abirren oder von der Abwendung von der W. die Rede ist, nicht nur ein durch Unwahrhaftigkeit, Lug und Trug geprägtes Verhalten gemeint, sondern eine Abwendung von der sachlich bestimmten »Wahrheit Gottes« (Röm 1,18.25; 2,8; 1Tim 6,5; 2Tim 2,18; 3,7f; 4,4; Tit 1,14; vgl. Jak 5,19).

Bei Johannes steht der Bereich der W. dem Bereich der Lüge gegenüber, und die Menschen gehören entweder dem einen oder dem anderen Bereich an (Joh 3,21; 8,37-47; 14,17; 18,37; 1Joh 1,8; 2,4; 2,21; 4,6). Dabei entscheidet sich alles an Jesus: Er ist der Zeuge der W. (Joh 18,37; vgl. 8,40.45f), in ihm ist die W. in Fülle gegenwärtig (Joh 1,14), ja, er selbst ist die W. (Joh 14,6), und »die Gnade und Wahrheit ist durch Jesus Christus geworden« (Joh 1,17). Das Wort Jesu gibt Anteil an der W., und diese hat befreiende Macht (Joh 8,31-36). Der Geist Gottes vergegenwärtigt sie, er ist der »Geist der Wahrheit« (Joh 14,17; 15,26; 16,13; 1Joh 5,6), und die Gemeinde lebt in ihr und ist von ihr erfüllt (Joh 14,17; 16,13; 17,17.19; 1Joh 2,21; 3,19; 4,6; 2Joh 2).

Inhaltlich ist die im Evangelium gegebene W. sowohl bei Paulus wie bei Johannes ganz als die im Werk Jesu Christi wirksame Liebe Gottes gefaßt (Röm 8,31-39; 2Kor 5,14-21; Joh 3,11-18; 1Joh 4,7-21).

Lit.: H. Hübner: EWNT I, 138–145; Jepsen: ThWAT I, 313–348; H.-R. Müller-Schwefe (Hg.): Was ist Wahrheit? 1965, 35-93, insbesondere K. Koch, ebd. S. 47-65; G. Quell, G. Kittel, R. Bultmann: ThWNT I, 233–251; H. Wildberger, THAT I, 177–209.

b) geistes- und theologiegeschichtlich

1. Grundlagen des Wahrheitsbegriffs in Bibel und antiker Philosophie

Die Frage nach der W. fragt nach dem, was Bestand hat: nach dem Wort, auf das man sich verlassen kann; nach der Aussage, die der Überprüfung standhält; nach der fundamentalen Wirklichkeit, die den Wechsel der Erscheinungen und der Geschicke überdauert; nach den Grundlagen, die unser Leben wirklich und dauerhaft zu tragen vermögen und nicht plötzlich und unversehens wegbrechen.

Bibl. ist die Grundlage des W.sgedankens in der beständigen und verläßlichen Treue und Liebe Gottes gegeben. Darum ist sein Wort W., und alle Verpflichtung des Menschen auf die W. erwächst aus seiner Bindung an den Gott, dessen Beständigkeit und Verläßlichkeit sein Leben und alle Dinge trägt.

Die griech. Philosophie sucht die W. auf dem Wege des Denkens, das über den Wechsel der Erscheinungen hinausgreift und im Begriff das »Wesen« der Dinge zu erfassen sucht: die hinter den Erscheinungen liegende eigentliche und unveränderliche Wirklichkeit, in der die unbeständigen und wechselnden Erscheinungen gründen. Bei →Platon ist W. in diesem Sinne als das unverborgene Zutagetreten des Wesens der Dinge in der wahren Rede verstanden; →Aristoteles präzisiert: W. komme dem Urteil zu, das Begriffe so verbindet oder trennt, wie die ihnen entsprechenden Sachverhalte in den Dingen verbunden oder getrennt sind.

2. Wahrheitsverständnis im mittelalterlichen Denken

In der kirchl. Lehrbildung verbanden sich seit den altkirchl. →Apologeten und den Kirchenvätern (→Clemens v. Alexandrien, →Origenes, →Augustinus; siehe auch die altkirchl. Lehrdefinitionen: →Trinität, →Jesus Christus, b) theologiegeschichtlich, Konzil von →Nicaea, →Nicaeno-Konstantinopolitanum, Konzil von →Chalkedon) und vor allem dann in der mittelalterl. Theologie und Philosophie (→Anselm v. Canterbury, →Albertus Magnus, →Thomas v. Aquin) beide Traditionsströme: die bibl. W. wurde unter den Fragestellungen und mit den Mitteln begrifflichen Denkens gefaßt und als W. dargestellt, wobei auch umgekehrt die Grundlagen des Denkens unter den gestaltenden Einfluß der bibl. W. kamen. Freilich zeigten sich auch immer wieder die Schwierigkeiten einer solchen Synthese, was sich u.a. in Auseinandersetzungen um den Gedanken einer »doppelten Wahrheit« niederschlug, d.h. um die Frage, ob es Sätze geben könne, die in der Philosophie wahr, in der Theologie aber falsch seien und umgekehrt.

Für das MA ist Gott selbst die Quelle und der Ursprung der W. Formal wird W. als *adaequatio rei et intellectus*, »Angleichung von Sache und Verstand« bestimmt, wobei zunächst offen bleibt, ob dabei der Verstandesinhalt den Dingen oder diese dem Verstandesinhalt angeglichen sein sollen. Nach Thomas v. Aquin besteht die W. der Dinge (ontologische W.) darin, daß sie in ihrem Sein den Ideen des göttlichen Verstandes entsprechen, nach denen sie geschaffen sind, während die W. unserer Erkenntnis (logische bzw. erkenntnistheoretische W.) darin besteht, daß unsere Vorstellungen bzw. Aussagen den Dingen entsprechen, auf die sie sich beziehen. So ist die Wirklichkeit als ganze ebenso wie unser Denken von der göttlichen W. umschlossen, und das menschliche Erkennen hat letztlich die →Erkenntnis dieser W. als des letzten Grundes der Wirklichkeit zum Ziel. Dabei ist vorausgesetzt, daß das Erkennen ein rezeptiver Vorgang ist, in dem die Erkenntnis der W. letztlich empfangen (und nicht konstruktiv »erstellt«) wird, sei es in der reinen Kontemplation, sei es durch die göttliche →Offenbarung.

3. Tendenzen neuzeitlicher Philosophie

Das neuzeitl. Denken ist wesentlich durch den Verlust dieses umfassenden W.sgedankens geprägt. Vor allem zwei Verschiebungen tragen dazu bei:

a. Der Mensch stellt sich als erkennendes Subjekt der Wirklichkeit gegenüber und macht sie so zur »Außenwelt«; das Erkenntnisinteresse ist damit nicht mehr auf die dem Wirklichen innewohnende und es tragende W. gerichtet, sondern auf die Frage der angemessenen Wahrnehmung der »Außenwelt« als solcher (erkenntnistheoretische Problematik der Neuzeit; R. Descartes).

b. Der Erkenntnisvorgang wird verstärkt und einseitig als selbständige und aktive Tätigkeit des menschlichen Geistes gesehen (→Nikolaus v. Kues; R. →Descartes; I. →Kant); er wird somit wesentlich nicht mehr als ein Empfangen, sondern als ein konstruktives Erstellen der Erkenntnis verstanden. In beiden Punkten gehen neuzeitliche Philosophie und neuzeitliche Wissenschaft Hand in Hand. Insgesamt ergibt sich aus diesen Verschiebungen die Tendenz, den W.sbegriff auf die Frage nach der W. (dem »Zutreffen«) unserer Vorstellungen bzw. Aussagen zu reduzieren. Als entscheidende Kriterien der W. gelten dabei exakte Messung und rationale Konstruierbarkeit (logische Stimmigkeit).

Nach dem Versuch des deutschen →Idealismus, Subjekt und Objekt im Gesamtprozeß der Welt zusammenzudenken und die W. im Ganzen zu suchen, bringt das 19. und das beginnende 20. Jh. verschiedene Stimmen und Bewegungen hervor, die auf sehr unterschiedliche Weise den W.sgedanken am Menschen bzw. an der menschlichen Gesellschaft und ihrer Entwicklung festmachen und damit – ebenfalls in sehr unterschiedlicher Weise – die objektive Vorgegebenheit der W. tangieren (Sören →Kierkegaard, Ludwig →Feuerbach, Karl →Marx, →Pragmatismus, →Historismus, →Wissenssoziologie). F. →Nietzsche zieht gewissermaßen den Schlußstrich unter die Geschichte der neuzeitl. Erkenntnistheorie, in der der Mensch selbst den Nachweis für die W. seiner Erkenntnis erbringen wollte und doch nicht konnte: W. sei »die Art von Irrtum, ohne welche eine bestimmte Art von lebendigen Wesen nicht leben könnte« (Wille zur Macht, Aph. 493); mit anderen Worten: die Suche nach W. ist gegenstandslos, W. läßt sich nicht ausmachen.

Gewiß ist diese Negativbilanz nicht das einzige, was zum W.sgedanken in der Neuzeit zu sagen ist; ebenso sind – z.T. gerade in den Aspekten, die zu dieser Negativlinie beigetragen haben! – auch erhebliche positive Erträge zu verzeichnen und fruchtbar zu machen; die Wahrnehmung z.B., welche Bedeutung der Mensch und die menschliche Gesellschaft für das Zustandekommen von W.sgeltungen haben, ist durchaus ein Gewinn und eine Bereicherung für das Verständnis von W., ebenso wie der vertiefte Umgang mit den geschichtl. Wandlungen des Denkens und der Erkenntnis oder die fortschreitenden Erfahrungen mit dem mathematischen und dem naturwissenschaftl. Denken und Forschen. Nichtsdestoweniger ist der dargestellte Negativertrag als eine von der Theologie zu verarbeitende Belastung im Verhältnis des Evangeliums zu unserer Situation sehr ernst zu nehmen.

4. Zur gegenwärtigen Situation

Nachdem im Laufe des 20. Jh.s der Versuch des logischen Positivismus fehlgeschlagen ist, eindeutige W.skriterien für wissenschaftl. Erkenntnis aufzustellen, ist die gegenwärtige geistige Situation weithin und von den verschiedensten Seiten her durch eine grundsätzliche Ratlosigkeit gegenüber dem W.sgedanken gekennzeichnet: Für viele Menschen ist der Gedanke einer Orientierung des Lebens an einer allen vorgegebenen W. fremd, unzugänglich und suspekt geworden – woher sollte eine solche W. denn kommen, wenn nicht aus dem ungerechtfertigten und willkürlichen Anspruch irgendeines Menschen? Die eigene Subjektivität, Individualität und Freiheit sind entscheidend, nicht irgendwelche »von außen« kommenden und damit »willkürlichen« Maßstäbe (→Postmoderne); oder man gibt sich dem geheimnisvoll Faszinierenden hin, das sich den öffentlich anerkannten W.skriterien entzieht (→Geheimwissen, →New Age).

Trotz aller um sich greifenden skeptischen Stimmung gegenüber Wissenschaft und Technik bleibt daneben andererseits das öffentliche Bewußtsein z.T. von der Überzeugung bestimmt, daß den Wissenschaften (und ihnen allein) objektive W.sgeltung zukomme. Bei manchen Wissenschaftlern (nicht nur im Umkreis der New-Age-Bewegung) verbindet sich damit erneut der Versuch, im Horizont wissenschaftl. Denkens – mit oder ohne Hinzunahme östlicher Weisheit, mit rel. oder mit antirel. Tönung – wieder ein Gesamtverständnis der Wirklichkeit im Sinne einer umfassenden W.serkenntnis zu gewinnen, die dem Menschen seinen Ort in der Welt anweist und deutet (J. Monod, C. Bresch, K. Lorenz, H. v. Ditfurth, F. Capra, P. Davies, St. Hawking, P. Atkins u.a.; →Naturwissenschaft und Theologie).

W.sansprüchen einer gegebenen und überlieferten Religion, also auch des Christentums, stehen alle diese Denker und geistigen Strömungen gleichermaßen verständnislos und abweisend gegenüber.

5. Wege protestantischer Theologie

Die prot. Theologie und Kirche hielt dieser neuzeitl. Entwicklung gegenüber ihr W.sverständnis zunächst auf der Grundlage des Offenbarungsgedankens aufrecht: Gottes W. ist in der Heiligen Schrift (→Bibel) offenbart und darum gültig gegeben und unabhängig von menschlicher Welterkenntnis. Freilich entstand damit zunehmend eine Kluft zwischen rel. W. und (von der Philosophie und den Wissenschaften vertretener) natürlicher W.: sofern beides aus verschiedenen Quellen kam, wurde der innere Zusammenhang zwischen beidem problematisch. In der Zeit der Aufklärung stand die Theologie darum unter der starken Herausforderung, ihre W. vernünftig auszuweisen und ggf. den Forderungen der Vernunfterkenntnis anzupassen. Im 19. Jh. wurde demgegenüber wieder neu die Eigenart und Eigenständigkeit des christl. Glaubens gegenüber dem vernünftigen Denken betont (F. →Schleiermacher), dies jedoch unter weitgehendem Verzicht auf objektiven W.sgehalt der »Glaubensaussagen«: Religion und Glaube haben es nicht mit objektiven W.en über die Wirklichkeit zu tun, sondern mit der persönl. Lebenseinstellung, mit dem persönl. Verhältnis des Menschen zu Gott, zur Welt und zum Mitmenschen; und was in diesem Sinne an Weltverständnis zum christl. Glauben gehört (»christliche Weltanschauung«), konnte nicht als objektive W. geltend gemacht werden, die auch der wissenschaftl. Weltbetrachtung etwas zu sagen hätte, sondern hatte als rein persönl. Sicht zu gelten. Damit konnte zwar der Glaube dem Vorwurf entzogen werden, er wolle den Wissenschaften auf ihrem Gebiet dreinreden, und er konnte sich gegenüber »wissenschaftlichen« Angriffen darauf zurückziehen, daß er ja Grundlagen eigener Art habe; aber aus der Frage nach der W. im Sinne einer objektiv angemessenen Erkenntnis und Interpretation der Wirklichkeit und des menschlichen Lebens in ihr war er damit ausgeschieden: Religion war Privatsache und eine rein subjektive Angelegenheit; über das, was objektiv wahr ist, haben – wenn überhaupt – andere Instanzen zu entscheiden. Dieser Mangel setzt sich in vieler Hinsicht in der Theologie des 20. Jh.s fort und ist durch das öffentliche Engagement von Kirche und Theologie in ethischen, gesellschaftl. und polit. Fragen keineswegs wettgemacht; vielmehr erliegen Kirche und Theologie gerade in diesem Öffentlichkeitsanspruch gar zu leicht der Versuchung, sich den Strömungen der Zeit anzupassen, wenn sie nur ethische Maßstäbe geltend machen, ohne auch dem (»theoretischen«) W.sbewußtsein und dem Wirklichkeitsverständnis der Zeitgenossen gültige W. vor Augen stellen zu können.

Lit.: siehe unter c)

c) systematisch-theologisch

Das →Evangelium trägt keine W.sansprüche vor sich her, sondern es bezeugt und erschließt W. (Röm 1,16f; 1Kor 1,18-24; 2Kor 4,6; Joh 1,14.17; 8,31-36; 18,37); und es setzt dabei eine W. voraus, die im Leben seiner Hörer gegenwärtig und für sie gültig ist (Röm 1-3; Joh 6,44ff.65; 8,37-45; 18,37). So erwächst aus dem Glauben an das Evangelium ein Wissen um W. und ein Einstimmen in die W. (1Thess 1,9f; Joh 3,33; 6,68f; 1Joh 4,9-16) und aus der Ablehnung des Evangeliums eine Auseinandersetzung um die W. (und damit ein W.sanspruch des Evangeliums gegenüber dem Widerspruch derer, die im Unglauben verharren – 2Kor 4,3f; Joh 5,31-47; 8,12-19.37-59; 10,31-39; 15,18-16,4). Die W., um die es dabei geht, hat primär die Beziehung Jesu zu Gott und seine göttliche Sendung zum Inhalt: es handelt sich um den zentralen Inhalt des Evangeliums, daß Jesus von Gott gesandt ist zur Rettung der Welt. In diesem Sinn ist in →Jesus Christus der Grund aller Wirklichkeit gegenwärtig, ist er selbst der Weg, die W. und das Leben (Joh 14,6).

Diese zentrale W. des Evangeliums ist freilich kein isolierter »Glaubensinhalt«, sondern enthält Voraussetzungen und Implikationen, die die ganze Wirklichkeit betreffen, und tritt dadurch in (positive und kritische) Beziehung zu allem, was unter Menschen als W. angesehen wird:

a. Jesus Christus ist nicht eine Erlösergestalt, die ohne Bezug zur Weltwirklichkeit wäre, sondern er ist der Sohn des Vaters, der alle Dinge erschaffen hat; in ihm ist der Geist des Schöpfers gegenwärtig, und die W., die er ist und bringt, ist somit keine andere als die, in der die Schöpfung verfaßt ist (Kol 1,15-20; Joh 1,1-13) und von der sie trotz aller gegensätzlichen Kräfte auch noch als gefallene Schöpfung getragen und durchdrungen ist. »Welt-Wahrheit« und »Heils-Wanrheit« lassen sich insofern also nicht grundsätzlich trennen: die »Heils-Wahrheit« hat es mit der tatsächlichen Weltwirklichkeit zu tun!

b. Das Evangelium redet von einem Gott, der will, handelt und gebietet, und es verkündet die →Erlösung für die, die sich von Gott abgewendet haben und in Ungehorsam und Sünde verstrickt sind; das impliziert, daß alle Menschen in ihrem ganzen Leben immer schon vor diesem Gott stehen und mit ihm zu tun haben und daß sein Wille und Gebot für sie gültig und bei ihnen gegenwärtig ist (Röm 1-3; →Gesetz/Gebot; →Gesetz und Evangelium).

c. Das Evangelium redet von einer W., die in einem konkreten Ereignis der Geschichte gegeben ist: »Das Wort wurde Fleisch und wohnte unter uns« (Joh 1,14). Das tangiert den W.sbegriff selbst: nicht in der zeitlosen Allgemeinheit des Begriffs begegnen wir der W. in ihrer eigentlichen Gestalt, sondern im konkreten, einmaligen Kommen Jesu; nicht der abstrakte Begriff trägt und regiert die Welt, sondern das konkrete Handeln Gottes. Daß – unter dem Mantel phil. Logik und phil. Begriffe – letztlich dieses W.sverständnis virulent war, davon ist das Abendland nachhaltig geprägt. Umgekehrt hat die Entfremdung zwischen neuzeitlichem Denken und bibl. Glauben stets auch damit zu tun, daß dieses W.sverständnis im Blick auf den Gesamtrahmen des Denkens seinen prägenden Einfluß verliert.

Vorhandene Erkenntnisse und Gedanken über W. und Wirklichkeit werden von der Wahrheit des Evangeliums nicht einfach beiseite gesetzt, sondern aufgenommen, dabei aber kritisch gesichtet, durchdrungen und verwandelt, damit die W. des Evangeliums auch in diesen Bezügen deutlich wird und zur Geltung kommt. In dieser Beziehung des Evangeliums zu anderweitigen Erkenntnissen und Gedanken entsteht eine unauflösbare Spannung: einerseits stellt sich das Evangelium als einzige und umfassende Quelle der W. dar (dieses Moment wird in »christozentrischen« und »offenbarungstheologischen« Ansätzen der Theologie vorrangig zur Geltung gebracht), andererseits nimmt es Bezug auf das vorgängige Wirken Gottes in der Welt und auf die vorgängige Bezogenheit alles menschlichen Lebens und aller Wirklichkeit auf ihn und knüpft damit an schon vorhandene Lebenserfahrung und Erkenntnis des Menschen an (dieses Moment ist in der Tradition der Aufklärung stark ausgeprägt und in vielen theol. und religionspädagogischen Ansätzen der Gegenwart einseitig beherrschend). Beide Seiten dieser Spannung lassen sich nicht in einer abgerundeten Konzeption zur Deckung bringen, sondern müssen gerade in ihrem Spannungsverhältnis zueinander durchgehalten werden: ein Evangelium, das nicht die Beziehung zu den in der Welt vorhandenen W.en aufnehmen muß, wäre nicht mehr das Evangelium vom Rettungswerk des Schöpfers; und ein Evangelium, das in den in der Welt vorhandenen W.en aufgeht und nicht mehr die *ganze* W. und die Mitte der W. in Jesus Christus finden kann, wäre nicht mehr das bibl. Evangelium. In beiden Vereinseitigungen wäre letztlich die W. verloren.

Dies gilt gerade auch im Hinblick auf die glaubwürdige Bezeugung der W. des Evangeliums: letztlich gehören das berichtende Zeugnis vom Wort und Werk Jesu, das argumentative Zeugnis von der durch ihn erschlossenen Erkenntnis der W. und das Zeugnis des (gottesdienstlichen und alltäglichen) Lebens der Gemeinde und des einzelnen Christen unabdingbar zusammen. Wo eines dieser Elemente unterentwickelt ist, ist auf die Dauer die Glaubwürdigkeit des christl. Zeugnisses von der W. geschwächt.

Gerade da, wo der Sinn für die Bedeutung einer für alle Menschen gültigen W. abhanden gekommen ist, ist die entscheidende Frage die, ob Menschen an der verläßlichen Zuwendung des Gottes der Bibel und damit am Zeugnis und Leben der christl. Gemeinde neu verstehen und lernen können, was es damit auf sich hat.

»Das Schicksal des Wahrheitsgedankens und das des Gottesgedankens sind identisch. Wird der Gottesgedanke abgelehnt, so zerfällt auch der Wahrheitsgedanke, weshalb sich eine Wissenschaft, die atheistisch wird, ihr Ende bereitet« (A. Schlatter, Das christliche Dogma, [2]1923, 98). →Erkenntnis, →Wahrhaftigkeit, →Lüge.

Lit.: L. Bazinek: Das Problem der Erkenntnis von Wahrheit im Feld der Begegnung von pluralistischer und biblisch-christlicher Weltanschauung, 1990; W. Becker: Wahrheit und sprachliche Handlung, 1988; W. Beinert: Vom Finden und Verkünden der Wahrheit in der Kirche. Beiträge zur theologischen Erkenntnislehre, 1993; E. Brunner: Wahrheit als Begegnung, 1938; M. Fleischer: Wahrheit und Wahrheitsgrund. Zum Wahrheitsproblem und zu seiner Geschichte, 1984; G. Gawlick: RGG[3] VI, 1518–1525; H. D. Heckmann: Was ist Wahrheit? Eine systematisch-kritische Untersuchung philosophischer Wahrheitsmodelle, 1981; M. Heidegger: Vom Wesen der Wahrheit, [7]1986; K. Heim: Das Gewißheitsproblem in der systematischen Theologie bis zu Schleiermacher, 1911; H. Hofmeister: Wahrheit und Glaube, 1978; K. Jaspers: Von der Wahrheit, [3]1983; W. Kamlah: Wissenschaft, Wahrheit, Existenz, 1960; A. Kreiner: Ende der Wahrheit? Zum Wahrheitsverständnis in Philosophie und Theologie, 1992; J. Möller: Sacramentum Mundi IV, 1223–1232; ders.: Wahrheit als Problem, 1971; H. P. Müller (Hg.): Was ist Wahrheit? 1989; H.-R. Müller-Schwefe (Hg.): Was ist Wahrheit? 1965; W. Pannenberg: Was ist Wahrheit? (1962) in: ders.: Grundfragen systematischer Theologie Bd. 1, [3]1979, 202-222; ders.: Wahrheit, Gewißheit und Glaube, in: ders.: Grundfragen systematischer Theologie Bd. 2, 1980, 226–264; H. Pfeiffer: Offenbarung und Offenbarungswahrheit. Eine Untersuchung zur Verhältnisbestimmung von personal-dialogischer Offenbarung Gottes und objektiver Satzwahrheit, 1982; L. B. Puntel: Wahrheitstheorien in der neueren Philosophie, [3]1993; ders. (Hg.): Der Wahrheitsbegriff. Neue Erklärungsversuche, 1987; ders.: Grundlagen einer Theorie der Wahrheit, 1990; H. Putnam: Vernunft, Wahrheit und Geschichte, 1982; Chr. Schwöbel: Taschenlexikon Religion und Theologie, [4]1983, Bd. 5, 283–289; G. Skirrbekk (Hg.): Wahrheitstheorien, 1977; H. v. Soden: Was ist Wahrheit? (1927), in: ders.: Urchristentum und Geschichte, 1951, 1-24.

H. Hafner

Wahrnehmung →Erkenntnis, Erkenntnistheorie; →Empirische Theologie

Waisenanstalten →Sozialarbeit, Sozialdiakonie, Sozialberufe

Waldenser

Die um 1174 von Waldes, einem reichen Mann in Lyon, gegründete Laienbewegung breitete sich schnell von Spanien bis zur Ostsee aus. Diese vorreformatorische Armutsbewegung hatte noch manche kath. Züge und lebte vor allem nach der Bergpredigt. Von der Inquisition verfolgt, ging sie in den Untergrund (Nikodemismus) und überlebte nur in den kottischen Alpen westl. von Turin bis zur Reformation.

Auf der Synode von Chanforan im Jahr 1532 wurde aus der vorreformatorischen Bewegung unter dem Einfluß des Reformators Guillaume →Farel eine reformierte Kirche. Die Grenze zwischen Frankreich und Savoyen ging mitten durch ihr Gebiet hindurch. Die Gemeinden in Frankreich gehörten zur dortigen Hugenottenkirche. Die Gemeinden in den savoyischen Waldensertälern bildeten notgedrungen eine eigene kleine reformierte Kirche. Herzog Viktor Amadeus II. von Savoyen verbot 1686 den evangelischen Glauben in seinem Land. Ein kurzer Krieg brachte entsetzliches Elend über die savoyischen Waldenser. Die Überlebenden, die nicht abschworen, wurden ausgewiesen. Sie gelangten über die Schweiz nach Deutschland. Der dritte Rückkehrversuch gelang 1689 unter dem Namen der »Glorreichen Rückkehr«. Josua Janavel hatte dazu das Losungswort ausgegeben: »Nichts sei stärker als euer Glaube!« Savoyen erklärte 1690 Frankreich den Krieg und rief seine Waldenser zurück und lud auch französische Waldenser und Hugenotten in sein Land ein. Die savoyischen Waldenser bekamen ihre begrenzte Religionsfreiheit zurück. 1848 erhielten sie von König Carlo Alberto die Gleichberechtigung und bilden bis heute die kleine, aber bedeutungsvolle Waldenserkirche in Italien, die sich bis nach Sizilien ausbreitete.

Ludwig XIV. verbot am 7. Mai 1685 nach Artikel 14 des Edikts von Nantes (1598) alles Evangelische jenseits der Berge. Das traf die französischen Waldenser. Es kam zur Flucht in die Schweiz und nach Deutschland. Viele wurden durch die Einquartierung von Dragonern zwangsweise katholisiert. Als Savoyen 1693 für kurze Zeit das Val Cluson eroberte, kehrten viele zum alten Glauben zurück und siedelten in die savoyischen Waldensertäler um. Aber nach dem Friedensschluß wurden am 1. Juli 1698 alle in Frankreich geborenen Evangelischen ausgewiesen. Etwa 3.000 Personen zogen nach Norden. Die Schweiz (die Herberge der Barmherzigkeit) nahm sie über den Winter 1698/99 auf. Dann zogen sie weiter nach Deutschland, wo sie der niederländische Gesandte in der Schweiz, Pieter Valkenier (der »Vater der Waldenser«), unterbrachte. Er handelte die Aufnahmeprivilegien mit den deutschen Fürsten aus. Die Kolonien wurden vor allem in den luth. Ländern Württemberg und Hessen-Darmstadt gegründet. Über 100 Jahre konnten die Waldenser noch ihr kirchliches Eigenleben führen. Ihre heimatliche Sprache war Alpenprovenzalisch (Welsch, Patois). In den ersten Jahrzehnten des 19. Jh.s wurden sie in die jeweiligen Landeskirchen eingegliedert, in denen sie aufgingen.

Lit.: Th. Kiefner: Die Waldenser auf ihrem Weg aus dem Val Cluson durch die Schweiz nach Deutschland 1532–1755, Bd. 1, [2]1986; Bd. 2, 1985; Bände 3-4 in Vorbereitung; ders.: Die Waldenserpfarrer in Deutschland (in Vorbereitung); ders.: Die Privilegien der nach Deutschland gekommenen Waldenser, 2 Teile, 1990; ders. (Hg.): Berichte aus der Waldenserforschung. Halbjahreszeitschrift; Storia dei Valdesi, 3 Bde., 1974–1980.

Th. Kiefner

Waldersee, Marie Esther Gräfin von (1837–1914)

M. E. Gräfin v. W. (geb. Lee), geb. am 3. 10. 1837 in New York, gest. am 14. 7. 1914 in Hannover.

Die junge, verwöhnte Amerikanerin genoß ihre Jugend auf vielen Reisen. In Frankreich und Deutschland wurde sie umschwärmt. Mit 24 Jahren wurde sie in Paris konfirmiert – und kam am gleichen Tag zur Gewißheit des Glaubens. Nach kurzer Ehe mit dem Fürsten von Noer, der auf der Hochzeitsreise in Palästina starb, heiratete sie 1874 den Grafen Alfred Waldersee, der später kaiserlicher Feldmarschall wurde und 1901 als Befehlshaber der europäischen Truppen den Boxeraufstand in China niederschlug. An seiner Seite gab es ein bewegtes Leben. Wo immer das Paar Wohnung nahm, suchten sie Gemeinschaft mit lebendigen Christen. Die Gräfin sammelte junge Mädchen und Frauen um die Bibel, setzte sich für die Arbeit des →Christlichen Vereins junger Mädchen (CVJM) ein, war Mitbegründerin des Frauen-Missions-Gebetsbundes und stellte ihr Haus in Hannover für Versammlungen der Ev. →Allianz zur Verfügung. Am Ende vermachte sie ihren Besitz christl. Liebeswerken.

Lit.: A. Pagel: Gräfin Waldersee, 1963.

S. Rothenberg

Waldorfschulen

Die Waldorfschule ist eine private Einheitsschule, die von dem Menschenbild der →Anthroposophie ausgeht. Von daher kennt sie verschiedene Wesensglieder des Menschen – physischen Leib, Ätherleib, Astralleib und Ich; diese sind in der Menschheitsgeschichte im Zusammenhang mit der Erdentwicklung in den verschiedenen Inkarnationen unseres Globus entstanden; diese Entwicklung wird beim einzelnen Menschen in seiner Entwicklung im Siebenjahresrhythmus nachvollzogen, indem nacheinander die verschiedenen menschlichen Lebensglieder geboren werden. Erziehung ist dabei Inkarnationshilfe. Ihre Inhalte und Methoden sind auf das abzustimmen, was in dem entsprechenden Jahrsiebt von der Entwicklung her geboten ist.

Zwar wird dabei nach dem Selbstverständnis der Waldorfpädagogik Anthroposophie nicht gelehrt, denn diese ist nach anthroposophischer Anschauung dem Kind von seiner Entwicklungsstufe her nicht möglich. Jedoch sind nicht allein die äußere Umgebung (etwa die Architektur), die Lehrer und die Methoden, sondern auch die Inhalte des Unterrichts von der Anthroposophie geprägt.

Die erste Waldorfschule wurde im Jahr 1919 von dem Generaldirektor der Waldorf-Astoria-Zigarettenfabrik in Stuttgart, Emil Molt, als Werksschule unter Mitwirkung von Rudolf →Steiner gegründet.

Steiner war bis zu seinem Lebensende der Leiter dieser Schule. 1994 existierten in Deutschland 157 solcher Schulen, die im »Bund der Freien Waldorfschulen e. V.« (Sitz Stuttgart) zusammengeschlossen sind, mit insgesamt über 60.000 Schülern. Weltweit waren es 1994 ca. 640 solcher Schulen.

Lit.: J. Badewien: Anthroposophie. Eine kritische Darstellung, 1985; ders.: Waldorfpädagogik – eine christliche Erziehung?, 1987; F. Carlgren: Erziehung zur Freiheit, 1981 (anthroposophisch); T. Kögler: Anthroposophie und Waldorfpädagogik. Ansätze einer kritischen Analyse, 1983 (= Tagesfragen Bd. 2); F. J. Krämer, G. Scherer, F. J. Wehnes: Anthroposophie und Waldorfpädagogik, 1987; S. Leber: Die Pädagogik der Waldorfschule und ihre Grundlagen (anthroposophisch); H. Ullrich: Waldorfpädagogik und okkulte Weltanschauung, 1986.

K. Baral

Wallfahrt

Der Tempel in Jerusalem als Ort der Gegenwart Gottes war das Ziel der jüd. Wallfahrer. Im Urchristentum, für das Gott nicht an einen Ort gebunden war (vgl. Joh 4,19-24), gab es nichts Vergleichbares. Seit im 4. Jh., unmittelbar nach dem konstantinischen Frieden, über den Gräbern oder den Reliquien von Heiligen, vor allem aber über den Gedächtnisstätten im Heiligen Land Kirchen erbaut werden, begannen die Christen, zu diesen heiligen Stätten zu pilgern. W.en sind →Prozessionen zu solchen Stätten. Sie können von Einzelpersonen (Pilgern) durchgeführt werden, doch entspricht es eher ihrem Wesen, wenn sie als Gemeinschaftserlebnis erfahren werden. Im MA waren W.en ganzer Kirchengemeinden zu ihrer Kathedrale in der Pfingstwoche verbreitet. Als Vorbild hierfür kann man wahrscheinlich die Sitte der alten röm. Gemeinden ansprechen, in der Osteroktav zu ihren Gründungskirchen zu wallfahrten. In bes. hervorgehobenen W.skirchen konnte man einen immerwährenden Gottesdienst erleben. Geistliches Ziel der W.en war und ist es, die Pilger im Glauben zu stärken und sie zu Werken der Nächstenliebe zu bewegen. Da sich mit den W.en eine stark meritorische Frömmigkeit verbindet (Erlangung übernatürlicher Hilfe oder von Ablaß, der in Jubiläumsjahren bes. reich gewährt wird), konnte diese Sitte im ev. Gemeindeleben keinen Platz finden. Säkulare Studienreisen (etwa ins Heilige Land) haben eine »Ersatzfunktion« übernommen, deren geistl. Bedeutung unterschiedlich gewertet werden kann.

Lit.: J. Hasenfuss, A. Deissler, E. Kötting: »Wallfahrt«, in: LThK, Band 10, 941–946; A.-G. Martimort (Hg.): Handbuch der Liturgiewissenschaft, 2 Bde., 1967.

Chr. Albrecht

Walther, Carl Ferdinand Wilhelm (1811–1887)

W., geb. am 25. 10. 1811 in Langenschursdorf/Sachsen, gest. am 7. 5. 1887 in St. Louis/Missouri. Theologiestudium in Leipzig 1829-33, ebenda Tutor; 1837 Pfarrer in Bräunsdorf/Sachsen; 1838 Auswanderung nach den USA; seit 1841 Pastor einer luth. dt. Auswanderergemeinde in St. Louis; seit 1844 Herausgeber der Zeitschrift »Lutheraner«; 1847 Mitbegründer der streng luth. Missouri-Synode; Professor an ihrem 1850 gegründeten Concordia Seminar; seit 1855 Herausgeber der theol. Zeitschrift »Lehr und Wehr«. Sein bekanntestes Werk sind die 1884/85 gehaltenen, 1897 posthum erschienenen und immer wieder neu aufgelegten Vorlesungen über »Die rechte Unterscheidung von Gesetz und Evangelium«.

Lit.: J. M. Drickhamer: »Carl Ferdinand Wilhelm Walther. Biography in brief«, in: Evangelium, 1986, 55-58.

H. Burkhardt

Wandalen →Germanen, Christianisierung der

Wandervogel →Jugendbewegung

Warfield, Benjamin Breckinridge (1851–1921)

W. gilt als einer der bedeutendsten Theologen Amerikas. Er wurde 1851 in Kentucky/Virginia geboren. 1868-71 besuchte er das College von New Jersey (Princeton), das damals unter der Leitung von James McCosh stand, Vertreter der gegen den erkenntnistheoretischen →Skeptizismus gerichteten schottischen Common-Sense-Philosophie. Nach einigen Semestern in Edinburgh und Heidelberg studierte er bis 1876 Theologie am Seminar von Princeton, bes. bei dem Calvinisten Charles Hodge (1797–1878), einem Freund A. →Tholucks. Nach einem Studienjahr in Deutschland (Leipzig) und kurzer Gemeindearbeit in Baltimore übernahm er einen Lehrauftrag am Western Theological Seminary in Pittsburgh. 1886 wurde er als Nachfolger von A.A. Hodge (1823-86) Professor für Systematische Theologie am Theologischen Seminar von Princeton, wo er bis zu seinem Tod 1921 lehrte.

Als konservativer Presbyterianer und Schüler von Hodge stand W. bewußt in der Tradition des

→Calvinismus, dessen Geschichte und Theologie er zahlreiche Studien widmete. Am bekanntesten wurde er aber durch seine Auseinandersetzung mit der zu seiner Zeit in Amerika aufkommenden →Bibelkritik. In einer Fülle von Essays zur Frage der Inspiration und Autorität der Schrift verteidigte er auf beachtlichem wissenschaftlichem Niveau die orthodoxe Lehre von der irrtumslosen Wahrheit der Schrift. Durch seine Beiträge zu der Schriftenreihe »The Fundamentals« (1910-15) gilt er als einer der profilierten Väter des →Fundamentalismus. Seine sorgfältige historisch-exegetische Argumentationsweise und seine Offenheit für empirisch-wissenschaftliche Aspekte selbst der →Evolutionstheorie nötigen allerdings zu einer wesentlich differenzierteren Sicht der Anfänge des Fundamentalismus, als sie heute weithin verbreitet ist.

Lit.: The Works of Benjamin B. Warfield, 10 Bde., 1927-32, ND 1981; bes. weit verbreitet die Aufsatzsammlung: The Inspiration and Authority of the Bible, hg. von S. C. Craig, 1948;

H. Burkhardt: Die Inspiration heiliger Schriften bei Philo von Alexandrien, 1988, 23-25; St. Holthaus: Fundamentalismus in Deutschland, 1993, 80.84; M. A. Noll: »Warfield«, in: New Dictionary of Theology, 1988, 716–718.

H. Burkhardt

Warneck, Gustav (1834–1910)

W., geb. am 6. 3. 1834 in Naumburg/Saale, gest. am 26. 12. 1910 in Halle/Saale; gilt als Begründer der dt. Missionswissenschaft. Langjährig als theol. Lehrer und Reiseprediger der Rheinischen Mission (1871–1874) und als Pfarrer (1874–1896) tätig, avancierte W. zum ersten dt. Lehrstuhlinhaber für Missionswissenschaft in Halle (1896–1908). Sein erster großer Beitrag dazu war die (zusammen mit Th. Christlieb und R. Grundemann) 1874 begründete einflußreiche »Allgemeine Missionszeitschrift«; das zweite bedeutende missiologische Werk ist die epochemachende »Evangelische Missionslehre« (5 Bde., 1892–1903). 1879 rief er die Sächsische Missionskonferenz ins Leben, die zur Keimzelle der dt. Missionskonferenzen wurde (Gesamtverband, 1903). Einfluß übte er auch auf den Kontinentalen Missionskonferenzen aus (1866–1909) und war an der Entstehung des Dt. Ev. Missionsausschusses (1885) und des Ev. Bundes (1886) beteiligt.

Von biblizistischen und pietistischen wie auch von historistischen und organologischen Vorstellungen bestimmt, steht im Mittelpunkt von W.s Denken das heilsgeschichtlich-ekklesiologische Missionsmotiv: die »Pflanzung und Organisation der Kirche unter Nichtchristen« mittels einer auf die Einzelbekehrung fußenden Volkschristianisierung. Vorbereitet wird diese durch die in der Welt- und Missionsgeschichte vernehmbare »göttliche Pädagogie«. Dieser nach den »Gesetzmäßigkeiten der Natur« verlaufende, das »Reich Gottes ausbreitende Erziehungsprozeß«, der sich besonders in der Kolonialbewegung realisiert, findet sein Ziel in der Errichtung selbständiger, im Volkstum wurzelnder Volkskirchen. Bis in die 30er Jahre des

20. Jh.s hat W. die dt. ev. Missionswissenschaft unangefochten bestimmt. Auch im Ausland, bes. in Skandinavien, verschaffte er sich Geltung und beeinflußte überdies die entstehende kath. Missionswissenschaft (Joseph Schmidlin).

Lit.: H. Kasdorf: Gustav Warnecks missiologisches Erbe. Eine biographisch-historische Untersuchung, 1990.

W. Raupp

Warneck, Johannes (1867-1944)

W., geb. am 4. 3. 1867 als Sohn von G. →Warneck in Dommitzsch/Kreis Torgau, gest. am 1. 9. 1944 in Salzuflen, ging nach seinem Studium in Tübingen, Greifswald, Leipzig und Halle 1892 im Dienst der Rheinischen Mission nach Sumatra. Dort lernte er Sprache, Sitten, Bräuche, das Denken der Bataks, so daß er in der Predigerausbildung neue Wege entwickeln konnte. Auch Literatur in der Batak-Sprache lag ihm am Herzen. 1906 kehrte er in die Heimat zurück, leitete die Mission und nahm die neugeschaffene Missionsdozentur an der Theologischen Schule in Bethel wahr. 1920 widmete er sich noch einmal der Batak-Kirche vor Ort.

Von seinen Büchern »Paulus im Lichte der heutigen Heidenmission« (1913), »Sechzig Jahre Batakmission in Sumatra« (1925) und »Die Lebenskräfte des Evangeliums« (1922) ist vor allem das letzte, das

auch ins Englische übersetzt wurde, ein hervorragender Beitrag zum Verständnis von Wesen und Kraft des →Animismus, wie er ihn unter den Batak-Leuten kennen lernte. Er beschreibt seine religiösen, sittlichen und sozialen Auswirkungen und was bei der Missionsarbeit zu bedenken ist.

Lit.: J. Warneck: Werfet eure Netze aus, 1938 (Autobiographie).

G. Fast

Warns, Johannes (1874–1937)

W., geb. am 21. 1. 1874 in Osteel/Ostfriesland, gest. am 27. 1. 1937 in Wiedenest. Sohn eines Pfarrers in Ostfriesland und mütterlicherseits verbunden mit dem erwecklichen Pfarrer Trommershausen in Wiedenest (Oberbergischer Kreis) erlebte W. als Vikar zusammen mit seinem späteren Schwiegervater Pastor Chr. Köhler (gest. 1922) in Schildesche bei Bielefeld eine →Erweckung der dortigen Kirchengemeinde. 1905 folgten die beiden allianzgesinnten und missionswirksamen Männer dem

Ruf an die neu gegründete Bibelschule für Innere und Äußere Mission nach Berlin, die 1919 nach →Wiedenest verlegt und deren Leiter W. dort wurde. In seinen Büchern und Schriften über Taufe (1913), Abendmahl (1917), Gemeindedienste und -Ordnung (1919) entfaltet W. die Verbindlichkeit der Bibel für die örtliche Gemeinde.

Lit.: J. Warns: Die Taufe, [3]1992.

E. Schrupp

Weber, Hans Emil (1882–1950)

W., geb. am 8. 3. 1882 in Mönchengladbach als Sohn von Ludwig W., einem mit christl.-sozialen Fragen befaßten Theologen, gest. am 13. 6. 1950, ev. Theologe. Er wurde durch sein Studium in Halle Schüler M. →Kählers, daselbst 1905 Inspektor des Tholuck-Konvikts, und 1907 Privatdozent. Seit 1912 Prof. für NT und Systematik in Bonn, 1935 zwangsweise nach Münster versetzt, 1936 dort von seinen akademischen Pflichten entbunden. Seit 1937 lebte er in Recklinghausen und wurde 1946 wieder als Prof. in Bonn eingesetzt. Er trat hervor mit Arbeiten zum

NT und zur luth. Orthodoxie. In seinem unvollendeten Hauptwerk »Reformation, Orthodoxie und Rationalismus« (3 Bde., 1937–1951) vertrat er die These: Die Einheit des rechtfertigenden Gnadenzuspruches Gottes mit dem ihn ergreifenden lebendigen Heilsglauben, wie sie in der Reformation erkannt wurde, sei in der altprot. Orthodoxie zerfallen in den Dualismus eines Heilsobjektivismus und eines dagegen verselbständigten Heilssubjektivismus; der Pietismus habe an diesen Dualismus angeknüpft.

Lit.: H. E. Weber: Der Einfluß der protestantischen Schulphilosophie auf die orthodox-lutherische Dogmatik, 1908; Das Problem der Heilsgeschichte nach Röm 9-11, 1911; Die Vollendung des neutestamentlichen Glaubenszeugnisses durch Johannes, 1912; Historisch-kritische Schriftforschung und Bibelglaube, 1913, [2]1914; Glaube und Mystik, 1927; Eschatologie und Mystik im NT, 1930; Von Recht und Sendung evangelischer Union, 1935.
Nachruf: Deutsches Pfarrerblatt 52 (1950), 219f.

E. Busch

Weber, Max (1864–1920)

W., geb. am 21. 4. 1864 in Erfurt, gest. am 14. 6. 1920 in München, gilt als einer der einflußreichsten Soziologen und Historiker. Sein wissenschaftl. Werk erstreckt sich von rechts- und wirtschaftsgeschichtl. Arbeiten und Sozial-Enqueten für den Ev.-Soz.-Kongreß über Untersuchungen zum Verhältnis von Religion und Gesellschaft bis zur Begründung einer »verstehenden Soziologie«, deren Aufgabe es sein soll, »soziales Handeln deutend zu verstehen und dadurch in seinem Ablauf und in seinen Wirkungen ursächlich zu erklären«. Seine Bedeutung für die Religionssoziologie und Theologie besteht (1) in der Einführung des sog. »Idealtypus«, d.h. einer gedanklichen Konstruktionsmethode, die bestimmte Elemente der Wirklichkeit steigert und zu einem in sich widerspruchslosen Idealbild zusammenfügt, (2) in der Untersuchung der Wechselwirkungen rel. Ideen und sozial-ökonomischer Verhältnisse bes. in China, Indien und im antiken Judentum. Am bekanntesten wurde in diesem Zusammenhang seine These, daß verweltlichte Gedanken der calvinistischen Prädestinationslehre und puritanischen Ethik (»innerweltliche Askese«) wesentlich die Ausbreitung des →Kapitalismus gefördert hätten. In seiner Religions- und Gesellschaftstheorie begrüßte W., der persönlich kein Verhältnis zu Glaube und Kirche fand, den schwindenden gesellschaftl. Einfluß der Religion im Rahmen des Säkularisierungs- und Rationalisierungsprozesses als »Entzauberung der Welt«. In seinem eigenen pol. Engagement vor, in und nach dem Ersten Weltkrieg gelang es ihm nicht, sein Postulat der »Wertfreiheit« der Wissenschaft durchzuhalten.

Lit.: Marianne Weber: Max Weber. Ein Lebensbild, [3]1984.

J. Kniffka

Weber, Otto (1902–1966)

W., geb. am 4. 6. 1902 in Köln-Dellbrück, gest. am 19. 10. 1966 in Randolins, zählt zu den bedeutenden ev.-ref. Theologen des 20. Jh.s; früh vom ref. Pietismus geprägt, Theologiestudium in Bonn und Tübingen, Vikar und Lehrer in Herchen, 1928

Dozent an der Theol. Schule Elberfeld, 1930 deren Direktor, 1933 (später von ihm bedauert) Kirchenminister im Geistlichen Ministerium des dt.-christl. Reichsbischofs Müller, 1934 Prof. für ref. Theologie in Göttingen, 1958 Rektor der Universität Göttingen, 1966 Gründungsrektor der Universität Bremen. Der auch exegetisch und homiletisch interessierte Dogmatiker wollte Calvins Erbe für die

Gegenwart erschließen (Übersetzung von dessen Institutio 1936/38, Edition seiner Kommentare in Deutsch, Forschungsbeiträge), suchte die ref. Theologie Hollands (Mitherausgeber von »Kerk en Theol.«) und die Bedeutung von »Karl Barths Kirchlicher Dogmatik« (so seit 1950) zugänglich zu machen und zwischen Theologie und Pietismus zu vermitteln. Zugleich war er Mitherausgeber des EKL und der Zeitschrift »Evangelische Theologie«. Dabei verarbeitete er seine vielseitigen Kenntnisse zu einer profilierten, eigenständigen Theologie, bes. in seinem gediegenen Hauptwerk »Grundlagen der Dogmatik« (1955/62), in der er als bewußt kirchl. Offenbarungstheologe die Aufgabe ev. Verkündigung in kritischer Sichtung der Theologiegeschichte und der theol. Herausforderungen seiner Zeit herausstellte.

Lit.: O. Weber: Gottesdienst und Verkündigung, 1933; Das reformierte Bekenntnis und die kirchlichen Umbaupläne der Gegenwart, 1933; Bibelkunde des Alten Testaments, [3]1963; Versammelte Gemeinde, 1949; Grundriß der Bibelkunde, [9]1970.

E. Busch

WEC International e.V.

Der WEC International e.V. (Weltweiter Einsatz für Christus) wurde 1959 als dt. Zweig eines internationalen Missionswerkes (Worldwide Evangelistic Crusade) durch D. Batchelor und H. Scheunemann gegründet. Die Mitarbeiter stammen aus verschiedenen ev. Kirchen und Freikirchen. Den Grundstein der Mission legte 1913 C. T. Studd, der mit seiner Frau Priscilla unter Hudson →Taylor in China tätig war und als 50jähriger den WEC unter Lebenseinsatz in Zaire ins Leben rief, um die bisher unerreichten Volksgruppen mit dem Evangelium zu erreichen. Die dt. Zentrale in Eppstein/Taunus ist z. Zt. für 154 Mitarbeiter verantwortlich, die in 30 Ländern der Erde tätig sind. Insgesamt arbeiten über 1.600 Missionare aus 38 Nationen in über 60 Ländern der Erde. Derzeitige Internationale Sekretäre des WEC mit Hauptsitz Bulstrode bei London sind die Ärzte Dr. D. und Dr. R. Kuhl aus Deutschland. Der WEC zählt zu den sog. Glaubensmissionen, die sich für ihre finanziellen Bedürfnisse u. a. von Mt 6,33 leiten lassen. Der WEC ist Mitglied der Arbeitsgemeinschaft evangelikaler Missionen (AEM).

Lit.: N. P. Grubb: Charles Studd, Kein Opfer zu groß, [6]1994; P. Johnstone: Gebet für die Welt, [6]1992; B. Schirrmacher: Baumeister ist der Herr, Selbstverlag WEC, 1978.

V. Scheunemann

Wegscheider, Julius (1771–1849)

W., geb. am 17. 9. 1771 in Küblingen bei Schöppenstedt, gest. am 27. 1. 1849 in Halle/Saale. W. war von frühen Jahren des Theologiestudiums an positiv mit der Philosophie I. →Kants beschäftigt, nach dem Examen Hauslehrer in Hamburg, Repetent in Göttingen, seit 1806 Professor in Rinteln und seit 1810 in Halle/Saale. W. gilt als Hauptvertreter des theol. →Rationalismus, der das Christentum konsequent auf das Weltbild des aufgeklärten Menschen hin auslegte und alles, was der Vernunft nicht entsprach, als spekulative Zutat oder als antikes Mythologumenon bezeichnete (z. B. den Sündenfall, die →Auferstehung, die →Himmelfahrt u. a.). An die Stelle der Heiligen Schrift als Offenbarungsurkunde trat bei ihm die »Idee des Schöpfers und Lenkers des Weltalls«, und die Erlösung des Menschen durch Christus wurde bei ihm durch die Selbsterlösung des Menschen mit Hilfe des Vorbildes Jesu ersetzt. Kein Wunder, daß er viel Widerspruch erfahren hat. Sein Hauptwerk sind die

»Institutiones theologicae Christianae dogmaticae« (1815, [8]1844).

Lit.: K. Barth: Die protestantische Theologie im 19. Jahrhundert, [2]1952, 425-432; E. Hirsch: Geschichte der neuern evangelischen Theologie, Bd. 5, [3]1964, 20-27; W. Steiger: Kritik des Rationalismus in Wegscheiders Dogmatik, 1830.

G. Ruhbach

Wehrdienst, -verweigerung

Die Frage »Wehrdienst oder Wehrdienstverweigerung« ist eine polit. Ermessensfrage. Sie ist als persönl. Gewissensentscheidung in Verantwortung vor Gott zu treffen. Bei ihr geht es nicht nur um den persönlichen Schutz, sondern um den eines ganzen Volkes und heute im Zeitalter der Massenvernichtungswaffen um Leben, Friede und Gerechtigkeit der ganzen Menschheit. Die Entscheidung für oder gegen den Wehrdienst hat also polit. Folgen. Die Qualität der Entscheidung darf deshalb nicht an der christl. Motivation beurteilt werden, sondern an ihren polit. Folgen. Beide Entscheidungen können einer christl. Motivation entspringen. So ist zu dieser Entscheidung das Gewissen eines jeden Christen zu schärfen durch das Wort Gottes, durch polit. Informationen und durch intensive Gespräche zwischen Soldaten und W.verweigerern. Beide sollten sich in ihrer Entscheidung achten und sich gegenseitig nicht loslassen, da sie aufeinander in ihrer Meinungsbildung angewiesen sind. Sowohl Pazifismus als auch Militarismus müssen als Irrwege erkannt und abgelehnt werden. Gerechtigkeit und Frieden können nur erhalten werden durch Macht, die sich auch im Militärischen ausdrückt. Recht ohne Macht zerbricht an der Wirklichkeit des Bösen in dieser Welt. Macht aber, die die Schöpfung Gottes und das menschliche Leben nicht achtet und Gewissen unterdrückt, wird selber böse. Es darf keine Macht ohne Gerechtigkeit und keine Gerechtigkeit ohne Macht geben.

Das Dilemma entgegengesetzter Entscheidungsmöglichkeiten macht die Zwiespältigkeit unserer Welt deutlich. Waffendienst und Friedensdienst müssen deshalb aufeinander bezogen bleiben. Nur gemeinsam können Christen in ihrer gegensätzlichen Entscheidung deutlich machen, daß sie sich mit dem Bösen in dieser Welt nicht abfinden. Bei beiden Entscheidungen sind Christen letztlich auf das gnädige Handeln Gottes angewiesen, da beide zu nicht schuldfreien polit. Folgen führen können. Die eine Entscheidung ist nicht christlicher als die andere. Keiner kann das deutlichere Zeichen christl. Verantwortung für sich in Anspruch nehmen. Christen haben in allen ihren Entscheidungen letztlich nicht sich selber in ihrer Christlichkeit, sondern allein Jesus Christus zu verkünden. Das aber können sie nur gemeinsam im Vertrauen darauf tun, daß Gott selber durch sie Zeichen setzt. Sie tun das in der Hoffnung auf den Frieden, den nur Jesus Christus jedem Menschen geben kann.

Problematisch ist die grundsätzliche Freistellung ganzer Berufsgruppen (Geistliche) vom Wehrdienst. Kaum diskutiert ist, angesichts der sonstigen rechtlichen Gleichstellung der Geschlechter, die generelle Freistellung der Frauen vom Wehrdienst.

Lit.: W. Bienert: Krieg, Kriegsdienst und Kriegsdienstverweigerung nach der Botschaft des Neuen Testaments, [2]1985 (Lit.).

B. Affeld

Weigel, Valentin (1533–1588)

W. aus Großenhain-Naundorf wirkte äußerlich nahezu unauffällig als Pfarrer in Zschopau bei Chemnitz. Erst an seinen seit 1609 veröffentlichten Schriften, unter denen sich auch pseudoweigelianisches Gut aus seinem Schülerkreis befand, zeigte es sich, daß er sich in schroffem Gegensatz zur

melanchthonisch geprägten Lehre des Luthertums befand. Beeinflußt von der deutschen →Mystik, →Schwenckfeld und →Paracelsus suchte er Buße und Rechtfertigung zu verinnerlichen. »Christus in uns« ist es, der vergibt. Das rel. Erkennen kommt aus dem inneren, nicht dem äußeren Wort. Die »Mauerkirche« und das kirchliche Amt werden hart kritisiert und abgelehnt. Den Krieg hielt er für unzulässig. Philosophisch tiefsinnig rührte er bereits an Probleme der idealistischen Philosophie. Mit seinem Dringen auf intensivierte Frömmigkeit und seiner damit verbundenen Kirchenkritik fand Weigel Anklang in jenen Kreisen, die mit den kirchlichen Zuständen unzufrieden waren. Sein Einfluß läßt sich bei Johann →Arndt ebenso nachweisen wie bei Jakob →Böhme und vielen ihrer Anhänger. Dagegen ging die luth. Orthodoxie hart gegen alles vor, was sie für »Weigelianismus« hielt. Faktisch gehört Weigel zu den Vorbereitern des deutschen lutherischen Pietismus im 17. Jh. Er hatte einige Defizite der Kirche und Theologie seiner Zeit scharfsinnig erkannt; seine Alternativen waren allerdings nicht ohne weiteres kirchlich vermittelbar.

Lit.: V. Weigel: Sämtliche Schriften, hg. von W. E. Peuckert und W. Zeller, 1962ff.

M. Brecht

Weigle, Wilhelm (1862–1932)

W., geb. am 3. 8. 1862 in Mettmann, gest. am 4. 4. 1932 in Essen, erlebte während des Theologiestudiums in Bonn eine klare Wende zu Jesus Christus durch die Begegnung mit seinem Lehrer Th. →Christlieb. Mit dessen Sohn Alfred und Hans Mockert zusammen gründete W. die →Schülerarbeit »Bibelkränzchen« (BK). Als Jugendpfarrer in Essen (1894) schuf W. neben einer BK-Gruppe einen Ev. Jugendverein für 14-17jährige berufstätige Jungen und 1911 das erste dt. Jugendhaus, unter seinem Nachfolger W. →Busch »Weigle-Haus« genannt. W. wollte den durch die Großstadt gefährdeten Menschen ein geistl. und menschliches Zuhause schaffen und entwickelte eine →Jugendarbeit, die in Vielseitigkeit und Methodik ihrer Zeit weit voraus war und ungezählten Menschen zum Segen geworden ist.

Das Erbe W.s lebt in der heutigen Weigle-Haus-Arbeit unter derselben Zielsetzung in drei Schwerpunkten fort: Hausbesuche, verbindliches Leben der Gruppenleiter, Sonntagnachmittagsprogramm.

Lit.: W. Börner: Wilhelm Weigle, Leben und Wirken, 1974.

H. Lücke

Weihbischof →Kirchliche Ämter

Weihen

Das AT kennt Weihehandlungen, die teils an Personen, teils an Gegenständen vorgenommen werden (Beschneidung, Priesterweihe, Altar, liturgische Gewandung, vgl. 2Mo 29 u.v.a.). Nach 1Tim 4,4.5 geschieht in der christl. Gemeinde die Heiligung (Weihe) durch Gottes Wort und Gebet. Bereits in der Alten Kirche verbindet sich das Weiheverständnis mehr und mehr mit dem Gedanken der Aussonderung aus dem natürlich-kreatürlichen Umfeld (z.B. gottgeweihte Jungfrauen, aber auch Gegenstände). Hinzu kommt die Ausbildung abgestufter Klerikerweihen (vom Türhüter über Lektor und Diakon zur Priester-W.). Die höheren Weihestufen gelten als *ius divinum,* das ihnen den Charakter der Unauslöschlichkeit gibt. Nach ev. Verständnis gibt es nur eine Weihe und entsprechend nur eine Weihestufe: die Taufe als Akt der Aufnahme in die christl. Gemeinde. Alle übrigen Ordinations- und Einführungshandlungen sind eine Entfaltung dieser Weihe. Gegenüber den in der kath. Kirche üblichen Sach-W.n hat die ev. Kirche die Vorstellung einer Aussonderung einer *res sacra* strikt abgelehnt. Auch eine Kirchen-, Glocken- oder Orgelweihe oder die Einweihung eines Gottesackers sind Indienstnahmen unter Wort und Gebet (s.o.). Um so bedauerlicher sind Fehlentwicklungen (bes. im 19. Jh.), durch die es dann doch zur Segnung von Gegenständen (z.B. von Fahnen, Friedenseichen und sogar von Waffen) kam.

Lit.: C. Eyselein: Segnet Gott, was Menschen schaffen? Kirchliche Einweihungshandlungen im Bereich des öffentlichen Lebens, 1994; P. Fransen, W. Lohff: »Ordo, Ordination«, in: LThK Bd. 7, 1212–1224; L. Just: »Weihe« sowie W. Ülhof: »Weihegrade«, beide in LThK Band 10, 980–981; G. Rietschel: Lehrbuch der Liturgik, [2]1952, Bd. 2.

Chr. Albrecht

Weihnachten

Der Name, mit dem das Fest Christi Geburt bezeichnet wird, ist wahrscheinlich von heidnischem Ursprung: die geweihten Nächte um die Wintersonnenwende. In den ersten Jh.en finden wir keinen Hinweis auf dieses Fest. Eher ist eine abweisende Haltung bei Christen bemerkbar wegen der Tatsache, daß es bei den Heiden üblich war, die Geburtstage zu feiern, während für einen Christen der Sterbetag viel wichtiger war, also auch das Sterben und die Auferstehung Christi. Als man im 4. Jh. begann, W. zu feiern, tat man dies nicht überall am 25. Dezember. Im Osten feierte man am 6. Januar das Fest der Erscheinung Christi (→Epiphanias), um 330 feierte man in Rom W. am 25. Dezember. Von Westen aus ist das Fest nach dem Osten gebracht worden.

W. hat, anders als Ostern und Pfingsten, kein Vorbild im AT. Historisch gibt es über das Datum von Christi Geburt nichts zu sagen. Wie kam man auf das Datum 25. Dezember? Ein Nebenmotiv liegt in der Tatsache, daß manche den Zeitpunkt der Empfängnis Christi für den 25. März hielten, so daß seine Geburt 9 Monate später, also am 25. Dezember stattfand. Wichtiger ist die Konfrontation mit dem Heidentum. Heidnische Römer feierten am 25. Dezember den *Natalis Solis Invicti,* den »Geburtstag der unbesiegten Sonne«. Gegenüber diesem heidnischen Sonnenkultus stellte die Kirche das Fest der *Natalis Christi,* der Sonne der Gerechtigkeit (Mal 3,20), des Lichtes der Welt (Joh 8,12).

Ein drittes Motiv liegt in den Diskussionen des 4. Jh.s über die Frage: Ist Jesus wesenseins mit Gott? Auf dem Konzil von →Nicaea (325) wurde die wesenhafte Einheit bzw. Gleichheit *(Homoousia)* von Gott-Vater und Sohn bekannt. Zu W. feiert die Kirche die Offenbarung Gottes in Jesus Christus, sein Kommen im menschlichen Fleisch (Joh 1,14).

Die Feier von W. beginnt mit der Christvesper am Heiligen Abend, in zunehmendem Maße gibt es auch einen Gottesdienst in der Christnacht. Klassische Lesungen sind Lk 2,1-14; Jes 9,1-6; Tit 2,11-14; Joh 1,1-18. Mit der Feier ist eine Zahl von Volksbräuchen verbunden, die die Popularität dieses Festes zeigen. Die Kehrseite ist, daß W. allerlei säkularisierenden Tendenzen zum Opfer zu fallen droht. Von großer Bedeutung sind die vielen Lieder, die das Geheimnis der Menschwerdung Gottes besingen. Sie klingen in der Weihnachtszeit bis weit außerhalb der Kirchenmauern. Auch in der Kirchenmusik ist die Weihnachtsgeschichte in vielerlei Weise wiedergegeben worden (H. Schütz, H. Distler und vor allem die sechs Kantaten des Weihnachtsoratoriums von J. S. →Bach und das Oratorium »Der Messias« von G. F. Händel).

Lit.: K. H. Bieritz: Das Kirchenjahr, 1987, 165ff; O. Cullmann: Der Ursprung des Weihnachtsfestes, 1960.

A. Noordegraaf/M. Herbst

Weihnachtsbräuche und -personen

1. Bräuche

Weihnachten ist das volkstümlichste christl. Fest. An Heiligabend sind die Gottesdienste überfüllt: Christvesper (oft mit Krippenspiel und »Quempas-Singen«, bei dem Kindergruppen im Wechsel Hirtenlieder singen) und Christmette. Die zahlreichen Bräuche führen umso mehr zur christl. Weihnachtsbotschaft hin und veranschaulichen sie, je deutlicher ihr Zusammenhang mit den in Lk 2 und Mt 1-2 erzählten Geburtsgeschichten Jesu zu erkennen ist.

Beispiele:

– Liedgut, Musik. Der reiche Bestand an Chorälen und geistl. Volksliedern ist großenteils gemeinsames Gut vieler Länder und Kulturen.

– Krippen gehen auf die Alte Kirche zurück. 354 wurde in Rom in der Kirche S. Maria Maggiore vor dem Altar eine Krippe aufgestellt. 1223 zelebrierte Franz von Assisi im Wald bei Greccio die Weihnachtsmesse als Krippenfeier. Seit dem 16. Jh. werden Krippen in den Kirchen aufgestellt, seit dem 18. Jh. auch in den Wohnstuben.

– Krippenspiele, Hirtenspiele und Dreikönigsspiele stellen Heilsgeschichte dramatisch dar.

– Das »Sternsingen« um den 6.1. ist ein kath. Brauch.

In andere Weihnachtsbräuche sind außerchristl. Überlieferungen eingeflossen, wie das Datum 25. 12. für Jesu Geburt vom Fest des »Unbesiegten Sonnengottes« im heidnischen Rom des 3./4. Jh. beeinflußt ist (→Weihnachten). Die Wintersonnenwende in der nördlichen Hemisphäre, früher am 25. 12. begangen, wurde mit Lichtern und Feuer gefeiert, um den Sieg des Lichtes über die Finsternis auszudrücken, und mit immergrünen Zweigen und Bäumen, die auch in unwirtlicher Jahreszeit den Fortbestand des Lebens versinnbildlichen. Die Verchristlichung dieser Überlieferungen (Christus, die wahre Sonne, bringt ewiges Leben) besagt, daß die Menschwerdung des ewigen Christus auch die Erlösung von Natur und Kosmos einbezieht.

Beispiele:

– Der Adventskranz mit den vier Kerzen für die Adventssonntage (auch Motiv des Siegeskranzes) geht zurück auf J. H. →Wichern (der aber noch vier große Kerzen für die Advents-Sonntage und kleine Kerzen für jeden Wochentag im Advent auf einen hölzernen Ring steckte) und verbreitete sich als Tannenkranz in der ev. Jugendbewegung zwischen den Weltkriegen.

– Der Weihnachtsbaum, zuerst im 16. Jh. im Elsaß nachgewiesen und im 19. Jh. von Deutschland aus in andere Länder verbreitet, ist auch als Paradiesbaum (Sündenfallgeschichte) und als Baum des Kreuzes (Erlösung) gemeint. Er wird geschmückt mit Strohsternen (erinnern an Christus als den »Morgenstern«, den Stern der drei Weisen und das Stroh der Krippe zu Bethlehem; bedeutsam auch der »Herrnhuter Stern«), Äpfeln (Apfel der Versuchung im Paradies), Gebäck (ursprünglich die Oblaten als eucharistisches Lebensbrot), Glaskugeln (Gaben der drei Weisen) und Kerzen (Christus das wahre Licht). Eine Variante ist die »Weihnachtspyramide« aus dem Erzgebirge.

– In dem zu Weihnachten üblichen Schenken kann sich ausdrücken, daß Gott die Menschen mit Jesus beschenkt hat. Doch ist hier die Verweltlichung weit vorangeschritten.

Weitere W. haben mit der Weihnachtsbotschaft direkt nichts zu tun, müssen ihr aber auch nicht widersprechen.

Beispiele:

– Adventskalender,
– Weihnachtsgebäck,
– Weihnachtsmarkt.

Lit.: K.-H. Bieritz: Das Kirchenjahr. Feste, Gedenk- und Feiertage in Geschichte und Gegenwart, 1986; G. Blail: Von Sonntag zu Sonntag. Glaube und Brauchtum, 1992; O. Cullmann: Die Entstehung des Weihnachtsfestes und die Herkunft des Weihnachtsbaumes, 1990; Th. Gandow: Weihnachten. Glaube, Brauch und Entstehung des Christfestes, 1993.

A. Rössler

2. Personen

Weihnachtliche Personen sind in erster Linie die mit dem Weihnachtsfest verbundenen Gestalten wie (1) →Maria und Josef oder auch (2) →Johannes der Täufer und seine Eltern Zacharias und Elisabeth. Daneben bildete sich im weihnachtlichen Festkreis eine Fülle von Heiligenlegenden und Legendengestalten. Hierzu gehört z. B. (3) die heilige Barbara (4. 12.), eine jungfräuliche Märtyrerin aus Nikomedien (um 306), die Patronin der Bergleute; am Barbaratag gepflückte Zweige blühen bis zum Weihnachtsfest auf. In unseren Zusammenhang gehören aber auch die Tage (4) des Märtyrers Stephanus (26. 12.), (5) des Apostels und Evangelisten Johannes (27. 12.), (6) der unschuldigen Kinder (nach Mt 2,1-18; 28. 12.), (7) der Beschneidung und Namensgebung Jesu (1. 1.), (8) der heiligen drei Könige (6. 1., →Epiphanias).

Erheblich populärer wurden aber andere Gestalten, deren Geschichte z. T. äußerst verwickelt ist: allen voran (9) Nikolaus (6. 12.). An seiner Heiligenlegende haben zwei hist. Personen Anteil: der Bischof Nikolaus von Myra (erste Hälfte des 4. Jh.s in Lykien, heute Türkei) und der Abt Nikolaus von Sion (564 als Bischof von Pinara in Lykien gestorben). Die Grabstätte in Antalya wurde noch im MA von italienischen Piraten geplündert: die Reliquien werden seit 1087 in Bari verehrt.

Zahlreiche Legenden sind mit Nikolaus verknüpft: Drei armen, unverheirateten Mädchen soll er Goldbeutel durch das Fenster geworfen haben; später wurden daraus durch den Kamin geworfene goldene Äpfel, die in zum Trocknen aufgehängten Strümpfen aufgefangen wurden. Nikolaus gilt als Schutzheiliger der Schiffer, Kaufleute, Bäcker, Fischer, als Freund der Armen und der Kinder. Letzteres verdankt er der Legende, derzufolge er drei ermordete Schüler zum Leben wiedererweckt hat. Seither ist er (von Nordfrankreich ausgehend) auch Schutzheiliger der Schüler. Am angeblichen Todestag des Bischofs (6. 12. 343) verkleideten sich nun anläßlich von Schülerumzügen Schüler als Bischöfe und hielten den Erwachsenen Predigten. Doch bald kehrten sich die Rollen um: nun verhörte der Bischof die Kinder, verteilte Geschenke oder bestrafte. Seit dem 16. Jh. stellt man dazu Schuhe vor die Tür. Später hat man die bedrohlichen und bestrafenden Anteile der Nikolaus-Gestalt abgespalten und mit regional sehr unterschiedlichen, oft aus heidnischen Umzügen stammenden, dunklen Gestalten (z.B. spätmittelalterlichen Teufelsmasken) belegt: (10) hierher gehören Hans Muff, der Schwarze Peter, der Pelzbock, Bartel und Krampus und vor allem der thüringische Knecht Ruprecht mit Kette, Sack und Rute: »Ich bin der alte, böse Mann, der alle Kinder fressen kann.«

Mit Weihnachten verband sich dies alles erst durch Martin Luther, der zwar die Heiligenverehrung abschaffen, aber den Kindern die Bescherung erhalten wollte: also verlegte er ca. 1535 die Bescherung auf Weihnachten. Nun aber brachte der »heilige Christ« selbst die Gaben. Damit wurde die Verehrung des kindlichen Christus neu ausgerichtet. (11) Das Christkind ist eine changierende Gestalt: das Jesuskind selbst oder Kinder in blondem Haar und weißem Gewand, die die heilige Familie bei Krippenspielen und -umzügen begleiteten und dabei auch Geschenke verteilten. In reformatorischen Gebieten herrschte nun der Christkinds-Brauch: Weihnachten wurde zum Hauptbescherfest der Kinder. In kath. Gegenden blieb Nikolaus vorherrschend.

Doch auch das kehrte sich im 19. Jh. noch einmal vollständig um. Im kath. Westen und Süden wurde nun das Christkind zum Gabenbringer. Im prot. Norden und Osten traten neue Figuren auf, in Norddeutschland der (12) Weihnachtsmann. Er ist eine Hybride: ein wenig Nikolaus mit rotem Bischofsmantel, aber ohne Mitra und Stab, ein wenig Knecht Ruprecht mit Gabensack und Pelzmütze, aber ohne Rute und Kette. Strafendes und schenkendes Prinzip vereinigten sich also wieder in einer Gestalt, die zudem ein wenig pausbäckig und trottelhaft daherkam, »halb Landstreicher, halb Gottvater« (D. Zimmer). Gemalt wurde er 1847 von Moritz von Schwind als »Herr Winter«. Ihm entsprechen in den USA Santa Claus (erstmals 1863 von Thomas Nash gemalt) oder Father Christmas, in Frankreich Père Noël, in Schweden der Juletomte, im slawischen Bereich Väterchen Frost.

Lit.: K. H. Bieritz: Das Kirchenjahr, [2]1988, 165–214; D. E. Zimmer: »Ein Sack voller Mißverständnisse«, in: DIE ZEIT, Nr. 52, 24. 12. 1993, 60.

M. Herbst

Weisgerber, Johann Henrich (1798–1868)

W., geb. am 29. 3. 1798 in Trupbach (Siegerland), gest. am 12. 2. 1868 in Eisern (Siegerland), ist neben Tillmann →Siebel die wichtigste Leitfigur der Siegerländer Erweckungsbewegung. Er war Schuster von Beruf und als solcher in Trupbach, Kierspe und Siegen tätig, erlebte dort ca. 1820 seine Bekehrung (wenig Einzelnes bekannt), ging 1825 nach Düsseltal (Rettungsanstalt des Grafen von der →Recke) und 1829 zurück nach Trupbach; 1834 zog er nach Eisern und blieb dort. Seit 1831/32 hielt er »Stunden«, in seinem Wohnort, im Siegerland sonst und darüber hinaus und fand zu Zeiten ungewöhnlichen Zulauf.

Nach Konflikten mit Kirche und staatlicher Behörde (Verbot öffentlicher Versammlungen, vor 1840 bzw. 1848) beschränkte er sich auf Hausversammlungen und gründete dazu in Eisern eine christl. »Kolonie« (1838; ca. 1854 aufgelöst). Er las und verbreitete vor allem, außer der Bibel, G. →Tersteegens Schriften und blieb von dessen quietistischer Mystik stark beeinflußt (»... den eignen Willen ganz zerbrich! So lebe ich Dir willenlos, bin klein in mir und in Dir groß«), so daß man ihn den »Tersteegen des Siegerlandes« genannt hat. Außer den Eingaben an die Behörden und Briefen (wenige erhalten) hat er ein kleines Büchlein verfaßt: »Die Nothwendigkeit der wahren Wiedergeburt oder der sichere und untrügliche Weg zur Seligkeit nach Johannes 3,3«, erschienen in Siegen 1834. In der Betonung der →Wiedergeburt war er mit der übrigen Erweckungsbewegung einig, unterschied sich jedoch von der »Freudenberger« Richtung (T. Siebel) durch eine zeitweise extreme Heiligungsforderung (»völlige Wiedergeburt«). Der Landeskirche stand er, auch aus eigener Erfahrung, kritisch gegenüber, verließ sie jedoch nicht.

Lit.: H. Schlosser, W. Neuser: Die Evangelische Kirche in Nassau-Oranien 1530–1930 (2 Bde.), 1931/33, 240–245.371–375; J. Schmitt: Die Gnade bricht durch, [2]1954, 229–258.

B. Steinseifer

Weisheit

→Geistesgaben

Weisheit Salomos

→Weisheitsliteratur, biblische

Weisheitsliteratur, biblische

Die bibl. W. weist viele Gemeinsamkeiten mit den entsprechenden literarischen Formen des Alten Orients auf. In ihr haben sich die tiefgehenden Einsichten vieler einzelner und ganzer Gemeinschaften in die Zusammenhänge der in Natur und menschlicher Gesellschaft wirkenden Kräfte und Gesetzmäßigkeiten niedergeschlagen. Diese Einsichten stellen eine Vorform heutiger Wissenschaft dar, sowohl im Sinne der Naturwissenschaft als auch der Philosophie und Theologie. Im Unterschied zur außerbibl. Weisheit weiß der atl. Weisheitslehrer um die hinter allen Zusammenhängen stehende Größe Gottes, dem er sich dankbar und vertrauensvoll unterordnet. Ziel der bibl. W. ist es deshalb, zu solchem gottesfürchtigen Leben anzuleiten (vgl. Spr 1,7; 2,1ff; 3,5ff.23).

Zur bibl. W. zählen neben einzelnen Psalmen (Ps 1; 37; 49; 73; 112; 127; 128; 133) vor allem Hiob, Spr und Pred. Bezeichnenderweise gehören diese Schriften alle zum dritten Teil des atl. Kanons, den »Lehrbüchern«. Darüber hinaus finden sich literarische Elemente der W. in den Geschichtsbüchern (1Mo; 5Mo; Ri; Rut; 1Kön) wie auch bei einzelnen Propheten (Jes; Jer; Am). Auch die Josephsgeschichte (1Mo 37; 39-50), Davids Thronnachfolge-Geschichte (2Sam 9-20; 1Kön 1-2), Est und Dan werden, wenn auch umstritten, in diesem Zusammenhang gesehen. Unter den Apokryphen zählen insbesondere Sir und Weish dazu sowie Abschnitte aus Tob.

Zu den Hauptformen, in denen sich die Einsichten der Weisheitslehrer niederschlugen, gehören der Weisheitsspruch, der eine Gegebenheit formuliert oder einen Rat erteilt, Sprichwörter, Zahlensprüche, Rätsel, Lehrreden (vgl. Spr 1-9) u.a. Waren es ursprünglich die Alten im Dorf, die ihre Lebenserfahrungen in prägnanten, leicht memorierbaren Aussagen zusammenfaßten und damit die Grundlagen einer frühen Pädagogik legten, so ist spätestens seit der Zeit Salomos, der selbst als Urtyp des Weisen galt (1Kön 5,9-14), belegt, daß weisheitliches Gut von beamteten Lehrern am Hof gesammelt und gepflegt wurde.

Neben Aussagen allgemeiner Erfahrungen und Einsichten, die sich unabhängig vom Glauben Israels auch in benachbarten Kulturen finden (Spr 22,13-23,11 geben wörtlich Auszüge aus den Lehren des ägypt. Amenemope wieder), wird immer wieder der direkte Zusammenhang mit Jahwe und seinem Schöpfungs- und Heilshandeln herausgestellt. So kann die Weisheit geradezu zum Ausdruck der Schöpfungsordnung werden (vgl. Spr 3,19f) oder wird gar als präexistent der Schöpfung vorgeordnet (Spr 8,22ff). Sie tritt in Personengestalt (Hypostase) auf als spielendes Kind (Spr 8,30f), als Lehrerin auf dem Markt (Spr 1,20ff) oder im Gegenüber zur ebenfalls hypostasierten Torheit (Spr 7,9.13ff).

Im Unterschied zu den Geschichts- und prophetischen Teilen des AT steht nun aber doch, zumindest dem ersten Eindruck nach, nicht Gott, sondern der Mensch und sein Verhalten im Mittelpunkt, sowie Einsichten aus der Beobachtung der Natur, die auf das Ergehen des Menschen Auswirkungen haben können. Gott ist dabei nicht ausgeschaltet, er kommt zusammen mit seiner Schöpfung zur Geltung. Aber die außerhalb der W. wichtigen Heilsgrößen Kultus, Bund, Gericht, Heil, Erwählung usw. treten ganz zurück. »Weisheitliches Denken, Fragen und Lehren zielt auf die Eingliederung des menschlichen Verhaltens in die alles umfassende Weltordnung« (Schmid), die man durch Einsicht, Erfahrung, Vergleich usw. zu ergründen sucht. Insofern geht es in der W. auch dort, wo vordergründig offenbar nur kluge Ratschläge vermittelt werden, um mehr.

Zentrales Thema ist die Frage nach dem rechten Verhalten, das in Einklang mit Gottes Weltordnung steht und somit ein unangefochtenes Leben zu gewährleisten verspricht. Als eine Antwort auf diese Frage läßt sich immer wieder das einfache Schema des Tun-Ergehen-Zusammenhangs finden: Der Mensch erntet, was er gesät hat, es ergeht ihm entsprechend seiner Vorleistung (vgl. Spr 16,5-7.9; 19,21; 20,24; 21,30f). Aber schon die schmerzliche Beobachtung, »daß es den Gottlosen so gut ging« (Ps 73,3), durchbrach dieses Schema. Statt dessen weist der Psalmist tröstend auf deren Ende hin und ermutigt zum »Dennoch des Glaubens« (Ps 73,17-20.23). Mit dieser Erfahrung verknüpft ist die Frage nach der Gerechtigkeit Gottes (Theodizee) und damit nach dem Sinn alles Erlebens angesichts von Leid und des Lebens überhaupt: Was trägt letztlich zum Gelingen von Leben bei?

In noch grundsätzlicherer Weise zeigt die Hiob-Erzählung und die darin geführte dialoghafte Auseinandersetzung zwischen Hiob und seinen Freunden, daß die Vielfalt des Lebens sich nicht in solch einfachen Schemata einfangen läßt. Die Frage nach dem Warum des Leidens findet ihre Antwort nicht in entsprechendem schuldhaftem Verhalten. Vielmehr ist Hiob herausgefordert zu erkennen, daß die Warum-Frage vermessen ist und er sich nur vor Gott beugen kann. Gottes Gerechtigkeit erweist sich darin, daß der Mensch als Geschöpf gegenüber dem Schöpfer nicht Recht behalten kann. Gott muß sein Handeln gegenüber dem Menschen nicht rechtfertigen (vgl. Röm 9,10ff). Die Reaktion darauf ist nun aber nicht Rebellion, sondern vertrauensvolle Bejahung und Hingabe. Darin findet der Weise die Erfüllung seines Lebens, und dies will er seinen Schülern vermitteln (vgl. Pred 2,20-26; 3,1-14).

Im NT gibt es keine ausgeprägt weisheitlichen Schriften. Das Anliegen atl. Weisheit wird aber auch hier aufgenommen. Die Verkündigung Jesu trägt teilweise ausgesprochen weisheitliche Züge (Mt 5,45; 6,25ff). Er ist mehr als Salomo und alle Weisen (Mt 12,42). Paulus nennt Christus »göttliche Weisheit« (1Kor 1,24). Gegenüber dem Anspruch hellenistischer Bildung und jüdischer Weisheit hebt Paulus allerdings das Geheimnis der Weisheit Gottes gerade darin hervor, daß der Heilsweg nicht im Rühmen menschlicher Fähigkeiten liegen kann, sondern im Annehmen des aller menschlichen Weisheit unverständlichen Wortes vom Kreuz (1Kor 1,18ff).

Lit.: H. D. Preuß: Einführung in die alttestamentliche Weisheitsliteratur, 1987; G. v. Rad: Weisheit in Israel, 1970; R. Riesner: Jesus als Lehrer, ³1987, 330ff; H. H. Schmid: Wesen und Geschichte der Weisheit, 1966; C. D. Stoll: »Weisheitsliteratur«, in: GBL III, 1679–1681; C. Westermann: Wurzeln der Weisheit, 1990.

C. D. Stoll

Weiss, Johannes →Neues Testament, Geschichte

Weissagung →Prophetie

Weissagung und Erfüllung →Biblische Theologie

Weißes Kreuz

Das W.K. ist aus der →Erweckungsbewegung heraus entstanden. In Deutschland gründete Oberlandmesser Richard Toellner am 30. März 1890 mit 13 jungen Männern des CVJM in Berlin das W.K. Der Name hat Symbolgehalt: Weiß war von jeher die Farbe der Reinheit. Sie ist die Klarheit und Durchschaubarkeit der Gedanken und des Handelns, die Offenheit und Geradlinigkeit des Charakters, die Gewißheit des Glaubens und die Vergebung der Schuld durch Jesus Christus. Das Kreuz ist Zeichen der Erlösung. Die Gründer des W.K.es waren davon überzeugt, daß sittliche Reinheit durch eigene moralische Anstrengungen nicht erreicht werden könne, sondern daß es dazu der befreienden Gnade und der erneuernden Kraft Jesu Christi bedarf. Name und Symbol des W.K.es wurden somit zum Bekenntnis und zugleich zum Programm für die Arbeit dieses Werkes.

Die heutige Aufgabenstellung des W.K.es, das in seinem Untertitel die Bezeichnung »Sexualethik und Seelsorge« führt, umfaßt folgende Bereiche:

– Verkündigungsveranstaltungen und sexualethische Vorträge

– Persönliche Seelsorge, Jugend-, Ehe- und Familienberatung, Elternschulung, Aufzeigen von Suchtgefahren

– Bereitstellung und Verbreitung geeigneten Schrifttums (u. a. Zeitschrift »Sexualethik und Seelsorge«)

– Jugendtage, Freizeiten, Schulungsabende, Wochenendveranstaltungen, Seminare, Mitarbeiterlehrgänge, Seniorenarbeit

– Spezielle Aufgaben in der Schwangerschaftskonfliktberatung

– Analyse kultureller und gesellschaftspolitischer Vorgänge.

Auf dem Boden der Evangelischen →Allianz ist das W.K. von seinem geschichtl. Auftrag her im kirchl. und außerkirchl. Bereich tätig. Es wirbt nicht um Mitglieder und bildet keine eigenen Gruppen, steht aber jedem Angebot zur Mitarbeit offen und jedem Verband fachlich zur Verfügung.

Die Bundeszentrale des W.K.es ist in Ahnatal-Kassel.

G. Naujokat

Weißrußland

W., weißrussisch Belarus, Republik, Fläche 207 600 km², 10,2 Mio. Einwohner, Hauptstadt Minsk.

Das Gebiet des heutigen W. war vom 9.-11. Jh. größtenteils Bestandteil des Großfürstentums Kiev und wurde in den Jahren nach der Annahme des Christentums durch Vladimir den Heiligen allmählich christianisiert. Vom 13./14. Jh. an gehörte das spätere W. zu Litauen, dann zum polnisch-litauischen Großreich. Im 15./16. Jh. entstand eine eigenständige weißrussische Literatur. Der Bibelübersetzung von Franz Skorina (Anfang 16. Jh.) kam eine wichtige Bedeutung zu. Bei den Teilungen Polens Ende des 18. Jh.s kam W. zu Rußland. Nach der bolschewistischen Oktoberrevolution 1917 entstand die Weißrussische Sozialistische Sowjetrepublik, die in der Folgezeit in die Sowjetunion eingegliedert wurde. Im August 1991 erklärte W. seine Unabhängigkeit. Anfang Dezember 1991 schlossen sich →Rußland, die →Ukraine und W. zu einem Staatenbund zusammen, aus dem die »Gemeinschaft Unabhängiger Staaten« (GUS) wurde. 78% der Bevölkerung W.s sind Weißrussen, 13% Russen, der Rest polnische, ukrainische und jüd. Minderheiten. 72,3% der Einwohner sind orthodox. Das Exarchat W. der Russisch-Orthodoxen Kirche verfügt über acht Eparchien, 795 Kirchgemeinden und ein Priesterseminar. Die röm.-kath. Kirche folgt mit rund 300 fast ausschließlich polnischen Gemeinden. Außerdem gibt es zehn Gemeinden der griech.-kath. (unierten) Kirche, mehrere Altgläubigendenominationen sowie →Pfingstler mit 170, →Baptisten mit 157 und →Adventisten mit 19 Gemeinden. 1993 trat in W. ein neues Religionsgesetz in Kraft.

Lit.: ZS Glaube in der 2. Welt, 1973ff; Informationsdienst Osteuropäisches Christentum, 1989–1994.

E. Bryner

Wellhausen, Julius (1844–1918)

W., geb. am 17. 5. 1844 in Hameln als Pfarrerssohn, gest. am 7. 1. 1918 in Göttingen; ev. Alttestamentler und Orientalist. Er studierte in Göttingen unter H. Ewald und wurde von diesem bis zu ihrem Zerwürfnis als sein bedeutendster Schüler angesehen. Von 1872-82 Prof. für AT in Greifswald; von 1882-85 Extraordinarius für semitische Sprachen der Philosophischen Fakultät in Halle, da er sich nicht mehr in der Lage sah, Studenten für den Dienst in der Kirche auszubilden. 1885-92 o. Prof. in Marburg (unter dem Verbot, über das AT zu lesen). 1892–1913 als Nachfolger P. de Lagardes in Göttingen.

Der englische Premierminister Gladstone, Theologe aus Neigung und Zeitgenosse W.s, verfaßte ein Buch gegen ihn.

W.s bes. Leistung bestand darin, seine durch konsequente und manchmal kühne Textkritik (unter Auswertung der LXX) und scharfsinnige Literarkritik gewonnenen neuen Thesen über die Quellenscheidung im →Pentateuch für die Darstellung der Geschichte →Israels fruchtbar zu machen.

In »Die Composition des Hexateuchs« (zuerst 1876/77) vertrat W. unter Aufnahme der Vorarbeiten von K. H. Graf und A. Kuenen die Hypothese vom nachexilischen Ursprung der Priesterschrift, die man bis dahin als älteste Grundschrift des Pentateuch angesehen hatte. In seiner »Geschichte Israels« (1878; später: »Prolegomena zur Geschichte Israels«, 1883) führte diese Erkenntnis zu einem anderen Verständnis der rel.-kultischen Entwicklung Israels, da die Priesterschrift (und das chronistische Geschichtswerk) nicht mehr als Quellen für die älteste Geschichte Israels in Betracht kommen. Um diese zu erhellen, wandte W. sich der Erforschung des vor-islamischen Heidentums zu, das er als beste Parallele zum nomadischen Israel ansah (»Reste arabischen Heidentums« 1887; »Das arabische Reich und sein Sturz« 1902). Der Einfluß des Entwicklungsgedankens →Hegels auf W.s Darstellung der Geschichte Israels ist umstritten.

In seine »Israelitische und jüdische Geschichte« (1894) fügte W. ein Kapitel über »Das Evangelium« ein. 1902 erschien »Das Evangelium Marci übersetzt und erklärt«, gefolgt von »Das Evangelium Matthaei« und »Das Evangelium Lucae« (1904), die ihm als Produkt urchristl. Gemeindeglaubens galten. Bis 1914 analysierte er außerdem noch die Apg, die Offb und das Joh-Ev., wobei seine ntl. Arbeiten ebenso bahnbrechend wirkten wie seine alttestamentlichen W.s Unterscheidung zwischen dem Evangelium Jesu und dem Evangelium vom gekreuzigten und auferstandenen Christus bahnte R. →Bultmann den Weg.

Lit.: W. Baumgartner: Wellhausen und der heutige Stand der alttestamentlichen Wissenschaft, ThR NR 2 (1930), 287–307; O. Eissfeldt: Julius Wellhausen (1920), in: Kleine Schriften I, 1962, 56-71; E. Schwartz: Julius Wellhausen, (1918), in: Gesammelte Schriften I, ²1963, 326–361.

S. Nägele

Welt

a) biblisch

1. Altes Testament

Grundgedanke des AT ist Gottes umfassender Herrschaftsanspruch über die W. (→Reich Gottes).

Durch Gott wurde sie geschaffen (1Mo 1,1; 1Sam 2,8; Ps 90,2); sie ist der Lebensbereich des Menschen sowie der Tier- und Pflanzenwelt. Nirgends gibt das AT dem Gedanken Raum, daß die W. selbst eine gottfeindliche Macht darstellten könnte: wenn solche Sachverhalte beschrieben werden – wie z.B. in Ps 2,1ff – personalisiert der Verfasser: Er spricht dann von Königen, Völkern und Heiden.

Weil die W. aus Gottes Hand kommt, ist sie sehr gut (1Mo 1,31). In den Lobpreis des Schöpfers stimmt deshalb die ganze Kreatur mit ein: Der Mensch ebenso wie die außermenschliche Kreatur (Ps 98,4ff).

Dem Herrschaftsanspruch Gottes (Hab 2,20) entspricht sein umfassender Rettungswille: Besonders Texte aus dem Jesajabuch betonen, daß »aller Welt Enden« umkehren und gerettet werden können (Jes 45,22). Es ist Aufgabe des von Jesaja angekündigten Gottesknechtes, diesen Heilswillen »bis an die Enden der Erde« zu tragen (Jes 49,6).

Mit Gottes Rettungswillen über die W. korrespondiert im AT schließlich auch der Gerichtsgedanke; er taucht v.a. im Gebet auf: Gott wird als Richter der W. angerufen. Der Gerechte wendet sich an ihn, um ein Ende des Unrechts und die Rettung vor dem Gottlosen zu erbitten (Ps 82,8; 94,2). Gerade darin wird noch einmal deutlich, wie sehr das AT Gottes Herrschaft über diese Welt als umfassend versteht: Indem er den Gerechten rettet und den Ungerechten richtet, erweist er sich als Herr über den ganzen Erdkreis.

2. Neues Testament

Das NT übernimmt einerseits die Bedeutung des atl. Begriffs »Welt« und erweitert sie andererseits. Den Schöpfungsgedanken präzisiert das NT christologisch: Durch Jesus ist die W. geworden (Joh 1,10; Hebr 1,2), und sie wird einst wieder ganz Christus gehören (Offb 11,15). So kann das NT von verschiedenen »Weltzeiten« reden: Die »vorige Welt« reicht bis zur Sintflut (2Petr 2,5; 3,6), die jetzige endet mit dem Tag des Gerichts (2Petr 3,7), die zukünftige (Hebr 2,5; Mk 10,30) ist durch die umfassende Christusherrschaft bestimmt.

Gott liebt die W.: er sendet deshalb Jesus als Licht (Joh 8,12) und will, daß sich seine Nachfolger als »Lichter der Welt« (Phil 2,15) bewähren. In dieser Sendung erweist Gott noch einmal seine Liebe zur W. (Joh 3,16): für sie stirbt Jesus als Opferlamm und führt so Gottes Rettungswillen aus (Joh 1,29).

Zugleich aber kann das NT auch sagen, daß Christus aus der W. rettet (Joh 17,6.9; Gal 1,4): »Welt« ist in diesen Zusammenhängen ein negativer Begriff, der so im AT nicht vorkommt. Was dort in der Gestalt des Gottlosen beschrieben wird, verdichtet sich ntl. in einer besonderen Nuance des Begriffs »Welt«. Er bezeichnet eine Macht, die den Menschen an Vergängliches bindet und von Christus wegzieht. Die W. ist von der Sünde Adams bestimmt (Röm 5,12) und unfähig, den Heiligen Geist zu empfangen (Joh 14,17). Die Werke der W. – d.h. der von dieser Macht bestimmten Menschen – sind böse (Joh 7,7). Ihre Weisheit steht im Gegensatz zur Weisheit Gottes (1Kor 2), ihr Friede ist brüchig und ein anderer als der Friede Gottes (Joh 14,27). Der Grund für diesen Gegensatz liegt im Wirken Satans, des »Fürsten dieser Welt« (Joh 14,30; 16,11), bei Paulus sogar als »Gott dieser Welt« bezeichnet (2Kor 4,4; vgl. Eph 6,12). Er dominiert die »Kinder dieser Welt«, die Jesus von den »Kindern des Lichts« unterscheidet (Lk 16,8; 20,34f). Wie das AT so betont auch das NT, daß einer solchen Macht und der von ihr beherrschten Menschheit ein Ende bereitet wird, indem Christus sie richtet (Joh 12,31; 16,11) bzw. durch seine Heiligen richten läßt (1Kor 6,2). Mit dieser Aussage ist Gottes Herrschaftsanspruch deutlich gemacht. Er gewinnt seine endgültige Gestalt, wenn der »neue Himmel und die neue Erde« (Offb 21,1) aus seiner Hand hervorgehen.

Lit.: M. Ottoson: ThWAT I, 1973, 421–436; G. v. Rad: Theologie des Alten Testaments I u. II, 1960; H. Sasse: ThWNT III, 1938, 867-898.

b) systematisch-theologisch

Die W. als Gottes Schöpfung zu verstehen, bewahrt vor W.vergötzung einerseits wie vor Mißbrauch andererseits. Allein dem Schöpfer gebührt die Ehre. Alles Geschaffene ist von ihm zu unterscheiden und hat keine Verehrungsqualität. Christl. Glaube erkennt zwar in der Schöpfung Gottes Handeln, unterscheidet sich aber gerade darin von vielen Naturreligionen, daß er nur den von seinen Werken zu unterscheidenden Gott anbetet. Die Bibel kennt keine heiligen Tiere, Steine oder Pflanzen. In der christl. Tradition führte dies zu einem freien Umgang mit den Dingen der Natur. Wissenschaft und Forschung konnten sich entfalten, die Beherrschung der Natur durch den Menschen wurde möglich. Zugleich hat die Geschichte der Menschheit gezeigt, daß Wissenschaft und Technik ihr Ziel verfehlen, sobald sie die Natur vergewaltigen. Jede durch menschliche Eingriffe ausgerottete Tier- und Pflanzenart ist Zeichen menschlicher Sünde und Ungehorsam gegen den Auftrag, die Erde zu bewahren (1Mo 2,15). Indem die Bibel den Schöpfer vom Geschaffenen unterscheidet, schützt sie den Menschen vor einer Naturverfallenheit und die Schöpfung vor dem Allmachtswahn des Menschen.

Die W. als Gottes Schöpfung zu verstehen, verhilft zu einer prinzipiellen Bejahung des »Weltlichen« und zum verantwortungsvollen Engagement des Menschen in ihr. In Anlehnung an Stellen wie Röm 13,1-7 wies Luther darauf hin, daß Regierung, Rechtssprechung und staatliche Gewaltausübung »ganz nütze und nötig sind für alle Welt« und zur Regierung Gottes im Bereich zur Linken gehören (→Zwei-Reiche-Lehre). Eine »asketische Weltverachtung« (Schlink) vergißt den Schöpfungsgedanken und räumt einem zwar richtigen, aber nicht allein gültigen Motiv die Alleinherrschaft ein. Deshalb kann sich die in manchen christl. Kreisen zu beobachtende Politikverachtung und W.flucht nicht auf das Gesamtzeugnis der Schrift berufen.

Die W. als unter dem Satan stehend zu begreifen, verhindert andererseits aber auch eine naive Verharmlosung der sie durchziehenden Gewalten und Strukturen. Insofern ist die W. nicht »neutral« und keineswegs alles naturhaft Vorhandende gottgewollt. Eine Ethik, die das sog. »Natürliche« als Maß nimmt, verkennt den Sündenfall und die seither den Menschen zutiefst prägende Gewalt. Die bibl. W.sicht befreit den Menschen zur Nüchternheit, indem sie ihm die Augen für den »Fürsten dieser Welt« öffnet und zum Kampf gegen ihn wappnet (Eph 6,10-17).

Dieser Kampf besteht freilich nicht in Rückzugsgefechten, die nur auf Verteidigung des Vorhandenen abzielen. Christus ist in die W. gekommen, um sie zu retten. Wie er sollen auch seine Nachfolger »Licht der Welt« sein. Deshalb ist sie der Ort, an dem sich Glaube, Liebe und Hoffnung realisieren und bewähren. In der W. baut Gott seine Kirche: und ihr wiederum hat er befohlen, in »alle Welt« zu gehen und sein Evangelium zu verkündigen. Weil die W. Sendungsort Christi ist, ist sie auch Wirkungsort seiner Christenheit. Indem die Kirche die Gegnerschaft des Satans ernst nimmt, bleibt sie Fremdkörper und hat die Warnungen vor einer Gleichförmigkeit (Röm 12,2) zu hören. Indem sie die Liebe Gottes zur W. wahrnimmt, wird sie zum Licht und hat sich davor zu hüten, es unter den Scheffel zu stellen.

Die W. als äonenhaft begrenzt zu erkennen, um ihr Gericht, Ende und die Neuschöpfung zu wissen, führt schließlich zu einer realistischen Bewertung ihrer Strukturen und Möglichkeiten. Das Reich Gottes ist nicht »von dieser Welt« (Joh 18,36), und der Mensch wird es auf ihr nicht zur Vollendung bringen. Gott wird einen neuen Himmel und eine neue Erde schaffen.

W.veränderung zum Guten hin wird deshalb immer nur zeichen- und bruchstückhaft möglich sein. Das letzte Buch der Bibel ist eine kräftige Erinnerung an das Sich-Aufbäumen weltl. Mächte am Ende der Zeit. Das macht polit. Gestaltungswillen wie auch missionarisches Bemühen nüchtern und verhindert unbibl. Schwärmerei.

Lit.: K. Heim: Jesus der Weltvollender, 1937; E. Schlink: Ökumenische Dogmatik, Kap. VIII, 1983.

W. Weiland

Weltbild

1. Das AT kennt den Begriff des Weltbildes (Wb.) nicht, denn statt von Welt redet es von Himmel und Erde, um das Ganze der Schöpfung zu bezeichnen (z.B. 1Mo 1,1), und gegenüber Bildern oder Anschauungen ist es mehr als kritisch eingestellt (z.B. 2Mo 20,4). Wenn man annimmt, daß das AT die Sache des Wb.s kennt, auch wenn es den Begriff selbst nicht verwendet, so interpretiert man seine Aussagen aufgrund von Voraussetzungen, die dem AT selbst fremd sind. Das kann bereits an dem hebr. Wort abgelesen werden, das im heutigen Hebräisch für Welt steht: *'olam.* Dieses Wort bezeichnet in der Bibel nicht das Ganze der Welt, sondern die Gesamtheit der Menschen bzw. der Ereignisse in einem Zeitabschnitt, und kommt damit der Bedeutung der althochdeutschen Wurzel unseres Wortes »Welt« sehr nahe. Diese Sicht erlaubt es aber, Welt im Ausgang von Schöpfung verstehen zu können. Denn die Schöpfungsereignisse sind dann nichts anderes als die Ereignisse, welche die Welt als primordialen Zeitraum konstituiert haben.

2. Die Suche nach Weltbildern hat seine Wurzeln in der griech. Naturphilosophie. Diese suchte nach dem Einen, mit dessen Hilfe das All vorgestellt werden kann, und schuf so den Begriff des Kosmos (lat. *universum*, dt. Weltall). Außerdem lag ihr viel am Sehen, das sie so internalisierte, daß das geistige Bild zur wahren Realität werden konnte (→Platon). Das erste Wb., das den ganzen abendländischen Zivilisationskreis erobert hat, ist dasjenige des Aristoteles und des Ptolemäus. In ihm ist das Weltall ewig, kugelförmig und endlich, mit der Erde im Zentrum, umgeben von den himmlischen Sphären, welche die beweglichen Gestirne (Mond, Sonne, fünf Planeten und Fixsterne) enthalten.

3. Das NT hat infolge seiner griech. Verfaßtheit den Begriff des Kosmos übernommen, geht aber auf

das aristotelische Wb. nicht ein. Statt dessen ist dort der griech. Begriff des Kosmos vom atl. Schöpfungsglauben her umgedeutet worden. Im NT bedeutet Kosmos daher (a) die Gesamtheit der von Gott geschaffenen Welt (im Anschluß an den atl. Schöpfungsglauben: z. B. Apg 17,24); (b) der Schöpfungsbereich, in dem sich menschliches Leben abspielt (im Anschluß an den atl. Begriff der Erde: z. B. Mk 8,36; Joh 1,9 und 1Kor 5,10); oder (c) kurz die Menschheit, bzw. die Welt des Menschen (im Anschluß an den atl. Begriff *'olam:* z. B. Joh 3,16 oder 2Kor 5,19).

4. Obwohl das aristotelisch-ptolemäische Wb. im NT keine erkennbare Rolle spielt, so hat sich die christl. Theologie bald mit diesem antiken Wb. angefreundet. Die Probleme mit der in diesem Wb. behaupteten Ewigkeit und damit Ungeschaffenheit der Welt hat sie in unterschiedlichen Versuchen wegzuerklären versucht (vgl. bes. →Thomas von Aquin). Die Identifikation der Kirche mit diesem außerbibl. begründeten Wb. war zu Beginn der Neuzeit so stark, daß die Kirche anfangs allen Versuchen, dieses Wb. zu hinterfragen, massiv entgegentrat. Ihre Anstrengungen waren jedoch vergeblich, denn die genauen Beobachtungen und kühnen Überlegungen des N. →Kopernikus, T. Brahe, J. →Kepler und I. →Newton haben sich mit der Zeit durchgesetzt: das Universum blieb ewig (wie bei →Aristoteles), aber es war jetzt unendlich, und weder Erde noch Sonne konnten weiterhin als sein Mittelpunkt aufgefaßt werden.

Dieses klassische Wb. der Neuzeit hat die Grundlagen des Philosophierens und damit auch des Theologisierens nachhaltig beeinflußt. Beispielsweise hat I. →Kant im Ausgang vom Newtonschen Wb. die Erkenntnisfähigkeit des Menschen so stark eingegrenzt, daß die Erkennbarkeit sowohl des Ganzen der Welt als auch der Absolutheit Gottes nicht mehr sichergestellt werden konnten. Und ein Theologe wie R. →Bultmann hat aufgrund des Zusammenbruchs der antik-mittelalterlichen Weltvorstellung und dessen Einfluß auf die Philosophie gefordert, daß die mit diesem Wb. aufs engste verbundenen angeblichen »mythischen« Vorstellungen von Gottes Wirken in der Welt auch bei der Interpretation bibl. Sachverhalte kritisiert werden müßten.

5. Die Behauptung der langsamen Evolution der biologischen Arten hat an dem klassischen Wb. der Neuzeit nichts Wesentliches verändert. Erst die Aufstellung der Relativitätstheorie durch A. Einstein (1915) und die Entdeckung der systematischen Fluchtbewegung der Galaxien außerhalb der Milchstraße durch E. Hubble (1929) hat die naturwissenschaftl. Sicht der Welt wieder in Bewegung gebracht. Heute geht man davon aus, daß die wissenschaftl. erfaßbare Geschichte des Universums endlich ist (das Universum entstand in einem Urknall vor ca. 15 bis 20 Milliarden Jahren) und daß das Weltall zwar unbegrenzt aber geschlossen sein könnte. Neueste Bemühungen von J. B. Hartle und St. Hawking, diese universalen Grenzen der gegenwärtigen Naturwissenschaft zu durchbrechen, sind noch nicht zu einem Abschluß gekommen.

Aufgrund dieser jüngeren Entwicklung des naturwissenschaftl. Wb.s ist eine bis heute anhaltende interdisziplinäre Diskussion entfacht worden, welche die Bedeutung dieser neuesten Sicht der Welt für die theol. Interpretation des bibl. Schöpfungszeugnisses herauszuarbeiten sucht. Einer der Pioniere dieser Arbeit war K. Heim. In seinem 1904 erschienenen Buch »Das Weltbild der Zukunft« und in seiner späten Schrift »Die Wandlung im naturwissenschaftlichen Weltbild« hat er wichtige Fragestellungen herausgearbeitet, welche Konsequenzen aus dem modernen naturwissenschaftl. Wb. sich für die christl. Theologie ergeben. Heute werden solche Fragen zunehmend auf internationalen Kongressen thematisiert (vgl. z. B. die Literaturangabe: Russell).

Lit.: H. Blumenberg: Die Genesis der kopernikanischen Welt, Bd. 1-3, ²1989; R. Bultmann: Neues Testament und Mythologie. Das Problem der Entmythologisierung der neutestamentlichen Verkündigung, 1941, ND 1988; W. L. Craig: Die Existenz Gottes und der Ursprung des Universums, 1989; H. Gese: »Die Frage des Weltbildes«, in: ders.: Zur biblischen Theologie. Alttestamentliche Vorträge, 1977, 202ff; St. Hawking: Eine kurze Geschichte der Zeit. Die Suche nach der Urkraft des Universums, (Übers. H. Kober, 1988); K. Heim: Das Weltbild der Zukunft. Eine Auseinandersetzung zwischen Philosophie, Naturwissenschaft und Theologie, ND, 1980; ders.: Die Wandlung im naturwissenschaftlichen Weltbild. Die moderne Naturwissenschaft vor der Gottesfrage, ND, 1975; R. J. Russell: »Finite Creation without a Beginning. The Doctrine of Creation in Relation to Big Bang und Quantum Cosmologies«, in: ders., et al. (Hg.): Quantum Cosmology and the Laws of Nature. Scientific Perspectives on Divine Action, 1993, 293ff.

Chr. Wassermann

Weltbund für freies Christentum und religiöse Freiheit

Sein heutiger Name lautet (seit 1969): »Weltbund für religiöse Freiheit« bzw. »International Association for Religious Freedom« – eine Organisation des religiösen Liberalismus mit Mitgliedern aus Christen, Juden, Muslimen, Freireligiösen, Hinduisten, Buddhisten und Shintoisten. Sie erstreben Gewissensfreiheit, weltweite Humanität, Erneuerung religiösen Lebens. Der moderne Mensch dürfe Religion nicht in die »Hinterwelt« seines Bewußtseins verbannen, für Lebensbewältigung und Lebenstiefe sei sie unerläßlich. Religiöse Symbole allerdings seien relativ – Glaubensüberzeugungen erwüchsen aus innerer Betroffenheit, sie müßten immer wieder hinterfragt werden. Erwachsen aus einem unitarischen Zusammenschluß, dem »International Council of Unitarian and other liberal Workers and Thinkers« (1900), ist der Weltbund noch heute von unitarischen Kirchen der angelsächsischen Länder und Osteuropas dominiert. In Deutschland gehört ihm aber u.a. auch der →»Bund für Freies Christentum« an, ein 1948 gegründeter Verband liberalprotestantischer Gruppen und Persönlichkeiten, die innerhalb der ev. Landeskirchen ein undogmatisch-weltoffenes Christentum vertreten. Die Angliederung des Weltbundes an den Weltkirchenrat verbietet sich – gegen die ÖRK-Basisformel sperrt sich der religiöse Relativismus.

Lit.: Religion ohne Kirche. Die Bewegung der Freireligiösen. Ein Handbuch, hg. v. F. Heyer unter Mitarbeit von V. Pitzer, [2]1979, 195–233.

R. Boeckler

Weltgebetstag →Frauenarbeit

Weltgemeinschaften

W. (Säkularinstitute) sind in der kath. Kirche Gemeinschaften von Gläubigen, die sich auf die sog. drei Ev. →Räte (Ehelosigkeit, Armut, Gehorsam) verpflichten. Die damit ausgedrückte Übergabe an Gott, wird jedoch nicht in den traditionellen Formen des Ordenslebens gelebt, sondern »in der Welt«, d.h. unter den äußeren Bedingungen eines zivilen Lebens (CIC 710–730). Mit dieser Bestimmung sind die W. dem Ordensleben zugeordnet, andererseits von den bisherigen Verwirklichungen des Ordenslebens als eigene Gruppierung abgesetzt. Die Anfänge dieser Gemeinschaften liegen in der Zeit um 1800 mit der Auflösung der Orden und Klöster und dem teilweisen Verbot des Ordenslebens. Hier lag es nahe, mit dem Verzicht auf alle Äußerlichkeit, unter weltlichen Bedingungen wie Ordensfrauen und -männer zu leben. Auch nach dem Wegfall äußerer Beschränkungen wurden die W. als neue Möglichkeit der Nachfolge Jesu erkannt und geschätzt. In einer mehr und mehr säkularisierten Welt erschien diese Form zeugnishafter Christusnachfolge glaubhafter und überzeugender. Nach langer kirchenamtlicher Zurückhaltung setzte unter Papst Pius XII. 1947 die Anerkennung und Förderung der W. ein, die mit den rechtlichen Bestimmungen des neuen kirchl. Gesetzbuches (CIC 1983) vorläufig abgeschlossen sind. Danach gibt es klerikale Gemeinschaften sowie laikale für Frauen oder Männer. Sie sind diözesanrechtlich oder päpstlich anerkannt.

Zu den päpstlich anerkannten Gemeinschaften zählen in Deutschland: Schönstattpriester, Schönstätter Marienschwestern, Frauen von Schönstatt, Ancillae S. Ecclesiae (München), Institut St. Bonifatius (Detmold).

Die Gesamtzahl der kirchl. anerkannten Institute mit etwa 50.000 Mitgliedern liegt bei ca. 140. Allen gemeinsam ist die bewußte Verwirklichung des klassischen Ordensideals in der betonten Welthaftigkeit. Die konkrete Lebensform ist unterschiedlich. Meist leben Frauen und Männer für sich allein oder in kleineren Wohngemeinschaften und gehen ihren Berufen nach. Bevorzugte Tätigkeiten liegen im pastoralen und sozial-karitativen Bereich. Ein zeitweiliges, befristetes gemeinsames Leben dient der einführenden Erprobung, auch der geistl. Erneuerung und Besinnung. Die tragende Spiritualität ist gewöhnlich von der Gründerpersönlichkeit bestimmt und orientiert sich an den großen spirituellen Traditionen: Die Gestalt Christi, Sendung der Kirche, marianisch, benediktinisch, franziskanisch, ignatianisch usw., die mit dem Anliegen der »geweihten Welthaftigkeit« verbunden werden.

Lit.: J. Beyer: Die kirchlichen Urkunden für die Weltgemeinschaften, 1963; G. Pollak: Der Aufbruch der Säkularinstitute und ihr theologischer Ort, 1986 (Lit.!); H. A. Timmermann: Die Weltgemeinschaften im deutschen Sprachraum, 1963.

K. S. Frank

Weltgericht →Gericht Gottes

Weltkirchenkonferenz →Ökumenische Bewegung

Weltkirchenrat →Ökumenische Bewegung

Weltmissionskonferenzen

Den W. kommt eine überragende Bedeutung für die christl. Mission insgesamt und für die →ökumenische Bewegung zu. Die konfessionell getrennten Kirchen und Missionen des Westens arbeiteten in den Ländern Afrikas und Asiens in enger räumlicher Nachbarschaft und sahen sich so gemeinsam vor die gleichen Probleme gestellt. Man empfand die Gespaltenheit der Christenheit angesichts einer nicht-christl. Umwelt zunehmend als Behinderung des empfangenen gemeinsamen Missionsauftrags. Das veranlaßte von 1855 an verschiedene prot. Missionsgesellschaften, zu regionalen Missionskonferenzen internationaler und interkonfessioneller Art zusammenzukommen (Indien, China, Japan, Südafrika, Mexiko). Dem entsprachen ebensolche regionale Missionskonferenzen in den »Heimatländern« Nordamerikas und Europas. Die röm.-kath. Kirche nahm an dieser Form der Zusammenarbeit in keinem Fall teil.

Die genannten Konferenzen gelten als Vorläufer der ersten (und einzigen direkt so genannten) Weltmissionskonferenz von Edinburgh 1910. Die Zusammenarbeit wurde als so fruchtbar empfunden, daß sich noch in Edinburgh ein Fortsetzungsausschuß für die Bildung eines internationalen Rates für mission. Zusammenarbeit bildete, aus dem 1921 der Internationale Missionsrat (IMR) hervorging. Dieser Rat, in dem sich regionale Missionsräte und konfessionell bestimmte Missionsgesellschaften zusammenschlossen, war ein entscheidender Quellstrom für den 1948 gegründeten Ökumenischen Rat der Kirchen (ÖRK). Die in Abständen von 7-10 Jahren abgehaltenen Versammlungen des IMR werden als Weltmissionskonferenz weitergezählt. Auch nach der Verschmelzung des IMR mit dem ÖRK (1961) hält die damals neu geschaffene Abteilung für Weltmission und Evangelisation weiterhin ihre eigenen Weltversammlungen ab, die ebenso als Weltmissionskonferenz gezählt werden. Die Weltmissionskonferenz haben auch organisatorisch den Weg für die späteren ökumenischen Konferenzen gewiesen. Als Grundsätze gelten: proportionale und offizielle Repräsentation, Vertretung aller (prot.) Konfessionen und Eindeutigkeit hinsichtlich der wesentlichen Glaubensgrundsätze, ohne jedoch auf vorher festgelegte theol. Übereinstimmung zu dringen.

Die in verhältnismäßig langen Abständen zusammentretenden Weltmissionskonferenz spiegeln in ihrer jeweiligen Thematik die sich verändernden Situationen wider, in denen Mission geschieht und die jeweils neue, in Weltperspektive überlegte Schritte erforderlich machen. Insofern sind die Hauptverhandlungsgegenstände auch heute noch als Meilensteine auf dem Weg der Weltmission von Interesse.

Die 1. Weltmissionskonferenz von Edinburgh (1910) hatte eine Gesamtbestandsaufnahme der geschehenen Missionsarbeit zum Ziel. Man fühlte sich auf dem Höhepunkt der christl. Mission. Noch dachte und plante man in unangefochtenem Bewußtsein der Einheit von europäischer Zivilisation und Evangelium im Siegeslauf über die ganze Welt.

Auf der 2. Weltmissionskonferenz in Jerusalem (1928) hatte die Christenheit einen tiefen Umdenkungsprozeß hinter sich. Westliche Zivilisation konnte nicht länger mit dem christl. Glauben identifiziert werden. Die Konferenz war sich des Wiedererwachens der nichtchristl. Religionen sowie der wachsenden Säkularisierung bewußt. Man fragte nach den Werten in den anderen Religionen. Was kann christlicherseits positiv aufgenommen werden? Gibt es eine gemeinsame Front aller Glaubenden gegenüber Atheismus und Säkularismus? Nicht die damals gegebenen Antworten haben überdauert, wohl aber die Dringlichkeit der erkannten Fragen.

Die 3. Weltmissionskonferenz von Tambaram/Madras (1938) war geprägt von der Wiederentdeckung der Kirche als Trägerin der christl. Botschaft in alle Welt. Mit der wachsenden Unabhängigkeit sog. Junger Kirchen war diese ekklesiologische Konzentration ein bedeutender Schritt vorwärts auf eine wahrhaft ökumenische Weltmission.

Die 4. Weltmissionskonferenz von Whitby/Kanada (1947) versuchte einen Überblick zu gewinnen, was an Missionsarbeit nach den Zerstörungen des Zweiten Weltkriegs übriggeblieben war. Unter dem Eindruck der weltweiten nationalen Katastrophen ging man entschlossen auf die Übernationalität der Mission zu. Die damals geprägte Formel »Partnerschaft in Gehorsam« hat seitdem nichts an Bedeutung verloren.

Die 5. Weltmissionskonferenz in Willingen/Deutschland (1952) war in besonderem Maße theol. bestimmt. Mission wurde sowohl trinitarisch (die Mission des dreieinigen Gottes) wie eschatologisch (im Blick auf das Ende, jetzt aber unter dem Kreuz) begründet. Im Jahr zuvor waren die letzten Missionare aus China ausgewiesen worden. Alle Missionen hatten »ihr Kreuz« erfahren.

Die 6. Weltmissionskonferenz in Achimota/Ghana (1957/58) stand ganz im Zeichen der bevorstehenden Integration des IMR in den ÖRK, die 1961 endgültig vollzogen wurde. Die theol. Erkenntnisse von Madras (1938) und Willingen (1952) standen dabei maßgeblich im Hintergrund.

Die Wahl des Konferenzorts der 7. Weltmissionskonferenz in Mexiko City (1963) macht deutlich, daß man sich der weltweiten Dimension der Mission bewußt geworden war. Das Konferenzwort von der »Mission in sechs Kontinenten« akzentuiert, daß Mission nicht mehr vom Westen nach den Ländern des Ostens und Südens erfolgt, sondern gleichermaßen auch in den »alten« Kirchengebieten Europas und Nordamerikas nötig ist. Die Mission Gottes ist eine auf der ganzen Welt.

Das Spannungsgefälle zwischen den selbstbewußten neuen Nationen und den durch die Kolonialgeschichte belasteten westl. Ländern entlud sich auf der 8. Weltmissionskonferenz in Bangkok (1972/73). Hier ging es um die noch immer nicht genügend verwirklichte gleichberechtigte Partnerschaft zwischen den (alten) Missionen und den (neueren) Kirchen, um deren eigene kulturelle Identität und um das »Heil der Welt heute« in den jeweiligen sozio-kulturellen Kontexten. Der Vorschlag eines »Moratoriums« (zeitlich befristete Aussetzung der Sendung von Missionaren) wie die geforderte Beteiligung am Kampf für soziale Gerechtigkeit leisteten der Polarisierung von evangelikalen und progressiven Kräften auch im Bereich der Mission weiteren Vorschub.

Die 9. Weltmissionskonferenz in Melbourne (1980) sah sich von der Situation zunehmender Gewalt, Unterdrückung und der möglich gewordenen Selbstvernichtung alles Lebens auf Erden herausgefordert. Das Thema »Dein Reich komme« wollte eschatologische Hoffnung auf das Gottesreich wecken. Die Armen der Erde standen im Brennpunkt der missionarischen Überlegungen, da ihnen bes. die Gute Nachricht gelte, ja sie selbst Träger dieser Nachricht seien.

Die 10. Weltmissionskonferenz in San Antonio/ Mexiko (1989) möchte als missions-praktische Versammlung, als »Ruf zum Gehorsam der Tat«, zur »Mission in der Nachfolge Jesu« verstanden werden. Dementsprechend bekam der Ur-Auftrag der Gemeinde wieder Gewicht, Zeugnis von Christus abzulegen gegenüber den Milliarden von Menschen, die noch nichts von ihm gehört haben. Bewußt suchte eine Reihe von Teilnehmern den Kontakt zu den evangelikalen Gruppen in der Weltmission. Insofern war diese Konferenz eher ein Gegengewicht zu früheren. Sie könnte ein Zeichen der Hoffnung sein für die gemeinsame, ökumenisch und evangelikal geprägte Weltmission.

Lit.: Weltmissionskonferenz Freytag: »Weltmissionskonferenzen«, in: WKL, 1592–1600; H.-W. Gensichen: »Missionskonferenzen«, in: Ökumene Lexikon, 820-825; W. Günther: Von Edinburgh nach Mexico City, 1970; Aktualisierte Überblicke zu den neueren Weltmissionskonferenz jeweils in IRM und JEM (seit 1986 Jahrbuch Mission).

H. Wagner

Weltreligionen

→Buddhismus; →Hinduismus; →Islam; →Konfuzius; →Laotse

Weltverantwortung, christliche

Der Kern jeder christl. Verantwortung ist die Verantwortung vor Gott, und alle Verantwortungen für Menschen oder Sachen ergeben sich aus dieser Grundverantwortung. Aus den bibl. Grundaussagen und aus den Anforderungen der Zeitsituation ergeben sich vier vordringliche Schwerpunkte:

1. Die Verantwortung für die →Mission

Diese Verantwortung ist im NT so gut bezeugt (z.B. 1Tim 2,4) und auch in der Geschichte der Kirche nie grundsätzlich bestritten worden, so daß wir uns hier mit einer kurzen Erwähnung begnügen können. Wichtig für die missionarische W. ist es allerdings, daß wir wissen, daß wir der Verantwortung erst dann genügen, wenn wir in die Welt hinein verkündigt haben, d.h. so, daß es jeder, der unsere Botschaft verstehen will, auch verstehen kann. So ist die Kenntnis der Zeitsituation und des Lebensgefühls des heutigen Menschen und ein Eingehen auf die dringlichen Fragen der Gegenwart eine Voraussetzung, um wirklich verantwortlich verkündigen zu können. Unsere →Evangelisation gleicht dabei allerdings einer schwierigen Gratwanderung: Auf der einen Seite begeben wir uns ganz in die Welt, gebrauchen die Sprache des modernen Menschen und tauchen in sein Lebensgefühl ein; denn schließlich sind wir selbst Zeitgenossen und können auch nur so verstanden werden. Auf der anderen Seite darf die zeitgemäße Evangelisation nicht durch einen Substanzverlust beim Inhalt der Botschaft und bei ihrer Eindeutigkeit erkauft werden, denn nur dann kann sie zur Rettung des verlorenen Menschen führen. So verläuft die Gratwanderung einer weltzugewandten Mission zwischen den beiden »Abstürzen« der Gettoisierung in einem innerkirchl. Lebensraum und der Anpassung an das Denken und die entchristlichte Religiosität unserer Zeit.

2. Die Verantwortung für die Bewahrung der Schöpfung (→Umweltethik)

Lange Zeit hat ein Mißverständnis von 1Mo 1,28 über die Aufgabe des Menschen, sich die Erde »untertan zu machen« und über sie zu »herrschen« die Ausbeutung der Erde gefördert, die schließlich zur heutigen Überlebenskrise der Menschheit geführt hat. Der Ehrentitel »Herr«, der ja auch für Gott selbst gebraucht wird, gebührte nur den Menschen, bei denen sich die Verantwortung für die ihnen anvertrauten Geschöpfe und Dinge als Segensträgerschaft erwies: Das waren die Herren, deren Handeln in Übereinstimmung mit der Herrschaft Gottes stand, und so sollte der Mensch immer schon und soll er auch heute mit der Erde und ihren Geschöpfen umgehen. Deshalb sagt die Bibel: »Alles Land gehört Gott« (Ps 24,1) und erklärt jeden Besitz an der Erde und ihren Gütern zum Lehen (3Mo 25,23). So bleibt trotz des Verlustes des Paradieses die Grundaufgabe des Menschen gleich: Er soll das Land »bebauen und bewahren« (1Mo 2,15).

Angesichts der heutigen Situation einer technisierten und auf kurzfristige Ausbeutung der Ressourcen der Erde aufgebauten Wirtschaft kommt der grundlegenden Aussage, daß jeder Besitz an der Erde und ihren Gütern nur ein von Gott gegebenes Lehen ist, besondere Bedeutung zu. Es kann nicht Gottes Wille sein, daß wir wegen eines luxuriösen Lebensstandards der Schöpfung Gottes bleibenden Schaden zufügen und den nachfolgenden Generationen ihre Lebensgrundlagen entziehen. Während sich weite Teile der Kirchen den säkularen Begründungen zum Umweltschutz anschließen, die natürlich in sich durchaus vernünftig sind, fehlt noch weitgehend das Bewußtsein, daß Menschen, die Gott lieben, deshalb auch seine Schöpfung lieben und daß ein »Umbau« der Natur aus menschlicher Macht und Gewinnsucht heraus Sünde ist.

3. Die Verantwortung für →Gerechtigkeit und →Frieden

Prophetische Texte wie Mi 4,1-5 und ntl. die Bergpredigt (Mt 5-7) bezeugen, daß Gerechtigkeit das Grundmuster für die Sicht Gottes vom Leben des Menschen ist, nicht nur im engeren Bereich der Nachfolge Christi, sondern als Zielvorstellung für das umfassende Leben der Gesellschaft. Gerechtigkeit führt zum Frieden, zum »Schalom« Gottes, bei dem der Mensch alles hat, was er braucht, und niemand dem anderen etwas wegnimmt, weil alle ihre Grundbedürfnisse decken können (Mi 4,4). Jesus spricht mehr auf der persönlich-sozialen Ebene und von deren Einfluß auf Gerechtigkeit und Frieden, etwa in der »Goldenen Regel«: »Alles nun, was ihr wollt, daß euch die Menschen tun sollen, das tut ihr ihnen auch!« (Mt 7,12) Vor allem das NT betont außerdem, daß Gerechtigkeit und Frieden den großen Rahmen der gemeinsamen Verantwortung des Volkes oder der Menschheit (Mi 4,2) brauchen, um für den einzelnen und sein Leben wirksam zu werden.

Christl. W. besteht im Bereich von Gerechtigkeit und Frieden zunächst darin, daß wir das Wesen der Gerechtigkeit als Ableitung von der Gerechtigkeit Gottes verstehen lernen und nicht nur als sozialen Ausgleich auf der menschlichen Ebene. Gerade die aktuelle Schere zwischen dem Einsatz für die Menschenrechte auf der einen Seite und der Ausweitung der Menschenrechtsverletzungen im größeren Maßstab auf der anderen Seite zeigt, daß es ohne die Rechtfertigung des Sünders keine Gerechtigkeit zwischen Menschen, ethnischen Gruppen und Völkern gibt. Und der Friede als Zustand des Glücks im Sinne des Schalom ist erst recht ein Geschenk Gottes. Auf der anderen Seite fallen uns diese Geschenke nicht in den Schoß, wenn wir nichts für Gerechtigkeit und Frieden tun, sowohl im Miteinander von Mensch zu Mensch wie in den polit. Entscheidungen der einzelnen Staaten und dem Fortgang der Weltpolitik. In diesem Sinne ist die Friedens- und Dritte-Welt-Bewegung unserer Zeit nicht nur ein Zeichen für die aktuelle Situation auf dem Planeten Erde, sondern eine konkrete Anfrage an die Christen, wo sie sich aus ihrer Glaubensverantwortung heraus öffentlich für die Realisierung von Gottes Gerechtigkeit und seinem Frieden auf dieser Erde einzusetzen haben.

4. Hoffnung gewinnen

Entgegen der Hoffnungslosigkeit für die Welt, die in unserer Gesellschaft überhandnimmt, sind wir als Christen aufgerufen, aus der lebendigen Hoffnung heraus, die Jesus uns gibt, zu leben. Aus dieser Gewißheit heraus kann es zu konkreten Schritten der Hoffnung kommen (zitiert nach dem Grundlagenpapier der Initiative »Hoffnung gewinnen«):

»Hoffnung ist eine Zuversicht auf Entwicklungen, deren Ausgang man noch nicht kennt. Sie ist uns möglich, weil wir trotz aller Katastrophen auf dem Planeten Erde an der Gewißheit festhalten, daß Gott barmherzig ist und seine Schöpfung nicht aus der Hand gibt, bis Christus einmal für alle sichtbar wiederkommt. Deshalb lassen wir nicht davon ab, Schritte

- zur Versöhnung des Menschen mit der Natur,
- zur Gesundung der alltäglichen Lebensbedingungen,
- zu einer lebensfördernden Arbeits- und Wirtschaftsordnung,

- zur Gerechtigkeit zwischen den reichen und armen Ländern,
- zum Frieden zwischen den Völkern und ethnischen Gruppen und
- zur Versöhnung des Menschen mit Gott zu gehen.«

Lit.: K. Bockmühl (Hg.): Verkündigung und soziale Verantwortung. Eine evangelische Verpflichtung, 1983; R. Foster: Leben mit leichtem Gepäck, 1985; S. Großmann: Hoffnung gewinnen. Glauben und Leben in der Jahrtausendkrise, ^{2}1987; H. Jonas: Das Prinzip Verantwortung, ^{8}1988; Kirchenamt der EKD (Hg.): Frieden in Gerechtigkeit für die ganze Schöpfung. Texte der Europäischen Ökumenischen Versammlung und des Forums »Gerechtigkeit, Frieden und Bewahrung der Schöpfung«, 1989; K. H. Michel: Zeichenhaft leben, 1980; C. Westermann: Schöpfung, erweiterte Studienausgabe 1983.

S. Großmann

Welz, Justinian Ernst Baron von (1621–1668)

W., geb. am 12. 12. 1621 in der Steiermark, war Vordenker und Pionier der prot. Weltmission. Mit sechs Jahren mußte er in der Gegenreformation mit seinen Eltern Österreich verlassen (Edikt Kaiser Ferdinands II. vom 1. 8. 1628). Die Familie fand Aufnahme in Chemnitz. 1630 starb der Vater Gotthard v. Welz. W. wuchs bei seinem Onkel Ferdinand v. W. in Ulm auf. Mit 17 Jahren Studium an der Universität Leiden zur Vorbereitung auf einen Dienst an Fürstenhöfen. 1641 erste Veröffentlichung »Tractatus de Tyrannide« (^{2}1643). Er untersucht hist. Hintergründe der Diktaturen und gibt Empfehlungen zu ihrer Überwindung. Erst nach 20 Jahren tritt er wieder publizistisch an die Öffentlichkeit. In dieser Zeit hat er eine Bekehrung zu Christus erlebt, die in den folgenden Jahren seine Frömmigkeit prägt. 1663/64 erschienen neun Veröffentlichungen (gedruckt in Ulm, Schaffhausen, Nürnberg und Amsterdam), in denen sein Wille zu radikaler Nachfolge und die Verantwortung für Weltmission beherrschend hervortreten. Seine bedeutendste Missionsschrift: »Christliche und treuherzige Vermahnung eine besondere Gesellschaft betreffend ... unsere evangelische Religion auszubreiten«. Er gibt eine ausführliche bibl. Begründung für Mission, entwirft einen Plan für eine Missionsgesellschaft und entwickelt eine Strategie für Weltmission. 1664 in der luth. Gemeinde in Zwolle (Niederlande) zum Missionar ordiniert. 1665 Ausreise nach Südamerika. Dort im Missionsdienst 1688 umgekommen.

Lit.: F. Laubach (Hg.): Justinian v. Welz, Sämtliche Schriften, 1989; J. A. Scherer: Justinian Welz, Essays by an Early Prophet of Mission, 1969.

F. Laubach

Wenden →Slaven, Christianisierung der

Werke (Opera) des Menschen

Die theol. Fragestellung nach den »Werken« des Menschen zielt weniger auf die inhaltliche Seite des »Was« des menschlichen Tuns als vielmehr auf ihre Relevanz für die Gerechtigkeit vor Gott, für ihr Mitwirken oder Nicht-Mitwirken beim →Heil des Menschen. Insbes. die Reformation hat leidenschaftlich gegen eine Lehre und eine ihr entsprechende Frömmigkeit gestritten, die offen oder verdeckt die »guten« Werke als eine vom Menschen erbringbare Leistung ansah, die zum Erlangen des Heils beiträgt. In der luth. Frühorthodoxie konnte darum sogar von der Schädlichkeit der guten Werke für die Seligkeit die Rede sein. Der Grund dafür liegt darin, daß der Heilsempfang ausschließlich im Glauben an den für uns gekreuzigten und für uns auferstandenen Jesus Christus möglich und wirklich ist. Alles andere wäre eine aktive Mitwirkung am Heil durch den Menschen, die Jesus Christus die Ehre nähme, der einzige und wahre Erlöser zu sein. Damit, daß die guten Werke beim Erwerb des Heils ausgeschlossen sind, ist ihre Bedeutung für das christl. Leben jedoch keineswegs aufgehoben. Denn wenn auch das NT eine Gerechtigkeit aus den Werken ablehnt, fordert es zugleich zu Werken auf und lehrt ein Gericht nach den Werken. Das ntl. Bildwort vom Baum und den guten Früchten, die er bringt, weist auf die doppelte Begründung der Werke als Indikativ und Imperativ der glaubenden Existenz hin (→Gesetz und Evangelium). Das Werk erst ist gut, das spontan aus dem Glauben und der Liebe fließt, Frucht erwächst aus dem Sich-Einlassen auf das Wirken des Heiligen Geistes. Glaube aber ist Geschenk, der Heilige Geist die unverfügbare dritte Person der Trinität. Daraus folgt, daß von einem guten Werk nur dann die Rede sein kann, wenn der Christ ohne alle Nebenabsichten, etwa von Verdienstlichkeit, im Gehorsam gegen Gottes Willen und Gebot, aus Liebe zu Gott und zum Mitmenschen, aus der Freude, Gott dienen zu können und zu dürfen, handelt. Das bedeutet, daß kein Werk, unabhängig vom Glauben getan, gut ist; und zugleich, daß nicht die Summe ihrer Werke die christl. Persönlichkeit schafft, sondern die Werke von der durch Gottes Gnade geschaffenen christl.

Persönlichkeit ihre Qualität als gut bekommen. Letztendlich dienen die guten Werke, die Gottes Lob bekommen, einzig und allein dem Lobe Gottes, der Verherrlichung Gottes (Mt 5,16).

Hinzu kommt noch die vergewissernde und die missionarische Dimension der guten Werke. Das zeigt klassisch der Heidelberger Katechismus in seiner Antwort auf die Frage nach der Notwendigkeit der guten Werke (Frage 86): »Darum, daß Christus, nachdem er uns mit seinem Blut erkauft hat, uns durch seinen Heiligen Geist erneuert zu seinem Ebenbild, daß wir mit unserem ganzen Leben uns dankbar gegen Gott für seine Wohltaten erzeigen, und er durch uns gepriesen werde. Danach auch, daß wir bei uns selbst unsern Glauben aus seinen Früchten gewiß seien, und mit unserem gottseligen Wandel unsere Nächsten auch Christo gewinnen.«

Lit.: K. Barth: Kirchliche Dogmatik IV, 2, 660ff; H. Thielicke: Theologische Ethik I, [5]1981, 87ff.

U. Betz

Werke, Freie

Das Wort »Werk« hat in der Gemeinde Jesu Christi einen dreifachen Klang. Zum einen bedeutet »Werk«, daß ein Werk der Kirche gemeint ist, ein spezieller Arbeitsbereich im Gesamtgefüge der Kirche (»Männerwerk«, »Diakonisches Werk« usw).

Zum anderen gibt es viele Freie Werke, die sich als Werk in der Landeskirche verstehen. Sie haben überwiegend Vereinsform, unterliegen auch nicht der Rechts- oder Fachaufsicht durch die verfaßte Kirche, organisieren sich durchaus selbständig, wollen aber bewußt innerhalb der Kirche arbeiten (z.B. der CVJM). Ihre Gaben bringen sie so ein, daß sie für die Gesamtkirche auch fruchtbar gemacht werden können.

Schließlich gibt es Freie Werke, die ähnlich selbständig organisiert sind, die aber bewußt außerhalb oder neben den verfaßten Kirchen arbeiten. Konfrontation ist nicht unbedingt im Blick, wohl aber Distanz. Hierhin gehören zum Beispiel einige Freie missionarische Werke in unserem Lande, die sich der evangelikalen Strömung bewußt zurechnen.

1. Das Wesen des Freien Werkes

– »Werke«, jedenfalls die Freien Werke, werden nicht von oben gebaut, sondern sie wachsen von unten als Laienbewegung. Vielleicht darf man als Definition sagen, daß das Freie Werk die Organisationsform einer Bewegung ist.

– Ein Freies Werk wird nicht alle Bereiche der Kirche erfassen wollen oder können. Ein Freies Werk ist aus einem ganz bestimmten Anlaß heraus entstanden – im nachhinein gesehen vielleicht aus einem durchaus einseitigen, aber profilierten Anlaß. Ein bestimmter Beweggrund, vom Geist Gottes veranlaßt und bestätigt, ließ die Bewegung entstehen und wachsen.

– Die Freien Werke wollen oft Defizite des kirchl. Lebens benennen und überwinden. Sie sind als solche ein Hinweis auf die Kirche, wie sie sein möchte, aber oft nicht ist. Sie bringen ihre Gaben ein, um in überschaubarer Weise vorzuleben, wie Gemeinschaft, Zeugnis und Dienst besser gelingen können. Sie entwickeln exemplarische Gemeinschaftsformen, sie erinnern die Kirche an die Aufgaben der persönl. Evangelisation, sie übernehmen pädagogische und diakonische Aufgaben, sie wollen zur missionarischen Durchdringung des Landes helfen.

2. Freies Werk und Kirche

Eine schwierige Aufgabenstellung besteht darin, zu beschreiben, in welcher Beziehung das Freie Werk zur Kirche insgesamt steht. Zugespitzter formuliert: Ist das Freie Werk Zubringer für die verfaßte Kirche, oder ist es mehr? Theologisch gesehen stellen sich hier die Fragen nach dem Wesen der Gemeinde. Emil →Brunner beschreibt das Freie Werk als Gemeinde im Sinn des NT: »Wenn wir vorurteilslos lesen, was das Neue Testament über die Ekklesia (Kirche) sagt, sehen wir, daß dieses Wort eine Wirklichkeit bezeichnet, welche dem freien Werk (hier: dem CVJM) mindestens ebenso ähnlich ist wie den heutigen sogenannten Kirchen.« Anders sehen es insbesondere die luth. Kirchentümer, von deren Kirchenverständnis her ein Nachdenken über Freie Werke unter ekklesiologischen Vorzeichen nur schlecht gelingt. Für diese Kirchen ist Kirche nur da, wo »das Wort rein verkündigt und die Sakramente rechtens gespendet werden« (Augsburger Bekenntnis von 1530, Artikel VII). Hier sind die Amtsträger im Blick, die in besonderer Weise zu diesem Dienst berufen sind. Die Sakramente werden neben der Verkündigung genannt, und hierbei dürfte insbesondere die Taufe eine zentrale Rolle spielen.Hier haben also Freie Werke Anhalt an der Kirche, sie sind aber nicht im Vollsinn Kirche. Sie stehen im Dienst der Kirche, sind aber nicht selber Kirche.

Es gibt also erhebliche Unterschiede in dieser Frage. Diese Unterschiede führen immer wieder zu allerlei Zerreißproben. Die Platzanweisung zwischen »Eigenständigkeit und Einordnung« (O. Riethmüller) steht zur Disposition. Hier kann es nur eine gewissermaßen elliptische Antwort geben, das heißt eine Antwort, die eben diese beiden Pole benennt. Das Freie Werk darf, ja muß seine Eigenständigkeit betonen und auch das Recht zur eigenen Entfaltung haben, durchaus auch auf dem Boden der jeweiligen Landeskirche. Eigenständigkeit schließt eigene Organisationsformen nicht aus, sondern ein. Zugleich aber weiß sich das Freie Werk eingeordnet in den Leib Christi, und damit auch in den größeren Zusammenhang »Kirche«, der auch in den verfaßten Kirchen zum Tragen kommt. Eigenständigkeit und Einordnung sind erforderlich in der Standortbestimmung der Freien Werke.

Probleme bleiben vorgezeichnet, und zwar von beiden Seiten aus. Das Freie Werk neigt schnell zur Verselbständigung; die verfaßte Kirche neigt zur Integration. Das Glied neigt dazu, nur sich selbst zu sehen; der größere Teil des Körpers übersieht leicht das Glied am Leibe. Das Wichtigste in diesem immer neuen Lernprozeß ist, daß Vertrauen entsteht und Verdächtigungen unterbleiben. Es ist falsch und unbarmherzig, wenn ein Freies Werk sagt, in der Kirche sei nichts mehr los! Es ist aber genauso falsch und unbarmherzig, wenn seitens der Ortsgemeinden Aktivitäten des Freien Werkes als Belastung empfunden werden. Miteinander sollten Kirche und Freies Werk ihren Dienst tun, angesichts der übergroßen Herausforderungen unserer Zeit im missionarischen und diakonischen Kontext. Dabei sollte sich das Freie Werk freuen, wenn die Kirche ihm den Rücken freihält für das spezielle Tun, das ihm eigen ist. Die Kirche, und das heißt oft: die Gemeinde vor Ort, sollte sich freuen, daß es Freie Werke gibt, die immer wieder Impulse gegeben haben und weiter geben werden, die dem Leben innerhalb der Kirche aufhelfen.

Lit.: E. Brunner: Die Ekklesia des Neuen Testaments und die CVJM, 1953; U. Parzany: Im Einsatz für Jesus. Programm und Praxis des Pfarrers Wilhelm Busch, 1973, 215–228; Ingrid Reimer u.a.: Evangelistisch-missionarische Werke und Einrichtungen im deutschsprachigen Raum. Eine Publikation der Evangelischen Zentralstelle für Weltanschauungsfragen – EZW, 1991.

H. Bärend

Werke, überpflichtgemäße

Der rel. Ansatz, sich durch überpflichtgemäße Werke *(opera supererogationis)* Verdienste bei Gott zu erwerben, die dieser gemäß seiner Gerechtigkeit belohnt, stammt aus dem Spätjudentum. Hier wird gelehrt, daß die guten Taten der Väter und Frommen einen weit höheren Wert besitzen, als sie zum Erweis der je eigenen Gerechtigkeit nötig waren. Die überschüssigen →Verdienste kommen ganz Israel zugute. Um des vorbildlichen Gesetzesgehorsams und vor allem des stellvertretenden Leidens und Sterbens der Gerechten willen handelt Gott gnädig mit seinem Volk. Der Jude gewinnt Anteil an den Verdiensten der Väter durch leibliche Abstammung und kann sich dessen trösten, daß neben seinen eigenen Taten die Werke der früheren Gerechten zu seinen Gunsten sprechen.

Die Verkündigung Jesu Christi kennt diesen Ansatz nicht. Zwar spricht er vom →Lohn der Nachfolge, nämlich von der Teilhabe an Gottes Reich und Herrschaft. Aber dieser Lohn ist nicht Anspruch, nicht Verdienst, der im Verhalten des Menschen begründet wäre (vgl. Lk 17,7ff; Mt 20,1ff). Die röm.-kath. Kirche (nicht die orth. Kirchen, auch nicht die Reformationskirchen) hat durch eine bestimmte Deutung der apostolischen Briefe eine christl. Verdienstlehre entwickelt. Sie geht von der Satisfaktion aus, die der Sünder Gott schuldet. Diese wird durch gute Werke geleistet, die einen unterschiedlichen Verdienstcharakter besitzen. Dabei wirken göttliche Gnade und menschlicher freier Wille zusammen, und zwar gleichermaßen (→Augustinus). Gott krönt seine eigenen Gaben, indem er die Verdienste der Frommen belohnt. Rein theoretisch könnte bei diesem Ansatz auch der gute Werke wirkende Ungläubige die Satisfaktion Gottes annähernd erreichen. Gelehrt wird dies jedoch nicht. Der Katechismus der kath. Kirche definiert: »Verdienst vor Gott gibt es für uns nur infolge des freien Ratschlusses Gottes, den Menschen am Wirken seiner Gnade zu beteiligen. Das Verdienst gebührt in erster Linie der Gnade Gottes, in zweiter Linie dem Mitwirken des Menschen. Das Verdienst des Menschen kommt somit Gott zu« (2025). Und dazu: »Niemand kann sich die erste Gnade verdienen, welche die Bekehrung bewirkt. Unter dem Antrieb des Heiligen Geistes können wir für uns und auch für andere die Gnaden verdienen, die uns zum ewigen Leben verhelfen, wie auch die notwendigen zeitlichen Güter« (2027).

Das Recht der Rede von überpflichtgemäßen W.n besteht darin, daß das Handeln des Christen nicht auf das von der →Pflicht geforderte Handeln reduziert werden kann, sondern daß die Liebe Gottes in eine unbeschränkte Dienstbereitschaft in der Freiheit des Geistes führt.

Lit.: K. Bockmühl: Gesetz und Geist, 1987, 219–313; Katechismus der Katholischen Kirche, 1993. *U. Betz*

Werner, Gustav (1809–1887)

W., geb. am 12. 3. 1809 in Zwiefalten, gest. am 2. 8. 1887 in Reutlingen, Begründer einer weitverzweigten diakonischen Arbeit in den Anstalten zum Bruderhaus in Reutlingen (Württemberg).

Während des Theologiestudiums in Tübingen beschäftigte er sich mit den Schriften →Swedenborgs. Von ihm übernahm er das Ideal einer neuen »johanneischen« Kirche der Liebe und eine ethische Ausrichtung der Rechtfertigungslehre. In Straßburg (1832-34) lernte er das Werk →Oberlins kennen, dessen praktisches Christentum ihm zum Vorbild wurde und zur Berufung für die eigene Lebensaufgabe. Als Vikar in Walddorf ab 1834 fand er mit seinen auf tätigen Glauben dringenden Bußpredigten großen Zulauf und entwickelte eine weitgespannte Reisepredigertätigkeit, die ihn in schroffen Gegensatz zum Pietismus und zu Teilen der Pfarrerschaft brachte. Den Höhepunkt des Konflikts markierte seine Entlassung aus dem Kirchendienst 1851. W.s Wahlspruch »Was nicht zur Tat wird, hat keinen Wert« hatte 1837 in der Gründung einer Kleinkinder- und Industrieschule erste Früchte getragen. 1840 gab er sein Vikariat auf und verlegte seine Rettungsanstalt nach Reutlingen. Mit seinen Mitarbeiter(innen) bildete er eine »Hausgenossenschaft«, die unter Verzicht auf Entlohnung an verwahrlosten Kindern und Kranken arbeitete.

Zahlreiche Zweiganstalten entstanden. Der Schritt in die Industrie mit den ab 1850 gegründeten Papier- und Maschinenfabriken war Ausdruck der Überzeugung, daß die Zeit der Verwirklichung des Reiches Gottes auf Erden gekommen sei. Dem Bankrott des unrentablen Unternehmens konnte um 1865 nur durch Verkäufe und die Umwandlung in einen Aktienverein begegnet werden.

Lit.: K. Bartel: Gustav Werner. Eine Biographie, 1990; P. Krauß: Gott im Maschinensaal. Der Christ Gustav Werner, 1980; P. Wurster: Gustav Werners Leben und Wirken, 1888.

W. Schmückle

Werte, Wertewandel

1. Begriffsbestimmung

a. Wertverständnis: Unter »Werten« werden in der gegenwärtigen Diskussion jene verinnerlichten Maßstäbe verstanden, von denen Menschen innerhalb eines Kulturkreises überzeugt sind, daß »es einfach so ist«. Es handelt sich um jene Selbstverständlichkeit, mit der wir uns als einzelne Menschen in eine Gemeinschaft eingebettet wissen und urteilen können, was richtig, was angemessen und was falsch ist – verbunden mit der Gewißheit, daß dieses Urteil auch von der Gemeinschaft, in der wir leben, geteilt wird, ja verbunden mit der inneren Überzeugung, daß solche Entscheidungen auch mit den rel. Verpflichtungen übereinstimmen, die die Gemeinschaft und wir mit ihr teilen und die uns so zu einem »richtigen« Handeln anleiten. Werte sind mithin rel. begründet, werden von einer Gemeinschaft geteilt und vom einzelnen übernommen und psychisch internalisisert (d.h. von ihm als Selbstverständlichkeit übernommen) – und prägen damit eine Gemeinschaft als Werte-Gemeinschaft.

b. Funktion: »Werte« haben eine wichtige Entlastungsfunktion. Sie helfen dem einzelnen, die Fülle von unendlichen Wahl- und Entscheidungsmöglichkeiten zu reduzieren und zu strukturieren. Gleichzeitig vermitteln sie »selbstverständliche« Handlungsmaßstäbe, die den einzelnen mit der Gemeinschaft und mit seiner rel. Überzeugung verbinden.

2. Zusammenhänge – Werte, Kultur und Religion

Damit ist das weitere Umfeld des Wertebegriffs angezeigt. Werte sind unablösbarer Teil jeder →Kultur, die ihrerseits rel. begründet und von einer Gemeinschaft getragen ist, Ziel und Kraft vermittelt und hilft, Grenzen des Handelns als sinnvoll zu formulieren und zu verstehen. Stabile Kulturgemeinschaften sind immer auch »Wertegemeinschaften«. Wertunsicherheiten sind äußere Indizien für eine tiefgreifende Kulturunsicherheit, die auf die Unsicherheit in der gemeinsamen rel. Verpflichtung verweisen. Im Zug der zunehmenden Individualisierung in einer säkularen Gesellschaft erscheinen auch grundlegende Werte, die bis heute von der Mehrheit der Bevölkerung als »selbstverständlich« angesehen wurden, als Privatüberzeugung. Der Übergang von (kulturell-gesellschaftlich getragenen) »Werten« zu »Privatüberzeugungen« von einzelnen bzw. kleinen Gruppen verändert tiefgehend die Grundlagen, auf denen eine Kultur aufbauen und eine Gesellschaft ihre Gemeinsamkeit bewahren kann.

3. Wertvermittlung

Soziologische Untersuchungen bestätigen, daß der primäre Raum der Wertvermittlung die →Familie ist. Daneben aber treten Massenmedien (→Medien) und vor allem die Schulen (→Bildung) mit der hinter ihnen stehenden Bildungspolitik seit Jahrzehnten als grundlegende Wertevermittler mit in Erscheinung. An der Verschiedenheit der Werteideale zwischen Familie, Massenmedien und Bildungspolitik zeigt sich einerseits die polit. Spannung, die sich mit dem Wertebegriff verbindet, andererseits aber die tiefe Kultur-Unsicherheit, die sich in der Werte-Unsicherheit manifestiert.

Stabile Wertvermittlung, so zeigen die Untersuchungen deutlich, geschieht vor allem dort, wo Familien als stabile Größen erlebt und gleichzeitig rel. Verwurzelung innerhalb einer rel. Gemeinschaft erfahren wird. »Werte« zeigen sich damit als Orientierungshilfen für das Handeln, die sowohl den einzelnen wie die unmittelbare Lebensgemeinschaft über sich hinausweisen. Leben und Handeln werden so lange als sinnvoll erfahren, als wir ein Ziel haben, auf das hin wir uns selbst übersteigen können.

4. Werte und →Ethik: Philosophie, Psychologie und Pädagogik

Im phil. Gespräch wird vor allem seit →Nietzsche und später bei Max →Scheler die Frage diskutiert, ob es einen »Eigenwert« von Dingen und Handlungen gibt, oder ob es sich bloß um Wert-Zuschreibungen durch Menschen (bzw. die kulturelle Gemeinschaft) handelt. Sind Werte also mit der Schöpfung mitgegeben, die damit den Dingen bzw. Handlungen selbst zugrundeliegt (so Scheler) oder handelt es sich um bloße Wertzuschreibungen durch Individuen bzw. durch die Gesellschaft (Nietzsche)? Würde letzteres stimmen, dann gäbe es keine Werte mehr, sondern nur noch »Wertungen« durch die jeweilige Gesellschaft, die damit von ihr auch revidierbar sind und bleiben.

Auch im Bereich der →Psychologie (E. Spranger bis zu neueren psycholog. Entwürfen: Frankl, Hülsemann/Wieck u.a.) spielt der Wertebegriff eine Rolle in der Frage, inwiefern Über-Ich-Konflikte als Werte-Konflikte (Werteblindheit, Wertenivellierung, Werteunsicherheit, Wertestarrheit usw.) zu verstehen sind. Wertbindungen erscheinen dringend, um nicht im »Sinnlosigkeitsgefühl« (Frankl) unterzugehen.

In der →Pädagogik erkennt man seit längerer Zeit das Problem der Werteunsicherheit in der Bildung junger Menschen, die für ihre eigene Prägung von Familie, Schule und Gesellschaft getragene Werteselbstverständlichkeit angewiesen wären, um psychische Stabilität und Reife zu gewinnen (vgl. Brezinka). Damit zeigt sich die hohe polit. Bedeutung, die mit dem Wertewandel verbunden ist, gleichzeitig aber auch die Hilflosigkeit einer sich säkular verstehenden Gesellschaft, mit diesen Fragen umzugehen. Stabile Wertvorstellungen sind grundlegend für die Stabilität einer Gesellschaft. Da sie jedoch zutiefst rel. begründet sind, kann eine säkulare Gesellschaft sie sich selbst nicht vermitteln, obwohl auch sie darauf angewiesen bleibt.

5. Wertewandel oder Werteverfall?

Es war vor allem die empirische Sozialwissenschaft (Soziologie), die durch ihre Untersuchungen (internationale Wertewandelstudien; vgl. Inglehart; Noelle-Neumann; Melich) auf den rasanten (geometrisch verlaufenden) Wandel der Wertevorstellungen in der westl. Welt aufmerksam gemacht hat. Was bisher in Jahrhunderten einem langsamen Wandel unterlag, wird nun in Jahrzehnten, ja in einzelnen Jahren fraglich und grundsätzlich kritisiert. Werte, die die Gesellschaft bisher geprägt haben, verloren weitgehend ihre tragende Wirkung (Unantastbarkeit des Lebens, Stabilität der Beziehungen, Achtung des Schwachen usw.). Da die empirisch arbeitende Sozialforschung bloß den Wandel zur Kenntnis nimmt, bleibt die Wertung dieses Vorganges umstritten: sind wir unterwegs zu neuen (nichtmaterialistischen) Werten, die einen umfassenden Kulturwandel signalisieren würden, oder stehen wir mitten in einem Wertverfall, der auf einen Kulturverfall verweist?

6. Herausforderung für die Kirchen?

Die Gestalt unserer Kirchen hat sich in einer Zeit

herausgebildet, in der unsere Gesellschaft von rel. begründeten Wertvorstellungen geprägt war und sie als Selbstverständlichkeit geteilt und vermittelt hat. Die zunehmende →Säkularisierung stellt die Kirchen in ihrem Verhältnis zur Gesellschaft vor neue Fragen. Glaube und christl. Existenz sind von Werten, die durch Gott in seinem Wort begründet sind, nicht ablösbar. Sie im Raum der Kirche wiederzugewinnen und im Gegenüber zur säkularen Gesellschaft Handlungsalternativen aufzuzeigen, durch die das Menschsein des Menschen bewahrt und erfüllt wird, gehört zu den diakonischen und gesellschaftspolitischen Aufgaben, die sich der Christenheit stellen. Dabei wird sich zeigen, daß Wertvermittlung rel. Verwurzelung, glaubende Verpflichtung und verbindliche Gemeinschaftsformen voraussetzt. Ohne sie sind Werte weder zu begründen noch zu vermitteln.

Lit.: vgl. →Kultur; W. Bittner: »Der Verfall der Werte als Herausforderung an die Christen«, in: H. Burkhardt (Hg.): Christliche Ethik im Wandel der Systeme, 1994, 79-96; W. Brezinka: Erziehung in einer wertunsicheren Gesellschaft, ²1986; V. Frankl: Ärztliche Seelsorge, ⁴1991; ders.: Der Wille zum Sinn, 1991; I. Hülsemann, W. Wieck: Die geheimen Verbote. Moralische Konflikte in der Therapie, 1992; R. Inglehart: Kultureller Umbruch, 1989; A. Melich: Die Werte der Schweizer, 1991; E. Noelle-Neumann, R. Köcher: Die verletzte Nation, 1987; M. Riedel: Norm und Werturteil, 1979; M. Scheler: Der Formalismus in der Ethik und die materiale Wertethik, 1913/14; E. Spranger: Lebensformen, ⁶1966.

W. J. Bittner

Wesley, Charles (1707–1788)

W., geb. am 18. 12. 1707 als Bruder John →Wesleys geboren, gest. am 29. 3. 1788 in London, ist der Poet der methodistischen Bewegung, der ihre »Theologie in Hymnen« (T. Berger) zum Ausdruck bringt, und der am meisten verbreitete christl. Liederdichter der englischen Sprache. Nach der häuslichen Erziehung durch seine Mutter besuchte er 1716-26 die Westminster School in London und danach bis zur Ordination 1735 das Christ Church College in Oxford. Dort wurde er zum Mitbegründer des Holy Club, der sich regelmäßigem Bibelstudium und karitativer Arbeit widmete. Im Oktober 1735 ging er als Sekretär des Generals Oglethorpe nach Georgia, blieb dort aber weniger als ein Jahr. Zurück in London, fand er – wie sein Bruder – in dem Herrnhuter Peter Böhler, dem er Englischunterricht erteilte, einen Seelsorger in seiner Suche nach →Heilsgewißheit. Am Pfingstsonntag 1738, drei Tage früher als John, erfuhr Charles diese Gewißheit; der Verkündigung des frohmachenden Evangeliums diente sein ganzes weiteres Leben.

Obwohl im Schatten seines Bruders bleibend, wurde er doch dessen engster Mitarbeiter und Freund; mit seiner emotionalen Frömmigkeit und ausgleichenden Art war er ein wichtiges Gegenüber zum eher nüchtern-eigensinnigen Führer der methodistischen Bewegung. Besonders viel galt ihm der Erhalt der Gemeinschaft mit der anglikanischen Kirche. Die nächsten zehn Jahre gehörten der evangelistischen Reisetätigkeit, die ihn in alle Gegenden Englands, nach Wales und Irland führten. 1749 heiratete er Sally Gwynne, die 19 Jahre jüngere Tochter eines walisischen Richters, und ließ sich als Pfarrer in Bristol, einem Zentrum der aufblühenden methodistischen Bewegung (→Methodismus), nieder. Nachdem 1739–42 schon drei Bände »Hymns and Sacred Poems« der beiden Brüder erschienen waren, publizierte Charles 1749 zwei weitere mit eigenen Dichtungen; in dem 1780 erscheinenden Liederbuch stammen die meisten Texte, deren zentrales Thema die alles durchdringende und belebende göttliche Liebe ist, aus seiner Feder. G.F. Händel vertonte drei seiner Lieder. Söhne und Enkel wurden bekannte Musiker. 1771 zog die Familie nach London, wo er den methodistischen Gemeinden diente.

Lit.: T. Berger: Theologie in Hymnen?, 1989; M. E. Brose: Charles Wesley – Tagebuch 1738, 1992; F. Gill: Charles Wesley, der erste Methodist, 1968; S. T. Kimbrough (Hg.): Charles Wesley – Poet and Theologian, 1992.

M. Marquardt

Wesley, John (1703–1791)

W., geb. am 17. 6. 1703 in Epworth (England), gest. am 2. 3. 1791 in London. Zur Ehre Gottes zu leben war das durchgängige Ziel des Gründers der methodistischen Erweckungs- und Reformbewegung (→Methodismus). W. studierte Theologie in Oxford und entschied sich zunächst für eine akademische Laufbahn (1726 Fellow des Lincoln College, Magister und Tutor), ließ sich aber zum Pfarrer ordinieren (1728). In Oxford wurde er Leiter einer Gruppe junger Menschen, die durch regelmäßiges Bibelstudium, Gebet, Abendmahl, Fasten und Dienst für Arme, Kranke und Gefangene ein heiliges Leben führen wollten (Holy Club). 1735 folgte er einem Ruf, als Pfarrer in Georgia (Amerika) zu arbeiten. Auf der Überfahrt lernte er dt. Herrnhuter kennen, deren Glaubensgewißheit ihn beeindruckte und spüren ließ, was ihm fehlte. Theologische Gespräche und ein intensives geistl. Leben vertieften das Verlangen nach Heilsgewißheit und brachten erste grundlegende Klärungen. Nach London zurückgekehrt (1738), wurde ihm durch Gespräche mit dem Herrnhuter Peter Böhler u.a. sowie durch gezieltes Bibelstudium die paulinisch-reformatorische Rechtfertigungslehre zur inneren Überzeugung. Beim Anhören von Luthers Vorrede zum Römerbrief, in der der Reformator den Glauben beschreibt, wurde für Wesley am 24. 5. 1738 zur gewißmachenden Erfahrung, was er theoretisch bereits wußte: seine Rettung allein durch die in Christus geschehene Versöhnung. Von jetzt an galt für ihn bis zum Ende seines Lebens: es ist nicht unsere Heiligung, sondern Gottes Annahme, die uns rechtfertigt und zu einem Leben in der →Heiligung befähigt.

W.s Gotteserfahrung und theol. Interpretation blieben nicht ohne Wirkung auf Inhalt und Art seiner Verkündigung. Es entstand eine trotz vielfacher Anfeindungen rasch wachsende Erwekkungsbewegung. Durch seinen Freund George →Whitefield fand er den Weg zu den Menschen außerhalb der Kirche. Fortan verschmolzen drei Komponenten zu einem einzigartigen Konzept seiner Missionsbewegung: (1) das Predigen der bibl. Botschaft, wo und wann immer sich Gelegenheit dazu bietet (»Die Welt ist meine Gemeinde«), (2) der umfassende Einsatz für Menschen, die der Hilfe bedürfen, sowie öffentliches Auftreten gegen die Ursachen der Armut, gegen Unrecht und Sklavenhandel, und (3) die Sammlung derer, die zu Christus gefunden haben, in kleinen Gemeinschaften, in denen sie eine geistl. Heimat finden. W. selbst führte ein äußerst einfaches Leben und war fast ohne größere Unterbrechungen unterwegs, um zu predigen, die Gemeinschaften zu besuchen und die Predigthelfer und Gruppenleiter zu schulen.

Während die methodistische Bewegung zu Lebzeiten W.s in England keine Kirche bildete, sondern als eine (weithin gut organisierte) Bewegung eher in die bestehenden Kirchen hineinwirkte, entstand 1784 in Amerika mit W.s Zustimmung und Unterstützung die erste methodistische Kirche.

Wesleys Theologie legte immer mehr alles Spekulative ab und wurde zu einer Theologie für die Praxis. Der »vernünftige Enthusiast« (Rack) verband sein geschultes Denkvermögen mit einer durch die Liebe zu den Menschen und das Vertrauen auf Gottes Gnade geprägten inneren Einstellung, die ihn zu allen Schichten Kontakt finden ließ, ihm aber auch manche Gegnerschaft eintrug. Den Streit führte er argumentativ-literarisch, im wesentlichen fest, aber in irenischer Absicht. Zur Auslegung der Heiligen Schrift, der einzigen Quelle für verbindliche Lehre, dienten die Tradition (vor allem der Alten Kirche und der Reformation), Erfahrung und Vernunft. Obwohl die rechte Lehre ihm keinesfalls gleichgültig war, kam es ihm vor allem auf Herzensglauben und praktiziertes Christentum an; wo sie zu finden waren, verloren »Meinungen«, die nicht das Wesentliche des Christseins betrafen, ihre trennende Bedeutung.

Mit den Reformatoren verbanden ihn sein Interesse an der Soteriologie und das Vertrauen auf

Gottes Gnade. Wichtig war ihm aber auch die Veränderung des Lebens durch Gottes Gnade: in der Liebe tätiger Glaube, Wachsen und Reifen der Gottesbeziehung, Kampf gegen die Sünde, Handeln aus der Gesinnung Christi (Heiligung). Gottes Gnade kann durch die von Gott gegebenen Gnadenmittel empfangen werden: das Lesen der Bibel, Hören der Predigt, Teilnahme am Abendmahl, Gemeinschaft mit Schwestern und Brüdern, Gebet und Fasten. Sie kann manche Christen schon in diesem irdischen Leben zur Überwindung absichtlichen Sündigens führen und mit der Liebe zu Gott und zum Nächsten ganz durchdringen.

Lit.: Einzige bisher vollständige Werkausgabe: The Works of John Wesley, hg. von T. Jackson, 14 Bde., 1829-31 (mehrere Nachdrucke); im Erscheinen begriffen ist eine wissenschaftliche Ausgabe: The Works of John Wesley, 1975ff (biser 15 Bände). In deutscher Sprache: Die Lehrpredigten John Wesleys, 1986-92; Die Kennzeichen eines Methodisten, 1981; Gedanken über die Sklaverei, 1986;
H. Lindström: Wesley und die Heiligung, ²1982; M. Marquardt: Praxis und Prinzipien der Sozialethik John Wesleys, ²1986; A. Outler: Das theologische Denken John Wesleys, 1991; H. D. Rack: Reasonable Enthusiast. John Wesley and the Rise of Methodism, 1989; M. Schmidt: John Wesley, 2. Bde., 1953/66; C. D. Williams: Die Theologie John Wesleys, 1967.

M. Marquardt

Wessel, Gansfort (1419–1489)

W., geb. um 1419 in Groningen, gest. am 14. 10. 1489 ebda.; ob er Johann hieß, ist unsicher, er selbst hat diesen Namen nie gebraucht. Aufgewachsen und erzogen wurde er von den →Brüdern vom Gemeinsamen Leben und war vielleicht Schüler von →Thomas von Kempen, in dessen Kloster Agnetenberg er seine letzten Lebensjahre verbrachte. Er studierte in Köln, Heidelberg und Paris und wurde – im →Universalienstreit – dort Magister, wandte sich dann aber den Skotisten und Nominalisten zu und geriet in krit. Haltung zur Amtskirche und ihren Glaubenswahrheiten. Bei allen akademischen Ämtern war er nie Priester.

In vielem ist er Vorläufer der humanistischen Kritik, die sich eher an →Augustin als an der Scholastik orientiert. Die Unfehlbarkeit der →Konzilien, die priesterliche Binde- und Lösegewalt in der Beichte über den Tod hinaus, die Lehre vom Ablaß, vom Fegefeuer u. a. hat er bezweifelt und dadurch immer wieder als »Vorreformator« gegolten. Luther hat sich 1522 auf ihn berufen, allerdings hat der altgläubige Johannes Fabri 1528 nachgewiesen, daß W. in 31 inhaltlich wesentlichen Fragen andere Auffassungen als Luther vertrat. Auch →Bucer, →Melanchton, →Ökolampad, →Zwingli und andere Reformatoren sahen ihn als Gewährsmann für ihre Positionen an. Als »Reformtheologen« des 15. Jh.s wird man W. sicherlich bezeichnen können, jedoch nicht als Vorreformator. Zu grundsätzlichen Fragen hat er wenig geschrieben und damit sein Denken nicht klar entfaltet. Die meisten seiner Schriften stammen aus den letzten 14 Lebensjahren und sind auf dem Agnetenberg als Erbauungsbücher verfaßt, deretwegen er später als Lehrer der →Devotio moderna gegolten hat.

Lit.: M. van Rhijn: Wessel Gansfort, Diss. Groningen 1917; ders.: Studien vor Wessel Gansfort en sijn tijd, 1933; W. Post: The Modern Devotion, 1968.

G. Ruhbach

Wessenberg, Ignaz Heinrich von (1774–1860)

W., der am 4. 11. 1774 in Dresden geboren wurde, und am 9. 8. 1860 in Konstanz, seiner eigentlichen Wirkungsstätte, starb, engagierte sich von Anfang an in der kath. Kirchenpolitik. Nach seiner Ausbildung in Dillingen, Würzburg und Wien, wo er Philosophie, Kirchengeschichte und Rechtswissenschaften studierte, trat er 1800 als Subdiakon in diplomatische Dienste bei Karl Theodor von Dalberg und wurde 1802 dessen Generalvikar. 1812 zum Priester geweiht, blieb W. Dalbergs Bevollmächtigter und versuchte 1814/15 auf dem Wiener Kongreß erfolglos, die Errichtung einer nur lose an Rom gebundenen, dt. kath. Reichskirche mit eigenem Primas durchzusetzen. Nach dem Tode Dalbergs wurde er 1817 Konstanzer Kapitularvikar (von Rom nicht anerkannt). Seine Ernennung zum Bischof von Rottenburg (1817) und zum Erzbischof von Freiburg/Breisgau (1822) scheiterte jeweils am Einspruch des Vatikans. W. reformierte die Priesterausbildung, förderte das Volksschulwesen und führte die dt. Messe und den dt. Liedgesang im Gottesdienst ein (1812 erstes Konstanzer Gesangbuch). Mit seinem Reformeifer setzte W. sich für die Aufhebung des Zölibats und die Anerkennung konfessionsverschiedener Ehen ein, konnte sich damit aber nicht durchsetzen. Von 1819–33 wirkte er als liberaler Abgeordneter in der 1. badischen Kammer und danach widmete er sich, wenn auch mit geringem Erfolg, der Schriftstellerei.

Lit.: K. Aland: Wessenberg-Studien I-III, in: ZGO 95 (1943), 550-620, 96 (1948), 450–567; 105 (1957), 475–511 mit Lit. und vollst. Bibliographie; K. Gröber: »Heinrich Ignaz von Wessenberg«, in: Freiburger Diözesanarchiv 56 (1927), 362–509, 56 (1928), 294–435.

R. Dziewas

Wessobrunner Gebet

Das W.G. ist benannt nach seinem Fundort in der ehemaligen Benediktinerabtei Wessobrunn in Bayern und stammt aus dem 9. Jh. Die Handschrift befindet sich heute in der Bayerischen Staatsbibliothek in München.

→Karl d.Gr. hatte sich um die Reform der Bildung in seinem Reich bemüht, was zur Folge hatte, daß Predigt und katechetischer Unterricht in der Volkssprache abgehalten wurden. Daher gehören christl. Bekenntnisse und Formeln zu den ältesten aufgezeichneten Texten in dt. Sprache. Eines der frühesten Zeugnisse rel. Dichtung in der Volkssprache ist das W.G., ein ahd. Gedicht, das die Schöpfung der Welt beschreibt und mit einem Prosagebet abschließt. Die darin enthaltenen Stabreimelemente deuten auf den Einfluß der angelsächsischen Mission hin.

Lit.: W. Grabert, A. Mulot, H. Nürnberger: Geschichte der deutschen Literatur, [22]1986, 14f.

D. Heller

Westfalen, Evangelische Kirche von

Westfalen ist seit dem 8. Jh. christianisiert (Bistümer Münster, Osnabrück, Minden und Paderborn). Es verfügt über zahlreiche Klöster, war eines der Zentren der →Devotio moderna und seit dem 9. Jh. Brückenkopf für die Missionierung und Kolonisierung der Ostgebiete. Die Reformation verbreitete sich in den westfälischen Städten rasch (in Dortmund erst 1570), in den Territorien langsamer. In den geistl. Territorien hatte die Gegenreformation weithin Erfolg. Frühpietismus und →Erweckungsbewegung prägten das Siegerland, Wittgenstein und Minden-Ravensberg, aber auch die Grafschaft Mark, nachhaltig. 1815 wurde W. preußische Kirchenprovinz (Konsistorium in Münster). Die rheinisch-westfälische Kirchenordnung, 1835 beschlossen, 1908, 1923 und 1953 erneuert, sicherte den presbyterial-synodalen Aufbau der Kirche und die Bekenntnisbestimmtheit der einzelnen Gemeinden in der preuß. Union. Im →Kirchenkampf waren Pfarrer und Gemeinden mit großer Mehrheit mit der Bekennenden Kirche verbunden. Seit 1866 ist W. Gliedkirche der Altpreußischen →Union, seit 1951 der →Evangelischen Kirche der Union. Bielefeld ist seit 1945 Sitz der Kirchenleitung, die von einem Präses geleitet wird (seit 1945 Karl Koch, Ernst Wilm, Hans Thimme, Erich Reiß, Hans-Martin Linnemann). Die Evangelische Kirche von Westfalen ist in 32 Kirchenkreise aufgeteilt und hat ca. 1400 Pfarrstellen für ca. 3 Mio. Gemeindeglieder.

Lit. F. W. Bauks: Die evangelischen Pfarrer in Westfalen von der Reformationszeit bis 1945, 1980; E. Brinkmann (Hg.): Jahrbuch des Vereins für westf. Kirchengeschichte, seit 1899; W. Danielsmeyer: Die Evangelische Kirche von Westfalen, [2]1978; B. Hey: Die Kirchenprovinz Westfalen 1933–1945, 1974; H. Köhne: Die Entstehung der westfälischen Kirchenprovinz, 1974; R. Stupperich: Westfälische Reformationsgeschichte, 1993.

G. Ruhbach

Westfälischer Friede

So wie »Dreißigjähriger Krieg« Sammelbegriff für eine Serie von militärischen Auseinandersetzungen in Europa von 1618–1648 ist, bezeichnet »Westfälischer Friede« das Gesamtergebnis von 1641 begonnenen Verhandlungen des Reiches mit Frankreich in Münster und mit Schweden in Osnabrück. Ohne förmliche Kongreßeröffnung und ohne Vollversammlung wurden in Hunderten von Einzelkonferenzen die Verträge ausgehandelt, die das konfessionelle Zeitalter in Europa beendeten. Nach Vorverträgen mit Frankreich (13. 9. 1646) und Schweden (18. 2. 1647) und dem spanisch-niederländischen Vertrag (30. 1. 1648) wurde der endgültige Friedensschluß am 6. 8. 1648 in Osnabrück vereinbart und am 24. 10. 1648 in Münster in den jeweiligen Gesandtschaftsquartieren besiegelt, die Ratifikationsurkunden wurden erst am 18. 2. 1649 ausgetauscht.

Territoriale Ergebnisse: Weite Teile der geistl. Gebiete werden zu Lasten der kath. Kirche vor allem in Norddeutschland säkularisiert; Schweden erhält als Reichslehen Vorpommern mit Rügen, Stettin und Wismar sowie die Bistümer Bremen und Verden; Frankreich wird mit dem Elsaß entschädigt; die Niederlande und die Schweiz werden als selbständige Staaten anerkannt; Deutschland bleibt in zahlreiche Territorien zersplittert.

Folgen für die Kirchen: Für Religionssachen sind die Territorien, nicht mehr das Reich zuständig; neben dem kath. und luth. wird auch das ref. Bekenntnis anerkannt; die Konfessionen haben vor Gericht gleichen Stand; die Bevölkerung eines Territoriums muß trotz formaler Beibehaltung des *ius reformandi* (Reformationsrecht) der Obrigkeit dem Konfessionswechsel des Landesherren nicht folgen; die 1648 geschaffenen kirchl. Verhältnisse haben bis ins 20. Jh. hinein Bestand.

Bedeutung: 1648 signalisiert das Ende des Alten Reiches und der durch Kaiser und Papst garantierten Einheit der abendländischen Christenheit. An deren Stelle tritt die bis zur Französischen Revolution existierende »Familie der Fürsten und Völker«. Man war nicht mehr Glied einer universalen Kirche, sondern zuerst Bürger eines Staates. Die Beziehungen wurden fortan durch naturrechtlich begründete Verträge geregelt, die Kirche büßte ihre Funktion als regulierende zwischenstaatliche Instanz ein. Auf lange Sicht verlor die kirchl. Normensetzung ihren absoluten Rang. An ihre Stelle trat die Unterordnung der Menschen unter die Autorität des Staates, der Wirtschaft und des aufgeklärten Denkens.

Lit.: F. Dickmann: Der Westfälische Friede, 1992; H.-W. Krumwiede: Geschichte des Christentums III: Neuzeit, 1987, 5-18; H. Lahrkamp: »Münster als Schauplatz des europäischen Friedenskongresses (1643–1649)«, in: Geschichte der Stadt Münster 1, 1993, 301–324.

L. E. v. Padberg

Westfälischer Gemeinschaftsverband

Die geistlichen Aufbrüche in Westfalen vollzogen sich seit der Reformation meist innerhalb der ev. Kirchengemeinden. Es bildeten sich Gemeinschaften, die sich in den verschiedenen Bereichen Westfalens zu Gemeinschaftsvereinigungen bzw. Bezirksverbänden zusammenschlossen. Die Zusammenarbeit der verschiedenen Bezirksvereinigungen und -verbände hat mit gemeinsamen westfälischen Gemeinschaftskonferenzen etwa um 1890 begonnen. Aus der Konferenzarbeit ist dann der Westfälische Gemeinschaftsverband (WGV) entstanden. Heute gehören folgende Bezirke bzw. Bezirksverbände zum WGV: der Minden-Ravensberger-Gemeinschaftsverband, der Sauerländische Gemeinschaftsverband, der Bezirk Münsterland, der Lippebezirk, der Bezirksverband der evangelisch-landeskirchlichen Gemeinschaften Dortmund und Umgebung, die Gemeinschaftsvereinigung Bochum und Umgebung, der Bezirk Hattingen und die Bergische Gemeinschaftsvereinigung.

Zu den 142 Gemeinschaften und 23 Hausbibelkreisen gehören 3.600 Mitglieder und ständige Besucher. In 80 Jungschar- und Kindergruppen und 67 EC-Jugendkreisen mühen sich viele freiwillige Mitarbeiterinnen und Mitarbeiter, Kinder und junge Leute mit dem Evangelium zu erreichen.

Zum WGV gehören ferner 26 gemischte Chöre, fünf Jugend-, zwölf Posaunen- und drei Gitarrenchöre. Von 20 hauptberuflichen Predigern wird der Dienst in Gemeinschafts- und Bibelstunden, in Evangelisationen, Bibelwochen, Familienfreizeiten und Mitarbeiterschulungen getan. Für die Kinder-, Jungschar- und Frauenarbeit sind drei Mitarbeiterinnen angestellt. Darüber hinaus stehen ca. 280 Brüder und Schwestern in der freiwilligen Mitarbeit. Im Sinne des Priestertums aller Gläubigen arbeiten sie mit in der Verkündigung des Evangeliums, in der Seelsorge und im Dienst an den Kindern und Jugendlichen.

Der WGV sieht insbesondere seine Aufgabe darin, innerhalb der Evangelischen Kirche Gemeinschaftspflege und Evangelisation wahrzunehmen.

Zentrale Verbandsveranstaltungen sind der Westfälische Gemeinschaftstag, die westfälische Mitarbeiterrüste, die Mitarbeiterschulungen und der Gemeinschaftsleitertag.

Die Leitung des Verbandes liegt in den Händen des Vorstandes und des Brüderrates. Vorsitzender des Verbandes ist Pfarrer Hartwig Putz, Lüdenscheid.

K. H. Bender

Westminster Confession

→Bekenntnisschriften

Whitby, Synode von

Die 597 im Auftrag von Papst Gregor d. Gr. (590–604) in Kent begonnene Mission bei den Angelsachsen konnte trotz mancher Rückschläge rasch Erfolge verbuchen. Als sich dann 627 (oder 628) König Edwin von Nordhumbrien (617–633) taufen ließ, schien die Etablierung einer romorientierten englischen Kirche gesichert zu sein. Doch der Schlachtentod Edwins ließ die röm. Mission plötzlich zusammenbrechen. Die Christianisierung wurde durch die bald danach zur Herrschaft gekommenen nordhumbrischen Könige Oswald (633–641) und Oswiu (641–670) weiter vorangetrieben, nun allerdings unter der Führung der iroschottischen (→iroschottische Mission) Abtbischöfe Aidan, Finan und Coloman. Die röm. Observanz blieb weitgehend auf Kent beschränkt. Papst Gregors Plan einer von Rom abhängigen angelsächsischen Landeskirche war damit zunächst gescheitert.

Neben kirchenorganisatorischen Differenzen (Ausgangspunkt der Iren waren Klöster, während sich die Römer auf die Errichtung von Bistümern konzentrierten) stritten sich die iroschottischen und die angelsächsischen Missionare um die Osterberechnung und die Form der Klerikertonsur. Eine kleine Gruppe von Romanhängern unter der Führung des Königssohnes Alchfrid von Nordhumbrien sorgte 664 für die Einberufung einer Synode in das Doppelkloster Streaneshalch (später Whitby genannt). Dort standen sich der Ire Coloman und als Verfechter der röm. Richtung Wilfrid gegenüber. König Oswiu konzentrierte die dramatisch verlaufende Diskussion schließlich auf die seiner germanischen Vorstellungswelt entsprechende Frage der Treuebindung, indem er den Iren fragte, ob er wie Wilfrid einen Patron von gleicher Autorität wie Petrus vorzuweisen habe. Dies mußte Coloman verneinen, weshalb die Entscheidung des Königs lautete: Weil Petrus der Pförtner sei und demzufolge über den Zutritt zum Himmel entscheide, solle das nordhumbrische Volk künftig nach der röm. Form des Christentums leben. Den Ausschlag gaben also nicht theol. Überlegungen, sondern die erhoffte Gewißheit des rel. Erfolges.

Als Konsequenz wurde die röm. Episkopalorganisation in Nordhumbrien wiederhergestellt, die Iren schlossen sich dem an oder verließen das Land. Bedas ausführlicher Bericht über Whitby verdeckt, daß die eigentliche Neuordnung der angelsächsischen Kirche im Geist der röm. Tradition durch Erzbischof Theodor von Canterbury (669–690) vorgenommen wurde. Mit den Synoden von Hertford 673 und Hatfield 679 ist er der eigentliche Schöpfer der angelsächsischen Kirche.

Lit.: A. Angenendt: Das Frühmittelalter, 1990, 223–226; H. Vollrath: Die Synoden Englands bis 1066, 1985, 48-98; P. Wormald: »The Venerable Bede and the Church of the English«, in: The English Religious Tradition and the Genius of Anglicanism, 1992, 12-32.

L. E. v. Padberg

White, Ellen Gould →Adventisten

Whitefield, George (1714–1770)

W., geb. am 16. 12. 1714, gest. am 30. 9. 1770, Sohn eines Gastwirts in Gloucester (England), schloß sich 1734 dem »Holy Club« in Oxford an, der unter J. →Wesleys Leitung ein geregeltes geistliches und sozialdiakonisches Leben führte. Eine innere Krise wurde durch die Erfahrung der Wiedergeburt und die Erkenntnis von Gottes Gnade, die den Glaubenden rechtfertigt, überwunden. W. begann eine ausgedehnte und erfolgreiche Predigttätigkeit. Auf seiner ersten Amerikareise gründete er ein Waisenhaus, für das er regelmäßig Geld sammelte. Obwohl 1739 zum Pfarrer der Kirche von England ordiniert, fand er wegen seiner Kritik an der Kirche und des Verdachts des »Enthusiasmus« immer mehr Kanzeln verschlossen und ging seit 1739 zur Predigt im Freien über, die zur kennzeichnenden Form seines Dienstes wurde und ihn zum Hauptinitiator der Erweckungsbewegung in England und Amerika werden ließ. W. und Wesley arbeiteten anfänglich zusammen, entfremdeten sich über der Frage der Prädestination (W. dachte hier streng calvinistisch), versöhnten sich jedoch trotz des bleibenden theol. Gegensatzes wieder. W. wurde in England zu einer führenden Persönlichkeit des calvinistischen Methodismus, der allerdings erst nach seinem Tod feste organisatorische Formen annahm.

W.s Theologie und Verkündigung sind gefühlsbetont und theoretisch wenig ausgearbeitet. Seine Stärke liegt in der leidenschaftlichen, rhetorisch eindrucksvollen Verkündigung der Gnade Gottes mit den zentralen Themen: Rechtfertigung, Wiedergeburt, Glaube, Erwählung und Perseveranz (Beharrung im Glauben bis ans Lebensende). Nach einem ganz von seiner Sendung als Evangelist erfüllten Leben, in dem er oft Tausenden gepredigt hat, starb er körperlich erschöpft auf seiner siebten Amerikareise an Asthma.

Lit.: The Works of George Whitefield, 7 Bde., 1771/72; George Whitefields Journals, 1960;

A. A. Dallimore: George Whitefield. The Life and Times of the Great Evangelist of the Eighteenth-Century Revival, 2 Bde., 1970/80; O. Riecker: Ruf an alle. George Whitefield, [2]1984.

M. Marquardt

Whitehead, Alfred North →Prozeßtheologie

Wichelhaus, Johannes (1819–1858)

W., geb. am 13. 1. 1819 in Mettmann, 1846 außerordentlicher Professor der Theologie in Halle, gest. am 14. 2. 1858 ebda. Man nannte ihn den »Timotheus« H. F. →Kohlbrügges, dessen Schüler und nächster Sinnesverwandter er in der Tat war. Wie dieser stand er in schroffem Gegensatz zur damals herrschenden, philosophisch bestimmten Theologie, aber auch zu seinem Haller Kollegen, dem Erweckungstheologen A. →Tholuck. So war auch er in seiner Zeit und ist bis heute nur von Wenigen (z.B. K. →Barth) gekannt und geschätzt. Ebenso wie sein Freund und Lehrer wollte er »nur« ein Lehrer der Schrift sein. Darauf weist schon der Titel seines wichtigsten Werkes hin: »Die Lehre der Heiligen Schrift – vom Worte Gottes, von Wesen und Werken Gottes«. Doch betonte W. stark: Die Verfasser der biblischen Schriften als solche »verdienen gar keinen Glauben«, sondern allein die von ihnen bezeugte radikale Sündergnade des gnädigen und in seiner Gnade heiligen Gottes in seinem für uns dahingegebenen Sohn. Es gibt nur diesen einen »Bund der Gnade«, dessen »Wahrheit und Wirkung vorwärts und rückwärts sich über alle Zeiten erstreckt«. Es ist darum die Summe der Glaubenserkenntnis von W.: Es war das »Wohlgefallen unbegreiflicher Barmherzigkeit, daß Gott in seinem Sohn seine Herrlichkeit mitteilen wollte an ein Geschöpf, das in sich selbst Staub und Asche wäre«.

Lit.: A. Zahn: Aus dem Leben von Johannes Wichelhaus, in: Johannes Wichelhaus: Die Lehre von der heiligen Schrift – vom Worte Gottes, vom Wesen und Werken Gottes, vom Menschen und Gesetz Gottes (nebst Mitteilungen aus seinem Leben), hg. von A. Zahn, ³1892, 7-176.

E. Busch

Wichern, Johann Hinrich (1808–1881)

W., geb. am 21. 4. 1808 in Hamburg, gest. am 7. 4. 1881 ebd., entstammte kleinbürgerlichen Verhältnissen. Nach dem Tod des Vaters übernahm er 1823 die Sorge für die Mutter und sieben Geschwister. Parallel zum eigenen, durch Stipendien ermöglichten Schulbesuch, war er als Privatlehrer tätig. 1828–1831 theol. Studium in Göttingen und Berlin, v.a. bei F. Lücke, A. →Neander, F. →Schleiermacher. Seine Wurzeln in der Erweckungsbewegung und Begegnungen u.a. mit H. E. v. →Kottwitz festigten die Erkenntnis: Die Theologie hat sich im alltäglichen Leben und in der Praxis der Kirche zu bewähren. 1831 nach Hamburg zurückgekehrt, wurde er als Kandidat dem Erweckungsprediger J. W. R. →Rautenberg (1791–1864) zugewiesen, der ihm die Leitung der Sonntagsschule für verwahrloste Jugendliche und des Besuchsvereins (Hausarmenpflege) in St. Georg übertrug. Dadurch eindrückliche Begegnung mit dem materiellen und sittlichen Elend des aufkommenden Industrieproletariats.

W. erkannte, daß grundlegende gesellschaftl. Reformen bei den Kindern anzusetzen haben. Da er die Gründe für die Verwahrlosung in dem Verfall der →Familie sah, brachte er zunächst alleinstehende, verwahrloste Kinder bei Ersatzfamilien (Pflegeeltern) unter. 1833 gründete er das →Rauhe Haus als Rettungsanstalt in Hamburg-Horn und strukturierte es nach dem Familienprinzip. Die Familiengruppen wurden von »Brüdern« geleitet, die sich in einem handwerklichen Beruf bewährt hatten und denen W. ab 1834 eine qualifizierte theol. und päd. Ausbildung gab. Daraus entwickelte sich die Diakonenanstalt des Rauhen Hauses. Der freiheitliche Geist seiner Pädagogik war stark von J. D. →Falk und J. H. →Pestalozzi beeinflußt. 1842 gründete W. eine Druckerei und 1844 die Agentur des Rauhen Hauses (Verlag). Durch die dort erscheinenden »Fliegenden Blätter aus dem Rauhen Hause« verbreitete W. den Gedanken einer »Inneren Mission«.

In einer Stegreifrede auf dem Wittenberger →Kirchentag 1848 regte er die Gründung des »Centralausschusses für die →Innere Mission der Deutschen Evangelischen Kirche« an und begründete dessen Arbeit 1849 durch eine Denkschrift. Zusätzlich widmete W. sich ab 1856 als Oberkonsistorialrat und preußischer Staatsbeamter der Reform des Gefängniswesens (→Strafvollzug). 1858 gründete er in Berlin das Ev. Johannesstift, das ebenfalls Diakone ausbildete. Internationale Kontakte (z. B. der Kongreß der Ev. Allianz 1851 in London) prägten sein theol., päd. und polit. Denken mit. Er verstand die Innere Mission als Laienbewegung, die Verkündigung und Seelsorge der auf das Amt fixierten Kirche neu beleben und die Evangelisation vorantreiben sollte. Zugleich sollte sie sozialpolit. Reformen einleiten, da es eigentlich Aufgabe des Staates sei, die materielle Not der Menschen zu verhindern. Solange er das nicht tue, müsse die Kirche durch die Innere Mission dem Elend begegnen.

W.s Verdienst ist die Betonung der sozialen Dimension des Evangeliums, die Wiederbelebung des Diakonats in der ev. Kirche, die Gründung der Inneren Mission und die Einführung sozialpäd. Denkweisen in der Kirche. Die Jugendhilfe, v. a. das Pflegekinderwesen, etablierte er als das genuine Arbeitsfeld der Diakonie. Die sozialistischen Strömungen seiner Zeit hat er in ihrer Differenziertheit nicht verstanden und eher bekämpft. 1851 zum Dr. der Hl. Schrift in Halle ernannt und 1874 aus gesundheitlichen Gründen aus dem Staatsdienst entlassen, starb W. 1881 nach langer Krankheit im Rauhen Haus.

Lit.: P. Meinhold (Hg.): Johann Hinrich Wichern, Sämtliche Werke, 8 Bde., 1958–1980.

Diakon. Werk d. EKD (Hg.): Auf den Spuren Johann Hinrich Wicherns, 1981; K. Janssen, R. Sieverts (Hg.): Johann Hinrich Wichern, Ausgewählte Schriften, 3 Bde., 1979; H. Martin: Ein Menschenfischer, 1981;

V. Krolzik

Wicliff, John →Wyclif, John

Widerstandsrecht

Das WR (Widerstand = W.; Widerstandsrecht = WR) fragt nach der ethischen bzw. rechtlichen Befugnis, gegen die in einem Gemeinwesen pol. Herrschaft ausübende Instanz (weltliche Gewalt) gewaltsam vorzugehen, wenn diese zu einer Tyrannis entartet ist.

In der klassischen Zeit der griech. und röm. Antike gilt sowohl derjenige Herrscher als Tyrann, der die Herrschaftsmacht außerhalb der Rechtsordnung an sich reißt, also diese usurpiert (gleichgültig wie er anschließend regiert), als auch derjenige, der nicht zum Nutzen des Gemeinwesens, sondern zu seinem eigenen Vorteil die Herrschaft ausübt. →Aristoteles, der an die von →Platon formulierten Kriterien für einen Tyrannen anknüpft, nennt wohl als erster eine Norm für das WR: Wenn ein Machthaber Ehrerweisungen oder sozial-ökonomische Leistungen so unausgewogen unter die Bürger verteilt, daß durch diese ungleiche Behandlung ein freundschaftliches Miteinander der Menschen unmöglich ist, besteht ein WR (Politik 1302b 10-14).

Cicero billigt jedem Bürger dann ein WR zu, wenn eine solche Tat die einzige Möglichkeit darstellt, in einem Gemeinwesen die Freiheit zu retten (De re publica 2,25 (45-46)). In diesem Fall sei man aufgrund der Natur *(natura)* sowie der Menschlichkeit *(humanitas)* dazu legitimiert (De re publica 3,4 (19); 3,6 (32)). In der frühen Kaiserzeit bleibt die Thematik des WRs fast nur in Senatskreisen aktuell. Seneca hält W. dann für gerechtfertigt, wenn auf eine andere Weise keine Aussicht auf Verbesserung der polit. Lage besteht (De beneficiis 7,20). Sueton schildert zustimmend den gewaltsamen Sturz der Kaiser Caligula und Nero (Caligula 57-60; Nero 57,1). Schließlich aber verebbt auch in diesem Gremium die Frage nach moralischen Kriterien für ein WR.

Die Christen der ersten Jahrhunderte verurteilen keineswegs jeden gewaltsamen Sturz eines Tyrannen (→Origenes, Contra Celsum 1,1). Zur Begründung verweisen sie sowohl auf die Tyrannentötungen der klassischen griech. Antike (→Clemens Alexandrinus, Stromata 4,120,2) als auch auf im AT berichtete Ereignisse, wie zum Beispiel die Ermordung Eglons durch Ehud (Ri 3,12ff; siehe: Origenes, In Lib. Judicium Hom. 4). Aber für sich selbst scheinen sie W. kategorisch auszuschließen. Ihre abweisende Haltung begründen sie u. a. mit Mt 5,39 (z. B. →Tertullian, Apologeticum 37,1-7): Gott habe die Tyrannen eingesetzt, er werde sie auch für ihr Tun zur Rechenschaft ziehen. Außerdem könne kein Mensch einen Tyrannen für die Vielzahl seiner Untaten angemessen bestrafen (Athenagoras, De resurrectione mortuorum 19). Folglich stehe im Konfliktfall mit der Obrigkeit, man denke an den Kaiserkult, dem Christ nur der Weg des Ungehorsams zu, der gegebenenfalls den Märtyrertod bedeutet.

Seit dem 4. Jh. können sich Christen vorstellen, selbst einen Tyrannen zu töten. Als Kaiser Konstantius II. arianisches Gedankengut in die Kirche einführen will, drohen ihm Christen, wenn er nicht umkehre, werde er genauso getötet werden wie die

Könige Joram und Ahasja durch Jehu (2Kön 9-10) oder wie Antiochus Epiphanes durch die Makkabäer (Lucifer von Cagliari, De non parcendo 7; 19).

→Augustinus lehnt jedes gewaltsame Vorgehen gegen einen Tyrannen ab: Gott habe seinem Volk auf Erden nie etwas anderes als Verfolgung und Unterdrückung verheißen; in dieser Welt sei Gerechtigkeit nicht zu erlangen (De civitate Dei 18,50-53; 19,17.21; 20,11.13). Aber trotz des großen Einflusses dieses Kirchenlehrers auf die kommenden Jahrhunderte wird im MA im Prinzip ein WR akzeptiert. Der Grund dafür ist die germanische Überzeugung, daß der König, wie jedes andere Mitglied eines Stammes, an das Recht *(êwa; ê)* gebunden ist (Tacitus, Germania 7). Wenn der König das Recht verletzt und Unfrieden stiftet, steht jedem Freien ein WR gegen ihn zu. Auf diese Weise wird für die geschändete Rechtsordnung Satisfaktion geleistet. Das zentrale Problem dieser →W.sauffassung ist, daß die Rechtsordnung nicht schriftlich fixiert und damit nirgendwo faßbar ist. An dieses Problem knüpft die Kirche an und sucht angefangen von →Isidor von Sevilla (560–636) bis zum Hochmittelalter greifbare Kriterien und Normen für als gerecht bzw. tyrannisch zu bezeichnende Herrscher zu formulieren und damit implizit auch für ein WR. Einerseits untersagt sie das formlose im Fehderecht verankerte WR (z. B.: Synode von Paderborn (785) Kanon 10-11; Synode in Hohenaltheim (916) Kanon 20-24; zum Urteil des mittelalterlichen Kirchenrechts siehe: Ivo von Chartres, Decretum 12,78). Andererseits übernimmt sie selbst die Überprüfung des Herrschers. Denjenigen, den sie für ungeeignet hält, wirft sie in den Kirchenbann. Da diese kirchl. Sanktion das Verbot des Schwerttragens impliziert, ja den Umgang mit dem Herrscher untersagt, wird er regierungsunfähig.

Seit dem Investiturstreit beansprucht die röm. Kurie (Gregor VII.) für sich ein direktes Depositionsrecht gegenüber dem Herrscher (Dictatus Papae, Satz 12) und setzt im 12. und 13. Jh. zahlreiche Herrscher ab. Trotz entgegengesetzter Bemühungen der Kirche bleibt das formlose WR innerhalb der Bevölkerung Deutschlands bestehen, bis es durch den Ewigen Landfrieden von 1495 definitiv als illegal qualifiziert ist. Ein offizieller kirchl. Anspruch zur Tyrannentötung erfolgt aus Anlaß der Ermordung Ludwigs von Orleans (1407) in Paris. Auf dem →Konstanzer Konzil (1415/16) wird festgestellt, daß nicht jedem das Recht zum Tyrannenmord zusteht. Nachdem bereits im Rahmen des Lehensrechts ein förmliches WR Gestalt gewinnt (Sachsenspiegel 3,78,2; Magna Charta, Art. 61), wird dieses im Lauf des 14. und 15. Jh.s durch funktionsfähigere, konstitutionell-standesrechtliche Institutionen abgelöst: Das WR geht als richterliche Befugnis in die Hände der Stände über, d. h. für Deutschland, in die Hände der Kurfürsten.

Luther, der sich spätestens seit seinem Wartburg-Aufenthalt mit dem WR auseinandersetzt, akzeptiert das Absetzungsrecht des Kurfürstengremiums. Den Untertanen aber untersagt er strikt ein WR: Man könne nie wissen, ob nicht anschließend eine schrecklichere Tyrannis entstehe. Vor allem aber sei ein WR deswegen abzulehnen, weil es Gott sei, der jede Obrigkeit, auch die heidnische und die tyrannische, eingesetzt habe (Von weltlicher Obrigkeit, WA 11,247–248.257). Als sich die Bauern (→Bauernkrieg) zur Legitimierung ihrer Erhebung auf das Evangelium berufen, wirft der Reformator ihnen vor, die beiden Regimente/Reiche »ineinanderzurühren«. Sie nähmen das Evangelium »fleischlich« an und verunreinigten, ja mißbrauchten es auf teuflische Weise (Ein Sendbrief von dem harten Büchlein wider die Bauern ,1525, WA 18,400). Nach dem Augsburger Reichstag überzeugen die sächsischen Juristen den Reformator davon, daß den Reichsfürsten ein WR gegenüber dem Kaiser zusteht, so daß Luther es akzeptiert (Torgauer Gutachten, 26.–28. 10. 1539, WAB 5. Nr. 1740). Später (1539) erkennt Luther jedem ein WR gegen den Kaiser zu, wenn jener als Lehensmann des Papstes, d.h. des Antichristen, auftritt (Zirkulardisputation über Mt 19,21 (9.5.1539), WA 39,II,42-43, These 68-70). Diese Überlegungen Luthers spielen während des Schmalkaldischen Krieges (1546) eine nicht unbedeutende Rolle. Aber nach dem Augsburger Reichstag (1555) geraten sie unter den Lutheranern schnell in Vergessenheit.

In den folgenden Jahrhunderten, namentlich im Absolutismus, wird ein WR von luth. Theologen im großen und ganzen verneint. Im 18. Jh. empfehlen sie sich ihren Fürsten geradezu durch ihr striktes Nein zum WR: Im Unterschied zu den Jesuiten und den Calvinisten seien sie Vertreter einer wirklich staatserhaltenden Konfession.

Calvin untersagt den →Hugenotten, die in Frankreich seit den zwanziger Jahren des 16. Jh.s blutig verfolgt werden, jede Gegenwehr. Seine Argumente, mit denen er ein WR ablehnt, entsprechen weitgehend denjenigen Luthers (siehe: Institutio IV, 20,1ff). Als Ausnahme von diesem Nein anerkennt er bis 1559 lediglich die Möglichkeit, daß Gott Rächer erweckt, die, wie in der Richterzeit, als Werkzeuge Gottes die Tyrannen strafen und vernichten (Institutio IV 20, 30). Gegenüber den absolutistischen Tendenzen Frankreichs betont Calvin, daß Volksmagistrate zur Verteidigung der Freiheit einen Herrscher kontrollieren dürfen (Institutio IV, 20,31). Als sich nach dem Massaker von Vassy (März 1562) Ludwig de Condé an die Spitze des hugenottischen Heeres stellt, akzeptiert Calvin die Gegenwehr. Ja, er beteiligt sich sogar an der Organisation der militärischen Aktionen insofern, als er zu Geldsammlungen für die Soldaten aufruft (Op. 19,350).

Nach der Bartholomäusnacht (1572) propagieren hugenottische Monarchomachen in mehreren anonym veröffentlichten ausführlichen Schriften ein WR subordinierter Obrigkeiten wie Bürgermeister oder Provinzstatthalter gegen den König. Unter diesen Schriften ragen heraus: F. Hotmann, Francogallia; Th. →Beza, De iure magistratuum in subditos; P. Duplessis Mornay, Vindiciae contra tyrannos. Während des Toleranzedikts von Nantes (1598–1685) lehnen allerdings die Hugenotten ein WR ab: Röm 13,2 und 1Petr 2,13 verböten dieses.

Auf der Britischen Insel wird, veranlaßt durch die Herrschaft Mary Tudors (»Bloody Mary«), früher als in Frankreich ein WR akzeptiert (John Ponet, Christopher Goodman). Wenige Jahre später reflektiert John →Knox (1505/1515–1572) in Auseinandersetzung mit der schottischen Regentin Mary Stuart seine W.slehre. Indem er an den Bundesschluß des schottischen Volkes mit Gott (1560) anknüpft, bezeichnet er eine(n) Herrscher(in), der (die) sich nicht strikt an Gott und sein Wort hält, als Tyrannen. Aufgrund der eingegangenen Bundesverpflichtung sei der Christ dazu aufgerufen, einem Herrscher wie jedem anderen Götzendiener (Dt. 13) gewaltsam entgegenzutreten (J. Knox, Works. Bd. 4, S. 497). Als die englischen Könige im 17. Jh. unter Berufung auf das »Göttliche Recht« *(Divine Right)* darauf bestehen, dem Parlament keinerlei Rechenschaft schuldig zu sein, wenden sich die Puritaner gegen diese Unverantwortlichkeitsidee (S. Rutherford, Lex Rex). Auf dem Höhepunkt dieser Auseinandersetzung wird Charles I. hingerichtet (30. Januar 1649).

Als sich im 17. Jh. auf dem Kontinent der Absolutismus ausbreitet, gerät die Thematik des WRs in die Defensive. J. Althusius bäumt sich noch einmal gegen die Zurückdrängung des WRs auf. Seine Ausführungen zum WR (Politica methodica digesta atque exemplis sacris et profanis illustrata, 1614, Kap. 38) können als Zusammenfassung der traditionellen W.slehre aufgefaßt werden. Danach verschwindet die W.slehre nicht sofort, verliert aber sukzessiv an Bedeutung, insofern als sie immer stärker an das positive Recht gekoppelt wird (s. U. Huber, De iure civitatis libri tres, 1674). Für das Wiederaufleben des WRs in der Neuzeit ist John →Lockes W.lehre wirkungsgeschichtl. wohl am bedeutsamsten: Wenn eine Regierung nicht mehr die Funktion erfülle, für die sie eingesetzt sei, könne sie gestürzt werden (The Second Treatise of Government 19,211ff). Namentlich für die moralische Fundierung des Amerikanischen Unabhängigkeitskrieges sind Lockes Überlegungen von zentraler Bedeutung. Über Amerika (Virginia Bill of Rights, 1776) dringen seine Gedanken in die Verfassungsüberlegungen auf dem europäischen Kontinent ein und stehen bei der Neuformulierung der *résistance à l'oppression* in der Erklärung der Menschen- und Bürgerrechte (1789) Pate.

→Kant, dessen W.sauffassung im 19. Jh. starken Widerhall findet, untersagt jeden W. (Metaphysik der Sitten): Ein solches Unterfangen widerspreche der Idee eines Souveräns sowie der Einheitlichkeit eines Staates. Im Lauf des 19. Jh.s wird trotz mancher Restaurationsversuche die W.slehre durch eine →Revolutionslehre (Marx) substituiert. Erst die totalitären Regime im 20. Jh., namentlich der Nationalsozialismus, lassen das WR wieder aktuell und akut werden. Angesichts der dort gemachten Erfahrungen billigt das dt. Grundgesetz jedem Staatsbürger zur Verteidigung des Rechtsstaats ein WR zu (Art. 20,4). Auch Theologie und Kirche sehen sich durch die nationalsozialistische Katastrophe veranlaßt, sich mit dieser Problematik erneut zu beschäftigen. In Anlehnung an die Confessio Scotica (1560) bewertet K. →Barth den W. gegen eine Tyrannis als Glaubensfrucht (Gotteserkenntnis und Gottesdienst nach reformierter Lehre, 193.214; KD III,4, 513ff). Der norwegische Bischof E. →Berggrav ruft zur Verteidigung des Rechtsstaats Luthers Gedanken über den apokalyptischen Tyrannen in Erinnerung (Der Staat und der Mensch, 1946). Heute wird vor allem in Auseinandersetzung mit neomarxistischen und anarchistischen Strömungen (→Befreiungstheologien) unter Berufung auf Röm 13,2 das generelle Nein zum W. betont. Ein WR sei nach Ausschöpfung aller verfassungsmäßiger Mittel lediglich unter folgenden Bedingungen vertretbar: im Fall notorischer Diskrepanz zwischen Recht und weltlicher Macht, sozusagen als ultima ratio; der zur Beseitigung der Tyrannis erforderliche Einsatz von Gewalt muß eindeutig geringer ausfallen als der Gewaltmißbrauch, der durch das Unrechtsregime ausgeübt wurde; der Zweck des Unterfangens, die Beseitigung des Mißbrauchs der Unrechtsherrschaft, muß realisierbar sein.

Lit.: D. Ehlers: Technik und Moral einer Verschwörung. 20. Juli 1944, 1964; A. Kaufmann (Hg.): Widerstandsrecht, 1972 (Lit.!); F. Kern: Gottesgnadentum und Widerstandsrecht im frühen Mittelalter. Zur Entwicklungsgeschichte der Monarchie, [7]1989; J. B. Klautke: Recht auf Widerstand gegen die Obrigkeit? Eine systematisch-theologische Untersuchung zu den Bestreitungs- und Rechtfertigungsbemühungen von Gewaltanwendung gegen die weltliche Macht (bis zum 18. Jahrhundert), 1994 (Lit.!); G. van Roon: Neuordnung im Widerstand. Der Kreisauer Kreis innerhalb der deutschen Widerstandsbewegung, 1967; E. Wolgast: Die Wittenberger Theologen und die Politik der evangelischen Stände. Studien zu Luthers Gutachten in politischen Fragen, 1977.

J.-B. Klautke

Widukind

Der Name des Sachsenherzogs W. ist bis heute mit den sächsischen Missionskriegen (772–804) Karls des Großen verbunden. Schon die Zeitgenossen des Frankenkönigs haben die Vermischung von polit. Annexion und Christianisierung kritisiert und davon gesprochen, Karl habe gleichsam »mit eiserner Zunge« gepredigt. In diesem langen Kampf, den Karl freilich als Glaubensaufgabe verstand, war der heidnische Sachsenherzog sein Gegenspieler. Schon bald nach der Integration der Sachsen in das Frankenreich ist er deshalb zur Identifikationsfigur geworden. Der aus unterschiedlichen Interessen gespeiste W.-Mythos hat ihn zum Gegenstand dynastischer, rel. und nationalistischer Wertvorstellungen werden lassen. Demgegenüber sind die hist. Quellen dürftig. Nach ersten Erfolgen Karls 777 flüchtete W. mit seinen Anhängern zum dänischen König, um dann von 778–785 den sächsischen Widerstand zu organisieren, der siegreich bis nach Koblenz vorstieß. Die Wende kam 785: W. gab seinen Widerstand auf und ließ sich in der Pfalz Attigny taufen. Karl zeigte sich in christl. Sinne zur Versöhnung bereit und übernahm die Patenschaft für W., der als sein neuer geistl. Sohn geehrt wurde. Dem entsprach die weitere Entwicklung der Eingliederung der Sachsen. Zwar verloren sie ihre polit. Selbständigkeit, waren aber im fränkischen Vielvölkerreich gleichberechtigt.

Der sächsische Patriotismus hat W., etwa in Gestalt des wohl mit ihm verwandten Sachsenchronisten Widukind von Corvey (gest. nach 973), zum christl. Herrscher und Stammvater der Ottonen gemacht. Dagegen bleibt das Leben des Herzogs W. nach 785 im Dunkeln. Unbekannt ist, ob er in der Gegend von Enger gelebt hat und dort in der von ihm gegründeten Kirche begraben worden ist, ob er ein Grafenamt übernommen hat oder ob er bis zu seinem Tode zwangsweise in der Bodensee-Abtei Reichenau festgehalten worden ist.

Lit.: G. Althoff: »Der Sachsenherzog Widukind als Mönch auf der Reichenau. Ein Beitrag zur Kritik des Widukind-Mythos«, in: FMSt 17, 1983, 251–279; A. Angenendt: Kaiserherrschaft und Königstaufe, 1984, 203–214; E. Freise: »Das Frühmittelalter bis zum Vertrag von Verdun (843)«, in: Westfälische Geschichte 1, 1983, 275–335, 292ff.

L. E. v. Padberg

Wiedenest, Missionshaus Bibelschule

Das Missionshaus Bibelschule Wiedenest (MBW) wurde 1905 zunächst als »Allianz Bibelschule« durch führende Persönlichkeiten der Evangelischen →Allianz in Berlin gegründet und diente der Ausbildung von jungen Christen aus den Gemeinden der →»Evangeliums-Christen« (Brüdergemeinden) in Rußland. Im Jahre 1919 wurde sie von Berlin ins oberbergische Wiedenest verlegt.

Gegenwärtig umfaßt die Bibelschule den dreijährigen Ausbildungslehrgang und den ein- oder zweijährigen Schulungskurs. Diese werden von etwa 100 jungen Männern und Frauen aus Deutschland und anderen Ländern besucht. Im Jahre 1952 kam das Missionshaus hinzu, das sich als »Organ der Gemeinden« versteht. Dabei liegt die Verantwortung für die Entsendung von Missionaren bei der örtlichen Gemeinde in Zusammenarbeit mit dem Missionshaus. Schwerpunkte des Dienstes der gegenwärtig 130 Missionare sind Evangelisation, Gemeindeaufbau und Diakonie in Nepal, Pakistan, Afghanistan, Tansania, Brasilien und Österreich sowie die Zusammenarbeit mit einheimischen Gemeinden in Japan, Korea, Argentinien, Spanien, Frankreich, Italien und den Ländern Osteuropas. Im Tagungsbereich erfolgt die Zurüstung in Kinder-, Jugend- und Gemeindearbeit. Außerdem werden besondere Veranstaltungen für Frauen sowie die jährliche Pfingstjugendkonferenz und Missionskonferenz durchgeführt. Das MBW ist Mitglied in der Arbeitsgemeinschaft Evangelikaler Missionen (AEM).

Lit.: D. Herm: Gemeinde und Mission, 1989; E. Schrupp: Gott macht Geschichte, erscheint 1995; ZS »Offene Türen«.

D. Herm

Wiederbringung aller Dinge

→Allversöhnung

Wiedergeburt

a) religionsgeschichtlich

Der Gedanke der W. findet sich in verschiedenen Religionen. Im →Hinduismus werden die Angehörigen der höheren Kasten nach einem Initiationsritus »Zweimalgeborene« genannt, ohne daß allerdings mit dieser Bezeichnung tiefergehende Spekulationen verbunden werden. Von zentraler Bedeutung im Hinduismus ist dagegen die Lehre vom sog. *samsara,* wonach das Selbst des Menschen nach dem Tod in einer anderen Existenz weiterlebt, indem es, entsprechend dem Vergeltungsgesetz des *karma,* in einer höheren (z.B. in einer höheren Kaste oder gar als Gottheit) oder einer niederen Existenz (ggf. als Tier oder Pflanze) »wiedergeboren« wird (→Reinkarnation). Es ist nicht auszuschließen, daß dieser Gedanke der W. über den Pythagoreismus in die platonische Philosophie gelangte (Gennrich 305ff) und von dort her im abendländischen Denken immer wieder Anhänger fand (z.B. →Lessing, Erziehung des Menschengeschlechts, 90-100; neuerdings, in unmittelbarem Rückgriff auf neuhinduistisches Denken, vor allem in der →New Age-Bewegung).

Im hell. Judentum spricht 4Makk von einem »wiedererschaffen werden *(anaktizesthai)* zur Unsterblichkeit« (16,13). Bei →Philo kann W. die Rückkehr eines Verstorbenen ins Leben bedeuten (Post 124; LegGai 325), aber auch, im Sinne eines platonisierenden Dualismus, den Übergang in ein neues Sein: im Tod trennt sich die Seele vom Körperlichen und vereint sich mit dem Unkörperlichen (Cher 114). Gleiches kann Philo gelegentlich aber sogar von einem noch Lebenden aussagen: in Mose vollzieht sich bei seinem Aufstieg am Sinai »eine zweite Geburt, besser als die erste« (Quaest in Ex II, 46), d.h. nach der ersten, natürlichen Geburt, in der Leib und Seele sich vereinigen, kommt es nun zu einer zweiten, göttlichen Geburt, in der die Seele reiner Geist ist, unvermischt mit Körperlichem.

In nachchristl. Zeit begegnet der Gedanke der W. auch in den →Mysterienreligionen der griech.-röm. Antike (vgl. Dey). Auf einer Inschrift des Mysterienkults der Taurobolien aus dem Jahr 376 n. Chr. heißt es, der Myste sei »in Ewigkeit wiedergeboren«. In der ebenfalls nachchristl. Schrift »Metamorphosen« des Apuleius (2. Hälfte d. 2. Jh.s. n. Chr.) empfängt der Myste der Isis in der Weihe ein von den Bedrohungen durch Schicksal und Tod freies Leben. Nach der Mithrasliturgie (4. Jh. n. Chr.) erlebt der Myste in der Ekstase eine momentane »Geburt zur Unsterblichkeit«. Ähnlich wie Philo lehrt die hermetische Schrift Poimandres (3. Jh. n. Chr.) die Notwendigkeit einer W. im Sinne einer vergeistigenden Befreiung vom Sinnlichen. Auffallend ist allerdings (so Nilsson 688), daß der Gedanke der W. hier nirgends mit dem der →Gotteskindschaft verbunden ist.

b) biblisch

Das Substantiv W. (griech. *paliggenesia,* »Wiederentstehung«; ein hebr. Äquivalent fehlt) findet sich in der Bibel nur im NT, und zwar in Mt 19,28 als kosmische Erneuerung und Tit 3,5 als individuelle Erneuerung. Letztere ist in Joh 3 verbal umschrieben mit *anothen gennethenai,* »von neuem (bzw. von oben) geboren (oder gezeugt) werden« (V. 3.7; vgl. V. 8 »geboren aus dem Geist«; 1,13 »aus Gott«; vgl. 1Joh 2,29; 3,9; 4,7; 5,1.4.18). 1Petr spricht von *anagennan,* »wieder zeugen (bzw. gebären)« durch die (Botschaft von der) Auferstehung Jesu Christi (1,3) und das lebendige Wort (1,23), Jak von *apokyo,* »gebären, hervorbringen« durch das Wort der Wahrheit (1,18). In den Umkreis des Gedankens der W. gehören auch die Aussagen über die →Gotteskindschaft des Christen (Joh 1,12; 1Joh 3,1-2.10; 5,2; 1Petr 2,2), aber auch die von der neuen Schöpfung (2Kor 5,17; Gal 6,15; vgl. Eph 1,10). Dabei ist im NT mit der W. nie nur eine erneute, sondern immer eine erneuerte im Sinne einer qualitativ veränderten Existenz gemeint (während z.B. im Hinduismus das Selbst prinzipiell unveränderlich ist). Die W. ist ein »von oben« d.h. aus dem Geist Gottes Gezeugtwerden (Joh 3,3), im Unterschied zur natürlichen Geburt »aus dem Fleisch« (3,6) – wobei »Fleisch« *(sarx)* bei Joh. die irdische Existenz nicht nur als solche bezeichnet, sondern als immer zugleich auch schon von der →Sünde bestimmte (3,5.19f). Das Leben »aus dem Geist« ist entsprechend keine entweltlichende Geistigkeit, sondern ein von der im geschichtlichen Ereignis des Kreuzes Christi offenbaren Liebe Gottes verändertes Leben (Joh 3,16.21; vgl. Tit 3,4). Wer wiedergeboren ist, tritt damit in den Bereich der Herrschaft Gottes ein (Joh 3,5b, vgl. Mt 18,3).

Das NT verwendet mit dem Begriff W. ein in der hell. Umwelt geläufiges Bild, dessen Bedeutung sich aber von der dort üblichen grundlegend unterscheidet und nur vom atl. Zusammenhang her angemessen zu verstehen ist. Es wurzelt in atl. Aussagen wie der Bitte des seine Sünde bekennenden David um den »neuen Geist« (Ps 51,12) und der Verheißung einer Erneuerung des Herzens (als des innersten Personkerns) durch den von Gott gegebenen Geist (Hes 11,19; 36,26f). Die Verwirklichung solcher Verheißung wird im NT vom Werk Jesu her möglich: im →Glauben an den Sohn Gottes, der sein Leben für das der Welt gab (Joh 3,14-16). Aus solcher sich im Glauben vollziehenden Neugeburt des Menschen entsteht ein neues, bleibendes Verhältnis zu Gott, das der Kindschaft (Joh 1,12f; 1Joh 3,1; vgl. Röm 8,14-16). Es ist Beginn einer lebendigen →Hoffnung (1Petr 1,3; Tit 3,7) und geprägt von der dankbaren →Liebe zum himmlischen Vater wie zum menschlichen Bruder (1Joh 5,1f). Als Beginn des Christseins ist W. damit zugleich Ansatz neuer, brüderlicher Gemeinschaftsbildung.

Paulus rückt das Zeugnis von der W. als Veranschaulichung in den Zusammenhang seines Zentralgedankens von der →Rechtfertigung des Sünders allein aus →Gnade (Tit 3,5.7).

Bei Johannes wie bei Paulus steht die W. im Zusammenhang mit der →Taufe. In Joh 3,5 (»aus Wasser«) dürfte zunächst an die Taufe →Johannes d. Täufers gedacht sein, bei dem Zusatz »und Geist« an die Vollendung des durch Johannes Verheißenen durch Jesus. Als Siegel auf die →Buße symbolisiert dabei das Untertauchen in der Taufe ein Sterben des alten Menschen. In Tit 3,5 ist die christl. Taufe vorausgesetzt, wobei in der Deutung strittig ist, ob »Bad der Wiedergeburt« und »Erneuerung des Heiligen Geistes« ein epexegetischer Parallelismus ist, in dem das zweite Glied durch das erste nur veranschaulicht wird, oder ob die Taufe als Mittel gedacht ist, durch das Gott handelt. Jak 1,18 (»auf daß wir wären Erstlinge seiner Kreaturen«) verbindet die jetzt schon durch das Wort personal vermittelte W. mit der kosmischen Erneuerung (Mt 18,28; vgl. Röm 8,19-21).

c) theologiegeschichtlich

In der Alten Kirche steht der Gedanke der W. in der Regel nicht im Mittelpunkt von Verkündigung und Lehre (vgl. die Erwähnung z.B. in Barn 16,8; vgl. 6,11.14.17; Herm sim IX 16,4; →Clemens Al, Paid. I, 6 Anfang; →Origenes Princ. I 3,5-7). Am ehesten wird der Gedanke der W. bewahrt im Zusammenhang mit der Taufe: in ihr vollzieht sich die W. (→Augustin Conf IX, 17: »Alypsius hatte sich entschlossen, mit mir zugleich ... wiedergeboren zu werden«, d.h. sich taufen zu lassen). In der scholastischen Theologie wird die W., wenn überhaupt, im Rahmen der Rechtfertigungslehre erwähnt, verbunden mit der Taufe als dem grundlegenden Akt der Zueignung der Rechtfertigung. Dies blieb kath. Lehre bis in die Gegenwart. »Die Taufe ist das Sakrament der Wiedergeburt durch das Wasser im Wort« (Catech. Rom. 2,2,5, zitiert in KKK 341). In der spätmittelalterlichen Mystik wurde der Gedanke der W. in gewisser Weise in der Lehre von der »Geburt Gottes (bzw. Christi) in der Seele« aufgenommen (bes. bei Meister →Eckhart).

Die Reformation rückte zwar die Aneignung des Heils im Glauben neu in den Mittelpunkt von Verkündigung und Lehre. W. ist hier die Entstehung des rechtfertigenden Glaubens an das Evangelium. Zugleich blieb aber die W. mit der Taufe, die ja praktisch ausschließlich als Kindertaufe geübt wurde, verknüpft. Wie nie zuvor in der Geschichte der Kirche stellte dann seit →Spener der →Pietismus das Zeugnis von der W. ins Zentrum der Theologie. Das Interesse des Pietismus bestand dabei in der →Heiligung des Lebens als Frucht der in der W. gewirkten geistlichen Erneuerung des Menschen. Von einer bloß forensisch verstandenen Rechtfertigung wird die Aufmerksamkeit auf ihre Wirkung gelenkt: sie schafft den neuen Menschen. Während aber der Rostocker reformorthodoxe Theologe Th. Großgebauer (1627–1661) aus gleicher Motivation heraus die W. ausdrücklich von der Taufe gelöst hatte (»Treuer Unterricht von der Wiedergeburt«, im Anhang zu: »Wächterstimme aus dem verwüsteten Zion« 1661), hielt Spener in direktem Widerspruch gegen ihn an der altkirchl. Lehre von der Taufwiedergeburt fest. Um trotzdem der schlechten kirchl. Wirklichkeit und dem Anliegen ihrer Veränderung Rechnung zu tragen, entwickelte er neu die Lehre von der Möglichkeit einer zweiten W. Von einer Vergleichgültigung des Sakraments bei Spener (M. Schmidt, 175) kann deshalb keine Rede sein.

Im württembergischen Pietismus hat vor allem →Oetinger im Kontext seiner universalen Naturphilosophie eine durch die W. eintretende seinsmäßige Veränderung im Menschen gelehrt (»Abriß der evangelischen Ordnung zur Wiedergeburt« 1735). Ähnlich hat dann →Beck die Realität der sich in der W. vollziehenden Änderung betont, wenn er von einer »substantielle(n), nicht bloß moralische(n) Veränderung« spricht (in: »Vorlesungen über christliche Ethik«, 255), wobei allerdings diese »Substantialität« nicht sozusagen chemisch, sondern durchaus personal gedacht war. Stärker naturhaft wurde die W. dann aber in der →Erlanger Theologie vorgestellt. Die Lehre von der W. bekam hier grundlegende Bedeutung für die ganze Theologie: Die Theologie bekommt methodisch ihre Gewißheit dadurch, daß sie bei der Erfahrung der W. ansetzt und alle Inhalte der Theologie aus ihr abzuleiten versucht. Die W. selbst besteht darin, daß, zunächst noch ganz unabhängig vom personalen Leben des Menschen, in der Taufe ein »geistlicher Lebenskeim« eingesenkt wird (→Frank, Christliche Wahrheit II, 272), der dann nur noch zur bewußten Entfaltung gebracht werden muß. Auf diesem Hintergrund kam es dann in der →Gemeinschaftsbewegung teilweise zur Lehre von der sog. »physiologischen« W. (Burkhardt, Wiedergeburt und Bekehrung, 254ff). Der an sich dem Pietismus nahestehende H. →Cremer bestritt dagegen, in Auseinandersetzung mit der Gemeinschaftsbewegung wie der Erlanger Theologie, die Entstehung eines »neuen Ich« in der W. und betonte neu die Transsubjektivität der Rechtfertigung und auch der in der Taufe zugeeigneten W. Diese Transsubjektivität wurde dann in der →Dialektischen Theologie noch im Sinne der Nichtobjektivierbarkeit Gottes und seines Handelns radikalisiert. Seitdem ist die W. in der Theologie praktisch kein Thema mehr.

d) systematisch-theologisch

1. Charakteristika des Zeugnisses von der Wiedergeburt

Die Bedeutung des Zeugnisses von der W. kann (wie das von der →Bekehrung) nur richtig eingeschätzt werden, wenn man es im Zusammenhang der bibl. →Heilsgeschichte bedenkt. Dabei macht das AT deutlich, daß die Geschichte Gottes mit der Menschheit allg. und speziell auch mit Israel unweigerlich in eine totale Katastrophe münden muß, wenn nicht etwas grundlegend Neues in das Verhältnis zwischen Gott und Mensch, zwischen Mensch und Mitmensch hineinkommt, wenn nicht der Mensch anders wird. Dies Neue ist nun einerseits objektiv in Jesus selbst, seiner Person und seinem Weg gegeben, wird andererseits aber, und darauf zielt das Kommen Jesu, auch konkret wirksam in der Änderung einzelner Menschen im Sinne Gottes. Das geschieht da, wo Menschen Jesus nachfolgen, seine Jünger oder, wie es schon früh in der Apg heißt, →Christen werden.

Das schlechthin Neue der christl. Existenz wird nun damit veranschaulicht, daß das Christwerden als »neue Geburt«, als W. bezeichnet wird.

Anders als bei dem sonst ähnlichen Begriff der »neuen Schöpfung« bringt das Wort W. zum Ausdruck, daß es sich hier um eine individuelle Erneuerung handelt. Das Bild veranschaulicht zugleich die konkrete Geschichtlichkeit des Christwerdens: man wird nicht andauernd oder immer wieder geboren, sondern die Geburt setzt einen eindeutigen Anfang eines fortgehenden neuen Lebens. So wird man auch nicht dauernd Christ, sondern man wird es einmal – und dann ist man es. Darin kommt zugleich die Nichtselbstverständlichkeit des Christseins zum Ausdruck: man ist nie schon immer Christ, sondern muß es irgendwann erst einmal werden. Das Bild von der W. macht weiter (anders etwa als der Begriff Bekehrung, der die Aufmerksamkeit auf ein Tun des Menschen lenkt) bes. anschaulich klar, daß Christwerden keine Möglichkeit des natürlichen Menschen ist, sondern Werk der Gnade Gottes (»von oben«, »aus dem Geist«). Niemand kann sich selbst zeugen und gebären. Der mit dem Bild der W. eng verwandte Begriff der →Gotteskindschaft schließlich beschreibt deutlicher als andere soteriologische Begriffe (am ehesten wäre noch der Begriff der →Rechtfertigung vergleichbar) die wesentliche Sozialität des Christseins: Es bedeutet, in eine neue Beziehung zu Gott getreten zu sein, die als bleibende personale Beziehung am besten mit der Vater-Kind-Beziehung vergleichbar ist. Zugleich entsteht damit aber auch eine einzigartige zwischenmenschliche Beziehung: die von Gott her vorgegebene Verbundenheit mit anderen Wiedergeborenen in der geschwisterlichen, von der gemeinsam erfahrenen Liebe Gottes bestimmten Gemeinschaft der Kirche Jesu Christi.

2. Wiedergeburt und andere soteriologische Begriffe

So sehr das Wort W. nur ein Bild für das auch durch andere Bilder und Begriffe zu umschreibende Ereignis des Christwerdens ist, so wenig ist es doch einfach durch andere zu ersetzen, sondern gehört zum unentbehrlichen Wortschatz einer bibl. orientierten Theologie. Das eine Ereignis des Christwerdens wird erst durch die verschiedenen soteriologischen Begriffe mit ihren unterschiedlichen Aspekten in seiner ganzen Tiefe verständlich. Dabei bezeichnen die Begriffe W. und Bekehrung beide ausschließlich den Anfang christl. Existenz. Eine zeitliche Vorordnung des einen Begriffs vor den anderen wäre unbibl. und in seinen Folgen höchst problematisch (eine Vorordnung der Bekehrung führt zum →Synergismus, als müßte dem Handeln Gottes in der W. ein menschliches Tun vorangehen; eine Vorordnung der W. führt zu mystischem Quietismus, als müsse man erst auf die Erfahrung der W. warten, bis man dem Ruf zur Umkehr folgen könne). Andere Begriffe wie →Buße, →Rechtfertigung und →Heiligung dagegen sind zwar auch auf den Anfang anwendbar, aber nicht auf ihn zu beschränken, sondern umfassen und begleiten das ganze Leben des Christen (vgl. die Lehre vom →ordo salutis).

3. Wiedergeburt und →Taufe

Es ist unbestreitbar, daß die W. bereits im NT in Zusammenhang mit der Taufe gebracht wird. Ebensowenig ist aber zu bestreiten, daß das NT in einer Weise von der W. redet, die voraussetzt, daß es sich hier um einen personalen Vorgang im Leben eines Menschen handelt. W. ist die Geburtsstunde des Glaubens. Glauben aber ist immer ein bewußter Akt (Schlatter 424). Beide Feststellungen scheinen notwendig auf die ausschließliche Praxis der Erwachsenentaufe als Glaubenstaufe zu führen.

Andererseits ist hist. nach wie vor nicht auszuschließen, daß die Praxis der Kindertaufe bis ins NT zurückzuverfolgen ist (sog. Oikosformeln). Zu bedenken ist weiter, daß ein Verständnis der Taufe nur als Bekenntnisakt nicht bibl. ist. Sie ist primär ein Angebot und Zuspruch von Gott her (niemand kann sich selbst taufen). Zu erwägen wäre deshalb die Möglichkeit, daß, was von der Sache her und ursprünglich auch zeitlich zusammengehört, in der Erfahrung sich zeitlich auseinanderziehen kann. Die Lehre von der Taufwiedergeburt im strengen Sinn (die W. als mit der Kindertaufe gegeben vorausgesetzt, so daß keine W. mehr nötig wäre) ist dagegen theol. nicht haltbar und erweist sich in der kirchl. Praxis immer wieder als Hindernis missionarischen →Gemeindebaus.

4. Die gegenwärtige Bedeutung der Lehre von der Wiedergeburt

Natürlich muß die Verkündigung der Kirche nicht ständig expressis verbis von W. reden. Aber sie muß immer um die Notwendigkeit und Möglichkeit der W. wissen. Dieses Wissen bewahrt vor der einschläfernden Illusion, alle Glieder der Volkskirche seien als solche schon wirklich Christen und schärft den Blick für die Aufgabe der Evangelisation.

Die Möglichkeit und Wirklichkeit geistl. Erneuerung von Menschen in der W. ist zugleich der entscheidende Ansatz für eine christl. Strategie für eine Erneuerung in Kirche und Gesellschaft. Nur neue Menschen schaffen neue Verhältnisse (K. Bockmühl).

Lit.: J. T. Beck: Vorlesungen über christliche Ethik, Bd. 1, 1882; K. Bockmühl: Herausforderungen des Marxismus, ²1979, 98-125f; ders.: Wiedergeburt und Neuschöpfung, bisher unveröffentlichtes Manuskript 1965; H. Burkhardt: Das biblische Zeugnis von der Wiedergeburt, ²1981; ders.: Wiedergeburt und Bekehrung, in: K. Heimbucher (Hg.): Dem Auftrag verpflichtet, 1988, 237–259; ders.: Art. »Wiedergeburt«, in: GBL III, 1686f; E. Cremer: Rechtfertigung und Wiedergeburt, 1907; H. Cremer: Taufe, Wiedergeburt und Kindertaufe, 1901; J. Dey: Paliggenesia. Ein Beitrag zur Klärung der religionsgeschichtlichen Bedeutung von Tit 3,5, 1937; F. H. R. Frank: System der christlichen Wahrheit, 2. Teil 1886; P. Gennrich: Die Lehre von der Wiedergeburt, die christliche Zentrallehre in dogmengeschichtlicher und religionsgeschichtlicher Beleuchtung, 1907; H. v. Glasenapp: Die Religionen Indiens, 1943; G. Maier, G. Rost (Hg.): Taufe, Wiedergeburt und Bekehrung in evangelistischer Perspektive, 1980; M. P. Nilsson: Geschichte der griechischen Religion, Bd. 2, ²1961; A. Schlatter: Das christliche Dogma, ³1977; M. Schmidt: Wiedergeburt und neuer Mensch. Gesammelte Studien zur Geschichte des Pietismus, 1969; J. Schniewind: »Von der Neugeburt«, in: Zur Erneuerung des Christenstandes, 1966, 20-32.

H. Burkhardt

Wiederheirat

a) biblisch

In der W. nach dem Tod eines Ehegatten sieht die Bibel kein ethisches Problem (Röm 7,2f). Jungen Witwen wird z.B. ausdrücklich zur W. geraten (1Tim 5,11-14). Im atl. →Gesetz ist W. auch nach erfolgter →Ehescheidung als Möglichkeit vorgesehen (5Mo 24,2). Im NT dagegen werden Ehescheidung und W. danach grundsätzlich abgelehnt (Mk 10,11f; Lk 16,18). Wo aber die Scheidung der Ehe als Ausnahme zugestanden wird (Mt 5,32; 19,8f; 1Kor 7,15), wird doch die W. ausgeschlossen, um die Möglichkeit der Versöhnung und Erneuerung der Ehe offen zu halten (1Kor 7,11; vgl. Hermas mand IV, 5-8).

b) systematisch-theologisch

Grundsätzlich »kann keinen Augenblick zweifelhaft sein, daß die paulinische Regel 1Kor 7,10ff die Versagung einer kirchl. Anerkennung und Einsegnung einer zweiten Ehe zu Lebzeiten des geschiedenen früheren Gatten fordert« (Trillhaas 269). Entsprechend lehnt die offizielle kath. Lehre W. strikt ab. Nach staatlichem Recht Geschiedene werden nur als Getrennte angesehen. Heiratet einer von ihnen, lebt er in Bigamie und wird vom Abendmahl ausgeschlossen (KKK 1650). Neuerdings allerdings mehren sich die Stimmen, die aus seelsorgerlichen Erwägungen heraus empfehlen, diese strengen Bestimmungen unter bestimmten Voraussetzungen zu lockern (Hirtenwort der Bischöfe Lehmann, Kasper und Saier »Pastoral mit Geschiedenen und wiederverheirateten Geschiedenen« vom September 1993).

Im Protestantismus dagegen wird seit der Reformationszeit immer wieder auch die Möglichkeit der W. zugestanden (vgl. →Melanchthons in die luth. Bekenntnisschriften aufgenommener »Tractatus de potestate papae« Art. 78: W. zumindest des »unschuldigen« Teils).

Als Begründung für die ethische Möglichkeit der W. wird angeführt:

1. Die kirchl. Verweigerung einer möglichen W. erlege den Betroffenen in unzumutbarer Weise eine Verdrängung ihres Geschlechtstriebs auf (unter Berufung auf 1Kor 7,9).

2. Die →Vergebung der Sünden schaffe eine völlig neue Situation, die eine erneute Heirat erlaube (J. E. Adams, G. Naujokat). Demgegenüber ist zu bedenken: Die Vergebung eröffnet zwar neue Gemeinschaft mit Gott und in der Gemeinde, aber macht die Vergangenheit (die in der Person des noch lebenden geschiedenen Ehepartners noch gar nicht vergangen ist) nicht ungeschehen. Wo man dem anderen Argument folgt, das Ledigbleiben des Geschiedenen überfordere ihn, da wird man in der christl. Gemeinde zumindest darauf achten müssen, daß die seelsorgerlich ggf. zu verantwortende Ausnahme nicht zur Aushöhlung der Regel führt. So haben öffentliche kirchl. Handlungen und die Lebensführung exponierter kirchl. Amtsträger erfahrungsgemäß eine das sittliche Bewußtsein in der Gemeinde prägende Kraft. Deshalb sind im Fall der W. der Verzicht auf kirchl. Trauung und auf die Übernahme solcher Ämter ratsam.

Lit.: J. E. Adams: Marmor, Stein und Eisen bricht, 1992; K. Bockmühl: »Die Wiedertrauung Geschiedener nach evangelischem Verständnis«, in: Die Glocke, Jg. 19/1965, H. 2, 15-18; H. Burkhardt: »Ehe und Ehescheidung in christlicher Sicht«, in: ThBeitr Jg 26/1995; Katechismus der katholischen Kirche, 1993; G. Naujokat: »Wenn Liebe scheitert«, in: Ch. Morgner (Hg.): Glauben der sich sehen läßt, 1993, 147–156; H. Thielicke: Theologische Ethik III, 1964, 2588–2617; W. Trillhaas: Ethik, 1959.

H. Burkhardt

Wiederkunft Christi

1. Zum Begriff

»Wiederkunft Jesu Christi« kommt als Begriff in der Bibel nicht vor. Er wurde erst im kirchl. Sprachgebrauch gebildet, um auf diese Weise die erste Ankunft Jesu, seine Menschwerdung also und seine irdische Sendung, von seinem zweiten Kommen zum Weltgericht und zur endgültigen Aufrichtung des Reiches Gottes zu unterscheiden.

Das NT verwendet da, wo es »Wiederkunft« meint, unterschiedliche Formulierungen. Zum einen begegnet das Wort »Erscheinung« bzw. »erscheinen« (2Thess 2,8; 1Tim 6,14; 2Tim 4,8; Tit 2,13; 1Joh 3,2 vgl. auch Hebr 9,28). Dieses »Erscheinen« ist immer mit dem Gericht über die Welt, mit der Auferstehung der Toten, mit dem Tag des Herrn verbunden. Daneben wird vielfach auch einfach das Verb »kommen« verwandt. Der Menschensohn kommt in der Herrlichkeit des Vaters (Mt 16,27), er kommt als der Herr und der Bräutigam (Mt 24,42; 25,6), er kommt in den Wolken (Offb 1,7; vgl. Apg 1,11). Auch dieses »Kommen« signalisiert immer zugleich auch den Beginn der Weltvollendung in Endgericht und Neuschöpfung (Lk 21,26.34; 1Kor 10,11; 13,10; 1Thess 5,2; Offb 6,17; 14,7; 19,7). In Erwartung dieser Ereignisse betet darum die endzeitliche Gemeinde: »Amen, ja komm, Herr Jesu!« (Offb 22,20). Am häufigsten wird das Wort *parousia,* »Ankunft« für das gebraucht, was wir mit Wiederkunft Jesu bezeichnen. In der griech. Sprache des hell. Zeitalters wird *parousia* vor allem zur Beschreibung der machtvollen Erscheinung einer Gottheit verwandt, in der höfisch-polit. Terminologie vom Besuch eines Kaisers oder Königs in einer Provinz seines Reiches; die rel.-kultische und die polit. Sprache haben sich dabei gegenseitig gemischt, insbesondere bei der Entwicklung der Vergöttlichung der röm. Kaiser. Wenn das NT nun genau diese Begrifflichkeit für die Wiederkunft Jesu verwendet, sagt sie damit die Würde und Macht des Kommenden als göttlich und alle betreffend an (Mt 24,3.27.37.39; 1Kor 15,23; 1Thess 3,13; 4,15; 5,23; 2Thess 2,1.8; 1Joh 2,28).

Mit der Ankunft des erhöhten Christus in der Welt verbinden sich wie auch bei den anderen Begriffen seiner Wiederkunft die endzeitlichen und zukünftigen Abläufe. Darum ist das Sehnen und Erwarten der Glaubenden auf die *parousia* gerichtet.

2. Zum Problem

In der wissenschaftl. Theologie der Neuzeit ist immer wieder die Hypothese vorgetragen worden, die frühchristl. Gemeinden hätten unter einer »Parusieverzögerung« gelitten. Denn Jesus selbst und die Urgemeinde hätten in einer Erwartung des nahen Endes gelebt, die sich aber bald als Irrtum herausstellte. Das hätte zum Erlöschen des eschatologischen Feuers und zu einer neuen, angepaßten Lehrbildung geführt, im Sinne von Verzug der Parusie zugunsten einer längeren zeitlichen Erstreckung der Weltmission (M. Werner). Gegen diese Hypothese spricht, daß Jesus selbst offensichtlich von einer langen Zeitspanne bis zu seiner Parusie ausgegangen ist, sonst hätte er die Jünger nicht beten gelehrt: »Dein Reich komme« (Mt 6,10), sonst nicht die warnenden Parusiegleichnisse vorgetragen (Mt 24,43f; 25,5; 25,19), sonst nicht vor jeder Datierung gewarnt. Auch der Himmelfahrtsbericht in Apg 1 weist in diese Richtung, er bezeugt zwar das

»Daß« und das »Wie« der Wiederkunft des Erhöhten, nicht aber das »Wann«. Die Schriften der Apostel treten sowohl einem Erlöschen der Wiederkunftserwartung wie auch der Annahme der baldigen Parusie entgegen (1Kor 15,21ff; 2Thess 2,1ff; 2Petr 3,3ff). Wenn auch die persönl. Sehnsucht nach dem baldigen Kommen des Erhöhten unverkennbar ist (1Kor 15,51), so haben sie daraus doch keine verbindliche Lehre gemacht (vgl. 1Thess 4,13ff; 5,1ff; 2Thess 2,1ff; 2Petr 3,8ff). Zu bedenken ist in diesem Zusammenhang auch, daß die Offenbarung des Johannes mit dem Ausblick auf und dem Ruf nach der Wiederkunft schließt (Offb 22,16ff).

3. Zum dogmatischen Stellenwert

Die Wiederkunft Jesu Christi leitete die Neuschöpfung der Welt, der Menschheit und des Lebens in Liebe, Heil und Gerechtigkeit für ewig, gemäß der Seinsweise Gottes ein. Der Kosmos wird neugeschaffen. Die Lebensmöglichkeiten für die geschaffene Kreatur werden angstfrei und unbedrängt. Die neue Welt lebt in der Nähe und im Frieden Gottes. Tod, Leid, Schmerz und Elend haben ein Ende. Die Wiederkunft Jesu Christi beendet auch die Leiden seiner Gemeinde. Verführung und Verfolgung sind aus dem Mittel getan (vgl. Mt 24,9ff; 2Thess 2,11ff; Offb 13), die Macht der christusfeindlichen Weltreiche ist endgültig gebrochen (Dan 7; Offb 19), die letzte große Trübsal vorbei (Lk 21,28; Offb 6,9ff). Die Wiederkunft Jesu Christi führt zur ersten Totenauferstehung. Sie sammelt die verstorbenen und die lebenden Glaubenden um ihren Herrn (Mt 24,31; 1Kor 15,23.51; 1Thess 4,16f; Offb 19,7ff; 20,4ff), und zwar zur Herrschaft in dem →»Tausendjährigen Reich« (Offb 20).

Die letzte Folge ist das Gericht, das der wiederkommende Christus über seine Gemeinde und über die Menschheit abhalten wird. Dieses Gericht wird die Scheidung von Gut und Böse, von Geretteten und Verdammten unwiderruflich vornehmen und damit die Heilsgeschichte zum Ziel bringen.

Somit ist die Wiederkunft Christi der Beginn der letzten Vollendungen, ehe der Herr das Reich Gott, dem Vater, übergibt und »Gott sein wird alles in allem« (1Kor 15,24).

Lit.: P. Althaus: Die letzten Dinge, [6]1956; E. Buess: Maranatha – unser Herr kommt, 1992; F. Flückiger: Der Ursprung des christlichen Dogmas. Eine Auseinandersetzung mit A. Schweitzer und M. Werner, 1955; E. Gräßer: Das Problem der Parusieverzögerung in den synoptischen Evangelien, [2]1960; M. Werner: Die Entstehung des christlichen Dogmas, 1941; H. Wenz: Die Ankunft unseres Herrn am Ende der Zeit, 1965. *U. Betz*

Wiedertäufer →Täufer

Wiederverheiratung →Wiederheirat

Wiederverkörperung →Reinkarnation

Wilberforce, William →Sklaverei

Wilde Ehe →Konkubinat

Wille Gottes

1. Im Begriff »Wille Gottes« sind zwei Elemente unlösbar miteinander verbunden: die göttlichen Ratschlüsse und das göttliche Handeln und Wirken. Gott tritt mit seiner Willenskundgabe aus sich heraus, er macht in seinem Reden und Tun offenbar, was er will.

Der Wille Gottes begegnet uns im wesentlichen auf dreifache Weise. Da ist zum einen der göttliche Ratschluß der Schöpfung. Die Welt ist nur, weil Gott sie will. Die Welt ist so, wie sie ist, weil Gott sie so haben will, weil sie so, wie sie ist, seinem Urteil als sehr gut entspricht. Weil die Welt aber durch Gottes freien Willen geschaffen ist und nur darin besteht, ist sie »kontingent«, ist sie also nicht notwendig aus sich selbst heraus. Für die Welt gibt es ein Vorher, so wie es für sie ein Nachher gibt nach Gottes Willen. Die Erkenntnis des schöpferischen Willens und damit Wirkens Gottes wird allerdings erst durch die Beziehung des Glaubens gewonnen. Das kommt daher, daß der Glaubende, dem die rechtfertigende Gnade und die Gotteskindschaft in Jesus Christus geschenkt ist, weiß, daß die Erwählung dazu schon »vor Grundlegung der Welt« (Eph 1) geschehen ist, daß also die göttliche Bestimmung der Schöpfung nur den Seinsgrund für etwas Umfassenderes abgibt, was in der apostolischen Verkündigung der »ganze Ratschluß Gottes« (Apg 20) oder sogar »das Geheimnis seines Willens« (Eph 1) genannt wird.

Damit kommt die zweite Weise der Offenbarung des Willens Gottes in den Blick: der Ratschluß der Erwählung. Gott will in enger Gemeinschaft mit seinen Geschöpfen, insbesondere mit der Krone der Schöpfung, den Menschen, leben. Das ist aber nur möglich, wenn göttlicher Wille und menschliches Wollen im Einklang miteinander sind, wenn das

Geschöpf in freier Entscheidung ebenfalls will, was sein Schöpfer will. Mit dem Willen des Menschen aber, sein zu wollen wie Gott, beginnt die Geschichte der Trennung von Gott, der Sünde, des Verlorenseins wegen der Gottheit und Heiligkeit Gottes. Der Wille Gottes nimmt nun die Gestalt der erwählenden Liebe ein: im Bund mit Noah, mit Abraham, mit Israel, letztendlich aber in der Menschwerdung Gottes in Jesus Christus, seinem Tod am Kreuz, seiner Auferweckung und Himmelfahrt. Gott will alle retten und in die ewige Gemeinschaft mit sich zurückführen (Eph 1).

Die Erwählung ist mit der Berufung dazu verbunden. Nur wer sie annimmt und damit zugleich beginnt, Gott zu dienen, empfängt ihre Wirkungen. Damit ist jegliche doppelte Prädestination ausgeschlossen. Auch der sündige Mensch ist kein Objekt, das total determiniert ist, sondern ein Subjekt, das das Heil empfängt, indem es es sich aneignet.

Eine dritte Gestalt der Willensäußerung Gottes begegnet uns in seinem geschichtl. Handeln. Er steuert die Geschicke der Völker, er gibt ihnen Lebens- und Überlebensordnungen, er vollendet die Welt in der neuen Schöpfung mit seinem ewigen Reich.

2. Neben diesem Gottes eigenes Handeln betreffenden W.G. (in der ref. Orthodoxie im Anschluß an Eph 1,7 von der *voluntas Dei beneplaciti)* steht der im →Gesetz offenbarte und in der persönl. →Geistesleitung erkennbare W.G. *(voluntas signi),* der auf das gehorsame Tun des Menschen zielt.

Lit.: K. Bockmühl: Gesetz und Geist, 1987, 461–492; E. Brunner: Dogmatik I, ^{3}1960; H. Heppe: Die Dogmatik der evangelisch-reformierten Kirche, 1935, 73-77; G. Schrenk: THWNT III, 1938, 52-63.

U. Betz

Willensfreiheit, menschliche

Das Problem W. wurde in der Philosophiegeschichte verschieden gelöst; zum einen wurde die Abhängigkeit des Willens von gesellschaftl. (Karl →Marx) oder biologischen (Anlage und Erbgut) oder psych. Faktoren wie bes. dem Verstand und der Vernunft behauptet (→Plato, →Aristoteles, →Stoa, →Thomas von Aquin, →Descartes, →Spinoza, →Kant, →Hegel et al.), zum anderen galt der Wille, wie im Voluntarismus, als unabhängige Urkraft des Menschen (→Duns Scotus) und als alles bestimmende Macht in Natur und Geschichte (→Schopenhauer, →Nietzsche). Der Determinismus bestreitet jede Willensfreiheit, der Mensch ist zwangsläufig durch äußere oder innere Ursachen vorbestimmt. Das andere Extrem in der Philosophie ist der Indeterminismus, demzufolge der Mensch vollkommen frei ist.

Das Problem brach in der Theologie erstmals zwischen →Pelagius und →Augustinus auf. Im Gegensatz zum Pelagianismus, demzufolge der Mensch aus eigener Kraft und ohne Heilsgnade das Heil erwerben kann, erlangt er es nach Augustinus allein aus Gnaden und nur auf Grund der »vorauslaufenden Gnade« *(gratia praeveniens),* weil er in seinem Willen unfrei ist. Die Gnade wirkt nach Augustinus, der eine doppelte Prädestination lehrt, unwiderstehlich, ähnlich wie später bei Calvin. Der →Semipelagianismus vertritt im Gegensatz zu Augustinus einen Synergismus, wonach das Heil eine Gemeinschaftsleistung zwischen Gott und Mensch ist. Hiergegen betont das Konzil von Orange (529) die Unfähigkeit des natürlichen Menschen, die Gnade zu empfangen, Sünde ist »Tod der Seele« *(mors animae),* so daß die Gnade alleine wirksam ist und als »vorauslaufende Gnade« *(gratia praeveniens)* vollkommen ungeschuldet geschenkt wird. Das Konzil von Trient (1545-63) übernimmt diese augustinische Position des Konzils von Orange (D 1512, 1525), sowie die später von Thomas v. Aquin gelehrte Alleinursächlichkeit der Gnade bei der Rechtfertigung des Menschen (D 1529), was heute im ökumen. Dialog wieder neu entdeckt wurde. Entscheidend ist in der mittelalterlichen Diskussion: »Der Wille ist« nach Duns Scotus nicht – wie bei Thomas v. A. – von Gott als »erste Ursache« festgelegt (Summa theol. I qu 83 art 1), sondern er ist »unfestgelegt«, er wird nicht von außen bestimmt – wie bei Thomas, er »bestimmt sich selbst« (in sent.lib. III dist. 33) und ist absolut frei, der natürliche Mensch kann aus eigener Kraft alle Gebote erfüllen und sogar Gott lieben, wodurch »er sich aufnahmefähig macht für die Gnade«, ohne dazu der Hilfe der Gnade zu bedürfen (in sent.lib. II dist. 28). Diesen Semipelagianismus vertritt auch die skotistische Schule (→Ockham, →Biel), deren Lehre →Luther und →Melanchthon in ihrer Ausbildung vermittelt wurde.

Die Reformation richtet sich zu Recht gegen diesen spätscholastischen Semipelagianismus, wie ihn Duns Scotus und seine Schüler lehrten: Der natürliche Mensch hat ihr zufolge nur »in den Dingen, die der Vernunft unterworfen sind« und nur im weltlichen Bereich einen »freien Willen« *(liberum arbitrium),* nicht im geistl. Bereich (Augsburger Bekenntnis Art 18). Der freie Wille erreicht nicht Gott und die Gnade, sie sind außerhalb seines Griffbereichs. Der Spielraum des freien Willens bleibt beschränkt auf den »Sündenkerker« (Schmalkaldische Art. III 3), aus dem er nur von außen, nicht von innen befreit werden kann. So gesehen hat der Mensch – um mit Luther und der Konkordienformel zu reden – einen »unfreien Willen« (*servum arbitrium* Sol.decl. Art 2,67). Der Mensch ist aber deswegen nicht »ein Stein oder Block« (Konkordienformel/Sol.decl. Art 2,59), sondern personal beteiligt im Heilsgeschehen. Daher redet die Konkordienformel mit Luther von einer »nicht aktiven, aber passiven Fähigkeit« *(capacitas non activa sed passiva)* des natürlichen Menschen im Blick auf die Gnade, d.h. er ist zwar nicht fähig, die Gnade zu ergreifen, aber sich von ihr ergreifen zu lassen, er ist nicht fähig, sich die Gnade zu beschaffen, aber sie sich schenken zu lassen, nicht sich zu befreien, aber sich befreien zu lassen. »Gott zwingt den Menschen nicht«, wenn er ihn auch »zieht«, der Mensch kann »widerstehen« (Konkordienformel/Sol.decl. Art 2,59f). Die Gnade allein erwirkt das Heil.

Die Situation des heutigen Menschen scheint eher Luther als Duns Scotus recht zu geben. Daß der Mensch sich nicht selbst befreien kann, ist die Grunderfahrung des heutigen Menschen nach dem Zusammenbruch des östl. und westl. Fortschritts- und Machbarkeits- und Selbsterlösungsglaubens. Nicht zuletzt literarische Zeugnisse erweisen, daß er sich nicht selbst vom Bösen befreien kann und es eine zwingende Macht ausübt (G. Benn, F. Kafka, J. Green, A. Döblin, H. Broch, J. P. Sartre, A. Camus, A. Solschenizyn u.a.). Wie sehr der Mensch an die Kerkerwände seines Willens stößt, erweisen außerdem der Zwang von Anlage und Umwelt, die Denkzwänge der Ideologien und die Diktatur des »man« (gut ist, was man tut oder was die Mehrheit tut), die entmündigende Bewußtseinsindustrie (das Opium Fernsehen) und vieles mehr, was den »außengeleiteten Typ« (D. Riesman) unserer Konsumgesellschaft unfrei macht.

Der Mensch kann sich nicht selbst befreien, nur Christus kann ihn befreien (Joh 8,30-36; Röm 8,1-2; Gal 5,1). Nur wer ihn als seinen »einzigen Herrn« (1Kor 8,6; 12,5) anerkennt, ist frei von allen anderen Herren. Die Botschaft des christl. Glaubens lautet in unserer Situation: Es gibt Einen, der stärker ist als alles, was uns gefangen nimmt.

Lit.: P. Althaus: Paulus und Luther über den Menschen, [4]1963; H. J. McSorley: Luthers Lehre vom unfreien Willen, 1967; H. G. Pöhlmann: Rechtfertigung, 1971, 139–192; M. Seils: Der Gedanke vom Zusammenwirken Gottes und des Menschen in Luthers Theologie, 1963.

H. G. Pöhlmann

Williams, Roger (ca. 1603–1683)

W. trat 1624 ins Pembroke College, Cambridge ein; 1629 Ordination in der Church of England; 1630 Auswanderung nach Neu-England. Weder in Boston noch in Salem oder Plymouth fand er die Gemeinde, die seiner puritanischen Überzeugung entsprach: Er wollte die Reinheit und Unabhängigkeit der christl. Gemeinde von allem polit. Einfluß. Als Beobachter der Geschichte und Gegenwart (Dreißigjähriger Krieg) sah er, daß rel. Uniformität Blutvergießen und ziviles Chaos hervorbringt: Daher forderte er Trennung von Staat und Religion. Deswegen wurde W. im Winter 1635 vertrieben, überlebte nur dank der Hilfe von Indianern, für die er sich zuvor mit dem Argument eingesetzt hatte, nicht der König von England, sondern sie seien die rechtmäßigen Besitzer des Landes. Seiner Siedlung gab er den Namen »Providence«; aus ihr ging die Kolonie Rhode Island hervor. 1639 gründete er die erste Baptistengemeinde in Amerika, die er später zugunsten der »Seeker« verließ. 1643 ging er nach England, um für die Kolonie einen Rechtstitel zu erwerben und um einen Drucker seiner Schriften zu finden. Beides gelang. 1644 erschien seine gegen den Bostoner Puritaner John Cotton gerichtete Schrift »The Bloudy Tenent of Persecution, for Cause of Consience«, in der er in Dialogform die Religions- und Gewissensfreiheit verteidigte. Der Aufbau eines demokratischen Gemeinwesens gestaltete sich schwierig; W. und sein Freund John Clarke mußten 1651 noch einmal nach England segeln. Er führte Unterhaltungen mit Oliver →Cromwell und John →Milton; erst 1654 kehrte er zurück. 1663 erreichte Clarke, daß der Kolonie durch königlichen Titel »full liberty in religious concernments« zugesprochen wurde.

Lit.: E. S. Gaustad: Liberty of Conscience. Roger Williams in America, 1991.

E. Geldbach

Wirtschaftsethik

1. Zum Gegenstand einer christlichen Wirtschaftsethik

Eine christl. Wirtschaftsethik soll zur Klärung moralisch guten wirtschaftlichen Handelns aus der Sicht des christl. Wirklichkeitsverständnisses und Menschenbildes beitragen. Die dabei auftretenden Fragen lassen sich zwei unterschiedlichen Ebenen zuordnen: einer institutionell-politischen und einer persönlichen. Im ersten Fall geht es um den Inhalt eines im christl. Sinne verantwortbaren Regelsystems, das für alle wirtschaftlichen Akteure unabhängig von ihrer individuellen Gesinnung gilt; im zweiten Fall um individuelles Handeln aus christl. Gesinnung. Die erste Ebene läßt sich als die der Sozialethik, die zweite als die der Individualethik bezeichnen.

In einer klassischen *oikonomia* (das Wort »Ökonomie« ist daraus entstanden) – d.h. einer sich selbst versorgenden Hauswirtschaft – können sozialethische Fragen vernachlässigt werden. In einer arbeitsteiligen Großgesellschaft, wie wir sie heute haben, ist dies anders. Hier kommt dem Inhalt der Regelsysteme eine entscheidende Bedeutung zu. Der Grund dafür ist folgender: In dieser Gesellschaft kann der einzelne die Folgen seines Tuns nicht mehr vollständig übersehen, und deshalb kann er auch unmoralische Fernwirkungen seines Handelns nicht immer verhindern, selbst wenn er dies, seiner Gesinnung folgend, versucht. Da es unbefriedigend wäre, sich nur mit gesinnungstreuem Handeln zu befassen, das die Handlungsfolgen unberücksichtigt läßt, hat sich eine Wirtschaftsethik auch – und zwar vorrangig – mit der Gestaltung von Handlungsregeln zu befassen. Sie sollen zumindest die Chance bieten – auch wenn sie keine Garantie liefern –, daß die vom einzelnen nicht mehr überschaubaren Fernwirkungen seines wirtschaftlichen Handelns mit moralischen Kriterien übereinstimmen, für die es einen gesellschaftlichen Konsens gibt.

Die Notwendigkeit, die Folgen wirtschaftlichen Handelns zu bedenken, hat Konsequenzen für das Verständnis des »Guten«. Es wäre zu vordergründig, wollte man den Inhalt dessen, was im Bereich der Wirtschaft moralisch geboten ist, als einen feststehenden überzeitlichen Wert betrachten, den es lediglich in unterschiedlichen Situationen anzuwenden gelte. Vielmehr ist auch der Inhalt moralischer Verpflichtungen vielfach situationsabhängig. Man wird beispielsweise in einer modernen Geldwirtschaft (→Geld) nicht ohne weiteres ein moralisches Gebot darin sehen dürfen, einem in Zahlungsschwierigkeiten befindlichen Land alle Auslandsschulden zu erlassen, wenn man weiß, daß dieses Land dadurch seine Kreditwürdigkeit verliert und es ihm auf diese Weise erschwert wird, seine wirtschaftlichen Verhältnisse wieder zu normalisieren. Worin ein moralisch gutes Handeln besteht, läßt sich hier wie in vielen anderen Fällen nur sagen, wenn man die Umstände des Einzelfalls genau kennt.

Daraus ergibt sich: Christliche Wirtschaftsethik entfaltet sich in einem Dialog, in den das christl. Wirklichkeitsverständnis eingeht, die Kenntnis ökonomischer Zusammenhänge und die Erfahrung wirtschaftlicher Praxis. Unverrückbar ist dabei die Sicht des Glaubens: Die Erfüllung menschlichen Lebens liegt in der vertrauensvollen Hinwendung zu Gott, dem Schöpfer, und in der Annahme der in Jesus Christus geschenkten Befreiung von der Macht des Bösen. Die Gebote enthalten einen verbindlichen Kern ethischer Aussagen auf der Grundlage dieses Glaubens (Beispiel: »Du sollst nicht stehlen«), die Gesamtheit alt- und neutestamentlicher Schriften gibt eine Fülle von Hinweisen zum glaubensgemäßen wirtschaftlichen Handeln, und die kirchliche Tradition hat zahlreiche Kriterien für ein solches Handeln entwickelt und dabei manche ihrer früheren Normen verändert (so ist z.B. das →Zinsverbot, das nur für agrarische Gesellschaften ohne entwickeltes Geldwesen und ohne nennenswerte Investitionstätigkeit einen Sinn machte, schon sehr früh aufgegeben worden). Christl. Wirtschaftsethik ist also nichts Abgeschlossenes. Sie entwickelt sich, indem sie auf wechselnde Probleme eine Antwort zu geben versucht, wobei die bibl. Grundaussagen über die Bestimmung des Menschen die unverrückbare Orientierung darstellen.

2. Die Gestaltung wirtschaftlicher Regelsysteme

Die Aufgabe wirtschaftlicher Regelsysteme ist es, die →Eigentums-, Handlungs- und Verfügungsrechte der wirtschaftlichen Akteure klar zu definieren und zuverlässig zu schützen. Dazu gehören immer auch klar definierte Grenzen dieser Rechte. Ohne gesicherte, d.h. im Grenzfall auch einklagbare Rechte dieser Art kommt es nicht zu einem geordneten Wirtschaften zum Wohle aller. Wer z.B. nicht sicher sein kann, daß er für die einem anderen erbrachte Leistung die vereinbarte Zahlung erhält, wird nur noch für sich selbst arbeiten – d.h. eine Arbeitsteilung mit ihren unbestreitbaren Produktivitätsvorteilen unterbleibt.

Doch ein verläßliches Regelsystem ist nicht nur die Voraussetzung dafür, daß ein arbeitsteiliges Wirtschaften überhaupt erst zustande kommt. Es hat – worauf schon hingewiesen wurde – den einzelnen auch von der Verantwortung für die Fernwirkungen seines Handelns zu entlasten. Wer z.B. ein Medikament herstellt, muß sich darauf verlassen können, daß dessen Anwendung klar definierten Regeln unterliegt, weil er andernfalls mit einer falschen Dosierung bei der Anwendung rechnen und sich die daraus entstehenden Gesundheitsschäden vorhalten lassen müßte. Wer ein Kraftfahrzeug benutzt, muß sich darauf verlassen können, daß staatliche Gesetze das Maß der Schadstoffabgabe auf ein akzeptables Maß begrenzen und sich die Fahrzeughersteller daran halten, weil er sich andernfalls die Mitverursachung unvertretbarer Umweltschäden vorwerfen lassen müßte.

Welchen Werten sollen nun die wirtschaftlichen und politischen Handlungsregeln – die man als eine Gesamtheit sehen muß – aus christl. Sicht verpflichtet sein? Die Heilige Schrift als die für Christen maßgebliche Erkenntnisquelle gibt dazu zahlreiche Anhaltspunkte. Der Mensch ist »nach dem Bilde Gottes geschaffen« (1Mo 1,27), und das heißt u.a., daß er zur freien Entscheidung für das im Willen Gottes begründete Gute berufen ist. Diese →Freiheit enthält auch die Möglichkeit, sich gegen den Willen Gottes zu entscheiden. Das Neue Testament besagt in seinem Kern nichts anderes, als daß Gott die Menschen nicht den lebenszerstörenden Konsequenzen ihrer Entscheidung gegen den göttlichen Willen überläßt, sondern ihnen den Weg zum Leben eröffnet – aber auch auf diesen Weg wird niemand gezwungen. Geht man von diesem Bild des Menschen aus, dann spricht vieles für ein System wirtschaftlicher und politischer Handlungsregeln, die individuelle Entscheidungsfreiheit erlauben und die den Menschen nicht zum reinen Befehlsempfänger degradieren. Damit wird zwar nicht ein bestimmtes politisches und wirtschaftliches System als das für Christen einzig mögliche benannt, aber es ergibt sich doch eine große Nähe zu demokratisch-marktwirtschaftlichen Ordnungen (→Markt). In der »Oxford-Erklärung zu christlichem Glauben und Wirtschaft«, die Christen, die für eine ökumenisch-evangelikale Perspektive aufgeschlossen sind, im Jahre 1990 unterzeichnet haben, heißt es dazu: »Wir erkennen an, daß von der Heiligen Schrift kein bestimmtes politisches System direkt vorgeschrieben wird, aber wir glauben, daß biblische Werte und historische Erfahrung Christen dazu aufrufen, auf die angemessene Teilhabe aller Menschen an Entscheidungsprozessen hinzuarbeiten« (Sautter/Volf, 1992, S. 27). In der Weiterführung dieses Gedankens wird davon gesprochen, daß dies in einer Demokratie in vergleichsweise hohem Maße der Fall sei. Des weiteren wird eine »Marktwirtschaft oder ein gemischtes System« mit »breitgestreutem Eigentum an Produktionsmitteln« als eine »bedeutende Komponente der Demokratie« bezeichnet, weil damit der Totalitarismus verhindert wird (ebda.).

Die mit Wahlfreiheit ausgestatteten Menschen sind nach bibl. Erkenntnis dazu aufgerufen, sich für ein schöpfungsgemäßes Leben zu entscheiden, d.h. ihr Geschöpf-Sein ernst zu nehmen. Das bedeutet, die Erde als »anvertrautes Gut« zu betrachten, sie zu »bebauen und zu bewahren« (1Mo 2,15). Christen werden sich deshalb für wirtschaftliche Handlungsregeln einsetzen, die einen wirksamen Ressourcen- und →Umweltschutz ermöglichen, und sie werden dies auch noch aus einer anderen Motivation heraus tun als dem Schutz der Interessen künftiger Generationen.

Weil nach christl. Verständnis Freiheit ein geschenktes Gut ist, braucht sie nicht durch die Verneinung des Lebensinteresses anderer ertrotzt zu werden. Das ermöglicht auch die Freiheit zum Teilen von Lebenschancen, Gütern und Rechten. Christen werden deshalb für eine Wirtschafts- und Gesellschaftsordnung eintreten, die einen sozialen Ausgleich ermöglicht, ohne deshalb einer Nivellierung schöpfungsgemäßer Individualität das Wort reden zu müssen. Die der christl. Botschaft innewohnende Universalität setzt dem Teilen keine ethnischen oder nationalen Grenzen. Dies motiviert Christen zur Mitarbeit bei der Formulierung von Regeln für eine wirksame internationale Entwicklungszusammenarbeit und für eine Armutsbekämpfung in Entwicklungsländern. Kurz: Aus der Besinnung auf die bibl. Botschaft und aus der Beschäftigung mit Gegenwartsproblemen ergeben sich zahlreiche Anlässe zu einer bewußten Mitgestaltung wirtschaftlicher und gesellschaftlicher Ordnungsregeln.

Es wird eine Mit-Gestaltung sein, kein Diktat einer christl. inspirierten Ordnung. Der Versuchung zur autoritären Regelung des wirtschaftlichen und politischen Handelns setzt die Bibel die Warnung vor einer eigenmächtigen Verwirklichung des Gottesreiches entgegen. Die Aufforderung zum Dialog, von dem im ersten Abschnitt die Rede war, liegt deshalb ganz in der Zielrichtung der bibl. Botschaft. Das haben Christen mühsam lernen müssen, und sie sind auch heute nicht immun gegen die Versuchung zu einer autoritären Politik. Diese scheint ihre Vorzüge zu haben: Es müssen keine Kompromisse geschlossen werden, die alle guten Absichten verwässern; der Entscheidungsprozeß ist vergleichsweise kurz (was angesichts der drängenden Probleme ein großer Vorteil ist); die Durchsetzung von Beschlüssen kann nicht so leicht durch Widersprüche verzögert werden usw. Es ist verständlich, wenn Christen umso eher zu diktatorischen Lösungen neigen (oft ohne sich das einzugestehen), je sensibler sie für die Probleme unserer Welt sind und je stärker sie von der Universalität der christl. Botschaft überzeugt sind. Doch die diktatorische Festlegung von Ordnungen ist nicht der Weg der christl.

Gemeinde. Jesus hat vor einer solchen Haltung ausdrücklich gewarnt (Mt 13,24-30.36-43).

3. Die Ethik des individuellen wirtschaftlichen Handelns

Vom regelschaffenden Handeln ist das wirtschaftliche Handeln innerhalb gegebener Regeln zu unterscheiden. Erlauben sie individuelle Entfaltungsspielräume (wie in 2. beschrieben), so hat der einzelne die Freiheit, seine eigenen Lebensziele zu wählen und dementsprechend zu agieren.

Die Annahme der in Christus geschenkten Befreiung wird auch die Lebensziele formen. Es geht nicht mehr um Lebenserfüllung durch die Anhäufung von Gütern, sondern um das Gute, das in der vertrauensvollen Gemeinschaft mit dem Schöpfer begründet ist, einer Gemeinschaft, die schon jetzt möglich und die auf Erfüllung hin angelegt ist. Die Entscheidung für dieses Lebensziel verschafft eine gewisse Distanz zu der Welt der Güter. Ein Christ kann »haben als hätte er nicht«, wie Paulus dies ausdrückt (1Kor 7,29-31). Mit anderen Worten: Sein Selbstwertgefühl hängt nicht davon ab, ob er die jeweils neuesten Konsumartikel besitzt, die interessantesten und aufwendigsten Urlaubsreisen unternimmt, die höchste Sprosse seiner Karriereleiter erklimmt usw. Das wirkt sich auch auf sein wirtschaftliches Verhalten aus, so etwa auf die Art der beruflichen Tätigkeit, auf das Verhältnis von Muße und Arbeit (Sonntagsheiligung!), auf die Verwendung des Einkommens (Teilen!) usw.

Auch das Verhältnis des Christen zum Wettbewerb (→Konkurrenz) wird von dieser Distanz geprägt sein, wobei wir den Wettbewerb als ein Prinzip verstehen können, das am ehesten die Steuerung einer arbeitsteiligen Gesellschaftsökonomie (II) erlaubt. »Haben als hätte man nicht« bedeutet hier: dem Wettbewerb nicht verfallen sein, den Konkurrenten als einen Mitmenschen zu achten, ihn fair zu behandeln, nicht seine Vernichtung zu wollen, sondern sich durch ihn zu besserer Eigenleistung herausfordern zu lassen – ohne sich in seinem Selbstverständnis von der Qualität der eigenen Leistung abhängig zu machen. Es wird deutlich: Handeln durch Glauben ermöglicht ein humanes Wirtschaften. Man wird es dem »Stil« des Wettbewerbs anmerken, ob Christen an ihm teilnehmen.

Doch es bleibt die Erfahrung, daß das marktwirtschaftliche System das Gesetz des Handelns weitgehend bestimmt. Es zwingt möglicherweise zu einem Handeln, das der einzelne aus individualethischen Gründen lieber vermieden hätte, und es läßt unter Umständen Fernwirkungen zu, die der einzelne lieber verhindert sähe. Der Wettbewerb kann beispielsweise einen Unternehmer dazu zwingen, Arbeitskräfte zu entlassen, auch wenn er ihnen dies ersparen möchte. Der Verkauf von Chemikalien ins Ausland kann dort zu einem unsachgemäßen Gebrauch und dadurch zu schweren Umweltschäden führen, die man lieber verhindert sähe, die man aber wegen des mangelnden Einflusses auf die Ordnungsregeln des Auslandes nicht verhindern kann. In solchen Konfliktfällen gibt es mehrere Möglichkeiten. Die Kenntnis der Fernwirkungen des eigenen Handelns (Beispiel: Chemikalienexport) kann zum Verzicht auf solche Geschäfte veranlassen. Es ist nicht gesagt, daß dies zum wirtschaftlichen Ruin führen muß: Die Reputation als seriöser Unternehmer kann sich langfristig sogar bezahlt machen. Falls aber der Verzicht auf solche Verkäufe wirklich zum geschäftlichen Zusammenbruch führen sollte, gilt: »Das Leben ist mehr als das Geschäft« (nach Mt 6,25). So wird freilich nur derjenige denken können, der sich bei allem Engagement eine gewisse Distanz zum wirtschaftlichen Erfolg bewahrt hat. Was unerwünschte Entlassungen anbetrifft, so mag es Möglichkeiten geben, sie zu vermeiden: durch Umschulungen, Betriebsumstellungen, Produktwechsel, Flexibilisierung der Arbeitszeit usw. Sind Entlassungen unvermeidlich, so können sie so vorgenommen werden, daß keine unnötigen Härten entstehen. Die nötigen Härten sind kein Grund, dem System, das sie verursacht, Unmoral vorzuwerfen. Unvermeidbare Entlassungen signalisieren, daß es für eine bestimmte Produktion keine effektive Nachfrage gibt und daß es deshalb eine sinnlose Verschwendung von Arbeitskraft, Energie und Material – d.h. letztlich unmoralisch – wäre, diese Produktion fortzuführen.

Im übrigen gibt es Verbindungen zwischen dem Handeln innerhalb gegebener Regeln und dem regelschaffenden Handeln. Umweltfreundliche Techniken in einzelnen Unternehmen können beispielsweise die Wirksamkeit der staatlichen Umweltpolitik verbessern. Aus der Perspektive des einzelnen mag das individualethische Verhalten unbedeutend erscheinen, solange sich das System der Handlungsregeln nicht ändert. »Was kann der einzelne schon bewirken?« lautet eine häufig gestellte resignative Frage, zu der es nur eine treffende Antwort geben kann: »Nichts, wenn jeder so fragt.« Um die Resignation zu überwinden, braucht man freilich eine Hoffnung. Deshalb ist die Hoffnung des Christen eine der stärksten Stützen einer Wirtschaftsethik.

Lit.: Gemeinwohl und Eigennutz. Eine Denkschrift der Evangelischen Kirche in Deutschland, 1991; W. Lachmann: Wirtschaft und Ethik, 1987; A. Rich: Wirtschaftsethik, Bd. 1, 2. Aufl. 1985; Bd. 2, 1. Aufl. 1990; H. Sautter, M. Volf: Gerechtigkeit, Geist und Schöpfung. Die Oxford-Erklärung zur Frage von Glaube und Wirtschaft, 1992.

H. Sautter

Wissenschaft

I. Kriterien von Wissenschaft

Der Wissenschaftsphilosoph H. Scholz unterscheidet Mindest- und Höchstforderungen, die an W. zu stellen sind. Zu den nicht umstrittenen Mindestforderungen gehören:

– Das Satzpostulat: »In einer Wissenschaft können außer Fragen und Definitionen nur Sätze auftreten; das soll heißen: nur Aussagen, für welche das Wahrsein behauptet wird.« (231)

– Das Kohärenzpostulat: »Von einer Wissenschaft kann nur dann gesprochen werden, wenn irgendein Bereich von Dingen so vorliegt, daß alle zu einer und derselben Wissenschaft gehörigen Sätze als Aussagen über Dinge dieses Bereiches formuliert werden können.« (232)

– Das Kontrollierbarkeitspostulat: Da »ein Wahrheitsanspruch, der sich jeder Nachprüfung entzieht, ... ein undiskutierbarer Wahrheitsanspruch« ist, muß gefordert werden, »daß in einer Wissenschaft nur Sätze auftreten dürfen, für die irgendwelche Kriterien existieren, mit deren Hilfe der Wahrheitsanspruch, mit welchem diese Sätze belastet sind, nachgeprüft werden kann.« (233).

Zu den umstrittenen Mindestforderungen, die an eine W. zu stellen sind, gehören:

– Das Unabhängigkeitspostulat: »Wir verlangen ... von einer Wissenschaft, daß in ihr nur Sätze auftreten, für welche nicht behauptet werden kann, daß sie unter dem Druck von irgendwelchen Vorurteilen entstanden sind.« (234) Damit wird keine voraussetzunglose W. gefordert, sondern nur »die Unabhängigkeit von jenen unzulässigen Denkvoraussetzungen, die wir da, wo sie uns begegnen, als Vorurteile zu bezeichnen pflegen« (234). (Die von Scholz selbst bemerkte unbefriedigende Formulierung resultiert aus einer Unschärfe in der Sache selbst: der Frage nämlich, was zulässige Voraussetzungen metaphysischer oder theol. Natur sind.)

– Das Konkordanzpostulat: »In einer Wissenschaft dürfen nur Sätze auftreten, die das physikalisch und das biologisch Unmögliche respektieren; das soll heißen: nur Sätze, die den Sätzen ›unserer‹ Physik und ›unserer‹ Biologie nicht widersprechen.« (235) Gerade gegenüber diesem Postulat rechnet Scholz mit dem Widerstand der Theologen.

– Die Höchstforderung, die an eine W. gestellt werden kann: Das Postulat der Axiomatisierung einer Wissenschaft: »Die Sätze einer Wissenschaft müssen in zwei Klassen von Sätzen aufgespalten werden können. Zu ersten Klasse gehören die Sätze, für welche das Wahrsein vorausgesetzt wird.« (Grundsätze oder Axiome). »Zur zweiten Klasse gehören die Sätze, für welche das Wahrsein, auf Grund des vorausgesetzten Wahrseins der Axiome, deduziert oder bewiesen sind.« (236) (Lehrsätze oder Theoreme)

Klassisches Kriterium für jede, auch die wissenschaftliche Erkenntnisform ist die Erfüllung der Forderung nach »Sachgemäßheit«. W. Pannenberg hat darauf hingewiesen, daß eine sachgemäße Erkenntnisweise aber schon die Kenntnis des Gegenstandes voraussetze, den es doch erst zu erkennen gelte. Es ist darum sinnvoll, an die Stelle der klassischen Forderung nach Sachgemäßheit die nach methodischer Offenheit zu setzen, und d.h. zu verlangen, daß Voraussetzung, Methode und Vollzug der Erkenntnis die Wahrnehmung des Gegenstandes nicht beschneiden.

II. Zur Geschichte der Wissenschaftstheorie (W.Th.)

1. Die Anfänge der modernen W.Th. lassen sich auf das Ende des 19. Jh.s datieren. Ihre Ursprünge kann man aber über Comte, →Kant, →Pascal, →Descartes bis hin zu →Aristoteles und Euklid zurückverfolgen. Als phil. Disziplin hat die moderne W.Th. die traditionelle →Erkenntnis-Theorie weitgehend verdrängt. Sie tritt heute als Basiswissenschaft mit einem deskriptiven und mit einem normativen Anspruch auf: Sie will (1) die Praxis der W. beschreiben und (2) gleichzeitig deren wissenschaftliche Verfahrensweisen normieren, d.h. auf ein theoretisch gefundenes Ideal von Wissenschaftlichkeit festlegen.

a. In der kurzen, knapp einhundertjährigen Geschichte der W.Th. hat sich das Ideal dessen, was W. ist, und damit verbunden auch die Stellung zu →Theologie und →Metaphysik ganz entscheidend gewandelt. Zunächst war die W.skonzeption des →logischen Positivismus (= log. Pos.) bestimmend. Seine Vertreter, die Mitglieder des sog. »Wiener Kreises«, stellten das Verizifierbarkeitskriterium als Norm aller wissenschaftl. Arbeit auf: Alle wissenschaftl. Aussagen müssen sich bewahrheiten und letztlich auf unmittelbare Erfahrungen zurückführen lassen. Die Vertreter des log. Pos. gehen aber noch einen Schritt weiter: Für sie sind nur solche auf unmittelbare Erfahrung zurückführbaren Aussagen sinnvoll. Dies führt zu sehr radikalen Urteilen über metaphysische und theol. Aussagen: diese sind sämtlich sinnlos, weil sie sich nicht empirisch bewahrheiten lassen.

b. Eine vernichtende Kritik erfährt diese Konzeption von W. durch den englischen Philosophen K. R. Popper und sein Programm des Kritischen Rationalismus (= Kr. R.; →Rationalismus). Popper weist u.a. darauf hin, daß nach dem Verifikationskriterium des log. Pos. auch die Naturgesetze als Kernaussagen aller Wissenschaft unwissenschaftlich und damit sinnlos sind. Denn diese sind ja so allg. (für alle f (x)) formuliert, daß sie sich niemals durch immer nur endlich viele Beobachtungen bewahrheiten lassen. Außerdem entdeckt Popper in dem Übergang von der Erfahrung der Wirklichkeit zur – immer subjektiven und nicht objektiven – Formulierung dieser Erfahrung die Achillesferse der neopositivistischen W.Th.

Popper selbst setzt bescheidener an. Wissenschaftliche Aussagen müssen – so sein Falsifizierbarkeitskriterium – im Prinzip widerlegbar sein, d.h. sie müssen so formuliert werden, daß es für sie – potentiell – eine falsifizierende Instanz in der Wirklichkeit gibt. Durch diese Forderung nach Widerlegbarkeit will Popper den Wirklichkeitsbezug von W. sichern und verhindern, daß wissenschaftl. Erkenntnisse auf wirklichkeitsfernen bzw. -leeren Aussagen beruhen. Er verurteilt also die Hybris des log. Pos. (man kann wissenschaftl. Aussagen nicht total beweisen; es muß als Kennzeichen ihrer Wissenschaftlichkeit genügen, daß man sie – im Prinzip – widerlegen kann); andererseits glaubt er wie die Vertreter des log. Pos. an den Fortschritt der wissenschaftl. Erkenntnis und an den Rationalitätscharakter des Unternehmens W. Während Popper selbst die Bedeutung metaphysischer (inklusive theol.) Aussagen weitgehend rehabilitiert, wendet H. Albert, der wichtigste dt. Vertreter des Kr. R., das von Popper erarbeitete W.-Kriterium ideologiekritisch mit Vorliebe gegen die Theologen (1975, 1982; vgl. Hempelmann 1987, 79-113; 194–232; vgl. Albert, 1982, 113–153, 163–167 zu Hempelmann). Er wirft den Vertretern der theol. W. vor, sie immunisierten sich gegen Kritik, indem sie sich in eine Welt flüchteten, die jeder kritischen Prüfung entzogen, aber darum auch ohne jeden Wirklicheitsbezug sei.

2. Nach Popper kann der Wissenschaftler die absolute Wahrheit seiner Aussagen nicht beweisen, – aber er kann sich immer mehr an die Wahrheit heranarbeiten. W. nähert sich der Wahrheit im Prozeß von fortlaufenden Theoriesetzungen und deren Widerlegungen immer mehr an, allerdings ohne diese Wahrheit – bedingt durch die Endlichkeit des menschlichen Erkenntnisvermögens – letztlich erreichen zu können (Popper, 1972).

In einer Zeit, in der diese W.skonzeption Poppers nahezu weltweite Verbreitung und Anerkennung findet, legt Th. S. Kuhn, von Haus aus W.shistoriker, eine Studie über »Die Struktur wissenschaftlicher Revolutionen« vor, die bald nach ihrem Erscheinen selbst zu einem tiefgreifenden Umdenken über das Wesen der W. zwingt. Gerade der von Popper trotz aller Kritik am log. Pos. bewahrte und für alle bisherige W.Th. zentrale Rationalitätscharakter der W. wird nun von Kuhn entschieden in Frage gestellt. Auf der Grundlage von w.historischen Studien gelingt es ihm zu zeigen, daß die W. nicht – wie bisher angenommen – von einer Erkenntnis zur nächsten rational, d.h. vernünftig und kontrollierbar fortschreitet; die W.-Geschichte besteht vielmehr aus einem Nach- und Nebeneinander verschiedener Forschungskonzeptionen, deren Erkenntnisse inkommensurabel (nicht miteinander verrechenbar) sind. Diese Inkommensurabilität wissenschaftlicher Erkenntnis verschiedener Zeiten liegt nach Kuhn darin begründet, daß alle Wissenschaftler einer Periode im Rahmen eines bestimmten Paradigmas (Theorierahmenkonzeptes) arbeiten, das als quasi weltanschaulicher Hintergrund ihre Beobachtungen und Aussagen grundlegend beeinflußt.

Da alle wissenschaftlichen Aussagen von dem Paradigma abhängig sind, auf dessen Boden sie gewonnen wurden, fehlt eine übergeordnete Instanz zum Vergleich verschiedener, konkurrierender Paradigmen. Eine solche Vergleichsinstanz ist aber die entscheidende Voraussetzung für die Wahrnehmung eines wissenschaftlichen Fortschritts und damit für die Rationalität des Unternehmens W. überhaupt.

Im Gegensatz zur Theorie Poppers vollzieht sich der Weg der W. durch Revolutionen des jeweiligen wissenschaftlichen Weltbildes von einem Paradigma zum anderen. Paradigmenwechsel sind letztlich irrational und vergleichbar der psychologischen Erfahrung des »gestalt-switch« oder einem rel. Bekehrungserlebnis.

III. Zum Status wissenschaftlicher Erkenntnis

Als Vernunftwesen, das nicht in seiner arteigenen Umwelt aufgeht, sondern sich mittels Sprache und

Denken zu sich und seiner Umwelt in Distanz zu setzen vermag und setzt, ist es dem Menschen geradezu natürlich, durch metaphysische, seinen Erfahrungshorizont übersteigende Fragen »belästigt« zu werden, die er einerseits nicht abweisen, andererseits – so jedenfalls I. Kant – »aber auch nicht beantworten kann« (A VI).

a. Methodischer Atheismus:
Die Relevanz neuzeitlich-moderner W. und die Hoffnungen, die auf sie gesetzt werden, kann man nur angemessen würdigen, wenn man sie als Unternehmen begreift, unabhängig von weltanschaulichen Positionen, *etsi Deus non daretur*, »als wenn es Gott nicht gäbe« (Hugo Grotius), Erkenntnis zu gewinnen, die über alle konfessionellen, rel. und weltanschaulichen Grenzen hinweg Anerkennung fordern können und finden, durch sichere Erkenntnis also friedenstiftend zu wirken (R. Descartes). Da W. sich um Ergebnisse bemüht, die unabhängig von der Frage, wie man zur Existenz Gottes selbst steht, gelten (sollen), ist ihre Maxime die des »methodischen Atheismus«. Es wäre ein den Charakter von W. als reiner, bloßer Erkenntnis im Gegensatz zu Weltanschauung verkennender Irrtum, wenn diese Kennzeichnung der Methodologie als »methodischer Atheismus« wiederum als weltanschauliche Position mißverstanden würde.

Methodischer Atheismus meint lediglich eine Ausklammerung der Wahrheitsfrage für den Prozeß wissenschaftlicher Erkenntnisgewinnung. Von einem dogmatischen Atheismus unterscheidet sich der methodische Atheismus dadurch, daß er die Gottesfrage, grundsätzlich die Wahrheitsfrage, als Frage nach dem Ganzen, zurückstellt. Durch das Prinzip des methodischen Atheismus geleitete W. ist also dadurch bestimmt, daß sie (1) beansprucht, unabhängig von weltanschaulichen Positionen und phil. Voraussetzungen zu arbeiten, und (2) auch nicht beanspruchen kann, auf die von ihr ausgeklammerten und zurückgestellten Fragen phil. und weltanschaulicher Natur (zureichende) Antworten zu geben.

b. Weltbeschreibung, nicht Welterklärung:
Wissenschaftliche Erkenntnis trägt mit ihrem ausdrücklichen Verzicht auf die metaphysischen Fragen nach Gott, Freiheit, Unsterblichkeit, nach dem Sollen, Können und Dürfen des Menschen einen Reduktionscharakter. Die von ihr gewonnenen, sehr präzisen, von allen beliebigen Subjekten einsehbaren Ergebnisse sind erkauft um den Preis der Irrelevanz in den den Menschen »eigentlich« bewegenden Fragen. Die relative Exaktheit, weitgehende Allgemeingültigkeit sowie Gesichertheit wissenschaftlicher Erkenntnisse ist gegeben durch den Verzicht auf die Reflexion der »eigentlichen« Fragen und darum erkauft um den Preis einer – gemessen an den »letzten« Fragen und konkreten Umständen – Banalität ihrer Aussagen. Der Reduktionscharakter von W., ihre methodische Abstraktion vom Ganzen und seinem Wesen bedeutet, daß W. Welt nicht *erklären* will, sondern nur unter jeweils präzise bestimmten Aspekten *beschreiben* kann:

»Die Naturwissenschaft handelt nicht von der eigentlichen Wirklichkeit, der ursprünglichen Welterfahrung oder allgemeiner: was dahinter steht!, sondern nur von einer bestimmten Projektion dieser Wirklichkeit, nämlich von dem Aspekt, den man, nach Maßgabe detaillierter Anleitungen in Experimentalhandbüchern, durch ›gute‹ Beobachtungen herausfiltern kann. Dieser Aspekt der Wirklichkeit kann dann auch von jedermann, der sich an die gleichen Vorschriften hält, nachgeprüft werden. Entsprechend seinem Projektionscharakter ist das auf diese Weise ermittelte Wissen im allg. ein eingeschränktes Wissen von der metaphysisch vorgestellten eigentlichen Wirklichkeit.« (H.-P. Dürr, 31f)

c. Der Modellcharakter von Wissenschaft:
W. konstituiert erst mittels der ihr eigenen, in der jeweiligen Disziplin gegebenen Begrifflichkeit ihren Gegenstand (sog. Gegenstandkonstitution). Dieser für sie spezifische Gegenstand ist aber nur Modell der – wissenschaftlicher Abstraktion immer voraus-liegenden, von ihr nicht einholbaren – Welt. Weil wissenschaftliche Erkenntnisse nur Modellcharakter besitzen, können sie die Welt nur unter einem eingeschränkten Aspekt beschreiben, aber nicht erklären. Mit dem berühmten Beispiel A. Eddingtons gesprochen: Aus der Tatsache, daß der Ichthyologe in seinem Netz mit einer Maschenweite von 5 cm immer nur Fische fängt, die länger als 5 cm sind, kann eben nicht gefolgert werden, daß es zum Wesen der Fische gehört, größer als 5 cm zu sein.

d. Wissenschaft und Weltanschauung:
Die vielfältigen und immer neuen Versuche von Vertretern sog. exakter Wissenschaften, das Orientierungsstreben der Zeitgenossen durch Weltanschauungen zu befriedigen, die sie »als Wissenschaftler« aus ihren wissenschaftlichen Ergebnissen meinen ableiten zu können (vgl. z.B. H. v. Ditfurth), bedeutet darum eine *metabasis eis allon genos*, einen unerlaubten Wechsel der Argumentationsebenen, mit dem Vertreter einer individuellen weltanschaulichen bzw. rel. Position, die sich nur als Wissenschaftler »verkleidet« haben, das menschliche Streben nach umfassender Orientierung an ein

Ende zu bringen und insofern zu befriedigen suchen.

Menschliche Orientierungssuche kann aber in den, die Antwort auf metaphysische Fragen verweigernden Erkenntnisbemühungen von W. nicht zu einem redlichen Ende kommen. Aber auch wenn diese als solche keine Antwort geben können auf die »letzten« Fragen, bedeutet das nicht, daß sie ohne Bedeutung wären für die noch zu findenden und zu formulierenden Antworten. »Echte Wissenschaft ist nicht dazu da, damit man sie vergißt.« (A. Schlatter, 17)

So wenig wie ein adäquater Begriff von W. »Wirklichkeit« auf die Summe des wissenschaftlich Erfahrbaren reduziert und Philosophie, Religion und Weltanschauung nur noch die Rolle einer im Prinzip beliebigen, eigentlich nur noch Gefühlswert besitzenden Interpretation dieser harten Faktizität einräumt, genauso wenig darf eine Antwort auf die wesentlichen Orientierungsfragen an dem vorbeigehen, was W. an Welterkenntnis hervorgebracht hat, und sich auf ein Gebiet zurückziehen, das gegen wissenschaftliche Gründe kugelfest ist.

Wissenschaftliche, aus dem Orientierungsstreben des Menschen geborene, diese aber nicht zu einem befriedigenden Ende führende Welterkenntnis weist über sich hinaus auf eine umfassende Ebene menschlicher Erkenntnisleistung, die als Antwort auf die Frage nach dem Ganzen und dem Wesen von Welt dann aber nicht nur den Charakter einer bloßen *Interpretation* von W. haben kann, sondern jedenfalls dem Anspruch nach eine *Integration* der Ergebnisse der Realwissenschaften vollzieht. Auf dieser Ebene ist von der Interpretation als bloßer Deutung, die nicht überprüfbar (falsifizierbar) ist und keine Erklärungskraft besitzt, eine Integrationsleistung zu unterscheiden. Diese zeichnet sich dadurch aus, daß sie falsifizierbar formuliert ist, Erklärungskraft und damit auch Fruchtbarkeit besitzt hinsichtlich der sich aus ihr für die Empirie ergebenden Fragestellungen.

e. Theologie als Wissenschaft:
Auf dieser dritten, Orientierungswissen behauptenden und bietenden Ebene ringt dann auch christl. Theologie als Funktion der Gemeinde Jesu Christi (K. Barth, 1) in Konkurrenz zu anderen Paradigmen der Welterfassung um eine möglichst weitgehende Integration vorhandener Erfahrung von Welt unter Einschluß dessen, was wissenschaftliche Modelle von Welt erkennen lassen (vgl. Hempelmann 1987, 265–297).

Theologie kommt damit (1) die Funktion einer sich auf die Wirklichkeitserkenntnis der Einzelwissenschaften beziehende Meta-W. zu. Sie konkurriert nicht mit diesen, sondern versucht vielmehr, deren Erkenntnisse plausibel und kohärenter in ein spezifisch christl. Gesamtkonzept von Wirklichkeit zu integrieren als andere Weltanschauungen. Sie nimmt dabei (2) eine ideologiekritische Funktion wahr, indem sie darauf hinweist, wo unter der Hand wissenschaftliche Aussagen zu weltanschaulichen Wertungen werden. Auch wenn sie sich nicht einfach vom Kanon der für W. geltenden Kriterien verabschieden kann, etwa ein Verzicht auf Widerspruchsfreiheit alle ihre Aussagen sinnlos machen würde (gegen Barth, 7), hat sie diese doch selbst noch einmal meta-kritisch zu würdigen und z.B. hinsichtlich des Konkordanzpostulates nicht nur aus theol. Motiven, sondern auch im Interesse von W. zu fragen, ob hier nicht weltanschauliche Voraussetzungen zementiert und Wirklichkeit nicht als offenes System verstanden, sondern die offene, möglichst vorurteilsfreie Wahrnehmung verstellt, damit aber gegen das fundamentale Prinzip der Offenheit verstoßen wird.

Lit.: H. Albert: Traktat über kritische Vernunft, ³1975; ders.: Die Wissenschaft und die Fehlbarkeit der Vernunft, 1982; K. Barth: Kirchliche Dogmatik I, 1, ⁸1964; H.-P. Dürr: Das Netz des Physikers. Naturwissenschaftliche Erkenntnis in der Verantwortung, 1988; A. Eddington: Philosophie der Naturwissenschaften, 1939; H. Hempelmann: »Erkenntnis«, in: GBL Bd. 1, 1987, 325–332; ders.: Kritischer Rationalismus und Theologie als Wissenschaft. Zur Frage nach dem Wirklichkeitsbezug des christlichen Glaubens; K. Hübner: Kritik der wissenschaftlichen Vernunft, ³1993; I. Kant: Kritik der reinen Vernunft, 1. Aufl. (A) 1781; Th. S. Kuhn: Die Struktur wissenschaftlicher Revolutionen, 1973; W. Pannenberg: Theologie und Wissenschaftstheorie, 1973; K. R. Popper: Conjectures and Refutations, ⁴1972; ders.: Logik der Forschung, ⁵1973; ders.: Objektive Erkenntnis. Ein evolutionärer Entwurf, ²1974; G. Sauter (Hg.): Theologie als Wissenschaft, 1971; A. Schlatter: Atheistische Methoden in der Theologie, hg. von H. Hempelmann, 1985; H. Scholz: Wie ist eine evangelische Theologie als Wissenschaft möglich?, in: Sauter, 221–264.

H. Hempelmann

Wißwede, Paul (1880–1963)

W., geb. am 24. 1. 1880 in Pries/Holstein, gest. am 11. 12. 1963 in Urach/Württ., Missionsinspektor der Mission für Süd-Ost-Europa (SOE). Bekehrung im →Christlichen Verein Junger Männer (CVJM) Berlin (Forstmeister v. →Rothkirch). Seit 1904 Mitarbeiter der Mission für SOE. 1904–1908 Lehrer am Missionsseminar, viele Missionsreisen durch die Länder des Ostens, Pionier der Gemeinschaftsarbeit in Russisch-Polen. 1908 Reisesekretär und Mitarbeiter in der Missionsleitung Kattowitz/

Oberschlesien. 1915–1918 Offizier im Krieg. Anschließend Prediger im Schlesischen Gemeinschaftsverband in Hirschberg/Riesengebirge, 1925 in Glogau und 1932 in Breslau. Aktive Mitarbeit im Deutschen →EC-Verband. 1938 Missionsinspektor der Mission für SOE in Tannhübel/Schlesien. W. war Vorsitzender der »Vereinigung von →Reichsgottesarbeitern in Deutschland«, 2. Vorsitzender im Gnadauer Verband (→Evangelischer Gnadauer Gemeinschaftsverband) und längere Zeit im Hauptvorstand der Deutschen Ev. →Allianz. Ein dynamischer Missionsmann mit einer tiefen Jesusliebe, trat er für eine bibl. orientierte Verkündigung des Evangeliums ein und wandte sich gegen jedes Schwärmertum. Sein Grundsatz: »Um einen ew'gen Kranz dies arme Leben ganz!«

Lit.: E. Thimm: Wunder der Gnade Gottes in unserem Leben, 3. Folge, 1952, 178–188.

G. Lehmann

Wittenberger Konkordie

Die W. K. kam am 23. 5. 1536 zustande und enthält die Einigung in der Abendmahlsauseinandersetzung zwischen der Wittenberger (Luther) und der oberdeutschen Reformation (→Bucer). Statt von »Ungläubigen« wurde von »Unwürdigen« (Vorschlag →Bugenhagen) gesprochen, so daß es nun hieß: Der Einsetzung Christi gemäß werden »mit Brot und Wein zugleich« Leib und Blut Christi ausgeteilt und von den »Unwürdigen« empfangen. Damit kam ein seit 1530 anhebender Verständigungsprozeß zum Abschluß, und die vier oberdeutschen Städte (Straßburg, Memmingen, Lindau und Konstanz) konnten in den Schmalkaldischen Bund aufgenommen werden. Der Bruch Bucers mit Zürich war allerdings Folge der Einigung mit Luther. In Hessen und mehreren Reichsstädten, aber auch in der →Konkordienformel 1577, wurde die W. K. über längere Zeit hin tradiert und geschätzt.

Lit.: Die Bekenntnisschriften der Evangelisch-Lutherischen Kirche, [10]1986, 65f (Text);

E. Bizer: Studien zur Geschichte des Abendmahlsstreites im 16. Jahrhundert, 1940; M. Bucer: Schriften zur Wittenberger Konkordie 1534 bis 1537, 1988; Th. Kolde: »Wittenberger Konkordie«, in: RE 21, [3]1908, 383–399.

G. Ruhbach

Wittgenstein, Ludwig (1889–1951)

W. ist einer der bedeutendsten Denker des 20. Jh.s. Er hat nicht nur die Entwicklung der Wissenschaftstheorie (log. →Positivismus) und der Logik maßgeblich beeinflußt. Er ist auch einer der Begründer der modernen Sprachphilosophie (ordinary language philosophy), deren Einsichten bis in die Linguistik hinein Konsequenzen haben.

W. wird am 24. 4. 1889 in Wien als Sohn einer reichen jüd. Industriellenfamilie geboren. Nach der auf Wunsch seiner Eltern absolvierten Ausbildung zum Ingenieur wendet er sich in Cambridge zunächst als Schüler, dann als Mentor B. Russells Problemen der Neubegründung der Mathematik durch die Logik zu. Der Wille zu Klarheit, Einfachheit und Wahrhaftigkeit ist Wurzel sowohl seiner logischen Überlegungen und der entsprechenden Versuche, alles Unklare in Mathematik und Philosophie auf klare logische Strukturen zurückzuführen, wie auch seiner persönl. Ethik. Getrieben von dem Wunsch, ein anderer Mensch zu werden und sich zu läutern, meldet er sich 1914 freiwillig als Kriegsteilnehmer. Unter sehr bedrängten Umständen und von Selbstmordgedanken gequält, erfährt er unter dem bestimmenden Einfluß der Lektüre von L. Tolstois »Erläuterungen zu den Evangelien« (vgl. Wittgenstein 1992, 21ff) eine rel. Konversion. Der Jesus der Bergpredigt wird ihm zum großen Vorbild und entscheidenden Halt. Gleichzeitig bringt er an der Front sein erstes großes und grundlegendes Werk zum Abschluß. Mit seinem Logisch-philosophischen Traktat meint er, die philosophischen Probleme im wesentlichen gelöst zu haben (1921, Vorwort). Nach dem Krieg verzichtet W. auf sein erhebliches Vermögen, führt in Österreich das Leben eines einfachen Dorfschullehrers und gibt zunächst jede weitere Beschäftigung mit phil. Fragen auf. Über seinen didaktischen Erfahrungen findet er aber dann einen völlig neuen Zugang zur Sprache, der wesentliche Voraussetzungen des Traktates korrigiert bzw. weiterführt. 1939 kehrt er als Professor nach Cambridge zurück, wo er am 29. 4. 1951 stirbt.

Man unterscheidet eine Früh- und eine Spätphase der Philosophie W.s. Im Traktatus hat Sprache eine Abbildfunktion. Sie kann die Welt abbilden, weil sie analog zu ihr, logisch aufgebaut ist. Wie die Welt aus atomaren, ganz einfachen Gegenständen besteht, aus Sachverhalten (als Verknüpfungen dieser Gegenstände) und schließlich aus Tatsachen (als Komplexen von Sachverhalten), die Welt also die Gesamtheit der Tatsachen ist, so ist die Sprache aufgebaut aus Namen (für die ganz einfachen, unteilbaren Gegenstände), Elementarsätzen (als Verkettung von Namen), komplexen Sätzen (zusammengesetzt aus Elementarsätzen). Folgerichtig ist die Sprache die Gesamtheit aller Sätze. Logik ist die

gemeinsame Struktur von Sprache und Welt. Durch logische Analyse der Sätze (vgl. W.s berühmte Wahrheitswerttafel!) läßt sich im Prinzip jeder Satz auf elementare Bestandteile zurückführen und d.h. auf seine logische Schlüssigkeit hin klären. »Was sich überhaupt sagen läßt, läßt sich klar sagen« (1921, Vorwort). Da der Satz ein Bild der Wirklichkeit ist (4.01), läßt sich nicht nur klar, sondern auch überprüfbar reden. Es ist ja nur zu überprüfen, ob er diese adäquat abbildet. Bildet er Welt gar nicht – weder wahr noch falsch – ab, ist er schlicht sinnlos. Aus dieser Perspektive erweisen sich die großen Probleme der traditionellen Philosophie mit ihren allgemeinen, nicht durch logischen Analyse nachprüfbaren und auf Gegenstände der Welt reduzierbaren Aussagen weithin als bloße Scheinaussagen. Philosophie hat nach W. konsequenterweise kein eigenes Thema mehr. Sie hat lediglich die Aufgabe der Sprachkritik.

Die Spätphilosophie W.s wurde erst posthum veröffentlicht. Sie bedeutet v.a. eine Kritik der Vorstellung absolut einfacher Gegenstände und ihrer sprachlichen Äquivalente. W. beschreibt nun Sprache v.a. als soziales Regelphänomen. Er entwirft eine Bedeutungstheorie, die für die moderne Linguistik wegweisend wird. Anders als etwa von der platonischen Denktradtition unterstellt, liegt die Bedeutung eines Wortes nicht einfach fest. Sie ergibt sich vielmehr aus der Stellung im Satz und – noch wichtiger – aus der Einbettung der Sprache in Sprachspiele als umfassende Lebensformen. Bedeutung ist konstituiert durch den Gebrauch eines Wortes in der Sprache einer Gemeinschaft. Die aufsehenerregende Publikation der »Geheimen Tagebücher« W.s hat deutlich gemacht, daß W. nicht für die Metaphysik- und Religionskritik des log. Positivismus vereinnahmt werden kann. Nicht zuletzt auf dem Hintergrund eigener rel. Erfahrungen und Anliegen unterscheidet W. zwischen »aussagen« und »zeigen«. Sinnlos sind nur rel. und metaphysische *Aussagen* – wenn man denn die reine deskriptive Sprachtheorie des frühen W. unterstellt. Sinnlos sind aber nicht Religion, Metaphysik etc. als solches. W. weiß: »Es gibt allerdings Unaussprechliches. Dies zeigt sich, es ist das Mystische« (1921, 6.522). Zu den eigentlichen, von ihm nie bestrittenen Fragen findet man durch die logische Analyse der Sprache gar keinen Zugang. Um entsprechende Mißverständnisse zu vermeiden, empfiehlt W. darum: »Wovon man nicht sprechen kann, darüber muß man schweigen« (1921, Satz 7). Vom log. Positivismus des Wiener Kreises unterscheidet W. darum auch die selbstkritische Einsicht, daß seine eigenen Ausführungen »unsinnig« sind, wenn man die entwickelten Kriterien rückbezüglich anwendet. Denn gerade die Klärungen des Traktatus sind ja Aussagen über die Welt, aber keine, die sie abbilden: »Meine Sätze erläutern dadurch, daß sie der, welcher mich versteht, am Ende als unsinnig erkennt, wenn er durch sie – auf ihnen – über sie hinausgestiegen ist. (Er muß sozusagen die Leiter wegwerfen, nachdem er auf ihr hinaufgestiegen ist.) Er muß diese Sätze überwinden (!), dann sieht er die Welt richtig« (1921, 6.54).

Lit.: L. Wittgenstein: Geheime Tagebücher, hg. von W. Baum, [3]1992; ders.: Tractatus logico-philosophicus, 1921; ders.: Philosophische Untersuchungen, 1953/1958.

K.T. Fann: Die Philosophie Wittgensteins, 1971; A. Kenny: Wittgenstein, 1974; R. Monk: Wittgenstein. Das Handwerk des Genies, [2]1992; W. Schulz: Wittgenstein. Die Negation der Philosophie, 1967; K. Wuchterl, A. Hübner: Wittgenstein, 1979.

H. Hempelmann

Wizenmann, Thomas (1759–1787)

W., geb. am 2.11.1759 in Ludwigsburg, Besuch der Lateinschule mit Friedrich Schiller, 1775 Famulus, ab 1777 Oppidanus im Ev. Stift, Tübingen, 1777-79 dort Studium der Philosophie und der Theologie, 1779-80 Hauslehrer bei Ph. M. →Hahn, 1780-83 Vikar (Essingen b. Aalen), 1783 Hauslehrer der Familie Siebel in Barmen (Niederrhein), ab 1785 wohnhaft bei Friedrich Heinrich →Jacobi (Düsseldorf), gest. 22.2.1787 in Mülheim/Ruhr.

Ausgehend von Gedanken →Böhmes, →Bengels, →Oetingers u.a. konstruierte W. ein theosophisches »System«, das er nach und nach spekulativ (z.B. durch Aufnahme von Gedanken aus →Lessings Spinozismus) zu einer evolutionären Geschichtsmetaphysik weiterentwickelte. W. intendierte eine bibelgemäße Geschichtstheologie mit stark apologetischer Tendenz, mittels derer er sich auch mit der Aufklärungstheologie konstruktiv auseinandersetzte. Seine theol. und phil. Anliegen diskutierte er u.a. mit Vertretern des württembergischen und niederrheinischen Pietismus (Zirkularkorrespondenz) und kam auch u. a. mit →Hamann brieflich in Konfakt. Das Werk W.s stellt eine Zwischenstufe zwischen pietistischer Geschichtstheologie und idealistischer Geschichtsphilosophie (→Schelling, →Hegel) dar.

Lit.: T. Wizenmann: Göttliche Entwicklung des Satans durch das Menschengeschlecht, 1782; Die Resultate der Jacobischen und Mendelssohnschen Philosophie; kritisch untersucht von einem Freywilligen, 1786; Sendschreiben an den Herrn Professor Kant, Deutsches Museum, 1787, 116–156; Die Geschichte Jesu nach dem Matthäus als Selbstbeweis ihrer Zuverlässigkeit betrachtet; nebst einem Vorbereitungsaufsatze über das Verhältniß der Israelitischen Geschichte zur Christlichen, 1789 (posthum hg. und mit einer Vorrede versehen von Johann Friedrich Kleuker); Zur Philosophie und Geschichte, hg. von C. A. Auberlen, 1864 (ND der »Geschichte Jesu ...«, mit 16 weiteren Arbeiten W.s.)

A. von der Goltz: Thomas Wizenmann, der Freund Friedrich Heinrich Jacobi's, in Mittheilungen aus seinem Briefwechsel und handschriftlichem Nachlasse, wie nach Zeugnissen von Zeitgenossen. Ein Beitrag zur Geschichte des innern Glaubenskampfes christlicher Gemüther in der zweiten Hälfte des 18. Jahrhunderts, 2 Bde., 1859; H. Timm: Gott und die Freiheit. Studien zur Religionsphilosophie der Goethezeit, Bd. 1: Die Spinozarenaissance, 1974, 242–275.

St. Zehnle

Wohlfahrtspflege →Fürsorge

Wohlfahrtsschule →Sozialwesen, Fachschule für

Wohlfahrtsverbände

Freie Wohlfahrtspflege ist soziale Aktivität gesellschaftl. Gruppen auf der Basis der Freiwilligkeit. Sie leistet einen unverzichtbaren Beitrag zur demokratischen Gestaltung der Gesellschaft, indem sie (a) die Mitarbeit der Bürger an den öffentlichen (sozialen) Aufgaben fördert und organisiert und (b) dem Hilfebedürftigen eine Monostruktur sozialer Dienste weitgehend erspart, weil diese den persönlichen Bedürfnissen des einzelnen am wenigsten gerecht wird und bei ihm den belastenden Eindruck des Verwaltetwerdens noch verstärkt.

Gründung der Deutschen Liga der Freien Wohlfahrtspflege 1924. Mitglieder: Centralausschuß für die Innere Mission (heute: Diakonisches Werk der EKD), Dt. Caritasverband, Zentralwohlfahrtsstelle der Juden in Deutschland e.V., Dt. Rotes Kreuz, Deutscher Paritätischer Wohlfahrtsverband, später auch Arbeiterwohlfahrt. Das Prinzip der Zusammenarbeit dieser sechs Spitzenverbände der freien Wohlfahrtspflege in einer Bundesarbeitsgemeinschaft ist: Wahrnehmung und Vertretung der gemeinsamen Anliegen zum Wohl der Hilfesuchenden und Respekt vor der je eigenen Individualität und Weltanschauung. Aus dem Wahl- und Wunschrecht der Bürger ergibt sich die Notwendigkeit der Trägerpluralität. Die genannten Verbände beschäftigen insgesamt 1 Mio. hauptamtliche Vollzeit- und Teilzeitkräfte. Dazu kommen etwa 1,5 Mio. Ehrenamtliche. 40% aller Krankenhäuser oder Spezialkliniken, 60% aller Alten- und Pflegeheime, 65% aller Heime für Kinder und Jugendliche sowie aller Rehabilitationseinrichtungen sind in freier Trägerschaft: zusammen über 80.000 selbständige Einrichtungen mit über 3 Mio. Betten bzw. Plätzen. Dazu kommen Beratungsdienste aller Art, Telefon-Seelsorge, Besuchsdienste, Obdachlosen- und Suchtkrankenhilfe, Bahnhofsmission usw. Allein die ev. Diakonie (aus der Inneren Mission hervorgegangen) hat 350.000 hauptamtliche Mitarbeiter in 29.000 selbständigen Einrichtungen, getragen von rund 16.000 Gemeinden der Landes- und Freikirchen. Das Gesamtvolumen kirchl. Mittel, das für diakonische Zwecke eingesetzt wird, erreicht etwa 13,5% des jährlichen Kirchensteuer-Aufkommens.

Lit.: R. Bauer: Wohlfahrtsverbände in der Bundesrepublik. Materialien und Analysen zu Organisation, Programmatik und Praxis. Ein Handbuch, 1978; A. v. Campenhausen: Kann der Staat für alles sorgen?, 1976; Evangelisches Sozial-Lexikon, [7]1980; H. Flierl: Freie und öffentliche Wohlfahrtspflege. Aufbau. Finanzierung. Geschichte. Verbände, [2]1992; R. G. Heinze, T. Olk: »Wohlfahrtsverbände«, in: H. Eyferth, H.-U. Otto, H. Thiersch (Hg.): Handbuch zur Sozialarbeit/Sozialpädagogik, 1984, 1262–1277; F. Tennstedt: Die Spitzenverbände der Freien Wohlfahrtspflege im dualen Wohlfahrtsstaat. Ein historischer Rückblick auf die Entwicklung in Deutschland, in: Soziale Arbeit. 41. Jg. 10–11 1992, 342–356.

Th. Schober

Wohlgefallen Gottes →Wille Gottes

Wohlstand →Reichtum

Wolff, Christian (1679–1754)

W., geb. am 24. 1. 1679 in Breslau, gest. am 9. 4. 1754 in Halle, gilt nach Chr. →Thomasius als der einflußreichste Vertreter der Frühaufklärung in Deutschland. Geboren in Breslau, soll er zunächst – wie der junge →Kant – Theologe werden, wechselt aber bald zu den Naturwissenschaften. In Jena beschäftigt er sich gründlich mit der →Descartes'schen Philosophie. 1703 Privatdozent in Leipzig, Bekanntschaft mit →Leibnitz. Durch dessen Vermittlung ab 1706 Professor der Mathematik in Halle, dort zunehmend phil. Tätigkeit in Wort und Schrift. W. bekommt starken Zulauf der studentischen Jugend. 1721 wird er wegen einer positiven Würdigung der konfuzianischen Ethik von Theologen und Philosophen der Universität Halle, vor allem von A. H. →Francke, öffentlich befehdet. Durch Kabinettsbefehl Friedrich Wilhelm I. wird W. 1723 »binnen 48 Stunden« aus Preußen verwiesen. Er folgt einem Ruf nach Marburg, wo er als rationalistischer Philosoph seinen Einfluß über Deutschlands Grenzen hinaus vergrößert. Friedrich der Große holt ihn 1740 mit großen Ehrungen zurück nach Halle, wo allerdings sein unmittelbarer Einfluß auf den akademischen Nachwuchs bis zu seinem Tod 1754 laufend zurückgeht.

W.s phil. Werk ist beeindruckend. Von 1713–1725 erschienen seine Schriften in dt. Sprache, von 1728–1755 in Lateinisch. Bes. wirksam wurden die beiden ersten dt. Werke »Vernünftige Gedanken von den Kräften des menschlichen Verstandes ...« und »Vernünftige Gedanken von Gott, der Welt und der Seele des Menschen ...«, das erste erreichte 14 Auflagen.

W.s Philosophie geht von der Annahme einer universalen Vernunft aus, die es durch die Geistes- und Naturwissenschaften zu finden gilt. Philosophie ist für ihn demzufolge Wissenschaft von der Vernunft. Sie gliedert sich in Ontologie, Kosmologie, Psychologie und rationale Theologie. Wissenschaft definiert W. als »Fertigkeit des Verstandes, alles aus unwidersprechlichen Gründen darzutun«. Das Verhältnis seiner vom Glauben an die Allmacht der Vernunft geprägten Philosophie zur Theologie bestimmt er positiv. Er ist überzeugt, daß seine Schriften »gute Dienste leisten, die geoffenbarte Wahrheit wider die Feinde des Evangeliums zu verteidigen«. W. will dazu beitragen, »daß Verstand und Tugend unter den Menschen zunehmen möchten«. Die Sünde hat für ihn ihren Grund in menschlicher Unwissenheit. Die Ethik sollte nicht von der Religion, sondern von der Vernunft abgeleitet werden.

Unter dem Einfluß der W.schen Philosophie wuchs in Deutschland das Interesse an der sog. →natürlichen Religion. Es kam zu einer großen Zahl von Schriften, die Gott und die »Nützlichkeit der christlichen Religion« mit den Mitteln der Vernunft beweisen wollen: Knutzen, →Reimarus, S. J. →Baumgarten und J. S. →Semler wären hier zu nennen. Das vom aufklärerischen →Rationalismus geprägte Menschenbild entfernte sich im 18. Jh. rapide vom bibl. Realismus. Wo es in die Theologie einzog, wurde das Evangelium verdunkelt.

Kant rühmt W. als den großen Wegbereiter dt. Gründlichkeit. Die phil. Begrifflichkeit verdankt ihm zahlreiche Neuschöpfungen. Die Erkenntnis Gottes – bibl. gesehen – hat W. kaum gefördert.

Lit.: H.-J. Birkner: »Christian Wolff«, in: M. Greschat (Hg.): Gestalten der Kirchengeschichte, Bd. 8: Aufklärung, 1983, 187–198 (Lit.).

J. Cochlovius

Wöllnersches Religionsedikt

Benannt nach J. Chr. Wöllner (1732–1800), einem Theologen, später Gutsbesitzer mit beträchtlichem Einfluß auf Friedrich Wilhelm II. von Preußen, der von 1788–1798 als Minister des Geistlichen Departements in Berlin wirkte. Am 9. 7. 1788 bereits wurde gegen den vordringenden Geist der Aufklärung das »Edikt, die Religionsverfassung in den preußischen Staaten betreffend«, erlassen: staatliche Duldung gegenüber allen Konfessionen, Verbot der Proselytenmacherei einerseits, aber Agende und Glaubensbekenntnis sollten vor aufgeklärten Neuerungen – notfalls bei Amtsenthebung – andererseits geschützt werden. Staatl. Prüfungsordnungen und Kommissionen für die »Kandidaten des Predigtamtes« sollten dem Nachdruck verleihen. Der Protest war groß. Während der Widerstand des Oberkonsistoriums in Berlin erfolglos blieb, ist das Edikt an den theol. Fakultäten (Berufung auf Lehrfreiheit) gescheitert. →Friedrich Wilhelm III. hob 1797 alle Verordnungen wieder auf.

Lit.: F. Valjavec: »Das Wöllnersche Religionsedikt und seine geschichtliche Bedeutung«, in: Hist. Jahrbuch 72, 1933, 386ff.

G. Ruhbach

World Council of Christian Education

Sonntagsschulen sind keine Kinderkirche. Bibel und Lied, Bilderbogen und Schulheft dienen vielmehr dem Vermitteln von Elementarkenntnissen, zielen auf erste christl. Prägung. Laienhelfer fungieren dabei als Lehrer für Kinder aus sozialen Randzonen, aus noch nicht gewonnenen Gruppen in der Mission, aus jungen Familien von Gemeindegliedern. Blüht die Sonntagsschularbeit, so blüht auch die Gemeinde. 25 Jahre etwa, von 1947 bis 1971, war der World Council of Christian Education (WCCE) Drehscheibe für den weltweiten Austausch der Erfahrungen und Probleme. Hervorgegangen aus dem Welt-Sonntagsschul-Verband, der bis dahin die Welt-Sonntagsschul-Konferenzen vorbereitet hatte, umfaßte der WCCE bei seiner Gründung Mitgliedsorganisationen aus 60 Ländern. Er erarbeitete Lehrpläne und Unterrichtsmaterialien, er half zur Ausbildung von Helfern und Lehrern. Pädagogischer Standard war wichtig. Bei den jungen Kirchen galt es zugleich, sich auf einheimische kulturelle Gegebenheiten und auf die Dynamik dortiger sozialer Prozesse einzustellen. In den sechziger Jahren intensivierten sich Beziehungen zum Weltkirchenrat. Das Schlagwort »Lerngemeinschaft Kirche« beflügelte das gemeinsame Nachdenken. 1971 ist die Arbeit des WCCE in der ÖRK-Programmeinheit Erziehung und Erneuerung eingegangen.

Lit.: G. E. Knoff: The World Sunday School Movement, 1979.

R. Boeckler

World Council of Churches →Ökumenische Bewegung

World Evangelical Fellowship (WEF)

Die WEF geht in ihrer Geschichte auf die 1846 in London gegründete Evangelische →Allianz zurück. 1912 erhielt die Zentrale der Evangelischen Allianz in England den Namen »World's Evangelical Alliance«. 1950 fanden in Kent, England, und in Boston, USA, zwei Konferenzen statt, bei denen beschlossen wurde, J. E. Wright und C. W. Taylor zu einer Weltreise auszusenden, um einen internationalen Zusammenschluß der Allianz-Bewegung zur WEF vorzubereiten. Dieser erfolgte in Wondschoten bei Zeist, Holland, im Rahmen einer Konferenz vom 5.-11. August 1951, an der 91 Delegierte und Beobachter aus 21 Ländern teilnahmen. Ins General Committee wurden aus Deutschland Direktor F. Heitmüller und Pfarrer W. Zilz gewählt. Die Unterzeichnung der WEF-Verfassung durch die nationalen Allianzen war 1952 abgeschlossen. Seitdem wurde die WEF zunehmend zum Sammelbecken der weltweiten →evangelikalen Bewegungen.

Die Glaubensbasis der Evangelischen Allianz von 1846 hat sich sowohl in den Verfassungen der nationalen Allianz als auch in den internationalen Organisationen der WEF durchgehalten. Sie bekennt sich im Sinne der altkirchl.-ökumenischen Symbole zum dreieinigen Gott, zur Gottessohnschaft Jesu Christi und zu seinem Erlösungswerk. Die reformat. Tradition von der Rettung des Sünders allein aus Glauben durch die Gnade Gottes bildet die soteriologische Mitte dieses Bekenntnisses. In der Betonung der Notwendigkeit der Bekehrung und persönl. Heiligung sowie der Zugehörigkeit der einzelnen Gläubigen zum Leib Christi artikuliert sich das pietistisch-erweckliche Erbe mit seiner auf das Individuum bezogenen Ekklesiologie und Pneumatologie. Von großer Bedeutung ist der Schriftbezug in den ersten Artikeln des Dokuments, der durch die Betonung der Inspiration und Autorität der Heiligen Schrift die neuzeitliche Auseinandersetzung mit der liberalen Aufklärungstheologie jedweder Provenienz aufnimmt und klare hermeneutische Positionen bezieht. Bemerkenswert ist die dreifache geistl. Aufgabenstellung für die WEF, die auf das Konzept des englischen Theologen John Stott zurückgeht: Die Förderung des Evangeliums, die Befestigung im Evangelium und die Gemeinschaft durch das Evangelium.

Die Gründungsurkunde der WEF sieht eine differenzierte Mitgliedschaft vor: stimmberechtigte Vollmitglieder sind nationale Allianzen, hinzu kommen assoziierte Mitglieder in Gestalt kleinerer regionaler bzw. stark durch einzelne Denominationen bestimmte Verbände sowie Einzelmitglieder als natürliche Personen (die beiden letzteren ohne Stimmrecht). Dieser Aufbau der WEF wurde erhalten, aber durch kontinentale Zusammenschlüsse nationaler Allianzen in Europa, Amerika, Afrika, Asien etc. ergänzt. Ursprünglich sah die Satzung alle drei Jahre eine Sitzung des Generalkomitees und ein jährliches Treffen des Exekutivkomitees vor. Tatsächlich ergab sich im Lauf der Zeit eine alle sechs Jahre stattfindende Vollversammlung. Bei der 9. Vollversammlung 1992 in Manila gehörten der WEF 83 nationale Allianzen an, die insgesamt weltweit über 100 Mio. evangelikale Christen repräsentieren. Die Internationalisierung und zunehmende Bedeutung der Dritten Welt fand in der Wahl des Augustin Vencer (Philippinen) zum internationalen Direktor ihren Ausdruck; neben Vencer amtierte der Inder Theodore Williams als Präsident und der Afrikaner Tokunboh Adeyemo als Vorsitzender des Exekutivkomitees.

Für die praktische Arbeit der WEF sind die funktional bestimmten sieben Kommissionen für Mission, Theologie, Jugend, Frauen, Entwicklungshilfe, Erneuerung der Kirchen und Religionsfreiheit wichtig. In den Kommissionen findet durch Leitungsgremien, Kongresse, Publikationen etc. der internationale Austausch und die Koordination gemeinsamer Projekte statt.

1974 fand der erste Internationale Kongreß für Weltevangelisation in Lausanne statt. Die daraus hervorgegangene Lausanner Bewegung konzentriert sich zunehmend auf evangelistische Aufgaben und versucht, Überschneidungen mit den Tätigkeiten der WEF, insbes. auf nationaler Ebene, zu vermeiden.

Seit Gründung der WEF erschienen zur Information und Kontaktpflege der Mitgliedsverbände Periodica mit wechselnden Titeln und in unterschiedlicher Aufmachung (so z. B. »Global Report« und zur Zeit »Evangelical World«; seit 1977 wird in ihrem Auftrag die theol. Zeitschrift »Evangelical Review of Theology« herausgegeben).

Ein bleibendes Grundanliegen der WEF ist die Förderung der Allianzgebetswoche am Jahresanfang.

Lit.: E. Beyreuther: Der Weg der deutschen Evangelischen Allianz, 1969; H. Hauzenberger: Einheit auf evangelischer Grundlage, 1986; D. M. Howard: The dream that would not die, 1986; F. Jung: Die deutsche evangelikale Bewegung – Grundlinien ihrer Geschichte und Theologie, 1992; F. Laubach: Aufbruch der Evangelikalen, 1972; K. H. Voigt: Die Evangelische Allianz als ökumenische Bewegung, 1990.

R. Hille

World Presbyterian Alliance

→Reformierter Weltbund

World Vision

World Vision Deutschland e. V. (gegr. 1979) ist eine selbständige nationale Einheit der weltweiten Partnerschaft World Vision International. World Vision ist ein christl. Hilfswerk, das Entwicklungshilfe und Katastrophenhilfe leistet. Es ist an keine bestimmte Kirche oder Konfession gebunden.

World Vision International entstand 1950 in den USA. Geschäftsstellen der internationalen Partnerschaft gibt es in acht Ländern auf vier Kontinenten. Ingesamt gibt es 16 Länder, von denen aus World Vision-Einheiten die Projektarbeit fördern, und mehr als 60 Länder, fast ausschließlich in der Dritten Welt, in denen World Vision mit einem Feldbüro vertreten ist und Entwicklungsprogramme fördert.

World Vision unterstützt Menschen je nach Entwicklungs- oder Notsituation mit Nahrung und Kleidung, medizinischer Versorgung und beruflicher oder allgemeiner Aus- und Weiterbildung. Dabei werden weitgehend einheimische Mitarbeiter eingesetzt, die mit den Verhältnissen im Land vertraut sind. Projektpartner sind überwiegend lokale Bürgerinitiativen sowie ev. und kath. Kirchen bzw. deren Gemeinden. Im Mittelpunkt jeden Engagements steht nicht nur die Hilfe zur Selbsthilfe, sondern auch das Prinzip der *sustainable development,* »sich selbst erhaltende, dauerhafte Entwicklung«.

World Vision Deutschland e.V. unterstützt (Stand: 1.9.1994) 548 Patenschafts- und 35 andere Projekte in insgesamt 42 Ländern. Die Länderstrategie von World Vision Deutschland sieht vor, mittelfristig eine stärkere Konzentration der Hilfe in ärmsten Ländern (z.B. Mauretanien, Vietnam oder Bolivien) und für besonders benachteiligte Problemgruppen (z.B. Straßenkinder, AIDS-Waisen) zu ermöglichen. World Vision bekennt sich zum Patenschaftsprinzip in der Entwicklungsarbeit, weil es eine persönliche Beziehung zwischen Geber und Empfänger der Hilfe ermöglicht und zugleich die Grundlage für die nötigen langfristigen Planungen in der Projektarbeit bietet. 1993 wurden World

Vision Deutschland 18,4 Mio. DM private Spenden und fast 0,5 Mio. DM staatliche Fördermittel anvertraut. Die Verwendung der Mittel wird im Entwicklungsland von eigenen Mitarbeitern und im Geberland durch unabhängige Dritte geprüft.

J. Ziegler

Worms, Reichstag

Der erste, 1521 abgehaltene, Reichstag des 1519 gewählten Kaisers Karl V. haftet in der Erinnerung, weil er sich mit dem »Fall Luther« befassen mußte. Der Kaiser hatte bei seiner Wahl versprechen müssen, über niemanden ungehört die Reichsacht zu verhängen. Der päpstliche Nuntius Aleander forderte, daß der Bannung Luthers automatisch die Reichsacht folgen müsse. Luther ging es um eine öffentliche Erörterung seiner Sache. Angesichts der allgemeinen romfeindlichen Stimmung ließ der Kaiser Luther unter Zusicherung freien Geleits vorladen, allerdings nur, damit er widerrufe. In der Sitzung vom 18. April verweigerte Luther den Widerruf und berief sich dafür auf sein durch die Heilige Schrift gebundenes Gewissen. Am folgenden Tag erklärte der Kaiser, in der Tradition seiner Dynastie die Kirche schützen zu wollen, und stellte sich damit gegen den ketzerischen Mönch. Ein anschließender Vermittlungsversuch der Reichsstände mit Luther scheiterte an dessen Weigerung, sich einer Entscheidung des Kaisers zu unterwerfen. Im sog. Wormser Edikt wurde die Reichsacht gegen Luther und seine Anhänger ausgesprochen. Sein Landesherr ließ ihn deshalb während der Heimreise von Worms in Schutz bringen. Das Wormser Edikt war das wichtigste gegenreformatorische Reichsgesetz. Jahrzehntelang mühte sich der Kaiser um seine Durchsetzung, hatte damit aber letztlich keinen Erfolg.

Lit.: F. Reuter (Hg.): Der Reichstag zu Worms von 1521, 1971.

M. Brecht

Wort Gottes

a) biblisch

Daß Gott spricht und daß sein Wort (hebr. *dabar, 'imrah, ne'um,* usw.; griech. *logos, rhema*) an die Menschen ergeht, ist für die Bibel Voraussetzung jeglichen Erkennens und Glaubens. Hier beschäftigt uns nicht in erster Linie der Modus oder Inhalt der Rede Gottes (→Offenbarung), sondern das bibl. Verständnis des eigentlichen Begriffes »Wort Gottes«.

1. Im Alten Testament

Das Wort Gottes ergeht an seine berufenen Sendboten, so zuerst an Abraham (1Mo 12,1ff) und dann vor allem an Moses und die →Propheten. Als »Wort des Herrn« *(debar YHWH)* erscheint es ca. 240mal im AT und beschreibt die Kommunikation der Gerichts- oder Heilsoffenbarung an den Propheten sowie deren bevollmächtigte, z. T. von symbolisch-zeichenhaften Handlungen begleitete Verkündigung. Was Gott sagt, ist stets maßgeblich: als absoluter Anspruch und verläßlicher Zuspruch, als verbindlicher Ausdruck seiner bundestreuen Zuwendung und Weisung (→Bund, →Gesetz), als dynamisch-aktive Verwirklichung seines Schöpfungs- und Heilswillens.

Es ist dabei wichtig, daß »W.G.« sowohl den eigentlichen Gottesausspruch wie auch dessen wiederholbaren Wortlaut bezeichnen kann. Beide Aspekte werden mit der Zeit objektivierbar. So kann einerseits der Wortlaut im einzelnen wie im ganzen zum tradierten (z.B. 4Mo 14,31; 5Mo 4,2; Jes 1,10; 2,3; W.G. = Tora/Gebote) und sogar zum verschriftlichten W. G. werden (Hes 2,9ff; 2Chr 34,21; vgl. auch 2Mo 34,28; 5Mo 4,13; 10,4: die zehn Gebote als »zehn Worte«). Andererseits wird das aktuelle Gotteswort selbst zunächst als Offenbarung abstrahiert (1Sam 3,1; 5Mo 30,14; Jes 66,2.5) und schließlich fast personifiziert, als machtvoll gegenwärtiger Agent des Wesens und Willens Gottes in Schöpfung und Geschichte (Jes 55,11; Jer 23,29; Ps 33,6; 107,20; 147,18). Das letztere Motiv setzt sich im frühjüd. Schrifttum fort, z. T. unter griech.-stoischem Einfluß (Logos in LXX; Weish 9,1f; 18,15f; Philo v. Alexandrien), aber auch in den palästinischen Pentateuch-Targumen (die sog. »Memra«-Periphrase). Dabei bleiben im AT jedoch stets die verschiedenen Bedeutungsstränge erhalten und ineinander verflochten (so am deutlichsten Ps 119).

2. Im Neuen Testament

Der atl. Begriff besteht im NT z. T. fort (vgl. Lk 3,2), ist hier jedoch fast immer aufs engste verbunden mit der Offenbarung in Person, Werk und Lehre Jesu Christi sowie in der darin begründeten apostolischen Verkündigung der Heilsbotschaft (so v. a. Lk, Apg und Paulus). Darüber hinaus findet sich gelegentlich die Bezeichnung der von Christus zeugenden Heiligen Schrift (AT) als W. G. (Mk 7,13; Joh 10,34; Röm 9,6; u.ö. implizit) sowie das ebenfalls christologisch verstandene Schöpfungswort Gottes (bes. Hebr 1,3; 11,3; 2Petr 3,5; vgl. auch Joh 1,3). Christi Inkarnation als Offenbarung der Fülle Gottes im Logos kommt bes. ausdrücklich im joh. Schrifttum zur Geltung (Joh 1,1-18; 1Joh 1,1-4; Offb 19,13; vgl. jedoch auch Hebr 1,1f; 4,12f); auf atl. und frühjüd. Hintergrund ist hier Christus selbst das leibhaftige, in Wort und Zeichen offenbarte W. G. Ähnlich wird es auch bei den Kirchenvätern verarbeitet (Ignatius, Justin, Clemens v. Alexandrien, Origenes, Athanasius u.a.); in der Gnosis jedoch erscheint der Logos seiner Fleischlichkeit und Geschichtlichkeit beraubt.

Nach seiner Mannigfaltigkeit im AT bezieht sich der Begriff »W. G.« im NT somit einheitlich auf das allumfassende, Geschichte schaffende und vollendende Wort von Jesus Christus.

Lit.: B. W. Anderson: The Living Word of the Bible, 1979; K. Barth: Kirchliche Dogmatik, Bd. I/1, 1932, 136-48; J. Bergman u.a.: »dabar«, ThWAT Bd. 2, 89-133; R. Bultmann: »Der Begriff des Wortes Gottes im NT«, in: Glauben und Verstehen, Bd. 1, [4]1961; F. Debrunner u.a.: »lego«, in: ThWNT Bd. 4, 69ff; R. B. Edwards: »Word«, in: International Standard Bible Encyclopedia, Bd. 4, 1101-07; R. Rendtorff: Geschichte und Wort im AT, EvTh 22, 1962, 621-649; H. Schlier: Wort Gottes: Eine neutestamentliche Besinnung, 1958.

M. Bockmühl

b) systematisch-theologisch

Wenn wir in der Schrift suchen, werden wir sehr bald entdecken, daß der Begriff »Wort Gottes« in unterschiedlicher Weise verwendet wird. In seiner »Kirchlichen Dogmatik« faßt Karl Barth sie zu drei Formen des Wortes Gottes (W.G.) zusammen: 1. das inkarnierte Wort, Jesus Christus – wir können hier von der vollkommenen Übereinstimmung zwischen der Person und dem Wort Gottes sprechen; 2. das geschriebene Wort – die Heilige Schrift; 3. das gesprochene Wort – die Predigt.

Bei den letzten beiden Formen besteht nach Barth nur eine indirekte Identifikation; beide sind insofern W.G., als sie Jesus Christus bezeugen. In der Schrift weisen Apostel und Propheten auf ihn hin als den Mittelpunkt der Selbst-Offenbarung Gottes. Im Wort der Predigt wiederholt der Prediger die Aussagen der bibl. Zeugen und versucht, mit seinen eigenen Worten für die Menschen seiner Zeit die Zusagen Gottes an die Gemeinde verständlich zu machen. In allen drei Formen des W.s G. wird Jesus Christus der zentrale Inhalt und Kern der Aussagen. Aber nur in der Person des Menschen Jesus liegt eine direkte Identifikation. Bei der Schrift und in der Verkündigung ist der Zugang zunächst einmal indirekt: Nur wann und wo Gott will, wird Schrift und Predigt zum W.G. Dann sind sie das lebendige Wort Gottes für Leser und Hörer.

Diese barthsche Unterscheidung der drei Formen findet sich auch in der Theologie der Reformatoren. Allerdings gibt es einige wichtige Unterschiede. Die Reformatoren setzten eine weitere Form des W.s G. an den Anfang: Gott spricht in und durch seine Schöpfung. »Durch des HERRN Wort sind die Himmel gemacht und all ihr Heer durch den Hauch (*ruach*) seines Mundes« (Ps 33,6; 147,15-18; Röm 4,17; Hebr 11,3).

Die Schöpfungsgeschichte beginnt damit, daß Gott spricht: »›Es werde Licht!‹ Und es wurde Licht« (1Mo 1,3). Im NT wird der Akt der Schöpfung ganz besonders mit Jesus Christus, dem W.G., in Verbindung gebracht (Joh 1,3; Kol 1,15.16; Hebr 1,2). Weiter wird die besondere Offenbarung Gottes, durch die er seine Pläne den Propheten der alten Zeit eröffnete, auch W.G. genannt. Immer wieder lesen wir im AT, daß das W.G. an einen Propheten erging (vgl. 1Kön 12,22; 1Chr 17,3; Hos 1,2; Mal 1,1). Auch der Inhalt dieser Botschaft wird W. G. genannt (vgl. 2Mo 9,20.21; Ps 33,4; 119,9.16.17 etc.; Jes 40,8).

Im NT steht der Begriff W.G. für die Botschaft, die durch Jesus Christus offenbart und von ihm und später seinen Aposteln gepredigt wurde (vgl. Lk 5,1; Joh 3,34; Apg 8,25; 1Thess 2,13). Ganz besonders tritt der Anfang des Johannesevangeliums hervor, da Jesus selbst dort als das Wort (*logos*) bezeichnet wird (Joh 1,1-3.14). Entsprechend heißt es in der ersten These der Barmer Erklärung von 1934: »Jesus Christus, wie er uns in der Heiligen Schrift bezeugt wird, ist das eine Wort Gottes, welches wir zu hören, dem wir im Leben und im Tod zu vertrauen und zu gehorchen haben.«

In der Theologie der Reformatoren wurde der Schwerpunkt auf die Schrift und ihre Verkündigung gelegt, mit Jesus Christus in ihrer Mitte. Die Reformatoren nahmen jedoch keine deutliche Trennung zwischen direkter und indirekter Identifikation vor, so wie Barth es tat. Für sie war die Schrift (*sola* und *tota*) das W.G. Es ist Gott selbst, der zu uns durch die Worte der Propheten und Apostel spricht (vgl. die Präposition *dia* mit Genitiv, in Apg 1,16; 28,25). Die Predigt bedeutete den Reformatoren ebenfalls W.G. Vgl. das →Augsburger Bekenntnis (CA V) und besonders das Zweite →Helvetische Bekenntnis im dritten Teil von Kap. 1. Daher wurde die Predigt zusammen mit den Sakramenten als besonderer Ausdruck göttlicher Gnade verstanden.

Die Reformatoren und die Bekenntnisse wollten damit nicht sagen, daß die Verkündigung in jedem Fall W.G. sei. Das Helvetische Bekenntnis nennt sehr bewußt zwei Bedingungen: 1. Die Heilige Schrift als das »eigentliche« W.G. muß verkündigt werden;

2. es darf nur von rechtmäßig dazu berufenen Personen gepredigt werden. Ferner sind sich alle Reformatoren einig, daß erst durch das Wirken des Heiligen Geistes das W.G. gehört, aufgenommen und geglaubt werden kann (vgl. Apg 16,14 zitiert wie im Zweiten Helvetischen Bekenntnis).

In diesem Punkt bestand allerdings auch ein Unterschied zwischen ref. und luth. Lehre. Die Lutheraner legten besonderen Wert auf die ihm eigene »geistliche« Kraft des geschriebenen und verkündigten Wortes und betonten daher das Wirken des Hl. Geistes *per verbum*, »durch das Wort«. Das Augsburger Bekenntnis sagt über die Schrift und die Sakramente: Durch sie gibt er den Hl. Geist, »welcher den Glauben, wo und wann er will, in denen, die das Evangelium hören, wirket.« Reformierte Theologen und Bekenntnisse sprachen eher davon, daß das Wirken des Hl. Geistes zu dem verkündigten Wort hinzukommt: *cum verbo*, »mit dem Wort«. Vgl. Calvins Kommentar zu Hes 2: – »Wir halten dafür, daß Gott, wenn er spricht, das Wirken des Geistes hinzufügt, ohne dieses bliebe sein Wort ohne Frucht; und dennoch ist das Wort wirksam, weil das Mittel und der Urheber eins werden sollen.« Wie auch immer sollten wir diesen Unterschied nicht zu einem Gegensatz werden lassen. Wir haben hier mit einem Geheimnis zu tun, das nicht gelöst werden kann. Beide Auffassungen eröffnen wichtige Aspekte dieses Mysteriums und ergänzen sich daher. Das *per verbum* betont ganz richtig, daß das W.G. »Gottes Kraft zum Heil jedem Glaubenden« ist (Röm 1,17). Diese Kraft arbeitet jedoch nicht automatisch wie ein mechanisches Instrument, das Wort tut nur durch den Geist seine rettende Wirkung. Das Augsburger Bekenntnis war sich dessen bewußt und fügte die Worte hinzu: »wann und wo er will« (CA V) In der Confessio Belgica (Art. 24) sind beide Aspekte verbunden, wenn es heißt: »Wir glauben, daß der wahre Glaube im Menschen gewirkt wird im (*per*) Hören des Wortes Gottes und durch das Wirken des Heiligen Geistes.« Calvin selbst versicherte, daß auf die eine oder andere Art (*quodammodo*) das Wirken des Geistes in die Verkündigung einbezogen (*inclusam*) wird.

Hendrikus Berkhof faßt alles so zusammen: »Das Wort ist das Werkzeug des Geistes. Aber der Geist ist nicht Gefangener des Wortes, auch wirkt das Wort nicht automatisch. Das Wort bringt den Geist zum Herzen des Menschen, und der Geist bringt das Wort in das Herz hinein.«

Lit.: K. Barth: Kirchliche Dogmatik, 1932ff, I, 89-320; II, 505-830; H. Berkhof: The Doctrine of the Holy Spirit, 1964, 30-41; E. Brunner: Dogmatik I, 1946, 25-40; G. Kittel: ThWNT, Bd. 4, 69-140; H. Sasse: Sacra Scriptura, 1981, 31-41, 321-352; H. Thielicke: Der evangelische Glaube II, 1973; O. Weber: Grundlagen der Dogmatik I, [7]1987, 195-214.

K Runia

Wort und Wissen

→Studiengemeinschaft Wort und Wissen

Wrede, Mathilda (1864–1928)

W., geb. am 8. 3. 1864 in Vassa, gest. am 25. 12. 1928 in Helsinki. Sie widmete sich bes. der Gefangenenseelsorge, indem sie versuchte, Gefangene während der Zeit der Inhaftierung zu betreuen, ihnen aber auch nach der Entlassung bei der Wiedereingliederung in die Gesellschaft zu helfen. Sie wurde so eine Wegbereiterin der Resozialisation. Nach dem Ersten Weltkrieg widmete sie sich verstärkt dem Problem der russischen Emigranten, die vor den Bolschewiki nach Finnland geflohen und oft völlig mittellos waren.

Lit.: E. Fogelberg: Unter Gefangenen und Freien, 1925; I. M. Sicke: Mathilda Wrede, [27]1959. *H.-J. Hoeppke*

Wulfila (307–383)

W. war Missionar der Goten. Seine Vorfahren sind kleinasiatische Christen, die Mitte des 3. Jh.s bei gotischen Raubzügen verschleppt wurden. Aufgewachsen in einer heidnischen Umgebung betrachtet W. es als seine Aufgabe, das Christentum in dem nördl. der Donau gelegenen Gotien zu verbreiten. Zunächst wird er 336/37 Lektor, wenige Jahre nach dem röm. Sieg über die Goten (332), in Konstantinopel von Euseb von Nikomedien zum Bischof »für die Christen im Gotenland« geweiht. Unter dem Druck einer Christenverfolgung siedelt er 344 zusammen mit anderen (»Kleingoten«) ins röm. Reich südl. der Donau (Mösien) über. Hier entsteht mit der gotischen Bibelübersetzung das wichtigste Werk W.s – die entscheidende Voraussetzung für die Missionierung der germanischen Völker. Eine gotische Liturgie und die Übersetzung eines Johanneskommentars gehen ebenfalls auf W. zurück. Als reichskirchl. Bischof schaltet sich W. in die theol. Kontroversen seiner Zeit ein. 360 unterzeichnet er auf der Synode in Konstantinopel ein Symbol, das die zweite Person der Trinität als Gottvater wesens*ähnlich* bezeichnet – eine Aussage, die gegen das Nizänum (Konzil von →Nicäa) gerichtet ist, das von Wesens*gleich*heit spricht. Als Kaiser Theodosius d. Große 380 ein Religionsedikt gegen die Antinizäner erläßt, findet sich W. unversehens auf der heterodoxen Seite wieder. Sein Protest, vorgetragen am Kaiserhof kurz nach dem zweiten ökumen. Konzil (381), fruchtet nichts. W. stirbt 383, nachdem er zuvor seine von der nizänischen Orthodoxie abweichende Überzeugung in einem eigenen Bekenntnis zusammengefaßt hat. Darin betont er die Unterschiede zwischen den drei Personen der Trinität: allein Gottvater ist ungezeugt; der Sohn, obwohl Gott und Schöpfungsmittler, ist ihm untergeordnet; der Hl. Geist ist Diener Christi.

Schon in der Alten Kirche wird die Theologie W.s als »gotischer Arianismus« bewertet. Dennoch prägt sie das Christentum im westl. Mittelmeerraum bis weit ins 6. Jh. Erst 589 schließen sich die Westgoten (Langobarden) dem kath. Bekenntnis an.

Lit.: G. Haendler: Wulfila und Ambrosius, 1961; K. Schäferdieck: Wulfila. Vom Bischof von Gotien zum Gotenbischof, ZKG 90, 1979, 253-292.

H. Holze

Wunder

1. W. sind ein verbreitetes Phänomen im Raum unterschiedlicher Religionen. Von W.n berichten mythische, legendarische, märchenhafte und rel. Erzählungen in vielen Kulturkreisen. Animistische Kräfte, Götter und der eine Gott werden in diesen Berichten als Wirkungsgrund von W.n angesehen. Prinzipielle Kritik an W.n ist erst im Zusammenhang mit Philosophie, Wissenschaft und säkularer Geschichtsschreibung aufgekommen.

2. Im AT werden unterschiedliche Worte benutzt, um W. zu bezeichnen: *nifla'ot*, »wunderbare Dinge«, *'ot*, »wunderbares Vorzeichen«, *mora'*, »furchterregende Wirkung«, *mofet*, »Machtdemonstration« usw. Sie werden zur Bezeichnung außergewöhnlicher Taten verwendet, die entweder direkt oder indirekt (durch einen Gottesmann) auf Jahwe zurückgeführt werden. In den geschichtl. Büchern des AT werden W. im Zusammenhang mit Abraham (Geburt Isaaks), Mose (z.B. die Plagen über Ägypten), Josua (Jordanüberquerung), Gideon (Berufung), Elia (z.B. das Opfer auf dem Karmel), Elisa (z.B. Heilung eines ausländischen Aussätzigen) und Jesaja (Heilung Hesekias) berichtet (kein König in Israel tat jemals W.!). Bei Mose, Elia, Elisa und Jesaja wird das prophetische Amt im Zusammenhang mit W.n zur Geltung gebracht: sie vollziehen nicht nur W., sondern sagen sie auch vorher. Im AT muß nur die Heilsankündigung, nicht aber die Unheilsankündigung eines Propheten durch ein W. von Gott bestätigt werden. Die W. im AT kommen meist direkt oder indirekt dem ganzen Volk Gottes zugute. Sie werden aber immer deutlich von Selbstoffenbarungen oder Willensbekundungen Jahwes unterschieden. Seit Jesaja spielt der Glaube eine wichtige Rolle im Zusammenhang mit W.n (vgl. Jes 7,1-14).

3. Auch das NT kennt mehrere Begriffe für W.: *thauma*, »Wunder«, *teras*, »das Schreckliche eines Wunderzeichens« und *semeion*, »Wunderzeichen«. Die meisten W.geschichten kommen in den Evv. vor. Sie bekunden die Realität des Anbruchs des Reiches Gottes in der Person Jesu Christi. Theißen teilt die W.geschichten des NT wie folgt ein: sieben Austreibungen (z.B. Mk 5,1-20 par, keine im Joh!), 13 Heilungen (z.B. Mk 10,46-52 par), vier Erscheinungen (z.B. Mk 9,2-10 par), vier Rettungsw. (bes. Mk 4,35-41 par), vier Geschenkw. (bes. Mk 6,32-44 par), vier Normenw. (z.B. Mk 2,1-12 par) und vier zusammenfassende Berichte über W. (z.B. Mk 3,7-12 par). Diese Erzählungen schildern, wie der Machtbereich Gottes unter Menschen in Jesus Christus so zur Geltung kommt, daß Dämonen ihre Macht über diese Menschen verlieren. Jesus lehnt es in Lk 4,16-30 ab, ein W. zu tun. Durch den Vergleich seiner Tätigkeit mit der des Elia und des Elisa wird klar, daß er wie diese nicht alle Kranke seiner

Zeit heilen will. Dies hängt mit der Funktion seiner W. zusammen. Sie sind Bestätigungsw., die auch notwendig sind, damit seine Gegner ihn, den Heilsverkündiger, nicht als Falschpropheten darstellen können. Oft wird in den Erzählungen hervorgehoben, daß der Glaube des einzelnen eine Voraussetzung für seine wunderbare Heilung durch Jesus ist (z.B. Mk 9,14-29). Wichtig ist auch die Sündenvergebung im Zusammenhang mit der Heilung einzelner. Manch ein Bericht legt nahe, daß nicht die physische Wiederherstellung des Menschen, sondern die Vergebung seiner Sünden das wahre W. ist. Auf diese Weise sind die W. Jesu innerlich mit dem Heil verbunden, das im Reich Gottes anbricht.

4. Im Laufe der Geschichte des Christentums sind W. in zunehmendem Maße kontrovers diskutiert worden. Mit dem Siegeszug des Aristotelismus im Hochmittelalter wurden W. erstmals zum Problem, da sie als unvereinbar mit den Gesetzen der Natur aufgefaßt wurden (→Thomas von Aquin). Die Reformatoren kämpften gegen die kath. W.praxis (→Luther und →Bucer bezeichneten sie als dämonischen Ursprungs). Der Rationalismus der beginnenden Neuzeit versuchte entweder den Glauben an W. zu untergraben (z.B. D. →Hume: W. sind unwahrscheinlich und Berichte über sie unglaubwürdig) oder aber diesen mit Hilfe rationaler Argumente apologetisch zu rechtfertigen (W. sind rational erklärbar). Nach einigen spätrationalistischen Versuchen, die angeblich rational begründbare Unglaubwürdigkeit von W.n zur theol. Selbstverständlichkeit zu machen (→Bultmann und die →Entmythologisierung der ntl. Erzählungen) wird heute immer öfter argumentiert, daß W. naturwissenschaftl. gar nicht diskutiert werden können, da sie einzigartige, unwiederholbare Ereignisse bezeichnen, während Naturgesetze wesentlich auf wiederholbare Ereignisse bezogen sind.

5. Die Notwendigkeit einer damit wieder möglich gewordenen theol. Beschäftigung mit W.n ist heute wichtiger denn je. Die gegenwärtige Explosion des Okkulten (Esoterik, New Age, Satanskulte etc.) und der Mißbrauch von W.n zur persönl. Bereicherung durch die öffentliche Zurschaustellung von Heilungswundern sind zwei Beispiele für die Dringlichkeit dieser Aufgabe. Diese Erfahrungen lehren uns, daß W. an sich immer ambivalent sind, denn als isolierte Ereignisse können sie sowohl göttlichen als auch teuflischen Ursprungs sein. Meistens entlarvt erst ihr geistliches Umfeld und ihre geistlichen Spätfolgen den wahren Charakter dieser Ereignisse.

6. Eine systematische Beschäftigung mit W.n setzt immer eine allg. Theorie der Welt (Kosmologie, →Weltbild) in ihrem Verhältnis zu Gott voraus. Nimmt man an, daß die Welt als ein Zusammenhang von Ereignissen geschieht, in welchem jedes Ereignis zuerst entsteht und dann vergehend seinen Platz in der Ordnung der Natur bekommt, dann kann man mindestens in vierfacher Hinsicht von W.n sprechen: (a) Das Wunder des Werdens jedes Ereignisses (d.h., daß überhaupt etwas stattfindet, oder daß Schöpfung überhaupt statthat); (b) Das Wunder, daß über das einzelne Ereignis hinaus eine Ordnung im Zusmmenhang der Ereignisse der Welt auftritt (d.h., daß Welt überhaupt Natur ist, bzw. daß Schöpfung überhaupt eine Ordnung hat); (c) Das Wunder, das in einer unerklärlichen Abänderung oder Aufhebung der Naturordnung im Ereignis-Zusammenhang der Welt besteht (z.B. Heilungen, Wiederbelebungen, Verwandlungen usw.); und (d) Das Wunder, das in einer prinzipiell unbegreifbaren (weil analogielosen) Abänderung oder Aufhebung der Verfaßtheit der Welt aus werdenden und vergehenden Ereignissen besteht (z.B. Jesus Christus nach seiner Auferstehung, der Mensch in Christus und die Neuschöpfung der Welt am Ende der Zeiten). P. →Althaus z.B. zählt die ersten beiden Bedeutungen des W.s zum allg., weiten und natürlichen und die letzten beiden Bedeutungen zum strengen und eschatologischen W.begriff. Entgegen der Meinung Althaus' kann heute im Horizont der modernen Naturwissenschaft der eschatologische W.begriff nicht nur im Glauben erkannt werden. Dennoch ist aber im Sinne Althaus' zu fordern, daß nur solche kosmologisch nachvollziehbaren W.begriffe in der Theologie verwendet werden dürfen, die im Zusammenhang mit dem christl. Glauben gedeutet werden können. Andernfalls würde die Gefahr bestehen, daß Theologie, sofern sie solche Begriffe verwendet, zu einem Zweig der Kosmologie entartet.

Lit.: P. Althaus: Grundriß der Dogmatik, [5]1959, 144–151; C. Brown: Miracles and the Critical Mind, 1984; H. Cremer: Weissagung und Wunder im Zusammenhang der Heilsgeschichte, 1900; K. Heim: Die Wandlung im naturwissenschaftlichen Weltbild, [3]1954, 176-207; C. S. Lewis: Miracles, 1947 (dt. 1952); G. Theißen: Urchristliche Wundergeschichten. Ein Beitrag zur formgeschichtlichen Erforschung der synoptischen Evangelien, [6]1990; F. E. Wilms: Wunder im alten Testament, 1979.

Chr. Wassermann

Wurm, Theophil (1868–1953)

W., geb. am 7. 12. 1868 in Basel, gest. am 28. 1. 1953 in Stuttgart, gehört zu den bedeutendsten ev. Kirchenführern des 20. Jh.s.

Aus kirchl.-pietistischem Pfarrhaus stammend, studierte W. in Tübingen, wobei er bes. von der Theologie A. →Ritschls geprägt wurde, ohne damit allerdings seine Herkunft preiszugeben. Dt.-nationale Gesinnung und soziale Verantwortung bildeten daneben den Hintergrund seines Denkens. Beeindruckt von Adolf →Stoeckers Berliner Stadtmission, versuchte W. diese v.a. während seiner 14jährigen Tätigkeit als Pfarrer und Geschäftsführer der Ev. Gesellschaft in Stuttgart (Stadtmission) in die Praxis umzusetzen (1899–1913). In diesem Jahr zum zweiten Stadtpfarrer von Ravensburg berufen, avancierte er 1920 zum Dekan in Reutlingen, 1927 zum Prälaten von Heilbronn, 1929 schließlich als »Mann der Mitte« zum Kirchenpräsidenten (ab 1933 »Landesbischof«) der Württembergischen Landeskirche; 1919/20 hatte er die Bürgerpartei im Württembergischen Landtag vertreten.

Die Machtübernahme durch den Nationalsozialismus 1933 zunächst begrüßend, unterstützte W. die Wahl des dt.-christl. Ludwig Müller zum Reichsbischof. 1933/34 trat er dann in Opposition zur Leitung der Reichskirche und verhinderte die vom NS-Regime angestrebte »Gleichschaltung«, die Eingliederung der Württembergischen Landeskirche in die Reichskirche. Im Herbst 1934 wurde er deshalb zeitweilig abgesetzt und unter Hausarrest gestellt. Im weiteren Verlauf des Kirchenkampfs verfolgte er eine auf Ausgleich bedachte mittlere Linie; die Württembergische Kirche blieb (wie die von Bayern und Hannover) »intakt«, d.h. von den »Deutschen Christen« und ihrem Gleichschaltungsbestreben verschont. Von seiten der Kirchl.-Theol. Sozietät und der württ. Bekenntnisgemeinschaft (Landesbruderrat) wurde W.s vermittelnde Haltung scharf kritisiert, die ihm Verrat am Bekenntnis vorwarfen.

Während des Zweiten Weltkrieges prangerte W. unerschrocken – und nicht ohne Erfolg – die Verbrechen des NS-Regimes an (Tötung des »lebensunwerten Lebens«, »Endlösung der Judenfrage«, Gewalttaten in den besetzten Gebieten). Dadurch wurde er der Vertrauensmann aller nicht dt.-christl. ev. Kreise (Bekennende Kirche und »Mitte«), die er im von ihm 1941 begründeten »Kirchlichen Einigungswerk« zu sammeln suchte, einer Vorstufe der (am 31.8.1945 in →Treysa neu konstituierten) EKD. W. wurde erster Vorsitzender des Rates der EKD (1945–1949) und Präsident des »Ausschusses für Wiederaufbau« des von ihm mitinitiierten »Hilfswerks der EKD«. Beteiligt war er ferner an der Gründung der Ev. Akademie Bad Boll (Sept. 1945) wie auch am Zustandekommen des →»Stuttgarter Schuldbekenntnisses« (18./19. 10. 1945).

Lit.: Th. Wurm: Erinnerungen aus meinem Leben, 1953; Th. Dipper: Die Evangelische Bekenntnisgemeinschaft in Württemberg, 1966; R. Sautter: Theophil Wurm. Sein Leben und sein Kampf, 1960; G. Schäfer (Bearbeitung): Landesbischof D. Wurm und der nationalsozialistische Staat 1940–1945. Eine Dokumentation, 1968; ders. (Hrsg.): Die Evangelische Landeskirche in Württemberg und der Nationalsozialismus. Eine Dokumentation zum Kirchenkampf, 6 Bde., 1971–1986; J. Thierfelder: Das Kirchliche Einigungswerk des württembergischen Landesbischofs Theophil Wurm, 1975; ders.: Theophil Wurm und der Weg nach Treysa, 1985.

W. Raupp

Württemberg, Evangelische Landeskirche in

1. Am 16. 5. 1534 fand die erste ev. Predigt in der Stuttgarter Stiftskirche statt. Zuvor hatte die Reformation schon in den meisten Reichsstädten in Süddeutschland Eingang gefunden. Die dort tätigen Prädikanten (»Prediger« im Gegensatz zu Meßpriestern) waren in jenen Jahren meist auch die Vorkämpfer der Reformation gewesen: voran Matthäus Alber in Reutlingen und Johannes →Brenz in Schwäbisch Hall. Entscheidend für den Fortgang der Reformation wurden die Personen von Herzog

Christoph – Inbegriff eines ev. Laien – und von Johannes Brenz, dem die württembergische Landeskirche ihr luth. Profil und ihre Weite wesentlich verdankt. Er war der Verfasser des Württembergischen Bekenntnisses, das 1552 auf dem Konzil von Trient (→Tridentinum) übergeben wurde. Bedeutsamer für das kirchl. und kulturelle Leben in W. selbst ist der Brenzsche Katechismus (1532) geworden, in vielen Auflagen und Ländern erschienen und in W. bis heute im Gebrauch.

Die Klarheit des schlichten württembergischen Gottesdienstes – einmalig unter den Kirchen der luth. Reformation und doch nahe bei dem, was Luther eigentlich wollte –, ganz auf Gebet, Lied und Predigt konzentriert, wurde zur lebendigen Quelle, aus der sich in Jahrhunderten eine Frömmigkeit des Worts und eine Kultur des Worts speisten.

2. Für das Zeitalter der Orthodoxie und Reform-Orthodoxie stehen die beiden Namen Andreae beispielhaft. J. →Andreae, einer der Väter des →Konkordienbuchs und zugleich von luth. Ökumenizität, prägte das sich festigende Landeskirchentum in W. entscheidend; J.V. →Andreae verkörperte bereits jene Reform-Orthodoxie, deren Übergänge zu wesentlichen Anliegen des frühen Pietismus unverkennbar sind.

Der schwäbische →Pietismus ist von Hause aus durch drei Eigenarten bestimmt:

– Durch nüchternes und entdeckungsfreudiges Hören auf die Bibel, fernab von allem Buchstäbischen und von Schwärmerei. J. A. →Bengel ist Prototyp jener luth.-pietistischen Nüchternheit geworden.

– Eine Weltaufgeschlossenheit und Verantwortungsbereitschaft auch im Politischen. Ph. M. →Hahn, selbst Pfarrer und zugleich Förderer der »Stunden« und Gemeinschaftskonferenzen, steht programmatisch für die große Zahl aus dem schwäbischen Pietismus hervorgegangener Erfinder und Unternehmer; J. J. Moser (gest. 1785) oder Chr. →Blumhardt d.J. mögen als Typen einer im Pietismus gegründeten polit. Verantwortungsbereitschaft gelten. Zahlreiche diakonische und missionarische Einrichtungen entstanden im 19. Jh., meist von pietistischen Kreisen getragen.

– Die Einbindung in die Landeskirche zeichnete den württembergischen Pietismus (und die →Erweckungsbewegung) seit den Tagen des »Pietistenreskripts« (1743) aus und ließen ihn auch zu einer personellen Ressource der württembergischen Pfarrerschaft werden.

In der gegenseitigen und nicht immer spannungsfreien, aber durchgehaltenen Durchdringung von Pietismus und Luthertum liegt eine bislang wesentliche Eigenart der württembergischen Landeskirche.

3. Im 20. Jh. hat in besonderer Weise Th. →Wurm als Landesbischof die württembergische Landeskirche geprägt (1929–1949). Ihm ist es zu verdanken, daß der Einbruch der →Deutschen Christen (= D.C.) in W. mißriet. Dabei konnte er sich auf den Widerstand der Mehrzahl der württembergischen Pfarrer und Gemeinden (nicht jedoch der Synode!) gegen jede »Gleichschaltung« stützen. Der Ulmer Bekenntnistag (22.4.1934) brachte die öffentliche Abgrenzung gegen die D.C., wie sie dann ähnlich, aber umfassender später in der Theol. Erklärung von →Barmen geschah. Der eigentlich konservative Th. Wurm trat schließlich auch in öffentlichen Widerspruch gegen den Staat selbst. Er protestierte gegen die Euthanasie-Maßnahmen des NS-Staats und erklärte die »Vernichtungspolitik gegen das Judentum als ein schweres und ... verhängnisvolles Unrecht«. Nach dem Krieg war Wurm entscheidend an der Grundordnung der EKD (1948) beteiligt, deren Rat er vorstand (vgl. auch →»Stuttgarter Schuldbekenntnis«, 1945).

4. Die Kirchenverfassung von 1920 kennt als kirchenleitende Organe das Amt des Bischofs, dem die oberste Leitung zukommt, den Oberkirchenrat (dem auch der Bischof und die fünf Prälaten angehören) und die in Urwahl gewählte Landessynode. Zur Zeit umfaßt die Landeskirche ca. 2,5 Mio. Gemeindeglieder.

Lit.: M. Brecht, H. Ehmer: Südwestdeutsche Reformationsgeschichte, 1984; G. Schäfer: Zu Erbauen und zu erhalten das rechte Heil der Kirche. Eine Geschichte der Evangelischen Landeskirche in Württemberg, [5]1991.

G. Hennig

Württembergischer Brüderbund

Der W.B. ist ein landeskirchl. Gemeinschaftsverband innerhalb der Ev. Landeskirche von Württemberg. Die geschichtl. Anfänge liegen in einem losen Zusammenschluß einzelner Gemeinschaften und Erweckungskreise im Schwarzwald. Johannes →Seitz (1839–1922) führte diese Kreise zu einem Verband zusammen. In Analogie zum ebenfalls von Seitz ins Leben gerufenen Reichsbrüderbund der Gemeinschaften in Ost- und Westpreußen, Pommern und Posen entstand in Württemberg der W.B. Durch die nationalsozialistische Gesetzgebung kam es 1933 zum Anschluß weiterer Gemeinschaften aus dem Remstal bei Stuttgart und gleichzeitig zur Aufnahme in den Gnadauer Verband (→Evangelischer Gnadauer Gemeinschafts-Verband).

Heute existieren im Dreieck zwischen Schwarzwald, Mittlerem Neckarraum und Schwäbischer Alb ca. 50 Gemeinschaften, die sich in sechs Bezirke gliedern (Enz, Filder, Remstal, Schönbuch-Alb, Schwarzwald, Teck). Zentrum und geistl. Mitte der Arbeit sind die sonntäglichen Gemeinschaftsstunden, die in der Regel von Laienbrüdern des jeweiligen Bezirkes gehalten werden. Darüber hinaus entscheidet jeder Bezirk selbst über die Anstellung von hauptamtlichen Predigern, um die Verkündigungs- und Evangelisationsarbeit, sowie die ausgedehnte Kinder- und Jugendarbeit vor Ort zu unterstützen.

Wesentliche überregionale Arbeitszweige sind die Jugendevangelisations-, Schulungs- und Freizeitarbeit. Zum Pfingstjugendtreffen »Dynamis« treffen sich jährlich 3000–4000 Jugendliche in Esslingen. Eine intensive Mitarbeiterschulung erfolgt auf den sog. Kurzbibelschulen. Umfangreich ist auch die Freizeitarbeit im In- und Ausland (ca. 120 Freizeiten jährlich). Ein Forum der ganzen Gemeinschaftsarbeit bildet die jährliche Konferenz des W.B. am Buß- und Bettag. Geleitet wird der W.B. durch einen dreiköpfigen Vorstand, der durch den Leitungskreis (Vertreter der Gemeinschaften) gewählt wird. Erster Vorsitzender ist seit 1973 der Verleger F. Hänssler.

Lit: J. Seitz: Erinnerungen und Erfahrungen, 1919.

V. Gäckle

Wüst, Eduard (1818–1859)

W., geb. am 23. 2. 1818 in Murrhardt/Württemberg, gest. am 13. 7. 1859 in Neuhoffnung bei Bedjansk/Rußland. Wegen Beteiligung am Stundenwesen als Pfarrvikar amtsenthoben, dann als freier Prediger in verschiedenen Gemeinschaften, u. a. bei den →Methodisten aktiv, wurde er von der Ev. Brüdergemeinde in →Korntal der schwäbischen Separatistengemeinde in Neuhoffnung (Südrußland) empfohlen. Dort wirkte er seit 1845 als erfolgreicher Erweckungsprediger. Es gelang ihm, seine tiefgreifenden, vor allem an L. →Hofacker gewonnenen Erfahrungen fruchtbar in eine völlig andere Welt umzusetzen. Durch seine stark die Unterscheidung von Gläubigen und Ungläubigen betonende und nicht wenig gefühlsorientierte Verkündigung sowie durch Konfessionsgrenzen überschreitende regelmäßige Missionsfeste und »Bruderkonferenzen« prägte er nicht nur – trotz heftigen Widerstandes der luth. Pfarrer – auf längere Sicht die württembergischen Lutheraner Südrußlands insgesamt im Geiste der Erweckung, sondern auch die dt.-sprachigen Mennoniten-Brüdergemeinden und darüber hinaus die aus der orthodoxen Kirche herausgedrängten sogenannten →Stundisten, die nach und nach zu den →Baptisten überwechselten. Seine letzten Lebensjahre waren überschattet von einer Spaltung der von ihm hervorgerufenen Bewegung, ausgelöst durch eine radikal-enthusiastische Gruppe (»Hüpfer«).

Lit.: H.-Chr. Diedrich: Ursprünge und Anfänge des russischen Freikirchentums, 1985; ders.: Siedler, Sektierer und Stundisten. Die Entstehung des russischen Freikirchentums, 1985; P. M. Friesen: Die Alt-Evangelische Mennonitische Brüderschaft in Rußland (1789–1910), 1911; A. Kroeker: Eduard Wüst, der große Erweckungsprediger in den deutschen Kolonien Südrußlands, 1903.

G. Ruhbach

Wyclif, John (ca. 1330–1384)

W. (auch: Wiclif, Wyclyffe), englischer Gelehrter und Theologe; oft als »Morgenstern der Reformation« bezeichnet. Geb. in Yorkshire besuchte er später die Universität Oxford. 1372 »Doktor der Theologie«. Von kirchl. Stelle unterstützt, ver-

brachte er den größten Teil seines Lebens als Dozent in Oxford. Als brillanter Gelehrter und Meister der spätmittelalterl. scholastischen Tradition erlangte

W. die Aufmerksamkeit der Regierung. W. erfüllte diplomatische Pflichten für die Krone und sprach sich für eine von der Kirche unbeeinflußte Regierung aus. In seinen Werken bestritt er die Berechtigung kirchl. Besitzansprüche der päpstlichen Gerichtsbarkeit in weltlichen Angelegenheiten. Alle Menschen seien gleichermaßen Gottes Untergebene. Allein den Rechtschaffenen unter ihnen stehe es aber zu, als Gottes Platzhalter auf Erden politische Autorität auszuüben, da nur die Gerechten ein moralisches Recht zu regieren haben. W. glaubte, daß Kirchenmänner, die ein sündiges Leben führten, ihre Rechte als Gottes Platzhalter verwirkt hätten und daß ihnen folglich Reichtum und Macht entzogen werden sollten.

Diese Ansichten führten zu W.s Ächtung durch eine Anzahl päpstlicher Bullen. Ihr Inhalt war die Forderung nach Beendigung seines Unterrichts an der Universität Oxford. Der breite Widerstand gegen seine Ansichten trieb W. zu noch extremeren Positionen, und er ging von Angriffen auf den Reichtum und die politische Macht der Kirche zur Kritik der zentralen Dogmen des mittelalterl. Katholizismus über. Er lehnte sämtliche Zeremonien ab, die nicht ausdrücklich in der Bibel erwähnt wurden, verurteilte die Transsubstantiation beim →Abendmahl, wandte sich gegen das sakramental geordnete Priestertum und zweifelte die Wirksamkeit der Messe an. Außerdem verurteilte er das gesamte Gefüge aus Ritualen, Zeremonien und Riten, auf die sich die Kirche stützte, mit der Begründung, daß diese nicht nur falsch, sondern der Verehrung Gottes hinderlich seien. W. teilte die Meinung →Augustins, der die Kirche als prädestinierte Gemeinschaft wahrer Gläubiger ansah.

Im Jahr 1381 zwang der Bauernaufstand in England Kirche und Aristokratie zur Kooperation bei der Wiederherstellung von Gesetz und Ordnung. Obwohl W. nicht in die Revolte verwickelt war, beschuldigten ihn seine Gegner, mit seinen Lehren den Aufstand ausgelöst zu haben. Diese Situation ausnutzend, zwangen die Oberhäupter der englischen Kirche W.s Anhänger, Oxford zu verlassen. W. selbst zog sich zu seiner Gemeinde in Lutterworth zurück (1382), wo er im Jahre 1384 an einem Schlaganfall starb.

W.s Schriften enthalten außer seinen Arbeiten über kirchl. und staatliche Fragen logische und metaphysische Abhandlungen sowie zahlreiche theol. Bücher und Predigten. Am bekanntesten machte ihn jedoch sein Einsatz für eine Übersetzung der Vulgata ins Englische. Weil Christen ihrem Gott direkt verantwortlich sind, ist es notwendig für sie, die Bibel zu lesen. Erst so werden sie in die Lage gesetzt, Gottes Gebote zu kennen und befolgen zu können.

Die Heilige Schrift war für W. der einzige Maßstab für den Glauben und alleinige Quelle der Autorität. Deshalb ging er daran, die Bibel auch in seiner Landessprache verfügbar zu machen. Die letzten Monate seines Lebens verbrachte er damit. Die Beendigung der W.-Bibel legte er in die Hände seiner Schüler.

W.s Anhänger – bekannt als Lollarden – setzten sich hauptsächlich aus Oxford-Schülern, meist Vertretern der niederen Stände, und zahlreichen armen Menschen aus ländlichen wie städtischen Gebieten zusammen. Sie benutzten die Bibel als Grundlage für ihre Predigten, forderten zu Ungehorsam gegenüber unrechtmäßigen Kirchenmännern auf, griffen das Priestertum an, vertraten die Idee der unsichtbaren Kirche und verurteilten Mönchstum und Ritualismus. Dieser Protest führte zu ihrer Verfolgung, die die Zersetzung der Bewegung gegen Ende des 15. Jh.s zur Folge hatte. Andere behaupten, die Ansichten der Lollarden hätten sich erhalten und zu einem Enthusiasmus für die Reformation im nächsten Jh. geführt.

W.s Einfluß auf den Protestantismus in England ist schwer zurückzuverfolgen. Durch tschechische Studenten, die die Universität Oxford besucht hatten, verbreiteten sich W.s Ideen bis nach Böhmen. In Prag übernahm J. →Hus seine Lehren, und die Hussiten hielten sie viele Jahre hindurch lebendig. Eines der frühen Anliegen Luthers war es, den Hussiten in der Gestalt der Böhmischen Brüder, die sich zu Unrecht verurteilt fühlten, Gerechtigkeit widerfahren zu lassen. Durch diese Verbindung zu Böhmen war W. in der Tat ein »Vorläufer« der Reformation.

Lit.: Wyclif Society (Hg.): Werke (ca. 40 Bde.), 1883ff; G. A. Benrath: Wyclifs Bibelkommentar, 1966; ders.: »John Wyclif«, in: M. Greschat (Hg.): Gestalten der Kirchengeschichte 4, 1983, 219–233; J. H. Dahmus: The Prosecution of Wyclif«, 1952; J. Loserth: Hus und Wyclif, ²1925; K. B. Mc Farlane: John Wyclif and the beginnings of English Nonconformity, 1952; M. Schmidt: »John Wyclifs Kirchenbegriff«, in: Gedenkschrift für W. Elert, 1955, 72-108. *R. G. Clouse*

Geringfügig gekürzte Übersetzung aus: Walter A. Elwell (Hg.); Evangelical Dictionary of Theology, 1984., Baker Book House Company, S. 1197f.

Wycliff-Bibelübersetzer

Die Wycliff-Bibelübersetzer gehen zurück auf die nordamerikanischen evangelikal-fundamentalistischen Missionare W. Cameron Townsend (1896–

1982) und Leonhard L. Legters (1873–1940), die 1934 das Summer Institute of Linguistics (SIL, offiziell gegründet 1942) einrichteten, dessen Absolventen bereits ein Jahr später in Mexiko die Übersetzung der Bibel in fünf indianische Sprachen in Angriff nahmen (Veröffentlichung des ersten NTs 1951). Benannt nach John →Wyclif, entstand 1942 als interdenominationelle »Glaubensmission« die Schwesterorganisation der »Wycliffe Bible Translators« (WBT), die die Arbeit des SIL in der Heimat repräsentieren und das Anliegen der Bibelübersetzung bekanntmachen sollte. Aus bescheidenen Anfängen erwuchs bis heute eine weltumspannende Bewegung, die sich die Aufgabe gestellt hat, die schriftlosen Sprachen zu erforschen (Analyse und Verschriftung der Sprache; Abfassung von Grammatiken und Elementarbüchern), um den vom Evangelium bislang nicht erreichten Völkern in ihrer Muttersprache das NT und, wenn möglich, die ganze Bibel zu geben.

Nur auf Einladung einer Regierung, Universität oder einer einheimischen Kirche hin nimmt das SIL die Arbeit in einem Land auf. Seine Mitarbeiter sind keine eigentlichen Missionare, sondern Linguisten, deren Übersetzungsarbeit erst beginnen kann, nachdem sie sich jahrelang in Kultur, Religion und Denkweise einer Volksgruppe eingelebt haben. Evangelisationspredigt und Gemeindegründung fallen nicht in ihren Aufgabenbereich; diese sollten von Anfang an in einheimischer Verantwortung liegen. Wenn nötig, leisten sie indes ärztliche und soziale Hilfe. Unterstützt wird ihre Arbeit von einem eigenen Flugdienst und durch Radiostationen (Jungle Aviation And Radio Service; JAARS; gegründet 1948).

Bis heute liegen die Bibel in 276, das NT in 676 und einzelne Bibelteile in 1.200 Sprachen vor (von derzeit insgesamt geschätzten 6.530; vgl. Ethnologue, [12]1992). In nahezu 40 Ländern der Erde (bes. unter den Indianern in Südamerika, unter Minoritäten in Asien und Afrika und in Ozeanien) werden von Wycliff gegenwärtig etwa 900 Übersetzungen realisiert (neben 400 Projekten anderer Werke). In seinen Reihen stehen nunmehr 5.500 Mitarbeiter; der bekannteste unter ihnen ist der international anerkannte Sprachwissenschaftler Kenneth Pike (geb. 1912), dessen Forschungsarbeiten maßgeblich den Grund gelegt haben für die fruchtbare Verbindung von Bibelübersetzung und Linguistik, die für Wycliff überhaupt charakteristisch wurde und sich in zahllosen wissenschaftlichen Publikationen dokumentiert.

Ein dt. Zweig von Wycliff wurde 1961 gegründet (seit 1962 Wycliff e.V.). Er fußt auf der Glaubensbasis der Ev. Allianz und ist außerordentliches Mitglied der Arbeitsgemeinschaft Evangelikaler Missionen. In Burbach-Holzhausen (bei Siegen) unterhält er ein Seminar für Sprachmethodik (SSM), an dem seit 1962 über 1.300 Bibelübersetzer und Missionare verschiedener Organisationen ausgebildet wurden. Etwa 100 Mitarbeiter stehen derzeit in seinem Auftrag weltweit im Einsatz.

Lit.: Bibliography of the SIL, 1992; Die frohe Botschaft unserer Zivilisation. Evangelikale Indianermission in Lateinamerika, hg. von der »Gesellschaft für bedrohte Völker«, 1979; G.M. Cowan: The Word that kindles. People and principles that fueled a worldwide Bible translation movement, 1979; A. Holzhausen (Bearb.): Übersetzern in die Werkstatt geschaut. Berichte aus der Praxis der Bibelübersetzung in aller Welt, [6]1991; ders.: Bibel trotz Babel. Das Buch der Bücher in den Sprachen der Welt, 1992, 71-94; H. Moore (Hg.): Any given day in the Life of the Bible. Wycliffe Bible Translators, 1992; E.E. Wallis, M.A. Bennett: Noch 2000 Sprachen. Geschichte einer modernen Pioniermission, 1964.

W. Raupp

Yoga

Y. (von der altindischen Wurzel *yui*, »zusammenbinden«, »unters Joch spannen«, »einen«) erstrebt die Rückverbindung des Einzelnen *(Jivatma)* mit dem Höchsten Selbst *(Paramatma* oder *Brahma)* und bedeutet sowohl den Weg dorthin als auch dessen Ende. Entsprechend der Vielzahl der Wege gibt es eine Vielzahl von Methoden: Raja-, Hatha-, Karma-, Bhakti-, Jnana-, Mantra-, Laya- und Rajadhiraja-Yoga.

Der klassische Y. ist der Raja-Y. (»königlicher Yoga«), den der indische Gelehrte Patanjali vermutlich im 2. Jh. v.Chr. im »Yoga-Sutra« als eines der sechs hinduistischen phil. Systeme *(Darshanas)* systematisiert hat. Er beruht im wesentlichen auf der Sankhya-Philosophie. Diese unterscheidet zwischen *Purusha* (unveränderlichem reinem Geist, Akt) und *Prakriti* (veränderlicher Materie, Potenz). Deren Zusammenwirken ist für die Evolution notwendig, verursacht aber auch Leiden, indem Täuschung *(Maja)* über die wahre – geistige – Realität der Welt entsteht. Das Ziel ist die Befreiung von Täuschung und Leiden, die Befreiung des Geistes in der Überwindung des Gebundenseins an die Materie. Das geschieht im Sankhya durch metaphysische Erkenntis *(Jnana)*, im Raja-Y. Patanjalis jedoch auf dem praktisch-methodischem Weg zu tiefster Versenkung und Konzentration *(Samadhi)*. Dadurch kommt es zur »Erlösung« im hinduistischen Sinne, zur Wunsch- und Leidenschaftslosigkeit, zur »Einsamkeit« *(Kaivalya)*.

Die Mittel zur Befreiung *(Sadhanas)* untergliedern sich in acht Yogangas (Glieder des Yoga):

– *Yama* (ethische Disziplin: nicht töten, nicht stehlen, nicht lügen etc.);

– *Niyama* (religiöse Disziplin: Reinigung, Askese, Hingabe an die Isvara-Gottheit);

– *Asana* (Körperdisziplin, z.B. Lotussitz, Kobrastellung);

– *Pranayama* (Atemdisziplin: Tiefatmen, Atemrhythmus verändern, Aufnahme von Prana-Lebensenergie);

– *Prathyahara* (Abtöten der Sinne, Vorstufe zur zunehmenden Innenkonzentration);

– *Dharana* (Konzentration: Fixierung des Geistes auf bestimmte Körperstellen oder Punkte);

– *Dhyana* (Versenkung: zunehmende Vereinigung mit dem Absoluten);

– *Samadhi* (völlige Versenkung, Ruhe des Geistes, Einswerden von Einzelnem und Höchstem Selbst).

Der im Westen vor allem praktizierte Hatha-Y. (»grober Yoga«, »Yoga der körperlichen Übungen«) beruht auf den Stufen Asana und Pranayama des Raja-Y. und wird daher zu Unrecht für eine reine Körper- und Entspannungstechnik gehalten. Er geht genauso wie die anderen Y.-Formen »von der hinduistischen Grundvoraussetzung aus, daß das Selbst des Menschen ... durch die Materie verhüllt und deshalb in Täuschung befangen ist, die es ihm nicht ermöglicht, sich selbst bewußt zu werden ... Hatha-Yoga ... will nichts anderes sein als die Vorbereitung auf den klassischen Yoga, dem es allein zukommt, die Kaivalya, die menschliche Selbsterlösung, herbeizuführen« (Hoppenworth, 55.58). Die gesundheitlichen und »übernatürlichen« Auswirkungen *(Siddhis)* des Y. sind umstritten (vgl. Klostermaier, 264f). Vor allem aber ist der Y. in seinen verschiedenen Gestalten als Versuch zur Selbsterlösung unvereinbar mit dem Evangelium von der Erlösung des Sünders allein aus Gnaden (Röm 3,28).

Lit.: S. N. Dasgupta: Yoga as Philosophy and Religion, 1924; K. Hoppenworth: Neue Heilswege aus Fernost – Hilfen oder Gefahren?, 1978; K. Klostermaier: Hinduismus, 1965.

L. Gassmann

Young Men's Christian Association

→Christlicher Verein Junger Männer

Zahl

Die vorindustriellen Kulturen, also auch die der bibl. Welt und das traditionelle Christentum, gebrauchen Z.en hinsichtlich ihrer Bedeutung (qualitativ), weniger als Menge (quantitativ): Das »Doppelte« bedeutet das Ganze (analog der Symmetrie in der Schöpfung, vgl. den Dual als fast ausgestorbene Sprachform) in Jes 40,2; 61,7; Jer 16,18; Sach 9,12; Offb 18,6 u.ö. Aber auch »Vier« kann analog zu den Himmelsrichtungen das Vollständige bedeuten (1Mo 2,10ff; in Am 1f u.ö.). Bei sechs Dimensionen ist auch die Sieben (Z. der in bibl. Zeit bekannten Planeten) ein Ausdruck der Vollendung (1Mo 4,24; 33,3; 5Mo 7,1; in der Offb u.ö.). Diese Sicht erlaubt auch eine Übertragung der Schöpfungsphänomene auf die Ethik, wie sie v. a. in der →Weisheit, bes. in den sog. Z.sprüchen (Spr 30,15-33 u.ö.) vorliegt. Die ganze Schöpfung besteht aus Z.en (Physik, Astronomie; vgl. Pythagoras); wenn Gott sie als ein Gegenüber wahrnimmt und erforscht, »zählt« er sie (Hiob 28,27, hebr. Text). Die präexistente Weisheit kann deshalb als »Wort« (hebr. *spr* (qal.), »zählen« und (pi.), »erzählen«; griech. *legein,* »zählen«, »erzählen«, griech. *logos,* »Wort«, »Rechnung«) bezeichnet werden (Sir 24, vgl. Spr 8), in Joh 1 schließlich hinsichtlich Christus als Schöpfungsplan und »Wort«. Das weisheitliche Ordnungsdenken wurde so auch auf den Geschichtsablauf übertragen (Priesterschrift; →Apokalyptik). Da die hebr. Buchstaben auch als Z.zeichen dienten, suchte das späte AT und das Judentum in den hebr. Wörtern und Z.en der mit der Weisheit identifizierten Tora geheime Bedeutungen (griech. *geometria,* »Gematrie«). In der Geschichte des Christentums suchten zuletzt Pietismus (→Bengel) und Neuorthodoxie in der Bibel ein verborgenes Z.ensystem zur Berechnung der Welt- und Heilsgeschichte.

Lit.: H. Gese: Der Johannesprolog. Zur biblischen Theologie. Alttestamentliche Vorträge (BEvTh 78), [3]1989, 152–201; A. Jepsen: Zur Chronologie des Priestercodex: ZAW 47 (1929), 251–255; W. M. W. Roth: Numerical sayings in the Old Testament. A form-critical study: (VT.S. 13), 1965; (über Bengel und Hahn:) W. Veeser: 1784 – oder die Faszination eines Systems, Philipp Matthäus Hahn 1739–1790 (Quellen und Schriften zu Philipp Matthäus Hahn 7), Teil 2, Aufsätze, 1989, 327–339.

Th. Pola

Zahn, Theodor von (1838–1933)

1. Geboren wurde Z. am 10. 10. 1838 in Moers/Rheinland als neuntes Kind des Pädagogen Franz Ludwig Z. und seiner Frau Anna, einer Tochter der bekannten Anna →Schlatter aus St. Gallen. Sein Elternhaus prägte ihn geistl. in Richtung auf eine erwecklich gestimmte, aber weder pietistisch enge noch konfessionalistische Kirchlichkeit. Zum Studium der ev. Theologie hielt er sich von 1854-58 in Basel, Erlangen und Berlin auf; dabei beeinflußte ihn theol. vor allem der Erlanger J. Chr. K. von →Hofmann. Nach dreijähriger Kandidatenzeit arbeitete er zunächst als Gymnasiallehrer in Neustrelitz/Mecklenburg, bevor er mit der Übernahme einer Repetentenstelle an der damals von A. →Ritschl dominierten Göttinger theol. Fakultät 1865 seine akademische Laufbahn begann. Im Anschluß an Promotion und Habilitation wurde er 1871 a. o. Professor und Universitätsprediger. Literarisch trat er durch drei bedeutende Monographien (Marcellus von Ancyra, 1867; Der Hirt des Hermas, 1868; Ignatius von Antiochien, 1873) und eine Textausgabe (Ignatii et Polycarpi epistulae, martyria, fragmenta, 1876 in den von O. von Gebhardt und A. Harnack mitherausgegebenen »Patrum apostolicorum opera«) hervor. Ordentlicher Professor konnte er erst 1877 durch eine Berufung nach Kiel werden. Im gleichen Jahr starb Hofmann in Erlangen und die dortige Fakultät berief Z. (einem Wunsch Hofmanns entsprechend) sofort und einstimmig zu dessen Nachfolger. Z. lehrte in Erlangen zunächst bis 1888, wechselte dann nach Leipzig, kehrte aber bereits 1892 nach Erlangen zurück und blieb dort über seine Emeritierung im Jahr 1908 hinaus bis an sein Lebensende am 15. 3. 1933. Die wichtigsten Publikationen jener Zeit sind eine in Gemeinschaft mit Fachkollegen herausgegebene zehnbändige Reihe von »Forschungen zur Geschichte des neutestamentlichen Kanons und der altkirchlichen Literatur« (darin von Z. selbst u. a. Tatian's Diatessaron, 1881; Der Evangeliencommentar des Theophilus von Antiochien, 1883; Supplementum Clementinum, 1884; Apostel und Apostelschüler in der Provinz Asien, Brüder und Vettern Jesu, 1900; Die Urausgabe der Apostelgeschichte des Lucas, 1916), die »Geschichte des Neutestamentlichen Kanons« (Zwei Doppelbände, 1888-92, ND 1975; daneben der »Grundriß der Geschichte des Neutestamentlichen Kanons«, [2]1904, ND 1985), die »Einleitung in das Neue Testament« (Zwei Bände, 1897/99, [4]1924) und (1903 beginnend) die Herausgabe des »Kommentars zum Neuen Testament«, zu dem Z. selbst die Erklärung von Mt, Lk, Joh, Apg, Röm, Gal und Offb beisteuerte, letztere noch im hohen Alter von 86-88 Jahren. Auch einen Band mit Predigten und mehrere Sammlungen allgemeinverständlicher Vorträge und Auf-

sätze hat er herausgebracht. Er war Mitherausgeber der »Neuen kirchlichen Zeitschrift«, Prorektor der Erlanger Universität 1894/95, Ehrendoktor von Cambridge und Kristiania, auswärtiges Mitglied der Königlichen Gesellschaft der Wissenschaften zu Göttingen und bekam vom bayerischen Herrscher 1907 den Adelstitel und 1909 den Titel Geheimrat verliehen.

2. Umfang und Qualität seines Schrifttums machen Z. zu einem der »überragende(n) Theologen« (Hengel) des 19. und 20. Jh.s, dessen meisterhafte Beherrschung der hist. Methodik auch von seinen Gegnern anerkannt wurde. Häufige Kontroversen mit A. →Harnack (u. a. im →Apostolikumsstreit) ließen ihn um die Jahrhundertwende zum führenden Theologen der konservativ-kirchl. Richtung werden. Als sein wissenschaftl. Ziel nannte er »ein auf selbständige Quellenforschung gegründetes geschichtliches Verständnis der Anfänge des Christentums« (Religionswissenschaft, 233). Der zunächst (bei F. Chr. →Baur) spekulativ, dann (in der →Liberalen Theologie) mehr positivistisch begründeten, die kirchl. Tradition skeptisch auflösenden →Bibelkritik gegenüber wollte Z. durch minutiöse Einzeluntersuchung die hist. Echtheit der ntl. Schriften und die Verläßlichkeit der entsprechenden altkirchl. Überlieferungen nachweisen. Kirchlichen Glauben und kritisch erforschte Geschichte sah er nicht als Gegensätze, sondern als miteinander übereinstimmend an und verstand seine eigene wissenschaftl. Arbeit (ähnlich wie J. B. →Lightfoot in England) als Durchsetzung der hist. Wahrheit gegen kirchen- und überlieferungskritische Vorurteile.

Obwohl sein Ziel immer die hist. Exegese des NT war, widmete er den größten Teil seines Schrifttums der Patristik. Die Erforschung der altkirchl. Literatur und Geschichte (vor allem des 2. Jh.s) ermöglichte es ihm, das Werden des ntl. Kanons zu rekonstruieren, davon ausgehend die Entstehungsgeschichte der einzelnen Schriften des NT zu ermitteln und aufgrund dessen schließlich diese Schriften ihrem ursprünglichen Sinn entsprechend auszulegen. Z.s Kommentare beeindrucken durch ihre sorgfältige historisch-philologische Reproduktion des Textgehaltes, betonen freilich oft das Faktische stärker als die Verkündigungsdimension. In der ntl. »Einleitung« vertritt er die Echtheit aller ntl. Schriften und sucht sie durch einen bis heute unübertroffenen Aufwand an patristischem Material und scharfsinniger Analyse des Selbstzeugnisses der Schriften zu beweisen. Seine bedeutendste Leistung ist die ntl. Kanonsgeschichte, in der er den herkömmlichen dogmengeschichtl. Kanonsbegriff (Kanon als frühkath. Norm für Rechtgläubigkeit) durch einen liturgischen ersetzt (Kanon als Sammlung gottesdienstlicher Vorlesebücher) und das NT seinem Grundstock nach (vier Evangelien, 13 Paulusbriefe, 1Petr, 1Joh, Offb) schon um 100 n. Chr. kanonisch werden läßt. Ingesamt ist Z.s Lebenswerk zu verstehen als ein Versuch, die Grundüberzeugung der →Erlanger Theologie, daß die geschichtl. verstandene Bibel sich dem kirchl. Glauben als wahr erweist, im Zeitalter des →Historismus durch hist. Tatsachenforschung zu bekräftigen.

Lit.: Th. Zahn: »Mein Werdegang und meine Lebensarbeit«, in E. Stange (Hg.): Die Religionswissenschaft der Gegenwart in Selbstdarstellungen I, 1925, 221ff;

K. Beyschlag: Die Erlanger Theologie, 1993, 122ff; W. Elert: Theodor Zahn, Eine Säkularbetrachtung, Luthertum 1938, 289ff; M. Hengel: Zum 150. Geburtstag von Theodor Zahn (Geleitwort zu Th. Zahn: Das Evangelium des Lucas, ND 1988); U. Swarat: Alte Kirche und Neues Testament, Theodor Zahn als Patristiker, 1991 (darin die Bibliographie Zahns und ein Verzeichnis der ihn betreffenden Rezensionen).

U. Swarat

Zaiss, Hermann →Gemeinde der Christen

Zarathustra →Zoroastrismus

Zaremba, Graf Felizian (1794–1874)

Z., geb. 15. 3. 1794 in Zaroy bei Grodno, gest. am 31. 5. 1874 in Basel. Aus einer polnisch-ref. Familie stammend, früh verwaist. Als Jurastudent las Z. →Jung-Stillings Jugendgeschichte. Durch einen Freund in Petersburg erweckt, wurde er ein entschlossener Nachfolger Jesu, verzichtete auf die diplomatische Laufbahn, verteilte sein Vermögen und reiste nach Deutschland auf der Suche nach Christen, »die nach der Bibel leben«. Durch Stillings Schwiegersohn Prof. Schwarz in Heidelberg ins Missionshaus nach Basel gewiesen, war Z. 1823–1838 Missionar im Kaukasus, wo er die luth. armenische Gemeinde Schemacha gründete. Später war er 25 Jahre Reiseprediger der Basler Mission.

Lit.: A. Katterfeld: Graf Felizian Zaremba

H. Brandenburg

Zauberbücher

Z. sind Nachdrucke alter oder angeblich alter Manuskripte mit Anleitungen für okkulte Beschwörungen, Totenbeschwörungen, Teufelspakte, Zaubereien, Heilungen und Wunder. Z. können auch als Amulette dienen. Die bekanntesten Z. in Mitteleuropa tragen die Namen von Abraham, Mose (6. bis 11. Buch Mose), Virgil, Papst Leo I., Abbé Julio, dem kleinen Albert (1729) und von Albertus Magnus (1775). Daneben sind die Bücher »Arbatal« (1686) und die Enchiridien zu nennen. Im allgemeinen ist der Ursprung dieser Bücher nicht festzustellen und wohl in keinem Fall auf die genannten Verfasser zurückzuführen. Etliche sind eindeutig erst im 18., 19. und 20. Jh. – meist als Kompilationen - entstanden, andere haben ihre Wurzeln in der jüd. Kabbala, im byzantinischen Zauberwesen und in hell. Mysterienkulten. Meist gibt es ungezählte verschiedene Ausgaben. So sind weit über zehn Z., die dem Mose zugeschrieben werden, bekannt, deren Existenz zwar wohl schon in vorchristl. Zeit zurückgehen, deren erste greifbare Ausgaben ab dem 18. Jh. oft aber nur die Titel (6. und 7. Buch Mose, 8. und 9. Buch Mose, 8. bis 11. Buch Mose) miteinander gemeinsam haben. Quellen aller Jahrhunderte berichten über die Existenz von (meist verloren gegangenen) Z.n in fast allen Kulturen, in denen das Schreiben bekannt war. In den letzten Jahrzehnten erleben die Z. immer neue Ausgaben und Auflagen. Sie sind die Haupttradenten der schwarzen Magie und der Teufelsbeschwörung.

Lit.: C. Daxelmüller: Zauberpraktiken, 1993; Handwörterbuch des deutschen Aberglaubens, 10 Bde., [1]1927-[1]1942 (Nachdruck [2]1987). I, 98, 243, 381, 568, 1115, 1116; III, 100, 452, 453, 525; V, 821-822, 1212, 1560; VI, 584–593, 1000, 1566; VII,437, 452, 1008; VIII, 1667.

Th. Schirrmacher

Zefanja →Propheten Israels

Zehlendorfer Verband für ev. Diakonie e. V.

Innerhalb der weiblichen Diakonie bildet der Zehlendorfer Verband für ev. Diakonie e. V. (gegr. 1916) das Gegenstück zum →Kaiserswerther Verband der Diakonissenmutterhäuser. Er ist ein Verband von Diakonieschwesternschaften. Seine Intention greift über die bloße Krankenpflege hinaus: Junge Frauen, die in der Schwesternschaft ausgebildet und tätig werden, sollen zu mündigen Christinnen werden und sich in Beruf oder Ehe bewähren. Eine besondere Glaubensentscheidung beim Eintritt wird nicht gefordert, nur die Aufgeschlossenheit für das Evangelium und die Bereitschaft, sich in die schwesterliche Lebensgemeinschaft einzuordnen. Einer Bewährungszeit folgt die Einsegnung. Die Anstellung in Krankenhäusern wird durch Gestellungsverträge geregelt. Die Schwester kann sich aber auch selbst eine Pflegetätigkeit suchen und die Schwesternschaft durch ihren Beitrag mittragen. Verheiratete Schwestern, wenn sie weiter mitarbeiten, bleiben in loser Zugehörigkeit zur Schwesternschaft. Der Gedanke, Frauen eine soziale Tätigkeit zu ermöglichen, verbunden mit Fachausbildung und Bildung der Gesamtpersönlichkeit, geht auf den Herborner Theologieprofessor Friedrich Zimmer (1855–1919) zurück, der 1894 den Ev. Diakonieverein Berlin-Zehlendorf e.V., das Kernstück des Verbandes, gründete.

Lit.: W. Bellardi (Hg.): Fünfzig Jahre Zehlendorfer Verband für evangelische Diakonie. 1916–1966, 1966; L. Katscher: Krankenpflege und Zweiter Weltkrieg. Der Weg der Schwesternschaft des Evangelischen Diakonievereins. Herbst 1939–Ende 1944, 1992 (Lit.).

R. Boeckler

Zehn Gebote →Dekalog

Zehnte, Der

1. Die Zehntforderung allgemein

Die Z.forderung ist in verschiedenen Kulturen gebräuchlich und tritt im kultischen wie im profanen Bereich ganz selbstverständlich auf: Sie gilt für die Abgabe der Kriegsbeute (vgl. dazu 1Mo 14,20, Abraham erstattet Melchisedek den Z.n, Hebr 7,4), für regelmäßige Abgaben an den Herrscher (vgl. dazu 1Sam 8,15.17) sowie für jährliche Abgaben aus dem Ernteertrag zugunsten des Kultes (vgl. dazu 1Mo 28,22; 3Mo 27,30).

2. Die Zehntpflicht als Bekenntnis zum Privilegrecht Jahwes

In Israel entspringt die Z.forderung dem einzigartigen Bundesverhältnis; sie signalisiert die dankbare Verehrung des Schöpfers, von dessen Güte und Treue sich alles menschliche Leben abhängig weiß, sowie die Verpflichtung, in sozialer Verantwortung Bedürftigen vom eigenen Ertrag abzugeben. Jahwe hat einen Anspruch auf den zehnten Teil des jährlichen Ernteertrags der Felder (Korn, Wein, Öl). Im Unterschied zur Darbringung der Erstlingsgaben, die dem Herrn als Opfer in Dankbarkeit für seine Bundestreue überlassen werden (5Mo 26,1-11), ist der zehnte Teil des landwirtschaftlichen Ertrags als Abgabe zu verstehen, die auch für den Unterhalt der am Heiligtum tätigen Priester und Leviten gedacht ist. Vor allem steht bei der Z.nabgabe in jedem dritten Jahr die Versorgung der Leviten wie der Fremden, Waisen und Witwen im Vordergrund (3Mo 27,30; 4Mo 18,30f; 5Mo 14,28f; 26,12-15). 3Mo 27,32f ist auch vom Z.n der Rinder und Schafe die Rede (vgl. 2Chr 31,6). Die Leviten hatten ihrerseits von dem ihnen zur Verfügung gestellten Z.n den zehnten Teil für die Priester und deren Unterhalt abzugeben(4Mo 18,21-29). Mit der Aufforderung, den Z.n am Zentralheiligtum in Jerusalem zu entrichten (5Mo 14,23), verband sich die Möglichkeit, den Z.n des landwirtschaftlichen Ertrags zu verkaufen und für den Erlös in Jerusalem die entsprechenden Gaben zu kaufen. In den Vorratsräumen des Tempels wurden Früchte und Getreide gelagert (2Chr 31,4-12; vgl. auch Mal 3,10a). In nachexilischer Zeit wird die Z.forderung selbstverständlich wieder aufgenommen (Neh 10,38 [37]; 12,44; 13,5.12), wobei die Aufforderung Mal 3,7-10 in ihrer Dringlichkeit auch ein Hinweis darauf ist, daß der Z.forderung Jahwes in der Praxis oft nur ungenügend entsprochen wurde. Um so nachhaltiger ist die überschwengliche Segensverheißung zu betonen, mit der Jahwe die Z.nabgabe uneingeschränkt belegt.

3. Der Zehnte in neutestamentlicher Zeit

Jesus hat die Praxis der Z.nabgabe vorausgesetzt, aber nicht eigens betont. Als Ausdruck selbstgerechter Frömmigkeit, die sich mit peinlich genauer Beachtung der Verzehntung von Gewürzen und Kräutern dem totalen Anspruch Gottes auf den Gehorsam seines Volkes entzieht, hat Jesus eine derartige gesetzliche Z.praxis verurteilt (Mt 23,33; Lk 11,42; 18,12). Seine Warnung vor der Gefahr des Mammon (Mt 6,24 par.; Lk 12,15-21.34) zielt tiefer und radikaler, als daß ihr mit der Zehntenpflicht Genüge geleistet werden könnte. Gott hat Anspruch auf das ganze Leben und alle Gaben, die er seinen Geschöpfen anvertraut (Mk 12,17 par.; Röm 12, 1.2; Hebr 7,8). Darum spricht das NT davon, wie in evangeliumsgemäßer Freiheit auch die materiellen Gaben zur Ehre Gottes, des Gebers aller guten Gaben, zur Förderung seines Reiches sowie zur Unterstützung der Armen und Bedürftigen einzusetzen sind (Mt 6,33; Apg 2,44f; 4,34-37; 11,29f; 1Kor 4,7; 9,7-14; 16,1f; 2Kor 8f; Gal 2,10; 6,6.9f; Phil 4,10.15-17). Unter dem Evangelium müßte die Z.nforderung als gesetzliche Minimalisierung sowie als Ausdruck fehlenden Vertrauens in die Fürsorge des Vaters im Himmel (Mt 6,8. 19-34) verstanden werden.

4. Der Zehnte als kirchliche und politische Abgabe

In der Alten Kirche zeichnet sich jedoch bereits sehr früh eine neue Gewichtung der Z.nforderung ab, die vor allem in der notwendigen Versorgung der kirchl. Dienstträger begründet ist. Did 13 ordnet die entsprechenden Abgaben für den Unterhalt der Propheten und Lehrer (im Unterschied zu der allg. Aussage des Paulus in 1Kor 9,14), und von den Kirchenvätern der nachfolgenden Zeit werden die Z.nforderungen für den Klerus der Kirche mit den atl. Abgabeforderungen für die Leviten und Priester begründet, was seinen Niederschlag in der Didaskalia wie in den Apostolischen Konstitutionen gefunden hat. Diese Entwicklungslinie führt über die reichsweite kirchenrechtliche Betonung der Zehntpflicht (2. Synode von Macon 585, cap. 5) zum allg. Zehntgebot in der Gesetzgebung →Karls des Großen (Kapitular von Heristal 779). Als streng erhobene und vielfältig ausgebaute Abgabepflicht gegenüber Fürst und Kirche war die Zehntforderung für kirchl. und polit. Reformbewegungen immer wieder entscheidender Kritikpunkt (z.B. Forderungen der Bauern Anfang des 16. Jh.s z.Zt. der luth. Reformation). Aufgrund der geschichtl. Veränderungen wurde die Zehntpflicht in Deutschland spätestens mit der polit. und kirchl. Neuordnung 1848 aufgehoben (→Kirchensteuer).

5. Der Zehnte als Zeichen evangeliumsgemäßer →Haushalterschaft der christlichen Gemeinde

Als geistliches Prinzip, nicht als Forderung hat der Z. in den landeskirchl. Gemeinschaften und vor allem in den Freikirchen aktuelle Bedeutung; dadurch wird die Finanzierung intensiver Missions- und Gemeindearbeit ermöglicht, die oft genug soziale Fürsorge und diakonische Arbeit einschließt, wobei die Freikirchen bewußt auf Kirchensteuern verzichten. Die Zehntpraxis kann Zeichen für die freiwillige Verpflichtung sein, als Gemeinde die Mittel für die Verkündigung des Evangeliums im Wort- und Tatzeugnis gemeinsam zur Verfügung zu stellen und gemäß dem bibl. Gebot den Armen und Bedürftigen Hilfe zu schaffen. Keinesfalls ist die Zehntpraxis als gesetzliche Forderung zu erheben oder als fromme Leistung anzusehen, aufgrund derer der Zehntgeber sich dem wahren Anspruch Gottes auf sein Leben entziehen dürfte. Jeder Christusnachfolger steht wie die christl. Gemeinde insgesamt immer wieder neu vor der Frage, wie die Haushalterschaft in Freiheit und Verantwortung angesichts der angebrochenen Gottesherrschaft gelebt wird – zur Ehre Gottes, für die ungeteilte Verkündigung des Evangeliums, für das Wohl der Bedürftigen und Notleidenden. Auf diesen drei Ebenen ist der Umgang mit den materiellen Gütern zu verantworten; dabei könnte die atl. Zehntforderung als Orientierungshilfe dienen, ohne daß sie zur Gesetzesforderung werden dürfte.

Lit.: O. Eissfeld: Erstlinge und Zehnten im AT, BWAT 22, 1917; W. Grün: Christ und Geld, 1963; F. Horst: Gottes Recht, TB 12, 1961, 73-79. 150–154; H. L. Strack, P. Billerbeck: Kommentar zum Neuen Testament, IV, 2, 650–685; L. Vischer: Die Zehntforderung in der Alten Kirche, ZKG 70, 1959, 201-217; RGG³ VI, 1877–1880; H. Zbinden: »Der Christ und das Geld«, in: ders.: Humanismus der Wirtschaft, 1963.

E. Brandt

Zeichen →Wunder

Zeit →Raum und Zeit; →Zeit und Ewigkeit

Zeit und Ewigkeit

I. Das biblische Verständnis von Zeit und Ewigkeit

1. Die Zeitbegriffe *kairos* und *chronos*

Der geläufige atl. Begriff *et*, »Zeit«,. wird in der griech. Übersetzung der Septuaginta (LXX), in der Regel mit *kairos* gelegentlich aber auch mit *chronos* wiedergegeben. Vom klassischen Griechisch her können die Termini in ihrer Akzentuierung unterschieden werden.

a. *Kairos* bezeichnet den rechten Zeitpunkt oder günstigen Augenblick, aber auch die kritische Situation, in der sich ein Mensch befindet und die eine sachgemäße Entscheidung fordert. Der Zeitpunkt des *kairos* verleiht dem unendlich dahinfließenden Zeitstrom sein spezifisches Gewicht und gibt ihm seine schicksalhafte Bestimmung. Für das AT ist sowohl die Lebenszeit wie die geschichtliche Zeit durch die Begegnung zwischen Gott und Mensch qualitativ bestimmt. Deshalb legt sich zur Darstellung dieses Zeitverständnisses im Griech. auch die Übersetzung *kairos* nahe. Gott, der Schöpfer der Zeit, füllt die Zeit entsprechend seinem Willen und bestimmt die Zeiten sowohl für die Natur (d. h. die Jahreszeiten und das Wetter) als auch für Geburt, Krankheit und Tod. Von grundlegender Bedeutung ist die geschichtliche Erfahrung des Volkes Israel mit Jahwes rettendem und richtendem Eingreifen. Einerseits gewinnt Israel durch die Erinnerung an geschehene Heilstaten wie z. B. den Exodus und die Landnahme Zuversicht in jeweils schwierigen Phasen seiner späteren Geschichte, und andererseits verbindet sich die Verheißung der messianischen Heilszeit mit zurückliegenden Erfahrungen des geschichtsmächtigen Handelns Gottes.

Das NT knüpft eng an das atl. Verständnis der Zeit an. *Kairos* gilt in diesem Sinne zunächst allg. als bestimmte Zeit, die keinesfalls nur einen kurzen Zeitpunkt darstellt, sondern auch die Zeiträume und -rhythmen der Natur einschließen kann. Wesentlich neu für die Sicht des NT ist die Zeitenwende, die durch die Menschwerdung Gottes in Jesus Christus eingetreten ist und die eine grundlegend neue heilsgeschichtliche Epoche eröffnet. Die mit Christus angebotene Gnadenzeit bringt die bisherige Gottesgeschichte zur Erfüllung, fordert hier und jetzt zum Glauben an Jesus als Erlöser und Herr und verweist auf die Zukunft der Weltvollendung bei seiner Wiederkunft.

b. Der andere griech. Zeitbegriff, nämlich *chronos*, beschreibt gegenüber dem *kairos* zwar stärker die Kontinuität des Zeitablaufes und festgefügter Zyklen im Naturgeschehen, ist aber terminologisch noch nicht so scharf von dem *kairos* zu unterscheiden. Deshalb kann auch im NT die Grundstruktur des Zeitverständnisses, wie sie im inhaltlichen Kontext des *kairos* begegnet, mit dem Chronosbegriff umschrieben werden. Die an sich phil. und theol. sinnvolle Differenzierung zwischen physikalischastronomischer Zeitdauer (*chronos*) und existentiell gefülltem entscheidungsträchtigen Zeitpunkt (*kairos*) beschreibt deshalb in der Sache zwar die bibl. Anschauungen zutreffend, läßt sich aber philologisch nicht eindeutig aus den Texten erheben; so ist beispielsweise in Gal 4,4: »Als die Zeit erfüllt war, sandte Gott seinen Sohn...« der Begriff »Zeit« mit *chronos* wiedergegeben, während die zyklisch wiederkehrende Erntezeit in Mt 21,34 *kairos* genannt wird.

2. Das biblische Verständnis der Ewigkeit (Äon)

a. Das hebr. *olam* verweist in seiner Ausgangsbedeutung auf Lebenszeit bzw. lange Dauer und hat eine deutlich finale Komponente, obwohl nicht nur die zukünftige Zeit, sondern auch die hist. Vorzeit mit *olam* beschrieben werden kann. Die in Doxologien häufig begegnende Pluralbildung »von Ewigkeit zu Ewigkeit« läßt sich von der Grundbedeutung »Lebenszeit« her dann im Sinne von »von Geschlecht zu Geschlecht« verstehen. Der Begriff Ewigkeit wird also nicht spekulativ und abstrakt gewonnen, sondern bezieht sich auf die geschichtl. ergangene Gottesoffenbarung und ihre unverbrüchliche Zuverlässigkeit in Gottes Wesen, Wort, Bund, Gebot etc. So wird mit dem Terminus *olam* in zeitlichen Vorstellungsformen die absolute Zeitüberlegenheit Gottes und seines Heilshandelns ausgedrückt, ohne daß Zeit und Ewigkeit dadurch in einen unüberwindlichen oder beziehungslosen ontologischen Dualismus geraten.

b. Die in der Septuaginta gebrauchte Wiedergabe von *olam* mit *aion*, »Äon«, knüpft an den atl. Sprachgebrauch an. In einer Reihe von Redewendungen soll mit *aion* schlicht die in die Vergangenheit oder in die Zukunft sich unbegrenzt erstreckende Zeitdauer beschrieben werden: »für immer« bzw. »in Ewigkeit«. Die pluralische Verwendung hat in den Doxologien steigernden Charakter, kann sich aber auch geschichtstheol. auf verschiedene Äonen im Sinne von »Weltzeitalter« beziehen.

c. Hinsichtlich der Weltzeitalter ist ntl. vor allem die Unterscheidung zwischen dem gegenwärtigen und dem zukünftigen Äon wichtig. Der gegenwärtige Äon umspannt die Menschheitsgeschichte seit der Schöpfung mit ihren irdischen Begrenzungen von Raum und Zeit. Er ist vor allem durch die Macht der Sünde und des Todes negativ qualifiziert. Der kommende Äon beschreibt demgegenüber die Weltvollendung als »neuen Himmel und neue Erde«, die in apokalyptischer Bildsprache unendliche und zeitlose Lebensfülle meint. Die glaubende Gemeinde befindet sich in dem spannungsvollen Zwischenzustand zwischen den Zeiten bzw. Äonen. Sie hat als Leib Christi durch die im Geist vermittelten Wirkungen der Auferstehung schon jetzt Anteil an dem zukünftigen Gottesreich. Allerdings unterliegen Christen in der gegenwärtigen Weltzeit des alten vergehenden Äons noch, wie alle unter die Sünde gefallenen Menschen, den Mächten des Leides, der Krankheit und des Todes.

d. Während die Christen im Spannungsbereich des »Schon« und »Noch Nicht« leben, kann der Begriff »Ewigkeit« in seiner vollen Bedeutung nur auf den dreieinigen Gott selbst angewandt werden. Wenn Gott z.B. in Jes 40,28; Röm 16,26 u.a. als der »Ewige« gepriesen wird, so ist mit diesem Attribut nicht lediglich die zeitüberlegene anfangs- und endlose Dauer seiner Existenz gemeint, sondern seine unbegrenzte Lebensfülle, die ihm als Schöpfer, Erhalter, Erlöser und Vollender der Welt zukommt. Entsprechendes gilt für die Christusprädikation in Hebr 1,10f und die Ich-Bin-Worte Jesu im Johannesevangelium. Alle Eigenschaften oder besser Vollkommenheiten Gottes implizieren Ewigkeit: Gottes Liebe, Gnade, Güte, Herrlichkeit.

II. Zeit und Ewigkeit in systematisch-theologischer und apologetischer Sicht

1. Schöpfungstheologische und kosmologische Aspekte

a. Die grundlegende religiöse Sehnsucht und Erwartung des Menschen ist darauf gerichtet, in der irdischen Wirklichkeit von Raum und Zeit das Göttliche und damit Teilhabe an der Ewigkeit zu finden. Darin liegt der Anstoß zu Kosmologien, deren Ziel es ist, nachzuweisen, daß die Welt aus sich selbst heraus ewig ist.

b. Die →Vorsokratiker versuchten die Frage nach dem Ursprung des Seins mit dem Hinweis auf die Ewigkeit des vorfindlichen Kosmos zu beantworten. So ordnet Heraklit sowohl die Menschen wie auch die Götter der umfassenden Wirklichkeit der Welt als einer in sich ewigen Größe unter. Parmenides beschreibt das natürliche Sein der Welt als ungeworden und unveränderlich und damit als ewig. →Aristoteles entwickelt daraus die metaphysische Theorie von der Entstehungslosigkeit und Unzerstörbarkeit des ewigen Kosmos. In der beginnenden Neuzeit sieht Giordano →Bruno die von ihm reflektierte Unendlichkeit des Universums als Wirkung einer pantheistisch verstandenen unerschöpflichen Kraft.

c. I. →Kant beschreibt das Problem Weltewigkeit oder Weltanfang im Zusammenhang der Antinomien der Vernunft, die wissenschaftl. prinzipiell nicht lösbar seien und deshalb als transzendentale »Scheinfragen« abgewiesen werden müßten. Die physikalisch meßbaren Größen Raum und Zeit sind erkenntnistheoretisch die beiden apriorischen Bedingungen der Anschauung.

d. Leitmotiv für die Moderne ist das Bemühen, die Zeit durch naturwissenschaftl. Wissen und technische Anstrengung zu beherrschen und so in ihrer Vergänglichkeit zu überwinden.

Die Erforschung der sogenannten »objektiven Zeit« war seit I. →Newton Gegenstand der theoretischen Physik und der Astronomie. Die Uhr dient dabei der physikalischen Zeitmessung. In der klassischen Newtonschen Physik ging man von einer »absoluten Zeit« in dem Sinne aus, daß zwei Ereignisse erstens entweder gleichzeitig oder ungleichzeitig seien und daß sie zweitens einen Zeitabstand hätten; beide Eigenschaften seien von der Art der Zeitmessung unabhängig. 1905 hat jedoch A. Einstein in seiner speziellen Relativitätstheorie nachgewiesen, daß zeitliche und räumliche Daten nur jeweils relativ zu einem Bezugssystem exakt definiert werden können. Da sich in der Natur kein eindeutiges Bezugssystem ausmachen läßt, ist der Begriff »absolute Zeit« physikalisch heute nicht mehr haltbar. Die physikalische Relativierung des Zeitbegriffs durch Einstein kommt einer Götzendämmerung in der modernen Naturwissenschaft und ihrer technologischen Weltbeherrschung gleich. Raum und Zeit sind vielmehr in jedem Augenblick ihrer Existenz von der Erhaltung durch ihren Schöpfer abhängig, der »allein Unsterblichkeit hat« (1Tim 6,16).

e. Sowohl die antiken Kosmologien von der Ewigkeit der Welt als auch die modernen Versuche, Zeit der menschlichen Rationalität und Verfügbarkeit zu unterwerfen, werden durch die Selbstoffenbarung des Schöpfers und Erhalters der Welt zurückgewiesen. →Augustin hat als erster christl. Theologe die Thematik Zeit und Ewigkeit grundlegend erörtert. Er hat darauf hingewiesen, daß Gott mit der Welt auch die Zeit geschaffen hat und der Weltzeit als solcher damit keine Ursprungslosigkeit und ewige Dauer zukommt. Die gesamte spätere Schöpfungstheologie baut auf dieser bibl. Einsicht Augustins auf. So weisen im MA →Albertus Magnus und →Bonaventura darauf hin, daß Kreatürlichkeit und Zeitlichkeit wesensmäßig korrelative Begriffe sind. Sie lehnen damit jede Vergöttlichung der Zeit, wie dies exemplarisch in den griech. Göttermythen über »Chronos« und »Aion« geschieht, ab.

2. Heilsgeschichtliche und geschichtsphilosphische Aspekte

a. Die Geschichtswissenschaft bemüht sich, die historische Zeit durch Geschehnisse, denen herausragende Bedeutung zukommt, intersubjektiv darzustellen und so die Chronologie der Weltgeschichte durch Zeitalter, Epochen etc. zu strukturieren.

b. Die abendländische Geschichtsphilosophie greift weithin Voraussetzungen der kosmologischen Ansätze antiker Naturphilosophie auf und ist von diesen bestimmt. So versuchten die Pythagoreer und die orphischen Mystiker das Rätsel der zyklischen Zeitabläufe durch harmonische Zahlenverhältnisse als ewiges Wechselspiel zu lösen, das letztlich als Widerschein der einen ursprünglichen kosmischen Weltwirklichkeit begriffen wurde. →Plotin faßt das Weltgeschehen in Natur und Geschichte als ewigen Prozeß einer notwendigen Emanation Gottes. Der kosmologisch begründete Pantheismus führt folgerichtig zu einem geschichtsphilosophischen. Das wird in der Aufnahme und Vollendung des Idealismus in der Geschichtsphilosophie G.W.F. →Hegels deutlich. Hegel interpretiert die Geschichte als logische Selbstentfaltung des absoluten Geistes, der mit Gott identisch sei.

F. →Nietzsche nimmt mit seiner Konzeption von der ewigen Wiederkehr bewußt vorchristl. Ideen antiker Reinkarnationsvorstellungen auf.

Verknüpft mit der Fortschrittsidee des 19. Jh.s und dem Wissenschaftsparadigma der →Evolution entwarfen G.W.F. Hegel und Karl →Marx idealistische bzw. materialistische Geschichtsphilosophien, die aus sich selbst als evident und in ihrem positiven Verlauf als notwendig dargestellt wurden.

c. Das bibl. Verständnis von Zeit und Geschichte ist demgegenüber linear zielgerichtet und sieht im Gang der Weltgeschichte keinesfalls die Selbstentfaltung Gottes und damit auch keine Identifikation von Zeit und Ewigkeit. Augustinus hat mit seinem Werk *De civitate dei,* »Vom Gottesreich«, vielmehr der grundlegenden heilsgeschichtlichen Unterscheidung zwischen Weltreich und Gottesreich Rechnung getragen. Die vom sündigen Menschen geprägte Geschichte steht unter dem Gericht Gottes und geht im Sinne der Apokalyptik auf dieses zu. Aber die im gegenwärtigen Äon vom Menschen korrumpierte Geschichte ist dennoch Ort des gnädigen Heilshandelns Gottes. Die zur Weltgeschichte gegenläufige Heilsgeschichte führt zur Aufrichtung des Gottesreiches.

d. Neben den kosmologischen Theorien spielt in dem menschlichen Bestreben, die Ewigkeit der Welt durch phil. Erkenntnis zu begründen, seit der beginnenden Neuzeit die Cartesianische Konzeption der mathematischen Ideen eine herausragende Rolle (→Descartes). Die mathematischen Gesetze beanspruchen als ewige Vernunftwahrheiten gegenüber den zufälligen Geschichtswahrheiten prinzipielle und universale Gültigkeit. Letztlich beruht der Gegensatz von »ewigen Vernunftwahrheiten« und »zufälligen Geschichtswahrheiten« (G. E. →Lessing) auf der platonischen Trennung zwischen der vordergründigen irdischen Zeiterfahrung und der Ewigkeit als der zeitüberlegenen, transzendenten Idee der Zeit an sich. Der späte K. →Barth hat in seiner strikt christologisch konzipierten »Kirchlichen Dogmatik« dem radikal-dualistischen Verständnis von Zeit und Ewigkeit die Menschwerdung Gottes in Jesus Christus und damit das Eingehen der Ewigkeit Gottes in die Zeit entgegengehalten. In Christus hat Gott für den Menschen Zeit und gewährt ihm in der Zeit die Begegnung mit der Ewigkeit. Damit kommt der entscheidend existentielle Bezug christl. Zeitverständnisses in den Blick.

3. Mystische und existentielle Aspekte im Verhältnis von Zeit und Ewigkeit.

a. Formen des subjektiven Zeiterlebens sind Gegenstand der →Psychologie. Das menschliche Zeitbewußtsein erfährt die Differenz zwischen Gegenwart und erlebter Vergangenheit einerseits und die Differenz zwischen Gegenwart und erwarteter Zukunft andererseits subjektiv unterschiedlich. Je nach emotionellen und motivationellen Befindlichkeiten schwankt die Geschwindigkeit des individuellen Zeiterlebens gegenüber der sog. objektiven Zeit. Emotional erfüllte Zeiträume erscheinen deshalb kürzer als leere Zeitstrecken der Langeweile. Mit zunehmendem Alter wird die subjektive Erlebniszeit als sich beschleunigende und damit als »kürzere« erfahren.

b. E. Husserl betrachtet das Widerfahrnis des Jetzt als Erfahrung der absoluten Subjektivität. In ihr öffnet sich inmitten der Immanenz der transzendentale Hintergrund der Wirklichkeit. Nach Husserls Phänomenologie wird so dem je inneren Zeitbewußtsein der Raum objektiver Zeit vorgegeben. M. →Heidegger knüpft in seiner Existentialphilosophie daran an und definiert Zeit als ursprüngliche Kategorie alles Seins. Der Mensch ist vom »Sein zum Tode« bestimmt. Beim späteren Heidegger stellt die Zeit auch die ontologische Grundlage des Sich-Mitteilens dar. Die vitalistische Konzeption H. →Bergsons hält die subjektive Erlebniszeit für das ursprünglich Gegebene und kreativ Wirksame, während die Vorstellung einer objektiven Zeit nur eine nachträgliche Konstruktion des Verstandes sei.

c. Die Zeit wird vom Menschen also als problematisches Mysterium erlebt. Die ambivalenten Erfahrungen der Zeitlichkeit einerseits und die Sehnsucht nach Ewigkeit andererseits wird als unlösbare Spannung erlitten. S. →Kierkegaard beschreibt den Menschen als »eine Synthese von Unendlichkeit und Endlichkeit, von Zeitlichkeit und Ewigkeit, von Freiheit und Notwendigkeit«, der durch diese Grundsituation vor der Aufgabe steht, das Ewige in der Zeit zu realisieren. Dies ist aber dem Menschen nicht möglich. Nur Gott vermag in einem Akt der Selbsterniedrigung die Zeit mit Ewigkeit zu erfüllen.

d. Damit ist sowohl der autonome Versuch materialistischer Zeitüberwindung durch die moderne Technologie als auch der mystizistische Heilsweg allgemeiner Religiosität unmöglich gemacht. Denn zum einen scheitert die technologische Anstrengung, Zeit zu gewinnen und dadurch letztlich zu überwinden an dem quantitativen Mißverständnis, das der naturwissenschaftlich-industriellen Weltbewältigung insgesamt zugrunde liegt. Zum anderen hängt die Möglichkeit der Erfahrung von Ewigkeit in der Zeit an der Bereitschaft Gottes, als Mensch zeitlich zu werden. Die Versuche, auf mystischem Wege der Vergänglichkeit der Zeit zu entrinnen, erweisen sich als Irrwege, weil die Erlösung insgesamt exklusiv an die Christusoffenbarung gebunden ist.

Die Gefährdung technologischer Zeitüberwindung liegt in der bloßen Reduktion der Zeit auf quantitaive Beschleunigungen im Bereich des *chronos*. Die Gefährdung mystizistischer Ewigkeitssehnsucht besteht in der Zeitflucht als Weltflucht, d. h. in dem Versuch, der Zeit als Bewährung für die Ewigkeit auszuweichen. Der christologisch begründeten Kritik am mystischen Aufstieg der Seele ins Ewige entspricht sachlich die ethische Kritik an der mystizistischen Entzeitlichung. Kierkegaard unterstreicht deshalb eine grundlegend bibl. Perspektive, wenn er Nachfolge als Gleichzeitigwerden mit Jesus Christus in der Existenzform des Glaubens beschreibt. In dieser Zuordnung von Zeit und Ewigkeit wird sowohl die exklusive Bindung an den Auferstandenen wie auch der praktische Ernst zeitlicher Existenz *sub specie aeternitatis*, »im Angesicht der Ewigkeit« zusammengehalten.

e. Die theol. Begründung christl. Mystik beruht auf dem Attribut der Ewigkeit des dreieinigen Gottes, die eben nicht nur unendliche Dauer im Sinne der Zeiterstreckung, sondern die Fülle kreativen

Lebens in und über aller Zeit impliziert. Auch diesen Aspekt von Zeit und Ewigkeit hat Augustin als erster grundlegend philosophisch und theol. reflektiert. Im Bewußtsein Gottes gibt es kein zeitliches Früher oder Später und das Sein Gottes steht als *nunc aeternum praesens*, »ewig gegenwärtiges Jetzt«, jenseits von Vergangenheit und Zukunft über allen Ereignissen der Geschichte, die ihren Ursprung und ihr Ziel in Gottes Ewigkeit hat. Das ewige Sein Gottes erschließt sich nach Augustin nicht durch die natürliche Vernunft, sondern durch die geistbegabte Kraft der *caritas* (Liebe Gottes).

Die spätere röm.-kath. Dogmenbildung hat, um die ontologische Einzigartigkeit der Ewigkeit Gottes zu wahren, seine *aeternitas* vom *aevium* des Lebens der Engel und der geistbegabten Seelen deutlich abgehoben. Das Verständnis des *aeviums* unterscheidet auch das Leben der Verstorbenen zwischen Tod und Jüngstem Gericht (→Zwischenzustand) von der ewigen Vollendung im Gottesreich, in dem Gott sein wird alles in allem. Für die jetzige heilsgeschichtliche Gegenwart des Interims zwischen altem und neuem Äon bleibt wichtig, daß Gott als Schöpfer und Erlöser in jedem Augenblick individueller Zeit und zu jeder Epoche der Geschichte gleich unmittelbar gegenwärtig ist und alle Zeit nicht nur futurisch in die Ewigkeit mündet, sondern schon immer von der Ewigkeit des dreieinen Gottes umschlossen ist.

Lit.: H. Blumberg: Lebenszeit und Weltzeit, [2]1986; O. Cullmann: Christus und die Zeit, 1946; M. Heidegger: Sein und Zeit, 1927; K. Heim: Der christliche Gottesglaube und die Naturwissenschaft, 1949; ders.: Zeit und Ewigkeit, 1948; H. W. Hohn: Die Zerstörung der Zeit, 1984; P. Mittelstaedt: Der Zeitbegriff in der Physik, [2]1980; V. v. Orelli: Die hebräischen Synonyma der Zeit und Ewigkeit, 1871; F. Seven: Die Ewigkeit Gottes und die Zeitlichkeit des Menschen, 1979.

R. Hille

Zeitalter →Äon, Äonenlehre; →Heilsgeschichte; →Dispensationalismus

Zeitrechnung →Chronologie

Zeitschrift

Prot. Presse ist Zeitschriftenpresse. Weder die Ev. Kirche in Deutschland (EKD) oder eine ihrer Gliedkirchen, noch eine der dt. Freikirchen verfügt über Herausgeberrechte an einer konfessionell gebundenen Tageszeitung. Im Unterschied zur Zeitung bieten Z.en eine große Vielfalt der Gestaltungsmöglichkeiten, der Erscheinungshäufigkeit sowie der Nähe zu oder der Abgehobenheit von der Tagesaktualität. Sie nötigen nicht, wie die Zeitung, zu »potentieller Universalität« (Dovifat), sondern sie gestatten eine gruppenspezifische Auswahl und Aufbereitung publizistischer Stoffe. Viele Z.en sind aus dem Gruppenbedürfnis nach Selbstdarstellung, Selbstvergewisserung, nach interner Kommunikation, Information und Diskussion entstanden. Auch bleiben Z.en oft auf diese Funktionen beschränkt, obwohl ihre Herausgeber und Redaktionen über die tatsächlich erreichte(n) Gruppe(n) hinaus wirken wollen. Dies ist eins der Existenzprobleme der kirchennahen Publizistik, bes. wo sie sich an Gebietsgrenzen statt an Gruppendefinitionen orientiert. So wenden sich z. B. die wöchentlich erscheinenden ev. Kirchengebietsblätter »an alle«, d. h. an das gesamte Kirchenvolk in ihrem jeweiligen Erscheinungsgebiet. Sie gelangen aber in ihrer Reichweite nur wenig über die zur sog. Kerngemeinde gehörenden Gruppen hinaus. Versuche, diesem Mangel durch gebietsweit verbreitete (Publikumsz.en nachgestaltete) Verteilblätter (z. B. EVANGELISCH) zu begegnen, haben zwar zu nachweislichen Informationserfolgen geführt, sind aber kostspielig und bieten ihres seltenen Erscheinens wegen kaum eine zeitschriftgemäße Kontinuität.

Im strengen Sinn gelten als Z.en solche Publikationen, die regelmäßig, nicht täglich, aber mindestens viermal jährlich erscheinen sowie durch Titel und Darbietung ein kontinuierliches Stoffangebot erwarten lassen, auch wenn sie sich selbst als »Zeitung« bezeichnen (z. B. »Evangelische Kirchenzeitung«). Allerdings sind, insbesondere in der kirchennahen Publizistik, die Übergänge zur PR-(Public Relations)-Schrift einerseits und zur Zeitung andererseits fließend. So gehört z. B. das »Deutsche Allgemeine Sonntagsblatt« (Hamburg) in die Reihe der kulturpolit. Wochenzeitungen, die – wenn schon abgehoben von der Tagesaktualität – einen weitgehend universellen Inhalt bieten. Auch viele der Kirchengebiets- und sonstigen Sonntagsblätter haben sich ein eher zeitungsähnliches Aussehen gegeben. Sie bemühen sich, über kirchen- und gemeindespezifische Stoffe hinaus auch am allg. polit. und kulturellen Zeitgespräch teilzunehmen. Letzteres geschieht ebenfalls in Monatszeitschriften wie den »Evangelischen Kommentaren« oder »Lutherischen Monatsheften« wie auch in wöchentlich erscheinenden Informationsmagazinen wie »evangelische information« (Frankfurt/Main) oder »idea-Spektrum«

(Wetzlar). Für weitaus die meisten Z.en gilt jedoch, daß sie auf »gesonderte Stoffdarbietung« oder/ und einen jeweils »umgrenzten Aufgabenbereich« (Dovifat) spezialisiert sind.

Die Zahl der in Deutschland erscheinenden prot. Z.en ist nicht bekannt. Sie wird auf 500 bis 600 Titel (alle folgenden Daten: Stand 1993) geschätzt. Das Adressenwerk der ev. Kirchen in Deutschland führt 307 einschlägige Titel auf, darunter mindestens 52 aus dem freikirchl. Bereich (die Zuordnung ist nicht immer eindeutig). Auch die Auflage läßt sich kaum schätzen, da verbindliche Auflagenmeldungen nur von Anzeigen führenden Publikationen verlangt werden. Den Hauptanteil an der Auflage haben die 18 Kirchengebietsblätter mit rund 750.000 Exemplaren pro Erscheinungstag. Zum Vergleich: Die 23 kath. Bistumsblätter erscheinen mit einer Auflage von rund 1,5 Mio. wöchentlich. Über die Hälfte der im Adressenwerk aufgelisteten Z.en wird kostenlos verteilt.

Zu einer für den Gemeindeaufbau vorzüglich einsatzfähigen Sonderform der Z. haben sich die Gemeindebriefe entwickelt. Sie dienen der lokalen, auf die jeweilige Kirchengemeinde bezogenen Information, Kommunikation und Veranstaltungs-Werbung bei Einsatz einfachster technischer Mittel und werden überwiegend kostenlos verteilt. Es ist davon auszugehen, daß in etwa jeder zweiten Kirchengemeinde eine solche Publikation 4- bis 6-mal im Jahr erscheint. Hinsichtlich seiner Reichweite übertrifft der Gemeindebrief alle anderen Z.en. Leser- und Marktanalysen haben ergeben, daß etwa jedes zweite bis dritte Kirchenmitglied seinen örtlichen Gemeindebrief liest.

Eine Aufgliederung der im o. g. Adressenwerk aufgeführten Z.en nach Sparten ergibt folgendes Bild:

- 37 Z.en für Kirchen und Kirchengebiet, etwa zur Hälfte wöchentlich, davon 15 freikirchl.;
- 17 überregionale rel. Kultur-,Führungs- und Informationszeitschriften;
- 23 katechetisch-pädagogische Z.en;
- 41 theol.-wissenschaftl. Fachzeitschriften;
- 22 Kinder- und Jugendzeitschriften, davon 11 freikirchl.;
- 34 Diakonie-Z.en;
- 29 Missionszeitschriften, davon mindestens 16 freikirchl.;
- 30 Pfarrer- und Mitarbeiterz.en;
- 16 Z.en für Volksmission und Gemeindeaufbau, davon 11 freikirchl.;
- 12 Erbauungs- und Familienzeitschriften;
- 36 Verbandsorgane und Hauszeitschriften;
- 10 sonstige, z.B. vorwiegend der PR dienende Publikationen.

Lit.: Adressenwerk der evangelischen Kirchen in Deutschland, 1993; E. Dovifat: Zeitungslehre, 1967; K. Koszyk, K. H. Pruys: Wörterbuch zur Publizistik, 1969; Medien und Kirche. Positionen, Grundlagen, Arbeitsfelder, epd-Dokumentation 50/50a/1992; Publizistischer Gesamtplan der EKD, 1979; Stamm: Presse- und Medienhandbuch, 1993.

F. Schwanecke

Zeller, Christian Heinrich (1779–1860)

Z., geb. am 29. 3. 1779 in Entringen/Württ., gest. am 28. 5. 1860 in Beuggen bei Rheinfelden; zunächst wirkte er als Jurist und Rechtsanwalt und wurde dann von →Pestalozzi und seinen Vorstellungen fasziniert; er gab seinen Beruf auf, um als Lehrer, dann als Leiter einer Privatschule in St. Gallen im Geiste Pestalozzis zu wirken. Gemeinsam

mit C. F. →Spittler gründete er in Schloß Beuggen ein Rettungshaus für gefährdete Jugendliche und verwahrloste Kinder. Für die Heimarbeit ließ er junge Männer als Erzieher und Lehrer ausbilden, die unter den Jugendlichen wirkten und ihre Alltagserfahrungen machten, so daß diese sogleich erprobt und weitergegeben werden konnten. Sein Anliegen war, daß die karitative Zuneigung zu den Armen stärker sein sollte als der persönl. Wohlstand. Dies gelang ihm auch bei vielen seiner Mitarbeiter vortrefflich. Unter dem Eindruck seiner Persönlichkeit wuchs die »Armenlehrerschule« rasch und bewirkte, daß an vielen anderen Orten

Deutschlands ähnliche Häuser entstanden, in Württemberg sogar eine »Süddeutsche Rettungsbewegung« mit mehr als 20 Häusern. So hat Z. als einer der Pioniere der Inneren Mission zu gelten.

Lit.: H. Thiersch: Christian Heinrich Zellers Leben, 2 Bde., 1876.

G. Ruhbach

Zeller, Samuel (1834–1912)

Z., geb. am 9. 4. 1834 in Beuggen b. Basel, gest. am 18. 4. 1912 in Männedorf, war das zehnte Kind des Vorstehers der Armen- und Armenlehreranstalt Beuggen bei Basel, Christian Heinrich →Zeller. Mehrere Jahre unterrichtete er als Seminarlehrer an der ev. Mittelschule Schiers/Graubünden, dann als Lehrer in Beuggen. 1857 kam er krank in die Erholungsanstalt →Männedorf und wurde von Dorothea →Trudel geheilt und zum Glauben geführt. Nach kurzer Lehrtätigkeit in Elberfeld wurde er ihr Mitarbeiter und 1862 ihr Nachfolger. Ein Kennwort von Z.: »Laß das Wort Gottes in Fleisch und Blut übergehen«.

Lit.: A. Zeller: Samuel Zeller, ein Knecht Jesu Christi, 1950.

H. Schmid

Zeloten

Das griech. Fremdwort (*zelotes*, hebr. *qanna'j* oder *qan'an*) bezeichnet den Eiferer, der die Ehre Gottes ohne Rücksicht auf Freunde, Verwandte und das eigene Leben notfalls mit dem Schwert verteidigt. Das gilt etwa vom Stamm Levi (2Mo 32,27f; 5Mo 33,9), von Pinhas (4Mo 25,7-13; Ps 106,30f; 4Makk 18,12) und Elia (1Kön 18). An solchen Vorbildern orientierten sich die Makkabäer (1Makk 2,27.54-58; Ant 12,271) und speziell die Partei der Z., einer im 1. Jh. n.Chr. begründeten und gegen die röm. Verwaltung Judäas gerichteten Befreiungsbewegung, die wir vor allem durch Flavius →Josephus kennen (»Die Zeloten«, 53 mal im »Bellum Judaico« absolut gebraucht, erstmals 2,444.651; als Selbstbezeichnung 4,160f). Er sah in den Z. die Hauptschuldigen am Ausbruch des Ersten Jüdischen Krieges und der durch diesen herbeigeführten Katastrophe für Jerusalem im Jahre 70 n. Chr., wobei er sie nach röm. Rechtsauffassung als »Räuber« (*lestai, latrones*) und als Aufrührer, d.h. als illegale Freischärler, beurteilt; den Juden gegenüber führten sie sich als »Tyrannen« auf (Bell 1,10-27). Josephus leitet diese Bewegung von dem Galiläer Judas ab, der nach der Errichtung der röm. Provinz Judäa und der Einführung einer Kopfsteuer (6 n. Chr.) mit der These auftrat, es sei frevelhaft, außer Gott auch noch einen Sterblichen als Herrscher zu dulden (Bell 2,118); man solle eher sterben, als dem Kaiser wie einem Herrn und König zu huldigen (7,417ff).

Kennzeichnend war ferner der Eifer für das Gesetz und die Heiligkeit Israels, der Kampf gegen die Reichen sowie die Naherwartung der messianischen Zeit. Die zelotische Bewegung hat sich während des Krieges 66-70 in verschiedene Gruppen mit rivalisierenden und in Jerusalem einander erbittert bekämpfenden Führern aufgeteilt. Neben den Z. erscheinen vor allem die »Sikarier« (Dolchträger), d.h. Guerillakämpfer (Bell 2,254.425; Ant 20,186, vgl. Apg 21,38). Die letzten Sikarier endeten in der Festung Masada (74 n.Chr., Bell 7,257–406), die letzten Ausläufer der Aufstandsbewegung in Ägypten (Bell 7,437–444). Von den Rabbinen, die diese Art von Eifer ablehnten, werden die Z. in m Sanh 9,6, vgl. j Sanh 9,1; Aboth RN 6 (34) erwähnt.

Jesus hatte einen Z., nämlich Simon Kananaios (Mk 3,18; Mt 10,4 = Simon, der Zelot in Lk 6,15; Apg 1,13), in den Kreis der Zwölf berufen. Wegen seines Messiasanspruchs wurde er als »König der Juden« zusammen mit zwei »Räubern« = Z. gekreuzigt (Mk 15,26f). Aber er lehnte den Zelotismus ab; das zeigen seine Entscheidung in der Frage nach der

Kaisersteuer (Mk 12,13-17), ferner Gleichnisse wie das vom Unkraut im Weizen und vom Fischnetz (Mt 13,24-30.47-50).

Lit.: M. Hengel: Die Zeloten, ²1976; ders.: »Zeloten und Sikarier«, in: Josephus-Studien, FS O. Michel 1974, 175–196; J. Klausner: Historia, ⁶1963, Bd. 4, 123ff.

O. Betz

Zeltmission

Der Gedanke, für Evangelisationswochen (→Evangelisation) Zelte bzw. Zelthallen zu nutzen, wurde zuerst während der →Erweckungsbewegung des 19. Jh.s in England realisiert. Er entsprang der Notwendigkeit, entkirchlichten und glaubensfernen Menschen einen neutralen Ort anzubieten und stellte gegenüber den Freiversammlungen *(field-preaching)* der wesleyanischen Erweckung, älteren Versuchen mit Holzschuppen (so bei G. →Whitefield) oder Wellblechbaracken (D. L. →Moody) oder dem Mieten von Sälen und Zirkussen (so zeitweilig bei E. →Schrenk und S. →Keller) eine deutliche Verbesserung im Blick auf Mobilität und Unabhängigkeit dar. Kennzeichnend blieb stets die volkstümliche und elementare Art der Verkündigung und die lockere Programmgestaltung (eingestreute »Zeugnisse« von persönlichen Glaubenserfahrungen; Singen von »Heilsliedern« (→Liedgut/Liederbücher); Beteiligung von Chören und Bläsern.

Dem englischen Vorbild folgend wurde Jakob →Vetter (1872–1918) zum Pionier der Z. auf dem europäischen Festland. Er gründete die der →Gemeinschaftsbewegung nahestehende, aber auf Allianzbasis (→Allianz, Evangelische) arbeitende →Deutsche Zeltmission (1902; Tochtergründungen in Holland und der Schweiz). Bedeutende Evangelisten dieser Z. waren außerdem der sich bes. an Freidenker wendende frühere Marxist Fritz Binde (1867–1921), Ludwig Henrichs (1871–1931), Robert Volkmann und Ernst Krupka (1890–1991), anfangs auch J. →Paul; sie hatten bis zu 3.000 Zuhörer in ihren Versammlungen. In der Blütezeit der Z., den 20er Jahren, traten weitere Träger hinzu, so 1924 der Jugendbund für Entschiedenes Christentum (EC).

Die Freikirchen griffen diesen Weg, kirchl. nicht gebundene Menschen zu erreichen, vorbehaltlos und intensiv auf, die →Methodisten seit 1926, die →Baptisten in Fortführung einer 1921 begonnenen Wagenmission ab 1934, der →Bund Freier ev. Gemeinden ab 1950. Während die Arbeit der Deutschen Zeltmission 1937 durch Verbot vorübergehend zum Erliegen kam, konnte die baptistische Z. noch 1939 mit zwölf Zelten und fünf Wagen unterwegs sein. Die Landeskirchen betrachteten die Z. in der Regel skeptisch; erst nach dem Zweiten Weltkrieg wurde sie von diesen als Instrument der Volksmission im zerstörten Deutschland entdeckt, zuerst in Berlin (→Gossner-Mission 1948), Westfalen (1949), Bayern (1951) und Rheinland (1952). 1960 waren in der alten Bundesrepublik 16 Z.en aktiv (235 Einsätze). In der Folgezeit verlor die Arbeit trotz des großen Engagements bekannter Evangelisten (G. →Bergmann) und der Einführung neuer Elemente der Kommunikation (zielgruppenorientierte Veranstaltungen; Coffiebar u.a.) insgesamt an Bedeutung. Doch erlebt sie neuerdings einen Aufschwung, nicht zuletzt durch die Möglichkeit, nach dem Zusammenbruch des sozialistischen Lagers in den ostdeutschen Bundesländern und in Mittel- und Osteuropa tätig zu werden. In Deutschland und der Schweiz sind (1994) 19 Z.en zu 181 Einsätzen unterwegs, in Deutschland koordiniert von der »Arbeitsgemeinschaft für Zeltmission« der →Deutschen Evangelistenkonferenz.

Lit.: E. Beyreuther: Kirche in Bewegung. Geschichte der Evangelisation und Volksmission, 1968; E. Decker: Die Deutsche Zeltmission im Wandel der Zeiten (1969); M. Eggler (Hg.): Zeltmission – Chance für Europa, 1989; P. Scharpff: Geschichte der Evangelisation, ²1980.

G. Balders

Zentrum →Parteien, christliche

Zeremonialgesetz →Gesetz/Gebot

Zeremonie

So wie eine Familienfeier festlich gestaltet wird, hat die Kirche ihren Gottesdienst mit Z.n (lat. *caeremonia,* »Feierlichkeit«) ausgeschmückt. Sie sind Ausdruck einer inneren Haltung der Ehrfurcht und Verehrung Gottes. Der Begriff ist heute nahezu austauschbar mit dem des →Rituals.

Das AT enthält umfangreiche Z.-Gesetze im Pentateuch, im Buch Hesekiel und im chronistischen Geschichtswerk. Entgegen einem idealistischen Mißverständnis eines nur verinnerlichten Gottesdienstes lassen sich innere und äußere Haltung nicht trennen. Nach luth. Verständnis sind Z.n »eine feine äußerliche Zucht« (Luther, Kleiner Katechismus); aber sie sind menschliche Setzung und daher nicht heilsnotwendig (CA, Art. 7 und

15). Mit der Entwicklung zu einer hierarchischen Kirche (Orthodoxie, Katholizismus) wurde auch das Zeremoniell speziell für den Klerus entfaltet. Aber auch im ev. Gottesdienst gibt es eine stattliche Zahl von Z.n. Die optische und musikalische Gestaltung gehört ebenso dazu wie bestimmte Gesten: Das Stehen (Haltung der Ehrerbietung), Knien (Demut, Buße), Sitzen (Meditation), die Verneigung des Hauptes (bei der Salutatio, beim Gloria Patri und beim Segen) bzw. des Körpers (beim Abendmahlsempfang), das Händefalten (Ruhen von der Arbeit) seien als Gemeindezeremonien genannt, die Handauflegung (bei Konfirmation und Trauung zur individuellen Segnung) bzw. die Handaufhebung (zur Segnung der Gemeinde) und das Kreuzeszeichen als Gesten des Pfarrers. An Stelle des in der Alten Kirche beim Abendmahl gepflegten Friedenskusses wird mehr und mehr der Friedensgruß wieder üblich.

Lit.: A. Hänggi: »Zeremonie«, in: LThK Band 10, 1354–1355; F. Wasner: »Caeremoniale Episcoporum« und »Caeremoniale Romanum« in: LThK Band 2, 939–940.

Chr. Albrecht

Zeugen Jehovas

1. Entstehung und Geschichte

Die Gemeinschaft der ZJ (bis 1931 »Ernste Bibelforscher«) geht auf den amerikanischen Textilkaufmann Charles Taze Russell (1852–1916) aus Pittsburgh/Pennsylvania zurück, der in den Kirchen und Freikirchen seiner Zeit keine Antwort auf ihn bewegende rel. Fragen zu finden meinte. Aufgrund der Begegnung mit verschiedenen sektiererischen Gruppen, deren Vorstellungen er teilweise aufnahm (u.a. von den »Second Adventists«) entwickelte er im Rahmen der von ihm 1881 gegründeten »Wachtturm-Gesellschaft« (WTG) die für ZJ typischen Lehren, die von seinen Nachfolgern im Präsidentenamt (Rutherford, Knorr und Franz) erweitert und ergänzt wurden. Unter J. F. Rutherford (1869–1942) nahm die Bibelforscherbewegung 1931 die heutige Bezeichnung an und erhielt in den Jahren danach die Ausrichtung einer geistig-geistl. Diktatur. Das Leitungsgremium in Brooklyn/New York (die sog. »Leitende Körperschaft«) wurde 1932 zum »Kanal Jehovas« erklärt, dem sich bis heute jede örtliche Versammlung und jeder einzelne Zeuge Jehovas ohne Widerspruch unterzuordnen haben. N. H. Knorr (1905–1977) sorgte in den 50er und 60er Jahren für eine weltweite Verbreitung der Gemeinschaft, die seit 1903 auch in Deutschland Mission betreibt. Unter seinem Nachfolger, Frederick Franz (1893–1992), gab es in vielen Ländern eine rege Bautätigkeit. Seit 1992 amtiert Milton G. Henschel (geb. 1920) als fünfter WTG-Präsident.

Nach dem Zusammenbruch des Ostblocks, wo die ZJ verboten waren, und der Wiedervereinigung Deutschlands erlebt die WTG in diesem Bereich einen sichtbaren Aufschwung.

2. Lehre

Die Lehre der ZJ ist stark endzeitlich geprägt, wobei der apokalyptische Begriff »Harmagedon« (Offb 16) eine zentrale Rolle spielt. Damit verbinden die ZJ die Vorstellung, daß in einer für die nahe Zukunft erwarteten »Endschlacht« zwischen den von Jesus Christus angeführten himmlischen Heerscharen und den bösen Mächten der Welt, wozu sie auch die christl. Kirchen zählen, alle nicht zur WTG gehörenden Menschen und Systeme vernichtet und den ZJ »paradiesische« Verhältnisse auf der Erde bereitet werden. Hier soll die überwiegende Mehrheit der ZJ (die »große Volksmenge«, Offb 7) im Tausendjährigen Friedensreich und in der Ewigkeit leben, während 144.000 »Gesalbte« als »Könige und Priester« (Offb 20) mit Christus im Himmel herrschen werden. Dieses »Zwei-Klassen-System« nennen die ZJ »irdische und himmlische Berufung«. Nur die Zugehörigen der angeblich seit dem ersten Pfingstfest eingesammelten 144.000, von denen z.Zt. (1994) noch etwa 8.700 am Leben sind, dürfen bei dem einmal jährlich stattfindenden »Gedächtnismahl« (Abendmahl) von den Elementen nehmen; die übrigen Anwesenden sind dabei Zuschauer.

Die ZJ lehnen das Feiern von Geburtstagen sowie Weihnachten, Ostern oder andere kirchl. Bräuche als »heidnisch« ab.

Sie sind aufgerufen, die Gesetze des Staates zu beachten, dessen Symbole (Flagge, Hymne) jedoch abzulehnen. Sie beteiligen sich deshalb auch nicht an polit. Wahlen.

Ein bes. Kennzeichen der ZJ ist ihre konsequente Weigerung, Blut in irgendeiner Form zu sich zu nehmen (1Mo 9 und Apg 15) und damit auch lebensrettende Bluttransfusionen zuzulassen.

3. Organisation

Die unterste Organisationseinheit ist die »Versammlung«. Mehrere Versammlungen sind zu einem »Kreis«, mehrere Kreise zu einem »Bezirk« zusammengeschlossen. Die ZJ eines Landes bilden den »Nationalen Zweig«. Das dt. »Zweigbüro« hat seinen Sitz in Selters/Westerwald. Das Welthauptquartier der WTG befindet sich in Brooklyn/New York, wo auch die »Leitende Körperschaft« mit ihrem Präsidenten amtiert. Z. Zt. (1994) zählen die ZJ weltweit etwa 4,7 Mio. »Verkündiger« (= aktiv im Missionsdienst Stehende); in Deutschland sind es 167.000, die zu 1972 Versammlungen gehören.

Lit.: R. Hauth: Kleiner Sektenkatechismus, 1992, 74-113; K. Hutten: Seher, Grübler, Enthusiasten, 1989, 80-169; D. Reimer, O. Eggenberger: »... neben den Kirchen«, 1991, 218–257; H. J. Twisselmann: Jehovas Zeugen – die Wahrheit, die frei macht?, 1991.

R. Hauth

Zeugnis des Heiligen Geistes

→Testimonium Spiritus Sancti internum

Zezschwitz, Karl Adolf Gerhard von (1825–1886)

Z., geb. am 2. 7. 1825 in Bautzen, wuchs in einer traditionell der Herrnhuter Frömmigkeit verbundenen Familie auf. Ausschlaggebend für seine weitere rel. Entwicklung wurde zunächst die sächsische →Erweckungsbewegung und dann die Berührung mit dem neuluth. Konfessionalismus. Infolgedessen studierte Z. in Leipzig Theologie (1846-50), wo er begeisterter Schüler von →Harleß wurde. Auf das Amt als Hilfsgeistlicher erfolgte 1856 die Ernennung zum 2. Universitätsprediger in Leipzig, 1857 zum a.o. Prof. für NT und Katechetik. Aus gesundheitlichen Gründen verbrachte er zwei Jahre (1861-63) bei →Löhe in Neuendettelsau, der ihm zum Ideal eines luth. Pfarrers wurde. Nach Vortragstätigkeiten für die Innere Mission u.a. in Frankfurt/Main und einer a. o. Professur in Gießen 1865, wurde er 1866 nach Erlangen als Nachfolger von Th. →Harnack berufen, wo er bis zu seinem Tode am 20.7.1886 äußerst erfolgreich Praktische Theologie und allgemeine Pädagogik lehrte.

Wie für zahlreiche Neulutheraner war auch für Z. die Verbindung von subjektiver Erweckungserfahrung mit den objektiven Größen von Hl. Schrift und luth. Bekenntnis für seine theol. Grundposition konstitutiv. Sein besonderes, auch kirchenpolitisches Anliegen galt dabei einer im Bekenntnis geeinten Kirche. Wissenschaftlich versuchte er, die Praktische Theologie dezidiert im Kontext der Erlanger Theologie zu entfalten. Eine seiner Hauptleistungen ist eine umfassende hist. Erforschung der christl. kirchl. Katechetik. Wirkungsgeschichtl. bedeutsam ist u.a. Z.s späterer Einfluß auf die Christenlehre in der DDR.

Lit.: G. v. Zezschwitz: System der christlich kirchlichen Katechetik (1863–1872); System der praktischen Theologie, 1878;
K. Beyschlag: Die Erlanger Theologie, 1993, 111ff (Lit.); Th. Ficker: »Zezschwitz«, RE³, 21, 670ff.

M. Ambrosy

Ziegenbalg, Bartholomäus

→Dänisch-Hallesche Mission

Ziemendorf, Theodor (1837–1912)

Z., geb. am 19. 5 . 1837 in Berlin, gest. am 28. 2. 1912 in Fairhaven (Ägypten), ev. Theologe, Studium in Berlin. Von 1869 bis 1909 Pfarrer in Wiesbaden, wo er 1870 einen Basler Missionsverein gründete und neben einer →Sonntagsschule die Arbeit der →Stadtmission anfing. Ende der 70er Jahre rief er ein Vereinshaus ins Leben, Ende der 80er Jahre übernahm er ein Asyl für strafentlassene Frauen und 1891 den neu gegründeten →Christlichen Verein Junger Männer (CVJM). Als Mitglied des →Evangelisationsvereins (1886) gehörte er zu den Initiatoren und geistl. Trägern der ersten →Gnadauer Konferenz (1888), 1900 wurde er Vorsitzender der neu gegründeten Sudan-Pionier-Mission (heute Oberägypten-Mission, Wiesbaden). Er starb auf seiner fünften Afrikareise.

Lit.: J. Held: Anfänge einer deutschen Mohammedanermission, 1925.

J. Ohlemacher

Zigeunermission

Am Anfang des 20. Jahrhunderts nahm die →Mission für Süd-Ost-Europa, heute in Siegen beheimatet, die missionarische Arbeit unter den Zigeunern auf. Nach 1945 sah sie wiederum ihren Auftrag an den ca. 50.000 Zigeunern, die die Konzentrationslager überlebt hatten. In ca. 50 Städten stehen zur Zeit sechs Ehepaare und neun Missionarinnen im seelsorgerl. und diakon. Dienst.

Versuche, das »fahrende Volk« in unsere Gesellschaft zu integrieren, blieben erfolglos. Im Denken, Empfinden, Verhalten und in den Lebensgewohnheiten zeigen die Zigeuner völlige Andersartigkeit. Die meisten bekennen sich zum Christentum; gleichzeitig leben sie im Aberglauben. Die Furcht vor Geistern und Toten beeinflußt ihr Alltagsleben. Dadurch geraten sie in okkulte Verstrickungen.

Als Randgruppe unserer Gesellschaft haben sie Hilfe im seelsorgerl.-diakon. Bereich dringend nötig. Besuche, verschiedene Veranstaltungen für Kinder und Erwachsene sowie viel persönliche Seelsorge bilden die Schwerpunkte missionarischen Bemühens. Die an Christus gläubig Gewordenen schlossen sich teilweise zu Gemeindekreisen zusammen.

D.Karstädter

Zinsverbot, kanonisches

Auf dem Konzil von Nicäa (325) wurde allen Klerikern das Zinsnehmen als Verstoß gegen die christl. Bruderliebe verboten. In karolingischer Zeit wurde dieses Verbot auf Laien ausgedehnt. Da Juden von diesem Verbot nicht betroffen waren, entwickelten sie sich zu Hauptträgern des Geldwesens.

Das Z. wurde phil. und theol. begründet. Die phil. Begründung geht zurück auf →Aristoteles. Nach ihm erbringt Geld keinen Ertrag, es wird zum Gebrauch verbraucht. Zinsnahme würde doppelte Bezahlung bedeuten.

Bei der theol. Argumentation berief man sich auf Stellen im AT, z.B. 2Mo 22,24. Danach durfte von Stammesgenossen im Darlehensfall kein Zins genommen werden. Zu beachten ist, daß die hebr. Sprache nicht zwischen Wucher und Zins differenziert!

Das kanonische Z. beruht auf mangelhafter ökonomischer Differenzierung. Es gab zu jener Zeit weder eine Geldtheorie noch eine Kapitaltheorie. Heute ist bekannt, daß Geld, in Kapital angelegt, die Produktivität erhöht und demzufolge »fruchtbar« ist. In der Kapitaltheorie wird der Zins als Verzicht auf gegenwärtigen Konsum gesehen, dessen Leistung über Marktkräfte honoriert werden muß, damit ein Anreiz zur Kapitalbildung gegeben wird.

So sieht im Gegensatz zu →Luther auch →Calvin den Zins als Anreiz, Geld produktiv anzulegen. Wenn ein Kaufmann mit geliehenem Geld einen höheren Gewinn erwirtschaftet, so ist es gerechtfertigt, dem Gläubiger seinen Anteil (Zins) zu überlassen. Das Z. ist ein typisches Beispiel falscher ethischer Schlußfolgerungen bei mangelhafter ökonomischer Theorie.

Z. Zt. des AT konnte ein für die Not gegebenes Darlehen als Wucher verstanden werden. Heute wird unter Wucher ein Rechtsgeschäft verstanden, das durch Ausnutzung einer Zwangslage zu einer ungerechtfertigten Vermögensbereicherung führt. Das kanonische Z. müßte eigentlich ein kanonisches Wucherverbot gewesen sein!

Die Rechtsordnung der Sozialen Marktwirtschaft berücksichtigt dieses Wucherverbot. In Notlagen bekommt der Bürger Sozialhilfe, die nicht zurückgezahlt werden muß. Leistet jedoch ein Sparer Konsumverzicht, so erhält er vom Investor seinen Gewinnanteil als Zins (da er nicht am Risiko beteiligt ist).

Lit.: W. Kerber: »Zins«, in: Lexikon der Wirtschaftsethik, 1993, 1339–1344; S. G. Schoppe: »Kanonisches Zinsverbot und wirtschaftliche Entwicklung«, in: G.Gutmann, A.Schüller (Hg.): Ethik und Ordnungsfragen der Wirtschaft, 1989, 157–194.

W. Lachmann

Zinzendorf, Nikolaus Ludwig von (1700–1760)

Nikolaus Ludwig, Reichsgraf von Zinzendorf und Pottendorf, geb. am 26. 5. 1700 in Dresden, gest. am 9. 5. 1760 in Herrnhut, Vertreter des luth. Pietismus und Gründer der Brüder-Unität, »eine der originalsten Gestalten der Kirchengeschichte« (J. Wallmann). Die Familie hatte 1661 Österreich um des ev. Glaubens willen verlassen, der Vater, der kurz nach Z.s Geburt verstarb, diente in Kursachsen als Staatsminister und fühlte sich dem Erneuerungswerk →Speners eng verbunden.

Geprägt wurde Z. durch die ihn erziehende Großmutter Katharina Henriette von Gersdorf, eine fromme, hochgebildete Frau, die dafür Sorge trug, daß der Knabe 1710-16 im Halleschen Pädagogium eine umfassende Bildung erfuhr. Die Familie bestimmte den weiteren Lebensweg: 1716-19 Jurastudium in Wittenberg, 1719-20 Kavaliersreise in die Niederlande und nach Paris, 1721 Hof- und Justizrat im kursächsischen Dienst. Doch der junge Reichsgraf fühlte sich schon früh berufen, für die Ausbreitung der Herrschaft Jesu »in Kompagnie zu gehen«. Aufgewachsen »im Umgang mit dem Heiland« empfing er von der Großmutter die philadelphische Offenheit für Christen aus allen Konfessionen, auch der röm.-kath. Er identifizierte sich in Halle mit der missionarischen, ökumenischen und sozialen Weite des von →Spener ausgegangenen und von →Francke geprägten →Pietismus, gründete als Schüler und Student christl. Bruderschaften (Sozietäten) und versuchte, bereits in Wittenberg zwischen Orthodoxen und Hallensern zu vermitteln. In Dresden hielt Z. Privatversammlungen, gab anonym eine polemische Wochenzeitschrift (»Le Socrate de Dresde«) heraus und versammelte auf seinem Gut Berthelsdorf eine Schloß-Ekklesiola nach dem Vorbild der philadelphischen Schloßgemeinde in Ebersdorf/Thürigen, wo er Erdmuthe Dorothea von Reuß-Ebersdorf begegnet war, mit der er sich 1722 zu einer »Streiterehe« für Jesus verband.

Durch die Ansiedlung deutschstämmiger Emigranten aus den Resten der alten Brüderunität in Mähren entstand ab 1722 auf dem Grundbesitz von Berthelsdorf die Handwerkerkolonie Herrnhut, der sich bald Erweckte unterschiedlicher Herkunft anschlossen.

Konfessionelle Spannungen und menschliche Konflikte nötigten Z., sich ab 1727 Herrnhut intensiv zuzuwenden, was ihm zur Lebensaufgabe wurde. Er gab dem Gemeinwesen eine Dorfverfassung ohne Leibeigenschaft. Bei einer Abendmahlsfeier am 13. 8. 1727 unter Leitung des luth. Ortspfarrers empfanden alle eine derart tiefe Zusammengehörigkeit, daß sie sich von nun an als in Christus verbunden wußten und diese Feier als Geburtsstunde der Brüdergemeine bezeichneten. Statuten ordneten Herrnhut nach dem Vorbild der ersten christl. Gemeinde (G. Arnold) mit zahlreichen Laienämtern. Alle wurden in »Banden«, später in »Chöre« eingebunden, die als kleine brüderliche Gemeinschaften den Gemeindegliedern die Erfahrung einer tragenden Glaubens- und Lebensgemeinschaft erschlossen. Der konfessionelle Streit war überwunden, nur die »Herzensreligion« zählte, die Liebe zum Heiland und seinem Werk. Bewußt nahm Herrnhut am luth. Sonntagsgottesdienst teil.

Z. verstand das neue Gemeinwesen als Dienst- und Zeugnisgemeinschaft, um Seelen für Christus zu gewinnen. Doch mit dem Zuzug weiterer mährischer Emigranten und ihrem wachsenden Bewußtsein, in Herrnhut sei die alte Brüderunität erneuert worden, begann die Entwicklung zu einer Separatkirche, die sich gegen Z.s Überzeugung schließlich durchsetzte.

Von Z. inspiriert und geleitet, entstand in wenigen Jahren ein über Europa hinausgehendes Netzwerk von Siedlungen und Gemeinden, Stützpunkten und Freundeskreisen. Unermüdlich reiste der Graf, besuchte Erweckte und hielt Erbauungsstunden, knüpfte Verbindungen zu studentischen Sozietäten, zum separatistischen Pietismus und zu den Inspirierten, gewann manchen durch seine charismatische Überzeugungskraft zurück für den gemeinsamen Dienst, reiste zu Evangelisationen in die Schweiz, die Niederlande, ins Baltikum, wo es unter der Landbevölkerung zu einer Erweckung kam, sowie nach England. Ab 1732 entsandte Herrnhut Missionare, u.a. nach Westindien (Sklavenmission) und zu den Eskimos. Ab 1735 gründeten ausgewanderte Herrnhuter in Amerika neue Gemeinden, die sich unter →Spangenbergs Leitung zu blühenden Gemeinwesen und Missionszentren entwickelten. 1738/39 reiste Z. nach Westindien, 1741-43 besuchte er die amerikanischen Neugründungen und beteiligte sich an der Mission unter den Irokesen.

Z.s missionarisch-aktives »Streitertum« blieb nicht ohne Widerspruch. Ab 1733 herrschte zwischen Z. und den Pietisten Halles und Württembergs (→Bengel) offene Feindschaft. Z. verlor die

Unterstützung im Adel, insbesondere am dänischen Hof. Dafür gewann er in Berlin das Vertrauen des Königs Friedrich Wilhelm I., der ihm Preußen öffnete. Die 1738 gehaltenen »Berliner Reden« wurden sein verbreitestes Werk. Als theol. Autodidakt wehrte sich Z. durch Ablegung eines Rechtgläubigkeitsexamens in Stralsund 1734 gegen mancherlei Verdächtigungen, trat 1736 in Tübingen in den geistl. Stand, empfing schließlich 1737 von dem letzten Bischof der alten Brüderkirche, D. E. Jablonski (Hofprediger in Berlin), die Bischofsweihe. 1736 aus Kursachsen verbannt, wich er mit der »Pilgergemeinde« in die westdeutschen Neugründungen Marienborn und Herrenhaag aus, durfte 1747 wieder zurück nach Sachsen, weilte jedoch 1750-55 vorwiegend in London (Londoner Predigten). Nach dem Tod seiner Frau ging Z. 1757 mit seiner langjährigen Mitarbeiterin Anna Nitschmann eine zweite »Amtsehe« ein, die kinderlos blieb.

Theologisch löste sich Z. im Laufe der Jahre von der in Halle vertretenen Lehre von Bekehrung und Heiligung und wurde zum Kritiker des Pietismus. Dazu griff er auf Luthers Rechtfertigungslehre und Kreuzestheologie zurück. Seine Neuentdeckung des Versöhnungsopfers Jesu am Kreuz führte zu einer eigentümlichen Blut- und Wundenlehre, die sich 1743-49 in den Gemeinden der Wetterau in einem grotesken Blut- und Wundenkult ausdrückte (Sichtungszeit). Intendiert war eine vom Moralismus des Pietismus wie der Aufklärung befreite Frömmigkeit, die allein in Jesus Christus gegründet dem modernen Atheismus widerstehen konnte.

Z.s Lebenswerk sprengte die kirchl. Denk- und Verhaltensweisen seiner Zeit, nur in verkirchlichter Form vermochten seine Ideen und Gestaltungen zu überleben. Sein Nachfolger und Biograph Spangenberg bekannte: »Er war ein Original und von Gott so gemacht, wie die Männer sein müssen, durch deren Dienst etwas besonderes nach dem Willen Gottes geschehen soll.« Z. überwand den spiritualistischen Individualismus (»Ich statuiere kein Christentum ohne Gemeinschaft«) und gab mit seiner Brüdergemeine »die exemplarische Darstellung einer diakonisch und missionarisch tätigen Freikirche mit ökumenischer Zielsetzung« (Beyreuther).

Das kirchl. Leben verdankt Z. u.a. unverwechselbare Kirchenlieder (EKG 189, 251, 254, 350, 391; jeweils in der Bearbeitung von C. Gregor) sowie die seit 1728 ausgewählten täglichen Losungen.

Lit.: N. L. v. Zinzendorf: Schriften, hg. von E. Beyreuther und G. Meyer (Reprint 1962ff);
E. Beyreuther: Studien zur Theologie Zinzendorfs, 1962; ders.: Die große Zinzendorf-Trilogie, ²1988; D. Meyer: Der Christozentrismus des späten Zinzendorf, 1990, 108–123; A. G. Spangenberg: Leben des Herrn Nikolaus Ludwig Grafen von Zinzendorf, 1772-75 (Reprint 1971); P. Zimmerling: Gott in Gemeinschaft. Zinzendorfs Trinitätslehre, 1991.

J. O. Rüttgardt

Zion

Die sprachliche Ableitung des Namens ist unsicher, am ehesten »trockener (Bergrücken)«. David eroberte von den Jebusitern die Stadt Jerusalem und dabei auch »die Festung Zion« *(mezudat zijjon),* die deshalb später »Stadt Davids« genannt wurde (2Sam 5,7). Seit den archäologischen Erkenntnissen der zweiten Hälfte des 19. Jh.s und bes. durch die israelischen Ausgrabungen ab 1978 (Y. Shiloh) läßt sich der Ortsname lokalisieren. Die Jebusiter-Siedlung lag auf dem Südteil des östl. Altstadthügels von Jerusalem oberhalb der Gihon-Quelle. Am Nordende der kanaanäischen Stadt erhob sich Z. als eine terrassierte Plattform, auf der sowohl die Jebusiter wie auch David ihre Akropolis errichteten. Unter Salomo wurde Jerusalem nach Norden auf den höheren Tempelberg ausgeweitet. Z. konnte nun bes. das Heiligtum, ganz Jerusalem, aber auch das Volk Israel bedeuten, das hier seinen rel. Mittelpunkt hatte.

Z. ist im AT vor allem ein theol. Ausdruck. Die Entfaltung der Z.-Traditionen bleibt im einzelnen sehr umstritten, da die Texte verschieden datiert werden. Entscheidend war, daß David die Bundeslade auf den Z. überführen ließ, der so zum Ort des Thrones Gottes wurde (2Sam 6). Bei der Ausgestaltung der Z.saussagen sollte man nicht nur mit kanaanitischen Einflüssen, sondern auch mit der Übertragung von Traditionen der Sinai-Theophanie rechnen. Die Verheißung der Gegenwart Gottes war mit einer Bundeszusage an die davidische Dynastie verbunden (Ps 2; 132). Der daraus entstandene Glaube an die Unverletzbarkeit Jerusalems wurde vor allem durch die Bewahrung der Stadt vor Sanherib (701 v. Chr.) aufs höchste gesteigert. Propheten wie Jesaja und Micha erneuerten zwar die Verheißungen für den Z., banden sie aber an Glauben und Rechttun der Bewohner Jerusalems. Das Gericht über den Z. droht, aber danach wird Gott ihn zum endzeitlichen Wallfahrtsort aller Völker machen, wo sie Recht und Frieden lernen (Jes 2; Mi 4).

Trotz des Wiederaufbaus von Jerusalem nach Zerstörung und Exil erlosch die mit dem Z. verbundene eschatologische Hoffnung nicht, sondern wurde sogar intensiviert (Jes 60-62; Sir 36). Schon in Qumran, aber auch in den Targumim und der rabbin. Literatur ist der Z. mit messianischen Erwartungen verbunden, im Judenchristentum mit deren Erfüllung. In diesen Zusammenhang gehört die Verlegung des Namens Z. auf den Südwest-Hügel von Jerusalem, die mindestens ins 2. Jh. n. Chr. zurückreicht (Vit Proph 13). Schon für Flavius Josephus im 1. Jh. n. Chr. lag die »Stadt Davids« auf dem Südwest-Hügel (De Bello Judaico, V 137); dort befand sich in ntl. Zeit ein essenisches Viertel und dann auch das erste Zentrum der Urgemeinde. Hier hatte wahrscheinlich schon Jesus in Vorweggabe des Freudenmahles auf dem Z. (Jes 25) das letzte Abendmahl gehalten. Im Heidenchristentum wurde der Begriff Z. in der Regel spiritualisiert. Das fromme Judentum erbittet bis zum heutigen Tag im Achtzehnbitten-Gebet die Wiederaufrichtung des Z. →Zionismus wurde seit Ausgang des 19. Jh.s zum polit. Kennwort der Rückkehr von Juden ins Land Israel.

Lit.: G. Fohrer, E. Lohse: ThWNT VII, 1964, 291–338; H. Gese: Vom Sinai zum Zion, [3]1990, 113–129; W. H. Mare, J. D. Levenson: Anchor Bible Dictionary VI, 1992, 1096–1102; B. Ollenburger: Zion, 1987; E. Otto: ThWAT VI, 1989, 994–1028 (Bibliographie); B. Pixner: Wege des Messias und Stätten der Urkirche, [2]1994, 287–326; R. Riesner: »Jerusalem« in: GBL II, [2]1990, 661–677; J. Schreiner: Sion – Jerusalem, 1963.

R. Riesner

Zionismus

Z. nennt sich die polit. Bewegung, die seit Ende des 19. Jh.s zur vermehrten Einwanderung von Juden nach →Palästina und schließlich zur Gründung des Staates Israel am 14. Mai 1948 geführt hat. Theodor Herzl gab durch seine Programmschrift »Der Judenstaat« (1896) und durch die zionistischen Kongresse die stärksten Impulse zu einer nationalen Befreiungsbewegung des Judentums, das schon im 19. Jh. unter einem rassistischen Antisemitismus litt. »Der Zionismus erstrebt für das jüdische Volk die Schaffung einer öffentlich-rechtlich gesicherten Heimstätte in Palästina«, formulierte der erste Zionisten-Kongreß in Basel 1897. Trotz alles Für und Wider innerhalb und außerhalb des Judentums hat der Z. seine wichtigsten Ziele erreicht: Der Staat Israel ist ein Zufluchtsort für verfolgte Juden, aber auch ein rel. und geistiges Zentrum für die Juden in aller Welt.

Die hohe theol. Bedeutung dieser Vorgänge wird heute bei Juden und Christen gesehen; denn der polit. Z., der sich weitgehend säkular versteht, ruht auf einem breiten Fundament bibl. Zions-Hoffnung, die in jüd. wie in christl. Theologie jeweils anders gepflegt wurde. »→Zion«, das war ursprünglich wohl die Jebusiterfestung, die König David eroberte (2Sam 5,7), später ein Teil der Stadt Jerusalems. Immer mehr aber wird »Zion«, vor allem in den Psalmen und bei den Schrift-Propheten, Ausdruck für Gottes Erwählung von Jerusalem als Ort seiner Gegenwart (Ps 132,13f), der Offenbarung (Jes 2,3b) und der künftigen Zuwendung Gottes (Jes 40,9; 51,11), z. T. verbunden mit messianischer Hoffnung (Sach 9,9).

Aufgrund solcher und anderer bibl. Verheißungen haftet die jüd. Sehnsucht nach dem Land der Väter seit der ersten Zerstörung des Tempels durch Nebukadnezar am »Zion« (Ps 137,1). In der talmudischen und liturgischen Überlieferung bleibt darum Jerusalem und der Zion der zentrale Ort für Israels Hoffnung auf Heimkehr und Erneuerung im Land.

Es gibt seit dem 17. Jh. auch einige christl. Zionisten, die für eine Rückkehr der Juden in ihr Land eintreten. Allerdings handelte es sich anfangs nur um Grenzgänger, die u. a. hinter dem Intermezzo eines englisch-preußischen Bistums in Jerusalem (1842ff) standen. Darüber hinaus zeigt sich ein starker Zug zum Zion auch in christl. Kreisen, wie die Präsenz vieler christl. Denominationen in Jerusalem und der moderne christl. Israel-Tourismus beweisen. Doch im Hauptstrang christl. Zukunftserwartung steht »Zion« für das endzeitliche himmlische Jerusalem (Gal 4,26; Hebr 12,22; Offb 21,2). Dieser Zions-Hoffnung hat John Bunyan in seiner 1678 erschienenen Allegorie »Die Pilgerreise nach dem Berge Zion« lebendigen Ausdruck gegeben.

Lit.: A. H. Baumann: Was jeder vom Judentum wissen muß, 1983; W. P. Eckert et al.: Jüdisches Volk – gelobtes Land, 1970; R. Rendtorff: Arbeitsbuch Christen und Juden, 1979; M. Stöhr: Zionismus. Beiträge zur Diskussion, 1980.

W. Eisenblätter

Zirkusmission →Berufsmissionen

Zisterzienser →Orden und Kongregationen

Ziviler Ungehorsam →Widerstandsrecht

Zivilreligion

Z. (*civil religion,* »bürgerliche Religion«) meint eine Religiosität neben verfaßter, kirchl. →Religion und individueller Religiosität. Der Begriff geht auf J. J. →Rousseau (»Contrat social«) zurück, dem es um eine verläßliche gemeinsame Orientierung für den einzelnen Menschen und die gesamte Gesellschaft ging, um eine natürliche Religiosität für die Erziehung des einzelnen und eine bürgerliche Religiosität für das Zusammenleben im Staat. Die Inhalte dieser Religiosität bleiben allgemein: es geht um Gott, die Schöpfung, die Auferstehung, Moral und Toleranz. E. Durkheim forderte später, von der Religion das beizubehalten, was dem einzelnen das Gefühl der Verpflichtung gegenüber dem Staat vermittelt.

Der fast in Vergessenheit geratene Begriff der Z. wurde in neuester Zeit u. a. von dem Amerikaner Robert Bellah wieder aufgenommen. Bellah beschrieb mit Z. die öffentliche Religion in den USA, die trotz der Trennung von Staat und Kirche eine Verflechtung von rel. Motiven und staatlichem Leben ermöglicht. Es ist eine *religion-in-general,* die die Bürger verbindet und das gesellschaftl. Leben stützt, sich dabei aber durchaus von einer konfessionellen Gestalt rel. Lebens abhebt. Diese Religiosität zeigt sich z. B. in den Werten, die von US-Präsidenten bei ihren Antrittsreden vermittelt werden: z. B. die von Gott verliehenen Grundrechte auf Unversehrtheit, Freiheit, Streben nach Glück sowie die Tugenden der →Toleranz, →Gerechtigkeit, moralischen Lebensführung und Nächstenliebe, verbunden mit dem Bewußtsein einer hist. Mission des amerikanischen Volkes.

Gleichwohl geht es nicht nur um ein amerikanisches Phänomen. Hierher gehören z. B. auch dt. Weihnachtstraditionen oder die indonesische Staatsideologie »Pançasila«, die ein rel. wie ethnisch heterogenes Land durch die Verpflichtung auf fünf gemeinsame Prinzipien (Glaube an ein höchstes Wesen, Zivilisation und Humanismus, nationale Einheit, Vertrauen auf die Weisheit der Volksvertreter, soziale Gerechtigkeit) zu stabilisieren sucht. Um Fragen bürgerlicher Religiosität und um die Letztbegründung staatlicher Identität im Religiösen geht es auch bei der Diskussion um den Gottesbegriff in der dt. Verfassung.

In der dt. Theologie ist der Begriff der Z. durch die empirische Sozialforschung (»Wie stabil ist die Kirche« 1974 u.a.) im Blick auf den Zustand der großen Kirchen aufgenommen worden (Boos-Nünning, Marhold). Dabei geht es u. a. auch um die Funktion von Religion in der modernen Gesellschaft (Luhmann). Auszugehen ist von einem Nebeneinander verschiedener Formen der Zugehörigkeit zur Kirche: neben hochverbundenen Mitgliedern einerseits und fernstehenden, oft auch austrittswilligen Mitgliedern andererseits findet sich eine Mehrheit von 60% »positiv distanzierten« Mitgliedern in den →Volkskirchen. Über sie wird in der Studie »Was wird aus der Kirche?« festgehalten: »Der Konsens mit Kirche und Christentum, die Übereinstimmung mit der ›christlichen Lehre‹, hat vorrangig einen ethisch-moralischen Sinn. Man ist darin ›christlich‹, daß man sich bemüht, ein anständiger Mensch zu sein: hilfsbereit, zuverlässig, nicht gegen sein Gewissen handelnd« (157). Zur Z. »zählt weder die Bindung an die Pfarrgemeinde (...) noch rel. Wissen oder die Ehe- und Sexualmoral. Der Inhalt der zutreffenden Sozialform der Religiosität beschränkt sich aber nicht auf allgemeine, deistisch formulierte Aussagen, sondern ist stark durch christlich oder sogar kirchlich beeinflußte Glaubensformen geprägt. Die Hoffnung auf Gottes Hilfe, das Vertrauen auf Gott, das Sich-Geborgenfühlen in einer höheren Macht und der Glaube an einen persönlichen Gott, der direkten Einfluß auf das Leben der Menschen hat, bilden die Grundpfeiler dieses Glaubens. (...) Der Glaube ist die individuelle Lebenshilfe, an die sich der Mensch in Verzweiflung wenden kann. (...) Die formelle, stark sanktionierte Kirchlichkeit tritt in der Bedeutung für die Religiosität zurück. (...) Die institutionellen Normen werden relativiert, umgedeutet oder angepaßt; was bleibt, ist eine Religion des Meinens und Fühlens, des Hilfebrauchens in schwierigen Situationen, aber keine Religion der Zustimmung und des Glaubens« (Boos-Nünning, 150-153).

Diese Z. in den dt. Volkskirchen ist seither durch zahlreiche Untersuchungen präzise dargestellt worden. Allein ihre Deutung ist umstritten: ist Z. in der Volkskirche eine Art »Christentum außerhalb der Kirche« (R. →Rothe), eine sinnvolle Variante christl. Existenz in der modernen Gesellschaft neben den anderen Formen der Teilnahme am christl. Glauben, eine theol. völlig legitime, sich punktuell auch durch Teilnahme (z. B. bei →Amtshandlungen) realisierende Gestalt der Mitgliedschaft in der Kirche (Rendtorff, Marhold u. a.)? Oder ist nicht vielmehr Z. ein Zeichen defizienter Zugehörigkeit zur Kirche, ein Verlust des Reichtums christl. Glaubens, der nach →Evangelisation und mission. →Gemeindeaufbau verlangt?

Lit.: R. N. Bellah: »Civil Religion in America«, in: Daedalus 96 (1967), 1-21; U. Boos-Nünning: Dimensionen der Religiosität, 1972; J. Hanselmann, H. Hild,

E. Lohse (Hg.): Was wird aus der Kirche?, 1984; N. Luhmann: Funktion von Religion, 1977; W. Marhold: »Bürgerreligion«, in: ThPr 9 (1974), 304–312; T. Schöfthaler, »Civil Religion«, in: EKL[3], Bd. 1, 754–761.

M. Herbst

Zöckler, Otto (1833–1906)

Z., geb. am 27. 5. 1833 in Grünberg/Oberhessen, gest. am 19. 2. 1906 in Greifswald/Pommern. Bereits als Schüler stark geprägt durch A. →Vilmar, damals noch Gymnasiallehrer, als Theologiestudent in Gießen durch den Reformkatholiken L. Schmid. Nach Abschluß des Studiums 1854 Studienreise, auf der er vor allem in →Erlangen bei v. →Hofmann und Franz →Delitzsch wichtige Anregungen empfing. 1857 Habilitation in Gießen mit einer

ntl. Arbeit. 1860 erschien die apologetische Erstlingsschrift »Theologia naturalis. Entwurf einer systematischen Naturtheologie vom offenbarungsgläubigen Standpunkt aus«, in der er eine Fülle naturwissenschaftlicher Beobachtungen mit spekulativen theol. Reflexionen verband (u.a. Widerspiegelung der Eigenschaften Gottes in der Natur). 1865 Mitbegründer, später alleiniger Herausgeber der Zeitschrift »Beweis des Glaubens«. 1866 Berufung als Kirchenhistoriker an die damals sehr kleine theol. Fakultät in Greifswald, die dann aber durch die von Z. betriebene Berufung von H. →Cremer bald große Bedeutung gewann. Außer durch zahlreiche geschichtliche Studien (u.a. die zweibändige »Geschichte der Beziehungen zwischen Theologie und Naturwissenschaft« 1877/79) trat Z. auch durch Mitarbeit an bibl. Kommentarwerken (→Lange, Strack) hervor. 1882-92 Herausgeber der von E. W. →Hengstenberg begründeten »Evangelischen Kirchenzeitung«. Die posthum veröffentlichte »Geschichte der Apologie des Christentums« (1907) enthält eine vollständige Bibliographie Z.s.

Lit.: V. Schultze: »Zöckler, Otto«, in: PRE[3] Bd. 21, 1908, 704-708.

H. Burkhardt

Zöckler, Theodor (1867–1949)

Z., geb. am 5. 3. 1867 in Greifswald, gest. am 18. 9. 1949 in Stade, einziger Sohn des Theologieprofessors Otto →Zöckler in Greifswald. Er studierte Theologie in Greifswald, Leipzig und Erlangen. Die dänische Judenmission sandte ihn 1891 nach Stanislau in Ost-Galizien, wo er 49 Jahre wirkte. Statt Juden zu missionieren, erkannte er hier als seine vordringliche Aufgabe, den zerstreuten ev. Deutschen in der Diaspora zu dienen. Nach seinem zweiten theol. Examen 1892 heiratete er 1893 Lillie Bredenkamp, die ihm nach Stanislau folgte und vier Kinder schenkte. Er begann 1896 mit 12 Waisenkindern eine Erziehungsarbeit, zu der mit der Zeit ein Waisenhaus, eine ev.-deutschsprachige Volksschule und ein Kinderheim gehörten. 1913 eröffnete Z. im Sinne →Bodelschwinghs ein Diakonissen-Mutterhaus (Sarepta) mit verschiedenen Pflegeabteilungen für Säuglinge und Kinder, für Heimatlose und Krüppel, für geistig Behinderte und Schwache. 1919 gründete Z. in Stanislau ein deutschsprachiges ev. Gymnasium. Als im selben Jahr Galizien von Österreich nach Polen kam, waren die Anstalten in Stanislau das größte ev. Erziehungswerk des Landes.

Seit 1899 war Z. Gemeindepfarrer in Stanislau. Seine Gemeinde entwickelte sich zur größten ev. Gemeinde in Galizien. Im neuen polnischen Staat wurde die frühere österreichische Superintendentur zu einer unabhängigen galizischen ev. Kirche ausgebaut, deren Leitung seit 1924 in den Händen von Z. lag. Zu dieser Kirche gehörten 20 Pfarrämter und 85 private Volksschulen in kirchl. Trägerschaft.

Als der Zweite Weltkrieg begann, wurde Z. verhaftet. Zu Weihnachten 1939 erfolgte aufgrund des dt.-russ. Abkommens die Umsiedlung aller Deutschen in den Warthegau. Auch Z. verließ 1940 Galizien, nachdem 370 Anstaltsangehörige Stanislau

verlassen hatten. Er fand bis 1945 eine Unterkunft in Lissa. Von hier aus hat er sich mutig für die kirchl. Belange seiner Umsiedler im Warthegau eingesetzt, die von der NS-Partei systematisch umerzogen werden sollten.

Nach dem Zusammenbruch der Ostfront flüchtete Z. nach Stade. Trotz Taubheit wirkte er als Seelsorger und Bischof der Umsiedler-Flüchtlinge aus Galizien durch seine Rundbriefe.

Von den Stanislauer Anstalten, auch »Bethel des Ostens« genannt, hat nur das Diakonissenhaus »Sarepta« den Zusammenbruch überstanden und in Weende bei Göttingen 1951 eine Bleibe gefunden.

Lit.: Evangelisches Gemeindeblatt in Stanislau, hg. v. Th. Zöckler, 1904–1939;

W. Lempp:»Zöckler, Theodor«, in: EKL 1959; 1914-17; H. Strohal (Hg.): Theodor Zöckler, Zum 100. Geburtstag von Vater Zöckler, 1967.

H. Hamer

Zölibat

Der Z. (lat. *coelebs,* »einsam, ehelos«) ist eine freiwillige Verpflichtung zur →Ehelosigkeit durch Eidesleistung. Durch diesen Eid unterscheidet er sich von der →Ehelosigkeit, die im NT der Ehe gleichgestellt und positiv bewertet wird. Für den christl. Z. gibt es eine Reihe von religionsgeschichtl. Parallelen, z.B. im Buddhismus.

In der röm.-kath. Kirche ist der rituelle Vollzug des Eides kirchenrechtliche Voraussetzung, um zur Priesterweihe zugelassen zu werden (CIC Can 1037). Die Kleriker sind verpflichtet, »vollkommene und immerwährende Enthaltsamkeit um des Himmelreiches willen zu wahren« (Can. 277), sogar nach dem Ausscheiden aus dem Klerus (Can. 291). Am Widerstand des ägypt. Bischofs Paphnutius scheiterte auf dem 1. Ökumenischen Konzil in Nicaea 325 der Antrag, verheirateten Klerikern die Enthaltsamkeit als Kirchengesetz aufzuerlegen (Socrates, HE I,11; Sozomenos HE I,23). In der Ostkirche kann eine vor der Diakonen- oder Priesterweihe geschlossene Ehe fortgesetzt werden; Voraussetzung des Bischofsamtes ist allerdings die Ehelosigkeit. Im Westen setzte sich dagegen die Z.forderung im Rahmen der Ev. →Räte (Armut, Keuschheit, Gehorsam: KdKK 915) mehr und mehr durch, wenn auch die Durchführung (bis heute) oft zu wünschen übrig ließ. Durch die Reformation wurde die röm.-kath. Lehre angegriffen: Sie ist nur menschliches Gesetz und nicht Gottes Gebot. Der Z. wird – wie die mit ihm systematisch zusammenhängenden Lehren vom unzerstörbarern Charakter der höheren Weihen, der kultischen Reinheit als Voraussetzung der Eucharistiefeier und des besonderen Heiligungsstandes der Ordensleute – in Frage gestellt und, zeichenhaft durch Luthers Heirat, 1525, abgeschafft (vgl. BSLK 86-91 = CA XXIII; 332–349 = AC XXXIII; 459 = ASm III,11).

Das ev. Lehrurteil greift bes. auf 1Tim 4,1-3 zurück. Exegetisch wichtig ist die Beobachtung, daß es sich bei Jesu Wort in Mt 19,12 um einen Rat, nicht aber um einen Befehl wie im röm.-kath. Kirchengesetzbuch Codex Iuris Canonici (Can. 277 und KdKK 1579) handelt. Dasselbe gilt von Paulus in 1 Kor 7. 1 Kor 9,5 kann wohl kaum als Begleitung der Apostel durch eine Haushälterin oder christl. Asketin gedeutet werden, wie es von einigen kath. Exegeten vorgeschlagen wird; dies scheitert schon unter Verweis auf Mk 1,30. Enthaltsamkeit der verheirateten Apostel kann gleichfalls aus dem NT nicht gefolgert werden. Verweist man darauf, daß der Priester unverheiratet der Gemeinde gegenüberstehe so wie Christus der Kirche, nimmt man eine nach ev. Überzeugung problematische Überbetonung des Priesteramtes in seinem Gegenüber zur Gemeinde in Kauf und übersieht zugleich, daß Christus selbst von seinen Jüngern nie die Ehelosigkeit verlangte. Ein freiwilliger Zölibat läßt sich unter Hinweis auf die bessere Verfügbarkeit des

Unverheirateten für die Gemeindearbeit vertreten. (1Kor 7,32f), auch wenn wiederum der Pfarrer/die Pfarrerin mit Ehepartner und Kindern u.U. eher die Situation von Familien seelsorgerlich einfühlsam verstehen kann und obendrein einen anderen Rückhalt für seinen Dienst besitzt. Am ehesten scheint die Unterscheidung der Charismen hilfreich: dem einen ist es gegeben, unverheiratet dem Herrn zu dienen, dem anderen dagegen, verheiratet seinen Dienst zu tun. Freiwilligen Zölibat kennen auch die ev. →Bruder- und Schwesternschaften unter Verweis auf die ev. Räte. Von atheistischer Seite wurde der Z. als Analogie der geschlechtsfreien himmlischen Existenz wegen dieses Bezugs auf ein vermeintlich nicht existierendes Jenseits bekämpft (Feuerbach: Wesen des Christentums, Kap. 18).

Lit.: W. Bertrams: Der Zölibat des Priesters, 1960; O. Castrén: Zum Problem der Jungfräulichkeit und der Ehe in der römisch-katholischen und evangelischen Ethik, KuD 5, 1959, 133-145; Katechismus der Katholischen Kirche (KdKK), 1993, Nr. 915, 1579f; 1658, 2349; H. Kruse: Eheverzicht im NT und in der Frühkirche. Forum Katholische Theologie 1, 1985, H. 1, 94-116.

J. Eber

Zöllner (und Sünder)

1. Die Z. (griech. *telonai,* hebr. *mokhesim)* waren beauftragt, an bestimmten Orten, wie der Landesgrenze oder im Stadtbezirk, für das Passieren von Brücken und Wegen oder bei der Einfuhr von Waren (auch Sklaven), Zoll zu erheben. Das Zollsystem der ntl. Zeit ging auf die ptolemäische Verwaltung Palästinas zurück (3. Jh. v. Chr.) und wurde dann von den Seleukiden, dem Haus des Herodes und den Römern übernommen. Die Z. waren keine Beamten, vielmehr wurden die Zölle an einheimische Privatpersonen gegen eine pauschale Vorauszahlung verpachtet, die ihrerseits dann Kleinpächter als Z. einstellten *(publicani).* Der reiche Zachäus wird Lk 19,2 als »Oberzöllner« bezeichnet; d.h. er wird wohl Generalpächter der Zölle von Jericho gewesen sein.

2. Da die Zolltarife manchmal etwas unbestimmt gehalten waren, konnten die Z. »mehr, als verlangt war, einziehen« (Lk 3,12f, vgl. 19,8). Jedenfalls haben die Rabbinen sie manchmal auf die Stufe von Räubern gestellt (BQ 10,1.2; b Schebu 39a); nach m Sanh 3,3 wurden sie nicht als Zeugen zugelassen. Die Buße und Wiedergutmachung galt als schwierig, weil die Z. die von ihnen Geschädigten nicht kannten (b BQ 94a b).

Im NT zeigen die Wendungen »Zöllner und Sünder« (Mk 2,15f par; Mt 11,19), »Zöllner und Huren« (Mt 21,34), »Heide und Zöllner« (Mt 18,17), daß dieser Beruf nicht als ehrenwert angesehen war. Wenn Jesus einen Mann wie Matthäus/Levi vom Zoll weg in die Nachfolge berief (Mk 2,14; Mt 9,9; 10,3; Lk 5,27) und mit den Zöllnern und Sündern Tischgemeinschaft hielt (Mk 2,15 par; Mt 11,19; Lk 15,1), so zeigt dies, daß er als Messias gerade auch die verlorenen Schafe Israels sammeln wollte (Mk 2,17), aber ebenso, daß auch die Z. seinem Bußruf folgten und dadurch Gott recht gaben (Mt 21,31; Lk 7,29; 18,10-13; 19,1-10).

Lit.: F. Herrenbrück: Jesus und die Zöllner, 1990; H. L. Strack, P. Billerbeck: Kommentar zum Neuen Testament I, 377f; II, 248.250.

O. Betz

Zorn Gottes

a) biblisch

Die Hinweise auf den Z.G. im AT und NT haben gegenüber jenen von Strafe und Gericht eine auf Gottes »Persongeheimnis« (W. Zimmerli) und seine Begegnung mit den Menschen zielende Eigenbedeutung und damit einen unaufgebbaren Platz unter den Aspekten bibl. Gottesvorstellung.

Im AT fällt die im hebr. Urtext begegnende Vielfalt der Begriffe und Wendungen auf, die in der dt. Übersetzung gewöhnlich mit »Zorn« bzw. »Grimm« Gottes wiedergegeben werden. Von den nicht weniger als zehn verschiedenen Substantiven und ebensovielen Verben kommen am häufigsten die Substantive *'aph* und *chēmā* vor, die »Schnauben« und »Glut« bedeuten. Daneben ist vom »Entbrennen« (Ps 2,12), »Feuer« (Jes 30,27; Jer 15,14), »Sturm« (Jer 30,23), »Ausgießen« (Jer 7,20; Hes 21,36; Klgl 2,4), »Becher« (Jer 25,15; Jes 51,22; vgl. Hiob 21,20) oder »Tag« (Jes 13,13; Klgl 1,12; Zef 1,14-18) des göttlichen Zorns die Rede.

In der ganzen »Urgeschichte« (1Mo 1-11) wird der Zorn Gottes nicht erwähnt; er erscheint erst im Zusammenhang mit der Geschichte Israels, vor allem in den Texten um die Zeit des babylonischen Exils (7./6. Jh. v. Chr.) bei den Propheten Jesaja, Jeremia, Hesekiel, in den Psalmen, Klageliedern und den geschichtlichen Darstellungen der Richter- und Königszeit (Jos - Kön). Die Propheten müssen als »Boten des Zorns« das gottvergessende Volk (Hos 4,1-3; Jer 2,31-35) auf die Begegnung mit Gott vorbereiten und tragen schwer an diesem

Auftrag (Jer 15,17 »Du hattest mich erfüllt mit Grimm«, vgl. 6,12).

Wie der einzelne Mensch in seiner persönlichen Not den Zorn Gottes erlebt (Ps 6; 88,8; 90,7), so deuten die als Schuldbekenntnis zu verstehenden geschichtlichen Rückblicke in 2Kön 17,7ff und 24,20 (vgl. Jer 44,6; Klgl 1-5) den Zusammenbruch des Nordreichs Israel (722/21 v.Chr.) und des Südreichs Juda (587/86 v.Chr.) als Folge des göttlichen Zorns. Als Motive des Zornes Gottes sind hauptsächlich erwähnt: der Abfall des Gottesvolkes zu andern Göttern, d.h. die Verletzung des Ersten Gebotes (4Mo 25; Ri 2,14.20; 3,8; 10,7; 1Kön 11,9; 2Kön 13,3), und mangelndes Gottvertrauen (4Mo 11). Aber der Zorn Gottes ist nicht blindwütig. Reue, Klage und Trauer bestimmen Gottes Zürnen über sein Volk (2Mo 32,7-14; Jer 2,1f.4-9.32; 4,22).

Bewegend bringt Hos 11,8f Gottes »Ringen mit seinem Zorn« (J. Jeremias) zum Ausdruck. Gott begrenzt seinen Zorn durch seine barmherzige »Langmut« (2Mo 34,6; Jes 48,9; Jer 3,12; Ps 103,8). Hiob weiß, daß vor dem göttlichen Zorn nur Gott selbst schützen kann (Hiob 14,13). Gottes Zorn kann sich gegen die Israel feindlichen Völker (Jes 10,25; 51,23; Jer 25,15-33; Klgl 4,21) und endzeitlich universal gegen die »Bosheit« der Menschen richten (Jes 26,20f). Das Gottesvolk erlebte seine Befreiung aus der babylonischen Gefangenschaft als heilvolle, Zukunft eröffnende Wende des Zornes Gottes (Jes 12) und stimmt mit Ps 30,6 (vgl. Jes 54,7f) in den Lobpreis Gottes ein: »Sein Zorn währet einen Augenblick und lebenslang seine Gnade.«

Im NT ist vom Zorn Gottes (*orgē, thymos*) in deutlichem Rückbezug auf das AT vorwiegend in den Briefen, besonders im Römerbrief, und in der Johannesoffenbarung die Rede. Belege in den Evv. finden sich nur Mt 3,7 (par. Lk 3,7) und Joh 3,36. Zu den ältesten Belegen gehören 1Thess 1,10; 2,16; 5,9. In Worten Jesu suchen wir Aussagen vom Zorn Gottes vergeblich. Allerdings könnten die auf Menschen bezogenen Belege Mt 18,34; 22,7; Lk 14,21, weil sie im Zusammenhang von Gleichnissen stehen, als indirekte Hinweise auf den Zorn Gottes verstanden werden. Neben Offb 6,16 (»Zorn des Lammes«) sind Mk 1,41; 3,5, die beiden einzigen Stellen, die ausdrücklich vom Zorn Jesu berichten.

In seiner Bußpredigt (Mt 3,7; Lk 3,7) unterstreicht Johannes der Täufer mit dem Hinweis auf den »künftigen Zorn« den Ernst seiner Aufforderung zur Umkehr (vgl. Röm 2,4.5.8), und in seinem letzten Zeugnis von Jesus (Joh 3,36) die Dringlichkeit seines Rufes zum Glauben »an den Sohn« (Joh 3,27-36), der den Glaubenden am »(ewigen) Leben« teilhaben läßt. Dem ewigen Leben steht hier der Zorn Gottes gegenüber (vgl. Röm 2,5.7).

Der Zorn Gottes kann bereits in der Gegenwart »über alles gottlose Wesen« wirksam sein (Röm 1,18; 3,5; 4,15; 13,4f; 1Thess 2,16; vgl. Lk 21,23). Die Mehrzahl der Aussagen vom göttlichen Zorn sind jedoch von dem auf das Kommen Gottes am Ende der Zeiten ausgerichteten (»eschatologischen«) Aspekt geprägt. Paulus umschreibt den »Tag des Zorns« als die »Offenbarung des gerechten Gerichtes Gottes« (Röm 2,5; vgl. Offb 6,17).

Grundlegend ist das Bekenntnis zu »Jesus, der uns vor dem kommenden Zorn rettet« (1Thess 1,10; vgl. Röm 5,9). Die Menschen sind »von Natur« »Kinder des Zorns« (Eph 2,3; vgl. Röm 9,22) und können vor Gott aus eigener Kraft nicht bestehen (vgl. Röm 4,15). 1Thess 5,9 hebt hervor, daß Gott uns nicht zum Zorn, sondern zum Heil bestimmt hat, d.h. Gottes Heilswillen steht über seinem Zorneswillen, die zum Glauben einladende Offenbarung seiner Gerechtigkeit im Evangelium über der Offenbarung seines Zorns (Röm 1,17.18; 9,22).

Die Johannesoffenbarung verkündigt mit den Bildern Kelter, Wein und Kelch (14,10.19; 16,19; 19,15; vgl. Jes 63,3) und der Vision der sieben Zornesschalen (15,1.7; 16,1) den Zorn Gottes als Rettung der vom »(großen) Zorn« des Teufels (12,12; vgl. V. 17 des Drachens; 14,8; 18,3 Babylons) bedrängten Gemeinde, die (Offb 14,12) die Gebote Gottes hält und Jesus glaubt (14,2).

Lit.: A. T. Hanson: The Wrath of the Lamb, 1959; J. Jeremias: Die Reue Gottes. Aspekte alttestamentlicher Gottesvorstellung, 1975 (= Biblische Studien, Heft 65), bes. 9-13.52-59; G. Schrenck: Unser Glaube an den Zorn Gottes nach dem Römerbrief, 1944; H. Spieckermann: »Barmherzig und gnädig ist der Herr...«, in: ZAW 102 (1990), 1-18; P. Trummer: »Die Sanftmut Jesu und der Zorn Gottes. Exegetische und hermeneutische Beobachtungen zum Jesus- und Gottesbild«, in: FS J. B. Bauer, 117–137 (= Aufsätze zum NT, GThSt 12 (1987), 39-79; C. Westermann: »Boten des Zorns. Der Begriff des Zornes Gottes in der Prophetie«, in: Die Botschaft und die Boten, FS H. W. Wolff, hg. v. J. Jeremias und L. Perlitt, 1981, 147–156; W. Zimmerli: »Gott – Schicksal oder Anrede?«, in: EvTh 21 (1961), 193–200.

H. Janssen

b) theologiegeschichtlich

Wer im AT und NT der menschlichen (anthropomorphen) Rede von Gott und also auch seinem Zorn immer wieder begegnet, findet im hell. Denken beinahe das Gegenteil: Gott hat keine Affekte. Dadurch ist in der Alten Kirche eher von Gerechtigkeit als vom Zorn Gottes die Rede; das gilt erst recht für die von Aristoteles bestimmte scholastische Theologie. Erst Luther hat das paulinische Motiv vom Z.G. wieder aufgenommen und, besonders im Anschluß an Röm 4,15, im Zusammenhang mit dem »Fleisch« und dem »alten Menschen«, damit auch mit dem Gesetz in Zusammenhang gebracht. In Luthers Kreuzestheologie kommt der Z.G. ausdrücklich zum Tragen und wendet sich vom Menschen, der ihn verdient, auf Christus. Auch in der Anfechtung, die der Glaubende erfährt, ist der Z.G. Mittel der Liebe Gottes. Seit der Aufklärung hat die Theologie mit dem Z.G. kaum etwas anfangen können, höchstens noch als endzeitliche Vorstellung (so bei J. Kaftan). Wie die Gnade aber ohne das Gericht ihre Tiefe verliert, so auch die Liebe Gottes ohne seinen Zorn. Deshalb gilt es, an der überlieferten bibl. Vorstellung durchaus festzuhalten.

Lit.: A. Diekmann: »Die christliche Lehre vom Zorn Gottes nebst Kritik der betreffenden Lehre Albrecht Ritschls«, in: ZwTh 1893, 321ff; L. Pinomaa: Der Zorn Gottes in der Theologie Luthers, 1938; ders.: »Der Zorn Gottes, eine dogmengeschichtliche Übersicht«, in: Zsyst.Th. 17, 1940, 587ff; O. Rodenberg: »Gottes Gnade unter seinem Zorn. Anmerkungen zu den Bußpsalmen im Anschluß an Martin Luthers Auslegung«, in: ThBeitr 21/90, 307-318.

G. Ruhbach

c) systematisch-theologisch

Vom Zorn Gottes zu reden ist Teil des für die Bibel bezeichnenden →Anthropomorphismus. Dies gilt ebenso bei der Rede von Gottes Liebe. In beidem geht es um das Zentrum der christl. Theologie wie auch besonders der christl. Predigt. Eine in der Moderne übliche Umdeutung oder Entschärfung des Z.s gefährdet die christl. Kirche an der Wurzel. In beidem, in der Liebe wie im Zorn Gottes geht es nicht um Eigenschaften, sondern um Gottes Tun. Gott liebt, und darum zürnt er auch.

Der Zorn Gottes ist die Energie seiner Liebe. Inhaltlich ist der Z. zu verstehen als Inbegriff dessen, was Gott in seiner Liebe zu seinen Geschöpfen nicht will: als sein Wider-Wille gegen die Sünde, als sein Un-Wille gegen den Sünder, als sein »Eifer« – seine Beharrlichkeit und Strenge –, mit dem er sich der Entfremdung seines Geschöpfes widersetzt und den Menschen nicht Sünder bleiben läßt.

Man wird den Z. so einordnen, wie Zorn üblicherweise bei uns selber vorkommt: als Reaktion auf Sünde oder Widerstand. So sagt es Ps 90,7f: »Das macht dein Zorn ... denn unsre Missetaten...« So spricht auch das Augsburgische Bekenntnis (Art. 2 und 3). In den Rahmen einer solchen Abfolge »Sünde – Zorn« wird man das biblische Reden von Verstockung einordnen können, etwa im Blick auf Pharao (2Mo 6-11) oder auf das Volk Israel (Röm 11,25).

Dennoch wird ein Verständnis des Z.s nur als Reaktion nicht ausreichen. Der Z. ist nicht ableitbar, ist im letzten rational nicht erklärbar (vgl. Sauer 223f). Auch in diesem seinem irrationalen Charakter entspricht der Z. durchaus der Liebe Gottes. Auch diese ist nicht erklärbar. Beide, Liebe und Zorn Gottes haben sich vor keiner Instanz zu verantworten, sind darum auch nicht zu Prinzipien erhebbar.

Die Auswirkungen des Z.s sind sachlich identisch mit dem Gericht Gottes, in der ganzen Mannigfaltigkeit seiner verschiedenen Formen. Als biblische Bilder sprechen davon der Zornesbecher Gottes für die Völker (Jer 25,15f; Ps 75,9) und die sieben Schalen voll vom Zorn Gottes (Offb 15,7). Im Zusammenhang beider Bilder zu sehen ist die biblische Rede vom Kelch (Mk 10,38 par. und Mk 14,36 par.). Unsere Lage unter dem Z. ist allein dadurch ertragbar, daß wir die im Zorn-Gericht Gottes ergangene Sühne durch das Sterben Jesu am Kreuz sehen und annehmen. Das Kreuz Jesu Christi ist ohne den Z. nicht verstehbar. Seine Folge, die Versöhnung des Schuldigen, ebenso wenig. So wird der Z. zugleich mit der Liebe ernstgenommen. H. Bezzel sagte »Gottes Zorn ist seine Ehre« und erbat (in seiner letzten Katechismusstunde 1916) »Bewahre meine Seele vor dem Einigen, daß sie im Reiche des Zornes verschmachte und dennoch nicht vergehe!«

Lit.: H. Bandt: »Zorn Gottes« IV, Dogmatisch, in: RGG³ VI, 1932f, 1986; W. Härle: »Die Rede von der Liebe und vom Zorn Gottes«, in: ZThK, Beiheft 8, 1990, 50-69; Kuitert: Gott in Menschengestalt, 1967; Sauer: »Zorn«, in: THAT I, 220–224 und »entbrennen« ibid. 633f; F. Weber: Vom Zorne Gottes, 1862.

O. Rodenberg

Zoroastrismus (Parsismus)

Zarathustra, griech. Zoroaster, wirkte um 630 v.Chr. oder früher im Osten des Iran. Auf seine Reform geht die Religion des Z. zurück, die unter den Sassaniden (226–651 n.Chr.) Staatsreligion wurde und sich vor dem Druck des →Islam vorwiegend durch Auswanderung nach →Indien (parsi, ca. 100.000 Anhänger) retten konnte. Auf Zarathustra gehen die Gathas zurück, der älteste Teil des Avesta, der heiligen Schrift des Parsismus. Dem Polytheismus der Daevas setzt er den Glauben an den guten Schöpfer und weisen Herrn Ahura Mazdah entgegen, dem allerdings Angra Mainyu bzw. Ahriman, der böse Geist, sich widersetzt. Dem Tieropfer stellt er den Feuerkult entgegen, der Lebensweise der räuberischen Nomaden die des seßhaften Rinderzüchterbauern. Der ethische Monotheismus ist durch den Dualismus der beiden Prinzipien Licht und Dunkelheit bestimmt, die das Leben zu einem Kampf um das Gute in Gedanken, Worten und Werken machen. Das Feuer gilt als Symbol der Reinigung; auch das Endgericht wird nach Auferstehung der Toten und einer Trennung in die Guten und Bösen durch ein kosmisches Feuer vollendet.

Als Staatsreligion war der Z. unduldsam gegen die Christen in Persien. Die überlebende Form des Parsismus ist durch Traditionstreue ihrer Anhänger, die z. T. recht wohlhabend sind, durch Verzicht auf jede Werbung und neuerdings in der Diaspora durch Reformimpulse zur Vertiefung der eigenen Religion mit Hilfe der religionshist. Arbeit an den heiligen Texten geprägt.

Lit.: M. Boyce: Zoroastrians, Their Religious Beliefs and Practices, 1979; W. Hinz: Zarathustra, 1961; G. Widengren: Die Religionen Irans, 1965.

N.-P. Moritzen

Zucht →Gemeindezucht

Zufall

Mit dem Begriff Z. wird im allg. das bezeichnet, was sich jeder gesetzmäßigen Berechnung entzieht und nicht planmäßig herbeigeführt wird. In diesem Sinne ist von alters her das Glückspiel, insbesondere das Würfelspiel, Repräsentant des Zufälligen. Im Bereich der Wissenschaften gehört der Z. zu den umstrittensten Erscheinungen. So war →Aristoteles der Überzeugung, daß sich im himmlischen Bereich alles gesetzmäßig vollziehe und es ein Kennzeichen der Unzulänglichkeit der irdischen Regionen sei, daß hier vieles dem Z. anheimgegeben ist. Im Zeitalter der klassischen Naturwissenschaften, in dem man von der absoluten Gesetzmäßigkeit allen Geschehens überzeugt war, versicherten viele Denker, daß es einen echten Z. nicht gäbe. Dem Menschen erscheine vielmehr das als Z., was sich infolge der hohen Komplexität seiner Struktur exakter Berechnung entzieht.

Nach unserem heutigen wissenschaftl. Erkenntnisstand kann davon ausgegangen werden, daß es spontanes Geschehen in allen Bereichen der Wirklichkeit gibt. Dieses spontane Geschehen ist grundsätzlich nicht berechenbar und daher auch nicht voraussagbar. Wie weit es jedoch als zufällig bezeichnet werden kann, ist allerdings umstritten. Denn es unterliegt zum Teil einer statistischen Gesetzmäßigkeit und das heißt nicht zuletzt der Wahrscheinlichkeitsrechnung. Zum anderen Teil jedoch zeigt es eine zwar nicht vorausberechenbare, aber eine im nachhinein aufweisbare Zielgerichtetheit, so daß es auch als kontingentes Geschehen (→Kontingenz) betrachtet werden kann.

Eine Klärung der verschiedenen Begriffe und begrifflichen Akzentuierungen erweist sich bes. bei Versuchen einer Interpretation des Schöpfungsgeschehens als notwendig. Während atheistische Denker zum Teil versichern, daß sich dank der Selbstorganisationskraft der Materie die gesamte kosmische und biologische Entwicklung bis hin zum Auftreten des Menschen allein durch ein Zusammenspiel von Gesetzmäßigkeiten und Zufällen erklären lasse, haben christl. Interpreten dem entgegengehalten, daß die Gesamtentwicklung ohne koordinierende Impulse Gottes, wie sie sich in den Schöpfungsworten der Bibel (1Mo 1) vorfinden, nicht überzeugend und zulänglich erklärt werden kann.

Lit.: Aus atheistischer Sicht: J. Monod: Zufall und Notwendigkeit – Philosophische Fragen der modernen Biologie, 1975; aus christlicher Sicht: G. Masuch, H. Staudinger: Geschöpfe ohne Schöpfer? 1987.

H. Staudinger

Zungenrede →Glossolalie

Zürcher Bibel →Bibelübersetzungen

Zurechtweisung →Gemeindezucht

Zwei-Naturen-Lehre →Jesus Christus

Zweifel

1. Exegetisch

a. Das AT kennt die ungläubige Infragestellung des göttlichen Wortes (vgl. 1Mo 18,12; Ps 73,11; Jes 7,1-25 etc.), aber nicht eine geistige Zwiespältigkeit wie dies im dt. Begriff »Zweifel« und dem griech. Wort *diakrinomai* zum Ausdruck kommt. Auch

Hiob zweifelte nicht, sondern ringt als Angefochtener um den Erweis der →Gerechtigkeit Gottes.

b. Der Terminus *diakrino* heißt im klassischen Griechisch »beurteilen, entscheiden, unterscheiden« und nur im NT begegnet auch die Bedeutung »zweifeln«. Gegenbegriff ist der →Glaube, der Gott beim Wort nimmt, seiner Zusage vertraut und ihm gehorcht. Solcher Glaube kann im Unterschied zur Gespaltenheit des Zweifels als Einfalt des Herzens bestimmt werden. So beschreibt Paulus die Haltung des Abraham in Röm 4,20f: »Er zweifelte nicht an der Verheißung Gottes durch Unglauben.« Ein Handeln, das dagegen aus zwiespältigem Gewissen vollzogen wird, ist Sünde (Röm 15,23). In Mt 17,20 rückt Jesus Z. in den Zusammenhang des Kleinglaubens, also einer Haltung, die sich nicht ganz auf Gottes Möglichkeiten einläßt. Das Verständnis der Stelle Jud 22 ist umstritten: entweder seelsorgerisch: »erbarmt euch derer, die zweifeln« oder apologetisch: »widerlegt die Zweifelnden«; im letzteren Fall wäre dies der einzige Beleg im NT für dogmatischen Z.

2. Philosophisch; unter besonderer Berücksichtigung des →Skeptizismus

a. Im Unterschied zur bibl. Überlieferung bezieht sich Z. in der abendländischen Philosophie primär auf erkenntnistheoretische Sachverhalte. Es geht um die Gespaltenheit des erkennenden Subjekts angesichts von zwei oder mehreren konträren bzw. sogar kontradiktorischen Urteilen, für deren jeweilige Richtigkeit keine ausreichende Evidenz vorliegt. Der Z. erwägt die mögliche Wahrheit der zur Klärung anstehenden Urteile und unterscheidet sich dadurch einerseits vom bloßen Nichtwissen und andererseits von Wahrscheinlichkeitsaussagen der Vermutung bzw. Meinung. Letztere würden eine partielle Zustimmung zum Urteilsinhalt implizieren. Das Problem des Z.s besteht also in verweigerter Zustimmung aufgrund von nicht gegebener Gewißheit.

Der Anfang des Z.s liegt für die abendländische Philosophie im Zerbruch der ursprünglichen Einheit von Wahrnehmung und Gegenstand bzw. infolge davon auch von Wahrnehmung und Denken. Mit der erkenntnistheoretischen Möglichkeit des Irrtums entsteht das Bedürfnis nach evidentem Wissen bei gleichzeitiger Bereitschaft, die überlieferten rel. und moralischen Autoritäten zu kritisieren. Der Z. strebt nach unbezweifelbar einsichtigen Wahrheitskriterien, um zu gewisser Erkenntnis der Wahrheit zu gelangen. Wird diese Aufgabe als prinzipiell unlösbar angesehen, führt Z. zum Skeptizismus.

b. Folgende grundlegende Arten von Z. sind zu unterscheiden: Positiver Z. geht davon aus, daß für alle zur Diskussion stehenden Alternativen beachtliche Gründe vorliegen, während der negative Z. für keine der Alternativen hinreichende Gründe sieht. Totaler bzw. universaler Z. hält jegliche Erkenntnis des wahren Wesens der Wirklichkeit für unmöglich, der relative bzw. partielle Z. hält lediglich zuverlässige Erkenntnis in einigen Seinsbereichen für unmöglich. Der totale Z. entspricht dem radikalen Skeptizismus, der notwendig zum →Agnostizismus führt, d.h. die Wahrheit gilt prinzipiell als unerkennbar. Deshalb enthält sich der Skeptiker entweder jedes Urteils oder versucht sich bestimmten Meinungen aufgrund von Wahrscheinlichkeiten anzunähern, ohne auf irgendeine Gewißheit Anspruch zu erheben.

3. Theologische Beurteilung und Überwindung des Skeptizismus

Angesichts der Unsicherheit von Sinneseindrücken und der Gegensätzlichkeit weltanschaulicher Lehrmeinungen besteht nicht nur ein gewisses Recht, sondern auch die Notwendigkeit zu erkenntnistheoretischem Zweifel und damit zur kritischen Prüfung von Wahrheitsansprüchen. Theol. gehört Diakrisis als Unterscheidung von falsch und richtig in diesem Sinne zur grundlegenden Weltverantwortung des Christen.

Der radikale Skeptizismus stellt jedoch schon rein logisch betrachtet einen Selbstwiderspruch dar. Denn radikaler Skeptizismus erklärt die Unlösbarkeit der Wahrheitsfrage zum absoluten Dogma und widerspricht damit seinem Selbstverständnis der kritischen Hinterfragung aller prinzipiell erhobenen Wahrheitsansprüche. Zudem ist der dem Skeptizismus implizite Agnostizismus nicht lebbar, da der Mensch unablässig zum Handeln herausgefordert ist und sein Handeln notwendig auch theoretisch begründen muß. Die skeptische Einsicht D. →Humes, daß sich aus Tatsachenurteilen keine ethischen Forderungen ableiten lassen, macht indes das Dilemma phil. Wahrheitsbegründung überhaupt deutlich. Die grundlegenden ethischen und metaphysischen Fragen lassen sich nicht durch die reine Vernunft entscheiden, sondern bedürfen der Offenbarung, die eine Erkenntnis vermittelt, die höher ist als alle Vernunft. Paulus zeigt im Römerbrief, daß sich der Mensch kraft seiner Moralität nicht selbst erlösen kann (Röm 3,9-31) und in sachlicher Parallele dazu in 1Kor, daß die menschliche Intellektualität mit ihrer Weisheit keine die Existenz tragende Gewißheit zu vermitteln vermag, sondern daß ausschließlich das Wort vom Kreuz als göttliche Weisheit rettet (1Kor 1,18-2,16). Dieser Kontext weist darauf hin, daß die Überwindung der prinzipiellen Skepsis nicht allein und nicht einmal vorzüglich auf erkenntnistheoretischer Ebene vom Menschen geleistet werden kann, sondern daß der Mensch der existentiell bindenden und ethisch verpflichtenden Selbstoffenbarung Gottes bedarf, um vom Z. zur Gewißheit zu gelangen. Der Mensch bleibt *dipsychos,* d.h. »schwankend, zwiespältig« (Jak 1,8), solange er sich nicht dem fleischgewordenen Wort Gottes, Jesus Christus, anvertraut, der zur Erfahrung der durch ihn offenbarten Wahrheit einlädt: »Meine Lehre ist nicht von mir, sondern von dem, der mich gesandt hat. Wenn jemand dessen Willen tun will, wird er innewerden, ob diese Lehre von Gott ist oder ob ich von mir selbst aus rede« (Joh 7,16f). Die Lehre Christi erweist sich im Evangelium als Verheißung, die als Hoffnung dem Glauben korrespondiert.

Die Frage von Glaube und Z. impliziert somit eine eschatologische Dimension, weil sich der Z. letztlich gegen die in der Verheißung angebotene Zuversicht richtet. Bleibt Z. im Sinne des radikalen Skeptizismus die letzte Antwort, so droht dieser jederzeit in Verzweiflung umzuschlagen. In der Gabe des Heiligen Geistes wird demgegenüber der Glaube geschenkt, der die Skepsis überwindet, denn »der Heilige Geist ist kein Skeptiker« wie M. Luther unter Hinweis auf Lk 11,9-13 betont hat.

Lit.: A. Augustinus: Contra academicos; E. Bloch: Tübinger Einleitung in die Philosophie I, 1963; O. Guinness: Zweifel, 1976; P. Lapide: Glauben, wissen oder zweifeln? 1988; C. S. Lewis: Pardon ich bin Christ. Meine Argumente für den Glauben, [6]1982; J. Möller: Glauben und Denken im Widerspruch? 1969; G. Rein (Hg.): Dialog mit dem Zweifel, 1969; J. Spieß: Jesus für Skeptiker, 1990; W. Stegmüller: Metapyhsik, Wissenschaft, Skepsis, 1954; F. H. v. Tessen-Wesirski: Wesen und Bedeutung des Zweifels, 1928.

R. Hille

Zwei-Reiche-Lehre

1. Die Lehre von den zwei Reichen bzw. zwei Regimenten geht auf M. →Luther zurück. Sie knüpft an die Unterscheidung →Augustins zwischen den zwei »Staaten« oder Bürgerschaften an, die Gottes und die des Bösen, prägt diesen Dualismus aber völlig neu. Luther entwickelt seine Lehre erstmals in der Schrift »Von weltlicher Obrigkeit, wie weit man ihr Gehorsam schuldig sei« (1523), und zwar in einer doppelten Diskussionsfront: einerseits gegenüber christl. Gemeinde, die vom Evangelium her alle weltliche Ordnung für überflüssig hielt, andererseits gegenüber Übergriffen staatlicher Gewalt in innergemeindliche, geistliche Fragen. Luther ging dabei aus von der Frage, wie denn ein christl. Fürst, der doch wie jeder andere Christ an die Weisungen der →Bergpredigt gebunden sei (»Widersteht nicht dem Bösen«, Mt 5,39; vgl. Röm 12,21), sein Amt ausüben könne, in dem die Anwendung von Gewalt gegen das Böse unvermeidbar sei (Röm 13,3f; vgl. Mt 22,28).

Luther unterscheidet zunächst (ähnlich wie Augustin) zwischen dem →Reich Gottes (zu dem alle Christusgläubigen gehören) und dem Reich der Welt (zu dem alle anderen Menschen gehören). Die Christen, vom in ihnen wohnenden Heiligen Geist zum Tun des Guten geführt, brauchten selbst eigentlich keine weltliche Ordnung. Aber für die anderen sei sie nötig, um die in ihnen wohnende Bosheit im Zaum zu halten. Ursache für die Notwendigkeit der Unterscheidung der beiden »Reiche« ist also die →Sünde. Die Institutionen der Herrschaft in diesem »Reich zur Linken« (insbes. der →Staat) werden aber von ihrem Ziel her (anders als bei Augustin) grundsätzlich positiv gesehen: Ihre Aufgabe ist der Schutz menschlichen Lebens. Deshalb können und müssen (wo nötig) auch Christen als »Obrigkeit« Verantwortung übernehmen und nicht nur (wie im »Reich zur Rechten«) mit dem Wort des Evangeliums, sondern notfalls unter Anwendung von Gewalt das Böse in seine Schranken zu weisen versuchen. Sie tun dies aber nicht um ihrer selbst willen (für sich selbst sind sie zum Unrechtleiden bereit), wohl aber tun sie es für andere, die ihrer Hilfe im Sinne der Nächstenliebe bedürfen. Maßstab des Handelns im »Reich zur Linken« ist dabei das →Gesetz (im *usus politicus*) bzw. die dem →Naturrecht entsprechende Vernunft (CI 2,365.393). Die Grundgedanken dieser ZRL wurden in der luth. Reformation allg. übernommen. Auch →Calvin unterschied zwischen einem geistl. Regiment, in dem nur durch das Wort, und dem bürgerlichen, in dem, um der Menschlichkeit willen, mit Gesetzesgewalt (nach dem Naturrecht) regiert wird (Inst. III, 19,15; IV, 20).

2. Erst nach dem Zweiten Weltkrieg rückte die ZRL als solche in den Mittelpunkt der sozialethischen Diskussion. Vor allem von seiten der →Dialektischen Theologie wurde kritisiert, die ZRL habe den Herrschaftsanspruch Christi auf die Innerlichkeit des Christen beschränkt, den weltlich-polit. Bereich aber einer säkularen Eigengesetz-

lichkeit überlassen (so in der Tat bei W. Stapel und F. →Gogarten). Diese Trennung aber trage die Schuld am polit. Versagen insbes. der luth. Kirchen in der Zeit des Dritten Reiches. Dem wurde die Lehre von der einen Königsherrschaft Christi entgegengestellt, die alle Bereiche des Lebens durchdringen müsse. Allerdings sprach gerade K. →Barth, der ursprüngliche Wortführer dieser Kritik (»Eine Schweizer Stimme« 1934: von Hitler führt eine gerade Linie über Bismarck und Friedrich d.Gr. zu Luther) vorsichtiger nur von einer Analogie zwischen »Christengemeinde und Bürgergemeinde« (1946, 24).

Lutheraner wie W. →Elert, P. →Althaus und W. →Künneth, vor allem aber auch skandinavische Theologen wie A. →Nygren, G. Wingren und G. Törnvall hielten dagegen trotz dieser Kritik an der Wahrheit der ZRL fest und verwiesen darauf, daß bei ihr von einer säkularistischen Eigengesetzlichkeit des »Reiches zur Linken« gerade keine Rede sein könne, Gott herrsche, auf unterschiedliche Weise, in beiden Reichen.

3. Die ZRL trug in ihrem ursprünglichen Entwurf bei Luther (z.B. im Element eines gewissen zeitlos-statischen Leib-Seele-Dualismus) und erst recht in späteren Modifikationen (z.B. in der Anpassung an die Verbindung von Thron und Altar) sicher auch Züge der jeweiligen Zeit. Die Grunderkenntnis der ZRL mit ihrem doppelten Ansatz beim verborgenen Welthandeln Gottes des Schöpfers *(regnum potentiae)* einerseits und der offenbaren Herrschaft Gottes in Christus *(regnum gratiae)* andererseits ist bibl. und unverzichtbare Grundlage christl. →Ethik, wenn sie sich nicht in Weltlosigkeit zurückziehen oder in polit. Schwärmerei verlieren will. Die heilsgeschichtl. Spannung, die Paulus klassisch im Nebeneinander von Röm 12 und 13 anzeigt, ist in einer von der Sünde gezeichneten Welt unauflösbar.

Lit.: P. Althaus: Die Ethik Martin Luthers, 1965; K. Barth: Rechtfertigung und Recht. Christengemeinde und Bürgergemeinde, Theol. Studien 104, 1970; W. Künneth: Politik zwischen Dämon und Gott, 1954, 72–97; M. Luther: Von weltlicher Obrigkeit, Clemen 2, 360–394; H. H. Schrey (Hg.): Reich Gottes und Welt. Die Lehre Luthers von den zwei Reichen, WdF CVII, 1969.

H. Burkhardt

Zweites Vatikanisches Konzil →Vatikanum

Zwickauer Propheten

Um die Jahreswende 1521/22 tauchten in dem damals ohnehin unruhigen Wittenberg erstmals die Tuchmacher Nikolaus Storch und Thomas Drechsel aus Zwickau sowie der Student Markus Thomae, genannt Stübner, auf. Sie bezweifelten den Sinn der Säuglingstaufe und betonten die Notwendigkeit unmittelbarer Geistesoffenbarung unabhängig von der Bibel. Auf →Melanchthon und seine Kollegen machten sie damit Eindruck, während →Luther sofort über das von ihm als »Zwickauer Propheten« bezeichnete Trio skeptisch urteilte. Unter den sozial bedrängten Tuchknappen in Zwickau gab es 1520/21 eine fromme Gemeinschaft von Laien, deren Haupt und Prediger Storch war. Es ist anzunehmen, daß zwischen Thomas →Müntzer, ihrem zeitweiligen Pfarrer an der Zwickauer Katharinenkirche, und den Storchianern ein Verhältnis des wechselseitigen Nehmens und Gebens bestand. Böhmisch-taboritische Einflüsse haben sich bei ihnen nicht nachweisen lassen. Der Zwickauer Kreis wurde noch 1521 zerschlagen.

In dem episodenhaften Auftreten der Zwickauer Propheten meldet sich im Bereich der Reformation erstmals der →Spiritualismus, der das äußere Wort und die Sakramente geringschätzte und auf den unmittelbaren Geistbesitz setzte. Die Sympathisanten der Zwickauer, Gerhard Westerburg und Martin Borrhaus/Simon Cellarius, begegnen später wieder in spiritualistischen und täuferischen Kreisen. Storch selbst agitierte 1523/24 noch in Westthüringen, verhielt sich aber danach ruhig. Eine größere Ausstrahlung hatten die Zwickauer Propheten somit nicht.

Lit.: S. Hoyer: Die Zwickauer Storchianer – Vorläufer der Täufer? Jahrbuch für Regionalgeschichte 13 (1986), 60-78; P. Wappler: Thomas Müntzer in Zwickau und die Zwickauer Propheten, Schriften des Vereins für Reformationsgeschichte Nr. 182, Gütersloh 1966.

M. Brecht

Zwingli, Huldrych (Ulrich) (1484–1531)

Z., geb. am 1. 1. 1484 in Wildhaus (Toggenburg), gest. in Kappel am 11. 10. 1531, Reformator von Zürich. Z. lebte seit 1489 bei seinem Onkel, dem Dekan Bartholomäus Z. in Weesen am Walensee. Er besuchte Schulen in Basel und Bern, wo er im humanistischen Sinn erzogen wurde. Das Studium der freien Künste in Wien seit 1498 und Basel seit 1502 schloß er 1506 mit dem »Magister artium« ab, empfing in Konstanz die Priesterweihe, wurde 1506 Pfarrer in Glarus, 1516 Leutpriester in Einsiedeln und 1518 am Großmünster zu Zürich. In dieser Zeit war Z. ein papsttreuer röm.-kath. Priester, der sich auch polit. für den Papst einsetzte, z.B. in seiner

Tierfabel »Vom Ochsen« 1510. Seit 1515 bezog er einen päpstlichen Ehrensold von 50 Gulden im Jahr.

Die Hinwendung zur Reformation vollzog sich bei Z. auf dem Hintergrund eines gründlichen Bibelstudiums, das 1513 begann in Auseinandersetzung mit dem Schrifttum und der exegetischen Literatur der Humanisten, bes. des →Erasmus von Rotterdam und des Jakob →Faber Stapulensis, und der Kirchenväter wie →Augustinus, →Hieronymus und →Origenes. Seit 1518 studierte er auch Schriften und bibl. Kommentare Martin →Luthers. Dadurch kam er »zu einem reformatorischen Evangeliumsbegriff« (Hoburg 278). Z.s Frage nach der →Heilsgewißheit fand ihre Antwort in der Heilsbedeutung des Kreuzes Christi für den Glaubenden. Diese Wende zu einer eigenständigen reformat. Theologie kündigte sich im Pestlied 1520 an und vollzog sich bis 1522.

Daß Z. seit 1520 auf den päpstlichen Sold verzichtete, zeigte seine neue Einstellung zur Papstkirche. 1522 brach er mit den kirchl. Fastengeboten. 1523 fanden zwei große Glaubensgespräche in Zürich statt. Für die erste Disputation verfaßte er die »67 Schlußreden« (Thesen), eine erste Darstellung seiner reformat. Theologie. Mit den folgenden Schriften zeichnete sich seine Eigenständigkeit und die Differenz zur Wittenberger reformat. Theologie ab: Z. hebt mit Joh 6,44 und 6,63 das unmittelbare Wirken des Geistes Gottes hervor als das eigentliche Heilsgeschehen im und am Menschen. Eine deutlich spiritualistische Tendenz wird erkennbar. Im Frühjahr 1525 kam es in Zürich zur Erneuerung des Gottesdienstes in ganz schlichter Form. Die Bilder wurden aus der Kirche beseitigt. Musik und Gesang unterblieben.1525 erschien sein theol. Hauptwerk: *De vera et falsa religione commentarius,* »Kommentar über die wahre und falsche Religion«.

Daß die Reformen in Zürich auf Verfügungen des Rates hin geschahen, zeigt das Zusammenwirken von Kirche und weltlicher Macht in Zürich, wie Z. es für wünschenswert hielt. Dadurch geriet er in Gegensatz zu einigen seiner Schüler und Anhänger, die eine radikalere Reform wünschten: Conrad →Grebel und Felix Mantz verwarfen die Kindertaufe; im Januar 1525 kam es zu erneuten Taufen Erwachsener und zur Bildung einer eigenen Gemeinde (→Täufer). Z. und der Rat gingen mit aller Härte dagegen vor. Es kam zu schweren Haftstrafen, und am 5. 1. 1527 wurde Mantz in der Limmat ertränkt.

Mit Luther geriet Z. 1526-29 in heftigen literarischen Streit über die Deutung der Gegenwart Christi im Abendmahl. Während er eine symbolisch-signifikative Auffassung vertrat – das Brot *bedeutet* den Leib Christi – hielt Luther an der wirklichen Gegenwart von Leib und Blut Christi – das *ist* mein Leib – fest. Diese Differenz konnte auch bei dem Marburger Religionsgespräch 1529 nicht ausgeräumt werden.

Als sich unter Z.s Einfluß auch die Nachbarstädte Bern, St. Gallen und Basel zur Reformation bekannten, kam es zum Krieg mit den altgläubigen Kantonen. Z. begleitete die ev. Partei als Feldprediger und fiel »tapfer kämpfend« in der Schlacht bei Kappel.

Werke: H. Zwingli: Sämtliche Werke, 1905ff.

Lit.: U. Gäbler: Huldrych Zwingli im 20. Jahrhundert. Forschungsberichte und annotierte Bibliographie 1897–1972, 1975; ders.: Huldrych Zwingli. Eine Einführung in sein Leben und Werk, 1984; Chr. Gestrich: Zwingli als Theologe, 1967; R. Hoburg: Seligkeit und Heilsgewißheit. Hermeneutik und Schriftauslegung bei Huldrych Zwingli bis 1522, 1994; G. W. Locher: Die Zwinglische Reformation im Rahmen der europäischen Geschichte, 1979.

Chr. Windhorst

Zwischenzustand

Der Lehre vom Z. (lat. *Status intermedius*) versucht eine Antwort auf die Frage der individuellen Eschatologie zu geben: Wo sind unsere Toten?

Seit der Alten Kirche (z.B. Justin apol.I 18f) hat die christl. Theologie zwischen dem bereits geschehenden Sterben und dem noch ausstehenden →Gericht Gottes bzw. der →Auferstehung der Toten den Z. gesehen. Hier befinden sich die unsterblichen Seelen der verstorbenen Menschen nach der Trennung vom vergehenden Leib im biologischen →Tod in einem Wartezustand. Auf röm.-kath. Seite hat sich daraus die (bis heute gültige) Lehre vom →Fegfeuer als Reinigungsort für zeitliche Sündenstrafen der Gläubigen entwickelt (vgl. Katechismus der kath. Kirche 1993, Nr. 1030ff). Während die Reformatoren diese Vorstellung aus soteriologischen Gründen abwiesen (vgl. Luther, ASm II, 2; Calvin, Institutio III 5,6ff), haben sie (vgl. WA 39 III, 400f; Institutio III 25,6) wie auch die altprot. Orthodoxie (vgl. Schmid, Die Dogmatik der evangelisch-lutherischen Kirche, ^{9}1979, 63) an einer postmortalen Existenz der Seelen festgehalten.

Die Nähe dieser Vorstellungen zu phil. Anschauungen, die den Leib zugunsten einer unsterblichen, göttlichen Seele (vgl. zu Plato →Geist (philosophisch)) abwerten, hat vor allem seit P. →Althaus zu einer fast völligen Aufgabe der Lehre vom Z. in der dt. Theologie geführt. An seine Stelle tritt die Theorie vom »Ganztod«, der – idealistisch gedacht – zur »Verhältnislosigkeit« führt (Jüngel) und den Menschen zum Gedanken »in Gottes Hand« macht (Althaus).

Demgegenüber ist festzuhalten, daß die Heilige Schrift tatsächlich eine personale Weiterexistenz des Menschen nach dem Tod kennt, die noch nicht zum Auferstehungsleben gehört (Lk 16,19ff; 2Kor 5,1f.8; Phil 1,23; 2Petr 1,14; Offb 6,9f). Da diese Fortexistenz nicht nur die Glaubenden, sondern alle Menschen betrifft (Lk 16,22f; vgl. Jes 14,15ff), handelt es sich nicht (nur) um eine soteriologische Größe (Joh 11,25f), sondern »um eine schöpfungsmäßige Setzung Gottes« (Heidler 21). Weil jedoch die leibliche Existenz des Menschen mit dem biologischen Tod sichtbar zu Ende geht, stellt sich die Frage einer anthropologischen Differenzierung:

Während der Mensch im ursprünglichen Willen Gottes zu einer Ganzheit von Geist, Seele und Leib (1Thess 5,23) geschaffen ist, zerstört der Tod als Folge der Sünde (Röm 6,23) den Zusammenhang der Geistseele (vgl. 1Mo 2,7) mit dem Leib, dem sie zwar gegenübersteht (2Kor 12,2f; Phil 1,23), der aber als ganzer ihre äußere Gestalt darstellt. Dieser »äußere Mensch« vergeht, wenn ihn die Geistseele als der »innere Mensch« beim Tod verläßt (1Mo 35,18; 1Kön 19,4f; Lk 12,20; 23,46; Apg 5,5; 7,59). Damit bleibt nun die personale Identität des Menschen über seinen Tod hinaus durch die Fortexistenz seiner Geistseele gewahrt (vgl. 2Petr 1,13f).

Damit ist der anthropologische Haftpunkt dessen beschrieben, was soteriologisch als die unzerstörbare Gemeinschaft der Gläubigen mit Christus verheißen ist (Joh 11,25f; Röm 8,38). Andererseits bezeichnet der Z. nicht den eschatologischen Endpunkt der himmlischen Herrlichkeit, denn zum einen werden auch die Menschen, die ohne Christus gelebt haben, in ihrem Zustand fixiert (vgl. Lk 16,19ff), allerdings in Erwartung des kommenden Gerichts über ihren Unglauben, und zum anderen steht die Auferstehung zum ewigen Leben mit der Neuschöpfung eines zur Ganzheit des Menschen gehörenden eschatologischen Leibes noch aus (1Kor 15,35ff). Zentraler Gegenstand christl. Hoffnung ist darum der auferstandene Christus, der die Auferstehung seiner Gläubigen verbürgt (1Kor 15).

Deshalb wird das postmortale Sein des Menschen zu Recht als *Zwischen*zustand beschrieben. Phil. Mißverständnisse, die den Leib abwerten und die Seele aufgrund eines göttlichen Ursprungs für unsterblich erklären, sind damit ausgeschlossen.

Eine solche bibl. Lehre vom Z. bildet insgesamt die Konkretion individueller, eschatologischer Heilsgewißheit. Die Heilige Schrift zeichnet kein vollständiges Bild dieses Z.s. Sie weist lediglich darauf hin, daß das Sein im Z. nicht als bewußtloser Schlaf zu verstehen ist (»Entschlafen« bezeichnet das befreite Sterben eines Christen, nicht seinen Zustand im Tod; vgl. Barth, Kirchliche Dogmatik, III/2, 778f), sondern als ein gespanntes, »aktives« Wachen in Erwartung des wiederkommenden Christus (Offb 6,9-11). Außerdem verbietet das göttliche Gesetz jede Kontaktsuche mit Verstorbenen kategorisch (5Mo 18,11), so daß der biologische Tod die letzte Grenze menschlicher Verfügbarkeit darstellt.

Lit.: P. Althaus: Die letzten Dinge, ^{1}1922, ^{10}1970; P. Brunner: Eschata, KuD 23 (1977), 2-24; H. Cremer: Jenseits des Grabes, ^{0}1987; F. Heidler: Die biblische Lehre von der Unsterblichkeit der Seele, 1983; S. Kettling: Du gibst mich nicht dem Tode preis, ^{2}1990; H. Schwarz: Jenseits von Utopie und Resignation, 1991.

W. Becker

Zwölf Artikel der Bauernschaft

Ihr genauer Titel lautet: »Die gründlichen und rechten Hauptartikel aller Bauernschaft und Hintersassen der geistlichen und weltlichen Oberkeiten, von welchen sie sich beschwert vermeinen.« Die Artikel wurden Ende Februar 1525 von dem Memminger Kürschner und Anhänger der Reformation Sebastian Lotzer als Schreiber der oberschwäbischen Bauernhaufen aus einzelnen bäuerlichen Forderungen zusammengefaßt und formuliert. Mit ihren zahlreichen Nachdrucken und ihrer wiederholten Aufnahme in andere bäuerliche Forderungen wurden sie zum bedeutendsten Dokument des Bauernkriegs. Zugleich verband sich in ihnen der Aufstand der Bauern mit der Reformation, indem die drei ersten Artikel die freie Pfarrwahl zur Predigt des Evangeliums, die Änderung des lediglich im AT gebotenen Zehnten und die Aufhebung der für die von Christus erlösten Menschen unangemessenen Leibeigenschaft forderten. Die übrigen Artikel betrafen die Verbesserung dörflicher Rechte und die Milderung von Abgaben und Lasten. Die Artikel waren biblisch begründet und boten am Schluß an, sich an der biblischen Norm überprüfen zu lassen.

Die Forderungen sind insgesamt als maßvoll und erfüllbar zu bezeichnen. Gleichwohl wurden sie selbst von →Luther und noch schärfer von →Melanchthon abgelehnt, hauptsächlich wegen der Vermischung sozialer und wirtschaftlicher Angelegenheiten mit dem Evangelium. Um einen Ausgleich der Interessen bemühte sich hingegen Johannes →Brenz.

Lit.: M. Brecht: Der theologische Hintergrund der Zwölf Artikel, Zeitschrift für Kirchengeschichte 85 (1974), 30-64.

M. Brecht

Evangelisches Lexikon für Theologie und Gemeinde
Register

erstellt
von Winfried Glatz

Hinweise zur Benutzung

Das Stichwortregister enthält Begriffe sowie Namen von Institutionen und Personen.

Personen sind fast vollständig erfaßt. Weggelassen wurden in den Artikeln erwähnte Verwandte, die sonst nicht weiter bekannt sind. Bei sehr häufigen Namen (z. B. Luther, Calvin, Paulus etc.) werden nicht alle Vorkommen aufgeführt. Namen aus mittelalterlicher Zeit bzw. aus der Renaissance sind vielfach unter dem Vornamen aufgeführt, in Zweifelsfällen auch nochmals unter dem Nachnamen. Die Namen wurden, soweit möglich, vollständig mit Vornamen und ggf. Zusätzen angegeben, so daß bei häufiger vorkommenden Nachnamen über das Register meist eine eindeutige Zuordnung möglich ist, auch wenn im Text des Artikels nur der Nachname steht.

Lebensdaten: Wenn nicht anders angegeben, handelt es sich um Geburts-und Sterbejahr. Wenn Amts- bzw Regierungsdaten gemeint sind, steht das versehene Amt mit in der Klammer, z. B. »(440-461 Papst)«. Im Unterschied dazu steht ein Titel bei Angabe von Geburts- und Sterbejahr vor der Klammer, z. B. »König (1537-82). Angaben wie »ca., um, nach« beziehen sich immer nur auf die Zahl unmittelbar danach, z. B. ist bei »(ca. 1704-1771)« lediglich das Geburtsdatum nur ungefähr bestimmt, das Sterbedatum hingegen genau.

Worterklärungen: Fremdsprachliche Ausdrücke sind kursiv gedruckt und meist übersetzt. In eckigen Klammern stehen im Begriff mitgemeinte Inhalte, die nicht direkte Übersetzung sind. Ein (=) meint, daß die Bedeutung des Begriffs dem nach dem Doppelpunkt aufgeführten Artikelnamen entspricht, z. B. *aletheia* (=) Wahrheit 2122.

Die **alphabetische Einordnung** der Begriffe erfolgt nach den für das Lexikon gewählten bibliographischen Richtlinien. Bei zusammengesetzten Begriffen (z. B. »negative Theologie«) wird gelegentlich gegenüber der strengen Bibliographie eine sinngemäße und damit benutzerfreundlichere Einordnung bevorzugt. In manchen Fällen finden sich die Stichworte unter verschiedenen Varianten eingeordnet.

Verweise: Wenn bei dem Stichwort auf das verwiesen wird eine Seitenzahl steht (z.B. »Letzten Dinge, die →Eschatologie 540-47«) ist zu diesem Stichwort ein eigener Artikel vorhanden. Wenn keine Seitenzahl angegeben ist, ist nur im Register nach dem Stichwort zu suchen. Auch wenn bei einem Verweis Seitenzahlen angegeben sind, das Stichwort also einen eigenen Artikel hat, sind beim entsprechenden Stichwort im Register meist noch weitere Fundstellen angegeben .

Beim Personenregister sind Artikel mit doppelter Autorschaft jeweils unter dem Namen beider Autoren berücksichtigt. Bei der Nennung der Namen wurden lediglich akademische Titel, nicht aber Berufsbezeichnungen oder geistliche Ämter berücksichtigt.

Stichwortregister

A

B

C

D

E

F

G

H

I

J

K

L

M

N

O

P

Q

R

S

T

U

V

W

X

Y

Z

Autorenregister

Prof. Dr. Friedrich Beißer, Mainz
Schöpfung b) systematisch-theologisch
Schöpfungsoffenbarung

Karl Heinrich Bender, Lüdenscheid
Westfälischer Gemeinschaftsverband

Johannes Berewinkel, Freudenstadt
Johanneum
Schmitz, Otto
Verkündigung

Dr. Erhard Berneburg, Walsrode
Frankfurter Erklärung zur Grundlagenkrise der Mission
Internationale Konferenz Bekennender Gemeinschaften (IKBG)

Gerhard Berner, Böblingen
Jugendpflege/-hilfe

Prof. Dr. Otto Betz, Tübingen
Abendmahl a) biblisch
Adam
Äon,Äonenlehre
Apostel, Apostolat
Auferstehung Christi
Beelzebub/Beelzebul
Bergpredigt a) biblisch
Beschneidung
Bund a) biblisch
Buße a) biblisch
Buxtorf, Johann d.Ä.
Buxtorf, Johann d.J.
Chasidismus
Damaskusschrift
David/Davididen/Davidsbund
Eva
Evangelien, apokryphe
Feste a) biblisch
Frau a) biblisch
Gerechtigkeit Gottes a) biblisch
Gesetz, Gebot a) biblisch
Glaube a) biblisch
Hades
Haggada
Halacha
Hebräerbrief
Herrscherkult
Israel a) geschichtlich
Israel b) biblisch
Israel c) systematisch - theologisch
Jesus Christus a) biblisch
Johannes der Täufer
Josephus
Judaisten
Judaistik
Judenchristen
Jünger Jesu
Kabbala
Kreuz
Kuß, heiliger
Liebesmahl a) frühchristlich
Mammon
Mandäer
Masora, Masoreten
Megilloth (biblisch)
Megilloth/Megillah
Messias, Messiaserwartung
Messiasgeheimnis
Midrasch
Mischna
Nazoräer, Nazarener
Paradies
Parasche
Pax Romana
Pharisäer
Prophetie c) im Neuen Testament
Protevangelium
Qumran
Rabbi / Rabbinismus
Rache
Sadduzäer
Schekhina
Sibyllinen
Talmud
Taufe a) biblisch
Tetragramm
Vaterunser
Zeloten
Zöllner (und Sünder)

Dr. Ulrich Betz, Hamburg
Apostolisches Glaubensbekenntnis (Apostolikum) a) theologiegeschichtlich
Heitmüller, Friedrich
Jungfrauengeburt
Verdienst
Werke (opera) des Menschen
Werke, überpflichtmäßige
Wiederkunft Christi
Wille Gottes

Heiko Uwe Beuerle, Schauenstein
Schubert, Heinrich Gotthilf

Werner Beyer, Falkenberg
Blankenburger Allianz Konferenz
Schrenk, Elias

Prof. Dr. Peter Beyerhaus, Gomaringen
Dialog
Missionswissenschaft
Religion
Stammesreligionen

Prof. Dr. Wolfgang Bienert, Marburg
Apollinaris
Arius/Arianer
Athanasius
Augustin/ Augustinismus
Bergpredigt b) theologiegeschichtlich
Chalkedon, Konzil von
Cyprian
Cyrillus und Methodius
Cyrillus v. Alexandrien
Dogmengeschichte
Donatismus
Ebioniten
Gnosis/Gnostizismus
Häretiker und Schismatiker der Alten Kirche
Hieronymus
Irenäus von Lyon
Kappadozier, die drei großen
Monarchianer
Nicaea, Konzil von

Bernd Bierbaum, Bremen
Mitarbeiterschaft

Prof. Dr. Karl-Heinrich Bieritz, Rostock
Advent
Allerheiligen
Allerseelen
Brauchtum kirchl. b) protestantisch
Buß-und Bettag
Epiphanias
Erntedankfest
Ewigkeitssonntag
Fastnacht
Feste b) praktisch - theologisch
Friedhof
Fronleichnam
Gründonnerstag

Heiliger Abend
Himmelfahrtstag
Johannistag
Karwoche
Kirchenjahr
Michaelistag
Palmsonntag
Reformationstag

Walter Bilger, Glatten
Visitation

Manfred Bittighofer, Stuttgart
Bahnauer Bruderschaft

Helmut Bittner, Bechhofen a. d. H.
Aktion: In jedes Haus e.V. (AJH)

Dr. Wolfgang J. Bittner, CH-Bern
Anonyme Christen
Antichrist
Apokalyptik
Balthasar, Hans Urs von
Blondel, Maurice
Erlösung b) biblisch
Eschatologie a) biblisch
Gog und Magog
Greuel der Verwüstung
Harmagedon
Heilung
Johannes, Sohn des Zebedäus
Kultur
Lubac, Henri Kardinal de S.J.
Postmoderne
Rahner, Karl
Salbung
Werte, Wertewandel

Prof. Dr. Karlheinz Blaschke, Friedewald
Bürgertum

Dr. Dietrich Blaufuß, Erlangen
Löhe, Johann Konrad Wilhelm
Seckendorf, Veit Ludwig von
Thomasius, Christian
Thomasius, Gottfried

Dr. Joan Bleicher, Mudersbach
Goethe, Johann Wolfgang von

Jürgen Blunck, Essen
Arbeitsgemeinschaft Jugendevangelisation (AGJE)

Paul-Ludwig Böcking, Karlsruhe
Freizeit/-en
Jugend
Jugendarbeit a) Deutschland

Dr. Markus Bockmühl, GB-Cambridge
Apokryphen (AT)
Mysterienreligionen
Offenbarung a) biblisch
Wort Gottes a) biblisch

Dr. Richard Boeckler, Stuttgart
Diakonisches Werk
Dienste in Übersee
Evangelisches Hilfswerk
Kaiserswerther Generalkonferenz/Verband
Nationale Christenräte
Nationale Kirchenräte
Pflegevorschulen, Evangelische
Plakatmission
Quäker
Scofield Bibel
Sekte, Sektierertum
Sozialakademie, Evangelische
Sozialarbeit, Sozialdiakonie, Sozialberufe
Sozialstation, kirchliche
Sozialwesen, Fachhochschulen für
Studiengemeinschaft, Evangelische
Una-Sancta-Bewegung
Weltbund für freies Christentum und religiöse Freiheit
World Council of Christian Education
Zehlendorfer Verband für ev. Diakonie e.V.

Prof. Dr. Rudolf Bohren sr., Heidelberg
Thurneysen, Eduard

Dr. phil. Rudolf Bohren jr., CH-Zollikon
Slowakei
Tschechien/Tschechische Republik
Tschechoslowakei

Karl-Heinz Bormuth, Marburg
Adiaphora
Blasphemie
Egoismus
Familie
Fluch / Fluchen
Gehorsam
Gericht Gottes
Handauflegung
Pornographie
Suizid
Treue
Vater/Mutter

Horst Born, Grenzach-Wyhlen
Europäische evangelikale Akkreditierungsvereinigung (EEAV)

Prof. Dr. Hans Böttcher, Stockdorf
Briefseelsorge

Prof. Dr. Johan Bouman, Pforzheim
Islam
Koran
Mohammed
Monotheismus

Hubert Bour, Rottenburg
Hirtenbriefe

Lic. Hans Brandenburg †
Hebich, Samuel
Kroeker, Jakob
Krummacher, Friedrich Wilhelm
Kruedener, Juliane Freifrau von
Viebahn, Georg von
Zaremba, Graf Felizian

Martin Brändl M.A., Dusslingen
Sport und Kirche

Edwin Peter Brandt, Berlin
Abendmahl e) in Freikirchen
Älteste b) theologiegeschichtlich
Baptismus/Baptisten
Gemeindebeitrag
Nachfolge Christi
Ordination b) freikirchlich)
Zehnte, Der

Emanuel Brandt, Hamburg
Verband freikirchlicher Diakoniewerke

Käte Brandt, Bad Salzuflen
Kloth, Marion von

Konrad Brandt, Marburg
Marburger Mission

Dr. Hansjörg Bräumer, Celle
Lobetalarbeit

Rolf-Dieter Braun, Hurlach
Jugend mit einer Mission e.V. (JMEM)

Dr. Gerald Bray, GB-Oxford
Menschwerdung Gottes

Prof. Dr. Martin Brecht, Münster
Brenz, Johannes
Eck, Johannes
Friedrich der Weise
Hutten, Ulrich von
Interim, Augsburger
Johann I. von Sachsen
Jonas, Justus
Karl V.
Karlstadt, Andreas Bodenstein von
Luther, Martin
Major, Georg
Majoristischer Streit
Melanchthon, Philipp
Müntzer, Thomas
Osiander, Andreas
Philipp der Großmütige
Reformation
Religionsgespräche der Reformationszeit
Reuchlin, Johannes
Spalatin, Georg
Weigel, Valentin
Worms, Reichstag
Zwickauer Propheten
Zwölf Artikel der Bauernschaft

Christoph Breer, Duisburg
Steiner, Rudolf

Martin Breitenfeldt, Bremen
Bremische Ev. Kirche (BEK)

Gerhard Brendel, Bad Windsheim
Landeskirchlicher Gemeinschaftsverband in Bayern

Paul Breymaier, CH-Bettingen
Rosenius, Carl Olof
Schartau, Henrik

Bernd Brockhaus, Bergneustadt
Restitutionstheorie

Prof. Dr. Erich Bryner, CH-Zollikon
Albanien
Baltikum
Bosnien-Herzegowina
Bulgarien
Georgien
Griechenland
Jugoslawien
Kroatien
Mazedonien
Polen
Rumänien
Rußland
Serbien
Slowenien
Ukraine
Ungarn
Weißrußland

Adam Bube, Denkendorf
Diakonissenmutterhaus Aidlingen

Monika Büchel, Marienheide-Rodt
Bibellesebund (BLB)

Dr. Elfriede Büchsel, Hannover
Herder, Johann Gottfried
Jacobi, Friedrich Heinrich
Mendelssohn, Moses

Prof. Dr. Eduard Buess, CH-Flüh
Brunner, Emil
Technik

Alfred Burchartz, Nürtingen
Judenmission

Prof. Dr. Christoph Burger, NL-Hoofddorp
Gregor von Rimini

Hans Bürgi, CH-Männedorf
Mut zur Gemeinde

Rainer Burkart, Frankfurt/Main
Proselyten / Proselytismus

Dr. Helmut Burkhardt, Grenzach-Wyhlen
Arbeitskreis für evangelikale Theologie (AfeT)
Beck, Johann Tobias
Bekehrung a) biblisch
Bergpredigt c) systematisch - theologisch
Bibel c) systematisch-theologisch
Bibelkritik b) systematisch
Buße c) systematisch-theologisch
Collenbusch, Samuel
Culmann, Theodor Philipp
Ethik
Gnadenzeit
Goldene Regel
Gotteskindschaft
Heil
Heilsgewißheit
Liebe b) theologiegeschichtlich
Liebe c) systematisch-theologisch
Michel, Otto
Pflicht
Philo
Reich Gottes c) systematisch-theologisch
Reimarus, Hermann Samuel
Religionsvergehen
Schaden, Emil August von
Schaeder, Erich
Seeberg, Reinhold
Situationsethik
Stier, Ewald Rudolf
Stiftung a) theologisch
Synkretismus
Tausendjähriges Reich
Tholuck, Friedrich August Gottreu
Toleranz
Tugend
Walther, Carl Ferdinand Wilhelm
Warfield, Benjamin Breckinridge
Wiedergeburt
Wiederheirat
Zöckler, Otto
Zwei-Reiche-Lehre

Brigitte Burmeister, Göttingen
Deutscher Verband ev. Büchereien e.V. (DVEB)

Prof. Dr. Eberhard Busch, Göttingen
Amyraut, Moise
Böhl, Eduard
Calvinismus
Extra Calvinisticum
Föderaltheologie
Heidelberger Katechismus
Hirsch, Emanuel
Hus, Johannes
Hussiten

Kohlbrügge, Hermann Friedrich
Kulturprotestantismus
Kutter, Hermann
Menken, Gottfried
Perseveranz
Reformierte Theologie
Vitringa, Campegius
Weber, Hans Emil
Weber, Otto
Wichelhaus, Johannes

Prof. Wolf-Ewald Büttner, Regenstauf
Kernenergie

Prof. Dr. Axel Freiherr von Campenhausen, Göttingen
Religionsgesellschaften
Staat und Kirche

Joachim E. Christoph, Göttingen
Kirchenrecht
Kirchenverfassung

Christusbruderschaft Selbitz
Christusbruderschaft Selbitz

Robert G. Clouse, USA-Terre Haute
Wyclif, John

Dr. Joachim Cochlovius, Walsrode
Ahldener Bruderschaft
Biblizismus
Ehe, -bruch, -scheidung a) biblisch
Ehe, -bruch, -scheidung c) syst.-theol.
Geistliches Rüstzentrum Krelingen
Konkubinat
Polygamie
Wolff, Christian

Dr. Lothar Coenen, Garbsen
Evangelische Kirche in Deutschland (EKD)
Reformierte Kirchen
Reformierte Ökumenische Synode (RÖS)
Reformierter Bund (RB)
Reformierter Weltbund (RWB)

Prof. Dr. William Craig, B-Kraainem
Gottesbeweis

Prof. D. Dr. phil. Ernst Dammann, Pinneberg
Heiler, Friedrich

Uwe Dammann, Berlin
Rauschenbusch, Walter

Dr. Martin Daur, Stuttgart
Dimissoriale
Gemeindezucht b) in Landeskirchen
Kirchenaustritt
Kirchenmitgliedschaft
Kirchenwahl
Landeskirche,Landeskirchentum b) praktisch-theologisch

Prof. Dr. Gerhard Deimling, Wuppertal
Gefängnisseelsorge
Kriminalität 1.soziologisch
Strafe
Strafvollzug

Johannes Demandt, Dietzhölztal
Falk, Johannes Daniel
Sündlosigkeit Jesu
Systematische Theologie

Deutsche Indianer-Pionier-Mission, St.Johann-Lonsingen
Indianer-Pionier-Mission, Deutsche

Gerhard Diekmeyer, Lüdenscheid
Cremer, Hermann

Prof. Dr. Theodor Dieter, F-Strasbourg
Teleologie

Prof. Dr. Michael Dieterich, Orsingen-Nenzingen
Erziehung
Gruppendynamik
Psychologie

Martin Dietrich, Stuttgart
Verwaltung,kirchliche a)landeskirchlich

Helmut Donsbach, Seesen
Rufer e.V. - Arbeitskreis für ganzheitliches Christsein

Ph.D. J. D. Douglas, GB-St.Andrews
Baillie, John

Prof. Dr. Jochem Douma, NL-Kampen
Asylrecht
Gerechtigkeit
Konservativismus
Liberalismus

Dr. Joachim Drechsel, Marburg
Gemeinschaft
Separatismus

Dr. Manfred Dreytza, Walsrode
Bibel a) Entstehung I. Altes Testament
Bibelwissenschaft, moderne
Geist, Heiliger a) biblisch
Israel a) geschichtlich
Propheten Israels

Ilse Dummer, Breklum
Breklum

Dr. Karl Dummler, Stuttgart
Kirchensteuer

Prof. Dr. Otto Dürr, Reutlingen-Oferdingen
Autorität

Prof. Dr. Edith Düsing, Hilchenbach
Aufklärung
Autonomie
Herbart, Johann Friedrich
Imperativ, kategorischer
Phänomenologie

Dr. Ralf Dziewas, Bernau
Heilig/Heiligkeit, a) biblisch
Hierarchie
Ketzertaufstreit
Lilje, Hanns
Pelagius, Pelagianismus
Religionsphilosophie
Semler, Johann Salomo
Sohm, Rudolph
Sonntag, Sonntagsheiligung
Stählin, Wilhelm
Storr, Johann Christian
Stuttgarter Schuldbekenntnis
Tindal, Matthew
Wessenberg, Ignaz Heinrich

Dr. Jochen Eber, CH-Bettingen/Basel
Götzendienst
Humor
Luthardt, Christoph Ernst
Perfektionismus
Pluralismus
Robinson, John Arthur Thomas

Sakrament
Sakramentalien
Schlink, Edmund
Sukzession, apostolische
Tradition
Verstockung
Vollkommenheit b) theologiegeschichtlich
Vollkommenheit c) systematisch-theologisch
Zölibat

Dr. Rainer-Friedemann Edel, Lüdenscheid
Katholisch-Apostolische Gemeinde

Prof. Dr. Helmut Egelkraut, Weissach i.T.
Altes Testament, Geschichte der Erforschung
Buddeberg, Ernst
Kunst
Mose
Möttlinger Gemeinschaft
Pentateuch

Dr. Beate Ego, Tübingen
Erzväter
Judentum (nachbiblisch)

Dr. Hermann Ehmer, Stuttgart
Archivwesen

Dr. jur. Herbert Ehnes, Detmold
Minderheitenrecht, kirchliches

Dr. Ulrich Eibach, Bonn
Eid
Eugenik
Euthanasie
Geburtenregelung
Gentechnologie
Gesundheit und Krankheit
Künstliche Befruchtung
Mitleid
Pastoralmedizin
Schmerz
Sterbebegleitung

Johannes Eichler, Friedberg
Deutscher Hilfsbund für christliche Liebeswerke im Orient (DHB)
Lohmann, Ernst
Pfarrergebetsbruderschaft

Gerhard Eiselen, Stuttgart
Glocke

Dr. Winfried Eisenblätter, Bremerhaven
Zionismus
Steinkopf, Carl Friedrich Adolph
Erbauung
Erbauungsschrifttum

Ph.D. John van Engen, USA-Notre Dame
Bavinck, Herman

Gerhard Fast
Warneck, Johannes

Ernst Fehler, Siegen
Mission für Süd-Ost-Europa (MSOE)

Samuel Fehr, Schorndorf
Evangelische Karmelmission

Hans-Jürgen Feldmann, Bielefeld
Amt a) biblisch
Amt b) theologiegeschichtlich

Dr. Dr. Klaus Fiedler, Ratingen
Kooperation evangelischer Kirchen und Missionen (KEM)

Hans-Georg Filker, Berlin
Berliner Stadtmission (SM)
Stadtmission (SM)

Sven Findeisen, Neumünster
Erweckung
Frey, Hellmuth

Peter Fischer, Wetzlar
Kommunikation

Hermann Flake, Horn-Bad Meinberg
Kinderheil, Diakonissen-Mutterhaus
Taschenbibelbund

Dr. Felix Flückiger, CH-Affoltern
Ammon, Christoph Friedrich
Bachofen, Johann Jakob
Barth, Karl
Biedermann, Alois Emanuel
Bultmann, Rudolf
De Wette, Wilhelm Martin Leberecht
Dialektische Theologie
Dorner, Isaak August
Entmythologisierung
Existentiale Interpretation
Feuerbach, Ludwig Andreas
Fries, Jakob Friedrich
Gess, Wolfgang Friedrich
Hexenglaube/ -verfolgung
Kerygma, Kerygmatheologie
Lessing, Gotthold Ephraim
Liberale Theologie
Marheineke, Phillipp Konrad
Mythos, Mythologie
Natürliche Religion
Nitzsch, Karl Immanuel
Paulus, Heinrich Eberhard Gottlob
Philosophie und Theologie
Rade, Martin
Ragaz, Leonhard
Rationalismus
Romantik
Rousseau, Jean-Jacques
Schelling, Friedrich Wilhelm Joseph von
Schleiermacher, Friedrich Daniel Ernst
Schweizer, Alexander
Steffens, Henrik (Heinrich)
Strauss, David Friedrich
Supranaturalismus
Twesten, August Detlev Christian
Vermittlungstheologie

Hartmut Fobel, Bielefeld
Brüder-Unität, Herrnhuter Brüdergemeine

Dr. Oskar Föller, Eppingen
Versuchung

Prof. Karl Suso Frank, Freiburg
Mönchtum
Weltgemeinschaften

Matthias Freudenberg, Erlangen
Hume, David
Newton, Isaak

Reinhard Frische, CH-Bettingen
Berufung a) biblisch
Berufung c) systematisch - theologisch
Dienst
Foucauld, Charles de
Freundschaft
Haushalterschaft
Heilig/Heiligkeit, b) systematisch-theologisch
Heiligung b) systematisch-theologisch

Opfer c) systematisch - theologisch
Schütz, Paul

Volker Gäckle, Ostfildern (Ruit)
Absolute, Das
Amt c) in der Gegenwart
Apostasie
Apostolisches Glaubensbekenntnis (Apostolikum) b) systematisch
Aristoteles
Aristotelismus
Bekenntnisschrift/-en
Belgien
Berufung, b) theologiegeschichtlich
Bibliolatrie
Bornhäuser, Karl
Brevier
Bruder
Brunner, Peter
Bund c) systematisch-theologisch
Buße b) theologiegeschichtlich
Dammann, Julius
Devotionalien
Diözese
Ehe, -bruch, -scheidung b) theologiegeschichtlich
Engels, Jakob Gerhard
Erbauung
Erbauungsschrifttum
Erfahrung/Erfahrungstheologie
Erlösungsplan
Frankreich 1) römisch-katholische Kirche
Fröbel, Friedrich
Geist, Heiliger b) theologiegeschichtlich
Gemeinde/Kirche b) theologiegeschichtlich und konfessionskundlich
Gerechtigkeit Gottes b)theologiegeschichtlich
Gerechtigkeit Gottes c) systematisch-theol.
Gerhardt, Paul
Girgensohn, Karl
Gloria
Gnade c) systematisch-theologisch
Goppelt, Leonhard
Gottesurteil a) biblisch
Grotius, Hugo
Hostie
Imprimatur
Klerus und Laien
Leiblichkeit
Machiavelli, Niccolo
Mensch c) theologiegeschichtlich
Moritz von Sachsen
Württembergischer Brüderbund

Fritz Gaiser, Wuppertal
Konferenz missionarischer Ausbildungsstätten (KMA)

W. Ward Gasque Ph.D., CAN-Vancouver
Dodd, Charles Harold

Dr. Lothar Gassmann, Wetzlar
Spiritismus
Theosophische Gesellschaft
Transzendentale Meditation
Vereinigungskirche
Yoga

Dr. habil. Roland Gebauer, Wetzlar
Haustafeln

Prof. Dr. Adriaan Geense †
Jesus Christus b) theologiegeschichtlich
Niederlande

Rainer Geiss, Frankfurt/Main
Personalkirchengemeinde

Prof. Dr. Erich Geldbach, Bochum
Adventisten
Amish
Australien
Christlich-soziale Bestrebungen
Christoffel, Ernst J.
Booth, William
Darby, John Nelson
Disciples of Christ (Christian Church)
Dissidenten
Edwards, Jonathan
Evangelisch-Sozialer Kongreß (ESK)
Evangelischer Bund
Finney, Charles Grandison
Freikirchen
Freiversammlungsmission
Friedensbewegung
Gemeinde der Christen "Ecclesia"
Gewerkschaft, christliche
Graham, Billy/Billy Graham Evangelistic Association (BGEA)
Großbritannien
Hutterer
Internationaler Rat Christlicher Kirchen
Iona Community
King, Martin Luther
Konfessionalismus
Konfessionswechsel
Kongregationalismus
Kontroverstheologie
Nordamerika
Ökumenische Bewegung
Penn, William
Protestantenverein, Deutscher
Schwarze Theologie
Stillen im Lande, Die
Williams, Roger

Mag. Ernst-Christian Gerhold, A-Graz
Religionsunterricht b) Österreich

Rolf Gersdorf, Dortmund
Lebensrechtsbewegungen

Dr. Ulrich Giesekus, Kernen.-Stetten
Gespräch

Burkhard Glasow, Haiger
DIGUNA

Winfried Glatz, Hamburg
Offenbarung b) theologiegeschichtlich
Offenbarung c) systematisch - theologisch
Pentateuch
Septuaginta
Sklaverei/Sklavenbefreiung
Spinoza, Baruch (Benedict) de
Spiritualismus
Summa
Theologie

Dagmar Gleiss, Stuttgart
Behindertenarbeit in der ev. Kirche

Jürgen Goetzmann, Mönchengladbach
Fernsehen und Kirche
Öffentlichkeit, Öffentlichkeitsarbeit

Dr. Hans-Peter Göll, Neubrandenburg
Ritschl, Albrecht
Vergebung

Dr. Reinhard Görisch, Marburg
Claudius, Matthias
Droste-Hülshoff, Annette Freiin von
Jung-Stilling, Johann Heinrich
Schiller, Johann Christoph Friedrich von

Klaus Goßmann, Münster
Comenius, Johannes Amos
Gemeindepädagogik

Dr. Hugald Grafe, Hildesheim
Asien/Asiatische Theologie

Dr. Hans Graßl, München
Baader, Benedikt Franz Xaver von

Martin Gresing, Bad Gandersheim
Bund Deutscher Gemeinschafts-Diakonissen-Mutterhäuser

Dr. Hans Gressel, Minden
Versöhnungsbund, Internationaler (IVB)

Dr. Werner Grimm, Weissach i. T.
Dekalog a) biblisch
Erlaßjahr
Exil, Babylonisches
Jobeljahr
Mensch b) biblisch
Prophetie a) außerbiblisch
Theophanie

Siegfried Großmann, Seesen
Glossolalie
Jesus People
Sexualethik
Weltverantwortung, christliche

Dr. Heiner Grote, Bensheim-Auerbach
Lehramt, Lehrgewalt b) kirchengeschichtlich
Lehramt, Lehrgewalt c) systematisch-theologisch

Prof Dr. Hans Grüber, Hamburg
Ärztliche Mission

Dr. Willi Grün, Bremen
Elim-Gemeinden

Alma Grüßhaber, Stuttgart
Kindergruppenarbeit

Hans Guderian, Bad Homburg v. d. H.
Gemeindeaufbau b)Freikirche
Heimatmission

Klaus Günther M.A., Haan
Dörpfeld, Friedrich Wilhelm
Gellert, Christian Fürchtegott
Gotthelf, Jeremias
Hebel, Johann Peter
Kindernothilfe e.V.

Christel Gutekunst, Stuttgart
Flüchtlinge/Flüchtlingsarbeit der Kirche

Dr. Eberhard Güting, Osnabrück
Büchsel, Hermann Martin Friedrich

Friedhardt Gutsche, Porta Westfalica
Bibelarbeit

Prof. Dr. Klaus Haacker, Wuppertal
Biblische Theologie
Rechtfertigung a) biblisch

Klaus Haag, Grenzach-Wyhlen
Bergmann, Gerhard
Chrischona, Pilgermission St.
Geistesgaben a) biblisch
Geistesgaben c) systematisch-theologisch
Geistesgaben d) praktisch-theologisch
Geistesleitung
Kurzbibelschulen
Rappard, Carl-Heinrich
Rappard, Dora
Spittler, Christian Friedrich
Vetter, Jakob

Thomas Habighorst, Halle/Westfalen
Nagel, Gustav Friedrich
Schopf, Otto

Hermann Hafner, Marburg
Glaube c) systematisch-theologisch
Glauben und Denken
Immanenz/Transzendenz
Lüge
Mentalreservation
Natur
Naturwissenschaft und Theologie
Recht b) theologisch
Wahrhaftigkeit
Wahrheit

Prof. D. Dr. Bengt Hägglund, S-Lund
Nygren, Anders

Dr. Eberhard Hahn, Tübingen
Extra ecclesiam nulla salus
Geist, Heiliger c) systematisch-theologisch
Latin American Theological Fraternity (FTL)
Lehre
Papst, Papsttum b) systematisch - theologisch
Philadelphia-Gemeinde
Sühne c) systematisch-theologisch
Synergismus
Taufe d) systemat.-theol. (Kindertaufe)

Dr. Joachim Hahn, Plochingen
Tübinger Stift

Udo Hahn, Bonn
Publizistik, christliche

Martin Haizmann, Marburg
Deutsche christl. Studentenvereinigung (DCSV)
Studentenarbeit, missionarische
Studentenmission in Deutschland (SMD)

Dr. Heyo E. Hamer, Köthen
Afrika
Carey, William
China
Gundert, Hermann
Japan, Japan. Theologie
Kimbanguismus
Korea
Ostasienmission (OAM)
Privatschule, christliche
Religionssoziologie
Sundar Singh
Zöckler, Theodor

Barbara Hanzig , Hamburg
Segen, Segnen

Johannes Hasselhorn, Hermannsburg
Evangelisation
Evangelist
Nacharbeit
Volksmission

Dr. Wilfrid Haubeck, Dietzhölztal
Bekenntnis a) biblisch
Erwählung a) biblisch
Gleichnis/-se Jesu
Sühne b) biblisch
Sünde/Erbsünde a) biblisch
Versöhnung a) biblisch

Dr. Manfred Hauke, I-Ruvigliana
Muttergottheit
Patriarchat/Matriarchat

Ingeborg Hauschildt, Neumünster
Feministische Theologie
Pfarrfrauenbund

Karl Hauschildt, Neumünster
Kirchliche Sammlung um Bibel und Bekenntnis
Dekalog b) praktisch-theologisch
Konferenz Bekennender Gemeinschaften

W. Hauser, Karsbad-Langensteinbach
Evangelischer Verein für innere Mission Augsburgischen Bekenntnisses

Otto Haußecker, Stuttgart
Seniorenarbeit

Dr. Rüdiger Hauth, Witten
Children of God/Kinder Gottes
Freimaurer
Geschäftsleute des vollen Evangeliums (GdvE)
Gralsbewegung
Jugendreligionen
Kirche Jesu Christi der Heiligen der letzten Tage - Die Mormonen
Neuapostolische Kirche
Rosenkreuzer
Satanismus und Hexenkult
Zeugen Jehovas

Dr. Hans Hauzenberger, CH-Basel
Allianz, Evangelische
Arbeitsgemeinschaft für biblisch erneuerte Theologie (AfbeT)
Methodismus/Methodisten
Methodistische Missionsgesellschaften
Schweiz
Schweizerische Evangelische Allianz (SEA)

Karl-Wilhelm Hees, Altenkirchen
Ring Missionarischer Jugendbewegungen e.V. (RMJ)

Prof. Dr. Lorenz Hein, Hamburg
Dänisch-Hallesche-Mission
Geistesgaben b) theologiegeschichtlich
Harms, Claus
Hase, Karl August von
Hauge, Hans Nielsen
Luther-Akademie
Luther-Gesellschaft
Lutherischer Weltbund (LWB)
Martin-Luther-Bund (MLB)
Nordelbische Kirche (NEK)
Rauhes Haus
Vereinigte Evangelisch-Lutherische Kirche Deutschlands (VELKD)

Wolfgang Heiner, Großalmerode
Missionswerk Frohe Botschaft e.V.

Gerd Heinrich, Kiel
Evangelischer Pressedienst (epd)

Dr. Wolfgang Heinrichs, Siegen
Brockhaus, Carl Friedrich Wilhelm

Ingrid Heinzelmaier, Wetzlar
Single/Singlearbeit

Dr. Dagmar Heller, CH-Versoix
Baden, Ev. Landeskirche in
Baden, Evangelisch-Luth. Kirche in
Bernhard von Clairvaux
Dominikaner
Frauenbewegung
Gregorianische Reform
Hildegard von Bingen
Investiturstreit
Jeanne d'Arc
Johanniterorden
Otto von Freising
Petrus Damiani
Pfalz, Ev. Kirche der
Reformbestrebungen (kirchl.) im Mittelalter
Simonie
Wessobrunner Gebet

Horst Hellmuth, Hamburg
Herntrich, Volkmar

Dr. Heinzpeter Hempelmann M.A., Bad Liebenzell
Agnostizismus
Analogia entis-analogia fidei
Analogie
Antinomie
Descartes, René
Empirismus
Erkenntnis
Hebräische Sprache, hebräisches Denken
Intuition
Irrationalismus/Irrationalität
Kausalität
Kondeszendenz
Korrelation
Kritik, Kritizismus
Locke, John
Logik
Ontologie
Positivismus
Probabilismus
Relativismus
Skeptizismus
Subjektivismus/ Objektivismus
Substanz
Theodizee
Vernunft
Verstehen
Vorsehung
Wissenschaft
Wittgenstein, Ludwig

Dr. Reinhard Hempelmann, Stuttgart
Geheimwissen (Esoterik)

Pfr. Hanns-Christoph Henckel, Berlin
Evangelischer Diakonieverein (EVDV)

Gottfried Hengel, Böbingen
Gebet a) biblisch
Gnade a) biblisch

Prof. Dr. Gerhard Hennig, Tübingen
Andreae, Jakob
Andreae, Johann Valentin
Ausbildung, theol. a) Universität/ Kirchliche Hochschule
Begräbnis/Bestattung
Cajetan
Gnade b) theologiegeschichtlich
Hahn, Michael
Hahn, Philipp Matthäus
Hochzeit (Trauung)
Katholizismus
Kirchengebet, Allgemeines
Ordination a) landeskirchlich
Württemberg, Ev. Landeskirche in

Gerhard Henny, CH-Pura
"Gott hilft"-Stiftung

Ernst Henschen, Breklum
Kirchlicher Verein für Evangelisation

Hans-Georg Hentschel, Marburg
Kinderbibelwoche

Prof. Dr. Michael Herbst, Greifswald
Agende
Amen
Andacht
Beichte
Beneficium
Confiteor
Deutsche Messe
Epiklese
Gemeindeaufbau a) Volkskirchen
Gemeindewachstums- Bewegung
Graduallied
Halleluja
Kinderseelsorge
Kindersegnung, 2. landeskirchlich
Kindheit
Kollektengebet
Konsekration
Konvokation
Kyrie
Lebensordnung, Kirchliche
Litanei
Marienfeste/Marienverehrung
Ordinarium und Proprium
Organtransplantation
Parochie
Postcommunio
Präfation
Praktische Theologie
Predigerseminar
Rosenkranz
Salutation
Sanctus
Schott
Tod, Sterben c) praktisch-theologisch
Trauung
Volkskunde, religiöse
Weihnachten
Zivilreligion

Daniel Herm, Dresden
Wiedenest, Missionshaus Bibelschule

Bruno Herm †
Deutsche Missionsgemeinschaft (DMG)

Schwester Dorothea Hesse, Bad Endbach
Dorothea-Mission e.V.

Prof. Dr. Joachim Heubach, Eutin-Fissau
Erleuchtung
Heilsordnung (ordo salutis)
Kirchenpolitik
Kirchliche Ämter
Schlüsselgewalt

Helmut Hild, Darmstadt
Gemeinschaftswerk der Ev. Publizistik (GEP)

Alfons Hildebrandt, Mühltal
Jugend für Christus in Deutschland e.V. (JfC)

Dr. Rolf Hille, Tübingen
Apologetik
Ästhetik
Atheismus
Böse
Dualismus
Enzyklopädie
Evangelikal
Evangelisch
Fichte, Johann Gottlieb
Gogarten, Friedrich
Gott-ist-tot-Theologie
Hegel, Georg Wilhelm Friedrich
Heim, Karl
Idealismus
Karl-Heim-Gesellschaft
Künneth, Walter
Mode
Monismus
Naturalismus
Nietzsche, Friedrich Wilhelm
Nihilismus
Optimismus/Pessimismus
Säkularismus/Säkularisierung/Säkularisation
Satan, Dämon, Besessenheit
Schopenhauer, Arthur
Tod, Sterben b) systematisch-theologisch
World Evangelical Fellowship (WEF)
Zeit und Ewigkeit
Zweifel

Martin Hirschmüller, Tübingen
Laster, Lasterkataloge
Lima-Texte

Hans-Jürgen Hoeppke, Münster
Arndt, Johann
Arnold, Gottfried
Bogomilen
Böhme, Jakob
Book of Common Prayer
Bugenhagen, Johannes
Bunyan, John
Flacius, Matthias Illyricus
Fliedner, Theodor
Gerhard, Johann
Perthes, Clemens Theodor
Perthes, Friedrich Christoph
Pestalozzi, Johann Heinrich
Renan, Ernest
Richter, Adrian Ludwig
Salzburger Exulanten
Schneller, Johann Ludwig
Steinhausen, Wilhelm
Tiele-Winckler, Eva von
Todt, Rudolf
Wrede, Mathilda

Wilfred Hoffmann, Neukirchen-Vluyn
Evangelische Gesellschaft für Deutschland-Neukirchener Mission

Horst-Klaus Hofmann, Reichelsheim
Offensive junger Christen (OJC)
Rassenfrage, Rassismus

Dr. Gregor Hohmann OSA, Würzburg
Unierte Kirchen des Orients

Martin Holland, Neuenbürg
Albrecht-Bengel-Haus
Enthaltsamkeitsvereine
Lehrzucht a) biblisch
Lehrzucht b)kirchengeschichtlich
Lehrzucht c) systematisch-theologisch

Dr. Stephan Holthaus, Gießen
Bibelbund
Fundamentalismus
Schaeffer, Francis August
Social Gospel
Theosophie

Dr. Heinrich Holze, CH-Genève
Ansgar
Antonius
Benedikt v. Nursia
Cassian, Johannes

Euchiten
Evagrius Ponticus
Hesychasmus
Kaisertum und Papsttum
Marburger Religionsgespräch
Pachomius
Paschasius Radbertus
Pseudoisidorische Dekretalen
Ratramnus
Rupert von Deutz
Skandinavien (einschließlich Finnland)
Wulfila

Dr. Michiaki Horie, CAN-Victoria
Angst

Gerhard Hörster, Halver
Godet, Frédéric

Fernanda van Houdt, Köln
Heilsarmee, Die (The Salvation Army)

Rolf G. Hülser, A-Feldkirchen
Diakonie d) Österreich

Dr. Wolf Christian Jaeschke, Bonn
Navigatoren

Heinz Janssen, Heidelberg
Zorn Gottes a) biblisch

Hanspeter Jecker, CH-Liestal
Europäische Mennonitische Bibelschule

Prof. Dr. Jörg Jeremias, Marburg
Reue Gottes a) biblisch

Nicolaus Jessen-Thiesen, Ahneby
Schleswig-Holstein, Verband der Gemeinschaften in der Landeskirche in (VG)

Prof. Dr. Hartmut Jetter, Stuttgart
Abendmahl d) praktisch-theologisch
Arnoldshainer Konferenz (AKf)
Kreuzschlagen
Küster
Perikope
Ritual, Ritus

Dr. Franziskus Chr. Joest, Hünfelden
Gelübde
Jesus-Bruderschaft (Kommunität Gnadenthal)
Räte, evangelische

Gerhard Jordy, Schwelm
Versammlung, Christliche

F. O. July
Bischof

Johannes Junker, Bergen
Lutherische Kirchenmission (Bleckmarer Mission) e.V.

Dr. Reinhard Junker, Baiersbronn
Darwin, Charles/Darwinismus
Sintflut
Studiengemeinschaft Wort und Wissen

Dr. Dominic Kaegi, Heidelberg
Bergson, Henri Louis
Jaspers, Karl Theodor
Pascal, Blaise

Dr. Hansjörg Kaegi-Studer, CH-Schöftland
Geistestaufe
Testimonium Spiritus Sancti internum

Prof. Dr. Wilhelm Kahle †
Evangeliumschristen
Gebetsvereine (masurische bzw. ostpreußische)
Slaven, Christianisierung der
Starzentum
Stundismus

Dr. Karl-Hermann Kandler, Freiberg
Marx, Karl
Marxismus
Materialismus
Politik und Kirche
Revolution
Sozialismus
Sozialismus, christl.
Sozialismus, religiöser
Stahl, Friedrich Julius
Utopie

Dieter Karstädter, Siegen
Zigeunermission

Herwig Karzel, A-Salzburg
Diaspora
Gallneukirchen

Dr. Lothar Käser, Schallstadt
Ethnologie

Dr. Rudolf Kassühlke, Altensteig
Bibelverbreitung

Prof. Dr. Hans Bernhard Kaufmann, Münster
Kindergarten

Dr. Günther Kehnscherper, Greifswald
Messe

Otto Kehr, Stuttgart
Altenhilfe
Telefonseelsorge

Dr. Rudolf Keller, Erlangen
Ansbacher Ratschlag
Holl, Karl
Hollaz, David
Kryptocalvinismus
Orthodoxie, altprotestantische
Quenstedt, Johann Andreas
Rahtmannscher Streit
Scheibel, Johann Gottfried
Schulphilosophie, altprotestantische
Vilmar, August

Siegfried Keller, Niedenstein
Christlicher Gemeinschaftsverband Mülheim/Ruhr

Siegfried Kettling, Weissach i. T.
Auferstehung der Toten
Gewissen
Leid / Leiden

Hermann Kiedaisch, Neuffen
Laienpredigt
Lektor

Dr. Theo Kiefner, Calw
Waldenser

Prof. Dr. Erika Kimmich, Stuttgart
Parallelstrukturen

Dr. Hubert Kirchner, Schöneiche
Dahlemer Erklärung
Deutsche Christen
Döllinger, Johann Joseph Ignaz von

Zinsverbot, kanonisches

Ulrich Laepple, Düsseldorf
Hausbesuch

Karl Lagershausen, Münzenberg
Glaubensmission

Dr. Hans Günter Langenbach, Solingen
Körperschaft des öffentlichen Rechts (KdöR)
Stiftung b) juristisch
Testament

Dr. Fritz Laubach, Marburg
Diakon/-in/-isse
Geister, Unterscheidung der
Krankenhaus, konfessionelles
Krankenhausseelsorge
Welz, Justinian Ernst Baron von

Dr. Gerhard Lehmann, Frankfurt/Main
Bender, Friedrich
Schlachter, Franz Eugen
Wißwede, Paul

Dr. Theo Lehmann, Chemnitz
Spirituals

Dr. Karsten Lehmkühler, Forchheim
Bauer, Bruno

Karina Lehnardt, Künzelsau
Institutum Judaicum

Dr. Hartmut Lenhard, Detmold
Grafe, Hermann Heinrich

Martin Liedholz †
Berger, Fritz
Konferenz Bibeltreuer Ausbildungsstätten

Dr. Helgo Lindner, Dautphetal
Akkomodation
Ihloff, Gustav
Schniewind, Julius

Friedhelm Löber, Wetzlar
Gideonbund, Internationaler

Ernst Loder, Heidenheim
Kinderwerk Lima e.V.

H.Eckard Löffler, Stuttgart
Süddeutscher Gemeinschaftsverband

Peter Lohmann, Eppingen-Adelshofen
Adelshofen

Roswitha Lohse-Flitner, Göttingen
Barlach, Ernst
Cranach, Lukas, der Ältere
Grünewald, Matthias
Holbein, Hans
Passion a) Bildende Kunst
Rembrandt Harmenszoon van Rijn
Riemenschneider, Tilman
Stoß, Veit

Dr. Wolfgang Lorenz, Berlin
Vereinigung ev. Freikirchen

Hartwig Lücke, Bad Salzuflen
Weigle, Wilhelm

Dr. Johannes von Lüpke, Vögelsen
Geheimnis

Sprache
Symbol

Hans Luther, Berlin
Berliner Missionsgesellschaft

Dr. Dietmar Lütz, Friedrichsdorf
Europäische baptistische Mission (EBM)

Prof. Dr. Inge Mager, Göttingen
Calixt, Georg
Calov, Abraham
Carpzov, Johann Benedikt (Sohn)
Carpzov, Johann Benedikt (Vater)
Chemnitz, Martin
Frau b) theologiegeschichtlich
Gnesiolutheraner
Rhegius, Urbanus
Selnecker, Nikolaus

Claus Maier, Reutlingen
Pfarrervereine

Wilfried Mann, Korntal-Münchingen
Arbeitsgemeinschaft Evangelikaler Missionen (AEM)

Dr. Karl Hinrich Manzke, Soltau
Protestantismus
Pufendorf, Samuel Freiherr von

Horst Marquardt, Wetzlar
Evangeliums-Rundfunk International e.V. (ERF-Int.)
idea
Radiomission

Dr. Manfred Marquardt, Reutlingen
Wesley, Charles
Wesley, John
Whitefield, George

W. Marx, Bielefeld
Nichtseßhaftenhilfe

Dr. Peter Maser. Telgte
Kottwitz, Hans Ernst Freiherr von

Dr. Lieselotte Mattern, Ludwigsburg
Diakon, -in, -isse
Gemeindediakon/-in

Prof. Dr. Bernhard Maurer, Freiburg
Guardini, Romano
Köberle, Adolf
Modernismus
Natur und Gnade
Naturphilosophie

Hermann Maurer, Murrhardt
Pregizer, Christian Gottlob

Prof. Dr. Dr. Rainer Mayer, Stuttgart
Akademien, Evangelische
Anarchismus
Bonhoeffer, Dietrich
Demokratie
Denkschrift
Frieden
Genossenschaft
Gewalt
Humanismus
Humanität
Ideologie
Kompromiß, ethischer
Krieg
Menschenrechte
Moralismus

Markus Nägeli, CH-Boll
Evangelische Gesellschaften (Schweiz)

Gerhard Naujokat, Vellmar
Weißes Kreuz

Prof. Dr. Walter Neidhart, CH-Basel
Religionsunterricht c) Schweiz

Ernst Nestele, Apfelstetten
Palästina

Dr. Heinz-Werner Neudorfer, Weil im Schönbuch
Agrapha
Apostelkonzil
Christ
Jakobus
Jeremias, Joachim
Kittel, Gerhard
Neues Testament-Geschichte der Erforschung
Pseudepigraphen, Pseudepigraphie
Tod, Sterben a) biblisch
Urchristentum

Dr. Werner Neuer, Gomaringen
Abtreibung
Anlage, religiöse
Antinomismus
Bockmühl, Klaus
Christlicher Volksdienst
Empirische Theologie
Frau c) systematisch - theologisch
Gut, das Gute b) systematisch-theologisch
Liebe b) theologiegeschichtlich
Liebe c) systematisch-theologisch
Lütgert, Wilhelm
Schlatter, Adolf
Schlatter, Anna
Sterilisation

Karl Heinz Neukamm, Stuttgart
Diakonie a) Grundsätzliches
Diakonie b) Deutschland
Innere Mission

Dr. Wolfgang Nixdorf, Greifswald
Bund der ev.Kirchen in d. DDR
Pommersche Evangelische Kirche

Mark A. Noll PhD, USA-Wheaton
Niebuhr, Helmut Richard
Niebuhr, Reinhold

Prof. Dr. Albert Noordegraaf, NL-Ede
Macht
Ostern
Pfingsten
Volkskirche
Vollmacht
Weihnachten

Dorothea Nowak, Hamburg
Didaktik

Siegfried Nüesch, CH-Rhineck
Bund Freier evang. Gemeinden b) Schweiz

Helmut Ockert, Porta Westfalica
Frauenmission Malche

Doris Oehlenschläger, Bad Salzuflen
Schülerarbeit

Hans Adolf Oelker, Berlin
Evangelisches Johannesstift

Prof. Dr. Jörg Ohlemacher, Greifswald
Auberlen, Carl August
Bernstorff, Andreas Graf von
Dietrich, Christian
Gemeinschaftsbewegung
Haarbeck, Theodor
Heiligungsbewegung
Jellinghaus, Theodor
Lange, Johann Peter
Lepsius, Johannes
Modersohn, Ernst
Monod, Adolphe
Oertzen, Jasper von
Paul, Jonathan Anton Alexander Benjamin
Pfingstbewegung
Pückler, Graf Eduard von
Rothkirch, Eberhard von
Schlümbach, Friedrich von
Seitz, Johannes
Smith, Robert Pearsall
Stockmayer, Otto
Uhlhorn, Gerhard
Ziemendorf, Theodor

Prof. Dr. Jürgen van Oorschot, Jena
Sühne a) religionswissenschaftl.

Dr. Klaus vom Orde, Bochum
Mez, Carl

Kurt Ostertag, Remshalden
Vereinigte Kamerun- und Tschad-Mission e.V.

Dr. Wolfgang Otto, Herford
Portugal
Spanien
Suarez, Francisco

Prof. Dr. Lutz E. von Padberg, Everswinkel
Albigenser
Bonifatius (Wynfreth)
Centurien, Magdeburger
Cluny/Cluniazenser
Dreißigjähriger Krieg
Epikureismus
Eudämonismus
Feminismus
Germanen, Christianisierung der
Gottesurteil b) historisch
Griechische Religion
Hedonismus
Heliand
Hinkmar von Reims
Hrabanus Maurus
Iroschottische Mission
Italien
Johannes Scottus Eriugena
Karl der Große
Kelten, keltische Kirchen
Kreuzzüge
Lullus, Raymundus
Marsilius von Padua
Mittelalter
Stoa
Völkerwanderung
Westfälischer Friede
Whitby, Synode von
Widukind

Arno Pagel, Reichshof
Knobelsdorff, Curt von

Ulrich Parzany, Kassel
Tersteegen-Konferenz

Manfred Paul, Bergneustadt
Heukelbach, Werner/Missionswerk W. Heukelbach e.V.

Dr. Andreas Pawlas, Hamburg
Eigengesetzlichkeit

Clark Peddicord, Reichelsheim
Campus für Christus (CfC)

Dr. Samuel Pfeifer, CH-Riehen
Naturheilkunde

Arnold Pfeiffer, Idar-Oberstein
Arnold, Eberhard

Christopher Pfeiffer, Kassel
Jugendbund "Entschieden für Christus" (EC)

Friedel Pfeiffer, Hückeswagen
Gefährdetenhilfe Scheideweg

Prof. Dr. Rudolf Pfisterer, Schwäbisch Hall
Holocaust

Erhard Piersig, Schwerin
Mecklenburg, Ev. Luth. Landeskirche

Hermann Plötner, Cöthen
Gnadauer Bibelschule Falkenberg
Lohn a)biblisch-theologisch

Adolf Pohl, Buckow
Gesetzlichkeit

Prof. Dr. Horst Georg Pöhlmann, Wallenhorst
Augsburger Bekenntnis und Apologie
Ehe, -bruch, -scheidung d) prakt.-theol.
Ehelosigkeit
Erlösung c) systematisch-theologisch
Erwählung b) theologiegeschichtlich
Erwählung c) systematisch - theologisch
Eschatologie b) theologiegeschichtlich
Glaube b) theologiegeschichtlich
Gott b) theologiegeschichtlich
Kollektivismus
Konkordienbuch/-formel
Lebensphilosophie
Mensch a) erfahrungswissenschaftlich
Mensch d) systematisch - theologisch
Pantheismus
Person, Personalismus
Rechtfertigung c) systematisch - theologisch
Reich Gottes b) theologiegeschichtlich
Rothe, Richard
Sola fide
Sozialität, Sozialisation
Tillich, Paul
Troeltsch, Ernst
Ubiquität
Urstand
Verantwortlichkeit
Versöhnung c) systematisch-theologisch
Willensfreiheit, menschliche

Dr. Thomas Pola, Tübingen
Opfer a) biblisch
Passa
Priester, a) biblisch
Seele a) biblisch
Tabernakel
Zahl

Dr. Wiard Popkes, Aumühle
Vollkommenheit a) biblisch-theologisch

Annegret Pracht, Breidenbach
Kinder-Evangelisationsbewegung in Deutschland (KEB)

Hartmut Priebe, Hennef
Kinderarbeit, missionarische
Sonntagsschule

Ingeborg Pungs, Marburg
Krankenpflege

Detlef Puttkammer, Stuttgart
Bibelwoche

Christoph Ramstein-Roth, CH-Lausen
Riggenbach, Christoph Johannes

Prof D. Dr. Carl Heinz Ratschow, Marburg-Marbach
Abendmahl c) systematisch-theologisch
Absolutheit des Christentums
Anfechtung
Dogma
Dogmatik
Erlösung a) religionsgeschichtlich
Fatalismus
Fundamentaltheologie
Leibnitz, Gottfried Wilhelm

Roland Ratz, A-Treffen/Kärnten
Treffener Anstalten/Evangelische Stiftung de La Tour in Treffen/Kärnten

Dr. Werner Raupp, Dußlingen
Graul, Karl
Kaftan, Julius
Kaftan, Theodor
Kießling, Johann Tobias
Krapf, Johann Ludwig
Moody, Dwight Lyman
Mühlenberg, Heinrich Melchior
Müller, Georg(e)
Naumann, Friedrich
Niemöller, Martin
Oetinger Friedrich Christoph
Richter, Christian Friedrich
Roos, Magnus Friedrich
Schöner, Johann Gottfried
Schweitzer, Albert
Warneck, Gustav
Wurm, Theophil
Wycliff-Bibelübersetzer

Bernhard Rebsch, Obernhof/Lahn
Fackelträger

Albert Rechkemmer, Bad Liebenzell
Liebenzeller Mission

Dr. Robert Redman, Erlangen
Apophatische Theologie
Berkeley, George

Arnd Rehn, Altdorf bei Böblingen
Römisches Kaiserreich

Dr. Hans-Dieter Reimer †
Charismatische Bewegung
Evangelische Zentralstelle f. Weltanschauungsfragen (EZW)

Ingrid Reimer, Stadtlauringen
Moralische Aufrüstung (MRA-Moral Re-Armament)

Horst Reller, Hannover
Abendmahlsgemeinschaft

Dr. Karl W. Rennstich, Bad Urach
Basler Mission

Sage
Sailer, Johann Michael
Savonarola, Girolamo
Schaumburg-Lippe, Ev.-Luth. Landeskirche
Schick, Erich
Schisma
Schneider, Paul
Seckendorff, Henriette von
Semipelagianismus
Seuse, Heinrich
Simon Magus
Societas Jesu (Jesuitenorden)
Söderblom, Nathan
Spiritualität
Spitta, Karl Johann Philipp
Stange, Erich
Storr, Gottlob Christian
Studentenverbindungen, christl.
Studienwerk Villigst, Evangelisches
Subordinatianer
Swedenborg, Emanuel
Syneisakten
Taizé
Taufe b) theologiegeschichtlich
Tauler, Johannes
Taylor, James Hudson
Teen Challenge
Temple, William
Teresa von Avila
Territorialsystem
Tersteegen, Gerhard
Tertullian
Thadden, Adolf von
Thadden, Reinhold von
Theologia Deutsch
Theresia von Lisieux
Thomas von Kempen
Thomaschristen
Thüringen, Ev.-Luth. Kirche von
Tolstoi, Lew Nikolajewitsch Graf
Tournier, Paul
Treysa, Kirchenkonferenzen
Union
Union, Ev. Kirche der
Unionskirchen
Universität
Vatikanum I und II
Vereinswesen, kirchliches
Vermigli, Petrus Martyr
Vico, Giovanni Battista (Giambattista)
Vincentius von Lerinum
Vinet, Alexandre
Viret, Pierre
Visser't Hooft, Willem Adolf
Volkening, Johann Heinrich
Voltaire
Vulgata
Wegscheider, Julius
Wessel, Gansfort
Westfalen, Ev. Kirche von
Wittenberger Konkordie
Wöllnersches Religionsedikt
Wüst, Eduard
Zeller, Christian Heinrich
Zorn Gottes b) theologiegeschichtlich

Prof. Dr. Klaas Runia, NL-Kampen
Bund b) theologiegeschichtlich
Gemeinde/Kirche c) systematisch-theologisch
Gemeindeleitung
Gemeindeordnung
Gemeindezucht a) grundsätzlich
Gemeinschaft europäischer evangelikaler Theologen (GEET/FEET)
Universalismus
Wort Gottes b) systematisch-theologisch

Hans Rupp, Marburg
Evangelischer Blinden- und Sehbehindertendienst in Deutschland

Dr. Hans-Jürgen Ruppert, Stuttgart
Neue religiöse Bewegungen

Heinrich Rusterholz, CH-Bern
Schweizerischer Ev. Kirchenbund (SEK)/Fédération d'églises protestantes de la Suisse (FEPS)

Dr. Jan Olaf Rüttgardt, Hannover
Arminius/Arminianismus
Baxter, Richard
Bengel, Johann Albrecht
Bossuet, Jacques Benigne
Canstein, Karl Hildebrand Freiherr von
Dannhauer, Joh. Conrad
Dippel, Johann Konrad
Ernst I., der Fromme
Febronius, Justinus
Fénelon, Francois de Salignac
Francke, August Hermann
Freylinghausen, Johannes Anastasius
Gichtel, Johann Georg
Goeze, Johann Melchior
Großgebauer, Theophil
Hannover(s), Ev.-Luth. Landeskirche
Hochmann von Hochenau
Hoffman, Melchior
Hutter, Leonhard
Löscher, Valentin Ernst
Molanus, Gerard Wolter
Mosheim, Johann Lorenz
Musäus, Johannes
Neander, Joachim
Petersen, Johann Wilhelm
Quietismus
Rambach, Johannes Jakob
Ronsdorfer Sekte
Saint-Simon, Claude-Henri de
Scriver, Christian
Spalding, Johann Joachim
Spangenberg, August Gottlieb
Spener, Philipp Jakob
Undereyck, Theodor
Urlsperger, Johann August
Urlsperger, Samuel
Zinzendorf, Nikolaus Ludwig von

Thomas Sandner, Wuppertal
Vereinigte Evangelische Mission (VEM)

Ursula Sauer, Bielefeld
Sauer, Erich

Dr. Gerhard Sautter †
Animismus
Christentum als Weltreligion
Joachim v. Fiore

Prof. Dr. Hermann Sautter, Göttingen
Soziale Frage
Wirtschaftsethik

Gerhard Schaaf, CH-Rämismühle
Heimstätte Rämismühle

Alfred Schaar, Stuttgart
Kirche des Nazareners

Karl-Heinz Schabel, Kirchheim/N.
Altpietistischer Gemeinschaftsverband

Dr. Gerhard Schäfer, Stuttgart
Kirchenregister

Karl Schäfer , Marienheide
Bibellese

Hartmut Schäffer, Celle
Schwarzes Kreuz Gefangenenmission e.V.

Dr. Traugott Ulrich Schall, Detmold
Deutsche Gesellschaft für Pastoralpsychologie (DGfP)
Eheberatung
Tiefenpsychologie

Manfred Schaller, Mosbach
Internationale Vereinigung christl. Geschäftsleute (IVCG)

Dr. Erwin Scharrer, Frankfurt/Main
Traum

Otto Schaude, Reutlingen
Altpietistischer Gemeinschaftsverband

Rolf Scheffbuch, Korntal
Busch, Johannes
Busch, Wilhelm
Gemeindetag unter dem Wort
Hahn'sche Gemeinschaft
Hiller, Philipp Friedrich
Hofacker, Ludwig
Keller, Samuel
Korntal
Kullen/Kullenstunde
Lausanner Bewegung
Ludwig-Hofacker-Vereinigung
Stunde

Ulrich Scheffbuch, Walddorfhäslach
Blumhardt, Christoph Friedrich
Libertinismus

Winrich Scheffbuch, Stuttgart
Christliche Fachkräfte International
Hilfe für Brüder
Kindergottesdienst

Dr. Helga Scheible, Heiligkreuzsteinach
Boethius
Bruno, Giordano
Cassiodorus
Dürer, Albrecht
Justinian, Kaiser
Kopernikus, Nikolaus
Lactantius
Morus, Thomas
Neuplatonismus
Oekolampad, Johannes
Paracelsus
Pirckheimer, Willibald
Römische Religion
Valla, Lorenzo

Dr. Christoph Scheilke, Münster
Erwachsenenbildung

Volkhard Scheunemann, Steinen
WEC International e.V.

Dr. Dr. Thomas Schirrmacher, Bonn
Blutrache
Fetischismus
Gandhi, Mohandas Karamchand
Henotheismus
Himmelsbrief
Mana
Schicksal
Theogonie
Zauberbücher

Pfr. Dr. Karl Heinz Schlaudraff, Stuttgart
Cullmann, Oscar
Heilsgeschichte
Offener Abend Stuttgart

Dr. Wolfhart Schlichting, Augsburg
Befreiungstheologie
Bekenntnis c) systematisch - theologisch
Bild, Bilderverehrung c) systematisch - theologisch
Christen für den Sozialismus
Fegfeuer
Freiheit
Heuchelei
Hochmut
Hölle
Maria
Revolution, Theologie der
Seele b) systematisch-theologisch
Status confessionis
Studentengemeinde, Ev. u. kath.
Theokratie
Unbefleckte Empfängnis Mariens

Edgar Schmid, CH-Basel
Evangelischer Brüderverein (Bergerianer)

Prof. Dr. Johannes H. Schmid, CH-Wil
Kähler, Martin
Kierkegaard, Sören Aabye
Paradox
Zeller, Samuel

Werner Schmückle, Stuttgart (Birkach)
Werner, Gustav

Dr. Eckhard J. Schnabel, Gießen
Keswick

Dr. Wolfgang Schnabel, Eschbronn
Posaunenarbeit

Dieter Schneider, Lemgo
Prophetie, e)praktisch-theologisch
Schriftauslegung
Schriftbeweis
Typologie

Peter Schneider, Berlin
Graham, Billy/Billy Graham Evangelistic Association (BGEA)

Hartwig Schnurr, Bergneustadt
Heiligung a) biblisch

Prof. Dr. Dr. Theodor Schober, Loßburg
Bahnhofsmission
Diakonisches Jahr
Fürsorge
Wohlfahrtsverbände

Paul-Gerhard Schöll, Gaildorf
Gottesdienst b) theologiegeschichtlich
Gottesdienst c) praktisch-theologisch
Pastoraltheologie
Pfarrer
Predigt

Dr. Jobst Schöne D.D., Hannover
Selbständige Ev.-Luth. Kirche (SELK)

Prof. Werner Schrade, Esslingen
Kirchenmusik
Kirchenmusikschule
Orgel, Orgelmusik

Prof. Dr. Lothar Schreiner, Wuppertal
Batakkirchen/Batakmission

Hanns Schrödl, Weßling
Evangelische Notgemeinschaft in Deutschland (ENiD)

Ernst Schrupp, Bergneustadt
Warns, Johannes

Fritz Schuler, Mosbach
Operation Mobilisation

Anneliese Schulte, Hameln
Kindertagesstättenverbände/Kinderpflegeverbände

Wilfried Schulte, Altenkirchen
Neues Leben Gruppe

Peter Schulthess, CH-Wetzikon
Jugendarbeit c) Schweiz

Prof. Dr. Winfried Schulz, Regensburg
Heiligsprechung

Dr. Manfred Schulze, Tübingen
Staupitz, Johannes

Friedrich Schwanecke, Bielefeld
Zeitschrift

Jürgen Schwarz, Müllheim
Buchhandel, ev.

Prof. Dr. Hans Schwarz, Regensburg
Eschatologie c) systematisch - theologisch
Hoffnung

Ortwin Schweitzer, Leinfelden-Echterdingen
Gesprächskreis
Hauskreis

Prof. Dr. Horst Seidl, I-Rocca di Papa
Gut, Das Gute a) historisch
Höchstes Gut
Metaphysik
Naturrecht
Neuthomismus
Platon
Platonismus
Pragmatismus
Recht a) philosophisch
Scheler, Max
Sokrates
Völkerrecht
Voluntarismus
Vorsokratiker

Prof. Dr. Josef Seifert, FL-Schaan
Organismus
Unsterblichkeit

Dr. Hansjörg Sick, Karlsruhe-Durlach
Amtshandlung/-en

Dr. Manfred Siebald, Mainz
Musik, moderne christliche
Rad, Das

Prof. Dr. Hermann Josef Sieben, Frankfurt/Main
Konzil

Dr. Heinrich von Siebenthal, Gießen
Griechische Sprache

Dr. Peter Siemens, Leer
Hengstenberg, Ernst Wilhelm
Keil, Johann Carl Friedrich

Manfred Sitzmann, Falkenstein
Christusbruderschaft Falkenstein

Dr. Ernst-Lüder Solte, Stuttgart
Kirchliche Hochschulen

Dr. Rainer Sommer, Berlin
Chagall, Marc

Alfred Sommer,Melsungen
Hessen-Nassauischer Gemeinschaftsverband e.V.

Risto Soramies, Schriesheim
Türkei

D. Theo Sorg, Ostfildern
Bischof, Bischofsamt
Gottesdienst b) theologiegeschichtlich
Gottesdienst c) praktisch-theologisch)
Losungen
Pastoraltheologie
Pfarrer
Predigt
Taufe e) praktisch-theologisch

Dr. Reiner Sörries, Kassel
Bild, Bilderverehrung b) theologiegeschichtlich

Prof. Dr. Walter Sparn, Goldkronach
Synkretistischer Streit

Dr. Jürgen Spieß, Marburg
Lewis, Clive Staples

Pierre Spoerri, Zürich
Spörri, Theophil

Dr. Helge Stadelmann, Gießen
Dispensationalismus

Traugott Stäheli, CH-Uster
Schweizer Missionen

Prof. Dr. Hugo Staudinger, Paderborn
Bildung
Dilthey, Wilhelm
Evolution/Evolutionstheorie
Existentialismus/Existentialphilosophie
Frankfurter Schule
Geschichte, Geschichtsphilosophie
Hobbes, Thomas
Kontingenz
Notwendigkeit
Sozialdarwinismus
Zufall

Hans Steinacker, Moers
Literaturarbeit

Robert Steiner †
Humburg, Paul

Bernd Steinseifer, Freudenberg
Alexander von Hales
Altreformierte Kirchen
Anselm von Canterbury
Bacon, Roger
Berengar von Tours
Berner Disputation
Berner Synodus
Beza, Theodor
Bonaventura
Bullinger, Heinrich
Calvin, Johannes
Coccejus, Johannes
Dekretalen

Dordrechter Synode
Duns Scotus, Johannes
Evangelischer Gemeinschaftsverband Siegerland und Nachbargebiete e.V.
Farel, Guillaume
Gerson, Johannes
Heppe, Heinrich Ludwig Julius
Kuyper, Abraham
Lombardus, Petrus
Nikolaus von Kues
Olevian, Caspar
Scholastik
Servet, Michael
Siebel, Tillmann
Stahlschmidt, Johann Christian
Thomas von Aquin OP
Universalienstreit
Ursinus, Zacharias
Viktoriner
Weisgerber, Johann Henrich

Dr. Stefan Stiegler, Berlin
Gemeinde/Kirche a) biblisch
Psalmen

Prof. Dr. Alma von Stockhausen, Freiburg-Littenweiler
Dialektik
Geist, philosophisch
Heidegger, Martin

Claus Dieter Stoll, Neuenbürg
Bild, Bilderverehrung a) biblisch
Heiligtum, Heilige Stätte(n)
Irrlehre
Trauer
Weisheitsliteratur, biblische

Werner Stoy, Marburg
Versiegelung

Richard Straube, Dautphetal
Arbeitsgemeinschaft christlicher Lebenshilfen (ACL)

Prof. Dr. August Strobel, Neuendettelsau
Schick, Conrad

Dr. Andrea Strübind, Berlin
Kirchenkampf

Dr. Franz Stuhlhofer, A-Wien
Apokryphen (NT)
Galilei, Galileo

Prof. Dr. Dr. Robert Stupperich, Münster
Dibelius, Otto

Dr. Uwe Swarat, Hamburg
Althaus, Paul
Ausbildung, theol. b)Seminar/Bibelschule
Baur, Ferdinand Christian
Communio sanctorum
Elert, Werner
Episkopalismus
Erlanger Theologie
Evangelium
Frank, Franz Hermann Reinhold
Gallikanismus
Gemeindezucht c) in Freikirchen
Gesetz und Evangelium
Gesetz, Gebot b) theologiegeschichtlich
Gesetz, Gebot c) systematisch-theologisch
Harleß, Adolf (von)
Historischer Jesus
Historismus
Höfling, Friedrich
Hofmann, Johannes Christian Konrad von
Höllenfahrt Christi
Ihmels, Ludwig Heinrich
Institution
Jesus Christus c) systematisch-theologisch
Kasuistik
Kenosislehre
Konziliarismus
Lietzmann, Hans Karl Alexander
Lightfoot, Joseph Barber
Pro Vita
Schöpfungsordnungen
Taufe c) systemat.-theol. (Glaubenstaufe)
Trinität
Versöhnung b) theologiegeschichtlich
Zahn, Theodor von

Carsten Peter Thiede M.A., Paderborn
Biographie
Brentano, Clemens Maria Wenzeslaus
Dichtung, christliche
Eichendorff, Joseph von
Hausmann, Manfred
Katholische Briefe des Neuen Testaments
Klepper, Jochen
Märchen
Markus
Matthäus
Moderne Literatur und Christentum
Novalis
Paläographie
Petrus (Apostel)
Rom (frühchristliche Gemeinde)
Schneider, Reinhold
Textgeschichte, biblische

D. Hans Thimme, Bielefeld
Kirchenleitung

Ursula Toaspern, Hohen Neuendorf
Kaleb e.V.

Dr. Dr. Johannes Triebel, Neuendettelsau
Kontextualisierung der Theologie
Missionsfest
Missionskonferenzen
Missionsschulwesen
Religionswissenschaft

Eberhard Troeger, Wiesbaden
Arbeitskreis für evangelikale Missiologie (AfeM)
Evangelische Mission im Tschad (EMT)
Evangeliumsgemeinschaft Mittlerer Osten (EMO)

Wolfgang Urban, Rottenburg/N.
Brauchtum kirchl. a) katholisch

Dr. Jan Veenhof, CH-Thun
Filioque

Wilfried Veeser, Kernen
Deutsche Gesellschaft für Biblisch-therapeutische Seelsorge (DGBTS)
Seelsorge

Dr. Ingrid Vogel, A-Wien
Jugendarbeit b) Österreich

Karl-Heinz Voigt, Kiel
Albrecht, Jakob
Jacoby, Ludwig Sigismund
Ordination b) freikirchlich
Publizistik, christliche
Siegmund-Schultze, Friedrich
Verwaltung, kirchliche b) freikirchlich

Dr. Helmut Völkl, Stuttgart
Kurrende

Dr. Klaus-Peter Voß, Neukirchen-Vluyn
Haß
Priester b) theologiegeschichtlich
Priester c) systematisch-theologisch
Priestertum aller Gläubigen

Michael Wacker, Möckmühl
Liebe a) biblisch

Prof. Dr. Harald Wagner, Marburg
Tübinger Theologie (kath.)

Prof. Dr. Herwig Wagner, Neuendettelsau
Heiden
Junge Kirchen
Mission
Neuendettelsau
Weltmissionskonferenzen

Prof. Dr. Siegfried Wagner, Leipzig
Bibel-Babel-Streit
Delitzsch, Franz Julius
Delitzsch, Friedrich Conrad Gerhard

Prof. D. Robert C. Walton, CH-Morgarten
Cambridge Platonists
Carlyle, Thomas
Dissenters
Fox, George
Milton, John
Neu-England-Theologie
Owen, John
Oxford Bewegung
Paley, William
Pilgerväter
Puritaner
Rotes Kreuz
Toland, John
Voetius, Gisbert

Dr. Christoph Wassermann, Weil am Rhein
Himmel
Himmelfahrt Christi
Narrative Theologie
Prozeßtheologie
Raum und Zeit
Weltbild
Wunder

Burkhard Weber, Wuppertal
Lange, Joachim
Neuzeit

Prof. Dr. Rudolf Weigand, Würzburg
Codex Iuris Canonici
Corpus Iuris Canonici
Deutsche Bischofskonferenz
Dispens
Kirchenstaat
Konkordat

Prof. Dr. Horst Weigelt, Bamberg
Franck, Sebastian
Saint Martin, Louis-Claude de

Werner Weiland, Ladenburg
Älteste a) biblisch
Älteste c) syst. und prakt.-theol.
Hauß, Friedrich
Welt

Reinhart Weiß, Kassel
Jungschararbeit

Dr. Wolfgang Weiß, Würzburg
Eucharistischer Weltkongreß
Ex cathedra
Faber Stapulensis
Illuminaten
Jansen, Cornelius/ Jansenismus
Loisy, Alfred
Los-von-Rom-Bewegung
Lourdes
Papalsystem
Papst, Papsttum a) theologiegeschichtlich
Stigmatisation
Ultramontanismus

Theodor Wendel, Marburg
Allversöhnung (Apokatastasis panton)
Askese b) systematisch-theologisch
Deutscher Gemeinschafts-Diakonieverband (DGD)
Engel
Entrückung
Gebet b) systematisch-theologisch
Schnepel, Erich
Trübsal, Große

Dr. Walter Werbeck, Höxter
Bach, Johann Sebastian

Dr. Roland Werner, Marburg
Homosexualität
Islammission
Tanz
Theater

Jürgen Werth, Wetzlar
Medien, Medienarbeit

Martin Westerheide, Puschendorf
Bekenntnisbewegung

Rudolf Westerheide, Extertal-Almena
Studienhäuser

Albrecht Westphal, Elze
Thielicke, Helmut

Euler E. Westphal, BRA-Sao Bento do Sul
Opus Operatum

Hinrich C. G. Westphal, Hamburg
Fasten a) biblisch
Fasten b) praktisch - theologisch

Dr. Günter Wieske, Kronberg
Gemeindebibelschule (GBS)
Spätaussiedlergemeinden

Dr. Karl-Friedrich Wiggermann, Münster
Nicolai, Philipp
Schröder, Rudolf Alexander

Wolfgang Wilka, Ulm
Jugendpflege/-hilfe

Hans-Peter Willi, Tübingen
Müller, Julius
Schuld
Sünde/Erbsünde b) theologiegeschichtlich
Sünde/Erbsünde c) systematisch-theologisch
Todsünden, sieben

Dr. Christoph Windhorst, Löhne
Agricola, Johann
Albrecht von Mainz
Amsdorf, Nikolaus von
Antitrinitarier
Bacon, Francis

Barock
Bauernkrieg, Deutscher
Becket, Thomas
Bellarmin, Robert
Biel, Gabriel
Blarer (Blaurer), Ambrosius
Bucer (Butzer), Martin
Buxtehude, Dietrich
Capito, Wolfgang Fabricius
Cromwell, Oliver
Erasmus von Rotterdam, Desiderius
Friedenskirchen
Grebel, Conrad
Hubmaier, Balthasar
Knox, John
Laski, Johannes
Menno Simons
Mennoniten
Schütz, Heinrich
Schwabacher Konvent
Schwärmer
Schwenckfeld von Ossig, Caspar
Socinianer
Stoecker, Adolf
Täufer
Telemann, Georg Philipp
Thorner Religionsgespräch
Völkisch-religiöse Richtungen
Zwingli, Huldrych (Ulrich)

Prof. Dr. Eberhard Winkler, Halle
Liebestätigkeit, christliche

Prof. John Winston, F-Limetz
Frankreich 2) protestantische Kirchen

Birgit Winterhoff, Halle/Westfalen
Frauenarbeit

Klaus Winterhoff, Bielefeld
Lehrzucht d) Recht und Praxis heute
Rechtsfähigkeit (kirchl.)
Residenzpflicht
Synode, Synodalverfassung

Prof. Dr. Wolfgang Wischmeyer, Erlangen
Ägypten
Alexandrinische Theologie
Alte Kirche
Antiochenische Theologie
Archäologie, christliche
Armenien
Athos
Bessarion
Byzanz
Chronologie c) christliche Zeitrechnung
Ephesus
Ephesus, Konzil von 431
Epigraphik
Fisch
Hagiographie
Ikone
Ikonologie-Ikonographie
Isidor von Sevilla
Katakomben
Kunst, christliche
Leontios von Byzanz
Maximus Confessor
Monophysiten
Monotheletismus
Nestorianer(auch Ostsyrer, Assyrer, Chaldäer)
Origenes
Orthodoxe Kirchen des Ostens
Patristik, Patrologie
Paulizianer
Photios
Soziale Bewegungen in der Kirchengeschichte
Tiersymbolik

Prof. Dr. Dr. Klaus Wittstadt, Münster
Abaelard
Adveniat
Albertus Magnus
Basler Konzil
Begarden u. Beginen
Benediktiner
Berthold von Regensburg
Caritas/Caritasverband
Catechismus Romanus
Congregatio de Propaganda Fide
Dionysius Areopagita
Enzyklika, Enzykliken
Franz von Assisi
Franziskaner
Fußwaschung
Görres, Johann Joseph
Ketteler, Wilhelm Emmanuel von
Kirchenlehrer (doctores ecclesiae)
Kolping, Adolf
Maritain, Jacques
Möhler, Johann Adam
Molina, Luis de S.J.
Molinos, Miguel de
Neuscholastik
Newman, John Henry
Nouvelle Theologie
Ockham, Wilhelm von
Orden und Kongregationen
Reliquien
Scheeben, Matthias Joseph
Scheffler, Johann
Syllabus
Teilhard de Chardin SJ, Pierre
Tridentinum

Christian Wolf DD, Hamburg
Prophetie b) im Alten Testament
Schöpfung a) biblisch

Dr. Gottfried Wolff, Möser
Exerzitien
Schau Gottes (visio Dei)
Unio Mystica
Visionen

Dr. Udo Worschech, Friedensau
Archäologie, biblische
Chronologie a) Altes Testament
Geschichtsschreibung a) Israel und Vorderer Orient
Gilgamesch-Epos

Rolf Woyke, Burbach-Wahlbach
Deutsche Evangelistenkonferenz
Deutsche Zeltmission (DZM)

Vera Wunderlich, Korntal-Münchingen
Licht im Osten

Stephan Zehnle, Ostfildern
Wizenmann, Thomas

Jörn Ziegler, Oberursel
World Vision

Dr. Peter Zimmerling, Heidelberg
Bayle, Pierre
Bruder-und Schwesternschaft/-en
Friedrich II., der Große
Friedrich Wilhelm I.
Friedrich Wilhelm III.
Friedrich Wilhelm IV.
Friedrich Wilhelm, der Große Kurfürst